Oetker

Kommentar zum Handelsgesetzbuch

Handelsgesetzbuch

Kommentar

Herausgegeben von

Dr. Hartmut Oetker

Universitätsprofessor a.D. an der Universität zu Kiel

Richter am Thüringer Oberlandesgericht a.D.

9. Auflage 2026

C.H.BECK

Zitiervorschlag:
Oetker/Bearbeiter HGB § … Rn. …

beck.de

ISBN PRINT 978 3 406 83192 8

Wilhelmstraße 9, 80801 München
info@beck.de
Druck und Bindung: Druckerei C.H.Beck Nördlingen
(Adresse wie Verlag)

Satz: Meta Systems Publishing & Printservices GmbH, Wustermark
Umschlag: Druckerei C.H.Beck Nördlingen

chbeck.de/nachhaltig
produktsicherheit.beck.de

Gedruckt auf säurefreiem, alterungsbeständigem Papier
(hergestellt aus chlorfrei gebleichtem Zellstoff)

Die Bearbeiterinnen und Bearbeiter

Dr. Andreas Bergmann
Universitätsprofessor an der FernUniversität in Hagen

Dr. Jan Busche
Universitätsprofessor an der Universität Düsseldorf

Dr. Timo Fest, LL.M. (Pennsylvania)
Universitätsprofessor an der Universität Erlangen

Dr. Eva Günther-Gräff
Richterin am Bundesarbeitsgericht, Erfurt

Dr. Sudabeh Kamanabrou
Universitätsprofessorin an der Universität Bielefeld

Dr. Robert Koch, LL.M. (McGill)
Universitätsprofessor an der Universität Hamburg

Dr. Torsten Körber, LL.M. (Berkeley)
Universitätsprofessor an der Universität zu Köln

Dr. Jan Lieder, LL.M. (Harvard)
Universitätsprofessor an der Universität Freiburg,
Richter am Schleswig-Holsteinischen Oberlandesgericht

Dr. Felix Maultzsch, LL.M. (NYU)
Universitätsprofessor an der Universität Frankfurt am Main

Dr. Hartmut Oetker
Universitätsprofessor a.D. an der Universität zu Kiel,
Richter am Thüringer Oberlandesgericht a.D.

Rüdiger Pamp
Vorsitzender Richter am Bundesgerichtshof, Karlsruhe

Dr. Dr. h.c. Marian Paschke
Universitätsprofessor a.D. an der Universität Hamburg

Dr. Jochen Schlingloff
Vorsitzender Richter am Thüringer Oberlandesgericht,
Honorarprofessor an der Universität Jena

Dr. Claudia Schubert
Universitätsprofessorin an der Universität Hamburg

Dr. Norbert Vossler
Vorsitzender Richter am Kammergericht, Berlin

Dr. Frauke Wedemann
Universitätsprofessorin an der Universität Münster

Im Einzelnen haben bearbeitet:

Einl.	Dr. Hartmut Oetker
§§ 1–7	Dr. Torsten Körber
§§ 8–16	Dr. Timo Fest
§§ 17–24	Dr. Jochen Schlingloff
§§ 25–28	Dr. Norbert Vossler
§§ 29–37a	Dr. Jochen Schlingloff
§§ 38–47b	[aufgehoben]
§§ 48–58	Dr. Claudia Schubert
§§ 59–83	Dr. Eva Günther-Gräff
§§ 84–92c	Dr. Jan Busche
§§ 93–104	Dr. Andreas Bergmann
§ 104a	Dr. Timo Fest
§§ 105–122	Dr. Jan Lieder
§§ 123–129	Dr. Timo Fest
§§ 130–152	Dr. Sudabeh Kamanabrou
§§ 153–160	[nicht belegt]
§§ 161–179	Dr. Hartmut Oetker
§§ 180–229	[aufgehoben]
§§ 230–237	Dr. Frauke Wedemann
§§ 238–342r	[nur Textabdruck]
§§ 343–354	Rüdiger Pamp
§§ 354a–372	Dr. Felix Maultzsch
§§ 373–382	Dr. Robert Koch
§§ 383–406	Dr. Andreas Bergmann
§§ 407–619	Dr. Dr. h. c. Marian Paschke
Sachverzeichnis	Dr. Martina Schulz

Verzeichnis der ausgeschiedenen Bearbeiterinnen und Bearbeiter

Dr. Katharina Vera Boesche: bis zur 7. Aufl. 2021: §§ 123–130, 159, 160 HGB;
Karl Kotzian-Marggraf: bis zur 7. Aufl. 2021: §§ 59–83, 93–104 HGB;
Dr. Nicola Preuß: bis zur 9. Aufl. 2026: §§ 8–16, 104a HGB;
Dr. Dr. Dr. h.c. mult. Michael Martinek: bis zur 7. Aufl. 2021: §§ 383–385 HGB.

Vorwort

Das Handelsgesetzbuch zählt zu jenen Kodifikationen, die seit über einem Jahrhundert das Rechtsleben in Deutschland beeinflussen. Trotz zahlreicher Änderungen in den letzten Jahrzehnten fasst das Gesetz unverändert zentrale Elemente des Wirtschaftsrechts, wie beispielsweise das Firmenrecht, das Handelsvertreterrecht, das Recht der Personenhandelsgesellschaften sowie das Transportrecht einschließlich des Seehandelsrechts zusammen.

Der nunmehr in der 9. Auflage vorgelegte Kommentar hat einen Neuanfang gewagt, da er davon abgesehen hat, das Handelsrecht in seiner gesamten Breite abzubilden. Vielmehr beschränkt sich das Werk auf eine Kommentierung der im Handelsgesetzbuch zusammengefassten Rechtsvorschriften und bezieht hierbei auch das umfassend modernisierte Seehandelsrecht ein. Im Gegenzug wird auf eine eigenständige Kommentierung der Vorschriften zu den Handelsbüchern verzichtet, da sich insbesondere das Bilanzrecht einschließlich des Rechts der Rechnungslegung und der einschlägigen nationalen und internationalen Standards zu einem eigenständigen Rechtsstoff entwickelt hat, der den Rahmen des klassischen Handelsrechts gesprengt hat und nur noch mit Hilfe spezieller Erläuterungswerke (zB Grottel/Justenhoven/Schubert/Störk [Hrsg.], Beck'scher Bilanzkommentar, 14. Aufl. 2024; Böcking ua, Beck'sches Handbuch der Rechnungslegung, Stand: 75. EL Juli 2025; Hennrichs/Kleindiek/Watrin [Hrsg.], Münchener Kommentar zum Bilanzrecht, Band 1, Stand: 5. EL September 2014, Band 2, 2013) sachgerecht bewältigt werden kann. Deshalb beschränkt sich der hier vorgelegte Kommentar auf den Abdruck der im Dritten Buch des HGB zusammengefassten Bestimmungen.

Die 9. Auflage berücksichtigt die seit der Vorauflage bis zum 4.2.2026 in Kraft getretenen Gesetzesänderungen sowie die bis dahin veröffentlichte Rechtsprechung und Literatur. Besonderes Augenmerk richtet die Bearbeitung auf die Rechtsänderungen durch das Gesetz zur Modernisierung des Personengesellschaftsrechts (MoPeG) vom 10.8.2021 (BGBl. 2021 I 3436), das nicht nur das Recht der BGB-Gesellschaft grundlegend umgestaltet, sondern auch zu zahlreiche Rechtsänderungen für das Recht der OHG und der KG geführt hat. Dem trägt der Kommentar insbesondere dadurch Rechnung, dass die jüngeren Stellungnahmen im Schrifttum umfassend ausgewertet und eingearbeitet wurden. Darüber hinaus waren zahlreiche Änderungen im Registerrecht zu berücksichtigen.

Ausgeschieden aus dem Kreis der Autorinnen und Autoren ist Dr. Nicola Preuß, die seit dem Start des Kommentars über acht Auflagen das zahlreichen Gesetzesänderungen unterworfene Registerrecht zuverlässig und engagiert bearbeitet hat. Hierfür sei ihr an dieser Stelle herzlich gedankt. Fortgeführt wird ihre Kommentierung von Dr. Timo Fest, der in diesem Kommentar bereits die §§ 123–129 erläutert.

Allen Mitwirkenden an der 9. Auflage sei an dieser Stelle für ihr tatkräftiges und zuverlässiges Engagement gedankt. In diesem Dank ist auch Anja Koppold vom Verlag C.H.Beck einzuschließen, die den Kommentar erneut sorgfältig und umsichtig im Lektorat des Verlages betreut hat.

Kiel, im Februar 2026 Univ.-Prof. a.D. Dr. Hartmut Oetker

Inhaltsverzeichnis

Handelsgesetzbuch

Erstes Buch. Handelsstand

Erster Abschnitt. Kaufleute

Zweiter Abschnitt. Handelsregister; Unternehmensregister

Dritter Abschnitt. Handelsfirma

Vierter Abschnitt. Handelsbücher

Fünfter Abschnitt. Prokura und Handlungsvollmacht

Sechster Abschnitt. Handlungsgehilfen und Handlungslehrlinge

Siebenter Abschnitt. Handelsvertreter

Zweiter Unterabschnitt. Eröffnungsbilanz. Jahresabschluß

Erster Titel. Allgemeine Vorschriften

Zweiter Titel. Ansatzvorschriften

Dritter Titel. Bewertungsvorschriften

Dritter Unterabschnitt. Aufbewahrung und Vorlage

Vierter Unterabschnitt. Landesrecht

Zweiter Abschnitt. Ergänzende Vorschriften für Kapitalgesellschaften (Aktiengesellschaften, Kommanditgesellschaften auf Aktien und Gesellschaften mit beschränkter Haftung) sowie bestimmte Personenhandelsgesellschaften

Erster Unterabschnitt. Jahresabschluß der Kapitalgesellschaft und Lagebericht

Erster Titel. Allgemeine Vorschriften

Zweiter Titel. Bilanz

Dritter Titel. Gewinn- und Verlustrechnung

Vierter Titel. (aufgehoben)

Fünfter Titel. Anhang

Sechster Titel. Lagebericht

Zweiter Unterabschnitt. Konzernabschluß und Konzernlagebericht

Erster Titel. Anwendungsbereich

Zweiter Titel. Konsolidierungskreis

Dritter Titel. Inhalt und Form des Konzernabschlusses

Vierter Titel. Vollkonsolidierung

Fünfter Titel. Bewertungsvorschriften

Sechster Titel. Anteilmäßige Konsolidierung

Siebenter Titel. Assoziierte Unternehmen

Achter Titel. Konzernanhang

Neunter Titel. Konzernlagebericht

Zehnter Titel. Konzernabschluss nach internationalen Rechnungslegungsstandards

Dritter Unterabschnitt. Prüfung

Vierter Unterabschnitt. Offenlegung. Prüfung durch die das Unternehmensregister führende Stelle

Fünfter Unterabschnitt. Verordnungsermächtigung für Formblätter und andere Vorschriften

Sechster Unterabschnitt. Straf- und Bußgeldvorschriften. Ordnungsgelder

Erster Titel. Straf- und Bußgeldvorschriften

Zweiter Titel. Ordnungsgelder

Dritter Titel. Bewertungsvorschriften

Vierter Titel. Versicherungstechnische Rückstellungen

Fünfter Titel. Konzernabschluß, Konzernlagebericht

Sechster Titel. Prüfung

Siebenter Titel. Offenlegung

Achter Titel. Straf- und Bußgeldvorschriften, Ordnungsgelder

Dritter Unterabschnitt. Ergänzende Vorschriften für bestimmte Unternehmen des Rohstoffsektors

Erster Titel. Anwendungsbereich; Begriffsbestimmungen

Zweiter Titel. Zahlungsbericht, Konzernzahlungsbericht und Offenlegung

Dritter Titel. Bußgeldvorschriften, Ordnungsgelder

Vierter Unterabschnitt. Ergänzende Vorschriften für bestimmte umsatzstarke multinationale Unternehmen und Konzerne

Erster Titel. Anwendungsbereich; Begriffsbestimmungen

Zweiter Titel. Pflicht zur Ertragsteuerinformationsberichterstattung

Dritter Titel. Einzubeziehende Unternehmen; Inhalt und Form des Ertragsteuerinformationsberichts

Dritter Abschnitt. Kommissionsgeschäft

Vierter Abschnitt. Frachtgeschäft

Erster Unterabschnitt. Allgemeine Vorschriften

Zweiter Abschnitt. Beförderungsverträge

Erster Unterabschnitt. Seefrachtverträge

Erster Titel. Stückgutfrachtvertrag

Erster Untertitel. Allgemeine Vorschriften

Zweiter Untertitel. Haftung wegen Verlust oder Beschädigung des Gutes

Dritter Untertitel. Beförderungsdokumente

Zweiter Titel. Reisefrachtvertrag

Verzeichnis der Abkürzungen

2. FiMaNoG	Zweites Gesetz zur Novellierung von Finanzmarktvorschriften auf Grund europäischer Rechtsakte (Zweites Finanzmarktnovellierungsgesetz) vom 23.6.2017 (BGBl. 2017 I 1693)
aA	anderer Ansicht; am Anfang
aaO	am angegebenen Ort
ABGB	Allgemeines Bürgerliches Gesetzbuch (Österreich)
Abh.	Abhandlungen
Abk.	Abkommen
abl.	ablehnend
ABl.	Amtsblatt
ABl. EG	Amtsblatt der Europäischen Gemeinschaften
ABl. EU	Amtsblatt der Europäischen Union
Abs.	Absatz
Abschn.	Abschnitt
Abt.	Abteilung
abw.	abweichend
AbzG	Abzahlungsgesetz (aufgehoben)
AcP	Archiv für die civilistische Praxis (Zeitschrift)
ADHGB	Allgemeines Deutsches Handelsgesetzbuch von 1861
ADSp	Allgemeine Deutsche Spediteurbedingungen
aE	am Ende
AEUV	Vertrag über die Arbeitsweise der Europäischen Union
aF	alte Fassung
AG	Aktiengesellschaft; Amtsgericht; Die Aktiengesellschaft (Zeitschrift)
AGB	Allgemeine Geschäftsbedingungen
AGBG	Gesetz zur Regelung des Rechts der Allgemeinen Geschäftsbedingungen (aufgehoben)
AGBGB	Ausführungsgesetz zum BGB
AGG	Allgemeines Gleichbehandlungsgesetz
AHB	Allgemeine Versicherungsbedingungen für die Haftpflichtversicherung
AiB	Arbeitsrecht im Betrieb (Zeitschrift)
AIZ	Allgemeine Immobilien-Zeitung
AJP/PJA	Aktuelle juristische Praxis/Practique juridique actuelle (Zeitschrift)
AkDR	Akademie für Deutsches Recht
AktG	Aktiengesetz
ALB	Allgemeine Lagerbedingungen des Deutschen Möbeltransports
allg.	allgemein
allgM	allgemeine Meinung
ALR	American Law Reports
Alt.	Alternative
amtl. Begr.	amtliche Begründung
ÄndG	Änderungsgesetz
ÄndVO	Änderungsverordnung
AnfG	Gesetz über die Anfechtung von Rechtshandlungen eines Schuldners außerhalb des Insolvenzverfahrens
Anh.	Anhang
Anl.	Anlage

Verzeichnis der Abkürzungen

Anm.	Anmerkung
AnwBl.	Anwaltsblatt (Zeitschrift)
AO	Abgabenordnung
AöR	Archiv des öffentlichen Rechts
AP	Arbeitsrechtliche Praxis (Entscheidungssammlung 1950 ff.)
ApoG	Gesetz über das Apothekenwesen (Apothekengesetz)
AR-Blattei	Arbeitsrechts-Blattei, Loseblattsammlung
ArbG	Arbeitsgericht
ArbGG	Arbeitsgerichtsgesetz
ArbNErfG	Arbeitnehmererfindungsgesetz
ArbPlSchG	Arbeitsplatzschutzgesetz
ArbR	Arbeitsrecht Aktuell (Zeitschrift)
ArbRdGegw	Das Arbeitsrecht der Gegenwart (Jahrbuch)
ArbSch	Arbeitsschutz (Beilage zum Bundesarbeitsblatt)
ArbStättV	Verordnung über Arbeitsstätten
ArbStoffV	Verordnung über gefährliche Arbeitsstoffe
ArbZG	Arbeitszeitgesetz
Arch.	Archiv
ArchBürgR	Archiv für Bürgerliches Recht
arg.	argumentum
ARGE	Arbeitsgemeinschaft
Art.	Artikel
AS	Amtliche Sammlung der eidgenössischen Gesetze
ASiG	Gesetz über Betriebsärzte, Sicherheitsbeamte und andere Fachkräfte für Arbeitssicherheit (Arbeitssicherheitsgesetz)
AT	allgemeiner Teil, außertariflich
AuA	Arbeit und Arbeitsrecht (Zeitschrift)
AUB	Allgemeine Unfallversicherungsbedingungen
Aufl.	Auflage
Aufs.	Aufsatz
AÜG	Arbeitnehmerüberlassungsgesetz
AuR	Arbeit und Recht (Zeitschrift)
ausf.	ausführlich
AusfG	Ausführungsgesetz
AusfVO	Ausführungsverordnung
AVAG	Gesetz zur Ausführung zwischenstaatlicher Anerkennungs- und Vollstreckungsverträge in Zivil- und Handelssachen
AVAVG	Gesetz über Arbeitsvermittlung und Arbeitslosenversicherung (aufgehoben)
AVB	Allgemeine Versicherungsbedingungen, Allgemeine Vertragsbestimmungen
AVE	Allgemeinverbindlicherklärung
AVG	Angestelltenversicherungsgesetz (aufgehoben)
AVV	Allgemeine Verwaltungsvorschrift
AW	Außenwirtschaft
AWD	Außenwirtschaftsdienst des Betriebs-Beraters (Zeitschrift)
AWG	Außenwirtschaftsgesetz
AWV	Außenwirtschaftsverordnung
Az.	Aktenzeichen
AZO	Arbeitszeitordnung (aufgehoben)
B	Bundes-
B. Bl.	Betriebswirtschaftliche Blätter (Zeitschrift)
BABl.	Bundesarbeitsblatt

Bad., bad.	Baden, badisch
BaFin.	Bundesanstalt für Finanzdienstleistungsaufsicht
BAG	Bundesarbeitsgericht
BAGE	Entscheidungen des Bundesarbeitsgerichts
BankArch.	Bankarchiv (Zeitschrift)
BAnz.	Bundesanzeiger
BAT	Bundes-Angestelltentarif
BauR	Zeitschrift für das gesamte öffentliche und private Baurecht
BauSparkG	Gesetz über Bausparkassen
Bay., bay.	Bayern, bayerisch
BayObLG	Bayerisches Oberstes Landesgericht
BayObLGZ	Amtliche Sammlung des Bayerischen Obersten Landesgerichts in Zivilsachen
BayVBl.	Bayerische Verwaltungsblätter (Zeitschrift)
BB	Betriebs-Berater (Zeitschrift)
BBankG	Gesetz über die Deutsche Bundesbank
BBG	Bundesbeamtengesetz
BBiG	Berufsbildungsgesetz
BBK	Betrieb und Rechnungswesen: Buchführung, Bilanz, Kostenrechnung (Zeitschrift)
BBl.	Bundesblatt
Bd. (Bde.)	Band (Bände)
BdB	Bundesverband deutscher Banken
BDSG	Bundesdatenschutzgesetz
Bearb., bearb.	Bearbeitung, Bearbeiter, bearbeitet
BeckRS	Rechtsprechungssammlung in Beck-Online
BEEG	Bundeselterngeld- und Elternzeitgesetz
Begr.	Begründung
Beih.	Beiheft
Beil.	Beilage
Bek.	Bekanntmachung
Bem.	Bemerkung
ber.	berichtigt
bespr.	besprochen
bestr.	bestritten
betr.	betreffend, betreffs
BetrAVG	Gesetz zur Verbesserung der betrieblichen Altersversorgung (Betriebsrentengesetz)
BetrVG	Betriebsverfassungsgesetz
BeurkG	Beurkundungsgesetz
bez.	bezüglich
BFA	Bankenfachausschuss des IDW
BfAI	Bundesstelle für Außenhandelsinformation
BFH	Bundesfinanzhof
BFHE	Sammlung der Entscheidungen und Gutachten des Bundesfinanzhofs
BFuP	Betriebswirtschaftliche Forschung und Praxis (Zeitschrift)
BG	Berufsgenossenschaft; (schweizerisches) Bundesgericht
BGB	Bürgerliches Gesetzbuch
BGBl.	Bundesgesetzblatt
BGE	Entscheidungen des Schweizerischen Bundesgerichts, Amtliche Sammlung
BGH	Bundesgerichtshof
BGHR	BGH-Rechtsprechung (Loseblattsammlung 1987 ff.)
BGHSt	Entscheidungen des Bundesgerichtshofs in Strafsachen

BGHWarn	Rechtsprechung des Bundesgerichtshofes in Zivilsachen – in der amtlichen Sammlung nicht enthaltene Entscheidungen (als Fortsetzung von WarnR)
BGHZ	Entscheidungen des Bundesgerichtshofes in Zivilsachen
BI/GF	Bankinformation und Genossenschaftsforum (Zeitschrift)
BilMoG	Gesetz zur Modernisierung des Bilanzrechts
BinSchG	Gesetz betreffend die privatrechtlichen Verhältnisse der Binnenschifffahrt
BKartA	Bundeskartellamt
Bl.	Blatt
BlStSozArbR	Blätter für Steuerrecht, Sozialversicherung und Arbeitsrecht
BMF	Bundesminister der Finanzen
BMJ	Bundesministerium der Justiz
BMJV	Bundesministerium der Justiz und für Verbraucherschutz
BMWi	Bundesministerium der Wirtschaft
BöhmsZ	Zeitschrift für internationales Privat- und Strafrecht, begr. von Böhm
BörsG	Börsengesetz (aufgehoben)
BOStB	Satzung über die Rechte und Pflichten bei der Ausübung der Berufe der Steuerberater und Steuerbevollmächtigten
BPersVG	Bundespersonalvertretungsgesetz
BR	Bürgerliches Recht; Bundesrat
BR-Drs.	Drucksachen des Deutschen Bundesrats
BRAO	Bundesrechtsanwaltsordnung
BRD	Bundesrepublik Deutschland
BRTV	Bundesrahmentarifvertrag
Brüssel Ia-VO	Verordnung (EU) Nr. 1215/2012 des Europäischen Parlaments und des Rates vom 12. Dezember 2012 über die gerichtliche Zuständigkeit und die Anerkennung und Vollstreckung von Entscheidungen in Zivil- und Handelssachen (ABl. 2012 L 351, 1)
BSG	Bundessozialgericht
BSGE	Entscheidungen des Bundessozialgerichts
BStBl.	Bundessteuerblatt
BT	Besonderer Teil; Bundestag
BT-Drs.	Drucksachen des Deutschen Bundestags
BuB	Bankrecht und Bankpraxis
BUrlG	Bundesurlaubsgesetz
Busch's Arch.	Archiv für Theorie und Praxis des Allgemeinen Deutschen Handelsrechts
BuW	Betrieb und Wirtschaft (Zeitschrift)
BVerfG	Bundesverfassungsgericht
BVerfGE	Entscheidungen des Bundesverfassungsgerichts
BVerwG	Bundesverwaltungsgericht
BVerwGE	Entscheidungen des Bundesverwaltungsgerichts
BVG-ÄndG	Gesetz zur Änderung des Bundesversorgungsgesetzes und anderer Vorschriften vom 17.7.2017 (BGBl. 2017 I 2541)
BWNotZ	Zeitschrift des Notariats in Baden-Württemberg
BZ	Börsen-Zeitung
bzgl.	bezüglich
bzw.	beziehungsweise
c.i.c.	culpa in contrahendo
ca.	circa
CCZ	Corporate Compliance Zeitschrift (Zeitschrift)

CISG	United Nations Convention on Contracts for the International Sale of Goods/Übereinkommen der Vereinten Nationen über Verträge über den internationalen Warenkauf
Clunet	Clunet, Journal du droit international
CMLR	Common Market Law Review (Zeitschrift)
CMN	Convention relative au contrat de transport de marchandises en navigation intérieure
CMR	Convention relative au contrat de transport international de marchandises par route
Co.	Company
COTIF	Convention relative aux transports internationaux ferroviaires
CR	Computer und Recht (Zeitschrift)
DAR	Deutsches Autorecht (Zeitschrift)
DAX	Deutscher Aktienindex
DB	Der Betrieb (Zeitschrift)
DBW	Die Betriebswirtschaft (Zeitschrift)
DepotG	Depotgesetz
Der Konzern	Der Konzern (Zeitschrift)
dgl.	desgleichen; dergleichen
DGWR	Deutsches Gemein- und Wirtschaftsrecht (Zeitschrift)
dh	das heißt
Die Bank	Die Bank (Zeitschrift)
diff.	differenzierend
Dig.	Digesten
Digitalisierungs-RL	Richtlinie (EU) 2019/1151 des Europäischen Parlaments und des Rates vom 20. Juni 2019 zur Änderung der Richtlinie (EU) 2017/1132 im Hinblick auf den Einsatz digitaler Werkzeuge und Verfahren im Gesellschaftsrecht (ABl. 2019 L 186, 80)
DIHT	Deutscher Industrie- und Handelstag
DiREG	Gesetz zur Ergänzung der Regelungen zur Umsetzung der Digitalisierungsrichtlinie und zur Änderung weiterer Vorschriften vom 15.7.2022 (BGBl. 2022 I 1146)
DiRUG	Gesetz zur Umsetzung der Digitalisierungsrichtlinie vom 5.7.2021 (BGBl. 2021 I 3338)
DiskE	Diskussionsentwurf
Diss.	Dissertation
DJ	Deutsche Justiz (Zeitschrift)
DJT	Deutscher Juristentag
DJZ	Deutsche Juristenzeitung
DL-InfoV	Verordnung über Informationspflichten für Dienstleistungserbringer
DLK	Der langfristige Kredit (Zeitschrift)
DM	Deutsche Mark
DMBilG	Gesetz über die Eröffnungsbilanz und die Kapitalneufestsetzung
DNotI-Report	Informationsdienst des Deutschen Notarinstituts (Zeitschrift)
DNotZ	Deutsche Notar-Zeitschrift
Doc.	Document (s)
DöD	Der öffentliche Dienst
Dok.	Dokument
DÖV	Die öffentliche Verwaltung (Zeitschrift)
DR	Deutsches Recht (Zeitschrift)
DRiZ	Deutsche Richterzeitung
DRS	Deutscher Rechnungslegungsstandard
DRSC	Deutsches Rechnungslegungsstandards Commitee

Verzeichnis der Abkürzungen

DS-GVO	Verordnung (EU) 2016/679 des Europäischen Parlaments und des Rates vom 27. April 2016 zum Schutz natürlicher Personen bei der Verarbeitung personenbezogener Daten, zum freien Datenverkehr und zur Aufhebung der Richtlinie 95/46/EG (Datenschutz-Grundverordnung) (ABl. 2016 L 119, 1)
DSR	Deutscher Standardisierungsrat
DStR	Deutsches Steuerrecht (Zeitschrift)
DStR-E	Deutsches Steuerrecht – Entscheidungen (Zeitschrift)
DStZ	Deutsche Steuer-Zeitung
DSWR	Datenverarbeitung, Steuer, Wirtschaft, Recht (Zeitschrift)
Dt.; dt.	deutsch
DtZ	Deutsch-deutsche Rechts-Zeitschrift
DVBl.	Deutsches Verwaltungsblatt (Zeitschrift)
DVO	Durchführungsverordnung
DVWG	Deutsche Verkehrswirtschaftliche Gesellschaft
DVZ	Deutsche Verkehrszeitung
DZWIR	Deutsche Zeitschrift für Wirtschafts- und Insolvenzrecht
E	Entwurf, Entscheidung (in der amtlichen Sammlung)
e.V.	eingetragener Verein
ebd.	ebenda
ECFR	European Company und Financial Law Review (Zeitschrift)
ecolex	ecolex (österreichische Zeitschrift)
Ed.	editor/Edition
EDV	Elektronische Datenverarbeitung
EFG	Entscheidungen der Finanzgerichte (Zeitschrift)
EFZG	Gesetz über die Zahlung des Arbeitsentgelts an Feiertagen und im Krankheitsfall (Entgeltfortzahlungsgesetz)
EG	Einführungsgesetz; Europäische Gemeinschaft
eG	eingetragene Genossenschaft
EGBGB	Einführungsgesetz zum Bürgerlichen Gesetzbuche
EGG	Erwerbsgesellschaftengesetz (Österreich)
EGHGB	Einführungsgesetz zum Handelsgesetzbuch
EGInsO	Einführungsgesetz zur Insolvenzordnung
EGKS	Europäische Gemeinschaft für Kohle und Stahl
EGKSV	Vertrag über die Gründung der Europäischen Gemeinschaft für Kohle und Stahl
EGV	Vertrag zur Gründung der Europäischen Wirtschaftsgemeinschaft
EHUG	Gesetz über elektronische Handelsregister und Genossenschaftsregister sowie das Unternehmensregister Gesetz über elektronische Handelsregister und Genossenschaftsregister vom 10.11.2006 (BGBl. 2006 I 2553)
eIDAS-VO	Verordnung (EU) Nr. 910/2014 des Europäischen Parlaments und des Rates vom 23. Juli 2014 über elektronische Identifizierung und Vertrauensdienste für elektronische Transaktionen im Binnenmarkt und zur Aufhebung der Richtlinie 1999/93/EG (ABl. 2014 L 257, 73; berichtigt)
Einf.	Einführung
Einl.	Einleitung
einschr.	einschränkend
EK	Eigenkapital
EL	Ergänzungslieferung
Entsch.	Entscheidung
entspr.	entsprechend

EP .... Europäisches Parlament
EPS .... Entwurf eines Prüfungsstandards
ER .... Einheitliche Richtlinien
ERA .... Einheitliche Richtlinien und Gebräuche für Dokumenten-Akkreditive
Erg. .... Ergänzung
Erl. .... Erläuterungen; Erlass
ESAP .... European Single Access Point
EStG .... Einkommensteuergesetz
etc .... et cetera
EU .... Europäische Union
EuErbVO .... Verordnung (EU) Nr. 650/2012 des Europäischen Parlaments und des Rates vom 4. Juli 2012 über die Zuständigkeit, das anzuwendende Recht, die Anerkennung und Vollstreckung von Entscheidungen und die Annahme und Vollstreckung öffentlicher Urkunden in Erbsachen sowie zur Einführung eines Europäischen Nachlasszeugnisses (ABl. 2012 L 201, 107; berichtigt)
EuG .... Gericht erster Instanz der EU
EuGH .... Europäischer Gerichtshof/Gerichtshof der Europäischen Union
EuGVÜ .... Übereinkommen über die gerichtliche Zuständigkeit und die Vollstreckung gerichtlicher Entscheidungen in Zivil- und Handelssachen
EuR .... Europarecht (Zeitschrift)
EurA .... Europa-Archiv (Zeitschrift)
EuZW .... Europäische Zeitschrift für Wirtschaftsrecht
EvBl. .... Evidenzblatt der Rechtsmittelentscheidungen
EVertr. .... Einigungsvertrag
EVÜ .... Übereinkommen über das auf vertragliche Schuldverhältnisse anzuwendende Recht vom 19.6.1980 (ABl. 1980 L 226, 1) (BGBl. 1986 II 809)
EWG .... Europäische Wirtschaftsgemeinschaft
EWGV .... Vertrag zur Gründung der Europäischen Wirtschaftsgemeinschaft vom 25.3.1957
EWiR .... Entscheidungen zum Wirtschaftsrecht
EWIV .... Europäische Wirtschaftliche Interessenvereinigung
EWIV-VO .... Verordnung (EWG) Nr. 2137/85 über die Schaffung einer Europäischen wirtschaftlichen Interessenvereinigung (ABl. 1985 L 199, 1)
EWIVAG .... Gesetz zur Ausführung der EWG-Verordnung über die Europäische wirtschaftliche Interessenvereinigung
eWpG .... Gesetz über elektronische Wertpapiere
EWS .... Europäisches Wirtschafts- und Steuerrecht (Zeitschrift)
EzA .... Entscheidungssammlung zum Arbeitsrecht
EZB .... Europäische Zentralbank
f., ff. .... folgende (Singular, Plural)
FA .... Fachanwalt Arbeitsrecht (Zeitschrift)
FamFG .... Gesetz über das Verfahren in Familiensachen und in Angelegenheiten der freiwilligen Gerichtsbarkeit
FamRZ .... Zeitschrift für das gesamte Familienrecht
FAZ .... Frankfurter Allgemeine Zeitung
FG .... Fachgutachten, Festgabe, Finanzgericht
FGG .... Gesetz über die Angelegenheiten der freiwilligen Gerichtsbarkeit (aufgehoben)
FGG-RG .... Gesetz zur Reform des Verfahrens in Familiensachen und in den Angelegenheiten der freiwilligen Gerichtsbarkeit (FGG-Reformgesetz) vom 17.12.2008 (BGBl. 2008 I 2586)

FGPrax	Praxis der Freiwilligen Gerichtsbarkeit (Zeitschrift)
FN	Fachnachrichten des Instituts der Wirtschaftsprüfer in Deutschland e.V.
Fn.	Fußnote
FNA	Fundstellennachweis A. Beilage zum Bundesgesetzblatt Teil I
FNB	Fundstellennachweis B. Beilage zum Bundesgesetzblatt Teil II
FR	Finanz-Rundschau (Zeitschrift)
FS	Festschrift
G	Gesetz
GAAP	Generally Accepted Accounting Principles
GAAS	Generally Accepted Auditing Standards
GATT	General Agreement on Tariffs and Trade
GBl.	Gesetzblatt
GBO	Grundbuchordnung
GbR	Gesellschaft bürgerlichen Rechts
GEKR-E	Entwurf der Kommission vom 11.10.2011 (KOM [2011] 635 endg.) für ein Gemeinsames Europäisches Kaufrecht (Anhang I zur GEKR-VO)
GEKR-VO-E	Vorschlag der Kommission vom 11.10.2011 (KOM [2011] 635 endg.) für eine Verordnung des Europäischen Parlaments und des Rates über ein Gemeinsames Europäisches Kaufrecht
gem.	gemäß
GenG	Genossenschaftsgesetz
GeschGehG	Gesetz zum Schutz von Geschäftsgeheimnissen
GesR	GesundheitsRecht (Zeitschrift)
GesR-RL	Richtlinie (EU) 2017/1132 des Europäischen Parlaments und des Rates vom 14. Juni 2017 über bestimmte Aspekte des Gesellschaftsrechts (ABl. 2017 L 169, 46)
GesRV	Verordnung über die Einrichtung und Führung des Gesellschaftsregisters (Gesellschaftsregisterverordnung)
GesRZ	Der Gesellschafter (österreichische Zeitschrift)
GewA	Gewerbe-Archiv (Zeitschrift)
GewO	Gewerbeordnung
GewStG	Gewerbesteuergesetz
GG	Grundgesetz
ggf.	gegebenenfalls
GIW	Gesetz über internationale Wirtschaftsverträge der Deutschen Demokratischen Republik
GmbH	Gesellschaft mit beschränkter Haftung
GmbH & Co. (KG)	Gesellschaft mit beschränkter Haftung u. Compagnie (Kommanditgesellschaft)
GmbH-StB	GmbH-Steuerberater (Zeitschrift)
GmbH-Stpr	GmbH-Steuerpraxis (Zeitschrift)
GmbHG	Gesetz betreffend die Gesellschaften mit beschränkter Haftung
GmbHR	GmbH-Rundschau (Zeitschrift)
GmS-OGB	Gemeinsamer Senat der obersten Gerichtshöfe des Bundes
GNotKG	Gesetz über Kosten der freiwilligen Gerichtsbarkeit für Gerichte und Notare (Gerichts- und Notarkostengesetz)
GoA	Geschäftsführung ohne Auftrag; Grundsätze ordnungsgemäßer Abschlussprüfung
GoB	Grundsätze ordnungsmäßiger Buchführung
GoDV	Grundsätze für ordnungsgemäße Datenverarbeitung
GoF	Grundsätze ordnungsmäßiger Unternehmensführung

GoÜ .... Grundlagen und Systemstruktur von Führungsgrundsätzen für die Überwachung
GoU .... Grundlagen und Systemstruktur von Führungsgrundsätzen für die Unternehmensleitung
GPR .... Zeitschrift für Gemeinschaftsprivatrecht
grdl. .... grundlegend
grds. .... grundsätzlich
GrSZ .... Großer Senat in Zivilsachen
Gruchot .... Beiträge zur Erläuterung des Deutschen Rechts, begründet von Gruchot
GrünhutsZ .... Zeitschrift für das Privat- und öffentliche Recht der Gegenwart, begr. von Grünhut
GRUR .... Gewerblicher Rechtsschutz und Urheberrecht (Zeitschrift)
GRUR-RR .... Gewerblicher Rechtsschutz und Urheberrecht – Rechtsprechungs-Report (Zeitschrift)
GRURAusl .... Gewerblicher Rechtsschutz und Urheberrecht, Auslands- und internationaler Teil, 1952–1969
GRURPrax .... Gewerblicher Rechtsschutz und Urheberrecht, Praxis im Immaterialgüter- und Wettbewerbsrecht (Zeitschrift)
GS .... Gedächtnisschrift; Gedenkschrift; Großer Senat
GuV .... Gewinn- und Verlustrechnung
GVBl. .... Gesetz- und Verordnungsblatt
GVG .... Gerichtsverfassungsgesetz
GvSchuG .... Gesetz zur Verbesserung des Schutzes von Gerichtsvollziehern vor Gewalt sowie zur Änderung weiterer zwangsvollstreckungsrechtlicher Vorschriften (Gerichtsvollzieherschutzgesetz) vom 7.5.2021 (BGBl. 2021 I 850)
GWB .... Gesetz gegen Wettbewerbsbeschränkungen
GwG .... Gesetz über das Aufspüren von Gewinnen aus schweren Straftaten (Geldwäschegesetz)
GWR .... Gesellschafts- und Wirtschaftsrecht (Zeitschrift)
Habilschr. .... Habilitationsschrift
HAG .... Heimarbeitsgesetz
Halbbd. .... Halbband
Hamb.; hamb. .... Hamburg; hamburgisch
HambZSchR .... Hamburger Zeitschrift für Schifffahrtsrecht
HandelsG .... Handelsgericht
Handelsvertreter-RL .... RL 86/653/EWG des Rates vom 18. Dezember 1986 zur Koordinierung der Rechtsvorschriften der Mitgliedstaaten betreffend die selbständigen Handelsvertreter (ABl. 1986 L 382, 17)
HansRGZ .... Hanseatische Rechts- und Gerichtszeitschrift
HansRZ .... Hanseatische Rechtszeitschrift für Handel, Schifffahrt und Versicherung, Kolonial- und Auslandsbeziehungen
HApostilleÜ .... Haager Übereinkommen zur Befreiung ausländischer öffentlicher Urkunden von der Legalisation vom 5.10.1961 (BGBl. 1965 II 875)
HB .... Handelsbilanz
HBÜ 1976 .... Übereinkommen über die Beschränkung der Haftung für Seeforderungen vom 19.11.1976
HdB .... Handbuch
HdBWW .... Handbuch der Wirtschaftswissenschaften
Hess.; hess. .... Hessen; hessisch
HEZ .... Höchstrichterliche Entscheidungen (Entscheidungssammlung)

HFA	Hauptfachausschuss
HGB	Handelsgesetzbuch
HGB-E	HGB-Entwurf
HGrG	Gesetz über die Grundsätze des Haushaltsrechts des Bundes und der Länder
hins.	hinsichtlich
hL	herrschende Lehre
hM	herrschende Meinung
HPflG	Haftpflichtgesetz
HRefG	Handelsrechtsreformgesetz vom 22.6.1998 (BGBl. 1998 I 1474)
HRR	Höchstrichterliche Rechtsprechung
Hrsg.; hrsg.	Herausgeber; herausgegeben
HRV	Verordnung über die Einrichtung und Führung des Handelsregisters
Hs.	Halbsatz
HV	Hauptversammlung
HVR	Handelsvertreterrecht, Entscheidungen und Gutachten, hrsg. vom Forschungsverband für den Handelsvertreter- und Handelsmaklerberuf
IAS	International Accounting Standards
IASC	International Accounting Standards Commitee
IBR	Immobilien- und Baurecht (Zeitschrift)
ICC	International Chamber of Commerce; Interstate Commerce Commission
idF	in der Fassung
idR	in der Regel
idS	in diesem Sinne
IDW	Institut der Wirtschaftsprüfer in Deutschland e.V.
iE	im Einzelnen
iErg	im Ergebnis
ieS	im engeren Sinne
IHK	Industrie- und Handelskammer
IHR	Internationales Handelsrecht. Zeitschrift für das Recht des internationalen Warenkaufs und -vertriebs
insbes.	insbesondere
InsO	Insolvenzordnung
IntGesR	Internationales Gesellschaftsrecht
IntHK	Internationale Handelskammer
IntTranspZ	Internationale Transportzeitschrift
InvG	Investmentgesetz (aufgehoben)
InVo	Insolvenz & Vollstreckung (Zeitschrift)
IPR	Internationales Privatrecht
IPRax	Praxis des Internationalen Privat- und Verfahrensrechts (Zeitschrift)
IPRB	IP-Rechtsberater, Informationsdienst für das Recht des geistigen Eigentums und der Medien
IPRspr.	Makaro, Gamillscheg, Müller, Dierk, Kropholler (Hrsg.), Die deutsche Rechtsprechung auf dem Gebiet des internationalen Privatrechts, 1952 ff. (Zeitschrift)
iSd	im Sinne der/des
IStR	Internationales Steuerrecht (Zeitschrift)
iSv	im Sinne von
iÜ	im Übrigen
iVm	in Verbindung mit
iwS	im weiteren Sinne

JA .... Juristische Arbeitsblätter (Zeitschrift); Jahresabschluss
JArbSchG .... Gesetz zum Schutze der arbeitenden Jugend (Jugendarbeitsschutzgesetz)
Jb. .... Jahrbuch
JbFAStR .... Jahrbuch der Fachanwälte für Steuerrecht
JbIntR .... Jahrbuch für internationales Recht = Germ. YB. Int. L.
JBl. .... Juristische Blätter (österreichische Zeitschrift)
JbSchiedsgerichtsb ... Jahrbuch für die Praxis der Schiedsgerichtsbarkeit
JfB .... Jahrbuch für Betriebswirte (Zeitschrift)
JFG .... Jahrbuch für Entscheidungen in Angelegenheiten der Freiwilligen Gerichtsbarkeit
Jg. .... Jahrgang
Jh. .... Jahrhundert
JherJb .... Jherings Jahrbuch für die Dogmatik des bürgerlichen Rechts
jM .... juris – Die Monatszeitschrift (Zeitschrift)
JMBl. .... Justizministerialblatt
JR .... Juristische Rundschau (Zeitschrift)
Jura .... Jura (Zeitschrift)
JurA .... Juristische Analysen (Zeitschrift)
JurBl. .... Juristische Blätter (Zeitschrift)
JurBüro .... Das juristische Büro (Zeitschrift)
JuS .... Juristische Schulung (Zeitschrift)
JW .... Juristische Wochenschrift
JZ .... Juristenzeitung
K&R .... Kommunikation & Recht (Zeitschrift)
KAGB .... Kapitalanlagegesetzbuch
KAGG .... Gesetz über Kapitalanlagegesellschaften (aufgehoben)
Kap. .... Kapitel
KapAEG .... Gesetz zur Verbesserung der Wettbewerbsfähigkeit deutscher Konzerne an Kapitalmärkten und zur Erleichterung der Aufnahme von Gesellschafterdarlehen (Kapitalaufnahmeerleichterungsgesetz) vom 20.4.1998 (BGBl. 1998 I 707)
KapCoRiLiG .... Gesetz zur Durchführung der Richtlinie des Rates der Europäischen Union zur Änderung der Bilanz- und der Konzernbilanzrichtlinie hinsichtlich ihres Anwendungsbereichs (90/605/EWG), zur Verbesserung der Offenlegung von Jahresabschlüssen und zur Änderung anderer handelsrechtlicher Bestimmungen (Kapitalgesellschaften- und Co-Richtlinie-Gesetz) vom 24.2.2000 (BGBl. 2000 I 154)
KapGes. .... Kapitalgesellschaft
KASG .... Kleinanlegerschutzgesetz
KfW .... Kreditanstalt für Wiederaufbau
Kfz. .... Kraftfahrzeug
KG .... Kommanditgesellschaft; Kammergericht
KGaA .... Kommanditgesellschaft auf Aktien
KGJ .... Jahrbuch für Entscheidungen des Kammergerichts
KO .... Konkursordnung (aufgehoben)
Komm. .... Kommentar
Konzern .... Der Konzern (Zeitschrift)
KostO .... Kostenordnung (aufgehoben)
krit. .... kritisch
Krit. Zs. ges. Rechtsw. .... Kritische Zeitschrift für die gesamte Rechtswissenschaft
KrVjschr .... Kritische Vierteljahresschrift für Gesetzgebung und Rechtswissenschaft

KSchG	Kündigungsschutzgesetz
KStG	Körperschaftsteuergesetz
KSzW	Kölner Schrift zum Wirtschaftsrecht (Zeitschrift)
KTS	Zeitschrift für Insolvenzrecht (Konkurs, Treuhand, Sanierung)
KuR	Kunst und Recht (Zeitschrift)
KurzKomm.	Kurzkommentar
KWG	Kreditwesengesetz
LAG	Landesarbeitsgericht
LAGE	Entscheidungen der Landesarbeitsgerichte
LG	Landgericht
lit.	litera
Lit.	Literatur
LkSG	Gesetz über die unternehmerischen Sorgfaltspflichten zur Vermeidung von Menschenrechtsverletzungen in Lieferketten (Lieferkettensorgfaltspflichtengesetz)
LM	Nachschlagewerk des BGH, hrsg. von Lindenmaier/Möhring ua
LMK	Kommentierte BGH-Rechtsprechung, Lindenmaier/Möhring
LöschG	Gesetz über die Auflösung und Löschung von Gesellschaften
Ls.	Leitsatz
LSG	Landessozialgericht
LSK	Leitsatzkartei
Ltd.	Limited
LZ	Leipziger Zeitschrift für Deutsches Recht
m. abl. Anm.	mit ablehnender Anmerkung
m. krit. Anm.	mit kritischer Anmerkung
m. zust. Anm.	mit zustimmender Anmerkung
MaBV	Makler- und Bauträgerverordnung
mAnm	mit Anmerkung
MAR	siehe Marktmissbrauchs-VO
MarkenG	Markengesetz
Marktmissbrauchs-VO	Verordnung (EU) Nr. 596/2014 des Europäischen Parlaments und des Rates vom 16. April 2014 über Marktmissbrauch (Marktmissbrauchsverordnung) und zur Aufhebung der Richtlinie 2003/6/EG des Europäischen Parlaments und des Rates und der Richtlinien 2003/124/EG, 2003/125/EG und 2004/72/EG der Kommission (ABl. 2014 L 173, 1; berichtigt)
Mat.	Materialien
MBl.	Ministerialblatt
MD	Magazindienst
MDR	Monatsschrift für Deutsches Recht
mE	meines Erachtens
MietRB	Miet-Rechts-Berater (Zeitschrift)
Mio.	Million(en)
MitbestErgG	Gesetz zur Ergänzung des Gesetzes über die Mitbestimmung der Arbeitnehmer in den Aufsichtsräten und Vorständen der Unternehmen des Bergbaus und der Eisen und Stahl erzeugenden Industrie
MitbestG	Mitbestimmungsgesetz vom 4.5.1976
Mitt.	Mitteilung(en)
MittBayNot	Mitteilungen des Bayerischen Notarvereins
MittBl.	Mitteilungsblatt
MittPatAnw.	Mitteilungen der deutschen Patentanwälte
MittRhNotK	Mitteilungen der Rheinischen Notarkammer

MMR	MultiMedia und Recht (Zeitschrift)
MoMiG	Gesetz zur Modernisierung des GmbH-Rechts und zur Bekämpfung von Missbräuchen vom 23.10.2008 (BGBl. 2008 I 2026)
MontanMitbestG	Gesetz über die Mitbestimmung der Arbeitnehmer in den Aufsichtsräten und Vorständen der Unternehmen des Bergbaus und der Eisen und Stahl erzeugenden Industrie
MoPeG	Gesetz zur Modernisierung des Personengesellschaftsrechts (Personengesellschaftsrechtsmodernisierungsgesetz) vom 10.8.2021 (BGBl. 2021 I 3436)
MoPeG-Mauracher-E	BMJV (Hrsg.), Gesetzentwurf der Expertenkommission zur Modernisierung des Personengesellschaftsrechts (Mauracher Entwurf), April 2020
MoPeG-RefE	Referentenentwurf für ein Gesetz zur Modernisierung des Personengesellschaftsrechts vom 19.11.2020
Mot.	Motive zum Entwurf eines BGB
Mugdan	Mugdan (Hrsg.), Die gesamten Materialien zum Bürgerlichen Gesetzbuch für das deutsche Reich, Band I–V, 1899
mwN	mit weiteren Nachweisen
mzN	mit zahlreichen Nachweisen
NachwG	Gesetz über den Nachweis der für ein Arbeitsverhältnis geltenden wesentlichen Bestimmungen
NB	Neue Betriebswirtschaft (Zeitschrift)
Nbl.	Nachrichtenblatt
Nds.; nds.	Niedersachsen, niedersächsisch
NdsRpfl.	Niedersächsische Rechtspflege (Zeitschrift)
nF	neue Fassung; neue Folge
NHBG	Nachhaftungsbegrenzungsgesetz vom 18.3.1994 (BGBl. 1994 I 560)
NJ	Neue Justiz (Zeitschrift)
NJOZ	Neue Juristische Online-Zeitschrift
NJW	Neue Juristische Wochenschrift
NJW-RR	Neue Juristische Wochenschrift – Rechtsprechungs-Report (Zivilrecht)
NJWE-VHR	Neue Juristische Wochenschrift, Entscheidungsdienst Versicherungs- und Haftungsrecht
NJWE-WettbR	Neue Juristische Wochenschrift, Entscheidungsdienst Wettbewerbsrecht
NL-BzAR	Briefe zum Agrarrecht (Zeitschrift)
no.	number; numéro
notar	notar (Zeitschrift)
NotBZ	Zeitschrift für die notarielle Beratungs- und Beurkundungspraxis
NotUntAufbÄndG	Gesetz zur Neuordnung der Aufbewahrung von Notariatsunterlagen und zur Einrichtung des Elektronischen Urkundenarchivs bei der Bundesnotarkammer sowie zur Änderung weiterer Gesetze vom 9.6.2017 (BGBl. 2017 I 1396)
npor	Zeitschrift für das Recht der Non Profit Organisationen
Nr.	Nummer(n)
nrkr	nicht rechtskräftig
NRW	Nordrhein-Westfalen
NStZ	Neue Zeitschrift für Strafrecht
nv	nicht veröffentlicht
NVwZ	Neue Zeitschrift für Verwaltungsrecht
NVwZ-RR	Neue Zeitschrift für Verwaltungsrecht – Rechtsprechungs-Report

NWB .... Neue Wirtschaftsbriefe
NZA .... Neue Zeitschrift für Arbeitsrecht
NZA-RR .... Neue Zeitschrift für Arbeitsrecht – Rechtsprechungs-Report
NZG .... Neue Zeitschrift für Gesellschaftsrecht
NZI .... Neue Zeitschrift für das Recht der Insolvenz und Sanierung
NZKart .... Neue Zeitschrift für Kartellrecht
NZS .... Neue Zeitschrift für Sozialrecht
NZV .... Neue Zeitschrift für Verkehrsrecht
o. .... oben
oa .... oben angegeben
oÄ .... oder Ähnliches
ÖBA .... Österreichisches Bankarchiv (Zeitschrift)
ObG .... Obergericht
OECD .... Organization of Economic Cooperation and Development
OEEC .... Organisation für Europäische Wirtschaftliche Zusammenarbeit
OGH .... Oberster Gerichtshof (Österreich)
OGH-BrZ .... Oberster Gerichtshof für die Britische Zone
OGHZ .... Entscheidungen des Obersten Gerichtshofes für die Britische Zone in Zivilsachen
OHG .... offene Handelsgesellschaft
öHGB .... Österreichisches Handelsgesetzbuch
oJ .... ohne Jahrgang
ÖJZ .... Österreichische Juristenzeitung
OLG .... Oberlandesgericht
OLG-NL .... OLG Rechtsprechung Neue Länder
OLGE .... Die Rechtsprechung der Oberlandesgerichte auf dem Gebiet des Zivilrechts
OLGR .... OLG-Report (Zeitschrift)
OLGRspr. .... Die Rechtsprechung der Oberlandesgerichte auf dem Gebiete des Zivilrechts, hrsg. von Mugdan und Falkmann (1.1900–46.1928; aufgegangen in HRR)
OLGZ .... Entscheidungen der Oberlandesgerichte in Zivilsachen
ORDO .... ORDO, Jahrbuch für die Ordnung von Wirtschaft und Gesellschaft
öRdW .... Recht der Wirtschaft (österreichische Zeitschrift)
österr. .... österreichisch
ÖstZöffR .... Österreichische Zeitschrift für öffentliches Recht und Völkerrecht
oV .... ohne Verfasser
OVG .... Oberverwaltungsgericht
OWiG .... Gesetz über Ordnungswidrigkeiten
Par. .... Paragraph
PartG .... Gesetz über die politischen Parteien
PartGG .... Gesetz über Partnerschaftsgesellschaften
PAO .... Patentanwaltsordnung
PBefG .... Personenbeförderungsgesetz
PiR .... NWB Internationale Rechnungslegung (Zeitschrift)
PrAGBGB .... Preußisches Ausführungsgesetz zum BGB
PrALR .... Allgemeines Landrecht für die Preußischen Staaten von 1794
ProdHaftG .... Gesetz über die Haftung für fehlerhafte Produkte (Produkthaftungsgesetz)
ProdSG .... Gesetz über die Bereitstellung von Produkten auf dem Markt
Prot. .... Protokolle der Reichsberatungen zum BGB
Prot. zum ADHGB Protokolle zum ADHGB
Prot. zum prHGB-E .... Protokolle zum preußischen HGB-Entwurf

PVÜ .... Pariser Verbandsübereinkunft zum Schutz des gewerblichen Eigentums
pVV .... positive Vertragsverletzung
r+s .... Recht und Schaden (Zeitschrift)
RA .... Rechtsausschuss
RabelsZ .... Rabels Zeitschrift für ausländisches und internationales Privatrecht
RAG .... Reichsarbeitsgericht
RAGE .... Entscheidungen des Reichsarbeitsgerichts
RAnz. .... Reichs- und preußischer Staatsanzeiger
RdA .... Recht der Arbeit (Zeitschrift)
RdErl. .... Runderlass
RDG .... Rechtsdienstleistungsgesetz
RdSchr. .... Rundschreiben
RDTF .... Revue Trimestrielle de Droit Financier
RdTW .... Recht der Transportwirtschaft (Zeitschrift)
RdW .... Recht der Wirtschaft (Zeitschrift)
RE .... Rechtsentscheid
re. Sp. .... rechte Spalte
Recht .... Das Recht (Zeitschrift)
RefE .... Referentenentwurf
RegE .... Regierungsentwurf
RegisterVO NRW .. Verordnung über die elektronische Registerführung der Amtsgerichte in Nordrhein-Westfalen (Registerverordnung Amtsgerichte – RegisterVO) vom 8.5.2013 (GV. NRW. 2013, 248)
RegVBG .... Gesetz über die Vereinfachung und Beschleunigung registerrechtlicher und anderer Verfahren (RegVBG) vom 20.12.1993 (BGBl. 1993 I 2182)
RegVerknüpfG .... Gesetz zur Umsetzung der Richtlinie 2012/17/EU in Bezug auf die Verknüpfung von Zentral-, Handels- und Gesellschaftsregistern in der Europäischen Union vom 22.12.2014 (BGBl. 2014 I 2409)
RFH .... Reichsfinanzhof
RFHE .... Amtliche Sammlung der Entscheidungen des Reichsfinanzhofs
RG .... Reichsgericht
RGBl. .... Reichsgesetzblatt
RGSt .... Entscheidungen des Reichsgerichts in Strafsachen
RGZ .... Entscheidungen des Reichsgerichts in Zivilsachen
RIW .... Recht der internationalen Wirtschaft (Zeitschrift)
RJA .... Reichsjustizamt
RJA-E I .... Entwurf eines Handelsgesetzbuchs für das Deutsche Reich. Aufgestellt im Reichs-Justizamt, Berlin 1895
RJA-E II .... Entwurf eines Handelsgesetzbuchs mit Ausschluss des Seehandelsrechts. Aufgestellt im Reichs-Justizamt. Amtliche Ausgabe, Berlin 1896
rkr. .... rechtskräftig
RL .... Richtlinie
Rn. .... Randnummer(n)
RNotZ .... Rheinische Notar-Zeitschrift
ROHG .... Reichsoberhandelsgericht, auch Entscheidungssammlung
Rom I-VO .... Verordnung (EG) Nr. 593/2008 des Europäischen Parlaments und des Rates vom 17. Juni 2008 über das auf vertragliche Schuldverhältnisse anzuwendende Recht (ABl. 2008 L 177, 6)
Rpfleger .... Der Deutsche Rechtspfleger (Zeitschrift)
RPflG .... Rechtspflegergesetz

RpflStud	Der Deutsche Rechtspfleger – Studienhefte
Rs.	Rechtssache
Rspr.	Rechtsprechung
RT-Drs.	Drucksachen des Deutschen Reichstages
RTVorl.	Entwurf eines Handelsgesetzbuchs von 1897, Reichstags-Drucksache Nr. 632
RVG	Gesetz über die Vergütung der Rechtsanwältinnen und Rechtsanwälte
RVR	Rundschau für Vertreterrecht (Zeitschrift)
S.	Satz; Seite; siehe; section
SaBl.	Sammelblatt für Rechtsvorschriften des Bundes und der Länder
SAE	Sammlung arbeitsrechtlicher Entscheidungen
ScheckG	Scheckgesetz
SchiedsVZ	Zeitschrift für Schiedsverfahren – German Arbitration Journal
SchlHA	Schleswig-Holsteinische Anzeigen (NF 1.1837 ff.)
SchRModG	Gesetz zur Modernisierung des Schuldrechts vom 26.11.2001 (BGBl. 2001 I 3138)
SchuldR	Schuldrecht
SE	Societas Europaea (Europäische Aktiengesellschaft)
SE-VO	Verordnung (EG) Nr. 2157/2001 des Rates vom 8. Oktober 2001 über das Statut der Europäischen Gesellschaft (SE) (ABl. 2001 L 294, 1)
SeuffA	Seufferts Archiv für Entscheidungen der obersten Gerichte in den deutschen Staaten
SG	Sozialgericht; Schmalenbach – Gesellschaft für Betriebswirtschaft e.V.
SGB	Sozialgesetzbuch
SGb	Die Sozialgerichtsbarkeit (Zeitschrift)
SHR-ReformG	Gesetz zur Reform des Seehandelsrechts vom 20.4.2013 (BGBl. 2013 I 831)
SJZ	Süddeutsche Juristenzeitung
Slg.	Sammlung der Rechtsprechung des Gerichtshofs der Europäischen Gemeinschaft und des Gerichts erster Instanz
SoBedWp	Sonderbedingungen für Wertpapiergeschäfte, Stand: Juni 2012, ab Januar 2015: Wertpapier-Bedingungen
SoFFin	Sonderfonds Finanzmarktstabilisierung
sog.	so genannt
Sp.	Spalte
Stanzl	Handelsrechtliche Entscheidungen des OGH Wien
StaRUG	Gesetz über den Stabilisierungs- und Restrukturierungsrahmen für Unternehmen (Unternehmensstabilisierungs- und -restrukturierungsgesetz) vom 22.12.2020 (BGBl. 2020 I 3256)
StB	Der Steuerberater (Zeitschrift)
StBerG	Steuerberatungsgesetz
Stbg	Die Steuerberatung (Zeitschrift)
StBp	Die steuerliche Betriebsprüfung (Zeitschrift)
StBW	Steuerberater Woche (Zeitschrift)
stenogr.	stenografisch
StFG	Gesetz zur Errichtung eines Finanzmarkt- und eines Wirtschaftsstabilisierungsfonds (Stabilisierungsfondsgesetz) vom 17.10.2008 (BGBl. 2008 I 1982)
StGB	Strafgesetzbuch
StPO	Strafprozessordnung
str.	strittig

stRspr	ständige Rechtsprechung
StuB	Steuer- und Bilanzpraxis (Zeitschrift)
StückAG	Gesetz über die Zulassung von Stückaktien (Stückaktiengesetz) vom 25.3.1998 (BGBl. 1998 I 590)
StuW	Steuer und Wirtschaft (Zeitschrift)
StV	Strafverteidiger (Zeitschrift)
SZ	Entscheidungen des österreichischen Obersten Gerichtshofes in Zivilsachen
TD	Transportdienst
TDDDG	Gesetz über den Datenschutz und den Schutz der Privatsphäre in der Telekommunikation und bei digitalen Diensten (Telekommunikation-Digitale-Dienste-Datenschutz-Gesetz) vom 23.6.2021 (BGBl. 2021 I 1982; berichtigt)
TranspR	Transportrecht (Zeitschrift)
TRG	Transportrechtsreformgesetz vom 25.6.1998 (BGBl. 1998 I 1588; berichtigt)
TUG	Gesetz zur Umsetzung der Richtlinie 2004/109/EG des Europäischen Parlaments und des Rates vom 15. Dezember 2004 zur Harmonisierung der Transparenzanforderungen in Bezug auf Informationen über Emittenten, deren Wertpapiere zum Handel auf einem geregelten Markt zugelassen sind, und zur Änderung der Richtlinie 2001/34/EG (Transparenzrichtlinie-Umsetzungsgesetz) vom 5.1.2007 (BGBl. 2007 I 10)
TVG	Tarifvertragsgesetz
u.	und; unten; unter
uÄ	und Ähnliches
ua	unter anderem
UAbs.	Unterabsatz
uam	und andere mehr
überwM	überwiegende Meinung
UBGG	Gesetz über Unternehmensbeteiligungsgesellschaften vom 9.9.1998 (BGBl. 1998 I 2765)
Übk.	Übereinkommen
UCC	Uniform Commercial Code
UG	Unternehmergesellschaft (haftungsbeschränkt)
UGB	Unternehmensgesetzbuch (Österreich)
UKlaG	Gesetz über Unterlassungsklagen bei Verbraucherrechts- und anderen Verstößen
UmRUG	Gesetz zur Umsetzung der Umwandlungsrichtlinie und zur Änderung weiterer Gesetze vom 22.3.2023 (BGBl. 2023 I Nr. 51)
UmwG	Umwandlungsgesetz
UmwStG	Umwandlungssteuergesetz
UN-Kaufrecht	s. CISG
unstr.	unstreitig
unzutr.	unzutreffend
Urt.	Urteil
URV	Verordnung über das Unternehmensregister (Unternehmensregisterverordnung – URV) vom 26.2.2007 (BGBl. 2007 I 217)
usw	und so weiter
uU	unter Umständen
UWG	Gesetz gegen den unlauteren Wettbewerb
v.	von; vom; versus
VAG	Gesetz über die Beaufsichtigung von Versicherungsunternehmen

VerbrKrG .... Verbraucherkreditgesetz (aufgehoben)
Verbraucherrechte-RL .... Richtlinie 2011/83/EU des Europäischen Parlaments und des Rates vom 25. Oktober 2011 über die Rechte der Verbraucher (ABl. 2011 L 304, 64)
Verf. .... Verfassung; Verfasser
Verh. .... Verhandlung(en)
Verh. DJT .... Verhandlungen des Deutschen Juristentages
VermAnlG .... Vermögensanlagegesetz
VermBG .... Gesetz zur Förderung der Vermögensbildung der Arbeitnehmer
Veröff. .... Veröffentlichung
VersR .... Versicherungsrecht, Juristische Rundschau für die Individualversicherung
VersW .... Versicherungswirtschaft
Verw. .... Verwaltung
VerwA .... Verwaltungsarchiv
VerwG .... Verwaltungsgericht
VerwGH .... Verwaltungsgerichtshof
Vfg. .... Verfügung
VG .... Verwaltungsgericht
VGH .... Verwaltungsgerichtshof
vgl. .... vergleiche
VglO .... Vergleichsordnung (aufgehoben)
VGR .... Schriftenreihe der Gesellschaftsrechtlichen Vereinigung
vH .... vom (von) Hundert
VO .... Verordnung
VOB .... Verdingungsordnung für Bauleistungen
Vol. .... Volume
Vorb., Vorbem. .... Vorbemerkung
VP .... Die Versicherungspraxis (Zeitschrift)
vs. .... versus
VuR .... Verbraucher und Recht (Zeitschrift)
VVaG .... Versicherungsverein auf Gegenseitigkeit
VVG .... Gesetz über den Versicherungsvertrag
VW .... Versicherungswirtschaft (Zeitschrift)
VwGO .... Verwaltungsgerichtsordnung
WA .... Warschauer Abkommen über die Beförderung im internationalen Luftverkehr
WarnR .... Rechtsprechung des Reichsgerichts, hrsg. von Warneyer
WBl. .... Wirtschaftsrechtliche Blätter (Zeitschrift)
WG .... Wechselgesetz
WiB .... Wirtschaftsrechtliche Beratung (Zeitschrift)
WiR .... Wirtschaftsrat; Wirtschaftsrecht (Zeitschrift)
wistra .... Zeitschrift für Wirtschafts- und Steuerstrafrecht
WM .... Wertpapier-Mitteilungen, Zeitschrift für Wirtschafts- und Bankrecht (Zeitschrift)
WPg .... Die Wirtschaftsprüfung (Zeitschrift)
WpHG .... Gesetz über den Wertpapierhandel
WPK .... Wirtschaftsprüferkammer
WPK-Mitt .... Wirtschaftsprüferkammer-Mitteilungen (Zeitschrift)
WPO .... Wirtschaftsprüferordnung
WpÜG .... Wertpapiererwerbs- und Übernahmegesetz
WRP .... Wettbewerb in Recht und Praxis (Zeitschrift)

WuB	Wirtschafts- und Bankrecht (Entscheidungssammlung)
Württ., württ.	Württemberg, württembergisch
WuSta	Wirtschaft und Statistik
WuW	Wirtschaft und Wettbewerb (Zeitschrift)
WuW/E	Wirtschaft und Wettbewerb – Entscheidungssammlung
ZAkDR	Zeitschrift der Akademie für Deutsches Recht
ZaöRV	Zeitschrift für ausländisches öffentliches Recht und Völkerrecht
zB	zum Beispiel
ZBB	Zeitschrift für Bankrecht und Bankwirtschaft
ZBlHR	Zentralblatt für Handelsrecht
ZdtRudtRWiss	Zeitschrift für deutsches Recht und deutsche Rechtswissenschaft
ZErb	Zeitschrift für Erbrecht
ZESAR	Zeitschrift für Europäisches Sozial- und Arbeitsrecht
ZEuP	Zeitschrift für Europäisches Privatrecht
ZEV	Zeitschrift für Erbrecht und Vermögensnachfolge
ZfA	Zeitschrift für Arbeitsrecht
ZfB	Zeitschrift für Betriebswirtschaft
ZfbF	Schmalenbachs Zeitschrift für betriebswirtschaftliche Forschung
ZfgG	Zeitschrift für das gesamte Genossenschaftswesen
ZfIR	Zeitschrift für Immobilienrecht
ZfPW	Zeitschrift für die gesamte Privatrechtswissenschaft
ZfRV	Zeitschrift für Rechtsvergleichung (Österreich)
ZfS	Zeitschrift für Schadensrecht
ZfV	Zeitschrift für Versicherungswesen
ZGB DDR	Zivilgesetzbuch der Deutschen Demokratischen Republik
ZgesKredW	Zeitschrift für das gesamte Kreditwesen
ZgesStaatsW	Zeitschrift für die gesamte Staatswissenschaft
ZGR	Zeitschrift für Unternehmens- und Gesellschaftsrecht
ZGS	Zeitschrift für das gesamte Schuldrecht
ZHR	Zeitschrift für das gesamte Handelsrecht und Wirtschaftsrecht
Ziff.	Ziffer(n)
ZInsO	Zeitschrift für das gesamte Insolvenzrecht
ZIntEisenb	Zeitschrift für den internationalen Eisenbahnverkehr
ZIP	Zeitschrift für Wirtschaftsrecht und Insolvenzpraxis
zit.	zitiert
ZivG	Zivilgericht
ZJS	Zeitschrift für das Juristische Studium
ZKA	Zentraler Kreditausschuss
ZNotP	Zeitschrift für die NotarPraxis
ZPO	Zivilprozessordnung
ZRG	Zeitschrift der Savigny-Stiftung für Rechtsgeschichte (germ. Abt. = germanische Abteilung; rom. Abt. = romanische Abteilung; kanon. Abt. = kanonistische Abteilung)
ZRP	Zeitschrift für Rechtspolitik
ZRvgl	Zeitschrift für Rechtsvergleichung
ZSteu	Zeitschrift für Steuern & Recht
ZStV	Zeitschrift für Stiftungs- und Vereinswesen
zT	zum Teil
ZTR	Zeitschrift für Tarifrecht
ZUM	Zeitschrift für Urheber- und Medienrecht
zust.	zustimmend
zutr.	zutreffend
ZVertriebsR	Zeitschrift für Vertriebsrecht

Verzeichnis der Abkürzungen

ZVG	Gesetz über die Zwangsversteigerung und Zwangsverwaltung
ZVglRWiss	Zeitschrift für Vergleichende Rechtswissenschaft
ZVR	Zeitschrift für Verkehrsrecht (Österreich)
ZWE	Zeitschrift für Wohnungseigentumsrecht
Zweigniederlassungs-RL	Elfte Richtlinie des Rates vom 21.12.1989 über die Offenlegung von Zweigniederlassungen, die in einem Mitgliedstaat von Gesellschaften bestimmter Rechtsformen errichtet wurden, die dem Recht eines anderen Staates unterliegen (ABl. 1989 L 395, 36)
ZWH	Zeitschrift für Wirtschaftsstrafrecht und Haftung im Unternehmen
ZZP	Zeitschrift für Zivilprozess

Verzeichnis der abgekürzt zitierten Literatur

AGS/Bearbeiter	Angerer/Geibel/Süßmann, Wertpapiererwerbs- und Übernahmegesetz: WpÜG, 4. Aufl. 2023
AK-BGB/Bearbeiter	Wassermann, Alternativkommentar zum Bürgerlichen Gesetzbuch, 1979
ALS/Bearbeiter	Arndt/Lerch/Sandkühler, BNotO, 8. Aufl. 2015
Altmeppen	Altmeppen, GmbHG, 11. Aufl. 2023
Anders/Gehle/Bearbeiter	Anders/Gehle, ZPO, 83. Aufl. 2025
Andres/Leithaus/Bearbeiter	Andres/Leithaus, Insolvenzordnung, 5. Aufl. 2025
Andresen/Valder Speditions-/Fracht-/LagerR-HdB/Bearbeiter	Andresen/Valder, Speditions-, Fracht- und Lagerrecht, 2016
APR/Bearbeiter	Armbrüster/Preuß/Renner, BeurkG mit NotAktVV und DONot, 9. Aufl. 2022
APS WpÜG/Bearbeiter	Assmann/Pötzsch/Schneider, Wertpapiererwerbs- und Übernahmegesetz, 4. Aufl. 2024
ASB KapAnlR-HdB/Bearbeiter	Assmann/Schütze/Buck-Heeb, Handbuch des Kapitalanlagerechts, 6. Aufl. 2024
Ascheid/Preis/Schmidt/Bearbeiter	Ascheid/Preis/Schmidt, Kündigungsrecht, 7. Aufl. 2024
ASM/Bearbeiter	Assmann/Schneider/Mülbert, Wertpapierhandelsrecht, 8. Aufl. 2023
AWZ/Bearbeiter	Assmann/Wallach/Zetzsche, KAGB, 2. Aufl. 2022
Backhaus/Tielmann/Bearbeiter	Backhaus/Tielmann, Der Aufsichtsrat, 2. Aufl. 2023
Bahrenfuss	Bahrenfuss, Berliner Kommentare FamFG – Gesetz über das Verfahren in Familiensachen und in den Angelegenheiten der freiwilligen Gerichtsbarkeit, 3. Aufl. 2017
Bassenge/Roth	Bassenge/Roth, FamFG/RPflG, 12. Aufl. 2009
Bauer/Diller Wettbewerbsverbote	Bauer/Diller, Wettbewerbsverbote, 10. Aufl. 2025
Bauer/Schaub/Bearbeiter	Bauer/Schaub, GBO, 5. Aufl. 2023
Baumbach/Hueck AktG	Baumbach/Hueck, Aktiengesetz, 13. Aufl. 1968
Baur/Stürner SachenR	Baur/Stürner, Sachenrecht, 18. Aufl. 2009
Bayer/Habersack AktR im Wandel/Bearbeiter	Bayer/Habersack, Aktienrecht im Wandel, 2007
BeBiKo/Bearbeiter	Grottel/Schubert/Justenhoven/Störk, Beck'scher Bilanz-Kommentar, 14. Aufl. 2024
BeckHdB PersGes/Bearbeiter	Prinz/Kahle, Beck'sches Handbuch der Personengesellschaften, 5. Aufl. 2020
BeckHdB WirtschaftsR/Bearbeiter	Pelka, Beck'sches Wirtschaftsrechts-Handbuch 2008/2009, 3. Aufl. 2008
BeckNotar-HdB/Bearbeiter	Heckschen/Herrler/Münch, Beck'sches Notar-Handbuch, 8. Aufl. 2024
BeckOGK/Bearbeiter	beck-online.GROSSKOMMENTAR, Abschnitt Zivilrecht Gesamherausgeber: Gsell/Krüger/Lorenz/Reymann,

Verzeichnis der abgekürzt zitierten Literatur

	Abschnitt HGR Gesamherausgeber: Henssler, Stand 2024/2025
BeckOK BGB/Bearbeiter	Hau/Poseck, BeckOK BGB, 77. Ed. 1.2.2026
BeckOK FamFG/Bearbeiter ..	Hahne/Schlögel/Schlünder, BeckOK FamFG, 56. Ed. 1.12.2025
BeckOK HGB/Bearbeiter	Häublein/Hoffmann-Theinert/Poll, BeckOK HGB, 48. Ed. 1.10.2025
BeckOK WEG/Bearbeiter	Hogenschurz, BeckOK WEG, 62. Ed. 1.10.2025
BEE	Beurskens/Ehricke/Ekkenga, Wertpapiererwerbs- und Übernahmegesetz, 2. Aufl. 2021
Beisel/Klumpp Unternehmenskauf	Beisel/Klumpp, Der Unternehmenskauf, 7. Aufl. 2016
Benkard PatG	Benkard, Patentgesetz, 12. Aufl. 2023
Beuthien	Beuthien, Genossenschaftsgesetz, 16. Aufl. 2018
BHC/Bearbeiter	Baumbach/Hefermehl/Casper, Wechselgesetz, Scheckgesetz, Recht des Zahlungsverkehrs, 24. Aufl. 2020
BHS/Bearbeiter	Bumiller/Harders/Schwamb, FamFG, 13. Aufl. 2022
Binz/Sorg GmbH & Co. KG-HdB	Binz/Sorg, Die GmbH & Co. KG, 12. Aufl. 2018
Blaurock Stille Gesellschaft-HdB	Blaurock, Handbuch Stille Gesellschaft, 10. Aufl. 2025
BLP Beweislast-HdB/Bearbeiter	Baumgärtel/Laumen/Prütting, Handbuch der Beweislast, 5. Aufl. 2023
Bokelmann FirmenR	Bokelmann, Das Recht der Firmen- und Geschäftsbezeichnungen, 5. Aufl. 2000
Bork/Schäfer/Bearbeiter	Bork/Schäfer, GmbHG, 5. Aufl. 2022
Brandis/Heuermann/Bearbeiter	Blümich, Ertragsteuerrecht, Loseblatt, Stand 175. EL Februar 2025
Brandmüller/Sauer PersGes-HdB/Bearbeiter	Brandmüller/Sauer, Bonner Handbuch Personengesellschaften, 87. EL Juni 2013
Braun/Bearbeiter	Braun, InsO, 10. Aufl. 2024
BRO/Bearbeiter	Blomeyer/Rolfs/Otto, Betriebsrentengesetz, 8. Aufl. 2022
Brox/Henssler HandelsR	Brox/Henssler, Handelsrecht, 23. Aufl. 2020
Brox/Walker ErbR	Brox/Walker, Erbrecht, 30. Aufl. 2024
Bruck/Möller/Bearbeiter	Bruck/Möller, VVG, 10. Aufl. 2022
BSV Investment-HdB/Bearbeiter	Beckmann/Scholtz/Vollmer, Investment – Ergänzbares Handbuch für das gesamte Investmentwesen, Loseblatt, Stand Dezember 2024
BTMB/Bearbeiter	Baur/Tappen/Mehrkhah/Behme, Investmentgesetze, 4. Aufl. 2019
BTV/Bearbeiter	Baums/Thoma/Verse, WpÜG, 13. Aufl. 2020
BuB	Siegmann/Hellner/Steuer, Bankrecht und Bankpraxis, 125. Aufl. 2015
Bunte/Zahrte	Bunte/Zahrte, AGB-Banken, AGB-Sparkassen, Sonderbedingungen, 6. Aufl. 2023
Bürgers/Fett KGaA-HdB/Bearbeiter	Bürgers/Fett, Die Kommanditgesellschaft auf Aktien, 3. Aufl. 2022
Canaris BankVertrR	Canaris, Bankvertragsrecht, 3. Aufl. 1988
Canaris HandelsR	Canaris, Handelsrecht, 24. Aufl. 2006

Commandeur/Kleinebrink Betriebsübernahme	Commandeur/Kleinebrink, Betriebs- und Firmenübernahme, 2. Aufl. 2002
DFS Sonderbilanzen/Bearbeiter	Deubert/Förschle/Störk, Sonderbilanzen, 6. Aufl. 2021
DJS/Bearbeiter	Dutta/Jacoby/Schwab, FamFG, 4. Aufl. 2021
Dornbusch/Wolff/Bearbeiter	Dornbusch/Wolff, KSchG – Kommentar zum Kündigungsschutzgesetz und zu den wesentlichen Nebengesetzen, 2. Aufl. 2008
Dreher/Bearbeiter	Dreher, Versicherungsaufsichtsgesetz: VAG, 14. Aufl. 2024
Düringer/Hachenburg	Düringer/Hachenburg, Das Handelsgesetzbuch vom 10. Mai 1897, 3. Aufl. 1930
Ebenroth/Boujong/Bearbeiter	Ebenroth/Boujong, Handelsgesetzbuch, 5. Aufl. 2025
EBJS/Bearbeiter	Ebenroth/Boujong/Joost/Strohn, Handelsgesetzbuch, 4. Aufl. 2020
EDD/Bearbeiter	Emde/Dornseifer/Dreibus, KAGB, 3. Aufl. 2023
Ehrenberg HandelsR-HdB	Ehrenberg, Handbuch des gesamten Handelsrechts, Bände 1–8, 1913–1923
Ellenberger/Bunte BankR-HdB/Bearbeiter	Ellenberger/Bunte, Bankrechts-Handbuch, 6. Aufl. 2022
Emmerich/Habersack/Bearbeiter	Emmerich/Habersack, Aktien- und GmbH-Konzernrecht, 10. Aufl. 2022
Emmerich/Habersack KonzernR	Emmerich/Habersack, Konzernrecht, 12. Aufl. 2023
ErfK/Bearbeiter	Müller-Glöge/Preis/Schmidt, Erfurter Kommentar zum Arbeitsrecht, 26. Aufl. 2026
Erman/Bearbeiter	Erman (Begr.), BGB, 17. Aufl. 2023
EuArbRK	Franzen/Gallner/Oetker, Kommentar zum europäischen Arbeitsrecht, 5. Aufl. 2024
FBO/Bearbeiter	Fezer/Büscher/Obergfell, UWG, 3. Aufl. 2016
Fezer MarkenR/Bearbeiter	Fezer, Markenrecht, 5. Aufl. 2023
Fitting	Fitting, Betriebsverfassungsgesetz, 32. Aufl. 2024
FK-InsO/Bearbeiter	Bornemann, FK-InsO: Frankfurter Kommentar zur Insolvenzordnung, 10. Aufl. 2024
Fleischhauer/Wochner HandelsregisterR	Fleischhauer/Wochner, Handelsregisterrecht, 4. Aufl. 2019
Flume BGB AT I 1	Flume, Allgemeiner Teil des Bürgerlichen Rechts, Band 1 Erster Teil: Die Personengesellschaft, 1977
Flume BGB AT I 2	Flume, Allgemeiner Teil des Bürgerlichen Rechts, Band 1 Zweiter Teil: Die juristische Person, 1983
Flume BGB AT II	Flume, Allgemeiner Teil des Bürgerlichen Rechts, Band 2: Das Rechtsgeschäft, 4. Aufl. 1992
FLW/Bearbeiter	Fischer/v. Livonius/Weiser (Hrsg.), KAGB – Kapitalanlagegesetzbuch. Kommentar, 2025
Fremuth/Thume FrachtR	Fremuth/Thume, Frachtrecht, 1996
Fremuth/Thume TransportR	Fremuth/Thume, Kommentar zum Transportrecht, 2000
Frenz/Miermeister/Bearbeiter	Frenz/Miermeister, BNotO – Bundesnotarordnung, 6. Aufl. 2024
Frey GesR	Frey, Gesellschaftsrecht, 10. Aufl. 2023
Fritz COVInsAG	Fritz, COVInsAG, 2. Aufl. 2022
Frodermann/Jannott AktR-HdB/Bearbeiter	Frodermann/Jannott, Handbuch des Aktienrechts, 9. Aufl. 2017

Verzeichnis der abgekürzt zitierten Literatur

GBS GmbHG/Bearbeiter	Gehrlein/Born/Simon, GmbHG: Gesetz betreffend die Gesellschaften mit beschränkter Haftung, 6. Aufl. 2023
GHEK	Geßler/Hefermehl/Eckardt/Kropff, Aktiengesetz, 2. Aufl. 1986
GK-HGB/Bearbeiter	Ensthaler, Gemeinschaftskommentar zum HGB mit UN-Kaufrecht, 8. Aufl. 2015
GKT/Bearbeiter	Goutier/Knopf/Tulloch, Kommentar zum Umwandlungsrecht, 1996
GMP/Bearbeiter	Germelmann/Matthes/Prütting, Arbeitsgerichtsgesetz, 10. Aufl. 2022
Goette/Goette GmbH	Goette/Goette, Die GmbH, 3. Aufl. 2019
Goette/Habersack MoMiG	Goette/Habersack, Das MoMiG in Wissenschaft und Praxis, 2009
Gottwald/Haas InsR-HdB/ Bearbeiter	Gottwald/Haas, Insolvenzrechts-Handbuch, 6. Aufl. 2020
Grigoleit	Grigoleit, AktG – Aktiengesetz, 3. Aufl. 2025
Groß KapMarktR	Groß, Kapitalmarktrecht, 9. Aufl. 2025
GroßkommAktG/Bearbeiter ..	Hirte/Mülbert/Roth, AktG, 5. Aufl. 2015
Grundmann EurGesR	Grundmann, Europäisches Gesellschaftsrecht, 2. Aufl. 2011
Grüneberg/Bearbeiter	Grüneberg, Bürgerliches Gesetzbuch, 85. Aufl. 2026
Grunewald/Müller GesR	Grunewald/Müller, Gesellschaftsrecht, 12. Aufl. 2023
Gustavus Handelsregister-Anmeldungen	Gustavus, Handelsregisteranmeldungen, 12. Aufl. 2024
Haag/Löffler	Haag/Löffler, HGB – Handelsgesetzbuch, 2. Aufl. 2013
Haas/Hommelhoff Eigenkapitalersatz	Haas/Hommelhoff, Vom Eigenkapitalersatz zur Gesellschafterfremderziehung zur Gesellschafterfremdfinanzierung, 3. Aufl. 2012
Habersack EurGesR	Habersack, Europäisches Gesellschaftsrecht, 2. Aufl. 2003
Habersack/Bayer AktR im Wandel	Habersack/Bayer, Aktienrecht im Wandel – Band I: Entwicklung des Aktienrechts, Band II: Grundsatzfragen des Aktienrechts, 2017
Habersack/Schäfer/Bearbeiter	Habersack/Schäfer, Das Recht der OHG, 2. Aufl. 2019
Habersack/Verse EuGesR	Habersack/Verse, Europäisches Gesellschaftsrecht, 5. Aufl. 2019
Hachenburg/Bearbeiter	Hachenburg, Gesetz betreffend die Gesellschaften mit beschränkter Haftung, 8. Aufl. 1992
HaKo-HGB/Bearbeiter	Heidel/Schall, HGB, 3. Aufl. 2019
HambKommInsR/Bearbeiter	Schmidt, Hamburger Kommentar zum Insolvenzrecht, 10. Aufl. 2023
Happ AktR/Bearbeiter	Happ, Aktienrecht, 5. Aufl. 2019
HAS	Weiss/Gagel, Handbuch des Arbeits- und Sozialrechts (HAS), 1990
Haußleiter/Bearbeiter	Haußleiter, FamFG, 2. Aufl. 2017
HCL/Bearbeiter	Habersack/Casper/Löbbe, GmbHG, 3. Aufl. 2019
HdR/Bearbeiter	Küting/Weber, Handbuch der Rechnungslegung – Einzelabschluss, Loseblatt, Stand: 45. Aktualisierung Februar 2025
Heidel/Bearbeiter	Heidel, Aktienrecht und Kapitalmarktrecht, 6. Aufl. 2024
Henssler/Bearbeiter	Henssler, Partnerschaftsgesellschaftsgesetz: PartGG, 3. Aufl. 2018
Henssler/Strohn/Bearbeiter	Henssler/Strohn, Gesellschaftsrecht, 6. Aufl. 2024
HEPK	Hein/Eichhoff/Pukall/Krien, Güterkraftverkehrsrecht, 4. Aufl. 2020

Herber SeehandelsR	Herber, Seehandelsrecht, 2. Aufl. 2016
Hess/Bearbeiter	Hess, Insolvenzrecht, 2. Aufl. 2013
Hesselmann/Mueller-Thuns GmbH & Co. KG-HdB	Hesselmann/Mueller-Thuns, Handbuch der GmbH & Co. KG, 23. Aufl. 2025
Heymann/Bearbeiter	Horn/Balzer/Borges/Herrmann, HGB, 3. Aufl. 2019
HHH/Bearbeiter	Habersack/Henssler/Höpfner, Mitbestimmungsrecht, 5. Aufl. 2025
HK-AktG/Bearbeiter	Bürgers/Körber/Lieder, Heidelberger Kommentar Aktiengesetz, 6. Aufl. 2024
HK-GmbHG/Bearbeiter	Saenger/Inhester, GmbHG, 5. Aufl. 2024
HK-HGB/Bearbeiter	Glanegger/Stuhlfelner/Cordes, Heidelberger Kommentar zum Handelsgesetzbuch, 8. Aufl. 2025
HK-UmwG/Bearbeiter	Maulbetsch/Klumpp/Rose, Heidelberger Kommentar zum Umwandlungsgesetz, 2. Aufl. 2017
HK-ZPO/Bearbeiter	Saenger, Zivilprozessordnung, 10. Aufl. 2023
Hölters/Weber/Bearbeiter	Hölters/Weber, Aktiengesetz, 5. Aufl. 2025
Honsell/Bearbeiter	Honsell, Kommentar zum UN-Kaufrecht – Übereinkommen der Vereinten Nationen über Verträge über den Internationalen Warenkauf (CISG), 2. Aufl. 2009
Hopt/Bearbeiter	Hopt, Handelsgesetzbuch, 44. Aufl. 2025
Hopt GesR	Hopt, Handels- und Gesellschaftsrecht, 4. Aufl. 1996
Hopt HandelsR	Hopt, Handels- und Gesellschaftsrecht, Band 1: Handelsrecht, 2. Aufl. 1999
Hopt HandelsvertreterR	Hopt, Handelsvertreterrecht, 7. Aufl. 2025
Hopt/Merkt Form/Bearbeiter	Hopt/Merkt (Hrsg.), Vertrags- und Formularbuch zum Handels-, Gesellschafts-, Bank- und Kapitalmarktrecht, 5. Aufl. 2022
Hübner HandelsR	Hübner, Handelsrecht, 5. Aufl. 2004
Hueck OHG	Hueck, Das Recht der Offenen Handelsgesellschaft, 4. Aufl. 1971
Hueck/Canaris WertpapierR	Hueck/Canaris, Recht der Wertpapiere, 12. Aufl. 1986
HWK/Bearbeiter	Henssler/Willemsen/Kalb, Arbeitsrecht, 11. Aufl. 2024
IASC US GAAP	Bloomer (Hrsg.), The IAS C-U.S. Comparison Project: A Report on the Similarities and Differences between IAS C Standards and U.S. GAAP, 1996
IDW WP-HdB	Institut der Wirtschaftsprüfer e.V. (IDW), WP Handbuch 2021, 17. Aufl. 2021
Immenga/Mestmäcker/Bearbeiter	Immenga/Mestmäcker, Wettbewerbsrecht, 6. Aufl. 2019
IRN/Bearbeiter	Ingerl/Rohnke/Nordemann, Markengesetz, 4. Aufl. 2023
Jaeger/Bearbeiter	Jaeger, Insolvenzordnung, 2019
Jansen	Jansen, FGG – Gesetz über die Angelegenheiten der freiwilligen Gerichtsbarkeit, Band 1, 2, 3, 3. Aufl. 2006
Jauernig/Bearbeiter	Jauernig, Bürgerliches Gesetzbuch, 19. Aufl. 2023
JKS GesR-HdB/Bearbeiter	Jung/Krebs/Stiegler, Gesellschaftsrecht in Europa, 2019
Jung GesR	Jung, Gesellschaftsrecht, 2008
Jung HandelsR	Jung, Handelsrecht, 13. Aufl. 2023
jurisPK-BGB/Bearbeiter	Herberger/Martinek/Rüßmann/Weth/Würdinger, juris PraxisKommentar BGB, 9. Aufl. 2020
Kallmeyer/Bearbeiter	Kallmeyer, Umwandlungsgesetz, 8. Aufl. 2024
Kayser/Thole/Bearbeiter	Kayser/Thole, Heidelberger Kommentar Insolvenzordnung, 11. Aufl. 2023
KKD/Bearbeiter	Koller/Kindler/Drüen, HGB, 10. Aufl. 2023

Verzeichnis der abgekürzt zitierten Literatur

KKRD/Bearbeiter .... Koller/Kindler/Roth/Drüen, HGB, 9. Aufl. 2019
KMFS Bank-/KapMarktR/
Bearbeiter .... Kümpel/Mülbert/Früh/Seyfried, Bank- und Kapitalmarktrecht, 7. Aufl. 2025
Koch .... Koch, Aktiengesetz, 19. Aufl. 2025
Koch GesR .... Koch, Gesellschaftsrecht, 13. Aufl. 2023
Koch PersGesR/Bearbeiter .... Koch, Personengesellschaftsrecht – Kommentar, 2024
Koller .... Koller, Transportrecht, 11. Aufl. 2023
Köhler/Feddersen/Bearbeiter Köhler/Feddersen, UWG, 43. Aufl. 2025
Kölner Komm AktG/Bearbeiter .... Noack/Zetzsche, Kölner Kommentar zum Aktiengesetz, 4. Aufl. 2020
Kölner Komm InsO/Bearbeiter .... Hess, Kölner Kommentar zur InsO, 2017
Kölner Komm SpruchG/Bearbeiter .... Riegger/Wasmann, Kölner Kommentar zum SpruchG (Kölner Komm SpruchG), 2005
Kölner Komm WpHG/Bearbeiter .... Hirte/Möllers, Kölner Kommentar zum WpHG (Kölner Komm WpHG), 2. Aufl. 2014
Kölner Komm WpÜG/Bearbeiter .... Hirte/Seibt, Kölner Kommentar zum WpÜG, 3. Aufl. 2021
KR/Bearbeiter .... Bubach/Gallner/Heinkel ua, Gemeinschaftskommentar zum Kündigungsschutzgesetz und zu sonstigen kündigungsschutzrechtlichen Vorschriften, 14. Aufl. 2025
Krafka RegisterR .... Krafka, Registerrecht, 12. Aufl. 2024
Kraft/Kreutz GesR .... Kraft/Kreutz, Gesellschaftsrecht, 12. Aufl. 2007
KRM/Bearbeiter .... Koller/Roth/Morck, HGB, 8. Aufl. 2015
Kropff .... Kropff, Aktiengesetz – Textausgabe, 1965
KSM/Bearbeiter/Bearbeiter ... Kirchhof/Söhn/Mellinghoff), Einkommensteuergesetz, Kommentar, Loseblatt, Stand: 348. EL März 2025
Kübler/Assmann GesR .... Kübler/Assmann, Gesellschaftsrecht, 6. Aufl. 2006
Küstner/Thume VertriebsR-
HdB I, II, III/Bearbeiter .... Küstner/Thume, Handbuch des gesamten Vertriebsrechts, Band 1: 5. Aufl. 2016; Band 2: 9. Aufl. 2014; Band 3: 4. Aufl. 2014
Landmann/Rohmer/
Bearbeiter .... Landmann/Rohmer, Gewerbeordnung, 93. Aufl. 2024
Langheid/Wandt/Bearbeiter ... Langheid/Wandt, Münchener Kommentar zum Versicherungsvertragsgesetz, 3. Aufl. 2022
Larenz/Canaris SchuldR BT
II/2 .... Larenz/Canaris, Lehrbuch des Schuldrechts, Band 2/2: Besonderer Teil, 13. Aufl. 1994
LBS/Bearbeiter .... Langenbucher/Bliesener/Spindler, Bankrechts-Kommentar, 3. Aufl. 2020
LBS EurUnternehmensR .... Lutter/Bayer/Schmidt, Europäisches Unternehmens- und Kapitalmarktrecht, 6. Aufl. 2018
Lettl HandelsR .... Lettl, Handelsrecht, 6. Aufl. 2025
Lutter/Bearbeiter .... Lutter (Begr.)/Bayer/Vetter, UmwG, 7. Aufl. 2024
Lutter/Hommelhoff/
Bearbeiter .... Bayer/Hommelhoff/Kleindiek, GmbH-Gesetz, 21. Aufl. 2023

MAH AktR/Bearbeiter	Schüppen/Schaub, Münchener Anwaltshandbuch Aktienrecht, 4. Aufl. 2024
MAH PersGesR/Bearbeiter	Gummert, Münchener Anwaltshandbuch Personengesellschaftsrecht, 4. Aufl. 2023
MAH VersR/Bearbeiter	Höra/Schubach, Münchener Anwaltshandbuch Versicherungsrecht, 5. Aufl. 2022
Melchior/Schulte HRV	Melchior/Schulte, Handelsregisterverordnung, 2. Aufl. 2009
MHdB ArbR/Bearbeiter	Kiel/Lunk/Oetker, Münchener Handbuch zum Arbeitsrecht, 6. Aufl. 2024/2025
MHdB GesR I/Bearbeiter	Gummert/Schäfer, Münchener Handbuch des Gesellschaftsrechts, Band 1: BGB-Gesellschaft, Offene Handelsgesellschaft, Partnerschaftsgesellschaft, EWIV, 6. Aufl. 2024
MHdB GesR II/Bearbeiter	Gummert/Schäfer, Münchener Handbuch des Gesellschaftsrechts, Band 2: Kommanditgesellschaft, GmbH & Co. KG, Publikums-KG, Stille Gesellschaft, 6. Aufl. 2024
MHdB GesR III/Bearbeiter	Wicke/Bachmann, Münchener Handbuch des Gesellschaftsrechts, Band 3: Gesellschaft mit beschränkter Haftung, 6. Aufl. 2023
MHdB GesR IV/Bearbeiter	Hoffmann-Becking/Austmann, Münchener Handbuch des Gesellschaftsrechts, Band 4: Aktiengesellschaft, 6. Aufl. 2024
MHdB GesR V/Bearbeiter	Beuthien/Gummert/Schöpflin, Münchener Handbuch des Gesellschaftsrechts, Band 5: Verein, Stiftung bürgerlichen Rechts, 5. Aufl. 2021
MHdB GesR VI/Bearbeiter	Leible/Reichert, Münchener Handbuch des Gesellschaftsrechts, Band 6: Internationales Gesellschaftsrecht, Grenzüberschreitende Umwandlungen, 5. Aufl. 2022
MHdB GesR VII/Bearbeiter	Born/Ghassemi-Tabar/Gehle, Münchener Handbuch des Gesellschaftsrechts, Band 7: Gesellschaftsrechtliche Streitigkeiten (Corporate Litigation), 6. Aufl. 2020
MHdB GesR VIII/Bearbeiter	Lieder/Ghassemi-Tabar, Münchener Handbuch des Gesellschaftsrechts, Band 8: Umwandlungsrecht, 6. Aufl. 2025
MHdB GesR IX/Bearbeiter	Bochmann/Scheller/J. Prütting, Münchener Handbuch des Gesellschaftsrechts, Band 9: Recht der Familienunternehmen, 6. Aufl. 2021
MHLS/Bearbeiter	Michalski/Heidinger/Leible/Schmidt, Kommentar zum Gesetz betreffend die Gesellschaften mit beschränkter Haftung (GmbH-Gesetz), 4. Aufl. 2023
Michalski OHG-R	Michalski, OHG-Recht – Kommentar zum Recht der offenen Handelsgesellschaften §§ 105–160 HGB, 2000
MKJH/Bearbeiter	Moritz/Klebeck/Jesch/Helios, Frankfurter Kommentar zum Kapitalanlagerecht, 2019
MMN/Bearbeiter	Meyer-Landrut/Miller/Niehus, Gesetz betreffend die Gesellschaften mit beschränkter Haftung (GmbH) einschließlich Rechnungslegung, 1987
Mock GesR	Mock, Gesellschaftsrecht, 2. Aufl. 2019
MSF VertriebsR-HdB/Bearbeiter	Martinek/Semler/Flohr, Handbuch des Vertriebsrechts, 5. Aufl. 2024
MüKoAktG/Bearbeiter	Goette/Habersack/Kalss, Münchener Kommentar zum Aktiengesetz, 5. Aufl. 2019, 6. Aufl. 2023 ff.
MüKoBGB/Bearbeiter	Säcker/Rixecker/Oetker/Limperg/Schubert, Münchener Kommentar zum Bürgerlichen Gesetzbuch, 9. Aufl. 2021 ff., 10. Aufl. 2025 ff.

Verzeichnis der abgekürzt zitierten Literatur

MüKoFamFG/Bearbeiter	Rauscher, Münchener Kommentar zum FamFG, 4. Aufl. 2025
MüKoGmbHG/Bearbeiter	Fleischer/Goette, Münchener Kommentar zum Gesetz betreffend die Gesellschaften mit beschränkter Haftung, 4. Aufl. 2022 f., 5. Aufl. 2025 f.
MüKoHGB/Bearbeiter	Drescher/Fleischer/K. Schmidt, Münchener Kommentar zum Handelsgesetzbuch, 5. Aufl. 2021 ff., 6. Aufl. 2025 ff.
MüKoInsO/Bearbeiter	Stürner/Eidenmüller/Schoppmeyer, Münchener Kommentar zur Insolvenzordnung, 4. Aufl. 2019
MüKoUWG/Bearbeiter	Heermann/Schlingloff, Münchener Kommentar zum Lauterkeitsrecht, 3. Aufl. 2019
MüKoZPO/Bearbeiter	Krüger/Rauscher, Münchener Kommentar zur ZPO, 7. Aufl. 2025
Musielak/Voit/Bearbeiter	Musielak/Voit, ZPO, 22. Aufl. 2025
Müther HandelsR	Müther, Handelsrecht, 2004
Müther HRegPrax	Müther, Das Handelsregister in der Praxis, 2. Aufl. 2007
MWHLW/Bearbeiter	Meilicke/Graf von Westphalen/Hoffmann/Lenz/Wolff, Partnerschaftsgesellschaftsgesetz, 3. Aufl. 2015
Neuner BGB AT	Neuner, Allgemeiner Teil des Bürgerlichen Rechts, 13. Aufl. 2023
NK-BGB/Bearbeiter	Heidel/Hüßtege/Mansel/Noack, Bürgerliches Gesetzbuch, 4. Aufl. 2021
NK-HGB/Bearbeiter	Heidel/Schall, HGB, 4. Aufl. 2024
NK-UmwR/Bearbeiter	Böttcher/Habighorst/Schulte, Umwandlungsrecht, 3. Aufl. 2024
NSH/Bearbeiter	Noack/Servatius/Haas, GmbH-Gesetz, 24. Aufl. 2025
Obermüller/Hess InsO/Bearbeiter	Obermüller/Hess, Insolvenzordnung (InsO) – Eine systematische Darstellung des neuen Insolvenzrechts, 4. Aufl. 2003
Oetker HandelsR	Oetker, Handelsrecht, 9. Aufl. 2025
Ohly/Sosnitza	Ohly/Sosnitza, Gesetz gegen den unlauteren Wettbewerb, 8. Aufl. 2023
Pfeiffer Handelsgeschäfte-HdB	Pfeiffer, Handbuch der Handelsgeschäfte, 1999
Piltz/Bredow	Piltz/Bredow, Incoterms, 2016
Prölss/Martin/Bearbeiter	Prölss/Martin, Versicherungsvertragsgesetz, 32. Aufl. 2024
Prütting/Helms/Bearbeiter	Prütting/Helms, FamFG, 6. Aufl. 2022
Prütting/Guntermann/Weller HandelsR/GesR	Prütting/Guntermann/Weller, Handels- und Gesellschaftsrecht, 11. Aufl. 2025
Rabe/Bahnsen	Rabe/Bahnsen, Seehandelsrecht, 5. Aufl. 2018
Reichert GmbH & Co. KG ...	Reichert, GmbH & Co. KG, 9. Aufl. 2024
Reithmann/Martiny IntVertragsR/Bearbeiter	Reithmann/Martiny, Internationales Vertragsrecht, 9. Aufl. 2021
RGHMW/Bearbeiter	Röhricht/Graf von Westphalen/Haas/Mock/Wöstmann, HGB – Kommentar, 6. Aufl. 2023
RGRK-BGB/Bearbeiter	Mitglieder des Bundesgerichtshofes/RGRK, Das Bürgerliche Gesetzbuch mit besonderer Berücksichtigung der Rechtsprechung des Reichsgerichts und des Bundesgerichtshofes, 12. Aufl. 2010
Ries RegisterR	Ries, Praxis- und Formularbuch zum Registerrecht, 5. Aufl. 2024
Römermann	Römermann, PartGG, 6. Aufl. 2024

Römermann COVInsAG	Römermann, COVInsAG, 2. Aufl. 2022
Römermann/Bearbeiter	Römermann, Insolvenzordnung, 49. EL Januar 2024
Rowedder/Pentz/Bearbeiter ...	Rowedder/Pentz, GmbH-Gesetz, 7. Aufl. 2022
RVJ/Bearbeiter	Raiser/Veil/Jacobs, Mitbestimmungsgesetz und Drittelbeteiligungsgesetz, 7. Aufl. 2020
RvWH/Bearbeiter	Röhricht/Graf von Westphalen/Haas, HGB – Kommentar, 5. Aufl. 2019
Schäfer Neues PersGesR/Bearbeiter	Schäfer, Das neue Personengesellschaftsrecht, 2023
Schäfer/Hamann/Bearbeiter ...	Schäfer/Hamann, Kapitalmarktgesetze – Kommentar zu WpHG, BörsG, BörsZulV, WpPG, VerkProspG, WpÜG, 7. Aufl. 2013
Schaps/Abraham	Schaps/Abraham, Seehandelsrecht, 4. Aufl. 1978
Schaub ArbR-HdB/Bearbeiter	Schaub, Arbeitsrechts-Handbuch, 20. Aufl. 2023
Schlechtriem/Schwenzer/Schroeter/Bearbeiter	Schlechtriem/Schwenzer/Schroeter, Kommentar zum UN-Kaufrecht (CISG), 8. Aufl. 2025
Schlegelberger/Bearbeiter	Schlegelberger, Handelsgesetzbuch, 5. Aufl. 1973
K. Schmidt GesR	K. Schmidt, Gesellschaftsrecht: Unternehmensrecht II, 4. Aufl. 2002
K. Schmidt HandelsR	K. Schmidt, Handelsrecht: Unternehmensrecht I, 6. Aufl. 2014
K. Schmidt InsO/Bearbeiter ...	K. Schmidt, Insolvenzordnung, 20. Aufl. 2023
K. Schmidt/Lutter/Bearbeiter	K. Schmidt/Lutter, AktG, 5. Aufl. 2024
Schmidt/Bearbeiter	L. Schmidt, EStG, 44. Aufl. 2025
Schmitt/Hörtnagl/Bearbeiter	Schmitt/Hörtnagl, Umwandlungsgesetz, Umwandlungssteuergesetz, 10. Aufl. 2024
Scholz/Bearbeiter	Scholz, GmbH-Gesetz, 13. Aufl. 2022
Schulte-Bunert/Weinreich/Bearbeiter	Schulte-Bunert/Weinreich, FamFG, 8. Aufl. 2025
Schwark/Zimmer/Bearbeiter	Schwark/Zimmer, Kapitalmarktrechts-Kommentar, 5. Aufl. 2020
Schwintowski BankR	Schwintowski, Bankrecht, 6. Aufl. 2022
SHT/Bearbeiter	Ströbele/Hacker/Thiering, Markengesetz, 14. Aufl. 2024
SLM	Schmidt-Kessel/Leutner/Müther, Handelsregisterrecht: HandelsregisterR, 2010
Soergel/Bearbeiter	Soergel, Bürgerliches Gesetzbuch mit Einführungsgesetz und Nebengesetzen (BGB), 14. Aufl. 2021
SSK Quellen HGB	Schubert/Schmiedel/Krampe, Quellen zum Handelsgesetzbuch von 1897, Bände I–III, 1897
SSL/Bearbeiter	Semler/Stengel/Leonard, Umwandlungsgesetz, 6. Aufl. 2025
Staub/Bearbeiter	Staub, Handelsgesetzbuch: HGB, 6. Aufl. 2021 ff.
Staudinger/Bearbeiter	J. von Staudingers Kommentar zum Bürgerlichen Gesetzbuch mit Einführungsgesetz, 13. Bearbeitung 1993 ff.
Stein/Jonas/Bearbeiter	Stein/Jonas, Kommentar zur Zivilprozessordnung, 23. Aufl. 2014
Sternal/Bearbeiter	Sternal, FamFG, 21. Aufl. 2023
Sudhoff Personengesellschaften	Sudhoff, Personengesellschaften, 8. Aufl. 2004
SWK/Bearbeiter	Schubert/Wißmann/Kleinsorge, Mitbestimmungsrecht, 6. Aufl. 2024
Thomas/Putzo/Bearbeiter	Thomas/Putzo, Zivilprozessordnung: ZPO, 46. Aufl. 2025

Verzeichnis der abgekürzt zitierten Literatur

TK-StGB/Bearbeiter	Eisele, Tübinger Kommentar zum StGB, 31. Aufl. 2025
UBH/Bearbeiter	Ulmer/Brandner/Hensen, AGB-Recht, 13. Aufl. 2022
UHL/Bearbeiter	Ulmer/Habersack/Löbbe, GmbHG – Gesetz betreffend die Gesellschaften mit beschränkter Haftung, Großkommentar, 2. Aufl. 2013 ff.
Uhlenbruck/Bearbeiter	Uhlenbruck, InsO, 15. Aufl. 2019
Ulmer UrhR/VerlagsR	Ulmer, Urheber- und Verlagsrecht, 3. Aufl. 1980
v. Gierke/Sandrock HandelsR I	von Gierke/Sandrock, Handels- und Wirtschaftsrecht, Band 1: Allgemeine Grundlagen, 1975
v. Godin/Wilhelmi	von Godin/Wilhelmi, Kommentar zum Aktiengesetz, 4. Aufl. 1972
Wachter/Bearbeiter	Wachter, AktG, 3. Aufl. 2018
WBA/Bearbeiter	Weitnauer/Boxberger/Anders, KAGB, 3. Aufl. 2021
WBS VerwR III	Wolff/Bachof/Stober, Verwaltungsrecht III, Band 3, 5. Aufl. 2004
Westermann/Wertenbruch PersGes-HdB/Bearbeiter	Westermann/Wertenbruch, Handbuch Personengesellschaften, Loseblatt, 90. EL September 2024
Wicke	Wicke, GmbHG, 5. Aufl. 2024
Widmann/Mayer/Bearbeiter	Widmann/Mayer, Umwandlungsrecht, 211. Aufl. 2024
Wiedemann GesR I, II	Wiedemann, Gesellschaftsrecht, Bd. 1: Grundlagen, 1980, Bd. 2: Recht der Personengesellschaften, 2004
Windbichler/Bachmann GesR	Windbichler/Bachmann, Gesellschaftsrecht, 25. Aufl. 2024
Winkler BeurkG	Winkler, Beurkundungsgesetz, 20. Aufl. 2022
WLP/Bearbeiter	Wolf/Lindacher/Pfeiffer, AGB-Recht, 7. Aufl. 2020
WP-HdB	Institut der Wirtschaftsprüfer in Deutschland e.V. (Hrsg.), Wirtschaftsprüfung und Rechnungslegung (WP Handbuch), 18. Aufl. 2023
ZLH ArbR	Zöllner/Loritz/Hergenröder, Arbeitsrecht, 7. Aufl. 2015
Zöller/Bearbeiter	Zöller, ZPO – Zivilprozessordnung, 36. Aufl. 2026
Zöllner WertpapierR	Zöllner, Wertpapierrecht, 14. Aufl. 1987

Handelsgesetzbuch

vom 10. Mai 1897 (RGBl. 1897, 219),
zuletzt geändert durch Gesetz vom 4. Februar 2026 (BGBl. 2026 I Nr. 33)

Einleitung HGB

Übersicht

I. Entstehung des HGB und Änderungen

Die 1874 einsetzenden Arbeiten zur Rechtseinheit auf dem Gebiet des Bürgerlichen Rechts[1] erforderten nach den abschließenden Beratungen zum BGB auch eine Harmonisierung der neuen Kodifikation mit dem Handelsrecht,[2] bei der zugleich aus den Erfahrungen mit dem ADHGB angemeldete Verbesserungsbedürfnisse Berücksichtigung finden sollten.[3] Die Gesetzgebungsarbeiten beschränkten sich jedoch auf eine „kleine", die Harmonisierung mit dem BGB beschränkende Lösung. Den Ausgangspunkt hierfür bildete ein Entwurf des RJA, der gemeinsam mit einer Denkschrift im Jahre 1896 veröffentlicht wurde. Nach nochmaliger Beratung und Überarbeitung wurde der Entwurf – wiederum verbunden mit einer Denkschrift – im Jahre 1897 zunächst dem Bundesrat und später dem Reichstag zugeleitet. Nach einigen Änderungen durch eine Kommission des Reichstages nahm dieser das **HGB** sowie das zugehörige **Einführungsgesetz** am 7.4.1897 in dritter Lesung an. Die Verkündung erfolgte am 21.5.1897 (RGBl. 1897, 219). 1

Das HGB erfuhr seit seinem Inkrafttreten zahlreiche **Änderungen,** von denen nachfolgend lediglich die wesentlichen und neueren wiedergegeben werden.[4] Den ersten großen Einschnitt bewirkte die Herauslösung des Aktienrechts aus dem HGB[5] und dessen Verselbständigung im AktG vom 30.1.1937 (RGBl. 1937 I 107). Aus der Zeit nach Gründung der Bundesrepublik Deutschland[6] ist zunächst das Gesetz über die Kaufmannseigenschaft von Handwerkern vom 31.3.1953 (BGBl. 1953 I 106)[7] sowie die umfassende Reform durch das Gesetz vom 6.8.1953 (BGBl. 1953 I 771)[8] zu nennen, nachdem das Bereinigungsgesetz vom 18.4.1950 (BGBl. 1950, 90) zuvor weitgehend den Rechtszustand vom 1.9.1939 wiederhergestellt hatte.[9] Während das Arbeitsrechtsbereinigungsgesetz vom 14.8.1969 (BGBl. 1969 I 1106) sowie das BBiG vom 14.8.1969 (BGBl. 1969 I 1112) die Vorschriften über Handlungsgehilfen an die vereinheitlichten arbeitsrechtlichen Bestimmungen anpasste sowie diejenigen zum Recht der Handlungslehrlinge aufhob, berührte das Gesetz zur Durchführung der Publizitätsrichtlinie[10] vom 15.8.1969 (BGBl. 1969 I 1146; → Rn. 51 f., → § 15 Rn. 4 f.) mit § 15 eine Zentralnorm des Handelsregisterrechts. Hierdurch wurde § 15 Abs. 2 nicht 2

[1] Im Überblick dazu zB MüKoBGB/Säcker BGB Einl. Rn. 41 f.

[2] Staub/Grundmann Einl. Rn. 18 ff.; MüKoHGB/K. Schmidt/Fleischer Vor § 1 Rn. 22.

[3] Zur Entstehung im Überblick Bergfeld in Coing, Handbuch der Quellen und Lit. der neueren europäischen Privatrechtsgeschichte, Bd. III/1, 1986, 2852 (2959 ff.). Umfassende Zusammenstellung der Quellen durch Schubert/Schmiedel/Krampe (Hrsg.), Quellen zum Handelsgesetzbuch von 1897, 1986.

[4] Im Detail bis zum Jahre 1980 die Übersicht bei Staub/Brüggemann, 4. Aufl. 1995, Rn. 21; für den nachfolgenden Zeitraum zB die Zusammenstellungen von Hopt/Merkt Einl. v. § 1 Rn. 12 ff.; MüKoHGB/K. Schmidt/Fleischer Vor § 1 Rn. 27.

[5] Zu den aus dem ADHGB übernommenen Vorschriften Schubert ZGR 1981, 285 ff.

[6] Zur Fortgeltung des HGB als Bundesrecht s. Art. 125 GG.

[7] Näher dazu Staub/Brüggemann, 4. Aufl. 1995, Vor § 1 Rn. 11 ff.

[8] Dazu zB J. v. Gierke ZHR 117 (1955), 138 ff.

[9] Zur Rechtsentwicklung im Saarland Staub/Oetker, 5. Aufl. 2010, Einl. Rn. 40 mwN.

[10] RL 68/151/EWG, ABl. EG 1968 L 65, 8; → Rn. 51.

nur S. 2 angefügt, sondern vor allem mit § 15 Abs. 3 erstmals die Publizität des Handelsregisters bzw. entsprechender Bekanntmachungen in positiver Hinsicht erfasst (→ § 15 Rn. 53 ff.). Aus den nachfolgenden Änderungen ist neben dem Gesetz vom 13.5.1976 (BGBl. 1976 I 1197),[11] das die Kaufmannseigenschaft der Land- und Forstwirte sowie den Ausgleichsanspruch des Handelsvertreters betraf, das Bilanzrichtlinien-Gesetz vom 19.12.1985 (BGBl. 1985 I 2355) hervorzuheben, mit dem das Bilanzrecht an die unionsrechtlichen Vorgaben angepasst wurde (→ Rn. 59) und seitdem im Dritten Buch des HGB zusammengefasst ist.

3 Zwei große Einschnitte in das HGB bewirkten das **Handelsrechtsreformgesetz** vom 22.6.1998 (BGBl. 1998 I 1474)[12] sowie das Transportrechtsreformgesetz vom 25.6.1998 (BGBl. 1998 I 1588, ber. BGBl. 1999 I 42).[13] Das HRRefG beruhte vor allem auf dem Bericht der Bund-Länder-Arbeitsgruppen „Handelsrecht und Handelsregister"[14] aus dem Jahre 1994. Die Änderungen durch das HRRefG[15] betrafen insbesondere die geänderte Konzeption zur **Kaufmannseigenschaft.**[16] An die Stelle des auf enumerativ aufgezählte Grundhandelsgewerbe beschränkten Istkaufmanns (§ 1 Abs. 2 aF) und des hiermit korrespondierenden Minderkaufmanns (§ 4 aF) trat die Kaufmannseigenschaft kraft Gesetzes aufgrund des Betriebs eines Handelsgewerbes (§ 1 Abs. 1). Unter Verzicht auf die Kategorie der Sollkaufleute (§ 2 aF) wurde zudem allen kleingewerblichen Unternehmen der Zugang zum Handelsrecht durch eine Eintragungsoption eröffnet (§ 2 S. 1), sofern das Gesetz nicht ohnehin auch für derartige Unternehmen anzuwenden ist (zB § 84 Abs. 4, § 93 Abs. 3; näher → § 2 Rn. 32 ff.). Der zweite Komplex des HRRefG betraf das **Firmenrecht,** das umfassend liberalisiert wurde, indem für die Firmenbildung seitdem allein die Kennzeichnungskraft sowie die Unterscheidbarkeit entscheidend ist (→ § 18 Rn. 6 ff., → § 18 Rn. 10 ff.) und zudem die registergerichtliche Kontrolle der einzutragenden Firma auf eine Evidenzprüfung zurückgenommen wurde (§ 18 Abs. 2; → § 18 Rn. 21 f.).[17] Ferner führte das Reformgesetz für im Handelsregister eingetragene Einzelkaufleute die obligatorisch zu führende Bezeichnung „eingetragener Kaufmann" bzw. „eingetragene Kauffrau" ein (§ 19 Abs. 1 Nr. 1) und trug mit einer Bestimmung zu den Pflichtangaben in Geschäftsbriefen (§ 37a) den Informationsinteressen des Handelsverkehrs Rechnung.

4 Das nahezu zeitgleich in Kraft getretene **Transportrechtsreformgesetz**[18] zielte vor allem auf eine umfassende Bereinigung und Vereinheitlichung des Transportrechts ab und fasste insbesondere die Bestimmungen zum Frachtvertrag neu, die zugleich die Basisregeln für weitere spezielle Verträge des Transportwesens zur Verfügung stellen (Umzugsvertrag, Speditionsvertrag, Lagervertrag). Einschneidende Änderungen im HGB bewirkte nachfolgend das Gesetz zur **Reform des Seehandelsrechts** vom 20.4.2013 (BGBl. 2013 I 831). In dessen Zentrum stand die Neufassung des Fünften Buches, in dem das Seehandelsrecht neu strukturiert und modernisiert wurde (→ Vor § 476 Rn. 1).[19] Hierzu zählten neben der Abschaffung überholter Einrichtungen (zB Partenreederei) insbesondere die Anpassung des Seefrachtrechts an internationale Regeln.[20] Zudem glich das Reformgesetz in diesem Zusammenhang die Bestimmungen über die Unfallhaftung von Beförderern von

---

[11] Dazu zB Hofmann NJW 1976, 1297 ff.; v. Olshausen ZHR 141 (1977), 93 ff.; Raisch FS Ballerstedt, 1975, 443 (451 ff.).

[12] Dazu zB Bülow/Artz JuS 1998, 680 ff.; Bydlinski ZIP 1998, 1169 ff.; Körber Jura 1998, 452 ff.; Lieb (Hrsg.), Die Reform des Handelsstandes und der Personengesellschaften, 1999; Priester DNotZ 1998, 691 ff.; Saenger FS Leser, 1998, 199 ff.; Schaefer DB 1998, 1269 ff.; K. Schmidt NJW 1998, 2161 ff.; Treber AcP 199 (1999), 525 (530 ff.) sowie die Zwischenbilanz von K. Schmidt JZ 2003, 585 ff. Aus der Entstehungsgeschichte Begr. RegE, BT-Drs. 13/8444 und Bericht des Rechtsausschusses, BT-Drs. 13/10332.

[13] Aus der Entstehungsgeschichte Begr. RegE, BT-Drs. 13/8445 sowie Bericht RA, BT-Drs. 13/10014; Basedow ZHR 161 (1997), 186 ff.; im Überblick zu den Neuregelungen Herber NJW 1998, 3297 ff.

[14] BMJ (Hrsg.), Reform des Handelsrechts und Handelsregisterrechts, 1994 = Beilage Nr. 148a zum BAnz. vom 9.8.1994 (auszugsweise abgedruckt in ZIP 1994, 1898 ff.); dazu auch Niederleithinger ZIP 1995, 597 (598 f.); K. Schmidt DB 1994, 515 ff.

[15] RefE auszugsweise abgedruckt in ZIP 1996, 1401 ff. Zum RefE bzw. RegE zB Henssler ZHR 161 (1997), 13 (44 ff.); Kögel BB 1997, 793 ff.; Krebs DB 1996, 2013 ff.; K. Schmidt ZIP 1997, 909 ff.

[16] Zur Kritik an der früheren Konzeption zusammenfassend Ebenroth/Boujong/Kindler Vor §§ 1–7 Rn. 14 ff. sowie auch Begr. RegE, BT-Drs. 13/8444, 22 f.; ferner Henssler ZHR 161 (1997), 13 (22 ff.); Kort AcP 193 (1993), 453 (455); Neuner ZHR 157 (1993), 243 (257, 285).

[17] Dazu im Überblick W. H. Roth in Lieb (Hrsg.), Die Reform des Handelsstandes und der Personengesellschaften, 1999, 31 ff.; zuvor Fezer ZHR 161 (1997), 52 ff.

[18] Im Überblick zB Herber NJW 1998, 3297 ff.

[19] Zum RegE s. BT-Drs. 17/10309; zu den in das Gesetz übernommenen Empfehlungen des Rechtsausschusses s. BT-Drs. 17/11884; zur Reform zB Czerwenka TranspR 2011, 249 ff.; Herber TranspR 2012, 269 ff.; Koller VersR 2011, 1209 ff.; Paschke/Ramming RdTW 2013, 1 ff.; Rabe TranspR 2011, 323 ff.; Ramming RdTW 2013, 303 ff.; zu den vorangehenden Vorschlägen der Sachverständigengruppe zB Herber TranspR 2009, 445 ff.

[20] Dazu näher Paschke RdTW 2013, 457 ff.

Reisenden auf See an das Unionsrecht[21] an. Die Umstrukturierung des Seefrachtrechts wurde schließlich zum Anlass genommen, auch das allgemeine Transportrecht mit dem Ziel einer Harmonisierung zu überarbeiten.[22] Ferner griff der Gesetzgeber den gutgläubigen Erwerb des gesetzlichen Pfandrechts des Kommissionärs (§ 397; → § 397 Rn. 1, → § 397 Rn. 6 ff.), des Frachtführers (§ 441), des Spediteurs (§ 464) sowie des Lagerhalters (§ 475b) auf und modifizierte im Hinblick darauf § 366 Abs. 3 (→ § 366 Rn. 60 ff.) und § 368 Abs. 2 (→ § 368 Rn. 5 ff.).[23]

Weitere Änderungen des HGB erfolgten durch das **SchRModG** vom 26.11.2001 (BGBl. 2001 I 3138),[24] das **Transparenz- und Publizitätsgesetz** vom 19.7.2002 (BGBl. 2002 I 2681), das **Bilanzrechtsreformgesetz** vom 4.12.2004 (BGBl. 2004 I 3166) und das Gesetz über elektronische Handelsregister und Genossenschaftsregister sowie das Unternehmensregister **(EHUG)** vom 10.11.2006 (BGBl. 2006 I 2553).[25] Das **MoMiG** vom 1.11.2008 (BGBl. 2008 I 2026) führte neben Änderungen zur registerrechtlichen Behandlung inländischer Zweigniederlassungen von Auslandsgesellschaften zur Änderung von § 130a sowie zur Aufhebung von § 130b und § 172a, deren Regelungsanliegen in die Insolvenzordnung eingefügt wurden (s. insbesondere § 15a InsO), während sich das **FGG-RG** vom 17.12.2008 (BGBl. 2008 I 2586) in Art. 69 FGG-RG in der Regel auf redaktionelle Korrekturen des HGB beschränkte. Durch das Urteil des EuGH vom 26.3.2009 in der Rechtssache „Semen"[26] wurden die hiervon betroffenen Bestimmungen zum **Ausgleichsanspruch des Handelsvertreters (§ 89b Abs. 1)** an die vom EuGH vorgegebene Auslegung des Art. 17 Handelsvertreter-RL[27] angepasst.[28] Einschneidende Änderungen bewirkte die neuere Gesetzgebung für das Bilanzrecht. Das gilt vor allem für das Gesetz zur Modernisierung des Bilanzrechts **(BilMoG)**[29] vom 25.5.2009 (BGBl. 2009 I 1102), auf das kleinere Änderungen ua infolge des Gesetzes zur Umsetzung der Aktionärsrichtlinie **(ARUG)** vom 30.7.2009 (BGBl. 2009 I 2479), sowie des Gesetzes zur Angemessenheit der Vorstandsvergütung **(VorstAG)** vom 31.7.2009 (BGBl. 2009 I 2509) folgten. Geringfügige Folgeänderungen nahmen ferner das Gesetz zur Modernisierung des Finanzanlagenvermittler- und Vermögensanlagenrechts vom 9.12.2011 (BGBl. 2011 I 2481) sowie das Gesetz zur Änderung von Vorschriften über Verkündungen und Bekanntmachungen vom 22.12.2011 (BGBl. 2011 I 3044) vor. Bedeutsamer waren demgegenüber die Erleichterungen für die Kleinstkapitalgesellschaften bezüglich der Offenlegungspflichten durch das Gesetz vom 20.12.2012 (BGBl. 2012 I 2751) im Bilanzrecht **(MicroBilG)**, durch die die Vorgaben der RL 2012/6/EU (→ Rn. 59) umgesetzt wurden,[30] sowie die Fortentwicklungen bei Verstößen gegen Offenlegungspflichten mit dem Gesetz zur Änderung des Handelsgesetzbuchs **(HGBÄndG)** vom 4.10.2013 (BGBl. 2013 I 3746).[31] Nach kleineren Änderungen durch das Gesetz vom 15.7.2014 (BGBl. 2014 I 934), die § 340e betrafen, wurde das HGB durch das Gesetz zur Umsetzung der **RL 2012/17/EG** (→ Rn. 53) vom 22.12.2014 (BGBl. 2014 I 2409) geändert, das insbesondere zur Einfügung von § 9b sowie zur Neufassung von § 26 HRV geführt hat.[32] Weitere Änderungen im Bilanzrecht erfolgten durch Art. 2 Abs. 1 Gesetz zur **Modernisierung der Finanzaufsicht über Versicherungen** vom 1.4.2015 (BGBl. 2015 I 34) und Art. 11 **Gesetz über die gleichberechtigte Teilhabe von Frauen und Männern an Führungspositionen in der Privatwirtschaft und im öffentlichen Dienst** vom 24.4.2015 (BGBl. 2015 I 642). Dieses hat auch die in dem Lagebericht abzugebende Erklärung zur Unternehmensführung (§ 289f) inhaltlich erweitert und auf die Erfüllung 5

---

[21] S. VO (EG) Nr. 392/2009 des Europäischen Parlaments und des Rates vom 23.4.2009 über die Unfallhaftung von Beförderern von Reisenden auf See, ABl. EG 2009 L 131, 24.

[22] S. Paschke/Ramming RdTW 2013, 1 ff.; Ramming RdTW 2013, 303 ff.

[23] Näher zB K. Schmidt NJW 2014, 1 ff.; Wilhelm DB 2014, 406 ff.

[24] Dazu auch Canaris FS Konzen, 2006, 43 ff.

[25] Dazu Begr. RegE, BT-Drs. 16/960; Dauner-Lieb/Linke DB 2006, 767 ff.; Meyding/Bödeker BB 2006, 1009 ff.; Spindler WM 2006, 109 ff.

[26] EuGH Slg. 2009, I-2341 = DStR 2009, 759.

[27] ABl. EG 1986 L 382, 17; → Rn. 55 ff.

[28] S. Art. 6a Gesetz zur Neuregelung der Rechtsverhältnisse bei Schuldverschreibungen aus Gesamtemissionen und zur verbesserten Durchsetzung von Ansprüchen von Anlegern aus Falschberatung vom 31.7.2009 (BGBl. 2009 I 2512); speziell dazu Christoph NJW 2010, 647 ff.; Thume BB 2009, 2490 ff.; Thume VersR 2012, 665 ff.; Wauschkuhn/Fröhlich BB 2010, 524 ff.

[29] Zum RegE BT-Drs. 16/10067; dazu zB Ernst/Seidler BB 2007, 2557 ff.; Herzig DB 2008, 1 ff.; Luttermann ZIP 2008, 1605 ff.; Oser/Wader/Drögemüller/Roß WPg. 2008, 49 ff. (105 ff.); Stellungnahme des Arbeitskreises Bilanzrecht BB 2008, 152 ff. (209 ff.) und des DAV-Handelsrechtsausschusses NZG 2008, 183.

[30] Dazu RegE BT-Drs. 17/11292; Beschlussempfehlungen des Rechtsausschusses BT-Drs. 17/11702; ferner Theile GmbHR 2012, 1112 ff.

[31] Zum RegE BT-Drs. 17/13617 und BT-Drs.17/13964; zum Bericht des Rechtsausschusses BT-Drs. 17/14204; im Überblick Kaufmann/Kurpat MDR 2014, 1 ff.; Petersen/Busch/Froschhammer WPg. 2013, 905 ff.

[32] S. RegE, BT-Drs. 18/2137; ferner Beschlussempfehlungen und Bericht des Ausschusses für Recht und Verbraucherschutz, BT-Drs. 18/3438; näher dazu Heinemann FGPrax 2015, 1 ff.; Stiegler NotBZ 2015, 329 ff.

der in § 96 Abs. 2 und 3 AktG vorgegebenen Mindestanteile von Frauen und Männern bei der Besetzung des Aufsichtsrats sowie die Zielgrößen für den Frauenanteil in Führungspositionen und die Fristen für deren Erreichung ausgedehnt.[33]

6 Die nachfolgenden Änderungen des Gesetzes betrafen insbesondere das Bilanzrecht. Hervorzuheben sind insofern das der Umsetzung der Bilanz-RL (RL 2013/14/EU; → Rn. 60) dienende Bilanzrichtlinien-Umsetzungsgesetz **(BilRUG)** vom 17.7.2015 (BGBl. 2015 I 1245)[34] sowie das Abschlussprüferaufsichtsreformgesetz **(APAReG)** vom 31.3.2016 (BGBl. 2016 I 518) und das Abschlussprüfungsreformgesetz **(AReG)** vom 10.5.2016 (BGBl. 2016 I 1142), die beide die Vorgaben der RL 2014/56/EU sowie der VO (EG) 537/2014 (→ Rn. 60) umsetzten.[35] Größere Eingriffe in das Bilanzrecht bewirkte ferner die **Umsetzung der CSR-RL** (RL 2014/95/EU; → Rn. 60),[36] in deren Zentrum insbesondere die Ausweitung des Lageberichts auf eine „nichtfinanzielle Erklärung" (§§ 289b f.) steht.[37] Ferner wurden durch die **Aktienrechtsnovelle 2016** vom 22.12.2015 (BGBl. 2015 I 2029) § 13f Abs. 2 S. 3 sowie § 130a Abs. 2 S. 1 redaktionell geändert und in § 108 die Pflicht zur Anmeldung durch sämtliche Gesellschafter aufgehoben, wenn lediglich die inländische Geschäftsanschrift verändert wird (→ 7. Aufl. 2021, § 108 Rn. 4). Weitere kleinere Änderungen des Registerrechts erfolgten nachfolgend durch die Zehnte Zuständigkeitsanpassungsverordnung vom 31.8.2015 (BGBl. 2015 I 1474), das Gesetz zur Umsetzung der Transparenzrichtlinie-Änderungsrichtlinie vom 20.11.2015 (BGBl. 2015 I 2029) sowie das Erste Finanzmarktnovellierungsgesetz vom 30.6.2016 (BGBl. 2016 I 1514). Schließlich glich Art. 5 Zweites Gesetz zur Änderung der Haftungsbeschränkung in der Binnenschifffahrt vom 5.7.2016 (BGBl. 2016 I 1578) die Verweisung in § 536 Abs. 1 S. 2 redaktionell an die geänderten Bestimmungen des Binnenschifffahrtsgesetzes an. Die nachfolgenden Änderungen des HGB betrafen neben dem Bilanzrecht vor allem das Registerrecht. So führte neben kleineren Korrekturen der §§ 8b und 9 (→ § 8b Rn. 3 aE; → § 9 Rn. 1) Art. 7 Gesetz vom 17.7.2017 (BGBl. 2017 I 2541) zur Einfügung von § 10a, um das Registerrecht an die Vorgaben der VO (EU) 2016/679 (DS-GVO) anzupassen (→ § 10a Rn. 1). Die seitdem in Kraft getretenen Gesetzesänderungen betrafen wiederum vor allem das Bilanzrecht; abgesehen von verschiedenen redaktionellen Anpassungen[38] kam es infolge der **Umsetzung der zweiten Aktionärsrechterichtlinie** durch das **ARUG II** zu Änderungen ua in § 289f und § 325a[39] sowie zwecks **Umsetzung der Transparenzrichtlinie-Änderungsrichtlinie** (RL 2013/50/EU) zu weiteren zahlreichen Änderungen der bilanzrechtlichen Vorschriften.[40] Lediglich redaktioneller Natur waren die Änderungen der Ministeriumsbezeichnung bei den Verordnungsermächtigungen in den §§ 408, 443, 475c, 516 und § 526 („Bundesministerium des Innern, für Bau und Heimat" statt zuvor „Bundesministerium des Innern").[41] Bedeutsamer sind die Aufhebung von § 130a sowie die Neufassung des § 177a durch Art. 14 SanInsFoG, in Kraft getreten am 1.1.2021;[42] die bisherige Sonderregelung in § 130a ist in der neu geschaffenen allgemeinen Haftungsnorm (§ 15b InsO) aufgegangen.

[33] Dazu zB Schüppen/Walz WPg 2015, 1155 ff.; Seibt/Kraack in Hohenstatt/Seibt, Geschlechter- und Frauenquoten in der Privatwirtschaft, 2015, Rn. 247 ff.; Seidler BB 2016, 939 ff.

[34] S. dazu Begr. RegE, BT-Drs. 18/4050, 4351; zu den Beschlussempfehlungen des Ausschusses für Recht und Verbraucherschutz s. BT-Drs. 18/5256; näher zB Hirte NZG 2016, 819 ff.; Oser/Orth/Wirtz DB 2015, 1729 ff.; Zwirner/Petersen WPg 2015, 811 ff.; Zwirner/Busch Der Konzern 2016, 113 ff.

[35] Weitere Änderungen des Bilanzrechts erfolgten durch das Kleinanlegerschutzgesetz vom 3.7.2015 (BGBl. 2015 I 114), das Bürokratieentlastungsgesetz vom 28.7.2015 (BGBl. 2015 I 1400), die Zehnte Zuständigkeitsanpassungsverordnung vom 31.8.2015 (BGBl. 2015 I 1474), das Gesetz zur Umsetzung der Transparenzrichtlinie-Änderungsrichtlinie vom 20.11.2015 (BGBl. 2015 I 2029), die Aktienrechtsnovelle 2016 vom 22.12.2015 (BGBl. 2015 I 2565) sowie das Gesetz zur Umsetzung der Wohnimmobilienkreditrichtlinie vom 11.3.2016 (BGBl. 2016 I 396).

[36] Dazu zB Eufinger EuZW 2015, 424 ff.; Klene WM 2018, 308 ff.; Müller/Stawinoga/Velte DB 2015, 2217 ff.; Roth-Mingram NZG 2015, 1341 ff.; Schön ZHR 180 (2016), 279 ff.; Spießhofer NZG 2014, 1281 ff.; allg. zur CSR-Diskussion zuvor zB Anstutz, Die soziale Verantwortung von Unternehmen im Europäischen Recht, 2010; Hüttemann AG 2009, 774 ff.; Mülbert AG 2009, 766 ff.

[37] Zum RegE CSR-RL-Umsetzungsgesetz s. BT-Drs. 18/9982; zur Stellungnahme des BR und der Gegenäußerung der BReg. s. BT-Drs. 18/10344 sowie zum Bericht des BT-RA, BT-Drs. 18/11450; zum RegE Kreipl/Müller DB 2016, 2425 ff.; Nietsch NZG 2016, 1330 ff.; Seibt DB 2016, 2707 ff.; zum RefE vom 11.3.2016 Kumm/Reto Der Konzern 2016, 218 ff.

[38] S. Art. 3 Gesetz vom 10.7.2018 (BGBl. 2018 I 1102), Art. 5 Abs. 13 Gesetz vom 21.6.2019 (BGBl. 2019 I 846) sowie Art. 8 Abs. 4 Gesetz vom 8.7.2019 (BGBl. 2019 I 1002).

[39] Im Einzelnen Art. 3 Gesetz zur Umsetzung der zweiten Aktionärsrechterichtlinie (ARUG II) vom 12.12.2019 (BGBl. 2019 I 2637).

[40] S. dazu Art. 1 Gesetz zur weiteren Umsetzung der Transparenzrichtlinie-Änderungsrichtlinie im Hinblick auf ein einheitliches elektronisches Format für Jahresfinanzberichte vom 12.8.2020 (BGBl. 2020 I 1874).

[41] Art. 184 Elfte Zuständigkeitsanpassungsverordnung vom 19.6.2020 (BGBl. 2020 I 1328).

[42] Sanierungs- und Insolvenzrechtsfortentwicklungsgesetz vom 22.12.2020 (BGBl. 2020 I 3256); zum RegE SanInsFoG s. BR-Drs. 619/20; Bitter GmbHR 2020, 1157 ff.

Abgesehen von den in → Rn. 6 skizzierten Änderungen des HGB sowie mehreren Änderungen in den Vorschriften zur Rechnungslegung[43] führte die bis zum 1.8.2021 vorzunehmende Umsetzung der RL (EU) 2019/1151 zum **Einsatz digitaler Werkzeuge und Verfahren** im Gesellschaftsrecht[44] zu Korrekturen im Registerrecht (→ § 8 Rn. 13). Vollzogen wurden diese durch das Gesetz zur Umsetzung der Digitalisierungsrichtlinie[45] **(DiRUG)** vom 5.7.2021 (BGBl. 2021 I 3338), das insbesondere zu zahlreichen Änderungen im Handelsregisterrecht führte.[46] Wesentlich einschneidendere Änderungen betreffen das Personengesellschaftsrecht, da der zwischen CDU, CSU und SPD für die 19. Legislaturperiode abgeschlossene Koalitionsvertrag vom 14.3.2018 in Fortführung der bisherigen rechtspolitischen Diskussion[47] eine **Reform des Personengesellschaftsrechts** avisierte,[48] die insbesondere auf das Recht der BGB-Gesellschaft abzielt, über die Verweisungen in § 105 Abs. 3 und § 161 Abs. 2 aber auch die Rechtslage bei der OHG und der KG prägt. Die vom BMJV hierfür im Herbst 2018 eingesetzte Expertenkommission[49] schloss ihre Arbeit im Frühjahr 2020 ab und veröffentlichte am 20.4.2020 den Entwurf eines Gesetzes zur Modernisierung des Personengesellschaftsrechts **(MoPeG) (sog. Mauracher-Entwurf).**[50] Er zielte, die bisherige rechtspolitische Diskussion aufgreifend, im Kern auf eine umfassende Reform des Rechts der BGB-Gesellschaft, schlug darüber hinaus aber auch zahlreiche Änderungen für das Recht der OHG und der KG vor, die ua dazu führten, dass das Normgefüge der OHG in den §§ 105–160 vollständig neugefasst werden sollte (→ § 105 Rn. 168 ff.; → § 161 Rn. 220 ff.). Zudem strahlen die Änderungen für die BGB-Gesellschaft über die jeweiligen Verweisungsnormen auch auf das Recht der Personenhandelsgesellschaften aus. Aufgrund der Vorarbeiten des Mauracher-Entwurfs konnte das Gesetzgebungsverfahren sehr zügig abgeschlossen werden. Dem Gesetzesentwurf der Bundesregierung vom 17.3.2021[51] folgten am 22. und 23.6.2021 die Beschlussempfehlungen und der Bericht des BT-RA,[52] die abschließende 2./3. Lesung im Deutschen Bundestag am 24.6.2021 sowie die Verkündung des Gesetzes am 17.8.2021.[53] Nach Art. 137 S. 1 MoPeG sind insbesondere die in Art. 51 MoPeG zusammengefassten Änderungen des HGB am 1.1.2024 in Kraft getreten. 7

Die mit Gesetz vom 22.2.2023 vollzogene **Umsetzung der Umwandlungs-RL**[54] durch das UmRUG (BGBl. 2023 I Nr. 51) führte auch zu Änderungen im HGB (s. Art. 6 UmRUG). Neben registerrechtlichen Ergänzungen in § 9b, die den Besonderheiten grenzüberschreitender Umwandlungen Rechnung tragen (→ § 9b Rn. 11), wurde auf Grund der Beschlussempfehlungen des 7a

---

[43] S. Art. 7 Gesetz zur Umsetzung der Richtlinie (EU) 2019/2034 über die Beaufsichtigung von Wertpapierinstituten vom 12.5.2021 (BGBl. 2021 I 990); Art. 11 Finanzmarktintegritätsstärkungsgesetz vom 3.6.2021 (BGBl. 2021 I 1534); Art. 10 Fondsstandortgesetz vom 7.8.2021 (BGBl. 2021 I 1498); Art. 5 Gesetz zur Ergänzung und Änderung der Regelungen für die gleichberechtigte Teilhabe von Frauen an Führungspositionen in der Privatwirtschaft und im öffentlichen Dienst vom 7.8.2021 (BGBl. 2021 I 3311); Art. 11 Finanzmarktintegritätsstärkungsgesetz vom 3.6.2021 (BGBl. 2021 I 1534).

[44] ABl. EU 2019 L 186, 80; dazu Bormann/Stelmazcyk NZG 2019, 601 ff.; Lieder NZG 2020, 81 ff.; Omlor DStR 2019, 2544 ff.; zu dem zuvor seitens der Kommission, KOM (2018) 239 endg., vorgelegten Vorschlag Knaier GmbHR 2018, 1324 ff.; Lieder NZG 2018, 1081 ff.; Noack DB 2018, 1324 ff.; J. Schmidt Der Konzern 2018, 229 ff.

[45] Zum RegE BT-Drs. 20/1672 und BT-Drs. 20/2163 sowie zum Bericht RA BT-Drs. 20/2391; ferner Heckschen/Knaier NZG 2021, 1093 ff.; Meier/Szalai ZNotP 2021, 306 ff.; Omlor/Blöcher DStR 2021, 2352 ff.

[46] Nachfolgend zusätzlich die Änderung von § 12 durch Art. 1 Gesetz zur Ergänzung der Regelungen zur Umsetzung der Digitalisierungsrichtlinie und zur Änderung weiterer Vorschriften vom 15.7.2022 (BGBl. 2022 I 1146).

[47] Dazu insbes. Verh. 71. DJT 2016 in Hannover, Bd. I (Gutachten), Bd. II/2 Sitzungsberichte (O 115 ff.) und Beschlüsse (O 219 ff.), hierzu auch H.P. Westermann NZG 2017, 927 ff.

[48] Koalitionsvertrag zwischen CDU, CSU und SPD für die 19. Legislaturperiode, 131 Zeile 6162–6165.

[49] Bestehend aus den Prof. Dres. Barbara Grunewald, Carsten Schäfer, Frauke Wedemann und Johannes Wertenbruch, dem ehem. Vorsitzenden des II. Zivilsenats des BGH Prof. Dr. Alfred Bergmann, den Rechtsanwälten Dr. Gabriele Rosskopf und Dr. Thomas Liebscher sowie dem Notar Dr. Marc Hermanns.

[50] Dazu im Überblick Bachmann NZG 2020, 612 ff.; Bergmann DB 2020, 1295 ff.; Fleischer DB 2020, 1107 ff.; Heckschen NZG 2020, 761 ff.; Hippeli DZWIR 2020, 386 ff.; Noack NZG 2020, 581 ff.; Otte-Gräbener BB 2020, 1295 ff.; Punte/Klemens/Sambulski ZIP 2020, 1230 ff.; Schäfer ZIP 2020, 1149 ff.; Schall ZIP 2020, 1443 ff.; Wertenbruch GmbHR 2020, R196 ff.; H.P. Westermann DZWIR 2020, 321 ff. sowie die Stellungnahme des Handelsrechtsausschusses des DAV, NZG 2020, 1133 ff.

[51] BT-Drs. 19/27635.

[52] BT-Drs. 19/30942 (Beschlussempfehlungen), BT-Drs. 19/31105 (Bericht).

[53] Gesetz zur Modernisierung des Personengesellschaftsrechts (Personengesellschaftsrechtsmodernisierungsgesetz – MoPeG) vom 10.8.2021 (BGBl. 2021 I 3436); dazu im Überblick Wertenbruch JZ 2023, 78 ff.

[54] RL (EU) 2019/2121 des Europäischen Parlaments und des Rates vom 27.11.2019 zur Änderung der Richtlinie (EU) 2017/1132 in Bezug auf grenzüberschreitende Umwandlungen, Verschmelzungen und Spaltungen, ABl. EU 2019 L 321, 1.

Rechtsausschusses[55] die Vorschrift zur **elektronischen Transportversicherungspolice** (§ 365a) neu geschaffen (→ § 365a Rn. 1) und ermöglicht nunmehr die Anerkennung als handelsrechtliches Wertpapier.[56] Mit dieser Erweiterung wird eine Entwicklung fortgeschrieben, die das HGB im Transportrecht bereits für andere handelsrechtliche Wertpapiere eröffnet hatte (s. § 408 Abs. 3 für Frachtbriefe, § 443 Abs. 3 für Ladescheine, § 475c Abs. 4 für Lagerscheine, § 516 Abs. 2 und 3 für Konnossemente, § 526 Abs. 4 für Seefrachtbriefe). Ferner wurde das HGB durch Art. 13 Abs. 4 Gesetz zur Stärkung der Aufsicht bei Rechtsdienstleistungen und zur Änderung weiterer Vorschriften vom 10.3.2023 (BGBl. 2023 I Nr. 64) geändert, der zu Ergänzungen von **§ 335 Abs. 2 S. 3** führte. Die nachfolgenden Änderungen des HGB betrafen insbesondere das Bilanzrecht,[57] aber auch das Registerrecht.[58] Das Vierte Bürokratieentlastungsgesetz vom 23.10.2024 (BGBl. 2024 I Nr. 323) änderte in Art. 1 schließlich § 75[59] und löste das bisherige Schriftformerfordernis in § 437 Abs. 5 S. 1, § 486 Abs. 1 S. 2, § 509 Abs. 2, § 546 Abs. 1 S. 2 sowie § 609 Abs. 2 S. 2 durch die Textform (§ 126b BGB) ab.[60]

II. Leitgedanken des Handelsrechts

8 Die Sonderstellung des Handelsrechts und insbesondere des HGB lässt sich am ehesten aus der historischen Entwicklung des Handelsrechts und seiner ursprünglichen Verwurzelung im „Handel" erklären. Dieser prägte nicht nur die ersten Anfänge des Handelsrechts in Europa, sondern hatte über das Preußische Allgemeine Landrecht (PrALR II 8 § 475: „Handel mit Waaren und Wechseln") bis hinein in das ADHGB Gültigkeit und erfuhr erst in neuerer Zeit infolge der grundsätzlichen Öffnung des Handelsrechts für alle „gewerblichen Unternehmen" (§ 2 S. 1) einen Wandel. Ungeachtet dessen zielt das HGB auf die Schaffung eines Normenkomplexes ab, um den Besonderheiten des rechtsgeschäftlichen Verkehrs beim Handel Rechnung zu tragen, was auch die Bereitstellung entsprechender Organisationsformen (PrALR II 8 §§ 614 ff.: „Handlungsgesellschaften") einschließt.[61] Zumindest im Grundsatz lassen sich hieraus hinreichend tragfähige Argumente gewinnen, um die Sonderstellung der „Kaufleute" im Verhältnis zum allgemeinen bürgerlichen Recht am Maßstab von Art. 3 Abs. 1 GG zu rechtfertigen.[62]

9 Für den Handelsverkehr ist charakteristisch, dass von den Beteiligten ein **erhöhtes Maß an Selbständigkeit und Eigenverantwortlichkeit** erwartet werden kann und auch muss. Deshalb werden einzelne Schutzbestimmungen ausdrücklich aufgehoben, wie zB die in den §§ 348–350 genannten Formvorschriften des BGB. Zugleich wird ein größerer privatautonomer Gestaltungsspielraum eröffnet, wie § 7 S. 2 HPflG, § 7 Abs. 2 MaBV sowie § 29 Abs. 2 ZPO und § 38 Abs. 1 ZPO zeigen. Obwohl die Anknüpfung an den Kaufmannsbegriff inzwischen oftmals zugunsten der gewerblichen und selbständigen beruflichen Tätigkeit iSv § 14 Abs. 1 BGB abgelöst worden ist (→ Rn. 15), fällt in diesen Bereich auch die Herausnahme der Kaufleute und der zwischen ihnen abgeschlossenen „Handelsgeschäfte" aus dem zwingenden Verbraucherschutzrecht bzw. die Einschränkung des privatrechtlichen Schutzes vor einseitiger Gestaltungsmacht im Privatrechtsverkehr (§ 310 Abs. 1 BGB).

10 Der Handelsverkehr ist darüber hinaus auf eine **schnelle und einfache Abwicklung** des geschäftlichen Verkehrs angewiesen. Deshalb muss der Rechtsgeschäftsverkehr zB in stärkerem Maße vor

---

[55] BT-Drs. 20/5237.

[56] S. BT-Drs. 20/5237, 68 f., 90 ff. (Begründung).

[57] So Art. 1 Gesetz zur Umsetzung der Richtlinie (EU) 2021/2101 im Hinblick auf die Offenlegung von Ertragsteuerinformationen vom 19.6.2023 (BGBl. 2023 I Nr. 154); Art. 7 Gesetz zur Umsetzung der Richtlinie (EU) 2022/2523 zur Gewährleistung einer globalen Mindestbesteuerung vom 21.12.2023 (BGBl. 2023 I Nr. 397); Art. 29 des Wachstumschancengesetzes vom 27.3.2024 (BGBl. 2024 I Nr. 108); Art. 2 Zweites Gesetz zur Änderung des DWD-Gesetzes vom 11.4.2024 (BGBl. 2024 I Nr. 120); Art. 1 Nr. 2 Viertes Bürokratieentlastungsgesetz vom 23.10.2024 (BGBl. 2024 I Nr. 323); Art. 7 Finanzmarktdigitalisierungsgesetz vom 27.12.2024 (BGBl. I Nr. 438); Art. 1 Nr. 2 und 3 Gesetz für dringliche Änderungen im Finanzmarkt und Steuerbereich vom 28.2.2025 (BGBl. 2025 I Nr. 69) sowie Art. 18 Gesetz zur Modernisierung und Digitalisierung der Schwarzarbeitsbekämpfung vom 22.12.2025 (BGBl. 2025 I Nr. 369.

[58] S. Art. 34 Abs. 1 KrZwMFördG vom 22.12.2023 (BGBl. 2023 I Nr. 411): Änderung des § 8b Abs. 2 Nr. 12 sowie Art. 1 Nr. 1 Gesetz für dringliche Änderungen im Finanzmarkt- und Steuerbereich vom 28.2.2025 (BGBl. 2025 I Nr. 69): Einfügung von § 9d.

[59] Zur bereits seit langem überfälligen Neufassung des § 75 Abs. 3 Begr. RegE, BT-Drs. 20/11306, 85; → § 75 Rn. 2 aE, 10.

[60] Dazu Begr. RegE, BT-Drs. 20/11306, 86 zu Nr. 5, 8, 9, 10 und 11.

[61] Zu den nachfolgenden Leitgedanken („Charakteristika") s. auch Staub/Grundmann Einl. Rn. 43 ff.; Hopt/Merkt Einl. v. § 1 Rn. 4 ff.; KKD/Roth/Kindler Vor § 1 Rn. 7 ff.; K. Schmidt HandelsR § 1 Rn. 69 ff.; Treber AcP 199 (1999), 525 (541 f.) mwN.

[62] Insoweit auch Henssler ZHR 161 (1997), 14 (29 ff.); zur Gegenposition Neuner ZHR 157 (1993), 243 ff.

Nachforschungen zur Vertretungsmacht bewahrt werden. Mit der Dritten gegenüber nicht einschränkbaren Prokura (§ 50 Abs. 1) sowie der Vermutung zum Umfang einer Handlungsvollmacht (§ 54 Abs. 1), aber auch der Sonderregelung in § 56 zur Vertretungsmacht der Ladenangestellten trägt das HGB diesem Erfordernis Rechnung. In gleicher Weise zwingt es Kaufleute zu raschen Erklärungen, so zB durch § 362 und § 377, und misst dem Erklärungsgehalt typischer Vertragsklauseln über die Maßgeblichkeit von Handelsbräuchen (§ 346) verstärkte Bedeutung bei. Dieser Zielsetzung dient ferner die Ausdehnung des Gutglaubensschutzes beim Erwerb beweglicher Sachen, da im Handelsverkehr typischer Weise nicht die Eigentümer selbst, sondern bevollmächtigte Dritte die Erwerbstatbestände verwirklichen. Die Geschäftsabwicklung im Handelsverkehr würde deshalb erheblich gestört, wenn stets die Vertretungsmacht der Akteure überprüft werden müsste. Dem wirkt die Erweiterung des Gutglaubensschutzes auf die Vertretungsmacht in § 366 entgegen.

Im Interesse einer schnellen und einfachen Abwicklung ist der Handelsverkehr nicht zuletzt auch 11
in starkem Maße auf **Publizität** und **Schutz des Vertrauens** angewiesen.[63] Dies setzt wiederum Sonderregeln voraus, die gewährleisten, dass die Parteien im Handelsverkehr über die für dessen Abwicklung maßgeblichen Tatsachen in Bezug auf den Geschäftspartner Kenntnis erlangen können. Diesem Zweck dient in erster Linie das Handelsregister, in das die für den Handelsverkehr wesentlichen Tatsachen einzutragen sind (eintragungspflichtige Tatsachen). Der hiermit bezweckten Transparenz dient auch das Firmenrecht, das nicht nur zu einer unterscheidungskräftigen Bezeichnung des „Handelsgewerbes" (§ 18 Abs. 1), sondern auch zur Publizität bestimmter Verhältnisse zwingt, die für potentielle Geschäftspartner von Bedeutung sind (zB Rechtsformzusatz – § 19, Angaben auf Geschäftsbriefen – § 37a). Selbst das Bilanzrecht dient letztlich der Abwicklung des Geschäftsverkehrs, da es wesentliche Informationen über die wirtschaftliche Leistungsfähigkeit des Geschäftspartners vermittelt, zugleich aber auch ein Mindestmaß an Sorgfalt im Hinblick auf die Organisation des Geschäftsbetriebs sicherstellt (Buchführungspflicht, Aufstellung von Jahresabschlüssen, Aufbewahrungspflichten).

Den in → Rn. 9–11 skizzierten Leitgedanken will das Handelsrecht jedoch nur Rechnung tragen, 12
wenn die geschäftliche Aktivität des Unternehmens ein bestimmtes Ausmaß erreicht, für das § 1 Abs. 2 auf Art und Umfang des Geschäftsbetriebs abstellt. Obwohl dies nach § 1 Abs. 2 zu vermuten ist (→ § 1 Rn. 60), hängt die Unterstellung unter die vorstehenden Leitmaximen bei kleingewerblichen Unternehmen von einer positiven Willensentscheidung des Unternehmensträgers ab (§ 2 S. 1 und 2: Eintragungsoption).

III. Kaufmannseigenschaft als subjektive Anknüpfung des Handelsrechts

1. Das subjektive System des deutschen Handelsrechts. Zwecks Konkretisierung des zum 13
Handelsrecht zusammengeführten Rechtsstoffes lassen sich zwei Konzeptionen gegenüberstellen.[64] Während das eine objektiv vorgeht und das Handelsgeschäft sowie dessen gesetzliche Ausgestaltung in den Mittelpunkt rückt, ist das geltende Handelsrecht in Deutschland von dem subjektiven System geprägt, das an einem personalen Status anknüpft und den Anwendungsbereich der jeweiligen Normen hierüber definiert.[65] Insofern ist Handelsrecht in seinem Kern unverändert Kaufmannsrecht,[66] ungeachtet der teilweisen Erstreckung seiner Normen auf Nichtkaufleute (zB § 84 Abs. 4, § 93 Abs. 3, § 383 Abs. 2, § 407 Abs. 3 S. 2).[67]

Bereits das zum 1.1.1900 in Kraft getretene HGB ist jedoch ungeachtet der subjektiven Anknüp- 14
fung an die Kaufmannseigenschaft von einer tendenziellen **Hinwendung zum Unternehmer** als Adressaten des Handelsrechts geprägt.[68] Zwar behielt § 1 Abs. 1 aF noch die Fixierung auf den Träger des Handelsgewerbes bei und überführte die vormaligen Handelsgeschäfte in Art. 271, 272 ADHGB in den enumerativen Katalog der Grundhandelsgewerbe in § 1 Abs. 2 aF. Mit den damals neu geschaffenen Sollkaufleuten (§ 2 aF) öffnete der Gesetzgeber das Handelsrecht in Abhängigkeit von Art und Umfang des Geschäftsbetriebs aber im Grundsatz für alle „gewerblichen Unternehmen", obwohl er für diese über eine Fiktion an dem Handelsgewerbe als zentralem Element („gilt als

[63] Dazu näher Merkt, Unternehmenspublizität, 2001.

[64] Treffend hält Canaris HandelsR § 1 Rn. 3, fest, dass gesetzgeberische Zweckmäßigkeitserwägungen die Wahl zwischen den beiden Systemen beherrschen.

[65] Canaris HandelsR § 1 Rn. 3; Heymann/Horn Einl. I Rn. 10; MüKoHGB/K. Schmidt/Fleischer Vor § 1 Rn. 16; Raisch, Die Abgrenzung des Handelsrechts vom Bürgerlichen Recht als Kodifikationsproblem im 19. Jahrhundert, 1962, 17 ff.; RGHMW/Röhricht/Graf v. Westphalen/Haas Einl. Rn. 3 ff.

[66] So Canaris HandelsR § 1 Rn. 1.

[67] Insoweit auch Canaris HandelsR § 1 Rn. 2, der deshalb zwischen Handelsrecht ieS und Handelsrecht iwS unterscheidet und für das Letztgenannte unter Einbeziehung der Kleingewerbetreibenden für eine Charakterisierung als „Sonderprivatrecht der Gewerbetreibenden" eintritt.

[68] Treffend Henssler ZHR 161 (1997), 13 (17 f.).

Handelsgewerbe") festhielt. Die Neudefinition des Kaufmannsbegriffs durch das HRRefG führte diese Entwicklung vom Kaufmannsstatus zum Unternehmer als Adressaten des Handelsrechts folgerichtig fort, indem der Katalog der Grundhandelsgewerbe preisgegeben und über den „Umweg" des Handelsgewerbes der Rechtsträger eines jeden „Gewerbebetriebes" erfasst wird, ohne dessen Voraussetzungen jedoch zu definieren (→ § 1 Rn. 10 ff.).

15 **2. Vom Kaufmann zum Unternehmen.** Parallel zu der handelsrechtlichen Gesetzgebung hat sich auch für die allgemeine Privatrechtsordnung die Tendenz verstärkt, den „Unternehmer" zum Normadressaten zu erheben, wobei sich das Verbraucherschutzrecht als treibende Kraft erweist.[69] Ausgehend vom Unionsrecht, das aufgrund unterschiedlicher Rechtstraditionen der Mitgliedstaaten und dem teilweisen Verzicht auf eigenständige handelsrechtliche Kodifikationen (→ Rn. 22) nicht an den Kaufmann als Gegenspieler des „Verbrauchers" anknüpfen kann, sondern stattdessen auf die gewerbliche oder selbständige berufliche Tätigkeit abstellt, rückt dort der Begriff des Unternehmers in das Zentrum und wird seit dem Gesetz über Fernabsatzverträge vom 27.6.2000 (BGBl. 2000 I 897) in § 14 Abs. 1 BGB legal definiert. Nicht zuletzt diese Entwicklung trug maßgeblich dazu bei, dass sich der Bestand an Vorschriften, die ihren personellen Anwendungsbereich über die Kaufmannseigenschaft definieren, zunehmend verringert hat (→ Rn. 33 ff.). Exemplarisch zeigt dies die Rechtsentwicklung zum finanzierten Kauf sowie im AGB-Recht (→ Rn. 34).

16 Von zentraler Bedeutung für das Handelsrecht ist die in → Rn. 15 skizzierte Entwicklung vor allem deshalb, weil der Kreis der von § 14 Abs. 1 BGB erfassten unternehmerischen Tätigkeiten über „Gewerbebetriebe" (§ 1 Abs. 2) bzw. „gewerbliche Unternehmen" (§ 2 S. 1) hinausgeht[70] und durch die „selbstständige berufliche Tätigkeit" (§ 14 BGB) insbesondere auch freiberufliche Tätigkeiten erfasst.[71] Angesichts dessen findet die in der rechtspolitischen Diskussion artikulierte Abkehr vom Kaufmann und die Hinwendung zum Unternehmen zunehmend Fürsprecher und stellt auch den dogmatischen Sinngehalt des Handelsrechts auf neue Füße. Namentlich *K. Schmidt* und die von ihm prononciert formulierte Umschreibung des Handelsrechts als „Außenprivatrecht des Unternehmens"[72] steht repräsentativ für diese Strömung.[73] Der Gesetzgeber hat diese im Rahmen des HRRefG zwar erwogen, sich aber nicht zu einem Bruch mit der handelsrechtlichen Tradition durchringen können, sondern beließ es bei einer partiellen Korrektur.[74]

17 Deutlich mehr Mut bewies der **österreichische Gesetzgeber,** der vor allem die von *Krejci* und *K. Schmidt* vorangetriebene Diskussion[75] aufgriff und das „Handelsgesetzbuch" zu einem „Unternehmensgesetzbuch" (UGB) umwidmete (BGBl. 2005 I Nr. 120). In dessen Zentrum steht das Unternehmen, das § 1 Abs. 2 UGB als eine „auf Dauer angelegte Organisation selbständiger wirtschaftlicher Tätigkeit" definiert.[76] Den Kritikern an dieser Hinwendung zum Unternehmen und der Abkehr vom Unternehmensträger ist einzuräumen, dass auch die Umschreibung des Unternehmens in § 1 Abs. 2 UGB im Hinblick auf ihre Trennschärfe dem deutschen Gewerbe- bzw. Kaufmannsbegriff nicht zwingend überlegen ist.[77] Andererseits könnte die Hinwendung zum „Unternehmer" als Adressaten des Handelsrechts die vielfältigen und sich bislang nicht zu einem abgestimmten System verdichtenden Diskussionen zur Ausdehnung handelsrechtlicher Normen auf „Nichtkaufleute" (→ § 1 Rn. 113 ff.) überwinden. Schließlich würde der Wechsel zum Unternehmer der Wirklichkeit des Wirtschaftslebens eher gerecht, die schon wegen der Vorteile einer Haftungsbeschränkung zunehmend dazu führt, den klassischen Einzelkaufmann zu verdrängen und durch die Ein-Personen-Gesellschaft abzulösen. Die Einführung der Unternehmergesellschaft (§ 5a GmbHG) verstärkt diesen

---

[69] ZB Ebenroth/Boujong/Kindler Vor §§ 1–7 Rn. 27; RGHMW/Röhricht/Graf v. Westphalen/Haas Einl. Rn. 12; Treber AcP 199 (1999), 525 (549 ff.); Weyer WM 2005, 490 (494 f.).

[70] Zur Konkretisierung der „gewerblichen" Tätigkeit in § 14 Abs. 1 BGB mit Hilfe des handelsrechtlichen Gewerbebegriffs MüKoBGB/Bachmann BGB § 14 Rn. 55; Ebenroth/Boujong/Kindler Vor §§ 1–7 Rn. 28.

[71] Statt aller MüKoBGB/Bachmann BGB § 14 Rn. 73; Ebenroth/Boujong/Kindler Vor §§ 1–7 Rn. 28.

[72] ZB K. Schmidt, Das HGB und die Gegenwartsaufgaben des Handelsrechts, 1983; zusammenfassend MüKoHGB/K. Schmidt/Fleischer Vor § 1 Rn. 5 ff.

[73] Den bisherigen Status quo hingegen verteidigend Zöllner ZGR 1983, 82 ff.; ebenso zB Canaris HandelsR § 1 Rn. 23 ff.; Heymann/Horn Einl. I Rn. 18; ferner die Bedenken von Henssler ZHR 161 (1997), 13 (33 ff.).

[74] S. insoweit vor allem Begr. RegE, BT-Drs. 13/8444, 23.

[75] Vor allem Krejci/K. Schmidt, Vom HGB zum Unternehmensgesetz, Wien 2002; zur Reformdiskussion ferner Bydlinski JurBl. 1998, 405 ff.; Harrer/Mader (Hrsg.), Die HGB-Reform in Österreich, 2005; Roth/Fitz JurBl. 2002, 409; Schauer JurBl. 2004, 31 ff.; K. Schmidt JurBl. 2003, 32 f.; Winkler, Kaufmann – quo vadis?, Wien 1998. Hinzuweisen ist ferner auf die inzwischen abgeschlossene Reformdiskussion in der Türkei; s. dazu Damar ZVglRWiss 111 (2012), 191 ff.

[76] Dazu auch Dehn JurBl. 2004, 5 f.; Krejci ZHR 170 (2006), 113 ff.; K. Schmidt HandelsR § 3 Rn. 4 ff.

[77] Deshalb für die Beibehaltung des Kaufmannsbegriffs Begr. RegE, BT-Drs. 13/8444, 23; anders jedoch K. Schmidt HandelsR § 3 Rn. 11.

Trend zusätzlich und drängt die Gruppe der Einzelkaufleute zunehmend in den Bereich kleingewerblicher Unternehmen ab.

IV. Handelsrecht und Privatrechtsordnung

1. Handelsrecht als Sonderprivatrecht. Nach tradierter Auffassung ist das Handelsrecht ein Sonderprivatrecht,[78] dessen Berechtigung als eigenständiges (selbstständiges) Rechtsgebiet seit jeher kontrovers diskutiert wird.[79] Unstreitig ist jedoch, dass der unter dem Ordnungsbegriff „Handelsrecht" zusammengefasste Rechtsstoff Teil der Privatrechtsordnung ist.[80] Zweifel an der privatrechtlichen Zuordnung[81] lassen sich nicht darauf stützen, dass das HGB Vorschriften aufnimmt, die öffentlich-rechtliche Züge tragen.[82] Derartige öffentlich-rechtliche Eingriffe sind – wie auch das BGB zeigt – der Privatrechtsordnung nicht wesensfremd, sofern deren Zielsetzung vor allem darauf beschränkt bleibt, die für den Privatrechtsverkehr geschaffenen Normen zu flankieren und insbesondere deren Funktionalität zu gewährleisten oder zu optimieren. In diesem Sinne sind auch die öffentlich-rechtlichen Vorschriften im HGB keine systemwidrigen Eingriffe in die privatrechtlich strukturierte Handelsrechtsordnung, sondern sie dienen dazu, deren Funktionsfähigkeit zu steigern.[83] Aus diesem Blickwinkel sind sie lediglich eine „Appendixmasse des Handelsrechts",[84] ohne die Zugehörigkeit der Kodifikation zum Privatrecht in Frage zu stellen.[85] 18

Die Qualifizierung des Handelsrechts als Sonderprivatrecht wirft denknotwendig die Frage nach dem für die Abgrenzung zum Allgemeinen Privatrecht maßgebenden Merkmal auf. Während der Gesetzgeber für einzelne Sonderprivatrechte eine objektive Anknüpfung wählt (zB Immaterialgüterrecht, Wohnraummietrecht), zeichnet sich das Handelsrecht *de lege lata* durch ein subjektives System aus, das vergleichbar mit dem Arbeitsrecht und dem Verbraucher-(privat)recht an bestimmte personale Voraussetzungen anknüpft (→ Rn. 13 ff.). Das ist – wie die an den Anfang des HGB gestellten §§ 1–6 zeigen – der Kaufmann als Inhaber eines Handelsgewerbes. Dementsprechend wird das Handelsrecht zutreffend nahezu einmütig als **Sonderprivatrecht der Kaufleute** charakterisiert.[86] Ungeachtet der subjektiv determinierten Definition der Rechtsmasse „Handelsrecht" zeigt eine genauere Betrachtung der im HGB zusammengefassten Normen, dass es sich bei dem auf diese Weise abgegrenzten Handelsrecht aus heutiger Sicht um einen äußerst inhomogenen Rechtsstoff handelt,[87] der sich in Teilbereichen entweder aus dem Handelsrecht heraus verselbständigt hat oder zugleich anderen Sonderprivatrechten zugeordnet werden kann. 19

Auf eine lange Tradition kann insoweit das im Fünften Buch (§§ 476–619) zusammengefasste und im Jahre 2013 (→ Rn. 4) grundlegend reformierte **Seehandelsrecht** zurückblicken, dessen Einbeziehung in eine dem Handelsrecht gewidmete Kodifikation keineswegs selbstverständlich ist. Als weiterer Rechtsstoff, der sich inzwischen zumindest in materieller Hinsicht zu einem eigenständigen Rechtsgebiet verselbstständigt hat, ist das **Gesellschaftsrecht** zu nennen,[88] das während der Geltung des ADHGB noch nahezu vollständig im Zweiten Buch des Gesetzes zusammengefasst war und lediglich hinsichtlich der Genossenschaft eine kodifikatorische Sonderentwicklung erfuhr, da diese seit jeher nicht den Handelsgesellschaften zugerechnet wird (§ 95 Abs. 1 Nr. 4 lit. a GVG: „Handelsgesellschaft oder Genossenschaft"). Obwohl es die in § 105 und § 161 vorgegebene Verknüpfung mit dem Betrieb eines Handelsgewerbes unverändert rechtfertigen würde, die OHG und 20

[78] Für die allgM Heymann/Horn Einl. I Rn. 3; RGHMW/Röhricht/Graf v. Westphalen/Haas Einl. Rn. 1; K. Schmidt HandelsR § 1 Rn. 3; Weyer WM 2005, 490 (492 ff.); ausf. Reymann, Das Sonderprivatrecht der Handels- und Verbraucherverträge, 2009.

[79] Dazu exemplarisch vor allem Lieb AcP 178 (1978), 169 ff.; Martens AcP 178 (1978), 227 ff.; H. P. Westermann AcP 178 (1978), 150 ff. sowie im Überblick Staub/Grundmann Einl. Rn. 47 ff.

[80] Statt aller Canaris HandelsR § 1 Rn. 10; Hopt/Merkt Einl. v. § 1 Rn. 1; Heymann/Horn Einl. I Rn. 2; RGHMW/Röhricht/Graf v. Westphalen/Haas Einl. Rn. 1; MüKoHGB/K. Schmidt/Fleischer Vor § 1 Rn. 2; im Grundsatz auch KKD/Roth/Kindler Vor § 1 Rn. 3.

[81] S. insoweit die Vorbehalte bei KKD/Roth/Kindler Vor § 1 Rn. 1, der die Charakterisierung als „Sonderprivatrecht der Kaufleute" wegen der Einbeziehung nichtkaufmännischer Unternehmen sowie öffentlich-rechtlicher Vorschriften im HGB als zu eng bewertet.

[82] ZB Heymann/Horn Einl. I Rn. 6; RGHMW/Röhricht/Graf v. Westphalen/Haas Einl. Rn. 50.

[83] Treffend Heymann/Horn Einl. I Rn. 7; RGHMW/Röhricht/Graf v. Westphalen/Haas Einl. Rn. 49.

[84] MüKoHGB/K. Schmidt/Fleischer Vor § 1 Rn. 2.

[85] Canaris HandelsR § 1 Rn. 10; RGHMW/Röhricht/Graf v. Westphalen/Haas Einl. Rn. 49.

[86] Canaris HandelsR § 1 Rn. 1; Heymann/Horn Einl. I Rn. 1; MüKoHGB/K. Schmidt/Fleischer Vor § 1 Rn. 1; im Grundsatz ebenso trotz leichter Nuancierung RGHMW/Röhricht/Graf v. Westphalen/Haas Einl. Rn. 2: „Sonderprivatrecht der gewerblichen Tätigkeit"; zurückhaltend KKD/Roth/Kindler Vor § 1 Rn. 1.

[87] Treffend Canaris HandelsR § 1 Rn. 4.

[88] Canaris HandelsR § 1 Rn. 7; s. auch RGHMW/Röhricht/Graf v. Westphalen/Haas Einl. Rn. 52; MüKoHGB/K. Schmidt/Fleischer Vor § 1 Rn. 13; K. Schmidt HandelsR § 1 Rn. 28.

die KG als **Personenhandelsgesellschaften** dem Handelsrecht zuzuordnen, bilden die jeweiligen Rechtsnormen gemeinsam mit den §§ 705–740c BGB den zentralen Rechtsstoff für das Personengesellschaftsrecht und deren allgemeinen Lehren.[89] Flankiert werden diese durch aufsichtsrechtlich determinierte Sonderregelungen in dem **Kapitalanlagegesetzbuch (KAGB)** vom 4.7.2013 (BGBl. 2013 I 1981) über offene bzw. geschlossene **Investmentkommanditgesellschaften** (s. §§ 124 ff. KAGB, §§ 149 ff. KAGB), die den Bestimmungen des HGB zur Kommanditgesellschaft unterliegen, sofern sich aus dem KAGB keine Abweichungen ergeben (s. § 124 Abs. 1 S. 2 KAGB, § 149 Abs. 1 S. 2 KAGB; → § 161 Rn. 173).

21 Eine vergleichbar gemischte Materie stellt das Recht der Handlungsgehilfen dar, das Bestandteil des **Arbeitsrechts** ist,[90] und dessen Vorschriften mit fortschreitender Entwicklung dieses Rechtsgebiets ihre Daseinsberechtigung eingebüßt haben. Anschaulich zeigen dies die ursprünglich im HGB enthaltenen Bestimmungen zu den Handlungslehrlingen, die später im BBiG aufgegangen sind (→ Rn. 2). Entsprechendes gilt für das Recht der Firma, die als „Name des Kaufmanns" (§ 17 Abs. 1) bereits bei Inkrafttreten des HGB das allgemeine Namensrecht in § 12 BGB flankierte, seit der Liberalisierung des Firmenrechts durch das HRRefG (→ Rn. 3) jedoch von Maximen geprägt wird, die ihren dogmatischen Standort im **Markenrecht** sowie im **Lauterkeitsrecht** haben. Für das Firmenordnungsrecht ist es deshalb zunehmend fragwürdig, hierin spezifisches Handelsrecht zu erblicken.[91]

22 **2. Handelsrecht und Kodifikation.** Der in Deutschland unverändert favorisierte Weg, den unter das „Handelsrecht" zu fassenden Rechtsstoff in einer eigenständigen Kodifikation zu bündeln, erklärt sich vor allem aus der geschichtlichen Entwicklung des Handelsrechts im Rahmen der sich im Deutschen Reich herausbildenden Rechtseinheit (→ Rn. 1). Ausländische Rechtsordnungen[92] zeigen allerdings, dass eine gesetzestechnische Verselbstständigung des Handelsrechts keineswegs zwingend[93] ist.[94] So haben die Schweiz und die skandinavischen Länder zu keiner Zeit eine vergleichbare Kodifikation geschaffen; in Italien wurde die ursprüngliche Verselbständigung im *Codice di commercio* 1942 wieder beseitigt und das Handelsrecht in das reformierte Zivilgesetzbuch *(Codice civile)* integriert. Gleichwohl ist der konzeptionelle Ansatz in Deutschland kein Sonderweg und wurde nicht nur in Österreich (zunächst Handelsgesetzbuch, seit 2005 Unternehmensgesetzbuch), Frankreich *(Code du commerce)* und den Niederlanden *(Wetboek von Koophandel)*, sondern auch in Spanien *(Código de Comercio)* und Portugal sowie den meisten lateinamerikanischen Staaten und den USA *(Uniform Commercial Code – UCC)* beschritten. Während für das Verbraucherschutzrecht die mit dem SchRModG vollzogene Reintegration in das Bürgerliche Gesetzbuch zweckmäßig gewesen sein mag, ist ein vergleichbarer Schritt für das HGB technisch zwar möglich, aber keineswegs zwingend geboten. Hiergegen spricht vor allem die mangelnde Transparenz, da zentrale Materien wie das Registerrecht und das Bilanzrecht einer gesonderten gesetzlichen Regelung vorbehalten bleiben müssten.

23 **3. Verhältnis zum Bürgerlichen Recht.** Bereits wegen der Qualifizierung des Handelsrechts als Sonderprivatrecht steht dieses nicht isoliert neben dem Bürgerlichen Recht und insbesondere dem BGB. Während das ADHGB ursprünglich noch bestrebt war, ein auch für die Durchführung der Handelsgeschäfte geschlossenes Regelwerk zur Verfügung zu stellen,[95] konnte sich bereits das HGB auf Variationen konzentrieren, die den spezifischen Bedürfnissen des Handelsverkehrs Rechnung tragen.[96] Besonders anschaulich zeigt dies das Recht der Personenhandelsgesellschaften, das ausdrücklich auf dem Recht der GbR aufbaut (§ 105 Abs. 3, § 161 Abs. 2) und mit diesem zu einer Einheit verschmilzt. Teilweise entfiel wegen des bereits zuvor verabschiedeten BGB sogar die Notwendigkeit, in das HGB gesonderte Bestimmungen aufzunehmen, wie zB die vormals im ADHGB enthaltenen Regelungen zum Vertragsabschluss sowie zum allgemeinen Leistungsstörungsrecht.

24 Die Verzahnung von Bürgerlichem Recht und Handelsrecht kommt in allgemeiner Form in der Kollisionsnorm des Art. 2 Abs. 1 EGHGB zum Ausdruck, die für das Verhältnis zum BGB den Vorrang

---

[89] Zu diesen umfassend zB Wiedemann GesR II 3 ff.

[90] Canaris HandelsR § 1 Rn. 4. Exemplarisch belegen dies die §§ 74–75 f., die § 110 S. 2 GewO auf alle Arbeitsverhältnisse ausdehnt.

[91] S. insoweit auch Canaris HandelsR § 1 Rn. 30.

[92] Zusammenfassende Übersichten zB bei Hopt/Merkt Einl. v. § 1 Rn. 36 ff.; Heymann/Horn Einl. III Rn. 37 ff.

[93] Zur Kritik hieran zB Canaris HandelsR § 1 Rn. 14 ff., insbes. Rn. 38 f.; Kramer FS Ostheim, 1990, 299 (308, 319); Müller-Freienfels FS v. Caemmerer, 1978, 583 (615).

[94] S. auch Hopt/Merkt Einl. v. § 1 Rn. 2; RGHMW/Röhricht/Graf v. Westphalen/Haas Einl. Rn. 15.

[95] ZB RGHMW/Röhricht/Graf v. Westphalen/Haas Einl. Rn. 21.

[96] Zu dieser Konzeption bereits Goldschmidt ZHR 5 (1862), 211 ff.; ferner RGHMW/Röhricht/Graf v. Westphalen/Haas Einl. Rn. 54.

des HGB sowie seines Einführungsgesetzes festlegt („insoweit zur Anwendung als nicht … ein anderes bestimmt ist"). Deshalb lässt sich die Rechtslage in „Handelssachen" oftmals nur mittels einer Gesamtschau von BGB und HGB zutreffend ermitteln.[97] Exemplarisch zeigen dies die Sonderregeln zum Handelskauf (§§ 373 ff.), die stets im Zusammenspiel mit den Bestimmungen zum bürgerlich-rechtlichen Kauf (§§ 433 ff. BGB) anzuwenden sind. So baut zB die Rügeobliegenheit des Käufers (§ 377) auf einem Mangel iSd § 434 BGB auf und ordnet einen mit § 442 BGB verwandten Ausschluss etwaiger Ansprüche und Rechte des Käufers an. Einen weiteren Beleg für die Verzahnung von BGB und HGB liefert das SchRModG, da die Einfügung der allgemeinen Vorschrift zur Falschlieferung und zur Quantitätsabweichung (§ 434 Abs. 3 BGB aF) mit der Aufhebung der früheren Sonderregelung in § 378 aF einherging.[98] Schließlich sind exemplarisch die Bestimmungen zur handelsrechtlichen Vertretung (Prokura – §§ 48 ff., Handlungsvollmacht – §§ 54 f.) zu nennen, die untrennbar mit den bürgerlich-rechtlichen Regeln zur Stellvertretung (§§ 164 ff. BGB) verzahnt sind.[99]

Trotz der auf den ersten Blick eindeutigen und vom dogmatischen Charakter des Handelsrechts **25** naheliegenden Kollisionsregel in Art. 2 Abs. 1 EGHGB kann die jeweilige Feinabstimmung im Einzelfall erhebliches Kopfzerbrechen bereiten, da stets aufs Neue die Frage zu beantworten ist, ob der einschlägige handelsrechtliche Regelungskomplex bzw. einzelne Normen des HGB das bürgerlich-rechtliche Regelwerk verdrängen oder aber dieses ergänzend zur Anwendung gelangt. Sie tritt vor allem dann in den Vordergrund, wenn das handelsrechtliche Regelungsgefüge für ein bestimmtes Sachproblem keine Lösung bereithält, diese aber im BGB anzutreffen ist. Exemplarisch hierfür steht die Kontroverse um die Anwendung von § 626 Abs. 2 S. 1 BGB auf die nach § 89a erklärte außerordentliche Kündigung des Handelsvertreterverhältnisses,[100] da § 89a keine mit § 626 Abs. 2 S. 1 BGB vergleichbare Kündigungserklärungsfrist setzt. Gleichwohl bewertet der BGH in Übereinstimmung mit der hL § 89a als abschließende Sonderreglung, die den Rückgriff auf die allgemeine Bestimmung in § 626 Abs. 2 S. 1 BGB versperrt (→ § 89a Rn. 10).[101] Das Verhältnis des HGB zum BGB entscheidet deshalb oftmals nicht bereits Art. 2 Abs. 1 EGHGB, sondern erst die im Wege der Auslegung aufzuhellende Reichweite der jeweiligen *lex specialis*.

V. Rechtsquellen des geltenden Handelsrechts der Bundesrepublik Deutschland

1. Bundesrecht. a) HGB nebst Einführungsgesetz. aa) Allgemeines. Die zentrale Rechts- **26** quelle für das Handelsrecht mit bundesweitem Geltungsanspruch ist das HGB einschließlich des zugehörigen Einführungsgesetzes (zur Entstehung → Rn. 1). Die **Maßgaben des EVertr.** zum Inkrafttreten des HGB[102] haben inzwischen ihre Bedeutung fast vollständig eingebüßt. Lediglich einzelne Bestimmungen aus dem **Recht der Handlungsgehilfen** sind im Beitrittsgebiet nicht anzuwenden. Dies betrifft heute noch die § 62 Abs. 2–4, § 64, § 75 Abs. 3[103] sowie § 83.

In verfahrensrechtlicher Hinsicht wird das HGB durch die **§§ 357–404 FamFG** ergänzt, die mit **27** Wirkung zum 1.9.2009 an die Stelle der unter der amtlichen Überschrift „Handelssachen" in den §§ 125–158 FGG zusammengefassten Vorschriften getreten sind, und die die materiell-rechtlichen Vorschriften des HGB zum Handelsregister (§§ 8–16) prozessual flankieren. Weitere Einzelheiten zur Führung des Handelsregisters ergeben sich aus der **Handelsregisterverordnung (HRV)** vom 12.8.1937 (RMBl. 1937 I 515), die zuletzt durch Art. 36 Gesetz vom 8.12.2025 (BGBl. 2025 I Nr. 319; Textabdruck → § 8 Rn. 167) geändert wurde (s. auch § 387 Abs. 2 FamFG).

Als eigenständige und neben dem Gesetz stehende Rechtsquelle ist das Gewohnheitsrecht anerkannt. **28** Weist dieses einen handelsrechtlichen Inhalt auf, kann von einem **Handelsgewohnheitsrecht** gesprochen werden, wenn eine längere ständige Übung bei den betroffenen Verkehrskreisen mit einem Rechtsgeltungsbewusstsein verbunden ist.[104] Exemplarisch wird hierfür die Lehre vom Scheinkaufmann[105]

[97] Exemplarisch Canaris HandelsR § 1 Rn. 11 ff.; Hopt/Merkt Einl. v. § 1 Rn. 3; RGHMW/Röhricht/Graf v. Westphalen/Haas Einl. Rn. 54; speziell zu dem besonderen Spannungsverhältnis zum Verbraucherschutzrecht Oetker FS Martinek, 2020, 555 ff.

[98] Zu den Konsequenzen für den Handelskauf Oetker FS Canaris, Bd. II, 2007, 313 ff.

[99] Näher Oetker HandelsR § 5 Rn. 2 ff.

[100] Dazu im Überblick Oetker, Das Dauerschuldverhältnis und seine Beendigung, 1994, 302 f.

[101] Grdl. insoweit BGH 27.1.1982, NJW 1982, 2432 f.; nachfolgend zB BGH 5.10.1982, VersR 1983, 635 f.; 3.7.1986, NJW 1987, 57 f.

[102] Zum Inkrafttreten des HGB im Beitrittsgebiet ausf. Staub/Oetker, 5. Aufl. 2010, Einl. Rn. 41 ff.

[103] Damit trug der Einigungsvertrag BAG 23.2.1977 (AP HGB § 75 Nr. 6 = NJW 1977, 1357; wiederholend BAG 7.7.2015, NJW 2015, 3389 Rn. 13) Rechnung, das die Vorschrift wegen eines Verstoßes gegen Art. 3 Abs. 1 GG für nichtig erklärt hatte.

[104] Hopt/Merkt Einl. v. § 1 Rn. 22; Heymann/Horn Einl. II Rn. 4; KKD/Roth/Kindler Vor § 1 Rn. 21; MüKoHGB/K. Schmidt/Fleischer Vor § 1 Rn. 32.

[105] So Heymann/Horn Einl. II Rn. 4.

sowie die Lehre vom kaufmännischen Bestätigungsschreiben (→ § 346 Rn. 38)[106] angeführt. Von erheblicher Bedeutung für die Praxis des Handelsrechts sind **Handelsbräuche,** die jedoch keine Rechtsquelle,[107] sondern eine **Rechtserkenntnisquelle** bilden (→ § 346 Rn. 6). Deren Maßgeblichkeit für die Rechtsanwendung vermittelt vor allem § 346.[108] Unter der Voraussetzung einer vom Rechtsgeltungswillen der betroffenen Verkehrskreise getragenen Übung können Handelsbräuche aber zu Handelsgewohnheitsrecht erstarken und hierdurch zu einer Rechtsquelle des Handelsrechts werden.[109]

29 **bb) Zeitlicher Anwendungsbereich.** Das HGB trat zeitgleich mit dem BGB am **1.1.1900** in Kraft (Art. 1 Abs. 1 EGHGB), lediglich für die Vorschriften zu dem Handlungsgehilfen und den Handlungslehrlingen ordnete Art. 1 Abs. 2 EGHGB ein früheres Inkrafttreten (1.1.1898) an. Die notwendigen **Übergangsvorschriften** zu den späteren Änderungen des HGB (→ Rn. 2 f.) enthalten die Art. 23 ff. EGHGB (zum HRRefG s. Art. 38 EGHGB; zum Seehandelsrechts-Reformgesetz s. Art. 70 EGHGB; zum MoPeG s. Art. 89 EGHGB).

30 Von den ursprünglichen Übergangsregelungen zum Inkrafttreten des HGB ist **Art. 22 EGHGB** zur firmenrechtlichen **Zulässigkeit von Altfirmen** auch heute noch von Bedeutung. Danach dürfen im Handelsregister vor dem 1.1.1900 eingetragene Firmen fortgeführt werden, wenn diese im Einklang mit den bis zum Stichtag maßgebenden Vorschriften standen. Die Liberalisierung des Firmenrechts infolge des HRRefG (→ Rn. 3) hat der Übergangsregelung aufgrund der seitdem durch § 18 Abs. 1 vermittelten Offenheit bei der Wahl der Firma zwar den Anwendungsbereich weitgehend entzogen, sie bleibt aber unverändert bedeutsam, wenn eine vor dem 1.1.1900 geführte Firma den Vorgaben in § 18 Abs. 1 (Kennzeichnungs- und Unterscheidungskraft) widerspricht. Eine mit Art. 22 EGHGB übereinstimmende Regelung enthält **Art. 38 Abs. 1 EGHGB,** da die Reform des Firmenrechts durch das HRRefG ein vergleichbares Übergangsproblem aufwarf.

31 **cc) Sachlicher Anwendungsbereich.** Den sachlichen Anwendungsbereich des HGB umschreibt Art. 2 Abs. 1 EGHGB mit dem Begriff „Handelssachen" und ordnet für diese den Vorrang des HGB gegenüber dem BGB an. Wegen des uneinheitlichen Gebrauchs dieses Begriffs in den verschiedenen Kodifikationen, kann dieser in Art. 2 Abs. 1 EGHGB nur vor dem Hintergrund des mit dieser Norm verfolgten Anliegens aufgehellt werden. Vor allem die zeitgleiche Inkraftsetzung des BGB zeigt, dass die Norm ausschließlich bezweckt, eine etwaige Konkurrenz zwischen beiden Kodifikationen aufzulösen. Eine Handelssache iSv Art. 2 Abs. 1 EGHGB liegt deshalb stets dann vor, wenn auf den Lebenssachverhalt Vorschriften des HGB bzw. seines Einführungsgesetzes anzuwenden sind.[110] Offensichtlich zweckwidrig wäre demgegenüber eine autonome Konkretisierung der „Handelssachen" und eine hierauf bezogene Anwendung des HGB bzw. seines Einführungsgesetzes. Deshalb hat der Begriff „Handelssache" für den Anwendungsbereich des HGB keine eigenständige Bedeutung, sondern dient lediglich dazu, die vom HGB erfassten Lebenssachverhalte begrifflich zu umschreiben und für diese den Vorrang des HGB festzulegen.

32 **b) Sonstiges Handelsrecht.** Eine abschließende Auflistung des Bundesrechts, das zwar außerhalb des HGB kodifiziert ist, gleichwohl aber das Handelsrecht iwS normativ strukturiert, ist angesichts der Vielzahl der vom HGB erfassten Lebenssachverhalte kaum möglich.[111] Die hiesige Darstellung beschränkt sich auf einen Überblick zu denjenigen Vorschriften, die – ebenso wie das HGB – den Kaufmannsbegriff zum personalen Anknüpfungspunkt erheben und deshalb zum Handelsrecht ieS zählen.[112]

33 Obwohl die Zahl der Vorschriften, die den Kaufmannsbegriff in den Normtext aufnehmen, zugunsten derjenigen, die an den „Unternehmer" (s. § 14 BGB) anknüpfen, abnehmen,[113] bleibt für den verbliebenen Restbestand aus methodischer Sicht zu klären, ob für den dortigen Kaufmannsbegriff die §§ 1–6 maßgebend sind. Die Formulierung „im Sinne dieses Gesetzbuchs" in § 1 Abs. 1 scheint dem zwar entgegenzustehen. Eine derartige Exklusivität des handelsrechtlichen Kaufmannsbegriffs würde aber den Sinngehalt der vorgenannten Wendung überdehnen. Diese soll lediglich den Kaufmannsbegriff für das HGB abschließend festlegen, ohne hierdurch auszuschließen, diesen auch für das Begriffsverständnis in anderen Gesetzen heranzuziehen. Sofern nicht der Gesetzgeber selbst den im HGB umschriebenen Kaufmannsbegriff ausdrücklich für maßgebend erklärt hat (so § 95 Abs. 1 Nr. 1 GVG), ist im Interesse einer Einheit der Rechtsordnung davon auszugehen, dass die Anknüpfung an das durch das HGB geprägte Verständnis in der Regel dem gesetzgeberischen

[106] Hierfür Heymann/Horn Einl. II Rn. 4.
[107] Für die allgM Heymann/Horn Einl. II Rn. 6; MüKoHGB/K. Schmidt/Fleischer Vor § 1 Rn. 34.
[108] Zur dogmatischen Fundierung zB Hellweg AcP 214 (2014), 853 ff.
[109] Heymann/Horn Einl. II Rn. 4; MüKoHGB/K. Schmidt/Fleischer Vor § 1 Rn. 32, 34.
[110] IdS auch RGHMW/Röhricht, 4. Aufl. 2014, Einl. Rn. 56.
[111] S. jedoch zB die Zusammenstellung bei Heymann/Horn Einl. I Rn. 32 ff.
[112] Wie hier in der Differenzierung Canaris HandelsR § 1 Rn. 6 ff.
[113] Mit dieser Würdigung auch Ebenroth/Boujong/Kindler Vor §§ 1–7 Rn. 27.

Willen entspricht,[114] ohne jedoch Modifikationen durch den spezifischen Zweck der jeweiligen Vorschrift zu verhindern. Exemplarisch zeigt sich die Notwendigkeit hierzu in § 109 Abs. 1 Nr. 3 GVG (Eignung zur Ernennung als ehrenamtlicher Richter), da der dortige Begriff „Kaufmann" wegen der Gesetzessystematik ausschließlich natürliche Personen und damit Einzelkaufleute meint.

Keine Bedeutung hat der Kaufmannsbegriff in den zentralen **bürgerlich-rechtlichen Vorschriften.** Die vormalige Einbeziehung der Kaufleute in die kurze (zweijährige) Verjährungsfrist in **§ 196 Abs. 1 Nr. 1 BGB aF,** zu der der BGH den handelsrechtlichen Kaufmannsbegriff für maßgebend erklärt hatte,[115] wurde mit dem durch das SchRModG neu gefassten Verjährungsrecht zum 1.1.2002 aufgehoben. Entsprechendes gilt für die früher zugunsten der Kaufleute in **§ 8 AbzG** geregelte Bereichsausnahme,[116] die bereits mit dem VerbrKrG durch eine Bereichsausnahme zugunsten einer gewerblichen oder selbstständigen Tätigkeit abgelöst wurde (§ 1 Abs. 1 S. 2 VerbrKrG[117]). Diesen Ausnahmetatbestand, der mit dem nunmehr in § 14 BGB enthaltenen Unternehmerbegriff übereinstimmt, ließ das zur Ablösung des VerbrKrG führende SchRModG im Ergebnis unverändert (§ 491 Abs. 1 BGB aF sowie nunmehr § 491 Abs. 2 S. 1 und Abs. 3 S. 1 BGB). Eine parallele Entwicklung ist für das Recht der AGB zu verzeichnen. Das **AGBG** formulierte zwar in seiner ursprünglichen Fassung in § 24 S. 1 Nr. 1 für Kaufleute Sonderregeln zur Einbeziehungs- und Inhaltskontrolle,[118] diese wurden aber bereits durch Art. 3 Nr. 8 Gesetz über Fernabsatzverträge vom 27.6.2000 (BGBl. 2000 I 897) an die Vorgaben der RL 93/13/EWG (Klausel-RL) angepasst und auf Unternehmer iSd § 14 BGB ausgedehnt sowie anschließend durch das SchRModG in § 310 Abs. 1 S. 1 BGB übernommen. Unverändert geblieben ist hingegen die Anknüpfung an den Kaufmannsbegriff im **Haftpflichtgesetz,** das in § 7 S. 2 HPflG abweichende Vereinbarungen zwischen dem Inhaber einer Energieanlage und einem Kaufmann im Rahmen eines zum Betrieb seines Handelsgewerbes gehörenden Vertrages zulässt. Für den dortigen Kaufmannsbegriff ist die Maßgeblichkeit des handelsrechtlichen Kaufmannsbegriffs anerkannt.[119] 34

In sehr begrenztem Umfange enthalten **wirtschaftsrechtliche Vorschriften** noch unmittelbare Anknüpfungen an den Kaufmannsbegriff. Ausdrücklich geschieht dies in **§ 16 DepotG,** der die Anwendung von einzelnen der im Gesetz aufgestellten Formvorschriften ausschließt, wenn der Hinterleger „Kaufmann" ist.[120] Das **Wertpapierhandelsgesetz (WpHG)** knüpft für die Legaldefinition des Wertpapierdienstleistungsunternehmens in § 2 Abs. 10 WpHG zwar nicht an den handelsrechtlichen Kaufmannsbegriff an, greift aber mit dem „in kaufmännischer Weise eingerichteten Geschäftsbetrieb" (§ 1 Abs. 2) eines seiner essentiellen Elemente auf. Entsprechendes gilt für den Ausschluss des Einwandes aus § 762 BGB durch § 99 S. 1 WpHG, den die Vorschrift ua auf Unternehmen erstreckt, deren Umfang „einen in kaufmännischer Weise eingerichteten Geschäftsbetrieb erfordert".[121] Eine vergleichbare indirekte Anknüpfung an den handelsrechtlichen Kaufmannsbegriff enthielten noch die mit Gesetz vom 17.3.2009 (BGBl. 2009 I 550) aufgehobenen **gewerberechtlichen Vorschriften** zur Publizität (§§ 15a f. GewO aF), die jeweils auf die Eintragung der Firma im Handelsregister abstellten (so § 15a Abs. 2 GewO aF und § 15b Abs. 1 S. 1 GewO aF), was denknotwendig (s. § 17) bei dem Gewerbetreibenden die Kaufmannseigenschaft iSd HGB voraussetzte.[122] Unmittelbar an den Kaufmannsbegriff knüpft jedoch noch **§ 7 Abs. 2 MaBV** an, der Gewerbetreibende von einzelnen Pflichten der Verordnung freistellt, wenn der Auftraggeber ein in das Handelsregister eingetragener Kaufmann ist. Die Regelungen in **§ 1 Abs. 2 Nr. 4 und 5 DMBilG** und **§ 11 Abs. 1 S. 1 Unternehmensrückgabeverordnung,** die auf das Vorliegen eines „Handelsgewerbes" abstellen,[123] haben keine praktische Bedeutung mehr. 35

---

[114] IErg wie hier Ebenroth/Boujong/Kindler Vor §§ 1–7 Rn. 38.

[115] BGH 10.11.1960, NJW 1961, 453 (454); zuvor bereits KG 26.6.1909, OLGE 22, 164; ferner MüKoBGB/Grothe, 4. Aufl. 2003, BGB § 196 Rn. 2; Ebenroth/Boujong/Kindler Vor §§ 1–7 Rn. 40 f.; Staudinger/Peters, 2001, BGB § 196 Rn. 12 ff.

[116] S. § 8 AbzG: „finden keine Anwendung, wenn … als Kaufmann in das Handelsregister eingetragen ist". Dazu noch Ebenroth/Boujong/Kindler Vor §§ 1–7 Rn. 42; ausf. Staub/Brüggemann, 4. Aufl. 1995, Vor § 1 Rn. 49 ff.

[117] Im Überblick Ebenroth/Boujong/Kindler Vor §§ 1–7 Rn. 43; näher MüKoBGB/Ulmer, 3. Aufl. 1995, VerbrKrG § 1 Rn. 21 ff.; Staudinger/Kessal-Wulf, 1997, VerbrKrG § 1 Rn. 32 ff.

[118] Zur Maßgeblichkeit der §§ 1–6 HGB für den Kaufmannsbegriff in § 24 S. 1 Nr. 1 AGBG aF statt aller Staudinger/Schlosser, 1998, AGBG § 24 Rn. 5 ff.

[119] S. statt aller Filthaut/Piontek/Kayser/Kayser, Haftpflichtgesetz, 10. Aufl. 2019, HPflG § 7 Rn. 5.

[120] S. auch Ebenroth/Boujong/Kindler Vor §§ 1–7 Rn. 50 f.

[121] S. Ebenroth/Boujong/Kindler Vor §§ 1–7 Rn. 49.

[122] Zur Rechtslage vor Änderung der Vorschriften durch das HRRefG Ebenroth/Boujong/Kindler Vor §§ 1–7 Rn. 54; Staub/Brüggemann, 4. Aufl. 1995, Vor § 1 Rn. 58.

[123] Dazu Ebenroth/Boujong/Kindler Vor §§ 1–7 Rn. 56 f.

36 Im **Gerichtsverfassungsrecht** hat die Anknüpfung an den handelsrechtlichen Kaufmannsbegriff traditionell eine größere Relevanz, weil die funktionale Zuständigkeit der bei den Landgerichten gebildeten Kammern für Handelssachen (KfH, §§ 95 ff. GVG) ua gegeben ist, wenn auf der Seite des Beklagten ein „Kaufmann im Sinne des Handelsgesetzbuches“ steht und die Klage aus einem beiderseitigen Handelsgeschäft erhoben wird (§ 95 Abs. 1 Nr. 1 GVG), wobei sich das Vorliegen eines beiderseitigen Handelsgeschäfts nach den §§ 343, 344 bestimmt.[124] Wegen der ausdrücklichen Bezugnahme auf das HGB richtet sich der Kaufmannsbegriff in § 95 Abs. 1 Nr. 1 GVG unstreitig nach den §§ 1–6.[125]

37 Im **Zivilverfahrensrecht** ist die Kaufmannseigenschaft für die Gerichtszuständigkeit aufgrund eines kraft Vereinbarung festgelegten Erfüllungsorts von Bedeutung. Derartige Abreden begründen den besonderen **Gerichtsstand des Erfüllungsorts** nach § 29 Abs. 2 ZPO ausschließlich dann, wenn die Vertragsparteien Kaufleute sind.[126] Da die Vorschrift die Kaufmannseigenschaft auf die Vertragsparteien bezieht, muss diese nicht nur auf beiden Seiten, sondern auch bereits im Zeitpunkt des Abschlusses der Vereinbarung gegeben sein.[127] Entsprechendes gilt für eine nach § 38 Abs. 1 ZPO zulässige **Gerichtsstandsvereinbarung,** die die Zuständigkeit eines an sich unzuständigen Gerichts des ersten Rechtszugs begründet.[128] Derartige Prorogationsabreden ermöglicht die genannte Vorschrift ua, wenn die Vertragsparteien Kaufleute sind.[129] Zur Beurteilung der Kaufmannseigenschaft bei Erfüllungsort- bzw. Gerichtsstandsvereinbarungen mit ausländischen Beteiligten → Rn. 74. Keine Bedeutung hat die Kaufmannseigenschaft mehr für die Formvorgaben in § 1031 ZPO für **Schiedsvereinbarungen.**[130] Die in § 1027 Abs. 2 ZPO aF für Vollkaufleute eröffnete Möglichkeit, Schiedsvereinbarungen auch mündlich abzuschließen, sieht § 1031 ZPO seit dem 1.1.1998 nicht mehr vor, da der Gesetzgeber ein Bedürfnis für eine entsprechende Formerleichterung in Abrede stellt;[131] auch ein Handelsbrauch kann eine Schiedsabrede nicht mehr begründen.[132] Unverändert von Bedeutung ist die Kaufmannseigenschaft jedoch für die Zulässigkeit solcher Schiedsvereinbarungen, die zukünftige Rechtsstreitigkeiten aus Wertpapierdienstleistungen, Wertpapiernebendienstleistungen oder Finanztermingeschäften betreffen. Diesbezüglich verlangt **§ 101 WpHG** ausdrücklich, dass beide Vertragsteile Kaufleute oder juristische Personen des öffentlichen Rechts sind.[133] Entfallen ist auch die Einschränkung für die **AGB-rechtliche Verbandsklage.** Diese schloss § 13 Abs. 3 AGBG für Verbraucherverbände ursprünglich aus, wenn AGB „gegenüber einem Kaufmann“ verwendet wurden oder sich Empfehlungen auf die „ausschließliche Verwendung zwischen Kaufleuten“ bezogen.[134] Bereits Art. 2 HRRefG hatte diese Verknüpfung mit dem Kaufmannsbegriff aufgehoben und durch den „Unternehmer“ ersetzt;[135] § 3 Abs. 2 UKlaG führt dies unverändert fort.[136]

38 Vereinzelt ist eine Verknüpfung mit dem handelsrechtlichen Kaufmannsbegriff auch im **Strafrecht** anzutreffen. So stellt § 283 Abs. 1 Nr. 6 StGB nicht nur unmittelbar auf den „Kaufmann“ ab, sondern § 283 Abs. 1 Nr. 5 und 6 StGB sowie § 283b Abs. 1 Nr. 1 und 2 StGB nehmen auf Handelsbücher bzw. Verpflichtungen aus dem Handelsrecht (§ 283 Abs. 1 Nr. 7 StGB, § 283b Abs. 1 Nr. 3 StGB) und damit mittelbar auch auf den handelsrechtlichen Kaufmannsbegriff Bezug.[137]

---

124 Im Überblick Ebenroth/Boujong/Kindler Vor §§ 1–7 Rn. 58 f.

125 Statt aller Kissel/Mayer/Mayer, 11. Aufl. 2025, GVG § 95 Rn. 2; MüKoZPO/Zimmermann GVG § 95 Rn. 6.

126 S. auch Staub/Brüggemann, 4. Aufl. 1995, Vor § 1 Rn. 54; Ebenroth/Boujong/Kindler Vor §§ 1–7 Rn. 62.

127 Stein/Jonas/Roth ZPO § 29 Rn. 40; Wieczorek/Schütze/Smid/Hartmann, 4. Aufl. 2015, ZPO § 29 Rn. 81.

128 Stein/Jonas/Bork ZPO § 38 Rn. 15; MüKoZPO/Jungmann ZPO § 38 Rn. 161; Wieczorek/Schütze/Smid/Hartmann, 4. Aufl. 2015, ZPO § 38 Rn. 88.

129 Zur Maßgeblichkeit des handelsrechtlichen Kaufmannsbegriffs OLG Celle 22.12.2021, BeckRS 2021, 47918; Stein/Jonas/Bork ZPO § 38 Rn. 10 f.; MüKoZPO/Jungmann ZPO § 38 Rn. 137; Wieczorek/Schütze/Smid/Hartmann, 4. Aufl. 2015, ZPO § 38 Rn. 81 f.; s. auch Ebenroth/Boujong/Kindler Vor §§ 1–7 Rn. 65.

130 Dazu im Überblick Ebenroth/Boujong/Kindler Vor §§ 1–7 Rn. 69.

131 Begr. RegE, BT-Drs. 13/5274, 36; ferner BGH 6.4.2017, NJW-RR 2017, 1531 Rn. 20; Ebenroth/Boujong/Kindler Vor §§ 1–7 Rn. 69 f.

132 BGH 6.4.2017, NJW-RR 2017, 1531 Rn. 21.

133 Zur Maßgeblichkeit der §§ 1–6 für die Kaufmannseigenschaft s. Ebenroth/Boujong/Kindler Vor §§ 1–7 Rn. 68; ASM/Sethe/Hellgardt WpHG § 101 Rn. 14 ff.; Schwark/Zimmer/Zimmer WpHG § 101 Rn. 9; zu der unveränderten Vorläuferbestimmung in § 37h WpHG Assmann/Schneider/Sethe WpHG § 37h Rn. 14; dazu auch Lehmann SchiedsVZ 2003, 219 ff.

134 Dazu Staudinger/Schlosser, 12. Aufl. 1983, AGBG § 13 Rn. 20.

135 MüKoBGB/Micklitz, 4. Aufl. 2003, AGBG § 13 Rn. 106; hierfür zuvor bereits Staudinger/Schlosser, 1998, AGBG § 13 Rn. 20.

136 S. Ebenroth/Boujong/Kindler Vor §§ 1–7 Rn. 44.

137 S. TK StGB/Schuster, 31. Aufl. 2025, StGB § 283 Rn. 29, 39, 44 f.; s. auch Staub/Brüggemann, 4. Aufl. 1995, Vor § 1 Rn. 57; Ebenroth/Boujong/Kindler Vor §§ 1–7 Rn. 72.

2. Landesrecht. Das Landesrecht hat seine Bedeutung für das heutige Handelsrecht nahezu vollständig eingebüßt. Im Ausgangspunkt hält Art. 15 EGHGB jedoch unverändert fest, dass die privatrechtlichen Vorschriften der Landesgesetze unberührt bleiben, wenn das EGHGB dies ausdrücklich bestimmt oder das HGB auf Landesgesetze verweist. Die Vorbehalte in den **Art. 16–21 EGHGB** zugunsten der Landesgesetze sind mittlerweile entweder aufgehoben oder weitgehend gegenstandslos.[138] Nur der landesrechtliche Vorbehalt für Bierlieferungsverträge (Art. 18 EGHGB) ist noch von aktueller, jedoch auf Bayern beschränkter Bedeutung, da das dortige Ausführungsgesetz zum BGB vom 9.6.1899 in Art. 5 f. BayAGBGB Sonderregelungen für Bierlieferungsverträge trifft. **Verweisungen auf das Landesrecht** enthält das HGB heute nicht mehr. 39

VI. Internationales Handelsrecht

1. Rechtsquellen des Internationalen Handelsrechts. Verbindliche Regelungen für den internationalen Handelsverkehr können auf einer Vielzahl von Rechtsquellen beruhen. Neben supranationalen und internationalen Rechtsvorschriften treten vertragliche Vereinbarungen, deren Verbindlichkeit zwar formal auf der Anerkennung durch die objektive Rechtsordnung aufbaut, die aber zugleich Ausdruck einer eigenverantwortlichen Regelung von Rechtsbeziehungen sind. 40

a) Supranationales Recht. aa) Lex mercatoria. Wegen der Erleichterungen für den Wirtschaftsverkehr durch ein einheitliches „Welthandelsrecht" haben sich seit Mitte des 20. Jahrhunderts unter Anknüpfung an historische Vorläufer (römisches *ius gentium,* mittelalterliches *ius mercatorum,* englisches *law merchant)* die Bestrebungen zugunsten eines umfassenden übernationalen kaufmännischen Gewohnheitsrechts verstärkt. Dieses soll als sog. *lex mercatoria* aufgrund langanhaltender Praktizierung und Überzeugung von seiner Richtigkeit durch die am Handel Beteiligten *(„societas mercatorum")* selbst gesetzt sein.[139] 41

Umschrieben wird das *lex mercatoria* als *„a set of general principals and customary rules spontaneosly referred to or elaborated in the framework of international trade, without reference to a particular national system of law".*[140] Dieses soll nicht nur den Rückgriff auf nationale Rechte, sondern auch die Ausarbeitung internationaler Konventionen zum Handelsrecht entbehrlich machen. Zum Bestand dieses autonomen Rechts des Welthandels werden zB die Verbindlichkeit geschlossener Verträge *(„pacta sunt servanda"),* deren Anpassung an geänderte Umstände *(„clausula rebus sic stantibus")* oder die Festlegung des genauen Inhalts von Schuldverhältnissen nach dem Prinzip von „Treu und Glauben" *(„good faith")* gezählt. Anwendung finden soll das *lex mercatoria* insbesondere im internationalen Schiedsgerichtsverfahren immer dann, wenn die Parteien nicht explizit eine andere Rechtsordnung als verbindlich anerkannt haben. 42

Gegen die Anerkennung der *lex mercatoria* als eigenständige Rechtsquelle sprechen aus rechtsdogmatischer Sicht gewichtige Gründe:[141] Zum einen sind Umfang und Inhalt mangels schriftlicher Niederlegung äußerst umstritten und bieten daher, im Gegensatz zur Rechtsvereinheitlichung in internationalen Konventionen, keine Rechtssicherheit für den Handelsverkehr. Zum anderen können Teilnehmer am Rechtsverkehr zwar ihre eigenen vertraglichen Beziehungen weitgehend eigenverantwortlich regeln (Grundsatz der Privatautonomie), die Setzung allgemeinverbindlicher Normen ist aber den Staaten in supranationalen Institutionen vorbehalten. Darüber hinaus besteht auch kein gesteigertes praktisches Bedürfnis für die Anerkennung des *lex mercatoria* als Rechtsquelle, weil sich die ihm unstreitig zugeschriebenen Rechtsgrundsätze bereits als Bestandteile der nachfolgend darzustellenden traditionellen Rechtsquellen erweisen, insbesondere der durch die nationalen Rechtsordnungen anerkannten Handelsbräuche; ferner → § 346 Rn. 21. 43

Ungeachtet dessen wird in **Schiedssprüchen** internationaler Schiedsgerichte zuweilen das *lex mercatoria* als Entscheidungsgrundlage herangezogen, und dies wird von den Nationalstaaten tendenziell nicht mehr als Hinderungsgrund für die Anerkennung derartiger Entscheidungen, insbesondere bei der Vollstreckung der Schiedssprüche durch staatliche Institutionen betrachtet.[142] Aufgrund der 44

[138] Ausf. noch Staub/Brüggemann, 4. Aufl. 1995, Einl. Rn. 30.

[139] S. Ipsen, Private Normenordnungen als transnationales Recht, 2009, 66 ff.; Stein, Lex mercatoria, 1995, 189 ff.; Wulfert-Markert, Clive M. Schmitthoffs Konzeption eines transnationalen Welthandelsrechts, 2018, 119 ff., 171 ff. In dieser Ausprägung ist der Begriff „lex mercatoria" mit dem sog. Internationalen Handelsgewohnheitsrecht (dazu Heymann/Horn Einl. III Rn. 28 f.) deckungsgleich. Demgegenüber ist auch ein weites Verständnis anzutreffen, für das das „lex mercatoria" keine eigenständige Rechtsquelle, sondern lediglich ein Sammelbegriff für verschiedene Rechtsgrundlagen des internationalen Handelsverkehrs ist (so zB Heymann/Horn Einl. III Rn. 30). S. insoweit auch K. Schmidt HandelsR § 1 Rn. 67.

[140] Goldman in J. Lew, Contempory Problems in International Arbitration, 1987, 113 (116).

[141] Näher Spickhoff RabelsZ 56 (1992), 116 (126 ff.); ferner Leyens AcP 215 (2015), 611 (623 f.).

[142] Mertens FS Odersky, 1996, 857 (867 f.); ferner Staudinger/Looschelders, 2024, Einl. IPR Rn. 115 ff.; Wegen/Asbrand RIW 2016, 557 ff.

bestehenden Unsicherheit über Geltung und Inhalt des *lex mercatoria* sollten beim Abschluss von Verträgen gewünschte Vertragsbedingungen jedoch im Zweifel explizit vereinbart werden, anstatt auf ihre vermeintliche Geltung kraft kaufmännischen Gewohnheitsrechts zu vertrauen.

45 **bb) Recht der EU. (1) Allgemeines.** Nach Art. 26 Abs. 2 AEUV bildet die EU einen freien Binnenmarkt, den vor allem die Grundfreiheiten (Art. 28 ff. AEUV) verwirklichen. Die Warenverkehrs-, Arbeitnehmer-, Niederlassungs-, Dienstleistungs- und Kapitalverkehrsfreiheit untersagen weitgehend direkte oder indirekte Behinderungen des grenzüberschreitenden Wirtschaftsverkehrs durch die Mitgliedstaaten. Umgekehrt sind wettbewerbshindernde Vereinbarungen und die Ausnutzung einer marktbeherrschenden Stellung durch Unternehmen gemäß den Art. 101 ff. AEUV verboten sowie staatliche Beihilfen für Unternehmen weitgehend unzulässig, soweit sie geeignet sind, den Handel zwischen den Mitgliedstaaten zu beeinträchtigen (näher Art. 107 AEUV).

46 Auch im Handelsrecht gewinnt die **Rechtsangleichung** in der EU zunehmend an Bedeutung.[143] Insbesondere das sekundäre Unionsrecht ist in den letzten Jahrzehnten davon geleitet, die Rechtsvorschriften der Mitgliedstaaten sowohl im Gesellschaftsrecht als auch im Kapitalmarktrecht zu harmonisieren. Das gilt ebenfalls für das Handelsrecht iwS; vor allem RL zum Schutz der Verbraucher führten zu zahlreichen Regelungen, um die Rechtsbeziehungen zwischen Unternehmern bzw. hiervon gleichfalls erfassten Kaufleuten und Verbrauchern auszugestalten. Diese haben ihre Umsetzung jedoch außerhalb des HGB erfahren und bleiben deshalb hier unberücksichtigt.

47 Die handelsrechtlichen Normen im HGB sind bislang erst partiell von Rechtsakten der EU zur Harmonisierung der Rechtsvorschriften in den Mitgliedstaaten betroffen. Am intensivsten ist dies für die Vorschriften zur Handelsbilanz geschehen (→ Rn. 58 ff.), die über den Maßgeblichkeitsgrundsatz (§ 5 Abs. 1 EStG) auch den rechtlichen Rahmen für die Steuerbilanz prägen. Eine vollständige Überlagerung durch das Unionsrecht liegt darüber hinaus für das Recht des Handelsvertreters vor (→ Rn. 55 ff.). Die Vorgaben der (1.) RL 68/151/EWG zur Publizität (→ Rn. 51) beschränkten sich zwar auf die AG, die KGaA sowie die GmbH, führten aber dazu, dass die Umsetzung für das Registerrecht ohne Eingrenzung auf bestimmte Gesellschaftsformen erfolgte (→ Rn. 51 f.; → § 15 Rn. 4). Insgesamt hat der derzeitige handelsrechtliche Normbestand im Unionsrecht bereits die Feststellung veranlasst, es gebe ein „europäisches Handelsrecht";[144] zu einem „Europäischen Handelsgesetzbuch"[145] hat sich dieser jedoch nicht verdichtet (→ Rn. 97).

48 Soweit das Unionsrecht Materien im HGB betrifft, haben die Rechtsetzungsorgane der Union vor allem **Richtlinien** geschaffen, um die Vorschriften der Mitgliedstaaten zu harmonisieren. **Verordnungen** sind bislang die Ausnahme geblieben, beherrschen jedoch zunehmend die Standards für die Rechnungslegung (→ Rn. 61). Dies ist für die Anwendung des HGB im vorgenannten Bereich von erheblicher Bedeutung, da Verordnungen der Union nach Art. 288 Abs. 2 AEUV unmittelbare Wirkung in den Mitgliedstaaten entfalten und ggf. auch entgegenstehende Vorschriften des HGB verdrängen; Vorschriften einer Verordnung genießen gegenüber nationalem Recht einen Anwendungsvorrang.[146] **Auslegungsfragen** zu ihnen sind letztlich vom EuGH zu beantworten (Art. 267 Abs. 1 AEUV), den die Gerichte der Mitgliedstaaten zu diesem Zweck mittels eines Vorabentscheidungsverfahrens anrufen können (Art. 267 Abs. 2 AEUV) bzw. (bei letztinstanzlich entscheidenden Gerichten) müssen (Art. 267 Abs. 3 AEUV). Unterlassen letztinstanzlich entscheidende Gerichte die Einleitung eines Vorabentscheidungsverfahrens, kann hierin eine mit der Verfassungsbeschwerde angreifbare Verletzung der Gewährleistung in Art. 101 Abs. 1 S. 2 GG zu sehen sein.[147]

---

[143] Dazu Grundmann ZHR 163 (1999), 635 ff.; Kilian/Wendt, Europäisches Wirtschaftsrecht, 9. Aufl. 2023, Rn. 541 ff.; Magnus FS Drobnig, 1998, 57 ff.; im Überblick zB Heymann/Horn Einl. III Rn. 17 ff.

[144] So zB Hopt/Merkt Einl. v. § 1 Rn. 30.

[145] S. vor allem Lehmann ZHR 181 (2017), 9 ff.; zuvor Grundmann ZHR 163 (1999), 635 ff.; Magnus FS Drobnig, 1998, 57 ff.

[146] Grdl. EuGH 15.7.1964, Slg. 1964, 1251 – Costa/E.N.E.L.; s. auch nachfolgend zB EuGH 9.3.1978, Slg. 1978, 629 Rn. 21, 24 = NJW 1978, 1741 – Simmenthal; 19.6.1990, Slg. 1990, I-2433 Rn. 18 ff. = NJW 1991, 2271 – Factortame; 22.10.1998, Slg. 1998, I-6307 Rn. 20 = NJW 1999, 201 – IN.CO.GE '90; 8.9.2010, Slg. 2010, I-8015 Rn. 53 ff. = NVwZ 2010, 1419 – Winner Wetten; 14.11.2024, GRUR 2025, 77 Rn. 51; zu den Schranken BVerfG 15.12.2015, NJW 2016, 1149 Rn. 37 ff.; 21.6.2016, BVerfGE 142, 123 Rn. 120 = NJW 2016, 2473; 18.8.2017, NJW 2018, 686 Rn. 32.

[147] BVerfG 25.2.2010, NJW 2010, 1268 Rn. 15 ff.; 6.7.2010, BVerfGE 126, 286 Rn. 88 ff. = NJW 2010, 3422; 25.1.2011, BVerfGE 128, 157 Rn. 101 ff. = NJW 2011, 1427; nachfolgend BVerfG 17.1.2013, NZG 2013, 464 Rn. 28; 23.12.2013, BeckRS 2014, 46307 Rn. 3; 28.1.2014, NVwZ 2014, 646 Rn. 176 ff.; 29.4.2014, NJW 2014, 2489 Rn. 15 ff.; 10.12.2014, NZA 2015, 375 Rn. 14 ff.; 2.2.2015, NJW 2015, 1294 Rn. 22 ff.; 23.5.2016, NJW-RR 2016, 1366 Rn. 27 ff.; 6.10.2017, NJW 2018, 606 Rn. 3 ff.; 17.11.2017, NJW-RR 2018, 305 Rn. 21 ff.; 19.12.2017, NJW 2018, 686 Rn. 36 ff.; 18.4.2018, NJW 2018, 2036 Rn. 35 ff.; 18.7.2018, NVwZ 2018, 1293 Rn. 138 ff.; 5.1.2021, NZA 2021, 271 Rn. 7; 14.1.2021, NJW 2021, 1005 Rn. 11 ff.; weiterführend Wolff AöR 141 (2016), 40 ff.

Werden Materien im HGB von **Richtlinien** der EU überlagert, so wirken sich diese indirekt auf die Anwendung des HGB aus, weil Richtlinien nach Art. 288 Abs. 3 AEUV lediglich die Mitgliedstaaten verpflichten und damit grundsätzlich keine unmittelbare Wirkung zwischen Privaten entfalten.[148] Da die Verpflichtung zur Umsetzung der Richtlinien nach Art. 291 AEUV auch die Gerichte der Mitgliedstaaten trifft, haben diese die der Umsetzung von Richtlinien dienenden Bestimmungen des HGB jedoch soweit möglich im Einklang mit den unionsrechtlichen Vorgaben anzuwenden; es gilt das unionsrechtlich fundierte Gebot einer richtlinien- bzw. unionsrechtskonformen Auslegung.[149] Deshalb sind zB die Vorschriften zum Recht des Handelsvertreters so anzuwenden, dass diese nicht den Vorgaben der Handelsvertreter-RL widersprechen.[150] Zweifel im Hinblick auf den Inhalt der jeweiligen RL sind im Wege des Vorabentscheidungsverfahrens zu beheben (Art. 267 AEUV; → Rn. 48). Hierdurch beeinflussen die handelsrechtlichen RL indirekt auch die Rechtsbeziehungen zwischen Privaten, da sie die für sie unmittelbar geltenden Vorschriften des HGB mit dem Inhalt anwenden müssen, den diese aufgrund einer von den Gerichten vorgenommenen richtlinien- bzw. unionsrechtskonformen Auslegung haben. Diese Grundsätze gelten uneingeschränkt mit Ablauf der Umsetzungsfrist.[151] Zuvor ist ab Inkrafttreten der Richtlinie von den Gerichten das sog. Frustrationsverbot zu beachten, das ihnen während der Umsetzungsfrist eine Auslegung des innerstaatlichen Rechts untersagt, durch die die Erreichung des mit der Richtlinie verfolgten Zieles ernsthaft gefährdet würde.[152] 49

Scheidet eine richtlinien- bzw. unionsrechtskonforme Auslegung des innerstaatlichen Rechts aus,[153] dann bleibt das richtlinienwidrige Gesetz für Private uneingeschränkt anwendbar;[154] ggf. ist der Staat Privaten gegenüber wegen der richtlinienwidrigen Umsetzung jedoch zum Schadensersatz 50

[148] EuGH 26.2.1986, Slg. 1986, 723 Rn. 48 = NJW 1986, 2178 – Marshall; 14.7.1994, Slg. 1994, I-3325 Rn. 20 f. = NJW 1994, 2473 – Faccini Dori; 7.3.1996, Slg. 1996, I-1281 Rn. 15 ff. = NJW 1996, 1401 – El Corte Inglés; 19.1.2010, Slg. 2010, I-365 Rn. 46 = NJW 2010, 427 – Kücükdeveci; 24.1.2012, NJW 2012, 509 Rn. 37 – Dominguez; 19.4.2016, EuZW 2016, 537 Rn. 30 – Dansk Industri; 7.8.2018, BeckRS 2018, 17516 Rn. 42 ff.; 6.11.2018, NZA 2018, 1467 Rn. 76 – Bauer; 6.11.2018, NZA 2018, 1474 Rn. 66 – Max-Planck-Gesellschaft.

[149] ZB EuGH 30.4.2025, BeckRS 2025, 8373 Rn. 43 ff. – Nastolo; 11.7.2024, NZA 2024, 1129 Rn. 42 f.; 11.4.2024, BeckRS 2024, 6726 Rn. 31; 9.4.2024, NJW 2024, 1795 Rn. 61 f.; 18.1.2022, NJW 2022, 927 Rn. 26 f.; 21.10.2021, BeckRS 2021, 31253 Rn. 30; 10.6.2021, NJW 2021, 3651 Rn. 36; 3.6.2021, NZA 2021, 1239 Rn. 82 ff.; 11.2.2021, NZA 2021, 333 Rn. 65 ff.; 10.12.2020, NZG 2021, 160 Rn. 75; 19.3.2020, BeckRS 2020, 4197 Rn. 121 ff. – Sánchez Ruiz; 14.5.2019, NZA 2019, 683 Rn. 69 f. – CCOO; 6.11.2018, NZA 2018, 1467 Rn. 67 ff. – Bauer; 6.11.2018, NZA 2018, 1474 Rn. 58 ff. – Max-Planck-Gesellschaft; 11.9.2018, NZA 2018, 1187 Rn. 63 ff. – IR; 7.8.2018, BeckRS 2018, 17516 Rn. 39; 21.4.2016, EuZW 2016, 474 Rn. 79; 19.4.2016, EuZW 2016, 537 Rn. 31, 33 – Dansk Industri; 28.1.2016, RdTW 2016, 257 Rn. 41 – BP Europa; 18.12.2014, NZA 2015, 91 Rn. 44 – Larcher; 19.6.2014, NZA 2014, 831 Rn. 88; 30.4.2014, NJW 2014, 2335 Rn. 64; 10.10.2013, NJW 2014, 44 Rn. 29 f.; 5.9.2012, NJW 2013, 141 Rn. 54; 24.1.2012, NJW 2012, 509 Rn. 24 ff. – Dominguez; 19.1.2010, Slg. 2010, I-365 Rn. 47 f. = NJW 2010, 427 – Kücükdeveci; 15.4.2008, Slg. 2008, I-2483 Rn. 98 – Impact = NZA 2008, 581; 4.7.2006, Slg. 2006, I-6057 Rn. 109 = NJW 2006, 2465 – Adeneler; 5.10.2004, Slg. 2004, I-8835 Rn. 110 ff. = NJW 2004, 3547 – Pfeiffer; 14.7.1994, Slg. 1994, I-3325 = NJW 1994, 2473 – Faccini Dori.

[150] S. BGH 26.2.2011, NJW-RR 2011, 614 ff. (dazu Thume BB 2011, 1800 ff.); BGH 14.5.2014, VersR 2014, 1252 Rn. 12 ff.; nachfolgend BGH 6.10.2016, ZVertriebsR 2016, 384 = BeckRS 2016, 18494; 5.11.2020, BGHZ 227, 268 = NZG 2021, 298.

[151] EuGH 11.4.2024, BeckRS 2024, 6726 Rn. 32; 4.7.2006, Slg. 2006, I-6057 Rn. 115 – Adeneler = NJW 2006, 2465; BVerfG 31.7.2013, NJW 2013, 2957 Rn. 21.

[152] EuGH 11.4.2024, BeckRS 2024, 6726 Rn. 34, 46 ff.; 25.1.2022, NVwZ 2022, 536 Rn. 75; 11.2.2021, NZA 2021, 333 Rn. 73; 4.7.2006, Slg. 2006, I-6057 Rn. 122 f. = NJW 2006, 2465 – Adeneler; BVerfG 31.7.2013, NJW 2013, 2957 Rn. 23.

[153] Zu den Grenzen einer richtlinien- bzw. unionsrechtskonformen Auslegung zB EuGH 30.4.2025, BeckRS 2025, 8373 Rn. 47 – Nastolo; 11.7.2024 NZA 2024, 1129 Rn. 43; 9.4.2024, NJW 2024, 1795 Rn. 63; 18.1.2022, NJW 2022, 927 Rn. 28 – Thelen Technopark Berlin; 3.6.2021, NZA 2021, 1239 Rn. 84; 11.2.2021, NZA 2021, 333 Rn. 67; 19.3.2020, BeckRS 2020, 4197 Rn. 123 – Sánchez Ruiz; 7.8.2018, BeckRS 2018, 17516 Rn. 40; 13.7.2016, NVwZ 2016, 1465 Rn. 44; 19.4.2016, EuZW 2016, 537 Rn. 32 – Dansk Industri; 30.4.2014, NJW 2014, 2335 Rn. 65; 5.9.2012, NJW 2013, 141 Rn. 55; 24.1.2012, NJW 2012, 509 Rn. 25 – Dominguez; 15.4.2008, Slg. 2008, I-2483 Rn. 100 = NZA 2008, 581 – Impact; 4.7.2006, Slg. 2006, I-6057 Rn. 110 = NJW 2006, 2465 – Adeneler; 26.9.1996, Slg. 1996, I-4705 Rn. 42 = EuZW 1997, 318 – Arcaro; BVerfG 26.9.2011, NJW 2012, 669 Rn. 46 ff.; 17.1.2013, NZG 2013, 464 Rn. 32; 23.5.2016, VersR 2016, 1037 Rn. 41; 17.11.2017, NJW-RR 2018, 305 Rn. 37; BGH 28.10.2015, NJW 2016, 1718 Rn. 38 ff.; 24.6.2020, NJW 2020, 3035 Rn. 22; 18.11.2020, NJW 2021, 1008 Rn. 26 ff.; 4.7.2023, NJW-RR 2023, 1351 Rn. 20.

[154] EuGH 6.11.2018, NZA 2018, 1467 Rn. 76 – Bauer; 6.11.2018, NZA 2018, 1474 Rn. 66 – Max-Planck-Gesellschaft; 7.8.2018, NZA 2018, 1187 Rn. 44 f., 49 – IR; 26.9.1996, Slg. 1996, I-4705 Rn. 39 f. = EuZW 1997, 318 – Arcaro; BVerfG 4.11.2015, NJW 2016, 1436 Rn. 19.

verpflichtet.[155] Lediglich dem Staat bzw. seinen Einrichtungen kann es wegen Art. 291 Abs. 1 AEUV verwehrt sein, das richtlinienwidrige Gesetz zu Lasten Privater anzuwenden.[156] Von praktischer Relevanz kann dies im Registerrecht sein, wenn sich die §§ 8 ff. in einem durch richtlinien- bzw. unionsrechtskonforme Gesetzesanwendung nicht aufhebbaren Widerspruch zu den Vorgaben der maßgeblichen Richtlinien (→ Rn. 51 ff.) befinden. In diesem Fall wäre es den Registergerichten bzw. dort den Rechtspflegern verwehrt, eine richtlinienwidrige Bestimmung des HGB anzuwenden.

51 **(2) Registerrecht.** Im Registerrecht sind für die §§ 8–16 drei unionsrechtliche Rechtsakte von zentraler Bedeutung. Den ersten Eingriff in das deutsche Recht bewirkte die (1.) **RL 68/151/EWG** vom 9.3.1968[157] zur Koordinierung der Schutzbestimmungen, die in den Mitgliedstaaten den Gesellschaften iSd Art. 58 Abs. 2 des Vertrages im Interesse der Gesellschafter sowie Dritter vorgeschrieben sind, um diese Bestimmungen gleichwertig zu gestalten (Publizitäts-RL). Besonderes Gewicht hatte diese für die Vorschriften zur Publizität der Registereintragung (Bekanntmachung) sowie die Rechtswirkungen der Publizität, die in § 15 niedergelegt sind. Bezüglich dieser Bestimmung bewirkte Art. 3 Abs. 5–7 RL 68/151/EWG[158] einschneidende Änderungen, insbesondere fügte das Gesetz zur Durchführung der Publizitäts-RL vom 15.8.1969 (→ Rn. 2) erstmals eine auf die Bekanntmachung bezogene positive Publizität ein (§ 15 Abs. 3), was durch Art. 3 Abs. 6 UAbs. 2 RL 68/151/EWG zwingend vorgegeben war.[159]

52 Zwar hätte die RL 68/151/EWG eine Begrenzung der Umsetzung im Registerrecht auf AG, KGaA und GmbH wegen ihres auf diese Gesellschaftsformen bezogenen Anwendungsbereichs gerechtfertigt, der deutsche Gesetzgeber hat sich aber dafür entschieden, die von der Richtlinie betroffenen registerrechtlichen Vorschriften über die Richtlinie hinausgehend ohne Einschränkung auf bestimmte Gesellschaftsformen anzupassen (→ § 15 Rn. 4). Entsprechendes gilt für die nachfolgende Änderung der RL 68/151/EWG durch die **RL 2003/58/EG** vom 15.7.2003.[160] Diese fasste ua Art. 3 RL 68/151/EWG vollständig neu und öffnete das Handelsregister insbesondere für die elektronische Form. Die Umsetzung der RL 2003/58/EG erfolgte durch das Gesetz über elektronische Handelsregister und Genossenschaftsregister sowie das Unternehmensregister **(EHUG)** vom 10.11.2006 (→ Rn. 5), sodass insbesondere die hierdurch vollständig neu gefassten bzw. eingefügten §§ 8–11 in großem Maße unionsrechtlich überlagert sind.

53 An die Stelle der in → Rn. 51 und → Rn. 52 genannten Richtlinien trat zunächst die **Publizitäts-RL** vom 16.9.2009,[161] die eine konsolidierte Fassung der RL 68/151/EWG darstellt und die nach deren Inkrafttreten eingetretene Änderungen berücksichtigt, sodass hinsichtlich der Vorgaben durch Art. 3 RL 68/151/EWG idF der RL 2003/58/EG keine Änderungen eintraten. Zu gewichtigen Ergänzungen kam es erst nachfolgend durch die **RL 2012/17/EU** vom 13.6.2012,[162] die in Art. 3 RL 2012/17/EU auch die Publizitätsbestimmungen der Publizitäts-RL geändert und erweitert hatte. Mit der **Einfügung von § 9b** trug der Gesetzgeber den unionsrechtlichen Vorgaben Rechnung (→ Rn. 5 aE). Durch Art. 166 GesR-RL wurde zwar auch die Publizitäts-RL aufgehoben, deren Bestimmungen wurden aber unverändert in die **Art. 13–28 GesR-RL** übernommen (→ § 8 Rn. 13 ff.); die ursprünglich in Art. 3 Publizitäts-RL vorhandene Regelung befindet sich nunmehr in Art. 16 GesR-RL (→ § 15 Rn. 4). Zu einschneidenden inhaltlichen Änderungen der vorgenannten Richtlinienbestimmungen führten zuletzt die **RL (EU) 2019/1151** (→ Rn. 7) im Hinblick auf den **Einsatz digitaler Werkzeuge und Verfahren im Gesellschaftsrecht** und zur Neufassung von Art. 16 GesR-RL (→ § 8 Rn. 13),[163] deren Umsetzung in den §§ 8 ff. durch das DiRUG vom

[155] Grdl. EuGH 19.11.1991, Slg. 1991, I-5357 Rn. 30 ff. = NJW 1992, 165 – Francovich I; s. nachfolgend auch EuGH 14.7.1994, Slg. 1994, I-3325 Rn. 27 = NJW 1994, 2473 – Faccini Dori; 8.10.1996, Slg. 1996, I-4845 Rn. 20 ff. = NJW 1996, 3141 – Dillenkofer; zuletzt EuGH 24.1.2012, NJW 2012, 509 Rn. 43 – Dominguez; 19.6.2014, NZA 2014, 831 Rn. 98 ff.; 7.8.2018, BeckRS 2018, 17516 Rn. 56; 18.1.2022, NJW 2022, 927 Rn. 41 ff.; 25.1.2022, NVwZ 2022, 536 Rn. 69 ff.

[156] Aus neuerer Zeit zB EuGH 14.11.2024, GRUR 2025, 77 Rn. 26; 18.1.2022, NJW 2022, 927 Rn. 30 ff.; 21.10.2021, BeckRS 2021, 31253 Rn. 41; 6.11.2018, NZA 2018, 1467 Rn. 70 – Bauer; 6.11.2018, NZA 2018, 1474 Rn. 63 – Max-Planck-Gesellschaft; 7.8.2018, BeckRS 2018, 17516 Rn. 45; 24.1.2012, NJW 2012, 509 Rn. 33, 37 f. – Dominguez; zuvor EuGH 15.4.2008, Slg. 2008, I-2483 Rn. 129 = NZA 2008, 581 – Impact; 7.9.2006, Slg. 2006, I-7213 Rn. 39 = NZA 2006, 1265 – Marrosu; 26.9.1996, Slg. 1996, I-4705 Rn. 36 = EuZW 1997, 318 – Arcaro; ferner auch BVerfG 17.11.2017, NJW-RR 2018, 305 Rn. 39.

[157] ABl. EG 1968 L 65, 8. Zur Aufhebung der RL 68/151/EWG durch Art. 16 Publizitäts-RL → Rn. 53.

[158] Dazu im Überblick zB Grundmann EuropGesR Rn. 271 ff.

[159] Zum Einfluss der RL 68/151/EWG auf die Auslegung des § 15 Abs. 3 → § 15 Rn. 57, → § 15 Rn. 62 f.

[160] ABl. EG 2003 L 221, 13; dazu auch Scholz EuZW 2004, 172 ff.

[161] RL 2009/101/EG vom 16.9.2009, ABl. EG 2009 L 258, 11.

[162] ABl. EU 2012 L 156, 1; dazu zB Kilian FGPrax 2012, 185 ff.

[163] Dazu zB näher Knaier GmbHR 2018, 560 ff.; Lieder NZG 2018, 1081 ff.; Lieder NZG 2020, 81 ff.; Noack DB 2018, 1324 ff.; J. Schmidt Der Konzern 2018, 229 ff.; s. ferner Teichmann GmbHR 2018, 1 ff.

5.7.2021 (BGBl. 2021 I 3338) erfolgte (→ Rn. 6),[164] sowie Art. 2 RL (EU) 2025/25 vom 19.12.2024,[165] der auch Art. 16 GesR-RL änderte und bis zum 31.7.2027 in das Recht der Mitgliedstaaten umzusetzen ist.

Auf einer unionsrechtlichen Grundlage beruhen ferner die registerrechtlichen Vorschriften zu Kapitalgesellschaften im Ausland mit **Zweigniederlassungen** im Inland. Die hierfür geschaffenen §§ 13d–13g wurden in das HGB eingefügt, um die Vorgaben der (11.) **RL 89/666/EWG** vom 21.12.1989[166] über die Offenlegung von Zweigniederlassungen, die in einem Mitgliedstaat von Gesellschaften bestimmter Rechtsformen errichtet wurden, die dem Recht eines anderen Staates unterliegen, umzusetzen (→ § 13d Rn. 3 f.). Ebenso wie die Publizitäts-RL (→ Rn. 52) hob Art. 166 GesR-RL auch die RL 89/866/EWG auf und überführte diese inhaltlich unverändert in die **Art. 29–39 GesR-RL** (→ § 13d Rn. 3 f.). Insoweit haben die RL (EU) 2019/1151 (→ Rn. 7) und die RL (EU) 2025/25[167] die vorgenannten Richtlinienbestimmungen ebenfalls geändert. 54

(3) Recht des Handelsvertreters. Eine sehr weitgehende unionsrechtliche Prägung erfährt das Recht des Handelsvertreters (§§ 84–92c) durch die **Handelsvertreter-RL,**[168] die zentrale Regelungskomplexe überlagert (→ § 84 Rn. 4, → § 84 Rn. 12): den Begriff des Handelsvertreters in § 84 (= Art. 1 Handelsvertreter-RL), die Aushändigung der Vertragsurkunde nach § 85 (= Art. 13 Handelsvertreter-RL), die in § 86 geregelten Pflichten des Handelsvertreters (= Art. 3 Handelsvertreter-RL), die Bestimmungen in § 86a zu den Pflichten des Unternehmers (= Art. 4 Handelsvertreter-RL), die Vorschriften zum Provisionsanspruch in den §§ 87 ff. (= Art. 6–12 Handelsvertreter-RL), die Regelungen zur ordentlichen Kündigung des Handelsvertretervertrages in § 89 (= Art. 14 und 15 Handelsvertreter-RL), der Ausgleichsanspruch nach § 89b (= Art. 17–19 Handelsvertreter-RL) sowie die Wettbewerbsabrede nach § 90a (= Art. 20 Handelsvertreter-RL). Sofern die Handelsvertreter-RL hinsichtlich des Bedeutungsgehalts ihrer Begriffe nicht auf nationale Rechtsordnungen verweist, sind die Begriffe für die Anwendung der Richtlinie Begriffe des Unionsrechts und unterliegen im gesamten Unionsgebiet einer einheitlichen (autonomen) Auslegung.[169] 55

Die Vorschriften des HGB zum Handelsvertreterrecht entsprechen zwar nahezu vollständig den unionsrechtlichen Vorgaben. Kleinere Abweichungen fordern aber auch bei Anwendung der §§ 84–92c stets einen Seitenblick auf das Unionsrecht und ggf. eine richtlinien- bzw. unionsrechtskonforme Auslegung.[170] Die Judikatur des EuGH zu der Handelsvertreter-RL ist aus Sicht der deutschen Rechtslage aber in der Regel unproblematisch, da diese zumeist mit den Vorgaben des Unionsrechts übereinstimmt. Das gilt sowohl für die Absicherung von Provisionen für Bezirksvertreter, über die der EuGH in der Rechtssache „Kontegeorgas"[171] zu befinden hatte (dazu § 87 Abs. 2), als auch die Feststellung in der Rechtssache „Belone",[172] dass die Wirksamkeit eines Handelsvertretervertrags nicht von der Eintragung in ein Handelsregister abhängig gemacht werden darf, da das deutsche Handelsrecht diese Voraussetzung nicht kennt (→ § 84 Rn. 59) und die §§ 84 ff. ohnehin wegen § 84 Abs. 4 unabhängig von einer Eintragung des Handelsvertreters im Handelsregister anwendbar sind. Von Bedeutung für das deutsche Recht sind indessen die Aussagen des EuGH in der Rechtssache 56

---

[164] S. ferner das Gesetz zur Ergänzung der Regelungen zur Umsetzung der Digitalisierungsrichtlinie und zur Änderung weiterer Vorschriften (DiREG) vom 15.7.2022, BGBl. 2022 I 1146.

[165] RL (EU) 2025/25 des Europäischen Parlaments und des Rates vom 19.12.2024 zur Änderung der Richtlinien 2009/102/EG und (EU) 2017/1132 zur Ausweitung und Optimierung des Einsatzes digitaler Werkzeuge und Verfahren im Gesellschaftsrecht, ABl. EU 2025 L.

[166] ABl. EG 1989 L 395, 36.

[167] RL (EU) 2025/25 des Europäischen Parlaments und des Rates vom 19.12.2024 zur Änderung der Richtlinien 2009/102/EG und (EU) 2017/1132 zur Ausweitung und Optimierung des Einsatzes digitaler Werkzeuge und Verfahren im Gesellschaftsrecht, ABl. EU 2025 L vom 10.1.2025.

[168] RL 86/653/EWG vom 18.12.1986, ABl. EG 1986 L 382, 17, ber. ABl. EG 1988 L 189, 28. Aus dem Schrifttum s. Ankele RdA 1982, 157 ff.; Ankele DB 1987, 659 ff.; Ankele DB 1989, 2211 ff.; Eckert NZA 1990, 384 ff.; Emde/Valdini ZVertriebsR 2016, 353 ff., 2017, 3 ff.; Fischer ZVglRWiss 101 (2002), 143 ff.; Fock ZEuP 1998, 354 ff.; Fock ZEuP 2000, 108 ff.; Fock, Die europäische Handelsvertreter-Richtlinie, 2001; Freitag/Leible RIW 2001, 287 ff.; Küstner/v. Manteuffel BB 1990, 291 ff.; Kuther NJW 1990, 304 f.; Martinek ZVertriebsR 2014, 139 ff.; Sellhorst EWS 2001, 481 ff.; Walter RIW 2019, 570 ff.; Westphal, Die Handelsvertreterrichtlinie und deren Umsetzung in den Mitgliedstaaten der Europäischen Union, 1994.

[169] So exemplarisch jüngst für die Anforderungen an eine „vermittelnde" Tätigkeit EuGH 4.6.2020, ZVertriebsR 2020, 252 Rn. 25 – Trendsetteuse SARL.

[170] Exemplarisch BGH 16.2.2011, NJW-RR 2011, 614; 14.5.2014, VersR 2014, 1252 Rn. 12 ff.; 6.10.2016, ZVertriebsR 2016, 384 = BeckRS 2016, 18494; BGH 5.11.2020, BeckRS 2020, 33557 Rn. 28 ff.; allg. Emde ZVertriebsR 2014, 218 ff.; Thume BB 2011, 1800 ff.

[171] EuGH 12.12.1996, Slg. 1996, I-6643 = EuZW 1997, 248.

[172] EuGH 30.4.1998, Slg. 1998, I-2191 = EuZW 1998, 409.

„Ingmar"[173] zum Geltungsbereich der Handelsvertreter-RL. Unter der Voraussetzung, dass der Handelsvertreter seine Tätigkeit in einem Mitgliedstaat ausgeübt hat, erfasst die Handelsvertreter-RL danach auch solche Unternehmer, die ihren Sitz in einem Drittstaat haben. Das gilt nach Auffassung des EuGH selbst dann, wenn der Vertrag des Handelsvertreters dem Recht des Drittstaates unterliegt, in dem der Unternehmer seinen Sitz hat.[174] Ebenso steht es – wie der EuGH in der Rechtssache „Zako" befand – der Einbeziehung in den Anwendungsbereich der Handelsvertreter-RL nicht entgegen, wenn die Tätigkeit in den Geschäftsräumen des Unternehmers ausgeübt wird, sofern die Selbstständigkeit gegenüber dem Unternehmer unbeeinträchtigt bleibt.[175] Entsprechendes gilt, wenn neben Handelsvertretertätigkeiten Tätigkeiten anderer Art ausgeübt werden, ohne dass es dabei auf deren Umfang ankommt und sie die Eigenschaft als selbstständiger Gewerbetreibender nicht beeinträchtigen (→ § 84 Rn. 30).[176] Den Anwendungsbereich der Richtlinie betrifft ferner die Entscheidung des EuGH in der Rechtssache „Trendsetteuse SARL", in der es der Gerichtshof für eine „vermittelnde" Tätigkeit nicht als erforderlich ansah, dass der Auftragnehmer die Befugnis hat, die Preise und Vertragsbedingungen der Kaufverträge seines Auftraggebers auszuhandeln (→ § 84 Rn. 44).[177] Ferner entschied der EuGH mit Urteil vom 16.9.2021, dass der in Art. 1 Abs. 2 Handelsvertreter-RL verwendete Begriff „Verkauf von Waren" die elektronische Lieferung eines Computerprogramms gegen Bezahlung auch dann einschließen kann, wenn diese Lieferung durch die Erteilung einer unbefristeten Lizenz zur Nutzung des Programms ergänzt wird.[178]

57 Schließlich stellte der EuGH in der Entscheidung vom 26.3.2009 in der Rechtssache „Semen" bezüglich der Voraussetzungen für den **Ausgleichsanspruch** des Handelsvertreters (§ 89b Abs. 1) fest, dass diese zum Teil von den Vorgaben in Art. 17 Handelsvertreter-RL abwichen.[179] Durch Gesetz vom 31.7.2009 (→ Rn. 5) und die hierdurch erfolgten Änderungen in § 89b Abs. 1 wurden die vom Gerichtshof gerügten Diskrepanzen beseitigt (→ § 89b Rn. 2).[180] Zu einer Korrektur seiner bisherigen Judikatur zu § 89b Abs. 3 Nr. 2 sah sich der BGH aufgrund einer richtlinienkonformen Auslegung im Anschluss an das Urteil des EuGH vom 28.10.2010 in der Rechtssache „Volvo Car Germany"[181] gezwungen. Danach ist der Ausgleichsanspruch des Handelsvertreters nur ausgeschlossen, wenn zwischen dem schuldhaften Verhalten des Handelsvertreters und der Kündigung des Unternehmers ein unmittelbarer Ursachenzusammenhang besteht (→ § 89b Rn. 39).[182] Während der BGH in seinem Beschluss vom 24.4.2014 noch selbst feststellen konnte, dass die Dispositivität der gesetzlichen Regelungen über die **Bezirksprovision** nicht im Widerspruch zu Art. 7 Abs. 2 Handelsvertreter-RL steht,[183] sah sich der BGH demgegenüber für die Anwendung von § 89b Abs. 1 S. 1 Nr. 1 gezwungen, den EuGH um eine Vorabentscheidung zur Auslegung des Begriffs **„neuer Kunde"** zu ersuchen.[184] Insoweit hat der EuGH mit Urteil vom 7.4.2016 das Vorliegen eines „neuen Kunden" selbst dann unter Umständen bejaht, wenn wegen anderer Waren bereits eine Geschäftsverbindung mit dem Unternehmer bestand (→ § 89b Rn. 12a).[185] Die Feststellung des

---

[173] EuGH 9.11.2000, Slg. 2000, I-9305 = NJW 2001, 2007; bestätigend EuGH 16.2.2017, ZVertriebsR 2017, 182 Rn. 32 = BeckRS 2017, 101794.

[174] Näher zu dem Urteil in der Rs. Ingmar zB Freitag/Leible RIW 2001, 287 ff.; Jayme IPRax 2001, 190 f.; Michels/Kamann EWS 2001, 301 ff.; Roth CMLR 2002, 369 ff.; Schwarz ZVglRWiss 101 (2002), 45 ff.; Staudinger NJW 2001, 1974 ff. Zur Erstreckung des Schutzes der Handelsvertreter-RL auf Unternehmen mit Sitz in einem von einem Assoziierungsabkommen (Türkei) erfassten Drittstaat s. EuGH 16.2.2017, ZVertriebsR 2017, 182 Rn. 37 ff. = BeckRS 2017, 101794.

[175] EuGH 21.11.2018, BeckRS 2018, 29214 Rn. 28, 32.

[176] EuGH 21.11.2018, BeckRS 2018, 29214 Rn. 37 ff.; dazu Valdini MDR 2019, 774 ff.

[177] EuGH 4.6.2020, ZVertriebsR 2020, 252 Rn. 21 ff. = BeckRS 2020, 11065; dazu auch Kutscher-Puis ZVertriebsR 2020, 255 ff.

[178] EuGH 16.9.2021, NJW 2022, 459 Rn. 30 ff.; dazu auch von Rintelen EuZW 2021, 1096 f.; Rohrßen ZVertriebsR 2021, 380 ff.

[179] S. EuGH 26.3.2009, Slg. 2009, I-2341 = DStR 2009, 759; zum Ausgleichsanspruch s. auch EuGH 13.10.2022, NZG 2022, 1688 ff.

[180] Dazu näher Christoph NJW 2010, 647 ff.; Koch ZIP 2011, 1752 ff.; Thume BB 2009, 2490 ff.; Wauschkuhn/Fröhlich BB 2010, 524 ff.

[181] EuGH 28.10.2010, Slg. 2010, I-10721 = NJW-RR 2011, 255; näher dazu zB Thume IHR 2011, 7 ff.

[182] BGH 16.2.2011, NJW-RR 2011, 614 Rn. 14 ff.; anders noch BGH 6.7.1967, BGHZ 48, 222 (224 f.); im Rahmen des Vorlagebeschlusses in der Rs. Volvo Car Germany BGH 29.4.2009, EuZW 2009, 667 Rn. 12 f., 18 ff.

[183] BGH 24.4.2014, NJW 2014, 1735 Rn. 11 f; zur Dispositivität des Provisionsanspruches s. EuGH 13.10.2022, NZG 2022, 1782.

[184] BGH 14.5.2014, VersR 2014, 1252.

[185] EuGH 7.4.2016, NJW 2016, 2244 Rn. 34 ff.; dazu Gräfe EuZW 2016, 429 f.; Heinicke ZVertriebsR 2016, 175 ff.; Thume BB 2020, 779 (782 f.); nachfolgend BGH 6.10.2016, ZVertriebsR 2016, 384 = BeckRS 2016, 18494.

EuGH in seinem Urteil vom 19.4.2018 in der Rechtssache „CMR", dass der Ausgleichsanspruch des Art. 17 Handelsvertreter-RL auch dann besteht, wenn das Handelsvertreterverhältnis während einer vereinbarten **Probezeit** endet,[186] hat für § 89b Abs. 1 S. 1 lediglich klarstellende Bedeutung (→ § 89b Rn. 6).[187] Weitere Konkretisierungen zu dem Ausgleich, den der Unternehmer nach Art. 17 Abs. 2 Handelsvertreter-RL zu leisten hat, sind dem Urteil des EuGH vom 23.3.2023[188] zu entnehmen.

(4) Bilanzrecht. Die Vorschriften im Dritten Buch des HGB zur Rechnungslegung, zur Abschlussprüfung sowie zur Offenlegung sind bislang am stärksten von unionsrechtlichen Vorgaben geprägt, um auf diese Weise den Anforderungen infolge der Globalisierung der Wirtschaft und insbesondere der Kapitalmärkte gerecht zu werden.[189] Diese erfordern insbesondere vergleichbare Angaben über den Unternehmenserfolg, wie er vor allem aus dem Jahresabschluss ersichtlich ist. Dementsprechend haben die Rechtsetzungsinstanzen der EU bereits frühzeitig die maßgeblichen bilanzrechtlichen Vorschriften in den Mitgliedstaaten harmonisiert. 58

Ausdruck hierfür war im deutschen Recht insbesondere das Bilanzrichtlinien-Gesetz vom 19.12.1985 (BGBl. 1985 I 2355), das nicht nur zur Zusammenfassung des Bilanzrechts im Dritten Buch des HGB führte, sondern vor allem die damals bereits vorliegenden Harmonisierungsrichtlinien umsetzen sollte. Hierbei handelte es sich um die 59

- 4. RL (RL 78/660/EWG) vom 25.7.1978[190] zur Koordinierung der einzelstaatlichen Rechtsvorschriften über Form und Inhalt des Jahresabschlusses und des Lageberichts von AG, KGaA und GmbH sowie die
- 7. RL (RL 83/349/EWG) vom 13.6.1983[191] zur Koordinierung der einzelstaatlichen Vorschriften über die Konzernrechnungslegung von AG, KGaA und GmbH.

In der Folgezeit wurden die vorstehenden Richtlinien wiederholt geändert, so insbesondere durch die Einbeziehung der GmbH & Co. KG mit der RL 90/605/EWG vom 8.11.1990[192] sowie die RL 90/604/EWG vom 8.11.1990,[193] die zu einer Vereinfachung der Rechnungslegungsvorschriften bei kleinen Gesellschaften führte. Die zunächst von den Richtlinien in → Rn. 59 ausgenommenen Banken und Versicherungen wurden später gesondert durch die RL 86/635/EWG vom 8.12.1986[194] über den Jahresabschluss und den konsolidierten Abschluss von Banken und anderen Finanzinstituten sowie die RL 91/674/EWG vom 19.12.1991[195] über den Jahresabschluss und den konsolidierten Abschluss von Versicherungsunternehmen erfasst. Zu einer Konsolidierung der unionsrechtlichen Vorgaben führte die **Bilanz-RL,**[196] die gem. Art. 53 Abs. 1 Bilanz-RL bis zum 20.7.2015 in das Recht der Mitgliedstaaten umzusetzen war;[197] die in → Rn. 59 genannte RL 78/766/EWG und die RL 83/349/EWG wurden hierdurch aufgehoben (Art. 52 RL Bilanz-RL). Ergänzt wurde die Bilanz-RL durch die **CSR-RL,**[198] die der Bilanz-RL als Art. 19a Bilanz-RL die Verpflichtung der Unternehmen hinzufügt, in den Lagebericht eine „nichtfinanzielle Erklärung" aufzunehmen, die 60

---

[186] S. EuGH 19.4.2018, ZVertriebsR 2018, 169 Rn. 21 ff. = BeckRS 2018, 5680; s. dazu Kutscher-Puis ZVertriebsR 2018, 173 f.; Otz BB 2018, 1040.

[187] Treffend Valdini EWiR 2018, 429 f.

[188] EuGH 23.3.2023, ZVertriebsR 2023, 196 Rn. 39 ff. = BeckRS 2023, 4962.

[189] Dazu zB Staub/Grundmann Einl. Rn. 27 ff; Hennrichs GmbHR 2011, 1065 ff.

[190] ABl. EG 1978 L 222, 11; zur Umsetzung → Rn. 5 aE.

[191] ABl. EG 1983 L 193, 1.

[192] ABl. EG 1990 L 317, 60.

[193] ABl. EG 1990 L 317, 57.

[194] ABl. EG 1986 L 372, 1.

[195] ABl. EG 1991 L 374, 7.

[196] RL 2013/34/EU vom 26.6.2013, ABl. EU 2013 L 182, 19; näher dazu im Überblick Blöink KSzW 2013, 318 ff.; Luttermann NZG 2013, 1128 ff.; Velte GmbHR 2013, 1125 ff.; Zwirner DStR 2014, 439 ff.; s. ferner Hommelhoff FS v. Hoyningen-Huene, 2014, 137 ff.; zum Entwurf der Richtlinie Zülch/Güth/Stamm DB 2012, 413 ff.

[197] Erfolgt durch das Bilanzrichtlinie-Umsetzungsgesetz (BilRUG) vom 17.7.2015, BGBl. 2015 I 1245; dazu zB Hirte NZG 2016, 819 ff.; Oser/Orth/Wirtz DB 2015, 1729 ff.; Zwirner/Petersen WPg 2015, 811 ff.; zuvor zur Umsetzung der EU-Bilanzrichtlinie zB Arbeitskreis Bilanzrecht Hochschullehrer Rechtswissenschaft NZG 2014, 892 ff.; Jessen/Haaker DB 2013, 1617 ff.; Landfermann WPg. 2013, 849 ff.

[198] RL 2014/95/EU des Europäischen Parlaments und des Rates vom 22.10.2014 zur Änderung der RL 2013/34/EU im Hinblick auf die Angabe nichtfinanzieller und die Diversität betreffender Informationen durch bestimmte große Unternehmen und Gruppen, ABl. EU 2014 L 330, 1; näher dazu Eufinger EuZW 2015, 424 ff.; Meeh-Bunse/Hermeling/Schomaker DStR 2016, 2769 ff.; Müller/Stawinoga/Velte DB 2015, 2217 ff.; Roth-Mingram NZG 2015, 1341 ff.; Schön ZHR 180 (2016), 279 ff.; Spießhofer NZG 2014, 1281 ff. Zum RegE des CSR-RL-Umsetzungsgesetzes s. BT-Drs. 18/9982; zur Stellungnahme des Bundesrats und der Gegenäußerung der BReg. BT-Drs. 18/10344 Kreipl/Müller DB 2016, 2425 ff.; Nietsch NZG 2016, 1330 ff.; Seibt DB 2016, 2707 ff.; ferner zum RefE s. Kumm/Reto Der Konzern 2016, 218 ff.

sich ua auf die Auswirkungen der Unternehmenstätigkeit auf die Umwelt-, Sozial- und Arbeitnehmerbelange erstreckt.[199] Ferner wurde Art. 20 Bilanz-RL bezüglich der Erklärung zur Unternehmensführung (EzU) um die Beschreibung des Diversitätskonzepts für die Verwaltungs-, Leitungs- und Aufsichtsorgane erweitert (→ Rn. 6). Die für die **Person des Abschlussprüfers** früher maßgebliche RL 84/253/EWG vom 10.4.1984[200] (8. RL), die ebenfalls mit dem Bilanzrichtlinien-Gesetz vom 19.12.1985 umgesetzt worden war, wurde zum 29.6.2006 vollständig aufgehoben und durch die RL 2006/43/EG vom 17.5.2006[201] ersetzt. Die RL 2003/58/EG (→ Rn. 52) führte schließlich zur Anpassung der §§ 325 ff. an die gewandelten technischen Rahmenbedingungen und zur Umstellung der Offenlegung auf den elektronischen Bundesanzeiger.[202]

61 Parallel zu der in → Rn. 60 skizzierten Rechtsentwicklung bewirkten die Anforderungen des Kapitalmarkts für Konzerne, ihren Konzernabschluss abweichend von den §§ 297 ff. nach international verbreiteten und anerkannten **Rechnungslegungsstandards** aufzustellen. Das galt sowohl für die „US-General Accepted Accounting Principles" (US-GAAP) als auch die europäischen „International Financial Reporting Standards" – IFRS (früher „International Accounting Standards" – IAS). Abweichend von der früheren Praxis, die Rechtsvorschriften in den Mitgliedstaaten mittels Richtlinien zu harmonisieren, haben die Rechtsetzungsinstanzen der EU für die Anwendung der Rechnungslegungsstandards (IAS/IFRS) den Weg einer Verordnung gewählt, die für ihre Geltung in den Mitgliedstaaten keiner weiteren Umsetzungsakte bedarf (Art. 288 Abs. 2 AEUV).[203] Maßgebend ist insoweit die **IAS-VO,**[204] die gesondert und vollständig als Verordnung der Kommission im Amtsblatt der EU veröffentlicht werden.[205] Verbindlich sind diese Standards seit dem 1.1.2007 für die konsolidierten Abschlüsse aller kapitalmarktorientierten Gesellschaften, anderen Gesellschaften können die Mitgliedstaaten ein Wahlrecht einräumen, ihren Jahresabschluss nach IAS/IFRS-Standards aufzustellen (Art. 5 IAS-VO sowie § 315a Abs. 3).[206] Da es sich bei den im Wege der Verordnung übernommenen Standards um unmittelbar anwendbares Unionsrecht handelt, sind Zweifelsfragen bei deren Anwendung letztlich durch den EuGH zu beantworten (→ Rn. 48).[207]

62 **(5) Weitere Richtlinien.** Die aus materiell-rechtlicher Sicht dem Handelsrecht zugehörige RL 2000/35/EG,[208] die besondere Regelungen für den **Zahlungsverzug im Geschäftsverkehr** insbesondere zur Höhe der Verzugszinsen festlegt, hat nicht im HGB, sondern in § 288 BGB ihren Niederschlag gefunden. Die vorgenannte Richtlinie wurde durch die **RL 2011/7/EU**[209] geändert und neu gefasst; der zunächst für die Umsetzung am 9.5.2012 vorgelegte RegE für ein Gesetz zur Bekämpfung von Zahlungsverzug im Geschäftsverkehr[210] sah neben Beschränkungen für die Vereinbarung von Zahlungsfristen (§ 271a BGB), eine Erhöhung des Zinssatzes in § 288 Abs. 2 BGB von acht auf neun Prozentpunkte sowie eine Pauschale von 40 Euro zugunsten des Gläubigers vor, kam in der 17. Legislaturperiode jedoch nicht mehr zur Verabschiedung.[211] Mit einigen Änderungen und Modifikationen, die ua das AGB-Recht betreffen, wurde der Gesetzesentwurf im Frühjahr 2014 erneut in das Gesetzgebungsverfahren eingebracht[212] und im Juli 2014 verabschiedet.[213] Ebenfalls

---

[199] Ergänzend dazu die Leitlinien der Europäischen Kommission für die Berichterstattung über nichtfinanzielle Informationen v. 5.7.2017, ABl. EU 2017 C 215, 4.

[200] ABl. EG 1984 L 126, 20.

[201] ABl. EG 2006 L 157, 87.

[202] Zur Umsetzung das Gesetz über elektronische Handelsregister und Genossenschaftsregister sowie Unternehmensregister (EHUG) vom 10.11.2006, BGBl. 2006 I 2553.

[203] S. dazu auch Möllers/Fekonja ZGR 2012, 777 ff.

[204] VO (EG) Nr. 1606/2002 betreffend die Anwendung internationaler Rechnungslegungsstandards vom 19.7.2002, ABl. EG 2002 L 243, 1.

[205] S. VO (EU) 2023/1803 der Kommission vom 13.8.2023 zur Übernahme bestimmter internationaler Rechnungslegungsstandards gemäß der VO (EG) Nr. 1606/2002, ABl. EU 2023 L 237, 1.

[206] Zur zunächst beabsichtigten Ausdehnung des Wahlrechts im Rahmen des Gesetzes zur Modernisierung des Bilanzrechts (BilMoG) s. § 264e RegE (→ Rn. 5).

[207] S. zB Küting BB 2004, 2510 ff.

[208] ABl. EG 2000 L 200, 35; dazu Gsell ZIP 2000, 1861 ff.; Schmidt-Räntsch ZfIR 2000, 484 f.

[209] ABl. EU 2011 L 48, 1; dazu Oelsner EuZW 2011, 940 ff.; Oelsner GPR 2013, 182 ff.; Teichmann/Rojahn ZVertriebsR 2014, 359 ff.

[210] S. BR-Drs. 306/12 = BT-Drs. 17/10491; zur Stellungnahme des BR s. BR-Drs. 306/12 (Beschluss); ferner Weller/Harms WM 2012, 2285 ff.; Graf v. Westphalen BB 2013, 515 ff.

[211] Zu den Auswirkungen des Umsetzungsverzugs Oelsner NJW 2013, 2469 ff.

[212] S. RegE, BT-Drs. 18/1309 (zum RefE Haspl BB 2014, 771 ff.); BT-Drs. 18/1576; zum Bericht des Ausschusses für Recht und Verbraucherschutz s. BT-Drs. 18/2037.

[213] Gesetz zur Bekämpfung von Zahlungsverzug im Geschäftsverkehr und zur Änderung des Erneuerbare-Energien-Gesetzes vom 22.7.2014, BGBl. 2014 I 1218; näher zur gesetzlichen Neuregelung zB Faust DNotZ 2015, 644 ff.; Haspl BB 2014, 771 ff.; Spitzer MDR 2014, 933 ff.; Thiergart GWR 2014, 342 ff.; Verse ZIP 2014, 1809 ff.

außerhalb des HGB wurde die **RL 2000/31/EG** über den **elektronischen Geschäftsverkehr** vom 8.6.2000 umgesetzt.[214]

(6) Gemeinsames Europäisches Kaufrecht (GEKR). Neue Impulse für ein europäisches Handelsrecht hätten aus dem von der **EU-Kommission** am 11.10.2011 vorgelegten Vorschlag für eine Verordnung über ein Gemeinsames Europäisches Kaufrecht[215] erwachsen können, das den Vertragsparteien als **optionales Vertragsrecht** für grenzüberschreitende Verträge (insbesondere **Kaufverträge;** s. Art. 5 GEKR-VO-E) zur Verfügung stehen sollte, bei denen mindestens eine Vertragspartei ihren gewöhnlichen Aufenthalt in einem EU-Mitgliedstaat hat bzw. sich dort die Anschrift des Verbrauchers befindet (→ Vor §§ 373–381 Rn. 49 ff.).[216] Das als Anhang I zur Verordnung vorgeschlagene Gemeinsame Europäische Kaufrecht sollte nach den ursprünglichen Vorstellungen der Kommission nicht nur für grenzüberschreitende Verträge zwischen Unternehmern als Verkäufer und Verbrauchern, sondern auch vereinbart werden können, wenn auf beiden Seiten des Vertrags Unternehmer stehen und zumindest eine der Parteien ein kleines oder mittleres Unternehmen (KMU) ist (Art. 7 GEKR-VO-E; näher → 4. Aufl. 2015, Vor §§ 373–381 Rn. 49 ff.). Die Mitgliedstaaten sollten allerdings die Option erhalten, auf die letztgenannte Einschränkung[217] für grenzüberschreitende Verträge zwischen Unternehmern zu verzichten (Art. 13 GEKR-VO-E). 63

Die Vorstellungen der EU-Kommission zum Anwendungsbereich des Gemeinsamen Europäischen Kaufrechts erfuhren im Verlauf der weiteren Diskussion gravierende Eingrenzungen. Nach dem vom **Europäischen Parlament** in der 1. Lesung am 26.2.2014 angenommenen Text[218] blieb zwar noch das Konzept einer zweiten optionalen Vertragsrechtsordnung erhalten, der sachliche Anwendungsbereich sollte sich aber auf **grenzüberschreitende Fernabsatzverträge** beschränken und insbesondere für **Online-Verträge** eine Vertragsrechtsordnung zur Verfügung stellen. Diese sollte jedoch stets eröffnet sein, wenn der Verkäufer der Waren oder der Lieferant digitaler Inhalte Unternehmer ist (Art. 7 GEKR-VO-E des EP), sodass Verträge zwischen Unternehmen generell und unabhängig davon einbezogen worden wären, ob eine der Vertragsparteien ein kleines oder mittleres Unternehmen (KMU) ist. Die nachfolgende Diskussion gab diesen Ansatz in personeller Hinsicht wieder auf, da die von der Kommission am 9.12.2015 vorgelegten Richtlinienentwürfe[219] zur Bereitstellung digitaler Inhalte[220] sowie zum Online-Warenhandel und anderer Formen des Fernabsatzes von Waren[221] zwar eine Vollharmonisierung dieser Bereiche anstrebten, sich aber ausschließlich auf Verträge zwischen Unternehmen und Verbrauchern (B2C-Verträge) beschränkten. Die auf dieser Grundlage nachfolgend verabschiedete Digitale-Inhalte-RL[222] sowie die Warenkauf-RL[223] behielten die Beschränkung auf B2C-Verträge bei, sodass lediglich die jeweiligen Bestimmungen zum Regress (s. Art. 20 Warenkauf-RL, Art. 18 Warenkauf-RL) für das Handelsrecht von Bedeutung sind. Den Mitgliedstaaten bleibt es jedoch vorbehalten, den Verbraucherschutz der vorgenannten Richtlinien auch auf B2B-Verträge auszudehnen, wenn an ihnen keine Verbraucher beteiligt sind, wobei die Erwägungsgründe beispielhaft neu gegründete Unternehmen sowie kleinere und mittlere Unternehmen (KMU) benennen (s. Erwägungsgrund 16 Digitale-Inhalte-RL; Erwägungsgrund 21 Warenkauf-RL). 64

---

214 Zur Umsetzung der RL Boente/Riehm Jura 2001, 793 ff.; Spindler ZRP 2001, 203 ff. Zum UN-Übereinkommen über die Verwendung elektronischer Mitteilungen bei internationalen Verträgen Hilberg IHR 2007, 12 ff. (56 ff.).

215 KOM (2011) 635 endg.

216 Dazu im Überblick Staudenmayer NJW 2011, 3491 ff.; krit. zB Mansel WM 2012, 1253 (1259 f.); ferner aus der Diskussion zum Entwurf der Kommission ua Grundmann AcP 212 (2012), 502 ff.; Jaeger RabelsZ 77 (2013), 465 ff.; Kleinschmidt AcP 213 (2013), 538 ff.; Looschelders AcP 212 (2012), 581 ff.; Lorenz AcP 212 (2012), 702 ff.; Martens GPR 2013, 134 ff.; Stadler AcP 212 (2012), 473 ff.; Reithmann/Martiny IntVertragsR/Stürner Teil 6 Rn. 187; Wagner ZEuP 2012, 455 ff.

217 Dazu zB Droese IHR 2013, 50 ff.; Mankowski IHR 2012, 45 ff.; Stadler AcP 212 (2012), 483 (489 ff.).

218 Oral P7_TA-PROV(2014)0159; s. insoweit auch Mayer/Lindemann ZEuP 2014, 1 ff.

219 Dazu zB Graf v. Westphalen BB 2016, 1411 ff.; Ostendorf ZRP 2016, 69 ff.; Staudenmayer NJW 2016, 2719 ff.; Staudenmayer ZEuP 2016, 801 ff.; Stiegler/Wawryka BB 2016, 903 ff.

220 Vorschlag der Kommission v. 9.12.2015 für eine Richtlinie des Europäischen Parlaments und des Rates über bestimmte vertragsrechtliche Aspekte der Bereitstellung digitaler Inhalte, KOM (2015) 634 final.

221 Vorschlag der Kommission v. 9.12.2015 für eine Richtlinie des Europäischen Parlaments und des Rates über bestimmte vertragsrechtliche Aspekte des Online-Warenhandels und anderer Formen des Fernabsatzes von Waren, KOM (2015) 635 final. Zur Ausweitung auf den stationären Einzelhandel s. den geänderten Vorschlag der Kommission vom 31.10.2017, KOM (2017) 637 final; dazu zB Gsell ZEuP 2018, 501 ff.), der die Beschränkung auf B2C-Verträge beibehält.

222 RL (EU) 2019/770 vom 20.5.2019, ABl. EU 2019 L 136, 1.

223 RL (EU) 2019/771 vom 20.5.2019, ABl. EU 2019 L 136, 28.

65 **b) Nationales Recht. aa) Internationales Privatrecht.** Soweit supranationales Recht im vorstehenden Sinne nicht vorhanden ist, kommen auch auf internationale Handelsrechtsverhältnisse die Rechtsordnungen der einzelnen Nationalstaaten zur Anwendung. Für die Unterstellung unter eine bestimmte einzelstaatliche Rechtsordnung kommen zwei Wege in Betracht:

66 **(1) Rechtswahl.** Relativ unproblematisch gestaltet sich die Frage nach der maßgeblichen Rechtsquelle, wenn die Vertragsparteien individuell vereinbart haben, dass eine bestimmte nationale Rechtsordnung auf den Vertrag Anwendung finden soll (Rechtswahl). Es kann dabei auch eine solche als maßgeblich gewählt werden, mit der der Vertrag äußerlich keine Beziehung hat.[224] Die Rechtswahlvereinbarung kann ausdrücklich erfolgen oder sich aus den Umständen ergeben; so beinhaltet die Vereinbarung eines bestimmten Gerichtsstands in der Regel die Wahl des Rechts desjenigen Staates, in dem sich das Gericht befindet, als für den Vertrag maßgeblich.[225] Die Befugnis, das anwendbare Recht frei zu vereinbaren, ist Folge der Privatautonomie, die von allen im weitesten Sinne liberal geprägten Staaten anerkannt wird. Die Gerichte dieser Staaten (in Deutschland gem. Art. 3 Rom I-VO) sowie internationale Schiedsgerichte werden die Rechtswahlvereinbarung der Parteien daher respektieren. Im Übrigen findet die Anerkennung als maßgeblich vereinbarter ausländischer Rechtsnormen in Deutschland ihre Grenze nur am *ordre public* (Art. 21 Rom I-VO). Danach ist eine ausländische Rechtsvorschrift nicht anzuwenden, wenn dies mit den wesentlichen Grundsätzen des deutschen Rechts offensichtlich unvereinbar ist. Problematischer ist die Lage jedoch insbesondere in arabischen Staaten, deren Gerichte häufig ausschließlich islamisches Recht anwenden und abweichende Parteivereinbarungen nicht berücksichtigen.

67 **(2) Kollisionsrecht. (a) Allgemeines.** Soweit eine Parteivereinbarung zur Rechtswahl fehlt, wird die grenzüberschreitende Handelsbeziehung nach objektiven Kriterien der berührten nationalen Rechte unterstellt. Die Entscheidung über die Zuordnung zu der Rechtsordnung wird wiederum durch das Internationale Privatrecht (IPR) des Staates getroffen, in dem ein Rechtsstreit über das Handelsrechtsverhältnis vor Gericht gebracht wird *(lex fori)*.[226] Das IPR ist kein supranationales, sondern einzelstaatliches Privatrecht, das die Bezeichnung „international" trägt, weil es keine materiellrechtlichen Regelungen enthält, sondern nur formell das materielle Recht einer der Staaten für anwendbar erklärt. Auch soweit sich die Frage nach dem auf einen Vertrag anwendbaren Recht außerhalb eines Gerichtsverfahrens stellt, kann diese nach der Logik des IPR nur dadurch beantwortet werden, dass darauf abgestellt wird, welches Recht ein nationales Gericht nach seiner *lex fori* anwenden würde, wenn es über das betreffende Rechtsverhältnis zu entscheiden hätte. In aller Regel wird das IPR der von der Handelsbeziehung berührten Staaten zur Anwendbarkeit derselben nationalen Rechtsordnung führen. Innerhalb der EU ist dies durch die Rom I-VO[227] sowie (in Dänemark und im Vereinigten Königreich) das EG-Übereinkommen über das auf vertragliche Schuldverhältnisse anzuwendende Recht von 1980 (EVÜ) sichergestellt.

68 Gleichwohl kann sich die Ermittlung des einschlägigen Rechts nach den Grundsätzen des IPR im Einzelfall als schwierig erweisen. So enthält das in Deutschland maßgebliche Kollisionsrecht keine eindeutigen rechtlichen Vorgaben für die Anwendung handelsrechtlicher Vorschriften auf grenzüberschreitende Sachverhalte, insbesondere fehlt eine eigenständige positiv-rechtliche Kollisionsnorm, nach welchen Maßstäben die Kaufmannseigenschaft in derartigen Konstellationen zu beurteilen ist.[228] Anerkannt ist jedoch, dass zwei Ebenen strikt zu trennen sind:[229] erstens die kollisionsrechtliche Einordnung der jeweiligen Hauptfrage, dh die kollisionsrechtliche Behandlung des Handelsgeschäfts, der Vollmacht, des Eigentumserwerbs etc (→ Rn. 68 ff.), sowie zweitens die anzulegende Kollisionsregel, wenn es nach der kollisionsrechtlich anwendbaren Vorschrift auf die Kaufmannseigenschaft eines der Beteiligten ankommt (→ Rn. 73 ff.). Während sich die erstgenannte Ebene nach den allgemeinen kollisionsrechtlichen Grundsätzen des IPR bemisst, wirft die Frage nach der Kaufmannseigenschaft das Problem auf, ob hierfür mangels eindeutiger kollisionsrechtlicher Vorgaben das Wirkungsstatut maßgeblich ist oder sich die Kaufmannseigenschaft nach Kriterien richtet, die unabhängig davon zu entwickeln sind.

69 **(b) Handelsgeschäft.** Bezüglich der ersten kollisionsrechtlichen Fragestellung ist anerkannt, dass sich das anzuwendende Recht nach dem Wirkungsstatut richtet. Kollisionsrechtlich unterliegen

[224] S. Reithmann/Martiny IntVertragsR/Martiny § 2 Rn. 34.
[225] S. Reithmann/Martiny IntVertragsR/Martiny § 2 Rn. 86.
[226] BeckOK BGB/S. Lorenz, 74. Ed. 1.5.2025, EGBGB IPR Einl. Rn. 59.
[227] VO (EG) 593/2008 vom 17.6.2008, ABl. EG 2008 L 177, 6; dazu zB Mankowski IPRax 2006, 101 ff.; Mauer/Stadtler DB 2007, 1586 ff.
[228] Ebenroth/Boujong/Kindler Vor §§ 1–7 Rn. 131; Heymann/Horn Einl. III Rn. 5.
[229] Treffend zB Heymann/Horn Einl. III Rn. 5; Ebenroth/Boujong/Kindler Vor §§ 1–7 Rn. 81 f.; KKD/Roth/Kindler Vor § 1 Rn. 36.

Handelsgeschäfte deshalb den Bestimmungen über vertragliche Schuldverhältnisse (Art. 3 ff. Rom I-VO).

Das Kollisionsrecht für Schuldverträge basiert auf der Grundregel, dass das Recht desjenigen Staates anwendbar ist, mit dem der Vertrag die **engsten Verbindungen** aufweist (Art. 4 Abs. 4 Rom I-VO). Problematisch ist jedoch die Erfassung solcher Verträge, deren Inhalt sich in mehrere Teile aufspalten lässt. Nach der früher in Art. 28 Abs. 1 S. 2 EGBGB aF zum Ausdruck gelangten Konzeption konnte das anwendbare Recht in diesem Fall unter Umständen für jeden dieser Teile nach dem Kriterium der engsten Verbindung separat bestimmt werden, wobei dies zur Vermeidung von Widersprüchen durch die Anwendung verschiedener Rechte allerdings nur „ausnahmsweise" geschehen sollte. Aus dem Verzicht auf eine vergleichbare Regelung in Art. 4 Abs. 4 Rom I-VO ist zu schließen, dass diese im Anwendungsbereich der Rom I-VO nicht gilt.[230] 70

Als der Staat, mit dem der Vertrag die engste Verbindung aufweist, wird bei gewerblichen Geschäften grundsätzlich derjenige vermutet, in dem der Erbringer der für den Vertrag charakteristischen Leistung seine Hauptniederlassung hat bzw. – vorrangig – in dem sich diejenige seiner Niederlassungen befindet, von der aus nach dem Inhalt des Vertrags die betreffende Leistung zu erbringen ist, dh nicht nur tatsächlich erbracht wird (Art. 4 Abs. 2 Rom I-VO und Art. 19 Rom I-VO). Mit der Anknüpfung an die **charakteristische Leistung** wird das Vertragsstatut somit nicht nach den Umständen des Vertragsabschlusses (Ort, Staatsangehörigkeit der Parteien), sondern dem Inhalt des Vertrags bestimmt. Als charakteristisch für den Vertrag gilt diejenige Leistung, die den Vertrag von anderen Vertragstypen unterscheidet.[231] Wenn nach einem Vertrag eine Partei eine Geld- und die andere eine Naturalleistung zu erbringen hat, ist folgerichtig die Naturalleistung die charakteristische. Beim Export von Waren ist deshalb das Recht des Staates der eigenen Niederlassung anzuwenden, beim Import hingegen dasjenige der Niederlassung des Vertragspartners. Das Konzept der charakteristischen Leistung hat somit den Effekt, dass alle gleichartigen Verträge, die ein Unternehmen mit Abnehmern im Ausland schließt, derselben Rechtsordnung, nämlich der seiner Niederlassung unterliegen. Kann nach der Art des Vertrages eine charakteristische Leistung nicht ermittelt werden, muss der Staat der engsten Verbindung aus allgemeinen Umständen heraus ermittelt werden (Ort des Vertragsschlusses etc). 71

Das Prinzip der Niederlassung des Erbringers der charakteristischen Leistung als Anknüpfungspunkt für die Ermittlung des Staates mit der engsten Verbindung zum Vertrag stellt nur eine Vermutung dar, die durch **abweichende Einzelumstände** widerlegt werden kann (Art. 4 Abs. 3 Rom I-VO). So wird zB für die Errichtung von Bauwerken teilweise vertreten, dass im Divergenzfall nicht die Niederlassung des Bauunternehmers (Art. 4 Abs. 1 lit. b Rom I-VO), sondern wegen Art. 4 Abs. 3 Rom I-VO der Ort des Baus entscheidend sein soll.[232] Ferner wird für Güterbeförderungsverträge nach Art. 5 Abs. 1 Rom I-VO vermutet, dass diese mit demjenigen Staat die engste Verbindung aufweisen, in dem der Beförderer seine Niederlassung hat, wenn sich dort auch der Ver- oder Entladeort bzw. die Niederlassung des Absenders befindet. 72

Der Grundsatz in → Rn. 70 gilt auch, wenn für den Vertragsabschluss Dritte eingeschaltet werden. Deren Berechtigung hierzu richtet sich nach dem **Vollmachtsstatut.**[233] Vergleichbares gilt für das Recht der Handelsgesellschaften. Maßgebend ist insoweit das **Gesellschaftsstatut,** für das sich das deutsche Kollisionsrecht bislang jedoch einer normativen Vorgabe enthält[234] und dessen Ermittlung aus diesem Grunde noch von der partiell unionsrechtlich überlagerten Kontroverse zwischen der Sitztheorie und der im Vordringen befassten Gründungstheorie dominiert wird.[235] 73

(c) Kaufmannseigenschaft. Soweit die nach den vorstehenden Grundsätzen anzuwendende Rechtsordnung als „Teilfrage" an die Kaufmannseigenschaft anknüpft bzw. diese bei einem oder mehreren Akteuren voraussetzt, ist klärungsbedürftig, ob ein von dem Wirkungsstatut zu trennendes und verselbständigtes „kaufmännisches Personalstatut" anzuerkennen ist, sodass das hinsichtlich der Hauptfrage anwendbare Recht nicht zugleich auch für die Kaufmannseigenschaft maßgebend wäre. So könnte zB bei einem in Deutschland zu erfüllenden Kaufvertrag mangels entgegenstehender Rechtswahl nach Art. 4 Rom I-VO deutsches Handelsrecht maßgebend sein, soweit dieses – wie 74

---

[230] S. MüKoBGB/Martiny Rom I-VO Art. 4 Rn. 340 mwN.

[231] S. MüKoBGB/Martiny Rom I-VO Art. 4 Rn. 178 mwN.

[232] Soergel/v. Hoffmann EGBGB Art. 28 Rn. 212; **aA** MüKoBGB/Martiny Rom I-VO Art. 4 Rn. 65 mwN.

[233] Heymann/Horn Einl. III Rn. 7; Ebenroth/Boujong/Kindler Vor §§ 1–7 Rn. 77; s. auch BGH 25.10.1994, BGHZ 128, 41 (47) = NJW 1995, 250; ausf. zB Reithmann/Martiny IntVertragsR/Hausmann § 6 Rn. 381.

[234] Zur letztlich nicht realisierten Absicht, die Gründungstheorie in Art. 10 EGBGB zu kodifizieren, zB Bollacher RIW 2008, 200 ff.; Roth FS H. P. Westermann, 2008, 1345 ff.; Rotheimer NZG 2008, 181 f.; Schäfer BB 2008, 566 ff.

[235] Dazu näher MüKoBGB/Kindler IntGesR Rn. 309 ff.; ferner → § 105 Rn. 105 ff.

insbesondere § 377 – jedoch die Kaufmannseigenschaft voraussetzt ggf. eine ausländische Rechtsordnung zur Anwendung gelangen.

75 Zu dem in → Rn. 74 skizzierten Auseinanderfallen von Wirkungsstatut und **„kaufmännischem Personalstatut"** kann es insbesondere kommen, wenn für die Kaufmannseigenschaft stets das Recht am **Ort der gewerblichen Niederlassung** maßgebend sein würde, wobei dieser vor allem durch den Ort der tatsächlichen Ausübung der auf eine gewisse Dauer angelegten beruflichen Tätigkeit bestimmt wird, für den wiederum der Ort der betrieblichen Einrichtungen in personeller und sachlicher Hinsicht maßgebend ist. Insbesondere im älteren Schrifttum fand dieser Ansatz zahlreiche Befürworter.[236]

76 Gegenüber diesem wird vor allem die Gefahr von Wertungswidersprüchen zu dem Wirkungsstatut eingewendet.[237] Ist danach zB deutsches Handelsrecht maßgebend, dann stellt die Anknüpfung an das Recht der Niederlassung bezüglich der Kaufmannseigenschaft nicht sicher, dass die für das Wirkungsstatut maßgebende Norm nur auf diejenigen Personen Anwendung findet, die dieser nach ihrem Zweck unterliegen sollen. Dieser Einwand greift auch gegenüber denjenigen Ansätzen durch, die an das für Gründung und Organisation des Unternehmens maßgebende Recht[238] oder gar an die Staatsangehörigkeit des Inhabers anknüpfen. Der Rückgriff auf die Staatsangehörigkeit ist darüber hinaus auch deshalb nicht überzeugend, weil die Kaufmannseigenschaft nicht auf eine mit der Geschäftsfähigkeit vergleichbare Änderung des personalen Status abzielt.[239]

77 Die in → Rn. 76 skizzierten Schwächen vermeidet der Ansatz, der das Wirkungsstatut als maßgeblich erachtet und das für die Kaufmannseigenschaft anzuwendende Recht diesem (unselbständig) folgen lässt. Sowohl im Schrifttum[240] als auch in der Rspr.[241] hat eine derartige ***lex causae*-Anknüpfung** verbreitet Unterstützung gefunden, wobei die Befürworter zur Bestätigung auf eine (freilich singuläre und inzwischen nicht mehr geltende) normative Anerkennung in § 53 BörsG aF verweisen können.[242] Neben der durch dieses Verständnis vermiedenen kollisionsrechtlichen Abspaltung von Teilfragen und der hiermit verbundenen Gefahr von Wertungswidersprüchen[243] trägt dieser Ansatz am ehesten dem Zweck der Rechtsnorm Rechnung, die für die Hauptfrage maßgebend ist, ohne indes den Zweck der jeweiligen Sachnorm zum alleinigen Kriterium zu erheben[244] und die Einheitlichkeit der Anknüpfung preiszugeben. Diese erweist sich insbesondere auch dann als vorzugswürdig, wenn die ausländische Rechtsordnung eines Vertragspartners keinen eigenständigen Kaufmannsbegriff kennt.[245] Dies bedeutet bei der Anwendung deutschen Rechts als Wirkungsstatut, dass sich eine danach notwendige Kaufmannseigenschaft nach dem deutschen Recht richtet.[246] Für den Einzelkaufmann ist dies unproblematisch, wenn der Betreffende ein Gewerbe betreibt, das nach Art und Umfang kaufmännische Einrichtungen erfordert (§ 1).

78 Schwierigkeiten bereitet bei dem Ansatz in → Rn. 77 die Beurteilung, wenn die Kaufmannseigenschaft mit der Eintragung im Handelsregister (§§ 2, 5) bzw. der Qualifizierung als Handelsgesellschaft bzw. Formkaufmann verbunden ist. Derartige Sachverhalte erzwingen eine **Substitution,** dh die Prüfung, ob die ausländische Rechtsordnung einen mit der inländischen Sachnorm vergleichba-

---

[236] Staub/Brüggemann, 4. Aufl. 1995, Vor § 1 Rn. 30; Staudinger/Firsching, 10./11. Aufl. 1978, EGBGB Vor Art. 12 Rn. 219; Frankenstein, Internationales Privatrecht, Bd. II, 1929, 408, 409; Hübner NJW 1980, 2601 (2606); MüKoBGB/Ebenroth, 2. Aufl. 1990, IntGesR Rn. 51 ff., 56; Soergel/Kegel EGBGB Anh. Art. 12 Rn. 15; Kegel/Schurig, Internationales Privatrecht, 9. Aufl. 2004, § 17 IV 4, 608; Rabel, The conflicts of Laws, Bd. II, 2. Aufl. 1960, 184; Reichert-Facilides VersR 1978, 481 (482 Fn. 3).

[237] S. zB Ebenroth/Boujong/Kindler Vor §§ 1–7 Rn. 88.

[238] v. Gierke/Sandrock HandelsR/WirtschaftsR 64.

[239] Näher Ebenroth/Boujong/Kindler Vor § 1 Rn. 94; MüKoBGB/Kindler, 8. Aufl. 2021, IntGesR Rn. 181.

[240] Birk ZVglRWiss 79 (1980), 268 (281); Staudinger/Großfeld, 1998, IntGesR Rn. 326 ff.; Häuselmann WM 1994, 1693 (1695); Staudinger/Hausmann, 2024, EGBGB Art. 7 Rn. 130; Heymann/Horn Einl. III Rn. 5; Jayme ZHR 142 (1978), 105 (115 ff.); Kaligin DB 1985, 1449 (1454); Ebenroth/Boujong/Kindler Vor §§ 1–7 Rn. 106 ff.; MüKoBGB/Kindler IntGesR Rn. 145 ff.; MüKoBGB/Kleinschmidt Rom I-VO Art. 12 Rn. 52; MüKoBGB/Lipp EGBGB Art. 7 Rn. 77; Soergel/Lüderitz EGBGB Anh. Art. 10 Rn. 46 Fn. 3; BeckOK BGB/Mäsch, 74. Ed. 1.2.2025, EGBGB Art. 7 Rn. 41; Neuhaus, Grundbegriffe des internationalen Privatrechts, 2. Aufl. 1976, 346; KKD/Roth/Kindler Vor § 1 Rn. 36; RGRK-BGB/Wengler 856 Fn. 3.

[241] KG 11.7.1961, IPRspr. 1966/1967 Nr. 190; nachfolgend OLG Düsseldorf 4.5.1995, NJW-RR 1995, 1184; OLG München 14.11.1966, NJW 1967, 1326 (1328).

[242] Zum Rückgriff auf § 53 BörsG aF Ebenroth/Boujong/Kindler Vor §§ 1–7 Rn. 102 ff.

[243] Ebenroth/Boujong/Kindler Vor §§ 1–7 Rn. 106; MüKoBGB/Kindler IntGesR Rn. 151.

[244] So der (abzulehnende) Ansatz von van Venrooy, Die Anknüpfung der Kaufmannseigenschaft im deutschen Internationalen Privatrecht, 1985, 27 ff.; **aA** zB Ebenroth ZHR 149 (1985), 704 (705); Ebenroth/Boujong/Kindler Vor § 1 Rn. 97; MüKoBGB/Kindler IntGesR Rn. 144.

[245] Ebenroth/Boujong/Kindler Vor §§ 1–7 Rn. 106.

[246] S. Ebenroth/Boujong/Kindler Vor §§ 1–7 Rn. 110 ff.

ren Tatbestand aufweist,[247] ggf. also die Prüfung, ob die Eintragung in einem ausländischen Register mit einer Eintragung im Handelsregister vergleichbar ist.[248] Ist dies zu bejahen, dann richtet sich die Kaufmannseigenschaft zwar nach § 5, mangels Eintragung in einem deutschen Handelsregister ist aber zu prüfen, ob die Eintragung in einem ausländischen Register dieses Defizit substituiert. Dies ist jedenfalls dann zu bejahen, wenn das ausländische Register dem deutschen Handelsregister funktional vergleichbar ist.

Für die von § 6 Abs. 1 erfassten **Handelsgesellschaften** erfordert die notwendige Substitution **79** die Prüfung, ob die jeweilige ausländische Gesellschaft nach Struktur und rechtlicher Verfassung mit einer Handelsgesellschaft iSv § 6 Abs. 1 vergleichbar ist.[249] Das gilt nach vorzugswürdiger Ansicht selbst dann, wenn die jeweilige Gesellschaft ausländischen Rechts einen nicht wirtschaftlichen Geschäftsbetrieb zum Gegenstand hat.[250] Anhaltspunkte für die Substitutionsprüfung liefert das Unionsrecht, das zum Teil die vergleichbaren Gesellschaftsformen ausdrücklich vorgibt.[251] So legt zB Anh. I SE-VO[252] die AG iSd jeweiligen Mitgliedstaaten fest; Anh. SE-VO regelt Entsprechendes für die GmbH.[253] Für Personengesellschaften erfordert die Substitution ein vergleichbares Vorgehen, das allerdings dadurch erschwert wird, dass sowohl die OHG als auch die KG nur zu einem bestimmten Zweck errichtet werden können.[254] Geht die ausländische Rechtsordnung hierüber hinaus, ist es jedoch zu weitgehend, die Substituierbarkeit generell zu verneinen.[255] Vielmehr ist dies lediglich dann und nur insoweit geboten, als die konkrete Zweckverfolgung der Gesellschaft den Rahmen der § 105 Abs. 1 und 2, § 161 Abs. 2 überschreitet.

Die Grundsätze in → Rn. 76 ff. gelten entsprechend, wenn der Vertrag eine **Erfüllungsort- 80 oder Gerichtsstandsvereinbarung** iSd § 29 Abs. 2 ZPO, § 38 ZPO enthält. Soweit diese für die Rechtswirksamkeit der Abrede an die Kaufmannseigenschaft anknüpft, ist das *lex fori* maßgebend. Ist hiernach deutsches Recht anzuwenden, gilt dies nach zutreffender, allerdings nicht unumstrittener Ansicht auch für die Kaufmannseigenschaft.[256] Gegebenenfalls erfordert dies jedoch wiederum eine Substitution (→ Rn. 78 f.).[257]

bb) International geprägtes nationales Recht. Die Maßgeblichkeit einer einzelstaatlichen **81** Rechtsordnung kann für den Vertragspartner, der in einem anderen Staat ansässig und mit dieser Ordnung nicht vertraut ist, eine unbillige Benachteiligung darstellen. Zudem besteht ein besonderes Bedürfnis des Wirtschaftsverkehrs, dass Vertragsbeziehungen mit Partnern in unterschiedlichen Staaten klaren und einheitlichen Regeln folgen. Dies hat zu der Tendenz geführt, die nationalen Rechtsquellen des Handelsrechts in verschiedenen Formen zu vereinheitlichen.

(1) Einheitsrecht. Eine bedeutende Form der Angleichung des internationalen Handelsrechts **82** stellen multilaterale Konventionen dar, die Regelungen für den internationalen Wirtschaftsverkehr aufstellen. Ihrer Rechtsnatur nach sind diese völkerrechtliche Verträge und binden als solche nur die vertragschließenden Staaten. Für den Privatrechtsverkehr erlangen diese erst dadurch Geltung, indem die Gesetzgeber der Vertragsstaaten sie nach den Regeln ihrer Verfassungen in nationales Recht transformieren. In den beteiligten Staaten schaffen die internationalen Konventionen daher nach ihrer Umsetzung inhaltlich übereinstimmende Regelungen, sog. Einheitsrecht.

Um den Zweck der Vereinfachung des Handelsverkehrs durch Rechtsvereinheitlichung zu errei- **83** chen, sind die nationalen Umsetzungsgesetze nicht jeweils im Kontext der nationalen Rechtsord-

---

[247] Ebenroth/Boujong//Kindler Vor §§ 1–7 Rn. 115; KKD/Roth/Kindler Vor § 1 Rn. 36; allg. Eidenmüller/Rehberg, Ausländische Kapitalgesellschaften im deutschen Recht, 2004, § 5 Rn. 14; Staudinger/Großfeld, 1998, IntGesR Rn. 332 ff.; Kegel/Schurig, Internationales Privatrecht, 9. Aufl. 2004, § 1 VIII 2e, 66 f.; BeckOK BGB/S. Lorenz, 74. Ed. 1.5.2025, EGBGB IPR Einl. Rn. 96; exemplarisch BGH 16.2.1981, BGHZ 80, 76 (78) = NJW 1981, 1160.

[248] Ebenroth/Boujong/Kindler Vor §§ 1–7 Rn. 119; MüKoBGB/Kindler IntGesR Rn. 162; KKD/Roth/Kindler Vor § 1 Rn. 36; s. auch Staudinger/Großfeld, 1998, IntGesR Rn. 330; Schlechtriem FS Duden, 1977, 571 (580).

[249] Näher dazu Staudinger/Großfeld, 1998, IntGesR Rn. 332 ff.; Heymann/Horn Einl. III Rn. 10; Ebenroth/Boujong/Kindler Vor §§ 1–7 Rn. 121 ff.; MüKoBGB/Kindler IntGesR Rn. 164 ff.; s. auch Staub/Oetker, 5. Aufl. 2010, HGB § 6 Rn. 9 mwN.

[250] Treffend Heymann/Horn Einl. III Rn. 10; Ebenroth/Boujong/Kindler Vor §§ 1–7 Rn. 126; abl. Staub/Brüggemann, 4. Aufl. 1995, Vor § 1 Rn. 45.

[251] Ebenso Ebenroth/Boujong/Kindler Vor §§ 1–7 Rn. 125.

[252] ABl. EG 2001 L 294, 1.

[253] Entsprechendes ergibt sich auch aus Art. 1 RL 2009/101/EG vom 16.9.2009, ABl. EG 2009 L 285, 11.

[254] Ebenroth/Boujong/Kindler Vor §§ 1–7 Rn. 127; MüKoBGB/Kindler IntGesR Rn. 168; ferner Heymann/Horn Einl. III Rn. 10.

[255] So aber scheinbar Ebenroth/Boujong/Kindler Vor §§ 1–7 Rn. 127.

[256] So zB Schack, Internationales Zivilverfahrensrecht, 9. Aufl. 2025, Rn. 333, 552.

[257] Heymann/Horn Einl. III Rn. 5.

nung, sondern nach Maßgabe der authentischen, international erarbeiteten Textfassungen der Konventionen auszulegen (autonome Interpretation), was diese bereits häufig selbst festlegen (zB Art. 7 CISG), darüber hinaus aber auch aus dem internationalen Charakter der Übereinkommen folgt. Dabei ist zu berücksichtigen, dass die deutsche Fassung im Gegensatz zur englischen und/oder französischen in aller Regel nicht zu den authentischen Fassungen der Konvention zählt.

84 Über das Verhältnis der national umgesetzten Konventionen zum IPR des jeweiligen Staates lassen sich keine allgemein gültigen Aussagen treffen. Da es sich bei den Transformationsgesetzen um nationale Gesetze handelt, bemisst sich deren Anwendbarkeit bei grenzüberschreitenden Sachverhalten im Ausgangspunkt nach dem allgemeinen IPR. In der Regel enthalten die Konventionen jedoch besondere Vorschriften über ihren Anwendungsbereich, die dann als speziellere Regelungen das allgemeine IPR verdrängen (Art. 25 Rom I-VO/Art. 3 Abs. 2 S. 1 EGBGB; sog. autonome Anwendung). So legt zB Art. 1 CISG den Anwendungsbereich desselben fest.

85 Die Bundesrepublik Deutschland ist über 50 multilateralen Konventionen mit Bezug zum Handelsrecht beigetreten.[258] Dazu gehören das Warschauer Luftverkehrsabkommen von 1929 (Zusätze 1955, 1961), das Genfer CMR-Übereinkommen über den Straßengüterverkehr von 1956, das COTIF-Übereinkommen über den internationalen Eisenbahnverkehr von 1980, das New Yorker UN-Übereinkommen über die Anerkennung und Vollstreckung ausländischer Schiedssprüche von 1958 und das Wiener UN-Kaufrecht aus dem Jahre 1980 (CISG), welches das Haager Kaufrechtsübereinkommen von 1964 abgelöst hat (→ Rn. 90).

86 **(2) Internationaler Handelsbrauch.** Wenn es auch problematisch ist, ob die Wirtschaftssubjekte die Befugnis haben, ohne Rückbindung an eine staatliche Rechtsordnung im Allgemeinen und nicht nur für die jeweiligen Vertragsparteien verbindliches Recht zu setzen (→ Rn. 43), trägt der Freiraum, den ihnen die Staaten bei der Ausgestaltung der Handelsordnung belassen, in erheblichem Maße zum Erfolg einer marktwirtschaftlich geprägten Weltwirtschaft bei. Demzufolge sehen die nationalen Rechtsordnungen der liberal orientierten Staaten vor, dass bei der rechtlichen Beurteilung von Geschäftsbeziehungen die internationalen Handelsbräuche zu berücksichtigen sind. Diese gelten damit zwar nicht eo ipso als Recht, aus ihrer pauschalen Inbezugnahme durch die nationalen Rechte folgt aber eine weitgehende Selbstregulierung des Wirtschaftsverkehrs. In Deutschland geschieht dies über § 346 (→ § 346 Rn. 23 f.) und im Anwendungsbereich des UN-Kaufrechts durch Art. 9 Abs. 2 CISG.

87 Von einem Handelsbrauch wird gesprochen, wenn ein bestimmter Verkehrskreis über einen längeren Zeitraum einer Übung folgt, die allseitig und nicht nur von einer Marktseite als maßgeblich respektiert wird (→ § 346 Rn. 23).[259] Die internationalen Handelsbräuche zeichnen sich durch die Internationalität des maßgeblichen Verkehrskreises aus. Die Beweislast für deren Bestehen trägt derjenige, der sich auf sie beruft (→ § 346 Rn. 27). Dabei ist die Einstufung gewisser Regeln als Handelsbrauch häufig umstritten, so zB bei den von der Internationalen Handelskammer in Paris (ICC) erstellten „einheitlichen Richtlinien und Gebräuche für Dokumenten-Akkreditive von 1993".[260] Wichtigster internationaler Handelsbrauch sind die feststehenden Bedeutungen abgekürzter Vertragsklauseln zB nach den Incoterms® (→ Rn. 91 ff.). Der Handelsbrauch und die Praxis standardisierter Vertragsklauseln stehen insoweit in enger Beziehung.

88 Soweit ein internationaler Handelsbrauch existiert, gilt dieser unabhängig von der Kenntnis des dem betreffenden Verkehrskreis angehörenden individuellen Marktteilnehmers; etwaige Irrtümer über den Handelsbrauch sind somit unbeachtlich (→ § 346 Rn. 14 f.). Nach Art. 9 Abs. 2 CISG ist zwar erforderlich, dass der Betreffende den Handelsbrauch zumindest „kennen musste", was aber in der Praxis für Kaufleute durchweg angenommen wird.[261]

89 Bestehen gewisse Handelsbräuche nur in einzelnen Ländern, so finden diese auf einen Vertrag mangels abweichender Vereinbarung (nur) dann Anwendung, wenn der Vertrag in einem solchen Staat geschlossen bzw. erfüllt wird.[262] Allein die Anwendbarkeit des Rechts des betreffenden Staates auf den Vertrag führt als solche nicht zur Geltung des Handelsbrauchs, da dieser selbst kein Recht darstellt, sondern nur kraft Anordnung der jeweiligen nationalen Rechtsordnungen verbindlich ist. Wenn zB ein deutscher und ein mexikanischer Vertragspartner aus Praktikabilitätsgründen die Geltung US-amerikanischen Rechts für einen in Mexiko zu erfüllenden Vertrag vereinbaren, zieht dies

---

[258] S. auch RGHMW/Röhricht, 4. Aufl. 2014, Rn. 81.

[259] So zB Ebenroth/Boujong/Fest § 346 Rn. 6 ff.; MüKoHGB/Maultzsch § 346 Rn. 11 ff.

[260] Bejahend Gleisberg, Die Prüfung von Dokumenten des kombinierten Transports beim Dokumenten-Akkreditiv, 1980, 34 ff.; abl. Schütze, Das Dokumentenakkreditiv im Internationalen Handelsverkehr, 5. Aufl. 1999, Rn. 15 f.

[261] S. MüKoBGB/Gruber CISG Art. 9 Rn. 9; MüKoHGB/Maultzsch § 346 Rn. 28.

[262] Sonnenberger, Verkehrssitten im Schuldvertrag, 1969, 194 ff.

nicht die Anwendbarkeit US-amerikanischer Handelsbräuche nach sich. Zur Einbeziehung eines ausländischen Handelsbrauchs über § 346 → § 346 Rn. 24.

(3) International vereinheitlichte Vertragsgestaltungen. Wegen den nur bruchstückhaft vorliegenden international einheitlichen Rechtsnormen für den Handelsverkehr greifen die Parteien regelmäßig auf eine umfassende Ausgestaltung ihrer Rechtsbeziehungen in einem Vertrag zurück. Um hierbei nicht den angestrebten Vereinheitlichungseffekt für eine Vielzahl von Geschäftsbeziehungen zu konterkarieren, hat sich eine international standardisierte Kautelarpraxis herausgebildet.[263] Internationale Verbände und Organisationen – wie die Internationale Handelskammer (ICC) – haben Musterklauseln für Verträge ausgearbeitet, die die Parteien durch Inbezugnahme zum Bestandteil ihres Vertrages machen können. 90

Wichtigste Musterklauseln sind die **Incoterms®** (International Commercial Terms), die von der ICC erstmals in den Jahren 1935/36 aufgestellt wurden. Der ständige Wandel der Handels- und Transporttechniken erfordert eine kontinuierliche Weiterentwicklung der Incoterms (→ § 346 Rn. 72 f.). In der Fassung aus dem Jahre **2020,**[264] welche die Incoterms® aus dem Jahre **2010**[265] ablöste, handelt es sich um insgesamt 11 Klauseln in vier Klauselgruppen (E-, F-, C- und D-Klauseln). Die Klauseln bestehen jeweils aus drei Buchstaben, wobei sich die Zuordnung zu einer Klauselgruppe nach dem jeweils ersten Buchstaben bemisst. Durch die Buchstaben wird die unterschiedliche Verteilung von Pflichten zwischen den Vertragsparteien symbolisiert. Die Buchstabenklauseln sind überwiegend nicht originär durch die Incoterms® eingeführt worden, sondern haben in der Kautelarpraxis eine lange Tradition. In einzelnen Ländern ist diesen Klauseln aber zum Teil ein unterschiedlicher Inhalt beigelegt worden. 91

Die von der ICC aufgestellten Incoterms® sorgen für eine international einheitliche Definition der betreffenden Klauseln. Dabei regeln diese nicht alle für die Vertragsdurchführung relevanten Rechte und Pflichten, sondern beziehen sich hauptsächlich auf: Lieferort, Durchführung und Dokumentation des Transports sowie dessen Kosten, Gefahrtragung bei Beschädigung oder Zerstörung des Vertragsgegenstandes, Versicherung des Vertragsgegenstandes. So steht zB die CIF-Klausel für Cost/Insurance/Freight und bedeutet, dass der Verkäufer im Seefrachtverkehr den Transport bis zum Bestimmungshafen organisieren und dokumentieren, die Frachtkosten tragen und das Transportgut angemessen versichern muss, während der Käufer die Gefahr der Beschädigung oder des Verlusts der Ware bereits ab deren Überschreiten der Schiffsreeling im Verschiffungshafen trägt, dh auch bei nachfolgender Beschädigung oder späterem Verlust den vollen Kaufpreis entrichten muss. 92

Die Incoterms® haben keine selbständige rechtliche Geltung,[266] sondern sind Empfehlungen der ICC und erlangen nur Verbindlichkeit, wenn die jeweiligen Parteien diese in ihren Vertrag einbeziehen (→ § 346 Rn. 73). Zweckmäßigerweise wird hierfür entweder der einzelnen Klausel der Zusatz „Incoterms® 2020“ hinzugefügt oder in einer Vertragspräambel auf die Maßgeblichkeit der Incoterms® 2020 für die Auslegung der im Vertragstext verwendeten Standardklauseln verwiesen. Diese Spezifizierung ist erforderlich, weil für die Mehrzahl der Klauseln in den Incoterms® auch traditionelle, national unterschiedliche Auslegungsgewohnheiten existieren, sodass die Ergänzung „Incoterms® 2020“ sicherstellt, dass für die Auslegung der Klausel die international einheitlichen Empfehlungen der ICC maßgebend sind (→ Rn. 94).[267] 93

Ein internationaler Handelsbrauch dergestalt, dass eine in den Incoterms® definierte Klausel auch ohne den Zusatz „Incoterms® 2020“ automatisch nach dem Standard der ICC auszulegen ist, wird nicht allgemein anerkannt. Vielmehr ist in diesem Fall nach überwiegender Auffassung auf die sog. **Trade Terms** zurückzugreifen.[268] Diese sind zwar auch von der ICC zuletzt im Jahre 1953 94

[263] S. Müller/Steinmetz, Internationale Handelsklauseln, Struktur und Einsatz am Beispiel der Incoterms® 2020, 2020.

[264] Dazu v. Bernstorff LogR 2024, 74 ff.; Müller/Steinmetz, Internationale Handelsklauseln, Struktur und Einsatz am Beispiel der Incoterms® 2020, 2020; Oertel RIW 2019, 701 ff.; Piltz IHR 2019, 177 ff.; Pirrong ZVertriebsR 2019, 219 ff.; Pirrong LogR 2025, 22 ff.; Zwilling-Pinna BB 2019, 3016 ff.; ferner Hopt/Hopt 2277 ff.

[265] Zu den Incoterms® 2010 zB v. Bernstorff RIW 2010, 672 ff.; Hopt FS Hommelhoff, 2012, 467 ff.; Piltz IHR 2011, 1 ff.; Weick ZJS 2012, 584 ff.; Zwilling-Pinna BB 2010, 2980 ff. und ausf. Piltz/Bredow, Incoterms, 2016. Zu den Incoterms 2000 zB Altmann in Macharzina/Oesterle, Handbuch internationales Management, 2. Aufl. 2002, 469 ff.; Bredow TranspR 1999, Beilage IHR 4, 45 ff.; Lehr VersR 2000, 548 ff.; Piltz RIW 2000, 485 ff.; Wertenbruch ZGS 2005, 136 ff.

[266] S. Reithmann/Martiny IntVertragsR/Martiny § 25 Rn. 98; missverständlich OLG Stuttgart 7.8.2017, ZVertriebsR 2017, 131 (133) = BeckRS 2017, 140698.

[267] S. BGH 7.11.2012, BGHZ 195, 243 = NJW-RR 2013, 309 Rn. 22; OLG Nürnberg 22.2.2017, IHR 2017, 203 (206) = BeckRS 2017, 105541.

[268] S. Reithmann/Martiny IntVertragsR/Martiny § 25 Rn. 99.

zusammengestellt worden, doch handelt es sich bei diesen im Gegensatz zu den Incoterms® nicht um eine international einheitliche Klauselauslegung, sondern um eine Aufstellung der in verschiedenen Ländern kraft nationalen Handelsbrauchs üblichen Deutung der Klauseln (→ § 346 Rn. 71).[269] So kann die Auslegung der zehn in den Trade Terms enthaltenen Klauseln von Land zu Land nicht unerheblich differieren. Der gewünschte Vereinheitlichungseffekt wird über die Trade Terms daher nicht erzielt. Vielmehr muss bei einer grenzüberschreitenden Handelsbeziehung geklärt werden, aus welchem Staat Trade Terms Anwendung finden. Hierbei hat sich international die Regel etabliert, dass sich jeder Vertragsteil für seine Verpflichtung auf die an seinem Sitz geltende Auslegung der Klausel berufen kann; anderes gilt nur bei Vereinbarung einer Schiedsklausel, da dann der Handelsbrauch am Ort des Schiedsgerichts maßgebend ist.

95 Wenn eine Incoterm®-Klausel in den Vertrag einbezogen wurde, ist deren **Auslegung** nach den Erläuterungen der ICC durch internationalen Handelsbrauch fixiert,[270] sodass ein etwaiger **Irrtum** eines Vertragspartners über den Klauselinhalt wie bei jedem Handelsbrauch unbeachtlich ist (→ Rn. 88). Im Zweifel ist die englische Originalfassung der Incoterms maßgeblich (→ § 346 Rn. 73). Soweit auf den Vertrag deutsches Recht anzuwenden ist, sind die Incoterms als **AGB** an den §§ 305 ff. BGB zu messen. Da nach § 310 Abs. 1 S. 2 BGB auf die im Handelsverkehr geltenden Gewohnheiten Rücksicht zu nehmen ist, ist ihre formularmäßige Vereinbarung im internationalen Handel aber regelmäßig wirksam und keine unangemessene Benachteiligung einer Vertragspartei iSd § 307 Abs. 1 S. 1 BGB.[271]

96 **2. Rechtserkenntnisquellen des Internationalen Handelsrechts.** Im Gegensatz zu Rechtsquellen haben Rechtserkenntnisquellen keine Verbindlichkeit, sondern lediglich empfehlenden Charakter. Insoweit können sie einerseits Anregungen für Vertragsgestaltungen oder den Erlass neuer Rechtsquellen darstellen, andererseits aber auch als Auslegungshilfe für nicht eindeutige Rechtsquellen dienen. Zu den Rechtserkenntnisquellen des internationalen Handelsrechts zählen insbesondere internationale Modellgesetze und Verhaltenskodizes *(codes of conduct)*.

97 **Modellgesetze** werden von internationalen Organisationen erarbeitet. Hervorzuheben sind die von der **UNCITRAL** (United Nations Commission on International Trade Law) erarbeiteten Modellgesetze zur Handelsschiedsgerichtsbarkeit (1985) und zur Schlichtung internationaler Handelsstreitigkeiten (2002), zum internationalen Überweisungsverkehr (1992), zum elektronischen Handelsverkehr (1996) und zu elektronisch übertragbaren Aufzeichnungen (2017), zu grenzüberschreitenden Insolvenzen (1997) sowie zur internationalen Meditation in Handelssachen (2018).[272] Diese verwenden immer mehr Staaten als Vorbild für nationale Regelungen und befördern damit die Entstehung von Einheitsrecht auch außerhalb multilateraler Übereinkommen. Die 1994 vom Internationalen Institut für Privatrechtsvereinheitlichung **(UNIDROIT)** als Ergebnis rechtsvergleichender Studien herausgegebenen „Grundregeln für Internationale Handelsverträge" **(Principles of Commercial Contracts – PICC)**[273] werden häufig von internationalen Schiedsgerichten als Entscheidungsgrundlage herangezogen, wenn die Parteien ein Schiedsgericht beauftragen, nach allgemeinen Prinzipien des internationalen Handels zu entscheiden. Im April 2004 wurden die vorgenannten Grundregeln neu aufgelegt,[274] und eine am 29.5.2006 eingeleitete erneute Überarbeitung und Erweiterung im Jahr 2010 abgeschlossen.[275] Eine nochmalige Revision der Prinzipien, die von dem Ziel geleitet war, den besonderen Bedürfnissen von Dauerschuldverhältnissen Rechnung zu tragen,[276] wurde im Jahr 2016 abgeschlossen.[277]

98 Daneben zählen ***codes of conduct*** für transnationale Unternehmen zu den Rechtserkenntnisquellen. Zu nennen sind zB die von der ICC erlassenen „Guidelines for International Investments" (1972)

[269] S. auch Reithmann/Martiny IntVertragsR/Martiny § 25 Rn. 100.

[270] S. zB BGH 7.11.2012, BGHZ 195, 243 = NJW-RR 2013, 309 Rn. 17 ff.; OLG Nürnberg 22.2.2017, IHR 2017, 203 (206) = BeckRS 2017, 105541.

[271] MüKoHGB/Maultzsch § 346 Rn. 128.

[272] Sämtliche Modellgesetze sind in englischer und französischer Sprache abrufbar über die Homepage von UNCITRAL (www.uncitral.org).

[273] Unidroit (Hrsg.), Principles of International Commercial Contracts, 1994; dazu zB Basedow FS Drobnig, 1998, 19 ff.; Berger ZVglRWiss 94 (1995), 217 ff.; Grundmann FS Rolland, 1999, 5 ff.

[274] Unidroit (Hrsg.), Principles of International Commercial Contracts, 2004; dazu Brödermann RIW 2004, 721 ff.; Heutger ZEuP 2003, 448 ff.; Schilf IHR 2004, 236 ff.

[275] Unidroit (Hrsg.), Unidroit Principles of International Commercial Contracts 2010, 2010; s. näher Vogenauer ZEuP 2013, 7 ff.; Vogenauer ZEuP 2013, 165 ff. (Text in deutscher Übersetzung); ausf. Vogenauer (Hrsg.), Commentary on the Unidroit Principles of International Commercial Contracts (PICC), 2. Aufl. 2015.

[276] S. Doralt, Langzeitverträge, 2018, 86 ff., 440 ff.

[277] Text der Unidroit Principles 2016 abrufbar über die Homepage von UNIDROIT (www.unidroit.org, abgerufen am 18.6.2025).

oder die „Guidelines for Multinational Enterprises" der OECD (1976). Diese Kodizes sollen Konflikte bewältigen, die sich daraus ergeben, dass das Geschäftsverhalten transnationaler Unternehmen von nationalen Rechtsordnungen nur unzureichend kontrolliert werden kann. Als sog. *soft law* haben die Kodizes zwar keine eigenständige Verbindlichkeit, sind aber bei der Auslegung von gesetzlichen Generalklauseln heranziehbar. Beispielsweise kann ihre Missachtung einen Sorgfaltsverstoß indizieren und damit Schadensersatzpflichten begründen.

3. UN-Kaufrecht (CISG). Nach Vorarbeiten durch das Internationale Institut für Privatrechtsvereinheitlichung (UNIDROIT) sind im Jahre 1964 die Haager Übereinkommen über den internationalen Warenkauf geschlossen worden. Hierbei handelte es sich um völkervertragliche Konventionen, die in Deutschland im Jahre 1973 in Kraft traten. Diese wurden jedoch nur von neun Staaten übernommen und prägten die Handelspraxis nicht in dem erhofften Maße. Dementsprechend war es der United Nations Commission on International Trade Law (UNCITRAL) vorbehalten, eine neue und leistungsfähigere Konvention auszuarbeiten, die 1980 als United Nations Convention on contracts for the International Sale of Goods (CISG) von einer Vielzahl von Staaten verabschiedet wurde.[278] Bis zum 29.12.2015 hatten 84 Staaten das CISG in nationales Recht umgesetzt,[279] sodass sich dieses als weltweite Kaufrechtsordnung etabliert hat. In Deutschland ist es seit 1991 in Kraft. Zu Einzelheiten → Vor § 373 Rn. 19 f.; → §§ 373, 374 Rn. 104 ff.; → § 375 Rn. 56 f.; → § 376 Rn. 49; → § 377 Rn. 154 ff. **99**

4. Internationales Transportrecht. Im grenzüberschreitenden Handelsverkehr stellt der Transport der Güter einen erheblichen Einflussfaktor auf die Organisations- und Kostenintensität der jeweiligen Geschäfte dar. Im Verhältnis der Parteien des Güteraustauschvertrags zueinander werden die diesbezüglichen Rechte und Pflichten regelmäßig durch die inhaltliche Ausgestaltung des Vertrags festgelegt, insbesondere bei der Verwendung von Incoterms (→ Rn. 91 ff.). Der grenzüberschreitende Transport von Handelsgütern wird aus Effizienzgründen jedoch häufig externen Unternehmen überlassen. In diesem Fall treten neben den eigentlichen Güterumsatz transportvertragliche Rechtsbeziehungen. Dabei ist zwischen Frachtverträgen und Speditionsverträgen zu unterscheiden. Der Frachtvertrag hat nur die reine Beförderung des Transportguts durch einen Frachtführer zum Gegenstand. Die gesamte darüber hinausgehende Organisation (Verpackung, Ver- und Entladung etc) obliegt dem Absender bzw. von ihm dazu eingesetzten Personen. Demgegenüber beinhaltet die Spedition die umfassende organisatorische Besorgung der Güterversendung durch den Spediteur für Rechnung des Versenders, die zB die Einschaltung verschiedener Transporteure umfassen kann (§§ 453 f.). Das Frachtvertragsrecht ist in Deutschland durch die Transportrechtsreform im Jahre 1998 (→ Rn. 4) für alle Transportformen im HGB konzentriert worden. Demgegenüber unterscheidet das auf völkervertraglichen Übereinkommen beruhende internationale Einheitsrecht stärker nach der Art des Transportmittels (Straßen-, Schienen-, Luft- oder Seetransport).[280] **100**

Besondere rechtliche Probleme können auftreten, wenn ein Transport aufgrund eines einheitlichen Frachtvertrags mit verschiedenen Beförderungsmitteln durchgeführt wird (sog. multimodaler Transport). Da die „United Nations Convention on International Multimodal Transport of Goods" aus dem Jahre 1980 bisher nicht in Kraft getreten ist (→ § 452 Rn. 3), dominieren in diesem Bereich Vereinbarungen in AGB, die sich häufig an die von der ICC herausgegebenen „Internationalen Regeln für ein Dokument des kombinierten Transports" anlehnen. Bei Gefahrguttransporten gelten Sondervorschriften. **101**

---

[278] Im Überblick Herdegen, Internationales Wirtschaftsrecht, 13. Aufl. 2023, § 13 Rn. 13 ff.

[279] Ratifiziert wurde das Übereinkommen bislang von 97 Staaten, zuletzt (1.10.2024) von Ruanda.

[280] Zu den einzelnen Übereinkommen s. die jeweiligen Erläuterungen in diesem Kommentar zum Transportrecht (zB → § 407 Rn. 13 f.); im Überblick Herdegen, Internationales Wirtschaftsrecht, 13. Aufl. 2023, § 14 Rn. 4 ff.; Reithmann/Martiny IntVertragsR/Mankowski § 31 Rn. 27 ff.

Erstes Buch. Handelsstand

Erster Abschnitt. Kaufleute

§ 1 [Istkaufmann]

(1) Kaufmann im Sinne dieses Gesetzbuchs ist, wer ein Handelsgewerbe betreibt.

(2) Handelsgewerbe ist jeder Gewerbebetrieb, es sei denn, daß das Unternehmen nach Art oder Umfang einen in kaufmännischer Weise eingerichteten Geschäftsbetrieb nicht erfordert.

Schrifttum: Ballerstedt, Der gemeinsame Zweck als Grundbegriff des Rechts der Personengesellschaften, JuS 1963, 253; Baur, Der Testamentsvollstrecker als Unternehmer, FS Dölle, Bd. I, 1963, 249; Brandner, Das einzelkaufmännische Unternehmen in der Zwangsvollstreckung, FS Stimpel, 1985, 991; Dauner-Lieb, Unternehmen in Sondervermögen, 1998; Fischer, Fortführung eines Handelsgeschäfts durch eine Erbengemeinschaft?, ZHR 144 (1980), 1; Henssler, Gewerbe, Kaufmann und Unternehmen. Herkunft und Zukunft der subjektiven Anknüpfung des Handelsrechts, ZHR 161 (1997), 13; Henssler/Markworth, Anforderungen an eine Freiberufler-GmbH & Co. KG, NZG 2015, 1; Hopt, Nichtvertragliche Haftung außerhalb von Schadens- und Bereicherungsausgleich, AcP 183 (1983), 608; Horn/Henssler, Der Vertriebsfranchisenehmer als selbständiger Unternehmer, ZIP 1998, 589; John, Testamentsvollstreckung über ein einzelkaufmännisches Unternehmen, BB 1980, 757; Kaiser, Reform des Kaufmannsbegriffs – Verunsicherung des Handelsverkehrs?, JZ 1999, 495; Kögel, Der nach Art und Umfang in kaufmännischer Weise eingerichtete Geschäftsbetrieb – eine unbekannte Größe, DB 1998, 1802; Körber, Änderungen im Handels- und Gesellschaftsrecht durch das Handelsrechtsreformgesetz, Jura 1998, 452; Krebs, Reform oder Revolution? – Zum Referentenentwurf eines Handelsrechtsreformgesetzes, DB 1996, 2013; Lieb, Zur Kaufmannseigenschaft der Gesellschafter von KG und OHG, DB 1967, 759; Lieb, Probleme des neuen Kaufmannsbegriffs, NJW 1999, 35; Lorz, Testamentsvollstreckung und Unternehmensrecht, 1995; Maier, Zur Kaufmannseigenschaft von Softwareentwicklern, NJW 1986, 1909; Müller, Der Kaufmannsbegriff, JA 2021, 454; Muscheler, Haftungsbeschränkung zugunsten Minderjähriger (§ 1629a BGB), WM 1998, 227; Muscheler, Die Haftungsordnung der Testamentsvollstreckung, 1994; Neuner, Handelsrecht – Handelsgesetz – Grundgesetz, ZHR 157 (1993), 243; Raisch, Freie Berufe und Handelsrecht, FS Rittner, 1991, 471; Schäch, Die kaufmannsähnlichen Personen als Ergänzung zum normierten Kaufmannsbegriff, 1989; K. Schmidt, Anwendung von Handelsrecht auf Rechtshandlungen des Konkursverwalters – Zum Urteil des BGH vom 25.2.1987, NJW 1987, 1905; K. Schmidt, Bemerkungen und Vorschläge zur Überarbeitung des Handelsgesetzbuchs, DB 1994, 515; K. Schmidt, HGB-Reform im Regierungsentwurf, ZIP 1997, 909; K. Schmidt, Zur „Kaufmannfähigkeit" von Gesamthandsgemeinschaften, JZ 1973, 299; Schmitt, Die Rechtsstellung des Kleingewerbetreibenden nach dem Handelsrechtsreformgesetz, 2003; Schön, Die vermögensverwaltende Personenhandelsgesellschaft – Ein Kind der HGB-Reform, DB 1998, 1169; Siems, Kaufmannsbegriff und Rechtsfortbildung, 2003; Siems, Die Vermögensverwaltung im BGB – Gewerbebegriff und Vermögensverwaltungsgesellschaften, NZG 2001, 738; Thierau/Messerschmidt, Die Bau-ARGE – Teil 1: Grundstrukturen und Vertragsgestaltung, NZBau 2007, 129; Treber, Der Kaufmann als Rechtsbegriff im Handels- und Verbraucherrecht. Überlegungen zum Handelsrechtsreformgesetz, AcP 199 (1999), 525; van Venrooy, Die Anknüpfung der Kaufmannseigenschaft im deutschen Internationalen Privatrecht, 1985; Wassner, Inhaber und Strohmann beim Einzelunternehmen, ZGR 1973, 427; Weidlich, Testamentsvollstreckung an einem einzelkaufmännischen Unternehmen, NJW 2011, 641.

Übersicht

I. Allgemeines

1. Normzweck. Das ADHGB definierte in Art. 271 ff. ADHGB in erster Linie die Handelsgeschäfte und sah daran anknüpfend denjenigen als Kaufmann an, der gewerbsmäßig solche Geschäfte betrieb (Art. 4 ADHGB, objektives System). Im Gegensatz dazu folgt das HGB dem **„subjektiven System"**, indem es die Anwendbarkeit des Handelsrechts als ein **„Sonderprivatrecht der Kaufleute"** grundsätzlich von der Person der an einem Geschäft beteiligten Rechtssubjekte abhängig macht (→ Einl. Rn. 18 ff.).[1] Dem Kaufmannsbegriff kommt mithin eine zentrale Bedeutung für die **Anwendbarkeit des HGB** zu, die es freilich nicht ausschließt, einzelne Normen des Handelsrechts auch auf Nichtkaufleute anzuwenden. Dies gilt namentlich für § 84 Abs. 4, § 93 Abs. 3, § 383 Abs. 2, § 407 Abs. 3 S. 2, § 453 Abs. 3 S. 2, § 467 Abs. 3 S. 2 sowie nach Maßgabe des § 345 in Bezug auf einseitige Handelsgeschäfte (vgl. auch § 172 S. 1 VAG zur Anwendbarkeit handelsrechtlicher Vorschriften auf den VVaG). Zur Frage nach der analogen Anwendbarkeit handelsrechtlicher Normen jenseits solcher ausdrücklichen Anordnungen → Rn. 113 ff. Zur Relevanz des Kaufmannsbegriffs außerhalb des HGB → Rn. 8. 1

Nach **Abs. 1** ist Kaufmann iSd HGB, „wer ein Handelsgewerbe betreibt". Der damit beschriebene **„materielle Kaufmannsbegriff"** (Kaufmann kraft Handelsgewerbe) enthält drei Voraussetzungen: (1.) das Vorliegen eines „Gewerbes", (2.) dass es sich bei diesem Gewerbe um ein „Handelsgewerbe" handelt und (3.) das „Betreiben" dieses Handelsgewerbes. **Abs. 2** bestimmt, dass grundsätzlich jedes Gewerbe ein Handelsgewerbe sei, es sei denn, das Unternehmen erfordere nach Art oder Umfang keinen in kaufmännischer Weise eingerichteten Geschäftsbetrieb. 2

2. Entwicklung. Während Abs. 1 durch das **HRRefG 1998** dem Wortlaut nach unverändert blieb, hat Abs. 2 einen tiefgreifenden Bedeutungswandel erfahren. **Abs. 2 aF** enthielt einen Katalog mit neun klar umrissenen Arten von Geschäften (sog. **„Grundhandelsgeschäfte"**, zB Anschaffung und Weiterveräußerung von Waren und Wertpapieren), deren Betreiber kraft Gesetzes **„Mußkaufmann"** und zugleich dem Kaufmannsrecht in Gänze unterworfener **„Vollkaufmann"** war, wenn sein Unternehmen kaufmännischer Einrichtungen bedurfte. Wer ein Grundhandelsgeschäft betrieb, aber nach Art oder Umfang keines in kaufmännischer Weise eingerichteten Geschäftsbetriebs bedurfte, war nach Maßgabe der §§ 4, 351 aF als **„Minderkaufmann"** von der Anwendung zahlreicher Vorschriften des HGB ausgenommen.[2] Inhaber anderer gewerblicher Unternehmen waren zwar als **„Sollkaufleute"** nach § 2 aF zur Eintragung verpflichtet, wenn ihr Unternehmen nach Art und Umfang kaufmännischer Einrichtungen bedurfte. Sie wurden aber, selbst wenn es sich um Großunternehmen handelte, erst mit dieser – für ihre Kaufmannseigenschaft konstitutiven – Eintragung Kaufleute.[3] 3

An die Stelle dieser vielfach als unzeitgemäß und nicht mehr sachgerecht kritisierten Regelung trat durch das HRRefG 1998 die **aktuelle Regelung,** nach der grundsätzlich jeder Gewerbetreibende Kaufmann ist, ohne dass es dazu einer Eintragung bedarf (§ 1). Kleingewerbetreibende sind jetzt grundsätzlich Nichtkaufleute. Sie können aber im Gegensatz zur früheren Rechtslage zu Kaufleuten 4

[1] Henssler ZHR 161 (1997), 13 ff.; MüKoHGB/K. Schmidt/Fleischer Vor § 1 Rn. 16; KKD/Roth/Kindler Einl. vor § 1 Rn. 2 f.; BeckOGK/Servatius, 1.3.2025, Rn. 3.

[2] Vgl. dazu etwa Hopt/Merkt Rn. 2.

[3] Zur Reformdiskussion vgl. zB K. Schmidt ZIP 1997, 909 (911 f.); Henssler ZHR 161 (1997), 13 (insbes. 44 ff.); Körber Jura 1998, 452 f.; Lieb NJW 1999, 35; Ebenroth/Boujong/Kindler Vor § 1 Rn. 12 ff.

mit allen Rechten und Pflichten werden, indem sie sich in das Handelsregister eintragen lassen (§ 2). Für die Figuren der Soll-, Voll- und Minderkaufleute besteht kein Bedarf mehr. Der durch die Neuregelung bezweckte und auch erreichte Gewinn an Sachgerechtigkeit und rechtspolitischer Gradlinigkeit[4] wurde durch einen Verlust an Rechtssicherheit erkauft. Unsicherheiten ergeben sich insbesondere aus der Ersetzung der früheren Katalogtatbestände durch die Generalklausel des neuen Abs. 2 sowie daraus, dass durch Abschaffung der „Sollkaufleute" der Kreis nicht eingetragener Kaufleute potentiell deutlich vergrößert wurde (→ § 2 Rn. 10). Dieser Effekt wird allerdings durch die in Abs. 2 angeordnete Beweislastumkehr (→ Rn. 60 ff.) und durch die Fiktionen der §§ 2, 3 und 5 abgemildert.[5] Vorschläge, das HGB **de lege ferenda** umfassend von einem Sonderprivatrecht der Kaufleute zu einem „Außenprivatrecht der Unternehmen" umzugestalten,[6] konnten sich bisher nicht durchsetzen.[7]

5 **3. Systematische Stellung. a) Verhältnis der §§ 1–6.** Das geltende Recht unterscheidet (1.) „Istkaufleute" (§ 1), die Kaufleute kraft Handelsgewerbes (auch: kraft Gesetzes) sind **(materieller Kaufmannsbegriff)** und für welche die Eintragung zwar Pflicht ist (§ 29), aber nur deklaratorische Bedeutung hat,[8] (2.) „Kannkaufleute" (§§ 2, 3) und „Fiktivkaufleute" (§ 5), die Kaufleute kraft (konstitutiver) Eintragung sind,[9] (3.) „Formkaufleute" (§ 6 Abs. 2), die – unabhängig vom Unternehmensgegenstand – Kaufleute kraft ihrer Rechtsform sind **(formeller Kaufmannsbegriff)** sowie (4.) sog. „Scheinkaufleute", die, ohne Kaufleute zu sein, aufgrund eines ihnen zurechenbaren Rechtsscheins der Kaufmannseigenschaft zu ihren Lasten wie Kaufleute behandelt werden (→ § 5 Rn. 31 ff.).

6 Die §§ 1–5 sind am Typus des Einzelkaufmanns orientiert. Doch stellt § 6 Abs. 1 klar, dass das Kaufmannsrecht auch auf **Handelsgesellschaften** Anwendung findet, für die ebenfalls die Ausrichtung auf den Betrieb eines Handelsgewerbes (materieller Kaufmannsbegriff) kennzeichnend ist, soweit es sich bei ihnen nicht um Formkaufleute iSd § 6 Abs. 2 handelt. Wie § 1 in Bezug auf Einzelpersonen fragen die gesellschaftsrechtlichen Parallelvorschriften der § 105 Abs. 1, § 161 Abs. 1 danach, ob die von ihnen adressierten Gesellschaften auf den Betrieb eines Handelsgewerbes gerichtet und deshalb OHG bzw. KG sind (→ § 6 Rn. 4 ff.).[10]

7 Für die Praxis bietet sich folgende von der gesetzlichen Normfolge abweichende **Prüfreihenfolge** an:[11] Zunächst wird (1.) geprüft, ob es sich bei dem Rechtsträger aufgrund besonderer gesellschaftsrechtlicher Bestimmungen[12] um einen **Formkaufmann** iSd § 6 Abs. 2 handelt. Ist dies der Fall, so kommt es nicht mehr darauf an, ob er ein Handelsgewerbe iSd § 1 oder überhaupt ein Gewerbe betreibt (→ § 6 Rn. 8, → § 6 Rn. 18). Ist der Rechtsträger kein Formkaufmann, so wird (2.) geprüft, ob er als Kaufmann (§§ 2, 3, 5) bzw. als Handelsgesellschaft (§ 6 Abs. 1) **im Handelsregister eingetragen** ist. Ist dies der Fall, so bleibt zwar – außer bei der EWIV (→ § 6 Rn. 20) und Vermögensverwaltungsgesellschaften iSd § 107 Abs. 1 S. 1 und Freiberuflergesellschaften iSd § 107 Abs. 1 S. 2 (→ Rn. 22 f.; → § 6 Rn. 21)[13] – zu prüfen, ob er ein Gewerbe betreibt, denn das Vorliegen eines Gewerbes wird durch §§ 2, 3 und § 5 nicht fingiert.[14] Doch spielt es keine Rolle, ob das Unternehmen einen nach Art und Umfang in kaufmännischer Weise eingerichteten Geschäftsbetrieb iSd **§ 1 Abs. 2** aE erfordert, dh ob es sich um ein **Handelsgewerbe** handelt. Diese Frage wird (3.) letztlich nur relevant, wenn die Kaufmannseigenschaft bei fehlender Eintragung in Frage steht oder wenn das Vorliegen einer Eintragungspflicht nach §§ 1, 29 zu prüfen ist. Insoweit ist (4.) zu berücksichtigen, dass **§ 1 nach § 3 Abs. 1 auf Land- und Forstwirtschaft nicht anwendbar** ist. Land- und Forstwirte können daher nur durch Eintragung in das Handelsregister Kaufleute

---

[4] Vgl. RefE ZIP 1996, 1401 (1402); RegE, BT-Drs. 13/8444, 22 f.; MüKoHGB/K. Schmidt/Fleischer Rn. 3.

[5] Eingehend Kaiser JZ 1999, 495 ff., insbes. 498 ff.; Canaris HandelsR § 3 Rn. 4 f.; Oetker HandelsR § 2 Rn. 44.

[6] Vgl. insbes. K. Schmidt HandelsR § 3; K. Schmidt DB 1994, 515 ff.; Staub/Oetker Rn. 12; dazu auch Canaris HandelsR § 1 Rn. 24 ff.; dagegen BeckOGK/Servatius, 1.3.2025, Rn. 6 mit Verweis auf LG Bonn 20.5.2020, BeckRS 2020, 10229 Rn. 26.

[7] Vgl. RefE ZIP 1996, 1401 (1402); RegE, BT-Drs. 13/8444, 22 f.

[8] MüKoHGB/K. Schmidt/Fleischer Rn. 5; Hopt/Merkt Rn. 9.

[9] Zum Verhältnis der §§ 2 und 5 zueinander → § 2 Rn. 11 f.; → § 5 Rn. 4 f.

[10] KKD/Roth/Stelmaszczyk Rn. 1.

[11] Ähnlich MüKoHGB/K. Schmidt/Fleischer Rn. 3; MüKoHGB/K. Schmidt/Fleischer § 5 Rn. 13.

[12] AG: § 3 AktG, KGaA: §§ 3, 278 Abs. 3 AktG, SE: Art. 9 Abs. 1 lit. c Ziff. ii SE-VO iVm § 3 AktG, GmbH: § 13 Abs. 3 GmbHG, eG: § 17 Abs. 2 GenG, SCE: Art. 8 Abs. 1 lit. c Ziff. ii SCE-VO iVm § 17 Abs. 2 GenG.

[13] Zur (bei Vermögensverwaltungsgesellschaften umstrittenen) Einordnung dieser Gesellschaften als Formkaufleute → § 6 Rn. 20 f.

[14] Zu § 5 s. BGH 19.5.1960, BGHZ 32, 307 (313) = NJW 1960, 1664 (1665); BAG 17.2.1987, NJW 1988, 222 (223); zweifelnd Staub/Oetker Rn. 5.

werden (→ § 3 Rn. 17 ff.). Bei fehlender Eintragung eines Kaufmanns iSd § 1 kann auch die Frage auftreten, ob **§ 15 Abs. 1** zugunsten eines Dritten eingreift, der die Kaufmannseigenschaft nicht kennt. Dies ist zu bejahen (→ Rn. 61).

b) Relevanz außerhalb des HGB. Seinem Wortlaut nach definiert § 1 den Kaufmann „im Sinne dieses Gesetzbuches". Die Frage, ob und inwieweit der Kaufmannsbegriff des HGB trotzdem auch außerhalb des HGB relevant wird, hat an Bedeutung verloren. Viele früher explizit nur Kaufleute betreffende Sondervorschriften sind weggefallen oder sie beziehen sich nicht mehr auf Kaufleute, sondern auf Unternehmen iSd § 14 BGB. Soweit die Kaufmannseigenschaft nach dem Wortlaut anderer Gesetze (zB § 29 Abs. 2 ZPO, § 38 Abs. 1 ZPO[15] oder § 7 HPflG) oder bei Anwendung anderer Gesetze (zB Rspr. zur Sittenwidrigkeit nach § 138 Abs. 1 BGB)[16] nach wie vor relevant wird,[17] folgt aus dem Wortlaut des § 1 („im Sinne dieses Gesetzbuches") zwar, dass die Einordnung als Kaufmann iSd HGB nicht notwendig auch für Normen außerhalb des HGB gelten muss. Doch legt der Gedanke der Einheit der Rechtsordnung es nahe, die **§§ 1 ff. im Wege der systematischen Auslegung heranzuziehen.**[18] Zu der Frage, ob umgekehrt handelsrechtliche Normen analog auf Nichtkaufleute angewendet werden können, → Rn. 113 ff. 8

4. Anknüpfung im IPR. Bei Sachverhalten mit Auslandsberührung stellt sich die Frage, wie die **Kaufmannseigenschaft** internationalprivatrechtlich anzuknüpfen ist (allg. zum Internationalen Handelsrecht → Einl. Rn. 40 ff.).[19] Die früher hL stellt auf den **Ort der gewerblichen Niederlassung** (Unternehmenssitz) ab.[20] Andere wollen das kaufmännische Personalstatut an das Gründungsstatut des kaufmännischen Unternehmens anknüpfen[21] oder auf den Zweck der einzelnen handelsrechtlichen Sachnormen abstellen.[22] Die nunmehr wohl **hM** tritt für eine unselbständige Anknüpfung der Kaufmannseigenschaft nach dem **Wirkungsstatut** (lex causae) ein. Danach ist zB bei vertraglichen Beziehungen das Vertragsstatut (Art. 3 ff. Rom I-VO (EU) 593/2008; früher Art. 27 ff. EGBGB) ausschlaggebend.[23] Für diese Auffassung spricht, dass sie am besten in der Lage ist, Wertungswidersprüche zwischen dem Statut der Hauptfrage und dem Statut der Kaufmannseigenschaft als Teilfrage zu vermeiden. Folgt man diesem Ansatz, so beurteilt sich die Kaufmannseigenschaft nach den §§ 1 ff., wenn deutsches Recht als Wirkungsstatut zur Anwendung gelangt.[24] 9

II. Gewerbe

1. Gewerbebegriff. Seit Inkrafttreten des HRRefG 1998 ist gem. § 1 Abs. 1 grundsätzlich jeder Kaufmann, der ein Handelsgewerbe betreibt, und nach Abs. 2 ist grundsätzlich jedes Gewerbe ein Handelsgewerbe. Damit ist der Begriff des Gewerbes (bzw. Synonym:[25] des Gewerbebetriebs) zum **Grundtatbestand des materiellen Kaufmannsbegriffs** des HGB geworden.[26] 10

Trotzdem wird der Gewerbebegriff weder im HGB noch in anderen Gesetzen (vgl. zB § 1 GewO, § 2 GewStG, § 15 EStG, § 196 BGB idF vor der Schuldrechtsreform) allgemeingültig definiert. Aufgrund der unterschiedlichen Zielsetzung der einzelnen Gesetze existiert **kein einheitlicher Gewerbebegriff.** Vielmehr ist der Begriff des Gewerbebetriebs nach stRspr für jedes Gesetz selbständig nach Inhalt und Zweck der jeweiligen Vorschrift und unabhängig vom Verständnis des 11

---

[15] Vgl. dazu auch KG 24.5.2023, ZVertriebsR 2023, 263: Gerichtsstandsvereinbarung kann in einem Vertrag getroffen werden, der ein Handelsgewerbe erst begründet; kein Erfordernis, dass ein Existenzgründer bei Abschluss des Gründungsvertrags und damit der Gerichtsstandsvereinbarung bereits Kaufmann ist; BayObLG 14.4.2025, BeckRS 2025, 7167 Rn. 36 f. zur möglichen Treuwidrigkeit der Berufung auf die Unwirksamkeit einer Gerichtsstandsvereinbarung unter Berufung auf die fehlende Kaufmannseigenschaft.

[16] Vgl. BGH 11.1.1995, BGHZ 128, 255 (268) = NJW 1995, 1019.

[17] Vgl. ausf. Überblick bei Ebenroth/Boujong/Kindler Vor § 1 Rn. 39 ff.

[18] Ebenroth/Boujong/Kindler Vor § 1 Rn. 38; Oetker HandelsR § 2 Rn. 2; → § 6 Rn. 17 zur Anwendung kaufmannsrechtlicher Vorschriften außerhalb des HGB auf Handelsgesellschaften.

[19] Dazu ausf. Ebenroth/Boujong/Kindler Vor § 1 Rn. 74 ff.

[20] So etwa Hopt/Merkt Rn. 55 (s. aber Hopt/Merkt Einl Vor § 32 Rn. 32: Wirkungsstatut); **aA** mit guten Argumenten Ebenroth/Boujong/Kindler Vor § 1 Rn. 88 f.

[21] v. Gierke/Sandrock HandelsR/WirtschaftsR § 5 A I 3, 64.

[22] van Venrooy, Die Anknüpfung der Kaufmannseigenschaft im deutschen Internationalen Privatrecht, 1985, 27 ff., 50.

[23] Eingehend Ebenroth/Boujong/Kindler Vor § 1 Rn. 98 ff., insbes. 106 ff.; KKD/Roth/Kindler Einl. vor § 1 Rn. 33; Hopt/Merkt Einl Vor § 32 Rn. 33; MüKoHGB/K. Schmidt/Fleischer Vor § 1 Rn. 49.

[24] Ebenroth/Boujong/Kindler Vor § 1 Rn. 110 ff.; KKD/Roth/Kindler Einl. vor § 1 Rn. 36; BeckOK HGB/Schwartze, 47. Ed. 1.7.2025, Rn. 65.

[25] Ebenroth/Boujong/Kindler Vor § 1 Rn. 7.

[26] Henssler ZHR 171 (1997), 13 (20); KKD/Roth/Kindler Einl. vor § 1 Rn. 15; Ebenroth/Boujong/Kindler Vor § 1 Rn. 7; BeckOGK/Servatius, 1.3.2025, Rn. 14.

Begriffs in anderen Rechtsgebieten zu bestimmen.[27] Rspr. zu anderen Gesetzen, insbesondere zu § 196 Abs. 1 BGB aF,[28] ist daher nur mit Vorsicht und unter dem Vorbehalt der Harmonisierung mit den Normzwecken des HGB (→ Einl. Rn. 8 ff.) zur Auslegung des handelsrechtlichen Gewerbebegriffs iSd § 1 heranzuziehen.[29]

12 **2. Einzelne Merkmale.** Für den **handelsrechtlichen Gewerbebegriff** lässt sich im Grundsatz festhalten, dass ein Gewerbe iSd HGB vorliegt bei einer (1.) selbständigen, (2.) planmäßig auf gewisse Dauer angelegten, (3.) marktorientierten, (4.) entgeltlichen und (5.) nicht freiberuflichen Tätigkeit.[30] Berufsmäßigkeit (→ Rn. 24 f.) oder öffentlich-rechtliche Erlaubtheit der Tätigkeit (→ Rn. 27) sind ebenso wie Wirksamkeit und Klagbarkeit der abgeschlossenen Geschäfte (→ Rn. 27) und Gewinnerzielungsabsicht (→ Rn. 28 ff.) entgegen – insbesondere in der Rspr. – verbreiteter Auffassung nicht erforderlich.

13 **a) Selbständigkeit.** Kaufmann kann nach allgM nur sein, wer selbständig tätig ist. Damit ist die rechtliche (nicht notwendig auch wirtschaftliche) Selbständigkeit gemeint, sodass zB auch konzern- oder kartellrechtlich von anderen abhängige Unternehmen oder Einfirmenvertreter (§ 92a) Kaufleute sein können.[31] Sog. **Scheinselbständigkeit** iSd Arbeitsrechts schließt eine Selbständigkeit iSd handelsrechtlichen Gewerbebegriffs nicht aus.[32] Dass die Tätigkeit nur als Nebentätigkeit ausgeübt wird, spricht ebenfalls nicht zwingend gegen ihre Selbständigkeit.[33]

14 **Anhaltspunkte** für den Begriff der Selbständigkeit bietet **§ 84 Abs. 1 S. 2.** Danach ist selbständig, wer im Wesentlichen frei seine Tätigkeit gestalten und seine Arbeitszeit bestimmen kann (→ § 84 Rn. 25 ff.).[34] Für eine Selbständigkeit spricht ferner, dass der Handelnde selbst das Unternehmensrisiko trägt.[35] Ausschlaggebend sind mithin persönliche unternehmerische Freiheit und Verantwortung, wobei es für die Abgrenzung von selbständiger und abhängiger Tätigkeit letztlich auf das Gesamtbild der vertraglichen Ausgestaltung und (entscheidend) der tatsächlichen Durchführung vertraglicher Rechtsbeziehungen ankommt (sog. **Schwerpunkttheorie,** → § 84 Rn. 26).[36] Grundsätzlich irrelevant ist demgegenüber, ob der Handelnde Geschäfte im eigenen oder im fremden Namen schließt (vgl. §§ 84, 83).[37]

15 **Handelsgesellschaften** und andere nicht natürliche Unternehmensträger sind wesensgemäß selbständig.[38] Bei **natürlichen Personen** dient das Kriterium der Selbständigkeit der Abgrenzung der Kaufleute von Beamten und Arbeitnehmern, einschließlich der unselbständigen Handelsvertreter (§ 84 Abs. 2) und leitenden Angestellten.[39]

16 **b) Planmäßigkeit.** Nach allgM setzt ein Gewerbe voraus, dass die Tätigkeit planmäßig, **dh auf eine gewisse Dauer angelegt** ist. Die Tätigkeit muss grundsätzlich auf eine unbestimmte Vielzahl von Geschäften gerichtet sein,[40] wobei die einzelnen Geschäfte typischerweise in einer Art „Fortsetzungszusammenhang" stehen.[41] Es muss eine unternehmerische Tätigkeit,[42] dh ein Unternehmen

---

[27] BGH 7.7.1960, BGHZ 33, 321 (327) = NJW 1961, 725; 16.3.2000, BGHZ 144, 86 (88) = NJW 2000, 1940 (1941).

[28] Neben Entscheidungen in voriger Fn. insbes. BGH 22.4.1982, BGHZ 93, 383 = NJW 1982, 1815.

[29] Canaris HandelsR § 2 Rn. 1; Oetker HandelsR § 2 Rn. 7.

[30] Vgl. auch RegE, BT-Drs. 13/8444, 24: „Danach erfordert der Betrieb eines Gewerbes jedenfalls eine Tätigkeit, die selbständig, auf Dauer angelegt und planmäßig betrieben wird, auf dem Markt erkennbar nach Außen hervortritt und nicht gesetzes- oder sittenwidrig ist".

[31] MüKoHGB/K. Schmidt/Fleischer Rn. 27; Hopt/Merkt Rn. 14; Ebenroth/Boujong/Kindler Rn. 21; KKD/Roth/Stelmaszczyk Rn. 5.

[32] RGHMW/Ries Rn. 26; MüKoHGB/K. Schmidt/Fleischer Rn. 27; Horn/Henssler ZIP 1998, 589 ff.

[33] BAG 24.6.1992, AP BGB § 611 Abhängigkeit Nr. 61; MüKoHGB/K. Schmidt/Fleischer Rn. 27.

[34] Vgl. Hopt/Merkt Rn. 14 mit dem Hinweis, dass § 1 anders als § 84 – der die Handelsvertreter-RL (RL 86/853/EWG, ABl. EG 1986 L 382, 17) umsetzt – nicht europarechtlich vorbestimmt ist; BeckOGK/Servatius, 1.3.2025, Rn. 17 f.: unternehmerische Freiheit ist prägend.

[35] BAG 21.1.1966, BAGE 18, 87 = NJW 1966, 902.

[36] BAG 20.8.2003, NJW 2004, 461 (462); MüKoHGB/K. Schmidt/Fleischer Rn. 27; Hopt/Hopt § 84 Rn. 36.

[37] Vgl. Hopt/Merkt Rn. 14; **abw.** KG 15.1.1931, HRR 1931 Nr. 1240 für Hausverwalter.

[38] MüKoHGB/K. Schmidt/Fleischer Rn. 27.

[39] Vgl. BAG 21.1.1966, BAGE 18, 87 (89 ff.) = NJW 1966, 902; Hopt/Merkt Rn. 14; vgl. MüKoHGB/K. Schmidt/Fleischer Rn. 27.

[40] Canaris HandelsR § 2 Rn. 6; zurückhaltend Oetker HandelsR § 2 Rn. 12 (nur Indiz).

[41] Ähnlich Hopt/Merkt Rn. 13; KKD/Roth/Stelmaszczyk Rn. 7: auf Vielzahl von Geschäften als Ganzes gerichtet.

[42] Ebenroth/Boujong/Kindler Rn. 25.

mit einem Mindestmaß an Kontinuität vorhanden sein.[43] Wiederholung kann (muss aber nicht) Gewerbsmäßigkeit indizieren. So handelt ein Werkangehöriger, der jedes Jahr einen Jahreswagen verkauft, grundsätzlich nicht gewerbsmäßig; anderes kann aber gelten, wenn er regelmäßig auch Wagen von Kollegen in Kommission veräußert.[44] Wer regelmäßig eigene gebrauchte Waren über Internet, Anzeigenblätter oder Flohmärkte veräußert, handelt dadurch noch nicht zwingend gewerbsmäßig.[45] Doch kann anderes für sog. „Powerseller" gelten, die planmäßig, wenn auch nebenberuflich, Umsatzgeschäfte tätigen, um sich eine laufende Einnahmequelle zu erschließen.[46]

Das **Gegenteil** planmäßigen Handelns ist die **nur gelegentliche** selbständige Tätigkeit.[47] Eine Tätigkeit, die nur auf einzelne oder mehrere einzelne Geschäfte gerichtet ist, ist grundsätzlich nicht gewerbsmäßig.[48] Dies gilt zB für eine Vielzahl einzelner Kaufverträge im Rahmen einer (einmaligen) Haushaltsauflösung[49] oder für die Parzellierung einzelner Grundstücke durch Miterben, um sie bei der (einmaligen) Auseinandersetzung sukzessive leichter veräußern zu können.[50] 17

Der Umstand, dass die Tätigkeit nur **saisonal**[51] oder **befristet**[52] (zB Messe, Sport-WM, Volksfest) betrieben wird, steht der Einordnung als Gewerbe nicht entgegen. Irrelevant ist ferner, dass es sich nur um eine **Nebentätigkeit** handelt (vgl. § 92b).[53] Ein geringes **Geschäftsvolumen** schließt die Gewerblichkeit ebenfalls nicht aus;[54] dieser Aspekt wird aber ggf. bei Prüfung des Handelsgewerbes nach Abs. 2 relevant.[55] 18

c) Marktorientierung. aa) Allgemeines. Kennzeichnend für ein Gewerbe ist eine erkennbar **nach außen** und auf den Abschluss von entgeltlichen Rechtsgeschäften gerichtete (→ Rn. 26 ff.),[56] auf einem Markt **anbietende Tätigkeit**[57] unter Teilnahme am Wettbewerb.[58] **Nicht** gewerblich sind deshalb rein nachfragende, der eigenen **Bedarfsdeckung** dienende Geschäfte,[59] Produktion zur Deckung des Eigenbedarfs[60] sowie andere Geschäfte, die ganz im Privatbereich verbleiben, namentlich die Verwaltung eigenen Vermögens, die traditionell dem Privatbereich zugeordnet wird[61] und nach § 107 Abs. 1 S. 1 ebenso wenig gewerblich ist wie die freiberufliche Tätigkeit iSv § 107 Abs. 1 S. 2 (→ Rn. 22). 19

bb) Mitgliedergeschäfte. Reine Mitgliedergeschäfte einer Organisation (zB Automobilclub, Sportverein, Selbsthilfeorganisation) sind nach tradierter Auffassung in Ermangelung einer werbenden Tätigkeit nach außen **nicht gewerblich.**[62] Dies sollte allerdings allenfalls für solche Geschäfte gelten, die einem nichtkommerziellen Zweck eindeutig untergeordnet sind (zB Verkauf von Sportab- 20

---

[43] MüKoHGB/K. Schmidt/Fleischer Rn. 30 in Abgrenzung zur bloßen „Nachhaltigkeit" iSd § 15 Abs. 1 S. 2 EStG.

[44] MüKoHGB/K. Schmidt/Fleischer Rn. 30.

[45] RGHMW/Ries Rn. 30.

[46] Vgl. zu § 14 BGB OLG Frankfurt 21.3.2007, MMR 2007, 378: Verkaufstätigkeit bei Registrierung als eBay-Powerseller regelmäßig als gewerblich einzustufen; 4.7.2007, NJOZ 2008, 836: Unternehmereigenschaft auch ohne Registrierung als Powerseller möglich; OLG Koblenz 17.10.2005, GRUR-RR 2006, 208: Beweislastumkehr bei Auftreten als Powerseller; LG Mainz 6.7.2006, NJW 2006, 783; BeckOGK/Servatius, 1.3.2025, Rn. 20.

[47] OLG München 12.12.2002, NJW 2003, 673: einmaliger Verkauf eines teuren Musikinstruments durch Laborantin; Canaris HandelsR § 2 Rn. 6 mit Verweis auf § 406 Abs. 1 S. 2, betr. Gelegenheitskommissionär.

[48] BGH 11.7.2006, DStR 2006, 1847 (1849); RGHMW/Ries Rn. 28.

[49] Oetker HandelsR § 2 Rn. 12.

[50] RG 23.4.1907, RGZ 66, 48 (51 f.); vgl. MüKoHGB/K. Schmidt/Fleischer Rn. 30.

[51] AllgM, zB RG 12.11.1930, RGZ 130, 233 (234 f.): nur wenige Monate im Jahr tätiger Weinkommissionär.

[52] RGHMW/Ries Rn. 31: Tätigkeit auf Messen oder Sport-WM, Würstchenbude auf einem eintägigen Volksfest.

[53] BGH 10.5.1979, BGHZ 74, 273 (276) = NJW 1979, 1650; OLG Frankfurt 13.11.1990, NJW-RR 1991, 243 beide zu § 196 BGB aF; MüKoHGB/K. Schmidt/Fleischer Rn. 30; KKD/Roth/Stelmaszczyk Rn. 7; vgl. LG Mainz 6.7.2006, NJW 2006, 783 – Powerseller als Unternehmer iSd § 14 BGB.

[54] Vgl. auch OLG Zweibrücken 28.6.2007, MMR 2008, 135 zu § 14 BGB, Unternehmereigenschaft trotz Nebenerwerb; BeckOGK/Servatius, 1.3.2025, Rn. 21.

[55] Für eine Irrelevanz im Rahmen des Abs. 1 und Prüfung des Geschäftsvolumens allein bei Abs. 2 Schön DB 1998, 1169 (1172); Ebenroth/Boujong/Kindler Rn. 24; KKD/Roth/Stelmaszczyk Rn. 7.

[56] Dazu Canaris HandelsR § 2 Rn. 3 f.; MüKoHGB/K. Schmidt/Fleischer Rn. 28.

[57] Vgl. MüKoHGB/K. Schmidt/Fleischer Rn. 28; Ebenroth/Boujong/Kindler Rn. 22; KKD/Roth/Stelmaszczyk Rn. 6; RGHMW/Ries Rn. 33; auch Canaris HandelsR § 2 Rn. 4, der dieses Merkmal aber letztlich nur als unselbständige Facette der Entgeltlichkeit einordnet.

[58] BGH 23.10.2001, BGHZ 149, 80 (86) = NJW 2002, 368 (369) zu § 1 VerbrKrG aF.

[59] MüKoHGB/K. Schmidt/Fleischer Rn. 28; Hopt/Merkt Rn. 17; KKD/Roth/Stelmaszczyk Rn. 6.

[60] K. Schmidt HandelsR § 9 Rn. 27.

[61] KKD/Roth/Stelmaszczyk Rn. 7a; MüKoHGB/K. Schmidt/Fleischer Rn. 28.

[62] KG 27.10.1927, JW 1928, 238; K. Schmidt HandelsR § 9 Rn. 2; RGHMW/Ries Rn. 33.

zeichen nach erfolgreicher Prüfung), nicht dagegen für Mitgliedergeschäfte, bei denen kommerzielle Interessen im Vordergrund stehen (zB Verkauf von Büchern durch Buchclub oder von Kfz-Bedarf durch Automobilclub)[63] – und natürlich erst recht nicht für Geschäfte mit Außenstehenden.[64] Die Anerkennung eines Vereins als gemeinnützig iSd §§ 51 ff. AO hat nach Auffassung des BGH Indizwirkung dafür, dass er nicht auf einen wirtschaftlichen Geschäftsbetrieb gerichtet ist und in das Vereinsregister eingetragen werden kann.[65]

21 cc) **Bau-ARGE.** Eine Bau-ARGE kann als gewerblich (und damit als OHG) einzustufen sein, wenn sie selbst anbietend in Erscheinung tritt und nicht nur der rein internen Koordinierung ihrer Mitglieder dient,[66] denn seit Inkrafttreten des HRRefG 1998 ist das Baugewerbe nicht mehr nur „sollkaufmännisch". Bietet die Bau-ARGE selbst Bauleistungen an, so ist umstritten, ob es für die Einordnung als OHG ausreicht, dass sie zur Ausführung eines einzigen, zeitlich begrenzten Bauvorhabens von erheblichem Umfang gebildet worden ist[67] oder ob dafür die Ausrichtung auf eine unbestimmte Vielzahl von Geschäften erforderlich ist.[68] Der **BGH** sieht die Bau-ARGE nach wie vor **grundsätzlich** als **GbR** an; für das Vorliegen einer OHG fordert er „sichere Anhaltspunkte", ohne dies genauer zu spezifizieren.[69] Das FG Bln-Bbg hat Bau und Verkauf von bis zu zehn Wohnungen als „überschaubares Projekt" eingeordnet, das trotz in die Millionen gehenden Umsatzes vergleichsweise wenige Geschäfte umfasse und daher regelmäßig keinen in kaufmännischer Weise eingerichteten Geschäftsbetrieb erfordere.[70]

22 dd) **Vermögensverwaltung.** Die bloße Verwaltung eigenen Vermögens ist, wie seit dem HRRefG 1998 aus § 107 Abs. 1 S. 1 folgt, nicht gewerblich.[71] **Vermögensverwaltungsgesellschaften** sind danach **grundsätzlich Kann-Handelsgesellschaften,** die sich ins Handelsregister eintragen und dadurch Handelsgesellschaften (und damit Kaufleute, § 6 Abs. 1) werden können. Eingetragene OHG bzw. KG, die erst nachträglich zu reinen Besitzgesellschaften werden, bleiben nach § 107 Abs. 1 S. 1 („wenn die Firma des Unternehmens in das Handelsregister eingetragen ist") bis zu ihrer Löschung OHG bzw. KG (→ § 5 Rn. 6). Ohne Eintragung in das Handelsregister (bzw. nach Löschung) sind sie Gesellschaften bürgerlichen Rechts iSd §§ 705 ff. BGB. Für nur ihr eigenes **Vermögen verwaltende Einzelpersonen** fehlt es an einer vergleichbaren Regelung; auf sie ist § 107 Abs. 1 S. 1 auch nicht analog anwendbar.[72] Sie sind nicht als Kaufleute eintragungsfähig, sodass auch eine analoge Anwendung des § 5 in Bezug auf sie nicht in Betracht kommt.

23 An einem Marktbezug fehlt es strenggenommen nur bei der **Eigennutzung** des Vermögens (zB Bewohnen des eigenen Hauses).[73] Trotzdem wurde schon vor Inkrafttreten des HRRefG 1998 auch die Errichtung von Häusern oder Wohnungen zwecks und samt nachfolgender **Vermietung** oder Verpachtung grundsätzlich als private, nicht gewerbsmäßige Kapitalanlage angesehen.[74] Gleiches gilt für das private **Spekulieren** an der Börse,[75] für die **stille Beteiligung** an einer Gesellschaft[76] und für

[63] Vgl. K. Schmidt HandelsR § 9 Rn. 31: „innerer Markt"; MüKoHGB/K. Schmidt/Fleischer Rn. 28; vgl. RGHMW/Ries Rn. 33; BeckOGK/Servatius, 1.3.2025, Rn. 23; Hopt/Merkt Rn. 17: zumindest entsprechende Anwendung einzelner handelsrechtlicher Vorschriften.

[64] RGHMW/Ries Rn. 33.

[65] BGH 16.5.2017, NJW 2017, 1943; vgl. auch AG München 17.1.2017, npoR 2017, 159 – ADAC.

[66] Ähnlich MüKoHGB/K. Schmidt/Fleischer Rn. 31; vgl. Rspr.-Nachweise in nachfolgender Fn.

[67] So OLG Frankfurt 10.12.2004, NJOZ 2005, 2583; OLG Dresden 20.11.2001, NJW-RR 2003, 257; KG 22.8.2001, BauR 2001, 1790; LG Bonn 9.9.2003, ZIP 2003, 2160; iErg Thierau/Messerschmidt NZBau 2007, 129 f.

[68] So K. Schmidt DB 2003, 703 (706 f.); Staub/Oetker Rn. 20; vgl. RGHMW/Ries Rn. 30.

[69] BGH 21.1.2009, BeckRS 2009, 5200 Rn. 15; ohne Begr. die Einordnung als GbR akzeptierend auch schon BGH 29.1.2001, BGHZ 146, 341 = NJW 2001, 1056.

[70] FG Berlin-Brandenburg 21.6.2011, BeckRS 2011, 96136.

[71] So schon BGH 10.5.1979, BGHZ 74, 273 = NJW 1979, 1650 zu § 196 aF BGB; eingehend Schön DB 1998, 1169 ff.; Ebenroth/Boujong/Kindler Rn. 32 ff.; Canaris HandelsR § 2 Rn. 5; K. Schmidt HandelsR § 9 Rn. 27; zweifelnd Staub/Oetker Rn. 24; **aA** Siems NZG 2001, 738 (739 f.); OLG München 14.9.1987, NJW 1988, 1036 (1037); für eine Aufgabe dieser Einschränkung de lege ferenda auch BeckOGK/Servatius, 1.3.2025, Rn. 22.2.

[72] RegE, BT-Drs. 13/8444, 41; Schön DB 1998, 1169; RGHMW/Ries § 2 Rn. 7; **aA** Siems NZG 2001, 738 (739 f.); Hopt/Merkt Rn. 17.

[73] Schön DB 1998, 1169 (1171); RGHMW/Ries Rn. 34.

[74] BGH 10.5.1979, BGHZ 74, 273 (276) = NJW 1979, 1650 f.; 10.6.1974, BGHZ 63, 32 (33) = NJW 1974, 1462 (beide zu § 186 BGB aF); BAG 17.2.1987, NJW 1988, 222 (223); OLG München 25.7.2012, BeckRS 2012, 17367; OLG Düsseldorf 12.3.2002, NJOZ 2002, 1442 (1443).

[75] ROHG 18.4.1877, ROHGE 22, 303; RGHMW/Ries Rn. 32; Ebenroth/Boujong/Kindler Rn. 22; Canaris HandelsR § 2 Rn. 7; diff. Schön DB 1998, 1169 (1171); vgl. auch BFH 19.1.2017, BeckRS 2017, 94497 zur Abgrenzung beim Goldhandel.

[76] Schön DB 1998, 1169 (1171).

das Halten von Aktien oder GmbH-Geschäftsanteilen als solches.[77] Nach Maßgabe dieser Kriterien betreiben auch **Holding-Gesellschaften,** die nur Anteile an anderen Gesellschaften verwalten, kein Gewerbe. Gleiches gilt für durch eine Betriebsaufspaltung in Besitz- und Betriebsunternehmen entstandene **Besitzgesellschaften** (str.).[78] Sie können aber als Kapitalgesellschaften oder aufgrund ihrer Eintragung nach § 107 Abs. 1 (→ § 6 Rn. 21; str.) Formkaufleute sein.

Die **Grenze zur gewerblichen Kapital- und Immobilienverwaltung** ist unscharf und umstritten. Sie ist eindeutig überschritten, wenn fremde Immobilien verwaltet werden.[79] Andererseits schließt die Aufnahme von Fremdmitteln, die der Verwaltung eigener Immobilien dient, nach der BGH-Rspr. den privaten Charakter ebenso wenig aus wie ein erheblicher Umfang des verwalteten eigenen Vermögens.[80] Der BGH und Teile der Lit. stellen für die Abgrenzung auf den **Umfang** der mit der Vermögensverwaltung verbundenen **Geschäfte** ab.[81] Teilweise wird auch auf die **„Berufsmäßigkeit"** rekurriert.[82] Schließlich wird unter Hinweis darauf, dass der Umfang der Geschäfte allein bei Abs. 2 zu prüfen sei, eine Abgrenzung anhand der **„spezifischen Risikostruktur"** gewerblicher Tätigkeit vorgenommen. Dazu wird danach gefragt, ob über die bloße Verwaltung hinausgehende, das Vermögen Marktrisiken aussetzende Leistungen erbracht werden bzw. laufende, letztlich spekulative Umschichtungen erfolgen.[83] 24

Gegen eine Relevanz des Merkmals der „Berufsmäßigkeit" für den handelsrechtlichen Gewerbebegriff spricht seine Unschärfe: Einerseits ergibt dieses Merkmal (wenn überhaupt) nur für natürliche Personen einen Sinn,[84] andererseits erfasst es seinem Wortsinn nach auch nicht gewerbliche (namentlich freiberufliche) Tätigkeiten. Es wird daher von der hL zu Recht abgelehnt.[85] Auch das Abstellen auf die „spezifische Risikostruktur" erscheint als alleiniges Abgrenzungsmerkmal zu unscharf und zu eng.[86] Letztlich bleibt es daher – ausgehend vom in § 107 Abs. 1 S. 1 verankerten Grundsatz, dass Vermögensverwaltung kein Gewerbe ist – Aufgabe einer **umfassenden Gesamtwürdigung der betreffenden Tätigkeit** unter Berücksichtigung aller Aspekte, insbesondere auch der Verkehrsanschauung, festzustellen, ob im konkreten Fall ausnahmsweise eine gewerbliche Tätigkeit vorliegt.[87] 25

d) Entgeltlichkeit. aa) Allgemeines. Ein wichtiges Kennzeichen gewerblicher und kaufmännischer Tätigkeit ist, wie auch § 354 verdeutlicht, ihre Entgeltlichkeit.[88] Das Merkmal der Entgeltlichkeit steht in engem Zusammenhang mit der Marktorientierung. Es impliziert, dass die Tätigkeit auf den **Abschluss von Rechtsgeschäften** als Anbieter von Waren oder Dienstleistungen gerichtet sein muss.[89] Bei diesen Rechtsgeschäften muss es sich um privatrechtliche Schuldverträge handeln. Öffentlich-rechtlich ausgestaltete Staatstätigkeit gegen Gebühren[90] oder gar in Ausübung hoheitlichen Zwangs[91] wird nicht erfasst. Öffentliche Unternehmen können aber gleichwohl Kaufleute sein, 26

---

77 BGH 8.11.2005, NJW 2006, 431 (432) zu § 1 VerbrKrG aF; 24.1.2006, NJW 2006, 830 (839) zu § 823 Abs. 1 BGB; OLG Düsseldorf 12.3.2002, NJOZ 2002, 1442 (1443); Staub/Oetker Rn. 26; KKD/Roth/Stelmaszczyk Rn. 7a.

78 BGH 19.2.1990, NJW-RR 1990, 798 (799); OLG Hamm 21.6.1993, NJW 1994, 392; K. Schmidt HandelsR § 9 Rn. 27; Canaris HandelsR § 2 Rn. 5; **aA** OLG München 14.9.1987, NJW 1988, 1036; Hopt/Merkt Rn. 18; Hopt ZGR 1987, 145 (171).

79 RGHMW/Ries Rn. 43.

80 BGH 13.7.2006, NJW 2006, 3486 (3487) zu § 354a HGB; 23.10.2001, BGHZ 149, 80 (86) = NJW 2002, 368 (369) zu § 1 VerbrKrG aF.

81 BGH 13.7.2006, NJW 2006, 3486 (3487) zu § 354a HGB; 23.10.2001, BGHZ 149, 80 (86) = NJW 2002, 368 (369) zu § 1 VerbrKrG aF; RGHMW/Ries Rn. 37.

82 BGH 2.7.1985, BGHZ 95, 155 (157) = NJW 1985, 3063; 10.5.1979, BGHZ 74, 273 (276) = NJW 1979, 1650 (1650); 10.6.1974, BGHZ 63, 32 (33) = NJW 1974, 1462 alle zu § 186 BGB aF; Schlegelberger/Hildebrandt/Steckhan Rn. 23; vgl. Hopt/Merkt Rn. 13; s. auch BFH 10.12.2001, BFHE 197, 240 zu § 15 Abs. 2 EStG: „Bild des Gewerbetreibenden".

83 Schön DB 1998, 1169 (1173 f.) mwN; Ebenroth/Boujong/Kindler Rn. 35 f.; vgl. BFH 10.12.2001, BFHE 197, 240 zu § 15 Abs. 2 EStG.

84 K. Schmidt HandelsR § 9 Rn. 20.

85 RGHMW/Ries Rn. 72; K. Schmidt HandelsR § 9 Rn. 20; MüKoHGB/K. Schmidt/Fleischer Rn. 30; KKD/Roth/Stelmaszczyk Rn. 7; Canaris HandelsR § 2 Rn. 15; iErg auch Hopt/Merkt Rn. 13.

86 Im Einzelnen RGHMW/Ries Rn. 38 ff.

87 RGHMW/Ries Rn. 42.

88 Wohl allgM, zB Canaris HandelsR § 2 Rn. 3 f.; MüKoHGB/K. Schmidt/Fleischer Rn. 32; Ebenroth/Boujong/Kindler Rn. 27; RGHMW/Ries Rn. 48; KKD/Roth/Stelmaszczyk Rn. 10; vgl. auch BGH 23.11.2016, BeckRS 2016, 21256 zu entgeltpflichtigen Dienstleistungen im Zusammenhang mit der Zulassung und Überführung eines Leasingwagens.

89 Vgl. Canaris HandelsR § 2 Rn. 4.

90 RGHMW/Ries Rn. 51 ff.; MüKoHGB/K. Schmidt/Fleischer Rn. 29; Ebenroth/Boujong/Kindler Rn. 30 aE; BeckOGK/Servatius, 1.3.2025, Rn. 24.

91 Staub/Brüggemann, 4. Aufl. 1995, Rn. 19.

wenn sie gewerblich in Formen des Privatrechts tätig werden wie private Wirtschaftsteilnehmer (→ Rn. 30 ff.).

27 **bb) Erlaubtheit, Klagbarkeit.** Umstritten ist, ob die öffentlich-rechtliche Erlaubtheit der Tätigkeit bzw. die Wirksamkeit und Klagbarkeit der abgeschlossenen Rechtsgeschäfte Voraussetzungen für ein Gewerbe iSd HGB sind. Zwar führt die Regierungsbegründung zum HRRefG 1998 aus, dass ein Gewerbe eine nicht gesetzes- oder sittenwidrige Tätigkeit voraussetze.[92] Der Reformgesetzgeber geht also offenbar vom Erfordernis der **Erlaubtheit** der Tätigkeit aus. Doch wird dies von der hL unter Hinweis auf § 7 zu Recht abgelehnt (→ § 7 Rn. 6).[93] Zwar versteht sich von selbst, dass ein Hehler nicht nach § 109 GVG zum ehrenamtlichen Handelsrichter ernannt werden kann. Die von ihm abgeschlossenen Rechtsgeschäfte sind nach § 134 BGB, § 259 StGB nichtig[94] und sein gesetzeswidriges Gewerbe ist durch die zuständige Behörde zu unterbinden.[95] Doch ist kein überzeugender Grund dafür ersichtlich, ihn bis zu diesem Zeitpunkt von den Pflichten und Risiken eines Kaufmanns freizustellen.[96] Eine Relevanz der **Wirksamkeit** (zB nach §§ 134, 138 BGB) und **Klagbarkeit** der abgeschlossenen Rechtsgeschäfte (vgl. insbesondere § 656 BGB: **Ehemakler**) wird von der hL erst recht verneint.[97]

28 **cc) Gewinnerzielungsabsicht.** Es ist umstritten, ob für die Annahme eines Gewerbes über das Erfordernis der Entgeltlichkeit hinaus eine Gewinnerzielungsabsicht zu fordern ist. Praktische Bedeutung hat das Kriterium der Gewinnerzielungsabsicht in der Rspr. vor allem für die Frage nach der Anwendbarkeit des Handelsrechts auf öffentliche Unternehmen erlangt (→ Rn. 30). Ferner kann es in Bezug auf karitative Unternehmen (→ Rn. 33) sowie für Konzernunternehmen und Abschreibungsgesellschaften (→ Rn. 34) relevant werden. Ein Erfordernis der Gewinnerzielungsabsicht wird von der (noch) überwiegenden **Rspr.**[98] und Teilen der Lit.[99] im Grundsatz bejaht, allerdings im Detail stark eingeschränkt: Die Gewinnerzielungsabsicht muss danach nicht auf Gewinnmaximierung gerichtet sein. Es soll genügen, dass ein wirtschaftlicher Erfolg angestrebt wird, der den Aufwand in bescheidenem Maße übersteigt.[100] Es wird nicht für erforderlich gehalten, dass tatsächlich Gewinne erzielt werden.[101] Auch soll irrelevant sein, wofür die Gewinne verwendet werden (sollen).[102] Schließlich wird die Gewinnerzielungsabsicht bei Privatunternehmen vermutet.[103]

29 Von der **hL**[104] und in der jüngeren Rspr.[105] wird die Gewinnerzielungsabsicht als Merkmal des Gewerbebegriffs zu Recht abgelehnt und allein auf die entgeltliche Leistungserbringung am Markt

---

[92] RegE, BT-Drs. 13/8444, 24.

[93] Vgl. K. Schmidt HandelsR § 9 Rn. 35; Canaris HandelsR § 2 Rn. 13; Hopt/Merkt Rn. 21; RGHMW/Ries Rn. 57; **aA** GK-HGB/Ensthaler Rn. 9; diff. Staub/Oetker Rn. 41 f.

[94] MüKoBGB/Armbrüster BGB § 134 Rn. 71.

[95] Vgl. Hopt/Merkt Rn. 21; RGHMW/Ries Rn. 57.

[96] Vgl. Canaris HandelsR § 2 Rn. 13; RGHMW/Ries Rn. 57; BeckOGK/Servatius, 1.3.2025, Rn. 25; Müller JA 2021, 454 (456).

[97] Staub/Oetker Rn. 41; RGHMW/Ries Rn. 57; MüKoHGB/K. Schmidt/Fleischer Rn. 29; Hopt/Merkt Rn. 21; Oetker HandelsR § 2 Rn. 17; Müller JA 2021, 454 (456); **aA** OLG Frankfurt 23.12.1954, NJW 1955, 716 und noch BayObLG 16.3.1972, NJW 1972, 1327, beide zu § 656 BGB; GK-HGB/Ensthaler Rn. 9.

[98] RG 21.3.1931, RGZ 132, 367 (372 f.) – Kirchengemeinde; BGH 7.7.1960, BGHZ 33, 321 (324) = NJW 1961, 725 zu § 196 BGB, Landwirtschaft; 11.1.1962, BGHZ 36, 273 (276) = NJW 1962, 868 – Einfuhr- und Vorratsstelle; 18.1.1968, BGHZ 49, 258 (260) = NJW 1968, 639 – als Eigenbetrieb geführte Wasserversorgung; 12.2.1970, BGHZ 53, 223 f. = NJW 1970, 938 zu § 196 BGB, städtische Abwasserbeseitigungsanlage; 28.10.1971, BGHZ 57, 191 (199 f.) = NJW 1972, 95 zu § 196 BGB, Fernsehanstalt; 22.1.1976, BGHZ 66, 48 (49) = NJW 1976, 514 zu § 196 BGB, Olympia GmbH; 22.4.1982, BGHZ 83, 382 (386) = NJW 1982, 1815 zu § 196 BGB, öffentlich-rechtlicher Wasserverband; BAG 17.2.1987, NJW 1988, 222 (223) – Vermögensverwaltung; KG 30.4.1998, NJW-RR 1999, 638 zu § 196 BGB, öffentlich-rechtliche Wasserbetriebe; OLG Stuttgart 10.11.1998, NJW-RR 1999, 1557 – als Eigenbetrieb geführter städtischer Schlachthof; OLG Düsseldorf 6.6.2003, NJW-RR 2003, 1120 – karitatives Krankenhaus; OLG Frankfurt 10.12.2004, NJOZ 2005, 2583 (2585) – Bau-ARGE; BGH 20.3.2008, NStZ 2008, 212 zu § 29 Abs. 3 BtMG.

[99] Schlegelberger/Hildebrandt/Steckhan Rn. 24; HK-HGB/Ruß Rn. 33.

[100] BGH 2.7.1985, BGHZ 95, 155 (158) = NJW 1985, 3063 zu § 196 BGB, Deutsche Bundesbahn.

[101] BGH 2.7.1985, BGHZ 95, 155 (158) = NJW 1985, 3063.

[102] RG 21.3.1931, RGZ 132, 367 (372) – Kirchengemeinde; OLG Düsseldorf 6.6.2003, NJW-RR 2003, 1120 (1121) – karitatives Krankenhaus.

[103] BGH 28.10.1971, BGHZ 57, 191 (199 f.) = NJW 1972, 95 (98); 18.1.1968, BGHZ 49, 258 (260) = NJW 1968, 639.

[104] Siems, Kaufmannsbegriff und Rechtsfortbildung, 2003, 28 ff.; K. Schmidt HandelsR § Rn. 37; Canaris HandelsR § 2 Rn. 14; Oetker HandelsR § 2 Rn. 19; Staub/Oetker Rn. 39; MüKoHGB/K. Schmidt/Fleischer Rn. 32; Hopt/Merkt Rn. 16; RGHMW/Ries Rn. 24, 48 ff.; Ebenroth/Boujong/Kindler Rn. 27; KKD/Roth/Stelmaszczyk Rn. 10; BeckOK HGB/Schwartze, 47. Ed. 1.7.2025, Rn. 20; BeckOGK/Servatius, 1.3.2025, Rn. 27 f.; Müller JA 2021, 454 (455).

[105] OLG München 14.9.1987, NJW 1988, 1036 (1037) – Besitzgesellschaft; OLG Dresden 20.11.2001, NJW-RR 2003, 257 – Bau-ARGE; LG Dortmund 11.3.2013, BeckRS 2014, 2381.

abgestellt. Der BGH hat in einer jüngeren Entscheidung das Gewerbe als „planmäßige und auf Dauer angelegte wirtschaftlich selbständige Tätigkeit unter Teilnahme am Wettbewerb" definiert. Er hat damit implizit auf das Erfordernis der Gewinnerzielungsabsicht verzichtet und sich der hL angenähert.[106] In einer anderen Entscheidung hat er die Frage ausdrücklich offen gelassen.[107] Gegen die Relevanz dieses Merkmals spricht, dass es sich bei der Gewinnerzielungs**absicht** um ein reines Internum handelt, das nicht geeignet ist, über die Anwendbarkeit handelsrechtlicher Normen zu entscheiden,[108] die nach Maßgabe des § 1 Abs. 2 eher von Art und Umfang der Unternehmenstätigkeit[109] sowie von der Teilnahme am Markt abhängt. Auch aus betriebswirtschaftlicher Sicht erscheint das Kriterium überholt.[110]

(1) Öffentliche Hand. Das Merkmal der Gewinnerzielungsabsicht spielt insbesondere in Bezug auf die unternehmerische Tätigkeit der öffentlichen Hand (einschließlich Private Public Partnerships, PPP)[111] eine wichtige Rolle. Nach **Rspr. und hM** wird bei öffentlichen Unternehmen (anders als bei Privatunternehmen) eine Gewinnerzielungsabsicht nicht vermutet. Sie ist vielmehr im Einzelfall nachzuweisen, weil angenommen wird, dass öffentliche Unternehmen in erster Linie auf die Erfüllung öffentlicher Aufgaben zielten.[112] Sieht man eine Gewinnerzielungsabsicht als Voraussetzung gewerblicher Tätigkeit an, wird die Annahme der Kaufmannseigenschaft der öffentlichen Hand oftmals schon daran scheitern. Ein Gewerbe wurde daher zB verneint für kommunale **Eigenbetriebe,**[113] öffentlich-rechtliche Wasserverbände,[114] Einfuhr- und Vorratsstellen,[115] **Fernsehanstalten** sowie **Kirchengemeinden.**[116] Das OLG München verneinte die Kaufmannseigenschaft eines in der Rechtsform der **Stiftung öffentlichen Rechts** organisierten Ausgleichsfonds in Bezug auf die (durchaus marktorientierte) Vermietung von Fondsvermögen unter Hinweis auf dessen „allein und herkömmlich" mit der Zielrichtung einer öffentlichen Aufgabe betriebene Tätigkeit, lehnte aber eine generelle Ausnahme zugunsten juristischer Personen des öffentlichen Rechts ab.[117] 30

Folgt man dagegen der **vordringenden Literaturauffassung,** so steht mangelndes Gewinnstreben der Einordnung von öffentlichen Unternehmen und von in Formen des Privatrechts handelnden **Gebietskörperschaften** (Staat, Gemeinde)[118] als Gewerbetreibende nicht entgegen. Allerdings ist insoweit zu differenzieren: Die öffentliche Hand bzw. die einzelnen Gebietskörperschaften sind nicht als solche Kaufleute, nur weil sie über Eigenbetriebe auch gewerblich tätig sind. Die Kaufmannseigenschaft ist vielmehr auf Geschäfte in Zusammenhang mit dem gewerblichen **Eigenbetrieb** bzw. auf das konkrete öffentliche Unternehmen beschränkt. In Bezug auf andere Einzelgeschäfte unterliegt die öffentliche Hand nicht kraft Kaufmannseigenschaft dem Handelsrecht.[119] Sie ist aber oftmals trotzdem – teils aufgrund ausdrücklicher Regelung (zB § 38 Abs. 1 ZPO), teils durch analoge Anwendung kaufmannsrechtlicher Institute[120] – Kaufleuten gleichgestellt.[121] Davon abgesehen ist an die privatwirtschaftliche Tätigkeit des Staates der oben entwickelte allgemeine Maßstab anzulegen; eine Sonderbehandlung ist abzulehnen.[122] 31

---

[106] BGH 23.10.2001, BGHZ 149, 80 = NJW 2002, 368 (369) zu § 1 VerbrKrG aF.

[107] BGH 24.6.2003, BGHZ 155, 240 (246) = NJW 2003, 2742 (2743); 29.3.2006, NJW 2006, 2250 (2251) zu § 476 BGB; das Erfordernis bejahend aber BGH 20.3.2008, NStZ 2008, 212 zu § 29 Abs. 3 BtMG.

[108] Canaris HandelsR § 2 Rn. 14; KKD/Roth/Stelmaszczyk Rn. 10; Ebenroth/Boujong/Kindler Rn. 27.

[109] Oetker HandelsR § 2 Rn. 19; vgl. Ebenroth/Boujong/Kindler Rn. 30.

[110] Im Einzelnen Hopt ZGR 1987, 145 (173 ff.).

[111] BeckOGK/Servatius, 1.3.2025, Rn. 29.

[112] BGH 2.7.1985, BGHZ 95, 155 (158) = NJW 1985, 3063; 28.10.1971, BGHZ 57, 191 (199 f.) = NJW 1972, 95 (98); 18.1.1968, BGHZ 49, 258 (260) = NJW 1968, 639; vgl. auch OLG München 25.7.2012, NJW-RR 2013, 412 (413).

[113] BGH 12.2.1970, BGHZ 53, 223 f. = NJW 1970, 938 zu § 196 BGB, Abwasserbeseitigungsanlage; 18.1.1968, BGHZ 49, 258 (260) = NJW 1968, 639 – Wasserversorgung; OLG Stuttgart 10.11.1998, NJW-RR 1999, 1557 – Schlachthof; vgl. KG 30.4.1998, NJW-RR 1999, 638 zu § 196 BGB, Wasserbetrieb, Kaufmannseigenschaft bejahend.

[114] BGH 22.4.1982, BGHZ 83, 382 (386) = NJW 1982, 1815 zu § 196 BGB.

[115] BGH 11.1.1962, BGHZ 36, 273 (276) = NJW 1962, 868.

[116] RG 21.3.1931, RGZ 132, 367 (372 ff.).

[117] OLG München 25.7.2012, NJW-RR 2013, 412 (413).

[118] BGH 18.1.1968, BGHZ 49, 258 (260) = NJW 1968, 639; OLG Stuttgart 10.11.1998, NJW-RR 1999, 1557 beide zu städtischen Eigenbetrieben; s. auch OLG München 25.7.2012, BeckRS 2012, 17367; Ebenroth/Boujong/Kindler Rn. 30; Hopt/Merkt Rn. 27.

[119] Canaris HandelsR § 3 Rn. 37.

[120] BGH 19.2.1964, NJW 1964, 1223: Anwendung der Regeln über das kaufmännische Bestätigungsschreiben auf Gemeindebehörden – hier: Hochbauamt – im Einzelfall möglich; allg. zur analogen Anwendung handelsrechtlicher Vorschriften → Rn. 113.

[121] Im Einzelnen Canaris HandelsR § 21 Rn. 9 ff.

[122] Hopt/Merkt Rn. 27; KKD/Roth/Stelmaszczyk Rn. 30 ff.

32 Nach allgemeinen Regeln ist auch die Kaufmannseigenschaft **öffentlicher Unternehmen** zu bestimmen, wenn sie nicht wie zB die Deutsche Post AG oder die Deutsche Bahn AG ohnehin bereits als Formkaufleute[123] oder aufgrund spezialgesetzlicher Bestimmungen (zB § 172 S. 1 VAG) handelsrechtlichen Vorschriften unterliegen. **Sparkassen** sind nach allgM Gewerbetreibende, soweit sie im Bankgeschäft tätig sind und regelmäßige Überschüsse anstreben.[124] Nichts anderes sollte gelten, wenn sie im Einlagengeschäft nach landesrechtlichen Bestimmungen ausschließlich gemeinnützige Zwecke verfolgen und keine Gewinnabsicht hegen (str.).[125] Gewerblich tätig sind auch die öffentlich-rechtlichen Versicherungsanstalten (str.),[126] die Kreditanstalt für Wiederaufbau (KfW) und die **Bundesbank.**[127] Die Bundesbank ist allerdings durch § 29 Abs. 3 BbankG von der Anwendung der Vorschriften über das Handelsregister freigestellt.

33 **(2) Karitative Einrichtungen.** Verzichtet man auf das Kriterium der Gewinnerzielungsabsicht, so können auch karitative Einrichtungen ein Gewerbe betreiben.[128] Allerdings wird man sie bei rein karitativer Tätigkeit ohne laufende Einnahmen und ohne Auftreten als Wirtschaftsunternehmen grundsätzlich als nicht gewerblich ansehen müssen.[129]

34 **(3) Abschreibungsgesellschaften.** Dass eine Gewinnerzielungsabsicht nicht ausschlaggebend sein kann, wird insbesondere am Beispiel von Abschreibungsgesellschaften deutlich, die auf steuerliche Verlustzuweisungen gerichtet sind;[130] ähnliches gilt für planmäßig nicht auf Gewinne zielende **Konzernunternehmen:**[131] In beiden Fällen ist mangelndes Gewinnstreben offensichtlich ungeeignet, um solchen Unternehmen die Gewerblichkeit abzusprechen.

35 **e) Kein Freier Beruf. aa) Allgemeines.** Freiberufliche Tätigkeiten iwS, dh Tätigkeiten auf den Gebieten der **Wissenschaft, Kunst und Freier Berufe ieS,** werden kraft Gesetzes (→ Rn. 36 ff.) bzw. aufgrund von Tradition[132] und daraus erwachsener Verkehrsanschauung[133] nicht als Gewerbe angesehen. Dieses **negative Tatbestandsmerkmal** wird de lege ferenda vielfach kritisiert.[134] Es ist kaum teleologisch, sondern letztlich nur historisch begründbar,[135] weil freiberufliche Tätigkeiten grundsätzlich alle Merkmale des Gewerbebegriffs erfüllen.[136] Der Kaufmannsbegriff ist vor diesem Hintergrund sogar für willkürlich und verfassungsrechtlich bedenklich erachtet worden.[137] De lege lata ist an der in stRspr anerkannten[138] und gesetzlich abgesicherten Trennung zwischen Gewerbe und Freien Berufen im Anwendungsbereich des § 1 aber nicht zu rütteln. Auch der Gesetzgeber des HRRefG 1998 sah insoweit keinen Handlungsbedarf.[139] Im Bereich des Personengesellschaftsrechts sieht dies anders aus. Hier steht Freiberuflern neben der Rechtsform der Partnerschaftsgesellschaft nach dem PartGG – unbeschadet standes- bzw. berufsrechtlicher Grenzen – auch die Bildung von formkaufmännischen Kapitalgesellschaften,[140] von EWIV (→ § 6 Rn. 7, → § 6 Rn. 20) und

---

[123] Zur Privatisierung dieser Unternehmen auch K. Schmidt HandelsR § 9 Rn. 39 aE.

[124] Unter diesen Voraussetzungen für eine Kaufmannseigenschaft schon RG 1.3.1927, RGZ 116, 227 (229).

[125] MüKoHGB/K. Schmidt/Fleischer Rn. 32; Ebenroth/Boujong/Kindler Rn. 30; **aA** noch BGH 30.4.1952, BB 1952, 480.

[126] KKD/Roth/Stelmaszczyk Rn. 34.

[127] Heymann/Horn Einl Rn. 24.

[128] OLG Düsseldorf 6.6.2003, NJW-RR 2003, 1120 f.; Oetker HandelsR § 2 Rn. 18 f.; K. Schmidt HandelsR § 9 Rn. 38; KKD/Roth/Stelmaszczyk Rn. 10.

[129] RGHMW/Ries Rn. 49; **aA** BeckOGK/Servatius, 1.3.2025, Rn. 29.3.

[130] Hopt ZGR 1987, 145 (176); RGHMW/Ries Rn. 48.

[131] RGHMW/Ries Rn. 48; MüKoHGB/K. Schmidt/Fleischer Rn. 32; K. Schmidt HandelsR § 9 IV.

[132] MüKoHGB/K. Schmidt/Fleischer Rn. 34; KKD/Roth/Stelmaszczyk Rn. 12; Hopt/Merkt Rn. 19, historisch gewachsenes Berufsbild.

[133] BayObLG 21.3.2002, NZG 2002, 718 (719) = NJW-RR 2002, 968 (969); OLG Köln 31.8.2021 BeckRS 2021, 53689 Rn. 28; KKD/Roth/Stelmaszczyk Rn. 13a; Hopt/Merkt Rn. 19; vgl. Ebenroth/Boujong/Kindler Rn. 39; RGHMW/Ries Rn. 60; **abw.** einerseits BeckOGK/Servatius, 1.3.2025, Rn. 30, geradezu gewohnheitsrechtliche Anerkennung; andererseits MüKoHGB/K. Schmidt/Fleischer Rn. 34, nur Tradition.

[134] Vgl. zB Henssler ZHR 161 (1997), 13 (24 ff.); K. Schmidt DB 1994, 515 ff.; Raisch FS Rittner, 1991, 471 ff.; Treber AcP 199 (1999), 525 (569 ff.); s. auch Hopt AcP 183 (1983), 608 ff.

[135] MüKoHGB/K. Schmidt/Fleischer Rn. 35; vgl. Canaris HandelsR § 2 Rn. 9.

[136] Raisch FS Rittner, 1991, 471 (481); KKD/Roth/Stelmaszczyk Rn. 13b.

[137] Neuner ZHR 157 (1993), 243 (286 ff.).

[138] BGH 7.7.1960, BGHZ 33, 321 (325) = NJW 1961, 725 (726); BayObLG 21.3.2002, NZG 2002, 718 (719).

[139] Vgl. OLG Köln 31.8.2021 BeckRS 2021, 53689 Rn. 37.

[140] Zulässigkeit: § 27 WPO; § 59c BRAO; BayObLG 27.3.2000, NJW 2000, 1647 zur Anwalts-AG; Unzulässigkeit: Art. 18 Abs. 1 S. 2 BayHKaG: Ärzte, Zahnärzte und Tierärzte; bestätigt durch BayVGH 13.12.1999, NJW 2000, 3418.

seit Inkrafttreten des **MoPeG** über § 107 Abs. 1 S. 2 auch die Bildung einer OHG oder (iVm § 161) KG offen.

36 **bb) Gesetzliche Regelungen.** Zahlreiche Berufsgruppen sind aufgrund spezialgesetzlicher Regelungen ex lege vom Gewerbebegriff ausgenommen und den Freien Berufen zugeordnet. Hierzu zählen **Rechtsanwälte** (§ 2 BRAO),[141] **Patentanwälte** (§ 2 Abs. 2 PAO), **Notare** (§ 2 S. 3 BNotO), **Wirtschaftsprüfer** (§ 1 Abs. 2 WPO),[142] **Steuerberater** (§ 32 Abs. 2 StBerG),[143] **Ärzte** (§ 1 Abs. 2 BÄO),[144] **Zahnärzte** (§ 1 Abs. 4 ZHG), **Tierärzte** (§ 1 Abs. 1 BTÄO) und **öffentlich bestellte Vermessungsingenieure.**[145] Umgekehrt indiziert[146] die in § 8 ApoG eröffnete Möglichkeit, eine Apotheke in der Rechtsform einer OHG zu betreiben, dass **Apotheker** Gewerbetreibende sind.[147] Auch hat der BGH entschieden, dass eine **Steuerberatungsgesellschaft** in der Form einer KG mit dem Gesellschaftszweck „geschäftsmäßige Hilfeleistung in Steuersachen einschließlich der Treuhandtätigkeit" im Handelsregister eingetragen werden kann.[148]

37 Für den **Begriff des Freien Berufs** kann auf die Legaldefinition des **§ 1 Abs. 2 PartGG** zurückgegriffen werden.[149] Nach § 1 Abs. 2 S. 2 PartGG ist die „Ausübung eines Freien Berufs im Sinne dieses Gesetzes … die selbständige Berufstätigkeit der Ärzte, Zahnärzte, Tierärzte, Heilpraktiker, Krankengymnasten, Hebammen, Heilmasseure, Diplom-Psychologen, Rechtsanwälte, Patentanwälte, Wirtschaftsprüfer, Steuerberater, beratenden Volks- und Betriebswirte, vereidigten Buchprüfer (vereidigte Buchrevisoren), Steuerbevollmächtigten, Ingenieure, Architekten, Handelschemiker, Lotsen, hauptberuflichen Sachverständigen, Journalisten, Bildberichterstatter, Dolmetscher, Übersetzer und ähnlicher Berufe sowie der Wissenschaftler, Künstler, Schriftsteller, Lehrer und Erzieher".[150] Nach der Gesetzesbegründung sind dabei unter **„Diplom-Psychologen"** die heilkundlich tätigen Psychotherapeuten und beratenden Psychologen zu verstehen. Unter die **„Künstler"** fallen danach auch Designer und im Einzelfall Fotografen. Als Beispiel für freiberufliche Wissenschaftler werden Geologen und als Beispiel für Erzieher Diplom-Pädagogen genannt. Zudem können nach der Gesetzesbegründung Logopäden über den Begriff der „ähnlichen Berufe" den Krankengymnasten gleichgestellt werden.[151]

38 Der Katalog des § 1 Abs. 2 S. 2 PartGG ist an § 18 Abs. 1 Nr. 1 EStG angelehnt,[152] der unmittelbar nur für den steuerrechtlichen, nicht aber für den handelsrechtlichen Gewerbebegriff relevant ist (→ Rn. 11).[153] Daraus wurde von der bisher **hM** abgeleitet, die Einordnung durch § 1 Abs. 2 S. 2 PartGG sei steuerrechtlich geprägt und **für den handelsrechtlichen Gewerbebegriff nicht maßgebend.**[154] Vielmehr sei in Bezug auf die darin genannten Berufsgruppen nach allgemeinen Maßstäben (→ Rn. 42 f.) festzustellen, ob es sich um Unternehmen künstlerischer, wissenschaftlicher oder freiberuflicher Art im engeren Sinne handle.[155] Der Katalog des § 1 Abs. 2 S. 2 PartGG ziele darauf, möglichst vielen Berufen den Zugang zur Partnerschaft zu ermöglichen, während die

---

[141] BGH 16.10.1978, BGHZ 72, 283 = NJW 1979, 430 (431).

[142] BGH 4.3.1985, BGHZ 94, 65 (69) = NJW 1985, 1844 (1845).

[143] BGH 4.3.1985, BGHZ 94, 65 (69) = NJW 1985, 1844 (1845).

[144] BGH 24.1.1983, BGHZ 86, 313 (320) = NJW 1983, 1050 (1052); 7.7.1960, BGHZ 33, 321 = NJW 1961, 725 (728).

[145] S. landesrechtliche Berufsordnungen, zB § 1 Abs. 2 öbVIG NRW; BGH 20.3.1986, BGHZ 97, 243 (245) = NJW 1987, 65 noch zu § 1 VIngBerO vom 20.1.1938 (RGBl. 1938 I 40); Hopt/Merkt Rn. 19; zweifelnd MüKoHGB/K. Schmidt/Fleischer Rn. 35; **aA** OLG Zweibrücken 30.8.2012, NJW-RR 2013, 241; RGHMW/Ries Rn. 59.

[146] Zwingend ist dieser Schluss nicht, vgl. § 27 Abs. 1 WPO: Wirtschaftsprüfer-OHG möglich, obwohl Wirtschaftsprüfer nach § 1 Abs. 2 WPO keine Gewerbetreibenden, sondern Freiberufler sind.

[147] Für die Einordnung als Gewerbetreibende auch BGH 20.1.1983, NJW 1983, 2085 (2086).

[148] BGH 15.7.2014, BGHZ 202, 92 = NZG 2014, 1179 unter Aufhebung von OLG Dresden 6.12.2012, BeckRS 2013, 08653; dazu krit. Henssler/Markworth NZG 2015, 1; sowie (insbesondere zu Konsequenzen einer rechtswidrigen Handelsregistereintragung) Lubberich DNotZ 2015, 62.

[149] So jetzt auch Begr. RegE MoPeG, BR Drs. 59/21, 256.

[150] In Bezug auf Ingenieure **aA** OLG Zweibrücken 30.8.2012, NJW-RR 2013, 241.

[151] RegE, BT-Drs. 12/6152, 7 f.

[152] Die Kataloge sind nicht identisch. Hebammen, Heilmasseure, Diplom-Psychologen, hauptberufliche Sachverständige sowie Wissenschaftler, Künstler, Schriftsteller, Lehrer und Erzieher sind im Katalog des § 1 Abs. 2 S. 2 PartGG enthalten, fehlen aber im Katalog des § 18 EStG.

[153] Vgl. auch BGH 16.3.2000, BGHZ 144, 86 (88) = NJW 2000, 1940 (1941), wo der BGH § 1 Abs. 2 S. 2 PartGG für unverbindlich in Bezug auf § 196 BGB aF erklärt.

[154] **AA** jetzt auch Begr. RegE MoPeG, BR Drs. 59/21, 256.

[155] BayObLG 21.3.2002, NZG 2002, 718 (719) = NJW-RR 2002, 968 (969); OLG Zweibrücken 30.8.2012, NJW-RR 2013, 241; MüKoHGB/K. Schmidt/Fleischer Rn. 37, 33 aE; Hopt/Merkt Rn. 19; Ebenroth/Boujong/Kindler Rn. 39; KKD/Roth/Stelmaszczyk Rn. 13a; Canaris HandelsR § 2 Rn. 10; RGHMW/Ries Rn. 68 ff.; BeckOK HGB/Schwartze, 47. Ed. 1.7.2025, Rn. 26; BeckOGK/Servatius, 1.3.2025, Rn. 33.

rechtspolitisch fragwürdige Herausnahme der Freien Berufe aus dem Gewerbebegriff eher für eine restriktive Handhabung spreche.[156] Der Zweck des § 1 Abs. 2 S. 2 PartGG wurde teilweise sogar darin gesehen, im Schnittbereich zwischen Gewerbe und freiberuflicher Tätigkeit eine Wahlmöglichkeit zwischen OHG und Partnerschaftsgesellschaft zu eröffnen und klarzustellen, dass lediglich eine eingetragene Partnerschaft (als eine Art „negativer Formkaufmann") [157] kein Handelsgewerbe betreibe.[158]

39 **Gegen diese Auffassung** spricht, dass es nicht einleuchtet, Personen, die bei Zusammenwirken in einer Partnerschaft nach § 1 Abs. 1 S. 2 PartGG ausdrücklich „kein Handelsgewerbe" ausüben, als Gewerbetreibende zu behandeln, wenn sie in genau gleicher Weise als Einzelunternehmer tätig sind. Auch findet das (angebliche) Ziel, eine Wahlmöglichkeit zwischen OHG und Partnerschaft zu eröffnen, weder in den Gesetzesmaterialien noch im Text des PartGG eine Stütze. Für eine solche Auslegung besteht seit Inkrafttreten des § 107 Abs. 1 S. 2, der diese Wahlmöglichkeit nunmehr explizit eröffnet, auch kein Bedarf mehr. Umgekehrt unterstreicht gerade die Existenz der gesellschaftsrechtlichen Sonderregel des § 107 Abs. 1 S. 2 (ebenso wie § 107 Abs. 1 S. 1 in Bezug auf die Vermögensverwaltung), dass die **Ausübung freiberuflicher Tätigkeiten keine genuin gewerbliche Tätigkeit** iSd HGB ist. Die Schwierigkeit einer an teleologischen Gesichtspunkten orientierten Abgrenzung zwischen Gewerbe und Freien Berufen und die daraus resultierende Unsicherheit über die Einordnung vieler Berufsgruppen (→ Rn. 40 f. zu den zahlreichen Streitfällen) sprechen ebenfalls dafür, jedenfalls diejenigen Berufe als Freie Berufe anzusehen, die der Gesetzgeber als solche definiert hat. Die Eigenständigkeit des handelsrechtlichen Gewerbebegriffs steht nicht entgegen, denn im Gegensatz zu § 18 EStG ist § 1 PartGG eine Norm, die gerade mit dem Ziel geschaffen wurde, Berufsgruppen, denen die Gründung einer OHG oder KG verwehrt ist, eine OHG-ähnliche Gesellschaftsform zu ermöglichen.[159] Hiermit ist ein Bezug gerade zum handelsrechtlichen Gewerbebegriff hergestellt, während die steuerrechtliche Einordnung durch das PartGG ausdrücklich nicht präjudiziert werden sollte.[160] Folglich sollte der – nicht abschließende[161] – **Katalog des § 1 Abs. 2 S. 2 PartGG als verbindliche Vorgabe** und die darin erwähnten Berufsgruppen als Freiberufler angesehen werden.[162] Dies entbindet natürlich nicht von der Notwendigkeit, abstrakte Kriterien zur Ausfüllung des Begriffs der freiberuflichen Tätigkeit zu entwickeln.[163] Auch der **BGH** hat den Katalog des § 1 Abs. 2 PartGG im Zusammenhang mit der Ablehnung der Zulässigkeit einer Rechtsanwalts-GmbH & Co. KG herangezogen, um den freiberuflichen Charakter der Rechtsanwaltstätigkeit zu unterstreichen.[164]

40 **cc) Kasuistik.** Abgesehen von den in → Rn. 36 erwähnten Berufsgruppen sind in der **Rspr.** als Freiberufler anerkannt: Architekten,[165] beratende Volks- und Betriebswirte,[166] Unternehmensberater;[167] **nicht** dagegen Heilpraktiker,[168] Krankengymnasten, Masseure und Zahntechniker,[169] Auktionatoren,[170] Trauerredner,[171] Treuhänder,[172] Buchmacher,[173] Kunstgewerbler[174] und Software-Entwickler.[175]

---

156 Canaris HandelsR § 2 Rn. 10.

157 MüKoHGB/K. Schmidt/Fleischer Rn. 37.

158 Ebenroth/Boujong/Kindler Rn. 39; KKD/Roth/Stelmaszczyk Rn. 13b.

159 RegE, BT-Drs. 12/6152, 7 f.

160 RegE, BT-Drs. 12/6152, 10.

161 RegE, BT-Drs. 12/6152, 10; Staub/Oetker Rn. 32; Oetker HandelsR § 2 Rn. 15; insoweit ebenso die hM BayObLG 21.3.2002, NZG 2002, 718 (719) = NJZ-RR 2002, 968 (969); OLG Zweibrücken 30.8.2012, NJW-RR 2013, 241; Ebenroth/Boujong/Kindler Rn. 39; KKD/Roth/Stelmaszczyk Rn. 13a; Canaris HandelsR § 2 Rn. 10; RGHMW/Ries Rn. 68 ff., die § 1 PartGG in beiden Richtungen für unverbindlich hält.

162 Für einen Rückgriff auf § 1 Abs. 2 PartGG auch explizit Begr. RegE MoPeG, BR Drs. 59/21, 256.

163 Staub/Oetker Rn. 32.

164 BGH 18.7.2011, NJW 2001, 3036 Rn. 5 mAnm K. Schmidt DB 2011, 2027.

165 BGH 22.2.1979, WM 79, 559 (560) = BB 1979, 860 zu § 196 BGB aF; Canaris HandelsR § 1 Rn. 8; str. für Innen- und Gartenarchitekten: s. einerseits Ebenroth/Boujong/Kindler Rn. 39: Freiberufler, andererseits BeckOGK/Servatius, 1.3.2025, Rn. 35: Gewerbetreibende.

166 OLG Celle 26.4.1996, NStZ-RR 1996, 342 = BB 1996, 2219; Ebenroth/Boujong/Kindler Rn. 39.

167 OLG Celle 26.4.1996, NStZ-RR 1996, 342 = BB 1996, 2219; BeckOGK/Servatius, 1.3.2025, Rn. 35; **aA** RGHMW/Ries Rn. 62; KKD/Roth/Stelmaszczyk Rn. 13b.

168 BGH 16.3.2000, BGHZ 144, 86 (88) = NJW 2000, 1940 (1941); LG Tübingen 28.1.1983, NJW 1983, 2093 (2094), beide zu § 196 BGB aF; **abw.** § 1 Abs. 2 S. 2 PartGG; zu dessen Relevanz → Rn. 37 ff.

169 LG Tübingen 28.1.1983, NJW 1983, 2093; Canaris HandelsR § 2 Rn. 10.

170 LG Aurich 19.1.1972, BB 1975, Beilage 12, 3; Canaris HandelsR § 2 Rn. 10.

171 BFH 29.7.1981, NJW 1982, 672 zu § 18 EStG, Gewerbe, wenn überwiegend Redeschablonen verwendet.

172 KG 24.8.1931, HRR 1932 Nr. 249; Hopt/Merkt Rn. 19; RGHMW/Ries Rn. 62.

173 BayObLG 22.6.1932, BayObLGZ 1932, 262; RGHMW/Ries Rn. 62.

174 BGH 7.7.1960, BGHZ 33, 321 (325) = NJW 1961, 725 (728) zu § 196 BGB aF; MüKoHGB/K. Schmidt/Fleischer Rn. 34.

175 BayObLG 21.3.2002, NZG 2002, 718 (719) = NJW-RR 2002, 968 (969); Maier NJW 1986, 1909 ff.

In der **Lit.** (die eine Verbindlichkeit des § 1 Abs. 2 S. 2 PartGG für das Handelsrecht überwiegend ablehnt) werden als Freiberufler angesehen: Kunstmaler, Bildhauer, Schriftsteller,[176] Opernsänger, Schauspieler, Solisten,[177] Artisten, Wissenschaftler,[178] vereidigte Buchprüfer, Steuerbevollmächtigte und Lotsen[179] sowie Sportler;[180] **nicht** dagegen EDV-Techniker, Systemanalytiker, Privatschulen, Fahr- und Tanzschulen, Repetitoren, Pressebildservices, Werbeberater, Designer, Restaurateure, beliebig austauschbare Musikgruppen,[181] freischaffende Werbe- und Gebrauchsgrafiker.[182] **Umstritten** ist die Einordnung als Freiberufler zB für Privatlehrer,[183] Ingenieure,[184] Chemiker,[185] Dolmetscher,[186] Übersetzer,[187] Gutachter und Sachverständige,[188] Journalisten und Bildberichterstatter.[189] 41

dd) Allgemeine Maßstäbe. Überzeugende allgemeine Maßstäbe für die Abgrenzung von Gewerbetreibenden und Freiberuflern sind schwer zu finden, weil diese Unterscheidung eher historische als sachliche Gründe hat (→ Rn. 35). **§ 1 Abs. 2 S. 1 PartGG** betont dazu, Freie Berufe hätten, „im allgemeinen auf der Grundlage besonderer beruflicher Qualifikation oder schöpferischer Begabung die persönliche, eigenverantwortliche und fachlich unabhängige Erbringung von Dienstleistungen höherer Art im Interesse der Auftraggeber und der Allgemeinheit zum Inhalt". In der Lit. werden ausgeprägte Kreativität und höchstpersönliche Erbringung von Diensten höherer Art als Kennzeichen Freier Berufe hervorgehoben.[190] Der individuellen Leistungserbringung des Freiberuflers wird die eher sachliche Unternehmenskapazitäten beanspruchende gewerbliche Tätigkeit gegenüber gestellt.[191] Ähnlich betont die Rspr., die Tätigkeit des Freiberuflers sei „von geistigen, wissenschaftlichen oder künstlerischen Leitgedanken bestimmt", während diejenige des Gewerbetreibenden „weitgehend von der Erwerbsabsicht geformt" sei.[192] Charakteristisch für Freie Berufe seien Kammergebundenheit und Berufsrecht.[193] Kennzeichnend für den Gewerbetreibenden sei ein marktnahes, wettbewerbsorientiertes Verhalten, das sich vom Marktauftritt Freier Berufe wesentlich unterscheide.[194] 42

Diese Abgrenzungsversuche vermögen allenfalls zum Teil zu überzeugen, insbesondere steht die Behauptung, dass die Tätigkeit von Freiberuflern nicht wettbewerbsorientiert und nicht durch Erwerbsstreben gekennzeichnet sei, im Widerspruch zur Realität des Wirtschaftslebens. In Ergänzung zu einer Abgrenzung nach Maßgabe spezialgesetzlicher Regelungen und des § 1 Abs. 2 PartGG 43

---

176 Canaris HandelsR § 2 Rn. 8; Ebenroth/Boujong/Kindler Rn. 39; enger MüKoHGB/K. Schmidt/Fleischer Rn. 34: künstlerische Höhe.

177 KKD/Roth/Stelmaszczyk Rn. 14.

178 Hopt/Merkt Rn. 19; enger MüKoHGB/K. Schmidt/Fleischer Rn. 34: nur ursprüngliche Schöpfung und Ausarbeitung.

179 Ebenroth/Boujong/Kindler Rn. 39; BeckOGK/Servatius, 1.3.2025, Rn. 35, in Bezug auf vereidigte Buchprüfer und Steuerbevollmächtigte.

180 Ebenroth/Boujong/Kindler Rn. 38; BeckOGK/Servatius, 1.3.2025, Rn. 35.

181 Vgl. Aufzählungen bei MüKoHGB/K. Schmidt/Fleischer Rn. 34; RGHMW/Ries Rn. 61 f.; Hopt/Merkt Rn. 19.

182 RGHMW/Ries Rn. 62.

183 Dafür Hopt/Merkt Rn. 19; Canaris HandelsR § 2 Rn. 8; RGHMW/Ries Rn. 61; weiter Ebenroth/Boujong/Kindler Rn. 39: auch Erzieher; § 1 Abs. 2 S. 2 PartGG; **aA** MüKoHGB/K. Schmidt/Fleischer Rn. 34: pädagogische Tätigkeit gewerblich; KKD/Roth/Stelmaszczyk Rn. 14: Kunst und Musikunterricht gewerblich.

184 Dafür Ebenroth/Boujong/Kindler Rn. 39; § 1 Abs. 2 S. 2 PartGG; **aA** RGHMW/Ries Rn. 62; KKD/Roth/Stelmaszczyk Rn. 13b.

185 Dafür Ebenroth/Boujong/Kindler Rn. 39; § 1 Abs. 2 S. 2 PartGG; **aA** KKD/Roth/Stelmaszczyk Rn. 13b.

186 Dafür Canaris HandelsR § 2 Rn. 8; Ebenroth/Boujong/Kindler Rn. 39; § 1 Abs. 2 S. 2 PartGG; **aA** RGHMW/Ries Rn. 62.

187 Dafür Ebenroth/Boujong/Kindler Rn. 39; einschr. Hopt/Merkt Rn. 19: nur wie Schriftsteller tätige Übersetzer; **aA** RGHMW/Ries Rn. 62.

188 Dafür Ebenroth/Boujong/Kindler Rn. 39; § 1 Abs. 2 S. 2 PartGG; **aA** RGHMW/Ries Rn. 62.

189 Dafür Ebenroth/Boujong/Kindler Rn. 39; § 1 Abs. 2 S. 2 PartGG; **aA** KKD/Roth/Stelmaszczyk Rn. 13b; RGHMW/Ries Rn. 62.

190 Ebenroth/Boujong/Kindler Rn. 39; KKD/Roth/Stelmaszczyk Rn. 13b; Canaris HandelsR § 2 Rn. 10; **aA** MüKoHGB/K. Schmidt/Fleischer Rn. 34 f.

191 Canaris HandelsR § 2 Rn. 10; krit. RGHMW/Ries Rn. 58.

192 BGH 7.7.1960, BGHZ 33, 321 (325) = NJW 1961, 725 (726); 16.3.2000, BGHZ 144, 86 (89) = NJW 2000, 1940 (1941), beide zu § 196 BGB aF.

193 BayObLG 21.3.2002, NZG 2002, 718 (719) = NJW-RR 2002, 968 (969); KKD/Roth/Stelmaszczyk Rn. 13; nach MüKoHGB/K. Schmidt/Fleischer Rn. 35 sollten sogar nur kammergebundene oder ihnen berufsrechtlich gleichgestellte Berufe aus dem Gewerbebegriff ausgeklammert werden.

194 BayObLG 21.3.2002, NZG 2002, 718 (719) = NJW-RR 2002, 968 (969) in Bestätigung der Abgrenzung durch Maier NJW 1986, 1909 (1911).

(→ Rn. 36 ff.) bleibt daher nur ein Vorgehen im Wege der **Vergleichsgruppenbildung:**[195] Ausgehend von den gesetzlich oder kraft Tradition als Freie Berufe anerkannten Tätigkeiten ist unter Berücksichtigung der (auch) in § 1 Abs. 2 S. 1 PartGG beschriebenen Kriterien der **besonderen Qualifikation**[196] oder **schöpferischen Begabung** sowie der **persönlichen Erbringung von Diensten höherer Art** zu entscheiden, ob das untersuchte Berufsbild vergleichbare Qualitäten aufweist. Entscheidend ist dabei das **typische Berufsbild,** nicht die Ausübung im Einzelfall.[197] In Anwendung dieses Maßstabes lässt sich die Unterscheidung zwischen Künstlern und Kunstgewerbetreibenden, zwischen akademisch gebildeten Privatlehrern und Fahrschul- oder Tanzlehrern, zwischen Opernsängern und austauschbaren Musikgruppen („Casting-Bands") usw erklären. Da freiberufliche Tätigkeiten grundsätzlich alle Merkmale des Gewerbebegriffs erfüllen, ist im Zweifel von der Gewerblichkeit auszugehen.[198] Eine gewisse Unsicherheit ist angesichts der Unmöglichkeit einer teleologisch fundierten Unterscheidung zwischen Gewerbe und Freien Berufen letztlich unvermeidlich.

44 **ee) Gemischte Betriebe.** Der freiberuflichen Tätigkeit völlig nachgeordnete und ihr letztlich nur **dienende Markttätigkeit** und eine dieser Tätigkeit nur **dienende betriebliche Organisation** stehen der Annahme eines Freien Berufes nicht entgegen. Ein Künstler, der seine Darbietungen gegen Honorar erbringt oder seine eigenen Werke verkauft, wird dadurch nach allgM ebenso wenig zum Gewerbetreibenden wie ein Wissenschaftler, der seine Forschungsergebnisse gegen Honorar publiziert oder ein Arzt, der eine Arztpraxis betreibt und sich dafür der erforderlichen medizinischen Einrichtungen und Hilfskräfte bedient.[199]

45 Der Übergang zu einer **„Mischtätigkeit"**, bei der freiberufliche und gewerbliche Elemente kombiniert werden, ist freilich fließend. Der BGH hat dazu schon 1961 ausgeführt: „Je stärker etwa der Arzt von der rein ärztlichen Tätigkeit zum Betriebe eines Sanatoriums, der Architekt von der entwerfenden Tätigkeit zum Betriebe eines technischen Büros, der Künstler vom Schaffen eines Einzelwerks zur Herstellung von Marktware übergeht, um so eher wird das Vorliegen eines Gewerbebetriebes bejaht."[200] Zur Abgrenzung empfiehlt es sich, zunächst zu prüfen, ob eine klare **Trennung** der verschiedenen Tätigkeitsbereiche, namentlich mit Blick auf die räumlich-organisatorische und betriebswirtschaftlich-buchhalterische Verselbständigung der Teilbereiche,[201] möglich ist (ein Wissenschaftler gründet ein Unternehmen zur kommerziellen Verwertung einer Erfindung, ein Opernsänger betreibt auch eine Musikschule, ein Rechtsanwalt auch ein privates Repetitorium usw).[202] Die Zulassung einer Rechtsanwalts-GmbH & Co. KG kommt nicht in Betracht, weil zu Bestimmung des Wesens der KG an den Betrieb eines Handelsgewerbes angeknüpft wird.[203]

46 Ist eine solche Trennung nicht möglich, so ist zu prüfen, welche Komponente im Vordergrund steht und den **Schwerpunkt der Tätigkeit** bildet[204] bzw. nach der Verkehrsanschauung das **Gesamtbild** des Unternehmens prägt.[205] Indiz für Gewerblichkeit kann das Vorhandensein kaufmännischer Einrichtungen und die Tätigkeit in größerer Organisation im Rahmen einer **„Anstalt"** (Krankenhaus, Privatschule, Theater, Forschungseinrichtung) sein.[206] Wie bei der allgemeinen Abgrenzung zwischen Gewerbe und Freien Berufen bleiben auch hier Unsicherheiten. Im Zweifel ist vom Vorliegen eines Gewerbebetriebs auszugehen (→ Rn. 43).[207]

---

[195] Methodisch ähnlich, aber von der viel schmaleren Gruppe der traditionell kammergebundenen und ihnen berufsrechtlich gleichgestellten Berufe (explizit nicht § 1 Abs. 2 PartGG) ausgehend auch MüKoHGB/K. Schmidt/Fleischer Rn. 35.

[196] Insoweit krit. MüKoHGB/K. Schmidt/Fleischer Rn. 35: akademische Ausbildung nicht ausschlaggebend.

[197] MüKoHGB/K. Schmidt/Fleischer Rn. 36; KKD/Roth/Stelmaszczyk Rn. 13a.

[198] BeckOK HGB/Schwartze, 47. Ed. 1.7.2025, Rn. 23.

[199] OLG Nürnberg 13.11.1972, NJW 1973, 1414 (1415) – Arztpraxis mit Hilfskräften; OLG Düsseldorf 10.12.1987, NJW 1988, 1519 – Gemeinschaftspraxis, dienende Aufgabe der Apparate und Hilfskräfte; FG Baden-Württemberg 12.2.2001, EFG 2001, 807 – Laborarzt handelsrechtlich Freiberufler trotz Gewerbes iSd Steuerrechts.

[200] BGH 7.7.1960, BGHZ 33, 321 (335) = NJW 1961, 725 (728) zu § 196 BGB aF.

[201] NK-HGB/Schall/J. Keßler Rn. 26.

[202] MüKoHGB/K. Schmidt/Fleischer Rn. 36 mwBsp; KKD/Roth/Stelmaszczyk Rn. 15.

[203] BGH 18.7.2011, NJW 2011, 3036.

[204] BayObLG 21.3.2002, NZG 2002, 718 = NJW-RR 2002, 968 (969); Canaris HandelsR § 2 Rn. 11; Staub/Oetker Rn. 33; MüKoHGB/K. Schmidt/Fleischer Rn. 36; KKD/Roth/Stelmaszczyk Rn. 15.

[205] Hopt/Merkt Rn. 20; so auch BGH 2.6.1999, NJW 1999, 2967 (2968) für die Abgrenzung zwischen Muss- und Sollkaufmann nach altem Recht.

[206] RGHMW/Ries Rn. 63 f.; KKD/Roth/Stelmaszczyk Rn. 15.

[207] Vgl. KKD/Roth/Stelmaszczyk Rn. 15: bei Ausübung in größerer Organisation.

47 Ein Gewerbebetrieb wurde in der **Rspr.** zB angenommen beim Betrieb eines Sanatoriums durch einen Arzt,[208] eines technischen Büros durch einen Architekten,[209] einer Serienproduktion von Marktwaren durch einen Künstler[210] sowie bei Krankenhäusern;[211] ggf. mit Ausnahme von Universitätskliniken.[212] In der **Lit.** zB auch bei Privatschulen,[213] Privattheatern,[214] Zirkusunternehmen, durch Musiker betriebenen Plattenfirmen, Laborbetrieben und Forschungseinrichtungen sowie ärztlich betriebenen Seniorenheimen.[215]

III. Handelsgewerbe (Abs. 2)

48 **1. Allgemeines.** Nach Abs. 2 ist – anders als vor der Handelsrechtsreform 1998 (→ Rn. 3 f.) – grundsätzlich jeder Gewerbebetrieb ein „Handelsgewerbe", es sei denn, dass das Unternehmen nach Art oder Umfang einen in kaufmännischer Weise eingerichteten Geschäftsbetrieb nicht erfordert. Wer ein Handelsgewerbe betreibt, ist nach Abs. 1 auch ohne Eintragung seiner Firma im Handelsregister Kaufmann (aber → Rn. 61 zu § 15 Abs. 1).

49 Die **Abgrenzung zwischen nichtkaufmännischem Kleingewerbe und Handelsgewerbe** („Vollgewerbe") iSv Abs. 1 erfolgt allein anhand der in Abs. 2 beschriebenen Kriterien.[216] Insbesondere kann, wie schon aus dem Wortlaut des Abs. 2 („jeder Gewerbebetrieb") folgt, aus dem Begriff des **„Handels"** keine Beschränkung auf bestimmte Geschäftsinhalte (etwa auf den Warenhandel) abgeleitet werden.[217] Der Begriff des **„Unternehmens"** wird in Abs. 2 als Synonym für die Begriffe „Handelsgewerbe", „Handelsgeschäft" (§§ 25 ff.)[218] bzw. „Gewerbebetrieb"[219] verwendet. Unternehmensträger ist der Kaufmann. Die in Abs. 2 aE beschriebenen Unterscheidungsmerkmale entsprechen wörtlich den früher in **§ 2 S. 1 aF und § 4 Abs. 1 aF** normierten Kriterien. Die zu diesen Normen ergangene Rspr. bleibt daher für die Auslegung des Abs. 2 relevant.[220] Die Abgrenzung ist trotzdem schwierig und unsicher. Die Rechtsunsicherheit wird durch die in Abs. 2 normierte Vermutungsregelung abgemildert (→ Rn. 60 ff.).

50 **2. Kaufmännische Einrichtungen. a) Begriff.** Abs. 2 stellt auf die Erforderlichkeit kaufmännischer Einrichtungen ab. Kaufmännische Einrichtungen sind Einrichtungen, die notwendig sind, **um ein kaufmännisches Unternehmen ordnungsgemäß zu überblicken und zu lenken** und auf die eine Privatperson oder ein Kleingewerbetreibender aufgrund der leichteren Überschaubarkeit seiner Geschäftsverhältnisse grundsätzlich verzichten kann.[221] Dazu zählen nach allgM die kaufmännische Buchführung, Inventarisierung und Rechnungslegung,[222] nach hM ua auch Firmenführung (§§ 17 ff.) samt Registerpublizität (§ 15) und kaufmännischer Stellvertretung, namentlich die Bestellung von Prokuristen (§§ 48 ff.).[223]

51 **b) Art und Umfang.** Ein Handelsgewerbe ist nach Abs. 2 nicht gegeben, wenn das Unternehmen nach Art oder Umfang einen in kaufmännischer Weise eingerichteten Geschäftsbetrieb nicht

---

[208] RG 21.10.1924, RGZ 109, 73 (75 f.); BGH 7.7.1960, BGHZ 33, 321 (335) = NJW 1961, 725 (728).

[209] BGH 7.7.1960, BGHZ 33, 321 (335) = NJW 1961, 725 (728) zu § 196 BGB aF; nach BGH 22.2.1979, WM 79, 559 (559) = BB 1979, 860 zu § 196 BGB aF: aber nur, wenn die Tätigkeiten über die typischen Berufsaufgaben eines Architekten hinausgehen.

[210] BGH 7.7.1960, BGHZ 33, 321 (335) = NJW 1961, 725 (728) zu § 196 BGB aF.

[211] OLG Düsseldorf 6.6.2003, NJW-RR 2003, 1120 (1120 f.); diff. MüKoHGB/K. Schmidt/Fleischer Rn. 36; RGHMW/Ries Rn. 64; **aA** Canaris HandelsR § 2 Rn. 11.

[212] OLG Köln 31.8.2021, BeckRS 2021, 53689 Rn. 35 gegen OLG Düsseldorf 6.6.2003, NJW-RR 2003, 1120 (1120 f.), welches die Krankenhaustätigkeit generell als gewerblich einordnet.

[213] MüKoHGB/K. Schmidt/Fleischer Rn. 34; RGHMW/Ries Rn. 63; Hopt/Merkt Rn. 20; zweifelnd Canaris HandelsR § 2 Rn. 12.

[214] RGHMW/Ries Rn. 63; Hopt/Merkt Rn. 20; zweifelnd Canaris HandelsR § 2 Rn. 12.

[215] RGHMW/Ries Rn. 63; BeckOGK/Servatius, 1.3.2025, Rn. 38.2; s. auch MüKoHGB/K. Schmidt/Fleischer Rn. 36; Hopt/Merkt Rn. 20.

[216] Dazu auch Kort DB 2019, 771.

[217] Vgl. KKD/Roth/Stelmaszczyk Rn. 2; Oetker HandelsR § 2 Rn. 23.

[218] MüKoHGB/K. Schmidt/Fleischer Rn. 19 mit Differenzierung in MüKoHGB/K. Schmidt/Fleischer Rn. 20 f.

[219] KKD/Roth/Kindler Einl. vor § 1 Rn. 13.

[220] RegE, BT-Drs. 13/8444, 24; Hopt/Merkt Rn. 22.

[221] Vgl. Canaris HandelsR § 2 Rn. 9; RGHMW/Ries Rn. 107; MüKoHGB/K. Schmidt/Fleischer Rn. 71, 73.

[222] Vgl. allerdings § 241a, unter dessen Voraussetzungen Einzelkaufleute von der Pflicht zur Buchführung und Inventarisierung befreit sind.

[223] Hopt/Merkt Rn. 23: auch kaufmännische Haftung; Ebenroth/Boujong/Kindler Rn. 46; KKD/Roth/Stelmaszczyk Rn. 43; Canaris HandelsR § 2 Rn. 9; **aA** MüKoHGB/K. Schmidt/Fleischer Rn. 74; BeckOGK/Servatius, 1.3.2025, Rn. 44.

erfordert, dh positiv formuliert: ein Handelsgewerbe liegt nur dann vor, wenn es nach Art *und* Umfang einen solchen Geschäftsbetrieb erfordert. Dabei sind die Kriterien Art und Umfang nicht immer trennscharf voneinander abzugrenzen.

52 Das Kriterium der **„Art"** bezieht sich auf **qualitative Merkmale** des Geschäftsbetriebs, zB auf die Art, Schwierigkeit und Komplexität des Unternehmensgegenstandes,[224] die Vielfalt der erbrachten Leistungen und Geschäftsbeziehungen, die Inanspruchnahme (oder Gewährung) von Kredit in maßgeblicher Höhe,[225] früher die Teilnahme am Wechselverkehr,[226] die aktive oder passive Teilnahme am Frachtverkehr,[227] Werbung[228] sowie die überregionale oder sogar internationale[229] und ggf. auch zeitliche[230] Ausdehnung der Tätigkeit und die sich aus der Komplexität dieser Vorgänge ergebende Erforderlichkeit einer doppelten Buchführung.[231]

53 Das Kriterium des **„Umfangs"** umfasst demgegenüber **quantitative Merkmale** der Geschäftstätigkeit, zB Umsatzvolumen,[232] Anzahl der Geschäftsvorfälle[233] bzw. der Geschäftspartner,[234] Anlage- und Betriebskapital,[235] Größe, Anzahl und Organisation der Betriebsstätten,[236] Anzahl der Mitarbeiter[237] und Produktionskapazität.[238]

54 **c) Erforderlichkeit.** Die kaufmännischen Einrichtungen müssen nach Abs. 2 lediglich erforderlich, dh nicht zwingend auch tatsächlich vorhanden sein. Das **Vorhandensein** solcher Einrichtungen kann ihre Erforderlichkeit indizieren.[239] Doch schließt der Befund, dass kaufmännische Einrichtungen tatsächlich fehlen, nach Normwortlaut („erfordert") und allgM die Annahme eines Handelsgewerbes nicht aus.[240]

55 Für die Beurteilung der Erforderlichkeit sind nicht die subjektiven Vorstellungen des Unternehmensträgers, sondern die **objektiven Umstände des Einzelfalles** ausschlaggebend.[241] Dabei kommt es nicht nur auf die Belange des Gewerbetreibenden selbst, sondern auch auf die Interessen derjenigen an, die mit ihm in Geschäftsbeziehungen treten.[242] Als Einstiegskriterium bietet sich der **Umsatz** an, da er vergleichsweise einfach zu ermitteln ist.[243] In der Lit. wurde insoweit vorgeschlagen, einen Jahresumsatz von 250.000 Euro[244] oder auch 500.000 Euro[245] als Indiz für das Vorliegen eines Handelsgewerbes zu werten. Die im Hinblick auf Art und Umfang des Unternehmens aufgeführten Einzelkriterien haben aber nur Beispielcharakter. Die Bedeutung der Einzelmerkmale ist aufgrund des steten Wandels des Unternehmensverkehrs flie-

[224] Kögel DB 1998, 1802 (1805 f.); Ebenroth/Boujong/Kindler Rn. 49.

[225] Vgl. BGH 28.4.1960, BB 1960, 917; Kögel DB 1998, 1802 (1806).

[226] BGH 28.4.1960, BB 1960, 917; Hopt/Merkt Rn. 23; krit. Kögel DB 1998, 1802 (1804). Kort DB 2019, 771 (773) weist zu Recht darauf hin, dass dieses Kriterium heute praktisch keine Rolle mehr spielt.

[227] RegE, BT-Drs. 13/8444, 48; Hopt/Merkt Rn. 23.

[228] Kort DB 2019, 771 (772); vgl. BeckOGK/Servatius, 1.3.2025, Rn. 43.

[229] RegE, BT-Drs. 13/8444, 48; OLG Dresden 26.4.2001, NJW-RR 2002, 33 (34).

[230] Vgl. Kort DB 2019, 771 (772); BeckOGK/Servatius, 1.3.2025, Rn. 43 (24-Stunden-Service spricht für Kaufmannseigenschaft der Art nach).

[231] Ebenroth/Boujong/Kindler Rn. 49; vgl. aber BeckOGK/Servatius, 1.3.2025, Rn. 44: freiwillige kaufmännischen Buchführung möge ein (schwaches) Indiz begründen, aber die Anordnung des Finanzamtes eine solche vorzunehmen, reiche für sich genommen nicht aus, um ein tragfähiges Indiz zu begründen; s. dazu auch Kort DB 2019, 771 (772).

[232] BGH 16.9.1981, NJW 1982, 577.

[233] Vgl. Kort DB 2019, 771 (772): mehrere Hundert sprechen für Kaufmannseigenschaft der Art nach.

[234] Kort DB 2019, 771 (774).

[235] RegE, BT-Drs. 13/8444, 48; BGH 28.4.1960, BB 1960, 917.

[236] RegE, BT-Drs. 13/8444, 48; Kögel DB 1998, 1802 (1806); vgl. Kort DB 2019, 771 (772), als Kriterium für „Art".

[237] RegE, BT-Drs. 13/8444, 48; OLG Dresden 26.4.2001, NJW-RR 2002, 33; BeckOK HGB/Schwartze, 47. Ed. 1.7.2025, Rn. 36; Kort DB 2019, 771 (774).

[238] OLG Dresden 26.4.2001, NJW-RR 2002, 33.

[239] BGH 28.4.1960, BB 1960, 917; Hopt/Merkt Rn. 23; MüKoHGB/K. Schmidt/Fleischer Rn. 75.

[240] Vgl. nur BGH 28.4.1960, BB 1960, 917; OLG Düsseldorf 6.6.2003, NJW-RR 2003, 1120 (1121).

[241] BGH 19.5.1960, BGHZ 32, 307 (311) = NJW 1960, 1664 (1665) zur OHG; Hopt/Merkt Rn. 23.

[242] OLG Düsseldorf 6.6.2003, NJW-RR 2003, 1120 (1121).

[243] Zur Umsatzorientierung insbes. der älteren Rspr. eingehend RGHMW/Ries Rn. 111 ff.

[244] Siems, Kaufmannsbegriff und Rechtsfortbildung, 2003, 58; KKD/Roth/Stelmaszczyk Rn. 45 vgl. OLG München 19.1.2022, NZG 2022, 604 Rn. 16; gegen eine gesetzliche Festlegung von Schwellenwerten aber explizit RegE, BT-Drs. 13/8444, 48; s. auch einerseits OLG Celle 16.11.1962, NJW 1963, 540 – 500.000 DM für sich genommen unzureichend; andererseits SächsFG 14.5.2014, BeckRS 2014, 95327 – Schlosserei/Schlüsseldienst mit knapp 250.000 Euro Jahresumsatz bedürfe kaufmännischer Einrichtungen und sei Handelsgewerbe iSd § 1 Abs. 2. Offizieller Wechselkurs: 1 Euro = 1,95583 DM.

[245] Ebenroth/Boujong/Kindler Rn. 52.

ßend.[246] So kann ein Unternehmen im „Informationszeitalter" handelsgewerblich sein, obwohl es aufgrund weitreichender Digitalisierung nur über sehr kleine Betriebsstätten verfügt,[247] es kann trotz sehr hoher Umsätze ohne kaufmännische Einrichtungen auskommen[248] oder umgekehrt trotz vergleichsweise geringer Umsätze solcher Einrichtungen bedürfen, weil diese Umsätze konzentriert in Spitzenzeiten erzielt werden.[249] Letztlich entscheidend ist das sich aus der umfassenden Würdigung aller Umstände des Einzelfalles ergebende **Gesamtbild** des konkreten Unternehmens.[250]

In zeitlicher Hinsicht sind grundsätzlich die **gegenwärtigen Verhältnisse** ausschlaggebend und nicht, wie sich das Unternehmen vielleicht später entwickeln könnte bzw. nach dem Willen seines Inhabers entwickeln soll. Allerdings gilt für das **Gründungsstadium** (einschließlich der Vorbereitungsgeschäfte) anderes, wenn das Unternehmen von Anfang an auf einen kaufmännischen Betrieb angelegt ist und die alsbaldige Entfaltung zu einem solchen Betrieb bevorsteht, dh „wenn eine solche Entwicklung der Anlage eines solchen Betriebes entspricht und genügend zuverlässige Anhaltspunkte dafür gegeben sind, dass das Unternehmen eine entsprechende Ausgestaltung und Einrichtung in Kürze erfahren wird".[251] Zum Herabsinken auf ein Kleingewerbe → Rn. 104. 56

Bei **Saisonbetrieben** (Strandbad, Eisdiele, Event-Veranstalter usw) ist die Erforderlichkeit kaufmännischer Einrichtungen für das ganze Geschäftsjahr zu bejahen, wenn solche Einrichtungen für die Saison bzw. für bestimmte Spitzenzeiten erforderlich sind.[252] 57

3. Kasuistik. Die überwiegend in den 60er und 70er Jahren durch Amts- und Landgerichte zu §§ 2 und 4 ergangene Rspr. ist sehr uneinheitlich und bietet kaum Orientierung.[253] Beispielsweise haben einige Gerichte das Betreiben einer Bundeswehrkantine mit 500.000 DM Umsatz[254] oder einer Fleischerei mit Vesperstube, sieben Beschäftigten und einem Umsatz von 630.000 DM[255] als kleingewerblich gewertet, andere dagegen das Betreiben einer Bundeswehrkantine mit ebenfalls 500.000 DM Umsatz[256] oder sogar einer Gaststätte mit max. vier Beschäftigten in der Hauptsaison und nur 160.000 DM Umsatz[257] als Handelsgewerbe angesehen. 58

Soweit ersichtlich sind **seit Inkrafttreten des HRRefG 1998** nur zwei obergerichtliche Entscheidungen zu § 1 Abs. 2 ergangen: Danach ist ein Unternehmen mit 500.000 bis 600.000 DM Jahresumsatz, dessen Tätigkeit aus einem geringfügigen (kontinuierlichen) Vermietungsgeschäft sowie einzelnen (kaufmännische Einrichtungen erfordernden) Großaufträgen für die Bühnenpräsentation besteht, handelsgewerblich,[258] während der Betreiber einer Döner-Bude mit 240.000 DM Jahresumsatz kein Kaufmann ist.[259] In einer weiteren Entscheidung wurde bei Betrieb von drei Gaststätten mit sieben Beschäftigten und 800.000 DM Jahresumsatz ein Gewerbe bejaht, ein Handelsgewerbe allerdings nur aufgrund der Vermutungsregelung des § 1 Abs. 2 angenommen.[260] 59

4. Beweislast. Um die durch die Neuregelung bewirkte Einbuße an Rechtssicherheit zu minimieren, wurde der Abs. 2 als Beweislastregel formuliert. Durch die negative „es sei denn"-Formulierung wird eine Vermutung für das Vorliegen eines Handelsgewerbes begründet, wenn ein Gewerbe iSv Abs. 1 vorliegt.[261] Daraus folgt, dass derjenige, der sich im Geschäfts- und Rechtsverkehr – 60

[246] Vgl. RegE, BT-Drs. 13/8444, 48; Kögel BB 1998, 1804 ff. mit Kritik an den überwiegend älterer Rspr. entstammenden Kriterien.

[247] OLG Dresden 26.4.2001, NJW-RR 2002, 33 (34); BeckOGK/Servatius, 1.3.2025, Rn. 46.

[248] OLG Celle 16.11.1962, NJW 1963, 540; Hopt/Merkt Rn. 23.

[249] OLG Dresden 26.4.2001, NJW-RR 2002, 33.

[250] RegE, BT-Drs. 13/8444, 48; BGH 28.4.1960, BB 1960, 917; OLG Düsseldorf 6.6.2003, NJW-RR 2003, 1120 (1121); OLG Dresden 26.4.2001, NJW-RR 2002, 33; OLG 19.1.2022 München NZG 2022, 604 Rn. 13; FG Sachsen 22.2.2024, BeckRS 2024, 21585; Hopt/Merkt Rn. 23; KKD/Roth/Stelmaszczyk Rn. 44.

[251] BGH 17.6.1953, BGHZ 10, 91 (96) = NJW 1953, 1217 (1218); 26.4.2004, NJW-Spezial 2004, 175 (176), beide zur OHG.

[252] OLG Schleswig 6.10.1964, BB 1965, 517; OLG Dresden 26.4.2001, NJW-RR 2002, 33 (34); RGHMW/Ries Rn. 118; Ebenroth/Boujong/Kindler Rn. 54.

[253] So zu Recht RGHMW/Ries Rn. 110 mit ausf. Darstellung dieser Rspr. in RGHMW/Ries Rn. 111 ff.; s. auch Hopt/Merkt Rn. 24 mwN aus den 30er und 40er Jahren.

[254] OLG Celle 16.11.1962, NJW 1963, 540. Offizieller Wechselkurs: 1 Euro = 1,95583 DM. Vgl. aber SächsFG 14.5.2014, BeckRS 2014, 95327, Schlosserei/Schlüsseldienst mit knapp 250.000 Euro Jahresumsatz bedürfe kaufmännischer Einrichtungen und sei Handelsgewerbe iSd § 1 Abs. 2.

[255] OLG Stuttgart 13.12.1966, BB-Beil. 10/1969, 2 f.

[256] LG Oldenburg 23.4.1969, BB-Beil. 10/1969, 3.

[257] AG Jever 17.2.1972, BB-Beil. 12/1975, 3.

[258] OLG Dresden 26.4.2001, NJW-RR 2002, 33.

[259] KG 21.10.2002, GE 2003, 118 = LSK 2002, 190411.

[260] OLG Karlsruhe 22.3.2002, NJOZ 2002, 1959 (1596).

[261] RegE, BT-Drs. 13/9444, 26 und 48; vgl. OLG München 19.1.2022 NZG 2022, 604 Rn. 17.

namentlich **im Zivilprozess** – darauf beruft, dass das Gewerbe nach Art oder Umfang keinen in kaufmännischer Weise eingerichteten Geschäftsbetrieb erfordere und daher kein Handelsgewerbe sei, dafür nach allgemeinen Regeln auch die Darlegungs- und Beweislast trägt.[262] Nach allgM gilt die Beweislastregel **zu Lasten des Gewerbetreibenden,** der sich unter Berufung auf Abs. 2 der Anwendung des Kaufmannsrechts entziehen möchte.[263] Nach zutreffender hM gilt nichts anderes **auch zu Lasten eines Dritten,** der die Kaufmannseigenschaft des Gewerbetreibenden bestreitet.[264]

61 Den berechtigten Interessen Dritter und des Rechtsverkehrs wird durch **§ 15 Abs. 1** hinreichend Rechnung getragen: Hat der Gewerbetreibende es pflichtwidrig unterlassen, die Eintragung seiner Firma iSv § 29 zu bewirken, so kann er einem Dritten nach § 15 Abs. 1 nicht entgegenhalten, Kaufmann zu sein, es sei denn, er weist nach, dass dem Dritten die Kaufmannseigenschaft iSv § 15 Abs. 1 bekannt war.[265] Für eine solche Kenntnis reicht es allerdings aus, dass der Kaufmann dem Dritten gegenüber ordnungsgemäß in seinen Geschäftsbriefen die Kaufmannseigenschaft offengelegt hat (§ 19 Abs. 1 Nr. 1, 3, § 37a Abs. 1).[266] Ist eine Eintragung erfolgt, so gilt der Gewerbetreibende jedenfalls nach §§ 2, 3 oder § 5 als Kaufmann.

62 Ob die Vermutung des Abs. 2 auch **im Registerverfahren** gilt, ist umstritten. Nach zutreffender Auffassung kommt Abs. 2 im Registerverfahren nur in modifizierter Form zur Anwendung: Mit Blick auf den für dieses Verfahren gem. § 26 FamFG geltenden **Amtsermittlungsgrundsatz** entfällt zwar die formelle Darlegungslast der Beteiligten. Doch erlangt Abs. 2 im Falle eines non liquet in Bezug auf die materielle Beweislast Bedeutung: Lässt sich nicht mit letzter Sicherheit feststellen, ob kaufmännische Einrichtungen erforderlich sind oder nicht, ist nach zu Recht hM gem. Abs. 2 davon auszugehen, dass ein Handelsgewerbe vorliegt.[267]

IV. Betreiben

63 Ob einer Person die Eigenschaft des Betreibers eines Handelsgewerbes (und damit eines Istkaufmanns) zukommt, ist **in zwei Schritten zu prüfen:** Zunächst ist festzustellen, ob die Person abstrakt für die Kaufmannseigenschaft in Betracht kommt, ob sie also überhaupt geeignet ist, ein Handelsunternehmen zu betreiben. Dann muss ermittelt werden, wer im konkreten Fall tatsächlich Betreiber des Unternehmens und damit handelsrechtliches Zurechnungssubjekt ist.[268]

64 **1. Abstrakte Eignung. a) Natürliche Personen. aa) Allgemeines.** Natürliche Personen als Kaufleute sind gleichsam das Leitbild des historischen HGB-Gesetzgebers. Sie kommen ohne Weiteres als Betreiber eines Handelsgewerbes und damit als Kaufleute in Betracht. Dies gilt selbstverständlich unabhängig von Geschlecht[269] und Familienstand (→ Rn. 81),[270] aber auch von Staatsangehörigkeit,[271] Geschäftsfähigkeit (→ Rn. 65 ff.),[272] Verfügungsbefugnis (→ Rn. 100),[273] Berufsausbildung[274] und öffentlich-rechtlicher Erlaubtheit der Tätigkeit (§ 7).[275] Aus der Tätigkeit oder Eintragung als Kaufmann kann daher auch nicht umgekehrt auf die gewerberechtliche Erlaubtheit oder auf die berufliche Qualifikation des Betreibers geschlossen werden (→ § 7 Rn. 4 ff.). Da der Kaufmann nicht persönlich tätig werden muss, können auch Personen Kaufleute sein, die (zB aufgrund Geschäftsunfähigkeit oder körperlicher Gebrechen oder wegen eines Gefängnisaufenthalts) nicht in der Lage sind, ihre Geschäfte selbst zu führen.[276]

---

[262] OLG Karlsruhe 22.3.2002, NJOZ 2002, 1959 (1596 f.).

[263] OLG München 19.1.2022 NZG 2022, 604 Rn. 17.

[264] RegE, BT-Drs. 13/9444, 48; MüKoHGB/K. Schmidt/Fleischer Rn. 81; KKD/Roth/Stelmaszczyk Rn. 46; Hopt/Merkt Rn. 25; Canaris HandelsR § 3 Rn. 11; **aA** Ebenroth/Boujong/Kindler Rn. 43; Lieb NJW 1999, 35 (36).

[265] RegE, BT-Drs. 13/9444, 48; MüKoHGB/K. Schmidt/Fleischer Rn. 83; RGHMW/Ries Rn. 121; Canaris HandelsR § 3 Rn. 11; Staub/Oetker Rn. 91, venire contra factum proprium; krit. Lieb NJW 1999, 35 (36); Kaiser JZ 1999, 495 (501).

[266] KKD/Roth/Stelmaszczyk Rn. 46; zweifelnd Lieb NJW 1999, 35 (36).

[267] MüKoHGB/K. Schmidt/Fleischer Rn. 81; Hopt/Merkt Rn. 25; **aA** Ebenroth/Boujong/Kindler Rn. 44; Schmitt, Die Rechtsstellung des Kleingewerbetreibenden nach dem Handelsrechtsreformgesetz, 2003, 67: keine Anwendung des Abs. 2 im Registerverfahren.

[268] Ebenroth/Boujong/Kindler Rn. 58; MüKoHGB/K. Schmidt/Fleischer Rn. 38.

[269] Schlegelberger/Hildebrandt/Steckhan Rn. 8; Staub/Oetker Rn. 57.

[270] Heymann/Förster Rn. 54; Staub/Oetker Rn. 57.

[271] Schlegelberger/Hildebrandt/Steckhan Rn. 8; Ebenroth/Boujong/Kindler Rn. 60.

[272] Heymann/Förster Rn. 55; MüKoHGB/K. Schmidt/Fleischer Rn. 39 f.; Hopt/Merkt Rn. 32; Ebenroth/Boujong/Kindler Rn. 61.

[273] Ebenroth/Boujong/Kindler Rn. 60.

[274] Brox/Henssler HandelsR Rn. 37; Ebenroth/Boujong/Kindler Rn. 60.

[275] MüKoHGB/K. Schmidt/Fleischer Rn. 39, 42; Ebenroth/Boujong/Kindler Rn. 60.

[276] MüKoHGB/K. Schmidt/Fleischer Rn. 39.

65 **bb) Minderjährige und Betreute.** Minderjährige, die aufgrund ihres Alters geschäftsunfähig (unter 7 Jahre, §§ 1, 104 Nr. 1 BGB) oder in ihrer Geschäftsfähigkeit beschränkt sind (7–17 Jahre, §§ 1, 2, 106 BGB) können ebenso wie Geschäftsunfähige iSd § 104 Nr. 2 BGB und Betreute (§§ 1814, 1823 BGB) grundsätzlich ein Handelsgewerbe betreiben und Kaufleute sein.[277] Allerdings sind insoweit zahlreiche Schutzvorschriften zu beachten (namentlich die §§ 106 ff., 112, 1629, 1629a, 1643, 1795, 1799, 1848 ff. BGB). Nach § 24 Abs. 1 HRV wird bei natürlichen Personen auch das **Geburtsdatum im Handelsregister** eingetragen und eine eventuelle Minderjährigkeit des Betreibers auf diese Weise transparent gemacht.

66 **(1) Vertretergeschäfte.** Bei Aufnahme eines **neuen Erwerbsgeschäfts** durch einen Minderjährigen oder eine betreute Person besteht nach §§ 1645, 1847 BGB eine Anzeigepflicht beim Familien- bzw. Betreuungsgericht. Die Frage, ob diese Vorschriften mit Blick auf das Haftungsrisiko für den Minderjährigen auf die **Fortführung** eines ererbten Handelsgeschäfts durch die gesetzlichen Vertreter entsprechend anwendbar sind,[278] hat mit Einführung der Haftungsbegrenzungsregelung des § 1629a BGB (→ Rn. 69) an Relevanz verloren. Davon abgesehen handelt es sich bei §§ 1645, 1847 BGB ohnehin um bloße Anzeigepflichten, deren Nichtbeachtung der Geschäftsaufnahme und dem Erwerb der Kaufmannseigenschaft ebenso wenig im Wege steht wie der Eintragung in das Handelsregister. Eine Genehmigungspflicht besteht nach § 1643 Abs. 1 BGB, § 1852 Nr. 1 BGB dagegen für den **Erwerb** (oder die Veräußerung) eines Handelsgeschäfts. Bis zur Erteilung dieser Genehmigung ist der Erwerb (bzw. die Veräußerung) des Handelsgeschäfts (dh der Unternehmenskauf als solcher) schwebend unwirksam.[279]

67 Die im Geschäftsbetrieb im Rahmen von **Einzelgeschäften** (zB An- oder Verkauf von Waren) eingegangenen Verpflichtungen sind grundsätzlich wirksam, auch wenn der Erwerb des Handelsgeschäfts noch schwebend unwirksam ist.[280] Bestimmte Einzelgeschäfte unterliegen allerdings selbst einer Genehmigungspflicht (§§ 1643, 1848 ff. BGB). Zu diesen Einzelgeschäften zählt nach § 1852 Nr. 3 BGB auch die Erteilung von **Prokura,** obwohl der Prokurist aufgrund des gesetzlich festgelegten Umfangs seiner Vertretungsmacht weitergehende Befugnisse hat als der gesetzliche Vertreter, der die Prokura erteilt.[281] Von dieser Besonderheit kann auch der gesetzliche Vertreter profitieren, indem er sich durch einen vom Gericht bestellten Ergänzungspfleger (neben seiner gesetzlichen Vertretungsmacht) Prokura erteilen lässt.[282]

68 **(2) Geschäfte des Minderjährigen.** Ein Geschäftsunfähiger kann selbst keine wirksamen Geschäfte abschließen (§§ 104, 105 BGB). Handelt ein nach §§ 1, 2, 106 BGB beschränkt geschäftsfähiger Minderjähriger selbst, so bestimmt sich die Wirksamkeit der Geschäfte nach §§ 106 ff. BGB, dh sie setzt eine vorherige Zustimmung oder nachträgliche Genehmigung durch die gesetzlichen Vertreter voraus. Nach **§ 112 BGB** können die gesetzlichen Vertreter den Minderjährigen mit Genehmigung des Familiengerichts auch zum selbständigen Betrieb eines Erwerbsgeschäfts ermächtigen. Der Minderjährige ist dann grundsätzlich für alle Rechtsgeschäfte unbeschränkt geschäftsfähig, die der Geschäftsbetrieb mit sich bringt (§ 112 Abs. 1 S. 1 BGB). Ausgenommen sind allerdings Rechtsgeschäfte, zu denen auch die gesetzlichen Vertreter einer familiengerichtlichen Genehmigung bedürfen (§ 112 Abs. 1 S. 2 BGB; → Rn. 65 f.). Betreibt der Minderjährige ohne die Ermächtigung nach § 112 BGB ein Handelsgewerbe, so ist er nach **hM** kein Kaufmann.[283] Mit Blick darauf, dass die Wirksamkeit der abgeschlossenen Geschäfte keine Voraussetzung für das Vorliegen eines Gewerbes ist (→ Rn. 27),[284] erscheint es aber konsequenter, die Kaufmannseigenschaft zu bejahen,[285] zumal dem Minderjährigenschutz durch die (schwebende) Unwirksamkeit der Geschäfte nach §§ 106 ff. BGB genügt ist.

69 **(3) Schutz durch § 1629a BGB.** Minderjährige werden auch durch § 1629a BGB geschützt.[286] Nach § 1629a Abs. 1 S. 1 BGB iVm § 1629a Abs. 4 S. 1 Hs. 2 BGB ist die Haftung für durch

---

[277] Hopt/Merkt Rn. 32; Ebenroth/Boujong/Kindler Rn. 61; NK-HGB/Schall/J. Keßler Rn. 48.

[278] Vgl. Hopt/Merkt Rn. 32.

[279] Ebenroth/Boujong/Kindler Rn. 64.

[280] OLG Hamburg 4.6.1913, OLGZ 30, 150; Hopt/Merkt Rn. 32; Ebenroth/Boujong/Kindler Rn. 64.

[281] Staub/Brüggemann, 4. Aufl. 1995, Vor § 1 Rn. 22.

[282] Ebenroth/Boujong/Kindler Rn. 65; s. auch RG 10.1.1923, RGZ 106, 185 (186), Anerkennung der Möglichkeit des Bestehens der Prokura neben der gesetzlichen Vertretungsmacht.

[283] BayObLG 16.3.1972, BayObLGZ 22, 106 (108); Hopt/Merkt Rn. 33; Ebenroth/Boujong/Kindler Rn. 66; BeckOK HGB/Schwartze, 47. Ed. 1.7.2025, Rn. 39.

[284] So auch Hopt/Merkt Rn. 33.

[285] MüKoHGB/K. Schmidt/Fleischer Rn. 40.

[286] Die frühere Rechtslage war insoweit verfassungswidrig, als sie die unbegrenzte Verpflichtung Minderjähriger durch ihre gesetzlichen Vertreter ermöglichte, s. BVerfG 13.5.1986, BVerfGE 72, 155 = NJW 1986, 1859.

gesetzliche Vertreter eingegangene bzw. gem. §§ 107, 108 oder 111 BGB mit deren Zustimmung durch den Minderjährigen selbst begründete Verbindlichkeiten auf den Bestand des bei Eintritt der Volljährigkeit vorhandenen Vermögens des Kindes beschränkt, wenn der volljährig gewordene Inhaber das Handelsgeschäft binnen dreier Monate nach Eintritt der Volljährigkeit einstellt. Dies gilt allerdings nach § 1629a Abs. 2 BGB nicht für Verbindlichkeiten aus dem selbständigen Betrieb eines Erwerbsgeschäfts durch den hierzu nach § 112 BGB ermächtigten Minderjährigen selbst.[287]

70 **b) Juristische Personen.** Wie natürliche Personen können auch juristische Personen des privaten wie öffentlichen Rechts Kaufleute sein. Bei den **Formkaufleuten** folgt die Kaufmannseigenschaft unabhängig vom Betrieb eines Gewerbes aus ihrer Rechtsform (→ § 6 Rn. 19).[288] Andere **juristische Personen iSd § 33** (→ § 6 Rn. 12) sind dagegen nur Kaufleute, wenn sie ein Handelsgewerbe betreiben. Gleiches gilt für **Vorgesellschaften** (→ § 6 Rn. 9 f.). **Konzerne** (§ 18 AktG) sind keine eigenständigen Rechtssubjekte und können daher auch nicht Kaufleute sein (→ Rn. 91).[289] Zum VVaG → § 6 Rn. 14.

71 Daraus, dass eine juristische Person ein Handelsgewerbe betreiben kann, folgt – wie bei natürlichen Personen – noch nicht, dass sie es auch betreiben darf. Insoweit können Vorschriften des öffentlichen Rechts (zB Gewerberecht oder kommunalrechtliche Vorschriften) wie des privaten Rechts (zB Vereins- oder Stiftungsrecht) der gewerblichen Tätigkeit Grenzen setzen.[290]

72 **Kapitalgesellschaften ausländischen Rechts** sind nach Maßgabe der EuGH-Entscheidung „Überseering" auch in Deutschland als solche (und nicht nur als Personengesellschaften)[291] anzuerkennen (→ § 6 Rn. 3).[292] Sie sind damit grundsätzlich auch geeignet, Träger eines kaufmännischen Unternehmens zu sein.[293]

73 **c) Gesamthandsgemeinschaften.** Auch teilrechtsfähige Gesamthandsgemeinschaften können grundsätzlich Kaufleute sein. Insoweit ist allerdings zwischen den vielfältigen Erscheinungsformen zu differenzieren, von denen einige (zB OHG und KG) definitionsgemäß Handelsgesellschaften sind (→ § 6 Rn. 2 ff.), während es für andere gerade kennzeichnend ist, dass sie kein Handelsgewerbe betreiben (zB GbR und Partnerschaft). **Personengesellschaften ausländischen Rechts** können Gesellschaften deutschen Rechts gleichgestellt werden, wenn sie ihnen strukturell gleichwertig sind (→ § 6 Rn. 3).

74 **aa) OHG und KG.** OHG und KG können nach § 105 Abs. 2 Trägerinnen von Rechten und Pflichten sein, sind also rechtsfähig. Sie sind nach § 105 Abs. 1, § 161 Abs. 1 Handelsgesellschaften und als solche nach § 6 Abs. 1 Kaufleute (→ § 6 Rn. 2, → § 6 Rn. 4),[294] aber keine Formkaufleute, sondern Kaufleute kraft Eintragung bzw. kraft Teilnahme am Rechtsverkehr (→ § 6 Rn. 21). Zur Kaufmannseigenschaft ihrer Gesellschafter → Rn. 89 f.

75 **bb) GbR.** Gesellschaften bürgerlichen Rechts sind definitionsgemäß keine Kaufleute. Zwar kann auch die GbR gem. § 705 Abs. 2 BGB als rechtsfähige Gesellschaft gegründet werden.[295] Doch folgt aus § 105 Abs. 1, § 161 Abs. 1, dass eine Personengesellschaft, die auf den Betrieb eines Handelsgewerbes gerichtet ist, kraft Gesetzes selbst dann eine OHG oder KG ist, wenn die Gründer eine GbR gründen wollten und ihre Gesellschaft fälschlich als solche bezeichnen. Kleingewerblichen[296] oder vermögensverwaltenden GbR steht nach § 107 Abs. 1 S. 1, § 161 Abs. 2 als Kannkaufleuten die Möglichkeit offen, sich eine Firma zu geben, diese in das Handelsregister eintragen zu lassen und mit Vollzug der Eintragung (ex nunc) zur OHG bzw. KG zu werden (→ § 6 Rn. 6). Entsprechendes gilt nach § 107 Abs. 1 S. 2 für Freiberuflergesellschaften, soweit das anwendbare Berufsrecht die Eintragung als OHG oder KG zulässt.

---

[287] Krit. Muscheler WM 1998, 2271 (2282 f.).

[288] AG: § 3 AktG, KGaA: §§ 3, 278 Abs. 3 AktG, SE: Art. 9 Abs. 1 lit. c Ziff. ii SE-VO iVm § 3 AktG, GmbH: § 13 Abs. 3 GmbHG, eG: § 17 Abs. 2 GenG, SCE: Art. 8 Abs. 1 lit. c Ziff. ii SCE-VO iVm § 17 Abs. 2 GenG.

[289] K. Schmidt HandelsR § 4 Rn. 19; MüKoHGB/K. Schmidt/Fleischer Rn. 44; Hopt/Merkt Rn. 31.

[290] Dazu RGHMW/Ries Rn. 74; Ebenroth/Boujong/Kindler Rn. 68; MüKoHGB/K. Schmidt/Fleischer Rn. 43.

[291] So noch BGH 1.7.2002, BGHZ 151, 204 = NJW 2002, 3539 – Kanalinsel-Entscheidung.

[292] EuGH 5.11.2002, ECLI:EU:C:2002:632 – Überseering.

[293] MüKoHGB/K. Schmidt/Fleischer Rn. 41.

[294] Vgl. auch K. Schmidt JZ 73, 299 ff.

[295] Die (Teil)Rechtsfähigkeit der GbR war schon vor Inkrafttreten des MoPeG richterrechtlich anerkannt, grdl. insoweit BGH 29.1.2001, BGHZ 146, 341 = NJW 2001, 1056; s. auch § 11 Abs. 2 Nr. 1 InsO.

[296] Vgl. dazu NdsOVG 31.7.2008, GewArch 2009, 32, GbR trotz Teilrechtsfähigkeit nicht Gewerbetreibende iSd GewO.

cc) Stille Gesellschaft. Die stille Gesellschaft ist gem. § 230 Abs. 1 eine Innengesellschaft bürgerlichen Rechts ohne Gesamthandsvermögen und damit selbst kein Kaufmann. Betreiber des Handelsgewerbes und Kaufmann ist nur „der andere", an dessen Handelsgewerbe sich der stille Gesellschafter nach Maßgabe der §§ 230 ff. beteiligt, ohne dadurch selbst zum Kaufmann zu werden.[297] 76

dd) Partnerschaftsgesellschaft. Die Partnerschaftsgesellschaft übt nach § 1 Abs. 1 S. 2 PartGG kein Handelsgewerbe aus. Sie ist damit definitionsgemäß kein Kaufmann.[298] Seit Inkrafttreten des MoPeG kann nach § 107 Abs. 1 S. 2 eine Gesellschaft, deren Zweck die gemeinsame Ausübung Freier Berufe durch ihre Gesellschafter ist, auch als OHG (oder KG) eingetragen werden, wenn die Gesellschafter sich dafür entscheiden und soweit das anwendbare Berufsrecht die Eintragung zulässt. 77

ee) EWIV. Die Europäische Wirtschaftliche Interessenvereinigung (EWIV) gilt nach § 1 EWIVAG als Handelsgesellschaft, obwohl sie nicht auf den Betrieb eines Handelsgewerbes gerichtet ist. Sie ist mithin unabhängig von ihrem Gegenstand und vom Zuschnitt der ausgeübten Tätigkeit Formkaufmann (→ § 6 Rn. 20). 78

ff) Partenreederei. Wird von mehreren Personen ein ihnen gemeinschaftlich zustehendes Schiff zum Erwerb durch die Seefahrt für gemeinschaftliche Rechnung verwendet, so bestand nach § 489 Abs. 1 aF eine sog. Partenreederei. Die Partenreederei wurde zwar nicht mehr als bloße Bruchteilsgemeinschaft, sondern als Gesamthandsgemeinschaft angesehen. Doch wurde ihr insbesondere mit Blick auf § 489 Abs. 2 aF, der ihr die Handelsgesellschaften als aliud gegenüberstellt, die Fähigkeit abgesprochen, Kaufmann zu sein und sich in das Handelsregister eintragen zu lassen (str.).[299] Diese Rechtsform wurde mit dem Gesetz zur Reform des Seehandelsrechts abgeschafft.[300] 79

gg) Nicht eingetragener Verein. § 54 Abs. 1 S. 2 BGB verweist hinsichtlich der Rechtsverhältnisse des nicht eingetragenen, auf einen wirtschaftlichen Zweck gerichteten Vereins ohne Rechtspersönlichkeit auf das Recht der GbR (§§ 705 ff. BGB). Mit Blick auf die Anerkennung der Rechtsfähigkeit der GbR[301] lässt sich daraus einerseits ableiten, dass ein solcher Verein zumindest teilrechtsfähig ist (vgl. auch § 11 Abs. 1 S. 2 InsO). Andererseits haften die Mitglieder eines solchen Vereins nicht persönlich für dessen Verbindlichkeiten.[302] Im Übrigen unterliegt der nicht eingetragene wirtschaftliche Verein in der Praxis im Wesentlichen dem Vereinsrecht des BGB.[303] Dass der nicht eingetragene wirtschaftliche Verein Kaufmann sein kann, wird teils verneint,[304] teils eine handelsgewerbliche Tätigkeit für möglich gehalten, mit der Folge, dass sich der Verein in eine OHG oder KG verwandelt und dann als solche (und nicht als Verein) Kaufmann ist,[305] es sei denn, dass das vereinsrechtliche Nebenzweckprivileg eingreift.[306] 80

hh) Gütergemeinschaft. Ehegatten, die den Güterstand der Gütergemeinschaft (§§ 1415 ff. BGB) gewählt haben, können ein Handelsgeschäft, das zum Gesamtgut gehört, gemeinschaftlich betreiben, ohne gezwungen zu sein, dafür eine Handelsgesellschaft zu errichten[307] (was ihnen natürlich unbenommen bleibt).[308] Unternehmensträger ist nach zu Recht hM allerdings in Ermangelung organisatorischer Verselbständigung nicht die Gütergemeinschaft.[309] Vielmehr sind bei gemeinschaftlicher Verwaltung beide Eheleute Kaufleute; sie sind als Eheleute (mit oder ohne Zusatz „in Güterge- 81

---

[297] MüKoHGB/K. Schmidt/Fleischer Rn. 52; Ebenroth/Boujong/Kindler Rn. 82.

[298] Vgl. MüKoHGB/K. Schmidt/Fleischer Rn. 37, Partnerschaftsgesellschaft ist „negativer Formkaufmann".

[299] MHdB GesR I/Bote § 87 Rn. 30; Ebenroth/Boujong/Kindler Rn. 75; diff. Staub/Oetker Rn. 73 f.: Partenreederei Betreiberin des Gewerbes, aber keine Handelsgesellschaft, trotzdem analoge Anwendung einzelner, für Kaufleute geltender Vorschriften; **aA** – für die Eintragungsfähigkeit – MüKoHGB/K. Schmidt/Fleischer Rn. 51; Schlegelberger/Hildebrandt/Steckhan Rn. 5.

[300] S. RegE, BR-Drs. 310/12; für Partenreedereien, die vor dem Tag des Inkrafttretens des Reformgesetzes entstanden sind, bleiben nach Art. 70 Seehandelsrechtsreformgesetz die §§ 489–509 in der bis zu diesem Tag geltenden Fassung maßgebend.

[301] Grdl. BGH 29.1.2001, BGHZ 146, 341 = NJW 2001, 1056.

[302] BGH 30.6.2003, NJW-RR 2003, 1265; 11.7.1968, BGHZ 50, 326 (329) = NJW 1968, 1830.

[303] BGH 11.7.1968, BGHZ 50, 325 (329) = NJW 1968, 1830.

[304] Schlegelberger/Hildebrandt/Steckhan Rn. 5; GK-HGB/Ensthaler Rn. 20.

[305] K. Schmidt JZ 1973, 299 (301); Heymann/Förster Rn. 62; Ebenroth/Boujong/Kindler Rn. 74; BeckOK HGB/Schwartze, 47. Ed. 1.7.2025, Rn. 44.

[306] K. Schmidt JZ 1973, 299 (301); MüKoHGB/K. Schmidt/Fleischer Rn. 48.

[307] BayObLG 25.7.1991, NJW-RR 1992, 33; Hopt/Merkt Rn. 48; MüKoHGB/K. Schmidt/Fleischer Rn. 53; Heymann/Förster Rn. 63; Ebenroth/Boujong/Kindler Rn. 76.

[308] Zu den Voraussetzungen für eine Gesellschaftsgründung BGH 10.7.1975, BGHZ 65, 79 = NJW 1975, 1774.

[309] Staub/Oetker Rn. 75.

meinschaft") in das Handelsregister einzutragen.[310] Bei alleiniger Geschäftsführung durch einen Ehegatten ist nur dieser Kaufmann und allein in das Handelsregister einzutragen.[311]

82 **ii) Erbengemeinschaft.** Eine Erbengemeinschaft (§§ 2032 ff. BGB) ist nicht rechtsfähig.[312] Trotzdem können mehrere Erben ein ererbtes Handelsgeschäft ohne Auseinandersetzung nach § 2042 BGB in ungeteilter Erbengemeinschaft fortführen, ohne die Erbengemeinschaft in eine Handelsgesellschaft umwandeln zu müssen, geschweige denn, dies konkludent durch bloße Fortführung des Handelsgewerbes zu tun.[313] Neugründung oder Hinzuerwerb eines Unternehmens durch eine Erbengemeinschaft sind dagegen nicht möglich.[314] Die Erben werden „in Erbengemeinschaft" bzw. „in Miterbengemeinschaft" in das Handelsregister eingetragen.[315] Sie haften nach Maßgabe des § 27 persönlich für geschäftliche Altschulden des Erblassers.[316] Umstritten ist, ob die Erbengemeinschaft als solche Kaufmann ist[317] oder ob – so die hM – die einzelnen Erben (in gesamthänderischer Verbundenheit) Inhaber des Unternehmens und Kaufleute sind.[318] Für die hM spricht die fehlende Rechtspersönlichkeit und unzureichende Organisation der Erbengemeinschaft. Zum Schutz Minderjähriger bei Fortführung eines ererbten Handelsgeschäfts → Rn. 66 und → Rn. 69.[319] Zur Kaufmannseigenschaft des Erben allgemein → Rn. 112. Zur Kaufmannseigenschaft des Testamentsvollstreckers → Rn. 94 ff.

83 **jj) Wohnungseigentümergemeinschaft.** Wohnungseigentümergemeinschaften sind zwar rechtsfähig (§ 9a Abs. 1 S. 1 WEG), aber regelmäßig keine Kaufleute.[320] Anderes kann gelten, wenn die Wohnungseigentümergemeinschaft eine wirtschaftliche Aktivität entfaltet, die als Gewerbe zu qualifizieren ist und nach Art und Umfang kaufmännische Einrichtungen erfordert.[321]

84 **d) Öffentliche Hand.** Die Befreiung von Eigen- und Regiebetrieben der öffentlichen Hand von der Anmeldepflicht durch § 36 aF wurde durch das HRRefG 1998 ersatzlos gestrichen. Öffentliche Unternehmen können grundsätzlich Kaufleute sein. Gleiches gilt – bezogen auf die gewerblichen Tätigkeiten ihrer Eigen- oder Regiebetriebe – für Gebietskörperschaften (Staaten, Gemeinden). Ob und inwieweit die öffentliche Hand bzw. ihre Unternehmen als Gewerbetreibende anzusehen sind, beurteilt sich nach allgemeinen Grundsätzen (→ Rn. 30 ff.).[322]

85 **2. Konkrete Zurechnung. a) Allgemeines.** Kaufmann ist nach Abs. 1, „wer ein Handelsgewerbe betreibt", dh der Inhaber (Unternehmensträger), in dessen Namen das Gewerbe nach außen betrieben wird, in dessen Person deshalb die unternehmerischen Rechte und Pflichten entstehen[323] und der deshalb für die Verbindlichkeiten nach außen haftet.[324] Nicht ausschlaggebend ist demgegenüber, wer das Unternehmen in leitender Funktion (aber nicht im eigenen Namen) tatsächlich führt,[325] für wessen Rechnung das Unternehmen geführt wird[326] oder wer Eigentümer der Betriebsmittel ist.[327]

---

310 BayObLG 25.7.1991, NJW-RR 1992, 33.

311 Hopt/Merkt Rn. 48; Heymann/Förster Rn. 67; MüKoHGB/K. Schmidt/Fleischer Rn. 53.

312 BGH 17.10.2006, NJW 2006, 3715; 11.9.2002, NJW 2002, 3389.

313 BGH 8.10.1984, BGHZ 92, 259 = NJW 1985, 136; **aA** unter Hinweis auf § 27 Abs. 2 Fischer ZHR 144 (1980), 1.

314 Hopt/Merkt Rn. 37; MüKoHGB/K. Schmidt/Fleischer Rn. 54.

315 Hopt/Merkt Rn. 37; MüKoHGB/K. Schmidt/Fleischer Rn. 54.

316 BGH 8.10.1984, BGHZ 92, 259 = NJW 1985, 136; Heymann/Förster Rn. 74; MüKoHGB/K. Schmidt/Fleischer Rn. 54.

317 MüKoHGB/K. Schmidt/Fleischer Rn. 54.

318 RG 26.3.1931, RGZ 132, 138 (142); RGHMW/Ries Rn. 86; Schlegelberger/Hildebrandt/Steckhan Rn. 5; Ebenroth/Boujong/Kindler Rn. 77; Hopt/Merkt Rn. 37; KKD/Roth/Stelmaszczyk Rn. 22; GK-HGB/Ensthaler Rn. 20.

319 Insoweit kann das Urteil BGH 8.10.1984, BGHZ 92, 259 = NJW 1985, 136 aufgrund der Entscheidung BVerfG 13.5.1986, BVerfGE 72, 155 = NJW 1986, 1859 keine Gültigkeit mehr beanspruchen.

320 OLG Celle 22.12.2021 BeckRS 2021, 47918 Rn. 6; MüKoHGB/K. Schmidt/Fleischer Rn. 55; BeckOK HGB/Schwartze, 47. Ed. 1.7.2025, Rn. 44.

321 Staub/Oetker Rn. 77.

322 Dazu auch KKD/Roth/Stelmaszczyk Rn. 30 ff.; Canaris HandelsR § 3 Rn. 37 ff.

323 KG 19.7.1965, OLGZ 1965, 315 (317); 24.11.1938, JW 1939, 293; Staub/Oetker Rn. 53; MüKoHGB/K. Schmidt/Fleischer Rn. 38; RGHMW/Ries Rn. 73; BeckOGK/Servatius, 1.3.2025, Rn. 55.

324 RG 5.1.1935, RGSt 69, 65 (68) = JW 1935, 947; Ebenroth/Boujong/Kindler Rn. 78; MüKoHGB/K. Schmidt/Fleischer Rn. 56 f.

325 RGHMW/Ries Rn. 73; Ebenroth/Boujong/Kindler Rn. 78; Canaris HandelsR § 2 Rn. 18.

326 KKD/Roth/Stelmaszczyk Rn. 17; Ebenroth/Boujong/Kindler Rn. 84.

327 KKD/Roth/Stelmaszczyk Rn. 17; Ebenroth/Boujong/Kindler Rn. 83.

b) Pächter, Nießbraucher. Es ist gleichgültig, wem die Betriebsmittel zu Eigentum gehören (→ Rn. 85). Daher ist auch ein Pächter, der ein in fremdem Eigentum stehendes handelsgewerbliches Unternehmen im eigenen Namen (fort)führt, Kaufmann.[328] Gleiches gilt für einen Nießbraucher, wenn der Nießbraucher nach außen als Unternehmensinhaber tätig wird und ihm nicht lediglich ein Nießbrauch am Ertrag eingeräumt ist.[329] Zur Unternehmensfortführung → Rn. 112. 86

c) Vertriebssystembeteiligte. Die Einbindung in ein fremdes Vertriebssystem als Vertragshändler, Franchisenehmer,[330] Kommissionsagent oder Handelsvertreter steht der Einordnung als Betreiber eines eigenen Handelsgewerbes (und damit als Istkaufmann) nicht im Wege, solange der Betreffende im eigenen Namen tätig wird.[331] Der **Handelsvertreter** vermittelt bzw. schließt zwar Verträge im Namen seines Auftraggebers. Doch erbringt er genau dadurch dem Auftraggeber gegenüber im Rahmen seines Agenturgewerbes selbständige gewerbliche Leistungen im eigenen Namen und ist daher – unbeschadet des § 84 Abs. 2 – Kaufmann.[332] 87

d) Stellvertreter, Organe. Kaufmann ist nur derjenige, in dessen Namen die Geschäfte nach außen betrieben werden (→ Rn. 85). Daher werden Personen, die lediglich als Stellvertreter eines anderen ein Handelsgeschäft führen, dadurch nicht zu Kaufleuten, auch wenn sie de facto alle wesentlichen Entscheidungen treffen. Dies gilt für **rechtsgeschäftliche** (leitende Angestellte als **Prokuristen** oder Handlungsbevollmächtigte) ebenso wie für **organschaftliche** (zB **Vorstand,**[333] GmbH-Geschäftsführer)[334] und **gesetzliche** Vertreter (→ Rn. 65 ff., → Rn. 93).[335] Kaufmann ist grundsätzlich nur der Vertretene. 88

e) Gesellschafter. Während § 6 Abs. 1 klarstellt, dass das Kaufmannsrecht auch auf Handelsgesellschaften als solche Anwendung findet, diese also selbst Kaufleute sind (→ § 6 Rn. 1 ff.), ist die Kaufmannseigenschaft ihrer Gesellschafter umstritten. Nach ganz hM lässt sich allein aus der Gesellschafterstellung nicht auf eine Kaufmannseigenschaft von **Kommanditisten** einer KG schließen (→ § 161 Rn. 21).[336] Gleiches gilt für **Gesellschafter von Kapitalgesellschaften,** und zwar sogar dann, wenn es sich bei ihnen um Alleingesellschafter und Alleingeschäftsführer handelt.[337] Bei der **stillen Gesellschaft** sind weder die Gesellschaft selbst noch „der Stille" Kaufleute, sondern nur der allein nach außen auftretende „andere" Gesellschafter (→ Rn. 76). 89

Dagegen werden **OHG-Gesellschafter** und **Komplementäre** einer KG von der **hM** als Kaufleute angesehen, da sie als Mitunternehmer (§ 15 EStG) die Geschäfte der Gesellschaft betrieben und nach § 126 letztlich das Unternehmensrisiko trügen.[338] Dies wird in der Lit. seit geraumer Zeit zu Recht kritisiert (→ § 161 Rn. 17).[339] Teilweise wird eine nach dem Zweck der einzelnen anzuwendenden Normen differenzierte Betrachtung vorgeschlagen.[340] Eine solche Sichtweise mag sich im Zusammenhang mit der Frage nach einer analogen Anwendbarkeit kaufmannsrechtlicher Normen auf Nichtkaufleute anbieten (→ Rn. 113 ff., insbesondere → Rn. 117). Über die Kaufmannseigenschaft der Gesellschafter sollte aber eindeutig – und zwar im negativen Sinne – entschie- 90

---

[328] BGH 16.1.1984, NJW 1984, 1186; OLG Köln 29.10.1962, NJW 1963, 541; MüKoHGB/K. Schmidt/Fleischer Rn. 57; Ebenroth/Boujong/Kindler Rn. 83; RGHMW/Ries Rn. 84; Staub/Oetker Rn. 85; Hopt/Merkt Rn. 30.

[329] BayObLG 3.7.1973, BayObLGZ 1973, 168; KG 19.7.1965, OLGZ 1965, 315 (317); Staub/Oetker Rn. 85; MüKoHGB/K. Schmidt/Fleischer Rn. 57; Ebenroth/Boujong/Kindler Rn. 83; RGHMW/Ries Rn. 84; Hopt/Merkt Rn. 30.

[330] OLG Schleswig 27.8.1986, NJW-RR 1987, 220 (221 f.) zur Abgrenzung vom Arbeitnehmer.

[331] Hopt/Merkt Rn. 30; MüKoHGB/K. Schmidt/Fleischer Rn. 57; Ebenroth/Boujong/Kindler Rn. 83.

[332] MüKoHGB/K. Schmidt/Fleischer Rn. 57; Ebenroth/Boujong/Kindler Rn. 80.

[333] LG München 20.5.2025, BeckRS 2025, 30818 Rn. 88.

[334] StRspr, BGH 28.1.1993, BGHZ 121, 224 = NJW 1993, 1126; 12.5.1986, NJW-RR 1987, 42 (43); OLG Düsseldorf 29.12.1993, NJW-RR 1995, 93 (94); Hopt/Merkt Rn. 31; MüKoHGB/K. Schmidt/Fleischer Rn. 58; BeckOK HGB/Schwartze, 47. Ed. 1.7.2025, Rn. 49; s. auch BGH 8.11.2005, NJW 2006, 431 (432); 5.6.1996, BGHZ 133, 71 (77 f.) = NJW 1996, 2156 (2158), GmbH-Geschäftsführer = Verbraucher.

[335] Staub/Oetker Rn. 79; RGHMW/Ries Rn. 77; Ebenroth/Boujong/Kindler Rn. 80; Canaris HandelsR § 2 Rn. 18; BeckOK HGB/Schwartze, 47. Ed. 1.7.2025, Rn. 49.

[336] BGH 22.10.1981, NJW 1982, 569 (570); 2.6.1966, BGHZ 45, 282 (285) = NJW 1966, 1960 (1961); MüKoHGB/K. Schmidt/Fleischer Rn. 70; Ebenroth/Boujong/Kindler Rn. 86; diff. Hopt/Roth § 105 Rn. 33 ff.; **aA** Ballerstedt JuS 1963, 253 (259).

[337] BGH 28.1.1993, BGHZ 121, 224 = NJW 1993, 1126; 12.5.1986, NJW-RR 1987, 42 (43).

[338] Vgl. BGH 2.6.1966, BGHZ 45, 282 (284) = NJW 1966, 1960 (1961); 16.2.1961, BGHZ 34, 292 (296) = NJW 1961, 1022; RGHMW/Ries Rn. 75; Ebenroth/Boujong/Kindler Rn. 86; Canaris HandelsR § 2 Rn. 20; BeckOK HGB/Schwartze, 47. Ed. 1.7.2025, Rn. 56.

[339] Vgl. schon Lieb DB 1967, 759.

[340] Vgl. Hopt/Roth § 105 Rn. 33 ff.

den werden. Unternehmensträger ist bei der OHG und der KG nur diese selbst (§ 105 Abs. 2). Die Gesellschaft und nicht die Gesellschafter betreiben das Handelsgewerbe.[341] Daher ist **entgegen der hM** grundsätzlich auch **nur die Gesellschaft selbst Kaufmann,** während die geschäftsführenden Gesellschafter (ebenso wie die Geschäftsleiter einer AG oder GmbH) nur als ihre organschaftlichen Vertreter fungieren (§ 124; → Rn. 88) und nur akzessorisch für die Gesellschaftsverbindlichkeiten haften (§ 126). Sie sind daher auch keine Kaufleute.[342] Bei der **GmbH & Co. KG** ist zwar die KG und nicht die GmbH Unternehmensträgerin und damit Kaufmann iSd § 6 Abs. 1 (→ § 6 Rn. 5). Doch ist die GmbH nach § 13 Abs. 3 GmbHG Formkaufmann iSd § 6 Abs. 2 HGB.

91 **f) Verbundene Unternehmen.** Bei **Konzernen** können nicht diese selbst (→ Rn. 70), sondern nur die einzelnen verbundenen Unternehmen Kaufleute sein. Sind die Einzelunternehmen nicht bereits Formkaufleute, ist auch hier entscheidend, welche Gesellschaft die Geschäfte im eigenen Namen abschließt. Die Konzernleitungsmacht macht das herrschende Unternehmen nicht zum Inhaber des abhängigen Unternehmens im handelsrechtlichen Sinne.[343] **Holding-Gesellschaften** und durch Betriebsaufspaltung entstandene **Besitzgesellschaften** sind grundsätzlich keine Kaufleute, weil die Verwaltung eigenen Vermögens kein Gewerbe ist (str.; → Rn. 23).

92 **g) Gütergemeinschaft, Wohnungseigentümergemeinschaft.** Bei einem in Gütergemeinschaft (§§ 1415 ff. BGB) betriebenen Handelsunternehmen ist die Gütergemeinschaft selbst mangels eigener Rechtspersönlichkeit kein Kaufmann. Führt nur einer der beiden Eheleute die Geschäfte, so ist nur dieser Kaufmann,[344] bei gemeinsamer Geschäftsführung beide Eheleute (→ Rn. 81).[345]

93 **h) Treuhänder, Strohmänner.** Kaufmann ist derjenige, in dessen Namen die Geschäfte nach außen betrieben werden. Für wessen Rechnung sie betrieben werden, ist nicht ausschlaggebend (→ Rn. 85). Deshalb ist der **Treuhänder** (und nicht der Treugeber) Kaufmann, wenn er nach außen als Inhaber auftritt und die Geschäfte im eigenen Namen führt. Dies gilt auch dann, wenn er für Rechnung des Treugebers tätig ist.[346] Führt ein **gesetzlicher Vertreter** die Geschäfte eines Minderjährigen nicht als Stellvertreter, sondern im Rahmen eines Treuhandvertrages im eigenen Namen für dessen Rechnung, so ist der Vertreter (und nicht der Minderjährige) Kaufmann.[347] Zum Testamentsvollstrecker → Rn. 94 ff., insbesondere → Rn. 99. Gleiches gilt für andere Fälle „mittelbarer Stellvertretung", nach hM namentlich auch für **Strohmanngeschäfte:** Hier ist der als Inhaber auftretende Strohmann und nicht der Hintermann Kaufmann (str.).[348]

94 **i) Testamentsvollstrecker.** Die Testamentsvollstreckung (§§ 2197 ff. BGB) über einen Nachlass, zu dem auch ein Handelsgewerbe gehört, bereitet besondere Schwierigkeiten. Es besteht ein Konflikt zwischen dem Erbrecht, das die Verpflichtungsmacht des Testamentsvollstreckers grundsätzlich auf den Nachlass beschränkt (§§ 2206 ff. BGB) und dem Handelsrecht, das nach hM kein einzelkaufmännisches Unternehmen mit auf den Nachlass beschränkter Haftung zulässt.[349]

95 Die aus diesem schwer lösbaren Widerspruch resultierenden Komplikationen können zwar durch **Ausschlagung der Erbschaft** oder durch **Freigabe des Handelsgeschäfts** durch den Testamentsvollstrecker zur Weiterführung durch den Erben selbst (Freigabelösung) vermieden werden. Doch entsprechen diese beiden Lösungen – wiewohl grundsätzlich zulässig[350] – nicht dem Willen des Erblassers.[351] Hat der Testamentsvollstrecker das Handelsgeschäft irrtümlich freigegeben, so kann er nach § 812 BGB Wiederherstellung seines Verwaltungsrechts verlangen.[352] Denkbar ist auch die

[341] KKD/Roth/Stelmaszczyk Rn. 23; MüKoHGB/K. Schmidt/Fleischer Rn. 70.

[342] Lieb DB 67, 759 ff.; MüKoHGB/K. Schmidt/Fleischer Rn. 70; NK-HGB/Schall/J. Keßler Rn. 50.

[343] MüKoHGB/K. Schmidt/Fleischer Rn. 67.

[344] Hopt/Merkt Rn. 48; Heymann/Förster Rn. 63; MüKoHGB/K. Schmidt/Fleischer Rn. 53; Ebenroth/Boujong/Kindler Rn. 87.

[345] BayObLG 25.7.1991, NJW-RR 1992, 33; Ebenroth/Boujong/Kindler Rn. 87.

[346] RG 15.6.1920, RGZ 99, 158 (159 f.); OLG Hamm 5.2.1963, NotZ 1964, 421 (423); MüKoHGB/K. Schmidt/Fleischer Rn. 57; Hopt/Merkt Rn. 30; Heymann/Förster Rn. 82.

[347] Staub/Oetker Rn. 80; Hopt/Merkt Rn. 35; Ebenroth/Boujong/Kindler Rn. 80.

[348] BGH 20.12.1984, WM 1985, 348; OLG Düsseldorf 10.2.1984, WM 1985, 346 (348); MüKoHGB/K. Schmidt/Fleischer Rn. 57; Hopt/Merkt Rn. 30; RGHMW/Ries Rn. 79; HK/Ruß Rn. 2; Staub/Oetker Rn. 80; **aA** – Strohmann allenfalls Scheinkaufmann – KG 24.11.1938, JW 1939, 293; Schlegelberger/Hildebrandt/Steckhan Rn. 20; nach Erkennbarkeit des Strohmanngeschäfts diff. Wassner ZGR 1973, 427 (434 ff.).

[349] KKD/Roth/Stelmaszczyk Rn. 21; MüKoHGB/K. Schmidt/Fleischer Rn. 61 ff.; eingehend Muscheler, Die Haftungsordnung der Testamentsvollstreckung, 1994; Lorz, Testamentsvollstreckung und Unternehmensrecht, 1995; Dauner-Lieb, Unternehmen in Sondervermögen, 1998, 270 ff.; Weidlich NJW 2011, 641 ff.; Bisle, Testamentsvollstreckung im Handels- und Gesellschaftsrecht, DStR 2012, 1037 ff.

[350] BGH 18.1.1954, BGHZ 12, 100 (103 ff.) = NJW 1954, 636 (637), auch entgegen dem Willen des Erblassers.

[351] Hopt/Merkt Rn. 43; RGHMW/Ries Rn. 82.

[352] BGH 18.1.1954, BGHZ 12, 100 (105) = NJW 1954, 636 (637).

Übertragung des Unternehmens auf eine GmbH mit Testamentsvollstreckung bezüglich der Verwaltungsrechte (Übertragungslösung). Dies ermöglicht mit Blick auf § 13 Abs. 2 GmbHG eine effektive Haftungsbeschränkung,[353] seit Inkrafttreten des MoMiG am 1.11.2008 nach § 5a GmbHG sogar ohne Aufbringung des Mindestkapitals gem. § 5 Abs. 1 GmbHG.[354]

Wird keiner der drei in → Rn. 95 beschriebenen Wege beschritten, so ist eine **echte Testamentsvollstreckung,** bei welcher der Erbe Geschäftsinhaber und Kaufmann bleibt, seine Haftung aber nicht nur für Altverbindlichkeiten nach §§ 27, 25 begrenzen, sondern auch für durch den Testamentsvollstrecker eingegangene neue Verbindlichkeiten nach §§ 1967, 2206, 1975 ff. BGB auf den Nachlass beschränken kann,[355] **nach Rspr. und wohl noch hL ausgeschlossen.**[356] Ein Testamentsvollstreckervermerk ist im Handelsregister einzutragen.[357] 96

Die Rspr. und hL hat zwei Ersatzlösungen entwickelt, zwischen denen der Testamentsvollstrecker grundsätzlich nach pflichtgemäßem Ermessen wählen muss, wenn der Erblasser insoweit keine Entscheidung vorgegeben hat:[358] Vollmachtslösung und Treuhandlösung. Beide erscheinen aus den in → Rn. 98 f. erörterten Gründen unbefriedigend. Wenn man aus Respekt vor dem Willen des Erblassers nicht den Weg der Freigabelösung beschreiten möchte, bietet sich daher für die Praxis die Übertragungslösung (→ Rn. 95) als sinnvollste Alternative an. 97

Bei der **Vollmachtslösung** wird der **Erbe** Inhaber des Unternehmens. Er betreibt das Handelsgewerbe als **Kaufmann,** kann aber nur seine Haftung für Altverbindlichkeiten nach Maßgabe der §§ 27, 25 beschränken, während er für die Erfüllung neuer Verbindlichkeiten, die der von ihm bevollmächtigte Testamentsvollstrecker im Namen des Erben eingeht, unbeschränkt mit seinem gesamten Privatvermögen einstehen muss.[359] Ein gewisser Schutz wird lediglich minderjährigen Erben durch § 1629a BGB zuteil (→ Rn. 69). Mit Blick auf die erheblichen Risiken für den Erben (dem als Alternative nur die Ausschlagung der Erbschaft bleibt) darf der Testamentsvollstrecker diese Lösung allerdings nur dann wählen, wenn der Erblasser dem Erben die Vollmachterteilung testamentarisch auferlegt oder zur Bedingung der Erbeinsetzung gemacht hat;[360] in diesem Fall kann der Testamentsvollstrecker die Vollmachterteilung nach hM gem. § 2208 Abs. 2 BGB sogar einklagen.[361] Gegen diese Lösung bestehen allerdings erhebliche Bedenken, da die dafür erforderliche unwiderrufliche und die Befugnisse des Erben verdrängende Vollmacht zugunsten des Testamentsvollstreckers rechtlich nicht möglich[362] und dem Erben auch kaum zumutbar ist.[363] 98

Bei der **Treuhandlösung** handelt der **Testamentsvollstrecker** als Treuhänder im eigenen Namen und unter eigener persönlicher Haftung, jedoch für Rechnung des Erben. Er (und nicht der Erbe) ist Betreiber des Handelsgewerbes und **Kaufmann.** Er wird auch als solcher mit Testamentsvollstreckervermerk im Handelsregister eingetragen.[364] Im Innenverhältnis kann er nach §§ 2218, 669 f. BGB vom Erben Vorschuss und Aufwendungsersatz verlangen, wobei umstritten ist, ob der Erbe ihm insoweit nur aus dem Nachlass[365] oder unbeschränkt[366] haftet. Folge dieser Konstruktion ist nicht nur eine sachwidrige Haftung des Testamentsvollstreckers mit seinem Privatvermö- 99

---

353 Hopt/Merkt Rn. 45; K. Schmidt HandelsR § 4 Rn. 76; dagegen Muscheler, Die Haftungsordnung der Testamentsvollstreckung, 1994, 399.

354 Für eine Nutzung dieser Möglichkeit Weidlich NJW 2011, 641 (645 ff.).

355 Dafür Baur FS Dölle, Bd. I, 1963, 249 ff.; Baur folgend LG Konstanz 15.12.1989, NJW-RR 1990, 716 (717); Muscheler, Die Haftungsordnung der Testamentsvollstreckung, 1994, 389 ff.; Canaris HandelsR § 3 Rn. 37 ff.; Hopt/Merkt Rn. 44; Staub/Burgard § 22 Rn. 72 und Staub/Burgard § 27 Rn. 83; für eine Übergangsphase auch Heymann/Förster Rn. 80; vgl. Staub/Oetker Rn. 88, im Vordringen befindliche Auffassung.

356 RG 26.3.1931, RGZ 132, 138 (144 f.); BGH 18.1.1954, BGHZ 12, 100 (102) = NJW 1954, 636; 11.4.1957, BGHZ 24, 106 (112) = NJW 1957, 1026 (1027); KG 1.7.1937, JW 1937, 2599; K. Schmidt HandelsR § 4 Rn. 76; RGHMW/Ries Rn. 82; BeckOGK/Servatius, 1.3.2025, Rn. 63; krit. Weidlich NJW 2011, 641 ff.

357 BGH 14.2.2012, NZG 2012, 385; Hopt/Merkt Rn. 44; vgl. auch BGH 24.2.2015, NJW 2015, 1303, keine Eintragung der Testamentsvollstreckung in GmbH Gesellschafterliste.

358 BGH 18.1.1954, BGHZ 12, 100 (102) = NJW 1954, 636 (637); Hopt/Merkt Rn. 40; KKD/Roth/Stelmaszczyk Rn. 21.

359 RGHMW/Ries Rn. 81; MüKoHGB/K. Schmidt/Fleischer Rn. 62.

360 BGH 18.1.1954, BGHZ 12, 100 (103 f.) = NJW 1954, 636 (637); RGHMW/Ries Rn. 81; KKD/Roth/Stelmaszczyk Rn. 21.

361 BGH 18.1.1954, BGHZ 12, 100 (103) = NJW 1954, 636 (637); BayObLG 11.6.1969, BB 1969, 974; Ebenroth/Boujong/Kindler Rn. 91; offenlassend Hopt/Merkt Rn. 41.

362 Dazu Canaris HandelsR § 3 Rn. 32.

363 John BB 1980, 757 (758).

364 BGH 16.10.1974, NJW 1975, 54; 18.1.1954, BGHZ 12, 100 = NJW 1954, 636; vgl. RG 26.3.1931, RGZ 132, 138 (142 f.), Eintragung als Inhaber ohne Testamentsvollstreckervermerk; Ebenroth/Boujong/Kindler Rn. 90; MüKoHGB/K. Schmidt/Fleischer Rn. 62 ff.

365 Hopt/Merkt Rn. 42; MüKoHGB/K. Schmidt/Fleischer Rn. 61 ff.

366 Brandner FS Stimpel, 1985, 991 (1004 f.).

gen für die Unternehmensverbindlichkeiten. Da der Testamentsvollstrecker nach hM nicht Eigentümer des Geschäftsvermögens und auch nicht Inhaber der dazu gehörenden Forderungen wird (nur Ermächtigungstreuhand),[367] haftet gerade das treuhänderisch verwaltete Geschäftsvermögen den Gläubigern nicht unmittelbar[368] – ein geradezu absurdes Ergebnis.

100 **j) Insolvenzverwalter.** Die Eröffnung eines Insolvenzverfahrens ändert grundsätzlich nichts an der Kaufmannseigenschaft des Insolvenzschuldners.[369] Der Insolvenzverwalter ist dagegen, auch wenn er das Handelsgeschäft vorübergehend fortführt, kein Kaufmann.[370] Dies gilt unabhängig davon, ob man ihn mit der hM als Amtstreuhänder (Amtstheorie)[371] oder als gesetzlichen Vertreter des Insolvenzschuldners ansieht (Vertretungstheorie).[372] Die vom Insolvenzverwalter abgeschlossenen Geschäfte werden dem Schuldner zugerechnet. Sie sind, weil dieser trotz Insolvenz Kaufmann bleibt, Handelsgeschäfte.[373]

V. Kaufmannseigenschaft

101 **1. Relevanz des Handelsgewerbes. a) Istkaufmann.** Wer ein **Handelsgewerbe iSv Abs. 2 betreibt,** das nicht unter das Privileg des § 3 fällt, ist nach § 1 Abs. 1 Kaufmann kraft Handelsgewerbes (auch: Kaufmann kraft Gesetzes),[374] ohne dass es insoweit auf seine Eintragung im Handelsregister ankommt (→ Rn. 109, → Rn. 111). Aus der Kaufmannseigenschaft resultiert die Anwendbarkeit aller auf Kaufleute bezogenen Vorschriften des HGB sowie grundsätzlich auch aller kaufmannsrechtlicher Vorschriften außerhalb des HGB (→ Rn. 8). Nach § 6 Abs. 1 gilt Gleiches für Handelsgesellschaften (→ Rn. 6).

102 Allerdings ist der Betreiber eines Handelsgewerbes **Kaufmann nur in Bezug auf das konkrete von ihm betriebene Handelsgewerbe,** nicht dagegen im Privatbereich (vgl. § 344 Abs. 1).[375] Er kann einen oder mehrere Gewerbebetriebe betreiben[376] und Kaufmann und Nichtkaufmann zugleich sein.[377] Im Bereich der Land- und Forstwirtschaft ermöglicht es § 3 sogar, hinsichtlich der Kaufmannseigenschaft zwischen Haupt- und Nebengewerbe zu differenzieren (→ § 3 Rn. 29 und 35). In Bezug auf ein einheitlich organisiertes Unternehmen, in dem sich handelsgewerbliche Tätigkeiten mit freiberuflichen, land- oder forstwirtschaftlichen Tätigkeiten untrennbar vermischen (gemischter Betrieb), ist dagegen nur eine einheitliche Beurteilung der Kaufmannseigenschaft möglich (→ Rn. 44 ff.; → § 3 Rn. 13).[378] Zu Handelsgesellschaften → Rn. 107 aE.

103 **b) Kleingewerbetreibende.** Wer als Gewerbetreibender **kein Handelsgewerbe iSd Abs. 2 betreibt,** weil sein Unternehmen nach Art oder Umfang keinen in kaufmännischer Weise eingerichteten Geschäftsbetrieb erfordert (§ 1 Abs. 2), ist grundsätzlich kein Kaufmann (Nichtkaufmann). Zur Rechtstellung solcher Kleingewerbetreibender → § 2 Rn. 32 ff. Kleingewerbetreibende sind zugleich Kannkaufleute, weil sie ihre Firma nach § 2 zur Eintragung in das Handelsregister anmelden und mit der Eintragung die Kaufmannseigenschaft erwerben können (→ § 2 Rn. 8 ff.).

104 **c) Herabsinken auf Kleingewerbe.** Wer als Gewerbetreibender **kein Handelsgewerbe iSd Abs. 2 mehr betreibt,** weil sein ursprünglich betriebenes Handelsgewerbe nicht nur vorübergehend (→ Rn. 56 f.) auf ein Kleingewerbe herabgesunken ist, ist auch kein Kaufmann iSd § 1 mehr. **Nicht eingetragene** Gewerbetreibende verlieren mit dem Herabsinken auf ein Kleingewerbe ohne Weiteres ihre Kaufmannseigenschaft.[379] Als Kannkaufleute können sie sich aber nach § 2 S. 2 in das

[367] Hopt/Merkt Rn. 42; MüKoHGB/K. Schmidt/Fleischer Rn. 60 ff.; Dauner-Lieb, Unternehmen in Sondervermögen, 1998, 279 ff.; Lorz, Testamentsvollstreckung und Unternehmensrecht, 1995, 79 ff.; Muscheler, Die Haftungsordnung der Testamentsvollstreckung, 1994, 331 ff.; **aA** John BB 1980, 757 (760): Vollrechtstreuhand.

[368] Canaris HandelsR § 9 Rn. 34 f.

[369] Ebenroth/Boujong/Kindler Rn. 60; KKD/Roth/Stelmaszczyk Rn. 20; BeckOGK/Servatius, 1.3.2025, Rn. 64.

[370] BGH 25.2.1987, NJW 1987, 1940 (1941); RGHMW/Ries Rn. 83; MüKoHGB/K. Schmidt/Fleischer Rn. 65 f.; Hopt/Merkt Rn. 47; Staub/Oetker Rn. 82; KKD/Roth/Stelmaszczyk Rn. 20; BeckOK HGB/Schwartze, 47. Ed. 1.7.2025, Rn. 50.

[371] BGH 27.10.1983, BGHZ 88, 331 (334) = NJW 1984, 739; RGHMW/Ries Rn. 83.

[372] K. Schmidt NJW 1987, 1905 ff.; MüKoHGB/K. Schmidt/Fleischer Rn. 65.

[373] RGHMW/Ries Rn. 83; Hopt/Merkt Rn. 47; KKD/Roth/Stelmaszczyk Rn. 20; iErg mit falscher Begr. ebenso BGH 25.2.1987, NJW 1987, 1940 (1941), Anwendung der Grundsätze über kaufmännische Bestätigungsschreiben wegen kaufmannsähnlicher Teilnahme des Konkursverwalters am Geschäftsverkehr.

[374] RGHMW/Ries Rn. 126.

[375] Hopt/Merkt Rn. 30.

[376] MüKoHGB/K. Schmidt/Fleischer Rn. 39.

[377] Ebenroth/Boujong/Kindler Rn. 94; BeckOGK/Servatius, 1.3.2025, Rn. 56.

[378] KKD/Roth/Stelmaszczyk Rn. 24; Ebenroth/Boujong/Kindler Rn. 94.

[379] Ebenroth/Boujong/Kindler Rn. 56.

Handelsregister eintragen lassen und die Kaufmannseigenschaft dadurch zurückerwerben (→ § 2 Rn. 8 ff.). Im Handelsregister **eingetragene** Gewerbetreibende bleiben auch nach dem Herabsinken auf ein Kleingewerbe Kaufleute, solange sie überhaupt noch ein Gewerbe betreiben und die Firma nicht aus dem Handelsregister gelöscht wird, denn ein Unternehmen gilt nach § 2 S. 1 als Handelsgewerbe, wenn und solange seine Firma im Handelsregister eingetragen ist (→ § 2 Rn. 22 f.).[380]

d) Land- und Forstwirte. Wer als Land- oder Forstwirt **de facto ein Handelsgewerbe iSd Abs. 2 betreibt,** ist trotzdem kein Kaufmann iSd § 1, weil § 1 nach § 3 Abs. 1 auf Betriebe der Land- und Forstwirtschaft nicht anwendbar ist (→ § 3 Rn. 1, → § 3 Rn. 3, → § 3 Rn. 17). Land- und Forstwirte, deren Firma nicht im Handelsregister eingetragen ist, sind Nichtkaufleute (→ § 3 Rn. 37). Nach § 3 Abs. 2 iVm § 2 sind sie jedoch zugleich Kannkaufleute, die sich freiwillig in das Handelsregister eintragen lassen und mit der Eintragung zu Kaufleuten werden können (→ § 3 Rn. 17 ff.). 105

e) Scheinkaufmann. Wer im Rechtsverkehr lediglich den **unzutreffenden Anschein erweckt, ein Handelsgewerbe iSd Abs. 2 zu betreiben,** ist kein Kaufmann. Er wird als sog. „Scheinkaufmann" gutgläubigen Dritten gegenüber aber zu seinen Lasten wie ein Kaufmann iSv § 1 behandelt (→ § 5 Rn. 31 ff.). 106

f) Handelsgesellschaften. Wenn eine **Gesellschaft auf den Betrieb eines Handelsgewerbes iSd Abs. 2 gerichtet** ist, ist sie nach § 105 Abs. 1, § 161 Abs. 1 Handelsgesellschaft und damit – wie § 6 Abs. 1 klarstellt (→ Rn. 6; → § 6 Rn. 1 ff.) – Kaufmann, sofern sich die Kaufmannseigenschaft nicht – wie bei den Formkaufleuten iSd § 6 Abs. 2 – bereits aus der Rechtsform ergibt (→ § 6 Rn. 18 ff.). Verfolgen Gesellschaften, die keine Formkaufleute sind, einen anderen Zweck als den Betrieb eines Handelsgewerbes, so sind sie – unbeschadet der Eintragungsoptionen nach § 107 Abs. 1 S. 1 oder S. 2 bzw. nach dem PartGG – grundsätzlich Gesellschaften bürgerlichen Rechts (§§ 705 ff. BGB). Nach § 107 Abs. 1 S. 1 können auch kleingewerbliche Gesellschaften, die keiner kaufmännischen Einrichtungen iSd § 1 Abs. 2 bedürfen, durch Eintragung ihrer Firma im Handelsregister zur OHG bzw. KG (§ 161 Abs. 2) werden. Diese Möglichkeit ist nach § 107 Abs. 1 S. 1 auch Vermögensverwaltungsgesellschaften und seit Inkrafttreten des **MoPeG** durch § 107 Abs. 1 S. 2 (im Rahmen des jeweiligen Berufsrechts) Freiberuflergesellschaften eröffnet, obwohl diese kein Gewerbe iSd § 1 betreiben (→ Rn. 22). Handelsgesellschaften haben – auch wenn sie faktisch mehrere Betriebe führen – einen **ungeteilten Unternehmensgegenstand.** Sie verfügen über **keinen privaten Bereich.** Sie handeln daher immer als Kaufleute (→ § 6 Rn. 16).[381] 107

2. Beginn und Ende. a) Beginn. Der Istkaufmann ist nach § 1 kraft Gesetzes Kaufmann, sobald er seine gewerbliche Tätigkeit nach außen aufnimmt, dh **sobald er das Handelsgewerbe tatsächlich betreibt.**[382] Bloße Planungen oder der Abschluss eines auf die Errichtung einer Handelsgesellschaft gerichteten Gesellschaftsvertrages reichen nicht aus,[383] wohl aber erkennbar in Bezug auf den Gewerbebetrieb abgeschlossene Vorbereitungsgeschäfte (zB Anmietung eines Ladenlokals, Einstellung von Personal, Eröffnung eines Geschäftskontos), sofern der Gewerbebetrieb von vornherein auf einen in kaufmännischer Weise eingerichteten Geschäftsbetrieb ausgerichtet ist.[384] Die Kaufmannseigenschaft beginnt bereits mit dem Abschluss des ersten derartigen Vorbereitungsgeschäfts, es sei denn dieses dient ledig der Entscheidungsfindung darüber, ob ein Geschäftsbetrieb eröffnet werden soll.[385] Mit Blick auf die Voraussetzungen des Abs. 2 (Erforderlichkeit kaufmännischer Einrichtungen) sind grundsätzlich die gegenwärtigen Verhältnisse ausschlaggebend und nicht, wie sich das Unternehmen vielleicht später entwickeln könnte bzw. nach dem Willen seines Inhabers entwickeln soll. Doch reicht es aus, dass die Entwicklung zum „Vollgewerbe" (dh zu einem kaufmännische Einrichtungen erfordernden Handelsgewerbe) der Anlage des Betriebes entspricht und aufgrund zuverlässiger Anhaltspunkte in Kürze zu erwarten ist (→ Rn. 56).[386] 108

---

[380] MüKoHGB/K. Schmidt/Fleischer Rn. 90; Ebenroth/Boujong/Kindler Rn. 97; Körber Jura 1998, 452 (453 f.); nach der in der Begründung **abw.** hL folgt dies aus § 5, zB Lieb NJW 1999, 35 (36); Canaris HandelsR § 3 Rn. 21 ff.; Oetker HandelsR § 2 Rn. 31 ff.

[381] MüKoHGB/K. Schmidt/Fleischer Rn. 39.

[382] Hopt/Merkt Rn. 51; MüKoHGB/K. Schmidt/Fleischer Rn. 7; BeckOGK/Servatius, 1.3.2025, Rn. 66.

[383] LG Stuttgart 18.10.2021, BeckRS 2021, 31036 Rn. 3; MüKoHGB/K. Schmidt/Fleischer Rn. 7; Hopt/Merkt Rn. 51.

[384] BGH 17.6.1953, BGHZ 10, 91 (96) = NJW 1953, 1217 (1218); 26.4.2004, NJW-Spezial 2004, 175 (176), beide zur OHG; Staub/Oetker Rn. 105; RGHMW/Ries Rn. 139; MüKoHGB/K. Schmidt/Fleischer Rn. 7; Hopt/Merkt Rn. 51.

[385] Staub/Oetker Rn. 46.

[386] BGH 17.6.1953, BGHZ 10, 91 (96) = NJW 1953, 1217 (1218); 26.4.2004, NJW-Spezial 2004, 175 (176).

109 Der Istkaufmann ist nach § 29 verpflichtet, seine Firma zur Eintragung in das Handelsregister anzumelden. Dabei handelt es sich allerdings nur um eine **deklaratorische Pflichteintragung,** die grundsätzlich weder für das „Ob" noch für den Zeitpunkt des Erwerbs der Kaufmannseigenschaft relevant ist. Wer die Voraussetzungen des § 1 erfüllt, ist Kaufmann kraft Gesetzes, auch wenn er (noch) nicht im Handelsregister eingetragen ist. Unterbleibt die Eintragung pflichtwidrig, so unterliegt der Istkaufmann dem Registerzwang (§ 14 HGB iVm §§ 388 ff. FamFG); er kann sich zudem Dritten gegenüber nach § 15 Abs. 1 grundsätzlich nicht darauf berufen, Kaufmann zu sein, es sei denn, diesen ist die Kaufmannseigenschaft bekannt (→ Rn. 61). In der Praxis kommt der erfolgten Eintragung auch insoweit Bedeutung zu, als grundsätzlich nicht mehr geprüft werden muss, ob das betriebene Gewerbe ein Handelsgewerbe ist, wenn die Firma im Handelsregister eingetragen ist (→ Rn. 7; → § 2 Rn. 16; → § 5 Rn. 1 ff.).

110 **b) Ende.** Die Kaufmannseigenschaft nach § 1 endet, sobald die Voraussetzungen des § 1 in der Person des Kaufmanns tatsächlich nicht mehr vorliegen, dh sobald er selbst (persönlich oder durch einen Vertreter) kein Handelsgewerbe mehr betreibt. Dies ist der Fall, wenn der Kaufmann **stirbt** (zur Kaufmannseigenschaft der Erben → Rn. 94 ff., → Rn. 112), wenn er sein Unternehmen in Ausführung einer **Veräußerung** oder Verpachtung an den Erwerber übergeben hat (→ Rn. 112), wenn er den **Betrieb** endgültig **eingestellt** hat oder wenn er das **Gewerbe** – bzw. im Falle des § 107 Abs. 1 die Vermögensverwaltung oder freiberufliche Tätigkeit – endgültig **aufgegeben** hat. Eine nur saisonale (→ Rn. 18, → Rn. 57) oder sonst vorübergehende Betriebseinstellung reicht nicht aus,[387] ebenso wenig der Verlust der Geschäftsfähigkeit (→ Rn. 65 ff.) oder die Insolvenz des Gewerbetreibenden (→ Rn. 100).[388] Der Eintritt in die Liquidation ist nicht notwendig mit der Betriebseinstellung gleichzusetzen. Auch die Abwicklung kann, wenn sie nicht zu einer reinen Vermögensverwaltung wird, noch handelsgewerblich sein.[389] Das Herabsinken auf ein Kleingewerbe führt ebenfalls nicht (unmittelbar) zum Verlust der Kaufmannseigenschaft (→ Rn. 104). Erst mit der endgültigen Einstellung des Gewerbebetriebs erlischt die Firma iSv § 31 Abs. 2 S. 1.[390]

111 Nach § 31 Abs. 2 S. 1, Abs. 1 ist das Erlöschen der Firma beim Handelsregister anzumelden (zu Registerzwang und Amtslöschung → § 2 Rn. 29). Dabei handelt es sich um eine **deklaratorische Pflichteintragung.** Da es für den Verlust der Kaufmannseigenschaft nach § 1 (anders als bei § 2 und § 3) nicht auf die Eintragung in das Handelsregister, sondern auf die tatsächlichen Verhältnisse ankommt, ist die Löschung der Firma für das Ende der Kaufmannseigenschaft iSd § 1 irrelevant.[391] Wird die Firma fälschlich aus dem Handelsregister gelöscht, obwohl das Gewerbe weiterhin betrieben wird, bleibt die Kaufmannseigenschaft nach § 1 bestehen.[392] Umgekehrt lässt sich die Kaufmannseigenschaft bei vollständigem Wegfall des Gewerbebetriebs nicht nach § 5 aus einer zu Unrecht fortbestehenden Eintragung ableiten, weil § 5 das Vorliegen eines Gewerbes voraussetzt (→ § 5 Rn. 10 ff.).[393] Dritte werden in diesem Fall allerdings, solange die Löschung nicht erfolgt ist, durch § 15 Abs. 1 geschützt.[394]

112 **c) Rechtsnachfolge.** Der **Erbe** wird mit dem Erbfall Kaufmann.[395] Seine Haftung für Altverbindlichkeiten richtet sich nach §§ 27, 25. Zum Schutz minderjähriger Erben → Rn. 65, → Rn. 69. Zur Erbengemeinschaft → Rn. 82 f. Der **Unternehmenskäufer** oder **Unternehmenspächter** (→ Rn. 86) wird Kaufmann, wenn ihm das Geschäft zwecks Fortführung tatsächlich übergeben wird.[396] Seine Haftung richtet sich nach § 25. Die Kaufmannseigenschaft des **Veräußerers** erlischt erst mit der Übergabe des Unternehmens (nicht bereits mit dem Abschluss des Kauf- oder Pachtvertrages).[397] Auch nach der Übergabe muss der Veräußerer sich ggf. nach § 15 Abs. 1 weiter als

---

[387] RG 30.4.1925, RGZ 110, 422 (425); BGH 19.5.1960, BGHZ 32, 307 (312) = NJW 1960, 1664 (1665); BayObLG 10.3.2000, NJW-RR 2000, 1700 = BB 2000, 1211 (1212); Hopt/Merkt Rn. 52; Heymann/Förster Rn. 85; Staub/Oetker Rn. 47.

[388] Ebenroth/Boujong/Kindler Rn. 41.

[389] BayObLG 10.3.2000, NJW-RR 2000, 1700 = BB 2000, 1211 (1212); MüKoHGB/K. Schmidt/Fleischer Rn. 8; Ebenroth/Boujong/Kindler Rn. 41.

[390] BayObLG 10.3.2000, NJW-RR 2000, 1700 = BB 2000, 1211 (1212).

[391] Staub/Oetker Rn. 50.

[392] MüKoHGB/K. Schmidt/Fleischer Rn. 8.

[393] BGH 19.5.1960, BGHZ 32, 307 (314) = NJW 1960, 1664 (1665).

[394] Ebenroth/Boujong/Kindler Rn. 41.

[395] **Abw.** Hopt/Merkt Rn. 36: Erbe wird Kaufmann, wenn er das ererbte Handelsgeschäft fortführt.

[396] RGHMW/Ries Rn. 140; **abw.** in Bezug auf die Kaufmannseigenschaft iSd § 1027 Abs. 2 aF ZPO (Freistellung vom Schriftformerfordernis für Schiedsvereinbarungen) BGH 26.9.1996, NJW 1996, 3217 (Kaufmannseigenschaft mit Abschluss des Unternehmenskaufvertrages).

[397] Ebenroth/Boujong/Kindler Rn. 41.

Kaufmann behandeln lassen. Seine Haftung für Altverbindlichkeiten wird durch § 26 begrenzt, wenn der Erwerber nach § 25 für die Altverbindlichkeiten haftet.

VI. Analoge Anwendung des HGB

1. Allgemeines. Die Frage nach einer analogen Anwendbarkeit handelsrechtlicher Vorschriften auf Nichtkaufleute hat durch das HRRefG 1998 an Bedeutung verloren. In **persönlicher Hinsicht** (wem gegenüber?) stellte sie sich früher insbesondere in Bezug auf pflichtwidrig nicht im Handelsregister eingetragene „Sollkaufleute" iSv § 2 aF (→ Rn. 3), die heute durch § 1 Abs. 2 als Istkaufleute erfasst werden.[398] Heute ist die Frage nach einer analogen Anwendbarkeit handelsrechtlicher Vorschriften insbesondere in Bezug auf kaufmannsähnlich tätige, aber nicht im Handelsregister eingetragene Kannkaufleute iSd §§ 2 und 3, in Bezug auf Freiberufler (→ Rn. 116) sowie in Bezug auf Geschäftsführer von Gesellschaften aufgeworfen, die selbst keine Kaufleute sind (→ Rn. 117).[399] 113

In Bezug auf die unterschiedlichen **Rechtsquellen** des Handelsrechts kommt der Frage nach einer analogen Anwendbarkeit insbesondere für zwingende, vom Parteiwillen unabhängige Vorschriften Bedeutung zu; nicht dagegen in Bezug auf Handelsbräuche, die ihren Anwendungsbereich ohnehin selbst bestimmen und kaum in Bezug auf dispositive Normen, deren Anwendbarkeit sich häufig aus dem Parteiwillen wird ableiten lassen, ohne dass es dazu einer Analogie bedürfte.[400] Die Frage nach einer analogen Anwendbarkeit handelsrechtlicher Vorschriften ist streng von der Frage nach einer Anwendung des Handelsrechts kraft Rechtsscheins auf sog. „Scheinkaufleute" zu unterscheiden (→ § 5 Rn. 54 ff.). 114

Im Grundsatz ist eine analoge Anwendung handelsrechtlicher Vorschriften auf Nichtkaufleute **nach wie vor möglich.** In Bezug auf Freiberufler hat sich die Rechtslage durch das HRRefG 1998 nicht verändert. In Bezug auf Kleingewerbetreibende erklären etliche Vorschriften ausdrücklich bestimmte Normen des Handelsrechts für anwendbar (Aufzählung → § 2 Rn. 32). Dies schließt es nicht aus, weitere Normen analog anzuwenden.[401] Doch ist mit Blick auf die bewusste Ausklammerung von Freiberuflern und Kleingewerbetreibenden aus dem Kaufmannsbegriff Zurückhaltung gegenüber einer analogen Anwendung des Kaufmannsrechts auf diese Personen geboten.[402] Dies gilt erst recht für die nach § 3 Abs. 1 privilegierten Land- und Forstwirte (→ § 3 Rn. 37). 115

2. Kaufmannsähnliche Personen. Eine analoge Anwendung handelsrechtlicher Normen kommt allenfalls in Bezug auf kaufmannsähnliche Personen in Betracht. Die **Kaufmannsähnlichkeit**[403] lässt sich nicht allgemein definieren, sondern nur von Fall zu Fall feststellen.[404] Als Kriterien können insoweit namentlich die Teilnahme am Geschäftsverkehr in größerem Umfang,[405] das konkrete Verhalten und die Art der abgeschlossenen Verträge,[406] das Vertrautsein mit den Gepflogenheiten des kaufmännischen Verkehrs[407] und der Grad der betrieblichen Organisation[408] relevant werden. Eine kaufmannsähnliche Teilnahme am Geschäftsverkehr ist notwendige,[409] aber nicht hinreichende Voraussetzung für eine Analogie. In Anwendung dieser Kriterien hat die Rspr. zB die Anwendung der handelsgewohnheitsrechtlichen Grundsätze über das **kaufmännische Bestätigungsschreiben** auf einzelne Freiberufler bejaht.[410] Andererseits lässt sich aus § 383 Abs. 2, § 407 Abs. 3 S. 2, § 453 Abs. 3 S. 2, § 467 Abs. 3 S. 2 (im Einklang mit § 351 aF) ableiten, dass die **§§ 348–350 nicht** (auch 116

[398] MüKoHGB/K. Schmidt/Fleischer Rn. 91.
[399] Hierzu auch NK-HGB/Schall/J. Keßler Rn. 10 ff.
[400] Eingehend hierzu MüKoHGB/K. Schmidt/Fleischer Rn. 94 ff.
[401] Eingehend Oetker HandelsR § 2 Rn. 32 ff. K. Schmidt HandelsR § 2 Rn. 38; Schmitt, Die Rechtsstellung des Kleingewerbetreibenden nach dem Handelsrechtsreformgesetz, 2003, 185 ff.; vgl. Hopt AcP 183 (1983), 608 (683 ff.); s. auch RegE, BT-Drs. 13/8444, 30 zur analogen Anwendung Rn. 25; des § 56 auf Kleingewerbetreibende; im Grundsatz ebenso, aber iE zurückhaltend Canaris HandelsR § 1 Rn. 25 ff.; Canaris HandelsR § 3 Rn. 27; RGHMW/Röhricht/Graf v. Westphalen/Haas Einl. Rn. 39; RGHMW/Ries § 2 Rn. 31; wohl **aA** Krebs DB 1996, 2013 (2015).
[402] RGHMW/Röhricht/Graf v. Westphalen/Haas Einl. Rn. 39.
[403] Dazu monographisch Schäch, Die kaufmannsähnlichen Personen als Ergänzung zum normierten Kaufmannsbegriff, 1989.
[404] BGH 25.2.1987, NJW 1987, 1940 (1941).
[405] BGH 27.10.1953, NJW 1953, 105; 25.5.1970, WM 1970, 877; 25.2.1987, NJW 1987, 1940 (1941).
[406] BGH 25.2.1987, NJW 1987, 1940 (9141), handelskaufähnlich; OLG Koblenz 26.6.2006, NJW-RR 2007, 813 (814), Angebot von eher gewerblichen, über die Architektentätigkeit ieS hinausreichenden Leistungen.
[407] OLG Düsseldorf 26.11.1993, NJW-RR 1995, 501 (502) zum kaufmännischen Bestätigungsschreiben.
[408] Vgl. Canaris HandelsR § 21 Rn. 3.
[409] BGH 26.6.1963, BGHZ 40, 42 (44) = NJW 1963, 1922; OLG Koblenz 26.6.2006, NJW-RR 2007, 813 (814), beide zum kaufmännischen Bestätigungsschreiben.
[410] BGH 26.6.1963, BGHZ 40, 42 (44) = NJW 1963, 1922; OLG Koblenz 26.6.2006, NJW-RR 2007, 813 (814); OLG Düsseldorf 26.11.1993, NJW-RR 1995, 501 (502).

nicht analog) auf nicht im Handelsregister eingetragene Kleingewerbetreibende anwendbar sind.[411] Die kaufmannsähnliche Teilnahme einer Person am Geschäftsverkehr rechtfertigt es also noch nicht, pauschal alle handelsrechtlichen Vorschriften auf sie anzuwenden. Letztlich ist die analoge Anwendbarkeit handelsrechtlicher Vorschriften von Fall zu Fall, bezogen auf den konkreten Wirtschaftsteilnehmer und **für jede Norm gesondert zu prüfen** und zu begründen[412] (vgl. iE Kommentierungen zu den einzelnen Vorschriften).

117 **3. Geschäftsleiter und Gesellschafter.** Geht man mit der hM davon aus, dass Geschäftsleiter einer Gesellschaft (zB GmbH-Geschäftsführer) nicht als solche Kaufleute sind (→ Rn. 88), so stellt sich die Frage, ob diese **„Nicht-Unternehmensträger"** ggf. trotzdem auch persönlich einer analogen Anwendung des Handelsrechts unterliegen. Nimmt man entgegen der hM an, dass auch persönlich haftende Gesellschafter einer OHG oder KG keine Kaufleute sind (→ Rn. 89 f.), so stellt sich in Bezug auf diesen Personenkreis die gleiche Frage. Die analoge Anwendbarkeit auf geschäftsführend tätige Personen wird von Teilen der Lit. namentlich für §§ 347, 348, 350 und § 367 Abs. 1 bejaht.[413] Die Rspr. lehnt demgegenüber zu Recht die analoge Anwendung des § 350 auf GmbH-Geschäftsführer sogar dann ab, wenn diese zugleich Alleingesellschafter der GmbH sind.[414] Die Rspr. sieht GmbH-Geschäftsführer im Gegenteil sogar als Verbraucher iSd Verbraucherkreditrechts an.[415] Grundsätzlich sollte man aus Gründen der Rechtssicherheit eine analoge Anwendung handelsrechtlicher Vorschriften nur in Bezug auf Unternehmensträger in Betracht ziehen. Rechtsmissbräuchen durch Nicht-Unternehmensträger kann in Anwendung des § 242 BGB ein Riegel vorgeschoben werden.[416]

§ 2 [Kannkaufmann]

[1]Ein gewerbliches Unternehmen, dessen Gewerbebetrieb nicht schon nach § 1 Abs. 2 Handelsgewerbe ist, gilt als Handelsgewerbe im Sinne dieses Gesetzbuchs, wenn die Firma des Unternehmens in das Handelsregister eingetragen ist. [2]Der Unternehmer ist berechtigt, aber nicht verpflichtet, die Eintragung nach den für die Eintragung kaufmännischer Firmen geltenden Vorschriften herbeizuführen. [3]Ist die Eintragung erfolgt, so findet eine Löschung der Firma auch auf Antrag des Unternehmers statt, sofern nicht die Voraussetzung des § 1 Abs. 2 eingetreten ist.

Schrifttum: Ammon, Gesellschaftsrechtliche und sonstige Neuerungen im Handelsreformgesetz – Ein Überblick, DStR 1998, 1474; Körber, Änderungen im Handels- und Gesellschaftsrecht durch das Handelsrechtsreformgesetz, Jura 1998, 452; Lieb, Probleme des neuen Kaufmannbegriffs, NJW 1999, 35; K. Schmidt, Das Handelsrechtsreformgesetz, NJW 1998, 2161; K. Schmidt, Deklaratorische und konstitutive Registereintragung nach §§ 1 ff. HGB, ZHR 163 (1999), 87; K. Schmidt, Die Rechtsstellung des Kleingewerbetreibenden nach dem Handelsrechtsreformgesetz, 2003; Schmitt, Der Entwurf eines Handelsrechtsreformgesetzes, WiB 1997, 1113; Schön, Die vermögensverwaltende Personenhandelsgesellschaft – Ein Kind der HGB-Reform, DB 1998, 1169; Siems, Kaufmannsbegriff und Rechtsfortbildung, 2003; Siems, Die Vermögensverwaltung im BGB – Gewerbebegriff und Vermögensverwaltungsgesellschaften, NZG 2001, 738; Schulze-Osterloh, Der Wechsel der Eintragungsgrundlagen der Kaufmanneseigenschaft (§§ 1, 2, 105 Abs. 2 HGB) und der Anwendungsbereich des § 5 HGB, ZIP 2007, 2390; Treber, Der Kaufmann als Rechtsbegriff im Handels- und Verbraucherrecht, AcP 199 (1999), 525.

Übersicht

[411] MüKoHGB/K. Schmidt/Fleischer Rn. 92; K. Schmidt HandelsR § 3 II 3c; Canaris HandelsR § 21 Rn. 7; BeckOK HGB/Schwartze, 47. Ed. 1.7.2025, Rn. 4.

[412] Canaris HandelsR § 1 Rn. 25; KKD/Roth/Stelmaszczyk Rn. 38a f.; KKD/Roth/Kindler Einl. vor § 1 Rn. 17.

[413] MüKoHGB/K. Schmidt/Fleischer Rn. 101; zurückhaltend Hopt/Merkt Rn. 10 aE.

[414] BGH 12.5.1986, NJW-RR 1987, 42 (43); OLG Düsseldorf 29.12.1993, NJW-RR 1995, 93 (94).

[415] StRspr seit BGH 28.1.1993, BGHZ 121, 224 = NJW 1993, 1126; 5.6.1996, BGHZ 133, 71 (77 f.) = NJW 1996, 2156 (2158); 8.11.2005, NJW 2006, 431 (432).

[416] BGH 12.5.1986, NJW-RR 1987, 42 (43); OLG Düsseldorf 29.12.1993, NJW-RR 1995, 93 (94).

I. Allgemeines

1. Normzweck. S. 2 räumt Kleingewerbetreibenden eine Eintragungsmöglichkeit (nicht: Eintragungspflicht) ein, durch deren Nutzung sie Kaufleute werden können (daher auch: **„Kannkaufleute“**). Solange sie nicht eingetragen sind, sind sie Nichtkaufleute. Machen sie von der Eintragungsoption Gebrauch, gelten sie nach **S. 1** als Kaufleute mit allen Rechten und Pflichten (→ Rn. 18), sobald die für die Kaufmannseigenschaft konstitutive Eintragung erfolgt ist und solange ihre Firma im Handelsregister eingetragen ist (daher auch: **Kaufleute kraft Eintragung**).[1] Dies schafft Klarheit über den handelsrechtlichen Status von Gewerbetreibenden und dient damit angesichts der Unschärfe der Kriterien des § 1 Abs. 2 zugleich der Rechtssicherheit.[2] § 2 **S. 3** stellt es eingetragenen Kleingewerbetreibenden frei, die Löschung ihrer Firma zu bewirken und dadurch wieder zu Nichtkaufleuten zu werden. 1

2. Entwicklung. Vor Inkrafttreten des HRRefG 1998 enthielt § 2 aF Regelungen zu den sog. **„Sollkaufleuten“**, die kein „Grundhandelsgewerbe“ iSd § 1 Abs. 2 aF (zB An- und Verkauf von Waren) betrieben, aber eines in kaufmännischer Weise eingerichteten Geschäftsbetriebs bedurften. Diese Personen waren zwar nach § 2 aF verpflichtet, sich in das Handelsregister eintragen zu lassen, wurden aber im Gegensatz zu den Istkaufleuten iSd § 1 erst mit dieser Eintragung Kaufleute.[3] Kleingewerbetreibende, die ein „Grundhandelsgewerbe“ iSd § 1 Abs. 2 aF betrieben, aber nach Art oder Umfang keines in kaufmännischer Weise eingerichteten Geschäftsbetriebs bedurften, waren als sog. **„Minderkaufleute“** iSd § 4 aF von der Anwendung zahlreicher Vorschriften des HGB ausgenommen (§§ 4, 351 aF). Die Möglichkeit, sich in das Handelsregister eintragen zu lassen und dadurch den Status eines „Vollkaufmanns“ zu erwerben, war ihnen verschlossen. Sonstige Gewerbetreibende, die weder ein Grundhandelsgewerbe iSd § 1 aF betrieben noch eines in kaufmännischer Weise eingerichteten Geschäftsbetriebs bedurften, unterlagen als Nichtkaufleute grundsätzlich nicht dem Handelsrecht und waren ebenfalls nicht eintragungsfähig.[4] 2

Mit dem Inkrafttreten des **HRRefG 1998** hat sich die Rechtslage grundlegend geändert: Die Rechtsfiguren der „Sollkaufleute“ und „Minderkaufleute“ sind weggefallen (→ § 1 Rn. 3 f.).[5] Der Begriff des Handelsgewerbes ist nicht mehr an bestimmte „Grundhandelsgewerbe“ wie den Warenhandel geknüpft (→ § 1 Rn. 48 ff.). **Frühere „Sollkaufleute“**, welche die Voraussetzungen des § 1 Abs. 2 nF erfüllen, sind seit 1998 kraft Gesetzes Istkaufleute, auch wenn sie ihre Firma pflichtwidrig (§ 29) nicht in das Handelsregister eintragen lassen. **Frühere „Minderkaufleute“** sind nach Maßgabe des neuen § 1 als Kleingewerbetreibende grundsätzlich Nichtkaufleute (→ Rn. 20, 32). Doch räumt ihnen § 2 S. 2 nF die Möglichkeit ein, ihre Firma in das Handelsregister eintragen zu lassen und dadurch Kaufleute zu werden. Seit Inkrafttreten des **MoPeG** können sich seit dem 1.1.2024 gem. § 107 Abs. 1 S. 2 auch Freiberuflergesellschaften als OHG eintragen lassen (und damit Kaufleute werden), obwohl sie kein Gewerbe betreiben. 3

3. Systematische Stellung. Der Status des Istkaufmanns nach **§ 1** und des Kannkaufmanns nach § 2 schließen sich gegenseitig aus. Wer die Voraussetzungen des § 1 erfüllt, ist Kaufmann kraft Gesetzes und wird es nicht erst mit der (für ihn nur deklaratorischen) Eintragung.[6] Gemeinsam ist beiden Vorschriften, dass sie das Betreiben eines Gewerbes voraussetzen. Das Verhältnis des § 2 zu **§ 3** ist umstritten. Nach richtiger, wenn auch umstrittener Ansicht ist § 2 neben § 3 anwendbar. § 2 4

---

1 RegE, BT-Drs. 13/8444, 31, 49.
2 Vgl. MüKoHGB/K. Schmidt/Fleischer Rn. 5.
3 Vgl. Kommentierungen zu § 2 aF; GK-HGB/Ensthaler Rn. 1 ff.
4 RegE, BT-Drs. 13/8444, 23 ff.; MüKoHGB/K. Schmidt/Fleischer Rn. 1.
5 RegE, BT-Drs. 13/8444, 23 ff., 49.
6 Vgl. Normwortlaut: „dessen Gewerbebetrieb nicht schon nach § 1 Abs. 2 Handelsgewerbe ist“.

findet auf kleingewerbliche Land- und Forstwirte Anwendung, während Land- und Forstwirte, deren Betrieb kaufmännischer Einrichtungen bedarf, sich nach § 3 Abs. 2 iVm § 2 in das Handelsregister eintragen lassen können (→ § 3 Rn. 4 f.). Ebenfalls umstritten ist das Verhältnis zu **§ 5** (→ Rn. 11 f.; → § 5 Rn. 4 f.).

5 Gesellschaftsrechtliche Parallelvorschrift zu § 2 ist **§ 107 Abs. 1 S. 1.** Danach können auch **kleingewerbliche Gesellschaften** durch Eintragung in das Handelsregister zur OHG oder KG (§ 161 Abs. 2) werden.[7] Bis zur Eintragung sind sie Gesellschaften bürgerlichen Rechts (§§ 705 ff. BGB). Durch die Parallelregelung in § 2 und § 107 Abs. 1 S. 1 wird zugleich die Unternehmenskontinuität für den Fall sichergestellt, dass aus einer kleingewerblichen OHG oder KG der vorletzte Gesellschafter ausscheidet; der Verbleibende kann das Unternehmen in diesem Fall als Einzelkaufmann weiterführen.[8] § 107 Abs. 1 geht allerdings über § 2 hinaus, indem er die gleiche Möglichkeit auch **Vermögensverwaltungsgesellschaften** (S. 1) bzw. **Freiberuflergesellschaften** (S. 2) eröffnet, obwohl diese kein Gewerbe betreiben (→ § 1 Rn. 22). Für nur ihr eigenes Vermögen verwaltende oder freiberuflich tätige Einzelpersonen fehlt es an einer vergleichbaren Regelung; auf sie ist § 107 Abs. 1 nicht analog anwendbar (str.).[9] Weil sie kein Gewerbe betreiben, können solche Einzelpersonen auch keine Fiktivkaufleute iSd § 5 sein (→ § 5 Rn. 11).

II. Materielle Voraussetzungen (S. 1)

6 Eine Eintragungsmöglichkeit besteht nach dem Wortlaut von S. 1 nur für gewerbliche Unternehmen, dh für Personen, die ein Gewerbe (→ § 1 Rn. 10 ff.) betreiben (→ § 1 Rn. 63 ff.), das nicht schon nach § 1 Abs. 2 Handelsgewerbe (→ § 1 Rn. 48 ff.) ist, kurz: für **Kleingewerbetreibende.** Damit sind zugleich alle materiellen Eintragungsvoraussetzungen beschrieben (str.; → Rn. 11 f. zur Rechtsnatur der Anmeldung). Der Begriff des **„Unternehmens“** wird (wie bei § 1; → § 1 Rn. 49) als Synonym für den Gewerbebetrieb verwendet und hat keine eigenständige Bedeutung im Sinne einer zusätzlichen materiellen Voraussetzung (str.).[10]

7 Eine Begrenzung der Unternehmensgröße „nach unten“ existiert nicht. Daher können sich auch **„Kleinstgewerbetreibende“** eintragen lassen (str.).[11] Wer dagegen – zB als Freiberufler – gar kein Gewerbe betreibt, dem fehlt (mit Ausnahme von Vermögensverwaltungsgesellschaften oder Freiberuflergesellschaften iSd § 107 Abs. 1) die Eintragungsfähigkeit. Wer umgekehrt sogar ein nach Art und Umfang kaufmännische Einrichtungen erforderndes Handelsgewerbe („Vollgewerbe“) betreibt, ist bereits nach § 1 Kaufmann und zur (deklaratorischen) Eintragung nicht nur berechtigt, sondern verpflichtet (§ 29). Anderes gilt nur für Land- und Forstwirte, auf die § 1 nach § 3 Abs. 1 nicht anwendbar ist; zur Eintragungsfähigkeit kleingewerblicher Land- und Forstwirte nach § 2 (→ Rn. 4; → § 3 Rn. 4 f.).

III. Eintragung (S. 2)

8 **1. Eintragungsoption.** Nach S. 2 ist der Kleingewerbetreibende (→ Rn. 6 f.) „berechtigt, aber nicht verpflichtet, die Eintragung nach den für die Eintragung kaufmännischer Firmen geltenden Vorschriften herbeizuführen“. Im Gegensatz zum Istkaufmann iSd § 1, der nach § 29 verpflichtet ist, seine Firma in das Handelsregister eintragen zu lassen, weil er aufgrund des von ihm betriebenen Handelsgewerbes bereits Kaufmann kraft Gesetzes ist, steht es dem „Kannkaufmann“ iSd § 2 mithin frei, sich eintragen zu lassen und erst dadurch Kaufmann zu werden. Dieses Wahlrecht wird durch die Löschungsoption nach S. 3 abgerundet (→ Rn. 26 ff.).

9 Die **Abwägung der Vor- und Nachteile der Eintragung** obliegt dem Kleingewerbetreibenden selbst. Positiv können – neben der Klarheit über den Status als Kaufmann und einem mit diesem Status möglicherweise verbundenen Prestigegewinn – zB der erhöhte gesetzliche Zinssatz (§ 352) oder das erweiterte Zurückbehaltungsrecht (§ 369) ins Gewicht fallen. Negativ schlagen zB die Belastungen durch Buchführungspflichten (§§ 238 ff.), Rügeobliegenheit (§ 377) und verringerter

---

[7] NK-HGB/Schall/J. Keßler Rn. 1.

[8] RegE, BT-Drs. 13/8444, 31; RGHMW/Ries Rn. 3.

[9] RegE, BT-Drs. 13/8444, 41; Schön DB 1998, 1169; BeckOK HGB/Schwartze, 47. Ed. 1.7.2025, Rn. 8; BeckOGK/Servatius, 1.3.2025, Rn. 14; **aA** Siems NZG 2001, 738 (739 f.); Hopt/Merkt § 1 Rn. 17; Ebenroth/Boujong/Kindler Rn. 7.

[10] KKD/Roth/Stelmaszczyk Rn. 2; **aA** – Ausschluss von Kleinstgewerbetreibenden durch Unternehmensbegriff – Siems, Kaufmannsbegriff und Rechtsfortbildung, 2003, 77 ff.; Canaris HandelsR § 3 Rn. 24.

[11] KKD/Roth/Stelmaszczyk Rn. 2; Ebenroth/Boujong/Kindler Rn. 3; **aA** Siems, Kaufmannsbegriff und Rechtsfortbildung, 2003, 77 ff. und Canaris HandelsR § 3 Rn. 24, die insoweit eine Begrenzung aus dem Unternehmensbegriff ableiten wollen.

Schutz durch Formvorschriften (§ 350) zu Buche.[12] Ferner ist zu bedenken, dass die Eintragung nach § 2 auch außerhalb des Handelsrechts relevant werden kann. Sie begründet zB eine Vermutung für das Vorliegen eines gewerbesteuerpflichtigen gewerblichen Unternehmens.[13] Im Regelfall dürften die Nachteile überwiegen.[14] Erweist sich die Entscheidung für die Eintragung nachträglich als falsch, steht die Löschungsoption nach S. 3 (mit ex nunc-Wirkung) offen.

Die **Einschätzung, ob die materiellen Voraussetzungen des § 2 S. 1 vorliegen,** dh insbesondere, ob wirklich nur ein Kleingewerbe (→ Rn. 6 f.) oder ein Handelsgewerbe iSv § 1 Abs. 2 existiert, liegt in der Praxis weitgehend bei dem Gewerbetreibenden selbst (→ Rn. 16; anders bei Löschung nach S. 3, → Rn. 27). Zwar kann das Registergericht nach § 14 die Anmeldung erzwingen, wenn ein Handelsgewerbe vorliegt. Doch dürfte ihm oftmals der für die Beurteilung der Erforderlichkeit kaufmännischer Einrichtungen notwendige Einblick in die Verhältnisse des Unternehmens fehlen.[15] Aufgrund der nach wie vor bestehenden Abgrenzungsschwierigkeiten (→ § 1 Rn. 48 ff., insbesondere → § 1 Rn. 55, → § 1 Rn. 58 ff.) dürfte diese Einschätzung aber auch dem Gewerbetreibenden selbst nicht leicht fallen, sodass vermutlich zahlreiche Istkaufleute aufgrund von Fehleinschätzungen nicht im Handelsregister eingetragen sind.[16] Ist die Eintragung unterblieben, obwohl objektiv ein Handelsgewerbe iSv § 1 betrieben wird, so kann sich der Gewerbetreibende einem Dritten gegenüber nach § 15 Abs. 1 nicht darauf berufen, Kaufmann zu sein, es sei denn, er weist nach, dass dem Dritten die Kaufmannseigenschaft bekannt war (→ § 1 Rn. 61).[17] 10

2. Anmeldung. Der Erwerb der Kaufmannseigenschaft nach § 2 setzt nach ganz hM eine wirksame Anmeldung voraus. Erfolgt die Eintragung ohne eine solche Anmeldung, ist nicht § 2, sondern § 5 einschlägig.[18] Wirksam ist auch eine durch das Registergericht nach §§ 14, 29 erzwungene Anmeldung.[19] Die **Rechtsnatur** der Anmeldung ist **umstritten.** Teilweise wird die Anmeldung nach § 2 S. 2 (zu Recht) als **reine Verfahrenshandlung** ohne materielle Elemente angesehen.[20] Nach anderer Auffassung beruht die Kaufmannseigenschaft nach § 2 auf einer materiell rechtsgestaltenden **Willenserklärung,** die mit der Anmeldung gegenüber dem Handelsregister abzugeben ist.[21] Die **hL** kombiniert beide Aspekte und geht von einem **Doppeltatbestand** aus Verfahrenshandlung und Willenserklärung aus.[22] Danach ist die Ausübung des Wahlrechts im Sinne einer wirksamen Willenserklärung materielle Voraussetzung für den Erwerb der Kaufmannseigenschaft nach § 2. Der Streit hat eine gewisse Bedeutung für die Prüfung der Anmeldung durch das Registergericht (→ Rn. 16) sowie für die Fälle der fehlerhaften (namentlich irrtümlichen) Ausübung der Eintragungsoption (→ Rn. 12, → Rn. 16) und des nachträglichen Herabsinkens auf ein Kleingewerbe (→ Rn. 22). Die praktische Relevanz ist aber eher gering, weil die Kaufmannseigenschaft eingetragener Kleingewerbetreibender, selbst wenn man § 2 (zu Unrecht) mangels wirksamer Willenserklärung für unanwendbar erachtet, jedenfalls aus § 5 folgt. Allerdings → § 5 Rn. 21 ff. zu den Grenzen der Gleichstellung der Fiktivkaufleute nach § 5 mit anderen Kaufleuten. 11

Zu folgen ist dem verfahrensrechtlichen Ansatz. Die Argumente der hL vermögen nicht zu überzeugen. Der Befund, dass § 5 nach dem verfahrensrechtlichen Ansatz nur ein sehr schmaler 12

---

[12] Vgl. RegE, BT-Drs. 13/8444, 41; zu den Vor- und Nachteilen der Eintragung auch ausf. BeckOGK/Servatius, 1.3.2025, Rn. 19; Saenger/Aderhold/Lenkaitis/Speckmann, Handels- und Gesellschaftsrecht, 2. Aufl. 2011, § 1 Rn. 17; Ebenroth/Boujong/Kindler Rn. 9 ff.; Canaris HandelsR § 3 Rn. 18.

[13] Blümich/Bode EStG § 15 Rn. 358; Ebenroth/BoujongJ/Kindler Rn. 11.

[14] So auch Canaris HandelsR § 3 Rn. 18.

[15] Oetker HandelsR § 2 Rn. 39; zur Prüfkompetenz des Registergerichts im Eintragungsverfahren → Rn. 16.

[16] Oetker HandelsR § 2 Rn. 39; Kaiser JZ 1999, 495 (498).

[17] RegE, BT-Drs. 13/8444, 48; MüKoHGB/K. Schmidt/Fleischer § 1 Rn. 85; RGHMW/Ries Rn. 20; Hopt/Merkt § 1 Rn. 25; Canaris HandelsR § 3 Rn. 11; krit. Lieb NJW 1999, 35 (36); Kaiser JZ 1999, 495 (501).

[18] Schmitt WiB 1997, 1113 (1117) Fn. 3; Schulze-Osterloh ZIP 2007, 2390 (2932); v. Olshausen ZHR 141 (1977), 93 (104); v. Olshausen ZHR 163 (1999), 493 (496); Ebenroth/Boujong/Kindler Rn. § 5 Rn. 16; **aA** MüKoHGB/K. Schmidt/Fleischer Rn. 19, 26.

[19] Schulze-Osterloh ZIP 2007, 2390 (2932); Ebenroth/Boujong/Kindler § 5 Rn. 13.

[20] K. Schmidt ZHR 163 (1999), 87 (92); MüKoHGB/K. Schmidt/Fleischer Rn. 13, 19; Jung HandelsR § 6 Rn. 26 f.; Körber Jura 1998, 452 (453 f.); Treber AcP 199 (1999), 525 (583); Schulze-Osterloh ZIP 2007, 2390 f.; Ebenroth/Boujong/Kindler Rn. 15; diff. Schmitt Die Rechtsstellung des Kleingewerbetreibenden nach dem Handelsrechtsreformgesetz, 2003, 80 ff.

[21] Lieb NJW 1999, 35 (36).

[22] Canaris HandelsR § 3 Rn. 19 ff.; Siems, Kaufmannsbegriff und Rechtsfortbildung, 2003, 89 ff.; RGHMW/Ries Rn. 10; Hopt/Merkt Rn. 4; KKD/Roth/Stelmaszczyk Rn. 3; BeckOK HGB/Schwartze, 47. Ed. 1.7.2025, Rn. 11, 1.1.2025; BeckOGK/Servatius, 1.3.2025, Rn. 21; **abw.** Staub/Oetker Rn. 11: keine Willenserklärung, sondern nur geschäftsähnliche Handlung.

Anwendungsbereich verbleibt,[23] ist zwar richtig, rechtfertigt aber keine teleologische Reduktion des § 2. Den Interessen des sich irrtümlich als Istkaufmann (und daher nach § 29 zur Eintragung verpflichteten) wähnenden Kleingewerbetreibenden wird durch die Löschungsoption des § 2 S. 3 hinreichend Rechnung getragen.[24] Für den verfahrensrechtlichen Ansatz spricht neben dem § 2 zugrunde liegenden Ziel der Rechtssicherheit insbesondere auch der Wortlaut der Norm, der für den Erwerb der Kaufmannseigenschaft neben dem Betreiben eines Kleingewerbes lediglich die Eintragung der Firma in das Handelsregister verlangt („gilt als Handelsgewerbe … wenn die Firma … eingetragen ist"). Der Kaufmann nach § 2 ist Kaufmann kraft Eintragung. Einen Kaufmann kraft Rechtsgeschäfts kennt das HGB nicht. Zwar steht es dem Kannkaufmann nach dem Gesetz frei, eine Anmeldung vorzunehmen oder zu unterlassen. Ist die Anmeldung aber erfolgt, ergibt sich die Kaufmannseigenschaft – auch wenn der Kaufmann vor der Anmeldung insoweit einem Motivirrtum unterlegen ist – allein aus der Eintragung, während der Wille, gerade durch die Eintragung Kaufmann zu werden (oder zu bleiben), dafür irrelevant ist.[25] Auch ein **Kleingewerbetreibender, der sich irrtümlich als Istkaufmann iSv § 1** und daher gem. § 29 zur Eintragung verpflichtet **wähnt,** wird daher mit der Eintragung im Handelsregister nach § 2 S. 1 Kaufmann und nicht, wie die hL meint, nur Fiktivkaufmann iSd § 5, dessen Firma im Wege der Amtslöschung zu löschen sei (→ Rn. 23).

13 **3. Verfahren. a) Allgemeines.** Die Eintragung erfolgt nach § 2 S. 2 „nach den für die Eintragung kaufmännischer Firmen geltenden Vorschriften", dh **nach § 29 HGB, §§ 24 ff. HRV** mit der Maßgabe, dass keine Eintragungspflicht (vgl. § 29), sondern lediglich eine Eintragungsoption besteht. Als reine Verfahrenshandlung ist die Anmeldung bedingungsfeindlich; sie kann bis zur Eintragung jederzeit formlos widerrufen, nicht aber nach §§ 119 ff. BGB angefochten werden.[26]

14 **b) Anmeldebefugnis.** Zur Anmeldung befugt ist derjenige, der das Kleingewerbe betreibt (zum Betreiben → § 1 Rn. 63 ff.). Bei einem Antrag nach § 107 Abs. 1 S. 1 steht die Anmeldebefugnis nach § 106 Abs. 7 S. 1 allen Gesellschaftern gemeinsam zu. Geschäftsunfähige oder in ihrer Geschäftsfähigkeit beschränkte Personen (§§ 104 ff. BGB) müssen gem. § 9 Abs. 2 FamFG durch ihre gesetzlichen Vertreter vertreten werden, sonst ist die Anmeldung unwirksam.[27] Tod oder Eintritt der Geschäftsunfähigkeit nach Abgabe der Anmeldung lassen ihre Wirksamkeit unberührt.[28]

15 **c) Inhalt der Anmeldung.** Der notwendige Inhalt der Anmeldung ergibt sich aus § 29 HGB (Firma) und § 24 HRV (zB: Ich, Klaus Klein, geboren am 1.5.1956, wohnhaft in Berlin, betreibe unter der Firma „Klaus Klein Zeitschriften e.K." einen Zeitschriftenkiosk. Der Ort meiner Handelsniederlassung ist Berlin. Die Geschäftsräume befinden sich in 10574 Berlin, Hauptstraße 1). Eine besondere Erklärung, gerade durch die Eintragung Kaufmann werden zu wollen, ist nicht erforderlich. Die Anmeldung unterscheidet sich in Inhalt und rechtlicher Qualität nicht von einer Anmeldung nach § 29 iVm §§ 1, 3 oder § 107 Abs. 1 S. 1 (str.).[29]

16 **d) Prüfung durch das Registergericht.** Das Registergericht prüft in materieller Hinsicht nur die Eintragungsfähigkeit, dh ob unter der angegebenen Firma ein Gewerbe – bzw. in den Fällen des § 107 Abs. 1 Vermögensverwaltung (S. 1 Alt. 2) oder eine freiberufliche Tätigkeit (S. 2) – betrieben wird und ob die Firma zulässig ist.[30] Nach hM muss das Registergericht dagegen nicht prüfen, ob das Unternehmen nach Art und Umfang eines in kaufmännischer Weise eingerichteten Geschäftsbetriebes bedarf.[31] Deshalb ist das Registergericht grundsätzlich auch nicht verpflichtet, Motivforschung zu betreiben und nachzufragen, ob der Anmelder eine Eintragung nach §§ 1, 29 oder nach

---

[23] Oetker HandelsR § 2 Rn. 33.
[24] **AA** Canaris HandelsR § 3 Rn. 21.
[25] MüKoHGB/K. Schmidt/Fleischer Rn. 19 .
[26] BayObLG 29.7.1992, DNotZ 1993, 197; Ebenroth/Boujong/Kindler Rn. 17; BeckOK HGB/Schwartze, 47. Ed. 1.7.2025, Rn. 12, 1.1.2025; für eine Anfechtbarkeit der Anmeldung iSv § 2 S. 2, aber gegen die Möglichkeit einer bedingten Anmeldung Siems, Kaufmannsbegriff und Rechtsfortbildung, 2003, 89 ff.
[27] BHS/Bumiller FamFG § 9 Rn. 10, 12; Ebenroth/Boujong/Kindler Rn. 16.
[28] Vgl. OLG Dresden 20.12.1901, OLGRspr. 4, 202 (203); Ebenroth/Boujong/Kindler Rn. 16.
[29] MüKoHGB/K. Schmidt/Fleischer Rn. 21; Ebenroth/Boujong/Kindler Rn. 15; **aA** hL zB Lieb NJW 1999, 35 (36); Canaris HandelsR § 3 Rn. 19 ff.; Siems, Kaufmannsbegriff und Rechtsfortbildung, 2003, 89 ff.; Oetker HandelsR § 2 Rn. 32.
[30] AllgM; zur Auslegung von Anmeldungen vgl. BayObLG 16.2.2000, NJW-RR 2000, 990 (991).
[31] RegE, BT-Drs. 13/8444, 32 (98); K. Schmidt ZHR 163 (1999), 87 (92); RGHMW/Ries Rn. 15; Ebenroth/Boujong/Kindler Rn. 18 f.; Staub/Oetker Rn. 14; **aA** Canaris HandelsR § 3 Rn. 23; BeckOGK/Servatius, 15.6.2024, § 1 Rn. 51 f.; wohl auch KKD/Roth/Stelmaszczyk Rn. 3; vermittelnd Hopt/Merkt Rn. 7 (Prüfung des § 1 Abs. 2 nur bei Vorliegen besonderer Anhaltspunkte).

§ 2 wünscht (→ Rn. 15 aE; str.).[32] Allerdings ist von einer Hinweispflicht des Registergerichts ausnahmsweise dann auszugehen, wenn der Anmeldende deutlich macht, dass er keine Anmeldung nach § 2 wünscht, sondern seine Firma nur zur Eintragung angemeldet hat, weil er sich dazu nach §§ 1, 29 für verpflichtet hält und wenn erhebliche Zweifel am Vorliegen einer Eintragungspflicht bestehen.[33]

e) Inhalt der Eintragung. Die Firma wird in die Abteilung A des Handelsregisters eingetragen. Die Eintragung enthält keinen Zusatz, der auf die Ausübung des Optionsrechts hinweist. Aus dem Handelsregister ist daher nicht ersichtlich, ob die Eintragung nach §§ 1, 29 oder nach § 2 erfolgt ist.[34] 17

IV. Kaufmann kraft Eintragung (S. 2)

1. Kaufmannseigenschaft. Anders als die deklaratorische Eintragung des Istkaufmanns nach §§ 1, 29 wirkt die Eintragung nach § 2 S. 1 **konstitutiv** (Kaufmann kraft Eintragung).[35] Das Unternehmen „gilt" nach § 2 S. 1 als Handelsgewerbe, wenn die Firma des Unternehmens in das Handelsregister eingetragen ist, dh der nach § 2 eingetragene Kleingewerbetreibende ist Kaufmann **mit allen Rechten und Pflichten,** solange er nicht von der durch § 2 S. 3 eröffneten Möglichkeit Gebrauch macht, seine Firma wieder löschen zu lassen.[36] Zu Ausnahmen in Bezug auf das Verbraucherinsolvenzverfahren → Rn. 34. Die Auffassung der hL, dass entgegen dem Normwortlaut nur derjenige Kaufmann kraft Eintragung nach § 2 S. 1 ist, der die Kaufmannseigenschaft gerade durch die Eintragung erwerben wollte, während sonst allenfalls § 5 eingreift,[37] ist abzulehnen (→ Rn. 11 f.). 18

2. Beginn und Ende. Für Beginn und Ende der Kaufmannseigenschaft ist der Zeitpunkt des **Vollzugs der Eintragung bzw. Löschung** ausschlaggebend, nicht dagegen der Zeitpunkt der Anmeldung oder der Bekanntmachung.[38] Eintragung und Löschung wirken ex nunc. Es tritt keine Rückwirkung auf den Zeitpunkt der Antragstellung ein.[39] Früher wurden gutgläubige Dritte bis zur Bekanntmachung durch § 15 Abs. 1[40] und § 15 Abs. 2 S. 2[41] geschützt. Seit Inkrafttreten des **DiRUG** erfolgt die **Bekanntmachung** nach § 10 Abs. 1 bereits dadurch, dass die Eintragung erstmalig über das nach § 9 Abs. 1 bestimmte elektronische Informations- und Kommunikationssystem abrufbar ist. Sie fällt also effektiv mit der Eintragung zusammen. Eine zusätzliche Veröffentlichung ist nicht mehr erforderlich. Tritt ein nicht eingetragener Kleingewerbetreibender bereits als Kaufmann auf, kann die Lehre vom Scheinkaufmann zur Anwendung kommen (→ § 5 Rn. 31 ff.). 19

Vor Eintragung und nach Löschung sind Kleingewerbetreibende **Nichtkaufleute,** auf die das Handelsrecht grundsätzlich nicht anwendbar ist (→ Rn. 32 f.). Die im Zeitraum der Handelsregistereintragung begründeten Rechte und Pflichten unterliegen selbstverständlich auch nach einer Löschung weiterhin den handelsrechtlichen Vorschriften, weil der Kleingewerbetreibende bei ihrer Begründung Kaufmann kraft Eintragung war.[42] 20

3. Aufstieg zum Istkaufmann. Steigt ein nach § 2 in das Handelsregister eingetragener Kleingewerbetreibender nachträglich zum Handelsgewerbetreibenden und damit zum Istkaufmann iSv § 1 auf, so **entfällt die Löschungsoption nach § 2 S. 3,** da ein Istkaufmann nach §§ 1, 29 zur Eintragung verpflichtet ist.[43] Ansonsten ändert sich in Bezug auf die Kaufmannseigenschaft nichts. Auch die Eintragung im Handelsregister bleibt unverändert (keine Löschung und Neueintragung), da alle 21

---

[32] K. Schmidt ZHR 163 (1999), 87 (92); MüKoHGB/K. Schmidt/Fleischer Rn. 13; Schmitt Die Rechtsstellung des Kleingewerbetreibenden nach dem Handelsrechtsreformgesetz, 2003, 86; Hopt/Merkt Rn. 7; **aA** (Nachfragepflicht) Canaris HandelsR § 3 Rn. 23; KKD/Roth/Stelmaszczyk Rn. 3; BeckOGK/Servatius, 1.3.2025, Rn. 29.

[33] RGHMW/Ries Rn. 16; Hopt/Merkt Rn. 7 (uU Zwischenverfügung); weiter Canaris HandelsR § 3 Rn. 23 und KKD/Roth/Stelmaszczyk Rn. 3 (immer Nachfragepflicht); enger K. Schmidt ZHR 163 (1999), 87 (92); MüKoHGB/K. Schmidt/Fleischer Rn. 18 (Hinweismöglichkeit, aber keine Hinweispflicht).

[34] MüKoHGB/K. Schmidt/Fleischer Rn. 23.

[35] AllgM, vgl. Normwortlaut („wenn die Firma … eingetragen ist") sowie RegE, BT-Drs. 13/8444, 32.

[36] MüKoHGB/K. Schmidt/Fleischer Rn. 29; MüKoHGB/K. Schmidt/Fleischer § 1 Rn. 86.

[37] So zB Lieb NJW 1999, 35 (36); Siems, Kaufmannsbegriff und Rechtsfortbildung, 2003, 89 ff.; Canaris HandelsR § 3 Rn. 19 ff.; Oetker HandelsR § 2 Rn. 32; RGHMW/Ries Rn. 10 und 21; Hopt/Merkt Rn. 4.

[38] Staub/Oetker Rn. 15.

[39] RegE, BT-Drs. 13/8444, 49; Ammon DStR 1998, 1474 (1475); Ebenroth/Boujong/Kindler Rn. 35.

[40] RGHMW/Ries Rn. 20; Hopt/Merkt § 15 Rn. 5; **aA** GK-HGB/Ensthaler Rn. 14.

[41] Ebenroth/Boujong/Kindler Rn. 35.

[42] Ammon DStR 1998, 1474 (1475); Ebenroth/Boujong/Kindler Rn. 35.

[43] RegE, BT-Drs. 13/8444, 32; BeckOGK/Servatius, 1.3.2025, Rn. 41.

Anmeldungen wesensgleich sind (→ Rn. 15) und da die Optionsausübung iSv § 2 ohnehin nicht eingetragen wird (→ Rn. 17).[44]

22 **4. Herabsinken auf Kleingewerbe.** Bei nicht eingetragenen Gewerbetreibenden entfällt die Kaufmannseigenschaft nach § 1 ohne Weiteres wieder, wenn ihr Gewerbe nicht nur vorübergehend auf ein Kleingewerbe absinkt (zur Zeitperspektive für die Beurteilung der Erforderlichkeit kaufmännischer Einrichtungen → § 1 Rn. 56 f.). Bei nach §§ 1, 29 eingetragenen Gewerbetreibenden ändert sich im Falle des Herabsinkens auf ein Kleingewerbe an deren Kaufmannseigenschaft zunächst nichts. Nach dem klaren Wortlaut des § 2 S. 1 gilt jeder Gewerbetreibende, der im Handelsregister eingetragen ist, als Kaufmann. Ob seine Firma ursprünglich nach §§ 1, 29 oder nach §§ 2, 3, 107 Abs. 1 eingetragen wurde, ist irrelevant.[45] Der Kleingewerbetreibende hat allerdings anders als der Istkaufmann die Möglichkeit, seine Firma nach § 2 S. 3 aus dem Handelsregister löschen zu lassen und dadurch die Kaufmannseigenschaft aufzugeben (→ Rn. 26 ff.).

23 **Anderes** gilt nach der Gegenauffassung und **hL,**[46] die eine wirksame, auf Erwerb der Kaufmannseigenschaft gerichtete Willenserklärung als ungeschriebene materielle Voraussetzung der Kaufmannseigenschaft nach § 2 ansieht (→ Rn. 11 f.). Danach entfällt bei nachträglichem Herabsinken eines Handelsgewerbes auf ein Kleingewerbe die Kaufmannseigenschaft iSd § 2, und das Registergericht muss ein Löschungsverfahren (→ Rn. 29 f.) einleiten. Bis zur Löschung ist der eingetragene Kleingewerbetreibende nur Fiktivkaufmann iSv § 5. Er kann allerdings bis zum Vollzug der Löschung eine Anmeldung nach § 2 S. 2 nachholen oder Widerspruch gegen die Löschung einlegen, worin eine konkludente Anmeldung nach § 2 S. 2 gesehen wird.[47]

24 **5. Betriebseinstellung.** Wird der Betrieb eingestellt oder das Gewerbe – bzw. in Fällen des § 107 Abs. 1 die Vermögensverwaltung (S. 1) oder freiberufliche Tätigkeit (S. 2) – aufgegeben, so entfällt die Kaufmannseigenschaft, da ein Betrieb materielle Voraussetzung der Kaufmannseigenschaft nach § 2 ist (→ Rn. 6). Auch § 5 greift in diesem Fall in Ermangelung eines Gewerbes nicht ein.[48] Mit der endgültigen Einstellung des Gewerbebetriebs erlischt die Firma iSv § 31 Abs. 2 S. 1.[49] Nach § 31 Abs. 2 S. 1, Abs. 1 ist das Erlöschen der Firma beim Handelsregister anzumelden (zu Registerzwang und Amtslöschung → Rn. 29).

25 **6. Rechtsnachfolge.** Kommt es infolge einer Unternehmensveräußerung oder eines Erbfalls zu einem Wechsel in der Person des Betreibers eines kleingewerblichen Unternehmens, so ist die Frage aufgeworfen, ob der neue Betreiber gleichsam automatisch in die nach § 2 erlangte Kaufmannseigenschaft nachrückt oder erneut selbst die Option des § 2 S. 2 ausüben muss. Die Antwort ist dem Wortlaut des § 2 S. 1 zu entnehmen. Danach gilt ein gewerbliches Unternehmen als Handelsgewerbe, wenn seine Firma (nicht: das Unternehmen an sich) im Handelsregister eingetragen ist. Daraus folgt, dass der **Erwerber bei Firmenfortführung** ohne Weiteres anstelle seines Vorgängers **Kaufmann** kraft Eintragung wird. Daneben muss sich ggf. auch der Vorgänger nach § 15 Abs. 1 weiter als Kaufmann behandeln lassen, bis die Änderung der Inhaberschaft eingetragen und bekannt gemacht worden ist. Wird die Firma nicht fortgeführt, so wird der Erwerber nur (und erst) dann Kaufmann, wenn er für die Eintragung optiert und seine eigene Firma im Handelsregister eingetragen wird.[50]

V. Löschung

26 **1. Löschungsoption (S. 3). a) Allgemeines.** Hat ein Kleingewerbetreibender seine Firma nach S. 2 in das Handelsregister eintragen lassen, und ist er dadurch nach S. 1 zum Kaufmann geworden, so ist er an diese Entscheidung nicht dauerhaft gebunden. Kleingewerbetreibende sind „Kannkauf-

[44] K. Schmidt ZHR 163 (1999), 87 (94); Ebenroth/Boujong/Kindler Rn. 29.

[45] K. Schmidt ZHR 163 (1999), 87 (94 f.); Körber Jura 1998, 452 (453 f.); Treber AcP 199 (1999), 525 (583); Ebenroth/Boujong/Kindler Rn. 30 ff.

[46] Lieb NJW 1999, 35 (36); Canaris HandelsR § 3 Rn. 21 ff.; Oetker HandelsR § 2 Rn. 31 ff.; RGHMW/Ries Rn. 13 f.; Hopt/Merkt Rn. 6; KKD/Roth/Stelmaszczyk § 1 Rn. 46; Staub/Oetker Rn. 24; BeckOGK/Servatius, 15.6.2024, Rn. 33 f.

[47] So auch RegE, BT-Drs. 13/8444, 32, 49 und 98 mit überzeugender Zurückweisung der dagegen seitens des BR vorgebrachten Bedenken bzgl. Verkehrsschutz und Belastung der Registergerichte (S. 91); weitergehend Schmitt WiB 1997, 1113 (1117); Jung HandelsR § 6 Rn. 27 (bewusstes Unterlassen des Löschungsantrags nach S. 3 als konkludenter Antrag nach S. 2 zu werten).

[48] BGH 19.5.1960, BGHZ 32, 307 (314) = NJW 1960, 1664 (1665); RGHMW/Ries Rn. 27; BeckOGK/Servatius, 1.3.2025, Rn. 35.

[49] BayObLG 10.3.2000, NJW-RR 2000, 1700 = BB 2000, 1211 (1212).

[50] Canaris HandelsR § 3 Rn. 25; Ebenroth/Boujong/Kindler Rn. 5, 28; Hopt/Merkt Rn. 11; RGHMW/Ries Rn. 26; KKD/Roth/Stelmaszczyk Rn. 6.

leute mit Rückfahrkarte".[51] S. 3 räumt ihnen die Möglichkeit ein, ihre Firma freiwillig aus dem Handelsregister löschen zu lassen und dadurch die Kaufmannseigenschaft wieder aufzugeben,[52] „sofern nicht die Voraussetzung des § 1 Abs. 2 eingetreten ist", dh sofern der Kleingewerbetreibende nicht zum Handelsgewerbetreibenden und damit zum Istkaufmann iSv § 1 aufgestiegen ist (→ Rn. 21) bzw. von Anfang an Istkaufmann war und sich bei der Eintragung nur fälschlich als Kannkaufmann wähnte.[53] Die Löschungsoption nach S. 3 besteht auch dann, wenn bei Eintragung ein Handelsgewerbe iSv § 1 Abs. 2 bestand und der als Istkaufmann Eingetragene nachträglich zu einem Kleingewerbetreibenden herabgesunken ist (nach hL in diesem Fall sogar Amtslöschung nach § 395 FamFG; → Rn. 23, → Rn. 29 f.).

b) Verfahren. Der Löschungsantrag ist als actus contrarius der Anmeldung wie diese eine reine Verfahrenshandlung (**str.,** nach **hL** auch Willenserklärung; → Rn. 11 f.). Bezüglich der Antragsbefugnis gilt das in → Rn. 14 Gesagte. Da eine Löschung nach S. 3 nur in Betracht kommt, wenn das Unternehmen nach wie vor kleingewerblich ist, muss das **Registergericht** allerdings – anders als im Eintragungsverfahren (→ Rn. 16) – prüfen, ob die Voraussetzungen des § 1 Abs. 2 vorliegen.[54] Hierbei gilt der Amtsermittlungsgrundsatz gem. § 26 FamFG. Den Antragsteller trifft keine formelle Darlegungslast (→ § 1 Rn. 62). Doch kann das Registergericht verlangen, dass er Umstände darlegt, aus denen sich die Kleingewerblichkeit ergibt.[55] Außerdem erlangt die Beweislastregel des § 1 Abs. 2 in Bezug auf die materielle Beweislast im Falle eines non liquet Bedeutung: Lässt sich nicht mit letzter Sicherheit feststellen, ob kaufmännische Einrichtungen erforderlich sind, so ist nach Abs. 2 davon auszugehen, dass ein Handelsgewerbe vorliegt (str.).[56] 27

c) Wirkung. Da ein Kleingewerbetreibender nach § 2 S. 1 nur als Kaufmann gilt, wenn (und solange) seine Firma im Handelsregister eingetragen ist, verliert er **mit dem Vollzug der Löschung** der Firma aus dem Handelsregister (nicht bereits mit Antragstellung) die Kaufmannseigenschaft (→ Rn. 19). Die Wirkung tritt ex nunc ein (keine Rückwirkung auf den Zeitpunkt der Antragstellung).[57] Gutgläubige Dritte waren früher bis zur **Bekanntmachung** durch § 15 Abs. 1[58] und § 15 Abs. 2 S. 2[59] geschützt. Seit Inkrafttreten des **DiRUG** erfolgt die Bekanntmachung nach § 10 Abs. 1 bereits dadurch, dass die Eintragung erstmalig über das nach § 9 Abs. 1 bestimmte elektronische Informations- und Kommunikationssystem abrufbar ist. Sie fällt also effektiv mit der Eintragung zusammen, ohne dass es einer zusätzlichen Veröffentlichung bedarf. Die im Zeitraum der Handelsregistereintragung begründeten Rechte und Pflichten unterliegen selbstverständlich auch nach einer Löschung weiterhin den handelsrechtlichen Vorschriften, weil der Kleingewerbetreibende bei ihrer Begründung Kaufmann kraft Eintragung war.[60] Wird ein Handelsgewerbetreibender iSv § 1 entgegen § 2 S. 3 aE zu Unrecht aus dem Handelsregister gelöscht, so bleibt er trotzdem Kaufmann, weil er nach § 1 Kaufmann kraft Gesetzes ist und weil die Eintragung für ihn nur deklaratorische Bedeutung hat.[61] 28

2. Weitere Löschungstatbestände. Mit der endgültigen Einstellung des Gewerbebetriebs (→ Rn. 24) erlischt die Firma iSv § 31 Abs. 2 S. 1.[62] Nach § 31 Abs. 2 S. 1, Abs. 1 ist das **Erlöschen der Firma** beim Handelsregister anzumelden. Geschieht dies nicht, so kann das Registergericht nach § 14 HGB iVm §§ 388 ff. FamFG Registerzwang ausüben bzw. subsidiär nach § 31 Abs. 2 S. 2 HGB iVm § 393 FamFG eine **Löschung von Amts wegen** vornehmen. 29

Eine Amtslöschung erfolgt nach § 395 FamFG auch bei **Eintragungen** in das Handelsregister, die wegen eines Mangels einer wesentlichen Voraussetzung **unzulässig** waren. Unzulässig ist eine Eintragung zB, wenn eine Anmeldung zum Handelsregister fehlte,[63] wenn der Anmeldende nicht zur Anmeldung befugt war (→ Rn. 14) oder wenn dem Eingetragenen (zB weil er Freiberufler ist) 30

---

[51] So K. Schmidt NJW 1998, 2161 (2162).
[52] RegE, BT-Drs. 13/8444, 49.
[53] RGHMW/Ries Rn. 22.
[54] RegE, BT-Drs. 13/8444, 98.
[55] RGHMW/Ries Rn. 22; BeckOGK/Servatius, 1.3.2025, Rn. 45.
[56] MüKoHGB/K. Schmidt/Fleischer § 1 Rn. 80; KKD/Roth/Stelmaszczyk § 1 Rn. 45; Hopt/Merkt § 1 Rn. 25; **aA** – keine Anwendung des Abs. 2 im Registerverfahren – Schmitt Die Rechtsstellung des Kleingewerbetreibenden nach dem Handelsrechtsreformgesetz, 2003, 67; Ebenroth/Boujong/Kindler § 1 Rn. 44.
[57] RegE, BT-Drs. 13/8444, 49; RGHMW/Ries Rn. 24.
[58] RGHMW/Ries Rn. 24; **aA** GK-HGB/Ensthaler Rn. 18.
[59] Ebenroth/Boujong/Kindler Rn. 35.
[60] Ammon DStR 1998, 1474 (1475); Staub/Oetker Rn. 17; Ebenroth/Boujong/Kindler Rn. 35.
[61] Ebenso BeckOGK/Servatius, 1.3.2025, Rn. 46.
[62] BayObLG 10.3.2000, NJW-RR 2000, 1700 = BB 2000, 1211 (1212).
[63] RGHMW/Ries Rn. 23.

gar keine Kaufmannseigenschaft zukommt.[64] Die hL zählt hierzu (zu Unrecht) auch Fälle, in denen ein Kleingewerbetreibender sich hat eintragen lassen, weil er sich irrtümlich als Istkaufmann iSv § 1 wähnte (→ Rn. 12 aE) bzw. in denen das Gewerbe eines ursprünglich als Istkaufmann nach §§ 1, 29 Eingetragenen auf ein Kleingewerbe herabgesunken ist (→ Rn. 23).

31 Hinsichtlich der **Wirkung der Löschung** gilt das in → Rn. 28 Gesagte. Mit dem Vollzug der Löschung entfällt die Kaufmannseigenschaft. Da Kleingewerbetreibende Kaufleute kraft Eintragung sind, gehen sie ihrer Kaufmannseigenschaft auch dann verlustig, wenn sie zu Unrecht aus dem Handelsregister gelöscht werden. Sie können ihre Firma in diesem Fall allerdings erneut nach § 2 S. 2 zur Eintragung in das Handelsregister anmelden, um diese Wirkung – wenn auch nur mit ex nunc-Wirkung für die Zukunft ab erneuter Eintragung (→ Rn. 19) – zu revidieren.[65]

VI. Rechtsstellung nicht eingetragener Kleingewerbetreibender

32 Nicht eingetragene Kleingewerbetreibende sind **Nichtkaufleute.** Als solche unterliegen sie grundsätzlich nicht dem Handelsrecht, sondern den allgemeinen Bestimmungen des bürgerlichen Rechts. Auf bestimmte Kleingewerbetreibende finden allerdings aufgrund besonderer **gesetzlicher Verweisung** handelsrechtliche Vorschriften Anwendung: Handelsvertreter s. § 84 Abs. 4, Handelsmakler s. § 93 Abs. 3, Kommissionär s. § 383 Abs. 2, Frachtführer s. § 407 Abs. 3 S. 2, Spediteur s. § 453 Abs. 3 S. 2, Lagerhalter s. § 467 Abs. 3 S. 2.[66] Handelsrechtliche Vorschriften können nach Maßgabe der Lehre vom Scheinkaufmann anwendbar sein (→ § 5 Rn. 31 ff.). Darüber hinaus kommt in engen Grenzen eine **analoge Anwendung** einzelner handelsrechtlicher Vorschriften in Betracht (→ § 1 Rn. 113 ff.).

33 Kleingewerbetreibende sind **Gewerbetreibende** und grundsätzlich auch **Unternehmer** iSv § 14 BGB.[67] Dies gilt unabhängig davon, ob ihre Firma im Handelsregister eingetragen ist oder nicht. Deshalb finden Vorschriften außerhalb des HGB auf sie Anwendung, die nicht auf den Kaufmannsbegriff,[68] sondern auf das Vorliegen eines Gewerbes (zB Buchführungs- und Aufzeichnungspflichten nach §§ 140 ff. AO) bzw. auf die Unternehmereigenschaft abstellen (zB § 310 Abs. 1 BGB).

34 Kleingewerbetreibende können – unabhängig von ihrer Eintragung im Handelsregister[69] – in der Insolvenz unter das Privileg des § 304 Abs. 1 S. 2 InsO fallen und insoweit Verbrauchern iSd § 304 Abs. 1 S. 1 InsO gleichgestellt sein, wenn gegen sie keine Forderungen aus Arbeitsverhältnissen bestehen und wenn ihre Vermögensverhältnisse überschaubar sind. Überschaubar sind ihre Vermögensverhältnisse nach § 304 Abs. 2 InsO nur, wenn sie zum Zeitpunkt des Insolvenzantrags weniger als 20 Gläubiger hatten. Außerdem kommt die Durchführung eines **Verbraucherinsolvenzverfahrens** nach dem Wortlaut des § 304 Abs. 1 S. 2 InsO nur für Kleingewerbetreibende in Betracht, die eine selbständige wirtschaftliche Tätigkeit ausgeübt *haben* (dh ihre Tätigkeit vor Stellung des Insolvenzantrags eingestellt haben). Sind sie im Zeitpunkt der Antragstellung noch selbständig wirtschaftlich tätig, ist ihnen der Zugang zum Verbraucherinsolvenzverfahren versperrt.[70]

§ 3 [Land- und Forstwirtschaft; Kannkaufmann]

(1) Auf den Betrieb der Land- und Forstwirtschaft finden die Vorschriften des § 1 keine Anwendung.

(2) Für ein land- oder forstwirtschaftliches Unternehmen, das nach Art und Umfang einen in kaufmännischer Weise eingerichteten Geschäftsbetrieb erfordert, gilt § 2 mit der Maßgabe, daß nach Eintragung in das Handelsregister eine Löschung der Firma nur nach den allgemeinen Vorschriften stattfindet, welche für die Löschung kaufmännischer Firmen gelten.

(3) Ist mit dem Betrieb der Land- oder Forstwirtschaft ein Unternehmen verbunden, das nur ein Nebengewerbe des land- oder forstwirtschaftlichen Unternehmens darstellt, so finden auf das im Nebengewerbe betriebene Unternehmen die Vorschriften der Absätze 1 und 2 entsprechende Anwendung.

---

[64] BHS/Harders FamFG § 395 Rn. 12.
[65] RGHMW/Ries Rn. 25.
[66] Vgl. iE Ebenroth/Boujong/Kindler Rn. 38 ff. sowie Normwortlaut und Kommentierungen zu betreffenden Normen.
[67] Grüneberg/Ellenberger BGB § 14 Rn. 2; MüKoBGB/Bachmann § 14 Rn. 57; Erman/Saenger BGB § 14 Rn. 9; MüKoHGB/K. Schmidt/Fleischer Rn. 42.
[68] Zu Vorschriften außerhalb des HGB, die auf die Kaufmannseigenschaft abstellen, → § 1 Rn. 8.
[69] Ebenroth/Boujong/Kindler Rn. 36.
[70] BGH 14.11.2002, NJW 2003, 591.

Schrifttum: Bydlinski, Zentrale Änderungen des HGB durch das Handelsrechtsreformgesetz, ZIP 1998, 1169; Hohmeister, Die Bedeutung des § 5 HGB seit der Handelsrechtsreform 1998, NJW 2000, 1921; Lieb, Probleme des neuen Kaufmannsbegriffs, NJW 1999, 35; v. Olshausen, Fragwürdige Redeweisen im Handelsrechtsreformgesetz – oder: vom Talent unserer Zeit zur Gesetzesformulierung, JZ 1998, 717; v. Olshausen, Die Kaufmannseigenschaft der Land- und Forstwirte – zugleich ein Beitrag zur Dogmatik der Kann-Kaufmannseigenschaft, ZHR 141 (1977), 93; Raisch, Bedeutung und Wandlung des Kaufmannsbegriffs in der neueren Gesetzgebung, FS Ballerstedt, 1975, 443; K. Schmidt, Deklaratorische und „konstitutive" Registereintragungen nach §§ 1 ff. HGB. Neues Handelsrecht: einfacher oder kompliziert?, ZHR 163 (1999), 87; K. Schmidt, Das Handelsrechtsreformgesetz, NJW 1998, 2161; Siems, Kaufmannsbegriff und Rechtsfortbildung, 2003; Treber, Der Kaufmann als Rechtsbegriff im Handels- und Verbraucherrecht, AcP 199 (1999), 525.

Übersicht

I. Allgemeines

1. Normzweck. Abs. 1 schließt für land- und forstwirtschaftliche Betriebe die Anwendbarkeit des § 1 aus. Auf diese Weise werden sie privilegiert: **Land- und Forstwirte** sind – auch wenn ihr Betrieb alle Voraussetzungen eines Handelsgewerbes erfüllt – **nie Istkaufleute.** Sie sind der zwingenden Anwendung des Handelsrechts und dem Anmeldezwang nach §§ 14, 29 entzogen. Allerdings können sie nach **Abs. 2** als **Kannkaufleute** freiwillig die Kaufmannseigenschaft erwerben, indem sie ihre Firma in das Handelsregister eintragen lassen. Erfolgt die Eintragung, sind sie Kaufleute kraft Eintragung. Anders als für Kleingewerbetreibende (§ 2 S. 3) besteht für nach Abs. 2 eingetragene Land- und Forstwirte aber keine Möglichkeit, diese Entscheidung später durch Ausübung der Löschungsoption zu revidieren. **Abs. 3** dehnt das Privileg des Abs. 1 auf nebengewerbliche Unternehmen aus und ermöglicht es Land- und Forstwirten, die Eintragungsoption des Abs. 2 für das Nebengewerbe getrennt vom Hauptgewerbe auszuüben (→ Rn. 29 ff.).[1] 1

2. Entwicklung. Anders als nach dem ADHGB waren Land- und Forstwirte unter Geltung des HGB von 1897 traditionell der Anwendung des Handelsrechts entzogen und nicht eintragungsfähig. Das änderte sich erst mit dem **Gesetz über die Kaufmannseigenschaft der Land- und Forstwirte** vom 13.5.1976 (BGBl. 1976 I 1197), durch das der heutige § 3 mit der Eintragungsoption für Land- und Forstwirte eingeführt wurde.[2] Das **HRRefG 1998** hat § 3 trotz berechtigter rechtspolitischer Kritik an der Sonderstellung der Land- und Forstwirte[3] in seiner Substanz nicht verändert. Der Gesetzgeber verwies zur Begründung darauf, dass nur wenige Land- und Forstwirte von der Eintragungsoption Gebrauch machten und dass auch ihre Berufsverbände keine Aufhebung des Privilegs gefordert hätten.[4] Lediglich Abs. 2 wurde redaktionell neu gefasst, um ihn an den geänder- 2

---

[1] MüKoHGB/K. Schmidt/Fleischer Rn. 43; Ebenroth/Boujong/Kindler Rn. 16; Hopt/Merkt Rn. 11.
[2] Hierzu eingehend v. Olshausen ZHR 141 (1977), 93 ff.; s. auch MüKoHGB/K. Schmidt/Fleischer Rn. 2.
[3] MüKoHGB/K. Schmidt/Fleischer Rn. 3; vgl. RegE, BT-Drs. 13/8444, 33 f.
[4] RegE, BT-Drs. 13/8444, 33 f.

ten § 2 anzupassen.[5] Ob die Eintragungsoption auch für kleingewerbliche Land- und Forstwirte offen steht, blieb unklar[6] und ist daher umstritten (→ Rn. 4 f.).

3 **3. Systematische Stellung.** **§ 3** und **§ 1** schließen sich gegenseitig aus. Nach § 3 Abs. 1 ist § 1 auf Land- und Forstwirte unanwendbar. Dadurch soll klargestellt werden, dass ein Land- oder Forstwirt auch dann **kein Handelsgewerbe** betreibt, wenn das Unternehmen iSv § 1 Abs. 2 nach Art und Umfang kaufmännischer Einrichtungen bedarf. Umstritten ist, ob Land- und Forstwirte dadurch auch vom Gewerbebegriff des § 1 Abs. 1 ausgenommen sind.[7] Die hM verneint dies und sieht zu Recht auch die **Land- und Forstwirtschaft** als **gewerblich** an.[8]

4 Das Verhältnis zu **§ 2** ist umstritten. Bis zum HRRefG 1998 stand die Eintragungsoption nach § 3 Abs. 2 iVm § 2 aF nur Land- und Forstwirten offen, deren Betrieb nach Art und Umfang kaufmännischer Einrichtungen bedurfte („Vollbetriebe"). Die Gesetzesbegründung betont, das HRRefG wolle die Rechtslage durch die rein redaktionelle Anpassung des Abs. 2 in Bezug auf Land- und Forstwirte nicht ändern.[9] Daraus und aus dem Umstand, dass Abs. 2 auch seinem Wortlaut nach eine Eintragungsoption nur für solche „Vollbetriebe" eröffnet, leitet ein Teil der Lit. ab, dass kleingewerbliche Land- und Forstwirte nicht eintragungsfähig seien.[10]

5 Nach mittlerweile zu Recht hM können dagegen auch **kleingewerbliche land- und forstwirtschaftliche Betriebe nach § 2** ihre Firma in das Handelsregister eintragen lassen und dadurch Kaufleute werden. § 3 Abs. 2 stellt diese Eintragungsoption lediglich zusätzlich auch „Vollbetrieben" zur Verfügung.[11] Für diese Auffassung streitet bereits der Umstand, dass § 3 Abs. 1 nur die Anwendbarkeit von § 1 und nicht auch von § 2 ausschließt.[12] Der Sinn und Zweck des § 3, Land- und Forstwirte zu privilegieren, spricht ebenfalls klar gegen eine Schlechterstellung von land- und forstwirtschaftlichen Kleinbetrieben gegenüber anderen Kleingewerben, die ja auch erst seit dem HRRefG 1998 eintragungsfähig sind.[13] Sachgründe dafür, § 3 abschließenden Charakter beizumessen und eine Anwendung des § 2 auszuschließen, sind nicht ersichtlich. Im Gegenteil sind auch land- und forstwirtschaftliche Kleinbetriebe Gewerbebetriebe, sodass die Voraussetzungen des § 2 vorliegen.[14] Das Verhältnis des § 3 zu § 5 ist ebenfalls umstritten (→ § 5 Rn. 4 f.).

6 Die Eintragungsoption besteht auch für **land- oder forstwirtschaftliche Gesellschaften.** Solche Gesellschaften sind bis zu ihrer Eintragung Gesellschaften bürgerlichen Rechts. Nach § 3 Abs. 2, § 2, § 161 Abs. 2 (bei Vollbetrieben) bzw. nach § 107 Abs. 1 S. 1, § 161 Abs. 2 (bei Kleinbetrieben) können sie sich aber auch als OHG, KG oder – praktisch besonders wichtig – GmbH & Co. KG organisieren und eintragen lassen. Sie sind also ebenfalls Kannkaufleute.[15] Daneben steht land- oder forstwirtschaftlichen Gesellschaften natürlich auch die Wahl der Rechtsform einer Kapitalgesellschaft (GmbH, AG, KGaA) oder der Genossenschaft offen, die nach den einschlägigen gesellschaftsrechtlichen Bestimmungen[16] Formkaufleute iSv § 6 Abs. 2 sind (→ § 6 Rn. 19).

II. Land- und Forstwirtschaft (Abs. 1)

7 **1. Landwirtschaft.** Unter Landwirtschaft iSd HGB versteht man die Erzeugung und Verwertung pflanzlicher und tierischer Rohstoffe auf der Grundlage eigener Bodennutzung einschließlich Weiter-

[5] RegE, BT-Drs. 13/8444, 49.
[6] Dazu krit. v. Olshausen JZ 1998, 717 ff.
[7] So RegE, BT-Drs. 13/8444, 33.
[8] BGH 7.7.1960, BGHZ 33, 321 = NJW 1961, 725 zu § 196 BGB; v. Olshausen JZ 1998, 717 (719); Canaris HandelsR § 3 Rn. 30; MüKoHGB/K. Schmidt/Fleischer Rn. 6; Ebenroth/Boujong/Kindler Rn. 3; Hopt/Merkt Rn. 3; RGHMW/Ries Rn. 2; Staub/Oetker Rn. 7; BeckOK HGB/Schwartze, 47. Ed. 1.7.2025, Rn. 5, 1.1.2025; BeckOGK/Servatius, 1.3.2025, Rn. 4.
[9] RegE, BT-Drs. 13/8444, 49.
[10] RGHMW/Ries Rn. 19 f.; KKD/Roth/Stelmaszczyk Rn. 1; GK-HGB/Ensthaler Rn. 16; Oetker HandelsR § 2 Rn. 48 f.
[11] v. Olshausen JZ 1998, 717 ff.; Bydlinski ZIP 1998, 1169 (1173 f.); Canaris HandelsR § 3 Rn. 36; Hopt/Merkt Rn. 2; MüKoHGB/K. Schmidt/Fleischer Rn. 7; Ebenroth/Boujong/Kindler Rn. 25, 34; **aA** Staub/Oetker Rn. 37; BeckOK HGB/Schwartze, 47. Ed. 1.7.2025, Rn. 14, 1.1.2025.
[12] Eingehend v. Olshausen JZ 1998, 717 ff.; Bydlinski ZIP 1998, 1169 (1173 f.).
[13] Hopt/Merkt Rn. 2.
[14] MüKoHGB/K. Schmidt/Fleischer Rn. 7; Canaris HandelsR § 3 Rn. 36; Ebenroth/Boujong/Kindler Rn. 34; BeckOGK/Servatius, 1.3.2025, Rn. 5.
[15] MüKoHGB/K. Schmidt/Fleischer Rn. 1; Hopt/Merkt Rn. 1, 6 f.; BeckOK HGB/Schwartze, 47. Ed. 1.7.2025, Rn. 16, 1.1.2025.
[16] AG: § 3 AktG, KGaA: §§ 3, 278 Abs. 3 AktG, SE: Art. 9 Abs. 1 lit. c Ziff. ii SE-VO iVm § 3 AktG, GmbH: § 13 Abs. 3 GmbHG, eG: § 17 Abs. 2 GenG, SCE: Art. 8 Abs. 1 lit. c Ziff. ii SCE-VO iVm § 17 Abs. 2 GenG.

verarbeitung und Weiterverkauf.[17] § 585 Abs. 1 S. 2 BGB definiert die Landwirtschaft im Zusammenhang mit dem Landpachtvertrag ganz ähnlich als „Bodenbewirtschaftung und die mit der Bodennutzung verbundene Tierhaltung, um pflanzliche oder tierische Erzeugnisse zu gewinnen, sowie die gartenbauliche Erzeugung". Angesichts dieser Ähnlichkeit kann trotz Eigenständigkeit der handelsrechtlichen Begriffsbildung in Zweifelsfällen hilfsweise auch die Rspr. zu § 585 Abs. 1 S. 2 BGB bzw. § 1 HöfeO herangezogen werden.[18]

a) Bodennutzung. Die Bodennutzung ist, wie bereits der Begriff der *Land*wirtschaft nahe legt, von zentraler Bedeutung.[19] Der Landwirt muss den Boden selbst nutzen. Ob der Boden dem Landwirt zu Eigentum gehört, oder ob er ihn nur im Rahmen einer Landpacht oder eines Nießbrauchs nutzt, ist irrelevant.[20] Dass Pflanzen überwiegend in **Gewächshäusern** oder Behältern kultiviert werden, steht der Einordnung als landwirtschaftlicher Betrieb nicht entgegen.[21] **Imkereien** gelten als landwirtschaftlich, obgleich die Bienen regelmäßig nicht primär Pflanzen auf dem eigenen oder gepachteten Boden des Imkers nutzen.[22] 8

An einer hinreichenden Bodennutzung fehlt es dagegen bei **Zucht- und Mastbetrieben,** Eierproduktion in **„Legebatterien"** und Betrieben der **Milchwirtschaft,** wenn bei ihnen nicht die Nutzung eigener oder gepachteter Weiden oder selbst angebauten Futters im Vordergrund steht, sondern im Wesentlichen zugekauftes Futter verwendet wird (vgl. auch § 15 Abs. 4 EStG). Nicht landwirtschaftlich sind daher auch die Zucht von Hunden und Katzen[23] sowie Pferdepensionen[24] und Stallverpachtungen,[25] die allenfalls als Nebengewerbe nach Abs. 3 am Privileg des Abs. 1 teilhaben können (→ Rn. 29 ff.).[26] Der bloß ergänzende Zukauf von fremden Futtermitteln im üblichen Rahmen ist allerdings unschädlich.[27] Mangels Bodennutzung wird auch die **Fischereiwirtschaft** einschließlich der Fischzucht nicht zur Landwirtschaft gezählt;[28] das erscheint allerdings zweifelhaft, wenn Fische in Teichen oder Tanks mit selbst angebautem Futter gemästet werden.[29] 9

b) Erzeugung organischer Rohstoffe. Durch Nutzung des Bodens müssen eigene organische, dh **pflanzliche** oder **tierische** Rohstoffe erzeugt werden. Hierzu zählt der Anbau von Getreide, Obst, Gemüse, Tabak, Wein,[30] Hopfen usw **(landwirtschaftliche Urproduktion).**[31] Als eigene Erzeugnisse sind auch vom Landwirt anderweitig gekaufte Pflanzen anzusehen, wenn er sie in seinen eigenen Boden (egal ob in Freiland, Gewächshaus oder Behälter; → Rn. 8) eingepflanzt und kultiviert hat.[32] Gleiches gilt für die **Viehwirtschaft** (Viehzucht, Viehmast, Eierproduktion, Milchwirtschaft usw), wenn das Futter im Wesentlichen aus Eigenerzeugung stammt (→ Rn. 9). Nicht erforderlich ist, dass es sich bei den erzeugten Produkten um **Nutzpflanzen** oder Nutztiere handelt. Auch der Anbau von **Blumen** oder **Zierpflanzen** ist Landwirtschaft.[33] 10

---

[17] KG 3.6.1901, OLGE 3, 402; RGHMW/Ries Rn. 4; MüKoHGB/K. Schmidt/Fleischer Rn. 9; Ebenroth/Boujong/Kindler Rn. 7; Hopt/Merkt Rn. 4; KKD/Roth/Stelmaszczyk Rn. 2.

[18] Vgl. BGH 29.11.1996, BGHZ 134, 146 = NJW 1997, 664 zu § 1 HöfeO; Ebenroth/Boujong/Kindler Rn. 7.

[19] Ebenroth/Boujong/Kindler Rn. 8; KKD/Roth/Stelmaszczyk Rn. 2.

[20] MüKoHGB/K. Schmidt/Fleischer Rn. 10; Staub/Oetker Rn. 11; Ebenroth/Boujong/Kindler Rn. 11; RGHMW/Ries Rn. 6.

[21] BGH 29.11.1996, BGHZ 134, 146 = NJW 1997, 664 zu § 1 HöfeO.

[22] RGHMW/Ries Rn. 5; Hopt/Merkt Rn. 4; MüKoHGB/K. Schmidt/Fleischer Rn. 14; Ebenroth/Boujong/Kindler Rn. 8; KKD/Roth/Stelmaszczyk Rn. 2.

[23] RGHMW/Ries Rn. 5; Hopt/Merkt Rn. 4; MüKoHGB/K. Schmidt/Fleischer Rn. 15.; Ebenroth/Boujong/Kindler Rn. 8; KKD/Roth/Stelmaszczyk Rn. 2; BeckOK HGB/Schwartze, 47. Ed. 1.7.2025, Rn. 6, 1.1.2025.

[24] OLG München 14.1.2003, ZEV 2004, 29 zu § 585 BGB.

[25] OLG Düsseldorf 22.1.2002, NZM 2003, 600 (6001) zu § 585 BGB.

[26] So auch BeckOGK/Servatius, 1.3.2025, Rn. 16; in Bezug auf Stallvermietungen und Reiterhöfe selbst insoweit zweifelnd MüKoHGB/K. Schmidt/Fleischer Rn. 39.

[27] RGHMW/Ries Rn. 5.

[28] RGHMW/Ries Rn. 5; Staub/Oetker Rn. 13; Hopt/Merkt Rn. 4; MüKoHGB/K. Schmidt/Fleischer Rn. 15; Ebenroth/Boujong/Kindler Rn. 8; KKD/Roth/Stelmaszczyk Rn. 2; BeckOK HGB/Schwartze, 47. Ed. 1.7.2025, Rn. 7, 1.1.2025.

[29] Abw. BeckOGK/Servatius, 1.3.2025, Rn. 17, der danach differenziert, ob die Fischzucht in natürlichen Gewässern erfolge (dann Landwirtschaft) oder in künstlichen Behältern (dann nicht).

[30] RG 12.11.1930, RGZ 130, 233 (234).

[31] Hopt/Merkt Rn. 4; Ebenroth/Boujong/Kindler Rn. 7.

[32] OLG Düsseldorf 17.2.1993, NJW-RR 1993, 1125 (1127); OLG Kiel 24.1.1910, OLGZ 21, 366.

[33] BGH 29.11.1996, BGHZ 134, 146 = NJW 1997, 664 zu § 1 HöfeO; OLG Düsseldorf 17.2.1993, NJW-RR 1993, 1125 (1127); RGHMW/Ries Rn. 8; MüKoHGB/K. Schmidt/Fleischer Rn. 14; Ebenroth/Boujong/Kindler Rn. 13; KKD/Roth/Stelmaszczyk Rn. 2; Staub/Oetker Rn. 12; **aA** noch Staub/Brüggemann, 4. Aufl. 1995, Rn. 6.

11 **Keine Landwirtschaft** ist dagegen die Förderung von Bodenbestandteilen, zB von Steinen, Kies, Lehm, Wasser, Öl, Torf **(sonstige Urproduktion).**[34] Eine solche Bodennutzung kann allenfalls ein Nebengewerbe zur Land- und Forstwirtschaft iSv Abs. 3 bilden (→ Rn. 32).

12 **c) Verwertung.** Die Verwertung der eigenen Erzeugnisse im Sinne ihrer **Weiterverarbeitung** (Milch zu Joghurt oder Käse, Weintrauben zu Wein, Getreide zu Mehl usw) und ihres **Weiterverkaufs** gehören grundsätzlich zum landwirtschaftlichen Hauptbetrieb und unterfallen damit dem Privileg des Abs. 1.[35] Bei hinreichender organisatorischer Verselbständigung gegenüber der Erzeugungstätigkeit kann aber auch ein Nebengewerbe iSv Abs. 3 vorliegen (zur Abgrenzung → Rn. 31).[36] Werden ausschließlich zugekaufte Produkte weiterverarbeitet und/oder weiterverkauft, liegt kein landwirtschaftlicher Betrieb, sondern ein Handelsgewerbe iSd § 1 vor.[37]

13 **d) Gemischter Betrieb.** Werden sowohl land- und forstwirtschaftliche als auch andere, nicht unter das Privileg des § 3 fallende gewerbliche Tätigkeiten entfaltet, so ist zu differenzieren: (1.) Gehören Weiterverarbeitung und Weiterverkauf eigener Erzeugnisse zum Hauptbetrieb und fallen unter das Privileg des Abs. 1 (→ Rn. 12). (2.) ist festzustellen, ob wirklich nur *ein* gemischter Betrieb vorhanden ist oder mehrere selbständige, jeweils gesondert an §§ 1 ff. zu messende Unternehmen nebeneinander bestehen (→ § 1 Rn. 45). Ist eine Trennung möglich, so ist (3.) weiter zu prüfen, ob das nicht land- und forstwirtschaftliche Unternehmen lediglich ein Nebengewerbe zur Land- und Forstwirtschaft bildet (→ Rn. 29 ff.). Ist dies der Fall, so hat es nach Abs. 3 Anteil am Privileg des Abs. 1.[38] Ist keine Trennung möglich (liegt also nur ein hauptgewerblicher Betrieb vor), so ist (4.) eine **Gesamtbetrachtung** anzustellen, um festzustellen, welche Tätigkeit diesen Betrieb prägt (→ § 1 Rn. 46). Werden zB im Hauptgewerbe sowohl eigene als auch zugekaufte Erzeugnisse weiterverarbeitet und/oder weiterverkauft, so fällt der Betrieb bei Dominanz des land- und forstwirtschaftlichen Eigenanbaus insgesamt unter § 3. Prägen dagegen An- und Verkauf oder andere nicht land- und forstwirtschaftliche Tätigkeiten den Betrieb, ist § 1 einschlägig.[39] **Handelsgärtnereien** und **Baumschulen** fallen demnach unter § 3, wenn sie überwiegend eigene Erzeugnisse verkaufen.[40]

14 **2. Forstwirtschaft.** Unter Forstwirtschaft versteht man die **Erzeugung und Verwertung von Holz** durch planmäßiges Auf- und Abforsten einschließlich der auf Walderhaltung gerichteten Tätigkeiten und des Betriebs von **Baumschulen.**[41] Liegt (zB bei einer Baumschule) ein gemischter Betrieb vor, so ist ausschlaggebend, welche Tätigkeit den Betrieb prägt (→ Rn. 13).

15 **Keine Forstwirtschaft** sind das bloße Halten von Parks und Grünanlagen[42] oder der gewerbsmäßige Ankauf von Wäldern zum Abholzen.[43]

16 **3. Betrieb.** Die Land- oder Forstwirtschaft muss im Sinne eines Gewerbebetriebs betrieben werden. Betreiber kann sowohl der Eigentümer als auch zB ein Pächter oder Nießbraucher sein. Insoweit gilt das zu § 1 (→ § 1 Rn. 63 ff.) Gesagte; zu den Folgen der Betriebseinstellung für das Privileg des § 3 → Rn. 25.

III. Eintragung (Abs. 2)

17 **1. Eintragungsoption.** Abs. 2 eröffnet Land- und Forstwirten, deren Unternehmen nach Art und Umfang einen in kaufmännischer Weise eingerichteten Geschäftsbetrieb erfordern, durch Ver-

[34] MüKoHGB/K. Schmidt/Fleischer Rn. 11; RGHMW/Ries Rn. 7; Ebenroth/Boujong/Kindler Rn. 12.

[35] OLG Düsseldorf 17.2.1993, NJW-RR 1993, 1125 (1126); Staub/Oetker Rn. 15; RGHMW/Ries Rn. 9; Ebenroth/Boujong/Kindler Rn. 14.

[36] RGHMW/Ries Rn. 9; Ebenroth/Boujong/Kindler Rn. 14; Staub/Oetker Rn. 15.

[37] Hopt/Merkt Rn. 4; MüKoHGB/K. Schmidt/Fleischer Rn. 14.

[38] OLG Köln 27.8.1999, NJW-RR 2001, 897.

[39] Hopt/Merkt Rn. 5; MüKoHGB/K. Schmidt/Fleischer Rn. 13; vgl. OLG Düsseldorf 22.1.2002, NZM 2003, 600 (6001) zu § 585 BGB: Stallverpachtung ist keine Landwirtschaft, auch wenn daneben vergleichsweise unbedeutende Pferdezucht betrieben wird.

[40] RG 21.1.1930, JW 1930, 829 (830); OLG Düsseldorf 17.2.1993, NJW-RR 1993, 1125 (1126); OLG Hamm 22.8.1931, JW 1932, 1076; OLG Kiel 24.1.1910, OLGZ 21, 366; MüKoHGB/K. Schmidt/Fleischer Rn. 18; Ebenroth/Boujong/Kindler Rn. 14.

[41] Hopt/Merkt Rn. 4; MüKoHGB/K. Schmidt/Fleischer Rn. 16; Ebenroth/Boujong/Kindler Rn. 15; diff. Staub/Oetker Rn. 16 (Landwirtschaft, wenn Bäume verkauft werden sollen, Forstwirtschaft, wenn die Holzgewinnung im Vordergrund steht); ähnlich BeckOGK/Servatius, 1.3.2025, Rn. 21 mit dem zutreffenden Hinweis, dass die Abgrenzung zwischen Land- und Forstwirtschaft „rein akademischer Natur", dh ohne praktische Relevanz sei.

[42] MüKoHGB/K. Schmidt/Fleischer Rn. 17; **aA** für den Fall gezielter Pflege der Pflanzen BeckOGK/Servatius, 1.3.2025, Rn. 22.

[43] Ebenroth/Boujong/Kindler Rn. 15; MüKoHGB/K. Schmidt/Fleischer Rn. 17; v. Gierke/Sandrock HandelsR/WirtschaftsR § 9 I 2.

weisung auf § 2 die Möglichkeit (nicht: Pflicht), ihre Firma in das Handelsregister eintragen zu lassen **(Kannkaufleute)** und mit der Eintragung zu Kaufleuten zu werden **(Kaufleute kraft Eintragung).** Kleingewerbliche Land- und Forstwirte können sich unmittelbar nach § 2 eintragen lassen, ohne dazu der Verweisung durch § 3 Abs. 2 zu bedürfen (→ Rn. 5, str.). Die gleichen Optionen bestehen für land- und forstwirtschaftliche Gesellschaften, soweit sie nicht bereits Formkaufleute sind (→ Rn. 6). Die Ausübung der Eintragungsoption unterliegt weder einer zeitlichen Grenze noch der Verwirkung.[44] Zu den Vor- und Nachteilen der Anmeldung → § 2 Rn. 9.

2. Anmeldung. Der Erwerb der Kaufmannseigenschaft nach § 2 setzt eine wirksame Anmeldung voraus. Erfolgt die Eintragung ohne eine solche Anmeldung, ist nach zu Recht ganz hM nicht § 2, sondern § 5 einschlägig.[45] Ebenso wie bei § 2 ist die **Rechtsnatur** der Eintragung umstritten. Die **hL** sieht in der Anmeldung einen **Doppeltatbestand** aus Verfahrenshandlung und auf den Erwerb der Kaufmannseigenschaft gerichteter Willenserklärung.[46] Die aus den bei → § 2 Rn. 11 f. beschriebenen Gründen vorzugswürdige **Gegenauffassung** sieht die Anmeldung als **reine Verfahrenshandlung** an.[47] Danach ist für den Erwerb der Kaufmannseigenschaft die hinter der Anmeldung stehende Motivation bzw. der damit verbundene rechtsgeschäftliche Wille, gerade durch Eintragung Kaufmann zu werden, irrelevant.[48] 18

3. Verfahren. Für das Verfahren (anzuwendende Normen, Inhalt der Anmeldung, Anmeldebefugnis) gilt das bei → § 2 Rn. 13 ff. Gesagte. Wie dort beschrieben, beschränkt sich die **Prüfung durch das Registergericht** auf die Frage, ob ein Gewerbe vorliegt und ob die angemeldete Firma zulässig ist (→ § 2 Rn. 16). Eine Prüfung dahingehend, ob das Gewerbe land- oder forstwirtschaftlich ist, erübrigt sich, da eine Eintragung unabhängig vom Ergebnis einer solchen Prüfung erfolgen muss (bei positivem Ergebnis nach § 3 Abs. 2 iVm § 2 bzw. § 2, bei negativem Ergebnis nach §§ 1, 29 bzw. § 2).[49] Die Frage nach dem Vorliegen einer Land- oder Forstwirtschaft hat vor allem dann Bedeutung, wenn die Kaufmannseigenschaft einer nicht eingetragenen Person in Frage steht, weil Land- und Forstwirte nie Istkaufleute sind. Registerrechtlich wird sie dementsprechend nur im Registerzwangsverfahren nach §§ 14, 29 relevant. Grundsätzlich ist nach hM ebenfalls irrelevant, ob ein „Vollgewerbe" iSd Abs. 2 oder nur ein Kleingewerbe vorliegt, denn im ersten Fall müsste die Eintragung wiederum nach § 3 Abs. 2 iVm § 2 erfolgen, im zweiten dagegen unmittelbar nach § 2 (→ Rn. 4 f., str.).[50] Das Registergericht ist grundsätzlich auch nicht verpflichtet, nachzufragen, ob eine Eintragung nach §§ 1, 2 oder § 3 gewünscht wird. Anderes kann aber gelten, wenn der Anmeldende deutlich macht, dass er die Anmeldung nur vorgenommen hat, weil er sich dazu nach §§ 1, 29 für verpflichtet hält und wenn erhebliche Zweifel an dieser Eintragungspflicht bestehen (→ § 2 Rn. 16).[51] 19

4. Inhalt der Eintragung. Die Firma wird in die Abteilung A des Handelsregisters eingetragen. Die Eintragung enthält keinen Zusatz, der auf die Ausübung des Optionsrechts hinweist. Aus dem Handelsregister ist nicht ersichtlich, ob die Eintragung nach §§ 1, 2 oder § 3 erfolgt ist.[52] 20

5. Kaufmann kraft Eintragung. a) Kaufmannseigenschaft. Mit dem Vollzug der Eintragung (nicht schon mit der Anmeldung oder erst mit der Bekanntmachung) gilt der Eingetragene nach Wortlaut des § 2 S. 1 und allgM als Kaufmann, dh er ist Kaufmann mit allen Rechten und Pflichten; die **Eintragung** wirkt also **konstitutiv** und **ex nunc.** Eine Rückwirkung auf den Zeitpunkt der Anmeldung tritt nicht ein (→ § 2 Rn. 18 ff.). Bis zur Eintragung ist der Land- oder Forstwirt Nichtkaufmann und unterliegt als solcher grundsätzlich nicht dem Handelsrecht, sondern den allgemeinen Vorschriften des bürgerlichen Rechts (→ Rn. 37). Seit Inkrafttreten des **DiRUG** erfolgt die **Bekanntmachung** nach § 10 Abs. 1 bereits dadurch, dass die Eintragung erstmalig über das nach § 9 Abs. 1 bestimmte elektronische Informations- und Kommunikationssystem abrufbar ist. Sie 21

---

44 MüKoHGB/K. Schmidt/Fleischer Rn. 30.

45 Schmitt WiB 1997, 1113 (1117 Fn. 3); Schulze-Osterloh ZIP 2007, 2390 (2932); v. Olshausen ZHR 141 (1977), 93 (104); v. Olshausen ZHR 163 (1999), 493 (496); Ebenroth/Boujong/Kindler Rn. § 5 Rn. 16; **aA** MüKoHGB/K. Schmidt/Fleischer Rn. 26.

46 Siems, Kaufmannsbegriff und Rechtsfortbildung, 2003, 110 f.; Lieb NJW 1999, 35 (36); v. Olshausen ZHR 141 (1977), 93 (103); Hopt/Merkt Rn. 7; RGHMW/Ries Rn. 28; Canaris HandelsR § 3 Rn. 32.

47 MüKoHGB/K. Schmidt/Fleischer Rn. 22; Ebenroth/Boujong/Kindler Rn. 28; Treber AcP 199 (1999), 525 (583).

48 MüKoHGB/K. Schmidt/Fleischer Rn. 25; **aA** BeckOGK/Servatius, 1.3.2025, Rn. 43.

49 RGHMW/Ries Rn. 31; K. Schmidt HandelsR § 10 Rn. 90; K. Schmidt NJW 1998, 2161 (2163).

50 K. Schmidt HandelsR § 10 Rn. 90; **aA** RGHMW/Ries Rn. 31: Prüfung erforderlich, da land- oder forstwirtschaftliche Kleingewerbebetriebe nicht eintragungsfähig.

51 S. auch NK-HGB/Schall/J. Keßler Rn. 9.

52 MüKoHGB/K. Schmidt/Fleischer Rn. 23.

fällt also effektiv mit der Eintragung zusammen, ohne dass es einer zusätzlichen Veröffentlichung bedarf.

22 **b) Bindungswirkung.** Bis zur Eintragung ist die Anmeldung frei widerruflich.[53] Ist die Eintragung nach § 3 Abs. 2 iVm § 2 („Vollbetrieb") aber erfolgt, so ist der Eingetragene – anders als bei Eintragung unmittelbar nach § 2 („Kleinbetrieb", vgl. § 2 S. 3) – an die Ausübung der Option gebunden. § 3 Abs. 2 drückt diese Bindung etwas umständlich durch den Hinweis aus, § 2 gelte nur mit der Maßgabe, dass nach Eintragung in das Handelsregister eine Löschung der Firma nur nach den allgemeinen Vorschriften stattfinde, welche für die Löschung kaufmännischer Firmen gelten (→ Rn. 26). Aus dieser Einschränkung folgt, dass sich die Verweisung des Abs. 2 nicht auf die Löschungsoption des § 2 S. 3 erstreckt.[54] Der nach § 3 Abs. 2 eintragungsfähige Land- oder Forstwirt ist insoweit „Kannkaufmann ohne Ausstiegsfreiheit".[55]

23 **c) Rechtsnachfolge.** Kommt es infolge Unternehmensveräußerung oder Erbfall zu einem Wechsel in der Person des Betreibers eines land- oder forstwirtschaftlichen Unternehmens, so ist die Frage aufgeworfen, ob dieser gleichsam automatisch in die Kaufmannseigenschaft nachrückt oder selbst erneut die Eintragungsoption ausüben muss. Die Antwort ist dem Wortlaut des § 2 S. 1 zu entnehmen. Danach gilt ein gewerbliches Unternehmen als Handelsgewerbe, wenn seine Firma (nicht: das Unternehmen an sich) ins Handelsregister eingetragen ist. Daraus folgt nach zu Recht hM (ebenso wie bei § 2; → § 2 Rn. 25), dass der **Erwerber bei Firmenfortführung** ohne Weiteres anstelle seines Vorgängers **Kaufmann** kraft Eintragung wird und dann auch **an die Ausübung der Eintragungsoption** durch seinen Vorgänger **gebunden** ist. Der Vorgänger muss sich ggf. nach § 15 Abs. 1 weiter als Kaufmann behandeln lassen, bis die Änderung der Inhaberschaft eingetragen und bekannt gemacht ist. Wird die Firma nicht fortgeführt, so wird der Erwerber nur (und erst) Kaufmann, wenn er dafür optiert hat und seine eigene Firma im Handelsregister eingetragen ist.[56]

24 **d) Herabsinken auf Kleingewerbe.** Bei nachträglichem Herabsinken auf ein Kleingewerbe **ändert sich an der Kaufmannseigenschaft zunächst nichts,** da die Kaufmannseigenschaft auf der Eintragung basiert. Umstritten ist allerdings, ob dies aus § 2 oder § 5 resultiert (→ § 2 Rn. 22 f.), sowie vor allem, ob eine **Löschung** (mit der Folge des Verlusts der Kaufmannseigenschaft) nur auf Antrag des Kleingewerbetreibenden erfolgen kann oder von Amts wegen erfolgen muss, weil die materiellen Eintragungsvoraussetzungen mit dem Herabsinken auf ein Kleingewerbe entfallen sind. Folgt man dem zutreffenden **verfahrensrechtlichen Ansatz** (→ § 2 Rn. 11 f.), so hat das Herabsinken auf ein Kleingewerbe lediglich zur Folge, dass die Bindungswirkung der Optionsausübung entfällt. Ein Amtslöschungsverfahren scheidet aus, weil materielle Eintragungsvoraussetzung nur das Betreiben eines Gewerbes ist (→ § 2 Rn. 22) und weil Land- und Forstwirtschaft gewerbliche Tätigkeiten sind (→ Rn. 3).[57] Es steht dem eingetragenen kleingewerblichen Land- oder Forstwirt frei, sich nach § 2 S. 3 aus dem Handelsregister löschen zu lassen oder keinen Löschungsantrag zu stellen und Kaufmann zu bleiben. Geht man mit der **herrschenden Lehre** davon aus, dass der Wille, gerade durch Eintragung zum Kaufmann zu werden, bei Kleingewerbetreibenden materielle Voraussetzung ihrer Kaufmannseigenschaft ist (→ Rn. 18; → § 2 Rn. 11), so entfällt mit dem Herabsinken auf ein Kleingewerbe die Kaufmannseigenschaft nach §§ 3, 2 und es wird ein Amtslöschungsverfahren eingeleitet; der Eingetragene ist bis zur Löschung Fiktivkaufmann iSd § 5;[58] allerdings kann der Kleingewerbetreibende der Löschung widersprechen oder einen Antrag auf Wiedereintragung stellen (→ § 2 Rn. 23).[59] Geht man schließlich mit einer **dritten Auffassung** davon aus, dass kleingewerbliche Land- und Forstwirte aufgrund abschließenden Charakters des § 3 gar nicht eintragungsfähig sind (→ Rn. 4), so ist ihnen auch diese Option verschlossen und sie werden bei Herabsinken auf ein Kleingewerbe unabhängig von ihrem Willen aus dem Handelsregister gelöscht.[60]

25 **e) Betriebseinstellung.** Wird der Betrieb eingestellt, so entfällt die Kaufmannseigenschaft. Auch § 5 greift in diesem Fall nicht ein (→ § 2 Rn. 24). Mit der endgültigen Betriebseinstellung erlischt

[53] RGHMW/Ries Rn. 29.
[54] Ebenroth/Boujong/Kindler Rn. 30; MüKoHGB/K. Schmidt/Fleischer Rn. 27.
[55] v. Olshausen JZ 1998, 717 (719).
[56] Ebenroth/Boujong/Kindler Rn. 31; RGHMW/Ries Rn. 34; Hopt/Merkt Rn. 9; KKD/Roth/Stelmaszczyk Rn. 7; Canaris HandelsR § 3 Rn. 34; BeckOK HGB/Schwartze, 47. Ed. 1.7.2025, Rn. 19, 1.1.2025; BeckOGK/Servatius, 1.3.2025, Rn. 51; **aA** K. Schmidt HandelsR § 10 Rn. 102 (Bindung des Rechtsnachfolgers auch ohne Firmenfortführung).
[57] MüKoHGB/K. Schmidt/Fleischer Rn. 27; Ebenroth/Boujong/Kindler Rn. 36 f.
[58] Hohmeister NJW 2000, 1921 (1922).
[59] Hopt/Merkt Rn. 7; vgl. Canaris HandelsR § 3 Rn. 31 f. und 36.
[60] RGHMW/Ries Rn. 35; KKD/Roth/Stelmaszczyk Rn. 8.

die Firma iSv § 31 Abs. 2 S. 1.[61] Nach § 31 Abs. 2 S. 1, Abs. 1 ist das Erlöschen der Firma beim Handelsregister anzumelden (zu Registerzwang und Amtslöschung → § 2 Rn. 29 ff.).

6. Löschung. a) Bei Eintragung nach § 3 Abs. 2. Erfolgte die Eintragung nach § 3 Abs. 2 (land- oder forstwirtschaftliches „Vollgewerbe"), so ist der Eingetragene daran gebunden. Eine Löschung entsprechend § 2 S. 3 scheidet grundsätzlich aus (→ Rn. 22);[62] anderes gilt nur, wenn der Betrieb nach der Eintragung auf ein Kleingewerbe herabgesunken ist und damit in den Genuss der Löschungsoption des § 2 S. 3 kommt (str., nach aA in diesem Fall Amtslöschung, → Rn. 24). Nach § 3 Abs. 2 kommt bei einem „Vollgewerbe" (wie für Kaufleute iSv § 1) die Löschung der Firma **nur nach den allgemeinen Vorschriften** in Betracht, welche für die Löschung kaufmännischer Firmen gelten. Das heißt, eine Löschung erfolgt nur bei **Erlöschen der Firma** aufgrund endgültiger Betriebseinstellung gem. § 31 Abs. 2 oder bei **Unzulässigkeit der Eintragung** gem. § 395 FamFG, zB wenn der Anmeldende nicht zur Anmeldung befugt war (→ § 2 Rn. 14). Insoweit gilt iE das bei → § 2 Rn. 29 ff. Gesagte. 26

b) Bei Eintragung nach § 2. Wurde ein kleingewerblich tätiger Land- oder Forstwirt unmittelbar nach § 2 eingetragen (zum Streit über die Eintragungsfähigkeit → Rn. 4 f.), steht ihm – wie jedem anderen Kleingewerbetreibenden auch – die **Löschungsoption** nach § 2 S. 3 offen.[63] Stellt ein Land- oder Forstwirt einen Löschungsantrag, muss das **Registergericht** allerdings prüfen, ob das Unternehmen nach wie vor kleingewerblich ist, da mit dem Aufstieg zu einem „Vollgewerbe" die Löschungsoption entfällt und eine Bindung eintritt (→ Rn. 22). Im Einzelnen gilt insoweit das zu → § 2 Rn. 27 Gesagte. Daneben kommt natürlich auch eine Löschung nach den allgemeinen Vorschriften (→ Rn. 26) in Betracht. 27

c) Wirkung. Da ein Land- oder Forstwirt – unabhängig davon, ob die Eintragung unmittelbar nach § 2 oder kraft Verweisung durch § 3 Abs. 2 erfolgt ist – nach § 2 S. 1 nur als Kaufmann gilt, wenn (und solange) seine Firma im Handelsregister eingetragen ist, verliert er **mit dem Vollzug der Löschung** der Firma aus dem Handelsregister (nicht schon mit Antragstellung oder erst mit Bekanntmachung) **ex nunc** die Kaufmannseigenschaft (→ § 2 Rn. 28, → § 2 Rn. 31). Dies gilt auch dann, wenn die Löschung zu Unrecht erfolgt.[64] Der zu Unrecht Gelöschte kann allerdings einen neuen Eintragungsantrag stellen, um wieder Kaufmann zu werden, sofern das Registergericht seinen Fehler nicht von sich aus nach § 395 FamFG korrigiert.[65] 28

IV. Nebengewerbe (Abs. 3)

1. Normzweck. Abs. 3 dehnt das **Privileg des Abs. 1** auf nebengewerbliche Unternehmen (Nebenbetriebe) aus. Ein Land- oder Forstwirt ist daher auch in Bezug auf einen Nebenbetrieb, der die Voraussetzungen des § 1 Abs. 2 („Vollgewerbe") erfüllt, nur Kannkaufmann und nicht Istkaufmann.[66] Abs. 3 ermöglicht es Land- und Forstwirten sogar, die **Eintragungsoption** des Abs. 2 für Haupt- und Nebengewerbe getrennt auszuüben.[67] 29

2. Nebengewerbe. Die Annahme eines nebengewerblichen Unternehmens (Nebenbetriebs) iSd Abs. 3 setzt zunächst einmal (schon rein begrifflich) voraus, dass ein **land- oder forstwirtschaftlicher Hauptbetrieb** existiert, mit dem das Nebengewerbe verbunden ist.[68] Wird der Hauptbetrieb nachträglich eingestellt, entfällt die Privilegierung des (ehemaligen) Nebenbetriebs nach Abs. 3.[69] Darüber hinaus muss ein Unternehmen **drei weitere Voraussetzungen** erfüllen, damit sein Inhaber in den Genuss des Privilegs des Abs. 3 kommt: (1.) muss es ein selbständiges Unternehmen und nicht nur ein unselbständiger Teil des land- oder forstwirtschaftlichen Hauptbetriebs sein; (2.) müssen beide Unternehmen gleichwohl so miteinander verbunden sein, dass das Nebengewerbe mit dem Hauptgewerbe innerlich verbunden und von diesem abhängig ist; (3.) muss der Inhaber beider Unternehmen identisch sein.[70] 30

---

[61] Vgl. BayObLG 10.3.2000, NJW-RR 2000, 1700 = BB 2000, 1211 (1212).

[62] Ebenroth/Boujong/Kindler Rn. 30; MüKoHGB/K. Schmidt/Fleischer Rn. 27; RGHMW/Ries Rn. 29 f.; Canaris HandelsR § 3 Rn. 31.

[63] MüKoHGB/K. Schmidt/Fleischer Rn. 27; Ebenroth/Boujong/Kindler Rn. 37; Hopt/Merkt Rn. 8; vgl. Canaris HandelsR § 3 Rn. 36.

[64] MüKoHGB/K. Schmidt/Fleischer Rn. 31; BeckOGK/Servatius, 1.3.2025, Rn. 56.

[65] RGHMW/Ries Rn. 29.

[66] KKD/Roth/Stelmaszczyk Rn. 4; Ebenroth/Boujong/Kindler Rn. 16.

[67] MüKoHGB/K. Schmidt/Fleischer Rn. 32; Ebenroth/Boujong/Kindler Rn. 16; Hopt/Merkt Rn. 11.

[68] RGHMW/Ries Rn. 14; Ebenroth Boujong/Kindler Rn. 17.

[69] MüKoHGB/K. Schmidt/Fleischer Rn. 46.

[70] RG 12.11.1930, RGZ 130, 233 (235); OLG Köln 27.8.1999, NJW-RR 2001, 897 (898); VG Arnsberg BeckRS 2021, 35383 Rn. 20; MüKoHGB/K. Schmidt/Fleischer Rn. 33; Ebenroth/Boujong/Kindler Rn. 17 ff.; RGHMW/Ries Rn. 10 ff.; Hopt/Merkt Rn. 10.

31 **a) Selbständigkeit.** Im Verhältnis zum Hauptgewerbe muss das Nebengewerbe ein **organisatorisch selbständiges Unternehmen** sein. Es müssen also mehrere Unternehmen (Hauptbetrieb und mindestens ein Nebenbetrieb) existieren.[71] Kriterien für die Selbständigkeit des Nebenbetriebs sind das Vorhandensein einer eigenen Betriebsstätte, einer getrennten Buchführung sowie (regelmäßig, aber nicht zwingend) eigenen Personals.[72] Entscheidend ist die Verkehrsanschauung.[73] An einem selbständigen Nebengewerbe **fehlt** es bei einer dem Hauptgewerbe völlig untergeordneten Verarbeitungs- und Verkaufstätigkeit (→ Rn. 12), zB bei einer **bloßen Verkaufsstelle** für die Erzeugnisse des Hauptbetriebs. Dies gilt auch, wenn diese Verkaufsstelle räumlich vom Hauptbetrieb getrennt ist (zB Verkaufsstand auf dem Wochenmarkt).[74] Auch bei Vorliegen eines einheitlichen **gemischten Betriebs** (→ Rn. 13) ist keine Trennung nach Haupt- und Nebengewerbe möglich. In beiden Fällen ist einheitlich über die Kaufmannseigenschaft in Bezug auf das ganze Unternehmen zu entscheiden.

32 **b) Abhängigkeit.** Trotz organisatorischer Selbständigkeit muss der Nebenbetrieb, um den Voraussetzungen des Abs. 3 zu genügen, mit dem Hautgewerbe innerlich verbunden und letztlich von diesem funktional abhängig sein. Dies ist der Fall, wenn hauptsächlich **Erzeugnisse des Hauptbetriebs** verarbeitet und/oder weiterverkauft werden. Ein untergeordneter Zukauf von Fremderzeugnissen ist unschädlich, solange er sich im üblichen Rahmen hält und nicht die innere Bezogenheit des Nebengewerbes auf den Hauptbetrieb löst.[75] Der Bezug zum Hauptbetrieb kann auch dadurch hergestellt werden, dass dessen landwirtschaftlicher **Maschinenpark** zur Erledigung von Lohnaufträgen verwendet wird[76] oder dass dem in erster Linie landwirtschaftlich genutzten Boden nebenbei **Bodenbestandteile** (Steine, Kies, Lehm, Wasser, Öl, Torf usw) entnommen werden.[77] Nicht ausreichend ist ein rein räumlicher Zusammenhang (zB Betrieb einer Gastwirtschaft oder eines Antiquitätenhandels auf einem Bauernhof). Solche Nebenbetriebe, die keinen Zusammenhang zur Bodennutzung aufweisen, fallen nicht unter § 3.[78] Entsprechendes gilt für den Betrieb einer **Photovoltaikanlage,**[79] **Windkraftanlage**[80] oder **Biogasanlage.**[81] Dass der Nebenbetrieb höhere Erträge erwirtschaftet als der Hauptbetrieb und im Gegensatz zu diesem kaufmännischer Einrichtungen bedarf, steht der Einordnung als Nebengewerbe nicht entgegen,[82] da die Abhängigkeit rein funktional zu betrachten ist.[83] Die Land- und Forstwirtschaft muss aber Hauptbetrieb bleiben und das **Gesamtbild** der Tätigkeit des Inhabers prägen; sie darf nicht ganz hinter einer anderen Tätigkeit zurücktreten.[84] Letztlich entscheidend ist wiederum die Verkehrsauffassung.[85]

33 **c) Inhaberidentität.** Voraussetzung für das Vorliegen eines Nebengewerbes ist schließlich, dass der Inhaber von Haupt- und Nebenbetrieb identisch ist.[86] Die Inhaberidentität muss in persönlicher Hinsicht, nicht aber notwendig in Bezug auf das Rechtsverhältnis zum Unternehmen bestehen (zB kann der Hauptbetrieb gepachtet sein, der Nebenbetrieb dem Inhaber aber zu Eigentum gehören

---

[71] Hopt/Merkt Rn. 10; Ebenroth/Boujong/Kindler Rn. 21.

[72] RGHMW/Ries Rn. 13; Hopt/Merkt Rn. 10; KKD/Roth/Stelmaszczyk Rn. 5.

[73] OLG Köln 27.8.1999, NJW-RR 2001, 897 (898); Hopt/Merkt Rn. 10.

[74] RGHMW/Ries Rn. 13; BeckOK HGB/Schwartze, 47. Ed. 1.7.2025, Rn. 22, 1.1.2025.

[75] OLG Köln 27.8.1999, NJW-RR 2001, 897 (898); RGHMW/Ries Rn. 12; KKD/Roth/Stelmaszczyk Rn. 5.

[76] OLG Köln 27.8.1999, NJW-RR 2001, 897 (Umwickeln fremder Grasballen mit Folie durch Landwirt); einschr. VG Magdeburg 13.2.2012, BeckRS 2012, 49420 (kein Nebengewerbe, wenn outgesourcter Maschinenpark nach dem Gesamtbild – hier ua sechs eigene Mitarbeiter – nicht mehr vom Hauptbetrieb abhängig ist).

[77] OLG Köln 27.8.1999, NJW-RR 2001, 897 (898); RGHMW/Ries Rn. 11; Hopt/Merkt Rn. 10; MüKoHGB/K. Schmidt/Fleischer Rn. 38; vgl. auch § 15 Abs. 1 S. 1 Nr. 1 EStG; einschr. Staub/Oetker Rn. 21 (sachlicher Zusammenhang mit Land- oder Forstwirtschaft erforderlich).

[78] MüKoHGB/K. Schmidt/Fleischer Rn. 40.

[79] VG Arnsberg 16.2.2021, BeckRS 2021, 35383 Rn. 20; VG Trier 16.1.2025, GewArch 2025, 162; mit Blick auf § 3 bestätigt durch OVG Koblenz 26.8.2025, BeckRS 2025, 22357 Rn. 24; MüKoHGB/K. Schmidt/Fleischer Rn. 40.

[80] VG Münster 11.8.2017 BeckRS 2017, 123469 Rn. 19, 22; MüKoHGB/K. Schmidt/Fleischer Rn. 40.

[81] VG Münster 11.8.2017 BeckRS 2017, 123469 Rn. 20 ff.; MüKoHGB/K. Schmidt/Fleischer Rn. 40.

[82] OLG Köln 27.8.1999, NJW-RR 2001, 897 (898); RGHMW/Ries Rn. 14; KKD/Roth/Stelmaszczyk Rn. 5.

[83] Ebenroth/Boujong/Kindler Rn. 20.

[84] RG 12.11.1930, RGZ 130, 233 (235) – Weinbau neben Weinkommission; OLG Düsseldorf 22.1.2002, NZM 2003, 600 (6001) zu § 585 BGB: unbedeutende Pferdezucht neben gewerblicher Stallverpachtung; RGHMW/Ries Rn. 14.

[85] VG 16.12.2021 Arnsberg BeckRS 2021, 35383 Rn. 20; RGHMW/Ries Rn. 12; MüKoHGB/K. Schmidt/Fleischer Rn. 35.

[86] RGHMW/Ries Rn. 15 ff.; Ebenroth/Boujong/Kindler Rn. 22.

oder umgekehrt).[87] Werden Haupt- und/oder Nebengewerbe von Personengesellschaften oder juristischen Personen betrieben, ist wie folgt zu differenzieren: Bei **Personengesellschaften** genügt die Identität der Gesellschafter (nicht notwendig auch: der Gesellschaft), zB wenn das Hauptgewerbe von einer GbR („Hauptgesellschaft“) und das Nebengewerbe aufgrund Optionsausübung von einer OHG oder KG („Nebengesellschaft“) betrieben wird.[88] Allerdings müssen alle Gesellschafter der „Hauptgesellschaft“ Land- oder Forstwirte sein.[89] Für unschädlich wird erachtet, dass nicht alle Gesellschafter der „Hauptgesellschaft“ auch an der „Nebengesellschaft“ beteiligt sind[90] oder dass die Gesellschafter der „Nebengesellschaft“ keine gemeinsame, sondern je eine eigene Land- oder Forstwirtschaft betreiben.[91] Keine Inhaberidentität liegt dagegen vor, wenn das Hauptgewerbe von einer **juristischen Person** (zB GmbH) und das Nebengewerbe von einem oder auch allen Gesellschaftern der GmbH betrieben wird.[92]

d) Beispiele. Erzeugnisse der **Landwirtschaft** verarbeiten zB Brauereien,[93] Brennereien,[94] Wein- und Essighersteller, Molkereien, Schlachtereien, Gerbereien, Mühlen oder Lohndreschereien; bei der **Forstwirtschaft** sind es zB Sägewerke und Holzhandlungen.[95] **Bodenbestandteile** (→ Rn. 32) verwerten zB Steinbrüche, Sandgruben, Zementfabriken oder Ziegeleien.[96] 34

3. Eintragungsoption. Nach Abs. 3 haben land- und forstwirtschaftliche Nebengewerbe einerseits am Privileg des Abs. 1 teil. Andererseits besteht für sie eine von der Optionsausübung in Bezug auf das Hauptgewerbe **unabhängige Eintragungsoption** (→ Rn. 29). Der Land- oder Forstwirt kann in Bezug auf Haupt- und Nebengewerbe einheitlich für oder gegen die Eintragung optieren oder auch in Bezug auf eines der beiden Gewerbe Kaufmann kraft Eintragung werden und in Bezug auf das andere Nichtkaufmann bleiben. Eintragungsfähigkeit, Ausübung und Wirkung der Eintragungsoption sowie Löschungsmöglichkeiten sind für Haupt- und Nebengewerbe getrennt zu beurteilen. Dies gilt auch für die Frage, ob das nebengewerbliche Unternehmen kaufmännischer Einrichtungen bedarf (dann nach allgM Eintragungsoption ohne Ausstiegsmöglichkeit nach § 3 Abs. 2 und 3 iVm § 2) oder nicht (dann nach hM Eintragungsoption unmittelbar nach § 2 S. 2 einschließlich Löschungsoption nach § 2 S. 3).[97] Im Detail gelten für das Nebengewerbe keine anderen Voraussetzungen als für das Hauptgewerbe (→ Rn. 17 ff.). 35

4. Rechtsnachfolge. Bei Veräußerung des Nebenbetriebs gilt hinsichtlich der **Kaufmannseigenschaft** des Rechtsnachfolgers das bei → Rn. 23 Gesagte. Eine Besonderheit besteht allerdings insoweit, als dass das **Privileg des Abs. 3** in Ermangelung eines land- oder forstwirtschaftlichen Hauptgewerbes entfällt (→ Rn. 30), wenn der Nebenbetrieb separat an einen nicht nach § 3 privilegierten neuen Inhaber veräußert wird oder wenn der Erwerber das land- oder forstwirtschaftliche Hauptgewerbe einstellt.[98] Umgekehrt wird das Privileg des Abs. 3 eröffnet, wenn ein Land- oder Forstwirt ein Unternehmen hinzuerwirbt, das in Bezug auf sein Hauptgewerbe den Anforderungen des Abs. 3 an ein Nebengewerbe entspricht.[99] 36

V. Rechtsstellung nicht eingetragener Land- und Forstwirte

Soweit Land- und Forstwirte von der Eintragungsoption nach Abs. 1 und 3 keinen Gebrauch machen, sind sie **Nichtkaufleute.** Als solche unterliegen sie grundsätzlich nicht dem Handelsrecht, sondern den allgemeinen Bestimmungen des bürgerlichen Rechts. Die § 84 Abs. 4, § 93 Abs. 3, § 383 Abs. 2, § 407 Abs. 3 S. 2, § 453 Abs. 3 S. 2, § 467 Abs. 3 S. 2, die bestimmte Vorschriften des HGB für auf Kleingewerbetreibende anwendbar erklären, sind für Land- und Forstwirte ohne 37

[87] Hopt/Merkt Rn. 10; Heymann/Förster Rn. 23; RGHMW/Ries Rn. 15; Ebenroth/Boujong/Kindler Rn. 22.
[88] K. Schmidt HandelsR § 10 Rn. 97; Heymann/Förster Rn. 23; RGHMW/Ries Rn. 16; Hopt/Merkt Rn. 10; **aA** BeckOGK/Servatius, 1.6.2025, Rn. 63.
[89] RGHMW/Ries Rn. 16.
[90] RGHMW/Ries Rn. 16; Hopt/Merkt Rn. 10.
[91] K. Schmidt HandelsR § 10 Rn. 97; **aA** Raisch FS Ballerstedt, 1975, 458.
[92] RGHMW/Ries Rn. 16; Hopt/Merkt Rn. 10.
[93] BGH 16.11.1965, WM 1966, 194 f.
[94] BAG 25.4.1995, NZA 1995, 1205 (1207).
[95] K. Schmidt HandelsR § 10 Rn. 94; MüKoHGB/K. Schmidt/Fleischer Rn. 38; RGHMW/Ries Rn. 11; Hopt/Merkt Rn. 10; s. auch OLG Köln 27.8.1999, NJW-RR 2001, 897 (Umwickeln fremder Grasballen mit Folie durch Landwirt).
[96] K. Schmidt HandelsR § 10 Rn. 94; MüKoHGB/K. Schmidt/Fleischer Rn. 38; Hopt/Merkt Rn. 10.
[97] ZB Ebenroth/Boujong/Kindler Rn. 25; zum Streit über die Eintragungsfähigkeit → Rn. 4 f. mwN.
[98] Hopt/Merkt Rn. 12; MüKoHGB/K. Schmidt/Fleischer Rn. 45.
[99] MüKoHGB/K. Schmidt/Fleischer Rn. 44.

Bedeutung, weil sie an bestimmte nicht land- oder forstwirtschaftliche Tätigkeiten anknüpfen.[100] Handelsrechtliche Vorschriften können nach Maßgabe der Lehre vom Scheinkaufmann anwendbar sein (→ § 5 Rn. 31 ff.). Eine **analoge Anwendung** handelsrechtlicher Bestimmungen kommt zwar in engen Grenzen auch in Bezug auf Nichtkaufleute in Betracht (→ § 1 Rn. 113 ff.). Doch wird man bei Land- und Forstwirten insoweit besondere Zurückhaltung üben müssen, um nicht das Privileg des § 3 zu unterlaufen.[101]

38 Land- und Forstwirte sind **Gewerbetreibende** iSd HGB (→ Rn. 3) und grundsätzlich auch **Unternehmer** iSv § 14 BGB.[102] Daher können auf sie Normen Anwendung finden, die nicht auf die Kaufmannseigenschaft,[103] sondern auf die Gewerblichkeit bzw. auf die Unternehmereigenschaft abstellen (→ § 2 Rn. 33). Insoweit ist allerdings zu beachten, dass diese Vorschriften teilweise (wie etwa § 15 Abs. 2 S. 1 EStG) die Land- und Forstwirtschaft ausdrücklich aus ihrem Anwendungsbereich ausnehmen. Zu § 304 InsO (Verbraucherinsolvenzverfahren) → § 2 Rn. 34.

§ 4 *[aufgehoben]*

§ 5 [Kaufmann kraft Eintragung]

Ist eine Firma im Handelsregister eingetragen, so kann gegenüber demjenigen, welcher sich auf die Eintragung beruft, nicht geltend gemacht werden, daß das unter der Firma betriebene Gewerbe kein Handelsgewerbe sei.

Schrifttum: Bydlinski, Zentrale Änderungen des HGB durch das Handelsrechtsreformgesetz, ZIP 1998, 1169; Hüttemann/Meinert, Zur handelsrechtlichen Buchführungspflicht des Kaufmanns kraft Eintragung, BB 2007, 1436; Kaiser, Reform des Kaufmannsbegriffs – Verunsicherung des Handelsverkehrs?, JZ 1999, 495; Körber, Änderungen im Handels- und Gesellschaftsrecht durch das Handelsrechtsreformgesetz, Jura 1998, 452; Lieb, Probleme des neuen Kaufmannsbegriffs, NJW 1999, 35; Limbach, Die Lehre vom Scheinkaufmann, ZHR 134, 316; Nickel, Der Scheinkaufmann – Wandlungen einer Lehre in acht Jahrzehnten, JA 1980, 566; v. Olshausen, Die Kaufmannseigenschaft der Land- und Forstwirte – zugleich ein Beitrag zur Dogmatik der Kann-Kaufmannseigenschaft, ZHR 141 (1977), 93; v. Olshausen, Wider den Scheinkaufmann des ungeschriebenen Rechts, FS Raisch, 1995, 147; K. Schmidt, Deklaratorische und „konstitutive" Registereintragungen nach §§ 1 ff. HGB. Neues Handelsrecht: einfach oder kompliziert?, ZHR 163 (1999), 87; K. Schmidt, Das Handelsrechtsreformgesetz, NJW 1998, 2161; K. Schmidt, HGB-Reform im Regierungsentwurf, ZIP 1997, 909; Schmitt, Der Entwurf eines Handelsrechtsreformgesetzes, WiB 1997, 1113; Schön, Die vermögensverwaltende Personenhandelsgesellschaft – Ein Kind der HGB-Reform, DB 1998, 1169; Schulze-Osterloh, Der Wechsel der Eintragungsgrundlagen der Kaufmannseigenschaft (§§ 1, 2, 105 Abs. 2 HGB) und der Anwendungsbereich des § 5 HGB, ZIP 2007, 2390; Siems, Kaufmannsbegriff und Rechtsfortbildung, 2003; Staub, Kommentar zum HGB, 6./7. Aufl. 1900; Treber, Der Kaufmann als Rechtsbegriff im Handels- und Verbraucherrecht, AcP 199 (1999), 525.

Übersicht

[100] Ebenroth/Boujong/Kindler Rn. 39.

[101] **Abw.** Staub/Oetker Rn. 42 (Analogie umso eher zu erwägen, wenn kaufmännischer Geschäftsbetrieb besteht, aber Optionsrecht nicht ausgeübt wurde).

[102] Grüneberg/Ellenberger BGB § 14 Rn. 2; Erman/Saenger BGB § 14 Rn. 9; BeckOK HGB/Schwartze, 47. Ed. 1.7.2025, Rn. 28, 1.1.2025.

[103] Zu Vorschriften außerhalb des HGB, die auf die Kaufmannseigenschaft abstellen, → § 1 Rn. 8.

I. Allgemeines

1. Normzweck. § 5 dient der **Rechtssicherheit.** Die Regelung soll Zweifel darüber beseitigen, ob ein Gewerbe ein Handelsgewerbe ist.[1] Sie bewirkt dies, indem sie den im Handelsregister eingetragenen Gewerbetreibenden die Berufung darauf abschneidet, das von ihnen betriebene Gewerbe sei kein Handelsgewerbe iSd § 1 Abs. 2. § 5 fingiert zu diesem Zweck das Vorliegen eines Handelsgewerbes und damit den Kaufmannsstatus im Sinne eines „Fiktivkaufmanns". Die Norm ist zugleich Ausdruck eines „absoluten", weil unabhängig von Zurechenbarkeit und Vertrauenstatbestand bestehenden **Verkehrsschutzes.**[2] § 5 ist keine Rechtsscheinnorm und dient nicht (nur) dem Schutz des Vertrauens gutgläubiger Dritter.[3] 1

2. Entwicklung. Bis zum Inkrafttreten des HRRefG 1998 schloss § 5 zweierlei aus (1.) die Berufung darauf, das vom Eingetragenen betriebene Gewerbe sei kein Handelsgewerbe und (2.) die Berufung darauf, dass das Gewerbe zu den in § 4 Abs. 1 aF bezeichneten Betrieben gehöre, also nur „minderkaufmännisch" sei. Die zweite Regelung wurde mit dem Wegfall des § 4 durch das **HRRefG 1998** obsolet und konnte daher gestrichen werden.[4] Die Fiktion des Handelsgewerbes ist geblieben und macht nunmehr den ganzen Inhalt des § 5 aus. Allerdings hat auch diese Facette des § 5 durch das HRRefG 1998 einen tiefgreifenden Bedeutungswandel und Bedeutungsverlust erfahren, weil die Kaufmannseigenschaft im Handelsregister eingetragener Kleingewerbetreibender, Land- oder Forstwirte sich seit 1998 in den meisten Fällen aus § 2 S. 1 bzw. § 107 Abs. 1 S. 1 ableiten lässt, ohne dass es dazu eines Rückgriffs auf § 5 bedürfte (→ Rn. 4 ff., str.). Dem Vorschlag, § 5 deshalb **de lege ferenda** vom Gewerbebegriff zu lösen und zur Grundlage einer Fiktivkaufmannseigenschaft jedes eingetragenen Unternehmers bzw. Rechtsträgers zu machen,[5] ist der Gesetzgeber nicht gefolgt. Zur Frage der analogen Anwendung des § 5 auf Nicht-Gewerbetreibende → Rn. 11 f. 2

3. Systematische Stellung. a) Verhältnis zu § 1. Das Verhältnis des § 5 zu § 1 ist unproblematisch. Sind die Voraussetzungen des § 1 erfüllt, ist die Eintragung des Gewerbetreibenden für dessen Kaufmannseigenschaft irrelevant; seine Kaufmannseigenschaft folgt unmittelbar aus § 1 selbst (Istkaufmann kraft Gesetzes; → § 1 Rn. 101 f., → § 1 Rn. 108 f.). Aus der Sicht der Praxis erleichtert § 5 allerdings insoweit die Prüfung der Kaufmannseigenschaft, als dass bei eingetragenen Gewerbetreibenden nicht mehr geprüft werden muss, ob ihr Gewerbe ein Handelsgewerbe ist (→ § 1 Rn. 7). 3

b) Verhältnis zu § 2 S. 1. In Bezug auf das Verhältnis zu § 2 S. 1 ist die Frage aufgeworfen, ob ein Handelsgewerbe fingiert wird, „wenn die Firma des Unternehmens in das Handelsregister eingetragen ist" (so der Wortlaut des § 2 S. 1 und der verfahrensrechtliche Ansatz; → Rn. 9),[6] oder ob es insoweit zusätzlich auch einer auf den Erwerb der Kaufmannseigenschaft gerade durch die Eintragung gerichteten Willenserklärung bedarf (so die hL).[7] Nach hL erwerben Kleingewerbetreibende bzw. Land- oder Forstwirte, die ihr Wahlrecht aus § 2 oder § 3 verkennen und ihre Firma **irrtümlich zur Eintragung anmelden,** weil sie glauben, dazu durch §§ 1, 29 verpflichtet zu sein, die Kaufmannseigenschaft nicht nach § 2 S. 1; sie werden mit der Eintragung nur Fiktivkaufleute iSd § 5. Gleiches soll für einen ursprünglich pflichtgemäß nach §§ 1, 29 eingetragenen Kaufmann gelten, dessen Handelsgewerbe nachträglich **auf ein Kleingewerbe herabgesunken** 4

---

[1] BGH 19.5.1960, BGHZ 32, 307 (314) = NJW 1960, 1664 (1665); MüKoHGB/K. Schmidt/Fleischer Rn. 1; RGHMW/Ries Rn. 27.

[2] BGH 6.7.1981, NJW 1982, 45; Canaris HandelsR § 3 Rn. 53; Ebenroth/Boujong/Kindler Rn. 1.

[3] BGH 6.7.1981, NJW 1982, 45; Siems, Kaufmannsbegriff und Rechtsfortbildung, 2003, 116; K. Schmidt HandelsR § 10 Rn. 26; Canaris HandelsR § 3 Rn. 51; Hopt/Merkt Rn. 1; krit. Bydlinski ZIP 1998, 1169 (1173).

[4] RegE, BT-Drs. 13/8444, 49 iVm 27 ff.; Bydlinksi ZIP 1998, 1169 (1172); Körber Jura 1998, 452 (453 f.); Treber AcP 199 (1999), 525 (534 f.).

[5] K. Schmidt ZIP 1997, 909 (914); Bydlinksi ZIP 1998, 1169 (1172).

[6] Schulze-Osterloh ZIP 2007, 2390 f.; Treber AcP 199 (1999), 525 (583); Körber Jura 1998, 452 (453 f.); Jung HandelsR § 6 Rn. 26 f.; MüKoHGB/K. Schmidt/Fleischer Rn. 14; Ebenroth/Boujong/Kindler Rn. 10 ff.

[7] Lieb NJW 1999, 35 (36); Siems, Kaufmannsbegriff und Rechtsfortbildung, 2003, 89 ff.; Canaris HandelsR § 3 Rn. 50; Oetker HandelsR § 2 Rn. 32 ff.; Hopt/Merkt Rn. 2; KKD/Roth/Stelmaszczyk Rn. 1.

ist. Aus den bei → § 2 Rn. 12 erörterten Gründen ist indes dem verfahrensrechtlichen Ansatz zu folgen, nach dem in diesen Fällen § 2 S. 1 einschlägig ist und es keines Rückgriffs auf § 5 bedarf.

5 **Praktische Bedeutung** hat der Streit **registerrechtlich** in Bezug auf das Löschungsverfahren, weil die Firma von irrtümlich angemeldeten oder nachträglich auf ein Kleingewerbe herabgesunkenen Gewerbetreibenden nach hL zu Unrecht im Handelsregister eingetragen und daher von Amts wegen zu löschen ist, während die Löschung nach dem verfahrensrechtlichen Ansatz grundsätzlich nach § 2 S. 3 zur Disposition des Eingetragenen steht (→ § 2 Rn. 23, → § 2 Rn. 30; → § 3 Rn. 24). **Materiellrechtlich** erlangt der Streit bei Anwendung öffentlich-rechtlicher Normen Relevanz, da Fiktivkaufleute iSd § 5 „echten" Kaufleuten iSd §§ 1–3 insoweit nicht gleichgestellt sind (iE str.; → Rn. 21 ff.). Von diesen Ausnahmesituationen abgesehen genügt für die Praxis aber regelmäßig die Feststellung, dass ein Gewerbetreibender im Handelsregister eingetragen ist, um seine Kaufmannseigenschaft zu bejahen, ohne dass es insoweit darauf ankommt, ob dies aus § 2, § 3 oder § 5 resultiert.

6 **c) Verhältnis zu § 107 Abs. 1.** In Bezug auf **kleingewerbliche Gesellschaften, Vermögensverwaltungsgesellschaften** und **Freiberuflergesellschaften,** denen § 107 Abs. 1 eine Eintragungsoption einräumt, gilt das zum Verhältnis von § 2 S. 1 zu § 5 Gesagte entsprechend. Folgt man der hL (→ Rn. 4), so resultiert die Einordnung dieser Gesellschaften als Handelsgesellschaften nur dann aus § 107 Abs. 1, wenn bei Anmeldung ein auf den Erwerb dieser Eigenschaft gerade durch Eintragung gerichteter Beschluss der Gesellschafter vorlag, während bei irrtümlicher Anmeldung oder bei nachträglichem Absinken auf ein Kleingewerbe konsequenterweise § 5 anzuwenden ist.[8] Folgt man dem zutreffenden verfahrensrechtlichen Ansatz, so ist bzw. bleibt die Gesellschaft nach § 107 Abs. 1 OHG bzw. (über § 161 Abs. 2) KG, solange ihre Firma im Handelsregister eingetragen ist und sie ein Gewerbe oder eine Vermögensverwaltung betreibt (→ § 105 Rn. 27).[9] Einer Anwendung des § 5 bedarf es nicht.

7 **d) Verhältnis zu § 15.** Im Verhältnis zu § 15 kommt § 5 Vorrang zu, soweit es um die Kaufmannseigenschaft eingetragener Gewerbetreibender geht. § 15 kann aber zugunsten Dritter einschlägig sein, wenn § 5 nicht (mehr) anwendbar ist.[10] So kann § 15 – zB bei Einstellung des Gewerbebetriebs[11] oder in Fällen der Unternehmensveräußerung – zu Lasten des Altinhabers zur Anwendung kommen (→ § 2 Rn. 25; → § 3 Rn. 23).[12] § 15 Abs. 1 erfasste früher insbesondere Fälle, in denen die Löschung bereits erfolgt, aber noch nicht bekannt gemacht worden war.[13] Seit Inkrafttreten des **DiRUG** erfolgt die Bekanntmachung nach § 10 Abs. 1 bereits dadurch, dass die Eintragung erstmalig über das nach § 9 Abs. 1 bestimmte elektronische Informations- und Kommunikationssystem abrufbar ist. Sie fällt also effektiv mit der Eintragung zusammen, ohne dass es einer zusätzlichen Veröffentlichung bedarf.[14] § 15 Abs. 3 kann zB einschlägig sein, wenn die Firma einer Person eingetragen und bekannt gemacht wird, die das betreffende Gewerbe gar nicht betreibt und daher kein Fiktivkaufmann iSd § 5 ist (→ Rn. 15).[15]

8 **e) Verhältnis zum Scheinkaufmann.** Als gesetzliche Regelung genießt § 5 Vorrang vor der lediglich subsidiär eingreifenden, auf Rechtsscheinüberlegungen basierenden Lehre vom Scheinkaufmann (→ Rn. 31 ff.).

9 **4. Anwendungsbereich des § 5.** Folgt man dem verfahrensrechtlichen Ansatz, so besteht bei irrtümlicher Anmeldung und bei Herabsinken auf ein Kleingewerbe (→ Rn. 4 ff.) kein Bedarf für eine Anwendung des § 5, weil sich die Kaufmannseigenschaft antragsgemäß eingetragener Personen bereits aus § 2 S. 1 bzw. § 107 Abs. 1 ergibt. Dies gilt auch bei einer durch das Registergericht nach §§ 14, 29 erzwungenen Anmeldung (str.).[16] Dagegen bleibt Raum für die Anwendung des § 5, wenn

---

[8] Schön DB 1998, 1169 (1174 f.); Canaris HandelsR § 3 Rn. 50; vgl. v. Olshausen ZHR 141 (1977), 93 (103 f.) zur Anwendung des § 3 bei land- und forstwirtschaftlichen Gesellschaften.

[9] Schulze-Osterloh ZIP 2007, 2390 (2932 f.); insoweit noch weitergehend MüKoHGB/K. Schmidt/Fleischer Rn. 15; MüKoHGB/K. Schmidt/Fleischer § 6 Rn. 24 f. – jede eingetragene Außen-Personengesellschaft ist kraft Eintragung OHG bzw. KG.

[10] Dazu ausf. Staub/Brüggemann, 4. Aufl. 1995, Rn. 9 ff.; s. auch MüKoHGB/K. Schmidt/Fleischer Rn. 16.

[11] Canaris HandelsR § 3 Rn. 55.

[12] Schlegelberger/Hildebrandt/Steckhan Rn. 6b.

[13] Staub/Brüggemann, 4. Aufl. 1995, Rn. 12.

[14] Vgl. KKD/Roth/Stelmaszczyk Rn. 10.

[15] RGHMW/Ries Rn. 14.

[16] Schulze-Osterloh ZIP 2007, 2390 (2932); Ebenroth/Boujong/Kindler Rn. 12 f.; **aA** RGHMW/Ries Rn. 8: Eingetragener hier mangels Optionsausübung nur Fiktivkaufmann nach § 5.

eine Eintragung erfolgt ist, obwohl es an einer **wirksamen Anmeldung fehlt** (str.).[17] Dies ist der Fall, wenn der Anmeldeberechtigte (→ § 2 Rn. 14) nie eine Anmeldung vorgenommen, oder wenn er sie noch vor der Eintragung wirksam widerrufen hat,[18] wenn die Anmeldung durch einen Vertreter ohne Vertretungsmacht erfolgt ist[19] oder wenn die Anmeldung aus anderen Gründen, zB aufgrund der Geschäftsunfähigkeit des Anmeldenden,[20] unwirksam war.[21]

II. Voraussetzungen

1. Gewerbebetrieb. § 5 schließt nur die Einwendung aus, dass es sich bei dem unter der eingetragenen Firma betriebenen Gewerbe nicht um ein Handelsgewerbe iSd § 1 Abs. 2 handle, nicht dagegen die Einwendung, dass es an einem Gewerbebetrieb fehle. Das Betreiben eines Gewerbes (→ § 1 Rn. 10 ff., → § 1 Rn. 63 ff.; → § 3 Rn. 3) ist vielmehr Voraussetzung für die Anwendbarkeit des § 5. Dies folgt aus dem Wortlaut der Norm („das unter der Firma betriebene Gewerbe")[22] und entspricht ihrem Zweck, lediglich Zweifel darüber auszuschließen, ob es sich bei dem Gewerbe um ein Handelsgewerbe iSd § 1 Abs. 2 handelt.[23] An der Voraussetzung eines Gewerbebetriebs fehlt es, wenn der Eingetragene gar nicht als Gewerbetreibender, sondern zB als Freiberufler tätig ist,[24] wenn er den Gewerbebetrieb endgültig (und nicht nur absehbar vorübergehend) eingestellt hat[25] oder wenn er das Unternehmen tatsächlich an einen neuen Betreiber übergeben hat.[26] § 5 ist in diesen Fällen nicht anwendbar (zur Frage einer analogen Anwendung → Rn. 11 f.). Der Verkehr wird aber ggf. durch § 15 (→ Rn. 7) sowie durch die Lehre vom Scheinkaufmann geschützt (→ Rn. 31 ff.). Zu Beginn und Ende des Gewerbebetriebs → § 1 Rn. 108 ff. 10

Über den Normwortlaut hinaus sollte § 5 auch **auf eingetragene Vermögensverwaltungsgesellschaften** und **Freiberuflergesellschaften entsprechende Anwendung** finden, soweit nicht bereits § 107 Abs. 1 selbst eingreift (→ Rn. 6). Bedarf für eine analoge Anwendung besteht in diesem Fällen bei Eintragung der Firma ohne wirksame Anmeldung (→ Rn. 9). Zwar handelt es sich bei der Vermögensverwaltung bzw. freiberuflicher Tätigkeit nicht um ein Gewerbe (→ § 1 Rn. 22), doch macht die Regelung des § 107 Abs. 1 deutlich, dass der Gesetzgeber auch solchen Gesellschaften den Erwerb der Kaufmannseigenschaft durch Eintragung ermöglichen wollte. Die der Eintragung kleingewerblicher Gesellschaften vergleichbare Interessenlage und das Ziel des § 5, Rechtssicherheit zu schaffen, gebieten es, § 5 nicht nur auf kleingewerbliche Gesellschaften, sondern auch entsprechend auf solche Gesellschaften anzuwenden.[27] Für nur ihr eigenes **Vermögen verwaltende oder freiberuflich tätige Einzelpersonen** fehlt es an einer § 107 Abs. 1 vergleichbaren Regelung; auf sie ist § 107 Abs. 1 auch nicht analog anwendbar (str.).[28] Sie sind nicht eintragungsfähig, sodass auch eine analoge Anwendung des § 5 in Bezug auf sie nicht in Betracht kommt.[29] 11

Der **Vorschlag,** § 5 rechtsfortbildend in der Weise zu interpretieren, dass **jeder Unternehmer**[30] oder sogar **jeder Rechtsträger**[31] (unabhängig davon, ob er ein Gewerbe betreibt) als Fiktivkaufmann anzusehen ist, wenn seine „Firma" im Handelsregister eingetragen ist,[32] wird von der hM zu Recht 12

---

[17] Schmitt WiB 1997, 1113 (1117 Fn. 3); Schulze-Osterloh ZIP 2007, 2390 (2932); v. Olshausen ZHR 141 (1977), 93 (104); v. Olshausen ZHR 163 (1999), 493 (496); Ebenroth/Boujong/Kindler Rn. 16; BeckOK HGB/Schwartze, 47. Ed. 1.7.2025, Rn. 4; **aA** MüKoHGB/K. Schmidt/Fleischer § 2 Rn. 27; MüKoHGB/K. Schmidt/Fleischer § 3 Rn. 26 – Vorliegen einer Anmeldung für den Erwerb der Kaufmannseigenschaft nach § 2 S. 1 irrelevant.

[18] Ebenroth/Boujong/Kindler Rn. 16; Schmitt WiB 1997, 1113 (1117 Fn. 3).

[19] Schulze-Osterloh ZIP 2007, 2390 (2932).

[20] Dazu BHS/Bumiller FamFG § 9 Rn. 12.

[21] Canaris HandelsR § 3 Rn. 53; Ebenroth/Boujong/Kindler Rn. 16.

[22] BGH 19.5.1960, BGHZ 32, 307 (313) = NJW 1960, 1664 (1665); 6.7.1981, NJW 1982, 45; BAG 17.2.1987, NJW 1988, 222 (223); Körber Jura 1998, 452 (454); Staub/Oetker Rn. 8; Hopt/Merkt Rn. 2; Heymann/Förster Rn. 6.

[23] RGHMW/Ries Rn. 13.

[24] RGHMW/Ries Rn. 16.

[25] RG 30.4.1925, RGZ 110, 422 (424 f.); BGH 19.5.1960, BGHZ 32, 307 (312) = NJW 1960, 1664 (1665); BayObLG 10.3.2000, NJW-RR 2000, 1700 = BB 2000, 1211 (1212); RGHMW/Ries Rn. 16; Staub/Oetker Rn. 12; Hopt/Merkt § 1 Rn. 52; Heymann/Förster Rn. 6.

[26] Ebenroth/Boujong/Kindler § 1 Rn. 41.

[27] Schön DB 1998, 1169 (1175); Ebenroth/Boujong/Kindler Rn. 22 ff.; KKD/Roth/Stelmaszczyk Rn. 9.

[28] RegE, BT-Drs. 13/8444, 41; Schön DB 1998, 1169; RGHMW/Ries § 2 Rn. 7; BeckOK HGB/Schwartze, 47. Ed. 1.7.2025, Rn. 8; BeckOGK/Servatius, 1.3.2025, Rn. 19; **aA** Siems NZG 2001, 738 (739 f.); Hopt/Merkt § 1 Rn. 17; Ebenroth/Boujong/Kindler § 2 Rn. 7.

[29] **AA** Ebenroth/Boujong/Kindler Rn. 22.

[30] K. Schmidt HandelsR § 10 III 2b; Siems, Kaufmannsbegriff und Rechtsfortbildung, 2003, 122 f.

[31] K. Schmidt ZHR 163 (1999), 87 (98); K. Schmidt HandelsR § 10 III 1b.

[32] MüKoHGB/K. Schmidt/Fleischer Rn. 22 ff.; Siems, Kaufmannsbegriff und Rechtsfortbildung, 2003, 122 f.

zurückgewiesen. De lege ferenda spricht Einiges für eine Änderung des § 5, die nicht nur die Zweifel an der Handelsgewerblichkeit, sondern auch solche an der Eintragungsfähigkeit beseitigen würde;[33] dies gilt insbesondere mit Blick auf die unscharfe Trennlinie zwischen Freiberuflern und Gewerbetreibenden (→ § 1 Rn. 35 ff.). **De lege lata** steht aber der Wortlaut des § 5 einer alle eingetragenen Rechtsträger erfassenden Auslegung entgegen. Sein nur auf die Beseitigung von Unsicherheiten in Bezug auf die Voraussetzungen des § 1 Abs. 2 gerichteter Zweck lässt auch **keine analoge Anwendung auf Nicht-Gewerbetreibende** (mit Ausnahme der Vermögensverwaltungsgesellschaften) zu, weil es an einer Vergleichbarkeit der Problemlagen fehlt.[34] Der Verkehr wird insoweit durch § 15 und durch die Lehre vom Scheinkaufmann geschützt.

13 **2. Eintragung einer Firma.** Zweite Voraussetzung des § 5 ist die Eintragung einer Firma in das Handelsregister. Entscheidend ist allein die **Tatsache der Eintragung.** Worauf die Eintragung beruht und ob sie in irgendeiner Weise vom Eingetragenen veranlasst wurde, ist irrelevant. § 5 ist nach hL auch[35] – und nach der hier vertretenen Auffassung sogar gerade – anzuwenden, wenn eine Eintragung **ohne wirksame Anmeldung** erfolgt ist, dh bei versehentlicher Eintragung ohne Anmeldung oder bei Eintragung aufgrund einer unbefugten oder aus anderen Gründen unwirksamen Anmeldung (→ Rn. 9). Ob eine **Bekanntmachung** erfolgt ist, ist irrelevant.[36] Da § 5 **kein Rechtsscheintatbestand** ist, kommt es auf Zurechenbarkeit,[37] Kausalität[38] und Gut- oder Bösgläubigkeit Dritter in Bezug auf die Eintragung nicht an.[39]

14 Durch das Abstellen auf die Eintragung einer **Firma** macht § 5 deutlich, dass andere Eintragungen (etwa die Eintragung als Gesellschafter oder Prokurist) nicht ausreichen, um eine Fiktivkaufmannseigenschaft des Eingetragenen zu begründen.[40] Die Zulässigkeit der eingetragenen Firma (§§ 17 ff.) ist für die Anwendbarkeit des § 5 irrelevant.[41]

15 **3. Personenidentität.** § 5 greift nur ein, wenn jemand unter einer Firma ein Handelsgewerbe betreibt und unter derselben Firma als Inhaber in das Handelsregister eingetragen ist,[42] dh wenn die **im Handelsregister eingetragene Person mit dem Betreiber des der Firma zugeordneten Unternehmens identisch** ist (str.).[43] Betreiber ist nicht notwendig derjenige, der tatsächlich die Geschäfte führt, sondern der Unternehmensträger (→ § 1 Rn. 85 ff.). Ist der Eingetragene verstorben, so fehlt es nur auf den ersten Blick an einem „personenidentischen" Zuordnungssubjekt, denn mit dem Erbfall wird der Erbe Inhaber sowohl des Unternehmens als auch der Firma.[44] Betreibt der Erbe das von einem Fiktivkaufmann geerbte Unternehmen unter der eingetragenen Firma weiter, ist er ebenfalls Fiktivkaufmann iSd § 5.[45] Zur Kaufmannseigenschaft bei Unternehmensveräußerung → Rn. 7 mwN.

16 **4. Sich berufen.** Nach seinem Wortlaut schneidet § 5 dem Eingetragenen nur „gegenüber demjenigen, welcher sich auf die Eintragung beruft", die Einwendung ab, das unter der Firma betriebene Gewerbe sei kein Handelsgewerbe. In der Lit. ist umstritten, ob § 5 gleichwohl von Amts wegen zu beachten ist. Teile der Lit. betonen, dass die Rechtsfolgen des § 5 kraft Gesetzes einträten und dass § 5 daher entgegen seinem insoweit missverständlichen Wortlaut von Amts wegen zu beachten sei.[46]

---

[33] MüKoHGB/K. Schmidt/Fleischer Rn. 3, 22 ff.; dafür auch Bydlinski ZIP 1998, 1169 (1172).

[34] Ebenroth/Boujong/Kindler Rn. 20 f.; KKD/Roth/Stelmaszczyk Rn. 9; Canaris HandelsR § 3 Rn. 56; einschr. Hopt/Merkt Rn. 2: „vorsichtige einzelne Analogien bleiben möglich".

[35] RGHMW/Ries Rn. 14; MüKoHGB/K. Schmidt/Fleischer Rn. 20; Ebenroth/Boujong/Kindler Rn. 17; Hopt/Merkt Rn. 3.

[36] MüKoHGB/K. Schmidt/Fleischer Rn. 29; Ebenroth/Boujong/Kindler Rn. 19; Hopt/Merkt Rn. 3; KKD/Roth/Stelmaszczyk Rn. 4; Heymann/Förster Rn. 5.

[37] Canaris HandelsR § 3 Rn. 53; Hopt/Merkt Rn. 3.

[38] Hopt/Merkt Rn. 3; KKD/Roth/Stelmaszczyk Rn. 5.

[39] BGH 6.7.1981, NJW 1982, 45; MüKoHGB/K. Schmidt/Fleischer Rn. 28; Hopt/Merkt Rn. 3; KKD/Roth/Stelmaszczyk Rn. 6, 8; insoweit missverständlich noch BGH 29.11.1956, BGHZ 22, 234 (239) = NJW 1957, 179; krit. Bydlinski ZIP 1998, 1169 (1173).

[40] MüKoHGB/K. Schmidt/Fleischer Rn. 19.

[41] Ebenroth/Boujong/Kindler Rn. 18; RGHMW/Ries Rn. 14; KKD/Roth/Stelmaszczyk Rn. 6; BeckOGK/Servatius, 1.3.2025, Rn. 14.

[42] OLG Düsseldorf 29.12.1993, NJW-RR 1995, 93 (94) – bei einer GmbH die GmbH selbst und nicht deren Geschäftsführer.

[43] Heymann/Förster Rn. 7; RGHMW/Ries Rn. 14; Schlegelberger/Hildebrandt/Steckhan Rn. 6b; Ebenroth/Boujong/Kindler Rn. 18; KKD/Roth/Stelmaszczyk Rn. 5; Staub/Oetker Rn. 11; eher terminologisch als in der Sache **aA** Hopt/Merkt Rn. 3 und MüKoHGB/K. Schmidt/Fleischer Rn. 18.

[44] RG 26.3.1931, RGZ 132, 138 (142).

[45] MüKoHGB/K. Schmidt/Fleischer Rn. 18.

[46] MüKoHGB/K. Schmidt/Fleischer Rn. 28; KKD/Roth/Stelmaszczyk Rn. 6.

Andere unterstreichen, eine Anwendung von Amts wegen komme angesichts des Normwortlauts nicht in Betracht. Vielmehr sei erforderlich, dass eine Partei ihr Begehren auf die Kaufmannseigenschaft stütze und sich dafür auf die Eintragung berufe.[47] Die hL löst diesen Konflikt, indem sie zu Recht zwischen Voraussetzungen und Rechtsfolge differenziert: Das Prozessgericht sieht nicht von Amts wegen das Handelsregister ein. Die **Tatsache der Eintragung** muss vielmehr nach allgemeinen Regeln **von einer Partei in den Prozess eingeführt** werden, indem sie sich darauf beruft. Ist dies geschehen, so sind die **Rechtswirkungen** des § 5 grundsätzlich **von Amts wegen zu beachten.**[48] § 5 ist allerdings unanwendbar, wenn beide Seiten einvernehmlich davon ausgehen, dass der Gewerbetreibende trotz Eintragung kein Handelsgewerbe betreibe.[49]

III. Rechtsfolgen

1. Fiktivkaufmann. Sind die Voraussetzungen des § 5 erfüllt, so wird das Vorliegen der Handelsgewerblichkeit und dadurch zugleich die Kaufmannseigenschaft des eingetragenen Gewerbetreibenden fingiert. Er ist kraft Eintragung Fiktivkaufmann.[50] 17

2. Persönliche Reichweite. In subjektiver Hinsicht wirkt § 5 **für und gegen alle,** dh – anders als die Lehre vom Scheinkaufmann (→ Rn. 31 ff.) – nicht nur zulasten, sondern auch zugunsten des Fiktivkaufmanns.[51] Gut- oder Bösgläubigkeit des Dritten ist irrelevant (→ Rn. 13). In Bezug auf den zu Unrecht Eingetragenen steht § 242 BGB der Anwendung des § 5 grundsätzlich nicht entgegen.[52] Doch kann die Berufung auf die eigene Kaufmannseigenschaft ausnahmsweise rechtsmissbräuchlich sein (§§ 242, 138, 826 BGB).[53] § 5 wirkt auch zulasten **Minderjähriger** oder **Geschäftsunfähiger.** Die Schutzbedürftigkeit dieser Personen steht einer Anwendung des § 5 nicht entgegen, denn sie werden hinreichend dadurch geschützt, dass die von ihnen abgeschlossenen Geschäfte nach §§ 104 ff. BGB (schwebend) unwirksam sind (str.).[54] 18

§ 5 erfasst auch **Personengesellschaften,** die (soweit dies nicht bereits aus § 107 Abs. 1 folgt) auch bei tatsächlichem Rückgang ihres Gewerbebetriebs auf ein Kleingewerbe als OHG bzw. KG zu behandeln sind, bis ihre Firma aus dem Handelsregister gelöscht oder der Betrieb (nach Abschluss der Liquidation) endgültig eingestellt wird.[55] § 5 fingiert nicht die Existenz einer Gesellschaft, die nie existiert hat bzw. noch nicht oder nicht mehr besteht,[56] ebenso wenig die Gesellschaftereigenschaft fälschlich als Gesellschafter im Handelsregister eingetragener Personen, die sich allenfalls nach § 15 als Gesellschafter behandeln lassen müssen. 19

3. Zeitliche Reichweite. In zeitlicher Hinsicht entfaltet § 5 Wirkung in Bezug auf Rechtsverhältnisse, die begründet werden, **während die unrichtige Eintragung besteht,** dh vom Vollzug der Eintragung bis zum Vollzug der Löschung.[57] Der Zeitpunkt der Berufung auf § 5 ist irrelevant. 20

4. Sachliche Reichweite. Während der Fiktivkaufmann kraft Eintragung iSd § 5 in persönlicher und zeitlicher Hinsicht dem Kaufmann kraft Eintragung iSd § 2 und § 3 nicht nachsteht, bestehen in sachlicher Hinsicht einige Einschränkungen, obwohl auch hier im Grundsatz gilt, dass der Fiktivkaufmann als Kaufmann anzusehen ist. Richtiger, wenngleich im Detail str. Auffassung zufolge gilt § 5 für den **gesamten Privatrechtsverkehr einschließlich des Zivilprozessrechts** (→ Rn. 22 ff.), 21

---

[47] Jung HandelsR § 6 Rn. 30; Oetker HandelsR § 2 Rn. 56.

[48] Schlegelberger/Hildebrandt/Steckhan Rn. 9b; Heymann/Förster Rn. 8; Ebenroth/Boujong/Kindler Rn. 26; Hopt/Merkt Rn. 4; auch K. Schmidt HandelsR § 10 Rn. 36.

[49] Oetker HandelsR § 2 Rn. 56; Hopt/Merkt Rn. 6 aE; krit. MüKoHGB/K. Schmidt/Fleischer Rn. 40 – § 5 nicht dispositiv, aber abweichende vertragliche Abreden möglich.

[50] Vgl. mit praktisch irrelevanten Differenzierungen im Detail Canaris HandelsR § 3 Rn. 52; Jung HandelsR § 6 Rn. 26; KKD/Roth/Stelmaszczyk Rn. 2 – Fiktivkaufmann; Hopt/Merkt Rn. 1 – Kaufmann kraft unwiderleglicher Vermutung; MüKoHGB/K. Schmidt/Fleischer Rn. 32 – Kaufmann im Rechtssinne kraft Eintragung; Ebenroth/Boujong/Kindler Rn. 27 ff.; Staub/Oetker Rn. 16 – nur Fiktion des Handelsgewerbes und nicht der Kaufmannseigenschaft.

[51] BGH 6.7.1981, NJW 1982, 45; MüKoHGB/K. Schmidt/Fleischer Rn. 33; Hopt/Merkt Rn. 6; Canaris HandelsR § 3 Rn. 51.

[52] MüKoHGB/K. Schmidt/Fleischer Rn. 28.

[53] Hopt/Merkt Rn. 3; KKD/Roth/Stelmaszczyk Rn. 8.

[54] v. Olshausen ZHR 141 (1977), 93 (104); Canaris HandelsR § 3 Rn. 53; BeckOK HGB/Schwartze, 47. Ed. 1.7.2025, Rn. 19; BeckOGK/Servatius, 1.3.2025, Rn. 16; **aA** RGHMW/Ries Rn. 34.

[55] BGH 6.7.1981, NJW 1982, 45; BAG 17.2.1987, NJW 1988, 222 (223); BayObLG 13.11.1984, NJW 1985, 982; OLG München 14.9.1987, NJW 1988, 1036 (1037); Ebenroth/Boujong/Kindler Rn. 30; Heymann/Förster Rn. 10.

[56] RG 25.5.1938, RGZ 157, 369 (372); MüKoHGB/K. Schmidt/Fleischer Rn. 18; Ebenroth/Boujong/Kindler Rn. 32; KKD/Roth/Stelmaszczyk Rn. 7.

[57] Hopt/Merkt Rn. 7; Ebenroth/Boujong/Kindler Rn. 31; NK-HGB/Keßler Rn. 13.

während eine darüber hinausgehende Anwendung auf öffentlich-rechtliche Rechtsverhältnisse (einschließlich des Register-, Steuer- und Strafrechts) nicht in Betracht kommt (→ Rn. 26 ff.). Die nachfolgenden Ausführungen gelten gleichermaßen für Fiktiveinzelkaufleute wie für Fiktivhandelsgesellschaften.

22 **a) Handelsrecht.** Die in Betreff der Kaufleute gegebenen Vorschriften des HGB finden grundsätzlich auch auf den Fiktivkaufmann Anwendung.[58] Er unterliegt der **Registerpublizität** (§ 15) und dem **Firmenrecht** (§§ 17 ff., § 37a), er kann **Prokura und Handlungsvollmacht** erteilen (§§ 48 ff.),[59] und er ist bei Abschluss von **Handelsgeschäften** den kaufmannsrechtlichen Sondervorschriften unterworfen, zB § 348 (keine Herabsetzung der Vertragsstrafe), § 350 (Formfreiheit der Bürgschaft), §§ 352, 353 (kaufmännische Zinsen), § 354 (Geschäftsbesorgung)[60] und § 377 (Rügeobliegenheit).[61] Der die Firma fortführende Erwerber kann seiner Haftung für Altverbindlichkeiten (§ 25) nicht die Kleingewerblichkeit des erworbenen Unternehmens entgegenhalten, wenn die Firma im Handelsregister eingetragen ist.[62] Zu Rechnungslegungspflichten und registerrechtlichem Verfahren → Rn. 28, → Rn. 30.

23 **b) Gesellschaftsrecht.** Ist eine GbR fälschlich im Handelsregister eingetragen und wird deshalb über § 5 fingiert, dass es sich bei ihr um eine **OHG** oder **KG** handelt (→ Rn. 19), so gelten für sie und ihre Gesellschafter die §§ 105 ff., insbesondere auch die Regelungen der §§ 126 ff. zur Gesellschafterhaftung.[63] Die Regeln über die **stille Gesellschaft** (§§ 230 ff.) sind auf das durch § 5 fingierte Handelsgewerbe ebenfalls anwendbar.[64]

24 **c) Geschäfts- und Prozessverkehr.** Der Fiktivkaufmann iSd § 5 steht im Geschäftsverkehr und im damit zusammenhängenden Prozessverkehr den Kaufleuten iSd §§ 1–3 gleich (→ Rn. 22 zu Handelsgeschäften).[65] Er kann unter der im Handelsregister eingetragenen Firma klagen und verklagt werden (§ 17 Abs. 2).[66] Er ist Kaufmann iSd §§ 95 ff. GVG **(Zuständigkeit der Kammer für Handelssachen).** Er kann wirksame **Erfüllungs- und Gerichtsstandsvereinbarungen** treffen (§ 29 Abs. 2 ZPO, § 38 Abs. 1 ZPO).[67] Für Fragen der Prozess-, Partei- und Insolvenzfähigkeit spielt die Kaufmannseigenschaft nach § 5 allerdings keine besondere Rolle mehr, seit diese Eigenschaften durch den BGH[68] bzw. durch § 11 Abs. 2 Nr. 1 InsO auch der GbR zugesprochen worden sind.[69] Für die Frage, ob ein **Verbraucherinsolvenzverfahren** in Betracht kommt, ist nicht die Eintragung im Handelsregister, sondern die Erfüllung der materiellen Voraussetzungen des § 304 InsO entscheidend (→ § 2 Rn. 34).[70] Für die Frage der **Unternehmereigenschaft** iSd § 14 BGB ist ebenfalls die materielle Rechtslage und nicht die Eintragung ausschlaggebend (→ § 2 Rn. 33).[71]

25 **d) Gesetzliche Schuldverhältnisse.** Ob und inwieweit Fiktivkaufleute auch in Bezug auf gesetzliche Schuldverhältnisse **(GoA, §§ 812 ff. BGB)** und **deliktische Ansprüche** (zB §§ 823 ff. BGB) den kaufmannsrechtlichen Sonderregeln unterliegen, ist umstritten.[72] Nach der **hL,** die insoweit den Normzweck des Verkehrsschutzes in den Vordergrund rückt, gilt § 5 in Bezug auf solche Ansprüche **nur, wenn sie mit dem Geschäftsverkehr zusammenhängen** (zB Delikt im Zusammenhang mit der Vertragserfüllung, Wettbewerbsverstoß, Bereicherungsanspruch wegen Zuviellieferung).[73] Nach der mit Blick auf das primäre Ziel der Rechtssicherheit vorzugswürdigen **Gegenauf-**

58 Vgl. BeckOGK/Servatius, 1.3.2025, Rn. 25.

59 MüKoHGB/K. Schmidt/Fleischer Rn. 35; Ebenroth/Boujong/Kindler Rn. 43 f.

60 OLG Stuttgart 23.3.2018, BeckRS 2018, 19810 Rn. 12.

61 Ebenroth/Boujong/Kindler Rn. 34; MüKoHGB/K. Schmidt/Fleischer Rn. 38; RGHMW/Ries Rn. 29.

62 BGH 29.11.1957, BGHZ 22, 234 (239) = NJW 1957, 179; OLG Frankfurt 31.1.1992, OLGR 1992, 12; RGHMW/Ries Rn. 29.

63 BGH 6.7.1981, NJW 1982, 45; MüKoHGB/K. Schmidt/Fleischer Rn. 36; Ebenroth/Boujong/Kindler Rn. 35; RGHMW/Ries Rn. 29.

64 MüKoHGB/K. Schmidt/Fleischer Rn. 36.

65 BGH 6.7.1981, NJW 1982, 45; RGHMW/Ries Rn. 29; Ebenroth/Boujong/Kindler Rn. 34 ff.; Staub/Oetker Rn. 19; GK-HGB/Ensthaler Rn. 7 f.; Canaris HandelsR § 3 Rn. 57; K. Schmidt HandelsR § 10 Rn. 40; Oetker HandelsR § 2 Rn. 57.

66 Ebenroth/Boujong/Kindler Rn. 36; MüKoHGB/K. Schmidt/Fleischer Rn. 43; Heymann/Förster Rn. 12.

67 RGHMW/Ries Rn. 29; MüKoHGB/K. Schmidt/Fleischer Rn. 43; Ebenroth/Boujong/Kindler Rn. 36.

68 BGH 29.1.2001, BGHZ 146, 341 = NJW 2001, 1056.

69 MüKoHGB/K. Schmidt/Fleischer Rn. 43.

70 MüKoHGB/K. Schmidt/Fleischer Rn. 43.

71 MüKoHGB/K. Schmidt/Fleischer Rn. 39.

72 Offenlassend BGH 6.7.1981, NJW 1982, 45.

73 Staub/Oetker Rn. 21; Hopt/Merkt Rn. 6; Ebenroth/Boujong/Kindler Rn. 37 ff.; Canaris HandelsR § 3 Rn. 58; Schlegelberger/Hildebrandt/Steckhan Rn. 9a; Heymann/Förster Rn. 11; BeckOK HGB/Schwartze, 47. Ed. 1.7.2025, Rn. 25.

fassung gilt § 5 auch in Bezug auf privatrechtliche Ansprüche aus gesetzlichen Anspruchsgrundlagen uneingeschränkt[74] und damit letztlich für das **gesamte Privatrecht** einschließlich des „Unrechtsverkehrs".[75] Die praktische Bedeutung dieses Streits lag früher insbesondere in der Frage, ob **§ 31 BGB** auch auf eine im Handelsregister eingetragene und dadurch zur Fiktiv-OHG gewordene GbR anzuwenden war (mit der Folge einer Gesellschafterhaftung nach § 126 HGB).[76] Seit der BGH entschieden hat, dass § 31 BGB – unabhängig von der Eintragung im Handelsregister – analog auf GbR anwendbar ist und dass GbR-Gesellschafter analog § 126 HGB für deliktische Gesellschaftsverbindlichkeiten haften müssen,[77] und erst recht seit das BGB mit Inkrafttreten des **MoPeG** die Rechtsfähigkeit der GbR explizit im § 705 Abs. 2 BGB anerkennt, ist dieser Streit praktisch obsolet.

e) Öffentliches Recht. Während der Fiktivkaufmann privatrechtlich weitestgehend dem Kaufmann iSd §§ 1–3 gleichgestellt ist, gilt für das öffentliche Recht das Gegenteil: **§ 5 entfaltet grundsätzlich keine Wirkung** im öffentlichen Recht einschließlich des Register-, Steuer- und Strafrechts.[78] Dies entspricht der Intention des historischen Gesetzgebers, der die Anwendung des § 5 auf privatrechtliche Rechtsverhältnisse beschränkt sehen wollte,[79] und auch dem Sinn und Zweck der Norm. Der Staat kann nicht fälschlich eine Person in das Handelsregister eintragen und dann aus diesem staatlichen Versagen negative Rechtsfolgen gegen den zu Unrecht Eingetragenen ableiten.[80] 26

§ 5 findet mithin keine Anwendung im **Verwaltungsrecht** einschließlich des **Ordnungswidrigkeitenrechts.**[81] Auch für die Verpflichtung zur Zahlung der **IHK-Umlage** ist nach zutreffender Auffassung die wahre Rechtslage entscheidend und nicht die durch § 5 bewirkte Fiktion.[82] 27

Der Fiktivkaufmann ist nach hM **nicht rechnungslegungspflichtig** iSd §§ 238 ff. HGB.[83] Schon deshalb scheidet auch eine Anwendung des **Insolvenzstrafrechts** (§§ 283 ff. StGB) auf ihn aus.[84] Eine Strafbarkeit des Fiktivkaufmanns nach diesen Vorschriften wäre aber auch dann zu verneinen, wenn man mit der Gegenauffassung eine Buchführungspflicht bejahen würde, weil der Staat strafrechtliche Sanktionen nicht auf eine fehlerhafte Registereintragung stützen kann. Straf- und Bußgeldvorschriften, die sich an Kaufleute wenden, gelten nur gegenüber Personen, die wirklich Kaufleute sind.[85] 28

Eine Anwendung der Bestimmungen des **Steuerrechts** einschließlich des **Steuerstrafrechts**[86] scheitert (abgesehen von den in → Rn. 28 erwähnten Gründen) regelmäßig bereits daran, dass diese Vorschriften nicht an den Kaufmannsbegriff oder an die Eintragung im Handelsregister, sondern an die Begriffe des „Gewerbebetreibenden" bzw. des „Unternehmers" anknüpfen (vgl. etwa § 15 EStG oder § 141 AO, → § 2 Rn. 33).[87] Auch eine Indizwirkung der Eintragung im Handelsregister für die Annahme eines gewerbesteuerpflichtigen Unternehmens (→ § 2 Rn. 9) ist bei Fiktivkaufleuten abzulehnen.[88] 29

Schließlich gilt die Fiktion des § 5 auch nicht im **Verhältnis zum Registergericht,** das von Amts wegen prüft, ob die Voraussetzungen der §§ 1–3 bzw. §§ 105, 161 vorliegen und das durch 30

---

[74] MüKoHGB/K. Schmidt/Fleischer Rn. 41 f.; KKD/Roth/Stelmaszczyk Rn. 8; GK-HGB/Ensthaler Rn. 9.

[75] K. Schmidt HandelsR § 10 Rn. 41.

[76] Canaris HandelsR § 3 Rn. 58; Ebenroth/Boujong/Kindler Rn. 39; Hopt/Merkt Rn. 6; GK-HGB/Ensthaler Rn. 9.

[77] BGH 24.2.2003, BGHZ 154, 88 = NJW 2003, 1445.

[78] RG 13.11.1905, DJZ 1906, 263; 2.4.1912, JW 1912, 951 (952); 21.9.1931, HRR 1932 Nr. 218; MüKoHGB/K. Schmidt/Fleischer Rn. 35 und 44 ff.; Ebenroth/Boujong/Kindler Rn. 41 ff.; RGHMW/Ries Rn. 39; Hopt/Merkt Rn. 6; Canaris HandelsR § 3 Rn. 57.

[79] Hahn/Mugdan 203 f.; Hüttemann/Meinert BB 2007, 1436 (1438); K. Schmidt HandelsR § 10 Rn. 43.

[80] I.E. ebenso BeckOGK/Servatius, 1.3.2025, Rn. 30.

[81] RGHMW/Ries Rn. 39; Ebenroth/Boujong/Kindler Rn. 46; MüKoHGB/K. Schmidt/Fleischer Rn. 46.

[82] Hüttemann/Meinert BB 2007, 1436 (1439); RGHMW/Ries Rn. 39; Hopt/Merkt Rn. 6; Ebenroth/Boujong/Kindler Rn. 46; **aA** OVG NRW 23.10.1986, BB 1987, 1130; BayVGH 23.10.1980, GewA 1981, 162 (164); BeckOGK/Servatius, 1.3.2025, Rn. 34.

[83] OLG Celle 31.7.1968, NJW 1968, 2119; Ebenroth/Boujong/Kindler Rn. 45; RGHMW/Ries Rn. 39; KKD/Roth/Stelmaszczyk Rn. 8; **aA** Hüttemann/Meinert BB 2007, 1436 (1439 f.); MüKoHGB/K. Schmidt/Fleischer Rn. 37; vgl. auch allg. § 241a zur Befreiung von Einzelkaufleuten von der Buchführungs- und Inventarisierungspflicht unter bestimmten Voraussetzungen.

[84] OLG Celle 31.7.1968, NJW 1968, 2119; Ebenroth/Boujong/Kindler Rn. 45, 48; Ebenroth/Boujong/Kindler Vor § 1 Rn. 71 ff.; Hopt/Merkt Rn. 6.

[85] Hüttemann/Meinert BB 2007, 1436 (1441); RGHMW/Ries Rn. 39; BeckOGK/Servatius, 1.3.2025, Rn. 31.

[86] Dazu auch Hüttemann/Meinert BB 2007, 1436 (1441).

[87] MüKoHGB/K. Schmidt/Fleischer Rn. 45, 47; Ebenroth/Boujong/Kindler Rn. 47.

[88] Ebenroth/Boujong/Kindler Rn. 47; BeckOGK/Servatius, 1.3.2025, Rn. 31; in Bezug auf das Verwaltungsrecht vorsichtig **abw.** MüKoHGB/K. Schmidt/Fleischer Rn. 46.

§ 5 nicht daran gehindert wird, eine zu Unrecht bestehende Eintragung nach § 395 FamFG zu löschen (→ § 2 Rn. 30), um den Registerinhalt auf diese Weise wieder in Einklang mit der wahren Rechtslage zu bringen.[89] Im Gegenteil ist es dazu verpflichtet, dafür zu sorgen, dass das Register mit der wahren Rechtslage übereinstimmt.

IV. Die Lehre vom Scheinkaufmann

31 **1. Allgemeines. a) Zweck.** Die §§ 5, 15 erfassen nicht alle Fälle, in denen Dritte schutzbedürftig sind, weil der unzutreffende Eindruck entstanden ist, ein Nichtkaufmann sei Kaufmann iSd §§ 1 ff. Die Lehre vom Scheinkaufmann **schließt** diese **Schutzlücke,** indem sie denjenigen, der in zurechenbarer Weise den Anschein erweckt, Kaufmann zu sein, **zugunsten gutgläubiger Dritter,** die im Vertrauen auf diesen Schein Dispositionen treffen, wie einen Kaufmann behandelt.[90] Liegen die Voraussetzungen der Lehre vom Scheinkaufmann vor, so führt sie zur **Anwendung handelsrechtlicher Vorschriften** auf Nichtkaufleute, und zwar – im Gegensatz zu § 5 – nur zu Lasten (und nicht auch zugunsten) des Scheinkaufmanns und nur im Verhältnis zu gutgläubigen Dritten (und nicht mit Wirkung für und gegen jedermann).[91]

32 **b) Entwicklung.** Die **Lehre vom Scheinkaufmann** geht auf Staub zurück, der formulierte „Wer im Rechtsverkehr als Kaufmann auftritt, gilt als Kaufmann".[92] Nach heute ganz hM geht diese Formulierung zu weit und ist ebenso wie ihre Verankerung in § 5 abzulehnen, weil sie letztlich das ausdifferenzierte System der §§ 1 ff. gegenstandslos machen würde.[93] Stattdessen wird die **dogmatische Grundlage** der Lehre vom Scheinkaufmann in der maßgeblich von Canaris geprägten **allgemeinen Rechtsscheinlehre** gesehen.[94] Die praktische Bedeutung der Rechtsscheinlehre für die Anwendung des HGB ist allerdings in jüngerer Zeit stark zurückgegangen.[95] Gründe dafür sind insbesondere die deutliche Erweiterung des Anwendungsbereichs des § 1 durch das HRRefG 1998 (→ § 1 Rn. 3 f.) und die Angleichung der Gesellschafterhaftung bei OHG und GbR (zunächst aufgrund von Richterrecht[96] und seit Inkrafttreten des **MoPeG** auch nach dem Gesetzeswortlaut), sodass es für die Haftung letztlich keine Rolle mehr spielt, ob die Gesellschaft als GbR oder als „Schein-OHG" auftritt.

33 **c) Systematische Stellung.** Die Lehre vom Scheinkaufmann ist **gegenüber** den geschriebenen Kaufmannstatbeständen der **§§ 1 ff. subsidiär.**[97] Dies gilt insbesondere auch im Verhältnis zu **§ 5,** der in seinem Anwendungsbereich sowohl zugunsten als auch zu Lasten des Fiktivkaufmanns wirkt und der Lehre vom Scheinkaufmann vorgeht.[98] Wer bereits Kaufmann ist, weil er ein Handelsgewerbe betreibt (§ 1) oder weil seine Firma im Handelsregister eingetragen ist (§§ 2, 3, 5), kann nicht zugleich „nur" Scheinkaufmann sein.

34 Bei Eintragungs- und Bekanntmachungsfehlern schützt – sofern bereits nicht § 5 einschlägig ist – § 15 die Interessen gutgläubiger Dritter, zB bei noch nicht erfolgter bzw. noch nicht bekannt gemachter Löschung einer Firma nach Einstellung oder Veräußerung des Gewerbebetriebs (→ Rn. 7). Auch **§ 15** geht der Lehre vom Scheinkaufmann grundsätzlich vor.[99] Allerdings kann ein spezieller Vertrauenstatbestand (wie die Lehre vom Scheinkaufmann) ausnahmsweise gegenüber Verlautbarungen des Handelsregisters **(§ 15 Abs. 2)** vorrangig sein.[100] Eine früher als Kaufmann im Handelsregis-

[89] BayObLG 13.11.1984, NJW 1985, 982; LG Nürnberg 4.11.1976, DB 1977, 252; MüKoHGB/K. Schmidt/Fleischer Rn. 35; Ebenroth/Boujong/Kindler Rn. 42; Hopt/Merkt Rn. 1; RGHMW/Ries Rn. 39; GK-HGB/Ensthaler Rn. 9.

[90] Vgl. Canaris HandelsR § 6 Rn. 8 ff.; RGHMW/Ries Anh. § 5 Rn. 1; Ebenroth/Boujong/Kindler Rn. 49 ff.; Hopt/Merkt Rn. 9.

[91] Canaris HandelsR § 6 Rn. 9; MüKoHGB/K. Schmidt/Fleischer Anh. § 5 Rn. 5.

[92] Staub, Kommentar zum HGB, 6./7. Aufl. 1900, Exkurs zu § 5 Anm. 1; ihm folgend RG 27.3.1907, RGZ 65, 412 (413 f.).

[93] Canaris HandelsR § 6 Rn. 7, 9; vgl. K. Schmidt HandelsR § 10 Rn. 114; Ebenroth/Boujong/Kindler Rn. 49 f.; zur Entwicklung Limbach ZHR 134 (1970), 289 (291 ff.); v. Olshausen FS Raisch, 1995, 147 (150 ff.); Nickel JA 1980, 566 ff.

[94] BGH 4.7.1966, NJW 1966, 1915 (1916); Canaris HandelsR § 6 Rn. 8; Ebenroth/Boujong/Kindler Rn. 50; Hopt/Merkt Rn. 9; krit. v. Olshausen FS Raisch, 1995, 147 (153 ff.).

[95] Dazu auch MüKoHGB/K. Schmidt/Fleischer Anh. § 5 Rn. 6.

[96] BGH 29.1.2001, BGHZ 146, 314 = NJW 2001, 1056; 27.9.1999, BGHZ 142, 315 = NJW 1999, 3483.

[97] MüKoHGB/K. Schmidt/Fleischer Anh. § 5 Rn. 5 und 12 f.; Ebenroth/Boujong/Kindler Rn. 52.

[98] Canaris HandelsR § 6 Rn. 9; MüKoHGB/K. Schmidt/Fleischer Anh. § 5 Rn. 13.

[99] Canaris HandelsR § 6 Rn. 10; MüKoHGB/K. Schmidt/Fleischer Anh. § 5 Rn. 14; Schlegelberger/Hildebrandt/Steckhan Rn. 18.

[100] BGH 15.1.1990, NJW 1990, 2678 (2679); 18.3.1974, BGHZ 62, 216 (223) = NJW 1974, 1191 (1192); OLG Karlsruhe 28.12.1967, JZ 1971, 335; Hopt/Merkt § 15 Rn. 15; s. aber auch BGH 22.1.1970, JZ 1971, 334 (335).

ter eingetragene Person kann sich danach trotz Löschung der Firma samt entsprechender Bekanntmachung gutgläubigen Dritten gegenüber nicht darauf berufen, kein Kaufmann mehr zu sein, wenn sie in qualifizierter Weise (zB durch Weiterverwendung von Firmenbögen[101] oder durch Unterlassen der Aufklärung eines ständigen Geschäftspartners über die Änderung)[102] den unzutreffenden Rechtsschein fortdauernder Kaufmannseigenschaft gesetzt hat.[103]

d) Anwendungsbereich. Raum für die Lehre vom **Scheinkaufmann** bleibt nur, wenn ein Nichtkaufmann sich als Kaufmann geriert, obwohl er entweder (zB als Freiberufler) gar kein Gewerbe oder nur ein nicht eingetragenes Gewerbe iSd §§ 2 oder 3 betreibt (→ Rn. 7 ff.)[104] und wenn keine bereits von §§ 5 oder 15 erfassten Eintragungs- und Bekanntmachungsdefizite vorliegen. Entsprechendes gilt für die Frage, ob eine Person sich als **Scheingesellschafter** wie ein persönlich haftender Gesellschafter einer (existierenden oder nicht existierenden) Handelsgesellschaft behandeln lassen muss (→ § 105 Rn. 173)[105] sowie für die Frage, ob sich eine GbR aufgrund eines zurechenbaren Rechtsscheins als **Scheinhandelsgesellschaft** (Schein-OHG, Schein-KG; → § 105 Rn. 171 ff.) behandeln lassen muss.[106] Zur gesunkenen Relevanz der letzten beiden Fallgruppen → Rn. 2 aE. 35

2. Voraussetzungen. a) Allgemeines. Die Lehre vom Scheinkaufmann kommt zur Anwendung, wenn der mutmaßliche Scheinkaufmann (1.) nicht bereits aufgrund der §§ 1–6 Kaufmann ist oder sich nach § 15 so behandeln lassen muss (Subsidiarität der Lehre vom Scheinkaufmann; → Rn. 33 ff.) und wenn die Voraussetzungen für eine Rechtsscheinhaftung vorliegen, dh wenn (2.) ein objektiver Rechtsschein der Kaufmannseigenschaft besteht (→ Rn. 37 ff.), wenn dieser Rechtsschein (3.) dem mutmaßlichen Scheinkaufmann zugerechnet werden kann (→ Rn. 45 ff.), wenn (4.) ein Dritter aufgrund seines Vertrauens auf den Rechtsschein schutzwürdig ist (→ Rn. 48 f.) und wenn (5.) dieser Dritte im Vertrauen auf den Rechtsschein Dispositionen getroffen hat (Kausalität; → Rn. 50 f.). Die Beweislast für diese Voraussetzungen trägt (6.) grundsätzlich der Dritte, dem allerdings in der Praxis diverse Erleichterungen bis hin zur Beweislastumkehr zugute kommen (→ Rn. 52 f.). 36

b) Objektiver Rechtsschein. Wie jede Rechtsscheinhaftung setzt die Lehre vom Scheinkaufmann zunächst objektiv voraus, dass der unzutreffende (dh nicht mit dem wahren Sachverhalt übereinstimmende) Rechtsschein der Kaufmannseigenschaft gesetzt wird. Dazu muss der Eindruck hervorgerufen werden, der mutmaßliche Scheinkaufmann betreibe ein Handelsgewerbe, obwohl er in Wirklichkeit gar kein Gewerbe oder nur ein nicht eingetragenes Gewerbe iSd § 2 oder § 3 betreibt. Dies kann im Einzelfall schwierig sein. Vergleichsweise einfach ist die Annahme eines hinreichenden Rechtsscheins bei Vorliegen einer ausdrücklichen Erklärung. Fehlt eine solche Erklärung, kann der Rechtsschein der Kaufmannseigenschaft im Einzelfall auch aus sonstigen Anhaltspunkten, namentlich aus der Nutzung kaufmännischer Einrichtungen, abgeleitet werden. 37

aa) Ausdrückliche Erklärungen. Wer einem Dritten gegenüber unaufgefordert oder auf Nachfrage, ausdrücklich **in Wort oder Schrift** erklärt, Kaufmann kraft Handelsgewerbes oder kraft Eintragung zu sein, muss sich diesem gegenüber nach ganz hM auch als solcher behandeln lassen.[107] Eine ausdrückliche Erklärung liegt insbesondere vor, wenn der mutmaßliche Scheinkaufmann einen Kaufleuten oder Handelsgesellschaften vorbehaltenen **Rechtsformzusatz** (zB eingetragener Kaufmann, e. Kfm., e. Kfr., OHG, KG) verwendet.[108] 38

Aus der Erklärung muss hervorgehen, dass der mutmaßliche Scheinkaufmann sich als Kaufmann im Sinne eines kaufmännischen Unternehmensträgers iSd §§ 1–6 ausgibt. Die Verwendung der eher 39

---

[101] OLG Hamm 10.5.1994, NJW-RR 1995, 418 (419); MüKoHGB/K. Schmidt/Fleischer Anh. § 5 Rn. 14.

[102] BGH 8.5.1972, NJW 1972, 1418 (1419).

[103] BGH 8.5.1972, NJW 1972, 1418 (1419) – Berufung auf § 15 Abs. 2 rechtsmissbräuchlich; Canaris HandelsR § 5 Rn. 38; K. Schmidt HandelsR § 14 Rn. 4 – teleologische Reduktion des § 15 Abs. 2.

[104] Oetker HandelsR § 2 Rn. 59; Ebenroth/Boujong/Kindler Rn. 54 f.

[105] BGH 11.3.1955, BGHZ 17, 13 (16) = NJW 1955, 985; K. Schmidt HandelsR § 10 Rn. 122. Zur Haftung der Gesellschafter einer fälschlich als GmbH firmierenden UG (haftungsbeschränkt) analog § 179 BGB s. BGH 12.6.2012, NJW 2012, 2871 m. abl. Anm. Altmeppen NJW 2012, 2833; zur Haftung eines ausgeschiedenen Gesellschafters als Scheingesellschafter s. BGH 17.1.2012, NZG 2012, 221 (222).

[106] K. Schmidt HandelsR § 10 Rn. 120; RGHMW/Ries Anh. § 5 Rn. 37 ff.

[107] Canaris HandelsR § 6 Rn. 11; Oetker HandelsR § 2 Rn. 61; RGHMW/Ries Anh. § 5 Rn. 15; MüKoHGB/K. Schmidt/Fleischer Anh. § 5 Rn. 18; Ebenroth/Boujong/Kindler Rn. 56; Schlegelberger/Hildebrandt/Steckhan Rn. 14; **aA** Limbach ZHR 134 (1970), 289 (302).

[108] BGH 25.6.1973, BGHZ 61, 59 = NJW 1973, 1691 – Schein-KG; Canaris HandelsR § 6 Rn. 13; RGHMW/Ries Anh. § 5 Rn. 11; MüKoHGB/K. Schmidt/Fleischer Anh. § 5 Rn. 18; Hopt/Merkt Rn. 10; KKD/Roth/Stelmaszczyk § 15 Rn. 45; vgl. einschr. zum Vertrauensschutz durch Rechtsformzusätze von Gesellschaften Beurskens NZG 2016, 681 (682 ff.).

auf die berufliche Qualifikation bezogenen **Berufsbezeichnung** „(Diplom-) Kaufmann" ist für sich genommen als Rechtsscheinträger unzureichend.[109] Ebenso wenig reichen dafür die Eintragung des Wortes „Kaufmann" als Beruf eines GmbH-Geschäftsführers im Handelsregister[110] oder eine dem mutmaßlichen Scheinkaufmann in den AGB des Vertragspartners **untergeschobene Erklärung** aus, Kaufmann zu sein.[111]

40 Umstritten ist, ob die ausdrückliche Erklärung der Kaufmannseigenschaft in sich schlüssig und plausibel sein muss. Dies spielt zB eine Rolle, wenn ein Freiberufler (Arzt, Architekt) sich als Kaufmann ausgibt, obwohl er dies in Ermangelung eines Gewerbes objektiv gar nicht sein kann (→ § 1 Rn. 35). *Canaris* lehnt für solche Fälle einen hinreichenden Rechtsschein mangels **Schlüssigkeit** ab,[112] andere verlangen dafür zusätzlich, dass die Unschlüssigkeit ohne besondere Rechtskenntnisse erkennbar ist.[113] Systematisch stimmiger erscheint es, auf ein Schlüssigkeitserfordernis in Bezug auf den objektiven Rechtsschein zu verzichten und die Frage, ob der Dritte die Unschlüssigkeit erkennen und zum Anlass weiterer Nachprüfungen nehmen musste, erst im Zusammenhang mit der Schutzwürdigkeit des Dritten (→ Rn. 48 f.) zu prüfen.[114]

41 **bb) Kaufmännische Einrichtungen.** Der Rechtsschein der Kaufmannseigenschaft kann bei Fehlen einer ausdrücklichen Erklärung grundsätzlich auch aus tatsächlichen Anzeichen und konkludenten Erklärungen abgeleitet werden. Der Anschein der Kaufmannseigenschaft kann namentlich daraus resultieren, dass ein Nichtkaufmann Gebrauch von **Rechtseinrichtungen** (Rechtsinstituten) macht, die von Rechts wegen Kaufleuten vorbehalten sind.[115] Hierzu zählt insbesondere die Erteilung von **Prokura** (§§ 48 ff.).[116] Allerdings ist Zurückhaltung geboten, denn aus der Vornahme vereinzelter Rechtsakte in einer nur Kaufleuten zugänglichen Form (zB mündliches Bürgschaftsversprechen nach § 350[117] oder Gerichtsstandsvereinbarungen nach § 38 Abs. 1 ZPO) auf die Kaufmannseigenschaft zu schließen, würde den Schutzzweck dieser Vorschriften vereiteln (→ Rn. 59 f.).[118] Anders kann der Fall liegen, wenn ein Nichtkaufmann sich in ständiger Übung solcher kaufmännischer Handlungsformen bedient.

42 Nicht unproblematisch ist auch die Ableitung eines Rechtsscheins aus dem Gebrauch einer Firma. Der Gebrauch einer **Firma** ist nach § 17 Abs. 1 Kaufleuten vorbehalten. Verwendet ein Nichtkaufmann eine Firma einschließlich des durch § 19 Abs. 1 Nr. 1 vorgeschriebenen Rechtsformzusatzes, so begründet dies den Rechtsschein der Kaufmannseigenschaft (→ Rn. 38). Fehlt es aber an einem solchen Zusatz, so reicht das Führen einer Firma im Allgemeinen nicht mehr als Rechtsscheinträger aus, da die Grenzen zu bloßen Geschäftsbezeichnungen seit der Liberalisierung des Firmenrechts durch das HRRefG 1998[119] fließend sind und deshalb eine klare Abgrenzung schwierig ist.[120] Gleiches gilt für das **„&"-Zeichen**[121] und für den **„Inhaber"-Zusatz,**[122] die in der Praxis ebenfalls nicht nur von Kaufleuten verwendet werden. Die Verwendung einer Firma ohne Rechtsformzusatz kann allenfalls dann den Rechtsschein der Kaufmannseigenschaft tragen, wenn es sich eindeutig um eine kaufmännische Firma handelt,[123] zB bei Vortäuschung eines Großunternehmens (Firmierung als „A-Möbelfabrik" oder „B-Großhandel").[124]

---

[109] Canaris HandelsR § 6 Rn. 11; MüKoHGB/K. Schmidt/Fleischer Anh. § 5 Rn. 20.

[110] OLG Düsseldorf 29.12.1993, NJW-RR 1995, 93.

[111] Ebenroth/Boujong/Kindler Rn. 58; MüKoHGB/K. Schmidt/Fleischer Anh. § 5 Rn. 20.

[112] Canaris HandelsR § 6 Rn. 12 – allenfalls Einwand des Rechtsmissbrauchs.

[113] RGHMW/Ries Anh. § 5 Rn. 15: Rechtsschein bei Architekt möglich.

[114] Ebenroth/Boujong/Kindler Rn. 56, 71; vgl. OLG Karlsruhe 28.12.1967, JZ 1971, 335; BGH 22.1.1970, JZ 1971, 334 f. für einen Fall der Selbstdarstellung als Einpersonen-KG.

[115] Zurückhaltend BeckOGK/Servatius, 1.3.2025, Rn. 43.

[116] Canaris HandelsR § 6 Rn. 16; Oetker HandelsR § 2 Rn. 61; K. Schmidt HandelsR § 10 Rn. 131; Ebenroth/Boujong/Kindler Rn. 59; RGHMW/Ries Anh. § 5 Rn. 7.

[117] OLG Düsseldorf 29.12.1993, NJW-RR 1995, 93 (94).

[118] MüKoHGB/K. Schmidt/Fleischer Anh. § 5 Rn. 20; K. Schmidt HandelsR § 10 VIII 4a; Canaris HandelsR § 6 Rn. 25.

[119] Dazu K. Schmidt NJW 1998, 2161 (2167 f.); Körber Jura 1998, 452 (455 f.); BeckOK HGB/Schwartze, 47. Ed. 1.7.2025, Rn. 42.

[120] HM, zB Canaris HandelsR § 6 Rn. 14; RGHMW/Ries Anh. § 5 Rn. 9 f.; vgl. schon OLG Stuttgart 26.8.1986, BB 1987, 147; **aA** noch OLG Frankfurt 30.9.1974, BB 1974, 1366 (1367); Ebenroth/Boujong/Kindler Rn. 60; vgl. auch BGH 29.11.1956, BGHZ 22, 234 (237 f.) = NJW 1957, 179.

[121] K. Schmidt HandelsR § 10 Rn. 132; RGHMW/Ries Anh. § 5 Rn. 12.

[122] OLG Stuttgart 26.8.1986, BB 1987, 147 m. abl. Anm. Wessel; **aA** OLG Frankfurt 30.9.1974, BB 1974, 1366 (1367).

[123] RGHMW/Ries Anh. § 5 Rn. 9.

[124] Canaris HandelsR § 6 Rn. 14; MüKoHGB/K. Schmidt/Fleischer Anh. § 5 Rn. 18.

Vorsicht ist auch in Bezug auf Schlussfolgerungen aus der Nutzung **tatsächlicher kaufmännischer Einrichtungen** geboten. Bedarf ein Unternehmen kaufmännischer Einrichtungen, so liegt nach § 1 Abs. 2 (unabhängig davon, ob es tatsächlich über solche Einrichtungen verfügt) ein Handelsgewerbe vor, und die Kaufmannseigenschaft folgt unmittelbar aus § 1 (→ § 1 Rn. 48 ff.). Das tatsächliche **Vorhandensein** kaufmännischer Einrichtungen kann umgekehrt für Zwecke des § 1 Abs. 2 deren Erforderlichkeit indizieren.[125] Doch reicht das bloße Vorliegen eines in kaufmännischer Weise eingerichteten Geschäftsbetriebs für sich genommen nicht aus, um den Rechtsschein der Kaufmannseigenschaft zu begründen.[126] Anderes gilt wiederum nur dann, wenn eine nicht vorhandene Unternehmensgröße vorgespiegelt wird, gerade um den unzutreffenden Anschein eines kaufmännischen Unternehmens zu erwecken.[127] 43

Als Rechtsscheinträger erst recht ungeeignet sind **früher kaufmannstypische Verhaltensweisen,** die heute auch außerhalb des kaufmännischen Verkehrs weit verbreitet sind, zB das Bewirken der Eintragung in einem Branchenfernsprechbuch, das Führen mehrerer Konten, die Verwendung von AGB, Formularverträgen, aufwendigen Briefköpfen oder modernen Kommunikationstechniken sowie die Teilnahme am Wechselverkehr[128] oder die Ausstellung kaufmännischer Bestätigungsschreiben.[129] 44

c) Zurechenbarkeit. Der objektiv vorhandene Rechtsschein führt nur dann zur Annahme der Scheinkaufmanns-Eigenschaft, wenn er dem mutmaßlichen Scheinkaufmann auch subjektiv zurechenbar ist. Dies ist der Fall, wenn der mutmaßliche Scheinkaufmann den Rechtsschein **selbst gesetzt** hat (zB durch die Behauptung, Kaufmann bzw. als solcher im Handelsregister eingetragen zu sein), wenn er einen von einem Dritten gesetzten Rechtsschein gekannt und **geduldet** hat (Parallele zur Duldungsvollmacht)[130] oder wenn er ihn zwar nicht gekannt hat, aber bei Anwendung pflichtgemäßer Sorgfalt **hätte erkennen und unterbinden können** (Parallele zur Anscheinsvollmacht).[131] Liegen diese Voraussetzungen vor, muss sich der Unternehmensinhaber auch das Handeln seiner **Bediensteten** zurechnen lassen.[132] 45

Für die Fälle aktiver Setzung oder Duldung des Rechtsscheins gilt das **Veranlassungsprinzip.** Ein Verschulden ist nicht erforderlich, sodass die Lehre vom Scheinkaufmann auch dann Anwendung findet, wenn der mutmaßliche Scheinkaufmann aufgrund eines unverschuldeten Irrtums davon ausgeht, tatsächlich Kaufmann zu sein.[133] Dagegen ist dem dritten Fall des **pflichtwidrigen** Unterlassens der Beseitigung eines Rechtsscheins ein Verschuldenserfordernis immanent.[134] Mit Blick auf vorrangige Verkehrsschutzinteressen und da der Rechtsschein der Kaufmannseigenschaft nicht auf einer Willenserklärung beruht, ist nach hM seine **rückwirkende Beseitigung durch Anfechtung nach §§ 119 ff. BGB ausgeschlossen.**[135] 46

Eine Zurechnung scheidet grundsätzlich aus, wenn der mutmaßliche Scheinkaufmann **geschäftsunfähig oder in seiner Geschäftsfähigkeit beschränkt** ist.[136] Der Schutz solcher Personen ist 47

---

[125] BGH 28.4.1960, BB 1960, 917; Hopt/Merkt § 1 Rn. 23; MüKoHGB/K. Schmidt/Fleischer § 1 Rn. 75.

[126] HM, zB Kaiser JZ 1999, 495 (500); Canaris HandelsR § 6 Rn. 17; RGHMW/Ries Anh. § 5 Rn. 8; MüKoHGB/K. Schmidt/Fleischer Anh. § 5 Rn. 19; **aA** Limbach ZHR 134 (1970), 289 (310 f.); Nickel JA 1980, 566 (572); Ebenroth/Boujong/Kindler Rn. 63 f.; KKD/Roth/Stelmaszczyk § 15 Rn. 46.

[127] BeckOGK/Servatius, 1.3.2025, Rn. 44; zur Relevanz falscher Größenangaben auch OLG Köln 16.10.1995, BeckRS 1995, 12627 Rn. 7: „dabei genügt die bloße Verwendung einer „firmenähnlichen Geschäftsbezeichnung" ohne einen Rechtsformzusatz oder eine täuschende Größenangabe nicht"; OLG Stuttgart 16.12.2004, BeckRS 2005, 8432: „dick mit Mercedes und Ferrari im Geschäft" reicht nicht aus.

[128] HM, zB RGHMW/Ries Anh. § 5 Rn. 6 f.; MüKoHGB/K. Schmidt/Fleischer Anh. § 5 Rn. 20; Ebenroth/Boujong/Kindler Rn. 62; Hopt/Merkt Rn. 10; **abw.** Limbach ZHR 134 (1970), 289 (314 f.); Schlegelberger/Hildebrandt/Steckhan Rn. 13.

[129] Vgl. BeckOK HGB/Schwartze, 47. Ed. 1.7.2025, Rn. 43.

[130] RGHMW/Ries Anh. § 5 Rn. 27; MüKoHGB/K. Schmidt/Fleischer Anh. § 5 Rn. 21; Ebenroth/Boujong/Kindler Rn. 66.

[131] RGHMW/Ries Anh. § 5 Rn. 27; Ebenroth/Boujong/Kindler Rn. 66; KKD/Roth/Stelmaszczyk § 15 Rn. 53; s. auch OLG Hamm 28.9.2010, NZG 2011, 137 zur Haftung eines freien Mitarbeiters einer Scheinsozietät.

[132] K. Schmidt HandelsR § 10 Rn. 136; RGHMW/Ries Anh. § 5 Rn. 28; weitergehend v. Gierke/Sandrock HandelsR/WirtschaftsR § 12 III 2, 169 (Handeln der Bediensteten immer zurechenbar).

[133] Canaris HandelsR § 6 Rn. 20; RGHMW/Ries Anh. § 5 Rn. 27; MüKoHGB/K. Schmidt/Fleischer Anh. § 5 Rn. 21; Ebenroth/Boujong/Kindler Rn. 66; KKD/Roth/Stelmaszczyk § 15 Rn. 53; **abw.** Nickel JA 1980, 566 (574) (auch bei Duldung ist Verschulden erforderlich).

[134] RGHMW/Ries Anh. § 5 Rn. 27; KKD/Roth/Stelmaszczyk § 15 Rn. 53; vgl. BGH 27.9.1956, NJW 1956, 1673 (1674) zur Anscheinsvollmacht; OLG Karlsruhe 28.12.1967, JZ 1971, 335 (336) zur Schein-KG.

[135] RGHMW/Ries Anh. § 5 Rn. 30; MüKoHGB/K. Schmidt/Fleischer Anh. § 5 Rn. 21; Hopt/Merkt Rn. 11; Ebenroth/Boujong/Kindler Rn. 79; BeckOK HGB/Schwartze, 47. Ed. 1.7.2025, Rn. 48; diff. KKD/Roth/Stelmaszczyk § 15 Rn. 61.

[136] RGHMW/Ries Anh. § 5 Rn. 29; Ebenroth/Boujong/Kindler Rn. 68; KKD/Roth/Stelmaszczyk § 15 Rn. 54; Hopt/Merkt Rn. 11.

grundsätzlich gegenüber dem Schutzbedürfnis des Verkehrs vorrangig.[137] Allerdings müssen sich Minderjährige das Verhalten ihrer gesetzlichen Vertreter zurechnen lassen.[138] Ist einem Minderjährigen Teilgeschäftsfähigkeit nach **§ 112 BGB** eingeräumt (→ § 1 Rn. 68), so ist er grundsätzlich auch im Hinblick auf die Scheinkaufmannseigenschaft zurechnungsfähig.[139] Umgekehrt schließt die Geschäftsunfähigkeit eines Vertreters die Zurechnung zu Lasten eines (geschäftsfähigen) Vertretenen nicht aus.[140]

48 **d) Schutzwürdigkeit des Dritten.** Anders als die Fiktion der Kaufmannseigenschaft nach § 5 wirkt der Rechtsschein nach allgM nicht für und gegen jedermann, sondern nur zugunsten desjenigen, der auf die Richtigkeit des Rechtsscheins vertraut, dh **gutgläubig** ist. Bösgläubigkeit liegt nach allgM vor, wenn der Dritte die Unrichtigkeit **kennt oder kennen musste,** dh nur in Folge grober Fahrlässigkeit nicht kannte (vgl. § 932 Abs. 2 BGB). **Str. ist, ob** auch **einfache Fahrlässigkeit** zur Bösgläubigkeit führt. Dies wird von der wohl hM bejaht,[141] teils aber auf Fälle der **Evidenz** beschränkt[142] (was in der Sache eher dem Maßstab grober Fahrlässigkeit entspricht).[143] Andere lassen einfache Fahrlässigkeit – auch mit Blick auf die heute eher hohen Anforderungen an die Annahme eines Rechtsscheins (→ Rn. 37 ff.) – nicht ausreichen.[144] Die praktische Relevanz des Streits ist gering. Die Rspr. stellt oftmals eine Einzelfallabwägung an (→ Rn. 49 aE), ohne der förmlichen Abgrenzung zwischen einfacher und grober Fahrlässigkeit entscheidendes Gewicht beizumessen.[145] Der BGH hat allerdings unterstrichen, es sei Aufgabe desjenigen, der die Rechtsscheinfolgen nicht gegen sich gelten lassen wolle, darzulegen und zu beweisen, „dass sein Vertragsgegner die wahren Verhältnisse kannte oder kennen musste oder dass diese für ihn im konkreten Fall keine Rolle gespielt haben".[146] Dies spricht für das Erfordernis **grober Fahrlässigkeit.**[147]

49 Grundsätzlich besteht nach der Rspr. **keine Nachforschungsobliegenheit** (oder gar Nachforschungspflicht) des Dritten.[148] Insbesondere reicht das Unterlassen der **Einsichtnahme in das Handelsregister** nicht ohne Weiteres aus, um eine Bösgläubigkeit zu begründen (→ Rn. 34 zum Verhältnis zu § 15 Abs. 2).[149] Dies gilt erst recht, wenn sich die Rechtsverhältnisse eines in ständiger Geschäftsbeziehung zum Dritten stehenden Unternehmens ändern, denn in diesem Fall trifft den mutmaßlichen Scheinkaufmann eine Hinweispflicht dem Dritten gegenüber.[150] Nachforschungen zur wahren Rechtslage sind dem Dritten nur zuzumuten, wenn **besondere Umstände** vorliegen, die Misstrauen und gesteigerte Vorsicht in Bezug auf die Kaufmannseigenschaft gebieten.[151] Nach der Rspr. ist insoweit grundsätzlich **abzuwägen,** ob es billiger ist, dem Dritten eine Überprüfung der wahren Rechtsverhältnisse zuzumuten, oder denjenigen, der den unzutreffenden Rechtsschein veranlasst hat, daran festzuhalten. Dabei gebührt dem Schutz des auf den Rechtsschein Vertrauenden grundsätzlich der Vorrang (→ Rn. 52 zur Beweislast).[152] Entscheidend sind aber die Umstände des Einzelfalles. Als Abwägungsfaktoren kommen insbesondere in Betracht: die Aktualität, Schlüssigkeit (→ Rn. 40) und Stärke einerseits des Rechtsscheins (ausdrückliche Erklärung oder nur

---

[137] HM, dazu allg. BGH 12.10.1976, NJW 1977, 622 (623); hM in Bezug auf Lehre vom Scheinkaufmann, zB Schlegelberger/Hildebrandt/Steckhan Rn. 15; RGHMW/Ries Anh. § 5 Rn. 29; Hopt/Merkt Rn. 11; **aA** K. Schmidt HandelsR § 10 Rn. 136.

[138] K. Schmidt HandelsR § 10 Rn. 136; RGHMW/Ries Anh. § 5 Rn. 29; KKD/Roth/Stelmaszczyk § 15 Rn. 54.

[139] Ausf. Ebenroth/Boujong/Kindler Rn. 67 ff.; KKD/Roth/Stelmaszczyk § 15 Rn. 54.

[140] BGH 1.7.1991, BGHZ 115, 78 = NJW 1991, 2566; Ebenroth/Boujong/Kindler Rn. 66; KKD/Roth/Stelmaszczyk § 15 Rn. 54.

[141] BGH 22.1.1970, JZ 1971, 334 (335); Canaris HandelsR § 6 Rn. 71 (§§ 173, 405 BGB iVm § 122 Abs. 2 BGB); Hopt/Merkt Rn. 12; Hübner HandelsR § 1 Rn. 71.

[142] So Canaris HandelsR § 6 Rn. 71.

[143] So zu Recht auch Ebenroth/Boujong/Kindler Rn. 72; MüKoHGB/K. Schmidt/Fleischer Anh. § 5 Rn. 22.

[144] v. Gierke/Sandrock HandelsR/WirtschaftsR § 12 III 2, 169; MüKoHGB/K. Schmidt/Fleischer Anh. § 5 Rn. 22; K. Schmidt HandelsR § 10 VIII 3b aa; Staub/Oetker Rn. 37; Ebenroth/Boujong/Kindler Rn. 72; tendenziell auch OLG Karlsruhe 28.12.1967, JZ 1971, 335 (336); diff. RGHMW/Ries Anh. § 5 Rn. 31.

[145] Vgl. RGHMW/Ries Anh. § 5 Rn. 31; KKD/Roth/Stelmaszczyk § 15 Rn. 55.

[146] BGH 12.6.2012, NJW 2012, 2871 (2873) mit Verweis auf BGH 3.2.1975, BGHZ 64, 11 (18 f.).

[147] So auch RGHMW/Ries Anh. § 5 Rn. 31.

[148] BGH 22.1.1970, JZ 1971, 334 (335); Canaris HandelsR § 6 Rn. 71; Ebenroth/Boujong/Kindler Rn. 72; Hopt/Merkt Rn. 12.

[149] OLG Karlsruhe 28.12.1967, JZ 1971, 335 (336); RGHMW/Ries Anh. § 5 Rn. 32; Ebenroth/Boujong/Kindler Rn. 73; MüKoHGB/K. Schmidt/Fleischer Anh. § 5 Rn. 22.

[150] BGH 6.4.1987, NJW 1987, 3124 (3125); 8.5.1972, NJW 1972, 1418 (1419); Ebenroth/Boujong/Kindler Rn. 74.

[151] BGH 22.1.1970, JZ 1971, 334 (335); OLG Hamm 10.5.1994, NJW-RR 1995, 418 (419).

[152] BGH 11.3.1955, BGHZ 17, 13 (16) = NJW 1955, 985.

Indizien?) und andererseits der die Zweifel nahe legenden Warnsignale, ferner unter anderem die wirtschaftliche Bedeutung des Geschäfts (kein alltägliches Geschäft?) und der Nachforschungsaufwand (Klärung durch einfache Einsichtnahme in das Handelsregister möglich?).[153]

e) Kausalität des Rechtsscheins. Der Dritte muss den Rechtsschein gekannt und gerade im Vertrauen darauf eine tatsächliche oder rechtsgeschäftliche Disposition getroffen haben.[154] Die **Kenntnis des Dritten vom Rechtsschein** folgt regelmäßig daraus, dass ihm die Tatsachen bekannt sind, aus denen sich der Rechtsschein der Kaufmannseigenschaft ergibt.[155] Ob der Dritte sich klare Vorstellungen über die sich aus diesen Tatsachen ergebende Rechtslage gemacht hat, ist irrelevant.[156] Es reicht aus, dass er den Tatsachen entnimmt, der mutmaßliche Scheinkaufmann sei Kaufmann.[157] Kennt der Dritte die Tatsachen nicht, so reicht es nach der Rspr. sogar aus, dass andere dem Dritten die allgemeine Überzeugung mitgeteilt haben, der mutmaßliche Scheinkaufmann sei Kaufmann.[158] 50

Der Dritte bedarf des Schutzes durch die Lehre vom Scheinkaufmann nur, wenn er eine rechtliche oder tatsächliche **Disposition im Vertrauen auf den Rechtsschein** getroffen hat. Dabei kann es sich um ein Tun (zB Vertragsschluss) oder Unterlassen (zB Verzicht auf Beweissicherung im Vertrauen auf die Rügeobliegenheit nach § 377) handeln.[159] Zwischen Rechtsschein und Vertrauensdisposition muss ein **Ursachenzusammenhang** in dem Sinne bestehen, dass der Dritte die Disposition bei Kenntnis des wahren Sachverhalts typischerweise nicht (so) getroffen hätte.[160] 51

f) Beweislast. Der Beweis für die Voraussetzungen der Scheinkaufmannseigenschaft obliegt nach allgemeinen Regeln grundsätzlich dem Dritten als der Partei, die sich auf den Rechtsscheintatbestand beruft.[161] Dies gilt uneingeschränkt allerdings nur für den Nachweis des **objektiven Rechtsscheintatbestandes.** Hinsichtlich der **Zurechenbarkeit** kommen Beweiserleichterungen in Betracht, sofern dafür Aspekte (wie zB die hinreichende innerbetriebliche Organisation) ausschlaggebend sind, die in der Sphäre des mutmaßlichen Scheinkaufmanns liegen.[162] 52

Die **Gutgläubigkeit** des Dritten wird sogar vermutet, wenn der objektive Rechtsscheintatbestand feststeht.[163] Auch hinsichtlich der **Kenntnis** vom Rechtsschein und dessen **Kausalität** für die Disposition des Dritten geht die Rspr. von einer „tatsächlichen Vermutung" aus, da es nach den Erfahrungen des täglichen Lebens in der Regel nahe liege, anzunehmen, dass die Disposition im Vertrauen auf den Rechtsschein getätigt wurde.[164] Für Fälle, in denen pflichtwidrig ein auf eine Haftungsbeschränkung hinweisender Rechtsformzusatz weggelassen wurde (zB entgegen § 4 GmbHG), nimmt die Rspr. sogar eine **Beweislastumkehr** zu Lasten des mutmaßlichen Scheinkaufmanns in Bezug auf Gutgläubigkeit, Kenntnis und Kausalität vor, wenn und weil dieser den Rechtsschein zurechenbar veranlasst hat.[165] Dies gilt auch für Gesellschaften ausländischen Rechts.[166] Diese Beweislastumkehr wird in der Lit. verbreitet verallgemeinert und gefordert, der mutmaßliche Scheinkaufmann müsse in Anlehnung an § 932 Abs. 2 BGB und im Dienste der 53

---

[153] BGH 22.1.1970, JZ 1971, 334 f.; RGHMW/Ries Anh. § 5 Rn. 31; Schlegelberger/Hildebrandt/Steckhan Rn. 16a.

[154] BGH 17.12.1975, BB 1976, 902 – aktienrechtliche Vertretungsmacht; Canaris HandelsR § 6 Rn. 73 ff.; RGHMW/Ries Anh. § 5 Rn. 33; Hopt/Merkt Rn. 13; Ebenroth/Boujong/Kindler Rn. 75 f.

[155] BGH 15.12.1955, NJW 1956, 460 – Vollmacht; Hopt/Merkt Rn. 13.

[156] BGH 25.6.1973, BGHZ 61, 59 (64) = NJW 1973, 1691 (1692) m. insoweit zust. Anm. Canaris NJW 1974, 455; BeckOGK/Servatius, 1.3.2025, Rn. 52; BeckOK HGB/Schwartze, 47. Ed. 1.7.2025, Rn. 53.

[157] Vgl. KKD/Roth/Stelmaszczyk § 15 Rn. 56.

[158] So BGH 28.3.1962, NJW 1962, 1003 – Vollmacht; Hopt/Merkt Rn. 13.

[159] Canaris HandelsR § 6 Rn. 73; Oetker HandelsR § 2 Rn. 62; MüKoHGB/K. Schmidt/Fleischer Anh. § 5 Rn. 23; Ebenroth/Boujong/Kindler Rn. 75.

[160] MüKoHGB/K. Schmidt/Fleischer Anh. § 5 Rn. 23; Oetker HandelsR § 2 Rn. 62; Nickel JA 1980, 566 (575).

[161] BGH 4.7.1966, NJW 1966, 1915 (1917); 11.3.1955, BGHZ 13, 17 (18) = NJW 1955, 985; RGHMW/Ries Anh. § 5 Rn. 34; MüKoHGB/K. Schmidt/Fleischer Anh. § 5 Rn. 24.

[162] RGHMW/Ries Anh. § 5 Rn. 34.

[163] Canaris HandelsR § 6 Rn. 72; MüKoHGB/K. Schmidt/Fleischer Anh. § 5 Rn. 24; RGHMW/Ries Anh. § 5 Rn. 34; Staub/Oetker Rn. 51.

[164] BGH 4.7.1966, NJW 1966, 1915 (1917); 11.3.1955, BGHZ 13, 17 (18) = NJW 1955, 985; ebenso Hopt/Merkt Rn. 13; RGHMW/Ries Anh. § 5 Rn. 34; vgl. Staub/Oetker Rn. 51 (erster Anschein spricht für Ursächlichkeit).

[165] BGH 12.6.2012, NJW-RR 2012, 2871 Rn. 27; 15.1.1990, NJW 1990, 2678 (2679); 3.2.1975, BGHZ 64, 11 (18 f.) = NJW 1975, 1166 (1168).

[166] Für die Limited OLG Karlsruhe 7.4.2004, GmbHR 2004, 1016 (1017); für die BV BGH 5.2.2007, NJW 2007, 1529 (1530).

praktischen Effizienz der Rechtsscheinhaftung die Bösgläubigkeit[167] sowie das Fehlen von Kenntnis und Kausalität nachweisen.[168]

54 **3. Rechtsfolgen. a) Grundsatz.** Sind die Voraussetzungen der Lehre vom Scheinkaufmann erfüllt, so kann sich der Scheinkaufmann gutgläubigen Dritten gegenüber nicht darauf berufen, in Wirklichkeit gar kein Kaufmann zu sein. Er muss sich diesen gegenüber an dem zurechenbar gesetzten Rechtsschein festhalten und **wie ein Kaufmann** behandeln lassen.[169] Dies gilt nicht nur in Bezug auf die in Betreff der Kaufleute gegebenen **Vorschriften des HGB.** Die Scheinkaufmannseigenschaft kann auch in Bezug auf zivilrechtliche und zivilprozessuale **Vorschriften außerhalb des HGB** relevant werden, zB bei Gerichtsstandsvereinbarungen nach § 38 Abs. 1 ZPO (str.; → Rn. 59 f.) oder bei Anwendung des § 826 BGB wegen vorsätzlicher sittenwidriger Schädigung durch Vortäuschung der Kaufmannseigenschaft.[170]

55 **b) Wahlrecht des Dritten.** Der Rechtsschein wirkt nach allgM **nur zugunsten des Dritten** und nicht auch zu dessen Lasten (oder zugunsten des Scheinkaufmanns). Deshalb steht dem Dritten ein Wahlrecht zu. Er kann den Scheinkaufmann wie einen Kaufmann oder auch der wahren Rechtslage entsprechend als Nichtkaufmann behandeln.[171] Dieses Wahlrecht ist nach zu Recht hM allerdings **ungeteilt auszuüben** und der Scheinkaufmann in Bezug auf die konkreten Dispositionen entweder als Kaufmann oder als Nichtkaufmann zu behandeln (keine „Rosinenpickerei"),[172] denn der Dritte darf durch den Rechtsschein einerseits nicht schlechter gestellt werden als nach der wahren Rechtslage, andererseits aber auch nicht besser als bei Zutreffen des Rechtsscheins.[173] Eine **verbindliche Festlegung** erfolgt erst im Prozess.[174] Das Wahlrecht kann nicht schon vorher durch bloße Nichtausübung verwirkt werden. Ob der nach Wahl des Dritten als Scheinkaufmann Behandelte für ihn positive Reflexwirkungen dieser Wahl dadurch verwirkt hat, dass er den Rechtsschein wissentlich falsch gesetzt hat,[175] erscheint zweifelhaft.[176]

56 **c) Grenzen. aa) Persönliche Grenzen.** Die Scheinkaufmannseigenschaft besteht nicht absolut, sondern immer nur **relativ zugunsten** eines konkreten, in Bezug auf die Kaufmannseigenschaft gutgläubigen Dritten. Umgekehrt wirkt sie auch nur **relativ zu Lasten** desjenigen, der zurechenbar den Rechtsschein gesetzt bzw. nicht beseitigt hat (→ Rn. 45 ff.). Sie wirkt daher nicht gegen Geschäftsunfähige und in ihrer Geschäftsfähigkeit Beschränkte (→ Rn. 47) und erst recht **nicht gegen völlig unbeteiligte Dritte.** Daher ist nach zu Recht hM ein gutgläubiger Erwerb nach **§ 366** vom Scheinkaufmann zu Lasten des wahren Berechtigten ausgeschlossen.[177]

57 **bb) Sachliche Grenzen.** Der Scheinkaufmann ist **kein „Kaufmann kraft Rechtsscheins".** Die Rechtsscheinhaftung begründet nicht den Status eines Kaufmannes, sondern bewirkt lediglich, dass sich der Scheinkaufmann in Bezug auf konkrete Rechtsverhältnisse konkreten Dritten gegenüber wie ein solcher behandeln lassen muss.[178]

---

[167] Canaris HandelsR § 6 Rn. 72, 74; Ebenroth/Boujong/Kindler Rn. 78; **aA** RGHMW/Ries Anh. § 5 Rn. 34: Beweislast beim Dritten, wenn mutmaßlicher Scheinkaufmann konkrete Umstände für Bösgläubigkeit darlegt.

[168] Canaris HandelsR § 6 Rn. 77 f.; Canaris NJW 1974, 455; Hübner HandelsR § 1 Rn. 74; für bestimmte „starke Rechtsscheintatbestände" auch Hopt/Merkt Rn. 13; dagegen MüKoHGB/K. Schmidt/Fleischer Anh. § 5 Rn. 24.

[169] Canaris HandelsR § 6 Rn. 80; Hopt/Merkt Rn. 14; MüKoHGB/K. Schmidt/Fleischer Anh. § 5 Rn. 25; Ebenroth/Boujong/Kindler Rn. 80.

[170] Hopt/Merkt Rn. 18.

[171] Canaris HandelsR § 6 Rn. 81; Ebenroth/Boujong/Kindler Rn. 80; krit. MüKoHGB/K. Schmidt/Fleischer Anh. § 5 Rn. 27; BeckOK HGB/Schwartze, 47. Ed. 1.7.2025, Rn. 58 f.; einschr. Hopt/Merkt Rn. 15, kein Wahlrecht bezüglich Anscheinsvollmacht, kaufmännisches Bestätigungsschreiben und § 362.

[172] Ebenroth/Boujong/Kindler Rn. 80; RGHMW/Ries Anh. § 5 Rn. 42; Hopt/Merkt Rn. 15.

[173] Canaris HandelsR § 6 Rn. 81; RGHMW/Ries Anh. § 5 Rn. 42; Hopt/Merkt Rn. 15; Ebenroth/Boujong/Kindler Rn. 80; krit. MüKoHGB/K. Schmidt/Fleischer Anh. § 5 Rn. 27.

[174] Vgl. MüKoHGB/K. Schmidt/Fleischer Anh. § 5 Rn. 27; unklar bzgl. des „Wann" der Ausübung Hopt/Merkt Rn. 15 (Ausübung des Wahlrechts auch konkludent möglich, erfolgte Ausübung verbindlich).

[175] So Staub/Brüggemann, 4. Aufl. 1995, Anh. § 5 Rn. 44; **aA** BeckOGK/Servatius, 1.3.2025, Rn. 54.

[176] So auch RGHMW/Ries Anh. § 5 Rn. 42.

[177] OLG Düsseldorf 18.11.1998, NJW-RR 1999, 615; Ebenroth/Boujong/Kindler Rn. 87; MüKoHGB/K. Schmidt/Fleischer Anh. § 5 Rn. 32; Hopt/Merkt Rn. 16; Hopt/Leyens § 366 Rn. 4; BeckOGK/Servatius, 1.3.2025, Rn. 56; BeckOK HGB/Schwartze, 47. Ed. 1.7.2025, Rn. 62; **aA** Canaris HandelsR § 6 Rn. 26; KKD/Roth/Stelmaszczyk § 15 Rn. 60; RGHMW/Ries Anh. § 5 Rn. 47; Staub/Oetker Rn. 47 aE; offenlassend BGH 9.11.1998, NJW 1999, 425 (426).

[178] MüKoHGB/K. Schmidt/Fleischer Anh. § 5 Rn. 30.

Die Rechtsscheinhaftung kann zudem **nicht weiter** reichen **als das Vertrauen** des Dritten in die Kaufmannseigenschaft (→ Rn. 50 f.). Deshalb werden von ihr nur Dispositionen rechtlicher oder tatsächlicher Art erfasst, die im Zusammenhang mit dem geschäftlichen Verkehr stehen. Eine Anwendung im reinen **Unrechtsverkehr** und erst recht in Bezug auf **öffentlich-rechtliche Rechtsverhältnisse** (→ Rn. 26 ff.) scheidet aus.[179] 58

Umstritten ist, inwieweit die Scheinkaufmannseigenschaft geeignet ist, **zwingende Vorschriften des Zivilrechts** zu verdrängen, die dem Schutz von Nichtkaufleuten dienen (zB §§ 343, 766, 780 ff. BGB). **Eine Auffassung** räumt dem **Verkehrsschutz Vorrang** vor den Anliegen dieser Schutzvorschriften ein und wendet daher auch kaufmannsrechtliche Sondervorschriften auf Scheinkaufleute an, die auf dem Gedanken geringerer Schutzbedürftigkeit der Kaufleute beruhen wie zB §§ 348, 350 HGB und §§ 29, 38 ZPO.[180] Dem entspricht es, dass der BGH einem Scheinunternehmer die Berufung auf das Verbrauchsgüterkaufrecht verwehrt hat.[181] Die **Gegenauffassung** betont demgegenüber, der Scheinkaufmann könne nicht durch eine (möglicherweise sogar nur konkludente) Erklärung Kaufmann zu sein, auf den Schutz zwingender Vorschriften verzichten; anderes gelte nur dann, wenn er die Kaufmannseigenschaft arglistig vorgetäuscht habe.[182] Die **wohl überwiegende, vermittelnde Ansicht** tritt dafür ein, zwischen unternehmerischen und nicht unternehmerischen Scheinkaufleuten zu differenzieren und grundsätzlich nur der ersten Gruppe (dh Kannkaufleuten iSd § 2 und § 3 und anderen Unternehmern, namentlich Freiberuflern) den Schutz der zwingenden Vorschriften zu verwehren, wenn sie als Scheinkaufleute auftreten, während Nichtunternehmern nur in Fällen des Rechtsmissbrauchs nach § 242 BGB die Berufung auf den Schutz der zwingenden zivilrechtlichen Vorschriften versagt werden soll.[183] Schließlich wird auch vorgeschlagen, nach dem Sinn und Zweck der einzelnen Schutznormen zu differenzieren.[184] 59

Mit Blick auf diesen Streit müssen zwei Fragestellungen sorgfältig unterschieden werden: Die **erste Frage** ist, ob jemand bereits dadurch, dass er sich wie ein Kaufmann geriert, zB indem er sich vereinzelt mündlich iSd § 350 verbürgt oder eine Gerichtsstandsvereinbarung iSd § 38 Abs. 1 ZPO trifft, den **Rechtsschein** seiner Kaufmannseigenschaft setzt. Dies ist zu verneinen; die sporadische Nutzung handlungsrechtlicher Handlungsformen reicht dafür grundsätzlich nicht aus (→ Rn. 41 aE). Die **zweite Frage** ist, ob ein Nichtkaufmann dadurch den **Schutz zwingender Normen verlieren** kann, dass er – nach Maßgabe der unter → Rn. 37 beschriebenen hohen Anforderungen – den Rechtsschein der Kaufmannseigenschaft veranlasst. Dies ist zu bejahen. In der Praxis dürften die beschriebenen Auffassungen selten zu unterschiedlichen Ergebnissen führen. Denkbar ist insbesondere der Fall, dass ein Nichtkaufmann sich aus „Wichtigtuerei" im Rechtsverkehr einer kaufmännischen Firma bedient (→ Rn. 42). Wenn ein solches Verhalten im Einzelfall nicht bereits als arglistig einzustufen ist, wird man jedenfalls – unabhängig davon, ob es sich um einen Unternehmer handelt oder nicht – dem Schutz gutgläubiger Dritter und des Verkehrs Vorrang vor dem Schutz eines solchen Aufschneiders einräumen müssen.[185] 60

cc) Zeitliche Grenzen. Die Rechtsscheinhaftung tritt ein, sobald der zurechenbare Rechtsschein besteht und der Dritte in gutem Glauben darauf Dispositionen trifft.[186] Sie **entfällt ex nunc** (mit Wirkung für die Zukunft), **sobald der Dritte bösgläubig wird.** Der Scheinkaufmann kann dies auch selbst herbeiführen, indem er den Dritten über den wahren Sachverhalt aufklärt. Der bloße Wegfall der den Rechtsschein begründenden Tatsachen reicht nicht aus, um die Rechtsscheinhaftung entfallen zu lassen.[187] In Bezug auf Dispositionen, die vor Eintritt der Bösgläubigkeit erfolgt sind, muss sich der Scheinkaufmann auch nach Eintritt der Bösgläubigkeit des Dritten weiter wie ein Kaufmann behandeln lassen.[188] Auch eine rückwirkende Anfechtung des Rechtsscheins nach §§ 119 ff. BGB ist nicht möglich (→ Rn. 46 aE). 61

---

[179] RGHMW/Ries Anh. § 5 Rn. 48; Ebenroth/Boujong/Kindler Rn. 88; K. Schmidt HandelsR § 10 Rn. 141; Hopt/Merkt Rn. 16.

[180] OLG Frankfurt 30.9.1974, BB 1974, 1366 (1367) zu § 38 ZPO; MüKoHGB/K. Schmidt/Fleischer Anh. § 5 Rn. 25; K. Schmidt HandelsR § 10 VIII 4a.

[181] BGH 22.12.2004, NJW 2005, 1045.

[182] Schlegelberger/Hildebrandt/Steckhan Rn. 19 f.

[183] Canaris HandelsR § 6 Rn. 23; Oetker HandelsR § 2 Rn. 66; Staub/Oetker Rn. 46; Ebenroth/Boujong/Kindler Rn. 83; KKD/Roth/Stelmaszczyk § 15 Rn. 59; RGHMW/Ries Anh. § 5 Rn. 45.

[184] Hopt/Merkt Rn. 16.

[185] **AA** Canaris HandelsR § 6 Rn. 25.

[186] BAG 17.2.1987, NJW 1988, 222 (223); MüKoHGB/K. Schmidt/Fleischer Anh. § 5 Rn. 29; Hopt/Merkt Rn. 17.

[187] BGH 11.3.1955, BGHZ 17, 13 (17 f.) = NJW 1955, 985 (986).

[188] RGHMW/Ries Anh. § 5 Rn. 49; MüKoHGB/K. Schmidt/Fleischer Anh. § 5 Rn. 29; Hopt/Merkt Rn. 17.

62 **4. „Schein-Nichtkaufmann".** Denkbares Gegenstück zum Scheinkaufmann ist der sog. „Schein-Nichtkaufmann", der tatsächlich Kaufmann iSd §§ 1–6 ist, aber den zurechenbaren **Rechtsschein** veranlasst hat, **kein Kaufmann zu sein.** Diese Konstellation wirft die Frage auf, ob sich der „Schein-Nichtkaufmann" entsprechend der Lehre vom Scheinkaufmann gutgläubigen Dritten gegenüber zu seinen Lasten als Nichtkaufmann behandeln lassen muss. Dies ist zB für den Fall bejaht worden, dass eine Handelsgesellschaft sich als GbR ausgab und dadurch Vertrauen dahingehend erzeugte, eine Gerichtsstandsvereinbarung iSd § 38 Abs. 1 ZPO sei unwirksam.[189] Dem ist im Ergebnis zuzustimmen. Wer als Kaufmann fälschlich vorgibt, kein Kaufmann zu sein, muss sich daran festhalten lassen.

63 Allerdings ist eine differenzierte Sichtweise geboten: Für eine Lehre vom „Schein-Nichtkaufmann" ist jedenfalls kein Raum, soweit **§ 15** reicht (→ Rn. 34). Ein nicht im Handelsregister eingetragener Istkaufmann iSd § 1 (bzw. eine nicht eingetragene, aber nach § 123 Abs. 1 S. 2 nach Außen wirksam gewordene Handelsgesellschaft) kann sich bereits nach § 15 Abs. 1 nicht darauf berufen, Kaufmann (bzw. OHG oder KG) zu sein, es sei denn der Dritte kennt den wahren Sachverhalt (→ § 1 Rn. 61).[190] Sofern daneben überhaupt Raum für eine allgemeine Rechtsscheinhaftung bleibt, darf man einen **Rechtsschein** der Nicht-Kaufmannseigenschaft nicht leichtfertig bejahen. Das bloße Weglassen des durch § 19 Abs. 1 Nr. 1 vorgeschriebenen **Rechtsformzusatzes** („e. Kfm." etc) kann hierfür jedenfalls – anders als das Weglassen eines eine Haftungsbeschränkung kenntlich machenden Zusatzes (zB nach § 4 GmbHG) oder die ausdrückliche Führung des Zusatzes „GbR" – nicht ausreichen (str.).[191] Zudem dürfte in den (allenfalls wenigen) verbleibenden Fällen eine **Anwendung des § 242 BGB** (Rechtsmissbrauch) ausreichen, um eine Berufung auf die Kaufmannseigenschaft auszuschließen und den berechtigten Interessen Dritter gerecht zu werden. Einer Lehre vom „Schein-Nichtkaufmann" bedarf es dafür nicht.[192]

§ 6 [Handelsgesellschaften; Formkaufmann]

(1) Die in betreff der Kaufleute gegebenen Vorschriften finden auch auf die Handelsgesellschaften Anwendung.

(2) Die Rechte und Pflichten eines Vereins, dem das Gesetz ohne Rücksicht auf den Gegenstand des Unternehmens die Eigenschaft eines Kaufmanns beilegt, bleiben unberührt, auch wenn die Voraussetzungen des § 1 Abs. 2 nicht vorliegen.

Schrifttum: Müller-Gugenberger, EWIV – Die neue europäische Gesellschaftsform, NJW 1989, 1449; K. Schmidt, Das Handelsrechtsreformgesetz, NJW 1998, 2161; K. Schmidt, Personengesellschaften als Formkaufleute – Betrachtungen und 14 Thesen für ein praxisgerechtes Verständnis des § 105 Abs. 2 HGB, FS Kreutz, 2010, 837; Schulze-Osterloh, Kapitalgesellschaft & Co. – Handelsgesellschaft kraft Rechtsform? – Zugleich ein Beitrag zur steuerlichen Geprägetheorie, NJW 1983, 1281; Siems, Kaufmannsbegriff und Rechtsfortbildung, 2003.

Übersicht

I. Allgemeines

1 **Abs. 1** stellt klar, dass alle Handelsgesellschaften Kaufleute sind und dass auf sie deshalb auch die in Betreff der Kaufleute gegebenen Vorschriften Anwendung finden. Dies bewirkt eine Vereinfa-

[189] LG Freiburg 24.9.1998, NJW-RR 1990, 1505.

[190] RegE, BT-Drs. 13/8444, 48; Canaris HandelsR § 6 Rn. 19; Canaris HandelsR § 5 Rn. 9; krit. Kaiser JZ 1999, 495 (500 f.).

[191] Canaris HandelsR § 6 Rn. 19; BeckOK HGB/Schwartze, 47. Ed. 1.7.2025, Rn. 68; **aA** Hopt/Merkt Rn. 10; KKD/Roth/Stelmaszczyk § 15 Rn. 47.

[192] MüKoHGB/K. Schmidt/Fleischer Anh. § 5 Rn. 36 f.; Staub/Oetker Rn. 53; **aA** Ebenroth/Boujong/Kindler Rn. 89; Hopt/Merkt Rn. 10; KKD/Roth/Stelmaszczyk § 15 Rn. 47; BeckOGK/Servatius, 1.3.2025, Rn. 62.

chung für den Handelsverkehr: Ist eine Gesellschaft „Handelsgesellschaft", so müssen die Voraussetzungen des § 1 Abs. 2 nicht (nochmals) geprüft werden.[1] In Bezug auf Handelsgesellschaften kraft Handelsgewerbes (OHG, KG) hat die Norm mit Blick auf § 105 Abs. 1, § 161 Abs. 1 lediglich deklaratorischen Charakter. Andere Handelsgesellschaften werden durch Abs. 1 Kaufleuten gleichgestellt.[2] **Abs. 2** verdeutlicht, dass Formkaufleute auch dann Kaufleute iSd HGB sind, wenn ihr Unternehmen nicht auf den Betrieb eines Handelsgewerbes iSd § 1 Abs. 2 gerichtet ist.[3] Zur Frage, ob auch die Gesellschafter einer Personengesellschaft als Kaufleute anzusehen sind, → § 1 Rn. 89 f.

II. Handelsgesellschaften (Abs. 1)

2 **1. Begriff. Handelsgesellschaften** sind alle Gesellschaften, die aufgrund besonderer Vorschriften als solche in das **Handelsregister** eingetragen werden.[4] Dazu zählen sowohl Personenhandelsgesellschaften (OHG, KG, GmbH & Co. KG, deutsche EWIV; → Rn. 4 ff.) als auch Kapitalgesellschaften (AG, GmbH, KGaA, SE; → Rn. 8). OHG und KG sind nach Maßgabe der § 123, 1, § 105, § 161 allerdings auch ohne Eintragung in das Handelsregister Handelsgesellschaften iSd § 6 Abs. 1, wenn sie kraft Teilnahme am Rechtsverkehr (§ 123) im Außenverhältnis wirksam geworden sind (→ § 123 Rn. 11 ff.).[5]

3 **Gesellschaften ausländischen Rechts** können den genannten Gesellschaften gleichgestellt werden, wenn sie ihnen strukturell gleichwertig sind.[6] Bei Gesellschaften aus anderen EU- oder EWR-Staaten oder aus den USA kann sich aus dem AEUV (früher EG-Vertrag),[7] aus dem EWR-Vertrag[8] oder aus dem deutsch-amerikanischen Freundschaftsvertrag[9] sogar eine Gleichbehandlungspflicht ergeben.

4 **2. Personengesellschaften.** Personengesellschaften sind Handelsgesellschaften, wenn und weil sie auf den Betrieb eines Handelsgewerbes gerichtet sind (§ 105 Abs. 1, § 161 Abs. 1). Dies gilt in Deutschland namentlich für die **OHG** und die **KG.** Diese Gesellschaften entstehen als Handelsgesellschaften mit ihrer Eintragung im Handelsregister (§ 123 Abs. 1 S. 1) oder mit Teilnahme am Rechtsverkehr (§ 123), und zwar zu dem Zeitpunkt, in dem das erste dieser beiden Ereignisse eintritt.[10]

5 Gleiches gilt für die **GmbH & Co. KG.** Bei ihr ist die KG Unternehmensträgerin. Deshalb muss nach herrschender und richtiger Auffassung grundsätzlich die KG selbst und nicht nur die Komplementär-GmbH ein Handelsgewerbe betreiben.[11]

6 Nach § 107 Abs. 1 ist eine Gesellschaft, deren Gewerbebetrieb nicht schon nach § 1 Abs. 2 Handelsgewerbe ist **(kleingewerbliche GbR),** die nur eigenes Vermögen verwaltet **(Vermögensverwaltungsgesellschaft)** oder deren Zweck die gemeinsame Ausübung Freier Berufe durch ihre Gesellschafter ist **(Freiberuflergesellschaft)** eine OHG (oder über § 161 eine KG), wenn die Firma des Unternehmens in das Handelsregister eingetragen ist. Solche Gesellschaften werden (erst) mit der insoweit konstitutiven Eintragung zur OHG bzw. KG und damit zur Handelsgesellschaft. Die Teilnahme am Rechtsverkehr reicht nicht aus (vgl. § 123 Abs. 1 aE). Bis zur Eintragung sind sie GbR.[12]

7 Nach § 1 Hs. 2 EWIVAG gilt auch die deutsche **EWIV** als Handelsgesellschaft, obwohl sie nicht auf den Betrieb eines Handelsgewerbes gerichtet ist. Auf die EWIV sind nach § 1 Hs. 1 EWIVAG die Vorschriften des HGB für die OHG (§§ 105 ff.) anzuwenden, soweit nicht die EWIV-VO oder das EWIVAG gelten. Die EWIV wird (wie OHG und KG) in Abteilung A des Handelsregisters eingetragen (Art. 6, 39 Abs. 1 EWIV-VO iVm § 2 EWIVAG, § 3 Abs. 2 HRV). Diese Eintragung

---

[1] Vgl. Hopt/Merkt Rn. 1.

[2] In der Begründung (nicht aber iErg) **abw.** Ebenroth/Boujong/Kindler Rn. 1 – Abs. 1 begründet die Kaufmannseigenschaft aller Handelsgesellschaften; MüKoHGB/K. Schmidt/Fleischer Rn. 1 – hat insgesamt deklaratorischen Charakter.

[3] Hopt/Merkt Rn. 6; MüKoHGB/K. Schmidt/Fleischer Rn. 1 f.; Ebenroth/Boujong/Kindler Rn. 1.

[4] MüKoHGB/K. Schmidt/Fleischer Rn. 3; Ebenroth/Boujong/Kindler Rn. 2.

[5] Ebenroth/Boujong/Kindler Rn. 8; Hopt/Merkt Rn. 2.

[6] Dazu iE Ebenroth/Boujong/Kindler Vor § 1 Rn. 123 ff.; vgl. auch MüKoHGB/K. Schmidt/Fleischer Rn. 8; zB LG München I, 11.8.2017, BeckRS 2017, 122310 Rn. 29 zu einer LLC US-amerikanischen Rechts.

[7] Dazu EuGH 30.9.2003, Slg. 2003, I-10155 = NJW 2003, 3331 – Inspire Art; 5.11.2002, Slg. 2002, I-9919 = NVwZ 2003, 594 – Überseering; 9.3.1999, Slg. 1999, I-1459 = NJW 1999, 2027 – Centros.

[8] Vgl. BGH 19.9.2005, BGHZ 164, 148 = NJW 2005, 3351.

[9] Vgl. BGH 29.1.2003, BGHZ 153, 353 = NJW 2003, 1607.

[10] BGH 26.4.2004, NZG 2004, 663; Ebenroth/Boujong/Kindler Rn. 9.

[11] BayObLG 13.11.1984, NJW 1985, 982; Hopt/Merkt Rn. 2; Staub/Oetker Rn. 6; Ebenroth/Boujong/Kindler Rn. 3; RGHMW/Ries Rn. 10; **aA** Schulze-Osterloh NJW 1983, 1281 (1284 f.) – Handelsgesellschaft kraft Rechtsform.

[12] Ebenroth/Boujong/Kindler Rn. 5; zur umstr. Frage, ob sie Formkaufleute iSd Abs. 2 sind, → Rn. 21.

hat konstitutive Wirkung für die Entstehung der EWIV als teilrechtsfähige Personengesellschaft (Art. 1 Abs. 2 EWIV-VO). Eine Entstehung als EWIV nach § 123 HGB ist nicht möglich (→ § 123 Rn. 1).[13]

8 **3. Kapitalgesellschaften.** Die Kapitalgesellschaften iSd § 3 Abs. 1 Nr. 2 UmwG (AG, GmbH, KGaA) und die deutsche Europäische Aktiengesellschaft (SE) entstehen mit Eintragung in das Handelsregister (AG: § 41 Abs. 1 AktG, GmbH: § 11 Abs. 1 GmbHG, KGaA: § 278 Abs. 3 AktG, § 41 Abs. 1 AktG, SE: Art. 16 Abs. 1 SE-VO). Sie gelten kraft spezialgesetzlicher Bestimmungen als Handelsgesellschaften und Formkaufleute (**AG:** § 3 AktG, **GmbH** (einschließlich UG[14]): § 13 Abs. 3 GmbHG, **KGaA:** §§ 278 Abs. 3, 3 AktG, **SE:** Art. 9 Abs. 1 lit. c Ziff. ii SE-VO iVm § 3 AktG). Dies gilt – wie auch § 6 Abs. 2 klarstellt – unabhängig davon, ob sie ein Handelsgewerbe, überhaupt ein Gewerbe oder auch nur ein Unternehmen betreiben.[15]

9 Die gesetzlichen Bestimmungen, aus denen sich die Formkaufmannseigenschaft ergibt, finden im Gründungsstadium einer Kapitalgesellschaft noch keine Anwendung.[16] Für das Gründungsstadium ist zu differenzieren: Eine **Vorgründungsgesellschaft** entsteht mit Abschluss eines Vorvertrages zwar regelmäßig als Innen-GbR. Betreibt sie aber ausnahmsweise bereits ein Handelsgewerbe, so ist sie (ggf. auch ohne Eintragung, vgl. § 123) OHG und damit Handelsgesellschaft.[17]

10 Mit notarieller Beurkundung der GmbH-Satzung bzw. mit Feststellung der AG-Satzung und Aktienübernahme entsteht eine **Vorgesellschaft** (Vor-GmbH, Vor-AG), bei der es sich nicht mehr um eine GbR oder OHG, sondern um eine Gesellschaft sui generis handelt.[18] Auf diese finden zwar grundsätzlich bereits weitgehend die Vorschriften des GmbHG bzw. AktG Anwendung; dies gilt allerdings nur, soweit diese Normen nicht gerade die Eintragung der Gesellschaft voraussetzen.[19] Nach dieser Maßgabe sind § 13 Abs. 3 GmbHG bzw. §§ 3, 278 Abs. 3 AktG auf die Vorgesellschaft noch nicht anwendbar, weil sie die Entstehung der Kapitalgesellschaft (GmbH, AG, KGaA) durch Eintragung voraussetzen.[20] Die Vorgesellschaft ist daher noch nicht Formkaufmann.[21] Sie kann aber Kaufmann iSd § 1 sein, wenn sie bereits ein Handelsgewerbe betreibt.[22]

11 **4. Negativabgrenzung.** Keine Handelsgesellschaften sind namentlich GbR (Innen- wie Außengesellschaften, §§ 705 ff. BGB) einschließlich stiller Gesellschaften (§§ 230 ff. HGB) und Partnerschaftsgesellschaften (§ 1 PartGG),[23] grundsätzlich auch nicht Vereine (§§ 21 ff. BGB), Stiftungen (§§ 80 ff. BGB) und Körperschaften des öffentlichen Rechts.[24]

12 **Juristische Personen iSd § 33 HGB** sind keine Formkaufleute. Unter § 33 fallen insbesondere Idealvereine mit wirtschaftlicher Nebenbetätigung (§ 21 BGB), wirtschaftliche Vereine (§ 22 BGB), Stiftungen (§§ 80 ff. BGB), juristische Personen des öffentlichen Rechts (§ 89 BGB) und ausländische juristische Personen, die in Deutschland ein Handelsgewerbe betreiben (→ § 33 Rn. 1).[25] Diese juristischen Personen sind nach § 33 nur dann einzutragen, wenn sie die Voraussetzungen der §§ 1–3 erfüllen und mithin ausnahmsweise Handelsgesellschaften sind.[26] § 33 sichert dadurch die Handelsregisterpublizität und stellt klar, dass die §§ 1 ff. nicht nur für natürliche, sondern auch für juristische Personen gelten.[27]

13 Umgekehrt sind nicht im Handelsregister einzutragende Gesellschaften nicht notwendig der Anwendbarkeit des Kaufmannsrechts entzogen. So ist die **eingetragene Genossenschaft (eG)** zwar keine Handelsgesellschaft, weil sie in das Genossenschaftsregister und nicht in das Handelsregister eingetragen wird. Sie gilt aber nach § 17 Abs. 2 GenG gleichwohl als Kaufmann iSd HGB.[28] Gleiches

[13] Staub/Schäfer Vor § 105 Rn. 34 Fn. 3; Ebenroth/Boujong/Kindler Rn. 18; für den praktisch kaum relevanten Fall einer unzulässigerweise handelsgewerblich tätigen EWIV **abw.** MüKoHGB/K. Schmidt/Fleischer Rn. 23.

[14] OLG Hamm 9.3.2017 NZG 2018, 747 Rn. 3.

[15] OLG Frankfurt 9.11.2018, NJW-RR 2019, 357 Rn. 15; MüKoHGB/K. Schmidt/Fleischer Rn. 5; Hopt/Merkt Rn. 3; BeckOGK/Schmidt, 1.3.2025, Rn. 4; vgl. BGH 22.1.1976, BGHZ 66, 48 (49) = NJW 1976, 514.

[16] Zu den Gründungsstadien vgl. etwa HK-AktG/König AktG § 41 Rn. 3 ff.

[17] Vgl. BGH 20.6.1983, NJW 1983, 2822; 26.4.2004, NZG 2004, 663.

[18] Vgl. HK-AktG/König AktG § 41 Rn. 5.

[19] BGH 12.7.1965, BGHZ 21, 242 (246); HK-AktG/König AktG § 41 Rn. 7.

[20] Ebenroth/Boujong/Kindler Rn. 17; BeckOGK/Schmidt, 1.3.2025, Rn. 17.

[21] MüKoHGB/K. Schmidt/Fleischer Rn. 19.

[22] KKD/Roth/Stelmaszczyk Rn. 4 f.; weitergehend MüKoHGB/K. Schmidt/Fleischer Rn. 19 (§ 37 auch anwendbar, wenn noch kein kaufmännisches Unternehmen betrieben wird).

[23] LG Kleve 22.4.2016, BeckRS 2016, 10247; BeckOK HGB/Schwartze, 47. Ed. 1.7.2025, Rn. 6.

[24] Hopt/Merkt Rn. 1.

[25] Ebenroth/Boujong/Reuschle § 33 Rn. 1.

[26] Ebenroth/Boujong/Kindler Rn. 14.

[27] Vgl. Hopt/Merkt § 33 Rn. 1; Ebenroth/Boujong/Reuschle § 33 Rn. 1.

[28] RGHMW/Ries Rn. 7; Staub/Oetker Rn. 10.

gilt kraft Verweisung durch Art. 8 Abs. 2 lit. c Ziff. ii SCE-VO für die **europäische Genossenschaft (SCE).**

Der (große) **Versicherungsverein auf Gegenseitigkeit (VVaG)** ist zwar weder Handelsgesellschaft[29] noch Formkaufmann.[30] Doch finden auf ihn trotzdem nach § 172 S. 1 VAG die Vorschriften des Ersten und Vierten Buches des Handelsgesetzbuchs über Kaufleute (mit Ausnahme der §§ 1–7) entsprechende Anwendung, soweit das VAG nichts anderes vorschreibt.[31] 14

Die **Partnerschaftsgesellschaft** wird in das Partnerschaftsregister eingetragen. Sie übt nach § 1 Abs. 1 S. 2 PartGG explizit kein Handelsgewerbe aus.[32] Trotzdem ordnen zahlreiche Normen des PartGG die entsprechende Anwendung handelsrechtlicher Vorschriften an. 15

5. Anzuwendendes Recht. Nach § 6 Abs. 1 finden auf Handelsgesellschaften die **„in betreff der Kaufleute gegebenen Vorschriften"** Anwendung. Dies umfasst nicht nur die §§ 1–5, sondern das **gesamte Handelsrecht** einschließlich der Rechtsvorschriften über die Handelsgeschäfte.[33] Da Handelsgesellschaften anders als natürliche Personen nicht über einen „privaten Bereich" verfügen,[34] sind alle Geschäfte einer Handelsgesellschaft Handelsgeschäfte iSd §§ 343 ff., ohne dass es dafür der Vermutung des § 344 bedürfte.[35] Dies gilt auch dann, wenn die Handelsgesellschaft kein Gewerbe betreibt (zB Kapitalgesellschaft mit nichtgewerblicher oder gar ideeller Zielsetzung, EWIV).[36] Angestellte solcher Gesellschaften können Handlungsgehilfen sein, obwohl sie nicht „in einem Handelsgewerbe" iSd § 1 Abs. 2 angestellt sind, wie § 59 dies seinem Wortlaut nach verlangt.[37] 16

Die Frage, ob sich § 6 Abs. 1 auch auf **Vorschriften außerhalb des HGB** bezieht, hat an Bedeutung verloren, seitdem viele früher explizit nur „Kaufleute" betreffende Sondervorschriften weggefallen sind oder sich nicht mehr auf Kaufleute, sondern auf „Unternehmen" iSd § 14 BGB beziehen.[38] Soweit die Kaufmannseigenschaft in anderen Gesetzen (zB § 38 ZPO oder § 7 HPflG) oder bei Anwendung anderer Gesetze (zB Rspr. zur Sittenwidrigkeit nach § 138 Abs. 1 BGB)[39] nach wie vor relevant wird, bezieht die **hM** § 6 Abs. 1 grundsätzlich nur auf das Handelsrecht des HGB und verlangt, für jede Einzelnorm außerhalb des HGB gesondert zu entscheiden, ob eine auf die Kaufmannseigenschaft oder auf den Gewerbebetrieb abstellende Norm auch auf Handelsgesellschaften anzuwenden ist.[40] Dem ist **nicht zu folgen.** Dem Wortlaut des § 6 Abs. 1 lässt sich eine solche Einschränkung nicht entnehmen. Der Vergleich mit dem ausdrücklich auf „Vorschriften dieses Gesetzbuchs" bezogenen § 7 spricht ebenso wie der Gedanke der Einheit der Rechtsordnung eher dafür, Handelsgesellschaften iSd § 6 Abs. 1 auch außerhalb des HGB Kaufleuten gleichzustellen.[41] In die gleiche Richtung deutet die Olympia-GmbH-Entscheidung des BGH.[42] 17

III. Formkaufleute (Abs. 2)

1. Anwendungsbereich. Abs. 2 wurde durch das HRRefG 1998 redaktionell neu gefasst.[43] Die Regelung stellt deklaratorisch (und letztlich überflüssigerweise) klar, dass ein **„Verein"** (dh ein körperschaftlich strukturierter Verband), dem ein Gesetz ohne Rücksicht auf den Gegenstand seines Unternehmens die Eigenschaft eines Kaufmanns verleiht **(Formkaufmann),** auch dann Kaufmann 18

---

[29] Ebenroth/Boujong/Kindler Rn. 13; Staub/Oetker Rn. 10.

[30] MüKoHGB/K. Schmidt/Fleischer Rn. 18; Staub/Oetker Rn. 25.

[31] Vgl. insoweit insbes. § 210 Abs. 1 VAG (Teilverweisung auf das Kaufmannsrecht durch § 172 S. 1 VAG gilt nicht für kleinere VVaG).

[32] LG Kleve 22.4.2016 BeckRS 2016, 10247; MüKoHGB/K. Schmidt/Fleischer Rn. 11: Partnerschaftsgesellschaft als „negativer Formkaufmann".

[33] BAG 12.12.1956, BAGE 3, 321 (324) = NJW 1957, 763; Hopt/Merkt Rn. 4; eingehend MüKoHGB/K. Schmidt/Fleischer Rn. 27 ff.; BeckOGK/Schmidt, 1.3.2025, Rn. 27 ff.

[34] MüKoHGB/K. Schmidt/Fleischer Rn. 30; Ebenroth/Boujong/Kindler Rn. 21; vgl. Heymann/Förster Rn. 7.

[35] Hopt/Merkt Rn. 4; Hopt/Leyens § 344 Rn. 1; BeckOK HGB/Schwartze, 47. Ed. 1.7.2025, Rn. 10; vgl. Heymann/Förster Rn. 7.

[36] KKD/Roth/Stelmaszczyk Rn. 5; Ebenroth/Boujong/Kindler Rn. 21.

[37] BAG 12.12.1956, BAGE 3, 321; 25.10.1967, BAGE 20, 123; MüKoHGB/K. Schmidt/Fleischer Rn. 28.

[38] Vgl. den Überblick bei Ebenroth/Boujong/Kindler Vor § 1 Rn. 38 ff.

[39] Vgl. BGH 11.1.1995, BGHZ 128, 255 = NJW 1995, 1019.

[40] MüKoHGB/K. Schmidt/Fleischer Rn. 31; Heymann/Förster Rn. 8; RGHMW/Ries Rn. 11; Hopt/Merkt Rn. 5.

[41] Ebenroth/Boujong/Kindler Rn. 23; im Grundsatz auch Staub/Oetker Rn. 22.

[42] BGH 22.1.1976, BGHZ 66, 48 (50) = NJW 1976, 514; ähnlich schon BGH 18.1.1968, BGHZ 49, 258 (263) = NJW 1968, 539.

[43] Dazu MüKoHGB/K. Schmidt/Fleischer Rn. 2.

bleibt, wenn er nicht die Voraussetzungen des § 1 Abs. 2 (Handelsgewerbe) erfüllt.[44] Wer Formkaufmann ist, wird nicht durch § 6 Abs. 2, sondern durch das jeweils einschlägige Gesetz bestimmt.

19 **a) Körperschaften.** Formkaufleute sind insbesondere **AG** (§ 3 AktG), **GmbH** (§ 13 Abs. 3 GmbHG), **KGaA** (§§ 278 Abs. 3, 3 AktG), **eG** (§ 17 Abs. 2 GenG), **SE** (Art. 9 Abs. 1 lit. c Ziff. ii SE-VO iVm § 3 AktG) und **SCE** (Art. 8 Abs. 1 lit. c Ziff. ii SCE-VO iVm § 17 Abs. 2 GenG). Sind diese Körperschaften mit ihrer Eintragung in das Handels- bzw. Genossenschaftsregister entstanden (AG: § 41 Abs. 1 AktG, GmbH: § 11 Abs. 1 GmbHG, KGaA: § 278 Abs. 3 AktG, § 41 Abs. 1 AktG, eG: § 13 GenG, SE: Art. 16 Abs. 1 SE-VO, § 3 SEAG, SCE: Art. 18 Abs. 1 SCE-VO, § 3 SCEAG), so ist allein ihre Rechtsform entscheidend für die Einordnung als Handelsgesellschaft und Kaufmann. Es ist für ihre Kaufmannseigenschaft irrelevant, ob sie ein Handelsgewerbe, überhaupt ein Gewerbe oder auch nur ein Unternehmen betreiben.[45] **Gesellschaften ausländischen Rechts** können den genannten Gesellschaften deutschen Rechts gleichgestellt werden, wenn sie ihnen strukturell gleichwertig sind.[46] Zu Gleichbehandlungspflichten bzgl. EU-, EWR- und US-Gesellschaften → Rn. 3.

20 **b) Personengesellschaften.** Auch unter den Personengesellschaften gibt es Formkaufleute. Die (deutsche) **EWIV** entsteht mit ihrer Eintragung in das Handelsregister (→ Rn. 7). Sie gilt nach § 1 EWIVAG als Handelsgesellschaft, obwohl sie nicht auf den Betrieb eines Handelsgewerbes gerichtet ist. Sie ist mithin, obwohl es sich bei ihr um eine Personengesellschaft handelt, unabhängig von Gegenstand und Zuschnitt der ausgeübten Tätigkeit **Formkaufmann.**[47]

21 Ob neben der EWIV noch weitere formkaufmännische Personengesellschaften anzuerkennen sind, ist umstritten. Nach **hM** sind **OHG und KG keine Formkaufleute.** Für sie ist nach §§ 105 Abs. 1, 161 Abs. 1 gerade kennzeichnend, dass sie auf den Betrieb eines Handelsgewerbes gerichtet sind.[48] Dem wird mit Blick auf § 107 Abs. 1 allerdings entgegengehalten, dass seit Einführung dieser Regelung durch das HRRefG 1998 jede eingetragene OHG oder KG Handelsgesellschaft iSd § 6 Abs. 1 sei.[49] Dieser **Gegenauffassung** ist zumindest hinsichtlich der in § 107 Abs. 1 S. 1 und S. 2 erwähnten Vermögensverwaltungsgesellschaften und Freiberuflergesellschaften zuzustimmen. Diese Gesellschaften sind nicht auf den Betrieb eines Gewerbes gerichtet (→ § 1 Rn. 22 f.). Trotzdem werden sie nach § 107 Abs. 1 (ggf. iVm § 2) mit der Eintragung zu OHG bzw. KG. Sie sind insoweit – wie die EWIV – Formkaufleute.[50]

22 **2. Negativabgrenzung. Personenhandelsgesellschaften** (OHG, KG) sind grundsätzlich keine Formkaufleute (→ Rn. 21). Dies gilt auch für die **GmbH & Co. KG.** Unternehmensträger ist bei dieser Gesellschaft nicht die Komplementär-GmbH, sondern die KG. Aus der Formkaufmannseigenschaft der Komplementär-GmbH kann daher nach zu Recht hM nicht auf die Formkaufmannseigenschaft der GmbH & Co. KG insgesamt geschlossen werden (→ Rn. 5).

23 Auf **Vor(gründungs)gesellschaften** sind die §§ 3, 278 Abs. 3 AktG, § 13 Abs. 3 GmbHG, § 17 Abs. 2 GenG noch nicht anwendbar. Diese sind deshalb keine Formkaufleute. Ihre Kaufmannseigenschaft bestimmt sich nach § 1 bzw. § 105 Abs. 1, § 161 Abs. 1 (→ Rn. 9 f.).[51] Gleiches gilt für die **juristischen Personen iSd § 33,** die nur bei Vorliegen der Voraussetzungen der §§ 1–3 in das Handelsregister eingetragen werden und daher ihre Kaufmannseigenschaft nach allgemeinen Regeln und nicht kraft Rechtsform bzw. Eintragung erlangen (→ Rn. 12).[52]

24 Ebenfalls kein Formkaufmann ist schließlich der **VVaG,** auf den nach § 172 S. 1 VAG die Vorschriften des Ersten und Vierten Buches des Handelsgesetzbuchs über Kaufleute gerade „mit Ausnahme der §§ 1 bis 7" entsprechende Anwendung finden.[53]

---

[44] AllgM, Ebenroth/Boujong/Kindler Rn. 24, 26; MüKoHGB/K. Schmidt/Fleischer Rn. 2, 16; Siems, Kaufmannsbegriff und Rechtsfortbildung, 2003, 126; Hopt/Merkt Rn. 6.

[45] OLG Frankfurt 9.11.2018, NJW-RR 2019, 357 Rn. 15; BeckOGK/Schmidt, 1.3.2025, Rn. 19; MüKoHGB/K. Schmidt/Fleischer Rn. 16 f.; Hopt/Merkt Rn. 3; vgl. BGH 22.1.1976, BGHZ 66, 48 (49) = NJW 1976, 514.

[46] Dazu iE Ebenroth/Boujong/Kindler Vor § 1 Rn. 123 ff.; BeckOK HGB/Schwartze, 47. Ed. 1.7.2025, Rn. 13; MüKoHGB/K. Schmidt/Fleischer Rn. 8.

[47] LG Bonn 16.3.1993, NJW-RR 1994, 298 (299); Müller-Gugenberger NJW 1989, 1449 (1453); MüKoHGB/K. Schmidt/Fleischer Rn. 4 f.; Ebenroth/Boujong/Kindler Rn. 18 f.

[48] Siems, Kaufmannsbegriff und Rechtsfortbildung, 2003, 125 ff.; Hopt/Merkt Rn. 7; KKD/Roth/Stelmaszczyk Rn. 6; Ebenroth/Boujong/Kindler Rn. 9 ff.

[49] MüKoHGB/K. Schmidt/Fleischer Rn. 24; K. Schmidt NJW 1998, 2161 (2166); K. Schmidt FS Kreutz, 2010, 837 (849 f.) (Ableitung der Formkaufmannseigenschaft aus § 105 Abs. 2 aF).

[50] So auch Canaris HandelsR § 3 Rn. 46; **abw.** Siems, Kaufmannsbegriff und Rechtsfortbildung, 2003, 126 – nur das Betreiben eines Handelsgewerbes wird fingiert.

[51] MüKoHGB/K. Schmidt/Fleischer Rn. 19; Ebenroth/Boujong/Kindler Rn. 17.

[52] MüKoHGB/K. Schmidt/Fleischer Rn. 20; Ebenroth/Boujong/Kindler Rn. 14.

[53] MüKoHGB/K. Schmidt/Fleischer Rn. 18; Hopt/Merkt Rn. 7.

§ 7 [Kaufmannseigenschaft und öffentliches Recht]

Durch die Vorschriften des öffentlichen Rechtes, nach welchen die Befugnis zum Gewerbebetrieb ausgeschlossen oder von gewissen Voraussetzungen abhängig gemacht ist, wird die Anwendung der die Kaufleute betreffenden Vorschriften dieses Gesetzbuchs nicht berührt.

Schrifttum: Fröhlich, § 7 HGB. Entstehungsgeschichte, Bedeutungswandel und Vorschläge zur künftigen Gestaltung, 1941; Leitzen, Öffentlich-rechtliche Genehmigung in GmbH-Registerverfahren nach dem MoMiG, GmbHR 2009, 480; Winkler, Das Verhältnis zwischen Handwerksrolle und Handelsregister – Gedanken zum Beschluß des BGH vom 9.11.1987, ZGR 1989, 107.

Übersicht

I. Allgemeines

1 § 7 stellt klar, dass die Anwendung der „die Kaufleute betreffenden Vorschriften" des HGB – dh insbesondere die Zuordnung der Kaufmannseigenschaft, die Anwendung des Handelsrechts und die Eintragung in das Handelsregister – nicht von der öffentlich-rechtlichen Zulässigkeit eines Gewerbebetriebs abhängt. Wie §§ 5 und 6 zielt die Vorschrift auf einen formalisierten Kaufmannsstatus und auf die Trennung des Eintragungsverfahrens von der Frage der gewerberechtlichen Zulässigkeit unternehmerischer Tätigkeit.[1] Sie vereinfacht den Handelsverkehr, indem sie Rechtssicherheit und Rechtsklarheit in Bezug auf die Anwendbarkeit des Handelsrechts schafft.[2]

II. Anwendungsbereich und Wirkung

2 Die nachfolgend erörterten Grundsätze gelten **in persönlicher Hinsicht** nicht nur für Einzelkaufleute, sondern auch für Personenhandelsgesellschaften einschließlich der GmbH & Co. KG.[3] Zu Ausnahmen, insbesondere in Bezug auf Kapitalgesellschaften, → Rn. 7.

3 **„Vorschriften des öffentlichen Rechtes"** iSd § 7 enthalten zB GewO[4] und HwO,[5] ApoG,[6] GastG,[7] VAG, KWG und WaffG.[8] Sind die Voraussetzungen einer solchen Norm nicht erfüllt, so steht dies der Kaufmannseigenschaft und der Anwendung handelsrechtlicher Vorschriften nicht entgegen. Die Kaufmannseigenschaft bestimmt sich vielmehr nur nach den in §§ 1–6 normierten Kriterien.

4 § 7 reduziert insoweit die **Prüfkompetenz des Registergerichts,** das die Einhaltung öffentlich-rechtlicher Vorschriften, die eine Gewerbetätigkeit beschränken, grundsätzlich weder prüfen muss noch prüfen darf.[9] Dies ist Sache der jeweils zur Anwendung dieser öffentlich-rechtlichen Normen berufenen Ordnungsbehörden (str.).[10] Daraus ergibt sich einerseits, dass die öffentlich-rechtliche Unzulässigkeit bzw. das Fehlen entsprechender Bescheinigungen – unbeschadet der in → Rn. 7 ff.

---

[1] Hopt/Merkt Rn. 1.

[2] OLG Braunschweig 3.5.1977, Rpfleger 1977, 363 (364); Winkler ZGR 1989, 107 (109 f.); Hopt/Merkt Rn. 1; Ebenroth/Boujong/Kindler Rn. 1.

[3] AllgM, vgl. OLG Oldenburg 16.11.1956, NJW 1957, 349 (350) (OHG); OLG Celle 9.9.1971, BB 1972, 145 – KG; BayObLG 24.2.1978, BayObLGE 1978, 47; OLG Braunschweig 3.5.1977, Rpfleger 1977, 363 – GmbH & Co. KG; Hopt/Merkt Rn. 3; Ebenroth/Boujong/Kindler Rn. 5.

[4] BayObLG 24.2.1978, BayObLGE 1978, 47; OLG Frankfurt 15.8.1983, OLGZ 1983, 416 = ZIP 1983, 1203.

[5] Vgl. OLG Oldenburg 16.11.1956, NJW 1957, 349 (350).

[6] Vgl. KG 25.8.1958, NJW 1958, 1827.

[7] Vgl. OLG Frankfurt 30.8.1979, OLGZ 1979, 493.

[8] Ausf. dazu BeckOGK/Schmidt, 1.3.2025, Rn. 12 ff.

[9] AllgM, vgl. BGH 25.7.2017, NZG 2017, 1226 – § 7 ApoG; OLG Karlsruhe 1.3.2016, BeckRS 2016, 04542 – Prokura; OLG Oldenburg 16.11.1956, NJW 1957, 349 (350) – OHG; OLG Celle 9.9.1971, BB 1972, 145 – KG; BayObLG 24.2.1978, BayObLGE 1978, 47; OLG Braunschweig 3.5.1977, Rpfleger 1977, 363 – GmbH & Co. KG; Hopt/Merkt Rn. 3; Ebenroth/Boujong/Kindler Rn. 5; Winkler ZGR 1989, 107 (111 ff.); MüKoHGB/Krafka Rn. 1, 3; Ebenroth/Boujong/Kindler Rn. 2; KKD/Roth/Stelmaszczyk Rn. 2.

[10] Vgl. Hopt/Merkt Rn. 3.

erörterten Ausnahmen – die Eintragung im Handelsregister weder hindert[11] noch eine Amtslöschung trägt.[12] Andererseits ergibt sich daraus, dass das Handelsregister nichts über die öffentlich-rechtliche Zulässigkeit eines eingetragenen Gewerbebetriebs aussagt.[13]

5 Hinsichtlich **privatrechtlicher Beschränkungen** in Bezug auf den Unternehmensgegenstand (etwa durch Wettbewerbsverbote iSd §§ 86, 89a, 117) steht dem Registergericht erst recht keine Prüfkompetenz zu. Die Geltendmachung solcher Beschränkungen obliegt den davon betroffenen Unternehmen selbst; ihnen steht dafür der Zivilrechtsweg offen.[14]

6 Die **zivilrechtliche Wirksamkeit** oder Unwirksamkeit der von einem Kaufmann getätigten **Handelsgeschäfte** wird durch § 7 nicht berührt. § 7 steht nicht der Annahme der Nichtigkeit eines Vertrages nach **§ 134 BGB** entgegen, die aus einem Verstoß gegen ein öffentlich-rechtliches Verbotsgesetz resultiert.[15] Umgekehrt lässt sich aus der Unwirksamkeit der getätigten Geschäfte kein Schluss gegen die Kaufmannseigenschaft des Unternehmensinhabers ziehen (→ § 1 Rn. 27).[16]

III. Ausnahmen

7 **1. Staatliche Genehmigungsurkunden.** Bestimmungen des Gesellschafts-, Versicherungs- und Bankaufsichtsrechts können die Eintragung bestimmter Körperschaften an die Vorlage staatlicher Genehmigungsurkunden knüpfen. Ist dies der Fall, so entbindet § 7 das Registergericht nicht von den dadurch statuierten Prüfpflichten.[17] Hier entscheidet die staatliche Genehmigung mittelbar über die Entstehung der Kapitalgesellschaft und damit auch über den Erwerb der Kaufmannseigenschaft (→ § 6 Rn. 19). Umgekehrt ist das Registergericht an die Feststellung der zuständigen Behörde gebunden, eine solche Genehmigung sei nicht erforderlich.[18]

8 Praktisch im Vordergrund standen **früher** die Bestimmungen in § 8 Abs. 1 Nr. 6 aF GmbHG für GmbH und in § 37 Abs. 4 Nr. 5 aF AktG für AG sowie (kraft Verweises durch § 278 Abs. 3 AktG bzw. Art. 9 Abs. 1 lit. c Ziff. ii SE-VO) für KGaA und SE. Die Eintragung eines Gewerbetreibenden in die Handwerksrolle war nach Auffassung des BGH einer Genehmigung im Sinne dieser Vorschriften gleichzusetzen.[19] Das Registergericht durfte nach Auffassung des BGH ferner die Eintragung einer Zweigniederlassung einer ausländischen Gesellschaft wegen eines im Inland gegen deren Geschäftsführer verhängten Gewerbeverbots verweigern.[20]

9 Mit **Inkrafttreten des MoMiG** am 1.11.2008 sind § 8 Abs. 1 Nr. 6 GmbHG und § 37 Abs. 4 Nr. 5 AktG ersatzlos entfallen. Die Vorlage staatlicher Genehmigungsurkunden ist für GmbH, AG, KGaA und SE seither nicht mehr zu prüfen. Hinter dieser Änderung stand ausdrücklich das Ziel, die Gründung von Kapitalgesellschaften zu erleichtern und zu beschleunigen. Kapitalgesellschaften sollten gerade auch in Bezug auf § 7 Einzelkaufleuten und Personengesellschaften gleichgestellt werden.[21]

10 Außerhalb vereinzelt nach wie vor bestehender expliziter Regelungen – namentlich für eG (§ 11a Abs. 2 GenG)[22] und SCE (Art. 8 Abs. 1 lit. c Ziff. ii SCE-VO iVm § 11a Abs. 2 GenG) sowie für

---

[11] OLG Karlsruhe 1.3.2016, BeckRS 2016, 04542; OLG Hamm 21.12.1984, BB 1985, 1415; BayObLG 18.3.1982, BayObLGE 1982, 153; OLG Braunschweig 3.5.1977, Rpfleger 1977, 363; OLG Celle 9.9.1971, BB 1972, 145; KG 25.8.1958, NJW 1958, 1827; OLG Oldenburg 16.11.1956, NJW 1957, 349 (350); **abw.** OLG Düsseldorf 24.5.1985, OLGZ 1985, 431 = BB 1985, 1933; OLG Schleswig 3.2.1982, Rpfleger 1982, 186.

[12] BGH 25.7.2017, NZG 2017, 1226 Rn. 9; OLG Frankfurt 9.11.2018, NJW-RR 2019, 357 Rn. 13 ff.; OLG Karlsruhe 1.3.2016, BeckRS 2016, 04542; OLG Frankfurt 15.8.1983, OLGZ 1983, 416 = ZIP 1983, 1203; Hopt/Merkt Rn. 3.

[13] OLG Braunschweig 3.5.1977, Rpfleger 1977, 363; OLG Frankfurt 18.10.1982, OLGZ 1983, 25 (27); Hopt/Merkt Rn. 3.

[14] Hopt/Merkt Rn. 4; Ebenroth/Boujong/Kindler Rn. 4; MüKoHGB/Krafka Rn. 9; Heymann/Förster Rn. 8; BeckOK HGB/Schwartze, 47. Ed. 1.7.2025, Rn. 2; vgl. KG 12.12.1935, JW 1936, 941 (943) zu einem möglichen Verstoß des Unternehmensgegenstands gegen §§ 134, 138 BGB.

[15] AllgM, vgl. Hopt/Merkt Rn. 2; Ebenroth/Boujong/Kindler Rn. 7; MüKoHGB/Krafka Rn. 2.

[16] Hopt/Merkt Rn. 2; Canaris HandelsR § 2 Rn. 13; MüKoHGB/Krafka Rn. 2; BeckOK HGB/Schwartze, 47. Ed. 1.7.2025, Rn. 4.

[17] AllgM, MüKoHGB/Krafka Rn. 4; Hopt/Merkt Rn. 5.

[18] Vgl. BayObLG 7.6.2000, Rpfleger 2000, 458 = NJW-RR 2001, 898; MüKoHGB/Krafka Rn. 4.

[19] BGH 9.11.1987, BGHZ 102, 209 = NJW 1988, 1087 gegen die zuvor überwiegende Praxis (zB BayObLG 18.3.1982, BayObLGE 1982, 153; OLG Frankfurt 18.10.1982, OLGZ 1983, 25); dazu Winkler ZGR 1989, 107 (114 ff.).

[20] BGH 7.5.2007, BGHZ 172, 200 = NJW 2007, 2328.

[21] RegE, BT-Drs. 16/6140, 81.

[22] OLG Neustadt 8.1.1954, MDR 1954, 302; KG 12.12.1935, JW 1936, 941 (942); RGHMW/Ries Rn. 5; Staub/Oetker Rn. 8; **abw.** Hopt/Merkt Rn. 5.

Kreditinstitute (§ 43 Abs. 1 KWG)[23] – ist damit Ausnahmen von § 7 die Grundlage entzogen. Die fehlende Eintragung in die Handwerksrolle steht einer Eintragung nicht mehr im Wege.[24] Die früher verbreitet angenommene – schon nach altem Recht zweifelhafte – entsprechende Anwendung der zu AG und GmbH entwickelten Ausnahmen auf Gesellschaften iSd § 33 kommt ebenfalls nicht mehr in Betracht.[25]

2. Ungeschriebene Ausnahmen? Nach einer von Teilen der Rspr. vertretenen Auffassung soll eine Eintragung außer in den gesetzlich geregelten Fällen – sogar in Bezug auf Einzelkaufleute und Personenhandelsgesellschaften – auch dann nicht erfolgen, wenn der Gewerbetätigkeit ein **evidentes und nicht behebbares Hindernis** entgegensteht.[26] Eine solche Einschränkung war schon vor Inkrafttreten des MoMiG mit der ganz hL **abzulehnen,** da sie dem Zweck des § 7 (Trennung des Handelsregisters vom Gewerberecht, Rechtssicherheit und Rechtsklarheit) zuwiderlief.[27] Die Ablehnung ungeschriebener Ausnahmen findet nunmehr eine Stütze in der Streichung der wichtigsten geschriebenen Ausnahmen durch das MoMiG und in der Betonung des Ziels der Erleichterung von Eintragungen durch die Regierungsbegründung zu diesem Gesetz (→ Rn. 9). Auch der BGH lehnt ungeschriebene Ausnahmen ab.[28] 11

[23] Vgl. OLG Neustadt 8.1.1954, MDR 1954, 302; Leitzen GmbHR 2009, 480 (481); BeckOGK/Schmidt, 1.3.2025, Rn. 18.

[24] Diff. Leitzen GmbHR 2009, 480 (482) (Ausnahme vom Grundsatz der Unbeachtlichkeit des Fehlens öffentlich-rechtlicher Genehmigungen dort, wo mit dem Fehlen der Genehmigung zugleich ein unzulässiger Firmengebrauch einhergehen würde).

[25] So jetzt auch Hopt/Merkt Rn. 5; zu Recht an der früher hM zweifelnd auch RGHMW/Ries Rn. 5.

[26] OLG Düsseldorf 24.5.1985, OLGZ 1985, 431 = BB 1985, 1933; OLG Frankfurt 18.10.1982, OLGZ 1983, 25 (28); OLG Schleswig 3.2.1982, Rpfleger 1982, 186; BayObLG 18.3.1982, BayObLGE 1982, 153 (158); einschr. auch OLG Hamm 21.12.1984, BB 1985, 1415 – bloße Zweifel genügen nicht.

[27] RGHMW/Ries Rn. 4; Ebenroth/Boujong/Kindler Rn. 6; MüKoHGB/Krafka Rn. 7; Hopt/Merkt Rn. 6; KKD/Roth/Stelmaszczyk Rn. 2; Staub/Oetker Rn. 13; BeckOGK/Schmidt, 1.3.2025, Rn. 22 f.; s. auch OLG Frankfurt 15.8.1983, OLGZ 1983, 416 = ZIP 1983, 1203; OLG Celle 9.9.1971, BB 1972, 145.

[28] BGH 25.7.2017, NZG 2017, 1226 Rn. 24.

Zweiter Abschnitt. Handelsregister; Unternehmensregister

§ 8 Handelsregister

(1) Das Handelsregister wird von den Gerichten elektronisch geführt.

(2) Andere Datensammlungen dürfen nicht unter Verwendung oder Beifügung der Bezeichnung „Handelsregister" in den Verkehr gebracht werden.

Schrifttum: Ammon, Die Prüfungsbefugnisse des Registergerichts bei GmbH-Anmeldungen – besteht Reformbedarf?, DStR 1995, 1311; Baur, Zur Beschränkung der Entscheidungsbefugnis des Registerrichters durch einstweilige Verfügung, ZGR 1972, 421; Bokelmann, Der Einblick in das Handelsregister, DStR 1991, 945; Bokelmann, Eintragung eines Beschlusses – Prüfungskompetenz des Registerrichters bei Nichtanfechtung, rechtsmißbräuchlicher Anfechtungsklage und bei Verschmelzung, DB 1994, 1341; Brünkmans/Greif-Werner, Die Prüfung gesellschaftsrechtlicher Regelungen im Insolvenzplan durch Insolvenzgericht und Registergericht, ZInsO 2015, 1585; Busch, Die Vertretung der OHG – Anmeldungsinhalt und Eintragungstext, Rpfleger 2003, 329; Heinemann, Das Verfahren in Registersachen und das unternehmensrechtliche Verfahren nach dem FamFG, FGPrax 2009, 1; Heinemann, Entwicklungen im Registerverfahrensrecht (Teil I, II), FGPrax 2015, 1; 49; Holzer, Die Fassungsbeschwerde im Registerrecht, ZNotP 2008, 138; Holzer, Die Zwischenverfügung im Registerrecht, ZNotP 2009, 210; Keilbach, Die Prüfungsaufgaben der Registergerichte, MittRhNotK 2000, 365; Klepsch, Prüfungsrecht und Prüfungspflicht der Registergerichte, Diss. Jena 2002; Koch/Rudzio, Die Beweiskraft des Handelsregisters nach seiner Modernisierung, ZZP 122 (2009), 37; Kögel, Optionen für die Registergerichte zur Beteiligung der berufsständischen Organe im Handelsregisterverfahren, Rpfleger 2020, 370; Krafka, Registerrechtliche Neuerungen durch das FamFG, NZG 2009, 650; Krafka, Zwischenruf zur Zwischenverfügung in Registersachen, NZG 2019, 9; Liebscher/Scharff, Das Gesetz über elektronische Handelsregister und Genossenschaftsregister sowie das Unternehmensregister, NJW 2006, 3745; Lüke, Das Verhältnis von Auskunfts-, Anfechtungs- und Registerverfahren im Aktienrecht, ZGR 1990, 657; Lutter, Die Eintragung anfechtbarer Hauptversammlungsbeschlüsse im Handelsregister, NJW 1969, 1873; Müther, Die Prüfungspflichten des Registergerichts im elektronischen Handelsregister, Rpfleger 2008, 233; Nedden-Boeger, Die Ungereimtheiten der FGG-Reform – eine kritische Bestandsaufnahme aus registerrechtlicher Sicht, FGPrax 2009, 144; Nedden-Boeger, Die Anwendung des Allgemeinen Teils des FamFG in Registersachen und in unternehmensrechtlichen Verfahren, FGPrax 2010, 1; Ries, Elektronisches Handels- und Unternehmensregister, Rpfleger 2006, 233; Ries, Änderungen im Registerverfahren nach der Reform des Rechts der freiwilligen Gerichtsbarkeit, Rpfleger 2009, 441; Ries/Schulte, Umstrittene Eintragungsfähigkeit bestimmter Veränderungen in das Handelsregister – Fluch oder Segen für die beteiligten Gesellschafter?, GmbHR 2013, 345; Ullrich, Registergerichtliche Inhaltskontrolle von Gesellschaftsverträgen und Satzungsänderungsbeschlüssen, 2005; Voigt, Das Handelsrecht der Zweigniederlassung, Diss. Hamburg 2010; Willer/Krafka, Besonderheiten der elektronischen Registerführung, Rpfleger 2002, 411; Wollenweber, Handelsregisteranmeldungen: Neue gesetzliche Vorgaben im Jahr 2023 bei der Versicherung von Geschäftsleitern, NZG 2023, 297.

Übersicht

I. Allgemeines

1. Öffentliche Register. Abs. 1 eröffnet die Zuständigkeit der Gerichte für die Führung des Handelsregisters. Die einzelnen Angelegenheiten sind **Register- bzw. Handelsregistersachen iSd § 374 Nr. 1 FamFG** und als solche Angelegenheiten der freiwilligen Gerichtsbarkeit. Aufgrund der tradierten Funktionen des Handelsregisters (→ Rn. 4 f.) hat der Reformgesetzgeber sich 2006 trotz der Umstellung auf die elektronische Registerführung dagegen entschieden, die Führung des Handelsregisters den Industrie- und Handelskammern zu überantworten.[1] 1

Das Handelsregister dient der Offenlegung bestimmter für den Rechtsverkehr wesentlicher privatrechtlicher Rechtstatsachen und Rechtsverhältnisse auf dem Gebiet des Handelsrechts, einschließlich des Rechts der Handelsgesellschaften. Es muss von dem durch Art. 1 Nr. 2 EHUG iVm Art. 31 Abs. 2 EHUG mWv 1.1.2007 eingeführten Unternehmensregister (§ 8b) unterschieden werden. Das **Unternehmensregister** ist lediglich ein Sammelregister, das die Informationen aus verschiedenen Registern, namentlich dem Handels- Genossenschafts-, Gesellschafts- und Partnerschaftsregister, aus dem Bundesanzeiger sowie die von Unternehmen und Insolvenzgerichten gelieferten Informationen zugänglich macht (→ § 8b Rn. 1). 2

Weitere Rechtsträgerregister[2] neben dem Handelsregister sind das Genossenschaftsregister, das Partnerschaftsregister und das Vereinsregister sowie seit dem 1.1.2024 das Gesellschaftsregister. Gemäß § 5 Abs. 2 PartGG und § 707b Nr. 2, 3 BGB sind auf das Partnerschafts- bzw. Gesellschaftsregister bestimmte Vorschriften des HGB über das Handelsregister entsprechend anzuwenden, allerdings mit der Maßgabe, dass eine Verpflichtung zur Anmeldung einer inländischen Geschäftsanschrift nicht besteht. Aus der entsprechenden Anwendung von Abs. 1 (§ 707b Nr. 2 BGB, § 5 Abs. 2 PartGG, § 156 GenG) folgt, dass die Gerichte auch das Gesellschafts-, Partnerschafts- und Genossenschaftsregister elektrisch führen. 3

2. Funktionen des Handelsregisters. a) Informations- und Publizitätsfunktion. Sinn und Zweck des Handelsregisters liegen darin, es der Öffentlichkeit zu ermöglichen, sich über die Rechts- 4

[1] Staub/Koch/Harnos Rn. 13; Ebenroth/Boujong/Schaub Rn. 11; anders ein seinerzeit vorliegender Gesetzentwurf des BR vom 1.2.2006, BT-Drs. 16/515.

[2] MüKoHGB/Krafka Rn. 31.

verhältnisse von Kaufleuten und Gesellschaften zu unterrichten, und Umstände zu verlautbaren, die für den Rechtsverkehr von erheblicher Bedeutung sind (Informations- und Publizitätsfunktion).[3] Zugleich erleichtert es den Kaufleuten die Teilnahme am Rechtsverkehr, da sie sich gegenüber Dritten gem. § 15 Abs. 1 grundsätzlich auf den Registerinhalt berufen können (→ § 15 Rn. 13 ff.).[4] Zu den Wirkungen der Registereintragung → Rn. 54 ff. Zur Verwirklichung des Ziels, erhebliche Umstände zuverlässig, vollständig und lückenlos für den Rechtsverkehr zu dokumentieren, werden Eintragungen, die durch eine spätere Eintragung ihre Bedeutung verlieren, nicht getilgt, sondern gem. § 16 Abs. 1 HRV lediglich rot unterstrichen.[5]

5 **b) Kontrollfunktion.** Neben der Publizitätsfunktion (→ Rn. 4) kommt der Registerführung durch Gerichte eine Kontrollfunktion zu. Die Eintragung bestimmter Rechtstatsachen setzt eine vorgehende Überprüfung durch das Registergericht voraus, die sich auf formelle Gesichtspunkte beschränken kann, vielfach jedoch auch eine materiell-rechtliche Prüfung verlangt (→ Rn. 97 ff.). Die gerichtliche Kontrolle dient erstens dem Zweck, ein vollständiges und richtiges Register zu erhalten. Die mit der Registerführung betrauten Organe sind von Amts wegen verpflichtet, unrichtige Eintragungen vom Register fernzuhalten.[6] Zweitens leistet die Prüfung des Registergerichts vielfach eine Rechtskontrolle, ähnlich einer „Rechtsaufsichtsbehörde".[7]

6 **c) Mitteilungs- und Mitwirkungspflichten Dritter.** Die Verwirklichung der Kontrollfunktion (→ Rn. 5) wird flankiert durch Mitteilungspflichten der Gerichte und der Staatsanwaltschaften, der Notare sowie der Polizei- und Gemeindebehörden gem. **§ 379 Abs. 1 FamFG.** Die Pflichten bestehen darin, die amtliche Kenntnis von einer unrichtigen, unvollständigen oder unterlassenen Anmeldung an das Registergericht weiterzugeben. Ähnlichen Mitteilungspflichten unterliegen gem. **§ 379 Abs. 2 FamFG** die Steuerbehörden und die Organe des Handels- und des Handwerksstandes sowie die Organe des land- und forstwirtschaftlichen Berufsstandes gem. **§ 380 FamFG.** In Zweifelsfällen kann das Registergericht gem. § 23 S. 2 HRV Gutachten der IHK, der Handwerkskammer oder der Landwirtschaftskammer einholen.[8]

7 In Bezug auf die zum Handelsregister einzureichende Gesellschafterliste sind die Notare, die an einer Veränderung in den Personen der Gesellschafter oder des Umfangs ihrer Beteiligung mitwirken, gem. **§ 40 Abs. 2 S. 1 GmbHG** verpflichtet, eine unterschriebene oder mit einer qualifizierten elektronischen Signatur versehene Gesellschafterliste zum Handelsregister einzureichen. Diese Einreichungspflicht ersetzte die frühere Mitteilungspflicht des Notars nach § 40 Abs. 1 S. 2 GmbHG aF. Es handelt sich um eine öffentlich-rechtliche Pflicht, die als solche nicht zur Disposition der Beteiligten steht.[9]

8 **3. Gesetzliche Grundlagen.** Das HGB trifft in § 8, den §§ 10–14 und § 16 Regelungen über das Registerverfahren und die Bekanntmachung der Handelsregistereintragung. Die materiell-rechtlichen Wirkungen der Registerpublizität regelt § 15, die Möglichkeit der öffentlichen Zustellung an bestimmte Personen § 15a.

9 Die registerrechtlichen Vorschriften des HGB enthalten – ebenso wie die Vorgängervorschriften des ADHGB – keine umfassende Regelung des Registerrechts.[10] Vorschriften über das Registerverfahren finden sich daher auch im Besonderen Teil des FamFG, und zwar in den **§§ 374 ff. FamFG.** Ergänzend sind die allgemeinen Vorschriften des FamFG (§§ 1–110 FamFG) anzuwenden. Dabei ist zu berücksichtigen, dass die Verfahrensvorschriften des Registerrechts und die Regelungen des Allgemeinen Teils des FamFG nicht friktionsfrei aufeinander abgestimmt sind.[11]

---

[3] BGH 23.1.2024, BGHZ 239, 253 Rn. 29 = NJW 2024, 1577; 23.1.2024, BGHZ 239, 222 Rn. 26 = FGPrax 2024, 109; 24.5.2023, BGHZ 237, 195 Rn. 20 = NJW 2023, 2489; Deckenbrock/Sossna JuS 2024, 115.

[4] BGH 3.2.2015, NJW 2015, 2116 (2118); 14.2.2012, DNotZ 2012, 788 (789); 10.11.1997, NJW 1998, 1071; BayObLG 3.7.1973, BayObLGZ 1974, 168 (170); 28.3.1977, BayObLGZ 1977, 76 (78); 6.7.1978, BayObLGZ 1978, 182 (186); MüKoHGB/Krafka Rn. 7; Fleischhauer/Wochner HandelsregisterR/Wochner/Schemmann Teil A Rn. 4; Ebenroth/Boujong/Schaub Rn. 47 ff.

[5] BGH 3.2.2015, NJW 2015, 2116 (2118).

[6] RG 24.3.1933, RGZ 140, 174 (184); Bokelmann DStR 1991, 945 (947); MüKoHGB/Krafka Rn. 11; Fleischhauer/Wochner HandelsregisterR/Wochner/Schemmann Teil A Rn. 8.

[7] Klepsch, Prüfungsrecht und Prüfungspflicht der Registergerichte, 2002, 62 f.; Staub/Koch/Harnos Rn. 3; MüKoHGB/Krafka Rn. 15 ff.; Lutter NJW 1969, 1873 (1875 f.); Ebenroth/Boujong/Schaub Rn. 54; Fleischhauer/Wochner HandelsregisterR/Wochner/Schemmann Teil A Rn. 9; aA BeckOGK/Beurskens, 1.9.2025, Rn. 38.

[8] Zu der Einbindung der berufsständischen Kammern im Registerverfahren s. Kögel Rpfleger 2020, 370 (371 f.).

[9] Noack/Servatius/Haas/Servatius GmbHG § 40 Rn. 60; Wachter ZNotP 2008, 378 (387).

[10] Staub/Koch/Harnos Rn. 5; Ebenroth/Boujong/Schaub Rn. 3.

[11] Zu Folgeproblemen s. Nedden-Boeger FGPrax 2010, 1 ff. Zu der Problematik des Beteiligtenbegriffs s. Prütting/Helms/Holzer FamFG § 382 Rn. 1, 14 ff.; Krafka NZG 2009, 650 (651 ff.).

Bestimmungen über die **Einrichtung und Führung des Handelsregisters,** einschließlich des Aufbaus des Handelsregisters, enthält die seinerzeit auf der Grundlage des § 125 Abs. 3 FGG erlassene **HRV.** Diese Verordnung geht zurück auf die Handelsregisterverfügung vom 12.8.1937, die durch Verordnung vom 12.11.1958 (BAnz. Nr. 224) mit einigen Änderungen übernommen wurde. Im Zuge der Novellierung durch die Verordnung zur Erleichterung der Registerautomation vom 11.12.2001 (BGBl. 2001 I 3688) wurde die Handelsregisterverfügung in Handelsregisterverordnung umbenannt. Ermächtigungsgrundlage ist heute **§ 387 Abs. 2 FamFG.** 10

Eintragungsgegenstände und **Eintragungsvoraussetzungen** ergeben sich aus den sog. Anmeldungstatbeständen, die in dem HGB und in den Einzelgesetzen (zB GmbHG, AG, UmwG) geregelt sind. 11

Seit dem 1.1.2008 wird das Handelsregister bundesweit ausschließlich **elektronisch** geführt. Diese Umstellung betrifft nicht nur die Publizierungsform, sondern das gesamte registerrechtliche Verfahren. Durch das **EHUG** wurden die Vorschriften, welche die Anmeldung und Einreichung von Unterlagen zum Handelsregister sowie die Eintragung betreffen, auf den elektronischen Rechtsverkehr umgestellt. Zugleich erfolgte eine Anpassung der HRV an die Anforderungen der elektronischen Registerführung. Diese Vorschriften werden ergänzt durch Rechtsverordnungen der Länder, die nähere Bestimmungen über die elektronische Führung des Handelsregisters, die elektronische Anmeldung, die elektronische Einreichung von Dokumenten und deren Aufbewahrung treffen (§ 8a Abs. 2; → § 8a Rn. 3). Nach Umsetzung der RL (EU) 2019/1151 durch das DiRUG und das DiREG werden zugleich die Digitalisierungsanforderungen des europäischen Gesellschaftsrechts einschließlich des Rechts der Zweigniederlassungen erfüllt (→ Rn. 13). 12

4. Unionsrecht. Die Publizität unternehmensrechtlich relevanter Inhalte ist nicht zuletzt ein Schutzinstrument des Unionsrechts. Die §§ 8 ff. dienen ua der Umsetzung der Vorgaben der **Art. 13–42 GesR-RL.** Weitere Eintragungs- und Offenlegungspflichten finden sich in den **Art. 12–14 SE-VO.** 13

Historischer Ausgangspunkt der europäischen Publizitätsanforderungen ist die erste gesellschaftsrechtliche Richtlinie (Publizitäts-RL 1968) vom 9.3.1968 (RL 68/151/EWG). Die Richtlinie wurde in einem ersten Schritt durch die RL 2003/58/EG geändert, um die **Offenlegung** und den grenzüberschreitenden Zugang zu den publizierten Informationen durch die verbindliche **Einführung elektronischer Register** zu erleichtern. Die Regelungen der späteren Fassung vom 16.9.2009 (RL 2009/101/EG) finden sich nun in der GesR-RL. Nach Art. 14 GesR-RL müssen insbesondere die Gründungsverträge und Satzungen sowie deren jeweilige Änderungen, die Besetzung der Gesellschaftsorgane, die Vertretungsverhältnisse der Gesellschaft und der Jahresabschluss offengelegt werden. Weitere Änderungen erfolgten durch die RL 2012/17/EU vom 13.6.2012 (ABl. EU 2012 L 156), um den „Zugang zu Unternehmensinformationen im grenzüberschreitenden Kontext" zu erleichtern, sowie durch die RL (EU) 2019/1151, die das Online-Register nunmehr als das „primäre Publizitätsinstrument"[12] ausweist. Die zu veröffentlichenden Dokumente und Angaben müssen nach Art. 22 GesR-RL über das durch die RL (EU) 2019/1151 noch erweiterte „System der Registervernetzung" zugänglich sein. Die grundlegenden rechtlichen Voraussetzungen für eine Teilnahme an dem System der **Registervernetzung** („Business Registers Interconnection System" – **BRIS**) waren bis zum 7.7.2014 durch die Gesetzgeber der Mitgliedstaaten zu schaffen (Art. 5 Abs. 1 RL 2009/101/EG). Der deutsche Gesetzgeber ist dieser Verpflichtung mit der Einführung des am 31.12.2014 in Kraft getretenen § 9b (Art. 1 Gesetz zur Umsetzung der Richtlinie 2012/17/EU in Bezug auf die Verknüpfung von Zentral-, Handels- und Gesellschaftsregistern in der Europäischen Union vom 22.12.2014, BGBl. 2014 I 2409, iVm Art. 3 Gesetz vom 22.12.2014) wenngleich verspätet nachgekommen. 14

Für die AG regelte die zweite gesellschaftsrechtliche Richtlinie vom 13.12.1976 (RL 77/91/EWG, Kapital-RL 1977), insbesondere Mindestangaben, welche die offen zu legende Satzung, der Errichtungsakt der Gesellschaft und/oder ein gesondertes Schriftstück enthalten mussten. Die Verpflichtung zur Offenlegung des Jahresabschlusses wurde mit der Bilanz-RL 1978 (RL 78/660/EWG) inhaltlich konkretisiert und auf die ursprünglich ausgenommene GmbH erstreckt. Die Änderungs-RL 90/605/EWG vom 8.11.1990, mit der ua der Anwendungsbereich der Bilanz-RL auf atypische Personenhandelsgesellschaften ausgedehnt wurde, erstreckte die Offenlegungspflicht auf die deutsche GmbH & Co. KG. Die GesR-RL führt die publizitätspflichtigen Gesellschaften in Anhang II auf. Die weiteren Publizitätspflichten, insbesondere aus der elften Richtlinie vom 22.12.1989 (RL 89/666/EWG) über die Offenlegung von Zweigniederlassungen (geändert durch RL 2012/17/EU vom 13.6.2012), der dritten Richtlinie vom 9.10.1978 (RL 78/855/EWG) betreffend die Verschmelzung von AG, der sechsten Richtlinie vom 17.12.1982 (RL 82/891/EWG) betreffend die Spaltung von 15

[12] Bayer/J. Schmidt BB 2019, 1922 (1924).

AG und in der zehnten Richtlinie vom 26.10.2005 über die Verschmelzung von Kapitalgesellschaften aus verschiedenen Mitgliedstaaten (RL 2005/56/EG, geändert durch RL 2012/17/EU vom 13.6.2012), wurden in die GesR-RL überführt, deren Vorgaben durch das sog. Company Law Package, bestehend aus der RL (EU) 2019/1151 und RL (EU) 2019/2121, fortentwickelt wurden.

II. Handelsregister

16 **1. Aufbau, Registerakten.** Das Handelsregister besteht gem. § 3 Abs. 1 HRV aus zwei Abteilungen, nämlich **Abteilung A** für die Eintragungen der Einzelkaufleute, der in § 33 genannten juristischen Personen, der OHG, der KG und der EWIV (§ 3 Abs. 2 HRV) und **Abteilung B** für die Eintragungen der AG, KGaA, GmbH und des VVaG (§ 3 Abs. 3 HRV). Gesellschaften werden unter ihrer **Registrierungsnummer** (HRA, HRB) geführt.

17 Die einem Unternehmensträger zugeordneten Eintragungen werden auf einem elektronischen **Registerblatt** (§ 13 Abs. 1 HRV) niedergelegt und elektronisch signiert. Für jedes Registerblatt werden gem. § 8 Abs. 1 S. 1 HRV **Registerakten** geführt, die nicht auf eine Registereintragung abzielen, aber mit dem Registerinhalt in Verbindung stehen. Zu jedem elektronischen Registerblatt existiert ein elektronischer **Registerordner,** in den gem. § 9 Abs. 1 S. 1 HRV die zum Handelsregister einzureichenden und nach § 9 Abs. 1 S. 1 der unbeschränkten Einsicht unterliegenden Dokumente sowie Verschmelzung-, Spaltungs- und Formwechselbescheinigungen nach § 316 Abs. 1 S. 4 UmwG, § 329 S. 3 UmwG oder § 343 Abs. 1 S. 4 UmwG chronologisch in der zeitlichen Folge ihres Eingangs (§ 9 Abs. 1 S. 3 HRV) aufgenommen werden. Der elektronische Registerordner ersetzt den früher in Papierform geführten Sonderband, indem die zum Handelsregister eingereichten, dem Einsichtrecht des § 9 Abs. 1 S. 1 unterliegenden Schriftstücke zusammengefasst wurden. Das Individualrecht auf Einsichtnahme in das Handelsregister gem. § 9 Abs. 1 S. 1 (→ § 9 Rn. 2 ff.) umfasst sowohl das Registerblatt als auch Registerordner

18 **2. Eintragungsfähige Tatsachen. a) Begriff.** Gegenstand einer Handelsregistereintragung können nur eintragungsfähige Tatsachen – hierzu zählen auch Rechtsverhältnisse[13] – sein.

19 Der Inhalt des Handelsregisters ist standardisiert.[14] Er beschränkt sich auf bestimmte Unternehmensdaten, deren Publizierung für den Rechtsverkehr von Bedeutung ist. Welche Tatsachen und Rechtsverhältnisse eintragungsfähig sind, ist – von wenigen Ausnahmen abgesehen – gesetzlich geregelt. Ein Teil dieser Tatbestände betrifft die sog. **anmeldepflichtigen Tatsachen** (→ Rn. 24 ff.) sowie die **von Amts wegen vorzunehmenden Eintragungen** (→ Rn. 27 f.).

20 Eine Tatsache ist – allgemein formuliert – eintragungsfähig, wenn mit ihrer Eintragung bestimmte Rechtsfolgen eintreten.[15] Dies kann auch auf **nicht anmeldepflichtige Tatsachen** zutreffen, zB die Vereinbarung des Ausschlusses der Haftung wegen Firmenfortführung, da diese gem. § 25 Abs. 2 Alt. 1 nur infolge der Eintragung im Handelsregister und der Bekanntmachung auch gegenüber Altgläubigern wirkt, denen die Vereinbarung nicht ausdrücklich mitgeteilt wurde (→ § 25 Rn. 37).

21 Liegen die Eintragungsvoraussetzungen vor, muss das Gericht dem Begehren auf Eintragung der eintragungsfähigen Tatsache nachkommen.[16] Es besteht also eine **Eintragungspflicht** des Registergerichts.

22 **Bedingungen** (zB die Bestellung eines Geschäftsführers unter einer auflösenden Bedingung) werden nicht im Handelsregister vermerkt, weil das Handelsregister über die gegenwärtigen Rechtsverhältnisse Auskunft geben soll.[17] Diesem Grundsatz würde es jedoch nicht entgegenstehen, Bedingungen und Befristungen (zB bedingte oder befristete Vertretungsregeln) einzutragen, wenn deren Eintritt sich aus dem Register ergibt bzw. nach dem Kalender feststellen lässt.[18] Gleichwohl wäre eine solche Eintragung wegen der Zeitspanne zwischen Eintragung und Wirksamkeit bedenklich.[19]

---

[13] NK-HGB/Lamsa Rn. 13; Staub/Koch/Harnos Rn. 32; Fleischhauer/Wochner HandelsregisterR/Wochner/Schemmann Teil A Rn. 48; KKD/Roth/Stelmaszczyk Rn. 5; Ebenroth/Boujong/Schaub Rn. 61.

[14] Staub/Koch/Harnos Rn. 31; MüKoHGB/Krafka Rn. 8; Fleischhauer/Wochner HandelsregisterR/Wochner/Schemmann Teil A Rn. 48.

[15] Canaris HandelsR § 4 Rn. 8.

[16] MüKoHGB/Krafka Rn. 35; Ebenroth/Boujong/Schaub Rn. 64; Fleischhauer/Wochner HandelsregisterR/Wochner/Schemmann Teil A Rn. 156.

[17] BGH 28.2.1983, Rpfleger 1983, 254; Krafka RegisterR Rn. 89; SLM/Müther Rn. 10; Ebenroth/Boujong/Schaub Rn. 133; s. auch BGH 24.10.2005, DNotZ 2006, 214 (215); OLG Hamm 8.2.2007, FGPrax 2007, 186 (187).

[18] Befürwortend deshalb MüKoHGB/Krafka Rn. 52; RGHMW/Ries Rn. 25; Ebenroth/Boujong/Schaub Rn. 132.

[19] Staub/Koch/Harnos Rn. 53 (zB Gefahr, dass Maßnahme zwischenzeitlich durch actus contrarius rückgängig gemacht wurde).

Tatsachen, deren **Eintragung gesetzlich nicht vorgesehen** ist, werden nur zurückhaltend als eintragungsfähig anerkannt, damit das Handelsregister nicht unübersichtlich wird und der Eintragungsstand keinen Anlass zu Missverständnissen gibt.[20] Ein Eintragungserfordernis kann sich jedoch auch im Wege der Auslegung oder der entsprechenden Anwendung einer Norm ergeben. Im Übrigen wurden bestimmte Eintragungserfordernisse kraft richterlicher Rechtsfortbildung begründet.[21] Auch eine gewohnheitsrechtliche Begründung der Anerkennungsfähigkeit kommt in Betracht.[22] Auch eine lückenlose Dokumentation kann im Interesse des Rechtsverkehrs eine Eintragung rechtfertigen.[23] Entscheidend ist der Zweck des Handelsregisters, die eingetragenen Rechtsverhältnisse zutreffend wiederzugeben.[24] 23

b) Anmeldepflichtige Tatsachen. Das Registerrecht kennt eine Vielzahl anmeldepflichtiger Tatsachen. Dabei sind **öffentlich-rechtliche** (→ Rn. 25) von **privatrechtlichen Anmeldepflichten,** zB der Pflicht der Gründungsgesellschafter zur Anmeldung der Gesellschaft (§ 36 Abs. 1 AktG, § 7 Abs. 1 GmbHG), zu unterscheiden.[25] Tatsachen, die einer Anmeldepflicht unterliegen, werden auch eintragungspflichtige Tatsachen genannt. Das Registergericht muss die Eintragung vollziehen, wenn kein Eintragungshindernis besteht.[26] Insbesondere darf es die Eintragung nicht von der Erfüllung anderer Pflichten abhängig machen und damit „faktischen Registerzwang" ausüben.[27] 24

Die Erfüllung öffentlich-rechtlicher Anmeldepflichten kann gem. § 14 S. 1 durch die Festsetzung von Zwangsgeld erzwungen werden (→ § 14 Rn. 1 ff.). Die **Erzwingbarkeit einer Anmeldepflicht** ist in der Regel ausdrücklich gesetzlich geregelt; erforderlich ist dies jedoch nicht (→ § 14 Rn. 7). Wenn ein dringendes Bedürfnis besteht, einen bestimmten Tatbestand im Handelsregister offenzulegen, dann steht die Anmeldung nicht zur Disposition der Beteiligten und kann somit zwangsweise durchgesetzt werden.[28] In diesem Sinne muss zB die Befreiung von den Beschränkungen des § 181 BGB aus dem Handelsregister ersichtlich sein. Diese Erweiterung der Vertretungsmacht ist somit anmeldepflichtig. Zur OHG → Rn. 34, zur GmbH und AG → Rn. 36 ff. 25

Eine durch die Festsetzung von Zwangsgeld (§ 14 S. 1; → § 14 Rn. 1 ff.) durchsetzbare Anmeldepflicht besteht regelmäßig dann, wenn die anmeldepflichtige Tatsache bereits außerhalb des Registers entstanden ist, die Eintragung im Handelsregister also **deklaratorische** Bedeutung hat (→ Rn. 56). Bei **konstitutiven** Eintragungen erübrigt die Festsetzung von Zwangsgeld sich typischerweise, weil die begehrte Rechtsfolge ohne die Registereintragung nicht eintritt (→ § 14 Rn. 8).[29] 26

c) Von Amts wegen einzutragende Tatsachen. Bestimmte Tatsachen werden von Amts wegen in das Register eingetragen, wie zB die Eröffnung des **Insolvenzverfahrens** über das Vermögen eines Kaufmanns gem. § 32 Abs. 1 S. 1 (→ § 32 Rn. 3). Das Registergericht trägt nach Anzeige des Insolvenzgerichts den Insolvenzvermerk ein. Auch die Auflösungstatbestände, die mit der Eröffnung des Insolvenzverfahrens oder der Abweisung des Eröffnungsantrags mangels Masse eintreten (zB § 138 Abs. 1 Nr. 2, Abs. 2 Nr. 1, § 60 Abs. 1 Nr. 4, 5 GmbHG, § 262 Abs. 1 Nr. 3, 4 AktG), werden von Amts wegen eingetragen (zB § 141 Abs. 1 S. 2, § 65 Abs. 1 S. 3 GmbHG, § 263 S. 3 AktG). 27

Die Eintragung der Eröffnung des Insolvenzverfahrens über das Vermögen eines Kaufmanns in das Handelsregister gem. § 32 Abs. 1 S. 1 (→ Rn. 27) informiert den Rechtsverkehr darüber, dass fortan Insolvenzrecht gilt. Dies äußert sich darin, dass gem. **§ 155 Abs. 2 InsO** ein **neues Geschäftsjahr** beginnt. Der Insolvenzverwalter kann allerdings zum satzungsmäßigen Geschäftsjahr zurückkehren. Diese Entscheidung muss publik werden. Erforderlich, aber auch ausreichend hierfür ist die Anmeldung zur Eintragung in das Handelsregister oder eine sonstige Mitteilung an das Registergericht, und zwar noch während des ersten laufenden Geschäftsjahrs nach der Eröffnung des Insolvenz- 28

---

[20] BGH 4.4.2017, NZG 2017, 734 Rn. 14; 14.2.2012, DNotZ 2012, 788; 10.11.1997, NJW 1998, 1071; 31.10.1992, DNotZ 1993, 176 (180); KG 24.3.2014, NZG 2014, 668 (669).

[21] BGH 31.10.1992, DNotZ 1993, 176 (180); KG 24.3.2014, NZG 2014, 668 (669); OLG Hamm 14.4.2009, NZG 2009, 1117; OLG Hamburg 4.12.2008, NZG 2009, 957; MüKoHGB/Krafka Rn. 38; SLM/Müther Rn. 8; HK-HGB/Ruß Rn. 9; Ebenroth/Boujong/Schaub Rn. 70; zur Eintragungsfähigkeit kraft Analogieschlusses ausf. Staub/Koch/Harnos Rn. 45 ff.

[22] Zum Partnerschaftsregister s. BGH 4.4.2017, NZG 2017, 734 Rn. 22 mwN.

[23] Zur Voreintragung bereits wieder ausgeschiedener Gesellschafter oder Geschäftsführer Ries/Schulte GmbHR 2013, 345 f.; s. auch KG 30.5.2000, NJW-RR 2000, 1704 (1705) (verstorbener Kommanditist); OLG Hamm 7.1.1993, NJW-RR 1993, 807; anders KG 23.11.2011, DNotZ 2012, 388 (389).

[24] Hopt/Merkt Rn. 5.

[25] Ebenroth/Boujong/Schaub Rn. 64.

[26] MüKoHGB/Krafka Rn. 35.

[27] MüKoHGB/Krafka § 14 Rn. 6.

[28] MüKoHGB/Krafka Rn. 39.

[29] Staub/Koch/Harnos § 14 Rn. 8.

verfahrens.[30] Für die Eintragung von Amts wegen aufgrund einer Mitteilung des Insolvenzverwalters würde verfahrensrechtlich allerdings nicht die als Privaturkunde vorliegende Erklärung des Insolvenzverwalters genügen. Vielmehr müsste die Verwalterbestellung förmlich nachgewiesen werden.[31]

29 **3. Beispiele. a) Anmeldepflichtige Tatsachen. aa) Einzelkaufmann.** Ob ein Einzelkaufmann verpflichtet ist, sich als Unternehmensträger im Handelsregister eintragen zu lassen, hängt davon ab, ob die Kaufmannseigenschaft außerhalb des Registers begründet wurde oder ob sie erst durch die Registereintragung erlangt wird. Betreibt eine natürliche Person einen Gewerbebetrieb, besteht die Kaufmannseigenschaft gem. **§ 1 Abs. 1,** ohne dass es auf die Eintragung im Handelsregister ankommt, wenn es sich nicht um ein Kleingewerbe iSd § 1 Abs. 2 handelt (Istkaufmann; → § 1 Rn. 103). Der Kleingewerbetreibende kann die Kaufmannseigenschaft nach **§ 2** durch die konstitutive Eintragung im Handelsregister erwerben (Kannkaufmann; → § 2 Rn. 1 ff.). Der Istkaufmann iSv § 1 Abs. 1 ist hingegen gem. **§ 29 Fall 1** zur Anmeldung seiner Firma verpflichtet (→ § 29 Rn. 4). Dabei muss er zugleich den Ort und die inländische Geschäftsanschrift seiner Handelsniederlassung angeben.

30 Weitere Anmeldepflichten des Kaufmanns bestehen gem. **§ 31 Abs. 1** bei der Änderung der Firma oder ihrem Inhaber, der Verlegung der Niederlassung an einen anderen Ort sowie bei der Änderung der inländischen Geschäftsanschrift (→ § 31 Rn. 7) und gem. **§ 31 Abs. 2 S. 1** bei dem Erlöschen der Firma (→ § 31 Rn. 8 ff.).

31 **bb) Juristische Personen, OHG, KG.** Gemäß **§ 33 Abs. 1** müssen juristische Personen des privaten und öffentlichen Rechts zur Eintragung im Handelsregister angemeldet werden, wenn sie ein Handelsgewerbe iSd § 1 Abs. 2 (→ § 1 Rn. 48 ff.) betreiben. Eintragungspflichtige Tatsachen sind gem. § 33 Abs. 2 S. 3 die Firma, der Sitz, der Unternehmensgegenstand sowie die Bestellung und die Vertretungsmacht der Vorstandsmitglieder (→ § 33 Rn. 3). Änderungen einer eintragungspflichtigen Tatsache sind gem. § 34 Abs. 1 zur Eintragung im Handelsregister anzumelden (→ § 34 Rn. 2).

32 Die OHG entsteht gem. § 105 Abs. 1 außerhalb des Handelsregisters, wenn die Gesellschaft ein Handelsgewerbe iSd § 1 Abs. 2 tatsächlich betreibt (→ § 105 Rn. 1 ff.). Gesellschaften, die ein Kleingewerbe betreiben, ausschließlich eigenes Vermögen verwalten oder deren Zweck die gemeinsame Ausübung Freier Berufe durch ihre Gesellschafter ist, können nach gem. § 107 Abs. 1 S. 1 bzw. S. 2 durch konstitutive Eintragung die Eigenschaft der OHG erwerben. Ist die OHG außerhalb des Registers entstanden, müssen die Gesellschafter die OHG gem. § 106 Abs. 1, 7 S. 1 mit dem in § 106 Abs. 2 vorgeschriebenem Inhalt (→ § 106 Rn. 16 ff.) zur Eintragung im Handelsregister anmelden (→ § 106 Rn. 10 ff.). Die Anmeldepflicht kann gem. § 14 S. 1 durch Festsetzung von Zwangsgeld durchgesetzt werden.

33 Gemäß § 106 Abs. 2 Nr. 3 ist bei der Anmeldung die **Vertretungsbefugnis** der Gesellschafter anzugeben. Die Anmeldung muss somit auch dann eine Angabe zu der Vertretungsbefugnis enthalten, wenn diese dem **gesetzlichen Regelfall,** also der Einzel- bzw. Alleinvertretungsbefugnis[32] gem. § 124 Abs. 1 (→ § 124 Rn. 15 ff.) entspricht.[33] Ein Hinweis auf die Möglichkeit abweichender vertraglicher Regelung ist nicht erforderlich.[34]

34 Anzugeben ist ferner eine generelle, also über Einzelfälle hinausgehende[35] Befreiung des vertretungsbefugten Gesellschafters von den **Beschränkungen des § 181 BGB.** Der Rechtsverkehr soll durch die Registereinsicht möglichst umfassend über die Vertretungsverhältnisse informiert werden. Deshalb ist die Befreiung von den Beschränkungen des § 181 BGB nicht nur eine eintragungsfähige, sondern auch eine eintragungspflichtige Tatsache.[36] Die Befreiung kann auf eine der beiden Varianten des § 181 BGB, das Selbstkontrahieren oder die Mehrfachvertretung, beschränkt werden. Es muss

---

[30] BGH 14.10.2014, NZI 2015, 135 (136) = GmbHR 2015, 132 (133) mAnm Melchior (Eintragung in der Rubrik „Insolvenztatsachen"); 21.2.2017, NZI 2017, 630 Rn. 10, 11; **aA** – nicht eintragungsfähig – BeckOK HGB/Müther, 49. Ed. 1.1.2026, Rn. 13a.

[31] Melchior GmbHR 2015, 135 (136).

[32] Zur synonymen Verwendung der Begriffe im Registerrecht BGH 19.3.2007, NZG 2007, 519 (520) betr. GmbH.

[33] Ebenroth/Boujong/Born § 106 Rn. 44; RGHMW/Haas/Wöstmann § 106 Rn. 15; Hopt/Roth § 106 Rn. 12.

[34] OLG Köln 24.5.2004, NJW-RR 2004, 1106 (1107).

[35] Ebenroth/Boujong/Schaub Rn. 96; Servatius NZG 2002, 456 (457).

[36] Ebenroth/Boujong/Born § 106 Rn. 47; RGHMW/Haas/Wöstmann § 106 Rn. 15; MüKoHGB/Krafka Rn. 55; Ebenroth/Boujong/Schaub Rn. 88; Servatius NZG 2002, 456 (457); ausf. zur Problematik Staub/Koch/Harnos Rn. 54 ff.

allerdings deutlich ersichtlich sein, ob nur eine und ggf. welche der beiden Varianten gemeint ist.[37] Möglich ist auch eine Befreiung für bestimmte Arten von Geschäften.[38]

Weitere gesetzlich geregelte **anmeldepflichtige Tatsachen** sind die Änderung der Firma (§ 106 Abs. 6 Fall 1; → § 106 Rn. 53), die Verlegung des Sitzes der Gesellschaft an einen anderen Ort (§ 106 Abs. 6 Fall 2; → § 106 Rn. 54 f.), die Änderung der Geschäftsanschrift (§ 106 Abs. 6 Fall 3; → § 106 Rn. 56), das Ausscheiden eines Gesellschafters (§ 106 Abs. 6 Fall 4; → § 106 Rn. 57 ff.), der Eintritt eines neuen Gesellschafters (§ 106 Abs. 6 Fall 5; → § 106 Rn. 57 ff.), die Änderung der Vertretungsbefugnis eines Gesellschafters (§ 106 Abs. 6 Fall 6; → § 106 Rn. 62), die Auflösung der Gesellschaft (§ 141 Abs. 1 S. 1; → § 141 Rn. 2 ff.), die Liquidatoren und ihre Vertretungsbefugnis (§ 147 Abs. 1; → § 147 Rn. 2 ff.), das Erlöschen der Firma (§ 150; → § 150 Rn. 1 ff.) und die Fortsetzung der Gesellschaft nach deren Auflösung (§ 142 Abs. 3; → § 142 Rn. 7). Obwohl in § 106 Abs. 6 nicht ausdrücklich genannt, ist auch die Änderung der Personalien eines Gesellschafters (§ 106 Abs. 2 Nr. 2 lit. a; → § 106 Rn. 25 ff.) eine anmeldepflichtige Tatsache.[39] 35

cc) AG/GmbH. Anmeldepflichtige Tatsachen der AG oder GmbH betreffen zB die **organschaftliche Vertretung.** Gemäß § 81 Abs. 1 AktG bzw. § 39 Abs. 1 ist jede Änderung in der Person oder in der Vertretungsbefugnis des Organs zum Handelsregister anzumelden. Die Amtsbeendigung des organschaftlichen Vertreters ist auch dann anzumelden, wenn die Bestellung nicht eingetragen wurde, weil der organschaftliche Vertreter zB schon vor seiner Anmeldung wieder ausgeschieden ist.[40] Anzumelden ist nicht nur jede Änderung der Vertretungsbefugnis, sondern im Lichte von Art. 14 lit. d Ziff. i Hs. 2 GesR-RL auch die Vertretungsbefugnis, die sich ohne Weiteres aus dem mitgliedstaatlichen Recht ergibt.[41] Gemäß Art. 14 lit. d Ziff. i GesR-RL ist bei der Offenlegung auch anzugeben, ob die zur Vertretung der Gesellschaft befugten Personen die Gesellschaft allein oder nur gemeinschaftlich vertreten können. Die Begriffe **„Alleinvertretungsbefugnis"** und **„Einzelvertretungsbefugnis"** können bei der registerrechtlichen Eintragung synonym verwendet werden.[42] Diese Anmeldepflichten können erforderlichenfalls gem. § 14 S. 1 zwangsweise durchgesetzt werden.[43] 36

Die Befugnis eines Vertretungsorgans, unter **Befreiung von den Beschränkungen des § 181 BGB** Geschäfte abzuschließen, ist – im Verhältnis zu der gesetzlichen Regelung – eine Erweiterung der Vertretungsbefugnis. Gemeint ist die generelle, nicht die auf einzelne Vorgänge beschränkte Befreiung von § 181 BGB.[44] Die Erweiterung der Vertretungsbefugnis muss der Sache nach aus dem Handelsregister ersichtlich sein, damit jeder, der in geschäftliche Beziehungen zu einer Gesellschaft treten will, sich Kenntnis über die Befugnisse der Vertreters verschaffen kann.[45] Dem Rechtsverkehr soll nicht verborgen bleiben, dass auf diese Weise Vermögen zwischen der Gesellschaft und einem Mitglied ihres Vertretungsorgans verlagert und die rechtliche Zuordnung unklar werden kann. Aus diesem Grund kann die Anmeldepflicht erforderlichenfalls gem. § 14 S. 1 zwangsweise durchgesetzt werden.[46] Die Befreiung von § 181 BGB kann sich auf bestimmte Arten von Geschäften oder auf Geschäfte mit bestimmten Personen beschränken, wobei allerdings auch in diesem Fall der Umfang der Vertretungsbefugnis aus dem Register ersichtlich sein muss.[47] Soll die Befreiung nur Geschäfte mit bestimmten Personen erfassen, muss die Angabe dieser Personen im Register hinreichend konkret sein. Abstrakte Angaben, wie zB „Geschäfte mit nahen Angehörigen" genügen nicht.[48] Möglich wäre auch die Befreiung von nur einer der in § 181 BGB geregelten Beschränkungen, wobei klargestellt sein muss, welche Variante gemeint ist.[49] 37

---

[37] OLG Nürnberg 12.2.2015, NZG 2015, 886 (887).

[38] OLG Düsseldorf 1.7.1994, DNotZ 1995, 237 (238); Ebenroth/Boujong/Schaub Rn. 86.

[39] Staub/Koch/Harnos Rn. 72; MüKoHGB/Krafka Rn. 46; Ebenroth/Boujong/Schaub § 14 Rn. 8; **aA** OLG Hamburg 6.4.1908, KGJ 36 A 263; KG 9.2.1905, KGJ 29 A 213.

[40] KG 23.12.2011, DNotZ 2012, 388 (389).

[41] EuGH 12.11.1974, Slg. 1974, 1201 Rn. 6 – Haaga zu Art. 2 Abs. 1 lit. d Publizitäts-RL.

[42] BGH 19.3.2007, NZG 2007, 519 (520).

[43] MüKoHGB/Krafka Rn. 38, 39 (41); **aA** OLG Hamm 21.2.1983, OLGZ 1983, 195.

[44] OLG Düsseldorf 29.9.2004, NZG 2005, 131 (132); 1.7.1994, DB 1994, 1922; MüKoHGB/Krafka Rn. 51; RGHMW/Ries Rn. 25.

[45] BGH 28.2.1983, BGHZ 87, 59 (61 f.) = NJW 1983, 1676; OLG Stuttgart 18.10.2007, NZG 2008, 36; OLG Frankfurt 3.12.1982, BB 1983, 146 (147); BayObLG 17.7.1980, BayObLGZ 1980, 209 (213 ff.); OLG Köln 23.4.1980, GmbHR 1980, 129 (130); BayObLG 29.5.1979, BayObLGZ 1979, 182 (183 ff.); MüKoHGB/Krafka Rn. 48 ff.; RGHMW/Ries Rn. 25; Ebenroth/Boujong/Schaub Rn. 77 ff.

[46] MüKoHGB/Krafka Rn. 39, 48; SLM/Müther Rn. 9.

[47] OLG Stuttgart 18.10.2007, NZG 2008, 36; OLG Düsseldorf 1.7.1994, NJW-RR 1995, 448.

[48] OLG Düsseldorf 30.11.2009, RNotZ 2010, 210 (211); OLG Stuttgart 18.10.2007, NZG 2008, 36: konkrete Angabe der Unternehmensträger, mit denen der Geschäftsführer unter Befreiung von § 181 BGB kontrahieren darf; Staub/Koch/Harnos Rn. 59.

[49] OLG Nürnberg 12.2.2015, NZG 2015, 886 (887).

38 Die Befreiung von den Beschränkungen des § 181 BGB muss auch im Handelsregister vermerkt werden, wenn Mitglieder des Vertretungsorgans – sei es jedes Mitglied, sei es nur eine bestimmte Person[50] – einer **Einpersonengesellschaft** von den Beschränkungen des § 181 BGB befreit wird.[51] Der Umfang der Vertretungsbefugnis muss aus dem Register ermittelt werden können.

39 **Weitere Anmeldepflichten** sind spezialgesetzlich geregelt. Sie betreffen zB die Auflösung der Gesellschaft (§ 263 AktG, § 65 GmbHG), die Abwickler (§ 266 Abs. 1 AktG) bzw. die Liquidatoren (§ 67 GmbHG) und den Schluss der Abwicklung (§ 273 Abs. 1 AktG) bzw. der Liquidation (§ 74 Abs. 1 GmbHG). Entsprechendes gilt für die KGaA (§ 283 Nr. 1 AktG, § 289 Abs. 6 AktG).

40 **dd) Prokura.** Die Erteilung der Prokura ist gem. **§ 53 Abs. 1 S. 1** von dem Geschäftsinhaber zur Eintragung in das Handelsregister anzumelden, und zwar in ihrer jeweiligen Ausgestaltung (→ § 53 Rn. 3). Die Registrierungspflicht umfasst Ergänzungen und besondere Ausgestaltungen, soweit deren Eintragung einem erheblichen Bedürfnis des Rechtsverkehrs entspricht.[52] Wird einem Prokuristen zB gem. § 49 Abs. 2 die Befugnis zur Veräußerung und Belastung von Grundstücken eingeräumt (→ § 49 Rn. 23 ff.), muss diese Erweiterung des gesetzlich bestimmten Umfangs der Vertretungsmacht (§ 49 Abs. 1) angemeldet und eingetragen werden.[53] Nach überwiegender Ansicht ist auch die Befreiung von den Beschränkungen des § 181 BGB eine anmeldepflichtige Tatsache.[54] Das Erlöschen der Prokura ist gem. **§ 53 Abs. 2** in gleicher Weise wie die Erteilung zur Eintragung in das Handelsregister anzumelden (→ § 53 Rn. 12 f.).

41 **ee) Zweigniederlassung.** Die Errichtung einer Zweigniederlassung – maßgeblich ist die tatsächliche Errichtung (→ § 13 Rn. 35 ff.) – ist gem. **§ 13 Abs. 1 S. 1** zur Eintragung in das Handelsregister anzumelden. Es handelt sich um eine öffentlich-rechtliche Anmeldepflicht, deren Erfüllung erforderlichenfalls gem. § 14 S. 1 zwangsweise durchgesetzt werden kann. Gleiches gilt für die Anmeldung der inländischen Zweigniederlassung eines ausländischen Unternehmensträgers (→ § 13d Rn. 38 ff., → § 13d Rn. 45).[55] Das faktische Problem, einen Pflichtigen zu erreichen, steht der Zulässigkeit des Registerzwangs nicht entgegen.[56]

42 **b) Beispiele für sonstige eintragungsfähige Tatsachen.** Die Eintragungsfähigkeit von **Doktortiteln** (zB als Bestandteil des Namens eines Gesellschafters, § 106 Abs. 2 Nr. 2 lit. a) ist gewohnheitsrechtlich anerkannt.[57]

43 Die **Befreiung von den Beschränkungen des § 181 BGB** führt zu einer Erweiterung der Vertretungsmacht. Wenn eine Anmeldepflicht hinsichtlich der Vertretungsmacht besteht, ist dementsprechend auch diese besondere Ausgestaltung der Vertretungsmacht offenzulegen (→ Rn. 34, → Rn. 37 f.).

44 Ist bei einem **Beherrschungs- oder Gewinnabführungsvertrags** der andere Vertragsteil eine AG, wird der Vertrag gem. § 294 Abs. 2 AktG erst wirksam, wenn sein Bestehen in das Handelsregister des Sitzes der Gesellschaft eingetragen worden ist. Ist der andere Vertragsteil eine GmbH, finden die §§ 53, 54 GmbHG entsprechende Anwendung, da es sich um einen gesellschaftsrechtlichen Organisationsvertrag handelt, der satzungsgleich den rechtlichen Status der beherrschten Gesellschaft ändert. Daher sind der Zustimmungsbeschluss und das Bestehen des Beherrschungsvertrags in entsprechender Anwendung von § 54 Abs. 1 S. 1 GmbHG in das Handelsregister einzutragen.[58] Der Zustimmungsbeschluss der herrschenden Gesellschaft ist der Eintragungsanmeldung beizufügen.[59] Die **Eintragung in das Handelsregister der abhängi-**

[50] BGH 28.2.1983, BGHZ 87, 59 (63) = NJW 1983, 1676; MüKoHGB/Krafka Rn. 53.

[51] BGH 28.2.1983, BGHZ 87, 59 (61 f.) = NJW 1983, 1676.

[52] MüKoHGB/Krafka Rn. 38.

[53] BayObLG 15.12.1986, NJW 1971, 810 f.; MüKoHGB/Krafka Rn. 58; RGHMW/Ries Rn. 23; Ebenroth/Boujong/Schaub Rn. 117; Jansen/Steder FGG § 125 Rn. 80.

[54] BayObLG 14.7.1980, BayObLGZ 1980, 195 = BB 1980, 1487 (1488); Staub/Koch/Harnos Rn. 63; MüKoHGB/Krafka Rn. 55; Ebenroth/Boujong/Schaub Rn. 91; **aA** KKD/Roth/Stelmaszczyk Rn. 9 (keine Eintragungspflicht); insoweit offengelassen von OLG Hamm 21.2.1983, BB 1983, 791.

[55] BGH 14.3.2005, NJW 2005, 1648 (1649 f.); Binge/Thölke DNotZ 2004, 21 (24); Happ/Holler DStR 2004, 730 (734); RGHMW/Ries § 13d Rn. 16; Süß DNotZ 2005, 180 (181); Wachter ZNotP 2005, 122 (125); Wachter NotBZ 2004, 41 (43); Wachter GmbHR 2003, 1254; **aA** Sternal/M. Noack FamFG § 388 Rn. 38.

[56] Koch AktG § 45 Anh. HGB § 13e Rn. 13.

[57] BGH 4.4.2017, NZG 2017, 734 Rn. 22.

[58] BGH 24.10.1988, BGHZ 105, 324 (338 ff.) = DNotZ 1989, 102 (110 ff.) mAnm Baums; 16.7.2019, NZG 2019, 1149 (1150); 30.1.1992, DNotZ 1993, 176 (179 ff.) mAnm Lüttmann; OLG Jena 17.2.2021, DNotZ 2022, 388 (389); MüKoHGB/Krafka Rn. 43; Staub/Koch/Harnos Rn. 65; RGHMW/Ries Rn. 27; Ebenroth/Boujong/Schaub Rn. 113.

[59] BGH 24.10.1998, BGHZ 105, 324 (334 ff.) = NJW 1989, 295; 30.1.1992, DNotZ 1993, 176 (177 ff.); RGHMW/Ries Rn. 27.

gen Gesellschaft ist in entsprechender Anwendung von § 54 Abs. 3 GmbHG Wirksamkeitsvoraussetzung.[60] Anderes gilt für Verträge, die keiner Satzungsänderung gleichkommen. Als nicht eintragungsfähig angesehen werden deshalb zB Teilgewinnabführungsverträge iSd § 292 Abs. 1 Nr. 2 AktG, etwa im Rahmen von Austauschbeziehungen[61] oder mit stillen Gesellschaftern.[62] Die **Nichtigkeit** eines Unternehmensvertrags ist ebenfalls keine eintragungsfähige Tatsache.[63] Die **Beendigung** eines Unternehmensvertrags ist gem. **§ 298 AktG** unverzüglich zur Eintragung in das Handelsregister anzumelden. Die Eintragung ist aber keine Wirksamkeitsvoraussetzung für die rechtsgeschäftliche Aufhebung; sie erfolgt nur deklaratorisch.[64] Für den GmbH-Vertragskonzern gilt ebenfalls, dass die Aufhebung des Unternehmensvertrags zu ihrer Wirksamkeit keiner Eintragung in das Handelsregister bedarf.[65]

Der Unternehmensvertrag kann im Register der herrschenden Gesellschaft eingetragen werden,[66] muss aber nicht.[67] Zumindest kann der Rspr. des BGH ein solches Erfordernis nicht entnommen werden.[68] 45

Führt der **Testamentsvollstrecker** ein Handelsgeschäft im eigenen Namen fort (sog. Treuhandlösung), wird er als Inhaber eingetragen, wenn er die Testamentsvollstreckung nicht offenlegt.[69] Bei der sog. Vollmachtslösung wurde die Eintragungsfähigkeit eines **Testamentsvollstreckervermerks** unter Berufung auf eine Entscheidung des RG[70] abgelehnt.[71] Die heute hM bejaht dagegen im Einklang mit der Rspr. des BGH[72] ein Publizitätserfordernis und sieht den Testamentsvollstreckervermerk jedenfalls bei der Dauervollstreckung als eintragungsfähig an.[73] Verbreitet wird nunmehr auch die Bestellung eines **Nießbrauchs an einem Kommanditanteil** aufgrund der umfangreichen Verwaltungsbefugnisse des Nießbrauchers zu den eintragungsfähigen Tatsachen gezählt (→ § 106 Rn. 27, → § 162 Rn. 9), wobei die Entscheidungspraxis der Obergerichte allerdings differiert.[74] 46

c) Beispiele für nicht eintragungsfähige Tatsachen. Der **Unternehmensgegenstand einer OHG oder KG** ist nicht eintragungsfähig.[75] Im Gegensatz zu Gewinnabführungs- oder Beherrschungsverträgen (→ Rn. 43) sind **Teilgewinnabführungsverträge** bei der GmbH nicht eintra- 47

---

[60] BGH 30.1.1992, DNotZ 1993, 176 (179); 11.11.1991, BGHZ 116, 37 (39) = NJW 1992, 505 (506); OLG Jena 17.2.2021, DNotZ 2022, 388 (395); Lutter/Hommelhoff/Hommelhoff GmbHG Anh. § 13 Rn. 61; Krafka RegisterR Rn. 1111; SLM/Müther Rn. 9; BeckOK GmbHG/Servatius, 66. Ed. 1.3.2023, Konzernrecht Rn. 386.

[61] BayObLG 18.2.2003, NZG 2003, 636 (637).

[62] KG 24.3.2014, NZG 2014, 668 (669); OLG München 17.3.2011, DNotZ 2011, 949 (951).

[63] OLG Hamm 14.4.2009, NZG 2009, 1117 (1118).

[64] BGH 11.11.1991, BGHZ 116, 37 (39) = NJW 1992, 505; OLG Jena 17.2.2021, DNotZ 2022, 388 (395).

[65] BGH 11.11.1991, BGHZ 116, 37 (44) = NJW 1992, 505; BayObLG 5.2.2003, NZG 2003, 479 (480).

[66] LG Düsseldorf 8.8.2000, RNotZ 2001, 171; LG Bonn 11.1.2000, MittRhNotK 2000, 78; Lutter/Hommelhoff/Hommelhoff GmbHG Anh. § 13 Rn. 63; BeckOK GmbHG/Servatius, 66. Ed. 1.3.2023, Konzernrecht Rn. 387; **aA** AG Erfurt 2.10.1996, GmbHR 1997, 75; AG Duisburg 18.11.1993, AG 1994, 568; SLM/Müther Rn. 9.

[67] Lutter/Hommelhoff/Hommelhoff GmbHG Anh. § 13 Rn. 63; Schneider WM 1986, 181 (186); Vetter AG 1994, 110 (111); **aA** LG Bonn 27.4.1993, GmbHR 1993, 443.

[68] Lüttmann DNotZ 1993, 182 (184).

[69] RG 26.3.1931, RGZ 132, 138 (140 ff.); MüKoHGB/Krafka Rn. 64; Hopt/Merkt Rn. 5; SLM/Müther Rn. 10; Ebenroth/Boujong/Schaub Rn. 130; s. auch BGH 18.1.1954, BGHZ 12, 100 (102) = NJW 1954, 636.

[70] RG 26.3.1931, RGZ 132, 138 (140 ff.).

[71] KG 4.7.1995, NJW-RR 1996, 227 f.; GK-HGB/Gesmann-Nuissl Rn. 18; SLM/Müther Rn. 10; RGHMW/Ries Rn. 23; **aA** LG Konstanz 15.12.1989, NJW-RR 1990, 716 (717); Mayer ZIP 1990, 976 (978); Plank ZEV 1998, 325 (328).

[72] BGH 14.2.2012, NZG 2012, 385 f.; krit. Krafka GWR 2012, 178; Krafka RegisterR Rn. 85; Ries/Schulte GmbHR 2013, 345 (346).

[73] Staub/Koch/Harnos Rn. 68; Mayer ZIP 1990, 976 (978); Reimann DNotZ 1990, 190 (194); RGHMW/Ries Rn. 23; Hopt/Roth § 162 Rn. 9; MüKoHGB/K. Schmidt § 177 Rn. 37; Ulmer NJW 1990, 73 (82); s. auch Ebenroth/Boujong/Schaub Rn. 128 f.; **aA** MüKoHGB/Krafka Rn. 65; s. auch BeckOGK/Beurskens, 1.9.2025, Rn. 187 f.

[74] OLG Oldenburg 9.3.2015, NZG 2015, 643 (644); OLG Stuttgart 28.1.2013, DNotZ 2013, 793 (794); LG Oldenburg 8.4.2008, DNotI-Report 2008, 166; LG Aachen 28.4.2002, RNotZ 2003, 398 (399); LG Köln 28.7.2000, RNotZ 2001, 170 f.; Klose DStR 1999, 807 f.; Lindemeier RNotZ 2001, 155 (157 f.); RGHMW/Ries Rn. 23; **aA** OLG Köln 7.10.2019, NZG 2020, 64; OLG München 8.8.2016, NZG 2016, 1064 (1065 ff.); Staub/Koch/Harnos Rn. 51; Krafka RegisterR Rn. 770; MüKoHGB/Krafka Rn. 65; Lazarets/Becker NotBZ 2020, 289 (291).

[75] KG 3.5.1934, JW 1934, 1730; Staub/Koch/Harnos Rn. 51; Hopt/Merkt Rn. 5; Ebenroth/Boujong/Schaub Rn. 79.

gungsfähig, da sie keinen satzungsüberlagernden Charakter haben,[76] seien es Verträge im Rahmen von Austauschbeziehungen,[77] seien es Verträge mit stillen Gesellschaftern.[78] Bei der **Eintragung von Personenhandelsgesellschaften** können die Angaben nicht auf einzelne Gesellschafter beschränkt werden.[79] Unzulässig ist auch die Eintragung eines einzelnen Vertreters für mehrere Kommanditisten.[80]

48 Nicht eintragungsfähig sind **Verfügungsbeschränkungen** eines Einzelkaufmanns,[81] die Anordnung eines Einwilligungsvorbehalts iSd § 1825 Abs. 1 S. 1 BGB im Fall der **Betreuung** des Firmeninhabers[82] oder die gesetzliche Vertretung eines **Minderjährigen.**[83]

49 Die Eintragung eines **Stellvertreterzusatzes für einen GmbH-Geschäftsführer** ist unzulässig, weil sie das Missverständnis hervorrufen kann, es handle sich um eine nachrangige Vertretungsbefugnis.[84] Gleiches gilt konsequenterweise für den Stellvertreterzusatz eines **stellvertretenden Vorstandsmitglieds** nach § 94 AktG.[85] Nicht eintragungsfähig ist ferner die Funktion „Sprecher der Geschäftsführung".[86] Auch die bloße **Ermächtigung** der Gesellschafterversammlung, den Geschäftsführer durch gesonderten Beschluss von den Beschränkungen des § 181 BGB zu befreien, kann nicht in das Handelsregister eingetragen werden.[87] Missverständlich und daher nicht eintragungsfähig ist außerdem die rechtsgeschäftliche **Vertretungsmacht eines nicht schon als Organ vertretungsberechtigten Gesellschafters einer Personenhandelsgesellschaft.**[88]

50 Die Eintragungsfähigkeit einer Erweiterung der Vertretungsbefugnis durch Befreiung von den Beschränkungen des § 181 BGB (→ Rn. 34, → Rn. 37 f.) kann auf die Vertretungsmacht der Organe einer ausländischen Gesellschaft nicht übertragen werden. Soll zB der director einer **private company limited by shares** als ständiger Vertreter der inländischen Zweigniederlassung eingetragen werden, kann eine entsprechende Befreiungsklausel nicht in das Handelsregister aufgenommen werden.[89] Die Vertretungsmacht des directors richtet sich nach dem Recht, dem der Unternehmensträger unterliegt, und dieses Recht kennt kein durch den Verweis auf § 181 BGB kennzeichenbares Verbot der Insichgeschäfte.[90] Zulässig wäre hingegen die Verlautbarung einer Einzelvertretungsmacht des ansonsten gesamtvertretungsberechtigten directors einer Limited für die deutsche Zweigniederlassung.[91]

51 Handlungsvollmachten iSv § 54 Abs. 1 und sonstige kaufmännische **Generalvollmachten** können nach überwiegender Ansicht nicht in das Handelsregister aufgenommen werden. Das HGB regelt eine Anmeldepflicht nur für die Prokura (§ 53 Abs. 1 S. 1; → Rn. 40).[92] Eine gesetzliche Ausnahme findet sich lediglich in § 13e Abs. 2 S. 4 für den ständigen Vertreter einer Zweigniederlas-

---

[76] BGH 16.7.2019, NZG 2019, 1149 (1151 ff.) mwN zum Meinungsstand.

[77] BayObLG 18.2.2003, NZG 2003, 636 (637).

[78] KG 24.3.2014, NZG 2014, 668 (669); OLG München 17.3.2011, DNotZ 2011, 949 (951); **aA** Ries/Schulte GmbHR 2013, 345 (346).

[79] BGH 13.5.1953, BGHZ 10, 44 (48) = NJW 1953, 1548; Ebenroth/Boujong/Schaub Rn. 79.

[80] OLG Hamm 26.4.1952, MDR 1952, 549; Ebenroth/Boujong/Schaub Rn. 79.

[81] Hopt/Merkt Rn. 5; Ebenroth/Boujong/Schaub Rn. 79.

[82] Staub/Koch/Harnos Rn. 50; MüKoHGB/Krafka Rn. 65.

[83] Staub/Koch/Harnos Rn. 50; MüKoHGB/Krafka Rn. 65; Hopt/Merkt Rn. 5; SLM/Müther Rn. 10.

[84] BGH 10.11.1997, NJW 1998, 1071 (1072); BayObLG 4.3.1997, BayObLGZ 1997, 107 (112) = NJW-RR 1997, 673; Bokelmann EWiR § 44 GmbHG 1/97, 523; RGHMW/Ries Rn. 24; Ebenroth/Boujong/Schaub Rn. 79; Jansen/Steder FGG § 125 Rn. 81; **aA** OLG Düsseldorf 28.2.1969, NJW 1969, 1259; OLG Stuttgart 15.7.1960, NJW 1960, 2150; Ring DZWiR 1997, 198 f.

[85] SLM/Müther Rn. 10; Ebenroth/Boujong/Schaub Rn. 79.

[86] OLG München 5.3.2012, ZIP 2012, 672.

[87] BayObLG 28.1.1982, BayObLGZ 1882, 41 = GmbHR 1982, 257; OLG Hamm 4.9.1996, GmbHR 1997, 32; OLG Frankfurt 7.10.1993, OLGZ 1994, 288 = GmbHR 1994, 118; RGHMW/Ries Rn. 25; Ebenroth/Boujong/Schaub Rn. 79.

[88] OLG Frankfurt 26.9.2005, NZG 2006, 262 (263) (Kommanditist).

[89] OLG Frankfurt 19.2.2008, FGPrax 2008, 165 (166) = DB 2008, 1488; OLG Hamm 21.7.2006, GmbHR 2006, 1198; OLG München 4.5.2006, NZG 2006, 512; Wachter EWiR 2006, 401; **aA** Werner GmbHR 2006, 1202; Willer/Krafka NZG 2006, 495 (496).

[90] OLG München 17.8.2005, GmbHR 2005, 1302; OLG Celle 14.4.2005, GmbHR 2005, 1303 f.; Heckschen NotBZ 2005, 24 (25); Fleischhauer/Wochner HandelsregisterR/Solveen Teil N Rn. 9 Anm. 22; Wachter ZNotP 2005, 122 (132); Wachter EWiR 2006, 345; **aA** Schall NZG 2006, 54.

[91] OLG Frankfurt 3.2.2015, NZG 2015, 707 (708).

[92] BayObLG 22.3.1924, Band 23, 55; OLG Hamburg 4.12.2008, NZG 2009, 957 f.; OLG Frankfurt 18.3.1976, BB 1976, 569; KG 12.12.1904, KGJ 29 A 91; MüKoHGB/Krafka Rn. 66; Müther Handelsregister § 11 Rn. 3; SLM/Müther Rn. 10; RGHMW/Ries Rn. 24; HK-HGB/Ruß Rn. 10; Ebenroth/Boujong/Schaub Rn. 79; s. auch Staub/Koch/Harnos Rn. 70 (Eintragung einer Generalvollmacht wegen begrifflicher Unsicherheit nicht sinnvoll).

sung (→ § 13e Rn. 41 ff.). Die Gegenansicht sieht ein Bedürfnis für die entsprechende Anwendung des § 53,[93] der nicht nur die Eintragungsfähigkeit, sondern auch die Eintragungspflicht begründen würde.[94] Ihre Vertreter verweisen auf ein Verkehrsschutzinteresse, das die Eintragungsfähigkeit erfordern soll, zumal die Befugnis des Generalbevollmächtigten sogar über die Befugnis eines Prokuristen hinausgehe.[95] De lege lata spricht jedoch der standardisierte Inhalt des Registers dagegen, neben der Prokura weitere Arten der rechtsgeschäftlichen Vertretungsmacht im Handelsregister zu vermerken.

Die Vertretungsmacht einzelner Erben einer **Miterbengemeinschaft** kann nicht in das Handelsregister eingetragen werden.[96] Ein **Nacherbenvermerk** ist ebenso wenig eintragungsfähig[97] wie **güterrechtliche Beschränkungen.**[98] Der Rechtserwerb zugunsten einer zwar nach § 1923 Abs. 2 BGB erbfähigen **Leibesfrucht** kann nicht eingetragen werden, da der Rechtserwerb bis zur Geburt unsicher ist.[99] 52

Wird eine Firma auf einen anderen Unternehmensträger übertragen und besteht der übertragende Rechtsträger fort, wird der **Haftungsausschluss nach § 25 Abs. 2** gleichwohl nur bei dem die Firma fortführenden Rechtsträger eingetragen, nicht aber bei dem übertragenden Rechtsträger (→ § 25 Rn. 37), da die Haftung nach § 25 Abs. 1 S. 1 nur bei dem die Firma fortführenden Rechtsträger eintreten kann.[100] 53

4. Wirkung der Registereintragung. a) Konstitutive Eintragungen. Löst die Eintragung einer Tatsache in das Handelsregister bestimmte Rechtsfolgen aus, handelt es sich um eine konstitutive Eintragung. Beispiele für konstitutive Eintragungen finden sich zahlreich im Kapitalgesellschaftsrecht. Im Umkehrschluss zu § 41 Abs. 1 S. 1 AktG und § 11 Abs. 1 GmbHG entsteht die AG bzw. GmbH als solche erst mit der Eintragung in das Handelsregister. Mit dem Gründungsakt existiert zwar bereits die Vorgesellschaft, aus der die spätere eingetragene Kapitalgesellschaft hervorgeht, ohne dass es sich um einen Fall der Rechtsnachfolge handeln würde. Erst die Eintragung führt aber zu der für Kapitalgesellschaften charakteristischen Haftungsbeschränkung auf das Gesellschaftsvermögen (§ 1 Abs. 1 S. 2 AktG, § 13 Abs. 2 GmbHG).[101] Die Registereintragung ist außerdem gem. § 181 Abs. 3 AktG und § 54 Abs. 3 GmbHG Wirksamkeitsvoraussetzung für **Änderungen des Gesellschaftsvertrags** einer GmbH oder der Satzung einer AG. **Verschmelzungen, Spaltungen und Formwechsel** nach dem UmwG werden gem. § 20 Abs. 1 UmwG, § 131 Abs. 1 UmwG und § 202 Abs. 1 UmwG mit der Registereintragung vollzogen. **Unternehmensverträge** (§§ 292 f. AktG) werden gem. § 294 Abs. 2 AktG bzw. in entsprechender Anwendung von § 54 Abs. 3 GmbHG erst wirksam, wenn ihr Bestehen im Handelsregister eingetragen ist (→ Rn. 44). 54

Kommt einer Eintragung konstitutive Wirkung zu, ist die Anordnung einer erzwingbaren öffentlich-rechtlichen Anmeldepflicht typischerweise entbehrlich (→ § 14 Rn. 8). Wer die an die Eintragung geknüpfte Rechtsfolge begehrt, muss die Rechtskontrolle des Registerverfahrens durchlaufen und die für die Eintragung erforderlichen Voraussetzungen schaffen. Damit wird der Publizitäts- und Kontrollfunktion des Handelsregisters (→ Rn. 4 f.) genügt. Ist in diesen Fällen eine Anmeldepflicht gesetzlich geregelt, kann in korrespondierenden Bestimmungen klargestellt sein, dass **kein Registerzwang** nach § 14 besteht, wie zB in § 407 Abs. 2 AktG und § 79 Abs. 2 GmbHG. 55

b) Deklaratorische Eintragungen. Ist eine Rechtstatsache außerhalb des Registers bereits eingetreten, ist die Eintragung deklaratorischer Natur. Anmeldepflichten, die sich auf diese Rechtstatsachen beziehen, sind **öffentlich-rechtliche Anmeldepflichten,** die erforderlichenfalls gem. § 14 S. 1 zwangsweise durchgesetzt werden können. 56

c) Beweiswirkung der Registereintragung. Rechtstatsachen, die das Handelsregister verlautbart, können richtig oder falsch sein. Beweisrechtlich stellt sich somit die Frage nach der (entsprechenden) Anwendbarkeit des § 292 ZPO, also der (Rechts-)Vermutung für die Richtigkeit des Registerinhalts. In der Lit. ist umstritten, ob für die Richtigkeit des Registerinhalts eine Vermutung, vergleichbar der Rechtsvermutung des § 891 BGB, streitet. Zum Teil wird die Richtigkeit der 57

---

[93] Hopt/Merkt Rn. 5; KKD/Roth/Stelmaszczyk Rn. 8; Schroeder/Oppermann JZ 2007, 176 (181).
[94] Schroeder/Oppermann JZ 2007, 176 (182).
[95] Schroeder/Oppermann JZ 2007, 176 (181).
[96] KG 16.1.1908, RJA 9, 159; MüKoHGB/Krafka Rn. 66; RGHMW/Ries Rn. 24; Ebenroth/Boujong/Schaub Rn. 79.
[97] OLG München 2.10.1940, JFG 22, 89 (91); Hopt/Merkt Rn. 5; MüKoHGB/Krafka Rn. 64; SLM/Müther Rn. 10; Ebenroth/Boujong/Schaub Rn. 75.
[98] RG 30.4.1906, JW 1906, 405; MüKoHGB/Krafka Rn. 66; SLM/Müther Rn. 10; RGHMW/Ries Rn. 24; Ebenroth/Boujong/Schaub Rn. 79.
[99] OLG Celle 31.1.2018, NZG 2018, 303.
[100] OLG Düsseldorf 25.2.2008, NJW-RR 2008, 1211; Krafka RegisterR Rn. 559.
[101] Zur Verlustdeckungs-/Vorbelastungshaftung BGH 27.1.1997, BGHZ 134, 333 (338) = NJW 1997, 1507.

Registereintragung mit der Folge einer Beweislastumkehr vermutet, weil der Eintragung eine weitgehende sachliche Prüfung des Registergerichts zugrunde liege.[102] Nach aA soll es an einer hinreichend tragfähigen Grundlage für die Vermutungswirkung fehlen. Die Registereintragung könne nur den Anschein der Richtigkeit begründen mit der Folge, dass ihr nur die Beweiswirkung eines Prima-facie-Beweises zukomme.[103] In der Tat unterliegen Handelsregistereintragungen nicht der gleichen Prüfungsintensität wie der Eintragungsinhalt des Grundbuchs. Gleichwohl kann in der Registerkontrolle (→ Rn. 83 ff.) aber noch eine hinreichende Grundlage gesehen werden, um die Richtigkeitsvermutung und damit die Beweislastumkehr zu rechtfertigen. Im praktischen Ergebnis werden die Auffassungen sich kaum unterscheiden, zumal auch der Anschein der Richtigkeit nicht ohne Weiteres erschüttert werden kann.

III. Registerführung durch Gerichte

58 **1. Antragsverfahren und Verfahren von Amts wegen.** Das Registerverfahren ist grundsätzlich ein Antragsverfahren.[104] Der Antrag wird als **Anmeldung** bezeichnet. Von der Anmeldung (§ 12 Abs. 1), die auf die Herbeiführung einer Eintragung gerichtet ist, ist die Einreichung von Urkunden oder sonstigen Schriftstücken zum Register zu unterscheiden (§ 12 Abs. 2). Die Anmeldung unterliegt den **Formerfordernissen** des § 12 Abs. 1 (→ § 12 Rn. 23 ff.). In dem Eintragungsverfahren prüft das Gericht die formellen (→ Rn. 90 ff.) und zum Teil auch die materiellen Voraussetzungen der Registereintragung (→ Rn. 97 ff.).

59 Nur in bestimmten, gesetzlich geregelten Fällen ist eine **Eintragung von Amts wegen** vorgesehen, zB für den Insolvenzvermerk in § 32 Abs. 1 S. 1 (→ § 32 Rn. 3) und die Amtsauflösung der GmbH in § 65 Abs. 1 S. 2, 3 GmbHG und gem. § 399 Abs. 1 S. 1 FamFG.

60 Die Eintragung einer Tatsache von Amts wegen kann dazu führen, dass andere in dem betreffenden Registerblatt vermerkte Tatsachen unrichtig werden. Wird zB die Auflösung der Gesellschaft eingetragen, ändert sich deren Vertretung. Mit der Insolvenz erlöschen wegen § 117 InsO im Handelsregister eingetragene Prokuren.[105] Gemäß § 384 Abs. 2 FamFG wird dieser Umstand von Amts wegen kenntlich gemacht. Eine derartige **Folgeänderung** ist erst durch die Umstellung auf das elektronische Register notwendig geworden, da aus dem aktuellen Ausdruck (§ 30a Abs. 4 S. 3 HRV) die zeitliche Abfolge der Eintragungen nicht entnommen werden kann.[106] Gegenstand der Folgeänderung nach § 384 Abs. 2 FamFG kann nur ein Erlöschen sein. Dagegen kommt eine positive Korrektur des Handelsregisters, zB die Eintragung der Liquidatoren bei Amtsauflösung der GmbH, ohne Anmeldung nicht in Betracht. Eine Eintragung der geborenen Liquidatoren von Amts wegen würde nicht berücksichtigen, dass der Gesellschaftsvertrag andere Liquidatoren benennen kann (zB § 66 Abs. 1 GmbHG).[107] Die Eintragung von Amts wegen mag zwar sinnvoll erscheinen, weil sie einem Informationsinteresse des Rechtsverkehrs entspricht. Die Vorschrift des § 384 Abs. 2 FamFG bietet aber keine hinreichende Grundlage, um eine solche positive Korrektur vorzunehmen.[108]

61 Verfahren von Amts wegen sind die in den §§ 393 ff. FamFG geregelten sog. **Löschungsverfahren** (→ Rn. 148 ff.). Es handelt sich um die Amtslöschung einer Firma gem. § 393 FamFG, die Amtslöschung vermögensloser Kapitalgesellschaften gem. § 394 FamFG, die Amtslöschung unzulässiger Registereintragungen gem. § 395 FamFG, die Löschung nichtiger Gesellschaften gem. § 397 FamFG und die Löschung nichtiger Beschlüsse gem. § 398 FamFG.

62 Bei sämtlichen registergerichtlichen Verfahren ist zu beachten, dass die Tätigkeit des Registergerichts sich im Rahmen seiner **funktionellen Zuständigkeit** bewegen muss. Für die Anmeldung einer Rechtsnachfolge gilt zB das Prinzip des Nachweises der Rechtsnachfolge durch öffentliche Urkunden (§ 12 Abs. 1 S. 4 HGB). In Zweifelsfällen ist es Aufgabe des Nachlassgerichts und nicht

---

[102] RGHMW/Ries Rn. 57; iE auch GK-HGB/Gesmann-Nuissl Rn. 32.

[103] Staub/Koch/Harnos Rn. 123; Koch/Rudzio ZZP 122 (2009), 37 (45 f.); BeckOK HGB/Müther, 49. Ed. 1.1.2026, Rn. 18; Richter/Brinkmann in Brinkmann/Schmoeckel, Registerwesen, 2020, 25; KKD/Roth/Stelmaszczyk Rn. 15 für den Zivilprozess, anders Behördenverkehr und andere Registerverfahren; im Grundsatz auch SLM/Müther Rn. 18; unklar HK-HGB/Ruß Rn. 6.

[104] Krafka RegisterR Rn. 75; Müther Handelsregister § 2 Rn. 28.

[105] Beispiele der Begr. RegE EHUG, BT-Drs. 16/960, 53.

[106] Begr. RegE EHUG, BT-Drs. 16/960, 54; Krafka RegisterR Rn. 450a.

[107] BayObLG 31.3.1994, DNotZ 1995, 222 (223) = GmbHR 1994, 478; 30.6.1987, NJW-RR 1988, 98; s. aber zur Eintragung der gelöschten Gesellschaft als Liquidationsgesellschaft und zur Eintragung der gerichtlich bestellten Liquidatoren von Amts wegen BGH 26.7.2022, NJW 2022, 3290 (3291 f.) mwN zum Streitstand mAnm Lindner/Semder; krit. Bachmann/Baum NZG 2022, 1358 f.

[108] Schulte-Bunert/Weinreich/Nedden-Boeger FamFG § 384 Rn. 6; Ries Rpfleger 2006, 233 (236); s. auch Sternal/M. Noack FamFG § 384 Rn. 20; **aA** Krafka RegisterR Rn. 450e; MüKoFamFG/Krafka FamFG § 384 Rn. 15.

des Registergerichts, Ermittlungen hierüber anzustellen und eine Entscheidung zu treffen.[109] Beschränkungen der registergerichtlichen Prüfungskompetenz ergeben sich zudem aus § 7; die öffentlich-rechtliche Unzulässigkeit hindert weder die Registereintragung im Antragsverfahren noch ist sie Grund für die Durchführung eines registergerichtlichen Löschungsverfahrens (→ § 7 Rn. 4).[110]

2. Zuständigkeit des Registergerichts. a) Sachliche Zuständigkeit. Die Führung des Handelsregisters ist eine Handelsregistersache iSd § 374 Nr. 1 FamFG. Als Angelegenheiten der freiwilligen Gerichtsbarkeit sind die Handelsregistersachen durch § 23a Abs. 1 S. 1 Nr. 2 GVG den **Amtsgerichten** zugewiesen. Innerhalb der Landgerichtsbezirke ist das Amtsgericht, in dessen Bezirk das Landgericht seinen Sitz hat, gem. § 376 Abs. 1 FamFG für den gesamten Bezirk des Landgerichts zuständig. Von dieser Regelung können die Landesregierungen gem. § 376 Abs. 2 FamFG durch Rechtsverordnung abweichen. 63

b) Örtliche Zuständigkeit. Die Anknüpfungspunkte für die örtliche Zuständigkeit des Registergerichts sind für die verschiedenen Unternehmensträger unterschiedlich geregelt (→ Rn. 65 ff.). Die örtliche Zuständigkeit unterliegt nicht der Disposition der Unternehmensträger. Sie können nur dadurch Einfluss auf die örtliche Zuständigkeit eines Gerichts nehmen, indem sie über die Voraussetzungen disponieren, welche die Zuständigkeit eines bestimmten Registergerichts begründen. 64

aa) Einzelkaufmann. Für den Einzelkaufmann ist gem. § 29 das Amtsgericht örtlich zuständig, in dessen Bezirk der Kaufmann seine **Handelsniederlassung** hat. Handelsniederlassung meint den Ort der kaufmännischen Leitung des Unternehmens.[111] Die Errichtung der Handelsniederlassung ist ein tatsächlicher Akt. Die Registereintragung hat rein deklaratorische Bedeutung. Zu der Anmeldepflicht → Rn. 28 ff. 65

bb) Juristische Personen iSv § 33. Für juristische Personen iSv § 33 Abs. 1 (→ § 33 Rn. 1), zB eine gewerblich tätige Anstalt des öffentlichen Rechts, ist gem. § 29 das Amtsgericht zuständig, in dessen Bezirk sich ihre kaufmännische Leitung und damit ihre **Hauptniederlassung** befindet. Dieser Ort kann von dem Ort des satzungsmäßigen Sitzes abweichen.[112] 66

cc) Personenhandelsgesellschaft. Gemäß § 106 Abs. 1 ggf. iVm § 161 Abs. 2 sind Personenhandelsgesellschaften an dem **Ort des Sitzes** der Gesellschaft in das Handelsregister einzutragen (→ § 106 Rn. 15). Sitz der Gesellschaft ist gem. § 706 S. 1 BGB iVm § 105 Abs. 3 und ggf. § 161 Abs. 2 grundsätzlich der **Verwaltungssitz,** also der Ort, an dem die Geschäfte tatsächlich geführt werden. Den Gesellschaften eröffnet § 706 S. 2 BGB iVm § 105 Abs. 3 und ggf. § 161 Abs. 2 die Möglichkeit, einen anderen Ort im Inland als (Vertrags-)Sitz zu vereinbaren. Die Begrenzung der Privatautonomie auf die Wahl eines Vertragssitzes im Inland hindert die Gesellschafter nicht daran, die Geschäfte tatsächlich im Ausland zu leiten; das gilt gleichermaßen für Gesellschaften aus einem EU-Mitgliedstaat oder einem sonstigen Vertragsstaat des EWR wie für die Gesellschaften aus Drittstaaten.[113] Die Notwendigkeit des Vertragssitzes im Inland bewirkt lediglich die Verankerung der Gesellschaft im deutschen Gesellschaftsrecht.[114] Er führt zugleich zur Zuständigkeit eines deutschen Registergerichts. Zu der internationalen Zuständigkeit des Registergerichts → Rn. 77. Wird der Gesellschaftssitz in einen anderen Gerichtsbezirk verlegt, wechselt die Zuständigkeit des Registergerichts (→ § 13h Rn. 1 ff.). 67

Zu der **Rechtslage bis zum 31.12.2023** → 8. Aufl. 2024, § 8 Rn. 67 ff. 68

dd) EWIV. Gemäß Art. 12 Abs. 1 EWIV-VO muss der in dem Gründungsvertrag einer EWIV bestimmte Sitz in der Gemeinschaft belegen sein. Bei der Wahl des Sitzes sind die Mitglieder an die Vorgaben des Art. 12 Abs. 2 EWIV-VO gebunden. Danach ist als Sitz der Ort zu bestimmen, entweder der Ort, an dem die Vereinigung ihre Hauptverwaltung hat, oder der Ort, an dem eines der Mitglieder der Vereinigung seine Hauptverwaltung hat oder, wenn es sich um eine natürliche Person handelt, seine Haupttätigkeit ausübt, sofern die Vereinigung dort tatsächlich eine Tätigkeit ausübt. 69

Eine **EWIV mit Sitz in Deutschland** unterliegt der EWIV-VO sowie gem. § 1 Hs. 1 EWIVAG den Vorschriften des EWIVAG und den §§ 105 ff. Sie ist gem. § 2 Abs. 1 EWIVAG zur Eintragung 70

[109] OLG Düsseldorf 9.6.2017, NJW-RR 2018, 166 (167) mwN.
[110] Zu § 395 BGH 25.7.2017, NZG 2017, 1226 Rn. 9; OLG Frankfurt 9.11.2018, NJW-RR 2019, 357 (358).
[111] Krafka RegisterR Rn. 14.
[112] BayObLG 19.7.2000, DNotZ 2001, 75 (76) – Sparkasse.
[113] Begr. RegE GvSchuG, BT-Drs. 19/27636, 126.
[114] Begr. RegE GvSchuG, BT-Drs. 19/27636, 127.

bei dem Gericht anzumelden, in dessen Bezirk die Vereinigung ihren im Gründungsvertrag genannten Sitz hat (→ Rn. 69).

71 **ee) Kapitalgesellschaften.** Bei Kapitalgesellschaften wird das zuständige Amtsgericht gem. § 36 Abs. 1 AktG iVm § 14 AktG bzw. § 7 Abs. 1 GmbHG durch den Sitz der Gesellschaft bestimmt. Maßgeblich ist der sog. **statutarische Sitz,** dh der durch die Satzung (§ 5 AktG) bzw. den Gesellschaftsvertrag (§ 4a GmbHG) bestimmte Sitz. Eine räumlich-tatsächliche Anknüpfung, wie sie noch in § 5 Abs. 2 AktG aF und § 4a Abs. 2 GmbHG aF vorgesehen war, ist seit dem Inkrafttreten des MoMiG für die Eröffnung der örtlichen Zuständigkeit des Registergerichts entbehrlich.

72 Erforderlich, aber auch ausreichend für die Zuständigkeit der Amtsgerichte ist ein statutarischer Sitz **im Inland.** Zu der internationalen Zuständigkeit der Registergerichte → Rn. 77. Der inländische Satzungssitz manifestiert, dass die Gründer sich für einen Gesellschaftstyp des deutschen Rechts entschieden haben, und verankert die Gesellschaft **in der deutschen Rechtsordnung.**[115] Zum grenzüberschreitenden Rechtsformwechsel → § 13h Rn. 40 ff.

73 **ff) Mehrfachsitze.** Mehrfachsitze sind nach überwiegender Ansicht **nur in Ausnahmefällen** zuzulassen.[116] Ausnahmefälle sind insbesondere nach 1945 bei Sitzverlegungen aus der damaligen Ostzone bejaht worden.[117] Das BayObLG hat allein den Umstand der Verschmelzung zweier Gesellschaften nicht genügen lassen.[118] Die Zulässigkeit des Mehrfachsitzes bejahte dagegen das LG Essen im Fall der Verschmelzung zweier traditionsreicher Gesellschaften.[119] In der Lit. wird ein Ausnahmefall vereinzelt bereits dann angenommen, wenn der weitere Sitz seinem Charakter nach deutlich mehr als eine gewöhnliche Zweigniederlassung ist.[120] Andere lassen einen Mehrfachsitz bis zur Missbrauchsgrenze zu.[121] Angesichts der praktischen Probleme bei der Durchführung des registergerichtlichen Verfahrens[122] sollte die Zulassung von Mehrfachsitzen restriktiv gehandhabt werden.[123] Durch die örtliche Zuständigkeit eines Registergerichts wird der Unternehmensträger im Übrigen nicht besonders belastet, zumal durch die Umstellung auf die elektronische Registereintragung und Bekanntmachung die Zuständigkeit eines bestimmten Gerichts für den Rechtsverkehr nicht mehr von Bedeutung ist.

74 Bei Zulässigkeit eines Mehrfachsitzes ist **jedes Amtsgericht,** in dessen Bezirk ein Sitz sich befindet, für die Eintragungen zuständig.[124] Vor der Eintragung an dem jeweiligen Sitzort stimmen die Gerichte sich jedoch zweckmäßigerweise ab.[125] Konstitutive Eintragungen müssen im Übrigen stets von beiden Registergerichten vorgenommen werden, um die gewünschte Rechtswirkung herbeizuführen.[126] Beurteilen die Registergerichte den Sachverhalt unterschiedlich, muss das Problem der konkurrierenden Zuständigkeit gelöst werden. Gemäß § 3 Abs. 2 S. 1 FamFG kann in Antragsverfahren der Antragsteller die Verweisung an eines von mehreren zuständigen Gerichten beantragen. Diese Regelung ist jedoch nicht auf das Problem der kumulativen Zuständigkeit der Gerichte zugeschnitten, wie es sich bei Mehrfachsitzen stellt. Sachgerecht erscheint es, dem Rechtsträger die Bestimmung eines Hauptregisters aufzuerlegen.[127]

75 **c) Funktionelle Zuständigkeit.** Funktionell zuständig für Handelsregistersachen ist gem. § 3 Nr. 2 lit. d RPflG grundsätzlich der **Rechtspfleger.** Ausgenommen sind die in § 17 RPflG ausdrücklich dem **Richter** vorbehaltenen Handelsregistersachen. Insofern spricht eine Vermutung für die Zuständigkeit des Rechtspflegers.[128]

76 Die Zuständigkeitsverteilung führt im Einzelnen dazu, dass die **Abteilung A** des Handelsregisters vom Rechtspfleger, die **Abteilung B** teils vom Rechtspfleger, teils vom Richter geführt wird. Der

---

115 BGH 19.2.1959, BGHZ 29, 320 (328) = NJW 1959, 1126; 21.11.1955, BGHZ 19, 102 (105 f.) = NJW 1956, 183; Koch AktG § 5 Rn. 5; Zimmer BB 2000, 1361 (1362); s. auch BGH 14.11.2017, NJW-RR 2018, 290 Rn. 24, 25.

116 BayObLG 29.3.1985, BayObLGZ 1985, 111 (115 f.) = DNotZ 1986, 165; Lutter/Hommelhoff/Bayer GmbHG § 4a Rn. 5; MüKoAktG/Heider AktG § 5 Rn. 36; Koch AktG § 5 Rn. 10; MüKoHGB/Krafka § 13 Rn. 36; **aA** – generell unzulässig – Krafka RegisterR Rn. 355; Sternal/M. Noack FamFG § 377 Rn. 1616.

117 Hierzu MüKoHGB/Krafka § 13 Rn. 35; Ebenroth/Boujong/Pentz § 13h Rn. 36.

118 BayObLG 29.3.1985, BayObLGZ 1985, 111 (115 f.) = DNotZ 1986, 165.

119 LG Essen 23.3.2001, AG 2001, 429; zust. MüKoHGB/Krafka § 13 Rn. 36.

120 König AG 2000, 18 (28).

121 Borsch GmbHR 2003, 258 (260 ff.); BeckHdB Notar/Heckschen § 23 Rn. 90.

122 Ebenroth/Boujong/Pentz § 13h Rn. 36, 37.

123 SLM/Müther Rn. 29.

124 Balser DB 1972, 2049 (2050); Ebenroth/Boujong/Pentz § 13h Rn. 37.

125 Balser DB 1972, 2049 (2050); Ebenroth/Boujong/Pentz § 13h Rn. 37.

126 Ebenroth/Boujong/Pentz § 13h Rn. 38.

127 Krafka RegisterR Rn. 356. Zu dem Problem der Zuständigkeit bei unternehmensrechtlichen Verfahren s. Nedden-Boeger FGPrax 2009, 144 (149).

128 MüKoHGB/Krafka Rn. 25; Ebenroth/Boujong/Schaub Rn. 19.

Richter entscheidet zB über die Ersteintragung einer AG oder GmbH sowie über die Eintragung von Satzungsänderungen bei den Kapitalgesellschaften. Richteraufgabe sind auch die Verfügungen nach § 399 FamFG.

77 **d) Internationale Zuständigkeit.** Die deutschen Amts- und Registergerichte sind zuständig für Eintragungen, die inländische Unternehmensträger, einschließlich ihrer inländischen Zweigniederlassungen (§ 13) sowie die inländischen Zweigniederlassungen anerkannter ausländischer Unternehmensträger (§§ 13d–13g) betreffen. Für die Registrierung ausländischer Unternehmensträger als Kaufmann fehlt dem Registergericht selbst dann die internationale Zuständigkeit, wenn der ausländische Unternehmensträger über keine tatsächliche Niederlassung im Ausland verfügt, sondern ausschließlich über die inländische Zweigniederlassung tätig ist.[129] International zuständig sind die deutschen Gerichte auch in einem solchen Fall nur für die Zweigniederlassung (→ § 13 Rn. 49).[130] Hat ein inländischer Unternehmensträger eine Zweigniederlassung im Ausland errichtet, wird das Registergericht nicht als (prüfendes) Gericht der Zweigniederlassung tätig. Wird die Zweigniederlassung in einem EU-Mitgliedstaat oder einem anderen Vertragsstaat des EWR errichtet und registriert, findet gem. § 13a Abs. 2 und 3 ein Informationsaustausch über das elektronische System der Registervernetzung statt (→ § 13a Rn. 4 ff.).

78 **3. Elektronische Registerführung.** Das Handelsregister wird gem. Abs. 1 elektronisch geführt. Gemäß § 48 S. 1 HRV ist das elektronische Handelsregister der in den dafür bestimmten Datenspeicher aufgenommene und auf Dauer unverändert in lesbarer Form wiedergabefähige Inhalt des Registerblattes iSd § 13 Abs. 1 HRV. Die Verpflichtung der Beteiligten, Anmeldungen sowie sonstige Dokumente elektronisch einzureichen, ergibt sich aus § 12 Abs. 1 und Abs. 2 S. 1 (→ § 12 Rn. 58 ff., → § 12 Rn. 72 ff.). Den Zeitpunkt, zu dem eine elektronische Handelsregistereintragung wirksam wird und damit ihre Rechtsfolgen entfaltet, regelt § 8a (→ § 8a Rn. 2).

79 Der Inhalt der Registerblätter (§ 13 Abs. 1 HRV) hat sich durch die Umstellung auf die elektronische Registerführung im Wesentlichen nicht geändert.[131] Allerdings entfiel mit der Reform des Registerrechts durch das EHUG die Zuständigkeit des Registergerichts der Zweigniederlassung und damit die Notwendigkeit für ein eigenes Registerblatt der Zweigniederlassung (→ § 13 Rn. 6, → § 13 Rn. 49).

80 Texte, die andere Eintragungen lediglich wiederholen, erläutern oder begründen (sog. Übergangstexte)[132] sind in dem elektronischen Register gem. § 16a HRV durch eine graue Hinterlegung oder auf andere Weise besonders zu kennzeichnen, damit sie nicht in den aktuellen Ausdruck (§ 30a Abs. 4 S. 3 HRV) übernommen werden. **Teilrötungen** gem. § 16 Abs. 3 S. 1 HRV sind nur zulässig, soweit die Verständlichkeit der Eintragung und die Verständlichkeit des aktuellen Ausdrucks nicht darunter leiden. Die Teilrötung darf also nicht dazu führen, dass ein unvollständiger und damit unverständiger Text erscheint.[133]

81 Die zum Handelsregister eingereichten Dokumente, die gem. § 9 Abs. 1 der Einsicht unterliegen, werden gem. § 9 Abs. 1 HRV in den **Registerordner** aufgenommen. Vor dem 1.1.2007 **in Papierform eingereichte Dokumente** sind gem. § 9 Abs. 2 S. 2 HRV in ein elektronisches Dokument zu übertragen und in dieser Form in den Registerordner zu übernehmen, wenn ein Antrag auf elektronische Übermittlung gem. § 9 Abs. 2 vorliegt (→ § 9 Rn. 7 f.). Ohne einen solchen Antrag können sie gem. § 9 Abs. 1 HRV in die elektronische Form überführt werden.

82 Die für jedes Registerblatt iSd § 13 Abs. 1 HRV gem. § 8 Abs. 1 S. 1 HRV zu bildenden Akten (sog. **Registerakten**) müssen nicht elektronisch geführt werden, zumal sie für den gerichtsinternen Gebrauch bestimmt sind und nicht dem Einsichtsrecht nach § 9 Abs. 1 unterliegen.[134] Nach § 8 Abs. 3 S. 1 HRV können die Landesjustizverwaltungen jedoch bestimmen, dass die Registerakten elektronisch geführt werden.

IV. Registergerichtliche Prüfung

83 **1. Prüfungspflicht des Registergerichts.** Ziel des Registerverfahrens ist die korrekte Registereintragung.[135] Um dieses Ziel zu erreichen, ist das Registergericht zu bestimmten formellen und

---

[129] **AA** Ebert/Levedag GmbHR 2003, 1337 (1338 f.).

[130] Binge/Thölke DNotZ 2004, 21 (24); Happ/Holler DStR 2004, 730 (734); Süß DNotZ 2005, 180 (181); Wachter ZNotP 2005, 122 (124 ff.).

[131] Zum Eintragungsinhalt Willer/Krafka Rpfleger 2002, 411 (412 ff.).

[132] Krafka RegisterR Rn. 73 f.; Willer/Krafka Rpfleger 2002, 411 (414).

[133] Willer/Krafka Rpfleger 2002, 411 (413).

[134] Staub/Koch/Harnos Rn. 24; Nedden-Boeger FGPrax 2007, 1 (2).

[135] BGH 9.11.2021, NZG 2022, 268 (269).

materiellen Prüfungen berechtigt und verpflichtet. Zu dem Umfang der Prüfungskompetenz → § 7 Rn. 3 ff.[136] Die Prüfungspflicht hat sich durch die Umstellung auf das elektronische Register in der Sache nicht geändert.[137] Die Prüfungspflicht des Registergerichts ist Ausdruck der Kontrollfunktion des Registerverfahrens (→ Rn. 5). Sie besteht unabhängig davon, ob Gegenstand der Anmeldung eine konstitutive Eintragung (→ Rn. 54 f.) oder eine deklaratorische Eintragung (→ Rn. 56) ist.[138]

84 Die **formelle Prüfungspflicht** ergibt sich aus der Verpflichtung der Funktionsträger der Justiz, ein ordnungsgemäßes Verfahren durchzuführen.[139] Die **materielle Prüfungspflicht** dient dem Zweck, den Rechtsverkehr mit der Registereintragung zutreffend und vollständig zu unterrichten.[140] Erklärungen, die den gesetzlichen Erfordernissen und der Rechtslage nicht entsprechen, sollen nicht mit amtlicher Hilfe Verbreitung finden.[141]

85 Muss in dem Registerverfahren das Vorliegen bestimmter Tatsachen beurteilt werden, gilt der **Amtsermittlungsgrundsatz** des § 26 FamFG.[142] Danach steht es im pflichtgemäßen Ermessen des Gerichts, in welchem Umfang es ermittelt und welche Nachweise es verlangt.[143] Eine routinemäßige Anforderung bestimmter Nachweise ist von dem gerichtlichen Ermessen nicht gedeckt.[144]

86 **2. Prüfungsgegenstand.** Gegenstand der registergerichtlichen Prüfung sind die **Eintragungsvoraussetzungen.** Gegenstand und Umfang der Prüfung richten sich also danach, welche formellen und materiellen Voraussetzungen für die jeweilige Eintragung erfüllt sein müssen.[145] Bei **konstitutiven Eintragungen** (→ Rn. 54 f.) ist zu prüfen, ob die von den Anmeldenden angegebenen Voraussetzungen für diese Rechtsänderung tatsächlich vorliegen. Bei **deklaratorischen Eintragungen** (→ Rn. 56) prüft das Registergericht, ob die einzutragenden Tatsachen oder Rechtsverhältnisse der Wirklichkeit entsprechen.[146]

87 **3. Prüfungsrecht des Registergerichts.** Das Prüfungsrecht des Registergerichts geht nicht über die Prüfungspflicht hinaus.[147] Da die Beteiligten einen Anspruch auf unverzügliche Vornahme der begehrten Eintragung haben, wenn die Eintragungsvoraussetzungen vorliegen, darf das Registergericht sein mit der Prüfungspflicht korrespondierendes Prüfungsrecht nicht überschreiten.[148]

88 Der **Prüfungsumfang** richtet sich nach den Normativanforderungen für eine bestimmte Eintragung. Zu dem Umfang der Prüfungskompetenz → § 7 Rn. 3 ff. Das Registergericht muss seine Entscheidung, den Eintragungsantrag nicht oder nur nach Beseitigung eines beanstandeten Eintragungshindernisses zu vollziehen, darauf stützen können, dass eine dieser Vorschriften nicht

[136] RG 21.6.1935, RGZ 148, 175 (187); 24.3.1933, RGZ 140, 174 (181); 24.1.1930, RGZ 127, 153 (156); BayObLG 17.11.2000, BB 2001, 13; 27.2.2002, DB 2002, 940; 5.3.1987, WM 1987, 502 (503); 18.2.1985, BB 1985, 545 (546); 10.12.1981, GmbHR 1982, 210; 18.11.1982, BB 1983, 83; KG 11.2.1997, Rpfleger 1997, 440; OLG Hamburg 4.4.1984, BB 1984, 1763; OLG Köln 1.7.1981, GmbHR 1982, 187 f.; s. auch BGH 4.7.1977, NJW 1977, 1879 (1880).

[137] Müther Rpfleger 2008, 233 (235); MüKoGmbHG/Wicke GmbHG § 9c Rn. 44.

[138] KG 11.2.1997, Rpfleger 1997, 440; Keilbach MittRhNotK 2000, 365 (368); Krafka RegisterR Rn. 153; Fleischhauer/Wochner HandelsregisterR/Wochner/Schemmann Teil A Rn. 123; s. auch OLG Hamm 10.7.2001, DNotZ 2001, 959 (961) zu § 39 GmbHG; OLG Köln 4.10.1989, Rpfleger 1990, 170.

[139] Heymann/Förster Rn. 45; Staub/Koch/Harnos Rn. 79; MüKoHGB/Krafka Rn. 68; RGHMW/Ries Rn. 32; Ebenroth/Boujong/Schaub Rn. 141; Fleischhauer/Wochner HandelsregisterR/Wochner/Schemmann Teil A Rn. 123.

[140] Staub/Koch/Harnos Rn. 81; MüKoHGB/Krafka Rn. 10 ff., 71; RGHMW/Ries Rn. 33 ff.; Fleischhauer/Wochner HandelsregisterR/Wochner/Schemmann Teil A Rn. 169; Ebenroth/Boujong/Schaub Rn. 138.

[141] BayObLG 19.10.1995, DNotZ 1997, 81 (83); 18.7.1991, GmbHR 1992, 304 (305); OLG München 22.2.2010, NZG 2010, 474 (475).

[142] SLM/Müther Rn. 91.

[143] BGH 9.11.2021, NZG 2022, 268 (269); 8.4.2020, NZI 2020, 635 Rn. 12; KG 19.5.1998, Rpfleger 1998, 474 f.; Keilbach MittRhNotK 2000, 365 (369); Wochner/Schemmanni in Fleischhauer/Wochner HandelsregisterR Teil A Rn. 124; s. auch OLG Hamm 15.8.2006, FGPrax 2007, 34 (35).

[144] KG 19.5.1998, Rpfleger 1998, 474 (475); LG Hamburg 15.5.2009, RNotZ 2010, 69 (70).

[145] Staub/Koch/Harnos Rn. 83; MüKoHGB/Krafka Rn. 13; Fleischhauer/Wochner HandelsregisterR/Wochner/Schemmann Teil A Rn. 125; s. auch BGH 18.2.1991, BGHZ 113, 335 (351) = NJW 1991, 1754.

[146] KG 6.12.2021, ZIP 2022, 1109 (1111); 11.2.1997, Rpfleger 1997, 440; Krafka RegisterR Rn. 153.

[147] Ammon DStR 1995, 1311; Keilbach MittRhNotK 2000, 365 (368); Klepsch, Prüfungsrecht und Prüfungspflicht der Registergerichte, 2002, 32 ff.; Staub/Koch/Harnos Rn. 93; MüKoHGB/Krafka Rn. 70; BeckOK HGB/Müther, 49. Ed. 1.1.2026, Rn. 35; Ebenroth/Boujong/Schaub Rn. 142; Fleischhauer/Wochner HandelsregisterR/Wochner/Schemmann Teil A Rn. 127; s. auch OLG Frankfurt 9.11.2018, NJW-RR 2019, 357 (358); OLG Köln 16.3.1988, NJW 1989, 173 f.; offengelassen von BGH 18.2.1991, BGHZ 113, 335 (351) = NJW 1991, 1754; **aA** Altmeppen GmbHG § 9c Rn. 9.

[148] Ammon DStR 1995, 1311; MüKoHGB/Krafka Rn. 74 unter Hinweis auf die Möglichkeit eines Amtshaftungsanspruchs wegen unnötiger Verzögerung des Eintragungsverfahrens; NK-HGB/Lamsa Rn. 57; **aA** Altmeppen GmbHG § 9c Rn. 9.

eingehalten wurde. Vorschriften, die für die Eintragungsfähigkeit einer Tatsache ohne Bedeutung sind, zählen nicht zum Prüfungsgegenstand. Bei der Anmeldung einer Prokura durch den Geschäftsführer einer GmbH darf das Registergericht zB nur prüfen, ob die Prokura wirksam erteilt wurde (→ § 48 Rn. 8 ff.). Ob ein das Innenverhältnis betreffender Gesellschafterbeschluss (§ 46 Nr. 7 GmbHG) vorliegt, ist für die Eintragung der Prokura irrelevant.[149] Soll zB die Eintragung des Fortbestands einer mit der Eröffnung des Insolvenzverfahrens aufgelösten Gesellschaft erfolgen, darf das Gericht nur den Fortbestand der Gesellschaft prüfen, nicht aber deren materielle Fortführungsfähigkeit.[150]

Das Registergericht überschreitet sein Prüfungsrecht, wenn es ermittelt, ob die angemeldete Tatsache wirtschaftlich sinnvoll oder zweckmäßig ist.[151] Untersagt ist insbesondere die registergerichtliche Beurteilung der Angemessenheit einer getroffenen Regelung, zB einer statutarischen Abfindungsregelung.[152] Die Eintragung einer Gesellschaft darf das Registergericht grundsätzlich nicht von redaktionellen Änderungen der (rechtmäßigen) Satzung abhängig machen.[153] Beanstandet das Registergericht einen Punkt, der auch für außenstehende Dritte von Bedeutung ist (zB die Regelung der Vertretungsbefugnis), darf und muss es allerdings auf Klarstellung dringen.[154] 89

4. Prüfung der formellen Eintragungsvoraussetzungen. Das Registergericht hat zunächst seine örtliche und sachliche Zuständigkeit (→ Rn. 63 ff.) zu prüfen. Das Eintragungsverfahren muss zudem eine eintragungsfähige Tatsache zum Gegenstand haben. Für Beispiele nicht eintragungsfähiger Tatsachen → Rn. 47 ff.).[155] Im Übrigen ist bei der Bestimmung der formellen Eintragungsvoraussetzungen danach zu differenzieren, ob ein Amtsverfahren (→ Rn. 27) oder ein Antragsverfahren geführt wird. 90

In Antragsverfahren ist die **wirksame Anmeldung** durch den Anmeldebefugten oder seinen Vertreter eine formelle Eintragungsvoraussetzung. Eine formell ordnungsgemäße Anmeldung muss von den anmeldepflichtigen Personen in vollständiger Zahl erklärt werden (zB § 107 Abs. 7, § 36 Abs. 1 AktG).[156] Die Anmeldung muss formgerecht erklärt sein,[157] und zwar gem. § 12 Abs. 1 S. 1 in öffentlich beglaubigter Form (→ § 12 Rn. 23). Vertretungsberechtigung[158] oder Rechtsnachfolge[159] müssen ggf. nachgewiesen werden gem. § 12 Abs. 1 S. 3–5 (→ § 12 Rn. 37 ff., → § 12 Rn. 52 ff.). 91

Zu den formellen Anforderungen gehört insbesondere die Vorlage bestimmter **Versicherungen der** Anmeldenden, wenn das Gesetz solche Erklärungen vorschreibt (zB § 8 Abs. 2, 3 GmbHG).[160] Durch das DiRUG und das UmRUG wurde der Gegenstand der Habilitätsversicherungen zum Teil geändert und erweitert.[161] Eine Habilitätsversicherung muss auch dann abgegeben werden, wenn ein Geschäftsführer der abzuwickelnden GmbH in das Amt des Liquidators wechselt; in der Anmeldungserklärung muss eine erneute Habilitätsversicherung als Liquidator abgegeben werden.[162] Ist für die ordnungsgemäße Anmeldung eine Habilitätsversicherung erforderlich, genügt eine mehrere 92

[149] BGH 14.2.1974, BGHZ 62, 166 (169) = NJW 1974, 1194 zu § 46 Nr. 7 GmbHG; MüKoHGB/Krafka Rn. 72; Ebenroth/Boujong/Schaub Rn. 142.

[150] BGH 8.4.2020, NZI 2020, 635 Rn. 14, 28.

[151] BayObLG 7.12.1981, BayObLGZ 1982, 368 (373); Ammon DStR 1995, 1311 (1312); Koch AktG § 38 Rn. 3; SLM/Müther Rn. 113; RGHMW/Ries Rn. 39; Ebenroth/Boujong/Schaub Rn. 149 f.; s. auch BGH 8.4.2020, NZI 2020, 635 Rn. 29 zur wirtschaftlichen Zweckmäßigkeit eines Insolvenzplans.

[152] Ebenroth/Boujong/Schaub Rn. 144.

[153] MüKoHGB/Krafka Rn. 79; RGHMW/Ries Rn. 39; Ebenroth/Boujong/Schaub Rn. 148; s. auch OLG Köln 1.7.1981, GmbHR 1982, 187 (188).

[154] BayObLG 5.7.1971, BayObLGZ 1971, 242 (245); KG 28.5.1942, DR 1942, 1059; MüKoHGB/Krafka Rn. 80; Ebenroth/Boujong/Schaub Rn. 148; s. auch BayObLG 29.10.1992, BB 1993, 88 (89).

[155] MüKoHGB/Krafka Rn. 68; BeckOK HGB/Müther, 49. Ed. 1.1.2026, Rn. 36.

[156] BayObLG 17.9.2003, NZG 2004, 421.

[157] MüKoHGB/Krafka Rn. 68; Krafka RegisterR Rn. 155; RGHMW/Ries Rn. 32.

[158] OLG Nürnberg 26.1.2015, FGPrax 2015, 124 (125); 1.2.2012, FGPrax 2012, 127 betr. englische Limited; OLG Schleswig 18.5.1998, GmbHR 1998, 746 (747) = MittBayNot 1998, 456; Krafka RegisterR Rn. 155; RGHMW/Ries Rn. 32; s. auch OLG München 9.3.2010, RNotZ 2010, 350: beglaubigter Auszug aus dem japanischen Handelsregister ausreichend.

[159] OLG Bremen 15.4.2014, NZG 2014, 671; MüKoHGB/Krafka Rn. 68; Krafka RegisterR Rn. 155; Ebenroth/Boujong/Schaub Rn. 139.

[160] MüKoHGB/Krafka Rn. 68; Krafka RegisterR Rn. 155; Ebenroth/Boujong/Schaub Rn. 139. Zu den Anforderungen an die Versicherung über Bestellungshindernisse s. BGH 7.6.2011, NJW-RR 2011, 1257; 17.5.2010, NZG 2010, 829 (830); OLG Schleswig 3.6.2014, NZG 2015, 232 (233); OLG Stuttgart 10.10.2012, ZIP 2013, 671 (672); OLG Frankfurt 11.7.2011, GWR 2011, 523; Versicherung zur Belehrung über die unbeschränkte Auskunftspflicht s. OLG München 23.7.2010, NZG 2010, 1036 (1037).

[161] Hierzu Wollenweber NZG 2023, 297 ff.

[162] KG 1.7.2022, NJW-RR 2022, 1555.

Monate vor der Anmeldung abgegebene Versicherung, zumal das Registergericht nur bei Zweifeln an der inhaltlichen Richtigkeit der Versicherung Anlass zu weiteren Ermittlungen hat.[163] Neben den Versicherungen gehören uU Anlagen (zB Gesellschaftsvertrag, Gesellschafterliste, Liste der Mitglieder des Aufsichtsrates etc) zu den formellen Anforderungen.[164]

93 Die formelle Prüfungspflicht erstreckt sich auf das Vorliegen ggf. erforderlicher **gerichtlicher Genehmigungen,**[165] zB nach § 1852 Nr. 1, 2 und 3 BGB.

94 Bis zu dem Inkrafttreten des MoMiG am 1.11.2008 musste in dem Registerverfahren nach § 37 Abs. 4 Nr. 5 AktG aF und § 8 Abs. 1 Nr. 6 GmbHG aF bei Genehmigungsbedürftigkeit des statutarischen **Unternehmensgegenstands** geprüft werden, ob die Genehmigung oder eventuell ein Negativattest erteilt worden war. Die Entscheidung der Genehmigungsbehörde war für das Registergericht verbindlich.[166] Mit der Aufhebung der § 37 Abs. 4 Nr. 5 AktG aF und § 8 Abs. 1 Nr. 6 GmbHG aF entfiel dieses Prüfungserfordernis. Überprüft werden muss nach wie vor gem. § 43 Abs. 1 KWG das Vorliegen der **Erlaubnis für den Betrieb von Bankgeschäften und für die Erbringung von Finanzdienstleistungen gem. § 32 KWG.** Über die Verweisung auf § 43 KWG in § 3 Abs. 5 KAGB wird für die Eintragung einer auf die Verwaltung in- und ausländischer Investmentvermögens gerichteten Kapitalverwaltungsgesellschaft die Vorlage der nach § 20 KAGB erforderlichen Erlaubnis der BaFin verlangt.[167]

95 Ist Gegenstand des Registerverfahrens der Beschluss über eine **Umwandlung** (Verschmelzung, Spaltung, Vermögensübertragung, Formwechsel), eine Eingliederung in eine andere AG oder der Ausschluss eines Minderheitsaktionärs (Squeeze-out), zählt zu den formellen Eintragungsvoraussetzungen gem. § 16 Abs. 2 S. 1 und 2 UmwG, § 125 UmwG, § 176 Abs. 1 UmwG, § 198 Abs. 2 UmwG, § 319 Abs. 5 AktG, § 320 Abs. 1 S. 2 AktG iVm § 319 Abs. 5 AktG oder § 327e Abs. 2 AktG die Vorlage einer Erklärung der Vertretungsorgane, dass gegen die Wirksamkeit des Beschlusses nicht oder nicht fristgemäß Klage erhoben oder eine solche Klage rechtskräftig abgewiesen oder zurückgenommen worden ist (sog. **Negativerklärung/Negativattest**).[168] Eine solche Negativerklärung kann erst nach Ablauf der Klagefrist abgegeben werden, weil erst dann beurteilt werden kann, ob eine Klage nicht oder nicht fristgemäß erhoben wurde.[169] Wurde das Klageverfahren durch einen Vergleich beendet, ist eine entsprechende Erklärung vorzulegen.[170] Ein Negativattest ist gem. § 16 Abs. 2 S. 2 UmwG, § 319 Abs. 5 S. 2 AktG und § 327e Abs. 2 AktG ausnahmsweise entbehrlich, wenn alle klageberechtigten Anteilsinhaber durch **notariell beurkundete Verzichtserklärung** auf die Klage gegen die Wirksamkeit des Beschlusses verzichtet haben. Gleiches gilt, wenn alle Anteilsinhaber dem Beschluss zugestimmt haben.[171]

96 Ist die Eintragung an die Vorlage eines Negativattests gebunden (→ Rn. 95), führt die fristgemäße Beschlussanfechtung zu einer **Registersperre,** die durch einen Freigabebeschluss nach § 16 Abs. 3 S. 1 UmwG bzw. § 319 Abs. 6 S. 1 AktG überwunden werden kann (→ Rn. 112).[172]

97 **5. Prüfung der materiellen Eintragungsvoraussetzungen.** Der Umfang der materiellen Prüfung richtet sich nach den normativen Eintragungsvoraussetzungen der jeweiligen Rechtstatsache.[173] Zu den Prüfungsgegenständen des Eintragungsverfahrens zählt ua die Zulässigkeit der Firma, da eine unter Verstoß gegen firmenrechtliche Vorschriften (§§ 18 ff.) gebildete Firma nicht eingetragen werden darf.[174] In Zweifelsfällen ist gem. § 380 Abs. 2 S. 1 FamFG eine Stellungnahme der in § 380 Abs. 1 Nr. 1–4 FamFG aufgeführten berufsständischen Organe, zB der Industrie- und Handelskam-

---

[163] KG 17.3.2022, FGPrax 2022, 162.

[164] MüKoHGB/Krafka Rn. 69; Krafka RegisterR Rn. 155; Ebenroth/Boujong/Schaub Rn. 139.

[165] OLG Köln 26.3.2018, FamFG 2018, 118; Krafka RegisterR Rn. 111; Sternal/M. Noack FamFG § 374 Rn. 117; Ebenroth/Boujong/Schaub Rn. 139.

[166] BGH 9.11.1987, BGHZ 102, 209 (216 f.) = NJW 1988, 1087.

[167] Poelzig/Volmer DNotZ 2014, 483 (491).

[168] Koch AktG § 243 Rn. 57 mwN; Staub/Koch/Harnos Rn. 110; Lutter/Decher UmwG § 16 Rn. 24; Sosnitza NZG 1999, 965.

[169] BGH 5.10.2006, NJW 2007, 224 (225); OLG Hamm 25.3.2014, NZG 2014, 1430 f.; Staub/Koch/Harnos Rn. 110.

[170] Kallmeyer/Marsch-Barner/Oppenhoff UmwG § 16 Rn. 23; MüKoAktG/Schäfer AktG § 243 Rn. 140.

[171] Lutter/Decher UmwG § 16 Rn. 26 ff.; Kallmeyer/Marsch-Barner/Oppenhoff UmwG § 16 Rn. 29; Semler/Stengel/Leonard/Schwanna UmwG § 16 Rn. 20.

[172] Koch AnfG § 319 Rn. 15 mwN.

[173] KG 6.12.2021, ZIP 2022, 1109 (1111) mwN; ausf. Klepsch, Prüfungsrecht und Prüfungspflicht der Registergerichte, 2002, 38 ff.

[174] BayObLG 28.4.1988, BayObLGZ 1988, 128 (129); 6.7.1978, BayObLGZ 1978, 182 (184); 3.10.1972, BayObLGZ 1972, 310 (313). Zur Firmenbildung s. zB Krafka RegisterR Rn. 208 ff.; Möller DNotZ 2000, 830 ff.

mer (§ 380 Abs. 1 Nr. 1 FamFG)[175] einzuholen.[176] Das Registergericht ist an die Expertise dieser Organe allerdings nicht gebunden. Handelt es sich um handwerkliche oder land- und forstwirtschaftliche Betriebe, sind insbesondere die Handwerkskammern (§ 380 Abs. 1 Nr. 2 FamFG) bzw. Landwirtschaftskammern (§ 380 Abs. 1 Nr. 3 FamFG) kooperationsverpflichtete berufsständische Organe.[177] Sind sowohl Industrie- und Handelskammern als auch Handwerks- bzw. Landwirtschaftskammern zuständig, sind beide mitwirkungsbefugt und -verpflichtet.[178] Die Stellungnahme soll gem. § 23 S. 2 HRV in jedem Fall elektronisch eingeholt und übermittelt werden.

98 Mit den normativen Eintragungsvoraussetzungen ist der Gegenstand der registergerichtlichen Prüfung fest umrissen. Er wird nicht dadurch reduziert, dass vor der Einleitung des Registerverfahrens der Notar als ein weiteres Organ der freiwilligen Gerichtsbarkeit eingeschaltet war.[179] Von dem Umfang des Prüfungsgegenstandes ist die Intensität der registergerichtlichen Prüfung zu unterscheiden. Der **Umfang der Amtsermittlungspflicht** (§ 26 FamFG) richtet sich nach dem Ermittlungsbedarf im Einzelfall. Hierbei ist nicht nur die Entscheidungserheblichkeit, sondern auch die Erforderlichkeit der Ermittlung zu berücksichtigen.[180]

99 In dem Registerverfahren besteht ein Ermittlungsbedürfnis nur, wenn sich aus der Anmeldung oder gerichtsbekannten Tatsachen **begründete Zweifel oder Bedenken** ergeben, ob die zur Eintragung angemeldeten Rechtstatsachen richtig und die Rechtsgeschäfte gültig sind.[181] Da die Prüfung sich grundsätzlich auf eine **Plausibilitätskontrolle** beschränken darf, genügt es grundsätzlich, die Eintragungsvoraussetzungen schlüssig und glaubhaft darzulegen, um die begehrte Eintragung zu stützen.[182] Nur wenn sich bei der Plausibilitätsprüfung Zweifel an dem Vorliegen der Eintragungsvoraussetzungen ergeben, ist das Gericht ausnahmsweise zu einer genaueren Prüfung und Sachverhaltskontrolle verpflichtet.[183] Um die Richtigkeit einer Tatsache anzuzweifeln, genügt es nicht, dass entsprechende Tatsachen nach statistischen Erhebungen häufig – sei es bewusst, sei es unbewusst – unzutreffend angegeben werden.[184] Auch soweit in dem Anmeldungsverfahren Versicherungen abzugeben sind (→ Rn. 92), sind weitere Ermittlungen nur erforderlich, wenn aufgrund konkreter Anhaltspunkte Zweifel an der Richtigkeit der Erklärung bestehen.[185]

100 **6. Einzelfragen der materiellen Prüfung. a) Errichtung einer Kapitalgesellschaft, Vorrats- und Mantelgesellschaften.** Bei der Ersteintragung einer Kapitalgesellschaft umfasst die registergerichtliche Prüfung nicht nur die einzutragenden Tatsachen, sondern auch den **Gründungsvorgang.** Hierdurch soll die Einhaltung der zwingenden gesetzlichen Gründungsvorschriften sichergestellt werden.[186]

101 Gemäß § 9c Abs. 1 S. 1 GmbHG und § 38 Abs. 1 S. 1 AktG ist die Eintragung abzulehnen, wenn die Gesellschaft nicht ordnungsgemäß errichtet ist. Für die ordnungsgemäße Errichtung ist ein formwirksamer, von sämtlichen Gesellschaftern bzw. Gründern (§ 28 AktG) unterzeichneter Gesellschaftsvertrag (§ 2 Abs. 1 S. 1, 2 GmbHG, § 23 Abs. 1 S. 1 AktG) nachzuweisen. Die Einhaltung der Kapitalaufbringungsvorschriften (§§ 27, 32 ff. AktG, § 7 Abs. 2, 3 GmbHG, § 8 Abs. 2 GmbHG, § 9 GmbHG) ist ebenfalls Gegenstand der Prüfung. Zu den erforderlichen Versicherungen → Rn. 92.

---

175 OLG Rostock 15.11.2010, NZG 2011, 1160; Sternal/M. Noack FamFG § 380 Rn. 5.

176 Kögel Rpfleger 2020, 370 (371 ff.).

177 MüKoFamFG/Krafka FamFG § 380 Rn. 2; Sternal/M. Noack FamFG § 380 Rn. 9, 13.

178 MüKoFamFG/Krafka FamFG § 380 Rn. 3; Sternal/M. Noack FamFG § 380 Rn. 18.

179 Klepsch, Prüfungsrecht und Prüfungspflicht der Registergerichte, 2002, 48 f.; MüKoHGB/Krafka Rn. 70; Fleischhauer/Wochner HandelsregisterR/Wochner/Schemmann Teil A Rn. 126.

180 Schulte-Bunert/Weinreich/Brinkmann FamFG § 26 Rn. 26; MüKoFamFG/Ulrici FamFG § 26 Rn. 14.

181 BGH 21.6.2011, NZG 2011, 907 (908); 18.2.1991, BGHZ 113, 335 (352 f.) = NJW 1991, 1754; BayObLG 14.10.1993, DNotZ 1994, 652 (653); 7.10.1998, DNotZ 1999, 439 (440); 18.2.1988, BB 1988, 716 (717); KG 4.4.2022, NZG 2022, 1015 (1016); 6.12.2021, ZIP 2022, 1109 (1111); 19.5.1998, Rpfleger 1998, 474 f.; Keilbach MittRhNotK 2000, 365 (367); Krafka RegisterR Rn. 153, 154; NK-HGB/Lamsa Rn. 62; Sternal/M. Noack FamFG § 374 Rn. 103 f.; SLM/Müther Rn. 115; diff. KKD/Roth/Stelmaszczyk Rn. 23a, b; krit. Klepsch, Prüfungsrecht und Prüfungspflicht der Registergerichte, 2002, 150 ff.; s. auch BGH 9.11.2021, NZG 2022, 268 (269): zumindest für deklaratorische Eintragungen.

182 OLG Düsseldorf 29.3.1995, GmbHR 1995, 592 f.; Keilbach MittRhNotK 2000, 365 (367); Krafka RegisterR Rn. 154; MüKoHGB/Krafka Rn. 73; Koch AktG § 38 Rn. 2, § 181 Rn. 12; Sternal/M. Noack FamFG § 374 Rn. 107; Ebenroth/Boujong/Schaub Rn. 145; Jansen/Steder FGG § 125 Rn. 113; MHLS/Tebben GmbHG § 9c Rn. 5.

183 BGH 21.6.2011, NZG 2011, 907 (908); KG 3.6.2016, NZG 2016, 836 (837); 22.8.2011, FGPrax 2012, 122 (123); Koch AktG § 38 Rn. 2; MüKoHGB/Krafka Rn. 75; Krafka RegisterR Rn. 159; Jansen/Steder FGG § 125 Rn. 114; diff. Staub/Koch/Harnos Rn. 88 ff. (höhere Prüfungsintensität bei konstitutiven Eintragungen).

184 KG 19.5.1998, Rpfleger 1998, 474 f.; Sternal/M. Noack FamFG § 374 Rn. 103.

185 KG 17.3.2022, FGPrax 2022, 162; OLG Hamm 4.8.2010, NZG 2010, 1156 (1157).

186 MüKoHGB/Krafka Rn. 14 f.; Ebenroth/Boujong/Schaub Rn. 54; ausf. Staub/Koch/Harnos Rn. 97 ff.

102 Für die Gründungsprüfung bei der GmbH ist der **Prüfungsumfang** in § 9c Abs. 2 GmbHG festgelegt, für die Gründungsprüfung bei der AG in § 38 Abs. 3 AktG. Diese durch Art. 8 Nr. 2 HRRefG bzw. Art. 9 Nr. 4 lit. b HRRefG iVm Art. 29 Abs. 4 HRRefG mWv 1.7.1998 eingeführten Vorschriften regeln abschließend, welche inhaltlichen Mängel der Eintragung entgegenstehen können. Andere Mängel soll das Registergericht weder prüfen noch sollten sie der Eintragung entgegenstehen. Dieser Grundsatz gilt jedoch nicht ohne Einschränkung. Da nach überwiegender Ansicht § 139 BGB Anwendung findet,[187] kann eine nichtige oder unwirksame Bestimmung in seltenen Ausnahmefällen die Gesamtnichtigkeit des Gesellschaftsvertrags bzw. der Satzung begründen mit der Folge, dass das Registergericht die Eintragung gem. § 9c Abs. 2 Nr. 3 GmbHG bzw. § 38 Abs. 3 Nr. 3 AktG abzulehnen hat. Sofern der Vertrag **keine salvatorische Klausel** enthält, darf der Registerrichter seine Prüfung – entgegen der ursprünglichen Intention des Gesetzgebers – nicht auf die in § 9c Abs. 2 Nr. 1, 2 GmbHG bzw. § 38 Abs. 3 Nr. 1, 2 AktG genannten Vertrags- bzw. Satzungsbestandteile beschränken.[188]

103 Die Verwendung von **Mantel- bzw. Vorratsgesellschaften** steht wirtschaftlich einer Neugründung gleich. Daher sind die Gründungsvorschriften entsprechend anzuwenden.[189] Das spricht dafür, den Prüfungsgegenstand nach § 38 Abs. 3 AktG bzw. § 9c Abs. 2 GmbHG zu bestimmen, obwohl der Gegenstand des Anmeldeverfahrens eine Satzungsänderung betreffend den Gegenstand des Unternehmens (§ 23 Abs. 3 Nr. 2 AktG, § 3 Abs. 1 Nr. 2 GmbHG) ist.[190] Dadurch summieren die Erschwernisse der Gründung und der Satzungsänderung sich.[191]

104 **b) Satzungsänderung.** Der Gesellschaftsvertrag einer GmbH wird durch Beschluss der Gesellschafter geändert, der gem. § 53 Abs. 1 GmbHG notariell beurkundet werden muss. Da die Abänderung gem. § 54 Abs. 3 GmbHG erst mit der Eintragung in das Handelsregister Wirkung erlangt, ist sie gem. § 54 Abs. 1 S. 1 GmbHG zur Eintragung in das Handelsregister anzumelden. Änderungen der Satzung einer AG erfolgen gem. § 119 Abs. 1 Nr. 6 AktG iVm § 179 Abs. 1 S. 1 AktG durch Beschluss der Hauptversammlung. Da die Änderung gem. § 181 Abs. 3 AktG mit der Eintragung in das Handelsregister wirksam wird, ist der Beschluss gem. § 181 Abs. 1 S. 1 AktG zur Eintragung in das Handelsregister anzumelden. Gegenstand der registergerichtlichen Prüfung ist ausschließlich die angemeldete Satzungs- bzw. Vertragsänderung.[192] Das Registergericht ist deshalb auch dann zur Eintragung verpflichtet, wenn es Mängel bei anderen, von der Änderung nicht betroffenen Satzungs- bzw. Vertragsregelungen erkennt. Zu dem Verfahren bei Beschlussmängeln → Rn. 109 ff.

105 Die **Verlegung des statutarischen Sitzes** (§ 23 Abs. 3 Nr. 1 AktG, § 3 Abs. 1 Nr. 1 GmbHG) erfolgt durch eine Änderung des Gesellschaftsvertrages bzw. der Satzung. Sie muss deshalb gem. § 181 Abs. 1 S. 1 AktG, § 54 Abs. 1 S. 1 GmbHG und § 13h Abs. 1 zur Eintragung in das Handelsregister angemeldet werden.[193] Im **Inland** kann der statutarische Sitz beliebig gewählt werden (→ Rn. 72). Der Satzungssitz muss sich lediglich im Inland befinden, um die Zuständigkeit eines deutschen Registergerichts zu begründen (→ Rn. 71 ff.). Im Einzelfall wird die Zulässigkeit der Satzungssitzverlegung allerdings unter dem Gesichtspunkt des Rechtmissbrauchs überprüft. Bei einer sog. Firmenbestattung hat das KG die rechtsmissbräuchliche Verlegung des Satzungssitzes als unwirksam angesehen. Zu der Nichtigkeit von Gesellschafterbeschlüssen → Rn. 109.[194]

---

187 Altmeppen GmbHG § 9c Rn. 25; Lutter/Hommelhoff/Bayer GmbHG § 9c Rn. 11; Koch AktG § 38 Rn. 14; Scholz/Veil GmbHG § 9c Rn. 23; **aA** (keine erweiterte Prüfungskompetenz des Registergerichts) HCL/Habersack GmbHG § 9c Rn. 56; MüKoGmbHG/Wicke GmbHG § 9c Rn. 26; ausf. zu dieser Problematik Ullrich, Registergerichtliche Inhaltskontrolle von Gesellschaftsverträgen und Satzungsänderungsbeschlüssen, 2005, 100 ff.

188 Lutter/Hommelhoff/Bayer GmbHG § 9c Rn. 11; Müther Handelsregister § 6 Rn. 27; s. auch Altmeppen GmbHG § 9c Rn. 25; Ullrich, Registergerichtliche Inhaltskontrolle von Gesellschaftsverträgen und Satzungsänderungsbeschlüssen, 2005, 106, die betonen, dass salvatorische Klausel Registerrichter nicht von Prüfung der Gesamtwirksamkeit entbinde. Zu der Bedeutung salvatorischer Klauseln s. BGH 15.3.2010, NJW 2010, 1660 (1661).

189 BGH 6.3.2012, NJW 2012, 1875 Rn. 13, 17 f.; 7.7.2003, BGHZ 155, 318 = NJW 2003, 3198; 9.12.2002, BGHZ 153, 158 = NJW 2003, 892; 16.3.1992, BGHZ 117, 323 = NJW 1992, 1824; 10.12.2013, DNotZ 2014, 384 (Mantelgesellschaft in Liquidation). Zu dem Begriff der Mantelgesellschaft s. auch BGH 18.1.2010, NJW 2010, 1459. Zu der registergerichtlichen Prüfung s. KG 12.10.2022, NJW 2022, 697 f.

190 Staub/Koch/Harnos Rn. 104 mwN.

191 Heidinger ZGR 2005, 101 (106).

192 BayObLG 13.11.1996, DNotZ 1997, 506; Keilbach MittRhNotK 2000, 365 (370).

193 OLG Köln 3.10.1983, BB 1984, 1065 f.; MüKoHGB/Krafka § 13h Rn. 3; Scholz/Tebben GmbHG § 54 Rn. 8.

194 KG 25.7.2011, FGPrax 2011, 309 (310).

Die **Verlegung des Satzungssitzes** einer GmbH oder einer AG **ins Ausland** ist nach hM de lege lata nicht möglich.[195] Die Obergerichte sehen dahingehende Beschlüsse nicht als eintragungsfähig an (→ § 13h Rn. 38 ff.).[196] Möglich ist die Verlegung des Satzungssitzes ohne Zwang zur Liquidation und zur Neugründung im Geltungsbereich des **EU-Rechts** bei gleichzeitigem Wechsel in die andere Gesellschaftsform, also der Wechsel in eine ausländische Gesellschaftsform, als **grenzüberschreitender Formwechsel** nach den §§ 333 ff. UmwG[197] (→ § 13h Rn. 42 ff.). 106

c) Anmeldung von Vertretungsorganen. Vertretungsorgan einer GmbH oder einer AG kann nur werden, wer keinem Bestellungshindernis gem. § 6 Abs. 2 GmbHG oder § 76 Abs. 3 AktG unterliegt. Die Prüfung einer etwaigen Inhabilität des angemeldeten Geschäftsführers bzw. Vorstandsmitglieds ist im Registerverfahren **formalisiert** und standardisiert. Das Registergericht prüft grundsätzlich nur, ob die angemeldeten Personen, die gem. § 8 Abs. 3 GmbHG, § 37 Abs. 2 AktG **Habilitätsversicherungen** (→ Rn. 92) abgegeben haben.[198] Weitere Ermittlungen muss das Registergericht nur ausnahmsweise anstellen, wenn konkrete Zweifel an der Richtigkeit oder Vollständigkeit der Versicherung bestehen (→ Rn. 98 f.).[199] 107

Wird ein **Nicht-EU-Ausländer** als Geschäftsführer oder Mitglied des Vorstands angemeldet, stellt sich die Frage, ob die Eintragung in das Handelsregister dahingehend bedingt werden kann, dass die Person aufgrund einer entsprechenden Aufenthalts- oder Arbeitserlaubnis jederzeit in die Bundesrepublik einreisen darf, um den grundlegenden Organpflichten nachkommen zu können. Vor der Neufassung der Inhabilitätsvorschriften (§ 6 Abs. 2 S. 2 GmbHG, § 76 Abs. 3 S. 2 AktG) durch Art. 1 Nr. 7 lit. a MoMiG und Art. 5 Nr. 6 MoMiG iVm Art. 25 MoMiG mWv 1.11.2008 vertrat insbesondere die Rspr. die Ansicht, dass für ein Vertretungsorgan die jederzeitige Einreisemöglichkeit zumindest für kürzere Aufenthalte gewährleistet sein muss.[200] Dieses Erfordernis sollte erfüllt sein, wenn es sich um Angehörige eines Staates handelt, der in der sog. Positivliste nach Anh. II VO (EU) 2018/1806 aufgeführt ist.[201] Der Gegenansicht, die das Fehlen einer jederzeitigen Einreisemöglichkeit nicht als Eintragungshindernis ansah,[202] haben sich nach dem 1.11.2008 mehrere Obergerichte angeschlossen.[203] 108

7. Nichtige Beschlüsse. Die Nichtigkeit eines Beschlusses der Haupt- oder Gesellschafterversammlung begründet ein **Eintragungshindernis.**[204] Dabei ist es unerheblich, ob eine deklaratorische oder eine konstitutive Eintragung (→ Rn. 54 ff.) beantragt wird.[205] Es ist allerdings nicht Aufgabe des Registergerichts, nach verborgenen Nichtigkeitsgründen zu suchen.[206] Die Beachtung des Legalitätsprinzips erfordert es, die Eintragung auch dann zu versagen, wenn sie zur Heilung 109

---

195 BayObLG 11.2.2004, DNotZ 2004, 725 (726); OLG München 4.10.2007, NZG 2007, 915; OLG Brandenburg 30.11.2004, GmbHR 2005, 484 (485 f.); OLG Düsseldorf 26.3.2001, NZG 2001, 506; OLG Hamm 1.2.2001, NZG 2001, 562 f.; Koch AktG § 5 Rn. 13 f.; Triebel/v. Hase BB 2003, 2409 (2414 f.); Wicke DStR 2012, 1756; s. auch Lutter/Hommelhoff/Bayer GmbHG § 4a Rn. 16; **aA** Knobbe-Keuk ZHR 154 (1990), 325 (331 ff.): entsprechende Anwendung der Vorschriften über die formwechselnde Umwandlung; s. auch EuGH 16.12.2008, BB 2009, 11; hierzu Leible/Hoffmann BB 2009, 58 (60 ff.).

196 BayObLG 11.2.2004, DNotZ 2004, 725 (726); OLG Brandenburg 30.11.2004, GmbHR 2005, 484 (485 f.).

197 Gesetz zur Umsetzung der Umwandlungsrichtlinie vom 22.2.2023 (BGBl. 2023 I Nr. 51).

198 Zu den Anforderungen s. BGH 7.6.2011, NJW-RR 2011, 1257; 17.5.2010, NZG 2010, 829 (830); OLG Frankfurt 4.2.2016, DNotZ 2016, 554 (556) mAnm Kanzleiter; OLG Stuttgart 10.10.2012, ZIP 2013, 671 (672); OLG Frankfurt 11.7.2011, GWR 2011, 523;.

199 KG 17.3.2022, FGPrax 2022, 162; OLG Hamm 4.8.2010, NZG 2010, 1156 (1157); Krafka RegisterR Rn. 959.

200 OLG Zweibrücken 13.3.2001, NZG 2001, 857; OLG Hamm 9.8.1999, NZG 1999, 1004 (1005); OLG Köln 30.9.1998, Rpfleger 1999, 130; zust. Scholz/Schneider/Schneider GmbHG § 6 Rn. 17 ff.; Teichmann IPRax 2000, 110 (113).

201 OLG Frankfurt 22.2.2001, FGPrax 2001, 124 zu VO (EG) 539/2001.

202 OLG Dresden 5.11.2002, NZG 2003, 628 (629) = GmbHR 2003, 537; Bohlscheid RNotZ 2005, 505 (525 f.); Krafka RegisterR Rn. 958; Ebenroth/Boujong/Schaub Rn. 164 f.

203 OLG München 17.12.2009, NZG 2010, 157; OLG Düsseldorf 16.4.2009, NZG 2009, 678 f.; OLG Zweibrücken 8.9.2010, FGPrax 2010, 310 f.; hierzu auch Ries NZG 2010, 298.

204 BayObLG 17.11.2000, BayObLGZ 2000, 325 (326); 8.2.1985, DNotZ 1986, 50; OLG Zweibrücken 3.6.2013, NZG 2013, 1113 (1114) (Geschäftsführerwechsel zum Zweck der „Firmenbestattung"); OLG München 9.3.2010, NZG 2010, 515 (516); OLG Frankfurt 6.11.2008, FGPrax 2009, 81 (82); OLG Köln 9.6.1981, BB 1982, 579; Klepsch, Prüfungsrecht und Prüfungspflicht der Registergerichte, 2002, 92; Sternal/M. Noack FamFG § 374 Rn. 112; Müther Handelsregister § 6 Rn. 83, 121 (GmbH), Müther Handelsregister § 7 Rn. 62 (AG); Ries RegisterR-FormB/Ries Rn. 3.281, 4.202. Zur Prüfung von GmbH-Gesellschafterbeschlüssen s. Leitzen Rpfleger 2010, 245 (248 ff.) mwN.

205 OLG München 18.8.2011, FGPrax 2011, 250; OLG Hamm 1.2.2001, NZG 2001, 1038 (1039).

206 OLG München 9.3.2010, NZG 2010, 515 (516) mwN (betr. Vertretungsberechtigung bei ausländischer Gesellschaft).

des Beschlusses führen würde.[207] Hingegen hindert die bloße Anfechtbarkeit eines Beschlusses die Eintragung nicht (→ Rn. 111).[208] Die Gegenansicht wendet sich mit beachtlichen Gründen gegen eine Differenzierung zwischen nichtigen Beschlüssen, die nicht eingetragen werden dürfen, und lediglich anfechtbaren Beschlüssen, die prinzipiell eingetragen werden können. Maßstab für eine Versagung der Eintragung ist nach dieser Auffassung stets § 398 FamFG.[209]

110 Gemäß § 398 FamFG kann ein **eingetragener Beschluss als nichtig gelöscht** werden, wenn er durch seinen Inhalt zwingende gesetzliche Vorschriften verletzt und die Beseitigung im öffentlichen Interesse geboten erscheint (→ Rn. 161 f.). Zu dem Verhältnis zu § 395 FamFG → Rn. 150.[210] Bei Umwandlungsbeschlüssen ist zu beachten, dass die Bestandskraft der Eintragung gem. § 20 Abs. 2 UmwG, § 131 Abs. 2 UmwG und § 202 Abs. 3 UmwG einer Löschung der Eintragung entgegensteht.[211]

111 **8. Anfechtbare Beschlüsse. a) Überblick.** Ist ein Beschluss nicht nichtig, aber anfechtbar, müssen zwei Fragen unterschieden werden, nämlich, ob das Registergericht im Rahmen seiner Prüfung Anfechtungsgründe zu beachten hat und wie das Registergericht darauf zu reagieren hat, dass der Ausgang einer Anfechtungsklage ungewiss ist. Zu der Bindung an ein Gestaltungsurteil → § 16 Rn. 6.[212] Die bloße Anfechtbarkeit eines Beschlusses stellt **für sich genommen kein Eintragungshindernis dar.**[213] Es ist jedoch stets in Betracht zu ziehen, dass der Beschluss gem. § 241 Nr. 5 AktG – die Vorschrift gilt für Beschlüsse der Gesellschafterversammlung entsprechend[214] – für nichtig erklärt werden kann. Die verfahrensrechtliche Behandlung unterscheidet sich danach, ob die Anfechtbarkeit zu einer **Registersperre** führt, die nur in bestimmter Art und Weise überwunden werden kann (→ Rn. 112 f.), oder ob das Registergericht die Anfechtbarkeit ohne entsprechende formale Vorgaben beachten muss (Rn. 114 ff.).

112 **b) Verfahren mit Registersperre.** In den Fällen, in denen das Gesetz ein sog. **Negativattest** als förmliche Eintragungsvoraussetzung verlangt, also eine Erklärung, dass eine Klage gegen die Wirksamkeit des Beschlusses der Haupt- oder Gesellschafterversammlung nicht oder nicht fristgemäß erhoben oder eine solche Klage rechtskräftig abgewiesen oder zurückgenommen worden ist (§ 16 Abs. 2 S. 1 und 2 UmwG, §§ 125, 176 Abs. 1 UmwG, § 198 Abs. 2 UmwG, § 319 Abs. 5 AktG ggf. iVm § 327e Abs. 2 AktG; → Rn. 95),[215] besteht eine Registersperre, bis die entsprechende Erklärung eingereicht ist. Die Registersperre kann ausnahmsweise bereits vor Abschluss des Streitverfahrens durch die Erwirkung eines **Freigabebeschlusses** gem. § 16 Abs. 3 UmwG oder § 319 Abs. 6 AktG überwunden werden. Die Eintragungen aufgrund des Freigabebeschlusses genießen gem. § 16 Abs. 3 S. 10 UmwG bzw. § 319 Abs. 6 S. 11 AktG ggf. iVm § 327e Abs. 2 AktG **Bestandsschutz.**

113 Für das Registerverfahren stellt sich die Frage, ob der Registerrichter stets den Ausgang eines Freigabeverfahrens abwarten muss oder er die Eintragung vornehmen darf, wenn die Klage gegen die Wirksamkeit des Beschlusses nach seiner Überzeugung aussichtslos ist. Nach überwiegender Ansicht kann die Registersperre (→ Rn. 112) nur durch einen Freigabebeschluss oder die Hauptsacheentscheidung überwunden werden.[216] Die Gegenansicht, nach der es den Beteiligten unbenommen sein soll, den Registerrichter von der Aussichtslosigkeit der Klage zu überzeugen,[217] widerspricht der gesetzlichen Systementscheidung, dass die Freigabeentscheidung ausweislich des Wortlauts

[207] OLG Köln 17.7.1992, NJW-RR 1993, 223 (224); Lutter/Hommelhoff/Bayer GmbHG § 54 Rn. 9; MHLS/Hoffmann GmbHG § 54 Rn. 28; Staub/Koch/Harnos Rn. 106; MüKoHGB/Krafka Rn. 84; RGHMW/Ries Rn. 37; Ebenroth/Boujong/Schaub Rn. 173.

[208] Lutter/Hommelhoff/Bayer GmbHG § 54 Rn. 11; s. auch OLG Frankfurt 6.11.2008, FGPrax 2009, 81 (82); OLG Köln 9.6.1981, BB 1982, 579.

[209] Lutter/Lutter/Drygala UmwG § 8 Rn. 63; s. bereits Lüke ZGR 1990, 657 (669 f.).

[210] BayObLG 2.4.2003, DB 2003, 1377; 19.10.1995, DNotZ 1997, 81 (84); 18.7.1991, GmbHR 1992, 304; KG 8.8.2012, FGPrax 2013, 32 (33); OLG Frankfurt 29.10.2001, Rpfleger 2002, 211; OLG Zweibrücken 17.7.1995, GmbHR 1995, 723 (724); Krafka RegisterR Rn. 459.

[211] BayObLG 15.10.1999, BB 2000, 477; OLG Hamburg 17.8.2007, DNotZ 2009, 227; OLG Frankfurt 26.5.2003, NJW-RR 2003, 1122; K. Schmidt ZIP 1998, 181 (187); Bassenge/Roth/K. Walter FamFG § 398 Rn. 3.

[212] MHLS/Hoffmann GmbHG § 54 Rn. 30.

[213] Sternal/M. Noack FamFG § 374 Rn. 114; Scholz/Priester GmbHG § 54 Rn. 35; Ries RegisterR-FormB/Ries Rn. 4.221; s. auch OLG Frankfurt 6.11.2008, FGPrax 2009, 81 (82); OLG Köln 9.6.1981, BB 1982, 579; insbes. zur Problematik der Prüfung vom GmbH-Gesellschafterbeschlüssen Leitzen Rpfleger 2010, 245 (248 ff.) mwN.

[214] Statt vieler MüKoGmbHG/Wertenbruch GmbHG Anh. § 47 Rn. 153 mwN.

[215] Lutter/Decher UmwG § 16 Rn. 24; Sternal/M. Noack FamFG § 381 Rn. 28; Schulte-Bunert/Weinreich/Nedden-Boeger FamFG § 381 Rn. 12; Sosnitza NZG 1999, 965.

[216] Decher AG 1997, 388 (395); Kallmeyer/Marsch-Barner/Oppenhoff UmwG § 16 Rn. 33 ff.; Chr. Schmid ZGR 1997, 493 (499); SHS/Winter UmwG § 16 Rn. 49; s. auch Krafka RegisterR Rn. 171a, die eine Verweigerung der Eintragung nur aus sonstigen Gründen zulassen.

[217] Semler/Stengel/Leonard/Schwanna UmwG § 16 Rn. 46.

von § 16 Abs. 3 S. 1 UmwG, § 319 Abs. 6 S. 1 AktG ggf. iVm § 327e Abs. 2 AktG („steht es gleich") die Negativerklärung substituiert.[218]

c) Verfahren ohne Registersperre. In Eintragungsverfahren, in denen kein Negativattest vorgelegt werden muss, trifft das Registergericht auf der Grundlage der eigenen rechtlichen Beurteilung eine Entscheidung.[219] Dabei steht es im pflichtgemäßen Ermessen des Gerichts, die Entscheidung zunächst bis zum **Ablauf der Anfechtungsfrist** gem. § 381 S. 1 FamFG auszusetzen. Zu der Aussetzung des Verfahrens → Rn. 130 ff.[220] Abweichend von § 381 S. 2 FamFG muss eine Klagefrist bei gesetzlich geregelter Klagefrist nicht noch zusätzlich durch das Registergericht gesetzt werden.[221] Ist die Anfechtungsfrist abgelaufen, ohne dass eine Anfechtungsklage erhoben wurde, kann das Registergericht grundsätzlich die Eintragung vornehmen.[222] Ein Grund für die Versagung der Eintragung liegt dagegen vor, wenn das Registergericht einen Verstoß gegen Vorschriften feststellt, die dem Schutz der Allgemeinheit oder der Gläubiger dienen.[223] In diesen Fällen kann das Registergericht in Wahrnehmung seiner Kontrollfunktion (→ Rn. 5) die Eintragung auch dann ablehnen, wenn eine Anfechtungsklage erfolglos geblieben ist.[224] 114

Die Erhebung einer Klage gegen die Wirksamkeit des Beschlusses gebietet nicht stets die **Aussetzung** des Verfahrens.[225] Stattdessen hat das Registergericht gem. § 21 Abs. 1 S. 1 FamFG („kann") nach pflichtgemäßem Ermessen zu entscheiden. Danach kann die Aussetzung jedoch als sachgerechte Entscheidung angesehen werden, wenn das Registergericht – wie im Regelfall – auf der Grundlage einer eigenen summarischen Prüfung die Erfolgsaussichten der Klage nicht zuverlässig beurteilen kann.[226] 115

Will das Registergericht das Verfahren nicht aussetzen (→ Rn. 115), sondern den Beschluss trotz einer rechtskräftigen Klage gegen dessen Wirksamkeit eintragen, muss es dem Kläger die Möglichkeit geben, die Eintragung mit einer **einstweiligen Verfügung** vorläufig zu verhindern.[227] Eine einstweilige Verfügung des Prozessgerichts ist für das Registergericht gem. § 16 Abs. 2 ebenso verbindlich wie die rechtskräftige Entscheidung in der Hauptsache (→ § 16 Rn. 18).[228] 116

d) Registerverfahren und Freigabeverfahren gem. § 246a AktG. Bei der Eintragung von Hauptversammlungsbeschlüssen über eine Maßnahme der Kapitalbeschaffung (zB § 184 Abs. 1 S. 1 AktG), der Kapitalherabsetzung (§ 223 AktG) oder einen Unternehmensvertrag (§ 293 Abs. 1, 2 AktG, § 294 Abs. 1 S. 1 AktG) gibt es keine förmliche Registersperre.[229] Die Erhebung einer Anfechtungsklage gibt dem Registergericht jedoch Anlass, das Registerverfahren gem. § 21 Abs. 1 S. 1 FamFG auszusetzen. Gemäß § 246a Abs. 1 AktG kann das Prozessgericht auf Antrag der Gesellschaft feststellen, dass die Erhebung der Klage der Eintragung des Beschlusses nicht entgegensteht und Mängel des Hauptversammlungsbeschlusses die Wirkung der Eintragung unberührt lassen. Gemäß § 246a Abs. 3 S. 5 AktG ist der Freigabebeschluss für das Registerverfahren verbindlich. Die entsprechende Anwendung des Freigabeverfahrens auf Beschlüsse der Gesellschafterversammlung einer **GmbH** ist mangels einer planwidrigen Regelungslücke abzulehnen.[230] 117

Da in den von § 246a AktG erfassten Beschlussangelegenheiten keine formelle Registersperre besteht (→ Rn. 117), muss das Registergericht über den Fortgang des Registerverfahrens entschei- 118

---

218 Begr. RegE zu § 246a AktG nF, BT-Drs. 15/5092, 27.

219 Zu der Problematik der systemimmanenten Überforderung des Registergerichts s. Staub/Koch/Harnos Rn. 112.

220 Staub/Koch/Harnos Rn. 110; MüKoHGB/Krafka Rn. 85; Sternal/M. Noack FamFG § 374 Rn. 114; Schulte-Bunert/Weinreich/Nedden-Boeger FamFG § 381 Rn. 13.

221 Schulte-Bunert/Weinreich/Nedden-Boeger FamFG § 381 Rn. 18.

222 Müther Handelsregister § 6 Rn. 124; Müther Handelsregister § 7 Rn. 64.

223 Bokelmann DB 1994, 1341 (1343 f.); Staub/Koch/Harnos Rn. 112 mwN zum Streitstand; Lutter NJW 1969, 1873 (1878).

224 MüKoHGB/Krafka Rn. 86; s. auch Staub/Koch/Harnos Rn. 112; RGHMW/Ries Rn. 38.

225 MüKoHGB/Krafka Rn. 85; RGHMW/Ries Rn. 38; s. auch KG 8.8.2012, FGPrax 2013, 32 f.; OLG Düsseldorf 27.1.2009, NZG 2009, 351 f. Zu den praktischen Problemen der Überfrachtung des Registerverfahrens s. Schulte ZIP 2010, 1166 (1167).

226 BGH 2.7.1990, BGHZ 112, 9 (25) = NJW 1990, 2747; KG 8.8.2012, FGPrax 2013, 32 (33); Bokelmann DB 1994, 1341; Bork ZGR 1993, 343 (357); Klepsch, Prüfungsrecht und Prüfungspflicht der Registergerichte, 2002, 122 ff.; 126 ff.; Koch AktG § 243 Rn. 53; Müther Handelsregister § 6 Rn. 124; Müther Handelsregister § 7 Rn. 64.

227 Ulmer ZRP 2000, 47 (51) Fn. 3.

228 Baur ZGR 1972, 421 (426); Staub/Koch/Harnos, § 16 Rn. 33; MüKoHGB/Krafka § 16 Rn. 15.

229 Zu den hieraus folgenden praktischen Problemen eindrücklich Schulte ZIP 2010, 1066 (1067 f.).

230 KG 23.6.2011, NZG 2011, 1068; s. auch Fleischer DB 2011, 2132 (2135 ff.) mwN zum Streitstand, der sich allerdings iErg vor allem wegen des gesteigerten Legalitätsschutzbedürfnisses eines GmbH-Gesellschafters gegen einen Analogieschluss ausspricht; **aA** Bayer/Lieder NZG 2011, 1170 (1171 ff.) mwN zum Streitstand.

den.[231] Wenn es den Eintragungsantrag nicht ohnehin ablehnt,[232] kommt eine Aussetzung des Verfahrens nach § 21 Abs. 1 S. 1 FamFG (→ Rn. 130 ff.) oder ein Vollzug der Eintragung mangels Erfolgsaussicht der Anfechtungsklage in Betracht. Der Eintragung kraft Eintragungsentscheidung des Registergerichts fehlt aber eine Bestandskraft, wie sie nur der Eintragung aufgrund eines Freigabebeschlusses zukommt (§ 16 Abs. 3 S. 10 UmwG, § 319 Abs. 6 S. 11 AktG ggf. iVm § 327e Abs. 2 AktG). Sie macht also ein Freigabeverfahren nicht obsolet.[233]

119 **9. Beschlüsse im Insolvenz- und Restrukturierungsplan.** In einem Insolvenz- oder Restrukturierungsplan können gem. § 225a Abs. 3 InsO bzw. § 7 Abs. 4 S. 5 StaRUG alle gesellschaftsrechtlich zulässigen Regelungen getroffen werden. Die in den Plan aufgenommenen Beschlüsse der Anteilsinhaber gelten mit der **rechtskräftigen Bestätigung des Insolvenz- bzw. Restrukturierungsplans durch das Insolvenz- bzw. Restrukturierungsgericht** nach § 254a Abs. 2 S. 1 InsO bzw. § 68 Abs. 2 S. 1 StaRUG als in der vorgeschriebenen Form abgegeben. Das Erfordernis einer konstitutiven Handelsregistereintragung bleibt e contrario § 254a Abs. 2 S. 3 InsO unberührt.[234]

120 Für das Registerverfahren stellt sich die Frage, ob und ggf. in welchem Umfang das Registergericht ungeachtet der Planbestätigung durch das Insolvenz- bzw. Restrukturierungsgericht die rechtliche Zulässigkeit der gesellschaftsrechtlichen Maßnahmen prüfen und die Eintragung bei Mängeln versagen darf.[235] Zu den Maßnahmen nach § 225a Abs. 3 InsO bzw. § 7 Abs. 4 S. 5 StaRUG zählt dabei nicht der Fortbestand der Gesellschaft, so dass sich diesbezüglich nach der Rspr. des BGH der Kompetenzkonflikt gerade nicht stellt.[236] Festgehalten werden kann zunächst, dass das Zustandekommen der gesellschaftsrechtlichen Regelungen sich nach den Vorschriften der InsO bzw. des StaRUG zum Insolvenz- bzw. Restrukturierungsplan richtet, so dass die Überprüfung des ordnungsgemäßen Zustandekommens in den Kompetenzbereich des Insolvenz- bzw. Restrukturierungsgerichts fällt. Die Rechte der Anteilsinhaber werden durch deren verfahrensrechtliche Beteiligung gewahrt.[237] Die insolvenz- bzw. restrukturierungsgerichtliche Bestätigung ersetzt zugleich das Beurkundungsverfahren. In diesem Sinne hat das Registergericht nur eingeschränkte Prüfungskompetenz, denn das wirksame Zustandekommen des Plans wird bereits durch das Insolvenz- bzw. Restrukturierungsgericht überprüft. Dem Registergericht kommt vor allem eine „beurkundende Funktion" zu.[238] Eine ausdrückliche Regelung der exklusiven funktionalen Zuständigkeit des Insolvenz- bzw. Restrukturierungsgerichts ist weder in der InsO noch in dem StaRUG enthalten. Vielmehr bleibt das Erfordernis der „registergerichtlichen Vollziehbarkeit".[239] Aus der Perspektive des Insolvenz- und Restrukturierungsrechts wird allerdings vertreten, dass das Insolvenz- bzw. Restrukturierungsgericht vor der Bestätigung des Plans dessen Inhalt und damit auch die gesellschaftsrechtliche Zulässigkeit der darin enthaltenen Maßnahmen abschließend prüfe.[240] Das Registergericht sei insofern an die Bewertung des Insolvenz- bzw. Restrukturierungsgerichts gebunden.[241] Verwiesen wird zudem darauf, dass die insolvenzrechtliche Beschwerderegelung konterkariert würde, wenn dem Registergericht ein Recht zur erneuten materiellen Prüfung des Planinhalts zustünde.[242] Eine auf evidente und schwerwiegende Mängel begrenzte Prüfungskompetenz wird dem Registergericht allerdings zugestanden,[243] weil der Planbestätigungsbeschluss keine materielle Bindungswirkung entfalten kann, wenn er gesetzesfremde oder sittenwidrige Regelungen vorsieht.[244] Daneben bleibe das Registergericht zur Prüfung der formellen

[231] Staub/Koch/Harnos Rn. 107.

[232] Zum Prüfungsrecht aus anderen Gründen s. Krafka RegisterR Rn. 171b.

[233] Zum Freigabeverfahren nach Eintragung OLG Düsseldorf 15.12.2008, ZIP 2009, 518; OLG Frankfurt 21.7.2008, ZIP 2008, 1966; OLG Celle 27.11.2007, ZIP 2008, 318.

[234] Begr. RegE, BT-Drs. 17/5712, 36; s. auch Uhlenbruck/Lüer/Streit InsO § 254a Rn. 11; HamK-InsO/Thies/Lieder InsO § 254a Rn. 9.

[235] S. auch Stellungnahme BR BT-Drs. 17/5712, 56 mit dem Hinweis auf das unklare Verhältnis der Prüfungspflichten des Insolvenzgerichts einerseits und des Registergerichts andererseits. In der Gegenäußerung der BReg wird zwar der Alternativvorschlag einer lediglich schuldrechtlich wirkenden Planregelung verworfen (S. 69), das Problem aber darüber hinaus nicht weiter gewürdigt.

[236] BGH 8.4.2020, NZI 2020, 635 Rn. 15.

[237] S. auch Begr. RegE, BT-Drs. 17/5712, 32.

[238] Begr. RegE, BT-Drs. 17/5712, 37.

[239] AG Berlin-Charlottenburg 9.2.2015, NZG 2015, 1326 (1327) = NZI 2015, 415 (416) mit iErg zust. Anm. Ströhmann/Harder.

[240] Brünkmans/Greif-Werner ZInsO 2015, 1585 (1587 ff.); MüKoInsO/Eidenmüller InsO § 225a Rn. 103.

[241] Brünkmans/Greif-Werner ZInsO 2015, 1585 (1593 f.); MüKoInsO/Madaus InsO § 254a Rn. 22 f.; Madaus ZIP 2012, 2133 (2138 f.).

[242] HK-InsO/Haas InsO § 254a Rn. 6; Rendels/Zabel, Insolvenzplan, 2. Aufl. 2015, Rn. 273a.

[243] Klausmann NZG 2015, 1300 (1305).

[244] HK-InsO/Haas InsO § 254a Rn. 6; s. auch Brünkmans/Greif-Werner ZInsO 2015, 1585 (1594 f.); einschr. wohl MüKoInsO/Madaus InsO § 225a Rn. 23, nach dem das Registergericht zwar eine Änderung anregen dürfe, bei Ablehnung des Insolvenzgerichts den „Beschluss" aber eintragen müsse.

Eintragungsvoraussetzungen berechtigt und verpflichtet.[245] Registerrechtlich ist jedoch zu beachten, dass das Registergericht zwar hinsichtlich des Zustandekommens der Planregelung an die Wirkung des Planbestätigungsbeschlusses gebunden ist, aber in eigener Verantwortung dafür Sorge tragen muss, dass keine aus inhaltlichen Gründen nichtigen gesellschaftsrechtlichen Maßnahmen eingetragen werden.[246] Die gesellschaftsrechtliche Zulässigkeit (§ 225a Abs. 3 InsO, § 7 Abs. 4 S. 5 StaRUG) ist dabei unter Beachtung der insolvenz- bzw. restrukturierungsrechtlichen Rahmenbedingungen zu prüfen. Problemfelder wie die Gewährleistung des gesellschaftsrechtlichen Minderheitenschutzes oder eine Gläubigergefährdung spielen hier keine Rolle,[247] da der Planbestätigungsbeschluss des Insolvenz- bzw. Restrukturierungsgerichts die Einhaltung der insolvenz- bzw. restrukturierungsrechtlichen Vorschriften hinreichend bescheinigt. Orientierungsmaßstab ist deshalb § 241 Nr. 3 AktG.[248] Eine im praktischen Ablauf befriedigende Lösung kann letztendlich nur erreicht werden, wenn bereits die Planerstellung **in Abstimmung mit dem zuständigen Registergericht** erfolgt.[249]

V. Entscheidung des Registergerichts

1. Eintragung. Liegen die Eintragungsvoraussetzungen vor, entscheidet der Registerrichter in der Person eines Richters oder Rechtspflegers positiv über die Eintragung. In Registerverfahren wird diese Entscheidung – abweichend von § 38 Abs. 1 S. 1 FamFG – nicht in Beschlussform getroffen. Stattdessen wird dem Eintragungsantrag (Anmeldung) gem. § 382 FamFG iVm § 382 Abs. 1 S. 1 FamFG mit der Eintragung in das Register stattgegeben. 121

Bei der Entscheidung über die Anmeldung kommt es darauf an, ob die Eintragungsvoraussetzungen zum Zeitpunkt der Eintragung vorliegen.[250] Die Anmeldung als solche ist auch wirksam, wenn es bei der Anmeldung noch an einer Eintragungsvoraussetzung fehlt. Zu der Möglichkeit einer Zwischenverfügung → Rn. 126 ff. Soll eine Wirkung erst zu einem bestimmten Zeitpunkt eintreten, kann das Registergericht die – vorher beantragte – Eintragung nach Eintritt der Wirksamkeit vornehmen.[251] Bei der Formulierung der Eintragung ist das Registergericht nicht an den Wortlaut der Anmeldung gebunden (→ § 12 Rn. 19).[252] Zu der sog. Fassungsbeschwerde → Rn. 135. Bei ordnungsgemäßer Anmeldung ist das Gericht zur **unverzüglichen Eintragung** verpflichtet.[253] 122

Eine Eintragung wird gem. § 8a Abs. 1 (→ § 8a Rn. 2) und § 382 Abs. 1 S. 2 FamFG mit ihrem Vollzug im Register wirksam. Nach § 383 Abs. 1 Hs. 1 FamFG muss den Beteiligten die Eintragung formlos mitgeteilt werden.[254] Auf die **Mitteilung** kann verzichtet werden (§ 383 Abs. 1 Hs. 2 FamFG). Zu der öffentlichen Bekanntmachung s. § 10. 123

2. Ablehnungsbeschluss. Die Ablehnung des Eintragungsantrags erfolgt gem. § 382 Abs. 3 FamFG durch Beschluss, der gem. § 38 Abs. 3 S. 1 FamFG zu begründen und gem. § 39 S. 1 FamFG mit einer **Rechtsbehelfsbelehrung** zu versehen ist. Das Registergericht erlässt einen Ablehnungsbeschluss, wenn der Eintragung ein **nicht behebbarer Mangel** entgegensteht.[255] Das ist zB der Fall, wenn die Eintragung einer nicht eintragungsfähigen Tatsache (→ Rn. 47 ff.) begehrt wird. Gleiches gilt, wenn der Beanstandung durch das Registergericht zwar abgeholfen werden könnte, der Antragsteller aber ernsthaft und endgültig zu erkennen gibt, dass er hierzu nicht bereit ist, weil er zB eine andere 124

[245] Brünkmans/Greif-Werner ZInsO 2015, 1585 (1592).

[246] AG Berlin-Charlottenburg 9.2.2015, NZG 2015, 1326 (1327) mit iErg zust. Anm. Ströhmann/Harder = ZInsO 2015, 416 m. zust. Anm. Horstkotte; s. auch Becker ZInsO 2013, 1885 (1890); Sternal/M. Noack FamFG § 381 Rn. 25: Registergericht sei zur inhaltlichen Prüfung des Plans berechtigt und verpflichtet.

[247] Noack/Schneiders DB 2016, 1619 (1621).

[248] AG Berlin-Charlottenburg 9.2.2015, NZG 2015, 1326 (1327) = NZI 2015, 415 (416) mit iErg zust. Anm. Ströhmann/Harder = ZInsO 2015, 416 m. zust. Anm. Horstkotte; s. auch Staub/Koch/Harnos Rn. 87 mwN; Noack/Schneiders DB 2016, 1619 (1621).

[249] Staub/Koch/Harnos Rn. 87; MüKoInsO/Madaus InsO § 254a Rn. 23.

[250] OLG Jena 15.3.2017, MittBayNot 2018, 58; OLG Hamm 8.2.2007, FGPrax 2007, 186 (187); 20.12.2001, NJW-RR 2002, 761; Ebenroth/Boujong/Schaub Rn. 152.

[251] OLG Hamm 8.2.2007, FGPrax 2007, 186 (187).

[252] BGH 19.3.2007, NJW 2007, 3287 (3288); OLG Hamm 16.9.2004, FGPrax 2005, 39 (40); OLG Köln 24.5.2004, NJW-RR 2004, 1106 (1107); OLG Düsseldorf 2.7.1997, NJW-RR 1998, 245; Sternal/M. Noack FamFG § 382 Rn. 9; Krafka RegisterR Rn. 76; Müther Handelsregister § 2 Rn. 30; SLM/Müther Rn. 12.

[253] NK-HGB/Lamsa Rn. 82; Staub/Koch/Harnos Rn. 128; Ebenroth/Boujong/Schaub Rn. 182; SLM/Müther Rn. 119.

[254] Durch das Gesetz zur Einführung einer Rechtsbehelfsbelehrung im Zivilprozess und zur Änderung anderer Vorschriften vom 5.12.2012 (BGBl. 2012 I 2418) wurde die zuvor leicht missverständliche Formulierung („Bekanntgabe") geändert.

[255] BayObLG 4.11.1999, BayObLGZ 1999, 345 (346); 17.12.1987, BayObLGZ 1987, 449 (450 f.); OLG Stuttgart 6.9.2011, FGPrax 2011, 312 (313); Krafka RegisterR Rn. 166; s. auch OLG Schleswig 18.4.2012, FGPrax 2012, 212 (213).

Rechtsauffassung als das Registergericht vertritt.[256] Der Eintragungsantrag wird ferner dann abgelehnt, wenn eine im Wege der Zwischenverfügung erhobene Beanstandung nicht innerhalb der gesetzten Frist behoben wurde.

125 Nach § 28 Abs. 1 S. 2 FamFG hat das Gericht die Beteiligten darauf hinzuweisen, dass es einen rechtlichen Gesichtspunkt anders beurteilt und seine Entscheidung auf diese abweichende Beurteilung stützen möchte. Hieraus wird zum Teil gefolgert, dass das Registergericht den Antragsteller auf die Möglichkeit der Antragsrücknahme hinzuweisen habe.[257] Nach aA soll der Antragsteller keinen Anspruch darauf haben, dass das Gericht diesen zwar kostengünstigeren, aber mit einer Verzögerung des Verfahrensabschlusses verbundenen Weg wählt.[258] Da die §§ 374 ff. FamFG keine von § 28 Abs. 1 S. 2 FamFG abweichende Regelung enthalten, gilt die Vorschrift auch für das Verfahren in Registersachen, allerdings mit der Maßgabe, dass Gegenstand des Hinweises die rechtlichen Bedenken des Registergerichts sind und nicht die Möglichkeit der Antragsrücknahme.[259] Dieser Hinweis ist nicht isoliert anfechtbar.[260]

126 **3. Zwischenverfügung.** Ist das Eintragungshindernis **behebbar,** erlässt das Registergericht eine auf die Behebung des Mangels gerichtete förmliche Zwischenentscheidung, die für das Verfahren in Registersachen in **§ 382 Abs. 4 S. 1 FamFG** geregelte Zwischenverfügung. Die Zwischenverfügung kann gem. § 382 Abs. 4 S. 2 FamFG mit der **Beschwerde** angefochten werden. Die ausdrückliche Regelung war erforderlich, weil die Beschwerde gem. § 58 Abs. 1 FamFG grundsätzlich nur gegen Endentscheidungen zulässig ist (→ Rn. 134).[261] Ist der Mangel nicht behebbar, ergeht ein Ablehnungsbeschluss (→ Rn. 124 f.). Entsprechendes gilt, wenn der Beanstandung durch das Registergericht zwar abgeholfen werden könnte, der Antragsteller aber ernsthaft und endgültig zu erkennen gibt, dass er hierzu nicht bereit ist, weil er zB eine andere Rechtsauffassung als das Registergericht vertritt.[262]

127 Mit der beschwerdefähigen Zwischenverfügung (§ 382 Abs. 4 S. 1, 2 FamFG; → Rn. 126) ist ein Verfahrensinstrument gegeben, das in besonderer Weise der zügigen und effektiven Abwicklung des Eintragungsverfahrens dient und damit zugleich dem Antragsteller die Ablehnung seiner Anmeldung und die erneute Antragstellung erspart.[263] Als Beispiel eines behebbaren Eintragungshindernisses nennt § 382 Abs. 4 S. 1 FamFG die Unvollständigkeit der Anmeldung. Das jeweilige **Eintragungshindernis** ist in der Zwischenverfügung konkret zu bezeichnen.[264] Das Mittel zur Behebung des Eintragungshindernisses wird sich häufig bereits aus der Bezeichnung des Eintragungshindernisses selbst ergeben (zB die Vorlage fehlender Unterlagen). Im Übrigen ist es zwar zweckmäßig, wenn das Registergericht konkrete Hinweise zur Beseitigung des Eintragungshindernisses gibt. Eine Pflicht hierzu besteht aber nicht.[265]

128 Dem Antragsteller ist gem. § 382 Abs. 4 S. 1 FamFG eine angemessene **Frist** für die Beseitigung des Mangels zu setzen ist. Da die Beschwerdefrist einen Monat beträgt (§ 63 Abs. 1 FamFG; → Rn. 143), sollte die gesetzte Frist einen Monat nicht unterschreiten.[266] Der erfolglose Fristablauf führt nicht zwangsläufig zur Ablehnung des Eintragungsantrags. Auf Antrag der Beteiligten ist nämlich eine Fristverlängerung nach Ermessen des Registergerichts möglich,[267] und zwar auch nach Ablauf der Frist.[268] Ein Antrag auf Fristverlängerung kann nicht in eine Beschwerdeeinlegung umgedeutet werden.[269]

---

[256] OLG Düsseldorf 8.12.2017, NZG 2018, 381.

[257] OLG Frankfurt 17.12.2009, BeckRS 2010, 19150; Sternal/M. Noack FamFG § 382 Rn. 20; s. auch OLG Düsseldorf 6.5.2010, FGPrax 2010, 247 (248).

[258] Krafka RegisterR Rn. 192; MüKoFamFG/Krafka FamFG § 382 Rn. 15; Melchior/Schulte HRV § 26 Rn. 3.

[259] Schulte-Bunert/Weinreich/Nedden-Boeger FamFG § 382 Rn. 35.

[260] OLG Zweibrücken 16.5.2013, NZG 2013, 123; OLG Schleswig 1.2.2012, FGPrax 2012, 126; 5; Schulte-Bunert/Weinreich/Nedden-Boeger FamFG § 382 Rn. 35; s. auch BayObLG 4.11.1999, NJW-RR 2000, 627; Krafka RegisterR Rn. 192.

[261] Begr. RegE FGG-RG, BT-Drs. 16/6308, 286.

[262] OLG Düsseldorf 12.8.2019, NZG 2020, 222; OLG Düsseldorf 8.12.2017, NZG 2018, 381.

[263] MüKoFamFG/Krafka FamFG § 382 Rn. 18 („Gewährung rechtlichen Gehörs in formalisierter Weise"); Schulte-Bunert/Weinreich/Nedden-Boeger FamFG § 382 Rn. 13.

[264] Melchior/Schulte HRV § 26 Rn. 5; Schulte-Bunert/Weinreich/Nedden-Boeger FamFG § 382 Rn. 15.

[265] Holzer ZNotP 2009, 210 (215); Melchior/Schulte HRV § 26 Rn. 5; Schulte-Bunert/Weinreich/Nedden-Boeger FamFG § 382 Rn. 15; **aA** BHS/Harders FamFG § 382 Rn. 15; Sternal/M. Noack FamFG § 382 Rn. 34; s. auch BayObLG 4.1.1999, BayObLGZ 1999, 345 (346).

[266] Schulte-Bunert/Weinreich/Nedden-Boeger FamFG § 382 Rn. 16; Sternal/M. Noack FamFG § 382 Rn. 35.

[267] Schulte-Bunert/Weinreich/Nedden-Boeger FamFG § 382 Rn. 16; s. auch MüKoFamFG/Krafka FamFG § 382 Rn. 24 (Anspruch auf Fristverlängerung bei Ermessensreduzierung auf null).

[268] Schulte-Bunert/Weinreich/Nedden-Boeger FamFG § 382 Rn. 16; s. auch OLG Düsseldorf 4.3.1992, MittRhNotK 1992, 188.

[269] KG 14.12.2022, NZG 2023, 236 (Ls. 1).

Die Zwischenverfügung ist keine Endentscheidung iSv § 38 Abs. 1 S. 1 FamFG mit der Folge, dass – entgegen der vorherrschenden obergerichtlichen Rechtsprechung[270] – die formellen Vorgaben des § 38 Abs. 2–4 FamFG auf die Zwischenverfügung keine Anwendung finden. Gleichwohl ist die Zwischenverfügung gem. § 382 Abs. 4 S. 2 FamFG selbständig mit der Beschwerde anfechtbar, so dass eine **förmliche Bekanntgabe** (§ 15 Abs. 1, 2 FamFG) erforderlich ist, um die Beschwerdefrist beginnen zu lassen (§ 63 Abs. 3 FamFG).[271] Aufgrund der Statthaftigkeit der Beschwerde (§ 382 Abs. 4 FamFG), muss die Zwischenverfügung eine **Rechtsbehelfsbelehrung** iSv § 39 FamFG enthalten.[272] Entsprechend der Meistbegünstigungstheorie ist die Beschwerde auch statthaft, wenn das mit der Rechtsbehelfsbelehrung versehene Schreiben zwar nicht als Zwischenverfügung ausgewiesen ist, aber in der Sache Eintragungshindernisse benennt und eine Frist zu deren Behebung setzt.[273] 129

4. Aussetzung der Entscheidung. Die Entscheidung des Registergerichts kann von der Beurteilung eines streitigen Rechtsverhältnisses abhängen. Das ist zB der Fall, wenn zwei Personen sich jeweils berühmen, Rechtsnachfolger des im Handelsregister eingetragenen Gesellschafters zu sein oder wenn Streit über das Stimmrecht eines Gesellschafters besteht. Ist das Rechtsverhältnis bereits Gegenstand eines anderen gerichtlichen Verfahrens – Gleiches gilt bei einem Verwaltungsverfahren –, liegt ein **wichtiger Grund für die Aussetzung** des Verfahrens gem. § 21 Abs. 1 S. 1 FamFG vor.[274] Die Aussetzungsmöglichkeit nach § 21 Abs. 1 FamFG besteht im Übrigen auch dann, wenn ein anderes Verfahren zB der freiwilligen Gerichtsbarkeit anhängig ist, dessen Ausgang oder Zwischenergebnis zweckmäßigerweise abgewartet werden sollte.[275] 130

Für das Verfahren in Registersachen enthält § 381 FamFG eine weitere Aussetzungsmöglichkeit. Ist **noch kein anderweitiges Verfahren anhängig** – andernfalls gilt § 21 Abs. 1 S. 1 FamFG (→ Rn. 129) –, kann das Registergericht das Verfahren aufgrund eines vorgreiflichen Rechtsstreits gem. § 381 S. 1 FamFG aussetzen, wobei es einem Beteiligten gem. § 381 S. 2 FamFG grundsätzlich eine Frist zur Klageerhebung setzen muss. Hiervon kann ausnahmsweise abgesehen werden, wenn bereits eine gesetzliche Klagefrist besteht.[276] Es ist nicht zulässig, ein Zwangsgeld zu erheben, um den Beteiligten zur Klageerhebung anzuhalten.[277] Ist die gesetzte Frist abgelaufen, ohne dass eine Klage anhängig ist, muss das Registergericht das Verfahren wieder aufnehmen und selbst in der Sache entscheiden.[278] 131

Über die Aussetzung des Verfahrens entscheidet das Registergericht nach **pflichtgemäßem Ermessen.**[279] Hierbei hat es die gewichten Bedenken zu prüfen, die aus tatsächlichen oder rechtlichen Gründen für oder gegen das Bestehen des streitigen Rechtsverhältnisses sprechen.[280] Zudem 132

[270] Holzer ZNotP 2009, 210 (215); Krafka RegisterR Rn. 166 mwN; MüKoFamFG/Krafka FamFG § 382 Rn. 18; Schulte-Bunert/Weinreich/Nedden-Boeger FamFG § 382 Rn. 23; Haußleiter/Schemmann FamFG § 382 Rn. 14; **aA** OLG Düsseldorf 1.2.2017, NZG 2017, 663 (664); 25.10.2013, NZG 2014, 109; 7.3.2012, FGPrax 2012, 173 (174); 6.12.2011, NJW-RR 2012, 560 (561); 6.5.2010, FGPrax 2010, 247 (248); Heinemann FGPrax 2009, 1 (3); Sternal/M. Noack FamFG § 382 Rn. 34; im Grundsatz auch OLG Schleswig 15.12.2010, ZIP 2011, 622 = RNotZ 2011, 314.

[271] Krafka RegisterR Rn. 195; Sternal/M. Noack FamFG § 382 Rn. 37; Schulte-Bunert/Weinreich/Nedden-Boeger FamFG § 382 Rn. 25; Ries Rpfleger 2009, 441.

[272] OLG Stuttgart 23.3.2010, FGPrax 2010, 257; 19.3.2010, FGPrax 2010, 255 (256); Krafka RegisterR Rn. 167; MüKoFamFG/Krafka FamFG § 382 Rn. 25; Schulte-Bunert/Weinreich/Nedden-Boeger FamFG § 382 Rn. 24; Sternal/M. Noack FamFG § 382 Rn. 36; Ries Rpfleger 2009, 441; **aA** Haußleiter/Schemmann FamFG § 382 Rn. 14.

[273] KG 6.12.2021, ZIP 2022, 1109 (1111).

[274] KG 8.8.2012, FGPrax 2013, 32 (33) (Anfechtungsklage); OLG Zweibrücken 28.12.2015, FGPrax 2016, 121 (Anfechtungsklage).

[275] BayObLG 28.4.1988, BayObLGZ 1988, 128 (131) = DNotZ 1989, 243; Krafka RegisterR Rn. 170; SLM/Müther Handelsregister § 16 Rn. 32.

[276] Schulte-Bunert/Weinreich/Nedden-Boeger FamFG § 381 Rn. 18.

[277] BayObLG 19.10.1995, DNotZ 1997, 81 (82 f.); OLG Zweibrücken 24.10.1989, Rpfleger 1990, 77; OLG Köln 17.5.2010, FGPrax 2010, 215 (216); Sternal/M. Noack FamFG § 381 Rn. 17; Keilbach DNotZ 2001, 671 (684); MüKoFamFG/Krafka FamFG § 381 Rn. 6; Krafka RegisterR Rn. 170.

[278] BayObLG 19.10.1995, DNotZ 1997, 81 (82 f.); OLG Zweibrücken 24.10.1989, Rpfleger 1990, 77; OLG Köln 17.5.2010, FGPrax 2010, 215 (216). Krafka RegisterR Rn. 170; Schulte-Bunert/Weinreich/Nedden-Boeger FamFG § 381 Rn. 19; Ebenroth/Boujong/Schaub Rn. 182.

[279] BGH 10.10.2012, FGPrax 2013, 42 Rn. 18; BayObLG 27.10.1982, Rpfleger 1983, 74; KG 19.10.1966, OLGZ 1966, 602 (603) = NJW 1967, 401 (402); 2.9.2010, NJW-RR 2011, 220; 8.8.2012, FGPrax 2013, 32 f.; 3.3.2014, BeckRS 2014, 07462; OLG Köln 26.8.1994, BB 1995, 10; OLG Karlsruhe 14.5.1996, Rpfleger 1996, 461 f.; OLG Hamm 11.5.1998, Rpfleger 1998, 522 (523); OLG München 18.8.2011, FGPrax 2011, 250 (251); 10.4.2018, NZG 2018, 588 (589); OLG Zweibrücken 30.8.2012, NZG 2013, 107; 28.12.2015, FGPrax 2016, 121; BJS/Müther FamFG § 381 Rn. 6; Keilbach DNotZ 2001, 671 (683 f.); Krafka RegisterR Rn. 171; Schulte-Bunert/Weinreich/Nedden-Boeger FamFG § 381 Rn. 10; Staub/Koch/Harnos Rn. 131.

[280] OLG München 18.8.2011, FGPrax 2011, 250; 10.4.2018, NZG 2018, 588 (589).

ist zu berücksichtigen, dass die mit dem Eintragungsantrag begehrte Rechtsfolge ein schutzwürdiges Interesse des Anmelders an einem beschleunigten Vollzug begründen (zB § 176 Abs. 1).[281] In diesen Fällen ist eine Aussetzung nur ermessensfehlerfrei, wenn eine Entscheidung entweder nicht ohne schwierige, zeitraubende und umfangreiche Ermittlungen getroffen werden kann oder die Beantwortung zweifelhafter, strittiger Rechtsfragen verlangt.[282] Gegen die Aussetzung nach § 21 Abs. 1 S. 1 FamFG ist gem. § 21 Abs. 2 FamFG die **sofortige Beschwerde** entsprechend den §§ 567 ff. ZPO eröffnet. Da § 381 FamFG an diese Vorschrift anschließt, ist § 21 Abs. 2 FamFG entsprechend heranzuziehen, so dass auch in diesem Fall die Entscheidung als isolierte Zwischenentscheidung angefochten werden kann.[283] Beschwerdegegenstand ist allerdings nur die Aussetzung; die Entscheidung in der Sache kann in diesem Verfahren nicht verfolgt werden.[284]

VI. Beschwerdeverfahren

133 **1. Beschwerdefähige Entscheidungen.** Die Beschwerde ist gem. § 58 Abs. 1 FamFG das statthafte Rechtsmittel gegen im ersten Rechtszug ergangene gerichtliche Endentscheidungen. Beschwerdefähig sind der Beschluss, mit dem ein Eintragungsantrag abgelehnt wird (§ 382 Abs. 3 FamFG), und – obwohl es keine Endentscheidung iSd § 38 Abs. 1 S. 1 FamFG ist (→ Rn. 129) – gem. § 382 Abs. 4 FamFG die Zwischenverfügung. Die Registereintragung, mit der einem Eintragungsantrag gem. § 382 Abs. 1 S. 1 FamFG stattgegeben wird, unterliegt gem. § 383 Abs. 3 FamFG nicht der Anfechtung. Zu der Anregung eines Amtslöschungsverfahrens → Rn. 135. Zu der sog. Fassungsbeschwerde → Rn. 135.[285]

134 Die **Anfechtbarkeit der Zwischenverfügung** wurde in § 382 Abs. 4 S. 2 FamFG ausdrücklich geregelt, weil § 58 Abs. 1 FamFG die isolierte Beschwerde gegen Zwischenentscheidungen grundsätzlich nicht zulässt.[286] Für das Verfahren in Registersachen hat der Gesetzgeber das bewährte Institut der beschwerdefähigen Zwischenverfügung erhalten.

135 Um die Beseitigung einer gem. § 383 Abs. 3 FamFG nicht beschwerdefähigen **Registereintragung** (→ Rn. 133) zu erreichen, kommt ausschließlich die **Anregung eines Amtslöschungsverfahrens** nach § 395 FamFG in Betracht. Zu dem Amtslöschungsverfahren → Rn. 148. Wurde ein als „Beschwerde" bezeichneter Rechtsbehelf gegen die Eintragung erhoben, ist dieser in eine Anregung auf Einleitung des Amtslöschungsverfahrens umzudeuten.[287] Statthaft ist auch die sog. **Fassungsbeschwerde,** also die Beschwerde, mit welcher der Beschwerdeführer sich gegen die Ablehnung eines Antrags auf Änderung der Fassung der Registereintragung wendet.[288] In Anlehnung an die Begründung des RegE FGG-RG[289] ist davon auszugehen, dass das Fehlen einer ausdrücklichen Regelung nicht gegen die Statthaftigkeit der sog. Fassungsbeschwerde spricht.[290] In der Sache geht

[281] BGH 10.10.2012, FGPrax 2013, 42 Rn. 19; KG 8.8.2012, FGPrax 2013, 32 (33); Sternal/M. Noack FamFG § 381 Rn. 11.

[282] OLG Düsseldorf 27.1.2009, NZG 2009, 351; OLG Hamm 11.5.1998, Rpfleger 1998, 522; KG 19.10.1966, OLGZ 1966, 602 (603) = NJW 1967, 401; s. auch OLG München 10.4.2018, NZG 2018, 588 f. (Begründung erforderlich); 18.8.2011, FGPrax 2011, 250.

[283] OLG Köln 17.5.2010, FGPrax 2010, 215; MüKoFamFG/Krafka FamFG § 381 Rn. 10; Schulte-Bunert/Weinreich/Nedden-Boeger FamFG § 381 Rn. 23; s. auch Bahrenfuss/Steup FamFG § 381 Rn. 13.

[284] OLG Köln 17.5.2010, FGPrax 2010, 215 f.; BHS/Harders FamFG § 381 Rn. 14; MüKoFamFG/Krafka FamFG § 381 Rn. 10.

[285] BGH 21.3.1988, BGHZ 104, 61 (63) = NJW 1988, 1840; BayObLG 19.9.1991, BayObLGZ 1991, 337 (339); 24.5.1988, BayObLGZ 1988, 170 (173); 11.6.1986, NJW-RR 1986, 1161; 4.12.1984, DNotZ 1986, 48; 12.3.1984, DNotZ 1985, 168; OLG Köln 24.5.2004, Rpfleger 2004, 571; 4.2.2004, ZIP 2004, 505 (506); OLG Hamm 22.7.1966, OLGZ 1966, 598 (599); 6.10.1953, DNotZ 1954, 92.

[286] Begr. RegE FGG-RG, BT-Drs. 16/6308, 286.

[287] BayObLG 19.9.1991, BayObLGZ 1991, 337 (339); 24.5.1988, BayObLGZ 1988, 170 (173); 11.6.1986, NJW-RR 1986, 1161; OLG Düsseldorf 1.3.2016, RNotZ 2016, 331 (333); OLG München 3.3.2011, NJW-RR 2011, 622; OLG Hamm 1.7.2010, FGPrax 2010, 322; OLG Köln 4.2.2004, FGPrax 2004, 88 (89); OLG Düsseldorf 14.12.1998, Rpfleger 1999, 228; OLG Hamm 22.7.1966, OLGZ 1966, 598 (599); 6.10.1953, DNotZ 1954, 92 (93); Krafka RegisterR Rn. 2441; NK-HGB/Lamsa Rn. 93; Müther Handelsregister § 16 Rn. 6; Sternal/M. Noack FamFG § 383 Rn. 24; Schulte-Bunert/Weinreich/Nedden-Boeger FamFG § 383 Rn. 32.

[288] OLG Düsseldorf 18.2.2014, FGPrax 2014, 174; OLG München 13.4.2011, FGPrax 2011, 193; 28.7.2010, MittBayNot 2010, 489 (490); OLG Hamm 26.1.2010, DNotZ 2010, 555 (556); KG 23.5.2000, MittRhNotK 2000, 396 (397) (Entscheidung in der Sache); MüKoFamFG/Krafka FamFG § 383 Rn. 13; Krafka RegisterR Rn. 2442; Schulte-Bunert/Weinreich/Nedden-Boeger FamFG § 383 Rn. 33 ff.; Sternal/M. Noack FamFG § 383 Rn. 25; Müther Handelsregister § 16 Rn. 7; SLM/Müther Rn. 182; Bahrenfuss/Steup FamFG § 383 Rn. 8; Bassenge/Roth/K. Walter FamFG § 384 Rn. 4; ausf. Holzer ZNotP 2008, 138 ff.; offengelassen von BayObLG 11.6.1986, NJW-RR 1986, 1161.

[289] Begr. RegE FGG-RG, BT-Drs. 16/6308, 286.

[290] BHS/Harders FamFG § 383 Rn. 5; MüKoFamFG/Krafka FamFG § 383 Rn. 13; Sternal/M. Noack FamFG § 383 Rn. 25.

es um die **Ablehnung eines Berichtigungsantrags** durch das Registergericht, die der Beschwerdeführer überprüfen lassen will. Der Berichtigungsantrag als solcher kann als besonderer Rechtsbehelf angesehen werden, um ihn von dem Eintragungsantrag gem. § 12 HGB abzugrenzen.[291] Der Ablehnung kommt es gleich, wenn die vollzogene Korrektur nicht dem Antrag entspricht.[292] Die begehrte Korrektur muss auf die äußere Fassung der Registereintragung zielen; auf den materiellen Inhalt und damit auf die Publizitätswirkung (§ 15 Abs. 1 HGB) darf sie keinen Einfluss haben.[293] Im Rahmen der Beschwerde gegen die Ablehnung des Berichtigungsantrags wird geprüft, ob der Registerrichter hinsichtlich der Art und Weise der Eintragung, einschließlich der Schreibweise, von seinem Ermessen pflichtgemäß Gebrauch gemacht hat. Wird mit der Änderung der Fassung hingegen eine inhaltliche Korrektur bezweckt, die wegen der fehlenden Anfechtbarkeit einer Eintragung nicht im Beschwerdeweg erreicht werden kann, ist die unstatthafte Beschwerde umzudeuten, und zwar in einen Antrag auf Einleitung des Amtslöschungsverfahrens verbunden mit dem Antrag auf Eintragung gemäß der ursprünglichen Anmeldung.[294]

2. Beschwerdeberechtigung. a) Allgemeines. Die Beschwerdeberechtigung ist in § 59 FamFG geregelt. In **Antragsverfahren** ist gem. § 59 Abs. 2 FamFG nur der Antragsteller beschwerdeberechtigt, dessen Antrag zurückgewiesen wurde, ansonsten gem. § 59 Abs. 1 FamFG jeder, der durch den Beschluss in seinen Rechten beeinträchtigt ist. In Verfahren in Registersachen sind einige Besonderheiten hinsichtlich der Beschwerdeberechtigung zu beachten.[295] **136**

b) Amtslöschung. Wurde die Anregung einer Amtslöschung abgelehnt, ist der Anregende (zB ein Gesellschafter)[296] beschwerdeberechtigt, wenn durch die zu beseitigende Eintragung in eines seiner Rechte eingegriffen wurde.[297] Allein die Ablehnung der angeregten Einleitung eines Löschungsverfahrens begründet keine Beschwerdeberechtigung.[298] **136a**

c) Gesellschaften. Bei Anmeldungen, die eine **Personenhandelsgesellschaft** betreffen, sind die Gesellschafter als Anmelder beschwerdeberechtigt, wenn ihr Antrag abgelehnt wird.[299] Wird eine auf eine konstitutive Eintragung gerichtete **Registeranmeldung einer juristischen Person** abgelehnt, ist der betroffene Rechtsträger der Anmeldende, nicht der organschaftliche Vertreter, der die Anmeldung erklärt, so dass der Rechtsträger selbst beschwerdeberechtigt ist.[300] Ein weitergehendes Beschwerderecht der Gesellschafter besteht in den Registerangelegenheiten der Kapitalgesellschaft nicht.[301] Zu der Anmeldung konstitutiver Eintragungen sind die Organmitglieder organschaftlich, dh privat-rechtlich, verpflichtet. Wenn die Vertretungsorgane jedoch zugleich in Erfüllung einer sie persönlich treffenden, mit Zwangsmitteln durchsetzbaren Pflicht handeln (→ § 14 Rn. 6 ff.), billigt die Rspr. ihnen neben dem Rechtsträger die Beschwerdeberechtigung zu.[302] **137**

---

[291] Bahrenfuss/Kräft FamFG § 58 Rn. 12; Sternal/M. Noack FamFG § 383 Rn. 25; s. auch OLG München 28.7.2010, MittBayNot 2000, 489 (490); OLG Hamm 26.1.2010, DNotZ 2010, 555 (556); MüKoFamFG/Krafka FamFG § 383 Rn. 13.

[292] Holzer ZNotP 2008, 138 (140).

[293] Holzer ZNotP 2008, 138 (140); Schulte-Bunert/Weinreich/Nedden-Boeger FamFG § 383 Rn. 35 f.

[294] BayObLG 11.6.1986, NJW-RR 1986, 1161 (1162); 4.12.1984, DNotZ 1986, 48 (49); OLG Köln 24.5.2004, NZG 2004, 666 (667); Schulte-Bunert/Weinreich/Nedden-Boeger FamFG § 383 Rn. 36.

[295] Zu Einzelfällen s. zB Krafka RegisterR Rn. 2451 ff.; Sternal/Jokisch FamFG § 59 Rn. 90; Nedden-Boeger FGPrax 2010, 1 (6).

[296] OLG Frankfurt 11.10.2024, NZG 2025, 1000 Rn. 13.

[297] OLG Frankfurt 11.10.2024, NZG 2025, 1000 Rn. 18 mwN. Zu der Beschwerdeberechtigung eines Insolvenzverwalters s. KG 3.3.2014, FGPrax 2014, 171.

[298] OLG Frankfurt 11.10.2024, NZG 2025, 1000 Rn. 14.

[299] OLG Hamm 19.6.2013, NJW-RR 2013, 1196; OLG Schleswig 1.2.2012, FGPrax 2012, 127 (128); OLG Frankfurt 27.5.2008, NZG 2008, 749; OLG Hamm 11.12.2007, FGPrax 2008, 78; Sternal/Jokisch FamFG § 59 Rn. 90; Krafka RegisterR Rn. 2455; Schulte-Bunert/Weinreich/Nedden-Boeger FamFG § 382 Rn. 38; BeckOK FamFG/Otto, 56. Ed. 1.12.2025, FamFG § 382 Rn. 53a; s. auch OLG Schleswig 29.3.2010, FGPrax 2010, 253 (254); OLG München 7.7.2009, NZG 2009, 1234 (1235).

[300] BGH 11.4.2011, NJW 2011, 1883 Rn. 10; 24.10.1988, BGHZ 105, 324 (328) = NJW 1989, 295 (296); Prütting/Helms/Holzer FamFG § 382 Rn. 30; Sternal/Jokisch FamFG § 59 Rn. 90; Schulte-Bunert/Weinreich/Nedden-Boeger FamFG § 382 Rn. 38; BeckOK FamFG/Otto, 56. Ed. 1.12.2025, FamFG § 382 Rn. 53a; Schulte-Bunert/Weinreich/Roßmann FamFG § 59 Rn. 41. Zu der Beschwerdeberechtigung des Vorvereins und der Vorgesellschaft OLG Düsseldorf 28.5.2013, Rpfleger 2013, 539 = BeckRS 2013, 10294; BeckOK FamFG/Otto, 56. Ed. 1.12.2025, FamFG § 382 Rn. 53a.

[301] KG 3.12.2018, NZG 2019, 424 (425).

[302] OLG Hamm 4.8.2010, NZG 2010, 1156 (1157); OLG Nürnberg 5.3.2010, Rpfleger 2010, 374 (375); OLG München 30.3.2009, FGPrax 2009, 127 mwN; s. auch Krafka RegisterR Rn. 2454; Schulte-Bunert/Weinreich/Nedden-Boeger FamFG § 382 Rn. 37; Nedden-Boeger FGPrax 2010, 1 (6); BeckOK FamFG/Otto, 56. Ed. 1.12.2025, FamFG § 382 Rn. 53a; zu systematischen Bedenken Fleischhauer/Wochner HandelsregisterR/Wochner/Schemmann Teil A Rn. 192.

138 **d) Notar.** Dem Notar, der aufgrund der Vermutung des § 378 Abs. 2 FamFG als Vertreter einen Eintragungsantrag gestellt hat, steht kein eigenes Beschwerderecht zu, wenn die begehrte Eintragung nicht erfolgt.[303] Die Vollmachtvermutung erstreckt sich jedoch auf das Beschwerdeverfahren, wobei die Beschwerde im Zweifel als im Namen aller Beschwerdeberechtigten eingelegt gilt.[304] Ein eigenes Beschwerderecht des Notars besteht nur ausnahmsweise, wenn der Notar seiner Amtspflicht nach § 40 Abs. 2 GmbHG zur Einreichung der notarbescheinigten Gesellschafterliste nachgekommen ist und das Registergericht Liste oder Bescheinigung beanstandet hat.[305]

139 **e) Berufsständische Organe.** Gemäß § 380 Abs. 5 FamFG sind die berufsständischen Organe iSd § 380 Abs. 1 FamFG, insbesondere die Industrie- und Handelskammern (§ 380 Abs. 1 Nr. 1 FamFG), beschwerdebefugt.[306] Ihr Beschwerderecht setzt allerdings zum einen voraus, dass eine Entscheidung des Registergerichts angefochten werden soll, gegen welche die Beschwerde überhaupt statthaft ist (→ Rn. 133).[307] Zum anderen sind die berufsständischen Organe nicht beschwerdebefugt, wenn das Registergericht in dem Anmeldungsverfahren einen Eintragungsantrag ablehnt, da die Verfolgung von Eintragungsanträgen gem. § 59 Abs. 2 FamFG allein Sache der Antragsberechtigten ist (→ Rn. 136) und keine Aufgabe der berufsständigen Organe.[308]

140 **3. Einlegung der Beschwerde.** Gemäß § 64 Abs. 1 FamFG ist die Beschwerde bei dem Gericht einzulegen, dessen Beschluss angefochten wird **(iudex a quo).** Diese Regelung dient der Beschleunigung des Beschwerdeverfahrens.[309] Sie knüpft an die **generelle Abhilfebefugnis des Gerichts der angefochtenen Entscheidung** nach § 68 Abs. 1 S. 1 FamFG an. Hilft das Untergericht nicht ab, muss es die Beschwerde unverzüglich dem Beschwerdegericht vorlegen.[310] Dem erstinstanzlichen Gericht wird eine angemessene Überprüfungspflicht eingeräumt.[311] **Beschwerdegericht** in Registersachen ist gem. § 119 Abs. 1 Nr. 1 lit. b GVG das Oberlandesgericht.

141 Die Beschwerde wird gem. § 64 Abs. 2 S. 1 FamFG durch Einreichung einer von dem Beschwerdeführer oder seinem Bevollmächtigten (→ Rn. 142) unterzeichneten **Beschwerdeschrift** oder zur Niederschrift der Geschäftsstelle eingelegt. Gemäß § 14 Abs. 2 S. 1, 2 FamFG iVm § 130a ZPO, kann die Beschwerdeschrift als elektronisches Dokument übermittelt werden. Die Mindestanforderungen an Form und Inhalt der Beschwerde sind in § 64 Abs. 2 S. 3 und 4 FamFG niedergelegt. Die Beschwerdeschrift ist der **Auslegung** zugänglich.[312]

142 Die Beschwerde kann nicht nur durch den Beschwerdeführer selbst, sondern gem. § 64 Abs. 2 S. 1 FamFG auch durch seinen **Bevollmächtigten** eingelegt werden. Taugliche Verfahrensbevollmächtigte sind gem. § 10 Abs. 2 Nr. 3 FamFG insbesondere Notare (→ Rn. 138). Die für die Antragstellung gem. § 378 Abs. 1 FamFG vorgesehene Erweiterung des Kreises möglicher Vertreter gilt nicht für die Vertretung im Beschwerdeverfahren.[313] Das Vorliegen einer Verfahrensvollmacht – diese ist gem. § 11 S. 1 FamFG zu den Gerichtsakten einzureichen – wird gem. § 11 S. 4 FamFG von Amts wegen geprüft, wenn nicht ein Rechtsanwalt oder ein Notar als Vertreter im Verfahren handelt.

143 **4. Beschwerdefrist.** Die Beschwerde gem. § 63 FamFG ist binnen einer Frist von einem Monat einzulegen. Die Frist beginnt gem. § 63 Abs. 3 S. 1 FamFG mit der schriftlichen Bekanntgabe des Beschlusses an die Beteiligten iSd § 7 FamFG. Die Bekanntgabe (§ 41 FamFG) ist gem. § 40 Abs. 1

---

303 BayObLG 16.2.2000, NJW-RR 2000, 990; OLG Nürnberg 5.3.2010, Rpfleger 2010, 374 (375); KG 15.1.1959, NJW 1959, 1086 (1987); MüKoFamFG/Krafka FamFG § 378 Rn. 13; Sternal/M. Noack FamFG § 378 Rn. 19; Bahrenfuss/Steup FamFG § 378 Rn. 12.

304 OLG Frankfurt 2.8.2022, GmbHR 2023, 121 (122); OLG Düsseldorf 25.10.2013, FGPrax 2014, 82; OLG Nürnberg 5.3.2010, Rpfleger 2010, 374 (375); OLG Zweibrücken 14.6.2000, FGPrax 2000, 208; Sternal/M. Noack FamFG § 378 Rn. 19; MüKoFamFG/Krafka FamFG § 378 Rn. 13; Schulte-Bunert/Weinreich/Nedden-Boeger FamFG § 378 Rn. 33.

305 BGH 20.9.2011, NZG 2011, 1268 Rn. 8; 1.3.2011, NJW 2011, 1809 Rn. 9 f.

306 Zur Mitwirkung der Rechtsanwaltskammer im Verfahren über die Handelsregistereintragung einer Anwalts-GmbH s. BayObLG 28.8.1996, BayObLGZ 1996, 188 (189).

307 Schulte-Bunert/Weinreich/Nedden-Boeger FamFG § 380 Rn. 34, 38 (vom Organ eingenommener Rechtsstandpunkt durch „besonderen Vorbescheid" zurückgewiesen, Antrag zur Einleitung eines Amtslöschungsverfahrens zurückgewiesen usw).

308 BayObLG 20.10.1983, BayObLGZ 1983, 250 (252); OLG Oldenburg 16.11.1956, NJW 1957, 349 (350); Krafka RegisterR Rn. 2464; MüKoFamFG/Krafka FamFG § 380 Rn. 11; Schulte-Bunert/Weinreich/Nedden-Boeger FamFG § 380 Rn. 35; **aA** Sternal/M. Noack FamFG § 380 Rn. 38; Dutta/Jacoby/Schwab/Müther FamFG § 380 Rn. 11.

309 Begr. RegE FGG-RG, BT-Drs. 16/6308, 206.

310 Zu dem Abhilfeverfahren s. OLG Düsseldorf 16.3.2018, NZG 2018, 755 (756).

311 Begr. RegE FGG-RG, BT-Drs. 16/6308, 207.

312 OLG Düsseldorf 18.7.2019, NJW-RR 2020, 25 (26).

313 Krafka RegisterR Rn. 2446.

FamFG Voraussetzung für das Wirksamwerden eines Beschlusses. Da es nach § 63 Abs. 3 FamFG auf die jeweilige Bekanntgabe ankommt, kann der Lauf der Frist bei mehreren Beschwerdeberechtigten zu verschiedenen Zeiten beginnen.[314] Ist die Beschwerdefrist allerdings für die Antragsteller abgelaufen, können weitere Antragsberechtigte keine Beschwerde mehr einlegen.[315] Kann die schriftliche Bekanntgabe an einen Beteiligten nicht bewirkt werden, beginnt die Frist gem. § 63 Abs. 3 S. 2 FamFG spätestens mit Ablauf von fünf Monaten nach dem Erlass des Beschlusses iSd § 38 Abs. 3 S. 3 FamFG.

5. Beschwerdewert. Handelsregistersachen sind vermögensrechtliche Angelegenheiten mit der Folge, dass die Beschwerde gem. § 61 Abs. 1 FamFG nur zulässig ist, wenn der Wert des Beschwerdegegenstandes 1.000 Euro übersteigt.[316] In Registersachen wird der Beschwerdewert regelmäßig überschritten sein.[317] Ansonsten muss die Beschwerde gem. § 61 Abs. 3 S. 1 FamFG durch das Registergericht zugelassen werden, was allerdings eine grundsätzliche Bedeutung der Rechtssache oder die Erforderlichkeit der Beschwerdeentscheidung zur Fortbildung des Rechts oder zur Sicherung einer einheitlichen Rechtsprechung voraussetzt. 144

6. Begründung der Beschwerde. Gemäß § 65 Abs. 1 FamFG soll die Beschwerde begründet werden. Hierfür kann das Beschwerdegericht oder der Vorsitzende dem Beschwerdeführer gem. § 65 Abs. 2 FamFG eine Frist einräumen. Fehlt die Begründung, heißt das jedoch nicht, dass die Beschwerde als unzulässig verworfen[318] oder als unbegründet[319] zurückgewiesen würde. Lässt der Beschwerdeführer die ihm gesetzte Frist verstreichen, kann das Gericht das Verfahren nunmehr ohne weiteres Zuwarten fördern.[320] 145

7. Verfahrensablauf, Entscheidung. Die Befassung des Beschwerdegerichts mit der Beschwerde setzt gem. § 68 Abs. 1 S. 1 FamFG voraus, dass das Gericht, dessen Beschluss angefochten wird, der Beschwerde nicht abhilft (→ Rn. 140). In diesem Fall muss das Gericht gem. § 68 Abs. 1 S. 1 Hs. 2 FamFG die Beschwerde unverzüglich dem Beschwerdegericht vorlegen (sog. Nichtabhilfe- und Vorlageentscheidung). Das Beschwerdegericht hat gem. § 69 Abs. 1 S. 1 FamFG grundsätzlich selbst in der Sache zu entscheiden. Eine Zurückweisung an das Gericht des ersten Rechtszugs ist nur ausnahmsweise unter den Voraussetzungen des § 69 Abs. 1 S. 2 und 3 FamFG zulässig. 146

8. Rechtsbeschwerde. Die Rechtsbeschwerde ist gem. § 70 Abs. 1 FamFG nur statthaft, wenn sie das Beschwerdegericht zugelassen hat. Sie kann gem. § 72 Abs. 1 FamFG nur auf eine Rechtsverletzung gestützt werden und ist gem. § 71 Abs. 1 FamFG binnen einer Frist von einem Monat nach der schriftlichen Bekanntgabe des Beschlusses durch Einreichung einer Rechtsbeschwerdeschrift bei dem Rechtsbeschwerdegericht einzulegen. Da die Beteiligten sich nach Maßgabe des § 10 Abs. 4 S. 1 FamFG durch einen beim BGH zugelassenen Anwalt vertreten lassen müssen, kann die Einlegung und Begründung nicht durch einen Notar erfolgen.[321] 147

VII. Löschungsverfahren

1. Löschung unzulässiger Eintragungen (§ 395 FamFG). Das Registergericht kann unzulässige Registereintragungen gem. **§ 395 Abs. 1 FamFG** von Amts wegen löschen. Dies dient dem Zweck, im öffentlichen Interesse erlassene Vorschriften über die Eintragung in das Handelsregister durchzusetzen.[322] Zu dem Verhältnis zum Registerzwang → § 14 Rn. 40 ff.[323] Unzulässig iSd § 395 Abs. 1 FamFG sind Eintragungen, die sachlich unrichtig sind oder unter Verstoß gegen gesetzliche Ver- 148

[314] BHS/Bumiller FamFG § 63 Rn. 4; Sternal/Sternal FamFG § 63 Rn. 30.

[315] Nedden-Boeger FGPrax 2010, 1 (5); s. auch Rechtsausschuss, BT-Drs. 16/9733, 289 zum Fristbeginn gegenüber demjenigen, der am erstinstanzlichen Verfahren nicht beteiligt war.

[316] OLG Düsseldorf 20.8.2012, NJOZ 2013, 404; 11.5.2012, BeckRS 2012, 25020; s. auch OLG Schleswig 9.6.2010, FGPrax 2010, 208; OLG Zweibrücken 19.2.2010, NZG 2010, 794 (795) jeweils zum Zwangsgeldverfahren.

[317] Krafka RegisterR Rn. 2449; Ries Rpfleger 2009, 441 (442).

[318] Prütting/Helms/Abramenko FamFG § 65 Rn. 2; Dutta/Jacoby/Schwab/Müther FamFG § 65 Rn. 1.

[319] Prütting/Helms/Abramenko FamFG § 65 Rn. 2; Sternal/Sternal FamFG § 65 Rn. 6.

[320] Prütting/Helms/Abramenko FamFG § 65 Rn. 9; Schulte-Bunert/Weinreich/Roßmann FamFG § 65 Rn. 7.

[321] Prütting/Helms/Abramenko FamFG § 71 Rn. 8; Sternal/Göbel FamFG § 71 Rn. 12; BHS/Harders FamFG § 378 Rn. 5; Schulte-Bunert/Weinreich/Nedden-Boeger FamFG § 378 Rn. 35; Haußleiter/Schemmann FamFG § 378 Rn. 21; Bahrenfuss/Steup FamFG § 378 Rn. 11; **aA** MüKoFamFG/Krafka FamFG § 378 Rn. 13; Sternal/M. Noack FamFG § 378 Rn. 21 (§ 10 Abs. 4 FamFG sei verfassungskonform auszulegen).

[322] OLG Brandenburg 14.4.2021, FGPrax 2021, 115 (116).

[323] Eine „Löschung" der gemäß § 40 GmbHG zum Handelsregister eingereichten Gesellschafterliste gemäß oder analog § 395 FamFG kommt nicht in Betracht, s. KG 5.7.2016, ZIP 2016, 1383 (1384) = FGPrax 2016, 161.

fahrensvorschriften vorgenommen wurden.[324] Letzteres ist zB der Fall, wenn eine Eintragung unberechtigt gelöscht wurde (→ Rn. 149). Für die Beurteilung, ob die Eintragung unzulässig iSd § 395 Abs. 1 S. 1 FamFG (→ Rn. 149) ist, kommt es auf den **Zeitpunkt** der Entscheidung über die Löschung an, nicht auf den Zeitpunkt der Eintragung,[325] so dass auch eine nachträglich unzulässig gewordene Eintragung von Amts wegen gelöscht werden kann.[326] Der Wortlaut des § 395 Abs. 1 S. 1 FamFG geht auf die Neufassung der Vorgängerregelung § 142 FGG aF durch Art. 12 Nr. 1 lit. a MoMiG zurück. Die Formulierung, die auf den Zustand der Unzulässigkeit der Eintragung und nicht (mehr) auf das Bewirken der unzulässigen Eintragung abstellt, sollte insbesondere ermöglichen, die Registereintragung von **Zweigniederlassungen ausländischer Unternehmensträger** von Amts wegen zu löschen, wenn der Unternehmensträger in seinem Heimatregister gelöscht wurde (→ Rn. 149).[327] Zu der Löschung nach § 394 FamFG → Rn. 157 ff.[328] Zu den Grenzen der registergerichtlichen Prüfungskompetenz → § 8 Rn. 62. Nur der Mangel einer wesentlichen Voraussetzung (→ Rn. 149) rechtfertigt die Amtslöschung.[329] Der Verstoß gegen bloße Ordnungsvorschriften genügt nicht.[330] Schreibversehen und ähnliche **offenbare Unrichtigkeiten** können nach § 17 Abs. 1 HRV insbesondere durch Neueintragung berichtigt werden. Im Registerverfahren ist die sog. **Fassungsbeschwerde** statthaft, also die Beschwerde, mit der der Beschwerdeführer sich gegen die Ablehnung eines Antrags auf Änderung der Fassung der Registereintragung wendet (→ Rn. 135). In dem Anwendungsbereich des § 17 HRV steht § 42 Abs. 3 S. 1 FamFG der Anfechtung der Ablehnungsentscheidung nicht entgegen.[331]

149 Bei der Beurteilung, ob ein **Mangel einer wesentlichen Voraussetzung** vorliegt, ist zwischen deklaratorischen und konstitutiven Eintragungen (→ Rn. 54 ff.) zu differenzieren. Eine **deklaratorische Eintragung** ist insbesondere von Amts wegen zu löschen, wenn sie von Anfang an sachlich unrichtig ist.[332] Für die Amtslöschung genügt es nicht, dass die Eintragung verfahrensrechtlich fehlerhaft zustande gekommen ist, da das Registergericht ansonsten nach der Löschung den Anmeldepflichtigen zur Vornahme der Anmeldung auffordern müsste, um anschließend eine inhaltlich identische, aber formell einwandfreie Eintragung herbeizuführen.[333] Ist die **Eintragung konstitutiv,** reicht ein wesentlicher Verfahrensfehler, um die Löschung von Amts wegen zu rechtfertigen, da in diesem Fall die formelle Voraussetzung für die Rechtsänderung fehlt.[334] Der Verfahrensfehler muss allerdings ohne vernünftige Zweifel angenommen werden können.[335] Ein Verfahrensfehler in diesem Sinne ist zB das Fehlen der für die konstitutive Eintragung erforderlichen Anmeldung.[336] Eine

[324] KG 4.6.2025, NZG 2026, 461 Rn. 28; 19.10.2023, NZG 2024, 1138 Rn. 28; BHS/Harders FamFG § 395 Rn. 8; MüKoFamFG/Krafka FamFG § 395 Rn. 7; Schulte-Bunert/Weinreich/Nedden-Boeger FamFG § 395 Rn. 7; Sternal/M. Noack FamFG § 395 Rn. 12.

[325] KG 4.6.2025, NZG 2026, 461 Rn. 28; 19.10.2023, NZG 2024, 1138 Rn. 28; 24.9.2021, FGPrax 2021, 261 (262); 5.7.2021, NZG 2021, 1401 Rn. 7; 10.9.2020, NJW-RR 2020, 1299 Rn. 6; OLG Düsseldorf 10.9.2013, NZG 2013, 1183 (1184); s. bereits BayObLG 11.5.1995, BayObLGZ 1994, 102 (104 f.) = Rpfleger 1995, 465 zu § 124 FGG aF.

[326] OLG Frankfurt 9.11.2018, NJW-RR 2019, 357 (358); BHS/Harders FamFG § 395 Rn. 11; Schulte-Bunert/Weinreich/Nedden-Boeger FamFG § 395 Rn. 8, 9; Sternal/M. Noack FamFG § 395 Rn. 14.

[327] BT-Drs. 16/6140, 79 (Gegenäußerung BReg. zu Nr. 33).

[328] BayObLG 18.11.1982, Rpfleger 1983, 73; 6.4.2000, NJW-RR 2000, 1348; 17.5.1978, BayObLGZ 1978, 121 (126); 353 (355); KG 30.1.2012, Rpfleger 2012, 550; Schulte-Bunert/Weinreich/Nedden-Boeger FamFG § 395 Rn. 3; Sternal/M. Noack FamFG § 395 Rn. 4; SLM/Müther FamFG § 395 Rn. 139. Zu der nach § 394 FamFG vollzogenen Löschung s. OLG Düsseldorf 28.2.2017, NJW-RR 2017, 674 f.; 1.3.2016, RNotZ 2016, 331; OLG München 22.11.2012, NZG 2013, 188 (189); OLG Düsseldorf 14.9.2012, FGPrax 2013, 33 (34). Zu § 12 FGG s. BGH 21.6.1979, NJW 1979, 1987.

[329] BayObLG 6.4.2000, NJW-RR 2000, 1348 (1349); 4.6.1997, NJW-RR 1998, 613 (614); OLG Düsseldorf 23.6.2017, NZG 2017, 1109 (1110); OLG München 22.11.2012, NZG 2013, 188 (189); OLG Frankfurt 4.8.1997, NJW-RR 1998, 612 (613); Krafka RegisterR Rn. 440.

[330] BHS/Harders FamFG § 395 Rn. 12; MüKoFamFG/Krafka FamFG § 395 Rn. 10 jeweils mwN; wohl auch OLG Brandenburg 14.4.2021, FGPrax 2021, 115 (116).

[331] OLG Hamm 26.1.2010, DNotZ 2010, 555 (556).

[332] KG 19.10.2023, NZG 2024, 1138 Rn. 28; 5.7.2021, NZG 2021, 1401 Rn. 5; 16.2.2016, NZG 2016, 989 Rn. 15.

[333] BayObLG 19.6.2001, FGPrax 2001, 213 (214); OLG Zweibrücken 8.5.2006, FGPrax 2006, 229; Krafka/Kühn RegisterR Rn. 443; MüKoFamFG/Krafka FamFG § 395 Rn. 11; NK-HGB/Lamsa Rn. 99; Schulte-Bunert/Weinreich/Nedden-Boeger FamFG § 395 Rn. 35; Bahrenfuss/Steup FamFG § 395 Rn. 11; s. auch KG 13.5.2020, NJW-RR 2020, 925 (926); OLG Düsseldorf 28.2.2017, NJW-RR 2017, 674; SLM/Müther Rn. 143.

[334] BayObLG 19.12.2001, FGPrax 2002, 82; KG 19.10.2023, NZG 2024, 1138 Rn. 28; OLG Düsseldorf 14.12.1998, Rpfleger 1999, 228; BHS/Harders FamFG § 395 Rn. 13; Krafka RegisterR Rn. 442; NK-HGB/Lamsa Rn. 99; Schulte-Bunert/Weinreich/Nedden-Boeger FamFG § 395 Rn. 38; Bahrenfuss/Steup FamFG § 395 Rn. 12.

[335] BayObLG 19.12.2001, FGPrax 2002, 82; KG 19.10.2023, NZG 2024, 1138 Rn. 30.

[336] BHS/Harders FamFG § 395 Rn. 12; Schulte-Bunert/Weinreich/Nedden-Boeger FamFG § 395 Rn. 40.

Eintragung kann auch nachträglich unzulässig geworden sein. Dies ist zB bei der **Eintragung eines GmbH-Geschäftsführers** anzunehmen,[337] sobald dessen Amt kraft Gesetzes endet.[338] Gleiches gilt für die Eintragung der inländischen **Zweigniederlassung** einer ausländischen Gesellschaft, wenn die **Gesellschaft im ausländischen Heimatregister gelöscht** wurde. Zu den Folgen des Brexit → § 13d Rn. 23.[339] Besteht die gelöschte Gesellschaft als „Restgesellschaft" fort, handelt es sich um eine Liquidationsgesellschaft oder um eine werbende Gesellschaft deutschen Rechts;[340] auch in diesem Fall entspricht also die Eintragung der Zweigniederlassung nicht mehr der Rechtslage. Zum Brexit → § 13d Rn. 23. Um in den EU-Mitgliedstaaten die unverzügliche Information der Register über die Löschung einer Gesellschaft in ihrem Heimatregister sicherzustellen, ist in Art. 20 GesR-RL angeordnet, dass das Register der Gesellschaft über das System der Registervernetzung (BRIS) ua Informationen über Löschung der Gesellschaft aus dem Register zur Verfügung stellt und das Register der Zweigniederlassung den Eingang dieser Informationen gewährleistet. Zu dem europäischen System der Registervernetzung → § 9b Rn. 1 ff., → § 13e Rn. 77 ff.

Problematisch ist das Verhältnis des Löschungsverfahrens nach § 395 FamFG zu den **Verfahren nach § 397 FamFG** (→ Rn. 160) und **§ 398 FamFG** (→ Rn. 161 f.). Soll die Löschung einer Gesellschaft oder eines eingetragenen Beschlusses von Amts wegen erfolgen, sind die **Voraussetzungen des § 397 FamFG** bzw. des **§ 398 FamFG** zu beachten. Ob neben diesen speziellen Regelungen im Fall der verfahrensfehlerhaften Eintragung noch Raum für eine Amtslöschung nach § 395 FamFG ist, wird in Rspr. und Literatur kontrovers beurteilt, wobei die jüngere Rspr. bei Verfahrensfehlern im Eintragungsverfahren einen Rückgriff auf § 395 FamFG ausschließt.[341] Mit den Konsequenzen dieser Sichtweise befasste sich das BVerfG in einem Fall der vorzeitigen Eintragung eines Squeeze-out-Beschlusses. Das BVerfG wies darauf hin, dass diese – für sich genommen nicht explizit beanstandete – Entscheidungspraxis im Zusammenwirken mit einem Ausschluss der Beschlussanfechtung nach erfolgter Eintragung zu einer Verkürzung des Justizgewährungsanspruchs (Art. 20 Abs. 3 GG) führte, und von den möglichen Lösungen die Amtslöschung nach § 395 FamFG als nahe liegend angesehen.[342] Allerdings hat das BVerfG eine frühere Verfassungsbeschwerde als unzulässig verworfen, weil der Beschwerdeführer es versäumt hatte, von den verfahrensrechtlichen Möglichkeiten, die Eintragung zu verhindern, Gebrauch zu machen.[343] Anwendbar ist § 395 FamFG hingegen bei sog. **Nicht- und Scheinbeschlüssen,** die von einem völlig unzuständigen Organ oder von nicht zu dem Unternehmen gehörenden Personen gefasst wurden, da diese nicht ihrem Inhalt nach iSd § 398 FamFG, sondern durch die Art ihres Zustandekommens zwingende gesetzliche Vorschriften verletzen; Gleiches gilt bei formellen Mängeln, wie zB Einberufungs- und Protokollierungsmängeln (§ 241 Nr. 1, 2 AktG).[344] 150

Die Löschung von Amts wegen steht gem. § 395 Abs. 1 S. 1 FamFG („kann") im pflichtgemäßen **Ermessen des Gerichts.**[345] Bei der Ausübung des Ermessens ist zu berücksichtigen, dass Eintragungen nach dem System des Registerrechts in der Regel auf Anmeldungen der Beteiligten hin erfolgen.[346] Daher ist die Eintragung von Amts wegen eine Ausnahme.[347] Daher kommt eine Löschung von Amts 151

[337] Zur nichtigen Bestellung wegen eines Bestellungshindernisses (hier: Gewerbeverbot) BGH 9.3.2021, NJW-RR 2021, 760 (761) mwN; zur Amtslöschung in Fällen strafrechtlicher Inhabilität s. Schulte NZG 2019, 646 (649).

[338] OLG Frankfurt 9.11.2018, NJW-RR 2019, 357 (359); OLG Naumburg 3.2.2017, NZG 2017, 1223 zu § 6 Abs. 2 S. 2 Nr. 3 lit. a GmbHG; OLG München 3.3.2011, NJW-RR 2011, 622 zu § 6 Abs. 2 S. 2 Nr. 3 lit. e GmbHG.

[339] KG 24.10.2011, NZG 2012, 230 (231); OLG Frankfurt 15.5.2010, NJW-RR 2011, 330 (331); für Brexit-Fall offengelassen: OLG Zweibrücken 1.7.2022, NJW-RR 2023, 186 (188); insofern kein Zwangsgeldverfahren gegen Organmitglieder: OLG Celle 5.9.2022, NZG 2023, 23. Zu der entsprechenden Regelung in Österreich s. OGH 13.9.2007, BeckRS 2010, 3366.

[340] KG 6.6.2018, ZIP 2019, 123; BGH 22.11.2016, NZG 2017, 347 Rn. 13 f. mwN; **aA** – als Restgesellschaft nach ausländischem Recht zu beurteilen, sofern es sich um Gesellschaft aus einem EU-Mitgliedstaat handelt – Otte-Gräbener GmbHR 2017, 907 (909 f.) mwN.

[341] BGH 5.10.2006, NJW 2007, 224 (226) (Nichtbeachtung der Registersperre); KG 4.6.2025, NZG 2026, 461 Rn. 26; OLG München 22.2.2010, DNotZ 2010, 466 (467); OLG Hamburg 20.8.2003, NZG 2003, 981 (982); OLG Frankfurt 26.5.2003, NJW-RR 2003, 1122; OLG Frankfurt 29.10.2001, NZG 2002, 91 (92); OLG Karlsruhe 10.4.2001, NJW-RR 2001, 1326; s. auch OLG Hamm 8.12.1993, NJW-RR 1994, 548 (549); s. auch KG 8.8.2012, FGPrax 2013, 32 (33); zust. Sternal/M. Noack FamFG § 398 Rn. 4; **aA** RG 26.6.1914, RGZ 85, 205 (208); Koch AktG § 241 Rn. 31 mwN (unter Berufung auf die Rspr. des RG); MüKoFamFG/Krafka FamFG § 395 Rn. 5 (verlangt neben dem relevanten Verfahrensmangel materiell-rechtliche Fehlerhaftigkeit der Eintragung); BeckOK FamFG/Otto, 56. Ed. 1.12.2025, FamFG § 395 Rn. 11.

[342] BVerfG 9.12.2009, NZG 2010, 902 (903 f.).

[343] BVerfG 13.10.2004, BB 2005, 1585 f. = BeckRS 2004, 25519. Hierzu Kort NZG 2010, 893 (894 f.).

[344] KG 4.6.2025, NZG 2026, 461 Rn. 26 = FGPrax 2026, 14; Sternal/M. Noack FamFG § 395 Rn. 7.

[345] BayObLG 1.6.1989, BayObLGZ 1989, 187 (190); KG 5.7.2021, NZG 2021, 1401 Rn. 10; BHS/Harders FamFG § 395 Rn. 14; Krafka RegisterR Rn. 445, 446; Schulte-Bunert/Weinreich/Nedden-Boeger FamFG § 395 Rn. 81, 82; Jansen/Steder FGG § 142 Rn. 45.

[346] KG 5.7.2021, NZG 2021, 1401 Rn. 10.

[347] KG 5.7.2021, NZG 2021, 1401 Rn. 10.

wegen nur in Betracht, wenn die hierfür erforderlichen Tatsachen ohne vernünftigen Zweifel zur Überzeugung des Gerichts feststehen.[348] Außerhalb einer rechtlich und tatsächlich völlig eindeutigen Löschungslage kann es den Beteiligten überlassen werden, eine von ihnen gleichwohl für möglich gehaltene Klärung auf dem Prozessweg herbeizuführen.[349] Gleiches gilt, wenn die Berichtigung des Registers auch aufgrund einer bereits vorliegenden Anmeldung vollzogen werden kann; der Grund der Löschung ist nicht entscheidend, so dass es auf den Amtslöschungsvermerk nicht ankommt.[350]

152 Gemäß § 395 Abs. 2 S. 1 FamFG hat das Registergericht den Betroffenen die Löschungsabsicht mitzuteilen und eine angemessene Frist zur **Einlegung eines Widerspruchs** zu setzen. Die Widerspruchsfrist ist keine Ausschlussfrist, da das Löschungsverfahren auf Registerwahrheit und nicht auf Sanktion zielt.[351] Aus diesem Grund steht auch ein nach Ablauf der Frist eingegangener Widerspruch der Eintragung eines Löschungsvermerks entgegen.[352] Gemäß § 395 Abs. 3 FamFG iVm § 393 Abs. 3 S. 2 FamFG ist der Beschluss, mit dem der Widerspruch zurückgewiesen wird, mit der Beschwerde anfechtbar. Die Löschung kann gem. § 395 Abs. 3 FamFG iVm § 393 Abs. 5 FamFG nur vorgenommen werden, wenn kein Widerspruch (mehr) vorliegt oder der Widerspruch rechtskräftig zurückgewiesen wurde.

153 **2. Folgeänderungen bei Eintragungen von Amts wegen (§ 384 Abs. 2 FamFG).** Gemäß § 384 Abs. 2 FamFG werden Folgeänderungen, die sich bei der Eintragung einer Tatsache ergeben, von Amts wegen kenntlich gemacht, und zwar im Grundsatz durch negativen Hinweisvermerk bei der infolge der Eintragung geänderten Tatsache.[353] Das hindert nicht, in eindeutigen Fällen, in denen keine weiteren Ermittlungen erforderlich sind, gleich die richtige Folgeeintragung vorzunehmen und auf diese Weise die Änderung – in der Terminologie des § 384 Abs. 2 FamFG – kenntlich zu machen.[354] Derartige Korrekturen sind mit der Umstellung auf das elektronische Register notwendig geworden, da aus dem aktuellen Ausdruck (§ 30a Abs. 4 S. 3 HRV) die zeitliche Abfolge der Eintragungen nicht entnommen werden kann.[355]

154 **3. Löschung einer Firma (§ 393 FamFG).** Das Erlöschen einer Firma ist eine gem. § 311 anmeldepflichtige Tatsache. Die Erfüllung der Anmeldepflicht ist gem. § 14 S. 1 durch Festsetzung von Zwangsgeld erzwingbar (→ § 31 Rn. 11). Das in § 393 FamFG geregelte Amtslöschungsverfahren ist gem. § 31 Abs. 2 S. 2 FamFG nur einzuleiten, wenn das Zwangsverfahren nicht zum Erfolg führt.

155 Tauglicher Gegenstand des Verfahrens gem. § 393 FamFG ist nur das Erlöschen einer Firma iSd § 31 Abs. 1 (→ § 31 Rn. 8 ff.). Bei einer von Anfang an unzulässigen Firma ist hingegen ausschließlich das Amtslöschungsverfahren nach § 395 FamFG statthaft.[356]

156 Das Löschungsverfahren leitet das Gericht gem. § 393 Abs. 1 S. 2 FamFG dadurch ein, dass es den eingetragenen Inhaber der Firma oder dessen Rechtsnachfolger von der beabsichtigten Firmenlöschung benachrichtigt und ihm zugleich eine angemessene Frist zur Geltendmachung eines Widerspruchs bestimmt. Wird Widerspruch eingelegt, entscheidet hierüber gem. § 393 Abs. 3 S. 1 Alt. 2 FamFG das Registergericht. Auch ein nach Ablauf der Frist eingegangener Widerspruch steht der Eintragung eines Löschungsvermerks entgegen (→ Rn. 152).[357] Der Beschluss, mit dem der Widerspruch zurückgewiesen wird, ist gem. § 393 Abs. 3 S. 2 FamFG mit der Beschwerde anfechtbar. Die Firmenlöschung darf gem. § 393 Abs. 5 FamFG nur vollzogen werden, wenn entweder kein Widerspruch erhoben oder die Zurückweisung des Widerspruchs rechtskräftig geworden ist.

157 **4. Löschung vermögensloser Gesellschaften und Genossenschaften (§ 394 FamFG).** Gemäß § 394 Abs. 1 S. 1 FamFG kann eine AG, KGaA, GmbH, einschließlich der Rechtsformvariante

---

[348] KG 24.9.2021, FGPrax 2021, 261 (262); 5.7.2021, NZG 2021, 1401 Rn. 8 mwN.

[349] KG 24.9.2021, FGPrax 2021, 261 (262).

[350] BGH 9.3.2021, NJW-RR 2021, 760 (762).

[351] Schulte-Bunert/Weinreich/Nedden-Boeger FamFG § 393 Rn. 45 mwN.

[352] BHS/Harders FamFG § 393 Rn. 4; Schulte-Bunert/Weinreich/Nedden-Boeger FamFG § 393 Rn. 45; Sternal/M. Noack FamFG § 393 Rn. 25.

[353] Sternal/M. Noack FamFG § 384 Rn. 19 mwN; im Grundsatz aA MüKoFamFG/Krafka FamFG § 384 Rn. 15.

[354] BeckOK FamFG/Otto, 56. Ed. 1.12.2025, FamFG § 384 Rn. 17; s. auch MüKoFamFG/Krafka FamFG § 384 Rn. 15, der ein solches Beispiel wählt.

[355] Begr. RegE EHUG, BT-Drs. 16/960, 54; Krafka RegisterR Rn. 450a.

[356] OLG Düsseldorf 16.3.2020, NZG 2020, 835 (836); OLG Frankfurt 3.8.2005, NJW-RR 2006, 44 = GmbHR 2005, 1608 (unzulässiger Firmenzusatz „& Partner" einer GmbH); RGHMW/Ries § 31 Rn. 13; KKD/Roth/Stelmaszczyk § 31 Rn. 2; Fleischhauer/Wochner HandelsregisterR/Wochner/Schemmann Teil A Rn. 208; s. auch SLM/Müther Rn. 128.

[357] BHS/Harders FamFG § 393 Rn. 4; Schulte-Bunert/Weinreich/Nedden-Boeger FamFG § 393 Rn. 45; **aA** MüKoFamFG/Krafka FamFG § 393 Rn. 12; Sternal/M. Noack FamFG § 393 Rn. 25, die eine analoge Anwendung der §§ 17 ff. FamFG befürworten.

der UG (haftungsbeschränkt),[358] oder Genossenschaft, die kein Vermögen besitzen, von Amts wegen oder auf Antrag der Finanzbehörde[359] oder der berufsständischen Organe iSd § 380 Abs. 1 FamFG gelöscht werden. Entsprechendes gilt gem. § 394 Abs. 4 S. 1 FamFG für eine eingetragene GbR, OHG und KG, bei denen keiner der persönlich haftenden Gesellschafter eine natürliche Person ist, sofern die Voraussetzungen der Vermögenslosigkeit sowohl bei der Gesellschaft als auch bei den persönlich haftenden Gesellschaftern vorliegen. Die Löschung der Zweigniederlassung einer ausländischen Gesellschaft richtet sich nicht nach § 394 FamFG; in Betracht kommt ggf. eine Amtslöschung gem. § 395 Abs. 1 FamFG (→ Rn. 148 ff.).[360] Zu der Rechtsnatur der Zweigniederlassung → § 13d Rn. 30 f.

Eine zur Löschung berechtigende Vermögenslosigkeit liegt vor, wenn die Gesellschaft über keine Vermögenswerte mehr verfügt, die für eine Gläubigerbefriedigung oder eine Verteilung unter den Gesellschaftern in Betracht kommen.[361] Das Registergericht hat die Voraussetzungen der Vermögenslosigkeit sorgfältig zu prüfen,[362] insbesondere die erforderlichen Tatsachen von Amts wegen (§ 26 FamFG) zu ermitteln.[363] Ist die finanzielle und wirtschaftliche Lage der Gesellschaft nicht vollständig bekannt, kann die Feststellung der Vermögenslosigkeit auf Indizien gestützt werden,[364] zB die Durchführung des Insolvenzverfahrens,[365] insbesondere die Ablehnung der Eröffnung mangels Masse,[366] die Einstellung des Betriebs und fehlgeschlagene Zwangsvollstreckungsversuche.[367] Weitere Ermittlungen sind nach § 394 Abs. 1 S. 2 FamFG nur erforderlich, wenn Anhaltspunkte dafür gegeben sind, dass die Gesellschaft noch über Vermögen verfügt. Die Entscheidung über die Löschung wegen Vermögenslosigkeit gemäß § 394 Abs. 1 S. 1 FamFG („kann") steht – im Unterschied zu § 394 Abs. 1 S. 2 FamFG („ist") – im Ermessen des Gerichts.[368] Befindet die Gesellschaft sich in Liquidation, ist es aufgrund der Abwicklungsmaßnahmen untunlich, sie von Amts wegen zu löschen.[369] 158

Gemäß § 394 Abs. 2 FamFG hat das Gericht die **Absicht der Löschung** den gesetzlichen Vertretern der Gesellschaft oder Genossenschaft **bekannt zu machen** und ihnen zugleich eine angemessene Frist zur Geltendmachung des Widerspruchs zu bestimmen. Die Frist ist eine Wartefrist für das Gericht.[370] Daher steht auch ein nach Fristablauf eingegangener Widerspruch der Eintragung eines Löschungsvermerks entgegen (→ Rn. 152).[371] Nach § 394 Abs. 3 FamFG iVm § 393 Abs. 5 FamFG 159

[358] OLG Schleswig 12.1.2026, NZG 2026, 524 Rn. 17.

[359] Der Antrag beinhaltet nicht zugleich die erforderliche Auskunft nach § 397 Abs. 2 FamFG; das Registergericht hat nicht ohne eigene Prüfung vom Vorliegen der Löschungsvoraussetzungen auszugehen, wenn die Finanzbehörde den Antrag stellt: OLG Frankfurt 18.5.2017, BeckRS 2017, 149590; 29.1.2015, NJW-RR 2015, 928 (930); s. auch Heinemann FGPrax 2015, 49 (51).

[360] OLG Frankfurt 17.5.2010, NJW-RR 2011, 330 f.

[361] OLG Schleswig 12.1.2026, NZG 2026, 524 Rn. 21; OLG Frankfurt 29.1.2015, NZG 2015, 759 Rn. 7 mwN.

[362] BayObLG 10.2.1999, NZG 1999, 399; 12.1.1995, NJW-RR 1995, 612 (613); 18.6.1982, BB 1982, 1590; OLG Düsseldorf 23.6.2017, NZG 2017, 1109 (1110); OLG Karlsruhe 21.8.2014, NJW-RR 2014, 1507 = NZI 2014, 930; OLG Düsseldorf 5.3.2014, NZG 2014, 508 (509); OLG München 22.11.2012, NZG 2013, 188; OLG Düsseldorf 14.9.2012, NZG 2013, 108 (109); KG 30.1.2007, NJW-RR 2007, 1185 (1186); OLG Düsseldorf 5.4.2006, NZG 2006, 542 (543); OLG Karlsruhe 10.8.1999, NZG 2000, 150 (151); OLG Frankfurt 4.8.1997, GmbHR 1997, 1004 (1006); OLG Düsseldorf 13.11.1996, NJW-RR 1997, 870; OLG Hamm 12.11.1992, NJW-RR 1993, 547 (549); OLG Frankfurt 6.1.1983, BB 1983, 420; Krafka RegisterR Rn. 433; Schulte-Bunert/Weinreich/Nedden-Boeger FamFG § 394 Rn. 17; SLM/Müther Rn. 134.

[363] OLG Schleswig 12.1.2026, NZG 2026, 524 Rn. 22.

[364] OLG Schleswig 12.1.2026, NZG 2026, 524 Rn. 23.

[365] Vermutung greift nicht, wenn Insolvenzverfahren nach § 213 InsO mit Zustimmung der Gläubiger eingestellt wurde, s. OLG Düsseldorf 23.6.2017, NZG 2017, 1109 (1110).

[366] BayObLG 20.12.1983, ZIP 1984, 175 (176); Schulte-Bunert/Weinreich/Nedden-Boeger FamFG § 394 Rn. 10; Scholz/K. Schmidt/Bitter GmbHG § 60 Rn. 50.

[367] OLG Schleswig 12.1.2026, NZG 2026, 524 Rn. 23.

[368] BayObLG 5.4.1979, GmbHR 1979, 176 (177); OLG Saarbrücken 31.1.2020, NZG 2020, 792; OLG Karlsruhe 10.8.1999, NZG 2000, 150 (151); OLG Frankfurt 11.8.1980, DB 1981, 83; 7.9.1977, OLGZ 1978, 48 (49); Schulte-Bunert/Weinreich/Nedden-Boeger FamFG § 394 Rn. 21; Sternal/M. Noack FamFG § 394 Rn. 19; Stalinski Rpfleger 2012, 657 (658); s. auch OLG München 12.5.2011, NZG 2011, 709. Zur Prüfungskompetenz des Registergerichts bei Antrag der Steuerbehörde s. OLG Frankfurt 29.1.2015, NJW-RR 2015, 928 (939); **aA** Noack/Servatius/Haas/Haas GmbHG Anh. § 77 Rn. 12; Koch AktG § 262 Rn. 31 mwN.

[369] OLG Frankfurt 10.10.2005, FGPrax 2006, 83 (84); Dutta/Jacoby/Schwab/Müther FamFG § 394 Rn. 4; Schulte-Bunert/Weinreich/Nedden-Boeger FamFG § 394 Rn. 22. Zur Berücksichtigung nicht abgeschlossener Besteuerungsverfahren s. OLG Düsseldorf 1.2.2017, NJW 2017, 810 (811) mwN.

[370] Zur Fristbemessung s. zB BeckOK FamFG/Otto, 56. Ed. 1.12.2025, FamFG § 394 Rn. 28; Sternal/M. Noack FamFG § 394 Rn. 28.

[371] BayObLG 8.12.1977, BayObLGZ 1977, 320 (323) = Rpfleger 1978, 181; OLG Karlsruhe 21.8.2014, NZI 2014, 930 (insoweit nicht in NJW-RR 2014, 1507); OLG Köln 9.2.1994, NJW-RR 1994, 726 (727); BHS/Harders FamFG § 394 Rn. 8; Schulte-Bunert/Weinreich/Nedden-Boeger FamFG § 394 Rn. 46; Bahrenfuss/Steup FamFG § 394 Rn. 16.

ist die Löschung einzutragen, wenn kein Widerspruch (mehr) vorliegt oder der Widerspruch rechtskräftig zurückgewiesen wurde. Ein Löschungsvermerk kann – wie sämtliche Eintragungen auch – gem. § 383 Abs. 3 FamFG nicht mit Rechtsbehelfen angefochten werden. Bei **fehlerhafter Löschung** kommt also nur ein Amtslöschungsverfahren (sog. Löschung der Löschung) in Betracht.[372] Verfügt die Gesellschaft doch noch über Vermögen, besteht die **Möglichkeit der Nachtragsliquidation;** ein Grund für eine Löschung der Löschung ist damit nicht gegeben.[373] Allerdings sind die Gesellschaft als Liquidationsgesellschaft und ihre gerichtlich bestellten Liquidatoren im Grundsatz von Amts wegen (wieder) einzutragen.[374]

160 **5. Löschung nichtiger Gesellschaften und Genossenschaften (§ 397 FamFG).** Gemäß § 397 S. 1, 2 FamFG kann eine AG, KGaA, GmbH oder eingetragene Gesellschaft als nichtig gelöscht werden, wenn die Voraussetzungen, unter denen nach den §§ 275 f. AktG, §§ 75 f. GmbHG bzw. §§ 94 f. GenG die Nichtigkeitsklage erhoben werden kann, vorliegen. Das Löschungsverfahren kann mit der Nichtigkeitsklage gem. § 275 Abs. 1 AktG, § 75 GmbHG oder § 94 GenG konkurrieren.[375] Da die Löschung „als nichtig" in die Zukunft wirkt, ist das Verfahren gem. § 397 S. 1 oder 2 FamFG kein Löschungsverfahren im eigentlichen Sinne; es steht vielmehr einer Auflösungserklärung gleich.[376]

161 **6. Löschung nichtiger Beschlüsse (§ 398 FamFG).** Gemäß § 398 FamFG kann ein in das Handels- oder Genossenschaftsregister eingetragener Beschluss der Hauptversammlung, der Versammlung der Gesellschafter einer GmbH oder der Generalversammlung einer Genossenschaft nach § 395 Abs. 1 FamFG als nichtig gelöscht werden, wenn er durch seinen Inhalt zwingende gesetzliche Vorschriften verletzt und die Beseitigung im öffentlichen Interesse geboten erscheint. Zu dem Verhältnis zu § 395 FamFG → Rn. 150. In Umwandlungsfällen ist die Bestandskraft der Eintragung gem. § 20 Abs. 2 UmwG, § 131 Abs. 2 UmwG und § 202 Abs. 3 UmwG zu beachten. Daher kommt eine Löschung der bestandskräftigen Eintragung trotz ihrer Mangelhaftigkeit nicht in Betracht.[377]

162 Bei der Bestimmung der inhaltlichen Mangelhaftigkeit können die Nichtigkeitsgründe des § 241 Nr. 3 und 4 AktG als Maßstab herangezogen werden.[378] Danach liegt die Löschung zB im öffentlichen Interesse, wenn sie dem Gläubigerschutz dient.[379] Das Interesse der Gesellschafter reicht dagegen nicht aus, um ein öffentliches Interesse an der Amtslöschung anzunehmen.[380]

VIII. Schutz der Bezeichnung „Handelsregister" (Abs. 2)

163 Gegenstand des Individualrechts auf Einsichtnahme in das Handelsregister gem. § 9 Abs. 1 S. 1 (→ § 9 Rn. 2 ff.) ist die Durchsicht großer Teile oder des gesamten Registers einschließlich der entsprechenden Dokumentation.[381] Nur das Erstellen einer privaten Datei in Konkurrenz zu dem Handelsregister hat der BGH nicht mehr als berechtigte Wahrnehmung des Einsichtsrechts angesehen.[382]

---

[372] OLG Düsseldorf 14.9.2012, NZG 2013, 108 (109); 5.4.2006, FGPrax 2006, 226 (227); KG 4.4.2006, FGPrax 2006, 225 (226); OLG Zweibrücken 1.2.2002, NJW 2002, 825 (826); Schulte-Bunert/Weinreich/Nedden-Boeger FamFG § 394 Rn. 67.

[373] KG 28.10.2022, FGPrax 2023, 25 (26); 27.10.2022, NZG 2023, 280 Rn. 8; 4.10.2021, NZG 2022, 217 Rn. 11; 31.7.2015, BeckRS 2016, 09581; OLG München 22.11.2012, NZG 2013, 188; OLG München 14.9.2012, NZG 2013, 108 (109); OLG Düsseldorf 5.4.2006, FGPrax 2006, 226 (227); KG 4.4.2006, FGPrax 2006, 225 (226); OLG München 3.8.2005, GmbHR 2006, 91; MüKoFamFG/Krafka FamFG § 394 Rn. 21; Schulte-Bunert/Weinreich/Nedden-Boeger FamFG § 394 Rn. 72; Sternal/M. Noack FamFG § 394 Rn. 47, 57.

[374] BGH 26.7.2022, NJW 2022, 3290 (3291 f.) mwN zum Streitstand mAnm Lindner/Semder; krit. Bachmann/Baum NZG 2022, 1358 f.

[375] Altmeppen GmbHG § 75 Rn. 33; MüKoFamFG/Krafka FamFG § 397 Rn. 11; Sternal/M. Noack FamFG § 397 Rn. 7.

[376] Scholz/K. Schmidt GmbHG § 75 Rn. 1, 24.

[377] BayObLG 15.10.1999, BB 2000, 477; MüKoFamFG/Krafka FamFG § 398 Rn. 5; K. Schmidt ZIP 1998, 181 (187).

[378] BGH 14.12.1961, BGHZ 36, 207 (211) = NJW 1962, 538; 25.4.1966, GmbHR 1966, 189 (274); BHS/Harders FamFG § 398 Rn. 3.

[379] KG 8.8.2012, FGPrax 2013, 32 (33); OLG Karlsruhe 18.12.1985, OLGZ 1986, 155 (158); BHS/Harders FamFG § 398 Rn. 5; Koch AktG § 241 Rn. 27; Krafka RegisterR Rn. 460; Sternal/M. Noack FamFG § 398 Rn. 16; Jansen/Steder FGG § 144 Rn. 44.

[380] KG 8.8.2012, FGPrax 2013, 32 (33); OLG Frankfurt 29.10.2001, Rpfleger 2002, 211; BHS/Harders FamFG § 398 Rn. 5; Koch AktG § 241 Rn. 27; Krafka RegisterR Rn. 460; Sternal/M. Noack FamFG § 398 Rn. 16; Jansen/Steder FGG § 144 Rn. 44.

[381] BGH 12.7.1989, BGHZ 108, 32 (36) = NJW 1989, 2818.

[382] BGH 12.7.1989, BGHZ 108, 32 (37) = NJW 1989, 2818; **aA** Hirte CR 1990, 631 (635 f.); Kollhosser NJW 1988, 2409 (2411 ff.).

164 Die Umstellung auf die elektronische Registerführung hat privaten Dienstleistern die Möglichkeit eröffnet, neben dem staatlichen Register tätig zu werden und Auskünfte über Inhalte des Handelsregisters zu geben. Vor diesem Hintergrund besteht die Notwendigkeit, die historisch gewachsene Bezeichnung „Handelsregister" besonders zu schützen, um das staatliche Register mit den Publizitätswirkungen des § 15 von sonstigen Informationsdiensten zu unterscheiden. Durch das Verbot des Abs. 2, den Begriff „Handelsregister" für andere Datensammlungen zu verwenden, soll der Rechtsverkehr vor Irreführung geschützt werden.[383]

165 Um den Bezeichnungsschutz des Abs. 2 effektiv durchsetzen zu können, ist ein Vertrag zwischen einem Nutzer und dem privaten Anbieter, der gegen Abs. 2 verstößt, gem. § 134 BGB nichtig.[384] Im Übrigen kommt ein Schadensersatzanspruch des irregeleiteten Nutzers gem. § 823 Abs. 2 BGB iVm Abs. 2 in Betracht.[385]

166 Unberührt bleibt der wettbewerbsrechtliche Schutz der Bezeichnung „Handelsregister".[386] Beseitigungs-, Unterlassungs- sowie ggf. Schadensersatzansprüche (§§ 8, 9 UWG) sind vor den ordentlichen Gerichten zu verfolgen.[387]

IX. Abdruck der HRV

167 Der Text der HRV lautet wie folgt:

Verordnung über die Einrichtung und Führung des Handelsregisters (Handelsregisterverordnung)

vom 12.8.1937 (DJ 1937, 1251),

zuletzt geändert durch Gesetz vom 8.12.2025 (BGBl. 2025 I Nr. 319)

I. Einrichtung des Handelsregisters. Örtliche und sachliche Zuständigkeit

§ 1 Zuständigkeit des Amtsgerichts

Soweit nicht nach § 376 Abs. 2 des Gesetzes über das Verfahren in Familiensachen und in den Angelegenheiten der freiwilligen Gerichtsbarkeit etwas Abweichendes geregelt ist, führt jedes Amtsgericht, in dessen Bezirk ein Landgericht seinen Sitz hat, für den Bezirk dieses Landgerichts ein Handelsregister.

§ 2 *[aufgehoben]*

§ 3 [Einrichtung des Registers]

(1) Das Handelsregister besteht aus zwei Abteilungen.

(2) In die Abteilung A werden eingetragen die Einzelkaufleute, die in dem § 33 des Handelsgesetzbuchs bezeichneten juristischen Personen sowie die offenen Handelsgesellschaften, die Kommanditgesellschaften und die Europäischen wirtschaftlichen Interessenvereinigungen.

(3) In die Abteilung B werden eingetragen die Aktiengesellschaften, die SE, die Kommanditgesellschaften auf Aktien, die Gesellschaften mit beschränkter Haftung und die Versicherungsvereine auf Gegenseitigkeit.

§ 4 [Zuständigkeit des Richters und Urkundsbeamten]

[1]Für die Erledigung der Geschäfte des Registergerichts ist der Richter zuständig. [2]Soweit die Erledigung der Geschäfte nach dieser Verordnung dem Urkundsbeamten der Geschäftsstelle übertragen ist, gelten die §§ 5 bis 8 des Rechtspflegergesetzes in Bezug auf den Urkundsbeamten der Geschäftsstelle entsprechend.

§§ 5, 6 *[aufgehoben]*

§ 7 Elektronische Führung des Handelsregisters

[1]Die Register einschließlich der Registerordner werden elektronisch geführt. [2]§ 8a Abs. 2 des Handelsgesetzbuchs bleibt unberührt.

§ 8 Registerakten

(1) [1]Für jedes Registerblatt (§ 13) werden Akten gebildet. [2]Zu den Registerakten gehören auch die Schriften oder Dokumente über solche gerichtlichen Handlungen, die, ohne auf eine Registereintra-

383 Begr. RegE EHUG, BT-Drs. 16/960, 38.

384 Staub/Koch/Harnos Rn. 29; MüKoHGB/Krafka Rn. 97; NK-HGB/Lamsa Rn. 110.

385 Staub/Koch/Harnos Rn. 29; MüKoHGB/Krafka Rn. 97; NK-HGB/Lamsa Rn. 110.

386 Begr. RegE EHUG, BT-Drs. 16/960, 38; Staub/Koch/Harnos Rn. 26 ff.; NK-HGB/Lamsa Rn. 109; Liebscher/Scharff NJW 2006, 3745 (3746); RGHMW/Ries Rn. 65.

387 MüKoHGB/Krafka Rn. 97; KKD/Roth/Stelmaszczyk Rn. 32.

gung abzuzielen, mit den in dem Register vermerkten rechtlichen Verhältnissen in Zusammenhang stehen.

(2) [1]Wird ein Schriftstück, das in Papierform zur Registerakte einzureichen war, zurückgegeben, so wird eine beglaubigte Abschrift zurückbehalten. [2]Ist das Schriftstück in anderen Akten des Amtsgerichts enthalten, so ist eine beglaubigte Abschrift zu den Registerakten zu nehmen. [3]In den Abschriften und Übertragungen können die Teile des Schriftstückes, die für die Führung des Handelsregisters ohne Bedeutung sind, weggelassen werden, wenn hiervon Verwirrung nicht zu besorgen ist. [4]In Zweifelsfällen bestimmt der Richter den Umfang der Abschrift, sonst der Urkundsbeamte der Geschäftsstelle.

§ 9 Registerordner

(1) [1]Die zum Handelsregister einzureichenden und nach § 9 Abs. 1 des Handelsgesetzbuchs der unbeschränkten Einsicht unterliegenden Dokumente werden für jedes Registerblatt (§ 13) in einen dafür bestimmten Registerordner aufgenommen. [2]Sie sind in der zeitlichen Folge ihres Eingangs und nach der Art des jeweiligen Dokuments abrufbar zu halten. [3]Ein Widerspruch gegen eine Eintragung in der Gesellschafterliste (§ 16 Abs. 3 Satz 3 des Gesetzes betreffend die Gesellschaften mit beschränkter Haftung) ist der Gesellschafterliste zuzuordnen und zudem besonders hervorzuheben. [4]Die in einer Amtssprache der Europäischen Union übermittelten Übersetzungen (§ 11 des Handelsgesetzbuchs) sind den jeweiligen Ursprungsdokumenten zuzuordnen. [5]Wird ein aktualisiertes Dokument eingereicht, ist kenntlich zu machen, dass die für eine frühere Fassung eingereichte Übersetzung nicht dem aktualisierten Stand des Dokuments entspricht.

(2) [1]Schriftstücke, die vor dem 1. Januar 2007 eingereicht worden sind, können zur Ersetzung der Urschrift in ein elektronisches Dokument übertragen und in dieser Form in den Registerordner übernommen werden. [2]Sie sind in den Registerordner zu übernehmen, sobald ein Antrag auf elektronische Übermittlung (§ 9 Abs. 2 des Handelsgesetzbuchs) vorliegt.

(3) [1]Wird ein Schriftstück, das in Papierform zum Registerordner einzureichen war, zurückgegeben, so wird es zuvor in ein elektronisches Dokument übertragen und in dieser Form in den Registerordner übernommen. [2]Die Rückgabe wird im Registerordner vermerkt. [3]Ist das Schriftstück in anderen Akten des Amtsgerichts enthalten, so wird eine elektronische Aufzeichnung hiervon in dem Registerordner gespeichert. [4]Bei der Speicherung können die Teile des Schriftstückes, die für die Führung des Handelsregisters ohne Bedeutung sind, weggelassen werden, sofern hiervon Verwirrung nicht zu besorgen ist. [5]Den Umfang der Speicherung bestimmt der Urkundsbeamte der Geschäftsstelle, in Zweifelsfällen der Richter.

(4) [1]Wird ein Schriftstück in ein elektronisches Dokument übertragen und in dieser Form in den Registerordner übernommen, ist zu vermerken, ob das Schriftstück eine Urschrift, eine einfache oder beglaubigte Abschrift, eine Ablichtung oder eine Ausfertigung ist; Durchstreichungen, Änderungen, Einschaltungen, Radierungen oder andere Mängel des Schriftstückes sollen in dem Vermerk angegeben werden. [2]Ein Vermerk kann unterbleiben, soweit die in Satz 1 genannten Tatsachen aus dem elektronischen Dokument eindeutig ersichtlich sind.

(5) [1]Wiedergaben von Schriftstücken, die nach § 8a Abs. 3 oder Abs. 4 des Handelsgesetzbuchs in der bis zum Inkrafttreten des Gesetzes über elektronische Handelsregister und Genossenschaftsregister sowie das Unternehmensregister vom 10. November 2006 (BGBl. I S. 2553) am 1. Januar 2007 geltenden Fassung auf einem Bildträger oder einem anderen Datenträger gespeichert wurden, können in den Registerordner übernommen werden. [2]Dabei sind im Fall der Speicherung nach § 8a Abs. 3 des Handelsgesetzbuchs in der in Satz 1 genannten Fassung auch die Angaben aus dem nach § 8a Abs. 3 Satz 2 des Handelsgesetzbuchs in der in Satz 1 genannten Fassung gefertigten Nachweis in den Registerordner zu übernehmen. [3]Im Fall der Einreichung nach § 8a Abs. 4 des Handelsgesetzbuchs in der in Satz 1 genannten Fassung ist zu vermerken, dass das Dokument aufgrund des § 8a Abs. 4 des Handelsgesetzbuchs in der in Satz 1 genannten Fassung als einfache Wiedergabe auf einem Datenträger eingereicht wurde.

(6) [1]Im Fall einer Beschwerde hat das Registergericht von den im Registerordner gespeicherten Dokumenten Ausdrucke für das Beschwerdegericht zu fertigen, soweit dies zur Durchführung des Beschwerdeverfahrens notwendig ist; § 298 Absatz 3 der Zivilprozessordnung gilt entsprechend. [2]Die Ausdrucke sind mindestens bis zum rechtskräftigen Abschluss des Beschwerdeverfahrens aufzubewahren.

§ 10 Einsichtnahme

(1) Die Einsicht in das Register und in die zum Register eingereichten Dokumente ist auf der Geschäftsstelle des Registergerichts während der Dienststunden zu ermöglichen.

(2) [1]Die Einsicht in das elektronische Registerblatt erfolgt über ein Datensichtgerät oder durch Einsicht in einen aktuellen oder chronologischen Ausdruck. [2]Die Landesjustizverwaltungen können

weitere Formen der Einsicht in das elektronische Registerblatt ermöglichen. [3]Die Landesjustizverwaltungen können weitere Formen der Einsicht in das elektronische Registerblatt ermöglichen. [3]Dem Einsichtnehmenden kann gestattet werden, das Registerblatt selbst auf dem Bildschirm des Datensichtgerätes aufzurufen, wenn technisch sichergestellt ist, dass der Abruf von Daten die nach § 9 Abs. 1 des Handelsgesetzbuchs zulässige Einsicht nicht überschreitet und Veränderungen an dem Inhalt des Handelsregisters nicht vorgenommen werden können.

(3) Über das Datensichtgerät ist auch der Inhalt des Registerordners einschließlich der nach § 9 Abs. 4 oder Abs. 5 Satz 2 aufgenommenen Angaben und der eingereichten Übersetzungen zugänglich zu machen.

§ 11 Bereitstellung von Unternehmensdaten über das Europäische System der Registervernetzung

(1) [1]In Bezug auf Kapitalgesellschaften übermitteln die Registergerichte an die zentrale Europäische Plattform gemäß § 9b Absatz 1 Satz 2 des Handelsgesetzbuchs die in Absatz 2 genannten Informationen des Handelsregisters zum Abruf über das Europäische Justizportal. [2]Die Übermittlung weiterer Informationen des Handelsregisters nach § 9b Absatz 1 oder Absatz 2 des Handelsgesetzbuchs bleibt hiervon unberührt. [3]§ 9b Absatz 3 des Handelsgesetzbuchs gilt entsprechend.

(2) Die folgenden Informationen werden übermittelt:
1. Firma und Rechtsform der Gesellschaft,
2. Sitz und Mitgliedstaat der Gesellschaft,
3. Eintragungsnummer und einheitliche europäische Kennung der Gesellschaft,
4. ob die Gesellschaft aufgelöst oder gelöscht wurde,
5. Gegenstand der Gesellschaft,
6. im Handelsregister eingetragene Informationen über alle Personen, die als Organ oder als Mitglied eines Organs der Gesellschaft befugt sind, die Gesellschaft gerichtlich und außergerichtlich zu vertreten, sowie Informationen dazu, ob die zur Vertretung der Gesellschaft befugten Personen die Gesellschaft allein oder nur gemeinschaftlich vertreten können,
7. Informationen über alle von der Gesellschaft in anderen Mitgliedstaaten der Europäischen Union oder anderen Vertragsstaaten des Abkommens über den Europäischen Wirtschaftsraum eingerichtete Zweigniederlassungen, einschließlich des Namens, der Eintragungsnummer, der einheitlichen europäischen Kennung und des Staates, in dem die Zweigniederlassung eingetragen ist und
8. Informationen über eine grenzüberschreitende Umwandlung.

II. Führung des Handelsregisters

§ 12 Form der Eintragungen

[1]Die Eintragungen sind deutlich, klar verständlich sowie in der Regel ohne Verweis auf gesetzliche Vorschriften und ohne Abkürzung herzustellen. [2]Aus dem Register darf nichts durch technische Eingriffe oder sonstige Maßnahmen entfernt werden.

§ 13 [Registerblatt]

(1) Jeder Einzelkaufmann, jede juristische Person sowie jede Handelsgesellschaft ist unter einer in derselben Abteilung fortlaufenden Nummer (Registerblatt) in das Register einzutragen.

(2) [1]Wenn ein Amtsgericht das Register für mehrere Amtsgerichtsbezirke führt, können auf Anordnung der Landesjustizverwaltung die fortlaufenden Nummern für einzelne Amtsgerichtsbezirke je gesondert geführt werden. [2]In diesem Fall sind die fortlaufenden Nummern der jeweiligen Amtsgerichtsbezirke durch den Zusatz eines Ortskennzeichens unterscheidbar zu halten. [3]Nähere Anordnungen hierüber trifft die Landesjustizverwaltung.

(3) [1]Wird die Firma geändert, so ist dies auf demselben Registerblatt einzutragen. [2]Bei einer Umwandlung ist der übernehmende, neu gegründete Rechtsträger oder Rechtsträger neuer Rechtsform stets auf ein neues Registerblatt einzutragen. [3]Bei einem Statuswechsel gilt Satz 2 entsprechend für die Gesellschaft neuer Rechtsform.

(4) Die zur Offenlegung in einer Amtssprache der Europäischen Union übermittelten Übersetzungen von Eintragungen (§ 11 des Handelsgesetzbuchs) sind dem Registerblatt und der jeweiligen Eintragung zuzuordnen.

§ 14 [Laufende Nummern, Trennung von Eintragungen]

(1) Jede Eintragung ist mit einer laufenden Nummer zu versehen und mittels eines alle Spalten des Registers durchschneidenden Querstrichs von der folgenden Eintragung zu trennen.

(2) Werden mehrere Eintragungen gleichzeitig vorgenommen, so erhalten sie nur eine laufende Nummer.

§ 15 Übersetzungen

[1]War eine frühere Eintragung in einer Amtssprache der Europäischen Union zugänglich gemacht worden (§ 11 des Handelsgesetzbuchs), so ist mit der Eintragung kenntlich zu machen, dass die Übersetzung nicht mehr dem aktuellen Stand der Registereintragung entspricht. [2]Die Kenntlichmachung ist zu entfernen, sobald eine aktualisierte Übersetzung eingereicht wird.

§ 16 [Änderungen und Löschungen]

(1) [1]Änderungen des Inhalts einer Eintragung sowie Löschungen sind unter einer neuen laufenden Nummer einzutragen. [2]Eine Eintragung, die durch eine spätere Eintragung ihre Bedeutung verloren hat, ist nach Anordnung des Richters rot zu unterstreichen. [3]Mit der Eintragung selbst ist auch der Vermerk über ihre Löschung rot zu unterstreichen.

(2) Eintragungen oder Vermerke, die rot zu unterstreichen oder rot zu durchkreuzen sind, können anstelle durch Rötung auch auf andere eindeutige Weise als gegenstandslos kenntlich gemacht werden.

(3) [1]Ein Teil einer Eintragung darf nur gerötet oder auf andere eindeutige Weise als gegenstandslos kenntlich gemacht werden, wenn die Verständlichkeit der Eintragung und des aktuellen Ausdrucks nicht beeinträchtigt wird. [2]Andernfalls ist die betroffene Eintragung insgesamt zu röten und ihr noch gültiger Teil in verständlicher Form zu wiederholen.

§ 16a Kennzeichnung bestimmter Eintragungen

Diejenigen Eintragungen, die lediglich andere Eintragungen wiederholen, erläutern oder begründen und daher nach § 30a Abs. 4 Satz 5 nicht in den aktuellen Ausdruck einfließen, sind grau zu hinterlegen oder es ist auf andere Weise sicherzustellen, dass diese Eintragungen nicht in den aktuellen Ausdruck übernommen werden.

§ 17 [Berichtigungen]

(1) [1]Schreibversehen und ähnliche offenbare Unrichtigkeiten in einer Eintragung können durch den Richter oder nach Anordnung des Richters in Form einer neuen Eintragung oder auf andere eindeutige Weise berichtigt werden. [2]Die Berichtigung ist als solche kenntlich zu machen.

(2) Die Berichtigung nach Absatz 1 ist den Beteiligten bekanntzugeben.

(3) [1]Eine versehentlich vorgenommene Rötung oder Kenntlichmachung nach § 16 oder § 16a ist zu löschen oder auf andere eindeutige Weise zu beseitigen. [2]Die Löschung oder sonstige Beseitigung ist zu vermerken.

§ 18 [Eintragung aufgrund Entscheidung des Prozessgerichts]

[1]Erfolgt eine Eintragung auf Grund einer rechtskräftigen oder vollstreckbaren Entscheidung des Prozeßgerichts, so ist dies bei der Eintragung im Register unter Angabe des Prozessgerichts, des Datums und des Aktenzeichens der Entscheidung zu vermerken. [2]Eine Aufhebung der Entscheidung ist in dieselbe Spalte des Registers einzutragen.

§ 19 [Löschung von Amts wegen]

(1) Soll eine Eintragung von Amts wegen gelöscht werden, weil sie mangels einer wesentlichen Voraussetzung unzulässig ist, so erfolgt die Löschung durch Eintragung des Vermerks „Von Amts wegen gelöscht".

(2) [1]Hat in sonstigen Fällen eine Eintragung von Amts wegen zu erfolgen, so hat sie den Hinweis auf die gesetzliche Grundlage und einen Vermerk „Von Amts wegen eingetragen" zu enthalten. [2]Dies gilt nicht für die Eintragung der Vermerke über die Eröffnung, die Einstellung oder Aufhebung des Insolvenzverfahrens, die Aufhebung des Eröffnungsbeschlusses, die Anordnung der Eigenverwaltung durch den Schuldner und deren Aufhebung, die Anordnung der Zustimmungsbedürftigkeit bestimmter Rechtsgeschäfte des Schuldners nach § 277 der Insolvenzordnung sowie die sonstigen in § 32 des Handelsgesetzbuchs vorgesehenen Vermerke.

§ 19a *[aufgehoben]*

§ 20 [Verlegung von Firmen]

[1]Wird die Hauptniederlassung eines Einzelkaufmanns, einer juristischen Person oder der Sitz einer Handelsgesellschaft oder die Zweigniederlassung eines Unternehmens mit Sitz oder Hauptniederlassung im Ausland aus dem Bezirke des Registergerichts verlegt, so ist erst bei Eingang der Nachricht von der Eintragung in das Register des neuen Registergerichts (§ 13h Abs. 2 Satz 5 des Handelsgesetzbuchs; § 45 Abs. 2 Satz 6 des Aktiengesetzes) die Verlegung auf dem bisherigen Registerblatt in der Spalte 2 und in der Spalte „Rechtsverhältnisse" zu vermerken; § 22 ist entsprechend anzuwenden. [2]Auf dem bisherigen Registerblatt ist bei der jeweiligen Eintragung auf das Registerblatt des neuen Registergerichts zu verweisen und umgekehrt.

§ 21 Umschreibung eines Registerblatts

(1) [1]Ist das Registerblatt unübersichtlich geworden, so sind die noch gültigen Eintragungen unter einer neuen oder unter derselben Nummer auf ein neues Registerblatt umzuschreiben. [2]Dabei kann auch von dem ursprünglichen Text der Eintragung abgewichen werden, soweit der Inhalt der Eintragung dadurch nicht verändert wird. [3]Auf jedem Registerblatt ist auf das andere zu verweisen, auch wenn es bei derselben Nummer verbleibt.

(2) Die Zusammenfassung und Übertragung ist den Beteiligten unter Mitteilung von dem Inhalt der neuen Eintragung und gegebenenfalls der neuen Nummer bekannt zu machen.

(3) Bestehen Zweifel über die Art oder den Umfang der Übertragung, so sind die Beteiligten vorher zu hören.

§ 22 Gegenstandslosigkeit aller Eintragungen

(1) [1]Sämtliche Seiten des Registerblatts sind zu röten oder rot zu durchkreuzen, wenn alle Eintragungen gegenstandslos geworden sind. [2]Das Registerblatt erhält einen Vermerk, der es als „geschlossen" kennzeichnet.

(2) [1]Geschlossene Registerblätter sollen weiterhin, auch in der Form von Ausdrucken, wiedergabefähig oder lesbar bleiben. [2]Die Datenträger für geschlossene Registerblätter können auch bei der für die Archivierung von Handelsregisterblättern zuständigen Stelle verfügbar gehalten werden, soweit landesrechtliche Vorschriften nicht entgegenstehen.

III. Verfahren bei Anmeldung, Eintragung und Registerbekanntmachungen

§ 23 [Sorge für Eintragungen; Organe des Handelsstandes]

[1]Das Gericht hat dafür Sorge zu tragen, dass die gesetzlich vorgeschriebenen Eintragungen in das Register erfolgen. [2]Die Stellungnahme der Organe des Handelsstandes gemäß § 380 Abs. 2 des Gesetzes über das Verfahren in Familiensachen und in den Angelegenheiten der freiwilligen Gerichtsbarkeit soll elektronisch eingeholt und übermittelt werden.

§ 24 [Inhalt der Anmeldung]

(1) Werden natürliche Personen zur Eintragung in das Handelsregister angemeldet (insbesondere als Kaufleute, Gesellschafter, Prokuristen, Vorstandsmitglieder, Mitglieder des Leitungsorgans, geschäftsführende Direktoren, Geschäftsführer, Abwickler), so ist in der Anmeldung deren Geburtsdatum anzugeben.

(2) [1]Bei der Anmeldung ist die Lage der Geschäftsräume anzugeben. [2]Dies gilt nicht, wenn die Lage der Geschäftsräume als inländische Geschäftsanschrift zur Eintragung in das Handelsregister angemeldet wird oder bereits in das Handelsregister eingetragen worden ist. [3]Eine Änderung der Lage der Geschäftsräume ist dem Registergericht unverzüglich mitzuteilen; Satz 2 gilt entsprechend.

(3) Absatz 2 gilt für die Anmeldung einer Zweigniederlassung und die Änderung der Lage ihrer Geschäftsräume entsprechend.

(4) Es ist darauf hinzuwirken, daß bei den Anmeldungen auch der Unternehmensgegenstand, soweit er sich nicht aus der Firma ergibt, angegeben wird.

§ 25 [Entscheidung über die Eintragung, Bekanntmachung]

(1) [1]Auf die Anmeldung zur Eintragung, auf Gesuche und Anträge entscheidet der Richter. [2]Über die Eintragung ist unverzüglich nach Eingang der Anmeldung bei Gericht zu entscheiden. [3]Ist eine Anmeldung zur Eintragung in das Handelsregister unvollständig oder steht der Eintragung ein durch den Antragsteller behebbares Hindernis entgegen, so hat der Richter unverzüglich zu verfügen; liegt ein nach § 23 einzuholendes Gutachten bis dahin nicht vor, so ist dies dem Antragsteller unverzüglich mitzuteilen. [4]Der Richter entscheidet auch über die erforderlichen Registerbekanntmachungen gemäß § 10 Absatz 3 des Handelsgesetzbuchs.

(2) Der Richter ist für die Eintragung auch dann zuständig, wenn sie vom Beschwerdegericht oder nach § 395 des Gesetzes über das Verfahren in Familiensachen und in den Angelegenheiten der freiwilligen Gerichtsbarkeit verfügt ist.

(3) [1]Unbeschadet des Absatzes 1 Satz 2 sind innerhalb eines Zeitraumes von in der Regel zehn Werktagen nach dem Eingang der vollständigen Anmeldung oder im Fall eines durch den Antragsteller behebbaren Eintragungshindernisses innerhalb eines Zeitraumes von in der Regel zehn Werktagen nach dessen Behebung einzutragen:

1. die Gründung einer Gesellschaft mit beschränkter Haftung, die mittels Videokommunikation gemäß § 2 Absatz 3 des Gesetzes betreffend die Gesellschaften mit beschränkter Haftung in Verbindung mit den §§ 16a bis 16e des Beurkundungsgesetzes notariell beurkundet wurde, und
2. die Errichtung einer Zweigniederlassung einer Kapitalgesellschaft, die dem Recht eines anderen Mitgliedstaates der Europäischen Union oder eines anderen Vertragsstaates des Abkommens über

den Europäischen Wirtschaftsraum unterliegt, deren Anmeldung zur Eintragung mittels Videokommunikation nach § 12 Absatz 1 Satz 2 des Handelsgesetzbuchs in Verbindung mit § 40a des Beurkundungsgesetzes beglaubigt wurde.

[2]Im Fall der Anmeldung der Gründung einer Gesellschaft mit beschränkter Haftung mittels Videokommunikation mit ausschließlich natürlichen Personen als Gesellschaftern und der Verwendung von Musterprotokollen nach § 2 Absatz 1a oder 3 des Gesetzes betreffend die Gesellschaften mit beschränkter Haftung beträgt die Frist nach Satz 1 fünf Werktage. [3]Erfolgt die Eintragung nicht innerhalb der Frist nach Satz 1 oder Satz 2, informiert das Registergericht die Antragssteller über die Gründe für die Verzögerung.

§ 26 Änderung eingetragener Angaben

Die Änderung eingetragener Angaben ist, unbeschadet des § 25 Absatz 1 Satz 2, in der Regel innerhalb von 21 Tagen nach Eingang der vollständigen Anmeldung oder im Fall eines durch den Antragsteller behebbaren Eintragungshindernisses innerhalb von 21 Tagen nach dessen Behebung einzutragen und bekannt zu machen.

§ 27 Vornahme der Eintragung

(1) Der Richter nimmt die Eintragung entweder selbst vor oder er verfügt die Eintragung durch den Urkundsbeamten der Geschäftsstelle.

(2) [1]Nimmt der Richter die Eintragung nicht selbst vor, so hat er in der Eintragungsverfügung den genauen Wortlaut der Eintragung sowie die Eintragungsstelle im Register samt aller zur Eintragung erforderlichen Merkmale festzustellen. [2]Der Urkundsbeamte der Geschäftsstelle hat die Ausführung der Eintragungsverfügung zu veranlassen und die Eintragung zu signieren.

(3) [1]Die Wirksamkeit der Eintragung (§ 8a Abs. 1 des Handelsgesetzbuchs) ist in geeigneter Weise zu überprüfen. [2]Die eintragende Person soll die Eintragung auf ihre Richtigkeit und Vollständigkeit sowie ihre Abrufbarkeit aus dem Datenspeicher (§ 48) prüfen.

(4) Bei jeder Eintragung ist der Tag der Eintragung anzugeben.

(5) Die Landesjustizverwaltung kann bestimmen, dass eine elektronische Aufzeichnung des genauen Zeitpunktes der erstmaligen Abrufbarkeit einer Eintragung oder Tatsache im Registerordner des jeweiligen Registerblattes gespeichert wird.

§ 28 Elektronische Signatur

[1]Der Richter oder im Fall des § 27 Abs. 2 der Urkundsbeamte der Geschäftsstelle setzt der Eintragung seinen Nachnamen hinzu und signiert beides elektronisch. [2]Im Übrigen gilt § 75 der Grundbuchverfügung entsprechend.

§ 29 [Obliegenheiten des Urkundsbeamten]

(1) Der Urkundsbeamte der Geschäftsstelle ist zuständig:

1. für die Erteilung von Abschriften oder Ausdrucken oder die elektronische Übermittlung der Eintragungen und der zum Register eingereichten Schriftstücke und Dokumente; wird eine auszugsweise Abschrift, ein auszugsweiser Ausdruck oder eine auszugsweise elektronische Übermittlung beantragt, so entscheidet bei Zweifeln über den Umfang des Auszugs der Richter;
2. für die Beglaubigung und die Erteilung oder elektronische Übermittlung von Bescheinigungen nach § 9 Abs. 5 des Handelsgesetzbuchs und von Verschmelzungs-, Spaltungs- oder Formwechselbescheinigungen nach § 316 Absatz 1 Satz 4, § 329 Satz 3 oder § 343 Absatz 1 Satz 4 des Umwandlungsgesetzes;
3. für die Eintragung der in § 32 des Handelsgesetzbuchs vorgesehenen Vermerke im Zusammenhang mit einem Insolvenzverfahren;
4. für die Eintragung der Geschäftsanschrift.
5. für die elektronische Aufzeichnung der erstmaligen Abrufbarkeit einer Eintragung oder Tatsache im Registerordner, falls die Landesjustizverwaltung eine elektronische Aufzeichnung gemäß § 27 Absatz 5 bestimmt.

(2) [1]Wird die Änderung einer Entscheidung des Urkundsbeamten der Geschäftsstelle verlangt, so entscheidet, wenn dieser dem Verlangen nicht entspricht, der Richter. [2]Die Beschwerde ist erst gegen seine Entscheidung gegeben.

§ 30 [Abschriften]

(1) [1]Einfache Abschriften der in Papierform vorhandenen Registerblätter und Schriftstücke sind mit dem Vermerk: „Gefertigt am ...“ abzuschließen. [2]Der Vermerk ist nicht zu unterzeichnen.

(2) [1]Die Beglaubigung einer Abschrift geschieht durch einen unter die Abschrift zu setzenden Vermerk, der die Übereinstimmung mit der Hauptschrift bezeugt. [2]Der Beglaubigungsvermerk muß Ort

und Tag der Ausstellung enthalten, von dem Urkundsbeamten der Geschäftsstelle unterschrieben und mit Siegel oder Stempel versehen sein.

(3) [1]Soll aus dem Handelsregister eine auszugsweise Abschrift erteilt werden, so sind in die Abschrift die Eintragungen aufzunehmen, die den Gegenstand betreffen, auf den sich der Auszug beziehen soll. [2]In dem Beglaubigungsvermerk ist der Gegenstand anzugeben und zu bezeugen, daß weitere ihn betreffende Eintragungen in dem Register nicht enthalten sind.

(4) [1]Werden beglaubigte Abschriften der zum Register eingereichten Schriftstücke oder der eingereichten Wiedergaben von Schriftstücken (§ 8a Abs. 4 des Handelsgesetzbuchs in der bis zum Inkrafttreten des Gesetzes über elektronische Handelsregister und Genossenschaftsregister sowie das Unternehmensregister am 1. Januar 2007 geltenden Fassung) beantragt, so ist in dem Beglaubigungsvermerk ersichtlich zu machen, ob die Hauptschrift eine Urschrift, eine Wiedergabe auf einem Bildträger oder auf anderen Datenträgern, eine einfache oder beglaubigte Abschrift, eine Ablichtung oder eine Ausfertigung ist; ist die Hauptschrift eine Wiedergabe auf einem Bildträger oder auf anderen Datenträgern, eine beglaubigte Abschrift, eine beglaubigte Ablichtung oder eine Ausfertigung, so ist der nach § 8a Abs. 3 Satz 2 des Handelsgesetzbuchs in der bis zum Inkrafttreten des Gesetzes über elektronische Handelsregister und Genossenschaftsregister sowie das Unternehmensregister am 1. Januar 2007 geltenden Fassung angefertigte schriftliche Nachweis über die inhaltliche Übereinstimmung der Wiedergabe mit der Urschrift, der Beglaubigungsvermerk oder der Ausfertigungsvermerk in die beglaubigte Abschrift aufzunehmen. [2]Durchstreichungen, Änderungen, Einschaltungen, Radierungen oder andere Mängel einer von den Beteiligten eingereichten Schrift sollen in dem Vermerk angegeben werden.

(5) [1]Die Bestätigung oder Ergänzung früher gefertigter Abschriften ist zulässig. [2]Eine Ergänzung einer früher erteilten Abschrift soll unterbleiben, wenn die Ergänzung gegenüber der Erteilung einer Abschrift durch Ablichtung einen unverhältnismäßigen Arbeitsaufwand, insbesondere erhebliche oder zeitraubende Schreibarbeiten erfordern würde; andere Versagungsgründe bleiben unberührt.

§ 30a Ausdrucke

(1) [1]Ausdrucke aus dem Registerblatt (§ 9 Abs. 4 des Handelsgesetzbuchs) sind mit der Aufschrift „Ausdruck“ oder „Amtlicher Ausdruck“, dem Datum der letzten Eintragung und dem Datum des Abrufs der Daten aus dem Handelsregister zu versehen. [2]Sie sind nicht zu unterschreiben.

(2) [1]Ausdrucke aus dem Registerordner sind mit der Aufschrift „Ausdruck“ oder „Amtlicher Ausdruck“, dem Datum der Einstellung des Dokuments in den Registerordner, dem Datum des Abrufs aus dem Registerordner und den nach § 9 Abs. 4 oder Abs. 5 Satz 2 aufgenommenen Angaben zu versehen. [2]Sie sind nicht zu unterschreiben.

(3) [1]Der amtliche Ausdruck ist darüber hinaus mit Ort und Tag der Ausstellung, dem Vermerk, dass der Ausdruck den Inhalt des Handelsregisters oder einen Inhalt des Registerordners bezeugt, sowie dem Namen des erstellenden Urkundsbeamten der Geschäftsstelle und mit einem Dienstsiegel zu versehen. [2]Anstelle der Siegelung kann maschinell ein Abdruck des Dienstsiegels eingedruckt sein oder aufgedruckt werden; in beiden Fällen muss unter der Aufschrift „Amtlicher Ausdruck“ der Vermerk „Dieser Ausdruck wird nicht unterschrieben und gilt als beglaubigte Abschrift.“ aufgedruckt sein oder werden.

(4) [1]Ausdrucke aus dem Registerblatt werden als chronologischer oder aktueller Ausdruck erteilt. [2]Die Landesjustizverwaltung kann weitere Formen von Ausdrucken bestimmen. [3]Der chronologische Ausdruck gibt alle Eintragungen des Registerblatts wieder. [4]Der aktuelle Ausdruck enthält den letzten Stand der Eintragungen. [5]Nicht in den aktuellen Ausdruck aufgenommen werden diejenigen Eintragungen, die gerötet oder auf andere Weise nach § 16 als gegenstandslos kenntlich gemacht sind, die nach § 16a gekennzeichneten Eintragungen sowie die Angaben in den Spalten § 40 (HR A) Nr. 6 Buchstabe b und § 43 (HR B) Nr. 7 Buchstabe b. [6]Die Art des Ausdrucks bestimmt der Antragsteller. [7]Soweit nicht ausdrücklich etwas anderes beantragt ist, wird ein aktueller Ausdruck erteilt. [8]Aktuelle Ausdrucke können statt in spaltenweiser Wiedergabe auch als fortlaufender Text erstellt werden.

(5) [1]Ausdrucke können dem Antragsteller auch elektronisch übermittelt werden. [2]Die elektronische Übermittlung amtlicher Ausdrucke erfolgt unter Verwendung einer Authentifizierung durch Vertrauensdienste nach der Verordnung (EU) Nr. 910/2014 des Europäischen Parlaments und des Rates vom 23. Juli 2014 über elektronische Identifizierung und Vertrauensdienste für elektronische Transaktionen im Binnenmarkt und zur Aufhebung der Richtlinie 1999/93/EG (ABl. L 257 vom 28.8.2014, S. 73; L 23 vom 29.1.2015, S. 19; L 155 vom 14.6.2016, S. 44).

(6) § 30 Abs. 3 gilt entsprechend.

§ 31 [Ausfertigungen]

[1]Ausfertigungen der Bescheinigungen und Zeugnisse sind von dem Urkundsbeamten der Geschäftsstelle unter Angabe des Ortes und Tages zu unterschreiben und mit dem Gerichtssiegel

oder Stempel zu versehen. [2]Bescheinigungen und Zeugnisse können auch in elektronischer Form (§ 126a des Bürgerlichen Gesetzbuchs) übermittelt werden.

§ 32 Bereitstellung der Eintragung zum Abruf

Die Eintragung ist unverzüglich zum Abruf über das von der Landesjustizverwaltung nach § 9 Absatz 1 Satz 2 des Handelsgesetzbuchs bestimmte elektronische Informations- und Kommunikationssystem bereitzustellen.

§ 33 Registerbekanntmachungen nach § 10 Absatz 3 des Handelsgesetzbuchs

(1) Registerbekanntmachungen nach § 10 Absatz 3 des Handelsgesetzbuchs werden in dem von der Landesjustizverwaltung nach § 9 Absatz 1 Satz 2 des Handelsgesetzbuchs bestimmten elektronischen Informations- und Kommunikationssystem in der zeitlichen Folge ihrer Bekanntmachung für jedes Registerblatt gesondert als Veröffentlichung zum Abruf bereitgestellt.

(2) [1]Der Richter nimmt die Registerbekanntmachung entweder selbst vor oder er verfügt die Vornahme der Registerbekanntmachung durch den Urkundsbeamten der Geschäftsstelle, der diese dann für den Richter vornimmt. [2]Der Wortlaut der Registerbekanntmachung ist besonders zu verfügen. [3]Der Urkundsbeamte der Geschäftsstelle hat die verfügten Registerbekanntmachungen herbeizuführen.

(3) Die Registerbekanntmachung soll knapp gefasst und leicht verständlich sein.

(4) In der Registerbekanntmachung ist das Gericht und gegebenenfalls der Tag der betreffenden Eintragung zu bezeichnen, einer Unterschrift bedarf es nicht.

(5) [1]Die Registerbekanntmachungen sind möglichst nach dem Muster in Anlage 3 abzufassen. [2]Der Tag der Registerbekanntmachung ist durch die bekanntmachende Stelle beizufügen.

§ 34 *[aufgehoben]*

§ 34a Veröffentlichungen im Amtsblatt der Europäischen Union

Die Pflichten zur Veröffentlichung im Amtsblatt der Europäischen Union und die Mitteilungspflichten gegenüber dem Amt für amtliche Veröffentlichungen der Europäischen Union nach der Verordnung (EWG) Nr. 2137/85 des Rates vom 25. Juli 1985 über die Schaffung einer Europäischen wirtschaftlichen Interessenvereinigung (EWIV) (ABl. EG Nr. L 199 S. 1) sowie der Verordnung (EG) Nr. 2157/2001 des Rates vom 8. Oktober 2001 über das Statut der Europäischen Gesellschaft (SE) (ABl. EG Nr. L 294 S. 1) bleiben unberührt.

§ 35 [Angabe des Löschungsgrundes]

[1]Wird eine Firma im Handelsregister gelöscht, weil das Unternehmen nach Art oder Umfang einen in kaufmännischer Weise eingerichteten Geschäftsbetrieb nicht erfordert, so kann auf Antrag des Inhabers in einer Registerbekanntmachung der Grund der Löschung erwähnt werden. [2]Handelt es sich um einen Handwerker, der bereits in die Handwerksrolle eingetragen ist, so kann neben der Angabe des Grundes der Löschung in einer Registerbekanntmachung auch auf diese Eintragung hingewiesen werden.

§ 36 [Benachrichtigungen]

[1]Der Urkundsbeamte der Geschäftsstelle unterschreibt die Mitteilungen. [2]In geeigneten Fällen ist darauf hinzuweisen, daß auf die Bekanntgabe verzichtet werden kann (§ 383 Abs. 1 Satz 1 des Gesetzes über das Verfahren in Familiensachen und in den Angelegenheiten der freiwilligen Gerichtsbarkeit).

§ 37 Mitteilungen an andere Stellen

(1) [1]Das Gericht hat jede Neuanlegung und jede Änderung eines Registerblatts

1. der Industrie- und Handelskammer,
2. der Handwerkskammer, wenn es sich um ein handwerkliches Unternehmen handelt oder handeln kann, und
3. der Landwirtschaftskammer, wenn es sich um ein land- oder forstwirtschaftliches Unternehmen handelt oder handeln kann, oder, wenn eine Landwirtschaftskammer nicht besteht, der nach Landesrecht zuständigen Stelle

mitzuteilen. [2]Die über Geschäftsräume und Unternehmensgegenstand gemachten Angaben sind ebenfalls mitzuteilen.

(2) Soweit in anderen Rechtsvorschriften oder durch besondere Anordnung der Landesjustizverwaltung eine Benachrichtigung weiterer Stellen vorgesehen ist, bleiben diese Vorschriften unberührt.

§ 38 [Anfragen bei anderen Registergerichten]

Gehört ein Ort oder eine Gemeinde zu den Bezirken verschiedener Registergerichte, so hat jedes Registergericht vor der Eintragung einer neuen Firma oder vor der Eintragung von Änderungen einer

Firma bei den anderen beteiligten Registergerichten anzufragen, ob gegen die Eintragung im Hinblick auf § 30 des Handelsgesetzbuches Bedenken bestehen.

§ 38a [Maschinelle Verfügungen und Benachrichtigungen]

(1) [1]Gerichtliche Verfügungen und Benachrichtigungen an Beteiligte, die maschinell erstellt werden, brauchen nicht unterschrieben zu werden. [2]In diesem Fall muß anstelle der Unterschrift auf dem Schreiben der Vermerk „Dieses Schreiben ist maschinell erstellt und auch ohne Unterschrift wirksam." angebracht sein. [3]Die Verfügung muß den Verfasser mit Funktionsbezeichnung erkennen lassen.

(2) [1]Die in Absatz 1 bezeichneten maschinell zu erstellenden Schreiben können, wenn die Kenntnisnahme durch den Empfänger allgemein sichergestellt ist, auch durch Bildschirmmitteilung oder in anderer Weise elektronisch übermittelt werden. [2]§ 15 des Gesetzes über das Verfahren in Familiensachen und in den Angelegenheiten der freiwilligen Gerichtsbarkeit bleibt unberührt.

(3) Für die Texte für die Mitteilungen nach § 37 und Anfragen nach § 38 gelten die Absätze 1 und 2 entsprechend.

§ 38b Überprüfung ausländischer Registereintragungen über das Europäische System der Registervernetzung

Die Registergerichte können im Rahmen von Verfahren zur Anmeldung und Eintragung der Zweigniederlassung einer Kapitalgesellschaft, die dem Recht eines anderen Mitgliedstaates der Europäischen Union oder eines anderen Vertragsstaates des Abkommens über den Europäischen Wirtschaftsraum unterliegt, Urkunden und Informationen zur Gesellschaft durch den Informationsaustausch über die zentrale Europäische Plattform gemäß § 9b Absatz 2 des Handelsgesetzbuchs abrufen und überprüfen.

IV. Sondervorschriften für die Abteilungen A und B

§ 39 [Trennung, Muster]

Die Abteilungen A und B werden in getrennten Registern nach den beigegebenen Mustern geführt.

Abteilung A

§ 40 Inhalt der Eintragungen in Abteilung A

In Abteilung A des Handelsregisters sind die nachfolgenden Angaben einzutragen:

1. In Spalte 1 ist die laufende Nummer der die Firma betreffenden Eintragungen einzutragen.
2. In Spalte 2 sind
   a) unter Buchstabe a die Firma;
   b) unter Buchstabe b der Ort der Niederlassung oder der Sitz, bei Einzelkaufleuten und Personenhandelsgesellschaften die inländische Geschäftsanschrift sowie die Errichtung oder Aufhebung von Zweigniederlassungen, und zwar unter Angabe des Ortes einschließlich der Postleitzahl, der inländischen Geschäftsanschrift und, falls der Firma für eine Zweigniederlassung ein Zusatz beigefügt ist, unter Angabe dieses Zusatzes;
   c) unter Buchstabe c bei Europäischen wirtschaftlichen Interessenvereinigungen und bei juristischen Personen der Gegenstand des Unternehmens

   und die sich jeweils darauf beziehenden Änderungen anzugeben.
3. [1]In Spalte 3 sind
   a) unter Buchstabe a die allgemeine Regelung zur Vertretung des Rechtsträgers durch die persönlich haftenden Gesellschafter, die Geschäftsführer, die Mitglieder des Vorstandes, bei Kreditinstituten die gerichtlich bestellten vertretungsbefugten Personen sowie die Abwickler oder Liquidatoren, und
   b) unter Buchstabe b der Einzelkaufmann, bei Handelsgesellschaften die persönlich haftenden Gesellschafter, bei Europäischen wirtschaftlichen Interessenvereinigungen die Geschäftsführer, bei juristischen Personen die Mitglieder des Vorstandes und deren Stellvertreter, bei Kreditinstituten die gerichtlich bestellten vertretungsberechtigten Personen, die Abwickler oder Liquidatoren unter der Bezeichnung als solche, bei ausländischen Versicherungsunternehmen die nach § 68 Absatz 2 des Versicherungsaufsichtsgesetzes bestellten Hauptbevollmächtigten sowie bei einer Zweigstelle eines Unternehmens mit Sitz in einem anderen Staat, die Bankgeschäfte in dem in § 1 Abs. 1 des Gesetzes über das Kreditwesen bezeichneten Umfang betreibt, die nach § 53 Abs. 2 Nr. 1 des Gesetzes über das Kreditwesen bestellten Geschäftsleiter jeweils mit Familiennamen, Vornamen, Geburtsdatum und Wohnort oder gegebenenfalls mit Firma, Rechtsform, Sitz oder Niederlassung

   und die jeweils sich darauf beziehenden Änderungen anzugeben. [2]Weicht die Vertretungsbefugnis der in Spalte 3 unter Buchstabe b einzutragenden Personen im Einzelfall von den Angaben in Spalte 3 unter Buchstabe a ab, so ist diese besondere Vertretungsbefugnis bei den jeweiligen Personen zu vermerken.

4. In Spalte 4 sind die die Prokura betreffenden Angaben einschließlich Familienname, Vorname, Geburtsdatum und Wohnort der Prokuristen und die sich jeweils darauf beziehenden Änderungen einzutragen.
5. In Spalte 5 sind anzugeben
a) unter Buchstabe a die Rechtsform sowie bei juristischen Personen das Datum der Erstellung und jede Änderung der Satzung; bei der Eintragung genügt, soweit sie nicht die Änderung der einzutragenden Angaben betrifft, eine allgemeine Bezeichnung des Gegenstands der Änderung; dabei ist in der Spalte 6 unter Buchstabe b auf die beim Gericht eingereichten Urkunden sowie auf die Stelle der Akten, bei der die Urkunden sich befinden, zu verweisen;
b) unter Buchstabe b
aa) die besonderen Bestimmungen des Gründungsvertrages oder der Satzung über die Zeitdauer der Europäischen wirtschaftlichen Interessenvereinigung oder juristischen Person sowie alle sich hierauf beziehenden Änderungen;
bb) die Eröffnung, Einstellung und Aufhebung des Insolvenzverfahrens sowie die Aufhebung des Eröffnungsbeschlusses; die Bestellung eines vorläufigen Insolvenzverwalters unter den Voraussetzungen des § 32 Abs. 1 Satz 2 Nr. 2 des Handelsgesetzbuchs sowie die Aufhebung einer derartigen Sicherungsmaßnahme; die Anordnung der Eigenverwaltung durch den Schuldner und deren Aufhebung sowie die Anordnung der Zustimmungsbedürftigkeit bestimmter Rechtsgeschäfte des Schuldners nach § 277 der Insolvenzordnung; die Überwachung der Erfüllung eines Insolvenzplans und die Aufhebung der Überwachung;
cc) die Klausel über die Haftungsbefreiung eines Mitglieds der Europäischen wirtschaftlichen Interessenvereinigung für die vor seinem Beitritt entstandenen Verbindlichkeiten;
dd) die Auflösung, Fortsetzung und die Nichtigkeit der Gesellschaft, Europäischen wirtschaftlichen Interessenvereinigung oder juristischen Person; der Schluss der Abwicklung der Europäischen wirtschaftlichen Interessenvereinigung; das Erlöschen der Firma, die Löschung einer Gesellschaft, Europäischen wirtschaftlichen Interessenvereinigung oder juristischen Person sowie Löschungen von Amts wegen;
ee) Eintragungen nach dem Umwandlungsgesetz;
ff) Statuswechsel;
gg) im Fall des Erwerbs eines Handelsgeschäfts bei Fortführung unter der bisherigen Firma eine von § 25 Abs. 1 des Handelsgesetzbuchs abweichende Vereinbarung;
hh) beim Eintritt eines persönlich haftenden Gesellschafters oder eines Kommanditisten in das Geschäft eines Einzelkaufmanns eine von § 28 Abs. 1 des Handelsgesetzbuchs abweichende Vereinbarung;
c) unter Buchstabe c Familienname, Vorname, Geburtsdatum und Wohnort oder gegebenenfalls Firma, Rechtsform, Sitz oder Niederlassung und Haftsumme jedes Kommanditisten einer Kommanditgesellschaft sowie bei der Europäischen wirtschaftlichen Interessenvereinigung die Mitglieder mit Familiennamen, Vornamen, Geburtsdatum und Wohnort oder gegebenenfalls mit Firma, Rechtsform, Sitz oder Niederlassung
und die sich jeweils darauf beziehenden Änderungen.
6. In Spalte 6 sind unter Buchstabe a der Tag der Eintragung, unter Buchstabe b sonstige Bemerkungen einzutragen.
7. Enthält eine Eintragung die Nennung eines in ein öffentliches Register eingetragenen Rechtsträgers, so sind Art und Ort des Registers sowie die Registernummer dieses Rechtsträgers mit zu vermerken.

§ 41 [Änderung der Firma, Neueintragung, Verweisungen]

(1) [1]Wird bei dem Eintritt eines persönlich haftenden Gesellschafters oder eines Kommanditisten in das Geschäft eines Einzelkaufmanns oder bei dem Eintritt eines Gesellschafters in eine bestehende Gesellschaft die bisherige Firma nicht fortgeführt und die neue Firma unter einer neuen Nummer auf einem anderen Registerblatt eingetragen, so ist der Eintritt in Spalte 5 des Registers bei der bisherigen und bei der neuen Firma zu vermerken. [2]Dasselbe gilt von einer von § 28 Abs. 1 des Handelsgesetzbuchs abweichenden Vereinbarung.

(2) Auf jedem Registerblatt ist auf das andere in Spalte „Bemerkungen" zu verweisen.

§ 42 [Übergang eines Handelsgeschäfts, Verweisungen]

[1]Wird zum Handelsregister angemeldet, daß das Handelsgeschäft eines Einzelkaufmanns, einer juristischen Person, einer offenen Handelsgesellschaft oder einer Kommanditgesellschaft auf eine in Abteilung B eingetragene Handelsgesellschaft mit dem Recht zur Fortführung der Firma übergegangen ist, so sind die das Handelsgeschäft betreffenden Eintragungen in Abteilung A des Registers rot zu unterstreichen. [2]Wird von dem Erwerber die Fortführung der Firma angemeldet, so ist bei der Eintragung in Abteilung B auf das bisherige Registerblatt in der Spalte „Bemerkungen" zu verweisen und umgekehrt.

Abteilung B

§ 43 Inhalt der Eintragungen in Abteilung B

In Abteilung B des Handelsregisters sind die nachfolgenden Angaben einzutragen:

1. In Spalte 1 ist die laufende Nummer der die Gesellschaft betreffenden Eintragung einzutragen.
2. In Spalte 2 sind
   a) unter Buchstabe a die Firma;
   b) unter Buchstabe b der Ort der Niederlassung oder der Sitz, bei Aktiengesellschaften, bei einer SE, bei Kommanditgesellschaften auf Aktien und Gesellschaften mit beschränkter Haftung die inländische Geschäftsanschrift sowie gegebenenfalls Familienname und Vorname oder Firma und Rechtsform sowie inländische Anschrift einer für Willenserklärungen und Zustellungen empfangsberechtigten Person, sowie die Errichtung oder Aufhebung von Zweigniederlassungen, und zwar unter Angabe des Ortes einschließlich der Postleitzahl, der Geschäftsanschrift sowie im Falle einer Zweigniederlassung, die dem Recht eines anderen Mitgliedstaates der Europäischen Union oder eines anderen Vertragsstaates des Abkommens über den Europäischen Wirtschaftsraum unterliegt, unter Angabe des Staates, sowie falls vorhanden der Registernummer und der einheitlichen europäischen Kennung der Zweigniederlassung und, falls der Firma für eine Zweigniederlassung ein Zusatz beigefügt ist, unter Angabe dieses Zusatzes;
   c) unter Buchstabe c der Gegenstand des Unternehmens

   und die sich jeweils darauf beziehenden Änderungen anzugeben.
3. In Spalte 3 sind bei Aktiengesellschaften, bei einer SE und bei Kommanditgesellschaften auf Aktien die jeweils aktuellen Beträge der Höhe des Grundkapitals, bei Gesellschaften mit beschränkter Haftung die Höhe des Stammkapitals und bei Versicherungsvereinen auf Gegenseitigkeit die Höhe des Gründungsfonds anzugeben.
4. [1]In Spalte 4 sind
   a) unter Buchstabe a die allgemeine Regelung zur Vertretung des Rechtsträgers durch die Mitglieder des Vorstandes, des Leitungsorgans, die geschäftsführenden Direktoren, die persönlich haftenden Gesellschafter sowie bei Kreditinstituten die gerichtlich bestellten vertretungsbefugten Personen, die Geschäftsführer, die Abwickler oder Liquidatoren und
   b) unter Buchstabe b bei Aktiengesellschaften und Versicherungsvereinen auf Gegenseitigkeit die Mitglieder des Vorstandes und ihre Stellvertreter (bei Aktiengesellschaften unter besonderer Bezeichnung des Vorsitzenden), bei einer SE die Mitglieder des Leitungsorgans und ihre Stellvertreter (unter besonderer Bezeichnung ihres Vorsitzenden) oder die geschäftsführenden Direktoren, bei Kommanditgesellschaften auf Aktien die persönlich haftenden Gesellschafter, bei Kreditinstituten die gerichtlich bestellten vertretungsbefugten Personen, bei Gesellschaften mit beschränkter Haftung die Geschäftsführer und ihre Stellvertreter, ferner die Abwickler oder Liquidatoren unter der Bezeichnung als solcher, jeweils mit Familiennamen, Vornamen, Geburtsdatum und Wohnort oder gegebenenfalls mit Firma, Rechtsform, Sitz oder Niederlassung

   und die jeweils sich darauf beziehenden Änderungen anzugeben. [2]Weicht die Vertretungsbefugnis der in Spalte 4 unter Buchstabe b einzutragenden Personen im Einzelfall von den Angaben in Spalte 4 unter Buchstabe a ab, so ist diese besondere Vertretungsbefugnis bei den jeweiligen Personen zu vermerken. [3]Ebenfalls in Spalte 4 unter Buchstabe b sind bei ausländischen Versicherungsunternehmen die nach § 68 Absatz 2 des Versicherungsaufsichtsgesetzes bestellten Hauptbevollmächtigten, bei einer Zweigstelle eines Unternehmens mit Sitz in einem anderen Staat, die Bankgeschäfte in dem in § 1 Abs. 1 des Gesetzes über das Kreditwesen bezeichneten Umfang betreibt, die nach § 53 Abs. 2 Nr. 1 des Gesetzes über das Kreditwesen bestellten Geschäftsleiter sowie bei einer Zweigniederlassung einer Aktiengesellschaft, SE oder Gesellschaft mit beschränkter Haftung mit Sitz im Ausland die ständigen Vertreter nach § 13e Abs. 2 Satz 5 Nr. 3 des Handelsgesetzbuchs jeweils mit Familiennamen, Vornamen, Geburtsdatum und Wohnort unter Angabe ihrer Befugnisse zu vermerken.
5. In Spalte 5 sind die die Prokura betreffenden Eintragungen einschließlich Familienname, Vorname, Geburtsdatum und Wohnort der Prokuristen sowie die jeweils sich darauf beziehenden Änderungen anzugeben.
6. In Spalte 6 sind anzugeben
   a) unter Buchstabe a die Rechtsform und der Tag der Feststellung der Satzung oder des Abschlusses des Gesellschaftsvertrages; jede Änderung der Satzung oder des Gesellschaftsvertrages; bei der Eintragung genügt, soweit nicht die Änderung die einzutragenden Angaben betrifft, eine allgemeine Bezeichnung des Gegenstands der Änderung;
   b) unter Buchstabe b neben den entsprechend für die Abteilung A in § 40 Nr. 5 Buchstabe b Doppelbuchstabe bb einzutragenden Angaben:
      aa) die besonderen Bestimmungen der Satzung oder des Gesellschaftsvertrages über die Zeitdauer der Gesellschaft oder des Versicherungsvereins auf Gegenseitigkeit;
      bb) eine Eingliederung einschließlich der Firma der Hauptgesellschaft sowie das Ende der Eingliederung, sein Grund und sein Zeitpunkt;

cc) das Bestehen und die Art von Unternehmensverträgen einschließlich des Namens des anderen Vertragsteils, beim Bestehen einer Vielzahl von Teilgewinnabführungsverträgen alternativ anstelle des Namens des anderen Vertragsteils eine Bezeichnung, die den jeweiligen Teilgewinnabführungsvertrag konkret bestimmt, außerdem die Änderung des Unternehmensvertrages sowie seine Beendigung unter Angabe des Grundes und des Zeitpunktes;
dd) die Auflösung, die Fortsetzung und die Nichtigkeit der Gesellschaft oder des Versicherungsvereins auf Gegenseitigkeit;
ee) Eintragungen nach dem Umwandlungsgesetz und nach dem Sanierungs- und Abwicklungsgesetz;
ff) das Erlöschen der Firma, die Löschung einer Aktiengesellschaft, SE, Kommanditgesellschaft auf Aktien, Gesellschaft mit beschränkter Haftung oder eines Versicherungsvereins auf Gegenseitigkeit sowie Löschungen von Amts wegen;
gg) das Bestehen eines bedingten Kapitals unter Angabe des Beschlusses der Hauptversammlung und der Höhe des bedingten Kapitals;
hh) das Bestehen eines genehmigten Kapitals unter Angabe des Beschlusses der Hauptversammlung oder Gesellschafterversammlung, der Höhe des genehmigten Kapitals und des Zeitpunktes, bis zu dem die Ermächtigung besteht;
ii) bei Investmentaktiengesellschaften mit variablem Kapital das in der Satzung festgelegte Mindestkapital und Höchstkapital;
jj) der Beschluss einer Übertragung von Aktien gegen Barabfindung (§ 327a des Aktiengesetzes) unter Angabe des Tages des Beschlusses;
kk) der Abschluss eines Nachgründungsvertrages unter Angabe des Zeitpunktes des Vertragsschlusses und des Zustimmungsbeschlusses der Hauptversammlung sowie der oder die Vertragspartner der Gesellschaft;
ll) bei Versicherungsvereinen auf Gegenseitigkeit der Tag, an dem der Geschäftsbetrieb erlaubt worden ist

und die sich jeweils darauf beziehenden Änderungen.

7. Die Verwendung der Spalte 7 richtet sich nach den Vorschriften über die Benutzung der Spalte 6 der Abteilung A.
8. § 40 Nr. 7 gilt entsprechend.

§ 44 [Eintragungen von Urteilen über Nichtigkeitserklärungen und Verfügungen über Löschungen]

Urteile, durch die ein in das Register eingetragener Beschluß der Hauptversammlung einer Aktiengesellschaft, SE, Kommanditgesellschaft auf Aktien oder der Gesellschafterversammlung einer Gesellschaft mit beschränkter Haftung rechtskräftig für nichtig erklärt ist, sowie die nach § 398 des Gesetzes über das Verfahren in Familiensachen und in den Angelegenheiten der freiwilligen Gerichtsbarkeit verfügte Löschung eines Beschlusses sind in einem Vermerk, der den Beschluß als nichtig bezeichnet, in diejenigen Spalten des Registerblatts einzutragen, in die der Beschluß eingetragen war.

§ 45 [Löschung einer Gesellschaft wegen Nichtigkeit, Benachrichtigung über Heilung eines Mangels]

(1) Soll eine Aktiengesellschaft, eine SE, eine Kommanditgesellschaft auf Aktien oder eine Gesellschaft mit beschränkter Haftung als nichtig gelöscht werden, so ist, wenn der Mangel geheilt werden kann, in der nach § 395 Abs. 2, § 397 des Gesetzes über das Verfahren in Familiensachen und in den Angelegenheiten der freiwilligen Gerichtsbarkeit ergehenden Benachrichtigung auf diese Möglichkeit ausdrücklich hinzuweisen.

(2) [1]Die Löschung erfolgt durch Eintragung eines Vermerks, der die Gesellschaft als nichtig bezeichnet. [2]Gleiches gilt, wenn die Gesellschaft durch rechtskräftiges Urteil für nichtig erklärt ist.

§ 46 [Verweisung bei Firmenänderung]

Wird bei einer in Abteilung B eingetragenen Handelsgesellschaft die Änderung der Firma zum Handelsregister angemeldet, weil das Geschäft mit dem Recht zur Fortführung der Firma auf einen Einzelkaufmann, eine juristische Person oder eine Handelsgesellschaft übertragen worden ist, und wird von dem Erwerber die Fortführung der Firma angemeldet, so ist bei der Eintragung in die Spalte „Bemerkungen“ auf das bisherige Registerblatt zu verweisen und umgekehrt.

§ 46a [Eintragungen bei grenzüberschreitenden Umwandlungen]

(1) Eintragungen bei grenzüberschreitenden Umwandlungen nach dem Umwandlungsgesetz enthalten mindestens die folgenden Angaben:

1. von allen beteiligten Gesellschaften Firma und Rechtsform sowie das Register, in dem die Gesellschaft eingetragen ist, und die Nummer der Eintragung,

2. bei einer grenzüberschreitenden Verschmelzung durch Aufnahme oder einer grenzüberschreitenden Spaltung zur Aufnahme die Tatsache, dass eine grenzüberschreitende Verschmelzung oder Spaltung erfolgt ist, und den Tag der Eintragung,
3. bei einer grenzüberschreitenden Verschmelzung durch Neugründung, einer grenzüberschreitenden Spaltung zur Neugründung oder einem grenzüberschreitenden Formwechsel die Tatsache, dass die Eintragung der neuen Gesellschaft oder die Eintragung der neuen Rechtsform infolge einer grenzüberschreitenden Verschmelzung oder Spaltung oder eines grenzüberschreitenden Formwechsels erfolgte.

(2) Bei Schließung des Registerblattes infolge einer grenzüberschreitenden Umwandlung sind mindestens anzugeben:
1. die Tatsache, dass die Schließung infolge einer grenzüberschreitenden Verschmelzung, einer grenzüberschreitenden Aufspaltung oder eines grenzüberschreitenden Formwechsels erfolgte, und
2. der Tag der Schließung.

(3) Bei Ausstellung der Verschmelzungs-, Spaltungs- oder Formwechselbescheinigung bestimmt sich der Inhalt der Eintragung nach § 316 Absatz 1, § 329 oder § 343 Absatz 1 des Umwandlungsgesetzes.

(4) Nach anderen Vorschriften erforderliche Angaben bleiben unberührt.

IVa. Vorschriften für das elektronisch geführte Handelsregister

1. Einrichtung des elektronisch geführten Handelsregisters

§ 47 Grundsatz

(1) [1]Bei der elektronischen Führung des Handelsregisters muss gewährleistet sein, dass
1. die Grundsätze einer ordnungsgemäßen Datenverarbeitung eingehalten, insbesondere Vorkehrungen gegen einen Datenverlust getroffen sowie die erforderlichen Kopien der Datenbestände mindestens tagesaktuell gehalten und die originären Datenbestände sowie deren Kopien sicher aufbewahrt werden,
2. die vorzunehmenden Eintragungen alsbald in einen Datenspeicher aufgenommen und auf Dauer inhaltlich unverändert in lesbarer Form wiedergegeben werden können,
3. die nach den Artikeln 24, 25 und 32 der Verordnung (EU) 2016/679 erforderlichen Anforderungen erfüllt sind, soweit es um personenbezogene Daten geht.

[2]Die Dokumente sind in inhaltlich unveränderbarer Form zu speichern.

(2) Wird die Datenverarbeitung im Auftrag des zuständigen Amtsgerichts auf den Anlagen einer anderen staatlichen Stelle oder eines Dritten vorgenommen (§ 387 Abs. 5 des Gesetzes über das Verfahren in Familiensachen und in den Angelegenheiten der freiwilligen Gerichtsbarkeit), so muss sichergestellt sein, dass Eintragungen in das Handelsregister und der Abruf von Daten hieraus nur erfolgen, wenn dies von dem zuständigen Gericht verfügt worden oder sonst zulässig ist.

(3) Die Verarbeitung der Registerdaten auf Anlagen, die nicht im Eigentum der anderen staatlichen Stelle oder des Dritten stehen, ist nur zulässig, wenn gewährleistet ist, dass die Daten dem uneingeschränkten Zugriff des zuständigen Gerichts unterliegen und der Eigentümer der Anlage keinen Zugang zu den Daten hat.

§ 48 Begriff des elektronisch geführten Handelsregisters

[1]Bei dem elektronisch geführten Handelsregister ist der in den dafür bestimmten Datenspeicher aufgenommene und auf Dauer unverändert in lesbarer Form wiedergabefähige Inhalt des Registerblattes (§ 13 Abs. 1) das Handelsregister. [2]Die Bestimmung des Datenspeichers nach Satz 1 kann durch Verfügung der nach Landesrecht zuständigen Stelle geändert werden, wenn dies dazu dient, die Erhaltung und die Abrufbarkeit der Daten sicherzustellen oder zu verbessern, und die Daten dabei nicht verändert werden.

§ 49 Anforderungen an Anlagen und Programme; Sicherung der Anlagen, Programme und Daten

(1) Hinsichtlich der Anforderungen an die für das elektronisch geführte Handelsregister verwendeten Anlagen und Programme, deren Sicherung sowie der Sicherung der Daten gelten die §§ 64 bis 66 der Grundbuchverfügung entsprechend.

(2) Das eingesetzte Datenverarbeitungssystem soll innerhalb eines jeden Landes einheitlich sein und mit den in den anderen Ländern eingesetzten Systemen verbunden werden können.

§ 50 Gestaltung des elektronisch geführten Handelsregisters

(1) [1]Der Inhalt des elektronisch geführten Handelsregisters muß auf dem Bildschirm und in Ausdrucken entsprechend den beigegebenen Mustern (Anlagen 4 und 5) sichtbar gemacht werden können.

[2]Der letzte Stand aller noch nicht gegenstandslos gewordenen Eintragungen (aktueller Registerinhalt) kann statt in spaltenweiser Wiedergabe auch als fortlaufender Text nach den Mustern in Anlage 6 und 7 sichtbar gemacht werden.

(2) Der Inhalt geschlossener Registerblätter, die nicht für die elektronische Registerführung umgeschrieben wurden, muss entsprechend den beigegebenen Mustern (Anlagen 1 und 2 in der bis zum Inkrafttreten des Gesetzes über elektronische Handelsregister und Genossenschaftsregister sowie das Unternehmensregister am 1. Januar 2007 geltenden Fassung dieser Verordnung) auf dem Bildschirm und in Ausdrucken sichtbar gemacht werden können, wenn nicht die letzte Eintragung in das Registerblatt vor dem 1. Januar 1997 erfolgte.

2. Anlegung des elektronisch geführten Registerblatts

§ 51 Anlegung des elektronisch geführten Registerblatts durch Umschreibung

Ein bisher in Papierform geführtes Registerblatt kann für die elektronische Führung nach den §§ 51, 52 und 54 in der bis zum Inkrafttreten des Gesetzes über elektronische Handelsregister und Genossenschaftsregister sowie das Unternehmensregister am 1. Januar 2007 geltenden Fassung dieser Verordnung umgeschrieben werden.

3. Automatisierter Abruf von Daten

§ 52 Umfang des automatisierten Datenabrufs

[1]Umfang und Voraussetzungen des Abrufs im automatisierten Verfahren einschließlich des Rechts, von den abgerufenen Daten Abdrucke zu fertigen, bestimmen sich nach § 9 Abs. 1 des Handelsgesetzbuchs. [2]Für den Abruf im automatisierten Verfahren ist technisch sicherzustellen, dass ein Abruf der der Einsicht unterliegenden Abdrucke, Dokumente und Informationen jeweils nur einzeln für jedes Registerblatt möglich ist und dass keine gezielte Suche nach natürlichen Personen möglich ist. [3]Abdrucke stehen den Ausdrucken (§ 30a) nicht gleich.

§ 53 Protokollierung der Abrufe

(1) [1]Für die Sicherung der ordnungsgemäßen Datenverarbeitung und für die Abrechnung der Kosten des Abrufs werden alle Abrufe durch die zuständige Stelle protokolliert. [2]Im Protokoll dürfen nur das Gericht, die Nummer des Registerblatts, die abrufende Person oder Stelle, ein Geschäfts-, Aktenzeichen oder eine sonstige Kennung des Abrufs, der Zeitpunkt des Abrufs sowie die für die Durchführung des Abrufs verwendeten Daten gespeichert werden.

(2) [1]Die protokollierten Daten dürfen nur für die in Absatz 1 Satz 1 genannten Zwecke verwendet werden. [2]Sie sind durch geeignete Vorkehrungen gegen zweckfremde Nutzung und gegen sonstigen Missbrauch zu schützen.

(3) [1]Die nach Absatz 1 gefertigten Protokolle werden vier Jahre nach Ablauf des Kalenderjahres, in dem die Zahlung der Kosten erfolgt ist, vernichtet. [2]Im Fall der Einlegung eines Rechtsbehelfs mit dem Ziel der Rückerstattung verlängert sich die Aufbewahrungsfrist jeweils um den Zeitraum von der Einlegung bis zur abschließenden Entscheidung über den Rechtsbehelf.

4. Ersatzregister und Ersatzmaßnahmen

§ 54 Ersatzregister und Ersatzmaßnahmen

(1) [1]Ist die Vornahme von Eintragungen in das elektronisch geführte Handelsregister vorübergehend nicht möglich, so können auf Anordnung der nach Landesrecht zuständigen Stelle Eintragungen ohne Vergabe einer neuen Nummer in einem Ersatzregister in Papierform vorgenommen werden, wenn hiervon Verwirrung nicht zu besorgen ist. [2]Sie sollen in das elektronisch geführte Handelsregister übernommen werden, sobald dies wieder möglich ist. [3]Auf die erneute Übernahme sind die Vorschriften über die Anlegung des maschinell geführten Registerblatts in der bis zum Inkrafttreten des Gesetzes über elektronische Handelsregister und Genossenschaftsregister sowie das Unternehmensregister am 1. Januar 2007 geltenden Fassung dieser Verordnung entsprechend anzuwenden.

(2) Für die Einrichtung und Führung der Ersatzregister nach Absatz 1 gelten § 17 Abs. 2 und die Bestimmungen des Abschnitts IV dieser Verordnung sowie die Bestimmungen der Abschnitte I bis III in der bis zum Inkrafttreten des Gesetzes über elektronische Handelsregister und Genossenschaftsregister sowie das Unternehmensregister am 1. Januar 2007 geltenden Fassung dieser Verordnung.

(3) [1]Können elektronische Anmeldungen und Dokumente vorübergehend nicht entgegengenommen werden, so kann die nach Landesrecht zuständige Stelle anordnen, dass Anmeldungen und Dokumente auch in Papierform zum Handelsregister eingereicht werden können. [2]Die aufgrund einer Anordnung nach Satz 1 eingereichten Schriftstücke sind unverzüglich in elektronische Dokumente zu übertragen.

Anlagen *(nicht abgedruckt)*

§ 8a Eintragungen in das Handelsregister; Verordnungsermächtigung

(1) Eine Eintragung in das Handelsregister wird wirksam, sobald sie in den für die Handelsregistereintragungen bestimmten Datenspeicher aufgenommen ist und auf Dauer inhaltlich unverändert in lesbarer Form wiedergegeben werden kann.

(2) [1]Die Landesregierungen werden ermächtigt, durch Rechtsverordnung nähere Bestimmungen über die elektronische Führung des Handelsregisters, die elektronische Anmeldung, die elektronische Einreichung von Dokumenten sowie deren Aufbewahrung zu treffen, soweit nicht durch das Bundesministerium der Justiz nach § 387 Abs. 2 des Gesetzes über das Verfahren in Familiensachen und in den Angelegenheiten der freiwilligen Gerichtsbarkeit entsprechende Vorschriften erlassen werden. [2]Dabei können sie auch Einzelheiten der Datenübermittlung regeln sowie die Form zu übermittelnder elektronischer Dokumente festlegen, um die Eignung für die Bearbeitung durch das Gericht sicherzustellen. [3]Die Landesregierungen können die Ermächtigung durch Rechtsverordnung auf die Landesjustizverwaltungen übertragen.

I. Allgemeines

1 Die Vorschrift wurde anlässlich der bundesweiten Umstellung auf die elektronische Führung des Handelsregisters durch Art. 1 Nr. 2 EHUG neugefasst. Abs. 1 ist am 1.1.2007 (Art. 13 Abs. 2 Hs. 1 EHUG), Abs. 2 bereits am 16.11.2006 in Kraft getreten (Art. 13 Abs. 1 EHUG). Seither ist einzig Abs. 2 S. 1 mehrfach geändert worden, und zwar durch Art. 69 Nr. 1 FGG-RG iVm Art. 112 Abs. 1 S. 1 Hs. 1 FGG-RG vom 17.12.2008 (BGBl. 2008 I 2586) mit Wirkung vom 1.9.2009, durch Art. 190 Nr. 1 Zehnte Zuständigkeitsanpassungsverordnung iVm Art. 627 Abs. 1 Zehnte Zuständigkeitsanpassungsverordnung vom 31.8.2015 (BGBl. 2015 I 1474) mWv 8.9.2015 und zuletzt durch Art. 1 Nr. 25 iVm Art. 12 Gesetz zur Umsetzung der Richtlinie (EU) 2021/2101 im Hinblick auf die Offenlegung von Ertragsteuerinformationen durch bestimmte Unternehmen und Zweigniederlassungen sowie zur Änderung des Verbraucherstreitbeilegungsgesetzes und Pflichtversicherungsgesetzes vom 19.6.2023 (BGBl. 2023 I Nr. 154) mit Wirkung vom 22.6.2023. Die gesamte Vorschrift findet gem. **§ 5 Abs. 2 PartGG** auf das Partnerschaftsregister und gem. **§ 156 GenG** auf das Genossenschaftsregister Anwendung. Seit dem 1.1.2024 ist zudem Abs. 1 gem. **§ 707b BGB** entsprechend auf das Gesellschaftsregister anzuwenden.

II. Wirksamwerden der Eintragung (Abs. 1)

2 Eintragungen in das elektronisch geführte Handelsregister (§ 8 Abs. 1; → § 8 Rn. 12) wird – im Unterschied zu § 382 Abs. 1 S. 2 FamFG – nicht bereits mit der Vornahme durch den Registerrichter wirksam, sondern gem. Abs. 1 erst mit der Aufnahme in den für das Handelsregister bestimmten Datenspeicher. Entscheidend für das Wirksamwerden ist der Zeitpunkt, in dem die Eintragung dauerhaft inhaltlich unverändert wiedergegeben werden kann. Dies setzt voraus, dass die Daten abrufbar sein müssen.[1] Die Wirksamkeit der Eintragung muss nach § 27 Abs. 3 S. 1 HRV in geeigneter Weise überprüft werden.

III. Ermächtigungsgrundlage (Abs. 2)

3 Abs. 2 S. 1 ermächtigt die Landesregierungen – diese können die Befugnis auf die Landesjustizverwaltungen übertragen (Abs. 2 S. 3) –, durch Rechtsverordnung nähere Bestimmungen über die elektronische Führung des Handelsregisters, die elektronische Anmeldung, die elektronische Einreichung von Dokumenten sowie deren Aufbewahrung zu treffen. Nach Abs. 2 S. 2 können auch Einzelheiten der Datenübermittlung sowie die Form der zu übermittelnden elektronischen Dokumente festgelegt werden, um die Eignung für die Bearbeitung durch die Gerichte sicherzustellen. Die Ermächtigung nach Abs. 2 S. 1 besteht allerdings nur insoweit, als das BMJ nicht von seiner Verordnungsermächtigung nach § 387 Abs. 2 FamFG Gebrauch gemacht und damit vorrangige Regelungen geschaffen hat. Wesentliche Regelungen enthält die auf der Grundlage des § 387 Abs. 2 FamFG erlassene **HRV.** Ergänzende Regelungen der Länder sind auf der Grundlage einer Musterverordnung erlassen worden.[2]

---

[1] BeckOK HGB/Müther, 49. Ed. 1.10.2025, Rn. 1; MüKoHGB/Krafka Rn. 3; SLM/Leutner Rn. 2; Staub/Koch/Harnos Rn. 3.

[2] Zusammenstellung bei BeckOK HGB/Müther, 49. Ed. 1.10.2025, Rn. 8, 8.1.

§ 8b Unternehmensregister

(1) Das Unternehmensregister wird vorbehaltlich einer Regelung nach § 9a Abs. 1 vom Bundesministerium der Justiz elektronisch geführt.

(2) Über die Internetseite des Unternehmensregisters sind zugänglich:

1. Eintragungen im Handelsregister und zum Handelsregister eingereichte Dokumente;

2. Eintragungen im Genossenschaftsregister und zum Genossenschaftsregister eingereichte Dokumente;

2a. Eintragungen im Gesellschaftsregister und zum Gesellschaftsregister eingereichte Dokumente;

3. Eintragungen im Partnerschaftsregister und zum Partnerschaftsregister eingereichte Dokumente;

4. Unterlagen der Rechnungslegung und Unternehmensberichte, die nach diesem Gesetz, dem Publizitätsgesetz, dem Eisenbahnregulierungsgesetz, dem Energiewirtschaftsgesetz, dem Entgelttransparenzgesetz, dem Kapitalanlagegesetzbuch, dem Telekommunikationsgesetz, dem Vermögensanlagengesetz oder dem Wertpapierhandelsgesetz offengelegt wurden, mit Ausnahme der zur dauerhaften Hinterlegung eingestellten Unterlagen;

5. gesellschaftsrechtliche Bekanntmachungen im Bundesanzeiger;

6. im Aktionärsforum veröffentlichte Eintragungen nach § 127a des Aktiengesetzes;

7. Veröffentlichungen von Unternehmen nach dem Wertpapierhandelsgesetz oder dem Vermögensanlagengesetz im Bundesanzeiger, von Bietern, Gesellschaften, Vorständen und Aufsichtsräten nach dem Wertpapiererwerbs- und Übernahmegesetz im Bundesanzeiger sowie Veröffentlichungen nach der Börsenzulassungs-Verordnung im Bundesanzeiger;

8. Bekanntmachungen und Veröffentlichungen von Kapitalverwaltungsgesellschaften und extern verwalteten Investmentgesellschaften nach dem Kapitalanlagegesetzbuch, dem Investmentgesetz und dem Investmentsteuergesetz im Bundesanzeiger;

9. Veröffentlichungen und sonstige der Öffentlichkeit zur Verfügung gestellte Informationen nach den §§ 5, 26 Absatz 1 und 2, § 40 Absatz 1, den §§ 41, 46 Absatz 2, den §§ 50, 51 Absatz 2 und § 127 des Wertpapierhandelsgesetzes, sofern die Veröffentlichung nicht bereits über Nummer 7 in das Unternehmensregister eingestellt wird,

10. Mitteilungen über kapitalmarktrechtliche Veröffentlichungen an die Bundesanstalt für Finanzdienstleistungsaufsicht, sofern die Veröffentlichung selbst nicht bereits über Nummer 7 oder Nummer 9 in das Unternehmensregister eingestellt wird;

11. Bekanntmachungen der Insolvenzgerichte nach § 9 der Insolvenzordnung, ausgenommen Verfahren nach dem Zehnten Teil der Insolvenzordnung;

12. Registerbekanntmachungen aus dem Handels-, Genossenschafts-, Gesellschafts- und Partnerschaftsregister;

13. Bekanntmachungen der Bundesanstalt für Finanzdienstleistungsaufsicht nach § 107 Absatz 1 Satz 6, § 109 Absatz 2 Satz 1 und 5, Absatz 3 Satz 2 des Wertpapierhandelsgesetzes und nach § 31 Absatz 4 des Vermögensanlagengesetzes.

(3) [1]Zur Einstellung in das Unternehmensregister sind dem Unternehmensregister zu übermitteln:

1. die Daten nach Absatz 2 Nummer 5 bis 8 durch den Betreiber des Bundesanzeigers,

2. die Daten nach Absatz 2 Nummer 4, 9 und 10 sowie diejenigen Unterlagen, die dauerhaft hinterlegt werden sollen, durch den jeweils Offenlegungs- oder Veröffentlichungspflichtigen oder den von ihm mit der Veranlassung der Offenlegung oder Veröffentlichung beauftragten Dritten,

3. die Daten nach Absatz 2 Nummer 13 durch die Bundesanstalt für Finanzdienstleistungsaufsicht.

[2]Die Landesjustizverwaltungen übermitteln die Daten nach Absatz 2 Nummer 1 bis 3, 11 und 12 zum Unternehmensregister, soweit die Übermittlung für die Eröffnung eines Zugangs zu den Originaldaten über die Internetseite des Unternehmensregisters erforderlich ist. [3]Die das Unternehmensregister führende Stelle stellt dem Betreiber des Bundesanzeigers die nach Satz 2 von den Landesjustizverwaltungen übermittelten Daten zur Verfügung, soweit dies für die Erfüllung der Aufgabe der Zuordnung von Einreichungen beim Betreiber des Bundesanzeigers nach Absatz 2 Nummer 5 bis 8 erforderlich ist. [4]Die Daten dürfen vom Betreiber des Bundesanzeigers nur für diese Zwecke verwendet werden. [5]Die Bundesanstalt für Finanzdienstleistungsaufsicht überwacht die Übermittlung der Veröf-

fentlichungen und der sonstigen der Öffentlichkeit zur Verfügung gestellten Informationen nach den §§ 5, 26 Absatz 1 und 2, § 40 Absatz 1, den §§ 41, 46 Absatz 2, den §§ 50, 51 Absatz 2, § 114 Absatz 1 bis § 116 Absatz 2, den §§ 117, 118 Absatz 4 und § 127 des Wertpapierhandelsgesetzes an das Unternehmensregister zur Einstellung und kann Anordnungen treffen, die zu ihrer Durchsetzung geeignet und erforderlich sind. [6]Die Bundesanstalt kann die gebotene Übermittlung der in Satz 5 genannten Veröffentlichungen, der Öffentlichkeit zur Verfügung gestellten Informationen und Mitteilung auf Kosten des Pflichtigen vornehmen, wenn die Übermittlungspflicht nicht, nicht richtig, nicht vollständig oder nicht in der vorgeschriebenen Weise erfüllt wird. [7]Für die Überwachungstätigkeit der Bundesanstalt gelten § 6 Absatz 3 Satz 1 und 3, Absatz 15 und 16, die §§ 13, 18 und 21 des Wertpapierhandelsgesetzes entsprechend.

(4) Die Führung des Unternehmensregisters schließt die Erteilung von Ausdrucken sowie die Beglaubigung entsprechend § 9 Abs. 3 und 4 hinsichtlich der im Unternehmensregister eingestellten Unterlagen der Rechnungslegung und Unternehmensberichte im Sinn des Absatzes 2 Nr. 4 ein.

(5) Die Führung des Unternehmensregisters schließt auch den Informationsaustausch nach § 9c ein.

Schrifttum: Beurskens, Das Unternehmensregister, in Noack (Hrsg.), Das neue Gesetz über elektronische Handels- und Unternehmensregister, 2007, 98; Kort, Paradigmenwechsel im deutschen Registerrecht, AG 2007, 801; Leuering/Bläser, Die Offenlegung von Rechnungslegungsunterlagen nach den DiRUG, NJW-Spezial 2022, 335; Meyding/Bödeker, Gesetzesentwurf über elektronische Handelsregister und Genossenschaftsregister sowie das Unternehmensregister (EHUG-E) – Willkommen im Online-Zeitalter!, BB 2006, 1009; Noack, Das EHUG ist beschlossen – elektronische Handels- und Unternehmensregister ab 2007, NZG 2006, 801; Noack, Neue Publizitätspflichten und Publizitätsmedien für Unternehmen – eine Bestandaufnahme nach EHUG und TUG, WM 2007, 377; Ries, Elektronisches Handels- und Unternehmensregister – Geplante Neuregelungen, insbesondere für das Handelsregister, Rpfleger 2006, 233.

I. Allgemeines

Die Vorschrift ist die Rechtsgrundlage für das Unternehmensregister. Sie wurde durch Art. 1 Nr. 2 EHUG iVm Art. 13 Abs. 2 Hs. 1 EHUG mWv 1.1.2007 eingeführt und seitdem zahlreich angepasst. Das seither elektronisch geführte Unternehmensregister unterscheidet sich nach Funktion und Inhalt wesentlich vom Handelsregister oder sonstigen Rechtsträgerregistern. Es ist ein **Sammelregister,** über das Informationen aus mehreren Registern – namentlich dem Handels-, Genossenschafts-, Gesellschafts- und Partnerschaftsregister –, sowie die vom Betreiber des Bundesanzeigers, von Unternehmen und Insolvenzgerichten sowie der BaFin übermittelten Daten auf einer einheitlichen Plattform (www.unternehmensregister.de) zugänglich sind.[1] Nach der Änderung des Bekanntmachungswesens durch das DiRUG (→ § 10 Rn. 2) kommt dem Unternehmensregister nicht mehr die Funktion als zentrale elektronische Plattform für den Zugang zu den Handelsregisterbekanntmachungen zu.[2] Die bisherige separate Bekanntmachung der Handelsregistereintragung wurde abgeschafft, sodass auch der entsprechende Zugang zu den Bekanntmachungen über die Internetseite des Unternehmensregisters obsolet wurde.[3] 1

II. Führung des Unternehmensregisters (Abs. 1)

Gemäß Abs. 1 wird das Unternehmensregister vom BMJ geführt. Die Bundeskompetenz stellt sicher, dass die Daten zentral an einer Stelle abgerufen werden können. Das BMJ ist durch § 9a Abs. 1 S. 1 ermächtigt, die Führung des Unternehmensregisters durch Rechtsverordnung mit Zustimmung des Bundesrates einer juristischen Person des Privatrechts zu übertragen (→ § 9a Rn. 2). Von dieser Ermächtigung hat das BMJ mit Verordnung vom 15.12.2006 (BGBl. 2006 I 3202) Gebrauch gemacht und die Führung des Unternehmensregisters auf die **Bundesanzeiger Verlag GmbH** übertragen. Die Geltung der VO wurde durch Art. 1 VO vom 14.1.2015 (BGBl. 2015 I 16) bis zum 31.12.2026 verlängert. Die Bundesanzeiger Verlag GmbH erlangt gem. § 9a Abs. 1 S. 2 die Stellung einer Justizbehörde des Bundes und nimmt die Aufgaben nach Abs. 1 – einschließlich 2

[1] Staub/Koch/Harnos Rn. 1; Liebscher/Scharf NJW 2006, 3745 (3749); Noack NZG 2006, 801 (804); Ebenroth/Boujong/Schaub Rn. 2.

[2] Zu der Bedeutung des Unternehmensregisters vor dem Hintergrund des bisherigen Bekanntmachungswesens s. Noack NZG 2006, 801 (803).

[3] Begr. RegE DiRUG, BT-Drs. 19/28177, 85.

der in Abs. 4 (→ Rn. 8) und Abs. 5 (→ Rn. 9) genannten Teilaufgaben – als Teil der Justizverwaltung des Bundes wahr.[4]

3 Die Führung des Unternehmensregisters gehört – im Unterschied zu der Führung des Handelsregisters – nicht zu den Registerverfahren der freiwilligen Gerichtsbarkeit. Dies hat ua zur Folge, dass das Unternehmensregister **keine Publizitäts- und Kontrollfunktion** hat. Zu der Publizitäts- und Kontrollfunktion des Handelsregisters → § 8 Rn. 4 f.[5] Die Funktion des Unternehmensregisters erschöpft sich vielmehr darin, einen zentralen Zugriff auf die Daten zu ermöglichen und die Zugriffsverbindung zu den jeweiligen Unternehmensdaten zu erstellen und zu unterhalten.[6] Die Publizitätswirkung des § 15 beschränkt sich – auch nach der Einführung des Gesellschaftsregisters durch das MoPeG (s. § 707b Nr. 2 BGB) – auf das Handelsregister.[7]

4 Der **Begriff „Unternehmensregister"** ist – im Gegensatz zu dem des Handelsregisters (→ § 8 Rn. 163 ff.) – nicht geschützt. Ein besonderer Schutz wegen des öffentlichen Charakters des Registers ist nicht notwendig, weil das Unternehmensregister keinen öffentlichen Glauben genießt.[8]

III. Zugängliche Informationen (Abs. 2, 3)

5 Abs. 2 regelt, welche Daten über die Internetseite des Unternehmensregisters zugänglich sind. Zugänglichkeit der Informationen über das Unternehmensregister bedeutet nicht, dass alle Informationen im Unternehmensregister selbst gespeichert sein müssen. Zum Teil kommt dem Unternehmensregister eine reine **Portalfunktion** zu.[9] Die Eintragungen des Handels-, Genossenschafts-, Gesellschafts- und Partnerschaftsregisters sowie zu diesen Registern eingereichten Dokumente werden über sog. **Indexdaten** (§ 1 Abs. 2 S. 1 URV) direkt aus dem jeweiligen Justizregister abgerufen. Das Unternehmensregister vermittelt lediglich den Zugang zu diesen Daten. Umgekehrt übermitteln die Justizverwaltungen gem. Abs. 3 S. 2 nicht die Originaldaten, sondern die Zugangsdaten, also die Indexdaten. Gleiches gilt für die Bekanntmachungen der Insolvenzgerichte gem. § 9 InsO. Dem Nutzer wird damit eine einheitliche Recherche ermöglicht, gleichgültig ob er über das Unternehmensregister oder die Originalregister recherchiert.[10] Die Daten sind also unmittelbar über das Handelsregister und mittelbar über das Unternehmensregister zugänglich.[11] Durch diese Verfahrensweise wird eine Datenspiegelung, bei der Widersprüche zwischen den Originaldaten und den gespiegelten Daten auftreten könnten, vermieden.[12] Nur die Originaldatenbestände des Handelsregisters entfalten die **Publizitätswirkungen** des § 15 (→ Rn. 3).[13]

6 In **Abs. 2 Nr. 1–13** sind die über das Unternehmensregister zugänglichen Informationen im Einzelnen aufgelistet. Es handelt sich zum einen um die über Indexdaten zugänglichen Eintragungen und Dokumente der Handels-, Genossenschafts- und Partnerschaftsregister sowie seit dem 1.1.2024 auch des Gesellschaftsregisters. Hinzukommen die Insolvenzbekanntmachungen gem. § 9 InsO sowie die durch Art. 1 Nr. 1 lit. a DiRUG iVm Art. 31 Abs. 1 DiRUG mWv 1.8.2022 geänderten Registerbekanntmachungen (Abs. 2 Nr. 1–3, Nr. 11, Nr. 12). Zum anderen speist das Unternehmensregister sich aus den gem. Abs. 3 S. 1 zu übermittelnden Daten.

7 Das System der Offenlegung von **Unterlagen der Rechnungslegung** wurde durch das DiRUG mWv 1.8.2022 (Art. 31 Abs. 1 DiRUG) grundlegend geändert. Seither sind zum einen die Unternehmen verpflichtet, bestimmte von ihnen offenzulegende Unterlagen (zB den Jahresfinanzbericht iSd § 114 Abs. 1 S. 1 WpHG) dem Unternehmensregister (→ Rn. 2) zu übermitteln, zB § 114 Abs. 1 S. 3, 4 WpHG idF des Art. 14 Nr. 5 DiRUG. Für die Übermittlung gem. § 11 Abs. 2 S. 1–3 URV bedarf es gem. § 11 Abs. 2 S. 4 URV iVm § 11 Abs. 1 S. 4 URV einer Registrierung gem. § 3 URV.[14] Außerdem hat die BaFin gem. Abs. 3 S. 1 Nr. 2 idF des Art. 1 Nr. 1 lit. a Doppelbuchst. bb DiRUG die in Abs. 2 Nr. 4 zusammenfassend[15] genannten Rechnungslegungsunterlagen

[4] Begr. RegE EHUG, BT-Drs. 16/960, 43; Staub/Koch/Harnos Rn. 10 f.; Ebenroth/Boujong/Schaub § 9a Rn. 2.
[5] Hopt/Merkt Rn. 1; HK-HGB/Ruß Rn. 2.
[6] Staub/Koch/Harnos Rn. 12; Kort AG 2007, 801 (803); MüKoHGB/Krafka Rn. 4.
[7] Staub/Koch/Harnos Rn. 18; Kort AG 2007, 801 (802); HaKo-HGB/Lamsa Rn. 2; SLM/Leutner Rn. 4; Hopt/Merkt Rn. 3; BeckOK HGB/Müther, 49. Ed. 1.1.2026, Rn. 2.
[8] Staub/Koch/Harnos Rn. 13; Hopt/Merkt Rn. 8; krit. Nedden-Boeger FGPrax 2007, 1 (4).
[9] Begr. RegE EHUG, BT-Drs. 16/960, 40; RGHMW/Ries Rn. 3; Ebenroth/Boujong/Schaub Rn. 3.
[10] Beurskens in Noack, Das neue Gesetz über elektronische Handels- und Unternehmensregister, 2007, 105.
[11] Staub/Koch/Harnos Rn. 16; KKD/Roth/Stelmaszczyk Rn. 4.
[12] Hopt/Merkt Rn. 3.
[13] KKD/Roth/Stelmaszczyk Rn. 4.
[14] Zu den Identifikationsmethoden s. OVG Münster 27.11.2023, NZG 2024, 162; VG Köln 22.9.2023, BeckRS 2023, 34356.
[15] Begr. RegE DiRUG, BT-Drs. 19/28177, 86: „an einer Stelle im Gesetz gebündelt aufgeführt".

und Unternehmensberichte dem Unternehmensregister zu übermitteln,[16] und zwar gem. § 11 Abs. 3 URV. Anschließend sind die Unterlagen ausschließlich im Unternehmensregister abrufbar.[17]

IV. Ausdrucke und Beglaubigungen (Abs. 4)

Das Individualrecht auf Einsichtnahme in das Handelsregister gem. § 9 Abs. 1 S. 1 (→ § 9 Rn. 2 ff.) wird von mehreren Pflichten flankiert, nämlich die Erteilung von Ausdrucken gem. § 9 Abs. 4 S. 1 (→ § 9 Rn. 11 ff.), Abschriften gem. § 9 Abs. 4 S. 2 (→ § 9 Rn. 11 ff.) und Beglaubigungen gem. § 9 Abs. 3 S. 1 und Abs. 4 S. 3 (→ § 9 Rn. 9 f., → § 9 Rn. 11 ff.). Für das Individualrecht auf Einsichtnahme in der Unternehmensregister gem. § 9 Abs. 6 S. 1 iVm § 9 Abs. 1 S. 1 (→ § 9 Rn. 20 f.) begründet Abs. 4 bezüglich der in dem Unternehmensregister gespeicherten Unterlagen der Rechnungslegung (Abs. 2 Nr. 4; → Rn. 7) vergleichbare Verpflichtungen des Betreibers des Unternehmensregisters (→ Rn. 2). Anlass für diese Regelung ist **Art. 16a Abs. 1 GesR-RL,** wonach auf Antrag eine vollständige oder auszugsweise Kopie der in Art. 14 GesR-RL genannten Urkunden und Angaben zu erteilen ist, und zwar wahlweise auf Papier oder in elektronischer Form. Mit der Beglaubigung von Abschriften gem. Abs. 4 iVm § 9 Abs. 4 S. 2 wird eine hoheitliche Befugnis ausgeübt.[18] 8

V. Informationsaustausch gem. § 9c (Abs. 5)

Der durch Art. 1 Nr. 1 lit. d DiRUG iVm Art. 31 Abs. 1 DiRUG mWv 1.8.2022 angefügte Abs. 5 steht im Zusammenhang mit dem ebenfalls neuen **§ 9c.** Der in diesen Vorschriften geregelte Informationsaustausch über die Disqualifikation des Geschäftsleiters einer Kapitalgesellschaft in einem anderen EU-Mitgliedstaat oder EWR-Vertragsstaat (→ § 9c Rn. 4) dient der Umsetzung des Art. 13i GesR-RL.[19] Der Informationsaustausch wird zum einen geboten, wenn Anfragen aus anderen EU-Mitgliedstaaten oder EWR-Staaten, welche die Disqualifikation von Geschäftsführungsorganen der Kapitalgesellschaften betreffen, über das **europäische System der Registervernetzung** eingehen (§ 9b) und zu beantworten sind. Zu der Bearbeitung solcher Anfragen → § 9c Rn. 6 ff. Zum anderen kann das inländische Registergericht die Übermittlung entsprechender **Anfragen** an die zuständige Stelle eines anderen EU-Mitglied- oder EWR-Vertragsstaats begehren. Nach § 9c Abs. 1 S. 1 ist die das Unternehmensregister führende Stelle (→ Rn. 2) sowohl für die Beantwortung ausländischer Anfragen als auch für die Übermittlung inländischer **Ersuchen** zuständig. Damit korrespondierend erklärt Abs. 5, dass die Aufgabe, das Unternehmensregister zu führen, den Informationsaustausch gem. § 9c umfasst. Daher können die auf Grundlage von § 9a Abs. 1 S. 1 (→ § 9a Rn. 2), § 9a Abs. 2 S. 1 (→ § 9a Rn. 3) und § 9a Abs. 3 S. 1 (→ § 9a Rn. 4 f.) erlassenen Rechtsverordnungen auch Regelungen für den Informationsaustausch nach § 9c enthalten.[20] 9

§ 9 Einsichtnahme in das Handelsregister und das Unternehmensregister

(1) [1]Die Einsichtnahme in das Handelsregister sowie in die zum Handelsregister eingereichten Dokumente ist jedem zu Informationszwecken durch einzelne Abrufe gestattet. [2]Die Landesjustizverwaltungen bestimmen das elektronische Informations- und Kommunikationssystem, über das die Daten aus den Handelsregistern abrufbar sind, und sind für die Abwicklung des elektronischen Abrufverfahrens zuständig. [3]Die Landesregierung kann die Zuständigkeit durch Rechtsverordnung abweichend regeln; sie kann diese Ermächtigung durch Rechtsverordnung auf die Landesjustizverwaltung übertragen. [4]Die Länder können ein länderübergreifendes, zentrales elektronisches Informations- und Kommunikationssystem bestimmen. [5]Sie können auch eine Übertragung der Abwicklungsaufgaben auf die zuständige Stelle eines anderen Landes sowie mit dem Betreiber des Unternehmensregisters eine Übertragung der Abwicklungsaufgaben auf das Unternehmensregister vereinbaren.

(2) Sind Dokumente nur in Papierform vorhanden, kann die elektronische Übermittlung nur für solche Schriftstücke verlangt werden, die weniger als zehn Jahre vor dem Zeitpunkt der Antragstellung zum Handelsregister eingereicht wurden.

---

[16] Zu der Bedeutung der Veröffentlichung als Steuerungsinstrument („naming and shaming") s. Staub/Koch/Harnos Rn. 41.
[17] Begr. RegE DiRUG, BT-Drs. 19/28177, 63.
[18] Staub/Koch/Harnos Rn. 61.
[19] Begr. RegE DiRUG, BT-Drs. 19/28177, 87.
[20] Begr. RegE DiRUG, BT-Drs. 19/28177, 87.

(3) [1]Die Übereinstimmung der übermittelten Daten mit dem Inhalt des Handelsregisters und den zum Handelsregister eingereichten Dokumenten wird auf Antrag durch das Gericht beglaubigt. [2]Dafür hat eine Authentifizierung durch einen Vertrauensdienst nach der Verordnung (EU) Nr. 910/2014 des Europäischen Parlaments und des Rates vom 23. Juli 2014 über elektronische Identifizierung und Vertrauensdienste für elektronische Transaktionen im Binnenmarkt und zur Aufhebung der Richtlinie 1999/93/EG (ABl. L 257 vom 28.8.2014, S. 73; L 23 vom 29.1.2015, S. 19; L 155 vom 14.6.2016, S. 44) zu erfolgen.

(4) [1]Von den Eintragungen und den eingereichten Dokumenten kann ein Ausdruck verlangt werden. [2]Von den zum Handelsregister eingereichten Schriftstücken, die nur in Papierform vorliegen, kann eine Abschrift gefordert werden. [3]Die Abschrift ist von der Geschäftsstelle zu beglaubigen und der Ausdruck als amtlicher Ausdruck zu fertigen, wenn nicht auf die Beglaubigung verzichtet wird.

(5) Das Gericht hat auf Verlangen eine Bescheinigung darüber zu erteilen, dass bezüglich des Gegenstandes einer Eintragung weitere Eintragungen nicht vorhanden sind oder dass eine bestimmte Eintragung nicht erfolgt ist.

(6) [1]Für die Einsichtnahme in das Unternehmensregister gilt Absatz 1 Satz 1 entsprechend. [2]Anträge nach den Absätzen 2 bis 5 können auch über das Unternehmensregister an das Gericht vermittelt werden. [3]Die Einsichtnahme in die beim Unternehmensregister zur dauerhaften Hinterlegung eingestellten Daten erfolgt nur auf Antrag durch Übermittlung einer Kopie.

Schrifttum: Assenmacher, Nochmals – Die Vertretungsbescheinigung des Notars, Rpfleger 1990, 195; Koch/Rudzio, Die Beweiskraft des Handelsregisters nach seiner Modernisierung, ZZP 122 (2009), 37; Kögel, Publizitätsbeschränkung durch den EuGH – kommt das Handelsregister in einen Datenschutzkonflikt?, Rpfleger 2023, 265; Kort, Paradigmenwechsel im deutschen Registerrecht, AG 2007, 801; Noack, Das EUHG ist beschlossen – elektronische Handels- und Unternehmensregister ab 2007, NZG 2006, 801; Ries, Elektronisches Handels- und Unternehmensregister – Geplante Neuerungen, insbesondere für das Handelsregister, Rpfleger 2006, 233; Roßnagel, Das Vertrauensdienstgesetz – Neue Regelungen zur Anpassung des deutschen Rechts an die EU-eIDAS-VO, MMR 2018, 31; Uslubaş, Die Beweiskraft einer notariellen Registerbescheinigung, JR 2016, 283; Weichert, Registerpublizität und Datenschutz. Rechtssicherheit ohne Risiken für Identitätsdiebstahl, ZGI 2023, 11; Wollenschläger, Eingeschränkte Registerkontinuität aufgrund von Änderungen der Gesellschaftsregister- und Handelsregisterverordnung. Eine kritische Analyse der Neuregelungen unter Berücksichtigung der Auswirkungen für die Praxis, NZG 2023, 690.

Übersicht

I. Allgemeines

1 Die Vorschrift wurde durch Art. 1 Nr. 2 EHUG iVm Art. 13 Abs. 2 Hs. 1 EHUG mWv 1.1.2007 neugefasst. Dadurch wurde zum einen das Recht auf Registereinsicht den Anforderungen und Möglichkeiten des elektronischen Registers angepasst. Abs. 3 S. 2 wurde zunächst mWv 29.7.2017 durch das eIDAS-Durchführungsgesetz vom 18.7.2017 (BGBl. 2017 I 2745) und zur Anpassung an die Vorgaben der eIDAS-VO mWv 1.8.2022 durch Art. 1 Nr. 2 lit. b DiRUG iVm Art. 31 Abs. 1 DiRUG neugefasst (→ § 8 Rn. 13). Zum anderen waren die Vorgaben der **Publizitäts-RL**[1] zu berücksichtigen, deren Gegenstände seit dem 20.7.2017 in den Art. 13 ff. **GesR-RL** geregelt sind. In der durch die RL (EU) 2019/1151 geänderten Fassung regelt Art. 16a Abs. 1 GesR-RL (bis zum 30.7.2019: Art. 16 Abs. 4 GesR-RL), dass auf Antrag eine vollständige oder auszugsweise Kopie der

[1] Ursprünglich RL 68/151/EWG, ersetzt durch RL 2009/101/EG vom 16.9.2009 (ABl. EG 2009 L 258, 11), geändert durch die RL 2013/24/EU vom 13.5.2013 (ABl. EU 2013 L 158, 365).

in Art. 14 GesR-RL genannten Urkunden und Angaben erteilt wird, und zwar wahlweise auf Papier oder in elektronischer Form. Die Richtigkeit der auf Papier ausgestellten Kopien muss beglaubigt werden, sofern der Antragsteller nicht auf die Beglaubigung verzichtet (→ Rn. 9).

Die gesamte Vorschrift findet gem. § 156 GenG auf das **Genossenschaftsregister** Anwendung. 1a
Sie ist außerdem gem. § 5 Abs. 2 PartGG entsprechend auf das **Partnerschaftsregister** anzuwenden. Seit dem 1.1.2024 gelten § 9 Abs. 1 S. 1 und Abs. 3–6 gem. § 707b Nr. 2 BGB entsprechend für das **Gesellschaftsregister.**

II. Registereinsicht (Abs. 1)

1. Umfang und Grenzen. Der **sachliche Umfang** des Individualrechts auf Einsichtnahme in 2
das Handelsregister hat sich durch die Umstellung auf das elektronische Register nicht geändert.[2] Das Handelsregister, einschließlich der zum Handelsregister eingereichten Dokumente, kann **von jedermann zu Informationszwecken durch einzelne Abrufe** eingesehen werden.[3] Der Nachweis eines Interesses ist dafür nicht erforderlich.[4] Nur die missbräuchliche Inanspruchnahme oder die Inanspruchnahme zur Verfolgung eines unlauteren Zwecks ist untersagt.[5] Die durch Art. 1 Nr. 2 lit. a DiRUG iVm Art. 31 Abs. 1 DiRUG eingeführte Beschränkung der Einsichtnahme auf einzelne Abrufe verhindert einen „Massenabruf" von Registerdaten und beugt damit einer Zweckentfremdung der Daten (zB kommerzielle Weiterverwendung der personenbezogenen Daten) vor.[6]

Das Einsichtsrecht umfasst die in dem **Registerordner** (§ 9 HRV) enthaltenen Dokumente (zB 3
Gesellschaftsverträge, Unternehmensverträge).[7] Es erstreckt sich auf alle tatsächlich eingereichten Unterlagen, einschließlich solcher, die ohne eine gesetzliche Pflicht überobligatorisch eingereicht wurden.[8] Dagegen können die zu einem Registerblatt geführten Gerichtsakten (§ 8 HRV) nicht gem. § 9 Abs. 1 S. 1 eingesehen werden. Eine Einsichtnahme in die **Gerichtsakten** setzt nach § 13 Abs. 2 S. 1 FamFG für Personen, die an dem Verfahren nicht beteiligt sind, die Glaubhaftmachung eines berechtigten Interesses voraus.[9] Der Umfang, in dem Akteneinsicht gewährt wird, richtet sich nach dem glaubhaft gemachten Interesse, kann sich also auf einzelne in den Gerichtsakten niedergelegte Angelegenheiten beschränken.[10] Ausgenommen von dem Einsichtsrecht nach § 13 Abs. 2 S. 1 FamFG sind gem. § 379 Abs. 2 S. 2 FamFG Auskünfte, die den Registergerichten nach § 379 Abs. 2 S. 1 FamFG von den Steuerbehörden erteilt werden.

2. Vornahme. a) Einsichtnahme in den Räumen des Registergerichts. Die Einsichtnahme 4
ist gem. § 10 Abs. 1 HRV auf der Geschäftsstelle des Registergerichts während der Dienststunden zu ermöglichen. In der Regel elektronisch über das Datensichtgerät.[11] In der Praxis dominiert die in Abs. 1 S. 2 vorgesehene Möglichkeit der Einsichtnahme über ein elektronisches Informations- und Kommunikationssystem bei weitem.

b) Automatisierter Abruf. Nach der Umstellung auf die elektronische Registerführung (→ § 8 5
Rn. 78 ff.) erfolgt die Registereinsicht ganz überwiegend über ein auf Grundlage von Abs. 1 S. 4, 5 eingerichtetes länderübergreifendes, zentrales elektronisches Informationssystem, nämlich das unter der Internetadresse www.handelsregister.de betriebene Gemeinsame Registerportal der Länder, im automatisierten Abrufverfahren. Die Aufbereitungsarten, die bei einem elektronischen Abruf zur Verfügung stehen, entsprechen den in § 30a Abs. 4 HRV geregelten Ausdrucksarten (→ Rn. 13). Daneben sind die Originaldaten des Handelsregisters gem. § 8b Abs. 2 Nr. 1 auch über das Unternehmensregister (www.unternehmensregister.de) zugänglich.

Mit der Änderung des Bekanntmachungswesens durch die Neufassung von § 10 mWv 1.8.2022 6
(Art. 1 Nr. 6 DiRUG iVm Art. 31 Abs. 1 DiRUG), die zum Wegfall des Bekanntmachungsportals

---

[2] Noack NZG 2006, 801 (803).

[3] Krit. Ries Rpfleger 2006, 233.

[4] BGH 23.1.2024, BGHZ 239, 222 Rn. 23 = FGPrax 2024, 109; 24.5.2023, BGHZ 237, 195 Rn. 22 = NJW 2023, 2489; 12.7.1989, BGHZ 108, 32 (36) = NJW 1989, 2818 (2819); Kögel Rpfleger 2023, 265 (266).

[5] OLG Köln 20.2.1991, NJW-RR 1991, 1255 (1256); Kort AG 2007, 801 (804); SLM/Leutner Rn. 6; RGHMW/Ries Rn. 3; Ebenroth/Boujong/Schaub Rn. 3; Wollenschläger NZG 2023, 690.

[6] Beschlussempfehlung DiRUG, BT-Drs. 19/30523, 100.

[7] OLG Hamm 15.8.2006, GmbHR 2007, 158; LSG Schleswig-Holstein 27.1.2026, BeckRS 2026, 2086 Rn. 7; Wollenschläger NZG 2023, 690.

[8] OLG Hamm 15.8.2006, FGPrax 2007, 34; MüKoHGB/Krafka Rn. 6; Wollenschläger NZG 2023, 690.

[9] KG 30.7.2019, NZG 2019, 1305 (1306); OLG Hamm 20.6.2012, NZG 2013, 822 (Presserecherche); 15.8.2006, GmbHR 2007, 158 (159); Staub/Koch/Harnos Rn. 8; MüKoHGB/Krafka Rn. 8; Krafka RegisterR Rn. 51; SLM/Leutner Rn. 9; BeckOK HGB/Müther, 49. Ed. 1.1.2026, Rn. 3; RGHMW/Ries Rn. 4; Ebenroth/Boujong/Schaub Rn. 5; Wollenschläger NZG 2023, 690 (691).

[10] OLG Hamm 15.8.2006, GmbHR 2007, 158 (159).

[11] BGH 24.5.2023, BGHZ 237, 195 Rn. 23 = NJW 2023, 2489.

führte, über das Basisinformationen kostenfrei abrufbar waren, musste zugleich geregelt werden, wie dem Rechtsverkehr die nach Art. 19 Abs. 2 GesR-RL verlangten Regelinformationen kostenfrei über das Europäische System der Registervernetzung zugänglich gemacht werden. Der deutsche Gesetzgeber hat sich dafür entschieden, den Abruf von Daten oder Dokumenten aus dem Handelsregister nunmehr generell **kostenlos** zu gewähren; das JVKostG wurde entsprechend geändert, die zuvor im Kostenverzeichnis zum JVKostG geregelten Abrufgebühren sind entfallen.[12]

III. Medientransfer und Übermittlung von Papierdokumenten (Abs. 2)

7 Die GesR-RL (→ Rn. 1) schreibt vor, dass der Einsichtnehmende Kopien der Urkunden und Angaben verlangen kann, und zwar wahlweise in Papierform oder in elektronischer Form (→ Rn. 1). Dieser Anspruch umfasst auch Eintragungen und Unterlagen aus der Zeit vor der Umstellung auf das elektronische Register. Ausschließlich in Papierform vorliegende Dokumente müssen deshalb in elektronische Dokumente transferiert werden. Diese Verpflichtung beschränkt Abs. 2 auf Unterlagen, die **weniger als zehn Jahre vor der Antragstellung** eingereicht wurden. Die Richtlinie lässt eine solche zeitliche Beschränkung ausdrücklich zu. In diesen Konstellationen besteht gem. Abs. 4 S. 2 ein **Anspruch** auf Abschrift.

8 Die **elektronische Übermittlung** erfolgt sowohl durch die Darstellung am Bildschirm als auch durch die Übersendung der Dokumente.[13]

IV. Beglaubigung von elektronischen Kopien (Abs. 3)

9 Abs. 3 S. 1 diente der Umsetzung von Art. 16a Abs. 3 GesR-RL. Danach haben die Mitgliedstaaten die Bestätigung der Richtigkeit der einem Antragsteller übermittelten elektronischen Kopien und Papierkopien zu gewährleisten, sofern der Antragsteller auf diese Beglaubigung nicht verzichtet. Richtigkeit bezieht sich nicht auf die inhaltliche Richtigkeit der dokumentierten Rechtstatsache, sondern (nur) auf die Richtigkeit der Übermittlung, also auf die Übereinstimmung der übermittelten Daten mit dem Registerinhalt und dem Inhalt des Registerordners.[14] Die Regelung in Abs. 3 S. 1, nach der die Beglaubigung nur auf Antrag erfolgt, wird zum Teil als unzureichende Umsetzung der unionsrechtlichen Vorgabe angesehen.[15] Zu bedenken ist aber, dass nach Abs. 4 S. 1, 2 Ausdrucke und Abschriften verlangt werden können, die gem. Abs. 4 S. 3 als beglaubigte Abschriften oder – diesen entsprechende (→ Rn. 12) – amtliche Ausdrucke erstellt werden müssen, wenn nicht auf die Beglaubigung verzichtet wird. Damit ist den Vorgaben aus Art. 16a Abs. 3 GesR-RL genügt.[16]

10 Abs. 3 S. 2 regelt die für eine Beglaubigung iSd Abs. 3 S. 1 (→ Rn. 9) erforderliche **Authentifizierung.** Diese muss gem. Art. 16a Abs. 4 GesR-RL nach der eIDAS-VO erfolgen.

V. Ausdrucke und Abschriften (Abs. 4)

11 Abs. 4 regelt die aus dem Einsichtsrecht resultierenden Ansprüche, und zwar auf die Erstellung von Ausdrucken von Eintragungen und den elektronisch eingereichten Dokumenten (Abs. 4 S. 1) sowie auf die Erstellung von Ausdrucken von eingereichten Schriftstücken, die nur in Papierform vorliegen. Die Vorschrift dient der Umsetzung des Art. 16a Abs. 3 GesR-RL (→ Rn. 1). Gemäß Abs. 4 S. 3 ist die Abschrift von der Geschäftsstelle zu beglaubigen und der Ausdruck als amtlicher Ausdruck zu fertigen (→ Rn. 12), wenn der Einsichtnehmende nicht auf die Beglaubigung verzichtet.

12 Praktisch bedeutsam ist vor allem der **amtliche Ausdruck** gem. Abs. 4 S. 3 Alt. 2. Dieser – nicht hingegen der einfache Ausdruck – verkörpert eine im Vergleich zu dem Abruf von Dokumenten höhere Authentizitätsstufe. Er gibt gem. § 30a Abs. 3 S. 1 HRV Ort und Tag der Ausstellung an und ist mit dem Vermerk zu versehen, dass er den Inhalt des Handelsregisters oder des Registerordners bezeugt. Der amtliche Ausdruck wird mit dem Namen des Erstellers und einem Dienstsiegel versehen. In der Sache kommt dem amtlichen Ausdruck damit die gleiche **Authentizitätsgewähr** zu wie einer beglaubigten Abschrift (→ Rn. 14).[17]

13 Ausdrucke aus dem Registerblatt werden gem. § 30a Abs. 4 S. 1 HRV als **aktueller Ausdruck** (kurz AD) oder **chronologischer Ausdruck (kurz CD)** erteilt. Der chronologische Ausdruck gibt

[12] Begr. RegE DiRUG, BT-Drs. 19/28177, 63, 145.
[13] Begr. RegE EUHG, BT-Drs. 16/960, 42; MüKoHGB/Krafka Rn. 16; HaKo-HGB/Lamsa/Ammon Rn. 14; RGHMW/Ries Rn. 10.
[14] Begr. RegE EHUG, BT-Drs. 16/960, 42; MüKoHGB/Krafka Rn. 17; RGHMW/Ries Rn. 11; Ebenroth/Boujong/Schaub Rn. 16.
[15] Staub/Koch/Harnos Rn. 30.
[16] Braun DNotZ 2022, 725 (736).
[17] Braun DNotZ 2022, 725 (736); BeckOK HGB/Müther, 49. Ed. 1.1.2026, Rn. 9.

alle Eintragungen, einschließlich der Löschungen, die als Rötung dokumentiert sind, wieder, der aktuelle Ausdruck dagegen nur den letzten Stand der Eintragungen.

Ausdrucke können dem Einsichtnehmenden elektronisch übermittelt werden, wobei der amtliche Ausdruck gem. § 30a Abs. 5 S. 2 HRV einer Authentifizierung nach der eIDAS-VO bedarf (→ Rn. 10). 14

VI. Negativattest (Abs. 5)

1. Registerbescheinigung. Bis zu der Neufassung von § 9 mWv 1.1.2007 (Art. 1 Nr. 2 EHUG iVm Art. 13 Abs. 2 Hs. 1 EHUG) sah Abs. 3 die Ausstellung eines Zeugnisses des Gerichts vor, mit dem Behörden gegenüber der Nachweis geführt werden konnte, wer der Inhaber einer in das Handelsregister eingetragenen Firma eines Einzelkaufmanns ist. Für diese sog. **positive Registerbescheinigung** besteht aufgrund der Möglichkeit der bundesweiten und jederzeitigen Einsichtnahme in das Handelsregister kein Bedürfnis mehr.[18] Daher können derartige Bescheinigungen nur noch nach Maßgabe des § 21 BNotO durch den Notar erteilt werden (sog. Notarbescheinigung). 15

Das Registergericht hat gem. Abs. 5 und § 386 FamFG – die Regelung entspricht Abs. 4 aF – auf Verlangen eine Bescheinigung darüber zu erteilen, dass bezüglich des Gegenstands der Eintragung weitere Eintragungen nicht vorhanden sind oder dass eine bestimmte Eintragung nicht erfolgt ist. Von Bedeutung sind die **Negativatteste** für die negative Publizität des Handelsregisters gem. § 15 Abs. 1 (→ § 15 Rn. 12 ff.). Sie schützen das Vertrauen auf das Schweigen des Handelsregisters (→ § 15 Rn. 16 ff.).[19] 16

2. Beweiswert. Gerichtliche Negativatteste gem. Abs. 5 dienen in erster Linie dem Nachweis gegenüber Gerichten und Behörden. Problematisch ist allerdings schon die beweisrechtliche Zuordnung als Tatsachenzeugnis oder als **Bescheinigung.** Bezogen auf die Eintragung findet sich die Aussage, dass die Tatsache der Eintragung selbst durch ein Tatsachenzeugnis dokumentiert werde (§ 418 Abs. 1 ZPO).[20] Angesichts des Umstands, dass Register„zeugnisse" von Organen der freiwilligen Gerichtsbarkeit über Inhalte des Registers erstellt werden (s. auch § 21 BNotO; → Rn. 15), spricht jedoch einiges dafür, solche Atteste als Bescheinigungen anzusehen.[21] Bei einer Bescheinigung kommt es nicht auf die Wahrheit, sondern vielmehr auf die **Richtigkeit der Aussage** an.[22] Dabei trägt eine Bescheinigung idR die Vermutung der Richtigkeit in sich. Eine Bescheinigung über eine unrichtige Registereintragung darf nicht erteilt werden, wenn der Bescheinigende weiß, dass die Registereintragung unrichtig ist.[23] Das heißt jedoch nicht, dass vor der Erteilung einer Registerbescheinigung stets eine Überprüfung der Registereintragung auf sachliche Richtigkeit stattzufinden hat.[24] 17

Welcher **Beweiswert** gerichtlichen Negativattesten gem. Abs. 5 beizumessen ist, wird in der Lit. nicht einheitlich beurteilt. Die Diskussion bezog sich allerdings vor allem auf die positive Registerbescheinigung (→ Rn. 15), deren Grundsätze bei der Beurteilung des Negativattests (→ Rn. 16) Anwendung finden sollen.[25] Hinsichtlich der Beweiswirkung sind wegen der hiermit verbundenen unterschiedlichen Beweislastverteilung die Begriffe Anscheinsbeweis und Beweis des Gegenteils zu unterscheiden.[26] Zum Teil wird den Negativattest ein prima-facie-Beweis zuerkannt.[27] Überwiegend wird hingegen in Anlehnung an § 418 Abs. 2 ZPO nur der Beweis der Unrichtigkeit der bezeugten Tatsachen zugelassen.[28] 18

Der Beweiswert der Bescheinigung hängt zunächst vom Beweiswert des Registers ab, kann also jedenfalls nicht weiter reichen. Daher erscheint es vorzugswürdig, von einer (Rechts-)Vermutung der Richtigkeit der Registereintragung auszugehen (→ § 8 Rn. 57). Hiermit ist jedoch noch nicht gesagt, welcher „Beweiswert" dem Negativattest zukommt, weil die Frage sich anschließen muss, 19

---

[18] BR-Stellungnahme zum EHUG, BT-Drs. 16/960, 75. Für das Grundbuchverfahren findet sich in § 32 Abs. 2 GBO nunmehr eine ausdrückliche Regelung darüber, den Nachweis von Vertretungsberechtigungen ua durch die Bezugnahme auf das Register zu führen; dazu OLG Frankfurt 29.6.2011, NJW-RR 2012, 149.

[19] Ebenroth/Boujong/Gehrlein § 15 Rn. 5; KKD/Roth/Stelmaszczyk § 15 Rn. 5.

[20] Koch/Rudzio ZZP 122 (2009), 37 (51); s. auch MüKoHGB/Krafka Rn. 21; Schulte-Bunert/Weinreich/Nedden-Boeger FamFG § 386 Rn. 10.

[21] So auch Uslubaş JR 2016, 283 (286).

[22] Assenmacher Rpfleger 1990, 195 (196); ALS/Sandkühler BNotO § 21 Rn. 4; Uslubaş JR 2016, 283 (286).

[23] ALS/Sandkühler BNotO § 21 Rn. 14 zu § 21 BNotO.

[24] Schulte-Bunert/Weinreich/Nedden-Boeger FamFG § 386 Rn. 8.

[25] MüKoHGB/Krafka Rn. 20.

[26] Koch/Rudzio ZZP 122 (2009), 37 (40 ff.) für das Handelsregister.

[27] MüKoHGB/Krafka Rn. 21. Allg. zu dem Beweiswert der Notarbescheinigung Uslubaş JR 2016, 283 (292).

[28] Sternal/M. Noack FamFG § 386 Rn. 5; GK-HGB/Gesmann-Nuissl Rn. 19; Schulte-Bunert/Weinreich/Nedden-Boeger FamFG § 386 Rn. 10; so auch MüKoHGB/Krafka Rn. 21 (aber auch prima facie-Beweis).

welche Folgerungen sich hieraus, die Richtigkeit vermutet, ergeben. Betrachtet man das Negativattest, ist sein Nachweisgehalt schon deshalb begrenzt, weil es nur Auskunft über das Schweigen des Registers gibt. Nur bei Fehlen einer konstitutiven Eintragung kann mit dem Negativattest gegenüber Gerichten und Behörden der Nachweis geführt werden, dass eine Tatsache nicht besteht.[29] Im Übrigen gilt auch für den Streit über den Beweiswert des Negativattests, dass die praktische Bedeutung für die Beurteilung eines konkreten Falles, in dem vernünftige Zweifel an der Richtigkeit des Negativattests eine Sachaufklärung erforderlich machen, gering ist (→ § 8 Rn. 57).[30]

VII. Unternehmensregister (Abs. 6)

20 Abs. 6 erstreckt das Einsichtsrecht gem. § 9 Abs. 1 S. 1 (→ Rn. 2 ff.) auf das Unternehmensregister. Das Unternehmensregister eröffnet auf diese Weise Zugang zu den Originaldaten des Handelsregisters (§ 8b Abs. 2 Nr. 1) sowie zu den Weiteren in § 8b Abs. 2 Nr. 2–13 genannten Eintragungen, Unterlagen, Veröffentlichungen, Bekanntmachungen und Mitteilungen. Hinsichtlich der Rechnungslegung (§ 8b Abs. 2 Nr. 4) ist das Einsichtnahmerecht durch Art. 14 lit. f GesR-RL geboten.

21 Abs. 6 S. 3 schränkt das Einsichtnahmerecht gem. Abs. 6 S. 1 iVm Abs. 1 S. 1 dahingehend ein, dass die Einsichtnahme in die beim Unternehmensregister zur dauerhaften Hinterlegung eingestellten Daten nur auf Antrag durch Übermittlung einer Kopie möglich ist. Gegenstand dieser Restriktion sind die nicht veröffentlichten, sondern lediglich hinterlegten Bilanzen von Kleinstkapitalgesellschaften iSd § 267a Abs. 1, die von der durch § 326 Abs. 2 S. 1 eröffneten Möglichkeit Gebrauch gemacht haben, der Offenlegungspflicht des § 325 Abs. 1 durch Übermittlung nur der Bilanz zur dauerhaften Hinterlegung an die das Unternehmensregister führende Stelle zu genügen.

§ 9a Übertragung der Führung des Unternehmensregisters; Verordnungsermächtigung

(1) [1]Das Bundesministerium der Justiz wird ermächtigt, durch Rechtsverordnung mit Zustimmung des Bundesrates einer juristischen Person des Privatrechts die Aufgaben nach § 8b Abs. 1 zu übertragen. [2]Der Beliehene erlangt die Stellung einer Justizbehörde des Bundes. [3]Zur Erstellung von Beglaubigungen führt der Beliehene ein Dienstsiegel; nähere Einzelheiten hierzu können in der Rechtsverordnung nach Satz 1 geregelt werden. [4]Die Dauer der Beleihung ist zu befristen; sie soll fünf Jahre nicht unterschreiten; Kündigungsrechte aus wichtigem Grund sind vorzusehen. [5]Eine juristische Person des Privatrechts darf nur beliehen werden, wenn sie grundlegende Erfahrungen mit der Veröffentlichung von kapitalmarktrechtlichen Informationen und gerichtlichen Mitteilungen, insbesondere Handelsregisterdaten, hat und ihr eine ausreichende technische und finanzielle Ausstattung zur Verfügung steht, die die Gewähr für den langfristigen und sicheren Betrieb des Unternehmensregisters bietet.

(2) [1]Das Bundesministerium der Justiz wird ermächtigt, durch Rechtsverordnung mit Zustimmung des Bundesrates Einzelheiten der Datenübermittlung zwischen den Behörden der Länder und dem Unternehmensregister einschließlich Vorgaben über Datenformate zu regeln. [2]Abweichungen von den Verfahrensregelungen durch Landesrecht sind ausgeschlossen.

(3) [1]Das Bundesministerium der Justiz wird ermächtigt, durch Rechtsverordnung ohne Zustimmung des Bundesrates die technischen Einzelheiten zu Aufbau und Führung des Unternehmensregisters, die technischen Einzelheiten zur Anmeldung und Identifikation von Nutzern des Unternehmensregisters, Einzelheiten der Datenübermittlung einschließlich Vorgaben über Datenformate, die nicht unter Absatz 2 fallen, Einzelheiten der Prüfung der übermittelten Daten, Löschungsfristen für die im Unternehmensregister gespeicherten Daten, Überwachungsrechte der Bundesanstalt für Finanzdienstleistungsaufsicht gegenüber dem Unternehmensregister hinsichtlich der Übermittlung, Einstellung, Verwaltung, Verarbeitung und des Abrufs kapitalmarktrechtlicher Daten einschließlich der Zusammenarbeit mit amtlich bestellten Speicherungssystemen anderer Mitgliedstaaten der Europäischen Union oder anderer Vertragsstaaten des Abkommens über den Europäischen Wirtschaftsraum im Rahmen des Aufbaus eines europaweiten Netzwerks zwischen den Speicherungssystemen, die Zulässigkeit sowie Art und Umfang von Auskunftsdienstleistungen mit den im Unternehmensregister gespeicherten Daten, die über die mit der Führung des Unternehmensregisters verbundenen Aufgaben nach diesem Gesetz hinaus-

[29] IErg auch Staub/Koch/Harnos Rn. 41.
[30] RGHMW/Ries Rn. 15.

gehen, zu regeln. ²Soweit Regelungen getroffen werden, die kapitalmarktrechtliche Daten berühren, ist die Rechtsverordnung nach Satz 1 im Einvernehmen mit dem Bundesministerium der Finanzen zu erlassen. ³Die Rechtsverordnung nach Satz 1 hat dem schutzwürdigen Interesse der Unternehmen am Ausschluss einer zweckändernden Verwendung der im Register gespeicherten Daten angemessen Rechnung zu tragen.

I. Überblick

Die Vorschrift wurde durch Art. 1 Nr. 2 EHUG iVm Art. 13 Abs. 1 EHUG mWv 16.11.2006 neugefasst. Sie enthält eine Reihe von Verordnungsermächtigungen betreffend das Unternehmensregister, die durch nachfolgende Änderungen lediglich ergänzt wurden. Adressat der Verordnungsermächtigungen iSv Art. 80 Abs. 1 GG ist das BMJ. 1

II. Führung des Unternehmensregisters (Abs. 1)

Abs. 1 ermächtigt das BMJ, die Aufgaben nach § 8b Abs. 1, namentlich die Führung des Unternehmensregisters (→ § 8b Rn. 2 ff.), durch Rechtsverordnung mit Zustimmung des Bundesrates einer juristischen Person des Privatrechts zu übertragen. Der Beliehene nimmt die in § 8b Abs. 1 geregelten Aufgaben als Teil der Justizverwaltung des Bundes wahr.[1] Um den Verpflichtungen nach § 8b Abs. 4 (→ § 8b Rn. 8) nachkommen zu können, muss dem Beliehenen das Recht zur Führung eines Dienstsiegels verliehen werden. Durch VO vom 15.12.2006 (BGBl. 2006 I 3202) ist die Führung des Unternehmensregisters auf die **Bundesanzeiger Verlag GmbH** übertragen worden. Die Geltung dieser VO wurde durch Art. 1 VO vom 14.1.2015 (BGBl. 2015 I 16) bis zum 31.12.2026 verlängert. 2

III. Datenübermittlung (Abs. 2)

Die Verordnungsermächtigung des Abs. 2 betrifft die Einzelheiten der Datenübermittlung zwischen dem Unternehmensregister und den Behörden der Länder. Die Ermächtigung trägt dem Umstand Rechnung, dass das Unternehmensregister als Plattform Informationen zentral zugänglich machen soll. Dieser **zentrale elektronische Zugriff** ist nur bei einheitlicher Datenzulieferung gewährleistet.[2] 3

IV. Technische Einzelheiten (Abs. 3)

Abs. 3 S. 1 enthält eine detailliert ausgestaltete **Verordnungsermächtigung** zu Aufbau und Führung des Unternehmensregisters (einschließlich der Löschungsfristen), zur Anmeldung und Identifikation von Nutzern, zu Überwachungsrechten der BaFin und zur Zulässigkeit sowie ggf. zur Art und zum Umfang von Auskunftsdienstleistungen mit den im Unternehmensregister gespeicherten Daten. Mit den Auskunftsdienstleistungen sind Dienstleistungen gemeint, die über die mit der Führung des Unternehmensregisters verbundenen Aufgaben (§ 8b Abs. 1) hinausgehen.[3] Sie können sich nur auf die in dem Unternehmensregister selbst gespeicherten Daten beziehen, nicht aber auf die über Indexdaten erreichbare Daten in anderen Registern (→ § 8b Rn. 9).[4] 4

Von den Verordnungsermächtigungen in Abs. 3 S. 1 hat das BMJ mit Erlass der VO über das Unternehmensregister **(Unternehmensregisterverordnung – URV)** vom 26.2.2007 (BGBl. 2007 I 217) Gebrauch gemacht. Die URV wurde zuletzt mWv 11.10.2008 durch Art. 1 VO iVm Art. 2 VO zur Änderung der Unternehmensregisterverordnung vom 8.10.2024 (BGBl. 2024 I Nr. 303) geändert. 5

§ 9b Europäisches System der Registervernetzung

(1) ¹Folgende Informationen und Unterlagen, soweit sie Kapitalgesellschaften betreffen oder Zweigniederlassungen von Kapitalgesellschaften, die dem Recht eines anderen Mitgliedstaates der Europäischen Union oder eines anderen Vertragsstaates des Abkommens über den Europäischen Wirtschaftsraum unterliegen, sind auch über das Europäische Justizportal zugänglich:
1. Eintragungen im Handelsregister,
2. Registerbekanntmachungen,
3. zum Handelsregister eingereichte Dokumente,

[1] Ebenroth/Boujong/Schaub Rn. 2.
[2] Hopt/Merkt Rn. 2.
[3] Begr. RegE EHUG, BT-Drs. 16/960, 6.
[4] Beurskens in Noack, Das neue Gesetz über elektronische Handels- und Unternehmensregister, 2007, 107.

4. Unterlagen der Rechnungslegung nach § 325 sowie
5. eine Verschmelzungs-, Spaltungs- oder Formwechselbescheinigung nach § 316 Absatz 1 Satz 4, § 329 Satz 3 oder § 343 Absatz 1 Satz 4 des Umwandlungsgesetzes.

[2]Hierzu übermitteln die Landesjustizverwaltungen die Daten des Handelsregisters und die das Unternehmensregister führende Stelle übermittelt die Daten der Rechnungslegungsunterlagen jeweils an die zentrale Europäische Plattform nach Artikel 22 Absatz 1 der Richtlinie (EU) 2017/1132 des Europäischen Parlaments und des Rates vom 14. Juni 2017 über bestimmte Aspekte des Gesellschaftsrechts (ABl. L 169 vom 30.6.2017, S. 46), die zuletzt durch die Richtlinie (EU) 2019/2121 (ABl. L 321 vom 12.12.2019, S. 1; L 20 vom 24.1.2020, S. 24) geändert worden ist, soweit die Übermittlung für die Eröffnung eines Zugangs zu den Originaldaten über den Suchdienst auf der Internetseite des Europäischen Justizportals erforderlich ist. [3]Die Zugänglichmachung der Informationen und Unterlagen über das Europäische Justizportal erfolgt nach Maßgabe der Bestimmungen der Durchführungsverordnung (EU) 2021/1042 der Kommission vom 18. Juni 2021 mit Durchführungsbestimmungen zur Richtlinie (EU) 2017/1132 des Europäischen Parlaments und des Rates in Bezug auf technische Spezifikationen und Verfahren für das System der Registervernetzung und zur Aufhebung der Durchführungsverordnung (EU) 2020/2244 der Kommission (ABl. L 225 vom 25.6.2021, S. 7).

(2) [1]Das Registergericht, bei dem das Registerblatt einer Kapitalgesellschaft oder Zweigniederlassung einer Kapitalgesellschaft im Sinne des Absatzes 1 Satz 1 geführt wird, nimmt am Informationsaustausch zwischen den Registern über die zentrale Europäische Plattform teil. [2]Den Kapitalgesellschaften und Zweigniederlassungen von Kapitalgesellschaften im Sinne des Absatzes 1 Satz 1 ist zu diesem Zweck eine einheitliche europäische Kennung zuzuordnen. [3]Das Registergericht übermittelt nach Maßgabe der folgenden Absätze an die zentrale Europäische Plattform die Informationen und Unterlagen über
1. die Eintragung der Eröffnung, Einstellung oder Aufhebung eines Insolvenzverfahrens über das Vermögen der Gesellschaft,
2. die Eintragung der Auflösung der Gesellschaft und die Eintragung über den Schluss der Liquidation oder Abwicklung oder über die Fortsetzung der Gesellschaft,
3. die Löschung der Gesellschaft,
4. die Verschmelzungs-, Spaltungs- oder Formwechselbescheinigung nach § 316 Absatz 1 Satz 4, § 329 Satz 3 oder § 343 Absatz 1 Satz 4 des Umwandlungsgesetzes, das Wirksamwerden einer grenzüberschreitenden Umwandlung sowie die Eintragung der aus einer grenzüberschreitenden Spaltung hervorgehenden, neuen Gesell-schaft oder die Eintragung der grenzüberschreitenden Spaltung zur Aufnahme im Register der übernehmenden Gesellschaft,
5. die Eintragung der Errichtung der Zweigniederlassung und die Eintragung der Aufhebung der Zweigniederlassung sowie
6. die Änderung folgender Daten der Gesellschaft oder der Zweigniederlassung:
   a) der Firma der Gesellschaft oder der Zweigniederlassung,
   b) des Sitzes der Gesellschaft oder der Geschäftsanschrift der Zweigniederlassung,
   c) der Rechtsform der Gesellschaft,
   d) der Eintragungsnummer der Gesellschaft oder der Zweigniederlassung,
   e) der Personen, die als gesetzlich vorgesehenes Gesellschaftsorgan oder als Mitglieder eines solchen Organs befugt sind, die Gesellschaft gerichtlich und außergerichtlich zu vertreten, oder die an der Verwaltung, Beaufsichtigung oder Kontrolle der Gesellschaft teilnehmen.

[4]Die Übermittlung der Informationen und Unterlagen erfolgt nach Maßgabe der Bestimmungen der Durchführungsverordnung (EU) 2021/1042.

(3) [1]Die Landesjustizverwaltungen bestimmen das elektronische Informations- und Kommunikationssystem, über das die Daten aus dem Handelsregister zugänglich gemacht (Absatz 1) und im Rahmen des Informationsaustauschs zwischen den Registern übermittelt und empfangen werden (Absatz 2), und sie sind, vorbehaltlich der Zuständigkeit der das Unternehmensregister führenden Stelle nach Absatz 1 Satz 2, für die Abwicklung des Datenverkehrs nach den Absätzen 1 und 2 zuständig. [2]§ 9 Absatz 1 Satz 3 bis 5 gilt entsprechend.

(4) [1]Die das Unternehmensregister führende Stelle übermittelt nach den Vorgaben der Durchführungsverordnung (EU) 2021/1042 eine Änderung der Unterlagen der Rechnungslegung, die eine Kapitalgesellschaft mit Sitz im Inland offengelegt hat (§ 325

Absatz 1b Satz 1), unverzüglich an die zentrale Europäische Plattform, wenn die Kapitalgesellschaft eine Zweigniederlassung errichtet hat, die dem Recht eines anderen Mitgliedstaates der Europäischen Union oder eines anderen Vertragsstaates des Abkommens über den Europäischen Wirtschaftsraum unterliegt. [2]Empfängt die das Unternehmensregister führende Stelle über das Europäische System der Registervernetzung Daten zu einer Änderung der Unterlagen der Rechnungslegung einer Kapitalgesellschaft, die dem Recht eines anderen Mitgliedstaates der Europäischen Union oder eines anderen Vertragsstaates des Abkommens über den Europäischen Wirtschaftsraum unterliegt und die eine inländische Zweigniederlassung errichtet hat, so bestätigt die registerführende Stelle den Eingang der Daten über das Europäische System der Registervernetzung.

Schrifttum: Bock, Verknüpfung der Handels- und Gesellschaftsregister in Europa, GmbHR 2018, 281; Kilian, EU-Richtlinie zur Verknüpfung der Handelsregister verabschiedet, FGPrax 2012, 185; Ries, Die europaweite Verknüpfung der Handelsregister – Risiken und Chancen, ZIP 2013, 866; J. Schmidt, EU Company Law Package 2018 – Mehr Digitalisierung und Mobilität von Gesellschaften (Teil 1), Der Konzern 2018, 229; Stiegler, Die Regelung zur europäischen Registervernetzung im deutschen Recht, NotBZ 2015, 329; Tassius, Neue Vorschriften zur Gründung und Registrierung von Personenhandelsgesellschaften? Neuer Richtlinienvorschlag der EU-Kommission für digitalen Fortschritt im (Personen-)Gesellschaftsrecht, ZPG 2023, 361.

Übersicht

I. Allgemeines

1 Die Vorschrift wurde durch Art. 1 Nr. 1 RegVBG iVm Art. 3 RegVBG mWv 31.12.2014 eingefügt. Anlass hierfür waren Änderungen der Publizitäts-RL (RL 2009/101/EG), der Zweigniederlassungs-RL (RL 89/666/EWG) und der Richtlinie über die Verschmelzung von Kapitalgesellschaften aus verschiedenen Mitgliedstaaten durch die RL 2012/17/EU vom 13.6.2012 (ABl. EU 2012 L 156, 1). Die entsprechenden Vorgaben finden sich mittlerweile in den **Art. 22 ff. GesR-RL** (→ § 8 Rn. 13 ff.). Ihre gegenwärtige Fassung hat die Vorschrift mWv 1.3.2023 durch Art. 6 Nr. 1 UmRUG iVm Art. 25 Abs. 1 UmRUG erhalten. Die nächste Änderung dürfte unmittelbar bevorstehen. Da die unionsrechtlichen Vorgaben betreffend die Verfügbarkeit von elektronischen Kopien von Urkunden und Informationen durch die am 30.1.2025 in Kraft getretene Neuregelung in Art. 14a GesR-RL und die Neufassung von Art. 18 GesR-RL (Art. 2 Nr. 17, 23 RL (EU) 2025/25 iVm Art. 5 RL (EU) 2025/25) auf offene Handelsgesellschaften und Kommanditgesellschafter erstreckt wurden, muss der deutsche Gesetzgeber den Anwendungsbereich von Abs. 1 S. 1 bis zum 31.7.2027 (Art. 4 Abs. 1 RL (EU) 2025/25) entsprechend ausdehnen.[1]

2 Der Zweck der unionsrechtlichen Vorgaben aus den Art. 22 ff. GesR-RL besteht darin, den Zugang zu Unternehmensinformationen im grenzübergreifenden Kontext zu erleichtern (→ § 8 Rn. 14). Eine europaweite Vereinheitlichung der nationalen Systeme der Zentral-, Handels- und Gesellschaftsregister ist nicht angestrebt, zumal eine solche Harmonisierung angesichts der Unterschiede in der Funktionsweise der jeweiligen Register kaum gelingen würde.[2] Das vorgesehene Instrumentarium ist vielmehr ein europäisches **System der Registervernetzung,** kurz **BRIS** (Business Registers Interconnection System), das gem. Art. 22 Abs. 2 GesR-RL aus den Registern der EU-Mitgliedstaaten sowie der weiteren Vertragsstaaten des EWR, der zentralen Europäischen Plattform und dem Portal, das als europäischer Zugangspunkt für den elektronischen Zugang dient (sog. Europäischen Justizportal), besteht. Der Abruf der Unternehmensinformationen erfolgt über das der Öffentlichkeit zugängliche **Europäische Justizportal.**[3] Die nicht öffentliche **Europäische Plattform** fungiert lediglich als Instrument für die Verknüpfung von Registern; über diese Plattform findet der Datenaustausch zwischen den Registern statt. Den Mitgliedstaaten ist durch Art. 22 Abs. 3

[1] Tassius ZPG 2023, 361 (367).
[2] Sternal/M. Noack FamFG § 374 Rn. 15.
[3] Abrufbar unter https://e-justice.europa.eu.

GesR-RL aufgegeben, für die Interoperabilität ihrer Register innerhalb des Systems der Registervernetzung über die Europäische Plattform zu sorgen. Außerdem müssen die Mitgliedstaaten gem. Art. 15 Abs. 1, 2 GesR-RL Verfahren einrichten, welche sicherstellen, dass die in den Registern nach Art. 16 GesR-RL gespeicherten Urkunden und Informationen auf den neusten Stand gehalten werden. Diese Vorgabe setzt § 26 HRV um, der – im Unterschied zu § 9b – nicht auf Kapitalgesellschaften und deren Niederlassungen beschränkt ist und daher auch die Eintragungen in Abteilung A des Handelsregisters betrifft.

2a Die **RL (EU) 2019/1151** (→ § 8 Rn. 14) führte zu einer Ausweitung der über das BRIS europaweit kostenlos zugänglichen Informationen.[4] Der Katalog der **über das BRIS mindestens verfügbaren Informationen** in Art. 19 Abs. 2 GesR-RL wurde erweitert. Außerdem soll der Suchdienst nach Art. 18 Abs. 3 lit. a GesR-RL in allen Amtssprachen der Union auch die Informationen über Gesellschaften anderer Rechtsformen als die in Anh. II GesR-RL aufgeführten Gesellschaften umfassen, wenn diese Unterlagen von den Mitgliedstaaten bereitgestellt werden. Zur Umsetzung dieser Vorgaben wurde § 9b mWv 1.8.2022 (Art. 1 Nr. 4 DiRUG iVm Art. 31 Abs. 1 DiRUG) geändert und ergänzt. Dabei wurde auch die Verordnungsermächtigung in aus Abs. 4 aF in § 387 Abs. 6 FamFG überführt und mit der Verordnungsermächtigung für die HRV zusammengefasst.[5] Aufgrund erweiterter Vorgaben der GesR-RL und des Inkrafttretens der Durchführungs-VO (EU) 2021/1024 wurde § 9b durch Art. 6 Nr. 1 UmRUG iVm Art. 25 Abs. 1 UmRUG mWv 1.3.2023 erneut geändert und ergänzt.

II. Zugang zu Unternehmensinformationen über das Europäische Justizportal (Abs. 1)

3 Abs. 1 S. 1 regelt, welche Informationen und Unterlagen der Öffentlichkeit auch über das Europäische Justizportal zugänglich sein sollen. Entsprechend den **Publizitätsvorgaben** der GesR-RL[6] sind gem. Abs. 1 S. 1 nur Informationen und Unterlagen zugänglich zu machen, die **Kapitalgesellschaften** betreffen oder **Zweigniederlassungen** von Kapitalgesellschaften, die dem Recht eines anderen Mitgliedstaates der EU oder eines anderen Vertragsstaates des EWR unterliegen. Für die Praxis dürfte nicht nur der Zugriff auf die Inhalte des deutschen Handelsregisters im mehrsprachigen Betrieb von Bedeutung sein, sondern auch der europaweite kostenlose Suchdienst.[7] Wird auf Informationen zurückgegriffen, die in den Registern der anderen Mitgliedstaaten niedergelegt sind, ist zu beachten, dass es hinsichtlich der Verlässlichkeit der Informationen auf das Recht des jeweiligen Mitgliedstaats ankommt. Die Verlässlichkeit der Registerinformationen kann ua durch Umsetzungsdefizite beeinträchtigt sein.[8]

4 Abs. 1 S. 2 verpflichtet die Landesjustizverwaltungen sowie die das Unternehmensregister führende Stelle, namentlich Bundesanzeiger Verlag GmbH (→ § 8b Rn. 2) die entsprechenden Daten **an die Europäische Plattform zu übermitteln.** Übermittelt werden nicht die Originaldaten, sondern **Indexdaten,** die den Zugang zu den nationalen Originaldatenbanken über das Europäische Justizportal vermitteln. Zu der entsprechenden nationalen Portalfunktion des Unternehmensregisters → § 8b Rn. 9.[9] Abs. 1 S. 3, der durch Art. 6 Nr. 1 lit. a Doppelbuchst. bb UmRUG iVm Art. 25 Abs. 1 UmRUG mWv 13.2023 (→ Rn. 2a) eingefügt wurde, weist klarstellend darauf hin, dass die Zugänglichmachung der Informationen und Unterlagen über das Europäische Justizportal nach Maßgabe der Durchführungs-VO (EU) 2021/1042 erfolgt. Die technische und organisatorische Durchführung überlässt Abs. 3 den Landesjustizverwaltungen.

III. Informationsaustauch zwischen den Registern über die zentrale Europäische Plattform (Abs. 2, 3)

5 Abs. 2 regelt den Informationsaustausch über die zentrale Europäische Plattform. Ergänzend gilt der durch Art. 7 Nr. 2 DiRUG iVm Art. 31 Abs. 1 DiRUG mWv 1.3.2022 neugefasste § 11 HRV.[10]

6 Abs. 2 S. 1 verpflichtet die **Registergerichte,** welche die Registerblätter der Kapitalgesellschaften und der Zweigniederlassungen von Kapitalgesellschaften, die dem Recht eines anderen EU-Mitglied-

[4] Bayer/J. Schmidt BB 2019, 1922 (1925); J. Schmidt Der Konzern 2018, 229 (233).
[5] Begr. RegE DiRUG, BT-Drs. 19/28177, 140.
[6] Begr. RegE RegVBG, BT-Drs. 18/2137, 11.
[7] MüKoHGB/Krafka Rn. 9; hierzu Bock GmbHR 2018, 281 ff.
[8] Bock GmbHR 2018, 281 (285, 286).
[9] Begr. RegE RegVBG, BT-Drs. 18/2137, 12.
[10] Begr. RegE DiRUG, BT-Drs. 19/28177, 140 f.

staats oder eines anderen EWR-Vertragsstaates unterliegen, führen, zu der Teilnahme an dem Informationsaustausch über die Europäische Plattform.[11]

Das **elektronische Informations- und Kommunikationssystem,** über das die Daten im Rahmen des Informationsaustausches gem. Abs. 2 S. 1 zwischen den Registern übermittelt und empfangen werden, bestimmen gem. Abs. 3 S. 1 grundsätzlich die Landesjustizverwaltungen. Gemäß Abs. 3 S. 2 iVm § 9 Abs. 1 S. 3–5 können die Landesregierungen oder – eine Übertragung vorausgesetzt – die Landesjustizverwaltungen die Zuständigkeit abweichend regeln. 6a

Gegenstand der Verpflichtung nach Abs. 2 S. 1 ist zum einen die Zuordnung einer einheitlichen europäischen Kennung gem. Abs. 2 S. 2 (→ Rn. 8), zum anderen die Übermittlung der Informationen über die in Abs. 2 S. 3 Nr. 1–6 aufgeführten Tatbestände an die zentrale Europäische Plattform (→ Rn. 9 ff.). Details der Informationsübermittlung ergeben sich – wie Abs. 2 S. 4 lediglich klarstellt – aus der unmittelbar anwendbaren **Durchführungs-VO (EU) 2021/1042.** 7

1. Zuordnung einer einheitlichen europäischen Kennung (Abs. 2 S. 2). Um eine richtige Zuordnung der jeweiligen Dateien sicherzustellen und damit die Interoperabilität des Handelsregisters mit den Registern der anderen Mitgliedstaaten zu gewährleisten, wird gem. Abs. 2 S. 2 – die Vorschrift setzt die Vorgaben aus Art. 16 Abs. 1 UAbs. 2 S. 1 GesR-RL und Art. 29 Abs. 4 S. 1 GesR-RL um – allen Kapitalgesellschaften sowie den Zweigniederlassungen von Kapitalgesellschafen, die dem Recht eines anderen Mitgliedstaats der EU oder des EWR unterliegen, die einheitliche europäische Kennung (kurz **EUID**) zugeordnet. Gemäß Art. 16 Abs. 1 UAbs. 2 S. 2 GesR-RL und Art. 29 Abs. 4 S. 2 GesR-RL muss die einheitliche europäische Kennung zumindest aus Elementen bestehen, die es ermöglichen, den Mitgliedstaat des Registers, das inländische Herkunftsregister und die Nummer der Gesellschaft in diesem Register zu identifizieren sowie ggf. aus Merkmalen, um Fehler bei der Identifikation zu vermeiden. Details regelt Anh. Nr. 9 Durchführungs-VO (EU) 2021/1042. 8

2. Besondere Übermittlungsgegenstände (Abs. 2 S. 3). Abs. 2 S. 3 und § 11 Abs. 2 HRV regeln, welche Tatbestände an die europäische Plattform zu übermitteln sind. Die Übermittlungsgegenstände sind durch die GesR-RL (→ Rn. 1) vorgegeben. 9

Die in Abs. 2 S. 3 **Nr. 1–3** geregelten Übermittlungsgegenstände entsprechen den Vorgaben des Art. 20 Abs. 1, 2 GesR-RL. Hiernach sind die Informationen über die Eröffnung und Beendigung von Verfahren zur **Abwicklung oder Insolvenz der Gesellschaft** sowie über die **Löschung der Gesellschaft aus dem Register** über das europäische System der Registervernetzung zur Verfügung zu stellen, also an die europäische Plattform zu übermitteln, falls der jeweilige Tatbestand Rechtsfolgen im Mitgliedstaat des Heimatregisters der Gesellschaft auslöst.[12] Für die Vernetzung von Insolvenzregistern in Europa gilt Art. 25 EuInsVO. Der entsprechende Informationsaustausch ist vor allem dann von Interesse, wenn die Tatbestände eine Gesellschaft betreffen, die in einem anderen Mitgliedstaat eine Zweigniederlassung unterhält. Durch die Übermittlung über das europäische System der Registervernetzung wird gewährleistet, dass das Register der Zweigniederlassung von diesen Tatbeständen Kenntnis erlangt und nach Maßgabe des eigenen Verfahrensrechts die **Löschung der Zweigniederlassung** betreiben kann (→ § 13e Rn. 76 f.).[13] 10

Abs. 2 S. 3 **Nr. 4** betrifft **grenzüberschreitende Verschmelzungen, Spaltungen und Formwechsel.** Der Katalog der zu übermittelnden Informationen und Unterlagen wurde durch Art. 6 Nr. 1 lit. b Doppelbuchst. aa Dreifachbuchst. bbb UmRUG iVm Art. 25 Abs. 1 UmRUG erheblich erweitert. Für das Verfahren des grenzüberschreitenden Registervollzugs sind insbesondere die vom Registergericht von Amts wegen auszustellenden Verschmelzungs- (§ 316 Abs. 1 S. 4 UmwG), Spaltungs- (§ 329 S. 3 UmwG) und Formwechselbescheinigungen (§ 343 Abs. 1 S. 4 UmwG) von wesentlicher Bedeutung, die nunmehr über das europäische System der Registervernetzung übermittelt werden sollen. 11

Durch Art. 1 Nr. 4 lit. c Doppelbuchst. aa Dreifachbuchst. ccc DiRUG iVm Art. 31 Abs. 1 DiRUG wurde der Katalog der Übermittlungsgegenstände in Abs. 2 S. 3 mWv 1.8.2022 um Informationen über die Eintragung der Errichtung und der Aufhebung einer Zweigniederlassung oder über die Änderung bestimmter die Zweigniederlassung betreffender Daten erweitert. Die neuen Tatbestände in Abs. 2 S. 3 **Nr. 5 und 6** dienen der Umsetzung der Art. 28a Abs. 7 S. 1 GesR-RL, Art. 28c S. 1 GesR-RL und Art. 30a UAbs. 1 lit. a–e Alt. 1 GesR-RL.[14] 12

---

[11] Begr. RegE RegVBG, BT-Drs. 18/2137, 12.

[12] Meldung einer Löschung ist stets erforderlich, s. Ries ZIP 2013, 867 (869); iErg auch Kilian FGPrax 2012, 185 (186), der zwischen konstitutiver und deklaratorischer Wirkung der Löschung differenziert.

[13] MüKoHGB/Krafka Rn. 14; Krafka RegisterR Rn. 337a zur Amtslöschung nach § 395 FamFG.

[14] Begr. RegE DiRUG, BT-Drs. 19/28177, 88.

IV. Informationsaustausch bei Änderungen der Rechnungslegungsunterlagen (Abs. 4)

13 Die Regelung über den Informationsaustausch bei Änderungen der Rechnungslegungsunterlagen in Abs. 4 dient der Umsetzung des Art. 30a UAbs. 1 lit. e GesR-RL iVm Art. 14 lit. f GesR-RL sowie des Art. 30a UAbs. 2 Hs. 1 GesR-RL.[15] Der diesbezügliche Informationsaustausch über das **europäische System der Registervernetzung (BRIS)** hat stattzufinden, wenn eine inländische Kapitalgesellschaft eine Zweigniederlassung in einem EU-Mitgliedstaat oder einem anderen EWR-Vertragsstaat oder umgekehrt eine Kapitalgesellschaft aus einem solchen Staat eine Zweigniederlassung im Inland unterhält. Für den erstgenannten Fall ordnet Abs. 4 S. 1 die entsprechende Übermittlungspflicht der das Unternehmensregister führenden Stelle an. Abs. 4 S. 2 betrifft den umgekehrten Fall, dh die das Unternehmensregister führende Stelle ist Empfänger der Daten. Die Vorgaben aus Art. 30a UAbs. 2 GesR-RL, nämlich dass das Empfänger-Register, den Dateneingang zu bestätigen und für die unverzügliche Aktualisierung der Urkunden und Informationen zu sorgen hat, sind in Abs. 4 S. 2 und § 325a Abs. 4 umgesetzt.

§ 9c Informationsaustausch über disqualifizierte Personen über das Europäische System der Registervernetzung

(1) [1]Die das Unternehmensregister führende Stelle ist die zuständige Stelle für die Beantwortung eines über die zentrale Europäische Plattform gemäß § 9b Absatz 1 Satz 2 eingehenden Ersuchens eines anderen Mitgliedstaates der Europäischen Union oder eines anderen Vertragsstaates des Abkommens über den Europäischen Wirtschaftsraum nach Artikel 13i der Richtlinie (EU) 2017/1132 um Informationen, die relevant sind für die Disqualifikation einer Person

1. als Geschäftsführer einer Gesellschaft mit beschränkter Haftung gemäß § 6 Absatz 2 Satz 2 Nummer 2 und 3 des Gesetzes über die Gesellschaften mit beschränkter Haftung oder

2. als Mitglied des Vorstands einer Aktiengesellschaft gemäß § 76 Absatz 3 Satz 2 Nummer 2 und 3 des Aktiengesetzes.

[2]Auf Anfrage eines Registergerichts führt die zuständige Stelle ein Ersuchen nach Artikel 13i der Richtlinie (EU) 2017/1132 gegenüber anderen Mitgliedstaaten der Europäischen Union oder anderen Vertragsstaaten des Abkommens über den Europäischen Wirtschaftsraum durch und leitet die erhaltenen Antworten an das anfragende Registergericht weiter.

(2) Die zuständige Stelle erhält zum Zweck der Beantwortung eines Ersuchens die für die Beantwortung erforderliche Auskunft aus dem Bundeszentralregister nach § 57a Absatz 4 des Bundeszentralregistergesetzes und aus dem Gewerbezentralregister nach § 150c Absatz 3 der Gewerbeordnung.

(3) Die Beantwortung und die Durchführung eines Ersuchens erfolgen gemäß den Bestimmungen der Durchführungsverordnung (EU) 2020/2244 sowie einer nach Absatz 6 erlassenen Verordnung.

(4) [1]Die Beantwortung eines Ersuchens ist beschränkt auf die Angabe gemäß Artikel 13i Absatz 4 Satz 1 der Richtlinie (EU) 2017/1132,

1. ob die betroffene Person disqualifiziert ist

a) gemäß § 6 Absatz 2 Satz 2 Nummer 2 und 3 des Gesetzes über die Gesellschaften mit beschränkter Haftung als Geschäftsführer einer Gesellschaft mit beschränkter Haftung oder

b) gemäß § 76 Absatz 3 Satz 2 Nummer 2 und 3 des Aktiengesetzes als Mitglied des Vorstands einer Aktiengesellschaft oder

2. ob entsprechende Informationen im Bundeszentralregister oder Gewerbezentralregister enthalten sind.

[2]Weitergehende Informationen über eine Disqualifikation der betroffenen Person werden durch die das Unternehmensregister führende Stelle über die zentrale Europäische Plattform nicht übermittelt.

(5) [1]Die zuständige Stelle darf die von einem ersuchenden Mitgliedstaat, von einem Registergericht oder nach Absatz 2 übermittelten personenbezogenen Daten der betroffenen Personen für die Zwecke der Beantwortung und der Durchführung eines Ersuchens

[15] Begr. RegE DiRUG, BT-Drs. 19/28177, 88.

verarbeiten. [2]Die personenbezogenen Daten der betroffenen Personen sind von der zuständigen Stelle unverzüglich zu löschen, sobald und soweit diese nicht mehr für die Beantwortung oder die Durchführung des Ersuchens erforderlich sind.

(6) Durch Rechtsverordnung nach § 9a Absatz 3 können auch die erforderlichen Bestimmungen in Bezug auf die Beantwortung und die Durchführung der Ersuchen durch die zuständige Stelle getroffen werden, einschließlich der Bestimmungen über

1. **Inhalt, Frist, Form und Umfang der Beantwortung der Ersuchen,**
2. **die technischen Einzelheiten zum Empfang, zur Verarbeitung und zur Weitergabe der erforderlichen Daten für die Beantwortung und die Durchführung der Ersuchen,**
3. **die technischen Vorgaben zur Speicherung, Löschung, Berichtigung und Verarbeitung von Daten über die betroffenen Personen durch die zuständige Stelle,**
4. **die Prüfung der vom Bundeszentralregister oder vom Gewerbezentralregister erhaltenen Daten im Hinblick auf die Erfüllung der Voraussetzungen einer Disqualifikation gemäß § 6 Absatz 2 Satz 2 Nummer 2 und 3 des Gesetzes über die Gesellschaften mit beschränkter Haftung oder gemäß § 76 Absatz 3 Satz 2 Nummer 2 und 3 des Aktiengesetzes,**
5. **die Voraussetzungen, Formalien, Fristen und Inhalte der Durchführung der Ersuchen.**

Schrifttum: Knaier, Die Digitalisierung des Gesellschaftsrechts durch den Referentenentwurf eines Gesetzes zur Umsetzung der Digitalisierungs-RL im Gesellschaftsrecht und Handelsregisterrecht (RefE-DiRUG), GmbHR 2021, 169; Stöhr, Bestellungshindernisse für GmbH-Geschäftsführer in grenzüberschreitenden Zusammenhängen, EuZW 2020, 654.

Übersicht

I. Allgemeines

1. Unionsrechtliche Vorgaben aus Art. 13i GesR-RL. Die Vorschrift wurde durch Art. 5 Nr. 5 DiRUG iVm Art. 31 Abs. 1 DiRUG mWv 1.8.2022 eingeführt. Anlass hierfür war der durch Art. 1 Nr. 5 RL (EU) 2019/1151 iVm Art. 4 RL (EU) 2019/1151 mWv 31.7.2019 geschaffene **Art. 13i GesR-RL,** der den Mitgliedstaaten zum einen vorgibt, Vorschriften zur Disqualifikation von Vertretungsorganen – im deutschen Recht sind die Begriffe Inhabilität und Bestellungshindernis gebräuchlich – vorzusehen. Zum anderen soll die Grundlage dafür geschaffen werden, dass die Ernennung einer Person zum Geschäftsführer aus Gründen abgelehnt werden kann, die das Verhalten in einem anderen Mitgliedstaat betreffen. Geschäftsführer iSd Art. 13i GesR-RL sind jedenfalls die Vertretungsorgane der Gesellschaften, die dem Anwendungsbereich der GesR-RL unterfallen,[1] also die Geschäftsführer einer GmbH und die Mitglieder des Vorstands einer AG. 1

Um den Schutz aller Personen sicherzustellen, die mit Gesellschaften interagieren, soll ein Mitgliedstaat, der bei der Prüfung etwaiger Bestellungshindernisse das Verhalten einer Person in einem anderen Mitgliedstaat in dieser Weise berücksichtigt, Informationen über eine geltende Disqualifikation in dem anderen Mitgliedstaat oder hierfür relevante andere Informationen abfragen können (s. Erwägungsgrund 23 S. 1, 2 RL (EU) 2019/1151). Daher müssen die Vorschriften, nach den Geschäftsführer disqualifiziert werden können, gem. Art. 13i Abs. 1 S. 2 GesR-RL auch die Möglichkeit vorsehen, eine derzeit in einem anderen Mitgliedstaat geltende Disqualifikation zu berücksichtigen bzw. Informationen zu berücksichtigen, die für eine Disqualifikation in einem anderen Mitgliedstaat relevant sind. Da Art. 13i GesR-RL **keine Harmonisierung der Disquali-** 2

[1] Bayer/J. Schmidt BB 2019, 1922 (1924 Fn. 41).

fikationstatbestände gebietet,[2] ist nicht gesagt, dass die abrufbaren Informationen, die nach dem Recht des antwortenden Mitgliedstaates für die Disqualifikation einer Person relevant sind, auch in dem anderen Mitgliedstaat, der diese Informationen abruft, rechtlich bedeutsam sind, also ein Bestellungshindernis begründen (s. Erwägungsgrund 23 S. 8 RL (EU) 2019/1151). Gemäß Art. 13i Abs. 2 S. 2 GesR-RL können Mitgliedstaaten die Ernennung einer Person als Geschäftsführungsorgan ablehnen, wenn diese zur fraglichen Zeit in einem anderen Mitgliedstaat für diese Tätigkeit disqualifiziert ist.

3 Die Mitgliedstaaten müssen gem. Art. 13i Abs. 3 GesR-RL sicherstellen, dass sie in der Lage sind, auf ein Ersuchen eines anderen Mitgliedstaats um Informationen, die für die Disqualifikation von Geschäftsführern (→ Rn. 1) nach dem Recht des antwortenden Mitgliedstaats relevant sind, zu antworten, und zwar gem. Art. 13i Abs. 4 GesR-RL mittels des europäischen Systems der Registervernetzung. Die Beantwortung und die Durchführung eines Ersuchens erfolgen nach der unmittelbar anwendbaren **Durchführungs-VO (EU) 2021/1042.** Einzelheiten zum Austausch von Informationen über disqualifizierte Geschäftsführer enthält Anh. Nr. 16 Durchführungs-VO (EU) 2021/1042. Die Tatsache, dass Abs. 3 auf die durch Art. 2 Abs. 1 VO (EU) 2021/1042 iVm Art. 3 Abs. 1 VO (EU) 2021/1042 mWv 15.7.2021 aufgehobene Durchführungs-VO (EU) 2020/2244 Bezug nimmt, steht der Anwendung der Durchführungs-VO (EU) 2021/1042 nicht entgegen. Im Gegenteil, die Bezugnahme gilt gem. Art. 2 Abs. 2 VO (EU) 2021/1042 als eine solche auf diese Durchführungs-VO.

3a Der Text von Anh. Nr. 16.1–16.2 Durchführungs-VO (EU) 2021/1042 lautet:

6.1. Grenzüberschreitende Umwandlung

6.1.1. Offenlegung

a) Für die Zwecke der Offenlegung gemäß Artikel 86g Absatz 1 der Richtlinie (EU) 2017/1132 übermittelt das Register des Wegzugsmitgliedstaats über BRIS folgende zusätzliche Unternehmensdaten und macht sie der Öffentlichkeit zugänglich:

Datenart	Beschreibung	Kardinalität (5)	Zusätzliche Beschreibung
Über BRIS öffentlich zugänglich zu machende Daten und Dokumente		1	Gruppe von Elementen
Plan für die grenzüberschreitende Umwandlung	Plan im Sinne von Artikel 86d der Richtlinie (EU) 2017/1132	1	Dokument
Sonstige Sprachfassung	Sonstige Sprachfassung des Plans, sofern verfügbar	0…n	Dokument
Erklärung über die aktuelle finanzielle Lage	Erklärung gemäß Artikel 86j Absatz 2 der Richtlinie (EU) 2017/1132, wenn dies nach nationalem Recht erforderlich ist	1	Dokument
Bekanntmachung	Bekanntmachung gemäß Artikel 86g Absatz 1 Buchstabe b der Richtlinie (EU) 2017/1132	1	Dokument und Metadaten mit folgenden Informationen: – Name der Gesellschaft, die die grenzüberschreitende Umwandlung vornimmt – Frist für Bemerkungen
Bericht unabhängiger Sachverständiger	Bericht eines unabhängigen Sachverständigen gemäß Artikel 86g Absatz 1 Unterabsatz 2, falls dies nach nationalem Recht erforderlich ist	1	Dokument

[2] Begr. RegE DiRUG, BT-Drs. 19/28177, 89; s. auch Böhringer/Melchior GmbHR 2022, 177 (178): „neuralgischer Punkt"; J. Schmidt ZIP 2021, 112 (120): Probleme der „Disqualifikationsarbitrage" ließen sich nur durch Harmonisierung der Disqualifikationstatbestände mit Verpflichtung zur wechselseitigen Anerkennung von Disqualifikationen lösen.

b) Für die Zwecke der Offenlegung gemäß Artikel 86g Absatz 3 der Richtlinie (EU) 2017/1132 übermittelt das Register des Wegzugsmitgliedstaats über BRIS folgende zusätzliche Unternehmensdaten und macht sie der Öffentlichkeit zugänglich:

Datenart	Beschreibung	Kardinalität (6)	Zusätzliche Beschreibung
Über BRIS öffentlich zugänglich zu machende Daten und Dokumente		1	Gruppe von Elementen
Unternehmensdaten	Gesellschaft (die Gesellschaft, die die grenzüberschreitende Umwandlung vornimmt) im Sinne von Artikel 86b Absatz 1 der Richtlinie (EU) 2017/1132	1	Gruppe von Elementen
Rechtsform	Art der Rechtsform der Gesellschaft, die die grenzüberschreitende Umwandlung vornimmt	1	Code Gemäß Anhang II der Richtlinie (EU) 2017/1132
Firma	Firma der Gesellschaft, die die grenzüberschreitende Umwandlung vornimmt	1	Text
Sitz	Sitz der Gesellschaft, die die grenzüberschreitende Umwandlung vornimmt	1	Text
Eintragungsnummer	Eintragungsnummer der Gesellschaft, die die grenzüberschreitende Umwandlung vornimmt, im Register	1	Kennung
Register	Register, in dem die in Artikel 14 genannten Urkunden in Bezug auf die Gesellschaft, die die grenzüberschreitende Umwandlung vornimmt, eingereicht werden	1	Text
Vorgesehene Daten für die umgewandelte Gesellschaft	Umgewandelte Gesellschaft gemäß Artikel 86b Absatz 5 der Richtlinie (EU) 2017/1132	1	Gruppe von Elementen
Vorgesehene Rechtsform	Vorgesehene Art der Rechtsform für die umgewandelte Gesellschaft	1	Code Gemäß Anhang II der Richtlinie (EU) 2017/1132
Vorgesehene Firma	Vorgeschlagene Firma für die umgewandelte Gesellschaft	1	Text
Vorgesehener Sitz	Vorgesehener Sitz für die umgewandelte Gesellschaft	1	Text
Weitere Daten und Dokumente		1	Gruppe von Elementen
Angaben zu den Regelungen	Angaben zu den Regelungen für die Ausübung der Rechte von Gläubigern, Arbeitnehmern und Gesellschaftern gemäß Artikel 86g Absatz 3 Buchstabe c der Richtlinie (EU) 2017/1132	1	Dokument
Angaben zur Website	Angaben zur Website gemäß Artikel 86g Absatz 3 Buchstabe d der Richtlinie (EU) 2017/1132	1	Text

6.1.2. Übermittlung der Vorabbescheinigung

a) Für jede Übermittlung der Vorabbescheinigung gemäß Artikel 86n Absatz 1 Unterabsatz 1 der Richtlinie (EU) 2017/1132 übermittelt das Register des Wegzugsmitgliedstaats nach Ausstellung der Bescheinigung gemäß Artikel 86m Absätze 7, 10 und 11 der genannten Richtlinie dem Register des Zuzugsmitgliedstaats folgende Daten:

Datenart	Beschreibung	Kardinalität (7)	Zusätzliche Beschreibung
Ausgabezeitpunkt	Datum und Uhrzeit der Übermittlung	1	Datum und Uhrzeit
Ausgebende Organisation	Name/Kennung der Organisation, die die Übermittlung durchführt (Unternehmensregister des Wegzugmitgliedstaats)	1	Datenstruktur der betreffenden Partei
Empfängerorganisation	Name/Kennung der Organisation, an die die Übermittlung gerichtet ist (Unternehmensregister des Zuzugsmitgliedstaats)	1	Datenstruktur der betreffenden Partei
Unternehmensdaten	Gesellschaft (die Gesellschaft, die die grenzüberschreitende Umwandlung vornimmt) im Sinne von Artikel 86b Absatz 1 der Richtlinie (EU) 2017/1132	1	Gruppe von Elementen
EUID	Eindeutige Kennung der Gesellschaft, die die grenzüberschreitende Umwandlung vornimmt	1	Kennung
Alternative Kennungen	Sonstige Kennungen der Gesellschaft, die die grenzüberschreitende Umwandlung vornimmt	0…n	Kennung
Rechtsform	Art der Rechtsform der Gesellschaft, die die grenzüberschreitende Umwandlung vornimmt	1	Code Gemäß Anhang II der Richtlinie (EU) 2017/1132
Firma	Firma der Gesellschaft, die die grenzüberschreitende Umwandlung vornimmt	1	Text
Sitz	Sitz der Gesellschaft, die die grenzüberschreitende Umwandlung vornimmt	1	Text
Eintragungsnummer	Eintragungsnummer der Gesellschaft, die die grenzüberschreitende Umwandlung vornimmt, im Register	1	Kennung
Vorgesehene Daten der umgewandelten Gesellschaft	Umgewandelte Gesellschaft gemäß Artikel 86b Absatz 5 der Richtlinie (EU) 2017/1132	1	Gruppe von Elementen
Vorgesehene Rechtsform	Vorgesehene Art der Rechtsform für die umgewandelte Gesellschaft	1	Code Gemäß Anhang II der Richtlinie (EU) 2017/1132
Vorgesehene Firma	Vorgesehene Firma für die umgewandelte Gesellschaft	1	Text
Vorgesehener Sitz	Vorgesehener Sitz für die umgewandelte Gesellschaft	1	Text
Zu übermittelnde Daten und Dokumente		1	Gruppe von Elementen

Vorabbescheinigung	Vorabbescheinigung im Sinne von Artikel 86m der Richtlinie (EU) 2017/1132	1	Dokument
Zuständige Behörde	Behörde, die die Bescheinigung gemäß Artikel 86m der Richtlinie (EU) 2017/1132 ausgestellt hat	1	Text
Datum der Ausstellung der Bescheinigung	Datum, an dem die Bescheinigung ausgestellt wurde	1	Datum

b) Für die Zwecke der Bereitstellung der Vorabbescheinigung über BRIS übermittelt das Register des Wegzugsmitgliedstaats gemäß Artikel 86n Absatz 1 Unterabsatz 2 der Richtlinie (EU) 2017/1132 folgende Daten:

Datenart	Beschreibung	Kardinalität (8)	Zusätzliche Beschreibung
Vorgesehene Daten der umgewandelten Gesellschaft	Umgewandelte Gesellschaft gemäß Artikel 86b Absatz 5 der Richtlinie (EU) 2017/1132	1	Gruppe von Elementen
Vorgesehene Rechtsform	Vorgesehene Art der Rechtsform für die umgewandelte Gesellschaft	1	Code Gemäß Anhang II der Richtlinie (EU) 2017/1132
Vorgesehene Firma	Vorgesehene Firma für die umgewandelte Gesellschaft	1	Text
Vorgesehener Sitz	Vorgesehener Sitz für die umgewandelte Gesellschaft	1	Text
Über BRIS öffentlich zugänglich zu machende Daten und Dokumente		1	Gruppe von Elementen
Vorabbescheinigung	Vorabbescheinigung im Sinne von Artikel 86m der Richtlinie (EU) 2017/1132	1	Dokument und Metadaten mit folgenden Informationen: – zuständige Behörde – Datum der Ausstellung der Bescheinigung

6.1.3. Eintragung

6.1.3.1. Eintragung der grenzüberschreitenden Umwandlung

Die Register der Wegzugs- und Zuzugsmitgliedstaaten machen die folgenden Informationen gemäß Artikel 86p Absatz 2 der Richtlinie (EU) 2017/1132 über BRIS öffentlich zugänglich:

a) vom Register des Zuzugsmitgliedstaats bereitzustellende Daten

Datenart	Beschreibung	Kardinalität (9)	Zusätzliche Beschreibung
Daten, die BRIS zur Verfügung zu stellen sind		1	Gruppe von Elementen
EUID	EUID der Gesellschaft, die die grenzüberschreitende Umwandlung vorgenommen hat	1	Kennung
Über BRIS öffentlich zugänglich zu machende Daten		1	Gruppe von Elementen
Eintragung infolge einer grenzüberschreitenden Umwandlung	Eintragung der umgewandelten Gesellschaft ist das Ergebnis einer grenzüberschreitenden Umwandlung	1	Text
Datum der Eintragung	Datum der Eintragung der umgewandelten Gesellschaft	1	Datum

Eintragungsnummer	Eintragungsnummer der Gesellschaft, die die grenzüberschreitende Umwandlung vorgenommen hat	1	Kennung
Firma der Gesellschaft	Firma der Gesellschaft, die die grenzüberschreitende Umwandlung vorgenommen hat	1	Text
Rechtsform	Art der Rechtsform der Gesellschaft, die die grenzüberschreitende Umwandlung vorgenommen hat	1	Code Gemäß Anhang II der Richtlinie (EU) 2017/1132

b) vom Register des Zuzugsmitgliedstaats bereitzustellende Daten

Das Register des Wegzugsmitgliedstaats stellt die einschlägigen Daten nach Eingang der Meldung gemäß Abschnitt 6.1.3.2 zur Verfügung.

Datenart	Beschreibung	Kardinalität (10)	Zusätzliche Beschreibung
Daten, die BRIS zur Verfügung zu stellen sind		1	Gruppe von Elementen
EUID	EUID des umgewandelten Unternehmens	1	Kennung
Über BRIS öffentlich zugänglich zu machende Daten		1	Gruppe von Elementen
Löschung infolge einer grenzüberschreitenden Umwandlung	Löschung der Gesellschaft, die die grenzüberschreitende Umwandlung vorgenommen hat, aus dem Register ist das Ergebnis einer grenzüberschreitenden Umwandlung	1	Text
Datum	Datum der Löschung der Gesellschaft, die die grenzüberschreitende Umwandlung vorgenommen hat, aus dem Register	1	Datum
Eintragungsnummer	Eintragungsnummer der umgewandelten Gesellschaft	1	Kennung
Firma der Gesellschaft	Firma der umgewandelten Gesellschaft	1	Text
Rechtsform	Art der Rechtsform der umgewandelten Gesellschaft	1	Code Gemäß Anhang II der Richtlinie (EU) 2017/1132

6.1.3.2. Mitteilung der grenzüberschreitenden Umwandlung

Für jede Mitteilung über eine grenzüberschreitende Umwandlung gemäß Artikel 86p Absatz 3 der Richtlinie (EU) 2017/1132 übermittelt das Register des Zuzugsmitgliedstaats dem Register des Wegzugsmitgliedstaats die folgenden Daten:

Datenart	Beschreibung	Kardinalität (11)	Zusätzliche Beschreibung
Ausgabezeitpunkt	Datum und Uhrzeit der Versendung der Meldung	1	Datum und Uhrzeit
Ausgebende Organisation	Name/Kennung der Organisation, die die betreffende Meldung ausgegeben hat (Unternehmensregister des Zuzugsmitgliedstaats)	1	Datenstruktur der betreffenden Partei
Empfängerorganisation	Name/Kennung der Organisation, an die die Meldung gerichtet ist (Unternehmensregister des Wegzugsmitgliedstaats)	1	Datenstruktur der betreffenden Partei

Mit der Umwandlung zusammenhängende Daten		1	Gruppe von Elementen
Zeitpunkt des Wirksamwerdens der Umwandlung	Zeitpunkt, zu dem die grenzüberschreitende Umwandlung wirksam geworden ist	1	Datum
Rechtsquellen	Verweis auf einschlägige nationale oder EU-Rechtsvorschriften	0…n	Text
Daten des umgewandelten Unternehmens	Umgewandelte Gesellschaft gemäß Artikel 86b Absatz 5	1	Gruppe von Elementen
EUID	Eindeutige Kennung der umgewandelten Gesellschaft	1	Kennung
Alternative Kennungen	Sonstige Kennungen der umgewandelten Gesellschaft (z. B. „Legal Entity Identifier")	0…n	Kennung
Rechtsform	Art der Rechtsform der umgewandelten Gesellschaft	1	Code Gemäß Anhang II der Richtlinie (EU) 2017/1132
Firma	Firma der umgewandelten Gesellschaft	1	Text
Sitz	Sitz der umgewandelten Gesellschaft	1	Text
Registerbezeichnung	Bezeichnung des Registers, in das die umgewandelte Gesellschaft eingetragen ist	1	Text
Eintragungsnummer	Eintragungsnummer der umgewandelten Gesellschaft im Register	1	Kennung
Unternehmensdaten	Gesellschaft, die die grenzüberschreitende Umwandlung vorgenommen hat (im Sinne von Artikel 86b Absatz 1)	1	Gruppe von Elementen
EUID	Eindeutige Kennung der Gesellschaft, die die grenzüberschreitende Umwandlung vorgenommen hat	1	Kennung
Alternative Kennungen	Sonstige Kennungen der Gesellschaft, die die grenzüberschreitende Umwandlung vorgenommen hat (z. B. „Legal Entity Identifier")	0…n	Kennung
Rechtsform	Art der Rechtsform der Gesellschaft, die die grenzüberschreitende Umwandlung vorgenommen hat	1	Code Gemäß Anhang II der Richtlinie (EU) 2017/1132
Firma	Firma der Gesellschaft, die die grenzüberschreitende Umwandlung vorgenommen hat	1	Text
Sitz	Sitz der Gesellschaft, die die grenzüberschreitende Umwandlung vorgenommen hat	1	Text
Registerbezeichnung	Bezeichnung des Registers, in dem die Gesellschaft, die die grenzüberschreitende Umwandlung vorgenommen hat, registriert wurde	1	Text
Eintragungsnummer	Eintragungsnummer der Gesellschaft, die die Umwandlung vorgenommen hat, im Register	1	Kennung

Die Meldung kann auch technische Daten enthalten, die für ihre ordnungsgemäße Übermittlung erforderlich sind.

Der Informationsaustausch umfasst auch technische Mitteilungen, die im Hinblick auf die Eingangsbestätigung, Protokollierung und Berichterstattung erforderlich sind.

6.2. Grenzüberschreitende Verschmelzung

6.2.1. Offenlegung

a) Für die Zwecke der Offenlegung gemäß Artikel 123 Absatz 1 der Richtlinie (EU) 2017/1132 übermittelt das Register des Mitgliedstaats jeder der sich verschmelzenden Gesellschaften über BRIS folgende zusätzliche Unternehmensdaten und macht sie der Öffentlichkeit zugänglich:

Datenart	Beschreibung	Kardinalität (12)	Zusätzliche Beschreibung
Über BRIS öffentlich zugänglich zu machende Daten und Dokumente		1	Gruppe von Elementen
Gemeinsamer Plan	Gemeinsamer Plan im Sinne von Artikel 122 der Richtlinie (EU) 2017/1132	1	Dokument
Sonstige Sprachfassung des gemeinsamen Plans	Sonstige Sprachfassung des gemeinsamen Plans, sofern verfügbar	0…n	Dokument
Erklärung über die aktuelle finanzielle Lage	Erklärung gemäß Artikel 126b Absatz 2 der Richtlinie (EU) 2017/1132, wenn dies nach nationalem Recht erforderlich ist	1	Dokument
Bekanntmachung	Bekanntmachung gemäß Artikel 123 Absatz 1 Buchstabe b der Richtlinie (EU) 2017/1132	1	Dokument und Metadaten mit folgenden Informationen: – Firma der sich verschmelzenden Gesellschaft – Frist für Bemerkungen
Bericht unabhängiger Sachverständiger	Bericht eines unabhängigen Sachverständigen gemäß Artikel 123 Absatz 1, falls dies nach nationalem Recht erforderlich ist	1	Dokument

b) Für die Zwecke der Offenlegung gemäß Artikel 123 Absatz 3 der Richtlinie (EU) 2017/1132 übermittelt das Register des Mitgliedstaats jeder der sich verschmelzenden Gesellschaften über BRIS folgende zusätzliche Unternehmensdaten und macht sie der Öffentlichkeit zugänglich:

Datenart	Beschreibung	Kardinalität (13)	Zusätzliche Beschreibung
Über BRIS öffentlich zugänglich zu machende Daten und Dokumente		1	Gruppe von Elementen
Unternehmensdaten	Unternehmensdaten für jede der sich verschmelzenden Gesellschaften	1…n	Gruppe von Elementen
Rechtsform	Art der Rechtsform der sich verschmelzenden Gesellschaft	1	Code Gemäß Anhang II der Richtlinie (EU) 2017/1132
Firma	Firma der sich verschmelzenden Gesellschaft	1	Text
Sitz	Sitz der sich verschmelzenden Gesellschaft	1	Text
Eintragungsnummer	Eintragungsnummer der sich verschmelzenden Gesellschaft im Register	1	Kennung
Register	Register, in dem die in Artikel 14 genannten Urkunden in Bezug auf die sich verschmelzende Gesellschaft eingereicht werden	1	Text

Vorgesehene Daten für die neu gegründete Gesellschaft	Neu gegründete Gesellschaft	1	Gruppe von Elementen
Vorgesehene Rechtsform	Vorgesehene Art der Rechtsform für die neu gegründete Gesellschaft	1	Code Gemäß Anhang II der Richtlinie (EU) 2017/1132
Vorgesehene Firma	Vorgesehene Firma für die neu gegründete Gesellschaft	1	Text
Vorgesehener Sitz	Vorgesehener Sitz für die neu gegründete Gesellschaft	1	Text
Weitere Daten und Dokumente		1	Gruppe von Elementen
Angaben zu den Regelungen	Angaben zu den Regelungen der sich verschmelzenden Gesellschaft für die Ausübung der Rechte von Gläubigern, Arbeitnehmern und Gesellschaftern gemäß Artikel 123 Absatz 3 Buchstabe c der Richtlinie (EU) 2017/1132	1	Dokument
Angaben zur Website	Angaben zur Website gemäß Artikel 123 Absatz 3 Buchstabe d der Richtlinie (EU) 2017/1132	1	Text

6.2.2. Übermittlung der Vorabbescheinigung

a) Für jede Übermittlung der Vorabbescheinigung gemäß Artikel 127a Absatz 1 Unterabsatz 1 der Richtlinie (EU) 2017/1132 übermittelt das Register des Mitgliedstaats der sich verschmelzenden Gesellschaft nach Ausstellung der Bescheinigung gemäß Artikel 127 Absätze 7, 10 und 11 der genannten Richtlinie dem Register des Mitgliedstaats der Gesellschaft, die aus der Verschmelzung hervorgeht, folgende Daten:

Datenart	Beschreibung	Kardinalität (14)	Zusätzliche Beschreibung
Ausgabezeitpunkt	Datum und Uhrzeit der Übermittlung	1	Datum und Uhrzeit
Ausgebende Organisation	Name/Kennung der Organisation, die die Übermittlung durchführt (Unternehmensregister der sich verschmelzenden Gesellschaft)	1	Datenstruktur der betreffenden Partei
Empfängerorganisation	Name/Kennung der Organisation, an die die Übermittlung gerichtet ist (Unternehmensregister der aus der Verschmelzung hervorgehenden Gesellschaft)	1	Datenstruktur der betreffenden Partei
Unternehmensdaten	Gesellschaft (die sich verschmelzende Gesellschaft)	1...n	Gruppe von Elementen
EUID	Eindeutige Kennung der sich verschmelzenden Gesellschaft	1	Kennung
Alternative Kennungen	Sonstige Kennungen der sich verschmelzenden Gesellschaft (z. B. „Legal Entity Identifier")	0...n	Kennung
Rechtsform	Art der Rechtsform der sich verschmelzenden Gesellschaft	1	Code Gemäß Anhang II der Richtlinie (EU) 2017/1132
Firma	Firma der sich verschmelzenden Gesellschaft	1	Text

Sitz	Sitz der sich verschmelzenden Gesellschaft	1	Text
Eintragungsnummer	Eintragungsnummer der sich verschmelzenden Gesellschaft im Register	1	Kennung
Die Daten der aus der Verschmelzung hervorgehenden Gesellschaft	Daten oder vorgesehene Daten der aus der Verschmelzung hervorgehenden Gesellschaft	1	Gruppe von Elementen
Rechtsform	Art oder vorgesehene Art der Rechtsform der aus der Verschmelzung hervorgehenden Gesellschaft	1	Code Gemäß Anhang II der Richtlinie (EU) 2017/1132
Firma	Firma oder vorgesehene Firma der aus der Verschmelzung hervorgehenden Gesellschaft	1	Text
Sitz	Sitz oder vorgesehener Sitz der aus der Verschmelzung hervorgehenden Gesellschaft	1	Text
EUID der übernehmenden Gesellschaft	Eindeutige Kennung der übernehmenden Gesellschaft im Falle einer Verschmelzung durch Aufnahme	1	Kennung
Alternative Kennungen	Sonstige Kennungen der übernehmenden Gesellschaft im Falle einer Verschmelzung durch Aufnahme (z. B. „Legal Entity Identifier")	0…n	Kennung
Zu übermittelnde Daten und Dokumente		1	Gruppe von Elementen
Vorabbescheinigung	Vorabbescheinigung im Sinne von Artikel 127 der Richtlinie (EU) 2017/1132	1	Dokument
Zuständige Behörde	Behörde, die die Bescheinigung gemäß Artikel 127 der Richtlinie (EU) 2017/1132 ausgestellt hat	1	Text
Datum der Ausstellung der Bescheinigung	Zeitpunkt, zu dem die Bescheinigung ausgestellt wurde	1	Datum

b) Für die Zwecke der Bereitstellung der Vorabbescheinigung über BRIS übermittelt das Register des Mitgliedstaats der sich verschmelzenden Gesellschaft gemäß Artikel 127a Absatz 1 Unterabsatz 2 der Richtlinie (EU) 2017/1132 folgende Daten:

Datenart	Beschreibung	Kardinalität (15)	Zusätzliche Beschreibung
Die Daten der Gesellschaft	Aus der Verschmelzung hervorgehende (bereits bestehende oder neu gegründete) Gesellschaft	1	Gruppe von Elementen
Rechtsform	Art oder vorgesehene Art der Rechtsform der aus der Verschmelzung hervorgehenden Gesellschaft	1	Code Gemäß Anhang II der Richtlinie (EU) 2017/1132
Firma	Firma oder vorgesehene Firma der aus der Verschmelzung hervorgehenden Gesellschaft	1	Text
Sitz	Sitz oder vorgesehener Sitz der aus der Verschmelzung hervorgehenden Gesellschaft	1	Text

EUID der übernehmenden Gesellschaft	Eindeutige Kennung der übernehmenden Gesellschaft im Falle einer Verschmelzung durch Aufnahme	1	Kennung
Alternative Kennungen	Sonstige Kennungen der übernehmenden Gesellschaft im Falle einer Verschmelzung durch Aufnahme (z. B. „Legal Entity Identifier")	0…n	Kennung
Über BRIS öffentlich zugänglich zu machende Daten und Dokumente		1	Gruppe von Elementen
Vorabbescheinigung	Vorabbescheinigung im Sinne von Artikel 127 der Richtlinie (EU) 2017/1132	1	Dokument und Metadaten mit folgenden Informationen: – zuständige Behörde – Datum der Ausstellung der Bescheinigung

2. Systematik der Umsetzung im deutschen Recht. Die Vorschrift erklärt die das Unternehmensregister führende Stelle – die Bundesanzeiger Verlag GmbH (→ § 9a Rn. 2) – zur zuständigen Stelle sowohl für die Beantwortung eines über die zentrale Europäische Plattform gem. § 9b Abs. 1 S. 2 eingehenden Ersuchens eines anderen Mitgliedstaates der EU oder eines anderen Vertragsstaates des EWR-Abkommens nach Art. 13i GesR-RL (Abs. 1 S. 1; → Rn. 5 ff.) als auch für die Durchführung von Ersuchen nach Art. 13i GesR-RL gegenüber anderen Mitgliedstaaten der EU oder anderen Vertragsstaaten des EWR-Abkommens (Abs. 1 S. 2; → Rn. 12 ff.). Ein empfindliches Hemmnis bei der Beantwortung solcher besteht darin, dass die Disqualifikation der Geschäftsführer (→ Rn. 1) in der Bundesrepublik Deutschland nicht in einem elektronischen Register abrufbar sind. Der Gesetzgeber hat sich deshalb in der Annahme, dass die Ersuchen nicht häufig vorkommen werden, zunächst für eine händische Bearbeitung solcher Anfragen entschieden.[3] 4

II. Ersuchen aus anderen Mitgliedstaaten (Abs. 1 S. 1)

Das Verfahren zur Beantwortung von Anfragen aus anderen Mitgliedstaaten der EU oder anderen Vertragsstaaten des EWR, die über die zentrale Europäische Plattform gem. § 9b Abs. 1 S. 2 eingehen und die Disqualifikation von Geschäftsführungsorganen der Kapitalgesellschaften betreffen, ist in Abs. 1 S. 1 sowie in Abs. 2–5 geregelt. Relevant für die Disqualifizierung einer Person sind nach deutschem Recht Informationen über Bestellungshindernisse gem. § 6 Abs. 2 S. 2 Nr. 2, 3 GmbHG und § 76 Abs. 3 S. 2 Nr. 2, 3 AktG, also gerichtlich oder behördlich verhängte Berufsverbote sowie die Verurteilung wegen einer Katalogstraftat, die bei Registeranmeldungen nach deutschem Recht Gegenstand der erforderlichen Versicherungen nach § 8 Abs. 3 S. 1 GmbHG bzw. § 37 Abs. 2 S. 1 AktG sind.[4] Zu der fehlenden Harmonisierung der Disqualifikationstatbestände → Rn. 2. Die Auskunft, dass die Person keine falsche Habilitätsversicherung abgegeben hat, genügt zur Beantwortung eines Auskunftsersuchens nicht. Erforderlich ist auch die Information zu dem Disqualifikationstatbestand selbst.[5] 5

1. Zuständige Stelle. Abs. 1 S. 1 erklärt die das Unternehmensregister führende Stelle – die Bundesanzeiger Verlag GmbH (→ § 9a Rn. 2) – zur zuständigen Stelle für die Beantwortung der eingehenden Ersuchen um Informationen, die für die Disqualifikation von Geschäftsführungsorganen relevant sind. 6

2. Ausführung des Informationsersuchens. Nach dem Eingang der Abfrage hat die zuständige Behörde (→ Rn. 6) gem. Anh. Nr. 16.2.1.2 Durchführungs-VO (EU) 2021/1042 unverzüglich eine Antwort über das BRIS (→ 9b Rn. 2) zu übermitteln. Regelungen zur Ausführung des Informati- 7

[3] Begr. RegE DiRUG, BT-Drs. 19/28177, 89; krit. Staub/Koch/Harnos Rn. 5; J. Schmidt ZIP 2021, 120, 121.

[4] Weitergehend müssen die Versicherungserklärungen sich auch auf einschlägige Berufs- und Gewerbeverbote erstrecken, die in einem anderen EU-Mitgliedstaat oder Staat des EWR ausgesprochen wurden. § 8 Abs. 3 S. 1 GmbHG umfasst auch § 6 Abs. 2 S. 3 und 4 GmbHG, § 37 Abs. 2 S. 1 AktG auch § 76 Abs. 2 S. 3 und 4 AktG.

[5] Knaier GmbHR 2021, 169 (179); Staub/Koch/Harnos Rn. 14; Stöhr EuZW 2020, 654 (655).

onsersuchens finden sich in § 9c Abs. 2, Abs. 3 (mit Verweis auf die Durchführungs-VO; zur aktuellen Fassung → Rn. 3a), Abs. 4 und Abs. 5 (Datenverarbeitung; → Rn. 15 ff.).

8 **a) Auskunft aus dem Bundeszentralregister und dem Gewerbezentralregister.** Um die Ersuchen unverzüglich beantworten zu können (→ Rn. 7) kann die zuständige Stelle (→ Rn. 6) gem. Abs. 2 die erforderliche Auskunft aus dem Bundeszentralregister nach § 57a Abs. 4 BZRG und aus dem Gewerbezentralregister nach § 150c Abs. 4 GewO abfragen. Gegenstand der Abfrage sind die Bestellungshindernisse iSv § 6 Abs. 2 S. 2 Nr. 2 und 3 GmbHG sowie § 76 Abs. 3 S. 2 Nr. 2 und 3 AktG, also Informationen zu verhängten Berufsverboten sowie zu Verurteilungen wegen Katalogstraftaten. Die erteilten Auskünfte sind von der zuständigen Stelle darauf zu überprüfen, ob die übermittelten Tatsachen den Tatbestand eines Bestellungshindernisses nach § 6 Abs. 2 S. 2 Nr. 2 und 3 GmbHG oder § 76 Abs. 3 S. 2 Nr. 2 und 3 AktG erfüllen. Der zuständigen Stelle kommt insofern eine Filterfunktion zu.[6]

9 **b) Beantwortung des Ersuchens.** Die Beantwortung des Ersuchens beschränkt Abs. 4 S. 1 Nr. 1 auf die Angabe, ob die betreffende Person gem. § 6 Abs. 2 S. 2 Nr. 2 und 3 GmbHG oder § 76 Abs. 3 S. 2 Nr. 2 und 3 AktG disqualifiziert ist (Abs. 4 S. 1 Nr. 1; → Rn. 10), sowie auf die zugrundeliegenden Tatsachen, nämlich ob entsprechende Informationen in dem Bundeszentralregister oder Gewerbezentralregister enthalten sind (Abs. 4 S. 1 Nr. 2). Von der Option des Art. 13i Abs. 4 S. 2 GesR-RL, weitergehende Informationen auszutauschen, hat der deutsche Gesetzgeber gem. Abs. 4 S. 2 keinen Gebrauch gemacht.[7]

10 Die von § 6 Abs. 2 S. 2 Nr. 2 GmbHG und § 76 Abs. 2 S. 2 Nr. 2 AktG vorausgesetzte Prüfung, ob der Gegenstand des gerichtlichen oder behördlichen Berufs- oder Gewerbeverbots ganz oder teilweise mit dem Unternehmensgegenstand des ausländischen Unternehmens übereinstimmt, kann die zuständige Stelle (→ Rn. 6) bereits deshalb nicht durchführen, weil ihr in diesem Verfahren keine Informationen zu dem Unternehmensgegenstand vorliegen.[8] Die Prüfung obliegt ausschließlich dem ersuchenden Mitglieds- oder Vertragsstaat. Er muss nach Maßgabe seines nationalen Rechts beurteilen, ob die übermittelten Informationen den Tatbestand eines Bestellungshindernisses erfüllen.[9]

11 Einzelheiten der Beantwortung eines Ersuchens regelt insbesondere Anh. 16 Durchführungs-VO (EU) 2021/1042 (→ Rn. 3a). Zu der unzutreffenden Bezugnahme in Abs. 3 → Rn. 3.

III. Ersuchen gegenüber anderen Mitgliedstaaten (Abs. 1 S. 2)

12 Abs. 1 S. 2 betrifft Ersuchen, welche die gem. Abs. 1 S. 1 zuständige Stelle – die Bundesanzeiger Verlag GmbH (→ Rn. 6) – auf Anfrage eines Registergerichts gegenüber anderen Mitgliedstaaten der EU oder anderen Vertragsstaaten des EWR-Abkommens durchführt. In der Sache geht es um die Inhabilitätsgründe nach § 6 Abs. 2 S. 3, 4 GmbHG und § 76 Abs. 3 S. 3, 4 AktG. Die Befugnis der Registergerichte, solche Anfragen zu stellen, ergibt sich aus dem Amtsermittlungsgrundsatz gem. § 26 FamFG.[10]

13 In der Anmeldung haben die Geschäftsführer bzw. die Vorstandsmitglieder gem. § 8 Abs. 3 S. 1 GmbHG bzw. § 37 Abs. 3 S. 1 AktG zu versichern, dass keine Umstände vorliegen, die ihrer Bestellung nach § 6 Abs. 2 S. 2 Nr. 2 und 3 sowie S. 3 und 4 GmbHG bzw. nach § 76 Abs. 3 S. 2 Nr. 2 und 3 sowie S. 3 und 4 AktG entgegenstehen. In Anbetracht der Tatsache, dass falsche Angaben in dieser Habilitätsversicherung sowie – bei Vorstandsmitgliedern – das Verschweigen wesentlicher Umstände strafbewährt sind (§ 82 Abs. 1 Nr. 5 GmbHG, § 399 Abs. 1 Nr. 6 AktG), gebietet der Amtsermittlungsgrundsatz (→ Rn. 12) nur ausnahmsweise eine Überprüfung der Angaben durch eine Anfrage an die zuständige Stelle (→ Rn. 6) gem. Abs. 1 S. 2, nämlich wenn das Registergericht ernstliche Zweifel an der Richtigkeit der Versicherungserklärung hat.[11] Außerdem ist an die Fälle zu denken, in denen wegen eines Bestellungshindernisses ein Amtslöschungsverfahren eingeleitet wird.[12]

---

[6] Begr. RegE DiRUG, BT-Drs. 19/28177, 91; BeckOGK/Beurskens, 1.9.2025, Rn. 8 f.

[7] Krit. J. Schmidt ZIP 2021, 120 (121); s. auch Krafka RDi 2022, 86 (89): „praktikabler Anschein einer an sich aber strukturell untauglichen Lösung".

[8] Begr. RegE DiRUG, BT-Drs. 19/28117, 91 f.

[9] Begr. RegE DiRUG, BT-Drs. 19/28117, 92.

[10] Begr. RegE DiRUG, BT-Drs. 19/28177, 90.

[11] Begr. RegE DiRUG, BT-Drs. 19/28177, 160. Beispielsfall s. etwa KG 17.3.2022, FGPrax 2022, 162.

[12] Zur Amtslöschung s. BGH 3.12.2019, NZG 2020, 145 (146); 9.3.2021, NZG 2021, 840 (841): Amtslöschung allerdings nicht erforderlich, wenn Ausscheiden aufgrund Anmeldung eingetragen werden kann; OLG Karlsruhe 23.12.2013, NZG 2014, 1238.

Der andere Mitgliedstaat der EU oder der andere Vertragsstaat des EWR-Abkommens, an den die zuständige Stelle (→ Rn. 6) das Ersuchen richtet, kann – wie in Deutschland mit Abs. 4 S. 2 geschehen (→ Rn. 9) – eine Beschränkung der Auskunft auf die Angabe gem. Art. 13i Abs. 4 S. 1 GesR-RL vorsehen. Ob eine solche Beschränkung vorliegt, muss nicht das deutsche Registergericht prüfen, bevor es der zuständigen Stelle die Anfrage übermittelt. Dem Registergericht bleibt es vielmehr unbenommen, auch die Gründe einer Disqualifikation, die bei der Beurteilung des Bestellungshindernisses hilfreich sein können, über das BRIS (→ § 9b Rn. 2) anfragen zu lassen.[13] 14

IV. Verarbeitung personenbezogener Daten (Abs. 5)

Sowohl die Beantwortung als auch die Durchführung eines Ersuchens erfordert die Verarbeitung personenbezogener Daten. Hierzu ist die zuständige Stelle gem. Abs. 5 S. 1 nach Maßgabe der DS-GVO befugt.[14] 15

Sobald und soweit die personenbezogenen Daten der betroffenen Personen nicht mehr für die Beantwortung oder Durchführung des Ersuchens erforderlich sind, hat die zuständige Stelle (→ Rn. 6) diese gem. Abs. 5 S. 2 unverzüglich zu löschen. Geht es um die Beantwortung eines Ersuchens, ist dies erst dann der Fall, wenn mit Nachfragen nicht mehr zu rechnen ist; sicher nicht mehr benötigte Teile des Datenbestandes sind allerdings bereits vorher zu löschen.[15] 16

V. Verordnungsermächtigung (Abs. 6)

Abs. 6 erweitert die Verordnungsermächtigung nach § 9a Abs. 3 dahingehend, dass auf ihrer Grundlage auch die erforderlichen Bestimmungen in Bezug auf die Beantwortung und Durchführung der Ersuchen durch die zuständige Stelle (→ Rn. 6) getroffen werden können. Von dieser erweiterten Befugnis hat das BMJ noch keinen Gebrauch gemacht.[16] 17

§ 9d Sammelstelle für das zentrale europäische Zugangsportal; Verordnungsermächtigung

(1) Die das Unternehmensregister führende Stelle ist Sammelstelle im Sinne des Artikels 2 Nummer 2 der Verordnung (EU) 2023/2859 des Europäischen Parlaments und des Rates vom 13. Dezember 2023 zur Einrichtung eines zentralen europäischen Zugangsportals für den zentralisierten Zugriff auf öffentlich verfügbare, für Finanzdienstleistungen, Kapitalmärkte und Nachhaltigkeit relevante Informationen (ABl. L, 2023/2859, 20.12.2023; L, 2024/90097, 12.2.2024), die durch die Richtlinie (EU) 2024/1760 (L, 2024/1760, 5.7.2024) geändert worden ist, für Informationen nach

1. **§ 325 Absatz 1, soweit sie nach § 325 Absatz 1 Satz 3 an das zentrale europäische Zugangsportal zu übermitteln sind,**
2. **§ 5 Absatz 1, § 40 Absatz 1, § 41 Absatz 1, § 46 Absatz 2, § 50 Absatz 1, § 51 Absatz 2, § 114 Absatz 1, § 115 Absatz 1 und § 116 Absatz 1 des Wertpapierhandelsgesetzes und**
3. **Artikel 17 Absatz 1 sowie Artikel 19 Absatz 1 der Verordnung (EU) Nr. 596/2014, sofern die Information durch einen Inlandsemittenten (§ 2 Absatz 14 des Wertpapierhandelsgesetzes) veröffentlicht wird.**

(2) [1]In Bezug auf Informationen, die an die das Unternehmensregister führende Stelle als Sammelstelle zu übermitteln sind, kann das Bundesministerium der Justiz im Einvernehmen mit dem Bundesministerium der Finanzen durch Rechtsverordnung, die nicht der Zustimmung des Bundesrates bedarf, nähere Bestimmungen zu Art, Zeitpunkt und Form der Übermittlung festlegen. [2]Dies umfasst insbesondere die zu verwendenden Dateiformate, anzugebende Metadaten sowie Vorgaben zur Identifizierung und Authentifizierung.

I. Einführung des ESAP

Auf Grundlage von Art. 1 VO (EU) 2023/2859 richtet die ESMA ein zentrales europäisches Zugangsportal – gebräuchlich ist die englische Bezeichnung als **European Single Access Point,** kurz ESAP – ein, um der Öffentlichkeit einfachen zentralisierten Zugang zu Informationen über 1

[13] Begr. RegE DiRUG, BT-Drs. 19/28177, 90.
[14] Begr. RegE DiRUG, BT-Drs. 19/28177, 92.
[15] Begr. RegE DiRUG, BT-Drs. 19/28177, 92; Hopt/Merkt Rn. 9.
[16] Begr. RegE DiRUG, BT-Drs. 19/28177, 93; Hopt/Merkt Rn. 10.

Unternehmen und ihre Produkte zu bieten, die in Bezug auf Finanzdienstleistungen, Kapitalmärkte und Nachhaltigkeit relevant sind und die Behörde und Unternehmen veröffentlichen müssen. Um das Funktionieren des ESAP zu ermöglichen, wurde durch Art. 3 Nr. 1, 2 RL (EU) 2023/2864 iVm Art. 18 RL (EU) 2023/2864 mWv 9.1.2024 Art. 21a Transparenz-RL gestrichen und Art. 23a Transparenz-RL eingefügt. Die darin niedergelegten Vorgaben setzt die mWv 10.7.2026 durch Art. 1 Nr. 1 FMStÄndG iVm Art. 15 Abs. 5 FMStÄndG[1] eingefügte Vorschrift des § 9d um.

II. Sammelstelle (Abs. 1)

2 Um das Funktionieren des ESAP zu gewährleisten, müssen die Mitgliedstaaten Sammelstellen iSd Art. 2 Nr. 2 VO (EU) 2023/2859 als solche benennen, deren Aufgabe ua darin besteht, die von den Unternehmen übermittelten Informationen zu sammeln (Art. 5 Abs. 1 S. 1 lit. a VO (EU) 2023/2859) und dem ESAP automatisch über eine zentrale Programmierschnittstelle (application programming interface – API) zur Verfügung zu stellen (Art. 5 Abs. 1 S. 1 lit. e VO (EU) 2023/2859). In Deutschland fungiert die das Unternehmensregister führende Stelle, namentlich die **Bundesanzeiger Verlag GmbH** (→ § 9a Rn. 2), als Sammelstelle iSd Art. 2 Nr. 2 VO (EU) 2023/2859.

3 Die der Sammelstelle (→ Rn. 2) in Art. 5 VO (EU) 2023/2859 zugewiesenen Aufgaben betreffen die in Abs. 1 Nr. 1–3 genannten Informationen. Hierzu zählen gem. Abs. 1 **Nr. 1** iVm § 325 Abs. 1 der festgestellte Jahresabschluss, der Lagebericht, der Bestätigungsvermerk oder der Vermerk über dessen Versagung, die Erklärungen nach § 264 Abs. 2 S. 2 und § 289 Abs. 1 S. 5, der Bericht des Aufsichtsrats und die nach § 161 AktG vorgeschriebene Erklärung von Kapitalgesellschaften, die als Inlandsemittent iSd § 2 Abs. 14 WpHG Wertpapiere iSd § 2 Abs. 1 WpHG begeben und keine Kapitalgesellschaften iSd § 327a sind. Hinzu kommen gem. Abs. 1 **Nr. 2** Informationen über den Herkunftsstaat der Emittenten (§ 5 Abs. 1 WpHG), die Beteiligungspublizität (§ 40 Abs. 1 WpHG, § 41 Abs. 1 WpHG, § 46 Abs. 2 WpHG), die Wahrnehmung von Rechten aus Wertpapieren (§ 50 Abs. 1 WpHG, § 51 Abs. 2 WpHG) und die Finanz- und Zahlungsberichte (§ 114 Abs. 1 WpHG, § 115 Abs. 1 WpHG, § 116 Abs. 1 WpHG). Abgerundet wird die Sammlung gem. Abs. 1 **Nr. 3** durch die Ad-hoc-Mitteilungen (Art. 17 Abs. 1 MAR) sowie die gemeldeten Eigengeschäfte von Führungskräften (Art. 19 Abs. 1 MAR) von Inlandsemittenten iSd § 2 Abs. 14 WpHG.

III. Verordnungsermächtigung (Abs. 2)

4 Abs. 2 S. 1 ermächtigt das BMJ, im Einvernehmen mit dem BMF eine Rechtsverordnung zu erlassen, die nicht der Zustimmung des Bundesrates bedarf. Darin können für Informationen, die an die das Unternehmensregister führende Stelle (→ § 9a Rn. 2) als Sammelstelle zu übermitteln sind (Abs. 1; → Rn. 2 f.), nähere Bestimmungen zu Art, Zeitpunkt und Form der Übermittlung festgelegt werden. Dies umfasst gem. Abs. 2 S. 2 insbesondere die zu verwendenden Dateiformate, anzugebende Metadaten sowie Vorgaben zur Identifizierung und Authentifizierung.

IV. Sukzessiver Aufbau des ESAP

5 Aufgrund des sukzessiven Aufbaus des ESAP wird Abs. 1 (→ Rn. 2 f.) durch Art. 3 Nr. 1 StoFöG iVm Art. 64 Abs. 7 StoFöG mWv **10.1.2028** neu gefasst. Weitere Änderungen sind bereits beschlossen und werden gem. Art. 4 Nr. 1–3 StoFöG iVm Art. 64 Abs. 8 StoFöG am **10.1.2030** in Kraft treten, nämlich die Neufassung von Abs. 1 (→ Rn. 2 f.), die Einführung eines neuen Abs. 2 und die Umnummerierung des bisherigen Abs. 2 (→ Rn. 4) in Abs. 3.

§ 10 Bekanntmachung der Eintragungen; Registerbekanntmachungen

(1) [1]Die Eintragungen in das Handelsregister sowie Registerbekanntmachungen nach Absatz 3 werden durch ihre erstmalige Abrufbarkeit über das nach § 9 Absatz 1 bestimmte elektronische Informations- und Kommunikationssystem bekannt gemacht. [2]§ 9 Absatz 1 Satz 4 und 5 gilt entsprechend.

(2) Die Eintragungen in das Handelsregister und die eingereichten Dokumente, die gemäß § 9 der unbeschränkten Einsichtnahme unterliegen, sind unverzüglich nach der Eintragung in das Handelsregister zum Abruf über das nach § 9 Absatz 1 bestimmte elektronische Informations- und Kommunikationssystem bereitzustellen.

[1] Gesetz für dringliche Änderungen im Finanzmarkt- und Steuerbereich vom 28.2.2025 (BGBl. 2025 I Nr. 69).

(3) Das Registergericht kann in den gesetzlich bestimmten Fällen in dem nach § 9 Absatz 1 bestimmten elektronischen Informations- und Kommunikationssystem sonstige oder zusätzliche Tatsachen bekannt machen (Registerbekanntmachungen).

(4) [1]Eine Eintragung gilt mit dem Ablauf des Tages der Eintragung und eine Registerbekanntmachung gilt mit dem Ablauf des Tages der Registerbekanntmachung als bekannt gemacht. [2]Dies gilt nicht, wenn der Nachweis erbracht wird, dass der Abruf der Eintragung oder der Registerbekanntmachung
1. bereits zu einem früheren Zeitpunkt möglich war oder
2. erstmalig erst zu einem späteren Zeitpunkt möglich war.

Schrifttum: Bock, Online-Gründung von GmbHs und veränderte Registerpublizität – der Entwurf eines Gesetzes zur Umsetzung der Digitalisierungsrichtlinie, RNotZ 2021, 326; Hamann/Halbach, Schutz des Vertrauens auf Bekanntmachungen nach der Digitalisierung des Handelsregisters. Zur Fehlertypologie als Entdeckungswerkzeug am Beispiel des § 15 HGB, ZfPW 2024, 77; Knaier, Die Digitalisierung des Gesellschaftsrechts durch den Referentenentwurf eines Gesetzes zur Umsetzung der Digitalisierungs-RL im Gesellschaftsrecht und Handelsregisterrecht (RefE-DiRUG), GmbHR 2021, 169; Lieder, Die Publizität des Handelsregisters nach dem DiRUG, DNotZ 2021, 830; Linke, Gesetz zur Umsetzung der Digitalisierungsrichtlinie (DiRUG), NZG 2021, 309; J. Schmidt, DiRUG-RefE: Ein Digitalisierungsruck für das deutsche Gesellschafts- und Registerrecht, ZIP 2021, 112.

Übersicht

I. Verhältnis von Eintragung und Bekanntmachung

1 Das Registerrecht differenziert zwischen der Eintragung in das Handelsregister einerseits und der Bekanntmachung der Eintragung – kurz Registerbekanntmachung – andererseits. Die Eintragung – auch die Löschung erfolgt durch eine Eintragung (s. zB § 19 Abs. 1 HRV) – ist mit Ausnahme der von Amts wegen vorzunehmenden Eintragungen (§§ 384, 393 ff. FamFG) das Ergebnis eines Anmeldungsverfahrens. Hiervon zu unterscheiden ist das Zugänglichmachen der Informationen für den Rechtsverkehr, die Bekanntmachung nach § 10. Diese Vorschrift ist gem. § 156 GenG auf das **Genossenschaftsregister,** sowie gem. § 707b Nr. 2 BGB und § 5 Abs. 2 PartGG entsprechend auf das **Gesellschafts- und Partnerschaftsregister** anzuwenden.

2 Im Zuge der Neufassung der Vorschrift durch Art. 1 Nr. 6 DiRUG iVm Art. 31 Abs. 1 DiRUG mWv 1.8.2022 hat die Bekanntmachung ihre Bedeutung als Nachricht über eine Eintragung („Eintragungsnachricht") verloren. Anlass hierfür war eine Änderung der unionsrechtlichen Vorgaben. Sah Art. 16 Abs. 5 GesR-RL aF die Bekanntgabe noch als gesonderten Teilakt der Publizität neben der Eintragung ausdrücklich vor (→ § 8 Rn. 14; zur Publizitäts-RL → § 15 Rn. 4), erfolgt die Offenlegung von Unterlagen und Informationen seit der Neufassung von Art. 16 GesR-RL durch Art. 1 Nr. 6 RL (EU) 2019/1151 iVm Art. 4 RL (EU) 2019/1151 mWv 31.7.2019 gem. **Art. 16 Abs. 3 S. 1 GesR-RL** dadurch, dass sie im Register öffentlich zugänglich gemacht werden. Daher bestimmt Abs. 1 S. 1, dass Eintragungen in das Handelsregister – Gleiches gilt für Registerbekanntmachungen nach Abs. 3 (→ Rn. 10 ff.) – durch ihre erstmalige Abrufbarkeit über das nach § 9 Abs. 1 bestimmte elektronische Informations- und Kommunikationssystem (→ § 9 Rn. 2 ff.) bekannt gemacht werden (→ Rn. 5 ff.). Die Formulierung lässt erkennen, dass Eintragung und Bekanntmachung nicht gleichzusetzen, sondern weiterhin voneinander zu unterscheiden sind (→ Rn. 3).[1] Geändert hat sich lediglich die Art der Bekanntmachung.

3 Die **Differenzierung zwischen Eintragung und Bekanntmachung** als dem Zugänglichmachen des Registerinhalts ist nach wie vor systematisch sachgerecht, auch wenn ein inhaltlicher Unterschied zwischen der Eintragung und der Bekanntmachung ausgeschlossen ist. Die Eintragung beendet das Eintragungsverfahren intern, die Bekanntmachung macht dem Rechtsverkehr das Ergeb-

[1] Methodologisch krit. Hamann/Halbach ZfPW 2024, 77 (82): „unausgesprochene Fiktion".

nis zugänglich. Insofern kann zwischen einem Akt im **Innenverhältnis** und der Wirkung im **Außenverhältnis** unterschieden werden.[2] Mit dem „Kunstgriff",[3] den Begriff der Bekanntmachung beizubehalten, ihm aber einen neuen Inhalt beizumessen (→ Rn. 2), vermied der Gesetzgeber die Notwendigkeit, in anderen Vorschriften den Begriff der Bekanntmachung ersetzen zu müssen.[4] Bei der Rechtsanwendung ist somit nach wie vor zwischen Eintragung und Bekanntmachung zu unterscheiden, dabei aber der **geänderte Inhalt des Begriffs der Bekanntmachung** zu berücksichtigen. Die **Publizitätswirkungen** des § 15 knüpfen an die Eintragung und Bekanntmachung einer Tatsache an. Auch andere Tatbestände (zB § 25 Abs. 2, § 28 Abs. 2) verlangen nicht nur die Eintragung, sondern auch die Bekanntmachung der Tatsache, um eine bestimmte Rechtsfolge eintreten zu lassen.

4 Von der Bekanntmachung sind sog. **Eintragungsmitteilungen** zu unterscheiden, die gem. § 383 Abs. 1 FamFG die Beteiligten erhalten. Zu den Anforderungen → § 8 Rn. 123. Die Mitteilung ermöglicht dem Antragsteller, die Richtigkeit der Eintragung und Bekanntmachung alsbald zu prüfen, damit er die Berichtigung von Fehlern veranlassen und somit mögliche Schädigungen verhüten kann.[5] Eine **Amtshaftung** gem. § 839 Abs. 1 S. 1 BGB iVm Art. 34 S. 1 GG wegen unrichtiger Eintragung tritt gem. § 839 Abs. 3 BGB nicht ein, wenn der Verletzte es vorsätzlich oder fahrlässig unterlassen hat, den Schaden durch Gebrauch eines Rechtsmittels abzuwenden. Rechtsmittel in diesem Sinne ist auch ein Hinweis auf die Veröffentlichung.[6]

II. Bekanntmachung (Abs. 1, 2, 4)

5 **1. Tatbestand der Bekanntmachung (Abs. 1).** Eintragungen in das Handelsregister – Gleiches gilt für Registerbekanntmachungen nach Abs. 3 (→ Rn. 10 ff.) – werden gem. Abs. 1 S. 1 durch ihre erstmalige Abrufbarkeit über das nach § 9 Abs. 1 bestimmte elektronische Informations- und Kommunikationssystem, namentlich das gemeinsame Registerportal der Länder (Abs. 1 S. 2 iVm § 9 Abs. 1 S. 4), bekannt gemacht. Maßgeblich für die Bekanntmachung ist damit die Möglichkeit der Einsichtnahme durch den Rechtsverkehr.[7] Die bloß interne Abrufmöglichkeit durch das Registergericht, die Justizverwaltungen oder das Wartungspersonal genügt für die Bekanntgabe gem. Abs. 1 S. 1 nicht.[8]

6 **2. Verpflichtung zur unverzüglichen Bereitstellung (Abs. 2).** Um den Zeitraum zwischen der Eintragung in der Bekanntmachung zu minimieren, bestimmen Abs. 2 sowie § 32 HRV, dass die Eintragungen in das Handelsregister und die eingereichten Dokumente, die gem. § 9 der unbeschränkten Einsichtnahme unterliegen (→ § 9 Rn. 2 ff.), unverzüglich nach der Eintragung in das Handelsregister zum Abruf über das nach § 9 Abs. 1 S. 2 bestimmte elektronische Informations- und Kommunikationssystem, namentlich das gemeinsame Registerportal der Länder, bereitzustellen sind. Adressaten des Abs. 2 sind die Registergerichte, welche die Eintragungen und die eingereichten Dokumente speichern müssen, sowie die Landesjustizverwaltungen, welche die Abrufbarkeit über das gemeinsame Registerportal der Länder gewährleisten müssen.[9]

7 **3. Zeitpunkt der erstmaligen Abrufbarkeit (Abs. 4).** Abs. 4 S. 1 enthält eine für den Rechtsverkehr praktikable Regelung zum Zeitpunkt der erstmaligen Abrufbarkeit in Form einer **widerleglichen Vermutung,**[10] nicht hingegen zum Ob der Bekanntmachung.[11] Die Tatsache, dass die Vermutung des Abs. 4 S. 1 widerleglich ausgestaltet wurde, beruht auf Art. 16 Abs. 5 UAbs. 1 GesR-RL, wonach Dritten Urkunden und Informationen erst nach der Offenlegung entgegengehalten werden dürfen. Dem Dritten muss also – wie in Abs. 4 S. 2 Nr. 2 vorgesehen – der Nachweis einer späteren Bekanntmachung möglich bleiben.[12]

---

[2] So Staub/Koch/Harnos Rn. 8.

[3] Hamann/Halbach ZfPW 2024, 77; J. Schmidt ZIP 2021, 112 (118).

[4] Den legislatorischen Vorteil begrüßen Bock RNotZ 2021, 326 (335); Knaier GmbHR 2021, 169 (181); Lieder DNotZ 2021, 830 (832); Linke NZG 2021, 309 (312); J. Schmidt ZIP 2021, 112 (118).

[5] MüKoHGB/Krafka Rn. 19; Ebenroth/Boujong/Schaub Rn. 16; s. auch RG 26.10.1932, RGZ 138, 113 (116).

[6] MüKoHGB/Krafka Rn. 20.

[7] Deckenbrock/Sossna JuS 2024, 115.

[8] BeckOGK/Beurskens, 1.9.2025, Rn. 9.

[9] Begr. RegE DiRUG, BT-Drs. 18/28177, 94.

[10] Hamann/Halbach ZfPW 2024, 77 (93); Staub/Koch/Harnos Rn. 18; unklar Bock RNotZ 2021, 326 (335): widerlegliche Fiktion.

[11] Hamann/Halbach ZfPW 2024, 77 (92).

[12] Begr. RegE DiRUG, BT-Drs. 18/28177, 95.

Gemäß § 10 Abs. 4 S. 1 wird vermutet, dass eine Eintragung **mit dem Ablauf des Tages**[13] **der Eintragung** erstmalig abrufbar war. Tag der Eintragung ist der Tag, an dem die Handelsregistereintragung nach § 8a Abs. 1 wirksam wird (→ § 8a Rn. 2). Dieses Datum ist gem. § 27 Abs. 4 HRV mit der Eintragung im Handelsregister zu vermerken.[14] Wer behauptet, dass der Abruf der Eintragung bereits zu einem früheren Zeitpunkt möglich war (Abs. 4 S. 2 Nr. 1; → Rn. 9) oder erstmalig erst zu einem späteren Zeitpunkt möglich war (Abs. 4 S. 2 Nr. 2; → Rn. 9a), muss dies darlegen und im Streitfall beweisen. Diese **Verteilung der Darlegungs- und Beweislast** ergibt sich aus dem gewählten Instrument der widerleglichen Vermutung. **8**

Zu dem durch **Abs. 4 S. 2 Nr. 1** eröffneten Nachweis, dass der Abruf der Eintragung bereits zu einem früheren als dem gem. Abs. 4 S. 1 vermuteten Zeitpunkt möglich war, kann insbesondere ein Handelsregisterausdruck vom Tag der Eintragung herangezogen werden, der den genauen Abrufzeitpunkt dokumentiert.[15] Das Bedürfnis, sich auf einen Abrufzeitpunkt früher als vor Ablauf des Tages der Eintragung zu berufen, dürfte sich in der Praxis nicht ergeben. **9**

Der gem. **Abs. 4 S. 2 Nr. 2** zulässige Nachweis, dass der Abruf der Eintragung erstmalig erst zu einem späteren als dem gem. Abs. 4 S. 1 vermuteten Zeitpunkt möglich war, ist deshalb schwierig zu führen, weil alle Nachweise, die sich auf Folgetage beziehen, nichts darüber besagen, dass die Eintragung nicht bis zum Ablauf des Eintragungstages erstmalig abrufbar war. Ebenso erbringt ein unmittelbar vor Ablauf des Tages der Eintragung erstellter Handelsregisterausdruck, der die Eintragung noch nicht ausweist, keinen Beweis, dass der Abruf noch nicht erstmalig an diesem Tag möglich war.[16] Sollte eine elektronische Aufzeichnung des genauen Zeitpunkts der erstmaligen Abrufbarkeit nach § 27 Abs. 5 HRV vorliegen, kann jedenfalls diese als Nachweis dienen;[17] im Übrigen verweist die Gesetzesbegründung auf „Informationen darüber, wann aus technischen Gründen ein Abruf von Daten aus dem jeweiligen Handelsregister über das gemeinsame Registerportal nicht möglich war".[18] **9a**

III. Registerbekanntmachungen (Abs. 3)

Zahlreiche Vorschriften sehen – mit geringfügig abweichenden Formulierungen – vor, dass Gläubiger in einer Bekanntmachung zu einer Eintragung auf situationsbezogene Rechte hinzuweisen sind, zB § 225 Abs. 1 S. 2 AktG, § 233 Abs. 2 S. 4 AktG, § 303 Abs. 1 S. 2 AktG, § 321 Abs. 1 S. 2 AktG, § 58d Abs. 2 S. 4 GmbHG und § 22 Abs. 1 S. 3 UmwG. Weitere Vorschriften bestimmen, dass das (Register-)Gericht einen Hinweis bekanntmachen soll, wenn bestimmte Listen oder Urkunden zum Handelsregister eingereicht worden sind, zB § 106 Hs. 2 AktG, § 52 Abs. 3 S. 2 Hs. 2 GmbHG, § 61 S. 2 UmwG, § 111 S. 2 UmwG, § 4 Abs. 1 Hs. 1 EWIVAG. Diese Registerbekanntmachungen erfolgen gem. Abs. 3 über das elektronische Informations- und Kommunikationssystem, namentlich das gemeinsame Registerportal der Länder. **10**

Registerbekanntmachungen werden gem. § 33 Abs. 2 S. 1 HRV entweder von dem Richter selbst vorgenommen oder der Richter verfügt die Vornahme durch einen Urkundsbeamten der Geschäftsstelle, der die Registerbekanntmachung dann für den Richter vornimmt. Registerbekanntmachungen sind gem. § 33 Abs. 5 S. 1 HRV möglichst nach dem Muster in Anlage 3 HRV abzufassen. Sie sollen gem. § 33 Abs. 3 HRV knapp gefasst und leicht verständlich sein. **10a**

In den gesetzlich bestimmten Fällen (→ Rn. 10) werden die Registerbekanntmachungen gem. § 33 Abs. 1 HRV in dem von der Landesjustizverwaltung nach § 9 Abs. 1 S. 2 bestimmten elektronischen Informations- und Kommunikationssystem, namentlich das gemeinsame Registerportal der Länder, in der zeitlichen Folge ihrer Bekanntmachungen für jedes Registerblatt gesondert als Veröffentlichung zum Abruf bereitgestellt. Gemäß § 33 Abs. 5 S. 2 HRV ist der **Tag der Registerbekanntmachung** beizufügen. Dieser ist nicht identisch mit dem Tag der Bekanntmachung iSd § 10 Abs. 1 S. 1, also der erstmaligen Abrufbarkeit der Registerbekanntmachung über das elektronische Register. Er entspricht dem Tag der Eintragung, der gem. § 27 Abs. 4 HRV bei der Handelsregistereintragung anzugeben ist.[19] Es muss also differenziert werden zwischen dem Tag der Registerbekanntmachung als dem Tag der Vornahme einerseits und der Bekanntmachung der Registerbekanntmachung im Sinne der Abrufbarkeit der Registerbekanntmachung andererseits.[20] Die Vornahme ist **11**

---

[13] Krit. Bock RNotZ 2021, 326 (335).
[14] Begr. RegE DiRUG, BT-Drs. 18/28177, 95, Lieder DNotZ 2021, 830 (833).
[15] Begr. RegE DiRUG, BT-Drs. 19/28177, 95.
[16] Begr. RegE DiRUG, BT-Drs. 19/28177, 95; krit. BeckOGK/Beurskens, 1.9.2025, Rn. 41.
[17] Hamann/Halbach ZfPW 2024, 77 (93).
[18] Begr. RegE DiRUG, BT-Drs. 19/28177, 95.
[19] Begr. RegE DiRUG, BT-Drs. 19/28177, 139.
[20] Die unglückliche Doppelung des Begriffs „Bekanntmachung" (mit jeweils unterschiedlicher Bedeutung) kritisieren mit Recht Staub/Koch/Harnos Rn. 10.

ein noch interner Akt; Wirkung nach außen entfaltet die Registerbekanntmachung gem. Abs. 1 S. 1 erst mit ihrer Abrufbarkeit.

12 Registerbekanntmachungen gelten gem. Abs. 4 S. 1 mit dem Ablauf des Tages der Registerbekanntmachung bekannt gemacht. Zu dem Tag der Registerbekanntmachung → Rn. 11. Für die Widerlegung dieser Vermutung gelten dieselben Grundsätze wie für die Bekanntgabe von Eintragungen in das Handelsregister (→ Rn. 7 ff.).

§ 10a Anwendung der Verordnung (EU) 2016/679

(1) [1]Das Auskunftsrecht nach Artikel 15 Absatz 1 und das Recht auf Erhalt einer Kopie nach Artikel 15 Absatz 3 der Verordnung (EU) 2016/679 des Europäischen Parlaments und des Rates vom 27. April 2016 zum Schutz natürlicher Personen bei der Verarbeitung personenbezogener Daten, zum freien Datenverkehr und zur Aufhebung der Richtlinie 95/46/EG (Datenschutz-Grundverordnung) (ABl. L 119 vom 4.5.2016, S. 1; L 314 vom 22.11.2016, S. 72) wird dadurch erfüllt, dass die betroffene Person Einsicht in das Handelsregister und in die zum Handelsregister eingereichten Dokumente nehmen kann. [2]Eine Information der betroffenen Person über konkrete Empfänger, gegenüber denen die im Register, in Registerbekanntmachungen oder in zum Register einzureichenden Dokumenten enthaltenen personenbezogenen Daten offengelegt werden, erfolgt nicht.

(2) Hinsichtlich der im Handelsregister, in Registerbekanntmachungen oder in zum Handelsregister einzureichenden Dokumenten enthaltenen personenbezogenen Daten kann das Recht auf Berichtigung nach Artikel 16 der Verordnung (EU) 2016/679 nur unter den Voraussetzungen ausgeübt werden, die in den §§ 393 bis 395 und §§ 397 bis 399 des Gesetzes über das Verfahren in Familiensachen und in den Angelegenheiten der Freiwilligen Gerichtsbarkeit sowie der Rechtsverordnung nach § 387 Absatz 2 des Gesetzes über das Verfahren in Familiensachen und in den Angelegenheiten der Freiwilligen Gerichtsbarkeit für eine Löschung oder Berichtigung vorgesehen sind.

(3) Das Widerspruchsrecht gemäß Artikel 21 der Verordnung (EU) 2016/679 findet in Bezug auf die im Handelsregister, in Registerbekanntmachungen oder in zum Handelsregister einzureichenden Dokumenten enthaltenen personenbezogenen Daten keine Anwendung.

Schrifttum: Kögel, Publizitätsbeschränkung durch den EuGH – kommt das Handelsregister in einen Datenschutzkonflikt?, Rpfleger 2023, 265; Wachter, Veröffentlichung von Geburtsdatum und Wohnort eines GmbH-Geschäftsführers im Handelsregister. Zugleich Besprechung zu OLG Celle, Beschl. v. 24.2.2023 – 9 W 16/23, GmbHR 2023, 610, GmbHR 2023, 593; Weichert, Registerpublizität und Datenschutz. Rechtssicherheit ohne Risiken für Identitätsdiebstahl, ZGI 2023, 11.

Übersicht

I. Allgemeines

1 Die Vorschrift wurde durch Art. 7 Nr. 1 Gesetz zur Änderung des Bundesversorgungsgesetzes und anderer Vorschriften vom 17.7.2017 (BGBl. 2017 I 2541) iVm Art. 31 Abs. 4 Gesetz vom 17.7.2017 mWv 25.5.2018 in das Registerrecht des HGB eingefügt. Anlässlich der Neukonzeption des Bekanntmachungswesens wurde sie durch Art. 1 Nr. 7 DiRUG iVm Art. 31 Abs. 1 DiRUG mWv 1.8.2022 punktuell geändert.[1] Die Vorschrift stimmt das Auskunftsrecht gem. Art. 15 Abs. 1 DS-GVO, das Recht auf Erhalt einer Kopie gem. Art. 15 Abs. 3 DS-GVO, das Recht auf Berichtigung gem. Art. 16 DS-GVO sowie das Widerspruchsrecht gem. Art. 21 DS-GVO auf die Gegeben-

[1] Begr. RegE DiRUG, BT-Drs. 19/28177, 95.

heiten des elektronischen Registersystems ab und sichert dadurch die Konformität der registerrechtlichen Anforderungen mit den Anforderungen der DS-GVO ab. Für vergleichbare Regelungen betreffend andere Rechte (zB das Recht auf Löschung gem. Art. 17 Abs. 1 DS-GVO; → Rn. 8 ff.) sah der deutsche Gesetzgeber keinen Bedarf.[2]

Die Vorschrift findet gem. § 156 GenG für das Genossenschaftsregister Anwendung. Außerdem ist sie gem. § 707b Nr. 2 BGB und § 5 Abs. 2 PartGG entsprechend auf das Gesellschafts- und Partnerschaftsregister anzuwenden. 1a

Aufgrund der Tatsache, dass das Handelsregister gem. § 8 Abs. 1 elektronisch geführt wird (→ § 8 Rn. 78 ff.), werden sowohl im Rahmen von Anmeldeverfahren als auch im Rahmen von Amtsverfahren personenbezogene Daten iSd Art. 4 Nr. 1 DS-GVO (zB § 106 Abs. 2 Nr. 2 lit. a) ganz oder teilweise automatisiert verarbeitet mit der Folge, dass der sachliche Anwendungsbereich der DS-GVO gem. Art. 2 Abs. 1 DS-GVO eröffnet ist. Beschränkungen der in der DS-GVO vorgesehenen Rechte durch gesetzliche Regelungen, wie sie in Abs. 1 (→ Rn. 3 f.), Abs. 2 (→ Rn. 5 f.) und Abs. 3 (→ Rn. 7) getroffen werden, lässt Art. 23 DS-GVO ausdrücklich zu. Die Beschränkung muss allerdings eines der im Katalog des Art. 23 Abs. 1 DS-GVO genannten legitimen Ziele verfolgen, den Wesensgehalt der Grundrechte – in erster Linie Art. 8 GRCh (Schutz personenbezogener Daten) – und Grundfreiheiten achten sowie notwendig und verhältnismäßig sein. Die Regelungen in Abs. 1 (→ Rn. 3 f.), Abs. 2 (→ Rn. 5 f.) und Abs. 3 (→ Rn. 7) dienen dem Schutz sonstiger wichtiger Ziele des allgemeinen öffentlichen Interesses iSd Art. 23 Abs. 1 lit. e DS-GVO, insbesondere eines wichtigen wirtschaftlichen Interesses der Union und der Mitgliedstaaten, nämlich der Funktionsfähigkeit und Verlässlichkeit des Handelsregisters für die Sicherheit und Leichtigkeit des kaufmännischen Rechtsverkehrs.[3] Die Legitimität dieses Schutzziels ergibt sich ua aus den Publizitätsanforderungen des Unionsrechts (→ § 8 Rn. 13 ff.) und findet Bestätigung in Erwägungsgrund 73 DS-GVO, der das Führen öffentlicher Register aus Gründen des allgemeinen öffentlichen Interesses explizit erwähnt.[4] 2

II. Einzelne Beschränkungen der DS-GVO-Rechte

1. Auskunftsrecht und Recht auf Erhalt einer Kopie nach Art. 15 Abs. 1, 3 DS-GVO (Abs. 1). Gemäß Abs. 1 S. 1 werden das Auskunftsrecht gem. Art. 15 Abs. 1 DS-GVO und das Recht auf Erhalt einer Kopie gem. Art. 15 Abs. 3 DS-GVO dadurch erfüllt, dass die betroffene Person Einsicht in das Handelsregister und die zum Handelsregister eingereichten Dokumente nehmen kann. Die Rechtsfolge erschöpft sich nicht in einem Ausschluss der Rechte aus Art. 15 Abs. 1 und 3 DS-GVO, sondern substituiert diese durch das Recht auf Einsichtnahme in das Handelsregister sowie die zum Handelsregister eingereichten Dokumente gem. § 9 Abs. 1 S. 1 (→ § 9 Rn. 2 ff.). Die Tatsache, dass Abs. 1 S. 1 – im Unterschied zu Abs. 1 S. 2 (→ Rn. 4) – Registerbekanntmachungen iSd § 10 Abs. 3 (→ § 10 Rn. 10 ff.) nicht erwähnt, dürfte auf einem Redaktionsversehen beruhen.[5] Für sie gilt Abs. 1 S. 1 jedenfalls entsprechend. Anderes gilt für das ebenfalls nicht erwähnte Recht nach § 9 Abs. 4 S. 1 und 2 auf einen Ausdruck bzw. eine Abschrift (→ § 9 Rn. 11 ff.), da jeder, der Einsicht in das elektronische Registerblatt nimmt, gem. § 10 Abs. 2 S. 1 HRV selbst einen aktuellen oder chronologischen Ausdruck fertigen kann. 3

Abs. 1 S. 2 schränkt das Auskunftsrecht nach Art. 15 Abs. 1 DS-GVO dahingehend ein, dass die betroffene Person entgegen Art. 15 Abs. 1 lit. c DS-GVO von dem Verantwortlichen iSd Art. 4 Nr. 7 DS-GVO keine Information über konkrete Empfängerverlangen kann, gegenüber denen die im Register, in Registerbekanntmachungen oder in zum Register einzureichenden Dokumenten enthaltenen personenbezogenen Daten iSd Art. 4 Nr. 1 DS-GVO offengelegt wurden. Damit wird dem Umstand Rechnung getragen, dass Auskünfte über sämtliche Nutzer des Registers, die Informationen abgerufen haben, schon rein praktisch nicht gegeben werden können.[6] Ansonsten ergibt sich die Beschränkung aus dem Gegenstand des Einsichtsrechts nach § 9 Abs. 1 S. 1 (→ § 9 Rn. 2 ff.), das den Katalog der zu gewährenden Informationen nach Art. 15 Abs. 1 lit. a–h DS-GVO nicht vollumfänglich abdeckt. 4

---

[2] Beschlussempfehlung und Bericht des Ausschusses für Wirtschaft und Soziales zum BVG-ÄndG, BT-Drs. 18/12611, 69.

[3] **AA** Weichert ZGI 2023, 11 (18).

[4] Beschlussempfehlung und Bericht des Ausschusses für Wirtschaft und Soziales zum BVG-ÄndG, BT-Drs. 18/12611, 67.

[5] Staub/Koch/Harnos Rn. 12.

[6] Beschlussempfehlung und Bericht des Ausschusses für Wirtschaft und Soziales zum BVG-ÄndG, BT-Drs. 18/12611, 68; Staub/Koch/Harnos Rn. 13.

5 **2. Recht auf Berichtigung nach Art. 16 DS-GVO (Abs. 2).** Das Recht auf Berichtigung nach Art. 16 DS-GVO hinsichtlich der im Handelsregister, in Registerbekanntmachungen und in zum Handelsregister einzureichenden Dokumenten enthaltenen personenbezogenen Daten iSd Art. 4 Nr. 1 DS-GVO kann gem. Abs. 2 nur unter den Voraussetzungen und Verfahrensregeln der registerrechtlichen Löschungsverfahren (§ 393 FamFG, → § 8 Rn. 154 ff.; § 394 FamFG, → § 8 Rn. 157 ff.; § 395 FamFG, → § 8 Rn. 148 ff.; § 397 FamFG, → § 8 Rn. 160; § 398 FamFG, → § 8 Rn. 161 f.), des Auflösungsverfahrens nach § 399 FamFG sowie der HRV ausgeübt werden. Insbesondere können hiernach Berichtigungen offensichtlicher Unrichtigkeiten (zB Schreibfehler) gem. § 17 HRV durch den Registerrichter oder auf Anordnung des Richters erfolgen.[7] Hintergrund ist die Publizitätswirkung des Registers, die bei Erfüllung eines Berichtigungsanspruchs nicht beeinträchtigt werden soll.[8]

6 Eine Beschränkung des Rechts auf Berichtigung nach Art. 16 DS-GVO ergibt sich nicht zuletzt aus der Art und Weise, wie Änderungen, Löschungen und Berichtigungen im Handelsregister vollzogen werden. Änderungen und Löschungen erfolgen nach Maßgabe des § 16 HRV, sodass der Tatbestand der Änderung oder Löschung transparent bleibt. Auch einfache Berichtigungen nach § 17 HRV sind nach § 17 Abs. 1 S. 2 HRV kenntlich zu machen. Ein rückstandloses Löschen in Erfüllung des datenschutzrechtlichen Berichtigungsanspruchs ist wegen der Publizitätswirkungen des Registers ausgeschlossen.[9]

7 **3. Widerspruchsrecht gem. Art. 21 DS-GVO (Abs. 3).** Die Verarbeitung der im Handelsregister, in Registerbekanntmachungen iSd § 10 Abs. 3 (→ § 10 Rn. 10 ff.) und in den zum Handelsregister einzureichenden Dokumenten enthaltenen personenbezogenen Daten iSd Art. 4 Nr. 1 DS-GVO erfolgt ohne Einwilligung des Betroffenen rechtmäßig, weil die Bedingungen des Art. 6 Abs. 1 lit. e DS-GVO (Wahrnehmung im öffentlichen Interesse oder in Ausübung öffentlicher Gewalt) und des Art. 6 Abs. 1 lit. f DS-GVO (zur Wahrung berechtigter Interessen des Verantwortlichen oder eines Dritten) erfüllt sind. Das Recht der betroffenen Personen, Widerspruch einzulegen (Art. 21 Abs. 1 S. 1 Hs. 1 DS-GVO), schließt Abs. 3 aus, weil es mit den Publizitätsanforderungen des öffentlichen Registers konfligiert.[10]

III. Weitere Rechte aus der DS-GVO

8 **1. Recht auf Löschung nach Art. 17 DS-GVO.** Für das Recht der betroffenen Personen iSd Art. 4 Nr. 1 DS-GVO aus Art. 17 Abs. 1 DS-GVO, von dem Verantwortlichen iSd Art. 4 Nr. 7 DS-GVO die unverzügliche Löschung der sie betreffenden personenbezogenen Daten iSd Art. 4 Nr. 1 DS-GVO zu verlangen, enthält das HGB keine Abs. 1 (→ Rn. 3 f.), Abs. 2 (→ Rn. 5 f.) oder Abs. 3 (→ Rn. 7) vergleichbare Beschränkung. Gleichwohl haben die Gesellschafter einer Personenhandelsgesellschaft sowie die Gesellschafter und Geschäftsführer einer GmbH keinen Anspruch auf Löschung ihres **Geburtsdatums** und ihres **Wohnorts** im Handelsregister bzw. in der Gesellschafterliste. Dieser ist jedenfalls durch Art. 17 Abs. 3 lit. b Fall 1 DS-GVO ausgeschlossen,[11] da die Verarbeitung zur Erfüllung mehrerer rechtlicher Verpflichtungen erforderlich ist, die ein im öffentlichen Interesse liegendes Ziel iSd Art. 6 Abs. 3 S. 2, 4 DS-GVO verfolgen, nämlich die Sicherheit, Lauterkeit und Leichtigkeit des Rechtsverkehrs im kaufmännischen und handelsgesellschaftsrechtlichen Bereich.[12] Zum einen sind das Geburtsdatum und der Wohnort von natürlichen Personen gem. § 106 Abs. 2 Nr. 2 lit. a ggf. iVm § 162 Abs. 1 (→ § 106 Rn. 26, → § 162 Rn. 7), § 8 Abs. 1 Nr. 1 oder 2 GmbHG bzw. § 39 Abs. 1 GmbHG iVm § 24 Abs. 1 HRV oder – dies gilt für den Wohnort der Geschäftsführer der GmbH – gewohnheitsrechtlich[13] zur Eintragung in das Handelsregister anzumelden und gem. § 40 Nr. 5 lit. c HRV in Abteilung A Spalte 5 bzw. gem. § 43 Nr. 4 S. 1 lit. a HRV in Abteilung B Spalte 4 lit. a einzutragen. Zum anderen müssen die Angaben gegenüber

[7] Beschlussempfehlung und Bericht des Ausschusses für Wirtschaft und Soziales zum BVG-ÄndG, BT-Drs. 18/12611, 68; Staub/Koch/Harnos Rn. 15; Hopt/Merkt Rn. 3; BeckOK HGB/Müther, 49. Ed. 1.1.2026, Rn. 3.

[8] Beschlussempfehlung und Bericht des Ausschusses für Wirtschaft und Soziales zum BVG-ÄndG, BT-Drs. 18/12611, 68; Staub/Koch/Harnos Rn. 14.

[9] Beschlussempfehlung und Bericht des Ausschusses für Wirtschaft und Soziales zum BVG-ÄndG, BT-Drs. 18/12611, 68.

[10] Beschlussempfehlung und Bericht des Ausschusses für Wirtschaft und Soziales zum BVG-ÄndG, BT-Drs. 18/12611, 68; Krafka RegisterR Rn. 74a; BeckOK HGB/Müther, 49. Ed. 1.1.2026, Rn. 4.

[11] BGH 23.1.2024, BGHZ 239, 253 Rn. 12, 17 = NJW 2024, 1577; 23.1.2024, BGHZ 239, 222 Rn. 12, 17 = FGPrax 2024, 109; OLG München 25.4.2024, NZG 2024, 1090 Rn. 11; OLG Celle 24.2.2023, FGPrax 2023, 111; OLG Naumburg 11.1.2023, NZG 2023, 711 Rn. 12; Wollenschläger NZG 2023, 690.

[12] BGH 23.1.2024, BGHZ 239, 253 Rn. 28 = NJW 2024, 1577; 23.1.2024, BGHZ 239, 222 Rn. 25 = FGPrax 2024, 109; krit. Kögel Rpfleger 2023, 265 (267 f.).

[13] Statt vieler BGH 23.1.2024, BGHZ 239, 253 Rn. 20 ff. mwN = NJW 2024, 1577.

jedermann, der sein Einsichtsrecht gem. § 9 Abs. 1 S. 1 (→ § 9 Rn. 2 ff.) geltend macht, offengelegt werden.

Das **Recht auf informationelle Selbstbestimmung** (Art. 2 Abs. 1 GG iVm Art. 1 Abs. 1 GG) verleiht den betroffenen Personen ebenfalls keinen Anspruch auf Löschung ihrer im Handelsregister oder der Gesellschafterleiste eingetragenen persönlichen Daten (zB Geburtsdatum, Wohnanschrift).[14] Der Eingriff ist aufgrund der Funktionen des Handelsregisters, nämlich die Sicherheit, Lauterkeit und Leichtigkeit des Rechtsverkehrs im kaufmännischen und handelsgesellschaftsrechtlichen Bereich zu gewährleisten, verfassungsrechtlich gerechtfertigt.[15] 9

Enthält ein Dokument in dem Registerordner sog. **überobligatorische Daten** (zB die private Wohnanschrift oder die Unterschrift eines Gesellschafters), kann die betroffene Person nach Art. 17 Abs. 1 lit. b DS-GVO deren Löschung verlangen,[16] wenn sie ihre Einwilligung wiederrufen hat oder diese konkludent mit dem Antrag auf Löschung widerruft.[17] Insoweit ist das Recht auf Löschung nicht gem. Art. 17 Abs. 3 lit. b Fall 1 DS-GVO ausgeschlossen, da insbesondere § 9 Abs. 1 S. 1 keine Pflicht begründet, auch überobligatorische Daten zu speichern und zugänglich zu machen.[18] Dem Anspruch kann lediglich im Einzelfall der Einwand missbräuchlichen Verhaltens entgegengesetzt werden. Hierfür muss sich aus einer Gesamtwürdigung der objektiven Umstände ergeben, dass durch eine Gewährung des Rechts auf Löschung das Ziel des Art. 17 DS-GVO nicht erreicht wird.[19] Allein die Tatsache, dass die Daten sich auch aus Dokumenten ergeben, die sich in den Registerordnern anderer Gesellschaften befinden, genügt nicht.[20] Der autonom auszulegende Begriff der Löschung ist nicht darauf beschränkt, dass Daten aus Dokumenten eines bereits vorhandenen Datenbestands entfernt werden, sondern umfasst auch den Austausch der vorhandenen Dokumente gegen solche, welche die betreffenden Daten nicht mehr enthalten.[21] 10

2. Recht auf Einschränkung der Offenlegung nach Art. 18 DS-GVO. Von der Löschung, dh auf Unkenntlichmachung der personenbezogenen Daten in einer Weise, die es tatsächlich unmöglich macht, die zuvor in den zu löschenden Daten verkörperte Information wahrzunehmen,[22] ist eine bloße Beschränkung der Offenlegung zu unterscheiden. Dieses Recht nach Art. 18 Abs. 1 lit. d DS-GVO steht den Gesellschafter einer Personenhandelsgesellschaft deshalb nicht zu,[23] weil sie der Verarbeitung ihrer personenbezogenen Daten iSd Art. 4 Nr. 1 DS-GVO (zB Geburtsdatum, Wohnort) in Gestalt der Offenlegung gem. § 9 Abs. 1 S. 1 nicht widersprechen können.[24] Zum einen sind die Voraussetzungen des Widerspruchrechts gem. Art. 21 Abs. 1 S. 1 DS-GVO iVm Art. 6 Abs. 1 UAbs. 1 lit. e oder f DS-GVO nicht erfüllt. Die Verarbeitung der Daten ist durch Art. 6 Abs. 1 UAbs. 1 lit. c DS-GVO legitimiert.[25] Zum anderen schließt Abs. 3 das Widerrufsrecht aus (→ Rn. 7).[26] 11

§ 11 Offenlegung in der Amtssprache eines Mitgliedstaats der Europäischen Union

(1) [1]Die zum Handelsregister einzureichenden Dokumente sowie der Inhalt einer Eintragung können zusätzlich in jeder Amtssprache eines Mitgliedstaats der Europäischen Union übermittelt werden. [2]Auf die Übersetzungen ist in geeigneter Weise hinzuweisen. [3]§ 9 ist entsprechend anwendbar.

---

[14] IErg auch OLG Naumburg 11.1.2023, NZG 2023, 711 Rn. 15 f.
[15] Wollenschläger NZG 2023, 690 (691).
[16] BGH 18.2.2026, NZG 2026, 571; **aA** OLG München 25.4.2024, NZG 2024, 1090 Rn. 14.
[17] BGH 18.2.2026, NZG 2026, 571 Rn. 23.
[18] BGH 18.2.2026, NZG 2026, 571 Rn. 31.
[19] BGH 18.2.2026, NZG 2026, 571 Rn. 13.
[20] BGH 18.2.2026, NZG 2026, 571 Rn. 11.
[21] BGH 18.2.2026, NZG 2026, 571 Rn. 20. Zu dem Vollzug des Austauschs von Dokumenten nach § 9 Abs. 7 HRV s. Wollenschläger NZG 2023, 690 (693 f.).
[22] BGH 23.1.2024, BGHZ 239, 253 Rn. 16 = NJW 2024, 1577; 23.1.2024, BGHZ 239, 222 Rn. 16 = FGPrax 2024, 109.
[23] BGH 23.1.2024, BGHZ 239, 253 Rn. 75 f. = NJW 2024, 1577; 23.1.2024, BGHZ 239, 222 Rn. 74 f. = FGPrax 2024, 109; iErg auch OLG München 25.4.2024, NZG 2024, 1090 Rn. 13 unter Hinweis auf Art. 18 Abs. 2 DS-GVO.
[24] IErg auch OLG München 25.4.2024, NZG 2024, 1090 Rn. 13; Weichert ZGI 2023, 11 (14); Wollenschläger NZG 2023, 690 (691), jeweils unter Hinweis auf § 10a Abs. 3.
[25] BGH 23.1.2024, BGHZ 239, 253 Rn. 80 = NJW 2024, 1577; 23.1.2024, BGHZ 239, 222 Rn. 79 = FGPrax 2024, 109.
[26] OLG Celle 24.2.2023, FGPrax 2023, 111; zust. Wachter GmbHR 2023, 593 Rn. 13.

(2) Im Fall der Abweichung der Originalfassung von einer eingereichten Übersetzung kann letztere einem Dritten nicht entgegengehalten werden; dieser kann sich jedoch auf die eingereichte Übersetzung berufen, es sei denn, der Eingetragene weist nach, dass dem Dritten die Originalfassung bekannt war.

Schrifttum: Nedden-Boeger, Das neue Registerrecht, FGPrax 2007, 1.

I. Allgemeines

1 Die Vorschrift eröffnet den Eingetragenen in Abs. 1 S. 1 die Möglichkeit, die zum Handelsregister einzureichenden Dokumente sowie den Inhalt der Eintragung nicht nur in deutscher Sprache, sondern kumulativ auch in jeder Amtssprache eines Mitgliedstaats der EU zu übermitteln (→ Rn. 4). Diese Regelung dient der **Umsetzung von Art. 21 Abs. 2 UAbs. 1, 3, Abs. 3–5 GesR-RL.**

2 Der personelle Anwendungsbereich der Vorschrift geht insoweit über Art. 21 GesR-RL (→ Rn. 1) hinaus, als sie nicht nur für in Anh. II und Anh. IIB genannten Kapital- und Personenhandelsgesellschaften (AG, KGaA, GmbH, OHG, KG), sondern – in ihrem direkten Anwendungsbereich – auch für Einzelkaufleute gilt. Außerdem ist die Vorschrift gem. § 156 GenG auf das **Genossenschaftsregister** sowie gem. § 707b Nr. 2 BGB und § 5 Abs. 2 Hs. 1 PartGG entsprechend auf das **Gesellschafts- und Partnerschaftsregister** anzuwenden.

II. Original und Übersetzung

3 Das Handelsregister wird in deutscher Sprache geführt. Daher müssen die zum Register einzureichenden Dokumente in deutscher Sprache übermittelt werden. Die in deutscher Sprache übermittelten Dokumente sind die **Originale,** und zwar auch dann, wenn das Ursprungsdokument in einer Fremdsprache verfasst ist.[1] Gemäß Abs. 1 S. 1 können die Eingetragenen neben dem Original eine weitere Fassung desselben Dokuments in einer anderen Amtssprache als der deutschen Gerichtssprache übermitteln, das Abs. 1 S. 2 unabhängig von der Sprache des Ursprungsdokuments als **Übersetzung** bezeichnet. Die Übersetzung wird, wenn sie gem. Abs. 1 S. 1 zusätzlich übermittelt wird, in dem Registerverfahren nicht auf ihre Richtigkeit geprüft.[2] Es ist somit keine beglaubigte Übersetzung iSv § 142 ZPO erforderlich.

III. Übermittlung und Offenlegung in einer anderen Amtssprache (Abs. 1)

4 Gemäß **Abs. 1 S. 1** können die zum Handelsregister einzureichenden Dokumente (zB Anmeldungen, Versicherungen gem. § 8 Abs. 2 S. 1 GmbHG, Gesellschafterlisten gem. § 40 Abs. 1, 2 GmbHG) sowie der Inhalt der Eintragung – neben dem Original (→ Rn. 3) – auch in jeder Amtssprache eines anderen Mitgliedstaats der EU übermittelt werden. Die Nennung des Inhalts der Eintragung – Art. 21 Abs. 1 GesR-RL verwendet den Terminus der Angaben, die nach Art. 14 GesR-RL der Offenlegung unterliegen – ist deshalb ohne Bedeutung, weil dieser nicht übermittelt, sondern von dem Registergericht verfügt wird.

5 Die gem. Abs. 1 S. 1 übermittelten Übersetzungen (→ Rn. 4) werden gem. § 9 Abs. 1 S. 5 HRV den jeweiligen Originalen zugeordnet und gemeinsam mit diesen in den **Registerordner** aufgenommen. Eine öffentliche Bekanntmachung der Übersetzung ist nicht geboten.[3]

6 Das Recht auf Einsichtnahme gem. § 9 Abs. 1 S. 1 (→ § 9 Rn. 2 ff.) umfasst grundsätzlich nur das Handelsregister sowie die zum Handelsregister eingereichten Originale. Diesen Anspruchsumfang erweitert **Abs. 1 S. 3** dahingehend, dass jedem zu Informationszwecken auch die Einsichtnahme in die übermittelten Übersetzungen gestattet ist. Um den Rechtsverkehr darüber zu informieren, dass Übersetzungen vorhanden sind und eingesehen werden können, ist in dem Handelsregister gem. **Abs. 1 S. 2** in geeigneter Form auf die Übersetzung hinzuweisen. Die weitergehende Verpflichtung, eine Übersetzung des gesamten Inhalts des Registerordners anzubieten, besteht nicht.[4] Entspricht eine in den Registerordner aufgenommene Übersetzung nicht mehr dem aktuellen Stand, ist dieser Umstand gem. § 15 S. 1 HRV mit der Eintragung kenntlich zu machen[5] und gem. § 15 S. 2 HRV zu entfernen, sobald eine aktualisierte Übersetzung eingereicht wird.

[1] BeckOK HGB/Müther, 49. Ed. 1.1.2026, Rn. 2.
[2] Hopt/Merkt Rn. 1; BeckOK HGB/Müther, 49. Ed. 1.1.2026, Rn. 2; Ebenroth/Boujong/Schaub Rn. 5; SLM/Schmidt-Kessel Rn. 7.
[3] Hopt/Merkt Rn. 4.
[4] Hopt/Merkt Rn. 2; Ebenroth/Boujong/Schaub Rn. 7.
[5] Hierzu Nedden-Boeger FGPrax 2007, 1 (3); SLM/Schmidt-Kessel Rn. 8.

IV. Gutglaubensschutz (Abs. 2)

Abs. 2 setzt in Fällen, in denen eine Abweichung zwischen der deutschsprachigen Originalfassung und der Übersetzung besteht, die **Vorgaben des Art. 21 Abs. 4 GesR-RL** um. Systematisch handelt es sich um eine Ergänzung zu § 15. 7

Bei einer inhaltlichen Abweichung zwischen der deutschsprachigen Originalfassung und der eingereichten Übersetzung kann letztere gem. **Abs. 2 Hs. 1** einem Dritten nicht entgegengehalten werden. Mit anderen Worten, der Eingetragene kann sich gegenüber einem Dritten nicht auf den ihn günstigen abweichenden Inhalt der Übersetzung berufen, sondern muss sich den Inhalt der deutschsprachigen Originalfassung gegen sich gelten lassen. 8

Im Gegensatz zu dem Eingetragenen (→ Rn. 8) kann der Dritte sich gem. **Abs. 2 Hs. 2** grundsätzlich auf die eingereichte Übersetzung berufen, soweit deren Inhalt zu seinen Gunsten von der deutschsprachigen Originalfassung abweicht. Hierfür ist es nicht erforderlich, dass der Dritte den Inhalt der Übersetzung kennt. Abs. 2 Hs. 2 schützt ebenso wie § 15 das abstrakte Vertrauen (→ § 15 Rn. 2).[6] Die Berufung auf die ihm günstige Übersetzung ist dem Dritten nur ausnahmsweise verwehrt, wenn der Eingetragene darlegt und im Streitfall beweist, dass dem Dritten die Originalfassung (→ Rn. 10) bekannt war. Fahrlässige Unkenntnis genügt nicht.[7] 9

Für die Kenntnis der Originalfassung iSd Abs. 2 Hs. 2 reicht es nicht aus, dass der Dritte von der bloßen Existenz der Originalfassung wusste.[8] Ansonsten wäre der Schutz, den der Rechtsverkehr gerade auch im Hinblick auf die Übersetzung genießt, weitgehend entwertet. Dem Dritten muss also der Unterschied zwischen der Übersetzung und der Originalfassung bekannt gewesen sein. Der Eingetragene, der freiwillig eine Übersetzung übermittelt, trägt insoweit das Risiko einer Diskrepanz zwischen Originalfassung und Übersetzung. 10

§ 12 Anmeldungen zur Eintragung und Einreichungen

(1) [1]Anmeldungen zur Eintragung in das Handelsregister sind elektronisch in öffentlich beglaubigter Form einzureichen. [2]Die öffentliche Beglaubigung mittels Videokommunikation gemäß § 40a des Beurkundungsgesetzes ist zulässig. [3]Die gleiche Form ist für eine Vollmacht zur Anmeldung erforderlich. [4]Anstelle der Vollmacht kann die Bescheinigung eines Notars nach § 21 Absatz 3 der Bundesnotarordnung eingereicht werden. [5]Rechtsnachfolger eines Beteiligten haben die Rechtsnachfolge soweit tunlich durch öffentliche Urkunden nachzuweisen.

(2) [1]Dokumente sind elektronisch in einem maschinenlesbaren und durchsuchbaren Datenformat einzureichen. [2]Ist eine Urschrift oder eine einfache Abschrift einzureichen oder ist für das Dokument die Schriftform bestimmt, genügt die Übermittlung einer elektronischen Aufzeichnung; ist ein notariell beurkundetes Dokument oder eine öffentlich beglaubigte Abschrift einzureichen, so ist ein mit einem einfachen elektronischen Zeugnis (§ 39a des Beurkundungsgesetzes) versehenes Dokument zu übermitteln.

Schrifttum: Apfelbaum/Bettendorf, Die elektronische beglaubigte Abschrift im Handelsregisterverkehr, RNotZ 2007, 89; Ammon, Die Anmeldung zum Handelsregister, DStR 1993, 1025; Attenberger, § 378 Abs. 3 FamFG n.F. und § 15 Abs. 3 GBO n.F. – Notarielle Prüfung auf Eintragungsfähigkeit als Eintragungsvoraussetzung im Register- und Grundbuchverfahren und ausschließliche Einreichung über den Notar im Handelsregisterverfahren, MittBayNot 2017, 335; Bausback, Der dingliche Erwerb inländischer Grundstücke durch ausländische Gesellschaften, DNotZ 1996, 254; Berthold, Die Beglaubigung qualifizierter elektronischer Signaturen in Präsenz, DNotZ 2022, 813; Bettendorf/Apfelbaum, Elektronischer Rechtsverkehr und das Berufsrecht des Notars – Änderungen der Richtlinienempfehlungen der Bundesnotarkammer und der Dienstordnung für Notarinnen und Notare, DNotZ 2008, 19; Böhringer, Form beim Registergericht einzureichender Unterlagen einer GmbH, BWNotZ 2022, 240; Böhringer Neuerungen bei Registeranmeldungen, NotBZ 2023, 201; Britz, Noch einmal – Anmeldung einer in der Zukunft liegenden Geschäftsführerbestellung, MittRhNotK 2000, 197; Diehn/Rachlitz, Notarielle Prüfungspflichten im Grundbuch- und Registerverkehr, DNotZ 2017, 487; Dörr, Umgang mit elektronischen Handelsregisteranmeldungen, ZNotP 2008, 447; Eickelberg/Böttcher,

[6] Staub/Koch/Harnos Rn. 19; MüKoHGB/Krafka Rn. 10; Ebenroth/Boujong/Schaub Rn. 10; SLM/Schmidt-Kessel Rn. 11.

[7] Staub/Koch/Harnos Rn. 17; BeckOK HGB/Müther, 49. Ed. 1.1.2026, Rn. 6.

[8] Staub/Koch/Harnos Rn. 18; MüKoHGB/Krafka Rn. 11, Hopt/Merkt Rn. 5; BeckOK HGB/Müther, 49. Ed. 1.1.2026, Rn. 6.1; KKD/Roth/Stelmaszczyk Rn. 3; **aA** Ebenroth/Boujong/Schaub Rn. 10; wohl auch HaKo-HGB/Lamsa § 11 Rn. 11.

Neue notarielle Prüfungspflichten im Handelsregister- und Grundbuchverfahren, FGPrax 2017, 145; Gassen, Die Form der elektronischen Notarurkunde, RNotZ 2007, 142; Grau/Kirchner, Der Notar als Stellvertreter bei Handelsregisteranmeldungen in gesellschaftsrechtlich geprägten Sachverhalten, GWR 2021, 23; Heinemann, Aufgabenübertragung auf Notare, FGPrax 2013, 139; Heinze, Handelsregisteranmeldungen bei im Anmeldungszeitpunkt nicht vorhandenen Geschäftsleitern – § 378 II FamFG hilft!, NZG 2018, 1170; Heneweer, Das Erfordernis öffentlicher Beglaubigung im Handelsregisterverkehr (§ 12 HGB), FGPrax 2004, 259; Hitzel, Die Verwendung elektronisch errichteter Urkunden als Urschrift im Handelsregisterverfahren. Zugleich Anmerkung zu KG, Beschluss vom 30.6.2022, 22 W 36/22, MittBayNot 2024, 6; Ising, Handelsregisteranmeldungen durch den beurkundenden Notar, NZG 2012, 289; Jeep/Wiedemann, Die Praxis der elektronischen Registeranmeldung – Die Umsetzung des EHUG aus notarieller und richterlicher Sicht, NJW 2007, 2439; Keilbach, Die Prüfungsaufgaben der Registergerichte, MittRhNotK 2000, 365; Kienzle, Die Videobeurkundung nach dem DiRUG, DNotZ 2021, 590; Krafka, Die Neuregelung notarieller Zuständigkeiten im Registerverfahren, NZG 2017, 889; Krafka/Heinemann, die Prüfung der Eintragungsfähigkeit durch den Notar für das Registergericht und das Grundbuchamt, Rpfleger 2017, 661; Malzer, Die öffentliche Beglaubigung, DNotZ 2000, 169; Malzer, Elektronische Beglaubigung und Medientransfer durch den Notar nach dem Justizkommunikationsgesetz, DNotZ 2006, 9; Meyer/Bormann, Klarstellende Regelungen zur Vertretung im Grundbuch- und Registerverfahren, RNotZ 2009, 470; Müther, Die Prüfungspflichten des Registergerichts im elektronischen Handelsregister, Rpfleger 2008, 233; Niesse, Beteiligung ausländischer Gesellschaften am Registerverfahren, NotBZ 2015, 368; Noack, Das EUHG ist beschlossen – elektronische Handels- und Unternehmensregister ab 2007, NZG 2006, 801; Ott, Die notarielle Prüfung der Eintragungsfähigkeit nach § 15 Abs. 3 GBO, § 378 Abs. 3 S. 1 FamFG, BWNotZ 2017, 146; Püls, Notarielle Tätigkeit im Lichte des Justizkommunikationsgesetzes, NotBZ 2005, 305; Reithmann, Neue Zuständigkeiten des Notars, neue Amtspflichten, ZNotP 2006, 242; Reithmann, Urkunden und elektronische Dokumente, ZNotP 2007, 370; Reithmann, Registeranmeldungen aus dem Ausland, ZNotP 2007, 167; Reithmann, Substitution bei Anwendung der Formvorschriften des GmbH-Gesetzes, NJW 2003, 385; Renaud/Heinsen, Die Vertretungsbefugnis des Prokuristen für Anmeldungen zum Handelsregister bei einer GmbH und einer GmbH & Co. KG, GmbHR 2008, 687; Schaub, Stellvertretung bei Handelsregisteranmeldungen, MittBayNot 1999, 539; Schaub, Ausländische Handelsgesellschaften und Registerverfahren, NZG 2000, 953; Seebach, Die Mitwirkung des Prokuristen bei Handelsregisteranmeldungen des Prinzipals, RNotZ 2015, 68; Sikora/Schwab, Das EHUG in der notariellen Praxis, MittBayNot 2007, 1; Stelmaszczyk/Kienzle, GmbH digital – Online-Gründung und Online-Verfahren für Registeranmeldungen nach dem Gesetzesentwurf der Bundesregierung zum DiRUG, ZIP 2021, 765; Stelmaszczyk/Strauß, GmbH digital 2.0 – Onlineverfahren im Gesellschaftsrecht nach dem DiREG, GmbHR 2022, 833; Stelmaszczyk/Strauß, Die Ergänzung der Regelungen zur Umsetzung der Digitalisierungsrichtlinie nach dem Gesetzesentwurf der Bundesregierung zum DiREG – eine erste Einordnung, ZIP 2022, 1077; Wachter, Der „verhinderte" Vorsitzende des Aufsichtsrats im Handelsregisterverfahren, ZNotP 2022, 213; Weber, Von der Identitätskontrolle zur materiellen Richtigkeit – die neuen notariellen Prüfpflichten im Grundbuch- und Registerverkehr, RNotZ 2017, 427; Weikart, Elektronischer Rechtsverkehr für Notare: Bestandsaufnahme und Ausblick, NotBZ 2007, 73; v. Werder/Hobuß, Handelsregisteranmeldung der Gründung einer Kapitalgesellschaft sowie späterer Kapitalmaßnahmen: Kompetenzen des Notars nach § 378 FamFG, BB 2018, 1031; Zimmer, Neue Prüfungspflichten des Notars – oder alles beim Alten?, NJW 2017, 1909.

Übersicht

I. Allgemeines

Die Vorschrift regelt die formellen Voraussetzungen für die Anmeldung zur Eintragung in das Handelsregister (Abs. 1; → Rn. 4 ff.) sowie für die Einreichung von Dokumenten zum Handelsregister (Abs. 2; → Rn. 64 ff.). Auf das Gesellschafts- und Partnerschaftsregister ist sie gem. § 707b Nr. 2 BGB bzw. § 5 Abs. 2 PartGG entsprechend anwendbar. Für das Genossenschaftsregister existiert mit § 157 GenG eine eigenständige Vorschrift. 1

II. Aufgabenteilung zwischen Notar und Registergericht

Anmeldungen zur Eintragung in das Handelsregister sind gem. Abs. 1 S. 1 in öffentlich beglaubigter Form einzureichen. Seit der Neufassung von Abs. 1 S. 2 durch Art. 1 DiREG iVm Art. 10 Abs. 2 DiREG ist die öffentliche Beglaubigung mittels Videokommunikation gem. § 40a BeurkG zulässig, sodass für alle Verfahrensschritte der Handelsregisteranmeldung und Eintragung ein Verfahren ohne physische Präsenz der Beteiligten zur Verfügung steht. Der Sinn des Formerfordernisses der notariellen Beglaubigung ergibt sich aus der damit einhergehenden Aufgabenteilung zwischen Notar und Registergericht.[1] Die Mitwirkung des Notars dient als Filter vor dem Registerverfahren (sog. Filter- bzw. Entlastungsfunktion).[2] Obwohl der Notar bei der Unterschriftsbeglaubigung bzw. bei der Signaturbeglaubigung beurkundungsrechtlich zu keiner umfassenden Belehrung verpflichtet ist,[3] muss er doch – wie bei jeder Amtstätigkeit – prüfen, ob ein **Grund für die Versagung der Amtstätigkeit** gem. § 4 BeurkG besteht. Überdies ist der Notar in Ausnahmefällen auch bei einer bloßen Unterschriftsbeglaubigung verpflichtet, die Beteiligten vor unerkannten, aber für ihn erkennbaren Gefahren zu warnen.[4] 2

Die Mitwirkung des Notars bei Anmeldungen erschöpft sich nicht darin, die Daten für die elektronische Registerführung strukturiert aufzubereiten.[5] Sie geht darüber hinaus. Zum einen sind die Notare seit der Einführung von **§ 378 Abs. 3 S. 1 FamFG** durch Art. 4 Nr. 5 lit. b NotUntAufbÄndG iVm Art. 11 Abs. 2 Nr. 3 NotUntAufbÄndG mWv 9.6.2017 verpflichtet, Anmeldungen in Handels- und Gesellschaftsregistersachen vor ihrer Einreichung für das Registergericht **auf Eintragungsfähigkeit zu prüfen.** Die **Dokumentation der notariellen Prüfung** ist eine formelle Voraussetzung im Eintragungsverfahren,[6] deren Vorliegen konsequenterweise registergerichtlich geprüft werden müsste.[7] Zum anderen sieht § 378 Abs. 3 S. 2 FamFG vor, dass die Anmeldungen in 3

[1] Stellungnahme BR, BT-Drs. 18/10607, 109; Diehn/Rachlitz DNotZ 2017, 487 (491 f.) zu § 378 Abs. 3 FamFG und § 15 Abs. 3 GBO.

[2] Stellungnahme BR BT-Drs. 18/10607, 106 f.; Staudinger/Hertel, 2023, BGB § 129 Rn. 17; Krafka NZG 2017, 889 (890); Krafka/Heinemann Rpfleger 2017, 662 (663, 665); s. auch Staub/Koch/Harnos Rn. 22.

[3] BGH 11.11.2004, DNotZ 2005, 286 f.; Staudinger/Hertel, 2023, BGB § 129 Rn. 82, 85, 87; Winkler BeurkG § 40 Rn. 42.

[4] BGH 11.11.2004, DNotZ 2005, 286 (287) m. krit. Anm. Knoche RNotZ 2005, 492; Ganter/Hertel/Wöstmann Notarhaftung-HdB/Ganter Rn. 1038.

[5] Krafka NZG 2017, 889; Willer/Krafka DNotZ 2006, 885 (887 ff.).

[6] Stellungnahme BR, BT-Drs. 18/10607, 109.

[7] Attenberger MittBayNot 2017, 335 (341 ff.); Diehn/Rachlitz DNotZ 2017, 487 (497); Eickelberg/Böttcher FGPrax 2017, 145 (147); Stelmaszczyk notar 2022, 84 (85); Weber RNotZ 2017, 427 (432 f.); s. auch Ott BWNotZ 2017, 146 (150); s. zu § 15 Abs. 3 GBO: OLG Celle 6.11.2017, FGPrax 2018, 5 (6) mAnm Eickelberg; OLG Schleswig 28.7.2017, NJW 2017, 3603 (3604) mAnm Herrler; **aA** Krafka/Heinemann Rpfleger 2017, 662 (664 ff.); Zimmer NJW 2017, 1909 (1912); krit. auch DJS/Müther FamFG § 378 Rn. 19.1.

Handels- und Gesellschaftsregistersachen bei einem Notar zur Weiterleitung an die für die Eintragung zuständige Stelle eingereicht werden. Weitaus häufiger wird die Anmeldungserklärung von dem Notar entworfen. Hat der Notar die beglaubigte Erklärung selbst entworfen, unterliegt er den gleichen **Prüfungs- und Belehrungspflichten** wie bei der Beurkundung.[8]

III. Anmeldungen zur Eintragung (Abs. 1)

4 **1. Verfahrenshandlung.** Eintragungen in das Handelsregister erfolgen grundsätzlich nicht von Amts wegen, sondern auf **Antrag,** der im Registerverfahren als Anmeldung bezeichnet wird. Nur in bestimmten Ausnahmefällen ist eine Eintragung von Amts wegen vorgesehen, zB bei der Eröffnung des Insolvenzverfahrens gem. § 32 Abs. 1 S. 1 (→ § 8 Rn. 27). Die Anmeldung ist der Antrag auf Eintragung einer Rechtstatsache in das Handelsregister. Sie ist in erster Linie (→ Rn. 5) eine Verfahrenshandlung[9] mit der Folge, dass für sie die Grundsätze über prozessuale Erklärungen gelten und nicht die über Willenserklärungen.

5 Zum Teil wird der Anmeldung über ihren Verfahrenscharakter (→ Rn. 4) hinaus die Bedeutung einer **Garantieerklärung** in dem Sinne beigemessen, dass das Registergericht auf die inhaltliche Richtigkeit der angemeldeten Tatsachen vertrauen dürfe.[10] Diese Sichtweise stützt das Gesetz nicht.[11] Im Gegenteil, lediglich einzelne Vorschriften ordnen eine zivilrechtliche Haftung sowie eine strafrechtliche Verantwortung bei unrichtigen Angaben an (zB § 9a Abs. 1 GmbHG, §§ 46, 48 AktG, § 82 GmbHG, § 399 AktG).

6 Eine andere Frage ist es, mit welcher Intensität das Registergericht die Eintragungsvoraussetzungen prüfen muss. Ist die Anmeldung in sich stimmig, sind Zweifel an der Richtigkeit der angemeldeten Tatsachen regelmäßig nicht geboten (→ § 8 Rn. 99).

7 **2. Wirksamkeit.** Die Anmeldung wird mit dem Eingang bei dem Registergericht wirksam.[12] Nach dem Rechtsgedanken des § 130 Abs. 2 BGB schadet es nicht, wenn der Vertreter des Anmeldenden zum Zeitpunkt des Eingangs der Anmeldung bei dem Registergericht nicht mehr vertretungsbefugt ist.[13]

8 Bis zu der Eintragung der angemeldeten Rechtstatsache in das Handelsregister ist die **formlose Rücknahme** der Anmeldung **jederzeit** möglich.[14] Das ergibt sich aus dem Verfahrenscharakter der Anmeldung (→ Rn. 4). Die bürgerlich-rechtlichen Vorschriften über die Anfechtung von Willenserklärungen (§§ 119 ff. BGB, §§ 142 f. BGB) finden keine Anwendung; eine gleichwohl erklärte Anfechtung kann in eine Rücknahme umgedeutet werden.[15] Melden mehrere Personen eine Eintragung an, kann jeder seine Anmeldung zurücknehmen. Besteht eine Verpflichtung zur gemeinschaftlichen Anmeldung (zB § 106 Abs. 7 S. 1, § 78 GmbHG), darf das Registergericht die Eintragung nicht mehr vornehmen, sobald ein Anmeldender seine Anmeldung zurücknimmt.[16]

9 Als Verfahrenserklärung (→ Rn. 4) darf die Anmeldung keiner außerprozessualen **Bedingung** unterliegen.[17] Zulässig ist es hingegen, den Vollzug mehrerer Anmeldungen in einer bestimmten **Reihenfolge** zu beantragen.[18]

---

[8] BGH 9.5.1955, DNotZ 1955, 396; 3.11.1955, DNotZ 1956, 94; 18.11.1957, DNotZ 1958, 101; 18.1.1996, DNotZ 1997, 51 (52); OLG Schleswig 28.7.2017, FGPrax 2017, 210 (211); Staudinger/Hertel, 2023, BGB § 129 Rn. 83; Haug/Zimmermann, Amtshaftung des Notars, 4. Aufl. 2018, Rn. 456.

[9] BayObLG 25.6.1992, DNotZ 1993, 197; OLG Celle 28.6.1999, NJW-RR 2000, 702; Heymann/Förster Rn. 5; Staub/Koch/Harnos Rn. 3; MüKoHGB/Krafka Rn. 5, 6; Krafka RegisterR Rn. 75; NK-HGB/Lamsa Rn. 5; SLM/Müther Rn. 5; RGHMW/Ries Rn. 2; Ebenroth/Boujong/Schaub Rn. 29.

[10] BayObLG 22.2.1985, BayObLGZ 1985, 82 (87); Keilbach MittRhNotK 2000, 365 (367).

[11] BGH 2.12.1991, BGHZ 116, 190 (198) = NJW 1992, 975; Staub/Koch/Harnos Rn. 4; MüKoHGB/Krafka Rn. 6; NK-HGB/Lamsa Rn. 6; SLM/Müther Rn. 8; Ebenroth/Boujong/Schaub Rn. 28.

[12] MüKoHGB/Krafka Rn. 7; NK-HGB/Lamsa Rn. 7; Ries RegisterR-FormB/Rudolph Rn. 1.30.

[13] OLG Zweibrücken 29.10.2013, DStR 2014, 910 (911).

[14] BayObLG 25.6.1992, GmbHR 1992, 672 (674); OLG Düsseldorf 7.3.1989, Rpfleger 1989, 201 (202); Staub/Koch/Harnos Rn. 19; MüKoHGB/Krafka Rn. 5; Krafka RegisterR Rn. 83; NK-HGB/Lamsa Rn. 7; Müther Handelsregister § 2 Rn. 35; RGHMW/Ries Rn. 2; Ebenroth/Boujong/Schaub Rn. 32.

[15] BayObLG 25.6.1992, DNotZ 1993, 197; 9.11.1989, DB 1990, 168; Staub/Koch/Harnos Rn. 19; Ebenroth/Boujong/Schaub Rn. 33.

[16] Krafka RegisterR Rn. 83; NK-HGB/Lamsa Rn. 9.

[17] BayObLG 25.6.1992, DNotZ 1993, 197; OLG Jena 15.3.2017, MittBayNot 2018, 58; OLG Hamm 3.8.2010, NJW-RR 2010, 1704 (1705); OLG Düsseldorf 15.12.1999, DNotZ 2000, 529; Staub/Koch/Harnos Rn. 18; MüKoHGB/Krafka Rn. 10; Krafka RegisterR Rn. 78, 148; NK-HGB/Lamsa Rn. 10; RGHMW/Ries Rn. 2; HK-HGB/Ruß Rn. 3; Ebenroth/Boujong/Schaub Rn. 34; Waldner ZNotP 2000, 188; 189.

[18] MüKoHGB/Krafka Rn. 10; NK-HGB/Lamsa Rn. 10; Ebenroth/Boujong/Schaub Rn. 34; s. auch Staub/Koch/Harnos Rn. 18: innerverfahrensrechtliche Bedingung zulässig. Zu der Möglichkeit nachträglicher Korrekturen im Registerverfahren s. Krafka MittBayNot 2002, 365 ff.

3. Anmeldebefugnis. a) Einzelkaufmann, Personenhandelsgesellschaften. Dem Gegenstand der Anmeldung ist zu entnehmen, wer zu der Anmeldung verpflichtet ist. Zu der Möglichkeit der zwangsweisen Durchsetzung → § 14 Rn. 5 ff. Die Anmeldepflicht impliziert die Anmeldebefugnis.[19] Für Tatsachen, die in den Angelegenheiten eines Einzelkaufmanns einzutragen sind, ist der **Einzelkaufmann** selbst gem. § 29 anmeldebefugt und -verpflichtet. 10

Bei **Personenhandelsgesellschaften** sind sämtliche Gesellschafter (§ 106 Abs. 7 S. 1, § 141 Abs. 1 S. 1, § 147 Abs. 1 S. 1, 2 ggf. iVm § 161 Abs. 2) oder sämtliche Liquidatoren (§ 150 ggf. iVm § 161 Abs. 2) anmeldebefugt und -verpflichtet. Daher müssen an der Anmeldung auch die Gesellschafter mitwirken, die kraft Gesetzes (§ 170 Abs. 1) oder durch den Gesellschaftsvertrag von der Vertretung der Gesellschaft ausgeschlossen sind.[20] 11

Kapitalgesellschaften werden im Registerverfahren durch ihre Organe vertreten.[21] Bei bestimmten Gegenständen reicht die Anmeldung durch das Vertretungsorgan allein nicht aus, zB bei der Anmeldung eines Beschlusses über die Erhöhung des Grundkapitals, an der gem. § 184 Abs. 1 S. 1 AktG neben dem Vorstand auch der Vorsitzende des Aufsichtsrats mitwirken muss.[22] 12

Sowohl die Erteilung als auch das Erlöschen der **Prokura** sind gem. § 53 Abs. 1 S. 1 ggf. iVm Abs. 2 von dem Inhaber des Handelsgeschäfts zur Eintragung in das Handelsregister anzumelden (→ § 53 Rn. 3 ff.). Ist der Unternehmensträger eine Personenhandelsgesellschaft, müssen an der Anmeldung nicht sämtliche Gesellschafter mitwirken; es genügt die ordnungsgemäße Vertretung der Gesellschaft.[23] 13

b) Unechte Gesamtvertretung. Der Gesellschaftsvertrag bzw. die Satzung kann gem. § 124 Abs. 3 S. 1 ggf. iVm § 161 Abs. 2 bzw. § 78 Abs. 3 S. 1 AktG bestimmen, dass alle oder mehrere Gesellschafter bzw. einzelne Vorstandsmitglieder nur gemeinsam mit einem Prokuristen zur Vertretung der Gesellschaft berechtigt sein sollen (sog. unechte Gesamtvertretung). Gleiches gilt trotz des Fehlens einer gesetzlichen Regelung auch für die Geschäftsführer einer GmbH.[24] Bei diesen Gestaltungen ergibt der Umfang der Gesamtvertretungsmacht sich nicht aus § 49, sondern aus § 124 Abs. 4 S. 1 (→ § 124 Rn. 63 ff.)[25] bzw. der organschaftlichen Vertretungsmacht des Vorstandsmitglieds,[26] da der Prokurist bei der Vertretung ein gesamtvertretungsberechtigtes Organmitglied ersetzt.[27] Die Gesamtvertretungsmacht umfasst zwar auch Handelsregisteranmeldungen,[28] aber nicht die Anmeldung, welche die Eintragung der betreffenden Prokura selbst zum Gegenstand hat.[29] 14

c) Insolvenzverwalter, Nachlassverwalter, Testamentsvollstrecker. Ist das Unternehmen Teil eines verwalteten Vermögens, über das ein Verwalter kraft Amtes die Verwaltungs- und Verfügungsbefugnis ausübt, sind Anmeldungen zur Eintragung in das Handelsregister von dem Nachlassverwalter oder Testamentsvollstrecker[30] vorzunehmen. Zu dem Nachweis der Vertretungsmacht → Rn. 46 ff. Ist über das Vermögen eines Unternehmensträgers das Insolvenzverfahren eröffnet, ist zwischen Gegenständen, die den Unternehmensträger betreffen, und solchen, die das verwaltete Vermögen betreffen, zu unterscheiden. Betrifft die anmeldepflichtige Tatsache die Insolvenzmasse, ist der **Insolvenzverwalter** anmeldebefugt und -verpflichtet.[31] Den Unternehmensträger betreffende 15

[19] Müther Handelsregister § 2 Rn. 32.

[20] Böhringer NotBZ 2025, 321 (327); Ebenroth/Boujong/Born § 106 Rn. 5; Hopt/Roth § 108 Rn. 1.

[21] Zur Beteiligung der Kapitalgesellschaft im Registerverfahren Krafka RegisterR Rn. 108.

[22] Zu praktischen Problemen ausf. Wachter ZNotP 2022, 213 (214 ff.).

[23] Statt vieler Hopt/Merkt HGB § 53 Rn. 1.

[24] BGH 31.3.1954, BGHZ 13, 61 (64) = NJW 1954, 1158; BayObLG 19.6.1973, BayObLGZ 1973, 158 (159); Altmeppen GmbHG § 35 Rn. 70; Noack/Servatius/Haas/Beurskens GmbHG § 35 Rn. 48 ff.; Lutter/Hommelhoff/Kleindiek GmbHG § 35 Rn. 39; Scholz/Schneider/Schneider GmbHG § 35 Rn. 111; s. auch BGH 6.11.1986, BGHZ 99, 76 (79) = NJW 1987, 841; 14.2.1974, BGHZ 62, 166 (170) = NJW 1974, 1194.

[25] BGH 14.2.1974, BGHZ 62, 166 (170) = NJW 1974, 1194; 31.3.1954, BGHZ 13, 61 (64) = NJW 1954, 1158; RGHMW/Haas § 124 Rn. 27; Hopt/Merkt § 49 Rn. 3; Ebenroth/Boujong/M. Noack § 125 Rn. 60; MüKoHGB/K. Schmidt § 125 Rn. 43.

[26] RG 22.12.1931, RGZ 134, 303 (306); Koch AktG § 78 Rn. 17; MüKoAktG/Spindler AktG § 78 Rn. 39.

[27] BGH 31.3.1954, BGHZ 13, 61 (64) = NJW 1954, 1158; Altmeppen GmbHG § 35 Rn. 70; Lutter/Hommelhoff/Kleindiek GmbHG § 35 Rn. 40; Hopt/Merkt § 49 Rn. 3; Scholz/Schneider/Schneider GmbHG § 35 Rn. 112.

[28] BayObLG 19.6.1973, BayObLGZ 1973, 158 (159) = DNotZ 1974, 42; Staub/Koch/Harnos Rn. 56; Krafka RegisterR Rn. 117; Ebenroth/Boujong/Schaub Rn. 161; s. auch BGH 6.11.1986, BGHZ 99, 76 (81) = NJW 1987, 841.

[29] BayObLG 19.6.1973, BGHZ 1973, 158 (159) = DNotZ 1974, 42.

[30] BGH 3.7.1989, NJW 1989, 3152; OLG München 7.7.2009, NZG 2009, 1234 (1235).

[31] BGH 24.11.1980, NJW 1981, 822; MüKoHGB/Krafka Rn. 49; Krafka RegisterR Rn. 112; NK-HGB/Lamsa Rn. 13; RGHMW/Ries Rn. 13.

Tatsachen (zB die Anmeldung und Abberufung von Geschäftsführern, die Erhöhung des Stammkapitals) werden grundsätzlich auch nach der Eröffnung des Insolvenzerfahrens von den Vertretungsorganen des Unternehmensträgers angemeldet.[32] Ihnen obliegt es auch, eine **Änderung der Firma** anzumelden, da es hierfür – außerhalb des Insolvenzplans – eines satzungsändernden Beschlusses bedarf, den der Insolvenzverwalter nicht kraft seiner Verwaltungs- und Verfügungsbefugnis substituieren kann.[33] Zu der Behandlung der Firma in der Insolvenz im Übrigen → § 17 Rn. 31 ff., → § 22 Rn. 23 f.

16 **d) Zeitpunkt.** Gelegentlich kommt es vor, dass der Anmeldende zum Zeitpunkt der Abgabe der Anmeldungserklärung noch nicht anmeldebefugt war, die Anmeldebefugnis jedoch bei Einreichung der Anmeldung vorliegt. Dies ist zB der Fall, wenn ein **zukünftiger Geschäftsführer** die Anmeldungserklärung zu einem Zeitpunkt beglaubigen lässt, zu dem er noch nicht Geschäftsführer ist. Das OLG Hamm hat kein Problem darin gesehen, dass eine Geschäftsführerbestellung nach dem Gesellschafterbeschluss zu einem Zeitpunkt wirksam werden sollte, der wenige Tage nach der Beglaubigung der Anmeldung lag.[34] Dagegen beurteilte das OLG Düsseldorf die Anmeldung in einer besonderen Sachverhaltskonstellation (späterer Beschluss) als unschlüssig.[35] Die beglaubigte Erklärung war Gegenstand eines sog. notariellen Vollzugsverfahrens. Sie sollte deshalb erst unter bestimmten Voraussetzungen in den Rechtsverkehr gelangen. Gerade in den Fällen, in denen eine bedingte Erklärung nicht zulässig ist, bewirkt eine solche Aussetzung des Urkundenvollzugs, dass die Erklärung erst dann wirksam in den Rechtsverkehr gelangt, wenn bestimmte Voraussetzungen erfüllt sind. Entgegen der Ansicht des OLG Düsseldorf, das diese Möglichkeit nicht in Betracht gezogen hatte, kann ein solches Verfahren auch bei der Anmeldungserklärung angewendet werden. Der Geschäftsführer gibt die Anmeldungserklärung hiernach erst mit der notariellen Vollzugshandlung ab, also zu einem Zeitpunkt, zu dem er bereits zum Geschäftsführer bestellt war.[36]

17 **4. Inhalt.** Die Anmeldung ist die **Grundlage der Eintragung.** Das gilt ungeachtet der Tatsache, dass mit der Anmeldung die strukturierten Daten übermittelt werden, aus denen der Entwurf der Registereintragung generiert wird. Wenn Anmeldung und Strukturdaten voneinander abweichen sollten, ist die Anmeldung maßgeblich.[37]

18 Die Anmeldung muss einen klaren und bestimmten Inhalt haben, aus dem die einzutragende registerfähige Tatsache (→ § 8 Rn. 18 ff.) sich zweifelsfrei ergibt.[38] Das Registergericht darf jedoch **keine bestimmten Formulierungen** verlangen, auch nicht solche, die dem Wortlaut des Gesetzes entlehnt sind.[39] Ebenso wenig darf es die Anmeldung als nicht ordnungsgemäß beanstanden, wenn diese statt des Rechtsbegriffs, der auf der Grundlage höchstrichterlicher Rspr. den angemeldeten Tatbestand dogmatisch korrekt beschreiben würde, einen unzutreffenden Begriff enthält.[40]

19 Die **Formulierung der Eintragung** steht im pflichtgemäßen Ermessen des Registergerichts.[41] Das gilt ungeachtet der Tatsache, dass dem Registergericht mit der Anmeldung die Strukturdaten übermittelt werden, aus denen die Registereintragung erzeugt werden kann.[42] Umgekehrt darf das Gericht die Anmeldung nicht schon deshalb beanstanden, weil ein vorgege-

---

[32] BayObLG 17.3.2004, NZG 2004, 582 (583); OLG Zweibrücken 12.12.2013, NZG 2014, 472; OLG Rostock 17.12.2002, Rpfleger 2003, 444 (445); OLG Köln 11.7.2001, NJW-RR 2001, 1417 (1418); Staub/Koch/Harnos Rn. 61; MüKoHGB/Krafka Rn. 49; RGHMW/Ries Rn. 13. Zu Ausnahmen s. OLG Rostock 17.12.2002, Rpfleger 2003, 444 (445).

[33] BGH 26.11.2019, NJW-RR 2020, 431 (434 f.) mwN.

[34] OLG Hamm 3.8.2010, NJW-RR 2010, 1704 (1705).

[35] OLG Düsseldorf 15.12.1999, DNotZ 2000, 529 (531 f.); zust. BayObLG 17.9.2003, NZG 2004, 421 (422).

[36] IErg Auer DNotZ 2000, 498 (503 f.); Bärwaldt GmbHR 2000, 421 (422 f.); Böcker MittRhNotK 2000, 61 (63); Britz MittRhNotK 2000, 197 (200); Ries RegisterR-FormB/Rudolph Rn. 1.31 ff.

[37] Sikora/Schwab MittBayNot 2007, 1 (3); Willer/Krafka DNotZ 2006, 885 (888).

[38] BayObLG 22.2.1985, BayObLGZ 1985, 82 (85); KG 5.9.2018, NZG 2018, 1263; MüKoHGB/Krafka Rn. 9; RGHMW/Ries Rn. 4; Ebenroth/Boujong/Schaub Rn. 37, 39.

[39] BayObLG 1.12.1978, DNotZ 1978, 661; 21.5.1970, BayObLGZ 1070, 317 = DNotZ 1971, 191; OLG Düsseldorf 2.7.1997, NJW-RR 1998, 245; MüKoHGB/Krafka Rn. 9; Krafka RegisterR Rn. 76; SLM/Müther Rn. 13; RGHMW/Ries Rn. 4; Ebenroth/Boujong/Schaub Rn. 39.

[40] OLG Hamm 16.9.2004, FGPrax 2005, 39 (40).

[41] BGH 19.3.2007, NJW 2007, 3287 (3288); OLG München 16.6.2010, ZIP 2010, 2147 (2148); OLG Hamm 16.9.2004, FGPrax 2005, 39 (40); OLG Köln 24.5.2004, NJW-RR 2004, 1106 (1107); OLG Düsseldorf 2.7.1997, NJW-RR 1998, 245; MüKoFamFG/Krafka FamFG § 382 Rn. 6; Krafka RegisterR Rn. 76; Müther Handelsregister § 2 Rn. 30; SLM/Müther Handelsregister § 8 Rn. 12; Sternal/M. Noack FamFG § 382 Rn. 6.

[42] Krafka RegisterR Rn. 76.

bener Textbaustein fehlt.[43] Erforderlichenfalls muss das Registergericht – Gleiches gilt für das Beschwerdegericht[44] – den Inhalt der **Anmeldung auslegen.**[45]

5. Form. a) Formerfordernis des Abs. 1 S. 1. Anmeldungen zur Eintragung in das Handelsregister sind nach Abs. 1 S. 1 in öffentlich beglaubigter Form einzureichen. Dieses Formerfordernis dient der nachweislichen Zuordnung der Anmeldung zu einer bestimmten Person.[46] Zu der Anmeldung durch den Notar → Rn. 43 ff. Als Übermittlungsform ist die elektronische Einreichung vorgeschrieben (→ Rn. 59 ff.). **Behörden** oder Körperschaften des öffentlichen Rechts können die Anmeldung in der Form des öffentlichen elektronischen Dokuments vornehmen.[47] 20

Die Wahrung der öffentlich beglaubigten Form (Abs. 1 S. 1; → Rn. 20) ist zwar keine Wirksamkeitsvoraussetzung für die Anmeldungserklärung, aber eine **Vollzugsvoraussetzung** für das Registerverfahren.[48] Diese Differenzierung bedeutet, dass eine Anmeldung, welche die öffentlich beglaubigte Form nicht erfüllt, zwar bei dem Registergericht eingehen kann,[49] aber ohne Behebung des Formmangels nicht vollzogen werden darf.[50] 21

b) Öffentliche Beglaubigung. aa) Allgemeines. Die Anforderungen an die öffentlich beglaubigte Form ergeben sich aus **§ 129 BGB.** Hiernach kommen zwei Verfahren in Betracht, die jeweils die Authentizität der Unterschrift bzw. der Signatur sicherstellen sollen. Die Erklärung muss entweder in schriftlicher Form abgefasst und die Unterschrift des erklärenden von einem Notar beglaubigt werden (§ 129 Abs. 1 S. 1 Nr. 1 BGB; → Rn. 23) oder in elektronischer Form abgefasst und die qualifizierte elektronische Signatur des Erklärenden von einem Notar beglaubigt werden (§ 129 Abs. 1 S. 1 Nr. 2 BGB; → Rn. 24). Die öffentliche Beglaubigung kann – was jedoch selten geschieht – gem. § 129 Abs. 4 BGB durch die notarielle Beurkundung oder gem. § 127a BGB durch einen ordnungsgemäß protokollierten gerichtlichen Vergleich ersetzt werden.[51] 22

bb) Beurkundungsverfahren. Wird die Erklärung gem. § 129 Abs. 1 S. 1 Nr. 1 BGB in **schriftlicher Form** abgefasst, muss die Urkunde gem. § 126 Abs. 1 BGB von dem Aussteller eigenhändig durch Namensunterschrift oder mittels notariell beglaubigten Handzeichens unterzeichnet werden. Der Text der Anmeldung wird in der Regel von dem Notar entworfen (→ Rn. 3). Die gem. § 129 Abs. 1 S. 1 Nr. 1 BGB außerdem erforderliche **Beglaubigung der Unterschrift** hat nach Maßgabe von **§ 40 BeurkG** zu erfolgen. Gegenstand der Beglaubigung ist die vor dem Notar vollzogene oder anerkannte Unterschrift. Dabei bezeugt der Notar die Richtigkeit der Unterschrift, nicht hingegen, dass die Erklärung von der Person mündlich abgegeben und von ihm in der niedergeschriebenen Form wahrgenommen und verantwortlich geprüft ist.[52] 23

Wird die Erklärung gem. § 129 Abs. 1 S. 1 Nr. 2 BGB in **elektronischer Form** abgefasst, muss der Aussteller der Erklärung dieser gem. § 126a Abs. 1 BGB seinen Namen hinzufügen und das elektronische Dokument mit seiner qualifizierten elektronischen Signatur versehen. Die gem. § 129 Abs. 1 S. 1 Nr. 2 BGB außerdem erforderliche **Beglaubigung der qualifizierten elektronischen Signatur** (sog. Signaturbeglaubigung) kann gem. **§ 40a Abs. 1 S. 1 BeurkG** entweder in Gegenwart des Notars[53] oder – wie in § 40a Abs. 1 S. 2 BeurkG iVm Abs. 1 S. 2 ausdrücklich zugelassen – mittels des von der Bundesnotarkammer nach § 78p BNotO betriebenen Videokommunikationssystems erfolgen.[54] Durch die Beschränkung auf dieses Videokommunikationssystem wird nicht nur gewähr- 24

---

[43] MüKoFamFG/Krafka FamFG § 382 Rn. 6; Sternal/M. Noack FamFG § 382 Rn. 6; s. auch OLG Köln 4.2.2004, FGPrax 2004, 88 (91).

[44] BayObLG 16.2.2000, NJW-RR 2000, 990 (991); Müther Handelsregister § 2 Rn. 30.

[45] BGH 19.3.2007, NJW 2007, 3287 (3288); BayObLG 16.2.2000, MittRhNotK 2000, 173 (174); KG 21.12.2021, FGPrax 2022, 116 (117); KG 5.9.2018, NJW-RR 2018, 1441; s. aber OLG Nürnberg 19.11.2014, DNotZ 2015, 220 ff.; Keilbach MittRhNotK 2000, 365 (371); Krafka RegisterR Rn. 76; Müther Handelsregister § 2 Rn. 30; SLM/Müther Rn. 13; Ebenroth/Boujong/Schaub Rn. 38.

[46] Heneweer FGPrax 2004, 259 f.; Malzer DNotZ 2000, 169 (172).

[47] OLG Stuttgart 21.4.2009, FGPrax 2009, 129 (130).

[48] Staub/Koch/Harnos Rn. 34.

[49] OLG Jena 21.10.2002, NJW-RR 2003, 99 (100); Staub/Koch/Harnos Rn. 34; KKD/Roth/Stelmaszczyk Rn. 3; s. auch BayObLG 16.2.2000, NJW-RR 2000, 990 (991): Vollmachtnachweis nach Ablauf der Frist des § 17 Abs. 2 S. 4 UmwG.

[50] OLG Jena 21.10.2002, NJW-RR 2003, 99 (100); Staub/Koch/Harnos Rn. 34; KKD/Roth/Stelmaszczyk Rn. 3.

[51] Böhringer NotBZ 2025, 321 (322); RGHMW/Ries Rn. 7; **aA** NK-HGB/Lamsa Rn. 28 mit der Begründung, dass die elektronische Übermittlung einer beglaubigten Abschrift der sog. Ersatzform nicht genüge.

[52] BGH 4.4.1962, BGHZ 37, 79 (86) = NJW 1962, 1149; MüKoBGB/Einsele BGB § 129 Rn. 1.

[53] Berthold DNotZ 2022, 813 (815 ff.), zur Verwendung im elektronischen Rechtsverkehr, DNotZ 2022, 813 (825).

[54] Böhringer BWNotZ 2022, 240 (241); APR/Kruse BeurkG § 40a Rn. 2.

leistet, dass gebotene Sicherheitsanforderungen eingehalten werden, um die Zuverlässigkeit des Handelsregisters mit seiner Publizitätswirkung sicherzustellen,[55] sondern auch eine Abwicklung des notariellen Verfahrens über ausländische Server verhindert.[56]

25 **cc) Formen der Beglaubigung.** Wird die **Unterschrift** des Erklärenden gem. § 129 Abs. 1 S. 1 Nr. 1 BGB beglaubigt (→ Rn. 23), kann der Notar gem. § 39 Fall 1 BeurkG anstelle einer Niederschrift einen sog. Beglaubigungsvermerk über die Echtheit der Unterschrift fertigen. Dieser Vermerk kann wahlweise als einfaches Zeugnis iSd § 39 BeurkG oder – ohne vorherige Beglaubigung der Unterschrift in Papierform – gem. § 39a Abs. 1 S. 1 Hs. 1 Fall 1 BeurkG als einfaches elektronisches Zeugnis gefertigt errichtet werden.[57] Der Erstellung einer elektronischen Vermerkurkunde steht § 129 Abs. 1 S. 1 BGB nicht entgegen. Die Vorschrift legt lediglich den Gegenstand der Beglaubigung fest, enthält aber keine Aussage zu der Form der Beglaubigung.[58]

26 Ist Gegenstand der Beglaubigung nicht die Unterschrift des Erklärenden, sondern gem. § 129 Abs. 1 S. 1 Nr. 2 BGB dessen **qualifizierte elektronische Signatur** (→ Rn. 24), ist der Vermerk gem. § 39a Abs. 1 S. 1 Hs. 2 Fall 1 BeurkG als einfaches elektronisches Zeugnis zu errichten.[59]

27 **dd) Beweiskraft.** Der Beglaubigungsvermerk (→ Rn. 25 f.) ist eine **öffentliche Urkunde** und genießt als solche die Beweiskraft des § 418 ZPO. Die darüberstehende unterschriebene Erklärung bleibt trotz der Unterschriftsbeglaubigung eine Privaturkunde. Die Beweiskraft der beglaubigten Privaturkunde richtet sich nach § 416 ZPO. Die von dem Aussteller unterschriebene Privaturkunde erbringt vollen Beweis (nur) dafür, dass der Aussteller die in ihr enthaltenen Erklärungen abgegeben hat.[60] Die Beweiswirkung setzt voraus, dass Unterschrift und Text echt sind.[61] Nach § 418 Abs. 1 ZPO beweist die ordnungsmäßige öffentliche Beglaubigung die Echtheit der Unterschrift, also dass die Unterschrift von der Person herrührt, die im Beglaubigungsvermerk namentlich genannt ist. Sie dokumentiert außerdem, dass es sich **nicht um einen bloßen Entwurf** der Erklärung handelt.[62] Das gilt auch dann, wenn der Notar den Text der beglaubigten Erklärung entworfen hat und dieser Umstand zB aus Kostengründen durch den Zusatz „Entwurf – Notar" auf der Anmeldung festgehalten wurde. Allein die Tatsache, dass auf der Urkunde das Wort „Entwurf" steht, rechtfertigt es also nicht, die Anmeldung mit der Begründung zurückzuweisen, es handele sich nicht um die Erklärung, sondern um einen bloßen Entwurf der Erklärung.[63] Bei dem Beglaubigungsvermerk in der Form des einfachen elektronischen Zeugnisses (§ 39a BeurkG; → Rn. 25) handelt es sich um ein **öffentliches elektronisches Dokument** iSv § 371a Abs. 3 ZPO, auf das die Vorschriften über die Beweiskraft öffentlicher Urkunden entsprechende Anwendung finden.[64]

28 **c) Auslandsbeglaubigung. aa) Grundsätzliches.** Das Erfordernis, Anmeldungen zur Eintragung in das Handelsregister elektronisch einzureichen (→ Rn. 59 ff.), lässt erkennen, dass Abs. 1 S. 1 darauf ausgerichtet ist, dass ein Notar, der über die technischen Mittel dafür verfügt und verfügen muss, die Anmeldung vorbereitet. Dies schließt es nicht aus, dass eine ausländische Urkundsperson die gem. Abs. 1 S. 1 erforderliche Beglaubigung vornimmt. Die Anmeldung ist eine Verfahrenserklärung (→ Rn. 4). Für das Registerverfahren, einschließlich des Anmeldeverfahrens, gilt deutsches Recht als lex fori.[65] Es kommt also darauf an, ob die Form der **lex fori** (Abs. 1 S. 1 iVm § 129 BGB; → Rn. 22 ff.) durch die im Ausland verwirklichten Tatbestandsmerkmale erfüllt wird (Substitution). Hierfür muss es sich um eine ausländische öffentlich beglaubigte Urkunde handeln (→ Rn. 29 ff.) und die Amtshandlung der ausländischen Urkundsperson muss ein Äquivalent zu der Amtshandlung des deutschen Notars sein (→ Rn. 33).

---

[55] Stelmaszczyk/Strauß ZIP 2022, 1077 (1078).

[56] Stelmaszczyk/Kienzle ZIP 2021, 765 (769).

[57] BGH 26.11.2025, NZG 2026, 234 Rn. 7; Staub/Koch/Harnos Rn. 26; Staudinger/Hertel, 2023, BGB § 129 Rn. 137; Jeep/Wiedemann NJW 2007, 2439 (2442); NK-HGB/Lamsa Rn. 23; Reithmann ZNotP 2007, 167; Reithmann ZNotP 2007, 370 (372) m. Fn. 3, 17; **aA** Apfelbaum/Bettendorf RNotZ 2007, 89 (92); MüKoHGB/Krafka Rn. 14.

[58] BGH 26.11.2025, NZG 2026, 234 Rn. 13.

[59] APR/Kruse BeurkG § 39a Rn. 32; Heinemann/Trautrims/Trautrims BeurkG § 39a Rn. 5; Winkler BeurkG § 39a Rn. 9, BeurkG § 40a Rn. 1.

[60] BGH 7.6.1990, NJW 1990, 2125; MüKoZPO/Schreiber ZPO § 416 Rn. 9.

[61] MüKoZPO/Schreiber ZPO § 416 Rn. 9; zur Problematik nachträglicher Änderungen KG 17.8.2021, NZG 2022, 618 (619) mwN zur öffentlich beglaubigten Vollmacht.

[62] Ebenroth/Boujong/Schaub Rn. 48.

[63] LG Chemnitz 8.2.2007, MittBayNot 2007, 340 (341) mAnm Strauß = NotBZ 2007, 146 mAnm Püls.

[64] APR/Kruse BeurkG § 39a Rn. 55; Winkler BeurkG § 39a Rn. 54.

[65] Bernert/Süß DStR 2024, 2591 (2592); Reithmann NJW 2003, 385 (386) Fn. 3; Schaub NZG 2000, 953 (955).

bb) Öffentlich beglaubigte Urkunde. (1) Öffentliche Urkunde. Eine Urkunde ist gem. **§ 415 Abs. 1 ZPO** eine öffentliche Urkunde, wenn sie von einer öffentlichen Behörde innerhalb der Grenzen ihrer Amtsbefugnisse oder von einer mit öffentlichem Glauben versehenen Person innerhalb des ihr zugewiesenen Geschäftskreises in der vorgeschriebenen Form aufgenommen wurde. Diese Definition schließt ausländische öffentliche Urkunden ein.[66] Ob eine ausländische Urkunde diese Merkmale erfüllt, richtet sich nach dem anwendbaren ausländischen Recht.[67] 29

(2) Echtheit. Im Unterschied zu inländischen Urkunden, die gem. § 437 Abs. 1 ZPO die Vermutung der Echtheit für sich haben, wenn sie sich nach Form und Inhalt als von einer öffentlichen Behörde oder von einer mit öffentlichen Glauben versehenen Personen errichtet darstellen, hat das Gericht bei Urkunden, die von einer ausländischen Behörde oder von einer mit öffentlichem Glauben versehenen ausländischen Personen errichtet wurden, gem. § 438 Abs. 1 ZPO nach den Umständen des Falles zu ermessen, ob sie ohne näheren Nachweis als echt anzusehen sind. Zum **Beweis der Echtheit** genügt gem. § 438 Abs. 2 ZPO die **Legalisation** durch einen Konsul oder Gesandten des Bundes. Der Umkehrschluss, dass ausschließlich legalisierte ausländische Urkunden als echt anerkannt werden können, ist § 438 Abs. 2 ZPO nicht zu entnehmen. Daher dürfen die Registergerichte ausländische öffentliche Urkunden nicht allein wegen fehlender Legalisation als Eintragungsgrundlage zurückweisen.[68] 30

Kommt die Urkunde aus einem Staat, der – wie die Bundesrepublik sowie alle anderen Mitgliedstaaten der EU – dem Haager Übereinkommen zur Befreiung ausländischer öffentlicher Urkunden von der Legalisation vom 5.10.1961 (BGBl. 1965 II 875) beigetreten ist, genügt als Echtheitsnachweis eine Apostille, also ein unter Verwendung eines bestimmten Stempelmusters errichteter Echtheitsvermerk der zuständigen Behörde des Errichtungsstaates. Ist das Muster ordnungsgemäß ausgefüllt, beweist die sog. **Haager Apostille** nach Art. 5 Abs. 2 HApostilleÜ die Echtheit der Unterschrift, die Eigenschaft, in welcher der Unterzeichner gehandelt hat und ggf. die Echtheit des Siegels oder des Stempels, mit dem die Urkunde versehen ist. 31

Mit einigen Staaten bestehen **bilaterale Abkommen,** nach denen entweder eine **Apostille** zum Nachweis der Echtheit genügt oder die sogar eine **Befreiung** von Formerfordernissen für den Echtheitsnachweis vorsehen (zB Deutsch-österreichischer Beglaubigungsvertrag vom 21.6.1923[69]).[70] Bestimmte Personenstandsurkunden bedürfen im Geltungsbereich der VO (EU) 2016/1191 keines Echtheitsnachweises. 32

cc) Gleichwertigkeit der Auslandsbeglaubigung. Die Gleichwertigkeit einer notariellen Beurkundung setzt voraus, dass die ausländische Urkundsperson nach Vorbildung und Stellung im Rechtsleben eine der Tätigkeit des deutschen Notars entsprechende Funktion ausübt und für die Errichtung der Urkunde ein Verfahrensrecht zu beachten hat, das den tragenden Grundsätzen des deutschen Beurkundungsrechts entspricht.[71] Bei der Beglaubigung einer Unterschrift gem. § 129 Abs. 1 S. 1 Nr. 1 BGB sind die Anforderungen geringer, da hierfür lediglich (aber immerhin) eine Identitätsfeststellung und das Zeugnis der Echtheit der Unterschrift oder des Handzeichens erforderlich ist.[72] Deshalb ist zB die Beglaubigung eines amerikanischen notary public ausreichend.[73] Bei der einzelfallbezogenen Gleichwertigkeitsprüfung ist zu bedenken, dass der Begriff der Beglaubigung nicht in jedem Rechtskreis dasselbe besagt. Beglaubigungsformen, die § 40 BeurkG nicht entsprechen, erfüllen trotz der Fungibilität der Urkundsperson das deutsche Formerfordernis nicht.[74] Ein Beispiel hierfür ist die sog. Beglaubigung aufgrund von Ähnlichkeit, bei der die Beglaubigung mit Hilfe einer früher beim Notar hinterlegten Unterschriftsprobe vorgenommen wird.[75] Unzureichend ist außerdem regelmäßig eine Fernbeglaubigung im Ausland mittels Videokommunikation; hierzu 33

---

[66] BGH 16.1.2007, NJW-RR 2007, 1006; OLG Düsseldorf 8.12.1994, IPRax 1996, 423 (425).

[67] OLG Düsseldorf 8.12.1994, IPRax 1996, 423 (425); Stein/Jonas/Berger ZPO § 415 Rn. 17.

[68] Ebenroth/Boujong/Schaub Anh. § 12 Rn. 130.

[69] RGBl. 1924 II 61, Bekanntmachung über die Wiederanwendung BGBl. 1952 II 436.

[70] Überblick zB APR/Armbrüster BeurkG § 1 Rn. 45 ff.; Ebenroth/Boujong/Schaub Anh. § 12 Rn. 138 ff. sowie regelmäßig aktualisierte Übersichten auf der Internetseite des DNotI unter Arbeitshilfen/IPR.

[71] BGH 16.2.1981, BGHZ 80, 76 (78) = NJW 1981, 1160; KG 1.7.2022, NJW-RR 2022, 1555 (1556); Grüneberg/Thorn EGBGB Art. 11 Rn. 10 mwN.

[72] OLG Naumburg 28.2.2001, NZG 2001, 853 (Beglaubigung der Anmeldung durch belgischen Notar); Bausback DNotZ 1996, 254 (255); Staub/Koch/Harnos Rn. 82; Reithmann NJW 2003, 385 (386); Ebenroth/Boujong/Schaub Anh. § 12 Rn. 131; Grüneberg/Thorn EGBGB Art. 11 Rn. 10; Winkler BeurkG Einl. Rn. 88.

[73] BayObLG 19.11.1992, IPRax 1994, 122; APR/Armbrüster BeurkG § 1 Rn. 73; Bausback DNotZ 1996, 254 (255); Müther Handelsregister § 3 Rn. 11; Ebenroth/Boujong/Schaub Anh. § 12 Rn. 131.

[74] APR/Armbrüster BeurkG § 1 Rn. 73; Ebenroth/Boujong/Schaub Anh. § 12 Rn. 133.

[75] OLG Karlsruhe 20.4.2022, FGPrax 2022, 211 (212); APR/Armbrüster BeurkG § 1 Rn. 73; Ebenroth/Boujong/Schaub Anh. § 12 Rn. 50.

müsste nämlich ein § 40a BeurkG gleichwertiges Beglaubigungsverfahren durchgeführt werden (→ Rn. 24), also ein Verfahren, das dem Standard der Online-Beglaubigung mittels des von der Bundesnotarkammer betriebenen Videokommunikationssystems entspricht.[76]

34 **d) Sprache.** Eine fremdsprachige ausländische Urkunde ist für den Registerverkehr tauglich. Da die Gerichtssprache gem. § 184 S. 1 GVG deutsch ist, kann das Registergericht gem. § 142 Abs. 3 S. 1 ZPO anordnen, dass eine **Übersetzung** beigebracht wird, die ein Übersetzer angefertigt hat, der für Sprachübersetzungen der betreffenden Art in einem Land nach den landesrechtlichen Vorschriften ermächtigt oder öffentlich bestellt wurde oder einem solchen Übersetzer jeweils gleichgestellt ist.[77] Eine solche Übersetzung gilt gem. § 142 Abs. 3 S. 2 ZPO als richtig und vollständig, wenn dies von dem Übersetzer bescheinigt wird. Für die von einem Notar angefertigte deutsche Übersetzung gilt gem. § 50 Abs. 2 S. 1, 2 BeurkG die durch den Gegenbeweis widerlegbare Vermutung der Richtigkeit und Vollständigkeit, wenn sie mit einer Bescheinigung nach § 50 Abs. 1 BeurkG versehen ist. Diese darf der Notar gem. § 50 Abs. 1 S. 1 BeurkG nur ausstellen, wenn er die Urkunde selbst in fremder Sprache errichtet hat oder für die Erteilung einer Ausfertigung der Niederschrift zuständig ist. Außerdem soll er gem. § 50 Abs. 1 S. 3 BeurkG der fremden Sprache hinreichend kundig sein.

35 **6. Stellvertretung. a) Vollmacht. aa) Taugliche Bevollmächtigte.** Anmeldungen zur Eintragung in das Handelsregister können – ausweislich Abs. 1 S. 3 – durch einen Bevollmächtigten vorgenommen werden. Die in § 10 Abs. 2 FamFG vorgesehene Beschränkung des Kreises tauglicher Bevollmächtigter gilt gem. § 378 Abs. 1 S. 1 FamFG nicht für Anmeldungen zur Eintragung in das Handelsregister, da diese gem. Abs. 1 S. 1 in öffentlich beglaubigter Form einzureichen sind.[78] Als bevollmächtigte Personen kommen daher neben Notaren (→ Rn. 43 ff.) zB auch Prokuristen in Betracht (→ Rn. 41 f.).

36 **bb) Bestand der Vollmacht.** Anmeldungen zur Eintragung in das Handelsregister sind auch aufgrund einer **trans- oder postmortalen Vollmacht** möglich.[79] Die von einem verstorbenen Kommanditisten erteilte Vollmacht ist allerdings keine Grundlage für die Anmeldung des Eintritts eines neuen Kommanditisten im Wege der Gesamtrechtsnachfolge; der Erbe ist selbst originär anmeldepflichtig.[80] Wurde die Vollmacht wirksam durch einen organschaftlichen Vertreter (zB Mitglied des Vorstands einer AG, Geschäftsführer einer GmbH) erteilt, erlischt diese nicht, wenn der organschaftliche Vertreter aus seinem Amt ausscheidet und dadurch seine Vertretungsbefugnis verliert.[81]

37 **cc) Umfang der Vollmacht. (1) Allgemeines.** Der Umfang der erteilten Vollmacht muss die konkrete Anmeldung zur Eintragung in das Handelsregister umfassen.[82] Liegt keine sog. Spezialvollmacht vor, umfasst die (General-)Vollmacht die Anmeldung – Gleiches gilt für eine der Anmeldung beizufügende Versicherung (→ Rn. 39) – nur, wenn diese sich nach allgemeinen Auslegungsregeln eindeutig darauf erstreckt.[83] Obwohl Begriffe nicht im rechtstechnischen Sinne verwendet müssen,[84] sind hieran strenge Anforderungen zu stellen.[85] Die Grenze der Auslegung ist der Wortlaut.[86] Daher

---

[76] Stelmaszczyk, notar 2022, 84 (87); s. auch Staub/Koch/Harnos Rn. 82.

[77] KG 1.7.2022, NJW-RR 2022, 1555 (1556); OLG Schleswig 13.12.2007, DNotZ 2008, 709.

[78] KG 17.8.2021, NZG 2022, 618 (619). Zu § 378 Abs. 1 S. 1 FamG s. Meyer/Bormann RNotZ 2009, 470 ff.

[79] BayObLG 25.3.1975, BayObLGZ 1975, 137 (142); OLG Hamburg 27.5.1966, DNotZ 1967, 30 f.; MDR 1974, 1022; Heymann/Förster Rn. 18; Staub/Koch/Harnos Rn. 39; MüKoHGB/Krafka Rn. 29; Krafka RegisterR Rn. 114; NK-HGB/Lamsa Rn. 33; RGHMW/Ries Rn. 10; Ebenroth/Boujong/Schaub Rn. 68; zweifelnd SLM/Müther Rn. 25.

[80] OLG München 20.6.2017, MittBayNot 2017, 618; KG 17.8.2021, NZG 2022, 618 (619) mwN; MüKoHGB/Krafka Rn. 29; RGHMW/Ries Rn. 9; s. auch KG 21.11.2002, FGPrax 2003, 42 f.

[81] OLG Düsseldorf 8.12.2017, NZG 2018, 381.

[82] BGH 2.12.1991, BGHZ 116, 190 = NJW 1992, 975; KG 17.8.2021, NZG 2022, 618 (619); KG 20.9.2013, MittBayNot 2014, 178 (179) (Anmeldung der Adressänderung einer GmbH durch Handlungsbevollmächtigten); OLG Düsseldorf 12.2.2014, FGPrax 2014, 172 (173) (Anmeldung der Sitzverlegung einer GmbH durch Bevollmächtigten); 16.3.2012, NZG 2012, 1223; OLG Schleswig 20.1.2010, FGPrax 2010, 147 (148); Staub/Koch/Harnos Rn. 38; MüKoHGB/Krafka Rn. 28; Krafka RegisterR Rn. 114; SLM/Müther Rn. 25; Ebenroth/Boujong/Schaub Rn. 66 ff.; Winkler DNotZ 1986, 696 (697); zur General-Vorsorgevollmacht s. auch OLG Karlsruhe 13.8.2013, RNotZ 2013, 561 (562); OLG Frankfurt 16.4.2013, ZEV 2013, 686 (687).

[83] OLG Karlsruhe 13.1.2025, NZG 2025, 744 Rn. 18; OLG Düsseldorf 12.2.2014, NZG 2014, 1066 Rn. 22; OLG Schleswig 20.1.2010, NZG 2010, 957 Rn. 27, 29.

[84] KG 17.8.2021, NZG 2022, 618 (619) mwN; 1.3.2005, FGPrax 2005, 173; Staub/Koch/Harnos Rn. 38.

[85] OLG Karlsruhe 13.1.2025, NZG 2025, 744 Rn. 18; OLG Düsseldorf 12.2.2014, NZG 2014, 1066 Rn. 22; OLG Schleswig 20.1.2010, NZG 2010, 957 Rn. 27, 29.

[86] OLG Düsseldorf 25.2.2013, FGPrax 2013, 180 (181); 25.2.2013, BeckRS 2013, 06208; OLG Schleswig 20.1.2010, FGPrax 2010, 147 (148); KG 1.3.2005, FGPrax 2005, 173; SLM/Müther Rn. 25; Ebenroth/Boujong/Schaub Rn. 70.

kann zB eine Vollmacht, die sich auf die Anmeldung einer bestimmten Angelegenheit bezieht (zB den Eintritt in eine Gesellschaft), nicht für die Anmeldung einer anderen Angelegenheit (zB die Erhöhung der Einlagen) herangezogen werden.[87]

38 **(2) Möglichkeit der Vertretung.** Abs. 1 S. 3 regelt nur die Form des Vertretungsnachweises (→ Rn. 49 ff.); die Zulässigkeit der Vertretung wird vorausgesetzt.[88] Letztere ist jedenfalls in zwei Konstellationen umstritten.

39 In bestimmten Konstellationen muss die Anmeldung zur Eintragung in ein Register eine **Versicherung** enthalten (zB § 8 Abs. 2 S. 1 GmbHG oder § 707 Abs. 2 Nr. 4 BGB), wobei falsche Angaben – sei es aufgrund einer besonderen Bestimmung (zB § 82 Nr. 1 GmbHG), sei es aufgrund einer allgemeinen Bestimmung (zB § 263 StGB) – strafbewehrt sind. Nach einer Ansicht soll die Vertretung nicht nur bei der Versicherung, sondern bei der Anmeldung insgesamt unzulässig sein.[89] Dies soll auch für die unechte Gesamtvertretung (→ Rn. 14) gelten.[90] Vorzugswürdig erscheint es, zwischen der Anmeldung, die durch einen Stellvertreter abgegeben werden kann, und der im Einzelfall erforderlichen Versicherung zu differenzieren.[91] Die Versicherungen sind Wissenserklärungen, bei denen eine Vertretung begrifflich ausgeschlossen ist.[92] Sie können nur von den Pflichtigen persönlich abgegeben werden.[93] Da die förmliche[94] Versicherung der Anmeldung beigefügt werden kann, besteht keine Notwendigkeit, die Anmeldung durch einen gewillkürten Vertreter auszuschließen.

40 Einzelne Anmeldungen müssen durch **sämtliche Vorstandsmitglieder oder Geschäftsführer** erfolgen, zB die Erstanmeldung einer GmbH zur Eintragung in das Handelsregister gem. § 7 Abs. 1 GmbHG iVm § 78 GmbHG. In diesen Angelegenheiten verneint die überwiegende Ansicht die Zulässigkeit einer Vertretung bei der Registeranmeldung.[95] Der Gesetzgeber habe zu erkennen gegeben, dass ihm die Vertretung durch einen Teil des Vertretungsorgans nicht ausreiche.[96]

41 **dd) Besonderheiten bei der Vertretung durch Prokuristen.** Anmeldungen zur Eintragung in das Handelsregister können grundsätzlich auch von Prokuristen vorgenommen werden.[97] Ausnahmen kann – abgesehen von der unechten Gesamtvertretung (→ Rn. 14, → Rn. 42) – der Gegenstand der Anmeldung bedingen. Ist Gegenstand der Anmeldung zB die Eintragung der Prokura (§ 53 Abs. 1 S. 1; → § 53 Rn. 3 ff.), kommt eine Mitwirkung des neu bestellten Prokuristen nicht in Betracht.[98] Für diese und andere Anmeldungen, die von der Prokura nicht umfasst sind (§ 49 Abs. 1), bedarf der Prokurist einer zusätzlichen Vollmacht.[99]

42 Die Prokura berechtigt den Prokuristen gem. § 49 Abs. 1 zu sämtlichen Anmeldungen zur Eintragung in das Handelsregister, die der Betrieb eines Handelsgeschäfts mit sich bringt (→ § 49 Rn. 2 ff.).

---

[87] Ebenroth/Boujong/Schaub Rn. 70.

[88] OLG Karlsruhe 13.1.2025, NZG 2025, 744 Rn. 14.

[89] BayObLG 12.6.1986, BayObLGZ 1986, 203 (205) = NJW 1987, 136 f.; Gustavus GmbHR 1978, 219 (224 f.); Koch AktG § 36 Rn. 4; MüKoAktG/Pentz AktG § 36 Rn. 26; RGHMW/Ries Rn. 11; Ebenroth/Boujong/Schaub Rn. 99 ff.; MüKoAktG/Verse AktG § 184 Rn. 10; Scholz/Wicke GmbHG § 78 Rn. 19; s. auch KG 28.4.2009, NZG 2009, 905; offengelassen von BGH 2.12.1991, BGHZ 116, 190 (199 f.) = NJW 1992, 975; OLG Karlsruhe 13.1.2025, NZG 2025, 744 Rn. 22.

[90] Ebenroth/Boujong/Schaub Rn. 105; Schaub MittBayNot 1999, 539 (545); **aA** Koch AktG § 184 Rn. 3; MüKoAktG/Verse AktG § 184 Rn. 10.

[91] OLG Köln 1.10.1986, NJW 1987, 135 f.; MüKoHGB/Krafka Rn. 35; Krafka RegisterR Rn. 116; Bassenge/Roth/K. Walter FamFG § 382 Rn. 6; Fleischhauer/Wochner HandelsregisterR/Wochner/Schemmann Teil A Rn. 84; s. auch v. Werder/Hobuß BB 2018, 1031 (1034 f.) mwN. Krit. Ebenroth/Boujong/Schaub Rn. 103: „überkonstruiert".

[92] MüKoAktG/Pentz AktG § 36 Rn. 26; Ebenroth/Boujong/Schaub Rn. 106.

[93] BayObLG 12.6.1986, BayObLGZ 1986, 203 (205) = NJW 1987, 136 f.; Krafka RegisterR Rn. 116; MüKoHGB/Krafka Rn. 35; **aA** Winkler DNotZ 1986, 696 (698).

[94] v. Werder/Hobuß BB 2018, 1031 (1035) zu dem Beglaubigungserfordernis.

[95] BayObLG 12.6.1986, BayObLGZ 1986, 203 (205) = NJW 1987, 136 (Kapitalerhöhung); Noack/Servatius/Haas/Beurskens GmbHG § 78 Rn. 7 f.; Lutter/Hommelhoff/Kleindiek GmbHG § 78; Rn. 2; Staub/Koch/Harnos Rn. 44; NK-HGB/Lamsa Rn. 36; MHLS/Lieder GmbHG § 78 Rn. 28; SLM/Müther Rn. 24; Scholz/Wicke GmbHG § 78 Rn. 20; s. auch Ebenroth/Boujong/Schaub Rn. 107 zu § 36 AktG.

[96] MHLS/Lieder GmbHG § 78 Rn. 21.

[97] BGH 2.12.1991, BGHZ 116, 190 (193) = NJW 1992, 975; MüKoHGB/Krebs § 49 Rn. 20, 35; NK-HGB/Lamsa Rn. 34; Hopt/Merkt § 49 Rn. 1; ausf. zur Thematik Seebach RNotZ 2015, 68 (70) mwN.

[98] BayObLG 19.6.1973, NJW 1973, 2068; OLG Frankfurt 28.2.2005, FGPrax 2005, 135; Krafka RegisterR Rn. 395; **aA** Bärwaldt NJW 1997, 1404 (1405).

[99] BGH 2.12.1991, BGHZ 116, 190 (193 f.) = NJW 1992, 975; OLG Düsseldorf 16.3.2012, NZG 2012, 1223; MüKoHGB/Krebs § 49 Rn. 35; SLM/Müther Rn. 27; Schaub MittBayNot 1999, 539 (541); Heymann/Teichmann § 49 Rn. 13.

Hierzu gehören auch Anmeldungen in der Sache eines anderen Unternehmens, an dem das von ihm vertretene Unternehmen als Gesellschafter beteiligt ist.[100] Nicht von § 49 Abs. 1 umfasst sind Anmeldungen, welche die **Grundlagen des Unternehmens** betreffen.[101] Die Anmeldung ist so bedeutend, dass sie der Grundlagenentscheidung selbst zugeordnet werden muss und deshalb wie die Mitwirkung bei der Grundlagenentscheidung selbst nicht von der Vertretungsmacht des Prokuristen umfasst ist.[102] Daher berechtigt die Prokura zB nicht zu der Anmeldung einer Änderung der inländischen Geschäftsanschrift.[103] Gemeinschaftlich mit einem organschaftlichen Vertreter (sog. unechte Gesamtvertretung) kann der Prokurist diese Anmeldung hingegen vornehmen, da die Vertretungsmacht in diesem Fall dem Umfang der Vertretungsmacht des Vertretungsorgans entspricht (→ Rn. 14).[104]

43 **b) Anmeldung durch den Notar.** Der Notar kann die Anmeldung als **Bote** einreichen oder als **Vertreter** mittels einer Eigenurkunde vornehmen.[105] Er muss stets kenntlich machen, in welcher Eigenschaft er im Registerverfahren auftreten will.[106] Nur wenn der Notar als Vertretung des Anmeldenden gehandelt hat, ist er zu der Rücknahme des Antrags befugt.[107]

44 Der Notar, der die zu einer Eintragung erforderliche Erklärung beurkundet oder beglaubigt hat (→ Rn. 43), gilt gem. **§ 378 Abs. 2 FamFG** als ermächtigt, im Namen des zur Anmeldung Berechtigten die Eintragung zu beantragen. Diese **Vollmachtvermutung** umfasst die Befugnis, im Namen des Anmeldenden Beschwerde – nicht hingegen Rechtsbeschwerde (§ 10 Abs. 4 S. 1 FamFG) – gegen die Ablehnung der beantragten Eintragung einzulegen.[108] Wurde der Notar von dem Vertretungsorgan eines Unternehmensträgers bevollmächtigt, ermöglicht die Vermutung des § 378 Abs. 2 FamFG die Anmeldung insbesondere in Konstellationen, in denen im Anmeldezeitpunkt Vertretungsorgane fehlen.[109] Die Vermutung betrifft nur die Anmeldung, nicht hingegen beizufügende Versicherungen und sonstige (Wissens-)Erklärungen, die per se nicht von einem Vertreter abgegeben werden können.[110]

45 Grundlage der Vollmachtvermutung des § 378 Abs. 2 FamFG ist eine **zur Eintragung erforderliche Erklärung,** die der Notar beurkundet oder beglaubigt hat. Diese Eintragungsgrundlagen sind in erster Linie materiell-rechtlicher Natur, nämlich ein Vertrag, ein Beschluss oder eine sonstige Erklärung – nicht notwendig eine Willenserklärung[111] –, deren Inhalt in das Handelsregister eingetragen werden soll.[112] Ein Beurkundungserfordernis muss nicht bestehen. Nach zutreffender hM genügt

[100] BGH 2.12.1991, BGHZ 116, 190 = NJW 1992, 975 zur GmbH & Co. KG; LG Aachen 29.5.2000, MittRhNotK 2000, 354; Ammon DStR 1993, 1025 (1027); Joost ZIP 1992, 463 (465); Staub/Koch/Harnos Rn. 41; MüKoHGB/Krafka Rn. 31; Krafka RegisterR Rn. 116; **aA** BayObLG 14.4.1982, BayObLGZ 1982, 198 (201).

[101] BGH 2.12.1991, BGHZ 116, 190 = NJW 1992, 975; OLG Düsseldorf 16.3.2012, NZG 2012, 1223 (Ausscheiden eines GmbH-Geschäftsführers); Heymann/Förster Rn. 22; Staub/Koch/Harnos Rn. 40; MüKoHGB/Krafka Rn. 35; Krafka RegisterR Rn. 116; MüKoHGB/Krebs § 49 Rn. 8, 23, 24; NK-HGB/Lamsa Rn. 34; Hopt/Merkt § 49 Rn. 2; Heymann/Teichmann § 49 Rn. 12; s. auch LG Aachen 29.5.2000, MittRhNotK 2000, 354; **aA** Renaud/Heinsen GmbHR 2008, 687 (690 f.); Seebach RNotZ 2015, 68 (74 f.); s. auch Renaud GmbHR 2012, 1128 (1129 f.) zur Anmeldung der Niederlegung des Geschäftsführeramtes.

[102] MüKoHGB/Krebs § 49 Rn. 8; **aA** – Vollzugsentscheidung – Renaud/Heinsen GmbHR 2008, 687 (690 f.); Seebach RNotZ 2015, 68 (74 f.).

[103] KG 4.5.2016, NZG 2016, 1031 (gegen die Einordnung als Grundlagenentscheidung noch der vormals zuständige Senat: KG 20.9.2013, MittBayNot 2014, 178); OLG Karlsruhe 7.8.2014, NZG 2014, 1346; krit. Seebach RNotZ 2015, 68 (76).

[104] Heymann/Förster Rn. 28; Krafka RegisterR Rn. 117; SLM/Müther Rn. 28; Ebenroth/Boujong/Schaub Rn. 162; Heymann/Teichmann § 49 Rn. 12 f.; s. auch LG Aachen 29.5.2000, MittRhNotK 2000, 354.

[105] OLG Oldenburg 16.9.2011, NZG 2011, 1233; Ising NZG 2012, 289 (290); MüKoFamFG/Krafka FamFG § 378 Rn. 11.

[106] Staub/Koch/Harnos Rn. 49; MüKoHGB/Krafka Rn. 42; Ebenroth/Boujong/Schaub Rn. 128.

[107] Krafka RegisterR Rn. 124, 126 f.; Bahrenfuss/Steup FamFG § 378 Rn. 6.

[108] MüKoHGB/Krafka Rn. 44; SLM/Müther Rn. 36; Ries RegisterR-FormB/Rudolph Rn. 1.64; Ebenroth/Boujong/Schaub Rn. 133; s. auch BayObLG 24.4.1986, MittBayNot 1986, 139; 7.2.1984, BayObLGZ 1984, 29 (31 f.); OLG Frankfurt 19.7.1978, DNotZ 1978, 750 (751); **aA** Sternal/M. Noack FamFG § 378 Rn. 16 zur Rechtsbeschwerde.

[109] Heinze NZG 2018, 1170 f.

[110] Grau/Kirchner GWR 2021, 23 (25); Krafka RegisterR Rn. 115: nur in dieser Hinsicht Stellvertretung ausgeschlossen; v. Werder/Hobuß BB 2018, 1031 (1035); s. auch Fleischhauer/Wochner HandelsregisterR/Wochner/Schemmann Teil A Rn. 86.

[111] OLG Frankfurt 2.8.2022, GmbHR 2023, 121 (123): im Rahmen der Beurkundung eines Gesellschafterbeschlusses abgegebene Erklärung zur Namensänderung einer Gesellschafterin.

[112] OLG Frankfurt 2.8.2022, GmbHR 2023, 121 (122); MüKoHGB/Krafka Rn. 42; Krafka RegisterR Rn. 123; Sternal/M. Noack FamFG § 378 Rn. 5; s. auch OLG Karlsruhe 31.1.2011, GmbHR 2011, 308 (309) mwN zu der Problematik, dass Urkundsbeteiligter und Anmeldender nicht personenidentisch sind.

auch die Handelsregisteranmeldung, weil es sich dabei um die für die Eintragung erforderliche Verfahrenserklärung handelt.[113] Im Unterschied zu der Rechtslage vor dem 1.9.2009 (§ 129 Abs. 1 FGG) knüpft § 378 Abs. 2 FamFG nicht an die Anmeldepflicht an, sodass die Vollmachtvermutung nicht auf öffentlich-rechtliche Anmeldepflichten beschränkt ist. Erforderlich, aber auch ausreichend ist die Anmeldeberechtigung der Vertretenen.

c) Nachweis der Vertretungsmacht. aa) Organschaftliche und gesetzliche Vertretung, Vertretung kraft Amtes. Der Nachweis einer **organschaftlichen Vertretungsbefugnis** wird durch einen **amtlichen Ausdruck nach § 9 Abs. 4** geführt.[114] Das Registerzeugnis nach § 9 Abs. 3 aF ist mit der Neufassung der Vorschrift durch Art. 1 Nr. 2 EHUG iVm Art. 13 Abs. 2 Hs. 1 EHUG mWv 1.1.2007 entfallen (→ § 9 Rn. 15). Möglich ist hingegen eine **Notarbescheinigung** nach **§ 21 Abs. 1 Nr. 1 BNotO.**[115] Wenn das Register bereits Auskunft über die Vertretungsverhältnisse gibt, genügt in entsprechender Anwendung von **§ 32 Abs. 1 S. 1 Alt. 1 GBO** ein **amtlicher Registerausdruck.**[116] Dabei kommt es wegen der Möglichkeit, bundesweit elektronisch Einsicht zu nehmen (§ 9 Abs. 1 S. 1; → § 9 Rn. 2 ff.), nicht darauf an, wo die Registerakte geführt wird.[117] 46

Bei Vertretungsorganen **ausländischer Gesellschaften** kommt ein Nachweis durch einen beglaubigten Registerauszug oder eine Notarbescheinigung nach § 21 Abs. 1 Nr. 1 BNotO (→ Rn. 46) nur in Betracht, wenn das ausländische Register seiner rechtlichen Bedeutung nach dem deutschen Handelsregister entspricht.[118] Bescheinigungen nach § 21 Abs. 1 Nr. 1 BNotO, die aufgrund einer Einsichtnahme in das von dem Companies House geführte Register erstellt wurden, genügen aufgrund der beschränkten Aussagekraft des Registerinhalts alleine nicht, um die Vertretungsmacht nachzuweisen.[119] Der Notar kann aber im Wege einer gutachterlichen Stellungnahme den Nachweis der Vertretungsberechtigung führen; inhaltlich muss die gutachterliche Stellungnahme eine nachvollziehbare Darstellung der tatsächlichen Grundlagen der erfolgten Prüfung und der hieraus gefolgerten Feststellungen enthalten.[120] 47

Handeln die Eltern als **gesetzliche Vertreter** ihrer Kinder (§ 1629 Abs. 1 S. 1 BGB), müssen sie im Zweifel Personenstandsurkunden vorlegen; der alleinvertretungsberechtigte Elternteil hat seine Alleinvertretungsberechtigung nachzuweisen.[121] Vormund, Pfleger, Nachlasspfleger, Nachlassverwalter und Betreuer legitimieren sich durch die Vorlage ihrer Bestallungs- bzw. Bestellungsurkunde, der Insolvenzverwalter durch die Urkunde über seine Bestellung nach § 56 Abs. 2 S. 1 InsO, der Testamentsvollstrecker durch das Testamentsvollstreckerzeugnis nach § 2368 BGB.[122] 48

bb) Vollmacht. Abweichend von § 167 Abs. 2 BGB muss die Vollmacht für die Anmeldung zur Eintragung in das Handelsregister gem. Abs. 1 S. 3 in **öffentlich beglaubigter Form** nachgewiesen werden. Trotz der einleitenden Formulierung in Abs. 1 S. 3 („Die gleiche Form“) ist das in Abs. 1 S. 2 für die Anmeldung zugelassene Beglaubigungsverfahren nach § 40a Abs. 1 S. 1 Alt. 2 BeurkG (→ Rn. 24) für die Vollmacht nicht ausreichend.[123] Die Signaturbeglaubigung mittels Videokommunikation kann (noch) nicht als generell taugliche Beglaubigungsform bei Legitimationsurkunden 49

[113] OLG Karlsruhe 31.1.2011, BeckRS 2011, 05289; Staub/Koch/Harnos Rn. 51; Krafka RegisterR Rn. 123; Sternal/M. Noack FamFG § 378 Rn. 6.

[114] OLG Nürnberg 26.1.2015, FGPrax 2015, 124; Krafka RegisterR Rn. 118.

[115] OLG Nürnberg 26.1.2015, FGPrax 2015, 124; Staub/Koch/Harnos Rn. 57.

[116] Staub/Koch/Harnos Rn. 57; Krafka RegisterR Rn. 118; MüKoHGB/Krafka Rn. 48; Ebenroth/Boujong/Schaub Rn. 167.

[117] Staub/Koch/Harnos Rn. 57; **aA** Krafka RegisterR Rn. 118; s. auch OLG Hamm 17.1.2008, DNotZ 2008, 530 (531) für das Grundbuchverfahren.

[118] Zu dem schwedischen Handelsregister OLG Schleswig 13.12.2007, FGPrax 2008, 217 (218) = DNotZ 2008, 708 (719) mAnm Apfelbaum. Zu dem Register der niederländischen Handelskammer OLG Schleswig 16.5.2022, FGPrax 2022, 154 (155), das zugleich eine Bestätigung durch den niederländischen Notar genügen ließ; s. auch Frenz/Miermeister/Limmer BNotO § 21 Rn. 9a; Niesse NotBZ 2015, 368 (371), jeweils mwN. Zu weiteren Nachweismöglichkeiten s. Bönner RNotZ 2015, 253 (267).

[119] OLG Düsseldorf 7.8.2019, NZG 2019, 1385 (1386); OLG Nürnberg 26.1.2015, FGPrax 2015, 124 (126) mwN; KG 20.4.2010, DNotZ 2012, 604 (605); s. auch OLG Nürnberg 25.3.2014, FGPrax 2014, 156 (157); zum Grundbuchverfahren OLG Düsseldorf 21.8.2014, FGPrax 2015, 12 (13) mwN; KG 20.4.2010, DNotZ 2012, 604 (605); zu der Problematik (auch zur notariellen Stellungnahme) s. Frenz/Miermeister/Limmer BNotO § 21 Rn. 9a mwN.

[120] OLG Düsseldorf 7.8.2019, NZG 2019, 1385 (1386); 18.7.2019, NJW-RR 2020, 25 (26); ausf. Staub/Koch/Harnos Rn. 37.

[121] Krafka RegisterR Rn. 113; Ebenroth/Boujong/Schaub Rn. 140.

[122] Krafka RegisterR Rn. 113; Ebenroth/Boujong/Schaub Rn. 140.

[123] Begr. RegE, BT-Drs. 20/1672, 18; Altmeppen GmbHG § 2 Rn. 97; Staudinger/Hertel, 2023, BGB § 129 Rn. 155; **aA** Staub/Koch/Harnos Rn. 47.

angesehen werden, weil diese im Rechtsverkehr in Urschrift vorzulegen sind.[124] Lediglich in einzelnen, gesetzlich besonders geregelten Ausnahmefällen kann eine Vollmacht online beurkundet werden, und zwar gem. § 49 Abs. 1 BeurkG durch die Erstellung einer Ausfertigung von der elektronischen Urschrift (§ 45 Abs. 3 BeurkG). De lege lata ist die **Online-Beurkundung von Vollmachten** bei der GmbH-Gründung gem. **§ 2 Abs. 2 S. 2 GmbHG** zugelassen, da insoweit ein besonderes praktisches Bedürfnis – insbesondere für die Online-Beurkundung von Vollzugsvollmachten – gesehen wurde.[125] Als Annex dazu sollte auch die Online-Beurkundung der Registervollmacht zulässig sein, und zwar jedenfalls als sonstige Erklärung gem. § 2 Abs. 3 S. 3 GmbHG.[126] Diese Art der Beurkundung ersetzt gem. § 129 Abs. 4 BGB die Beglaubigung (→ Rn. 22).

50 Das in Abs. 1 S. 3 vorgesehene Nachweisverfahren stößt zB an seine Grenzen, wenn die Vollmacht unter einer aufschiebenden Bedingung erteilt wurde, deren Eintritt in dem Registerverfahren nicht überprüft werden kann.[127] Liegt dem Registergericht aus früheren Verfahren eine öffentlich beglaubigte unwiderrufliche Vollmacht vor (zu der Einreichung einer elektronisch beglaubigten Abschrift → Rn. 51), darf es nur dann eine neue Vollmachtsurkunde als Nachweis verlangen, wenn begründete Zweifel an dem **Fortbestand der Vollmacht** bestehen.[128] Liegt ein erheblicher Zeitraum zwischen der Einreichung der Urkunde und der Entscheidung über die neue Anmeldung, kann das Registergericht jedenfalls einen aktuellen Nachweis verlangen.[129] Auch bei der Anmeldung einer deklaratorischen Eintragung wird ein wiederholter Nachweis gefordert, weil – im Unterschied zu konstitutiven Eintragungen – die fehlende Vertretungsmacht allein kein Grund für die Löschung nach § 395 FamFG wäre.[130]

51 Die Umstellung auf die elektronische Registerführung hat dazu geführt, dass Vollmachtsurkunden nicht mehr im Original, sondern in **elektronisch beglaubigter Abschrift** eingereicht werden (→ Rn. 59 ff.). Die Abschrift allein erbringt jedoch keinen Nachweis dafür, dass die Vollmacht während des gesamten Registerverfahrens fortbesteht. Dieser kann zB durch eine **notarielle Bestätigung** des Inhalts erbracht werden, dass die von dem Notar in Abschrift eingereichte Vollmachtserklärung mit der von ihm verwahrten Urschrift der Vollmacht übereinstimmt.[131] Hierbei handelt es sich um eine gutachterliche Bestätigung,[132] die das Registergericht im Zuge seiner Ermittlung heranziehen kann.[133] Der Nachweis der Vollmacht kann – wie in Abs. 1 S. 4 ausdrücklich zugelassen – auch durch die **Bescheinigung eines Notars** nach **§ 21 Abs. 3 BNotO** geführt werden.[134] Bedeutsam sind solche notariellen Vollmachtsbescheinigungen insbesondere, wenn ansonsten eine Vielzahl von Vollmachten oder Registeranmeldungen beizufügen wäre.[135] Die Bescheinigung darf ein Notar gem. § 21 Abs. 3 S. 2 BNotO nur ausstellen, wenn er sich zuvor durch Einsichtnahme in eine öffentliche oder öffentlich beglaubigte Vollmachtsurkunde über die Begründung der Vertretungsmacht vergewissert hat. Vor dem Hintergrund des § 172 BGB ist gem. § 21 Abs. 3 S. 3 BNotO in der Bescheinigung anzugeben, in welcher Form und an welchem Tag die Vollmachtsurkunde dem Notar vorgelegen hat.[136] Soll eine Kette von Vollmachten nachgewiesen werden, muss die Bescheinigung sämtliche Bestandteile der Kette umfassen.[137]

52 **7. Nachweis der Rechtsnachfolge (Abs. 1 S. 5). a) Normzweck, Begriff der Rechtsnachfolge.** Gemäß Abs. 1 S. 5 haben Rechtsnachfolger eines Beteiligten iSd § 7 FamFG die Rechtsnachfolge, soweit tunlich (→ Rn. 58), durch öffentliche Urkunden (→ Rn. 53 ff.) nachzuweisen. Die

[124] Kienzle DNotZ 2021, 590 (600); APR/Kruse BeurkG § 40a Rn. 5; ausf. Stelmaszczyk/Strauß GmbHR 2022, 833 (843 f.).

[125] Begr. RegE, BT-Drs. 20/1672, 22.

[126] BeckOK GmbHG/Jaeger, 66. Ed. 1.11.2022, GmbHG § 2 Rn. 85; Stelmaszczyk/Strauß GmbHR 2022, 833 (843).

[127] OLG Schleswig 20.1.2010, NZG 2010, 957 (959) (wichtiger Grund für Ausschluss eines Kommanditisten).

[128] BayObLG 25.3.1975, BayObLGZ 1975, 137 (140) = DB 1975, 1162; RGHMW/Ries Rn. 10; Ebenroth/Boujong/Schaub Rn. 82; s. auch OLG Karlsruhe 12.11.2014, NJW-RR 2015, 420 (421), das allerdings nicht hinreichend zwischen öffentlich beglaubigtem Original und beglaubigter Abschrift differenziert; s. auch OLG Schleswig 3.6.2021, FGPrax 2022, 17 (18) zum Grundbuchverfahren.

[129] OLG Karlsruhe 12.11.2014, NJW-RR 2015, 420 (421).

[130] MüKoHGB/Krafka Rn. 34.

[131] Jeep/Wiedemann NJW 2007, 2439 (2445); zust. Staub/Koch/Harnos Rn. 48; NK-HGB/Lamsa Rn. 37a; RGHMW/Ries Rn. 10.

[132] ALS/Sandkühler BNotO § 21 Rn. 9.

[133] Zu dieser Problematik MüKoHGB/Krafka Rn. 34.

[134] OLG Düsseldorf 30.3.2016, NZG 2016, 665 (666); Kilian notar 2016, 13 (15).

[135] Heinemann FGPrax 2013, 139 (141); s. auch Ries RegisterR-FormB/Rudolph Rn. 1.75.

[136] BGH 22.9.2016, DNotZ 2017, 303 Rn. 15; s. auch RA, BT-Drs. 17/13136, 28; Preuß DNotZ 2013, 740 (748).

[137] BGH 22.9.2016, DNotZ 2017, 303 (305 f.) zu § 29 GBO.

Vorschrift soll nicht nur sicherstellen, dass Anmeldungen zur Eintragung in das Handelsregister von den tatsächlich berechtigten Personen vorgenommen werden. Sie impliziert durch die Nachweisobliegenheit des Anmeldenden auch, dass es nicht Aufgabe des Registergerichts ist, die Rechtsnachfolge zu prüfen.[138] Die Art der Rechtsnachfolge – sei es eine Einzelrechtsnachfolge (zB Unternehmensveräußerung), sei es eine Gesamtrechtsnachfolge (zB Erbgang, Umwandlung) – ist für die Anwendung von Abs. 1 S. 5 unerheblich.[139]

b) Nachweis durch öffentliche Urkunden. Die Rechtsnachfolge ist, soweit tunlich (→ Rn. 58), gem. Abs. 1 S. 5 durch öffentliche Urkunden nachzuweisen. Diese Regelung bedeutet – im Vergleich zu § 29 Abs. 1 S. 1 FamFG – eine erhebliche Einschränkung der zulässigen Beweismittel, nämlich auf den Urkundenbeweis. **Öffentliche Urkunden** sind gem. § 415 Abs. 1 ZPO Urkunden, die von einer öffentlichen Behörde innerhalb der Grenzen ihrer Amtsbefugnisse oder von einer mit öffentlichem Glauben versehenen Person innerhalb des ihr zugewiesenen Geschäftskreises in der vorgeschriebenen Form aufgenommen sind. Sie begründen, wenn sie über eine vor der Behörde oder der Urkundsperson abgegebene Erklärung errichtet sind, vollen Beweis des durch die Behörde oder die Urkundsperson begründeten Vorgangs, es sei denn, dass die Unrichtigkeit der Beurkundung bewiesen wird (§ 415 Abs. 2 ZPO). Die bloße Beglaubigung der Unterschrift begründet nicht denselben Beweis,[140] weil nur der Beglaubigungsvermerk eine öffentliche Urkunde darstellt, und dieser Vermerk sich nicht auf den Inhalt der niedergelegten Erklärung bezieht. Ein **öffentliches elektronisches Dokument** hat gem. § 371a Abs. 3 S. 1 ZPO dieselbe Beweiskraft wie eine öffentliche Urkunde. 53

Welche öffentlichen Urkunden (→ Rn. 53) der Beteiligte für den Nachweis der Rechtsnachfolge beizubringen hat, bestimmt das Registergericht nach pflichtgemäßem Ermessen.[141] Für den Nachweis der Erbfolge genügt in der Regel ein **Erbschein.**[142] Da Legitimationsurkunden grundsätzlich in Urschrift oder Ausfertigung vorgelegt werden müssen, um sicherzustellen, dass die Legitimation noch besteht, wurde in Registerverfahren bis zur Umstellung auf die elektronische Registerführung (§ 8 Abs. 1; → § 8 Rn. 78 ff.) regelmäßig die Vorlage einer Ausfertigung des Erbscheins verlangt.[143] Seit der Neufassung von Abs. 2 S. 1 (→ Rn. 65) durch Art. 1 Nr. 2 EHUG iVm Art. 13 Abs. 2 Hs. 1 EHUG mWv 1.1.2007 müssen sämtliche Dokumente elektronisch eingereicht werden, sodass nur eine elektronisch beglaubigte Abschrift eingereicht werden kann (→ Rn. 51).[144] Ausweislich der Regierungsbegründung soll es für den Nachweis der Rechtsnachfolge im Registerverfahren genügen, dass der Beglaubigungsvermerk „zeitnah" zur anschließenden Übermittlung der Abschrift erstellt wurde.[145] 54

Sind **andere öffentliche Urkunden** iSd § 415 Abs. 1 ZPO als ein Erbschein (→ Rn. 54) vorhanden, aus denen das Registergericht im Wege der Auslegung die Rechtsnachfolge mit hinreichender Deutlichkeit entnehmen kann (zB ein Europäisches Nachlasszeugnis iSd Art. 62 ff. Erbrechts-VO, ein eröffnetes öffentliches Testament,[146] nicht dagegen ein Testamentsvollstreckerzeugnis[147]), können diese kumulativ oder anstelle des Erbscheins als Nachweismittel verwendet werden.[148] Bedürfen die vorgelegten Urkunden der Auslegung und verbleiben deshalb Zweifel an der Rechtsnachfolge, ist es dem nachlassgerichtlichen Verfahren vorbehalten, die Sachlage in tatsächlicher und rechtlicher Hinsicht zu prüfen und zu beurteilen.[149] 55

In dem Registerverfahren sind **ausländische Erbzeugnisse** aufgrund der Bereichsausnahme in Art. 1 Abs. 2 lit. l Erbrechts-VO keine dem Erbschein ipso iure gleichwertigen Nachweise.[150] 56

---

[138] OLG Düsseldorf 9.6.2017, NJW-RR 2018, 166 (167); KG 30.5.2000, NJW-RR 2000, 1704 (1705).
[139] KKD/Roth/Stelmaszczyk Rn. 7; Ebenroth/Boujong/Schaub Rn. 170.
[140] MüKoHGB/Krafka Rn. 51.
[141] OLG Bremen 18.3.2025, FGPrax 2025, 114; 15.4.2014, NJW-RR 2014, 816.
[142] Statt vieler OLG Bremen 18.3.2025, FGPrax 2025, 114; Leitzen ZEV 2024, 152 (154); Rohr DNotZ 2023, 179 (194 f.). Zu der Eignung eines quotenlosen Erbscheins für den Nachweis der Sondererbfolge ebd.
[143] OLG Köln 9.9.2004, FGPrax 2005, 41; OLG Hamm 12.12.1985, Rpfleger 1986, 139 (140).
[144] Ries RegisterR-FormB/Rudolph Rn. 1.77.
[145] Begr. RegE EHUG, BT-Drs. 16/960, 45; s. auch MüKoHGB/Krafka Rn. 53: „Zeitrahmen von bis zu einer Woche akzeptabel".
[146] OLG Bremen 15.4.2014, NJW-RR 2014, 816; KG 5.10.2006, NJW-RR 2007, 692 (693); s. auch allg. BGH 7.6.2005, NJW 2005, 2779.
[147] OLG Köln 9.9.2004, NZG 2005, 37 (38); KG 30.5.2000, NZG 2000, 1167 (1168); Leitzen ZEV 2024, 152 (154).
[148] OLG Brandenburg 3.3.2020, BWNotZ 2020, 108; OLG Bremen 15.4.2014, NJW-RR 2014, 816; OLG Stuttgart 15.5.2011, ZEV 2012, 338.
[149] OLG Düsseldorf 9.6.2017, NJW-RR 2018, 166 (167) mwN; Staub/Koch/Harnos Rn. 65.
[150] OLG Bremen 18.3.2025, FGPrax 2025, 114; OLG Hamm 15.2.2023, ErbR 2023, 545 für einen Einantwortungsbeschluss nach österreichischem Erbrecht.

Auch ist das Registergericht nicht gehalten, die Gleichwertigkeit des ausländischen Erbzeugnisses im Einzelfall zu prüfen. Eine derart weitgehende Auslegung des Amtsermittlungsgrundsatzes (§ 26 FamFG) drohte die Registergerichte zu überlasten und Eintragungen auf unabsehbare Zeit zu verzögern.[151]

57 Seit der Einführung von **§ 9 Abs. 1 S. 2 Hs. 2 HRV** durch Art. 2 Nr. 1 iVm Art. 3 Abs. 2 Verordnung über die Einrichtung und Führung des Gesellschaftsregisters und zur Änderung der Handelsregisterverordnung vom 16.12.2022 (BGBl. 2022 I 2422) mWv 23.12.2022 werden die gem. Abs. 1 S. 5 zum Nachweis der Rechtsnachfolge elektronisch eingereichten Urkunden (zB Erbschein, Erbvertrag, Europäisches Nachlasszeugnisse) nicht in den **Registerordner** aufgenommen.

58 **c) Ausnahmen.** Die Rechtsnachfolge ist gem. Abs. 1 S. 5 nur soweit tunlich durch öffentliche Urkunden (→ Rn. 53 ff.) nachzuweisen. Danach ist der förmliche Nachweis durch öffentliche Urkunden ausnahmsweise entbehrlich, wenn die Rechtsnachfolge sich zB aus den bei demselben Gericht geführten Nachlassakten ergibt. In diesen Fällen genügt es, dass der Rechtsnachfolger auf die Akten Bezug nimmt.[152] Ist die Führung des Urkundenbeweises mit besonderen Schwierigkeiten verbunden, sodass die Beweisführung eine erhebliche Verzögerung der Eintragung verursachen würde, kann anstelle des förmlichen Nachweises die Versicherung an Eides statt gem. § 31 Abs. 1 FamFG genügen.[153] Ist der förmliche Nachweis der Erbfolge nur mit unverhältnismäßigen Kosten möglich, kann ausnahmsweise die Vorlage eines privatschriftlichen Testaments in Verbindung mit einer eidesstattlichen Versicherung zum Nachweis der Rechtsnachfolge ausreichend sein.[154]

59 **8. Elektronische Einreichung. a) Pflicht zur elektronischen Einreichung, Ausnahme.** Seit der Neufassung der §§ 8–12 durch Art. 1 Nr. 2 EHUG iVm Art. 13 Abs. 2 Hs. 1 EHUG mWv 1.1.2007 und der damit einhergehenden elektronischen Registerführung (→ § 8 Rn. 78 ff.) sind Anmeldungen zur Eintragung in das Handelsregister gem. Abs. 1 S. 1 grundsätzlich elektronisch einzureichen. Eine Einreichung in Papierform kommt nur ausnahmsweise in Betracht, nämlich wenn elektronische Anmeldungen – Gleiches gilt für Dokumente gem. Abs. 2 S. 1 (→ Rn. 65) – vorübergehend nicht entgegengenommen werden können. Für solche Fälle ermächtigt **§ 54 Abs. 3 S. 1 HRV** die nach Landesrecht zuständige Stelle anzuordnen, dass Anmeldungen und Dokumente auch in Papierform entgegengenommen werden können. Auf Grundlage dieser Ermächtigung ermächtigt zB § 6 Abs. 1 RegisterVO-NRW den Vorstand des Gerichts, im Einzelfall Anordnungen zur Einreichung von Dokumenten zu treffen. Auf Anmeldungen findet diese Regelung gem. § 3 S. 3 RegisterVO-NRW keine Anwendung mit der Folge, dass Anmeldungen auch bei einem temporären **Systemausfall** nicht in Papierform eingereicht werden können.

60 **b) Gegenstand der Einreichung. aa) Unterscheidung zwischen Anmeldung und Einreichung.** Die Regelung des Abs. 1 S. 1 unterscheidet zwischen der Anmeldung zur Eintragung in das Handelsregister, die in öffentlich beglaubigter Form vorliegen muss (→ Rn. 20 ff.), und dem Vorgang der elektronischen Einreichung.[155] Ob und welche Zwischenschritte für die elektronische Einreichung erforderlich sind, hängt von der Art der öffentlichen Beglaubigung ab.

61 **bb) Beglaubigung der Unterschrift gem. § 129 Abs. 1 S. 1 Nr. 1 BGB.** Erfolgt die öffentliche Beglaubigung der Anmeldung gem. § 129 Abs. 1 S. 1 Nr. 1 BGB durch die Beglaubigung der Unterschrift des Erklärenden gem. § 40 BeurkG, setzt die elektronische Einreichung einen Medientransfer voraus, nämlich die Fertigung einer elektronischen Abschrift und deren Beglaubigung.[156] Die Erstellung der elektronischen Abschrift erfolgt dadurch, dass ein elektronisches Dokument, das den Inhalt der in schriftlicher Form abgefassten Anmeldungserklärung wiedergibt, mit der qualifizierten elektronischen Signatur des Notars versehen wird. Die zu erstellende Signaturdatei basiert in der Regel auf einer durch Scan oder elektronisch generierten tiff-Datei.[157] Die bildhafte

[151] BGH 21.6.2011, FGPrax 2011, 238 Rn. 10; OLG Bremen 18.3.2025, FGPrax 2025, 114.

[152] BayObLG 13.7.1983, Rpfleger 1983, 442 = DNotZ 1984, 44; KG 5.10.2006, NJW-RR 2007, 692 (693); OLG Hamm 12.12.1985, Rpfleger 1986, 139 (140); MüKoHGB/Krafka Rn. 52; Krafka RegisterR Rn. 128; Hopt/Merkt Rn. 5; RGHMW/Ries Rn. 16; Ries RegisterR-FormB/Rudolph Rn. 1.80; Ebenroth/Boujong/Schaub Rn. 174.

[153] Staub/Koch/Harnos Rn. 67; MüKoHGB/Krafka Rn. 52; SLM/Müther Rn. 48; Ebenroth/Boujong/Schaub Rn. 175.

[154] OLG München 24.3.2015, MittBayNot 2016, 258 (259) mAnm Schreindorfer.

[155] Jeep/Wiedemann NJW 2007, 2439; zur Durchführung Stelmaszczyk notar 2022, 84 f.

[156] OLG Frankfurt 8.8.2017, FGPrax 2018, 16 (18); OLG Nürnberg 19.11.2014, FGPrax 2015, 22 (23); Böhringer BWNotZ 2022, 240 (241); Staub/Koch/Harnos Rn. 26.

[157] Apfelbaum/Bettendorf RNotZ 2007, 89 (94).

Wiedergabe des Papierdokuments ist zwar üblich, aber nicht erforderlich.[158] Ausreichend ist auch eine inhaltliche Wiedergabe, wenn die Unterschriften und die Stelle des Siegels in der Abschrift gekennzeichnet werden.[159] Mit der Beglaubigung bezeugt der Notar die inhaltliche Übereinstimmung der elektronischen Abschrift mit der Anmeldungserklärung. Sie kann von jedem Notar vorgenommen werden, also nicht nur von dem Notar, der die Anmeldung beglaubigt hat.[160] Hat zB der Notarvertreter die Unterschrift beglaubigt, kann nach Beendigung der Vertretung die elektronische Abschriftsbeglaubigung durch den Notar erfolgen.[161]

cc) Beglaubigung einer qualifizierten elektronischen Signatur gem. § 129 Abs. 1 S. 1 Nr. 2 BGB. Erfolgt die öffentliche Beglaubigung der Anmeldung gem. § 129 Abs. 1 S. 1 Nr. 2 BGB durch die **Beglaubigung einer qualifizierten elektronischen Signatur** gem. § 40a Abs. 1 S. 1 Alt. 1 BeurkG **in Gegenwart des Notars** (→ Rn. 24), liegen ein elektronisch signiertes Ausgangsdokument und der elektronische Beglaubigungsvermerk des Notars vor, die nach § 39a Abs. 4 BeurkG durch ein kryptographisches Verfahren zu verbinden sind. 62

Erfolgt die öffentliche Beglaubigung der Anmeldung gem. § 129 Abs. 1 S. 1 Nr. 2 BGB durch die Beglaubigung einer qualifizierten elektronischen Signatur hingegen gem. § 40 Abs. 1 S. 1 Alt. 2 BeurkG mittels der nach Abs. 1 S. 2 zulässigen **Videokommunikation** (→ Rn. 24), wird die anzuerkennende Signatur im Online-Beglaubigungsverfahren erzeugt, anerkannt und das Zeugnis des Notars in dem Beglaubigungsvermerk gem. § 39a BeurkG (→ Rn. 25 ff.) niedergelegt. Hier wird eine originäre elektronische Urkunde, eine elektronische Urschrift (§ 45 Abs. 3 BeurkG), erzeugt. Das einfache elektronische Zeugnis nach § 39a BeurkG kann in elektronischer Abschrift und als elektronische Vervielfältigung herausgegeben und im Rechtsverkehr verwendet werden.[162] 63

IV. Einreichungen (Abs. 2)

1. Allgemeines. In bestimmten Konstellationen wird die Anmeldepflicht dahingehend ergänzt, dass der Anmeldung einzeln benannte Dokumente beizufügen bzw. mit der Anmeldung einzureichen sind (zB § 37 Abs. 4 AktG, § 188 Abs. 3 AktG ggf. iVm § 203 Abs. 1 S. 1 AktG, § 8 Abs. 1 GmbHG, § 57 Abs. 3 GmbHG, § 57i Abs. 1 S. 1 GmbHG, § 58 Abs. 1 Nr. 4 GmbHG, § 17 Abs. 1, 2 S. 1 UmwG, § 199 UmwG). In anderen Fällen begründet das Gesetz die Verpflichtung, bestimmte Dokumente unabhängig von einer Anmeldung einzureichen (zB § 106 AktG, § 130 Abs. 5 AktG, § 40 Abs. 1 S. 1, Abs. 2 S. 1 GmbHG). In diesen Konstellationen sind die Dokumente gem. Abs. 2 S. 1 elektronisch in einem maschinenlesbaren und durchsuchbaren Format (→ Rn. 65) einzureichen (→ Rn. 66). 64

2. Maschinenlesbares und durchsuchbares Format (Abs. 2 S. 1). Das durch Art. 1 Nr. 8 lit. b DiRUG iVm Art. 31 Abs. 1 DiRUG mWv 1.8.2022 in Abs. 2 S. 1 eingeführte Erfordernis, Dokumente in einem maschinenlesbaren und durchsuchbaren Datenformat einzureichen, setzt die **Vorgabe aus Art. 16 Abs. 6 GesR-RL** um,[163] und zwar überschießend, da die gegenständliche Beschränkung auf Urkunden und Informationen, die als Teil der Gründung einer Gesellschaft, der Eintragung einer Zweigniederlassung oder einer Einreichung durch eine Gesellschaft oder Zweigniederlassung eingereicht werden, nicht übernommen wurde. Da das BMJ seine Ermächtigung nach § 387 Abs. 2 FamFG insoweit nicht genutzt hat, sind gem. § 8a Abs. 2 S. 1 die Landesregierungen bzw. die Landesjustizverwaltungen (§ 8a Abs. 2 S. 3) ermächtigt, durch **Rechtsverordnung** nähere Bestimmungen über die elektronischen Einreichung von Dokumenten zu treffen (→ § 8a Rn. 3). Diese Ermächtigung umfasst gem. § 8a Abs. 2 S. 2 ua die Befugnis, die Form zu übermittelnder elektronischer Dokumente festzulegen (→ § 8a Rn. 3). Für die Gerichte in Nordrhein-Westfalen bestimmt **§ 7 Abs. 4 S. 1 RegisterVO-NRW,** dass das elektronische Dokument das Format ASCII (reiner Text oder Formatierungscodes und ohne Sonderzeichen), Unicode, Microsoft RTF, Adobe PDF, XML, TIFF oder Microsoft Word (ohne aktive Komponenten, 65

[158] Gegenteiliges ist der Beschreibung des Vorgangs in BGH 20.2.2013, NJW-RR 2013, 632 (633) nicht zu entnehmen.

[159] OLG Düsseldorf 22.1.2020, RNotZ 2020, 346 f.; LG Regensburg 21.2.2008, RNotZ 2008, 306 mAnm Kirchner; LG Regensburg 4.7.2007, MittBayNot 2007, 522 Ls.; LG Hagen 21.6.2007, RNotZ 2007, 491 f.; LG Chemnitz 8.2.2007, MittBayNot 2007, 340 mAnm Strauß = NotBZ 2007, 146 mAnm Püls; Apfelbaum/Bettendorf RNotZ 2007, 89 (94).

[160] OLG Hamm 2.9.2010, NZG 2011, 77 (78); LG Hannover 26.6.2008, ZNotP 2008, 456; Dörr ZNotP 2008, 447 (448).

[161] OLG Hamm 2.9.2010, NZG 2011, 77 (78).

[162] Kienzle DNotZ 2021, 590 (605).

[163] Begr. RegE DiRUG, BT-Drs. 19/28177, 96.

wie zB Makros) aufweisen muss. Ein XML-Datensatz, der zugleich mit der Anmeldung und den Dokumenten übermittelt wird, fungiert als „Umschlag", ist aber kein elektronisch übermitteltes Dokument iSv Abs. 2 S. 1.[164]

66 **3. Übermittlung (Abs. 2 S. 2).** Abs. 2 S. 2 begründet kein zusätzliches Formerfordernis, sondern regelt ausschließlich die Übermittlungsform.[165] Danach ist dem Registergericht abhängig von dem Ausgangsdokument – zu dessen Form muss der Notar bei der elektronischen Einreichung keine gesonderte Erklärung abgeben[166] – entweder eine elektronische Aufzeichnung (Abs. 2 S. 2 Hs. 1; → Rn. 67 ff.) oder ein mit einem einfachen elektronischen Zeugnis iSd § 39a BeurkG versehenes Dokument (Abs. 2 S. 2 Hs. 2; → Rn. 70 ff.) zu übermitteln. Hintergrund dieser Differenzierung ist die Beweiswirkung des elektronischen öffentlichen Dokuments, die für das Registerverfahren nutzbar gemacht wird. Das Beweisrecht der ZPO ordnet elektronisch signierte elektronische Dokumente systematisch den Augenscheinsobjekten zu, erklärt jedoch gem. § 371a ZPO die Regeln über den Urkundenbeweis für entsprechend anwendbar. § 371a Abs. 3 ZPO definiert das öffentliche elektronische Dokument als elektronisches Dokument, das von einer öffentlichen Behörde innerhalb der Grenzen ihrer Amtsbefugnisse oder von einer mit öffentlichem Glauben versehenen Person innerhalb des ihr zugewiesenen Geschäftskreises in der vorgeschriebenen Form erstellt worden ist. Für dieses Dokument gelten die Vorschriften über die Beweiskraft und Echtheit öffentlicher Urkunden.

67 **a) Elektronischen Aufzeichnung (Abs. 2 S. 2 Hs. 1).** Ist eine Urschrift oder eine einfache Abschrift einzureichen oder ist für das Dokument die Schriftform (§ 126 BGB) bestimmt, genügt gem. Abs. 2 S. 2 Hs. 1 die Übermittlung einer elektronischen Aufzeichnung für die elektronische Einreichung gem. Abs. 2 S. 1. Eine elektronische Aufzeichnung – das Gesetz enthält keine Begriffsbestimmung – muss das Dokument, so wie es besteht, wiedergeben und geeignet sein, das Dokument in inhaltlich unveränderbarer Form zur Ablage in dem Registerordner (§ 9 HRV) zu speichern.[167] Hierfür genügt nicht jede Bilddatei; erforderlich ist eine **elektronische Fotokopie** des Dokuments.[168] Papierdokumente werden daher eingescannt, um eine von Voreinstellungen und vom Drucker unabhängige originalgetreue Wiedergabe zu erreichen.[169]

68 Die elektronische Aufzeichnung (→ Rn. 67) darf nicht mit der **Textform** nach § 126b BGB gleichgesetzt werden.[170] Andernfalls müsste ein Dokument, das der Schriftform (§ 126 BGB) genügen muss, zum Zweck der Übermittlung gem. Abs. 2 S. 2 Hs. 1 durch ein Dokument in Textform (§ 126b BGB) ersetzt werden.[171] Daher muss ein in Textform vorliegendes Ausgangsdokument zum Zweck der Übermittlung in eine elektronische Bilddatei umgewandelt werden, welche die Speicherung zur Ablage im Registerordner in inhaltlich unveränderter Form (§ 47 Abs. 1 S. 2 HRV) ermöglicht.[172]

69 Die durch Abs. 2 S. 2 Hs. 1 eröffnete Möglichkeit der Einreichung einer elektronischen Aufzeichnung entbindet den Einreichenden insbesondere von der Notwendigkeit, in Textform gültige Dokumente sowie schriftlich abzufassende oder in unterzeichneter Form einzureichende Dokumente mit einer **qualifizierten elektronischen Signatur** zu versehen.[173] Es bleibt ihm aber unbenommen, statt der elektronischen Aufzeichnung (→ Rn. 67) ein in dieser Weise elektronisch signiertes Dokument zu übermitteln.[174]

70 **b) Einfaches elektronisches Zeugnis (Abs. 2 S. 2 Hs. 2).** Ist ein notariell beurkundetes Dokument (→ Rn. 72 f.) oder eine öffentlich beglaubigte Abschrift (→ Rn. 74 ff.) einzureichen,

[164] OLG Nürnberg 19.11.2014, FGPrax 2015, 22 (24) zum Widerspruch zwischen elektronisch übermitteltem Dokument und XML-Datei.

[165] OLG Düsseldorf 20.3.2019, NZG 2019, 820, 821.

[166] OLG Düsseldorf 20.3.2019, NZG 2019, 820 (821).

[167] Böhringer BWNotZ 2022, 240 (243); Sikora/Schwab MittBayNot 2007, 1 (4).

[168] OLG Jena 9.9.2010, RNotZ 2011, 121 (122) = GmbHR 2011, 28: gescanntes Dokument; Staub/Koch/Harnos Rn. 75; MüKoHGB/Krafka Rn. 59; RGHMW/Ries Rn. 18; Sikora/Schwab MittBayNot 2007, 1 (4); s. auch Jeep/Wiedemann NJW 2007, 2439 (2445).

[169] Sikora/Schwab MittBayNot 2007, 1 (4).

[170] So aber Noack NZG 2006, 801 (802); Weikart NotBZ 2007, 73 (84).

[171] Jeep/Wiedemann NJW 2007, 2439 (2445); Müther Rpfleger 2008, 233 (234).

[172] MüKoHGB/Krafka Rn. 58; Sikora/Schwab MittBayNot 2007, 1 (5).

[173] KG 30.6.2022, NZG 2022, 1735; zust. Hitzel MittBayNot 2024, 6 (7).

[174] Begr. RegE EHUG, BT-Drs. 16/960, 45. Die Länderverordnungen zur elektronischen Registerführung verlangen die qualifizierte elektronische Signatur, sofern für Einreichungen die Schriftform oder die elektronische Form vorgesehen ist und soweit kein Fall des Abs. 2 S. 2 Hs. 1 vorliegt, s. zB § 7 Abs. 3 RegisterVO NRW.

ist gem. Abs. 2 S. 2 Hs. 2 ein mit einem einfachen elektronischen Zeugnis iSd § 39a BeurkG (→ Rn. 71) versehenes Dokument zu übermitteln.

aa) Einfaches elektronisches Zeugnis iSv § 39a BeurkG. Einfache elektronische Zeugnisse müssen gem. § 39a Abs. 1 S. 2 BeurkG mit einer qualifizierten elektronischen Signatur versehen sein. Diese ist das elektronische Äquivalent zu der Unterschrift des Notars.[175] Die Signatur muss mit einem Notarattribut versehen sein, aus dem sich die Notareigenschaft ergibt. Dieses ersetzt in der elektronischen Welt das Amtssiegel des Notars.[176] Gemäß § 39a Abs. 2 S. 2 BeurkG soll das einfache elektronische Zeugnis Ort und Tag der Ausstellung angeben. Da das Datum sich schon aus der Signatur ergibt, genügt eine Bezugnahme auf das Datum der Signatur.[177] 71

bb) Notariell beurkundete Dokumente. Gemäß § 39a Abs. 1 S. 1 Hs. 1 BeurkG dürfen nicht sämtliche Dokumente als einfaches elektronisches Zeugnis erstellt werden, sondern nur Beglaubigungen und sonstige Zeugnisse iSd § 39 BeurkG. Bei der **Beglaubigung einer Unterschrift** gem. § 129 Abs. 1 S. 1 Hs. 1 BGB genügt nach § 39 BeurkG anstelle einer Niederschrift ein einfaches Zeugnis. Daher kann die Beglaubigung einer Handelsregisteranmeldung – in den Fällen des § 129 Abs. 1 S. 1 Nr. 2 BGB begründet § 39a Abs. 1 S. 1 Hs. 2 BeurkG sogar eine Pflicht dazu – gem. § 39a Abs. 1 S. 1 Hs. 1 BeurkG elektronisch errichtet und gem. Abs. 2 S. 2 Hs. 2 Alt. 1 mit einem einfachen elektronischen Zeugnis übermittelt werden.[178] Darüber hinaus dürfen gem. § 39a Abs. 1 S. 2 Hs. 1 BeurkG iVm § 39 BeurkG **Bescheinigungen von Eintragungen in öffentlichen Registern** (zB Bescheinigungen nach § 21 BNotO) und **sonstige einfache Zeugnisse** (zB Bescheinigungen nach § 54 Abs. 1 S. 2 Hs. 2 GmbHG, § 181 Abs. 2 S. 1 Hs. 2 AktG und § 248 Abs. 2 AktG[179] sowie nach § 40 Abs. 2 S. 2 GmbHG[180]) als einfache elektronische Zeugnisse erstellt und gem. Abs. 2 S. 2 Hs. 1 Alt. 2 übermittelt werden. 72

Bei der Beurkundung von **Willenserklärungen** muss gem. § 8 Abs. 1 BeurkG eine Niederschrift aufgenommen werden, sei es in Papierform, sei es als elektronisches Dokument nach § 8 Abs. 2 BeurkG. Die bei der Beurkundung anderer Erklärungen sowie sonstiger Tatsachen oder Vorgänge in § 36 Abs. 1 BeurkG eröffnete Möglichkeit, anstelle einer Niederschrift ein einfaches Zeugnis iSd § 39 BeurkG zu fertigen, enthält § 8 BeurkG für Willenserklärungen nicht. Seit dem 1.8.2022 kann die Beurkundung von Willenserklärungen gem. § 16a Abs. 1 BeurkG mittels des von der Bundesnotarkammer nach § 78p BNotO betriebenen **Videokommunikationssystems** nach den §§ 16b–16e BeurkG erfolgen, soweit dies durch Gesetz zugelassen ist. Derartige Zulassungen existieren zB für die notarielle Beurkundung des Gesellschaftsvertrags in § 2 Abs. 3 GmbHG sowie für die Erklärung der Übernahme eines Geschäftsanteils im Rahmen einer Erhöhung des Stammkapitals (§ 55 Abs. 1 S. 2 GmbHG). Die in diesen Fällen gem. § 16b Abs. 1 S. 1 BeurkG aufzunehmende elektronische Niederschrift gilt gem. § 45 Abs. 3 BeurkG als Urschrift (elektronische Urschrift), die gem. Abs. 2 S. 1 Hs. 1 Fall 1 durch die Übermittlung einer elektronischen Aufzeichnung eingereicht werden kann (→ Rn. 67 ff.). 73

cc) Öffentlich beglaubigte Abschriften. Der häufigste Anwendungsfall von Abs. 2 S. 2 Hs. 2 Alt. 2 sind **Anmeldungen zur Eintragung in das Handelsregister.** Sie – konkret Anmeldungserklärungen – sind gem. Abs. 1 S. 1 in öffentlich beglaubigter Form einzureichen (→ Rn. 20 ff.). Die hierfür erforderliche Übermittlung mit einem einfachen qualifizierten Zeugnis[181] ist nicht nur bei einer öffentlichen Beglaubigung nach § 129 Abs. 1 S. 1 Nr. 2 BGB möglich (§ 39a Abs. 1 S. 1 Hs. 2 Fall 1 BeurkG), sondern gem. § 39a Abs. 1 S. 1 Hs. 1 Alt. 2 BeurkG iVm § 39 Fall 1 BeurkG auch bei einer Beglaubigung nach § 129 Abs. 1 S. 1 Nr. 1 BGB. 74

Liegt das einzureichende Dokument – sei es die Urschrift, sei es eine Abschrift – nur in Papierform vor, kann die elektronische Einreichung nicht nur gem. Abs. 2 S. 2 Hs. 1 durch die Übermittlung einer elektronischen Aufzeichnung erfolgen (→ Rn. 67 ff.), sondern auch gem. Abs. 2 S. 2 Hs. 2 75

---

[175] Bettendorf/Apfelbaum DNotZ 2008, 19 (25); Gassen RNotZ 2007, 142 (146); APR/Kruse BeurkG § 39a Rn. 16.

[176] Apfelbaum/Bettendorf RNotZ 2007, 89 (91); APR/Kruse BeurkG § 39a Rn. 24; Gassen RNotZ 2007, 142 (146); Winkler BeurkG § 39a Rn. 40.

[177] LG Regensburg 21.2.2008, RNotZ 2008, 306 (308) mAnm Kirchner; APR/Kruse BeurkG § 39a Rn. 23.

[178] BGH 15.6.2021, NZG 2021, 1564 (1565); Stelmaszczyk notar 2022, 84.

[179] OLG Jena 14.9.2015, NZG 2016, 152 (153); Malzer DNotZ 2006, 9 (23); Püls NotBZ 2005, 305 (308); Reithmann NotBZ 2006, 242 (244); Weikart NotBZ 2007, 73 (81); Winkler BeurkG § 39a Rn. 35.

[180] OLG Jena 25.5.2010, DNotZ 2010, 793 (794) m. zust. Anm. Bettendorf/Mödl (einfache elektronische Aufzeichnung wie in den Fällen des § 40 Abs. 1 GmbHG genügt nicht); Mayer MittBayNot 2014, 24 (25); s. auch KG 20.6.2011, NJW-RR 2012, 59 f. (Gesellschafterliste und Bescheinigung elektronisch errichtet).

[181] BGH 15.6.2021, NZG 2021, 1564 (1565).

Alt. 2, wenn gem. § 39a Abs. 1 S. 1 Alt. 2 BeurkG iVm § 39 Fall 6 BeurkG eine elektronisch beglaubigte Abschrift erstellt wird.

76 Zu den Dokumenten, die gem. Abs. 2 S. 1 ausschließlich elektronisch eingereicht werden können, gehören auch **Legitimationsurkunden,** insbesondere die gem. Abs. 1 S. 3 zu beglaubigende **Vollmacht zur Anmeldung** (→ Rn. 49 ff.). Die Übermittlung erfolgt gem. Abs. 2 S. 2 Hs. 2 mit einem einfachen elektronischen Zeugnis, gleichgültig ob die Beglaubigung gem. § 129 Abs. 1 S. 1 Nr. 2 BGB iVm § 39a Abs. 1 S. 1 Hs. 2 BeurkG oder gem. § 129 Abs. 1 S. 1 Nr. 1 BGB iVm § 39a Abs. 1 S. 1 Hs. 1 Alt. 1 BeurkG erfolgt. Dieses Dokument begründet – im Unterschied zu der Originalurkunde (§ 172 Abs. 1 BGB),[182] deren Vorlage vor der Exklusivität des elektronischen Registerverfahrens (→ § 8 Rn. 78 ff.) üblich war – keinen Rechtsschein für den Fortbestand der Vertretungsmacht. Dieser Nachteil des elektronischen Registerverfahrens kann dadurch verringert werden, dass der Beglaubigungsvermerk „zeitnah" vor der Übermittlung erstellt wird.[183] Vorzugswürdig erscheint es, das Original bei dem Notar aufzubewahren, der sodann bescheinigt, dass die Urkunde, von der er eine elektronisch beglaubigte Abschrift eingereicht hatte, weiter als Original vorliegt (→ Rn. 51).[184]

77 Muss **mit einer Anmeldung zur Eintragung in das Handelsregister** die beglaubigte Abschrift eines Dokuments eingereicht werden (zB § 81 Abs. 2 AktG, § 179a Abs. 3 AktG, § 255b Abs. 4 S. 1 AktG, § 266 Abs. 2 AktG, § 294 Abs. 1 S. 2 AktG, § 327e Abs. 1 S. 2 AktG, § 8 Abs. 1 Nr. 1 GmbHG, § 39 Abs. 2 GmbHG, § 57 Abs. 3 GmbHG, § 67 Abs. 2 GmbHG), kann gem. § 39a Abs. 1 S. 1 Alt. 1 BeurkG eine elektronisch beglaubigte Abschrift von der Urschrift erstellt und gem. Abs. 2 S. 2 Alt. 2 übermittelt werden.[185] Eine elektronisch beglaubigte Abschrift der beglaubigten Abschrift ist nicht erforderlich, würde den formellen Anforderungen jedoch ebenfalls genügen. Bei restriktiver Auslegung von § 435 S. 1 ZPO kann der Urkundenbeweis zwar nicht durch die Vorlage der beglaubigten Abschrift einer beglaubigten Abschrift der Urkunde geführt werden.[186] Im Registerverfahren kann diese Beweisführung aufgrund der Lockerung durch § 29 Abs. 1 S. 1 FamFG aber als zulässig angesehen werden, da mit der beglaubigten Abschrift die inhaltliche Übereinstimmung mit dem Original attestiert wird.[187]

§ 13 Zweigniederlassungen von Unternehmen mit Sitz im Inland

(1) [1]Die Errichtung einer Zweigniederlassung ist von einem Einzelkaufmann oder einer juristischen Person beim Gericht der Hauptniederlassung, von einer Handelsgesellschaft beim Gericht des Sitzes der Gesellschaft, unter Angabe des Ortes und der inländischen Geschäftsanschrift der Zweigniederlassung und des Zusatzes, falls der Firma der Zweigniederlassung ein solcher beigefügt wird, zur Eintragung anzumelden. [2]In gleicher Weise sind spätere Änderungen der die Zweigniederlassung betreffenden einzutragenden Tatsachen anzumelden.

(2) Das zuständige Gericht trägt die Zweigniederlassung auf dem Registerblatt der Hauptniederlassung oder des Sitzes unter Angabe des Ortes sowie der inländischen Geschäftsanschrift der Zweigniederlassung und des Zusatzes, falls der Firma der Zweigniederlassung ein solcher beigefügt ist, ein, es sei denn, die Zweigniederlassung ist offensichtlich nicht errichtet worden.

(3) Die Absätze 1 und 2 gelten entsprechend für die Aufhebung der Zweigniederlassung.

Schrifttum: Balser, Der Doppelsitz von Kapitalgesellschaften, DB 1972, 2049; Kindler, Neue Offenlegungspflichten für Zweigniederlassungen ausländischer Kapitalgesellschaften, NJW 1993, 3301; Kindler, GmbH-Reform und internationales Gesellschaftsrecht – Auswirkungen auf grenzüberschreitend strukturierte Kapitalgesellschaften, AG 2007, 721; Kirstein, Probleme des Handels- und Registerrechts, Rpfleger 1965, 131; Kögel, Firmenbildung von Zweigniederlassungen in- und ausländischer Unternehmen, Rpfleger 1993, 8; Kornblum, Bemerkungen zum augenblicklichen Handelsregisterbefund, Rpfleger 2010, 63; Melchior, Sitz und inländische Geschäftsanschrift: Anmeldung und neues Kostenrecht, GmbHR 2013, 853; Müther, Das Handelsregister in der

[182] OLG Köln 9.9.2004, DNotZ 2005, 555 = Rpfleger 2005, 145; KG 30.5.2000, FGPrax 2000, 249 = MittRhNotK 2000, 397; OLG Hamm 12.12.1985, Rpfleger 1986, 139 = MittRhNotK 1986, 128.
[183] Begr. RegE EHUG, BT-Drs. 16/960, 45.
[184] Jeep/Wiedemann NJW 2007, 2439 (2445).
[185] Böhringer NotBZ 2025, 321 (324).
[186] MüKoZPO/Schreiber ZPO § 435 Rn. 2.
[187] KG 16.9.1997, Rpfleger 1998, 108 zum Grundbuchverfahren.

Praxis, 2. Aufl. 2007; Noack, Das EHUG ist beschlossen – elektronische Handels- und Unternehmensregister ab 2007, NZG 2006, 801; Seibert, Neuordnung des Rechts der Zweigniederlassung im HGB, DB 1993, 1705; Voigt, Das Handelsrecht der Zweigniederlassung, 2010.

Übersicht

I. Überblick über die §§ 13–13g

1 **1. Anwendungsbereich.** Die §§ 13, 13d–13g regeln die Anmeldung und Eintragung **inländischer Zweigniederlassungen** in das Handelsregister. Während für inländische Zweigniederlassungen von Unternehmen mit Sitz im Inland ausschließlich § 13 gilt (→ Rn. 17 ff.), behandeln die §§ 13d–13g Zweigniederlassungen ausländischer Unternehmen. Da die §§ 13d–13g die Vorgaben der Art. 28a ff. GesR-RL (→ § 13d Rn. 6 f.) umsetzen, handelt es sich um zwei in sich abgeschlossene Regelungskomplexe, die sich weder komplementär ergänzen noch wechselseitig zur Auslegung herangezogen werden können.[1]

2 **Ausländische Zweigniederlassungen** sind weder nach § 13 noch nach den §§ 13d–13g eintragungsfähig.[2] Für sie gelten die Publizitätsvorschriften des Staates, dem die Zweigniederlassung als solche unterliegt.[3] Aufgrund der Vorgaben aus den Art. 28a–28c GesR-RL – eingefügt durch Art. 1 Nr. 15 RL (EU) 2019/1151 iVm Art. 4 RL (EU) 2019/1151 mWv 31.7.2019 – erfahren lediglich Zweigniederlassungen, die dem Recht einen anderen Mitgliedstaates der EU oder eines Vertragsstaates des EWR unterliegen, eine Sonderbehandlung. Für sie gelten – vorausgesetzt sie wurden oder werden von einer Kapitalgesellschaft mit Sitz im Inland errichtet – die durch Art. 1 Nr. 9 DiRUG iVm Art. 31 Abs. 1 DiRUG mWv 1.8.2022 neugefassten Regelungen des § 13a (→ § 13a Rn. 1 f.). Diese verpflichten die Landesjustizverwaltungen die im Rahmen des Europäischen Systems der Registervernetzung gem. § 9b (→ § 9b Rn. 1 ff.) empfangenen Daten an dasjenige Registergericht weiterzuleiten, das für die Gesellschaft zuständig ist (§ 13a Abs. 2; → § 13a Rn. 4), sowie das zuständige Registergericht, die Daten unverzüglich von Amts wegen einzutragen (§ 13a Abs. 3; → § 13a Rn. 5 ff.). Ein Anmeldeverfahren mit einer registerrechtlichen Prüfung findet vor den Registergerichten nicht statt (→ § 13a Rn. 1).

[1] Kindler NJW 1993, 3301 (3302); MüKoHGB/Krafka Rn. 2; MüKoHGB/Krafka § 13d Rn. 3; Hopt/Merkt Rn. 2; Ebenroth/Boujong/Pentz Rn. 17; KKD/Roth/Stelmaszczyk Rn. 2; Seibert DB 1993, 1705.
[2] OLG Düsseldorf 26.10.2009, NJW-RR 2010, 107 (108); Melchior GmbHR 2013, 853 (855) zur GmbH.
[3] Ebenroth/Boujong/Pentz Rn. 48.

3 Auf die registerrechtliche Behandlung von Zweigniederlassungen einer **Partnerschaft** iSv § 1 Abs. 1 S. 1 PartGG sind gem. § 5 Abs. 2 PartGG die §§ 13, 13d und § 13h entsprechend anzuwenden, und zwar unter Beachtung der berufsrechtlichen Besonderheiten bei der jeweiligen Partnerschaft.[4] Zu der LLP → § 13d Rn. 2.

4 Nicht registerfähige Rechtsträger können keine Zweigniederlassung iSd § 13 unterhalten. Daher sind die §§ 13, 13d seit der Neufassung der §§ 705 ff. BGB durch Art. 1 Nr. 3 MoPeG iVm Art. 137 S. 1 MoPeG mWv 1.1.2024 gem. § 707b Nr. 3 BGB nur auf die **eingetragene GbR** entsprechend anzuwenden, und zwar mit der Maßgabe, dass – im Unterschied zu dem für Einzelkaufleute, juristische Personen iSd § 33 und Handelsgesellschaften geltenden § 13 Abs. 1 S. 1 (→ Rn. 36 ff.) – keine Verpflichtung zur Anmeldung der Zweigniederlassung besteht.[5] Daher ist die Anmeldung einer Zweigniederlassung bei einer eingetragenen GbR fakultativ.

5 **2. Regelungszweck.** Die §§ 13–13g begründen **besondere Publizitätspflichten** im Zusammenhang mit der Errichtung einer Zweigniederlassung, der Änderung der die Zweigniederlassung betreffenden einzutragenden Tatsachen sowie die Aufhebung der Zweigniederlassung. Diese resultieren aus der tatsächlichen Gegebenheit, dass ein Kaufmann an verschiedenen Orten Niederlassungen errichten kann, die in ihrem Aufbau voneinander unabhängig sind und als selbständige Handelsgeschäfte angesehen werden.[6] Diese Niederlassungen desselben Kaufmanns werden so behandelt, als wären sie Unternehmen verschiedener Unternehmensträger. Alternativ kann der Kaufmann räumlich getrennt von seiner Hauptniederlassung eine organisatorisch selbständige Niederlassung unterhalten, die lediglich als „abgezweigte Stelle“ unter derselben Rechtsträgerschaft operieren soll.[7] Derartige Zweigniederlassungen sind keine Unternehmensträger und daher nicht per se registerpflichtig. Ihre Eintragung in das Handelsregister soll es Dritten ermöglichen, den abgezweigten Unternehmensteil einem bestimmten Unternehmensträger zuzuordnen und die relevanten Basisinformationen über den Unternehmensträger einzusehen.

6 Die besonderen Publizitätsvorschriften in den §§ 13–13g (→ Rn. 5) entfalten **materiell-rechtliche Publizitätswirkungen.** Während für Zweigniederlassungen von Unternehmen mit Sitz im Inland die allgemeinen Regelungen des § 15 Abs. 1–3 gelten (→ § 15 Rn. 62), enthält § 15 Abs. 4 für Zweigniederlassungen eines Unternehmens mit Sitz oder Hauptniederlassung im Ausland eine besondere Kollisionsregelung, nämlich dass für die Anwendung von § 15 Abs. 1–3 (→ § 15 Rn. 12 ff.) die Eintragungen und Bekanntmachungen durch das Gericht der Zweigniederlassung entscheidend sind (→ § 15 Rn. 61).

7 **3. Entwicklung der Vorschriften.** Die Vorschriften über die Anmeldung und Eintragung einer Zweigniederlassungen gehen auf die **§§ 35 ff. AktG 1937** zurück. Ihr Regelungsgehalt wurde durch die Neufassung der §§ 13–13c sowie des **§ 12 GmbHG** durch Art. 1 Nr. 1 und Art. 2 Nr. 1 iVm Art. 4 Gesetz zur Eintragung von Handelsniederlassungen und das Verfahren in Handelsregistersachen vom 10.8.1937 (RGBl. 1937 I 897) mWv 1.10.1937 auf Einzelkaufleute, GmbHs und andere juristische Personen erstreckt. Nachdem der Regelungsgehalt der §§ 35 ff. AktG 1937 mWv 1.1.1966 in **§§ 42–44 AktG 1965** übernommen worden war,[8] wurden diese Vorschriften gemeinsam mit § 12 GmbHG mWv 1.11.1993 aufgehoben (Art. 2 Nr. 1, Art. 3 Nr. 1 iVm Art. 7 Abs. 1 Gesetz zur Durchführung der Elften gesellschaftsrechtlichen Richtlinie des Rates der Europäischen Gemeinschaften und über Gebäudeversicherungsverhältnisse vom 22.7.1993, BGBl. 1993 I 1282). Ihr Regelungsgehalt wurde mit den durch **Art. 1 ff. Zweigniederlassungs-RL** (→ § 13d Rn. 4 ff., → § 13e Rn. 2 ff.) gebotenen Änderungen durch Art. 1 Nr. 2 iVm Art. 7 Abs. 1 Gesetz zur Durchführung der Elften gesellschaftsrechtlichen Richtlinie des Rates der Europäischen Gemeinschaften und über Gebäudeversicherungsverhältnisse vom 22.7.1993 (BGBl. 1993 I 1282) mWv 1.11.1993 in die neugefassten §§ 13a–13g überführt. Aufgrund des gemeinschafts- bzw. unionsrechtlichen Hintergrundes – die Zweigniederlassungs-RL wurde zwar durch Art. 166 Abs. 1 GesR-RL aufgehoben, ihr Regelungsgehalt aber nach Änderung durch Art. 1 RL 2012/17/EU in die **Art. 29 ff. GesR-RL** übernommen und durch Art. 1 RL (EU) 2019/1151 mWv 31.7.2019 um die **Art. 28a–28c GesR-RL** ergänzt – sind die Vorschriften, soweit sie Zweigniederlassungen von Gesellschaften aus anderen Mitgliedstaaten der EU betreffen, unionsrechtlich geprägt und daher ggf. unionsrechtkonform auszulegen.

8 Unter Geltung der §§ 13a–13g idF vom 1.11.1993 fand eine Aufgabenteilung zwischen dem Gericht der Hauptniederlassung und dem **Gericht der Zweigniederlassung** statt. Das Gericht der

[4] Staub/Koch/Harnos Rn. 3; MüKoBGB/Schäfer PartGG § 5 Rn. 29, 44.
[5] Zu Einzelheiten s. Wertenbruch NZG 2023, 2343 (1345 f.).
[6] Staub/Koch/Harnos Rn. 17; MüKoHGB/Krafka Rn. 7 f.
[7] MüKoHGB/Krafka Rn. 8 f.
[8] Begr. AktG 1965, BT-Drs. IV/171, 110 zu § 39 AktG-E.

Hauptniederlassung hatte die Anmeldung der Zweigniederlassung nach formeller und materieller Prüfung mit beglaubigter Abschrift seiner Eintragungen an das Gericht der Zweigniederlassung weiterzuleiten, das dann die tatsächliche Errichtung der Zweigniederlassung und die Unterscheidbarkeit ihrer Firma von anderen Firmen am Ort (§ 30) überprüfen musste.[9] Konnte der Anmeldung entsprochen werden, trug das Gericht gem. § 13 Abs. 3 S. 2 idF vom 1.11.1993 die Zweigniederlassung ein, wobei es die vom Gericht der Hauptniederlassung mitgeteilten Eintragungen unverändert und vollständig zu übernehmen hatte.[10] Diese Arbeitsteilung wurde durch die Neufassung von § 13 durch Art. 1 Nr. 3 EHUG iVm Art. 13 Abs. 2 Hs. 1 **EHUG** mWv 1.1.2007 abgeschafft und das Registerverfahren – infolge der Abschaffung des Gerichts der Zweigniederlassung[11] – auf ein Gericht konzentriert, nämlich das Gericht der Hauptniederlassung. Zu den Konsequenzen → Rn. 47. Zeitgleich wurden §§ 13a–13c idF vom 1.11.1993, die Sondervorschriften für die Zweigniederlassungen von AG und GmbH enthielten, durch Art. 1 Nr. 4 EHUG iVm Art. 13 Abs. 2 Hs. 1 EHUG ersatzlos aufgehoben.

Durch Art. 2 Nr. 1–5 MoMiG iVm Art. 25 **MoMiG** wurden die §§ 13, 13d–13g mWv 1.11.2008 geändert, und zwar insbesondere dahingehend, dass für inländische Zweigniederlassungen inländischer und ausländischer Unternehmensträger – ebenso wie für Kapitalgesellschaften (§ 10 Abs. 1 S. 1 GmbHG, § 39 Abs. 1 S. 1 AktG) – eine inländische Geschäftsanschrift in die Anmeldung zur Eintragung in das Handelsregister aufzunehmen ist. 9

Durch Art. 3 Nr. 1 Aktienrechtsnovelle 2016 iVm Art. 10 Abs. 2 **Aktienrechtsnovelle 2016** vom 22.12.2015 (BGBl. 2015 I 2565) wurde mWv 30.12.2015 in § 13f Abs. 2 S. 3 die Bezugnahme auf die §§ 24, 25 S. 2 AktG gestrichen. 10

Durch Art. 1 Nr. 9 DiRUG iVm Art. 31 Abs. 1 **DiRUG** mWv 1.8.2022 wurde § 13a und damit die registerrechtliche Erfassung der Zweigniederlassungen, die inländische Unternehmensträger in Mitgliedstaaten der EU oder Vertragsstaaten des EWR unterhalten, neugefasst. Zeitgleich wurden durch Art. 1 Nr. 10–12 DiRUG iVm Art. 31 Abs. 1 DiRUG die verfahrensrechtlichen Regelungen zum Informationsaustausch über das Europäische System der Registervernetzung für inländische Zweigniederlassungen von Kapitalgesellschaften mit Sitz im Ausland ausgeweitet (§ 13e Abs. 7; → § 13e Rn. 78 f.) und das Verfahren zur Anmeldung dieser Zweigniederlassungen geändert (→ § 13e Rn. 58 ff., → § 13f Rn. 19 ff., → § 13g Rn. 18 ff.). 11

II. Begriff der Zweigniederlassung

1. Rechtliche Einordnung der Zweigniederlassung. a) Rechtliche Unselbstständigkeit als Wesensmerkmal. Zweigniederlassungen sind keine selbständigen Unternehmen mit einem eigenen Unternehmensträger,[12] sondern rechtlich unselbständige Teile eines (Gesamt-)Unternehmens (→ Rn. 22).[13] Daher ist ein unternehmerischer Bereich, der über einen eigenständigen Rechtsträger verfügt, keine Zweigniederlassung, und zwar auch dann nicht, wenn er in wirtschaftlicher Abhängigkeit zu einem anderen Unternehmensträger steht oder dieser maßgeblich an dem Rechtsträger beteiligt ist.[14] Abgesehen von dem Wesensmerkmal der **rechtlichen Unselbstständigkeit** ist eine terminologisch trennscharfe Abgrenzung nicht möglich, weil die Errichtung einer Zweigniederlassung kein rechtlicher, sondern ein tatsächlicher Akt ist. Insofern kann lediglich typologisch umschrieben werden, unter welchen Umständen eine Zweigniederlassung vorliegt.[15] 12

b) Unterscheidung von der Hauptniederlassung. Der Begriff der Zweigniederlassung ist von dem Begriff der Hauptniederlassung abgeleitet. Die Zweigniederlassung ist – tatsächlich betrachtet – ein weiterer Mittelpunkt des Geschäfts eines Unternehmensträgers, also eine „abgezweigte Stelle".[16] Diese nimmt **sachlich gleichartige Geschäfte** wie die Hauptniederlassung des Unternehmens wahr, also Geschäfte, die sich zumindest als Ausschnitt des Gegenstands des Unternehmens darstellen (→ Rn. 37).[17] Wirtschaftlich kann der Zweigniederlassung sogar größere Bedeutung zukommen als der Hauptniederlassung.[18] 13

---

[9] BayObLG 1.6.1995, Rpfleger 1995, 506.
[10] BayObLG 1.6.1995, Rpfleger 1995, 506; 9.6.1988, BayObLGZ 1988, 187 (191).
[11] Noack NZG 2006, 801 (805).
[12] Staub/Koch/Harnos Rn. 23; NK-HGB/Lamsa Rn. 6; BeckOK HGB/Müther, 49. Ed. 1.1.2026, Rn. 5.
[13] Ebenroth/Boujong/Pentz Rn. 22.
[14] Staub/Koch/Harnos Rn. 23; Ebenroth/Boujong/Pentz Rn. 22.
[15] Ebenroth/Boujong/Pentz Rn. 23.
[16] MüKoHGB/Krafka Rn. 8.
[17] Krafka RegisterR Rn. 292; Fleischhauer/Wochner HandelsregisterR/Solveen Teil 2 N. Rn. 1.
[18] Ebenroth/Boujong/Pentz Rn. 26.

14 **aa) Haupt- und Zweigniederlassung des Einzelkaufmanns.** Die Regelungen in § 13d Abs. 1 und § 13 Abs. 1 lassen erkennen, dass nur der Einzelkaufmann sowie juristische Personen iSd § 33 eine Hauptniederlassung haben können.[19] Hauptniederlassung eines **Einzelkaufmanns** ist der räumliche und verwaltungsmäßige Mittelpunkt des Unternehmens.[20] Der Begriffsbestandteil „Haupt-" schließt es nicht aus, dass ein Kaufmann mehrere Unternehmen und damit Hauptniederlassungen hat.[21] Diese werden rechtlich als Unternehmen verschiedener Unternehmensträger behandelt, auch wenn der Inhaber dieselbe Person ist.[22]

15 Neben der Hauptniederlassung oder den Hauptniederlassungen (→ Rn. 14) können rechtlich unselbständige Zweigniederlassungen errichtet werden. Diese zeichnen sich – im Unterschied zu einer bloßen Betriebsabteilung (→ Rn. 21) – durch eine gewisse organisatorische Selbständigkeit des Unternehmensteils aus.[23] Es muss sich um einen mit eigenen personellen und sachlichen Mitteln ausgestatteten, auf Dauer eingerichteten Geschäftsbetrieb handeln, der als eigenständiges Unternehmen fortgeführt werden könnte (→ Rn. 40).

16 Haupt- und Zweigniederlassung können nicht in denselben Räumen betrieben werden, wohl aber in demselben Gerichtsbezirk[24] und sogar an demselben Ort,[25] dh innerhalb derselben politischen Gemeinde. Dies setzt allerdings voraus, dass eine Räumlichkeit als Hauptniederlassung, eine weitere als Zweigniederlassung anzusehen ist (→ Rn. 38).

17 **bb) Hauptsitz und Zweigniederlassung einer Kapitalgesellschaft.** Kapitalgesellschaften, insbesondere die AG und die GmbH, sind ohne Rücksicht auf den Gegenstand ihres Unternehmens Handelsgesellschaften (§ 3 Abs. 1 AktG, § 13 Abs. 3 GmbHG) und daher keine juristischen Personen iSd § 33 (→ § 33 Rn. 1). Bei ihnen tritt – erkennbar an § 13d Abs. 1 und § 13h Abs. 1 – der Sitz der Gesellschaft an die Stelle der Hauptniederlassung.[26] Sitz der Gesellschaft ist gem. § 5 AktG bzw. § 4a GmbHG der Ort im Inland, den die Satzung bzw. der Gesellschaftsvertrag bestimmt (sog. **Satzungssitz**). Seit der Aufhebung von § 5 Abs. 2 AktG aF und § 4a Abs. 2 GmbHG aF durch Art. 1 Nr. 4 lit. b MoMiG und Art. 5 Nr. 1 lit. b MoMiG iVm Art. 25 MoMiG mWv 1.11.2008 kann die Bestimmung des Sitzes ohne Rücksicht darauf erfolgen, wo die Geschäftsleitung sich befindet und die Verwaltung geführt wird. Durch die Bestimmung des Sitzes wird unter anderem das Registergericht festgelegt, das gem. Abs. 2 für die Eintragung einer Zweigniederlassung zuständig ist (→ Rn. 53 ff.).[27]

18 Die Liberalisierung der Sitzbestimmung durch das MoMiG (→ Rn. 17) ist nicht ohne Auswirkung auf den Begriff der Zweigniederlassung (→ Rn. 12 ff.), der die Zuordnung zu einer „Hauptniederlassung" impliziert. Diese Zuordnung muss sich in erster Linie an dem Satzungssitz orientieren, wie es nach der Rspr. des EuGH zur Niederlassungsfreiheit der Gesellschaften[28] zuvor bereits für Gesellschaften mit Satzungssitz in einem anderen Mitgliedstaat der EU praktiziert wurde (→ § 13d Rn. 28 f.).[29] Daher ist bei Kapitalgesellschaften mit **Sitz im Inland** jeder organisatorisch selbständige Unternehmensteil, der sich außerhalb des Satzungssitzes befindet[30] und nicht als „Hauptniederlassung" dem registrierten Unternehmensträger zugeordnet werden kann, eine Zweigniederlassung. Dies gilt nicht nur, wenn sich an dem Ort des Sitzes (nur) ein organisatorisch selbstständiger Unternehmensteil befindet, der als Hauptniederlassung angesehen werden kann, sondern auch, wenn die Kapitalgesellschaft an dem Satzungssitz kein operatives Geschäft betreibt und die Geschäftsleitung von einem anderen Ort als dem Satzungssitz aus erfolgt. In den letztgenannten Konstellationen ist auch der sog. **Verwaltungssitz** – bei Kapitalgesellschaften mit Sitz im Ausland gilt anderes (→ Rn. 19) – eine Zweigniederlassung.[31]

---

[19] MüKoHGB/Krafka Rn. 7; Ebenroth/Boujong/Pentz Rn. 20.

[20] Staub/Koch/Harnos Rn. 14; MüKoHGB/Krafka Rn. 7; RGHMW/Ries Rn. 2.

[21] Staub/Koch/Harnos Rn. 17; NK-HGB/Lamsa Rn. 8; Ebenroth/Boujong/Pentz Rn. 20; RGHMW/Ries Rn. 2.

[22] MüKoHGB/Krafka Rn. 8.

[23] Melchior GmbHR 2013, 853 (854).

[24] MüKoHGB/Krafka Rn. 11.

[25] KG 27.9.1928, JW 1929, 671 (672); MüKoHGB/Krafka Rn. 11; NK-HGB/Lamsa Rn. 8; Hopt/Merkt Rn. 3; Ebenroth/Boujong/Pentz Rn. 24.

[26] MüKoHGB/Krafka Rn. 7; Ebenroth/Boujong/Pentz Rn. 20.

[27] MüKoHGB/Krafka Rn. 30; Ebenroth/Boujong/Pentz Rn. 20.

[28] EuGH 30.9.2003, Slg. 2003, I-10155 (10195) = NJW 2003, 3331 – Inspire Art; 5.11.2002, Slg. 2002, 9919 (9943) = NJW 2002, 3614 – Überseering; 9.3.1999, Slg. 1999, I-1459 (1484) = NJW 1999, 2027 – Centros.

[29] Zu der Auswirkung der EuGH-Rspr. auf den Begriff der Zweigniederlassung Staub/Koch/Harnos Rn. 22.

[30] MüKoHGB/Krafka Rn. 31; Ebenroth/Boujong/Pentz Rn. 26.

[31] Altmeppen GmbHG § 4a Rn. 5; Blasche GWR 2010, 25; Heckschen DStR 2009, 166 (168); Wicke GmbHG § 4a Rn. 7; zurückhaltender Noack/Servatius/Haas/Servatius GmbHG § 4a Rn. 5: kann Eintragung als Zweigniederlassung erforderlich sein; **aA** MüKoHGB/Krafka Rn. 31; Melchior GmbHR 2013, 853 (854).

Ist der Unternehmensträger eine Kapitalgesellschaft mit **Sitz im Ausland,** gelten für die Anmeldung und Eintragung einer Zweigniederlassung ausschließlich die §§ 13d ff. Danach muss eine inländische Niederlassung auch dann als Zweigniederlassung angemeldet werden, wenn praktisch sämtliche Geschäfte über diese Niederlassung geführt werden (→ § 13d Rn. 21). Das deutsche Registergericht ist lediglich international zuständig für die Eintragung von Zweigniederlassungen, nicht jedoch für die Eintragung des ausländischen Unternehmensträgers. 19

cc) Hauptsitz und Zweigniederlassung einer Personenhandelsgesellschaft. Bei Personenhandelsgesellschaften, insbesondere der OHG und der KG, tritt – erkennbar an § 13d Abs. 1 und § 13h Abs. 1 – der Sitz der Gesellschaft an die Stelle der Hauptniederlassung.[32] Sie sind gem. § 106 Abs. 1 ggf. iVm § 161 Abs. 2 bei dem Gericht zur Eintragung in das Handelsregister anzumelden, in dessen Bezirk sie ihren Sitz haben. Sitz der Gesellschaft ist gem. § 706 S. 1 BGB iVm § 105 Abs. 3 und ggf. § 161 Abs. 2 grundsätzlich der sog. **Verwaltungssitz,** also der Ort, an dem die Geschäfte tatsächlich geführt werden. Den Gesellschaftern ist durch § 706 S. 2 BGB iVm § 105 Abs. 3 und ggf. § 161 Abs. 2 allerdings die Möglichkeit eröffnet, einen anderen Ort im Inland als Sitz zu vereinbaren. Enthält der Gesellschaftsvertrag einen sog. **Vertragssitz,** gilt für die Bestimmung von Haupt- und Zweigniederlassung das gleiche Prinzip wie bei Kapitalgesellschaften, deren Satzungssitz seit dem MoMiG ohne eine vorgegebene räumliche Anknüpfung im Inland bestimmt werden kann (→ Rn. 17 f.). Zu der Rechtslage vor Inkrafttreten des MoPeG am 1.1.2024 → 8. Aufl. 2024, § 13 Rn. 16. 20

c) Unterscheidung von einer Betriebsabteilung. Von einer rechtlich ebenfalls unselbstständigen Abteilung eines Unternehmens unterscheidet die Zweigniederlassung sich durch ihre **organisatorische Selbstständigkeit** (→ Rn. 15, → Rn. 40 ff.). Wird sie veräußert und erhält sie dadurch einen eigenen Unternehmensträger, besteht die ehemalige Zweigniederlassung als eigenständige Hauptniederlassung fort.[33] Daher wird die Zweigniederlassung auch als eine „Zwischenform" zwischen einem eigenständigen Unternehmen und einer bloßen Betriebsabteilung bezeichnet.[34] 21

2. Rechtliche Behandlung der Zweigniederlassung. a) Keine Rechtspersönlichkeit. 22
Zweigniederlassungen sind – im Unterschied zu verbundenen Unternehmen iSd § 15 AktG – rechtlich unselbstständige Teile eines Unternehmens,[35] die einem Unternehmensträger – ein Einzelkaufmann, eine juristische Person iSd § 33 oder eine Handelsgesellschaft – zugeordnet sind.[36] Sie haben daher weder einen eigenen Unternehmensträger[37] noch eine eigene Rechtspersönlichkeit.[38] Als solche können Zweigniederlassungen weder Rechte erwerben noch Verpflichtungen eingehen; diese Fähigkeit hat nur der Unternehmensträger.[39] Daher können zwischen einer Zweigniederlassung und deren Unternehmensträger keine Forderungen oder Verbindlichkeiten bestehen.[40] Dem steht nicht entgegen, dass für die Errichtung einer Zweigniederlassung eine gesonderte Buchführung erforderlich ist (→ Rn. 41). Die abgebildeten Buchungen weisen keine selbstständigen Forderungen und Verpflichtungen der Zweigniederlassung aus, sondern dokumentieren lediglich den Umfang der Geschäfte der Zweigniederlassung im Verhältnis zu dem Gesamtunternehmen.[41] Zweigniederlassungen können auch nicht selbst an einem anderen Rechtsträger beteiligt sein.[42] Deshalb ist zB die Eintragung im Handelsregister, dass der Unternehmensträger in Form einer Zweigniederlassung als Kommanditist an einem anderen Rechtsträger beteiligt ist, unzutreffend.[43] Sie erweckt den falschen

---

[32] MüKoHGB/Krafka Rn. 7; Ebenroth/Boujong/Pentz Rn. 20.

[33] BayObLG 11.5.1979, BayObLGZ 1979, 159 (161 f.); KG 3.10.1904, KGJ 28 A 208, 209; 11.4.1904, KGJ 27 A 210, 211; MüKoHGB/Krafka Rn. 8; Müther Handelsregister § 13 Rn. 1; KKD/Roth/Stelmaszczyk Rn. 6.

[34] Ebenroth/Boujong/Pentz Rn. 22.

[35] Ebenroth/Boujong/Pentz Rn. 22.

[36] Ebenroth/Boujong/Pentz Rn. 63.

[37] Müther Handelsregister § 13 Rn. 1; Fleischhauer/Wochner HandelsregisterR/Solveen Teil 2 N. Rn. 2.

[38] BGH 24.11.1951, BGHZ 4, 62 (65) = NJW 1952, 182; MüKoHGB/Krafka Rn. 19; Krafka RegisterR Rn. 289; NK-HGB/Lamsa Rn. 11; Ebenroth/Boujong/Pentz Rn. 22; RGHMW/Ries Rn. 7; KKD/Roth/Stelmaszczyk Rn. 10.

[39] BGH 24.11.1951, BGHZ 4, 62 (65) = NJW 1952, 182; RG 15.6.1919, RGZ 96, 161 (163); Staub/Koch/Harnos Rn. 79; MüKoHGB/Krafka Rn. 16; Ebenroth/Boujong/Pentz Rn. 63; Henssler/Strohn/Wamser Rn. 6.

[40] Staub/Koch/Harnos Rn. 79; MüKoHGB/Krafka Rn. 19; NK-HGB/Lamsa Rn. 12; RGHMW/Ries Rn. 8; s. auch OLG Hamm 14.11.2000, Rpfleger 2001, 190: keine Umschreibung der Vollstreckungsklausel nach § 727 ZPO.

[41] MüKoHGB/Krafka Rn. 19.

[42] MüKoHGB/Krafka Rn. 22.

[43] OLG Celle 7.6.1999, NZG 2000, 248; NK-HGB/Lamsa Rn. 11; MüKoHGB/Krafka Rn. 20; RGHMW/Ries Rn. 7; **aA** OLG Bremen 18.12.2012, NZG 2013, 144; Wachter EWiR 2013, 151.

Eindruck, dass die Haftung des Kommanditisten auf das Vermögen der Zweigniederlassung beschränkt wäre.[44]

23 **b) Grundbuchfähigkeit.** Zweigniederlassungen sind als solche mangels eigener Rechtspersönlichkeit (→ Rn. 22) nicht grundbuchfähig.[45] Möglich ist einzig, dass der Unternehmensträger unter der Firma der Zweigniederlassung in das Grundbuch eingetragen wird.[46] Zu der Firma der Zweigniederlassung → Rn. 31 ff. Diese Eintragung setzt voraus, dass das betreffende Grundstück oder Grundstücksrecht intern dem Vermögen der Zweigniederlassung zugeordnet ist[47] oder es unter der Firma der Zweigniederlassung für den Unternehmensträger erworben wurde.[48] Die Umschreibung auf die Firma des Unternehmensträgers ist eine Grundbuchberichtigung nach § 22 GBO, weil der Eigentümer des Grundstücks sich dadurch nicht ändert.[49]

24 **c) Vertretung. aa) Vertretener.** Eine Vertretung der Zweigniederlassung iSd §§ 164 ff. BGB ist mangels einer Rechtspersönlichkeit (→ Rn. 22) nicht möglich.[50] Willenserklärungen, die innerhalb einer bestehenden Vertretungsmacht in ihrem Namen abgegeben werden, sind dahingehend auszulegen, dass sie unmittelbar für und gegen den **Unternehmensträger** wirken sollen.

25 **bb) Beschränkung der Vertretungsmacht.** Eine im Innenverhältnis vereinbarte Beschränkung der organschaftlichen Vertretungsbefugnis hat bei der **GmbH** sowie der **AG** gem. § 37 Abs. 2 GmbHG bzw. § 82 Abs. 1 AktG keine rechtliche Wirkung gegen dritte Personen.

26 Die **Prokura** kann auf den Betrieb einer von mehreren Niederlassungen des Geschäftsinhabers beschränkt werden. Dritten gegenüber ist diese Vereinbarung gem. § 50 Abs. 3 S. 1 jedoch nur wirksam, wenn die Niederlassungen unter verschiedenen Firmen betrieben werden (→ § 50 Rn. 10 ff.). Zu der Firma einer Zweigniederlassung → Rn. 31 ff. Die Beschränkung auf eine Niederlassung verändert den Charakter der Prokura nicht. Lediglich die Vertretungsmacht ist auf den Wirkungskreis der Niederlassung beschränkt, dh auf Geschäfte, die über die Niederlassung und für deren Rechnung abgewickelt werden.[51] Hierfür muss der Prokurist als Vertreter der Niederlassung auftreten.[52]

27 Bei den **Personenhandelsgesellschaften** kann die organschaftliche Vertretungsbefugnis der Gesellschafter gem. § 124 Abs. 4 S. 4 in entsprechender Anwendung von § 50 Abs. 3 auf eine von mehreren Niederlassungen beschränkt werden (→ Rn. 26).

28 **d) Prozessuales. aa) Erkenntnisverfahren, Zwangsvollstreckung.** Zweigniederlassungen sind mangels eigener Rechtspersönlichkeit (→ Rn. 22) nicht als solche parteifähig iSv § 50 ZPO.[53] **Parteifähig** ist einzig der Unternehmensträger. Hat die Zweigniederlassung eine eigene Firma (→ Rn. 35), kann unter dieser nur der Unternehmensträger verklagt werden.[54] Die Zustellungen (§§ 183, 184 ZPO) können an die Adresse der Zweigniederlassung erfolgen.[55] Ebenso kann die Zweigniederlassung in der Gläubigerbezeichnung einer Vollstreckungsklausel genannt werden.[56]

29 Werden von einer Zweigniederlassung aus unmittelbar Geschäfte geschlossen, können gegen den Unternehmensträger – nicht gegen die Zweigniederlassung als solche (→ Rn. 28) – alle Klagen, die auf den Geschäftsbetrieb der Niederlassung Bezug haben, gem. § 21 Abs. 1 ZPO bei dem Gericht des Ortes erhoben werden, wo die Niederlassung sich befindet. Für Aktivprozesse des Unternehmensträgers kommt eine örtliche Zuständigkeit des Gerichts der Zweigniederlassung gem. § 29 ZPO

[44] OLG Celle 7.6.1999, NZG 2000, 248; MüKoHGB/Krafka Rn. 22; NK-HGB/Lamsa Rn. 11; RGHMW/Ries Rn. 7.

[45] Staub/Koch/Harnos Rn. 81; MüKoHGB/Krafka Rn. 21; Hopt/Merkt Rn. 4; SLM/Müther Rn. 12; Ebenroth/Boujong/Pentz Rn. 65.

[46] RG 1.11.1905, RGZ 62, 7 (10); OLG München 18.12.2012, NZG 2013, 558 (inländische Zweigniederlassung einer ausländischen Gesellschaft); 15.3.1906, KGJ 32 A 199; KG 25.2.1937, JW 1937, 1743; LG Meiningen 15.6.1999, NJW-RR 2000, 680; MüKoHGB/Krafka Rn. 21; Ebenroth/Boujong/Pentz Rn. 65; RGHMW/Ries Rn. 7.

[47] MüKoHGB/Krafka Rn. 21; Ebenroth/Boujong/Pentz § 20 Rn. 65.

[48] MüKoHGB/Krafka Rn. 21.

[49] KG 25.2.1937, JW 1937, 1743; Staub/Koch/Harnos Rn. 81; Hopt/Merkt Rn. 4; SLM/Müther Rn. 12; Ebenroth/Boujong/Pentz Rn. 65.

[50] Ebenroth/Boujong/Pentz Rn. 38.

[51] MüKoHGB/Krebs § 50 Rn. 13; RGHMW/Wagner § 50 Rn. 21.

[52] MüKoHGB/Krebs § 50 Rn. 13; Heymann/Teichmann § 50 Rn. 9; **aA** Staub/Fischinger § 50 Rn. 23.

[53] Staub/Koch/Harnos Rn. 80; MüKoHGB/Krafka Rn. 20; NK-HGB/Lamsa Rn. 13; Ebenroth/Boujong/Pentz Rn. 64; RGHMW/Ries Rn. 7.

[54] BGH 24.11.1951, BGHZ 4, 62 (65) = NJW 1952, 182; Hopt/Merkt Rn. 4; MüKoHGB/Krafka Rn. 20; Ebenroth/Boujong/Pentz Rn. 64.

[55] BGH 24.11.1951, BGHZ 4, 62 (65) = NJW 1952, 182; Ebenroth/Boujong/Pentz Rn. 64.

[56] OLG Hamm 14.11.2000, Rpfleger 2001, 190.

iVm § 269 Abs. 2 BGB in Betracht.[57] Für einen Mahnantrag ist gem. § 689 Abs. 2 S. 1 ZPO das Gericht ausschließlich zuständig, bei dem der Antragsteller seinen allgemeinen Gerichtsstand hat. Da der besondere Gerichtsstand der Niederlassung gem. § 21 Abs. 1 ZPO lediglich einen **Passivgerichtsstand** begründet,[58] muss der Unternehmensträger den Mahnantrag stets an dem Ort seines allgemeinen Gerichtsstands stellen.[59]

bb) Insolvenzfähigkeit. Das Insolvenzverfahren kann gem. § 11 Abs. 1, Abs. 2 Nr. 1 InsO nur über das Vermögen eines rechtsfähigen Unternehmensträgers eröffnet werden.[60] Daher sind Zweigniederlassungen mangels eigener Rechtspersönlichkeit (→ Rn. 22) nicht als solche insolvenzfähig. Sie verfügen über kein rechtlich verselbständigtes Vermögen, das als Sondervermögen haftungsrechtlich vom sonstigen Vermögen des Unternehmensträgers getrennt werden könnte und bestimmten Gläubigern unter Ausschluss der anderen Gläubiger haftet.[61] Das Insolvenzverfahren über das Vermögen des Unternehmensträgers erstreckt sich ohne Weiteres auch auf das der Zweigniederlassung zugeordnete Vermögen.[62] 30

3. Firma der Zweigniederlassung. a) Firma der Hauptniederlassung. Die Firma einer Zweigniederlassung ist der Name, unter dem der Unternehmensträger in dem betreffenden Geschäftskreis auftritt.[63] Daher können Zweigniederlassungen grundsätzlich unter der Firma der Hauptniederlassung ihre Geschäfte betreiben.[64] Ein Zusatz, der den Charakter als Zweigniederlassung erkennen lässt, ist im Umkehrschluss zu § 30 Abs. 3 (→ Rn. 32 f.) nicht erforderlich.[65] Wird die Firma der Hauptniederlassung geändert, geht damit ipso iure eine Änderung der Firma der Zweigniederlassung einher.[66] 31

b) Verschiedene Firmen. aa) Zweigstellenzusatz. Zweigniederlassungen müssen nicht die Firma der Hauptniederlassung verwenden, sondern können auch unter einer abweichenden Firma Geschäfte betreiben. Die Abweichung wird insbesondere bei Kapitalgesellschaften, deren Zweigniederlassungen den **Rechtsformzusatz** des Unternehmensträgers übernehmen müssen,[67] durch einen sog. Zweigstellenstellenzusatz herbeigeführt. 32

Ein Zweigstellenstellenzusatz ist nicht nur zulässig, sondern ausnahmsweise gem. **§ 30 Abs. 3** geboten, wenn an dem Ort oder in der Gemeinde, wo eine Zweigniederlassung errichtet wird (→ Rn. 36 ff.), bereits eine gleiche eingetragene Firma besteht (→ § 30 Rn. 13). Dieser Zusatz muss in entsprechender Anwendung von § 30 Abs. 2 (→ § 30 Rn. 12) so gestaltet sein, dass die Firma, einschließlich des Zusatzes, sich deutlich von der bereits eingetragenen Firma unterscheidet. Zu der eingeschränkten registergerichtlichen Prüfung → Rn. 53 ff. 33

Die Verschiedenheit der Firmen, wie sie durch einen Zweigstellenzusatz erreicht werden kann, ist gem. § 50 Abs. 3 ggf. iVm § 124 Abs. 4 S. 4 Voraussetzung für die Beschränkung der **Prokura** bzw. der **organschaftlichen Vertretungsmacht** auf den Betrieb der Zweigniederlassung (→ Rn. 26 f.). 34

bb) Eigene Firma. Alternativ zu einem bloßen Zweigstellenstellenzusatz (→ Rn. 32 ff.) kann für die Zweigniederlassung eine eigene Firma gebildet werden, die sich in ihrem Firmenkern von der Firma der Hauptniederlassung unterscheidet. Dem selbstständigen Firmenkern muss zur Einhaltung der Grundsätze der Firmeneinheit (→ § 17 Rn. 11 f.) und der Firmenwahrheit (§ 18 Abs. 2; → § 18 Rn. 16 ff.) durch einen Zusatz die Zugehörigkeit zu der Hauptniederlassung klargestellt werden.[68] 35

---

[57] Staub/Koch/Harnos Rn. 80; MüKoHGB/Krafka Rn. 20.

[58] BGH 10.7.1975, NJW 1975, 2142; 22.11.1994, NJW 1995, 1225 (1226); MüKoHGB/Krafka Rn. 20; MüKoZPO/Patzina ZPO § 21 Rn. 12; Ebenroth/Boujong/Pentz Rn. 64.

[59] BGH 13.1.1998, NJW 1998, 1322; 7.10.1977, NJW 1978, 321; MüKoZPO/Patzina ZPO § 21 Rn. 3; Ebenroth/Boujong/Pentz Rn. 64.

[60] Ebenroth/Boujong/Pentz Rn. 64; RGHMW/Ries Rn. 7.

[61] Zu diesem Erfordernis s. Häsemeyer InsR, 4. Aufl. 2007, Rn. 6. 17; MüKoInsO/Vuia InsO § 11 Rn. 9.

[62] Staub/Koch/Harnos Rn. 79; Ebenroth/Boujong/Pentz Rn. 64.

[63] RG 1.11.1905, RGZ 62, 7 (10); Ebenroth/Boujong/Pentz Rn. 64.

[64] BayObLG 19.3.1992, BayObLGZ 1992, 59 (60); Staub/Koch/Harnos Rn. 84; MüKoHGB/Krafka Rn. 23; Hopt/Merkt Rn. 7; Ebenroth/Boujong/Pentz Rn. 27.

[65] RG 30.3.1926, RGZ 113, 213 (218); BayObLG 19.3.1992, BayObLGZ 1992, 59 (60); OLG Düsseldorf 22.2.2017, NZG 2017, 624 (625); MüKoHGB/Krafka Rn. 24; KKD/Roth/Stelmaszczyk Rn. 8; Henssler/Strohn/Wamser Rn. 7.

[66] BayObLG 31.5.1990, BayObLGZ 1990, 151 (159); MüKoHGB/Krafka Rn. 22; RGHMW/Ries Rn. 13.

[67] Ebenroth/Boujong/Pentz Rn. 27.

[68] BayObLG 19.3.1992, BayObLGZ 1992, 59 (60); OLG Düsseldorf 7.10.2025, NZG 2025, 1721 Rn. 15; Staub/Koch/Harnos Rn. 87; MüKoHGB/Krafka Rn. 24; NK-HGB/Lamsa Rn. 18, 19a; Hopt/Merkt Rn. 7; Müther Handelsregister § 13 Rn. 11; Ebenroth/Boujong/Pentz Rn. 27; RGHMW/Ries Rn. 13; s. auch LG Frankfurt 2.3.2005, BB 2005, 1297 (Unternehmen mit Sitz im Ausland).

III. Errichtung einer Zweigniederlassung (Abs. 1 S. 1)

36 **1. Errichtung.** Die Errichtung einer Zweigniederlassung ist unabhängig von der Rechtsform des Unternehmensträgers kein Rechts-, sondern ein **Realakt.** Insbesondere hat die Eintragung keine konstitutive Bedeutung (→ Rn. 53 ff.).[69] Erforderlich, aber auch ausreichend ist die tatsächliche Verwirklichung der Merkmale, die eine Zweigniederlassung ausmachen (→ Rn. 37 ff.). Da diese anhand von Sachverhalten entwickelt wurden, in denen die Zweigniederlassung von einem anderen Unternehmensteil, der als Hauptniederlassung angesehen wird, müssen sie für **Kapitalgesellschaften,** bei denen die Zuordnung einer Zweigniederlassung sich an dem Satzungssitz der Gesellschaft orientiert (→ Rn. 17 ff.), modifiziert werden.

37 **a) Sachlich gleichartige Geschäfte.** Die Einordnung eines Unternehmensteils als Zweigniederlassung setzt voraus, dass an diesem Ort sachlich gleichartige Geschäfte wie die Hauptniederlassung des Unternehmens geführt werden. Hierfür genügt es, dass die Geschäfte sich auf einen Teil des Gegenstands des Unternehmens beschränken.[70] Nur untergeordnete Hilfs- oder Vollzugsgeschäfte, wie zB Lager-, Versand- oder Empfangstätigkeiten, genügen nicht.[71]

38 **b) Räumliche Trennung.** Zweigniederlassungen sind nur solche Unternehmensteile, die räumlich von der Hauptniederlassung bzw. dem Satzungssitz der Gesellschaft (→ Rn. 17 ff.) getrennt sind. Für die erforderliche räumliche Trennung genügt es, dass Haupt- und Zweigniederlassung nicht in denselben Räumen betrieben werden. Sie können sich aber durchaus an demselben Ort befinden.[72]

39 **c) Dauer.** Als Zweigniederlassung scheiden solche Unternehmensteile aus, deren Geschäftstätigkeit nur vorübergehender Natur ist. Dies trifft zB auf einen Geschäftsbetrieb zu, der nur für die Dauer einer Messe unterhalten wird.[73]

40 **d) Organisatorische Selbstständigkeit.** Um eine Zweigniederlassung zu sein, muss der Unternehmensteil organisatorisch selbständig sein (→ Rn. 21). Die organisatorische Selbstständigkeit kann anhand typischer Kriterien festgestellt werden. Maßgeblich sind tatsächliche Einrichtungen (→ Rn. 41) sowie die Organisation der Geschäftsleitung (→ Rn. 42).

41 **aa) Tatsächliche Einrichtungen.** Jede Zweigniederlassung muss über Einrichtungen verfügen, die denen der Hauptniederlassung ähnlich sind, insbesondere ein eigenes **Geschäftslokal**[74] und **Betriebsmittel,** die ihr ein nach außen angelegtes, selbstständiges Auftreten im Rechtsverkehr ermöglichen.[75] Außerdem müssen die Zahlungseingänge und -ausgänge, die Geschäfte der Zweigniederlassung betreffen, bei der Zweig- oder Hauptniederlassung[76] gesondert gebucht werden.[77] Durch die **gesonderte Buchführung** wird sichergestellt, dass die Zweigniederlassung jederzeit vom Hauptunternehmen abgetrennt und als selbständiges Geschäft weitergeführt werden kann. Hierfür ist es nicht erforderlich, dass Haupt- und Zweigniederlassung wie unterschiedliche Kaufleute behandelt werden.[78] Ausreichend ist vielmehr ein besonderer Datenspeicher für die Zweigniederlassung in der elektronischen Buchführung.[79]

42 **bb) Geschäftsleitung.** Die organisatorische Selbstständigkeit der Zweigniederlassung erfordert – neben den Einrichtungen (→ Rn. 41) – eine Leitung, die befugt ist, die mit der Zweigniederlassung

[69] BayObLG 19.3.1992, BayObLGZ 1992, 59 (60); GK-HGB/Achilles/Haase Rn. 17; RvW/Ammon/Ries Rn. 11; Staub/Koch/Harnos Rn. 55; MüKoHGB/Krafka Rn. 17; NK-HGB/Lamsa Rn. 20; Ebenroth/Boujong/Pentz Rn. 31.

[70] Krafka RegisterR Rn. 292; RGHMW/Ries Rn. 4; Fleischhauer/Wochner HandelsregisterR/Solveen Teil 2 N. Rn. 1.

[71] Krafka RegisterR Rn. 292; Hopt/Merkt Rn. 3; Ebenroth/Boujong/Pentz Rn. 25.

[72] KG 27.9.1928, JW 1929, 671 (672); NK-HGB/Lamsa Rn. 21; Staub/Koch/Harnos Rn. 27; MüKoHGB/Krafka Rn. 11; Hopt/Merkt Rn. 3; SLM/Müther Rn. 9; Ebenroth/Boujong/Pentz Rn. 24; Henssler/Strohn/Wamser Rn. 5.

[73] Staub/Koch/Harnos Rn. 28; Krafka RegisterR Rn. 293; Hopt/Merkt Rn. 3.

[74] Krafka RegisterR Rn. 293; Hopt/Merkt Rn. 4.

[75] Staub/Koch/Harnos Rn. 29.

[76] BGH 8.5.1972, NJW 1972, 1859 (1860); BayObLG 11.5.1979, BayObLGZ 1979, 159; KG 18.2.1926, OLGRspr. 45, 97 (98); KG 3.10.1904, OLGR 11, 375 (377); Ebenroth/Boujong/Pentz Rn. 25; RGHMW/Ries Rn. 5; krit. Hopt/Merkt Rn. 4.

[77] Krafka RegisterR Rn. 293; Fleischhauer/Wochner HandelsregisterR/Solveen Teil 2 N. Rn. 1.

[78] MüKoHGB/Krafka Rn. 14.

[79] KG 18.2.1926, OLGRspr. 45, 97 (98); Hopt/Merkt Rn. 4; RGHMW/Ries Rn. 4; Voigt, Das Handelsrecht der Zweigniederlassung, 2010, 48.

verbundenen Geschäfte selbständig abzuschließen.[80] Einer Autonomie, welche die Pflicht zur Befolgung von Weisungen ausschließt, bedarf es nicht.[81] Ausreichend ist, dass dem Leitungspersonal eine **Handlungsvollmacht** iSd § 54 erteilt wird.[82] Möglich ist auch die Erteilung der **Prokura,** die Dritten gegenüber gem. § 50 Abs. 3 durch die Nutzung einer von der Hauptniederlassung verschiedenen Firma auf den Betrieb der Zweigniederlassung beschränkt werden kann (sog. Niederlassungs- oder **Filialprokura;** → Rn. 26).

2. Anmeldung der Zweigniederlassung. a) Öffentlich-rechtliche Anmeldepflicht. Die Errichtung einer Zweigniederlassung (→ Rn. 36 ff.) ist gem. Abs. 1 S. 1 zur Eintragung in das Handelsregister anzumelden. Es handelt es sich um eine öffentlich-rechtliche Anmeldepflicht mit der Folge, dass sie nicht zur Disposition der Gesellschafter des Unternehmensträgers steht, insbesondere nicht in dem Gesellschaftsvertrag bzw. der Satzung abbedungen werden kann,[83] und auch dann besteht, wenn mit der Errichtung der Zweigniederlassung die nach dem Gesellschaftsvertrag bzw. der Satzung zulässige Höchstzahl von Zweigniederlassungen überschritten wird.[84] Außerdem können die Adressaten (→ Rn. 44) gem. § 14 S. 1 durch Festsetzung von Zwangsgeld angehalten werden (→ Rn. 51).[85] 43

b) Adressaten der Anmeldepflicht. Adressat der Anmeldepflicht (→ Rn. 43) ist der jeweilige Unternehmensträger, der die Zweigniederlassung errichtet hat, also in den Worten des Abs. 1 S. 1 der Einzelkaufmann, die juristische Person iSv § 33 oder die Handelsgesellschaft. 44

Bei der **Personenhandelsgesellschaft** muss die Anmeldung der Zweigniederlassung durch die Gesellschafter in vertretungsberechtigter Zahl vorgenommen werden.[86] Die abweichende Regelung des § 106 Abs. 7 S. 1, wonach Anmeldungen von sämtlichen Gesellschaftern zu bewirken sind, gilt nur für die Anmeldungen der Gesellschaft selbst (§ 106 Abs. 1; → § 106 Rn. 76), nicht aber für die Anmeldung einer Zweigniederlassung gem. Abs. 1 S. 1. Die Errichtung einer Zweigniederlassung durch eine **juristische Person** iSd § 33 Abs. 1 ist gem. § 33 Abs. 3 durch den Vorstand anzumelden. Für die **AG** handelt der Vorstand, für die **GmbH** die Geschäftsführer jeweils in vertretungsberechtigter Zahl.[87] Bei der **KGaA** ist die Anmeldung durch die persönlich haftenden Gesellschafter vorzunehmen (§ 283 Nr. 1 AktG). Möglich ist auch die unechte Gesamtvertretung durch ein Vertretungsorgan und einen Prokuristen, weil die Vertretungsmacht des Prokuristen in diesem Fall der organschaftlichen Vertretungsbefugnis entspricht (→ § 49 Rn. 32).[88] 45

Die Anmeldung der Zweigniederlassung kann auch durch einen **rechtsgeschäftlichen Vertreter** erfolgen.[89] Die Prokura ermächtigt nicht zur Errichtung von Zweigniederlassungen (→ Rn. 36 ff.),[90] wohl aber zu deren Anmeldung zur Eintragung in das Handelsregister.[91] Erforderlich ist stets eine dem Formerfordernis des § 12 Abs. 1 S. 3 genügende Vollmacht (→ § 12 Rn. 49 ff.), welche die Vornahme der Anmeldung umfasst.[92] 46

c) Zuständiges Gericht. Ist Unternehmensträger ein Einzelkaufmann oder eine juristische Person iSd § 33, hat die Anmeldung aufgrund der Zuordnung der Zweigniederlassung zu der Hauptniederlassung gem. Abs. 1 S. 1 bei dem **Gericht der Hauptniederlassung** zu erfolgen. Die Zweigniederlassung einer Handelsgesellschaft ist bei dem **Gericht des Sitzes** der Gesellschaft anzumelden 47

---

80 RG 3.3.1902, RGZ 50, 428 (429 f.); Staub/Koch/Harnos Rn. 26; SLM/Müther Rn. 10; Ebenroth/Boujong/Pentz Rn. 25.

81 Staub/Koch/Harnos Rn. 26; Krafka RegisterR Rn. 294; NK-HGB/Lamsa Rn. 21; Ebenroth/Boujong/Pentz Rn. 25; KKD/Roth/Stelmaszczyk Rn. 6.

82 Staub/Koch/Harnos Rn. 26; MüKoHGB/Krafka Rn. 13; KKD/Roth/Stelmaszczyk Rn. 6.

83 Ebenroth/Boujong/Pentz Rn. 42.

84 Ebenroth/Boujong/Pentz Rn. 42.

85 Staub/Koch/Harnos Rn. 60; SLM/Müther Rn. 16; Ebenroth/Boujong/Pentz Rn. 47; krit. MüKoHGB/Krafka Rn. 40.

86 Staub/Koch/Harnos Rn. 61; MüKoHGB/Krafka Rn. 42; Krafka RegisterR Rn. 296; NK-HGB/Lamsa Rn. 22; Hopt/Merkt Rn. 10.

87 Staub/Koch/Harnos Rn. 61; MüKoHGB/Krafka Rn. 42; Krafka RegisterR Rn. 296.

88 Staub/Koch/Harnos Rn. 61; Ebenroth/Boujong/Pentz Rn. 42; s. auch RG 31.12.1931, RGZ 134, 303 (307).

89 NK-HGB/Lamsa Rn. 23.

90 Staub/Koch/Harnos Rn. 59, unter Hinweis darauf, dass es sich in der Sache nicht um Vertretungsmacht, sondern um Geschäftsführungsbefugnis im Innenverhältnis handelt; MüKoHGB/Krebs § 49 Rn. 29; **aA** K. Schmidt HandelsR § 16 Rn. 30.

91 Staub/Koch/Harnos § 12 Rn. 40; NK-HGB/Lamsa Rn. 23; Voigt, Das Handelsrecht der Zweigniederlassung, 2010, 69 f.; **aA** BeckOK HGB/Müther, 49. Ed. 1.1.2026, Rn. 13; Krafka RegisterR Rn. 296; MüKoHGB/Krafka Rn. 42.

92 Staub/Koch/Harnos Rn. 61; Ebenroth/Boujong/Pentz Rn. 42.

(→ Rn. 17 ff., → Rn. 20). Hat die Gesellschaft einen **Doppelsitz** (→ § 8 Rn. 73), sind beide Registergerichte, in deren Bezirken die Sitze sich befinden, für die Eintragung zuständig.[93] In diesen Fällen muss die Zweigniederlassung ausnahmsweise bei beiden Registergerichten angemeldet werden, wobei jedes Gericht eine eigene Prüfungszuständigkeit hat (→ § 8 Rn. 74).[94] Die Gerichtszuständigkeit ist eine ausschließliche Zuständigkeit.[95]

48 **d) Inhalt der Anmeldung.** Die Anmeldung muss gem. Abs. 1 S. 1 die Tatsache, dass eine Zweigniederlassung errichtet wurde (→ Rn. 36 ff.), den **Ort** und die **inländische Geschäftsanschrift** der Zweigniederlassung sowie den Zweigstellenstellenzusatz, falls der Firma ein solcher beigefügt ist (→ Rn. 32 ff.), enthalten.[96] Die seit dem 1.11.2008 erforderliche Angabe der inländischen Geschäftsanschrift (→ Rn. 9) soll insbesondere Gläubigern des Unternehmensträgers die öffentliche Zustellung von Willenserklärungen gem. § 15a S. 1 ermöglichen (→ § 15a Rn. 3 ff.).[97]

49 Die Pflicht des Abs. 1 S. 1, die inländische Geschäftsanschrift einer Zweigniederlassung zur Eintragung in das Handelsregister anzumelden, gilt gem. **Art. 65 S. 1 EGHGB** grundsätzlich auch für Zweigniederlassungen, vor der Einführung dieser Pflicht mWv 1.11.2008 (→ Rn. 9) bereits in das Handelsregister eingetragen sind. In diesen Fällen ist die inländische Geschäftsanschrift mit der ersten den Unternehmensträger betreffenden Anmeldung zum Handelsregister ab dem 1.11.2008, spätestens aber bis zum 31.10.2009 anzumelden. Diese die bestehende Eintragung ergänzende Anmeldepflicht entstand ausnahmsweise nicht, wenn die inländische Geschäftsanschrift dem Gericht bereits gem. § 24 Abs. 3 HRV mitgeteilt worden ist und sich anschließend nicht geändert hat. Ist bis zum 1.11.2009 keine Anmeldung erfolgt, hat das Registergericht gem. Art. 65 S. 3 Hs. 1 EGHGB von Amts wegen und ohne Überprüfung kostenfrei die ihm nach § 24 Abs. 3 HRV bekannte inländische Anschrift als Geschäftsanschrift der Zweigniederlassung in das Handelsregister einzutragen. Ist dem Registergericht keine Mitteilung iSd § 24 Abs. 3 HRV gemacht worden, ist ihm aber in sonstiger Weise eine inländische Geschäftsanschrift bekannt geworden, oder weicht die bekanntgewordene Anschrift von einer früher nach § 24 Abs. 3 HRV mitgeteilten Anschrift ab, ist diese Anschrift gem. Art. 65 S. 4 EGHGB bzw. Art. 65 S. 5 EGHGB einzutragen, wenn sie im elektronischen Informations- und Kommunikationssystem nach § 9 Abs. 1 abrufbar ist.

50 **e) Form der Anmeldung.** Die Anmeldung der Errichtung einer Zweigniederlassung ist gem. **§ 12 Abs. 1 S. 1** elektronisch in öffentlich beglaubigter Form oder einer Ersatzform einzureichen (→ § 12 Rn. 20 ff.). Sie kann mit der Anmeldung des Unternehmensträgers verbunden werden.[98] Unterschriftszeichnungen sämtlicher zur Vertretung der Zweigniederlassung berechtigten Personen und Organe zur Aufbewahrung beim Gericht der Zweigniederlassung müssen seit dem 1.1.2007 (→ Rn. 8) nicht mehr beigefügt werden (→ § 8 Rn. 12).

51 **f) Erzwingung der Anmeldung.** Die Adressaten der öffentlich-rechtlichen Anmeldepflicht gem. Abs. 1 S. 1 (→ Rn. 43 ff.) können gem. § 14 S. 1 durch Festsetzung von Zwangsgeld angehalten werden.[99] Zu der Adressierung der Festsetzung → § 14 Rn. 31 ff. In der Praxis wird die Anmeldepflicht allenfalls selten durchgesetzt, weil in dem Erzwingungsverfahren erst in aufwändiger Weise festgestellt werden muss, ob der errichtete Unternehmensteil überhaupt eine Zweigniederlassung ist (→ Rn. 36 ff.). Solange aus diesem Grund nicht mit der Durchführung eines Zwangsverfahrens gerechnet werden muss, steht die Anmeldung zwar nicht rechtlich, aber faktisch zur Disposition des Rechtsträgers.[100]

52 Neben der Festsetzung von Zwangsgeld gem. § 14 S. 1 (→ Rn. 51) sieht das Gesetz **keine weitergehenden Sanktionen** vor, wie zB eine persönliche Haftung desjenigen, der seiner Pflicht zur Anmeldung der Zweigniederlassung (→ Rn. 44 ff.) nicht nachkommt.[101]

53 **3. Eintragung der Zweigniederlassung (Abs. 2). a) Prüfung des Registergerichts. aa) Überblick.** Die Eintragung der Zweigniederlassung obliegt gem. Abs. 1 S. 1 dem Gericht der

[93] Balser DB 1972, 2049 (2050).
[94] BayObLG 29.3.1985, BayObLGZ 1985, 111; OLG Hamm 29.6.1964, Rpfleger 1965, 120; Ebenroth/Boujong/Pentz Rn. 46.
[95] BayObLG 31.5.1990, NJW-RR 1990, 1510 (1512); GK-HGB/Achilles/Haase Rn. 19; Staub/Koch/Harnos Rn. 60; NK-HGB/Lamsa Rn. 24; Henssler/Strohn/Wamser Rn. 9.
[96] Staub/Koch/Harnos Rn. 62; Ebenroth/Boujong/Pentz Rn. 43.
[97] Begr. RegE MoMiG, BT-Drs. 16/6140, 49 zu Art. 3 MoMiG.
[98] RGHMW/Ries Rn. 14.
[99] Staub/Koch/Harnos Rn. 60; BeckOK HGB/Müther, 49. Ed. 1.1.2026, Rn. 13; SLM/Müther Rn. 16; Ebenroth/Boujong/Pentz Rn. 45, 47; krit. MüKoHGB/Krafka Rn. 40.
[100] MüKoHGB/Krafka Rn. 38.
[101] BGH 14.3.2005, NJW 2005, 1648 (1649 f.); GK-HGB/Achilles/Haase Rn. 17; krit. Kindler AG 2007, 721 (727).

Hauptniederlassung bzw. des Sitzes (→ Rn. 47). Es hat die Anmeldung (→ Rn. 43 ff.) in formeller und materieller Hinsicht zu prüfen. Im Zuge der Neufassung von Abs. 2 durch Art. 1 Nr. 3 EHUG iVm Art. 13 Abs. 2 Hs. 1 EHUG mWv 1.1.2007 (→ Rn. 8) wurde der Umfang der registergerichtlichen Prüfung nur hinsichtlich der Errichtung der Zweigniederlassung (→ Rn. 54) eingeschränkt.[102]

bb) Errichtung der Zweigniederlassung. Die Eintragung der Zweigniederlassung setzt gem. Abs. 2 – im Unterschied zu der bis zum 31.12.2006 geltenden Rechtslage – nicht die positive Feststellung voraus, dass die Zweigniederlassung tatsächlich errichtet wurde (→ Rn. 36 ff.). Stattdessen ist der Eintragungsantrag nur zurückzuweisen, wenn die Zweigniederlassung offensichtlich nicht errichtet worden ist. Der Wortlaut des Abs. 2 („es sei denn") begründet eine Vermutung für die **Errichtung** der Zweigniederlassung. Diese ist nur widerlegt mit der Folge, dass die Eintragung zu verweigern ist, wenn allgemein bekannte oder gerichtskundige Umstände den Schluss rechtfertigen, dass die angemeldete Zweigniederlassung offensichtlich nicht errichtet worden ist.[103] Diese Einschränkung des Prüfungsumfangs und -maßstabs mindert den bürokratischen Aufwand erheblich; insbesondere ist die Einholung eines Gutachtens der IHK regelmäßig entbehrlich.[104] Zugleich schwächt sie die Kontrollfunktion des Registerverfahrens allenfalls unerheblich, da die Anmeldung einer tatsächlich nicht errichteten Zweigniederlassung in der Praxis eine seltene Ausnahme darstellt. Außerdem steht Abs. 2 im Einklang mit dem allgemeinen Grundsatz, dass das Registergericht Unrichtiges nicht wider besseres Wissen eintragen muss.[105] 54

cc) Firma der Zweigniederlassung. Dem Gericht der Hauptniederlassung bzw. des Sitzes (→ Rn. 47) obliegt auch nach der Neufassung der Vorschrift durch das EHUG (→ Rn. 8) die Prüfung, ob die Firma der Zweigniederlassung ordnungsgemäß gebildet ist.[106] 55

b) Vollzug der Eintragung. Die Zweigniederlassung wird gem. Abs. 2 auf dem Registerblatt der Hauptniederlassung oder – bei Handelsgesellschaften (→ Rn. 47) – des Sitzes unter Angabe des Ortes, einschließlich der Postleitzahl, der inländischen Geschäftsanschrift der Zweigniederlassung (→ Rn. 48) und des Zweigstellenstellenzusatzes, falls der Firma ein solcher beigefügt ist (→ Rn. 32 ff.), eingetragen, und zwar gem. § 40 Nr. 2 lit. b HRV bzw. § 43 Nr. 2 lit. b HRV in Spalte 2 Unterspalte b. 56

Soll eine bestehende **Prokura** gem. § 50 Abs. 3 S. 1 auf die Zweigniederlassung beschränkt werden (→ Rn. 26, → § 50 Rn. 10 ff.), muss die bestehende Eintragung zur Vermeidung von Unklarheiten gem. § 16 Abs. 3 S. 2 HRV vollumfänglich gerötet und die Prokura neu eingetragen werden.[107] 57

c) Bekanntmachung. Die Bekanntmachung der Eintragung der Zweigniederlassung in das Handelsregister erfolgt gem. § 10 Abs. 1 S. 1 durch ihre erstmalige Abrufbarkeit über das nach § 9 Abs. 1 bestimmte elektronische Informations- und Kommunikationssystem (→ § 10 Rn. 5). Nicht bekanntgemacht werden gem. Art. 65 S. 6 EGHGB Eintragungen nach Art. 65 S. 3–5 EGHGB (→ Rn. 49). 58

IV. Änderungen der die Zweigniederlassung betreffenden Tatsachen (Abs. 1 S. 2)

Änderungen der die Zweigniederlassung betreffenden einzutragenden Tatsachen – der Ort, einschließlich der Postleitzahl, und die inländische Geschäftsanschrift der Zweigniederlassung sowie der Zweigstellenstellenzusatz, falls der Firma ein solcher beigefügt ist (→ Rn. 56) – sind gem. Abs. 1 S. 2 in gleicher Weise wie die Errichtung der Zweigniederlassung gem. Abs. 1 S. 1 (→ Rn. 36 ff.) zur Eintragung in das Handelsregister anzumelden, und zwar bei dem Gericht der Hauptniederlassung bzw. des Sitzes (→ Rn. 47). Anmeldepflichtig sind zB Änderungen der Firma sowie die Erteilung einer auf die Zweigniederlassung beschränkten Prokura (→ Rn. 26, → § 50 Rn. 10 ff.).[108] Zu der Verlegung der Zweigniederlassung → Rn. 64. 59

Adressaten der Anmeldepflicht gem. Abs. 1 S. 2 sind dieselben Personen wie bei der Errichtung der Zweigniederlassung (→ Rn. 44 ff.). Die Anmeldung ist – ebenso wie für die Anmeldung gem. 60

---

[102] OLG Düsseldorf 7.10.2025, NZG 2025, 1721 Rn. 11.

[103] Beschlussempfehlung und Bericht RA zum EHUG, BT-Drs. 16/2781, 152 f.; GK-HGB/Achilles/Haase Rn. 21.

[104] Staub/Koch/Harnos Rn. 73; Krafka RegisterR Rn. 299; Fleischhauer/Wochner HandelsregisterR/Solveen Teil 2 N. I. Erl. 3; wohl auch RGHMW/Ries Rn. 15.

[105] Ebenroth/Boujong/Pentz Rn. 51.

[106] OLG Düsseldorf 7.10.2025, NZG 2025, 1721 Rn. 11; Hopt/Merkt Rn. 13; **aA** Ebenroth/Boujong/Pentz Rn. 52.

[107] Krafka RegisterR Rn. 300.

[108] Krafka RegisterR Rn. 307; BeckOK HGB/Müther, 49. Ed. 1.1.2026, Rn. 17; Ebenroth/Boujong/Pentz Rn. 54.

Abs. 1 S. 1 (→ Rn. 50) – gem. § 12 Abs. 1 S. 1 elektronisch in öffentlich beglaubigter **Form** einzureichen (→ § 12 Rn. 20 ff.).

V. Aufhebung einer Zweigniederlassung (Abs. 3)

61 **1. Aufhebung.** Die Aufhebung einer Zweigniederlassung ist – ebenso wie deren Errichtung (→ Rn. 36 ff.) – kein Rechtsakt, sondern ein Realakt. Eine Zweigniederlassung ist aufgehoben, wenn sie keine Geschäftstätigkeit mehr ausübt oder sonst ein Merkmal nicht mehr erfüllt ist, das für die Existenz einer Zweigniederlassung erforderlich ist (zu den Merkmalen der Zweigniederlassung → Rn. 12 ff.).[109] Die Eintragung der Aufhebung hat somit rein deklaratorische Bedeutung.[110]

62 **2. Anmeldung.** Die Aufhebung einer Zweigniederlassung ist gem. Abs. 3 iVm Abs. 1 S. 1 wie die Errichtung einer Zweigniederlassung (→ Rn. 43 ff.) zur Eintragung in das Handelsregister anzumelden, und zwar bei dem Gericht der Hauptniederlassung bzw. des Sitzes (→ Rn. 47). Die Anmeldepflicht obliegt dem Unternehmensträger (→ Rn. 44 ff.). Die Anmeldung ist gem. § 12 Abs. 1 S. 1 elektronisch in öffentlich beglaubigter Form einzureichen (→ Rn. 50). Die Anmeldepflicht kann aufgrund ihrer öffentlich-rechtlichen Natur gem. § 14 S. 1 durch Festsetzung von Zwangsgeld durchgesetzt werden.[111]

63 **3. Eintragung.** Die Eintragung der Aufhebung einer Zweigniederlassung obliegt gem. Abs. 3 iVm Abs. 1 S. 1 dem Gericht der Hauptniederlassung bzw. des Sitzes (→ Rn. 53). Im Rahmen der vorangehenden registergerichtlichen Prüfung muss das Gericht die Aufhebung nicht positiv feststellen. Vielmehr ergibt sich aus der entsprechenden Anwendung von Abs. 2 (→ Rn. 54), dass die Aufhebung widerleglich vermutet wird. Daher darf das Gericht die Eintragung nur verweigern, wenn offensichtlich ist, dass die Zweigniederlassung nicht aufgehoben wurde.

VI. Verlegung einer Zweigniederlassung

64 Die Verlegung einer Zweigniederlassung bedeutet, dass der Unternehmensteil unter Wahrung seiner Identität den Ort wechselt.[112] Dieser Vorgang ist ebenso wie die Errichtung einer Zweigniederlassung (→ Rn. 36 ff.) und deren Aufhebung (→ Rn. 61) ein Realakt,[113] der jedoch – im Unterschied zu der Verlegung der Hauptniederlassung oder des Sitzes des Unternehmensträgers (§ 13h; → § 13h Rn. 1 ff.) – registerrechtlich nicht ausdrücklich geregelt ist. Er ist gleichwohl in entsprechender Anwendung von Abs. 1 S. 1 zur Eintragung in das Handelsregister anzumelden.[114] Die Eintragung ist gem. § 40 Nr. 2 lit. b HRV bzw. § 43 Nr. 2 lit. b HRV in Spalte 2 Unterspalte b einzutragen.[115]

§ 13a Europäische Zweigniederlassungen von Kapitalgesellschaften mit Sitz im Inland

(1) In Bezug auf Zweigniederlassungen, die dem Recht eines anderen Mitgliedstaates der Europäischen Union oder eines anderen Vertragsstaates des Abkommens über den Europäischen Wirtschaftsraum unterliegen und die von einer Kapitalgesellschaft mit Sitz im Inland errichtet wurden, gelten die folgenden Vorschriften.

(2) Die Landesjustizverwaltungen stellen sicher, dass die Daten der Zweigniederlassungen, die im Rahmen des Europäischen Systems der Registervernetzung gemäß § 9b empfangen werden, an dasjenige Registergericht weitergeleitet werden, das für die Gesellschaft zuständig ist.

(3) Das zuständige Registergericht bestätigt den Eingang der Daten über das Europäische System der Registervernetzung gemäß § 9b und trägt unverzüglich von Amts wegen die folgenden gemäß Absatz 2 erhaltenen Daten zu der Zweigniederlassung oder deren Änderung in das Registerblatt der Gesellschaft ein:
1. Errichtung, Aufhebung oder Löschung der Zweigniederlassung,
2. Firma der Zweigniederlassung,

[109] Staub/Koch/Harnos Rn. 78; Ebenroth/Boujong/Pentz Rn. 56.
[110] Ebenroth/Boujong/Pentz Rn. 58.
[111] GK-HGB/Achilles/Haase Rn. 23; Ebenroth/Boujong/Pentz Rn. 59.
[112] OLG Stuttgart 31.7.1963, NJW 1964, 112; Ebenroth/Boujong/Pentz Rn. 60.
[113] Hopt/Merkt Rn. 6; Ebenroth/Boujong/Pentz Rn. 60.
[114] Staub/Koch/Harnos Rn. 68; Krafka RegisterR Rn. 309; KKD/Roth/Stelmaszczyk Rn. 12; Ebenroth/Boujong/Pentz Rn. 60; Voigt, Das Handelsrecht der Zweigniederlassung, 2010, 86; s. auch Begr. RegE EHUG, BT-Drs. 16/960, 46; **aA** (§ 13h) BeckOK HGB/Müther, 49. Ed. 1.1.2026, Rn. 19.
[115] Krafka RegisterR Rn. 310; Ebenroth/Boujong/Pentz Rn. 60.

3. Geschäftsanschrift der Zweigniederlassung einschließlich des Staates,
4. Eintragungsnummer und einheitliche europäische Kennung der Zweigniederlassung.

Schrifttum: Linke, Gesetz zur Umsetzung der Digitalisierungsrichtlinie (DiRUG), NZG 2021, 309; Omlor/Blöcher, DiRUG-Neuregelungen im Beurkundungs- und Registerrecht, DStR 2021, 2352.

I. Überblick

Für Zweigniederlassungen gilt in erster Linie das Recht am Ort der Niederlassung. Daher gelten für Publizität von **inländischen Zweigniederlassungen** abhängig davon, ob die Hauptniederlassung oder – im Fall einer Handelsgesellschaft – der Sitz des Unternehmensträgers sich im In- oder Ausland befindet (§ 13; → § 13 Rn. 36 ff.) oder die §§ 13d–13g. **Ausländische Zweigniederlassungen** sind weder gem. § 13 noch gem. §§ 13d–13g eintragungsfähig (→ § 13 Rn. 2). Für sie gelten in erster Linie die Publizitätsvorschriften des Staates, dem die Zweigniederlassung als solche unterliegt. Dies gilt auch für Zweigniederlassung, die in einem anderen Mitgliedstaat der EU oder einem anderen Vertragsstaat des EWR durch eine Kapitalgesellschaft mit Sitz im Inland errichtet wurden. Seit der Einführung von § 13a durch Art. 1 Nr. 9 DiRUG iVm Art. 31 **DiRUG** mWv 1.8.2022 (→ § 13 Rn. 11) erfahren sie lediglich insoweit eine Sonderbehandlung, als Abs. 1 – ergänzend zu den Publizitätsvorschriften am Ort der Niederlassung – die Geltung von Abs. 2 (→ Rn. 4) und Abs. 3 (→ Rn. 5 ff.) anordnet. Ein eigenständiges Registerverfahren, das zu der Eintragung einer ausländischen Zweigniederlassung des inländischen Unternehmensträgers in das Handelsregister führt, ist nicht vorgesehen.[1] 1

Die Vorschrift dient der **Umsetzung der Vorgaben aus Art. 28a Abs. 7 GesR-RL und Art. 28c GesR-RL,** die durch Art. 1 Nr. 15 RL (EU) 2019/1151 iVm Art. 4 RL (EU) 2019/1151 mWv 31.7.2019 eingefügt wurden.[2] Gemäß Art. 19 Abs. 2 lit. h GesR-RL haben die Mitgliedstaaten dafür zu sorgen, dass Informationen über alle von der Gesellschaft in einem anderen Mitgliedstaat der EU eingerichteten Zweigniederlassungen, einschließlich ihres Namens, der Eintragungsnummer, der EUID und des Mitgliedstaates, in dem die Zweigniederlassung eingetragen ist, über das **System der Registervernetzung (BRIS;** → § 9b Rn. 2 f.) kostenlos zugänglich sind. Zur Verwirklichung dieser Vorgabe verpflichtet Art. 28a Abs. 7 S. 1 GesR-RL das Register des Mitgliedstaats, in dem eine Zweigniederlassung einer Gesellschaft, die nach den Rechtsvorschriften eines anderen Mitgliedstaats gegründet wurde, eingetragen ist, den Mitgliedstaat, in dem die Gesellschaft eingetragen wurde, über das System der Registervernetzung von der Eintragung der Zweigniederlassung zu unterrichten. Der Mitgliedstaat, in dem die Gesellschaft eingetragen ist, hat den Eingang einer solchen Mitteilung gem. Art. 28a Abs. 7 S. 2 GesR-RL zu bestätigen und die Informationen unverzüglich in seinem Register zu verzeichnen. Vor dem Hintergrund, dass die Mitgliedstaaten die Aufhebung einer Zweigniederlassung gem. Art. 29 Abs. 3 S. 1 GesR-RL iVm Art. 30 Abs. 1 lit. h GesR-RL über das System der Registervernetzung öffentlich zugänglich machen müssen, gilt gem. Art. 28c GesR-RL Gleiches für die Aufhebung von Zweigniederlassungen. Danach hat der deutsche Gesetzgeber Rechtsvorschriften zu schaffen, die drei Vorgaben umsetzen, nämlich (1) die Empfangsbestätigung (Abs. 3; → Rn. 5), (2) die Weiterleitung der empfangenen Informationen über die Zweigniederlassung in einem anderen Mitgliedstaat der EU an das für die Gesellschaft zuständige Registergericht (Abs. 2; → Rn. 4) und (3) die Eintragung dieser Informationen in das Handelsregister (Abs. 3; → Rn. 5 ff.). 2

II. Anwendungsbereich (Abs. 1)

Abs. 2 (→ Rn. 4) und Abs. 3 (→ Rn. 5 ff.) gelten gem. Abs. 1 nur für Zweigniederlassungen, die dem Recht eines anderen Mitgliedstaates der EU oder eines anderen Vertragsstaat des EWR unterliegen und die von einer Kapitalgesellschaft mit Sitz im Inland errichtet wurden. In Anbetracht der Tatsache, dass die Errichtung einer Zweigniederlassung kein Rechts-, sondern ein Realakt ist, der keine konstitutive Eintragung in ein Register voraussetzt (→ § 13 Rn. 36), umfasst die Formulierung („errichtet wurden") auch neue Zweigniederlassungen, deren Errichtung über das europäische System der Registervernetzung (BRIS; → § 9b Rn. 2 f.) mitgeteilt werden. 3

III. Weiterleitung der empfangenen Daten (Abs. 2)

Abs. 2 verpflichtet die Landesjustizverwaltungen die Daten der Zweigniederlassungen, die im Rahmen des Europäischen Systems der Registervernetzung gem. § 9b empfangen werden, an dasjenige Registergericht weiterzuleiten, dass für die Gesellschaft zuständig ist. Hierbei handelt es sich 4

[1] OLG Düsseldorf 26.10.2009, NJW-RR 2010, 107 (108); Melchior GmbHR 2013, 853 (855) zur GmbH.
[2] Begr. RegE DiRUG, BT-Drs. 19/28177, 97.

um das „organisationsrechtliche Pendant zu § 13e Abs. 6".[3] Die registerrechtliche Bearbeitung findet sodann durch das Registergericht statt.

IV. Registerrechtliche Bearbeitung (Abs. 3)

5 **1. Aufgaben des zuständigen Registergerichts.** Dem für die Gesellschaft zuständigen Registergericht obliegen gem. Abs. 3 zwei Aufgaben, nämlich die Bestätigung des Eingangs der Daten der ausländischen Zweigniederlassung über das Europäische System der Registervernetzung gem. § 9b und die Eintragung der gem. Abs. 2 erhaltenen Daten (→ Rn. 4) in das Registerblatt der Gesellschaft.

6 **2. Inhalt der Eintragung.** In das Registerblatt der Gesellschaft sind die in Abs. 3 Nr. 1–4 genannten Daten einzutragen, nämlich die Errichtung, Aufhebung oder Löschung der ausländischen Zweigniederlassung (Abs. 3 Nr. 1), die Firma der Zweigniederlassung (Abs. 3 Nr. 2), die Geschäftsanschrift der Zweigniederlassung, einschließlich des Staates (Abs. 3 Nr. 3) sowie die Eintragungsnummer und die einheitliche europäische Kennung der Zweigniederlassung (Abs. 3 Nr. 4).

7 **3. Vornahme der Eintragung.** Die Eintragung hat nicht nur **von Amts wegen** zu erfolgen, sondern auch **unverzüglich.** Der aus Art. 28a Abs. 7 S. 2 GesR-RL und Art. 28c S. 2 GesR-RL übernommene Begriff der Unverzüglichkeit ist im Einklang mit den autonom auszulegenden unionsrechtlichen Vorgaben abweichend von § 121 Abs. 1 S. 1 BGB dahingehend auszulegen, dass die Eintragung ohne jedes Zögern vorzunehmen ist.[4]

8 Die gem. Abs. 3 Nr. 1–4 erforderlichen Eintragungen (→ Rn. 6) hat das zuständige Gericht auf Grundlage der gem. Abs. 2 empfangenen Daten (→ Rn. 4) vorzunehmen. Diese werden **nur formal geprüft,** und zwar auf Lückenhaftigkeit sowie auf offensichtliche Unrichtigkeiten und Widersprüche.[5] Eine inhaltliche Prüfung findet nicht statt.

9 **4. Keine materielle Publizitätswirkung.** Gemäß § 15 Abs. 5 sind die Regelungen des § 15 Abs. 1–3 (→ § 15 Rn. 12 ff., → § 15 Rn. 29 ff., → § 15 Rn. 44 ff.) im Hinblick auf die im Registerblatt einer Kapitalgesellschaft eingetragenen Informationen über eine Zweigniederlassung der Gesellschaft im Ausland (Abs. 3 Nr. 1–4; → Rn. 6) nicht anzuwenden. Anlass für diese Bereichsausnahme von der materiellen Registerpublizität gibt die Tatsache, dass die gem. Abs. 2 empfangenen Daten keine vergleichbare Richtigkeitsgewähr wie die Eintragungsgegenstände, die infolge eines registergerichtlichen Anmeldeverfahrens eingetragen werden (→ § 15 Rn. 64), bieten.[6]

§§ 13b–13c *[aufgehoben]*

§ 13d Sitz oder Hauptniederlassung im Ausland

(1) Befindet sich die Hauptniederlassung eines Einzelkaufmanns oder einer juristischen Person oder der Sitz einer Handelsgesellschaft im Ausland, so haben alle eine inländische Zweigniederlassung betreffenden Anmeldungen, Einreichungen und Eintragungen bei dem Gericht zu erfolgen, in dessen Bezirk die Zweigniederlassung besteht.

(2) Die Eintragung der Errichtung der Zweigniederlassung hat auch den Ort und die inländische Geschäftsanschrift der Zweigniederlassung zu enthalten; ist der Firma der Zweigniederlassung ein Zusatz beigefügt, so ist auch dieser einzutragen.

(3) Im übrigen gelten für die Anmeldungen, Einreichungen, Eintragungen, Bekanntmachungen und Änderungen einzutragender Tatsachen, die die Zweigniederlassung eines Einzelkaufmanns, einer Handelsgesellschaft oder einer juristischen Person mit Ausnahme von Aktiengesellschaften, Kommanditgesellschaften auf Aktien und Gesellschaften mit beschränkter Haftung betreffen, die Vorschriften für Hauptniederlassungen oder Niederlassungen am Sitz der Gesellschaft sinngemäß, soweit nicht das ausländische Recht Abweichungen nötig macht.

---

[3] Staub/Koch/Harnos Rn. 6.

[4] Ausf. Staub/Koch/Harnos Rn. 9.

[5] Begr. RegE DiRUG, BT-Drs. 19/28177, 97; s. auch Staub/Koch/Harnos Rn. 11, die nach dem Grundsatz der loyalen Zusammenarbeit (Art. 4 Abs. 3 AEUV) für eine entsprechende Information an das zuständige ausländische Register plädieren.

[6] Staub/Koch/Harnos § 15 Rn. 123; Omlor/Blöcher DStR 2021, 2352 (2355); krit. aufgrund von unionsrechtlichen Bedenken Linke NZG 2021, 309 (315); Hopt/Merkt Rn. 1.

Schrifttum: Altmeppen, Schutz vor europäischen Kapitalgesellschaften, NJW 2004, 97; Altmeppen, Geschäftsleiterhaftung für Weglassen des Rechtsformzusatzes aus deutsch-europäischer Sicht, ZIP 2007, 889; Bönner, Zweigniederlassungen ausländischer Gesellschaften in der notariellen Praxis, RNotZ 2015, 253; Brücker/Tröder, Die Anwalts-LLP im Registerrecht, notar 2018, 192; Dammann, Amerikanische Gesellschaften mit Sitz in Deutschland, RabelsZ 68 (2004), 607; Ebenroth, Neuere Entwicklungen im deutschen internationalen Gesellschaftsrecht – Teil 1, JZ 1988, 18; Eidenmüller, Die GmbH im Wettbewerb der Rechtsformen, ZGR 2007, 169; Fingerhuth/Rumpf, MoMiG und die grenzüberschreitende Sitzverlegung, IPRax 2008, 90; Fischer, Die Niederlassung von EU-Kapitalgesellschaften in Deutschland nach dem Brexit – ein Überblick, NZG 2021, 483; Forsthoff, EuGH fördert Vielfalt im Gesellschaftsrecht, DB 2002, 2471; Hammen, Niederlassungsfreiheit englischer Limited Companies mit Verwaltungssitz in Deutschland nach dem Brexit, Der Konzern 2017, 513; Happ/Holler, Limited statt GmbH?, DStR 2004, 730; Heckschen, Britische Ltd. nach dem Brexit, GWR 2022, 1; Hoffmann, Das Anknüpfungsmoment der Gründungstheorie, ZVglRWiss 101 (2002), 283; Hoffmann, Die stille Bestattung der Sitztheorie durch den Gesetzeber, ZIP 2007, 1581; Kindler, Neue Offenlegungspflichten für Zweigniederlassungen ausländischer Kapitalgesellschaften, NJW 1993, 3301; Kindler, Grundzüge des neuen Kapitalgesellschaftsrechts – Das Gesetz zur Modernisierung des GmbH-Rechts und zur Bekämpfung von Missbräuchen, NJW 2008, 3249; Kindler, Internationales Gesellschaftsrecht 2009: MoMiG, Trabrennbahn, Cartesio und die Folgen, IPRax 2009, 189; Kögel, Firmenbildung von Zweigniederlassungen in- und ausländischer Unternehmen, Rpfleger 1993, 8; Kögel, EuGH-Rspr. Centros, Überseering, Inspire Art – Auswirkungen auf die registergerichtliche Praxis, Rpfleger 2004, 325; Kühn/Krafka, Die Handelsregistereintragung auf die Zweigniederlassung beschränkter Prokuren bei ausländischen Kapitalgesellschaften, NZG 2011, 209; Leible/Galneder/Wißling, Englische Kapitalgesellschaften mit deutschem Verwaltungssitz nach dem Brexit, RIW 2017, 718; Lehmann, Registerrechtliche Anmeldepflicht für EU-Auslandsgesellschaften – ein zahnloser Tiger?, NZG 2005, 580; Lieder/Hilser, Das Internationale Personengesellschaftsrecht des MoPeG, ZHR 185 (2021), 471; Liese, Die Handelsregistereintragung Europäischer Auslandsgesellschaften in Deutschland – oder – Ceci n'est pas une pipe?, NZG 2006, 201; Mäsch/Gausing/Peters, Deutsche Ltd., PLC und LLP: Gesellschaften mit beschränkter Lebensdauer?, Rpfleger 2017, 601; Mödl, Die ausländische Kapitalgesellschaft in der notariellen Praxis, RNotZ 2008, 1; J. Schmidt, Brexit: Implikationen des EU-UK TCA im Bereich des Gesellschaftsrechts, GmbHR 2021, 229; J. Schmidt, Im Labyrinth des Gesellschaftskollisionsrechts: Gründungstheorie statt „zurück auf die Trabrennbahn", EuZW 2021, 613; Schollmeyer, Geht es für die britische Ltd. nach dem Brexit zurück auf die Trabrennbahn?, NZG 2021, 692; Seibert, Die Umsetzung der Zweigniederlassung-Richtlinie in deutsches Recht, GmbHR 1992, 738; Sørensen, Branches of Companies in the EU: Balancing the Eleventh Company Law Directive, National Company Law and the Right of Establishment, ECFR 2014, 53; Süß, Häufige Probleme mit Zweigniederlassungen englischer Limited Companies, DNotZ 2005, 180; Wachter, Notwendigkeit eines Zweigniederlassungszusatzes bei inländischer Zweigniederlassung einer englischen plc?, BB 2005, 1289; Wachter, Zur Frage der Bildung der Firma einer deutschen Zweigniederlassung einer englischen Limited, GmbHR 2007, 980; Weller/Thomale/Benz, Englische Gesellschaften und Unternehmensinsolvenzen in der Post-Brexit-EU, NJW 2016, 2378.

Übersicht

I. Überblick

1 **1. Systematik, Regelungsgegenstand.** Die §§ 13d–13g enthalten – mit Ausnahme von Abs. 3 (→ Rn. 60) – **keine kollisionsrechtlichen Regelungen,** sondern Regelungen des deutschen Registerrechts für die Behandlung von inländischen Zweigniederlassungen (→ Rn. 8) ausländischer Unternehmensträger als lex fori.[1] Die für sämtliche ausländischen Unternehmensträger (→ Rn. 9 ff.) geltende **Basisregelung** enthält § 13d. Die folgenden §§ 13e–13g treffen ergänzende Regelungen für Kapitalgesellschaften, und zwar zum Teil getrennt für die AG, KGaA (§ 13f) und die GmbH (§ 13g).

2 **2. Anwendungsbereich.** Auf die registerrechtliche Behandlung von inländischen Zweigniederlassungen einer ausländischen Gesellschaft, die einer **Partnerschaft** iSv § 1 Abs. 1 S. 1 PartGG entspricht, sind die Regelungen des § 13d gem. § 5 Abs. 2 PartGG entsprechend anzuwenden. Ist die rechtliche Ausgestaltung des ausländischen Verbands partnerschaftsäquivalent (zB die französische „société civile professionnelle“), ist dessen inländische Zweigniederlassung gem. Abs. 1–3 iVm § 5 Abs. 2 PartGG zur Eintragung in das Partnerschaftsregister anzumelden.[2] Verbreitet sind die Errichtung und Unterhaltung inländischer Zweigniederlassungen zB bei einer britischen LLP aus Rechtsanwälten, die auf dem deutschen Rechtsberatungsmarkt aktiv tätig ist und nicht lediglich im Ausland akquirierte Mandate abwickelt.[3]

3 Auf inländische Zweigniederlassungen ausländischer Gesellschaften, die einer **eingetragenen GbR** entsprechen, sind gem. § 707b Nr. 3 BGB die Regelungen des § 13d entsprechend anzuwenden, und zwar mit der Maßgabe, dass keine Verpflichtung zu der Anmeldung der Zweigniederlassung besteht. Daher ist die Anmeldung der Zweigniederlassung in diesen Konstellationen fakultativ.

4 **3. Unionsrechtlicher Hintergrund.** Bei der Auslegung und Anwendung der §§ 13d–13g sind sowohl das Primärrecht des AEUV (→ Rn. 5) als auch die Vorgaben der GesR-RL (→ Rn. 6 ff.) zu beachten.

5 **a) Niederlassungsfreiheit.** Gesellschaften, die nach den Rechtsvorschriften eines Mitgliedstaates der EU gegründet wurden und ihren satzungsmäßigen Sitz, ihre Hauptverwaltung oder ihre Hauptniederlassung **innerhalb der EU** haben, genießen die Niederlassungsfreiheit gem. Art. 49 Abs. 1 S. 1 AEUV iVm Art. 54 Abs. 1 AEUV. Grundsätzlich verboten sind danach nicht nur Beschränkungen der freien Niederlassung der Gesellschaft selbst, sondern gem. Art. 49 Abs. 1 S. 2 AEUV auch Beschränkungen der Gründung von Zweigniederlassungen, die im Hoheitsgebiet eines Mitgliedstaats ansässig sind (sog. sekundäre Niederlassungsfreiheit).

6 **b) Vorgaben der GesR-RL.** Die §§ 13e–13g dienen der Umsetzung der Vorgaben betreffend **Offenlegungspflichten** für Zweigniederlassungen von Gesellschaften aus anderen Mitgliedstaaten (Art. 28a–35 GesR-RL) und aus Drittländern (Art. 36–39 GesR-RL). Die Unterscheidung nach der Herkunft der Gesellschaft beruht darauf, dass die Vorgaben unterschiedliche Zwecke verfolgen. Die Art. 28a–35 GesR-RL sollen die Wahrnehmung der Niederlassungsfreiheit (Art. 49 Abs. 1 S. 2 AEUV iVm Art. 54 Abs. 1 AEUV; → Rn. 5) durch die Gewährleistung erleichtern, dass Kapitalgesellschaften, die eine Zweigniederlassung in einem anderen Mitgliedstaat der EU bzw. Vertragsstaat des EWR errichten wollen, davon ausgehen dürfen, nur ihrem Heimatrecht vergleichbare Offenlegungspflichten beachten zu müssen.[4] Aus diesem Grund handelt es sich bei den Art. 28a–35 GesR-RL um **Maximalregelungen,** deren Rahmen der nationale Gesetzgeber ausschöpfen, aber nicht überschreiten darf.[5] Im Unterschied dazu zielen die Art. 36–39 GesR-RL auf eine Mindestharmonisierung der Offenlegungspflichten, denen Gesellschaften aus Drittstaaten hinsichtlich ihrer Zweigniederlassungen in Mitgliedstaaten unterliegen.[6] Insoweit gewährleistet die GesR-RL im Interesse des Gläubigerschutzes unionsweit **einheitliche Mindestinformationen** über die Zweigniederlassung und über den Unternehmensträger.

7 Die Mitgliedstaaten sind gem. Art. 29 Abs. 1 GesR-RL und Art. 36 Abs. 1 GesR-RL verpflichtet, Rechts- und Verwaltungsvorschriften in Kraft zu setzen, wonach die Urkunden und Angaben über

---

[1] Ebert/Levedag GmbHR 2003, 1337 (1339); Klein Rpfleger 2003, 629 (630); Kögel DB 2004, 1763; MüKoHGB/Krafka Rn. 2; SLM/Schmidt-Kessel Rn. 7, 13.

[2] Begr. RegE, BT-Drs. 12/6152, 14; Brücker/Tröder notar 2018, 192 (194 f.); Henssler NJW 2014, 1761 (1762); Krafka RegisterR Rn. 2051.

[3] Brücker/Tröder notar 2018, 192 (193); Henssler NJW 2009, 3136 (3138); Weller/Kienle DStR 2005, 1102 (1103); Weller/Kienle DStR 2005, 1060 (1064).

[4] Habersack/Verse EuGesR § 5 Rn. 71.

[5] EuGH 30.9.2003, NJW 2003, 3331 (3333) – Inspire Art; Habersack/Verse EuGesR § 5 Rn. 74; Kindler NZG 2003, 1086 (1087); Seibert GmbHR 1992, 738.

[6] Habersack/Verse EuGesR § 5 Rn. 74.

eine Zweigniederlassung nach dem Recht des Mitgliedstaats der Zweigniederlassung im Einklang mit Art. 16 GesR-RL offengelegt werden, wenn die Zweigniederlassung entweder von einer in Anh. II GesR-RL genannten Gesellschaft errichtet worden ist, welche dem Recht eines anderen Mitgliedstaats unterliegt, oder von einer Gesellschaft, die nicht dem Recht eines Mitgliedstaats unterliegt, jedoch eine Rechtsform hat, die den Rechtsformen der in Anh. II GesR-RL genannten Gesellschaften vergleichbar ist. In dieser Offenlegung sind gem. Art. 30 Abs. 1 lit. a, d GesR-RL und Art. 37 lit. a, g GesR-RL die Anschrift der Zweigniederlassung, die Firma der Gesellschaft sowie die Firma der Zweigniederlassung anzugeben, sofern diese nicht mit der Firma der Gesellschaft übereinstimmt.

II. Zweigniederlassung eines ausländischen Unternehmens

1. Begriff und Errichtung einer Zweigniederlassung. In dem Anwendungsbereich der §§ 13e–13g ist der Begriff der Zweigniederlassung durch die autonome Auslegung der Vorgaben der GesR-RL determiniert. Danach sind Zweigniederlassungen – inhaltsgleich mit dem Begriff in § 13[7] – auf Dauer eingerichtete selbstständige Geschäftsbetriebe, die eine hinreichende organisatorische Selbständigkeit in personeller und sachlicher Hinsicht aufweisen (→ § 13 Rn. 12 ff.). Die Errichtung einer Zweigniederlassung ist – unabhängig von dem Ort der Hauptniederlassung bzw. des Sitzes des Unternehmensträgers – kein Rechtsakt, sondern ein Realakt (→ § 13 Rn. 36 ff.).[8] Daher hat die **Eintragung** der Errichtung in das Handelsregister auch dann lediglich **deklaratorische Bedeutung,** wenn die Zweigniederlassung von einem ausländischen Unternehmensträger errichtet wird (→ Rn. 9 ff.). Unterschiede zu inländischen Zweigniederlassungen von Unternehmen mit Sitz im Inland (→ § 13 Rn. 14 ff.) bestehen nur bei der Zuordnung der Zweigniederlassung zu der Hauptniederlassung (→ Rn. 28 f.). 8

2. Ausländischer Unternehmensträger. a) Überblick. Der Anwendungsbereich der §§ 13d–13g beschränkt sich auf inländische Zweigniederlassungen von Unternehmensträgern, deren Hauptniederlassung oder Sitz sich im Ausland befindet. In diesen Konstellationen sind die deutschen Registergerichte – im Unterschied zu inländischen Zweigniederlassungen von Unternehmen mit Sitz im Inland – nicht für Eintragungen betreffend den Unternehmensträger international zuständig, sondern nur für Eintragungen hinsichtlich der Zweigniederlassung.[9] Mit anderen Worten, die §§ 13d–13g sind für Sachverhalte konzipiert, in denen es keine inländische Registrierung des Unternehmensträgers gibt.[10] 9

b) Einzelne ausländische Unternehmensträger. aa) Einzelkaufmann (Abs. 1 Fall 1). Abs. 1 Fall 1 betrifft inländische Zweigniederlassungen (→ Rn. 8), die ein Einzelkaufmann mit Hauptniederlassung im Ausland unterhält. Die Frage nach der Kaufmannseigenschaft ist – ohne Rücksicht auf die Staatsangehörigkeit der Person[11] – **nach deutschem Recht** (§§ 1 ff.) zu entscheiden.[12] Dabei ist zu beachten, dass die Tatbestandsmerkmale der §§ 1 ff. auch im Ausland verwirklicht sein können (sog. **Substitution**).[13] Entscheidend ist daher, ob die Person im Ausland einen nach Art und Umfang in kaufmännischer Art und Weise eingerichteten Gewerbebetrieb betreibt (§ 1 Abs. 1, 2; → § 1 Rn. 48 ff.) oder als Kaufmann in einem dem Handelsregister vergleichbaren ausländischen Register eingetragen ist (§ 2 S. 1; → § 2 Rn. 6 ff.).[14] 10

bb) Juristische Person (Abs. 1 Fall 2). Abs. 1 Fall 2 umfasst inländische Zweigniederlassungen (→ Rn. 8), die eine juristische Person, die keine Handelsgesellschaft ist (→ Rn. 12),[15] mit Hauptniederlassung im Ausland unterhält. 11

cc) Handelsgesellschaft (Abs. 1 Fall 3). Abs. 1 Fall 3 betrifft inländische Zweigniederlassungen (→ Rn. 8), die von einer Handelsgesellschaft, insbesondere einer Kapitalgesellschaft (→ Rn. 13), 12

---

[7] Habersack/Verse EuGesR § 5 Rn. 82; Ebenroth/Boujong/Pentz Rn. 8; Ebenroth/Boujong/Pentz § 13e Rn. 7; RGHMW/Ries Rn. 9; zum Begriff der Zweigniederlassung EuGH 22.11.1978, Slg. 1978, 2183 Rn. 12 – Somafer SA.

[8] KG 18.11.2003, NZG 2004, 49 (50); MüKoHGB/Krafka Rn. 12; Ebenroth/Boujong/Pentz Rn. 9; SLM/Schmidt-Kessel Rn. 78.

[9] SLM/Schmidt-Kessel Einl. Rn. 67.

[10] SLM/Schmidt-Kessel Rn. 23.

[11] Ebenroth/Boujong/Pentz Rn. 10; SLM/Schmidt-Kessel Rn. 25.

[12] MüKoBGB/Kindler IntGesR Rn. 190 ff., 194 ff.; Kindler NJW 1993, 3301 (3303); Staub/Koch/Harnos Rn. 12; Ebenroth/Boujong/Pentz Rn. 10; KKD/Roth/Stelmaszczyk Rn. 5a.

[13] Staub/Koch/Harnos Rn. 10, 12; Hopt/Merkt Rn. 3; KKD/Roth/Stelmaszczyk Rn. 5a.

[14] MüKoBGB/Kindler IntGesR Rn. 200 f.; Ebenroth/Boujong/Pentz Rn. 10.

[15] Ebenroth/Boujong/Pentz Rn. 11.

mit Sitz im Ausland (→ Rn. 14) unterhalten werden. Handelsgesellschaft im Sinne der Vorschrift sind nur Gesellschaften, die entsprechende Verbandsmerkmale aufweisen. Bei der somit gebotenen **rechtsvergleichenden Qualifikation** sind die Organisationsstruktur, die Haftungs- und Vermögensordnung sowie weitere typenbestimmende Merkmale des ausländischen Verbands mit den Merkmalen insbesondere einer deutschen Handelsgesellschaft zu vergleichen.[16] Da es nur auf die typenbestimmenden Merkmale ankommt, ist keine vollständige Übereinstimmung mit den Merkmalen des deutschen Gesellschaftstyps erforderlich.[17] Bei Kapitalgesellschaften ist insbesondere die Höhe des Mindestkapitals unerheblich.[18]

13 **(1) Kapitalgesellschaften.** Soweit in Frage steht, ob eine Kapitalgesellschaft aus einem Mitgliedstaat der EU die für eine Handelsgesellschaft im Sinne der Vorschrift erforderlichen Verbandsmerkmale aufweist (→ Rn. 12, → § 13e Rn. 19 ff.), ist auf die Auflistungen der Gesellschaften in **Anh. II GesR-RL** zurückzugreifen.[19] Handelt es sich um eine Kapitalgesellschaft mit Sitz in einem Drittstaat, kommt es in Anlehnung an **Art. 36 Abs. 1 GesR-RL** (→ Rn. 6 f.) darauf an, ob die Gesellschaft eine Rechtsform hat, die mit den Rechtsformen in Anh. II GesR-RL genannten Gesellschaften vergleichbar ist.[20]

14 **(2) Sitz im Ausland.** Die Handelsgesellschaft (→ Rn. 12) muss ihren Sitz im Ausland haben, sei es in einem anderen Mitgliedstaat der EU oder anderen Vertragsstaats des EWR, sei es in einem Drittstaat. Die Kenntnis des Sitzes ist für das gem. Abs. 1 zuständige Registergericht (→ Rn. 41 f.) deshalb von Bedeutung, weil es vor der Eintragung der inländischen Zweigniederlassung die Existenz des ausländischen Unternehmensträgers prüfen und dafür das **Gesellschaftsstatut** bestimmen muss (→ Rn. 15 ff., → § 13e Rn. 19 ff.).[21]

15 **(3) Existenz des ausländischen Unternehmens.** Eine Zweigniederlassung kann nur ein existenter, dh entstandener und bestehender Unternehmensträger unterhalten. Die Prüfung der Existenz des ausländischen Unternehmensträgers beginnt mit der Ermittlung des Gesellschaftsstatuts, dem der Unternehmensträger unterliegt.[22] Hierfür wendet die Rspr. in Ermangelung einer Kodifikation des Internationalen Gesellschaftsrechts die sog. **Sitztheorie** an (→ Rn. 16 f.),[23] es sei denn, dass aus Rechtsgründen das **Heimatrecht** der Gesellschaft maßgeblich ist. Derartige Ausnahmen begründen die Niederlassungsfreiheit gem. Art. 49 Abs. 1 AEUV iVm Art. 54 Abs. 1 AEUV (→ Rn. 18 ff.) sowie völkerrechtliche Verträge (→ Rn. 22 ff.) mit der Folge, dass der Anwendungsbereich der Sitztheorie sich im Wesentlichen auf Gesellschaften aus Drittstaaten beschränkt.

16 **(a) Sitztheorie.** Vorbehaltlich der weitreichenden Ausnahmen (→ Rn. 18 ff., → Rn. 22 ff.) wird das Gesellschaftsstatut durch den effektiven Verwaltungssitz bestimmt (sog. Sitztheorie).[24] Zentrales Anliegen dieser Anknüpfung ist der Gedanke, dass die Rechtsordnung gelten soll, die von der Tätigkeit der Gesellschaft in erster Linie betroffen ist.[25] Außerdem wird mit der Maßgeblichkeit des tatsächlichen Verwaltungssitzes verhindert, dass die Gesellschaft sich durch Flucht in ein regelärmeres Recht den an dem Ort der tatsächlichen Verwaltung geltenden Statuten entzieht.[26]

17 Unter Anwendung der Sitztheorie (→ Rn. 16) ist der Unternehmensträger nur dann eine ausländische Gesellschaft, wenn es sich um eine Gesellschaft mit **effektivem Verwaltungssitz im Ausland** handelt, die dort als wirksam gegründet angesehen wird. Hat die Gesellschaft hingegen ihren effekti-

---

[16] Staub/Koch/Harnos Rn. 14; MüKoHGB/Krafka Rn. 10.

[17] BayObLG 18.7.1985, BayObLGZ 1985, 272 (282) = DNotZ 1986, 174; GK-HGB/Achilles/Haase Rn. 8; MüKoHGB/Krafka Rn. 10.

[18] GK-HGB/Achilles/Haase Rn. 8; Staub/Koch/Harnos Rn. 14; s. auch BayObLG 18.7.1985, BayObLGZ 1985, 272 (282).

[19] GK-HGB/Achilles/Haase Rn. 6; Kindler NJW 1993, 3301 (3303); Staub/Koch/Harnos Rn. 14; MüKoHGB/Krafka § 13e Rn. 5; KKD/Roth/Stelmaszczyk § 13e Rn. 2; s. auch KG 18.11.2003, NZG 2004, 49 (50) zu der Publizitäts-RL, Zweigniederlassungs-RL und der RL 2009/102/EG.

[20] RGHMW/Ries § 13e Rn. 3; KKD/Roth/Stelmaszczyk Rn. 5a; KKD/Roth/Stelmaszczyk § 13e Rn. 2.

[21] OLG Zweibrücken 26.3.2003, NZG 2003, 537; BayObLG 26.8.1998, BayObLGZ 1998, 195 (197) = NZG 1998, 936.

[22] Statt vieler BGH 11.7.1957, BGHZ 25, 134 (144) = NJW 1957, 1433.

[23] BGH 8.10.2009, ZIP 2009, 2383; 27.10.2008, BGHZ 178, 192 = NJW 2009, 289; 1.7.2002, BGHZ 151, 204 (206) = NJW 2002, 3539; 21.3.1986, BGHZ 97, 269 (271) = NJW 1986, 2194; OLG München 5.8.2021, NZG 2021, 1518 (1519); ausf. MüKoBGB/Kindler IntGesR Rn. 423 ff. mwN.

[24] BGH 8.10.2009, ZIP 2009, 2383; 27.10.2008, BGHZ 178, 192 = NJW 2009, 289; 1.7.2002, BGHZ 151, 204 (206) = NJW 2002, 3539; 21.3.1986, BGHZ 97, 269 (271) = NJW 1986, 2194; OLG München 5.8.2021, NZG 2021, 1518 (1519); ausf. MüKoBGB/Kindler IntGesR Rn. 423 ff. mwN.

[25] BGH 26.9.1966, NJW 1967, 36 (38); MüKoBGB/Kindler IntGesR Rn. 424.

[26] MüKoBGB/Kindler IntGesR Rn. 425.

ven Verwaltungssitz in Deutschland, markiert der auf Dauer eingerichtete selbständige Geschäftsbetrieb, der eine hinreichende organisatorische Selbständigkeit in personeller und sachlicher Hinsicht aufweist, keine Zweigniederlassung, sondern den Verwaltungssitz mit der Folge, dass nach der Sitztheorie Gesellschaftsstatut deutsches Recht ist. In diesen Konstellationen fehlt es an einer ausländischen Gesellschaft, deren Zweigniederlassung nach den §§ 13d–13g eingetragen werden kann. Stattdessen wäre die deutschem Recht unterliegende Gesellschaft als Personenhandelsgesellschaft zu behandeln, es sei denn, dass sie die Gründungsvoraussetzungen des deutschen Gesellschaftsrechts für eine Kapitalgesellschaft erfüllt.[27]

(b) Niederlassungsfreiheit. Gesellschaften, die nach den Rechtsvorschriften eines anderen Mitgliedstaates der EU gegründet wurden und ihren satzungsmäßigen Sitz, ihre Hauptverwaltung oder ihre Hauptniederlassung **innerhalb der EU** haben, gewährt Art. 54 Abs. 1 AEUV iVm Art. 49 Abs. 1 AEUV die primäre und sekundäre Niederlassungsfreiheit (→ Rn. 5). Daher darf einer nach dem Recht eines Mitgliedstaats wirksam errichteten Gesellschaft die Eintragung einer Zweigniederlassung auch dann nicht versagt werden, wenn sie keine Geschäftstätigkeit in dem Gründungsstaat entfaltet, sondern ihre Geschäfte ausschließlich über die „Zweigniederlassung" führt.[28] Das gilt selbst dann, wenn die Gesellschaft nur deshalb nach fremdem Recht gegründet wurde, weil die Gründer sich dem strengeren Gründungsrecht an dem Ort der tatsächlichen Niederlassung entziehen wollten. Das Vorgehen, dass ein Staatsangehöriger eines Mitgliedstaates die Gesellschaft in dem Mitgliedstaat gründet, dessen gesellschaftsrechtliche Vorschriften ihm die größte Freiheit bieten, und in anderen Mitgliedstaaten lediglich Zweigniederlassungen errichtet, stellt für sich allein keine missbräuchliche Ausnutzung der Niederlassungsfreiheit dar.[29] Insbesondere darf eine nationale Rechtsordnung die Ausübung der Freiheit zur Errichtung einer Zweigniederlassung nicht von den Voraussetzungen abhängig machen, die in dem innerstaatlichen Recht für die Gründung entsprechender Gesellschaften vorgesehen sind.[30] 18

Die einzelnen Ausprägungen der Niederlassungsfreiheit gem. Art. 54 Abs. 1 AEUV iVm Art. 49 Abs. 1 AEUV (→ Rn. 18) verpflichten die Mitgliedstaaten dazu, die rechtliche Existenz der nach den Rechtsvorschriften eines anderen Mitgliedstaats gegründeten Gesellschaften als Gesellschaft der jeweiligen Rechtsordnung zu achten (sog. **Gründungstheorie;** → § 13e Rn. 32).[31] Diese Vorgabe beeinflusst die kollisionsrechtliche Anknüpfung insoweit, als diese einer solchen Gesellschaft ihre rechtliche Existenz als Gesellschaft der ausländischen Rechtsordnung nicht absprechen, sie insbesondere nicht nur nach Maßgabe des innerstaatlichen Rechts als rechtsfähig anzusehen darf.[32] Mit anderen Worten, das Entstehen, Leben und Vergehen von Gesellschaften, die nach den Rechtsvorschriften eines anderen Mitgliedstaates der EU gegründet wurden, ist ausschließlich nach dem Gründungsrecht zu beurteilen. 19

Unter Anwendung des in → Rn. 19 Ausgeführten ist die inländische Niederlassung einer Gesellschaft, die nach den Rechtsvorschriften eines anderen Mitgliedstaates der EU gegründet wurde, eine Zweigniederlassung iSd §§ 13d–13g, wenn **sämtliche Geschäfte über die Zweigniederlassung** geführt werden, die Zweigniederlassung also faktisch die Hauptniederlassung ist.[33] Die Eintragung der ausländischen Gesellschaft selbst unter ihrer Firma, wie sie in der Lit. vorgeschlagen wurde,[34] scheitert bereits daran, dass dem deutschen Registergericht die internationale Zuständigkeit für die Eintragung eines Unternehmensträgers fehlt (→ Rn. 41). 20

Die in → Rn. 18 ff. ausgeführten Grundsätze gelten nicht nur für Gesellschaften, die nach den Rechtsvorschriften eines anderen Mitgliedstaates der EU gegründet wurden, sondern auch für **sämtliche Gesellschaften,** welche die Niederlassungsfreiheit gem. Art. 54 Abs. 1 AEUV iVm Art. 49 Abs. 1 AEUV (→ Rn. 18) genießen, also auch für Gesellschaften, die nach dem Recht eines anderen Vertragsstaats des EWR gegründet wurden.[35] 21

---

[27] OLG Hamburg 30.3.2007, NZG 2007, 597; noch vor der Umsetzung der einschlägigen Entscheidungen des EuGH: BGH 1.7.2002, NJW 2002, 3539.

[28] EuGH 9.3.1999, NJW 1999, 2027 (2028) – Centros.

[29] EuGH 9.3.1999, NJW 1999, 2027 (2028) – Centros; 25.10.2017, NJW 2017, 3639 (3641) – Polbud.

[30] EuGH 30.9.2003, NJW 2003, 3331 (3334) – Inspire Art.

[31] BGH 13.3.2003, NJW 2003, 1461.

[32] Altmeppen NJW 2004, 97 (99); Forsthoff DB 2002, 2471 (2474); Großerichter DStR 2003, 159 (165 ff.).

[33] Binge/Thölke DNotZ 2004, 21 (24); Happ/Holler DStR 2004, 730 (734); Riegger ZGR 2004, 510 (512); Römermann NJW 2006, 2065 (2068); SLM/Schmidt-Kessel Rn. 28; Süß DNotZ 2005, 180 (181); Wachter ZNotP 2005, 122 (124 ff.); zweifelnd Ebenroth/Boujong/Pentz Rn. 16; rechtspolitische Kritik bei SLM/Schmidt-Kessel Einl. Rn. 68.

[34] Ebert/Levedag GmbHR 2003, 1337 (1338 f.); s. auch Liese NZG 2006, 201 (203).

[35] BGH 19.9.2005, ZIP 2005, 1869; OLG Hamm 26.5.2006, ZIP 2006, 1822; Binge/Thölke DNotZ 2004, 21 (25); Blasche GWR 2012, 169.

22 **(c) Völkerrechtliche Verträge.** Im Verhältnis zwischen der Bundesrepublik Deutschland und den **USA** gilt der Freundschafts-, Schiffahrts- und Handelsvertrag **(FrHSchV D-USA)** vom 29.10.1954 (BGBl. 1956 II 487), dem als völkerrechtlichem Übereinkommen Vorrang vor den Regeln des deutschen Internationalen Gesellschaftsrechts zukommt. Eine in den USA in Übereinstimmung mit den US-amerikanischen Vorschriften wirksam gegründete, dort noch bestehende sowie rechts- und parteifähige Gesellschaft ist auch in der Bundesrepublik Deutschland rechts- und parteifähig. In dem Geltungsbereich dieses Abkommens wird die Gesellschaft grundsätzlich nicht nach dem Recht des Verwaltungssitzes, sondern nach dem Recht am Ort ihrer Gründung beurteilt.[36]

23 Ob Entsprechendes für Gesellschaften aus **Großbritannien** gilt, ist umstritten. Verbreitet wird unter Berufung auf das **HandelsAbk EU/UK**[37] die Ansicht vertreten, dass für diese Gesellschaften Gründungsrecht gilt.[38] Die Gegenansicht weist darauf hin, dass das HandelsAbk EU/UK keine gegenseitige umfassende Anerkennung von Gesellschaften vorsieht.[39] Danach wären Gesellschaften mit einem Verwaltungssitz in Deutschland („Briefkastengesellschaft"; → § 13h Rn. 40 ff.) unter Anwendung der (modifizierten) Sitztheorie als Gesellschaft deutschen Rechts zu behandeln, und zwar – vorbehaltlich eines Formwechsels in bzw. eine Verschmelzung auf eine Kapitalgesellschaft deutschen Rechts oder nach dem Recht eines anderen Mitgliedstaats der EU – regelmäßig als OHG.[40] Infolgedessen wären die eingetragene Zweigniederlassung – wie im Fall der Löschung der Limited – gem. § 395 Abs. 1 S. 1 FamFG von Amts wegen zu löschen (→ § 8 Rn. 148),[41] zumal es die Limited in den problematischen Fällen der Umqualifizierung des Unternehmensträgers aus der Perspektive des deutschen Rechts nicht mehr gäbe.[42] Zudem wäre der umqualifizierte Unternehmensträger gem. § 106 Abs. 1, Abs. 7 S. 1 von sämtlichen Gesellschaftern zur Eintragung in das Handelsregister anzumelden (→ § 106 Rn. 10 ff.).

24 Zwischen der Bundesrepublik Deutschland und der **Schweiz** existiert kein dem FrHSchV D-USA (→ Rn. 22) vergleichbares Abkommen mit der Folge, dass im Verhältnis zu der Schweiz die Sitztheorie (→ Rn. 16 f.) Anwendung findet.[43]

25 **(4) Gesellschaften in einer deutschen Rechtsform.** Handelsgesellschaften mit Sitz im Ausland sind in erster Linie die in Anh. II GesR-RL genannten Kapitalgesellschaft mit Sitz in einem anderen Mitglied der EU oder anderen Vertragsstaat des EWR sowie Gesellschaften aus Drittstaaten, deren Rechtsform mit einer in Anh. II GesR-RL genannten Gesellschaft vergleichbar ist (→ Rn. 13). Darüber hinaus ist auch die **Societas Europaea (SE)** für die deutschen Registergerichte eine ausländische Handelsgesellschaft, wenn sie nach den Rechtsvorschriften eines anderen Mitgliedstaats der EU oder Vertragsstaats des EWR (→ Rn. 21) gegründet und registriert wurde, und zwar auch dann, wenn keine räumlich-tatsächliche Anbindung zu dem Heimatstaat besteht.

26 Seit der Änderung von § 4a GmbHG und § 5 AktG durch Art. 1 Nr. 4 lit. a **MoMiG** und Art. 5 Nr. 1 lit. a MoMiG iVm Art. 25 MoMiG mWv 1.11.2008 ist Sitz einer GmbH und einer AG der Ort im Inland, den der Gesellschaftsvertrag bzw. die Satzung bestimmt. Eine räumlich-tatsächliche Anbindung an die Bundesrepublik Deutschland ist seit der zeitgleichen Aufhebung von § 4a Abs. 2

---

[36] BGH 29.1.2003, BGHZ 153, 353 (355) = NJW 2003, 1607; 13.10.2004, NZG 2005, 44 (45); 5.7.2004, NZG 2004, 1001; 30.6.2003, NJW-RR 2002, 1359 (1360); ausf. hierzu Dammann RabelsZ 68 (2004), 609 (614 ff.).

[37] EU-UK Trade and Cooperation Agreement, ABl. 2021 L 149, Teil II.

[38] Fischer NZG 2021, 1497 (1499); Fischer NZG 2021, 483 (484); BeckOGK/Großerichter/Zwirlein-Forschner, 1.8.2025, IntGesR Rn. 35, 41; J. Schmidt GmbHR 2021, 229 (231 ff.); J. Schmidt EuZW 2021, 613 (617); Zwirlein-Forschner IPRax 2021, 357 (361).

[39] Knaier GmbHR 2021, 488 (491); Schollmeyer NZG 2021, 692 (694); s. auch OLG Celle 5.9.2022, NZG 2023, 23; OLG München 5.8.2021, NZG 2021, 1518 (1519); Heckschen/Strnad GWR 2021, 215 (221).

[40] Bayer/J. Schmidt BB 2019, 1178 (1187); Heckschen GWR 2022, 1 (2 f.); Leible/Galneder/Wißling RIW 2017, 718 (720); Lieder/Bialluch NJW 2019, 805 (806); Schall ZfPW 2016, 407 (411 ff.); J. Schmidt ZIP 2019, 1093 (1097); Seggewiße/Weber GmbHR 2016, 1302 f.; Teichmann/Knaier EuZW-Sonderausgabe 1/2020, 14 (18); Teichmann/Knaier IZWR 2016, 243 (245); Zwirlein/Großerichter/Gätsch NZG 2017, 1041(1042); **aA** – Niederlassungsfreiheit – Hammen Der Konzern 2017, 513 ff.; für einen zumindest vorübergehenden „Bestandschutz" und Überganslösungen (mit verschiedenen dogmatischen Begründungen) sprechen sich dagegen aus: Freitag/Korch ZIP 2016, 1361 (1363 ff.); Mäsch/Gausing/Peters Rpfleger 2017, 601 (605 ff.); s. auch Weller/Thomale/Benz NJW 2016, 2378 (2382) unter Bezugnahme auf Bartels ZHR 176 (2012), 412 (425 ff.); J. Schmidt ZIP 2019, 1093 (1098).

[41] OLG Celle 5.9.2022, NZG 2023, 23; Mäsch/Gausing/Peters Rpfleger 2017, 601 (607); **aA** Luy DNotZ 2019, 484 (490).

[42] OLG Celle 5.9.2022, NZG 2023, 23; OLG München 5.8.2021, NZG 2021, 1518, 1519 f.; s. auch BGH 16.2.2021, NZG 2021, 702. Zu der Rechtsfigur einer sog. „Restgesellschaft" s. BGH 22.11.2016, NZG 2017, 347 Rn. 13 f. mwN; Teichmann/Knaier EuZW-Sonderausgabe 1/2020, 14 (18).

[43] BGH 27.10.2008, NJW 2009, 289 (290).

GmbHG aF und § 5 Abs. 2 AktG aF durch Art. 1 Nr. 4 lit. b MoMiG und Art. 5 Nr. 1 lit. b MoMiG iVm Art. 25 MoMiG nicht mehr erforderlich, um die jeweilige Kapitalgesellschaft im deutschen Gesellschaftsrecht zu verankern. Infolge dieser Änderungen[44] sind die GmbHG und AG ohne Rücksicht auf ihren Verwaltungssitz[45] inländische Kapitalgesellschaften, deren Existenz aufgrund ihres Satzungssitzes nach deutschem Recht zu beurteilen ist.

Seit der Neufassung der §§ 705 ff. BGB durch Art. 1 Nr. 3 **MoPeG** iVm Art. 137 S. 1 MoPeG mWv 1.1.2024 haben die Gesellschafter einer eingetragenen GbR, OHG und KG gem. § 706 S. 2 BGB ggf. iVm § 105 Abs. 3 und § 161 Abs. 2 die Möglichkeit, einen von dem Verwaltungssitz iSd § 706 S. 1 BGB ggf. iVm § 105 Abs. 3 und § 161 Abs. 2 abweichenden Ort im Inland als Sitz der Gesellschaft zu vereinbaren (sog. Vertragssitz). Danach ist die Gesellschaft auch dann eine inländische Gesellschaft, deren Existenz aufgrund ihres Satzungssitzes nach deutschem Recht zu beurteilen ist, wenn die Geschäfte tatsächlich im Ausland – sei es in einem anderen Mitgliedstaat der EU oder einem anderen Vertragsstaat des EWR, sei es in einem Drittstaat – geführt werden (→ § 8 Rn. 67 f.).[46] 27

3. Zuordnung des ausländischen Unternehmensträgers. a) Notwendigkeit der Zuordnung. Abs. 1 (→ Rn. 41 f.), Abs. 2 (→ Rn. 53 ff.) und Abs. 3 (→ Rn. 60) gelten für sämtliche Unternehmensträger, namentlich Einkaufleute, juristische Personen und Handelsgesellschaft (→ Rn. 10 ff.); sie bilden den Allgemeinen Teil der registerrechtlichen Vorschriften betreffend inländische Zweigniederlassungen ausländischer Rechtsträger. Im Unterschied dazu enthalten die §§ 13e–13g ergänzende Sonderregelungen, und zwar nur für Kapitalgesellschaften mit Sitz im Ausland (§ 13e), Aktiengesellschaften mit Sitz im Ausland (§ 13f) und Gesellschaften mit beschränkter Haftung mit Sitz im Ausland (§ 13g). Aufgrund dieser differenzierten Regelungen ist es für die registergerichtliche Behandlung einer inländischen Zweigniederlassungen erforderlich, den ausländischen Unternehmensträger einer bestimmten Unternehmensform zuzuordnen.[47] 28

b) Kriterien der Zuordnung. Die in den §§ 13d–13g verwandten Begriffe, insbesondere AG und GmbH, sind solche des Registerverfahrensrechts. Daher ist im Einzelfall zu bestimmen, welchem **registerrechtlichen Unternehmenstyp** der ausländische Unternehmensträger entspricht.[48] Bei Kapitalgesellschaften ist **Anh. II GesR-RL** wesentlicher Orientierungspunkt. Dies gilt nicht nur bei Kapitalgesellschaften, die nach den Rechtsvorschriften eines anderen Mitgliedstaats der EU gegründet wurden,[49] sondern wegen Art. 36 Abs. 1 GesR-RL auch bei Kapitalgesellschaften aus Drittstaaten, um deren Vergleichbarkeit mit einer Rechtsform eines Mitgliedstaats des EU festzustellen.[50] 29

4. Recht der Zweigniederlassung. a) Statut des Unternehmensträgers. Zweigniederlassungen haben – im Gegensatz zu dem rechtlich selbständigen Unternehmensträger – **keine eigene Rechtspersönlichkeit** (→ § 13 Rn. 22). Da die Eintragung einer Zweigniederlassung in das jeweilige Register nur deklaratorische und keine konstitutive Wirkung hat (→ Rn. 8), kann zB die Verschmelzung einer deutschen Gesellschaft auf eine ausländische Gesellschaft, die in Deutschland eine Zweigniederlassung unterhält, nicht durch konstitutiv wirkende Eintragung der Verschmelzung im Register der Zweigniederlassung vollzogen werden.[51] Ebenso wenig kann eine Zweigniederlassung wegen Vermögenslosigkeit nach § 394 FamFG gelöscht werden (→ § 8 Rn. 157). Zu der Amtslöschung nach § 395 FamFG → § 8 Rn. 148.[52] 30

Das auf eine Zweigniederlassung anwendbare Sachrecht wird trotz der charakteristischen organisatorischen Selbständigkeit von Zweigniederlassungen (→ Rn. 8) nicht durch eine eigenständige Anknüpfung an den Ort der Zweigniederlassung („Recht der Zweigniederlassung") bestimmt. Im Gegenteil, aufgrund der rechtlichen Unselbstständigkeit von Zweigniederlassungen (→ Rn. 30) gilt für sie grundsätzlich das **Statut des Unternehmensträgers.**[53] **Ausnahmen** resultieren aus einzel- 31

---

[44] Die Neufassung der Vorschriften lässt allerdings nicht erkennen, dass es sich um versteckte Kollisionsnormen handeln soll, s. Eidenmüller ZGR 2007, 169 (206); Kindler NJW 2008, 3249 (3251); Peters GmbHR 2008, 245 (249); **aA** Fingerhuth/Rumpf IPRax 2008, 90 (92); Hoffmann ZIP 2007, 1581 (1584 ff.); Lieder/Hilser ZHR 185 (2021), 471 (490 ff.).

[45] **AA** Kindler IPRax 2009, 189 (198) mit beachtlichen Gründen.

[46] Begr. RegE GvSchuG, BT-Drs. 19/27636, 126.

[47] Ausführliche Kataloge bei SLM/Schmidt-Kessel Rn. 53 ff.

[48] KKD/Roth/Stelmaszczyk Rn. 5a; s. auch Ebenroth/Boujong/Pentz § 13e Rn. 8.

[49] KG 18.11.2003, NZG 2004, 49 (50); Staub/Koch/Harnos Rn. 14; MüKoHGB/Krafka § 13e Rn. 5; RGHMW/Ries § 13e Rn. 2; KKD/Roth/Stelmaszczyk § 13e Rn. 2.

[50] RGHMW/Ries § 13e Rn. 3; KKD/Roth/Stelmaszczyk § 13e Rn. 2; HK-HGB/Ruß Rn. 4.

[51] OLG München 2.5.2006, NZG 2006, 513 (514).

[52] OLG Frankfurt 17.5.2010, NJW-RR 2011, 330 f.

[53] MüKoBGB/Kindler IntGesR Rn. 229 mit umfangreichen wN; Klein Rpfleger 2003, 629 (630); Staub/Koch/Harnos Rn. 20; Ebenroth/Boujong/Reuschle Anh. § 17 Rn. 6.

nen Sonderanknüpfungen, wie zB das Vollmachtstatut (→ Rn. 32) und das für die Registerpraxis bedeutsame Firmenstatut (→ Rn. 33 ff.).[54]

32 **b) Vollmachtstatut.** Die gewillkürte Stellvertretung, insbesondere die auf eine Niederlassung beschränkte Prokura, unterfällt nicht dem Statut des Unternehmensträgers (→ Rn. 31). Stattdessen gilt für Vollmachten, die **nach dem 16.6.2017** erteilt wurden, sowie für Erklärungen, die nach diesem Datum im Namen einer anderen Person gegenüber einem Dritten abgegeben oder für einen anderen entgegengenommen werden, gem. Art. 229 § 41 EGBGB das Vollmachtstatut gem. Art. 8 EGBGB. Liegt keine Rechtswahl gem. Art. 8 Abs. 1 S. 1 EGBGB oder Art. 8 Abs. 1 S. 2 EGBGB vor und handelt der Bevollmächtigte in Ausübung seiner unternehmerischen Tätigkeit, sind gem. Art. 8 Abs. 2 EGBGB die Sachvorschriften des Staates anzuwenden, in dem der Bevollmächtigte im Zeitpunkt der Ausübung der Vollmacht seinen **gewöhnlichen Aufenthalt** hat, es sei denn, dass dieser für den Dritten nicht erkennbar ist. Auf die Bestimmung des gewöhnlichen Aufenthalts sind gem. Art. 8 Abs. 8 S. 1 EGBGB die Regelungen des Art. 19 Abs. 1 und Abs. 2 Alt. 1 Rom I-VO mit der Maßgabe anzuwenden, dass an die Stelle des Vertragsschlusses die Ausübung der Vollmacht tritt. Wird der Vertrag im Rahmen des Betriebs einer Zweigniederlassung geschlossen, steht dem Ort des gewöhnlichen Aufenthaltes – bei Gesellschaften der Ort ihrer Hauptversammlung (Art. 19 Abs. 1 Rom I-VO) – gem. Art. 19 Abs. 2 Alt. 1 Rom I-VO der Ort gleich, an dem die Zweigniederlassung sich befindet. Daher gelten für eine Prokura, die im Rahmen des Betriebs einer Zweigniederlassung erteilt oder ausgeübt wird, die §§ 48 ff., einschließlich der Möglichkeit, deren Umfang gem. § 50 Abs. 3 zu begrenzen,[55] auch dann, wenn die Prokura von einem Unternehmen mit Sitz im Ausland erteilt wurde.[56]

33 **c) Firma der Zweigniederlassung. aa) Grundsätze.** Obwohl das deutsche Recht keine ausdrückliche Regelung des internationalen Firmenrechts enthält, besteht weitgehend Einigkeit darüber, dass die auf die Firmenbildung anzuwendenden Rechtsvorschriften (sog. **Firmenstatut**) bei Einzelkaufleuten durch deren (Haupt-)Niederlassung,[57] bei juristischen Personen und Handelsgesellschaften durch das Gesellschaftsstatut bestimmt werden.[58] Zu Einzelheiten → § 17 Rn. 34 ff. Zu Gesellschaften aus anderen Mitgliedstaaten der EU oder anderen Vertragsstaaten des EWR → Rn. 36 f.

34 Die nach **ausländischem Firmenrecht** zulässig gebildete Firma (→ Rn. 33) kann auch im Inland geführt werden.[59] Dies hat zB zur Folge, dass eine fremdsprachige Firma in das Handelsregister eingetragen werden kann. Voraussetzung hierfür ist die Verwendung lateinischer Schriftzeichen, um die Verarbeitung im elektronischen Register zu ermöglichen und die Unterscheidbarkeit der Firma von anderen Firmen zu gewährleisten.[60]

35 Obwohl die Zweigniederlassung grundsätzlich dem Recht des Unternehmensträgers unterliegt (→ Rn. 31), ist bei der Firmierung der Zweigniederlassung auch das Recht am Ort der Zweigniederlassung zu beachten,[61] um dem Informationsbedürfnis des Rechtsverkehrs zu genügen und die Chancengleichheit der Wettbewerber zu gewährleisten.[62] Übernimmt die Zweigniederlassung die Firma der Hauptniederlassung oder knüpft sie an den Firmenkern des ausländischen Unternehmensträgers an, sind trotz des insoweit maßgeblichen Rechts des Unternehmensträgers § 18 Abs. 2 und § 30 Abs. 3 zu beachten.[63] Danach sind insbesondere Firmenbestandteile, die als **Rechtsformhin-**

[54] KG 11.9.2007, GmbHR 2008, 146; Ebenroth JZ 1988, 18 (20); MüKoHGB/Krafka Rn. 21; Ebenroth/Boujong/Reuschle Anh. § 17 Rn. 6 f.; RGHMW/Ries § 17 Rn. 50; Wachter ZNotP 2005, 122 (138); **aA** MüKoHGB/Heidinger Vor § 17 Rn. 60 mwN: Gesellschaftsstatut.

[55] Zur registerrechtlichen Problematik Kühn/Krafka NZG 2011, 209 f.

[56] MüKoBGB/Kindler IntGesR Rn. 275; Staub/Koch/Harnos Rn. 32; Kühn/Krafka NZG 2011, 209; iE Klose-Mokroß DStR 2005, 1013 (1016).

[57] MüKoHGB/Heidinger Vor § 17 Rn. 32; MüKoBGB/Kindler IntGesR Rn. 240; RGHMW/Ries § 17 Rn. 50.

[58] BayObLG 21.3.1986, BayObLGZ 1986, 61 (64); OLG München 7.3.2007, NZG 2007, 824 (825); MüKoHGB/Heidinger Vor § 17 Rn. 32; Staub/Koch/Harnos Rn. 22; Hopt/Merkt § 17 Rn. 48; RGHMW/Ries § 17 Rn. 50; **aA** MüKoBGB/Kindler IntGesR Rn. 239, 240: gebietsbezogene Anknüpfung.

[59] GK-HGB/Achilles/Haase Rn. 17.

[60] Staub/Koch/Harnos Rn. 26; Müther Handelsregister § 13 Rn. 25; krit. Sørensen ECFR 2014, 53 (93).

[61] OLG München 7.3.2007, NZG 2007, 824 (825) zu § 18; GK-HGB/Achilles/Haase Rn. 17; Ebenroth JZ 1988, 18 (20); MüKoHGB/Krafka Rn. 21; Mödl RNotZ 2008, 1 (8); Ebenroth/Boujong/Reuschle Anh. § 17 Rn. 6; RGHMW/Ries § 17 Rn. 50; Sørensen ECFR 2014, 53 (89); Wachter ZNotP 2005, 122 (138); s. auch OLG Frankfurt 8.8.2017, FGPrax 2018, 16 (17): lex fori; **aA** MüKoHGB/Heidinger Vor § 17 Rn. 60 mwN (Gesellschaftsstatut).

[62] Ebenroth/Boujong/Reuschle Anh. § 17 Rn. 6.

[63] OLG Hamm 5.2.1991, WRP 1992, 354 (355); GK-HGB/Achilles/Haase Rn. 17; Staub/Koch/Harnos Rn. 23.

weise missverstanden werden könnten (zB ein scheinbar auf eine Partnerschaft nach dem PartGG hinweisender Zusatz), bedenklich.[64] Ein **Zweigstellenzusatz** ist nicht grundsätzlich,[65] sondern nur ausnahmsweise erforderlich, wenn die Zweigniederlassung eine von der Hauptniederlassung abweichende Firma führt.[66] Zu der registergerichtlichen Prüfung → Rn. 57.

bb) Gesellschaften aus einem anderen Mitgliedstaat der EU oder anderen Vertragsstaat des EWR. Bei Zweigniederlassungen von Gesellschaften, die nach den Rechtsvorschriften eines Mitgliedstaats der EU oder eines Vertragsstaats des EWR gegründet wurden, darf die Anwendung des Firmenstatuts (→ Rn. 33 ff.) nicht zu einer ungerechtfertigten Beschränkung der Niederlassungsfreiheit gem. Art. 49 Abs. 1 AEUV iVm Art. 54 Abs. 1 AEUV führen.[67] Die Gewährleistung der Niederlassungsfreiheit erschöpft sich nicht in einem Diskriminierungsverbot, sondern ist vielmehr **als umfassendes Beschränkungsverbot** zu verstehen.[68] Daher verstößt mitgliedstaatliches Recht bereits dann gegen Art. 49 Abs. 1 AEUV iVm Art. 54 Abs. 1 AEUV, wenn es geeignet ist, die Ausübung der Niederlassungsfreiheit zu behindern oder weniger attraktiv zu machen, es sei denn, die beschränkende Regelung wird (1) in nichtdiskriminierender Weise angewandt, (2) erfolgt aus zwingenden Gründen des Allgemeinwohls, (3) ist zur Erreichung des Ziels geeignet und (4) geht nicht über das hinaus, was zur Erreichung dieses Ziels erforderlich ist.[69] Um eine solche ungerechtfertigte Beschränkung zu vermeiden, insbesondere den nach den Rechtsvorschriften eines Mitgliedstaats der EU oder eines Vertragsstaats des EWR gegründeten Gesellschaften nicht einen Aspekt ihrer Rechtspersönlichkeit abzusprechen, ist das Firmenstatut dieser Gesellschaften iSd Gründungstheorie an den Satzungssitz anzuknüpfen.[70] 36

Die Niederlassungsfreiheit (→ Rn. 36) gebietet es, das deutsche Recht dahingehend auszulegen, dass Gesellschaften mit Sitz in einem anderen Mitgliedstaat der EU oder einem anderen Vertragsstaat des EWR die Verwendung einer nach dem Gründungsrecht rechtmäßigen Geschäftsbezeichnung im Inland grundsätzlich nicht untersagt werden darf.[71] Einschränkungen dieser Freiheit sind nur ausnahmsweise zulässig, nämlich wenn sie den strengen Anforderungen an die Rechtfertigung einer Beschränkung der Niederlassungsfreiheit (→ Rn. 36) genügen. Zulässig ist danach insbesondere die Anwendung von Bestimmungen, die eine **Verwechslungsgefahr** ausschließen sollen,[72] zB § 18 Abs. 1, 2 und § 30 Abs. 3.[73] Die Voraussetzungen dieser Vorschriften sind jedoch unter Berücksichtigung des Art. 49 Abs. 1 AEUV iVm Art. 54 Abs. 1 AEUV auszulegen[74] und dahingehend abzusenken,[75] dass eine unverhältnismäßige Beeinträchtigung vermieden wird. Dies äußert sich zB darin, 37

[64] Fleischhauer/Wochner HandelsregisterR/Solveen Teil N Rn. 9 Anm. 10; Wachter ZNotP 2005, 122 (138).

[65] OLG Düsseldorf 22.2.2017, NJW-RR 2017, 742 (743) mwN zum Streitstand; zust. Knauthe EWiR 2017, 621 (622).

[66] OLG Düsseldorf 22.2.2017, NJW-RR 2017, 742 (743); LG Frankfurt 15.2.2005, GmbHR 2005, 1135; Staub/Koch/Harnos Rn. 30; Ebenroth/Boujong/Reuschle Anh. § 17 Rn. 28; dagegen zu europarechtlichen Bedenken, die in jedem Fall gegen einen Zweigstellenzusatz sprechen sollen, Wachter BB 2005, 1289 (1290).

[67] MüKoHGB/Heidinger Vor § 17 Rn. 62 ff.; Hopt/Merkt § 17 Rn. 49; Mödl RNotZ 2008, 1 (8); Ebenroth/Boujong/Reuschle § 18 Rn. 42; Henssler/Strohn/Wamser Rn. 5.

[68] EuGH 11.5.1999, Slg. 1999, I-2835 Rn. 19 = EuZW 1999, 439 – Pfeiffer; 11.5.1999, Slg. 2000, I-5123 Rn. 57 – Haim; 9.3.1999, Slg. 1999, I-1459 Rn. 34 – Centros; 30.11.1995, Slg. 1995, I-4165 Rn. 37; 15.5.1997, Slg. 1997, I-2471 Rn. 26 – Futura; 31.3.1993, Slg. 1993, I-1663 Rn. 32 – Kraus.

[69] EuGH 17.10.2002, EuZW 2003, 94 (96) – Payroll Data Services; 11.5.1999, Slg. 1999, I-2835 Rn. 19 = EuZW 1999, 439 – Pfeiffer; 11.5.1999, Slg. 2000, I-5123 Rn. 57 – Haim; 9.3.1999, Slg. 1995, I-4165 Rn. 37 – Gebhard; 9.3.1999, Slg. 1999, I-1459 Rn. 34 = NJW 1999, 2027 – Centros; 31.3.1993, Slg. 1993, I-1663 Rn. 32 – Kraus.

[70] Geyrhalter/Gänßler NZG 2003, 409 (412); MüKoHGB/Heidinger Vor § 17 Rn. 32; Hirsch/Britain NZG 2003, 1100 (1102); **aA** Borges ZIP 2004, 733 (736): Gesellschaft mit Verwaltungssitz in Deutschland; MüKoBGB/Kindler IntGesR Rn. 240, 241.

[71] EuGH 11.5.1999, Slg. 1999, I-2835 = EuZW 1999, 439 (440) – Pfeiffer; OLG München 7.3.2007, NZG 2007, 824 (825).

[72] EuGH 11.5.1999, Slg. 1999, I-2835 = EuZW 1999, 439 (440) – Pfeiffer.

[73] OLG München 1.7.2010, NZG 2011, 157 – Zahnarztpraxis Ltd.; 7.3.2007, NZG 2007, 824 (825); Hopt/Merkt § 17 Rn. 49; SLM/Schmidt-Kessel Rn. 97; Wachter GmbHR 2007, 980 (981); **aA** MüKoHGB/Krafka Rn. 20. Zu der Prüfung einer Ortsbezeichnung s. OLG Hamm 27.5.2008, FGPrax 2008, 262 (263).

[74] OLG Frankfurt 19.2.2008, FGPrax 2008, 165 (166); Staub/Koch/Harnos Rn. 23; Ebenroth/Boujong/Reuschle § 18 Rn. 42; s. auch Süß DNotZ 2005, 180 (187); MüKoHGB/Krafka Rn. 21: grds. keine Einschränkung.

[75] OLG München 7.3.2007, NZG 2007, 824 (825) – Planung für Küche und Bad Ltd.; s. auch Staub/Koch/Harnos Rn. 25; offengelassen von KG 11.9.2007, GmbHR 2008, 146 (147) = NZG 2008, 80 – Autodienst-Berlin Limited; s. auch OLG Frankfurt 19.2.2008, FGPrax 2008, 165 (166) – Hausverwaltung Rhein-Main Limited; weitergehend MüKoHGB/Krafka Rn. 21: grds. uneingeschränkte Verwendung der Firma; SLM/Schmidt-Kessel Rn. 97; wohl auch OLG Hamm 27.5.2008, FGPrax 2008, 262.

dass das Verdikt der Unzulässigkeit unverhältnismäßig und daher unzulässig ist, wenn die Irreführung durch einen **klarstellenden Zusatz** vermieden werden kann.[76]

38 **cc) Rechtsformzusatz.** In der Firma der inländischen Zweigniederlassung (→ Rn. 33 ff.) muss der Rechtsformzusatz des ausländischen Unternehmensträgers wiedergegeben werden.[77] Dabei ist der ausländische Rechtsformzusatz im Grundsatz **unverändert** in seiner fremdsprachigen Kurzform zu übernehmen.[78]

39 Ein **weiterer Zusatz,** der auf das Herkunftsland des Unternehmensträgers oder die Rechtsordnung, nach der die Gesellschaft gegründet wurde, hinweist, ist jedenfalls für Gesellschaften aus einem anderen Mitgliedstaat der EU oder eines anderen Vertragsstaat des EWR **nicht erforderlich.**[79] Lässt der Rechtsformzusatz als solcher das genaue Herkunftsland nicht mit Sicherheit erkennen, ist ein solcher Zusatz zwar zweckmäßig, aber grundsätzlich nicht geboten.[80] Anderes gilt ausnahmsweise, wenn der ausländische Rechtsformzusatz mit einem inländischen Rechtsformzusatz identisch ist, so dass Verwechslungsgefahr mit einer inländischen Gesellschaft besteht (zB österreichische GmbH & Co. KG).[81] Kennt das ausländische Recht keinen Rechtsformzusatz, muss entweder auf das ausländische Recht Bezug genommen oder der Sitzort offen gelegt werden.[82]

40 Ein **erläuternder Zusatz,** der die Zuordnung des ausländischen Unternehmensträgers zu einer deutschen Rechtsform (→ Rn. 28 f.) zum Ausdruck bringt (zB GmbH des Rechtes von xyz), ist unzulässig, weil die begriffliche Verwendung des deutschen Rechtsformzusatzes **irreführend** wäre.[83]

III. Anmeldung der Zweigniederlassung

41 **1. Zuständiges Gericht (Abs. 1).** Alle Anmeldungen, Einreichungen und Eintragungen, die eine inländische Zweigniederlassung (→ Rn. 8) eines ausländischen Unternehmensträgers (→ Rn. 9 ff.) betreffen, haben gem. Abs. 1 bei dem Registergericht zu erfolgen, in dessen **Bezirk** die Zweigniederlassung besteht. Da für die Registrierung des ausländischen Unternehmensträgers kein internationaler Gerichtsstand des deutschen Registergerichts begründet ist, gibt es kein inländisches Gericht der Hauptniederlassung.

42 Unterhält ein ausländischer Unternehmensträger **mehrere Zweigniederlassungen** im Inland, ist grundsätzlich jedes Gericht, in dessen Bezirk eine Zweigniederlassung errichtet wurde, für die Anmeldung der jeweiligen Zweigniederlassung zuständig.[84] Kapitalgesellschaften eröffnet § 13e Abs. 5 S. 1 die Möglichkeit, eines dieser Registergerichte auszuwählen mit der Folge, dass die Satzung oder der Gesellschaftsvertrag sowie deren Änderungen nur bei diesem Registergericht zum Handelsregister eingereicht werden müssen (→ § 13e Rn. 74 ff.). Auf andere Unternehmensträger ist diese Regelung nicht anwendbar.[85]

43 **2. Anmeldebefugnis.** Befugt, Anmeldungen und Einreichungen betreffend eine inländische Zweigniederlassung vorzunehmen, sind diejenigen, die den Unternehmensträger in dem registergerichtlichen Verfahren vertreten. Dies sind bei einem ausländischen einzelkaufmännischen Unternehmen (→ Rn. 10) der **Einzelkaufmann** selbst, bei einer ausländischen Gesellschaft – wie für Kapitalgesellschaften (→ Rn. 13) in § 13e Abs. 2 S. 1 besonders festgelegt (→ § 13e Rn. 25 ff.) – deren

---

[76] Fleischhauer/Wochner HandelsregisterR/Solveen Teil N Rn. 9 Anm. 10; Wachter ZNotP 2005, 122 (138); s. auch SLM/Schmidt-Kessel Rn. 97.

[77] Altmeppen ZIP 2007, 889 (891); Staub/Koch/Harnos Rn. 27; MüKoHGB/Krafka Rn. 22, 23; Hopt/Merkt § 17 Rn. 49; Mödl RNotZ 2008, 1 (9); Fleischhauer/Wochner HandelsregisterR/Solveen Teil N Rn. 9 Anm. 10; s. auch Leible/Hoffmann EuZW 2003, 677 (680) zur Rspr. des EuGH; zur Rechtsscheinhaftung wegen Fehlens des Zusatzes BGH 5.2.2007, NJW 2007, 1529 (1530).

[78] Staub/Koch/Harnos Rn. 28 mwN; Kögel Rpfleger 1993, 8 (9); Kögel Rpfleger 2004, 325 (329); MüKoHGB/Krafka Rn. 23; zu Ausnahmen Kögel DB 2004, 1763 (1765).

[79] LG Göttingen 12.7.2005, NotBZ 2006, 34 (35): kein Hinweis erforderlich, welchem Recht die Gesellschaft unterliegt; Leible/Hoffmann EuZW 2003, 677 (680 f.); Staub/Koch/Harnos Rn. 29 mwN; Fleischhauer/Wochner HandelsregisterR/Solveen Teil N Rn. 9 Anm. 10; **aA** MüKoBGB/Kindler IntGesR Rn. 248 ff. mwN; einschr. auch Krafka RegisterR Rn. 272.

[80] Fleischhauer/Wochner HandelsregisterR/Solveen Teil N Rn. 9 Anm. 10; Wachter NotBZ 2004, 41 (46).

[81] Leible/Hoffmann EuZW 2003, 677 (681); Staub/Koch/Harnos Rn. 27; MüKoHGB/Krafka Rn. 22; s. auch LG Hagen 22.8.1973, NJW 1973, 2162 – X-AG X-Société Anonyme X-Corporation Ltd.

[82] MüKoHGB/Krafka Rn. 23.

[83] MüKoHGB/Krafka Rn. 23.

[84] OLG Schleswig 11.7.2007, NZG 2007, 918; Staub/Koch/Harnos Rn. 46; Ebenroth/Boujong/Pentz Rn. 17.

[85] OLG Schleswig 11.7.2007, NZG 2007, 918; Staub/Koch/Harnos Rn. 46.

Vertretungsorgane,[86] wobei Handeln durch die Organmitglieder in vertretungsberechtigter Anzahl genügt.[87]

44 In der Lit. wird vereinzelt auch der sog. **Leiter der Zweigniederlassung** iSd § 13e Abs. 2 S. 5 Nr. 3 (→ § 13e Rn. 50 ff.) als befugt angesehen, sämtliche Anmeldungen und Einreichungen betreffend eine inländische Zweigniederlassung vorzunehmen.[88] Obwohl diese Ansicht § 13e Abs. 2 S. 5 Nr. 3 für sich in Anspruch nehmen kann, erscheint es aufgrund der punktuellen Anmeldepflichten in § 13e Abs. 3 (→ § 13e Rn. 57 ff.), Abs. 3a (→ § 13e Rn. 67 f.) und Abs. 4 (→ § 13e Rn. 69 ff.) vorzugswürdig, die Vertretungsbefugnis im registergerichtlichen Verfahren auf die für die Erfüllung dieser Pflichten erforderlichen Erklärungen zu begrenzen und im Übrigen nur die Vertretungsorgane der Gesellschaft als anmeldebefugt anzusehen.[89]

45 **3. Form.** Für das Registerverfahren gilt **deutsches Verfahrensrecht** als lex fori.[90] Daher ist die Anmeldung der Errichtung einer inländischen Zweigniederlassung zur Eintragung in das Handelsregister gem. § 12 Abs. 1 S. 1 elektronisch in öffentlich beglaubigter Form einzureichen (→ § 12 Rn. 20 ff.).[91] Das Formerfordernis kann durch eine Beglaubigung im Ausland erfüllt werden, wenn diese ein äquivalent zu der öffentlichen Beglaubigung durch einen deutschen Notar ist (→ § 12 Rn. 29 ff.). Seit dem 1.8.2022 kann die öffentliche Beglaubigung gem. § 12 Abs. 1 S. 2 auch mittels Videokommunikation gem. § 40a BeurkG erfolgen (→ § 12 Rn. 26 f.). Soll bei einer Beglaubigung im Ausland anstelle des von der Bundesnotarkammer nach § 78p BNotO betriebenen Videokommunikationssystems ein anderes System genutzt werden, muss dieses den gleichen hohen Sicherheitsstandard gewährleisten (→ § 12 Rn. 26).

46 **4. Sprache.** Die Anmeldung muss gem. § 184 S. 1 GVG in **deutscher Sprache** erfolgen (→ § 12 Rn. 35 f.). Daher sind fremdsprachige Dokumente in beglaubigter Abschrift des Originals vorzulegen.[92] Außerdem kann das Registergericht in entsprechender Anwendung von § 142 Abs. 3 S. 1 ZPO verlangen, das eine Übersetzung beigebracht wird, die ein Übersetzer anfertigt, der für Sprachübertragungen der betreffenden Art in einem Land nach den landesrechtlichen Vorschriften ermächtigt oder öffentlich bestellt wurde oder einem solchen Übersetzer jeweils gleichgestellt ist.[93] Diese Übersetzungen gelten in entsprechender Anwendung von § 142 Abs. 3 S. 2 ZPO als richtig und vollständig, wenn dies von dem Übersetzer bescheinigt wird. Ist das Gericht der fremden Sprache hinreichend mächtig, kann es von der Anordnung einer Übersetzung abgesehen.[94]

47 Ist die Satzung oder der Gesellschaftsvertrag einer Aktiengesellschaft mit Sitz im Ausland oder einer Gesellschaft mit beschränkter Haftung mit Sitz im Ausland nicht in deutscher Sprache erstellt, ist der Anmeldung einer inländischen Zweigniederlassung gem. § 13f Abs. 2 S. 1 bzw. § 13g Abs. 2 S. 1 eine **beglaubigte Übersetzung** in deutscher Sprache beizufügen (→ § 13f Rn. 6, → § 13f Rn. 8, → § 13g Rn. 9), und zwar ohne Rücksicht auf die Sprachkenntnisse des Registergerichts, da diese Dokumente für den Geschäftsverkehr einsehbar sein sollen.[95]

48 **5. Inhalt. a) AG oder GmbH mit Sitz im Ausland. aa) In die Anmeldung aufzunehmende Angaben.** Die Anmeldung der Errichtung einer inländischen Zweigniederlassung durch eine AG oder GmbH mit Sitz im Ausland muss § 13f Abs. 3 bzw. § 13g Abs. 3 die Angaben nach § 39 AktG bzw. § 10 GmbHG sowie die Angaben nach Abs. 2 S. 3–5 enthalten (→ § 13f Rn. 5, → § 13g Rn. 20 ff.). Darüber hinaus sind in der Anmeldung gem. § 13f Abs. 2 S. 2 iVm § 37 Abs. 3 AktG bzw. § 37g Abs. 2 S. 2 iVm § 8 Abs. 4 GmbHG eine inländische Geschäftsanschrift sowie die Art und der Umfang der Vertretungsbefugnis der Vorstandsmitglieder bzw. Geschäftsführer anzuge-

---

86 KG 18.11.2003, NZG 2004, 49 (50); Staub/Koch/Harnos Rn. 56; Hopt/Merkt Rn. 5; Ebenroth/Boujong/Pentz Rn. 19; RGHMW/Ries Rn. 15.

87 KG 18.11.2003, NZG 2004, 49 (50); GK-HGB/Achilles/Haase Rn. 11; Staub/Koch/Harnos § 13e Rn. 16; Krause NotBZ 1998, 171 (173); Mödl RNotZ 2008, 1 (3); Ebenroth/Boujong/Pentz § 13e Rn. 19.

88 SLM/Schmidt-Kessel Rn. 92.

89 GK-HGB/Achilles/Haase Rn. 11; Staub/Koch/Harnos Rn. 57; MüKoHGB/Krafka Rn. 27; KKD/Roth/Stelmaszczyk Rn. 6; s. auch KG 19.1.2012, BeckRS 2012, 03824; iErg auch GK-HGB/Achilles/Haase Rn. 11; **aA** Henssler/Strohn/Wamser Rn. 7 unter Berufung auf OLG Hamm 27.1.2006, NJW-RR 2006, 1631.

90 BGH 7.5.2007, BGHZ 172, 200 (204 f.) = NJW 2007, 2328; 15.6.2021, NZG 2021, 1564 (1565); OLG Hamm 21.7.2006, FGPrax 2006, 276 (277); KG 18.11.2003, NZG 2004, 49 (50); Staub/Koch/Harnos Rn. 47; MüKoHGB/Krafka Rn. 25; Ebenroth/Boujong/Pentz Rn. 18; Henssler/Strohn/Wamser Rn. 6.

91 GK-HGB/Achilles/Haase Rn. 12; Staub/Koch/Harnos Rn. 53; MüKoHGB/Krafka Rn. 27.

92 GK-HGB/Achilles/Haase Rn. 12; Staub/Koch/Harnos Rn. 55.

93 GK-HGB/Achilles/Haase Rn. 12; Staub/Koch/Harnos Rn. 55; Wachter ZNotP 2005, 122 (141); s. auch OLG Hamm 12.2.2008, GmbHR 2008, 545 (546) = DNotZ 2008, 630 zu § 13g Abs. 2.

94 OLG Schleswig 13.12.2007, DNotZ 2008, 709 (710) (Nachweis der Vertretungsberechtigung) m. zust. Anm. Apfelbaum DNotZ 2008, 711 (714); krit. MüKoHGB/Krafka Rn. 27.

95 S. BGH 15.6.2021, NZG 2021, 1564 (1567).

ben (→ § 13f Rn. 9 ff., → § 13g Rn. 1 ff.). Erfolgt die Anmeldung in den ersten zwei Jahren nach der Eintragung der Gesellschaft in das Handelsregister ihres Sitzes, sind gem. § 13f Abs. 2 S. 4 Hs. 2 bzw. § 13g Abs. 2 S. 4 auch die nach den §§ 26 f. AktG bzw. nach § 5 Abs. 4 GmbHG getroffenen Festsetzungen und – bei einer AG – der Ausgabebetrag der Aktien sowie Name und Wohnort der Gründer in die Anmeldung aufzunehmen, soweit nicht das ausländische Recht eine Abweichung nötig macht (→ § 13f Rn. 21 f., → § 13g Rn. 18).

49 **bb) Beizufügende Urkunden.** Der Anmeldung sind gem. § 13f Abs. 2 S. 1 die **Satzung** bzw. gem. § 13g Abs. 2 S. 1 der **Gesellschaftsvertrag** beizufügen sowie – wenn die Satzung bzw. der Gesellschaftsvertrag nicht in deutscher Sprache erstellt ist – eine Übersetzung in deutscher Sprache (→ Rn. 47). Erfolgt die Anmeldung durch die Geschäftsführer einer GmbH mit Sitz im Ausland (§ 13e Abs. 2 S. 1; → § 13e Rn. 25 ff.), ist ihr gem. § 13g Abs. 2 S. 2 iVm § 8 Abs. 1 Nr. 2 GmbHG auch die **Legitimation** der Geschäftsführer beizufügen, sofern dieselben nicht in dem Gesellschaftsvertrag bestellt sind (→ § 13g Rn. 11 ff.).

50 **cc) Versicherungen.** In der Anmeldung haben die Vorstandsmitglieder bzw. Geschäftsführer gem. § 13f Abs. 2 S. 2 iVm § 37 Abs. 2 S. 1 AktG bzw. § 13g Abs. 2 S. 2 iVm § 8 Abs. 3 S. 1 GmbHG grundsätzlich zu versichern, dass keine Umstände vorliegen, die ihrer Bestellung nach § 76 Abs. 3 S. 2 Nr. 2, 3, S. 3 f. AktG bzw. § 6 Abs. 2 S. 2 Nr. 2, 3, S. 3 f. GmbHG entgegenstehen, und dass sie über ihre unbeschränkte Auskunftspflicht gegenüber dem Gericht belehrt worden sind (→ § 13f Rn. 9 ff., → § 13g Rn. 11 ff.). Diese Verpflichtung ist mit der Einführung von § 13f Abs. 2 S. 3 und § 13g Abs. 2 S. 3 durch Art. 1 Nr. 11 lit. a, Nr. 12 lit. a **DiRUG** iVm Art. 31 Abs. 1 DiRUG mWv 1.8.2022 für Gesellschaften, die dem Recht eines Mitgliedstaates der EU oder eines anderen Vertragsstaates des EWR unterliegen, entfallen.

51 **b) Andere ausländische Unternehmensträger.** Für ausländische Unternehmensträger, die weder der AG oder GmbH zugeordnet werden können (→ Rn. 28 f.), existieren keine § 13f Abs. 2 f. und § 13g Abs. 2 f. vergleichbaren Bestimmungen. Sie haben die Errichtung einer inländischen Zweigniederlassung unter Angabe von Ort, inländischer Geschäftsanschrift und Firma (→ Rn. 33 ff.) zur Eintragung in das Handelsregister anzumelden.

52 **6. Registerzwang.** Die über Abs. 3 (→ Rn. 60) vermittelte Pflicht, die Errichtung einer inländischen Zweigniederlassung (→ Rn. 8) durch einen ausländischen Unternehmensträger (→ Rn. 9 ff.) zur Eintragung in das Handelsregister anzumelden, kann gem. § 14 S. 1 durch die Festsetzung von **Zwangsgeld** durchgesetzt werden.[96] Die Ansicht, die das Zwangsgeldverfahren nur für zulässig erachtet, wenn die Anmeldepflichtigen sich im Inland aufhalten,[97] ist zum einen ohne Stütze im Gesetz.[98] Zum anderen verstößt sie aufgrund der Tatsache, dass das deutsche Recht keine anderen Maßregeln vorsieht,[99] gegen Art. 40 GesR-RL, wonach die Mitgliedstaaten wirksame, verhältnismäßige und abschreckende Maßregeln für den Fall vorsehen muss, dass die der in den Art. 29–31, 36 f. GesR-RL festgelegten Sachverhalte (→ Rn. 6 f.) unterbleibt. Das Risiko, die Anmeldepflichtigen nicht zu erreichen, ist ein faktisches Problem, das der Zulässigkeit der Festsetzung von Zwangsgeld jedoch nicht entgegensteht.[100]

IV. Eintragung der Zweigniederlassung (Abs. 2)

53 **1. Registergerichtliche Prüfung.** Dem Vollzug der Eintragung einer inländischen Zweigniederlassung, die ein ausländischer Rechtsträger errichtet hat, geht eine registergerichtliche Prüfung voraus. Deren Umfang entspricht aufgrund von Abs. 3 (→ Rn. 60) in formeller und materieller Hinsicht im Wesentlichen der Prüfung, die vor der Eintragung einer inländischen Hauptniederlassung vorzunehmen ist.[101] Daher hat das gem. Abs. 1 zuständige Registergericht (→ Rn. 41 f.) neben der

[96] BGH 14.3.2005, NJW 2005, 1648 (1649 f.); Binge/Thölke DNotZ 2004, 21 (24); Bönner RNotZ 2015, 253 (254); Happ/Holler DStR 2004, 730 (734); Staub/Koch/Harnos Rn. 59 f.; Lehmann NZG 2005, 580 (581); RGHMW/Ries Rn. 16; Süß DNotZ 2005, 180 (181); Wachter ZNotP 2005, 122 (125); Wachter NotBZ 2004, 41 (43); Wachter GmbHR 2003, 1254.

[97] BayObLG 17.5.1978, BayObLGZ 1978, 121 (127); Sternal/M. Noack FamFG § 388 Rn. 38; Krafka RegisterR Rn. 2364.

[98] Koch AktG § 45 Anh. HGB § 13e Rn. 13; Staub/Koch/Harnos Rn. 60; NK-HGB/Lamsa Rn. 22; Ebenroth/Boujong/Pentz § 13e Rn. 51; RGHMW/Ries § 13e Rn. 14.

[99] BGH 14.2.2005, NJW 2005, 1648 (1650).

[100] Koch AktG § 45 Anh. HGB § 13e Rn. 13; zum Zwangsgeldverfahren gegen im Ausland wohnhaften Schuldner s. OLG Hamburg 11.5.2005, NJOZ 2005, 2956 zu § 888 ZPO.

[101] BayObLG 18.9.1986, BayObLGZ 1986, 351 (355); 18.7.1985, BayObLGZ 1985, 272 (278); 9.12.1998, NJW 1999, 654 (656) noch zu § 26 KostO; MüKoBGB/Kindler IntGesR Rn. 944; Staub/Koch/Harnos Rn. 65; MüKoHGB/Krafka Rn. 25; NK-HGB/Lamsa Rn. 18; Ebenroth/Boujong/Pentz Rn. 20; RGHMW/Ries Rn. 3; SLM/Schmidt-Kessel Rn. 82; KKD/Roth/Stelmaszczyk Rn. 2.

Anmeldebefugnis der Erklärenden (→ Rn. 43 f.) und der Gesetzmäßigkeit der Anmeldung (→ Rn. 45 ff.) insbesondere das Bestehen des ausländischen Unternehmensträgers (→ Rn. 54), die Errichtung einer inländischen Zweigniederlassung (→ Rn. 55 f.) und deren Firma (→ Rn. 57) zu prüfen.

a) Bestehen des ausländischen Unternehmensträgers. Das zuständige Registergericht (→ Rn. 41 f.) muss feststellen, dass der ausländische Unternehmensträger (→ Rn. 9 ff.), der die Errichtung einer inländischen Zweigniederlassung entweder selbst anmeldet oder – im Fall einer juristischen Person oder einer Handelsgesellschaft – in dessen Namen die Errichtung angemeldet wird, tatsächlich besteht. Grundlage dieser Prüfung sind in erster Linie die **Nachweise,** die der Anmeldung durch eine Kapitalgesellschaft mit Sitz im Ausland gem. § 13e Abs. 2 S. 2 beizufügen sind (→ § 13e Rn. 31 ff.). Wird der ausländische Unternehmensträger im ausländischen Heimatregister **gelöscht,** ist die inländische Zweigniederlassung gem. § 395 Abs. 1 S. 1 FamFG von Amts wegen zu löschen (→ § 8 Rn. 148).[102] 54

b) Errichtung einer inländischen Zweigniederlassung. Das zuständige Registergericht (→ Rn. 41 f.) muss prüfen, ob die Zweigniederlassung im Inland tatsächlich errichtet wurde.[103] Da die §§ 13e–13g keine § 13 Abs. 2 vergleichbare Einschränkung des Prüfungsumfangs bzw. Prüfungsmaßstabs (→ § 13 Rn. 54) enthalten, insbesondere keine Vermutung für die Errichtung begründen, muss die Errichtung (→ Rn. 8) **positiv festgestellt** werden. Die Vorlage eines Beschlusses zur Errichtung der Zweigniederlassung ist hierfür zwar nicht erforderlich,[104] aber förderlich. 55

Vor dem Hintergrund, dass die Zuordnung der inländischen Zweigniederlassung zu einer „Hauptniederlassung" sich bei Kapitalgesellschaften ausschließlich nach dem Satzungssitz richtet (→ § 13 Rn. 17 ff.), ist es möglich, dass die Gesellschaft mit Sitz im Ausland sämtliche Geschäfte über die inländische Zweigniederlassung tätigt, diese also faktisch wie eine „Hauptniederlassung" fungiert (→ Rn. 20). Dieses Vorgehen ändert nichts daran, dass es sich aus der Perspektive des deutschen Registerrechts um eine Zweigniederlassung des ausländischen Unternehmensträgers handelt, zumal das deutsche Registergericht nur für die Eintragung der Zweigniederlassung international zuständig ist. 56

c) Zulässigkeit der Firmierung. In firmenrechtlicher Hinsicht hat das Registergericht zuerst die Zulässigkeit der ausländischen Firma nach ausländischem Recht (→ Rn. 33 ff.) zu untersuchen. Insoweit ist eine intensive Prüfung nicht erforderlich, wenn die ausländische Firma bereits durch die zuständige ausländische Stelle ordnungsgemäß in das dort geführte staatliche Register eingetragen wurde und diese Eintragung in dem deutschen Registerverfahren – wie für Kapitalgesellschaften in § 13e Abs. 2 S. 5 Nr. 1 vorgesehen (→ § 13e Rn. 48) – nachgewiesen wird.[105] Anschließend ist zu prüfen, ob die nach ausländischem Recht zulässige Firma nach inländischem Firmenrecht zur Bildung der Firma der Zweigniederlassung benutzt werden kann (→ Rn. 35, → Rn. 37)[106] und einen zulässigen Rechtsformzusatz enthält (→ Rn. 38 ff.). 57

2. Inhalt der Eintragung. Die Eintragung der Errichtung einer inländischen Zweigniederlassung (→ Rn. 8) eines ausländischen Unternehmensträgers (→ Rn. 9 ff.) entspricht wegen Abs. 3 (→ Rn. 60) der Eintragung einer inländischen Hauptniederlassung. Sie muss gem. Abs. 2 Hs. 1 auch den **Ort** und – seit der Änderung der Vorschrift durch Art. 3 Nr. 2 lit. a MoMiG iVm Art. 25 MoMiG mWv 1.11.2008 – die **inländische Geschäftsanschrift** der Zweigniederlassung enthalten. Die gem. Art. 30 Abs. 1 lit. a GesR-RL bzw. Art. 37 lit. a GesR-RL erforderliche Offenlegung der inländischen Geschäftsanschrift dient dem Zweck, öffentliche Zustellungen gem. § 15a S. 1 an den ausländischen Unternehmensträger im Inland zu ermöglichen (→ § 15a Rn. 1 ff.). Ist der Firma der Zweigniederlassung ein **Zusatz** beigefügt (→ Rn. 38 ff.), ist gem. Abs. 2 Hs. 2 auch dieser in das Handelsregister einzutragen. 58

3. Bedeutung der Eintragung. Die Errichtung der inländischen Zweigniederlassung ist – unabhängig von dem Ort der Hauptniederlassung bzw. des Sitzes des Unternehmensträgers – kein Rechts-, sondern ein Realakt (→ Rn. 8). Daher hat die Eintragung der Errichtung in das Handelsre- 59

[102] GK-HGB/Achilles/Haase Rn. 13; Staub/Koch/Harnos Rn. 65, 66; s. auch Bönner RNotZ 2015, 253 (255); SLM/Schmidt-Kessel Rn. 85.
[103] OLG Karlsruhe 29.6.2010, NZG 2012, 553; Kögel DB 2004, 1763; Krafka RegisterR Rn. 326.
[104] OLG Düsseldorf 21.2.2006, NZG 2006, 317 f.; GK-HGB/Achilles/Haase § 13f Rn. 1.
[105] Klose-Mokroß DStR 2005, 971 (973); Staub/Koch/Harnos Rn. 72; MüKoHGB/Krafka Rn. 20.
[106] MüKoHGB/Krafka Rn. 21.

gister auch dann lediglich **deklaratorische Bedeutung,** wenn die Zweigniederlassung von einem ausländischen Unternehmensträger errichtet wird.[107]

V. Behandlung der Zweigniederlassung als Hauptniederlassung (Abs. 3)

60 In Anbetracht der Tatsache, dass Abs. 1 nur das für alle inländische Zweigniederlassungen betreffenden Anmeldungen, Einreichungen und Eintragungen zuständige Gericht festlegt (→ Rn. 41 f.) und Abs. 2 – erkennbar an dem Wort „auch“ – eine unvollständige Regelung zu dem Inhalt der Eintragung der Errichtung einer Zweigniederlassung trifft (→ Rn. 53 ff.), ordnet Abs. 3 ergänzend an, dass im Übrigen für die Anmeldungen, Einreichungen, Eintragungen, Bekanntmachungen und Änderungen einzutragender Tatsachen, welche die Zweigniederlassung eines Einzelkaufmanns, einer Handelsgesellschaft oder einer juristischen Person betreffen, grundsätzlich die Vorschriften für Hauptniederlassungen oder Niederlassungen an dem Sitz der Gesellschaft sinngemäß gelten. Hierdurch wird gewährleistet, dass dem Rechtsverkehr im Inland alle notwendigen Informationen über den ausländischen Unternehmensträger zur Verfügung stehen. Von diesem Grundsatz gelten zwei **Ausnahmen:** Erstens, ist der ausländische Unternehmensträger einer AG, KGaA oder GmbH zuzuordnen (→ Rn. 28 f.), gelten die besonderen Regelungen der §§ 13e–13g. Zweitens, das auf den Unternehmensträger anwendbare ausländische Recht (→ Rn. 15 ff.) kann Abweichungen erfordern. Stellt es für die bei der Anmeldung zu beachtenden Förmlichkeiten strengere Regeln auf als das deutsche Registerrecht auf, sind auch diese im Registerverfahren zu beachten.[108]

§ 13e Zweigniederlassungen von Kapitalgesellschaften mit Sitz im Ausland

(1) Für Zweigniederlassungen von Aktiengesellschaften und Gesellschaften mit beschränkter Haftung mit Sitz im Ausland gelten ergänzend zu § 13d die folgenden Vorschriften.

(2) [1]Die Errichtung einer Zweigniederlassung einer Aktiengesellschaft ist durch den Vorstand, die Errichtung einer Zweigniederlassung einer Gesellschaft mit beschränkter Haftung ist durch die Geschäftsführer zur Eintragung in das Handelsregister anzumelden. [2]Bei der Anmeldung ist das Bestehen der Gesellschaft als solcher nachzuweisen. [3]Die Anmeldung hat auch eine inländische Geschäftsanschrift und den Gegenstand der Zweigniederlassung zu enthalten. [4]Daneben kann eine Person, die für Willenserklärungen und Zustellungen an die Gesellschaft empfangsberechtigt ist, mit einer inländischen Anschrift zur Eintragung in das Handelsregister angemeldet werden; Dritten gegenüber gilt die Empfangsberechtigung als fortbestehend, bis sie im Handelsregister gelöscht und die Löschung bekannt gemacht worden ist, es sei denn, dass die fehlende Empfangsberechtigung dem Dritten bekannt war. [5]In der Anmeldung sind ferner anzugeben
1. **das Register, bei dem die Gesellschaft geführt wird, und die Nummer des Registereintrags, sofern das Recht des Staates, in dem die Gesellschaft ihren Sitz hat, eine Registereintragung vorsieht;**
2. **die Rechtsform der Gesellschaft;**
3. **die Personen, die befugt sind, als ständige Vertreter für die Tätigkeit der Zweigniederlassung die Gesellschaft gerichtlich und außergerichtlich zu vertreten, unter Angabe ihrer Befugnisse;**
4. **wenn die Gesellschaft nicht dem Recht eines Mitgliedstaates der Europäischen Union oder eines anderen Vertragsstaates des Abkommens über den Europäischen Wirtschaftsraum unterliegt, das Recht des Staates, dem die Gesellschaft unterliegt.**

(3) [1]Die in Absatz 2 Satz 5 Nr. 3 genannten Personen haben jede Änderung dieser Personen oder der Vertretungsbefugnis einer dieser Personen zur Eintragung in das Handelsregister anzumelden. [2]Wenn die Gesellschaft nicht dem Recht eines Mitgliedstaates der Europäischen Union oder eines anderen Vertragsstaates des Abkommens über den Europäischen Wirtschaftsraum unterliegt, gelten für die gesetzlichen Vertreter der Gesellschaft in Bezug auf die Zweigniederlassung § 76 Absatz 3 Satz 2 bis 4 des Aktiengesetzes sowie § 6 Absatz 2 Satz 2 bis 4 des Gesetzes betreffend die Gesellschaften mit beschränkter Haftung entsprechend.

(3a) [1]An die in Absatz 2 Satz 5 Nr. 3 genannten Personen als Vertreter der Gesellschaft können unter der im Handelsregister eingetragenen inländischen Geschäftsanschrift der

[107] KG 18.11.2003, NZG 2004, 49 (50); OLG Düsseldorf 15.10.1998, Rpfleger 1999, 100 (101); Staub/Koch/Harnos Rn. 19; MüKoHGB/Krafka Rn. 12, 29; Mödl RNotZ 2008, 1 (2).

[108] GK-HGB/Achilles/Haase Rn. 3; s. auch KG 18.11.2003, NZG 2004, 49 (50).

Zweigniederlassung Willenserklärungen abgegeben und Schriftstücke zugestellt werden. [2]Unabhängig hiervon können die Abgabe und die Zustellung auch unter der eingetragenen Anschrift der empfangsberechtigten Person nach Absatz 2 Satz 4 erfolgen.

(4) Die in Absatz 2 Satz 5 Nr. 3 genannten Personen oder, wenn solche nicht angemeldet sind, die gesetzlichen Vertreter der Gesellschaft haben die Eröffnung oder die Ablehnung der Eröffnung eines Insolvenzverfahrens oder ähnlichen Verfahrens über das Vermögen der Gesellschaft zur Eintragung in das Handelsregister anzumelden.

(5) [1]Errichtet eine Gesellschaft mehrere Zweigniederlassungen im Inland, so brauchen die Satzung oder der Gesellschaftsvertrag sowie deren Änderungen nach Wahl der Gesellschaft nur zum Handelsregister einer dieser Zweigniederlassungen eingereicht zu werden. [2]In diesem Fall haben die nach Absatz 2 Satz 1 Anmeldepflichtigen zur Eintragung in den Handelsregistern der übrigen Zweigniederlassungen anzumelden, welches Register die Gesellschaft gewählt hat und unter welcher Nummer die Zweigniederlassung eingetragen ist.

(6) Die Landesjustizverwaltungen stellen sicher, dass die Daten einer Kapitalgesellschaft mit Sitz im Ausland, die im Rahmen des Europäischen Systems der Registervernetzung (§ 9b) empfangen werden, an das Registergericht weitergeleitet werden, das für eine inländische Zweigniederlassung dieser Gesellschaft zuständig ist.

(7) [1]Das zuständige Registergericht bestätigt den Eingang der Daten über das Europäische System der Registervernetzung. [2]Sofern zum Zeitpunkt des Dateneingangs bei dem Registergericht keine Anmeldung in Bezug auf die mitgeteilten Tatsachen vorliegt, fordert es die Gesellschaft zur unverzüglichen Anmeldung der geänderten Tatsachen auf.

Schrifttum: Bauer/Großerichter, Zur Durchsetzung deutscher Bestellungshindernisse von Geschäftsleitern gegenüber ausländischen Gesellschaften, NZG 2008, 253; Blasche, Zweigniederlassungen in- und ausländischer Gesellschaften, GWR 2012, 169; Bönner, Zweigniederlassungen ausländischer Gesellschaften in der notariellen Praxis, RNotZ 2015, 253; Eidenmüller/Rehberg, Umgehung von Gewerbeverboten mittels Auslandsgesellschaften, NJW 2008, 28; Fischer, Die Niederlassung von EU-Kapitalgesellschaften in Deutschland nach dem Brexit – ein Überblick, NZG 2021, 483; Heidinger, Der „ständige Vertreter" der Zweigniederlassung einer ausländischen Kapitalgesellschaft, MittBayNot 1998, 72; Hoger, Offene Rechtsfragen zur Eintragung der inländischen Zweigniederlassung einer Kapitalgesellschaft mit Sitz im Ausland, NZG 2015, 1219; Kaiser, Keine Straffreiheitserklärung bei Eintragung der Zweigniederlassung einer ausländischen Gesellschaft, AG 1991, 18; Kindler, Neue Offenlegungspflichten für Zweigniederlassungen ausländischer Kapitalgesellschaften, NJW 1993, 3301; Kögel, Die deutsche Zweigniederlassung einer GmbH – überreguliert?, GmbHR 2006, 237; Krafka, Der Grundstein zur Digitalisierung des Privatrechts – Überblick zu wesentlichen gesellschafts- und verfahrensrechtlichen Neuerungen durch das DiRUG, RDi 2022, 86; Kühn/Krafka, Die Handelsregistereintragung auf die Zweigniederlassung beschränkter Prokuren bei ausländischen Kapitalgesellschaften, NZG 2011, 209; Mödl, Die ausländische Kapitalgesellschaft in der notariellen Praxis, RNotZ 2008, 1; Niesse, Beteiligung ausländischer Gesellschaften am Registerverfahren, NotBZ 205, 368; Ries, Das Ende der deutschen GmbH?, AnwBl. 2005, 53; J. Schmidt, Brexit: Implikationen des EU-UK TCA im Bereich des Gesellschaftsrechts, GmbHR 2021, 229; J. Schmidt, Im Labyrinth des Gesellschaftskollisionsrechts: Gründungstheorie statt „zurück auf die Trabrennbahn", EuZW 2021, 613; Schollmeyer, Geht es für die britische Ltd. nach dem Brexit zurück auf die Trabrennbahn?, NZG 2021, 692; Seibert, Die Umsetzung der Zweigniederlassungs-Richtlinie der EG in deutsches Recht, GmbHR 1992, 738; Seibert, Neuordnung des Rechts der Zweigniederlassung im HGB, DB 1993, 1705; Stöhr, Bestellungshindernisse für GmbH-Geschäftsführer in grenzüberschreitenden Zusammenhängen, EuZW 2020, 654; Voigt, Das Handelsrecht der Zweigniederlassung, 2010; Wachter, Anforderungen an den Unternehmensgegenstand bei der Anmeldung der Zweigniederlassung einer ausländischen GmbH im Inland, GmbHR 2005, 99; Wachter, Die GmbH nach MoMiG im internationalen Rechtsverkehr, GmbHR-Sonderheft 10/2008, 80; Willer/Krafka, Anregungen für eine international zeitgemäße Anwendung des § 181 BGB im Gesellschaftsrecht, NZG 2006, 495.

Übersicht

I. Allgemeines

1 **1. Systematik.** Ist die Handelsgesellschaft mit Sitz im Ausland eine Kapitalgesellschaft, die einer AG oder GmbH zuzuordnen ist (→ Rn. 24), gelten für ihre inländischen Zweigniederlassungen gem. Abs. 1 ergänzend zu § 13d die Abs. 2–7. Diese Vorschriften legen Einzelheiten zu der Anmeldung der Errichtung einer Zweigniederlassung (Abs. 2; → Rn. 25 ff.), den ständigen Vertretern iSd Abs. 2 S. 5 Nr. 3 (Abs. 3–4; → Rn. 57 ff.) sowie zu dem registergerichtlichen Verfahren (Abs. 5–7; → Rn. 74 ff.) fest.

2 **2. Unionsrechtlicher Hintergrund.** Die Regelungen in den Abs. 2–7 dienen weit überwiegend der Umsetzung von Vorgaben der GesR-RL.

3 **a) Einzelne Vorgaben. Abs. 2 S. 3** (→ Rn. 38 ff.) setzt **Art. 29 Abs. 1 GesR-RL iVm Art. 30 Abs. 1 lit. a, b GesR-RL** (vor dem 20.7.2017: Art. 2 Abs. 1 lit. a, b RL 89/666/EWG) sowie **Art. 36 Abs. 1 GesR-RL iVm Art. 37 lit. a, b GesR-RL** (vor dem 20.7.2017: Art. 8 lit. a, b RL 89/666/EWG) um.[1] Danach sind die Urkunden und Angaben über die Anschrift und die Tätigkeit der Zweigniederlassung nach dem Recht des Mitglied- oder Vertragsstaates der Zweigniederlassung im Einklang mit Art. 16 GesR-RL offenzulegen, und zwar sowohl, wenn die in einem Mitgliedstaat der EU oder Vertragsstaat des EWR errichtete Zweigniederlassung von einer in Anh. II GesR-RL genannten Gesellschaft, welche dem Recht eines anderen Mitglied- oder Vertragsstaats unterliegt, unterhalten wird, als auch dann, wenn die Gesellschaft weder dem Recht eines Mitglied-

[1] Begr. RegE, BT-Drs. 12/3908, 16.

staats der EU noch dem eines Vertragsstaats des EWR unterliegt, jedoch eine Rechtsform hat, die mit den Rechtsformen der in Anh. II GesR-RL genannten Gesellschaften vergleichbar ist.

4 **Abs. 2 S. 5 Nr. 1, 2** (→ Rn. 48 f.) setzt die Vorgaben aus **Art. 29 Abs. 1 GesR-RL iVm Art. 30 Abs. 1 lit. c, d GesR-RL** (vor dem 20.7.2017: Art. 2 Abs. 1 lit. c, d RL 89/666/EWG) sowie **Art. 36 Abs. 1 GesR-RL iVm Art. 37 lit. d, f GesR-RL** (vor dem 20.7.2017: Art. 8 lit. d, f RL 89/666/EWG) um.[2] Danach sind Urkunden und Angaben über das Register, in das die Gesellschaft eingetragen ist, und die Nummer der Eintragung, die Firma und die Rechtsform der Gesellschaft sowie die Firma der Zweigniederlassung, sofern diese nicht mit der Firma der Gesellschaft übereinstimmt, nach dem Recht des Mitglied- oder Vertragsstaates der Zweigniederlassung im Einklang mit Art. 16 GesR-RL offenzulegen, und zwar unabhängig davon, ob die in einem Mitgliedstaat der EU oder Vertragsstaat des EWR errichtete Zweigniederlassung von einer in Anh. II GesR-RL genannten Gesellschaft, welche dem Recht eines anderen Mitglied- oder Vertragsstaats unterliegt, unterhalten wird, oder von einer Gesellschaft, die weder dem Recht eines Mitgliedstaats der EU noch dem eines anderen Vertragsstaats des EWR unterliegt, jedoch eine Rechtsform hat, die mit den Rechtsformen der in Anh. II GesR-RL genannten Gesellschaften vergleichbar ist.

5 **Abs. 2 S. 5 Nr. 3** (→ Rn. 50 ff.) und **Abs. 3 S. 1** (→ Rn. 57) setzt die Vorgaben aus **Art. 29 Abs. 1 GesR-RL iVm Art. 30 Abs. 1 lit. e GesR-RL** (vor dem 20.7.2017: Art. 2 Abs. 1 lit. e RL 89/666/EWG) sowie **Art. 36 Abs. 1 GesR-RL iVm Art. 37 lit. h GesR-RL** (vor dem 20.7.2017: Art. 8 lit. h RL 89/666/EWG) um.[3] Danach sind die Urkunden und Angaben über die Bestellung, das Ausscheiden und die Personalien derjenigen, die befugt sind, die Gesellschaft gerichtlich und außergerichtlich zu vertreten, sei es als gesetzlich vorgeschriebenes Organ der Gesellschaft oder als Mitglied eines solchen Organs, sei es als ständiger Vertreter der Gesellschaft für die Tätigkeit der Zweigniederlassung, nach dem Recht des Mitglied- oder Vertragsstaates der Zweigniederlassung im Einklang mit Art. 16 GesR-RL offenzulegen. Diese Verpflichtung besteht bei den in einem Mitglied- oder Vertragsstaat errichteten Zweigniederlassungen unterschiedslos sowohl für in Anh. II GesR-RL genannten Gesellschaften, welche dem Recht eines anderen Mitgliedstaats der EU oder eines anderen Vertragsstaats des EWR unterliegen, als auch für Gesellschaften, die weder dem Recht eines Mitgliedstaats der EU noch dem eines Vertragsstaats des EWR unterliegen, jedoch eine Rechtsform haben, die mit den Rechtsformen der in Anh. II GesR-RL genannten Gesellschaften vergleichbar ist.

6 **Abs. 2 S. 5 Nr. 4** (→ Rn. 56) setzt die Vorgabe aus **Art. 36 Abs. 1 GesR-RL iVm Art. 37 lit. c GesR-RL** (vor dem 20.7.2017: Art. 8 lit. c RL 89/666/EWG) um. Danach sind bei einer Zweigniederlassung, die in einem Mitglied- oder Vertragsstaat von einer Gesellschaft errichtet worden ist, welche weder dem Recht eines Mitgliedstaats der EU noch dem eines Vertragsstaats des EWR unterliegt, jedoch eine Rechtsform hat, die mit den Rechtsformen der in Anh. II GesR-RL genannten Gesellschaften vergleichbar ist, Urkunden und Angaben über das Recht des Staates, dem die Gesellschaft unterliegt, nach dem Recht des Mitgliedstaates der Zweigniederlassung im Einklang mit Art. 16 GesR-RL offenzulegen. Für Zweigniederlassungen der in Anh. II GesR-RL genannten Gesellschaften, welche dem Recht eines anderen Mitglied- oder Vertragsstaats unterliegen, existiert keine vergleichbare Vorgabe.

7 **Abs. 4** (→ Rn. 69 ff.), dessen Wortlaut anlässlich der Einführung der InsO durch Art. 40 Nr. 1 EGInsO iVm Art. 110 Abs. 1 EGInsO mWv 1.1.1999 redaktionell angepasst wurde, setzt die Vorgaben aus **Art. 29 Abs. 1 GesR-RL iVm Art. 30 Abs. 1 lit. f GesR-RL** (vor dem 20.7.2017: Art. 2 Abs. 1 lit. f RL 89/666/EWG) und **Art. 36 Abs. 1 GesR-RL iVm Art. 37 lit. i GesR-RL** (vor dem 20.7.2017: Art. 8 lit. i RL 89/666/EWG) um.[4] Danach sind die Urkunden und Angaben über ein die Gesellschaft betreffendes Konkursverfahren, Vergleichsverfahren oder ähnliches Verfahren sowie die Auflösung der Gesellschaft, die Bestellung, die Personalien und die Befugnisse der Liquidatoren sowie der Abschluss der Liquidation nach dem Recht des Mitglied- oder Vertragsstaates der Zweigniederlassung im Einklang mit Art. 16 GesR-RL offenzulegen, und zwar nicht nur, wenn die in einem Mitglied- oder Vertragsstaat errichtete Zweigniederlassung von einer in Anh. II GesR-RL genannten Gesellschaft, welche dem Recht eines anderen Mitgliedstaats der EU oder eines anderen Vertragsstaats des EWR unterliegt, unterhalten wird, sondern auch dann, wenn die Gesellschaft weder dem Recht eines Mitgliedstaats der EU noch dem eines Vertragsstaats des EWR unterliegt, jedoch eine Rechtsform hat, die mit den Rechtsformen der in Anh. II GesR-RL genannten Gesellschaften vergleichbar ist.

8 **Abs. 5** (→ Rn. 74 ff.) setzt die Vorgaben aus **Art. 33 GesR-RL ggf. iVm Art. 38 Abs. 2 GesR-RL** (vor dem 20.7.2017: Art. 5 RL 89/666/EWG ggf. iVm Art. 9 Abs. 2 RL 89/666/EWG)

---

[2] Begr. RegE, BT-Drs. 12/3908, 16.
[3] OLG Düsseldorf 28.5.2024, GRUR-RR 2024, 327 Rn. 22; Begr. RegE, BT-Drs. 12/3908, 16.
[4] Begr. RegE, BT-Drs. 12/3908, 16.

um. Danach können Gesellschaften, die in einem Mitglied- oder Vertragsstaat mehrere Zweigniederlassungen unterhalten, wählen, ob die in Art. 30 Abs. 2 lit. b GesR-RL und Art. 31 GesR-RL genannte Offenlegung bei dem Register einer dieser Zweigniederlassungen vorgenommen werden. In diesem Fall beschränkt die Offenlegungspflicht der übrigen Zweigniederlassungen sich auf die Angabe des Registers der Zweigniederlassung, bei dem die Offenlegung erfolgt ist, sowie auf die Nummer der Eintragung dieser Zweigniederlassung in dieses Register.

9 **Abs. 6** (→ Rn. 77) setzt die Vorgaben aus **Art. 20, 34 Abs. 2 GesR-RL** (vor dem 20.7.2017: Art. 5a RL 89/666/EWG und Art. 3d RL 2009/101/EG) um.[5] Unterhält eine in Anh. II GesR-RL genannte Gesellschaft, die dem Recht eines Mitgliedstaats der EU oder dem Recht eines Vertragsstaats des EWR unterliegt, eine Zweigniederlassung in einem anderen Mitgliedstaat der EU oder einem anderen Vertragsstaat des EWR, hat das Register der Gesellschaft Informationen über bestimmte die Gesellschaft betreffende Ereignisse, zB die Eröffnung und Beendigung von Verfahren zur Abwicklung oder Insolvenz der Gesellschaft, unverzüglich über das System der Registervernetzung zur Verfügung zu stellen, wenn das Ereignis Rechtsfolgen in dem Mitglied- oder Vertragsstaat des Registers der Zweigniederlassung auslöst.

10 **Abs. 7** (→ Rn. 78 f.) setzt die Vorgaben aus **Art. 30a UAbs. 2 GesR-RL** um.[6] Danach haben die Mitgliedstaaten der EU sowie die Vertragsstaaten des EWR bei Eingang einer Mitteilung von Änderungen in Bezug auf den Namen, den Sitz, die Eintragungsnummer im Register, die Rechtsform sowie die in Art. 14 lit. d und f GesR-RL bezeichneten Urkunden und Informationen einer Kapitalgesellschaft, die dem Recht eines anderen Mitgliedstaats der EU oder eines anderen Vertragsstaaten des EWR unterliegt und die über eine Zweigniederlassung im Inland verfügt, den Eingang der Mitteilung zu bestätigen und dafür zu sorgen, dass die entsprechenden Urkunden und Informationen unverzüglich aktualisiert werden.

11 **b) Bedeutung der Unterscheidung zwischen Gesellschaften aus anderen Mitgliedstaaten und Gesellschaften aus Drittstaaten.** Die Vorgaben der GesR-RL betreffend Zweigniederlassungen sind auf zwei Abschnitte verteilt, nämlich die Art. 28a–35 GesR-RL einerseits und die Art. 36–39 GesR-RL andererseits. Erstere gelten nur für Zweigniederlassungen von Gesellschaften aus anderen Mitgliedstaaten, letztere nur für Zweigniederlassungen von Gesellschaften aus Drittstaaten. Diese Unterscheidung ist insoweit von Bedeutung, als die **Art. 28a–35 GesR-RL maximalharmonisierende Vorgaben** sind mit der Folge, dass die Mitgliedstaaten diese ausschöpfen, aber nicht überschreiten dürfen.[7] Daher wären nach der GesR-RL nicht erforderliche Publizitätsanforderungen, wie zB die Ausweisung als „formal ausländische Gesellschaft" (sprich: Briefkastengesellschaft), unionsrechtswidrig.[8]

12 **3. Normentwicklung.** Die Vorschrift wurde durch Art. 1 Nr. 2 iVm Art. 7 Abs. 1 Gesetz zur Durchführung der Elften gesellschaftsrechtlichen Richtlinie vom 22.7.1993 (BGBl. 1993 I 1282) mWv **1.11.1993** eingefügt.

13 Durch Art. 2 iVm Art. 7 S. 1 Gesetz zur Anpassung des EWR-Ausführungsgesetzes vom 27.9.1993 (BGBl. 1993 I 1666) und die Bekanntmachung über das Inkrafttreten des EWR-Ausführungsgesetzes sowie des Anpassungsgesetzes zum EWR-Ausführungsgesetz vom 16.12.1993 (BGBl. 1993 I 2436) wurde Abs. 2 S. 2 Nr. 4 aF – gegenwärtig Abs. 2 S. 5 Nr. 4 (→ Rn. 56) – mWv **1.1.1994** um die Vertragsstaaten des EWR erweitert.

14 Durch Art. 40 Nr. 1 EGInsO iVm Art. 110 Abs. 1 EGInsO wurde Abs. 4 (→ Rn. 69 ff.) mWv **1.1.1999** aufgrund der Aufhebung der Konkursordnung (Art. 2 Nr. 4 EGInsO) und des Inkrafttretens der InsO (§ 335 InsO iVm Art. 110 Abs. 1 EGInsO) terminologisch angepasst.

15 Durch Art. 1 Nr. 4–7 EHUG iVm Art. 13 Abs. 2 Hs. 1 **EHUG** wurden mWv **1.1.2007** lediglich die §§ 13a–13c aufgehoben sowie die §§ 13d, 13f und § 13g geändert (→ § 13f Rn. 10, → § 13g Rn. 8). Die Umstellung auf das elektronische Handelsregister gebot keine Änderung der Abs. 1–5 aF.

16 Durch Art. 3 Nr. 3 MoMiG iVm Art. 25 **MoMiG** wurden mWv **1.11.2008** Abs. 2 S. 2 (→ Rn. 31 ff.), Abs. 2 S. 3 (→ Rn. 38 ff.), Abs. 2 S. 5 Nr. 4 (→ Rn. 56), Abs. 3 S. 1 (→ Rn. 57) und Abs. 4 (→ Rn. 69 ff.) geändert, Abs. 2 um S. 4 (→ Rn. 43 ff.) und Abs. 3 um S. 2 (→ Rn. 58 ff.) erweitert sowie Abs. 3a (→ Rn. 67 f.) eingefügt. Dadurch wurde zum einen das registergerichtliche Prüfungsverfahren entlastet, als das Erfordernis, bei Genehmigungsbedürftigkeit des Unternehmensgegenstandes die Genehmigungsurkunde im Registerverfahren vorzulegen (§ 8

[5] Begr. RegE, BT-Drs. 18/2137, 12.
[6] Begr. RegE DiRUG, BT-Drs. 19/28177, 98.
[7] EuGH 30.9.2003, NJW 2003, 3331 (3333) – Inspire Art; Habersack/Verse EuGesR § 5 Rn. 74; Kindler NZG 2003, 1086 (1087); Seibert GmbHR 1992, 738.
[8] EuGH 30.9.2003, NJW 2003, 3331 (3333) – Inspire Art.

Abs. 1 Nr. 6 GmbHG aF, § 37 Abs. 4 Nr. 5 AktG aF), entfiel. Zum anderen wurde zur Bekämpfung von Missbräuchen das Erfordernis begründet, in die Anmeldung der Errichtung einer Zweigniederlassung eine inländische Geschäftsanschrift aufzunehmen (Abs. 2 S. 2; → Rn. 31 ff.), um den Empfang von Willenserklärungen sowie die förmliche Zustellung von Schriftstücken zu erleichtern (Abs. 3a; → Rn. 67 f.). Schließlich wurden die Disqualifikationstatbestände für Mitglieder der Vertretungsorgane der AG und der GmbH (§ 76 Abs. 3 S. 2, 3 AktG, § 6 Abs. 2 S. 2, 3 GmbHG) auf die Vertretungsorgane von Gesellschaften aus Drittländern erstreckt (Abs. 3 S. 2; → Rn. 58 ff.).

Durch Art. 1 Nr. 2 iVm Art. 3 Gesetz zur Umsetzung der Richtlinie 2012/17/EU in Bezug auf die Verknüpfung von Zentral-, Handels- und Gesellschaftsregistern in der Europäischen Union vom 22.12.2014 (BGBl. 2014 I 2409) wurde mWv **31.12.2014** Abs. 6 (→ Rn. 77) angefügt. Diese Regelung setzt die Vorgaben aus **Art. 20, 34 Abs. 2 GesR-RL** (vor dem 20.7.2017: Art. 5a RL 89/666/EWG und Art. 3d RL 2009/101/EG) um (→ Rn. 9).[9] 17

Durch Art. 1 Nr. 10 lit. a, b DiRUG iVm Art. 31 Abs. 1 **DiRUG** wurden mWv **1.8.2022** Abs. 3 S. 2 (→ Rn. 58 ff.) neugefasst und Abs. 7 (→ Rn. 78 f.) angefügt. Die Neufassung von Abs. 3 S. 2 erfolgte in Ansehung der Vorgabe des Art. 13i GesR-RL, der durch Art. 1 Nr. 5 RL (EU) 2019/1151 iVm Art. 4 RL (EU) 2019/1151 mit einer Umsetzungsfrist bis zum 1.8.2021 (Art. 2 Abs. 1 S. 1 RL (EU) 2019/1151) mWv 31.7.2019 in die GesR-RL eingefügt wurde.[10] Die Einführung von Abs. 7 dient der Umsetzung von Art. 30a UAbs. 2 GesR-RL (→ Rn. 10). 18

II. Inländische Zweigniederlassung einer AG oder GmbH mit Sitz im Ausland (Abs. 1)

1. Kapitalgesellschaft mit Sitz im Ausland. a) Verengung des personellen Anwendungsbereichs gegenüber § 13d. Die Regelungen in den Abs. 2–7 enthalten ausweislich des Wortlauts von Abs. 1 („ergänzend zu § 13d") ergänzende Regelungen zu § 13d, jedoch nicht für inländische Zweigniederlassungen (→ § 13d Rn. 8) sämtlicher Unternehmensträger, deren Hauptniederlassung oder Sitz sich im Ausland befindet (→ § 13d Rn. 9 ff.), sondern nur für Zweigniederlassungen von Aktiengesellschaften und Gesellschaften mit beschränkter Haftung mit Sitz im Ausland. 19

b) Rechtliche Existenz der Kapitalgesellschaft. Befindet der Sitz der Kapitalgesellschaft sich in einem **anderen Mitgliedstaat der EU** oder einem **anderen Vertragsstaat des EWR,** ist die rechtliche Existenz der Gesellschaft aufgrund der Niederlassungsfreiheit gem. Art. 49 Abs. 1 AEUV iVm Art. 54 Abs. 1 AEUV anzuerkennen, wenn sie nach dem Recht ihres Heimatstaates wirksam gegründet wurde und fortbesteht (→ § 13d Rn. 18 ff.).[11] Hat diese Gesellschaft eine Niederlassung im Inland, handelt es sich rechtlich um eine Zweigniederlassung, und zwar auch dann, wenn die Gesellschaft ihre Geschäfte ausschließlich über die inländische Niederlassung tätigt (→ § 13d Rn. 20). 20

Bei Kapitalgesellschaften aus **Drittländern** muss deren Existenz für das registergerichtliche Verfahren positiv festgestellt werden (→ § 13d Rn. 15 ff.), es sei denn, dass sie aus Rechtsgründen, insbesondere aufgrund eines völkerrechtlichen Vertrags, ohne nähere Prüfung anzuerkennen ist (→ § 13d Rn. 22). 21

2. Qualifizierung der Gesellschaftsform. a) Maßgebliche deutsche Gesellschaftsformen. Die besonderen Regelungen der Abs. 2–7 gelten gem. Abs. 1 nur für Aktiengesellschaften und Gesellschaften mit beschränkter Haftung mit Sitz im Ausland. In Anbetracht der Tatsache, dass die Satzung einer **AG** und der Gesellschaftsvertrag einer **GmbH** nur einen Ort im Inland als Sitz bestimmen können (§ 5 AktG, § 4a GmbHG), ist Abs. 1 dahingehend auszulegen, dass die Rechtsform der ausländischen Gesellschaft einer derjenigen einer AG oder GmbH deutschen Rechts vergleichbar sein muss.[12] 22

Die besonderen Regelungen der Abs. 2–7 gelten über den Wortlaut von Abs. 1 hinaus auch für ausländische Gesellschaften, deren Rechtsform zwar nicht mit der einer AG deutschen Rechts (→ Rn. 22), aber mit einer **KGaA** deutschen Rechts vergleichbar sind.[13] Diese Auslegung liegt 23

---

[9] Begr. RegE, BT-Drs. 18/2137, 12.

[10] Begr. RegE DiRUG, BT-Drs. 19/28177, 98.

[11] EuGH 9.3.1999, NJW 1999, 2027 (2028) – Centros; 5.11.2002, NJW 2002, 3614 f. – Überseering; 30.9.2003, NJW 2003, 3331 (3333) – Inspire Art; BGH 13.3.2003, NJW 2003, 1461; GK-HGB/Achilles/Haase § 13d Rn. 5; Altmeppen NJW 2004, 97 (99); Forsthoff DB 2002, 2471 (2474); Großerichter DStR 2003, 159 (165 ff.); MüKoHGB/Krafka § 13d Rn. 7; zur Private Company Limited by guarantee Heckschen/Strnad GmbHR 2016, 469 (474).

[12] MüKoHGB/Krafka Rn. 5.

[13] Kindler NJW 1993, 3301 (3303); MüKoHGB/Krafka Rn. 4; Hopt/Merkt Rn. 1; **aA** Begr. RegE, BT-Drs. 12/3908, 15.

zum einen deshalb nahe, weil die KGaA mit Sitz im Ausland in § 13f Abs. 7 der AG mit Sitz im Ausland gleichgestellt wird (→ § 13f Rn. 14).[14] Zum anderen ist sie unionsrechtlich geboten, da die KGaA im Anh. II GesR-RL genannt ist.

24 **b) Zuordnung ausländischer Gesellschaftsformen.** Die Gesellschaft mit Sitz im Ausland muss anhand eines Vergleichs ihrer Rechtsform mit der einer AG, GmbH oder KGaA (→ Rn. 23) einer dieser inländischen Gesellschaftsformen zugeordnet werden (→ Rn. 22). Die Zuordnung von Kapitalgesellschaften aus einem anderen Mitgliedstaat der EU erfolgt anhand des Anh. II GesR-RL.[15] Bei Kapitalgesellschaften mit Sitz in einem Drittland genügt wegen Art. 36 GesR-RL die Vergleichbarkeit mit einer Gesellschaftsform eines Mitgliedstaats der EU.[16] Die erforderliche rechtsvergleichende Qualifizierung orientiert sich an den typenbestimmenden Merkmalen der Kapitalgesellschaft (→ § 13d Rn. 29). Eine vollständige Entsprechung ist hierfür nicht erforderlich.[17]

III. Besonderheiten bei der Anmeldung der Errichtung einer Zweigniederlassung (Abs. 2)

25 **1. Anmeldepflichtige (Abs. 2 S. 1). a) Organschaftliche Vertretung. aa) Allgemeines.** Die Errichtung einer Zweigniederlassung einer AG mit Sitz im Ausland ist gem. Abs. 2 S. 1 durch den Vorstand, die Errichtung einer Zweigniederlassung einer GmbH mit Sitz im Ausland durch die Geschäftsführer zur Eintragung in das Handelsregister anzumelden. Die dem deutschen Recht entlehnten Begriffe **Vorstand** und **Geschäftsführer** sind **funktional adäquat** dahingehend auszulegen, dass sie das Organ der ausländischen Kapitalgesellschaft bezeichnen, das zu der gerichtlichen Vertretung der Gesellschaft befugt ist.[18] Bei einer KGaA mit Sitz im Ausland (→ Rn. 23) treten an die Stelle des Vorstands die **persönlich haftenden Gesellschafter.**

26 An der Anmeldung der Errichtung einer Zweigniederlassung müssen grundsätzlich nicht sämtliche Mitglieder des Vorstands, Geschäftsführer oder persönlich haftenden Gesellschafter mitwirken. Erforderlich, aber auch ausreichend ist grundsätzlich ein Handeln der Personen **in vertretungsberechtigter Zahl.**[19] Dies gilt auch dann, wenn weitere Personen in der Anmeldung eine Versicherung gem. § 37 Abs. 2 S. 1 AktG iVm § 13f Abs. 2 S. 2 und ggf. Abs. 7 bzw. gem. § 8 Abs. 3 S. 1 GmbHG iVm § 37g Abs. 2 S. 2 abgeben müssen (→ Rn. 28).[20] Daher ist einzelfallbezogen zu prüfen, ob die Mitglieder des Vorstands, Geschäftsführer oder persönlich haftenden Gesellschafter nur gemeinsam zur Vertretung der Gesellschaft befugt sind oder die Vertretungsbefugnis einzelnen Organmitgliedern zusteht.[21] Insoweit besteht kein Unterschied zu Anmeldungen, welche die Errichtung einer Zweigniederlassung eines inländischen Unternehmensträgers betreffen (→ § 13 Rn. 45).

27 **bb) Nachweise der Vertretungsbefugnis.** In dem registergerichtlichen Verfahren muss gem. § 37 Abs. 3 Nr. 2 AktG iVm § 13f Abs. 2 S. 2 (→ § 13f Rn. 21 ff.) und ggf. § 13f Abs. 7 bzw. § 8 Abs. 1 Nr. 2 GmbHG iVm § 13g Abs. 2 S. 2 (→ § 13g Rn. 17) die Legitimation des Vorstands bzw. seiner Mitglieder, der Geschäftsführer oder der persönlich haftenden Gesellschafter (→ Rn. 25) nachgewiesen werden. Ergibt die Bestellung des Vertretungsorgans sich nicht aus der gem. § 13f Abs. 2 S. 1 ggf. iVm Abs. 7 einzureichenden Satzung (→ § 13f Rn. 16 ff.) bzw. aus dem gem. § 13g Abs. 2 S. 1 einzureichenden Gesellschaftsvertrag (→ § 13g Rn. 13 ff.), müssen der Anmeldung Dokumente beigefügt werden, aus denen sich die Legitimation der Anmeldenden ergibt.[22] Hierfür genügt eine **Vertretungsbescheinigung durch einen ausländischen Notar,** die auf sämtlichen Dokumenten basiert, die zum Nachweis der Vertretungsbefugnis erforderlich sind.[23] Bei einer briti-

[14] MüKoHGB/Krafka Rn. 4.

[15] KG 18.11.2003, NZG 2004, 49 (50); Staub/Koch/Harnos Rn. 6; MüKoHGB/Krafka Rn. 5; RGHMW/Ries Rn. 2; KKD/Roth/Stelmaszczyk Rn. 2; s. auch OLG Dresden 25.1.2016, GmbHR 2016, 484 (485) zur Private Company Limited by guarantee.

[16] RGHMW/Ries Rn. 3; KKD/Roth/Stelmaszczyk Rn. 2.

[17] Ebenroth/Boujong/Pentz Rn. 8.

[18] KG 18.11.2003, NZG 2004, 49 (50); GK-HGB/Achilles/Haase § 13d Rn. 11; Staub/Koch/Harnos § 13e Rn. 17; Ebenroth/Boujong/Pentz Rn. 18; Henssler/Strohn/Wamser Rn. 2.

[19] KG 18.11.2003, NZG 2004, 49 (50); GK-HGB/Achilles/Haase § 13d Rn. 11; Krause NotBZ 1998, 171 (173); Hopt/Merkt Rn. 2; Mödl RNotZ 2008, 1 (3); Ebenroth/Boujong/Pentz Rn. 19; BeckOGK/Weiß, 1.9.2025, Rn. 30.

[20] MüKoHGB/Krafka Rn. 9; Ebenroth/Boujong/Pentz Rn. 19.

[21] Ebenroth/Boujong/Pentz Rn. 18.

[22] OLG Dresden 21.5.2007, NZG 2008, 265 (266); OLG Hamm 21.7.2006, FGPrax 2006, 276 (277); KG 18.11.2003, NZG 2004, 49 (50); Staub/Koch/Harnos § 13d Rn. 70; Krafka RegisterR Rn. 321.

[23] OLG Düsseldorf 19.7.2019, FGPrax 2019, 259 (260); s. auch OLG Schleswig 1.2.2012, NJW-RR 2012, 1063 (1064).

schen Limited sind dies das Register, das Memorandum, die Articles of Association sowie das Protokollbuch der Gesellschaft.[24] Eine Registerauskunft und entsprechend eine Notarbescheinigung nach § 21 Abs. 1 Nr. 1 BNotO genügt nur dann, wenn das ausländische Register hinreichend zuverlässig über die Vertretungsverhältnisse Auskunft gibt.[25] Keine Auskunft über den Umfang der Vertretungsbefugnisse gibt zB die Registrierung einer englischen Limited im Companies House.[26]

cc) Versicherungen. Erfolgt die Anmeldung der Errichtung einer Zweigniederlassung für eine AG, GmbH oder KGaA (→ Rn. 22 f.), die weder dem Recht eines anderen Mitgliedstaates der EU noch dem eines anderen Vertragsstaates des EWR unterliegt, haben die Mitglieder des Vorstands, die Geschäftsführer bzw. die persönlich haftenden Gesellschafter gem. § 37 Abs. 2 S. 1 AktG iVm § 13f Abs. 2 S. 2 und ggf. § 13f Abs. 7 bzw. gem. § 8 Abs. 3 S. 1 GmbHG iVm § 37g Abs. 2 S. 2 in der Anmeldung zu versichern, dass keine Umstände vorliegen, die ihrer Bestellung nach § 76 Abs. 3 S. 2 Nr. 2, 3, S. 3, 4 AktG bzw. § 6 Abs. 2 S. 2 Nr. 2, 3, S. 3, 4 GmbHG entgegenstehen, und dass sie über ihre unbeschränkte Auskunftspflicht gegenüber dem Gericht gem. § 53 Abs. 2 BZRG belehrt worden sind (→ § 13f Rn. 33 f., → § 13g Rn. 26 f.). Diese Versicherungen – es handelt sich um Wissenserklärungen – müssen nicht nur von den an der Anmeldung mitwirkenden Vertretern der Gesellschaft abgegeben werden, sondern – im Unterschied zu der Anmeldungserklärung (→ Rn. 26) – von sämtlichen Mitgliedern des Vorstands, sämtlichen Geschäftsführern und sämtlichen persönlich haftenden Gesellschaftern (→ Rn. 58 ff.).[27] Solange die Versicherung einer Person fehlt, darf die Errichtung der Zweigniederlassung nicht in das Handelsregister eingetragen werden (→ Rn. 66). Falsche Angaben sind – im Unterschied zu dem unmittelbaren Anwendungsbereich von § 37 Abs. 2 S. 1 AktG und § 8 Abs. 3 S. 1 GmbHG – nicht strafbewehrt;[28] das HGB enthält keine § 399 Abs. 1 Nr. 6 AktG und § 82 Abs. 1 Nr. 5 GmbHG vergleichbaren Regelungen. 28

b) Rechtsgeschäftliche Vertretung. Entgegen dem missverständlichen Wortlaut von Abs. 2 S. 1 („ist") kann die Anmeldung der Errichtung einer Zweigniederlassung nicht nur durch den Vorstand einer AG, die Geschäftsführer einer GmbH oder die persönlich haftenden Gesellschafter einer KGaA mit Sitz im Ausland erfolgen (→ Rn. 25 ff.), sondern auch durch gewillkürte Vertreter, die nach dem Heimatrecht der ausländischen Gesellschaft vergleichbare Registeranmeldungen vornehmen dürfen.[29] Insoweit werden ausländische Unternehmensträger, die eine inländische Zweigniederlassung anmelden, nicht anders behandelt als inländische Unternehmensträger (→ § 12 Rn. 37 ff., → § 13 Rn. 48). Für den Nachweis der Vertretungsmacht gilt deutsches Verfahrensrecht mit der Folge, dass gem. § 12 Abs. 1 S. 3 mindestens die öffentlich beglaubigte Form erforderlich ist (→ § 12 Rn. 46 ff.). 29

Allein die Tatsache, dass jemand in der Anmeldung als **ständiger Vertreter** für die Tätigkeit der Zweigniederlassung iSd Abs. 2 S. 5 Nr. 3 (→ Rn. 50 ff.) benannt ist, genügt als Nachweis der Vertretungsmacht für die Anmeldung der Errichtung der Zweigniederlassung nicht.[30] Erforderlich ist vielmehr der Nachweis einer Vollmacht,[31] die nach dem Heimatrecht der Gesellschaft mit Sitz im Ausland vergleichbare Handlungen des Bevollmächtigten zulässt.[32] 30

2. Nachweis über das Bestehen der Gesellschaft (Abs. 2 S. 2). a) Bestehen der Gesellschaft als solcher. Bei der Anmeldung ist gem. Abs. 2 S. 2 das Bestehen der Gesellschaft als solcher nachzuweisen. Die Beantwortung der Frage, ob eine ausländische Gesellschaft als solche existiert, 31

---

[24] OLG Nürnberg 25.3.2014, DNotZ 2014, 626 (630); KG 20.4.2010, DNotZ 2012, 604 (606).

[25] OLG Schleswig 16.5.2022, FGPrax 2022, 154 (155), bejaht für Register der niederländischen Handelskammer; OLG Nürnberg 25.3.2014, DNotZ 2014, 626 (628); KG 18.10.2012, FGPrax 2013, 10 (11), bejaht für italienisches Unternehmensregiste); OLG Brandenburg 19.1.2011, MittBayNot 2011, 222 (223); KG 20.4.2010, DNotZ 2012, 604 (606); OLG Schleswig13.12.2007, DNotZ 2008, 709 (710), bejaht für schwedisches Handelsregister, jeweils zu § 28 GBO; Staub/Koch/Harnos 13d Rn. 70; Niesse NotBZ 2015, 368 (370).

[26] OLG Köln 25.9.2012, FGPrax 2013, 18 (19); KG 20.4.2010, DNotZ 2012, 604 (606), jeweils zum Grundbuchverfahren; OLG Düsseldorf 7.8.2019, FGPrax 2019, 261; OLG Nürnberg 25.3.2014, DNotZ 2014, 626 (630); Staub/Koch/Harnos § 13d Rn. 70; Niesse NotBZ 2015, 368 (371); Süß DNotZ 2005, 180 (183); Wachter DB 2004, 2795 (2800); **aA** Herchen RIW 2005, 529 (530).

[27] Ebenroth/Boujong/Pentz § 13f Rn. 8; Ebenroth/Boujong/Pentz § 13g Rn. 8; krit. BeckOGK/Weiß, 1.9.2025, Rn. 58; **aA** Wachter GmbHR-Sonderheft 10/2008, 80 (84): nur von den Organen, die die Zweigniederlassung anmelden.

[28] Ebenroth/Boujong/Pentz § 13f Rn. 8; Ebenroth/Boujong/Pentz § 13g Rn. 8.

[29] Ebenroth/Boujong/Pentz Rn. 20; RGHMW/Ries Rn. 5.

[30] GK-HGB/Achilles/Haase § 13d Rn. 11; MüKoHGB/Krafka § 13d Rn. 27; Staub/Koch/Harnos Rn. 17; Hopt/Merkt Rn. 2; **aA** SLM/Schmidt-Kessel Rn. 92.

[31] Krafka RegisterR Rn. 314; s. auch OLG München 10.8.2011, NZG 2011, 1072 (1073).

[32] OLG München 10.8.2011, NZG 2011, 1072 (1073).

beginnt mit der Ermittlung des **Gesellschaftsstatuts,** dem der Unternehmensträger unterliegt.[33] Hierfür wendet die Rechtsprechung in Ermangelung einer Kodifikation des Internationalen Gesellschaftsrechts die sog. **Sitztheorie** an (→ § 13d Rn. 16 f.),[34] es sei denn, dass aus Rechtsgründen – sei es die Niederlassungsfreiheit gem. Art. 49 Abs. 1 AEUV iVm Art. 54 AEUV (→ Rn. 32), sei es ein völkerrechtlicher Vertrag (→ Rn. 33) – das Heimatrecht der Gesellschaft maßgeblich ist. Die Anwendung der Sitztheorie hat zur Folge, dass die Gesellschaft das Gericht davon zum einen überzeugen muss, dass sie an dem Ort, nach dessen Recht sie bestehen soll, den tatsächlichen Verwaltungssitz hat, und zum anderen davon, dass sie nach dem Recht dieses Staates als Gesellschaft einer bestimmten Rechtsform ordnungsgemäß gegründet wurde und nach wie vor besteht.[35]

32 Bei Gesellschaften, die dem Recht eines **anderen Mitgliedstaates der EU** oder eines **anderen Vertragsstaates des EWR** unterliegen, verpflichtet die Niederlassungsfreiheit gem. Art. 54 Abs. 1 AEUV iVm Art. 49 Abs. 1 AEUV die Mitgliedstaaten dazu, die rechtliche Existenz als Gesellschaft der jeweiligen Rechtsordnung zu achten, wenn sie nach den Rechtsvorschriften eines anderen Mitglied- oder Vertragsstaates gegründet wurde (sog. Gründungstheorie). Ein Nachweis des tatsächlichen Verwaltungssitzes im Bereich dieser Rechtsordnung darf nicht verlangt werden (→ § 13d Rn. 18 ff.).

33 Gesellschaften, die nach dem **Recht eines US-Bundesstaates** gegründet wurden und deren rechtliche Existenz in den USA anerkannt wird, sind auf der Grundlage des deutsch-amerikanischen Freundschafts-, Schiffahrts- und Handelsvertrags (FrHSchV D-USA) vom 29.10.1954 (BGBl. 1956 II 487) grundsätzlich auch in Deutschland als bestehend anzuerkennen (→ § 13d Rn. 22) mit der Folge, dass kein Nachweis für den ausländischen Verwaltungssitz (→ Rn. 31) verlangt werden darf. Ob Vergleichbares für Gesellschaften aus **Großbritannien** gilt, wie unter Berufung auf das HandelsAbk EU/UK[36] verbreitet angenommen wird,[37] erscheint deshalb zweifelhaft, weil das HandelsAbk EU/UK weder die Niederlassungsfreiheit gewährleistet noch anderweitig die Anerkennung von Gesellschaften nach dem Gründungsstatut vorsieht (→ § 13d Rn. 23).[38]

34 **b) Nachweis.** Gemäß Abs. 2 S. 2 obliegt es prinzipiell dem Anmeldenden, das Bestehen der Gesellschaft als solche nachzuweisen. Wie der Nachweis der Gründung und der Existenz nach dem Gründungsrecht einer Gesellschaft zu führen ist, richtet sich nach ihrem Heimatrecht.[39] Im Unterschied dazu entscheidet das deutsche Recht als lex fori darüber, ob der Nachweis in dem Registerverfahren erbracht ist.[40] Daher unterliegen die dem Registergericht als Nachweis für das Bestehen des Unternehmensträgers vorgelegten Beweismittel der **freien richterlichen Beweiswürdigung.**[41] An ausländische Registereintragungen oder andere Entscheidungen ausländischer Stellen ist das Registergericht grundsätzlich nicht gebunden.[42] Anderes gilt ausnahmsweise, wenn die Registereintragung oder Entscheidung konstitutiv wirkt.[43] Außerdem kann das Registergericht im Rahmen der Ermittlung von Amts wegen (§ 26 FamFG) gem. § 38b HRV Urkunden und Informationen zu der Gesellschaft durch den Informationsaustausch über die zentrale Europäische Plattform gem. § 9b Abs. 2 abrufen und überprüfen.

35 Vor dem Brexit war in der Registerpraxis vor allem die Anmeldung von Zweigniederlassungen einer private company limited by shares **(„Limited")** verbreitet. Deren Bestehen kann nicht allein mit Unterlagen zu der Gründung nachgewiesen werden, weil diese den Fortbestand der Gesellschaft als solche nicht belegen.[44]

---

[33] Statt vieler BGH 11.7.1957, BGHZ 25, 134 (144) = NJW 1957, 1433.

[34] BGH 8.10.2009, ZIP 2009, 2383; 27.10.2008, BGHZ 178, 192 = NJW 2009, 289; 1.7.2002, BGHZ 151, 204 (206) = NJW 2002, 3539; 21.3.1986, BGHZ 97, 269 (271) = NJW 1986, 2194; OLG München 5.8.2021, NZG 2021, 1518 (1519); ausf. MüKoBGB/Kindler IntGesR Rn. 423 ff. mwN.

[35] Zu verschiedenen Möglichkeiten des Existenznachweises s. Bönner RNotZ 2015, 253 (265); zum Existenznachweis bei englischen Gesellschaften Niesse NotBZ 2015, 368 (372); zum Nachweis der Existenz einer US-amerikanischen Gesellschaft OLG Köln 1.2.2013, FGPrax 2013, 74 (75) mwN.

[36] EU-UK Trade and Cooperation Agreement, ABl. 2021 L 149, Teil II.

[37] Fischer NZG 2021, 483 (484); Fischer NZG 2021, 1497 (1499); J. Schmidt GmbHR 2021, 229 (231 ff.); J. Schmidt EuZW 2021, 613 (615 ff.); Zwirlein-Forschner IPrax 2021, 357 (361).

[38] Knaier GmbHR 2021, 488 (491); Schollmeyer NZG 2021, 692 (694); s. auch OLG Celle 5.3.2023, NZG 2023, 23; OLG München 5.8.2021, NZG 2021, 1518 (1519); Heckschen/Strnad GWR 2021, 215 (221).

[39] SLM/Schmidt-Kessel Rn. 34.

[40] OLG Hamm 21.7.2006, FGPrax 2006, 276 (277); Ebenroth/Boujong/Pentz Rn. 24; SLM/Schmidt-Kessel Rn. 34.

[41] GK-HGB/Achilles/Haase § 13d Rn. 15; Staub/Koch/Harnos § 13d Rn. 65.

[42] GK-HGB/Achilles/Haase § 13d Rn. 15.

[43] GK-HGB/Achilles/Haase § 13d Rn. 15.

[44] OLG Köln 1.2.2013, NZG 2013, 754.

Für die Umstände, die dem ausländischen Register unmittelbar entnommen werden können, wird auch die **Bescheinigung eines deutschen Notars nach § 21 Abs. 1 S. 1 Nr. 2 BNotO,** die auf der Einsichtnahme in das ausländische Register beruht, als tauglicher Nachweis anerkannt.[45] Allerdings muss das Register insofern aussagekräftig sein. Unzureichend sind insbesondere Eintragungen, die ohne Prüfung der Anmeldung auf materielle Richtigkeit vorgenommen werden.[46] Unter derselben Voraussetzung genügen auch Bescheinigungen ausländischer Notare.[47] Ungenügend sind hingegen notarielle Erklärungen und notariell beglaubigte Erklärungen, die keine tatsächlichen Feststellungen enthalten.[48] 36

c) Kein Nachweis der Genehmigung des Unternehmensgegenstandes. Bis zum 31.10.2008 war neben dem Bestehen der Gesellschaft (→ Rn. 31 ff.) gem. Abs. 2 S. 2 aF die staatliche Genehmigung nachzuweisen, wenn der Gegenstand des Unternehmens oder die Zulassung zum Gewerbebetrieb im Inland einer Genehmigung bedurfte. Diese Nachweispflicht ist – ebenso wie in § 37 Abs. 4 Nr. 5 AktG und § 8 Abs. 1 Nr. 6 GmbHG – durch Art. 3 Nr. 3 lit. a Doppelbuchst. aa MoMiG iVm Art. 25 MoMiG mWv 1.11.2008 ersatzlos entfallen, um die Eintragung der Errichtung einer Zweigniederlassung in diesen Fällen zu erleichtern und zu beschleunigen.[49] 37

3. Inländische Geschäftsanschrift, Gegenstand der Gesellschaft (Abs. 2 S. 3). a) Inländische Geschäftsanschrift. Die Anmeldung der Errichtung einer Zweigniederlassung einer AG, KGaA oder GmbH (→ Rn. 22 f.) mit Sitz im Ausland muss gem. Abs. 2 S. 3 eine inländische Geschäftsanschrift der Zweigniederlassung enthalten. Anzugeben ist die Adresse der Geschäftsräume,[50] kein bloßes Postfach.[51] Die inländische Geschäftsanschrift der Zweigniederlassung wird gem. § 13d Abs. 2 in das Handelsregister eingetragen (→ § 13d Rn. 53 ff.), um den Zugang von Willenserklärungen und Zustellungen, einschließlich der öffentlichen Zustellung gem. § 15a S. 1 (→ § 15a Rn. 4 ff.), bei Gesellschaften mit Sitz im Ausland zu erleichtern.[52] 38

Die Pflicht des Abs. 2 S. 2, die inländische Geschäftsanschrift einer Zweigniederlassung einer AG, KGaA oder GmbH mit Sitz im Ausland zur Eintragung in das Handelsregister anzumelden (→ Rn. 38), gilt gem. **Art. 65 S. 1 EGHGB** grundsätzlich auch für Zweigniederlassungen, die vor der Einführung dieser Pflicht mWv 1.11.2008 (→ Rn. 16) bereits in das Handelsregister eingetragen sind. In diesen Fällen ist die inländische Geschäftsanschrift mit der ersten den Unternehmensträger betreffenden Anmeldungen zum Handelsregister ab dem 1.11.2008, spätestens aber bis zum 31.10.2009 anzumelden. Diese die bestehende Eintragung ergänzende Anmeldepflicht gilt ausnahmsweise nicht, wenn die inländische Geschäftsanschrift dem Gericht bereits gem. § 24 Abs. 3 HRV mitgeteilt worden ist und sich anschließend nicht geändert hat. Ist bis zum 1.11.2009 keine Anmeldung erfolgt, hat das Registergericht gem. Art. 65 S. 3 Hs. 1 EGHGB von Amts wegen und ohne Überprüfung kostenfrei die ihm nach § 24 Abs. 3 HRV bekannte inländische Anschrift als Geschäftsanschrift der Zweigniederlassung in das Handelsregister einzutragen. Ist dem Registergericht keine Mitteilung iSd § 24 Abs. 3 HRV gemacht worden, ist ihm aber in sonstiger Weise eine inländische Geschäftsanschrift bekannt geworden, oder weicht die bekanntgewordene Anschrift von einer früher nach § 24 Abs. 3 HRV mitgeteilten Anschrift ab, ist diese Anschrift gem. Art. 65 S. 4 bzw. S. 5 EGHGB einzutragen, wenn sie im elektronischen Informations- und Kommunikationssystem nach § 9 Abs. 1 abrufbar ist. 39

b) Gegenstand der Zweigniederlassung. Die Anmeldung der Errichtung einer Zweigniederlassung einer AG, KGaA oder GmbH (→ Rn. 22 f.) mit Sitz im Ausland muss gem. Abs. 2 S. 3 – neben einer inländischen Geschäftsanschrift der Zweigniederlassung (→ Rn. 38 f.) – den Gegenstand der Zweigniederlassung enthalten, also den Schwerpunkt der geschäftlichen Tätigkeit der Zweigniederlassung. Dieser ist in der Anmeldung derart bestimmt zu bezeichnen, dass er für die betreffenden Wirtschaftskreise erkennbar ist.[53] Da der Gegenstand der Zweigniederlassung nicht mit dem Unter- 40

[45] OLG Schleswig 13.12.2007, DNotZ 2008, 709 (710) (schwedisches Handelsregister) m. krit. Anm. Apfelbaum; Staub/Koch/Harnos § 13d Rn. 68; Krafka RegisterR Rn. 314.

[46] Blasche GWR 2012, 169 (171); Staub/Koch/Harnos § 13d Rn. 68 mwN; Niesse NotBZ 2015, 368 (371); Wachter ZNotP 2005, 122 (128); großzügiger im Hinblick auf Register der Vertragsstaaten des EWR SLM/Schmidt-Kessel Rn. 39.

[47] Fleischhauer/Wochner HandelsregisterR/Solveen Teil N Rn. 9 Anm. 12; s. auch LG Wiesbaden 8.6.2005, GmbHR 2005, 1134 f.; Ries AnwBl 2005, 53 (54); Wachter ZNotP 2005, 122 (127 f.).

[48] OLG Hamm 21.7.2006, FGPrax 2006, 276 (277) = ZIP 2006, 1947 (1949).

[49] Begr. RegE MoMiG, BT-Drs. 16/6140, 34 zu § 8 Abs. 1 Nr. 6 GmbHG aF.

[50] Ebenroth/Boujong/Pentz Rn. 27.

[51] Koch AktG Anh. § 45 HGB Rn. 5; Ebenroth/Boujong/Pentz Rn. 27.

[52] Begr. RegE MoMiG, BT-Drs. 16/6140, 50.

[53] OLG Schleswig 9.1.2008, FGPrax 2008, 217; OLG Düsseldorf 21.2.2006, NZG 2006, 317 (318); OLG Frankfurt 29.12.2005, NZG 2006, 515 (516), GK-HGB/Achilles/Haase Rn. 5; Krafka RegisterR Rn. 314; s. auch OLG Jena 9.9.2005, DNotZ 2006, 153 (154).

nehmensgegenstand der Gesellschaft (→ Rn. 41 f.) identisch sein muss,[54] sondern sich auf einen Ausschnitt beschränken kann,[55] findet eine registergerichtliche Prüfung, ob der Gegenstand der Zweigniederlassung dem Unternehmensgegenstand der Gesellschaft unterfällt, nicht statt.[56]

41 **c) Unternehmensgegenstand der Gesellschaft.** Von dem Gegenstand der Zweigniederlassung (→ Rn. 40) ist der Unternehmensgegenstand der Gesellschaft (§ 23 Abs. 3 Nr. 2 AktG, § 3 Abs. 1 Nr. 2 GmbHG), welche die Zweigniederlassung errichtet hat und unterhält, zu unterscheiden. Bei inländischen Zweigniederlassungen ist der Unternehmensgegenstand der Gesellschaft gem. § 39 Abs. 1 S. 1 AktG iVm § 13f Abs. 3 (→ § 13f Rn. 42 f.) und ggf. § 13f Abs. 7 bzw. § 10 Abs. 1 S. 1 GmbHG iVm § 13g Abs. 3 (→ § 13g Rn. 41 f.) in die Eintragung der Errichtung der Zweigniederlassung in das Handelsregister aufzunehmen. Dies gebietet es, den Unternehmensgegenstand der Gesellschaft in die Anmeldung aufzunehmen, obwohl er in Abs. 2 S. 3 nicht genannt ist.

42 Das Erfordernis, neben dem Gegenstand der Zweigniederlassung (→ Rn. 40) auch den Unternehmensgegenstand der Gesellschaft in die Anmeldung der Errichtung einer Zweigniederlassung einer AG, KGaA oder GmbH mit Sitz im Ausland aufnehmen zu müssen (→ Rn. 41), ist unionsrechtlich nicht zu beanstanden, insbesondere mit Art. 30 Abs. 1 lit. b GesR-RL vereinbar.[57] Diese Vorgabe ist nämlich nicht abschließend. Im Gegenteil, Art. 30 Abs. 2 lit. b GesR-RL erlaubt es dem Mitgliedstaat der Zweigniederlassung ausdrücklich, die Offenlegung des gesamten Errichtungsakts der Gesellschaft vorzuschreiben.[58]

43 **4. Inländischer Empfangsbevollmächtigter (Abs. 2 S. 4). a) Fakultative Angabe (Hs. 1).** Seit dem 1.11.2008 (Art. 3 Nr. 3 lit. a Doppelbuchst. cc MoMiG iVm Art. 25 MoMiG; → Rn. 16) kann gem. Abs. 2 S. 4 Hs. 1 eine Person, die für Willenserklärungen und Zustellungen an die Gesellschaft empfangsberechtigt ist, mit einer inländischen Anschrift zur Eintragung in das Handelsregister angemeldet werden. Da dem Bedürfnis des Rechtsverkehrs, die Vertretung der inländischen Zweigniederlassung postalisch zu erreichen, bereits dadurch genügt ist, dass die inländische Geschäftsanschrift der Zweigniederlassung in der Anmeldung anzugeben (Abs. 2 S. 3; → Rn. 38 ff.) und in das Handelsregister einzutragen ist (§ 13d Abs. 2; → § 13d Rn. 53 ff.), ist die Angabe eines inländischen Empfangsbevollmächtigten – im Unterschied zu den in Abs. 2 S. 2 (→ Rn. 31 ff.), Abs. 2 S. 3 (→ Rn. 38 ff.) und Abs. 2 S. 5 (→ Rn. 48 ff.) – **kein notwendiger Bestandteil einer ordnungsgemäßen Anmeldung,** sondern lediglich optional („kann"). Gleichwohl erscheint sie regelmäßig sinnvoll, um die Möglichkeit öffentlicher Zustellungen gem. § 15a S. 1 auszuschließen (→ § 15a Rn. 22 f.).[59]

44 Abs. 2 S. 4 Hs. 1 enthält keine Vorgaben bzw. Einschränkungen betreffend die **Person des Empfangsbevollmächtigten.** Empfangsbevollmächtigt und zur Eintragung in das Handelsregister angemeldet werden können daher zB Gesellschafter, einschließlich juristische Personen,[60] Geschäftsleiter, sogar unter ihrer Privatanschrift,[61] Aufsichtsratsmitglieder sowie Rechtsanwälte und Steuerberater.[62]

45 Der inländische Empfangsbevollmächtigte (→ Rn. 43 f.) ist von den Personen zu unterscheiden, die befugt sind, als **ständige Vertreter für die Tätigkeit der Zweigniederlassung** die Gesellschaft gerichtlich und außergerichtlich zu vertreten (Abs. 2 S. 5 Nr. 3; → Rn. 50 ff.). Während die ständigen Vertreter sowohl zur Aktiv- als auch zur Passivvertretung der Gesellschaft befugt sind, müssen die Empfangsbevollmächtigten nur zu dem **Empfang von Willenserklärungen**

[54] Bönner RNotZ 2015, 253 (262); aber zur Problematik einer ultra vires-Situation, die bei Gesellschaften auftreten kann, die nicht dem Recht eines EWR-Staates unterliegen, SLM/Schmidt-Kessel Rn. 47.

[55] OLG Hamm 21.7.2006, FGPrax 2006, 276 (277); OLG Düsseldorf 21.2.2006, NZG 2006, 317 (318); OLG Frankfurt 29.12.2005, NZG 2006, 515 (516); OLG Hamm 28.6.2005, NZG 2005, 930; OLG Jena 22.4.1999, GmbHR 1999, 822; Klose-Mokroß DStR 2005, 971 (974); Staub/Koch/Harnos Rn. 24; Ebenroth/Boujong/Pentz Rn. 27; Wachter GmbHR 2005, 1131 (1132); Wachter ZNotP 2005, 122 (136); Wachter GmbHR 2005, 99 (100).

[56] OLG Schleswig 9.1.2008, FGPrax 2008, 217; OLG Düsseldorf 21.2.2006, NZG 2006, 317 (318); OLG Hamm 28.6.2005, NZG 2005, 930; GK-HGB/Achilles/Haase Rn. 5; Kögel GmbHR 2006, 237 (238 f.); Krafka RegisterR Rn. 327; Ebenroth/Boujong/Pentz Rn. 27; **aA** LG Bielefeld 8.7.2004, GmbHR 2005, 98 (99).

[57] Staub/Koch/Harnos Rn. 24; J. Schmidt NZG 2006, 899 (900); Fleischhauer/Wochner HandelsregisterR/Solveen Teil N Rn. 9 Anm. 25; **aA** OLG Celle 1.12.2006, GmbHR 2007, 203 (204); OLG Frankfurt 29.12.2005, NZG 2006, 515 (516); s. auch OLG Hamm 28.6.2005, NZG 2005, 930; unklar Mödl RNotZ 2008, 1 (7).

[58] So die Argumentation des EuGH 1.6.2006 Slg. 2006, I-4929 = NJW 2006, 3195 (3196) – Innoventif Limited.

[59] Begr. RegE MoMiG, BT-Drs. 16/6140, 51.

[60] MüKoHGB/Krafka Rn. 14.

[61] Seibert ZIP 2006, 1157 (1165); Steffek BB 2007, 2077 (2081).

[62] Begr. RegE MoMiG, BT-Drs. 16/6140, 36; Staub/Koch/Harnos Rn. 27; Steffek BB 2007, 2077 (2081).

und Zustellungen an die Gesellschaft berechtigt sein. Das Erfordernis einer Empfangsberechtigung schließt es zwar nicht aus, den Personen auch eine Aktivvertretungsmacht zu erteilen. Die Publizitätswirkung des Registers gem. Abs. 2 S. 4 Hs. 2 (→ Rn. 46 f.) beschränkt sich aber auf die Empfangszuständigkeit.

b) Publizitätswirkung (Hs. 2). Benennt die Anmeldung eine Person, die für Willenserklärun- 46
gen und Zustellungen an die Gesellschaft empfangsberechtigt ist, wird diese gem. § 43 Nr. 2 lit. b HRV mit der inländischen Anschrift in Spalte 2 der Abteilung B des Handelsregisters eingetragen. Diese Eintragung entfaltet gem. Abs. 2 S. 4 Hs. 2 Publizitätswirkung dahingehend, dass die eingetragene Empfangsberechtigung Dritten gegenüber als fortbestehend gilt, bis sie im Handelsregister gelöscht und die Löschung bekannt gemacht worden ist, es sei denn, dass die fehlende Empfangsberechtigung dem Dritten bekannt war. Diese besondere, § 15 Abs. 1 entlehnte Publizitätsregelung ist erforderlich, weil das Erlöschens der Empfangsberechtigung keine anmeldepflichtige Tatsache (→ § 15 Rn. 14), sondern lediglich eine eintragungsfähige Tatsache ist.[63]

Die Publizitätswirkung des Abs. 2 S. 4 Hs. 2 (→ Rn. 46) ist gegenständlich auf das Erlöschen der 47
Empfangsberechtigung im (Innen-)Verhältnis zwischen der eingetragenen Person und dem Unternehmensträger begrenzt. Ist der eingetragene Empfangsbevollmächtigte tatsächlich unerreichbar, kann dieses Hemmnis nicht mithilfe von Abs. 2 S. 4 Hs. 2 überwunden werden,[64] sondern nur durch die öffentliche Zustellung gem. § 15a S. 1 (→ § 15a Rn. 3 ff.), wenn der ausländische Unternehmensträger über keine bekannte Anschrift zu erreichen ist.

5. Angaben gem. Abs. 2 S. 5. a) Heimatregister, Nummer des Registereintrags (Nr. 1). 48
Gemäß Abs. 2 S. 5 Nr. 1 sind in der Anmeldung der Errichtung der Zweigniederlassung zur Eintragung in das Handelsregister das Register, bei dem die Gesellschaft geführt wird, und die Nummer des Registereintrags anzugeben, wenn das Recht des Staates, in dem die Gesellschaft ihren Sitz hat, eine Registereintragung vorsieht. Da insofern auf das Heimatregister Bezug genommen wird, setzt die Vorschrift voraus, dass das Recht des Staates, in dem die Gesellschaft ihren Sitz hat, eine Registereintragung vorsieht. Existiert in dem Staat, in dem die Gesellschaft ihren Sitz hat, kein Register, ist auf diesen Umstand in der Anmeldung hinzuweisen.[65]

b) Rechtsform der Gesellschaft (Nr. 2). Gemäß Abs. 2 S. 5 Nr. 2 ist in der Anmeldung der 49
Errichtung der Zweigniederlassung zur Eintragung in das Handelsregister die Rechtsform der Gesellschaft anzugeben, und zwar nach dem Recht und in der Sprache ihres Heimatstaates.[66] Nach einer Umwandlung ist der neue Rechtsträger anzugeben.[67]

c) Ständige Vertreter für die Tätigkeit der Zweigniederlassung (Nr. 3). Gemäß Abs. 2 50
S. 5 Nr. 3 sind in der Anmeldung der Errichtung einer Zweigniederlassung zur Eintragung in das Handelsregister die Personen anzugeben, die befugt sind, als ständige Vertreter für die Tätigkeit der Zweigniederlassung die Gesellschaft gerichtlich und außergerichtlich zu vertreten. Die Vorschrift begründet keine Verpflichtung des Unternehmensträgers, einen solchen Vertreter zu bestellen.[68] Sie erschöpft sich in einer **Anmeldepflicht,** wenn ein solcher Vertreter vorhanden ist.

aa) Gewillkürte Vertreter. Ständige Vertreter iSd Abs. 2 S. 5 Nr. 3 sind in erster Linie 51
(→ Rn. 54 f.) gewillkürte Vertreter der Gesellschaft.[69] Das Vollmachtsstatut ist aufgrund der Begrenzung der Vertretung auf die Tätigkeit der Zweigniederlassung deutsches Recht (→ § 13d Rn. 30).[70] In der Anmeldung ist neben dem Namen des ständigen Vertreters die Art der Vertretungsmacht

---

[63] Begr. RegE MoMiG, BT-Drs. 16/6140, 36 f.; Staub/Koch/Harnos Rn. 28.
[64] Staub/Koch/Harnos Rn. 28.
[65] Ebenroth/Boujong/Pentz Rn. 30.
[66] Ebenroth/Boujong/Pentz Rn. 31.
[67] Zu den Anforderungen an die Anmeldung KG 19.1.2012, BeckRS 2012, 3824.
[68] OLG München 14.2.2008, NZG 2008, 342; Begr. RegE, BT-Drs. 12/3908, 16; Blasche GWR 2012, 169 (172); Hoger NZG 2015, 1219 (1222); Kindler NJW 1993, 3301 (3305); Ebenroth/Boujong/Pentz Rn. 32; SLM/Schmidt-Kessel Rn. 51; Seibert GmbHR 1992, 738 (740).
[69] Staub/Koch/Harnos Rn. 30; Krafka RegisterR Rn. 317; Ebenroth/Boujong/Pentz Rn. 32; RGHMW/Ries Rn. 11; Seibert GmbHR 1992, 738 (740); Seibert DB 1993, 1705 (1706); Wachter NotBZ 2004, 41 (44); s. aber OLG Bremen 18.12.2012, RNotZ 2013, 184 (185): organschaftliche Befugnisse.
[70] BGH 16.4.1975, BGHZ 64, 183 (192) = NJW 1975, 1220; 9.12.1964, BGHZ 43, 21 (26) = NJW 1965, 487; 17.11.1994, BGHZ 128, 41 (47) = DtZ 1995, 250; 3.2.2004, NJW 2004, 1315 (1316); GK-HGB/Achilles/Haase Rn. 9; Krafka RegisterR Rn. 318; KKD/Roth/Stelmaszczyk Rn. 3; SLM/Schmidt-Kessel Rn. 52; Erman/Stürner EGBGB Anh. Art. 12 Rn. 29; Grüneberg/Thorn EGBGB Anh. Art. 12 Rn. 17; offengelassen von OLG München 4.5.2006, NZG 2006, 512.

(→ Rn. 52 f.), insbesondere Einzel- oder Gesamtvertretungsmacht,[71] anzugeben.[72] Gleiches gilt für Befreiungen von § 181 BGB.[73]

52 Die **Prokura** (§§ 48 ff.) berechtigt den Inhaber zur außergerichtlichen und – ohne dass es einer besonderen Ermächtigung bedarf (→ Rn. 53) – gerichtlichen Vertretung der Gesellschaft und qualifiziert den Prokuristen daher als ständigen Vertreter iSd Abs. 2 S. 5 Nr. 3.[74] In der Lit. ist umstritten, ob die Anmeldung und Eintragung des ständigen Vertreters gem. Abs. 2 S. 5 Nr. 3 auch dann erforderlich sind, wenn die Prokura bereits aufgrund einer Anmeldung gem. § 53 Abs. 1 in das Handelsregister eingetragen und bekanntgemacht wurde.[75] Die restriktive Ansicht, die Abs. 2 S. 5 Nr. 3 zur Vermeidung überflüssiger Doppeleintragungen auf Konstellationen teleologisch reduzieren will, in denen die Vertretungsbefugnisse divergieren,[76] ist mit den Vorgaben aus **Art. 30 Abs. 1 lit. e zweiter Spiegelstrich GesR-RL** und **Art. 37 lit. h zweiter Spiegelstrich GesR-RL** nicht vereinbar. Danach sind die ständigen Vertreter als solche offenzulegen, und zwar mit der § 53 Abs. 1 unbekannten Angabe, dass die Vertretungsbefugnis für die Tätigkeit der Zweigniederlassung besteht.

53 Im Unterschied zu der Prokura (→ Rn. 52) berechtigt die **Handlungsvollmacht** den Inhaber zur Prozessführung gem. § 54 Abs. 2 nur ausnahmsweise, wenn ihm eine solche Befugnis besonders erteilt ist. Da ständige Vertreter gem. Abs. 2 S. 5 Nr. 3 nur Personen sind, die befugt sind, die Gesellschaft außergerichtlich und gerichtlich zu vertreten, können Handlungsbevollmächtigte nur dann als ständige Vertreter in das Handelsregister eingetragen werden, wenn sie besonders zur Prozessführung für die Gesellschaft befugt sind.[77]

54 **bb) Mitglieder von Vertretungsorganen.** Als ständige Vertreter iSd Abs. 2 S. 5 Nr. 3 kommen nicht nur gewillkürte Vertreter (→ Rn. 51 ff.), sondern grundsätzlich auch die Mitglieder des Vertretungsorgans in Betracht.[78] Ausgenommen ist nur der einzige alleinvertretungsbefugte organschaftliche Vertreter der Gesellschaft.[79]

55 In der Anmeldung ist die Vertretungsbefugnis, insbesondere Einzel- oder Gesamtvertretungsmacht, anzugeben. Hierbei ist zu beachten, dass die Vertretungsbefugnis sich aufgrund ihrer organschaftlichen Natur nach dem Recht richtet, dem die Gesellschaft unterliegt. Dies hat zB zur Folge, dass bei dem director einer private company limited by shares – im Unterschied zu einem gewillkürten Vertreter (→ Rn. 51) – keine Befreiung von den Beschränkungen des § 181 BGB aufgenommen werden kann.[80] Dem englischen Recht ist ein durch Bezugnahme auf § 181 BGB kennzeichenbares Verbot von Insichgeschäften unbekannt.[81] Daher kommt eine Eintragung der Gestattung des Selbst-

[71] GK-HGB/Achilles/Haase Rn. 9; Staub/Koch/Harnos Rn. 34; Ebenroth/Boujong/Pentz Rn. 32.

[72] Zu dem Umfang der Vertretungsbefugnis Hoger NZG 2015, 1219 (1222).

[73] LG Chemnitz 12.5.2005, NZG 2005, 760 (761); Heinz/Hartung, Die englische Limited, 3. Aufl. 2011, § 11 Rn. 57; KKD/Roth/Stelmaszczyk Rn. 3; Schäfer ZNotP 2007, 450 (452); Werner GmbHR 2006, 1202; Willer/Krafka NZG 2006, 495 (496).

[74] Begr. RegE, BT-Drs. 12/3908, 16; Klose-Mokroß DStR 2005, 1013 (1016).

[75] Bejahend Begr. RegE, BT-Drs. 12/3908, 16; Krafka/Kühn NZG 2011, 209 (210); BeckOK HGB/Müther, 49. Ed. 1.1.2026, Rn. 13; SLM/Schmidt-Kessel Rn. 57; Wachter ZNotP 2005, 122 (134) m. Fn. 102.

[76] GK-HGB/Achilles/Haase Rn. 9; Heidinger MittBayNot 1998, 72 (75); Staub/Koch/Harnos Rn. 32; Krafka RegisterR Rn. 317; MüKoHGB/Krafka Rn. 16; Mödl RNotZ 2008, 1 (6); Schäfer ZNotP 2007, 450 (452); gegen jede Doppeleintragung MüKoBGB/Kindler IntGesR Rn. 924; offengelassen von OLG München 10.8.2011, NZG 2011, 1072 (1073).

[77] Begr. RegE, BT-Drs. 12/3908, 16; Heidinger MittBayNot 1998, 72 (73); Staub/Koch/Harnos Rn. 32; MüKoHGB/Krafka Rn. 16; Ebenroth/Boujong/Pentz Rn. 32; RGHMW/Ries Rn. 10; Schäfer ZNotP 2007, 450 (451); s. auch Henssler/Strohn/Wamser Rn. 4, der eine dem deutschen Prokuristen „vergleichbare" Stellung fordert; **aA** – außergerichtliche Vertretungsbefugnis genüge – SLM/Schmidt-Kessel Rn. 55 unter Berufung auf die Zweigniederlassungs-RL.

[78] LG Chemnitz 24.3.2005, GmbHR 2005, 692; 12.5.2005, NZG 2005, 760 (761); Blasche GWR 2012, 169 (172); Hoger NZG 2015, 1219 (1223); Staub/Koch/Harnos Rn. 33; Krafka RegisterR Rn. 317; KKD/Roth/Stelmaszczyk Rn. 3; SLM/Schmidt-Kessel Rn. 58; Fleischhauer/Wochner HandelsregisterR/Solveen Teil N Rn. 9 Anm. 27; Werner GmbHR 2006, 1202; **aA** Wachter ZNotP 2005, 122 (134); krit. auch Heidinger MittBayNot 1998, 72 (75).

[79] OLG Karlsruhe 29.6.2010, NZG 2012, 553 (554); Bönner RNotZ 2015, 253 (260); Hoger NZG 2015, 1219 (1224) mwN; offen gelassen bei Blasche GWR 2012, 169 (172).

[80] OLG Frankfurt 19.2.2008, DB 2008, 1488 (1489) = FGPrax 2008, 165; OLG Hamm 21.7.2006, GmbHR 2006, 1198; OLG München 4.5.2006, NZG 2006, 512; OLG Düsseldorf 21.2.2006, NZG 2006, 317 (318); s. auch Wachter EWiR 2006, 401; **aA** verbreitet die Lit.: Hoger NZG 2015, 1219 (1223); Staub/Koch/Harnos Rn. 33; SLM/Schmidt-Kessel Rn. 61; Werner GmbHR 2006, 1202; Willer/Krafka NZG 2006, 495 (496).

[81] OLG München 17.8.2005, GmbHR 2005, 1302; OLG Celle 14.4.2005, GmbHR 2005, 1303 f.; Fleischhauer/Wochner HandelsregisterR/Solveen Teil N Rn. 9 Anm. 29; Wachter ZNotP 2005, 122 (132); Wachter EWiR 2006, 345; **aA** Schall NZG 2006, 54.

kontrahierens auch dann nicht in Betracht, wenn eine solche Regelung in die Satzung der Gesellschaft aufgenommen wurde (→ § 8 Rn. 50).[82]

d) Recht des Staates, dem die Gesellschaft unterliegt (Nr. 4). Gesellschaften, die nicht dem Recht eines Mitgliedstaates der EU oder eines Vertragsstaats des EWR unterliegen, haben in der Anmeldung der Errichtung einer Zweigniederlassung zur Eintragung in das Handelsregister gem. Abs. 2 S. 5 Nr. 4 das Recht anzugeben, dem die Gesellschaft unterliegt. Hierdurch wird dem Registergericht die Prüfung ermöglicht, ob die Gesellschaft als solche besteht (→ Rn. 31 ff.) und welcher deutschen Rechtsform sie entspricht (→ Rn. 22 ff.).[83] 56

IV. Einzelne Regelungen zu den ständigen Vertretern für die Tätigkeit der Zweigniederlassung (Abs. 3–4)

1. Änderungen der Personen oder der Vertretungsbefugnis (Abs. 3 S. 1). Personen, die befugt sind, als ständige Vertreter für die Tätigkeit der Niederlassung die Gesellschaft gerichtlich und außergerichtlich zu vertreten (Abs. 2 S. 5 Nr. 3; → Rn. 50 ff.), sind gem. Abs. 3 S. 1 verpflichtet, jede Änderung dieser Personen oder der Vertretungsbefugnis einer dieser Personen zur Eintragung in das Handelsregister anzumelden. Adressaten dieser Anmeldepflicht sind sämtliche ständige Vertreter, also auch der von der Eintragung selbst betroffene.[84] Verliert der letzte ständige Vertreter seine Vertretungsmacht, trifft die Anmeldepflicht auch das Vertretungsorgan der Gesellschaft.[85] 57

2. Inhabilität (Abs. 3 S. 2). Seit der Neufassung von Abs. 3 S. 2 durch Art. 1 Nr. 10 lit. a iVm Art. 31 Abs. 1 DiRUG mWv 1.8.2022 (→ Rn. 18) gelten für die gesetzlichen Vertreter der Gesellschaft in Bezug auf die Zweigniederlassung § 76 Abs. 3 S. 2–4 AktG sowie § 6 Abs. 2 S. 2–4 GmbHG entsprechend (→ Rn. 65 f.), wenn die Gesellschaft nicht dem Recht eines Mitgliedstaates der EU oder eines anderen Vertragsstaates des EWR unterliegt (→ Rn. 63 f.). 58

a) Rechtlicher Hintergrund, Regelungsziele. In der Anmeldung einer AG oder GmbH (§ 36 Abs. 1 AktG, § 7 Abs. 1 GmbHG) sowie in jeder Anmeldung neuer Vorstandsmitglieder oder Geschäftsführer (§ 81 Abs. 1 AktG, § 39 Abs. 1 GmbHG) haben die (neuen) Vorstandsmitglieder bzw. Geschäftsführer gem. § 37 Abs. 2 S. 1 AktG ggf. iVm § 81 Abs. 3 S. 1 AktG oder gem. § 8 Abs. 3 S. 1 GmbHG bzw. § 39 Abs. 3 S. 1 GmbHG zu versichern, dass keine Umstände vorliegen, die ihrer Bestellung nach § 76 Abs. 3 S. 2 Nr. 2, 3, S. 3, 4 AktG oder § 6 Abs. 2 S. 2 Nr. 2, 3, S. 3, 4 GmbHG entgegenstehen. Dieses Erfordernis erstrecken § 13f Abs. 2 S. 2 und § 13g Abs. 2 S. 2 auf Aktiengesellschaften und Gesellschaften mit beschränkter Haftung mit Sitz im Ausland (→ Rn. 22 f.), die – im Umkehrschluss zu § 13f Abs. 2 S. 3 und § 13g Abs. 2 S. 3 – weder dem Recht eines anderen Mitgliedstaates der EU oder eines anderen Vertragsstaates des EWR unterliegen (→ § 13f Rn. 19 ff., → § 13g Rn. 16 ff.). 59

Für die Organmitglieder von **Kapitalgesellschaften mit Sitz im Ausland** gelten nicht die persönlichen Mindestanforderungen sowie die Bestellungshindernisse des deutschen Gesellschaftsrechts, sondern die des Gesellschaftsstatuts.[86] Gleichwohl beschloss der BGH – vor der Einführung von Abs. 3 S. 2 (→ Rn. 16) und entgegen dogmatischen Bedenken in der Literatur[87] –, dass die Registergerichte die Eintragung einer Zweigniederlassung bei Vorliegen eines Bestellungshindernisses inländischen Rechts (zB einem Gewerbeverbot iSd § 76 Abs. 3 S. 2 Nr. 2 AktG bzw. § 6 Abs. 2 S. 2 Nr. 2 GmbHG) verweigern dürfen, um zu verhindern, dass inhabile Vertreter im Inland bei der Anmeldung einer Zweigniederlassung mitwirken.[88] Diese Rechtsprechung wurde durch Art. 3 Nr. 3 lit. b Doppelbuchst. bb iVm Art. 25 MoMiG mWv 1.11.2008 in Abs. 3 S. 2 überführt, um gegenüber Kapitalgesellschaften mit einem Sitz im Ausland, die weder dem Recht eines Mitgliedstaates der EU noch eines anderen Vertragsstaates des EWR unterliegen, **zwei Regelungsziele** zu verwirklichen, nämlich die Durchsetzung inländischer Berufs- und Gewerbeverbote (→ Rn. 61) sowie den Ausschluss der wegen einer Insolvenzstraftat verurteilten Personen (→ Rn. 62).[89] 60

---

[82] OLG Frankfurt 19.2.2008, DB 2008, 1488 (1489) = FGPrax 2008, 165.
[83] Heymann/Förster § 13e Rn. 18; Ebenroth/Boujong/Pentz Rn. 33.
[84] GK-HGB/Achilles/Haase Rn. 10.
[85] GK-HGB/Achilles/Haase Rn. 10; Staub/Koch/Harnos Rn. 37; Ebenroth/Boujong/Pentz Rn. 36.
[86] Begr. RegE MoMiG, BT-Drs. 16/6140, 50; MüKoBGB/Kindler IntGesR Rn. 909 f.; SLM/Schmidt-Kessel Rn. 14; Wachter GmbHR-Sonderheft 10/2008, 80 (83).
[87] Mankowski BB 2006, 1173 ff.
[88] BGH 7.5.2007, NZG 2007, 592 (593); zuvor bereits OLG Jena 9.3.2006, GmbHR 2006, 541 (543). Zu unionsrechtlichen Bedenken s. Bauer/Großerichter NZG 2008, 253 (256); Belgorodski/Friske WM 2011, 251 (253); Wachter GmbHR 2006, 793 (798).
[89] Insgesamt krit. MüKoHGB/Krafka Rn. 13.

61 Durch die entsprechende Anwendung von § 76 Abs. 3 S. 2 Nr. 2 AktG bzw. § 6 Abs. 2 S. 2 Nr. 2 GmbHG auf die gesetzlichen Vertreter der Gesellschaft (→ Rn. 22) verschafft Abs. 3 S. 2 den im Inland verhängten **Berufs- und Gewerbeverboten** auch in Bezug auf die Zweigniederlassung Geltung, wenn der mit dem Verbot Belegte als Organ einer Auslandsgesellschaft im Inland tätig wird.[90] Dies betrifft insbesondere die Anmeldung der Errichtung der Zweigniederlassung gem. Abs. 2 S. 1 (→ Rn. 25 ff.). Der Ausschluss von dem Registerverfahren verhindert die Umgehung des Bestellungshindernis dadurch, dass der Betreffende die Auslandsgesellschaft vorschiebt, um trotz des Verbots im Inland tätig werden zu können.[91]

62 Die entsprechende Anwendung von § 76 Abs. 3 S. 2 Nr. 3 lit. a, b AktG und § 6 Abs. 2 S. 2 Nr. 3 lit. a, b GmbHG auf die gesetzlichen Vertreter der Gesellschaft (→ Rn. 22 f.) gem. Abs. 3 S. 2 beruht darauf, dass auch die gesetzlichen Vertreter einer Kapitalgesellschaft mit Sitz im Ausland – einen inländischen COMI vorausgesetzt (Art. 3 Abs. 1 EuInsVO) – der Insolvenzantragspflicht gem. § 15a Abs. 1 S. 1 InsO unterliegen und daher **Insolvenzstraftaten** begehen können (→ § 13f Rn. 32, → § 13g Rn. 25).[92] Die Verurteilung wegen einer vorsätzlich begangenen Straftat in Deutschland hat gem. Abs. 3 S. 2 iVm § 76 Abs. 3 S. 2 Nr. 3 lit. a oder lit. b AktG bzw. § 6 Abs. 2 S. 2 Nr. 3 lit. a oder lit. b GmbHG nur zur Folge, dass die verurteilte Person nicht an der Anmeldung der Errichtung einer Zweigniederlassung gem. Abs. 2 S. 1 (→ Rn. 25 ff.) mitwirken kann. Ob die ausländische Kapitalgesellschaft auch daran gehindert ist, diese Person als Organmitglied zu bestellen, ist nach dem Gesellschaftsstatut zu beurteilen (→ Rn. 60); insoweit ist Abs. 3 S. 2 keine Aussage zu entnehmen.

63 **b) Gesellschaft aus einem Drittland.** Die im Zuge der Neufassung von Abs. 3 S. 2 durch Art. 1 Nr. 10 lit. a DiRUG iVm Art. 31 Abs. 1 DiRUG mWv 1.8.2022 (→ Rn. 18) eingeführte Beschränkung der entsprechenden Anwendung von § 76 Abs. 3 S. 2–4 AktG sowie § 6 Abs. 2 S. 2–4 GmbHG auf Gesellschaften aus Drittländern beruht darauf, dass die GesR-RL durch Art. 1 Nr. 5 RL (EU) 2019/1151 iVm Art. 4 RL (EU) 2019/1151 mWv 31.7.2019 um **Art. 13i GesR-RL** ergänzt wurde. Dieser sieht ua vor, dass die Mitgliedstaaten Informationen, die für die Disqualifikation von Geschäftsführern relevant sind, über das System der Registervernetzung gem. Art. 22 GesR-RL austauschen können (Art. 13i Abs. 3–5 GesR-RL), um zu verhindern, dass Bestellungshindernisse durch die Gründung von Kapitalgesellschaften im Ausland mit einer Zweigniederlassung im Inland umgangen werden.[93] Dadurch ist der Bedarf für eine entsprechende Anwendung von § 76 Abs. 3 S. 2–4 AktG und § 6 Abs. 2 S. 2–4 GmbHG bei Gesellschaften, die dem Recht eines Mitgliedstaates der EU oder eines anderen Vertragsstaates des EWR unterliegen, entfallen. Zu der bis zum 31.7.2022 geltenden Rechtslage → 8. Aufl. 2024, § 13e Rn. 49.

64 Unterliegt die Gesellschaft dem Recht eines Mitgliedstaates der EU oder eines anderen Vertragsstaates des EWR, findet Abs. 3 S. 2 keine Anwendung (→ Rn. 63). Dies erscheint zum einen deshalb bedenklich, weil mangels einer inhaltlichen Harmonisierung der Disqualifikationstatbestände durch die GesR-RL derzeit nicht sichergestellt ist, dass das Recht des anderen Mitglied- oder Vertragsstaates, dem die Gesellschaft unterliegt, § 76 Abs. 3 S. 2–4 AktG und § 6 Abs. 2 S. 2–4 GmbHG vergleichbare Disqualifizierungstatbestände enthält. Zum anderen verlangt Art. 13i Abs. 3–5 GesR-RL von den Mitgliedstaaten keine Verpflichtung, dass die Register im Einzelfall Informationen über die Disqualifikation einholen und berücksichtigen (→ § 9c Rn. 2).[94] Die Erwägung, in diesen Fällen eine Abfrage nach § 9c jedenfalls dann vorzusehen, wenn Anhaltspunkte für eine Disqualifikation bestehen,[95] vermag deshalb nicht zu überzeugen, weil das Registergericht keine Rechtsgrundlage hat, um die Anmeldung aufgrund einer Disqualifikation abzulehnen.

65 **c) Entsprechende Anwendung von § 76 Abs. 2 S. 2–4 AktG und § 6 Abs. 2 S. 2–4 GmbHG in Bezug auf die Zweigniederlassung.** Abs. 3 S. 2 ordnet die entsprechende Geltung der Disqualifikationstatbestände des § 76 Abs. 3 S. 2–4 AktG sowie des § 6 Abs. 2 S. 2–4 GmbHG für die gesetzlichen Vertreter der Gesellschaft (→ Rn. 63 f.) in Bezug auf die Zweigniederlassung

---

[90] Eidenmüller/Rehberg NJW 2008, 28 (29); SLM/Schmidt-Kessel Rn. 18; Strohn FS Hirsch, 2008, 199 (206 f.).

[91] Eidenmüller/Rehberg NJW 2008, 28 (30).

[92] Begr. RegE MoMiG, BT-Drs. 16/6140, 55. Zu der Anwendbarkeit der EuInsVO auf Gesellschaften aus Drittländern K. Schmidt InsO/Brinkmann VO (EU) 2015/848 Art. 1 Rn. 16 ff. mwN.

[93] Begr. RegE DiRUG, BT-Drs. 19/28177, 98.

[94] J. Schmidt ZIP 2021, 112 (120): Probleme der „Disqualifikationsarbitrage" ließen sich nur durch Harmonisierung der Disqualifikationstatbestände mit Verpflichtung zur wechselseitigen Anerkennung von Disqualifikationen lösen. Ebenfalls krit. Staub/Koch/Harnos Rn. 40.

[95] BeckOK HGB/Müther, 49. Ed. 1.1.2026, § 9c Rn. 2 zu § 13f Abs. 2 S. 2, Abs. 5 S. 2 und § 13g Abs. 2 S. 2, Abs. 5 S. 2.

an. Der Wortlaut ist insoweit zumindest unglücklich, als die entsprechende Anwendung „für die gesetzlichen Vertreter der Gesellschaft" angeordnet wird. Zum einen gelten bei der Bestellung von Organmitgliedern einer Kapitalgesellschaft mit Sitz im Ausland ausschließlich die Disqualifikationstatbestände des Gesellschaftsstatuts (→ Rn. 60). Zum anderen hat die Zweigniederlassung mangels eigener Rechtspersönlichkeit (→ 13 Rn. 22) keine gesetzlichen Vertreter. Daher gelten § 76 Abs. 3 S. 2–4 AktG und § 6 Abs. 2 S. 2–4 GmbHG nicht bei der Bestellung eines gesetzlichen Vertreters der Gesellschaft entsprechend, sondern nur bei deren Tätigkeit für die Zweigniederlassung im Inland.[96] Mit anderen Worten, Abs. 3 S. 2 begründet keine Bestellungshindernisse, sondern lediglich Ausschlussgründe in Bezug auf bestimmte Tätigkeiten (→ Rn. 66).

Abs. 3 S. 2 ist eine **Vorschrift des Registerverfahrensrechts** mit der Folge, dass § 76 Abs. 3 66 S. 2–4 AktG bzw. § 6 Abs. 2 S. 2–4 GmbHG auf die den gesetzlichen Vertretern gem. Abs. 2 S. 1 obliegende Anmeldungen der Errichtung einer Zweigniederlassung zur Eintragung in das Handelsregister (→ Rn. 25 ff.) entsprechend anzuwenden sind.[97] Ist danach ein gesetzlicher Vertreter von der Mitwirkung ausgeschlossen, kann die Anmeldung als verfahrensrechtliche Erklärung zwar durch andere Mitglieder des gesetzlichen Vertretungsorgans oder durch einen rechtsgeschäftlichen Vertreter vorgenommen werden.[98] Bei der Beantwortung der sich anschließenden Frage, nämlich ob die Errichtung einer Zweigniederlassung in das Handelsregister eingetragen werden darf, ist zu berücksichtigen, dass hierfür sämtliche[99] Vorstandsmitglieder bzw. Geschäftsführer gem. § 13f Abs. 2 S. 2 iVm § 37 Abs. 2 S. 1 AktG bzw. § 13g Abs. 2 S. 2 iVm § 3 Abs. 3 S. 1 GmbHG versichern müssen, dass keine Umstände vorliegen, die ihrer (hypothetischen) Bestellung nach § 76 Abs. 3 S. 2 Nr. 2, 3, S. 3, 4 AktG bzw. § 6 Abs. 2 S. 2 Nr. 2, 3, S. 3, 4 GmbHG entgegenstehen. Hieraus ergibt sich folgende Differenzierung: (1) Gibt ein Vorstandsmitglied bzw. Geschäftsführer diese Versicherung nicht ab, darf die Errichtung der Zweigniederlassung nicht in das Handelsregister eingetragen werden. (2) Hat ein gesetzlicher Vertreter vorsätzlich die Insolvenzverschleppung begangen, schließt dies gem. Abs. 3 S. 2 iVm § 76 Abs. 3 S. 2 Nr. 1 AktG bzw. § 6 Abs. 2 S. 2 Nr. 1 GmbHG lediglich seine Mitwirkung an der Anmeldung aus, nicht aber die Eintragung der Errichtung der Zweigniederlassung in das Handelsregister.

3. Empfangs- und Zustellungszuständigkeit des ständigen Vertreters (Abs. 3a). 67 **a) Zugang und Zustellung unter der im Handelsregister eingetragenen inländischen Geschäftsanschrift (Abs. 3a S. 1).** An die ständigen Vertreter der Gesellschaft iSd Abs. 2 S. 5 Nr. 3 (→ Rn. 50 ff.) können gem. Abs. 3a S. 1 unter der im Handelsregister eingetragenen inländischen Geschäftsanschrift der Zweigniederlassung (§ 13d Abs. 2 Hs. 1; → § 13d Rn. 58) Willenserklärungen abgegeben und Schriftstücke zugestellt werden. Die Vorschrift stellt zum einen klar, dass die Befugnis der ständigen Vertreter, die Gesellschaft gerichtlich und außergerichtlich zu vertreten, auch die Passivvertretung umfasst. Zum anderen begründet sie – im Einklang mit § 78 Abs. 2 S. 3 AktG und § 35 Abs. 2 S. 3 GmbHG – die Tauglichkeit der inländischen Geschäftsanschrift als Zugangs- und Zustellungsadresse sicher. Eine **unwiderlegliche Vermutung** dafür, dass der ständige Vertreter der Gesellschaft unter dieser Anschrift erreicht werden kann und damit die **Möglichkeit der Kenntnisnahme** besteht (→ § 15a Rn. 16),[100] enthält sie nicht. Vielmehr muss für den Zugang einer Willenserklärung positiv festgestellt werden, dass die Erklärung überhaupt in den **Machtbereich** der Gesellschaft gelangt ist.[101]

b) Verhältnis zur Zuständigkeit des inländischen Empfangsbevollmächtigten (Abs. 3a 68 **S. 2).** Unabhängig von Abs. 3a S. 1 (→ Rn. 67) können gem. Abs. 3a S. 2 die Abgabe und die Zustellung auch unter der eingetragenen Anschrift der empfangsberechtigten Person nach Abs. 2 S. 4 erfolgen. Diese Regelung stellt klar, dass der Rechtsverkehr Willenserklärungen und Zustellungen wahlweise an den ständigen Vertreter der Gesellschaft unter der inländischen Geschäftsanschrift der Zweigniederlassung oder an die empfangsberechtigte Person unter deren inländischen Anschrift richten kann. Bedeutung hat die Vorschrift für die öffentliche Zustellung nach § 15a S. 1 (→ § 15a

[96] BGH 14.5.2019, NZG 2019, 775 (779); Ebenroth/Boujong/Pentz Rn. 39.

[97] BGH 14.5.2019, NZG 2019, 775 (779); Begr. RegE MoMiG, BT-Drs. 16/6140, 50.

[98] MüKoBGB/Kindler IntGesR Rn. 910; Kindler AG 2007, 721 (730); **aA** SLM/Schmidt-Kessel Rn. 14, der die Disqualifikation eines gesetzlichen Vertreters auf die von ihm bevollmächtigten Personen erstrecken will.

[99] S. Hoger NZG 2015, 1219 mwN; **aA** – nur die Organmitglieder, die an der Anmeldung mitwirken – MüKoHGB/Krafka § 13f Rn. 2; BeckOK HGB/Müther, 49. Ed. 1.1.2026, § 13f Rn. 6; Wachter GmbHR-Sonderheft 10/2008, 80 (84).

[100] Begr. RegE MoMiG, BT-Drs. 16/6140, 43; Staub/Koch/Harnos Rn. 42; Steffek BB 2007, 2077 (2080).

[101] Staub/Koch/Harnos Rn. 42; MüKoHGB/Krafka Rn. 23; Steffek BB 2007, 2077 (2079); Ebenroth/Boujong/Pentz Rn. 43.

Rn. 3 ff., → § 15a Rn. 23), da diese nur zulässig ist, wenn der Zugang weder unter der einen noch unter der anderen Anschrift möglich ist.

69 **4. Insolvenzverfahren über das Vermögen des Unternehmensträgers (Abs. 4). a) Anmeldungspflicht.** Die Eröffnung oder die Ablehnung der Eröffnung eines Insolvenzverfahrens über das Vermögen der Gesellschaft haben gem. Abs. 4 die ständigen Vertreter der Gesellschaft iSd Abs. 2 S. 5 Nr. 3 (→ Rn. 50 ff.) oder, wenn solche nicht angemeldet sind, die gesetzlichen Vertreter der Gesellschaft zur Eintragung in das Handelsregister anzumelden. Anmeldepflichtig sind an erster Stelle die ständigen Vertreter der Gesellschaft, und zwar unabhängig davon, ob sie als solche in das Handelsregister eingetragen sind oder gem. Abs. 2 S. 5 Nr. 3 als solche angemeldet wurden.[102] Nur wenn kein ständiger Vertreter vorhanden ist, obliegt die Verpflichtung den gesetzlichen Vertretern der Gesellschaft.[103] Melden sie die Eröffnung oder die Ablehnung der Eröffnung eines Insolvenzverfahrens über das Vermögen der Gesellschaft an, obwohl ein ständiger Vertreter vorhanden ist, hat die Anmeldepflicht des ständigen Vertreters sich erledigt.[104]

70 **b) Systematik.** Die Eröffnung oder die Ablehnung der Eröffnung eines Insolvenzverfahrens über das Vermögen der Gesellschaft (→ Rn. 22 f.) wird nicht nur in das Register der Zweigniederlassung – bei inländischen Zweigniederlassungen das Handelsregister – eingetragen, sondern auch und vor allem in das Register der Gesellschaft. Letzteres hat diese Information gem. **Art. 20 Abs. 1 GesR-RL** unverzüglich über das System der Registervernetzung den anderen Mitgliedstaaten der EU sowie den Vertragsstaaten des EWR zur Verfügung zu stellen. In Deutschland haben die Landesjustizverwaltungen gem. Abs. 6 sicherzustellen, dass die Daten an das für die inländische Zweigniederlassung zuständige Registergericht weitergeleitet werden (→ Rn. 77). Die Anmeldepflicht gem. Abs. 4 (→ Rn. 69) tritt neben diesen Informationsaustausch und soll sicherstellen, dass das deutsche Registergericht auch dann Kenntnis von der Eröffnung oder der Ablehnung der Eröffnung eines Insolvenzverfahrens über das Vermögen der Gesellschaft erlangt,[105] wenn dieser Umstand in das Register der Gesellschaft nicht eingetragen wird. Aufgrund dieses komplementären Charakters ist die Anmeldepflicht gem. Abs. 4 – ebenso wie die Insolvenzantragspflicht nach § 15a Abs. 1 InsO – **Schutzgesetz iSd § 823 Abs. 2 S. 1 BGB.**

71 **c) Eintragung und Publizität.** Unterhält eine Handelsgesellschaft mit Sitz im Ausland eine Zweigniederlassung in Deutschland, die gem. § 13d Abs. 2 in das Handelsregister eingetragen ist (→ § 13d Rn. 53 ff.), ist die Eröffnung des Insolvenzverfahrens über das Vermögen der Gesellschaft gem. **§ 13d Abs. 3 iVm § 32 Abs. 1 S. 1** von Amts wegen in das Handelsregister einzutragen. Hieran hat der Verwalter gem. **Art. 29 Abs. 1 EuInsVO** durch alle erforderlichen Maßnahmen mitzuwirken. Die erfolgte Eintragung wird seit der Aufhebung von § 32 Abs. 2 S. 1 aF durch Art. 1 Nr. 14 DiRUG iVm Art. 31 Abs. 1 DiRUG mWv 1.8.2022 gem. **§ 10 Abs. 1 S. 1** durch die erstmalige Abrufbarkeit über das nach § 9c bestimmte elektronische Informations- und Kommunikationssystem bekannt gemacht (→ § 10 Rn. 5).

72 Nach **Art. 28 Abs. 1 EuInsVO** hat der Verwalter zu beantragen, dass eine Bekanntmachung der Entscheidung zur Eröffnung des Insolvenzverfahrens in jedem Mitgliedstaat, indem sich eine Niederlassung des Schuldners iSd Art. 2 Nr. 10 EuInsVO befindet, nach den in diesem Mitgliedstaat vorgesehenen Verfahren veröffentlicht wird. In Deutschland erfolgen diese Veröffentlichungen über das **Insolvenzregister** (Art. 24 Abs. 1 EuInsVO), und zwar mit den Pflichtinformationen nach Art. 24 Abs. 2 EuInsVO.[106]

73 Hat die Gesellschaft mit Sitz im Ausland, über deren Vermögen das Insolvenzverfahren eröffnet wurde, eine Niederlassung im Inland, wird der wesentliche Inhalt der Entscheidung über die Verfahrenseröffnung gem. **§ 345 Abs. 2 S. 1 InsO** im Inland von Amts wegen öffentlich bekanntgemacht. Zu diesem Zweck verpflichtet § 348 Abs. 1 InsO den Insolvenzverwalter und die ständigen Vertreter der Gesellschaft iSd Abs. 2 S. 5 Nr. 3 (→ Rn. 50 ff.) das nach § 348 Abs. 1 InsO zuständige Insolvenzgericht zu unterrichten.

V. Gerichtszuständigkeit bei mehreren Zweigniederlassungen (Abs. 5)

74 **1. Wahl eines Hauptregistergerichts.** Der Anmeldung der Errichtung einer Zweigniederlassung durch eine AG, KGaA oder GmbH mit Sitz im Ausland sind gem. § 13f Abs. 2 S. 1 ggf. iVm § 13f Abs. 7 (→ § 13f Rn. 16 ff.) bzw. § 13g Abs. 2 S. 1 (→ § 13g Rn. 13 ff.) die Satzung bzw. der

[102] Staub/Koch/Harnos Rn. 43; RGHMW/Ries Rn. 13; **aA** Ebenroth/Boujong/Pentz Rn. 38.
[103] Staub/Koch/Harnos Rn. 43; RGHMW/Ries Rn. 13.
[104] Staub/Koch/Harnos Rn. 44; Ebenroth/Boujong/Pentz Rn. 38.
[105] Begr. RegE, BT-Drs. 12/3908, 16; Staub/Koch/Harnos Rn. 44; Ebenroth/Boujong/Pentz Rn. 37.
[106] Statt vieler K. Schmidt InsO/Brinkmann VO (EU) 2015/848 Art. 28 Rn. 9 f. mwN.

Gesellschaftsvertrag in öffentlich beglaubigter Abschrift und, sofern die Satzung bzw. der Gesellschaftsvertrag nicht in deutscher Sprache erstellt ist, eine beglaubigte Übersetzung in deutscher Sprache beizufügen. Werden mehrere Zweigniederlassungen im Inland errichtet, ist dieser Vorgang gem. Abs. 2 S. 1 (→ Rn. 25 ff.) grundsätzlich bei jedem gem. § 13d Abs. 1 zuständigen Registergericht (→ § 13d Rn. 41 ff.) anzumelden. In diesen Konstellationen erlaubt Abs. 5 S. 1 es der Gesellschaft, eines der zuständigen Registergerichte auszuwählen (sog. Hauptregistergericht). Die Ausübung des Wahlrechts steht im Belieben der Gesellschaft. Sie kann nicht gezwungen werden, ein Hauptregister zu bestimmen.[107]

2. Rechtsfolgen. a) Konzentration einzelner Anmeldepflichten bei dem Hauptregistergericht. Wählt die Gesellschaft ein Hauptregistergericht (→ Rn. 74), müssen die Satzung oder der Gesellschaftsvertrag gem. Abs. 5 S. 1 ausnahmsweise nur bei diesem zum Handelsregister eingereicht werden. Diese Reduktion der Reduktion der Anmeldepflichten ist nicht auf die Anmeldung der Errichtung mehrerer Zweigniederlassungen beschränkt, sondern gilt auch für die Pflicht gem. § 13f Abs. 4 S. 1 ggf. iVm § 13f Abs. 7 (→ § 13f Rn. 45 ff.) und § 13g Abs. 4 S. 1 (→ § 13g Rn. 45 ff.), Änderungen der Satzung bzw. des Gesellschaftsvertrags der ausländischen Gesellschaft zur Eintragung in das Handelsregister anzumelden. Die übrigen Anmeldepflichten bestehen gegenüber jedem Registergericht der Zweigniederlassung fort.[108] 75

b) Reduktion der Anmeldepflichten gegenüber den übrigen Registergerichten. Eine weitere Folge der Ausübung des Wahlrechts (→ Rn. 74) besteht gem. Abs. 5 S. 2 darin, dass die nach Abs. 2 S. 1 Anmeldepflichtigen (→ Rn. 25 ff.) bei den gem. § 13d Abs. 1 zuständigen Registergerichten (→ § 13d Rn. 41 ff.), welche die Gesellschaft nicht als ihr Hauptregistergericht ausgewählt hat, zur Eintragung in das Handelsregister nur anzumelden haben, welches Registergericht die Gesellschaft als Hauptregistergericht gewählt hat und unter welcher Nummer die Zweigniederlassung eingetragen ist. Eine Mitteilung gegenüber dem Hauptregister ist nicht erforderlich, weil das Hauptregister nicht betroffen ist; dort sind sämtliche Unterlagen vollständig einzureichen.[109] 76

VI. Pflichten im Zusammenhang mit dem Europäischen System der Registervernetzung (Abs. 6, Abs. 7)

1. Weiterleitung empfangener Daten (Abs. 6). Gemäß § 9b Abs. 2 S. 1 nimmt das Registergerichte, bei dem das Registerblatt einer Zweigniederlassung einer Kapitalgesellschaft geführt wird, an dem Informationsaustausch zwischen den Registern über die zentrale Europäische Plattform teil. Um zu gewährleisten, dass das Registergericht der Zweigniederlassung die relevanten Informationen – im Lichte von Art. 34 Abs. 2 S. 2, Abs. 3 GesR-RL (→ Rn. 9) sind dies die Auflösung der Gesellschaft sowie deren Löschung aus anderen Gründen als einer Änderung der Rechtsform, einer Verschmelzung, einer Spaltung oder einer grenzüberschreitenden Sitzverlegung – erhält, verpflichtet Abs. 6 die Landesjustizverwaltungen sicherzustellen, dass die Daten einer Kapitalgesellschaft mit Sitz im Ausland, die im Rahmen des Europäischen Systems der Registervernetzung empfangen werden, an das Registergericht weitergeleitet werden, dass für eine inländische Zweigniederlassung dieser Gesellschaft zuständig ist. Nach Eingang der Daten hat das Registergericht in eigener Zuständigkeit zu prüfen, ob der mitgeteilte Sachverhalt registerrechtliche Handlungen gebietet, zB die Amtslöschung einer Zweigniederlassung oder die Festsetzung von Zwangsgeld gem. § 14 S. 1 zur Durchsetzung einer Anmeldepflicht (→ Rn. 79).[110] 77

2. Bestätigung des Eingangs der Daten (Abs. 7 S. 1). Gemäß Art. 30a Abs. 1 GesR-RL hat der Mitgliedstaat, in dem eine Gesellschaft eingetragen ist, dem Mitgliedstaat, in dem eine Zweigniederlassung der Gesellschaft eingetragen ist, unverzüglich über das System der Registervernetzung mit, wenn eine Änderung in Bezug auf den Namen, den Sitz oder die Rechtsform der Gesellschaft, die Eintragungsnummer der Gesellschaft im Register oder die in Art. 14 lit. d, f GesR-RL bezeichneten Urkunden und Informationen eingereicht wurde. Bei Eingang einer solchen Mitteilung hat Register, in dem die Zweigniederlassung eingetragen ist, den Eingang dieser Mitteilung über das System der Registervernetzung bestätigen. Diese Vorgabe überführt Abs. 7 S. 1 in eine Pflicht des zuständigen Registergerichts. Die technischen Spezifikation der Eingangsbestätigung sind in Art. 1 Durchführungs-VO (EU) 2021/1042 iVm Anh. Nr. 4.4 lit. d Durchführungs-VO (EU) 2021/1042 festgelegt. 78

---

[107] OLG Schleswig 11.7.2007, NZG 2007, 918 (919); GK-HGB/Achilles/Haase Rn. 12; Staub/Koch/Harnos Rn. 45; MüKoHGB/Krafka Rn. 25; Ebenroth/Boujong/Pentz Rn. 46; **aA** Müther HRegPrax § 13 Rn. 24.

[108] MüKoHGB/Krafka Rn. 24; SLM/Schmidt-Kessel Rn. 75; Ebenroth/Boujong/Pentz Rn. 47.

[109] Staub/Koch/Harnos Rn. 46; Ebenroth/Boujong/Pentz Rn. 47.

[110] Reg. Begr., BT-Drs. 18/2137, 14.

79 **3. Anmeldepflicht in Bezug auf die mitgeteilten Tatsachen (Abs. 7 S. 2).** Nach dem Eingang von Daten in Bezug auf den Namen, den Sitz oder die Rechtsform der Gesellschaft, die Eintragungsnummer der Gesellschaft im Register oder die in Art. 14 lit. d, f GesR-RL bezeichneten Urkunden und Informationen (→ Rn. 78) über das Europäische System der Registervernetzung hat das Registergericht unverzüglich zu prüfen, ob aufgrund der mitgeteilten Tatsachen eine Eintragung in das Register der Zweigniederlassung geboten ist. Gebieten die Tatsachen eine Eintragung, lag aber zu dem Zeitpunkt des Dateneingangs keine entsprechende Anmeldung vor, legitimiert Abs. 7 S. 2 keine Eintragung von Amts wegen,[111] sondern perpetuiert stattdessen den registerrechtlichen Anmeldungsgrundsatz dadurch, dass das Registergericht die Gesellschaft zur unverzüglichen Anmeldung aufzufordern hat. Die Beibehaltung des Anmeldungsgrundsatz bedingt keine schuldhafte Verzögerung der Aktualisierung des Registereintrags der Zweigniederlassung und ist daher mit der Vorgabe des Art. 30a Abs. 2 GesR-RL, dass der Registereintrag betreffend die Zweigniederlassung bei Eingang einer Mitteilung des Registers der Gesellschaft unverzüglich aktualisiert werden muss, vereinbar.[112]

§ 13f Zweigniederlassungen von Aktiengesellschaften mit Sitz im Ausland

(1) Für Zweigniederlassungen von Aktiengesellschaften mit Sitz im Ausland gelten ergänzend die folgenden Vorschriften.

(2) [1]Der Anmeldung ist die Satzung in öffentlich beglaubigter Abschrift und, sofern die Satzung nicht in deutscher Sprache erstellt ist, eine beglaubigte Übersetzung in deutscher Sprache beizufügen. [2]Die Vorschriften des § 37 Abs. 2 und 3 des Aktiengesetzes finden Anwendung. [3]§ 37 Absatz 2 des Aktiengesetzes ist nicht anzuwenden auf Aktiengesellschaften, die dem Recht eines Mitgliedstaates der Europäischen Union oder eines anderen Vertragsstaates des Abkommens über den Europäischen Wirtschaftsraum unterliegen. [4]Soweit nicht das ausländische Recht eine Abweichung nötig macht, sind in die Anmeldung die in § 23 Abs. 3 und 4 des Aktiengesetzes vorgesehenen Bestimmungen und Bestimmungen der Satzung über die Zusammensetzung des Vorstandes aufzunehmen; erfolgt die Anmeldung in den ersten zwei Jahren nach der Eintragung der Gesellschaft in das Handelsregister ihres Sitzes, sind auch die Angaben über Festsetzungen nach den §§ 26 und 27 des Aktiengesetzes und der Ausgabebetrag der Aktien sowie Name und Wohnort der Gründer aufzunehmen. [5]Der Anmeldung ist die für den Sitz der Gesellschaft ergangene gerichtliche Bekanntmachung beizufügen.

(3) Die Eintragung der Errichtung der Zweigniederlassung hat auch die Angaben nach § 39 des Aktiengesetzes sowie die Angaben nach § 13e Abs. 2 Satz 3 bis 5 zu enthalten.

(4) [1]Änderungen der Satzung der ausländischen Gesellschaft sind durch den Vorstand zur Eintragung in das Handelsregister anzumelden. [2]Für die Anmeldung gelten die Vorschriften des § 181 Abs. 1 und 2 des Aktiengesetzes sinngemäß, soweit nicht das ausländische Recht Abweichungen nötig macht.

(5) [1]Im übrigen gelten die Vorschriften der §§ 81, 263 Satz 1, § 266 Abs. 1 und 2, § 273 Abs. 1 Satz 1 des Aktiengesetzes sinngemäß, soweit nicht das ausländische Recht Abweichungen nötig macht. [2]§ 81 Absatz 3 des Aktiengesetzes ist nicht anzuwenden auf Aktiengesellschaften, die dem Recht eines Mitgliedstaates der Europäischen Union oder eines anderen Vertragsstaates des Abkommens über den Europäischen Wirtschaftsraum unterliegen.

(6) Für die Aufhebung einer Zweigniederlassung gelten die Vorschriften über ihre Errichtung sinngemäß.

(7) Die Vorschriften über Zweigniederlassungen von Aktiengesellschaften mit Sitz im Ausland gelten sinngemäß für Zweigniederlassungen von Kommanditgesellschaften auf Aktien mit Sitz im Ausland, soweit sich aus den Vorschriften der §§ 278 bis 290 des Aktiengesetzes oder aus dem Fehlen eines Vorstands nichts anderes ergibt.

Schrifttum: Bauer/Großerichter, Zur Durchsetzung deutscher Bestellungshindernisse von Geschäftsleitern gegenüber ausländischen Gesellschaften, NZG 2008, 253; Blasche, Zweigniederlassungen in- und ausländischer Kapitalgesellschaften, GWR 2012, 169; Bönner, Zweigniederlassungen ausländischer Gesellschaften in der notariellen Praxis, RNotZ 2015, 253; Heinze, Einreichungs- und Nachweispflichten bei nachträglichen Handelsregister-

[111] Krit. Knaier GmbHR 2021, 169 (182); J. Schmidt ZIP 2021, 122 (122), die eine Verkomplizierung des Vorgangs beklagen.
[112] Begr. RegE DiRUG, BT-Drs. 19/28177, 98.

anmeldungen betreffend Zweigniederlassungen ausländischer Kapitalgesellschaften, RNotZ 2009, 589; Stöhr, Bestellungshindernisse für GmbH-Geschäftsführer in grenzüberschreitenden Zusammenhängen, EuZW 2020, 654; Voigt, Das Handelsrecht der Zweigniederlassung, 2010; Wachter, Der Entwurf des MoMiG und die Auswirkungen auf inländische Zweigniederlassungen von Auslandsgesellschaften, GmbHR 2006, 793; Wachter, Die GmbH nach MoMiG im internationalen Rechtsverkehr, Sonderheft GmbHR 10/2008, 80.

Übersicht

I. Allgemeines

1. Systematik. Ist die Handelsgesellschaft mit Sitz im Ausland der AG oder KGaA (Abs. 7) zuzuordnen (→ Rn. 14), gelten für ihre inländischen Zweigniederlassungen gem. Abs. 1 ergänzend zu den Regelungen der §§ 13d, 13e die Abs. 2–6. Diese legen Einzelheiten zu der Anmeldung der Errichtung einer Zweigniederlassung zur Eintragung in das Handelsregister (Abs. 2; → Rn. 15 ff.) und der Eintragung (Abs. 3; → Rn. 41 ff.), der Aufhebung einer Zweigniederlassung (Abs. 6; → Rn. 60 f.), von Änderungen der Satzung (Abs. 4; → Rn. 45 ff.) sowie sonstiger eintragungspflichtiger Tatsachen (Abs. 5; → Rn. 51 ff.) fest. Die Bestimmungen sollen gewährleisten, dass die Eintragung der Zweigniederlassung in das Handelsregister möglichst umfassend über die **Rechtsverhältnisse der ausländischen Gesellschaft** informiert, da diese nicht als solche in das Handelsregister eingetragen ist.[1] Flankierend dazu verlangt § 80 Abs. 4 S. 1 Hs. 1 AktG, dass auf allen Geschäftsbriefen und Bestellscheinen, die von einer inländischen Zweigniederlassung der AG mit Sitz im Ausland verwendet werden, das Register, bei dem die Zweigniederlassung geführt wird, und die Nummer des Registereintrags angegeben werden. 1

2. Unionsrechtlicher Hintergrund. Die Regelungen in den Abs. 2–6 dienen weit überwiegend der Umsetzung von Vorgaben aus der GesR-RL. 2

Abs. 2 S. 1 (→ Rn. 16 ff.) setzt die Vorgaben aus **Art. 36 Abs. 1 GesR-RL iVm Art. 37 lit. e Fall 1 GesR-RL** (vor dem 20.7.2017: Art. 8 lit. e RL 89/666/EWG) um. Danach haben die Mitgliedstaaten der EU und die Vertragsstaaten des EWR Rechtsvorschriften zu erlassen, wonach bei der Errichtung einer Zweigniederlassung in einem Mitgliedstaat der EU oder einem Vertragsstaat des EWR durch eine Aktiengesellschaft oder eine Kommanditgesellschaft auf Aktien mit Sitz in einem Drittland der Errichtungsakt nach dem Recht des Mitglied- oder Vertragsstaats der Zweignie- 3

[1] Ebenroth/Boujong/Pentz Rn. 2.

derlassung im Einklang mit Art. 16 GesR-RL offengelegt wird. Für Sachverhalte, in denen die Zweigniederlassung durch eine Aktiengesellschaft oder Kommanditgesellschaften auf Aktien mit Sitz in einem anderen Mitgliedstaat der EU oder einem anderen Vertragsstaat des EWR errichtet wird, begründet **Art. 29 Abs. 1 GesR-RL iVm Art. 30 Abs. 2 lit. b Fall 1 GesR-RL** (vor dem 20.7.2017: Art. 2 Abs. 2 lit. b RL 89/666/EWG) keine vergleichbare Verpflichtung, sondern eröffnet den Mitglied- bzw. Vertragsstaaten lediglich die Möglichkeit („kann"), die Verpflichtung zur Offenlegung des Errichtungsakt zu begründen. Diese Möglichkeit hat der deutsche Gesetzgeber mit Abs. 2 S. 1 ausgeschöpft und eine Regelung geschaffen, die unterschiedslos für inländische Zweigniederlassung sämtlicher Aktiengesellschaften und Kommanditgesellschaften auf Aktien mit Sitz im Ausland gilt. Die ergänzende Verpflichtung, eine beglaubigte Übersetzung der Satzung in deutscher Sprache beizufügen, wenn die Satzung nicht in deutscher Sprache erstellt ist (→ Rn. 18), dient der Umsetzung von **Art. 32 GesR-RL ggf. iVm Art. 38 Abs. 2 GesR-RL** (vor dem 20.7.2017: Art. 4 RL 89/666/EWG ggf. iVm Art. 9 Abs. 2 RL 89/666/EWG).

4 **Abs. 2 S. 4** iVm § 23 Abs. 3 Nr. 6 AktG (→ Rn. 38) setzt die **Art. 29 Abs. 1 GesR-RL iVm Art. 30 Abs. 1 lit. e Spiegelstrich 1 GesR-RL** (vor dem 20.7.2017: Art. 2 Abs. 1 lit. e Spiegelstrich 1 RL 89/666/EWG) und **Art. 36 Abs. 1 GesR-RL iVm Art. 37 lit. h Spiegelstrich 1 GesR-RL** (vor dem 20.7.2017: Art. 8 lit. h Spiegelstrich 1 RL 89/666/EWG) um. Danach haben die Mitgliedstaaten der EU und die Vertragsstaaten des EWR sicherzustellen, dass Urkunden und Angaben über die Bestellung, das Ausscheiden und die Personalien derjenigen, die als gesetzlich vorgeschriebenes Organ der Gesellschaft oder als Mitglied eines solchen Organ befugt sind, die Gesellschaft gerichtlich und außergerichtlich zu vertreten, nach dem Recht des Mitglied- oder Vertragsstaats der Zweigniederlassung im Einklang mit Art. 16 GesR-RL offengelegt werden.

5 **Abs. 4 S. 1** (→ Rn. 45 ff.) setzt die Vorgaben aus **Art. 36 Abs. 1 GesR-RL iVm Art. 37 lit. e Fall 3 GesR-RL** (vor dem 20.7.2017: Art. 8 lit. e Fall 3 RL 89/666/EWG) um. Danach haben die Mitgliedstaaten der EU und die Vertragsstaaten des EWR Rechtsvorschriften zu erlassen, wonach jede Änderung des Errichtungsaktes einer Aktiengesellschaft oder Kommanditgesellschaften auf Aktien mit Sitz in einem Drittland, die eine Zweigniederlassung im Inland unterhält, nach dem Recht des Mitglied- oder Vertragsstaats der Zweigniederlassung im Einklang mit Art. 16 GesR-RL offengelegt wird. Wird der Errichtungsakt einer Aktiengesellschaft oder Kommanditgesellschaften auf Aktien mit Sitz in einem Mitgliedstaat der EU oder einem Vertragsstaat des EWR geändert, begründet **Art. 29 Abs. 1 GesR-RL iVm Art. 30 Abs. 2 lit. b Fall 3 GesR-RL** (vor dem 20.7.2017: Art. 2 Abs. 2 lit. b Fall 3 RL 89/666/EWG) keine vergleichbare Verpflichtung, sondern eröffnet den Mitglied- bzw. Vertragsstaaten lediglich die Möglichkeit („kann"), die Verpflichtung zur Offenlegung der Änderung zu begründen. Diese Möglichkeit hat der deutsche Gesetzgeber mit Abs. 4 S. 1 genutzt und eine Regelung geschaffen, die unterschiedslos für inländische Zweigniederlassung sämtlicher Aktiengesellschaften und Kommanditgesellschaften auf Aktien mit Sitz im Ausland gilt.

6 **Abs. 5 S. 1** iVm § 273 Abs. 1 S. 1 AktG (→ Rn. 57 ff.) setzt die Vorgabe aus **Art. 34 Abs. 2 S. 2 GesR-RL** um. Danach haben die Mitgliedstaaten bei Eingang der Information, dass die Gesellschaft aufgelöst worden ist, über das Europäische System der Registervernetzung (BRIS) sicherzustellen, dass ihre Zweigniederlassungen ebenfalls ohne unangemessene Verzögerung aus dem Register gelöscht werden. Die Tatsache, dass der Schluss der Abwicklung nicht von Amts wegen, sondern nur aufgrund einer Anmeldung einzutragen ist, stellt keine unangemessene Verzögerung dar, da das Registergericht die Gesellschaft erforderlichenfalls gem. § 13e Abs. 7 S. 2 zur unverzüglichen Anmeldung auffordern kann (→ § 13e Rn. 79).

7 **Abs. 6** (→ Rn. 60 f.) setzt die Vorgaben aus **Art. 29 Abs. 1 GesR-RL iVm Art. 30 Abs. 1 lit. h. GesR-RL** (vor dem 20.7.2017: Art. 2 Abs. 1 lit. h RL 89/666/EWG) sowie **Art. 36 Abs. 1 GesR-RL iVm Art. 37 lit. k GesR-RL** (vor dem 20.7.2017: Art. 8 lit. k RL 89/666/EWG) um. Danach haben die Mitgliedstaaten der EU und die Vertragsstaaten des EWR Rechtsvorschriften zu erlassen, wonach die Urkunden und Angaben über die Aufhebung einer Zweigniederlassung einer Aktiengesellschaft oder Kommanditgesellschaften auf Aktien mit Sitz im Ausland – sei es ein Mitgliedstaat der EU oder ein Vertragsstaat des EWR, sei es ein Drittland – nach dem Recht des Mitglied- oder Vertragsstaats der Zweigniederlassung im Einklang mit Art. 16 GesR-RL offengelegt werden.

8 **3. Normentwicklung.** Die Vorschrift wurde durch Art. 1 Nr. 2 iVm Art. 7 Abs. 1 Gesetz zur Durchführung der Elften gesellschaftsrechtlichen Richtlinie vom 22.7.1993 (BGBl. 1993 I 1282) mWv **1.11.1993** eingefügt.

9 **a) HRefG.** Durch Art. 3 Nr. 9 HRefG iVm Art. 29 Abs. 2 HRefG wurden Abs. 2 S. 3 – gegenwärtig Abs. 2 S. 4 (→ Rn. 38 f.) – und Abs. 4 aF (→ Rn. 10) mWv **1.1.1999** dahingehend verändert, dass die Berufe der Gründer sowohl in die Anmeldung der Errichtung einer Zweigniederlassung

zur Eintragung in das Handelsregister als auch in die Bekanntmachung der Eintragung aufzunehmen waren.

b) EHUG. Durch Art. 1 Nr. 6 EHUG iVm Art. 13 Abs. 2 Hs. 1 EHUG wurde mWv **1.1.2007** Abs. 2 S. 2 (→ Rn. 19 ff.) dahingehend geändert, dass die Bezugnahme auf § 37 Abs. 5 AktG aF entfiel mit der Folge, dass die Vorstandsmitglieder nicht mehr ihre Namensunterschrift zur Aufbewahrung bei dem Registergericht zu zeichnen haben (§ 37 Abs. 5 AktG aF). Aufgrund der Umstellung auf das elektronische Handelsregister konnte auch die Bezugnahme auf § 37 Abs. 6 AktG aF, wonach das Registergericht die eingereichten Schriftstücke in Urschrift, Ausfertigung oder öffentlich beglaubigter Abschrift aufzubewahren hatte, entfallen. Neben der Neufassung von Abs. 2 S. 3 – gegenwärtig Abs. 2 S. 4 (→ Rn. 38 f.) – wurde infolge der Änderung der Bekanntmachung (→ § 10 Rn. 5 ff.) die bisherige Sonderregelung für die Bekanntmachung der Eintragung der Errichtung einer Zweigniederlassung in Abs. 4 aF ersatzlos aufgehoben mit der Folge, dass die Regelungen aus den Abs. 5–8 aF in die Abs. 4–7 (→ Rn. 45 ff.) verschoben wurden. 10

c) MoMiG. Durch Art. 3 Nr. 4 MoMiG iVm Art. 25 MoMiG hat der Gesetzgeber Abs. 2 S. 2 mWv **1.11.2008** geändert und seine frühere Entscheidung, auf eine Habilitätsversicherung der Vorstandsmitglieder einer AG mit Sitz im Ausland zu verzichten,[2] revidiert. Seither findet nicht nur § 37 Abs. 3 AktG, sondern auch § 37 Abs. 2 S. 1 AktG Anwendung mit der Folge, dass die Vorstandsmitglieder in der Anmeldung der Errichtung einer Zweigniederlassung zu versichern haben, dass keine Umstände vorliegen, die ihrer Bestellung nach § 76 Abs. 3 S. 2 Nr. 2, 3, S. 3 AktG – seit dem 1.8.2022 auch § 76 Abs. 3 S. 4 AktG (→ Rn. 13) – entgegenstehen, und dass sie über ihre unbeschränkte Auskunftspflicht gegenüber dem Registergericht gem. § 37 Abs. 2 S. 2 AktG belehrt worden sind (→ Rn. 25 ff.). Die zeitgleiche Änderung von Abs. 3 ist eine Folgeänderung zu der Änderung von § 13e Abs. 2 S. 2–4 durch Art. 3 Nr. 3 lit. a Doppelbuchst. aa–cc MoMiG iVm Art. 25 MoMiG (→ § 13e Rn. 31 ff.), und zwar dergestalt, dass die Eintragung der Errichtung einer Zweigniederlassung in das Handelsregister die Angaben nach § 13e Abs. 2 S. 3–5 enthalten muss (→ Rn. 44). Durch die Änderung von Abs. 5 wurde die Verweisung auf § 81 AktG dahingehend ausgedehnt, dass diese neben § 81 Abs. 1, 2 AktG auch § 81 Abs. 3 AktG umfasst (zu der Einschränkung des Anwendungsbereichs durch die Anfügung von Abs. 5 S. 2 mWv 1.8.2022 → Rn. 13) – mit der Folge, dass neue Vorstandsmitglieder in ihrer Anmeldung zur Eintragung in das Handelsregister (Abs. 5 iVm § 81 Abs. 1 AktG) gem. Abs. 5 iVm § 81 Abs. 3 S. 1 AktG versichern müssen, dass keine Umstände vorliegen, die ihrer Bestellung nach § 76 Abs. 3 S. 2 Nr. 2, 3, S. 3, 4 AktG entgegenstehen, und dass sie über ihre unbeschränkte Auskunftspflicht gegenüber dem Gericht gem. Abs. 5 iVm § 81 Abs. 3 S. 2 AktG und § 37 Abs. 2 S. 2 AktG belehrt worden sind (→ Rn. 52). 11

d) Aktienrechtsnovelle 2016. Durch Art. 3 Nr. 1 Aktienrechtsnovelle 2016 iVm Art. 10 Abs. 2 Aktienrechtsnovelle 2016 vom 22.12.2015 (BGBl. 2015 I 2565) wurde Abs. 2 S. 3 aF – gegenwärtig Abs. 2 S. 4 (→ Rn. 38) – mWv **31.12.2015** geändert. 12

e) DiRUG. Durch Art. 1 Nr. 11 DiRUG iVm Art. 31 Abs. 1 DiRUG wurde mWv **1.8.2022** Abs. 2 S. 3 eingefügt und dadurch der Anwendungsbereich von Abs. 2 S. 2 iVm § 37 Abs. 2 AktG auf Gesellschaften beschränkt, die weder dem Recht eines anderen Mitgliedstaates der EU noch dem eines anderen Vertragsstaates des EWR unterliegen (→ Rn. 28 f.). Die bis zum 31.7.2022 in Abs. 2 S. 3, 4 aF enthaltenen Regelungen wurden ohne inhaltliche Änderung in Abs. 2 S. 4, 5 (→ Rn. 38 ff.) überführt. Die Anfügung von Abs. 5 S. 2 bewirkte die gleiche Einschränkung des Anwendungsbereichs in Bezug auf Abs. 5 S. 1 iVm § 81 Abs. 3 AktG, und zwar dergestalt, dass die Versicherungen bei Gesellschaften entbehrlich sind, die dem Recht eines anderen Mitgliedstaates der EU oder dem eines anderen Vertragsstaates des EWR unterliegen (→ Rn. 52). 13

II. AG oder KGaA mit Sitz im Ausland (Abs. 1, Abs. 7)

Die Abs. 2–6 enthalten ausweislich des Wortlauts von Abs. 1 („ergänzend") ergänzende Regelungen zu § 13d und § 13e, jedoch nicht für inländische Zweigniederlassungen (→ § 13d Rn. 8) sämtlicher Unternehmensträger, deren Hauptniederlassung oder Sitz sich im Ausland befindet (→ § 13d Rn. 9 ff.), sondern nur für Zweigniederlassungen von Aktiengesellschaften mit Sitz im Ausland. Gemäß Abs. 7 gelten die Vorschriften über Zweigniederlassungen – sowohl die Abs. 2–6 als auch die §§ 13d, 13e (→ § 13e Rn. 23) – auch für Kommanditgesellschaften auf Aktien mit Sitz im Ausland, allerdings nur insoweit, als sich aus den Vorschriften der §§ 278–290 AktG oder aus dem Fehlen eines Vorstands nichts anderes ergibt. Diese Einschränkung impliziert, dass die persönlich haftenden Gesellschafter bei Anwendung der Vorschriften über Zweigniederlassungen an die Stelle 14

[2] Begr. RegE, BT-Drs. 12/3908, 17; s. auch BGH 7.5.2007, NZG 2007, 592 (593).

des Vorstands treten.[3] In Anbetracht der Tatsache, dass die Satzung einer **AG** und einer **KGaA** nur einen Ort im Inland als Sitz bestimmen können (§ 5 AktG ggf. iVm § 278 Abs. 3 AktG), sind Abs. 1 und Abs. 7 dahingehend auszulegen, dass die Rechtsform der ausländischen Gesellschaft derjenigen einer AG oder KGaA deutschen Rechts vergleichbar sein muss. Zu Einzelheiten der rechtsvergleichenden Qualifizierung → § 13e Rn. 24.

III. Anmeldung der Errichtung einer Zweigniederlassung zur Eintragung in das Handelsregister (Abs. 2)

15 **1. Überblick.** Die Anmeldung der Errichtung einer inländischen Zweigniederlassung durch eine AG oder KGaA (Abs. 7; → Rn. 14) mit Sitz im Ausland muss gem. § 13e Abs. 2 S. 2 einen Nachweis für das Bestehen der Gesellschaft (→ § 13e Rn. 31 ff.) sowie gem. § 13e Abs. 2 S. 3 eine inländische Geschäftsanschrift (→ § 13e Rn. 38 f.) und den Gegenstand der Zweigniederlassung (→ § 13e Rn. 40) enthalten. In der Anmeldung sind gem. § 13e Abs. 2 S. 5 Nr. 1–3 außerdem das Register, bei dem die Gesellschaft geführt wird, und die Nummer des Registereintrags, sofern das Recht des Staates, in dem die Gesellschaft ihren Sitz hat, eine Registereintragung vorsieht (→ § 13e Rn. 48), die Rechtsform der Gesellschaft (→ § 13e Rn. 49), und die Personen anzugeben, die befugt sind als ständige Vertreter für die Tätigkeit der Zweigniederlassung, die Gesellschaft gerichtlich und außergerichtlich zu vertreten, und zwar unter Angabe ihrer Befugnisse (→ § 13e Rn. 50 ff.). Unterliegt die AG oder KGaA nicht dem Recht eines Mitgliedstaates der EU oder dem eines anderen Vertragsstaates des EWR, ist in der Anmeldung der Zweigniederlassung zur Eintragung in das Handelsregister gem. § 13e Abs. 2 S. 5 Nr. 4 auch das Recht des Staates anzugeben, dem die Gesellschaft unterliegt (→ § 13e Rn. 56). Diese Regelungen werden gem. Abs. 1 durch die Vorschriften in Abs. 2 S. 1–5 (→ Rn. 16 ff.) und, da die Eintragung auf Grundlage einer Anmeldung erfolgt, Abs. 3 iVm § 39 Abs. 1 S. 1 AktG (→ Rn. 42 f.) ergänzt (→ Rn. 1).

16 **2. Satzung der Gesellschaft (Abs. 2 S. 1).** Gemäß Abs. 2 S. 1 ist der Anmeldung der Errichtung einer inländischen Zweigniederlassung zur Eintragung in das Handelsregister die Satzung in öffentlich beglaubigter Abschrift (→ Rn. 17) beizufügen, und zwar die **aktuelle Fassung.**[4] Neben die Bestimmungen der Satzung treten regelmäßig Vorschriften des Rechts, dem die Gesellschaft unterliegt. Deren Inhalt muss nicht nachgewiesen werden.[5] Bei Gesellschaften, die weder dem Recht eines Mitgliedstaates der EU noch dem eines anderen Vertragsstaates des EWR unterliegen, ist gem. § 13e Abs. 2 S. 5 Nr. 4 zwar die Angabe des Heimatrechts erforderlich (→ § 13e Rn. 56), aber ohne die anwendbaren Vorschriften im Einzelnen benennen zu müssen.

17 Die Satzung (→ Rn. 16) ist der Anmeldung gem. Abs. 2 S. 1 in **öffentlich beglaubigter Abschrift** beizufügen. Diese Formvorgabe wiederholt § 12 Abs. 2 S. 2 Hs. 2 (→ § 12 Rn. 70 ff.). Danach muss dem Registergericht ein mit einem einfachen elektronischen Zeugnis iSv § 39a BeurkG versehenes Dokument übermittelt werden (→ § 12 Rn. 71).[6] Für die ungeschriebene Alternative, nämlich die Einreichung die Urschrift,[7] genügt gem. § 12 Abs. 2 S. 2 Hs. 1 Alt. 1 die Übermittlung einer elektronischen Aufzeichnung (→ § 12 Rn. 67 ff.).

18 Sofern die Satzung (→ Rn. 16) nicht in deutscher Sprache erstellt ist, muss der Anmeldung gem. Abs. 2 S. 1 eine **beglaubigte Übersetzung in deutscher Sprache** beigefügt werden. Für die Beglaubigung einer Übersetzung enthält das BeurkG – im Unterschied zB zu der Beglaubigung einer Abschrift (§ 42 BeurkG) – zwar keine Regelung. Der Begriff ist aber teleologisch unter Berücksichtigung des Bedeutungsgehalts sämtlicher Arten der Beglaubigung dahingehend auszulegen, dass die Vermutung der Vollständigkeit und Richtigkeit gerechtfertigt sein muss. Dies ist in Anlehnung an § 142 Abs. 3 S. 1, 2 ZPO der Fall, wenn ein **Übersetzer,** der für Sprachübertragungen dieser Art nach den landesrechtlichen Vorschriften ermächtigt oder öffentlich bestellt wurde oder einem solchen Übersetzer gleichgestellt ist, die Übersetzung angefertigt hat und er die Richtigkeit und Vollständigkeit seiner Übersetzung bescheinigt.[8] Die Alternative besteht darin, dass ein **deutscher Notar** die beglaubigte Übersetzung anfertigt. Hierfür genügt es in Anlehnung an § 50 Abs. 1 S. 1, 3 BeurkG, dass der Notar der fremden Sprache hinreichend kundig ist, die Satzung selbst übersetzt und bescheinigt, dass seine Übersetzung vollständig und richtig ist.[9]

[3] GK-HGB/Achilles/Haase Rn. 9; Staub/Koch/Harnos Rn. 26; Ebenroth/Boujong/Pentz Rn. 33.
[4] GK-HGB/Achilles/Haase Rn. 1; MüKoHGB/Krafka Rn. 6; Ebenroth/Boujong/Pentz Rn. 7; SLM/Schmidt-Kessel Rn. 26.
[5] MüKoHGB/Krafka Rn. 6; s. auch OLG Zweibrücken 28.2.2008, DNotZ 2008, 795.
[6] Zur entspr. Regelung in § 13g Abs. 2 S. 1 s. Voigt, Das Handelsrecht der Zweigniederlassung, 2010, 219.
[7] Krafka RegisterR Rn. 322b; Wachter ZNotP 2005, 122 (129) jeweils zu § 13g Abs. 2 S. 2.
[8] OLG Hamm 12.2.2008, DNotZ 2008, 630 f.; s. auch Krafka RegisterR Rn. 312.
[9] BeckHdB Notar/Zimmermann § 28 Rn. 43.

3. Entsprechende Anwendung von § 37 Abs. 2, 3 AktG (Abs. 2 S. 2, 3). Auf die Anmeldung der Errichtung einer inländischen Zweigniederlassung durch eine AG oder KGaA (Abs. 7; → Rn. 14) mit Sitz im Ausland finden gem. Abs. 2 S. 2 die Vorschriften des § 37 Abs. 2 AktG (→ Rn. 25 ff.) und des § 37 Abs. 3 AktG (→ Rn. 20 ff.) Anwendung, erstere jedoch im Umkehrschluss zu Abs. 2 S. 3 nur, wenn die Gesellschaft weder dem Recht eines Mitgliedstaates der EU noch dem einen anderen Vertragsstaates des EWR unterliegt (→ Rn. 28 f.). 19

a) Inländische Geschäftsanschrift (Abs. 2 S. 2 iVm § 37 Abs. 3 Nr. 1 AktG). Gemäß Abs. 2 S. 2 iVm § 37 Abs. 3 Nr. 1 AktG ist in der Anmeldung der Errichtung einer inländischen Zweigniederlassung durch eine AG oder KGaA (Abs. 7; → Rn. 14) mit Sitz im Ausland eine inländische Geschäftsanschrift anzugeben, und zwar eine solche der Gesellschaft (→ Rn. 1). Dieses Erfordernis tritt neben § 13e Abs. 2 S. 3, wonach die Anmeldung eine inländische Geschäftsanschrift der Zweigniederlassung enthalten muss (→ § 13e Rn. 38 f.). Da Abs. 2 S. 2 nur Gesellschaften mit Sitz im Ausland unterfallen, scheint die Vorschrift auf Sachverhalte begrenzt zu sein, in denen die Gesellschaft nicht nur eine Zweigniederlassung, sondern auch eine Hauptniederlassung im Inland unterhält. Nur in diesen Fällen könnte eine inländische Geschäftsanschrift der Gesellschaft in der Anmeldung angegeben werden.[10] Diese Auslegung begegnet jedoch in Ansehung der Normentwicklung Bedenken. Die Vorschrift des § 37 Abs. 3 AktG wurde durch Art. 5 Nr. 3 lit. b iVm Art. 25 MoMiG mWv 1.11.2008 neugefasst und insbesondere um das Erfordernis der Angabe einer inländischen Geschäftsanschrift (§ 37 Abs. 3 Nr. 1 AktG) ergänzt. Zeitgleich wurde Abs. 2 S. 2 durch Art. 3 Nr. 4 lit. a iVm Art. 25 MoMiG geändert, allerdings nur dahingehend, dass neben § 37 Abs. 3 AktG – vorbehaltlich Abs. 2 S. 3 (→ Rn. 28 f.) – auch die Vorschrift des § 37 Abs. 2 AktG anzuwenden ist. Eine Einschränkung der Anordnung der Anwendung von § 37 Abs. 3 AktG auf § 37 Abs. 3 Nr. 2 AktG ist hingegen unterblieben. Da der mit dem Erfordernis der Angabe einer inländischen Geschäftsanschrift intendierte Zweck, nämlich Gläubigern der Gesellschaft die Zustellung zu erleichtern,[11] bereits durch die Anmeldung und Eintragung einer inländischen Geschäftsanschrift der Zweigniederlassung erreicht wird, liegt es nahe, in der unveränderten Bezugnahme auf § 37 Abs. 3 AktG ein Redaktionsversehen zu sehen und dieses im Wege der teleologischen Reduktion dahingehend zu korrigieren, dass § 37 Abs. 3 Nr. 1 AktG nicht angewendet wird.[12] 20

b) Art und Umfang der Vertretungsbefugnis (Abs. 2 S. 2 iVm § 37 Abs. 3 Nr. 2 AktG). Gemäß Abs. 2 S. 2 iVm § 37 Abs. 3 Nr. 2 AktG sind in der Anmeldung der Errichtung einer inländischen Zweigniederlassung durch eine AG mit Sitz im Ausland Art und Umfang der Vertretungsbefugnis der Vorstandsmitglieder anzugeben, und zwar auch dann, wenn der Vorstand nur aus einer Person besteht (→ § 8 Rn. 36 ff., → § 8 Rn. 40).[13] Bei Zweigniederlassungen einer KGaA mit Sitz im Ausland treten gem. Abs. 7 die persönlich haftendenden Gesellschafter an die Stelle des Vorstands (→ Rn. 14). 21

aa) Art der Vertretungsbefugnis. Für die Art der Vertretungsbefugnis ist die abstrakte Angabe, dass Einzel-, Gesamt- oder unechte Gesamtvertretungsbefugnis besteht, erforderlich,[14] jedoch nicht ausreichend. Es bedarf auch der Angabe der konkreten Vertretungsbefugnis des Vorstands oder – bei einer KGaA (Abs. 7; → Rn. 21) – der persönlich haftenden Gesellschafter.[15] Unterscheidet das Heimatrecht der Gesellschaft nicht zwischen abstrakter und konkreter Vertretungsbefugnis, sind die konkreten Vertretungsbefugnisse zu benennen.[16] Sind die Vorstandsmitglieder oder persönlich haftenden Gesellschafter auf unterschiedliche Weise zu der Vertretung der Gesellschaft befugt, ist jedes Vorstandsmitglied bzw. jeder persönlich haftende Gesellschafter mit seiner individuellen Vertretungsbefugnis gesondert aufzuführen.[17] 22

bb) Umfang der Vertretungsbefugnis. Existiert in dem Heimatrecht der AG oder KGaA (Abs. 7; → Rn. 14) mit Sitz im Ausland ein § 181 BGB vergleichbares **Verbot von Insichgeschäf-** 23

[10] SLM/Schmidt-Kessel Rn. 25.

[11] Begr. RegE MoMiG, BT-Drs. 16/6140, 35 zu § 8 Abs. 4 GmbHG-E.

[12] IErg auch MüKoHGB/Krafka Rn. 3.

[13] Staub/Koch/Harnos Rn. 9; HaKo-HGB/Lamsa Rn. 6; Ebenroth/Boujong/Pentz Rn. 8.

[14] BayObLG 4.2.1974, BayObLGZ 1974, 49 (51 ff.); OLG Köln 25.2.1970, OLGZ 1970, 265 (266); OLG Frankfurt 29.1.1970, OLGZ 1970, 404 (405) = AG 1970, 148; GK-HGB/Achilles/Haase Rn. 2; MüKoHGB/Krafka Rn. 3; Ebenroth/Boujong/Pentz Rn. 8.

[15] OLG Celle 1.12.2006, GmbHR 2007, 203 (204); OLG Hamm 21.7.2006, FGPrax 2006, 276 (277); Herchen RIW 2005, 529 (531); Mödl RNotZ 2008, 1 (4); Schäfer ZNotP 2007, 450 (452); Wachter ZNotP 2005, 122 (132). Krit. bis ablehnend Bönner RNotZ 2015, 253 (258); Staub/Koch/Harnos Rn. 9; MüKoHGB/Krafka Rn. 3.

[16] MüKoHGB/Krafka Rn. 3; s. auch Bönner RNotZ 2015, 253 (258).

[17] Ebenroth/Boujong/Pentz Rn. 8.

ten und ist ein Vorstandsmitglied oder – bei der KGaA (→ Rn. 21) – ein persönlich haftender Gesellschafter von der entsprechenden Beschränkung befreit, muss diese Befreiung in der Anmeldung der Errichtung einer inländischen Zweigniederlassung zur Eintragung in das Handelsregister angegeben werden.[18] Ist dem Heimatrecht der Gesellschaft ein solches Verbot unbekannt, hat ein entsprechender Hinweis zu unterbleiben, weil er den unzutreffenden Eindruck erwecken kann, die Angabe entspräche dem ausländischen Recht oder es gelte deutsches Vertretungsrecht.[19]

24 Gebilligt wurde vereinzelt die Eintragung einer auf die Zweigniederlassung beschränkten Einzelvertretungsbefugnis eines Vorstandsmitglieds in Abweichung von der im Übrigen geltenden Gesamtvertretungsbefugnis.[20] Transparenter und daher vorzugswürdig wäre es gewesen, die Person neben dem gesamtvertretungsbefugten Vorstand als einzelvertretungsberechtigten ständigen Vertreter für die Tätigkeit der Zweigniederlassung iSd § 13e Abs. 2 S. 5 Nr. 3 (→ § 13e Rn. 50 ff.) zu bestellen.[21]

25 **c) Habilitätsversicherung (Abs. 2 S. 2 iVm § 37 Abs. 2 AktG).** Seit der Änderung von Abs. 2 S. 2 durch Art. 3 Nr. 4 lit. a iVm Art. 25 MoMiG mWv 1.11.2008 (→ Rn. 11) haben die Vorstandsmitglieder einer AG mit Sitz in einem Drittland (→ Rn. 28 f.) – Gleiches gilt gem. Abs. 7 für die persönlich haftenden Gesellschafter einer KGaA mit Sitz in einem Drittland (→ Rn. 14) – in der Anmeldung der Errichtung einer inländischen Zweigniederlassung zur Eintragung in das Handelsregister (§ 13e Abs. 2 S. 1; → § 13e Rn. 25 ff.) gem. § 37 Abs. 2 S. 1 AktG zu versichern, dass keine Umstände vorliegen, die ihrer Bestellung nach § 76 Abs. 3 S. 2 Nr. 2, 3, S. 3, 4 AktG entgegenstehen (→ Rn. 31 f.), und dass sie über ihre unbeschränkte Auskunftspflicht gegenüber dem Gericht belehrt worden sind (→ Rn. 33 f.).

26 Die Vorschrift des § 76 Abs. 3 S. 2–4 AktG gilt nicht nur für die Vorstandsmitglieder einer AG mit Sitz in einem Drittland (→ Rn. 28 f.) und die persönlich haftenden Gesellschafter einer KGaA mit Sitz in einem Drittland (Abs. 7; → Rn. 14), sondern gem. § 13e Abs. 3 S. 2 auch für die **ständigen Vertreter für die Tätigkeit der Zweigniederlassung** der Gesellschaft iSd § 13e Abs. 2 S. 5 Nr. 3 (→ § 13e Rn. 58 ff.). Die Tatsache, dass insoweit nur eine entsprechende Anwendung angeordnet ist, erklärt sich daraus, dass die ständigen Vertreter nicht ausschließlich, aber ganz überwiegend gewillkürte Vertreter sind (→ § 13e Rn. 51 ff.).

27 **aa) Rechtlicher Hintergrund, Regelungsziele.** In der Anmeldung einer AG oder KGaA zur Eintragung in das Handelsregister (§ 36 Abs. 1 AktG ggf. iVm § 278 Abs. 3 AktG) haben die Vorstandsmitglieder bzw. persönlich haftenden Gesellschafter gem. § 37 Abs. 2 S. 1 AktG zu versichern, dass keine Umstände vorliegen, die ihrer Bestellung nach § 76 Abs. 3 S. 2 Nr. 2, 3, S. 3, 4 AktG entgegenstehen. Dieses Erfordernis erstreckt Abs. 2 S. 2 auf die Vorstandsmitglieder einer AG mit Sitz in einem Drittland (→ Rn. 28 f.) und die persönlich haftenden Gesellschafter einer KGaA mit Sitz in einem Drittland (Abs. 7; → Rn. 14), die eine inländische Zweigniederlassung zur Eintragung in das Handelsregister anmelden (§ 13e Abs. 2 S. 1; → § 13e Rn. 25 ff.), da für die Organmitglieder von Kapitalgesellschaften mit Sitz im Ausland nicht die persönlichen Mindestanforderungen sowie die Bestellungshindernisse des deutschen Gesellschaftsrechts gelten, sondern die des Gesellschaftsstatuts.[22] Dadurch soll insbesondere verhindert werden, dass Personen, die mit einem inländischen Berufs- oder Gewerbeverbote iSd § 76 Abs. 3 S. 2 Nr. 2 AktG belegt sind, an der Anmeldung mitwirken (→ § 13e Rn. 60 ff.).

28 **bb) Gesellschaft aus einem Drittland.** Die mittels der Einfügung von Abs. 2 S. 3 durch Art. 1 Nr. 1 Nr. 11 lit. a iVm Art. 31 Abs. 1 DiRUG mWv 1.8.2022 (→ Rn. 13) eingeführte Beschränkung der Anwendung von § 37 Abs. 2 S. 1 AktG iVm § 76 Abs. 3 S. 2 Nr. 2, 3, S. 3, 4 AktG auf Aktiengesellschaften und Kommanditgesellschaften auf Aktien aus Drittländern (Abs. 7; → Rn. 14) beruht darauf, dass die GesR-RL durch Art. 1 Nr. 5 iVm Art. 4 RL (EU) 2019/1151 mWv 31.7.2019 um **Art. 13i GesR-RL** ergänzt wurde. Dieser sieht ua vor, dass die Mitgliedstaaten Informationen, die für die Disqualifikation von Geschäftsführern relevant sind, über das System der Registervernetzung gem. Art. 22 GesR-RL austauschen können (Art. 13i Abs. 3–5 GesR-RL), um zu verhindern, dass Bestellungshindernisse durch die Gründung von Kapitalgesellschaften im Ausland

---

[18] OLG Celle 14.4.2005, NZG 2006, 273; Ebenroth/Boujong/Pentz Rn. 8.

[19] OLG München 17.8.2005, NZG 2005, 850; OLG Celle 14.4.2005, NZG 2006, 273; GK-HGB/Achilles/Haase Rn. 2; Bönner RNotZ 2015, 253 (259); Ebenroth/Boujong/Pentz Rn. 8; Henssler/Strohn/Wamser Rn. 3; s. auch OLG Hamm 21.7.2006, GmbHR 2006, 1198; OLG München 4.5.2006, NZG 2006, 512; OLG Düsseldorf 21.2.2006, NZG 2006, 317 (318).

[20] OLG Frankfurt 3.2.2015, NJW-RR 2015, 873 (874) = GmbHR 2015, 648 mAnm Lennert.

[21] Lennert GmbHR 2015, 652 (653).

[22] Begr. RegE MoMiG, BT-Drs. 16/6140, 50; MüKoBGB/Kindler IntGesR Rn. 909 f.; SLM/Schmidt-Kessel Rn. 14; Wachter Sonderheft GmbHR 10/2008, 80 (83).

mit einer Zweigniederlassung im Inland umgangen werden.[23] Dadurch ist der Bedarf für die Anwendung von § 37 Abs. 2 S. 1 AktG iVm § 76 Abs. 3 S. 2 Nr. 2, 3, S. 3, 4 AktG bei Gesellschaften, die dem Recht eines Mitgliedstaates der EU oder eines anderen Vertragsstaates des EWR unterliegen, entfallen.

Unterliegt die AG oder KGaA (Abs. 7; → Rn. 14) dem Recht eines Mitgliedstaates der EU oder eines anderen Vertragsstaates des EWR, findet Abs. 2 S. 3 iVm § 37 Abs. 2 S. 1 AktG und § 76 Abs. 3 S. 2 Nr. 2, 3, S. 3, 4 AktG keine Anwendung (→ Rn. 28). Dies erscheint zum einen deshalb bedenklich, weil mangels einer inhaltlichen Harmonisierung der Disqualifikationstatbestände durch die GesR-RL derzeit nicht sichergestellt ist, dass das Recht des anderen Mitglied- oder Vertragsstaates, dem die Gesellschaft unterliegt, § 76 Abs. 3 S. 2 Nr. 2, 3, S. 3, 4 AktG vergleichbare Disqualifizierungstatbestände enthält. Zum anderen verlangt Art. 13i Abs. 3–5 GesR-RL von den Mitgliedstaaten keine Verpflichtung, dass die Register im Einzelfall Informationen über die Disqualifikation einholen und berücksichtigen (→ § 9c Rn. 2).[24] Die Erwägung, in diesen Fällen eine Abfrage nach § 9c jedenfalls dann vorzusehen, wenn Anhaltspunkte für eine Disqualifikation bestehen,[25] vermag gleichwohl nicht zu überzeugen, weil das Registergericht keine Rechtsgrundlage hat, um die Anmeldung der inländischen Zweigniederlassung aufgrund einer Disqualifikation abzulehnen. 29

cc) Gegenstände der Versicherung. In der Anmeldung der inländischen Zweigniederlassung zur Eintragung in das Handelsregister müssen die Vorstandmitglieder einer AG mit Sitz in einem Drittland (→ Rn. 28 f.) und die persönlich haftenden Gesellschafter einer KGaA mit Sitz in einem Drittland (Abs. 7; → Rn. 14) gem. Abs. 2 S. 2 iVm § 37 Abs. 2 S. 1 AktG versichern, dass keine Umstände vorliegen, die ihrer Bestellung nach § 76 Abs. 3 S. 2 Nr. 2, 3, S. 3, 4 AktG entgegenstehen (→ Rn. 31 f.), und dass sie über ihre unbeschränkte Auskunftspflicht gegenüber dem Registergericht belehrt worden sind (→ Rn. 33 f.). Gegenstand der Versicherung sind also keine Bestellungshindernisse des Heimatrechts, sondern die Bestellungshindernisse des deutschen Aktienrechts.[26] 30

(1) Habilität. (a) Berufs- und Gewerbeverbot. Gemäß Abs. 2 S. 2 iVm § 37 Abs. 2 S. 1 AktG und **§ 76 Abs. 3 S. 2 Nr. 2 AktG** müssen die Vorstandmitglieder einer AG mit Sitz in einem Drittland (→ Rn. 28 f.) oder die persönlich haftenden Gesellschafter einer KGaA mit Sitz in einem Drittland (Abs. 7; → Rn. 14) versichern, dass sie nicht aufgrund eines gerichtlichen Urteils oder einer vollziehbaren Entscheidung einer Verwaltungsbehörde daran gehindert sind, einen Beruf, einen Berufszweig, ein Gewerbe oder einen Gewerbezweig auszuüben, oder dass der Unternehmensgegenstand (§ 23 Abs. 3 Nr. 2 AktG) ganz oder teilweise von dem Gegenstand des Verbots abweicht. Seit der Einfügung von **§ 76 Abs. 3 S. 3 AktG** durch Art. 18 Nr. 2 DiRUG iVm Art. 31 Abs. 1 DiRUG mWv 1.1.2022 S. 3 – erstmals anwendbar ab dem 1.8.2023 (§ 26m EGAktG) – zur Umsetzung von Art. 13i Abs. 1 S. 2 GesR-RL darf die Versicherung sich nicht mehr auf Urteile deutscher Gerichte sowie Entscheidungen deutscher Behörden beschränken. Sie muss sich auch darauf erstrecken, dass in keinem anderen Mitgliedstaat der EU und keinem anderen Vertragsstaat des EWR ein vergleichbares Verbot besteht. Vergleichbar mit § 76 Abs. 3 S. 2 Nr. 2 AktG sind nur solche ausländischen Verbote, die von einem Gericht oder einer Verwaltungsbehörde verhängt wurden und deren Gegenstand ganz oder teilweise mit dem Unternehmensgegenstand übereinstimmt.[27] 31

(b) Verurteilung wegen einer Katalogstraftat. Gemäß Abs. 2 S. 2 iVm § 37 Abs. 2 S. 1 AktG und **§ 76 Abs. 3 S. 2 Nr. 3 AktG** müssen die Vorstandmitglieder einer AG mit Sitz in einem Drittland (→ Rn. 28 f.) und die persönlich haftenden Gesellschafter einer KGaA mit Sitz in einem Drittland (Abs. 7; → Rn. 14) versichern, dass sie nicht in den letzten fünf Jahren wegen einer oder mehrerer vorsätzlich begangener Straftaten aus dem Katalog des § 76 Abs. 3 S. 3 Nr. 3 Hs. 1 lit. a–e AktG rechtskräftig[28] verurteilt worden sind. Aufgrund von **§ 76 Abs. 3 S. 4 AktG** darf die Versicherung sich nicht mehr auf Verurteilungen im Inland beschränken, sondern muss sich auch auf Verurteilungen im Ausland wegen einer Tat erstrecken, die mit den Katalogstraftaten in § 76 Abs. 3 S. 2 Nr. 3 Hs. 1 lit. a–e AktG vergleichbar ist. Nicht vergleichbar sind zB Vergehen, die im Ausland 32

---

[23] Begr. RegE DiRUG, BT-Drs. 19/28177, 98.

[24] J. Schmidt ZIP 2021, 112 (120): Probleme der „Disqualifikationsarbitrage" ließen sich nur durch Harmonisierung der Disqualifikationstatbestände mit Verpflichtung zur wechselseitigen Anerkennung von Disqualifikationen lösen. Ebenfalls krit. Staub/Koch/Harnos Rn. 40.

[25] BeckOK HGB/Müther, 49. Ed. 1.1.2026, § 9c Rn. 2 zu § 13f Abs. 2 S. 2, Abs. 5 S. 2 und § 13g Abs. 2 S. 2, Abs. 5 S. 2.

[26] Bönner RNotZ 2015, 253 (258); Wachter Sonderheft GmbHR 2008, 80 (83).

[27] Begr. RegE DiRUG, BT-Drs. 19/28177, 159 f.

[28] Zu der Bedeutung der Rechtskraft für den Inhalt der Versicherung s. BGH 7.6.2011, NJW-RR 2011, 1257 Rn. 12.

nur als Ordnungswidrigkeit qualifiziert werden.[29] Die Bezugnahme in Abs. 2 S. 2 iVm § 37 Abs. 2 S. 1 AktG auf § 76 Abs. 3 S. 2 Nr. 3, S. 4 AktG ist eine **dynamische Verweisung** mit der Folge, dass der Inhalt der Versicherung sich bei Erweiterungen und Einschränkungen des Katalogs ohne Änderung von Abs. 2 S. 2 iVm § 37 Abs. 2 S. 1 AktG anpassen muss.[30] Gleichwohl ist es nicht erforderlich, eine Auflistung der einzelnen Katalogstraftaten im Sinne einer detaillierten Negativerklärung in der Versicherung aufzunehmen.[31] Ausreichend ist insbesondere die Versicherung, dass das Organmitglied noch nie – weder im Inland noch im Ausland – wegen einer Straftat verurteilt wurde.[32]

33 **(2) Belehrung über Auskunftspflicht.** Der Wert der Versicherung (→ Rn. 31 f.) resultiert daraus, dass den Vorstandmitgliedern einer AG mit Sitz in einem Drittland (→ Rn. 28 f.) und den persönlich haftenden Gesellschaftern einer KGaA mit Sitz in einem Drittland (Abs. 7; → Rn. 14) bei der Anmeldung der inländischen Zweigniederlassung zur Eintragung in das Handelsregister eine von Abs. 2 S. 2 iVm § 37 Abs. 2 S. 1 AktG vorausgesetzte unbeschränkte Auskunftspflicht über eventuelle Bestellungshindernisse gegenüber dem Registergericht obliegt. Das Attribut unbeschränkt erklärt sich daraus, dass die Auskunftspflicht gem. § 53 Abs. 2 BZRG auch solche Sachverhalte umfasst, die der Verurteile gem. § 53 Abs. 1 Nr. 1 BZRG nicht offenlegen muss.

34 Die nach § 53 Abs. 2 BZRG erforderliche **Belehrung** über die unbeschränkte Auskunftspflicht gegenüber dem Registergericht (→ Rn. 33) kann gem. Abs. 2 S. 2 iVm § 37 Abs. 2 S. 2 Hs. 2 AktG durch einen deutschen Notar oder einen im Ausland bestellten Notar, durch einen Vertreter eines vergleichbaren rechtsberatenden Berufs – Patentanwälte gehören nicht zu diesem Personenkreis[33] – oder durch einen Konsularbeamten erfolgen. Sie kann gem. Abs. 2 S. 2 iVm § 37 Abs. 2 S. 2 Hs. 1 AktG schriftlich vorgenommen werden.

35 **dd) Rechtsfolgen der Inhabilität.** Die Vorschrift des § 76 Abs. 3 S. 2 Nr. 2, 3, S. 3, 4 AktG begründet ein Bestellungshindernis mit der Folge, dass die betroffene Person die nach § 37 Abs. 2 S. 1 AktG erforderliche Versicherung nicht abgeben kann und das Registergericht die Eintragung der Gesellschaft mangels einer ordnungsgemäßen Anmeldung gem. § 38 Abs. 1 S. 2 AktG abzulehnen hat. Diese Rechtsfolgen treten bei einer AG mit Sitz in einem Drittland (→ Rn. 28 f.) deshalb nicht ein, weil für deren Vorstandsmitglieder nicht die persönlichen Mindestanforderungen sowie die Bestellungshindernisse des deutschen Gesellschaftsrechts gelten, sondern ausschließlich die des Gesellschaftsstatuts (→ Rn. 27).

36 Anstelle eines Bestellungshindernisses (→ Rn. 35) begründet Abs. 2 S. 2 iVm § 37 Abs. 2 S. 1 AktG lediglich ein **Mitwirkungshindernis** dergestalt, dass Vorstandsmitglieder, bei denen ein Umstand vorliegt, der ihre Bestellung zum Vorstandsmitglied einer deutschen AG nach § 76 Abs. 3 S. 2 Nr. 2, 3, S. 3, 4 AktG entgegenstehen würde, nicht an der Anmeldung der Errichtung einer inländischen Zweigniederlassung zur Eintragung in das Handelsregister (§ 13e Abs. 2 S. 1; → § 13e Rn. 25 ff.) mitwirken können. Dies bedeutet im Umkehrschluss, dass die Anmeldung nur dann ordnungsgemäß und damit taugliche Grundlage für die Eintragung einer Zweigniederlassung ist, wenn sämtliche Vorstandsmitglieder die erforderliche Versicherung abgeben.[34] Weitergehende Verbote, zB der geschäftlichen Betätigung im Inland, begründet die Verweigerung der Versicherung durch ein Vorstandsmitglied nicht.[35]

37 **Falsche Angaben** in der Versicherung sind – im Unterschied zu dem unmittelbaren Anwendungsbereich von § 37 Abs. 2 S. 1 AktG – nicht strafbewehrt;[36] das HGB enthält keine § 399 Abs. 1 Nr. 6 AktG vergleichbare Regelung.

38 **4. Aufnahme verschiedener Satzungsbestimmungen (Abs. 2 S. 4).** Gemäß Abs. 2 S. 4 **Hs. 1** sind in die Anmeldung der Errichtung einer inländischen Zweigniederlassung zur Eintragung in das Handelsregister die in **§ 23 Abs. 3, 4 AktG** vorgesehenen Bestimmungen aufzunehmen, nämlich die Firma und den Sitz der Gesellschaft (§ 23 Abs. 3 Nr. 1 AktG), der Gegenstand des

[29] OLG München 18.6.2014, NZG 2014, 1150.

[30] BGH 28.6.2022, NZG 2022, 1296 (1297) mwN zum Streitstand.

[31] BGH 17.5.2010, NZG 2010, 829 Rn. 9 ff.

[32] BGH 17.5.2010, NZG 2010, 829 (830). Zu der Anknüpfung an den Zeitpunkt der Rechtskraft der Verurteilung in der Formulierung der Versicherung s. BGH 7.6.2011, NZG 2011, 871 (872).

[33] OLG Frankfurt 8.8.2017, FGPrax 2018, 16 (20).

[34] Bönner RNotZ 2015, 253 (258); Hoger NZG 2015, 1219 (1220); Ebenroth/Boujong/Pentz Rn. 8; **aA** MüKoHGB/Krafka Rn. 2; Wachter Sonderheft GmbHR 10/2008, 80 (84) (nur der Organmitglieder, die die Zweigniederlassung anmelden).

[35] Blasche GWR 2012, 169 (172); Mankowski BB 2006, 1173 (1175); Wachter GmbHR 2006, 793 (799); Wachter Sonderheft GmbHR 10/2008, 80 (84).

[36] Ebenroth/Boujong/Pentz Rn. 8.

Unternehmens (§ 23 Abs. 3 Nr. 2 AktG), die Höhe des Grundkapitals (§ 23 Abs. 3 Nr. 3 AktG), die Zerlegung des Grundkapitals entweder in Nennbetragsaktien oder in Stückaktien, bei Nennbetragsaktien deren Nennbeträge und die Zahl der Aktien jeden Nennbetrags, bei Stückaktien deren Zahl, außerdem, wenn mehrere Gattungen bestehen, die Gattung der Aktien und die Zahl der Aktien jeder Gattung (§ 23 Abs. 3 Nr. 4 AktG), ob die Aktien auf den Inhaber oder auf den Namen ausgestellt werden (§ 23 Abs. 3 Nr. 5 AktG) und die Form der Bekanntmachungen der Gesellschaft (§ 23 Abs. 4 AktG). Zu der Eintragung des Gegenstandes der Zweigniederlassung → § 13e Rn. 40. Aufzunehmen sind ferner die Bestimmungen der Satzung über die Zusammensetzung des Vorstandes sowie die Zahl der Mitglieder des Vorstands oder die Regeln, nach denen diese Zahl festgelegt wird (§ 23 Abs. 3 Nr. 6 AktG). Vor dem Hintergrund, dass das deutsche Registerrecht nicht in die Organisationsstruktur der ausländischen Gesellschaft eingreifen darf,[37] sind diese Angaben gem. Abs. 2 S. 4 Hs. 1 nur erforderlich, soweit nicht das ausländische Recht eine Abweichung nötig macht. Dies ist insbesondere der Fall, soweit das ausländische Recht entsprechende Bestimmungen in der Satzung nicht verlangt und die Satzung sie auch nicht enthält.

39 Erfolgt die Anmeldung in den ersten zwei Jahren nach der Eintragung der Gesellschaft in das Handelsregister ihres Sitzes, sind in die Anmeldung der Errichtung einer inländischen Zweigniederlassung zur Eintragung in das Handelsregister gem. Abs. 2 S. 4 **Hs. 2** auch die Angaben über Festsetzungen nach den **§§ 26, 27 AktG** aufzunehmen, nämlich die in der Satzung festgesetzten Sondervorteile (§ 26 Abs. 1 AktG), die Summe der Gründungsentschädigungen und -belohnungen (§ 26 Abs. 2 AktG) sowie die Sacheinlagen und Sachübernahmen, einschließlich des Gegenstands, der Person, von der die Gesellschaft den Gegenstand erwirbt, und der Nennbetrag, bei Stückaktien die Zahl der bei der Sacheinlage zu gewährenden Aktien oder die bei der Sachübernahme zu gewährende Vergütung (§ 27 Abs. 1 S. 1 AktG). Dieses Gebot gilt nur, soweit nicht das ausländische Recht eine Abweichung nötig macht, ohne dass diese in dem Wortlaut von Abs. 2 S. 4 Hs. 1 enthaltene Einschränkung (→ Rn. 38) in Abs. 2 S. 4 Hs. 2 wiederholt wird. Aufzunehmen sind gem. Abs. 2 S. 4 Hs. 2 ferner der Ausgabebetrag der Aktien sowie Name und Wohnort der Gründer. Anzugeben sind die Festsetzungen in dem Zeitpunkt der Gründung,[38] und zwar auch dann, wenn die Satzung vor der Anmeldung der Zweigniederlassung zur Eintragung in das Handelsregister geändert wurde.

40 **5. Bekanntmachung des ausländischen Registergerichts (Abs. 2 S. 5).** Der Anmeldung einer inländischen Zweigniederlassung zur Eintragung in das Handelsregister ist gem. Abs. 2 S. 5 die für den Sitz der Gesellschaft ergangene gerichtliche Bekanntmachung beizufügen. Der Gegenstand der Bekanntmachung erschließt sich nur aus der Systematik, nämlich dass sämtliche nach Abs. 2 S. 1–4 erforderlichen Angaben die Errichtung der AG oder KGaA (Abs. 7; → Rn. 14) mit Sitz im Ausland betreffen. Daher ist gem. Abs. 2 S. 5 die Bekanntmachung der Eintragung der Gesellschaft durch das ausländische Registergericht mitzuteilen. Die gerichtliche Bekanntmachung genügt allein zwar nicht als Nachweis für das Bestehen der Gesellschaft gem. § 13e Abs. 2 S. 2 (→ § 13e Rn. 31 ff.), begründet aber ein erhebliches Indiz dafür. Während die Mitgliedstaaten der EU und die Vertragsstaaten des EWR gem. Art. 16 Abs. 3 S. 1 GesR-RL dafür zu sorgen haben, dass die Errichtung einer AG durch das Zugänglichmachen der in Art. 14 lit. a, d, l GesR-RL bezeichneten Urkunden und Informationen offengelegt werden, ist eine vergleichbare Bekanntmachung bei **Gesellschaften aus Drittländern** nicht gewiss. Sieht das ausländische Recht keine Bekanntmachung vor, ist Abs. 2 S. 5 gegenstandslos.[39] In diesem Fall genügt eine entsprechende Negativerklärung.[40] Eine Verpflichtung, der Anmeldung eine andere vergleichbare öffentliche Bekanntmachung beizufügen, ist Abs. 2 S. 5 nicht zu entnehmen.[41]

IV. Eintragung der Zweigniederlassung in das Handelsregister (Abs. 3)

41 Die Eintragung der Errichtung einer inländischen Zweigniederlassung durch eine AG oder KGaA (Abs. 7; → Rn. 14) mit Sitz im Ausland muss gem. § **13d Abs. 2** den Ort, die inländische Geschäftsanschrift der Zweigniederlassung enthalten und, wenn der Firma der Zweigniederlassung ein Zusatz beigefügt ist, auch diesen (→ § 13d Rn. 33 ff.). Gemäß Abs. 3 muss die Eintragung außerdem die

[37] BayObLG 18.9.1986, BayObLGZ 1986, 351 (356) = WM 1986, 1557; OLG Düsseldorf 8.5.1992, NJW-RR 1992, 1390 (1391); GK-HGB/Achilles/Haase § 13d Rn. 16; Hopt/Merkt § 13d Rn. 6; Staub/Koch/Harnos Rn. 13.

[38] MüKoHGB/Krafka Rn. 4; SLM/Schmidt-Kessel Rn. 37.

[39] Ebenroth/Boujong/Pentz Rn. 14.

[40] MüKoHGB/Krafka Rn. 6; Ebenroth/Boujong/Pentz Rn. 14.

[41] Ebenroth/Boujong/Pentz Rn. 14; **aA** Begr. RegE, BT-Drs. 12/3908, 17; GK-HGB/Achilles/Haase Rn. 4; Heymann/Förster Rn. 12; SLM/Schmidt-Kessel Rn. 39.

Angaben nach § 39 AktG (→ Rn. 42 f.) sowie die Angaben nach § 13e Abs. 2 S. 3–5 (→ Rn. 44) enthalten.

42 **1. Angaben nach § 39 AktG.** Gemäß Abs. 3 iVm **§ 39 Abs. 1 S. 1 AktG** sind in der Eintragung der inländischen Zweigniederlassung im Handelsregister die Firma und der Sitz der AG bzw. der KGaA (Abs. 7; → Rn. 14), eine inländische Geschäftsanschrift, der Gegenstand des Unternehmens, die Höhe des Grundkapitals (→ Rn. 43), der Tag der Feststellung der Satzung und die Vorstandsmitglieder bzw. die persönlich haftenden Gesellschafter anzugeben. Für letztere ist gem. Abs. 3 iVm **§ 39 Abs. 1 S. 3 AktG** auch ihre Vertretungsbefugnis einzutragen. Hat die AG oder KGaA (Abs. 7) eine Person, die für Willenserklärungen und Zustellungen an die Gesellschaft empfangsberechtigt ist, mit einer inländischen Anschrift zur Eintragung in das Handelsregister angemeldet, sind gem. Abs. 3 iVm **§ 39 Abs. 1 S. 2 Hs. 1 AktG** auch diese Angaben einzutragen. Enthält die Satzung Bestimmungen über die Dauer der Gesellschaft oder über das genehmigte Kapital, sind gem. Abs. 3 iVm § 39 Abs. 2 AktG auch diese Angaben einzutragen.

43 Die Frage, ob der Eintragung des **Grundkapitals** und dem damit einhergehenden Erfordernis der Anmeldung dieser Angabe bei einer AG oder KGaA (Abs. 7; → Rn. 14) mit Sitz in einem Mitgliedstaat der EU oder einem anderen Vertragsstaat des EWR **Art. 30 GesR-RL** entgegensteht, ist weiterhin nicht höchstrichterlich geklärt, da der BGH seinen auf Klärung gerichteten Vorlagebeschluss[42] aufgehoben hat.[43] Das Wort „lediglich" in Art. 30 Abs. 1 GesR-RL sowie die Tatsache, dass Art. 30 Abs. 2 GesR-RL eine abschließende Aufzählung von Urkunden und Angaben enthält, deren Anmeldung die Eintragung die Mitgliedstaaten anordnen können, legt es insbesondere für Fälle, in denen der Errichtungsakt (Art. 30 Abs. 2 lit. b GesR-RL) das Grundkapital nicht beziffert, nahe, einen solchen Verstoß anzunehmen mit der Folge, dass die Angabe nur von Gesellschaften aus Drittländern verlangt werden darf.[44]

44 **2. Angaben nach § 13e Abs. 2 S. 3–5.** Die Eintragung der Errichtung einer inländischen Zweigniederlassung muss gem. Abs. 3 neben den Angaben nach § 39 AktG (→ Rn. 42 f.) auch die Angaben nach § 13e Abs. 2 S. 3–5 enthalten. Dies sind die inländische Geschäftsadresse der Zweigniederlassung (Abs. 3 iVm § 13e Abs. 2 S. 3; → § 13e Rn. 38 f.), der Gegenstand der Zweigniederlassung (Abs. 3 iVm § 13e Abs. 2 S. 3; → § 13e Rn. 40), das Register, bei dem die Gesellschaft geführt wird, und die Nummer des Registereintrags, sofern das Recht des Staates, in dem die Gesellschaft ihren Sitz hat, eine Registereintragung vorsieht (Abs. 3 iVm § 13e Abs. 2 S. 5 Nr. 1; → § 13e Rn. 48), die Rechtsform der Gesellschaft (Abs. 3 iVm § 13e Abs. 2 S. 5 Nr. 2; → § 13e Rn. 49), die Personen, die befugt sind, als ständige Vertreter für die Tätigkeit der Zweigniederlassung die Gesellschaft gerichtlich und außergerichtlich zu vertreten, unter Angabe ihrer Befugnisse (Abs. 3 iVm § 13e Abs. 2 S. 5 Nr. 3; → § 13e Rn. 50 ff.) sowie, wenn die AG oder KGaA (Abs. 7; → Rn. 14) nicht dem Recht eines Mitgliedstaates der EU oder eines anderen Vertragsstaates des EWR unterliegt, das Recht des Staates, dem die Gesellschaft unterliegt (Abs. 3 iVm § 13e Abs. 2 S. 5 Nr. 4; → § 13e Rn. 56). Die Verweisung von Abs. 3 auf § 13e Abs. 2 S. 4 Hs. 1 ist redundant, da sie sich in Angaben erschöpft, die bereits gem. Abs. 3 iVm § 39 Abs. 1 S. 2 Hs. 1 AktG (→ Rn. 42) einzutragen sind.

V. Änderungen der Satzung der ausländischen Gesellschaft (Abs. 4)

45 **1. Änderung der Satzung.** Änderungen der Satzung der AG oder KGaA mit Sitz im Ausland (Abs. 7; → Rn. 14) sind gem. Abs. 4 S. 1 durch den Vorstand zur Eintragung in das Handelsregister anzumelden. Der Vorschrift liegt – erkennbar an Abs. 4 S. 2 – der in den §§ 179 ff. AktG vorausgesetzte Begriff der Satzungsänderung zugrunde. Danach ist eine Satzungsänderung jede äußerliche Einwirkung auf den Text der Satzungsurkunde, durch die der Wortlaut ergänzt, gestrichen oder inhaltlich verändert wird, unabhängig davon, ob die Änderung des Textes auch eine inhaltliche Veränderung mit sich bringt.[45]

46 **2. Anmeldung. a) Anmeldungserklärung.** Gemäß Abs. 4 S. 1 hat der Vorstand jede Änderung der Satzung (→ Rn. 45) zur Eintragung in das Handelsregister (→ Rn. 50) anzumelden. Die Anordnung der sinngemäßen Anwendung von § 181 Abs. 1 S. 1 AktG in Abs. 4 S. 2 ist redundant. Die Anmeldung hat durch die Vorstandsmitglieder in vertretungsberechtigter Zahl zu erfolgen (→ § 13e

[42] BGH 14.5.2019, NZG 2019, 775 zu § 13g Abs. 3 iVm § 10 GmbHG.
[43] BGH 16.2.2021, NZG 2021, 702.
[44] SLM/Schmidt-Kessel Rn. 48.
[45] Statt vieler MüKoAktG/Poelzig AktG § 179 Rn. 25 mwN.

Rn. 26),[46] und zwar gem. § 12 Abs. 1 S. 1 elektronisch in öffentlich beglaubigter Form (→ § 12 Rn. 20 ff.).

47 Betrifft die Änderung der Satzung (→ Rn. 45) den Namen der Gesellschaft, ihren Sitz oder ihre Rechtsform, ist der Mitgliedstaat der EU oder der Vertragsstaat des EWR, in dem die Gesellschaft eingetragen ist, gem. **Art. 30a Abs. 1 lit. a, b und lit. d GesR-RL** verpflichtet, dem Mitglied- oder Vertragsstaat, in dem die Zweigniederlassung der Gesellschaft eingetragen ist, die Änderung unverzüglich über das Europäische System der Registervernetzung (BRIS) mitzuteilen. Sobald die Daten aufgrund einer Weiterleitung gem. § 13e Abs. 6 (→ § 13e Rn. 77) bei dem für die Zweigniederlassung zuständigen Registergericht eingehen, hat dieses den Eingang der Daten gem. § 13e Abs. 7 S. 1 über BRIS zu bestätigen (→ § 13e Rn. 78). Sofern dem Registergericht zum Zeitpunkt des Dateneingangs keine Anmeldung in Bezug auf die mitgeteilten Tatsachen vorliegt (→ Rn. 46), hat es die Gesellschaft gem. § 13e Abs. 7 S. 2 zur unverzüglichen Anmeldung der geänderten Tatsachen aufzufordern.

48 **b) Beizufügende Dokumente.** Der Anmeldung ist gem. Abs. 4 S. 2 iVm § 181 Abs. 1 S. 2 Hs. 1 AktG der **vollständige Wortlaut der Satzung** beizufügen. Erforderlich ist gem. Abs. 4 S. 2 iVm § 181 Abs. 1 S. 2 Hs. 2 AktG außerdem die **Bescheinigung eines Notars,** dass die geänderten Bestimmungen der Satzung mit dem Beschluss über die Satzungsänderung und die unveränderten Bestimmungen mit dem zuletzt zum Register, bei dem die Gesellschaft geführt wird, eingereichten vollständigen Wortlaut der Satzung übereinstimmen, soweit nicht das ausländische Recht eine Abweichung nötig macht.[47]

49 Obwohl Abs. 4 – im Gegensatz zu Abs. 2 S. 1 (→ Rn. 16 ff.) – eine **Übersetzung** der geänderten Satzung nicht erwähnt, ist sie gleichwohl aufgrund der Tatsache, dass die Gerichtssprache deutsch ist (§ 184 S. 1 GVG), beizufügen.[48]

50 **3. Eintragung.** Änderungen der Satzung (→ Rn. 45) müssen nur ausnahmsweise ihrem Inhalt nach in das Handelsregister eingetragen werden, nämlich wenn sie **Angaben nach § 39 AktG** betreffen, also die Firma oder den Sitz der Gesellschaft, die inländische Geschäftsanschrift, den Gegenstand des Unternehmens, die Höhe des Grundkapitals (§ 39 Abs. 1 S. 1 AktG), die Vertretungsbefugnis der Vorstandsmitglieder (§ 39 Abs. 1 S. 3 AktG), die Dauer der Gesellschaft oder das genehmigte Kapital (§ 39 Abs. 2 AktG). Bei sämtlichen anderen Änderungen genügt gem. Abs. 4 S. 2 iVm § 181 Abs. 2 AktG die Bezugnahme auf die bei dem Gericht eingereichten Urkunden (→ Rn. 48 f.).

VI. Weitere anzumeldende Tatsachen (Abs. 5)

51 **1. Änderung des Vorstands und der Vertretungsbefugnis seiner Mitglieder.** Gemäß Abs. 5 S. 1 iVm **§ 81 Abs. 1 AktG** hat der Vorstand jede Veränderung des Vorstands oder der Vertretungsbefugnis eines Vorstandsmitglieds zur Eintragung in das Handelsregister anzumelden, und zwar gem. § 12 Abs. 1 S. 1 elektronisch in öffentlich beglaubigter Form (→ § 12 Rn. 20 ff.). Der Anmeldung sind gem. Abs. 5 S. 1 iVm **§ 81 Abs. 2 AktG** die Urkunden über die Änderung in Urschrift oder öffentlich beglaubigter Abschrift beizufügen.[49] Für die Einreichung der Urschrift genügt gem. § 12 Abs. 2 S. 2 Hs. 1 eine elektronische Aufzeichnung (→ § 12 Rn. 67 ff.), für die öffentlich beglaubigte Abschrift bedarf es gem. § 12 Abs. 2 S. 2 Hs. 2 eines mit einem einfachen elektronischen Zeugnis (§ 39a BeurkG) versehenen Dokuments (→ § 12 Rn. 70 ff.).

52 Bei Gesellschaften, die weder dem Recht eines Mitgliedstaates, der EU noch dem eines Vertrag Staates des EWR unterliegen (Abs. 5 S. 2), haben neue Vorstandmitglieder – Gleiches gilt gem. Abs. 7 für neue persönlich haftende Gesellschafter einer KGaA (→ Rn. 14) – in ihrer Anmeldung zur Eintragung in das Handelsregister (Abs. 5 S. 1 iVm § 81 Abs. 1 Fall 1 AktG; → Rn. 51) gem. Abs. 5 S. 1 iVm **§ 81 Abs. 3 S. 1 AktG** zu versichern, dass keine Umstände vorliegen, die ihrer Bestellung zum Vorstandsmitglied einer deutschen AG gem. § 76 Abs. 3 S. 2 Nr. 2, 3, S. 3, 4 AktG entgegenstehen, und dass sie über ihre unbeschränkte Auskunftspflicht gegenüber dem Registergericht belehrt worden sind. Zu der Versicherung → Rn. 31 f. Die Belehrung nach § 53 Abs. 2 BZRG kann gem. Abs. 5 S. 1 iVm § 81 Abs. 3 S. 2 AktG und § 37 Abs. 2 S. 2 AktG schriftlich vorgenommen werden und auch durch einen deutschen Notar oder einen im Ausland bestellten Notar, durch einen

[46] KG 18.11.2003, NZG 2004, 49 (50); GK-HGB/Achilles/Haase § 13d Rn. 11; Staub/Koch/Harnos Rn. 20; Hopt/Merkt § 13e Rn. 2; Ebenroth/Boujong/Pentz Rn. 21.

[47] **AA** Bönner RNotZ 2015, 253 (271): Satzungsbescheinigung ist entbehrlich.

[48] GK-HGB/Achilles/Haase Rn. 6; Staub/Koch/Harnos Rn. 21; MüKoHGB/Krafka Rn. 8; Ebenroth/Boujong/Pentz Rn. 23; SLM/Schmidt-Kessel Rn. 55; s. auch Heinze RNotZ 2009, 586 (588).

[49] Krit. SLM/Schmidt-Kessel Rn. 58: überflüssiger Formalismus, der unionsrechtlich kaum zu rechtfertigen sei.

Vertreter eines vergleichbaren rechtsberatenden Berufs oder einen Konsularbeamten erfolgen. Zu Einzelheiten der Belehrung → Rn. 33 f.

53 **2. Auflösung und Abwicklung der Gesellschaft.** Für die Auflösung und Abwicklung der AG oder KGaA (Abs. 7; → Rn. 14) mit Sitz im Ausland bestimmt Abs. 5 S. 1, dass § 263 S. 1 AktG (→ Rn. 54), § 266 Abs. 1, 2 AktG (→ Rn. 55 f.) und § 273 Abs. 1 S. 1 AktG (→ Rn. 57 ff.) sinngemäß gelten, soweit nicht das ausländische Recht keine Abweichung erforderlich macht. Diese aktienrechtlichen Vorschriften sind – im Unterschied zu § 81 Abs. 3 AktG (→ Rn. 52) – unterschiedslos sowohl auf Gesellschaften aus einem Mitgliedstaat der EU oder einem Vertragsstaat des EWR als auch auf Gesellschaften aus Drittländern anzuwenden.[50]

54 **a) Auflösung der Gesellschaft.** Gemäß Abs. 5 S. 1 iVm **§ 263 S. 1 AktG** hat der Vorstand die Auflösung der AG oder KGaA (Abs. 7; → Rn. 14) mit Sitz im Ausland zur Eintragung in das Handelsregister der Zweigniederlassung anzumelden. Unterliegt die AG oder KGaA (Abs. 7) dem Recht eines anderen Mitgliedstaates der EU oder dem eines anderen Vertragsstaates des EWR, verpflichtet **Art. 34 Abs. 1 GesR-RL iVm Art. 20 Abs. 1 GesR-RL** das Register der Gesellschaft dazu, über das Europäische System der Registervernetzung (BRIS) unverzüglich Informationen über die Eröffnung von Verfahren zur Abwicklung der Gesellschaft zur Verfügung zu stellen. Sobald diese Daten aufgrund der Weiterleitung gem. § 13e Abs. 6 (→ § 13e Rn. 77) bei dem für die Zweigniederlassung zuständigen Registergericht eingehen, hat dieses den Eingang der Daten gem. § 13e Abs. 7 S. 1 über BRIS zu bestätigen (→ § 13e Rn. 78). Sofern dem Registergericht zum Zeitpunkt des Dateneingangs keine Anmeldung gem. Abs. 5 S. 1 iVm § 263 S. 1 AktG vorliegt (→ Rn. 53), hat es die Gesellschaft gem. § 13e Abs. 7 S. 2 zur unverzüglichen Anmeldung der geänderten Tatsachen aufzufordern.

55 **b) Abwickler und ihre Vertretungsbefugnis.** Gemäß Abs. 5 S. 1 iVm **§ 266 Abs. 1 Fall 1 AktG** hat der Vorstand die ersten Abwickler sowie ihre Vertretungsbefugnis zur Eintragung in das Handelsregister der Zweigniederlassung anzumelden. Jeden Wechsel der Abwickler und jede Änderung ihrer Vertretungsbefugnis haben gem. Abs. 5 S. 1 iVm **§ 266 Abs. 1 Fall 2 AktG** die Abwickler zur Eintragung in das Handelsregister der Zweigniederlassung anzumelden. Einem Wechsel der Abwickler steht – in Ansehung von Abs. 5 S. 1 iVm § 266 Abs. 2 AktG – die Abberufung eines Abwicklers gleich.

56 Der Anmeldung nach Abs. 5 S. 1 iVm § 266 Abs. 1 AktG (→ Rn. 55) sind gem. Abs. 5 S. 1 iVm **§ 266 Abs. 2 AktG** die Urkunden über die Bestellung oder Abberufung sowie über die Vertretungsbefugnis in Urschrift oder öffentlich beglaubigter Abschrift beizufügen. Für die Einreichung der Urschrift genügt gem. § 12 Abs. 2 S. 2 Hs. 1 eine elektronische Aufzeichnung (→ § 12 Rn. 67 ff.), für die öffentlich beglaubigte Abschrift bedarf es gem. § 12 Abs. 2 S. 2 Hs. 2 eines mit einem einfachen elektronischen Zeugnis (§ 39a BeurkG) versehenen Dokuments (→ § 12 Rn. 70 ff.).

57 **c) Schluss der Abwicklung.** Ist die Abwicklung beendet und die Schlussrechnung gelegt, haben die Abwickler gem. Abs. 5 S. 1 iVm **§ 273 Abs. 1 S. 1 AktG** den Schluss der Abwicklung zur Eintragung in das Handelsregister der Zweigniederlassung anzumelden. Diese Anmeldepflicht dient bei Gesellschaften, die dem Recht eines Mitgliedstaates der EU oder eines Vertragsstaates des EWR unterliegen, der Umsetzung von Art. 34 Abs. 2 S. 2 GesR-RL, wonach die Mitgliedstaaten bei der Auflösung einer Gesellschaft sicherzustellen haben, dass ihre Zweigniederlassungen ebenfalls ohne unangemessene Verzögerung aus dem Register gelöscht werden.

58 Unterliegt die AG oder KGaA (Abs. 7; → Rn. 14) dem Recht eines anderen Mitgliedstaates der EU oder dem eines anderen Vertragsstaates des EWR, verpflichtet **Art. 34 Abs. 1 GesR-RL iVm Art. 20 Abs. 1 GesR-RL** das Register der Gesellschaft dazu, über das Europäische System der Registervernetzung (BRIS) unverzüglich Informationen über die Beendigung von Verfahren zur Abwicklung der Gesellschaft zur Verfügung zu stellen. Sobald diese Daten aufgrund der Weiterleitung gem. § 13e Abs. 6 (→ § 13e Rn. 77) bei dem für die Zweigniederlassung zuständigen Registergericht eingehen, hat dieses den Eingang der Daten gem. § 13e Abs. 7 S. 1 über BRIS zu bestätigen (→ § 13e Rn. 78). Sofern dem Registergericht zum Zeitpunkt des Dateneingangs keine Anmeldung gem. Abs. 5 S. 1 iVm § 273 Abs. 1 S. 1 AktG vorliegt (→ Rn. 57), hat es die Gesellschaft gem. § 13e Abs. 7 S. 2 zur unverzüglichen Anmeldung der geänderten Tatsachen aufzufordern.

59 Hat die AG oder KGaA (Abs. 7; → Rn. 14) mit Sitz im Ausland durch die Löschung aus ihrem Heimatregister (zB nach Durchführung eines Insolvenzverfahrens)[51] die Rechtsfähigkeit verloren,

---

[50] **AA** SLM/Schmidt-Kessel Rn. 64.
[51] Krafka RegisterR Rn. 337a.

kann das Registergericht die Zweigniederlassung gem. **§ 395 Abs. 1 S. 1 FamFG** von Amts wegen oder auf Antrag der berufsständischen Organe löschen (→ § 8 Rn. 148 ff.).

VII. Aufhebung einer Zweigniederlassung (Abs. 6)

Für die Aufhebung einer inländischen Zweigniederlassung durch eine AG oder KGaA (Abs. 7; → Rn. 14) mit Sitz im Ausland gelten gem. Abs. 6 die Vorschriften über ihre Errichtung sinngemäß. Die Aufhebung einer Zweigniederlassung ist – ebenso wie deren Errichtung (→ § 13 Rn. 36) – ein tatsächlicher Vorgang (→ § 13 Rn. 61). Ein förmliches Aufhebungsverfahren muss weder durchgeführt noch nachgewiesen werden.[52] Wurde die Zweigniederlassung aufgehoben, die Aufhebung aber noch nicht in das Handelsregister eingetragen, ist das Handelsregister – die ordnungsgemäße Eintragung der Zweigniederlassung vorausgesetzt – unrichtig. Um diesen Zustand zu beseitigen, hat der Vorstand die Aufhebung einer Zweigniederlassung gem. Abs. 6 iVm § 13e Abs. 2 S. 1 wie deren Errichtung (→ § 13e Rn. 25 ff.) zur Eintragung in das Handelsregister anzumelden. 60

Hat eine AG oder KGaA (Abs. 7; → Rn. 14) mit Sitz im Ausland **mehrere inländische Zweigniederlassungen** errichtet und das Registergericht, in dessen Bezirk die nunmehr aufgehobenen Zweigniederlassung bestand, gem. § 13e Abs. 5 S. 1 als Hauptregister gewählt (→ § 13e Rn. 74 ff.), bedingt die Eintragung der Aufhebung der Zweigniederlassung (→ Rn. 60) den Fortfall des Hauptregisters. Dies hat zur Folge, dass die Gesellschaft, wenn sie ihr Wahlrecht nach § 13e Abs. 5 S. 1 nicht erneut ausübt und ein anderes Hauptregister wählt, die Satzung sowie ggf. zwischenzeitliche Satzungsänderungen bei den übrigen Handelsregistern einreichen muss.[53] Unabhängig von der erneuten Ausübung des Wahlrechts sind die vor der Aufhebung der Zweigniederlassung auf Grundlagen von § 13e Abs. 5 S. 2 vorgenommenen Eintragungen nunmehr fehlerhaft und deshalb zu löschen.[54] 61

§ 13g Zweigniederlassungen von Gesellschaften mit beschränkter Haftung mit Sitz im Ausland

(1) Für Zweigniederlassungen von Gesellschaften mit beschränkter Haftung mit Sitz im Ausland gelten ergänzend die folgenden Vorschriften.

(2) [1]Der Anmeldung ist der Gesellschaftsvertrag in öffentlich beglaubigter Abschrift und, sofern der Gesellschaftsvertrag nicht in deutscher Sprache erstellt ist, eine beglaubigte Übersetzung in deutscher Sprache beizufügen. [2]Die Vorschriften des § 8 Abs. 1 Nr. 2 und Abs. 3 und 4 des Gesetzes betreffend die Gesellschaften mit beschränkter Haftung sind anzuwenden. [3]§ 8 Absatz 3 des Gesetzes betreffend die Gesellschaften mit beschränkter Haftung ist nicht anzuwenden auf Gesellschaften, die dem Recht eines Mitgliedstaates der Europäischen Union oder eines anderen Vertragsstaates des Abkommens über den Europäischen Wirtschaftsraum unterliegen. [4]Wird die Errichtung der Zweigniederlassung in den ersten zwei Jahren nach der Eintragung der Gesellschaft in das Handelsregister ihres Sitzes angemeldet, so sind in die Anmeldung auch die nach § 5 Abs. 4 des Gesetzes betreffend die Gesellschaften mit beschränkter Haftung getroffenen Festsetzungen aufzunehmen, soweit nicht das ausländische Recht Abweichungen nötig macht.

(3) Die Eintragung der Errichtung der Zweigniederlassung hat auch die Angaben nach § 10 des Gesetzes betreffend die Gesellschaften mit beschränkter Haftung sowie die Angaben nach § 13e Abs. 2 Satz 3 bis 5 zu enthalten.

(4) [1]Änderungen des Gesellschaftsvertrages der ausländischen Gesellschaft sind durch die Geschäftsführer zur Eintragung in das Handelsregister anzumelden. [2]Für die Anmeldung gelten die Vorschriften des § 54 Abs. 1 und 2 des Gesetzes betreffend die Gesellschaften mit beschränkter Haftung sinngemäß, soweit nicht das ausländische Recht Abweichungen nötig macht.

(5) [1]Im übrigen gelten die Vorschriften der §§ 39, 65 Abs. 1 Satz 1, § 67 Abs. 1 und 2, § 74 Abs. 1 Satz 1 des Gesetzes betreffend die Gesellschaften mit beschränkter Haftung sinngemäß, soweit nicht das ausländische Recht Abweichungen nötig macht. [2]§ 39 Absatz 3 des Gesetzes betreffend die Gesellschaften mit beschränkter Haftung ist nicht anzuwenden auf Gesellschaften, die dem Recht eines Mitgliedstaates der Europäischen

---

[52] LG Krefeld 26.4.2006, NZG 2006, 676; Krafka RegisterR Rn. 337.

[53] GK-HGB/Achilles/Haase Rn. 8; Staub/Koch/Harnos Rn. 25; Ebenroth/Boujong/Pentz Rn. 31; RGHMW/Ries Rn. 15; SLM/Schmidt-Kessel Rn. 68.

[54] Ebenroth/Boujong/Pentz Rn. 31; SLM/Schmidt-Kessel Rn. 68.

Union oder eines anderen Vertragsstaates des Abkommens über den Europäischen Wirtschaftsraum unterliegen.

(6) Für die Aufhebung einer Zweigniederlassung gelten die Vorschriften über ihre Errichtung sinngemäß.

Schrifttum: Bauer/Großerichter, Zur Durchsetzung deutscher Bestellungshindernisse von Geschäftsleitern gegenüber ausländischen Gesellschaften, NZG 2008, 253; Bönner, Zweigniederlassungen ausländischer Gesellschaften in der notariellen Praxis, RNotZ 2015, 253; Eidenmüller/Rehberg, Umgehung von Gewerbeverboten mittels Auslandsgesellschaften, NJW 2008, 28; Stöhr, Bestellungshindernisse für GmbH-Geschäftsführer in grenzüberschreitenden Zusammenhängen, EuZW 2020, 654; Voigt, Das Handelsrecht der Zweigniederlassung, 2010; Wachter, Der Entwurf des MoMiG und die Auswirkungen auf inländische Zweigniederlassungen von Auslandsgesellschaften, GmbHR 2006, 793.

Übersicht

I. Allgemeines

1 **1. Systematik.** Ist die Handelsgesellschaft mit Sitz im Ausland der GmbH zuzuordnen (→ Rn. 11), gelten für ihre inländischen Zweigniederlassungen gem. Abs. 1 ergänzend zu den Regelungen der §§ 13d, 13e die Abs. 2–6. Diese legen Einzelheiten zu der Anmeldung der Errichtung einer Zweigniederlassung zur Eintragung in das Handelsregister (Abs. 2; → Rn. 12 ff.) und der Eintragung (Abs. 3; → Rn. 40 ff.), der Aufhebung einer Zweigniederlassung (Abs. 6; → Rn. 60 f.), von Änderungen des Gesellschaftsvertrags (Abs. 4; → Rn. 45 ff.) sowie sonstiger eintragungspflichtiger Tatsachen (Abs. 5; → Rn. 51 ff.) fest. Die Bestimmungen – sämtlich § 13f nachgebildet[1] – sollen gewährleisten, dass die Eintragung der Zweigniederlassung in das Handelsregister möglichst umfassend über die **Rechtsverhältnisse der ausländischen Gesellschaft** informiert, da diese nicht als solche in das Handelsregister eingetragen ist.[2] Flankierend dazu verlangt § 35a Abs. 4 S. 1 Hs. 1 AktG, dass auf allen Geschäftsbriefen und Bestellscheinen, die von einer inländischen Zweigniederlassung einer GmbH mit Sitz im Ausland verwendet werden, das Register, bei dem die Zweigniederlassung geführt wird, und die Nummer des Registereintrags angegeben werden.

[1] Begr. RegE, BT-Drs. 12/3908, 18; Ebenroth/Boujong/Pentz Rn. 3.
[2] Ebenroth/Boujong/Pentz Rn. 2.

2. Unionsrechtlicher Hintergrund. Die Regelungen in den Abs. 2–6 dienen weit überwiegend der Umsetzung von Vorgaben aus der GesR-RL. 2

Abs. 2 S. 1 (→ Rn. 13 ff.) setzt die Vorgaben aus **Art. 36 Abs. 1 GesR-RL iVm Art. 37 lit. e Fall 1 GesR-RL** (vor dem 20.7.2017: Art. 8 lit. e RL 89/666/EWG) um. Danach haben die Mitgliedstaaten der EU und die Vertragsstaaten des EWR Rechtsvorschriften zu erlassen, wonach bei der Errichtung einer Zweigniederlassung in einem Mitgliedstaat der EU oder einem Vertragsstaat des EWR durch eine GmbH mit Sitz in einem Drittland der Errichtungsakt nach dem Recht des Mitglied- oder Vertragsstaats der Zweigniederlassung im Einklang mit Art. 16 GesR-RL offengelegt wird. Für Sachverhalte, in denen die Zweigniederlassung durch eine GmbH mit Sitz in einem anderen Mitgliedstaat der EU oder einem anderen Vertragsstaat des EWR errichtet wird, begründet **Art. 29 Abs. 1 GesR-RL iVm Art. 30 Abs. 2 lit. b Fall 1 GesR-RL** (vor dem 20.7.2017: Art. 2 Abs. 2 lit. b RL 89/666/EWG) keine vergleichbare Verpflichtung, sondern eröffnet den Mitglied- bzw. Vertragsstaaten lediglich die Möglichkeit („kann"), die Verpflichtung zur Offenlegung des Errichtungsakt zu begründen. Diese Möglichkeit hat der deutsche Gesetzgeber mit Abs. 2 S. 1 ausgeschöpft und eine Regelung geschaffen, die unterschiedslos für inländische Zweigniederlassungen sämtlicher Gesellschaften mit beschränkter Haftung mit Sitz im Ausland gilt. Die ergänzende Verpflichtung, eine beglaubigte Übersetzung des Gesellschaftsvertrags in deutscher Sprache beizufügen, wenn der Gesellschaftsvertrag nicht in deutscher Sprache erstellt ist (→ Rn. 15), dient der Umsetzung von **Art. 32 GesR-RL ggf. iVm Art. 38 Abs. 2 GesR-RL** (vor dem 20.7.2017: Art. 4 RL 89/666/EWG ggf. iVm Art. 9 Abs. 2 RL 89/666/EWG). 3

Abs. 4 S. 1 (→ Rn. 45 ff.) setzt die Vorgaben aus **Art. 36 Abs. 1 GesR-RL iVm Art. 37 lit. e Fall 3 GesR-RL** (vor dem 20.7.2017: Art. 8 lit. e Fall 3 RL 89/666/EWG) um. Danach haben die Mitgliedstaaten der EU und die Vertragsstaaten des EWR Rechtsvorschriften zu erlassen, wonach jede Änderung des Errichtungsaktes einer GmbH mit Sitz in einem Drittland, die eine Zweigniederlassung im Inland unterhält, nach dem Recht des Mitglied- oder Vertragsstaats der Zweigniederlassung im Einklang mit Art. 16 GesR-RL offengelegt wird. Wird der Errichtungsakt einer GmbH mit Sitz in einem Mitgliedstaat der EU oder einem Vertragsstaat des EWR geändert, begründet **Art. 29 Abs. 1 GesR-RL iVm Art. 30 Abs. 2 lit. b Fall 3 GesR-RL** (vor dem 20.7.2017: Art. 2 Abs. 2 lit. b Fall 3 RL 89/666/EWG) keine vergleichbare Verpflichtung, sondern eröffnet den Mitglied- bzw. Vertragsstaaten lediglich die Möglichkeit („kann"), die Verpflichtung zur Offenlegung der Änderung zu begründen. Diese Möglichkeit hat der deutsche Gesetzgeber mit Abs. 4 S. 1 genutzt und eine Regelung geschaffen, die unterschiedslos für inländische Zweigniederlassungen sämtlicher Gesellschaften mit beschränkter Haftung mit Sitz im Ausland gilt. 4

Abs. 5 S. 1 iVm § 74 Abs. 1 S. 1 GmbHG (→ Rn. 51 ff.) setzt die Vorgabe aus **Art. 34 Abs. 2 S. 2 GesR-RL** um. Danach haben die Mitgliedstaaten bei Eingang der Information, dass die Gesellschaft aufgelöst worden ist, über das Europäische System der Registervernetzung (BRIS) sicherzustellen, dass ihre Zweigniederlassungen ebenfalls ohne unangemessene Verzögerung aus dem Register gelöscht werden. Die Tatsache, dass der Schluss der Abwicklung nicht von Amts wegen, sondern nur aufgrund einer Anmeldung einzutragen ist, stellt keine unangemessene Verzögerung dar, da das Registergericht die Gesellschaft erforderlichenfalls gem. § 13e Abs. 7 S. 2 zur unverzüglichen Anmeldung auffordern kann (→ § 13e Rn. 79). 5

Abs. 6 (→ Rn. 60 f.) setzt die Vorgaben aus **Art. 29 Abs. 1 GesR-RL iVm Art. 30 Abs. 1 lit. h. GesR-RL** (vor dem 20.7.2017: Art. 2 Abs. 1 lit. h RL 89/666/EWG) sowie **Art. 36 Abs. 1 GesR-RL iVm Art. 37 lit. k GesR-RL** (vor dem 20.7.2017: Art. 8 lit. k RL 89/666/EWG) um. Danach haben die Mitgliedstaaten der EU und die Vertragsstaaten des EWR Rechtsvorschriften zu erlassen, wonach die Urkunden und Angaben über die Aufhebung einer Zweigniederlassung einer GmbH mit Sitz im Ausland – sei es Mitgliedstaat der EU oder ein Vertragsstaat des EWR, sei es ein Drittland – nach dem Recht des Mitglied- oder Vertragsstaats der Zweigniederlassung im Einklang mit Art. 16 GesR-RL offengelegt werden. 6

3. Normentwicklung. Die Vorschrift wurde durch Art. 1 Nr. 2 iVm Art. 7 Abs. 1 Gesetz zur Durchführung der Elften gesellschaftsrechtlichen Richtlinie vom 22.7.1993 (BGBl. 1993 I 1282) mWv **1.11.1993** eingefügt. 7

a) EHUG. Durch Art. 1 Nr. 7 EHUG iVm Art. 13 Abs. 2 Hs. 1 EHUG wurden mWv **1.1.2007** Abs. 2 S. 2 (→ Rn. 16 ff.) und Abs. 3 (→ Rn. 40 ff.) geändert sowie Abs. 4 aF aufgehoben. Zugleich wurden die bis zum 31.12.2006 in den Abs. 5–7 enthaltenen Regelungen in die Abs. 4–6 (→ Rn. 45 ff.) verschoben und Abs. 5 nF (→ Rn. 51 ff.) geändert. 8

b) MoMiG. Durch Art. 3 Nr. 5 lit. a MoMiG iVm Art. 25 MoMiG wurde mWv **1.11.2008** Abs. 2 S. 2 dahingehend geändert, dass neben § 8 Abs. 1 Nr. 2, Abs. 4 GmbHG auch § 8 Abs. 3 9

GmbHG anzuwenden ist. Danach haben die Geschäftsführer in der Anmeldung einer Zweigniederlassung zur Eintragung in das Handelsregister zu versichern, dass keine Umstände vorliegen, die nach § 6 Abs. 2 S. 2 Nr. 2, 3, S. 3, 4 GmbHG entgegenstehen, und dass sie über ihre unbeschränkte Auskunftspflicht gegenüber dem Registergericht gem. Abs. 2 S. 2 iVm § 8 Abs. 3 S. 2 GmbHG belehrt worden sind (→ Rn. 18 ff.). Die zeitgleiche Änderung von Abs. 3 durch Art. 3 Nr. 5 lit. b MoMiG iVm Art. 25 MoMiG ist eine Folgeänderung zu der Änderung von § 13e Abs. 2 S. 2–4 durch Art. 3 Nr. 3 lit. a Doppelbuchst. aa–cc MoMiG iVm Art. 25 MoMiG (→ § 13e Rn. 31 ff.), und zwar dergestalt, dass die Eintragung der Errichtung einer Zweigniederlassung in das Handelsregister die Angaben nach § 13e Abs. 2 S. 3–5 enthalten muss (→ Rn. 44). Durch Art. 3 Nr. 5 lit. c MoMiG iVm Art. 25 MoMiG wurde Abs. 5 (→ Rn. 51 ff.) dahingehend geändert, dass neben § 39 Abs. 1, 2 GmbHG auch § 39 Abs. 3 GmbHG gilt (zu der Einschränkung des Anwendungsbereichs durch die Anfügung von Abs. 5 S. 2 mWv 1.8.2022 → Rn. 10) – mit der Folge, dass neue Geschäftsführer in ihrer Anmeldung zur Eintragung in das Handelsregister (Abs. 5 iVm § 39 Abs. 1 GmbHG) gem. Abs. 5 iVm § 39 Abs. 3 S. 1 GmbHG versichern müssen, dass keine Umstände vorliegen, die ihrer Bestellung nach § 6 Abs. 2 S. 2 Nr. 2, 3, S. 3, 4 AktG entgegenstehen und dass sie über ihre unbeschränkte Auskunftspflicht gegenüber dem Registergericht gem. Abs. 5 iVm § 39 Abs. 3 S. 2 GmbHG und § 8 Abs. 3 S. 2 AktG belehrt worden sind (→ Rn. 52).

10 **c) DiRUG.** Durch Art. 1 Nr. 12 lit. a DiRUG iVm Art. 31 Abs. 1 DiRUG wurde mWv **1.8.2022** Abs. 2 S. 3 eingefügt und dadurch der Anwendungsbereich von Abs. 2 S. 2 iVm § 8 Abs. 3 GmbHG auf Gesellschaften beschränkt, die weder dem Recht eines anderen Mitgliedstaates der EU noch dem eines anderen Vertragsstaates des EWR unterliegen (→ Rn. 21 f.). Die bis zum 31.7.2022 in Abs. 2 S. 3 aF enthaltene Regelung wurde ohne inhaltliche Änderung in Abs. 2 S. 4 (→ Rn. 36 ff.) überführt. Die Anfügung von Abs. 5 S. 2 durch Art. 1 Nr. 12 lit. b DiRUG iVm Art. 31 Abs. 1 DiRUG bewirkte die gleiche Einschränkung des Anwendungsbereichs in Bezug auf Abs. 5 S. 1 iVm § 39 Abs. 3 GmbHG, und zwar dergestalt, dass die Versicherungen bei Gesellschaften entbehrlich sind, die dem Recht eines anderen Mitgliedstaates der EU oder dem eines anderen Vertragsstaates des EWR unterliegen (→ Rn. 52).

II. GmbH mit Sitz im Ausland

11 Die Abs. 2–6 enthalten ausweislich des Wortlauts von Abs. 1 („ergänzend") ergänzende Regelungen zu § 13d und § 13e, jedoch nicht für inländische Zweigniederlassungen (→ § 13d Rn. 8) sämtlicher Unternehmensträger, deren Hauptniederlassung oder Sitz sich im Ausland befindet (→ § 13d Rn. 9 ff.), sondern nur für Zweigniederlassungen von Gesellschaften mit beschränkter Haftung mit Sitz im Ausland. In Anbetracht der Tatsache, dass der Gesellschaftsvertrag einer GmbH nur einen Ort im Inland als Sitz bestimmen kann (§ 4a GmbHG), ist Abs. 1 dahingehend auszulegen, dass die Rechtsform der ausländischen Gesellschaft derjenigen einer GmbH deutschen Rechts vergleichbar sein muss. Zu Einzelheiten der rechtsvergleichenden Qualifizierung → § 13e Rn. 24.

III. Anmeldung der Errichtung einer Zweigniederlassung zur Eintragung in das Handelsregister (Abs. 2)

12 **1. Überblick.** Die Anmeldung der Errichtung einer inländischen Zweigniederlassung durch eine GmbH mit Sitz im Ausland (→ Rn. 11) muss gem. § 13e Abs. 2 S. 2 einen Nachweis für das Bestehen der Gesellschaft (→ § 13e Rn. 31 ff.) sowie gem. § 13e Abs. 2 S. 3 eine inländische Geschäftsanschrift (→ § 13e Rn. 38 f.) und den Gegenstand der Zweigniederlassung (→ § 13e Rn. 40) enthalten. In der Anmeldung sind gem. § 13e Abs. 2 S. 5 Nr. 1–3 außerdem das Register, bei dem die Gesellschaft geführt wird, und die Nummer des Registereintrags, sofern das Recht des Staates, indem die Gesellschaft ihren Sitz hat, eine Registereintragung vorsieht (→ § 13e Rn. 48), die Rechtsform der Gesellschaft (→ § 13e Rn. 49), und die Personen anzugeben, die befugt sind als ständige Vertreter für die Tätigkeit der Zweigniederlassung, die Gesellschaft gerichtlich und außergerichtlich zu vertreten, und zwar unter Angabe ihrer Befugnisse (→ § 13e Rn. 50 ff.). Unterliegt die GmbH nicht dem Recht eines Mitgliedstaates der EU oder dem eines anderen Vertragsstaates des EWR, ist in der Anmeldung der Zweigniederlassung zur Eintragung in das Handelsregister gem. § 13e Abs. 2 S. 5 Nr. 4 auch das Recht des Staates anzugeben, dem die Gesellschaft unterliegt (→ § 13e Rn. 56). Diese Regelungen werden gem. Abs. 1 durch die Vorschriften in Abs. 2 S. 1–5 (→ Rn. 16 ff.) und, da die Eintragung auf Grundlage einer Anmeldung erfolgt, Abs. 3 iVm § 39 Abs. 1 S. 1 AktG (→ Rn. 42 f.) ergänzt (→ Rn. 1).

13 **2. Gesellschaftsvertrag (Abs. 2 S. 1).** Gemäß Abs. 2 S. 1 ist der Anmeldung der Errichtung einer inländischen Zweigniederlassung zur Eintragung in das Handelsregister der Gesellschaftsvertrag

in öffentlich beglaubigter Abschrift (→ Rn. 14) beizufügen, und zwar die **aktuelle Fassung.**[3] Neben die Bestimmungen des Gesellschaftsvertrags treten regelmäßig Vorschriften des Rechts, dem die Gesellschaft unterliegt. Deren Inhalt muss nicht nachgewiesen werden.[4] Gleiches gilt für ein legislatives Muster.[5] Bei Gesellschaften, die weder dem Recht eines Mitgliedstaates der EU noch dem eines anderen Vertragsstaates des EWR unterliegen, ist gem. § 13e Abs. 2 S. 5 Nr. 4 zwar die Angabe des Heimatrechts erforderlich (→ § 13e Rn. 56), aber ohne die anwendbaren Vorschriften im Einzelnen benennen zu müssen.

Der Gesellschaftsvertrag (→ Rn. 13) ist der Anmeldung gem. Abs. 2 S. 1 in **öffentlich beglaubigter Abschrift** beizufügen. Diese Formvorgabe wiederholt § 12 Abs. 2 S. 2 Hs. 2 (→ § 12 Rn. 70 ff.). Danach muss dem Registergericht ein mit einem einfachen elektronischen Zeugnis iSv § 39a BeurkG versehenes Dokument übermittelt werden (→ § 12 Rn. 71).[6] Für die ungeschriebene Alternative, nämlich die Einreichung die Urschrift,[7] genügt gem. § 12 Abs. 2 S. 2 Hs. 1 Alt. 1 die Übermittlung einer elektronischen Aufzeichnung (→ § 12 Rn. 67 ff.). 14

Sofern der Gesellschaftsvertrag (→ Rn. 13) nicht in deutscher Sprache erstellt ist, muss der Anmeldung gem. Abs. 2 S. 1 eine **beglaubigte Übersetzung in deutscher Sprache** beigefügt werden. Dies gilt allerdings nur für die aktuelle Fassung des Gesellschaftsvertrags; nicht hingegen für ein legislatives Muster.[8] Für die Beglaubigung einer Übersetzung enthält das BeurkG – im Unterschied zB zu der Beglaubigung einer Abschrift (§ 42 BeurkG) – zwar keine Regelung. Der Begriff ist aber teleologisch unter Berücksichtigung des Bedeutungsgehalts sämtlicher Arten der Beglaubigung dahingehend auszulegen, dass die Vermutung der Vollständigkeit und Richtigkeit gerechtfertigt sein muss. Dies ist in Anlehnung an § 142 Abs. 3 S. 1, 2 ZPO der Fall, wenn ein **Übersetzer,** der für Sprachübertragungen dieser Art nach den landesrechtlichen Vorschriften ermächtigt oder öffentlich bestellt wurde oder einem solchen Übersetzer gleichgestellt ist, die Übersetzung angefertigt hat und er die Richtigkeit und Vollständigkeit seiner Übersetzung bescheinigt.[9] Die Alternative besteht darin, dass ein **deutscher Notar** die beglaubigte Übersetzung anfertigt. Hierfür genügt es in Anlehnung an § 50 Abs. 1 S. 1, 3 BeurkG, dass der Notar der fremden Sprache hinreichend kundig ist, den Gesellschaftsvertrag selbst übersetzt und bescheinigt, dass seine Übersetzung vollständig und richtig ist.[10] 15

3. Entsprechende Anwendung von § 8 Abs. 1 Nr. 2, Abs. 3, 4 GmbHG (Abs. 2 S. 2, 3). 16
Auf die Anmeldung der Errichtung einer inländischen Zweigniederlassung durch eine GmbH mit Sitz im Ausland (→ Rn. 11) finden gem. Abs. 2 S. 2 die Vorschriften des § 8 Abs. 1 Nr. 2 GmbHG (→ Rn. 17), des § 8 Abs. 3 GmbHG (→ Rn. 18 ff.) und des § 8 Abs. 4 GmbHG (→ Rn. 31 ff.) Anwendung, § 8 Abs. 3 GmbHG jedoch im Umkehrschluss zu Abs. 2 S. 3 nur, wenn die Gesellschaft weder dem Recht eines Mitgliedstaates der EU noch dem einen anderen Vertragsstaates des EWR unterliegt (→ Rn. 21 f.).

a) Legitimation der Geschäftsführer (Abs. 2 S. 2 iVm § 8 Abs. 1 Nr. 2 GmbHG). Gemäß Abs. 2 S. 2 iVm § 8 Abs. 1 Nr. 2 GmbHG ist der Anmeldung der inländischen Zweigniederlassung zur Eintragung in das Handelsregister die Legitimation der Geschäftsführer beizufügen, sofern dieselben nicht in dem gem. Abs. 2 S. 1 beizufügenden Gesellschaftsvertrag (→ Rn. 13 ff.) bestellt sind. Das Wort „beifügen" in § 8 Abs. 1 Nr. 2 GmbHG impliziert, dass der Legitimationsakt in einem Dokument verkörpert und dessen Urschrift bei dem Registergericht einzureichen ist. Dieses am Wortlaut haftende Verständnis ist – obgleich Abs. 2 S. 2 keine Abs. 2 S. 4, Abs. 4 S. 2 und Abs. 5 S. 1 vergleichbare Einschränkung („soweit nicht das ausländische Recht Abweichungen nötig macht") enthält – dahingehend zu relativieren, dass die Einreichung eines Dokuments nur geboten ist, wenn das ausländische Recht ein solches (zB Gesellschafterbeschluss)[11] vorsieht. Erlaubt das ausländische Recht eine mündliche Bestellung, genügt die Einreichung einer schriftlichen Bestätigung des Bestellungsorgans.[12] Zu dem Nachweiserfordernis im Registerverfahren → § 13e Rn. 16 ff. 17

3 GK-HGB/Achilles/Haase Rn. 1; MüKoHGB/Krafka Rn. 6; Ebenroth/Boujong/Pentz Rn. 7; SLM/Schmidt-Kessel Rn. 26.
4 MüKoHGB/Krafka Rn. 6; s. auch OLG Zweibrücken 28.2.2008, DNotZ 2008, 795.
5 OLG Frankfurt 8.8.2017, FGPrax 2018, 16 (19) mwN.
6 Voigt, Das Handelsrecht der Zweigniederlassung, 2010, 219.
7 Krafka RegisterR Rn. 322b; Wachter ZNotP 2005, 122 (129).
8 OLG Hamm 4.1.2011, NJW-RR 2011, 396; OLG Zweibrücken 28.2.2008, DNotZ 2008, 795.
9 OLG Hamm 12.2.2008, DNotZ 2008, 630 f.; Krafka RegisterR Rn. 312.
10 BeckHdB Notar/Zimmermann § 28 Rn. 43.
11 Ebenroth/Boujong/Pentz Rn. 8.
12 KG 18.11.2003, NZG 2004, 49 (50); GK-HGB/Achilles/Haase Rn. 1.

18 **b) Habilitätsversicherung (Abs. 2 S. 2 iVm § 8 Abs. 3 GmbHG).** Seit der Änderung von Abs. 2 S. 2 durch Art. 3 Nr. 5 lit. a iVm Art. 25 MoMiG mWv 1.11.2008 (→ Rn. 9) haben die Geschäftsführer einer GmbH mit Sitz in einem Drittland (→ Rn. 11) in der Anmeldung der Errichtung einer inländischen Zweigniederlassung zur Eintragung in das Handelsregister (§ 13e Abs. 2 S. 1; → § 13e Rn. 25 ff.) gem. § 8 Abs. 3 S. 1 GmbHG zu versichern, dass keine Umstände vorliegen, die ihrer Bestellung nach § 6 Abs. 2 S. 2 Nr. 2, 3, S. 3, 4 GmbHG entgegenstehen (→ Rn. 24 f.), und dass sie über ihre unbeschränkte Auskunftspflicht gegenüber dem Gericht belehrt worden sind (→ Rn. 26 f.).

19 Die Vorschrift des § 6 Abs. 2 S. 2–4 GmbHG gilt nicht nur für die Geschäftsführer einer GmbH mit Sitz in einem Drittland (→ Rn. 11), sondern gem. § 13e Abs. 3 S. 2 auch für die **ständigen Vertreter für die Tätigkeit der Zweigniederlassung** der Gesellschaft iSd § 13e Abs. 2 S. 5 Nr. 3 (→ § 13e Rn. 58 ff.). Die Tatsache, dass insoweit nur eine entsprechende Anwendung angeordnet ist, erklärt sich daraus, dass die ständigen Vertreter nicht ausschließlich, aber ganz überwiegend gewillkürte Vertreter sind (→ § 13e Rn. 51 ff.).

20 **aa) Rechtlicher Hintergrund, Regelungsziele.** In der Anmeldung einer GmbH zur Eintragung in das Handelsregister (§ 7 Abs. 1 GmbHG) haben die Geschäftsführer gem. § 8 Abs. 3 S. 1 GmbHG zu versichern, dass keine Umstände vorliegen, die ihrer Bestellung nach § 6 Abs. 2 S. 2 Nr. 2, 3, S. 3, 4 GmbHG entgegenstehen. Dieses Erfordernis erstreckt Abs. 2 S. 2 auf die Geschäftsführer einer GmbH mit Sitz in einem Drittland (→ Rn. 11), die eine inländische Zweigniederlassung zur Eintragung in das Handelsregister anmelden (§ 13e Abs. 2 S. 1; → § 13e Rn. 25 ff.), da für die Organmitglieder von Kapitalgesellschaften mit Sitz im Ausland nicht die persönlichen Mindestanforderungen sowie die Bestellungshindernisse des deutschen Gesellschaftsrechts gelten, sondern die des Gesellschaftsstatuts.[13] Dadurch soll insbesondere verhindert werden, dass Personen, die mit einem inländischen Berufs- oder Gewerbeverbote iSd § 6 Abs. 2 S. 2 Nr. 2 GmbHG belegt sind, an der Anmeldung mitwirken (→ § 13e Rn. 60 ff.).

21 **bb) Gesellschaft aus einem Drittland.** Die mittels der Einfügung von Abs. 2 S. 3 durch Art. 1 Nr. 1 Nr. 12 lit. a iVm Art. 31 Abs. 1 DiRUG mWv 1.8.2022 (→ Rn. 10) eingeführte Beschränkung der Anwendung von § 8 Abs. 3 S. 1 GmbHG iVm § 6 Abs. 2 S. 2 Nr. 2, 3, S. 3, 4 GmbHG auf Gesellschaften mit beschränkter Haftung aus Drittländern beruht darauf, dass die GesR-RL durch Art. 1 Nr. 5 iVm Art. 4 RL (EU) 2019/1151 mWv 31.7.2019 um **Art. 13i GesR-RL** ergänzt wurde. Dieser sieht ua vor, dass die Mitgliedstaaten Informationen, die für die Disqualifikation von Geschäftsführern relevant sind, über das System der Registervernetzung gem. Art. 22 GesR-RL austauschen können (Art. 13i Abs. 3–5 GesR-RL), um zu verhindern, dass Bestellungshindernisse durch die Gründung von Kapitalgesellschaften im Ausland mit einer Zweigniederlassung im Inland umgangen werden.[14] Dadurch ist der Bedarf für die Anwendung von § 8 Abs. 3 S. 1 GmbHG iVm § 6 Abs. 2 S. 2 Nr. 2, 3, S. 3, 4 GmbHG bei Gesellschaften, die dem Recht eines Mitgliedstaates der EU oder eines anderen Vertragsstaates des EWR unterliegen, entfallen.

22 Unterliegt die GmbH dem Recht eines Mitgliedstaates der EU oder eines anderen Vertragsstaates des EWR, findet Abs. 2 S. 3 iVm § 8 Abs. 3 S. 1 GmbHG und § 6 Abs. 2 S. 2 Nr. 2, 3, S. 3, 4 GmbHG keine Anwendung (→ Rn. 21). Dies erscheint zum einen deshalb bedenklich, weil mangels einer inhaltlichen Harmonisierung der Disqualifikationstatbestände durch die GesR-RL derzeit nicht sichergestellt ist, dass das Recht des anderen Mitglied- oder Vertragsstaates, dem die Gesellschaft unterliegt, § 6 Abs. 2 S. 2 Nr. 2, 3, S. 3, 4 GmbHG vergleichbare Disqualifizierungstatbestände enthält. Zum anderen verlangt Art. 13i Abs. 3–5 GesR-RL von den Mitgliedstaaten keine Verpflichtung, dass die Register im Einzelfall Informationen über die Disqualifikation einholen und berücksichtigen (→ § 9c Rn. 2).[15] Die Erwägung, in diesen Fällen eine Abfrage nach § 9c jedenfalls dann vorzusehen, wenn Anhaltspunkte für eine Disqualifikation bestehen,[16] vermag gleichwohl nicht zu überzeugen, weil das Registergericht keine Rechtsgrundlage hat, um die Anmeldung der inländischen Zweigniederlassung aufgrund einer Disqualifikation abzulehnen.

23 **cc) Gegenstände der Versicherung.** In der Anmeldung der inländischen Zweigniederlassung zur Eintragung in das Handelsregister müssen die Geschäftsführer einer GmbH mit Sitz in einem

---

[13] Begr. RegE MoMiG, BT-Drs. 16/6140, 50; MüKoBGB/Kindler IntGesR Rn. 909 f.; Wachter Sonderheft GmbHR 10/2008, 80 (83).

[14] Begr. RegE DiRUG, BT-Drs. 19/28177, 98.

[15] J. Schmidt ZIP 2021, 112 (120): Probleme der „Disqualifikationsarbitrage" ließen sich nur durch Harmonisierung der Disqualifikationstatbestände mit Verpflichtung zur wechselseitigen Anerkennung von Disqualifikationen lösen.

[16] BeckOK HGB/Müther, 49. Ed. 1.1.2026, § 9c Rn. 2.

Drittland (→ Rn. 11) gem. Abs. 2 S. 2 iVm § 8 Abs. 3 S. 1 GmbHG versichern, dass keine Umstände vorliegen, die ihrer Bestellung nach § 6 Abs. 2 S. 2 Nr. 2, 3, S. 3, 4 AktG entgegenstehen (→ Rn. 24 f.), und dass sie über ihre unbeschränkte Auskunftspflicht gegenüber dem Registergericht belehrt worden sind (→ Rn. 26 f.). Gegenstand der Versicherung sind also keine Bestellungshindernisse des Heimatrechts, sondern die Bestellungshindernisse des deutschen GmbH-Rechts.[17]

(1) Habilität. (a) Berufs- und Gewerbeverbot. Gemäß Abs. 2 S. 2 iVm § 8 Abs. 3 S. 1 GmbHG und **§ 6 Abs. 2 S. 2 Nr. 2 GmbHG** müssen die Geschäftsführer einer GmbH mit Sitz in einem Drittland (→ Rn. 11) versichern, dass sie nicht aufgrund eines gerichtlichen Urteils oder einer vollziehbaren Entscheidung einer Verwaltungsbehörde daran gehindert sind, einen Beruf, einen Berufszweig, ein Gewerbe oder einen Gewerbezweig auszuüben, oder dass der Unternehmensgegenstand (§ 3 Abs. 1 Nr. 2 GmbHG) ganz oder teilweise von dem Gegenstand des Verbots abweicht. Seit der Einfügung von **§ 6 Abs. 2 S. 3 AktG** durch Art. 20 Nr. 3 DiRUG iVm Art. 31 Abs. 1 DiRUG mWv 1.1.2022 S. 3 – erstmals anwendbar ab dem 1.8.2023 (§ 11 Abs. 1 EGGmbHG) – zur Umsetzung von Art. 13i Abs. 1 S. 2 GesR-RL darf die Versicherung sich nicht mehr auf Urteile deutscher Gerichte sowie Entscheidungen deutscher Behörden beschränken. Sie muss sich auch darauf erstrecken, dass in keinem anderen Mitgliedstaat der EU und keinem anderen Vertragsstaat des EWR ein vergleichbares Verbot besteht. Vergleichbar mit § 6 Abs. 2 S. 2 Nr. 2 AktG sind nur solche ausländischen Verbote, die von einem Gericht oder einer Verwaltungsbehörde verhängt wurden und deren Gegenstand ganz oder teilweise mit dem Unternehmensgegenstand übereinstimmt.[18] 24

(b) Verurteilung wegen einer Katalogstraftat. Gemäß Abs. 2 S. 2 iVm § 8 Abs. 3 S. 1 GmbHG und **§ 6 Abs. 2 S. 2 Nr. 3 AktG** müssen die Geschäftsführer einer GmbH mit Sitz in einem Drittland (→ Rn. 11) versichern, dass sie nicht in den letzten fünf Jahren wegen einer oder mehrerer vorsätzlich begangener Straftaten aus dem Katalog des § 6 Abs. 2 S. 3 Hs. 1 Nr. 3 lit. a–e GmbHG rechtskräftig[19] verurteilt worden sind. Aufgrund von **§ 6 Abs. 2 S. 4 AktG** darf die Versicherung sich nicht mehr auf Verurteilungen im Inland beschränken, sondern muss sich auch auf Verurteilungen im Ausland wegen einer Tat erstrecken, die mit den Katalogstraftaten in § 6 Abs. 2 S. 2 Nr. 3 Hs. 1 lit. a–e AktG vergleichbar ist. Nicht vergleichbar sind zB Vergehen, die im Ausland nur als Ordnungswidrigkeit qualifiziert werden.[20] Die Bezugnahme in Abs. 2 S. 2 iVm § 8 Abs. 3 S. 1 GmbHG auf § 6 Abs. 2 S. 2 Nr. 3, S. 4 AktG ist eine **dynamische Verweisung** mit der Folge, dass der Inhalt der Versicherung sich bei Erweiterungen und Einschränkungen des Katalogs ohne Änderung von Abs. 2 S. 2 iVm § 8 Abs. 3 S. 1 GmbHG anpassen muss.[21] Gleichwohl ist es nicht erforderlich, eine Auflistung der einzelnen Katalogstraftaten im Sinne einer detaillierten Negativerklärung in der Versicherung aufzunehmen.[22] Ausreichend ist insbesondere die Versicherung, dass das Organmitglied noch nie – weder im Inland noch im Ausland – wegen einer Straftat verurteilt wurde.[23] 25

(2) Belehrung über Auskunftspflicht. Der Wert der Versicherung (→ Rn. 24 f.) resultiert daraus, dass den Geschäftsführern einer GmbH mit Sitz in einem Drittland (→ Rn. 11) bei der Anmeldung der inländischen Zweigniederlassung zur Eintragung in das Handelsregister eine von Abs. 2 S. 2 iVm § 8 Abs. 3 S. 1 GmbHG vorausgesetzte unbeschränkte Auskunftspflicht über eventuelle Bestellungshindernisse gegenüber dem Registergericht obliegt. Das Attribut unbeschränkt erklärt sich daraus, dass die Auskunftspflicht gem. § 53 Abs. 2 BZRG auch solche Sachverhalte umfasst, die der Verurteile gem. § 53 Abs. 1 Nr. 1 BZRG nicht offenlegen muss. 26

Die nach § 53 Abs. 2 BZRG erforderliche **Belehrung** über die unbeschränkte Auskunftspflicht gegenüber dem Registergericht (→ Rn. 26) kann gem. Abs. 2 S. 2 iVm § 8 Abs. 3 S. 2 Hs. 2 GmbHG durch einen deutschen Notar oder einen im Ausland bestellten Notar, durch einen Vertreter eines vergleichbaren rechtsberatenden Berufs – Patentanwälte gehören nicht zu diesem Personenkreis[24] – oder durch einen Konsularbeamten erfolgen. Sie kann gem. Abs. 2 S. 2 iVm § 8 Abs. 3 S. 2 Hs. 1 GmbHG schriftlich vorgenommen werden. 27

[17] Bönner RNotZ 2015, 253 (258); Wachter Sonderheft GmbHR 2008, 80 (83).
[18] Begr. RegE DiRUG, BT-Drs. 19/28177, 159 f.
[19] Zu der Bedeutung der Rechtskraft für den Inhalt der Versicherung s. BGH 7.6.2011, NJW-RR 2011, 1257 Rn. 12.
[20] OLG München 18.6.2014, NZG 2014, 1150.
[21] BGH 28.6.2022, NZG 2022, 1296 (1297) mwN zum Streitstand.
[22] BGH 17.5.2010, NZG 2010, 829 Rn. 9 ff.
[23] BGH 17.5.2010, NZG 2010, 829 (830). Zu der Anknüpfung an den Zeitpunkt der Rechtskraft der Verurteilung in der Formulierung der Versicherung s. BGH 7.6.2011, NZG 2011, 871 (872).
[24] OLG Frankfurt 8.8.2017, FGPrax 2018, 16 (20).

28 **dd) Rechtsfolgen der Inhabilität.** Die Vorschrift des § 6 Abs. 2 S. 2 Nr. 2, 3, S. 3, 4 GmbHG begründet ein Bestellungshindernis mit der Folge, dass die betroffene Person die nach § 8 Abs. 3 S. 1 GmbHG erforderliche Versicherung nicht abgeben kann und das Registergericht die Eintragung der Gesellschaft mangels einer ordnungsgemäßen Anmeldung gem. § 9c Abs. 1 S. 1 GmbHG abzulehnen hat. Diese Rechtsfolgen treten bei einer GmbH mit Sitz in einem Drittland (→ Rn. 11) deshalb nicht ein, weil für deren Geschäftsführer nicht die persönlichen Mindestanforderungen sowie die Bestellungshindernisse des deutschen Gesellschaftsrechts gelten, sondern ausschließlich die des Gesellschaftsstatuts (→ Rn. 20).

29 Anstelle eines Bestellungshindernisses (→ Rn. 28) begründet Abs. 2 S. 2 iVm § 8 Abs. 3 S. 1 GmbHG lediglich ein **Mitwirkungshindernis** dergestalt, dass Geschäftsführer, bei denen ein Umstand vorliegt, der ihre Bestellung zum Geschäftsführer einer deutschen GmbH nach § 6 Abs. 2 S. 2 Nr. 2, 3, S. 3, 4 GmbHG entgegenstehen würde, nicht an der Anmeldung der Errichtung einer inländischen Zweigniederlassung zur Eintragung in das Handelsregister (§ 13e Abs. 2 S. 1; → § 13e Rn. 25 ff.) mitwirken können. Dies bedeutet im Umkehrschluss, dass die Anmeldung nur dann ordnungsgemäß und damit taugliche Grundlage für die Eintragung einer Zweigniederlassung ist, wenn sämtliche Geschäftsführer die erforderliche Versicherung abgeben.[25] Weitergehende Verbote, zB der geschäftlichen Betätigung im Inland, begründet die Verweigerung der Versicherung durch einen Geschäftsführer nicht.[26]

30 **Falsche Angaben** in der Versicherung sind – im Unterschied zu dem unmittelbaren Anwendungsbereich von § 8 Abs. 3 S. 1 GmbHG – nicht strafbewehrt; das HGB enthält keine § 82 Abs. 1 Nr. 5 GmbHG vergleichbare Regelung.

31 **c) Inländische Geschäftsanschrift (Abs. 2 S. 2 iVm § 8 Abs. 4 Nr. 1 GmbHG).** Gemäß Abs. 2 S. 2 iVm § 8 Abs. 4 Nr. 1 GmbHG ist in der Anmeldung der Errichtung einer inländischen Zweigniederlassung durch eine GmbH mit Sitz im Ausland (→ Rn. 11) eine inländische Geschäftsanschrift anzugeben, und zwar eine solche der Gesellschaft (→ Rn. 1). Dieses Erfordernis tritt neben § 13e Abs. 2 S. 3, wonach die Anmeldung eine inländische Geschäftsanschrift der Zweigniederlassung enthalten muss (→ § 13e Rn. 38 f.). Da Abs. 2 S. 2 nur Gesellschaften mit Sitz im Ausland unterfallen, scheint die Vorschrift auf Sachverhalte begrenzt zu sein, in denen die Gesellschaft nicht nur eine Zweigniederlassung, sondern auch eine Hauptniederlassung im Inland unterhält. Nur in diesen Fällen könnte eine inländische Geschäftsanschrift der Gesellschaft in der Anmeldung angegeben werden.[27] Diese Auslegung begegnet jedoch in Ansehung der Normentwicklung Bedenken. Die Vorschrift des § 8 Abs. 4 GmbHG wurde durch Art. 1 Nr. 9 lit. d MoMiG iVm Art. 25 MoMiG mWv 1.11.2008 neugefasst und insbesondere um das Erfordernis der Angabe einer inländischen Geschäftsanschrift (§ 8 Abs. 4 Nr. 1 GmbHG) ergänzt. Zeitgleich wurde Abs. 2 S. 2 durch Art. 3 Nr. 5 lit. a iVm Art. 25 MoMiG geändert, allerdings nur dahingehend, dass neben § 8 Abs. 4 GmbHG – vorbehaltlich Abs. 2 S. 3 (→ Rn. 21 f.) – auch die Vorschrift des § 8 Abs. 3 GmbHG anzuwenden ist. Eine Einschränkung der Anordnung der Anwendung von § 8 Abs. 4 AktG auf § 8 Abs. 4 Nr. 2 GmbHG ist hingegen unterblieben. Da der mit dem Erfordernis der Angabe einer inländischen Geschäftsanschrift intendierte Zweck, nämlich Gläubigern der Gesellschaft die Zustellung zu erleichtern,[28] bereits durch die Anmeldung und Eintragung einer inländischen Geschäftsanschrift der Zweigniederlassung erreicht wird, liegt es nahe, in der unveränderten Bezugnahme auf § 8 Abs. 4 GmbHG ein Redaktionsversehen zu sehen und dieses im Wege der teleologischen Reduktion dahingehend zu korrigieren, dass § 8 Abs. 4 Nr. 1 GmbHG nicht angewendet wird.[29]

32 **d) Art und Umfang der Vertretungsbefugnis (Abs. 2 S. 2 iVm § 8 Abs. 4 Nr. 2 GmbHG).** Gemäß Abs. 2 S. 2 iVm § 8 Abs. 4 Nr. 2 GmbHG sind in der Anmeldung der Errichtung einer inländischen Zweigniederlassung durch eine GmbH mit Sitz im Ausland (→ Rn. 11) Art und Umfang der Vertretungsbefugnis der Geschäftsführer anzugeben, und zwar auch dann, wenn nur ein Geschäftsführer bestellt ist (→ § 8 Rn. 36 ff., → § 8 Rn. 40).

33 **aa) Art der Vertretungsbefugnis.** Für die Art der Vertretungsbefugnis ist die abstrakte Angabe, dass Einzel-, Gesamt- oder unechte Gesamtvertretungsbefugnis besteht, erforderlich,[30] jedoch nicht

[25] Bönner RNotZ 2015, 253 (258); Hoger NZG 2015, 1219 (1220); Ebenroth/Boujong/Pentz Rn. 8; **aA** MüKoHGB/Krafka Rn. 2; Wachter Sonderheft GmbHR 10/2008, 80 (84): nur der Organmitglieder, die die Zweigniederlassung anmelden.

[26] Blasche GWR 2012, 169 (172); Mankowski BB 2006, 1173 (1175); Wachter GmbHR 2006, 793 (799); Wachter Sonderheft GmbHR 10/2008, 80 (84).

[27] SLM/Schmidt-Kessel § 13f Rn. 25.

[28] Begr. RegE MoMiG, BT-Drs. 16/6140, 35.

[29] IErg auch MüKoHGB/Krafka § 13f Rn. 3.

[30] BayObLG 4.2.1974, BayObLGZ 1974, 49 (51 ff.); OLG Köln 25.2.1970, OLGZ 1970, 265 (266); OLG Frankfurt 29.1.1970, OLGZ 1970, 404 (405); MüKoHGB/Krafka Rn. 3; Ebenroth/Boujong/Pentz Rn. 8.

ausreichend. Es bedarf auch der Angabe der konkreten Vertretungsbefugnis der Geschäftsführer.[31] Unterscheidet das Heimatrecht der Gesellschaft nicht zwischen abstrakter und konkreter Vertretungsbefugnis, sind die konkreten Vertretungsbefugnisse zu benennen.[32] Sind die Geschäftsführer auf unterschiedliche Weise zu der Vertretung der Gesellschaft befugt, ist jeder Geschäftsführer mit seiner individuellen Vertretungsbefugnis gesondert aufzuführen.

bb) Umfang der Vertretungsbefugnis. Existiert in dem Heimatrecht der GmbH mit Sitz im Ausland (→ Rn. 11) ein § 181 BGB vergleichbares **Verbot von Insichgeschäften** und ist ein Geschäftsführer von der entsprechenden Beschränkung befreit, muss diese Befreiung in der Anmeldung der Errichtung einer inländischen Zweigniederlassung zur Eintragung in das Handelsregister angegeben werden.[33] Ist dem Heimatrecht der Gesellschaft ein solches Verbot unbekannt, hat ein entsprechender Hinweis zu unterbleiben, weil er den unzutreffenden Eindruck erwecken kann, die Angabe entspräche dem ausländischen Recht oder es gelte deutsches Vertretungsrecht.[34] 34

Gebilligt wurde vereinzelt die Eintragung einer auf die Zweigniederlassung beschränkten Einzelvertretungsbefugnis eines Geschäftsführers in Abweichung von der im Übrigen geltenden Gesamtvertretungsbefugnis.[35] Transparenter und daher vorzugswürdig wäre es gewesen, die Person neben den gesamtvertretungsbefugten Geschäftsführern als einzelvertretungsberechtigten ständigen Vertreter für die Tätigkeit der Zweigniederlassung iSd § 13e Abs. 2 S. 5 Nr. 3 (→ § 13e Rn. 50 ff.) zu bestellen.[36] 35

4. Anmeldung in den ersten zwei Jahren nach der Eintragung der Gesellschaft in das Handelsregister (Abs. 2 S. 4). Wird die Errichtung einer Zweigniederlassung in den ersten zwei Jahren nach der Eintragung der Gesellschaft in das Handelsregister ihres Sitzes zur Eintragung in das deutsche Handelsregister angemeldet (§ 13e Abs. 2 S. 1; → § 13e Rn. 25 ff.), sind in die Anmeldung gem. Abs. 2 S. 4 auch die nach § 5 Abs. 4 GmbHG getroffenen Feststellungen aufzunehmen, soweit nicht das ausländische Recht Abweichungen nötig macht. 36

a) Beginn der Zweijahresfrist. Die Maßgeblichkeit der Eintragung der ausländischen GmbH (→ Rn. 11) in das Handelsregister ihres Sitzes für den Beginn der Frist des Abs. 2 S. 4 ergibt sich daraus, dass eine deutsche GmbH als solche – im Umkehrschluss zu § 11 Abs. 1 GmbHG – erst mit der Eintragung in das Handelsregister entsteht. Sieht das ausländische Recht keine solche konstitutiv wirkende Eintragung vor, beginnt die Frist mit dem Abschluss der Gründung der Gesellschaft.[37] 37

b) Einzelne Angaben. Sind die gem. Abs. 2 S. 4 iVm § 5 Abs. 4 S. 1 GmbHG erforderlichen Angaben, nämlich der **Gegenstand der Sacheinlage** und der **Nennbetrag des Geschäftsanteils,** auf den die Sacheinlage sich bezieht, wie im deutschen Recht Bestandteile des Gesellschaftsvertrags, genügt in der Anmeldung ein Hinweis auf den gem. Abs. 2 S. 1 beigefügten Gesellschaftsvertrag (→ Rn. 13 ff.). Andernfalls sind die Angaben gesondert in die Anmeldung aufzunehmen. 38

Die in § 5 Abs. 4 S. 2 GmbHG genannten Angaben, nämlich die wesentlichen Umstände für die **Angemessenheit der Leistungen für Sacheinlagen** und – bei dem Übergang eines Unternehmens auf die GmbH – die **Jahresergebnisse der letzten beiden Geschäftsjahre,** müssen in die Anmeldung der Errichtung einer Zweigniederlassung durch eine GmbH mit Sitz im Ausland (→ Rn. 11) nicht angegeben werden. Zwar nennt Abs. 2 S. 4 nicht nur § 5 Abs. 4 S. 1 GmbHG, sondern § 5 Abs. 4 GmbHG insgesamt und damit auch § 5 Abs. 4 S. 2 GmbHG. Das Wort „Festsetzungen" lässt aber erkennen, dass ausschließlich die Angaben nach § 5 Abs. 4 S. 1 GmbHG in die Anmeldung aufgenommen werden müssen. 39

IV. Eintragung der Zweigniederlassung in das Handelsregister (Abs. 3)

Die Eintragung der Errichtung einer inländischen Zweigniederlassung durch eine GmbH mit Sitz im Ausland (→ Rn. 11) muss gem. **§ 13d Abs. 2** den Ort, die inländische Geschäftsanschrift der Zweigniederlassung enthalten und, wenn der Firma der Zweigniederlassung ein Zusatz beigefügt 40

[31] OLG Celle 1.12.2006, GmbHR 2007, 203 (204); OLG Hamm 21.7.2006, FGPrax 2006, 276 (277); Herchen RIW 2005, 529 (531); Mödl RNotZ 2008, 1 (4); Schäfer ZNotP 2007, 450 (452); Wachter ZNotP 2005, 122 (132); krit. bis abl. Bönner RNotZ 2015, 253 (258).

[32] Bönner RNotZ 2015, 253 (258).

[33] OLG Celle 14.4.2005, NZG 2006, 273; Ebenroth/Boujong/Pentz Rn. 8.

[34] OLG München 17.8.2005, NZG 2005, 850; OLG Celle 14.4.2005, NZG 2006, 273; GK-HGB/Achilles/Haase Rn. 2; Bönner RNotZ 2015, 253 (259); Ebenroth/Boujong/Pentz Rn. 8; Henssler/Strohn/Wamser Rn. 3; s. auch OLG Hamm 21.7.2006, GmbHR 2006, 1198; OLG München 4.5.2006, NZG 2006, 512; OLG Düsseldorf 21.2.2006, NZG 2006, 317 (318).

[35] OLG Frankfurt 3.2.2015, NJW-RR 2015, 873 (874) = GmbHR 2015, 648 mAnm Lennert.

[36] Lennert GmbHR 2015, 652 (653).

[37] SLM/Schmidt-Kessel Rn. 31.

ist, auch diesen (→ § 13d Rn. 33 ff.). Gemäß Abs. 3 muss die Eintragung außerdem die Angaben nach § 10 GmbHG (→ Rn. 41 ff.) sowie die Angaben nach § 13e Abs. 2 S. 3–5 (→ Rn. 44) enthalten.

41 **1. Angaben nach § 10 GmbHG.** Gemäß Abs. 3 iVm **§ 10 Abs. 1 S. 1 GmbHG** sind in der Eintragung der inländischen Zweigniederlassung im Handelsregister die Firma und der Sitz der GmbH, eine inländische Geschäftsanschrift, der Gegenstand des Unternehmens, die Höhe des Stammkapitals (→ Rn. 42),[38] der Tag des Abschlusses des Gesellschaftsvertrages und die Personen der Geschäftsführer anzugeben. Für letztere ist gem. Abs. 3 iVm **§ 10 Abs. 1 S. 2 GmbHG** auch einzutragen, welche Vertretungsbefugnis sie haben.

42 Die Frage, ob der Eintragung des **Stammkapitals** und dem damit einhergehenden Erfordernis der Anmeldung dieser Angabe bei einer GmbH (→ Rn. 11) mit Sitz in einem Mitgliedstaat der EU oder einem anderen Vertragsstaat des EWR **Art. 30 GesR-RL** entgegensteht, ist weiterhin nicht höchstrichterlich geklärt, da der BGH seinen auf Klärung gerichteten Vorlagebeschluss[39] aufgehoben hat.[40] Das Wort „lediglich" in Art. 30 Abs. 1 GesR-RL sowie die Tatsache, dass Art. 30 Abs. 2 GesR-RL eine abschließende Aufzählung von Urkunden und Angaben enthält, deren Anmeldung zur Eintragung die Mitgliedstaaten anordnen können, legt es insbesondere für Fälle, in denen der Errichtungsakt (Art. 30 Abs. 2 lit. b GesR-RL) das Grundkapital nicht beziffert, nahe, einen solchen Verstoß anzunehmen mit der Folge, dass die Angabe nur von Gesellschaften aus Drittländern verlangt werden darf.[41]

43 Enthält der Gesellschaftsvertrag Bestimmungen über die Zeitdauer der Gesellschaft oder über das genehmigte Kapital, sind gem. Abs. 3 iVm **§ 10 Abs. 2 S. 1 GmbHG** auch diese Angaben einzutragen. Hat die GmbH eine Person, die für Willenserklärungen und Zustellungen an die Gesellschaft empfangsberechtigt ist, mit einer inländischen Anschrift zur Eintragung in das Handelsregister angemeldet, sind gem. Abs. 3 iVm **§ 10 Abs. 2 S. 2 Hs. 1 GmbHG** auch diese Angaben einzutragen.

44 **2. Angaben nach § 13e Abs. 2 S. 3–5.** Die Eintragung der Errichtung einer inländischen Zweigniederlassung muss gem. Abs. 3 neben den Angaben nach § 10 GmbHG (→ Rn. 41 ff.) auch die Angaben nach § 13e Abs. 2 S. 3–5 enthalten. Dies sind inländische Geschäftsadresse der Zweigniederlassung (Abs. 3 iVm § 13e Abs. 2 S. 3; → § 13e Rn. 38 f.), der Gegenstand der Zweigniederlassung (Abs. 3 iVm § 13e Abs. 2 S. 3; → § 13e Rn. 40), das Register, bei dem die Gesellschaft geführt wird, und die Nummer des Registereintrags, sofern das Recht des Staates, in dem die Gesellschaft ihren Sitz hat, eine Registereintragung vorsieht (Abs. 3 iVm § 13e Abs. 2 S. 5 Nr. 1; → § 13e Rn. 48), die Rechtsform der Gesellschaft (Abs. 3 iVm § 13e Abs. 2 S. 5 Nr. 2; → § 13e Rn. 49), die Personen, die befugt sind, als ständige Vertreter für die Tätigkeit der Zweigniederlassung die Gesellschaft gerichtlich und außergerichtlich zu vertreten, unter Angabe ihrer Befugnisse (Abs. 3 iVm § 13e Abs. 2 S. 5 Nr. 3; → § 13e Rn. 50 ff.) sowie, wenn die GmbH nicht dem Recht eines Mitgliedstaates der EU oder eines anderen Vertragsstaates des EWR unterliegt, das Recht des Staates, dem die Gesellschaft unterliegt (Abs. 3 iVm § 13e Abs. 2 S. 5 Nr. 4; → § 13e Rn. 56). Die Verweisung von Abs. 3 auf § 13e Abs. 2 S. 4 Hs. 1 ist redundant, da sie sich in Angaben erschöpft, die bereits gem. Abs. 3 iVm § 39 Abs. 1 S. 2 Hs. 1 AktG (→ Rn. 42) einzutragen sind.

V. Änderungen des Gesellschaftsvertrages der ausländischen Gesellschaft (Abs. 4)

45 **1. Änderung des Gesellschaftsvertrags.** Änderungen des Gesellschaftsvertrags der GmbH mit Sitz im Ausland (→ Rn. 11) sind gem. Abs. 4 S. 1 durch die Geschäftsführer zur Eintragung in das Handelsregister anzumelden. Der Vorschrift liegt – erkennbar an Abs. 4 S. 2 – der in den §§ 53 ff. GmbHG vorausgesetzte Begriff der Änderung des Gesellschaftsvertrags zugrunde. Danach ist eine Änderung jede äußerliche Einwirkung auf den Text des Gesellschaftsvertrags, durch die der Wortlaut ergänzt, gestrichen oder inhaltlich verändert wird, unabhängig davon, ob die Änderung des Textes auch eine inhaltliche Veränderung mit sich bringt.[42]

46 **2. Anmeldung. a) Anmeldungserklärung.** Gemäß Abs. 4 S. 1 haben die Geschäftsführer jede Änderung des Gesellschaftsvertrags (→ Rn. 45) zur Eintragung in das Handelsregister (→ Rn. 50) anzumelden. Die Anordnung der sinngemäßen Anwendung von § 54 Abs. 1, 2 GmbHG in Abs. 4 S. 2 ist redundant. Die Anmeldung hat durch die Geschäftsführer in vertretungsberechtigter Zahl zu

[38] Bönner RNotZ 2015, 253 (257). Zu der private company limited by shares s. OLG Frankfurt 8.8.2017, FGPrax 2018, 16 (20).
[39] BGH 14.5.2019, NZG 2019, 775.
[40] BGH 16.2.2021, NZG 2021, 702.
[41] SLM/Schmidt-Kessel Rn. 48.
[42] Statt vieler Altmeppen GmbHG § 53 Rn. 4 mwN.

erfolgen (→ § 13e Rn. 26),[43] und zwar gem. § 12 Abs. 1 S. 1 elektronisch in öffentlich beglaubigter Form (→ § 12 Rn. 20 ff.).

Betrifft die Änderung des Gesellschaftsvertrags (→ Rn. 45) den Namen der Gesellschaft, ihren Sitz oder ihre Rechtsform, ist der Mitgliedstaat der EU oder der Vertragsstaat des EWR, in dem die Gesellschaft eingetragen ist, gem. **Art. 30a Abs. 1 lit. a, b und lit. d GesR-RL** verpflichtet, dem Mitglied- oder Vertragsstaat, in dem die Zweigniederlassung der Gesellschaft eingetragen ist, die Änderung unverzüglich über das Europäische System der Registervernetzung (BRIS) mitzuteilen. Sobald die Daten aufgrund einer Weiterleitung gem. § 13e Abs. 6 (→ § 13e Rn. 77) bei dem für die Zweigniederlassung zuständigen Registergericht eingehen, hat dieses den Eingang der Daten gem. § 13e Abs. 7 S. 1 über BRIS zu bestätigen (→ § 13e Rn. 78). Sofern dem Registergericht zum Zeitpunkt des Dateneingangs keine Anmeldung in Bezug auf die mitgeteilten Tatsachen vorliegt (→ Rn. 46), hat es die Gesellschaft gem. § 13e Abs. 7 S. 2 zur unverzüglichen Anmeldung der geänderten Tatsachen aufzufordern. 47

b) Beizufügende Dokumente. Der Anmeldung ist gem. Abs. 4 S. 2 iVm § 54 Abs. 1 S. 2 Hs. 1 GmbHG der **vollständige Wortlaut des Gesellschaftsvertrags** beizufügen. Erforderlich ist gem. Abs. 4 S. 2 iVm § 54 Abs. 1 S. 2 Hs. 2 GmbHG außerdem die **Bescheinigung eines Notars,** dass die geänderten Bestimmungen des Gesellschaftsvertrags mit dem Beschluss über die Änderung des Gesellschaftsvertrags und die unveränderten Bestimmungen mit dem zuletzt zum Register, bei dem die Gesellschaft geführt wird, eingereichten vollständigen Wortlaut des Gesellschaftsvertrags übereinstimmen, soweit nicht das ausländische Recht eine Abweichung nötig macht.[44] 48

Obwohl Abs. 4 – im Gegensatz zu Abs. 2 S. 1 (→ Rn. 15) – eine **Übersetzung** des geänderten Gesellschaftsvertrags nicht erwähnt, ist sie gleichwohl aufgrund der Tatsache, dass die Gerichtssprache deutsch ist (§ 184 S. 1 GVG), beizufügen.[45] 49

3. Eintragung. Änderungen des Gesellschaftsvertrags (→ Rn. 45) müssen nur ausnahmsweise ihrem Inhalt nach in das Handelsregister eingetragen werden, nämlich wenn sie **Angaben nach § 10 GmbHG** betreffen, also die Firma oder den Sitz der Gesellschaft, die inländische Geschäftsanschrift, den Gegenstand des Unternehmens, die Höhe des Stammkapitals (§ 10 Abs. 1 S. 1 GmbHG), die Vertretungsbefugnis der Geschäftsführer (§ 10 Abs. 1 S. 2 GmbHG), die Dauer der Gesellschaft oder das genehmigte Kapital (§ 10 Abs. 2 S. 1 GmbHG). Bei sämtlichen anderen Änderungen genügt gem. Abs. 4 S. 2 iVm § 54 Abs. 2 GmbHG die Bezugnahme auf die bei dem Gericht eingereichten Urkunden (→ Rn. 48 f.). 50

VI. Weitere anzumeldende Tatsachen (Abs. 5)

1. Änderungen in der Geschäftsführung. Gemäß Abs. 5 S. 1 iVm **§ 39 Abs. 1 GmbHG** ist jede Änderung in den Personen der Geschäftsführer sowie die Beendigung der Vertretungsbefugnis eines Geschäftsführers zur Eintragung in das Handelsregister anzumelden, und zwar gem. § 12 Abs. 1 S. 1 elektronisch in öffentlich beglaubigter Form (→ § 12 Rn. 20 ff.). Der Anmeldung sind gem. Abs. 5 S. 1 iVm **§ 39 Abs. 2 GmbHG** die Urkunden über die Bestellung der Geschäftsführer oder über die Beendigung der Vertretungsbefugnis in Urschrift oder öffentlich beglaubigte Abschrift beizufügen.[46] Für die Einreichung der Urschrift genügt gem. § 12 Abs. 2 S. 2 Hs. 1 eine elektronische Aufzeichnung (→ § 12 Rn. 67 ff.), für die öffentlich beglaubigte Abschrift bedarf es gem. § 12 Abs. 2 S. 2 Hs. 2 eines mit einem einfachen elektronischen Zeugnis (§ 39a BeurkG) versehenen Dokuments (→ § 12 Rn. 70 ff.). 51

Bei Gesellschaften, die weder dem Recht eines Mitgliedstaates der EU noch dem eines Vertragsstaates des EWR unterliegen (Abs. 5 S. 2), haben die neuen Geschäftsführer in ihrer Anmeldung zur Eintragung in das Handelsregister (Abs. 5 S. 1 iVm § 39 Abs. 1 Fall 1 GmbHG; → Rn. 51) gem. Abs. 5 S. 1 iVm **§ 39 Abs. 3 S. 1 GmbHG** zu versichern, dass keine Umstände vorliegen, die ihrer Bestellung nach § 6 Abs. 2 S. 2 Nr. 2, 3, S. 3, 4 GmbHG entgegenstehen und dass sie über ihre unbeschränkte Auskunftspflicht gegenüber dem Registergericht belehrt worden sind. Zu der Versicherung → Rn. 24 f. Die Belehrung nach § 53 Abs. 2 BZRG kann gem. Abs. 5 S. 1 iVm § 39 Abs. 3 S. 2 GmbHG und § 8 Abs. 3 S. 2 GmbHG schriftlich vorgenommen werden und auch durch einen deutschen Notar oder einen im Ausland bestellten Notar, durch einen Vertreter eines vergleich- 52

[43] KG 18.11.2003, NZG 2004, 49 (50); GK-HGB/Achilles/Haase § 13d Rn. 11; Staub/Koch/Harnos Rn. 10; Krause NotBZ 1998, 171 (173); Hopt/Merkt § 13e Rn. 2; Ebenroth/Boujong/Pentz Rn. 17.

[44] **AA** Bönner RNotZ 2015, 253 (271): Bescheinigung ist entbehrlich.

[45] Heinze RNotZ 2009, 586 (588); Ebenroth/Boujong/Pentz Rn. 20; SLM/Schmidt-Kessel Rn. 48.

[46] Krit. SLM/Schmidt-Kessel Rn. 51: überflüssiger Formalismus.

baren rechtsberatenden Berufs oder einen Konsularbeamten erfolgen. Zu Einzelheiten der Belehrung → Rn. 26 f.

53 **2. Auflösung und Liquidation der Gesellschaft.** Für die Auflösung und Liquidation der GmbH mit Sitz im Ausland (→ Rn. 11) bestimmt Abs. 5 S. 1, dass § 65 Abs. 1 S. 1 GmbHG (→ Rn. 54), § 67 Abs. 1, 2 GmbHG (→ Rn. 55 f.) und § 74 Abs. 1 S. 1 GmbHG (→ Rn. 57 ff.) sinngemäß gelten, soweit nicht das ausländische Recht keine Abweichung erforderlich macht. Diese Vorschriften sind – im Unterschied zu § 39 Abs. 3 GmbHG (→ Rn. 52) – unterschiedslos sowohl auf Gesellschaften aus einem Mitgliedstaat der EU oder einem Vertragsstaat des EWR als auch auf Gesellschaften aus Drittländern anzuwenden.[47]

54 **a) Auflösung der Gesellschaft.** Gemäß Abs. 5 S. 1 iVm **§ 65 Abs. 1 S. 1 GmbHG** haben die Geschäftsführer (§ 78 GmbHG) die Auflösung der GmbH mit Sitz im Ausland (→ Rn. 11) zur Eintragung in das Handelsregister der Zweigniederlassung anzumelden. Unterliegt die GmbH dem Recht eines anderen Mitgliedstaates der EU oder dem eines anderen Vertragsstaates des EWR, verpflichtet **Art. 34 Abs. 1 GesR-RL iVm Art. 20 Abs. 1 GesR-RL** das Register der Gesellschaft dazu, über das Europäische System der Registervernetzung (BRIS) unverzüglich Informationen über die Eröffnung von Verfahren zur Abwicklung der Gesellschaft zur Verfügung zu stellen. Sobald diese Daten aufgrund der Weiterleitung gem. § 13e Abs. 6 (→ § 13e Rn. 77) bei dem für die Zweigniederlassung zuständigen Registergericht eingehen, hat dieses den Eingang der Daten gem. § 13e Abs. 7 S. 1 über BRIS zu bestätigen (→ § 13e Rn. 78). Sofern dem Registergericht zum Zeitpunkt des Dateneingangs keine Anmeldung gem. Abs. 5 S. 1 iVm § 65 Abs. 1 S. 1 GmbHG vorliegt (→ Rn. 53), hat es die Gesellschaft gem. § 13e Abs. 7 S. 2 zur unverzüglichen Anmeldung der geänderten Tatsachen aufzufordern.

55 **b) Liquidatoren und ihrer Vertretungsbefugnis.** Gemäß Abs. 5 S. 1 iVm **§ 67 Abs. 1 Fall 1 GmbHG** haben die Geschäftsführer die ersten Liquidatoren sowie ihre Vertretungsbefugnis zur Eintragung in das Handelsregister der Zweigniederlassung anzumelden. Jeden Wechsel der Liquidatoren und jede Änderung ihrer Vertretungsbefugnis haben gem. Abs. 5 S. 1 iVm **§ 67 Abs. 1 Fall 2 GmbHG** die Liquidatoren zur Eintragung in das Handelsregister der Zweigniederlassung anzumelden.

56 Der Anmeldung nach Abs. 5 S. 1 iVm § 67 Abs. 1 GmbHG (→ Rn. 55) sind gem. Abs. 5 S. 1 iVm **§ 67 Abs. 2 GmbHG** die Urkunden über die Bestellung der Liquidatoren oder über die Änderung in den Personen derselben in Urschrift oder öffentlich beglaubigter Abschrift beizufügen. Für die Einreichung der Urschrift genügt gem. § 12 Abs. 2 S. 2 Hs. 1 eine elektronische Aufzeichnung (→ § 12 Rn. 67 ff.), für die öffentlich beglaubigte Abschrift bedarf es gem. § 12 Abs. 2 S. 2 Hs. 2 eines mit einem einfachen elektronischen Zeugnis (§ 39a BeurkG) versehenen Dokuments (→ § 12 Rn. 70 ff.).

57 **c) Schluss der Liquidation.** Ist die Liquidation beendet und die Schlussrechnung gelegt, haben die Liquidatoren gem. Abs. 5 S. 1 iVm **§ 74 Abs. 1 S. 1 GmbHG** den Schluss der Liquidation zur Eintragung in das Handelsregister der Zweigniederlassung anzumelden. Diese Anmeldepflicht dient bei Gesellschaften, die dem Recht eines Mitgliedstaates der EU oder eines Vertragsstaates des EWR unterliegen, der Umsetzung von Art. 34 Abs. 2 S. 2 GesR-RL, wonach die Mitgliedstaaten bei der Auflösung einer Gesellschaft sicherzustellen haben, dass ihre Zweigniederlassungen ebenfalls ohne unangemessene Verzögerung aus dem Register gelöscht werden.

58 Unterliegt die GmbH (→ Rn. 11) dem Recht eines anderen Mitgliedstaates der EU oder dem eines anderen Vertragsstaates des EWR, verpflichtet **Art. 34 Abs. 1 GesR-RL iVm Art. 20 Abs. 1 GesR-RL** das Register der Gesellschaft dazu, über das Europäische System der Registervernetzung (BRIS) unverzüglich Informationen über die Beendigung von Verfahren zur Abwicklung der Gesellschaft zur Verfügung zu stellen. Sobald diese Daten aufgrund der Weiterleitung gem. § 13e Abs. 6 (→ § 13e Rn. 77) bei dem für die Zweigniederlassung zuständigen Registergericht eingehen, hat dieses den Eingang der Daten gem. § 13e Abs. 7 S. 1 über BRIS zu bestätigen (→ § 13e Rn. 78). Sofern dem Registergericht zum Zeitpunkt des Dateneingangs keine Anmeldung gem. Abs. 5 S. 1 iVm § 74 Abs. 1 S. 1 GmbHG vorliegt (→ Rn. 57), hat es die Gesellschaft gem. § 13e Abs. 7 S. 2 zur unverzüglichen Anmeldung der geänderten Tatsachen aufzufordern.

59 Hat die GmbH mit Sitz im Ausland (→ Rn. 11) durch die Löschung aus ihrem Heimatregister (zB nach Durchführung eines Insolvenzverfahrens)[48] die Rechtsfähigkeit verloren, kann das Registergericht die Zweigniederlassung gem. **§ 395 Abs. 1 S. 1 FamFG** von Amts wegen oder auf Antrag der berufsständischen Organe löschen (→ § 8 Rn. 148 ff.).

[47] **AA** SLM/Schmidt-Kessel Rn. 64.

[48] Krafka RegisterR Rn. 337a.

VII. Aufhebung einer Zweigniederlassung (Abs. 6)

Für die Aufhebung einer inländischen Zweigniederlassung durch eine GmbH mit Sitz im Ausland (→ Rn. 11) gelten gem. Abs. 6 die Vorschriften über ihre Errichtung sinngemäß. Die Aufhebung einer Zweigniederlassung ist – ebenso wie deren Errichtung (→ § 13 Rn. 36) – ein tatsächlicher Vorgang (→ § 13 Rn. 61). Ein förmliches Aufhebungsverfahren muss weder durchgeführt noch nachgewiesen werden.[49] Wurde die Zweigniederlassung aufgehoben, die Aufhebung aber noch nicht in das Handelsregister eingetragen, ist das Handelsregister – die ordnungsgemäße Eintragung der Zweigniederlassung vorausgesetzt – unrichtig. Um diesen Zustand zu beseitigen, haben die Geschäftsführer die Aufhebung einer Zweigniederlassung gem. Abs. 6 iVm § 13e Abs. 2 S. 1 wie deren Errichtung (→ § 13e Rn. 25 ff.) zur Eintragung in das Handelsregister anzumelden. 60

Hat eine GmbH mit Sitz im Ausland (→ Rn. 11) **mehrere inländische Zweigniederlassungen** errichtet und das Registergericht, in dessen Bezirk die nunmehr aufgehobenen Zweigniederlassung bestand, gem. § 13e Abs. 5 S. 1 als Hauptregister gewählt (→ § 13e Rn. 74 ff.), bedingt die Eintragung der Aufhebung der Zweigniederlassung (→ Rn. 60) den Fortfall des Hauptregisters. Dies hat zur Folge, dass die Gesellschaft, wenn sie ihr Wahlrecht nach § 13e Abs. 5 S. 1 nicht erneut ausübt und ein anderes Hauptregister wählt, den Gesellschaftsvertrag sowie ggf. zwischenzeitliche Änderungen des Gesellschaftsvertrags bei den übrigen Handelsregistern einreichen muss.[50] Unabhängig von der erneuten Ausübung des Wahlrechts sind die vor der Aufhebung der Zweigniederlassung auf Grundlagen von § 13e Abs. 5 S. 2 vorgenommenen Eintragungen nunmehr fehlerhaft und deshalb zu löschen.[51] 61

§ 13h Verlegung des Sitzes einer Hauptniederlassung im Inland

(1) Wird die Hauptniederlassung eines Einzelkaufmanns oder einer juristischen Person oder der Sitz einer Handelsgesellschaft im Inland verlegt, so ist die Verlegung beim Gericht der bisherigen Hauptniederlassung oder des bisherigen Sitzes anzumelden.

(2) [1]Wird die Hauptniederlassung oder der Sitz aus dem Bezirk des Gerichts der bisherigen Hauptniederlassung oder des bisherigen Sitzes verlegt, so hat dieses unverzüglich von Amts wegen die Verlegung dem Gericht der neuen Hauptniederlassung oder des neuen Sitzes mitzuteilen. [2]Der Mitteilung sind die Eintragungen für die bisherige Hauptniederlassung oder den bisherigen Sitz sowie die bei dem bisher zuständigen Gericht aufbewahrten Urkunden beizufügen. [3]Das Gericht der neuen Hauptniederlassung oder des neuen Sitzes hat zu prüfen, ob die Hauptniederlassung oder der Sitz ordnungsgemäß verlegt und § 30 beachtet ist. [4]Ist dies der Fall, so hat es die Verlegung einzutragen und dabei die ihm mitgeteilten Eintragungen ohne weitere Nachprüfung in sein Handelsregister zu übernehmen. [5]Die Eintragung ist dem Gericht der bisherigen Hauptniederlassung oder des bisherigen Sitzes mitzuteilen. [6]Dieses hat die erforderlichen Eintragungen von Amts wegen vorzunehmen.

(3) [1]Wird die Hauptniederlassung oder der Sitz an einen anderen Ort innerhalb des Bezirks des Gerichts der bisherigen Hauptniederlassung oder des bisherigen Sitzes verlegt, so hat das Gericht zu prüfen, ob die Hauptniederlassung oder der Sitz ordnungsgemäß verlegt und § 30 beachtet ist. [2]Ist dies der Fall, so hat es die Verlegung einzutragen.

Schrifttum: Bayer/Schmidt, Grenzüberschreitende Sitzverlegung und grenzüberschreitende Restrukturierungen nach MoMiG, Cartesio und Trabrennbahn, ZHR 173 (2009), 735; Bayer/Schmidt, Grenzüberschreitende Mobilität von Gesellschaften: Formwechsel durch isolierte Satzungssitzverlegung – Zugleich Besprechung EuGH v. 25.10.2017 – Rs. C-106/16, ZIP 2017, 2145 – Polbud, ZIP 2017, 2225; Bayer/Schmidt, BB-Gesetzgebungs- und Rechtsprechungsreport zum Europäischen Unternehmensrecht 2018/19 – Teil I: Company Law Package, BB 2019, 1922; Binge/Thölke, Everything goes!?, DNotZ 2004, 21; Bormann/Stelmaszczyk, Grenzüberschreitende Spaltungen und Formwechsel nach dem EU-Company Law Package, ZIP 2019, 353; Brehm/Schümmer, Grenzüberschreitende Umwandlungen nach der neuen Richtlinie über grenzüberschreitende Umwandlungen, Verschmelzungen und Spaltungen, NZG 2020, 538; Feldhaus, Das Erfordernis wirtschaftlicher Inlandstätigkeit beim grenzüberschreitenden (Herein-)Formwechsel nach „Polbud", BB 2017, 2819; Fink/Chilevych, Grenzüberschreitende Formwechsel nach und aus Deutschland – Vorauseilende Umsetzung der Änderungen der EU-Mobilitäts-Richtlinie, NZG 2020, 544; Frank, Formwechsel im Binnenmarkt, 2016, zugleich Diss. München 2015; Grohmann/Gruschinske, Die identitätswahrende grenzüberschreitende Satzungssitzverlegung

[49] LG Krefeld 26.4.2006, NZG 2006, 676; Krafka RegisterR Rn. 337.

[50] GK-HGB/Achilles/Haase Rn. 5; GK-HGB/Achilles/Haase § 13f Rn. 8; Staub/Koch/Harnos Rn. 14; Ebenroth/Boujong/Pentz Rn. 27; SLM/Schmidt-Kessel Rn. 63.

[51] Ebenroth/Boujong/Pentz Rn. 27; SLM/Schmidt-Kessel Rn. 63.

in Europa – Schein oder Realität, GmbHR 2008, 27; Hermanns, Die grenzüberschreitende Sitzverlegung in der notariellen Praxis, MittBayNot 2016, 297; Herrler, Gewährleistung des Wegzugs von Gesellschaften durch Art. 43, 48 EG nur in Form der Herausumwandlung, DNotZ 2009, 484; Hilser, Grenzüberschreitende Rechtsformwechsel in der Europäischen Union, 2022, zugleich Diss. Freiburg 2021; Hornberger, Rechtsformwahrende Sitzverlegung, Verschmelzungen und Formwechsel von Personengesellschaften innerhalb der EU, 2020, zugleich Diss. Regensburg 2019; Hushahn, Grenzüberschreitende Formwechsel im EU/EWR-Raum – die identitätswahrende statutenwechselnde Verlegung des Satzungssitzes in der notariellen Praxis, RNotZ 2014, 137; Hushahn, Der isolierte grenzüberschreitende Formwechsel – Zugleich Anm. zum Urteil des EuGH v. 25.10.2017 in der Rechtssache Polbud, RNotZ 2018, 23; Kablitz, Der grenzüberschreitende Rechtsformwechsel einer GmbH – Rechtsgrundlagen, Ablauf und Praxishinweise, GmbHR 2022, 721; Kieninger, Niederlassungsfreiheit als Freiheit nachträglicher Rechtswahl – Die Polbud-Entscheidung des EuGH, NJW 2017, 3624; Kindler, Unternehmensmobilität nach „Polbud“: Der grenzüberschreitende Formwechsel in Gestaltungspraxis und Rechtspolitik, NZG 2018, 1; Knaier/Pfleger, Der grenzüberschreitende Herausformwechsel einer deutschen GmbH, GmbHR 2017, 859; Koch, Freie Sitzwahl für Personenhandelsgesellschaften, ZHR 173 (2009), 101; Kögel, Was bedeutet „ordnungsgemäße“ Sitzverlegung bei der GmbH?, Rpfleger 2014, 7; Kögel, Der Sitz der GmbH und seine Bezugspunkte, GmbHR 1998, 1108; Kovács, Der grenzüberschreitende (Herein-) Formwechsel in der Praxis nach dem Polbud-Urteil des EuGH, ZIP 2018, 253; Krebs, Grenzüberschreitender Formwechsel nach Deutschland – Einordnung, Voraussetzungen, Praxisfolgen, GWR 2014, 144; Leuering, Von Scheinauslandsgesellschaften hin zu Gesellschaften mit Migrationshintergrund, ZRP 2008, 73; Lieder/Hilser, Das Internationale Personengesellschaftsrecht des MoPeG, ZHR 185 (2021), 471; Neye, Zur Auflösung einer nach deutschem Recht gegründeten Kapitalgesellschaft bei Sitzverlegung ins Ausland, ZIP 1997, 1697; Otte/Rietschel, Freifahrschein für den grenzüberschreitenden Rechtsformwechsel nach „Cartesio“?, GmbHR 2009, 983; Paefgen, Cartesio: Niederlassungsfreiheit minderer Güte, WM 2009, 529; Paefgen, „Polbud“ – Niederlassungsfreiheit als Sitzspaltungsfreiheit, Teil I WM 2018, 981, Teil II WM 2018, 1029; Schall, Grenzüberschreitende Umwandlungen der Limited (UK) mit deutschem Verwaltungssitz – Optionen für den Fall des Brexit, ZfPW 2016, 407; Schön, Die Personengesellschaft im europäischen Gesellschaftsrecht, ZHR 187 (2023), 123; Seibold, Der grenzüberschreitende Herein-Formwechsel in eine deutsche GmbH – Geht doch! – Theorie vs. Praxis, ZIP 2017, 456; Stelmaszczyk, Grenzüberschreitender Formwechsel durch isolierte Verlegung des Satzungssitzes – EuGH präzisiert den Anwendungsbereich der Niederlassungsfreiheit, EuZW 2017, 890; Stiegler, Grenzüberschreitende Mobilität von Personengesellschaften, ZGR 2017, 312; Teichmann, Cartesio – Die Freiheit zum formwechselnden Wegzug, ZIP 2009, 393; Triebel/v. Hase, Wegzug und grenzüberschreitende Umwandlung deutscher Gesellschaften nach „Überseering“ und „Inspire Art“, BB 2003, 2409; Weller, Zum identitätswahrenden Wegzug deutscher Gesellschaften, DStR 2004, 1218; Winter/Marx/De Decker, Von Frankfurt nach Rom – zur Praxis grenzüberschreitender „Hinausformwechsel“ – Zugleich Anm. zu OLG Frankfurt a. M. v. 3.1.2017 – 20 W 88/15, DStR 2017, 1664; Zimmer, Internationales Gesellschaftsrecht und Niederlassungsfreiheit – Das Rätsel vor der Lösung?, BB 2000, 1361.

Übersicht

I. Allgemeines

1. Regelungsgegenstand, Anwendungsbereich. Einzelkaufleute und juristische Personen iSd § 33 (→ § 33 Rn. 1) werden gem. § 29 von dem Registergericht in das Handelsregister eingetragen, in dessen Bezirk sich die (Haupt-)Niederlassung befindet (→ § 29 Rn. 5). Dies gilt bei juristischen Personen auch dann, wenn der Ort der Handelsniederlassung von dem Ort des satzungsmäßigen Sitzes abweicht.[1] Personenhandelsgesellschaften, namentlich die OHG und die KG (§ 106 Abs. 1 ggf. iVm § 161 Abs. 2; → § 106 Rn. 15), Europäische wirtschaftliche Interessenvereinigungen (§ 2 Abs. 1 EWIVAG), Genossenschaften (§ 10 Abs. 1 GenG) sowie Kapitalgesellschaften, insbesondere die AG (§ 14 AktG) und die GmbH (§ 7 Abs. 1 GmbHG) werden von dem Registergericht eingetragen, in dessen Bezirk sie ihren Sitz haben. In Anbetracht der Tatsache, dass die (Haupt-)Niederlassung bzw. der Sitz das registerführende Gericht bestimmt (→ § 8 Rn. 64 ff.) und die Unterscheidbarkeit der Firma iSd § 30 beeinflussen kann (→ Rn. 30), begründet **Abs. 1** die Pflicht, die Verlegung der Hauptniederlassung oder des Sitzes im Inland bei dem Registergericht der bisherigen Hauptniederlassung oder des bisherigen Sitzes zur Eintragung in das Handelsregister anzumelden (→ Rn. 6 ff.). 1

Die Voraussetzungen für die Verlegung der Hauptniederlassung oder des Sitzes regelt das auf den jeweiligen Rechtsträger anwendbare Recht.[2] Daher enthalten die Abs. 1–3 ausschließlich **registerverfahrensrechtliche Vorschriften**[3] zur Umsetzung einer erfolgten Verlegung der Hauptniederlassung oder des Sitzes. Ausgangspunkt ist die **Anmeldepflicht** gem. Abs. 1 (→ Rn. 6 ff.), welche dem Registergericht die Prüfung ermöglicht, ob die Hauptniederlassung oder der Sitz ordnungsgemäß verlegt wurde. Wurde die Hauptniederlassung oder der Sitz ordnungsgemäß an einen **anderen Ort innerhalb desselben Gerichtsbezirks** verlegt, hat das Registergericht die Verlegung nach einer Prüfung der Unterscheidbarkeit der Firma einzutragen (Abs. 3 S. 1, 2; → Rn. 37). Wurde die Hauptniederlassung oder der Sitz in einen **anderen Gerichtsbezirk** verlegt, hat das für diesen Bezirk zuständige Registergericht die Verlegung ungeprüft dem Gericht der neuen Hauptniederlassung oder des neuen Sitzes mitzuteilen, das seinerseits die ordnungsgemäße Verlegung und die Unterscheidbarkeit der Firma zu prüfen und ggf. die Verlegung einzutragen hat (Abs. 2 S. 1–6; → Rn. 22 ff.). 2

Für die Sitzverlegung einer **AG** existiert mit § 45 AktG eine Sonderregelung, welche als lex specialis die Anwendung der Abs. 1–3 ausschließt. 3

Die Abs. 1–3 gelten nach ihrem Wortlaut nur ausschließlich für die Verlegung einer Hauptniederlassung eines Einzelkaufmanns oder einer juristischen Person iSd § 33 (→ Rn. 8) sowie für die Verlegung des Sitzes einer Handelsgesellschaft (→ Rn. 9 ff.). Für die Verlegung einer inländischen **Zweigniederlassung eines ausländischen Unternehmensträgers** im Inland existieren keine vergleichbaren Regelungen. Diese Lücke wird durch die entsprechende Anwendung der Verfahrensvorschriften über die Sitzverlegung geschlossen.[4] 4

2. Normentwicklung. Die Vorschrift wurde durch Art. 1 Nr. 1 iVm Art. 4 Gesetz über die Eintragung von Handelsniederlassungen und das Verfahren in Handelsregistersachen vom 10.8.1937 (RGBl. 1937 I 897) mWv 1.10.1937 als § 13c aF eingefügt. Bei Erlass des AktG 1965 wurde sie im Zusammenhang mit der Einführung von § 45 AktG (→ Rn. 3) durch § 31 Nr. 1 EGAktG iVm § 46 EGAktG mWv 1.1.1966 neugefasst und schließlich durch Art. 1 Nr. 3 iVm Art. 7 Abs. 1 Gesetz zur Durchführung der Elften gesellschaftsrechtlichen Richtlinie des Rates der Europäischen Gemeinschaften und über Gebäudeversicherungsverhältnisse vom 22.7.1993 (BGBl. 1993 I 1282) mWv 1.11.1993 um die Überschrift ergänzt und im Übrigen unverändert in § 13h überführt. Seitdem ist die Vorschrift nicht mehr geändert worden. 5

II. Anmeldepflicht (Abs. 1)

1. Überblick. Wird die Hauptniederlassung eines Einzelkaufmanns oder einer juristischen Person iSd § 33 (→ Rn. 8) oder der Sitz einer Handelsgesellschaft (→ Rn. 9 ff.) im Inland (→ Rn. 17) verlegt, ist die Verlegung bei dem Gericht der bisherigen Hauptniederlassung oder des bisherigen Sitzes anzumelden (→ Rn. 18 ff.). 6

2. Verlegung der Hauptniederlassung oder des Sitzes im Inland. Die in Abs. 1 angelegte Unterscheidung zwischen der Verlegung der Hauptniederlassung und der Verlegung des Sitzes ist geboten, weil die örtliche Zuständigkeit des Registergerichts bei Einzelkaufleuten und juristischen 7

---

[1] BayObLG 19.7.2000, DNotZ 2001, 75 (76) zu der Frage der Eintragungsfähigkeit eines Mehrfachsitzes nach Sparkassensatzung.

[2] Hopt/Merkt Rn. 1; SLM/Müther Rn. 2; Ebenroth/Boujong/Pentz Rn. 2.

[3] MüKoHGB/Krafka Rn. 1; Ebenroth/Boujong/Pentz Rn. 2.

[4] OLG München 15.12.2010, NZG 2011, 117 (118).

Personen iSd § 33 (→ § 33 Rn. 1) durch deren Hauptniederlassung (§ 29; → Rn. 1), bei Handelsgesellschaften hingegen durch deren Sitz bestimmt wird (§ 106 Abs. 1 ggf. iVm § 161 Abs. 2, § 14 AktG, § 7 Abs. 1 GmbHG, § 10 Abs. 1 GenG; → Rn. 1).

8 **a) Verlegung der Hauptniederlassung.** Die Handelsniederlassung ist der Ort, an dem sich die kaufmännische Leitung des Unternehmens befindet (→ § 8 Rn. 65).[5] Zu der Abgrenzung der Haupt- von einer Zweigniederlassung → § 13 Rn. 13 ff. Die Verlegung der Hauptniederlassung ist – ebenso wie die Errichtung einer Zweigniederlassung (→ § 13 Rn. 36) und deren Aufhebung (→ § 13 Rn. 61) – ein tatsächlicher Vorgang, weshalb die durch Abs. 2 S. 4 (→ Rn. 32 ff.) oder Abs. 3 S. 2 (→ Rn. 37) gebotene Eintragung nicht konstitutiv wirkt, sondern deklaratorisch erfolgt.[6] Erforderlich, aber auch ausreichend ist, dass die kaufmännische Leitung des Unternehmens an einen anderen Ort verlegt wird. Die Tatsache, dass an dem Ort der bisherigen Hauptniederlassung eine Zweigniederlassung fortbesteht – diese ist als solche gem. § 13 Abs. 1 S. 1 (→ § 13 Rn. 36 ff.) oder § 13e Abs. 2 S. 1 (→ § 13e Rn. 25 ff.) zur Eintragung in das Handelsregister anzumelden[7] –, schließt die Verlegung der Hauptniederlassung nicht aus.

9 **b) Verlegung des Sitzes. aa) Personenhandelsgesellschaften.** Sitz einer Personenhandelsgesellschaft ist gem. § 706 S. 1 BGB iVm § 105 Abs. 3 und ggf. § 161 Abs. 2 der **Verwaltungssitz,** also der Ort, an dem die Geschäfte tatsächlich geführt werden. Vereinbaren die Gesellschafter in dem Gesellschaftsvertrag einen Ort im Inland als Sitz der Gesellschaft, ist gem. § 706 S. 2 BGB iVm § 105 Abs. 3 und ggf. § 161 Abs. 2 dieser Ort, der sog. **Vertragssitz,** Sitz der Gesellschaft, und zwar auch dann, wenn die Geschäfte tatsächlich an einem anderen Ort im Inland oder im Ausland – sei es in einem anderen Mitgliedstaat der EU oder einem anderen Vertragsstaat des EWR, sei es in einem Drittland[8] – geführt werden.

10 Die **Verlegung des Verwaltungssitzes** ist – ebenso wie die Verlegung der Hauptniederlassung (→ Rn. 8) – ein tatsächlicher Vorgang,[9] nämlich die Verlegung der kaufmännischen Leitung des Unternehmens an einen anderen Ort. Daher ist es für die Verlegung als solche unerheblich, ob die zugrundeliegende Entscheidung gesetzmäßig, insbesondere von der Geschäftsführungsbefugnis der geschäftsführenden Gesellschafter umfasst ist.[10] Die durch Abs. 2 S. 4 (→ Rn. 32 ff.) oder Abs. 3 S. 2 (→ Rn. 37) gebotene Eintragung der Verlegung in das Handelsregister wirkt nicht konstitutiv, sondern erfolgt deklaratorisch.[11] Sie dokumentiert nur den tatsächlichen Vorgang und nicht eine eventuell zugrundeliegende Änderung des Gesellschaftsvertrages.[12]

11 Die **Verlegung des Vertragssitzes** iSd § 706 S. 2 BGB iVm § 105 Abs. 3 und ggf. § 161 Abs. 2 erfolgt durch eine Änderung des Gesellschaftsvertrags. Dabei ist zu beachten, dass als neuer Vertragssitz nicht jeder beliebige Ort vereinbart werden kann, sondern gem. § 706 S. 2 BGB iVm § 105 Abs. 3 und ggf. § 161 Abs. 2 nur ein Ort im Inland. Hierdurch wird die Gesellschaft im deutschen Recht verankert.[13] Die Verlegung des Sitzes ist gem. § 106 Abs. 6 Fall 2 ggf. iVm § 161 Abs. 2 zur Eintragung in das Handelsregister anzumelden.

12 **bb) EWIV.** Der Gründungsvertrag einer EWIV muss gem. Art. 5 lit. b EWIV-VO den Sitz der Vereinigung festlegen, der gem. Art. 12 Abs. 1 EWIV-VO in der Gemeinschaft – an die Stelle der Gemeinschaft als dem räumlichen Geltungsbereich des EGV (Art. 299 EGV) ist mWv 1.12.2009 der in Art. 52 EUV und Art. 355 AEUV festgelegte räumliche Geltungsbereich des EGV und des AEUV getreten – gelegen ist. Als Sitz ist gem. Art. 12 Abs. 2 EWIV-VO entweder der Ort zu bestimmen, an dem die Vereinigung ihre Verwaltung hat, oder der Ort, an dem eines der Mitglieder der Vereinigung seine Hauptverwaltung hat oder, wenn es sich um eine natürliche Person handelt, seine Haupttätigkeit ausübt, sofern die Vereinigung dort tatsächlich eine Tätigkeit ausübt. Gemäß § 2 Abs. 1 EWIVAG ist die EWIV bei dem Gericht, in dessen Bezirk sie ihren im Gründungsvertrag genannten Sitz hat, zur Eintragung in das Handelsregister anzumelden.

---

5 Krafka RegisterR Rn. 14.

6 BGH 27.5.1957, 799 = WM 1957, 999 (1000); Staub/Koch/Harnos Rn. 7; MüKoHGB/Krafka Rn. 2; SLM/Müther Rn. 3; Ebenroth/Boujong/Pentz Rn. 13; RGHMW/Ries Rn. 5.

7 GK-HGB/Achilles/Haase Rn. 3.

8 Begr. RegE MoPeG, BT-Drs. 19/27635, 126.

9 KG 22.10.1996, Rpfleger 1997, 217 mAnm Buchberger; GK-HGB/Achilles/Haase Rn. 7; MüKoHGB/Krafka Rn. 2; Krafka RegisterR Rn. 338; SLM/Müther Rn. 3; Ebenroth/Boujong/Pentz Rn. 13.

10 AG Koblenz 1.9.1966, BB 1967, 430; GK-HGB/Achilles/Haase Rn. 7; MüKoHGB/Krafka Rn. 2; Ebenroth/Boujong/Pentz Rn. 13; **aA** Schlegelberger/Hildebrand/Steckhan § 13c aF Rn. 4.

11 KG 22.10.1996, BB 1997, 173 (174); Koch ZHR 173 (2009), 101 (107).

12 Ebenroth/Boujong/Pentz Rn. 13.

13 Begr. RegE MoPeG, BT-Drs. 19/27635, 127.

Der Sitz der Vereinigung kann gem. Art. 13 Abs. 1 EWIV-VO innerhalb der Gemeinschaft (→ Rn. 12) verlegt werden. Soll der im Inland befindliche Sitz einer EWIV an einen anderen Ort im Inland verlegt wird, gilt für die Vereinigung also – neben der EWIV-VO – gem. Art. 2 Abs. 1 EWIV-VO weiterhin deutsches Recht, genügt für die Sitzverlegung gem. Art. 13 Abs. 2 EWIV-VO ein unter den im Gründungsvertrag vorgesehenen Bedingungen gefasster Beschluss. Die tatsächliche Verlegung der Hauptverwaltung ist weder erforderlich noch ausreichend. Zu der Sitzverlegung in das Ausland → Rn. 38 ff. 13

cc) Kapitalgesellschaften. Kapitalgesellschaften, namentlich die AG, KGaA und GmbH, bestimmen in der Satzung (§ 5 AktG ggf. iVm § 278 Abs. 3 AktG) bzw. dem Gesellschaftsvertrag (§ 5 GmbHG) als Sitz der jeweiligen Gesellschaft einen Ort im Inland (sog. **statutarische Sitz**), und zwar ohne Rücksicht auf den Ort der tatsächlichen Unternehmensleitung. Die Beschränkung auf einen Ort im Inland begründet die internationale Zuständigkeit eines deutschen Registergerichts (→ § 8 Rn. 77) und verankert die Gesellschaft in der deutschen Rechtsordnung.[14] 14

Die **Verlegung des statutarischen Sitzes** erfolgt sowohl bei der AG als auch bei der GmbH durch einen satzungsändernden Beschluss der Haupt- bzw. Gesellschafterversammlung (§ 179 Abs. 1 S. 1 AktG, § 53 Abs. 1 GmbHG) und dessen konstitutive Eintragung in das Handelsregister (§ 181 Abs. 3 AktG, § 54 Abs. 3 GmbHG). Ein Beschluss, der gegen § 5 AktG oder § 4a GmbHG verstößt, ist gem. § 241 Nr. 3 Fall 3 AktG – die Vorschrift ist auf Beschlüsse der Gesellschafterversammlung einer GmbH entsprechend anwendbar – nichtig und darf nicht in das Handelsregister eingetragen werden.[15] 15

Die Verlegung des Sitzes einer **GmbH** wird registerrechtlich nach den Abs. 1–3 vollzogen. Für die AG und die KGaA gilt die inhaltsgleiche Sonderregelung des § 45 AktG ggf. iVm § 278 Abs. 3 AktG. 16

c) Inland. Der situative Anwendungsbereich der Vorschrift ist auf Sachverhalte beschränkt, in denen die Hauptniederlassung eines Einzelkaufmanns oder einer juristischen Person iSd § 33 (→ § 33 Rn. 1) oder der Sitz einer Handelsgesellschaft im Inland verlegt wird (→ Rn. 7 ff.). Die Begrenzung korreliert mit der internationalen Zuständigkeit der deutschen Registergerichte.[16] Zu der Sitzverlegung in das Ausland → Rn. 38 ff. 17

3. Anmeldung. a) Zuständiges Registergericht. Wird die Hauptniederlassung eines Einzelkaufmanns oder einer juristischen Person iSd § 33 (→ § 33 Rn. 1) oder der Sitz einer Handelsgesellschaft im Inland (→ Rn. 17) verlegt (→ Rn. 7 ff.), ist die Verlegung gem. Abs. 1 bei dem Gericht der bisherigen Hauptniederlassung oder des bisherigen Sitzes anzumelden. Diese Zuständigkeit gilt nicht nur, wenn die Verlegung der Hauptverwaltung bzw. des Verwaltungssitzes in einen anderen Gerichtsbezirk unmittelbar bevorsteht, sondern auch, wenn sie bereits vollzogen wurde.[17] 18

b) Zuständige Personen. Die Verlegung der Hauptniederlassung eines Einzelkaufmanns hat der **Einzelkaufmann** selbst als Träger des einzelkaufmännischen Unternehmens anzumelden. Die Verlegung der Hauptniederlassung einer **juristischen Person** iSd § 33 (→ § 33 Rn. 1), die keine Handelsgesellschaft ist (→ Rn. 20), hat gem. § 34 Abs. 3 durch den Vorstand zu erfolgen. Für den Vorstand handeln die Vorstandsmitglieder in vertretungsberechtigter Zahl.[18] 19

Wird der Sitz einer **Personenhandelsgesellschaft** verlegt, ist die Anmeldung nach Abs. 1 gem. § 106 Abs. 7 S. 1 von sämtlichen Gesellschaftern zu bewirken (→ § 106 Rn. 67 ff.). Bei einer **EWIV** haben gem. § 3 Abs. 1 S. 1 EWIVAG die Geschäftsführer die Anmeldung vorzunehmen, und zwar in vertretungsberechtigter Zahl. Gleiches gilt gem. § 78 GmbHG iVm § 54 Abs. 1 S. 1 GmbHG bei einer **GmbH.** Ausreichend ist auch die unechte Gesamtvertretung durch einen Geschäftsführer und einen Prokuristen (→ § 12 Rn. 14) sowie eine rechtsgeschäftliche Vertretung (→ § 12 Rn. 35 ff.). 20

c) Form. Die Anmeldung ist gem. § 12 Abs. 1 S. 1 elektronisch in öffentlich beglaubigter Form einzureichen (→ § 12 Rn. 20 ff.). 21

III. Verlegung in den Bezirk eines anderen Gerichts (Abs. 2)

1. Prüfung der Anmeldung durch das Gericht der bisherigen Hauptniederlassung oder des bisherigen Sitzes. Wird die Hauptniederlassung oder der Sitz aus dem Bezirk des Gerichts 22

[14] BGH 19.2.1959, BGHZ 29, 320 (328) = NJW 1959, 1126; 21.11.1955, BGHZ 19, 102 (105 f.) = NJW 1956, 183; Koch AktG § 5 Rn. 4; Kögel Rpfleger 2014, 7; Weller DStR 2004, 1218 (1219); Zimmer BB 2000, 1361 (1362).

[15] KG 25.7.2011, FGPrax 2011, 309 (310): Anmeldung der Sitzverlegung nach Abgabe der eidesstattlichen Versicherung, „Firmenbestattung"; Kögel Rpfleger 2014, 7 (8).

[16] GK-HGB/Achilles/Haase Rn. 3.

[17] Staub/Koch/Harnos Rn. 2; Ebenroth/Boujong/Pentz Rn. 15.

[18] Staub/Koch/Harnos Rn. 8; Krafka RegisterR Rn. 342; Ebenroth/Boujong/Pentz Rn. 17.

der bisherigen Niederlassung oder des bisherigen Sitzes verlegt, hat dieses gem. Abs. 2 S. 1 unverzüglich von Amts wegen die Verlegung dem Gericht der neuen Hauptniederlassung oder des neuen Sitzes mitzuteilen (→ Rn. 24 ff.). Zu dieser Mitteilung ist das Gericht der bisherigen Hauptniederlassung oder des bisherigen Sitzes als Adressat der Anmeldung gem. Abs. 1 (→ Rn. 18) nur verpflichtet, wenn die Verlegung formell ordnungsgemäß angemeldet wurde. Daher hat das Gericht der bisherigen Hauptniederlassung oder des bisherigen Sitzes die **formelle Ordnungsmäßigkeit der Anmeldung** zu prüfen,[19] insbesondere die Vertretungsmacht der anmeldenden Personen.[20] Die Prüfung der Ordnungsmäßigkeit der Verlegung obliegt hingegen ausschließlich dem Gericht der neuen Hauptniederlassung oder des neuen Sitzes (→ Rn. 27 ff.).[21]

23 Ist die **Anmeldung** der Verlegung **nicht formell ordnungsgemäß,** hat das Gericht der bisherigen Niederlassung oder des bisherigen Sitzes eine Zwischenverfügung zu erlassen (→ § 8 Rn. 126 ff.) und dem Anmeldenden Gelegenheit zu geben, den Mangel innerhalb einer angemessenen Frist zu beheben. Wird der Mangel nicht fristgemäß behoben, hat das Gericht die Anmeldung abzulehnen (→ § 8 Rn. 124 f.).

24 **2. Mitteilung der Verlegung an das Gericht der neuen Hauptniederlassung oder des neuen Sitzes (Abs. 2 S. 1, 2).** Ergibt die Prüfung der Anmeldung durch das Gericht der bisherigen Hauptniederlassung oder des bisherigen Sitzes (→ Rn. 22), dass diese formell ordnungsgemäß ist, hat es die Verlegung gem. **Abs. 2 S. 1** dem Gericht der neuen Hauptniederlassung oder des neuen Sitzes mitzuteilen. Die Mitteilung hat unverzüglich von Amts wegen zu erfolgen, also ohne schuldhaftes Zögern (§ 121 Abs. 1 S. 1 BGB) und ohne dass dies in der Anmeldung beantragt werden muss. Das Gericht der neuen Hauptniederlassung oder des neuen Sitzes ist nicht berechtigt die Übernahme des Verfahrens deshalb abzulehnen, weil es strengere Anforderungen an die Sitzverlegung für geboten erachtet als das Gericht der bisherigen Hauptniederlassung oder des bisherigen Sitzes.[22] Ein Streit über die Zuständigkeit ist im Verfahren nach § 5 FamFG beizulegen.[23]

25 Der Mitteilung nach Abs. 2 S. 1 (→ Rn. 24) sind gem. **Abs. 2 S. 2** die Eintragungen für die bisherige Hauptniederlassung oder den bisherigen Sitz sowie dem bisher zuständigen Gericht aufbewahrten Urkunden, also die gesamte Handelsregisterakte, beizufügen. Dies erfolgt aufgrund der elektronischen Registerführung (§ 8 Abs. 1; → § 8 Rn. 78 ff.) – wie in § 45 Abs. 2 S. 2 Hs. 2 AktG ausbuchstabiert – durch die elektronische Übermittlung der Eintragungen und der Dokumente.

26 **3. Prüfung durch das Gericht der neuen Hauptniederlassung oder des neuen Sitzes (Abs. 2 S. 3).** Das Gericht der neuen Hauptverwaltung oder des neuen Sitzes hat gem. Abs. 2 S. 3 zu prüfen, ob die Hauptniederlassung oder der Sitz ordnungsgemäß verlegt (→ Rn. 27 ff.) und § 30 beachtet ist (→ Rn. 30). Die Prüfung der Ordnungsmäßigkeit der Anmeldung obliegt hingegen ausschließlich dem Gericht der bisherigen Hauptniederlassung oder des bisherigen Sitzes (→ Rn. 22 f.). An dessen Feststellung, dass die Anmeldung formell ordnungsgemäß ist, ist das Gericht der neuen Hauptverwaltung oder des neuen Sitzes gebunden mit der Folge, dass es die Übernahme des Verfahrens nicht ablehnen darf.[24]

27 **a) Ordnungsmäßigkeit der Verlegung.** Bei der Prüfung der Ordnungsmäßigkeit der Verlegung ist nach dem Gegenstand der Verlegung, namentlich der Hauptniederlassung und dem Verwaltungssitz einerseits und dem Satzungssitz andererseits, zu unterscheiden.

28 Die Verlegung der **Hauptniederlassung** eines Einzelkaufmanns oder einer juristischen Person iSd § 33 (→ § 33 Rn. 1) sowie die Verlegung des **Verwaltungssitzes** einer Personenhandelsgesellschaft sind tatsächliche Vorgänge (→ Rn. 8, → Rn. 10).[25] Daher beschränkt die Prüfung der Ordnungsmäßigkeit sich darauf, ob die Verlegung tatsächlich vollzogen wurde.

[19] OLG Frankfurt 14.10.2004, FGPrax 2005, 38 = GmbHR 2005, 237; 30.4.2002, NZG 2002, 1119 f. = Rpfleger 2002, 455 (456); OLG Köln 22.7.2004, NZG 2005, 87 (88); OLG Hamm 25.3.1991, NJW-RR 1991, 1001; GK-HGB/Achilles/Haase Rn. 11; Staub/Koch/Harnos Rn. 12; MüKoHGB/Krafka Rn. 5; Ebenroth/Boujong/Pentz Rn. 18.

[20] OLG Frankfurt 30.4.2002, Rpfleger 2002, 455; OLG Köln 7.11.1974, Rpfleger 1975, 251; Staub/Koch/Harnos Rn. 13; RGHMW/Ries Rn. 4.

[21] Staub/Koch/Harnos Rn. 12; MüKoHGB/Krafka Rn. 5; BeckOK HGB/Müther, 49. Ed. 1.1.2026, Rn. 11; Ebenroth/Boujong/Pentz Rn. 18.

[22] OLG Frankfurt 11.2.2008, DNotZ 2008, 626 (627); Staub/Koch/Harnos Rn. 16; insoweit **aA** GK-HGB/Achilles/Haase Rn. 12.

[23] OLG Köln 22.7.2004, FGPrax 2005, 40; MüKoHGB/Krafka Rn. 6; BeckOK HGB/Müther, 49. Ed. 1.1.2026, Rn. 10.

[24] OLG Frankfurt 11.2.2008, DNotZ 2008, 626 (627); GK-HGB/Achilles/Haase Rn. 12; SLM/Müther Rn. 10.

[25] KG 22.10.1996, Rpfleger 1997, 217 = NJW-RR 1997, 868; GK-HGB/Achilles/Haase Rn. 7; MüKoHGB/Krafka Rn. 2; Krafka RegisterR Rn. 338; Ebenroth/Boujong/Pentz Rn. 13.

Die Verlegung des **Vertrags- bzw. Satzungssitzes** einer Handelsgesellschaft ist – im Unterschied 29
zu der Verlegung der Hauptniederlassung und des Verwaltungssitzes (→ Rn. 28) – kein tatsächlicher Vorgang. Erforderlich, aber auch ausreichend ist die Änderung des Gesellschaftsvertrags (→ Rn. 11, → Rn. 15). Daher hat das Gericht des neuen Sitzes zu prüfen, ob die Änderung des Gesellschaftsvertrags wirksam zustande gekommen ist,[26] insbesondere ob ein gesetzmäßiger Beschluss der Gesellschafterversammlung vorliegt. Die Eintragung der Abänderung des Gesellschaftsvertrags in das Handelsregister ist auch dann keine Voraussetzung für die Ordnungsmäßigkeit der Verlegung, wenn das Gesetz ihr eine konstitutive Wirkung beimisst (§ 54 Abs. 3 GmbHG). Sie ist gem. Abs. 2 S. 4 die Rechtsfolge der Feststellung, dass der Sitz ordnungsgemäß verlegt ist.

b) Beachtung von § 30. Neben der Ordnungsmäßigkeit der Verlegung (→ Rn. 27 ff.) hat das 30
Gericht der neuen Hauptverwaltung oder des neuen Sitzes zu prüfen, ob die Firma weiterhin den Anforderungen des § 30 genügt, die Firma also von anderen Firmen am Ort unterschieden werden kann (→ § 30 Rn. 8 ff.),[27] oder eine Änderung geboten ist.

c) Zwischenverfügung. Ergibt die Prüfung des Gerichts der neuen Hauptverwaltung oder des 31
neuen Sitzes, dass die **Verlegung nicht ordnungsgemäß** war (→ Rn. 27 ff.) oder die Firma nicht den Anforderungen des § 30 genügt (→ Rn. 30), hat es eine Zwischenverfügung zu erlassen (→ § 8 Rn. 126 ff.) und dem Anmeldenden Gelegenheit zu geben, den Mangel innerhalb einer angemessenen Frist zu beheben. Wird der Mangel nicht fristgemäß behoben, hat das Gericht die Anmeldung abzulehnen (→ § 8 Rn. 124 f.).[28] Eine Rückgabe des Vorgangs an das Gericht der bisherigen Hauptniederlassung oder des bisherigen Sitzes ist nicht geboten.[29] Nur bei einer rechtskräftigen Ablehnung der Eintragung müssen die Akten wieder dem nach wie vor zuständigen ersten Gericht übermittelt werden.[30]

4. Eintragung (Abs. 2 S. 4). a) Eintragung der Verlegung. Gelangt das Gericht der neuen 32
Hauptverwaltung oder des neuen Sitzes bei seiner Prüfung zu dem Ergebnis, dass die Hauptniederlassung oder der Sitz ordnungsgemäß verlegt (→ Rn. 27 ff.) und § 30 beachtet ist (→ Rn. 30), hat es die Verlegung gem. Abs. 2 S. 4 in sein Handelsregister einzutragen. Die flankierende Verpflichtung, die mitgeteilten Eintragungen zu übernehmen, lässt erkennen, dass Eintragung der Sitzverlegung registerverfahrensrechtlich nicht wie eine Neueintragung behandelt wird.[31] Stattdessen werden die bisherigen Eintragungen, einschließlich der rot unterstrichenen Eintragungen (§ 16 Abs. 1 S. 2 HRV), übernommen und fortgeschrieben.

Das Gebot des Abs. 2 S. 4, die mitgeteilten Eintragungen **ohne weitere Nachprüfung** zu über- 33
nehmen, impliziert, dass das Gericht der neuen Hauptverwaltung oder des neuen Sitzes die Übernahme der bisherigen Eintragungen insbesondere nicht deshalb ablehnen darf, weil es diese für rechtswidrig bzw. unrichtig erachtet. Stattdessen muss es sämtliche bisherigen Eintragungen – mit Ausnahme der Hauptverwaltung oder des Sitzes – unverändert übernehmen (→ Rn. 32). Im Anschluss daran kann es jedoch ein **Amtslöschungsverfahren** nach § 392 Abs. 1 FamFG oder § 395 FamFG (→ § 8 Rn. 148 ff.) betreiben.[32]

b) Verbundene Anmeldungen. Beschließen die Gesellschafter bzw. Mitglieder, den Vertrags- 34
bzw. Satzungssitz einer Handelsgesellschaft zu verlegen (→ Rn. 11, → Rn. 12 f., → Rn. 14 ff.), enthält der Beschluss nicht selten weitere Änderungen des Gründungs- bzw. Gesellschaftsvertrags. Werden diese gemeinsam mit der Verlegung des Vertrags- bzw. Satzungssitzes zur Eintragung in das Handelsregister angemeldet (sog. verbundene Anmeldungen), kommen – wenn nicht eine bestimmte Eintragungsreihenfolge geboten ist (zB § 53 UmwG) – **zwei Vorgehen** in Betracht. (1) Das Gericht des bisherigen Vertrags- bzw. Satzungssitzes kann neben der Ordnungsmäßigkeit der Anmeldung der Verlegung des Vertrags- bzw. Satzungssitzes (→ Rn. 22) auch die sonstigen Gegenstände der Anmeldung prüfen. Nimmt es die Eintragung vor der Mitteilung der Verlegung des Vertrags- bzw. Satzungssitzes an das Gericht des neuen Vertrags- bzw. Satzungssitzes selbst vor, hat das Gericht des

[26] Ebenroth/Boujong/Pentz Rn. 28; KKD/Roth/Stelmaszczyk Rn. 2; s. auch OLG Köln 3.10.1983, BB 1984, 1065 (1066); Kögel Rpfleger 2014, 7 (8).
[27] MüKoHGB/Krafka Rn. 6; RGHMW/Ries Rn. 5.
[28] OLG Köln 22.7.2004, NZG 2005, 87 (88).
[29] LG Leipzig 15.3.2004, NZG 2004, 629 f.; Heidel/Höhfeld AktG § 45 Rn. 3; Koch AktG § 45 Rn. 5; SLM/Müther Rn. 14; Ebenroth/Boujong/Pentz Rn. 33; K. Schmidt/Lutter/Ringe AktG § 45 Rn. 15.
[30] Ebenroth/Boujong/Pentz Rn. 33.
[31] OLG Hamm 19.8.1996, NJW-RR 1997, 167 (168).
[32] BayObLG 24.1.1978, DB 1978, 838 = Rpfleger 1978, 144; OLG München 15.12.2010, FGPrax 2011, 92; OLG Hamm 19.8.1996, NJW-RR 1997, 167 (168); OLG Oldenburg 14.12.1976, BB 1977, 12; GK-HGB/Achilles/Haase Rn. 12; Staub/Koch/Harnos Rn. 18; MüKoHGB/Krafka Rn. 6; Krafka RegisterR Rn. 348; HaKo-HGB/Lamsa Rn. 15; RGHMW/Ries Rn. 5.

neuen Vertrags- bzw. Satzungssitzes diese Eintragung gem. Abs. 2 S. 4 ohne weitere Nachprüfung in sein Handelsregister zu übernehmen (→ Rn. 32 f.).[33] (2) Da Beschlussmängel nicht selten die Anfechtung und Nichtigkeit sämtlicher Beschlussgegenstände betreffen, erscheint eine einheitliche Entscheidung gegenüber der Aufspaltung der gerichtlichen Zuständigkeit vorzugswürdig.[34] Daher liegt es nahe, Abs. 2 S. 3 (→ Rn. 26 ff.) eine Annexkompetenz des Umfangs zu entnehmen, dass das Gericht des neuen Vertrags- bzw. Satzungssitzes auch für die sachliche Prüfung der verbundenen Anmeldungen zuständig ist.[35]

35 **c) Unerledigte Anmeldungen.** Durch die Eintragung der Verlegung wechselt die Zuständigkeit von dem Gericht der bisherigen Hauptverwaltung oder des bisherigen Sitzes auf das Gericht der neuen Hauptverwaltung oder des neuen Sitzes. Daher hat letzteres noch nicht erledigte Anmeldungen, die ihm im Rahmen der Mitteilung nach Abs. 2 S. 1, 2 übermittelt wurden (→ Rn. 24 ff.), zu bearbeiten.[36]

36 **5. Eintragungen durch das Gericht der bisherigen Hauptniederlassung oder des bisherigen Sitzes (Abs. 2 S. 5, 6).** Sobald das Gericht der neuen Hauptverwaltung oder des neuen Sitzes die Verlegung eingetragen hat, hat es die Eintragung gem. Abs. 2 S. 5 dem Gericht der bisherigen Hauptverwaltung oder des bisherigen Sitzes mitzuteilen. Nach dem Erhalt dieser Mitteilung hat Gericht der bisherigen Hauptverwaltung oder des bisherigen Sitzes gem. Abs. 2 S. 6 die erforderlichen Eintragungen vorzunehmen, nämlich die Verlegung auf dem bisherigen Registerblatt in der Spalte 2 und in der Spalte „Rechtsverhältnisse" zu vermerken (§ 20 S. 1 Hs. 1 HRV), sämtliche Seiten des bisherigen Registerblatts zu röten oder rot zu durchkreuzen (§ 20 S. 1 Hs. 2 HRV iVm § 22 Abs. 1 S. 1 HRV), es durch einen Vermerk als „geschlossen" zu kennzeichnen (§ 20 S. 1 Hs. 2 HRV iVm § 22 Abs. 1 S. 2 HRV) und auf das Registerblatt des neuen Registergerichts zu verweisen (§ 20 S. 2 HRV).

IV. Verfahren bei Verlegung innerhalb des Gerichtsbezirks (Abs. 3)

37 Die Verlegung der Hauptniederlassung eines Einzelkaufmanns oder einer juristischen Person iSd § 33 (→ § 33 Rn. 1) oder des Sitzes einer Handelsgesellschaft an einen anderen Ort innerhalb des Bezirks der bisherigen Hauptniederlassung oder des bisherigen Sitzes berührt die Zuständigkeit des Gerichts – im Unterschied zu den Abs. 2 S. 1–6 unterfallenden Sachverhalten (→ Rn. 22 ff.) – nicht. Daher hat es selbst gem. Abs. 3 S. 1 zu prüfen, ob die Hauptniederlassung oder der Sitz ordnungsgemäß verlegt (→ Rn. 27 ff.) und § 30 beachtet ist (→ Rn. 30). Ist dies der Fall, hat es die Verlegung gem. Abs. 3 S. 2 einzutragen und die Eintragung im Übrigen fortzuschreiben.

V. Verlegung der Hauptniederlassung oder des Sitzes in das Ausland

38 **1. Überblick.** Der situative Anwendungsbereich der Abs. 1–3 beschränkt sich auf Sachverhalte, in denen die Hauptniederlassung eines Kaufmanns oder einer juristischen Person iSd § 33 (→ § 33 Rn. 1) oder der Sitz einer Handelsgesellschaft im Inland verlegt wird. Die räumliche Beschränkung auf das Inland korreliert mit der internationalen Zuständigkeit der deutschen Registergerichte,[37] hat also zur Folge, dass auch nach der Verlegung ein deutsches Registergericht für die Eintragung des Unternehmensträgers zuständig ist. Die Verlegung in das Ausland, die zu einem Fortfall der internationalen Zuständigkeit der deutschen Registergerichte führt, hat in den Abs. 1–3 keine Regelung erfahren. Die registerrechtliche Behandlung einer solchen Verlegung variiert nach der Rechtsform des Rechtsträgers.

39 **2. Einzelkaufmann.** Verlegt der Einzelkaufmann seine Hauptniederlassung (→ Rn. 8) an einen Ort im Ausland – sei es in einen Mitgliedstaat der EU oder Vertragsstaat des EWR, sei es in eine Drittland –, entfällt dadurch nicht nur die Zuständigkeit des Gerichts der bisherigen Hauptniederlassung, sondern die internationale Zuständigkeit der deutschen Registergerichte. Da die Eintragung eines Einzelkaufmanns ausweislich § 29 auf seiner Firma beruht, bewirkt die Verlegung der Hauptnie-

[33] OLG Zweibrücken 15.10.1991, Rpfleger 1992, 164 (165); OLG Frankfurt 30.7.1991, Rpfleger 1991, 508 f.; OLG Hamm 25.3.1991, NJW-RR 1991, 1001 f.; Staub/Koch/Harnos Rn. 23; Ebenroth/Boujong/Pentz Rn. 28; Henssler/Strohn/Wamser Rn. 2.

[34] Ebenroth/Boujong/Pentz Rn. 28.

[35] OLG Celle 1.8.1994, GmbHR 1995, 303 Ls.; OLG Zweibrücken 15.10.1991, Rpfleger 1992, 164 (165); OLG Frankfurt 30.7.1991, Rpfleger 1991, 508 f.; OLG Hamm 25.3.1991, NJW-RR 1991, 1001 f.; GK-HGB/Achilles/Haase Rn. 14; MüKoHGB/Krafka Rn. 8; SLM/Müther Rn. 15; Ebenroth/Boujong/Pentz Rn. 28.

[36] KG 22.10.1996, NJW-RR 1997, 868 (869); GK-HGB/Achilles/Haase Rn. 14.

[37] GK-HGB/Achilles/Haase Rn. 3.

derlassung in das Ausland registerrechtlich ein **Erlöschen der inländischen Firma,** das gem. § 31 Abs. 2 S. 1 iVm § 31 Abs. 1 und § 29 zur Eintragung in das Handelsregister anzumelden ist (→ § 31 Rn. 8 ff.).[38] Die Anmeldepflicht ist durch Festsetzung von Zwangsgeld gem. § 14 S. 1 durchsetzbar (→ § 14 Rn. 6). Führt der Registerzwang nicht zum Erfolg, kann die Firma im Verfahren nach § 393 FamFG von Amts wegen gelöscht werden (→ § 8 Rn. 148 ff.).

3. EWIV. Der Sitz einer EWIV kann gem. Art. 13 Abs. 1 EWIV-VO **nur innerhalb der Gemeinschaft** – an die Stelle der Gemeinschaft als dem räumlichen Geltungsbereich des EGV (Art. 299 EGV) ist mWv 1.12.2009 der in Art. 52 EUV und Art. 355 AEUV festgelegte räumliche Geltungsbereich des EGV und des AEUV getreten – verlegt werden. Wird der Sitz der Vereinigung unter Verstoß gegen diese Vorgabe in ein Drittland verlegt (zB die Verlegung des Sitzes nach London), muss das Gericht gem. Art. 32 Abs. 1 EWIV-VO auf Antrag jedes Beteiligten oder einer zuständigen Behörde grundsätzlich die Auflösung der Vereinigung aussprechen. 40

Wird die Vereinigung in einen anderen Mitgliedstaat der EU verlegt, hat dies einen Wechsel des nach Art. 2 EWIV-VO anwendbaren Rechts zur Folge. In diesen Fällen genügt – im Unterschied zu Art. 13 Abs. 2 EWIV-VO – kein Beschluss der Mitglieder über die Verlegung des Sitzes. Gemäß Art. 14 Abs. 1 EWIV-VO muss außerdem ein Verlegungsplan erstellt und gem. Art. 7, 8 EWIV-VO bekannt gemacht werden. Der Beschluss über Verlegung kann gem. Art. 14 Abs. 2 S. 1 EWIV-VO erst zwei Monate nach der Bekanntmachung des Verlegungsplanes gefasst werden. Er bedarf gem. Art. 14 Abs. 2 S. 2 EWIV-VO der Einstimmigkeit der Mitglieder der Vereinigung. Wirksam wird die Verlegung gem. Art. 14 Abs. 2 S. 4 EWIV-VO erst zu dem Zeitpunkt, an dem die Vereinigung entsprechend Art. 6 EWIV-VO in das Register des neuen Sitzes eingetragen wird. Anschließend wird die Eintragung der Vereinigung im Register des früheren Sitzes gem. Art. 14 Abs. 3 EWIV-VO gelöscht. 41

4. Handelsgesellschaft. a) GmbH. Als Sitz einer GmbH können die Gesellschafter gem. § 4a GmbHG nur einen Ort im Inland bestimmen, und zwar seit der Aufhebung von § 4a Abs. 2 GmbHG durch Art. 1 Nr. 4 lit. b MoMiG iVm Art. 25 MoMiG mWv 1.11.2008 ohne Rücksicht auf den Verwaltungssitz. Dadurch wird es den Gesellschaften ermöglicht, ihre Geschäftstätigkeit auch ausschließlich im Rahmen einer (Zweig-)Niederlassung, die alle Geschäftsaktivitäten erfasst, außerhalb des deutschen Hoheitsgebiets zu entfalten.[39] 42

Für einen sog. **identitätswahrenden Wegzug** genügt ein Beschluss der Gesellschafterversammlung, den statutarischen Sitz durch eine Abänderung des Gesellschaftsvertrags (→ Rn. 15) unter Aufgabe des Inlandssitzes an einen Ort im Ausland zu verlegen, nicht. Ein solcher Beschluss ist unabhängig davon, ob der Sitz in einen anderen Mitgliedstaat der EU, einen anderen Vertragsstaat des EWR oder ein Drittland verlegt werden soll, mit § 4a GmbHG (→ Rn. 43) unvereinbar. Im Unterschied zu der Literatur, die einen solchen Beschluss aufgrund der Verletzung des Gesetzes in entsprechender Anwendung von § 241 Nr. 3 AktG als nichtig erachtet,[40] sieht die Rspr. lediglich einen nicht eintragungsfähigen Inhalt[41] und behandelt den Beschluss im Wege der Auslegung als Auflösungsbeschluss.[42] 43

Seit dem 1.3.2023 ist der identitätswahrende Wegzug in einen anderen Mitgliedstaat der EU oder anderen Vertragsstaat des EWR möglich. Grundlage hierfür sind die **Vorschriften über den grenzüberschreitenden Formwechsel** (§§ 333 ff. UmwG), die zum Zweck der Umsetzung der unionsrechtlichen Vorgaben für grenzüberschreitende Umwandlungen (Art. 86a ff. GesR-RL), die durch Art. 1 Nr. 5 RL (EU) 2019/2121 iVm RL (EU) 2019/2121 mWv 1.1.2020 in die GesR-RL eingefügt wurden,[43] durch Art. 1 Nr. 58 UmRUG iVm Art. 25 Abs. 1 UmRUG vom 22.2.2023 (BGBl. 2023 I Nr. 51) geschaffen wurden. 44

---

[38] GK-HGB/Achilles/Haase Rn. 3; Staub/Koch/Harnos Rn. 26; MüKoHGB/Krafka Rn. 16; Ebenroth/Boujong/Pentz Rn. 42; RGHMW/Ries Rn. 13; **aA** KKD/Roth/Stelmaszczyk Rn. 4 im Anwendungsbereich von Art. 49 AEUV.

[39] Begr. RegE MoMiG, BT-Drs. 16/6140, 29.

[40] MüKoBGB/Kindler IntGesR Rn. 839; Koch AktG § 5 Rn. 13; Staub/Koch/Harnos Rn. 31; MüKoHGB/Krafka Rn. 15; MHLS/Leible GmbHG Syst. Darst. 2 Rn. 179; Triebel/v. Hase BB 2003, 2409 (2415).

[41] BayObLG 11.2.2004, DNotZ 2004, 725 (726); OLG München 4.10.2007, NZG 2007, 915; OLG Brandenburg 30.11.2004, FGPrax 2005, 78 (79); OLG Düsseldorf 26.3.2001, NJW 2001, 2184 f.; LG Berlin 22.2.2005, GmbHR 2005, 997 (998).

[42] BayObLG 7.5.1992, BayObLGZ 1992, 113 (116) = NJW-RR 1993, 43; OLG Hamm 30.4.1997, NJW-RR 1998, 615; 1.2.2001, NJW 2001, 2183; offengelassen von BayObLG 11.2.2004, DNotZ 2004, 725 (726); OLG Brandenburg 30.11.2004, GmbHR 2005, 484 (486).

[43] Hierzu Bayer/J. Schmidt BB 2019, 1922 (1926 ff.); Bormann/Stelmaszczyk ZIP 2019, 353 (356 ff.); Brehm/Schümmer NZG 2020, 538 (539 ff.); eingehend zu den Art. 86a ff. GesR-RL Hilser, Grenzüberschreitende Rechtsformwechsel in der Europäischen Union, 2022, 116 ff. (Verfahren im Wegzugsstaat), S. 113 ff. (Verfahren im Zuzugsstaat).

45 **b) Personenhandelsgesellschaft.** Haben die Gesellschafter keinen Vertragssitz iSd § 706 S. 2 BGB iVm § 105 Abs. 3 und ggf. § 161 Abs. 2 vereinbart (→ Rn. 46), entfällt mit der Verlegung des **Verwaltungssitzes** einer Personenhandelsgesellschaft iSd § 706 S. 1 BGB iVm § 105 Abs. 3 und ggf. § 161 Abs. 2 durch die Umsiedlung der faktischen Geschäftsleitung in das Ausland – gleichgültig, ob der Zuzugsstaat ein Mitgliedstaat der EU, ein anderer Vertragsstaat des EWR oder ein Drittland ist – die Grundlage für deren Qualifikation als deutsche Personenhandelsgesellschaft. Daher ist die grenzüberschreitende Verlegung des Verwaltungssitzes – vorbehaltlich der gleichzeitigen Vereinbarung eines inländischen Vertragssitzes (§ 706 S. 2 BGB iVm § 105 Abs. 3 und ggf. § 161 Abs. 2) – ein ungeschriebener Auflösungsgrund (→ § 138 Rn. 15) mit der Folge, dass die Gesellschaft nach den §§ 143 ff. ggf. iVm § 161 Abs. 2 zu liquidieren ist.[44]

46 Bei der Wahl des **Vertragssitz** schränkt § 706 S. 2 BGB iVm § 105 Abs. 3 und ggf. § 161 Abs. 2 die Privatautonomie der Gesellschafter dahingehend ein, dass sie – ohne Rücksicht auf den Ort der faktischen Geschäftsleitung (→ Rn. 9) – nur ein Ort im Inland als solchen vereinbaren können. Wird der Vertragssitz durch eine Änderung des Gesellschaftsvertrags (→ Rn. 11) in das Ausland verlegt, verliert die Gesellschaft ihre Verankerung im deutschen Gesellschaftsrecht,[45] und zwar unabhängig davon, ob der Zuzugsstaat ein Mitgliedstaat der EU, ein anderer Vertragsstaat des EWR oder ein Drittland ist. Daher stellt die grenzüberschreitende Verlegung des Vertragssitzes eine Änderung der Rechtsform dar, die identitätswahrend nur als **Formwechsel über die Grenze** möglich wäre. Die Möglichkeit eines grenzüberschreitenden Formwechsels nach den §§ 333 ff. UmwG ist jedoch – im Einklang mit Art. 86a Abs. 1 GesR-RL – durch § 334 S. 1 UmwG auf die in Anh. II GesR-RL genannten **Kapitalgesellschaften** beschränkt.[46] Von einer überschießenden Umsetzung der Art. 86a ff. GesR-RL durch die Einführung von Bestimmungen, die auch andere Rechtsformen den grenzüberschreitenden Formwechsel erlaubt, hat der deutsche Gesetzgeber in Ermangelung einer sekundärrechtlichen Grundlage bewusst abgesehen.[47] Daraus wird überwiegend gefolgert, dass die Personengesellschaft mit der grenzüberschreitenden Verlegung des Vertragssitzes ihre Anbindung an das deutsche Gesellschaft verliert und – unter Neugründung im Ausland – aufgelöst wird.[48] Ist der neue Vertragssitz ein Ort in einem anderen Mitgliedstaat der EU oder einem anderen Vertragsstaat des EWR, wird dadurch die von der Niederlassungsfreiheit (Art. 49 Abs. 1 S. 1, Abs. 2 AEUV iVm Art. 54 AEUV) geschützte[49] unternehmerischer Organisationsfreiheit im Binnenmarkt ausgeübt, die – im Unterschied zu den Art. 86a ff. GesR-RL – nicht auf Kapitalgesellschaften beschränkt ist. Daher wird in der Literatur eine entsprechende Anwendung der §§ 333 ff. UmwG auf Personenhandelsgesellschaften als unionsrechtlich geboten erachtet.[50]

§ 14 [Festsetzung von Zwangsgeld]

[1]Wer seiner Pflicht zur Anmeldung oder zur Einreichung von Dokumenten zum Handelsregister nicht nachkommt, ist hierzu von dem Registergericht durch Festsetzung von Zwangsgeld anzuhalten. [2]Das einzelne Zwangsgeld darf den Betrag von fünftausend Euro nicht übersteigen.

Schrifttum: Bassenge, Tatsachenermittlung, Rechtsprüfung und Ermessensausübung in den registerlichen Verfahren nach §§ 132 bis 144 FGG, Rpfleger 1974, 173; Blasche, Aktuelle Praxisfragen zur Gesellschafterliste, RNotZ 2014, 34; Götze/Bressler, Praxisfragen der Gesellschafterliste und des gutgläubigen Erwerbs von Gesellschaftsanteilen nach dem MoMiG, NZG 2007, 894; Heinemann, Das Verfahren in Registersachen und das unternehmensrechtliche Verfahren nach dem FamFG, FGPrax 2009, 1; Heinemann, Notar als Adressat eines Zwangsgeldes bei Nichterfüllung der Verpflichtung gemäß § 40 Abs. 2 GmbHG, DNotZ 2014, 387; Hofmann, Zwangsgeldverfahren in der freiwilligen Gerichtsbarkeit, Rpfleger 1991, 283; Mayer, Der Erwerb einer GmbH nach den Änderungen durch das MoMiG, DNotZ 2008, 403; Mayer, Probleme rund um die Gesellschafterliste, MittBayNot 2014, 24 (Teil I) und MittBayNot 2014, 114 (Teil II); Nedden-Boeger, Die Ungereimtheiten der FGG-Reform – ein kritische Bestandsaufnahme aus registerrechtlicher Sicht, FGPrax 2009, 144; Nedden-Boeger,

[44] Begr. RegE MoPeG, BT-Drs. 19/27635, 126.
[45] Begr. RegE MoPeG, BT-Drs. 19/27636, 127.
[46] Krit. Bayer/J. Schmidt BB 2019, 1922 (1926); Bormann/Stelmaszczyk ZIP 2019, 353 (354).
[47] Begr. RegE UmRUG, BT-Drs. 20/3822, 116.
[48] MüKoHGB/Krafka Rn. 19; **aA** Ebenroth/Boujong/Pentz Rn. 43.
[49] EuGH 16.12.2008, BB 2009, 11 (12) = NJW 2009, 569 – Cartesio; hierzu Brehm/Schümmer NZG 2020, 538 (539); Frank, Formwechsel im Binnenmarkt, 2016, 233; Hilser, Grenzüberschreitende Rechtsformwechsel in der Europäischen Union, 2022, 283; Hornberger, Rechtsformwahrende Sitzverlegung, Verschmelzungen und Formwechsel von Personengesellschaften innerhalb der EU, 2020, 78 ff.; Kovács ZIP 2018, 253 (256); Lieder/Hilser ZHR 185 (2021), 471 (501); Schön ZHR 187 (2023), 123 (148 ff.); Stiegler ZGR 2017, 312 (335).
[50] Schön ZHR 187 (2023), 123 (162) mwN; **aA** Lieder/Hilser ZHR 185 (2021), 471 (504).

Die Anwendung des Allgemeinen Teils des FamFG in Registersachen und in unternehmensrechtlichen Verfahren, FGPrax 2010, 1; Omlor/Spies, Grundfragen der Gesellschafterliste, MittBayNot 2011, 353; Tebben, Die Reform der GmbH – das MoMiG in der notariellen Praxis, RNotZ 2008, 441; Vossius, Gutgläubiger Erwerb von GmbH-Anteilen nach MoMiG, DB 2007, 2299; Wachter, GmbH-Reform – Auswirkungen auf die Übertragung von GmbH-Geschäftsanteilen, ZNotP 2008, 378.

Übersicht

I. Allgemeines

1. Normzweck, Systematik. Die öffentlich-rechtlichen Anmelde- und Einreichungspflichten dienen dem Zweck, den Informationsgehalt des Registers zu sichern. Rechtsverhältnisse, an deren Publizität der Rechtsverkehr ein berechtigtes Interesse hat, sollen zuverlässig und lückenlos dokumentiert werden. Um die verpflichteten Personen zu der Befolgung der ihnen obliegenden **Anmelde- und Einreichungspflichten** (→ Rn. 5 ff.) anzuhalten, ermächtigt S. 1 die Registergerichte zu dem Einsatz eines Zwangsmittels, nämlich der Festsetzung von Zwangsgeld. Dieser sog. Registerzwang ist keine Sanktion wegen der Säumnis, sondern ein **Beugemittel.**[1] 1

Das **Zwangsgeldverfahren** ist in den §§ 388–392 FamFG geregelt (→ Rn. 23 ff.). 2

2. Normentwicklung. Die Vorschrift wurde anlässlich des Inkrafttretens des AktG durch § 31 Nr. 2 iVm § 46 EGAktG mWv 1.1.1966 neugefasst. Die ursprüngliche Bezeichnung des Zwangsmittels, nämlich Ordnungsstrafe, wurde durch Art. 125 Nr. 1 EGStGB iVm Art. 326 Abs. 1 EGStGB mWv 1.1.1975 in Zwangsgeld geändert. Anlässlich der Einführung des Euro wurde in S. 2 der Höchstbetrag des Zwangsgelds durch Art. 4 Nr. 5 NaStraG iVm Art. 7 S. 2 NaStraG mWv 1.1.2001 von 10.000 DM auf 5.000 Euro angepasst. Schließlich wurde durch Art. 1 Nr. 8 EHUG iVm Art. 13 Abs. 2 Hs. 1 EHUG die Ermächtigung der Registergerichte zur Festsetzung von Zwangsgeld in S. 1 mWv 1.1.2007 gegenständlich eingeschränkt, und zwar dahingehend, dass Verstöße gegen die Pflicht zur Zeichnung der Unterschrift (→ § 12 Rn. 2) nicht mehr dem Registerzwang unterliegen. 3

Durch Art. 4 Nr. 4 EHUG iVm Art. 13 Abs. 2 Hs. 1 EHUG wurde § 140a FGG mWv 1.1.2007 ersatzlos aufgehoben, wodurch das in § 140a Abs. 2, 3 FGG aF geregelte Ordnungsgeldverfahren bei Verletzung der Pflicht zur Einreichung des Jahresabschlusses zum Handelsregister (§ 325 Abs. 1 S. 1 Hs. 1 aF) entfiel. Seit dem 1.1.2007 sind die **Jahresabschlüsse** nicht mehr zum Handelsregister einzureichen, sondern in anderer Weise offenzulegen, nämlich seit dem 1.8.2022 durch die Übermitt- 4

[1] Staub/Koch/Harnos Rn. 2; MüKoHGB/Krafka Rn. 1; NK-HGB/Lamsa/Ammon Rn. 2; RGHMW/Ries Rn. 2; KKD/Roth/Stelmaszczyk Rn. 1.

lung an die das Unternehmensregister führenden Stelle (§ 325 Abs. 1 S. 2). Bei Nichtbefolgung dieser Pflicht führt das Bundesamt für Justiz gem. § 335 Abs. 1 S. 1 Nr. 1 ein Ordnungsgeldverfahren gegen die Mitglieder des vertretungsberechtigten Organs der Kapitalgesellschaft durch.

II. Zwangsweise durchsetzbare Pflichten

5 **1. Überblick.** Ein Zwangsgeld kann gem. S. 1 nur festgesetzt werden, wenn eine gegenüber dem Registergericht bestehende, nicht notwendigerweise ausdrücklich geregelte Pflicht zur Anmeldung (→ Rn. 6 ff.) oder eine Pflicht zur Einreichung von Dokumenten zum Handelsregister (→ Rn. 11 ff.) nicht befolgt wird. Neben dieser allgemeinen handelsrechtlichen Befugnis für den Registerzwang existieren besondere Vorschriften, auf Grundlage derer weitere Pflichten im Zwangsverfahren durchgesetzt werden (→ Rn. 15).

6 **2. Anmeldung. a) Öffentlich-rechtliche Anmeldepflichten.** Nach S. 1 Alt. 1 können nur öffentlich-rechtliche Anmeldepflichten im Wege des Registerzwangs durchgesetzt werden.[2] Öffentlich-rechtliche Anmeldepflichten begründet das Gesetz regelmäßig für Sachverhalte, in denen eine eintragungspflichtige Tatsache außerhalb des Registers eingetreten ist, für die ein Informationsinteresse des Rechtsverkehrs anzuerkennen ist (→ § 8 Rn. 25). Die Anmeldung lediglich **eintragungsfähiger Tatsachen** kann nicht im Zwangsgeldverfahren verfolgt werden.[3]

7 Erzwingbare Anmeldepflichten sind ganz überwiegend im Gesetz niedergelegt. Daneben bestehen vereinzelt **richterrechtlich begründete Anmeldepflichten,** wie zB die Anmeldung der Befreiung des organschaftlichen Vertreters von den Beschränkungen des § 181 BGB (→ § 8 Rn. 31 ff., → § 8 Rn. 36 ff.). Da das Zwangsgeldverfahren ein Beugemittel und keine Strafe ist (→ Rn. 1), können auch die ungeschriebenen Anmeldepflichten mittels der Festsetzung von Zwangsgeld gem. S. 1 durchgesetzt werden.[4]

8 Fehlt es an einer öffentlich-rechtlichen Anmeldungspflicht, wie zB bei der bloßen Unrichtigkeit einer Eintragung (zu dem Amtslöschungsverfahren → Rn. 43 ff.),[5] kann Registerzwang folgerichtig auch nicht eingesetzt werden, um die **Einreichung von Dokumenten** zum Handelsregister zu erzwingen, die für die Eintragung erforderlich sind.[6] In diesem Fall unterbleibt die Eintragung, bis eine vollständige Anmeldung vorliegt. Erscheinen die Dokumente erreichbar, erlässt das Registergericht eine Zwischenverfügung (→ § 8 Rn. 125 ff.). Wurde die Eintragung trotz der Unvollständigkeit der Anmeldung vorgenommen (zB Eintragung einer GmbH oder AG, obwohl ein gem. § 8 Abs. 1 GmbHG erforderliches Dokument fehlt), kann das Registergericht ausnahmsweise die **Nachreichung der Unterlagen** im Zwangsverfahren durchsetzen,[7] da in diesen Konstellationen der für die konstitutive Eintragung charakteristische sog. mittelbare Zwang mit der Eintragung und dem damit einhergehenden Eintritt der begehrten Rechtsfolge (zB die Erlangung der Rechtsfähigkeit und der Ausschluss der persönlichen Gesellschafterhaftung, § 13 Abs. 1, 2 GmbHG) entfallen ist.[8]

9 **b) Privatrechtliche Anmeldepflichten.** Von öffentlich-rechtlichen Anmeldepflichten (→ Rn. 6 ff.) sind privatrechtliche Anmeldepflichten zu unterscheiden, wie zB die Pflicht der Gründungsgesellschafter zur Anmeldung der Gesellschaft zur Eintragung in das Handelsregister nach § 7 Abs. 1 GmbHG.[9] Die Durchsetzung letzterer erfolgt auf dem Zivilrechtsweg. Zu der Mitwirkungspflicht im Verhältnis der Anmeldepflichtigen untereinander → § 16 Rn. 10 ff.

10 Für zahlreiche privatrechtliche Anmeldepflichten ist ausdrücklich geregelt, dass eine Festsetzung von Zwangsgeld nach S. 1 nicht stattfindet, zB § 79 Abs. 2 GmbHG, § 407 Abs. 2 S. 1 AktG, § 316 Abs. 2 UmwG. Bei **konstitutiven Eintragungen** erscheint der Registerzwang deshalb entbehrlich, weil die begehrten Rechtsfolgen (zB die Rechtsfähigkeit der GmbH und die Beschränkung der Haftung auf das Gesellschaftsvermögen, § 13 Abs. 1, 2 GmbHG) ohne die Eintragung in das Handelsregister nicht eintreten. Daher besteht ein sog. mittelbarer Zwang, die Anmeldung vorzunehmen.[10]

---

[2] Staub/Koch/Harnos Rn. 8; BeckOK HGB/Müther, 49. Ed. 1.1.2026, Rn. 2; Ebenroth/Boujong/Schaub Rn. 6.

[3] Staub/Koch/Harnos Rn. 4; MüKoHGB/Krafka Rn. 2; GK-HGB/Müller Rn. 2.

[4] KG 9.3.1999, NJW-RR 1999, 1341 (1342); Staub/Koch/Harnos Rn. 7; MüKoHGB/Krafka Rn. 2; SLM/Müther Rn. 4; RGHMW/Ries Rn. 5; Ebenroth/Boujong/Schaub Rn. 8.

[5] KG 9.3.1999, NJW-RR 1999, 1341 (1342).

[6] MüKoHGB/Krafka Rn. 4; RGHMW/Ries Rn. 8.

[7] Noack/Servatius/Haas/Beurskens GmbHG § 79 Rn. 8; Koch AktG § 407 Rn. 9; Staub/Koch/Harnos Rn. 9; RGHMW/Ries Rn. 8; Ebenroth/Boujong/Schaub Rn. 13.

[8] KG 23.6.1911, KGJ 41 A 123, 130; Staub/Koch/Harnos Rn. 9; RGHMW/Ries Rn. 8; Ebenroth/Boujong/Schaub Rn. 13.

[9] Staub/Koch/Harnos Rn. 8; Ebenroth/Boujong/Schaub § 8 Rn. 64.

[10] Staub/Koch/Harnos Rn. 8.

Allerdings schließt die konstitutive Wirkung einer Eintragung den Registerzwang nicht aus, wie zB § 78 Abs. 1 BGB iVm § 71 Abs. 1 BGB belegt.[11] Er ist jedoch regelmäßig nicht zweckmäßig, weil bei zwangsweiser Durchsetzung der Pflicht das Registergericht anstelle der Beteiligten die Gesellschaftsverhältnisse gestalten würde.[12]

3. Einreichung von Dokumenten zum Handelsregister. Neben der Pflicht zur Anmeldung (→ Rn. 6 ff.) kann auch die Pflicht zur Einreichung von Dokumenten zum Handelsregister mittels der Festsetzung von Zwangsgeld gem. S. 1 zwangsweise durchgesetzt werden, wenn und solange sie nicht befolgt wird (→ Rn. 1). Derartige Pflichten finden sich insbesondere im AktG (→ Rn. 12) und im GmbHG (→ Rn. 13 f.).[13] 11

a) Aktienrecht. Die Pflicht, bestimmte Dokumente zum Handelsregister einzureichen, begründen im Aktienrecht ua § 34 Abs. 3 S. 1 AktG (Bericht der Gründungsprüfer), § 42 AktG (Mitteilung des Alleinaktionärs), § 99 Abs. 5 S. 3 AktG (rechtskräftiger Beschluss über die Zusammensetzung des Aufsichtsrats), § 106 Hs. 1 AktG (Liste der Mitglieder des Aufsichtsrats), § 130 Abs. 5 AktG (Abschrift der Niederschrift über den Gang der Hauptversammlung), § 145 Abs. 6 S. 3 AktG (Bericht der Sonderprüfer), § 248 Abs. 1 S. 2, ggf. Abs. 2 AktG (rechtskräftiger Beschluss, der einen Beschluss der Hauptversammlung für nichtig erklärt) und § 275 Abs. 4 S. 2 AktG (beglaubigte Kopie der Klage auf Nichtigerklärung der Gesellschaft, rechtskräftiges Urteil). 12

b) GmbH-Recht. Die Pflicht, bestimmte Dokumente zum Handelsregister einzureichen, begründen im GmbH-Recht ua § 40 Abs. 1 S. 1 GmbHG (Gesellschafterliste; → Rn. 14), § 52 Abs. 3 S. 2 Hs. 1 GmbHG (Liste der Mitglieder des Aufsichtsrats) und § 75 Abs. 2 GmbHG iVm § 248 Abs. 1 S. 2, ggf. Abs. 2 AktG (rechtskräftiger Beschluss, der einen Beschluss der Hauptversammlung für nichtig erklärt). 13

Hat ein Notar an Veränderungen in den Personen der Gesellschafter oder des Umfangs ihrer Beteiligung mitgewirkt, ist es gem. **§ 40 Abs. 2 S. 1 GmbHG** unverzüglich nach deren Wirksamwerden anstelle der Geschäftsführer ua dazu verpflichtet, die Liste der Gesellschafter zum Handelsregister einzureichen. Zum Teil wird – im Einklang mit der Entscheidung des BGH zur Beschwerdebefugnis des Notars (→ § 8 Rn. 138) – ein Zwangsgeldverfahren gegen den Notar als zulässig erachtet.[14] Systematisch vorzugswürdig erscheint es aber, dass ein Organ der freiwilligen Gerichtsbarkeit, das einer Verfahrenspflicht nicht nachkommt – der Notar –, nicht von einem anderen Organ der freiwilligen Gerichtsbarkeit – dem Registergericht – mittels eines Zwangsgelds hierzu angehalten werden kann.[15] In Betracht kommt lediglich eine Beschwerde der Beteiligten gem. § 15 Abs. 2 S. 1 BNotO.[16] Bei der Beantwortung der entscheidenden Frage, ob der Notar seine Tätigkeit ohne ausreichenden Grund (§ 15 Abs. 1 S. 1 BNotO) verweigert, ist zu berücksichtigen, dass der Notar die Einreichung der Liste verweigern darf, wenn er mit seinen Mitteln das Wirksamwerden der Veränderung nicht feststellen kann. 14

4. Sonstige zwangsweise durchsetzbare Pflichten. Andere Pflichten als die zur Anmeldung (→ Rn. 6 ff.) und zur Einreichung von Dokumenten zum Handelsregister (→ Rn. 11 ff.) können mittels des Registerzwangs nur durchgesetzt werden, wenn das Registergericht hierfür besonders ermächtigt ist. Solche Ermächtigungen bestehen insbesondere zur Durchsetzung der gesetzlichen **Angaben auf Geschäftsbriefen** (§ 37a Abs. 4 S. 1, § 125 Abs. 2 S. 2, § 407 Abs. 1 S. 1 AktG iVm § 80 AktG und § 268 Abs. 4 AktG, § 79 Abs. 1 S. 1 GmbHG iVm § 35 GmbHG und § 71 Abs. 5 GmbHG, § 12 S. 1 Hs. 1 EWIVAG iVm Art. 25 EWIV-VO). Weitere Ermächtigungen enthalten zB § 407 Abs. 1 S. 1 AktG und § 350 Abs. 1 S. 1 UmwG. 15

III. Adressat des Registerzwangs

1. Allgemeines. Das Zwangsgeld ist aufgrund seiner Funktion als Beugemittel (→ Rn. 1) grundsätzlich gegen denjenigen zu festzusetzen, der zur Anmeldung (→ Rn. 6 ff.) oder zur Einreichung 16

[11] Staub/Koch/Harnos Rn. 8; MüKoHGB/Krafka Rn. 3; RGHMW/Ries Rn. 9; **aA** Fröhleke/Seidel ZfPW 2024, 345 (353).

[12] Koch AktG § 407 Rn. 10.

[13] Zu dem Anwendungsbereich des Zwangsgeldverfahrens s. zB BHS/Harders FamFG § 388 Rn. 6 ff.; Schulte-Bunert/Weinreich/Nedden-Boeger FamFG § 388 Rn. 10 ff.; Sternal/M. Noack FamFG § 388 Rn. 12 ff.

[14] OLG Köln 19.7.2013, NZG 2013, 1431 (1433); MüKoFamFG/Krafka FamFG § 388 Rn. 22; BeckOK HGB/Müther, 49. Ed. 1.1.2026, Rn. 15; Müther FGPrax 2013, 275.

[15] Schulte-Bunert/Weinreich/Nedden-Boeger FamFG § 388 Rn. 27; iErg Sternal/M. Noack FamFG § 388 Rn. 36; Heinemann DNotZ 2014, 391 f.; s. auch OLG München 27.5.2009, DNotZ 2009, 637.

[16] Zum umgekehrten Fall des notariellen Vorbescheids mit Ankündigung der Einreichung Tebben RNotZ 2008, 441 (453).

von Dokumenten zum Handelsregister (→ Rn. 11 ff.) verpflichtet ist. Diese Person oder Personengruppe ist den einschlägigen Vorschriften zu entnehmen, welche die entsprechende öffentlich-rechtliche Anmelde- oder Einreichungspflicht begründen.

17 **2. Einzelne Adressaten. a) Kaufmann, Personenhandelsgesellschaften.** Die Pflicht nach § 29, die Firma, den Ort und die inländische Geschäftsanschrift seiner Handelsniederlassung zur Eintragung in das Handelsregister anzumelden (→ § 29 Rn. 3 f.), obliegt dem **Kaufmann.** Bei **Personengesellschaften** sind die Errichtung (§ 106 Abs. 1 ggf. iVm § 161 Abs. 2), die Änderung der Firma, die Verlegung des Sitzes an einen anderen Ort, das Ausscheiden eines Gesellschafters – vorbehaltlich § 106 Abs. 7 S. 2 ggf. iVm § 161 Abs. 2 (→ Rn. 18) –, der Eintritt eines neuen Gesellschafters und die Änderung der Vertretungsbefugnis, einschließlich einer Befreiung von dem Verbot des Insichgeschäfts (§ 181 BGB; → § 106 Rn. 67 ff.) gem. § 106 Abs. 7 S. 1 ggf. iVm § 161 Abs. 2 von sämtlichen Gesellschaftern anzumelden. Einzig eine bloße Änderung der Geschäftsanschrift ist gem. § 106 Abs. 7 S. 3 ggf. iVm § 161 Abs. 2 von der Gesellschaft zu bewirken. Die Erteilung der Prokura ist ebenso wie deren Erlöschen gem. § 53 Abs. 1 S. 1 ggf. iVm Abs. 2 von dem **Inhaber des Handelsgeschäfts** zur Eintragung in das Handelsregister anzumelden. Aufgrund dieser Formulierung obliegen diese Pflichten sowohl dem (Einzel-)Kaufmann als auch den Handelsgesellschaften als solche.

18 Scheidet ein Gesellschafter durch Tod aus der Gesellschaft aus (§ 130 Abs. 1 Nr. 1 ggf. iVm § 161 Abs. 2), ist die gem. § 106 Abs. 6 Fall 4 vorzunehmende Anmeldung grundsätzlich von sämtlichen **Erben des Gesellschafters** zu bewirken, und zwar unabhängig von ihrer Gesellschafterstellung (→ § 106 Rn. 81). Diesen Grundsatz schränkt § 106 Abs. 7 S. 2 dahingehend ein, dass die Anmeldung ausnahmsweise ohne Mitwirkung der Erben erfolgen kann, wenn einer solchen Mitwirkung besondere Hindernisse entgegenstehen (→ § 106 Rn. 82).

19 **b) Kapitalgesellschaften.** Die besonderen Ermächtigungen in § 407 Abs. 1 S. 1 AktG und § 79 Abs. 1 S. 1 GmbHG (→ Rn. 15) benennen die zulässigen Adressaten des Registerzwangs ausdrücklich, nämlich die **Vorstandsmitglieder** bzw. **Geschäftsführer** sowie die Abwickler bzw. Liquidatoren. Soweit die Vorschriften des AktG und des GmbHG sich darauf beschränken, Anmelde- oder Einreichungspflichten zu begründen, sind diese von den Vertretungsorgane zu befolgen mit der Folge, dass das Zwangsgeld gegen die Mitglieder des Vorstands bzw. die Geschäftsführer und nicht gegen die juristische Person als solche festgesetzt werden kann.[17] Ist der Vorstand gemeinsam mit dem Vorsitzenden des Aufsichtsrats zu einer Anmeldung verpflichtet (zB § 184 Abs. 1 S. 1 AktG), kann das Zwangsgeld auch gegen letzteren festgesetzt werden.[18]

20 Eine **Limited** englischen Rechts mit Verwaltungssitz allein im Inland, die infolge des Brexit den Status als EU-Gesellschaft verloren hat und als nicht mehr existenter Rechtsträger behandelt wird (→ § 13d Rn. 23), hat keine handlungsfähigen Organe mehr, die das Erlöschen der Zweigniederlassung anmelden müssten und gegen die Registerzwang ausgeübt werden kann.[19] Zu der Amtslöschung in diesen Fällen → § 8 Rn. 149.

21 **c) Prokuristen und andere Bevollmächtigte.** Prokuristen sind zwar gem. § 49 Abs. 1 in sämtlichen Angelegenheiten, die der Betrieb eines Handelsgewerbes mit sich bringt, zur Anmeldung und zur Einreichung von Dokumenten zum Handelsregister befugt (→ § 49 Rn. 12), aber nicht originär verpflichtet, weshalb ihnen gegenüber kein Zwangsgeld festgesetzt werden darf. Dies gilt auch bei einer unechten Gesamtvertretung gem. § 124 Abs. 3 S. 1 ggf. iVm § 161 Abs. 2 oder § 78 Abs. 3 S. 1 AktG, obwohl der Umfang der Vertretungsmacht sich nach der organschaftlichen Vertretungsbefugnis bemisst.[20] Da andere gewillkürte Vertreter ebenfalls nur zur Anmeldung befugt, aber nicht verpflichtet sind, unterliegen auch sie nicht dem Registerzwang.[21]

22 **d) Insolvenzverwalter.** Mit der Eröffnung des Insolvenzverfahrens über das Vermögen des Unternehmensträgers geht die Verwaltungs- und Verfügungsbefugnis des Schuldners auf den Insolvenzverwalter über mit der Folge, dass dieser fortan Adressat der Anmeldepflicht ist, wenn die anmeldepflichtige Tatsache die Insolvenzmasse betrifft (→ § 147 Rn. 4).[22] Ist die Insolvenzmasse

[17] BayObLG 14.4.1982, BB 1982, 1075 (1076); OLG Hamburg 27.1.2011, GmbHR 2011, 828 (829) (Anmeldung der Geschäftsanschrift in der Insolvenz); OLG Hamm 27.5.2008, FGPrax 2008, 262 (Director einer Ltd.); MüKoHGB/Krafka Rn. 9; Jansen/Steder FGG § 132 Rn. 89, 90.

[18] Krafka RegisterR Rn. 2363; Müther Handelsregister § 15 Rn. 3.

[19] OLG Celle 5.9.2022, NZG 2023, 23.

[20] Krafka RegisterR Rn. 2363.

[21] BayObLG 14.4.1982, BB 1982, 1075 (1076); Staub/Koch/Harnos Rn. 13; Krafka RegisterR Rn. 2363; Hopt/Merkt Rn. 2; RGHMW/Ries Rn. 14.

[22] Staub/Koch/Harnos Rn. 13; MüKoHGB/Krafka Rn. 8; RGHMW/Ries Rn. 12.

nicht betroffen (zB Anmeldung neu bestellter Geschäftsführer, Abberufung eines Geschäftsführers, Erhöhung des Stammkapitals, Änderung der Firma; → § 17 Rn. 31, → § 22 Rn. 23), bleibt es bei der Anmeldepflicht der gesetzlichen Vertretungsorgane, zB gem. § 78 GmbHG.[23]

IV. Zwangsgeldverfahren

1. Einleitung des Zwangsgeldverfahrens. a) Amtsverfahren. Das Zwangsgeldverfahren ist in den §§ 388–392 FamFG geregelt. Es wird ohne einen Antrag **von Amts wegen** eingeleitet.[24] Ausweislich der Formulierung in S. 1, dass derjenige, der seine Pflicht zur Anmeldung oder Einreichung von Dokumenten zum Handelsregister nicht nachkommt, durch Festsetzung von Zwangsgeld hierzu anzuhalten „ist", hat das Registergericht **kein Entschließungsermessen.**[25] Vielmehr ist es gem. § 388 Abs. 1 FamFG verpflichtet, dem säumigen Beteiligten (→ Rn. 16 ff.) unter Androhung eines Zwangsgelds (→ Rn. 26 ff.) aufzugeben, innerhalb einer bestimmten Frist seiner gesetzlichen Verpflichtung nachzukommen oder die Unterlassung mittels Einspruchs zu rechtfertigen, sobald es glaubhaft von einem Sachverhalt Kenntnis erhält, der das Einschreiten nach S. 1 oder einer besonderen gesetzlichen Ermächtigung (→ Rn. 15) rechtfertigt. Für die glaubhafte Kenntnis genügt es, dass gewichtige Indizien für die Verletzung einer Anmeldepflicht (→ Rn. 6 ff.) oder Einreichungspflicht (→ Rn. 11 ff.) bekannt werden (→ Rn. 24).[26] Bei der Würdigung der Tatsachen genießt das Registergericht einen **Beurteilungsspielraum.**[27] Die vollständige Sachverhaltsaufklärung erfolgt ggf. im Einspruchsverfahren (→ Rn. 35).[28] 23

Von Tatsachen, die gewichtige Indizien dafür sind, dass jemand seiner Anmeldepflicht (→ Rn. 6 ff.) oder Einreichungspflicht (→ Rn. 11 ff.) nicht nachgekommen ist, kann das Registergericht nicht nur durch Mitteilung Dritter, sondern auch und vor allem durch Auskünfte öffentlicher Stellen Kenntnis erlangen. Gemäß § 379 Abs. 1 FamFG sind **Gerichte, Staatsanwaltschaften, Polizei- und Gemeindebehörden** sowie **Notare** verpflichtet, dem Registergericht die ihnen amtlich zur Kenntnis gelangenden Fälle einer unrichtigen, unvollständigen oder unterlassenen Anmeldung zum Handelsregister mitzuteilen. Darüber hinaus haben die **Finanzbehörden** den Registergerichten gem. § 379 Abs. 2 S. 1 FamFG Auskunft über die steuerlichen Verhältnisse von Kaufleuten oder Unternehmen, insbesondere auf dem Gebiet der Gewerbe- und Umsatzsteuer, zu erteilen, soweit diese Auskunft zur Verhütung unrichtiger Eintragungen im Handelsregister benötigt wird. Schließlich haben die **berufsständischen Organe,** insbesondere die Industrie- und Handelskammern, die Registergerichte gem. § 380 Abs. 1 FamFG bei der Vermeidung unrichtiger Eintragungen sowie bei der Berichtigung und Vervollständigung des Handelsregisters zu unterstützen, indem sie Vorgänge innerhalb ihrer Bezirke, die ein Einschreiten des Registergerichts gebieten, mitteilen. 24

b) Kein Einleitungshindernis. Die Tatsache, dass die potenziellen Adressaten des Registerzwangs (→ Rn. 16 ff.) nicht erreichbar erscheinen, steht der Einleitung des Zwangsgeldverfahrens grundsätzlich nicht entgegen.[29] Unerheblich ist insbesondere, ob die Verpflichteten sich im Inland aufhalten (zB bei der Durchsetzung der Anmeldung der inländischen Zweigniederlassung eines ausländischen Unternehmensträgers; → § 13d Rn. 45 mwN). 25

2. Androhung des Zwangsgelds. a) Überblick. Vor der Festsetzung ist das Zwangsgeld gem. **§ 388 Abs. 1 FamFG** anzudrohen, und zwar für den Fall, dass der Adressat (→ Rn. 16 ff.) innerhalb einer bestimmten Frist (→ Rn. 28) weder seiner gesetzlichen Verpflichtung nachkommt noch die Unterlassung mittels Einspruchs rechtfertigt. 26

b) Inhalt. Die **Verpflichtung,** welcher der Adressat nach Ansicht des Registergerichts nicht nachgekommen ist, muss in der Androhung genau bezeichnet werden.[30] 27

---

[23] BayObLG 17.3.2004, NZG 2004, 582 (583); OLG Rostock 17.12.2002, Rpfleger 2003, 444 (445); OLG Köln 11.7.2001, NJW-RR 2001, 1417 (1418); MüKoHGB/Krafka Rn. 8; RGHMW/Ries Rn. 12.

[24] DJS/Müther FamFG § 388 Rn. 17; s. auch OLG Düsseldorf 26.11.2015, FGPrax 2016, 119 (Zwangsverfahren gegen aktienrechtlichen Sonderprüfer zur Erzwingung der Einreichung des Prüfungsberichts).

[25] OLG Hamm 20.2.1989, OLGZ 1989, 148 (150); Bassenge Rpfleger 1974, 173 (174); BHS/Harders FamFG § 388 Rn. 15; Staub/Koch/Harnos Rn. 17; Sternal/M. Noack FamFG § 388 Rn. 33; RGHMW/Ries Rn. 15; Jansen/Steder FGG § 132 Rn. 68.

[26] Bassenge Rpfleger 1974, 173 (174) spricht insoweit von „Feststellungsermessen" des Gerichts.

[27] Schulte-Bunert/Weinreich/Nedden-Boeger FamFG § 388 Rn. 24.

[28] BayObLG 13.10.1978, BayObLGZ 1978, 319 (322); OLG Frankfurt 27.11.1978, OLGZ 1979, 5 (6); Staub/Koch/Harnos Rn. 17; MüKoHGB/Krafka Rn. 11; SLM/Müther Rn. 21.

[29] Koch AktG § 45 Anh. HGB § 13e Rn. 13.

[30] BHS/Harders FamFG § 388 Rn. 17; DJS/Müther FamFG § 388 Rn. 21; Sternal/M. Noack FamFG § 388 Rn. 42; s. auch BayObLG 24.11.1967, BayObLGZ 1967, 458 (463); OLG Stuttgart 13.7.2000, GmbHR 2001, 301 zu § 325 HGB aF.

28 Die **Frist** ist so zu bemessen, dass der Adressat (→ Rn. 16 ff.) bei Anwendung der im Verkehr erforderlichen Sorgfalt seiner gesetzlichen Verpflichtung bis zum Ende der Frist nachkommen kann.[31] Der Lauf der Frist beginnt gem. § 16 Abs. 1 FamFG mit der durch § 15 Abs. 1 FamFG gebotenen Bekanntgabe der Anordnungsverfügung. Die Bekanntgabe kann gem. § 15 Abs. 2 S. 1 FamFG durch Zustellung nach den §§ 166–195 ZPO oder dadurch bewirkt werden, dass das Schriftstück unter der Anschrift des Adressaten zur Post gegeben wird. In letzterem Fall gilt das Schriftstück gem. § 15 Abs. 2 S. 2 FamFG – vorausgesetzt die Bekanntgabe soll im Inland bewirkt werden – vier Tage nach der Aufgabe zur Post als bekannt gegeben, wenn nicht der Beteiligte glaubhaft macht, dass ihm das Schriftstück nicht oder erst zu einem späteren Zeitpunkt zugegangen ist. Die Berechnung der Frist – es handelt sich um eine Ereignisfrist – erfolgt gem. § 16 Abs. 2 FamFG iVm § 222 ZPO und den §§ 187–193 BGB. Die Frist kann nach Maßgabe der § 16 Abs. 2 FamFG, § 224 Abs. 2 ZPO auf Antrag verlängert werden, wenn der Antrag noch innerhalb der laufenden Frist eingeht.[32] Eine Fristverlängerung von Amts wegen ist nicht vorgesehen und kommt daher nicht in Betracht.[33]

29 Der **Betrag des Zwangsgelds** muss in der Androhung nicht konkret beziffert werden.[34] Um den Adressaten zu der Erfüllung seiner Verpflichtung anzuhalten, genügt die Androhung eines Zwangsgelds in Höhe von „bis zu … Euro", wenn der Höchstbetrag voraussichtlich in Betracht kommt.[35]

30 **c) Form.** Die Androhung des Zwangsgelds kann als Beschluss oder – weil sie keine Endentscheidung iSd § 38 Abs. 1 S. 1 FamFG, welche die Beschlussform gebietet – als verfahrenseinleitende Verfügung ergehen.[36] Die Androhung sollte in den Tenor aufgenommen werden;[37] es genügt jedoch, dass sie unzweifelhaft aus der Verfügung zu erkennen ist.[38]

31 **d) Adressaten.** Beteiligter iSd § 388 Abs. 1 FamFG ist nicht jeder Beteiligte iSv § 7 FamFG, sondern nur der Adressat der Anmelde- oder Einreichungspflicht (→ Rn. 16 ff.).[39] Der Pflichtige kann als Beteiligter iSd § 7 Abs. 2 Nr. 1 FamFG angesehen werden,[40] obwohl das dort verwendete Verb „hinzuzuziehen" weder für das Zwangsgeldverfahren noch für den Adressaten der Androhung passt.

32 Obliegt die Pflicht zur Anmeldung (→ Rn. 6 ff.) oder Einreichung von Dokumenten zum Handelsregister (→ Rn. 11 ff.) einer **natürlichen Person,** kann gegen sie ohne Weiteres eine Beugemaßnahme (→ Rn. 1) verhängt werden. Sind mehrere Personen verpflichtet (zB sämtliche Gesellschafter nach § 106 Abs. 7 S. 1 ggf. iVm § 161 Abs. 2), aber nur einzelne von ihnen der Anmelde- oder Einreichungspflicht nicht nachgekommen, ergeht die Androhung nur gegen die Säumigen.[41]

33 Nach einer Ansicht kann Zwangsgeld nicht nur gegenüber natürlichen Personen (→ Rn. 32), sondern in Anlehnung an § 30 Abs. 1 OWiG auch gegenüber anderen Rechtssubjekten, insbesondere **juristischen Personen,** angedroht werden, wenn die Anmelde- oder Einreichungspflicht diesen obliegt (→ Rn. 19).[42] Die Bezugnahme auf § 30 Abs. 1 OWiG überzeugt deshalb nicht, weil die Geldbuße – im Gegensatz zu der Festsetzung von Zwangsgeld (→ Rn. 1) – kein Beugemittel ist. In Ansehung dieser Funktion darf Zwangsgeld nur gegenüber natürlichen Personen (zB

[31] BGH 17.3.1997, BGHZ 135, 107 (115) = NJW 1997, 1855; Schulte-Bunert/Weinreich/Nedden-Boeger FamFG § 388 Rn. 41; Sternal/M. Noack FamFG § 388 Rn. 43; Jansen/Steder FGG § 132 Rn. 103.

[32] Schulte-Bunert/Weinreich/Nedden-Boeger FamFG § 388 Rn. 41; s. auch BHS/Harders FamFG § 388 Rn. 18; Heinemann FGPrax 2009, 1 (3); DJS/Müther FamFG § 388 Rn. 22.

[33] Schulte-Bunert/Weinreich/Nedden-Boeger FamFG § 388 Rn. 42; Nedden-Boeger FGPrax 2009, 144 (146 f.).

[34] **AA** OLG Stuttgart 22.3.1972, OLGZ 1972, 368 (369); MüKoHGB/Krafka Rn. 11 Fn. 31; Ebenroth/Boujong/Schaub Rn. 31; Jansen/Steder FGG § 132 Rn. 105; s. auch OLG München 20.1.1937, JFG 15, 48 (49).

[35] Hofmann Rpfleger 1991, 283; Staub/Koch/Harnos Rn. 18; Krafka RegisterR Rn. 2365; MüKoFamFG/Krafka § 388 Rn. 26; s. auch BGH 3.10.1973, NJW 1973, 2288 f.; BayObLG 12.1.1996, FamRZ 1996, 878 (879) jeweils zu § 33 FGG.

[36] OLG Köln 26.5.2010, FGPrax 2010, 203 (204) zu einem maschinell erstellten Schreiben ohne Unterschrift; Schulte-Bunert/Weinreich/Nedden-Boeger FamFG § 388 Rn. 39; s. auch MüKoFamFG/Krafka FamFG § 388 Rn. 23: verfahrenseinleitende Verfügung, Beschluss nicht geboten.

[37] Sternal/M. Noack FamFG § 388 Rn. 45.

[38] OLG Zweibrücken 27.10.2011, BeckRS 2012, 06084; Sternal/M. Noack FamFG § 388 Rn. 45.

[39] Schulte-Bunert/Weinreich/Nedden-Boeger FamFG § 388 Rn. 25.

[40] BHS/Harders FamFG § 388 Rn. 14.

[41] KG 17.12.2021, BeckRS 2021, 50283; MüKoHGB/Krafka Rn. 8; Schulte-Bunert/Weinreich/Nedden-Boeger FamFG § 388 Rn. 29; Sternal/M. Noack FamFG § 388 Rn. 35; HK-HGB/Ruß Rn. 4; s. auch OLG Hamm 7.3.1985, Rpfleger 1985, 302 (303).

[42] NK-HGB/Lamsa/Ammon Rn. 11; RGHMW/Ries Rn. 13.

den Geschäftsführern einer GmbH) angedroht und festgesetzt werden.[43] In den Angelegenheiten einer GmbH & Co. KG ist das Zwangsgeldverfahren gegen die Geschäftsführer der GmbH zu richten.[44]

3. Festsetzung des Zwangsgelds. a) Erfüllung der gesetzlichen Verpflichtung. Das Zwangsgeld kann seine Funktion als Beugemittel (→ Rn. 1) nicht mehr erreichen, sobald der gesetzlichen Verpflichtung genügt wird. Daher darf es ab diesem Zeitpunkt nicht mehr beigetrieben werden.[45] Das Zwangsgeldverfahren endet durch Erledigung. Gleiches gilt für die Aufforderungsverfügung; es bedarf weder einer besonderen Aufhebung noch einer Rücknahme.[46] Eine unter Umständen bereits erfolgte Festsetzung ist hingegen aufzuheben; Beitreibungsmaßnahmen sind einzustellen.[47] Wird der Verpflichtung allerdings erst nach der Beitreibung genügt, kann die Rückzahlung des beigetriebenen Zwangsgelds verlangt werden.[48] 34

b) Einspruch. Will der Adressat seine Unterlassung rechtfertigen, zB indem er die gesetzliche Verpflichtung bestreitet, muss er innerhalb der in der Aufforderung bestimmten Frist (→ Rn. 28) Einspruch gegen die Androhung erheben, gleichgültig, ob diese als Beschluss oder verfahrenseinleitende Verfügung ergeht (→ Rn. 30). Der Einspruch muss nicht als solcher bezeichnet werden.[49] Daher kann eine unzutreffend als Beschwerde bezeichnete Eingabe als Einspruch zu behandeln sein.[50] Das Verfahren zur Entscheidung über den Einspruch ist in **§ 390 FamFG** geregelt. Das Registergericht hat das Zwangsgeld gem. § 390 Abs. 4 S. 1 FamFG auch dann festzusetzen, wenn der Einspruch verspätet eingelegt wurde, es sei denn, dass dem Beteiligten **Wiedereinsetzung in den vorigen Stand** nach Maßgabe der §§ 17 ff. FamFG zu gewähren ist.[51] Zu der Einspruchsbefugnis → Rn. 40. 35

c) Festsetzungsbeschluss. Wird innerhalb der bestimmten Frist (→ Rn. 28) weder der gesetzlichen Verpflichtung genügt (→ Rn. 34) noch Einspruch erhoben (→ Rn. 35), ist das angedrohte Zwangsgeld gem. § 389 Abs. 1 FamFG **grundsätzlich** durch Beschluss festzusetzen. Zugleich ist die Aufforderung nach § 388 FamFG unter Androhung eines erneuten Zwangsgelds zu wiederholen. Gemäß § 389 Abs. 3 FamFG ist in gleicher Weise fortzufahren, bis der gesetzlichen Verpflichtung genügt oder Einspruch erhoben wird. 36

Wird Zwangsgeld auf Grundlage der Ermächtigung nach S. 1 festgesetzt, beträgt das **Mindestmaß** gem. Art. 6 Abs. 1 S. 1 EGStGB fünf Euro, das **Höchstmaß** gem. S. 2 5.000 Euro. 37

Gelangt das Registergericht zB aufgrund eines Einspruchs (→ Rn. 35)[52] zu der Erkenntnis, dass eine Voraussetzung für die Erzwingung nicht oder nicht mehr vorliegt,[53] hat es von der Festsetzung des Zwangsgelds und der wiederholten Zwangsgeldandrohung (§ 389 Abs. 1 FamFG) **ausnahmsweise** abzusehen. Ist die Festsetzung bereits erfolgt, kann das Registergericht den Beschluss in entsprechender Anwendung von § 48 Abs. 1 S. 1 FamFG aufheben oder ändern,[54] insbesondere – wie bei einem rechtzeitigen Einspruch (§ 390 Abs. 6 FamFG) – ein geringeres Zwangsgeld festsetzen.[55] 38

---

[43] BayObLG 26.1.2000, BayObLGZ 2000, 11 = FGPrax 2000, 74; Staub/Koch/Harnos Rn. 15; MüKoHGB/Krafka Rn. 9; SLM/Müther Rn. 14; Schulte-Bunert/Weinreich/Nedden-Boeger FamFG § 388 Rn. 26; Sternal/M. Noack FamFG § 388 Rn. 34.

[44] BayObLG 26.1.2000, BayObLGZ 2000, 11 = FGPrax 2000, 74; 14.9.2001, Rpfleger 2002, 31; Krafka RegisterR Rn. 2364.

[45] BayObLG 6.2.1979, DB 1979, 1981; 10.6.1955, BayObLGZ 1955, 124 (130); MüKoHGB/Krafka Rn. 1; Hopt/Merkt Rn. 5; Ebenroth/Boujong/Schaub Rn. 3.

[46] Krafka RegisterR Rn. 2368; Müther Handelsregister § 15 Rn. 8; DJS/Müther FamFG § 389 Rn. 3; Sternal/M. Noack FamFG § 389 Rn. 4.

[47] BayObLG 6.7.1979, DB 1979, 1981; 10.6.1955, BayObLGZ 1955, 124 (130); MüKoHGB/Krafka Rn. 1; SLM/Müther Rn. 2; RGHMW/Ries Rn. 17; Ebenroth/Boujong/Schaub Rn. 3; s. auch BGH 6.9.2017, NJW 2017, 3592 (3594) mwN.

[48] BGH 6.9.2017, NJW 2017, 3594 Rn. 23 ff. mwN zum Streitstand.

[49] KG 3.11.2021, BeckRS 2021, 50276; s. auch BayObLG 10.11.2004, FGPrax 2005, 36 (37).

[50] BayObLG 10.11.2004, Rpfleger 2005, 143; Müther Handelsregister § 15 Rn. 12; s. auch OLG Hamm 24.4.1986, Rpfleger 1986, 390 (391).

[51] Heinemann FGPrax 2009, 1 (3); MüKoFamFG/Krafka FamFG § 389 Rn. 10; DJS/Müther FamFG § 389 Rn. 5; Nedden-Boeger FGPrax 2010, 1 (4); Sternal/M. Noack FamFG § 389 Rn. 3.

[52] Schulte-Bunert/Weinreich/Nedden-Boeger FamFG § 389 Rn. 11.

[53] Schulte-Bunert/Weinreich/Nedden-Boeger FamFG § 389 Rn. 11.

[54] MüKoFamFG/Krafka FamFG § 389 Rn. 5, 7; Krafka RegisterR Rn. 2368; Schulte-Bunert/Weinreich/Nedden-Boeger FamFG § 389 Rn. 26; Sternal/M. Noack FamFG § 389 Rn. 5.

[55] OLG Schleswig 9.6.2010, FGPrax 2010, 208 (209) (unbegründete Beschwerde); MüKoFamFG/Krafka FamFG § 391 Rn. 14.

39 **4. Beschwerde. a) Statthaftigkeit.** Der Beschluss, durch den das Zwangsgeld festgesetzt oder der Einspruch verworfen wird, ist gem. § 391 Abs. 1 FamFG mit der Beschwerde nach den §§ 58–69 FamFG anfechtbar. Das Rechtsmittel ist gem. § 63 Abs. 1 FamFG binnen einer Frist von einem Monat einzulegen, die gem. § 63 Abs. 4 S. 1 FamFG mit der schriftlichen Bekanntgabe des Beschlusses an die Beteiligten beginnt. Außerdem muss der Wert des Beschwerdegegenstandes gem. § 61 Abs. 1 FamFG 1.000 Euro übersteigen. Wird der Beschwerdewert nicht erreicht, ist bei einer Zwangsgeldfestsetzung durch den Rechtspfleger die Rechtspflegererinnerung gem. § 11 Abs. 2 RPflG statthaft.[56] Zu Einzelheiten des Beschwerdeverfahrens → § 8 Rn. 133 ff.

40 **b) Beschwerdebefugnis.** Beschwerdebefugt ist in erster Linie der Adressat des Registerzwangs (→ Rn. 16 ff.). Sind die organschaftlichen Vertreter einer Gesellschaft Adressaten des Registerzwangs, kann neben diesen auch die Gesellschaft selbst Beschwerde einlegen.[57] Der abberufene Geschäftsführer hat hingegen kein Beschwerderecht.[58] Beschwerdebefugt sind außerdem die berufsständischen Organe, zB die Industrie- und Handelskammer, wenn sie angehört wurden (§ 380 Abs. 5 FamFG), und die BaFin, wenn die Anmelde- oder Einreichungspflicht (→ Rn. 5 ff.) sich auf die Eintragung oder Änderung der Rechtsverhältnisse oder der Firma von Kreditinstituten oder Unternehmen beziehen, die nach den §§ 39–41 KWG unzulässige Bezeichnungen verwenden (§ 43 Abs. 3 KWG).

41 **c) Prüfungsmaßstab.** Ist das Zwangsgeld nach § 389 Abs. 1 FamFG durch Beschluss festgesetzt, kann die Beschwerde gem. **§ 391 Abs. 2 FamFG** nicht darauf gestützt werden, dass die Androhung des Zwangsgelds nicht gerechtfertigt gewesen sei. Die Überprüfung der materiellen Voraussetzungen für die Festsetzung erfolgt ausschließlich in dem **Einspruchsverfahren.**[59] Mit der Beschwerde können daher einzig formelle Fehler der Androhung gerügt werden.[60]

42 Ist Gegenstand der Beschwerde ein Beschluss nach § 390 Abs. 4 S. 1 FamFG, mit dem ein Einspruch verworfen und das angedrohte Zwangsgeld festgesetzt wird, erfolgt in dem Beschwerdeverfahren eine vollständige Überprüfung der Entscheidung auf verfahrens- und materiell-rechtliche Mängel.[61]

V. Verhältnis zum Amtslöschungsverfahren

43 **1. Überblick.** Neben dem Zwangsgeldverfahren (§§ 388–392 FamFG) kann im Einzelfall ein Löschungsverfahren von Amts wegen (→ § 8 Rn. 148 ff.) in Betracht kommen. Das Konkurrenzverhältnis ist in Ansehung der Eintragung bzw. der Löschung und der zugrunde liegenden gesetzlichen Verpflichtungen zu bestimmen.

44 **2. Erlöschen der Firma.** Für die Pflicht, das Erlöschen der Firma zur Eintragung in das Handelsregister anzumelden (§ 31 Abs. 2 S. 1 iVm Abs. 1; → § 31 Rn. 8 ff.), ordnet **§ 31 Abs. 2 S. 2** die **Subsidiarität der Löschung nach § 393 FamFG** (→ § 8 Rn. 154 ff.) an. Diese darf nur erfolgen, wenn die Anmeldung des Erlöschens der eingetragenen Firma durch die hierzu Verpflichteten (→ § 31 Rn. 10) nicht mittels des Registerzwangs nach S. 1 herbeigeführt werden kann.

45 **3. Andere Verpflichtungen.** Soweit keine § 31 Abs. 2 S. 2 vergleichbare Vorrangregelung existiert, soll das Registergericht nach einer Ansicht nach pflichtgemäßem Ermessen zwischen dem Registerzwang und der Amtslöschung wählen.[62] Andere befürworten – sei es aus Gründen der Verhältnismäßigkeit,[63] sei es aus Praktikabilitätsgründen – einen Vorrang des Amtslöschungsverfah-

[56] OLG Düsseldorf 20.8.2012, NJOZ 2013, 404; OLG Zweibrücken 19.2.2010, NZG 2010, 794 (795); Krafka RegisterR Rn. 2383; s. auch OLG Düsseldorf 11.5.2012, BeckRS 2013, 01017 (Addition der Werte der Verfahrensgegenstände). Zu Wertungswidersprüchen des reformierten Rechts s. Nedden-Boeger FGPrax 2009, 144 (147).

[57] BGH 11.7.1957, BGHZ 25, 154 (157) = NJW 1957, 1558 betr. Genossenschaft; BayObLG 12.11.1987, BayObLGZ 1987, 399 (402); OLG Brandenburg 30.1.2020, NZG 2020, 423 (424) betr. kommunalen Zweckverband; Staub/Koch/Harnos Rn. 21; Krafka RegisterR Rn. 2369; DJS/Müther FamFG § 391 Rn. 5; Schulte-Bunert/Weinreich/Nedden-Boeger FamFG § 391 Rn. 14.

[58] OLG Brandenburg 4.1.2021, NZG 2021, 885 (886).

[59] OLG Schleswig 9.6.2010, FGPrax 2010, 208 (209); s. auch OLG Hamburg 27.1.2011, GmbHR 2011, 828 (829); KG 9.3.1999, NJW-RR 1999, 1341; Krafka RegisterR Rn. 2385; Schulte-Bunert/Weinreich/Nedden-Boeger FamFG § 391 Rn. 17.

[60] OLG Schleswig 9.6.2010, FGPrax 2010, 208 (209); Krafka RegisterR Rn. 2385; DJS/Müther FamFG § 391 Rn. 8; Sternal/M. Noack FamFG § 391 Rn. 15. Zu der Behandlung eines Einspruchs als „nicht erklärt oder zurückgenommen" s. KG 5.1.2012, FGPrax 2012, 78 m. krit. Anm. Heinemann.

[61] BHS/Harders FamFG § 391 Rn. 4; Krafka RegisterR Rn. 2385; DJS/Müther FamFG § 391 Rn. 9.

[62] SLM/Müther Rn. 17; RGHMW/Ries Rn. 11.

[63] Staub/Koch/Harnos Rn. 11.

rens.[64] Vorzugswürdig erscheint es hingegen, § 31 Abs. 2 S. 2 (→ Rn. 44) als Ausdruck eines allgemeinen Rechtsgedankens anzusehen, nämlich dass das Amtslöschungsverfahren bei anmeldepflichtigen Tatsachen gegenüber dem Zwangsgeldverfahren grundsätzlich subsidiär ist.[65] Danach ist das Amtslöschungsverfahren nur ausnahmsweise zulässig, wenn die Anmeldung nicht mittels Zwangsgeldverfahren erwirkt werden kann.[66] Diese Rangfolge entspricht nicht nur der Verfahrensökonomie,[67] sondern erscheint trotz des temporären Fortbestands der unrichtigen Eintragung sachgemäß, da in dem Zwangsgeldverfahren die Rechtslage im Instanzenzug (→ Rn. 39 ff.) geklärt werden kann.[68]

§ 15 [Publizität des Handelsregisters]

(1) Solange eine in das Handelsregister einzutragende Tatsache nicht eingetragen und bekanntgemacht ist, kann sie von demjenigen, in dessen Angelegenheiten sie einzutragen war, einem Dritten nicht entgegengesetzt werden, es sei denn, daß sie diesem bekannt war.

(2) [1]Ist die Tatsache eingetragen und bekanntgemacht worden, so muß ein Dritter sie gegen sich gelten lassen. [2]Dies gilt nicht bei Rechtshandlungen, die innerhalb von fünfzehn Tagen nach der Bekanntmachung vorgenommen werden, sofern der Dritte beweist, daß er die Tatsache weder kannte noch kennen mußte.

(3) Ist eine einzutragende und bekannt gemachte Tatsache unrichtig eingetragen, so kann sich ein Dritter demjenigen gegenüber, in dessen Angelegenheit die Tatsache einzutragen war, auf die eingetragene Tatsache berufen, es sei denn, dass er die Unrichtigkeit kannte.

(4) Für den Geschäftsverkehr mit einer in das Handelsregister eingetragenen Zweigniederlassung eines Unternehmens mit Sitz oder Hauptniederlassung im Ausland ist im Sinne dieser Vorschriften die Eintragung und Bekanntmachung durch das Gericht der Zweigniederlassung entscheidend.

(5) Die Absätze 1 bis 3 sind nicht anzuwenden im Hinblick auf die im Registerblatt einer Kapitalgesellschaft eingetragenen Informationen über eine Zweigniederlassung der Gesellschaft im Ausland.

Schrifttum: Balser, Der Doppelsitz von Kapitalgesellschaften, DB 1972, 2049; Bayer/J. Schmidt, BB-Gesetzgebungs- und Rechtsprechungsreport zum Europäischen Unternehmensrecht 2018/2019 – Teil I: Company Law Package, BB 2019, 1922; Behnke, Das neue Minderjährigenhaftungsbeschränkungsgesetz, NJW 1998, 3078; Benz, Digitalisierungsrichtlinie II und handelsrechtliche Registerpublizität: Vertrauen ist gut, Kontrolle besser?, ZPG 2026, 95; Beuthien, Fragwürdige Rechtsscheingrenzen im neuen § 15 Abs. 3 HGB, NJW 1970, 2283; Bock, Online-Gründung von GmbHs und veränderte Registerpublizität – der Entwurf eines Gesetzes zur Umsetzung der Digitalisierungsrichtlinie, RNotZ 2021, 326; Christmann, Die Geltendmachung der Haftungsbeschränkung zugunsten Minderjähriger, ZEV 2000, 45; Deckenbrock/Sossna, Grundfälle zum Rechtsschein des Handelsregisters, JuS 2024, 115 und 211; Eckebrecht, Praktische Folgen des Minderjährigenhaftungsbeschränkungsgesetzes, MDR 1999, 1248; Fehrenbacher, Registerpublizität und Haftung im Zivilrecht, 2004; Fröhleke/Seidel, § 15 III HGB nach dem DiRUG und dem MoPeG: Modernisiert, digitalisiert und alle Fragen ungeklärt?, JA 2024, 288; Fröhleke/Seidel, Publizität der Ersteintragung einer GbR im Gesellschaftsregister – Ein leidiges Rechtsproblem als Resultat der allgemeinen Lesart des § 15 HGB, ZfPW 2024, 345; Hager, Das Handelsregister, Jura 1992, 57; Hamann/Halbach, Schutz des Vertrauens auf Bekanntmachungen nach der Digitalisierung des Handelsregisters. Zur Fehlertypologie als Entdeckungswerkzeug am Beispiel des § 15 HGB, ZfPW 2024, 77; Heinze, Die Gesellschaft bürgerlichen Rechts als Komplementärin bei der Kommanditgesellschaft auf Aktien – Ein Beitrag insbesondere zu Fragen der Handelsregisterpublizität, DNotZ 2012, 426; John, Fiktionswirkung oder Schutz typisierten Vertrauens durch das Handelsregister, ZHR 140 (1976), 236; Koch, Vertrauensschutz gegen das Handelsregister, AcP 207 (2007), 768; Lieder, Die Bedeutung des Vertrauensschutzes für die Digitalisierung des Gesellschaftsrechts, NZG 2020, 81; Lieder, Die Publizität des Handelsregisters nach dem DiRUG, DNotZ 2021, 830; Linke, Gesetz zur Umsetzung der Digitalisierungsrichtlinie (DiRUG), NZG 2021, 309; Meyding/Bödeker, Gesetzentwurf über elektronische Handelsregister und Genossenschaftsregister sowie das Unternehmensregister (EHUG-E) – Willkommen im Online-Zeitalter!, BB 2006, 1009; Muscheler, Haftungsbeschränkung zugunsten Minderjähriger (§ 1629a BGB), WM 1998, 2271; Noack, Elektronische Publizität im Aktien- und Kapitalmarktrecht in Deutschland und Europa, AG 2003, 537; Noack, Das EUHG ist beschlossen – elektronische Handels- und Unternehmensregister ab 2007, NZG 2006, 801; Noack,

[64] Schlegelberger/Hildebrand/Steckhan Rn. 4.
[65] OLG Düsseldorf 12.11.2018, NZG 2019, 546 (547) mwN; MüKoHGB/Krafka Rn. 5; Sternal/M. Noack FamFG § 388 Rn. 9; s. auch BayObLG 19.6.2001, FGPrax 2001, 213.
[66] OLG Düsseldorf 12.11.2018, NZG 2019, 546 (547).
[67] MüKoHGB/Krafka Rn. 5.
[68] MüKoHGB/Krafka Rn. 5; Hopt/Merkt Rn. 1; Ebenroth/Boujong/Schaub Rn. 19.

Amtliche Unternehmenspublizität und digitale Medien, FS Ulmer, 2003, 1245; Noack, Die Publizitätswirkungen des Handelsregisters (§§ 11, 15 HGB) nach dem EHUG, FS Eisenhardt, 2007, 475; Oetker, Zur Anwendbarkeit des § 15 Abs. 1 HGB auf Primärtatsachen, GS Sonnenschein, 2003, 635; v. Olshausen, Rechtsschein und „Rosinentheorie" oder Vom guten und vom schlechten Tropfen, AcP 189 (1989), 223; Omlor/Blöcher, DiRUG-Neuerungen im Beurkundungs- und Registerrecht, DStR 2021, 2352; Paefgen, Handelsregisterpublizität und Verkehrsschutz im Lichte des EHUG, ZIP 2008, 1653; Reinicke, Sein und Schein bei § 15 Abs. 1 HGB, JZ 1985, 272; Ries/Schulte, Umstrittene Eintragungsfähigkeit bestimmter Veränderungen in das Handelsregister – Fluch oder Segen für die beteiligten Gesellschaften?, GmbHR 2013, 345; Schilken, Abstrakter und konkreter Vertrauensschutz im Rahmen des § 15 HGB, AcP 187 (1987), 1; J. Schmidt, DiRUG-RefE: Ein Digitalisierungs-Ruck für das deutsche Gesellschafts- und Registerrecht, ZIP 2021, 112; Schmidt-Kessel, Das Gemeinschaftsrecht des Handelsregisters, GPR 2006, 6; Steckhan, Grenzen des öffentlichen Glaubens der Handelsregisterbekanntmachungen, DNotZ 1971, 211; Steckhan, Zu Normzweck und Rechtsfolge des neuen § 15 Abs. 3 HGB, NJW 1971, 1594; Wilhelm, Sind einzutragende Tatsachen wirklich abstrakt einzutragende Tatsachen? Zur Auslegung des § 15 Abs. 3 HGB, ZIP 2010, 713; Zwirlein-Forschner, Das Sein limitiert den Schein – zu Grund und Grenzen der negativen Registerpublizität. Zugleich Besprechung von BGH, Urteil v. 9.1.2024, II ZR 220/22, ZGR 2024, 662.

Übersicht

I. Allgemeines

1 **1. Normzweck.** Die Vorschrift verleiht dem Handelsregister aufgrund des überindividuellen Interesses an der Sicherheit und Leichtigkeit des Rechts- und Handelsverkehrs[1] **vertrauensschützende** und **vertrauenszerstörende Wirkung,**[2] ausgestaltet in mehreren Tatbeständen. Abs. 1

[1] Lieder GmbHR 2024, 573 Rn. 10.
[2] RGHMW/Ries Rn. 1.

schützt das Vertrauen Dritter in die Vollständigkeit des Handelsregisters, nicht in die Richtigkeit einzelner Eintragungen (→ Rn. 12 ff.). Richtige Eintragungen beseitigen nach Maßgabe von Abs. 2 S. 1 und 2 einen möglicherweise außerhalb des Handelsregisters entstandenen Rechtsschein (→ Rn. 29 ff.). Abs. 3 schützt das Vertrauen Dritter auf die Richtigkeit eingetragener und bekanntgemachter Tatsachen (→ Rn. 44 ff.). Abs. 4 erstreckt diese Wirkungen auf die Eintragung und Bekanntmachung der inländischen Zweigniederlassung eines ausländischen Unternehmensträgers (→ Rn. 61 f.), Abs. 5 nimmt die nach Einführung von § 13a im Registerblatt (§ 13 HRV) einer Kapitalgesellschaft eingetragenen Informationen über die ausländische Zweigniederlassung der Gesellschaft von den Publizitätswirkungen aus (→ Rn. 63 ff.).

Die vertrauensschützenden Regelungen in Abs. 1 (→ Rn. 12 ff.) und Abs. 3 (→ Rn. 44 ff.) sind Vertrauensschutz- bzw. **Rechtsscheintatbestände.**[3] Sie schützen des **abstrakte Vertrauen** Dritter auf die Vollständigkeit bzw. Richtigkeit der offengelegten Rechtsverhältnisse (sog. abstrakte oder potentielle Kausalität).[4] 2

Grundlage der Publizitätswirkungen der Vorschrift ist in erster Linie das **Handelsregister.** Darüber hinaus ist die Vorschrift gem. § 5 Abs. 2 PartGG auf das **Partnerschaftsregister** und – seit dem Inkrafttreten des MoPeG am 1.1.2024 (Art. 1 Nr. 3 MoPeG iVm Art. 137 S. 1 MoPeG) – gem. § 707a Abs. 3 S. 1 BGB auf das **Gesellschaftsregister** entsprechend anzuwenden,[5] auf letzteres jedoch mit der Maßgabe, dass das Fehlen der Kaufmannseigenschaft nicht an der Publizität des Gesellschaftsregisters teilnimmt. Diese Einschränkung soll klarstellen, dass die Eintragung einer Gesellschaft als eGbR keinen positiven Rechtsschein für das Fehlen der Kaufmannseigenschaft erzeugt.[6] Mit anderen Worten, der Rechtsverkehr darf nicht allein aufgrund der Eintragung in das Gesellschaftsregister darauf vertrauen, dass die Gesellschaft eine eGbR ist.[7] Ist die Gesellschaft eine OHG iSd § 105 Abs. 1, ist sie – wie § 707a Abs. 3 S. 2 BGB ergänzt – von sämtlichen Gesellschaftern gem. § 106 Abs. 1, 7 S. 1 zur Eintragung in das Handelsregister anzumelden. Vor diesem Hintergrund ermöglicht die entsprechende Anwendung von § 15 den Teilnehmern im Rechtsverkehr nur, die Existenz, Identität und ordnungsgemäße Vertretung der eGbR mit Publizitätswirkung aus dem Gesellschaftsregister abzulesen.[8] Für das **Vereins- und Genossenschaftsregister** existieren mit § 68 BGB und § 29 GenG eigenständige Regelungen, die inhaltlich jedoch Abs. 1 (→ Rn. 12 ff.), Abs. 2 (→ Rn. 29 ff.) und Abs. 3 (→ Rn. 44 ff.) entlehnt sind. Das **Unternehmensregister** ist kein öffentliches Register, das einen vergleichbaren öffentlichen Glauben genießt (→ § 8b Rn. 3).[9] Da das Unternehmensregister jedoch den Zugriff auf den Originaldatenbestand des Handelsregisters ermöglicht (§ 8b Abs. 2 Nr. 1; → § 8b Rn. 5 f.), nimmt es mittelbar an dem Vertrauensschutz des Handelsregisters teil.[10] 3

2. Normentwicklung. a) Erste Richtlinie des Rates der Europäischen Gemeinschaften zur Koordinierung des Gesellschaftsrechts. Die Entwicklung der Vorschrift, deren Wurzeln bis in das ADHGB und das HGB 1897 zurückreichen,[11] ist wesentlich durch gemeinschafts- bzw. unionsrechtliche Vorgaben geprägt. Zur Umsetzung der Vorgaben aus Art. 3 Abs. 5, 6 UAbs. 2 RL 68/151/EWG wurden durch Art. 1 Nr. 2 lit. a und b iVm Art. 10 Gesetz zur Durchführung der **Ersten Richtlinie des Rates der Europäischen Gemeinschaften zur Koordinierung des Gesellschaftsrechts** (BGBl. 1969 I 1146) mWv 1.9.1969 Abs. 2 neugefasst und Abs. 3 eingefügt. Anlässlich der Änderung von § 13 Abs. 6 wurde Abs. 4 durch Art. 4 Nr. 6 NaStraG iVm Art. 7 S. 2 NaStraG mWv 25.1.2001 S. 2 angefügt. Im Anschluss an die Neufassung von Art. 3 RL 68/151/EWG durch Art. 1 Nr. 3 RL 2003/58/EG iVm Art. 3 RL 2003/58/EG mWv 4.9.2003 wurden durch Art. 1 Nr. 9 EHUG iVm Art. 13 Abs. 2 Hs. 1 EHUG mWv 1.1.2007 Abs. 4 S. 1 geändert und Abs. 4 S. 2 aufgehoben. 4

---

[3] BGH 1.12.1975, BGHZ 65, 309 (311) = NJW 1976, 569; 9.10.2003, NJW-RR 2004, 120; Ebenroth/Boujong/Gehrlein Rn. 2a; Staub/Koch/Harnos Rn. 18 ff.

[4] BGH 9.10.2003, NJW-RR 2004, 120; Deckenbrock/Sossna JuS 2024, 211; Ebenroth/Boujong/Gehrlein Rn. 4; Holle ZWE 2024, 429 (433); MüKoHGB/Krebs Rn. 26; SLM/Schmidt-Kessel/Kopp Rn. 5 ff.; im Grundansatz **aA** (konkretes Vertrauen auf Publikationslage) NK-HGB/Schall Rn. 9 ff. mwN und dem Hinweis auf die Praktikabilität dieses Ansatzes vor dem Hintergrund elektronischer Einsichtnahmemöglichkeit.

[5] Zu Einzelheiten Bleifeld RNotZ 2024, 209 (216 f.); Fröhleke/Seidel ZfPW 2024, 345 ff.; Lautner MittBayNot 2024, 121 ff.; Röß NZG 2023, 401 ff.

[6] Begr. RegE MoPeG, BT-Drs. 19/27635, 133.

[7] Röß NZG 2023, 401 (402).

[8] Begr. RegE MoPeG, BT-Drs. 19/27635, 109.

[9] MüKoHGB/Krebs Rn. 6; SLM/Leutner § 8b Rn. 4; Hopt/Merkt § 8b Rn. 3.

[10] Staub/Koch/Harnos Rn. 30; MüKoHGB/Krafka § 8b Rn. 3; Meyding/Bödeker BB 2006, 1009 (1011).

[11] Zu Einzelheiten Staub/Koch/Harnos Rn. 4 f.

5 **b) GesR-RL.** Die Vorgaben aus Art. 3 Abs. 5, 6 UAbs. 2 RL 68/151/EWG (→ Rn. 4) sind – nach zwischenzeitlicher Übernahme in Art. 3 Abs. 6, 7 UAbs. 2 Publizitäts-RL mWv 21.10.2009 (Art. 17 Publizitäts-RL) – mWv 20.7.2017 (Art. 167 GesR-RL) in **Art. 8, 16 Abs. 6, 7 GesR-RL** überführt worden. Die Publizitätswirkung nach Art. 16 Abs. 6 UAbs. 1 GesR-RL beruht – im Unterschied zu Abs. 2 S. 1 (→ Rn. 33) – nicht auf der Eintragung einer Tatsache in das Handelsregister und deren Bekanntmachung, sondern auf der Offenlegung gem. Art. 16 Abs. 5 GesR-RL. Der Vorgang der Offenlegung war gem. Art. 16 Abs. 5 UAbs. 1 S. 1 GesR-RL aF erst mit der Bekanntmachung in einem von dem Mitgliedstaat zu bestimmenden Amtsblatt vollendet. Ihm musste die Hinterlegung des Dokuments in der Akte oder eine Eintragung in das Register vorangehen.

6 **c) Wechsel des Publizitätsregimes durch RL (EU) 2019/1151.** Durch die **Neufassung von Art. 16 GesR-RL** durch Art. 1 Nr. 6 RL (EU) 2019/1151 iVm Art. 4 RL (EU) 2019/1151 mWv 31.7.2019 wurde das bestehende Publizitätsregime (→ Rn. 5) der elektronischen Registerführung und Registereinsicht angepasst. Seither erfolgt die Offenlegung der in Art. 14 GesR-RL bezeichneten Urkunden und Informationen gem. Art. 16 Abs. 3 S. 1 GesR-RL dadurch, dass sie in dem Register öffentlich zugänglich gemacht werden. Die vormals von der Eintragung in das Register zu unterscheidenden Bekanntmachung findet sich nur noch in Art. 16 Abs. 3 S. 2 GesR-RL, und zwar mit der Modifikation, dass die Mitgliedstaaten vorsehen können, aber nicht müssen, dass einige oder alle der in Art. 14 GesR-RL bezeichneten Urkunden und Informationen in einem dafür bestimmten Amtsblatt oder in anderer ebenso wirksamer Form veröffentlicht werden.

7 **d) Umsetzung der Vorgaben durch das DiRUG.** Aufgrund der geänderten europäischen Vorgaben wurde durch Art. 1 Nr. 6, 13 lit. a und b DiRUG iVm Art. 31 Abs. 1 DiRUG mWv 1.8.2022 nicht nur § 10 (→ § 10 Rn. 2), sondern auch Abs. 3 neugefasst (→ Rn. 44 ff.) und Abs. 5 angefügt (→ Rn. 63 ff.). Seither werden Eintragungen in das Handelsregister sowie Registerbekanntmachungen gem. § 10 Abs. 1 S. 1 durch ihre erstmalige Abrufbarkeit über das nach § 9 Abs. 1 bestimmte elektronische Informations- und Kommunikationssystem bekannt gemacht (→ § 10 Rn. 5). Da der deutsche Gesetzgeber von der in Art. 16 Abs. 3 S. 2 GesR-RL eröffneten Möglichkeit, die Veröffentlichung der über das Register öffentlich zugänglich zu machenden Urkunden und Informationen (Art. 16 Abs. 3 S. 1 GesR-RL) vorzusehen (→ Rn. 6), keinen Gebrauch gemacht hat, ist eine inhaltliche Divergenz zwischen der Eintragung und der Bekanntmachung ausgeschlossen.[12] Diesem Umstand trägt die Neufassung von Abs. 3 Rechnung.

8 **e) Überschießende Umsetzung, richtlinienkonforme Auslegung.** Der deutsche Gesetzgeber hat die gemeinschafts- bzw. unionsrechtlichen Vorgaben, die nur für bestimmte Kapitalgesellschaften gelten (Art. 1 RL 68/151/EWG, Art. 2 Abs. 1 S. 1 GesR-RL), seit jeher in § 15 und damit überschießend für sämtliche registerfähigen Unternehmensträger umgesetzt. Vor diesem Hintergrund erlangt die Frage Bedeutung, ob bei der Auslegung der Norm danach differenziert werden kann, ob der Sachverhalt einen europarechtlich offenlegungspflichtigen Unternehmensträger betrifft oder nicht.[13] Aufgrund der Entscheidung, mit § 15 eine einheitliche Regelung zu schaffen, liegt es nahe, die Vorschrift einheitlich und damit auch hinsichtlich des überschießend umgesetzten Rechts richtlinienkonform auszulegen.[14]

9 **3. Geltungsbereich. a) Geschäftsverkehr mit Unternehmensträgern.** Die in Abs. 4 enthaltene Formulierung „Für den Geschäftsverkehr" bringt den allgemeinen und daher für sämtliche Absätze geltenden Grundsatz zum Ausdruck, dass das abstrakte Vertrauen Dritter in die Vollständigkeit und Richtigkeit eingetragener und bekanntgemachter Rechtstatsachen nur im Geschäftsverkehr mit Unternehmensträgern geschützt wird. Der sachliche Anwendungsbereich der Vorschrift sowie der einzelnen Publizitätswirkungen umfasst daher nur Ansprüche, die ein Dritter **aufgrund oder im Zusammenhang mit einer rechtsgeschäftlichen Betätigung im Vertrauen auf die registerliche Verlautbarung** erlangt hat.[15] Dies sind nicht nur vertragliche Ansprüche, sondern auch Ansprüche aus Geschäftsführung ohne Auftrag (§§ 677 ff. BGB), aus ungerechtfertigter Bereicherung (§§ 812 ff. BGB) und unerlaubter Handlung (ua §§ 823 ff. BGB).[16] Bei gesetzlichen Ansprüchen, die ohne rechtsgeschäftlichen Bezug entstehen (sog. reiner Unrechtsverkehr), ist kein Raum für die Anwendung der Publizitätswirkungen, weil der Dritte sein Verhalten nicht auf die im Handelsregister

---

[12] **AA** Hamann/Halbach ZfPW 2024, 77 (88 ff.).

[13] Zu der grundsätzlichen Problematik s. Staub/Koch/Harnos Rn. 13 ff. mwN.

[14] So ausdrücklich Paefgen ZIP 2008, 1653 (1655); s. auch MüKoHGB/Krebs Rn. 8; NK-HGB/Schall Rn. 1.

[15] BSG 20.2.2024, NJW 2024, 3092 Rn. 30; SG Darmstadt 20.1.2025, BeckRS 2025, 2097 Rn. 24; Ebenroth/Boujong/Gehrlein Rn. 4; RGHMW/Ries Rn. 3; SLM/Schmidt-Kessel/Kopp Rn. 37 f.

[16] Ebenroth/Boujong/Gehrlein Rn. 4; Staub/Koch/Harnos Rn. 28; MüKoHGB/Krebs Rn. 27; Hopt/Merkt Rn. 8; RGHMW/Ries Rn. 3; SLM/Schmidt-Kessel/Kopp Rn. 38; Zwirlein-Forschner ZGR 2024, 662 (671).

verlautbarten Informationen hätte einstellen können.[17] Gleiches gilt für andere gesetzliche Ansprüche, die unabhängig von dem abstrakten Vertrauen in die Vollständigkeit und Richtigkeit der eingetragenen und bekanntgemachten Rechtstatsachen be- und entstehen (zB Anspruch auf Sicherheitsleistung nach § 303 Abs. 1 S. 1 AktG, Steuerschuld, IHK-Beitrag, Sozialversicherungspflicht).[18] Daher kann zB der Arbeitnehmer einen Anspruch, der aufgrund eines Betriebsübergangs gem. § 613a Abs. 1 S. 1 BGB entstanden ist, nicht gegen einen ausgeschiedenen Gesellschafter gestützt auf § 15 Abs. 1 geltend machen.[19] Im **Prozessverkehr** und bei **Vollstreckungsmaßnahmen** könne die Publizitätswirkungen hingegen zur Anwendung gelangen.[20]

b) Dritte. Der in Abs. 1–3 zur Umschreibung des geschützten Personenkreises verwendete Begriff des Dritten ist in Ansehung des sachlichen Geltungsbereichs der Vorschrift (→ Rn. 9) zu weit und daher restriktiv dahingehend auszulegen, dass er nur die an dem Geschäft mit dem Unternehmensträger beteiligten Personen umfasst. Sonstige Dritte können die Publizitätswirkungen nicht für sich in Anspruch nehmen. Tritt der Geschäftsführer einer GmbH eine ihm zustehende Forderung durch Insichgeschäft an die Gesellschaft ab, ist aber die gewährte Befreiung von den Beschränkungen des § 181 BGB nicht in das Handelsregister eingetragen (→ § 8 Rn. 34), kann der Schuldner der zedierten Forderung sich nicht auf Abs. 1 (→ Rn. 12 ff.) berufen und die Unwirksamkeit der Abtretung geltend machen, weil er mangels Partei des Abtretungsvertrags kein abstraktes Vertrauen in die Vollständigkeit der Verlautbarung des Handelsregisters haben konnte.[21] **10**

c) Verdrängung durch ein lex specialis. In bestimmten Konstellationen wird Abs. 1 als lex generalis durch ein lex specialis verdrängt. So zB bei eingetretenen, aber noch nicht eingetragenen Kommanditisten, die ausschließlich nach Maßgabe von **§ 176 Abs. 2** anstelle von § 127 S. 1 iVm § 126 S. 1 und Abs. 1 haften.[22] Gleiches gilt für die Begrenzung der persönlichen Haftung des Erben eines Gesellschafters gem. **§ 131 Abs. 4.**[23] **10a**

II. Eintragung und Bekanntmachung

Trotz des Wechsels des Publizitätsregimes durch die RL (EU) 2019/1151 (→ Rn. 6) hat der deutsche Gesetzgeber in Abs. 1–3 den Dualismus von Eintragung und Bekanntmachung aufrechterhalten.[24] Die Bekanntmachung hat sich jedoch erheblich gewandelt, und zwar von einer Verlautbarung der Eintragung mit eigenem Wortlaut in die erstmalige Abrufbarkeit der Eintragung über das nach § 9 Abs. 1 bestimmte elektronische Informations- und Kommunikationssystem (§ 10 Abs. 1; → § 10 Rn. 5). Gleichwohl darf die Bekanntmachung nicht mit der Eintragung gleichgesetzt werden. Die Vorgänge fallen nämlich – nicht nur bei Anwendung der Vermutung des § 10 Abs. 4 S. 1 (→ § 10 Rn. 7 ff.) – zeitlich auseinander (→ § 10 Rn. 3), wenngleich das Intervall regelmäßig gering ist. Erst die Bekanntmachung – nicht bereits die Eintragung – löst die Publizitätswirkungen der Abs. 1–3 aus;[25] sie erfüllt die traditionelle Funktion der Bekanntmachung, nämlich den Rechtsverkehr auf Veränderungen im Handelsregister aufmerksam zu machen (→ § 10 Rn. 1). Daher erscheint der legislatorische „Kunstgriff",[26] an der Bekanntmachung festzuhalten, nicht nur sachgerecht; er erspart dem Gesetzgeber auch die Substitution des etablierten Begriffs der Bekanntmachung in zahlreichen Vorschriften.[27] **11**

---

[17] RG 8.7.1918, RGZ 93, 238 (240); OLG Düsseldorf 20.12.2002, DB 2003, 656; Deckenbrock/Sossna JuS 2026, 211; Staub/Koch/Harnos Rn. 26; MüKoHGB/Krebs Rn. 27; RGHMW/Ries Rn. 3.

[18] BSG 20.2.2024, NJW 2024, 3092 Rn. 30; BFH 9.12.2025, DStR 2026, 1236 Rn. 24; 13.4.1978, NJW 1978, 1944; SG Darmstadt 20.1.2025, BeckRS 2025, 2097 Rn. 24; VG Aachen 19.3.2004, NJW 2005, 169; Billerbeck NJW-Spezial 2024, 655; Ebenroth/Boujong/Gehrlein Rn. 4; Staub/Koch/Harnos Rn. 26; MüKoHGB/Krebs Rn. 27; Richter DStR 2025, 2851 (2852).

[19] LAG Hamm 4.3.2009, ZInsO 2010, 822 (826) = BeckRS 2009, 74390; Ebenroth/Boujong/Gehrlein Rn. 4; Henssler/Strohn/Wamser Rn. 6.

[20] BGH 9.8.1978, NJW 1979, 42; Ebenroth/Boujong/Gehrlein Rn. 4; MüKoHGB/Krebs Rn. 27; RGHMW/Ries Rn. 3; SLM/Schmidt-Kessel/Kopp Rn. 38.

[21] BGH 9.10.2003, NJW-RR 2004, 120.

[22] MüKoHGB/Grüneberg § 176 Rn. 40; **aA** Schall NZG 2023, 1540; in diese Richtung wohl auch Weidlich/Federle NJW 2023, 1993 Rn. 42 ff.

[23] Weidlich/Federle NJW 2023, 1993 Rn. 37 ff.; s. auch BGH 21.12.1970, BGHZ 55, 267 = NJW 1971, 1268 zu § 139 aF.

[24] Statt vieler Lieder DNotZ 2021, 831 (834).

[25] Begr. RegE DiRUG, BT-Drs. 19/28177, 99.

[26] J. Schmidt ZIP 2021, 112 (118).

[27] Den legislatorischen Vorteil begrüßen zB Bock RNotZ 2021, 326 (335); Lieder DNotZ 2021, 830 (832); Linke NZG 2021, 309 (312); J. Schmidt ZIP 2021, 112 (118).

III. Negative Publizität (Abs. 1)

12 **1. Gegenstand der Regelung.** Solange eine in das Handelsregister einzutragende Tatsache (→ Rn. 14 ff.) **nicht eingetragen und bekanntgemacht** ist, kann sie von demjenigen, in dessen Angelegenheiten sie einzutragen war (→ Rn. 18 f.), einem Dritten (→ Rn. 10) gem. Abs. 1 nicht entgegengesetzt werden, es sei denn, dass sie diesem bekannt war (→ Rn. 20 ff.). Die Regelung begründet eine **negative Publizität** des Handelsregisters bezüglich einzutragender Tatsachen, dh sie schützt Dritte vor den Folgen nicht eingetragener und nicht bekannt gemachter **richtiger Tatsachen,**[28] also ihr Vertrauen auf die Vollständigkeit bzw. das Schweigen des Handelsregisters.[29] Zu der Publizitätswirkung einer nicht bekanntmachungspflichtigen Tatsache → § 162 Rn. 15 ff.

13 Für den Bereich des **europäischen Gesellschaftsrechts** ist die negative Publizität durch Art. 16 Abs. 5 UAbs. 1 GesR-RL geboten (→ Rn. 6).[30]

14 **2. Einzutragende Tatsachen. a) Anmeldepflichtige Tatsache.** Die negative Publizität betrifft gem. Abs. 1 nur in das Handelsregister einzutragende Sachverhalts- und Rechtstatsachen, gleichgültig, ob die Eintragung deklaratorischen oder konstitutiven Charakter hat.[31] Eintragungspflichtig sind in erster Linie Tatsachen, für die eine im Gesetz ausbuchstabierte **öffentlich-rechtliche Anmeldepflicht** besteht (→ § 8 Rn. 24 ff.).[32] Hinzu kommen ungeschriebene von der Rspr. aufgrund eines besonderen Informationsbedürfnisses des Rechtsverkehrs anerkannte Anmeldepflichten (→ § 8 Rn. 23). Für letztere gilt die negative Publizität des Handelsregisters, sobald der Rechtsverkehr mit einer Eintragung und Bekanntmachung rechnen kann, also ab dem Zeitpunkt der **höchstrichterlichen Anerkennung einer ungeschriebenen Anmeldepflicht.**[33] Tatsachen, die lediglich eintragungsfähig, aber nicht anmeldepflichtig sind, unterfallen Abs. 1 grundsätzlich nicht.[34] Ist eine solche Tatsache aber eingetragen und bekannt gemacht worden, darf der Rechtsverkehr erwarten, dass künftige Änderungen – obgleich nicht anmeldepflichtig – angemeldet, eingetragen und bekanntgemacht werden mit der Folge, dass in diesen Konstellationen Abs. 1 ausnahmsweise zur Anwendung kommt.[35]

15 **b) Konstitutive Eintragung.** Die Publizitätswirkung des Abs. 1 setzt auch bei einer konstitutiven Eintragung erst mit deren Bekanntmachung gem. § 10 Abs. 1 S. 1 ein.[36] Zwar verweist die Gegenansicht zu Recht darauf, dass auf diese Weise die konstitutiven Wirkung der Eintragung bis zur Bekanntmachung hinausgezögert wird.[37] Der Wortlaut des Abs. 1 ist hingegen eindeutig, und zwar dahingehend, dass die negative Publizität erst mit der Bekanntmachung, dh der erstmaligen Abrufbarkeit der Eintragung über das nach § 9 Abs. 1 bestimmte elektronische Informations- und Kommunikationssystem endet. In der Praxis werden die Ansichten aufgrund der Tatsache, dass die Zeitspanne zwischen der Eintragung und der erstmaligen Abrufbarkeit – nicht nur bei Anwendung der Vermutung des § 10 Abs. 4 S. 1 (→ § 10 Rn. 7 ff.) – gering ist, nur selten zu unterschiedlichen Ergebnissen führen.[38]

16 **c) Fehlende Voreintragung.** Ob eine einzutragende Tatsache dem Dritten (→ Rn. 10) gem. Abs. 1 auch dann nicht entgegengesetzt werden kann, wenn nicht nur diese, sondern auch die zugehörige voreintragungspflichtige Tatsache nicht eingetragen und bekanntgemacht wurde, ist Gegenstand einer tradierten Kontroverse. Solche Sachverhalte treten zB auf, wenn die zwar ordnungsgemäß erteilte, aber nicht in das Handelsregister eingetragene Prokura widerrufen wird oder wenn ein Gesellschafter aus der OHG ausgeschieden ist, der nicht im Handelsregister verzeichnet war.[39] Die überwiegende Ansicht befürwortet eine wortlautgetreue Anwendung des Abs. 1, die jede eintra-

---

[28] Ebenroth/Boujong/Gehrlein Rn. 5; SLM/Schmidt-Kessel/Kopp Rn. 34.

[29] Ebenroth/Boujong/Gehrlein Rn. 5; Staub/Koch/Harnos Rn. 31; RGHMW/Ries Rn. 4; KKD/Roth/Stelmaszczyk Rn. 5; BeckOGK/Weiß, 1.9.2025, Rn. 58; NK-HGB/Schall Rn. 2, 18 f.

[30] Schmidt-Kessel GPR 2006, 6 (12 f.) noch zur alten Fassung der RL.

[31] Statt vieler Deckenbrock/Sossna JuS 2024, 115 (116).

[32] Deckenbrock/Sossna JuS 2024, 115 (116); Ebenroth/Boujong/Gehrlein Rn. 7; NK-HGB/Schall Rn. 22.

[33] BGH 11.11.1991, BGHZ 116, 37 (40 ff.) = NJW 1992, 505 (507); Staub/Koch/Harnos Rn. 32; MüKoHGB/Krebs Rn. 29; RGHMW/Ries Rn. 6; Henssler/Strohn/Wamser Rn. 3.

[34] Statt vieler BGH 18.10.2016, NZG 2017, 104 Rn. 13; OLG Bremen 1.10.2015, NZG 2016, 185; Ebenroth/Boujong/Gehrlein Rn. 7; Wertenbruch NZG 2025, 1699 Rn. 14.

[35] Wertenbruch NZG 2025, 1699 Rn. 14, 21 zu § 170 Abs. 2.

[36] Ebenroth/Boujong/Gehrlein Rn. 8; Staub/Koch/Harnos Rn. 37; MüKoHGB/Krebs Rn. 38; Lieder DNotZ 2021, 830 (834); RGHMW/Ries Rn. 6, 8; BeckOGK/Weiß, 1.9.2025, Rn. 29; NK-HGB/Schall Rn. 26; SLM/Schmidt-Kessel/Kopp Rn. 29: richtlinienkonforme Auslegung.

[37] Noack FS Ulmer, 2003, 1245 (1256).

[38] Staub/Koch/Harnos Rn. 34: Problem dogmatisch nicht beseitigt, aber praktisch weitgehend an Relevanz verloren.

[39] BGH 21.12.1970, BGHZ 55, 267 = NJW 1971, 1268; Ebenroth/Boujong/Gehrlein Rn. 9; s. auch KG 23.12.2011, DNotZ 2012, 388 (389), Amtsbeendigung eines GmbH-Geschäftsführers.

gungspflichtige Tatsache gesondert betrachtet und den Grundsatz des abstrakten Vertrauensschutzes betont (→ Rn. 20). Die Folge besteht darin, dass der Anmeldepflichtige dem Dritten die Änderung der Rechtslage (zB das Erlöschen der Prokura) nicht entgegensetzen kann, solange sie nicht in das Handelsregister eingetragen und bekanntgemacht ist.[40] Die Gegenansicht beschränkt Abs. 1 im Wege einer teleologischen Reduktion auf Sachverhalte, in denen die Voreintragung bekanntgemacht wurde. Ohne eine solche Voreintragung fehle es an der potentiellen (abstrakten) Kausalität der Registereintragung (→ Rn. 2).[41] Das Vertrauen des Dritten sei allenfalls nach allgemeinen Rechtsscheingrundsätzen schutzwürdig.[42]

Stellungnahme: In Anbetracht der Tatsache, dass das Handelsregister einen abstrakten Vertrauensschutz begründet, und Dritte (→ Rn. 10) nicht nur durch Einsichtnahme, sondern auch in anderer Weise von der voreintragungspflichtigen Tatsache erfahren haben können, ist der überwiegenden Ansicht im Grundsatz zuzustimmen. Eine Einschränkung erscheint einzig für Sachverhalte geboten, in denen die voreintragungspflichtige Tatsache nicht nach außen gedrungen ist. In dieser Konstellation sollte dem Betroffenen durch eine teleologische Reduktion von Abs. 1 der Gegenbeweis eröffnet werden, dass niemand von der voreinzutragenden Tatsache Kenntnis erlangt hat.[43] 17

3. In dessen Angelegenheit. Die negative Publizität gem. Abs. 1 wirkt zulasten desjenigen, in dessen Angelegenheiten die Tatsache einzutragen war. Dies ist der **Unternehmensträger,** dem die einzutragenden Tatsache günstig ist, also einen Rechtsvorteil begründet.[44] Ihm stehen seine Rechtsnachfolger gleich; auch ihnen gegenüber können Dritte (→ Rn. 10) sich auf das Schweigen des Handelsregisters berufen.[45] Bei **Personengesellschaften** wirkt die negative Publizität nicht nur gegenüber der Gesellschaft als solcher, sondern auch zulasten der Gesellschafter (zB bei der akzessorischen Haftung nach § 126 S. 1)[46] und – bei dem Tod eines Gesellschafters – zulasten des Erben, nicht hingegen zulasten des (Sonder-)Rechtsnachfolgers.[47] 18

Die negative Publizität des Abs. 1 gilt auch zum Nachteil von Personen, deren **Geschäftsfähigkeit beschränkt** ist,[48] und zwar unabhängig davon, ob die Unvollständigkeit des Handelsregisters ihnen zuzurechnen ist. Abs. 1 ist nämlich Ausdruck des Organisationsrisikos des Unternehmensträgers, das zB auch minderjährige Betriebsinhaber tragen.[49] 19

4. Redlichkeit des Dritten. Abs. 1 schützt ein **abstraktes Vertrauen,** dh der Dritte (→ Rn. 10, → Rn. 22) muss weder darlegen und im Streitfall beweisen, dass ihm der bisherige Inhalt des Handelsregisters bekannt war noch dass im Vertrauen auf das Fehlen der Eintragung und Bekanntmachung gehandelt hat.[50] Vielmehr wird **unwiderlegbar vermutet,** dass er im Vertrauen auf den Registerinhalt gehandelt hat.[51] Zu der sog. abstrakten oder potentiellen Kausalität → Rn. 2. 20

Die einzutragende Tatsache kann, obwohl sie noch nicht eingetragen und bekanntgemacht ist, einem Dritter (→ Rn. 10, → Rn. 22) gem. Abs. 1 ausnahmsweise entgegengesetzt werden, wenn 21

---

[40] BGH 25.6.1991, BGHZ 115, 37 (44) = NJW 1991, 2418; 21.12.1970, BGHZ 55, 267 (272) = NJW 1971, 1268; 11.11.1991, NJW 1992, 505 (507); OLG Köln 3.6.2015, FGPrax 2015, 165 (166); Deckenbrock/Sossna JuS 2024, 115 (117); Fehrenbacher, Registerpublizität und Haftung im Zivilrecht, 2004, 156, 158 f.; Ebenroth/Boujong/Gehrlein Rn. 9; Staub/Koch/Harnos Rn. 44 f.; MüKoHGB/Krebs Rn. 40; BeckOK HGB/Müther, 49. Ed. 1.1.2026, Rn. 9; RGHMW/Ries Rn. 14; Ries/Schulte GmbHR 2013, 345; BeckOGK/Weiß, 1.9.2025, Rn. 44 f.; SLM/Schmidt-Kessel/Kopp Rn. 42. Zum Gemeinschafts- bzw. Unionsrechte Schmidt-Kessel GPR 2006, 6 (12).

[41] NK-HGB/Schall Rn. 30.

[42] John ZHR 140 (1976), 236 ff.; Medicus/Petersen, Bürgerliches Recht, 28. Aufl. 2021, Rn. 105; NK-HGB/Schall Rn. 28 ff.; Schilken AcP 187 (1987), 8.

[43] Fehrenbacher, Registerpublizität und Haftung im Zivilrecht, 2004, 160; Ebenroth/Boujong/Gehrlein Rn. 9; RGHMW/Ries Rn. 14; KKD/Roth/Stelmaszczyk Rn. 9; K. Schmidt HandelsR § 14 Rn. 36 aE.

[44] Ebenroth/Boujong/Gehrlein Rn. 10; Staub/Koch/Harnos Rn. 51.

[45] Ebenroth/Boujong/Gehrlein Rn. 10; HK-HGB/Ruß Rn. 6.

[46] Ebenroth/Boujong/Gehrlein Rn. 10; Staub/Koch/Harnos Rn. 51; RGHMW/Ries Rn. 10; NK-HGB/Schall Rn. 32.

[47] Stephan NZG 2021, 1481 (1483); Weidlich/Federle NJW 2023, 1993 Rn. 30.

[48] BGH 1.7.1991, BGHZ 115, 78 (81) = NJW 1991, 2566; Heymann/Förster Rn. 24; Staub/Koch/Harnos Rn. 31; MüKoHGB/Krebs Rn. 45; Hopt/Merkt Rn. 6; BeckOK HGB/Müther, 49. Ed. 1.1.2026, Rn. 11; RGHMW/Ries Rn. 22; BeckOGK/Weiß, 1.9.2025, Rn. 49; NK-HGB/Schall Rn. 34; **aA** Hager Jura 1992, 57 (60).

[49] Ebenroth/Boujong/Gehrlein Rn. 10; Staub/Koch/Harnos Rn. 55; RGHMW/Ries Rn. 22; KKD/Roth/Stelmaszczyk Rn. 11.

[50] BGH 1.12.1975, BGHZ 65, 310 (311) = NJW 1976, 569; Deckenbrock/Sossna JuS 2024, 211; Ebenroth/Boujong/Gehrlein Rn. 13; Staub/Koch/Harnos Rn. 61; Lieder GmbHR 2024, 573 Rn. 11; Zwirlein-Forschner ZGR 2024, 662 (671); **aA** Canaris HandelsR § 5 Rn. 7, 17; NK-HGB/Schall Rn. 9 ff., 36 f.

[51] Ebenroth/Boujong/Gehrlein Rn. 13; Staub/Koch/Harnos Rn. 61.

sie ihm bekannt war, er also positive Kenntnis hatte.[52] Aufgrund der Formulierung „es sei denn" streitet eine **widerlegbare Vermutung** für die Unkenntnis des Dritten,[53] die – wenig glücklich – auch als Gutgläubigkeit bezeichnet wird. Diese Vermutung kann der Eintragungspflichtige nur durch den Gegenbeweis widerlegen, dass der Dritte die einzutragende Tatsache positiv gekannt hat.[54] Der Nachweis, dass die Unkenntnis des Dritten auf Fahrlässigkeit oder gar grober Fahrlässigkeit beruht, genügt hingegen nicht.[55] Positiv bekannt sein muss die einzutragende Tatsache selbst. Die Kenntnis lediglich solcher Umstände, die den Schluss auf die einzutragende Tatsache zulassen (zB der Beschluss der Gesellschafterversammlung zur Abberufung des Geschäftsführers), ist grundsätzlich nicht ausreichend.[56]

22 **Dritter** ist – mit den in → Rn. 10 ausgeführten Einschränkungen – jedermann, den die Eintragung selbst nicht betrifft und der weder **Gesellschafter** noch **Organmitglied** der von der Eintragung betroffenen Gesellschaft ist.[57] Treten Gesellschafter oder Organmitglieder dem Verband ausnahmsweise wie außenstehende Geschäftspartner gegenüber, sind sie nicht weniger schutzbedürftig als außenstehende Dritte mit der Folge, dass die einzutragende Tatsache ihnen nach überwiegender Ansicht nicht entgegengesetzt werden kann.[58] Dem Anliegen der Gegenansicht, die dem Gesellschafter in Anlehnung an § 124 Abs. 4 S. 2 und 3 bzw. § 37 Abs. 2 GmbHG die Berufung auf das Schweigen des Handelsregisters versagt,[59] ist dadurch genügt, dass der Gesellschafter die einzutragende Tatsache bei positiver Kenntnis stets gegen sich gelten lassen muss.[60]

23 **5. Publizitätswirkung. a) Rechtsfolge des Abs. 1. aa) Einwendungsausschluss zulasten des Anmeldepflichtigen.** Die Rechtsfolge des Abs. 1 besteht darin, dass derjenige, in dessen Angelegenheiten die Tatsache einzutragen war (→ Rn. 18 f.), diese Tatsache dem Dritten (→ Rn. 10, → Rn. 22) nicht entgegensetzen kann. Es handelt sich um einen Einwendungsausschluss zulasten des Anmeldepflichtigen[61] und **keine Sachverhaltsfiktion.** Der Anmeldepflichtige kann dem Dritten lediglich die einzutragende Tatsache (zB das Erlöschen der Prokura) nicht entgegensetzen.

24 Der Einwendungsausschluss (→ Rn. 23) betrifft nur die einzutragende Tatsache, die nicht eingetragen und bekanntgemacht ist. Mit anderen Worten, der Einwendungsausschluss ist gegenständlich auf **eintragungspflichtige Tatsachen** begrenzt. Die Geschäftsfähigkeit eines Vertretungsorgans ist weder eintragungsfähig noch eintragungspflichtig (→ § 8 Rn. 18 ff.). Daher ist zB die Berufung auf eine fehlende Registereintragung nicht geeignet, die spezifischen Folgen der **mangelnden Geschäftsfähigkeit** auszuschließen.[62] Sobald der in das Handelsregister eingetragene GmbH-Geschäftsführer geschäftsunfähig wird, enden sein Amt (§ 6 Abs. 2 S. 1 GmbHG) und damit verbunden seine Vertretungsbefugnis. Schließt er gleichwohl im Namen der GmbH einen Vertrag, kann die GmbH dem Dritten gem. Abs. 1 die fehlende Vertretungsbefugnis nicht entgegensetzen. Der Vertrag ist gleichwohl nicht zustande gekommen, weil die von dem Geschäftsführer abgegebene Willenserklärung gem. § 105 Abs. 1 BGB nichtig ist. Die Handelsregistereintragung hindert die GmbH nicht, sich auf diesen Umstand zu berufen; eine Bindung kommt allenfalls nach allgemeinen Rechtsscheingrundsätzen in Betracht.[63] Die **Grundsätze des Missbrauchs der Vertretungsmacht**

[52] OLG Oldenburg 4.2.2010, NZG 2011, 230 (231), betraf die Vertretungsbefugnis eines gegen seine Abberufung klagenden Geschäftsführers; Ebenroth/Boujong/Gehrlein Rn. 12; MüKoHGB/Krebs Rn. 50; RGHMW/Ries Rn. 16.

[53] Deckenbrock/Sossna JuS 2024, 115 (117); Ebenroth/Boujong/Gehrlein Rn. 13; Staub/Koch/Harnos Rn. 58; Zwirlein-Forschner ZGR 2024, 662 (671).

[54] BGH 9.1.2024, NZG 2024, 452 Rn. 28 mwN; Deckenbrock/Sossna JuS 2024, 115 (117); Lieder GmbHR 2024, 573 Rn. 12.

[55] Statt vieler BGH 9.1.2024, NZG 2024, 452 Rn. 28 mwN.

[56] Horn DB 2024, 1597 (1600); Zwirlein-Forschner ZGR 2024, 662 (668).

[57] BGH 7.5.2025, NZG 2025, 1240 Rn. 14 m. zust. Anm. Beckmann/Prinz; RG 5.5.1933, RGZ 140, 314; 12.6.1928, RGZ 120, 363 (369); 26.11.1912, RGZ 81, 17 (21); KG 25.11.2024, NZG 2025, 259 Rn. 14; OLG Dresden 10.7.2001, NZG 2001, 1141; Ebenroth/Boujong/Gehrlein Rn. 11; Staub/Koch/Harnos Rn. 56; RGHMW/Ries Rn. 15; NK-HGB/Schall Rn. 35; s. auch Heckschen ZPG 2025, 361 Rn. 28 zu § 707a Abs. 3 S. 1 BGB.

[58] RG 26.11.1912, RGZ 81, 17 (21); Staub/Koch/Harnos Rn. 57; MüKoHGB/Krebs Rn. 47.

[59] Ebenroth/Boujong/Gehrlein Rn. 11; BeckOK HGB/Müther, 49. Ed. 1.1.2026, Rn. 12; RGHMW/Ries Rn. 15; NK-HGB/Schall Rn. 35.

[60] Staub/Koch/Harnos Rn. 57.

[61] SG Darmstadt 20.1.2025, BeckRS 2025, 2097 Rn. 24; Deckenbrock/Sossna JuS 2024, 115; Ebenroth/Boujong/Gehrlein Rn. 14; Staub/Koch/Harnos Rn. 64; KKD/Roth/Stelmaszczyk Rn. 15; NK-HGB/Schall Rn. 38.

[62] BGH 1.7.1991, BGHZ 115, 78 (81) = NJW 1991, 2566; Henssler/Strohn/Wamser Rn. 4.

[63] BGH 1.7.1991, BGHZ 115, 78 (81) = NJW 1991, 2566; Staub/Koch/Harnos Rn. 71; RGHMW/Ries Rn. 7; s. auch MüKoHGB/Krebs Rn. 55, der allerdings für eine Lösung über die Grundsätze der cic (§ 280 Abs. 1 BGB iVm § 311 Abs. 2 BGB, § 241 Abs. 2 BGB) plädiert.

gelten auch im Anwendungsbereich von Abs. 1.[64] Dessen Rechtsfolge erschöpft sich darin, dass derjenige, der den Rechtsschein zurechenbar gesetzt hat (→ Rn. 18 f.), sich dem gutgläubigen Dritten (→ Rn. 20 ff.) gegenüber, der sich bei seinem geschäftlichen Verhalten (→ Rn. 9) auf den Rechtsschein verlassen hat, nicht auf die wahre Rechtslage berufen kann (→ Rn. 23). Weitergehende Rechte, als sie bestünden, wenn der Rechtsschein zuträfe, können aus Abs. 1 indes nicht hergeleitet werden.[65]

bb) Wahlrecht des Dritten. Das Schweigen des Handelsregisters hindert den Dritten (→ Rn. 10, → Rn. 22) nicht daran, im Verhältnis zu dem Anmeldepflichtigen – insbesondere bei der Begründung eines Anspruchs – günstigere Rechtsfolgen aus der deklaratorisch einzutragenden Tatsache herzuleiten.[66] Mit anderen Worten, die Missachtung der Anmeldepflicht wirkt nicht zulasten des Dritten. Er hat vielmehr ein **Wahlrecht** zwischen den alternativen Rechtsfolgen.[67] Diese Auslegung von Abs. 1 stützt Art. 16 Abs. 5 UAbs. 3 GesR-RL, wonach Dritte sich stets auf Urkunden und Informationen berufen können, für die die Formalitäten der Offenlegung noch nicht erfüllt sind, es sei denn, die Urkunden oder Informationen sind mangels Offenlegung nicht wirksam. 25

b) Theorie der Meistbegünstigung (sog. Rosinentheorie). Die wortlautgetreue Anwendung von Abs. 1 in Bezug auf eine einzelne einzutragende Tatsache (→ Rn. 23) kann bei flankierender Ausübung des Wahlrechts (→ Rn. 25) dazu führen, dass der Dritte im Ergebnis besser steht, als er ohne den Einwendungsausschluss des Abs. 1 stünde. Zur Illustration dient folgender Sachverhalt: Die KG hat zwei Komplementäre, die nach dem Gesellschaftsvertrag nur gemeinsam zur Vertretung der KG befugt sind (§ 124 Abs. 3 S. 1 iVm § 161 Abs. 2). Die Gesamtvertretung wurde gem. § 106 Abs. 2 Nr. 3 iVm § 161 Abs. 2 in das Handelsregister eingetragen und bekanntgemacht. Das spätere Ausscheiden eines Komplementärs aus der KG wurde ebenso wenig zur Eintragung in das Handelsregister angemeldet (§ 106 Abs. 6 Fall 4) wie die damit einhergehende Änderung der Vertretungsbefugnis (§ 106 Abs. 6 Fall 6) in Gestalt der Alleinvertretungsbefugnis des verbliebenen Komplementärs. Nachdem dieser im Namen der KG ein Geschäft mit einem redlichen Dritten schloss und die KG ihrer Zahlungspflicht nicht nachkam, nahm der Dritte den ausgeschiedenen Komplementär gem. § 126 S. 1 iVm § 161 Abs. 2 in Anspruch.[68] 26

Die wortlautgetreue Anwendung von Abs. 1 in Bezug auf eine einzelne einzutragende Tatsache führt in dem Beispiel (→ Rn. 26) zu folgendem Ergebnis: Erstens, im Zeitpunkt des Vertragsschlusses war der im Namen der KG handelnde Komplementär alleinvertretungsbefugt. Die Tatsache, dass das Handelsregister noch die Gesamtvertretung der KG durch zwei Komplementäre auswies, muss der Dritte nicht gegen sich gelten lassen. Er kann insoweit die tatsächliche Rechtslage wählen. Zweitens, da der ausgeschiedene Komplementär dem Dritten sein Ausscheiden vor der Begründung der Verbindlichkeit der KG gem. Abs. 1 nicht entgegensetzen kann, haftet er für diese Verbindlichkeit gem. § 126 S. 1 persönlich. Diese kumulative Anwendung von Einwendungsausschluss (→ Rn. 23) und Wahlrecht (→ Rn. 25) ermöglicht es dem Dritten, sich zur Herbeiführung einer bestimmten Rechtsfolge zum einen auf den wahren Sachverhalt – Alleinvertretungsbefugnis des verbliebenen Komplementärs –, zum anderen auf die Nichteintragung einer Tatsache – das Ausscheiden des haftenden Komplementärs – zu berufen. 27

Die in → Rn. 27 ausgeführte Lösung der überwiegenden Ansicht[69] – bekannt unter der Bezeichnung **Rosinentheorie** oder Theorie der Meistbegünstigung – wird von Teilen der Lit. abgelehnt.[70] Würde wegen der fehlenden Eintragung des Ausscheidens des zweiten Komplementärs fingiert, 28

---

[64] BGH 9.1.2024, NZG 2024, 452 Rn. 36 m. zust. Anm. Hauser.

[65] BGH 11.3.1955, BGHZ 17, 13 (17) = NJW 1955, 985; 20.1.1954, BGHZ 12, 105 (110) = NJW 1954, 793; BGH 9.1.2024, NZG 2024, 452 Rn. 36 m. zust. Anm. Hauser; 31.7.2012, NZG 2012, 1278 Rn. 20; Lieder GmbHR 2024, 573 Rn. 14.

[66] BGH 1.12.1975, BGHZ 65, 305 (310) = BeckRS 1975, 30380215; 21.12.1970, BGHZ 55, 267 (273) = NJW 1971, 1268; 5.2.1990, WM 1990, 638 (639) = NJW-RR 1990, 737; Staub/Koch/Harnos Rn. 65; MüKoHGB/Krebs Rn. 57; KKD/Roth/Stelmaszczyk Rn. 15; K. Schmidt HandelsR § 14 Rn. 54; SLM/Schmidt-Kessel/Kopp Rn. 36.

[67] Fröhleke/Seidel JA 2024, 288; Staub/Koch/Harnos Rn. 65; BeckOK HGB/Müther, 49. Ed. 1.1.2026, Rn. 15; BeckOGK/Weiß, 1.9.2025, Rn. 64; NK-HGB/Schall Rn. 91; Weidlich/Federle NJW 2023, 1993 Rn. 36; krit. zur Einordnung als „Wahlrecht" K. Schmidt HandelsR § 14 Rn. 54.

[68] BGH 1.12.1975, BGHZ 65, 309 = NJW 1976, 569.

[69] BGH 1.12.1975, BGHZ 65, 309 (310) = NJW 1976, 569; Ebenroth/Boujong/Gehrlein Rn. 16; Staub/Koch/Harnos Rn. 69 f.; MüKoHGB/Krebs Rn. 58; BeckOK HGB/Müther, 49. Ed. 1.1.2026, Rn. 16; RGHMW/Ries Rn. 21; KKD/Roth/Stelmaszczyk Rn. 16; BeckOGK/Weiß, 1.9.2025, Rn. 66 f.; K. Schmidt HandelsR § 14 Rn. 594; SLM/Schmidt-Kessel/Kopp Rn. 36.

[70] Canaris HandelsR § 5 Rn. 26; John ZHR 140 (1976), 236 (253 ff.); Reinicke JZ 1985, 272 ff.; NK-HGB/Schall Rn. 41; Schilken AcP 187 (1987), 1 (10).

die Rechtsänderung sei nicht eingetreten, der Ausgeschiedene also noch Gesellschafter, müsste ein wirksamer Vertragsschluss aufgrund der fiktiv fortbestehenden Gesamtvertretungsbefugnis konsequenterweise verneint werden. Eine solche Fiktion entspricht nicht der Rechtsfolge des Abs. 1; diese erschöpft sich vielmehr in einem punktuellen Einwendungsausschluss in Bezug auf eine einzutragende Tatsache (→ Rn. 23). Deren Kombination mit dem Wahlrecht des Dritten (→ Rn. 25) ist nicht untragbar. Zum einen kann das abstrakte Vertrauen sich auf eine einzelne Tatsache beziehen, weil selbst bei einer hypothetischen Einsichtnahme in das Handelsregister nicht ausgeschlossen werden kann, dass der Dritte sich nur hinsichtlich dieser Tatsache (zB Gesellschafterstellung) informiert.[71] Zum anderen erscheint die Kombination der Rechtsfolgen deshalb billig, weil sie ausschließlich zulasten desjenigen wirkt, der seiner Anmeldepflicht nicht nachgekommen ist.

IV. Rechtswirkung eingetragener und bekanntgemachter Tatsachen (Abs. 2)

29 **1. Gegenstand der Regelung.** Ist eine Tatsache in das Handelsregister eingetragen und bekanntgemacht worden, muss ein Dritter (→ Rn. 10) sie gem. Abs. 2 S. 1 gegen sich gelten lassen. Diese Regelung – sie setzt Art. 16 Abs. 5 UAbs. 1 GesR-RL überschießend um (→ Rn. 5, → Rn. 8) – dient der Entlastung des Kaufmanns.[72] Die Bekanntmachung gilt – vorbehaltlich Abs. 2 S. 2 (→ Rn. 34 ff.) – zu seinen Gunsten nämlich auch dann, wenn ein abweichender Vertrauenstatbestand existiert.[73] Diese sog. **vertrauenszerstörende Wirkung** gilt freilich nur für **wahre Tatsachen.**[74] Ist die **Eintragung unrichtig oder unzulässig,** kann der Kaufmann sich nicht auf Abs. 2 S. 1 berufen.[75]

30 **2. Anwendungsbereich.** Abs. 2 ist eine komplementäre Regelung zu Abs. 1, da sie den Ausschluss von Einwendungen (→ Rn. 23), die auf einzutragenden, aber nicht eingetragenen und bekanntgemachten Tatsachen gründen, um eine vertrauenszerstörende Wirkung der Eintragung und Bekanntmachung ergänzt. Dieser systematische Zusammenhang gebietet es, den Anwendungsbereich des Abs. 2 S. 1 – ebenso wie den des Abs. 1 (→ Rn. 14 ff.) – auf **eintragungspflichtige Tatsachen** (→ § 8 Rn. 18 ff.) zu begrenzen.[76] Da der Rechtsverkehr nur bei solchen Tatsachen abstrakt mit der Eintragung und Bekanntmachung rechnen muss, ist es gerechtfertigt, dem Dritten (→ Rn. 10) eine Informationsobliegenheit aufzuerlegen (→ Rn. 33) und der Bekanntmachung vertrauenszerstörende Wirkung beizumessen.[77]

31 Ob die Eintragung, einschließlich der Löschung, **auf Antrag oder von Amts wegen** erfolgt, ist ebenso unerheblich[78] wie ihre deklaratorische oder konstitutive Wirkung.[79]

32 Für die **Firmenfortführung** (§ 25) und den **Eintritt in das Geschäft eines Einzelkaufmanns** (§ 28) enthalten § 25 Abs. 2 (→ § 25 Rn. 34 ff.) und § 28 Abs. 2 (→ § 28 Rn. 24 ff.) Sonderregelungen, die eine Anwendung von Abs. 2 S. 1 ausschließen.[80]

33 **3. Wirkung. a) Informationsobliegenheit (Abs. 2 S. 1).** Abs. 2 S. 1 gewährleistet demjenigen, in dessen Angelegenheiten eine einzutragende Tatsache (→ Rn. 30) eingetragen und bekanntgemacht ist, die Geltung dieser Tatsache gegenüber Dritten (→ Rn. 10), und zwar auch dann, wenn ein gegenteiliger Rechtsscheintatbestand existiert.[81] Dadurch wird dem Dritten eine Informationsobliegenheit auferlegt. Wer die Informationsmöglichkeit durch Einsichtnahme in das Handelsregister gem. § 9 Abs. 1 S. 1 (→ § 9 Rn. 2 ff.) nicht nutzt, handelt im Rechtsverkehr **auf eigenes Risiko.**[82] Da Abs. 2 S. 1 nur die Bekanntmachung wahrer Tatsachen betrifft (→ Rn. 29),

---

[71] Deckenbrock/Sossna JuS 2024, 211 (212); Staub/Koch/Harnos Rn. 70; v. Olshausen AcP 189 (1989), 223 (240); KKD/Roth/Stelmaszczyk Rn. 16.

[72] MüKoHGB/Krebs Rn. 66.

[73] BGH 14.5.2019, NZG 2019, 861 (864); Deckenbrock/Sossna JuS 2024, 115 (116); Staub/Koch/Harnos Rn. 74; **aA** NK-HGB/Schall Rn. 48 ff., der zugleich Abs. 1 als Regelung eines konkreten Vertrauensschutzes versteht.

[74] Statt vieler Hamann/Halbach ZfPW 2024, 77 (85).

[75] BGH 14.5.2019, NZG 2019, 861 (864); Ebenroth/Boujong/Gehrlein Rn. 18; Jacobs/Takacs JA 2023, 543 (546); Staub/Koch/Harnos Rn. 75; BeckOK HGB/Müther, 49. Ed. 1.1.2026, Rn. 18.

[76] Ebenroth/Boujong/Gehrlein Rn. 18; Staub/Koch/Harnos Rn. 77 f.; RGHMW/Ries Rn. 24; NK-HGB/Schall Rn. 54 f.; SLM/Schmidt-Kessel/Kopp Rn. 46; **aA** MüKoHGB/Krebs Rn. 69.

[77] Staub/Koch/Harnos Rn. 77.

[78] Staub/Koch/Harnos Rn. 75; MüKoHGB/Krebs Rn. 68; BeckOK HGB/Müther, 49. Ed. 1.1.2026, Rn. 19.

[79] Staub/Koch/Harnos Rn. 75, 80; MüKoHGB/Krebs Rn. 68; NK-HGB/Schall Rn. 56.

[80] Hopt/Merkt Rn. 13.

[81] Staub/Koch/Harnos Rn. 82; **aA** NK-HGB/Schall Rn. 48 ff., der zugleich Abs. 1 als Regelung eines konkreten Vertrauensschutzes versteht.

[82] Staub/Koch/Harnos Rn. 82; MüKoHGB/Krebs Rn. 67.

steht dem Dritten allerdings der **Gegenbeweis** offen, dass die (deklaratorische) Eintragung unrichtig ist.[83]

34 **b) Ausnahme (Abs. 2 S. 2). aa) Schonfrist von fünfzehn Tagen.** Bei Rechtshandlungen, die innerhalb von fünfzehn Tagen nach der Bekanntmachung vorgenommen werden, muss der Dritte die bekanntgemachte Tatsache gem. Abs. 2 S. 2 ausnahmsweise nicht gegen sich gelten lassen, wenn er beweist, dass er die Tatsache weder kannte noch kennen musste (→ Rn. 35 ff.). Diese Schonfrist setzt die Vorgabe aus **Art. 16 Abs. 5 UAbs. 2 GesR-RL** um (→ Rn. 6), und zwar überschießend für sämtliche registerfähigen Unternehmensträger (→ Rn. 8).

35 **bb) Keine Kenntnis und kein Kennenmüssen der Unrichtigkeit. (1) Tradierte Auslegung des Kennenmüssens.** Innerhalb der Schonfrist von 15 Tagen muss der Dritte (→ Rn. 10) die eingetragene und bekanntgemachte Tatsache nur dann nicht gegen sich gelten lassen, wenn er darlegt und im Streitfall beweist, dass er die Tatsache weder (positiv) kannte noch kennen musste. Da die Behauptung der Unkenntnis regelmäßig nicht substantiiert bestritten werden kann, hängt die Bedeutung von Abs. 2 S. 2 wesentlich von den Anforderungen an das **Kennenmüssen** ab. Im Ausgangspunkt ist Kennenmüssen die verschuldete Unkenntnis,[84] wobei der maßgebliche Sorgfaltsmaßstab durch die Person des Unkundigen – sei es ein Kaufmann (§ 347), sei es kein Kaufmann (§ 276 Abs. 2 BGB) – bestimmt wird.[85]

36 Unter der Auslegungsprämisse, dass Kennenmüssen verschuldete Unkenntnis bedeutet (→ Rn. 35), wird kontrovers erörtert, welchen Einfluss die **Person des Dritten** und die **Bedeutung des Geschäfte** auf die im Einzelfall gebotene Sorgfalt haben. Soweit von dem abstrakten Vertrauensschutz abgerückt und stattdessen auf die Einsichtnahme in das Register abgestellt wird, kommt es darauf an, ob und wann eine Aktualisierung des Kenntnisstandes zu einem sorgfaltsgemäßen Verhalten gehört. Selbst von Kaufleuten könne – trotz der Vertrautheit mit der Eigenart des Handelsregisters – nicht erwartet werden, dass sie die Bekanntmachungen des Handelsregisters vor jedem Geschäft sichten.[86] Daher bestehe jedenfalls bei Geschäften ohne wirtschaftliche Tragweite, insbesondere bei Alltagsgeschäften, keine Informationsobliegenheit.[87] Von Nicht-Kaufleuten, die das Handelsregister typischerweise nur einmal vor bedeutenden Transaktion einsehen,[88] könne per se keine Kenntnis der Bekanntmachungen des Handelsregisters verlangt werden.[89]

37 Unabhängig davon, ob eine Einschränkung der Informationsobliegenheit in Ansehung der Person des Dritten und der Bedeutung des Geschäfts mit Art. 16 Abs. 5 UAbs. 2 GesR-RL vereinbar ist (→ Rn. 38),[90] widerspricht sie Abs. 2 S. 1, der Dritte mit einer Informationsobliegenheit belastet, ohne dabei zwischen der Person des Dritten und der Bedeutung des Geschäfts zu differenzieren.[91] Dem Umstand, dass der Rechtsverkehr die Informationsmöglichkeiten tatsächlich nicht umfassend nutzt und auch faktisch nicht erwartet werden kann, dass sie genutzt werden, trägt die Schonfrist (→ Rn. 34) Rechnung. Daher erscheint es bei einer **Gesamtschau mit Abs. 2 S. 1** systemwidrig, diesen Umstand bei der Auslegung des Kennenmüssens erneut zu berücksichtigen, also während der Schonfrist nach der Bedeutung des Geschäfts und dem Adressaten der Obliegenheit zu differenzieren, und ab dem Ende der Schonfrist eine uneingeschränkte und undifferenzierte Informationsobliegenheit anzuwenden. Demgegenüber erscheint es vorzugswürdig, bei dem Kennenmüssen ausschließlich die Zugangsmöglichkeit zu der handelsrechtlichen Publikation zu bewerten. Dass Abs. 2 S. 2 sich bei dieser Auslegung auf eine *probatio diabolica* beschränken mag,[92] ist bei einer Gesamtschau mit Abs. 2 S. 1 hinzunehmen, weil die Vorschrift nicht die Informationsobliegenheit während der Schonfrist relativieren, sondern die Informationsobliegenheit insgesamt für den Rechtsverkehr zumutbar machen soll.

38 **(2) Richtlinienkonforme Auslegung.** Der Wortlaut von Abs. 2 S. 2 weicht erheblich von **Art. 16 Abs. 5 UAbs. 2 GesR-RL** ab. Danach können die Urkunden und Informationen bei Vorgängen, die sich vor dem sechzehnten Tag nach der Offenlegung ereignen, Dritten nicht entge-

---

83 Ebenroth/Boujong/Gehrlein Rn. 19.

84 Deckenbrock/Sossna JuS 2024, 115 (117); **aA** MüKoHGB/Krebs Rn. 76 f.

85 Hopt/Merkt Rn. 14; RGHMW/Ries Rn. 27; **aA** Ebenroth/Boujong/Gehrlein Rn. 21, der den strengeren Sorgfaltsmaßstab für Kaufleute (§ 347) auf Nichtkaufleute überträgt.

86 Canaris HandelsR § 5 Rn. 34; wohl **aA** Deckenbrock/Sossna JuS 2024, 115 (117).

87 Canaris HandelsR § 5 Rn. 34; Paefgen ZIP 2008, 1653 (1656); RGHMW/Ries Rn. 27.

88 NK-HGB/Schall Rn. 65.

89 Canaris HandelsR § 5 Rn. 34.

90 Dies negierend Staub/Koch/Harnos Rn. 89; SLM/Schmidt-Kessel/Kopp Rn. 49.

91 Fehrenbacher, Registerpublizität und Haftung im Zivilrecht, 2004, 151 f., 153 f.; s. auch BeckOK HGB/Müther, 49. Ed. 1.1.2026, Rn. 27.

92 So die Kritik von Canaris HandelsR § 5 Rn. 34.

gengehalten werden, wenn diese nachweisen, dass es ihnen **unmöglich** war, die Urkunden oder Informationen zu kennen. Daher erachten Teile der Lit. es für geboten und möglich, Abs. 2 S. 2 **richtlinienkonform auszulegen**[93] und ein Kennenmüssen nur dann zu verneinen, wenn es dem Dritten nicht möglich war, die Urkunden oder Informationen zu kennen.[94] Die sich anschließende Frage, unter welche Umstände die Kenntnisnahme von den Urkunden oder Informationen unmöglich ist, dürfte sich infolge der Umstellung auf die elektronische Registerführung sowie der örtlich und zeitlich unbeschränkten Zugriffsmöglichkeit dahingehend zu beantworten sein, dass Unmöglichkeit nur während **technischer Probleme** besteht.[95]

39 **4. Vertrauensschutz trotz Registereintragung und Bekanntmachung.** Das Ergebnis von Abs. 2 S. 1 und 2, nämlich dass die bloße Informationsmöglichkeit genügt, um ein außerhalb des Handelsregisters begründetes Vertrauen zu zerstören (→ Rn. 35 ff.), wird dadurch abgemildert, dass in bestimmten Konstellationen ausnahmsweise **Vertrauensschutz trotz der Registerbekanntmachung** gewährt werden muss. Dies gilt nicht nur bei Verstößen gegen andere Publizitätsvorschriften (→ Rn. 40 ff.), sondern auch, wenn der Kaufmann eine Hinweispflicht gegenüber dem Dritten verletzt (→ Rn. 42) oder durch sein Verhalten einen Rechtsschein im Widerspruch zur Registerlage setzt (→ Rn. 43).

40 **a) Verstoß gegen Vorschriften mit eigener Publizitätsfunktion.** Das Handelsrecht enthält einzelne Publizitätsvorschriften zu dem Zweck, dass Dritte sich ohne Einsicht in das Handelsregister zuverlässig über die Rechtsverhältnisse eines Kaufmanns bzw. einer Handelsgesellschaft informieren können. Da der Rechtsverkehr sich auf die Einhaltung dieser Vorschriften verlassen darf, tritt die Obliegenheit, sich insoweit durch Einsichtnahme in das Handelsregister zu informieren, zurück. Dies gilt nicht nur für die firmenrechtlichen Vorschriften (§§ 18 ff.),[96] sondern auch für die **Pflichtangaben auf Geschäftsbriefen** (§ 37a, § 125, § 35a GmbHG, § 80 AktG).[97] Verstöße gegen diese Vorschriften können Rechtsscheintatbestände schaffen, bei denen die vertrauenszerstörende Wirkung des Abs. 2 versagt.

41 Hauptanwendungsfall einer Rechtsscheinhaftung wegen eines Verstoßes gegen eine Vorschrift mit Publizitätsfunktion ist der **Rechtsschein der unbeschränkten persönlichen Haftung.** Wer im Geschäftsverkehr für eine AG, GmbH oder GmbH & Co. KG als Vorstand, Geschäftsführer oder anderer Vertreter auftritt, haftet in entsprechender Anwendung von § 179 Abs. 1 BGB persönlich, wenn er durch sein Zeichnen der Firma ohne den gebotenen Rechtsformzusatz (§ 4 AktG, § 4 S. 1 GmbHG, § 19 Abs. 2) das berechtigte Vertrauen des Geschäftsgegners auf die Haftung mindestens einer natürlichen Person mit ihrem Privatvermögen hervorgerufen hat.[98] Ein der Zeichnung gleichwertiger Rechtsschein entsteht, wenn der Vertreter die Frage nach einer Haftungsbeschränkung des Unternehmensträgers ausdrücklich mündlich verneint.[99] Ansonsten begründet der mündliche Vertragsschluss keinen für eine persönliche Haftung des Handelnden ausreichenden Rechtsschein.

42 **b) Hinweispflicht hinsichtlich einer eingetretenen Rechtsänderung.** Im Rahmen einer ständigen Geschäftsverbindung sowie in laufenden Vertragsverhandlungen besteht gem. § 241 Abs. 2 BGB die Verpflichtung, auf Änderungen des Unternehmensträgers hinzuweisen, obwohl diese aus dem Handelsregister ersichtlich sind. Die Verletzung dieser Hinweispflicht verwirklicht nicht nur den Tatbestand des § 280 Abs. 1 S. 1 BGB,[100] sondern kann unter Berücksichtigung der Umstände

---

[93] Habersack/Verse EuropGesR § 5 Rn. 30; MüKoHGB/Krebs Rn. 77; **aA** – Gesetzgeber müsse Umsetzungsdefizit beseitigen – Canaris HandelsR § 5 Rn. 33; Staub/Koch/Harnos Rn. 89; SLM/Schmidt-Kessel/Kopp Rn. 49.

[94] MüKoHGB/Krebs Rn. 77; KKD/Roth/Stelmaszczyk Rn. 22; **aA** Hopt/Merkt Rn. 14; NK-HGB/Schall Rn. 60 f.

[95] Deckenbrock/Sossna JuS 2024, 115 (117); Staub/Koch/Harnos Rn. 90; Noack FS Eisenhardt, 2007, 475 (482); Paefgen ZIP 2008, 1653 (1655); KKD/Roth/Stelmaszczyk Rn. 22.

[96] Ebenroth/Boujong/Gehrlein Rn. 23; Staub/Koch/Harnos Rn. 93; BeckOK HGB/Müther, 49. Ed. 1.1.2026, Rn. 29; SLM/Schmidt-Kessel/Kopp Rn. 52.

[97] Staub/Koch/Harnos Rn. 93; MüKoHGB/Krebs Rn. 82; BeckOK HGB/Müther, 49. Ed. 1.1.2026, Rn. 29; SLM/Schmidt-Kessel/Kopp Rn. 53.

[98] BGH 8.5.1978, BGHZ 71, 354 (356 f.) = NJW 1978, 2030; 3.2.1975, BGHZ 64, 11 (17 f.) = NJW 1975, 1166; 13.1.2022, NZG 2022, 513 Rn. 23; 12.6.2012, NJW 2012, 2871 f.; 5.2.2007, NJW 2007, 1529 (1530 f.); 24.6.1991, NJW 1991, 2627 (2628); 15.1.1990, NJW 1990, 2678 (2679); 1.6.1981, NJW 1981, 2569. Zu den abweichenden Lösungsansätzen in der Lit. s. Koch AcP 207 (2007), 768 (778).

[99] BGH 8.7.1996, NJW 1996, 2645.

[100] Koch AcP 207 (2007), 768 (790) mwN.

des Einzelfalls auch zur Folge habe, dass dem Hinweisschuldner die Berufung auf Abs. 2 S. 1 als **rechtsmissbräuchlich** untersagt ist.[101]

c) Verhalten im Widerspruch zur Registerlage. Der Dritte muss die eingetragene und bekanntgemachte Tatsache trotz Abs. 2 S. 1 nicht gegen sich gelten lassen, wenn der Kaufmann nach der Eintragung einen Rechtsschein erzeugt, der im Widerspruch zu der Registerbekanntmachung steht. In diesen Konstellationen ist es dem Kaufmann als widersprüchliches Verhalten verwehrt, sich auf die im Register verlautbarte und bekanntgemachte Rechtslage zu berufen.[102] Dies gilt allerdings nur, wenn das Vertrauen des Dritten auf den außerhalb des Handelsregisters gesetzten Rechtsschein schutzwürdig ist,[103] weil seine Unkenntnis von der bekanntgemachten Rechtslage nicht auf einem Sorgfaltspflichtverstoß beruht. Bei der Bestimmung der im Einzelfall anzuwendenden Sorgfalt sind die Bedeutung des Geschäfts und die Person des Dritten, insbesondere seine Kaufmannseigenschaft, zu berücksichtigen.[104] Bei Geschäften von größerer wirtschaftlicher Tragweite wird jedenfalls von einem Kaufmann zu erwarten sein, sich nicht auf einen Rechtsscheintatbestand außerhalb des Registers zu verlassen.[105] 43

V. Positive Publizität (Abs. 3)

1. Vertrauensschutz bei unrichtiger Eintragung und Bekanntmachung. a) Regelungsgehalt. Die Regelung des Abs. 3 schützt das **Vertrauen in die Richtigkeit** einer eingetragenen und bekanntgemachten Tatsache (sog. positive Publizität), und zwar dergestalt, dass ein Dritter sich auf eine unrichtige Eintragung demjenigen gegenüber, in dessen Angelegenheiten die Tatsache einzutragen war, berufen kann, es sei denn, dass er die Unrichtigkeit kannte. Die Vorschrift wurde anlässlich des Wechsels des Publizitätsregimes durch die RL (EU) 2019/1151 (→ Rn. 6) durch Art. 1 Nr. 13 lit. a DiRUG iVm Art. 31 Abs. 1 DiRUG mWv 1.8.2022 neugefasst (→ Rn. 7). Da aufgrund der Art der Bekanntmachung (§ 10 Abs. 1 S. 1; → § 10 Rn. 5) eine Divergenz zwischen der Eintragung und der Bekanntmachung ausgeschlossen ist,[106] wurde die Formulierung „unrichtig bekanntgemacht" – sie war nicht auf die seltenen Abweichungen zwischen der Eintragung und der Bekanntmachung begrenzt, sondern umfasste auch die richtige Bekanntmachung unrichtiger Eintragungen[107] (→ Rn. 48) – durch „unrichtig eingetragen" ersetzt. Damit sind Sachverhalte umschrieben, in denen die **Registereintragung von der tatsächlichen Rechtslage abweicht.**[108] 44

b) Überschießende Umsetzung von Art. 16 Abs. 4 GesR-RL. In der bis zum 31.7.2022 geltenden Fassung von Abs. 3 konnte ein Dritter sich demjenigen gegenüber, in dessen Angelegenheiten eine einzutragende Tatsache **unrichtig bekanntgemacht** war, auf die bekanntgemachte Tatsache berufen, es sei denn, dass er die Unrichtigkeit kannte. Hintergrund dieser Regelung war Art. 16 Abs. 7 UAbs. 1 GesR-RL aF, wonach die Mitgliedstaaten die erforderlichen Maßnahmen zu treffen hatten, um zu verhindern, dass der Inhalt der nach Art. 16 Abs. 5 GesR-RL aF offengelegten Informationen und der Inhalt des Registers oder der Akte voneinander abweichen. Obwohl diese Vorgabe primär Abweichungen zwischen der Bekanntmachung und dem Registerinhalt vermeiden sollte, wurde der Wortlaut von Abs. 3 („unrichtig bekanntgemacht") dahingehend ausgelegt, dass er auch Sachverhalte umfasste, in denen die Bekanntmachung zwar nicht von dem Registerinhalt, aber von der wahren Rechtslage abwich.[109] 45

Im Zuge der **Neufassung des Art. 16 GesR-RL** durch Art. 1 Nr. 6 RL (EU) 2019/1151 iVm Art. 4 RL (EU) 2019/1151 mWv 31.7.2019 wurde der Regelungsgehalt des Art. 16 Abs. 7 UAbs. 1 46

[101] BGH 6.10.1977, BB 1978, 1025 = BeckRS 1977, 31113920; 8.5.1972, NJW 1972, 1418 (1419); s. auch BGH 28.11.1980, WM 1981, 238 = BeckRS 1980, 31064642; zust. Ebenroth/Boujong/Gehrlein Rn. 24; Staub/Koch/Harnos Rn. 97; RGHMW/Ries Rn. 31; KKD/Roth/Stelmaszczyk Rn. 24; **aA** (kein konkreter Vertrauenstatbestand) MüKoHGB/Krebs Rn. 83.

[102] Koch AcP 207 (2007), 768 (793 f.).

[103] Koch AcP 207 (2007), 768 (795); s. auch MüKoHGB/Krebs Rn. 82, der sich allerdings im Grundsatz gegen den dogmatischen Ansatz über § 242 BGB wendet und „Fälle berechtigten Vertrauensschutzes" im Wege der teleologischen Reduktion aus dem Anwendungsbereich des § 15 Abs. 2 nehmen will.

[104] MüKoHGB/Krebs Rn. 82.

[105] Koch AcP 207 (2007), 768 (795); Staub/Koch/Harnos Rn. 98.

[106] Staub/Koch/Harnos Rn. 108; RGHMW/Ries Rn. 37 f.; **aA** Lieder DNotZ 2021, 830 (841), der insoweit eine entsprechende Anwendung von Abs. 3 befürwortet.

[107] Ebenroth/Boujong/Gehrlein Rn. 30 ff.; MüKoHGB/Krebs Rn. 85; NK-HGB/Schall Rn. 79; Schilken AcP 187 (1987), 1 (12 f.); SLM/Schmidt-Kessel/Kopp Rn. 30; zu den Anforderungen der (früheren) Publizitäts-RL SLM/Schmidt-Kessel/Kopp Rn. 55; Heymann/Förster Rn. 46; **aA** Beuthien NJW 1970, 2283 (2284): allg. Rechtsscheingrundsätze.

[108] Begr. RegE DiRUG, BT-Drs. 19/28177, 100.

[109] Staub/Koch/Harnos Rn. 100; KKD/Roth/Stelmaszczyk Rn. 28.

GesR-RL aF (→ Rn. 45) in Art. 16 Abs. 4 GesR-RL überführt und dem Wechsel des Publizitätsregimes angepasst. Seither sind zwei Regelungen zu unterscheiden: (1) Mitgliedstaaten, die – im Unterschied zu der Bundesrepublik Deutschland – die Veröffentlichung von Urkunden und Informationen in einem nationalen Amtsblatt oder auf einer zentralen elektronischen Plattform vorschreiben (Art. 16 Abs. 3 S. 2 GesR-RL), sind gem. Art. 16 Abs. 4 UAbs. 2 GesR-RL verpflichtet, die erforderlichen Maßnahmen zu treffen, um Abweichungen zwischen der Offenlegung gem. Art. 16 Abs. 3 S. 1 GesR-RL und der Veröffentlichung im Amtsblatt oder auf der Plattform zu vermeiden. Kommt es gleichwohl zu Abweichungen, haben gem. Art. 16 Abs. 4 UAbs. 3 GesR-RL die im Register zur Verfügung gestellten Urkunden und Informationen Vorrang. (2) Bedeutsam für die Auslegung von Abs. 3 ist die Vorgabe des Art. 16 Abs. 4 UAbs. 1 GesR-RL, wonach sämtliche Mitgliedstaaten die erforderlichen Maßnahmen zu treffen haben, um Abweichungen zwischen den Eintragungen im Register und in der Akte zu vermeiden. Diese Formulierung erscheint deshalb **missglückt,** weil Abweichungen zwischen „Register" und „Akte" nicht publik werden und daher kein Konflikt besteht, der durch eine Rangregelung gelöst werden müsste.[110] Die Tatsache, dass Art. 16 Abs. 4 UAbs. 1 GesR-RL den Fall einer unrichtigen Registereintragung nicht behandelt,[111] hindert den deutschen Gesetzgeber nicht daran, über die Vorgaben der Richtlinie hinauszugehen und weiterhin eine positive Publizität in Abs. 3 anzuordnen.[112]

47 **2. Vertrauenstatbestand. a) Einzutragende Tatsache.** Unrichtige Tatsachen sind nicht einzutragen. Gegenstand der positiven Publizität gem. Abs. 3 sind daher nur sog. **abstrakt eintragungspflichtige Tatsachen,** also solche, die – ihre Richtigkeit unterstellt – einzutragen wären.[113] Unerheblich ist, ob die Eintragung deklaratorisch erfolgt (→ § 8 Rn. 24 ff.) oder konstitutive Wirkung hat.[114] Tatsachen, die lediglich eintragungsfähig, aber nicht eintragungspflichtig sind, werden von Abs. 3 nicht erfasst.[115] Bei ihrer unrichtigen Bekanntmachung kann nur ein Ergänzungssatz eingreifen (→ Rn. 59).

48 **b) Unrichtige Eintragung und Bekanntmachung.** Die Neufassung von Abs. 3 durch Art. 1 Nr. 13 lit. a DiRUG iVm Art. 31 Abs. 1 DiRUG mWv 1.8.2022 (→ Rn. 7) setzt eine unrichtige Eintragung in das Handelsregister und – über den Wortlaut hinaus – eine unrichtige[116] Bekanntmachung gem. § 10 Abs. 1 S. 1 (→ § 10 Rn. 5) voraus. Hierfür bedarf es einer **inhaltlichen Unrichtigkeit,** also einer Abweichung des Registerinhalts von der tatsächlichen Rechtslage.[117]

49 **3. Zurechnung des Vertrauenstatbestandes. a) Veranlassungsprinzip.** Auf die unrichtige Eintragung kann ein Dritter sich demjenigen gegenüber berufen, in dessen Angelegenheiten die Tatsache einzutragen war. Nach überwiegender Ansicht wirkt Abs. 3 nicht zulasten sämtlicher anmeldepflichtiger Personen, sondern nur zulasten derer, welche die unrichtige Eintragung veranlasst haben. Hierfür ist es ausreichend, dass der Betroffene eine **richtige Anmeldung** zum Handelsregister vorgenommen und damit den Eintragungsvorgang initiiert hat.[118] Die Begr. RegE DiRUG steht dieser Auslegung nicht entgegen;[119] sie enthält keine Aussage zu dem Veranlassungsprinzip.

50 Die **Gegenansicht,** die eine Einschränkung des Anwendungsbereichs von Abs. 3 durch das Veranlassungsprinzip (→ Rn. 49) ablehnt, versteht das Erfordernis der Eintragung „in eigenen Angelegenheiten" lediglich als Umschreibung der abstrakten Eintragungspflicht. Die Rechtsfolge, dass dem Dritten im Interesse eines umfassenden Vertrauensschutzes die Berufung auf Abs. 3 ohne Einschrän-

---

110 Lieder NZG 2020, 81 (87); s. auch Teichmann ZIP 2018, 2451 (2461).

111 Bayer/J. Schmidt BB 2019, 1922 (1925); Lieder NZG 2020, 81 (87 f.); Teichmann ZIP 2018, 2451 (2462); s. auch Bock RNotZ 2021, 326 (336); Bock DNotZ 2018, 643 (656); Noack DB 2018, 1324 (1327): auf positive Publizität sollte man nicht verzichten.

112 Staub/Koch/Harnos Rn. 102, 103; Lieder DNotZ 2021, 830 (838); Linke NZG 2021, 309 (313); J. Schmidt ZIP 2021, 112 (119).

113 BGH 18.10.2016, NJW 2017, 559 (560); OLG Bremen 1.10.2015, NZG 2016, 185 (186); Bleifeld RNotZ 2024, 209 (217); Deckenbrock/Sossna JuS 2024, 211 (213); Fröhleke/Seidel JA 2024, 288; Ebenroth/Boujong/Gehrlein Rn. 27; MüKoHGB/Krebs Rn. 90; RGHMW/Ries Rn. 35; **aA** Wilhelm ZIP 2010, 713 (715).

114 Staub/Koch/Harnos Rn. 105.

115 Ebenroth/Boujong/Gehrlein Rn. 27; Staub/Koch/Harnos Rn. 105; s. auch OLG Bremen 1.10.2015, NZG 2016, 185 (186); **aA** – analoge Anwendung – MüKoHGB/Krebs Rn. 91.

116 Lieder DNotZ 2021, 830 (839); **aA** Hamann/Halbach ZfPW 2024, 77 (87): auch unwahre Eintragung und wahre Bekanntmachung.

117 Statt vieler Fröhleke/Seidel JA 2024, 288 (289); Hamann/Halbach ZfPW 2024, 77 (85).

118 OLG Brandenburg 21.6.2012, ZIP 2012, 2103; Ebenroth/Boujong/Gehrlein Rn. 36; Staub/Koch/Harnos Rn. 110 ff.; Hopt/Merkt Rn. 19; v. Olshausen BB 1970, 137 (142); RGHMW/Ries Rn. 42; s. auch BeckOGK/Weiß, 1.9.2025, Rn. 109 f., 111; Henssler/Strohn/Wamser Rn. 12: „Veranlasserhaftung".

119 **AA** Bock RNotZ 2021, 326 (336).

kung zugebilligt wird (reines Rechtsscheinprinzip), wird für den Betroffenen dadurch abgemildert, dass ihm Amtshaftungsansprüche wegen der unrichtigen Eintragung zustehen (→ Rn. 58).[120]

Eine **vermittelnde Ansicht** will Abs. 3 nur zulasten von registerpflichtigen Personen, also Kaufleuten, Handelsgesellschaften und Mitgliedern von Handelsgesellschaften, anwenden.[121] Nur sie treffe in registerrechtlichen Angelegenheiten[122] die Obliegenheit, den Inhalt einer Eintragung in ihren Angelegenheiten auf seine Richtigkeit zu prüfen.[123] Dieser Auslegung überzeugt deshalb nicht, weil sie die registerpflichtigen Personen mit einer Prüfungsobliegenheit belastet, die aufgrund der überaus geringen Wahrscheinlichkeit einer nicht veranlassten Fehleintragung unzumutbar erscheint.[124] 51

b) Zurechnung zulasten nicht voll Geschäftsfähiger. Im Zusammenhang mit der Einschränkung des Tatbestands durch das Veranlassungsprinzip (→ Rn. 49 ff.) steht die Frage, ob Abs. 3 auch zulasten von Personen wirkt, die in der Geschäftsfähigkeit beschränkt oder gar geschäftsunfähig sind. Dem reinen Rechtsscheinprinzip (→ Rn. 50) steht es nahe, Abs. 3 auch zulasten solcher Personen anzuwenden.[125] Zum einen sei ein allgemeiner Vorrang des Schutzes beschränkt geschäftsfähiger Personen vor dem durch die Publizitätsvorschriften angeordneten Schutz des Geschäftsverkehrs nicht geboten, zum anderen sei die Frage bei Abs. 1 (→ Rn. 24) und Abs. 3 einheitlich zu entscheiden.[126] Lediglich vereinzelt wird befürwortet, Abs. 3 zwar zulasten Minderjähriger (§ 106 BGB), nicht aber zulasten Geschäftsunfähiger (§ 104 BGB) anzuwenden.[127] Vorzugswürdig erscheint es, dem Schutz Minderjähriger und Geschäftsunfähiger mittels des Veranlassungsprinzips Vorrang vor dem Schutz des Geschäftsverkehrs einzuräumen.[128] Das Risiko, dass Mechanismen des Registerverfahrensrechts zum Schutz vor unrichtigen Eintragungen versagen, sollte weder in der Geschäftsfähigkeit beschränkten Personen noch Geschäftsunfähigen aufgebürdet werden.[129] 52

Sollte ein **falsches Geburtsdatum** eingetragen und bekannt gemacht worden sein (zB § 106 Abs. 2 Nr. 2 lit. a), das den Eindruck der Volljährigkeit erweckt, stellt sich die Frage, ob die dem Minderjährigenschutz dienende **Haftungsbeschränkung gem. § 1629a BGB** Vorrang genießt. Zum Teil wird auf eine Schutzbedürftigkeit des Dritten verwiesen und Abs. 3 angewandt.[130] Die Einschränkung des Minderjährigenschutzes sei hinnehmbar, weil das Geburtsdatum im Eintragungsverfahren der Kontrolle unterliege.[131] Die Gegenansicht billigt dem Minderjährigen zu Recht zu, nach Eintritt der Volljährigkeit die Einrede gem. § 1629a Abs. 1 BGB zu erheben.[132] Die Anwendung von Abs. 3 würde zu einer fremdbestimmten Haftung für die während der Minderjährigkeit begründeten Verbindlichkeiten führen, die § 1629a Abs. 1 BGB gerade einschränken soll.[133] 53

4. Redlichkeit des Dritten. Abs. 3 schützt das Vertrauen auf die Richtigkeit der eingetragenen und bekannt gemachten Tatsache. Daher kann ein Dritter (→ Rn. 10) sich auf die unrichtige Eintragung nicht berufen, wenn er die Unrichtigkeit kannte. Fahrlässige, selbst grob fahrlässige Unkenntnis schließt die Anwendung von Abs. 3 nicht aus. Der Wortlaut von Abs. 3 („es sei denn") impliziert, dass die Unkenntnis des Dritten **widerlegbar vermutet** wird.[134] Der Kaufmann kann 54

---

[120] MüKoHGB/Krebs Rn. 88; BeckOK HGB/Müther, 49. Ed. 1.1.2026, Rn. 38.

[121] NK-HGB/Schall Rn. 75, 82 mwN; Steckhan DNotZ 1971, 211 (224 f.), entspr. § 15 Abs. 1 S. 2 erst nach Ablauf von 15 Tagen nach der Bekanntmachung; Steckhan NJW 1971, 1594 (1595); s. auch Oetker HandelsR § 3 Rn. 71 unter Hinweis darauf, dass dieser Ansatz mit den Vorgaben der RL 68/151/EWG vereinbar sei.

[122] NK-HGB/Schall Rn. 75, 82.

[123] Steckhan DNotZ 1971, 211 (226).

[124] Ebenroth/Boujong/Gehrlein Rn. 36; Staub/Koch/Harnos Rn. 112 („ökonomisch völlig unsinnig").

[125] Heymann/Förster Rn. 50; Staub/Koch/Harnos Rn. 114; MüKoHGB/Krebs Rn. 96; BeckOK HGB/Müther, 49. Ed. 1.1.2026, Rn. 39; NK-HGB/Schall Rn. 85; K. Schmidt HandelsR § 14 Rn. 95; SLM/Schmidt-Kessel/Kopp Rn. 68; BeckOGK/Weiß, 1.9.2025, Rn. 114.

[126] Staub/Koch/Harnos Rn. 114; MüKoHGB/Krebs Rn. 96.

[127] RGHMW/Ries Rn. 43.

[128] GK-HGB/Ensthaler/Müller Rn. 38; Ebenroth/Boujong/Gehrlein Rn. 37; Hopt/Merkt Rn. 19; v. Olshausen BB 1970, 137 (143); KKD/Roth/Stelmaszczyk Rn. 30; HK-HGB/Ruß Rn. 19; s. auch RG 24.1.1930, RGZ 127, 153 (158), Prokuraerteilung ohne vormundschaftsgerichtliche Genehmigung.

[129] Zu der Risikoabwägung s. Fehrenbacher, Registerpublizität und Haftung im Zivilrecht, 2004, 175.

[130] MüKoHGB/Krebs Rn. 97; zust. BeckOK HGB/Müther, 49. Ed. 1.1.2026, Rn. 40; BeckOGK/Weiß, 1.9.2025, Rn. 115.

[131] RGHMW/Ries Rn. 43.

[132] Behnke NJW 1998, 3078 (3082); Christmann ZEV 2000, 45 (47); Staudinger/Coester, 2020, BGB § 1629a Rn. 79; Eckebrecht MDR 1999, 1248 (1251); Ebenroth/Boujong/Gehrlein Rn. 37; Muscheler WM 1998, 2271 (2283).

[133] Behnke NJW 1998, 3078 (3082); Staudinger/Coester, 2020, BGB § 1629a Rn. 79.

[134] Deckenbrock/Sossna JuS 2024, 211 (213); Fröhleke/Seidel JA 2024, 288 (289); Ebenroth/Boujong/Gehrlein Rn. 38; Staub/Koch/Harnos Rn. 115; RGHMW/Ries Rn. 40.

den Gegenbeweis führen, dass der Dritte positive Kenntnis[135] von der Unrichtigkeit der Eintragung hatte.

55 Abs. 3 schützt – ebenso wie Abs. 1 (→ Rn. 20) – ein **abstraktes Vertrauen,** dh der Dritte muss weder nachweisen, dass er das Handelsregister eingesehen und die unrichtige Eintragung zur Kenntnis genommen hat, noch, dass er im Vertrauen auf die Richtigkeit der eingetragenen und bekanntgemachten Tatsache gehandelt hat.[136] Letzteres wird **unwiderlegbar vermutet.**[137] Dieser abstrakte Vertrauensschutz wird allerdings nur im **Geschäftsverkehr** gewährt (→ Rn. 9).

56 Maßgeblich für den Ausschluss des Vertrauensschutzes ist die Kenntnis des Dritten zum **Zeitpunkt** des Vorgangs, aus dem er Rechte herleitet.[138] Der Vertrauensschutz beginnt mit der unrichtigen Bekanntmachung (§ 10 Abs. 4; → § 10 Rn. 7 ff.) und endet ggf. mit der Eintragung und Bekanntmachung ihrer Berichtigung. Dabei ist im Hinblick auf die vertrauenszerstörende Wirkung der Berichtigung die Schonfrist nach Abs. 2 S. 2 zu beachten.[139]

57 **5. Rechtsfolge.** Die Rechtsfolge von Abs. 3 besteht darin, dass der Dritte (→ Rn. 10) sich demjenigen gegenüber, in dessen Angelegenheiten die Tatsache einzutragen war (→ Rn. 18 f.), auf die Eintragung berufen, also aus der unrichtigen Bekanntmachung (→ Rn. 48) Rechte herleiten kann. Alternativ kann er die tatsächliche Rechtslage gegen sich gelten lassen. Insofern besteht ein sog. **Wahlrecht** des Dritten zwischen den Rechtsfolgen, die sich unter Zugrundelegung der tatsächlichen Rechtslage oder bei Berufung auf die unrichtige, eingetragene und bekanntgemachte Tatsache ergeben.[140] Ein solches Wahlrecht steht dem Anmeldepflichtigen nicht zu; er kann sich nicht zum Nachteil des Dritten auf die unrichtige Eintragung und Bekanntmachung berufen.[141]

58 Beruhen die unrichtige Eintragung und Bekanntmachung (→ Rn. 48) auf einem Fehler des Registergerichts, kann demjenigen, in dessen Angelegenheiten die Tatsache einzutragen war (→ Rn. 18 f.), ein **Amtshaftungsanspruch** gegen das Land zustehen,[142] wenn er infolge der Anwendung von Abs. 3 einen Schaden erleidet. Ist die Eintragung dem Antragsteller (§ 7 Abs. 1 FamFG) gem. § 383 Abs. 1 Hs. 1 FamFG formlos mitgeteilt worden, kann der Anspruch gem. § 839 Abs. 3 BGB ausgeschlossen sein, wenn der Antragsteller die Berichtigung der unrichtigen Eintragung fahrlässig unterlassen hat.[143]

59 **6. Ergänzungssätze zu Abs. 3.** Vor der Einführung von Abs. 3 mWv 1.9.1969 (→ Rn. 4) hatte die Rspr. in Ergänzung zu der gesetzlich geregelten Publizität zwei Grundsätze formuliert: Erstens, wer durch eine unrichtige Anmeldung eine unrichtige Eintragung im Handelsregister veranlasst, ist an diese Eintragung gegenüber gutgläubigen Dritten gebunden.[144] Zweitens, wer eine unrichtige Eintragung im Handelsregister zwar nicht veranlasst, aber schuldhaft nicht beseitigt hat, ist gegenüber einem gutgläubigen Dritten an diese Eintragung gebunden.[145] Die Einführung von Abs. 3 hat die Bedeutung dieser Grundsätze erheblich reduziert, da dem Tatbestand unrichtige Eintragungen ohne Rücksicht auf die Richtigkeit der Anmeldung unterfallen (→ Rn. 49). Bedeutung haben die sog. Ergänzungssätze insbesondere in Fällen, in denen ein redlicher Dritter auf die Eintragung einer lediglich eintragungsfähigen Tatsache vertraut.[146] Praktisch bedeutsamer ist die Fortentwicklung der

---

[135] Deckenbrock/Sossna JuS 2024, 211 (213); Fröhleke/Seidel JA 2024, 288 (289); Ebenroth/Boujong/Gehrlein Rn. 38; Staub/Koch/Harnos Rn. 115; RGHMW/Ries Rn. 40.

[136] Statt vieler Fröhleke/Seidel JA 2024, 288 (289).

[137] Ebenroth/Boujong/Gehrlein Rn. 38; Staub/Koch/Harnos Rn. 115; MüKoHGB/Krebs Rn. 98; Hopt/Merkt Rn. 21; RGHMW/Ries Rn. 40; **aA** Canaris HandelsR § 5 Rn. 48 f.; NK-HGB/Schall Rn. 88 (konkretes Vertrauen); Schilken AcP 187 (1987), 1 (21).

[138] Ebenroth/Boujong/Gehrlein Rn. 39; Staub/Koch/Harnos Rn. 116; MüKoHGB/Krebs Rn. 99; RGHMW/Ries Rn. 41.

[139] Ebenroth/Boujong/Gehrlein Rn. 39; Staub/Koch/Harnos Rn. 116; MüKoHGB/Krebs Rn. 99; RGHMW/Ries Rn. 41.

[140] Deckenbrock/Sossna JuS 2024, 211 (213); Fröhleke/Seidel JA 2024, 288; Ebenroth/Boujong/Gehrlein Rn. 40; Staub/Koch/Harnos Rn. 1147; MüKoHGB/Krebs Rn. 100; BeckOK HGB/Müther, 49. Ed. 1.1.2026, Rn. 45; RGHMW/Ries Rn. 44; NK-HGB/Schall Rn. 90.

[141] BGH 5.2.1990, NJW-RR 1990, 737 (738); Ebenroth/Boujong/Gehrlein Rn. 40; Staub/Koch/Harnos Rn. 117; MüKoHGB/Krebs Rn. 100; RGHMW/Ries Rn. 43.

[142] Staub/Koch/Harnos Rn. 118; RGHMW/Ries Rn. 45; NK-HGB/Schall Rn. 92.

[143] Staub/Koch/Harnos Rn. 118; MüKoHGB/Krebs Rn. 104; NK-HGB/Schall Rn. 92.

[144] RG 8.6.1940, RGZ 164, 115 (121); 13.10.1933, RGZ 142, 98 (104 ff.); Staub/Koch/Harnos Rn. 104; MüKoHGB/Krebs Rn. 108, jeweils mwN.

[145] RG 25.11.1930, RGZ 131, 12 (13 f.); Staub/Koch/Harnos Rn. 104; MüKoHGB/Krebs Rn. 108, jeweils mwN.

[146] Ebenroth/Boujong/Gehrlein Rn. 27; Staub/Koch/Harnos Rn. 120; s. auch BGH 18.10.2016, NJW 2017, 559 (560); **aA** MüKoHGB/Krebs Rn. 91, der § 15 Abs. 3 in diesen Fall analog anwenden will.

Ergänzungssätze zur handelsrechtlichen Rechtsscheinhaftung (zB die Lehre vom Scheinkaufmann; → § 5 Rn. 31 ff.).[147]

VI. Publizitätswirkungen bei Doppelsitz der Gesellschaft

Hat eine Gesellschaft ausnahmsweise einen Doppelsitz (→ § 8 Rn. 73 f.), sind für sämtliche Eintragungen beide Registergerichte zuständig.[148] Diese Doppelzuständigkeit wirkt sich nicht dahingehend aus, dass bei der Anwendung von Abs. 1–3 auf die Eintragung und Bekanntmachung des Registergerichts abzustellen, zu dem das streitige Rechtsverhältnis die engere Beziehung hat.[149] Vorzugswürdig erscheint es, die Zuständigkeit als gleichwertig anzusehen mit der Folge, dass Dritte eingetragene und bekanntgemachte Tatsachen gem. Abs. 2 S. 1 erst dann gegen sich gelten lassen müssen, wenn die letzte Eintragung und Bekanntmachung erfolgt ist. Für die positive Publizität gem. Abs. 3 genügt das Vertrauen auf die Richtigkeit einer Eintragung und Bekanntmachung, und zwar auch dann, wenn das andere Register keine oder eine widersprechende Eintragung enthält.[150] 60

VII. Zweigniederlassungen ausländischer Unternehmensträger (Abs. 4)

Befindet die Hauptniederlassung eines Einzelkaufmanns oder einer juristischen Person oder der Sitz einer Handelsgesellschaft sich im Ausland, haben alle eine inländische Zweigniederlassung betreffenden Anmeldungen, Einreichungen und Eintragungen gem. § 13d Abs. 1 bei dem Gericht zu erfolgen, in dessen Bezirk die Zweigniederlassung besteht (→ § 13d Rn. 41 f.). Daran anschließend bestimmt Abs. 4, dass für den Geschäftsverkehr mit einer in das Handelsregister eingetragenen Zweigniederlassung eines Unternehmens mit **Sitz oder Hauptniederlassung im Ausland** im Sinne dieser Vorschrift – gemeint sind die Publizitätswirkungen nach Abs. 1 (→ Rn. 12 ff.), Abs. 2 (→ Rn. 29 ff.) und Abs. 3 (→ Rn. 44 ff.) – die Eintragungen und Bekanntmachungen durch das Gericht der Zweigniederlassung entscheidend sind. 61

Unternehmen mit **Sitz im Inland** haben die Errichtung und Aufhebung einer Zweigniederlassung sowie sämtliche Änderungen der die Zweigniederlassung betreffenden einzutragenden Tatsachen gem. § 13 Abs. 1 S. 1 ggf. iVm Abs. 1 S. 2 oder Abs. 3 bei dem Gericht der Hauptniederlassung bzw. dem Gericht des Sitzes der Gesellschaft anzumelden (→ § 13 Rn. 47). Daher sind für den Geschäftsverkehr mit solchen Zweigniederlassungen die Eintragungen und Bekanntmachungen des Gerichts der Hauptniederlassung bzw. des Sitzes des inländischen Unternehmensträgers maßgeblich.[151] 62

VIII. Zweigniederlassungen inländischer Kapitalgesellschaften im Ausland (Abs. 5)

Abs. 1 (→ Rn. 12 ff.), Abs. 2 (→ Rn. 29 ff.) und Abs. 3 (→ Rn. 44 ff.) sind gem. Abs. 5 auf die im Registerblatt eingetragenen Informationen über eine Zweigniederlassung der Gesellschaft im Ausland nicht anzuwenden. Der Wortlaut umschreibt den **personellen Anwendungsbereich** dieser Nichtanwendungsanordnung unzureichend. Er ist in Ansehung der Systematik, nämlich dass die Vorschrift § 13a flankiert, dahingehend zu präzisieren, dass sie nur solche Zweigniederlassungen umfasst, die dem Recht eines anderen Mitgliedstaates der EU oder eines anderen Vertragsstaates des EWR unterliegen und die von einer Kapitalgesellschaft mit Sitz im Inland errichtet wurden. 63

Urkunden und Informationen über Zweigniederlassungen, die dem Recht eines anderen Mitgliedstaates der EU oder eines anderen Vertragsstaates des EWR unterliegen, sind in erster Linie nach Maßgabe des jeweiligen nationalen Rechts einzureichen und in das Register einzutragen.[152] Wurde die Zweigniederlassung von einer Kapitalgesellschaft mit Sitz im Inland errichtet, müssen die Eintragungen zum Handelsregister, Registerbekanntmachungen, zum Handelsregister eingereichte Dokumente, Unterlagen der Rechnungslegung nach § 325 sowie eine Verschmelzungs-, Spaltungs- oder Formwechselbescheinigung nach § 316 Abs. 1 S. 4 UmwG, § 329 S. 3 UmwG oder § 343 Abs. 1 S. 4 UmwG über das **Europäische System der Registervernetzung** gem. § 9b Abs. 1 S. 1 Nr. 1–5 (→ § 9b Rn. 3 f.) und die Landesjustizverwaltungen (§ 13a Abs. 2; → § 13a Rn. 4) an das für die Gesellschaft zuständige Registergericht weitergeleitet werden. Dieses trägt von den empfange- 64

---

[147] Staub/Koch/Harnos Rn. 121; ausf. Canaris HandelsR § 6. Zu dem Rechtsschein der Gesellschafterstellung bei Umwandlung einer GmbH in eine GbR s. BGH 18.10.2016, NJW 2017, 559 (560).

[148] Balser DB 1972, 2049 (2050); MüKoHGB/Krebs Rn. 107.

[149] **AA** Hopt/Merkt Rn. 25.

[150] LG Hamburg 1.2.1973, DB 1973, 2237; MüKoAktG/Heider AktG § 5 Rn. 40; Staub/Koch/Harnos Rn. 122.

[151] Hopt/Merkt Rn. 24.

[152] Begr. RegE DiRUG, BT-Drs. 19/28177, 97.

nen Daten nicht sämtliche, sondern nur die in **§ 13a Abs. 3 Nr. 1–4** genannten Daten zu der Zweigniederlassung in das Registerblatt der Gesellschaft ein, nämlich die Errichtung, Aufhebung und Löschung der Zweigniederlassung, die Firma der Zweigniederlassung, die Geschäftsanschrift der Zweigniederlassung sowie die Eintragungsnummer und die einheitliche europäische Kennung der Zweigniederlassung (→ § 13a Rn. 6). Da in diesem Verfahren keine Prüfung der empfangenen Daten durch das Registergericht stattfindet, schließt Abs. 5 die Publizitätswirkungen nach Abs. 1 (→ Rn. 12 ff.), Abs. 2 (→ Rn. 29 ff.) und Abs. 3 (→ Rn. 44 ff.) für die gem. § 13a Abs. 3 Nr. 1–4 einzutragenden Daten aus.[153]

65 Die in der Lit. vertretene Ansicht, die Nichtanwendungsanordnung des Abs. 5 verstoße gegen die Vorgaben aus **Art. 16 Abs. 4 UAbs. 3, Abs. 5 GesR-RL** sowie gegen Art. 4 Abs. 3 AEUV und Art. 18 Abs. 1 AEUV,[154] überzeugt nicht.[155] Das deutsche Handelsregister ist in diesen Konstellationen nicht selbst das Publizitätsinstrument, sondern verlautbart lediglich die empfangenen Daten. Instrument der Offenlegung, das spezifische Publizitätswirkungen auslöst, ist ausschließlich das ausländische Register, und zwar nach Maßgabe der Offenlegungsvorschriften des jeweils anwendbaren Rechts, bei dessen Auslegung die Vorgaben der GesR-RL zu berücksichtigen sind (→ § 13a Rn. 1, → § 13a Rn. 6).

§ 15a Öffentliche Zustellung

[1]Ist bei einer juristischen Person, die zur Anmeldung einer inländischen Geschäftsanschrift zum Handelsregister verpflichtet ist, der Zugang einer Willenserklärung nicht unter der eingetragenen Anschrift oder einer im Handelsregister eingetragenen Anschrift einer für Zustellungen empfangsberechtigten Person oder einer ohne Ermittlungen bekannten anderen inländischen Anschrift möglich, kann die Zustellung nach den für die öffentliche Zustellung geltenden Vorschriften der Zivilprozessordnung erfolgen. [2]Zuständig ist das Amtsgericht, in dessen Bezirk sich die eingetragene inländische Geschäftsanschrift der Gesellschaft befindet. [3]§ 132 des Bürgerlichen Gesetzbuchs bleibt unberührt.

Schrifttum: M. Schwab, Missbrauchsbekämpfung durch die GmbH-Reform: Schutzinstrumente und Schutzlücken, DStR 2010, 333; Seibert, GmbH-Reform – Der Referentenentwurf eines Gesetzes zur Modernisierung des GmbH-Rechts und zur Bekämpfung von Missbräuchen – MoMiG, ZIP 2006, 1157; Steffek, Zustellungen und Zugang von Willenserklärungen nach dem Regierungsentwurf zum MoMiG – Inhalt und Bedeutung der Änderungen für GmbHs, AGs und ausländische Kapitalgesellschaften, BB 2007, 2077.

Übersicht

I. Allgemeines

1 **1. Entstehungsgeschichte, Normzweck.** Die Vorschrift ist ein Element bei der Bekämpfung von Missbräuchen, dem zweiten Ziel des MoMiG neben der Modernisierung des GmbH-Rechts.[1] Im Fokus stehen als **Firmenbestattungen** bezeichnete Sachverhalte, in denen insolvenzreife Gesell-

[153] Begr. RegE DiRUG, BT-Drs. 19/28177, 100; Omlor/Blöcher DStR 2021, 2352 (2355); krit. Hopt/Merkt Rn. 26 (effet utile).

[154] Linke NZG 2021, 309 (315); s. auch Hopt/Merkt Rn. 1: „unionsrechtlich nicht unproblematisch".

[155] Benz ZPG 2026, 95 Rn. 17 ff.; Staub/Koch/Harnos Rn. 123.

[1] Begr. RegE MoMiG, BT-Drs. 16/6140, 53.

schaften einer geordneten Abwicklung entzogen werden sollten, und zwar durch die Abberufung der Geschäftsführer bzw. Vorstandsmitglieder bzw. deren Amtsniederlegung und die Aufgabe des Geschäftslokals. Derartige Missbräuche sollen nicht nur durch insolvenzrechtliche Regelungen, insbesondere die personelle Erweiterung der Insolvenzantragspflicht (§ 15a Abs. 3 InsO), verhindert werden, sondern – in Ergänzung zu der Passivvertretung bei Führungslosigkeit (§ 35 Abs. 1 S. 2 GmbHG, § 78 Abs. 1 S. 2 AktG) – auch durch eine Zugangs- und Zustellungserleichterung gegenüber juristischen Personen (→ Rn. 8 f.).[2]

Die durch Art. 3 Nr. 6 MoMiG iVm Art. 25 MoMiG mWv 1.11.2008 eingefügte Vorschrift steht in **engem Zusammenhang mit § 185 Nr. 2 ZPO.**[3] Ihre Verortung im HGB beruht darauf, dass sie tatbestandlich an die durch § 10 Abs. 1 S. 1 GmbHG, § 39 Abs. 1 S. 1 AktG, § 13 Abs. 1 S. 1 (→ § 13 Rn. 36 ff.) oder § 13d Abs. 2 (→ § 13d Rn. 53 ff.) begründete Pflicht zur Anmeldung und Eintragung einer inländischen Geschäftsanschrift in das Handelsregister anknüpft. 2

2. Erleichterte Zustellung an juristische Personen. a) Öffentliche Zustellung gem. § 185 Nr. 2 ZPO. Die Vorschrift steht in einem engen Zusammenhang mit dem zeitgleich durch Art. 8 Nr. 2 lit. a MoMiG iVm Art. 25 MoMiG mWv 1.11.2008 eingefügten § 185 Nr. 2 ZPO. Danach kann die Zustellung bei juristischen Personen, die zur Anmeldung einer inländischen Geschäftsanschrift zum Handelsregister verpflichtet sind, durch öffentliche Bekanntmachung (sog. öffentliche Zustellung) erfolgen, wenn eine Zustellung weder unter der eingetragenen Anschrift noch unter einer im Handelsregister eingetragenen Anschrift einer für Zustellungen empfangsberechtigten Person oder einer ohne Ermittlungen bekannten anderen inländischen Anschrift möglich ist (sog. Ultima-ratio-Prinzip), weil noch nicht einmal ein Geschäftslokal vorhanden ist.[4] 3

Trotz des Ultima-ratio-Prinzips (→ Rn. 3) lässt § 185 Nr. 2 ZPO die öffentliche Zustellung – im Vergleich mit § 185 Nr. 1 ZPO – unter einfacheren Voraussetzungen zu. Der Antragsteller wird von aufwendigen Recherchen nach etwaigen Vertretern oder von der Verpflichtung, eine Auslandszustellung zu betreiben, entbunden.[5] Die damit korrespondiere **Obliegenheit, die Erreichbarkeit sicherzustellen,** ist nur juristischen Personen (→ Rn. 8 f.) auferlegt, die zur Anmeldung einer inländischen Geschäftsanschrift zum Handelsregister verpflichtet sind (→ Rn. 10 ff.). Der Gesetzeszweck des MoMiG, Missbräuche zu bekämpfen (→ Rn. 1), rechtfertigt die Ungleichbehandlung im Vergleich zu natürlichen Personen und Personenhandelsgesellschaften zum einen damit, dass juristische Personen „einfacher und schneller untertauchen" können, zum anderen mit der begrenzten Haftung juristischer Personen.[6] 4

Die Rechtsfolge des S. 1, nämlich dass die Zustellung nach den für die öffentliche Zustellung geltenden Vorschriften der ZPO erfolgen kann (→ Rn. 22), integriert die öffentliche Zustellung nach der ZPO in die Erleichterung des materiell-rechtlichen Zugangs. Letztere ist zur Bekämpfung von Missbräuchen (→ Rn. 1) erforderlich, weil insbesondere die Begründung von Sekundäransprüchen die **Wirksamkeit materiell-rechtlicher Erklärungen** – sei es einer Mahnung iSd § 286 Abs. 1 S. 1 BGB (→ Rn. 7), sei es einer Gestaltungserklärung (zB der Erklärung des Rücktritts gem. § 349 BGB) – voraussetzt.[7] Der Absender wird nicht auf die vagen Grundsätze der Zugangsfiktion wegen Zugangsvereitelung (§ 242 BGB)[8] verwiesen, sondern bekommt ein weiteres Instrument an die Hand, um den Zugang mittels Zustellung herbeizuführen. 5

b) Verhältnis zu § 132 ZPO. Bei sog. Firmenbestattungen (→ Rn. 1) kann der Zugang in der Regel nicht durch eine Zustellung gem. § 132 Abs. 1 BGB – dieses Vorgehen bleibt gem. S. 3 unberührt – ersetzt werden, da die Zugangsfiktion des § 132 Abs. 1 S. 1 BGB ohne Mitwirkung des Gerichtsvollziehers nicht eintreten kann.[9] Von einer Erweiterung des § 132 Abs. 2 BGB hat der Gesetzgeber bewusst abgesehen und stattdessen eine Zugangsfiktion (→ Rn. 23) mittels öffentlicher Zustellung in S. 1 begründet, weil ausschließlich juristische Personen (→ Rn. 8 f.) dem neuen Zustellungs- und Zugangsregime unterliegen sollen.[10] 6

---

[2] Begr. RegE MoMiG, BT-Drs. 16/6140, 26.

[3] Begr. RegE MoMiG, BT-Drs. 16/6140, 50.

[4] Zu verbleibenden Schutzlücken s. M. Schwab DStR 2010, 333 (334 f.).

[5] Begr. RegE MoMiG, BT-Drs. 16/6140, 53; OLG Frankfurt 11.1.2018, BeckRS 2018, 3326.

[6] Begr. RegE MoMiG, BT-Drs. 16/6140, 54; s. auch Seibert ZIP 2006, 1157 (1165) mit dem Hinweis auf unterschiedliche Risiken einer öffentlichen Zustellung für natürliche und juristische Personen.

[7] Begr. RegE MoMiG, BT-Drs. 16/6140, 51.

[8] BGH 26.11.1997, NJW 1998, 976 (977).

[9] Zu dem Erfordernis der Mitwirkung des Gerichtsvollziehers BGH 3.11.1976, BGHZ 67, 271 (277) = NJW 1977, 194 (195); MüKoBGB/Einsele BGB § 132 Rn. 2.

[10] Begr. RegE MoMiG, BT-Drs. 16/6140, 50 (51).

II. Willenserklärung

7 Gegenstand der öffentlichen Zustellung sind nicht nur Willenserklärungen (zB die Erklärung des Rücktritts), sondern – über den Wortlaut hinaus – auch und vor allem rechtsgeschäftsähnliche Erklärungen, wie zB die Mahnung iSd § 286 Abs. 1 S. 1 BGB.

III. Adressat der Willenserklärung

8 **1. Juristische Person.** Die Erleichterung des Zugangs gem. S. 1 gilt nur im Verhältnis zu juristischen Personen. Dies sind in erster Linie die GmbH und die AG. Daneben umfasst die rechtsformneutrale Formulierung **auch ausländische Unternehmensträger** (→ Rn. 12). Die Eingrenzung des persönlichen Anwendungsbereichs der Vorschrift erfolgt durch das Kriterium der Verpflichtung zur Anmeldung einer inländischen Geschäftsanschrift (→ Rn. 10 ff.).

9 Der Begriff der juristischen Person schließt **Einzelkaufleute** und **Personenhandelsgesellschaften** aus dem Anwendungsbereich von S. 1 aus, obwohl bei der Anmeldung der Firma (§ 29) bzw. der Gesellschaft zur Eintragung in das Handelsregister – ebenso wie die GmbH und die AG (→ Rn. 10) – eine inländische Geschäftsanschrift anzugeben ist (§ 106 Abs. 2 Nr. 2 ggf. iVm § 161 Abs. 2). Ursächlich für diese Differenzierung ist, dass aufgrund der Existenz mindestens eines persönlich und unbeschränkt haftenden Gesellschafters im Vergleich zu juristischen Personen ein geringeres Missbrauchspotential besteht.[11] Daher steht die **GmbH & Co. KG,** obwohl sie keine juristische Person, sondern eine KG ist, einer juristischen Person iSd S. 1 gleich.[12]

10 **2. Pflicht zur Anmeldung einer inländischen Geschäftsanschrift.** Durch Art. 1 Nr. 13 lit. a MoMiG und Art. 5 Nr. 4 lit. a MoMiG iVm Art. 25 MoMiG wurden **§ 10 Abs. 1 S. 1 GmbHG** und **§ 39 Abs. 1 S. 1 AktG** mWv 1.11.2008 dahingehend geändert, dass bei der Anmeldung der jeweiligen Gesellschaft zur Eintragung in das Handelsregister auch eine inländische Geschäftsanschrift abzugeben ist. Hierfür kann unter Umständen eine Anschrift mit dem Adresszusatz c/o genügen.[13]

11 Die Pflicht, die inländische Geschäftsanschrift zur Eintragung in das Handelsregister anzumelden, gilt gem. **§ 3 Abs. 1 S. 1 EGGmbHG** und **§ 18 S. 1 EGAktG** grundsätzlich auch für Gesellschaften, die zu diesem Zeitpunkt bereits in das Handelsregister eingetragen sind. In diesen Fällen ist die inländische Geschäftsanschrift gem. § 3 Abs. 1 S. 2 EGGmbHG und § 18 S. 2 EGAktG mit der ersten die eingetragene Gesellschaft betreffenden Anmeldung zum Handelsregister ab dem 1.11.2008, spätestens aber bis zum 31.10.2009 anzumelden. Wenn bis zum 31.10.2009 keine inländische Geschäftsanschrift zur Eintragung in das Handelsregister angemeldet worden ist, trägt das Gericht (§ 8 GmbHG, § 37 AktG) gem. § 3 Abs. 1 S. 3 Hs. 1 EGGmbHG und § 18 S. 3 Hs. 1 EGAktG von Amts wegen und ohne Überprüfung kostenfrei die ihm nach § 24 Abs. 2 HRV mitgeteilte inländische Anschrift als Geschäftsanschrift in das Handelsregister ein. Wenn dem Gericht zwar keine Mitteilung iSd § 24 Abs. 2 HRV gemacht wurde, ihm aber in sonstiger Weise eine inländische Geschäftsanschrift bekannt geworden ist, hat das Gericht gem. § 3 Abs. 1 S. 4 EGGmbHG und § 18 S. 4 EGAktG diese Anschrift einzutragen, wenn sie im elektronischen Informations- und Kommunikationssystem nach § 9 Abs. 1 abrufbar ist.

12 Eine inländische Geschäftsanschrift ist nicht nur bei Anmeldung einer GmbHG oder AG zur Eintragung in das Handelsregister anzugeben (→ Rn. 10), sondern gem. § 13 Abs. 1 S. 1, § 13d Abs. 2 Hs. 1 und § 13e Abs. 2 S. 3 auch bei der Errichtung einer **Zweigniederlassung** (→ § 13 Rn. 48, → § 13d Rn. 58, → § 13e Rn. 38 f.). In den Fällen des § 13e ist der Adressat der Erklärung, zu dessen Lasten der Zugang fingiert wird, die ausländische Kapitalgesellschaft, nicht die rechtlich unselbständige Zweigniederlassung.[14] Eine § 3 Abs. 1 EGGmbHG und § 18 EGAktG (→ Rn. 11) vergleichbare Übergangsregelung enthält Art. 65 EGHGB.

13 Bei **Genossenschaften** hat der Gesetzgeber keine Notwendigkeit für eine besondere Zugangs- und Zustellungserleichterung gesehen und daher bewusst auf die Einführung einer vergleichbaren Pflicht verzichtet.[15]

---

[11] Begr. RegE MoMiG, BT-Drs. 16/6140, 50.

[12] Begr. RegE MoMiG, BT-Drs. 16/6140, 50.

[13] OLG Hamm 13.1.2016, NJW-RR 2016, 482 = BeckRS 2016, 03349; 7.5.2015, NJW-RR 2015, 1178, Geschäftsanschrift des für die Gesellschaft handelnden Notars; 20.1.2011, NJW-RR 2011, 685, Kanzleianschrift des Insolvenzverwalters; OLG Rostock 31.5.2010, NZG 2011, 279: nur bei sicherer und zuverlässiger Zustellungsmöglichkeit; OLG Naumburg 8.5.2009, NZG 2009, 956.

[14] Staub/Koch/Harnos Rn. 6.

[15] Begr. RegE MoMiG, BT-Drs. 16/6140, 51.

IV. Unmöglichkeit des Zugangs einer Willenserklärung

Die öffentliche Zustellung einer Willenserklärung gem. S. 1 ist **ultima ratio** (→ Rn. 3). Sie ist daher im Einklang mit § 185 Nr. 2 ZPO[16] (→ Rn. 2) nur zulässig, wenn der Zugang weder unter der in dem Handelsregister eingetragenen Anschrift (→ Rn. 15 ff.) noch unter einer im Handelsregister eingetragenen Anschrift einer für Zustellungen empfangsberechtigten Person (fakultative Angabe; → Rn. 18 f.) noch unter einer sonstigen ohne Ermittlungen bekannten inländischen Anschrift möglich ist (→ Rn. 20 f.).[17] Weitere Versuche, den Zugang zu bewirken, insbesondere den **Versuch einer Zustellung im Ausland,** muss der Erklärende nicht unternehmen.[18] 14

1. Kein Zugang unter der eingetragenen inländischen Geschäftsanschrift. Die Voraussetzung für die öffentliche Zustellung einer Willenserklärung, nämlich dass deren Zugang nicht unter der in dem Handelsregister eingetragenen (Geschäfts-)Anschrift der juristischen Person (→ Rn. 8 f.) möglich ist (S. 1 iVm § 185 Nr. 2 ZPO), impliziert, dass der Erklärende zunächst versuchen muss, die Willenserklärung unter dieser Anschrift zugehen zu lassen.[19] 15

Durch Art. 1 Nr. 23 lit. b MoMiG, Art. 3 Nr. 3 lit. c MoMiG und Art. 5 Nr. 7 lit. b MoMiG iVm Art. 25 MoMiG mWv 1.11.2008 wurden mit **§ 35 Abs. 2 S. 3 GmbHG, § 13e Abs. 3a** (→ § 13e Rn. 67 f.) und **§ 78 Abs. 2 S. 3 AktG** Vorschriften geschaffen, um die Tauglichkeit der inländischen Geschäftsanschrift als Zugangs- und Zustellungsadresse zu verbessern. Die inhaltlich übereinstimmenden Regelungen, dass unter der eingetragenen Geschäftsanschrift der Gesellschaft bzw. der Zweigniederlassung Willenserklärungen an die Vertreter der Gesellschaft abgebeben und Schriftstücke zugestellt werden können, begründen eine **unwiderlegliche Vermutung** dafür, dass ein Vertreter der Gesellschaft unter dieser Anschrift erreicht werden kann und damit die **Möglichkeit der Kenntnisnahme** besteht.[20] Bei Zustellungen erlaubt diese Vermutung den Schluss, dass es sich bei den Räumen unter der angegebenen Anschrift um Geschäftsräume der Gesellschaft iSd § 180 S. 1 ZPO handelt.[21] Geht es um den Zugang einer Willenserklärung, wird hingegen lediglich vermutet, dass unter der angegebenen Geschäftsanschrift die Möglichkeit der Kenntnisnahme besteht. Dies gilt allerdings nur, wenn und solange die Räume überhaupt zu dem **Machtbereich** der Gesellschaft gehören. Wurde das Geschäftslokal zB geschlossen, kann unter der Geschäftsanschrift kein Zugang bewirkt werden.[22] 16

Der Versuch, den Zugang der Willenserklärung unter der in dem Handelsregister eingetragenen Geschäftsanschrift zu bewirken, muss auch dann unternommen werden, wenn die Gesellschaft **keinen Geschäftsführer oder Vorstand** mehr hat. Bei einer solchen Führungslosigkeit wird die GmbH gem. § 35 Abs. 1 S. 2 GmbHG durch ihre Gesellschafter, die AG gem. § 78 Abs. 1 S. 2 AktG durch den Aufsichtsrat vertreten. Die zutreffende Benennung des Vertreters ist für die Abgabe einer Willenserklärung gegenüber der Gesellschaft nicht erforderlich. Daher ist es für den Zugang unerheblich, ob die Führungslosigkeit dem Erklärenden bekannt oder unbekannt ist.[23] 17

2. Kein Zugang unter der im Handelsregister eingetragenen Anschrift einer für Zustellungen empfangsberechtigten Person. Die GmbH, die AG sowie Kapitalgesellschaften mit Sitz im Ausland sind gem. § 10 Abs. 2 S. 2 Hs. 1 GmbHG, § 39 Abs. 1 S. 2 Hs. 1 AktG, § 13e Abs. 2 S. 4 Hs. 1 (→ § 13e Rn. 43 ff.) berechtigt, aber nicht verpflichtet, eine Person, die für Willenserklärungen und Zustellungen an die Gesellschaft empfangsberechtigt ist, mit einer inländischen Anschrift zur Eintragung in das Handelsregister anzumelden. Die weitere Regelung, dass die Empfangsberechtigung Dritten gegenüber als fortbestehend gilt, bis sie im Handelsregister gelöscht und die Löschung bekannt gemacht worden ist, es sei denn, dass die fehlende Empfangsberechtigung dem Dritten bekannt war (§ 10 Abs. 2 S. 2 Hs. 2 GmbHG, § 39 Abs. 1 S. 2 Hs. 2 AktG, § 13e Abs. 2 S. 4 Hs. 2; → § 13e Rn. 46 f.), findet ihre Fortsetzung darin, dass der Erklärende – vorrangig gegenüber der öffentlichen Zustellung gem. S. 1 iVm § 185 Nr. 2 ZPO – einen Versuch unternehmen muss, den Zugang der Willenserklärung unter diese Anschrift zu bewirken. Mit anderen Worten, die Anmel- 18

[16] Steffek BB 2007, 2077 (2084).

[17] Zu unions- und verfassungsrechtlichen Bedenken s. Stellungnahme BR, abgedruckt in BT-Drs. 16/6140, 70; MüKoZPO/Häublein/Müller ZPO § 185 Rn. 26 f.

[18] Begr. RegE MoMiG, BT-Drs. 16/6140, 51.

[19] Begr. RegE MoMiG, BT-Drs. 16/6140, 53 zu § 185 Nr. 2 ZPO.

[20] Begr. RegE MoMiG, BT-Drs. 16/6140, 43; Staub/Koch/Harnos Rn. 7; MüKoHGB/Krafka Rn. 10; Steffek BB 2007, 2077 (2080).

[21] Steffek BB 2007, 2077 (2080).

[22] Staub/Koch/Harnos Rn. 7; M. Schwab DStR 2010, 333 (335); Steffek BB 2007, 2077 (2079).

[23] Begr. RegE MoMiG, BT-Drs. 16/6140, 43.

dung einer empfangsberechtigten Person eröffnet den Gesellschaften eine zweite Möglichkeit, dem Risiko einer öffentlichen Zustellung zu entgehen.[24]

19 Hinsichtlich der **empfangsberechtigten Person** sieht weder § 10 Abs. 2 S. 2 Hs. 1 GmbHG noch § 39 Abs. 1 S. 2 Hs. 1 AktG noch § 13e Abs. 2 S. 4 Hs. 1 (→ § 13e Rn. 43 ff.) eine Einschränkung vor. Benannt werden können daher zB organschaftliche Vertreter unter ihrer Privatanschrift,[25] einzelne Gesellschafter und Mitglieder des Aufsichtsrats sowie rechtsgeschäftlich empfangsberechtigte Personen wie Rechtsanwälte oder Steuerberater.[26]

20 **3. Kein Zugang über eine ohne Ermittlung bekannte andere inländische Anschrift.** Ist eine andere inländische (→ Rn. 21) Anschrift der juristischen Person (→ Rn. 8 f.) als die in dem Handelsregister eingetragene bekannt, muss der Erklärende versuchen, den Zugang unter dieser Anschrift zu erwirken, bevor er die öffentliche Zustellung der Willenserklärung gem. S. 1 iVm § 185 Nr. 2 ZPO einleiten darf. Diese Subsidiarität besteht nur dann, wenn die andere Anschrift dem Erklärenden oder dem Gericht (§ 8 GmbHG, § 37 AktG) **in allen Bestandteilen positiv bekannt** ist.[27] Der Einschub „ohne Ermittlungen" stellt klar, dass insbesondere den Erklärenden **keine Ermittlungsobliegenheit** trifft. Er muss weder eine ihm unbekannte Anschrift ermitteln noch ihm bekannte Basisinformationen präzisieren, und zwar noch nicht einmal durch Nachfrage bei dem Einwohnermeldeamt oder Nachschlagen in einem Telefonbuch.[28] Diese strikte Regelung erklärt sich daraus, dass der Gesetzgeber – wie im unmittelbaren Anwendungsbereich von § 185 Nr. 2 ZPO – Ungewissheiten hinsichtlich der Zulässigkeit und Wirksamkeit der öffentlichen Zustellung vermeiden wollte.[29]

21 Die Voraussetzung, dass die andere Anschrift eine inländische sein muss, impliziert, dass der Erklärende keinen Versuch unternehmen muss, den Zugang der Willenserklärung an eine **Anschrift im Ausland** zu bewirken. Den unionsrechtlichen Bedenken des Bundesrates, der den Radius auf den Geltungsbereich der EuZVO erweitern wollte,[30] ist der Gesetzgeber letztlich nicht gefolgt. Ziel der Regelung ist es, den Erklärenden einen möglichst einfachen Weg für den Zugang von Willenserklärungen und die Zustellung von Schriftstücken zu ermöglichen. Daher wird nicht nur von den nach deutschem Recht inkorporierten und im deutschen Handelsregister eingetragenen juristischen Personen (→ Rn. 8 f.), sondern auch von Kapitalgesellschaften mit Sitz im Ausland, die eine Zweigniederlassung im Inland errichten, verlangt, im Inland über eine zustellungsfähige Anschrift zu verfügen (§ 10 Abs. 1 S. 1 GmbHG, § 39 Abs. 1 S. 1 AktG, § 13d Abs. 2 Hs. 1; → § 13d Rn. 53 ff.).[31]

V. Öffentliche Zustellung

22 **1. Durchführung nach den Vorschriften der ZPO.** Die Zustellung erfolgt gem. S. 1 nach den für die öffentliche Zustellung geltenden Vorschriften der ZPO. Gemäß **§ 186 Abs. 2 S. 1 ZPO** erfolgt die öffentliche Zustellung entweder durch Aushang einer Benachrichtigung an der Gerichtstafel oder durch Veröffentlichung einer Benachrichtigung in einem elektronischen Informations- und Kommunikationssystem, dass im Gericht öffentlich zugänglich ist. Die Benachrichtigung muss gem. S. 1 iVm § 186 Abs. 2 S. 2 Nr. 1–4 ZPO die Person, für die zugestellt wird, den Namen und die letzte bekannte Anschrift des Zustellungsadressaten, das Datum der Willenserklärung sowie die Stelle, wo das Schriftstück eingesehen werden kann, erkennen lassen und gem. § 186 Abs. 2 S. 3 ZPO den Hinweis enthalten, dass ein Schriftstück öffentlich zugestellt wird und Fristen in Gang gesetzt werden können, nach deren Ablauf Rechtsverluste drohen können. Zuständig ist gem. S. 2 das **Amtsgericht,** in dessen Bezirk sich die im Handelsregister eingetragene inländische Geschäftsanschrift befindet. Ob die juristische Person unter dieser Anschrift ein Geschäftslokal unterhält, ist für die öffentliche Zustellung unerheblich.[32]

23 **2. Rechtswirkung.** S. 1 regelt ausschließlich die Voraussetzungen für die öffentliche Zustellung einer Willenserklärung (→ Rn. 7 ff.). Die Rechtswirkung einer erfolgten öffentlichen Zustellung (→ Rn. 22) findet hingegen keine Erwähnung; insbesondere ist keine § 132 Abs. 1 S. 1 vergleichbare

---

[24] Seibert ZIP 2006, 1157 (1165): „second chance".
[25] Seibert ZIP 2006, 1157 (1165); Steffek BB 2007, 2077 (2081).
[26] Begr. RegE MoMiG, BT-Drs. 16/6140, 36; Steffek BB 2007, 2077 (2081).
[27] Begr. RegE MoMiG, BT-Drs. 16/6140, 51.
[28] Begr. RegE MoMiG, BT-Drs. 16/6140, 51.
[29] Begr. RegE MoMiG, BT-Drs. 16/6140, 51. Zu der zivilprozessualen Problematik s. MüKoZPO/Häublein/Müller ZPO § 185 Rn. 16 f. mwN.
[30] Stellungnahme BR, abgedruckt in BT-Drs. 16/6140, 70.
[31] Gegenäußerung BReg., abgedruckt in BT-Drs. 16/6140, 78; Staub/Koch/Harnos Rn. 14.
[32] RGHMW/Ries Rn. 5; Seibert ZIP 2006, 1157 (1166).

Fiktion des Zugangs der Willenserklärung angeordnet. Das Ziel der öffentlichen Zustellung einer Willenserklärung, nämlich mit der „Zustellungsfiktion der öffentlichen Bekanntmachung"[33] den Zugang zu bewirken, gebietet es jedoch, den Wortlaut um eine **Zugangsfiktion** zu ergänzen mit der Folge, dass die Willenserklärung mit der öffentlichen Zustellung wirksam wird.

§ 16 [Entscheidung des Prozessgerichts]

(1) [1]Ist durch eine rechtskräftige oder vollstreckbare Entscheidung des Prozeßgerichts die Verpflichtung zur Mitwirkung bei einer Anmeldung zum Handelsregister oder ein Rechtsverhältnis, bezüglich dessen eine Eintragung zu erfolgen hat, gegen einen von mehreren bei der Vornahme der Anmeldung Beteiligten festgestellt, so genügt zur Eintragung die Anmeldung der übrigen Beteiligten. [2]Wird die Entscheidung, auf Grund deren die Eintragung erfolgt ist, aufgehoben, so ist dies auf Antrag eines der Beteiligten in das Handelsregister einzutragen.

(2) Ist durch eine rechtskräftige oder vollstreckbare Entscheidung des Prozeßgerichts die Vornahme einer Eintragung für unzulässig erklärt, so darf die Eintragung nicht gegen den Widerspruch desjenigen erfolgen, welcher die Entscheidung erwirkt hat.

Schrifttum: Baur, Zur Beschränkung der Entscheidungsbefugnis des Registerrichters durch einstweilige Verfügung, ZGR 1972, 421; Decher, Die Überwindung der Registersperre nach § 16 Abs. 3 UmwG, AG 1997, 388; Kort, Einstweiliger Rechtsschutz bei eintragungspflichtigen Hauptversammlungsbeschlüssen, NZG 2007, 169; Reichert/Winter, Die „Abberufung" und Ausschließung des geschäftsführenden Gesellschafters der Publikums-Personengesellschaft, BB 1988, 981; Chr. Schmid, Das umwandlungsrechtliche Unbedenklichkeitsverfahren und die Reversibilität registrierter Verschmelzungsbeschlüsse, ZGR 1997, 493; Vollmer, Die Wirkungen rechtskräftiger Schiedssprüche bei gesellschaftsrechtlichen Gestaltungsklagen, BB 1984, 1774.

Übersicht

I. Allgemeines

1. Regelungsbereich. Abs. 1 regelt für einen Teilbereich des Eintragungsverfahrens, wie Entscheidungen des Prozessgerichts sich auf das registerrechtliche Verfahren auswirken. Die Vorschrift enthält **keine allgemeine Aussage zu der Bindung des Registergerichts an Entscheidungen des Prozessgerichts** (→ Rn. 3),[1] sondern eine Sonderregelung für die Eintragung nach einer Anmeldung, zu der mehrere Personen verpflichtet sind. Ist nur eine Person zu der Anmeldung berechtigt und verpflichtet, findet Abs. 1 keine Anwendung.[2] Ist der allein Anmeldebefugte zu der Abgabe der Annahmeerklärung verurteilt, richtet die Vollstreckung sich nach § 894 ZPO (→ Rn. 5)[3] mit der Folge, dass die Erklärung mit Eintritt der Rechtskraft der Entscheidung als abgegeben gilt. 1

Abs. 2 ermöglicht es einem Kläger, der in einem Parteiprozess eine Entscheidung über die Unzulässigkeit der Registereintragung erwirkt hat, die Eintragung in dem Registerverfahren zu verhindern. 2

[33] BGH 6.4.1992, BGHZ 118, 45 (48) = NJW 1992, 2280 (2281); 19.12.2001, NJW 2002, 827 (828).

[1] Staub/Koch/Harnos Rn. 4; MüKoHGB/Krafka Rn. 10; RGHMW/Ries Rn. 2; Ebenroth/Boujong/Schaub Rn. 5.

[2] MüKoHGB/Krafka Rn. 1; RGHMW/Ries Rn. 7; Ebenroth/Boujong/Schaub Rn. 12.

[3] Hopt/Merkt Rn. 3; RGHMW/Ries Rn. 7; Ebenroth/Boujong/Schaub Rn. 12.

Der obsiegende Kläger kann gem. Abs. 2 einen in dem Registerverfahren zu beachtenden **Widerspruch gegen die Eintragung** einlegen. Dies gilt auch dann, wenn der Kläger kein Beteiligter des Registerverfahrens, sondern ein unbeteiligter Dritter ist.[4] Insbesondere erfasst Abs. 2 nicht die Fälle des Abs. 1 mit umgekehrter Parteirolle, da in diesen Fällen der einzelne Anmeldepflichtige schlicht seine Mitwirkung bei der Anmeldung verweigern kann.[5]

3 **2. Bindungswirkung von Entscheidungen des Prozessgerichts. a) Allgemeine Grundsätze.** Die Vorschrift enthält eine Sonderregelung zu der Bindung des Registergerichts an Entscheidungen des Prozessgerichts (→ Rn. 1), deren Anwendungsbereich sich nur erschließt, wenn sie in den systematischen Kontext der **Bindungswirkung von Prozessentscheidungen** im Registerverfahren gesetzt wird. Ausgangspunkt ist der Grundsatz, dass Entscheidungen des Prozessgerichts keine Bindungswirkung entfalten, sondern das Registergericht gestützt auf seine eigene Überzeugung und Rechtsauffassung zu entscheiden hat. Ausnahmsweise kann sich jedoch eine Bindungswirkung aus dem Gegenstand der Entscheidung ergeben. Zu Einzelheiten → Rn. 5 ff.

4 Der Grundsatz, dass Entscheidungen des Prozessgerichts keine Bindungswirkung entfalten (→ Rn. 3), gilt auch dann, wenn das Registergericht das Verfahren nach § 21 Abs. 1 S. 1 FamFG oder § 381 S. 1 FamFG ausgesetzt hat, bis ein Rechtsstreit über die vorgreifliche Frage abgeschlossen ist (→ § 8 Rn. 130 ff.).[6] Die Aussetzung des Verfahrens als solche bewirkt keine Bindung des Registergerichts an die prozessgerichtliche Entscheidung.[7] Das Registerverfahren verfolgt eigenständig das Ziel der richtigen Entscheidung, also der richtigen Eintragung.[8]

5 **b) Einzelne Ausnahmen. aa) Verurteilung zu der Mitwirkung an einer Anmeldung zur Eintragung in das Handelsregister.** Ist der Beklagte zu der Abgabe einer Anmeldung zur Eintragung in das Handelsregister verurteilt, erfolgt die Zwangsvollstreckung dieses Urteils grundsätzlich gem. **§ 894 S. 1 ZPO** mit der Folge, dass die Anmeldung mit dem Eintritt der Rechtskraft des Urteils als abgegeben gilt und wie eine freiwillige Anmeldung dem Registerverfahren zugrunde gelegt wird. Zu der in bestimmten Konstellationen mit der Anmeldung abzugebenden Versicherung → Rn. 16. Die Vorschrift gilt nicht nur für Willenserklärungen, sondern – über ihren Wortlaut hinaus – auch für Verfahrenserklärungen, wie zB die auf eine Eintragung in das Handelsregister gerichtete Anmeldung.[9] Ist eine **Anmeldung von mehreren Personen** gemeinsam zu bewirken (→ Rn. 9), kann ein Mitwirkungspflichtiger, der seine Mitwirkung verweigert, von den anderen auf Mitwirkung bzw. Beitritt zu einer Anmeldung verklagt werden. Da für die Vollstreckung des stattgebenden Urteils § 894 S. 1 ZPO gilt, ist das Registergericht an die prozessgerichtlichen Entscheidung gebunden. Diese vollstreckungsrechtliche Wirkung besteht auch in dem Anwendungsbereich von Abs. 1 S. 1.[10] Jedoch geht die in Abs. 1 S. 1 angeordnete Bindungswirkung in ihren Voraussetzungen noch deutlich über den eingeschränkten Anwendungsbereich der vollstreckungsrechtlichen Regelung des § 894 S. 1 ZPO hinaus (→ Rn. 9 ff.).[11]

6 **bb) Sonstige Leistungs- und Feststellungsurteile.** Urteile, die das Bestehen oder Nichtbestehen eines Rechtsverhältnisses feststellen oder eine andere Leistungspflicht als die Mitwirkung an einer Anmeldung zur Eintragung in das Handelsregister aussprechen (→ Rn. 5), sind für ein Registergericht nur ausnahmsweise in den Grenzen der Rechtskraft beachtlich.[12] Daher muss **Personenidentität** zwischen den Prozessparteien und den Verfahrensbeteiligten bestehen. Ist an dem registergerichtlichen Verfahren eine weitere Person beteiligt (§ 7 FamFG), scheidet eine Bindung des Registergerichts aus.[13] Außerdem ist zu berücksichtigen, dass das Registerverfahren – im Unterschied zu Streitverfahren der freiwilligen Gerichtsbarkeit – kein Parteiverfahren ist. Daher ist das Registergericht trotz Personenidentität zwischen den Prozessparteien und den Verfahrensbeteiligten nicht an die Entscheidung des Prozessgerichts gebunden, soweit es bei seiner Entscheidung das **Interesse eines Dritten oder ein öffentliches Interesse** berücksichtigen darf oder muss.[14]

---

[4] MüKoHGB/Krafka Rn. 11; Ebenroth/Boujong/Schaub Rn. 28.

[5] Staub/Koch/Harnos Rn. 2.

[6] Baur ZGR 1972, 421 (422); Staub/Koch/Harnos Rn. 7.

[7] Hopt/Merkt Rn. 1; Staub/Koch/Harnos Rn. 7; RGHMW/Ries Rn. 2, 4.

[8] Staub/Koch/Harnos Rn. 7.

[9] MüKoHGB/Krafka Rn. 4.

[10] KG 19.10.2023, NZG 2024, 1138 Rn. 23; RGHMW/Ries Rn. 5; Henssler/Strohn/Wamser Rn. 2.

[11] Staub/Koch/Harnos Rn. 1; MüKoHGB/Krafka Rn. 4; Ebenroth/Boujong/Schaub Rn. 2.

[12] BayObLG 18.9.1987, NJW-RR 1988, 547 (548), Informationserzwingungsverfahren; OLG Köln 13.12.2012, BeckRS 2013, 9764.

[13] BayObLG 29.7.1969, BayObLGZ 1969, 184 (186); Hopt/Merkt Rn. 1; Staub/Koch/Harnos Rn. 5; Ebenroth/Boujong/Schaub Rn. 6.

[14] NK-HGB/Lamsa Rn. 6; RGHMW/Ries Rn. 4; Henssler/Strohn/Wamser Rn. 2; tendenziell auch BayObLG 18.9.1987, NJW-RR 1988, 547 (548), nicht entscheidungserheblich.

cc) Gestaltungsurteile. Das deutsche Gesellschaftsrecht kennt zahlreiche Gestaltungsklagen, zB die Klage auf Entziehung der Geschäftsführungsbefugnis gem. § 116 Abs. 5 S. 1 ggf. iVm § 161 Abs. 2 (→ § 116 Rn. 132 ff.), die Klage auf Entziehung der Vertretungsmacht gem. § 116 Abs. 5 S. 1 iVm § 124 Abs. 5 und ggf. § 161 Abs. 2 (→ § 124 Rn. 72 ff.), die Klage auf Ausschließung eines Gesellschafters gem. § 134 S. 1 (→ § 134 Rn. 28 ff.), die Auflösungsklage gem. § 139 Abs. 1 S. 1 ggf. iVm § 161 Abs. 2 (→ § 139 Rn. 13 ff.), die Nichtigkeitsklage gem. § 75 GmbHG oder § 275 AktG sowie die Anfechtungsklage gem. § 246 AktG oder §§ 110 ff. Die **stattgebenden Gestaltungsurteile** entfalten ihrem Inhalt nach Wirkung für und gegen jedermann (zB § 113 Abs. 6 ggf. iVm § 161 Abs. 2; → § 113 Rn. 7) mit der Folge, dass das Registergericht an das rechtskräftige Urteil gebunden ist.[15] Bei **Klageabweisung** tritt hingegen keine Bindungswirkung anknüpfend an den Urteilsgegenstand ein. Es bleibt stattdessen bei dem Grundsatz, dass Entscheidungen des Prozessgerichts das Registergericht nicht per se binden (→ Rn. 3).[16] 7

Bei einigen Anmeldungen zur Eintragung in das Handelsregister ist zu erklären, dass eine Klage gegen die Wirksamkeit eines Beschlusses nicht oder nicht fristgemäß erhoben oder eine solche Klage rechtskräftig abgewiesen oder zurückgenommen worden ist (zB § 16 Abs. 2 S. 1 Hs. 1 UmwG ggf. iVm § 125 Abs. 1 S. 1 UmwG, § 176 Abs. 1 UmwG oder § 198 Abs. 2 UmwG, § 319 Abs. 5 S. 1 Hs. 1 AktG ggf. iVm § 327e Abs. 2 AktG; → § 8 Rn. 95 f.). Ohne diese sog. **Negativerklärung** darf die Eintragung nicht vorgenommen werden. Diese Registersperre kann nicht nur durch einen Freigabebeschluss gem. § 16 Abs. 3 S. 1 UmwG ggf. iVm § 125 Abs. 1 S. 1 UmwG, § 176 Abs. 1 UmwG oder § 198 Abs. 2 UmwG oder gem. § 319 Abs. 6 S. 1 AktG ggf. iVm § 327e Abs. 2 AktG, sondern auch durch die Hauptsacheentscheidung überwunden werden (→ § 8 Rn. 112 f.).[17] 8

II. Ersetzung der Anmeldung (Abs. 1 S. 1)

1. Voraussetzung. a) Erforderliche Mitwirkung bei einer Anmeldung zum Handelsregister. In bestimmten Konstellationen (→ Rn. 14) müssen **mehrere Personen** gemeinsam eine Anmeldung vornehmen. Wirken nicht sämtliche Beteiligten an der Anmeldung mit, ist die Eintragung grundsätzlich wegen Fehlens eines ordnungsgemäßen Eintragungsantrags unzulässig. Die fehlende Mitwirkung einzelner Beteiligter kann unter den Voraussetzungen des Abs. 1 S. 1 durch eine rechtskräftige oder vollstreckbare Entscheidung des Prozessgerichts ersetzt werden, sodass die Anmeldung durch die übrigen zur Mitwirkung verpflichteten Beteiligten genügt. Verweigern hingegen sämtliche verpflichteten Beteiligten die Anmeldung, ist für Abs. 1 („gegen einen von mehreren") kein Raum. Dem Registergericht verbleibt in diesen Fällen nur die Möglichkeit, die antragspflichtigen Beteiligten durch Festsetzung von Zwangsgeld gem. § 14 S. 1 zu der Erfüllung ihrer Pflicht anzuhalten (→ § 14 Rn. 34 ff.).[18] Lediglich Dritte können einen Anspruch auf Anmeldung im Zivilprozess verfolgen. Die Zwangsvollstreckung eines stattgebenden Urteils erfolgt gem. § 894 S. 1 ZPO (→ Rn. 5). 9

b) Entscheidung des Prozessgerichts. Die Anmeldung durch einzelne Beteiligte ist gem. Abs. 1 S. 1 nur zulässig, wenn das Prozessgericht durch eine rechtskräftige oder vollstreckbare Entscheidung (→ Rn. 11 ff.) die Verpflichtung zur Mitwirkung bei der Anmeldung zum Handelsregister oder ein Rechtsverhältnis, bezüglich dessen eine Eintragung zu erfolgen hat, gegen die übrigen Beteiligten festgestellt hat (→ Rn. 14 ff.). 10

aa) Rechtskräftige oder vollstreckbare Entscheidung. Trotz der Rechtsfolge von Abs. 1 S. 1, nämlich der Substitution der Anmeldungserklärung durch die rechtskräftige oder vollstreckbare Entscheidung des Prozessgerichts, setzt die Vorschrift keine Verurteilung zur Abgabe einer Willens- bzw. Verfahrenserklärung iSd § 894 S. 1 ZPO voraus. Erforderlich, aber auch ausreichend ist eine Feststellung, sei es der Verpflichtung zur Mitwirkung bei einer Anmeldung zum Handelsregister (→ Rn. 14 ff.), sei es eines Rechtsverhältnisses, bezüglich dessen eine Eintragung zu erfolgen hat (→ Rn. 17). Eine solche Feststellung kann nicht nur mittels einer Feststellungsklage iSd § 256 ZPO erreicht werden.[19] Ausreichend sind auch **Leistungs- und Gestaltungsurteile,** wenn sie in den Urteilsgründen die Feststellung der Mitwirkungspflicht oder des Bestands des eintragungspflichtigen 11

[15] BayObLG 18.9.1987, NJW-RR 1988, 547 (548); OLG Köln 13.12.2012, BeckRS 2013, 9764; Staub/Koch/Harnos Rn. 5; SLM/Müther Rn. 17; RGHMW/Ries Rn. 3; Ebenroth/Boujong/Schaub Rn. 6; Henssler/Strohn/Wamser Rn. 2.

[16] RGHMW/Ries Rn. 4; s. auch SLM/Müther Rn. 17.

[17] Decher AG 1997, 388 (395); Kallmeyer/Marsch-Barner/Oppenhoff UmwG § 16 Rn. 33 ff.; Chr. Schmid ZGR 1997, 493 (499); s. auch Schmitt/Hörtnagl/Winter UmwG § 16 Rn. 49.

[18] Staub/Koch/Harnos Rn. 13; RGHMW/Ries Rn. 8; Ebenroth/Boujong/Schaub Rn. 12.

[19] KG 19.10.2023, NZG 2024, 1138 Rn. 23; Staub/Koch/Harnos Rn. 16; RGHMW/Ries Rn. 9; Ebenroth/Boujong/Schaub Rn. 13.

Rechtsverhältnisses enthalten.[20] Daher ist zB die Verurteilung aufgrund einer Leistungsklage zu dem Beitritt zu einer Anmeldung der Sache nach eine Entscheidung, mit der die Mitwirkungspflicht festgestellt wird.[21]

12 Die Entscheidung des Prozessgerichts muss entweder rechtskräftig oder vollstreckbar sein. Durch die Gleichstellung der Vollstreckbarkeit mit der Rechtskraft geht Abs. 1 S. 1 über § 894 S. 1 („Rechtskraft") hinaus.[22] Diese Erweiterung bedeutet zum einen, dass **vorläufig vollstreckbare Entscheidungen** geeignet sind, die Rechtsfolge des Abs. 1 S. 1 auszulösen. Zum anderen können auch **einstweilige Verfügungen** (§§ 935 ff. ZPO) die Anmeldung ersetzen.[23] Solange die Entscheidung des Prozessgerichts nur gegen Sicherheitsleistung vorläufig vollstreckbar ist, muss die Sicherheitsleistung vor der Eintragung nachgewiesen werden;[24] dies gilt auch für den Vollzug der einstweiligen Verfügung.[25]

13 Von vollstreckbaren Entscheidungen des Prozessgerichts (→ Rn. 11 f.) sind andere Vollstreckungstitel zu unterscheiden, die trotz ihres Inhalts nicht geeignet sind, die Mitwirkung des Beteiligten bei der Anmeldung zu ersetzen. **Vergleichen** iSd § 794 Abs. 1 Nr. 1 ZPO fehlt bereits der Entscheidungscharakter. Sie sind deshalb keine tauglichen Titel, um die Anmeldungserklärung zu ersetzen.[26] Gleiches gilt für **notarielle Urkunden** iSd § 794 Abs. 1 Nr. 5 ZPO,[27] die auch deshalb ausscheiden, weil eine Willenserklärung, und zwar auch eine prozessuale Willenserklärung,[28] nicht Gegenstand der Unterwerfungserklärung sein kann. **Schiedssprüche** haben zwar gem. § 1055 ZPO die Wirkung eines rechtskräftigen Urteils unter den Parteien. Sie sind aber für sich genommen keine Vollstreckungstitel, da die Zwangsvollstreckung erst aus der rechtskräftigen oder für vorläufig vollstreckbar erklärten Vollstreckbarerklärung iSd § 794 Abs. 1 Nr. 4a ZPO betrieben werden kann. Die rechtskräftige Vollstreckbarerklärung ist hingegen eine hinreichende Grundlage für die Ersetzung der Anmeldungserklärung eines Beteiligten im Registerverfahren gem. Abs. 1 S. 1.[29]

14 **bb) Gegenstand der Entscheidung. (1) Verpflichtung zur Mitwirkung bei einer Anmeldung zum Handelsregister.** Gegenstand der gerichtlichen Feststellung (→ Rn. 11) ist bei Abs. 1 S. 1 Fall 1 die Verpflichtung zur Mitwirkung bei einer Anmeldung zum Handelsregister. Eine solche **privatrechtliche Mitwirkungspflicht** im Verhältnis der zur Anmeldung verpflichteten Beteiligten untereinander besteht in den Fällen, in denen das Registerverfahren für die Eintragung eine von mehreren Beteiligten gemeinschaftlich gestellte Anmeldung verlangt, zB § 106 Abs. 7 S. 1 (→ § 106 Rn. 67 ff.), § 141 Abs. 1 (→ § 141 Rn. 2 ff.), § 142 Abs. 3 (→ § 142 Rn. 7), § 147 Abs. 1 S. 1, 2 (→ § 147 Rn. 2 ff.), § 150 (→ § 150 Rn. 1 ff.), § 175 (→ § 175 Rn. 1 ff.) sowie § 78 GmbHG iVm § 7 Abs. 1 GmbHG, § 57 Abs. 1 GmbHG und § 57i Abs. 1 GmbHG.

15 Von der privatrechtlichen Verpflichtung zur Mitwirkung bei einer Anmeldung zum Handelsregister (→ Rn. 14) ist die gem. § 14 S. 1 zwangsweise durchsetzbare **öffentlich-rechtliche Anmeldepflicht** zu unterscheiden. Beide Verpflichtungen obliegen dem Anmeldepflichtigen, jedoch einerseits gegenüber dem Registergericht, andererseits im Verhältnis zu den anderen Beteiligten.[30] Ist nur einer von mehreren zur Anmeldung verpflichteten Beteiligten säumig, kann nur gegen ihn und nicht gegen die übrigen Beteiligten ein Zwangsgeld festgesetzt werden (→ § 14 Rn. 27 ff.).[31]

16 In bestimmten Konstellationen muss die Anmeldung zur Eintragung in ein Register eine **Versicherung bestimmten Inhalts** enthalten (zB § 8 Abs. 2 S. 1 GmbHG, § 707 Abs. 2 Nr. 4 BGB). Da diese Versicherungen Wissenserklärungen sind, können sie nur von den zur Anmeldung verpflichteten Beteiligten persönlich abgegeben werden (→ § 12 Rn. 39). In diesen Fällen ist zwischen der Anmeldung und der Versicherung zu unterscheiden. Die Anmeldung ist eine Verfahrenserklärung, deren Abgabe bei einer entsprechenden Verurteilung gem. § 894 S. 1 ZPO fingiert wird (→ Rn. 5).

---

[20] Staub/Koch/Harnos Rn. 14, 16; Hopt/Merkt Rn. 3; RGHMW/Ries Rn. 9.

[21] KG 19.10.2023, NZG 2024, 1138 Rn. 23; KG 21.12.2021, FGPrax 2022, 116 (117).

[22] KG 19.10.2023, NZG 2024, 1138 Rn. 23.

[23] Staub/Koch/Harnos Rn. 14; Hopt/Merkt Rn. 3; SLM/Müther Rn. 4; s. auch BayObLG 6.12.1985, NJW-RR 1986, 523 zu § 29 BGB.

[24] KG 19.10.2023, NZG 2024, 1138 Rn. 23.

[25] Staub/Koch/Harnos Rn. 14.

[26] Staub/Koch/Harnos Rn. 15; Hopt/Merkt Rn. 3; SLM/Müther Rn. 6; RGHMW/Ries Rn. 9.

[27] Staub/Koch/Harnos Rn. 15; Hopt/Merkt Rn. 3; RGHMW/Ries Rn. 9.

[28] Zöller/Herget ZPO § 794 Rn. 26; MüKoZPO/Wolfsteiner ZPO § 794 Rn. 209.

[29] BayObLG 24.2.1984, BayObLGZ 1984, 45 = Rpfleger 1984, 239; Staub/Koch/Harnos Rn. 15; Hopt/Merkt Rn. 3; MüKoHGB/Krafka Rn. 6; NK-HGB/Lamsa Rn. 12; SLM/Müther Rn. 6; RGHMW/Ries Rn. 9; **aA** Vollmer BB 1984, 1774 (1777): keine Vollstreckbarerklärung erforderlich.

[30] MüKoHGB/Krafka Rn. 3.

[31] BayObLG 4.4.1978, MittBayNot 1978, 115 (116); MüKoHGB/Krafka § 14 Rn. 8; Ebenroth/Boujong/Schaub § 14 Rn. 21.

Die mit der Anmeldung abzugebende Versicherungen ist eine **unvertretbare Handlungen,** die gem. **§ 888 Abs. 1 ZPO** im Wege der Zwangsvollstreckung erwirkt werden kann.[32] Das begriffsnotwendige Richtigkeitserfordernis der Versicherung steht der Zwangsvollstreckung nicht per se entgegen, zumal der Beklagte sich im Vorprozess auf die Unrichtigkeit der Tatsachen, die versichert werden sollen, berufen kann.[33] Um eine Strafbarkeit wegen falscher Angaben (zB § 82 Abs. 1 Nr. 1 GmbHG) zu vermeiden, muss der zur Anmeldung verurteilte Beteiligte ggf. sich durch Amtsniederlegung der Vollstreckung entziehen.[34]

(2) Eintragungspflichtiges Rechtsverhältnis. Alternativ zu der Verpflichtung zur Mitwirkung bei einer Anmeldung zum Handelsregister (→ Rn. 14 ff.) genügt für die Ersetzung einer Anmeldungserklärung gem. Abs. 1 S. 1 Fall 2 die Feststellung eines Rechtsverhältnisses, bezüglich dessen eine Eintragung zu erfolgen hat. Diese Variante dient der Prozessökonomie, indem sie eine gesonderte Klage auf Mitwirkung bei der Anmeldung entbehrlich werden lässt.[35] Von Bedeutung ist sie insbesondere bei der Entscheidung über die **Entziehung der Vertretungsbefugnis** gem. § 124 Abs. 5 iVm § 116 Abs. 5 S. 1 (→ § 124 Rn. 72 ff.), da ein klagestattgebendes Urteil das Erlöschen der Vertretungsbefugnis impliziert,[36] sowie bei einer einstweilen angeordneten (→ Rn. 12) **Unterlassung von Vertretungsmaßnahmen** nach einer gesellschaftsvertraglich legitimierten Abberufung, weil diese Entscheidung ebenfalls die Feststellung enthält, dass die Vertretungsmacht erloschen ist.[37] 17

2. Rechtsfolge. a) Ersetzung der Anmeldungserklärung. Ist durch rechtskräftige oder vollstreckbare Entscheidung des Prozessgerichts (→ Rn. 11 ff.) die Verpflichtung zur Mitwirkung bei einer Anmeldung zum Handelsregister oder ein Rechtsverhältnis, bezüglich dessen eine Eintragung zu erfolgen hat (→ Rn. 14 ff.), gegen einen von mehreren bei der Vornahme der Anmeldung beteiligten festgestellt, genügt gem. Abs. 1 S. 1 zur Eintragung ausnahmsweise die Anmeldung der übrigen Beteiligten. Die Entscheidung des Prozessgerichts ersetzt in dem Registerverfahren also die Anmeldungserklärung des säumigen Beteiligten, und zwar ohne dass es eines weiteren Rechtsstreits zur Umsetzung des Feststellungsausspruchs bedarf.[38] Den Anmeldenden obliegt es lediglich, die rechtskräftige oder vollstreckbare Entscheidung des Prozessgerichts nachzuweisen, zB durch Vorlage einer vollstreckbaren Ausfertigung. Das Prozessgericht hat keine Kompetenz, die Eintragung anzuordnen oder darum zu ersuchen. Ein entsprechendes Ersuchen wäre für das Registergericht unbeachtlich.[39] 18

Die Alternativität von Rechtskraft und Vollstreckbarkeit (→ Rn. 12) hat grundsätzlich zur Folge, dass das Registergericht das **Eintragungsverfahren** nicht bis zu dem Eintritt der Rechtskraft **aussetzen** darf, wenn eine lediglich vollstreckbare Entscheidung vorgelegt, die gem. Abs. 1 S. 1 geeignet ist, die Anmeldung zu ersetzen (→ Rn. 14 ff.). Insofern ist das dem Registergericht in § 21 Abs. 1 S. 1 FamFG und § 381 S. 1 FamFG eingeräumte Ermessen grundsätzlich eingeschränkt.[40] Zu der Aussetzung → § 8 Rn. 130 ff. Anderes gilt nur ausnahmsweise, wenn das Registergericht von Tatsachen Kenntnis hat, die das Prozessgericht bei seiner Entscheidung noch nicht berücksichtigen konnte. In diesen Fällen kann von einer Bindung des Registergerichts an die noch nicht rechtskräftige Entscheidung abgesehen werden.[41] 19

b) Prüfung des Registergerichts. Die Rechtsfolge von Abs. 1 S. 1 erschöpft sich in der Substitution der Anmeldungserklärung des säumigen Beteiligten (→ Rn. 18). Eine Einschränkung der registergerichtlichen Prüfung in dem Eintragungsverfahren geht damit jedoch nicht einher.[42] Im 20

---

[32] Altmeppen GmbHG § 7 Rn. 5, 6; RGHMW/Ries Rn. 11; **aA** – gesamte Anmeldung – Koch AktG § 36 Rn. 5; Staub/Koch/Harnos Rn. 20; MüKoAktG/Pentz AktG § 36 Rn. 18; Bork/Schäfer/C. Schäfer GmbHG § 7 Rn. 4; MHLS/Tebben GmbHG § 7 Rn. 10.

[33] Staub/Koch/Harnos Rn. 20.

[34] Staub/Koch/Harnos Rn. 20.

[35] Staub/Koch/Harnos Rn. 18; RGHMW/Ries Rn. 9; Ebenroth/Boujong/Schaub Rn. 14.

[36] Denkschrift zum Entwurf eines Handelsgesetzbuchs und eines Einführungsgesetzes, in Hahn/Mugdan, Die gesamten Materialien zu den Reichs-Justizgesetzen, 1897, 30; Staub/Koch/Harnos Rn. 18; MüKoHGB/Krafka Rn. 7; RGHMW/Ries Rn. 9.

[37] Staub/Koch/Harnos Rn. 18; RGHMW/Ries Rn. 9.

[38] OLG Bamberg 28.3.2024, BeckRS 2024, 44241 Rn. 83.

[39] KG 28.1.1884, KGJ 4, 36 (38); 21.3.1907, KGJ 34 A 121; 26.2.1931, JW 1931, 2992; Staub/Koch/Harnos Rn. 22; MüKoHGB/Krafka Rn. 8; Ebenroth/Boujong/Schaub Rn. 17; zT **aA** Reichert/Winter BB 1988, 981 (991).

[40] Staub/Koch/Harnos Rn. 9; RGHMW/Ries Rn. 9; Ebenroth/Boujong/Schaub Rn. 8.

[41] Staub/Koch/Harnos Rn. 9.

[42] Staub/Koch/Harnos Rn. 23 f.; MüKoHGB/Krafka Rn. 9; RGHMW/Ries Rn. 11; Ebenroth/Boujong/Schaub Rn. 19.

Gegenteil, das Registergericht muss prüfen, ob eine Entscheidung des Prozessgerichts im Sinne des Abs. 1 S. 1 vorliegt (→ Rn. 10 ff.) und – bei einer einstweiligen Verfügung – ob die Monatsfrist des § 929 Abs. 2 ZPO iVm § 936 ZPO noch nicht abgelaufen ist.[43]

21 **c) Vermerk im Handelsregister.** Erfolgt eine Eintragung aufgrund einer rechtskräftigen oder vollstreckbaren Entscheidung des Prozessgerichts, ist dies gem. § 18 S. 1 HRV bei der Eintragung im Register unter Angabe des Prozessgerichts, des Datums und des Aktenzeichens der Entscheidung zu vermerken. Kommt der säumige Beteiligte seiner Anmeldepflicht nachträglich nach, hat der Vermerk trotz des Vorliegens einer entsprechenden Entscheidung zu unterbleiben.[44] Da der Vermerk die Eintragung lediglich erläutert, ist er gem. § 30a Abs. 4 S. 5 HRV iVm § 16a nicht in den aktuellen Ausdruck aufzunehmen; er ist ausschließlich dem chronologischen Registerausdruck zu entnehmen.[45]

22 **3. Aufhebung der Entscheidung (Abs. 1 S. 2).** Da gem. Abs. 1 S. 1 anstelle einer rechtskräftigen Entscheidung auch eine sonstige vollstreckbare Entscheidung genügt (→ Rn. 12), um die Anmeldeerklärung des säumigen Beteiligten zu ersetzen (→ Rn. 18), kann es vorkommen, dass die Entscheidung nach der Eintragung aufgehoben wird. Die Aufhebung kann sowohl den Inhalt der Entscheidung (→ Rn. 14 ff.) als auch deren Vollstreckbarkeit (→ Rn. 12) betreffen.

23 Die Aufhebung der Entscheidung des Prozessgerichts entzieht der erfolgten Eintragung die rechtliche Grundlage. Dieser Umstand ist gem. Abs. 1 S. 2 auf Antrag eines der Beteiligten in das Handelsregister einzutragen (sog. Aufhebungsvermerk), und zwar auch dann, wenn die Aufhebungsentscheidung noch nicht rechtskräftig ist.[46] Ausreichend ist zB auch, dass lediglich die vorläufige Vollstreckbarkeit der Entscheidung gem. § 717 Abs. 1 ZPO aufgehoben wird.[47] Der Aufhebungsvermerk ist gem. § 18 S. 2 HRV in derselben Spalte des Registers einzutragen wie der Vermerk gem. § 18 S. 1 HRV (→ Rn. 21). Hierdurch wird der Rechtsverkehr auf die Zweifelhaftigkeit der fortbestehenden Eintragung hingewiesen.[48] Eine Löschung der Eintragung erfolgt nur auf entsprechende Anmeldung hin oder unter den Voraussetzungen des § 395 FamFG von Amts wegen.[49]

24 Die Eintragung eines Aufhebungsvermerks ist gem. Abs. 1 S. 2 nur zulässig, wenn die Eintragung aufgrund einer Entscheidung gem. Abs. 1 S. 1 erfolgt ist. Daran fehlt es, wenn der säumige Beteiligter seiner Anmeldepflicht nachträglich nachkommt (→ Rn. 21), und zwar auch dann, wenn er damit lediglich die Entscheidung des Prozessgerichts befolgt.[50]

III. Rechtsschutz bei Unzulässigkeit der Eintragung (Abs. 2)

25 **1. Überblick.** Abs. 2 betrifft Sachverhalte, in denen der Dritte die Unzulässigkeit einer intendierten Eintragung behauptet und einen materiell-rechtlichen Anspruch auf deren Unterlassung gegen den Anmeldenden geltend macht.[51] Ein solcher Anspruch des Dritten kann sich zB aus § 37 Abs. 2 S. 1 bei unbefugtem Gebrauch einer Firma ergeben (→ § 37 Rn. 11 ff.).[52] Er besteht außerdem als Annex zu dem Anfechtungsrecht des Gesellschafters gem. § 111 Abs. 1 (→ § 111 Rn. 3 ff.) oder § 245 Nr. 1–3 AktG.[53] Der Streit zwischen dem Dritten und dem Anmeldenden ist im Zivilverfahren zu klären. Abs. 2 eröffnet dem Dritten lediglich die Möglichkeit, auch mithilfe einer vorläufigen Entscheidung des Prozessgerichts die Registereintragung einstweilen zu unterbinden. Daher ist Abs. 2 die Grundlage für einen **vorbeugenden Rechtsschutz im Registerverfahren.**[54]

---

[43] Staub/Koch/Harnos Rn. 24; MüKoHGB/Krafka Rn. 9.

[44] Staub/Koch/Harnos Rn. 25; SLM/Müther Rn. 11; RGHMW/Ries Rn. 12.

[45] KG 19.10.2023, NZG 2024, 1138 Rn. 24.

[46] Staub/Koch/Harnos Rn. 26; MüKoHGB/Krafka Rn. 12; SLM/Müther Rn. 12; Ebenroth/Boujong/Schaub Rn. 23.

[47] Staub/Koch/Harnos Rn. 26; MüKoHGB/Krafka Rn. 12; RGHMW/Ries Rn. 13; Ebenroth/Boujong/Schaub Rn. 24.

[48] KG 19.10.2023, NZG 2024, 1138 Rn. 25; Staub/Koch/Harnos Rn. 28; MüKoHGB/Krafka Rn. 13; Ebenroth/Boujong/Schaub Rn. 27.

[49] KG 19.10.2023, NZG 2024, 1138 Rn. 27; Staub/Koch/Harnos Rn. 28; MüKoHGB/Krafka Rn. 13; RGHMW/Ries Rn. 14; **aA** GK-HGB/Müller Rn. 6: frühere Eintragung verlöre ihre Wirksamkeit.

[50] Staub/Koch/Harnos Rn. 26; MüKoHGB/Krafka Rn. 12; RGHMW/Ries Rn. 13; Ebenroth/Boujong/Schaub Rn. 25.

[51] Staub/Koch/Harnos Rn. 33; MüKoHGB/Krafka Rn. 15.

[52] Staub/Koch/Harnos Rn. 33; RGHMW/Ries Rn. 15; Ebenroth/Boujong/Schaub Rn. 29.

[53] LG Heilbronn 8.9.1971, AG 1971, 372; Staub/Koch/Harnos Rn. 33.

[54] Hopt/Merkt Rn. 5; Staub/Koch/Harnos Rn. 2; MüKoHGB/Krafka Rn. 14; s. auch BVerfG 13.10.2004, BB 2005, 1585 = BeckRS 2004, 25519.

2. Voraussetzungen. Der Rechtsschutz nach Abs. 2 setzt – ebenso wie Abs. 1 S. 1 (→ Rn. 11 ff.) – eine rechtskräftige oder vollstreckbare Entscheidung des Prozessgerichts voraus. Die Alternativität von Rechtskraft und Vollstreckbarkeit lässt erkennen, dass auch **vorläufig vollstreckbare Entscheidungen** sowie **einstweilige Verfügungen** genügen.[55] 26

Die Entscheidung des Prozessgerichts (→ Rn. 26) muss die Vornahme einer Eintragung für unzulässig erklären. In der Regel wird es sich um ein **Unterlassungsgebot** handeln (→ Rn. 25). Die bloße Feststellung, dass ein eintragungsfähiges Rechtsverhältnis nicht besteht, genügt für Abs. 2 nicht. Der Wortlaut von Abs. 2 enthält keine Abs. 1 S. 1 Fall 2 (→ Rn. 17) entsprechende Voraussetzung.[56] 27

3. Rechtsfolgen. a) Recht zum Widerspruch gegen die Eintragung. Die rechtskräftige oder vollstreckbare Entscheidung des Prozessgerichts (→ Rn. 26 f.) hindert das Registerverfahren nicht ipso iure daran, die Eintragung vorzunehmen. Sie gibt demjenigen, der die Entscheidung des Prozessgerichts erwirkt hat, lediglich das Recht, der Eintragung zu widersprechen. Der Widerspruch bedarf keiner Form und kann daher auch konkludent durch Einreichung der Entscheidung zu der Registereintragung erklärt werden.[57] 28

b) Rechtsfolgen des Widerspruchs gegen die Eintragung. aa) Bindung an die Entscheidung des Prozessgerichts. Der Widerspruch desjenigen, welcher die Entscheidung des Prozessgerichts erwirkt hat (→ Rn. 28), hat gem. Abs. 2 zur Folge, dass das Registergericht die Eintragung nicht vornehmen darf. Dies gilt allerdings nur, soweit das Registergericht nach allgemeinen Grundsätzen (→ Rn. 3 ff.) an die Entscheidung des Prozessgerichts gebunden ist.[58] Soweit die Bindungswirkung reicht, darf das Registergericht die Rechtmäßigkeit der Entscheidung nicht überprüfen. 29

Da Abs. 2 das Widerspruchsrecht auch dann gewährt, wenn die Entscheidung des Prozessgerichts vollstreckbar, aber nicht rechtskräftig ist (→ Rn. 28), kommt eine **Aussetzung des Registerverfahrens** nach § 21 Abs. 1 S. 1 FamFG bis zum Abschluss des Verfahrens vor dem Prozessgericht nicht in Betracht. Lediglich in Fällen, in denen das Registergericht nicht an die Entscheidung des Prozessgerichts gebunden ist (→ Rn. 3 ff.), kann es das Registerverfahren nach seinem pflichtgemäßen Ermessen aussetzen.[59] 30

bb) Widerspruch nach erfolgter Eintragung. Hat das Registergericht die Eintragung bereits vorgenommen, entfaltet der Widerspruch keine Wirkung mehr, weil die Eintragung nicht mehr verhindert werden kann. Für eine Löschung ist die Entscheidung des Prozessgerichts über die Unzulässigkeit der Eintragung keine Grundlage.[60] Der Betreffende kann allerdings ein **Amtslöschungsverfahren** anregen[61] oder, wenn ihm ein materiell-rechtlicher Anspruch gegen den Anmeldenden auf Löschung der Eintragung zusteht, diesen Anspruch gerichtlich geltend machen.[62] 31

c) Kein Anspruch auf Eintragung. Die Rechtsfolge des Abs. 2 erschöpft sich in einem Widerspruchsrecht gegen die Eintragung (→ Rn. 28) und der Pflicht des Registergerichts, den erklärten Widerspruch zu beachten (→ Rn. 29). Für den Fall, dass das Prozessgericht die Eintragung für zulässig erklärt, ist Abs. 2 kein Anspruch der obsiegenden Prozesspartei auf Vornahme der Eintragung zu entnehmen.[63] Das gilt auch dann, wenn die Eintragung zunächst wegen einer vorläufig vollstreckbaren Entscheidung des Prozessgerichts und eines darauf gestützten Widerspruchs nicht vorgenommen wurde. Wird die Entscheidung, auf die der Widerspruch gestützt wurde, aufgehoben, ist das Registergericht in seiner Entscheidung wieder frei, kann also auch der aufgehobenen Entscheidung in der Sache folgen und den Eintragungsantrag ablehnen.[64] 32

---

[55] OLG München 13.9.2006, NZG 2007, 152 (154); Kort NZG 2007, 169 (170).

[56] BayObLG 31.10.1908, LZ 1909, 566; Staub/Koch/Harnos Rn. 33; NK-HGB/Lamsa Rn. 18; Hopt/Merkt Rn. 5; SLM/Müther Rn. 13; RGHMW/Ries Rn. 15; Ebenroth/Boujong/Schaub Rn. 30.

[57] Staub/Koch/Harnos Rn. 34; MüKoHGB/Krafka Rn. 16; SLM/Müther Rn. 14; RGHMW/Ries Rn. 16.

[58] Baur ZGR 1972, 421 (426); Staub/Koch/Harnos Rn. 36; RGHMW/Ries Rn. 17; Ebenroth/Boujong/Schaub Rn. 32.

[59] Staub/Koch/Harnos Rn. 36; RGHMW/Ries Rn. 17; Ebenroth/Boujong/Schaub Rn. 34.

[60] Staub/Koch/Harnos Rn. 35; MüKoHGB/Krafka Rn. 16; KKD/Roth/Stelmaszczyk Rn. 9; Ebenroth/Boujong/Schaub Rn. 33.

[61] Staub/Koch/Harnos Rn. 35; MüKoHGB/Krafka Rn. 16; RGHMW/Ries Rn. 17.

[62] Staub/Koch/Harnos Rn. 35; s. auch GK-HGB/Müller Rn. 7.

[63] Staub/Koch/Harnos Rn. 38; RGHMW/Ries Rn. 18; Ebenroth/Boujong/Schaub Rn. 36.

[64] Staub/Koch/Harnos Rn. 38; MüKoHGB/Krafka Rn. 19; Ebenroth/Boujong/Schaub Rn. 36.

Dritter Abschnitt. Handelsfirma

§ 17 [Begriff]

(1) Die Firma eines Kaufmanns ist der Name, unter dem er seine Geschäfte betreibt und die Unterschrift abgibt.

(2) Ein Kaufmann kann unter seiner Firma klagen und verklagt werden.

Schrifttum: Ammon, Gesellschaftsrechtliche und sonstige Neuerungen im Handelsrechtsreformgesetz – Ein Überblick, DStR 1998, 1474; Bartels, Die Handelsfirma zwischen Namensrecht und Kennzeichenschutz, AcP 209 (2009), 309; Bokelmann, Das Recht der Firmen und Geschäftsbezeichnungen, 5. Aufl. 2000; Bokelmann, Die Neuregelungen im Firmenrecht nach dem Regierungsentwurf des Handelsrechtsreformgesetzes, GmbHR 1998, 57; Bokelmann, Ausgewählte Fragen des Firmenrechts, Rpfleger 1973, 44; Borges, Gläubigerschutz bei ausländischen Gesellschaften mit inländischem Sitz, ZIP 2004, 733; Clausnitzer, Deutsches Firmenrecht versus Europäisches Gemeinschaftsrecht, DNotZ 2008, 484; Fezer, Liberalisierung und Europäisierung des Firmenrechts, ZHR 161 (1997), 52; Geyrhalter/Gänßler, Perspektiven nach „Überseering" – wie geht es weiter?, NZG 2003, 409; Goldmann, Der Schutz des Unternehmenskennzeichens, 3. Aufl. 2009; Götting, Persönlichkeitsrechte als Vermögensrechte, 1995; Heinrich, Firmenwahrheit und Firmenbeständigkeit, 1982; Hirsch/Britain, Artfully Inspired – Werden deutsche Gesellschaften englisch?, NZG 2003, 1100; Horn, Deutsches und europäisches Gesellschaftsrecht und die EuGH-Rechtsprechung zur Niederlassungsfreiheit – Inspire Art, NJW 2004, 893; Kögel, Entwurf eines Handelsrechtsreformgesetzes, BB 1997, 793; Kögel, EuGH-Rechtsprechung Centros, Überseering, Inspire Art – Auswirkungen auf die registergerichtliche Praxis, Rpfleger 2004, 325; Krebs, Reform oder Revolution – Zum Referentenentwurf eines Handelsrechtsreformgesetzes, DB 1996, 2013; Lamsa, Die Firma der Auslandsgesellschaft, 2011; Leible/Hoffmann, Wie inspiriert ist Inspire Art?, EuZW 2003, 677; Lieb, Probleme des neuen Kaufmannsbegriffs, NJW 1999, 35; Müller-Gugenberger, EWIV – Die neue europäische Gesellschaftsform, 1989, 1449; W.-H. Roth, Das neue Firmenrecht, in Die Reform des Handelsstandes und der Personengesellschaften, 1999, 31; K. Schmidt, Das Handelsrechtsreformgesetz, NJW 1998, 2161; K. Schmidt, „Deklaratorische" und „konstitutive" Registereintragung nach §§ 1 ff. HGB – Neues Handelsrecht: einfach oder kompliziert?, ZHR 163 (1999), 87; K. Schmidt, HGB – Reform im Regierungsentwurf, ZIP 1997, 909; Schmitt, Der Entwurf eines Handelsrechtsreformgesetzes, WiB 1997, 1113; Schulenburg, Die Abkürzung im Firmenrecht der Kapitalgesellschaften, NZG 2000, 1156; Schulte/Warnke, Vier Jahre nach der HGB-Reform – Das neue Firmenrecht der GmbH im Handelsregisterverfahren, GmbHR 2002, 626; Selbherr/Manz, Kommentar zur europäischen wirtschaftlichen Interessenvereinigung (EWIV), 1995; Uhlenbruck, Die Firma als Teil der Insolvenzmasse, ZIP 2000, 401; Wamser, Die Firmenmehrheit, 1997; Weber, Das Prinzip der Firmenwahrheit im HGB und die Bekämpfung irreführender Firmen nach dem UWG, 1984; Wertenbruch, Die Firma des Einzelkaufmanns und der OHG/KG in der Insolvenz, ZIP 2002, 1931; Zimmer, Der nicht eingetragene Kaufmann: ein „eingetragener Kaufmann" im Sinne des § 19 Abs. 1 Nr. 1 HGB?, ZIP 1998, 2050.

Übersicht

I. Allgemeines

1 **1. Begriff der Firma.** § 17 Abs. 1 gibt die geltende[1] **Legaldefinition** des Rechtsbegriffes der Firma wieder. Firma ist danach der Name eines Kaufmannes, unter dem dieser seine Geschäfte

[1] Die Handelsrechtsreform 1998 brachte wegen der Anpassung an den Kaufmannsbegriff lediglich die Streichung der Worte „im Handel" mit sich; vgl. BT-Drs. 13/8444, 52.

betreibt, die Unterschrift abgibt sowie klagt bzw. verklagt werden kann (§ 17 Abs. 2). Der Begriff Firma hat seine sprachliche Herkunft von dem lateinischen, später italienischen Wort „firmare", das so viel heißt wie „bestätigen" oder „unterschreiben".[2] Umgangssprachlich wird mit einer „Firma" zwar meist ein ganzes Unternehmen oder ein Betrieb bezeichnet. Als Rechtsbegriff meint „Firma" aber nur den Handelsnamen[3] (oder Geschäftsnamen)[4] des Kaufmannes als Träger eines Unternehmens, der vom bürgerlichen Namen (§ 12 BGB) zu unterscheiden ist, auch wenn er mit diesem identisch sein kann, was zu einer Dopplung von Kennzeichnungsrechten führt.[5] Während der Einzelkaufmann neben seiner Firma auch einen bürgerlichen Namen hat, ist die Firma die einzige namensmäßige Kennzeichnung der Handelsgesellschaft. Mit der Verwendung der Firma im Rechtsverkehr wird deutlich gemacht, dass ein Geschäft vorliegt, das zum Handelsgewerbe bzw. Geschäft des Kaufmannes gehört (§ 343 Abs. 1) und diesen als Inhaber bzw. Träger des Unternehmens berechtigen und verpflichten soll.[6]

2 **2. Firmenarten und -bestandteile.** Bei der Gestaltung der Firma wird gewöhnlich zwischen verschiedenen Firmenarten, nämlich der Personenfirma, der Sachfirma, der Fantasiefirma bzw. entsprechenden Mischfirmen unterschieden. Seit der Handelsrechtsreform 1998 hat diese Unterscheidung aber keine inhaltliche Bedeutung mehr für die Auswahl einer Firma durch einen bestimmten Kaufmann. Insoweit kommt es nur noch auf die Eignung der gewählten Firma zur Kennzeichnung und deren Unterscheidungskraft an (§ 18 Abs. 1). Dies gilt für alle Kaufleute und Firmen. Gleichwohl muss eine Kategorisierung der Firmenarten noch vorgenommen werden, um einzelne firmenrechtliche Unterschiede veranschaulichen zu können: Die **Personenfirma** (auch Personalfirma)[7] besteht aus mindestens einem bürgerlichen Namen. Grundlage der **Sachfirma** ist ein Unternehmensgegenstand bzw. ein Tätigkeitsgebiet des Kaufmanns. Als **Fantasiefirma** werden alle anderen Bezeichnungen mit Kennzeichnungsfunktion ohne einen Bezug zu einem bürgerlichen Namen oder zu Unternehmensgegenständen angesehen. Mischfirmen enthalten verschiedene Bestandteile der Personen-, Sach- oder Fantasiefirma.

3 Unterschieden wird die **ursprüngliche** (bzw. bisherige) Firma von der **fortgeführten** (bzw. abgeleiteten) Firma (vgl. §§ 21 ff.). Die Begriffe **Firmenkern** und Firmenzusatz haben seit der Handelsrechtsreform 1998 ihre inhaltliche Bedeutung im Wesentlichen verloren und dienen lediglich einer schlagwortartigen Einordnung von Firmenbestandteilen.[8] Als Firmenkern können die vom Kaufmann frei wähl- und kombinierbaren Bestandteile, also bürgerlicher Name, Unternehmens- oder Tätigkeitsbeschreibung oder Fantasiebegriff bezeichnet werden, die zur Kennzeichnung geeignet sind und Unterscheidungskraft besitzen, also die Voraussetzungen des § 18 Abs. 1 erfüllen.[9] Als **Firmenzusatz** können die zwingend vorgeschriebene Rechtsformzusätze und Kennzeichnungen der Haftungsbeschränkung (§ 19) gelten, daneben auch noch freigestellte Zusätze zur besonderen werblichen Kennzeichnung des Geschäfts. Firmenkern und Firmenzusatz in diesem Sinne bilden eine rechtliche Einheit und zusammen die Firma des Kaufmanns.[10]

4 **3. Rechtsnatur.** Der Unternehmensträger besitzt an der Firma (gleich welcher Firmenart) ein **absolutes subjektives Recht.**[11] Anders als das Namensrecht der natürlichen Person (§ 12 BGB) besitzt die Firma nicht nur eine persönlichkeitsrechtliche Komponente,[12] sondern hat vor allem einen vermögensrechtlichen Charakter, der sie einem Immaterialgüterrecht ähnlich macht.[13] Richtig wird deshalb von der **Doppelnatur der Firma bzw. einem Mischrecht**[14] gesprochen. Erforderlich ist jedoch bei der Behandlung einzelner firmenrechtlicher Probleme (vor allem in Zusammenhang

---

[2] Schirrmer, Handbuch der deutschen Kaufmannssprache, 1911, 63; der Unternehmensname heißt im Italienischen übrigens „ditta".
[3] RGHMW/Ries Rn. 2.
[4] MüKoHGB/Heidinger Rn. 5.
[5] Vgl. Canaris HandelsR § 10 Rn. 10; Hopt/Merkt Rn. 5; Köhler FS Fikentscher, 1998, 497.
[6] Staub/Burgard Rn. 6; K. Schmidt HandelsR § 12 Rn. 2.
[7] Canaris HandelsR § 10 Rn. 5; K. Schmidt HandelsR § 12 Rn. 16; Oetker HandelsR § 4 Rn. 20.
[8] Bokelmann FirmenR Rn. 116.
[9] GK-HGB/Steitz Vor §§ 17–24 Rn. 24.
[10] MüKoHGB/Heidinger Rn. 16; GK-HGB/Steitz Vor §§ 17–24 Rn. 23.
[11] MüKoHGB/Heidinger Rn. 43; Staub/Burgard Rn. 50; Ebenroth/Boujong/Reuschle Rn. 13.
[12] Vgl. RG 14.9.1938, RGZ 158, 226 (230); überzeugend aber immer noch zB Canaris HandelsR § 10 Rn. 7 (jede Identitätsfestlegung enthält persönlichkeitsrechtliche Elemente).
[13] GK-HGB/Steitz Rn. 1: „Immaterialgüterrecht eigener Art".
[14] Canaris HandelsR § 10 Rn. 7 mit dogmatischer Anlehnung an das Urheberrecht; K. Schmidt HandelsR § 12 Rn. 34–36; Staub/Burgard Rn. 50; Ebenroth/Boujong/Reuschle Rn. 13; RGHMW/Ries Rn. 8; Oetker HandelsR § 4 Rn. 15; **aA** – reines Immaterialgüterrecht – Götting, Persönlichkeitsrechte als Vermögensrechte, 1995, 118, 126; Fezer ZHR 161 (1997), 55.

mit §§ 22, 24) eine genaue Gewichtung der vermögens- oder persönlichkeitsrechtlichen Komponenten. Eine zeitgemäße Betrachtung ergibt dabei, dass die vermögensrechtliche Seite als überwiegend anzusehen ist. Das übersieht nicht, dass der Persönlichkeitsrechtsschutz auch der Handelsgesellschaft bzw. der juristischen Person[15] anerkannt ist. Insoweit geht es in erster Linie jedoch um einen berechtigten Schutz gegen Verunglimpfungen. Persönlichkeitsrechtliche Belange, die firmenrechtlich in einem Spannungsverhältnis zu vermögensrechtlichen Interessen stehen, kommen vor allem dann ins Spiel, wenn ein bürgerlicher Name (selbst nach § 12 BGB Gegenstand von Rechten) zum Gegenstand der Personenfirma gemacht wird. Die entstehende Kollisionslage[16] ist Ausgangspunkt der Regelung in § 24 Abs. 2. Ansonsten hat die Firma, vor allem die Sach- und Fantasiefirma, auch wenn sie von einem Einzelkaufmann oder einer Personengesellschaft geführt wird, weit überwiegend vermögensrechtliche bzw. wirtschaftliche Bedeutung, die sich auch im sog. „good will" verkörpert. Das Gesetz will mit den Firmenfortführungsregeln (§ 22) gerade den wirtschaftlichen Wert erhalten. Selbst der Name droht dann, wenn er (freiwillig) bei der Firmenbildung verwendet wird, Gegenstand einer Kommerzialisierung zu werden, die persönlichkeitsrechtliche Aspekte in den Hintergrund treten lässt. Dies wird insbesondere im Insolvenzfalle deutlich, im Rahmen dessen es in erster Linie um die Verteilung bzw. den Erhalt wirtschaftlicher Werte geht.[17]

5 **4. Abgrenzung von anderen Kennzeichnungen.** Die Firma ist zu unterscheiden und abzugrenzen von ähnlichen Kennzeichnungen und Kennzeichnungsrechten.

6 **a) Name.** Der Name ist die individualisierende Kennzeichnung einer Person oder eines Unternehmens **(§ 12 BGB).** Auch das Namensrecht hat aber neben der (historisch im Vordergrund stehenden) persönlichkeitsrechtlichen Komponente zum Schutz einer natürlichen Person mittlerweile gewisse wirtschaftliche Bedeutung. Zudem hat die Rspr. den Anwendungsbereich auf andere Namensträger als natürliche Personen (zB auch juristische Personen oder Personengesellschaften)[18] und andere Bezeichnungen als bürgerliche (Familien-)Namen, also auch auf die Firma, erstreckt.[19] In seinem erweiterten Anwendungsbereich setzt der Namensschutz originäre Unterscheidungskraft oder Verkehrsgeltung der Kennzeichnung voraus. Insgesamt bestehen Abgrenzungsschwierigkeiten, vor allem zu §§ 5, 15 MarkenG sowie dem lauterkeitsrechtlichen Kennzeichenschutz (§ 4 Nr. 1, 3, 4 UWG). Grundsätzlich verdrängt das Markenrecht in seinem Anwendungsbereich Ansprüche aufgrund anderer gesetzlicher Grundlagen.[20]

6a Auch die **Gesellschaft bürgerlichen Rechts** führt einen Namen. Im Falle ihrer Eintragung in das Gesellschaftsregister, die seit Inkrafttreten des MoPeG möglich ist, ist dieser Name anzumelden (§ 707 Abs. 2 Nr. 1 lit. a BGB). Das gilt auch für Änderungen des Namens (§ 707 Abs. 3 S. 1 BGB). Die eingetragene Gesellschaft hat mit der Eintragung den Namenszusatz „eingetragene Gesellschaft bürgerlichen Rechts" oder „eGbR" zu führen (§ 707a Abs. 2 S. 1 BGB). Außerdem muss eine Kennzeichnung der Haftungsbeschränkung erfolgen, wenn in einer eingetragenen Gesellschaft keine natürliche Person als Gesellschafter haftet (§ 707a Abs. 2 S. 2 BGB). Nach § 707b S. 1 Nr. 1 BGB gelten für die eingetragene Gesellschaft bürgerlichen Rechts bestimmte Vorschriften des handelsrechtlichen Firmenrechts entsprechend (§§ 18, 21–24, 30 und § 37). Außerdem ist § 32 nach § 707b S. 1 Nr. 2 BGB entsprechend anwendbar. Insoweit ist durch die Modernisierung des Personengesellschaftsrechts eine weitgehende Annäherung des Namensrechts der Gesellschaft an das handelsrechtliche Firmenrecht hergestellt worden.

6b Der Name der **Partnerschaftsgesellschaft** ist keine Firma. § 2 Abs. 2 PartGG regelt aber, dass die firmenrechtlichen Vorschriften der §§ 18, 21, 22 Abs. 1, § 23, 24, 30, 31 Abs. 2, § 32 und § 37 entsprechend anwendbar sind.

7 **b) Geschäftsbezeichnung.** Die Geschäftsbezeichnung kennzeichnet nicht den kaufmännischen Unternehmensträger, sondern dient der Bezeichnung des Geschäftsbetriebs oder des Geschäftslokals selbst („Etablissementbezeichnung").[21] Sie muss, um Schutz nach §§ 5, 15 MarkenG erlangen zu können, namensmäßige Unterscheidungskraft besitzen oder Verkehrsgeltung erlangt haben. Üblich

[15] Vgl. BGH 8.7.1980, BGHZ 78, 24 = NJW 1980, 2807; OLG Köln 23.5.2001, NJW-RR 2001, 1486.

[16] Vgl. Canaris HandelsR § 10 Rn. 10.

[17] BGH 27.9.1982, BGHZ 85, 221 = NJW 1983, 755; anders noch RG 21.5.1904, RGZ 58, 166 (169).

[18] Vgl. BGH 16.12.2004, NJW 2005, 1503 – Literaturhaus (Verein); 8.12.1953, BGHZ 11, 214 (215) = NJW 1954, 388 (GmbH); grdl. auch BGH 6.7.1954, BGHZ 14, 155 (159) = NJW 1954, 1681.

[19] Vgl. BGH 23.6.2005, GRUR 2006, 159 (160) – Hufeland (Fimenbestandteil); 24.2.2005, GRUR 2005, 871 (873) – Seicom (Domainname); OLG München 9.2.2012, K & R 2012, 356.

[20] Vgl. BGH 9.9.2004, GRUR 2005, 430 – mho.de; OLG München 9.2.2012, K&R 2012, 356; vgl. aber zur Ausnahme bei einem auf Herkunftstäuschung gestützten Anspruch BGH 15.8.2013, GRUR 2013, 1161 – Hard Rock Cafe; Nägele GRUR 2007, 1007.

[21] MüKoHGB/Heidinger Rn. 35, 36; RGHMW/Ries Rn. 9; GK-HGB/Steitz Vor §§ 17–24 Rn. 17.

sind Geschäftsbezeichnungen bei der Benennung zB von Gaststätten oder Hotels, aber auch bei Apotheken.[22] Der Unterschied zwischen Firma und Geschäftsbezeichnung wird beispielhaft[23] deutlich, wenn eine unter der eingetragenen Firma handelnde Hotel-GmbH mehrere Beherbergungsbetriebe mit althergebrachten Etablissementbezeichnungen betreibt. Geschäftsbezeichnungen können aber auch Firmenbestandteil[24] sein oder vom Kaufmann neben seiner Firma (zB in der Werbung) verwendet werden.[25] Soweit jedoch Kaufleute zum Handeln unter ihrer Firma verpflichtet sind (insbesondere im Rahmen geschäftlicher Korrespondenz, § 37a) genügt es nicht, allein die Geschäftsbezeichnung zu benutzen (→ § 37a Rn. 3),[26] vielmehr ist der Gebrauch der Geschäftsbezeichnung unzulässig, wo der Verkehr die Führung der Firma erwartet.[27] Bestimmte Geschäftsbezeichnungen können berufsrechtlich unzulässig sein.[28] Geschäftsbezeichnungen genießen nicht den firmenrechtlichen Schutz nach § 37 Abs. 2. Geschäftsbezeichnungen sind außerdem „Namen" iSv § 45m Abs. 1 TKG aF.[29] Soweit die entsprechenden Voraussetzungen vorliegen, kommen die Schutzvorschriften des Markenrechts (§§ 5, 15 MarkenG), des Lauterkeitsrechts (§§ 3, 3a, 5 Abs. 1 UWG) oder ausnahmsweise auch des Bürgerlichen Rechts (§ 12 BGB) in Betracht.[30] Markenrechtliche Ansprüche können auf Unterlassung oder Einwilligung in die Löschung[31] zielen und sich sowohl gegen die gesamte Firma als auch (schutzfähige) Firmenbestandteile bzw. Firmenschlagworte[32] richten.

Geschäftsbezeichnungen können auch von **nicht firmenfähigen Gewerbetreibenden** verwendet werden. Gebraucht der Nichtkaufmann die Geschäftsbezeichnung firmenähnlich, wird oft von der „Minderfirma" gesprochen.[33] Der Gebrauch der Geschäftsbezeichnung bzw. Minderfirma durch den nicht firmenfähigen Gewerbetreibenden darf zwar nicht täuschend sein, das heißt nicht als Angabe eines Handelsnamens verstanden werden. Der Rechtsverkehr erkennt jedoch den Unterschied zwischen einem sonstigen Gewerbetreibenden und einem Kaufmann bereits daran, dass letzterer zur Führung eines Rechtsformzusatzes verpflichtet ist (§ 19). Daher ist der Gebrauch einer Minderfirma zulässig, wenn ihr jeder Rechtsformzusatz oder jede Kaufmannsbezeichnung fehlt, weil dann eine Verwechslung mit der Firma, die einen Rechtsformzusatz führen muss, ausgeschlossen ist. Dass die Minderfirma auch nicht lediglich inhaltlich auf ein Handelsgewerbe hinweisen darf (zB Grafik-Service H.W. oder Grabmale N., Inhaber B.),[34] wird zu Recht nicht mehr vertreten.[35] Umgekehrt erweckt die Führung eines Rechtsformzusatzes oder eine sich an einen Rechtsformzusatz anlehnende Kurzform in der Geschäftsbezeichnung dagegen den Eindruck einer Firma und ist deshalb unzulässig.[36] Das Registergericht kann insoweit gegen den unzulässigen Gebrauch einer Geschäftsbezeichnung bzw. Minderfirma durch den Nichtkaufmann einschreiten (§ 37 Abs. 1).[37] 8

c) Marke. Von der Firma abzugrenzen ist die Marke. Marken kennzeichnen die Herkunft von Waren und Dienstleistungen aus einem Unternehmen und bezeichnen nicht den Unternehmensträger. Die Marke kann jedoch auch Firmenbestandteil sein. Marken müssen Unterscheidungsfunktion haben (§ 3 Abs. 1 MarkenG) und bedürfen, um den Schutz nach dem MarkenG zu erlangen, nach § 4 Nr. 1 MarkenG in der Regel (Ausnahme: Verkehrsgeltung, notorische Bekanntheit, § 4 Nr. 2, Nr. 3 MarkenG) der Eintragung in das Markenregister. Bei der Begründung des Markenrechtsschutzes sind die absoluten Eintragungshindernisse nach § 8 MarkenG zu beachten. **Geschäftliche Bezeichnungen** (Unternehmenskennzeichen) genießen den Schutz nach §§ 5, 15 MarkenG. Auch 9

---

22 Beispielhaft LG Stuttgart 25.10.2005, GRUR-RR 2006, 67.

23 So RGHMW/Ries Rn. 9.

24 BGH 21.7.2005, GRUR 2005, 873 – Star Entertainment (insbes. zur erforderlichen Unterscheidungskraft); vgl. ausf. auch SHT/Hacker MarkenG § 5 Rn. 29, 33 ff.

25 BGH 8.4.1991, NJW 1991, 2023; MüKoHGB/Heidinger Rn. 36: „ergänzende Geschäftsbezeichnung".

26 Ebenroth/Boujong/Reuschle Rn. 12; NK-HGB/Lamsa Rn. 15.

27 BayObLG 6.2.1992, DStR 1992, 439; NK-HGB/Lamsa Rn. 15.

28 Vgl. beispielhaft betr. § 43b BRAO, § 9 BORA OLG Nürnberg 4.5.1999, NJW-RR 2000, 440 zu § 3 UWG aF.

29 BGH 17.4.2014, MDR 2014, 669.

30 Vgl. BGH 31.7.2008, GRUR 2008, 1102 – Haus & Grund I; 8.4.1991, NJW 1991, 2023; MüKoHGB/Heidinger Rn. 38.

31 Vgl. zur Abgrenzung BGH 5.12.2012, GRUR 2013, 833 – Culinaria/Villa Culinaria.

32 Vgl. dazu BGH 31.5.2012, GRUR 2013, 68 – Castell/VIN CASTEL; 28.1.1999, GRUR 1999, 492 – Altberliner.

33 Krit. zum Begriff Hopt/Merkt Rn. 13.

34 OLG Frankfurt 30.6.1980, MDR 1980, 938; OLG Zweibrücken 25.10.1989, MDR 1990, 250.

35 RGHMW/Ries Rn. 10; bezüglich der inhaltlichen Irreführung teilweise diff. Ebenroth/Boujong/Reuschle Rn. 11; MüKoHGB/Heidinger Rn. 41, jeweils zur Bezeichnung eines Kleingewerbetreibenden als „Fabrik"; zur früheren Rspr. zu Recht krit. K. Schmidt HandelsR § 12 Rn. 29: „trieb seltsame Blüten".

36 MüKoHGB/Heidinger Rn. 41; RGHMW/Ries Rn. 15; GK-HGB/Steitz Vor §§ 17–24 Rn. 8.

37 BayObLG 24.9.1998, NJW 1999, 297; RGHMW/Ries Rn. 15; jetzt auch KKD/Roth/Stelmaszczyk Rn. 8.

sonstige Zeichen (Abkürzungen, Nummern, Adressen, Domainnamen) können namens- oder markenrechtlichen Schutz genießen.

10 **5. Grundsätze des Firmenrechts.** Um dem Liberalisierungsgedanken der Handelsrechtsreform besser Ausdruck zu verleihen, werden die **Grundgedanken des neuen Firmenrechts** in einer übersichtlichen, treffenden Art und Weise auf die Kennzeichnungs- und Unterscheidungskraft, die Publizität und die Firmenwahrheit reduziert. Kennzeichnungsfähigkeit und Unterscheidungskraft, wie sie in § 18 Abs. 1 genannt werden, sind die allgemein geltenden Mindesterfordernisse bei der Firmenbildung bei ansonsten weitgehend bestehender Wahlfreiheit des Kaufmannes im Hinblick auf die Firmenbestandteile. Das Erfordernis der Publizität (§ 19 Abs. 1) weist demgegenüber auf die Bedeutung der Auskunftsfunktion der Firma hin, die die Rechtsform und die Haftungsverhältnisse wiedergeben muss.[38] Der Grundgedanke der Firmenwahrheit wird schließlich durch das geltende Irreführungsverbot (§ 18 Abs. 2 S. 1) zum Ausdruck gebracht.

11 Auch nach der Deregulierung, Liberalisierung und Vereinheitlichung des Firmenrechts durch die Handelsrechtsreform im Jahre 1998 besitzen die hergebrachten Grundsätze des Firmenrechts jedoch noch grundsätzlich Gültigkeit. Einzelne Grundsätze haben jedoch stärkeres Gewicht erlangt, während andere an Bedeutung eher verloren haben. Im Vordergrund steht der Grundsatz der **Firmenwahrheit,** der vor allem in § 18 Abs. 2 S. 1, aber auch in den Vorschriften zu den Rechtsformzusätzen (zB § 19) und Geschäftsbriefangaben (§ 37a) seinen Ausdruck findet. Eine Irreführung des Verkehrs[39] durch die Firmenbildung soll ausgeschlossen und eine Aufklärung über die tatsächlichen (Rechts-)Verhältnisse erreicht werden. Damit das Registergericht einschreitet, muss es sich aber nach § 18 Abs. 2 S. 2 um eine ersichtliche (auf der Hand liegende) Irreführung handeln. Prägend ist weiterhin der Grundsatz der **Firmenunterscheidbarkeit** (auch: Firmenausschließlichkeit), der in § 30 angesprochen wird. Hierdurch soll der Verkehr, allerdings nur in begrenztem Umfang, nämlich an demselben Ort oder in derselben Gemeinde, vor Verwechslungen[40] geschützt werden. In entferntem Zusammenhang mit diesem Grundsatz steht auch § 18 Abs. 1, der die Unterscheidungskraft allerdings als grundsätzliche Voraussetzung rein abstrakt behandelt. Von praktischer Bedeutung ist der Grundsatz der **Firmenöffentlichkeit.** In diesem Sinne regeln §§ 29, 31, 33–34, 106. sowie die spezialgesetzlichen Normen der §§ 7 ff. GmbHG, §§ 36 ff. AktG, §§ 10 ff. GenG das Ob und das Wie von Handelsregistereintragungen. In Zusammenhang mit den Publizitätserfordernissen stehen auch die Regelungen über die Rechtsformzusätze (§ 19 Abs. 1, §§ 4, 5a GmbHG, § 4 AktG, § 3 GenG) sowie die Vorschriften zu Geschäftsbriefen (§ 37a). Zu erwähnen ist weiterhin der Grundsatz der **Firmenkontinuität** (auch: Firmenbeständigkeit), wie er Gegenstand der §§ 21–24 (sowie § 4 GmbHG, § 4 AktG, §§ 18, 200 UmwG) ist, die die Möglichkeiten der Beibehaltung von Firmen betreffen. Dieser Grundsatz steht in einem Spannungsverhältnis zum Grundsatz der Firmenwahrheit, hat aber an Bedeutung verloren,[41] weil die Zwänge bei der Bildung von Firmen (insbesondere bei Personenfirmen) weitgehend aufgehoben sind. Schließlich ist noch der Grundsatz der **Firmeneinheit** zu nennen. Der Transparenz im Rechtsverkehr soll hierbei das allgemeine Prinzip dienen, dass von einer Handelsgesellschaft grundsätzlich (und zwar auch bei Übernahme eines Unternehmens mit dessen Firma) nur eine Firma geführt werden darf.[42] Lediglich der Einzelkaufmann kann mehrere selbständige, sachlich und räumlich getrennte Handelsgeschäfte betreiben und dann auch unter verschiedenen Firmen führen.[43]

12 Modifiziert wird der Grundsatz der Firmeneinheit durch die Vorschriften über die Zweigniederlassungen (grundlegend: §§ 13 ff.). Eine **Zweigniederlassung** darf unter der Firma der Hauptniederlassung betrieben und kann[44] dabei auch mit einem Zusatz zur Zweigniederlassung versehen werden (§ 50 Abs. 3 S. 1). Besonderheiten gelten bei Bestehen verwechslungsfähiger Firmen am selben Ort (§ 30 Abs. 1). In solchen Fällen muss nach § 30 Abs. 3 ein unterscheidungsfähiger Zusatz beigefügt werden. Wird die Zweigniederlassung unter einer von der Hauptniederlassung verschiedenen Firma betrieben, was zulässig ist (§ 50 Abs. 3 S. 1), muss die Filialfirma einen Zusatz enthalten, der den

---

[38] Vgl. Ammon DStR 1998, 1474 (1477).

[39] Vgl. BGH 10.11.1969, BGHZ 53, 65 = NJW 1970, 704; BayObLG 16.7.1992, NJW-RR 1993, 103.

[40] Vgl. BGH 14.7.1966, NJW 1966, 1813; KG 27.11.1990, NJW-RR 1991, 860.

[41] MüKoHGB/Heidinger Vor § 17 Rn. 28; RGHMW/Ries Rn. 23.

[42] BGH 21.9.1976, BGHZ 67, 166 = NJW 1976, 2163; 8.4.1991, NJW 1991, 2023 (2024); Oetker HandelsR § 4 Rn. 59; vgl. anders für eine nach öffentlich-rechtlichen Vorschriften gebildete Sparkasse BayObLG 21.3.2001, NJW-RR 2001, 1688.

[43] K. Schmidt HandelsR § 12 Rn. 68: „Trennung von Handlungskreisen, nicht Trennung der Rechtszuständigkeit"; MüKoHGB/Heidinger Rn. 9; RGHMW/Ries Rn. 21; Hopt/Merkt Rn. 8 f. (auch zur juristischen Person); idS auch BGH 7.1.1960, BGHZ 31, 398 = NJW 1960, 624; weitergehend Canaris HandelsR § 11 Rn. 36; diff. Ebenroth/Boujong/Reuschle Rn. 8; krit. Staub/Burgard Vor § 17 Rn. 42.

[44] Vgl. OLG Düsseldorf 22.2.2017, NZG 2017, 624 (Pflicht abl.).

Zusammenhang mit der Hauptniederlassung erkennen lässt.[45] Das gilt insbesondere auch bei erworbenen Handelsgeschäften, die als Zweigniederlassung unter ihrer bisherigen Firma betrieben werden sollen.[46]

II. Entstehung, Erlöschen, Gebrauch und Übertragung der Firma

1. Firmenfähigkeit. Zur Führung einer Firma ist nur der Kaufmann berechtigt. Firmenfähige Unternehmensträger sind daher Kaufleute iSv §§ 1 ff., also Einzelkaufleute (§ 1 und § 2), Handelsgesellschaften nach § 6 (OHG, KG), juristische Personen, die Handelsgesellschaften sind (AG, GmbH, KGaA) bzw. juristische Personen nach § 33, eG (§ 17 Abs. 2 GenG), SE und EWIV. Die Firmenvorschriften gelten entsprechend für den VVaG. Die Partnerschaftsgesellschaft besitzt keine Firma, sondern einen Namen, wobei wichtige Vorschriften des Firmenrechts aber nach § 2 Abs. 2 PartGG entsprechend gelten. Vorgesellschaften und Liquidationsgesellschaften, die ein Grundhandelsgewerbe betreiben, sind firmenfähig,[47] müssen ihre Firma aber mit einem klarstellenden Zusatz („in Gründung", „in Liquidation", „i.G.", „i.L.") verwenden. 13

Nicht firmenfähig sind, neben den natürlichen Personen ohne Kaufmannseigenschaft, vor allem die GbR, Freiberufler und die nicht nach außen in Erscheinung tretende stille Gesellschaft; sie können allerdings unter einer Geschäftsbezeichnung handeln.[48] 14

2. Entstehung. Die Tatbestände, die zur Entstehung der Firma führen, sind bei unterschiedlichen Kaufleuten verschieden. Die Firma entsteht im Falle von Einzelkaufleuten sowie OHG oder KG, die ein Handelsgewerbe nach § 1 Abs. 2 betreiben (dh das Unternehmen erfordert nach Art oder Umfang einen in kaufmännischer Weise eingerichteten Geschäftsbetrieb), durch den **tatsächlichen Gebrauch,**[49] also die Benutzung im Geschäftsbetrieb, ohne dass es einer Eintragung in das Handelsregister bedürfte. Erfolgt diese später, so hat sie nur deklaratorische Bedeutung, es sei denn eine Firma wurde zuvor nicht gebraucht. Ist die Kaufmannseigenschaft von der **Eintragung ins Handelsregister** abhängig, weil ein Kleingewerbe oder Land- und Forstwirtschaft betrieben werden (§§ 2, 3), so entsteht auch das Firmenrecht erst mit der Handelsregistereintragung. Jeweils Entsprechendes gilt im Falle des § 107 Abs. 1 für OHG und KG sowie für juristische Personen nach § 33. AG, KGaA, GmbH und eG, die erst durch Registereintragung entstehen, sind auch erst vom Zeitpunkt der Eintragung an firmenfähig, sodass die Firma entstehen kann.[50] Etwas anderes gilt nur, wenn zuvor eine Handelsgewerbe nach § 1 Abs. 2 oder eine firmenfähige Vorgesellschaft betrieben und die Firma tatsächlich gebraucht wurde.[51] 15

3. Erlöschen. Das Erlöschen der Firma ist gesetzlich nicht geregelt und muss aus dem Wesen der Firma hergeleitet werden.[52] Grundsätzlich erlischt die Firma, wenn der Kaufmann sie endgültig aufgibt, es sei denn sie ist weiterhin im Handelsregister eingetragen[53] oder der Kaufmann betreibt weiterhin ein Handelsgewerbe iSv § 1 Abs. 2, sodass er zur Anmeldung einer neuen Firma verpflichtet ist.[54] Die Firma erlischt auch, wenn der Erwerber eines Handelsgeschäfts von vorneherein eine neue Firma annimmt[55] oder der Veräußerer in die Firmenfortführung nicht einwilligt.[56] Die Tatbestände, die zum Erlöschen der Firma führen, sind davon abhängig, welcher Kaufmann die Firma benutzt hatte. 16

a) Einzelkaufmann. Wenn der Einzelkaufmann sämtliche Geschäftsbeziehungen abgebrochen und beendet hat und seinen **Geschäftsbetrieb endgültig, nicht nur vorübergehend, sondern** 17

---

[45] BayObLG 19.3.1992, BayObLGZ 1992, 59 (62); K. Schmidt HandelsR § 12 Rn. 81; GK-HGB/Steitz Rn. 10.

[46] BGH 21.9.1976, BGHZ 67, 166 = NJW 1976, 2163; MüKoHGB/Heidinger § 22 Rn. 50; GK-HGB/Steitz Rn. 13.

[47] BGH 29.10.1992, BGHZ 120, 103 = NJW 1993, 459.

[48] MüKoHGB/Heidinger Rn. 20; GK-HGB/Steitz Rn. 4; NK-HGB/Lamsa Rn. 24.

[49] BGH 9.6.1952, BGHZ 10, 196 (204) = NJW 1953, 1348; MüKoHGB/Heidinger Rn. 44; RGHMW/Ries Rn. 26.

[50] OLG München 9.6.1953, GRUR 1990, 697 (Vorinstanz zu BGH 29.10.1992, BGHZ 120, 103 = NJW 1993, 459).

[51] Ebenroth/Boujong/Reuschle Rn. 16; vgl. zur Vorgesellschaft auch BGH 29.10.1992, BGHZ 120, 103 = NJW 1993, 459.

[52] OLG Hamm 2.5.1977, BB 1977, 967; MüKoHGB/Heidinger Rn. 45.

[53] BayObLG 6.2.1992, BB 1992, 943.

[54] RGHMW/Ries Rn. 28.

[55] OLG Hamm 2.5.1977, BB 1977, 967.

[56] MüKoHGB/Heidinger Rn. 58.

dauernd aufgibt,[57] sodass seine Kaufmannseigenschaft entfällt, dann erlischt auch die Firma.[58] Dies ist nach § 31 Abs. 2 zur Eintragung in das Handelsregister anzumelden. Gehen Art und Umfang der Geschäftstätigkeit dergestalt zurück, dass ein kaufmännisch eingerichteter Geschäftsbetrieb nicht mehr erforderlich ist (§ 1 Abs. 2), so führt dies beim eingetragenen Kaufmann nicht zum Erlöschen der Firma,[59] weil die Kaufmannseigenschaft nach § 2 S. 1 nicht verloren geht. Erst die Löschung aus dem Handelsregister hat dies zur Folge (vgl. § 2 S. 2, S. 3, § 31 Abs. 2). Beim nicht eingetragenen Kaufmann führt das Absinken auf das Niveau eines Kleingewerbetreibenden zum Erlöschen der Firma. Wird das Unternehmen nicht von den Erben fortgeführt oder führen diese zwar fort, nehmen aber sofort eine andere Firma an, dann erlischt die Firma mit dem Tode des Kaufmanns.[60]

18 **b) Personenhandelsgesellschaften.** Bei Personenhandelsgesellschaften führt die bloße Aufgabe des Geschäftsbetriebs nicht zum Erlöschen der Firma, weil dies in § 138 (iVm § 161 Abs. 2) nicht als Auflösungsgrund für die Gesellschaft genannt ist.[61] Etwas anderes gilt, wenn (zB in dem Beschluss zur Einstellung der Geschäftstätigkeit) ein stillschweigender Beschluss der Gesellschafter zur Auflösung der Gesellschaft nach § 138 Abs. 1 Nr. 4 angenommen werden kann.[62] Die Kaufmannseigenschaft der in Auflösung befindlichen Personenhandelsgesellschaft bleibt bestehen (arg. e contrario § 150). Für die Dauer der Auflösung ist mit der Firma ein Liquidationsvermerk zu führen.[63] Mit der (nach § 150 zum Handelsregister anzumeldenden) Beendigung der Vermögensverteilung erlischt die Firma.[64] Die Eintragung des Erlöschens hat nur rechtsbekundende Wirkung.[65] Findet keine Liquidation statt, so erlischt die Firma ebenso wie bei Beendigung der Liquidation.[66] Bei der eingetragenen Personenhandelsgesellschaft ist das Absinken auf das Niveau eines Kleingewerbetreibenden während der Dauer der Eintragung unschädlich, Im Falle der nicht eingetragenen Personenhandelsgesellschaft („kraft Gewerbebetriebs") hat das Absinken die Umwandlung zu einer GbR und damit den Verlust der Firmenfähigkeit zur Folge.[67] Möglich bleibt die Weiterführung der Firma als Geschäftsbezeichnung bzw. Gesellschaftsname, wenn Irreführungen durch Rechtsformzusätze ausgeschlossen sind.[68]

19 **c) Juristische Personen.** Bei den firmenfähigen juristischen Personen **(Formkaufleuten)** führt die Aufgabe des Geschäftsbetriebs ebenfalls nicht zum Erlöschen der Firma, auch ein Absinken auf das Niveau eines Kleingewerbes spielt keine Rolle. Lediglich der **Abschluss der Liquidation und die Löschung der juristischen Person im Handelsregister** führen zum Erlöschen des Firmenrechts.[69] Während der Liquidationsphase ist ein entsprechender Liquidationsvermerk (vgl. § 68 Abs. 2 GmbHG, § 269 Abs. 6 AktG) zu führen.[70]

20 **4. Gebrauch der Firma.** Der Unternehmensträger muss die anzumeldende (§ 29) Firma im Rechtsverkehr verwenden. Dabei muss die Firma stets vollständig und so geführt werden, wie sie im Handelsregister eingetragen ist.[71] Ausnahmen bestehen nur im Hinblick auf übliche Abkürzungen bei den Rechtsformzusätzen (§ 19 sowie §§ 4, 5a GmbHG,[72] § 4 AktG, § 3 GenG). Firmenbestandteile, die zusammen die Firma bilden, dürfen nicht getrennt voneinander angeführt werden.[73] Die **Pflicht zur Führung im Rechtsverkehr** bezieht sich insbesondere auf die Nennung auf Geschäftspapieren (§ 37a) und Verträgen sowie überall dort, wo der Verkehr die Führung einer Firma erwartet. Im nicht firmenmäßigen Gebrauch, vor allem im Rahmen der Werbung, bei der plakative Herausstellungen verkehrsüblich sind, ist dem Kaufmann auch eine schlagwortartige Bezeichnung seines Unternehmens gestattet.[74]

---

[57] BGH 19.5.1960, BGHZ 32, 307 (312) = NJW 1960, 1664; RG 30.4.1925, RGZ 110, 422 (424); 7.1.1943, RGZ 170, 265 (274).
[58] MüKoHGB/Heidinger Rn. 46; RGHMW/Ries Rn. 29; Ebenroth/Boujong/Reuschle Rn. 17.
[59] MüKoHGB/Heidinger Rn. 48; Ebenroth/Boujong/Reuschle Rn. 17.
[60] RGHMW/Ries Rn. 31.
[61] BGH 25.11.1981, BGHZ 82, 323 (326) = NJW 1982, 875; MüKoHGB/Heidinger Rn. 50.
[62] MüKoHGB/Heidinger Rn. 50; Ebenroth/Boujong/Reuschle Rn. 18.
[63] MüKoHGB/Heidinger Rn. 50; Ebenroth/Boujong/Reuschle Rn. 18.
[64] MüKoHGB/Heidinger Rn. 50; RGHMW/Ries Rn. 29.
[65] BayObLG 18.11.1982, BB 1983, 82 (auch zum Fall, dass nach der Löschung noch Gesellschaftsvermögen aufgefunden wird).
[66] MüKoHGB/Heidinger Rn. 51.
[67] Ebenroth/Boujong/Reuschle Rn. 18.
[68] MüKoHGB/Heidinger Rn. 56; Ebenroth/Boujong/Reuschle Rn. 18.
[69] MüKoHGB/Heidinger Rn. 57; Ebenroth/Boujong/Reuschle Rn. 19.
[70] RGHMW/Ries Rn. 29.
[71] BayObLG 6.2.1992, BB 1992, 943; RGHMW/Ries Rn. 34; Ebenroth/Boujong/Reuschle Rn. 21.
[72] Vgl. bereits BGH 18.3.1974, BGHZ 62, 230 (232) = NJW 1974, 1088.
[73] BGH 24.6.1991, NJW 1991, 2627; BayObLG 6.2.1992, BB 1992, 943.
[74] RGHMW/Ries Rn. 35; Ebenroth/Boujong/Reuschle Rn. 21; Schulenburg NZG 2000, 1156; vgl. auch ausf. OLG Köln 12.8.1998, OLGR 1999, 53.

Wesentliche Bedeutung hat die Führung der Firma bei der Beurteilung von **Rechtsgeschäften** und der **Auslegung von Willenserklärungen** in Zusammenhang mit sog. unternehmensbezogenen Geschäften.[75] Tritt der Kaufmann unter seiner Firma auf, verdeutlicht dies, dass das Geschäft zu seinem Handelsgewerbe gehört (§ 343 Abs. 1, § 344). Durch die Verwendung der Firma wird der jeweilige Unternehmensträger berechtigt und verpflichtet,[76] und zwar auch bei Verwendung einer unvollständigen oder unrichtigen Firma, solange eindeutig ist, wer gemeint ist.[77] Die Verpflichtung des Unternehmensträgers gilt also auch dann, wenn die Person des Unternehmensträgers dem Vertragspartner nicht bekannt ist oder ein Rechtsformzusatz unzutreffend verwendet wurde.[78] Beim Einzelkaufmann lässt der Gebrauch der Firma ein Handeln im Rahmen des Handelsgeschäftes vermuten. Derjenige, der sich auf etwas von der Vermutung Abweichendes beruft, hat dies im Prozess zu beweisen.[79] 21

Die Firma wird nicht benutzt bei **Grundbucheintragungen** des Einzelkaufmanns, wohl aber bei juristischen Personen und Handelsgesellschaften (§ 15 Abs. 1 Nr. 1 und Nr. 2 GBV). Anmeldungen zum **Handelsregister** zeichnen der Einzelkaufmann unter seinem bürgerlichen Namen,[80] Handelsgesellschaften mit ihrer Firma, da dies ihr (einziger) Name ist. Der Beitritt eines Einzelkaufmannes unter seiner Firma zu einer Gesellschaft wird mit der Firma unter Beifügung des bürgerlichen Namens **eingetragen.**[81] Im Privatrechtsverkehr des Kaufmanns (zB Ehe, Testament) wird die Firma des Einzelkaufmanns nicht benutzt. 22

Die Nennung der Firma kann zur Erfüllung von **Informationspflichten** erforderlich sein. Seit Aufhebung der Ordnungsvorschriften der §§ 15a, 15b GewO gilt die Verordnung über Informationspflichten für Dienstleistungserbringer (DL-InfoV), die auf § 6c GewO beruht und der Umsetzung der RL 2006/123/EG dient. In **§ 2 Abs. 1 Nr. 1–3 DL-InfoV** ist geregelt, dass ein Dienstleistungserbringer vor Abschluss eines schriftlichen Vertrages oder, sofern kein schriftlicher Vertrag geschlossen wird, vor Erbringung der Dienstleistung seinen Familien- und Vornamen, bei rechtsfähigen Personengesellschaften und juristischen Personen die Firma unter Angabe der Rechtsform (Nr. 1), die Anschrift seiner Niederlassung oder eine ladungsfähige Anschrift bzw. Angaben zur Kontaktaufnahme (Nr. 2) und, falls er eingetragen ist, das Register unter Angabe des Registergerichts und der Registernummer in klarer und verständlicher Form zur Verfügung stellen muss. § 2 Abs. 2 DL-InfoV schreibt vor, dass die Angaben dem Dienstleistungsempfänger entweder von sich aus mitzuteilen sind oder am Ort der Leistungserbringung oder des Vertragsschlusses so vorzuhalten sind, dass sie dem Dienstleistungsempfänger leicht zugänglich sind. Daneben kommen die elektronische Zugänglichmachung über eine anzugebende Adresse oder die Zurverfügungstellung von ausführlichen Informationsunterlagen in Betracht. Die Firma ist außerdem Gegenstand von weiteren gesetzlichen Informationspflichten, zB in § 5 Abs. 1 Nr. 1 DDG oder § 5a Abs. 3 Nr. 2 UWG.[82] 23

5. Übertragung der Firma. Die Übertragung des Firmenrechts kann von Todes wegen (§ 1922 BGB) erfolgen oder unter Lebenden schuldrechtlich (dauerhaft) durch Veräußerung, (zeitweise) durch Nießbrauch oder Pacht geschehen.[83] Dinglich erfolgt die Übertragung nach §§ 413, 398 BGB, weil sich nur so die Möglichkeit einer Weiterübertragung problemlos erklären lässt (→ § 23 Rn. 5).[84] Die Firma ist grundsätzlich nur mit dem Unternehmen übertragbar (§ 23). Die Firmenfortführung nach Veräußerung oder Vererbung des Handelsgeschäfts unterliegt den speziellen Regeln der §§ 21, 22, 24. Für den Formwechsel des Rechtsträgers der Firma gilt § 200 UmwG; die Besonderheiten bei der Verschmelzung sind in § 18 UmwG geregelt (→ § 22 Rn. 4). Der Namensinhaber muss daneben vertraglich oder konkludent die Nutzung seines bürgerlichen Namens (§ 12 BGB) gestatten, soweit dieser bei der Personenfirma Firmenbestandteil ist. 24

---

[75] BGH 13.10.1994, NJW 1995, 43; GK-HGB/Steitz Rn. 25.

[76] BGH 5.2.2007, NJW 2007, 1529; vgl. außerdem BGH 8.7.1996, NJW 1996, 2645; 28.1.1992, NJW 1992, 1380; 15.1.1990, NJW 1990, 2678; 8.10.1984, NJW 1985, 136; Staub/Burgard Rn. 6; MüKoHGB/Heidinger Rn. 5, 68; RGHMW/Ries Rn. 36; Ebenroth/Boujong/Reuschle Rn. 2, 22.

[77] OLG Düsseldorf 5.10.1989, BB 1989, 2134.

[78] Ebenroth/Boujong/Reuschle Rn. 2; GK-HGB/Steitz Rn. 25; BGH 18.5.1998, NJW 1998, 2897; 7.5.1998, NJW-RR 1998, 1342.

[79] Für den umgekehrten Fall BGH 13.10.1994, NJW 1995, 43.

[80] BayObLG 16.2.1973, BayObLGZ 1973, 46; zur GbR vgl. BGH 4.12.2008, NZG 2009, 137.

[81] MüKoHGB/Heidinger Rn. 69; NK-HGB/Lamsa Rn. 30.

[82] Vgl. dazu BGH 18.4.2013, NZG 2014, 838 – Brandneu von der IFA; MüKoUWG/Alexander UWG § 5a Rn. 364.

[83] Vgl. Hopt/Merkt Rn. 24 f., auch zur sog. Benutzungserlaubni).

[84] Canaris HandelsR § 10 Rn. 30; **aA** – rein schuldrechtliche Gestattung – RG 4.4.1883, RGZ 9, 104 (106); 29.5.1923 107, 31 (33).

III. Die Firma in Zivilprozess, Zwangsvollstreckung und Insolvenz

25 **1. Zivilprozess.** Da der Einzelkaufmann sowohl einen bürgerlichen Namen als auch eine Firma hat, kann er im Rahmen eines Rechtsstreits, dessen Streitgegenstand dem Geschäftsbetrieb seines Handelsgewerbes zuzuordnen, also unternehmensbezogen ist,[85] entweder nach § 17 Abs. 2 unter seiner Firma oder nach allgemeinen Grundsätzen unter seinem bürgerlichen Namen **klagen oder verklagt werden.** § 17 Abs. 2 gilt entsprechend in Verfahren nach dem FamFG in Handelssachen.[86] Die bloße Angabe der Firma des Kaufmanns genügt zu einem ordnungsgemäßen Beweisantritt nicht.[87]

26 § 17 Abs. 2 bedeutet im Zivilprozess eine Erleichterung der **Parteibezeichnung.**[88] Partei im zivilprozessualen Sinne (§ 50 ZPO) ist nur der rechts- bzw. parteifähige Kaufmann selbst,[89] nie die Firma als solche. Handelsgesellschaften haben außer ihrer Firma ohnehin keinen Namen, unter dem sie einen Rechtsstreit führen könnten.[90] Für die Geschäftsbezeichnung des Kleingewerbetreibenden gilt § 17 Abs. 2 nicht,[91] wohl aber für juristische Personen iSv § 33.[92] Möglich ist, bei der Parteibezeichnung die Geschäftsbezeichnung zusätzlich zur Firma des Kaufmannes zu verwenden, solange die Erkennbarkeit der Person des Unternehmensträgers gewährleistet ist.[93] Eine ungenaue oder unrichtige Parteibezeichnung (Firmenbezeichnung) in der Klageschrift bedeutet nicht, dass die Klage unzulässig wäre, vielmehr kann die Bezeichnung später, genauso wie bei einer Firmenänderung, richtig gestellt werden.[94] Bei Klagen von und gegen (Handels-)Gesellschaften müssen die vertretungsberechtigten Personen im Rubrum benannt werden. Auch wenn es nicht zwingend erforderlich ist, sollte aus Gründen der Klarheit im Zivilprozess neben der Firma auch der Geschäftsinhaber angegeben werden.[95]

27 Klagt ein Kaufmann unter seiner Firma oder wird er unter seiner Firma verklagt,[96] so ist maßgeblicher Zeitpunkt für die Bestimmung des Unternehmensträgers die **Rechtshängigkeit** (Klageerhebung, ggf. Zustellung des Mahnbescheids, §§ 253, 261 ZPO, § 696 Abs. 3 ZPO, § 700 Abs. 2 ZPO).[97] Klagt der Kaufmann unter seiner Firma und kommt es zwischen Einreichung und Zustellung der Klage zu einem Wechsel des Unternehmensträgers, ist darauf abzustellen, wer die Klage veranlasst hat, was in der Regel der bisherige Inhaber sein wird.[98]

28 Ein **Wechsel** des Unternehmensträgers während des Rechtsstreits auf Klägerseite hat wegen § 265 ZPO keine Änderung der Parteibezeichnung zur Folge, wenn der neue Inhaber neben der Firma auch die streitgegenständliche Forderung übernommen hat. Ist dies nicht der Fall, bleibt der alte Unternehmensträger Partei und die Parteibezeichnung wird in seinen bürgerlichen Namen berichtigt. Möglich ist auch ein Parteiwechsel mit Zustimmung des Beklagten. Wechselt der Unternehmensträger auf Beklagtenseite, so ist lediglich die Parteibezeichnung zu ändern.

29 **2. Zwangsvollstreckung.** § 17 Abs. 2 gilt auch im Bereich der Zwangsvollstreckung. Den Voraussetzungen von § 750 Abs. 1 ZPO ist Genüge getan, wenn Gläubiger und/oder Schuldner im Titel oder der Klausel mit ihrer Firma bezeichnet werden.[99] Die Wirkung des Titels richtet sich aber nur gegen den Unternehmensträger zum Zeitpunkt der Rechtshängigkeit, wenn nicht ein Parteiwechsel stattgefunden hat. Für das Vollstreckungsorgan (Gerichtsvollzieher) ist der Unternehmensträger auch beim Einzelkaufmann aus dem Handelsregister zu entnehmen. Am selben Ort muss es der Gerichtsvollzieher deshalb einsehen, ansonsten sind Handelsregisterauszüge vorzulegen. Existiert die Firma nicht und führen auch weitere Nachweise des Gläubigers oder ein Vorgehen nach §§ 727, 731 ZPO nicht weiter, geht die Zwangsvollstreckung ins Leere.[100]

---

[85] RGHMW/Ries Rn. 39; GK-HGB/Steitz Rn. 27; Ebenroth/Boujong/Reuschle Rn. 24; zum Zivilprozess der Zweigniederlassung vgl. BGH 24.11.1951, BGHZ 4, 62 = NJW 1952, 182; MüKoHGB/Heidinger Rn. 71 f.
[86] GK-HGB/Steitz Rn. 27.
[87] OLG Jena 7.10.2009, GRURPrax 2010, 63.
[88] Zu den daraus folgenden Erleichterungen im Urkundenprozess vgl. Ebenroth/Boujong/Reuschle Rn. 24.
[89] BGH 21.11.1989, NJW 1990, 908.
[90] OLG Frankfurt 15.1.1985, BB 1985, 1219.
[91] LG Frankenthal 22.8.2006, JurBüro 2006, 607.
[92] MüKoHGB/Heidinger Rn. 71.
[93] OLG Köln 8.3.1995, NJW-RR 1996, 292.
[94] MüKoHGB/Heidinger Rn. 73 mwN; RGHMW/Ries Rn. 39.
[95] RGHMW/Ries Rn. 41.
[96] Vgl. hierzu OLG Frankfurt 15.1.1985, BB 1985, 1219.
[97] MüKoHGB/Heidinger Rn. 74, 76; zur nicht existierenden Firma vgl. RGHMW/Ries Rn. 40.
[98] MüKoHGB/Heidinger Rn. 76.
[99] Für einen Fall der Angabe von Firma und Name der Person im Titel vgl. LG Münster 13.7.2009, BeckRS 2009, 22129.
[100] OLG Köln 8.3.1995, NJW-RR 1996, 292.

30 Die Firma selbst ist **nicht pfändbar** (§§ 857, 851 ZPO),[101] weil sie nicht allein ohne das Handelsgeschäft übertragbar (§ 23) und nicht selbständig verwertbar ist. Auch das Handelsgeschäft zusammen mit der Firma kann der Einzelvollstreckung nicht unterliegen, da es als Sachgesamtheit nicht pfändbar ist.[102]

31 **3. Insolvenz.** Da die Firma (überwiegend) ein Vermögensrecht ist, fällt sie im Falle der **Insolvenz** in die Insolvenzmasse,[103] und zwar unabhängig von der gewählten Firmenart. Der Insolvenzverwalter führt die Firma während des Insolvenzverfahrens weiter. Er darf im Zusammenhang mit der Unternehmensfortführung nicht nur die Firmenrechte wahrnehmen, sondern ist auch zur Veräußerung des Unternehmens zusammen mit der Firma (§ 23) berechtigt. Der Insolvenzverwalter ist nach zutreffender Ansicht bei Unternehmensträgern aller Rechtsformen Einwilligungsberechtigter iSv § 22 (→ § 22 Rn. 23).[104] § 24 Abs. 2 ist bei der Übertragung des Unternehmens mit Firma im Insolvenzfalle weder unmittelbar noch entsprechend anwendbar, weil die Insolvenz nicht zu einem Ausscheiden der Gesellschafter führt.[105]

32 Unterlassungsansprüche des Trägers des bürgerlichen Namens, der Gegenstand der Personenfirma geworden ist, können aber nach § 12 BGB bestehen. Dies gilt jedenfalls für den Einzelkaufmann und den namensstiftenden Gesellschafter einer Personengesellschaft. Ihre **Namensrechte nach § 12 BGB,** die von der firmenrechtlichen Kennzeichnung zu unterscheiden sind, verliert eine natürliche Person insoweit weder durch die Eröffnung des Insolvenzverfahrens noch dadurch, dass sie ihren Namen zu wirtschaftlichen Zwecken einem Einzelunternehmen oder einer Personengesellschaft zur Verfügung gestellt hat.[106] Der Erwerber der Firma des insolventen Unternehmens einerseits und der insolvente Einzelkaufmann bzw. namensstiftende Gesellschafter der insolventen Personengesellschaft als Namensträger andererseits haben im Ergebnis gleichwertige Rechtspositionen. Eine gebotene Interessenabwägung[107] ergibt, dass der Erwerber des insolventen Unternehmens bei der Firmenfortführung einen klarstellenden Nachfolge- oder Inhaberzusatz hinzuzufügen hat.[108] Dies beeinträchtigt das Fortführungsinteresse des Erwerbers (und damit auch die Verwertungsmöglichkeit für den Insolvenzverwalter im Interesse der Insolvenzgläubiger) nur unwesentlich. Der Namensinhaber behält demgegenüber das Recht, seinen Familiennamen (ggf. nach Hinzufügung unterscheidungskräftiger Zusätze, weil die neue Firma prioritätsjünger ist) bei einer Unternehmensneugründung nach Abschluss des Insolvenzverfahrens wieder zu verwenden.

33 Keine namensrechtlichen Ansprüche des Namensgebers nach § 12 BGB und damit auch kein Gebot zur Führung eines Nachfolgezusatzes gibt es im Falle der insolventen Kapitalgesellschaft. Hier besteht wegen der (im Zweifel) endgültigen Zurverfügungstellung des Namens[109] keine gleichwertige Rechtsposition des Namensgebers. Eine solche Sichtweise stellt den erforderlichen Gleichklang zum Anwendungsbereich von § 24 Abs. 2 her (→ § 24 Rn. 3).

IV. Internationales Firmenrecht

34 Die Frage, wie die Firma im internationalen Kontext[110] zu bilden ist **(Firmenstatut),** beurteilt sich bei Einzelkaufleuten nach dem Recht des Unternehmenssitzes,[111] bei Personenhandelsgesellschaften und juristischen Personen nach dem Recht des Sitzes der Hauptverwaltung,[112] bei Zweigniederlassungen nach dem Recht des Verwaltungssitzes („Sitztheorie"). Ausländisches Recht ist danach nur für Unternehmen anwendbar, die ihren Hauptverwaltungssitz im Ausland

---

101 MüKoHGB/Heidinger Rn. 78; RGHMW/Ries Rn. 44.

102 BGH 27.9.1982, BGHZ 85, 221 (223) = NJW 1983, 755; RG 2.4.1919, RGZ 95, 235 (237).

103 BGH 27.9.1982, BGHZ 85, 221 = NJW 1983, 755; OLG Hamm 3.7.2003, DB 2003, 2381; KG 10.7.2017, NZG 2017, 1113.

104 **AA** Hopt/Merkt Rn. 47, wonach auch Zustimmung des Namensträgers erforderlich.

105 Canaris HandelsR § 10 Rn. 75.

106 Vgl. Canaris HandelsR § 10 Rn. 44, 69; Wertenbruch ZIP 2002, 1935; **aA** K. Schmidt HandelsR § 12 Rn. 45–47; Uhlenbruck ZIP 2000, 402.

107 Vgl. auch OLG Hamburg 17.1.2008, Magazindienst 2008, 1157 zu §§ 5, 15 MarkenG.

108 Vgl. insoweit ausf. Canaris HandelsR § 10 Rn. 70 unter Bezugnahme auf BGHZ 32, 103 (109) = NJW 1960, 1008 auch für die abgeleitete Firma; RGHMW/Ries Rn. 48; ähnlich Köhler FS Fikentscher, 1998, 513; **aA** K. Schmidt HandelsR § 12 Rn. 54; KKD/Roth/Stelmaszczyk Rn. 25: Erwerber führe den Namen nicht „unbefugt".

109 Canaris HandelsR § 10 Rn. 52.

110 Zum internationalen Firmenrecht und europarechtlichen Implikationen vgl. besonders ausf. Ebenroth/Boujong/Reuschle Anh. § 17; Staudinger/Renner, 2024, IntGesR Rn. 343 ff., 559 ff.

111 BGH 2.4.1971, NJW 1971, 1522.

112 Vgl. ausf. BayObLG 21.3.1986, NJW 1986, 3029; Hopt/Merkt Rn. 48; **aA** Borges ZIP 2004, 736.

haben bzw. für Niederlassungen im Ausland. Etwas anderes gilt im Anwendungsbereich des Vertrages über die Arbeitsweise der Europäischen Union (Art. 49, 54 AEUV), wenn ein nach dem Recht eines anderen (ausländischen) Mitgliedstaates gegründetes Unternehmen von der Niederlassungsfreiheit (im Inland) Gebrauch macht.[113] Anknüpfungspunkt ist zumindest insoweit das Recht des Gründungslandes („Gründungstheorie").[114] Das **Firmenordnungsrecht** (Anmeldepflicht, Registerverfahren mit öffentlich-rechtlichem Charakter) unterliegt ebenso wie das Recht des Gebrauchs der Firma in Deutschland (§ 30 – Anknüpfung Gebrauchsort) allein deutschem Recht.[115]

35 Der **immaterialgüterrechtliche Firmenschutz** richtet sich nach dem Schutzlandprinzip.[116] Im Geltungsbereich der Pariser Verbandsübereinkunft vom 20.3.1883 in der Stockholmer Fassung vom 14.7.1967 (vgl. insbesondere Art. 2, 8 PVÜ) gilt unabhängig vom Firmenschutz im Heimatland der Grundsatz der Inländerbehandlung;[117] außerhalb von deren Anwendungsbereich kommt das fremde Recht zur Anwendung.[118]

36 Wird eine ausländische Firma im Inland in der im Ausland zulässig gebildeten Form geführt, darf sie gleichwohl nicht gegen den **ordre public** (Art. 6 EGBGB) verstoßen.[119] Hierzu werden die Grundsätze zur Firmenunterscheidbarkeit und Firmenwahrheit gezählt,[120] zumal die Anforderungen der §§ 18, 19 nach der Handelsrechtsreform europäischem Standard entsprechen. Eine gewisse Zurückhaltung bei der Überlagerung des Heimatrechts durch deutsches Recht ist, anders als bei sonstigen bzw. nichteuropäischen Ländern, aufgrund der Vorgaben durch den AEUV bei Unternehmen aus Mitgliedsländern der Europäischen Gemeinschaft geboten.[121]

37 Für bestimmte **Einzelfälle** gilt Folgendes: Handelt es sich um die Firma einer deutschen Tochter eines ausländischen Rechtsträgers, dann ist diese nach den inländischen (deutschen) Vorschriften (§§ 17 ff.;[122] §§ 4, 5a GmbHG, § 4 AktG, § 3 GenG) zu bilden.[123] Ist eine ausländische Kapitalgesellschaft Komplementärin einer GmbH & Co. KG, so gilt § 19 Abs. 2 (→ § 19 Rn. 10). Geht es um die Firma einer deutschen Zweigniederlassung eines ausländischen Rechtsträgers, darf und muss diese unter Beachtung der §§ 17 ff. grundsätzlich die ausländische Firma vollständig übernehmen und muss dann, wenn sie davon abweicht, einen Zweigniederlassungszusatz führen.[124]

38 Wenn die Firma nach dem anzuwendenden ausländischen Recht zulässig ist, kann das Registergericht nicht nach § 37 Abs. 1 einschreiten. Etwas anderes gilt, wenn ein ausländisches Unternehmen eine Firma unter Verstoß gegen die Bestimmungen seines Herkunftslandes verwendet. Der **Gebrauch der ausländischen Firma** kann irreführend iSv § 5 Abs. 2 Nr. 3 UWG sein, sodass ein lauterkeitsrechtlicher Unterlassungsanspruch nach § 8 Abs. 1 UWG besteht. Ebenso sind markenrechtliche Unterlassungsansprüche denkbar, die in Bezug auf eine deutsche, prioritätsältere Firma gegenüber einer verwechslungsfähigen, prioritätsjüngeren ausländischen Firma dann aus §§ 15, 5 MarkenG folgen.[125]

---

[113] EuGH 5.11.2002, NJW 2002, 3614 – Überseering; vgl. auch BGH 13.3.2003 DB 2003, 986; OLG Frankfurt 19.2.2008, DB 2008, 1488; Staudinger/Hausmann, 2015, EGBGB Art. 4 Rn. 231.

[114] MüKoHGB/Heidinger Vor § 17 Rn. 36; vgl. hierzu EuGH 5.11.2002, NJW 2002, 3614 – Überseering; 30.9.2002, NJW 2003, 3331 – Inspire Art; ausf. Leible/Hoffmann EuZW 2003, 677 (680); Horn NJW 2004, 893; Geyrhalter/Gänßler NZG 2003, 409.

[115] MüKoHGB/Heidinger Vor § 17 Rn. 40.

[116] MüKoHGB/Heidinger Vor § 17 Rn. 43; **aA** – nur in der Begründung – RGHMW/Ries Rn. 52 (Personalstatut); vgl. auch BGH 28.9.1979, NJW 1980, 522.

[117] BGH 12.7.1995, NJW 1995, 2985 – Torres; vgl. auch BGH 18.5.1973, NJW 1973, 2153; 2.4.1971, NJW 1971, 1522.

[118] Hopt/Merkt Rn. 48.

[119] BayObLG 21.3.1986, NJW 1986, 3029.

[120] MüKoHGB/Heidinger Vor § 17 Rn. 38 (auch zur europarechtlich gebotenen restriktiven Anwendung); vgl. im Hinblick auf § 5 UWG auch OLG Hamm 5.2.1991, WRP 1992, 354; **aA** Clausnitzer DNotZ 2008, 484 (486).

[121] MüKoHGB/Heidinger Vor § 17 Rn. 45, 46.

[122] Zur möglichen Verwendung einer verkürzten Übernahme von Firmenbestandteilen bei der Bildung einer Personenfirma für die Tochtergesellschaft vgl. MüKoHGB/Heidinger Vor § 17 Rn. 58; zum gebotenen Weglassen bzw. Hinzufügen ausländischer Rechtsformzusätze für die deutsche Tochtergesellschaft vgl. Ebenroth/Boujong/Reuschle Anh. § 17 Rn. 24 ff.

[123] LG Limburg 15.9.2005, GmbHR 2006, 261; LG Gießen 20.2.1990, GmbHR 1990, 352; Kögel Rpfleger 2004, 325 (329).

[124] Zu gebotenen Rechtsformzusätzen vgl. Ebenroth/Boujong/Reuschle Anh. § 17 Rn. 29 f.; zum Meinungsstreit (Sitztheorie oder Gründungstheorie) und zu den Besonderheiten wegen der Zweigniederlassungsrichtlinie ausf. MüKoHGB/Heidinger Vor § 17 Rn. 61 ff.

[125] Vgl. dazu Hirsch/Britain NZG 2003, 1100 (1102).

§ 18 [Firma des Kaufmanns]

(1) Die Firma muß zur Kennzeichnung des Kaufmanns geeignet sein und Unterscheidungskraft besitzen.

(2) [1]Die Firma darf keine Angaben enthalten, die geeignet sind, über geschäftliche Verhältnisse, die für die angesprochenen Verkehrskreise wesentlich sind, irrezuführen. [2]Im Verfahren vor dem Registergericht wird die Eignung zur Irreführung nur berücksichtigt, wenn sie ersichtlich ist.

Schrifttum: Ammon, Gesellschaftsrechtliche und sonstige Neuerungen im Handelsrechtsreformgesetz – Ein Überblick, DStR 1998, 1474; Ammon, Die Sachfirma der Kapitalgesellschaft, DStR 1994, 325; Beck, Der Aussagegehalt von Rechtsformzusätzen, GmbHR 2025, 449; Beyme, Bezeichnung als Steuerberatungsgesellschaft nach der Berufsrechtsreform, Stbg 2922, 275; Bokelmann, Die Neuregelungen im Firmenrecht nach dem Regierungsentwurf des Handelsrechtsreformgesetzes, GmbHR 1998, 57; Bülow, Zwei Aspekte im neuen Handelsrecht – Unterscheidungskraft und Firmenunterscheidbarkeit DB 1999, 269; Büttner, die Irreführungsquote im Wandel – Folgen eines sich ändernden Normverständnisses, GRUR 1996, 533; Clausnitzer, Das Firmenrecht in der Rechtsprechung (2000 bis 2009), DNotZ 2010, 345; DIHT – Firmenfibel 1983 (Die firmenrechtlichen Leitsätze), DIHT – Firmenfibel 1992 (Firmierungsgrundsätze für Vollkaufleute); Deckenbrock/Markworth, Berufsrechtsreport, ZAP 2022, 103; Fezer, Liberalisierung und Europäisierung des Firmenrechts, ZHR 161 (1997), 52; Fritze, Namensfunktion nicht aussprechbarer Buchstabenfolgen als besondere Geschäftsbezeichnungen nach § 16 UWG, GRUR 1993, 538; Hauschka/v. Saalfeld, Die europäische wirtschaftliche Interessenvereinigung (EWIV) als Kooperationsinstrument für die Angehörigen der freien Berufe, DStR 1991, 1083; Hefermehl, Entwicklungen im Recht des unlauteren Wettbewerbs, FS Robert Fischer, 1979, 197; Heidinger, Der Name des Nichtgesellschafters in der Personenfirma, DB 2005, 815; Heinrich, Firmenwahrheit und Firmenbeständigkeit, 1982; Hillmann, Das Rechtsinstitut des Honorarprofessors – Zugleich ein Beitrag zur Typologie der Bezeichnung „Professor", VerwArch. 1988, 369; Hönn, Akademische Grade, Amts-, Dienst- und Berufsbezeichnungen sowie Titel (Namensattribute) in firmen- und wettbewerbsrechtlicher Hinsicht, ZHR 153 (1989), 386; Jung, Firmen von Personenhandelsgesellschaften nach neuem Recht, ZIP 1998, 677; Kögel, Der Grundsatz der Firmenwahrheit – noch zeitgemäß?, BB 1993, 1741; Kögel, Entwurf eines Handelsrechtsreformgesetzes, BB 1997, 793; Kögel, Neues Firmenrecht und alte Zöpfe: Die Auswirkungen der HGB-Reform, BB 1998, 1645; Kögel, Firmenrecht 2011 – welche Regeln gelten (noch), Rpfleger 2011, 17; Kögel, Zulässigkeit von Firmennamen und unrichtigen Personenzusätzen in der Firma einer GmbH, GmbHR 2011, 16; Kögel, Wie firmiert die rechtsfähige Gesellschaft bürgerlichen Rechts?, Rpfleger 2025, 1; Köhler, Das Rücktrittsrecht nach § 13a UWG, JZ 1989, 262; Krebs, Reform oder Revolution – Zum Referentenentwurf eines Handelsrechtsreformgesetzes, DB 1996, 2013; Lutter/Welp, Das neue Firmenrecht der Kapitalgesellschaften, ZIP 1999, 1073; Mehringer, Die Doppelkomplementär & Co. KG, NZG 2017, 41; Meyer, Das Irreführungsverbot im Firmenrecht, ZNotP 2009, 250; Möller, Probleme der Individualisierung und Verwechslungsfähigkeit von Sachfirmen, BB 1993, 808; Möller, Das neue Firmenrecht in der Rechtsprechung – Eine kritische Bestandsaufnahme, DNotZ 2000, 830; Müller-Gugenberger, Die Firma der europäischen wirtschaftlichen Interessenvereinigung (EWIV), BB 1989, 1922; Müther, Überlegungen zum neuen Firmenbildungsrecht bei der GmbH, GmbHR 1998, 1058; Niederleithinger, Die vernachlässigte Einheit der Rechtsordnung im Wettbewerbsrecht, GRUR Int. 1996, 467; v. Olenhusen, Das „Institut" im Wettbewerbs-, Firmen-, Standes-, Namens- und Markenrecht, WRP 1996, 1079; Pietzarka, Die Firma der gemeinnützigen Kapitalgesellschaft – zur Zulässigkeit der Bezeichnung „gUG (haftungsbeschränkt)", NZG 2020, 774; Scheibe, Der Grundsatz der Firmenwahrheit, JuS 1997, 414; K. Schmidt, Das Handelsrechtsreformgesetz, NJW 1998, 2161; Schmitt, Der Entwurf eines Handelsrechtsreformgesetzes, WiB 1997, 1113; Schricker, Hundert Jahre Gesetz gegen den unlauteren Wettbewerb – Licht und Schatten, GRUR Int 1996, 473; Schricker, Möglichkeiten zur Verbesserung des Schutzes der Verbraucher und des funktionsfähigen Wettbewerbs im Recht des unlauteren Wettbewerbs, ZHR 139 (1975), 208; Schulenburg, Die Abkürzung im Firmenrecht der Kapitalgesellschaften, NZG 2000, 1156; v. Rechenberg, Die EWIV – Ihr Sein und Werden, ZHR 1992, 299; Veelken, Nationales Lauterkeitsrecht und Europäisches Gemeinschaftsrecht, ZVglRWiss 92 (1993), 241; Weber/Jacob, Zum Referentenentwurf des Handelsrechtsreformgesetzes, ZRP 1997, 152; Wellmann, Die Sachfirma der GmbH; Eine kritische Stellungnahme zu § 4 des Referentenentwurfs eines GmbH-Gesetzes, BB 1970, 153; Wellmann, Firmenrecht als Namensrecht des Kaufmanns, DNotZ 1954, 117; Wolff, Zur Reform des § 18 Abs. 2 HGB, DZWiR 1997, 397.

Übersicht

I. Allgemeines

1 **1. Bedeutung der Vorschrift.** § 18 normiert neben §§ 19, 30 die **grundlegenden Voraussetzungen der Firmenbildung** (Firmenordnungsrecht). Seit der von der Handelsrechtsreform im Jahre 1998 angestrebten Deregulierung[1] gelten im Vergleich zum früheren Firmenrecht insoweit liberalere Maßstäbe. § 18 Abs. 1 aF hatte für den Einzelkaufmann noch vorgeschrieben, dass dessen Firma den Familiennamen mit mindestens einem ausgeschriebenen Vornamen enthalten musste, nach § 19 Abs. 1, 2 aF musste die Firma der Personenhandelsgesellschaft (OHG, KG) den Familiennamen ausschließlich eines oder mehrerer Gesellschafter ohne deren Vornamen enthalten. Auch die Regelungen zum Firmenrecht in anderen Gesetzen machten strenge Vorgaben (§ 4 Abs. 1 GmbHG aF: Sachfirma oder Personenfirma mit Namen ausschließlich eines oder mehrerer Gesellschafter, § 4 Abs. 1 AktG aF, § 279 Abs. 1 AktG aF, § 3 Abs. 1 GenG aF: nur Sachfirma bei AG, KGaA und Genossenschaft). Den Unternehmen „größere Wahlfreiheit bei der Bildung aussagekräftiger und werbewirksamer Firmen einzuräumen" war wesentliches Anliegen der Handelsrechtsreform 1998.[2] Daher gibt es für alle Unternehmensträger Vorgaben in Bezug auf die Auswahl von Personen-, Sach- oder Fantasiefirmen bzw. entsprechender Mischformen nicht mehr. Regelungen finden sich insoweit allerdings noch in in bestimmten branchenbezogenen Vorschriften (§§ 39 ff. KWG, § 17 BauSparkG, § 20 UBGG).

2 **2. Anwendungsbereich.** § 18, und zwar sowohl Abs. 1 als auch Abs. 2, gelten für die **Firma aller Unternehmensträger.** Das folgt schon aus § 6. Daher ist § 18 Abs. 1 auch dann anwendbar, wenn sich die Regelungen zur Firmenbildung in Gesetzen außerhalb des HGB befinden.[3] Die Norm findet bei der **neu gebildeten** und der **geänderten** Firma Anwendung.[4] Denn die abgeänderte Firma steht der neu gebildeten Firma gleich, weil die bisherige Firma wegen der Änderung grundsätzlich untergeht. Für die **fortgeführte** Firma sind §§ 22, 24 zu beachten. Entsprechende Geltung hat § 18 nach § 707b Nr. 1 BGB für die eingetragene Gesellschaft bürgerlichen Rechts und nach § 2 Abs. 2 PartGG für die Partnerschaftsgesellschaft. Der Zwang zur Benennung mindestens eines Partners ist durch die Änderung des § 2 Abs. 1 PartGG ab dem 1.1.2024 entfallen.[5] Die entsprechende Anwendung des Irreführungsverbots wird auch bei Geschäftsbezeichnungen, bei der Minderfirma des Kleingewerbetreibenden und beim Vereinsnamen befürwortet.[6]

3 **3. Begriffe.** § 18 Abs. 1 spricht davon, dass die Firma zur Kennzeichnung des Kaufmanns geeignet sein und Unterscheidungskraft besitzen muss. Die Begriffe „Kennzeichnungseignung" und „Unterscheidungskraft" sind schwer voneinander abzugrenzen und werden nicht selten unscharf oder gar synonym verwendet. Schon der Regierungsentwurf sprach von der „Unterscheidungskraft und der damit einhergehenden Kennzeichnungswirkung".[7] Der Rechtsbegriff der Unterscheidungskraft ist dem Markengesetz entlehnt, das von „Eignung zur Unterscheidung" (§ 3 Abs. 1 MarkenG) und „Unterscheidungskraft" (§ 8 Abs. 2 Nr. 1 MarkenG) spricht. Bei der Beurteilung der Unterscheidungskraft einer Firma ist es deshalb gerechtfertigt, auf markenrechtliche Grundsätze zurückzugrei-

[1] BT-Drs. 13/8444, 35 (auch zur Entschärfung des deutschen Firmenrechts im europäischen Vergleich).
[2] BT-Drs. 13/8444, 35.
[3] MüKoHGB/Heidinger Rn. 3; RGHMW/Ries Rn. 2 jeweils auch zur juristischen Person nach § 33, die Kaufmann ist und ein Handelsgewerbe betreibt.
[4] OLG Stuttgart 21.3.2000, Rpfleger 2000, 336; BayObLG 1.6.1984, BayObLGZ 1984, 129 (132); auf die Bestimmung des Unternehmensgegenstandes ist § 18 Abs. 2 nicht anwendbar, vgl. KG 31.7.2015, NZG 2016, 866.
[5] BGH 6.2.2024, NZG 2024, 641; vgl. auch noch OLG Brandenburg 26.9.2023, NZG 2024, 304.
[6] KG 26.10.2011, GRUR-RR 2012, 86; KG 26.10.2004, NZG 2005, 360; MüKoHGB/Heidinger Rn. 4.
[7] BT-Drs. 13/8444, 36; so dann auch Ebenroth/Boujong/Reuschle Rn. 4.

fen. Ein von der Unterscheidungskraft verschiedener[8] markenrechtlicher Begriff ist die „Kennzeichnungskraft“. Im harmonisierten Markenrecht gibt es für die beiden deutschen Begriffe „Kennzeichnungskraft“ und „Unterscheidungskraft“ im Englischen demgegenüber nur ein Wort, nämlich „distinctiveness“.[9] Kennzeichnungseignung ist aber jedenfalls etwas anderes als Kennzeichnungskraft. Überzeugend ist deshalb eine Abgrenzung der in § 18 Abs. 1 verwendeten Rechtsbegriffe, wonach unter Eignung zur Kennzeichnung die (selbstverständliche) Namensfähigkeit[10] zu verstehen ist, die ein Abgrenzungskriterium gegenüber solchen Bezeichnungen darstellt, die schon begrifflich keinen Herkunftshinweis auf einen Kaufmann darstellen können **(Namensfunktion der Firma).**[11] Demgegenüber zielt die Unterscheidungskraft als das entscheidende Tatbestandsmerkmal auf die abstrakte Unterscheidungsfähigkeit[12] und entscheidet darüber, ob der Name des Kaufmanns grundsätzlich geeignet ist, den Geschäftsbetrieb von dem eines anderen abzugrenzen **(Individualisierungsfunktion der Firma).**[13] Wiederum etwas anderes meint die **Unterscheidbarkeit** iSv § 30 Abs. 1, der die (konkrete) Unterscheidbarkeit[14] von Geschäftsbetrieben an demselben Ort betrifft.

4. Anderweitige gesetzliche Regelungen. a) Spezialgesetze. Einige Inhalte von Firmenbezeichnungen sind durch Spezialgesetze bestimmten Rechtsträgern vorbehalten und dementsprechend für Andere verboten. Dies gilt zB für bestimmte Berufsbezeichnungen (Steuerberatungsgesellschaft: §§ 55g, 161 StBerG, Lohnsteuerhilfeverein: §§ 18, 161 StBerG, Landwirtschaftliche Buchstelle: §§ 44, 161 StBerG, Rechtsanwaltsgesellschaft: § 59p BRAO, die Begriffe „Partnerschaft“ bzw. „Partner“ (§ 11 Abs. 1 S. 1 PartGG) oder bestimmte Sachbezeichnungen wie „Bank“ bzw. „Sparkasse“ (§§ 39, 40 KWG) oder „Versicherung“ bzw. ähnliche Begriffe (§ 6 VAG). 4

b) Absolute Eintragungshindernisse. Anders als bei anderen Immaterialgüterrechten (zB § 8 Abs. 2 Nr. 5 MarkenG) kennt das Firmenrecht keine weiteren absoluten Eintragungshindernisse. Es sprechen aber gute Gründe dafür, die Grundgedanken des § 8 Abs. 2 Nr. 5 MarkenG (Firma verstößt gegen die öffentliche Ordnung oder gegen die guten Sitten)[15] bei der firmenrechtlichen Beurteilung entsprechend anzuwenden,[16] will man nicht auf allgemeine Generalklauseln (§§ 134, 138 BGB entsprechend) zurückgreifen. 5

II. Kennzeichnungseignung

1. Allgemeines. An die Eignung zur Kennzeichnung können (anders als bei der Unterscheidungskraft) grundsätzlich keine zu hohen Anforderungen gestellt werden. Entscheidend ist allein, ob der **Verkehr** die Bezeichnung als Name eines Unternehmens verstehen kann und versteht. Das gilt wegen der Entwicklung des Verkehrsverständnisses nicht nur für herkömmliche Firmenarten (Personenfirmen, Sachfirmen), sondern auch für modernere Mischformen von Firmenbestandteilen, an die sich der Verkehr wegen des zunehmenden Gebrauchs gewöhnt. Maßgeblich ist das (dynamisch sich entwickelnde)[17] Verständnis eines durchschnittlich qualifizierten Teilnehmers am Geschäftsverkehr.[18] Im Ergebnis können nur wenige Firmen allein deshalb unzulässig sein, weil sie schon nicht zur Kennzeichnung geeignet sind. Die am häufigsten diskutierten Fälle betreffen solche Bezeichnungen, die die Verkehrskreise nicht lesen können, zum anderen solche, die sie nicht aussprechen können. 6

2. Problemfälle. a) Lesbarkeit, Aussprechbarkeit. Die **Lesbarkeit** der Firma verlangt lediglich eine Schreibweise in lateinischen Buchstaben.[19] Beispielsweise die kyrillische oder griechi- 7

---

[8] Zur Abgrenzung vgl. SHT/Hacker MarkenG § 5 Rn. 40.

[9] „Descriptiveness“ meint demgegenüber zumeist einen (rein) beschreibenden Charakter.

[10] BGH 8.12.2008, GRUR-RR 2009, 102 – HM & A; RGHMW/Ries Rn. 11 (abstrakte Namensfähigkeit); KKD/Roth/Stelmaszczyk Rn. 3 (verstanden „wie ein Name“); vgl. auch BGH 26.6.1997, BB 1997, 2611.

[11] MüKoHGB/Heidinger Rn. 9; Hopt/Merkt Rn. 4; anders GK-HGB/Steitz Rn. 6 (Kennzeichnungseignung bedeutet Beinhaltung eines individualisierenden Hinweises).

[12] RGHMW/Ries Rn. 17 (abstrakte Unterscheidungseignung); vgl. auch OLG Frankfurt 10.1.2005, DB 2005, 1732 (auch zur Bedeutung des Freihaltebedürfnisses).

[13] Canaris HandelsR § 10 Rn. 18; MüKoHGB/Heidinger Rn. 9; Hopt/Merkt Rn. 4.

[14] Den Begriff der Unterscheidbarkeit verwendet für (politische) Parteien auch § 4 ParteiG; vgl. dazu beispielhaft OLG Karlsruhe 18.12.2013, MDR 2014, 788.

[15] Vgl. beispielhaft EuGH 15.3.2018, GRUR-RR 2018, 236 betr. „Mafia“, BGH 18.5.1995, GRUR 1995, 592 – Busengrapscher.

[16] Jung ZIP 1998, 677 (683); RGHMW/Ries Rn. 25.

[17] MüKoHGB/Heidinger Rn. 10; RGHMW/Ries Rn. 10; vgl. auch Lutter/Welp ZIP 1999, 1073 (1078).

[18] Vgl. ähnlich zum Referenzverbraucher im Lauterkeitsrecht grdl. BGH 20.10.1999, GRUR 2000, 619 – Orient-Teppichmuster; ausf. MüKoUWG/Ruess UWG § 5 Rn. 166 ff.

[19] RGHMW/Ries Rn. 11, 16; MüKoHGB/Heidinger Rn. 16; Lutter/Welp ZIP 1999, 1073 (1077); Müther GmbHR 1998, 1058 (1059).

sche Schrift kann vom weit überwiegenden Teil der Verkehrskreise nicht gelesen werden. Etwas anderes gilt für die **Aussprechbarkeit**[20] der in lateinischen Buchstaben geschriebenen Firma. Gängige Fremdsprachen (vor allem Englisch) stehen der Aussprechbarkeit für den weit überwiegenden Teil der Verkehrskreise nicht entgegen. Auch schwer aussprechbare Familiennamen müssen als zur Kennzeichnung geeignet gelten, weil der Träger des Namens ansonsten diskriminiert wäre. Da geläufige Abkürzungen zwar nicht ohne weiteres ausgesprochen, jedoch gleichwohl allgemein verstanden werden, steht deren Verwendung der Kennzeichnungseignung nicht grundsätzlich entgegen.[21] Die Aussprechbarkeit kann aber dann ein Hindernis darstellen, wenn die Firma einen Fantasiebegriff enthält, der eine unsinnige, gar nicht artikulierbare oder aussprechbare Folge von Konsonanten und Vokalen ist (zB die sinnlose Aneinanderreihung von A-Blöcken).[22]

8 **b) Bild- und Sonderzeichen.** Reine **Bildzeichen** können für die Kennzeichnung eines Unternehmensträgers nicht genügen, weil und soweit sie überhaupt nicht artikulierbar sind und keinerlei Namensfunktion haben.[23] Hier muss ein strengerer Maßstab gelten als bei der (Bild)-Marke, die der Kennzeichnung einer Ware oder Dienstleistung dient. Eine Kennzeichnung mit Namensfunktion kann deshalb nicht bloß aus einem Bild oder einem oder mehreren beigefügten Bildzeichen bestehen,[24] auch nicht solchen seltenen Bildzeichen, die sich auf einer Schreibtastatur befinden (zB „*").[25] Etwas anderes gilt dann, wenn im Verkehr bekannte **Sonderzeichen** zusätzlicher Bestandteil eines ansonsten aussprechbaren, kennzeichnungsgeeigneten Schlagworts sind. Dies ist zB anerkannt für geläufige Satzzeichen (wie zB „!")[26] und für im Geschäftsverkehr bekannte Sonderzeichen (wie „&" oder „+"),[27] außerdem auch für „.", zB im Rahmen einer „dot.com"-Firma. Konsequenterweise muss dies dann auch für das durch das Internet mittlerweile weit verbreitete und allgemein bekannte, aber auch schon früher in ähnlicher Form verwendete Sonderzeichen **„@"** gelten. Dieses kann daher der Firma wie jedes andere bekannte Sonderzeichen als zusätzliches Zeichen beigefügt werden,[28] insbesondere so verwendet werden, wie es bei einer E-Mail-Adresse regelmäßig verwendet wird oder sonst ein „a", (Beispiel: „ex@ct"), „und" oder „at" ersetzt. Dass firmenrechtlich kein Anspruch auf eine bestimmte Schreibweise oder grafische Gestaltung besteht, vermag daran gerade im Vergleich zu anderen kaufmännischen Sonderzeichen nichts zwingend zu ändern.[29] In Alleinstellung würde das @-Zeichen allerdings ein unzulässiges Bildzeichen darstellen, an dem außerdem ein berechtigtes Freihaltebedürfnis besteht.[30] Die Raute (**„#"**, auch: hashtag) ist mittlerweile in sozialen Netzwerken bekannt und verbreitet. Sie wird Worten oder Wortketten vorangestellt und dient der Möglichkeit der Verlinkung. Als vorangestellter Teil einer solchen (möglicherweise in dieser Form sogar schon bekannten) Wortfolge dürfte „#" deshalb auch in der Firma nicht unzulässig sein.[31] Isoliert verwendet handelt es sich aber auch bei der Raute um ein Bildzeichen ohne Unterscheidungskraft. Nicht zur Kennzeichnung geeignet, obwohl artikulierbar, ist das Bildzeichen in Form des **„//"**. Diesem Zeichen fehlt im allgemeinen Sprachgebrauch (noch) eine eindeutige Wortersatzfunktion.[32]

9 **c) Buchstabenkombinationen, Zahlen.** Reine **Buchstabenkombinationen** oder Buchstabenfolgen sind sowohl in Alleinstellung als auch in Kombination mit ausgeschriebenen Firmenbe-

---

[20] Zum treffenderen Begriff der Artikulierbarkeit vgl. OLG Hamm 11.12.2007, DB 2008, 981.

[21] BGH 8.12.2008, GRUR-RR 2009, 102 – HM & A (Revisionsentscheidung zu OLG Hamm 11.12.2007, DB 2008, 981); **aA** OLG Celle 6.7.2006, DB 2006, 1950.

[22] OLG Frankfurt 28.2.2002, NJW 2002, 2400; OLG Celle 19.11.1998, NJW-RR 1999, 543; **aA** wohl NK-HGB/Lamsa Rn. 17, der dies grds. für möglich hält, hierin aber einen Fall von Rechtsmissbrauch sieht.

[23] BayObLG 4.4.2001, NJW 2001, 2337; KG 23.5.2000, NJW-RR 2001, 173; MüKoHGB/Heidinger Rn. 12.

[24] BGH 6.7.1954, BGHZ 14, 155 = NJW 1954, 1681 – Farina/Rote Blume; RGHMW/Ries Rn. 16.

[25] BayObLG 4.4.2001, NJW 2001, 2337: „offensichtlich, dass sie nicht ausgesprochen werden"; MüKoHGB/Heidinger Rn. 12.

[26] Insoweit nicht unbedenklich weitgehend MüKoHGB/Heidinger Rn. 12.

[27] BayObLG 2.8.1996, NJW 1996, 3016; MüKoHGB/Heidinger Rn. 12.

[28] LG München 12.2.2009, MittBayNot 2009, 315; LG Cottbus 2.8.2001, CR 2002, 134; LG Berlin 13.1.2004, NJW-RR 2004, 835; Wagner NZG 2001, 802; NK-HGB/Lamsa Rn. 13; Lutter/Hommelhoff/Bayer GmbHG § 4 Rn. 19; **aA** BayObLG 4.4.2001, NJW 2001, 2337 (Bekanntheit des Zeichens verneint); OLG Braunschweig 27.11.2000, WRP 2001, 287 (hoher kryptografischer Gehalt außerhalb des geläufigen Zeichensatzes); SHT/Hacker MarkenG § 5 Rn. 23.

[29] **AA** KG 23.5.2000, NJW-RR 2001, 173; LG Leipzig 27.11.2001, NotBZ 2002, 112; LG München 25.1.2001, BB 2001, 854; MüKoHGB/Heidinger Rn. 15.

[30] Zu weitgehend deshalb insoweit Canaris HandelsR § 10 Rn. 14; vgl. auch MüKoHGB/Heidinger Rn. 14.

[31] Dies andeutend auch MHdB GesR III/Heidinger § 19 Rn. 19 Fn. 38.

[32] BGH 25.1.2022, NZG 2022, 971.

standteilen grundsätzlich zur Kennzeichnung geeignet.[33] Dies entspricht auch der Wertung in § 8 Abs. 2 Nr. 2 MarkenG. Der Verkehr hat sich an solche Buchstabenfolgen gewöhnt und kann sie auch aussprechen bzw. artikulieren.[34] Dies gilt nicht nur, wenn solche Buchstabenfolgen bereits Verkehrsgeltung erlangt haben, sondern auch bei der Firmenneubildung. Von den betroffenen Verkehrskreisen mittlerweile häufig verwendet und unzweifelhaft kennzeichnungsgeeignet sind Kombinationen aus Buchstaben und Zahlen (Beispiel: „Pro7")[35] oder aus branchenbezogenen Angaben und Zahlen.[36] Auch bloßen **Zahlen** kann jedenfalls dann, wenn sie ausgeschrieben sind, die reine Eignung zur Kennzeichnung nicht abgesprochen werden.[37] Kritisch betrachtet werden muss lediglich eine Firmenbildung, die sich auf einen einzigen Buchstaben[38] oder eine einzelne (nicht ausgeschriebene) Zahl beschränkt (Ausnahme: Verkehrsgeltung).[39] Unabhängig von der fehlenden Unterscheidungskraft hat eine solche Bezeichnung, weil sie nichtssagend ist, auch keinerlei Namensfunktion. Weil sie ersichtlich nichtssagende Kombinationen sind, gilt das auch für sog. A-Blöcke, die nur gewählt werden, um in Listen die oberste Position zu erlangen.[40]

III. Unterscheidungskraft

1. Allgemeines. Entscheidendes Kriterium bei der Firmenbildung ist neben dem Irreführungs- 10
verbot die ausreichende Unterscheidungskraft. Da dieser Begriff dem Markenrecht (§§ 3, 5, 8 MarkenG) entlehnt ist, können zur Bestimmung dieses Rechtsbegriffs markenrechtliche Grundsätze herangezogen werden.[41] Danach setzt Unterscheidungskraft iSv § 18 Abs. 1 voraus, dass die Kennzeichnung vom Verkehr gerade als individualisierender Herkunftshinweis auf ein Unternehmen verstanden wird.[42] Die Individualisierungsfunktion setzt eine ausreichende Eigenart der Bezeichnung voraus und erfordert eine Abgrenzung zu solchen Kennzeichnungen, hinsichtlich derer ein Freihaltebedürfnis besteht. Die Unterscheidungskraft ist (anders als bei § 30 Abs. 1) **abstrakt** zu beurteilen.[43] Maßgeblich ist das Verständnis des durchschnittlich qualifizierten Teilnehmers am Geschäftsverkehr (→ Rn. 20). Um die tatsächliche Unterscheidung des Unternehmens von einem bestimmten anderen bzw. die tatsächliche Identität des Unternehmensträgers feststellen zu können, muss Einblick in das Handelsregister genommen oder müssen die Pflichtangaben nach § 37a beachtet werden.[44] Eine fehlende Unterscheidungskraft kann gleichzeitig eine Irreführung bewirken,[45] eine verneinte Unterscheidungskraft macht jedoch die Prüfung der Irreführungseignung entbehrlich.[46] Die ausreichende Unterscheidungskraft ist je nach Art der gewählten Firma zu beurteilen.

2. Personenfirma. Bei einer Personenfirma ist grundsätzlich jeder bürgerliche Name, auch ohne 11
Vornamen, ausreichend unterscheidungskräftig. Das gilt auch für abgewandelte, verkürzte, fremde oder frei erfundene Namen.[47] Eine abstrakte Unterscheidungskraft iSv § 18 Abs. 1 muss auch bei Allerweltsnamen angenommen werden.[48] Allerdings wird in der Praxis hier in vielen Fällen wegen

[33] BGH 8.12.2008, GRUR-RR 2009, 102 – HM & A; 5.10.2000, NJW 2001, 1868 – DB Immobilienfonds, zu § 5 Abs. 2 MarkenG, unter Betonung der Einheitlichkeit der Kennzeichenrechte; MüKoHGB/Heidinger Rn. 17 ff.; RGHMW/Ries Rn. 12; SHT/Hacker MarkenG § 5 Rn. 21; Schulenburg NZG 2000, 1156 (1157); Lutter/Welp ZIP 1999, 1073 (1078); Müther GmbHR 1998, 1058 (1060); **aA** noch BGHZ 8.12.1953, BGHZ 11, 214 (218) = NJW 1954, 388; OLG Celle 6.7.2006, DB 2006, 1950.

[34] BGH 8.12.2008, GRUR-RR 2009, 102 – HM & A; Kögel Rpfleger 2000, 255 (257).

[35] MüKoHGB/Heidinger Rn. 24.

[36] ZB in der Solarbranche oder bei Gesellschaften innerhalb eines Unternehmensverbundes, vgl. dazu KG 23.10.2012, MDR 2013, 920.

[37] MüKoHGB/Heidinger Rn. 23.

[38] Vgl. aber BGH 15.6.2000, GRUR 2001, 161 – Buchstabe K, zu § 8 Abs. 2 Nr. 1 MarkenG.

[39] KG 17.5.2013, NZG 2013, 1153 – 23 GmbH; vgl. auch MüKoHGB/Heidinger Rn. 23; RGHMW/Ries Rn. 13 für einen Buchstaben; vgl. aber auch OLG Köln 25.11.2005, NJW-RR 2006, 624 – 01 058 Telecom GmbH.

[40] Vgl. insoweit zweifelnd RGHMW/Ries Rn. 13; Kögel Rpfleger 2000, 256.

[41] MüKoHGB/Heidinger Rn. 25; Ebenroth-Boujong/Reuschle Rn. 4; RGHMW/Ries Rn. 17; vorsichtiger Hopt/Merkt Rn. 5 (Annäherung der Begriffe); krit. Kögel Rpfleger 2000, 255 (256).

[42] Vgl. beispielhaft BGH 15.2.2001, GRUR 2001, 1161 – CompuNet/ComNet I; 16.12.2004, NJW 2005, 1503 – Literaturhaus; vgl. zur namensmäßigen Unterscheidungskraft als Schutzvoraussetzung bei Geschäfts- und Unternehmensbezeichnungen SHT/Hacker MarkenG § 5 Rn. 38 ff.; Fezer MarkenG § 15 Rn. 122 ff.

[43] OLG Frankfurt 10.1.2005, DB 2005, 1732; MüKoHGB/Heidinger Rn. 28.

[44] MüKoHGB/Heidinger Rn. 28.

[45] MüKoHGB/Heidinger Rn. 29.

[46] HK-HGB/Ruß Rn. 7.

[47] MüKoHGB/Heidinger Rn. 40.

[48] So jetzt auch BGH 30.1.2008, GRUR 2008, 801 – Hansen-Bau (Abgrenzung zur bisherigen Rspr., zB BGH 2.3.1979, GRUR 1979, 642 – Billich); vgl. auch EuGH 16.9.2004, EuZW 2004, 670 – Nichols; Ebenroth/Boujong/Reuschle Rn. 7; SHT/Hacker MarkenG § 5 Rn. 11; Heidinger DB 2005, 815.

der erforderlichen Unterscheidbarkeit vor Ort (§ 30 Abs. 1) ein individualisierender Zusatz erforderlich sein.[49] Ob der Fantasiename bzw. der gewählte fremde oder abgewandelte Name zulässig sind, ist eine Frage des Irreführungsverbots nach § 18 Abs. 2, nicht aber der grundsätzlich vorhandenen abstrakten Unterscheidungskraft.

12 **3. Sachfirma.** Stellt eine Sachfirma eine individuell formulierte Bezeichnung eines Tätigkeitsbereiches eines Unternehmens dar, steht die ausreichende Unterscheidungskraft nach § 18 Abs. 1 außer Frage. Zwingend erforderlich ist die eindeutige Erkennbarkeit des Unternehmensgegenstandes aber nicht.[50] Auch hier muss allerdings unterschieden werden, ob eine Irreführungseignung nach § 18 Abs. 2 vorliegt. Etwas anderes gilt aber, wenn die Sachfirma eine bloße, allgemeine Gattungs- oder **Branchenbezeichnung** („Bau GmbH") enthält.[51] Hier fehlt es an der notwendigen Individualisierung, weil es sich um rein beschreibende Angaben handelt; außerdem muss das Freihaltebedürfnis an solchen allgemeinen Begriffen berücksichtigt werden. Aus denselben Gründen besitzen reine Sachbezeichnungen, bloße geografische Begriffe („Deutschland GmbH")[52] – auch als Zusatz zu einer im Übrigen nicht unterscheidungskräftigen Sachfirma[53] – gängige Abkürzungen sowie rein beschreibende Angaben aus der (inländischen) Umgangs- oder Fachsprache keine ausreichende Unterscheidungskraft.[54] Die ausreichende Unterscheidungskraft wird hergestellt, wenn reine Gattungsbezeichnungen oder Sachbezeichnungen fantasievoll kombiniert[55] oder durch Zusätze individualisiert werden. Hierfür eignen sich (zutreffende)[56] Namens- oder individuelle Fantasiezusätze (auch Buchstabenkombinationen); dies soll auch für Ortszusätze gelten,[57] was jedoch gerade bei Großstädten nicht immer überzeugen kann. Nicht genügend soll der Zusatz „Deutsch" sein.[58] Jedenfalls nicht zur Individualisierung ausreichend ist ein (unterschiedlicher) Rechtsformzusatz.[59]

13 **4. Fantasiefirma.** Die Fantasiefirma besitzt in der Regel ausreichende Unterscheidungskraft, es sei denn der Fantasiebegriff besteht aus einem im Inland gängig verwendeten deutschen oder fremdsprachigen Allgemeinbegriff („Fun GmbH"), einem einzelnen Buchstaben („A GmbH") oder einer einzelnen, nicht ausgeschriebenen Zahl („1 GmbH") jeweils in Alleinstellung,[60] weil insoweit jeweils ein berechtigtes Freihaltebedürfnis besteht. Eine im Inland nicht gängige beschreibende Angabe oder reine Branchenbezeichnung in einer Fremdsprache kann ausreichend unterscheidungskräftig sein, wenn sie der Verkehr noch als Fantasiebegriff und eben nicht als rein beschreibend auffasst.[61] Unterscheidungskraft ist bejaht worden, wenn die Firmenbezeichnung die konkrete Angabe der Anschrift einschließlich der Hausnummer des Unternehmens enthält und an diesem Ort der Geschäftsbetrieb auch tatsächlich unterhalten wird, sodass auch keine Irreführung anzunehmen ist.[62]

14 **5. Mischfirmen.** Bei Mischfirmen, also solchen Firmen, die aus verschiedenen Firmenbestandteilen zusammengesetzt sind (zB Buchstabenkombination zusammen mit Sachbegriff oder bürgerlicher Name zusammen mit Fantasiebegriff) ist die Unterscheidbarkeit der gesamten Firma zu

---

[49] RGHMW/Ries Rn. 19.

[50] OLG Stuttgart 8.3.2012, NZG 2012, 551.

[51] Vgl. allgemein KG 28.2.2012, GmbHR 2012, 856; beispielhaft außerdem OLG Frankfurt 13.10.2010, GRUR-RR 2011, 96 – Outlets.de GmbH; OLG Rostock 15.11.2010, GmbHR 2011, 829 – Campingakademie; KG 8.9.2009, FGPrax 2010, 42; OLG München 1.7.2010 – 31 Wx 88/10, nv – Zahnarztpraxis Ltd.; vgl. auch BayObLG 1.7.2003, NJW-RR 2003, 1544 – Profi-Handwerker; vgl. außerdem (nicht immer überzeugend) OLG Oldenburg 1.12.1989, BB 1990, 443 – Baumaschinen Consulting GmbH; BayObLG 13.6.1997, NJW-RR 1998, 40; OLG Dresden 26.5.1997, GRUR 1997, 846 – Bauland; zum Ganzen MüKoHGB/Heidinger Rn. 30 ff.; Hopt/Merkt Rn. 6 f.; Müther GmbHR 1998, 1058 (1059).

[52] Vgl. aber auch BGH 17.1.1991, GRUR 1991, 472 – Germania.

[53] OLG Dresden 15.11.2010, GRUR-RR 2011, 97.

[54] RGHMW/Ries Rn. 22.

[55] Vgl. aus der markenrechtlichen Rspr. BGH 31.7.2008, GRUR 2008, 1104 – Haus & Grund II; 21.11.1996, GRUR 1997, 468 – NetCom; GRUR 1992, 550 – ac-pharma.

[56] OLG Frankfurt 10.1.2005, Rpfleger 2005, 366 – „Hessen-Nassauische Aktiengesellschaft".

[57] Vgl. beispielhaft OLG München 13.9.2022, NZG 2022, 1400; OLG Zweibrücken 1.2.2012, OLGR Mitte 30/2012 Anm. 3 – Wasserkraft Bad Ems; OLG München 28.4.2010, DB 2010, 1284 – Münchner Hausverwaltung; KG 11.9.2007, NZG 2008, 80 – Autodienst Berlin; OLG Frankfurt 19.2.2008, DB 2008, 1488 – Hausverwaltung Rhein Main; LG Mönchengladbach 7.4.2009, MD 2009, 641 – „Rheinland" für einen Tierschutzverein im Vereinsregister; vgl. insgesamt auch MüKoHGB/Heidinger Rn. 34.

[58] LG Oldenburg 24.9.2009, Rpfleger 2010, 145 – Deutsche Biogas AG.

[59] BayObLG 1.7.2003, NZG 2003, 1029; KKD/Roth/Stelmaszczyk Rn. 4.

[60] Vgl. KG 17.5.2013, NZG 2013, 1153.

[61] So auch RGHMW/Ries Rn. 24.

[62] OLG Brandenburg 9.4.2025, BeckRS 2025, 14139.

beurteilen, nicht die des einzelnen Firmenbestandteils für sich alleine.[63] Die ausreichende Unterscheidungskraft wird in solchen Fällen also selten in Frage stehen.

Bei einer **Domainfirma** kann sich hinreichende Unterscheidungskraft der Firmenbezeichnung nicht aus dem Zusammenhang der Second-Level-Domain, die keine Unterscheidungskraft besitzt, mit der Top-Level-Domain ergeben. Die Kombination eines unspezifischen, keine Unterscheidungskraft besitzenden Branchen- bzw. Gattungsbegriffs in der Second-Level-Domain mit einer Top-Level-Domain verleiht der Firma nicht die erforderliche Unterscheidungskraft iSd. § 18 Abs. 1. Diese muss sich vielmehr aus der Second-Level-Domain ergeben.[64] Nicht entscheidend ist, dass nach den für die Vergabe von Domainnamen bestehenden Richtlinien eine mehrfache Vergabe desselben Domainnamens unter derselben Top-Level-Domain (zB „.de") ausgeschlossen ist. 14a

6. Verkehrsgeltung. Hat eine nicht ausreichend individualisierende Kennzeichnung Verkehrsgeltung erlangt, so kann sie zulässige Firma sein.[65] Insoweit gelten dieselben Grundsätze wie bei den Unternehmenskennzeichen iSv § 5 Abs. 2 MarkenG. In der Praxis dürfte ein solches Privileg aber nicht bei Neuanmeldungen, sondern nur bei Firmenänderungen (zB Anpassung an Marke) in Anspruch genommen werden dürfen. 15

IV. Irreführungsverbot

1. Anwendungsbereich. § 18 Abs. 2 normiert das für den Grundsatz der Firmenwahrheit wesentliche Irreführungsverbot bei der Firmenbildung und damit (neben § 30 und § 37) den Kern des Firmenordnungsrechts, das dem (vorbeugenden)[66] Schutz und der Sicherheit des Rechtsverkehrs dient.[67] § 18 Abs. 2 gilt nicht nur für Firmenzusätze, wie dies bei § 18 Abs. 2 aF der Fall war, sondern erfasst die **Firma in ihrer Gesamtheit,** den Firmenkern und die Firmenzusätze.[68] Die Vorschrift ist auf Firmen aller Unternehmensträger anwendbar.[69] Das Irreführungsverbot besteht auch bei frei gewordenen[70] oder nachträglich unwahr gewordenen Firmen.[71] Eine gewisse Einschränkung, jedoch keinen Ausschluss, findet das Irreführungsverbot bei der abgeleiteten Firma durch die §§ 22, 24 (→ § 22 Rn. 2).[72] Die in § 18 Abs. 2 gewählte Terminologie ist an lauterkeitsrechtliche Begriffe aus §§ 3, 13a UWG aF; §§ 3, 5 Abs. 1 UWG angelehnt,[73] weshalb bei der Ausfüllung der Rechtsbegriffe (Irreführungseignung, Verkehrswesentlichkeit, Bestimmung der angesprochenen Verkehrskreise) zumindest auf neuere lauterkeitsrechtliche Rspr. zurückgegriffen werden kann. 16

2. Parallelwertung im Lauterkeitsrecht. Da das UWG spätestens seit der Reform im Jahre 2004 spürbaren Liberalisierungstendenzen unterliegt und sich bei der Behandlung von Irreführungstatbeständen das zugrunde zu legende lauterkeitsrechtliche Verbraucherleitbild gewandelt hat,[74] ist eine Divergenz zwischen der firmenrechtlichen und der lauterkeitsrechtlichen Beurteilung nicht mehr zu befürchten.[75] Die Irreführungstatbestände der §§ 5, 5a, 5b UWG haben im Einzelnen im Vergleich zu § 18 zwar unterschiedliche Voraussetzungen. Soweit ein irreführender Firmengebrauch unter § 5 Abs. 2 Nr. 3 UWG gefasst wird, ist aber nicht jede Irreführung unlauter und kann deshalb nicht in jedem Falle Grund für einen Unterlassungsanspruch nach § 8 Abs. 1 UWG sein. Denn die wettbewerbliche Relevanz hat ausdrücklich Eingang in den Wortlaut des § 5 Abs. 1 UWG gefunden. Danach liegt eine unlautere Irreführung nur dann vor, wenn sie geeignet ist, den Verbraucher (oder sonstigen Marktteilnehmer) zu einer geschäftlichen Entscheidung zu veranlassen, die er andernfalls 16a

[63] Ebenroth/Boujong/Reuschle Rn. 34; GK-HGB/Steitz Rn. 35.

[64] BGH 11.3.2025, NZG 2025, 765; LG Köln 8.2.2008, Rpfleger 2008, 425; RGHMW/Ries Rn. 18; Seifert Rpfleger 2001, 395 (396); **aA** Vorauflage unter Bezug auf OLG Dresden 15.11.2010, GRUR-RR 2011, 97; MüKoHGB/Heidinger Rn. 37.

[65] MüKoHGB/Heidinger Rn. 38; Hopt/Merkt Rn. 7; beispielhaft BGH 1.6.1989, GRUR 1989, 856 – Commerzbau; 12.6.1986, GRUR 1988, 319 – Video-Rent.

[66] BT-Drs. 13/8444, 52.

[67] MüKoHGB/Heidinger Rn. 55; RGHMW/Ries Rn. 26; vgl. auch BGH 24.6.1982, NJW 1983, 222 zum Drittschutz iSv § 839 BGB.

[68] BT-Drs. 13/8444, 52; RGHMW/Ries Rn. 26; MüKoHGB/Heidinger Rn. 43.

[69] Hopt/Merkt Rn. 9.

[70] OLG Hamburg 12.12.1986, OLGZ 1987, 191; MüKoHGB/Heidinger Rn. 46.

[71] BGH 9.6.1993, BGHZ 10, 196 (201) = NJW 1953, 1348 – Dun-Europa; vgl. auch BayObLG 9.6.1988, NJW 1988, 2480; OLG Karlsruhe 26.10.1988, ZIP 1989, 261; Hopt/Merkt Rn. 18 auch zum Vorgehen des Registergerichts nach § 37 Abs. 1 oder §§ 392, 395 FamFG.

[72] Weitere Nachweise bei MüKoHGB/Heidinger Rn. 52 in Fn. 183.

[73] BT-Drs. 13/8444, 52.

[74] Vgl. dazu beispielhaft BGH 20.10.1999, GRUR 2000, 619 – Orient-Teppichmuster; 24.10.2002, GRUR 2003, 361 – Sparvorwahl.

[75] So noch BT-Drs. 13/8444; iErg wie hier Ebenroth/Boujong/Reuschle Rn. 41.

nicht getroffen hätte. Dabei kann zwar in der Regel aus dem Hervorrufen einer Fehlvorstellung auf die wettbewerbsrechtliche Relevanz der Irreführung geschlossen werden, jedoch dann nicht, wenn über Umstände getäuscht worden ist, die für das Marktverhalten der Gegenseite lediglich eine unwesentliche Bedeutung haben.[76] Der EuGH hat insoweit allerdings ein weites Verständnis des Begriffs der geschäftlichen Entscheidung vorgegeben; erfasst sind insbesondere auch „Anlockfälle", bei denen sich die geschäftliche Entscheidung darauf beschränkt, sich näher mit dem Angebot zu befassen.[77] Eine ähnliche lauterkeitsrechtliche Bewertung erfolgt, wenn man § 3a UWG heranzieht, weil § 18 als Marktverhaltensregeln anzusehen ist.[78] Die hiernach erforderliche Spürbarkeit des Gesetzesverstoßes ist erst dann anzunehmen, wenn das Verhalten des Unternehmers den Durchschnittsverbraucher davon abhalten kann, die Vor- und Nachteile einer geschäftlichen Entscheidung zu erkennen, abzuwägen und eine „effektive Wahl" zu treffen (vgl. Erwägungsgrund 14 RL 2005/29/EG).[79] Insgesamt dürfte bei der materiell-rechtlichen Bewertung daher Gleichklang herzustellen sein, sodass die Unterschiede zwischen § 18 und lauterkeitsrechtlichen Ansprüchen in erster Linie im Verfahrens- bzw. Beweisrecht liegen (→ § 18 Rn. 21 ff.).

17 **3. Voraussetzungen. a) Geeignetheit.** Eine unzulässige Firmierung liegt vor, wenn diese geeignet ist, bei den maßgeblichen Verkehrskreisen eine unrichtige Vorstellung hervorzurufen. Das bedeutet, dass eine Täuschungseignung ausreicht und es nicht bereits zu tatsächlichen Fehlvorstellungen bzw. deren Auswirkungen gekommen ist; auch ist eine Täuschungsabsicht irrelevant.[80] Dies entspricht der lauterkeitsrechtlichen Wertung in § 5 UWG. Beurteilt wird auch hier grundsätzlich die Firma in ihrer Gesamtheit.[81]

18 **b) Geschäftliche Verhältnisse.** Maßgeblich ist eine Täuschung über geschäftliche Verhältnisse. Was unter geschäftlichen Verhältnissen zu verstehen ist, ist in Anlehnung an die Begrifflichkeit in § 5 UWG zu bestimmen.[82] Zu nennen sind deshalb sachliche Angaben[83] wie Art, Branche, Sitz und Bedeutung des Geschäftsbetriebs sowie dessen Inhaber und seine Verhältnisse, bezogen auf das Unternehmen.[84] Von den geschäftlichen Verhältnissen abzugrenzen sind rein private Verhältnisse. Ohne Bedeutung ist, ob die Angaben sich in einem Firmenzusatz befinden. Zur Irreführung geeignet ist vor allem eine objektiv unwahre Angabe.[85] Ein umfassendes Irreführungsverbot, das sich, ohne Beschränkung auf geschäftliche Verhältnisse und Wesentlichkeit auf die Bezeichnung des Sondervermögens, der Investmentaktiengesellschaft oder der Investmentkommanditgesellschaft bezieht, enthält **§ 4 Abs. 1 KAGB.**

19 **4. Wesentlichkeit. a) Materiellrechtliche Einschränkung.** Eine materiellrechtliche Einschränkung erfährt das Irreführungsverbot in § 18 Abs. 2 S. 1 dadurch, dass es sich nur auf solche geschäftlichen Verhältnisse bezieht, die für die angesprochenen Verkehrskreise wesentlich sind. Hier findet sich begrifflich eine Parallele zur Spürbarkeitsgrenze iSv § 3a UWG (früher § 3 UWG aF)[86] bzw. zur wettbewerblichen Relevanz iSv § 5 Abs. 1 UWG. Die lauterkeitsrechtliche Rspr. setzt in Irreführungsfällen die Schwelle zur wettbewerblichen Relevanz bzw. Spürbarkeit eher niedrig an,[87] was gerechtfertigt erscheint, weil und soweit zB bei irreführender Werbung die Entscheidungsfreiheit des Verbrauchers bei einer Vielzahl von Kaufentscheidungen beeinträchtigt ist. Im Rahmen von § 18 Abs. 2 S. 1 sollte die das Überschreiten der Wesentlichkeitsschwelle im Lichte der Liberalisierungsabsichten der Handelsrechtsreform 1998[88] ebenfalls in erster Linie dann angenommen werden, wenn die Angabe tatsächlich Bedeutung für **wirtschaftliche Entscheidungen** des Verkehrs hat,[89] allerdings wegen des gebotenen Gleichklangs mit § 5 UWG auch dann, wenn die Firmierung bewusst werblichen Charakter hat. Angaben von (demgegenüber) bloß nebensächlicher oder rein formaler

[76] BGH 29.3.2007, GRUR 2007, 1079 – Bundesdruckerei.
[77] EuGH 19.12.2013, GRUR 2014, 196 – Trento Sviluppo/AGCM.
[78] MüKoUWG/Schaffert UWG § 3a Rn. 454.
[79] OLG Köln 11.3.2016, BeckRS 2016, 06500; Köhler/Feddersen/Köhler UWG § 3 Rn. 3.26.
[80] BayObLG 22.9.1978, DB 1979, 83; MüKoHGB/Heidinger Rn. 53, 54; Wolff DZWiR 1997, 397.
[81] Ebenroth/Boujong/Reuschle Rn. 47.
[82] Zu Unterschieden aufgrund des unterschiedlichen Normzwecks Oetker HandelsR § 4 Rn. 45; Köhler/Feddersen/Bornkamm/Feddersen UWG § 5 Rn. 4.6.
[83] HK-HGB/Ruß Rn. 11 (Sachaussagen mit Informationsgehalt).
[84] MüKoHGB/Heidinger Rn. 57.
[85] KKD/Roth/Stelmaszczyk Rn. 7.
[86] BT-Drs. 13/8444, 52.
[87] Vgl. dazu MüKoUWG/Sosnitza UWG § 3 Rn. 129, 130; BGH 28.6.2007, GRUR 2008, 186 – Telefonaktion; 29.3.2007, GRUR 2007, 1079 – Bundesdruckerei; 17.6.1999, GRUR 2000, 239 – Last-Minute-Reise.
[88] BT-Drs. 13/8444, 53.
[89] BT-Drs. 13/8444, 53; OLG Hamm 28.11.2006, Rpfleger 2007, 266; RGHMW/Ries Rn. 27; HK-HGB/Ruß Rn. 13; ähnlich MüKoHGB/Heidinger Rn. 58: „gewisse Bedeutung".

Bedeutung (das gilt nicht für § 19) haben jedoch außer Betracht zu bleiben. § 4 Abs. 1 KAGB kennt diese materiellrechtliche Einschränkung seinem Wortlaut nach nicht, jedoch ist davon auszugehen, dass die Bezeichnung selbst für den Verkehr bereits wesentliche Bedeutung hat.

b) Maßstab. Von entscheidender Bedeutung ist die Festlegung des Maßstabes, anhand dessen die Verkehrswesentlichkeit und die Irreführungseignung beurteilt werden müssen. Auch hier kann auf lauterkeitsrechtliche Grundsätze zurückgegriffen werden. Probleme aufwerfende Divergenzen zum Lauterkeitsrecht sind insoweit spätestens seit der UWG-Reform 2004 nicht mehr zu befürchten. Denn auch der lauterkeitsrechtliche Beurteilungsmaßstab ist aufgrund europarechtlicher Vorgaben mittlerweile strenger. Maßgeblich ist dort das Verständnis eines durchschnittlich informierten, situationsadäquat aufmerksamen Durchschnittsverbrauchers. Auch iRv § 18 Abs. 2 ist es deshalb geboten, auf die Sicht eines durchschnittlich informierten und durchschnittlich kritischen und im kaufmännischen Geschäftsleben **durchschnittlich versierten Teilnehmers am Geschäftsverkehr** abzustellen.[90] In Abhängigkeit von Art und Größe des Unternehmens kann die Referenzgruppe auf entsprechend durchschnittlich versierte Kaufleute oder eine auf eine bestimmte Region bezogene Anschauung der dortigen Verkehrskreise[91] zu begrenzen sein. Zu beachten ist, dass sich der Verkehr an gewisse vollmundige, übertreibende Angaben gewöhnt hat und sie einzuschätzen weiß. Das Verständnis der Referenzgruppe ist nicht mehr notwendigerweise durch Meinungsumfragen (zB bei den Industrie- und Handelskammern) empirisch zu ermitteln, da es um ein normatives Leitbild geht, das die Gerichte bei vorausgesetzter Sachkunde selbst ausfüllen können.[92] So bleibt auch genügend Raum und Flexibilität für die gebotene Offenheit gegenüber Veränderungen des Verkehrsverständnisses in der Zukunft. 20

5. Ersichtlichkeit. a) Verfahrensrechtliche Einschränkung. Neben dieser materiell-rechtlichen Einschränkung bringt § 18 Abs. 2 S. 2 eine deutliche verfahrensrechtliche Einschränkung bei der Behandlung von Irreführungsfragen durch das Registergericht. Danach wird die Eignung zur Irreführung vom Registergericht nur berücksichtigt, wenn sie ersichtlich ist (vgl. ähnlich § 37 Abs. 3 MarkenG). Das bedeutet, dass das Registergericht eine Beanstandung auf objektiv naheliegende, einfach und ohne Beweisaufnahme feststellbare[93] Irreführungstatbestände beschränkt. Fragen, die eine aufwändige Ermittlung der geschäftlichen Verhältnisse erforderlich machen würden, wird nicht nachgegangen. Das Registergericht kann allerdings eigene Sachkunde und allgemeine Informationsquellen heranziehen, in (offensichtlichen) Ausnahmefällen einen Richtigkeitsnachweis verlangen oder sonstige, schnell und einfach durchzuführende Amtsermittlungen anstellen.[94] 21

b) Prüfung von Amts wegen. Nur bei Eintragung oder Änderung der Firma (§§ 29, 31), im Missbrauchsverfahren (37 Abs. 1) und beim Amtslöschungsverfahren (§ 395 FamFG)[95] ist die von Amts wegen (§ 26 FamFG) vorzunehmende Prüfung der Irreführungseignung auf das vom Gesetzgeber im Zusammenhang mit der Deregulierung des Firmenrechts gewünschte **„Grobraster"** des § 18 Abs. 2 S. 2 reduziert.[96] Das gilt auch für irreführende Bezeichnungen iSv § 4 KAGB, auch wenn diese Vorschrift nicht auf § 18 Abs. 2 Bezug nimmt. Bei der Prüfung von (in der Regel von Wettbewerbern geltend gemachten) Unterlassungsansprüchen (**§ 8 Abs. 1 UWG, § 5 Abs. 1, 3 UWG** sowie im Falle von **§ 37 Abs. 2**) kann und muss die gebotene **„Feinsteuerung"** erfolgen. Daher kann der Rechtsstreit über den Unterlassungsanspruch wegen der erweiterten verfahrens- und beweisrechtlichen Möglichkeiten zu einem anderen Ergebnis gelangen als die Entscheidung des Registergerichts nach § 18 Abs. 2 S. 2.[97] Die vom Registergericht (und sei es auch aufgrund zu weit gehender Ermittlungen) angenommene „Ersichtlichkeit" ist von der Beschwerdeinstanz nicht mehr überprüfbar.[98] 22

6. Einzelner Firmenbestandteil irreführend. Erweist sich nur ein einzelner Firmenbestandteil als irreführend (oder sonst unzulässig), so kann allein dieser unzulässige Bestandteil der eingetragenen 23

[90] So jetzt beispielhaft auch OLG Düsseldorf 16.3.2020, NZG 2020, 835.

[91] OLG Dresden 21.4.2010, NZG 2010, 1237; KKD/Roth/Stelmaszczyk Rn. 7.

[92] Vgl. EuGH 16.7.1998, EuZW 1998, 526 (528); BGH 2.10.2003, GRUR 2004, 244 – Marktführerschaft; RGHMW/Ries Rn. 27; Hopt/Merkt Rn. 15; Lutter/Welp ZIP 1999, 1073 (1079); wohl anders HK-HGB/Ruß Rn. 15 (Irreführungsquote 50 %).

[93] OLG Dresden 21.4.2010, NZG 2010, 1237; OLG Stuttgart 17.11.2000, DB 2001, 698; OLG Hamm 8.7.1999, NJW-RR 1999, 1709; MüKoHGB/Heidinger Rn. 63; Ebenroth/Boujong/Reuschle Rn. 72; Ammon DStR 1998, 1474 (1478); weitergehend KKD/Roth/Stelmaszczyk Rn. 10.

[94] Ebenroth/Boujong/Reuschle Rn. 74.

[95] OLG Rostock 15.11.2010, GmbHR 2011, 829 = BeckRS 2011, 11276.

[96] BT-Drs. 13/8444, 54; OLG Stuttgart 8.3.2012, NZG 2012, 551.

[97] RGHMW/Ries Rn. 31 (gleichzeitig mit Recht krit. zu BayObLG 27.3.2000, NJW 2000, 1647); zutr. auch der Hinweis von Hopt/Merkt Rn. 14 auf den teilweise unterschiedlichen Schutzzweck des UWG.

[98] BT-Drs. 13/8444, 54; Hopt/Merkt Rn. 20; RGHMW/Ries Rn. 29; vgl. auch OLG Hamm 26.7.1999, NJW-RR 1999, 1710.

Firma gelöscht werden,[99] vorausgesetzt die (verbleibende) Firma erfüllt im Übrigen die Grundvoraussetzungen des § 18 Abs. 1 und ist so nicht irreführend. Ist das nicht der Fall, ist die gesamte Firma zu löschen.[100] Eine zulässige Verwendung des in anderem Zusammenhang irreführenden Bestandteils ist bei einer Firmenneubildung möglich.

24 **7. Einzelprobleme.** Im Hinblick auf die Irreführungseignung gibt es eine **umfangreiche Kasuistik,** die, soweit sie die Rspr. vor 1998 betrifft, nicht ohne Überprüfung anhand der neuen Rechtslage übernommen werden darf.[101] Auch die letzte „Firmenfibel" des Deutschen Industrie- und Handelstages stammt noch aus dem Jahre 1992. Eine systematische Darstellung von heute noch verbleibenden Fallgruppen kann die Besonderheiten der Personenfirma zum Ausgangspunkt nehmen und dann auf besondere Gestaltungen oder Zusätze der (Sach-)Firma eingehen.

25 **a) Name der Personenfirma.** Immer noch Gegenstand von Diskussionen ist die Gestaltung der Personenfirma. Die strengen Vorgaben der § 18 Abs. 1 aF, § 19 Abs. 4 aF gibt es nicht mehr. Dem muss bei der Beurteilung der Irreführungseignung von Personenfirmen, die abgewandelte oder fremden Namen beinhalten, Rechnung getragen werden. Der Einzelkaufmann kann selbstverständlich, ohne dass eine Irreführung zu befürchten wäre, seinen **eigenen (Familien-)Namen** wählen. Dabei kann der Familienname mit oder ohne Vornamen geführt werden. Der Name kann auch nur teilweise benutzt werden (zB im Falle von Doppelnamen, Adelstiteln und akademischen Graden).[102] Auch leichte Abwandlungen in der Schreibweise (zB „Eindeutschungen",[103] Ersetzung von Umlauten,[104] adjektivische oder deklinierte Form[105] des Namens) sind grundsätzlich zulässig. Ein Inhabervermerk, sei es in Kombination mit einem abweichenden Familiennamen („Reisebüro Schön, Inhaberin Edelgard St-R") oder einer Geschäftsbezeichnung nachgestellt („Hansa Theater, Inhaber Alexander Gut"), kann auch in einer ursprünglichen Firma geführt werden.[106] Dies gilt wegen der zu befürchtenden Irreführung in Bezug auf eine fortgeführte Firma jedoch nicht bei einem Nachfolgevermerk,[107] wenn tatsächlich kein Firmenfortführungsfall vorliegt.

26 **aa) Fremde Namen.** Grundsätzlich können auch fremde Namen (Drittnamen) Gegenstand einer Personenfirma des Einzelkaufmanns oder einer Handelsgesellschaft sein. Wird ein fremder Name zu Werbezwecken gewählt, ohne dass diese Person einen Bezug zum Unternehmen besitzt,[108] vielmehr ein (nicht vorhandener) Bezug suggeriert wird, liegt jedoch eine Irreführung vor. Dies gilt jedenfalls dann, wenn als Personenfirma werbewirksam der Name einer bekannten Persönlichkeit oder der Name einer für die Branche oder die Region sonst bedeutenden Person verwendet wird, um von deren Ruf oder Kompetenz zu profitieren.[109] Aus der Aufnahme des Namens einer Person, die nicht (mehr) Gesellschafter ist, kann grundsätzlich keine Irreführungsgefahr abgeleitet werden.[110] Die Verwendung eines fiktiven Namens, also des Namens einer tatsächlich nicht existierenden Person insbesondere bei einer GmbH, ist nicht irreführend, wenn und soweit die fiktive Person für die angesprochenen Verkehrskreise keine Relevanz hat.[111] Ein Einverständnis des Namensträgers ist bedeutungslos.[112] Selbst namensgleiche Personen müssen die Irreführungsgefahr in solchen Fällen durch einen ausreichenden Zusatz beseitigen.[113] Irreführend kann insoweit auch eine allzu dichte Anlehnung an einen berühmten Namen durch einen den berühmten Namen nur unzureichend abwandelnden Fantasienamen sein. Handelt es sich bei dem fremden Namen jedoch um einen

---

[99] BGH 26.9.1980, GRUR 1981, 60 (64) – Sitex (diff. für ein Unterlassungsgebot).
[100] RGHMW/Ries Rn. 8; vgl. auch mit Blick auf § 43 Abs. 2 KWG Hopt/Merkt Rn. 8.
[101] OLG Stuttgart 17.11.2000, DB 2001, 698; KKD/Roth/Stelmaszczyk Rn. 11: „größte Vorsicht".
[102] LG Passau 30.3.2000, Rpfleger 2000, 397 zu Doppelnamen; MüKoHGB/Heidinger Rn. 66.
[103] MüKoHGB/Heidinger Rn. 67.
[104] Staub/Burgard Rn. 56.
[105] Bokelmann FirmenR Rn. 583.
[106] OLG Köln 21.11.1952, NJW1953, 346; BayObLG 11.12.1980, Rpfleger 1981, 150; OLG Celle 28.9.1989, BB 1990, 302; MüKoHGB/Heidinger Rn. 71, 72.
[107] Vgl. OLG Köln 29.10.1962, NJW 1963, 541; OLG Frankfurt 27.9.1968, NJW 1969, 330.
[108] OLG Brandenburg 21.10.2002, MittPatAnw. 2005, 176.
[109] OLG Brandenburg 21.10.2002, MittPatAnw. 2005, 176; LG Wiesbaden 7.4.2004, NZG 2004, 829; wie hier auch RGHMW/Ries Rn. 34; Lutter/Welp ZIP 1999, 1081; weitergehend Canaris HandelsR § 11 Rn. 6 (Irreführungseignung auch bei nicht bekannten Personen).
[110] OLG Köln 26.1.2021, NZG 2021, 978; OLG Düsseldorf 11.1.2017, NZG 2017, 350.
[111] OLG Düsseldorf 11.1.2017, NZG 2017, 350; OLG Rostock 17.11.2014, GmbHR 2015, 37; OLG München 8.11.2012, NZG 2013 (auch für den Einzelkaufmann), 108; OLG Jena 22.6.2010, MDR 2010, 1128; LG München 26.10.2006, MittBayNot 2007, 171; Lutter/Hommelhoff/Bayer GmbHG § 4 Rn. 35.
[112] Ebenroth/Boujong/Reuschle Rn. 12.
[113] Zu den Grundsätzen der Priorität bzw. des Interessenausgleichs bei Gleichnamigen vgl. Hopt/Merkt § 19 Rn. 7.

Drittnamen, der ohne weiteres als Fantasiename erkennbar ist, liegt die Irreführungsgefahr fern. Konsequenterweise muss dies auch für die Verwendung von Pseudonymen, Künstlernamen oder Decknamen gelten, wenn diese nicht in irreführender Weise einen Bezug zu einem anderen Unternehmen suggerieren. Die Firma des Einzelkaufmannes mit fremdem, nicht erkennbar fantasiehaftem Namen ist jedoch in besonderem Maße irreführungsgeeignet.

bb) Personenhandelsgesellschaften. Bei Personenfirmen von Personenhandelsgesellschaften (und **Kapitalgesellschaften**) ist die Aufnahme des Namens eines persönlich haftenden Gesellschafters nicht mehr vorgeschrieben. Bei der Nennung eines Nichtgesellschafters in der Personenfirma ist im Lichte von § 18 Abs. 2 zu hinterfragen, ob es für den Verkehr von wesentlicher Bedeutung ist, welche **gesellschaftsrechtliche Stellung** der Namensgeber hat bzw. ob der Namensgeber überhaupt Gesellschafter ist. Danach entscheidet sich, ob die Verwendung des Namens eines Nichtgesellschafters bzw. nicht persönlich haftenden Gesellschafters zulässig oder wegen Irreführungseignung unzulässig ist. Der Gesetzgeber[114] hat bei der Neuregelung des Firmenbildungsrechts für den Einzelkaufmann bewusst in Kauf genommen, dass aus dessen Firma keine sichere Auskunft mehr über Fragen der persönliche Haftung entnommen werden können und hat als Korrektiv dem obligatorischen Rechtsformzusatz und den Pflichtangaben auf Geschäftspapieren entscheidende Bedeutung beigemessen. Damit ist die Frage nach der Verkehrswesentlichkeit der persönlichen Haftung des Namensgebers tendenziell dahin zu beantworten, dass diese künftig nicht mehr angenommen werden kann.[115] Dass der Verkehr dem in die Personenfirma aufgenommenen Namen nicht mehr entnimmt, dass dieser persönlich hafte, bedeutet aber keine völlige Freigabe eines fremden Namens in eine Personenfirma der Handelsgesellschaft.[116] Zwar genügen eine untergeordnete gesellschaftsrechtliche Stellung (ausreichend also zB Kommanditist)[117] oder eine mittelbare Beteiligung (zB Geschäftsführer),[118] nicht aber nur eine geschäftliche Beziehung (zB nicht ausreichend: Lieferant, Lizenzgeber).[119] Die Aufnahme des Namens eines stillen Gesellschafters oder unbeteiligten Nichtgesellschafters ist unzulässig.[120] 27

Ist **Namensgeberin der Personenfirma eine Gesellschaft,** muss dieser Name (also deren Firma) zur Vermeidung von Irreführungen im Wesentlichen erkennbar, wenn auch nicht vollständig unverändert verwendet werden.[121] Rechtsformzusätze dürfen bei bestehender Irreführungsgefahr nicht beibehalten werden,[122] es sei denn eine klare Trennung der Rechtsformzusätze ist gegeben oder wie bei der GmbH & Co. KG im Verkehr in ihrer richtigen Kombination allgemein bekannt.[123] § 19 ist in jedem Falle zu beachten. (Sach-)Angaben in der Firma der Komplementärgesellschaft dürfen in Zusammenhang mit der KG nicht irreführend sein.[124] 28

b) Rechtsform. Irreführend sind alle Firmenzusätze, die die Rechtsform des Unternehmens unrichtig oder unvollständig wiedergeben. Der Nichtkaufmann darf im Zusammenhang mit seiner Geschäftsbezeichnung überhaupt keinen Rechtsformzusatz oder einen Zusatz, der sich an eine 29

---

[114] BT-Drs. 13/8444, 52; zum Verhältnis zur Neufassung von § 2 Abs. 1 S. 3 PartGG aF vgl. Canaris HandelsR § 11 Rn. 5.

[115] So auch OLG Saarbrücken 25.2.2006, NZG 2006, 586; LG Landshut 15.3.2000, MittBayNot 2000, 333.

[116] Canaris HandelsR § 11 Rn. 4; Ebenroth/Boujong/Reuschle Rn. 11; KKD/Roth/Stelmaszczyk Rn. 15c für Namen bekannter Personen; teilweise **aA** – weitergehend zB für Nichtgesellschafter – MüKoHGB/Heidinger Rn. 180 ff.; GK-HGB/Steitz Rn. 34; vgl. auch OLG Karlsruhe 24.2.2010, GmbHR 2010, 1096 sowie (in dieser Allgemeinheit nicht unbedenklich) OLG Oldenburg 16.2.2001, BB 2001, 1373: § 18 Abs. 2 erfasst keine Täuschung über Person des Geschäftsinhabers.

[117] OLG Saarbrücken 25.2.2006, NZG 2006, 586; Canaris HandelsR § 11 Rn. 5; RGHMW/Ries Rn. 34; Heidinger DB 2005, 818; wohl auch Hopt/Merkt § 19 Rn. 22; NK-HGB/Lamsa Rn. 36 zum stillen Gesellschafter, Kommanditisten und Geschäftsführer; **aA** Bokelmann GmbHR 1998, 59; Jung ZIP 1998, 682.

[118] Ebenroth/Boujong/Reuschle Rn. 12; vgl. auch Canaris HandelsR § 11 Rn. 5 zu dem eine Gesellschaftsbeteiligung haltenden Treugeber; vgl. dazu auch OLG Karlsruhe 22.11.2013, MDR 2014, 233 – mittelbare Beteiligung durch die Komplementärin; anders LG Limburg 15.9.2005, GmbHR 2006, 261 – fehlende Gesellschafterstellung und keinerlei Befugnisse.

[119] Canaris HandelsR § 11 Rn. 6; weitergehend HK-HGB/Ruß Rn. 16 für den Fall der Einräumung von Verwertungsrechten.

[120] Canaris HandelsR § 11 Rn. 7; **aA** OLG Karlsruhe 24.2.2010, GmbHR 2010, 1096 zum Nichtgesellschafter mit maßgeblichem Einfluss; Oetker HandelsR § 4 Rn. 48.

[121] RGHMW/Ries § 19 Rn. 54.

[122] OLG Stuttgart 15.8.2000, BB 2001, 14.

[123] So bei MüKoHGB/Heidinger Rn. 92; bedenklich daher die ungewohnte Reihenfolge von Rechtsformzusätzen; abzulehnen daher BGH 28.3.1977, BGHZ 68, 271 = NJW 1977, 1291 sowie OLG Bremen 7.12.1979, BB 1980, 68; → § 19 Rn. 11.

[124] Ebenroth/Boujong/Reuschle Rn. 35; vgl. aber auch schon BGH 16.3.1981, BGHZ 80, 353 = NJW 1981, 2746; BayObLG 27.7.1990, GmbHR 1990, 464.

Rechtsformbezeichnung irreführend anlehnt, verwenden.[125] Irreführend ist auch die firmenmäßige Fortführung der Geschäftsbezeichnung,[126] zB eines Kleingewerbetreibenden mit Nachfolgezusatz.[127] Daneben kann aber auch eine Irreführungseignung gegeben sein, wenn eine Kombination oder Aneinanderreihung von Rechtsformzusätzen vorgenommen wird.[128] Deshalb ist bei der Firmenfortführung die Streichung eines unrichtigen Rechtsformzusatzes oder eines irreführenden unbestimmten Zusatzes zu fordern (→ § 22 Rn. 34).[129]

30 Der **Zusatz** „und" (oder „&" bzw. „+") **„Partner"** ist nach § 11 Abs. 1 S. 1 PartGG den Partnerschaftsgesellschaften vorbehalten und darf von Personenhandelsgesellschaften oder Kapitalgesellschaften nicht verwendet werden.[130] Zulässig ist die Verwendung der erkennbaren englischen Pluralform „partners" bei gleichzeitiger Hinzufügung eines zutreffenden Rechtsformzusatzes (zB GmbH).[131] Dies gilt auch für den Fall, dass es sich bei dem Begriff „Partner" nicht um einen Zusatz, sondern um einen Wortbestandteil handelt.[132] Denn § 11 Abs. 1 S. 1 PartGG ist entsprechend dem Zweck des Gesetzes dahin auszulegen, dass die Verwendung des Begriffs „Partner" auch ohne die Verknüpfung „und" oder ein entsprechendes Zeichen wie „+" oder „&" von der Verwendung durch andere Gesellschaften nur dann ausgeschlossen ist, wenn der Begriff als Bezeichnung der Rechtsform verstanden werden kann. Zu beachten ist die Übergangsregelung in § 11 Abs. 1 S. 2, 3 PartGG.[133]

31 Dass eine Irreführungseignung auch dann vorliegt, wenn ein Fantasiename aufgrund seiner Endung eine Rechtsform **andeutet** (zB bei „INDROHAG")[134] kann nicht mehr angenommen werden.[135] Der Verkehr ist daran gewohnt, dass der Rechtsformzusatz separat aufgeführt wird und dieser bei der gewählten Fantasiebezeichnung sowieso in richtiger Form hinzuzufügen ist („INDROHAG GmbH").

32 **c) Fachliche Kompetenz und Qualität.** Irreführungseignung kann gegeben sein, wenn ein Firmenzusatz eine bestimmte fachliche Kompetenz und Qualität suggeriert, die tatsächlich nicht vorhanden ist. Hier liegt es oft nahe, dass es sich um eine verkehrswesentliche Angabe handelt, weil eine wirtschaftliche Entscheidung mit den Mitteln eines Zusatzes mit Werbewirkung beeinflusst werden soll. Ob die Irreführungseignung für das Registergericht ersichtlich ist, dürfte allerdings in vielen, bislang bekannten Fallgruppen zweifelhaft sein. Zu unterscheiden sind solche Angaben in Bezug auf den Geschäftsbetrieb und solche in Bezug auf den Geschäftsinhaber.

33 **aa) Bezug zum Geschäftsbetrieb.** Die Angabe der **Branche** in der Sachfirma oder einem Zusatz kann nur dann irreführungsgeeignet sein, wenn der tatsächliche Geschäftsbetrieb überhaupt keinen Bezug zu der in der Firma genannten Branche hat,[136] gerade auch dann, wenn diese bei der Kennzeichnung besonders betont wird.[137] Das gilt auch dann, wenn die Firma eine völlig andere Ausrichtung der Tätigkeit suggeriert.[138] Liegt ein lockerer Zusammenhang vor, dann muss eine Irreführungsgefahr nicht mehr befürchtet werden.[139] Eine Irreführung ist dann nicht zu befürchten, wenn eine abgeänderte Firma über einen früheren Unternehmensgegenstand nichts mehr aussagt.[140]

---

[125] Vgl. auch BayObLG 24.9.1998, NJW 1999, 297 für „GbR m.b.H." als Sozietätsbezeichnung von Freiberuflern.

[126] Vgl. BGH 8.4.1991, NJW 1991, 2023.

[127] BayObLG 27.10.1988, NJW-RR 1989, 421; LG Berlin 30.7.2004, NZG 2005, 443 (wegen der Irreführung über die Haftungsvorschriften nach § 25).

[128] OLG Stuttgart 15.8.2000, DB 2001, 695; BayObLG 24.9.1998, NJW 1999, 297; MüKoHGB/Heidinger Rn. 188; bedenklich daher LG Bremen 21.10.2003, GmbHR 2004, 186 (& Co. GmbH).

[129] Teilweise großzügiger MüKoHGB/Heidinger Rn. 190.

[130] BGH 21.4.1997, BGHZ 135, 257 = NJW 1997, 1854; BayObLG 2.8.1996, NJW 1996, 3016; OLG Stuttgart 21.3.2000, Rpfleger 2000, 336; Ammon FGPrax 1996, 201 (204); vgl. ausf. MüKoHGB/Heidinger Rn. 193.

[131] BGH 13.4.2021, NZG 2021, 796 (bei Verwendung des Rechtsformzusatzes GmbH); OLG Hamburg 10.5.2019, NZG 2019, 744; **aA** KG 17.9.2018, NZG 2018, 1235; 27.4.2004, NZG 2004, 614; OLG Frankfurt 11.11.2004, DB 2005, 99.

[132] OLG München 14.12.2006, NJW-RR 2007, 761.

[133] BayObLG 19.2.2003, NJW-RR 2003, 685; für einen Fall der Firmenfortführung OLG Frankfurt 22.6.2005, NZG 2005, 925.

[134] BGH 25.10.1956, BGHZ 22, 88 (89) = NJW 1956, 1873; so auch noch BayObLG 27.5.1982, MDR 1982, 940 – BAG Bau Anlagen GmbH.

[135] So auch OLG Köln 14.7.2006, GRUR-RR 2007, 163 – WISAG; vgl. auch OLG Dresden 21.4.2010, GWR 2010, 269; GK-HGB/Steitz Rn. 35; MüKoHGB/Heidinger Rn. 188; **aA** RGHMW/Ries Rn. 36.

[136] OLG Düsseldorf 16.3.2020, NZG 2020, 835 – „Tax-Care".

[137] OLG München 1.7.2010, NZG 2011, 157.

[138] OLG Düsseldorf 12.8.2019, NZG 2020, 308 („Not & Elend" für Spielhallenbetreiber).

[139] KKD/Roth/Stelmaszczyk Rn. 12d; vgl. aber auch OLG Jena 21.1.2020 – 2 W 481/19, nv.

[140] OLG Jena 3.11.2022 – 2 W 346/22, nv.

Viele Branchenangaben sind rein beschreibend, sodass der Verkehr keine bestimmten Erwartungen an den genauen Gegenstand des Geschäftsbetriebs haben kann. Dies gilt zum Beispiel für die Zusätze „Bau" (→ Rn. 12),[141] „Immobilien" oder „Technik",[142] soll aber auch bei spezielleren Begriffen gelten wie „Broker".[143] Irreführung ist jedoch dann gegeben, wenn der Gattungsbegriff mit der ausgeübten Geschäftstätigkeit nichts zu tun hat oder es verschleiert.[144] Ansonsten nimmt die bloße Verwendung von Gattungsbezeichnungen der Firma ihre Unterscheidungskraft, bedeutet aber für den Verkehr keine irreführende Alleinstellung mehr. Solange ein gewisser Bezug zu diesem Tätigkeitsgebiet tatsächlich vorhanden ist, ist deren Verwendung zulässig. Unzulässig ist die Verwendung **gesetzlich geschützter Begriffe,** vor allem „Bank", „Bankier", „Sparkasse" (§§ 39, 40 KWG), „Kapitalanlage", „REIT",[145] bei börsenmäßig handelbaren Waren auch „Börse" (§ 2 Abs. 1 BörsG)[146] oder „Invest" durch Unbefugte.[147] Beim Suggerieren von Bank- oder Kreditgeschäften (Bestandteile „Finanz" oder „Kredit") liegt die Irreführungsgefahr also nahe.[148] Das gilt erst recht, wenn die Ausübung der Tätigkeiten bestimmten Berufsgruppen (zB Wirtschaftsprüfern oder Steuerberatern) vorbehalten ist (Bestandteile „Treuhand" „Revision" oder „Buchführung").[149] Soweit, wie zB bei der Bezeichnung „Bank", ein behördliches Verfahren über die Zulässigkeit der Bezeichnung existiert (§ 42 KWG), ist das Registergericht an die entsprechende Entscheidung gebunden.[150]

Einen umfassenden Bezeichnungsschutz gewährt **§ 3 Abs. 1 S. 1 KAGB** für Verwaltungsgesellschaften iSd KAGB in Bezug auf die Bezeichnungen „Kapitalverwaltungsgesellschaft" „Investmentvermögen", „Investmentgesellschaft" oder eine Bezeichnung, in der diese Begriffe enthalten sind. Die Bezeichnungen „Investmentfonds" und „Investmentvermögen" dürfen auch von in § 3 Abs. 1 S. 2 KAGB bzw. § 3 Abs. 1 S. 3 KAGB genannten Vertriebsgesellschaften bzw. extern verwalteten Investmentgesellschaften geführt werden. Weitere Regelungen zum Bezeichnungsschutz der Bezeichnungen „Investmentaktiengesellschaft" bzw. „Investmentkommanditgesellschaft" finden sich in § 3 Abs. 2 KAGB bzw. § 3 Abs. 3 KAGB. Wegen der Befugnis zur Führung der Bezeichnungen gilt § 42 KWG entsprechend. Ein besonderer Bezeichnungsschutz existiert auch für „Architekten" oder ähnliche Begriffe.[151] 34

Auch in Bezug auf **Größe, Produktions- und Marktstufe** ist Irreführung nur bei schlichter Unwahrheit der Angabe zu befürchten. Mittlerweile vielfältig und teilweise auch bloß fantasiehaft eingesetzte Begriffe wie „Fabrik", „Werk",[152] „Börse",[153] „Markt", „Lager", „Haus",[154] „Zentrale" (bzw. „Zentrum", „Center"),[155] „Verband"[156] oder „Studio"[157] suggerieren wegen der unterschied- 35

---

[141] **Anders** noch OLG Hamm 10.1.1974, OLGZ 1974, 139 (143).

[142] OLG Stuttgart 31.5.1999, Justiz 2000, 126 – Dachtechnik; anders noch BayObLG 17.3.1981, Rpfleger 1981, 307.

[143] Sehr weitgehend idS LG Darmstadt 21.12.1998, GmbHR 1999, 482; strenger noch OLG Düsseldorf 27.6.1991, NJW-RR 1992, 170.

[144] OLG Hamm 8.3.2017, BeckRS 2017, 105796 zu „Vorsorgeinstitut"; noch strenger LG Nürnberg 29.11.1995, Rpfleger 1996, 251 – Finanzdienstleistung.

[145] Vgl. insoweit zu § 7 REITG LG Mannheim 18.7.2008, BeckRS 2008, 15908.

[146] Staub/Burgard Rn. 80.

[147] Vgl. BayObLG 3.2.1999, NZG 1999, 398 – Investment Consult (noch zu § 7 KAGG); OLG Frankfurt 16.12.1988, NJW-RR 1989, 483 – Volksbank; ausf. Ebenroth/Boujong/Reuschle Rn. 19; zu selbstverständlichen Ausnahmen wie „Datenbank" oder „Spielbank" vgl. MüKoHGB/Heidinger Rn. 135; zum Markenrecht abw. BPatG 17.6.2008, MittPatAnw. 2008, 477.

[148] Vgl. beispielhaft OLG Karlsruhe 13.12.1994, GmbHR 1995, 823; LG Regensburg 15.12.1982, Rpfleger 1983, 278.

[149] BayObLG 29.7.1982, DB 1982, 2395; 23.9.1989, BayObLGZ 1989, 44; BGH 12.7.2001, GRUR 2002, 77 – Rechenzentrum; vgl. ausf. RGHMW/Ries Rn. 81; MüKoHGB/Heidinger Rn. 202.

[150] Ausf. (auch zum Prüfungsmaßstab und zum Antragsrecht der BAFin) RGHMW/Ries Rn. 54, 55; MüKoHGB/Heidinger Rn. 137.

[151] OLG Frankfurt 24.1.2000, NJW-RR 2001, 172 für das HessASG (Hessisches Architektengesetz); LG Düsseldorf 9.12.2016, WRP 2017, 362 für das BauKaG NRW.

[152] **Anders** OLG Jena 29.8.2011, NZG 2011, 1191; OLG Stuttgart 15.5.1981, BB 1981, 1669; OLG Hamm 23.9.1954, NJW 1954, 1935.

[153] Zu streng daher OLG Frankfurt 5.2.1981, OLGZ 1981, 283.

[154] Vgl. für den Ausnahmefall („Haus der Gesundheit") BVerwG 2.4.1991, NJW 1992, 588.

[155] Wie hier RGHMW/Ries Rn. 86; MüKoHGB/Heidinger Rn. 207; vgl. zu § 5 UWG OLG Karlsruhe WRP 2012, 1583 – Taxizentrale; **anders** BGH 18.1.2012, GRUR 2012, 556 Rn. 17 – Neurologisch/Vaskuläres Zentrum; 3.12.1976, GRUR 1977, 503 (504) – Datenzentrale; OLG Frankfurt 28.10.2014, NZG 2015, 1239 – „Sehzentrum" bei Augenoptikern; vgl. aber auch für den konkreten Fall OLG Düsseldorf 9.7.2024, NZG 2024, 1229 („Deutsches Zentrum").

[156] OLG Frankfurt 3.5.2011, ZStV 2012, 25; OLG Frankfurt 3.5.2011, NZG 2011, 1234, jeweils zu Vereinsnamen.

[157] So auch KKD/Roth/Stelmaszczyk Rn. 12c; OLG Stuttgart 12.12.1986, NJW-RR 1987, 739.

lichsten Verwendung dieser Begriffe im allgemeinen Sprachgebrauch grundsätzlich keine besondere Größe oder Bedeutung eines Geschäftsbetriebes mehr. Irreführung ist deshalb nur noch anzunehmen, wenn mit der Verwendung eines solchen Begriffes eine besondere Kompetenz (zB auch eigene Herstellung) werblich hervorgehoben werden soll,[158] obwohl der Geschäftsbetrieb an sich klein und unbedeutend ist. Auch in Zusätze gekleidete Angaben wie „Produktion", „Vertrieb" oder „Handel" sind dann irreführend, wenn sie schlicht unwahr sind. Ein Einzelkaufmann darf keine Zusätze wählen, die das Vorhandensein einer Personengesellschaft oder eines Zusammenschlusses von (selbständigen) Unternehmen suggerieren,[159] auch wenn der Verkehr ansonsten mit Ausdrücken wie „Gruppe", „Ring", „Union" und „Verbund" eine besondere Kapitalkraft und Bedeutung des Unternehmens nicht mehr verbindet.[160] Der Firmenbestandteil „Holding" soll sogar bei einer UG zulässig sein, wenn ersichtlich ist, dass diese eine Holdingstruktur tatsächlich aufweisen wird.[161] Bei der Bezeichnung von Partnerschaften kann es darauf ankommen, ob einer oder mehrere der Partner den jeweiligen Beruf ausüben.[162]

36 Gütevorstellungen verbindet der Verkehr mit bestimmten Angaben, die eine besondere **Spezialisierung oder Qualifikation** suggerieren. Hier liegt Irreführungseignung vor, wenn der tatsächliche Geschäftsbetrieb dem nicht gerecht werden kann. Beispiele sind Ausdrücke ähnlich wie „Fachgeschäft",[163] „Spezialgeschäft" oder „Klinik",[164] weil der Verkehr hier eine bestimmtes ausgewähltes Waren- oder Dienstleistungsangebot erwartet bzw. eine besondere Kompetenz des Personals oder eine bestimmte Mindestausstattung. Maßstab ist der Unternehmensgegenstand, der den Erwartungen der Verkehrskreise an die durch die Firma suggerierte Spezialisierung und Produktqualität entsprechen muss.[165] Keine Irreführungseignung ist gegeben bei der Verwendung des Begriffs „Kanzlei" trotz Vorhandenseins mehrerer Kanzleistandorte.[166]

37 Irreführend können Angaben sein, die eine besondere **Nähe oder Zugehörigkeit zu staatlichen, kirchlichen oder wissenschaftlichen Einrichtungen** vorgeben, wenn diese tatsächlich nicht vorhanden ist. Dies kann gelten bei „Universität" (außer bei gängigen Etablissementbezeichnungen wie „Universitätsbuchhandlung" oder „Universitätscafé"),[167] „Kammer"[168] „kirchlich",[169] „Bund",[170] „Polizei"[171] oder „gemeinnützig".[172] Mit bestimmten Bestandteilen wie „Stadt"[173] (anders: „städtisch"),[174] „Akademie",[175] „Stiftung"[176] oder „Institut"[177] verbindet der Verkehr aber nicht mehr in jedem Falle eine besondere Nähe zu öffentlichen Stellen oder besondere wissenschaftliche Kompetenz, es sei denn diese wird, wie zum Beispiel im medizinischen Bereich,[178] bei Stadtwerken[179] oder bei

---

158 Ähnlich Ebenroth/Boujong/Reuschle Rn. 46, 47: bei „krassen Ausnahmefällen"; deshalb zu streng OLG Koblenz 27.7.1989, WRP 1990, 125 – Bildungszentrum; OLG Düsseldorf 9.7.1981, WRP 1982, 224 – Handelszentrum; OLG Hamm 14.1.1992, WRP 1992, 576 – „Reha-Zentrum" bei nichtmedizinischer Einrichtung; vgl. auch weiterhin zu § 5 UWG OLG Köln 16.11.2007, Magazindienst 2008, 807 – Westdeutsches Prostatazentrum.

159 OLG Düsseldorf 3.5.2024, NZG 2024, 1384 („Unternehmensbündnis NRW"); OLG Jena 14.10.2013, NZG 2013, 1270 – „Gruppe"; OLG Schleswig 28.9.2011, FGPrax 2011, 311 – „e.K. Group"; OLG Düsseldorf 9.5.2000, MittRhNotK 2000, 298 – „und Söhne e. K." bei einer Neugründung; für eine offensichtliche Fantasiebezeichnung zu streng AG Augsburg 28.11.2000, Rpfleger 2001, 187 – „Company e. K."; vgl. auch ausf. MüKoHGB/Heidinger Rn. 173; RGHMW/Ries Rn. 77.

160 So auch Hopt/Merkt Rn. 31.

161 OLG Frankfurt 16.4.2019, NZG 2019, 1232.

162 OLG Hamm 3.1.2017, BeckRS 2017, 140519.

163 OLG Stuttgart 15.6.1973, BB 1974, 197; OLG Koblenz 11.6.1981, WRP 1982, 45.

164 BGH 7.6.1996, GRUR 1996, 803; OLG Stuttgart 25.1.1991, WRP 1991, 528.

165 OLG Jena 21.1.2020 – 2 W 481/19, nv.

166 OLG Brandenburg 26.2.2016, NZG 2016, 862.

167 RGHMW/Ries Rn. 49.

168 OLG Hamm 5.2.1991, WRP 1991, 497.

169 LG Bremen 19.10.1960, BB 1961, 501.

170 BGH 29.3.2007, GRUR 2007, 1079 – Bundesdruckerei.

171 BayObLG 7.5.1986, BayObLGZ 1986, 150 – Polizeiverlag; OLG Frankfurt 29.9.1983, WM 1983, 1372.

172 BGH 27.2.2003, GRUR 2003, 448 – Gemeinnützige Wohnungsbaugesellschaft; OLG Naumburg 22.12.2000, OLGR 2001, 198.

173 Bedenklich daher BayObLG 8.5.1987, NJW-RR 1987, 1520.

174 GK-HGB/Steitz Rn. 32.

175 Sehr weitgehend KG 26.10.2004, FGPrax 2005, 77; OLG Düsseldorf 9.7.2002, NJW-RR 2003, 262.

176 Aber nur bei vorhandener stiftungsähnlicher Struktur; vgl. OLG Brandenburg 25.9.2003, OLGR 2004, 429; OLG Frankfurt 20.11.2000, NJW-RR 2002, 176, jeweils für einen Verein.

177 Jedenfalls bei Bezeichnungen, die ersichtlich übertreibend sind, zB Beerdigungsinstitut; vgl. RGHMW/Ries Rn. 50; OLG Düsseldorf 15.8.2023, NZG 2023, 1376: „Institut für Einfachheit".

178 Vgl. OLG Frankfurt 27.4.2001, Rpfleger 2001, 428 – Kardiologisches Institut.

179 LG Nürnberg-Fürth 9.12.2008, IR 2009, 40.

bestimmten Ausbildungseinrichtungen,[180] ohne klarstellenden Zusatz werblich gerade betont. Wird die Nähe aber suggeriert, reicht der bloße Gesellschaftsformzusatz nicht zur Hervorhebung der eigenen gewerblichen Tätigkeit.[181] Entspricht die Art des Geschäftsbetriebes nicht den insoweit hohen Erwartungen der Verbraucher bzw. lebensmittelrechtlichen Vorschriften, sind auch Zusätze wie **„Bio"** oder **„Öko"** irreführend.[182]

Eine besondere Qualitätserwartung verbindet der Verkehr auch mit **Traditions- oder Altersangaben,** gerade in Branchen (Bier, Wein, Sekt, Porzellan),[183] bei denen Traditionen eine wichtige Rolle spielen.[184] Daher müssen in Bezug genommene Altersangaben wahr sein, auch wenn sie nur umschreibend oder sonst versteckt sind.[185] Irreführungseignung kann angenommen werden, wenn sogleich nach Aufgabe einer bestimmten Firma durch ein Unternehmen diese Firma durch ein anderes Unternehmen angenommen wird.[186] Eine Irreführung kann aber auch dann anzunehmen sein, wenn noch nach Jahren eine Anlehnung an das Renommee einer bekannten Firma im Verkehr den Eindruck erweckt, es bestünde eine Fortführung der unternehmerischen Tradition[187] 38

Geografische Zusätze (Orts- oder Gebietsangaben) suggerieren nicht mehr eine herausgehobene Stellung[188] des Unternehmens in der genannten Stadt[189] oder Region.[190] Deshalb sind solche Zusätze, auch wenn sie vorangestellt sind,[191] nur dann irreführend, wenn eine Verbindung des Geschäftsbetriebs[192] zu der im Zusatz genannten Region nicht[193] oder nicht ausreichend vorhanden ist, insbesondere wenn dort weder der Unternehmenssitz des inländischen[194] Unternehmens gelegen ist noch eine wesentliche Geschäftstätigkeit ausgeübt wird. Unbedenklich ist die Nennung eines Städtezusatzes (auch in adjektivischer Form),[195] wenn das Unternehmen auch über den Bereich dieser Stadt hinaus tätig ist, solange der Sitz dort tatsächlich gelegen ist. Das gilt grundsätzlich, abgesehen von krassen Ausnahmefällen, auch für die Zusätze „deutsch",[196] „europäisch"[197] oder „international" bzw. anders formulierte Umschreibungen desselben Inhalts, weil ein besonderer Zuschnitt des Unternehmens dadurch nicht mehr suggeriert wird.[198] Gehört zur Firma der Zusatz „international", muss also nur irgendein grenzüberschreitender Geschäftsverkehr gegeben 39

---

[180] OLG Düsseldorf 16.4.2004, DB 2004, 1720 – Dolmetscher Institut e.K.; BayObLG 24.4.1990, NJW-RR 1990, 1125 – Institut für steuerwissenschaftliche Information.

[181] OLG Köln 9.9.1991, Rpfleger 1992, 112; BayObLG 10.6.1985, BayObLGZ 1985, 215; RGHMW/Ries Rn. 51.

[182] BGH 14.12.1995, NJW 1996, 1135: „umweltfreundlich"; RGHMW/Ries Rn. 88.

[183] OLG Jena 2.4.2008, Magazindienst 2008, 939 zu § 5 UWG.

[184] BGH 11.7.1980, GRUR 1981, 69 – Alterswerbung für Filialen, zu § 3 UWG aF; BayObLG 3.4.1985, MDR 1985, 677; KG 28.1.1983, OLGZ 1983, 272 für einen Verein; OLG Frankfurt 10.1.2005, DB 2005, 1732; LG Gera 23.8.2002, NotBZ 2003, 399 für einen Verein.

[185] OLG Frankfurt 10.1.2005, DB 2005, 1732; BayObLG 3.4.1985, MDR 1985, 677.

[186] OLG Hamburg 12.12.1986, OLGZ 1987, 191; OLG Hamm 18.11.1966, Rpfleger 1967, 414.

[187] OLG Jena 24.1.2017, BeckRS 2017, 149986 zur Übernahme der Firma eines renommierten wissenschaftlichen Fachverlages, der seine Tätigkeit eingestellt hatte.

[188] Vgl. dazu noch BGH 19.10.1989, GRUR 1990, 52 – Ortsbezeichnung; BayObLG 21.3.1986, BayObLGZ 1986, 61.

[189] OLG Hamm 19.7.2013, NZG 2013, 996: ausreichend, dass der Sitz unmittelbar an das Stadtgebiet angrenzt; KG 11.9.2007, NZG 2008, 80 – Autodienst Berlin; OLG Stuttgart 17.11.2000, NJW-RR 2001, 755 – Stuttgart; LG Paderborn 14.3.2017, BeckRS 2017, 112175; LG Hannover 24.6.24, GRUR-RS 2024, 29854 (bestätigt durch OLG Celle 16.9.2024, GRUR-RR 2025, 25); anders noch BayObLG 13.3.1986, NJW-RR 1986, 839 – Münchener.

[190] OLG Braunschweig 10.8.2011, Rpfleger 2012, 153 – Göttinger Sanitär- und Heizungstechnik e.K.; OLG München 28.4.2010, DB 2010, 1284 – Münchner Hausverwaltung (außer, wenn zusätzliche Angaben die Berühmung einer besonderen Stellung nahelegen); OLG Stuttgart 3.7.2003, Rpfleger 2003, 226 – Sparkasse Bodensee; OLG Frankfurt 10.1.2005, DB 2005, 1732 – Hessen-Nassau; für einen Einzelfall (wegen der Kombination mit einem anderen Merkmal) **anders** OLG Jena 29.8.2011, NZG 2011, 1191.

[191] Vgl. zu diesem bislang maßgebenden Kriterium Hopt/Merkt Rn. 23.

[192] OLG Frankfurt 10.1.2005, DB 2005, 1732 (realer Bezug); so auch GK-HGB/Steitz Rn. 31; Ebenroth/Boujong/Reuschle Rn. 56; MüKoHGB/Heidinger Rn. 155.

[193] Beispielhaft für strenge Sichtweise bei OLG Hamm 15.2.1982, BB 1982, 1322 – Hanseat.

[194] OLG München 13.9.2022, NZG 2022, 1400; anders bei einer im Ausland gegründeten und eingetragenen Gesellschaft; vgl. dazu OLG Hamm 25.7.2008, DB 2008, 2303.

[195] LG Heilbronn 30.10.2001, Rpfleger 2002, 158 – Bietigheimer.

[196] Vgl. OLG Düsseldorf 22.1.1998, NJWE-WettbR 1998, 245 – Deutschland; OLG Köln 20.1.2006, FGPrax 2006, 129 für einen Verein; vgl. auch MüKoHGB/Heidinger Rn. 160; noch anders OLG Düsseldorf 17.10.1991, GRUR 1992, 187.

[197] OLG Hamm 26.7.1999, NJW-RR 1991, 1710 – „European" für einen Verein; anders OLG Hamm 16.7.1991, WM 1991, 1953 – EG Bank.

[198] Noch anders BGH 29.10.1969, BGHZ 53, 339 (342) – Euro-Spirituosen.

sein;[199] Beim Handel mit Mode internationaler Herkunft kann ein noch großzügigerer Maßstab geboten sein.[200] Der Zusatz „Euro" hat allein schon wegen der Einführung dieses Namens für die europäische Währung völlig an verkehrswesentlicher Bedeutung verloren.[201] Eine abweichende Beurteilung der Irreführungseignung von geografischen Zusätzen ist dann geboten, wenn der Zusatz die **(geschützte) Herkunft einer Ware** betrifft, die nicht nur Gattungsbezeichnung ist.[202]

40 **bb) Bezug zum Geschäftsinhaber.** Angaben zur Qualifikation, Ausbildung oder zu einem akademischen Grad des Geschäftsinhabers müssen zutreffend sein. Das gilt für den Doktor- und Professorentitel sowie für das Diplom und den (Handwerks-)Meister,[203] aber auch für eine bestimmte Ausbildung voraussetzende Berufsbezeichnungen, und zwar nicht nur dann wenn sie gesetzlich geschützt sind.[204] Denn für den Verkehr hat der Titel Bedeutung im Hinblick von Qualifikation und Kompetenz seines Trägers.[205] Wenn der Verkehr dies als wesentlich erachtet, wie vor allem im medizinischen Bereich, muss dem Doktortitel die zutreffende Angabe (zB Dr. jur.) hinzugefügt werden (Beispiel: Betrieb eines Sanatoriums durch einen promovierten Juristen).[206] Die genannte Qualifikation (zB der Doktortitel, bei ausländischen Titeln in der Form, in der sie verliehen sind),[207] muss der Geschäftsinhaber (Unternehmensträger) zumindest aber ein (maßgeblicher) Gesellschafter besitzen.[208] Denn der Verkehr wird aus der Angabe des Doktortitels herleiten, dass besondere wissenschaftliche Kenntnisse und Fähigkeiten des Genannten auf dem Fachgebiet des in Frage stehenden Geschäftsbetriebs die Güte der angebotenen Waren mitbestimmen. Im Falle der Firmenfortführung nach § 22 kann deshalb zur Vermeidung von Irreführungen ein Nachfolgezusatz zwingend erforderlich sein.[209] Nicht irreführend soll die Bezeichnung „Ingenieurbüro für Bauwesen" als Partnerschaftsgesellschaft mbB sein, auch wenn aus dieser Bezeichnung nicht eindeutig hervorgeht, dass an der Gesellschaft nur beratende Ingenieure beteiligt sind.[210]

41 **cc) Fantasiehafte Zusätze.** Fantasiehafte Zusätze sind in der Regel nicht irreführend, weil und soweit sie vom Verkehr als solche erkannt werden. Suggerieren sie aber wegen ihrer Ähnlichkeit zu einer Sachfirma dem Verkehr eine bestimmte Ausrichtung oder Spezialisierung, dann kann eine Irreführungsgefahr gegeben sein.[211] Allgemein verstandene und nicht als Fantasiebezeichnung verwendete fremdsprachliche Zusätze dürfen nicht irreführend sein, auch wenn sie von einem Unternehmen mit Sitz im Ausland geführt werden.[212]

§ 19 [Bezeichnung der Firma bei Einzelkaufleuten, einer OHG oder KG]

(1) Die Firma muß, auch wenn sie nach den §§ 21, 22, 24 oder nach anderen gesetzlichen Vorschriften fortgeführt wird, enthalten:

1. bei Einzelkaufleuten die Bezeichnung „eingetragener Kaufmann", „eingetragene Kauffrau" oder eine allgemein verständliche Abkürzung dieser Bezeichnung, insbesondere „e. K.", „e. Kfm." oder „e. Kfr.";

---

[199] OLG Dresden 4.5.2010, WRP 2010, 1285; LG Stuttgart 11.4.2000, BB 2000, 1213; LG Darmstadt 21.12.1998, GmbHR 1999, 482.

[200] Ähnlich Ebenroth/Boujong/Reuschle Rn. 62.

[201] Vgl. auch schon BGH 30.9.1993, GRUR 1994, 120 – EUROCONSULT.

[202] Vgl. hierzu beispielhaft BGH 1.2.1990, GRUR 1990, 461 – Dresdner Stollen II; 1.3.1982, ZIP 1982, 567 – Schwarzwälder Bauernspezialitäten; vgl. ausf. MüKoHGB/Heidinger Rn. 158.

[203] BGH 24.10.1991, GRUR 1992, 121; OLG Köln 12.3.2008, DNotZ 2009, 140; OLG Düsseldorf 26.5.1972, GRUR 1973, 33.

[204] Das ist der Fall bei: Rechtsanwalt § 12 Abs. 4 BRAO; Arzt § 2a BÄO; Apotheker § 3 BApO; Steuerberater § 43 Abs. 4 StBerG; Wirtschaftsprüfer §§ 1, 18, 132 WPO; ausf. dazu RGHMW/Ries Rn. 47.

[205] BGH 11.2.2021, GRUR 2021, 746 – Dr. Z; 5.4.1990, NJW 1991, 752; 24.10.1991, GRUR 1992, 121 – Dr. Stein … GmbH; vgl. ausf. Hönn ZHR 153, 386 (412).

[206] BGH 10.11.1969, BGHZ 53, 65 (67) = NJW 1970, 704.

[207] Vgl. MüKoHGB/Heidinger Rn. 121.

[208] BGH 11.2.2021, GRUR 2021, 746 – Dr. Z (zu § 5 UWG in Abgrenzung zu BGH 8.5.18, DB 2018, 1788 für den Falle der Firmenfortführung); vgl. auch OLG Köln 12.3.2008, FGPrax 2008, 125: zumindest maßgebliche Stellung; vgl. auch BGH 24.10.1991, GRUR 1992, 121 – Dr. Stein … GmbH; vgl. auch OLG Hamm 19.7.2016, BeckRS 2016, 17868 (Ausscheiden des den Doktortitel führenden Namensgebers einer Partnerschaftsgesellschaft).

[209] BGH 2.10.1997, GRUR 1998, 391 – Dr. St. … Nachf.

[210] OLG Celle 19.10.2022, ZIP 2022, 2275 zu § 17 NIngG.

[211] So auch GK-HGB/Steitz Rn. 36; NK-HGB/Lamsa Rn. 54; Möller DNotZ 2000, 830 (836); bedenklich daher BayObLG 17.5.1999, NJW-RR 2000, 111 – MEDITEC.

[212] RGHMW/Ries Rn. 89.

2. bei einer offenen Handelsgesellschaft die Bezeichnung „offene Handelsgesellschaft" oder eine allgemein verständliche Abkürzung dieser Bezeichnung;
3. bei einer Kommanditgesellschaft die Bezeichnung „Kommanditgesellschaft" oder eine allgemein verständliche Abkürzung dieser Bezeichnung.

(2) Wenn in einer offenen Handelsgesellschaft oder Kommanditgesellschaft keine natürliche Person persönlich haftet, muß die Firma, auch wenn sie nach den §§ 21, 22, 24 oder nach anderen gesetzlichen Vorschriften fortgeführt wird, eine Bezeichnung enthalten, welche die Haftungsbeschränkung kennzeichnet.

Schrifttum: Ammon, Gesellschaftsrechtliche und sonstige Neuerungen im Handelsrechtsreformgesetz – Ein Überblick, DStR 1998, 1474; Bokelmann, Die Neuregelungen im Firmenrecht nach dem Regierungsentwurf des Handelsrechtsreformgesetzes, GmbHR 1998, 57; Bokelmann, Die Firma im Fall der Umwandlung, ZNotP 1998, 265; Burgard, Firmenrechtliche Fragen bei Verein und Stiftung, FS Olaf Werner, 2009, 190; Grothe, Die „ausländische Kapitalgesellschaft & Co.", 1989; Grunewald, Haftungsbeschränkungs- und Kündigungsmöglichkeiten für volljährig gewordene Personengesellschafter, ZIP 1999, 597; Habersack, Das neue Gesetz zur Beschränkung der Haftung Minderjähriger, FamRZ 1999, 1; Heckschen, Das Umwandlungsrecht unter Berücksichtigung registerrechtlicher Problembereiche, Rpfleger 1999, 357; Jung, Firmen von Personenhandelsgesellschaften nach neuem Recht, ZIP 1998, 677; Kögel, Neues Firmenrecht und alte Zöpfe: Die Auswirkungen der HGB-Reform, BB 1998, 1645; Kögel, Entwurf eines Handelsrechtsreformgesetzes, BB 1997, 793; Kronke, Schweizerische AG und Co. KG – Jüngste Variante der „ausländischen Kapitalgesellschaft und Co.", Anmerkung zu OLG Saarbrücken Beschl. v. 21.4.1989–5 W 60/88, RIW 1990, 799; Limmer, Firmenrecht und Umwandlung nach dem Handelsrechtsreformgesetz, NotBZ 2000, 101; Mehringer, Die Doppelkomplementär & Co. KG, NZG 2017, 41; Neye, Die Änderungen im Umwandlungsrecht nach den handels- und gesellschaftsrechtlichen Reformgesetzen in der 13. Legislaturperiode, DB 1998, 1649; K. Schmidt, HGB-Reform und gesellschaftsrechtliche Gestaltungspraxis, DB 1998, 61; Schmitt, Der Entwurf eines Handelsrechtsreformgesetzes, WiB 1997, 1113; Teichmann, Die Auslandsgesellschaft & Co., ZGR 2014, 220; Wertenbruch, Name und Rechtsformzusatz bei der rechtsfähigen GbR, GmbHR 2024, 673; Zimmer, Internationales Gesellschaftsrecht: Das Kollisionsrecht der Gesellschaften und sein Verhältnis zum internationalen Kapitalmarktrecht und zum internationalen Unternehmensrecht, 1996; Zimmer, Der nicht eingetragene Kaufmann: ein „eingetragener Kaufmann" im Sinne des § 19 Abs. 1 Nr. 1 HGB?, ZIP 1998, 2050.

Übersicht

I. Allgemeines

1 § 19 Abs. 1 enthält zwingende Vorgaben zu den Zusätzen, die der Einzelkaufmann und die Personenhandelsgesellschaften in Bezug auf ihre **Rechtsform** in ihre Firma (auch die fortgeführte Firma) aufnehmen müssen. § 19 Abs. 2 sieht Pflichtangaben zu den **Haftungsverhältnissen** für die OHG und die KG vor, bei der keine natürliche Person persönlich haftet. Insgesamt dient die Vorschrift der im Lichte liberaler Firmenbildungsmöglichkeiten wichtigen **Transparenz** und der notwendigen **Information** (auch Warnung) des Verkehrs über die im Außenverhältnis relevanten Verhältnisse des Unternehmens,[1] insbesondere aber auch der klaren Erkennbarkeit einer Kaufmannseigenschaft.[2] Im Gesamtzusammenhang der Handelsrechtsreform 1998 stellte § 19 eine (ausgleichende) Verschärfung der Regelungen zur Firmenbildung dar.

II. Rechtsformzusatz beim Einzelkaufmann

2 **1. Bedeutung des Rechtsformzusatzes.** Weil es den Einzelkaufleuten gestattet ist, sowohl eine Personen- als auch eine Sach-, eine Fantasiefirma oder eine Mischform zu verwenden, ist die Beifügung des wahren Rechtsformzusatzes besonders wichtig, um die erforderliche **Information** des Publikums über das Unternehmen bzw. den Unternehmensträger sicherzustellen. Durch den

[1] K. Schmidt HandelsR § 11 Rn. 2; Ammon DStR 1998, 1474 (1476); MüKoHGB/Heidinger Rn. 2.

[2] Zur Problematik des Schein-Nicht-Kaufmanns vgl. RGHMW/Ries Rn. 2; W.-H. Roth, Das neue Firmenrecht, in Die Reform des Handelsstandes und der Personengesellschaften, 1999, S. 56.

Rechtsformzusatz unterscheidet sich der Einzelkaufmann auch von den Kleingewerbetreibenden, die eine firmenähnliche Geschäftsbezeichnung nur ohne Rechtsformzusatz verwenden dürfen (→ § 17 Rn. 8).[3]

3 **2. Art des Rechtsformzusatzes.** Einzelkaufleute müssen den Rechtsformzusatz **„eingetragener Kaufmann"** oder **„eingetragene Kauffrau"** innerhalb ihrer Firma verwenden. Erlaubt sind insoweit auch mittlerweile allgemein eingeführte[4] Abkürzungen. Das Gesetz nennt beispielhaft und deshalb nicht abschließend **„e.K.", „e.Kfm." oder „e.Kfr."** (§ 19 Abs. 1 Nr. 1). Solange die Abkürzung allgemein verständlich ist, kann auch eine andere Kurzform verwendet werden (Beispiel: „eingetr. Kaufm."). Vor seiner Eintragung ist der firmenfähige Ist-Kaufmann (§ 1 Abs. 2) ebenfalls zur Klarstellung seiner Rechtsform verpflichtet. Obwohl es an der Eintragung fehlt, darf er nach richtiger Ansicht bereits den von § 19 Abs. 1 Nr. 1 zur Verfügung gestellten abgekürzten Rechtsformzusatz („e.K.") verwenden,[5] der als solcher nicht irreführend ist, weil die fehlende Eintragung noch zwingend (vgl. §§ 29, 14) deklaratorisch erfolgen wird. Tatsächlich irreführend handelt nur der den Rechtsformzusatz führende Kleingewerbetreibende. Die Einführung und Verwendung anderer, differenzierender Rechtsformzusätze (zB „Einzelkaufmann" oder „einzutragender Kaufmann") würde den Verkehr mehr verwirren als zu einer weiteren Klarstellung beitragen.

III. Rechtsformzusatz bei Personenhandelsgesellschaften (eGbR, oHG und KG) und Partnerschaftsgesellschaften

4 Die eingetragene Gesellschaft bürgerlichen Rechts hat nach § 707a Abs. 2 S. 1 BGB den Rechtsformzusatz **„eingetragene Gesellschaft bürgerlichen Rechts"** oder **„eGbR"** zu führen. Die Firma der OHG oder der KG muss ebenfalls einen Rechtsformzusatz beinhalten. Er lautet bei der OHG **„Offene Handelsgesellschaft"** bzw. eine allgemein verständliche Abkürzung (§ 19 Abs. 1 Nr. 2), also insbesondere **„oHG" oder „OHG".** Bei der KG lautet der Zusatz **„Kommanditgesellschaft"** bzw. die entsprechende allgemein verständliche Abkürzung (§ 19 Abs. 1 Nr. 3), also insbesondere **„KG".** Trotz vor geraumer Zeit[6] festgestellter, abweichender Gepflogenheit sollte der Rechtsformzusatz „OH" oder „oH" nicht verwendet werden, da er zumindest in neuerer Zeit im Verkehr nicht gebräuchlich erscheint.[7] Nicht mehr zwingend erforderlich ist die namentliche Benennung eines oder mehrerer Gesellschafter.[8] Abweichende Sonderregelungen zu § 19 Abs. 1 Nr. 3 enthalten **§ 134 Abs. 1 KAGB, § 134 Abs. 2 KAGB, § 157 KAGB** für eine offene Investmentkommanditgesellschaft, eine offene Investmentkommanditgesellschaft mit Teilgesellschaftsvermögen bzw. eine geschlossene Investmentkommanditgesellschaft. Die Firma solcher Gesellschaften muss genau deren Bezeichnung bzw. eine allgemein verständliche Abkürzung dieser Bezeichnung enthalten. Nach § 134 Abs. 2 S. 2 KAGB ist außerdem im Rechtsverkehr (also nicht zwingend bei der Firma, wohl aber bei Geschäftsbriefen; arg. e § 118 Abs. 1 KAGB) darauf hinzuweisen, wenn die Investmentkommanditgesellschaft lediglich für ein oder mehrere Teilgesellschaftsvermögen tätig ist; außerdem ist auf die haftungsrechtliche Trennung der Teilgesellschaftsvermögen hinzuweisen. Abweichend von § 4 AktG muss die Firma einer Investmentaktiengesellschaft mit veränderlichem Kapital, der Investmentaktiengesellschaft mit Teilvermögen bzw. der Investmentaktiengesellschaft mit fixem Kapital genau diese Bezeichnung bzw. eine allgemein verständliche Abkürzung dieser Bezeichnung enthalten (§ 118 Abs. 1 S. 1 KAGB, § 118 Abs. 1 S. 2 KAGB, § 146 KAGB). Ergänzende Hinweispflichten werden in § 118 Abs. 1 S. 1 Hs. 2 KAGB, § 118 Abs. 2 KAGB geregelt. **Nicht ausreichend** ist der Zusatz „& Co.". Das gilt auch für den Zusatz „und Partner", weil er den Partnerschaftsgesellschaften vorbehalten ist (§ 11 Abs. 1 S. 1 PartGG).[9] Es muss also jedenfalls der zutreffende Rechtsformzusatz ergänzt und die insgesamt gebildete Firma darf nicht irreführend sein (→ § 18 Rn. 29 f.).

5 Der Name der **Partnerschaft** muss den Zusatz „und Partner" oder „Partnerschaft" (§ 2 Abs. 1 PartGG) enthalten. Der Name einer Partnerschaft, die für Schäden aus fehlerhafter Berufsausübung nur beschränkt auf das Gesellschaftsvermögen haftet, muss den Zusatz „mit beschränkter Berufshaf-

---

[3] Begr. RegE, BT-Drs. 13/8444, 55; Bokelmann GmbHR 1998, 57 (58).

[4] Begr. RegE, BT-Drs. 13/8444, 38 (54).

[5] RGHMW/Ries Rn. 36; ähnlich K. Schmidt HandelsR § 12 Rn. 101 in Fn. 3; diff. MüKoHGB/Heidinger Rn. 11; **aA** Ebenroth/Boujong/Reuschle Rn. 7; Hopt/Merkt Rn. 4; Reuschle ZIP 1998, 2050.

[6] OLG Hamm 29.1.1965, NJW 1965, 763; vgl. aber auch Begr. RegE, BT-Drs. 13/8444, 56.

[7] Ähnlich auch Staub/Burgard Rn. 9; Bokelmann GmbHR 1998, 57 (59); wohl auch Ebenroth/Boujong/Reuschle Rn. 9; **aA** MüKoHGB/Heidinger Rn. 13.

[8] Ebenroth/Boujong/Reuschle Rn. 10.

[9] OLG Stuttgart 21.3.2000, NJW-RR 2000, 1128; zu Übergangsvorschriften nach § 11 Abs. 1 S. 2 und 3 PartGG für Altgesellschaften BayObLG 19.2.2003, NJW-RR 2003, 685; MüKoHGB/Heidinger Rn. 15.

tung“ oder die Abkürzung „mbB“ oder eine andere allgemein verständliche Abkürzung dieser Bezeichnung enthalten. Wenn die nach § 8 Abs. 4 PartGG vorgeschriebene Berufshaftpflichtversicherung von einem Partner nicht unterhalten werden kann, ist die Bildung einer PartG mbB unzulässig.[10] Anstelle der Namenszusätze nach § 2 Abs. 1 PartGG kann der Name der Partnerschaft mit beschränkter Berufshaftung den Zusatz „Part“ oder „PartG“ enthalten (§ 8 Abs. 4 S. 3 PartGG). Bei der Anmeldung ist zur Vermeidung von Irreführungen zu beachten, dass alle an der Gesellschaft Beteiligten über die erforderliche Berufshaftpflichtversicherung verfügen müssen.

Aus Gründen der Firmenklarheit und der besseren Erkennbarkeit für das Publikum erscheint es wünschenswert den Rechtsformzusatz an das **Ende der Firma** zu stellen.[11] Der Rechtsformzusatz der eingetragenen Gesellschaft bürgerlichen Rechts kann auch vor dem Namenskern stehen, solange die Rechtsform eindeutig erkennbar ist und auch sonst Irreführungen nicht zu befürchten sind.[12] Art. 38 Abs. 1 EGHGB hat als **Übergangsvorschrift** noch insoweit Bedeutung, als eine Firmenänderung, die sich allein auf den aufzunehmenden Rechtsformzusatz bezieht, nicht beim Handelsregister zur Eintragung angemeldet werden muss. Die Führung der Firma mit Rechtsformzusatz ist aber seit dem 1.1.2004 vorgeschrieben. 6

IV. Rechtsformzusatz bei Kapitalgesellschaften

Vorschriften zur Führung von Rechtsformzusätzen und deren Gestaltung bei **Kapitalgesellschaften** und **Genossenschaften** finden sich nicht im Handelsgesetzbuch, sondern in den jeweiligen Spezialgesetzen (§ 4 S. 1 GmbHG [für die GmbH],[13] § 4 S. 2 GmbHG [für die gGmbH], § 5a Abs. 1 GmbHG [für die haftungsbeschränkte Unternehmergesellschaft mit dem Rechtsformzusatz „Unternehmergesellschaft (haftungsbeschränkt)“ oder „UG (haftungsbeschränkt“)],[14] §§ 4, 279 AktG, § 3 GenG).[15] Strenge gesetzliche Vorgaben gelten für die Rechtsformzusätze bei den europäischen Gesellschaftsformen (Art. 11 Abs. 1 VO (EG) 2157/2001 für die europäische Aktiengesellschaft: SE; Art. 10 Abs. 1 S. 2 VO (EG) 1435/2003 für die europäische Genossenschaft: SCE). 7

V. Kennzeichnung der Haftungsbeschränkung

Die Firma der OHG oder KG ohne persönlich haftende natürliche Person hat nach § 19 Abs. 2 eine Bezeichnung zu enthalten, die die Haftungsbeschränkung deutlich macht. Entsprechendes gilt nach **§ 707a Abs. 2 S. 2 BGB** auch für den Namen der eingetragenen Gesellschaft bürgerlichen Rechts, wenn in ihr keine natürliche Person als Gesellschafter haftet. Die Pflicht zur Bezeichnung der Haftungsbeschränkung gilt auch für die fortgeführte Firma (§§ 21, 22, 24) und nach § 279 Abs. 2 AktG auch für die KGaA.[16] Bedeutung und Zweck der Norm sind die Information, auch die Warnung[17] des Verkehrs. Praktische Bedeutung hat die Vorschrift vor allem für die **GmbH & Co. KG,** bei deren Firmenbildung ein Rückschluss auf die Komplementär-GmbH nicht mehr zwingend ist.[18] Für die Firmenbildung bei **Umwandlung, Formwechsel** oder **Spaltung** gelten §§ 18, 200, 125 UmwG.[19] 8

Nicht anwendbar ist § 19 Abs. 2, wenn eine zur persönlichen Haftung für die Verbindlichkeit der OHG oder KG führende Beteiligung einer natürlichen Person (vor allem bei der **„mehrstöckigen“ GmbH & Co. KG**) auf irgendeiner Stufe vorhanden ist. In einem solchen Falle ist der Hinweis 9

[10] OLG Celle 11.1.2021, NZG 2021, 1520; OLG Celle 4.8.2016, MDR 2016, 1216 zu § 17 NIngG.

[11] RGHMW/Ries Rn. 39; vgl. beispielhaft OGH 20.1.2000, NZG 2000, 593.

[12] So zur eGBR: KG 9.7.2024, NZG 2025, 662; OLG Köln 22.4.2024, NZG 2024, 897; ausf. zum Gleichklang mit § 19 sowie § 4 AktG, § 4 GmbHG: OLG Hamburg 22.4.2024, NZG 2024, 1192; strenger (am Ende des Namens) BeckOGK/Krafka, 1.7.2025, GesRV § 4 Rn. 8, vgl. aber auch BeckOGK/Krafka, 1.7.2025, BGB § 707a Rn. 12.

[13] Zur GmbH i.Gr. vgl. BGH 8.7.1996, NJW 1996, 2645.

[14] Dabei ist auch die Eintragung einer gemeinnützigen Unternehmergesellschaft als „gUG haftungsbeschränkt“ möglich: vgl. dazu BGH 28.4.2020, NZG 2020, 781; **aA** (Vorinstanz) OLG Karlsruhe 26.4.2019, NZG 2019, 864.

[15] Vgl. insoweit neben § 3 GenG, § 2 Abs. 2 Nr. 1 EWIVAG, Art. 11 Abs. 1 SE-VO auch § 6 VAG und § 59k BRAO sowie für die nicht firmenmäßige Bezeichnung § 2 Abs. 1 PartGG; ausf. MüKoHGB/Heidinger Rn. 36–41.

[16] Vgl. hierzu BGH 24.2.1997, NJW 1997, 1923.

[17] MüKoHGB/Heidinger Rn. 18.

[18] Vgl. Ebenroth/Boujong/Reuschle Rn. 18.

[19] Näher hierzu Bokelmann ZNotP 1998, 265; Neye DB 1998, 1649; Heckschen Rpfleger 1999, 357; Limmer NotBZ 2000, 101.

entbehrlich.[20] Trotz der im Ergebnis fehlenden bzw. beschränkten Haftung des **Minderjährigen** als persönlich haftendem Gesellschafter bedarf es in einem solchen Falle keines Hinweises iSv § 19 Abs. 2; dem steht der Wortlaut der Vorschrift entgegen.[21]

10 In der **Praxis**[22] erfolgt der Hinweis auf die Haftungsbeschränkung in ausreichender, weil im Verkehr akzeptierter Weise beispielhaft durch die Bezeichnung **„GmbH & Co. KG (bzw. OHG)"**. Anstelle der im zitierten Beispiel genannten GmbH kann bzw. muss jede andere nicht natürliche, haftende (komplementärfähige) Person eingesetzt werden (zB AG & Co. KG, GmbH i.G. & Co. KG, Stiftung u. Co. KG, eV u. Co. KG). Die Bezeichnung „GmbH & Co." in einer Personenhandelsgesellschaft ist irreführend, wenn nur Unternehmergesellschaften iSv § 5a Abs. 1 GmbHG persönlich haften.[23] § 19 Abs. 2 findet grundsätzlich auch dann Anwendung, wenn (falls das ausländische Recht die Beteiligung als Komplementärgesellschaft erlaubt)[24] außer einer namensgebenden, beschränkt haftenden **ausländischen Gesellschaft** keine natürliche Person persönlich haftet. Auch hier – undifferenziert – die Firma „GmbH & Co. KG" zu gestatten, ist abzulehnen. Vielmehr ist die ausländische Gesellschaft zu benennen (dann zB X-s.a.r.l. & Co. KG).[25] Allerdings können hier Zweifel bestehen, ob der ausländische Rechtsformzusatz so allgemein verständlich und verkehrsdurchgesetzt ist, dass die Haftungsbeschränkung für jedermann klar erkennbar ist.[26] Daher wird für solche Fälle im Lichte der von § 19 Abs. 2 bezweckten Warnfunktion teilweise verlangt, der ausländischen Komplementärgesellschaft mit dem zwingend erforderlichen Rechtsformzusatz den Zusatz „beschränkt haftende KG" beizufügen (dann zB X s.r.l. beschränkt haftende KG),[27] wogegen allerdings Bedenken wegen des europarechtlich fundierten Diskriminierungsverbots vorgebracht werden.[28]

11 Vorgeschlagen wird deshalb – für den Fall der Anwendbarkeit deutschen Firmenrechts – Folgendes: Die Firmierung muss eine zutreffende, nicht übersetzte Darstellung der Rechtsform der Komplementärgesellschaft mit dem für den Verkehr erforderlichen, deutlich erkennbaren **Zusatz zu deren Haftungsbeschränkung** enthalten (zB „XYZ-B.V. (haftungsbeschränkt nach niederländischem Recht) & Co. KG"). Zur kürzeren Darstellung könnte auch die Länderbezeichnung aus dem allgemein bekannten, einheitlichen ISO-Ländercode gewählt werden („XYZ-BV (haftungsbeschränkt NL) & Co. KG"). Konsequenz dieser Sichtweise ist allerdings, dass auch deutsche Komplementärgesellschaften zum Zwecke der besseren Erkennbarkeit einen Zusatz „haftungsbeschränkt" aufnehmen müssten, wenn dieser aus der Rechtsformbezeichnung nicht klar hervorgeht (vor allem „YZ-UG (haftungsbeschränkt) & Co. KG"). Denn hier gilt das Erfordernis der ausreichenden Information des Verkehrs genauso wie bei ausländischen Komplementärgesellschaften, solange nicht allgemein bekannt ist, dass eine Gesellschaft mit einer Haftungsbeschränkung Komplementärin der KG ist. Dies ist bislang sicher nur bei der GmbH der Fall, die diese Haftungsbeschränkung sogar ausdrücklich in der Rechtsformbezeichnung enthält. Wenn die Bezeichnung der beschränkt haftenden, deutschen oder ausländischen Komplementärgesellschaft im Verkehr allgemein bekannt geworden ist, kann auch bei diesen Gesellschaften – bis auf den nach wie vor vorgeschlagenen Länderhinweis – anders verfahren werden (zB „s.r.l. (IT) Co. KG"). Die zunächst erforderliche Klarstellung durch Aufnahme des Zusatzes zur Haftungsbeschränkung der Komplementärgesellschaft stellt keine (faktische) Diskriminierung dar, gelten doch für deutsche Gesellschaften für die hier vorgeschlagene Firmierung die gleichen Grundsätze bzw. geht auch aus der deutschen Kurzform „GmbH" für den Verkehr der Umstand der Haftungsbeschränkung hervor. Ein dem deutschen Recht gleichlautender und im Hinblick auf die Haftungsbeschränkung der Komplementärgesellschaft gleichbedeutender Rechtsformzusatz einer ausländischen Gesellschaft kann bereits durch einen Hinweis mit Hilfe des einheitlichen ISO-Ländercodes (zB „ GmbH (AT) & Co. KG" für eine österreichische GmbH) ergänzt werden.[29]

[20] Begr. RegE, BT-Drs. 13/8444, 56; MüKoHGB/Heidinger Rn. 26; krit. Ebenroth/Boujong/Reuschle Rn. 17; zum Meinungsstand vor der Handelsrechtsreform vgl. KG 15.7.1988, NJW-RR 1989, 33; BayObLG 8.9.1994, NJW-RR 1995, 172; zur sog. unechten GmbH & Co. KG vgl. RGHMW/Ries Rn. 48.

[21] Ebenroth/Boujong/Reuschle Rn. 16; anders Habersack FamRZ 1999, 1 (3).

[22] Vgl. BGH 18.3.1974, BGHZ 62, 217 = NJW 1974, 1191; KG 5.7.1988, DB 1988, 1689; Bokelmann GmbHR 1998, 57 (58).

[23] KG 8.9.2009, KG-Report 2009, 914.

[24] Vgl. hierzu noch Staub/Hüffer, 4. Aufl. 1995, Rn. 81.

[25] Vgl. noch BayObLG 21.3.1986, NJW 1986, 3029; ausf. Teichmann ZGR 2014, 220 (236); vgl. auch Staub/Casper § 161 Rn. 79.

[26] So allerdings für die Ltd. & Co. KG angenommen von MüKoHGB/Heidinger Rn. 31.

[27] RGHMWStaub/Burgard Rn. 24.

[28] Vgl. Teichmann ZGR 2014, 220 (239).

[29] Vgl. Staub/Casper § 161 Rn. 79; diff. für EU-Sachverhalte MüKoHGB/Heidinger Rn. 33; **anders** noch OLG Saarbrücken NJW 1990, 647.

Zur deutlichen **Kennzeichnung der Beteiligungsverhältnisse** wird immer noch die Hinzufügung **„& Co."** für notwendig erachtet.[30] Anstelle der im Verkehr durchgesetzten Bezeichnung „Co." (Abkürzung für „Compagnie") können auch gleichbedeutende, bekannte Abkürzungen wie „Comp." oder „Cie." verwendet werden. Zur Vermeidung von Irreführungen kommt die **direkte Aneinanderreihung zweier Rechtsformzusätze** nicht in Betracht,[31] auch wenn ein Sachfirmenbestandteil zwischengeschoben ist (also nicht zB X GmbH KG[32] oder X GmbH Straßenbau KG).[33] Auch sollte es richtigerweise grundsätzlich bei der im Verkehr durchgesetzten **Reihenfolge der Bestandteile der „GmbH & Co. KG"** verbleiben[34] (also nicht zB X KG GmbH & Cie),[35] vor allem auch, um Unklarheiten bzw. Irreführungen auszuschließen (zB bei X & Co. GmbH & Co. KG[36] oder bei HM & Sohn GmbH & Co.).[37] Die in richtige Reihenfolge gesetzten, vollständigen Grundbestandteile der „GmbH & Co. KG" dürfen aber durch den jeweiligen Personen- oder Sachfirmenbestandteil ergänzt werden (so zB Autohaus Schönhuber GmbH & Co. Autohandel KG).[38] Das gilt auch, wenn anstelle der „GmbH" eine jeweils andere, nicht natürliche, komplementärfähige Person beschränkt haftet. 12

Grundsätzlich **nicht genügend** sind Bezeichnungen wie „Kommanditgesellschaft mit beschränkter Haftung" oder „beschränkt haftende Kommanditgesellschaft" jedenfalls solange sie so noch nicht im Verkehr durchgesetzt sind oder eine klare, eingeführte und nicht irreführende Bezeichnung zur Verfügung steht.[39] Eine Beobachtung der Auffassung der Verkehrskreise ist aber angezeigt. Letztlich hat die Kennzeichnung **„beschränkt haftende Kommanditgesellschaft"** nämlich den Vorteil der sprachlich unkomplizierten und allgemein verständlichen Formulierung für sich. Unzulässig sind im Übrigen die Bezeichnungen OHG mbH,[40] GbR mbH oder Gesellschaft bürgerlichen Rechts mit beschränkter Haftung.[41] 13

Im Zusammenhang mit § 19 Abs. 2 hat **keine entscheidende Bedeutung,** ob die Firma den Namen von (haftenden) Gesellschaftern oder Nichtgesellschaftern enthält; dies ist allein Frage einer möglichen Irreführung nach § 18 Abs. 2.[42] Auch die Aufnahme der vollständigen Komplementärfirma ist seit dem Wegfall der entsprechenden Vorschriften in § 19 Abs. 2 und 4 aF nach § 19 Abs. 2 nicht mehr zwingend erforderlich;[43] auch insoweit hat lediglich § 18 Abs. 2 Bedeutung. Eine Verkehrserwartung, nach der in der Firma der GmbH & Co. KG stets die Sach- oder Fantasiefirma der Komplementär-GmbH enthalten ist, dürfte es jedoch wegen der Liberalisierung des Firmenrechts und der häufigeren Verwendung von Sach- und Fantasiefirmen nicht mehr ohne Weiteres geben.[44] Firmen können insoweit allerdings gleichwohl irreführend sein.[45] Ist eine Irreführung nicht zu besorgen, genügt ein beliebiger Personen-, Sach- oder Fantasiefirmenbestandteil, der um den richtigen Rechtsformzusatz und die richtige Kennzeichnung der Haftungsbeschränkung ergänzt ist. Zu beachten ist jedoch das Zusammenspiel der Firmen von Komplementär-GmbH und GmbH & Co. KG am selben Ort; hier ist § 30 zu beachten.[46] 14

---

[30] Vgl. BGH 18.3.1974, BGHZ 62, 216 (227) = NJW 1974, 1191; 18.9.1975, BGHZ 65, 103 = NJW 1976, 48; MüKoHGB/Heidinger Rn. 27; Ebenroth/Boujong/Reuschle Rn. 18; insoweit aber krit. RGHMW/Ries Rn. 61.

[31] Auch nicht abgeteilt durch Klammern, Bindestriche oder Kommata, vgl. MüKoHGB/Heidinger Rn. 21.

[32] BayObLG 20.2.1978, BayObLGZ 1978, 40; OLG Hamm 22.7.1966, NJW 1966, 2172.

[33] BGH 24.3.1980, NJW 1980, 2084.

[34] OLG Oldenburg 23.10.1996, Rpfleger 1997, 263; OLG Hamm 21.4.1980, Rpfleger 1980, 285; Hopt/Merkt Rn. 34; Staub/Burgard Rn. 15 zumindest für die „typische GmbH & Co. KG"; MüKoHGB/Heidinger Rn. 24; im Einzelfall anders BGH 28.3.1977, NJW 1977, 1291.

[35] BGH 28.5.1979, NJW 1979, 1986.

[36] BGH 13.10.1980, NJW 1981, 342.

[37] BGH 12.11.1984, NJW 1985, 736 (737).

[38] RGHMW/Ries Rn. 61; zu den insoweit geltenden Besonderheiten bei der abgeleiteten Firma vgl. BayObLG 13.2.1978, Rpfleger 1978, 255; vgl. auch OGH 20.1.2000, NZG 2000, 593.

[39] OLG Köln 30.9.1977, Rpfleger 1978, 21; krit. dazu MüKoHGB/Heidinger Rn. 31, 19; vgl. auch Ebenroth/Boujong/Reuschle Rn. 20; K. Schmidt DB 1998, 61 (63); Kögel BB 1998, 1645 (1646); zur ausländischen Gesellschaft als Komplementärgesellschaft → Rn. 10.

[40] OLG Hamm 6.4.1987, NJW-RR 1987, 990.

[41] Vgl. hierzu auch BGH 27.9.1999, NJW 1999, 3483; BayObLG 24.9.1998, NJW 1999, 297.

[42] RGHMW/Ries Rn. 49, 54.

[43] RGHMW/Ries Rn. 55, 59.

[44] RGHMW/Ries Rn. 57.

[45] So vor allem Bokelmann GmbHR 1998, 57 (58); Bokelmann Firmenrecht Rn. 594b; Jung ZIP 1998, 677 (680); Kögel BB 1997, 793 (796).

[46] BGH 14.7.1966, NJW 1966, 1813 (1815); vgl. auch BGH 16.3.1981, NJW 1981, 2746 (2747); vgl. auch K. Schmidt DB 1998, 61.

VI. Rechtsfolgen bei Verstoß

15 Ein Verstoß gegen § 19 Abs. 2 kann zur **Rechtsscheinhaftung** führen.[47]

16 Die Missachtung der Vorgaben von § 19 kann **lauterkeitsrechtliche Unterlassungsansprüche** eines Mitbewerbers bzw. klagbefugten Verbandes nach § 8 Abs. 1 UWG begründen. Die Pflicht zur Information über die Identität des Unternehmers nach § 5b Abs. 1 Nr. 2 UWG erfordert auch die Angabe der Rechtsform des werbenden Unternehmens.[48] Allerdings muss das Vorenthalten auch geeignet sein, den Verbraucher zu einer geschäftlichen Entscheidung zu veranlassen, die er andernfalls nicht getroffen hätte. Soweit vor allem das zur Verfügung stehende Haftungskapital des Vertragspartners für eine geschäftliche Entscheidung von Bedeutung ist, kann das gänzliche Weglassen des erforderlichen Rechtsformzusatzes oder das Hinzufügen eines unzutreffenden Rechtsformzusatzes relevant sein. Dies kann aber auch für sonstige Eigenschaften des Vertragspartners gelten, die aus einem für die Gesellschaft unzutreffenden Rechtsformzusatz hervorgehen (zB „gGmbH"), insbesondere auch dann, wenn ein solcher Rechtsformzusatz schlicht unzulässig ist (zB „goHG").

17 Ein Verstoß kann schließlich ein **Firmenmissbrauchsverfahren** nach § 37 Abs. 1 zur Folge haben.

§ 20 *[aufgehoben]*

§ 21 [Fortführung bei Namensänderung]

Wird ohne eine Änderung der Person der in der Firma enthaltene Name des Geschäftsinhabers oder eines Gesellschafters geändert, so kann die bisherige Firma fortgeführt werden.

Schrifttum: Lindacher, Firmenbeständigkeit und Firmenwahrheit, BB 1977, 1676; Neye, Die Änderungen im Umwandlungsrecht nach den handels- und gesellschaftsrechtlichen Reformgesetzen in der 13. Legislaturperiode, DB 1998, 1649; Raschauer, Namensrecht, 1978; Schrom, Die abgeleitete Firma (§§ 21–24 HGB), DB 1964, Beilage 15, Heft 34; Ulmer, Abschied vom Vorbelastungsverbot im Gründungsstadium der GmbH, ZGR 1981, 593.

I. Allgemeines

1 Durch die Vorschrift wird eine Firmenfortführung trotz Änderung des Namens des Geschäftsinhabers oder Gesellschafters, dessen Name in die Firma aufgenommen wurde, ermöglicht. Damit wird das Grundprinzip der Firmenwahrheit bei bestehender Personenidentität ausnahmsweise zugunsten der Firmenkontinuität zurückgedrängt;[1] Informationsdefizite hat der Gesetzgeber im Interesse der Erhaltung des Firmenwerts in Kauf genommen.[2] Da es sich um eine **unechte abgeleitete Firma** handelt, darf die Firmenfortführung aber nicht in irreführender Weise eine Unternehmensnachfolge (echte abgeleitete Firma) suggerieren.[3]

II. Anwendungsbereich

2 **1. Personenfirma.** Wichtigster Anwendungsfall von § 21 war bis zur Handelsrechtsreform 1998 die Fortführung des bisherigen Namens eines zur Führung einer Personenfirma verpflichteten Kaufmanns. Grund für die Namensänderung können dabei vor allem die Verheiratung (§ 1355 BGB), die Adoption bzw. deren Aufhebung (§§ 1757, 1765 BGB) oder die Annahme eines neuen Namens nach dem Namensänderungsgesetz (NamÄndG) bzw. die Wiederannahme des früheren Namens sein. Wegen des liberaleren Firmenbildungsrechts ist der Anwendungsbereich von § 21 grundsätzlich weiter. Denn die Vorschrift gilt für **alle Unternehmensträger,** die ein Handelsgewerbe nach § 1 Abs. 2 betreiben,[4] also nicht nur für die (Personen-)Firma des Einzelkaufmannes, sondern auch für die Firmen von Personenhandelsgesellschaften oder Kapitalgesellschaften, die in zulässiger Weise eine Personenfirma führen. Gleichzeitig hat ein liberaleres Firmenbildungsrecht zur Folge, dass das Bedürfnis für eine Regelung wie die des § 21 geringer geworden ist.[5] § 21 gilt entsprechend für die

[47] BGH 8.5.1978, BGHZ 71, 354 (356) = NJW 1978, 2030; 18.3.1974, BGHZ 62, 216 = NJW 1974, 1191.
[48] BGH 18.4.2013, GRUR 2013, 1169 – Brandneu von der IFA; OLG Hamm 18.2.2020, WRP 2020, 638.
[1] MüKoHGB/Heidinger Rn. 1.
[2] Lindacher BB 1977, 1676 (1681); Ebenroth/Boujong/Reuschle Rn. 1, 2.
[3] MüKoHGB/Heidinger Rn. 1; **aA** OLG Celle 28.9.1989, BB 1990, 302.
[4] RGHMW/Ries Rn. 4.
[5] So auch MüKoHGB/Heidinger Rn. 4.

eingetragene Gesellschaft bürgerlichen Rechts (§ 707b Nr. 1 BGB) und für die Partnerschaft (§ 2 Abs. 2 PartGG). Eine entsprechende Anwendung auf Geschäftsbezeichnungen kommt nicht in Betracht.[6] Für den **Formwechsel des Rechtsträgers** gilt § 200 Abs. 1 UmwG.

2. Andere Firmen. § 21 betrifft nicht nur **Familiennamen und Vornamen** von natürlichen Personen, sondern auch solche **Namen von Gesellschaften,** die namensgebend in die Firma einer anderen Gesellschaft aufgenommen wurden, vor allem also bei der GmbH & Co. KG. Ändert eine namensgebende Gesellschaft ihre Firma, kann deren ursprüngliche Firma vom Namensübernehmer fortgeführt werden.[7] Dies gilt vor allem dann, wenn die namensgebende Firma eine auf den Namen einer natürlichen Person zurückgreifende Personenfirma führt, soll aber auch dann gelten, wenn die namensgebende Gesellschaft eine Fantasie- oder Sachfirma führt und diese ändert.[8] 3

III. Voraussetzungen

Eine Firmenfortführung nach § 21 kommt nur dann in Betracht, wenn sich ein Name, nicht aber der Unternehmensträgers selbst ändert **(Personenidentität).** Die Firmenfortführungsmöglichkeit setzt voraus, dass zum Zeitpunkt der Änderung des Namens noch eine (zulässige) **Firma besteht,** also auch ein existierendes kaufmännisches Unternehmen. Eine Unterbrechung des Firmengebrauchs (zB bei Erlöschen der Firma infolge endgültiger Geschäftsaufgabe beim Einzelkaufmann)[9] schadet, selbst wenn eine Eintragung im Handelsregister vorhanden ist. Umgekehrt hat das Firmenfortsetzungerecht nicht zur Voraussetzung, dass die Firma bereits im Handelsregister eingetragen war, soweit die Eintragung beim Betrieb eines Handelsgewerbes nur deklaratorische Bedeutung hat (also immer, wenn ein Handelsgewerbe nach § 1 Abs. 2 betrieben wird). Im Falle einer Namensänderung kann dann die bisherige, bereits tatsächlich geführte Firma fortgeführt und mit dem ursprünglichen Namen ins Handelsregister eingetragen werden. Das gilt dann nicht, wenn die Eintragung (vgl. §§ 2, 3, 107 Abs. 1) konstitutive Wirkung hat. Aus § 21 kann **keine Pflicht zur Fortführung** des bisherigen Namens hergeleitet werden. Die rein firmenrechtliche Fortführungsmöglichkeit verhilft auch nicht zu einem Fortführungsrecht gegenüber einem namensrechtlich besser berechtigten Dritten.[10] 4

IV. Besonderheiten

Gewisse Besonderheiten sind bei **Vorgesellschaften** (Vor-GmbH bzw. Vor-AG oder Vor-Genossenschaft) zu beachten. Da diese bereits firmenfähig sind, wenn ein Handelsgewerbe betrieben wird, geht das Firmenrecht der Vorgesellschaft (wobei die Firma den Zusatz „i.G." enthalten muss, zB X GmbH iG & Co. KG) nach allgemeinen Grundsätzen mit deren Eintragung auf die GmbH (bzw. AG, Genossenschaft) über; die Vorgesellschaft endet liquidationslos. Ist zB eine Vor-GmbH als Komplementärin einer GmbH & Co. KG in das Handelsregister (HRA) eingetragen, muss das Register berichtigt[11] werden, wenn die GmbH ins Handelsregister eingetragen wird, indem (bei sonstiger Namensgleichheit) der Zusatz „i.G." gestrichen wird. Auch die (abgeleitete) Firma der Kommanditgesellschaft muss nach § 31 Abs. 1 geändert werden. Um einen Fall des § 21 handelt es sich dabei aber nicht.[12] 5

Wenn sich (bei Personenidentität im Übrigen) nur der Name des Gesellschafters der Vorgesellschaft **vor der Eintragung** der Gesellschaft ändert, ist eine Anwendung von § 21 sowohl in Bezug auf die (Personen-)Firma der Vorgesellschaft[13] als auch bezüglich der (Personen-)Firma der durch Eintragung entstehenden Gesellschaft möglich.[14] Wechselt dagegen der namensgebende Gesellschafter selbst vor Eintragung der Gesellschaft, hängt die Zulässigkeit der alten Personenfirma davon ab, ob eine Irreführung zu befürchten ist.[15] Eine nachträgliche Eintragung einer Vor-GmbH als Komplementärin darf es wegen zu befürchtender Irreführung nicht geben.[16] 6

---

6 Anders OLG Celle 28.9.1989, BB 1990, 302.

7 RGHMW/Ries Rn. 4; zur besonderen Bedeutung für die GmbH & Co. KG vgl. Heymann/Förster Rn. 2.

8 Staub/Burgard Rn. 7; MüKoHGB/Heidinger Rn. 6; Ebenroth/Boujong/Reuschle Rn. 5; GK-HGB/Steitz Rn. 2; insoweit wohl teilweise **anders** – nur bei einer Personenfirma – Bokelmann FirmenR Rn. 652; RGHMW/Ries Rn. 4; vgl. außerdem nunmehr Heymann/Förster Rn. 2.

9 Zu den Besonderheiten beim Herabsinken des Geschäftsbetriebs auf kleingewerbliches Niveau des nicht eingetragenen Kaufmanns vgl. Ebenroth/Boujong/Reuschle Rn. 9.

10 RGHMW/Ries Rn. 5.

11 Ulmer ZGR 1981, 593 (617); MüKoHGB/Heidinger Rn. 12.

12 Staub/Burgard Rn. 16; MüKoHGB/Heidinger Rn. 13; RGHMW/Ries Rn. 8.

13 MüKoHGB/Heidinger Rn. 16; Ebenroth/Boujong/Reuschle Rn. 12.

14 MüKoHGB/Heidinger Rn. 16; Ebenroth/Boujong/Reuschle Rn. 12.

15 Für die GmbH verneinend MüKoHGB/Heidinger Rn. 15; RGHMW/Ries Rn. 9.

16 MüKoHGB/Heidinger Rn. 14; Bokelmann FirmenR Rn. 651; vgl. auch BGH 12.11.1984, NJW 1985, 736 (737): „keine Bedeutung".

§ 22 [Fortführung bei Erwerb des Handelsgeschäfts]

(1) Wer ein bestehendes Handelsgeschäft unter Lebenden oder von Todes wegen erwirbt, darf für das Geschäft die bisherige Firma, auch wenn sie den Namen des bisherigen Geschäftsinhabers enthält, mit oder ohne Beifügung eines das Nachfolgeverhältnis andeutenden Zusatzes fortführen, wenn der bisherige Geschäftsinhaber oder dessen Erben in die Fortführung der Firma ausdrücklich willigen.

(2) Wird ein Handelsgeschäft auf Grund eines Nießbrauchs, eines Pachtvertrags oder eines ähnlichen Verhältnisses übernommen, so finden diese Vorschriften entsprechende Anwendung.

Schrifttum: Barnert, Die Personalfirma in der Insolvenz, KTS 2005, 523; Bartels, Die Handelsfirma zwischen Namensrecht und Kennzeichenschutz, AcP 209 (2009), 309; Benner, Der neue Streit um die Verwertung der Firma in der Insolvenz, Rpfleger 2002, 342; Bokelmann, Die Firma im Konkursverfahren, KTS 1982, 27; Bokelmann, Die Veräußerung einer Zweigniederlassung mit abgeleiteter Firma, GmbHR 1978, 265; Bokelmann, Nochmals: Zur Veräußerung einer Zweigniederlassung mit abgeleiteter Firma, GmbHR 1982, 153; Bokelmann, Die Firma im Fall der Umwandlung, ZNotP 1998, 265; Bokelmann, Zur Entwicklung des deutschen Firmenrechtes unter den Aspekten des EG-Vertrages, ZGR 1994, 325; Bokelmann, Die Gründung von Zweigniederlassungen ausländischer Gesellschaften in Deutschland und das deutsche Firmenrecht unter besonderer Berücksichtigung des EWG-Vertrages, DB 1990, 1021; Buchwald, Der Betrieb eines Handelsgewerbes in Erben- oder Gütergemeinschaft, BB 1962, 1405; Cziupka/Kraack, Die Ersatzfirma der insolventen Kapitalgesellschaft – Grundfragen und technische Umsetzung, AG 2018, 525; Emmrich, Das Firmenrecht im Konkurs, Diss. 1992; Flume, J., Die Firma als „tradeable Asset", DB 2008, 2011; Forkel, Die Übertragbarkeit der Firma, FS Paulick, 1973, 101; Götting, Persönlichkeitsrechte als Vermögensrechte, 1996; Heidinger, Die wirtschaftliche Neugründung – Grenzen der analogen Anwendung des Gründungsrechts, ZGR 2005, 101; Heidinger, Neues zur Verwendung von Vorratsgesellschaften und zum Mantelkauf, ZNotP 2003, 82; Herchen, Die Befugnis des Insolvenzverwalters zur Änderung der Firma, ZInsO 2004, 1112; Kern, Verwertung der Personalfirma im Insolvenzverfahren, BB 1999, 1717; Kögel, Die Änderung der abgeleiteten Firma – ein Riss im Firmenrecht, Rpfleger 2017, 435; Köhler, Namensrecht und Firmenrecht, FS Fikentscher, 1998, 494; Kuchinke, Die Firma in der Erbfolge, ZIP 1987, 681; Lettl, Das Recht zur Fortführung der Firma nach Unternehmensveräußerung, WM 2006, 1841; Limmer, Firmenrecht und Umwandlung nach dem Handelsrechtsreformgesetz, NotBZ 2000, 101; Lindacher, Firmenbeständigkeit und Firmenwahrheit, BB 1977, 1676; Möller, Das neue Firmenrecht in der Rechtsprechung – Eine kritische Bestandsaufnahme, DNotZ 2000, 830; Parmentier/Steer, Die Konzernfirma nach dem Ende der Unternehmensverbindung, GRUR 2003, 196; Riegger, Die Veräußerung der Firma durch den Konkursverwalter, BB 1983, 786; W.-H. Roth, Das neue Firmenrecht, in Die Reform des Handelsstandes und der Personengesellschaften, 1999; K. Schmidt, Die Erbengemeinschaft nach einem Einzelkaufmann – Verfassung, Haftung, Umwandlung und Minderjährigenschutz, NJW 1985, 2785; Steinbeck, Die Verwertbarkeit der Firma und der Marke in der Insolvenz, NZG 1999, 133; Strohm, Die Gestattung der Firmenfortführung, Mitarbeiter-FS Eugen Ulmer, 1973, 333; Uhlenbruck, Die Firma als Teil der Insolvenzmasse, ZIP 2000, 401; Ulmer, Die Kompetenz zur Bildung einer Ersatzfirma bei Firmenveräußerung im Konkurs der GmbH – Bemerkungen zum Verhältnis von GmbH- und Konkursrecht, NJW 1983, 1697; Wertenbruch, Die Firma des Einzelkaufmanns und der OHG/KG in der Insolvenz, ZIP 2002, 1931; Weßling, Der Einwilligungsvorbehalt für eine Firmenfortführung bei Ausscheiden des namensgebenden Gesellschafters, GmbHR 2004, 487; Zunft, Fortführung der Firma bei Veräußerung des Handelsgeschäfts des Gemeinschuldners, NJW 1960, 1843.

Übersicht

I. Allgemeines

1. Bedeutung der Vorschrift. § 22 bringt zusammen mit §§ 21, 24 den Grundsatz der **Firmenkontinuität** zum Ausdruck und betont so die **immaterialgüterrechtliche Seite der Firma:**[1] Zugunsten des wirtschaftlichen Werts der Firma und deren Verwertbarkeit werden wegen des in der Firma enthaltenen Namens des bisherigen Geschäftsinhabers bestimmte Ausnahmen vom Prinzip der Firmenwahrheit zugelassen, wenn der Unternehmensträger wechselt, also das bestehende Handelsgeschäft veräußert, vererbt (§ 22 Abs. 1) oder verpachtet (§ 22 Abs. 2) wird bzw. wenn sich innerhalb desselben Unternehmensträgers dessen Gesellschafterbestand ändert (§ 24). Andere Rechtsordnungen (zB Frankreich) schreiben insoweit zwingend einen Nachfolgezusatz vor.[2] Das deutsche Recht hat diesen klaren Weg bislang nicht gewählt. § 22 gibt insoweit vielmehr lediglich ein Wahlrecht, ob ein Nachfolgezusatz hinzugefügt wird. Im Übrigen besteht keine Pflicht, sondern nur ein Recht zur Firmenfortführung nach § 22; vom Erwerber kann auch eine neue Firma gebildet und geführt werden.[3] 1

Die Regelung zeigt, dass aus dem in der Firma enthaltenen Namen einer Person Rückschlüsse auf Beteiligung und Haftung des Namensträgers nicht sicher gezogen werden können.[4] Das Prinzip der **Firmenwahrheit** gilt aber auch bei zulässigen Firmenfortführungen weiter,[5] wenn nach der Veräußerung über die von § 22 gedeckten Diskrepanzen zwischen der Firma und den Inhaberstrukturen des Handelsgeschäfts, die bei einer Neufirmierung als täuschend zu beurteilen wären, hinaus,[6] Irreführungen zu befürchten sind. Das wird wegen der zentralen Bedeutung von § 19 vor allem bei unzutreffenden Rechtsformangaben anzunehmen sein.[7] Gleichwohl besteht im Umfange dieser gegenüber der Firmenneubildung liegenden Erleichterung die vom Gesetzgeber gewünschte Privilegierung, die allerdings an die Einwilligung des bisherigen Geschäftsinhabers geknüpft ist.[8] 2

2. Anwendungsbereich. § 22 findet auf **alle Firmen von Unternehmensträgern aller Rechtsformen** Anwendung.[9] Für Personenhandelsgesellschaften gilt dies aufgrund von § 6 Abs. 1; entsprechende ausdrückliche Regelungen für Kapitalgesellschaften finden sich in §§ 4, 5a GmbHG, §§ 4, 279 AktG, § 3 GenG; daneben gilt die Norm auch für die eingetragene Gesellschaft bürgerlichen Rechts (§ 707b Nr. 1 BGB) sowie für die Partnerschaft (§ 2 Abs. 2 PartGG) entsprechend[10] sowie für Firmen öffentlich-rechtlicher Körperschaften, die ein Handelsgeschäft betreiben.[11] Als Ausnahmevorschrift kann § 22 selbst nicht analog angewendet werden.[12] 3

Nicht anwendbar ist § 22 bei **Umwandlungsvorgängen.**[13] § 18 UmwG enthält für die **Verschmelzung** einen Sondertatbestand, der dem Regelungsbedürfnis des § 22, den Firmenwert zu erhalten, entspricht.[14] Nach **§ 18 Abs. 1 UmwG** kann der übernehmende Rechtsträger die Firma eines übertragenden Rechtsträgers, dessen Handelsgeschäft durch Verschmelzung erworben wird, fortführen, und zwar entweder mit oder ohne Beifügung eines Nachfolgezusatzes. Dabei ist eine Einwilligung des übertragenden Rechtsträgers nicht erforderlich, weil dieser durch den Verschmelzungsvorgang sowieso aufgelöst und voll beendet wird.[15] **§ 18 Abs. 2 UmwG** sieht ein Einwilligungserfordernis eines namensgebenden Anteilsinhabers vor, der zwar am übertragenden, aber nicht mehr am übernehmenden Rechtsträger beteiligt ist. Hinsichtlich der fortgeführten Firma gelten auch im Zusammenhang mit § 18 UmwG die zu § 22 entwickelten Grundsätze. Der übernehmende Rechtsträger kann das durch Verschmelzung erworbene Handelsgeschäft auch unter seiner bisherigen 4

---

[1] RGHMW/Ries Rn. 1.

[2] Vgl. Bokelmann ZGR 1994, 325 (335 ff.); Bokelmann DB 1990, 1021.

[3] BayObLG 27.10.1988, NJW-RR 1989, 421; OLG Hamm 2.5.1977, DB 1977, 1253; vgl. auch MüKoHGB/Heidinger Rn. 1.

[4] RGHMW/Ries § 23 Rn. 1.

[5] BGH 27.9.1965, BGHZ 44, 286 (287) = NJW 1965, 2248; vgl. auch OGH 29.3.2000, NZG 2000, 1130; RGHMW/Ries § 23 Rn. 1.

[6] Zum neu zu bestimmenden Spannungsverhältnis von Firmenkontinuität und Firmenwahrheit vgl. ausführlicher K. Schmidt HandelsR § 12 Rn. 103, 104; Bokelmann FirmenR Rn. 647; Lindacher BB 1977, 1676 ff.

[7] Bokelmann FirmenR Rn. 647; ähnlich auch MüKoHGB/Heidinger Rn. 3.

[8] So auch MüKoHGB/Heidinger Rn. 7.

[9] Staub/Burgard Rn. 11; MüKoHGB/Heidinger Rn. 2.

[10] Vgl. hierzu OLG Hamm 3.11.2016, BeckRS 2016, 115025.

[11] Ebenroth/Boujong/Reuschle Rn. 4.

[12] RGHMW/Ries Rn. 3.

[13] Ebenroth/Boujong/Reuschle Rn. 5; MüKoHGB/Heidinger Rn. 2.

[14] Limmer NotBZ 2000, 101; MüKoHGB/Heidinger Rn. 104; wegen der gleichen Tatbestandsvoraussetzungen vgl. Bokelmann ZNotP 1998, 265.

[15] MüKoHGB/Heidinger Rn. 104; zur Verschmelzung durch Neugründung vgl. auch RGHMW/Ries Rn. 53.

Firma fortführen[16] oder dieses Handelsgeschäft als Zweigniederlassung fortzuführen; dies muss bei der Firma der Zweigniederlassung durch einen Zusatz klargestellt werden.[17] Fälle der **Spaltung** sind differenziert zu betrachten.[18] Besteht der firmenführende Rechtsträger fort (§ 123 UmwG: Abspaltung bzw. Ausgliederung), findet firmenrechtlich § 18 UmwG keine Anwendung (§ 125 Abs. 1 S. 1 Nr. 3 UmwG). Anders bei der Aufspaltung nach § 123 UmwG, bei der der übertragende Rechtsträger erlischt,[19] sodass § 18 UmwG zur Anwendung kommt. Der **reine Formwechsel** beinhaltet keine Übertragung des Rechtsträgers; insoweit gilt nicht § 18 UmwG, sondern **§ 200 UmwG.**[20] Nach § 200 Abs. 2 UmwG ist die zutreffende Rechtsformbezeichnung zwingend in die Firma aufzunehmen. § 200 Abs. 3 UmwG schreibt das Einwilligungserfordernis eines am Rechtsträger neuer Rechtsform nicht mehr beteiligten namensgebenden Anteilsinhabers vor. Dieselben Grundsätze finden auch in Bezug auf **grenzüberschreitende Umwandlungen** Anwendung. Die durch das UmRUG[21] novellierten Vorschriften (§ 305 Abs. 2 UmwG – Verschmelzung, § 320 Abs. 2 UmwG – Spaltung, § 333 Abs. 2 UmwG – Formwechsel) verweisen hinsichtlich des Firmenrechts jeweils auf die allgemeinen Bestimmungen.

II. Voraussetzungen

5 **1. Erwerb des Handelsgeschäfts.** Die Fortführung einer Firma setzt den Erwerb eines **bestehenden Handelsgeschäfts** voraus.[22] Eine Scheingründung erfüllt diese Voraussetzungen nicht, gleich ob sie ins Handelsregister eingetragen war oder nicht.[23] Erworben werden muss ein kaufmännisches Unternehmen, das seinen Geschäftsbetrieb bereits begonnen hat und im Zeitpunkt des Erwerbs noch existiert.[24] Ist der Betrieb bereits endgültig eingestellt, kann es keine Firmenfortführung mehr geben. Eine bloß vorübergehende Betriebsstilllegung, die eine Reaktivierung der Geschäftstätigkeit[25] möglich lässt, weil der Kundenstamm noch nicht verloren, die Betriebsorganisation nicht zerstört und Betriebsvermögen wieder beschaffbar ist, steht der Annahme eines bestehenden Handelsgeschäfts jedoch nicht entgegen. Dies gilt vor allem für vorübergehende Betriebsunterbrechungen im Rahmen einer Liquidation oder eines Insolvenzverfahrens.

6 **2. Art des Erwerbs. a) Erwerb durch Vertrag unter Lebenden.** Das Handelsgeschäft kann durch Vertrag unter Lebenden oder von Todes wegen erworben werden. Welcher Natur der Vertrag unter Lebenden ist, spielt keine Rolle. In Betracht kommen ein Gesellschaftsvertrag (Einbringung des Unternehmens in eine Gesellschaft im Rahmen einer Sachgründung), Kauf (Unternehmenskauf), Tausch, Schenkung (insbesondere als vorweggenommene Erbfolge) oder ein Auseinandersetzungsvertrag (zB einer Erbengemeinschaft).

7 **b) Mantelkauf.** Eine Firmenfortführung ist auch bei einem zulässigen Mantelkauf möglich. Ein „GmbH-Mantel" (denkbar auch ein AG-Mantel) entsteht, wenn eine GmbH lediglich zur Verwaltung des eigenen Vermögens ohne eigentliche wirtschaftliche Tätigkeit gegründet wird („Vorrats-GmbH")[26] oder ihr zunächst bestehender Unternehmensgegenstand (zB wegen Vermögenslosigkeit) aufgegeben wird, ohne dass es zur Löschung der eingetragenen Gesellschaft kommt. Da eine solche Kapitalgesellschaft trotz Aufgabe des Gewerbebetriebes einschließlich ihrer Firma noch („als Mantel") weiter besteht, stellt der Mantelkauf wie jeder andere Erwerb aller Geschäftsanteile einer Gesellschaft keinen Erwerb eines bestehenden Handelsgeschäfts dar, weil es zu einem Austausch des bisherigen Unternehmensträgers nicht kommt.[27] Damit findet trotz wirtschaftlicher Ähnlichkeit mit dem Unternehmenskauf[28] firmenrechtlich § 22 keine Anwendung, möglicherweise aber § 24 Abs. 2.

8 **c) Erwerb von Todes wegen.** Wird ein bestehendes Handelsgeschäft von Todes wegen erworben, kann dies aufgrund gesetzlicher oder gewillkürter Erbfolge (Testament) oder eines Vermächtnis-

---

[16] OLG Schleswig 15.11.2000, NJW-RR 2002, 461.
[17] Bokelmann ZNotP 1998, 265 (267).
[18] **AA** – für einheitliche Anwendung des § 18 UmwG – RGHMW/Ries Rn. 57.
[19] Vgl. ausf. MüKoHGB/Heidinger Rn. 108.
[20] Vgl. ausf. Limmer NotBZ 2000, 101 (106).
[21] Zum Reformhintergrund vgl. Löbbe ZHR 187 (2023), 498 ff.
[22] Vgl. K. Schmidt HandelsR § 12 Rn. 108: „Übergang der Unternehmensträgerschaft".
[23] Staub/Burgard Rn. 14.
[24] Vgl. OLG München 22.7.2008, WM 2008, 1878; LG Köln 20.11.2003, CR 2004, 854.
[25] Vgl. hierzu Ebenroth/Boujong/Reuschle Rn. 8, 9; RGHMW/Ries Rn. 7.
[26] Vgl. grds. BGH 9.12.2002, NJW 2003, 892; 7.7.2003, NJW 2003, 3198; Wicke GmbHG § 3 Rn. 8.
[27] K. Schmidt HandelsR § 12 Rn. 62–64; MüKoHGB/Heidinger Rn. 11; Ebenroth/Boujong/Reuschle Rn. 10; RGHMW/Ries Rn. 8.
[28] Vgl. auch Heidinger ZNotP 2003, 82.

ses geschehen.[29] Mehrere Erben bilden auch ohne gesellschaftsrechtlichen Zusammenschluss bis zur Auseinandersetzung oder Gründung einer (eigenen) Handelsgesellschaft zunächst zeitlich unbegrenzt eine das Handelsgeschäft fortführende Erbengemeinschaft.[30] Es besteht eine Vermutung dahin, dass mit dem Unternehmen, das von Todes wegen übergeht, auch dessen Firma übergehen soll, sodass es einer gesonderten Einwilligung des Erblassers nicht mehr bedarf,[31] wenn nicht eine entgegenstehende testamentarische Verfügung zu beachten ist.

3. Umfang des Erwerbs. Erforderlich ist der Erwerb des Handelsgeschäfts in seiner **Gesamtheit.** 9
Dazu ist jedoch nicht zwingend die Übernahme aller Unternehmensbestandteile erforderlich, sondern es genügt, dass die wesentlichen Teile übergehen, die den **Kern des Unternehmens** ausmachen.[32] Der neue Inhaber muss in der Lage sein, das Unternehmen, so es wie im Geschäftsverkehr sein Gepräge erhalten hat, weiterzuführen, in die wesentlichen Kunden- und Lieferantenbeziehungen einzutreten und dessen Leistungen zu erbringen.[33] Ein nicht mit übertragener Unternehmensteil muss dementsprechend von untergeordneter Bedeutung und darf nicht gleichwertig sein.[34] § 22 ist auch bei der gesonderten Veräußerung von selbständiger Haupt- bzw. Zweigniederlassung anwendbar.[35]

4. Bisher zulässig geführte Firma. Weitere Voraussetzung für die Fortführung ist, dass die 10
Firma vom bisherigen Inhaber rechtmäßig geführt wurde. Das bedeutet zum einen, dass nur die **tatsächlich zuletzt geführte Firma** fortgeführt werden darf, nicht etwa auch frühere Firmen desselben Unternehmensträgers.[36] Zum anderen muss der Veräußerer **firmenfähig** gewesen sein.[37] § 22 ist deshalb nicht anwendbar, wenn ein (nicht eingetragener) nichtkaufmännischer Betrieb übernommen wird, selbst wenn der Erwerber ihn kaufmännisch führt.[38] Wird eine zuvor (noch) nicht eingetragene (zulässige) Firma fortgeführt, muss der Erwerber Firma, Inhaberwechsel und Änderungen beim Register anmelden (§§ 29, 31); den Veräußerer treffen dabei Mitwirkungspflichten.[39] War die Firma zu Unrecht eingetragen, kommt eine Fortführung nicht in Betracht, weil und soweit sie mangels Firmenfähigkeit materiell unzulässig gebraucht wurde.[40]

Eine Firma, die den Voraussetzungen der §§ 18, 30 nicht gerecht wird, also eine **unzulässige** 11
Firma kann nicht fortgeführt werden; das gilt auch, wenn es sich um eine bereits fortgeführte Firma handelt.[41] Guter Glaube des Erwerbers ist insoweit unerheblich, weil das Firmenrecht des Erwerbers nie weiter gehen kann als das des Veräußerers.[42] Etwas anderes kann ausnahmsweise gelten, wenn die wegen eines irreführenden Zusatzes für den Veräußerer bislang unzulässige Firma dann zulässig ist, wenn der Erwerber sie fortführt.[43] Auch eine **erloschene Firma** kann nicht fortgeführt werden, sofern die Eintragung konstitutive Wirkung hatte. Bei Kapitalgesellschaften muss neben die Löschung im Handelsregister die abgeschlossene Liquidation bzw. Abwicklung treten. Einer Firmenfortführung steht deshalb nicht entgegen, dass eine Kapitalgesellschaft sich in Liquidation oder Insolvenz befindet.[44]

5. „Ausdrückliche Willigung". a) Einwilligung. Zur Firmenfortführung ist die Einwilligung 12
des bisherigen Geschäftsinhabers oder seiner Erben erforderlich. Das Einwilligungserfordernis ver-

[29] RGHMW/Ries Rn. 10; nach Ebenroth/Boujong/Reuschle Rn. 18 handelt es sich bei der Fortführung aufgrund Vermächtnisses aber um ein Rechtsgeschäft unter Lebenden.

[30] BGH 8.10.1984, NJW 1985, 136; K. Schmidt NJW 1985, 2785; vgl. ausf. zu Anmeldepflichten der Erbengemeinschaft MüKoHGB/Heidinger Rn. 24; Ebenroth/Boujong/Reuschle Rn. 19, 20.

[31] RGHMW/Ries Rn. 24; weitergehend K. Schmidt HandelsR § 12 Rn. 41, 42: § 22 gegenstandslos, da die Firma als Vermögensgut nach § 1922 BGB übergeht; vgl. auch Kuchinke ZIP 1987, 681.

[32] RG 11.5.1942, RGZ 169, 133 (136); BGH 29.4.2004, GRUR 2004, 790; 22.11.1990, NJW 1991, 1353; OLG Düsseldorf 27.7.2007, DB 2007, 2141; 22.1.1998, NJW-RR 1998, 332.

[33] BGH 22.11.1990, NJW 1991, 1353; 7.6.1990, NJW-RR 1990, 1318; 5.5.1977, BB 1977, 1015; BayObLG 19.12.1989, BayObLGZ 1989, 474.

[34] BGH 17.4.1957, WM 1957, 1152 (1155); großzügiger für den Liquidationsfall BGH 22.11.1990, NJW 1991, 1353.

[35] RG 11.5.1942, RGZ 169, 133 (139); vgl. auch OLG Nürnberg 13.3.1979, DB 1979, 1267.

[36] BayObLG 6.7.1978, BayObLGZ 1978, 182 (184); RGHMW/Ries Rn. 14.

[37] LG Berlin 30.7.2004, NZG 2005, 443.

[38] RGHMW/Ries Rn. 15.

[39] BayObLG 6.7.1978, BayObLGZ 1978, 182 auch zur Pflicht der Anmeldung des Beginns der OHG.

[40] Ebenroth/Boujong/Reuschle Rn. 24; MüKoHGB/Heidinger Rn. 32; beide sehen diesen Fall allerdings nur noch bei der Eintragung des nicht firmenfähigen Freiberuflers für gegeben.

[41] BGH 25.6.1959, BGHZ 30, 288 (291) = NJW 1959, 2255; anders nur im Zusammenhang mit § 25 BGH 12.2.2001, NJW 2001, 1352; vgl. RGHMW/Ries Rn. 17.

[42] MüKoHGB/Heidinger Rn. 28; Ebenroth/Boujong/Reuschle Rn. 22; RGHMW/Ries Rn. 17.

[43] Vgl. BGH 12.11.1984, NJW 1985, 736.

[44] MüKoHGB/Heidinger Rn. 30; RGHMW/Ries Rn. 18.

deutlicht, dass eine Unternehmensübertragung grundsätzlich nicht die Firmenübertragung mit beinhaltet, sondern dass diese einer gesonderten Erklärung bedarf.[45] § 22 ist trotz seines sprachlich etwas veralteten Wortlauts („ausdrücklich willigen") dahin zu verstehen, dass zwar keine ausdrücklich erklärte Einwilligung vorliegen muss, sondern eine (auch konkludent mögliche) eindeutige, zweifelsfreie[46] und **unmissverständliche Erklärung** ausreicht. Jedenfalls ist aber eine Erklärung im Sinne einer (dinglich wirkenden, zweiseitigen) **Einigung** über die Übertragung des Firmenrechts nach §§ 413, 398 BGB erforderlich.[47] Dazu genügt die nach § 23 erforderliche Einigung über die Übertragung des Handelsgeschäfts noch nicht,[48] weil ein Handelsgeschäft auch ohne Firma übertragen werden kann.

13 **b) Abgrenzung.** Von dem dinglichen Einigungsvertrag als Verfügungsgeschäft ist das kausale Grund- bzw. Verpflichtungsgeschäft zur Übertragung der Firma (häufig mit dem Vertrag über die Übertragung des Handelsgeschäfts verbunden) verschieden.[49] Die Einwilligung nach § 22 unterscheidet sich außerdem sowohl von der Einwilligung iSv § 24 Abs. 2 (→ § 24 Rn. 12) als auch von der rein **namensrechtlichen Gestattung**[50] nach § 12 BGB, die jedoch auch im Zusammenhang mit § 22 erforderlich ist, insbesondere wenn ein Gesellschafter seinen Namen für die Firma des bisherigen Inhabers zur Verfügung gestellt hat (→ Rn. 19).

14 **c) Alle Firmenarten.** Das Einwilligungserfordernis besteht grundsätzlich bei allen Firmenarten (also Personen-, Sach- und Fantasiefirmen).[51] Schutzgegenstand von § 22 (letzter Hs.) ist in erster Linie die bisherige Firma, die den Namen des bisherigen Geschäftsinhabers enthielt. Diejenige natürliche oder juristische Person, die ihren Namen bei der Firmenbildung zur Verfügung gestellt hatte, soll durch das Einwilligungserfordernis vor einer unkontrollierten Nutzung dieses Namens durch Dritte geschützt werden.[52] Von Canaris wird deshalb eine teleologische Reduktion (des Anwendungsbereichs) von § 22 diskutiert, falls der Name des Veräußerers nicht in der Firma enthalten ist.[53] Nach Ansicht von Merkt ist in solchen Fällen die Einwilligung ohne weiteres anzunehmen.[54] Bei einer Überarbeitung der §§ 22, 24 können diese bedenkenswerten Diskussionsbeiträge **de lege ferenda** Anlass für eine präzisere Ausgestaltung des Einwilligungserfordernisses sein, vermögen eine Auslegung gegen den Wortlaut der Norm aber nicht zu rechtfertigen.

15 **d) Unmittelbarer zeitlicher Zusammenhang.** Die Einwilligung muss wegen § 23 zwar nicht gleichzeitig, aber in einem unmittelbaren zeitlichen Zusammenhang mit der Übertragung des Handelsgeschäfts erfolgen. Insbesondere muss die Einwilligung zu einem Zeitpunkt erfolgen, in dem das Firmenrecht noch besteht und nicht etwa bereits erloschen ist.[55] Die Vereinbarung einer aufschiebenden Bedingung oder eines Anfangstermins ist wegen des Gebotes von § 23 unzulässig; dagegen bestehen keine Bedenken, wenn eine auflösende Bedingung oder ein Endtermin vertraglich vorgesehen werden.[56] Im Falle des Eintritts der auflösenden Bedingung erlischt das Firmenrecht und fällt nicht etwa an den Veräußerer zurück, sodass Verlängerungen oder weitere Übertragungen dann nicht mehr möglich sind.[57] Die Möglichkeit eines Widerrufs der Einwilligung wird allgemein abgelehnt. Dem Veräußerer werden aber Unterlassungsansprüche für den Fall der für ihn unzumutbaren, verschandelnden Firmenführung durch den Erwerber zugebilligt;[58] solches kann auch ausdrücklich vertraglich geregelt werden.

16 **e) Einwilligungsberechtigung.** Differenziert betrachtet werden muss die Frage, wer einwilligungsberechtigt ist.

---

[45] Canaris HandelsR § 10 Rn. 32: „Willigung" sei Bestandteil eines Verfügungsvertrages; Hopt/Merkt Rn. 8; KKD/Roth/Stelmaszczyk Rn. 6; MüKoHGB/Heidinger Rn. 34.

[46] OLG Frankfurt 22.4.2005 – 15 U 227/04, nv.

[47] BGH 27.4.1994, NJW 1994, 2025 (2026); MüKoHGB/Heidinger Rn. 33; Ebenroth/Boujong/Reuschle Rn. 26, 27; RGHMW/Ries Rn. 19.

[48] BGH 27.4.1994, NJW 1994, 2025 (2026); anders im Falle der mitunterzeichneten Handelsregisteranmeldung BGH 28.3.1977, NJW 1977, 1291 (1292); vgl. auch K. Schmidt HandelsR § 12 Rn. 108.

[49] Staub/Burgard Rn. 29; RGHMW/Ries Rn. 19.

[50] MüKoHGB/Heidinger § 23 Rn. 12; **aA** KKD/Roth/Stelmaszczyk Rn. 6; diff. NK-HGB/Lamsa Rn. 16 (namensrechtliche Gestattung mit enthaltend).

[51] Canaris HandelsR § 10 Rn. 32; RGHMW/Ries Rn. 19; MüKoHGB/Heidinger Rn. 2; Ebenroth/Boujong/Reuschle Rn. 3; wohl auch KKD/Roth/Stelmaszczyk Rn. 1 (Personen- und Sachfirmen).

[52] Canaris HandelsR § 10 Rn. 32.

[53] Canaris HandelsR § 10 Rn. 34.

[54] Hopt/Merkt Rn. 9.

[55] Staub/Burgard Rn. 32.

[56] MüKoHGB/Heidinger Rn. 36; RGHMW/Ries Rn. 22.

[57] RG 11.5.1911, RGZ 76, 263 (265); MüKoHGB/Heidinger Rn. 36.

[58] Vgl. ausf. Ebenroth/Boujong/Reuschle Rn. 31; Köhler FS Fikentscher, 1998, 494 (506).

Bei einem **Erwerb von Todes wegen** (§ 1922 BGB) wird die Einwilligung des Erblassers mutmaßlich vorliegen, wenn das Handelsgeschäft ohne weitere testamentarische Beschränkungen vererbt wird.[59] § 22 spricht im Übrigen nur dann von einem Einwilligungsrecht der Erben, wenn diese das ererbte Handelsgeschäft weiterveräußern.[60] Mehrere Erben müssen gemeinsam einwilligen. Die Einwilligung eines Testamentsvollstreckers genügt nur dann, wenn dieser als Treuhänder, nicht nur als Bevollmächtigter der Erben eingesetzt ist.[61] 17

Bei einem Erwerb unter Lebenden liegt das Einwilligungsrecht im Falle eines **einzelkaufmännischen Unternehmens** beim Einzelkaufmann als dem bisherigen Inhaber. Bei **Personenhandelsgesellschaften und Kapitalgesellschaften** müssen in das dingliche Verfügungsgeschäft nicht sämtliche Gesellschafter einwilligen, sondern nur die vertretungsberechtigten Gesellschafter bzw. das vertretungsberechtigte Organ.[62] Dies wird zutreffend allgemein aus dem Rechtsgedanken des § 179a AktG hergeleitet. In Bezug auf das Verpflichtungsgeschäft verbleibt es aber beim Zustimmungsrecht aller Aktionäre bzw. der Hauptversammlung.[63] Fehlt es an dieser Zustimmung, dann bleibt das Verfügungsgeschäft zwar grundsätzlich unberührt,[64] es kann aber eine Rückabwicklung nach bereicherungsrechtlichen Grundsätzen stattfinden.[65] 18

Die **Zustimmung des namensstiftenden Gesellschafters** ist bei der Personenfirma[66] wegen dessen Namensrecht (§ 12 BGB) in jedem Falle erforderlich. Nur dann ist auch die erklärte Einwilligung des Vertretungsberechtigten wirksam und der Erwerber darf den in der Firma enthaltenen Namen fortführen. Dies gilt allerdings nur für in die Firma von Personengesellschaften,[67] nicht aber auch für in die Firma von Kapitalgesellschaften eingebrachte Namen, es sei denn deren Satzung regelt dies ausdrücklich.[68] Regelmäßig dürfte die namensrechtliche Zustimmung (konkludent) in der Einwilligung zur Firmenfortführung enthalten sein, wenn sie durch den Namensstifter erklärt wurde.[69] Etwas anderes müsste als widersprüchliches Verhalten qualifiziert werden. 19

f) Umfang der Einwilligung. Den Inhalt des Einwilligungsvertrages und damit den Umfang der Einwilligung können die vertragsschließenden Parteien autonom bestimmen.[70] Im Zweifel erstreckt sich die Einwilligung nicht auf die Namensverwendung im Rahmen der getrennten Veräußerung einer Zweigniederlassung.[71] Liegt eine Einwilligung nicht vor oder wird der Umfang einer gegebenen Einwilligung bei der Firmenfortführung überschritten, kann dies neben der Verweigerung der Eintragung durch das Registergericht ein Firmenmissbrauchsverfahren (§ 37 Abs. 1) zur Folge haben und Unterlassungsansprüche des Veräußerers (§ 37 Abs. 2, § 12 BGB) begründen.[72] 20

g) Bedeutung für Unterlassungsansprüche. Liegen die Voraussetzungen nach § 22 sämtlich vor, also auch (soweit erforderlich) die Zustimmung des bisherigen Namensgebers im Zusammenhang mit der ausdrücklichen Einwilligung, dann führt der Erwerber auch den in der Firma enthaltenen Namen **nicht unbefugt iSv § 12 BGB,** sodass er entsprechenden Unterlassungsansprüchen des Namensgebers nicht ausgesetzt ist.[73] Gerade dadurch, dass der Namensinhaber die Zustimmung selbst erklärt hat, unterscheidet sich die Firmenfortführung nach § 22 im Falle der Veräußerung 21

[59] Kuchinke ZIP 1997, 681.

[60] RGHMW/Ries Rn. 24; zum (fehlenden) Einwilligungserfordernis in Bezug auf den Erblasser vgl. Canaris HandelsR § 10 Rn. 25; MüKoHGB/Heidinger Rn. 37.

[61] RGHMW/Ries Rn. 29.

[62] So für die Personenhandelsgesellschaften MüKoHGB/Heidinger Rn. 41; RGHMW/Ries Rn. 25; Ebenroth/Boujong/Reuschle Rn. 36 unter Bezugnahme auf BGH 8.7.1991, NJW 1991, 2564 (2565); **aA** noch RG 14.9.1938, RGZ 158, 226 (230); eine Ausnahme soll für die Personengesellschaft in Liquidation gelten; vgl. hierzu RG 14.9.1938, RGZ 158, 226; für die Kapitalgesellschaften vgl. MüKoHGB/Heidinger Rn. 38; RGHMW/Ries Rn. 27; **aA** – stets von der organschaftlichen Vertretungsmacht nicht gedeckte Grundlagenentscheidung – Staub/Burgard Rn. 40, 41.

[63] Vgl. aber BGH 15.2.2022, NJW 2022, 1878 (zur KG) und BGH 8.1.2019, NZG 2019, 505 (zur GmbH).

[64] BGH 8.7.1991, NJW 1991, 2564.

[65] MüKoHGB/Heidinger Rn. 38; RGHMW/Ries Rn. 27.

[66] Vgl. auch KKD/Roth/Stelmaszczyk Rn. 6.

[67] BGH 20.4.1972, NJW 1972, 1419; RGHMW/Ries Rn. 26; **aA** – stets namensrechtliche Gestattung – Staub/Burgard Rn. 50; MüKoHGB/Heidinger Rn. 43; BeckOK HGB/Bömeke, 47. Ed.1.7.2025, Rn. 32.

[68] RGHMW/Ries Rn. 26; **aA** MüKoHGB/Heidinger Rn. 43; Ebenroth/Boujong/Reuschle Rn. 38 (diff. bzgl. der Unwirksamkeit der Einwilligung).

[69] Hopt/Merkt Rn. 9; KKD/Roth/Stelmaszczyk Rn. 6.

[70] Konsequent dingliche Wirkung annehmend Canaris HandelsR § 10 Rn. 40; **aA** – nur schuldrechtliche Gestattung – Hopt/Merkt Rn. 12; Köhler FS Fikentscher, 1998, 505; vgl. auch Lettl WM 2006, 1843.

[71] BGH 13.10.1980, NJW 1981, 343.

[72] MüKoHGB/Heidinger Rn. 45.

[73] Canaris HandelsR § 10 Rn. 36.

eines werbenden Unternehmens von der Veräußerung durch den Insolvenzverwalter innerhalb eines Insolvenzverfahrens (→ Rn. 23 f.).

22 Nur **ausnahmsweise,** wenn der Erwerber den fortgeführten Namen entstellt, können Unterlassungsansprüche des Namensträgers nach § 12 BGB gegeben sein, die auch gegenüber Erwerbern der Firma bestehen.[74] Eine **Entstellung des Namens** ist nämlich selbst von der ursprünglichen vertraglichen Gestattung regelmäßig nicht gedeckt. Ein Rückrufrecht bzw. ein Widerrufsrecht in Bezug auf die erteilte Einwilligung lässt sich demgegenüber dogmatisch nicht begründen.[75] Ein nur auf den Überlassungsvertrag gestützter Unterlassungsanspruch des Veräußerers einer abgeleiteten Firma, der nicht selbst Namensträger ist, besteht nicht.[76]

23 **6. Besonderheiten im Insolvenzverfahren.** Im Insolvenzfalle fällt jede Firma als Recht mit (überwiegend) vermögensrechtlichem Charakter in die Insolvenzmasse.[77] Bei einer **Unternehmensveräußerung durch einen Insolvenzverwalter** genügt zur Firmenübertragung grundsätzlich die **Einwilligung des Insolvenzverwalters.** Eine Veräußerung des Handelsgeschäfts zusammen mit einer Personenfirma ist daher trotz Widerspruchs des namensgebenden Insolvenzschuldners (oder eines Gesellschafters der insolventen Gesellschaft) möglich. Das gilt nicht nur bei Kapitalgesellschaften,[78] sondern wegen des weggefallenen Zwangs zur Bildung von Personenfirmen und wegen der hinzunehmenden Konsequenzen aus der gewerblichen Nutzung (Kommerzialisierung) des Namens auch für Einzelkaufleute und Personenhandelsgesellschaften.[79] Im Rahmen des Insolvenzverfahrens, das einer gleichmäßigen Befriedigung der Gläubiger dienen soll, überwiegt die vermögensrechtliche Seite der Firma die bei der Personenfirma bestehenden persönlichkeitsrechtlichen Interessen des Schuldners. Bei Sach- und Fantasiefirmen kann es solche persönlichkeitsrechtlichen Interessen ohnehin nicht geben. Es muss deshalb im Vordergrund stehen, den (mitunter erheblichen) wirtschaftlichen Wert der Firma den Gläubigern nicht vorzuenthalten. Der Grundsatz, dass der Insolvenzverwalter einwilligungsberechtigt iSv § 22 ist, gilt auch für die bereits abgeleitete Firma, es sei denn bereits der Insolvenzschuldner ist (zB vertraglich) bereits an der Weiterübertragung gehindert gewesen.[80]

24 Der **Insolvenzschuldner,** der seinen Namen zur Verfügung gestellt hatte bzw. der namensgebende Gesellschafter der insolventen Gesellschaft können sich nicht auf ein eigenes Einwilligungsrecht nach §§ 22, 24 berufen, wohl aber auf ihre namensrechtlichen Befugnisse nach **§ 12 BGB,** die den Erwerber eines insolventen Einzelunternehmens oder einer insolventen Personengesellschaft bei der Firmenfortführung zur Verwendung eines Nachfolgezusatzes verpflichten können (→ § 17 Rn. 32). Der Insolvenzschuldner darf während des Insolvenzverfahrens kein neues Unternehmen unter Verwendung der alten Firma gründen oder die Firma des insolventen Unternehmens ändern, um die alte Firma für sich zu erhalten; möglich ist dies aber mit Zustimmung des Insolvenzverwalters.[81] Insolvenzschuldner und Insolvenzverwalter sind während des Insolvenzverfahrens zur Löschung der Firma nicht befugt.[82] Beabsichtigt der Insolvenzschuldner nach Abschluss des Insolvenzverfahrens eine Neugründung unter seinem Familiennamen, ist er zur Hinzufügung eines unterscheidungskräftigen Zusatzes (§ 30) verpflichtet. Im Falle der Veräußerung des Geschäftsbetriebs durch den Insolvenzverwalter muss auch die Firma der verbliebenen (und nicht aufgelösten) insolventen (Kapital-)Gesellschaft zur Gewährleistung der Unterscheidbarkeit iSv § 30 geändert werden.[83]

---

[74] Vgl. ausf. Ebenroth/Boujong/Reuschle Rn. 31.

[75] Canaris HandelsR § 10 Rn. 38; **aA** Hopt/Merkt Rn. 11; Forkel FS Paulick, 1973, 115.

[76] Canaris HandelsR § 10 Rn. 38.

[77] BGH 27.9.1982, NJW 1983, 755 (756).

[78] BGH 27.9.1982, NJW 1983, 755; 14.12.1989, NJW 1990, 1605.

[79] Canaris HandelsR § 10 Rn. 73; K. Schmidt HandelsR § 12 Rn. 45, 52 (54); RGHMW/Ries § 17 Rn. 47 sowie Rn. 33; MüKoHGB/Heidinger Rn. 91; KKD/Roth/Stelmaszczyk § 17 Rn. 25; Bokelmann FirmenR Rn. 673; Uhlenbruck ZIP 2000, 401; wohl auch Hopt/Merkt § 17 Rn. 47 sowie mit teilweise anderer Begründung Ebenroth/Boujong/Reuschle Rn. 43, 46; **aA** noch BGH 26.2.1960, NJW 1960, 1008 im Anschluss an RG 21.5.1904, RGZ 58, 166 (169); OLG Düsseldorf 23.12.1981, NJW 1982, 1712; OLG Koblenz 17.10.1991, NJW 1992, 2101; Wertenbruch ZIP 2002, 1931; Benner Rpfleger 2002, 342; Emmrich, Das Firmenrecht im Konkurs, 1992, 145. Zur differenzierten Behandlung von Altfällen vgl. zutr. MüKoHGB/Heidinger Rn. 85 ff.; **aA** RGHMW/Ries Rn. 33.

[80] Ebenroth/Boujong/Reuschle Rn. 47.

[81] MüKoHGB/Heidinger Rn. 94; OLG Karlsruhe 8.1.1993, NJW 1993, 1931; für den Fall zu befürchtender Irreführungen vgl. aber LG Frankfurt/O 16.5.2002, DB 2003, 494; zum Anfechtungsrecht des Insolvenzverwalters vgl. OLG Düsseldorf 26.10.1988, ZIP 1989, 457; ausf. zum Bestimmungsrecht des Insolvenzverwalters über eine Ersatzfirma Ulmer NJW 1983, 1697; MüKoHGB/Heidinger Rn. 95 ff.

[82] BayObLG 22.2.1979, BayObLGZ 1979, 65.

[83] MüKoHGB/Heidinger Rn. 95; großzügig – Liquidationszusatz genügt – öOGH 29.3.2000, NZG 2000, 1130.

III. Fortführung der Firma

1. Allgemeines. Da keine Verpflichtung zur Firmenfortführung besteht, kann der Erwerber eines Handelsgeschäfts auch eine, dann einzutragende, **neue Firma** annehmen, sodass die bisherige erlischt. Die Neufirmierung kann wegen der Liberalisierung des Firmenrechts in vielen Fällen einfacher sein als die Beachtung der Fortführungsregeln. In bestimmten Fällen, in denen eine entsprechende Neufirmierung problematisch wäre, kann aber auch die Firmenfortführung (meist allerdings mit Nachfolgezusatz) wegen des bestehenden Firmenwerts vorzuziehen sein. Ein eindeutiger Vorteil der Firmenfortführung liegt in der **Prioritätswahrung** der alten, fortgeführten Firma (zB in Zusammenhang mit § 30 oder bei der Abwehr von Unterlassungsbegehren Dritter). Auch die Bildung einer Zweigniederlassung unter der Firma des übernommenen Handelsgeschäfts ist grundsätzlich möglich.[84] 25

2. Grundsatz. Verpflichtet[85] oder entschließt der Erwerber sich mit Zustimmung des bisherigen Inhabers, die Firma fortzuführen, muss die **Firma grundsätzlich unverändert fortgeführt** werden. Dabei muss, wenn auch Formalismus vermieden werden sollte und berechtigte Interessen Berücksichtigung finden können, jedenfalls jeglicher Zweifel an der Identität der Firma ausgeschlossen sein.[86] Vor allem Änderungen, die aufgrund von § 19 erforderlich werden, sind, auch wenn ein Nachfolgezusatz mit dem richtigen Rechtsformzusatz gewählt wird,[87] wegen des insoweit vorrangigen Grundsatzes der Firmenwahrheit zulässig, ja sogar geboten.[88] Maßgeblich sollen das Interesse der Allgemeinheit an einer notwendigen Änderung und eine objektive Veränderung der tatsächlichen Verhältnisse sein.[89] Auch andere zulässige Änderungen haben ihre Rechtfertigung im Irreführungsverbot nach § 18 Abs. 2.[90] 26

3. Zulässige Änderungen. a) Unwesentliche Änderungen. Unwesentliche Änderungen, die die Identität unberührt lassen, sind zulässig. Als solche unwesentlichen Änderungen wurden anerkannt: die bloße Änderung einer (veralteten) Schreibweise,[91] Änderung von Groß- und Kleinschreibung,[92] das Weglassen eines Gründungsjahrhinweises[93] sowie die Ersetzung von ausgeschriebenen Rechtsformzusätzen in allgemein anerkannte, entsprechende Abkürzungen.[94] Als unwesentliche Änderung soll auch der Wechsel eines Personennamens gelten, wenn dieser in einer gemischten Sach- und Personenfirma keine prägende Bedeutung hat.[95] 27

b) Wesentliche Änderungen. Ausnahmsweise kann auch eine Änderung, die die Wesentlichkeitsschwelle überschreitet, zulässig, bisweilen sogar geboten sein. Betroffen sind Änderungen, die im Interesse der Allgemeinheit notwendig sind oder den überwiegenden Interessen des Inhabers dienen.[96] 28

Unter diesem Gesichtspunkt scheidet eine unveränderte Fortführung aus, wenn die fortgeführte Firma bei dem neuen Unternehmensinhaber **irreführend** ist. Führt zum Beispiel ein nicht promovierter Kaufmann die sog. **Doktorfirma** des Veräußerers fort, dann muss er den akademischen Grad aus der Firma entfernen oder die Irreführung durch einen Nachfolgezusatz beseitigen.[97] Entsprechendes gilt für andere, nicht (mehr) vorhandene besondere Qualifikationen. Ob sich die Wertschätzung gegenüber dem Doktortitel zugunsten des jeweiligen Firmen- bzw. Namensinhabers auswirkt, hängt allerdings von der Art des jeweiligen Unternehmens ab.[98] Eine durchlaufene akademische Ausbildung kann gleichermaßen sicherstellen, dass eine Irreführung über die Vorbil- 29

---

[84] MüKoHGB/Heidinger Rn. 50.

[85] Eine vertraglich eingegangene Verpflichtung ist allerdings rein registerrechtlich nicht durchsetzbar, sondern nur durch einen Zivilprozess, vgl. RGHMW/Ries Rn. 36.

[86] BGH 11.7.1965, NJW 1965, 1915; OLG Hamm 19.3.2002, NZG 2002, 866.

[87] Vgl. OLG Hamm 8.7.1999, NZG 1999, 993 (994).

[88] Ebenroth/Boujong/Reuschle Rn. 57; vgl. auch BGH 27.9.1965, NJW 1965, 2248 (2249).

[89] OLG Hamm 6.12.2019, NZG 2020, 351 mwN zur Aufnahme eines Zusatzes in den Namen einer Partnerschaftsgesellschaft.

[90] RGHMW/Ries Rn. 38.

[91] Ebenroth/Boujong/Reuschle Rn. 65.

[92] OLG Celle 16.6.1976, OLGZ 1977, 59.

[93] Ebenroth/Boujong/Reuschle Rn. 65; möglicherweise bedenklich beim erstmaligen Hinzufügen von Gründungsjahrhinweisen.

[94] Ebenroth/Boujong/Reuschle Rn. 65 unter Bezugnahme auf die von BGH 2.4.1959, NJW 1959, 1081 festgestellte fehlende Bedeutung für das Klangbild der Firma durch den Zusatz.

[95] OLG Düsseldorf 8.3.2019, NZG 2019, 949.

[96] Vgl. grdl. BGH 11.7.1965, NJW 1965, 1915.

[97] BGH 2.10.1997, NJW 1998, 1150 (1151).

[98] BGH 8.5.18, DB 2018, 1788.

dung nicht begründet wird, weil der gute Ruf und die Zuverlässigkeit in der Sache nicht enttäuscht werden.[99]

30 In Betracht kommt auch eine Änderung aufgrund veränderter tatsächlicher Umstände, an denen der Firmenfortführer ein **sachliches Interesse** hat.[100] Zu nennen ist die Aufgabe oder Änderung von Geschäftszweigen.[101] Insoweit kann auch die Hinzufügung einer Sachbezeichnung, die einer veränderten Geschäftsentwicklung Rechnung trägt, zulässig sein.[102]

31 Zu beachten ist aber stets, dass durch die Änderung die **Firmenidentität** nicht aufgehoben wird.[103] Entscheidend ist eine Betrachtung des Gesamtbildes der Firma.[104] Prägende Bestandteile, also vor allem ein Name oder sonstige wesentliche Schlagworte, dürfen in der Regel nicht geändert oder gestrichen werden.[105] In Zweifelsfällen wird ein Inhabervermerk oder Nachfolgezusatz größere Klarheit schaffen können. Schließlich bietet (vor allem auch in problematischen Fällen der Firmenvereinigung)[106] eine Neufirmierung einfachere Möglichkeiten der Zusammenfassung von Firmen. Allerdings erlischt dann die Firma des erworbenen Handelsgeschäfts (samt der Priorität), die diese dann auch bei Wieder-Trennung nicht fortführen, wohl aber möglicherweise neu aufnehmen kann.[107]

32 **c) Zusätze.** Obgleich es sich grundsätzlich um keinen prägenden Bestandteil der Firma handelt, ist die Änderung (Übernahme, Streichung oder Hinzufügung) von einigen Zusätzen vertiefend zu betrachten.

33 **aa) Unbestimmte Zusätze.** Nach wie vor bedenklich ist die Fortführung von Zusätzen wie „& Co.“, „& Sohn“ oder „& Partner“ durch einen Einzelkaufmann, auch wenn das Irreführungspotential durch die zwingende Hinzufügung des Rechtsformzusatzes „e.K.“ gering ist. Denn immerhin wird eine Mehrheit haftender Personen suggeriert.[108] Bei einer Neufirmierung wäre solches ebenfalls irreführend, weshalb nur ein Nachfolgezusatz eindeutige Klarheit bringen kann.[109] Demgegenüber ist die Streichung solcher (irreführend gewordener) Zusätze bei der Firmenfortführung möglich bzw. geboten.[110]

34 **bb) Rechtsformzusätze.** Eine Pflicht zur Änderung kann bestehen, wenn nach § 19 die Änderung des Rechtsformzusatzes erforderlich wird.[111] Eine bloße Erweiterung um den richtigen Rechtsformzusatz kommt nicht in Betracht, weil eine Dopplung der Rechtsformzusätze grundsätzlich

[99] BGH 8.5.2018, DB 2018, 1788 für den Fall des ausgeschiedenen promovierten Namensgebers einer als Steuerberatungsgesellschaft anerkannten Partnerschaft; ebenso BGH 8.5.2018, ZIP 2018, 1494 zur als Wirtschaftsprüfergesellschaft anerkannten Partnerschaft und BGH 8.5.2018, NZG 2018, 900 zur Partnerschaft von Rechtsanwälten; teilweise anders (zu § 5 UWG) BGH 11.2.2021, GRUR 2021, 746 – Dr. Z.

[100] BGH 11.7.1965, NJW 1965, 1915; BayObLG 8.5.1981, MDR 1981, 849; OLG Düsseldorf 18.6.1986, GmbHR 1987, 189; OLG Hamm 19.3.2002, NJW-RR 2002, 1330; LG München I 5.7.1990, NJW-RR 1990, 1373; LG Berlin 24.3.1993, NJW-RR 1994, 609; LG Hagen 1.7.1996, GmbHR 1996, 854; Ebenroth/Boujong/Reuschle Rn. 68; MüKoHGB/Heidinger Rn. 62.

[101] OLG Hamm 19.3.2002, NJW-RR 2002, 1330; 18.11.1966, Rpfleger 1967, 414; RGHMW/Ries Rn. 40; Ebenroth/Boujong/Reuschle Rn. 66; nach MüKoHGB/Heidinger Rn. 58 gilt die Änderungsbefugnis schon ab dem Zeitpunkt der Übernahme; insoweit anders BGH 11.7.1965, NJW 1965, 1915; Ebenroth/Boujong/Reuschle Rn. 68.

[102] OLG Hamm 19.3.2002, NJW-RR 2002, 1330.

[103] BGH 16.9.2009, NJW 2010, 236; vgl. ausf. RGHMW/Ries Rn. 40; MüKoHGB/Heidinger Rn. 60.

[104] MüKoHGB/Heidinger Rn. 62 unter Bezugnahme auf BayObLG 8.5.1981, MDR 1981, 849.

[105] BGH 28.11.2005, NJW 2006, 1001 (1002); OLG Düsseldorf 27.7.2007, DB 2007, 2141; OLG Brandenburg 4.4.2007, BeckRS 2009, 5899; OLG Frankfurt 22.6.2005, NZG 2005, 925 für eine Partnerschaft; MüKoHGB/Heidinger Rn. 61: „Tatfrage“; sehr weitgehend RGHMW/Ries Rn. 44: „innerhalb der Grenzen von § 18“.

[106] Vgl. ausf. BGH 21.9.1976, BGHZ 67, 166 (167) = NJW 1976, 2163; MüKoHGB/Heidinger Rn. 80; RGHMW/Ries Rn. 45 f.

[107] MüKoHGB/Heidinger Rn. 80; RGHMW/Ries Rn. 45; **aA** OLG Frankfurt 13.2.1970, OLGZ 1971, 50; Hopt/Merkt Rn. 19.

[108] BGH 27.9.1965, BGHZ 44, 286 (288) = NJW 1965, 2248; 28.3.1977, BGHZ 68, 271 = NJW 1977, 1291 (im Zusammenhang mit § 24); RGHMW/Ries Rn. 49; vgl. aber anders und großzügiger MüKoHGB/Heidinger Rn. 75.

[109] Vgl. für den Fall der OHG, die nur aus den Namen der Gesellschafter besteht, OLG Hamm 20.7.1973, NJW 1973, 2000.

[110] MüKoHGB/Heidinger Rn. 78; Bokelmann FirmenR Rn. 730; anders noch BGH 12.11.1984, NJW 1985, 736.

[111] Die Übernahme eines Unternehmens, das nach Art. 38 Abs. 1 EGHGB keinen Rechtsformzusatz führen musste, so dass der Rechtsformzusatz erstmalig notwendig würde, dürfte praktisch nicht mehr vorkommen.

irreführend ist.[112] Grundsätzlich möglich ist jedoch (bei Beibehaltung der Firma im Übrigen) die Streichung des vorherigen Rechtsformzusatzes und Hinzufügung des zutreffenden Rechtsformzusatzes des Firmenfortführers; alternativ kann ein Nachfolgezusatz mit dem klar erkennbaren, richtigen Rechtsformzusatz des Übernehmers angefügt werden.[113] Keine Besonderheiten gelten, wenn eine der eigenen Rechtsform entsprechende Firma fortgeführt wird.[114]

Je nach Rechtsform des Fortführenden gilt **im Einzelnen:** Führt ein Einzelkaufmann die Firma einer Kapitalgesellschaft oder Personenhandelsgesellschaft fort, ist die Aufnahme eines Nachfolgezusatzes zusammen mit dem Rechtsformzusatz „e.K." zwingend, es sei denn der sonst irreführende bisherige Rechtsformzusatz wird ganz gestrichen.[115] Entsprechendes gilt, wenn eine Personenhandelsgesellschaft die Firma einer Kapitalgesellschaft oder einer anders strukturierten Personenhandelsgesellschaft[116] fortführt; hier sind die alten Rechtsformzusätze zu streichen oder ein Nachfolgezusatz aufzunehmen.[117] Führen eine Kapitalgesellschaft oder eine GmbH & Co. KG die Firma eines Einzelkaufmanns, einer Personenhandelsgesellschaft oder einer anders strukturierten Kapitalgesellschaft fort, sind deren bisherige Rechtsformzusätze ganz zu streichen oder ein eindeutiger Nachfolgezusatz hinzuzufügen.[118] Name und Gegenstand einer Partnerschaftsgesellschaft müssen geändert werden, wenn nach dem Ausscheiden von Partnern kein Berufsträger eines genannten Berufes mehr in der Partnerschaft tätig ist. 35

cc) Nachfolgezusatz. § 22 Abs. 1 gibt die Möglichkeit (also keine Verpflichtung, es sei denn es besteht eine vertragliche Abrede),[119] in die fortgeführte Firma einen Nachfolgezusatz aufzunehmen.[120] Solches kann insbesondere zur Vermeidung von Irreführungen zu jedem Zeitpunkt nach dem Erwerb des Handelsgeschäfts geschehen.[121] Nachfolgezusätze sind Firmenbestandteil und daher zur Eintragung anzumelden. Zur Kennzeichnung der Nachfolge werden in der Praxis bei der Firmenfortbildung Zusätze wie „Nachfolger", „Inhaber" (bzw. entsprechende bekannte Abkürzungen),[122] seltener auch „Erben"[123] oder „Söhne" gewählt. Wird der Erwerber, was im Gegensatz zur Hinzufügung des richtigen Rechtsformzusatzes keine Pflicht ist,[124] namentlich genannt, ist die Hinzufügung des Vornamens nicht mehr zwingend vorgeschrieben.[125] Der Zusatz „vormals" darf auch bei einer Firmenneubildung nur mit Einwilligung des vormaligen Firmeninhabers verwendet werden.[126] Bereits vorhandene Nachfolgezusätze dürfen nicht unverändert beibehalten werden.[127] Sind Irreführungen nicht zu befürchten, kann ein freiwillig gewählter Nachfolgezusatz wieder aufgegeben werden.[128] 36

4. Firma des Veräußerers. Hat ein Einzelkaufmann sein Handelsgeschäft veräußert, kann er, auch wenn der Erwerber die Firma fortführt, bei Gründung eines neuen Handelsgeschäftes seinen bürgerlichen Namen bei der Firmenbildung wieder verwenden, wird aber wegen § 30 einen unterscheidungskräftigen Zusatz wählen müssen,[129] selbst wenn der Übernehmer einen Nachfolgezusatz gewählt hat.[130] Eine OHG muss im Falle der Firmenveräußerung und -fortführung eine neue Firma wählen, wenn noch restliches Vermögen vorhanden ist. Entsprechendes gilt grundsätzlich auch für die KG und nicht aufgelöste Kapitalgesellschaften.[131] Gestattet ist jedoch die Verwendung der alten Firma mit dem Zusatz „i.L.", wenn die fortführende Gesellschaft einen Inhaberzusatz gewählt hat.[132] Auch eine insolvente Handelsgesellschaft muss im Falle der Firmenveräußerung und -fortführung 37

[112] Vgl. dazu auch BGH 13.10.1980, NJW 1981, 342; Ebenroth/Boujong/Reuschle Rn. 58.
[113] Ebenroth/Boujong/Reuschle Rn. 58.
[114] Vgl. LG Koblenz 19.12.2000, NJW-RR 2002, 35.
[115] BGH 10.11.1969, BGHZ 53, 65 (68) = NJW 1970, 704; MüKoHGB/Heidinger Rn. 66; anders – zu großzügig – OLG Hamm 8.7.1999, NZG 1999, 993; vgl. dazu Möller DNotZ 2000, 831 (838).
[116] BGH 9.12.1976, BGHZ 68, 12 (15) = NJW 1977, 383 (Übernahme einer KG-Firma durch OHG).
[117] Staub/Burgard Rn. 88, 89.
[118] BGH 2.10.1997, NJW 1998, 1150; MüKoHGB/Heidinger Rn. 68.
[119] Staub/Burgard Rn. 95.
[120] OLG Frankfurt 27.1.2000 – 20 W 414/97, nv.
[121] BGH 2.10.1997, NJW 1998, 1150 (1151).
[122] Ebenroth/Boujong/Reuschle Rn. 60.
[123] Vgl. hierzu ausf. Ebenroth/Boujong/Reuschle Rn. 61.
[124] Ebenroth/Boujong/Reuschle Rn. 60.
[125] MüKoHGB/Heidinger Rn. 64.
[126] RG 29.11.1881, RGZ 5, 110 (113).
[127] OLG Hamm 6.9.1985, OLGZ 1986, 21.
[128] Staub/Burgard Rn. 90.
[129] OLG Hamm 25.7.1983, Rpfleger 1984, 21.
[130] Ebenroth/Boujong/Reuschle Rn. 78.
[131] Ebenroth/Boujong/Reuschle Rn. 79, 80.
[132] RGHMW/Ries Rn. 60.

eine Firma weiterführen. Für Abwicklungsgeschäfte darf ausnahmsweise die veräußerte Firma weiter verwendet werden.[133] Der BGH[134] hat an seiner Rspr. festgehalten, dass eine „Doppelfirmierung" für die Zeit bis zur endgültigen Abwicklung der (insolventen) Veräußererin nicht grundsätzlich unzulässig ist. Darin liege weder eine unzulässige Vervielfältigung oder Aufspaltung der Firma noch liege in jedem Falle ein Verstoß gegen § 30 Abs. 1 oder § 18 Abs. 2 S. 1 vor. Allerdings kann gleichwohl ein Unterscheidungszusatz zu verlangen sein. Der BGH[135] hat in diesem Zusammenhang betont, dass die Firma (einer Aktiengesellschaft) nach der Eröffnung des Insolvenzverfahrens – außerhalb eines Insolvenzplanes – nur durch einen satzungsändernden Beschluss der Hauptversammlung geändert werden kann.

IV. Einzelheiten zu § 22 Abs. 2

38 § 22 Abs. 2 erklärt die Grundsätze zur Firmenfortführung im Falle des Erwerbs eines Handelsgeschäfts nach Abs. 1 (also insbesondere die Übernahme des Handelsgeschäfts in seinem wesentlichen Kern, die zulässige bisherige Firmenführung und die Einwilligung des Veräußerers) für entsprechend anwendbar, wenn das Handelsgeschäft aufgrund eines Nießbrauches, einer Pacht oder eines ähnlichen Rechtsverhältnisses übernommen wird.[136] Angesprochen sind also Fälle des **zeitweiligen Wechsels des Unternehmensträgers.** Eine bloße Beteiligung an den Erträgnissen des Handelsgeschäfts (sog. Ertragsnießbrauch) ohne Einflussmöglichkeit auf die Geschäftsführung wird nicht erfasst.[137] Als „ähnliche Rechtsverhältnisse" kommen das Treuhandverhältnis des Testamentsvollstreckers oder der Nutzungspfandvertrag in Betracht. Auch der zeitweilige Übernehmer (Pächter usw) wird Geschäftsinhaber und ist deshalb ins Handelsregister einzutragen.[138] An der registermäßigen „Rückabwicklung" bei Beendigung der vorübergehenden Übernahme haben beide Beteiligten mitzuwirken.[139] § 22 Abs. 2 gilt nicht für die Verpachtung eines nichtkaufmännischen Handelsgeschäfts.

39 Zur Firmenfortführung bedarf es wie im Falle des Erwerbs der Einwilligung des Verpächters, die nicht angenommen werden kann, wenn der Verpächter selbst die Firma unverändert fortführt.[140] Es besteht **keine Pflicht** zB des Pächters zur Firmenfortführung, er kann auch eine **neue Firma** wählen. Eine Verpflichtung kann lediglich, für das Registergericht unverbindlich, vertraglich vorgesehen werden.[141] Hat der Pächter eine neue Firma gewählt, darf der Verpächter diese bei Beendigung des Pachtverhältnisses nach den Grundsätzen des § 22 Abs. 2 übernehmen.[142] Eine Handelsgesellschaft, die ihr Handelsgeschäft vorübergehend überträgt, muss zur Vermeidung ihrer Auflösung oder Umwandlung in eine GbR eine neue Firma annehmen; sie darf nicht zwei Firmen führen, wenn sie selbst als Pächterin eines Unternehmens dieses mit seiner bisherigen Firma fortzuführen beabsichtigt,[143] es sei denn es liegen eine Firmenvereinigung oder die Führung einer selbständigen Zweigniederlassung vor.[144] Auch der Pächter kann einen Nachfolgezusatz (zB „Pächter") wählen.

§ 23 [Veräußerungsverbot]

Die Firma kann nicht ohne das Handelsgeschäft, für welches sie geführt wird, veräußert werden.

Schrifttum: s. § 22 sowie Beater, Mantelkauf und Firmenfortführung – Zugleich ein Beitrag zur Teleologie von § 23 HGB, GRUR 2000, 119; Köhler, Die Kommerzielle Verwertung der Firma durch Verkauf und Lizenzvergabe, DStR 1996, 510; Krüger-Nieland, Anwendungsbereich und Rechtsnatur des Namensrechts, FS Robert Fischer, 1979, 339; Linardatos, Eintragung einer Ersatzfirma durch den Insolvenzverwalter ohne vorausgehende Satzungsänderung?, ZIP 2017, 901; Pahlow, Firma und Firmenmarke im Rechtsverkehr – Zum Verhältnis von § 23 HGB zu den §§ 27 ff. MarkenG, GRUR 2005, 705; Schricker, Rechtsfragen der Firmenli-

133 BGH 22.11.1990, NJW 1991, 1353 (1354); vgl. auch OGH 29.3.2000, NZG 2000, 1130; RGHMW/Ries Rn. 61.
134 Ausf. BGH 26.11.2019, NZG 2020, 223 mit zahlreichen Nachweisen.
135 BGH 26.11.2019, NZG 2020, 223.
136 Vgl. OLG Hamm 6.1.1998, NJW-RR 1998, 611.
137 BayObLG 3.7.1973, DB 1973, 1546.
138 RGHMW/Ries Rn. 65.
139 Ebenroth/Boujong/Reuschle Rn. 52.
140 Vgl. BayObLG 10.3.1978, BayObLGZ 1978, 62; MüKoHGB/Heidinger Rn. 111.
141 RGHMW/Ries Rn. 63; Ebenroth/Boujong/Reuschle Rn. 52.
142 Ebenroth/Boujong/Reuschle Rn. 52.
143 OLG Stuttgart 24.11.1982, Justiz 1983, 80.
144 Ebenroth/Boujong/Reuschle Rn. 53.

zenz, FS v. Gamm, 1990, 289; Traub, Die Bindung von Marke und Firma an den Geschäftsbetrieb, FS Trinkner, 1995, 431.

I. Allgemeines

1 In § 23 ist das **Verbot der Leerübertragung** einer Firma ausdrücklich geregelt. Das bedeutet, dass eine Firma (vgl. § 707b Nr. 1 BGB zur eingetragenen Gesellschaft bürgerlichen Rechts) nie losgelöst vom Unternehmen, sondern immer nur mit diesem zusammen übertragen werden kann.[1] Ihre Begründung findet die Vorschrift darin, dass der Geschäftsverkehr unter einer Firma nicht nur den Namen des Unternehmensträgers, sondern entgegen ihrer eigentlichen rechtlichen Bedeutung auch das Unternehmen selbst versteht. Fielen Firma und ursprünglich benanntes Unternehmen nach einer Übertragung auseinander, wäre dies mit einer erheblichen Irreführungsgefahr verbunden.[2] Daher stellen grundsätzlich nur die in den §§ 22, 24 geregelten Tatbestände zulässige Übertragungen der Firma im Interesse der Erhaltung des Firmenwerts dar.[3]

2 Mit § 23 beschreitet das handelsrechtliche Firmenrecht einen anderen Weg als das **Markenrecht.** Nach § 27 MarkenG ist die Übertragung einer Marke nicht mehr von der Übertragung des Geschäftsbetriebs, zu dem die Marke gehört, abhängig. Auf die (enge) Auslegung von § 23 hat dies aber keine Auswirkung, zumal eine Angleichung an markenrechtliche Grundsätze weder europarechtlich erforderlich,[4] noch durch den Reformgesetzgeber 1998 beabsichtigt wurde, der an § 23 unverändert festgehalten hat. Auch eine Analogie zu § 27 MarkenG scheidet deshalb aus.[5]

II. Voraussetzungen

3 Soll eine Firma wirksam übertragen werden, bedarf es eines gleichzeitigen **Übergangs des** (bestehenden, fortführungsfähigen)[6] **Handelsgeschäfts.** Das Handelsgeschäft (Unternehmen) besteht dann nicht mehr, wenn der Geschäftsbetrieb dauernd und nicht nur zeitweilig eingestellt ist und seine wirtschaftlichen Grundlagen (Vermögen, Geschäftsbeziehungen) untergegangen sind.

4 Die Unternehmensübertragung muss den in § 22 genannten Anforderungen genügen (näher → § 22 Rn. 5 ff.). Im Wesentlichen gilt: Erforderlich ist neben einem grundsätzlich bedingungslosen,[7] ausreichend engen **zeitlichen Zusammenhang** zwischen Firmen- und Geschäftsübertragung,[8] dass das Handelsgeschäft nicht nur teilweise, sondern mit seinem Kern, also dem **wesentlichen Tätigkeitsbereich** („im Großen und Ganzen“) übertragen wird.[9] Nicht mitübertragene Geschäftszweige müssen von untergeordneter Bedeutung sein. Maßgeblich bei der Beurteilung des Einzelfalls ist neben der Größe des Geschäftsbetriebs auch der Umstand, ob es sich um ein Unternehmen in Liquidation oder in Insolvenz handelt; in den beiden letztgenannten Fällen sind nicht allzu hohe Anforderungen an eine Übertragung des Unternehmenskerns zu stellen. Auch wenn für die Übertragung erforderlich ist, dass die mit dem Firmenrecht verbundene Geschäftstradition fortgeführt werden kann bzw. könnte,[10] so sind eine tatsächliche Unternehmensfortführung und ein dahin gehender Wille des Erwerbers jedoch nicht erforderlich.[11]

5 Die Übertragung der Firma erfolgt mit dinglicher Wirkung nach den **§§ 413, 398 BGB.** In Hinblick auf Prioritätsfragen entsteht die Firma nicht beim Erwerber neu, sondern geht mit ihrem bisherigen „Alter“ über. Enthält die Firma den Namen des Veräußerers (§ 12 BGB), bedarf es einer gesonderten vertraglichen **Gestattung des Namensinhabers.** Eine solche Gestattung kann konkludent erfolgen und in der Einwilligung mit der Firmenübertragung nach § 22 mit enthalten sein (→ § 22 Rn. 19). Auch wenn bei einer nach § 22 wirksamen Übertragung Unterlassungsansprüche des Namensträgers nach § 12 grundsätzlich ausscheiden, bleibt dieser berechtigt, Entstellungen seines Namens entgegenzutreten (→ § 22 Rn. 22).

---

[1] BGH 21.4.1994, WM 1994, 1449; 7.6.1990, NJW 1990, 1318; MüKoHGB/Heidinger Rn. 1.
[2] Staub/Burgard Rn. 3; Ebenroth/Boujong/Reuschle Rn. 1; RGHMW/Ries Rn. 1.
[3] Vgl. BGH 5.5.1977, DB 1977, 1452; RGHMW/Ries Rn. 1.
[4] Die RL 89/104/EWG, die RL 2008/95/EG und die RL (EU) 2015/2436 sind ausdrücklich auf Marken beschränkt; vgl. dazu auch BGH 21.4.1994, NJW-RR 1994, 1003 sowie BGH 23.9.1992, NJW 1993, 918 für Namensrechte; zur Firmenmarke vgl. Pahlow GRUR 2005, 705; zur Problematik bei geschäftlichen Bezeichnungen vgl. Traub FS Trinkner, 1995, 431 (438).
[5] RGHMW/Ries Rn. 2.
[6] Vgl. iErg MüKoHGB/Heidinger Rn. 4.
[7] Vgl. Ebenroth/Boujong/Reuschle Rn. 14 (nur auflösende Bedingung bzw. Befristung möglich).
[8] BGH 22.11.1990, NJW 1991, 1353 (1354).
[9] Vgl. BGH 29.4.2004, GRUR 2004, 790.
[10] BGH 22.11.1990, NJW 1991, 1353.
[11] BGH 26.5.1972, NJW 1972, 2123.

III. Besondere Konstellationen

6 **Scheingeschäfte,** also der Erwerb von Scheingründungen bzw. Scheinübertragungen sind unzulässige Umgehungsgeschäfte und nach § 23 unwirksam.[12] Da es beim **Mantelkauf** (Kauf eines „leeren GmbH-Mantels") bzw. beim Kauf einer sog. Vorrats-GmbH um den Erwerb einer Firma zusammen mit der Rechtsperson geht, stellt dies keine unzulässige Umgehung von § 23 dar,[13] weil und soweit beim Veräußerer wirtschaftlich nichts zurückbleibt.[14] Die Zulässigkeit von **Firmenlizenzen** ist umstritten[15] und muss im Lichte des Grundsatzes des Verbots einer Firmendopplung grundsätzlich kritisch gesehen werden, wenn nicht gleichzeitig der Geschäftsbetrieb auf den Lizenznehmer übertragen wird und der Lizenzgeber entsprechend auf den Firmengebrauch verzichtet. Gegenüber Dritten kann der Lizenznehmer die Priorität des Lizenzgebers in Anspruch nehmen.[16] Die dinglich wirkende Aufspaltung von Firma und Unternehmen ist jedenfalls unzulässig[17] und kann nur ausnahmsweise für einen begrenzten Zeitraum möglich sein.[18] Kommt es im Falle der Veräußerung einer **Zweigniederlassung** zu einer an sich unzulässigen Firmendopplung,[19] ist dies dann nicht bedenklich, wenn die Zweigniederlassung ausreichend verselbständigt war und ohne die Hauptniederlassung hätte bestehen können.[20]

IV. Rechtsfolgen

7 § 23 ist gesetzliches Verbot iSv § 134 BGB. Eine selbständige Firmenübertragung, die gegen § 23 verstößt, ist **nichtig.**[21] Das zugrundeliegende Verpflichtungsgeschäft ist zwar wirksam, jedoch ist die Leistungspflicht des Schuldners ausgeschlossen. Es kann eine Schadensersatzpflicht bestehen (§ 311a Abs. 1 BGB, § 275 Abs. 1 BGB, § 311a Abs. 2 BGB). Gegebenenfalls ist auch § 139 BGB zu beachten. Im Falle einer auf (selbständige) Übertragung des Firmenrechts gerichteten Klage muss das Unternehmen vor Klageerhebung auf den Kläger übertragen worden sein.[22] Im Außenverhältnis gilt § 15 Abs. 3, falls es trotz fehlender, wirksamer Veräußerung zu einer Handelsregistereintragung gekommen ist.[23] Auch allgemeine Rechtsscheingrundsätze können zur Anwendung gelangen. Bei missbräuchlicher Firmenverwendung trotz unwirksamer Übertragung hat das Registergericht einzugreifen (§ 37 Abs. 1 iVm § 392 FamFG bzw. § 395 FamFG).[24]

§ 24 [Fortführung bei Änderungen im Gesellschafterbestand]

(1) Wird jemand in ein bestehendes Handelsgeschäft als Gesellschafter aufgenommen oder tritt ein neuer Gesellschafter in eine Handelsgesellschaft ein oder scheidet aus einer solchen ein Gesellschafter aus, so kann ungeachtet dieser Veränderung die bisherige Firma fortgeführt werden, auch wenn sie den Namen des bisherigen Geschäftsinhabers oder Namen von Gesellschaftern enthält.

(2) Bei dem Ausscheiden eines Gesellschafters, dessen Name in der Firma enthalten ist, bedarf es zur Fortführung der Firma der ausdrücklichen Einwilligung des Gesellschafters oder seiner Erben.

---

[12] RGHMW/Ries Rn. 7; diff. Ebenroth/Boujong/Reuschle Rn. 16, 17.

[13] RGHMW/Ries Rn. 8; MüKoHGB/Heidinger Rn. 2; vgl. auch BGH 9.12.2002, NJW 2003, 892; 7.7.2003, NJW 2003, 3198; vgl. auch OLG Jena 27.9.2006, DB 2006, 2624; Wicke GmbHG § 3 Rn. 10.

[14] Ebenroth/Boujong/Reuschle Rn. 18; Köhler DStR 1996, 510; zum Ganzen ausf. und diff. Beater GRUR 2000, 119 (125); zur möglichen Irreführung für den Fall, dass „Assoziationen mit dem alten Unternehmen" zurückbleiben, MüKoHGB/Heidinger Rn. 3 mwN.

[15] Dagegen BGH 26.2.1960, BGHZ 32, 103 (105) = NJW 1960, 1008; OLG Hamburg 26.2.1998, NJW-RR 1998, 986 (988); RGHMW/Ries Rn. 6; grds. krit. Ebenroth/Boujong/Reuschle Rn. 6 ff.; im Ausnahmefall des Abwicklungsstadiums dafür BGH 22.11.1990, NJW 1991, 1353; befürwortend Köhler DStR 1996, 510 (513 ff.); in Grenzen befürwortend Hopt/Merkt Rn. 2.

[16] BGH 18.3.1993, BGHZ 122, 71 = NJW 1993, 2236; RGHMW/Ries Rn. 6.

[17] Ebenroth/Boujong/Reuschle Rn. 6; anders bei gleichzeitiger Übertragung des Geschäftsbetriebs BGH 21.3.1985, GRUR 1985, 567 – Hydair.

[18] BGH 22.11.1990, NJW 1991, 1353.

[19] Vgl. BGH 22.11.1990, NJW 1991, 1353.

[20] Vgl. ausf. MüKoHGB/Heidinger Rn. 10.

[21] RG 25.4.1906, RGZ 63, 226 (228).

[22] RG 25.4.1906, RGZ 63, 228 (228).

[23] RGHMW/Ries Rn. 10; **aA** Ebenroth/Boujong/Reuschle Rn. 20 (nur Haftung nach allgemeinen Rechtscheingrundsätzen).

[24] MüKoHGB/Heidinger Rn. 18.

Schrifttum: s. § 22 sowie Dahns, Der Name der Partnerschaft, NJW-Spezial 2021, 382; Felsner, Fortführung der Firma bei Ausscheiden des Namensgebenden Gesellschafters nach dem Handelsrechtsreformgesetz, NJW 1998, 3255; Flume, J., Die Firma als „tradeable Asset", DB 2008, 2011; Hüffer, Das Namensrecht des ausscheidenden Gesellschafters als Grenze zulässiger Firmenfortführung, ZGR 1986, 137; Klunzinger, Firmenrechtliche Grenzen bei der GmbH & Co. KG, DB 1973, 1881; Schlüter, Zur Frage, ob der Erbe des Firmengründers, der die Firma zunächst allein fortgeführt und dann in eine Gesellschaft eingebracht hat, nach seinem Ausscheiden eine Fortführung der Firma von seiner Zustimmung abhängig machen kann, JZ 1986, 151; Schrom, Die abgeleitete Firma (§§ 21–24 HGB), DB-Beil. Nr. 15/1964, Heft 34; Sommer, Umwandlung einer GbR in eine Partnerschaftsgesellschaft, NJW 1998, 3549; Wessel, Die engen Grenzen der Fortführung der abgeleiteten Firma, BB 1964, 1365.

Übersicht

I. Allgemeines

1. Bedeutung der Norm. § 24 stellt neben § 22 eine weitere Lockerung des Grundsatzes der Firmenwahrheit zugunsten der **Firmenkontinuität** dar. Er betrifft aber nicht das Firmenfortführungsrecht nach Erwerb eines Handelsgeschäfts (mit Wechsel des Unternehmensträgers), sondern regelt zum einen die Fälle des Übergangs vom Einzelunternehmen zum Unternehmen einer Personenhandelsgesellschaft (und umgekehrt), zum anderen die Fälle von Veränderungen im Gesellschafterbestand. Die erste Fallgruppe ist wegen des Entstehens eines neuen Unternehmensträgers an sich bereits von § 22 erfasst.[1] Die Firmenfortführung nach § 24 Abs. 1 setzt eine Einwilligung nicht voraus. § 24 Abs. 2 dient deshalb ausgleichend dem Schutz (der Namensrechte nach § 12 BGB) des ausscheidenden namensgebenden Gesellschafters[2] und bringt widerlegbar zum Ausdruck, dass im Zweifel auch ohne erklärten Vorbehalt nicht anzunehmen ist, dass die vom Namensgeber einmal erteilte Erlaubnis zur Namensführung endgültig gewesen ist.[3] 1

2. Anwendungsbereich. a) Abs. 1. Der Anwendungsbereich von § 24 Abs. 1 umfasst jedes Handelsgeschäft. Erfasst ist jedenfalls das Handelsgeschäft des Einzelkaufmanns und der Personenhandelsgesellschaft unter Einschluss der GmbH & Co. KG,[4] nicht aber der stillen Gesellschaft.[5] § 24 Abs. 1 ist nach § 707b Nr. 1 BGB auf die eingetragene Gesellschaft bürgerlichen Rechts und nach § 2 Abs. 2 PartGG auf die Partnerschaftsgesellschaft entsprechend anzuwenden.[6] Umstritten ist die Anwendung bei Kapitalgesellschaften, also insbesondere beim Wechsel bei der Zusammensetzung von GmbH-Gesellschaftern und Aktionären. Die Anwendbarkeit von § 24 Abs. 1 auf Kapitalgesellschaften wird mit der Begründung verneint, dass ein solcher Wechsel im Wesen der juristischen Person liege und keinen Einfluss auf die Firmenbildung haben könne.[7] Dies vermag aber wegen der grundlegenden Wandlung des Verständnisses der Strukturen auch der Personenhandelsgesellschaft im Rechtsverkehr nach Abschaffung des § 131 Nr. 4–6 aF nicht mehr zu überzeugen.[8] Daher ist es zutreffend, **§ 24 Abs. 1 auf Gesellschaften aller Rechtsformen anzuwenden.**[9] Auch für Kapitalgesellschaften kann nämlich das Bedürfnis nach einer Firmenfortführung zum Zwecke der Erhaltung der Priorität bestehen.[10] 2

---

[1] RGHMW/Ries Rn. 1; KKD/Roth/Stelmaszczyk Rn. 3.

[2] Ebenroth/Boujong/Reuschle Rn. 2.

[3] Canaris HandelsR § 10 Rn. 44.

[4] BGH 28.3.1977, NJW 1977, 1291 (1292); zur Anwendbarkeit auf den EWIV und die Vorgesellschaft vgl. Ebenroth/Boujong/Reuschle Rn. 8, 9; zur erwogenen analogen Anwendung bei der unternehmerisch tätigen GbR vgl. OLG Nürnberg 4.2.1999, NZG 1999, 441; dagegen Möller DNotZ 2000, 840.

[5] Staub/Burgard Rn. 15.

[6] BGH 8.5.2018, DB 2018, 1788; beispielhaft auch OLG Celle 11.8.2008, NZG 2008, 866; OLG Frankfurt 22.6.2005, NZG 2005, 925; OLG Hamm 5.10.2016, NZG 2016, 1351; LG Essen 14.11.2002, RNotZ 2003, 267.

[7] RGHMW/Ries Rn. 2; Bokelmann FirmenR Rn. 686.

[8] Vgl. ausf. Ebenroth/Boujong/Reuschle Rn. 4; Heymann/Förster § 22 Rn. 4 (zur AG).

[9] MüKoHGB/Heidinger Rn. 3 ff.; Ebenroth/Boujong/Reuschle Rn. 4: „in seiner klarstellenden Funktion"; Benner Rpfleger 2002, 342 (348).

[10] MüKoHGB/Heidinger Rn. 7.

3 **b) Abs. 2.** Ob für den Anwendungsbereich von § 24 Abs. 2 etwas anderes gilt, ist umstritten. Die Anwendbarkeit auf den Fall des **Ausscheidens eines namensgebenden Gesellschafters aus einer OHG oder KG** war vor der Handelsrechtsreform 1998 anerkannt.[11] Der BGH[12] hatte jedoch die Anwendbarkeit von § 24 Abs. 2 auf Kapitalgesellschaften mit dem Argument verneint, dass bei der Kapitalgesellschaft (anders als bei der Personenhandelsgesellschaft, § 19 aF) kein Zwang zur Einbringung des Namens durch einen Gesellschafter bestehe, weil die Kapitalgesellschaft (auch nach altem Recht) eine Sachfirma verwenden konnte. Diese auf überkommene Firmenbildungsvorschriften gegründete Differenzierung kann jetzt nicht mehr überzeugen, weil die Firmenbildung für Handelsgesellschaften aller Rechtsformen gleich geregelt ist und irgendein Zwang zur Annahme einer Personenfirma nicht mehr besteht. Konsequent wäre es deshalb, die Differenzierung zwischen Kapital- und Personenhandelsgesellschaft vollständig aufzugeben. Da der Gesetzgeber jedoch § 24 Abs. 2, obwohl die Vorschrift schon vor der Handelsrechtsreform Gegenstand von Diskussionen war,[13] nicht aufgegeben, sondern nur klarstellend ergänzt hat,[14] erscheint es verfehlt, eine existierende Norm in ihrem Anwendungsbereich nahezu vollständig zu entleeren.[15] Dies stünde außerdem in Widerspruch zu den § 18 Abs. 2 UmwG, § 200 Abs. 3 UmwG. Auf der anderen Seite ist im Rahmen der Handelsrechtsreform 1998 kein Wille des Gesetzgebers erkennbar geworden,[16] den von der Rspr. entwickelten Anwendungsbereich von § 24 zu erweitern.[17]

4 Deshalb ist es zutreffend, dass **§ 24 Abs. 2 nicht für ausscheidende Gesellschafter von Kapitalgesellschaften gilt.**[18] Überzeugend ist insoweit eine Begründung, die zum Ausgangspunkt nimmt, inwieweit der Namensträger seinen Namen ursprünglich dem Unternehmen zur Verfügung gestellt hat. Im Zweifel ist wegen der insoweit überwiegend vermögensrechtlichen Bedeutung der Firma davon auszugehen, dass der Name einer Kapitalgesellschaft endgültig zur Verfügung gestellt wird, wenn der Namensgeber im Rahmen der Gestattungsvereinbarung keinen entgegenstehenden Vorbehalt gemacht oder Bedingungen gestellt hat (zB Dauer der Zugehörigkeit zum Unternehmen).[19] Außerdem hat sich der Verkehr bisher in erster Linie bei der Verwendung von Personennamen für die Firma einer Kapitalgesellschaft an eine Kommerzialisierung des Namens gewöhnt und bedenkt die entsprechenden Folgen.[20] Neben der Unanwendbarkeit von § 24 Abs. 2 ist Konsequenz dieser Sichtweise, dass namensrechtliche Ansprüche (§ 12 BGB) des ausscheidenden Gesellschafters nicht bestehen, weil eine unbefugte Nutzung nach im Zweifel endgültiger Zurverfügungstellung des Namens nicht gegeben ist. Ausnahmen gelten auch hier für den Fall der Verschandelung des Namens. Bei Personenfirmen von Personenhandelsgesellschaften sind das Verkehrsverständnis und der Umfang der Kommerzialisierung zumindest bei den persönlich haftenden Gesellschaftern, die im Geschäftsleben unter ihrem Namen auftreten wollen, noch nicht so weit fortgeschritten.

5 Ist bei der Beurteilung entscheidend, ob davon auszugehen ist, dass der Namensträger seinen Namen wegen einer ihm bewussten Kommerzialisierung dem Unternehmen endgültig zur Verfügung gestellt hat, so ist § 24 Abs. 2 auch in folgenden Fällen **nicht anwendbar:** ausscheidender Kommanditist einer KG,[21] ausscheidende Gesellschafter der GmbH & Co. KG.[22] **Anwendbar** bleibt § 24 Abs. 2 für die Gesellschafter der OHG und den namensgebenden Komplementär der

---

[11] Vgl. davon ausgehend BGH 9.7.1984, NJW 1985, 59; 9.1.1989, NJW 1989, 1798.

[12] BGH 24.10.1991, NJW-RR 1992, 367; 20.4.1972, NJW 1972, 1419; dem zur alten Rechtslage folgend auch OLG Rostock 20.3.1997, GmbHR 1997, 1064; OLG Köln 16.11.1987, NJW-RR 1988, 998; OLG Frankfurt 16.5.1978, MDR 1980, 316.

[13] Vgl. nur Bokelmann DB 1990, 1021 (vor allem zum geforderten zwingenden Nachfolgezusatz).

[14] Ebenroth/Boujong/Reuschle Rn. 1.

[15] So aber RGHMW/Ries Rn. 18, nach dem der Anwendungsbereich von § 24 Abs. 2 beschränkt ist auf Altfälle, bei denen die Firmenbildung nach § 19 aF erfolgte, sowie auf die Partnerschaftsgesellschaft (§ 2 Abs. 2 PartGG); vgl. ähnlich – „Funktionsverlust" – Weßling GmbHR 2004, 487; W.-H. Roth, Die Reform des Handelsstandes und der Personengesellschaften, 1999, 31, 38.

[16] BT-Drs. 13/8444, 57 (lediglich Klarstellung).

[17] So aber iErg MüKoHGB/Heidinger Rn. 4; Ebenroth/Boujong/Reuschle Rn. 7; Kern BB 1999, 1719.

[18] Canaris HandelsR § 10 Rn. 52; K. Schmidt HandelsR § 12 Rn. 118; Hopt/Merkt Rn. 12; Bokelmann FirmenR Rn. 686; Weßling GmbHR 2004, 487; Felsner NJW 1998, 3255 (3257); krit. Staub/Burgard Rn. 11, 13; **aA** LG Freiburg 4.5.2009, BeckRS 2010, 6693; KKD/Roth/Stelmaszczyk Rn. 8: These sollte aufgegeben werden.

[19] Canaris HandelsR § 10 Rn. 53: „Umkehr der Auslegungsregel von § 24 Abs. 2"; vgl. auch BGH 20.4.1972, BGHZ 58, 322 (326) = NJW 1972, 1419; bei der Auslegung diff. KKD/Roth/Stelmaszczyk Rn. 8, 10.

[20] Vgl. auch Hopt/Merkt Rn. 12; **aA** RGHMW/Ries Rn. 18: bei vergleichender Betrachtung mit der „Familien-GmbH".

[21] Canaris HandelsR § 10 Rn. 56.

[22] Hopt/Merkt Rn. 12 (unter Bezugnahme auf BGH 14.12.1989, NJW 1990, 1605); diff. Canaris HandelsR § 10 Rn. 58; vgl. auch BayObLG 10.3.2000, NZG 2000, 641.

KG.[23] Ob dies auch für die Partnerschaftsgesellschaft gilt, ist zweifelhaft, weil deren Namen nicht mehr den Namen mindestens eines Partners enthalten muss (§ 2 Abs. 1 PartGG).[24] Anders verhält es sich bei der Rechtsanwaltsgesellschaft mbH. Hier gibt es nach § 59k BRAO keine Verpflichtung mehr, eine Personenfirma zu führen. § 24 Abs. 2 ist deshalb nicht anwendbar, wenn und soweit auch bei der Rechtsanwaltsgesellschaft mbH, wie bei anderen Kapitalgesellschaften, von der Kommerzialisierung eines Namens ausgegangen werden kann.[25] Entsprechendes gilt im Lichte von § 52k PAO für die Patentanwaltsgesellschaft mbH. Ausdrückliche Vereinbarungen sind deshalb für den Fall des Ausscheidens des namensgebenden Gesellschafters empfehlenswert.

Insgesamt erscheint es jedoch erforderlich, neben § 22 auch § 24 **de lege ferenda** bzw. im Zuge einer Fortentwicklung der Rspr. im Hinblick auf seinen Anwendungsbereich präziser zu gestalten.[26] Er sollte nicht weiter reichen, als es die persönlichkeitsrechtliche Komponente der Firma erfordert.[27] Je mehr sich der Verkehr aber daran gewöhnt, dass der Name freiwillig und aus Kommerzialisierungsgesichtspunkten bei jeder Unternehmenskennzeichnung eingesetzt wird, desto mehr verliert § 24 Abs. 2 seine Bedeutung und Berechtigung. Momentan erscheint es allerdings noch fraglich, ob im Geschäftsleben die Kommerzialisierung des Namens gerade bei der Verwendung in Personenhandelsgesellschaften bereits so sehr im Vordergrund steht.[28] 6

Schon jetzt sollte jedoch bei der **Vertragsgestaltung** Klarheit dahingehend geschaffen werden, ob sich der Namensgeber bei der (anfänglichen) Gestattung im Gesellschaftsvertrag ausdrücklich vertraglich vorbehalten will, die Weiterverwendung seines Namens bei seinem Ausscheiden zu untersagen. Dann besteht bei seinem Ausscheiden keine Rechtsunsicherheit. 7

II. Voraussetzungen

1. Grundsätze. Wesentliche Voraussetzungen für das Firmenfortführungsrecht nach § 24 **entsprechen denen von § 22** (→ § 22 Rn. 5 ff.). Zu fordern ist ein bestehendes, also nicht eingestelltes Handelsgeschäft mit seinen wesentlichen Bestandteilen, ohne dass zuvor wesentliche Ausgliederungen vorgenommen wurden.[29] Fortgeführt werden kann, genauso wie im Falle von § 22, nur die bisher tatsächlich, zu Recht und zulässig geführte Firma. Die (bisherige) Eintragung der Firma in das Handelsregister hat nur dann Bedeutung, wenn sie konstitutive Wirkung hatte. Der bisherige Firmenträger muss firmenfähig sein.[30] Die (anstelle einer Neufirmierung wählbare) Fortführung der Firma hat in einer im Wesentlichen **unveränderten Form** zu erfolgen. Ein Nachfolgezusatz ist grundsätzlich zulässig, soweit Irreführungen über den wirklichen Unternehmensträger nicht zu befürchten sind.[31] Die Fortführungsbefugnis steht unter dem Vorbehalt des Irreführungsverbots.[32] Bei der Beurteilung der Irreführungsgefahr[33] ist zu berücksichtigen, dass beim bloßen Ein- oder Austritt eines Gesellschafters kein Inhaberwechsel stattfindet.[34] In jedem Falle muss die fortgeführte Firma den nunmehr zutreffenden Rechtsformzusatz und (im Falle der GmbH & Co. KG) die Information über die Haftungsverhältnisse nach § 19 enthalten.[35] Irreführende Zusätze müssen gestrichen werden.[36] 8

Im Gegensatz zu § 22 besteht bei einer **Firmenfortführung nach § 24 Abs. 1 kein Einwilligungserfordernis.**[37] Abweichende vertragliche Abreden der Parteien sind möglich, binden das Registergericht jedoch nicht.[38] Der Grund für diese dispositive Einwilligungsfreiheit liegt darin, dass in den 9

[23] Canaris HandelsR § 10 Rn. 46, 57; auch beim Zurücktreten des Komplementärs in die Kommanditistenrolle: Riegger BB 1983, 787; Felsner NJW 1998, 3255 (3257); **aA** – § 24 Abs. 2 auch bei Personenhandelsgesellschaften gar nicht anwendbar – RGHMW/Ries Rn. 18.

[24] Vgl. zur alten Rechtslage OLG Hamm 12.7.2018, GmbHR 2019, 294 = RNotZ 2019, 483.

[25] Das Einverständnis des namensgebenden Gesellschafters gar nicht mehr für erforderlich haltend Weyland/Brüggemann, 10. Aufl. 2020, BRAO § 59k Rn. 6; Henssler/Prütting/Henssler, 5. Aufl. 2019, BRAO § 59k Rn. 9.

[26] Für Streichung der Vorschrift MüKoHGB/Heidinger Rn. 5.

[27] Canaris HandelsR § 10 Rn. 45.

[28] RGHMW/Ries Rn. 18 zieht den Vergleich zwischen familiär aufgebauter Personenhandelsgesellschaft und „Familien-GmbH" heran.

[29] BGH 5.5.1977, DB 1977, 1452; MüKoHGB/Heidinger Rn. 8.

[30] RGHMW/Ries Rn. 6; **aA** zur unternehmerisch tätigen GbR OLG Nürnberg 4.2.1999, NZG 1999, 441.

[31] Ebenroth/Boujong/Reuschle Rn. 15; MüKoHGB/Heidinger Rn. 25; Staub/Burgard Rn. 44.

[32] Vgl. BGH 8.5.2018, DB 2018, 1788.

[33] Vgl. OLG Hamm 5.10.2016, NZG 2016, 1351 zur Partnerschaftsgesellschaft.

[34] Vgl. insoweit zur „Doktorfirma" MüKoHGB/Heidinger Rn. 25; vgl. dazu auch BGH 10.11.1969, NJW 1970, 704; diff. Staub/Burgard Rn. 45.

[35] RGHMW/Ries Rn. 10a.

[36] Bedenklich daher OLG Hamm 8.7.1999, NJW-RR 1999, 1709.

[37] MüKoHGB/Heidinger Rn. 9; RGHMW/Ries Rn. 7.

[38] RGHMW/Ries Rn. 7.

Fällen des § 24 Abs. 1 der Namensgeber seine Interessen wahren kann, weil seine Unternehmensbeteiligung (fort-)besteht.[39] In seinem Anwendungsbereich, also bei Ausscheiden des namensgebenden Gesellschafters aus einer Personenhandelsgesellschaft, besteht dann aber das Einwilligungserfordernis nach § 24 Abs. 2. Dieses ist auch vom Registergericht zu beachten. Es kann einen Nachweis fordern, wenn sich eine Einwilligung nicht aus den gesamten Umständen des Falles ergibt, zum Beispiel aus der gemeinsamen Handelsregisteranmeldung von ausscheidendem Gesellschafter und den übrigen Gesellschaftern (§ 141 f.), die auch eine Erklärung zur Firmenfortführung enthalten muss.[40]

10 **2. Regelungsgegenstand. a) Einbringung eines bestehenden (Einzel-)Unternehmens.** Die in § 24 Abs. 1 in seiner **ersten Fallvariante** angesprochene Einbringung eines bestehenden (Einzel-)Unternehmens in eine neu gegründete Gesellschaft (im Wege der Sachgründung) stellt an sich einen Wechsel des Unternehmensträgers nach § 22 dar.[41] Gleichwohl entfällt nach § 24 das Einwilligungserfordernis, auch wenn in der erforderlichen Anmeldung der Gesellschaft zumeist auch eine Einwilligung zu sehen wäre.[42] Keine Bedeutung hat, welchen gesellschaftsrechtlichen Status der namensgebende Einzelkaufmann in der neuen Gesellschaft erlangt.[43] Erforderlich ist aber in jedem Falle, dass das die fortgeführte (neue) Firma den zutreffenden Rechtsformzusatz nach § 19 enthält. Verwirrende alte Rechtsformzusätze sind im Gegensatz zu unbestimmten Zusätzen ggf. zu streichen.

11 **b) Wechsel im Gesellschafterbestand.** Regelungsgegenstand von § 24 in seiner **zweiten Fallvariante** ist ein Wechsel im Gesellschafterbestand, insbesondere infolge Eintritts neuer oder Ausscheidens bisheriger Gesellschafter bei Bestehenbleiben des Unternehmensträgers (OHG, KG oder Kapitalgesellschaft) als solchem. Dazu gehört die durch Rechtsgeschäft oder von Todes wegen (§ 131) vorgenommene Übertragung eines Gesellschaftsanteils.[44] Im Übrigen bestehen Abgrenzungsschwierigkeiten zu § 22. Bei Übertragung aller Gesellschaftsanteile einer Personenhandelsgesellschaft[45] auf einen Erwerber ist wegen des mit der Beendigung der Personenhandelsgesellschaft einhergehenden Unternehmensträgerwechsels § 22 jedenfalls dann einschlägig, wenn der Erwerber ein Dritter ist, der am Firmenwert bislang keinen Anteil hatte.[46] War der Erwerber zuvor selbst Gesellschafter, soll hingegen § 24 anwendbar sein.[47] Beim gleichzeitigen Wechsel aller Mitglieder einer Personenhandelsgesellschaft oder Kapitalgesellschaft ist § 24 anzuwenden, weil die Unternehmensidentität dadurch nicht betroffen wird.[48]

12 **3. Einwilligung. a) Allgemeines.** Die Einwilligung iSv **§ 24 Abs. 2** ist anders als diejenige nach § 22 keine Erklärung, die die (dingliche) Übertragung eines Firmenrechts auf einen neuen Unternehmensträger betrifft, sondern ist schuldrechtliche Gestattung der Namensverwendung.[49] Im Gegensatz zu der Definition in § 183 BGB ist nicht nur die vorherige, sondern auch die nachträgliche Zustimmung möglich.[50] Sie kann aber insbesondere vorab (und ohne später erforderliche Bekräftigung) in einem Gesellschaftsvertrag oder in einem Testament enthalten sein. Trotz gegebener Einwilligung kommen ausnahmsweise Unterlassungsansprüche des Namensgebers in Fällen der späteren Verschandelung des fortgeführten Namens in Betracht.[51]

13 **b) Einwilligungserfordernis.** Ein Einwilligungserfordernis besteht nur in Bezug auf den Namen, den der ausscheidende Gesellschafter als Firmenbestandteil zur Verfügung gestellt hatte.[52] Name ist vor allem der bürgerliche Name des „Firmenstifters" als Personenfirma oder Teil einer Mischfirma, kann aber auch die Sach- oder Fantasiefirma einer firmenstiftenden Gesellschaft sein.[53]

---

[39] Ebenroth/Boujong/Reuschle Rn. 12.
[40] RGHMW/Ries Rn. 7.
[41] MüKoHGB/Heidinger Rn. 6.
[42] MüKoHGB/Heidinger Rn. 6.
[43] OLG Celle 12.2.1959, BB 1959, 899; Ebenroth/Boujong/Reuschle Rn. 18.
[44] Vgl. ausf. Ebenroth/Boujong/Reuschle Rn. 20 (auch zu Wechseln infolge Statusänderung).
[45] Anders bei der Kapitalgesellschaft, weil dort in diesem Falle der Unternehmensträger unverändert bleibt, vgl. MüKoHGB/Heidinger Rn. 12.
[46] Ebenroth/Boujong/Reuschle Rn. 22.
[47] BGH 9.1.1989, NJW 1989, 1798; Ebenroth/Boujong/Reuschle Rn. 22; vgl. auch OLG Hamm 8.7.1999, NZG 1999, 993; OLG Nürnberg 4.2.1999, NZG 1999, 441; **aA** MüKoHGB/Heidinger Rn. 12; RGHMW/Ries Rn. 13.
[48] Ebenroth/Boujong/Reuschle Rn. 21; MüKoHGB/Heidinger Rn. 12.
[49] BayObLG 26.11.1997, NJW 1998, 1158; MüKoHGB/Heidinger Rn. 15; RGHMW/Ries Rn. 16; diff. Canaris HandelsR § 10 Rn. 48.
[50] Ebenroth/Boujong/Reuschle Rn. 24; vgl. auch OLG Koblenz 17.10.1991, NJW 1992, 2101.
[51] Vgl. beispielhaft OLG München 16.9.1999, NZG 2000, 367 (Name in Internetadresse).
[52] BGH 9.1.1989, NJW 1989, 1798; RGHMW/Ries Rn. 19.
[53] Ebenroth/Boujong/Reuschle Rn. 25; Canaris HandelsR § 10 Rn. 46 (insoweit teleologische Reduktion befürwortend).

Die bloße Namensgleichheit (auch zB aufgrund eines Verwandtschaftsverhältnisses) oder die zufällige Namensübereinstimmung genügen nicht, um ein Einwilligungserfordernis zu begründen.[54] Ein Einwilligungserfordernis besteht auch nicht beim Ausscheiden des Namensgleichen, der als Erbe des Firmenstifters zunächst Gesellschafter geworden war.[55] Allerdings ist eine Einwilligung auch im Falle des Ausschlusses des Gesellschafters nach § 134 erforderlich.

c) Einwilligungsberechtigung. Einwilligungsberechtigt ist allein der ausscheidende namensgebende Firmenstifter.[56] Bei einem Minderjährigen entscheiden die gesetzlichen Vertreter.[57] Ist der ausscheidende Gesellschafter eine Personenhandelsgesellschaft, genügt die Einwilligung des vertretungsberechtigten Gesellschafters bzw. Gesellschafter in vertretungsberechtigter Zahl.[58] Bei einer ausscheidenden Kapitalgesellschaft müssen der Geschäftsführer bzw. Vorstandsmitglieder in vertretungsberechtigter Zahl einwilligen.[59] Im Falle des Todes des Firmenstifters und wenn keine ausreichende Erklärung des Erblassers vorliegt, entscheiden sämtliche (Mit-)Erben (ggf. Vorerben)[60] gemeinsam.[61] Auch wenn der Erbe im Falle des Ausscheidens wegen des Todes des Firmenstifters dessen Einwilligungsrecht ausüben kann, so wird der Erbe doch nicht selbst zum Firmenstifter, der bei seinem Ausscheiden wieder eine Einwilligungsberechtigung hätte.[62] Testamentsvollstrecker oder Nachlassverwalter haben wegen des höchstpersönlichen Charakters des Namensrechts keine Einwilligungsbefugnis.[63] Deswegen kann auch der Insolvenzverwalter die Einwilligung nach § 24 Abs. 2 erteilen.[64] Ist der ausscheidende Gesellschafter eine Gesellschaft, sind deren Vertretungsberechtigte einwilligungsberechtigt.[65] 14

d) Einwilligungserklärung. Die Erklärung der Einwilligung muss nicht ausdrücklich, sondern vielmehr nur ausreichend eindeutig sein, kann dann also auch konkludent, zB in Form der Mitunterzeichnung der Handelsregisteranmeldung[66] vorliegen. Eine Erklärung, mit dem Fortbestand der Gesellschaft einverstanden zu sein, reicht ebenso wie eine bloße Duldung der Firmenfortführung nicht aus.[67] Die Einwilligung kann vorab im Gesellschaftsvertrag oder durch letztwillige Verfügung erklärt[68] und auch bedingt oder befristet sein.[69] Sie ist grundsätzlich unwiderruflich[70] und bezieht sich inhaltlich grundsätzlich nur auf die Firmenfortführung (auch bei einer Weiterveräußerung nach § 22),[71] nicht aber auch auf nachfolgende Neugründungen.[72] 15

e) Einwilligungsverweigerung. Wird die Einwilligung verweigert, so ist die Fortführung der Firma unzulässig[73] und sowohl Registergericht als auch Namensgeber können dagegen vorgehen (§ 37). Die Verweigerung der Einwilligung kann selbst dann nicht als rechtsmissbräuchlich angesehen werden, wenn der Gesellschafter nach § 134 ausgeschlossen wurde.[74] Die Verweigerung der Einwilligung hat deshalb zur Folge, dass die verbliebenen Gesellschafter eine neue Firma unter Beachtung der Vorgaben der §§ 18, 19 wählen müssen. Die Verweigerung darf nicht durch einen, dann nämlich irreführenden, „vormals-Zusatz" überspielt werden.[75] 16

---

[54] BGH 16.2.1987, NJW 1987, 2081; 9.1.1989, NJW 1989, 1798; RGHMW/Ries Rn. 19; MüKoHGB/Heidinger Rn. 16; für einen Ausnahmefall vgl. BGH 9.7.1984, NJW 1985, 59; krit. dazu ua Hüffer ZGR 1986, 137 (145); Schlüter JZ 1986, 151.

[55] BGH 16.2.1987, NJW 1987, 2081.

[56] RGHMW/Ries Rn. 19; für gleichzeitig namensstiftende „Brüder" vgl. RG 23.3.1907, RGZ 65, 379 (382), für „Söhne" als bloßem Namenshinweis vgl. RG 21.12.1937, RGZ 156, 363 (366).

[57] Ebenroth/Boujong/Reuschle Rn. 28.

[58] Ebenroth/Boujong/Reuschle Rn. 28.

[59] Ebenroth/Boujong/Reuschle Rn. 28.

[60] Staub/Burgard Rn. 34.

[61] Ebenroth/Boujong/Reuschle Rn. 28; MüKoHGB/Heidinger Rn. 18.

[62] BGH 16.2.1987, NJW 1987, 2081.

[63] Ebenroth/Boujong/Reuschle Rn. 28.

[64] RGHMW/Ries Rn. 22.

[65] MüKoHGB/Heidinger Rn. 18.

[66] BGH 28.3.1977, NJW 1977, 1291; BayObLG 26.11.1997, NJW 1998, 1158; MüKoHGB/Heidinger Rn. 18; zu den Grenzen der konkludenten Einwilligung bei der getrennten Veräußerung einer Zweigniederlassung (Firmenvervielfältigung) vgl. BGH 13.10.1980, NJW 1981, 343; Ebenroth/Boujong/Reuschle Rn. 29 mwN.

[67] Ebenroth/Boujong/Reuschle Rn. 29; RGHMW/Ries Rn. 21.

[68] Ebenroth/Boujong/Reuschle Rn. 29.

[69] MüKoHGB/Heidinger Rn. 20.

[70] Zu bestehenden Unterlassungsansprüchen nach § 12 BGB für den Fall der Verschandelung des Namens durch den Firmenfortführer aber → § 22 Rn. 22.

[71] So jedenfalls bei unbeschränkter Einwilligung BayObLG 26.11.1997, NJW 1998, 1158.

[72] Vgl. OLG Hamm 18.9.1990, BB 1991, 86; zur Umwandlung in eine Partnerschaftsgesellschaft vgl. BGH 28.2.2002, NJW 2002, 2093 (2095); BayObLG 26.11.1997, NJW 1998, 1158.

[73] Ebenroth/Boujong/Reuschle Rn. 31 (allerdings kein Erlöschen der Firma).

[74] BGH 26.2.1960, NJW 1960, 1008 (1010).

[75] RGHMW/Ries Rn. 25.

§ 25 [Haftung des Erwerbers bei Firmenfortführung]

(1) [1]Wer ein unter Lebenden erworbenes Handelsgeschäft unter der bisherigen Firma mit oder ohne Beifügung eines das Nachfolgeverhältnis andeutenden Zusatzes fortführt, haftet für alle im Betriebe des Geschäfts begründeten Verbindlichkeiten des früheren Inhabers. [2]Die in dem Betriebe begründeten Forderungen gelten den Schuldnern gegenüber als auf den Erwerber übergegangen, falls der bisherige Inhaber oder seine Erben in die Fortführung der Firma gewilligt haben.

(2) Eine abweichende Vereinbarung ist einem Dritten gegenüber nur wirksam, wenn sie in das Handelsregister eingetragen und bekanntgemacht oder von dem Erwerber oder dem Veräußerer dem Dritten mitgeteilt worden ist.

(3) Wird die Firma nicht fortgeführt, so haftet der Erwerber eines Handelsgeschäfts für die früheren Geschäftsverbindlichkeiten nur, wenn ein besonderer Verpflichtungsgrund vorliegt, insbesondere wenn die Übernahme der Verbindlichkeiten in handelsüblicher Weise von dem Erwerber bekanntgemacht worden ist.

Schrifttum: Altmeppen, Der Rechtsschein bei der Firmenfortführung, FS Hopt, 2010, 305; Bruschke, Die Betriebsübernehmerhaftung nach § 25 HGB, BB 2019, 2271; Canaris, Unternehmenskontinuität als Haftungs- und Enthaftungsgrund im Rahmen von § 25 HGB?, FS Frotz, 1993, 11; Commandeur/Kleinebrink, Betriebs-, Firmen- und Vermögensübernahme – Eine Gesamtdarstellung der haftungsrechtlichen Probleme bei Einzelrechtsnachfolge, 2. Aufl. 2002; Dötsch, Rechtsnachfolgelösungen bei der Haftung kraft Firmenfortführung, MDR 2011, 701; J. Flume, Vermögenstransfer und Haftung, 2008; J. Flume, Partielle Universalsukzession außerhalb des Spaltungsrechts? – Die österreichische Handelsrechtsreform als Denkanstoß für die §§ 25 ff. HGB, ZHR 170 (2006), 737; Freitag, Die Rom-Verordnungen und die §§ 25–28 HGB – Revolution des Sachrechts durch Evolution des Kollisionsrechts, ZHR 174 (2010), 429; Hager, Die gesetzliche Einziehungsermächtigung – Zugleich ein Beitrag zur Dogmatik der §§ 25 Abs. 1 S. 2, 354a S. 2 HGB, GS Helm, 2001, 697; Huber, Die Schuldenhaftung beim Unternehmerwerb und das Prinzip der Privatautonomie, FS Raisch, 1995, 85; Köhler, Die Auswirkungen der Unternehmensveräußerung auf gesetzliche und vertragliche Unterlassungsansprüche, WRP 2000, 921; Lettl, Die Haftung des Erwerbers eines Handelsgeschäfts wegen Firmenfortführung nach § 25 Abs. 1 S. 1 HGB – zugleich Besprechung von BGH WM 2006, 434, WM 2006, 336; Lieb, Zu den Grundgedanken der §§ 25 ff. HGB, FS Börner, 1992, 747; Lieb, „Zufallsgeschenke, Haftungsfallen, Unternehmensvernichtungen und Sanierungshindernisse" – Einige Gedanken zur Reichweite der Haftung nach § 25 HGB, FS Vieregge, 1995, 557; Müller, Die Haftung beim Erwerb eines kaufmännischen Unternehmens, JA 2023, 188; Müller-Feldhammer, Die Erwerberhaftung bei rechtsgeschäftlicher Unternehmensübertragung – Eine rechtsvergleichende Untersuchung zu Grundfragen des zivil- und handelsrechtlichen Gläubigerschutzes beim Wechsel des Unternehmensträgers, 2001; Neuberger, Die Haftung des Erwerbers nach § 25 HGB in der Insolvenz des Veräußerers, ZIP 2020, 606; Schleifenbaum, Die Unternehmenshaftung bei Unternehmensübertragungen – Rechtfertigende Grundgedanken für eine allgemeine unternehmensrechtliche Haftungskontinuität, 2000; K. Schmidt, Haftungskontinuität als unternehmensrechtliches Prinzip, ZHR 145 (1981), 2; K. Schmidt, § 25 Abs. 1 S. 2 (§ 28 Abs. 1 Satz 2) HGB zwischen relativem Schuldnerschutz und Legalzession, AcP 198 (1998), 516; K. Schmidt, Unternehmenskontinuität und Erwerberhaftung nach § 25 I HGB, ZGR 1992, 621; K. Schmidt, Unternehmensbezogenes Mietverhältnis, Unternehmensumstrukturierung und Unternehmensveräußerung – Zur Anwendung der §§ 25 ff. HGB auf Mietverhältnisse, GS Sonnenschein, 2003, 497; K. Schmidt, Alles klar bei § 25 HGB? – Hinweise zu einem Hinweisbeschluss, ZGR 2014, 844; Westermann, Die Behandlung von Bankgeschäften im Rahmen eines Unternehmensübergangs nach §§ 25, 26 HGB, FS Nobbe, 2009, 939.

Übersicht

I. Allgemeines

1 **1. Norminhalt.** § 25 enthält fragmentarische Regelungen zu den **Außenwirkungen** eines **Unternehmenserwerbs.** Wird die ursprüngliche Firma eines erworbenen Handelsgeschäfts fortgeführt, ordnet Abs. 1 S. 1 die Haftung des Erwerbers für unternehmensbezogene Altverbindlichkeiten des früheren Inhabers an. Sofern der bisherige Inhaber in die Fortführung der Firma eingewilligt hat, wird der Schuldner einer Altforderungen nach Abs. 1 S. 2 (auch) dann durch Zahlung an den neuen Inhaber frei, wenn dieser nicht Gläubiger geworden ist. Die in Abs. 1 vorgesehenen Rechtsfolgen können nach Abs. 2 und 3 der Vorschrift unter den dort genannten Voraussetzungen abbedungen bzw. modifiziert werden.

2 **2. Normzweck.** Die rechtspolitische Legitimation der Norm und ihre dogmatische Herleitung sind im Einzelnen sehr umstritten. Nach *Canaris,* der die Bestimmung selbst als systemfremd und ohne jeden Gerechtigkeitsgehalt bezeichnet und deshalb seit langem für ihre ersatzlose Abschaffung eintritt,[1] handelt es sich um eine der „heftigsten Kontroversen des gesamten Handelsrechts".[2] Die wohl hM sieht im **Schutz des Rechtsverkehrs** den primären Normzweck. Im Einzelnen werden zur dogmatischen Herleitung der Vorschrift im Wesentlichen die folgenden Auffassungen vertreten:

3 **a) Erklärungstheorie.** Danach handelt es sich um einen Schuldbeitritt kraft sozialtypischen Verhaltens.[3] In der Firmenfortführung liege die Willenserklärung, in die unternehmensbezogenen Verbindlichkeiten des früheren Geschäftsinhabers einzutreten. Dieser von der (älteren) Rspr.[4] bevorzugte Erklärungsansatz findet zwar eine gewisse Stütze in den Gesetzesmaterialien,[5] läuft letztlich aber auf eine bloße Fiktion hinaus und wird von der heute hM daher zu Recht abgelehnt.[6]

4 **b) Rechtsscheintheorie.** Diese (vielfach in Verbindung mit der Erklärungstheorie) vertretene Auffassung sieht in der Vorschrift einen Fall der Vertrauenshaftung.[7] Die Fortführung der Firma erwecke den Eindruck, der Erwerber sei auch zur Übernahme der Verbindlichkeiten bereit. Aller-

[1] Canaris ZIP 1989, 1161 (1166 f.); Canaris HandelsR § 7 Rn. 1 ff., insbes. Rn. 16; iE ähnlich Freitag ZHR 174 (2010), 429 (446 ff.), unter Hinweis auf kollisionsrechtliche Wertungswidersprüche im Zusammenhang mit dem Inkrafttreten der Rom-Verordnungen.

[2] Canaris HandelsR § 7 Rn. 6.

[3] So Säcker ZGR 1973, 261 (276).

[4] BGH 15.5.1990, NJW-RR 1990, 1251 (1253); 16.9.1981, NJW 1982, 577 (578); 13.10.1955, BGHZ 18, 248 (250) = NJW 1955, 1916; RG 8.6.1940, RGZ 164, 115 (121); 11.10.1935, RGZ 149, 25 (28).

[5] Vgl. Denkschrift 36 = Schubert/Schmiedel/Krampe II/2, 979: „… der Erwerber eines Geschäfts, der die Firma … fortführt, erklärt dadurch seine Absicht, in die Geschäftsbeziehungen des früheren Geschäftsinhabers soweit als möglich einzutreten".

[6] Vgl. etwa Staub/Burgard Rn. 18; MüKoHGB/Thiessen Rn. 12; Canaris HandelsR § 7 Rn. 7; K. Schmidt HandelsR § 7 Rn. 18; Lettl HandelsR § 5 Rn. 13.

[7] BGH 4.11.1991, NJW 1992, 911; 13.10.1955, BGHZ 18, 248 (250) = NJW 1955, 1916; A. Hueck ZHR 108 (1941), 1 (7 f.); Nickel NJW 1981, 102; Altmeppen FS Hopt, 2010, 305 (308 ff.); GK-HGB/Steitz Rn. 1.

dings setzt die Haftung gem. § 25 Abs. 1 S. 1 nach dem Gesetzeswortlaut weder die Schutzwürdigkeit des Dritten (Nachfolgezusatz oder Kenntnis schaden nicht) noch eine kausale Vermögensdisposition voraus, sodass allenfalls von einer Art typisierten Rechtsscheintatbestand gesprochen werden kann.[8]

5 **c) Haftungsfondstheorie.** In Anlehnung an den zum 1.1.1999 aufgehobenen § 419 BGB aF sieht diese Theorie den Haftungsgrund in einer Vermögensübernahme.[9] Diesem im Schrifttum nur noch vereinzelt vertretenen Erklärungsansatz steht jedoch entgegen, dass § 25 Abs. 1 S. 1 gerade nicht auf eine Übernahme des Vermögens, sondern auf die Fortführung der Firma abstellt, und dass die Haftung auch nicht auf das übernommene Vermögen beschränkt ist.[10]

6 **d) Unternehmensrechtliche Haftungskontinuität.** Gesonderter Betrachtung bedarf die von K. Schmidt entwickelte **Kontinuitätslehre.**[11] Danach soll den §§ 25 ff. – trotz unterschiedlicher Tatbestandsvoraussetzungen – das einheitliche Prinzip zugrunde liegen, dass bei einem Wechsel des Unternehmensträgers der neue Inhaber allein aufgrund der Unternehmensidentität für die Altverbindlichkeiten einzustehen habe. Diese Haftungskontinuität soll daher – auch bei § 25 – von der Firmenfortführung unabhängig und – entgegen § 25 Abs. 2, § 28 Abs. 2 – zwingend sein. Einen ähnlichen Ansatz vertritt neuerdings J. Flume, der allerdings in Anlehnung an das Spaltungsrecht (§§ 123 ff. UmwG) nicht von einer gesetzlichen, sondern von einer rechtsgeschäftlichen Haftungskontinuität im Sinne einer **partiellen Universalsukzession** ausgeht.[12] Ergänzend sei in diesem Zusammenhang auf das **österreichische Recht** verwiesen, das mit § 38 des am 1.1.2007 in Kraft getretenen UGB (Unternehmensgesetzbuch) ein Haftungskonzept vorsieht, welches sich weitgehend an den von K. Schmidt entwickelten Prämissen orientiert.[13]

7 Die neuere deutsche Rspr. hat sich der Lehre von der unternehmensrechtlichen Haftungskontinuität zwar verbal angenähert, indem sie als tragenden Grund für die Haftungserstreckung ebenfalls auf die „Kontinuität des Unternehmens" verweist,[14] welche „durch die Fortführung der Firma nach außen in Erscheinung" tritt.[15] Allerdings zieht sie hieraus – zu Recht – nicht die von K. Schmidt geforderten Konsequenzen, weil diese – unabhängig von der rechtspolitischen Berechtigung des Konzepts[16] – mit dem derzeit **geltenden Recht unvereinbar** sind.[17] Entsprechendes gilt auch für die von J. Flume vertretene Variante der Kontinuitätslehre.[18]

8 **e) Mischtheorien.** Daneben werden zahlreiche weitere Ansätze vertreten, die Elemente verschiedener Theorien auf die eine oder andere Weise abwandeln bzw. miteinander kombinieren.[19] Als stellvertretendes Beispiel sei hier das Konzept einer **vereinbarten Haftungskontinuität** erwähnt. Danach ist § 25 darauf gerichtet, der im Innenverhältnis vereinbarten oder jedenfalls dem mutmaßlichen Parteiwillen entsprechenden Erfüllungsübernahme Außenwirkung zu verleihen und so den Unternehmensübergang zu erleichtern bzw. praktikabler zu gestalten.[20] Indes ist mit diesem Ansatz die unbeschränkte persönliche Haftung des Erwerbers nur schwer zu vereinbaren. Außerdem passt das Konzept nicht auf den Unternehmenserwerb im Wege der Pacht oder Treuhand, obwohl die Vorschrift in diesen Fällen nach hM Anwendung findet (→ Rn. 15).[21]

---

[8] So Hopt/Mössle HaGesR Rn. 286; ähnlich Müller-Feldhammer, Die Erwerberhaftung bei rechtsgeschäftlicher Unternehmensübertragung, 2001, 482 ff., 513; Henssler/Strohn/Wamser Rn. 1.

[9] Vgl. insbes. Schricker ZGR 1972, 150; ähnlich Brox/Henssler HandelsR Rn. 136.

[10] Vgl. Staub/Burgard Rn. 18; Canaris HandelsR § 7 Rn. 12; K. Schmidt HandelsR § 7 Rn. 21.

[11] Vgl. K. Schmidt ZHR 145 (1981), 1; K. Schmidt HandelsR § 7 Rn. 32 ff. mwN; zuletzt K. Schmidt ZGR 2014, 844.

[12] J. Flume ZHR 170 (2006), 737 (758 ff.); J. Flume, Vermögenstransfer und Haftung, 2008, 131 ff.; krit. dazu K. Schmidt HandelsR § 7 Rn. 38 ff.

[13] Näher dazu J. Flume ZHR 170 (2006), 737 (740 ff.); Krejci ZHR 170 (2006), 114 (125); K. Schmidt HandelsR § 7 Rn. 115 ff.; Westermann FS Nobbe, 2009, 939 (951 f.).

[14] BGH 23.10.2013, NZG 2014, 511 Rn. 15; 28.11.2005, NJW 2006, 1001 Rn. 7; BAG 27.9.2012, NZA 2013, 961 Rn. 42.

[15] BGH 5.7.2012, NZG 2012, 916 Rn. 18; 28.11.2005, NJW 2006, 1001 Rn. 7; 12.2.2001, BGHZ 146, 374 (376) = NJW 2001, 1352; OLG Düsseldorf 24.5.2004, NZG 2005, 176.

[16] Vgl. zur rechtspolitischen Diskussion U. Huber FS Raisch, 1995, 85 (106 ff.) mwN.

[17] Ebenso die ganz hM: Wilhelm NJW 1986, 1797; U. Huber FS Raisch, 1995, 85 (102); Schleifenbaum, Die Unternehmenshaftung bei Unternehmensübertragungen, 2000, 17 ff.; Staub/Burgard Rn. 20; Canaris HandelsR § 7 Rn. 13 ff. mwN.

[18] Ebenso Staub/Burgard Rn. 21.

[19] Vgl. dazu den Überblick bei K. Schmidt HandelsR § 7 Rn. 22 ff. mzN.

[20] So oder ähnlich Gerlach, Die Haftungsordnung der §§ 25, 28, 130 HGB, 1976, 36; Heckelmann FS Bartholomeyczik, 1973, 129 (137 ff.); Ebenroth/Boujong/Reuschle Rn. 22; MüKoHGB/Lieb, 2. Aufl. 2005, Rn. 9.

[21] Vgl. so zutr. Canaris HandelsR § 7 Rn. 9; krit. auch K. Schmidt HandelsR § 7 Rn. 26.

f) Stellungnahme. Da letztlich keine der aufgezeigten Theorien vollständig zu befriedigen vermag, wird man sich mit der schlichten Erklärung begnügen müssen, dass der historische Gesetzgeber eine von der Rspr. entwickelte Regelung kodifiziert hat,[22] die sich in erster Linie an Zweckmäßigkeitsüberlegungen orientiert und deshalb dogmatisch nur schwer zu fassen ist.[23] Bei ihrer Auslegung sollte vor allem berücksichtigt werden, dass die Vorschrift nicht oder jedenfalls nicht in erster Linie Unternehmensveräußerungen erleichtern will, sondern den **Schutz des Rechtsverkehrs** bezweckt.[24] Ob und in welchem Umfang unternehmensbezogene Forderungen und Verbindlichkeiten auf den Erwerber eines Handelsgeschäfts übergehen, hängt zunächst allein von den Vereinbarungen der an der Unternehmensübertragung beteiligten Parteien ab, die für Außenstehende nicht ohne weiteres erkennbar sind. Um den damit verbundenen Unsicherheiten und Gefahren zu begegnen, sieht § 25 vor, dass sich Dritte in jedem Fall auch an den neuen Inhaber halten bzw. schuldbefreiend an ihn leisten können. Hierin liegt das zentrale Anliegen der Vorschrift. Solange dies beachtet wird, ist es letztlich von nachrangiger Bedeutung, ob man die Norm als typisierten Rechtsscheintatbestand[25] einordnet, eher auf den Schutz bestimmter Verkehrserwartungen[26] abstellt oder einen anderen, vergleichbaren Erklärungsansatz wählt. 9

Ausgehend von diesem Grundverständnis lassen sich bereits jetzt folgende **Konsequenzen** für die Auslegung und praktische Anwendung der Norm skizzieren. Sieht man ihren Zweck im Schutz des Rechtsverkehrs, ist es für die Haftung des Erwerbers unerheblich, auf welchem rechtlichen Grund die Fortführung des Unternehmens im Einzelfall beruht. Denn die Schutzbedürftigkeit des Rechtsverkehrs ist bei einem ohne Rechtsgrund erfolgten oder nur vorübergehenden Wechsel des Unternehmensträgers dieselbe wie bei einem endgültigen Wechsel, da Grund und Dauer der Übertragung für Dritte regelmäßig nicht erkennbar sind. § 25 ist daher auch anwendbar, wenn ein Handelsunternehmen aufgrund eines nichtigen Kaufvertrags (→ Rn. 16) oder nur vorübergehend im Rahmen eines Pacht- oder Treuhandverhältnisses (→ Rn. 15) „erworben" wird. Andererseits sollte eine teleologische Reduktion der Vorschrift erwogen werden, wenn der Dritte die wahren Verhältnisse nachweislich kennt (→ Rn. 38, → Rn. 53), da er dann offensichtlich keines Schutzes bedarf. 10

II. Voraussetzungen der Haftung nach Abs. 1 S. 1

1. Überblick. § 25 Abs. 1 S. 1 setzt – ebenso wie § 27 und § 28 – ein Handelsgeschäft voraus (→ Rn. 12 ff.). In Abgrenzung zu § 27 und § 28 muss das Handelsgeschäft im Wege der Einzelrechtsnachfolge von einem noch lebenden Inhaber erworben werden (→ Rn. 14 ff.). Ferner ist die Fortführung des übernommenen Unternehmens durch den Erwerber notwendig (→ Rn. 34). Unverzichtbare Haftungsvoraussetzung – und damit weiteres Abgrenzungsmerkmal zu § 28 – ist schließlich die Fortführung der bisherigen Firma (→ Rn. 25 ff.). 11

2. Handelsgeschäft. Aus dem Begriff des Handelsgeschäfts und dem Tatbestandsmerkmal der Firmenfortführung folgt, dass es sich bei dem erworbenen Objekt um ein **kaufmännisches Unternehmen** handeln muss.[27] § 25 ist deshalb nur dann anwendbar, wenn Veräußerer und Erwerber Kaufleute oder nach § 5 HGB wie solche zu behandeln sind, wobei eine Eintragung ins Handelsregister nur in dem zuletzt genannten Fall zwingend erforderlich ist.[28] 12

[22] Vgl. zur Entstehungsgeschichte der Vorschrift ua Altmeppen FS Hopt, 2010, 305 (306 ff.); U. Huber FS Raisch, 1995, 85 (90 ff.); Staub/Burgard Rn. 3 ff.; MüKoHGB/Thiessen Rn. 4 ff.; BeckOGK/Moser, 15.5.2025, Rn. 17 ff.

[23] Ähnlich BeckOK HGB/Bömeke, 47. Ed. 1.7.2025, Rn. 8; BeckOGK/Moser, 15.5.2025, Rn. 15 f.; NK-HGB/Schall Rn. 4 ff.; Heymann/Förster Rn. 12; KKD/Roth/Stelmaszczyk Rn. 2; Prütting/Guntermann/Weller HaGesR Rn. 723 ff.

[24] Dass der Verkehrsschutz jedenfalls ein wesentliches Anliegen der Norm ist, wird dem Grunde nach von den Vertretern sämtlicher Auffassungen akzeptiert; vgl. dazu K. Schmidt HandelsR § 7 Rn. 27, der diese Erkenntnis – wenngleich zu Unrecht – als „Banalität" bezeichnet.

[25] So Hopt/Merkt Rn. 1; Hopt/Mössle HaGesR Rn. 286; ähnlich Müller-Feldhammer, Die Erwerberhaftung bei rechtsgeschäftlicher Unternehmensübertragung, 2001, 482 ff., 513.

[26] So Staub/Hüffer, 4. Aufl. 1995, Rn. 27; ähnlich auch Staub/Burgard Rn. 31; Prütting/Guntermann/Weller HaGesR Rn. 723 f.; sowie mit Einschränkungen Canaris HandelsR § 7 Rn. 18.

[27] So die ganz hM: BGH 17.9.1991, NJW 1992, 112 (113); 16.9.1981, NJW 1982, 577; 29.11.1956, BGHZ 22, 234 (240) = NJW 1957, 179; RG 8.6.1903, RGZ 55, 83 (85); OLG Brandenburg 27.5.1998, NJW-RR 1999, 395; OLG Koblenz 7.4.1988, NJW-RR 1989, 420; OLG Zweibrücken 4.12.1987, NJW-RR 1988, 998; OLG Frankfurt 28.6.1972, OLGZ 1973, 20 (22); Lettl WM 2006, 2336 (2337); Wilhelm NJW 1986, 1797 (1798); Commandeur/Kleinebrink Betriebs- und Firmenübernahme Rn. 916; Hopt/Merkt Rn. 2; Ebenroth/Boujong/Reuschle Rn. 26.

[28] BGH 16.9.1981, NJW 1982, 577; 13.10.1955, BGHZ 18, 248 (250) = NJW 1955, 1916; OLG Zweibrücken 11.11.2013, NJW-RR 2014, 672 (673); OLG München 30.4.2008, DB 2008, 1091 (1092); Hopt/Merkt Rn. 2; Heymann/Förster Rn. 13 f.

13 Eine **analoge Anwendung** der Vorschrift auf **nicht kaufmännische Unternehmensträger,** wie sie in Rspr.[29] und Schrifttum[30] vereinzelt befürwortet wird, ist **abzulehnen.** Angesichts der eindeutigen Regelung im Rahmen der firmenrechtlichen Vorschriften fehlt es hierfür bereits an einer planwidrigen Regelungslücke.[31] Dies gilt umso mehr, als sich der Gesetzgeber des MoPeG bewusst gegen die Einführung von mit §§ 25 ff. vergleichbarer Bestimmungen für die GbR entschieden hat.[32] Darüber hinaus erschiene eine entsprechende Anwendung der Vorschrift auf Nichtkaufleute auch deshalb unbillig, weil dieser Personenkreis keinen Anlass und – soweit etwa Freiberufler betroffen sind – auch gar nicht die rechtliche Möglichkeit hat, einen Haftungsausschluss nach § 25 Abs. 2 ins Handelsregister eintragen zu lassen.[33] Hieran hat sich durch das Inkrafttreten des MoPeG nichts geändert, da in den §§ 707a ff. BGB nF die Eintragung eines Haftungsausschlusses nicht vorgesehen ist. Bei einer PartG ist die Eintragung eines Haftungsausschlusses zwar grundsätzlich möglich,[34] gleichwohl dürfte es auch hier an einer planwidrigen Regelungslücke für eine analoge Anwendung von § 25 fehlen.[35] Die früher vertretene vermittelnde Auffassung, welche die Einbeziehung minder- und sollkaufmännischer Unternehmen in den Anwendungsbereich der Vorschrift befürwortete, ist seit der Neufassung des Kaufmannsbegriffs durch die Handelsrechtsreform 1998 gegenstandslos.[36]

14 **3. Unternehmenserwerb. a) Grundsatz.** Als Erwerb iSd Vorschrift sind sämtliche denkbaren Formen der tatsächlichen Übernahme eines Handelsgeschäfts anzusehen, die mit einem **Wechsel des Unternehmensträgers** verbunden sind. Eine Ausnahme gilt lediglich für den Erwerb im Wege der Gesamtrechtsnachfolge (näher → Rn. 23b; → Anh. §§ 28–28 Rn. 6 f.), weil in diesen Fällen ohnehin kraft Gesetzes sämtliche Geschäftsverbindlichkeiten auf den Erwerber übergehen und eine zusätzliche Haftung nach § 25 sinnlos wäre.[37] Auf den unmittelbaren Erwerb von Todes wegen ist daher – anders als bei einem Erwerb aufgrund eines Vermächtnisses oder im Wege der Erbauseinandersetzung[38] – nicht § 25, sondern § 27 anzuwenden. Entsprechend dem Zweck der Vorschrift, den Rechtsverkehr zu schützen (→ Rn. 9), genügt es, dass der Erwerber – und sei es nur vorübergehend – nach außen erkennbar in die Stellung des bisherigen Inhabers einrückt. Die Rechtsnatur des der Übernahme zugrunde liegenden **Innenverhältnisses ist unerheblich.** Hierbei wird es sich häufig um einen Kaufvertrag handeln, es kommen aber auch andere Rechtsverhältnisse wie Tausch,[39] Schenkung,[40] Vergleich,[41] Treuhandvertrag (mit Ausnahme verdeckter, nach außen nicht erkennbarer Treuhandabreden)[42] in Betracht. Darüber hinaus ist ein Erwerb iSd Vorschrift selbst dann denkbar, wenn unmittelbare vertragliche Beziehungen zwischen dem früheren Inhaber und dem Übernehmer des Unternehmens nicht bestehen (→ Rn. 18); auch die schrittweise Übernahme eines anderen Unternehmens kommt in Betracht.[43]

15 **b) Vorübergehender Erwerb.** Nach der Rspr. und ganz hM fällt unter § 25 Abs. 1 S. 1 auch ein nur vorübergehender Unternehmenserwerb im Wege der **Pacht,** durch die Einräumung eines **Nießbrauches** oder im Rahmen eines **Treuhandverhältnisses,** da – entsprechend dem Schutz-

[29] OLG Frankfurt 8.5.2023, BeckRS 2023, 5061; VG Braunschweig 18.4.2024, BeckRS 2024, 22087.

[30] So insbes. K. Schmidt ZHR 145 (1981), 2 (21 ff.); K. Schmidt HandelsR § 7 Rn. 36 ff., K. Schmidt HandelsR § 8 Rn. 1; mit Einschränkungen auch MüKoHGB/Lieb, 2. Aufl. 2005, Rn. 30, wonach die analoge Anwendung von der Möglichkeit der Eintragung eines Haftungsausschlusses nach § 25 Abs. 2 in das Handelsregister abhängen soll.

[31] Zutr. BGH 17.9.1991, NJW 1992, 112 (113).

[32] BT-Drs. 19/27635, 166 f.

[33] Commandeur/Kleinebrink Betriebs- und Firmenübernahme Rn. 916; Canaris HandelsR § 7 Rn. 20; BeckOK HGB/Bömeke, 47. Ed. 1.7.2025, Rn. 10.

[34] OLG München 8.4.2015, NJW 2015, 2353 m. zust. Anm. Miras sowie Schodder EWiR 2015, 539.

[35] OLG München 23.10.2024, ZPG 2024, 429 m. zust. Anm. Keil ZIP 2024, 2924 und Heckschen/Kreß NotBZ 2025, 184 sowie m. krit. Anm. Habrich ZPG 2025, 22; MüKoHGB/Thiessen Rn. 33; Mahnke WM 1996, 1029 (1033); **aA** OLG Frankfurt 8.5.2023, BeckRS 2023, 5061; Schodder EWiR 2015, 539.

[36] Vgl. Commandeur/Kleinebrink Betriebs- und Firmenübernahme Rn. 915; BeckOGK/Moser, 15.5.2025, Rn. 24.1; Ebenroth/Boujong/Reuschle Rn. 25.

[37] Staub/Burgard Rn. 42, 51.

[38] Vgl. RG 20.4.1937, RGZ 154, 334 (337); MüKoHGB/Thiessen Rn. 44; Joachim, Erbenhaftung, 4. Aufl. 2018, Rn. 122.

[39] MüKoHGB/Thiessen Rn. 44; Staub/Burgard Rn. 51.

[40] BeckOGK/Moser, 15.5.2025, Rn. 72.1; MüKoHGB/Thiessen Rn. 44.

[41] RG 11.10.1935, RGZ 149, 25 (28); Ebenroth/Boujong/Reuschle Rn. 28.

[42] Vgl. BGH 29.3.1982, NJW 1982, 1647; OLG Stuttgart 10.6.1987, BB 1987, 2184 (2185); MüKoHGB/Thiessen Rn. 44.

[43] BGH 5.7.2012, NZG 2012, 916 Rn. 18; 24.9.2008, NJW-RR 2009, 820 Rn. 15; LAG Rheinland-Pfalz 23.5.2018, BeckRS 2018, 29068.

zweck der Norm (→ Rn. 9) – nur die Übertragung des Unternehmens als betriebsfähige Wirtschaftseinheit, nicht aber die endgültige Übertragung des Unternehmensvermögens erforderlich ist.[44] Dementsprechend ist nicht nur eine Haftung des Pächters aus § 25, sondern auch eine solche des Verpächters denkbar, wenn das Unternehmen nach Beendigung des Pachtvertrags an ihn zurückfällt und er es selbst weiterführt.[45] Bei einer **Weiterverpachtung** ohne zwischenzeitliche Unternehmensführung durch den Verpächter kommt nach zutreffender Auffassung hingegen eine unmittelbare Haftung des zweiten Pächters in Betracht (→ Rn. 18).

c) Rechtsunwirksamer Erwerb. Ist das Erwerbsgeschäft rechtlich unwirksam, steht dies nach Rspr. und hM einer Haftung nicht entgegen, und zwar gleichgültig, ob der Wirksamkeitsmangel das Verpflichtungs- oder das Erfüllungsgeschäft oder beide zugleich betrifft.[46] **Beispiele:** Nichtigkeit des Erwerbsgeschäfts nach § 134 BGB oder § 138 BGB;[47] Fehlen einer devisenrechtlichen Genehmigung;[48] Geschäftsunfähigkeit des Veräußerers (§§ 104 ff. BGB);[49] Anfechtung wegen arglistiger Täuschung des Erwerbers (§ 123 BGB).[50] Die Haftung bleibt auch dann bestehen, wenn das nichtige Vertragsverhältnis bereits vor Geltendmachung der Forderung rückabgewickelt wurde, da sich die Unternehmensübernahme als solche nicht rückgängig machen lässt.[51] 16

Dieser Rspr. ist – entgegen zunehmender **Kritik des Schrifttums**[52] – grundsätzlich beizupflichten. Wie bereits ausgeführt, bezweckt die Vorschrift den Schutz des Rechtsverkehrs (→ Rn. 9), sodass es weder auf die Ausgestaltung noch auf Mängel des Innenverhältnisses zwischen Veräußerer und Erwerber ankommen kann.[53] Allein entscheidend für den Haftungstatbestand des § 25 Abs. 1 S. 1 ist die durch die Firmenfortführung nach außen dokumentierte **Kontinuität des Unternehmens,** nicht aber das interne Vertragsverhältnis zwischen Veräußerer und Erwerber.[54] Nur in wenigen Fällen erscheinen **Ausnahmen** von diesem Grundsatz gerechtfertigt. Dies betrifft zum einen Gläubiger, denen die Nichtigkeit oder Anfechtbarkeit des Erwerbsgeschäfts positiv bekannt ist, da sie eines Schutzes offensichtlich nicht bedürfen (→ Rn. 9, 38).[55] Ferner sollte eine Einschränkung der Haftung zum Schutz geschäftsunfähiger und beschränkt geschäftsfähiger Erwerber erwogen werden, wenn die Nichtigkeit des Erwerbsgeschäfts auf den §§ 104 ff. BGB beruht.[56] 17

d) Fehlendes Erwerbsgeschäft. Selbst das Fehlen jeglicher vertraglicher Beziehungen zwischen dem früheren Inhaber und dem Erwerber steht nach der Rspr. einer Haftung aus § 25 Abs. 1 S. 1 nicht entgegen.[57] Von praktischer Bedeutung ist dies insbesondere in **Miet- und Pachtfällen,** wenn der Eigentümer das Unternehmen bzw. seine wesentlichen Betriebseinrichtungen unmittelbar nach Beendigung des Vertragsverhältnisses mit dem früheren Inhaber weiterverpachtet oder vermietet.[58] 18

[44] BGH 16.1.1984, NJW 1984, 1186 (1187); 29.3.1982, NJW 1982, 1647; RG 6.10.1931, RGZ 133, 318 (322 f.); OLG Frankfurt 28.6.1972, OLGZ 1973, 20 (23); Ebenroth/Boujong/Reuschle Rn. 29; Heymann/Förster Rn. 21; Staub/Burgard Rn. 52; Staudinger/Schaub, 2021, BGB § 581 Rn. 321; **aA** Schricker ZGR 1972, 121 (153 f.) Fn. 128; Binz/Rauser BB 1980, 897 (898 f.).

[45] RG 6.10.1931, RGZ 133, 318 (323 f.); MüKoHGB/Thiessen Rn. 46 mzN.

[46] Grdl. RG 11.10.1935, RGZ 149, 25 (28 f.); BGH 13.10.1955, BGHZ 18, 248 (251 f.) = NJW 1955, 1916; Hopt/Merkt Rn. 5; Staub/Burgard Rn. 55; Henssler/Strohn/Wamser Rn. 5; K. Schmidt HandelsR § 8 Rn. 10 mwN.

[47] Vgl. Staub/Burgard Rn. 55.

[48] BGH 13.10.1955, BGHZ 18, 248 (251 f.) = NJW 1955, 1916.

[49] RG 2.7.1918, RGZ 93, 227 (229).

[50] RG 11.10.1935, RGZ 149, 25 (28); OLG Düsseldorf 8.5.1962, NJW 1963, 545; OLG Nürnberg 18.3.1969, BB 1970, 1193.

[51] OLG Düsseldorf 8.5.1962, NJW 1963, 545; Hopt/Merkt Rn. 5; **aA** Staub/Burgard Rn. 55.

[52] Ebenroth/Boujong/Reuschle Rn. 35 ff.; MüKoHGB/Thiessen Rn. 53; J. Flume ZHR 170 (2006), 737 (762); Canaris HandelsR § 7 Rn. 24 mwN.

[53] So zutr. Staub/Hüffer, 4. Aufl. 1995, Rn. 39; ähnlich jetzt auch Staub/Burgard Rn. 55; sowie U. Huber FS Raisch, 1995, 85 (97 f.); Müller JA 2023, 188.

[54] BGH 4.11.1991, NJW 1992, 911 (912) mwN.

[55] BeckOK HGB/Bömeke, 47. Ed. 1.7.2025, Rn. 30; BeckOGK/Moser, 15.5.2025, Rn. 81; ähnlich unter Hinweis auf § 123 Abs. 2 BGB bereits RG 11.10.1935, RGZ 149, 25 (28 f.); 8.6.1940, RGZ 115 (121 ff.).

[56] Ebenso BeckOGK/Moser, 15.5.2025, Rn. 80; NK-HGB/Schall Rn. 12; GK-HGB/Steitz Rn. 9; Staub/Burgard Rn. 55.

[57] BGH 24.9.2008, NJW-RR 2009, 820 Rn. 13; 28.11.2005, NJW 2006, 1001 Rn. 9 m. zust. Anm. Roth LMK 2007, 95; 4.11.1991, NJW 1992, 911 (912); 16.1.1984, NJW 1984, 1186 (1187) m. zust. Anm. K. Schmidt; 29.11.1956, BGHZ 22, 234 (239) = NJW 1957, 179; KG 13.8.2015, BB 2016, 397 f.; OLG Stuttgart 23.3.2010, NZG 2010, 628 (630); OLG Jena 23.2.2006, OLGR 2007, 106; OLG Frankfurt 23.6.2005, NJW-RR 2005, 1349; KG 23.7.2004, KGR 2005, 47 (48 f.); **aA** OLG Rostock 12.12.2005, OLGR 2006, 487 (488); OLG Hamm 5.11.1996, NJW-RR 1997, 733.

[58] So in BGH 28.11.2005, NJW 2006, 1001 Rn. 9; 4.11.1991, NJW 1992, 911; (912); 16.1.1984, NJW 1984, 1186 (1187).

Darüber hinaus kommt aber auch eine rein tatsächliche Geschäftsfortführung in Betracht.[59] Nach gefestigter Rspr. haftet der Erwerber in diesen Fällen für die Verbindlichkeiten des früheren Inhabers gem. § 25 Abs. 1 S. 1, obwohl er in keinem unmittelbaren vertraglichen Verhältnis zu diesem steht. Denn das Gesetz verknüpft die Haftung mit dem Handelsgeschäft selbst und lässt diese über den Wechsel des Unternehmensträgers hinaus zu Lasten des späteren Trägers ohne weiteres fortdauern, wenn das Geschäft in seinem wesentlichen Bestand erhalten bleibt und die Kontinuität des Unternehmens nach außen hin durch die Fortführung der bisherigen Firma in Erscheinung tritt. Hiermit ist es unvereinbar, für den **Fortbestand der Haftung** zu unterscheiden, ob sich die Aufeinanderfolge der haftenden Unternehmensträger rechtsgeschäftlich oder tatsächlich, unmittelbar oder nur mittelbar über einen Zwischenerwerber vollzieht.[60]

19 Diese Rspr. ist im **Schrifttum** auf zum Teil heftige **Kritik** gestoßen,[61] die jedoch im Ergebnis nicht zu überzeugen vermag. Insbesondere steht dem Verzicht auf das Erfordernis eines rechtsgeschäftlich abgeleiteten Erwerbs der Wortlaut der Vorschrift nicht entgegen.[62] Soweit in § 25 Abs. 1 S. 1 von einem „erworbenen" Handelsgeschäft die Rede ist, muss dies in einem untechnischen Sinne verstanden werden. Dies folgt bereits daraus, dass es aufgrund des sachenrechtlichen Spezialitätsprinzips gar nicht möglich ist, ein Unternehmen als solches zu „erwerben" (→ Anh. §§ 25–28 Rn. 4).[63] Entsprechende Bedenken lassen sich auch nicht darauf stützen, dass in § 25 Abs. 2 von einer abweichenden „Vereinbarung" die Rede ist, aufgrund der die Haftung des Erwerbers ausgeschlossen werden kann. Denn der frühere Inhaber kann einer solchen Vereinbarung auch dann zustimmen, wenn die Unternehmensübertragung nicht auf einem Rechtsgeschäft zwischen ihm und dem Erwerber beruht. So ist es bei einer Weiterverpachtung denkbar, dass der Verpächter den früheren Pächter bereits im Pachtvertrag verpflichtet hat, eine solche Vereinbarung mit einem späteren Pächter zu treffen.[64] Um unbillige Härten zu vermeiden, sollte darüber hinaus erwogen werden, in den fraglichen Fällen zum Ausschluss der Haftung statt einer Vereinbarung mit dem früheren Inhaber eine einseitige Erklärung des Erwerbers genügen zu lassen, wie dies von großen Teilen der Lit. gefordert wird (→ Rn. 35).[65] Beim Heimfall eines verpachteten Unternehmens aufgrund der Insolvenz des Pächters dürfte eine Haftung nach § 25 schließlich ebenso wie bei einer Veräußerung durch den Insolvenzverwalter (→ Rn. 21) nicht in Betracht kommen.[66]

20 **e) Erwerb von Unternehmensteilen.** § 25 ist auch auf den Erwerb **selbständiger Zweigniederlassungen** anwendbar; die Haftung des Erwerbers beschränkt sich dann naturgemäß auf die in dem Betrieb der betreffenden Niederlassung begründeten Verbindlichkeiten.[67] Im Übrigen setzt die Vorschrift nach ihrem Normzweck voraus, dass der **wesentliche Unternehmenskern** als betriebsfähige Wirtschaftseinheit erworben wird, wobei jedoch unschädlich ist, wenn einzelne Vermögenswerte oder selbst ganze Geschäftszweige bei dem Veräußerer zurückbleiben (→ Rn. 24).[68]

21 **f) Insolvenz.** Auf den Erwerb eines Handelsunternehmens vom **Insolvenzverwalter** findet § 25 nach allgM keine Anwendung.[69] Ob dies bereits daraus folgt, dass die Veräußerung eines insolvenzbehafteten Unternehmens einschließlich seiner Firma wegen der drohenden Haftung des Erwerbers

[59] Vgl. dazu etwa die Sachverhalte bei BGH 24.9.2008, NJW-RR 2009, 820; KG 13.8.2015, BB 2016, 397.

[60] So zutr. BGH 16.1.1984, NJW 1984, 1186 (1187) m. zust. Anm. K. Schmidt.

[61] Vgl. etwa Kanzleiter DNotZ 2006, 592 f.; Lettl WM 2006, 2336 (2339 ff.); MüKoHGB/Thiessen Rn. 43; RGHMW/Ries Rn. 6; Canaris HandelsR § 7 Rn. 23; Lettl HandelsR § 5 Rn. 19.

[62] So aber Kanzleiter DNotZ 2006, 592 f.; Lettl WM 2006, 2336 (2339).

[63] Vgl. MüKoHGB/Lieb, 2. Aufl. 2005, Anh. § 25 Rn. 4, 17; Canaris HandelsR § 8 Rn. 1.

[64] Vgl. BGH 16.1.1984, NJW 1984, 1186 (1187).

[65] So etwa Wilhelm NJW 1986, 1798; U. Huber FS Raisch, 1995, 85 (99); BeckOGK/Moser, 15.5.2025, Rn. 73; NK-HGB/Schall Rn. 34; Ebenroth/Boujong/Reuschle Rn. 31; Staudinger/Schaub, 2021, BGB § 581 Rn. 333; Canaris HandelsR § 7 Rn. 34; K. Schmidt HandelsR § 8 Rn. 77.

[66] Vgl. dazu näher Roth/Wozniak ZInsO 2017, 1293 (1296 ff.).

[67] BGH 5.2.1979, NJW 1979, 2245; 8.5.1972, NJW 1972, 1859; OLG Dresden 28.4.1999, NZG 2000, 32 (33); Staub/Burgard Rn. 59; MüKoHGB/Thiessen Rn. 39 mwN.

[68] BGH 5.7.2012, NZG 2012, 916 Rn. 18; 7.12.2009, NJW-RR 2010, 246 Rn. 2; 16.9.2009, NJW 2010, 236 Rn. 18; 4.11.1991, NJW 1992, 911; 13.10.1955, BGHZ 18, 248 (250) = NJW 1955, 1916; OLG Jena 23.2.2006, OLGR 2007, 106 (107); OLG Düsseldorf 22.1.1998, NJW-RR 1998, 965; OLG München 15.5.1996, BB 1996, 1682 (1683); Staub/Burgard Rn. 57; MüKoHGB/Thiessen Rn. 40; Henssler/Strohn/Wamser Rn. 4.

[69] BGH 3.12.2019, NZG 2020, 318 Rn. 9 f.; 23.10.2013, NZG 2014, 511 Rn. 17; 4.11.1991, NJW 1992, 911; 11.4.1988, BGHZ 104, 151 (153) = NJW 1988, 1912; RG 21.5.1904, RGZ 58, 160; OLG Düsseldorf 21.5.1999, NJW-RR 1999, 1556; BAG 20.9.2006, NJW 2007, 942 m. zust. Anm. Joost EWiR 2007, 497; Simon/Brünkmans ZIP 2014, 657 (663); Hopt/Merkt Rn. 4; MüKoHGB/Thiessen Rn. 36 mzN; **aA** bezüglich des Erwerbs lediglich einzelner Gegenstände aus der Insolvenzmasse OLG Stuttgart 23.3.2010, NZG 2010, 628 (630) m. zust. Anm. Paulus ZInsO 2011, 162; sowie (zu Recht) abl. Anm. Heinze/Hüfner NZG 2010, 1060; OVG Saarlouis 19.8.2024, BeckRS 2024, 23377 Rn. 56 ff.

ansonsten faktisch unmöglich wäre,[70] erscheint indes im Hinblick auf die Möglichkeit eines Haftungsausschlusses nach § 25 Abs. 2 zweifelhaft.[71] Jedenfalls spricht aber für eine teleologische Reduktion der Vorschrift, dass der Veräußerungserlös nach insolvenzrechtlichen Prinzipien allen Gläubigern gleichmäßig zugutekommen soll, was durch eine Privilegierung einzelner Unternehmensgläubiger in Frage gestellt würde.[72] Diese Grundsätze gelten uneingeschränkt auch für die Eigenverwaltung nach §§ 270 ff. InsO, da diese ebenfalls auf eine gleichmäßige Befriedigung aller Insolvenzgläubiger abzielt.[73] Anders verhält es sich jedoch, wenn das Insolvenzverfahren gem. § 26 InsO **mangels Masse abgelehnt** und das Geschäft dann veräußert wird, die Veräußerung bereits vor der Eröffnung des Insolvenzverfahrens erfolgt[74] oder ein in Insolvenz befindliches Unternehmen lediglich tatsächlich fortgeführt wird, ohne dass die Fortführung vom Insolvenzverwalter abgeleitet ist.[75] In diesen Fällen verbleibt es deshalb – entgegen Canaris[76] – bei der Anwendung der Vorschrift.[77] Entsprechendes (Anwendung von § 25 Abs. 1 S. 1) gilt für einen Erwerb von einem Sequester (§ 106 KO aF) bzw. **vorläufigen Insolvenzverwalter** (§ 21 Abs. 2 Nr. 1 InsO), jedenfalls dann, wenn nicht unmittelbar danach das Konkurs- bzw. Insolvenzverfahren eröffnet wird.[78] Hierfür spricht, dass der vorläufige Verwalter auch nach neuem Recht auf die Sicherung des Schuldnervermögens beschränkt und grundsätzlich nicht befugt ist, dieses insgesamt zu veräußern, um Barmittel zur gleichmäßigen Befriedigung der Gläubiger zu erhalten.[79]

g) Gesellschaftsrechtliche Erwerbsvorgänge. Insoweit kann die **Abgrenzung** der Anwendungsbereiche von **§ 25 und § 28** Schwierigkeiten bereiten; diese Abgrenzung ist deswegen von erheblicher praktischer Bedeutung, weil nur § 25, nicht dagegen § 28 die Fortführung der vom bisherigen Einzelkaufmann geführten Firma voraussetzt. Die frühere Rspr. tendierte auch in solchen Fällen häufig zur Anwendung von § 25, in denen dies nach heute hM weder notwendig noch sinnvoll erscheint.[80] So ist die Anwendbarkeit der Vorschrift bejaht worden bei Unternehmensübernahme durch einen verbleibenden Gesellschafter nach Ausscheiden von Mitgesellschaftern,[81] bei Übernahme eines Unternehmens durch einzelne Gesellschafter, die zu diesem Zweck eine Auffanggesellschaft gegründet haben,[82] bei Veräußerung eines Unternehmens an eine andere Gesellschaft, an der auch Gesellschafter der veräußernden Gesellschaft beteiligt sind,[83] sowie insbesondere bei Einbringung eines Unternehmens in eine bestehende oder zu gründende Gesellschaft.[84] 22

Soweit sich in den genannten Fällen der Erwerb durch **Anwachsung** vollzieht, werden die Zugriffsmöglichkeiten der Gläubiger auf das Gesellschaftsvermögen sowie die Haftung der Altgesellschafter in keiner Weise berührt, weshalb hier weder ein Rückgriff auf § 25 noch auf § 28 erforderlich 23

---

[70] So aber BGH 11.4.1988, BGHZ 104, 151 (154) = NJW 1988, 1912; OLG Schleswig 21.5.2013, NJW-RR 2014, 333 (335); Heymann/Förster Rn. 31.

[71] So zu Recht Staub/Burgard Rn. 46; Lettl HandelsR § 5 Rn. 20; ähnlich jetzt auch BGH 23.10.2013, NZG 2014, 511 Rn. 17.

[72] Ähnlich BGH 11.4.1988, BGHZ 104, 151 (155 f.) = NJW 1988, 1912; BAG 20.9.2006, NJW 2007, 942; Ebenroth/Boujong/Reuschle Rn. 45.

[73] BGH 3.12.2019, NZG 2020, 318 Rn. 11 ff. m. zust. Anm. Kraack EWiR 2020, 101; Kaupisch/Hilpert BB 2020, 33; Kluth NZI 2020, 288; LAG Hamm 6.4.2016, NZI 2016, 854 (855 f.); Schroeders/Bissels NZI 2016, 870 f.; Müller JA 2023, 188.

[74] BGH 24.9.2008, NJW-RR 2009, 820 Rn. 21 f.

[75] BGH 23.10.2013, NZG 2014, 511 Rn. 19 m. krit. Anm. Keil EWiR 2014, 213.

[76] Nach dessen Auffassung soll die Anwendung der Vorschrift bereits dann ausscheiden, wenn eine Zwangsvollstreckung in das Vermögen des früheren Inhabers zur Zeit des Unternehmensübergangs erfolglos geblieben wäre; Canaris HandelsR § 7 Rn. 26 sowie eingehend Canaris FS Frotz, 1993, 11 (26 ff.); iE ähnlich – wenn auch mit anderer Begründung – Altmeppen FS Hopt, 2010, 305 (316).

[77] BGH 23.10.2013, NZG 2014, 511 Rn. 19; 24.9.2008, NJW-RR 2009, 820 Rn. 21 f.; 28.11.2005, NJW 2006, 1001 Rn. 14; 4.11.1991, NJW 1992, 911; Gehrlein ZInsO 2020, 325 (340) = ZNotP 2020, 103 (111); Staub/Burgard Rn. 46; GK-HGB/Steitz Rn. 15; Ebenroth/Boujong/Reuschle Rn. 47 mwN.

[78] BGH 11.4.1988, BGHZ 104 = NJW 1988, 1912; OLG Bremen 3.8.1988, NJW-RR 1989, 423; Hopt/Merkt Rn. 4; MüKoHGB/Thiessen Rn. 36 f.; **aA** Canaris HandelsR § 7 Rn. 28; NK-HGB/Ammon, 1. Aufl. 2011, Rn. 13; Neuberger ZIP 2020, 606 (608 f.); diff. Jaeger/Gerhardt InsO § 22 Rn. 93; vgl. zu § 75 AO auch BFHE 186, 318 (321 f.) = NZI 1998, 95.

[79] Vgl. Jaeger/Gerhardt InsO § 22 Rn. 89; MüKoInsO/Haarmeyer InsO § 22 Rn. 73 ff.

[80] So zutr. Heymann/Emmerich, 2. Aufl. 1995, Rn. 14.

[81] RG 25.11.1933, RGZ 142, 300 (302); OLG Frankfurt 2.6.2021, NZG 2021, 1505 (1506); OLG München 24.4.1995, NJW-RR 1996, 228 (229).

[82] RG 7.1.1913, DJZ 1913, 466.

[83] BGH 14.3.1963, WM 1963, 664 = BeckRS 1963, 31182000; KG 30.4.1936, JFG 13, 431 (433 f.).

[84] BGH 4.11.1953, LM Nr. 1 = BB 1953, 1025 = BeckRS 1953, 31197835; RG 13.2.1934, RGZ 143, 368 (371, 372 f.).

erscheint.[85] Im Verhältnis beider Vorschriften zueinander ist **vorrangig § 28** zu prüfen, der als Sonderfall die Einbringung eines Unternehmens in eine zu diesem Zweck gegründete Personenhandelsgesellschaft regelt.[86] Eine entsprechende Anwendung dieser Vorschrift auf andere Konstellationen – etwa die Einbringung eines Unternehmens in eine Kapitalgesellschaft (→ § 28 Rn. 12) oder in eine bereits bestehende Personengesellschaft (→ § 28 Rn. 8) – kommt nach hier vertretener Auffassung nicht in Betracht. Auf die **verbleibenden Fälle** ist deshalb **§ 25** anzuwenden, der jedoch anders als § 28 eine Fortführung der ursprünglichen Firma voraussetzt.

23a **h) Anteilsübertragungen.** Bei der Übertragung von Anteilen einer Personen- oder Kapitalgesellschaft kommt eine Haftung nach den §§ 25 ff. hingegen grundsätzlich nicht in Betracht, weil es in diesen Fällen an einem hierfür erforderlichen **Wechsel des Unternehmensträgers** fehlt. Dies gilt selbst dann, wenn im Rahmen eines sog. „share deal" sämtliche Anteile einer Gesellschaft veräußert bzw. erworben werden (→ Anh. §§ 25–28 Rn. 5). Die Haftung der Beteiligten richtet sich in diesen Fällen deshalb ausschließlich nach den einschlägigen gesellschaftsrechtlichen Bestimmungen; so gelten für ausscheidende Gesellschafter einer Personenhandelsgesellschaft die §§ 128, 160, 171 f., eintretende Gesellschafter haften nach §§ 130, 173.[87]

23b **i) Umwandlungsrecht.** Umwandlungsvorgänge nach den Bestimmungen des UmwG sind ebenfalls nicht geeignet, eine Haftung nach § 25 (oder auch § 28 HGB) zu begründen. Bei einer Verschmelzung (§ 20 Abs. 1 Nr. 1 UmwG, § 36 UmwG), Spaltung (§ 125 UmwG iVm § 20 Abs. 1 Nr. 1 UmwG) oder Vermögensübertragung (§ 176 UmwG) erfolgt jeweils ein Übergang der betroffenen Vermögensgegenstände, einschließlich der Verbindlichkeiten, kraft Gesetzes vom übertragenden auf den übernehmenden Rechtsträger. Da es sich hierbei nicht um eine Sonderrechtsnachfolge, sondern um einen Vermögensübergang im Wege einer **partiellen Gesamtrechtsnachfolge** handelt, ist bereits der Anwendungsbereich der §§ 25 ff. nicht eröffnet (→ Rn. 14).[88] Soweit § 133 Abs. 1 S. 2 UmwG bezüglich der Spaltung bestimmt, dass §§ 25, 26 und § 28 unberührt bleiben sollen, geht dieser Vorbehalt daher regelmäßig ins Leere.[89] Bei formwechselnden Umwandlungen kommt eine Haftung nach den §§ 25 ff. schließlich bereits deshalb nicht in Betracht, weil die rechtliche Identität des Unternehmensträgers hierdurch nicht berührt wird.[90]

24 **4. Unternehmensfortführung.** Eine Haftung nach § 25 Abs. 1 S. 1 setzt ferner voraus, dass der Erwerber das übernommene Unternehmen – unter der bisherigen Firma (→ Rn. 25) – tatsächlich fortführt. Hierzu muss er **nach außen erkennbar den Willen betätigen,** das Handelsgeschäft als das seinige weiterzuführen.[91] Dies kann sich ua aus folgenden Umständen ergeben: Übernahme von Mitarbeitern, Betriebsräumen oder -gegenständen sowie Kommunikationsmitteln (Telefon- und Telefaxnummer, E-Mail-Adresse, Internetauftritt), Beibehaltung des bisherigen Tätigkeitsbereichs und der inneren Organisation, Eintritt in bestehende Kunden- und Lieferantenbeziehungen.[92] Für eine Fortführung ist es nicht erforderlich, dass das Unternehmen **in vollem Umfang** übernommen wird; vielmehr genügt es, wenn der den Schwerpunkt des Unternehmens bildende Kern weitergeführt wird.[93] Im Hinblick auf den Normzweck der Vorschrift (→ Rn. 9) ist als wesentlicher Unternehmenskern der Tätigkeitsbereich anzusehen, mit dem das Unternehmen nach außen in Erscheinung tritt; auf interne Unternehmenskennziffern wie Umsatz und Gewinn kann es daher allenfalls in zweiter Linie ankommen.[94] Ferner ist eine Unternehmensfortführung auch in der Weise denkbar,

---

[85] Staub/Burgard Rn. 43; Heymann/Emmerich, 2. Aufl. 1995, Rn. 14; MüKoHGB/Thiessen Rn. 31.

[86] So etwa BGH 18.1.2000, BGHZ 143, 314 (318) = NJW 2000, 1193.

[87] BeckOGK/Moser, 15.5.2025, Rn. 39; Staub/Burgard Rn. 43.

[88] OLG Frankfurt 23.6.2005, NJW-RR 2005, 149; BeckOGK/Moser, 15.5.2025, Rn. 49 ff.; Staub/Burgard Rn. 44; Ebenroth/Boujong/Reuschle Rn. 36.

[89] BeckOGK/Moser, 15.5.2025, Rn. 54; Staub/Burgard Rn. 44; Ebenroth/Boujong/Reuschle Rn. 40; diff. SH/Hörtnagl, 10. Aufl. 2024, UmwG § 133 Rn. 17 ff.; **aA** offenbar Brünkmans ZInsO 2014, 2533 (2551).

[90] BeckOGK/Moser, 15.5.2025, Rn. 51; Staub/Burgard Rn. 44.

[91] RG 13.2.1934, RGZ 143, 368 (371 f.); OLG Stuttgart 10.6.1987, BB 1987, 2184.

[92] Vgl. BGH 5.7.2012, NZG 2012, 916 Rn. 18 f.; 28.11.2005, NJW 2006, 1001 Rn. 9; 4.11.1991, NJW 1992, 911; OLG Celle 29.10.2024, BeckRS 2024, 30954 Rn. 76 ff.; OLG Köln 30.5.2014, BeckRS 2015, 01388; OLG Naumburg BeckRS 2022, 41719 Rn. 20; OLG München 30.4.2008, DB 2008, 1091 (1092); OLG Bremen 13.2.2008, OLGR 2008, 577; OLG Köln 21.4.2004, MDR 2004, 1125; OLG Düsseldorf 22.1.1998, NJW-RR 1998, 965; OLG München 15.5.1996, BB 1996, 1682 (1683).

[93] BGH 5.7.2012, NZG 2012, 916 Rn. 18; 7.12.2009, NJW-RR 2010, 246 Rn. 2; 16.9.2009, NJW 2010, 236 Rn. 18; 4.11.1991, NJW 1992, 911; 13.10.1955, BGHZ 18, 248 (250) = NJW 1955, 1916; OLG Düsseldorf 28.10.2008, NZG 2009, 314; 22.1.1998, NJW-RR 1998, 965; OLG München 15.5.1996, BB 1996, 1682 (1683).

[94] BGH 16.9.2009 (VIII. Zivilsenat), NJW 2010, 236 Rn. 21; Müller/Kluge NZG 2010, 256 (257 f.); **aA** OLG Koblenz 11.11.2005, NJW-RR 205, 408; tendenziell wohl auch BGH 7.12.2009 (II. Zivilsenat), NJW-RR 2010, 246 Rn. 3 f.

dass der Erwerber das Handelsgeschäft nicht als selbständiges weiterführt, sondern in ein eigenes oder zusätzlich erworbenes eingliedert, sofern er die Firma des Veräußerers verwendet.[95] Schließlich steht eine **vorübergehende Stilllegung** des Geschäftsbetriebs einer späteren Fortführung nicht entgegen, solange die wesentlichen Grundlagen des Handelsgeschäfts, insbesondere seine innere Organisation und seine Geschäftsbeziehungen zu Kunden und Lieferanten, intakt bleiben.[96] Hingegen haftet der Erwerber nicht,[97] wenn er das Unternehmen sofort weiterveräußert, verpachtet, in eine Gesellschaft einbringt oder stilllegt.[98]

5. Firmenkontinuität. a) Grundsatz. Die Haftung des Erwerbers hängt nach dem eindeutigen Gesetzeswortlaut entscheidend davon ab, dass er die Firma des Veräußerers fortführt.[99] Die Rspr. sieht in der Firmenfortführung bereits deshalb ein unverzichtbares Tatbestandsmerkmal, weil in ihr die Kontinuität des Unternehmens nach außen erkennbar in Erscheinung tritt.[100] Auf der Grundlage des hier vertretenen Normverständnisses (→ Rn. 9) ist dem uneingeschränkt beizupflichten. Dementsprechend setzt die Firmenfortführung weder eine rechtsgeschäftliche Übertragung der Firma voraus noch ist – anders als beim Forderungsübergang nach § 25 Abs. 1 S. 2 (→ Rn. 50) – die Einwilligung des früheren Inhabers erforderlich.[101] Entscheidend ist vielmehr allein der **tatsächliche Gebrauch der Firma** im geschäftlichen Verkehr („Auftreten am Markt"), der darüber hinaus von einer gewissen Intensität bzw. Dauer sein muss; eine Eintragung der Firma ins Handelsregister ist hingegen nicht erforderlich.[102] Eine nur kurzeitige Umfirmierung unmittelbar vor der Unternehmensübernahme steht einer Haftung nach § 25 nicht entgegen, wenn eine Firma fortgeführt wird, die vor der Umfirmierung über einen längeren Zeitraum verwendet wurde.[103] Entsprechendes kann auch bei der Nachbildung einer bereits gelöschten Firma eines anderen Handelsgeschäfts gelten.[104] 25

Die Anwendbarkeit von § 25 hängt auch nicht davon ab, dass die Führung der Firma durch den Veräußerer sowie ihre Fortführung durch den Erwerber nach §§ 17 ff. zulässig sind;[105] eine Haftung nach § 25 kann daher auch dann zu bejahen sein, wenn die Firma unter Verstoß gegen § 19 Abs. 1 Nr. 1 HGB ohne Rechtsformzusatz geführt wird.[106] Da der Anwendungsbereich der Vorschrift auf den kaufmännischen Rechtsverkehr beschränkt ist (→ Rn. 12 f.), muss es sich jedoch um eine Bezeichnung handeln, die grundsätzlich als Firma eines Kaufmanns in Betracht kommt. Daher kann die Weiterverwendung einer bloßen **Geschäfts- oder Etablissementsbezeichnung** eine Haftung nach § 25 ebenso wenig begründen[107] wie die Übernahme einer Marken- bzw. Produktbezeich- 26

[95] OLG Frankfurt 27.9.2000, OLGR 2001, 67 (68); MüKoHGB/Thiessen Rn. 56.

[96] BGH 4.11.1991, NJW 1992, 911; 1.12.1986, NJW 1987, 1633; OLG Stuttgart 23.3.2010, NZG 2010, 628 (630); OLG Hamm 22.2.2008, BeckRS 2008, 6686; OLG München 15.5.1996, BB 1996, 1682 (1683); OLG Düsseldorf 12.7.1990, GmbHR 1991, 315; OLG Bremen 3.8.1988, NJW-RR 1989, 423; OLG Oldenburg 26.6.1985, WM 1985, 1415 (1417); BayObLG 27.10.1983, BayObLGZ 1983, 257 = WM 1984, 52; Hopt/Merkt Rn. 3; Henssler/Strohn/Wamser Rn. 3; Ebenroth/Boujong/Reuschle Rn. 48 f.; **aA** MüKoHGB/Thiessen Rn. 47.

[97] Es kommt dann aber uU eine Haftung des Zweiterwerbers in Betracht; → Rn. 15 und 18.

[98] RG 13.2.1934, RGZ 143, 368 (371); 11.5.1942, RGZ 169, 133 (140); Heymann/Förster Rn. 36; MüKoHGB/Thiessen Rn. 55.

[99] So die ganz hM: Altmeppen FS Hopt, 2010, 305 (317); Hopt/Merkt Rn. 7; MüKoHGB/Thiessen Rn. 57; Ebenroth/Boujong/Reuschle Rn. 52; **aA** auf der Grundlage der von ihm entwickelten Kontinuitätslehre lediglich K. Schmidt HandelsR § 7 Rn. 43 ff., K. Schmidt HandelsR § 8 Rn. 24 ff.

[100] BGH 7.10.2009, GRUR-RR 2010, 136 Rn. 14; 28.11.2005, NJW 2006, 1001 Rn. 7; 15.3.2004, NJW-RR 2004, 1173; 12.2.2001, BGHZ 146, 374 (376) = NJW 2001, 1352; OLG Hamm 18.9.2017, NZG 2018, 33 (34) mAnm Schodder EWiR 2018, 233; OLG Köln 30.5.2014, BeckRS 2015, 01388.

[101] MüKoHGB/Thiessen Rn. 59; Ebenroth/Boujong/Reuschle Rn. 55; Lettl HandelsR § 5 Rn. 27 f.

[102] BGH 7.10.2009, GRUR-RR 2010, 136 Rn. 14; 16.9.2009, NJW 2010, 236 Rn. 16; 1.12.1986, NJW 1987, 1633 m. krit. Anm. K. Schmidt; RG 28.2.1910, RGZ 73, 71 (72); OLG Hamm 18.9.2017, NZG 2018, 33 (34); OLG Düsseldorf 24.5.2005, NZG 2005, 176 (177); NK-HGB/Schall Rn. 22; MüKoHGB/Thiessen Rn. 58; Ebenroth/Boujong/Reuschle Rn. 53 f.

[103] BGH 16.9.2009, NJW 2010, 236 Rn. 15 = MittBayNot 2010, 216 m. zust. Anm. Wachter.

[104] OLG Düsseldorf 9.5.2011, MDR 2011, 924 (925 f.).

[105] BGH 12.2.2001, NJW 2001, 1352; 29.11.1956, BGHZ 22, 234 (237) = NJW 1957, 179; OLG Brandenburg 24.6.2020, NZG 2020, 1153 (1154); OLG Köln 8.2.2010, NJW-RR 2010, 1558 (1559); OLG München 30.4.2008, DB 2008, 1091 (1093); OLG Düsseldorf 12.7.1990, GmbHR 1991, 315.

[106] BGH 17.12.2013, NZG 2014, 45 Rn. 8; 15.3.2004, NJW-RR 2004, 1173; BFH 11.6.2012, BeckRS 2012, 95791; **aA** LG Bonn 16.9.2005, NJW-RR 2005, 1559 (1560).

[107] BGH 17.12.2013, NZG 2014, 459 Rn. 8; 29.4.1964, DB 1964, 1297; 29.11.1956, BGHZ 22, 234 (236 f.) = NJW 1957, 179; OLG Brandenburg 24.6.2020, NZG 2020, 1153 (1154); OLG Köln 2.12.2011, NZG 2012, 188; OLG Brandenburg 27.5.1998, NJW-RR 1999, 395; LG Bonn 16.9.2005, NJW-RR 2005, 1559 (1560); BFH 20.5.2014, NZG 2014, 1239 m. zust. Anm. Schodder EWiR 2015, 243; Neuberger ZIP 2020, 606 (607 f.).

nung[108] oder einer Internet-Domain.[109] Etwas anderes kann – im Hinblick auf den von der Vorschrift bezweckten Schutz des Rechtsverkehrs (→ Rn. 9) – allerdings dann gelten, wenn die Geschäftsbezeichnung (bzw. die Internet-Domain) im geschäftlichen Verkehr wie eine Firma verwendet wird oder ins Handelsregister eingetragen worden ist.[110]

27 **b) Änderungen der Firma.** Dass die Ergänzung der Firma um einen Nachfolgezusatz einer Haftung nach § 25 Abs. 1 S. 1 nicht entgegensteht, folgt bereits unmittelbar aus dem Wortlaut der Vorschrift. Darüber hinaus sind nach der Rspr. auch weitergehende Änderungen unschädlich, solange der **prägende Teil** der alten in der neuen Firma beibehalten wird und deswegen der Rechtsverkehr die neue Firma noch mit der alten identifiziert.[111] Bei Personenfirmen gehört hierzu vor allem der **Familienname,** während Vornamen, Initialen, Gesellschafts- oder Rechtsformzusätze[112] sowie den Geschäftszweig kennzeichnende Ergänzungen in der Regel keinen prägenden Charakter haben.[113] Das bloße Weglassen des Vornamens steht daher einer Firmenfortführung noch nicht entgegen.[114] Wird in eine Firma lediglich der Hinweis auf eine geschäftliche Aktivität aufgenommen, die von dem Unternehmen ohnehin bereits ausgeübt wurde, spricht dies ebenfalls gegen eine wesentliche Änderung.[115]

28 Die neuere Rspr.[116] hat eine Firmenfortführung etwa **bejaht** bei: „A. Fruchtsäfte" zu „A. Natursaft GmbH",[117] „Automobile R. e. K." zu „R. Automobile GmbH",[118] „Industrie-Böden Salur GmbH" zu „Fußbodenbau Salur GmbH",[119] „Tankstelle L. GmbH" zu „Freie Tankstelle, Inhaberin P. L.",[120] „W. & P. PC69 Musikbetrieb GmbH &Co KG" zu „PC69 Diskothek e. K., Inhaberin P. M."[121] „Kfz-Küpper, Internationale Transporte, Handel mit Kfz-Teilen und Zubehör aller Art" zu „Kfz-Küpper Transport und Logistik GmbH",[122] „M. Maschinenfabrik GmbH & Co. KG" zu „M. Agrartechnik",[123] „Elektro – S – AS" zu „Elektro-S-GmbH",[124] „EWG-Versandschlachterei Josef B., G." zu „Josef B. GmbH",[125] „Franz v. A." zu „v. A. GmbH Co. Gaststättenbetriebs- und Vertriebs KG";[126] „Selekt-Veranstaltungsproduktion GmbH" zu „Selekt-Veranstaltungen Wolfgang K. e. K.",[127] hingegen **verneint** bei: Austausch des Vornamens bei einer aus Vor- und Familienname bestehenden Personenfirma,[128] „X-Apotheke Dr. M. e. K." zu „X-Apotheke I. e. K.",[129] „N. Fußbodenbau GmbH" zu „N. GmbH & Co. KG",[130] „UVM Metallbau GmbH" zu „UVO Draht-

---

[108] OLG Saarbrücken 16.1.2018, NZG 2018, 349; OLG München 10.1.2018, BeckRS 2018, 596 Rn. 39 ff.; KKD/Roth/Stelmaszczyk Rn. 6.

[109] OLG Stuttgart 28.6.2024, BeckRS 2024, 22317 Rn. 59; OLG Zweibrücken 11.11.2013, NJW-RR 2014, 672 (673); LG Aachen 8.5.2009, ZGS 2009, 429 m. zust. Anm. Mischke/Neuß ZGS 2009, 407; vgl. auch Mettler MDR 2012, 1005.

[110] Vgl. OLG Zweibrücken 11.11.2013, NJW-RR 2014, 672 (673); OLG Hamm 5.11.1996, NJW-RR 1997, 733 (734); OLG Düsseldorf 12.7.1990, GmbHR 1991, 315 m. krit. Anm. Demharter EWiR 1991, 269; MüKoHGB/Thiessen Rn. 60.

[111] BGH 28.11.2005, NJW 2006, 1001 Rn. 12; 15.3.2004, NJW-RR 2004, 1173 mwN; OLG Naumburg BeckRS 2022, 41719.

[112] BGH 5.7.2012, NZG 2012, 916 Rn. 19; OLG Brandenburg BeckRS 2014, 01266; **aA** Canaris HandelsR § 7 Rn. 30.

[113] OLG Köln 8.12.1992, NJW-RR 1994, 725 (726) = MDR 1994, 133 m. abl. Anm. K. Schmidt; Wachter MittBayNot 2010, 218 (219); Ebenroth/Boujong/Reuschle Rn. 61; BeckOK HGB/Bömeke, 47. Ed. 1.7.2025, Rn. 43; krit. gegenüber einer Überbetonung der Bedeutung des Familiennamens hingegen Staub/Burgard Rn. 72.

[114] BGH 10.10.1985, NJW 1986, 581; BeckOGK/Moser, 15.5.2025, Rn. 118; anders bei einem Austausch des Vornamens OLG Brandenburg 24.6.2020, NZG 2020, 1153 (1154); OLG Hamm 18.9.2017, NZG 2018, 33.

[115] BGH 16.9.1981, NJW 1982, 577 (578); BAG 27.9.2012, NZA 2013, 961 Rn. 44; Hopt/Merkt Rn. 7.

[116] Weitere Nachweise bei Staub/Burgard Rn. 73 f.; Commandeur/Kleinebrink Betriebs- und Firmenübernahme Rn. 1016 f.

[117] VGH Mannheim 15.12.2016, BeckRS 2016, 111610.

[118] BGH 16.9.2009, NJW 2010, 236 Rn. 15.

[119] BGH 24.9.2008, NJW-RR 2009, 820 Rn. 20.

[120] OLG Koblenz 11.11.2005, NJW-RR 2006, 408.

[121] BGH 28.11.2005, NJW 2006, 1001 Rn. 12.

[122] BGH 15.3.2004, NJW-RR 2004, 1173.

[123] OLG Hamm 17.9.1998, NJW-RR 1999, 396 (397 f.).

[124] BGH 10.10.1985, NJW 1986, 581 (582).

[125] BGH 16.5.1983, NJW 1983, 2448 (2449).

[126] BGH 16.9.1981, NJW 1982, 577.

[127] OLG Schleswig 1.2.2012, FGPrax 2012, 126 – Haftung kommt zumindest „ernsthaft in Betracht", so dass auf Antrag Haftungsausschluss nach § 25 Abs. 2 ins Handelsregister einzutragen ist.

[128] OLG Hamm 18.9.2017, NZG 2018, 33.

[129] OLG Hamm 25.5.2016, BeckRS 2016, 121408.

[130] OLG Köln 30.5.2014, BeckRS 2015, 01388.

und Metallbau Handelsgesellschaft mbH",[131] „Revisions- und Treuhandgesellschaft mbH G., M. und Partner, Wirtschaftsprüfungsgesellschaft, Steuerberatungsgesellschaft" zu „GMP GmbH Steuerberatungsgesellschaft Treuhandgesellschaft",[132] „Kurier Team X-Stadt, Eigenname" zu „Kurier Team X-Stadt",[133] „F. Fleisch GmbH" zu „F. & Sohn GmbH",[134] „A. K. Baumaschinen, Import und Export" zu „K.-Baumaschinen GmbH".[135]

III. Rechtsfolgen der Haftung nach Abs. 1 S. 1

1. Grundsatz. Die Rechtsfolge des § 25 Abs. 1 S. 1 besteht in einer unbeschränkten persönlichen Haftung des Erwerbers für sämtliche unternehmensbezogenen Verbindlichkeiten des früheren Inhabers. Daneben haftet auch der Veräußerer – bis zum Ablauf der Frist des § 26 – weiterhin für die von ihm begründeten Schulden. Die Übernahme eines Handelsgeschäfts führt somit im Ergebnis zu einem **gesetzlichen Schuldbeitritt.** Die Gegenansicht, nach der es sich stattdessen um einen Vertragsübergang auf den Erwerber (bei gleichzeitiger Mithaftung des früheren Inhabers) handeln soll,[136] wird von der hM zu Recht abgelehnt.[137] Ihr steht bereits der eindeutige Wortlaut der Vorschrift entgegen. Darüber hinaus sprechen schwerwiegende methodische und teleologische Bedenken gegen eine entsprechende Auslegung der Vorschrift, die einer Rechtsfortbildung contra legem gleichkäme. Zwar mag in Einzelfällen – insbesondere bei Dauerschuldverhältnissen (→ Rn. 33) – eine Vertragsüberleitung tatsächlich im „wohlverstandenen" Interesse aller Beteiligten liegen, wie dies von den Befürwortern eines Vertragsübergangs hervorgehoben wird.[138] Dies ändert jedoch nichts an dem in der Vertragsfreiheit wurzelnden Grundsatz, wonach niemandem ohne seine Mitwirkung ein neuer Vertragspartner aufgezwungen werden darf.[139] Soweit es durch den Wechsel des Unternehmensträgers zu praktischen Schwierigkeiten bei der Abwicklung bestehender Vertragsverhältnisse kommt, müssen diese deshalb auf andere Weise als durch die Annahme einer gesetzlichen Vertragsüberleitung gelöst werden (→ Rn. 33).[140] 29

2. Umfang der Haftung. Die Haftung des Erwerbers erstreckt sich auf „alle im Betriebe des Geschäfts begründeten Verbindlichkeiten des früheren Inhabers". Auf welchem rechtlichen Grund diese beruhen, ist unerheblich. Daher erfasst § 25 Abs. 1 S. 1 neben **vertraglichen Verpflichtungen** auch **gesetzliche Ansprüche** (zB aus Delikt, unlauterem Wettbewerb oder ungerechtfertigter Bereicherung).[141] Dass eine Verbindlichkeit „im Betriebe des Geschäfts" begründet worden ist, wird bei vertraglichen Ansprüchen unter den Voraussetzungen der §§ 343, 344 vermutet.[142] Da § 25 – entgegen einer von *Lieb* begründeten Auffassung[143] – nicht durch § 613a BGB (→ Rn. 42) verdrängt wird, sondern neben dieser Vorschrift anwendbar ist,[144] gilt die Vorschrift auch für Verbindlichkeiten aus **Arbeitsverhältnissen.** Entsprechendes gilt für **Steuerforderungen,** für die mit § 75 AO (→ Rn. 43) ebenfalls eine weitere Haftungsnorm besteht. Der Anwendungsbereich beider Vorschriften ist jedoch nach ihrem Normzweck auf betriebsbezogene Steuern (zB Gewerbesteuer, Umsatz- 30

[131] BAG 27.9.2012, NZA 2013, 961 Rn. 43 ff.

[132] OLG Köln 5.10.2006, DB 2007, 165.

[133] OLG Köln 8.12.1992, NJW-RR 1994, 725 (726) = MDR 1994, 133 m. abl. Anm. K. Schmidt.

[134] BGH 1.12.1986, NJW 1987, 1633 m. krit. Anm. K. Schmidt.

[135] OLG Frankfurt 20.11.1979, NJW 1980, 1397 (1398) – zweifelhaft – vgl. auch krit. Ebenroth/Boujong/Reuschle Rn. 61.

[136] So vor allem K. Schmidt HandelsR § 7 Rn. 50 ff.; neuerdings auch MüKoHGB/Thiessen Rn. 81 ff.; zust. Dötsch MDR 2011, 701 (702 f.); ähnlich auch J. Flume ZHR 170 (2006), 737: „partielle Universalsukzession"; sowie Westermann FS Nobbe, 2009, 939 (947 ff.) im Hinblick auf unternehmensbezogene Dauerschuldverhältnisse; vgl. auch LG Stuttgart 22.12.1995, NJW-RR 1996, 1378.

[137] BGH 11.12.2013, ZMR 2014, 439 Rn. 12; 25.4.2001, NJW 2001, 2251 (2252) zu § 28; 8.5.1989, NJW-RR 1989, 1055 (1056); 26.11.1964, BGHZ 381, 384 = NJW 1965, 439; OLG Köln 13.11.2012, BeckRS 2014, 01951; Beuthien NJW 1993, 1737 (1738 f.); Hopt/Merkt Rn. 10; Staub/Burgard Rn. 77; Ebenroth/Boujong/Reuschle Rn. 63 ff.; BeckOGK/Moser, 15.5.2025, Rn. 136 f.; Canaris HandelsR § 7 Rn. 39 mwN.

[138] So etwa MüKoHGB/Thiessen Rn. 84.

[139] Vgl. näher mit zutr. Abgrenzung zu den gesetzlichen Ausnahmen (§§ 566, 613a BGB, § 95, § 102 Abs. 2 VVG) Ebenroth/Boujong/Reuschle Rn. 65.

[140] Auch die RL 2001/23/EG zur Wahrung von Arbeitnehmerrechten beim Unternehmensübergang erfordert keine abweichende Auslegung der Vorschrift; vgl. EuGH 16.10.2008, NJW 2008, 3483.

[141] BGH 22.1.2004, BGHZ 157, 361 (369) = NJW 2004, 836 zu § 28; NK-HGB/Schall Rn. 27; Ebenroth/Boujong/Reuschle Rn. 71; BeckOK HGB/Bömeke, 47. Ed. 1.7.2025, Rn. 48.

[142] Ebenroth/Boujong/Reuschle Rn. 70; Canaris HandelsR § 7 Rn. 37.

[143] MüKoHGB/Lieb, 2. Aufl. 2005, Rn. 93 und 128; sowie ihm folgend jetzt auch Staub/Burgard Rn. 86; MüKoHGB/Thiessen Rn. 66 und 110 f.

[144] Ebenso wie hier BAG 24.3.1977, NJW 1977, 1791 = EzA HGB § 28 Nr. 1 m. abl. Anm. Lieb; Commandeur/Kleinebrink Betriebs- und Firmenübernahme Rn. 1186; Ebenroth/Boujong/Reuschle Rn. 71 mwN.

steuer) sowie betrieblich veranlasste Zölle beschränkt, wohingegen sog. Personensteuern (zB Einkommenssteuer, Körperschaftssteuer) nicht erfasst werden.[145] Entgegen der sozialgerichtlichen Rspr.[146] gilt § 25 auch für Nachforderungsansprüche der **Sozialversicherungsträger,**[147] nachdem sonstige öffentlich-rechtliche Forderungen ebenfalls von dem Anwendungsbereich der Vorschrift erfasst werden[148] und es auf die rechtliche Einordnung der Verbindlichkeit generell nicht ankommt (**aA** noch die Vorauflage).

31 „Begründet" ist eine Verbindlichkeit dann, wenn ihr **Rechtsgrund** zum **Zeitpunkt des Inhaberwechsels** bereits gelegt war. Dass sie zu dieser Zeit schon fällig war, ist hingegen nicht erforderlich, vielmehr genügen auch betagte oder bedingte Ansprüche.[149] Die Abgrenzung kann im Einzelfall Schwierigkeiten bereiten. Im Falle einer wettbewerbsrechtlichen Vertragsstrafe hält die Rspr. für das Entstehen des Rechtsgrunds bereits die Abgabe der strafbewehrten Unterlassungserklärung für ausreichend (→ § 348 Rn. 4).[150] Dagegen soll bei einer Lizenzvereinbarung neben dem Vertragsschluss auch die Vornahme einer Benutzungshandlung notwendig sein;[151] entsprechendes gilt für Ansprüche auf Nutzungsentschädigung nach § 546a BGB, wo der Abschluss des Mietvertrags als Rechtsgrund ebenfalls nicht ausreichen soll.[152]

32 Der Erwerber haftet nicht nur mit den Vermögensgegenständen des übernommenen Unternehmens, sondern **unbeschränkt** mit seinem **gesamten persönlichen Vermögen.** Für den Inhalt der Verbindlichkeit ist deren Beschaffenheit zum Zeitpunkt der Übernahme des Handelsgeschäfts maßgebend; dementsprechend kann sich der Erwerber auf eine bereits eingetretene Verjährung oder eine Stundungsabrede ebenso berufen, wie er die Hemmung oder den Neubeginn der Verjährung gegen sich gelten lassen muss.[153] Da er mit dem früheren Inhaber als Gesamtschuldner haftet, gelten für das weitere Schicksal der gegen ihn gerichteten Forderung die §§ 421 ff. BGB.[154]

33 **3. Dauerschuldverhältnisse.** Besondere Schwierigkeiten ergeben sich bei unternehmensbezogenen Dauerschuldverhältnissen (zB Miete oder Pacht von Betriebseinrichtungen). Soweit die Beteiligten nicht ausdrücklich oder konkludent eine Übernahme des Vertragsverhältnisses durch den Erwerber (§ 415 BGB) vereinbaren, bleibt der frühere Inhaber aus den bereits genannten Gründen (→ Rn. 29) alleiniger Vertragspartner des Gläubigers. Dies hat zur Folge, dass der Erwerber zwar diesem gegenüber für zukünftig fällig werdende Teilansprüche haftet, da der Rechtsgrund hierfür in der Regel bereits mit Vertragsschluss gelegt sein dürfte (→ Rn. 31), er aber die Gegenleistung und eventuelle Nebenrechte (Kündigung) nicht ohne Mitwirkung des früheren Inhabers geltend machen kann. Um dem Auseinanderfallen von Gläubiger- und Schuldnerstellung Rechnung zu tragen, tritt die wohl hM für eine **teleologische Reduktion der Vorschrift** ein. Danach soll der Erwerber für zukünftig fällig werdende Ansprüche aus Dauerschuldverhältnissen nur dann haften, wenn er auch die Gegenleistung beanspruchen kann.[155] Dieser Auffassung, zu der sich die Rspr. bislang noch nicht abschließend geäußert hat,[156] ist im Hinblick auf den Schutzzweck der Vorschrift (→ Rn. 9) und die funktionale Verknüpfung von Leistung und Gegenleistung im Dauerschuldverhältnis zuzustimmen.

---

[145] BFH 6.4.2016, GmbHR 2016, 1114 mAnm Böing GmbH-StB 2016, 318; MüKoHGB/Thiessen Rn. 66; Bruschke BB 2019, 2271 (2274); Heeg DStR 2012, 2159 (2161 ff.).

[146] LSG Bayern 28.1.2011, ZIP 2011, 1380 m. zust. Anm. Plagemann/Probst EWiR 2011, 457; LSG Rheinland-Pfalz 13.8.2008, ZIP 2008, 2023; ebenso Hopt/Merkt Rn. 11.

[147] Commandeur/Kleinebrink Betriebs- und Firmenübernahme Rn. 1088; BeckOGK/Moser, 15.5.2025, Rn. 150; Froehner GWR 2015, 202 f.

[148] OVG Bautzen 9.7.2019, ZInsO 2019, 2007; BeckOK HGB/Bömeke, 47. Ed. 1.7.2025, Rn. 48.

[149] BGH 25.4.2001, NJW 2001, 2251 (2252) zu § 28; 25.4.1996, NJW 1996, 2866 (2867); 15.5.1990, NJW-RR 1990, 1251 (1253); OLG Köln BeckRS 2014, 10932.

[150] BGH 25.4.1996, NJW 1996, 2866 (2867); OLG Hamm 18.1.1994, NJW-RR 1995, 608 (609); LG Düsseldorf 21.9.2011, WRP 2012, 496; **aA** Isele WRP 2011, 292 (294 f.); Köhler WRP 2000, 921 (925 f.); Canaris HandelsR § 7 Rn. 37.

[151] BGH 15.5.1990, NJW-RR 1990, 1251 (1253).

[152] BGH 25.4.2001, NJW 2001, 2251 (2252) zu § 28.

[153] BGH 23.10.2013, NZG 2014, 511 Rn. 24; RG 15.12.1931, RGZ 135, 104 (108); 12.1.1934, RGZ 154, 156; Staub/Burgard Rn. 83.

[154] Vgl. zu weiteren Konsequenzen der gesamtschuldnerischen Haftung Staub/Burgard Rn. 97; Ebenroth/Boujong/Reuschle Rn. 67.

[155] So Oetker, Das Dauerschuldverhältnis und seine Beendigung, 1994, 659 f.; Oetker HandelsR § 4 Rn. 91; Westermann FS Nobbe, 2009, 939 (957); KKD/Roth/Stelmaszczyk Rn. 7; GK-HGB/Steitz Rn. 23; Canaris HandelsR § 7 Rn. 38; **aA** OLG Köln BeckRS 2014, 10932; Beuthien NJW 1993, 1737 (1739); Commandeur/Kleinebrink Betriebs- und Firmenübernahme Rn. 1129 f.; BeckOGK/Moser, 15.5.2025, Rn. 155; Ebenroth/Boujong/Reuschle Rn. 69; Staub/Burgard Rn. 96.

[156] Vgl. BGH 25.4.2001, NJW 2001, 2251 (2252) zu § 28, m. zust. Anm. Emmerich JuS 2001, 918; 15.5.1990, NJW-RR 1990, 1251 (1253).

IV. Ausschluss der Haftung gemäß Abs. 2

34 **1. Überblick.** Die Haftung des Erwerbers nach § 25 Abs. 1 S. 1 ist dispositiv; sie kann daher gem. § 25 Abs. 2 durch eine **abweichende Vereinbarung** mit dem Veräußerer ausgeschlossen werden. Im Hinblick auf den Normzweck der Vorschrift (Schutz des Rechtsverkehrs; → Rn. 9) ist ein Haftungsausschluss im Außenverhältnis allerdings nur dann wirksam, wenn er ins **Handelsregister eingetragen** und bekannt gemacht oder den Gläubigern auf **andere Weise mitgeteilt** wird.

35 **2. Vereinbarung.** Der Haftungsausschluss kann in dem der Unternehmensübertragung zugrunde liegenden Rechtsgeschäft (zB Unternehmenskaufvertrag) oder in einem selbständigen Vertrag vereinbart werden, muss aber spätestens zum Zeitpunkt des tatsächlichen Geschäftsübergangs vorliegen.[157] Eine bloße Freistellungsvereinbarung im Innenverhältnis ist nach der Rspr. nicht ausreichend.[158] Entsprechend dem Schutzzweck der Norm sind **eventuelle Rechtsmängel** der Ausschlussvereinbarung – ebenso wie solche des Erwerbsgeschäfts (→ Rn. 16) – unschädlich, sofern die Vereinbarung ordnungsgemäß bekannt gemacht wird.[159] Besondere Probleme ergeben sich, wenn die Unternehmensübertragung nicht aufgrund eines Rechtsgeschäfts mit dem früheren Inhaber, sondern auf andere Weise (zB Doppelpächterfall; → Rn. 18) erfolgt. Hier steht ein Vertragspartner zum Abschluss einer entsprechenden Vereinbarung häufig nicht zur Verfügung. Zum Schutz des Erwerbers lässt die hM in diesen Fällen daher zu Recht dessen **einseitige Erklärung** genügen.[160]

36 Der Haftungsausschluss kann **auf einzelne Forderungen beschränkt** werden. Jedoch muss die Vereinbarung im Hinblick auf den Schutz des Rechtsverkehrs inhaltlich hinreichend bestimmt sein, also zweifelsfrei erkennen lassen, in welchem Umfang und für welche konkreten Verbindlichkeiten die Haftung des Erwerbers ausgeschlossen sein soll.[161] Nicht ausreichend ist daher der Hinweis auf einen auslegungsbedürftigen Vertrag.[162] Entsprechendes gilt für eine Vereinbarung, wonach der Erwerber insgesamt nur für einen bestimmten Höchstbetrag haftet, weil dies nicht erkennen lässt, welche Schulden von der Haftung ausgeschlossen sein sollen.[163]

37 **3. Bekanntgabe. a) Eintragung ins Handelsregister (Abs. 2 Alt. 1).** Die notwendige Kundgabe des Haftungsausschlusses kann erfolgen, indem die Vereinbarung ins Handelsregister eingetragen und bekannt gemacht wird. Zuständig für die Eintragung ist das Gericht der Hauptniederlassung. Entgegen der früher hM kann die Anmeldung allein durch den Erwerber erfolgen.[164] Eine Mitwirkung des Veräußerers ist nicht erforderlich, zumal der Haftungsausschluss ohnehin nur auf dem Registerblatt des Erwerbers eingetragen wird.[165] Im Übrigen trifft das **Registergericht** angesichts der komplexen Voraussetzungen des § 25 Abs. 1 S. 1 lediglich eine **eingeschränkte Prüfungspflicht,** sodass eine entsprechende Vereinbarung auf Antrag bereits dann einzutragen ist, wenn eine Haftung des Erwerbers ernsthaft in Betracht kommt.[166]

38 **b) Mitteilung an Gläubiger (Abs. 2 Alt. 2).** Unabhängig von einer Eintragung ins Handelsregister wird eine abweichende Vereinbarung gegenüber solchen Gläubigern wirksam, denen die Vereinbarung von dem Veräußerer oder Erwerber gesondert mitgeteilt worden ist. Hingegen soll nach hM eine Haftung des Erwerbers nicht entfallen, wenn ein Gläubiger auf **andere Weise** als durch Mitteilung seitens des Veräußerers oder Erwerbers von dem Haftungsausschluss **Kenntnis erlangt.**[167] Dem ist indes mit Blick auf den Normzweck der Vorschrift und die mangelnde Schutz-

[157] MüKoHGB/Thiessen Rn. 93; Ebenroth/Boujong/Reuschle Rn. 86.

[158] BGH 8.5.1989, NJW-RR 1989, 1055 zu § 28, m. krit. Anm. Koller WuB II F § 28 HGB 1.89.

[159] Hopt/Merkt Rn. 13; MüKoHGB/Thiessen Rn. 100.

[160] Wilhelm NJW 1986, 1797; U. Huber FS Raisch, 1995, 85 (99); MüKoHGB/Thiessen Rn. 97 mwN; offengelassen in BayObLG 17.12.1987, NJW-RR 1988, 869 (870).

[161] Staub/Hüffer Rn. 96; Ebenroth/Boujong/Reuschle Rn. 87.

[162] RG 12.5.1911, JW 1911, 660 (661).

[163] RG 21.7.1936, RGZ 152, 75 (78 f.); Krafka RegisterR Rn. 552.

[164] OLG Schleswig 29.3.2010, SchlHA 2011, 33 (34); OLG München 30.4.2008, DB 2008, 1091 (1093) = RNotZ 2008, 425 m. zust. Anm. Heil; Wachter MittBayNot 2010, 218 (221); Staub/Burgard Rn. 130; Krafka RegisterR Rn. 554; **aA** MüKoHGB/Lieb, 2. Aufl. 2005, Rn. 116; Ebenroth/Boujong/Reuschle Rn. 88 mwN; Ries notar 2017, 75 (76); vgl. zu einem Sonderfall auch OLG Köln 8.2.2010, NJW-RR 2010, 1558 (1559).

[165] OLG Düsseldorf 25.2.2008, NJW-RR 2008, 1211 = RNotZ 2008, 424 m. zust. Anm. Heil; Lohr GmbH-StB 2018, 65 (66) mit Vorschlag für eine Musterformulierung der Registeranmeldung.

[166] OLG Saarbrücken 16.1.2018, NZG 2018, 349; OLG Düsseldorf 15.9.2015, NJW-RR 2016, 106; OLG München 8.4.2015, NJW 2015, 2353 m. zust. Anm. Miras sowie Schodder EWiR 2015, 539; OLG Zweibrücken 11.11.2013, NJW-RR 2014, 672 (673); 15.5.2013, NZG 2013, 1235 (1236); Heymann/Förster Rn. 78; Krafka RegisterR Rn. 557; Habrich ZPG 2025, 22.

[167] BGH 1.12.1958, BGHZ 29, 1 (4) = NJW 1959, 241; Henssler/Strohn/Wamser Rn. 14; MüKoHGB/Thiessen Rn. 98 mzN.

würdigkeit des Dritten zu widersprechen (→ Rn. 9 f.). Entgegen der hM scheidet eine Haftung des Erwerbers daher in analoger Anwendung von § 25 Abs. 2 auch dann aus, wenn der Gläubiger die wahren Verhältnisse aus anderen Gründen nachweislich kannte.[168]

39 **c) Zeitpunkt.** Im Interesse der Verkehrssicherheit und Rechtsklarheit darf der Erwerber die Entscheidung über einen möglichen Haftungsausschluss nicht in der Schwebe halten. Die Bekanntgabe einer abweichenden Vereinbarung muss deshalb **unverzüglich** nach der Unternehmensübernahme veranlasst werden, andernfalls ist sie im Außenverhältnis wirkungslos.[169] Einen offensichtlich verspäteten Eintragungsantrag hat das Registergericht zurückzuweisen.[170] **Eintragung und Bekanntmachung** des Haftungsausschlusses müssen in angemessener Frist nach der Anmeldung erfolgen. Das Risiko einer Verzögerung trifft den neuen Unternehmensträger; es kommt dabei weder auf dessen Verschulden noch auf ein solches des Registergerichts an. Um den Erwerber nicht rechtlos zu stellen, sind jedoch Verzögerungen infolge einer Zwischenverfügung oder eines Beschwerdeverfahrens bei der Angemessenheit der Frist zu berücksichtigen.[171] Die neuere Rspr. hat in solchen Fällen eine Frist von bis zu **fünf Monaten** für noch angemessen gehalten,[172] während dies bei **sieben Monaten** und mehr verneint wurde.[173]

V. Besondere Verpflichtungsgründe (Abs. 3)

40 **1. Überblick.** Führt der Erwerber die Firma des übernommenen Handelsgeschäfts nicht fort, haftet er für die von dem früheren Inhaber begründeten Verbindlichkeiten nur, wenn ein **besonderer Verpflichtungsgrund** vorliegt. Dieser kann sich aus einer in § 25 Abs. 3 erwähnten handelsüblichen Bekanntmachung, einer gesonderten Haftungsnorm außerhalb des Handelsrechts oder den Grundsätzen der Rechtsscheinhaftung ergeben.

41 **2. Handelsübliche Bekanntmachung.** Auch ohne Fortführung der Firma kann der Erwerber die Haftung für Altverbindlichkeiten im Außenverhältnis übernehmen, wenn er die Haftungsübernahme in handelsüblicher Weise (zB Anmeldung zum Handelsregister, Rundschreiben, Zeitungsannoncen) bekannt macht. Dogmatisch handelt es sich hierbei um eine einseitige, nicht annahmebedürftige **Erklärung an die Öffentlichkeit.**[174] Angesichts des weiten Anwendungsbereichs von § 25 Abs. 1 S. 1 kommt dieser Form der Haftungsübernahme allerdings kaum eine praktische Bedeutung zu.

42 **3. Besondere Haftungsnormen. a) 613a BGB.** Die Vorschrift, die in ihrem Geltungsbereich neben § 25 Abs. 1 S. 1 anwendbar ist (→ Rn. 30),[175] schützt Arbeitnehmer vor den Folgen eines Betriebsübergangs. Diesem Schutzzweck entsprechend verlangt § 613a BGB weder die Fortführung der bisherigen Firma, noch lässt die Vorschrift abweichende Vereinbarungen zu. Ein weiterer Unterschied zur Erwerberhaftung nach § 25 Abs. S. 1 liegt in den Rechtsfolgen. Während die Haftung nach § 25 Abs. 1 S. 1 lediglich zu einem gesetzlichen Schuldbeitritt führt (→ Rn. 29), sieht § 613a einen vollständigen **Übergang des Arbeitsverhältnisses** auf den Erwerber vor, sofern der Arbeitnehmer dem nicht rechtzeitig gem. § 613a Abs. 6 BGB widerspricht.

43 **b) § 75 AO.** Eine weitere Parallelvorschrift zu § 25 Abs. 1 S. 1 findet sich im Steuerrecht. Nach § 75 Abs. 1 S. 1 AO haftet der Erwerber eines Unternehmens für **Steuerschulden** des früheren Inhabers, sofern diese im letzten Jahr vor der Unternehmensübernahme entstanden sind und innerhalb eines Jahres danach festgesetzt oder angemeldet werden. Eine Fortführung der Firma ist nicht

[168] Ebenso Gotthardt BB 1987, 1896 (1901); Altmeppen FS Hopt, 2010, 305 (314 ff.); Canaris HandelsR § 7 Rn. 36; Hopt/Mössle HaGesR Rn. 286, 290; BeckOGK/Moser, 15.5.2025, Rn. 262; Staub/Burgard Rn. 141; ähnlich – unzulässige Rechtsausübung – Prütting/Guntermann/Weller HaGesR Rn. 727; zweifelnd auch Lettl HandelsR § 5 Rn. 32.

[169] BGH 1.12.1958, BGHZ 29, 1 (6) = NJW 1959, 241; OLG Düsseldorf 6.6.2003, NJW-RR 2003, 1120 (1121); Hopt/Merkt Rn. 15; Staub/Burgard Rn. 136; Canaris HandelsR § 7 Rn. 35.

[170] OLG Hamm 27.2.2014, ZIP 2014, 1223 (1224); OLG München 6.2.2007, BB 2007, 903 (904); Hopt/Merkt Rn. 15.

[171] MüKoHGB/Thiessen Rn. 96; Ebenroth/Boujong/Reuschle Rn. 89; Krafka RegisterR Rn. 558.

[172] OLG Düsseldorf 6.6.2003, NJW-RR 2003, 1120 (1121); OLG Hamm 17.9.1998, NJW-RR 1999, 396 (398).

[173] BGH 16.1.1984, NJW 1984, 1186 (1187); OLG Hamm 27.2.2014, ZIP 2014, 1223 (1224); OLG München 6.2.2007, BB 2007, 903 (904); weitergehend Staub/Burgard Rn. 137, der generell eine unverzügliche Anmeldung ausreichen lassen will.

[174] Staub/Burgard Rn. 145; KKD/Roth/Stelmaszczyk Rn. 9.

[175] BAG 24.3.1977, NJW 1977, 1791 = EzA HGB § 28 Nr. 1 m. abl. Anm. Lieb; Commandeur/Kleinebrink Betriebs- und Firmenübernahme Rn. 1186; Ebenroth/Boujong/Reuschle Rn. 71 mwN; **aA** MüKoHGB/Thiessen Rn. 66 und 111.

erforderlich; allerdings ist die Haftung des Erwerbers – anders als bei § 25 Abs. 1 S. 1 – auf den Bestand des übernommenen Vermögens beschränkt (§ 75 Abs. 1 S. 2 AO). Auf den Erwerb aus einer Insolvenzmasse oder im Vollstreckungsverfahren findet die Vorschrift gem. § 75 Abs. 2 AO keine Anwendung. Die Durchsetzung des Anspruchs kann mittels Haftungsbescheid (§ 191 AO) erfolgen.[176]

c) Weitere Haftungsnormen. Als besondere Verpflichtungsgründe iSv § 25 Abs. 3 kommen darüber hinaus vertragliche Schuldübernahmen (§§ 414 ff. BGB), Bürgschaften (§ 765 BGB), Patronatserklärungen und **andere haftungsbegründende Vorschriften** des gesamten Zivil- und Steuerrechts in Betracht.[177] 44

4. Rechtsscheinhaftung. a) Registerpublizität. Wird ein neuer Firmeninhaber zu Unrecht gem. § 31 ins Handelsregister eingetragen, obwohl er das Unternehmen tatsächlich zu keinem Zeitpunkt übernommen hat, haftet er unter den Voraussetzungen des **§ 15 Abs. 3** für die bestehenden Altverbindlichkeiten.[178] Zu den Folgen eines rechtsunwirksamen Erwerbsgeschäfts → Rn. 16. Umgekehrt kommt eine Haftung des Veräußerers für die von dem Erbwerber begründeten neuen Verbindlichkeiten gem. **§ 15 Abs. 1** in Betracht, wenn die Eintragung des Inhaberwechsels ins Handelsregister versäumt wurde.[179] 45

b) Allgemeine Grundsätze. Liegen einzelne Tatbestandsvoraussetzungen des § 25 Abs. 1 S. 1 nur dem äußeren Anschein nach vor oder wurde eine abweichende Vereinbarung nach § 25 Abs. 2 getroffen, kann eine Haftung des Erwerbers nach § 25 dennoch zu bejahen sein, wenn die bestehenden Defizite nach den Grundsätzen der **allgemeinen Rechtsscheinhaftung** kompensiert werden.[180] Hierzu wird man allerdings konsequenterweise verlangen müssen, dass sämtliche Merkmale dieses Rechtsinstituts tatsächlich erfüllt sind.[181] Neben einem zurechenbaren Rechtsscheintatbestand ist somit insbesondere erforderlich, dass der gutgläubige Dritte im Vertrauen auf den gesetzten Rechtsschein über sein Vermögen disponiert hat. Gerade an dem **Kausalitätserfordernis** wird eine Rechtsscheinhaftung indes häufig scheitern. Für die Eingehung einer vertraglichen Verpflichtung kann ein etwaiger Rechtsscheintatbestand in der Regel schon deshalb nicht ursächlich werden, weil die in den Anwendungsbereich von § 25 Abs. 1 S. 1 fallenden Forderungen bereits vor der Übertragung des Unternehmens bestanden haben müssen. Zu denken wäre allenfalls an eine Stundung oder unterlassene Geltendmachung eines Anspruchs im Vertrauen auf die scheinbar bestehende Haftung des Erwerbers.[182] 46

VI. Schuldnerschutz nach Abs. 1 S. 2

1. Allgemeines. Mit der Übertragung des Handelsgeschäfts können die dort begründeten **Forderungen** an den Erwerber **abgetreten** werden. Geschieht dies, ist für die Anwendung von § 25 Abs. 1 S. 2 kein Raum, vielmehr gelten die allgemeinen bürgerlich-rechtlichen Vorschriften. Leistet der Schuldner in Unkenntnis der Abtretung an den früheren Inhaber, ist zu seinen Gunsten § 407 BGB anwendbar. Dies gilt – trotz § 15 Abs. 2 – nach hM auch dann, wenn die Firmenübertragung gem. § 31 ins Handelsregister eingetragen worden ist, da der Gläubigerwechsel als solcher keine eintragungspflichtige Tatsache darstellt.[183] 47

Allein von § 25 Abs. 1 S. 2 erfasst ist hingegen der Fall, dass eine **Abtretung** einzelner oder sämtlicher unternehmensbezogener Forderungen an den Erwerber des Handelsgeschäfts **unterbleibt.** Auch in dieser Situation ist der Schuldner schutzbedürftig, wenn er (in Unkenntnis des Inhaberwechsels oder in der falschen Annahme, die Forderung sei auf den neuen Inhaber übergegan- 48

---

[176] Vgl. zu weiteren Einzelheiten Commandeur/Kleinebrink Betriebs- und Firmenübernahme Rn. 1420 ff.; HK-HGB/Selder Rn. 20 ff., jeweils mwN.

[177] Hopt/Merkt Rn. 18 ff.; Staub/Burgard Rn. 148 ff.

[178] MüKoHGB/Thiessen Rn. 127; Ebenroth/Boujong/Reuschle Rn. 107.

[179] BGH 4.7.1966, NJW 1966, 1915 (1916); MüKoHGB/Thiessen Rn. 127; Ebenroth/Boujong/Reuschle Rn. 107.

[180] Dazu eingehend Commandeur/Kleinebrink Betriebs- und Firmenübernahme Rn. 1021 ff.; MüKoHGB/Thiessen Rn. 122 ff.; Ebenroth/Boujong/Reuschle Rn. 103 ff.; eine von Voraussetzungen des § 25 unabhängige allgemeine Rechtsscheinhaftung bleibt daneben unberührt, vgl. BGH 5.7.2012, NZG 2012, 916 Rn. 21 ff.

[181] OLG Oldenburg 28.4.2015, BeckRS 2015, 125975; OLG Dresden 15.11.1993, OLG-NL 1994, 230; Hopt/Merkt Rn. 6, 7; Staub/Burgard Rn. 153; Ebenroth/Boujong/Reuschle Rn. 103; **aA** OLG Frankfurt 20.11.1979, NJW 1980, 1397 (1398) m. abl. Anm. Nickel NJW 1981, 102.

[182] Commandeur/Kleinebrink Betriebs- und Firmenübernahme Rn. 1052 f.; MüKoHGB/Thiessen Rn. 123; Staub/Burgard Rn. 154; BeckOK HGB/Bömeke, 47. Ed. 1.7.2025, Rn. 83.

[183] NK-HGB/Schall Rn. 28; Staub/Burgard Rn. 120; Canaris HandelsR § 7 Rn. 79 mwN; **aA** Staub/Hüffer, 4. Aufl. 1995, Rn. 71; Prütting/Guntermann/Weller HaGesR Rn. 731.

gen) irrtümlich an den Erwerber zahlt, obwohl dieser nicht Gläubiger geworden ist. Diesen Schutz gewährleistet § 25 Abs. 1 S. 2, indem er bestimmt, dass die Forderungen den Schuldnern gegenüber als auf den Erwerber übergangen gelten. Insoweit erweist sich die Bestimmung letztlich als **handelsrechtliches Gegenstück zu § 407 BGB.**[184]

49 Eine über den **Schuldnerschutz** hinausreichende Bedeutung ist der Vorschrift nicht beizumessen.[185] Soweit K. Schmidt auf der Grundlage seiner Kontinuitätslehre die These vertritt, § 25 Abs. 1 S. 2 führe zu einem echten Forderungsübergang,[186] ist dies weder mit dem Wortlaut der Vorschrift noch mit ihrem Normzweck (→ Rn. 9) zu vereinbaren. Entsprechendes gilt für Auffassungen, welche § 25 Abs. 1 S. 2 als Fiktion[187] oder als unwiderlegliche Vermutung[188] einer rechtsgeschäftlichen Forderungsabtretung verstehen. Diese Interpretationen können schon deshalb nicht überzeugen, weil kein triftiger Grund ersichtlich ist, dem Schuldner die Berufung auf die wahre Rechtslage zu verwehren, wenn er von dem Unternehmenserwerber auf Zahlung in Anspruch genommen wird.[189] Neben der Möglichkeit, mit schuldbefreiender Wirkung an den Unternehmenserwerber zu leisten, folgt aus § 25 Abs. 1 S. 2 deshalb lediglich eine **widerlegbare Vermutung** zu Gunsten des Schuldners, dass die unternehmensbezogenen Forderungen tatsächlich auf den Erwerber übergegangen sind.[190]

50 **2. Voraussetzungen. a) Einwilligung.** § 25 Abs. 1 S. 2 knüpft zunächst an die Voraussetzungen der Erwerberhaftung nach § 25 Abs. 1 S. 1 an (→ Rn. 11 ff.). Darüber hinaus muss der Veräußerer in die **Fortführung der Firma** durch den Erwerber eingewilligt haben, um die Rechtsfolgen der Vorschrift auszulösen. Mit diesem zusätzlichen Erfordernis will das Gesetz ausschließen, dass der Veräußerer gegen seinen Willen eine Forderung verlieren kann, ohne dass er den Rechtverlust in zurechenbarer Weise veranlasst hat.[191] Die Einwilligung kann auch konkludent – etwas durch eine stillschweigende Duldung der Firmenfortführung – erteilt werden; sie muss jedoch objektiv vorliegen und grundsätzlich rechtswirksam sein.[192] Ausnahmen sind allenfalls dann denkbar, wenn der Rechtsmangel die Zurechenbarkeit der erteilten Einwilligung unberührt lässt (zB §§ 119, 123 BGB).[193]

51 **b) Übertragbarkeit.** Nach hM gilt § 25 Abs. 1 S. 2 generell nicht für Forderungen, welche aufgrund eines **gesetzlichen** oder **vertraglichen Verbots** (zB nach §§ 399, 400, 613, 717 BGB) nicht abgetreten werden können.[194] Hingegen will Canaris zu Recht danach differenzieren, ob die Firma mit oder ohne Nachfolgezusatz weitergeführt wird. Da der Schuldner in dem zuletzt genannten Fall davon ausgeht, an den bisherigen Inhaber zu leisten, erscheint eine Anwendung der Vorschrift trotz des Abtretungsverbots gerechtfertigt.[195] Ferner setzt § 25 Abs. 1 S. 2 voraus, dass die Forderung ohne Einhaltung einer besonderen **Form** (zB Art. 11 WG, § 1154 BGB) abgetreten werden kann. Dies folgt zum einen aus dem Zweck der jeweiligen Formvorschrift[196] und zum anderen aus dem Umstand, dass der Schuldner in diesen Fällen in der Regel bereits dadurch hinreichend geschützt ist, dass er nur gegen Vorlage eines Papiers zu leisten braucht (vgl. zB Art. 39 WG, § 1144 BGB).[197]

52 **c) Ausschluss nach Abs. 2.** Ebenso wie die Haftung des Erwerbers für Altverbindlichkeiten kann die Wirkung des § 25 Abs. 1 S. 2 ausgeschlossen werden, indem eine abweichende Vereinbarung

---

184 So zutr. RGHMW/Ries Rn. 33; Staub/Burgard Rn. 106; KMR/Roth Rn. 13.

185 NK-HGB/Schall Rn. 32; Staub/Burgard Rn. 111 ff., insbes. 113; Canaris HandelsR § 7 Rn. 67.

186 K. Schmidt AcP 198 (1998), 516; K. Schmidt HandelsR § 7 Rn. 59 ff.; ähnlich jetzt auch MüKoHGB/Thiessen Rn. 71 f.; J. Flume ZHR 170 (2006), 737 (758 ff.).

187 HK-HGB/Ruß Rn. 14; GK-HGB/Steitz Rn. 26.

188 Hausmann JR 1994, 133 (136); Schlegelberger/Hildebrandt/Steckhan Rn. 14.

189 So zutr. Canaris HandelsR § 7 Rn. 67.

190 So die wohl hL Commandeur/Kleinebrink Betriebs- und Firmenübernahme Rn. 1251; Altmeppen FS Hopt, 2010, 305 (313 f.); RGHMW/Ries Rn. 34; BeckOGK/Moser, 15.5.2025, Rn. 162; Hopt/Merkt Rn. 21; Staub/Burgard Rn. 111; KKD/Roth/Stelmaszczyk Rn. 10; Canaris HandelsR § 7 Rn. 67; mit Einschränkungen auch Ebenroth/Boujong/Reuschle Rn. 79; die Rspr. hat sich zur dogmatischen Einordnung der Vorschrift noch nicht eindeutig geäußert; vgl. BGH 20.1.1992, NJW-RR 1992, 866 (867) = JZ 1992, 1028 m. abl. Anm. Lieb = WuB IV D § 25 HGB 2.92 m. zust. Anm. Wilhelm.

191 NK-HGB/Schall Rn. 33; Staub/Burgard Rn. 108; Canaris HandelsR § 7 Rn. 69.

192 Ebenroth/Boujong/Reuschle Rn. 74; RGHMW/Ries Rn. 36; Hopt/Merkt Rn. 22.

193 So zutr. Canaris HandelsR § 7 Rn. 69; ähnlich Staub/Burgard Rn. 108; **aA** Hopt/Merkt Rn. 22 (unwirksame Einwilligung genügt generell nicht).

194 BGH 20.1.1992, NJW-RR 1992, 866 (867); Hopt/Merkt Rn. 23; Staub/Burgard Rn. 116; Ebenroth/Boujong/Reuschle Rn. 80.

195 Canaris HandelsR § 7 Rn. 70; ähnlich Staub/Burgard Rn. 116; BeckOGK/Moser, 15.5.2025, Rn. 194.

196 So Staub/Hüffer, 4. Aufl. 1995, Rn. 67.

197 Ausschließlich hierauf abstellend Canaris HandelsR § 7 Rn. 71; ähnlich MüKoHGB/Lieb, 2. Aufl. 2005, Rn. 113.

(auch beschränkt auf einzelne Forderungen) ins Handelsregister eingetragen und bekannt gemacht oder dem Schuldner auf andere Weise mitgeteilt wird (zu Einzelheiten → Rn. 34 ff.). Anders als bei der Erwerberhaftung und entgegen der bislang hM muss die abweichende Vereinbarung **nicht** bereits **unverzüglich** nach der Unternehmensübernahme publiziert werden. Die unverzügliche Bekanntgabe ist bei § 25 Abs. 1 S. 1 unverzichtbar, um einen Schwebezustand hinsichtlich der Schuldnerstellung des Erwerbers auszuschließen (→ Rn. 39). Dies ist bezüglich seiner Gläubigerstellung indes nicht der Fall, weil der Dritte hier auch dann ausreichend geschützt ist, wenn er erst unmittelbar vor der Leistung von der abweichenden Regelung erfährt oder erfahren kann.[198]

Ähnlich wie bei der Erwerberhaftung nach § 25 Abs. S. 1 (→ Rn. 38) ist auch bei § 25 Abs. 1 S. 2 umstritten, ob sich der Dritte auf die Vorschrift berufen kann, wenn er auf **andere Weise** als im Wege des § 25 Abs. 2 **positive Kenntnis** von der fehlenden Abtretung erlangt hat. Ebenso wie dort ist die Frage auch hier zu verneinen, weil der Schuldner offensichtlich keines Schutzes bedarf, wenn er die tatsächlichen Verhältnisse kennt.[199] Etwas anders lässt sich auch nicht mit dem Hinweis auf mögliche Beweisschwierigkeiten rechtfertigen,[200] zumal diese bei der Anwendung von § 407 BGB in gleicher Weise auftreten können. Eine doppelte Inanspruchnahme kann der Schuldner hier ebenso wie dort vermeiden, indem er die Möglichkeiten der Hinterlegung (§ 372 BGB) oder Streitverkündung (§ 72 ZPO) nutzt. 53

3. Rechtsfolgen. Dem **Schuldner** kommt im Verhältnis zum **Veräußerer** die schuldbefreiende Wirkung des § 25 Abs. 1 S. 2 zu Gute, wenn er trotz der unterbliebenen Abtretung an den Erwerber leistet. Ebenso wie bei § 407 BGB muss der Veräußerer darüber hinaus auch andere Rechtsgeschäfte in Bezug auf die Forderung (zB Stundung, Erlass, Aufrechnung) gegen sich gelten lassen.[201] Andererseits kann er den Schuldner in Anspruch nehmen, wenn es ihm gelingt, die unterbliebene Abtretung der Forderung zu beweisen. Entgegen der Lehre von der unwiderlegbaren Vermutung (bzw. Fiktion), die dem Veräußerer die Geltendmachung seiner Forderung abschneidet (→ Rn. 49), reicht es zum Schutz des Schuldners aus, dem Veräußerer die Beweislast dafür aufzuerlegen, dass er trotz Unternehmensübergang Gläubiger geblieben ist.[202] 54

Für das Verhältnis **Schuldner – Erwerber** gilt: Ist eine Abtretung der Forderung unterblieben, kann jederzeit mit schuldbefreiender Wirkung an den Veräußerer geleistet werden. Dies folgt nicht aus § 25 Abs. 1 S. 2 oder § 407 BGB, sondern schlicht aus dem Umstand, dass der Veräußerer nach wie vor Forderungsinhaber ist. Zahlt der Schuldner in Unkenntnis einer tatsächlich erfolgten Abtretung an den Altgläubiger, ist die Vorschrift ebenfalls ohne Bedeutung. Insbesondere kann sich der Leistende in diesem Fall auch dann auf § 407 BGB berufen, wenn er vom Inhaberwechsel weiß oder dieser ins Handelsregister eingetragen und bekannt gemacht worden ist.[203] Will der Erwerber den Schuldner auf Leistung in Anspruch nehmen, muss er im Streitfall die Abtretung der Forderung beweisen. Auf § 25 Abs. 1 S. 2 kann er sich dabei nicht berufen, weil es sich bei der Vorschrift – wie bereits dargelegt (→ Rn. 48 f.) – um eine reine Schuldnerschutzbestimmung handelt.[204] 55

Im Verhältnis **Veräußerer – Erwerber** ist § 25 Abs. 1 S. 2 – entsprechend seines Schutzzwecks (→ Rn. 9 und 48 f.) – ohne Bedeutung. Ist der Schuldner aufgrund einer Leistung an den Erwerber nach § 25 Abs. 1 S. 2 freigeworden, muss dieser als Nichtberechtigter (§ 816 Abs. 2 BGB) das Erlangte an den Veräußerer herausgeben.[205] Handelt es sich dagegen um eine unentgeltliche Verfügung des Erwerbers (Erlass der Forderung), steht dem Veräußerer ein direkter bereicherungsrechtlicher Anspruch (§ 816 Abs. 1 S. 2 BGB) gegen den Schuldner zu.[206] 56

---

[198] So zutr. OLG München 8.1.1992, DB 1992, 518 (519); Commandeur/Kleinebrink Betriebs- und Firmenübernahme Rn. 1256; Staub/Burgard Rn. 113; Ebenroth/Boujong/Reuschle Rn. 90; Heymann/Förster Rn. 69 und 84; **aA** BGH 20.1.1992, NJW-RR 1992, 866 (867) = JZ 1992, 1028 m. abl. Anm. Lieb = WuB IV D § 25 HGB 2.92 m. zust. Anm. Wilhelm; zweifelnd RGHMW/Ries Rn. 41.

[199] Ebenso wie hier Zerres Jura 2007, 253 (256); Commandeur/Kleinebrink Betriebs- und Firmenübernahme Rn. 1238; BeckOGK/Moser, 15.5.2025, Rn. 205; **aA** RG 19.9.1903, JW 1903, 401; Ebenroth/Boujong/Reuschle Rn. 82 mwN; offengelassen von BGH 20.1.1992, NJW-RR 1992, 866 (867); diff. Canaris HandelsR § 7 Rn. 72.

[200] So aber Canaris HandelsR § 7 Rn. 72; zust. Hopt/Merkt Rn. 25; ähnlich auch Staub/Burgard Rn. 141.

[201] Vgl. Hager GS Helm, 2001, 697 (705 ff.); KKD/Roth/Stelmaszczyk Rn. 14.

[202] Commandeur/Kleinebrink Betriebs- und Firmenübernahme Rn. 1251; RGHMW/Ries Rn. 35; Hopt/Merkt Rn. 21; KKD/Roth/Stelmaszczyk Rn. 15; Canaris HandelsR § 7 Rn. 76; **aA** BGH 20.1.1992, NJW-RR 1992, 866 (867) = JZ 1992, 1028 m. abl. Anm. Lieb = WuB IV D § 25 HGB 2.92 m. zust. Anm. Wilhelm; RG 14.1.1910, RGZ 72, 434 (436); Hausmann JR 1994, 133 (136 f.); Hübner HandelsR § 3 Rn. 262.

[203] Staub/Burgard Rn. 120; Canaris HandelsR § 7 Rn. 79; **aA** Hausmann JR 1994, 133 (138); Prütting/Guntermann/Weller HaGesR Rn. 731.

[204] Hopt/Merkt Rn. 25; Staub/Burgard Rn. 111; **aA** RGHMW/Ries Rn. 33 f.

[205] Staub/Burgard Rn. 114.

[206] Hager GS Helm, 2001, 697 (706).

VII. Prozessuales

57 **1. Abs. 1 S. 1. a) Erkenntnisverfahren.** Da der frühere Inhaber Schuldner der von ihm begründeten Verbindlichkeiten bleibt (→ Rn. 29), wird seine **Passivlegitimation** durch eine Veräußerung des Unternehmens nach Rechtshängigkeit **nicht berührt.** Aus diesem Grund liegt weder ein Fall des § 265 ZPO vor, noch kommt eine Rechtskrafterstreckung nach § 325 Abs. 1 ZPO in Betracht. Werden Veräußerer und Erwerber gemeinschaftlich in Anspruch genommen, handelt es sich deshalb auch nicht um eine notwendige (§ 62 ZPO), sondern gem. §§ 59, 60 ZPO lediglich um eine einfache Streitgenossenschaft.[207] Da der Erwerber der Schuld kraft Gesetzes so beitritt, wie sie besteht, kann er an dem durch den Veräußerer begründeten Gerichtsstand des Erfüllungsortes (§ 29 ZPO) verklagt werden.[208] Ebenso ist er an eine von dem bisherigen Geschäftsinhaber getroffene **Schiedsvereinbarung** (§ 1029 ZPO) gebunden.[209]

58 **b) Zwangsvollstreckung.** Liegt ein rechtskräftiges Urteil oder ein anderer endgültiger Vollstreckungstitel (zB Prozessvergleich) gegen den Veräußerer vor, kann dem Gläubiger nach **§ 729 Abs. 2 ZPO** eine **vollstreckbare Ausfertigung** gegen den Erwerber erteilt werden.[210] Der hierzu erforderliche Nachweis der Firmenfortführung muss gem. § 729 Abs. 2 ZPO iVm § 727 Abs. 1 ZPO durch öffentliche oder öffentlich beglaubigte Urkunden geführt werden, wobei die Vorlage eines entsprechenden Handelsregisterauszugs (§ 9 Abs. 4 S. 3) in der Regel genügt.[211] Im Hinblick auf die fehlende Rechtskrafterstreckung (→ Rn. 57) ist § 767 Abs. 2 ZPO nach hM im Falle einer Vollstreckungsgegenklage des Erwerbers nicht anzuwenden, sodass materiell-rechtliche Einwendungen ohne zeitliche Begrenzung vorgebracht werden können.[212]

59 **2. Abs. 1 S. 2.** Insoweit bestehen keine Besonderheiten.

VIII. Darlegungs- und Beweislast

60 Für die Darlegungs- und Beweislast hinsichtlich der **Erwerberhaftung nach § 25 Abs. 1 S. 1** gelten die allgemeinen Grundsätze. Der Gläubiger ist somit für sämtliche anspruchsbegründenden Tatsachen (zB Erwerb und Fortführung eine Handelsgeschäfts, Firmenfortführung), darlegungs- und beweispflichtig, während der Erwerber anspruchsausschließende Umstände (zB Vereinbarung und Kundgabe eines Haftungsausschlusses nach § 25 Abs. 2) darzulegen und zu beweisen hat.[213] Zur Beweislastverteilung im **Anwendungsbereich von § 25 Abs. 1 S. 2** → Rn. 49, → Rn. 54 ff.[214]

IX. Internationales Privatrecht

61 Nach hM unterliegt die Haftung des Erwerbers bei einer Firmenfortführung, sofern nichts anderes vereinbart wurde,[215] dem Recht am Sitz des übernommenen und fortgeführten Unternehmens.[216] Sieht man – wie hier vertreten (→ Rn. 9) – den Normzweck der Vorschrift vornehmlich im Schutz des Rechtsverkehrs, ist dies bereits deshalb gerechtfertigt, weil das zu schützende Vertrauen des Geschäftsverkehrs an das Unternehmen als Firmenträger anknüpft. Die von einer Mindermeinung befürwortete Anknüpfung an das Forderungsstatut[217] vermag demgegenüber nicht zu überzeugen.[218]

---

[207] Staub/Burgard Rn. 99; Ebenroth/Boujong/Reuschle Rn. 73.

[208] BGH 14.7.2020, NJW-RR 2020, 1070 Rn. 21; Staub/Burgard Rn. 99.

[209] KG 13.8.2015, BB 2016, 397 (399) m. krit. Anm. Burianski; Zöller/Geimer ZPO § 1029 Rn. 67.

[210] Staub/Burgard Rn. 100; MüKoHGB/Thiessen Rn. 107; Winkler RNotZ 2019, 117 (133); vgl. hierzu auch Dötsch MDR 2011, 701 (702 f.), der abw. von der hM § 729 Abs. 2 ZPO als Sonderfall einer Rechtsnachfolge nach § 727 ZPO ansieht.

[211] Zöller/Seibel ZPO § 729 Rn. 9; Winkler RNotZ 2019, 117 (133).

[212] BGH 9.4.1987, NJW 1987, 2863; MüKoZPO/Wolfsteiner ZPO § 729 Rn. 2 mwN.

[213] OLG Frankfurt 2.6.2021, NZG 2021, 1505 (1506).

[214] Vgl. ferner Ebenroth/Boujong/Reuschle Rn. 85 mwN.

[215] Zur Zulässigkeit einer (nachträglichen) Rechtswahl vgl. OLG Koblenz 7.4.1988, RIW 1989, 61 = IPRax 1989, 175 m. insoweit zust. Anm. v. Hoffmann; sowie eingehend Staudinger/Hausmann, 2021, Rom I-VO Anh. Art. 16 Rn. 18.

[216] BGH 23.10.2013, NZG 2014, 511 Rn. 11 ff.; RG 7.3.1912, ZIR 22 (1912), 558 (559 f.); Bachmeier/Englich RIW 2022, 421 (422); Gehrlein ZInsO 2020, 325 (339 f.) = ZNotP 2020, 103 (110 f.); Land BB 2013, 2697 (2703); Schnelle RIW 1997, 281 (285); Hopt/Merkt Rn. 27; MüKoBGB/Martiny Rom I-VO Art. 15 Rn. 36.

[217] So OLG Koblenz 7.4.1988, RIW 1989, 61 = IPRax 1989, 175 m. abl. Anm. v. Hoffmann.

[218] Ebenso Lehmann IPRax 2015, 495 (497 f.); Kramme IPRax 2015, 225 (226); BeckOGK/Moser, 15.5.2025, Rn. 352.

Da die Haftung nach §§ 25 ff. weder vom Anwendungsbereich der Rom I-VO[219] noch von der Rom II-VO erfasst wird, hat sich an dieser Beurteilung auch durch das Inkrafttreten der Rom-Verordnungen im Ergebnis nichts geändert.[220] Eine internationale Zuständigkeit deutscher Gerichte besteht im Anwendungsbereich der Brüssel Ia-VO regelmäßig nur dann, wenn der Erwerber in Deutschland ansässig ist.[221]

§ 26 [Fristen bei Haftung nach § 25]

(1) [1]Ist der Erwerber des Handelsgeschäfts auf Grund der Fortführung der Firma oder auf Grund der in § 25 Abs. 3 bezeichneten Kundmachung für die früheren Geschäftsverbindlichkeiten haftbar, so haftet der frühere Geschäftsinhaber für diese Verbindlichkeiten nur, wenn sie vor Ablauf von fünf Jahren fällig und daraus Ansprüche gegen ihn in einer in § 197 Abs. 1 Nr. 3 bis 5 des Bürgerlichen Gesetzbuchs bezeichneten Art festgestellt sind oder eine gerichtliche oder behördliche Vollstreckungshandlung vorgenommen oder beantragt wird; bei öffentlich-rechtlichen Verbindlichkeiten genügt der Erlass eines Verwaltungsakts. [2]Die Frist beginnt im Falle des § 25 Abs. 1 mit dem Ende des Tages, an dem der neue Inhaber der Firma in das Handelsregister des Gerichts der Hauptniederlassung eingetragen wird, im Falle des § 25 Abs. 3 mit dem Ende des Tages, an dem die Übernahme kundgemacht wird. [3]Die für die Verjährung geltenden §§ 204, 206, 210, 211 und 212 Abs. 2 und 3 des Bürgerlichen Gesetzbuches sind entsprechend anzuwenden.

(2) Einer Feststellung in einer in § 197 Abs. 1 Nr. 3 bis 5 des Bürgerlichen Gesetzbuchs bezeichneten Art bedarf es nicht, soweit der frühere Geschäftsinhaber den Anspruch schriftlich anerkannt hat.

Schrifttum: Canaris, Die Enthaftungsregelung der §§ 26, 28 Abs. 3 HGB auf dem Prüfstand der Verfassung, FS Odersky, 1996, 753; Lieb, „Haftungsklarheit für den Mittelstand“?, GmbHR 1994, 657; Maier-Reimer, Nachhaftungsbegrenzung und neues Verjährungsrecht, DB 2002, 1818; Reichold, Das neue Nachhaftungsbegrenzungsgesetz, NJW 1994, 1617; K. Schmidt/C. Schneider, Haftungserhaltende Gläubigerstrategien beim Ausscheiden von Gesellschaftern bei Unternehmensübertragung, Umwandlung und Auflösung, BB 2003, 1961; Seibert, Nachhaftungsbegrenzungsgesetz – Haftungsklarheit für den Mittelstand, DB 1994, 461.

Übersicht

I. Allgemeines

1. Norminhalt. Liegen die Voraussetzungen des § 25 Abs. 1 S. 1 vor, führt dies im Ergebnis zu einem gesetzlichen Schuldbeitritt, weshalb neben dem Erwerber des Handelsgeschäfts auch der frühere Inhaber (Veräußerer) weiterhin für die Altverbindlichkeiten haftet (→ § 25 Rn. 29). § 26 sieht eine **zeitliche Begrenzung der Haftung** des Veräußerers vor. Diese endet gem. § 26 Abs. 1 S. 1 nach Ablauf einer Ausschlussfrist von **fünf Jahren** und zwar unabhängig davon, ob die betreffende Forderung zu diesem Zeitpunkt bereits fällig ist. 1

2. Normzweck. Nach dem Willen des Gesetzgebers soll § 26 die Risiken begrenzen, welche mit einer zeitlich unbegrenzten Haftung nach der Veräußerung eines einzelkaufmännischen Handelsge- 2

[219] OLG Stuttgart 28.6.2024, BeckRS 2024, 22317 Rn. 59; BeckOGK/Moser, 15.5.2025, Rn. 353; **aA** OLG Naumburg BeckRS 2022, 41719 Rn. 10.

[220] OLG Stuttgart 28.6.2024, BeckRS 2024, 22317 Rn. 59; Kramme IPRax 2015, 225 (227 f.); Zarth GWR 2014, 31 (32); Hopt/Merkt Rn. 27; ebenso zum österreichischen Recht öOGH 29.10.2013, IPRax 2015, 541; mit anderer Begründung (Eingriffsnorm) auch Lehmann IPRax 2015, 495 (498 ff.); offen gelassen in BGH 23.10.2013, NZG 2014, 511 Rn. 13; **aA** Freitag ZHR 174 (2010), 429 (432 ff.).

[221] Näher dazu Bachmeier/Englich RIW 2022, 421 ff.

schäfts verbunden sind, um damit die Attraktivität dieser Rechtsform zu erhalten.[1] In seiner ursprünglichen Fassung sah § 26 eine **Sonderverjährungsfrist** von fünf Jahren vor, um das genannte Ziel zu erreichen. Da eine Forderung indes erst nach Eintritt ihrer Fälligkeit verjähren kann, brachte diese Regelungstechnik bei Dauerschuldverhältnissen die Gefahr einer Endloshaftung des Veräußerers mit sich. Dem versuchten Rspr. und Lit. zunächst mittels verschiedener Lösungsansätze (Kündigungstheorie, Enthaftungslösung) im Wege der Rechtsfortbildung zu begegnen.[2] Angesichts weiter bestehender Rechtsunsicherheiten entschloss sich der Gesetzgeber, § 26 und vergleichbare Regelungen, welche das Ausscheiden aus einer Gesellschaft (§ 160 aF, jetzt § 137; § 736 Abs. 2 BGB aF, jetzt § 728b BGB) oder die Umwandlung eines Unternehmens (§§ 45, 133, 157, 224 UmwG) betreffen, mit dem Nachhaftungsbegrenzungsgesetz **(NachhBG)** vom 18.3.1994 grundlegend neu zu fassen. Ebenso wie die erwähnten Parallelvorschriften sieht § 26 nF zur zeitlichen Haftungsbegrenzung nunmehr eine **Ausschlussfrist** von fünf Jahren vor, welche auch später fällig werdende Ansprüche aus Dauerschuldverhältnissen erfasst.[3] Weitere eher redaktionelle Änderungen wurden mit dem Inkrafttreten der Schuldrechtsreform zum 1.1.2002 notwendig, um die Vorschrift dem geänderten Verjährungsrecht anzupassen.[4]

3 Entgegen der von Canaris vehement vertretenen Auffassung[5] begegnet die neu gefasste Vorschrift keinen durchgreifenden **verfassungsrechtlichen Bedenken.**[6] Zwar lässt sich nicht leugnen, dass mit der in § 26 vorgesehenen Enthaftung des Veräußerers ein Eingriff in schutzwürdige Rechtspositionen der Gläubiger verbunden ist. Andererseits steht aber gem. § 25 Abs. 1 S. 1 mit der Person des Erwerbers ein neuer Schuldner zur Verfügung, der nicht nur mit dem übernommenen Handelsgeschäft, sondern mit seinem gesamten Vermögen für die Altverbindlichkeiten haftet (→ § 25 Rn. 32). Hinzu kommt, dass es sich bei § 26 nicht um eine zwingende Regelung handelt (→ Rn. 14), sodass es den Gläubigern – jedenfalls bei vertraglichen Ansprüchen – frei steht, abweichende Vereinbarungen zu treffen. Angesichts dieser Umstände sowie der Länge der Fünfjahresfrist verstößt die Vorschrift nicht gegen Art. 14 GG oder den Verhältnismäßigkeitsgrundsatz, weshalb die von Canaris vorgeschlagenen Ergänzungen und Korrekturen des Gesetzeswortlauts (insbesondere Anspruch des Gläubigers auf Sicherheitsleistung analog § 22 UmwG, Ausschluss deliktischer Ansprüche)[7] weder von Verfassungs wegen geboten noch aus anderen Gründen gerechtfertigt sind. Erwägenswert erscheint daher allenfalls der von Canaris darüber hinaus vertretene Vorschlag, einen einseitigen Verzicht des Gläubigers auf den Schutz des § 25 Abs. 1 zuzulassen mit der Folge, dass damit auch die spätere Enthaftung des Veräußerers nach § 26 entfällt.[8]

4 **3. Überleitungsvorschrift.** Für Verbindlichkeiten, die vor dem Inkrafttreten des NachhBG **(26.3.1994)** entstanden sind,[9] gilt § 26 nF gem. Art. 37 EGHGB nur, wenn der neue Inhaber an diesem Tag oder später ins Handelsregister eingetragen worden ist bzw. seine Haftung kundgemacht hat und der Anspruch innerhalb von vier Jahren fällig wird. Bei einer späteren Fälligkeit bleibt dagegen § 26 aF mit der Maßgabe anwendbar, dass die Verjährungsfrist ein Jahr beträgt.[10]

II. Einzelerläuterung

5 **1. Voraussetzungen. a) Erwerberhaftung.** Eine Enthaftung des Veräußerers nach § 26 Abs. 1 S. 1 setzt zunächst voraus, dass der Erwerber gem. **§ 25 Abs. 1 S. 1** oder **§ 25 Abs. 3** für die betreffende Verbindlichkeit haftet. Fehlt es hieran, zB weil ein wirksamer Haftungsausschluss nach § 25 Abs. 2 vorliegt oder der Erwerber zwar das Handelsgeschäft, nicht aber die Firma fortführt, ist § 26 nicht anwendbar. Andererseits steht einer Anwendung der Vorschrift nicht entgegen, dass der Erwerber nicht nur gem. § 25, sondern darüber hinaus auch aus einem weiteren Rechtsgrund (zB Schuldbeitritt) für die betreffende Verbindlichkeit einzustehen hat.[11] Denn es ist nicht ersichtlich,

[1] BT-Drs. 12/1868, 7; BT-Drs. 12/6569, 11.
[2] Dazu iE MüKoHGB/Thiessen Rn. 3 f.; Ebenroth/Boujong/Reuschle Rn. 3.
[3] Zum NachhBG vgl. Reichold NJW 1994, 1617; Seibert DB 1994, 461.
[4] Vgl. dazu iE Maier-Reimer DB 2002, 1818.
[5] Canaris FS Odersky, 1996, 753; Canaris HandelsR § 7 Rn. 45 ff.; zust. KKD/Roth/Stelmaszczyk Rn. 2; krit. auch RGHMW/Ries Rn. 1; Staub/Burgard Rn. 9, Staub/Burgard § 25 Rn. 77 ff.
[6] Ebenso wie hier Commandeur/Kleinebrink Betriebs- und Firmenübernahme Rn. 1167; Hopt/Merkt Rn. 1; K. Schmidt HandelsR § 7 Rn. 93; vgl. auch BVerfG 2.1.2006, NJW 2006, 1724 (1725).
[7] Vgl. Canaris HandelsR § 7 Rn. 49 ff.
[8] Canaris HandelsR § 7 Rn. 53; ähnlich (Zurückweisungsrecht gem. § 333 BGB analog) jetzt auch Staub/Burgard Rn. 37 ff.; zust. KKD/Roth/Stelmaszczyk Rn. 2.
[9] Zum Entstehungszeitpunkt von Ansprüchen aus einer Betriebsrente BAG 27.6.2006, NZG 2007, 860 (863 f.).
[10] Zu weiteren Einzelheiten der komplexen und schwer verständlichen Überleitungsvorschrift Lieb GmbHR 1994, 657; MüKoHGB/Lieb, 1. Aufl. 1996, Rn. 20 ff.
[11] BGH 26.11.1964, BGHZ 42, 381 (382) = NJW 1965, 439 zu § 26 aF; Heymann/Emmerich, 2. Aufl. 1995, Rn. 9; Henssler/Strohn/Wamser Rn. 4; **aA** Heymann/Förster Rn. 10; diff. Hopt/Merkt Rn. 4.

weshalb einem Gläubiger bei Vorliegen eines doppelten Verpflichtungsgrunds nicht zuzumuten ist, seinen Anspruch innerhalb der Frist nach § 26 Abs. 1 S. 1 geltend zu machen.[12]

6 Eine **teleologische Reduktion** der Vorschrift wird von einem Teil der Lit. zu Recht dann angenommen, wenn der Erwerber zwar gem. § 25 persönlich haftet, das Betriebsvermögen aber beim Veräußerer verbleibt. Dies betrifft etwa Fälle der **Unternehmenspacht** und **Betriebsaufspaltungen** zum Zwecke der Haftungsvermeidung. Denn eine Enthaftung des Veräußerers kann den Gläubigern nur dann zugemutet werden, wenn sie auch weiterhin auf das Unternehmensvermögen zugreifen können, was in diesen Konstellationen jedoch nicht der Fall ist.[13]

7 **b) Gegenstand.** Gegenstand der Enthaftung sind die Geschäftsverbindlichkeiten des früheren Inhabers (Altverbindlichkeiten). Das sind sämtliche Schulden, die vor der Übernahme des Handelsgeschäfts entstanden sind. Erfasst werden auch solche Verbindlichkeiten, die erst nach der Übernahme des Handelsgeschäfts fällig werden, sofern ihr Rechtsgrund bereits zuvor durch den früheren Inhaber gelegt worden ist (→ § 25 Rn. 31). Die Vorschrift gilt für **unternehmensbezogene Verbindlichkeiten** (→ § 25 Rn. 30) gleich welchen Inhalts oder Rechtgrundes. Damit fallen auch Ansprüche aus Delikt und anderen gesetzlichen Schuldverhältnissen in ihren Anwendungsbereich; eine teleologische Reduktion erscheint insoweit nicht gerechtfertigt (→ Rn. 3).[14] Da § 25 nicht durch § 613a BGB verdrängt wird, sondern neben dieser Vorschrift anwendbar ist (→ § 25 Rn. 30, → § 25 Rn. 42), gilt § 26 grundsätzlich auch für Verbindlichkeiten aus Arbeitsverhältnissen, soweit der Erwerber hierfür nach § 25 Abs. 1 S. 1 haftet.[15]

8 **c) Fristbeginn.** Nach dem Wortlaut von § 26 Abs. 1 S. 2 Alt. 1 beginnt die fünfjährige Enthaftungsfrist grundsätzlich mit dem Ende des Tages, an dem der neue Inhaber in das **Handelsregister eingetragen** wird. Bezüglich der Parallelvorschrift in § 160 Abs. 1 S. 1 aF (Ausscheiden eines Gesellschafters aus einer OHG) war nach der Rspr. des BGH bereits vor dem Inkrafttreten des MoPeG anerkannt, dass die dortige Enthaftungsfrist auch ohne Eintragung ins Handelsregister beginnt, sobald dem Gläubiger das Ausscheiden des Gesellschafters **positiv bekannt** geworden ist.[16] Der Gesetzgeber hat diese Rspr. mittlerweile in § 137 Abs. 1 S. 3 nF aufgegriffen. Im Hinblick auf die mit dem NachhBG (→ Rn. 2) bezweckte Vereinheitlichung sämtlicher Haftungsbegrenzungsvorschriften[17] liegt es deshalb nahe, den entsprechenden Gedanken auch auf § 26 zu übertragen. Hat ein Gläubiger bereits vor der Eintragung ins Handelsregister von dem Inhaberwechsel erfahren, ist mithin dieser Zeitpunkt für den Beginn der Frist als maßgeblich anzusehen.[18] In den (seltenen) Fällen des § 25 Abs. 3 ist der Fristbeginn ohnehin nicht von einer Eintragung ins Handelsregister abhängig; vielmehr kommt es dann gem. § 26 Abs. 1 S. 2 Alt. 2 allein auf die **handelsübliche Kundgabe** der Haftungsübernahme an, die auch in anderer Form erfolgen kann (→ § 25 Rn. 41).

9 **2. Rechtsfolgen.** Liegen die Voraussetzungen des § 26 vor, führt dies nicht nur wie nach altem Recht zur Verjährung des Anspruchs, sondern zu seinem vollständigen Erlöschen. Dabei sind zwei Fallgruppen zu unterscheiden: Ansprüche, die erst **nach Ablauf der Fünfjahresfrist** fällig werden, können von vornherein keine Haftung mehr begründen. Forderungen, welche **vor Ablauf der Fünfjahresfrist** fällig werden, führen nur dann noch zu einer Haftung des Veräußerers, wenn sie innerhalb der genannten Frist gerichtlich geltend gemacht oder schriftlich anerkannt werden. Kürzere Verjährungsfristen werden hierdurch nicht berührt.[19]

10 Das Ende der Haftung des Veräußerers führt zum **Verlust etwaiger Sicherheiten.** Akzessorische Sicherungsrechte wie Bürgschaften und Pfandrechte gehen unter bzw. auf den Besteller über (zB bei einer Hypothek nach §§ 1163, 1177 BGB), bei nicht akzessorischen erwächst dem Sicherungsgeber ein schuldrechtlicher Rückübertragungsanspruch. Eine analoge Anwendung von § 216 Abs. 1

---

[12] So zutr. BGH 26.11.1964, BGHZ 42, 381 (382) = NJW 1965, 439.

[13] So Lettl HandelsR § 5 Rn. 42; Staub/Burgard Rn. 13; Hopt/Merkt Rn. 4; KKD/Roth/Stelmaszczyk Rn. 9; Staudinger/Schaub, 2021, BGB § 581 Rn. 321; **aA** zur Betriebsaufspaltung Canaris HandelsR § 7 Rn. 58 f. (stattdessen analoge Anwendung von § 132 Abs. 2 und 3 UmwG); dem zust. NK-HGB/Schall Rn. 7; MüKoHGB/Thiessen Rn. 16.

[14] Ebenso Ebenroth/Boujong/Reuschle Rn. 8; GK-HGB/Steitz Rn. 4; **aA** Canaris HandelsR § 7 Rn. 54 ff.; zust. KKD/Roth/Stelmaszczyk Rn. 9.

[15] So auch BeckOGK/Moser, 15.5.2025, Rn. 10; GK-HGB/Steitz Rn. 4; **aA** MüKoHGB/Thiessen Rn. 8; Ebenroth/Boujong/Reuschle Rn. 7.

[16] BGH 24.9.2007, BGHZ 174, 7 = NJW 2007, 3784 m. zust. Anm. Voigt; ebenso bereits zuvor Altmeppen NJW 2000, 2529 (2530 f.).

[17] Vgl. BT-Drs. 12/1868, 2; BGH 24.9.2007, BGHZ 174, 7 (10 f.) = NJW 2007, 3784.

[18] So jetzt auch Hopt/Merkt Rn. 9; MüKoHGB/Thiessen Rn. 14; **aA** anders die wohl (noch) hM: NK-HGB/Schall Rn. 9; RGHMW/Ries Rn. 14; Staub/Burgard Rn. 19; jeweils mwN.

[19] Hopt/Merkt Rn. 5; Ebenroth/Boujong/Reuschle Rn. 18; Seibert DB 1994, 461.

BGB kommt schon deshalb nicht in Betracht, weil § 26 Abs. 1 S. 3 zwar auf einige verjährungsrechtliche Vorschriften verweist, § 216 BGB von dieser Verweisung aber ausgenommen ist. Letztlich verbleibt es daher bei der Regelung in § 418 Abs. 1 S. 1 BGB, wonach bestellte Sicherheiten infolge einer Schuldübernahme erlöschen.[20]

11 **3. Erhaltung der Haftung. a) Gerichtliche Geltendmachung.** Innerhalb der Fünfjahresfrist fällig werdende Ansprüche bleiben gem. § 26 Abs. 1 S. 1 erhalten, wenn sie vor Ablauf dieser Frist in einer **§ 197 Abs. 1 Nr. 3–5 BGB** entsprechenden Weise tituliert werden oder eine Vollstreckungshandlung vorgenommen bzw. beantragt wird. Darüber hinaus erklärt § 26 Abs. 1 S. 3 neben anderen verjährungsrechtlichen Bestimmungen auch § 204 BGB für entsprechend anwendbar. Dies bedeutet, dass Gläubiger bereits durch die Einleitung der Rechtsverfolgung (zB Klageerhebung, Zustellung eines Mahnbescheids) einen Ablauf der Frist verhindern können. Ob ein bereits **vor der Geschäftsübernahme erwirkter Vollstreckungstitel** zu einer Hemmung bzw. gem. § 197 Abs. 1 Nr. 3 zur Verlängerung der Frist auf 30 Jahre führt,[21] ist umstritten. Die Frage ist mit der wohl hM zu verneinen,[22] da ansonsten für die in § 26 Abs. 1 S. 1 vorgesehene Möglichkeit, die Enthaftung durch Einleitung von Vollstreckungsmaßnahmen zu verhindern, kaum ein Anwendungsbereich verbliebe.[23]

12 **b) Schriftliches Anerkenntnis.** Ein schriftliches Anerkenntnis des Veräußerers macht gem. § 26 Abs. 2 eine Titulierung des Anspruchs nach § 197 Abs. Nr. 3–5 BGB entbehrlich. Die **Schriftform dient der Rechtssicherheit;**[24] ein mündliches oder konkludentes Anerkenntnis, etwa durch Abschlags- oder Zinszahlungen, genügt deshalb nicht.[25] Entsprechend wie bei der Feststellung des Anspruchs nach § 197 Abs. Nr. 3–5 BGB ist darüber hinaus notwendig, dass das Anerkenntnis nach der Geschäftsübernahme und vor Ablauf der Fünfjahresfrist erklärt wird.

13 **c) Verwaltungsakt.** Bei **öffentlich-rechtlichen Verbindlichkeiten,** die innerhalb der Fünfjahresfrist fällig werden, genügt zur Erhaltung des Anspruchs gem. § 26 Abs. 1 S. 1 Hs. 2 – neben den bereits erwähnten Maßnahmen – auch der Erlass eines Verwaltungsaktes.[26]

III. Abdingbarkeit

14 Die Rechtsfolgen des § 26 können durch eine **Vereinbarung** zwischen dem Gläubiger und dem früheren Inhaber (nicht aber dem Erwerber) abbedungen werden,[27] wobei § 202 BGB mangels der fehlenden Erwähnung in § 26 Abs. 1 S. 3 keine Anwendung findet.[28] Entgegen Lieb gilt dies nicht nur für die Notwendigkeit einer gerichtlichen Geltendmachung bereits fälliger Ansprüche,[29] sondern auch in jeder anderen Hinsicht; der Schutzzweck der Norm rechtfertigt insoweit keine Einschränkung der Vertragsfreiheit.[30] Die Parteien können daher zB auch vereinbaren, dass der frühere Inhaber zeitlich unbegrenzt für Ansprüche aus einem Dauerschuldverhältnis haften soll. Um das in § 26 Abs. 2 zwingend vorgesehene Schriftformerfordernis nicht zu unterlaufen, wird man allerdings verlangen müssen, dass abweichende Vereinbarungen ebenfalls in **schriftlicher Form** getroffen werden.[31] Ob dies auch durch die Einbeziehung von **AGB** geschehen kann, ist eine Frage des Einzelfalls, grundsätzlich aber zu bejahen. Insbesondere wird man eine entsprechende Klausel nicht von vornherein als überraschend iSv § 305c Abs. 1 BGB ansehen können,[32] zumal ein praktisches Bedürfnis für entsprechende Vereinbarungen nicht von der Hand zu weisen ist. Auch ein Verstoß gegen § 307 BGB dürfte daher regelmäßig nicht vorliegen.[33]

---

[20] Canaris FS Odersky, 1996, 760 f.; Canaris HandelsR § 7 Rn. 60; NK-HGB/Schall Rn. 17; KKD/Roth/Stelmaszczyk Rn. 8; **aA** K. Schmidt/C. Schneider BB 2003, 1961 (1965 ff.).

[21] So wohl K. Schmidt/C. Schneider BB 2003, 1961; 1963 f.; Hopt/Merkt Rn. 8; MüKoHGB/Thiessen Rn. 13.

[22] Maier-Reimer DB 2002, 1818 (1820 f.); Heymann/Emmerich, 2. Aufl. 1995, Rn. 10; Staub/Burgard Rn. 27; **aA** NK-HGB/Schall Rn. 11.

[23] So zu Recht Maier-Reimer DB 2002, 1818 (1821).

[24] Das Schriftformerfordernis geht auf eine Anregung des Bundesrats zurück; vgl. BT-Drs. 12/1868, 13; Seibert DB 1994, 461.

[25] Hopt/Merkt Rn. 11.

[26] Näher dazu K. Schmidt/C. Schneider BB 2003, 1961; Heymann/Förster Rn. 19.

[27] Staub/Burgard Rn. 35; RGHMW/Ries Rn. 21.

[28] KKD/Roth/Stelmaszczyk Rn. 5; Lettl HandelsR § 5 Rn. 47.

[29] MüKoHGB/Lieb, 2. Aufl. 2005, Rn. 13.

[30] K. Schmidt/C. Schneider BB 2003, 1961 (1964); Hopt/Merkt Rn. 12; MüKoHGB/Thiessen Rn. 11; BeckOK HGB/Bömeke, 47. Ed. 1.7.2025, Rn. 10; Canaris HandelsR § 7 Rn. 46.

[31] Anders die hM: NK-HGB/Schall Rn. 14; Hopt/Merkt Rn. 12; GK-HGB/Steitz Rn. 7; wie hier K. Schmidt/C. Schneider BB 2003, 1961 (1965).

[32] So aber offenbar K. Schmidt/C. Schneider BB 2003, 1961 (1965).

[33] Staub/Burgard Rn. 36; KKD/Roth/Stelmaszczyk Rn. 5; Lettl HandelsR § 5 Rn. 47.

IV. Darlegungs- und Beweislast

Im Streitfall hat der **Veräußerer** die für den Beginn der Enthaftungsfrist erforderlichen Voraussetzungen (zB Haftung des Erwerbers, Eintragung ins Handelsregister bzw. Kundgabe der Haftung) darzulegen und zu beweisen. Der **Gläubiger** ist hingegen für solche Tatsachen beweispflichtig, welche zur Erhaltung der Haftung führen (zB Einleitung von Rechtsverfolgungsmaßnahmen, Anerkenntnis des Veräußerers).[34] 15

§ 27 [Haftung des Erben bei Geschäftsfortführung]

(1) Wird ein zu einem Nachlasse gehörendes Handelsgeschäft von dem Erben fortgeführt, so finden auf die Haftung des Erben für die früheren Geschäftsverbindlichkeiten die Vorschriften des § 25 entsprechende Anwendung.

(2) [1]Die unbeschränkte Haftung nach § 25 Abs. 1 tritt nicht ein, wenn die Fortführung des Geschäfts vor dem Ablaufe von drei Monaten nach dem Zeitpunkt, in welchem der Erbe von dem Anfalle der Erbschaft Kenntnis erlangt hat, eingestellt wird. [2]Auf den Lauf der Frist finden die für die Verjährung geltenden Vorschriften des § 210 des Bürgerlichen Gesetzbuchs entsprechende Anwendung. [3]Ist bei dem Ablaufe der drei Monate das Recht zur Ausschlagung der Erbschaft noch nicht verloren, so endigt die Frist nicht vor dem Ablaufe der Ausschlagungsfrist.

Schrifttum: vgl. zunächst die Angaben zu § 25; ferner: Bredemeyer, Das kaufmännische Einzelunternehmen im Nachlass, ZErb 2013, 294; Demuth, Unternehmensnachfolge: Folgen des Ausscheidens eines Gesellschafters und Anwachsung bei Kommanditanteilen, BB 2007, 1569; Grote, Möglichkeiten der Haftungsbeschränkung für den Erben eines einzelkaufmännischen Gewerbebetriebs, BB 2001, 2595; Hell, Die unternehmenstragende Erbengemeinschaft – Vertretung, Haftung und Umstrukturierung, DZWIR 2020, 328; Joachim/Lange, Erbenhaftung, 5. Aufl. 2024; K. Schmidt, Handelsrechtliche Erbenhaftung als Bestandteil des Unternehmensrechts, ZHR 157 (1993), 600; Schönert, Grenzen der Beschränkbarkeit der Erbenhaftung auf den Nachlass, BWNotZ 2008, 81; Weidlich, Testamentsvollstreckung an einem einzelkaufmännischen Unternehmen – Zulässigkeit auf Grund geänderter Gesetzeslage?, NJW 2011, 641.

Übersicht

I. Allgemeines

1. Norminhalt. Die Vorschrift betrifft den Erwerb eines Handelsgeschäfts im Wege der Erbfolge. 1 § 27 Abs. 1 erklärt in diesem Fall die Vorschriften des § 25 für die Haftung des Erben entsprechend anwendbar, sofern dieser nicht gem. § 27 Abs. 2 die Fortführung des Handelsgeschäfts innerhalb einer Bedenkfrist von drei Monaten einstellt.

[34] BeckOK HGB/Bömeke, 47. Ed. 1.7.2025, Rn. 24; NK-HGB/Schall Rn. 15.

2 **2. Normzweck.** Ebenso wie im Fall des § 25 sind auch bei § 27 Normzweck und dogmatische Einordnung der Vorschrift nicht abschließend geklärt. Nach den Gesetzgebungsmaterialien sollen für § 27 dieselben Erwägungen gelten wie für § 25.[1] Dementsprechend wird die Vorschrift häufig als analoge Regelung zu der Erwerberhaftung nach § 25 verstanden.[2] Nach dem BGH knüpft § 27 die Haftung des Erben (ebenso wie § 25) an den äußeren Tatbestand der Geschäfts- und Firmenfortführung, um die Haftungserwartungen („wirtschaftliche Zugehörigkeit der Geschäftsschulden zum Geschäftsvermögen") des Rechtsverkehrs zu schützen.[3] Gegen diese **undifferenzierte Gleichsetzung** der Normzwecke beider Vorschriften spricht jedoch die ganz unterschiedliche Ausgangslage. Da der Erbe – anders als der Erwerber im Falle des § 25 – für die unternehmensbezogenen Verbindlichkeiten ohnehin bereits nach bürgerlichem Recht (§ 1967 BGB) haftet, besteht insoweit von vornherein kein Bedürfnis, ein Vertrauen beteiligter Verkehrskreise zusätzlich nach § 27 zu schützen.[4]

3 Ebenso wenig vermag andererseits der von K. Schmidt vertretene Ansatz zu überzeugen, wonach § 27 eine Parallele zu den gesellschaftsrechtlichen Bestimmungen der §§ 127, 173 bildet und ebenso wie die genannten Vorschriften ausschließlich darauf gerichtet ist, eine haftungsrechtliche **Gleichstellung von Alt- und Neuverbindlichkeiten** zu gewährleisten.[5] Dieser Erklärungsversuch kommt bei genauer Betrachtungsweise einem Zirkelschluss gleich, weil er eine mögliche Rechtsfolge der Norm zu ihrem alleinigen Zweck erklärt.[6] Darüber hinaus steht dem von K. Schmidt behaupteten einheitlichen Haftungskonzept entgegen, dass die Haftung eines eintretenden Gesellschafters nach §§ 127, 173 zwingend ausgestaltet ist, während die Haftung für Altverbindlichkeiten eines im Wege der Erfolge übergegangenen Unternehmens nach § 27 Abs. 2 beschränkt werden kann.[7]

4 Letztendlich erscheint es deshalb noch am überzeugendsten, die Vorschrift trotz der bestehenden Unterschiede ebenso wie § 25 als **Norm des Verkehrsschutzes** einzuordnen. Zwar muss der Rechtsverkehr im Anwendungsbereich der Vorschrift nicht in dem Vertrauen geschützt werden, dass der Erbe mit dem übernommenen Handelsgeschäft für Altverbindlichkeiten des früheren Inhabers einzustehen hat, weil diese Haftung bereits nach § 1967 BGB gewährleistet ist. Die darüber hinausgehende Erwartung, dass der neue Inhaber auch mit seinem Privatvermögen haftet, steht jedoch unter dem Vorbehalt einer späteren Haftungsbeschränkung auf den Nachlass, welche nach verschiedenen erbrechtlichen Bestimmungen möglich ist (§§ 1973, 1975 ff., 1990 BGB). Im Interesse der Sicherheit des Handelsverkehrs schützt die Vorschrift somit die Erwartung der beteiligten Verkehrskreise, dass nach Ablauf einer angemessenen Frist (§ 27 Abs. 2 S. 1) eine solche Haftungsbeschränkung nicht mehr erfolgt.[8]

II. Voraussetzungen

5 **1. Überblick.** Nach der hier vertretenen Auffassung enthält § 27 eine **Rechtsgrundverweisung** auf § 25. Für eine handelsrechtliche Haftung nach § 27 ist somit unabdingbar, dass neben den dort ausdrücklich genannten Voraussetzungen sämtliche Tatbestandsmerkmale des § 25 – einschließlich des Erfordernisses der Firmenfortführung (→ Rn. 14) – erfüllt sind.[9]

6 **2. Handelsgeschäft.** Eine Haftung nach § 27 setzt zunächst voraus, dass der Erblasser ein **einzelkaufmännisches Handelsgewerbe** betrieben hat. Eine analoge Anwendung der Vorschrift auf nichtkaufmännische Unternehmensträger ist aus denselben Gründen wie bei § 25 (→ § 25 Rn. 13) abzulehnen.[10]

7 Auch auf die **Vererbung gesellschaftsrechtlicher Beteiligungen** an Kapital- oder Personengesellschaften (vgl. § 131, § 161 Abs. 2, § 177) passt die Vorschrift nicht unmittelbar; jedoch kommt hier ausnahmsweise eine entsprechende Anwendung in Betracht. So etwa in dem Fall, dass der Kommanditist den einzigen Komplementär einer KG beerbt und das Unternehmen als Einzelkaufmann weiter-

---

[1] Denkschrift (RTVorl.) 36, 38 = Schubert/Schmiedel/Krampe II/2, 978, 980.

[2] Hopt/Merkt Rn. 1; GK-HGB/Steitz Rn. 6; Canaris HandelsR § 7 Rn. 101.

[3] BGH 10.2.1960, BGHZ 32, 60 (62) = NJW 1960, 959; ähnlich bereits RG 10.7.1930, RGZ 130, 52 (53); zust. Hopt/Merkt Rn. 1.

[4] MüKoHGB/Thiessen Rn. 3; Ebenroth/Boujong/Reuschle Rn. 2.

[5] K. Schmidt ZHR 157 (1993), 600 (603 ff.); K. Schmidt HandelsR § 8 Rn. 130.

[6] Abl. auch Staub/Burgard Rn. 16; Ebenroth/Boujong/Reuschle Rn. 4; Canaris HandelsR § 7 Rn. 105.

[7] So zutr. MüKoHGB/Lieb, 2. Aufl. 2005, Rn. 4.

[8] Ebenso Staub/Hüffer, 4. Aufl. 1995, Rn. 4; ähnlich MüKoHGB/Thiessen Rn. 3 ff.; Ebenroth/Boujong/Reuschle Rn. 6.

[9] So auch die hM: Commandeur/Kleinebrink Betriebs- und Firmenübernahme Rn. 916; Hopt/Merkt Rn. 3; MüKoHGB/Thiessen Rn. 24 f.; Henssler/Strohn/Wamser Rn. 1 f.; Ebenroth/Boujong/Reuschle Rn. 13, jeweils mwN; **aA** MüKoHGB/Lieb, 2. Aufl. 2005, Rn. 32; K. Schmidt HandelsR § 8 Rn. 135 ff.

[10] Ebenso die hM: NK-HGB/Schall Rn. 6; Staub/Burgard Rn. 20; Hopt/Merkt Rn. 2; Canaris HandelsR § 7 Rn. 113 mwN; **aA** MüKoHGB/Lieb, 2. Aufl. 2005, Rn. 47 f.; K. Schmidt HandelsR § 8 Rn. 133.

führt.[11] § 27 ist hier nicht unmittelbar einschlägig, weil der Kommanditist nicht ein zum Nachlass gehörendes Handelsgeschäft, sondern lediglich den Gesellschaftsanteil des Komplementärs geerbt hat, wodurch die Gesellschaft beendet und er zum Alleininhaber des Unternehmens geworden ist. Sofern der Erbe hier seine Haftung nach erbrechtlichen Grundsätzen auf den Nachlass beschränkte, wäre der Wert seines früheren Kommanditanteils dem Zugriff der Gläubiger entzogen. Um dieses paradoxe Ergebnis zu vermeiden, ist eine analoge Anwendung der Vorschrift gerechtfertigt.[12]

3. Erwerb von Todes wegen. Der Übergang des Handelsgeschäfts auf den Erben muss im Wege der **erbrechtlichen Universalsukzession** (§ 1922 BGB) erfolgen. Auf den Erwerb infolge eines Vermächtnisses oder einer Erbauseinandersetzung ist daher nicht § 27, sondern § 25 anzuwenden (→ § 25 Rn. 14). Erbe im Sinne der Vorschrift sind sowohl der **Vor- und Nacherbe** (→ Rn. 29) als auch die Mitglieder einer **Erbengemeinschaft** (→ Rn. 32 ff.). Auf einen **vermeintlichen Erben,** der das Handelsgeschäft in Besitz genommen hat, ist die Vorschrift entsprechend anzuwenden.[13] 8

Wird die **Erbschaft** rechtzeitig und formgültig **ausgeschlagen** (§§ 1943 ff. BGB), ist § 27 auf den vorläufigen Erben nicht anwendbar, weil der Anfall der Erbschaft gem. § 1953 Abs. 1 BGB als nicht erfolgt gilt und der Ausschlagende somit von Anfang an Nichterbe war.[14] Allein die vorübergehende Fortführung des Handelsgeschäfts durch den Erben hindert eine spätere Ausschlagung nicht, weil hierin in der Regel lediglich eine Maßnahme der laufenden Verwaltung und noch keine konkludente Annahme der Erbschaft zu sehen ist, wovon auch § 27 Abs. 3 S. 3 ausgeht.[15] Eine Ausschlagung beseitigt allerdings nur die Haftung für die eigentlichen Erblasserschulden. Verbindlichkeiten, die der vorläufige Erbe durch eine vorübergehende Geschäftsfortführung selbst begründet hat, bleiben hingegen naturgemäß unberührt (zur Haftung für sog. Neuverbindlichkeiten → Rn. 30).[16] Daneben und darüber hinaus kommt für diese Verbindlichkeiten aber auch eine Haftung des nächstberufenen Erben in Betracht, weil sie von der Rspr. ebenfalls als Geschäftsverbindlichkeiten iSv § 27 angesehen werden (→ Rn. 29).[17] 9

4. Unternehmensfortführung. Das Handelsgeschäft muss von dem oder den Erben als werbendes Unternehmen fortgeführt werden, was entgegen K. Schmidt[18] einen entsprechenden **Willensentschluss** voraussetzt. Eine Haftung nach § 27 kommt deshalb von vornherein nicht in Betracht, wenn sich der oder die Erben nicht zu einer Fortsetzung der unternehmerischen Tätigkeit des Erblassers entschließen, sondern das Handelsgeschäfts sofort nach dem Anfall der Erbschaft weiterveräußern oder mit seiner Liquidation beginnen.[19] Zu den Besonderheiten bei der Fortführung durch eine Miterbengemeinschaft → Rn. 32 ff. 10

Der Erbe muss das Handelsgeschäft nicht persönlich fortführen; vielmehr genügt es, wenn dies in seinem Namen durch einen bevollmächtigten **Vertreter** geschieht. Der gesetzliche Vertreter kann ebenfalls fortführen; beim minderjährigen Erben ist hier allerdings die Haftungsbeschränkungsmöglichkeit nach § 1629a BGB zu beachten.[20] 11

Dem Erben nicht zurechenbar ist hingegen eine Unternehmensfortführung durch **Insolvenzverwalter,**[21] **Nachlassverwalter**[22] oder **Nachlasspfleger.**[23] Dies folgt zum einen daraus, dass diese Personen nicht als Vertreter des Erben, sondern kraft Amtes handeln.[24] Darüber hinaus ist ihre 12

[11] BGH 10.12.1990, BGHZ 113, 132 = NJW 1991, 844 = JR 1991, 455 m. zust. Anm. Frank/Müller-Dietz = JZ 1991, 731 m. zust. Anm. K. Schmidt; Demuth BB 2007, 1570.

[12] Lieb ZGR 1991, 572; BeckOGK/Moser, 15.5.2025, Rn. 30; MüKoHGB/Thiessen Rn. 11; Canaris HandelsR § 7 Rn. 114; zu weiteren (erbrechtlichen) Folgeproblemen dieser Konstellation Marotzke ZHR 156 (1992), 17.

[13] K. Schmidt ZHR 157 (1993), 600 (618 f.); NK-HGB/Schall Rn. 7; MüKoHGB/Thiessen Rn. 14; **aA** MüKoBGB/Küpper BGB § 1967 Rn. 43.

[14] MüKoHGB/Thiessen Rn. 12; Ebenroth/Boujong/Reuschle Rn. 8; Hopt/Merkt Rn. 1; Joachim/Lange, Erbenhaftung, 5. Aufl. 2024, § 2 Rn. 191; Hell DZWIR 2020, 328 (329); **aA** Bredemeyer ZErb 2013, 294 (296).

[15] RG 6.7.1909, DJZ 1909, 1329; Staub/Burgard Rn. 25; BeckOGK/Moser, 15.5.2025, Rn. 41; Grüneberg/Weidlich BGB § 1943 Rn. 2.

[16] NK-HGB/Schall Rn. 15; MüKoHGB/Thiessen Rn. 12.

[17] BGH 10.2.1960, BGHZ 32, 60 (66) = NJW 1960, 959; Hopt/Merkt Rn. 4; MüKoHGB/Thiessen Rn. 12.

[18] K. Schmidt ZHR 157 (1993), 600 (609 f.); K. Schmidt HandelsR § 8 Rn. 138 ff.; zust. Ebenroth/Boujong/Reuschle Rn. 10; ähnlich MüKoHGB/Thiessen Rn. 15.

[19] Heymann/Emmerich, 2. Aufl. 1995, Rn. 8; Hopt/Merkt Rn. 1; KKD/Roth/Stelmaszczyk Rn. 5.

[20] Näher dazu MüKoHGB/Thiessen Rn. 23; Ebenroth/Boujong/Reuschle Rn. 42 f.

[21] So (vor Inkrafttreten der InsO) für den Konkursverwalter BGH 27.3.1961, BGHZ 35, 13 (17) = NJW 1961, 1304; Staub/Burgard Rn. 35; Ebenroth/Boujong/Reuschle Rn. 11.

[22] RG 26.3.1931, RGZ 132, 138 (144); Staub/Burgard Rn. 35; Joachim/Lange, Erbenhaftung, 5. Aufl. 2024, § 2 Rn. 189.

[23] Heymann/Förster Rn. 14; Ebenroth/Boujong/Reuschle Rn. 11.

[24] BGH 27.3.1961, BGHZ 35, 13 (17) = NJW 1961, 1304; Staub/Burgard Rn. 35; Ebenroth/Boujong/Reuschle Rn. 11; BeckOK HGB/Bömeke, 47. Ed. 1.7.2025, Rn. 12.

Tätigkeit im Regelfall lediglich auf eine Abwicklung des bestehenden Unternehmens gerichtet und stellt auch deshalb keine Fortführung eines Handelsgeschäfts iSd Vorschrift dar.[25]

13 Besondere Schwierigkeiten ergeben sich bei der Anordnung einer **Testamentsvollstreckung** durch den Erblasser (→ § 1 Rn. 94 ff.). Ein einzelkaufmännisches Handelsgeschäft kann nach Rspr.[26] und hM[27] nicht nach Maßgabe der §§ 2206 ff. BGB durch einen Testamentsvollstrecker betrieben werden, weil dies zu einer nach handelsrechtlichen Grundsätzen unzulässigen Haftungsbeschränkung führen würde. Um dennoch eine Testamentsvollstreckung zu ermöglichen, hat die Praxis zwei Alternativlösungen entwickelt. Nach dem sog. **Vollmachtsmodell** führt der Testamentsvollstrecker das Unternehmen aufgrund einer rechtgeschäftlichen Vollmacht im Namen des Erben, sodass diesem die Fortführung des Handelsgeschäfts zugerechnet wird und § 27 Anwendung findet.[28] Beim sog. **Treuhandmodell** hingegen betreibt der Testamentsvollstecker das Handelsgeschäft in eigenem Namen, weshalb nicht der Erbe nach § 27, sondern der Testamentsvollstrecker selbst gem. § 25 den Gläubigern für die Altverbindlichkeiten haftet.[29]

14 **5. Firmenkontinuität. a) Grundsatz.** Nach herrschender und zutreffender Ansicht setzt eine Haftung nach § 27 (entsprechend der Regelung in § 25 Abs. 1 S. 1) voraus, dass der Erbe die ursprüngliche **Firma des Handelsgeschäfts fortführt.**[30] Dies folgt aus dem Wortlaut der Vorschrift, ihrem systematischen Zusammenhang sowie aus dem Gesetzeszweck. Die Gegenauffassung, wonach es sich bei § 27 um eine auf die Rechtsfolgen des § 25 beschränkte Verweisung handeln soll, ist bereits mit dem **Wortlaut** der Vorschrift nur schwer vereinbar. Denn nach § 27 Abs. 1 „finden auf die Haftung des Erben für die früheren Geschäftsverbindlichkeiten die Vorschriften des § 25 (insgesamt) entsprechende Anwendung", was gegen eine Rechtsfolgen- und für eine Rechtsgrundverweisung spricht. Diese Auslegung wird durch einen **Umkehrschluss aus § 28** bestätigt. Denn dort hat der Gesetzgeber die Entbehrlichkeit der Firmenfortführung im Wortlaut der Vorschrift besonders hervorgehoben, obwohl die Vorschrift anders als § 27 nicht einmal explizit auf § 25 verweist. Schließlich ist das Erfordernis der Firmenfortführung nach der hier vertretenen Auffassung auch durchaus mit dem **Normzweck** der Vorschrift zu vereinbaren. Denn danach ist die Fortführung der Firma der entscheidende Anknüpfungspunkt für die vom Rechtsverkehr erwartete Haftungskontinuität (→ Rn. 2 ff.). Fehlt es an dieser Voraussetzung, besteht deshalb kein Anlass, die Gläubiger in ihrem Vertrauen zu schützen, dass der neue Inhaber unbeschränkt und persönlich für die Altverbindlichkeiten haftet.[31]

15 **b) Änderungen der Firma.** Ebenso wie bei § 25 entfällt das haftungsbegründende Merkmal der Firmenfortführung nur dann, wenn sich die **geänderte Firma** von der ursprünglichen **deutlich erkennbar unterscheidet.** Aufgrund des Schutzzwecks der Norm (→ Rn. 2 ff.) und angesichts der nach § 18 nF gewährleisteten Firmengestaltungsfreiheit (→ § 18 Rn. 1) gilt dies auch bei **Namensgleichheit** von Erblasser und Erbe.[32] Ein bloßer Nachfolgezusatz reicht daher zur Haftungsbeschränkung ebenso wenig aus wie bei § 25. Zu weiteren Einzelheiten → § 25 Rn. 27 f.

16 **c) Zeitpunkt.** Ebenfalls heftig umstritten ist die Frage, ob der Erbe die ursprüngliche Firma **unverzüglich** ändern muss, um seine Haftung zu beschränken,[33] oder ob ihm auch insoweit die nach § 27 Abs. 2 vorgesehene **dreimonatige Bedenkzeit** zusteht.[34] Da § 27 Abs. 2 lediglich die Fortführung des Geschäfts – nicht aber die Fortführung der Firma – ausdrücklich erwähnt, sprechen Wortlaut und Gesetzessystematik an sich für die zuerst genannte Auffassung. Andererseits ist in den

---

[25] So zutr. Hopt/Merkt Rn. 3; MüKoHGB/Thiessen Rn. 17.

[26] BGH 18.1.1954, BGHZ 12, 100 (102) = NJW 1954, 636; RG 26.3.1931, RGZ 132, 138.

[27] Bisle DStR 2013, 1037; Siebert ErbR 2011, 98; MüKoHGB/Thiessen Rn. 19 mzN; **aA** Weidlich NJW 2011, 641 (643 ff.); Staub/Burgard Rn. 83; Canaris HandelsR § 9 Rn. 36 ff.

[28] BGH 27.3.1961, BGHZ 35, 13 (17) = NJW 1961, 1304; RG 26.3.1931, RGZ 132, 138 (144); v. Hoyenberg RNotZ 2007, 377 (381 f.), Ebenroth/Boujong/Reuschle Rn. 12; **aA** Staub/Burgard Rn. 88 (Haftung nur, wenn der Erbe über die Fortführung entscheiden kann).

[29] Ebenroth/Boujong/Reuschle Rn. 12; K. Schmidt JuS 2017, 809 (814); **aA** MüKoHGB/Thiessen Rn. 20 (generelle Haftung der Erben); Staub/Burgard Rn. 88 (Keine Haftung des Testamentsvollstreckers).

[30] Altmeppen FS Hopt, 2010, 305 (318); BeckOGK/Moser, 15.5.2025, Rn. 68; Staub/Burgard Rn. 37; Hopt/Merkt Rn. 3; Ebenroth/Boujong/Reuschle Rn. 13; GK-HGB/Steitz Rn. 11 mwN; tendenziell wohl auch BGH 10.12.1990, BGHZ 113, 132 (135 f.) = NJW 1991, 844; **aA** K. Schmidt ZHR 157 (1993), 600 (611 f.); K. Schmidt HandelsR § 8 Rn. 135 ff.; MüKoHGB/Lieb, 2. Aufl. 2005, Rn. 32; ebenso jetzt auch NK-HGB/Schall Rn. 12.

[31] Ebenso GK-HGB/Steitz Rn. 11; Canaris HandelsR § 7 Rn. 109.

[32] Vgl. auch Staub/Burgard Rn. 39; Ebenroth/Boujong/Reuschle Rn. 14.

[33] Dafür Heymann/Emmerich, 2. Aufl. 1995, Rn. 10; Hopt/Merkt Rn. 5; Hübner HandelsR § 3 Rn. 265.

[34] So RG 2.12.1903, RGZ 56, 196 (199) obiter dictum; Bredemeyer ZErb 2013, 294 (295); Staub/Burgard Rn. 38; MüKoHGB/Thiessen Rn. 28; GK-HGB/Steitz Rn. 12; Ebenroth/Boujong/Reuschle Rn. 15; Canaris HandelsR § 7 Rn. 110; Lettl HandelsR § 5 Rn. 70; Joachim/Lange, Erbenhaftung, 5. Aufl. 2024, § 2 Rn. 190.

Gesetzesmaterialien davon die Rede, dass die Regelung dem Erben ausreichende Zeit gewähren solle, „um sich über die Fortführung der Firma (!) schlüssig zu werden".[35] In die gleiche Richtung weist auch der Normzweck. Da die Gläubiger ohnehin erst nach Ablauf von drei Monaten darauf vertrauen können, dass eine Haftungsbeschränkung nicht mehr erfolgen wird, sprechen die besseren Gründe dafür, § 27 Abs. 2 auf eine Änderung der Firma zumindest analog anzuwenden.

6. Besondere Verpflichtungsgründe. Folgt man der hier vertretenen Auffassung und versteht § 27 als Rechtsgrundverweisung, ist konsequenterweise auch **§ 25 Abs. 3 entsprechend anzuwenden.** Daher haftet der Erbe trotz einer rechtzeitigen Veränderung der Firma, wenn ein besonderer Verpflichtungsgrund iSv § 25 Abs. 3 (→ § 25 Rn. 40 ff.) vorliegt,[36] was in der Praxis indes selten der Fall sein dürfte. 17

III. Haftungsbeschränkung

1. Überblick. Der Erbe kann eine Haftung für die von dem Erblasser begründeten Geschäfts- und sonstigen Verbindlichkeiten von vornherein ausschließen, indem er die Erbschaft gem. §§ 1943 ff. BGB fristgemäß ausschlägt (→ Rn. 9). Will er dies nicht, kann er seine Haftung nach den hierfür geltenden bürgerlich-rechtlichen Bestimmungen (§§ 1973, 1975 ff., 1990 BGB) auf den Nachlass beschränken (→ Rn. 4, → Rn. 27). Um die dann eingreifende handelsrechtliche Haftung nach § 27 Abs. 1, § 25 Abs. 1 zu vermeiden, muss der Erbe dann entweder auf eine Fortführung der Firma verzichten (→ Rn. 14), das Handelsgeschäft gem. § 27 Abs. 2 binnen drei Monaten einstellen (→ Rn. 19 ff.) oder seine Haftung in entsprechender Anwendung von § 25 Abs. 2 beschränken (→ Rn. 25 f.). 18

2. Haftungsbeschränkung nach § 27 Abs. 2. Nach dieser Vorschrift tritt die unbeschränkte Haftung gem. § 25 Abs. 1 nicht ein, wenn der Erbe die **Fortführung des Geschäfts** vor dem Ablauf von drei Monaten, nachdem er vom Anfall der Erbschaft Kenntnis erlangt hat, **einstellt.** 19

a) Einstellung. Welche Voraussetzungen erfüllt sein müssen, um von einer Einstellung des Handelsgeschäfts nach § 27 Abs. 2 auszugehen, ist bislang nicht abschließend geklärt. Unbestritten ist lediglich, dass die **Liquidation** des Unternehmens genügt. Hierfür reicht es aus, wenn der Erbe die werbende Tätigkeit einstellt und mit der Abwicklung des Geschäftsbetriebs beginnt.[37] Eine Vollbeendigung innerhalb der Frist des § 27 Abs. 2 ist nach allgemeiner Auffassung nicht erforderlich und praktisch auch kaum möglich.[38] Zur Übernahme des Geschäfts durch einen **Nachlass- oder Insolvenzverwalter** → Rn. 12. 20

Ob die **Veräußerung** des Unternehmens einer Einstellung des Handelsgeschäfts gleichkommt, ist lebhaft umstritten, mit der inzwischen wohl hM aber zu bejahen.[39] Zwar ist der Wortlaut der Vorschrift nicht ganz eindeutig,[40] jedoch sprechen ihr Normzweck sowie die Interessenlage der Beteiligten für die hier vertretene Auffassung. Denn im Fall einer Veräußerung tritt der Erbe nicht mehr als Inhaber des Handelsgeschäfts in Erscheinung, weshalb er auch keine berechtigten Haftungserwartungen hervorrufen kann. Darüber hinaus fällt der durch die Unternehmensveräußerung erzielte Erlös in den Nachlass (§ 2019 Abs. 1 BGB). Da dieser regelmäßig deutlich höher liegt als der bei einer Liquidation des Unternehmens zu erzielende Zerschlagungswert, entspricht diese Auslegung nicht nur dem Interesse des Erben, sondern auch dem der Nachlassgläubiger. 21

Anders als die Veräußerung des Handelsgeschäfts stellt seine **Verpachtung** keine Einstellung iSv § 27 Abs. 2 dar.[41] Zwar verzichtet der Erbe auch bei einer Verpachtung auf eine persönliche Fortführung des Handelsgeschäfts; jedoch löst er sich in diesem Fall nicht vollständig von dem erworbenen Unternehmen, sodass anders als bei einer Veräußerung Haftungserwartungen des Rechtsverkehrs geweckt werden können. Darüber hinaus erschwert eine Verpachtung den Zugriff der Gläubiger auf das Unternehmen, ohne dass dem Nachlass ein Verkaufserlös in entsprechender Höhe zufließt, 22

[35] Denkschrift (RTVorl.) 38 = Schubert/Schmiedel/Krampe II/2, 980.

[36] Staub/Burgard Rn. 40; MüKoHGB/Thiessen Rn. 29.

[37] Hierzu iE mit praktischen Hinweisen Grote BB 2001, 2595 (2599).

[38] Grote BB 2001, 2595 (2598 f.): Heymann/Förster Rn. 28; MüKoHGB/Thiessen Rn. 53, jeweils mzN.

[39] Staub/Burgard Rn. 65; MüKoHGB/Thiessen Rn. 49 f.; Ebenroth/Boujong/Reuschle Rn. 29 f.; Canaris HandelsR § 7 Rn. 108; Lettl HandelsR § 5 Rn. 67; Oetker HandelsR § 4 Rn. 100; K. Schmidt HandelsR § 8 Rn. 150 f.; K. Schmidt JuS 2017, 809 (813 f.); Müller JA 2023, 188 (191); **aA** RG 2.12.1903, RGZ 56, 196 (199); Henssler/Strohn/Wamser Rn. 4; zweifelnd auch GK-HGB/Steitz Rn. 17.

[40] Ebenroth/Boujong/Reuschle Rn. 29; **aA** Canaris HandelsR § 7 Rn. 108.

[41] NK-HGB/Schall Rn. 17; MüKoHGB/Lieb, 2. Aufl. 2005, Rn. 53 und 55; Ebenroth/Boujong/Reuschle Rn. 31 mwN; **aA** BeckOK HGB/Bömeke, 47. Ed. 1.7.2025, Rn. 26; KKD/Roth/Stelmaszczyk Rn. 9; MüKoHGB/Thiessen Rn. 51 K. Schmidt HandelsR § 8 Rn. 153.

was den Wegfall der persönlichen Haftung des Erben ebenfalls unvertretbar erscheinen lässt. Die gleichen Erwägungen gelten für die **Einbringung** des ererbten Unternehmens in eine bestehende oder zu diesem Zweck gegründete **Personen- oder Kapitalgesellschaft,** die deshalb ebenso wenig als Einstellung iSd § 27 Abs. 2 anzusehen ist.[42]

23 **b) Einstellungsfrist.** Gemäß § 27 Abs. 2 S. 1 beginnt die dreimonatige Einstellungsfrist grundsätzlich mit der Kenntnis des Erben vom Anfall der Erbschaft. Ist der Erbe geschäftsunfähig oder in der Geschäftsfähigkeit beschränkt, und hat er keinen gesetzlichen Vertreter, gilt nach **§ 27 Abs. 2 S. 2** die **Ablaufhemmung des § 210 BGB** entsprechend. Die dort vorgesehene sechsmonatige Frist wird jedoch gem. § 210 Abs. 1 S. 2 BGB durch die kürzere Frist des § 27 Abs. 2 S. 1 ersetzt, sodass die Einstellungsfrist frühestens drei Monate nach Eintritt der Geschäftsfähigkeit oder der Bestellung eines gesetzlichen Vertreters endet. Zur Haftung Minderjähriger → Rn. 36.

24 Darüber hinaus sieht **§ 27 Abs. 2 S. 3** eine Verlängerung der Einstellungsfrist vor, wenn bei ihrem Ablauf noch eine **Ausschlagung der Erbschaft** möglich ist. Da die Ausschlagungsfrist allerdings in der Regel lediglich sechs Wochen beträgt (§ 1944 Abs. 1 BGB), hat die Vorschrift nur einen geringen praktischen Anwendungsbereich. Eine Fristverlängerung käme danach etwa in Fällen mit Auslandsberührung in Betracht, weil die Ausschlagungsfrist hier ausnahmsweise erst nach sechs Monate endet (§ 1944 Abs. 3 BGB). Ferner ist zu berücksichtigen, dass für den Beginn der Ausschlagungsfrist strengere Anforderungen (§ 1944 Abs. 2 BGB) gelten als für die Einstellungsfrist nach § 27 Abs. 2 S. 1, was in Ausnahmefällen ebenfalls dazu führen kann, dass die Ausschlagungsfrist zum Ende der Einstellungsfrist noch nicht abgelaufen ist.[43]

25 **3. Haftungsbeschränkung nach § 25 Abs. 2.** Heftig umstritten ist ferner, ob der Erbe unbeschadet der Möglichkeiten des § 27 Abs. 2 seine Haftung in entsprechender Anwendung von § 25 Abs. 2 durch **eine einseitige Erklärung** beschränken kann. Die Frage ist mit der wohl hM zu bejahen. Hierfür spricht bereits eine systematische Auslegung des Gesetzes. § 27 Abs. 1 verweist – anders als § 27 Abs. 2 S. 1 (!) – insgesamt und ohne jegliche Einschränkungen auf „die Vorschriften des § 25". Dies kann nur so verstanden werden, dass sich die entsprechende Anwendung auch auf § 25 Abs. 2 erstreckt; denn andernfalls hätte eine Verweisung auf Abs. 1 der Vorschrift genügt.[44] Zum gleichen Ergebnis führt eine teleologische Auslegung der Vorschrift. Wie bereits dargelegt, besteht der Normzweck des § 27 darin, den Rechtsverkehr in seinem Vertrauen zu schützen, dass nach Ablauf der in § 27 Abs. 2 S. 1 vorgesehenen Frist eine Haftungsbeschränkung nicht mehr erfolgt (→ Rn. 4). Sofern der Erbe unverzüglich kundtut, dass er eine persönliche Haftung nicht übernehmen wird, ist entsprechenden Haftungserwartungen jedoch von vornherein die Grundlage entzogen.[45] Insgesamt besteht daher kein Anlass, den Erben zur Einstellung des Geschäftsbetriebs oder zur Aufgabe der Firma zu zwingen, um eine persönliche Haftung zu vermeiden.[46]

26 Will der Erbe seine Haftung nach § 25 Abs. 2 beschränken, muss er die Kundgabe einer entsprechenden Erklärung **unverzüglich** veranlassen.[47] Anders als bei der Firmenfortführung (→ Rn. 16) kommt eine analoge Anwendung der Dreimonatsfrist nach § 27 Abs. 2 hier nicht in Betracht.[48] Da zwischen der Anmeldung zum Handelsregister und der späteren Eintragung und Bekanntmachung ohnehin geraume Zeit vergeht, wäre eine weitere Verzögerung mit dem von der Vorschrift bezweckten Schutz des Rechtsverkehrs nicht zu vereinbaren. Wegen weiterer Einzelheiten sei auf die Erläuterungen zu § 25 (→ Rn. 39) verwiesen, die hier entsprechend gelten.

---

[42] RGHMW/Ries Rn. 33; Hopt/Merkt Rn. 5; MüKoHGB/Lieb, 2. Aufl. 2005, Rn. 55 f.; **aA** K. Schmidt HandelsR § 8 Rn. 154 ff.; K. Schmidt JuS 2017, 809 (813 f.); K. Schmidt NJW 1980, 2785 (2790); KKD/Roth/Stelmaszczyk Rn. 9; MüKoHGB/Thiessen Rn. 52.

[43] Näher dazu Staub/Burgard Rn. 71 mwN.

[44] Heymann/Förster Rn. 39; Oetker HandelsR § 4 Rn. 103; Müller JA 2023, 188 (191).

[45] Ähnlich Canaris HandelsR § 7 Rn. 111.

[46] KG 5.9.1940, JFG 22, 70 (71) = DR 1940, 2007 m. zust. Anm. Groschuff; v. Hoyenberg RNotZ 2007, 377 (380); Progl ZErb 2006, 181 (183 f.); Commandeur/Kleinebrink Betriebs- und Firmenübernahme Rn. 1317 f.; Altmeppen FS Hopt, 2010, 305 (318 f.); BeckOGK/Moser, 15.5.2025, Rn. 102; Heymann/Förster Rn. 39 f.; Staub/Burgard Rn. 53; Hopt/Merkt Rn. 8; GK-HGB/Steitz Rn. 13; MüKoHGB/Thiessen Rn. 46 f.; Canaris HandelsR § 7 Rn. 111; Hübner HandelsR § 3 Rn. 266; Lettl HandelsR § 5 Rn. 71; Oetker HandelsR § 4 Rn. 103; Krafka RegisterR Rn. 561 **aA** RGHMW/Ries Rn. 41 f.; Ebenroth/Boujong/Reuschle Rn. 35; K. Schmidt HandelsR § 8 Rn. 131, 146; K. Schmidt ZHR 157 (1993), 600 (615).

[47] v. Hoyenberg RNotZ 2007, 377 (380); Lettl HandelsR § 5 Rn. 71; Canaris HandelsR § 7 Rn. 112.

[48] So aber Bredemeyer ZErb 2013, 294 (297); Progl ZErb 2006, 181 (184 f.); Staub/Burgard Rn. 58; MüKoHGB/Thiessen Rn. 48; MüKoBGB/Küpper BGB § 1967 Rn. 45; wohl auch Staudinger/Kunz, 2020, BGB § 1967 Rn. 233; GK-HGB/Steitz Rn. 12.

IV. Rechtsfolgen

1. Grundsatz. Der Erbe haftet bereits gem. § 1967 BGB nicht nur mit dem Nachlass, sondern auch mit seinem sonstigen Vermögen für sämtliche Nachlassverbindlichkeiten und damit auch für die früheren Geschäftsverbindlichkeiten des Erblassers. Allerdings bietet ihm das bürgerliche Recht verschiedene Möglichkeiten, die Haftung auf den Nachlass zu beschränken (§§ 1973, 1975 ff., 1990 BGB).[49] Die eigentliche Bedeutung des § 27 liegt daher nicht in der Begründung einer weiteren selbständigen Haftungsgrundlage, sondern in dem **Verlust der erbrechtlichen Möglichkeiten zur Haftungsbeschränkung.** Die entsprechende Anwendung von § 25 Abs. 1 bewirkt letztlich, dass der das Handelsgeschäft und die Firma fortführende Erbe nicht nur unbeschränkt, sondern auch unbeschränkbar haftet, wenn er diese Rechtsfolge nicht rechtzeitig durch eine Erklärung nach § 25 Abs. 2 ausschließt (→ Rn. 18).[50] 27

2. Frühere Geschäftsverbindlichkeiten. Der Anwendungsbereich von § 27 beschränkt sich auf die Geschäftsverbindlichkeiten des Erblassers, sodass Privatverbindlichkeiten nicht erfasst werden. Unter früheren Geschäftsverbindlichkeiten iSv § 27 sind Verbindlichkeiten zu verstehen, welche unmittelbar auf die **Geschäftstätigkeit des Erblassers** zurückgehen. Auf welchem Rechtsgrund sie beruhen, ist ebenso wie bei § 25 unerheblich, sodass neben vertraglichen Verpflichtungen zB auch deliktische Ansprüche in Betracht kommen. Wegen weiterer Einzelheiten vgl. die Erläuterungen zu § 25 (→ Rn. 30 f.). 28

Nach der Rspr. gelten auch solche Verbindlichkeiten als frühere Geschäftsverbindlichkeiten iSd Vorschrift, die nicht vom Erblasser selbst, sondern nach dessen Tod von einem dazu berechtigten Dritten begründet werden.[51] Dies betrifft namentlich den Fall einer zwischenzeitlichen Geschäftsfortführung durch einen **ausschlagenden Erben** oder einen **Vorerben.** Sofern die Voraussetzungen des § 27 in seiner Person erfüllt sind, haftet der endgültige Erbe für die betreffenden Verbindlichkeiten selbst dann, wenn ihre Eingehung nicht im Rahmen einer ordnungsgemäßen Verwaltung des Nachlasses lag.[52] 29

3. Neuverbindlichkeiten. Führt der Erbe das Handelsgeschäft zunächst fort, um es später einzustellen oder seine Haftung auf andere Weise zu beschränken, haftet er für die von ihm in der Zwischenzeit begründeten Verbindlichkeiten persönlich und unbeschränkt. Diese Haftung folgt nicht aus § 27, sondern schlicht aus dem Umstand, dass der Erbe als neuer Unternehmensträger die Verbindlichkeiten in eigenem Namen eingegangen ist.[53] Eine **Beschränkung der Haftung auf den Nachlass** kommt in diesen Fällen lediglich aufgrund einer individuellen Vereinbarung mit dem jeweiligen Geschäftspartner in Betracht. Eine solche kann nach der Rspr. auch konkludent erfolgen, wenn dem Vertragspartner die Absicht des Erben bekannt oder erkennbar war, nur mit Wirkung für den Nachlass zu handeln.[54] Soweit in der Lit. darüber hinaus eine analoge Anwendung von § 139 Abs. 4 befürwortet wird,[55] ist dies aufgrund der unterschiedlichen Interessenlage abzulehnen; denn anders als dort können sich die Gläubiger im vorliegenden Fall nicht an weitere unbeschränkt haftende Gesellschafter halten.[56] 30

Bei den von dem Erben in der dreimonatigen Bedenkfrist nach § 27 Abs. 2 begründeten Neuverbindlichkeiten handelt es sich um sog. **Nachlasserbenschulden.**[57] Die Gläubiger dieser Verbindlichkeiten können daher nicht nur den Erben persönlich in Anspruch nehmen, sondern sich auch – etwa im Rahmen eines Nachlassinsolvenzverfahrens – an das Nachlassvermögen halten. Voraussetzung hierfür ist nach hM, dass die Verbindlichkeit im Rahmen einer ordnungsgemäßen Nachlassverwaltung (§ 1978 BGB) begründet worden ist.[58] Im Hinblick auf den unternehmerischen Ermessensspielraum des Erben ist dieser Einschränkung indes nur geringe praktische Bedeutung beizumessen.[59] 31

---

[49] Näher dazu Staub/Burgard Rn. 2 ff.; MüKoHGB/Thiessen Rn. 4 ff.

[50] Schönert BWNotZ 2008, 81; Heymann/Förster Rn. 19; MüKoHGB/Thiessen Rn. 30.

[51] BGH 10.2.1960, BGHZ 32, 60 (66) = NJW 1960, 959; Ebenroth/Boujong/Reuschle Rn. 20.

[52] BGH 10.2.1960, BGHZ 32, 60 (66 f.) = NJW 1960, 959; Staub/Burgard Rn. 47; Ebenroth/Boujong/Reuschle Rn. 20; Strobel ZEV 2021, 201 (203); Küpper ZEV 2017, 61 (64).

[53] RG 21.1.1935, RGZ 146, 343 (345); Bredemeyer ZErb 2013, 294 (296); K. Schmidt HandelsR § 8 Rn. 125.

[54] BGH 25.3.1968, BB 1968, 769; RG 21.1.1935, RGZ 146, 343 (345 f.); Hopt/Merkt Rn. 5; MüKoHGB/Thiessen Rn. 57.

[55] MüKoHGB/Lieb, 2. Aufl. 2005, Rn. 60; ähnlich K. Schmidt ZHR 157 (1993), 600 (613 f.); MüKoHGB/Thiessen Rn. 58.

[56] Ebenso die hM: Grote BB 2001, 2595 (2598); KKD/Roth/Stelmaszczyk Rn. 6; Erman/Horn BGB § 1967 Rn. 12; Ebenroth/Boujong/Reuschle Rn. 38.

[57] Staub/Burgard Rn. 46; MüKoHGB/Thiessen Rn. 33; Ebenroth/Boujong/Reuschle Rn. 21; Joachim/Lange, Erbenhaftung, 5. Aufl. 2024, § 2 Rn. 193.

[58] BGH 10.2.1960, BGHZ 32, 60 (64) = NJW 1960, 959; RG 26.3.1917, RGZ 90, 91 (95); MüKoBGB/Küpper BGB § 1967 Rn. 46.

[59] MüKoHGB/Thiessen Rn. 36; Ebenroth/Boujong/Reuschle Rn. 21.

V. Besonderheiten bei der Miterbengemeinschaft

32 **1. Überblick.** Sind mehrere Erben vorhanden, werden die Mitglieder der entstehenden Erbengemeinschaft (§ 2032 BGB) zum neuen Unternehmensträger. Obwohl es der Erbengemeinschaft an einer eigenen Rechtspersönlichkeit fehlt,[60] können die Miterben das Handelsgeschäft nach hM in **ungeteilter Gemeinschaft** zeitlich unbefristet als werbendes Unternehmen **fortführen.**[61] Die Umwandlung des Unternehmens in eine Handelsgesellschaft, die den Abschluss eines Gesellschaftsvertrags voraussetzt und im Wege der Teilauseinandersetzung und Sachgründung vollzogen werden kann,[62] ist zwar aus organisatorischen und haftungsrechtlichen Gründen sinnvoll, aber rechtlich nicht zwingend vorgeschrieben.[63] Entschließen sich die Erben zur **Gründung einer Handelsgesellschaft,** haften sie für die früheren Geschäftsverbindlichkeiten, die dadurch zu Gesellschaftsverbindlichkeiten werden, unbeschränkt und gesamtschuldnerisch nach § 126.[64] Die handelsrechtliche Haftung nach § 27 kann in diesem Fall allenfalls relevant werden, wenn einzelnen Mitgliedern der Erbengemeinschaft die Rechtsstellung eines beschränkt haftenden Kommanditisten (§§ 171 ff.) eingeräumt wird. Von größerer praktischer Bedeutung ist § 27 jedoch dann, wenn die Erben auf die Gründung einer Gesellschaft verzichten und das Handelsgeschäft in ungeteilter Gemeinschaft fortführen.

33 **2. Haftungsvoraussetzungen.** Da die Miterben gem. § 2038 BGB zur gemeinschaftlichen Verwaltung des Nachlasses berufen sind, kommt eine Anwendung von § 27 nach Rspr. und hM nur in Betracht, wenn **sämtliche Miterben** der Fortführung des Handelsgeschäfts **zumindest konkludent zugestimmt** haben[65] Nach anderer Ansicht tritt die Fortführung des Handelsgeschäfts durch die Erbengemeinschaft mit dem Eintritt des Erbfalls automatisch ein.[66] Eine Haftung kann nach dieser Auffassung nur vermieden werden, wenn die Erben den Entschluss fassen, das Handelsgeschäft einzustellen. Vorzugswürdig ist die hM; denn die gemeinschaftliche Fortführung eines werbenden Unternehmens setzt notwendigerweise einen Willensentschluss voraus. Da die Rspr. eine konkludente Zustimmung in der Regel bereits dann annimmt, wenn die Mitglieder der Erbengemeinschaft die Geschäftsführung durch einen Miterben kennen und dulden, dürften beide Ansichten in der Praxis jedoch ohnehin häufig zum gleichen Ergebnis führen.[67]

34 **3. Haftungsbeschränkung.** Die Mitglieder einer Erbengemeinschaft können ihre Haftung grundsätzlich in gleicher Weise beschränken wie ein Alleinerbe. Allerdings ist es einem einzelnen Miterben nicht möglich, eine **Einstellung des Handelsgeschäfts** zu erreichen oder die **Firma zu ändern.** Vielmehr ist für solche Maßnahmen aufgrund der gemeinschaftlichen Verwaltung des Nachlasses ein Mehrheitsbeschluss erforderlich (§ 2038 BGB iVm § 745 BGB).[68] Daneben steht es jedem Miterben frei, nach § 2042 BGB die Auseinandersetzung der Erbengemeinschaft zu betreiben, was im Ergebnis ebenfalls zur Liquidation des Handelsgeschäfts und damit zu seiner Einstellung iSv § 27 Abs. 2 S. 1 führt.[69] Schließlich kann jeder einzelne Miterbe für sich allein eine Haftungsbeschränkung herbeiführen, indem er eine **Erklärung nach § 25 Abs. 2** abgibt und bekannt macht.[70] Die **Frist des § 27 Abs. 2** läuft für alle Erben einheitlich; sie beginnt, sobald alle Erben vom Anfall der Erbschaft Kenntnis erlangt haben und endet, sobald sie für alle Beteiligten abgelaufen ist.[71]

---

[60] BGH 17.10.2006, NJW 2006, 3715; Canaris HandelsR § 9 Rn. 11; Fest AcP 215 (2015), 765 (780); **aA** MüKoHGB/Thiessen Rn. 71; Grunewald AcP 197 (1997), 305 (315).

[61] BGH 8.10.1984, BGHZ 92, 259 = NJW 1985, 136 m. zust. Anm. K. Schmidt = JZ 1985, 243 m. krit. Anm. John = JuS 1985, 316 m. zust. Anm. Emmerich; KG 29.9.1998, NJW-RR 1999, 880 (881); MüKoBGB/Gergen BGB § 2032 Rn. 54; Hell DZWIR 2020, 328.

[62] BGH 8.10.1984, BGHZ 92, 259 (263) = NJW 1985, 136; Fest AcP 215 (2015), 765 (780 ff.); K. Schmidt NJW 1985, 2785 (2786); Grüneberg/Weidlich § 2032 Rn. 7; Canaris HandelsR § 9 Rn. 1 ff. mwN auch zur Gegenauffassung.

[63] Bredemeyer ZErb 2013, 294 (297); K. Schmidt NJW 1985, 2785 (2786); Grüneberg/Weidlich BGB § 2032 Rn. 7; Joachim/Lange, Erbenhaftung, 5. Aufl. 2024, § 2 Rn. 1195.

[64] Ebenroth/Boujong/Reuschle Rn. 39.

[65] BGH 10.7.1961, WM 1961, 1046 f. = BeckRS 1961, 31181711; 10.2.1960, BGHZ 32, 60 (67) = NJW 1960, 959; 24.9.1959, BGHZ 30, 391 (395) = NJW 1959, 2114; Hopt/Merkt Rn. 3; Staub/Burgard Rn. 96; KKD/Roth/Stelmaszczyk Rn. 11; GK-HGB/Steitz Rn. 22.

[66] K. Schmidt ZHR 157 (1993), 600 (609 f.); MüKoHGB/Thiessen Rn. 60 ff.; Ebenroth/Boujong/Reuschle Rn. 40.

[67] Im Ergebnis ebenso Ebenroth/Boujong/Reuschle Rn. 40.

[68] Hopt/Merkt Rn. 5; Staub/Burgard Rn. 97.

[69] Hopt/Merkt Rn. 5; MüKoHGB/Thiessen Rn. 65.

[70] Bredemeyer ZErb 2013, 294 (298); Staub/Burgard Rn. 97; GK-HGB/Steitz Rn. 23; Joachim/Lange, Erbenhaftung, 5. Aufl. 2024, § 2 Rn. 195.

[71] So die heute ganz hM: vgl. nur Staub/Burgard Rn. 99; MüKoHGB/Thiessen Rn. 66, jeweils mzN.

4. Rechtsfolgen. Sind die Voraussetzungen des § 27 erfüllt, **verlieren** die Mitglieder einer Erbengemeinschaft ebenso wie ein Alleinerbe sämtliche **Möglichkeiten einer erbrechtlichen Haftungsbeschränkung** (→ Rn. 27). Insbesondere können sie sich nicht mehr auf die Einrede des § 2059 BGB sowie auf die besonderen Beschränkungsmöglichkeiten der §§ 2060 ff. BGB berufen. Vielmehr haften sie ab diesem Zeitpunkt für die von dem Erblasser begründeten Geschäftsverbindlichkeiten gesamtschuldnerisch (§ 2058 BGB) und unbeschränkt mit ihrem gesamten Vermögen. 35

5. Beteiligung Minderjähriger. Da für die Fortführung eines Handelsgeschäfts in ungeteilter Erbengemeinschaft der Abschluss eines Gesellschaftsvertrags nicht erforderlich ist und der BGH auch eine analoge Anwendung von § 1822 Nr. 3 BGB ablehnt, bedürfen die gesetzlichen Vertreter eines Minderjährigen für ein solches Vorgehen **keiner familiengerichtlichen Genehmigung.**[72] Das BVerfG hat dieses Ergebnis indes als verfassungswidrig angesehen. Zum Schutz des Minderjährigen vor unabsehbaren Haftungsrisiken sei entweder eine Genehmigung des Familiengerichts vorzusehen oder es müsse sichergestellt werden, dass der minderjährige Miterbe nicht über das ererbte Vermögen hinaus durch seine gesetzlichen Vertreter verpflichtet werden kann.[73] Diesem Auftrag hat der Gesetzgeber mittlerweile durch die Einfügung von **§ 1629a BGB** iSd Alt. 2 Rechnung getragen, wonach die Haftung eines Minderjährigen grundsätzlich auf das bei Eintritt der Volljährigkeit vorhandene Vermögen begrenzt wird.[74] 36

VI. Prozessuales

1. Erkenntnisverfahren. Wird der Erbe wegen einer Geschäftsverbindlichkeit des Erblassers gerichtlich in Anspruch genommen, besteht keine Möglichkeit, gem. § 780 ZPO die beschränkte Erbenhaftung im Urteil vorzubehalten und die Entscheidung über eine unbeschränkte Haftung nach § 27 somit ins Zwangsvollstreckungsverfahren zu verlagern. Vielmehr ist hierüber bereits im Erkenntnisverfahren zu entscheiden.[75] 37

2. Zwangsvollstreckung. Hat ein Gläubiger vor Eintritt des Erbfalls einen rechtskräftigen Schuldtitel gegen den Erblasser erwirkt, wird zum Teil eine analoge Anwendung von § 729 Abs. 2 ZPO befürwortet, der seinerseits auf § 727 ZPO verweist.[76] Ein praktisches Bedürfnis hierfür ist jedoch nicht erkennbar. Als Erbe ist der neue Geschäftsinhaber ohnehin Rechtsnachfolger des früheren Schuldners, sodass eine **Titelumschreibung** unmittelbar nach **§ 727 ZPO** erfolgen kann. 38

VII. Darlegungs- und Beweislast

Insoweit wird auf die Erl. zu § 25 verwiesen (→ § 25 Rn. 60), die für § 27 entsprechend gelten. 39

§ 28 [Eintritt in das Geschäft eines Einzelkaufmanns]

(1) [1]Tritt jemand als persönlich haftender Gesellschafter oder als Kommanditist in das Geschäft eines Einzelkaufmanns ein, so haftet die Gesellschaft, auch wenn sie die frühere Firma nicht fortführt, für alle im Betriebe des Geschäfts entstandenen Verbindlichkeiten des früheren Geschäftsinhabers. [2]Die in dem Betriebe begründeten Forderungen gelten den Schuldnern gegenüber als auf die Gesellschaft übergegangen.

(2) Eine abweichende Vereinbarung ist einem Dritten gegenüber nur wirksam, wenn sie in das Handelsregister eingetragen und bekanntgemacht oder von einem Gesellschafter dem Dritten mitgeteilt worden ist.

(3) [1]Wird der frühere Geschäftsinhaber Kommanditist und haftet die Gesellschaft für die im Betrieb seines Geschäfts entstandenen Verbindlichkeiten, so ist für die Begrenzung seiner Haftung § 26 entsprechend mit der Maßgabe anzuwenden, daß die in § 26 Abs. 1 bestimmte Frist mit dem Ende des Tages beginnt, an dem die Gesellschaft in das Handelsregister eingetragen wird. [2]Dies gilt auch, wenn er in der Gesellschaft oder einem ihr als Gesellschafter angehörenden Unternehmen geschäftsführend tätig wird. [3]Seine Haftung als Kommanditist bleibt unberührt.

---

[72] BGH 8.10.1984, BGHZ 92, 259 (266) = NJW 1985, 136.

[73] BVerfG 8.10.1984, BVerfGE 72, 155 (173 f.) = NJW 1986, 1859.

[74] Näher zum Ganzen Hell DZWIR 2020, 328 (330); Bredemeyer ZErb 2013, 294 (298 f.); MüKoHGB/Thiessen Rn. 23; Ebenroth/Boujong/Reuschle Rn. 43 f., jeweils mzN.

[75] RG 4.5.1916, RGZ 88, 218; Heymann/Förster Rn. 20.

[76] Musielak/Voit/Lackmann ZPO § 729 Rn. 1; Zöller/Seibel ZPO § 729 Rn. 13; **aA** Stein/Jonas/Münzberg ZPO § 729 Rn. 7 Fn. 3.

Schrifttum: Vgl. zunächst die Angaben zu § 25; ferner: Arnold/Dötsch, Persönliche Haftung für Altschulden bei Eintritt in eine GbR, DStR 2003, 1398; Eckart/Fest, Die entsprechende Anwendung des § 28 HGB auf die Entstehung einer Gesellschaft bürgerlichen Rechts als Konsequenz aus der Rechtsprechung des Bundesgerichtshofs, WM 2007, 196; Lindacher, Akzessorische Gesellschafterhaftung bei Gesellschaftsschulden nach § 28 HGB, NZG 2002, 113; Petig/Iglesias González, Die Haftung des eintretenden Sozius – Die analoge Anwendung von § 28 HGB auf die GbR, Jura 2009, 646; K. Schmidt, Analoge Anwendung von § 28 HGB auf die Sachgründung freiberuflicher und gewerbetreibender BGB-Gesellschaften?, BB 2004, 785; Servatius, Der Anfang vom Ende der unechten Vorgesellschaft? – Zur Anwendbarkeit von § 28 HGB bei der Gründung von Kapitalgesellschaften, NJW 2001, 1696.

Übersicht

I. Allgemeines

1 **1. Norminhalt.** § 28 Abs. 1 S. 1 spricht untechnisch vom Eintritt in das Geschäft eines Einzelkaufmanns. Tatsächlich gemeint ist damit die **Gründung einer Handelsgesellschaft** (OHG oder KG), in die ein Einzelkaufmann sein bisheriges Geschäft als **Sacheinlage** einbringt. Nach § 28 Abs. 1 S. 1 haftet die neu gegründete Gesellschaft für die unternehmensbezogenen Altverbindlichkeiten des Einzelkaufmanns. § 28 Abs. 1 S. 2 enthält eine § 25 Abs. 1 S. 2 nachgebildete Regelung zu den unternehmensbezogenen Forderungen des früheren Geschäftsinhabers. Die in § 28 Abs. 2 vorgesehene Möglichkeit des Haftungsausschlusses entspricht § 25 Abs. 2. Bezüglich der zeitlichen Begrenzung der Haftung des früheren Einzelkaufmanns verweist § 28 Abs. 3 im Wesentlichen auf die Regelung in § 26.

2 **2. Systematik.** Obwohl die Vorschrift im Abschnitt über die Handelsfirma angesiedelt ist, gehört die Fortführung der Firma explizit nicht zu ihren Tatbestandsvoraussetzungen, weshalb sie mitunter als Fremdkörper im Firmenrecht bezeichnet wird.[1] Dennoch sind strukturelle und inhaltliche **Ähnlichkeiten mit § 25** nicht zu übersehen. Denn ebenso wie die genannte Vorschrift beschäftigt sich auch § 28 mit dem Schicksal unternehmensbezogener Verbindlichkeiten und Forderungen bei einer Veränderung des Unternehmensträgers. Die hierfür vorgesehenen Rechtsfolgen entsprechen weitgehend den aus § 25 bekannten Regelungen. Andererseits kann § 28 aber auch als **Ergänzung zu § 130** verstanden werden.[2] Während sich § 130 mit der Haftung bei Eintritt in eine bereits bestehende Gesellschaft beschäftigt, regelt § 25 die gleichen Fragen für den Fall einer Neugründung.

3 **3. Normzweck.** Ebenso wie im Fall des § 25 sind auch bei § 28 Normzweck und dogmatische Einordnung der Vorschrift heftig umstritten (→ § 25 Rn. 2 ff.). Hier wie dort werden **Erklärungs-, Rechtsscheins-, Haftungsfonds- und Kontinuitätstheorie** sowie die **Außenwirkung** interner Haftungsvereinbarungen zur Rechtfertigung der Norm ins Feld geführt.[3] Da § 28 anders als § 25 nicht die Fortführung der Firma voraussetzt, ergeben sich indes zwangsläufig Schwierigkeiten bei der Übertragung dogmatischer Ansätze, welche in erster Linie auf die Firmenfortführung abstellen. Aus diesem Grund betont die Rspr., die bei § 25 eher der Erklärungs- oder Rechtsscheintheorie zuneigt, bei § 28 stärker den Zusammenhang von Schulden und Vermögen **(Haftungsfonds),**[4] was

[1] Säcker ZGR 1973, 261 (280); Hopt/Mössle HaGesR Rn. 307; **aA** Lindacher NZG 2002, 113 (115).
[2] So bereits die Gesetzgebungsmaterialien, vgl. Denkschrift 38 = Schubert/Schmiedel/Krampe II/2, 980 f.
[3] Näher zum Streitstand Staub/Burgard Rn. 4 ff.; Ebenroth/Boujong/Reuschle Rn. 8 f., jeweils mzN.
[4] BGH 6.7.1966, NJW 1966, 1917 (1918); 14.6.1961, NJW 1961, 1765 (1766); RG 8.6.1940, RGZ 164, 115 (120); vgl. idS auch Henssler/Strohn/Wamser Rn. 1.

allerdings aus den bei § 25 (→ Rn. 5) näher ausgeführten Gründen ebenfalls nur eingeschränkt zu überzeugen vermag.

Darüber hinaus werden zur Rechtfertigung der Vorschrift **vollstreckungsrechtliche Gründe** angeführt.[5] Nach § 124 Abs. 2 ist zur Zwangsvollstreckung in das Vermögen einer OHG oder KG ein gegen die Gesellschaft gerichteter Titel notwendig. Ohne die in § 28 Abs. 1 angeordnete Haftung der Gesellschaft könnten die Altgläubiger deshalb nicht mehr unmittelbar in die Vermögensgegenstände vollstrecken, welche der frühere Einzelkaufmann in die Gesellschaft eingebracht hat. Vielmehr wären sie darauf angewiesen, seinen Anteil an der Gesellschaft zu pfänden (§ 135), was jedoch mit gravierenden Nachteilen verbunden ist. Zum einen führt eine Verwertung des Gesellschaftsanteils gem. § 135 zur Kündigung der Gesellschaft oder zumindest zum Ausscheiden des früheren Einzelkaufmanns. Zum anderen wären die Altgläubiger gegenüber neuen Gesellschaftsgläubigern materiell benachteiligt, weil sie sich nur an das Auseinandersetzungsguthaben des ausscheidenden Gesellschafters halten könnten, welches nach Berichtigung aller anderen Forderungen übrig bliebe. Allein mit diesen vollstreckungsrechtlichen Gesichtspunkten ist der Normzweck der Vorschrift jedoch ebenfalls nicht zu erklären.[6] Denn eine Regelung, die ausschließlich der Erleichterung der Zwangsvollstreckung dient, kann nicht zugleich zur beliebigen Disposition des Schuldners stehen, was bei § 28 Abs. 2 aber gerade der Fall ist.[7] 4

Letztendlich erscheint es deshalb noch am überzeugendsten, die Vorschrift ebenso wie § 25 als eine den **Rechtsverkehr schützende Norm** zu qualifizieren.[8] Auch bei § 28 ist ein solcher Schutz sinnvoll und notwendig, weil die Übernahme sämtlicher unternehmensbezogener Forderungen und Verbindlichkeiten des früheren einzelkaufmännischen Handelsgeschäfts zwar üblich, aber rechtlich nicht zwingend ist. Ähnlich wie § 25 sieht § 28 deswegen vor, dass sich Dritte in jedem Fall auch an die neu gegründete Gesellschaft halten bzw. schuldbefreiend an sie leisten können. Während § 25 allerdings den Schutz des Rechtsverkehrs von der Fortführung der Firma abhängig macht, verzichtet § 28 auf dieses Kontinuitätsmerkmal. Die Differenzierung erklärt sich zum einen aus der mittlerweile überholten Annahme des historischen Gesetzgebers,[9] schon die Hinzufügung eines Gesellschaftszusatzes (→ § 25 Rn. 27 f.) stehe einer Firmenfortführung entgegen.[10] Zum anderen ist der Verzicht auf die Firmenfortführung bei § 28 auch deshalb vertretbar, weil bereits die **Beteiligung des bisherigen Geschäftsinhabers** an der neuen Gesellschaft **dem Rechtsverkehr Haftungskontinuität signalisiert.**[11] 5

II. Haftung nach Abs. 1 S. 1

1. Haftungsvoraussetzungen. a) Überblick. Soweit § 28 Abs. 1 S. 1 vom Eintritt in das Geschäft eines Einzelkaufmanns spricht, ist dies untechnisch zu verstehen (→ Rn. 1). Tatsächlich handelt es sich um einen mehrstufigen Sachverhalt: § 28 Abs. 1 S. 1 erfordert zunächst die **Neugründung einer Personenhandelsgesellschaft (OHG oder KG),** an der neben dem bisherigen Geschäftsinhaber mindestens ein weiterer („eintretender") Gesellschafter beteiligt ist (→ Rn. 7 ff.). In die zu diesem Zweck gegründete Gesellschaft muss der bisherige Einzelkaufmann sein **Handelsgeschäft als Sacheinlage** einbringen (→ Rn. 14 ff.). Ferner setzt § 28 Abs. 1 S. 1 voraus, dass das eingebrachte Handelsgeschäft von der neu gegründeten Gesellschaft **fortgeführt** wird (→ Rn. 17). Eine Fortführung der ursprünglichen Firma ist hingegen nicht erforderlich. 6

b) Gesellschaftsgründung. aa) Allgemeines. § 28 setzt zunächst die Gründung einer **OHG oder KG** voraus. Als Gesellschafter kommen neben natürlichen Personen auch juristische Personen und Gesamthandsgemeinschaften in Betracht. Dabei ist gleichgültig, welcher der Gesellschafter die Rolle eines Komplementärs und welcher diejenige eines Kommanditisten übernimmt. Die Vorschrift erfasst damit zB auch die Gründung einer **GmbH & Co. KG,** an welcher der bisherige Einzelkaufmann als Kommanditist und eine zu diesem Zweck gegründete GmbH als Komplementärin beteiligt sind.[12] 7

---

[5] BGH 6.7.1966, NJW 1966, 1917 (1919); OLG Celle 8.5.1980, OLGZ 1981, 1 f.; Beuthien NJW 1993, 1737 (1740 f.); Lindacher NZG 2002, 113 (114); RGHMW/Ries Rn. 3; Canaris HandelsR § 7 Rn. 83 mwN.

[6] Ebenso U. Huber FS Raisch, 1995, 85 (101); BeckOGK/Moser, 15.5.2025, Rn. 10; KKD/Roth/Stelmaszczyk Rn. 2; Ebenroth/Boujong/Reuschle Rn. 5.

[7] So zutr. U. Huber FS Raisch, 1995, 85 (101).

[8] Ähnlich zB auch NK-HGB/Schall Rn. 5; Ebenroth/Boujong/Reuschle Rn. 2; Canaris HandelsR § 7 Rn. 82.

[9] Vgl. Denkschrift (RTVorl.) 39 = Schubert/Schmiedel/Krampe II/2, 981.

[10] U. Huber FS Raisch, 1995, 85 (101); KKD/Roth/Stelmaszczyk Rn. 2.

[11] Staub/Burgard Rn. 15; Canaris HandelsR § 7 Rn. 82.

[12] NK-HGB/Schall Rn. 8; Heymann/Förster Rn. 9; Staub/Burgard Rn. 25.

8 Allerdings muss es sich um eine Gesellschaft handeln, die eigens zur Einbringung des einzelkaufmännischen Handelsgeschäfts **neu gegründet** worden ist, weil andernfalls nicht vom „Eintritt in das Geschäft eines Einzelkaufmanns" gesprochen werden kann. Die Einbringung eines Unternehmens in eine bereits bestehende Gesellschaft fällt somit nicht unter § 28, sondern kann allenfalls eine Haftung nach § 25 begründen, was jedoch die Fortführung der Firma des Einzelkaufmanns voraussetzt (→ § 25 Rn. 22 f.). Entgegen einzelner Stimmen im Schrifttum[13] sollte dieses Ergebnis auch nicht im Wege der richterlichen Rechtsfortbildung korrigiert werden. Eine entsprechende Anwendung von § 28 auf die vorliegende Konstellation ließe ua außer Betracht, dass eine schon existierende Gesellschaft anders als eine neu zu gründende bereits andere Gläubiger hat, deren Haftungsinteressen vorrangig zu berücksichtigen sind.[14]

9 **bb) Unwirksamer Gesellschaftsvertrag.** Die Unwirksamkeit des Gesellschaftsvertrags – etwa infolge einer Anfechtung nach § 123 BGB – steht einer Haftung aus § 28 nicht entgegen, sofern zumindest eine **fehlerhafte Gesellschaft** vorliegt.[15] Dies folgt bereits aus der Tatsache, dass nach den von der Rspr. entwickelten und mittlerweile allgemein anerkannten Grundsätzen eine fehlerhafte Gesellschaft (auch gegenüber bösgläubigen) Dritten grundsätzlich voll wirksam ist, bis sie aufgelöst und durch Abwicklung beendet wird (→ § 105 Rn. 67 ff.).[16] Die vorliegende Konstellation ist deshalb weder mit der Anwendung von § 25 bei einem unwirksamen Erwerbsgeschäft vergleichbar (→ § 25 Rn. 16 f.) noch besteht aus anderen Gründen Anlass, die Haftung der Gesellschaft und ihrer Gesellschafter einzuschränken oder von weiteren Voraussetzungen abhängig zu machen.[17] Nur wenn die Beteiligten einen Gesellschaftsvertrag überhaupt nicht geschlossen haben oder sein Mangel derart gravierend ist, dass auch eine fehlerhafte Gesellschaft nicht zustande kommt, ergeben sich Fragen des Verkehrsschutzes. Da § 28 eine im Außenverhältnis wirksame Gesellschaft voraussetzt, kommt in diesen Fällen lediglich eine Haftung der Beteiligten nach § 15 Abs. 3 oder nach allgemeinen Rechtsscheingrundsätzen in Betracht (→ § 25 Rn. 46).[18]

10 **cc) GbR.** Nach seinem eindeutigen Wortlaut („Eintritt als persönlich haftender Gesellschafter oder als Kommanditist") setzt § 28 Abs. 1 S. 1 das Entstehen einer Personenhandelsgesellschaft (OHG oder KG) voraus. Ob die Vorschrift auf die Gründung einer GbR – oder PartG[19] – zumindest **entsprechende Anwendung** finden kann,[20] ist – ähnlich wie bei § 25 (→ Rn. 13) – seit geraumer Zeit heftig umstritten. Von der hM wurde eine solche Analogie bislang abgelehnt.[21] Die Befürworter der Gegenauffassung sahen sich indes durch den Paradigmenwechsel bestärkt, den die Rspr. bereits geraume Zeit vor dem Inkrafttreten des MoPeG hinsichtlich der Rechtsfähigkeit der GbR vollzogen hat. Seitdem ist eine GbR, die nach außen am Rechtsverkehr teilnimmt, ebenso wie eine OHG oder eine KG als rechtsfähig anzusehen.[22] Auf die Haftung ihrer Gesellschafter sind seitdem die für die OHG geltenden Vorschriften (§§ 128 ff. aF bzw. nunmehr §§ 126 ff.) entsprechend anzuwenden. Dies gilt auch für § 127 (§ 130 aF), der die Haftung bei Eintritt in eine bereits bestehende Gesellschaft regelt.[23] Da § 127 und § 28 in gewisser Weise vergleichbare Sachverhalte betreffen (→ Rn. 2), wird dies von einigen Stimmen als weitere Rechtfertigung für eine entsprechende Anwendung von § 28 auf die GbR angesehen.[24] Bereits vor einiger Zeit hat auch der BGH Sympathie für eine entspre-

---

[13] Staub/Burgard Rn. 23; MüKoHGB/Thiessen Rn. 11; Ebenroth/Boujong/Reuschle Rn. 24.

[14] So zutr. Canaris HandelsR § 7 Rn. 98; iE ebenso Commandeur/Kleinebrink Betriebs- und Firmenübernahme Rn. 1343; Heymann/Förster Rn. 23; Hopt/Merkt Rn. 2; K. Schmidt HandelsR § 8 Rn. 101; Müller JA 2023, 188 (192).

[15] BGH 22.11.1971, NJW 1972, 1466 (1467); Hopt/Merkt Rn. 3; Staub/Burgard Rn. 30; GK-HGB/Steitz Rn. 9.

[16] BGH 16.12.2002, BGHZ 153, 214 (221 f.) = NJW 2003, 1252; 8.11.1965, BGHZ 44, 235 (236 f.) = NJW 1966, 107, jeweils mwN.

[17] So aber bezüglich der Gesellschafterhaftung RGHMW/Ries Rn. 18; Heymann/Emmerich, 2. Aufl. 1995, Rn. 18; Canaris HandelsR § 7 Rn. 90.

[18] Hopt/Merkt Rn. 3; BeckOGK/Moser, 15.5.2025, Rn. 51; GK-HGB/Steitz Rn. 9.

[19] Vgl. dazu – iErg offen – BGH 23.11.2009, NJW 2010, 3720 m. krit. Anm. Hirtz AnwBl 2011, 48 sowie eine analoge Anwendung verneinend Ferner ZJS 2016, 676 (679); Mahnke WM 1996, 1029 (1033).

[20] So bereits seit langem K. Schmidt ZHR 145 (1981), 1; K. Schmidt HandelsR § 7 Rn. 41, K. Schmidt HandelsR § 8 Rn. 104 sowie zuletzt K. Schmidt ZGR 2014, 844 (856 f.); ähnlich MüKoHGB/Lieb, 2. Aufl. 2005, Rn. 9.

[21] BGH 18.1.2000, BGHZ 143, 314 (318) = NJW 2000, 1193; 7.1.1960, BGHZ 31, 397 (400); OLG Schleswig 11.3.2011, SchlHA 2011, 336; 337 m. krit. Anm. Schodder EWiR 2012, 115; Staub/Burgard Rn. 21; MüKoHGB/Thiessen Rn. 10; Henssler/Strohn/Wamser Rn. 2; Ebenroth/Boujong/Reuschle Rn. 16; Canaris HandelsR § 7 Rn. 88.

[22] BGH 29.1.2001, BGHZ 146, 341 = NJW 2001, 1056.

[23] BGH 7.4.2003, BGHZ 154, 370 = NJW 2003, 1803.

[24] Arnold/Dötsch DStR 2003, 1398 (1403); Eckart/Fest WM 2007, 196 (198 f.); Petig/Iglesias González Jura 2009, 646 (647 f.); K. Schmidt NJW 2003, 1897 (1903); GK-HGB/Steitz Rn. 7.

chende Anwendung der Vorschrift erkennen lassen, wenngleich er in der Entscheidung, welche die Haftung einer PartG betrifft, zugleich die Notwendigkeit einer engen Auslegung von § 28 betont hat und die Tragfähigkeit einer Analogie im Ergebnis ausdrücklich offen lässt.[25] Der Gesetzgeber des MoPeG hat eine § 28 vergleichbare Eintrittshaftung für die GbR zwar erwogen, deren Einführung letztlich aber aus gut nachvollziehbaren Erwägungen verworfen.[26]

Nach der **hier vertretenen Auffassung** sprechen die besseren Gründe indessen nach wie vor gegen eine analoge Anwendung der Vorschrift.[27] Denn eine solche Analogie würde im Ergebnis dazu führen, dass die Gesellschafter einer GbR als Nichtkaufleute schlechter gestellt wären als die Komplementäre einer OHG, weil sie anders als jene die Haftung der Gesellschaft nicht durch Eintragung einer abweichenden Vereinbarung ins Handelsregister (§ 28 Abs. 2) ausschließen könnten.[28] Durch das Inkrafttreten des MoPeG hat sich hieran nichts geändert, weil in den §§ 707a ff. BGB nF die Eintragung eines Haftungsausschlusses nicht vorgesehen ist. Dem lässt sich auch nicht entgegenhalten, dass Kleingewerbetreibende gem. § 105 Abs. 2 die Rechtsform einer OHG wählen und Angehörige der Freien Berufe eine Partnerschaftsgesellschaft nach § 1 Abs. 1 PartGG gründen können, um die Möglichkeit eines Haftungsausschlusses nach § 28 Abs. 2 zu erlangen.[29] Denn diese Argumentation liefe darauf hinaus, den genannten Personenkreis in eine bestimmte Gesellschaftsform zu drängen, was mit dem gesetzlichen Leitbild der freien Rechtsformenwahl unvereinbar erscheint.[30] Aus demselben Grund vermag auch die Parallele zur analogen Anwendung von § 130 nicht zu überzeugen. Denn dort stellt sich die Frage eines Haftungsausschlusses ohnedies nicht, weil es sich anders als bei § 28 um eine zwingende Vorschrift handelt.[31] Nachdem sich der Gesetzgeber des MoPeG bewusst gegen die Einführung einer § 28 vergleichbaren Vorschrift entschieden hat,[32] fehlt es für eine analoge Anwendung der Vorschrift letztlich auch an einer planwidrigen Regelungslücke.[33] 11

dd) Kapitalgesellschaften. Ob die Einbringung eines Unternehmens in eine bestehende oder neu zu gründende Kapitalgesellschaft zu einer Haftung nach § 28 führen kann, ist ebenfalls lebhaft umstritten (→ § 25 Rn. 22 f.). Einer unmittelbaren Anwendung der Vorschrift steht jedoch auch hier entgegen, dass § 28 nach seinem eindeutigen Wortlaut eine Personenhandelsgesellschaft voraussetzt. Eine **analoge Anwendung** der Vorschrift, wie sie von einem Teil des Schrifttums befürwortet wird,[34] ist mit der hM **abzulehnen.**[35] Dies gilt auch dann, wenn der bisherige Geschäftsinhaber an der Kapitalgesellschaft beteiligt ist. Denn das hierin zum Ausdruck kommende personelle Kontinuitätselement, das eine Haftung nach § 28 rechtfertigt (→ Rn. 5), ist bei der Beteiligung an einer Kapitalgesellschaft typischerweise deutlich schwächer ausgeprägt, als dies bei einer Personengesellschaft der Fall ist.[36] 12

In den genannten Fällen kommt daher allenfalls eine **Haftung nach § 25** in Betracht, was jedoch eine Fortführung der Firma des eingebrachten Unternehmens voraussetzt (→ § 25 Rn. 23). Dies gilt auch für die Einbringung eines Unternehmens in eine **Vor-GmbH.** Denn bei dieser handelt es sich nämlich nicht um eine Personengesellschaft, sondern um eine Personenvereinigung eigener Art, welche bis auf die noch fehlende Rechtsfähigkeit bereits der künftigen GmbH als deren Vorstufe entspricht.[37] 13

---

[25] BGH 23.11.2009, NJW 2010, 3720 m. krit. Anm. Hirtz AnwBl 2011, 48; vgl. dazu auch OLG München 8.4.2015, NJW 2015, 2353 m. zust. Anm. Miras; Binnewies/Wollweber AnwBl 2014, 9 f.

[26] BT-Drs. 19/27635, 166 f.

[27] So für den Fall des Eintritts in eine Rechtsanwaltssozietät (wegen der Besonderheiten des anwaltlichen Mandatsverhältnisses) auch BGH 17.11.2011, NJW-RR 2012, 239 (251); 22.1.2004, BGHZ 157, 361 = NJW 2004, 836 = JZ 2004, 681 m. abl. Anm. Grunewald = LMK 2004, 218 m. zust. Anm. Henssler; OLG Düsseldorf 14.2.2019, BeckRS 2019, 4760 Rn. 32; OLG Düsseldorf 20.12.2001, NZG 2002, 284 (286); **aA** OLG Naumburg 17.1.2006, NZG 2006, 711 (712).

[28] BGH 22.1.2004, BGHZ 157, 361 (367) = NJW 2004, 836; Klein DStR 2009, 1963 (1966); NK-HGB/Schall Rn. 9; Ebenroth/Boujong/Reuschle Rn. 16; Canaris HandelsR § 7 Rn. 88.

[29] So aber zB Heyers MDR 2013, 1323 (1324); K. Schmidt BB 2004, 785 (790 f.); GK-HGB/Steitz Rn. 7.

[30] So ausdrücklich die amtliche Begründung zum PartGG (BR-Drs. 516/93, 15), wonach die Partnerschaftsgesellschaft nicht die GbR als herkömmliche Organisationsform der Freien Berufe verdrängen, sondern lediglich eine zusätzliche Wahlmöglichkeit bieten soll; ähnlich Hirtz AnwBl 2008, 82 (84); Ebenroth/Boujong/Reuschle Rn. 24; Canaris HandelsR § 7 Rn. 88.

[31] KKD/Roth/Stelmaszczyk Rn. 5; Canaris HandelsR § 7 Rn. 88.

[32] BT-Drs. 19/27635, 166 f.

[33] Röß NZG 2023, 401 (408); Nolting BB 2021, 1795 (1800); krit. K. Schmidt ZHR 2021, 16 (38 f.).

[34] So Staub/Hüffer, 4. Aufl. 1995, Rn. 30; MüKoHGB/Thiessen Rn. 10; mit gewissen Einschränkungen auch Staub/Burgard Rn. 22; Ebenroth/Boujong/Reuschle Rn. 26 f.

[35] BGH 18.1.2000, BGHZ 143, 314 (318) = NJW 2000, 1193; Servatius NJW 2001, 1696 (1697); Commandeur/Kleinebrink Betriebs- und Firmenübernahme Rn. 1335 f.; BeckOGK/Moser, 15.5.2025, Rn. 64; NK-HGB/Schall Rn. 12; Heymann/Förster Rn. 20 f.; Hopt/Merkt Rn. 2; BeckOK HGB/Bömeke, 47. Ed. 1.7.2025, Rn. 6.

[36] So zutr. Canaris HandelsR § 7 Rn. 96.

[37] BGH 18.1.2000, BGHZ 143, 314 (319) = NJW 2000, 1193; 15.6.1978, BGHZ 72, 45 (48 f.) = NJW 1978, 1978.

Folgerichtig muss eine Anwendung von § 28 hier ebenfalls ausscheiden.[38] Dies gilt nach Auffassung des BGH selbst dann, wenn die ursprünglich beabsichtigte Eintragung der GmbH in das Handelsregister nicht mehr weiterverfolgt wird, obwohl sich in diesem Fall die bis dahin bestehende Vor-GmbH in eine OHG bzw. GbR umwandelt und die Anwendung des GmbH-Rechts auf die sog. **unechte Vorgesellschaft** rückwirkend entfällt.[39]

14 **c) Einbringung eines Handelsgeschäfts. aa) Allgemeines.** Der Einbringungsvorgang, den das Gesetz als Eintritt bezeichnet, entspricht dem Erwerb iSv § 25. Ebenso wie dort kommt es allein auf den **tatsächlichen Geschäftsübergang** an. Rechtliche Mängel des Übertragungsgeschäfts sind deshalb unter den gleichen Voraussetzungen wie bei § 25 (→ Rn. 16 f.) unschädlich. Zu Mängeln des Gesellschaftsvertrags → Rn. 9. Da es allein auf die tatsächlichen Verhältnisse ankommt, kann die Einbringung auch aufgrund eines Pacht- oder anderen Nutzungsvertrags erfolgen, was insbesondere im Falle von Betriebsaufspaltungen von Bedeutung ist.[40] Wegen weiterer Einzelheiten vgl. die Erläuterungen zum Erwerb bei § 25 (→ Rn. 15), die hier entsprechend gelten.

15 **bb) Einzelkaufmännisches Handelsgeschäft.** Als Einzelkaufmann iSv § 28 kommen nach allgM nicht nur natürliche Personen, sondern auch juristische Personen (GmbH, AG) sowie Handelsgesellschaften (OHG, KG) in Betracht.[41] Ob § 28 auf die Einbringung eines **nicht kaufmännischen Unternehmens** (entsprechende) Anwendung finden kann, ist hingegen umstritten. Von der wohl hM wird die Frage unter der Voraussetzung bejaht, dass mit dem Eintritt eines weiteren Gesellschafters eine Handelsgesellschaft entsteht.[42] Dies ist denkbar, wenn der Geschäftsbetrieb nach Gründung der Gesellschaft den gem. § 1 Abs. 2 erforderlichen Umfang erreicht oder eine Eintragung ins Handelsregister nach § 105 Abs. 2 erfolgt.

16 Tatsächlich erscheint eine **entsprechende Anwendung** der Vorschrift hier **vertretbar.** Denn anders als den Gesellschaftern einer GbR (→ Rn. 10 f.) ist den Beteiligten in der vorliegenden Konstellation die Eintragung eines Haftungsausschlusses nach § 28 Abs. 2 möglich und zumutbar. Darüber hinaus dürften im Falle der Übernahme eines kleingewerblichen Geschäftsbetriebs beim Rechtsverkehr ähnliche Haftungserwartungen geweckt werden wie bei der Einbringung eines kaufmännischen Unternehmens. Sofern das einzubringende Unternehmen nicht ins Handelsregister eingetragen ist, hängt diese Unterscheidung allein davon ab, ob der übernommene Betrieb einen in kaufmännischer Weise eingerichteten Geschäftsbetrieb erfordert (§ 1 Abs. 2), was von einem außen stehenden Dritten nur schwer zu beurteilen ist.

17 **d) Unternehmensfortführung.** Ebenso wie § 25 setzt § 28 eine Fortführung des eingebrachten Unternehmens voraus. Zwar wird die Notwendigkeit der Unternehmensfortführung nicht explizit im Gesetzeswortlaut erwähnt, jedoch folgt dieses Erfordernis aus der Parallele zu § 25 und dem Normzweck der Vorschrift.[43] Eine Haftung scheidet deswegen aus, wenn der eingebrachte Geschäftsbetrieb unmittelbar nach seiner Übernahme eingestellt wird. Eine unveränderte Weiterführung des Handelsgeschäfts ist indes ebenso wenig wie bei § 25 erforderlich. Vielmehr genügt es ebenso wie dort, wenn der den Schwerpunkt des Unternehmens bildende Kern nach außen erkennbar weitergeführt wird (→ § 25 Rn. 24). Hat der bisherige Einzelkaufmann mehrere Handelsgeschäfte betrieben, muss zunächst festgestellt werden, welches der Unternehmen eingebracht und fortgeführt wurde. Die Haftung der Gesellschaft ist dann auf die in dem betreffenden Unternehmen entstandenen Verbindlichkeiten beschränkt.[44] Zu weiteren Einzelheiten vgl. die Erläuterungen zu § 25 (→ Rn. 24), die auch hier entsprechend gelten.

18 **2. Rechtsfolgen. a) Haftung der Gesellschaft.** Ebenso wie § 25 Abs. 1 S. 1 sieht § 28 Abs. S. 1 einen **gesetzlichen Schuldbeitritt** vor. Sind die Voraussetzungen der Vorschrift erfüllt, haftet die neue Gesellschaft neben dem früheren Einzelkaufmann für alle unternehmensbezogenen Verbindlichkeiten, die in dessen Geschäftsbetrieb begründet worden sind. Hingegen führt die Regelung ebenso wenig wie § 25 zu einer Vertragsüberleitung auf die neu gegründete Gesellschaft. Soweit

[38] Commandeur/Kleinebrink Betriebs- und Firmenübernahme Rn. 1338; Hopt/Merkt Rn. 2.

[39] BGH 18.1.2000, BGHZ 143, 314 (320) = NJW 2000, 1193 = JR 2001, 108 m. (insoweit) zust. Anm. Rolfs = JZ 2000, 1009 m. abl. Anm. Lieb.

[40] MüKoHGB/Thiessen Rn. 18; Ebenroth/Boujong/Reuschle Rn. 28, jeweils mwN.

[41] Commandeur/Kleinebrink Betriebs- und Firmenübernahme Rn. 1349; MüKoHGB/Thiessen Rn. 19 mwN.

[42] KKD/Roth/Stelmaszczyk Rn. 5; Ebenroth/Boujong/Reuschle Rn. 17; Canaris HandelsR § 7 Rn. 88; **aA** BGH 7.1.1960, BGHZ 31, 397 (400 f.) = NJW 1960, 624; Commandeur/Kleinebrink Betriebs- und Firmenübernahme Rn. 1352 f.

[43] NK-HGB/Schall Rn. 14; Hopt/Merkt Rn. 4; Henssler/Strohn/Wamser Rn. 4; Müller JA 2023, 188 (192 f.).

[44] BGH 14.6.1961, NJW 1961, 1765; 7.1.1960, BGHZ 31, 397 (399) = NJW 1960, 624; RG 2.10.1907, LZ 1907, 822.

sich die Beteiligten nicht ausdrücklich oder konkludent auf eine Vertragsübernahme einigen, bleibt der frühere Einzelkaufmann demnach alleiniger Vertragspartner der Gläubiger.[45] Wegen weiterer Einzelheiten ist auch insoweit auf die Erläuterungen zu § 25 (→ Rn. 29 ff.) zu verweisen, die für eine Haftung nach § 28 Abs. 1 S. 1 entsprechend gelten. Wie § 25 betrifft § 28 nur die in dem früheren Einzelunternehmen begründeten Verbindlichkeiten. Eine Haftung der Gesellschaft für Altschulden des eintretenden Gesellschafters ist daher von vornherein ausgeschlossen und lässt sich auch nicht im Wege einer Analogie begründen.[46]

b) Haftung der Gesellschafter. Neben der neu gegründeten Gesellschaft haften auch deren Gesellschafter. Dies gilt nicht nur für den früheren Geschäftsinhaber, sondern auch für den neu eintretenden Gesellschafter. Dessen Einstandspflicht folgt zwar nicht unmittelbar aus § 28, ergibt sich aber aufgrund der **akzessorischen Haftung für die Gesellschaftsverbindlichkeiten** (§§ 126, 161 Abs. 2). Im Falle der Beteiligung als Kommanditist ist seine Haftung gem. § 171 auf die zu leistende Einlage beschränkt, als Gesellschafter einer OHG oder Komplementär einer KG haftet er hingegen nach allgemeinen Grundsätzen unbeschränkt mit seinem gesamten Vermögen. 19

Nach ganz hM erstreckt sich diese gesellschaftsrechtliche Haftung auch auf **Altverbindlichkeiten des früheren Geschäftsinhabers.**[47] Entgegen Canaris lässt sich dem nicht entgegenhalten, dass § 126 nicht auf Verbindlichkeiten zugeschnitten ist, die bereits vor Gründung der Gesellschaft bzw. dem Eintritt des jeweiligen Gesellschafters entstanden sind.[48] Zwar betrifft die Haftung nach § 28 vor diesem Zeitpunkt begründete Verbindlichkeiten, sie selbst entsteht aber erst, nachdem der Eintretende bereits Gesellschafter geworden ist.[49] Im Übrigen würde der von Canaris geforderte Verzicht auf eine persönliche Haftung des eintretenden Gesellschafters im Ergebnis dazu führen, dass eine OHG oder KG ohne haftende Mitglieder entstünde, weil sich die Gesellschafterhaftung des früheren Geschäftsinhabers ebenfalls nur aus § 126 oder § 171 ergeben kann.[50] Aus denselben Gründen kann auch die von Lindacher vertretene Auffassung nicht überzeugen, wonach die akzessorische Gesellschafterhaftung von der Fortführung der Firma abhängen soll.[51] Gegen diesen Ansatz spricht im Übrigen auch, dass es nach dem Wortlaut der Vorschrift explizit nicht auf die Beibehaltung der Firma ankommt. 20

c) Haftung des früheren Inhabers. aa) Allgemeines. Da § 28 keinen Vertragsübergang, sondern lediglich einen gesetzlichen Schuldbeitritt vorsieht (→ Rn. 18), **haftet** der frühere Einzelkaufmann für die von ihm begründeten Verbindlichkeiten **unverändert fort.** Auch der Umstand, dass er daneben als Mitglied der Gesellschaft in Anspruch genommen werden kann (→ Rn. 19 f.), ändert hieran nichts. Seine persönliche Haftung entfällt allenfalls unter den Voraussetzungen des § 28 Abs. 3 (→ Rn. 22). § 613a Abs. 2 S. 1 BGB führt demgegenüber nicht zu einer Freistellung, weil die dort vorgesehene Vertragsüberleitung eine Haftung nach §§ 25 ff. grundsätzlich unberührt lässt (→ § 25 Rn. 30, 42).[52] 21

bb) Enthaftung (Abs. 3). Die durch das Nachhaftungsbegrenzungsgesetz vom 18.3.1994 **(NachhBG)** eingefügte Regelung verweist auf § 25 Abs. 3 und begrenzt die Haftung des bisherigen Geschäftsinhabers ebenso wie dort auf eine Frist von fünf Jahren. Voraussetzung hierfür ist, dass der ehemalige Einzelkaufmann sein Handelsgeschäft in eine KG einbringt und dort die **Stellung eines Kommanditisten** übernimmt, während der neu eintretende Gesellschafter zum Komplementär wird. Nach § 28 Abs. 3 S. 2 und entgegen der früheren Rspr. zu § 159[53] erfolgt eine Enthaftung des früheren Geschäftsinhabers auch dann, wenn er trotz seiner Kommanditistenstellung weiterhin eine geschäftsführende Tätigkeit in dem Unternehmen (zB als Geschäftsführer der Komplementär-GmbH) ausübt. Die gesamte Regelung bezieht sich indes ausschließlich auf die unmittelbare persönliche Haftung des früheren Einzelkaufmanns als Unternehmensträger, nicht aber auf seine akzessorische Gesellschafterhaftung (→ Rn. 19 f.), was § 28 Abs. 3 S. 3 nochmals ausdrücklich klarstellt. Wegen weiterer Einzelheiten ist auf die Erläuterungen zu § 26 zu verweisen. 22

---

[45] Für den Eintritt in ein Mietverhältnis so ausdrücklich BGH 25.4.2001, NJW 2001, 2251 (2252).
[46] BGH 23.11.2009, NJW 2010, 3720 Rn. 7; **aA** MüKoHGB/Lieb, 2. Aufl. 2005, Rn. 6.
[47] BGH 22.1.2004, BGHZ 157, 361 (364 f.) = NJW 2004, 836; 6.7.1966, NJW 1966, 1917 (1918); Staub/Burgard Rn. 41; MüKoHGB/Thiessen Rn. 31; Ebenroth/Boujong/Reuschle Rn. 30, jeweils mwN.
[48] Canaris HandelsR § 7 Rn. 92.
[49] BGH 22.1.2004, BGHZ 157, 361 (364 f.) = NJW 2004, 836; Ebenroth/Boujong/Reuschle Rn. 30.
[50] So zutr. Staub/Hüffer, 4. Aufl. 1995, Rn. 22; ebenso BeckOGK/Moser, 15.5.2025, Rn. 93.
[51] Lindacher NZG 2002, 113.
[52] BAG 24.3.1977, NJW 1977, 1791 = EzA HGB § 28 Nr. 1 m. abl. Anm. Lieb; Commandeur/Kleinebrink Betriebs- und Firmenübernahme Rn. 1186; BeckOGK/Moser, 15.5.2025, Rn. 125; Ebenroth/Boujong/Reuschle Rn. 30 und 40 mwN; **aA** MüKoHGB/Thiessen Rn. 32.
[53] BGH 19.5.1983, NJW 1983, 2940 (2943); 22.9.1980, BGHZ 78, 114 (118) = NJW 1981, 175.

III. Schuldnerschutz nach Abs. 1 S. 2

23 Gemäß § 28 Abs. 1 S. 2 können Unternehmensschuldner auch dann mit befreiender Wirkung an den neuen Unternehmensträger leisten, wenn die betreffende Forderung ausnahmsweise nicht in die Gesellschaft eingebracht worden ist und damit noch dem früheren Geschäftsinhaber zusteht. Abgesehen von dem Erfordernis der Firmenfortführung, das für § 28 unerheblich ist, **entspricht** die Regelung in jeder Hinsicht **§ 25 Abs. 1 S. 2.** Es kann daher in vollem Umfang auf die dortigen Erläuterungen (→ § 25 Rn. 47 ff.) verwiesen werden.

IV. Abweichende Vereinbarungen nach Abs. 2

24 **1. Grundsatz.** Ebenso wie § 25 Abs. 2 räumt § 28 Abs. 2 den Beteiligten die Möglichkeit ein, die in Abs. 1 der Vorschrift vorgesehenen **Rechtsfolgen abzubedingen.** Dies gilt sowohl für die Haftung nach § 28 Abs. 1 S. 1 als auch für die Schuldnerschutzbestimmung in § 28 Abs. 1 S. 2. Soweit im Schrifttum vereinzelt eine Nichtanwendung von § 28 Abs. 2 gefordert wurde, weil es sich um eine sinnwidrige Norm handele, bei deren Erlass die Haftungsverhältnisse offensichtlich nicht ausreichend bedacht worden seien,[54] steht dem bereits der eindeutige und unmissverständliche Wortlaut der Vorschrift entgegen.[55] Im Übrigen beruht diese Kritik auf dem verfehlten Versuch, die Haftung nach § 28 ausschließlich mit vollstreckungsrechtlichen Erwägungen erklären zu wollen (→ Rn. 4). Nach dem hier vertretenen Ansatz hat § 28 Abs. 2 hingegen durchaus seine Berechtigung. Da den Haftungserwartungen des Rechtsverkehrs durch die in § 28 Abs. 2 vorgesehene Bekanntmachung die Grundlage entzogen wird, erscheint ein Ausschluss der Haftung bzw. der Schuldnerschutzbestimmungen nach § 28 Abs. 1 vertretbar (näher → Rn. 5).

25 **2. Einzelheiten.** Hinsichtlich der Voraussetzungen und Rechtsfolgen der Vorschrift kann in vollem Umfang auf die **Erläuterungen zu § 25** (→ § 25 Rn. 34 ff.) verwiesen werden. Zu beachten sind lediglich folgende Besonderheiten:

26 **a) Zeitpunkt.** Umstritten ist zunächst, ob die Mitteilung des Haftungsausschlusses **bereits vor dem Abschluss des Gesellschaftsvertrags** wirksam erfolgen kann.[56] Dies ist schon deshalb **abzulehnen,** weil die Gesellschaft vor ihrer Gründung noch keine Gesellschafter hat, welche gem. § 28 Abs. 2 zu einer entsprechenden Mitteilung berechtigt wären. Ließe man eine vorherige Mitteilung ausreichen, blieben die Gläubiger überdies im Unklaren, ob der zunächst geplante Haftungsausschluss in dem noch zu schließenden Gesellschaftsvertrag tatsächlich umgesetzt wird.[57]

27 **b) Umfang.** Hinsichtlich des Umfangs der Ausschlussvereinbarung sind die Beteiligten frei. Ebenso wie im Falle des § 25 Abs. 2 (→ Rn. 36) kann ein Haftungsausschluss daher auch auf einzelne Forderungen beschränkt werden. Umstritten und fraglich ist allerdings, ob auch allein die **persönliche Haftung** des neu eintretenden Gesellschafters (→ Rn. 19 f.) **abbedungen** werden kann.[58] Zwar ließe sich hiergegen einwenden, dass sich dessen Haftung nicht unmittelbar aus § 28 ergibt, sondern aus § 126 folgt, der eine die persönliche Haftung ausschließende Vereinbarung nicht vorsieht. Trotz der hieraus resultierenden Bedenken sollte ein Ausschluss der Gesellschafterhaftung mit Blick auf die Interessenlage der Beteiligten zugelassen werden. Denn andernfalls nötigte man die Gesellschafter, die Haftung der Gesellschaft insgesamt auszuschließen, womit den Interessen der Gläubiger offensichtlich nicht gedient wäre.[59]

V. Prozessuales

28 **1. § 28 Abs. 1 S. 1.** Zur Zwangsvollstreckung in das Gesellschaftsvermögen ist gem. § 124 Abs. 2 ein gegen die Gesellschaft gerichteter Vollstreckungstitel erforderlich. Hat ein Gläubiger bereits vor der Einbringung des Handelsgeschäfts einen rechtskräftigen Schuldtitel gegen den früheren Einzelkaufmann erwirkt, kann ihm in **analoger Anwendung von § 729 Abs. 2 ZPO** eine voll-

[54] So namentlich MüKoHGB/Lieb, 2. Aufl. 2005, Rn. 35 f.; krit. auch K. Schmidt HandelsR § 8 Rn. 120 ff.

[55] Hopt/Merkt Rn. 6; Ebenroth/Boujong/Reuschle Rn. 36 f.; BeckOGK/Moser, 15.5.2025, Rn. 105 mwN; trotz Bedenken letztlich auch NK-HGB/Schall Rn. 21.

[56] So K. Schmidt HandelsR § 8 Rn. 119; ähnlich auch Hopt/Merkt Rn. 6; MüKoHGB/Thiessen Rn. 37; **aA** RG 7.6.1921, RGZ 102, 243 (245); BeckOK HGB/Bömeke, 47. Ed. 1.7.2025, Rn. 23; NK-HGB/Schall Rn. 21; Heymann/Förster Rn. 38.

[57] So zutr. RG 7.6.1921, RGZ 102, 243 (245).

[58] Dafür OLG Celle 8.5.1980, OLGZ 1981, 1; Lindacher NZG 2002, 113 (114); K. Schmidt HandelsR Rn. 37; Ebenroth/Boujong/Reuschle Rn. 39; **aA** K. Schmidt HandelsR § 8 Rn. 123 f.; NK-HGB/Schall Rn. 22; MüKoHGB/Thiessen Rn. 36.

[59] Zutr. OLG Celle 8.5.1980, OLGZ 1981, 1 (2).

streckbare Ausfertigung gegen die Gesellschaft erteilt werden.[60] Eine Umschreibung des Titels gegen die Gesellschafter kommt hingegen angesichts ihrer lediglich akzessorischen Haftung (→ Rn. 19 f.) und der Regelung in § 129 Abs. 4 nicht in Betracht.[61] Zu den weiteren Voraussetzungen einer Titelumschreibung wird auf die Erläuterungen zu § 25 (→ Rn. 58) verwiesen.

2. § 28 Abs. 1 S. 2. Erfolgt die Einbringung des Handelsgeschäfts nach Rechtshängigkeit einer von dem bisherigen Inhaber erhobenen Klage, bleibt dieser gem. **§ 265 Abs. 2 ZPO** auch dann Partei des Rechtsstreits, wenn er die **Forderung an die Gesellschaft abtritt.** Die Rechtskraft des Urteils wirkt gem. § 325 Abs. 1 ZPO auch zugunsten der Gesellschaft. Eine **Titelumschreibung** ist nach **§ 727 ZPO** möglich.[62] 29

VI. Darlegungs- und Beweislast

Insoweit wird auf die **Erläuterungen zu § 25** (→ § 25 Rn. 60) verwiesen, die für § 28 entsprechend gelten. 30

Anh. §§ 25–28 Rechtsgeschäftliche Unternehmensübertragungen

Schrifttum: Altmeppen, Insolvenz der gekauften Kapitalgesellschaft und Gewährleistungsrecht, FS Picker, 2010, 23; Beisel/Klumpp, Der Unternehmenskauf, 7. Aufl. 2016; Bergjan, Die Auswirkungen der Schuldrechtsreform 2002 auf den Unternehmenskauf, 2003; Bodenbenner, Bereicherungsausgleich nach rechtsgrundlosem Unternehmenserwerb, MDR 2007, 1056; Büdenbender in NK-BGB, 4. Aufl. 2021, Anhang II zu §§ 433–480 BGB: Unternehmenskauf; Findeisen, Die Sorgfaltspflichten des Erwerbers beim Unternehmenskauf, BB 2015, 2700; Ganzer, Informationsbedarf beim Unternehmenserwerb, AG 2022, 22; Gaul, Schuldrechtsmodernisierung und Unternehmenskauf, ZHR 166 (2002), 35; Haarmann, Bereicherungsrechtliche Rückabwicklung nichtiger Unternehmenskaufverträge – Grundfragen und ausgewählte Einzelprobleme, FS Kollhosser, Bd. II, 2004, 157; Haberstock, Risikoverteilung beim Unternehmensverkauf, FS Pöllath, 2008, 29; Hilgard, Der Freistellungsanspruch beim Unternehmenskauf, BB 2016, 1218; Hölters, Handbuch Unternehmenskauf, 10. Aufl. 2022; Holzapfel/Pöllath/Bergjan/Engelhardt, Unternehmenskauf in Recht und Praxis, 16. Aufl. 2021; Hopt, M&A, Due Diligence und Kautelarpraxis, ZHR 186 (2022), 7; Huber, Die Praxis des Unternehmenskaufs im System des Kaufrechts, AcP 202 (2002), 179; Hüren, Gesamtvermögensgeschäfte im Gesellschaftsrecht, RNotZ 2014, 77; Knott, Unternehmenskauf, 6. Aufl. 2019; Korch, Unternehmenskaufverträge, 2024; Kort, Anwendung bürgerlichrechtlicher Normen auf den Unternehmenskauf und deren vertragliche Modifizierung, FS 50 Jahre Juristische Fakultät Augsburg, 2021, 395; Leuschner, Gebotenheit und Grenzen der AGB-Kontrolle, AcP 207 (2007), 491; Lorenz, Der Unternehmenskauf nach der Schuldrechtsreform, FS Heldrich, 2005, 305; Mehrbrey, Handbuch Streitigkeiten beim Unternehmenskauf, 2. Aufl. 2022; Müller, Zur Unterscheidung zwischen „Beschaffenheit" und „Umweltbeziehung" im kaufrechtlichen Gewährleistungsrecht, WM 2017, 929 und WM 2017, 981; Müller/Thiede, Kartellrechtliche Risiken durch Wettbewerbsverbote in Unternehmenskaufverträgen, EuZW 2017, 246; Picot, Unternehmenskauf und Restrukturierung, 4. Aufl. 2013; Rupietta, Die bereicherungsrechtliche Rückabwicklung unwirksamer Unternehmenskaufverträge, 2001; Maier-Reimer, Unternehmenskauf und neues Schuldrecht, in Eckert/Delbrück, Reform des deutschen Schuldrechts, 2003; Maier-Reimer/Niemeyer, Unternehmenskaufvertrag und AGB-Recht, NJW 2015, 1713; Schmitt, Mängelgewährleistung bei Anteils- und Unternehmenskauf, WM 2019, 1871; Schmitz, Mängelhaftung beim Unternehmenskauf nach der Schuldrechtsreform, RNotZ 2006, 561; Schröcker, Unternehmenskauf und Anteilskauf nach der Schuldrechtsreform, ZGR 2005, 63; Weißhaupt, Haftung und Wissen beim Unternehmenskauf, WM 2013, 782; Westermann, Due Diligence beim Unternehmenskauf, ZHR 169 (2005), 248; Wittuhn/Quecke, Unternehmenskaufverträge und des Recht der Allgemeinen Geschäftsbedingungen, NZG 2014, 131; Vetter, Kautelarpraxis und M&A-Verträge, RabelsZ 82 (2018), 267; Weyland, Garantieversprechen (Warranties) und „Erklärungen ins Blaue hinein", NZG 2022, 103.

Übersicht

[60] So die ganz hM: Staub/Burgard Rn. 41; MüKoHGB/Thiessen Rn. 34; Henssler/Strohn/Wamser Rn. 5; Winkler RNotZ 2019, 117 (133); offengelassen in BGH 5.3.1974, Rpfleger 1974, 260; **aA** OLG Köln 17.12.1993, NJW-RR 1994, 118 (119) obiter dictum ohne Begründung.

[61] Ebenso Staub/Burgard Rn. 41; MüKoHGB/Thiessen Rn. 34; Ebenroth/Boujong/Reuschle Rn. 33; Winkler RNotZ 2019, 117 (133); **aA** Stein/Jonas/Münzberg ZPO § 729 Rn. 8.

[62] Staub/Hüffer, 4. Aufl. 1995, Rn. 26; Ebenroth/Boujong/Reuschle Rn. 35.

I. Grundlagen

1 **1. Allgemeines.** Ein Unternehmen kann Gegenstand schuldrechtlicher Verträge sein, welche auf seine dauernde Übertragung oder zeitweilige Überlassung abzielen. In Betracht kommen ua Kauf oder Schenkung, Auseinandersetzungsverträge unter Miterben, Vereinbarungen zur Einbringung eines Unternehmens in eine Gesellschaft sowie Unternehmenspacht oder -nießbrauch. Obwohl derartigen Rechtsgeschäften im Wirtschaftsleben eine ganz erhebliche Bedeutung zukommt, sind ihre Voraussetzungen und Rechtsfolgen nur in einigen wenigen Teilbereichen (vgl. etwa §§ 22, 25 ff. HGB, § 613a BGB) explizit gesetzlich geregelt.

2 **2. Unternehmensbegriff.** Bereits der Begriff des „Unternehmens" ist – anders als derjenige des Unternehmers (§ 14 Abs. 1 BGB) – gesetzlich nicht definiert. Auch in Rspr. und Lit. hat sich bislang kein einheitlicher Unternehmensbegriff durchsetzen können. Dies ist ua damit zu erklären, dass der Unternehmensbegriff im Hinblick auf die jeweilige Funktion der unterschiedlichen gesetzlichen Bestimmungen (vgl. zB §§ 290 ff. HGB, § 35 GWB, §§ 15 ff., 291 ff. AktG, § 1 MitbestG, § 47 BetrVG) zwangsläufig variieren muss.[1] Im Zusammenhang mit seiner rechtsgeschäftlichen Übertragung bezeichnet der BGH ein Unternehmen als **Inbegriff von Sachen, Rechten und sonstigen Vermögenswerten.**[2] Noch treffender erscheint in diesem Kontext eine von Hüffer im Anschluss an J. v. Gierke[3] entwickelte Umschreibung. Danach handelt es sich bei einem Unternehmen um eine **betriebsfähige Wirtschaftseinheit,** die dem Unternehmer das Auftreten am Markt ermöglicht.[4]

3 Zum Unternehmen gehören damit nicht nur die für seinen Betrieb erforderlichen beweglichen und unbeweglichen Sachen, Forderungen und Rechte, sondern auch und vor allem jene **immateriellen Vermögenspositionen,** die häufig erst seinen eigentlichen Wert ausmachen. Hierzu zählen zB die betriebliche Organisation, technische und kaufmännische Erfahrungen, die Geschäftsbezie-

[1] BGH 13.10.1977, BGHZ 69, 334 (335 f.) = NJW 1978, 104; 26.10.1959, BGHZ 31, 105 (108 f.) = NJW 1960, 629.

[2] BGH 28.11.2001, NJW 2002, 1042 (1043); ähnlich BGH 14.6.1989, NJW 1990, 44 (45).

[3] J. v. Gierke ZHR 111 (1948), 1 (6 ff.).

[4] Staub/Hüffer, 4. Aufl. 1995, Vor § 22 Rn. 2, 6; ebenso MüKoHGB/Thiessen Anh. § 25 Rn. 3; ähnlich K. Schmidt HandelsR § 3 Rn. 3 unter Berufung auf Raiser ZHR 144 (1980), 206 (231).

hungen zu Lieferanten und Abnehmern sowie der Ruf des Unternehmens (good will) bei Geschäftspartnern, Mitarbeitern, Kreditgebern und Kunden.[5] Erst die Verbindung des Unternehmensvermögens mit diesen immateriellen Werten, die sich je nach dem unternehmerischen Geschick des Inhabers sehr unterschiedlich entwickeln können, entscheidet über den Erfolg am Markt und damit letztlich über den Unternehmenswert.[6] Ein Unternehmen ist damit nicht nur die Summe seiner Aktiva und Passiva, sondern gleichsam ein „lebendiger Organismus".[7]

3. Formen der Unternehmensübertragung. a) Übertragung sämtlicher Unternehmensgegenstände. Eine Verfügung über ein Unternehmen als Ganzes, wie in anderen Ländern (zB Frankreich, Schweden) im Wege der Übertragung oder Verpfändung durch Eintragung in ein Unternehmensregister möglich,[8] ist nach deutschem Recht ausgeschlossen.[9] Aufgrund des sachenrechtlichen Spezialitätsprinzips[10] ist vielmehr eine **Einzelübertragung** aller zum Unternehmen gehörenden Gegenstände („assets") nach den hierfür jeweils geltenden Regeln erforderlich, weshalb dieser Vorgang in Anlehnung an den anglo-amerikanischen Sprachgebrauch auch als **„asset deal"** bezeichnet wird.[11] Grundstücke müssen demnach durch Auflassung und Eintragung ins Grundbuch (§§ 873, 925 BGB), bewegliche Sachen durch Einigung und Übergabe oder Vereinbarung eines Übergabesurrogats übereignet (§§ 929 ff. BGB), Forderungen müssen abgetreten (§ 398 BGB) und Verbindlichkeiten vertraglich übernommen (§§ 414 ff. BGB) werden. Im Hinblick auf immaterielle Vermögenspositionen (→ Rn. 3) ist darüber hinaus die Einweisung in den Tätigkeitsbereich des Unternehmens erforderlich. Dazu gehört etwa die Offenbarung von Betriebsgeheimnissen, die Vermittlung des Know-how, die Mitteilung von Bezugs- und Absatzquellen und ähnliches. Zusätzlich zu der Übertragung der einzelnen Unternehmensgegenstände bedarf es somit eines Realaktes, nämlich der **Unternehmensübergabe,** um einen vollständigen Wechsel des Unternehmensträgers herbeizuführen.[12] 4

b) Übertragung von Gesellschaftsanteilen. Befindet sich das Unternehmen im Besitz einer Gesellschaft, kann durch die Übertragung sämtlicher Gesellschaftsanteile oder einer beherrschenden Mehrheit im Wege eines sog. **„share deal"** wirtschaftlich ein ähnliches Ergebnis erzielt werden wie durch die Einzelübertragung sämtlicher Unternehmensgegenstände. Rechtlich handelt es sich allerdings um einen völlig anderen Vorgang. Denn hier werden nicht die zu dem Unternehmen gehörenden Vermögensgegenstände, sondern Anteile der das Unternehmen tragenden Gesellschaft veräußert. Es gelten damit allein die Regeln über die Übertragung der jeweiligen Gesellschaftsanteile, also etwa diejenigen über die Übertragung von Aktien (§ 68 AktG) oder GmbH-Anteilen (§ 15 GmbHG). Ein Wechsel des Unternehmensträgers findet anders als bei der Einzelübertragung nicht statt. Dennoch wird der Anteilserwerber aufgrund der ihm übertragenen gesellschaftsrechtlichen Stellung in wirtschaftlicher Hinsicht Inhaber des Unternehmens.[13] Denkbar und in der Praxis häufig anzutreffen sind schließlich auch kombinierte Formen der Unternehmensübertragung, die etwa darin bestehen können, dass der Verkäufer die zu übertragenden Unternehmensgegenstände zunächst in eine (ggf. noch zu gründende) Gesellschaft überführt, deren Anteile er dann an den Käufer abtritt.[14] 5

c) Gesamtrechtsnachfolge. Ein Unternehmen kann schließlich unter besonderen Voraussetzungen als Ganzes im Wege der Gesamtrechtsnachfolge kraft Gesetzes auf einen Erwerber übergehen oder durch Rechtsgeschäft übertragen werden. Dies gilt zunächst beim **Erwerb von Todes wegen.** Hier tritt der Erbe gem. §§ 1922, 1967 BGB als Gesamtrechtsnachfolger in alle Rechte und Pflichten des Erblassers ein, womit auch ein zum Nachlass gehörendes Unternehmen ohne weiteres auf ihn übergeht. Wurde das Unternehmen hingegen als Vermächtnis (§ 1939 BGB) hinterlassen, ist eine Einzelübertragung der zu ihm gehörenden Gegenstände (→ Rn. 4) erforderlich.[15] 6

---

[5] Gomille JA 2012, 487 (488); Beisel/Klumpp Unternehmenskauf/Beisel § 4 Rn. 4; Canaris HandelsR § 8 Rn. 1.

[6] MüKoHGB/Thiessen Anh. § 25 Rn. 3.

[7] So im Anschluss an Canaris HandelsR, 23. Aufl. 2000, § 8 Rn. 24 zutr. Lorenz FS Heldrich, 2005, 305.

[8] Hübner HandelsR § 3 Rn. 247; K. Schmidt HandelsR § 5 Rn. 1.

[9] BGH 30.1.2013, NJW 2013, 1083 Rn. 16; 11.10.1967, NJW 1968, 392 (393); Grüneberg/Grüneberg BGB § 413 Rn. 2; K. Schmidt JuS 2017, 809 (811 f.); J. Flume ZHR 170 (2006), 737 (742 ff.).

[10] Vgl. zu den hieraus resultierenden Problemen und Lösungsmöglichkeiten BGH 16.12.2022, ZIP 2023, 421 Rn. 10 ff.; Trendelenburg MDR 2003, 1329.

[11] BGH 16.12.2022, ZIP 2023, 421 Rn. 8; 30.1.2013, NJW 2013, 1083 Rn. 16; Grüneberg/Weidenkaff BGB § 453 Rn. 7; Staudinger/Bach, 2024, BGB § 453 Rn. 122.

[12] Heymann/Horn Einl. V Rn. 13; Canaris HandelsR § 8 Rn. 1; K. Schmidt HandelsR § 5 Rn. 12.

[13] BGH 30.1.2013, NJW 2013, 1083 Rn. 16; Lorenz FS Heldrich, 2005, 305 (306 f.); Baur/Stürner SachenR § 28 Rn. 11; Canaris HandelsR § 8 Rn. 2.

[14] Maier-Reimer/Niemeyer NJW 2015, 1713.

[15] Staub/Hüffer, 4. Aufl. 1995, Vor § 22 Rn. 69; Herrler GesR-NotGP/Münch, 3. Aufl. 2025, § 17 Rn. 403.

7 Ferner ist der Übergang eines Unternehmens im Wege der Gesamtrechtnachfolge nach **gesellschaftsrechtlichen Vorschriften** möglich. Dies gilt etwa für die in **§ 134 S. 3** vorgesehene Ausschließung eines Gesellschafters einer zweigliedrigen OHG oder KG. Hier gehen mit der Beendigung der Gesellschaft sämtliche Aktiva und Passiva auf den verbleibenden Gesellschafter über, womit dieser zum Alleininhaber des Unternehmens wird (→ § 134 Rn. 36).[16] Entsprechendes gilt für die rechtsgeschäftliche **Übertragung sämtlicher Anteile** einer OHG, KG oder GbR auf eine einzelne Person, gleichgültig ob es sich bei dieser um einen Gesellschafter oder einen Dritten handelt. Auch hier wird der Erwerber im Wege der Gesamtrechtsnachfolge zum alleinigen Unternehmensinhaber.[17] Schließlich ist die Mehrzahl der **rechtsgeschäftlichen Umwandlungen** nach dem **UmwG** – Verschmelzung (§ 20 Abs. 1 Nr. 1 UmwG), Spaltung (§ 131 Abs. 1 Nr. 1 UmwG) und Vermögensübertragung (§ 174 Abs. 1 UmwG) – ebenfalls mit einer Gesamtrechtsnachfolge verbunden. Beim Formwechsel nach § 190 UmwG bleibt hingegen die Identität des Rechtsträgers erhalten, sodass es nicht zu einem Vermögensübergang kommt.[18]

II. Unternehmenskauf

8 **1. Rechtliche Einordnung.** Beim Unternehmenskauf handelt es sich um einen Vertrag, der auf die entgeltliche Veräußerung eines Unternehmens als betriebsfähige Wirtschaftseinheit gerichtet ist. Obwohl ein Unternehmen keine Sache iSv § 433 Abs. 1 S. 1 BGB darstellt, finden die **Vorschriften über den Sachkauf** aufgrund der Verweisung in § 453 Abs. 1 S. 1 Alt. 2 BGB („sonstiger Gegenstand") entsprechende Anwendung.[19] Ob ein Unternehmenskauf als beiderseitiges **Handelsgeschäft** nach §§ 343 ff. einzuordnen ist, hängt davon ab, ob Käufer und Verkäufer Kaufleute sind, was in der Praxis regelmäßig der Fall sein wird.[20] Die Vorschriften über den **Handelskauf** (§§ 373 ff.) finden hingegen keine Anwendung, weil es sich beim Unternehmenskauf nicht um ein Waren- oder Wertpapierumsatzgeschäft iSv §§ 373, 381 Abs. 1 handelt. Eine entsprechende Anwendung der Vorschriften kommt aufgrund der Besonderheiten des Vertragsgegenstandes nach mittlerweile ganz hM ebenfalls nicht in Betracht (**aA** → Vor § 373 Rn. 36 [R. Koch]). Dies zeigt sich insbesondere an der in § 377 vorgesehenen Untersuchungs- und Rügeobliegenheit, welche der Komplexität eines Unternehmenskaufs nicht gerecht wird.[21]

9 **2. Vertragsgegenstand. a) Allgemeines.** Der Kauf eines Unternehmens ist vom Kauf der zu ihm gehörenden Vermögensgegenstände und Betriebseinrichtungen (Sach- oder Rechtskauf) sowie vom Kauf von Anteilen der das Unternehmen tragenden Gesellschaft (Rechtskauf) zu unterscheiden. Die Behandlung als Unternehmenskauf hat ua zur Folge, dass der Verkäufer zur Übertragung des Unternehmens als solchem verpflichtet ist (→ Rn. 23) und für Sachmängel des Unternehmens haftet (→ Rn. 28 ff.), was beim Kauf einzelner unternehmensbezogener Vermögensgegenstände oder von Gesellschaftsanteilen nicht der Fall ist. Ob ein Unternehmenskauf vorliegt, hängt wiederum entscheidend vom **Willen der Vertragsparteien** und den getroffenen Vereinbarungen ab. Hierbei ist wie folgt zu differenzieren:

10 **b) Einzelübertragung.** Bei einem **asset deal** (→ Rn. 4) ist ein Unternehmenskauf dann anzunehmen, wenn nicht nur einzelne Vermögensgegenstände, sondern das Unternehmen als **betriebsfähige Wirtschaftseinheit** (→ Rn. 2 f.) übertragen und der Erwerber dadurch in die Lage versetzt werden soll, es als solches weiterzuführen. Werden in dem Vertrag verschiedene Gegenstände namentlich aufgeführt, ist dies ebenso unschädlich wie der Umstand, dass einzelne Sachen, Rechte, Forderungen oder Verbindlichkeiten von der Übertragung ausgeschlossen bleiben sein sollen.[22] Ob nach den genannten Kriterien ein Unternehmenskauf tatsächlich vorliegt, ist nach der Rspr. des BGH

---

[16] Ebenroth/Boujong/Lorz § 134 Rn. 39; Hopt/Roth § 134 Rn. 14.

[17] BGH 7.7.2008, NJW 2008, 2992; 16.12.1999, NZG 2000, 474; 10.12.1990, BGHZ 113, 132 (133 f.) = NJW 1991, 844; Canaris HandelsR § 8 Rn. 5.

[18] Henssler/Strohn/Drinhausen/Keinath UmwG § 190 Rn. 6; Baur/Stürner SachenR § 28 Rn. 11.

[19] Dies entspricht seit dem Inkrafttreten von § 453 BGB nF allgM; vgl. etwa Staudinger/Bach, 2024, BGB § 453 Rn. 104; MüKoHGB/Thiessen Anh. § 25 Rn. 7; K. Schmidt HandelsR § 5 Rn. 39; Korch JuS 2018, 521 (522).

[20] Dazu näher Bergjan, Die Auswirkungen der Schuldrechtsreform 2002 auf den Unternehmenskauf, 2003, 118 f.; MüKoHGB/Thiessen Anh. § 25 Rn. 8.

[21] Schröcker ZGR 2005, 63 (95 ff.); Hörmann FS Pöllath, 2008, 134 (146); Hopt/Leyens § 377 Rn. 2; MüKoHGB/Thiessen Anh. § 25 Rn. 8; NK-HGB/Stöber Vor § 373 Rn. 4; NK-BGB/Büdenbender BGB Anh. II §§ 433–480 Rn. 16; Ebenroth/Boujong/Achilles § 377 Rn. 2; Kort FS Augsburg, 2021, 395 (408); **aA** MüKoHGB/Grunewald Vor § 373 Rn. 4.

[22] BGH 17.4.2002, NJW 2002, 2310; 28.11.2001, NJW 2002, 1042 (1043).

nicht abstrakt-formelhaft, sondern jeweils auf Grund einer wirtschaftlichen Gesamtbetrachtung zu beurteilen.[23]

c) Anteilskauf. Der Kauf von Gesellschaftsanteilen ist an sich ein Rechtskauf (§ 453 Abs. 1 S. 1 Alt. 1 BGB). Dennoch wird er unter bestimmten Voraussetzungen rechtlich wie ein Unternehmenskauf behandelt. Dies gilt nach allgM jedenfalls dann, wenn sich der Kaufvertrag auf den **Erwerb sämtlicher Anteile** der unternehmenstragenden Gesellschaft erstreckt **(share deal;** → Rn. 5), da der Käufer hierdurch faktisch zum Inhaber des Unternehmens wird. Darüber hinaus gehen Rspr. und hL auch dann von einem Unternehmenskauf aus, wenn zwar nicht sämtliche Gesellschaftsanteile erworben werden, die **fehlenden Anteile** aber so **geringfügig** sind, dass sie die Verfügungsbefugnis des Käufers über das erworbene Unternehmen nicht beeinträchtigen, sofern der Wille der Parteien auf den Erwerb des Unternehmens als Ganzes gerichtet ist.[24] Dies gilt indes nicht für den Zukauf weiterer Anteile, wenn der Käufer bereits maßgeblich an der Gesellschaft beteiligt ist, weil es sich in diesem Fall auch bei einer wirtschaftlichen Betrachtungsweise nicht um den Kauf eines ganzen Unternehmens handelt[25] und es unbillig wäre, dem Verkäufer eine verschuldensunabhängige Haftung für Sachmängel des Unternehmens aufzubürden.[26] 11

Welchen konkreten Umfang die zu erwerbenden Anteile erreichen müssen, um einen Unternehmenskauf annehmen zu können, ist bislang nicht abschließend geklärt. Der BGH vermeidet insoweit zu Recht eine zahlenmäßige Festlegung, weil diese Frage entscheidend von den Umständen des Einzelfalls abhängt.[27] In keinem Fall genügt der Erwerb einer bloßen Minderheitsbeteiligung.[28] Auch eine einfache Mehrheitsbeteiligung ist nach der Rspr. des BGH nicht ausreichend.[29] Nach verbreiteter Auffassung soll es bei **Kapitalgesellschaften** auf das Erreichen einer zur Satzungsänderung erforderlichen Mehrheit ankommen, was im Regelfall auf einen Anteil von 75 % hinausliefe (vgl. § 179 Abs. 2 AktG, § 53 Abs. 2 GmbHG).[30] Dies erscheint jedoch im Hinblick auf die verbleibenden Kontrollrechte der Minderheitsgesellschafter ebenfalls noch nicht ausreichend.[31] Von einer uneingeschränkten Verfügungsbefugnis des Erwerbers kann vielmehr erst dann gesprochen werden, wenn auch diese **Minderheitsrechte ausgeschaltet** sind, was bei einer GmbH den Erwerb von mindestens 90 % der Gesellschaftsanteile voraussetzt (§ 50 Abs. 1 GmbHG). Bei einer AG liegt es hingegen nahe, auf die für einen Squeeze-out notwendige Mehrheit von 95 % (§ 327a AktG) abzustellen.[32] Beim Erwerb von Anteilen einer **Personengesellschaft** hängt die Beurteilung dieser Frage entscheidend von der konkreten Ausgestaltung des jeweiligen Gesellschaftsvertrags ab. Ohne den Erwerb sämtlicher Anteile wird ein Unternehmenskauf hier allerdings nur in Ausnahmefällen in Betracht kommen. 12

3. Vertragsverhandlungen. a) Allgemeines. Unternehmen sind ausgesprochen komplexe Kaufgegenstände. Ein Vertragsschluss setzt deshalb – insbesondere bei größeren Objekten – zwangsläufig länger andauernde, intensive Vertragsverhandlungen voraus. Bereits mit der Aufnahme dieser Verhandlungen entsteht gem. § 311 Abs. 2 BGB ein **vorvertragliches Schuldverhältnis,** aus dem sich – auch ohne ausdrückliche Vereinbarung[33] – wechselseitige Schutzpflichten (§ 241 Abs. 2 BGB) ergeben können.[34] So sind die Parteien insbesondere verpflichtet, die Kaufverhandlungen **vertrau-** 13

---

[23] BGH 28.11.2001, NJW 2002, 1042 (1043); 14.6.1989, NJW 1990, 44 (45).

[24] BGH 26.9.2018, BGHZ 220, 19 Rn. 19 f. = NJW 2019, 145; 4.4.2001, NJW 2001, 2163 (2164); 25.3.1998, BGHZ 138, 195 (204) = NJW 1998, 2360; 12.11.1975, BGHZ 65, 246 (248 f.) = NJW 1976, 236; BeckOK BGB/Faust, 75. Ed. 1.8.2025, BGB § 453 Rn. 34 mwN.

[25] BGH 26.9.2018, BGHZ 220, 19 Rn. 18 ff. = NJW 2019, 145 m. zust. Anm. Kubesch WuB 2019, 91; Wachter GmbHR 2018, 1269; Westermann DZWiR 2019, 201; m. abl. Anm. Lange NotBZ 2019, 94; Thiessen JZ 2019, 574; krit. auch Bochmann/Cziupka EWiR 2018, 679; Vossius notar 2018, 454.

[26] OLG Naumburg 28.2.1995, NJW-RR 1995, 799 (800); MüKoBGB/Maultzsch BGB § 453 Rn. 31.

[27] Ebenso MüKoBGB/Maultzsch BGB § 453 Rn. 31; Canaris HandelsR § 8 Rn. 48.

[28] BGH 4.4.2001, NJW 2001, 2163 (2164); 12.11.1975, BGHZ 65, 246 (250) = NJW 1976, 236; BeckOK BGB/Faust, 75. Ed. 1.8.2025, BGB § 453 Rn. 34 mwN; **aA** Lange ZGS 2003, 300 (304 f.) unter Hinweis auf § 29 Abs. 2 WpÜG.

[29] Vgl. BGH 2.6.1980, NJW 1980, 2408 (2409) für einen Geschäftsanteil von 60 % an einer GmbH.

[30] OLG München 25.3.1998, DB 1998, 1321; Hommelhoff ZHR 140 (1976), 271 (283); Weitnauer NJW 2002, 2511 (2513, 2515); Staudinger/Beckmann, 2013, BGB § 453 Rn. 101; **aA** Staudinger/Bach, 2024, BGB § 453 Rn. 104a, allein auf das subjektive Interesse des Käufers (Kapitalanlage oder unternehmerische Beteiligung) abstellend.

[31] Ebenso Hopt/Roth § 105 Rn. 129; ähnlich Lorenz FS Heldrich, 2005, 305 (308); BeckOK BGB/Faust, 75. Ed. 1.8.2025, BGB § 453 Rn. 34.

[32] MüKoBGB/Maultzsch BGB § 453 Rn. 31; Canaris HandelsR § 8 Rn. 48.

[33] Aus Gründen der Rechtssicherheit kann es sich jedoch empfehlen, die Verhaltenspflichten während der Verhandlungsphase vertraglich zu regeln; vgl. Hölters Unternehmenskauf-HdB/Weber Rn. 9.51; Korch JuS 2018, 521 (525).

[34] Dazu allg. BeckOK BGB/Sutschet, 75. Ed. 1.8.2025, BGB § 241 Rn. 89 ff.; MüKoBGB/Bachmann BGB § 241 Rn. 114 ff.

lich zu behandeln und die hierbei gewonnenen Erkenntnisse nicht zum Nachteil des anderen Vertragspartners zu verwenden.[35] In der Praxis werden hierzu häufig ausdrückliche Vereinbarungen (sog. Non-Disclosure-Agreements) unter Umständen auch unter Einbeziehung Dritter geschlossen.[36] Darüber hinaus besteht bereits im Verhandlungsstadium generell eine gesetzliche Pflicht zur **Rücksichtnahme** auf die wirtschaftlichen Interessen der Gegenseite.[37]

14 **b) Abbruch von Vertragsverhandlungen.** Solange sich die Parteien noch nicht in Form eines Vorvertrags oder auf andere Weise rechtlich gebunden haben,[38] sind sie in ihren Entschließungen über den Abschluss und Inhalt eines möglichen Vertrages grundsätzlich frei. Ein Abbruch der Vertragsverhandlungen, selbst wenn er erst in einem weit fortgeschrittenen Stadium erfolgt, begründet deshalb weder Aufwendungsersatz- noch Schadensersatzansprüche.[39] Etwas anders gilt nach der Rspr. nur dann, wenn eine Partei die Verhandlungen **grundlos abbricht,** nachdem sie zuvor in zurechenbarer Weise Vertrauen **auf das Zustandekommen des Vertrages** erweckt hat.[40] Auch in diesem Fall ist die Ersatzpflicht jedoch nicht auf die Vertragsdurchführung gerichtet, sondern beschränkt sich auf den Ersatz des negativen Interesses.[41]

15 **c) Due diligence.** Der Verkäufer verfügt bei einem Unternehmenskauf in aller Regel über einen erheblichen Wissensvorsprung. Um die Werthaltigkeit des Kaufgegenstandes richtig einschätzen zu können, muss ein Kaufinteressent daher bestrebt sein, vorhandene Informationsdefizite möglichst frühzeitig und umfassend zu beheben. Hierzu hat sich in der Praxis ein besonderes Verfahren eingebürgert, das nach US-amerikanischem Vorbild als due diligence bezeichnet wird. Es besteht in der Regel darin, dass der Kaufinteressent vor Vertragsschluss Gelegenheit erhält, das Unternehmen anhand vom Verkäufer zur Verfügung gestellter Unterlagen und Daten eingehend in **rechtlicher, finanzieller und technischer** Hinsicht zu **überprüfen.**[42] Das Unterlassen einer due diligence kann einen Verstoß gegen die Sorgfaltspflichten nach § 93 AktG bzw. § 43 GmbHG begründen.[43] Zu möglichen Auswirkungen auf Gewährleistungsansprüche → Rn. 43 und eine Haftung aus c.i.c. → Rn. 52a.

16 **4. Vertragsschluss. a) Formerfordernisse.** Der Kauf eines Unternehmens ist als solcher grundsätzlich **formfrei.** Die Notwendigkeit der Einhaltung einer besonderen Form kann sich jedoch aus allgemeinen Bestimmungen ergeben. Hierbei ist je nach Art der Unternehmensübertragung wie folgt zu unterscheiden:[44]

17 **aa) Einzelübertragung.** Gehören zum Unternehmensvermögen ein **Grundstück** oder **Anteile an einer GmbH,** ist bei einem **asset deal** eine notarielle Beurkundung des gesamten Vertrages – einschließlich sämtlicher Nebenabreden – erforderlich (§ 311b Abs. 1 S. 1 BGB, § 15 Abs. 4 S. 1 GmbHG).[45] Wird diese Form nicht eingehalten, ist der Unternehmenskaufvertrag gem. § 125 S. 1 BGB insgesamt nichtig. Eine Ausnahme kommt im Hinblick auf § 139 BGB lediglich dann in

---

[35] Picot Unternehmenskauf/Picot § 2 Rn. 90 f.; MüKoHGB/Thiessen Anh. § 25 Rn. 14; Korch, Unternehmenskaufverträge, 2024, 31 ff.

[36] Beisel/Klumpp Unternehmenskauf/Beisel § 2 Rn. 18; Hopt ZHR 186 (2022), 7 (20 ff.); Koppmann BB 2014, 1673 (1679); Schönhaar GWR 2014, 273 (274).

[37] Hiermit ist zB die planmäßige Abwerbung von Mitarbeitern des Verhandlungspartners unvereinbar; vgl. BGH 17.3.1961, NJW 1961, 1308 (1309); Picot Unternehmenskauf/Picot § 2 Rn. 44.

[38] Vgl. zu den unterschiedlichen Möglichkeiten, bereits im Verhandlungsstadium eine rechtliche Bindung herbeizuführen, näher Beisel/Klumpp Unternehmenskauf/Beisel § 1 Rn. 83 ff.; Picot Unternehmenskauf/Picot § 2 Rn. 9 ff., 96 ff.; Schönhaar GWR 2014, 273 (274); speziell zum Vorvertrag Ternick GmbHR 2015, 627.

[39] Abweichende vorvertragliche Vereinbarungen – zB in Form einer sog. „Break-up Fee" – sind jedoch zulässig und finden in der Kautelarpraxis offenbar zunehmende Verbreitung; vgl. dazu näher Geyrhalter/Zirngibl/Strehle DStR 2006, 1559 (1560); Hilgard BB 2008, 286.

[40] BGH 29.3.1996, NJW 1996, 1884 (1885); 7.2.1980, BGHZ 76, 343 (349) = NJW 1980, 1683; Ternick GmbHR 2015, 627 (628); MüKoBGB/Emmerich BGB § 311 Rn. 193 ff.; Grüneberg/Grüneberg BGB § 311 Rn. 30 ff.

[41] BGH 18.7.2001, NJW-RR 2001, 1524; Grüneberg/Grüneberg BGB § 311 Rn. 30.

[42] Vgl. aus der Vielzahl der hierzu erschienen Lit. zB Hopt ZHR 186 (2022), 7 29 ff.; Schönhaar GWR 2014, 273 (274); Böttcher ZGS 2007, 20; Fleischer/Körber BB 2001, 841; Gran NJW 2008, 1409 (1410 f.); Westermann ZHR 169 (2005), 248; Hörmann FS Pöllath, 2008, 134.

[43] OLG Oldenburg 22.6.2006, NZG 2007, 434 (436); Habbe/Vogt BB 2025, 131 (132 ff.); Ganzer AG 2022, 22; Goette DStR 2014, 1776; Werner ZWH 2014, 169 (171 f.).

[44] Vgl. zum Ganzen auch Hermanns ZIP 2006, 2296; Bergjan, Die Auswirkungen der Schuldrechtsreform 2002 auf den Unternehmenskauf, 2003, 97 f.; Beisel/Klumpp Unternehmenskauf/Beisel § 1 Rn. 99 ff.

[45] BGH 19.1.1979, BB 1979, 598 (599) (Grundstück); 16.1.1991, NJW 1991, 1223 (GmbH-Anteile); Böttcher/Grewe NZG 2005, 950 (951); Beisel/Klumpp Unternehmenskauf/Beisel § 1 Rn. 100 ff.; MüKoBGB/Ruhwinkel BGB § 311b Rn. 55; MüKoHGB/Thiessen Anh. § 25 Rn. 9.

Betracht, wenn das Grundstück oder die GmbH-Anteile nur unwesentliche Bestandeile des Gesamtvermögens des Unternehmens darstellen, soweit anzunehmen ist, dass die Parteien den Kaufvertrag auch ohne den nichtigen Teil abgeschlossen hätten.[46] Überdies wird in beiden Fällen ein etwaiger Formmangel durch die dingliche Vollziehung des Geschäftes geheilt (§ 311b Abs. 1 S. 2 BGB, § 15 Abs. 4 S. 2 GmbHG).

Ferner kommt eine Pflicht zur notariellen Beurkundung des Kaufvertrags nach § 311b Abs. 3 BGB in Betracht, sofern es sich bei dem verkauften Unternehmen um das **gesamte Vermögen** des Verkäufers handelt. Dies gilt jedoch – anders als etwa bei § 1365 Abs. 1 BGB oder § 419 BGB aF – nach herrschender und zutreffender Auffassung nicht, wenn die zu übertragenden Gegenstände zwar faktisch das ganze Vermögen ausmachen, im Vertrag jedoch konkret bezeichnet werden.[47] Vielmehr ist nach dem Normzweck der Vorschrift (Übereilungsschutz) zu verlangen, dass der sich Verpflichtende sein gesamtes Vermögen „in Bausch und Bogen" überträgt, ohne eine sichere Vorstellung über den Umfang der eingegangenen Verpflichtung zu haben.[48] Ob die bloße Verwendung sog. „Catch-All"-Klauseln, mit denen die Einbeziehung sämtlicher Unternehmensgegenstände sichergestellt werden soll, hierfür ausreicht, ist außerordentlich umstritten;[49] im Zweifel sollte daher eine Beurkundung erfolgen.[50] Liegen die beschriebenen Voraussetzungen vor, ist die Vorschrift auch auf den Verkauf eines Unternehmens durch eine **juristische Person** oder eine **rechtsfähige Personenvereinigung** (OHG, KG, GbR) anwendbar,[51] soweit sie nicht durch umwandlungsrechtliche Sondertatbestände (zB §§ 6, 125, 176 UmwG) verdrängt wird.[52] 18

bb) Anteilskauf. Die Übertragung von Anteilen an einer **Personengesellschaft** (OHG, KG, GbR) ist grundsätzlich formfrei möglich. Dies gilt nach allgM auch, soweit zu dem Vermögen der Gesellschaft Grundstücke (oder GmbH-Anteile) gehören.[53] Ausnahmen kommen nach der Rspr. allenfalls dann in Betracht, wenn im Wege einer Anteilsübertragung die für einen Grundstückskaufvertrag (§ 311b Abs. 1 BGB)[54] bzw. den Verkauf von GmbH-Anteilen (§ 15 Abs. 4 S. 1 GmbHG)[55] vorgeschriebene notarielle Form bewusst umgangen werden soll. Der Kauf und die Übertragung von Aktien einer **AG** richten sich nach wertpapierrechtlichen Grundsätzen und sind ebenfalls formfrei möglich.[56] Hingegen bedürfen sowohl der Kauf (§ 15 Abs. 4 S. 1 GmbHG) als auch die Abtretung (§ 15 Abs. 3 GmbHG) von **Geschäftsanteilen einer GmbH** der notariellen Beurkundung.[57] Ein möglicher Formmangel des Kaufvertrags wird gemäß (§ 15 Abs. 4 S. 2 GmbHG) durch seine Vollziehung (formgemäße Abtretung des Geschäftsanteils) geheilt. Beim Verkauf einer **GmbH & Co. KG** führt § 15 Abs. 4 S. 1 GmbHG iVm § 139 BGB dazu, dass auch die Verpflichtung zur Übertragung des Kommanditanteils beurkundet werden muss, soweit diese Verpflichtung im Zusammenhang mit der Übertragung von Geschäftsanteilen der Komple- 19

---

[46] BGH 19.1.1979, BB 1979, 598 (599) (Grundstück); 14.4.1986, NJW 1986, 2642 (2643) (GmbH-Anteile); MüKoHGB/Thiessen Anh. § 25 Rn. 9.

[47] Die unterschiedliche Auslegung der Vorschriften ist aufgrund ihres differierenden Schutzzwecks gerechtfertigt; vgl. RG 3.2.1919, RGZ 94, 314 (316 f.); Böttcher/Grewe NZG 2005, 950 (952); Klöckner DB 2008, 1083 (1084); Staudinger/Meier, 2023, BGB § 311b Rn. 13 ff. mwN; **aA** Hüren RNotZ 2014, 77 (95); Heckschen NZG 2006, 772 (775).

[48] BGH 30.10.1990, NJW 1991, 353 (355); 19.6.1957, BGHZ 25, 1 (4 f.) = NJW 1957, 1514; RG 3.2.1919, RGZ 94, 315 (316 f.); Dierksmeier GmbHR 2021, 908 (912); Morshäuser WM 2007, 337 (339 f.); Grüneberg/Grüneberg BGB § 311b Rn. 66.

[49] Vgl. Staudinger/Meier, 2023, BGB § 311b Rn. 18; Dierksmeier GmbHR 2021, 908 (912); Hüren RNotZ 2014, 77 (95 f.); Böttcher/Grewe NZG 2005, 950; Eickelberg/Mühlen NJW 2011, 2476 (2478 f.); Fortun/Neveling BB 2011, 2568 (2569 f.), jeweils mzN zum Streitstand.

[50] So zu Recht Eickelberg/Mühlen NJW 2011, 2476 (2479); Fortun/Neveling BB 2011, 2568 (2570).

[51] RG 11.11.1910, RGZ 16, 1 (3); 9.7.1932, RGZ 137, 324 (348 f.); OLG Hamm 26.3.2010, NZG 2010, 1189; Hüren RNotZ 2014, 77 (92 f.); Hermanns DNotZ 2013, 9 (11); Eickelberg/Mühlen NJW 2011, 2476; BeckOK BGB/Gehrlein, 75. Ed. 1.8.2025, BGB § 311b Rn. 44; BeckOGK/Schreindorfer, 1.2.2025, BGB § 311b Rn. 423 ff.; Staudinger/Meier, 2023, § 311b Rn. 10 f. mwN; **aA** Kiem NJW 2006, 2363; Beisel/Klumpp Unternehmenskauf/Beisel § 1 Rn. 108.

[52] Hüren RNotZ 2014, 77 (91 f.); Klöckner DB 2008, 1083; Grüneberg/Grüneberg BGB § 311b Rn. 64; MüKoBGB/Ruhwinkel BGB § 311b Rn. 117.

[53] Grüneberg/Grüneberg BGB § 311b Rn. 5 und 9; MüKoBGB/Ruhwinkel BGB § 311b Rn. 15.

[54] BGH 2.10.1997, NJW 1998, 376 (377); 31.1.1983, BGHZ 86, 367 (371 f.) = NJW 1983, 1110; MüKoBGB/Ruhwinkel BGB § 311b Rn. 15 mwN; vgl. zum Ganzen auch Ulmer/Löbbe DNotZ 1998, 711.

[55] BGH 10.3.2008, ZIP 2008, 876 (877) m. zust. Anm. Schodder EWiR 2008, 331.

[56] Vgl. näher Mirow NZG 2008, 52; Picot Unternehmenskauf/Temme § 5 Rn. 42; Koch AktG § 10 Rn. 4; Koch AktG § 68 Rn. 2 ff.; BeckOGK/Wilhelmi, 1.4.2025, BGB § 453 Rn. 506.

[57] Zum Umfang des Beurkundungserfordernisses Herrmann GmbHR 2009, 625; Altmeppen GmbHG § 15 Rn. 70 ff.

mentär-GmbH eingegangen wird.[58] Auch insoweit ist jedoch eine Heilung nach § 15 Abs. 4 S. 2 GmbHG möglich.[59]

20 **b) Genehmigungserfordernisse.** Lebt der Verkäufer im gesetzlichen Güterstand und handelt es sich bei dem zu veräußernden Unternehmen (faktisch) um sein **gesamtes Vermögen,** ist gem. § 1365 Abs. 1 BGB die Zustimmung seines Ehegatten zum Vertragsschluss erforderlich.[60] Ist der Verkäufer **minderjährig** oder steht er unter **rechtlicher Betreuung,** sind darüber hinaus die familien- bzw. betreuungsgerichtlichen Genehmigungserfordernisse nach §§ 1848 ff. BGB zu beachten.[61] Wird ein zu einem Nachlass gehörendes Unternehmen veräußert, müssen **erbrechtliche Beschränkungen** berücksichtigt werden; insoweit ist auf die einschlägigen Kommentierungen zum Erbrecht zu verweisen.[62] Bei dem Erwerb eines im Inland ansässigen Unternehmens durch einen ausländischen Investor sind schließlich die Bestimmungen des **Außenwirtschaftsrecht** (§ 5 Abs. 2 und 3 AWG iVm §§ 55 ff. AWV) zu beachten.[63]

20a Wird das zu veräußernde Unternehmen von einer Personen- oder Kapitalgesellschaft betrieben oder soll es von einer solchen Gesellschaft erworben werden, sind **gesellschaftsrechtliche Zustimmungserfordernisse** zu berücksichtigen.[64] Von besonderer Bedeutung ist hier § 179a AktG, wonach ein Vertrag, mit dem sich eine AG zur Übertragung ihres gesamten Gesellschaftsvermögens verpflichtet, der Zustimmung der Hauptversammlung bedarf.[65] Entgegen der früher hM[66] ist die Vorschrift auf eine GmbH mangels vergleichbarer Interessenlage nicht analog anwendbar, wie der BGH mittlerweile zu Recht entschieden hat.[67] Insoweit wird sich ein Zustimmungserfordernis der Gesellschafterversammlung jedoch in der Regel aus § 49 Abs. 2 GmbHG ergeben, sofern dies nicht bereits ausdrücklich im Gesellschaftsvertrag vorgesehen ist.[68] Anders als bei § 179a AktG führt ein Verstoß hier aber nur dann zur Unwirksamkeit des Rechtsgeschäfts im Außenverhältnis, wenn die Voraussetzungen eines Missbrauchs der Vertretungsmacht vorliegen.[69] Aufgrund ähnlicher Erwägungen hat der BGH mittlerweile auch seine bisherige Rspr. zur analogen Anwendung von § 179a AktG auf die KG aufgegeben.[70] Auch insoweit ist die Rechtslage im Hinblick auf die ganz unterschiedlich ausgeprägten Kontroll- und Mitwirkungsrechte der Gesellschafter mit derjenigen bei einer AG nicht vergleichbar.[71]

20b **c) AGB-Kontrolle.** Unternehmenskaufverträge enthalten, jedenfalls soweit größere Transaktionen in wirtschaftlich nennenswertem Umfang betroffen sind, regelmäßige komplexe, vom dispositiven Recht weitestgehend abweichende Regelungen; darüber hinaus werden sie in aller Regel von hinzugezogenen Rechtsberatern auf der Grundlage bereits vorhandener Vertragsmuster erstellt.[72] Die große Mehrzahl der Verträge dürfte daher unter § 305 Abs. 1 S. 1 BGB fallen,[73] wenngleich

[58] BGH 14.4.1986, NJW 1986, 2642; Picot Unternehmenskauf/Temme § 5 Rn. 24; Altmeppen GmbHG § 15 Rn. 96.

[59] BGH 29.1.1992, NJW-RR 1992, 991; 19.1.1987, NJW-RR 1987, 807; Binz/Mayer NJW 2002, 3054 (3059 f.); Altmeppen GmbHG § 15 Rn. 96.

[60] Vgl. zu Einzelheiten Beisel/Klumpp Unternehmenskauf/Beisel § 8 Rn. 19 ff.; MüKoBGB/Koch BGB § 1365 Rn. 78 ff.; Kaulbach NZG 2020, 653 (654 f.).

[61] Näher dazu Fortun NJW 1999, 754; Hölters Unternehmenskauf-HdB/Schulz Rn. 9.160 ff.; Lamberz NJW 2023, 249 (250 ff.).

[62] Vgl. ferner Beisel/Klumpp Unternehmenskauf/Beisel § 8 Rn. 37 ff.; Hölters Unternehmenskauf-HdB/Schulz Rn. 9.165 f.

[63] Vgl. dazu Boewe/Johnen NZG 2017, 1095 ff.; Flaßhoff/Glasmacher NZG 2017, 489 ff.; Hasselbrink GmbHR 2010, 512; MüKoHGB/Thiessen Anh. § 25 Rn. 10.

[64] Dazu eingehend Beisel/Klumpp Unternehmenskauf/Beisel § 8 Rn. 56 ff.; Hölters Unternehmenskauf-HdB/Schulz Rn. 9.167 ff.; Knott Unternehmenskauf/Becker/Voß Rn. 666 ff.

[65] Vgl. dazu eingehend Berkefeld DNotZ 2020, 85 ff.; Hüren RNotZ 2014, 77 (78 ff.); MüKoAktG/Stein AktG § 179a Rn. 1 ff.

[66] Hüren RNotZ 2014, 77 (85 ff.); Herrmans DNotZ 2013, 9 (11); MüKoAktG/Stein, 4. Aufl. 2016, AktG § 179a Rn. 14; ähnlich (zu einer KG) auch noch BGH 9.1.1995, NJW 1995, 596.

[67] BGH 8.1.2019, BGHZ 220, 354 = NJW 2019, 1512; zust. ua Götze NZG 2019, 695 (696); Müller NZG 2019, 807 (810); Natterer ZIP 2019, 1796 (1797 ff.); krit. Heckschen AG 2019, 420 (421).

[68] BGH 8.1.2019, BGHZ 220, 354 Rn. 37 = NJW 2019, 1512; Paefgen/Wallisch DZWiR 2020, 51 (55 ff.).

[69] BGH 8.1.2019, BGHZ 220, 354 Rn. 39 ff. = NJW 2019, 1512; Berkefeld DNotZ 2020, 85 (91 ff.).

[70] BGH 15.2.2022, BGHZ 232, 375 = NJW 2022, 1878 m. zust. Anm. Jerger/Goj.

[71] So auch Ebbinghaus/Metzen NZG 2022, 697; Keller/Schümmer DB 2022, 1625; Leo/Johr NZG 2022, 1383; Wilsing/Hoveyes EWiR 2022, 325.

[72] Schiffer/Weichsel BB 2011, 1283; Leuschner AcP 207 (2007), 491 (517).

[73] Mehrbrey Streitigkeiten Unternehmenskauf-HdB/Sinhart/Reinhardt § 2 Rn. 465 ff.; Wittuhn/Quecke NZG 2014, 131; Schiffer/Weichsel BB 2011, 1283; Leuschner AcP 207 (2007), 491 (516 ff.); **aA** König KSzW 2016, 44 (45 ff.); Maier-Reimer/Niemeyer NJW 2015, 1713 (1714 ff.); Kästle NZG 2014, 288 (289 ff.); NK-BGB/Büdenbender BGB Anh. II §§ 433–480 Rn. 134.

dies häufig nicht im Interesse der Vertragsparteien ist und auch gewichtige teleologische Erwägungen gegen eine AGB-rechtliche Inhaltskontrolle von Unternehmenskaufverträgen sprechen.[74] Sofern die Parteien eine solche Inhaltskontrolle vermeiden wollen, sollten sie während der Vertragsverhandlungen dokumentieren, dass der Vertragsentwurf nicht von einer Seite „gestellt" (§ 305 Abs. 1 S. 1 Hs. 2 BGB) wurde und/oder dass sämtliche Vertragsbedingungen iE ausgehandelt (§ 305 Abs. 1 S. 3 BGB) worden sind,[75] wobei an letzteres nach der Rspr. allerdings sehr strenge Anforderungen zu stellen sind.[76] Besondere Schwierigkeiten können sich hier bezüglich sog. Auktions- oder Bieterverfahren ergeben, bei denen der Verkäufer mit einer Vielzahl von Interessenten zugleich verhandelt.[77]

5. Vertragspflichten. a) Verkäufer. Die wesentliche Hauptpflicht des Verkäufers besteht in der Übertragung des Unternehmens. Bei einem **asset deal** ist hierzu – vorbehaltlich abweichender Vereinbarungen im Kaufvertrag – eine Einzelübertragung sämtlicher zum Unternehmen gehörender Vermögenswerte nach den hierfür jeweils geltenden Bestimmungen erforderlich (→ Rn. 4). Eine detaillierte Auflistung und Erfassung dieser Gegenstände im Kaufvertrag ist zwar rechtlich nicht zwingend notwendig, aber aus Gründen der Rechtssicherheit dringend zu empfehlen. Fehlt es hieran, muss der Umfang der zu übertragenden Vermögensgegenstände – ggf. unter Zuhilfenahme der Handelsbilanz – im Wege der Auslegung ermittelt werden.[78] Besonderheiten gelten für die **Firma** eines Handelsgeschäfts. Zwar gehört diese ohne jeden Zweifel zum verkauften Unternehmen, dennoch ist sie im Hinblick auf § 22 Abs. 1 nur dann als mitveräußert anzusehen, wenn die Parteien dies ausdrücklich vereinbart haben (→ § 22 Rn. 12 ff.).[79] 21

Soll der Unternehmenskaufvertrag als **share deal** abgewickelt werden, hat der Verkäufer dem Käufer die **Gesellschaftsanteile oder Aktien** der Gesellschaft zu übertragen. Hierbei sind die einschlägigen gesellschaftsrechtlichen Vorgaben (zB § 68 AktG, § 15 GmbHG) zu beachten. Da der Anteilserwerber aufgrund der übertragenen gesellschaftsrechtlichen Stellung zum wirtschaftlichen Inhaber des Unternehmens wird, erübrigt sich eine Einzelübertragung der zu dem Unternehmen gehörenden Gegenstände, was die Abwicklung des Geschäfts erheblich vereinfacht (→ Rn. 5). 22

In beiden Fällen schuldet der Verkäufer nicht nur die Übertragung einzelner Gegenstände oder Gesellschaftsanteile, sondern die Übertragung des Unternehmens als betriebsfähiger Wirtschaftseinheit. Hieraus folgt, dass der Verkäufer auch beim share deal gem. § 433 Abs. 1 S. 1 BGB iVm § 453 Abs. 1 S. 1 BGB zu einer **Übergabe des Unternehmens** verpflichtet ist.[80] Darüber hinaus muss der Käufer in die Lage versetzt werden, das Unternehmen so fortzuführen wie er es beim Verkäufer vorfand. Hierzu ist eine **Einweisung in den Tätigkeitsbereich des Unternehmens** erforderlich. Sie stellt eine zusätzliche **Hauptpflicht** des Verkäufers dar und beinhaltet etwa die Offenbarung und Vermittlung besonderer technischer, kaufmännischer und sonstiger Kenntnisse, die Erläuterung der Betriebsorganisation und -abläufe sowie die Einführung in die Beziehungen zu Lieferanten, Kunden und Kreditgebern.[81] 23

Ferner ist der Verkäufer nach der Übertragung des Unternehmens verpflichtet, nicht in **Wettbewerb** mit dem Erwerber zu treten. Dieses Wettbewerbsverbot folgt als **Nebenpflicht** aus dem Unternehmenskaufvertrag, ohne dass es hierzu einer ausdrücklichen Vereinbarung bedarf.[82] Allerdings reicht es sachlich und zeitlich nur soweit, wie es unerlässlich ist, um den Vertragszweck nicht zu gefährden. Um daraus resultierende Abgrenzungsschwierigkeiten zu vermeiden, werden in der Praxis zumeist ausdrückliche Vereinbarungen zu seinem konkreten Umfang getroffen. Jedoch sind auch **vertraglich vereinbarte Wettbewerbsverbote** nicht schrankenlos zulässig. Insoweit sind zunächst die aus Art. 101 AEUV und § 1 GWB resultierenden kartellrechtlichen Beschränkungen 24

[74] Wittuhn/Quecke NZG 2014, 131; Leuschner AcP 207 (2007), 491 (521 ff.).

[75] Vetter RabelsZ 82 (2018), 267 (80); Wittuhn/Quecke NZG 2014, 131; 136; Knott Unternehmenskauf/Stamer Rn. 249 f.

[76] BGH 19.5.2005, NJW 2005, 2543 (2544); 3.11.1999, BGHZ 143, 103 (111 f.) = NJW 2000, 1110; Grüneberg/Grüneberg BGB § 305 Rn. 20; Korch, Unternehmenskaufverträge, 2024, 325 ff.; krit. dazu Kästle NZG 2014, 288 (291 ff.).

[77] Näher dazu Mehrbrey Streitigkeiten Unternehmenskauf-HdB/Schöne/Uhlendorf § 7 Rn. 12 f.; Hopt ZHR 186 (2022), 7 (25 ff.); Maier-Reimer/Niemeyer NJW 2015, 1713 (1718); Habersack/Schürnbrand FS Canaris, 2007, 359.

[78] Näher dazu Beisel/Klumpp Unternehmenskauf/Beisel § 4 Rn. 33 ff.; MüKoHGB/Thiessen Anh. § 25 Rn. 17.

[79] BGH 27.4.1994, NJW 1994, 2025 (2026); Canaris HandelsR § 8 Rn. 8.

[80] BGH 25.3.1998, BGHZ 138, 195 (205) = NJW 1998, 2360; K. Schmidt HandelsR § 5 Rn. 32.

[81] MüKoHGB/Thiessen Anh. § 25 Rn. 23; MüKoBGB/Maultzsch BGB § 453 Rn. 53; BeckOGK/Wilhelmi, 1.4.2025, BGB § 453 Rn. 519 ff.

[82] BGH 18.12.1954, NJW 1955, 337; OLG Brandenburg 12.4.2023, BeckRS 2023, 47404 Rn. 24; OLG Düsseldorf 23.10.2015, NJOZ 2016, 163 (167) m. zust. Anm. Pottgiesser EWiR 2016, 433; MüKoHGB/Thiessen Anh. § 25 Rn. 24; BeckOGK/Wilhelmi, 1.4.2025, BGB § 453 Rn. 524; Rudersdorf RNotZ 2011, 509 (518 f.).

zu beachten.[83] Nach der Rspr. ist ein Wettbewerbsverbot ferner gem. § 138 Abs. 1 BGB sittenwidrig und unwirksam, wenn es über die schutzwürdigen Interessen des Käufers hinausgeht und den Verkäufer räumlich, zeitlich oder gegenständlich in seiner wirtschaftlichen Betätigungsfreiheit übermäßig beschränkt.[84]

25 **b) Käufer.** Die wesentliche Hauptpflicht des Käufers besteht gem. § 433 Abs. 2 BGB iVm § 453 Abs. 1 S. 1 BGB in der **Zahlung des Kaufpreises.**[85] Ob und in welchem Umfang der Käufer darüber hinaus verpflichtet ist, **unternehmensbezogene Verbindlichkeiten** des Verkäufers zu übernehmen oder zu erfüllen, ist eine Frage der Vertragsauslegung. Aus § 25 lässt sich hierfür nichts herleiten, weil die Vorschrift lediglich das Außenverhältnis betrifft (→ § 25 Rn. 1).[86] In der Regel wird es jedoch dem Parteiwillen entsprechen, dass die unternehmensbezogenen Schulden aus den laufenden Einnahmen beglichen werden sollen, sofern sie im gewöhnlichen Geschäftsbetrieb entstanden sind und daher mit ihrer Existenz zu rechnen war. Im Zweifel ist daher davon auszugehen, dass alle bilanzierten oder sonst aus den Geschäftsbüchern ersichtlichen Verbindlichkeiten vom Käufer erfüllt werden sollen, soweit die Parteien keine abweichenden Vereinbarungen getroffen haben.[87]

26 **6. Vertragsabwicklung.** Ein Unternehmenskaufvertrag kann in den seltensten Fällen sofort nach seinem Abschluss vollzogen werden, sodass zwischen dem Abschluss des Vertrages und seinem Vollzug in der Regel ein mehr oder weniger langer Zeitraum liegt. Um hier Rechtssicherheit zu schaffen, wird in der Praxis zumeist ein **einheitlicher Stichtag** (closing date) vereinbart, an dem der Vertrag dinglich erfüllt werden soll. Ferner gehen zu diesem Vollzugsstichtag in der Regel auch die Leitungsgewalt und die unternehmerische Verantwortung auf den Käufer über. Schließlich dient der gewählte Stichtag häufig als zeitlicher Bezugspunkt für weitere vertragliche Regelungen (zB Gefahrübergang, Beginn von Verjährungsfristen für Garantie- und Freistellungsansprüche, steuerlicher Abgrenzungszeitpunkt, Ende von Rücktrittsmöglichkeiten etc).[88]

26a Zum Schutz des Käufers vor nachteiligen Veränderungen des Kaufgegenstandes in dem Zeitraum zwischen Vertragsschluss (signing) und tatsächlichem Unternehmensübergang (closing) werden in der Praxis zunehmend sog. Material Adverse Change-Klauseln **(MAC-Klauseln)** oder Material Adverse Event-Klauseln (MAE-Klauseln) nach US-amerikanischen Vorbild vereinbart. Danach ist der Käufer zum Rücktritt oder zur Neuverhandlung der Vertragsbedingungen berechtigt, wenn in dem genannten Zeitraum ein Umstand eintritt, der in dem Vertrag als MAC bzw. MAE definiert wurde.[89] Derartige Klauseln ermöglichen es den Parteien, privatautonom zu regeln, wer die aus einer Störung der Geschäftsgrundlage (§ 313 BGB) resultierenden Risiken zu tragen hat.[90] Die Klauseln werden in Praxis häufig mit Schiedsvereinbarungen verbunden.[91]

27 Besondere Schwierigkeiten bei der Vertragsabwicklung bereiten häufig die zum Vollzugsstichtag **schwebenden Geschäfte.** Hier stellt sich insbesondere die Frage, ob der Verkäufer an den hieraus resultierenden Gewinnen (bzw. Verlusten) zu beteiligen ist. Sofern die Parteien keine abweichende Vereinbarung getroffen haben, ist dies grundsätzlich zu verneinen. Insbesondere kommt eine entsprechende Anwendung von § 740 BGB aF nicht in Betracht. Denn die Anwendung der durch das MoPeG aufgehobenen Vorschrift würde dazu führen, dass sich die Vertragsparteien noch über Jahre hinweg auseinandersetzen müssten, wobei der Verkäufer zudem von den unternehmerischen Fähigkeiten des Käufers abhängig wäre. Diese Rechtsfolge erschien bereits im eigentlichen Anwendungs-

---

[83] Dazu näher EuGH 13.12.2017, BeckRS 2017, 134954; EuG 28.6.2016, NZKart 2016, 584; OLG Naumburg 20.12.2012, WRP 2013, 671 (672 f.); Beisel/Klumpp Unternehmenskauf/Beisel § 12 Rn. 53 ff.; Müller/Thiede EuZW 2017, 246.

[84] BGH 28.4.1986, NJW 1986, 2944; 3.11.1981, NJW 1982, 2000 (2001); 13.3.1979, NJW 1979, 1605 (1606); OLG Düsseldorf 23.10.2015, NJOZ 2016, 163 (167 ff.); vgl. zum Ganzen auch Baisch/Cardinale-Koc NJW 2016, 194; Kielkowski NZG 2015, 900 (904); Mohr WuW 2011, 112; Diller FS Buchner, 2009, 175 sowie krit. Canaris HandelsR § 8 Rn. 10.

[85] Vgl. zur Kaufpreisermittlung näher Haberstock FS Pöllath, 2008, 29 (32 f.); Picot Unternehmenskauf/Heidemann/Weiß § 3 Rn. 1 ff.; Schönhaar GWR 2014, 273 (275 f.); speziell zu Mehrerlös- und sog. Earn-Out-Klauseln Risse NZG 2025, 627; Ettinger/Schmitz GmbHR 2016, 966; Werner DStR 2012, 1662.

[86] Staub/Hüffer, 4. Aufl. 1995, Vor § 22 Rn. 24; MüKoHGB/Thiessen Anh. § 25 Rn. 31.

[87] Ähnlich auch MüKoHGB/Thiessen Anh. § 25 Rn. 31; Canaris HandelsR § 8 Rn. 11 f.

[88] Vgl. zum Ganzen Schönhaar GWR 2014, 273 (275); Lappe/Schmitt DB 2007, 153; Haberstock FS Pöllath, 2008, 29 (34 f.); Holzapfel/Pöllath/Bergjan/Engelhardt Unternehmenskauf/Engelhardt/Farkas Rn. 1246 ff.; Knott Unternehmenskauf/Stamer Rn. 253 ff.

[89] Heymann/Horn Einl. V Rn. 23; Westermann FS Crezelius, 2018, 221 ff.; Hopt FS K. Schmidt, 2009, 681 (685 ff.); Korch, Unternehmenskaufverträge, 2024, 18 f.; Brandi/Schmidt DB 2019, 2002 ff.

[90] MüKoHGB/Thiessen Anh. § 25 Rn. 37; Henssler FS U. Huber, 2006, 739, 746 ff.; Kumkar/Voß ZIP 2020, 893 (896).

[91] Kästle/Haller NZG 2016, 926 ff; Boris BB 2008, 294 ff.

bereich der Vorschrift häufig nicht angemessen, weshalb sie regelmäßig abbedungen wurde.[92] Bei einem Unternehmenskauf widerspricht sie überdies in eklatanter Weise dem übereinstimmenden Interesse der Parteien an einer alsbaldigen Abwicklung des Geschäfts, zumal bei der mittlerweile vorherrschenden Ertragswertmethode die Erträge aus schwebenden Geschäften ohnehin bereits in die Ermittlung des Unternehmenswertes einfließen.[93]

7. Gewährleistung. a) Allgemeines. aa) Überblick. Welche Rechte dem Käufer gegen den Verkäufer zustehen,[94] wenn seine Erwartungen an das erworbene Unternehmen enttäuscht werden, ist für die beteiligten Vertragsparteien von **zentraler wirtschaftlicher Bedeutung.** Gleichwohl war die gesetzliche Gewährleistung beim Unternehmenskauf in den letzten Jahren nur ganz vereinzelt Gegenstand der veröffentlichten Rspr.[95] Der wesentliche Grund für das Fehlen entsprechender Entscheidungen dürfte darin liegen, dass die Praxis vermehrt dazu übergangen ist, das gesetzliche Gewährleistungssystem der §§ 434 ff. BGB vertraglich auszuschließen und durch ein privatautonom vereinbartes Haftungsregime nach anglo-amerikanischem Muster zu ersetzen (→ Rn. 41 f.),[96] welches unter Umständen noch durch eine vom Käufer oder Verkäufer abzuschließende Gewährleistungsversicherung ergänzt wird.[97] Hinzu kommt, dass Transaktionen von größerer wirtschaftlicher Bedeutung häufig auch durch die Vereinbarung von Schiedsklauseln ganz der staatlichen Gerichtsbarkeit entzogen werden.[98] 28

bb) Meinungsstand vor der Schuldrechtsreform. Die **Rspr.** behandelte den Unternehmenskauf bereits nach früherem Recht als Kaufvertrag oder jedenfalls kaufähnlichen Vertrag (§ 445 BGB aF), weshalb auch die kaufrechtlichen Gewährleistungsvorschriften (§§ 459 ff. BGB aF) – zumindest analog – anwendbar waren.[99] Allerdings wurde die praktische Bedeutung der Sachmängelgewährleistung dadurch gemindert, dass der BGH einen **sehr restriktiven Fehlerbegriff** verwendete. Danach galten nur solche Defizite als Sachmangel, welche dem Unternehmen unmittelbar und dauerhaft anhafteten; bloße Beziehungen zum Umfeld oder zu Dritten genügten diesem Sachmangelbegriff hingegen nicht. Dies hatte zur Folge, dass zwar Sachmängel an einzelnen Unternehmensgegenständen, nicht aber für die Preiskalkulation des Käufers entscheidende Angaben zu Umsatz, Gewinn und andere bilanzielle Kennziffern Fehler iSv § 459 Abs. 1 BGB aF darstellen konnten.[100] Etwas großzügiger war der BGH im Hinblick auf den Eigenschaftsbegriff nach § 459 Abs. 2 BGB aF. Hier sollten Zusicherungen möglich sein, sofern sie die Ertragsfähigkeit des Unternehmens zum Zeitpunkt seiner Veräußerung betrafen oder es sich um vergangenheitsbezogene Angaben handelte, welche sich auf einen längeren Zeitraum erstreckten.[101] 29

Durch die einschränkende Auslegung des Fehlerbegriffs war ein Rückgriff auf das subsidiäre **Rechtsinstitut der c.i.c.** möglich, was insbesondere im Hinblick auf die kurze Verjährungsfrist von nur sechs Monaten nach dem früheren Gewährleistungsrecht (§ 477 Abs. 1 S. 1 BGB aF), die restriktive Ausgestaltung der Schadensersatzhaftung (§ 463 BGB aF) sowie die mögliche Rückabwicklung des Kaufvertrags im Wege der Wandelung (§ 462 BGB aF) als vorteilhaft angesehen wurde.[102] Nach den Grundsätzen der c.i.c. haftete der Verkäufer, wenn er den Käufer hinsichtlich einer nachteiligen Eigenschaft der Kaufsache schuldhaft nicht aufgeklärt hatte. Als Schadensersatz konnte der Käufer 30

[92] Staudinger/Habermeier, 2003, BGB § 740 Rn. 1; MüKoBGB/Schäfer BGB § 728 Rn. 3.

[93] So zutr. MüKoHGB/Thiessen Anh. § 25 Rn. 22.

[94] Zu möglichen Direktansprüchen gegen das Management des erworbenen Unternehmens vgl. ua Rodewald/Unger DB 2007, 1627; Sieger/Hasselbach GmbHR 1998, 957; Venrooy GmbHR 2008, 1 (5 ff.).

[95] Vgl. etwa BGH 26.9.2018, BGHZ 220, 19 = NJW 2019, 145 mAnm Nassal; OLG Düsseldorf 16.6.2016, NZG 2017, 152; OLG Hamm 30.10.2015, BeckRS 2015, 20698; OLG Frankfurt 7.5.2015, NZG 2016, 435 (436) = GmbHR 2016, 116 m. zust. Anm. Bormann/Trautmann = BB 2016, 711 m. krit. Anm. Wächter; OLG Köln 29.1.2009, ZIP 2009, 2063 m. zust. Anm. Weller EWiR 2010, 15.

[96] Schaper/Ullrich GmbHR 2019, 625 (626); Hoenig/Sprado NZG 2014, 688; NK-BGB/Büdenbender BGB Anh. II §§ 433–480 Rn. 111, 123 ff.; K. Schmidt HandelsR § 5 Rn. 45 f.

[97] Vgl. dazu näher BeckOGK/Wilhelmi, 1.4.2025, BGB § 453 Rn. 787 f.; Armbrüster ZIP 2023, 553; Hopt ZHR 186 (2022), 7 (58 f.); Allmendinger/Cohen NZG 2021, 143 ff.; Vetter RabelsZ 82 (2018), 267 (292 f.).

[98] Vetter RabelsZ 82 (2018), 267 (287); Krasauskaite/Schwarz DZWIR 2014, 51 (58); NK-BGB/Büdenbender BGB Anh. II §§ 433–480 Rn. 133; Mehrbrey Streitigkeiten Unternehmenskauf-HdB/Pörnbacher/Baur § 2 Rn. 60; Habersack/Schürnbrand FS Canaris, 2007, 359.

[99] BGH 8.2.1995, NJW 1995, 1547; 11.11.1987, NJW-RR 1988, 744 (745); RG 15.11.1907, RGZ 67, 86; vgl. zum früheren Recht auch Schmitz RNotZ 2006, 561 (565); Lorenz FS Heldrich, 2005, 305 (309); NK-BGB/Büdenbender BGB Anh. II §§ 433–480 Rn. 59 ff.; MüKoHGB/Thiessen Anh. § 25 Rn. 54 ff.

[100] BGH 30.3.1990, NJW 1990, 1658 (1559); 5.10.1988, NJW-RR 1989, 306 (307).

[101] BGH 8.2.1995, NJW 1995, 1547 f.; 12.11.1969, NJW 1970, 653 (655); krit. hierzu Müller WM 2017, 229 (234 ff.).

[102] Vgl. Gaul ZHR 166 (2002), 35 (41 f.); Schröcker ZGR 2005, 63 (81); NK-BGB/Büdenbender BGB Anh. II §§ 433–480 Rn. 62.

nach seiner Wahl entweder die Rückgängigmachung des Kaufvertrags oder eine Herabsetzung des Kaufpreises verlangen,[103] wobei ihm hinsichtlich des Kausalitätsnachweises großzügige Beweiserleichterungen zu Gute kamen.[104] Im Schrifttum fand diese Rspr. überwiegend Zustimmung, wobei allerdings auch verschiedene abweichende Auffassungen vertreten wurde (vgl. hierzu iE → 6. Aufl. 2019, Rn. 29 ff.).

31 cc) **Auswirkungen der Schuldrechtsreform.** Mittlerweile hat sich zu Recht die Auffassung durchgesetzt, dass an der früheren Rspr. und hL nach der 2002 erfolgten Schuldrechtmodernisierung nicht mehr festgehalten werden kann.[105] Denn mit § 453 Abs. 1 S. 1 BGB hat der Gesetzgeber nunmehr eindeutig klargestellt, dass die **Vorschriften zur Sachmängelhaftung** auf den Unternehmenskauf entsprechend **anwendbar** sind.[106] Der Gesetzesbegründung ist zu entnehmen, dass hierdurch die vorvertragliche Schadensersatzhaftung zu Gunsten der kaufrechtlichen Gewährleistung zurückgedrängt werden sollte.[107] Ferner unterscheidet das neue Recht nicht mehr zwischen Fehlern (§ 459 Abs. 1 BGB aF) und Eigenschaften (§ 459 Abs. 2 BGB aF), sondern verwendet stattdessen einen einheitlichen Beschaffenheitsbegriff (→ Rn. 35 f.), der – jedenfalls tendenziell – etwas weiter auszulegen ist.[108] Schließlich sind weitere (rechtsfolgenbezogene) Gründe, welche die Gerichte zur einschränkenden Auslegung des Fehlerbegriffs nach altem Recht veranlasst haben, mit der Reform entfallen. Dies gilt insbesondere für die unangemessen kurze Verjährungsfrist (→ Rn. 50 f.) und die zu restriktive Schadensersatzhaftung des Verkäufers (→ Rn. 48).[109]

32 Es sprechen daher gewichtige Gründe dafür, den bisherigen **Anwendungsbereich der Vertrauenshaftung** zu Gunsten der kaufrechtlichen Gewährleistungsvorschriften **einzuschränken.** Dies gilt insbesondere für Angaben zu Umsatz, Gewinn und anderen bilanziellen Kennziffern, die unabhängig davon, ob sie sich auf einen kürzeren oder längeren Zeitraum beziehen, einer Beschaffenheitsvereinbarung nach § 434 Abs. 2 Nr. 1 BGB zugänglich sein sollten.[110] Ebenso sollten unrichtige Angaben zu Unternehmensverbindlichkeiten Mängelrechte begründen können (→ Rn. 39).[111] Für eine Haftung aus c.i.c. (§ 311 Abs. 2 BGB, §§ 280 ff. BGB) verbleibt daher nur noch ein deutlich eingeschränkter Anwendungsbereich. Hiervon erfasst wäre zB der Fall, dass Angaben zu Unternehmenskennziffern lediglich eine Wissenserklärung und keine Vereinbarung iSv § 434 Abs. 2 Nr. 1 BGB darstellen oder dass ein Umstand keinen Bezug zur Beschaffenheit des Unternehmens hat.[112] Darüber hinaus kommt eine Haftung aus c.i.c. nach der Rspr. ausnahmsweise auch **neben** der kaufrechtlichen Gewährleistung in Betracht, wenn dem Verkäufer **arglistiges** Handeln vorzuwerfen ist.[113] Dabei muss sich der Verkäufer unter Umständen auch das Wissen der Geschäftsführung der Zielgesellschaft entsprechend § 166 Abs. 1 BGB zurechnen lassen, wenn diese in die Vertragsverhandlungen eingeschaltet war.[114]

---

[103] BGH 4.6.2003, NJW-RR 2003, 1192 (1195 f.); 11.11.1987, NJW-RR 1989, 744 (745); 5.10.1988, NJW-RR 1989, 306 (307); 25.5.1977, BGHZ 69, 53 (56) = NJW 1977, 1536; OLG München 26.7.2006, OLGR 2007, 198 (200); Huber AcP 202 (2002), 179 (185); Canaris HandelsR § 8 Rn. 18.

[104] Krit. dazu Kersting JZ 2008, 714.

[105] So etwa Gomilla JA 2012, 487 (490); Knott NZG 2002, 249 (251); Wunderlich WM 2002, 981 (984 f.); Schröcker ZGR 2005, 63 (77 ff.); Redeker NJW 2012, 2471; BeckOGK/Wilhelmi, 1.4.2025, BGB § 453 Rn. 590 ff.; MüKoHGB/Thiessen Anh. § 25 Rn. 60 ff.; Canaris HandelsR § 8 Rn. 19; K. Schmidt HandelsR § 5 Rn. 36 ff.; Redeker NJW 2012, 2471 (2473 f.); tendenziell auch BGH 5.11.2010, NJW 2011, 1217 Rn. 13 (Grundstückskauf); **aA** Huber AcP 202 (2002), 179 (223); Kindl WM 2003, 409 (410 f.); Lorenz FS Heldrich, 2005, 305 (320 f.); zurückhaltend auch Müller WM 2017, 981 (985 ff.).

[106] Gronstedt/Jörgens ZIP 2002, 52 (53); Lange ZGS 2003, 300 (301); MüKoHGB/Thiessen Anh. § 25 Rn. 60; Canaris HandelsR § 8 Rn. 16; nach wie vor zweifelnd Huber AcP 202 (2002), 179 (224).

[107] BT-Drs. 14/6040, 228 (242).

[108] Gaul ZHR 166 (2002), 35 (42); Knott NZG 2002, 249 (251); Canaris HandelsR § 8 Rn. 19; Redeker NJW 2012, 2471 (2473 f.); tendenziell auch BGH 5.11.2010, NJW 2011, 1217 Rn. 13 (Grundstückskauf); **aA** Grigoleit/Herresthal JZ 2003, 118 (125 f.); Huber AcP 202 (2002), 179 (224 f.).

[109] Hierauf verweisen auch die Gesetzesmaterialien; vgl. BT-Drs. 14/6040, 228 (242).

[110] Korch JuS 2018, 521 (522 f.); Schmitz RNotZ 2006, 561 (580 f., 583); Canaris HandelsR § 8 Rn. 31; Staudinger/Bach, 2024, BGB § 453 Rn. 136.

[111] MüKoBGB/Maultzsch BGB § 453 Rn. 42; Soergel/Wertenbruch BGB § 453 Rn. 149.

[112] Staudinger/Beckmann, 2013, BGB § 453 Rn. 176; Canaris HandelsR § 8 Rn. 41.

[113] BGH 27.3.2009, BGHZ 180, 205 (212) = NJW 2009, 2120; vgl. speziell zum Unternehmenskauf OLG München 23.6.2021, BeckRS 2021, 15766 Rn. 41 ff.; OLG Düsseldorf 16.6.2016, NZG 2017, 152 (154 ff.) mAnm Hoenig/Klingen EWiR 2017, 9; Werner jM 2017, 222 (224 f.); Koppmann BB 2014, 1673; Möller NZG 2012, 841 (845 f.); Hasselbach/Ebbinghaus DB 2012, 216; Hübner BB 2010, 1483.

[114] OLG Düsseldorf 16.6.2016, NZG 2017, 152 (154 ff.); Risse NZG 2020, 856 (860 ff.); Schaper/Ullrich GmbHR 2019, 625 (628 f.); v. Bernuth CCZ 2018, 155 (157 f.); Woedtke GmbHR 2017, 505; einschr. Korch, Unternehmenskaufverträge, 2024, 451 f.; Schudlo/Kersten BB 2021, 1154 (1157 f.).

Die Regelungen zur Störung der **Geschäftsgrundlage (§ 313 BGB)** sind im Verhältnis zur kaufrechtlichen Gewährleistung ebenfalls subsidiär. Durch die Schuldrechtsmodernisierung hat sich hieran nichts geändert. Eine Anpassung des Vertrags nach § 313 BGB kommt daher nur in Betracht, wenn der Anwendungsbereich der kaufrechtlichen Sach- und Rechtsmängelhaftung nicht eröffnet ist.[115] Bezieht sich die Fehlvorstellung der Parteien hingegen auf einen Umstand, der eine Haftung nach §§ 434 ff. BGB begründen würde, ist eine Vertragsanpassung ausgeschlossen. Dies gilt auch dann, wenn die Voraussetzungen einer Mängelhaftung im Einzelfall – etwa aufgrund eines wirksamen vertraglichen Haftungsausschlusses (→ Rn. 42) – nicht gegeben sein sollten.[116] 33

b) Voraussetzungen. aa) Überblick. Nach § 433 Abs. 1 S. 2 BGB, der gem. § 453 Abs. 1 S. 1 BGB auf den Unternehmenskauf entsprechend anwendbar ist, hat der Verkäufer den Vertragsgegenstand dem Käufer frei von **Sach- und Rechtmängeln** (→ Rn. 35 ff. bzw. → Rn. 40) zu verschaffen. Wird das verkaufte Unternehmen diesen Anforderungen nicht gerecht, stehen dem Käufer die in § 437 BGB genannten Rechte zu. Weitere Ansprüche des Käufers können sich aus **Garantievereinbarungen** ergeben (→ Rn. 41). Anderseits kommen **Einschränkungen der Gewährleistung** aufgrund vertraglicher Vereinbarungen (→ Rn. 42) oder gesetzlicher Bestimmungen (→ Rn. 43) in Betracht. Die nachstehenden Ausführungen zur Haftung für Sach- und Rechtsmängel gelten dabei gleichermaßen bei einer Einzelübertragung der zum Unternehmen gehörenden Vermögensgegenstände (asset deal) als auch beim Erwerb von Gesellschaftsanteilen (share deal), sofern die Voraussetzungen eines Unternehmenskaufs vorliegen (→ Rn. 11 f.).[117] 34

bb) Sachmängel. (1) Allgemeines. Zur Bestimmung des Sachmangelbegriffs sind gem. § 453 Abs. 1 S. 1 BGB die Regelungen des **§ 434 BGB** heranzuziehen. Ein Mangel liegt danach vor, wenn das Unternehmen nicht die vereinbarte Beschaffenheit aufweist (§ 434 Abs. 2 Nr. 1 BGB), wenn es sich nicht für die nach dem Vertrag vorausgesetzte Verwendung eignet (§ 434 Abs. 2 Nr. 2 BGB), wenn es sich nicht für die gewöhnliche Verwendung eignet (§ 434 Abs. 3 Nr. 1 BGB) oder wenn es nicht die Beschaffenheit aufweist, die bei Unternehmen gleicher Art üblich ist und die der Käufer nach der Art des Unternehmens erwarten kann (§ 434 Abs. 3 Nr. 2 lit. a BGB). Schließlich können auch öffentliche Äußerungen des Verkäufers für die geschuldete Beschaffenheit von Bedeutung sein (§ 434 Abs. 3 Nr. 2 lit. b BGB).[118] Ebenso wie im unmittelbaren Anwendungsbereich von § 434 BGB hat dabei das jeweils zuvor genannte Kriterium Vorrang vor dem nächst folgenden.[119] Durch die zum 1.1.2022 erfolgte Neufassung von § 434 BGB hat sich hieran nichts geändert. Zwar sind subjektive und objektive Kriterien nach § 434 Abs. 1 BGB nF formal gleichrangig zu berücksichtigen, jedoch können die objektiven Kriterien vertraglich modifiziert oder abbedungen werden, wie § 434 Abs. 3 S. 1 BGB ausdrücklich klarstellt.[120] Eine § 459 Abs. 1 S. 2 BGB aF vergleichbare **Erheblichkeitsschwelle** sieht das neue Recht bereits seit der Schuldrechtsmodernisierung nicht mehr vor; jedoch sind bei einem nur unwesentlichen Mangel die Gewährleistungsrechte des Käufers gem. § 281 Abs. 1 S. 3 BGB und § 323 Abs. 5 S. 2 BGB eingeschränkt (→ Rn. 46, → Rn. 48). 35

Fehlt eine ausdrückliche oder konkludente Vereinbarung, kommt es für die Beurteilung, ob ein Mangel des Unternehmens vorliegt, gem. § 434 Abs. 3 BGB letztlich auf die gewöhnliche Verwendung oder übliche Beschaffenheit an. Die Bestimmung einer solchen **„Normalbeschaffenheit“** kann im Einzelfall Schwierigkeiten bereiten. Dennoch besteht auch in diesen Fällen kein Grund, die Anwendung der §§ 434 ff. BGB zu Gunsten einer Haftung aus c.i.c. einzuschränken.[121] Denn zum einen handelt es sich hierbei nicht um ein spezifisches Problem des Unternehmenskaufs, vielmehr können ähnliche Schwierigkeiten auch bei anderen individuellen Kaufgegenständen (Gebrauchtwagen, Antiquitäten usw) auftreten. Darüber hinaus ist es auch keineswegs von vornherein ausgeschlossen, den üblichen Zustand eines Unternehmens – zB anhand eines Branchenvergleiches – festzustellen.[122] 36

---

[115] BGH 26.9.2018, BGHZ 220, 19 Rn. 15 ff. = NJW 2019, 145; MüKoBGB/Finkenauer BGB § 313 Rn. 167 f.; Grüneberg/Grüneberg BGB § 313 Rn. 12.

[116] BGH 26.9.2018, BGHZ 220, 19 Rn. 16 = NJW 2019, 145; BeckOGK/Martens, 1.5.2025, BGB § 313 Rn. 193 ff.; Soergel/Wertenbruch BGB § 453 Rn. 223.

[117] Grüneberg/Weidenkaff BGB § 453 Rn. 7; Kort FS Augsburg, 2021, 395 (397).

[118] Näher dazu BeckOGK/Wilhelmi, 1.4.2025, BGB § 453 Rn. 633 ff.; Kort FS Augsburg, 2021, 395 (400 f.).

[119] Canaris HandelsR § 8 Rn. 27; Beisel/Klumpp Unternehmenskauf/Beisel § 16 Rn. 1.

[120] BeckOK BGB/Faust, 75. Ed. 1.8.2025, BGB § 434 Rn. 2, 7 ff.; Grüneberg/Weidenkaff BGB § 434 Rn. 6.

[121] So aber Huber AcP 202 (2002), 179 (212 f.); Weitnauer NJW 2002, 2511 (2514).

[122] Eidenmüller ZGS 2002, 290 (295); Lorenz FS Heldrich, 2005, 305 (321); MüKoHGB/Thiessen Anh. § 25 Rn. 64; Canaris HandelsR § 8 Rn. 24; **aA** Gaul ZHR 166 (2002), 35 (48); Huber AcP 202 (2002), 179 (212 f.); Weitnauer NJW 2002, 2511 (2514).

37 **(2) Mängel einzelner Unternehmensgegenstände.** Die zum Unternehmen gehörenden beweglichen und unbeweglichen Sachen, Forderungen und sonstigen Rechte sind als solche nicht Gegenstand des Kaufvertrags (→ Rn. 9 ff.). Deshalb stellen Sach- oder Rechtsmängel an diesen Objekten auch nicht zwangsläufig einen Mangel des Unternehmens dar.[123] Vielmehr ist es in gewissem Umfang geradezu selbstverständlich, dass zB Betriebseinrichtungen Verschleißerscheinungen aufweisen oder Kaufpreisforderungen einredebehaftet sind. Ein Unternehmensmangel liegt deshalb nur dann vor, wenn Sach- oder Rechtsmängel an einzelnen Gegenständen **auf das Gesamtunternehmen durchschlagen.**[124] Nach der früheren Rspr. sollte dies (erst) dann der Fall sein, wenn die wirtschaftliche Grundlage des Unternehmens erschüttert wird.[125] Diese Definition kann indes nach neuem Recht nicht mehr als abschließend betrachtet werden. Vielmehr wird man sich schlicht an den **Voraussetzungen des § 434 BGB** zu orientieren haben.[126] Ein Unternehmensmangel kann nach zutreffender Auffassung deshalb auch dann vorliegen, wenn einzelne Unternehmensgegenstände nicht der vereinbarten oder üblichen Beschaffenheit entsprechen, ohne dass hierdurch die wirtschaftliche Grundlage des Unternehmens gefährdet wird.[127] Das Kriterium des „Durchschlagens" stellt insofern keine zusätzliche Voraussetzung für die (entsprechende) Anwendung von § 434 BGB dar, sondern dient lediglich der bildhaften Eingrenzung des Anwendungsbereichs der Vorschrift.[128]

38 **(3) Mängel am Unternehmen als solchem.** Ferner sind Mängel denkbar, die sich nicht auf einzelne Vermögensgegenstände (Unternehmenssubstrat) beziehen, sondern das Unternehmen als betriebsfähige Wirtschaftseinheit betreffen. Von Bedeutung sind hier insbesondere **immaterielle Vermögenspositionen,** welche häufig den eigentlichen Wert des Unternehmens ausmachen (→ Rn. 2 f.). So gehört zur Beschaffenheit eines Unternehmens iSv § 434 BGB ua auch dessen Ruf in der Öffentlichkeit (good will), weshalb nachteilige Abweichungen in dieser Hinsicht einen Mangel begründen können.[129] Wird zB ein Beherbergungsbetrieb als Pension verkauft und stellt sich heraus, dass er bisher als „Absteige" oder „Stundenhotel" gedient hatte, stellt dies einen Mangel des Kaufgegenstands dar.[130] Entsprechendes gilt, wenn der Ausübung der unternehmerischen Tätigkeit ein **öffentlich-rechtliches Hindernis** (zB fehlende Genehmigung nach § 32 KWG) entgegensteht.[131]

39 Zu der vorliegenden Kategorie gehören ferner nicht in der Bilanz ausgewiesene **Verbindlichkeiten,** wenn die Voraussetzungen des § 25 Abs. 1 S. 1 (→ § 25 Rn. 11 ff.) vorliegen oder eine Haftung der übernommenen Gesellschaft besteht.[132] Entsprechend sind auch rückständige Steuerschulden, für die der Erwerber nach § 75 AO haftet, als Unternehmensmangel anzusehen.[133] Ein Rückgriff auf die Grundsätze der Vertrauenshaftung kommt in diesen Fällen – entgegen der früheren Rspr. – nicht mehr in Betracht (→ Rn. 33). Dies gilt generell auch für andere **bilanzielle Kennziffern** (Umsatz, Vermögen, Gewinn usw) sowie für die Ertragsfähigkeit des Unternehmens, soweit sich diese Kennzahlen auf die Gegenwart oder Vergangenheit beziehen.[134] Auch die Insolvenzreife der

---

[123] OLG Köln 29.1.2009, ZIP 2009, 2063 (2064 f.) m. zust. Anm. Weller EWiR 2010, 15; Korch JuS 2018, 521 (523); Gomille JA 2012, 487 (491); Picot DB 2009, 2587 (2591); BeckOK BGB/Faust, 75. Ed. 1.8.2025, BGB § 453 Rn. 29; MüKoHGB/Thiessen Anh. § 25 Rn. 82; MüKoBGB/Maultzsch BGB § 453 Rn. 35 ff.; Soergel/Wertenbruch BGB § 453 Rn. 122; Canaris HandelsR § 8 Rn. 35; **aA** Staudinger/Bach, 2024, BGB § 434 Rn. 135; mit Einschränkungen auch Erman/Grunewald BGB § 434 Rn. 61.

[124] Vgl. dazu aus der Rspr.: BGH 8.2.1995, NJW 1995, 1547 (1548 f.) (defekte Reinigungsmaschinen); 11.1.1978, NJW 1978, 1256 (Ungezieferbefall); 14.7.1978, NJW 1979, 33 (Fehlbestand im Inventar); 16.10.1968, NJW 1969, 184 (Sicherungsübereignung von Betriebseinrichtungen); RG 22.11.1932, RGZ 138, 354 (356 f.) (baupolizeiwidriger Zustand einer Gaststättenküche).

[125] BGH 27.2.1970, WM 1970, 819 (821); ähnlich Hiddemann ZGR 1982, 435 (444); Lieb FS Gernhuber, 1993, 259 (273).

[126] So zutr. Canaris HandelsR § 8 Rn. 37 f.; dem folgend Staudinger/Beckmann, 2013, BGB § 453 Rn. 150 ff.

[127] Picot DB 2009, 2587 (2591); MüKoHGB/Thiessen Anh. § 25 Rn. 82; Canaris HandelsR § 8 Rn. 37 f.; **aA** OLG Köln 29.1.2009, ZIP 2009, 2063 (2065 f.).

[128] Canaris HandelsR § 8 Rn. 37; zust. Staudinger/Beckmann, 2013, BGB § 453 Rn. 150.

[129] LG Flensburg 5.7.2013, ZMGR 2013, 434 (436 f.); Staudinger/Bach, 2024, BGB § 453 Rn. 136; Soergel/Wertenbruch BGB § 453 Rn. 149; Canaris HandelsR § 8 Rn. 30.

[130] IdS bereits zum alten Kaufrecht RG 15.11.1907, RGZ 67, 86 (88); **aA** BGH 3.7.1992, NJW 2564, 2565 zu einem Grundstückskaufvertrag.

[131] Canaris HandelsR § 8 Rn. 29.

[132] Gaul ZHR 166 (2002), 35 (47); MüKoBGB/Maultzsch BGB § 453 Rn. 42; BeckOGK/Wilhelmi, 1.4.2025, BGB § 453 Rn. 671 f; Soergel/Wertenbruch BGB § 453 Rn. 149.

[133] Vgl. dazu auch OLG Köln 18.3.1994, NJW-RR 1994, 1064 (Haftung nach § 826 BGB).

[134] MüKoBGB/Maultzsch BGB § 453 Rn. 41; Soergel/Wertenbruch BGB § 453 Rn. 169 ff.; Canaris HandelsR § 8 Rn. 31; **aA** Kersting JZ 2008, 714 (715); einschr. auch Gomille JA 2012, 487 (491 f.); offenbar auch OLG Hamm 30.10.2015, BeckRS 2015, 20698, allerdings ohne nähere Erörterung der Problematik.

verkauften Gesellschaft kann einen Mangel iSv § 434 BGB darstellen.[135] Angaben über **zukünftige** Erträge oder Umsätze fallen hingegen nicht unter die Sachmängelhaftung nach § 434 BGB, weil sie **keine gegenwärtige Eigenschaft** des Unternehmens darstellen; sie können daher allenfalls Gegenstand einer selbständigen Garantievereinbarung sein.[136]

cc) Rechtsmängel. Gemäß § 435 BGB iVm § 453 Abs. 1 S. 1 BGB liegt ein Rechtsmangel am Unternehmen vor, wenn Dritte Rechte gegen den Käufer geltend machen können, die über den im Kaufvertrag ggf. vereinbarten Umfang hinausgehen. Dies gilt nach hM allerdings nur dann, wenn sich diese Rechte **auf das Unternehmen als solches** beziehen.[137] Hierher gehört etwa der Fall, dass die Tätigkeit des Unternehmens aufgrund einer den Käufer gem. § 25 bindenden Vertriebsbeschränkung eingestellt oder eingeschränkt werden muss.[138] Entsprechendes gilt für die Eröffnung des Insolvenzverfahrens über das Vermögen der verkauften Gesellschaft vor Gefahrübergang bei einem Anteilskaufvertrag,[139] während bloße Überschuldung und Insolvenzreife noch keinen Rechtsmangel begründet.[140] Rechtsmängel einzelner Unternehmensgegenstände hingegen, etwa die Belastung des Betriebsgrundstücks mit einer Hypothek oder die Sicherungsübereignung einer Maschine, stellen allenfalls Sachmängel des Gesamtunternehmens dar, soweit sie dessen Beschaffenheit oder Verwendbarkeit beeinträchtigen (→ Rn. 38).[141] Letztlich ist die Abgrenzung zwischen Sach- und Rechtmängeln aber weitgehend bedeutungslos, weil die Rechtsfolgen nach neuem Kaufrecht jeweils identisch sind. 40

dd) Garantien. Eine Verschärfung der gesetzlichen Sach- und Rechtsmängelhaftung ist im Wege von Garantievereinbarungen jederzeit möglich. Da das geltende Recht nach wie vor keinen einheitlichen Garantiebegriff kennt,[142] bedürfen solche in der Vertragspraxis häufig vorkommenden Vereinbarungen[143] der **Auslegung.**[144] Diese kann unter Umständen auch zum Ergebnis führen, dass es sich lediglich um eine Beschaffenheitsvereinbarung iSv § 434 Abs. 2 Nr. 1 BGB handelt. Ferner ist die Übernahme einer verschuldensunabhängigen Haftung gem. § 276 Abs. 1 S. 1 BGB für eine bestimmte Beschaffenheit des Unternehmens denkbar. Die Erklärung kann aber auch so gemeint sein, dass der Verkäufer im Sinne einer selbständigen Garantie (§ 311 Abs. 1 BGB) für das Eintreten eines bestimmten Erfolgs oder das Ausbleiben bestimmter Nachteile einstehen will, die über die Mangelfreiheit der Kaufsache bei Gefahrübergang hinausgehen.[145] Von großer Bedeutung ist ferner die Unterscheidung zwischen sog. „harten" und „weichen" bzw. objektiven und subjektiven Garantien, wobei letztere in der Vertragspraxis auch als best-knowledge-Klauseln (Garantie nach bestem Wissen) bezeichnet werden.[146] Häufig beziehen sich solche Garantien auf den oder die letzten Jahresabschlüsse des verkauften Unternehmens (Bilanzgarantien).[147] Garantieerklärungen können 41

[135] MüKoBGB/Maultzsch BGB § 453 Rn. 43; Altmeppen FS Picker, 2010, 23 (33 ff.); Mock BB 2023, 1347 (1348); Grunewald GmbHR 2021, 800 (801).

[136] MüKoBGB/Maultzsch BGB § 453 Rn. 40; Canaris HandelsR § 8 Rn. 31; **aA** Staudinger/Beckmann, 2013, BGB § 453 Rn. 135.

[137] BeckOK BGB/Faust BGB, 75. Ed. 1.8.2025, § 453 Rn. 30; MüKoHGB/Thiessen Anh. § 25 Rn. 108; Canaris HandelsR § 8 Rn. 38; **aA** Erman/Grunewald BGB § 435 Rn. 15.

[138] Vgl. RG 16.2.1916, RGZ 88, 103 (107); Canaris HandelsR § 8 Rn. 33 mit weiteren Beispielen.

[139] Grüneberg/Weidenkaff BGB § 453 Rn. 23; MüKoBGB/Maultzsch BGB § 453 Rn. 43; Altmeppen FS Picker, 2010, 23 (28 ff.).

[140] BGH 26.9.2018, BGHZ 220, 19 Rn. 38 ff. = NJW 2019, 145; Schmitt WM 2019, 1871 (1874 ff.); Palant/Weidenkaff BGB § 453 Rn. 23.

[141] BGH 16.10.1968, NJW 1979, 184; OLG Karlsruhe 14.8.2008, OLGR 2009, 305; Maier-Reimer in Eckert/Delbrück, Reform des deutschen Schuldrechts, 2003, 76 f.; BeckOK BGB/Faust, 75. Ed. 1.8.2025, BGB § 453 Rn. 30 mwN.

[142] Fischer DStR 2004, 276 (280); Bergjan, Die Auswirkungen der Schuldrechtsreform 2002 auf den Unternehmenskauf, 2003, 318 f.; BeckOK BGB/Faust, 75. Ed. 1.8.2025, BGB § 443 Rn. 9 ff.; MüKoBGB/Maultzsch BGB § 443 Rn. 1 f.

[143] Dazu näher Burianski/Lang NZG 2020, 92 ff.; Findeisen BB 2015, 2700 (2702 f.); NK-BGB/Büdenbender BGB Anh. II §§ 433–480 Rn. 123 ff.; MüKoHGB/Thiessen Anh. § 25 Rn. 101 ff.; BeckOGK/Stöber, 1.1.2025, BGB § 444 Rn. 68 ff.; speziell zu Bilanzgarantien Hennrichs NZG 2014, 1001.

[144] OLG Frankfurt 7.5.2015, NZG 2016, 435 (436) = GmbHR 2016, 116 m. zust. Anm. Bormann/Trautmann; Mehrbrey/Hofmeister NZG 2016, 419 (420); Wächter BB 2016, 711 f.; MüKoBGB/Maultzsch BGB § 453 Rn. 33; BeckOGK/Wilhelmi, 1.4.2025, BGB § 457 Rn. 748.

[145] Schniep/Holfeld DB 2016, 1738 f.; Möller NZG 2012, 841 (842); MüKoBGB/Maultzsch BGB § 453 Rn. 44.

[146] Schudlo/Kersten BB 2021, 1154 (1155); Mehrbrey/Hofmeister NZG 2016, 419 (420).

[147] Vgl. dazu näher OLG Düsseldorf 16.6.2016, NZG 2017, 152; OLG Frankfurt 7.5.2015, NZG 2016, 435 (436) = GmbHR 2016, 116 m. zust. Anm. Bormann/Trautmann; Widder/Koffka NZG 2020, 1284 ff.; Korch, Unternehmenskaufverträge, 2024, 263 ff.; Schulz/Sommer NZG 2018, 50; Göthel/Fornoff DB 2017, 530; Maier-Reimer/Schilling KSzW 2016, 4 ff.; Mehrbrey/Hofmeister NZG 2016, 419 ff.

unter Umständen auch vom Management des verkauften Unternehmens abgegeben werden, womit eine eigenständige Haftung dieses Personenkreises begründet wird.[148] Schließlich wird in der Praxis auch häufig vereinbart, dass der Verkäufer den Käufer von bestimmten dem Grunde oder der Höhe nach ungewissen unternehmensbezogenen Verbindlichkeiten **freizustellen** hat, was im wirtschaftlichen Ergebnis einer (negativen) Garantie sehr nahe kommt.[149]

42 **ee) Einschränkungen der Gewährleistung.** Neben Erweiterungen sind – in den Grenzen von § 444 BGB[150] – auch vertragliche Einschränkungen der gesetzlichen Gewährleistungsansprüche möglich. In der mehr und mehr anglo-amerikanisch geprägten **Vertragspraxis** wird beides häufig miteinander verknüpft, etwa in Form von Garantielisten mit einer vereinbarten Haftungshöchstgrenze[151] oder durch die Verwendung von sog. best-knowledge-Klauseln (→ Rn. 41).[152] Auf diese Weise lässt sich ein eigenständiges privatautonomes Gewährleistungs- und Haftungssystem schaffen, welches an die Stelle der gesetzlichen Bestimmungen nach den §§ 434 ff. BGB tritt und den wirtschaftlichen Bedürfnissen und Interessen der Vertragsparteien besser gerecht werden kann.[153] § 444 BGB steht solchen Vertragsgestaltungen nicht entgegen, wie der Gesetzgeber im Hinblick auf (unberechtigte) Zweifel des Schrifttums[154] mittlerweile durch eine redaktionelle Änderung der Vorschrift ausdrücklich klargestellt hat.[155] Von entscheidender Bedeutung ist eine klare und präzise vertragliche Regelung. Dies gilt etwa für eine Haftung aus c.i.c. (§ 311 Abs. 2 BGB), die nur dann entfällt, wenn sie explizit ausgeschlossen wird.[156]

43 **ff) Kenntnis des Käufers.** Einschränkungen der Gewährleistungsansprüche ergeben sich ferner aus § 442 Abs. 1 BGB, wenn der Käufer den Mangel kennt oder ihm dieser infolge grober Fahrlässigkeit unbekannt geblieben ist. Ob hierfür bereits der Verzicht auf die Durchführung einer **due diligence** (→ Rn. 15) genügen kann, ist bislang nicht abschließend geklärt, nach zutreffender Auffassung aber zu verneinen. Denn dies würde eine entsprechende Verkehrssitte voraussetzen, was indes bereits deshalb fraglich erscheint, weil das ob, wann und wie einer due diligence in jedem Einzelfall neu verhandelt werden muss. Allein der Umstand, dass eine solche Prüfung unterlassen wurde, vermag daher ohne das Hinzutreten weiterer Umstände nicht den Vorwurf der groben Fahrlässigkeit zu rechtfertigen.[157] Ob einem Käufer, der trotz durchgeführter due diligence einen Mangel übersieht, grobe Fahrlässigkeit iSv § 442 Abs. 1 S. 2 BGB vorzuwerfen ist, hängt hingegen von den Umständen des Einzelfalles ab.[158]

44 **c) Rechtsfolgen. aa) Überblick.** Weist das Unternehmen Sach- oder Rechtsmängel auf, stehen dem Käufer die in § 437 BGB genannten Rechte zu. Vorrang hat dabei grundsätzlich die **Nacherfüllung** (§ 439 BGB). Dies folgt zwar nicht unmittelbar aus dem Gesetzeswortlaut, ergibt sich aber mittelbar daraus, dass die Geltendmachung weiterer Ansprüche jeweils von dem fruchtlosen Verstrei-

---

[148] Vgl. dazu iE Jacobs/Thiel BB 2016, 1987; Seibt/Wunsch ZIP 2008, 1093; Rodewald/Unger DB 2007, 1627 (1628 f.).

[149] Hilgard BB 2016, 1218 (1221 f.); Wiesbrock/Frank BB 2018, 3014 ff.; Schütt NJW 2016, 980 (982 f.); Maier-Reimer/Niemeyer NJW 2015, 1713 (1714).

[150] Näher dazu sowie insbes. zu Umfang und Grenzen der Wissenszurechnung beteiligter Mitarbeiter Weyland NZG 2022, 103 ff., Risse NZG 2020, 856 (860 ff.); Hoenig/Klingen NZG 2013, 1046 ff.; Weißhaupt WM 2013, 782 (784 ff.).

[151] Bisle DStR 2013, 364 (366); Hübner BB 2010, 1483; Haberstock FS Pöllath, 2008, 29 (41 f.); Lorenz FS Heldrich, 2005, 305 (313 f.); NK-BGB/Büdenbender BGB Anh. II §§ 433–480 Rn. 123.

[152] Huber AcP 202 (2002), 179 (207); Schmitz RNotZ 2006, 561 (591); Maier-Reimer in Eckert/Delbrück, Reform des deutschen Schuldrechts, 2003, 72 f.; MüKoHGB/Thiessen Anh. § 25 Rn. 105.

[153] Maier-Reimer/Niemeyer NJW 2015, 1713 (1714); Picot Unternehmenskauf/Picot § 4 Rn. 343 ff.; NK-BGB/Büdenbender BGB Anh. II §§ 433–480 Rn. 111, 123 ff.; K. Schmidt HandelsR § 5 Rn. 45 f.

[154] Zu Recht krit. zu dieser (mittlerweile überholten) Diskussion Lorenz FS Heldrich, 2005, 305 (322 f.) mzN.

[155] Durch Gesetz vom 2.12.2004 (BGBl. 2004 I 3102) wurde das Wort „wenn" durch „soweit" ersetzt.

[156] OLG München 3.12.2020, NZG 2021, 423 Rn. 136 mAnm Schöne/Laufenburg BB 2022, 72; mAnm Kleese/Michels NZG 2021, 732; 26.7.2006, DNotZ 2007, 712 mAnm Weigl; Findeisen BB 2015, 2700 (2703); Kort FS Augsburg, 2021, 395 (411); **aA** OLG München 23.6.2021, BeckRS 2021, 15766 Rn. 46.

[157] So auch die wohl hM: Hörmann FS Pöllath, 2008, 134; 159 f.; K. J. Müller NJW 2004, 2196 (2197 f.); Bergjan, Die Auswirkungen der Schuldrechtsreform 2002 auf den Unternehmenskauf, 2003, 183 f.; Beisel/Klumpp Unternehmenskauf/Beisel § 2 Rn. 9 f.; Knott Unternehmenskauf/Stamer Rn. 281; Picot Unternehmenskauf/Picot § 4 Rn. 288 ff.; Korch, Unternehmenskaufverträge, 2024, 66 f.; MüKoBGB/Maultzsch BGB § 453 Rn. 54; Westermann ZHR 169 (2005), 248 (263), jeweils mzN; vgl. zu einem Immobilienkauf auch BGH 15.9.2023, BGHZ 238, 179 Rn. 33 ff. = NJW 2023, 3423; **aA** Gakovi ZJS 2021, 433 (434 f.); Vogt DStR 2001, 2027 (2031); Hölters Unternehmenskauf-HdB/Weber Rn. 9.44.

[158] Vgl. LG Hamburg 13.3.2015, BeckRS 2015, 07608 m. zust. Anm. Findeisen BB 2015, 2700; Picot Unternehmenskauf/Picot § 4 Rn. 282 ff.; Weißhaupt WM 2013, 782 f.; MüKoBGB/Maultzsch BGB § 453 Rn. 54; einschr. Korch, Unternehmenskaufverträge, 2024, 67 f.

chen einer dem Verkäufer zu setzenden Nacherfüllungsfrist (§ 281 Abs. 1 BGB, § 323 Abs. 1 BGB) abhängig ist.[159] Neben den Gewährleistungsansprüchen nach §§ 434 ff. BGB kommt eine Haftung des Verkäufers aus **c.i.c.** wegen des grundsätzlichen Vorrangs der Sach- und Rechtsmängelhaftung nur in Betracht, wenn dem Verkäufer arglistiges Handeln vorzuwerfen ist (→ Rn. 32). Entsprechendes gilt für die **Anfechtung** wegen eines Eigenschaftsirrtums (§ 119 Abs. 2 BGB),[160] während eine Anfechtung aufgrund arglistiger Täuschung oder Drohung (§ 123 BGB) nicht ausgeschlossen ist.[161]

bb) Nacherfüllung. Da es sich bei einem Unternehmenskauf um einen Stückkauf handelt, der einen nicht ersetzbaren Gegenstand betrifft, scheidet die Ersatzlieferung einer gleichwertigen Sache (§ 439 Abs. 1 Alt. 2 BGB) von vornherein aus.[162] Grundsätzlich möglich und zumutbar ist jedoch eine Nacherfüllung im Wege der **Nachbesserung** (§ 439 Abs. 1 Alt. 1 BGB).[163] Dem Verkäufer muss deshalb zunächst die Möglichkeit eingeräumt werden, etwaige Defizite im Inventar des Unternehmens nachträglich zu beheben, in der Bilanz nicht ausgewiesene Verbindlichkeiten abzulösen etc.[164] 45

cc) Rücktritt. Ist eine Nacherfüllung im Wege der Nachbesserung aufgrund der Art des Mangels ausnahmsweise nicht möglich oder liegen die sonstigen Voraussetzungen der § 281 Abs. 2 BGB, § 323 Abs. 2 BGB, § 440 BGB vor, kann der Käufer gem. § 437 Nr. 2 BGB, § 323 BGB vom Kaufvertrag zurücktreten. Handelt es sich um einen lediglich geringfügigen Mangel, was mit Blick auf den Kaufgegenstand „Unternehmen" nicht selten der Fall sein wird,[165] ist ein Rücktritt gem. § 323 Abs. 5 S. 2 BGB ausgeschlossen. Mit der wirksamen Ausübung des Rücktrittsrechts wandelt sich der Kaufvertrag gem. § 437 Nr. 2 BGB, § 323 BGB, §§ 346 ff. BGB in ein **Rückgewährschuldverhältnis.** Da sich das zurückzugebende Unternehmen bereits nach kurzer Zeit in der Hand des Erwerbers erheblich verändert, stößt dessen Abwicklung häufig auf praktische Schwierigkeiten.[166] Bei einer grundlegenden Umgestaltung des Unternehmens ist § 346 Abs. 2 Nr. 2 BGB einschlägig, wonach sich der Rückgewährsanspruch in einen Wertersatzanspruch verwandelt.[167] Im Übrigen kann sich ein vertraglicher Ausschluss des Rücktrittsrechts empfehlen.[168] 46

dd) Minderung. Statt vom Kaufvertrag zurückzutreten, kann der Käufer gem. § 437 Nr. 2 BGB, § 441 BGB den Kaufpreis mindern. Maßstab für die **Herabsetzung des Kaufpreises** ist gem. § 441 Abs. 3 BGB der Wert der mangelfreien Sache im Verhältnis zu ihrem tatsächlichen Wert. Um Bewertungsschwierigkeiten zu vermeiden, kann dabei im Regelfall davon ausgegangen werden, dass der von den Parteien vereinbarte Kaufpreis dem Wert der Sache im mangelfreien Zustand entspricht.[169] 47

ee) Schadensersatz. Hat der Verkäufer einen **Mangel verschuldet** oder sonst zu vertreten (§ 276 Abs. 1 S. 1 BGB), kommen gem. § 437 Nr. 3 BGB, §§ 440, 280, 281, 283, 311a BGB Schadensersatzansprüche des Käufers in Betracht. Hinsichtlich der Rechtsfolgen ist zwischen dem **kleinen** und dem **großen Schadensersatz** zu unterscheiden. In dem zuerst genannten Fall behält der Käufer das Unternehmen und macht im Wege des Schadensersatzes die Nachteile geltend, die er infolge des vertragswidrigen Zustandes erlitten hat. Hierzu gehört neben dem mangelbedingten Minderwert des 48

[159] BGH 23.2.2005, BGHZ 162, 219 (221 f.) = NJW 2005, 1348; Grüneberg/Weidenkaff BGB § 437 Rn. 4.

[160] BGH 12.11.1975, BGHZ 65, 246 (253) = NJW 1976, 236; Beisel/Klumpp Unternehmenskauf/Klumpp § 16 Rn. 11; Grunewald GmbHR 2021, 800 (801); **aA** BeckOK BGB/Faust, 75. Ed. 1.8.2025, BGB § 437 Rn. 191 f.

[161] BGH 6.2.2002, NZG 2002, 644; MüKoBGB/Maultzsch BGB § 453 Rn. 56; Beisel/Klumpp Unternehmenskauf/Klumpp § 16 Rn. 12.

[162] Vgl. BGH 7.6.2006, BGHZ 168, 64 (72 f.) = NJW 2006, 2839 (Gebrauchtwagenkauf); Grüneberg/Weidenkaff BGB § 439 Rn. 15; Staudinger/Bach, 2024, BGB § 453 Rn. 145; Canaris HandelsR § 8 Rn. 17.

[163] OLG Karlsruhe 8.8.2019, VersR 2020, 422 (424 f.); OLG Köln 29.1.2009, ZIP 2009, 2063 (2064 f.); Schröcker ZGR 2005, 63 (82); Staudinger/Bach, 2024, BGB § 453 Rn. 145 **aA** Fischer DStR 2004, 276; einschr. auch Staudinger/Beckmann, 2013, BGB § 453 Rn. 156; Korch, Unternehmenskaufverträge, 2024, 61 f.

[164] Näher dazu Kleinhenz/Junk JuS 2009, 787 (790); NK-BGB/Büdenbender BGB Anh. II §§ 433–480 Rn. 90; MüKoHGB/Thiessen Anh. § 25 Rn. 88 f.; Soergel/Wertenbruch BGB § 453 Rn. 175; einschr. Hennrichs NZG 2014, 1001 (1006).

[165] Vgl. OLG Düsseldorf 27.11.2014, BeckRS 2014, 120823; NK-BGB/Büdenbender BGB Anh. II §§ 433–480 Rn. 92.

[166] Dazu näher Maier-Reimer in Eckert/Delbrück, Reform des deutschen Schuldrechts, 2003, 83 f.; MüKoHGB/Thiessen Anh. § 25 Rn. 90 ff.

[167] LG Hamburg 21.12.2018, BeckRS 2018, 38252 Rn. 50 ff.

[168] Picot DB 2009, 2587 (2593 f.); MüKoBGB/Maultzsch BGB § 453 Rn. 46; Soergel/Wertenbruch BGB § 453 Rn. 121.

[169] Maier-Reimer in Eckert/Delbrück, Reform des deutschen Schuldrechts, 2003, 81; MüKoHGB/Thiessen Anh. § 25 Rn. 97.

Unternehmens auch der Ersatz sonstiger Schäden.[170] Im zweiten Fall gibt der Käufer das Unternehmen an den Verkäufer zurück und verlangt Schadensersatz für die Nichterfüllung des gesamten Vertrags.[171] Ebenso wie der Rücktritt (→ Rn. 46) ist die Geltendmachung des großen Schadensersatzanspruchs ausgeschlossen, wenn lediglich ein unerheblicher Mangel vorliegt (§ 281 Abs. 1 S. 3 BGB).

49 **ff) Aufwendungsersatz.** Nach § 284 BGB kann der Käufer anstelle von Schadensersatz statt der Leistung (§ 281 BGB) **Ersatz vergeblicher Aufwendungen** verlangen, die er im Vertrauen auf den Erhalt der Leistung gemacht hat und billigerweise machen durfte (zB Vertragskosten, Investitionen in das erworbene Unternehmen etc).[172] Anders als nach früherem Recht ist der Anspruch nicht auf das Erfüllungsinteresse beschränkt. Auch auf die Wirtschaftlichkeit der Aufwendung kommt es nicht mehr an.[173] Vielmehr ist der Anspruch nur dann ausgeschlossen, wenn der Zweck der Aufwendung auch ohne die Pflichtverletzung des Verkäufers nicht erreicht worden wäre.

50 **d) Verjährung.** Sofern der Verkäufer den Mangel nicht arglistig verschwiegen hat (§ 438 Abs. 3 BGB), beträgt die **Gewährleistungsfrist** für sämtliche Sach- und Rechtsmängel des Unternehmens generell **zwei Jahre** (§ 438 Abs. 1 Nr. 3 BGB). Dies gilt auch dann, wenn zu dem verkauften Unternehmen ein bebautes Grundstück gehört.[174] Zwar würde bei einem gesonderten Verkauf der Immobilie gem. § 438 Abs. 1 Nr. 2 lit. a BGB an sich eine längere Gewährleistungsfrist von fünf Jahren gelten. Dennoch ist eine Differenzierung der Verjährungsfristen nach einzelnen Substanzstücken, wie sie im Schrifttum zum Teil vertreten wird,[175] abzulehnen.[176] Denn Gegenstand eines Unternehmenskaufvertrags sind gerade nicht die einzelnen Substanzstücke, sondern das Unternehmen als betriebsfähige Wirtschaftseinheit, sodass auch nur eine einheitliche Gewährleistungsfrist für sämtliche Unternehmensmängel gelten kann. Eine vertragliche Verkürzung der Frist ist möglich und wird in der Praxis häufig vereinbart.[177]

51 Gemäß § 438 Abs. 2 BGB **beginnt die Verjährung** mit der Ablieferung des Kaufgegenstandes. Beim Unternehmenskauf ist hierzu neben der einvernehmlichen Überlassung des unmittelbaren Besitzes an den Betriebsmitteln und den zum Betriebsvermögen gehörenden Grundstücken auch die **Übertragung der unternehmerischen Leitungsmacht** erforderlich.[178] Dies gilt nicht nur für den Unternehmenskauf im Wege der Einzelübertragung (asset deal), sondern auch bei einem Erwerb von Gesellschaftsanteilen (share deal), sofern die Voraussetzungen eines Unternehmenskaufs vorliegen (→ Rn. 11 f.).[179] Verjährungsbeginn und Gefahrübergang nach §§ 453, 446 BGB laufen damit im Regelfall parallel.[180]

52 **e) Anteilskauf.** Sofern der Erwerb von Gesellschaftsanteilen die Voraussetzungen eines Unternehmenskaufs erfüllt (→ Rn. 11 f.), gilt hinsichtlich der Gewährleistung nichts anders als bei einem Unternehmenserwerb im Wege der Einzelübertragung. Von den verschiedenen Formen des Unternehmenskaufs ist der reine Anteilskauf (zB **Erwerb einer Minderheitsbeteiligung**) zu unterscheiden. Da es sich hierbei um einen Rechtskauf handelt und § 453 Abs. 1 S. 1 BGB insoweit ebenfalls auf die Vorschriften zum Sachkauf verweist, kommt auch hier grundsätzlich eine entsprechende Anwendung der §§ 434 ff. BGB in Betracht.[181] Dies bedeutet jedoch nicht, dass nachteilige Eigenschaften des Unternehmens zugleich als Mängel des verkauften Gesellschaftsanteils anzusehen sind.

---

[170] MüKoHGB/Thiessen Anh. § 25 Rn. 98; MüKoBGB/Maultzsch BGB § 453 Rn. 47; zu Einzelheiten der Schadensberechnung Wächter NJW 2013, 1270.

[171] Näher dazu NK-BGB/Büdenbender BGB Anh. II §§ 433–480 Rn. 97; MüKoBGB/Maultzsch BGB § 453 Rn. 48.

[172] Näher dazu Maier-Reimer in Eckert/Delbrück, Reform des deutschen Schuldrechts, 2003, 86 f.; MüKoBGB/Maultzsch BGB § 453 Rn. 49 f.; BeckOGK/Wilhelmi, 1.4.2025, BGB § 453 Rn. 698 f.

[173] MüKoHGB/Thiessen Anh. § 25 Rn. 19; krit. Beisel/Klumpp Unternehmenskauf/Klumpp § 16 Rn. 55, 51.

[174] Erman/Grunewald BGB § 453 Rn. 26; MüKoHGB/Thiessen Anh. § 25 Rn. 100.

[175] Picot DB 2009, 2587 (2592); BeckOGK/Wilhelmi, 1.4.2025, BGB § 453 Rn. 700 ff.; beschränkt auf Bauwerke auch Staudinger/Beckmann, 2013, BGB § 453 Rn. 174.

[176] OLG Köln 29.1.2009, ZIP 2009, 2063 (2065); RG 22.11.1932, RGZ 138, 354 (357); Hilgard BB 2012, 852 (854); Schmitz RNotZ 2006, 561 (579); BeckOGK/Arnold, 1.5.2025, BGB § 438 Rn. 58 ff., 86 f.

[177] Hilgard BB 2012, 852 (854); Beisel/Klumpp Unternehmenskauf/Beisel § 16 Rn. 145 ff.

[178] Gaul ZHR 166 (2002), 35 (67); Schmitz RNotZ 2006, 561 (578); vgl. zum Parallelproblem des Gefahrübergangs auch BGH 25.3.1998, BGHZ 138, 195 (205) = NJW 1998, 2360.

[179] Eidenmüller NJW 2002, 1625 (1627); Schmitz RNotZ 2006, 561 (578); BeckOGK/Arnold, 1.5.2025, BGB § 438 Rn. 141; so für den Gefahrübergang ausdrücklich auch BGH 25.3.1998, BGHZ 138, 195 (205) = NJW 1998, 2360; diff. Hilgard BB 2012, 852 (854).

[180] Gaul ZHR 166 (2002), 35 (67); Triebel/Hölzle BB 2002, 521 (535).

[181] Gronstedt/Jörgens ZIP 2002, 52 (55); MüKoHGB/Thiessen Anh. § 25 Rn. 112; Canaris HandelsR § 8 Rn. 43.

Denn Gegenstand des Kaufvertrags und damit möglicher Beschaffenheitsvereinbarungen der Vertragsparteien ist in diesem Fall nicht das Unternehmen, sondern allein der verkaufte Gesellschaftsanteil. Eine Haftung des Verkäufers für Unternehmensmängel kann sich beim reinen Anteilskauf deshalb nicht aus den §§ 434 ff. BGB, sondern allenfalls aufgrund eines selbständigen **Garantievertrags** oder nach den **Grundsätzen der c.i.c.** ergeben.[182]

8. Haftung aus culpa in contrahendo (c.i.c.). Eine Haftung aus c.i.c. ist bei einer (auch bedingt)[183] **vorsätzlichen** Verletzung vorvertraglicher Aufklärungspflichten auch nach der Schuldrechtsreform weiterhin von erheblicher praktischer Bedeutung, weil dann die Sperrwirkung der kaufrechtlichen Gewährleistung nach §§ 434 ff. BGB nicht eingreift (→ Rn. 32) und eine Haftung für (eigenen[184]) Vorsatz auch nicht vertraglich ausgeschlossen werden kann (§ 276 Abs. 3 BGB).[185] Ein Anspruch aus c.i.c. kommt sowohl aufgrund einer positiven Täuschung als auch – praktisch bedeutsamer – wegen einer pflichtwidrig unterlassenen Aufklärung in Betracht. Eine Pflicht zur Aufklärung besteht, wenn der Käufer nach Treu und Glauben unter Berücksichtigung der Verkehrsanschauung redlicher Weise die Mitteilung von Tatsachen erwarten darf, die für seine Willensbildung offensichtlich von ausschlaggebender Bedeutung sind. Dies ist insbesondere dann der Fall, wenn ein erheblicher wirtschaftlicher Schaden droht.[186] Der Verkäufer kann die ihm obliegenden Aufklärungspflichten auch dadurch erfüllen, dass er dem Käufer im Rahmen einer due diligence die relevanten Unterlagen in einem virtuellen Datenraum zu Verfügung stellt. Dies setzt allerdings voraus, dass er nach den konkreten Umständen des Einzelfalls die berechtigte Erwartung haben kann, dass der Käufer die Unterlagen auch tatsächlich zur Kenntnis nimmt.[187] Liegen die Voraussetzungen eines Anspruchs aus c.i.c. vor, kann der Käufer als Schadensersatz (§ 249 BGB) wahlweise die **Rückgängigmachung des Kaufvertrags** oder eine **Herabsetzung des Kaufpreises** verlangen. In dem zuletzt genannten Fall ist ein – ohnehin kaum zu führender – Nachweis, dass der Verkäufer einen niedrigeren Kaufpreis auch tatsächlich akzeptiert hätte, nach der Rspr. nicht erforderlich.[188] **52a**

9. Unternehmenskauf aus der Insolvenz. Besonderheiten ergeben sich, wenn ein Unternehmen im Wege des asset deals (→ Rn. 4) von einem bereits insolventen oder unmittelbar von der Insolvenz bedrohten Unternehmensträger erworben werden soll, um seinen wirtschaftlichen Fortbestand zu sichern **(übertragende Sanierung).**[189] Während ein Erwerb nach Eröffnung des Insolvenzverfahrens – auch bereits vor dem Berichtstermin (vgl. jetzt § 158 InsO nF) – allgemein für zulässig gehalten wird, ist eine Unternehmensübertragung vor der Insolvenzeröffnung mit nur schwer kalkulierbaren insolvenzrechtlichen, anfechtungsrechtlichen[190] und haftungsrechtlichen (→ § 25 Rn. 21) bzw. sogar strafrechtlichen Risiken[191] verbunden,[192] sodass hiervon grundsätzlich abzuraten ist. Auch bei einem Erwerb nach Eröffnung des Insolvenzverfahrens bedarf es einer sorgfältigen Vertragsgestaltung, etwa im Hinblick auf die Gewährleistung, welche bereits wegen der gem. § 55 Abs. 1 Nr. 1 InsO, § 61 InsO drohenden persönlichen Haftung des Insolvenzverwalters ausgeschlossen werden sollte.[193] **52b**

[182] BGH 26.9.2018, BGHZ 220, 19 Rn. 30 ff. = NJW 2019, 145; Gehrlein ZInsO 2020, 325 (337) = ZNotP 2020, 103 (109); Schmitt WM 2019, 1871 (1872); NK-BGB/Büdenbender BGB Anh. II §§ 433–480 Rn. 103 ff.; BeckOK BGB/Faust, 75. Ed. 1.8.2025, BGB § 453 Rn. 21 f.; Soergel/Wertenbruch BGB § 453 Rn. 204 ff.; Canaris HandelsR § 8 Rn. 43 ff.; **aA** Gronstedt/Jörgens ZIP 2002, 52 (55); MüKoHGB/Thiessen Anh. § 25 Rn. 112 f.

[183] Etwa durch Angaben „ins Blaue hinein" OLG München 3.12.2020, NZG 2021, 423 Rn. 119; Robles y Zepf/Sievers NZG 2023, 455; Schudlo/Kersten BB 2021, 1154 (1157).

[184] Anders als für den Vorsatz bloßer Erfüllungsgehilfen, § 278 S. 2 BGB; krit. dazu Mock BB 2025, 1484.

[185] OLG Brandenburg 1.4.2025, BeckRS 2025, 15249 Rn. 13; OLG München 3.12.2020, NZG 2021, 423 Rn. 137; Robles y Zepf/Sievers NZG 2023, 455; Korch, Unternehmenskaufverträge, 2024, 399 f.

[186] BGH 15.9.2023, BGHZ 238, 179 Rn. 24 = NJW 2023, 3423; 2.6.2016, NJW-RR 2016, 859 Rn. 12; 6.2.2020, NZG 2002, 644 (645); BeckOGK/Wilhelmi, 1.4.2025, BGB § 453 Rn. 416; Korch ZIP 2024, 657 (658).

[187] So zu einem Immobilienkauf BGH 15.9.2023, BGHZ 238, 179 Rn. 33 ff. = NJW 2023, 3423 m. krit. Anm. Mallmann/Henke NJW 2023, 3398; zust. Korch ZIP 2024, 657 (662 ff.); ähnlich bereits Mock BB 2023, 1347 (1349 ff.).

[188] BGH 4.6.2003, NJW-RR 2003, 1192 (1195 f.); 11.11.1987, NJW-RR 1989, 744 (745); 5.10.1988, NJW-RR 1989, 306 (307); 25.5.1977, BGHZ 69, 53 (56) = NJW 1977, 1536; OLG München 26.7.2006, OLGR 2007, 198 (200); Korch, Unternehmenskaufverträge, 2024, 423 ff.; krit. dazu Theisen NJW 2006, 3102 (3104); Kersting JZ 2008, 714 (716 f.).

[189] Vgl. dazu Hoffmann/Danylak NZI 2020, 705; Arends/Hofert-v. Weiss BB 2009, 1538; Kuhn ZNotP 2008, 308; Schmerbach/Staufenbiel ZInsO 2009, 458; Uhlenbruck/Zipperer InsO § 158 Rn. 8 ff.

[190] Picot Unternehmenskauf/Sinhart § 16 Rn. 9 ff.; Bressler NZG 2018, 321 ff.

[191] Dazu eingehend Niesert/Hohler NZI 2010, 127.

[192] Freitag/Kiesewetter/Narr BB 2015, 1484 ff.; Bromm ZRP 2010, 79; Arends/Hofert-v. Weiss BB 2009, 1538 ff.; Hölters Unternehmenskauf-HdB/Buchta Rn. 15.59 ff., Rn. 15.117 ff.

[193] Arends/Hofert-v. Weiss BB 2009, 1538 (1543); Hölters Unternehmenskauf-HdB/Buchta Rn. 15.133 ff.

III. Zeitweilige Unternehmensüberlassungen

53 **1. Überblick.** Die Veräußerung eines Unternehmens aufgrund eines Kaufvertrags bewirkt einen endgültigen Wechsel des Unternehmensträgers. Dagegen zielen Rechtsverhältnisse wie die Unternehmenspacht, der Unternehmensnießbrauch und die Unternehmenstreuhand lediglich auf einen **zeitweiligen Wechsel des Unternehmensträgers** ab.[194] Ebenso wie der Unternehmenskauf sind solche rechtsgeschäftlichen Unternehmensüberlassungen nicht ausdrücklich gesetzlich geregelt; ihre Zulässigkeit wird jedoch (zB in § 22 Abs. 2) vom Gesetzgeber stillschweigend vorausgesetzt.

54 **2. Unternehmenspacht. a) Begriff.** Aufgrund eines Unternehmenspachtvertrages hat der Verpächter dem Pächter gem. § 581 BGB den Gebrauch des Unternehmens und den Genuss der Früchte, soweit sie nach den Regeln einer ordnungsgemäßen Wirtschaft als Ertrag anzusehen sind, zu gewähren. Hierin liegt zugleich die **Abgrenzung zu einem Mietverhältnis** nach § 535 BGB. Während der Pächter das Handelsgeschäft des früheren Inhabers als betriebsfähige Wirtschaftseinheit fortführt, begründet der Mieter mit den zum Gebrauch überlassenen Betriebseinrichtungen ein neues Unternehmen.[195] Praktische Bedeutung hat die Unternehmenspacht vor allem bei Betriebsaufspaltungen, dh einer regelmäßig steuerrechtlich motivierten Aufteilung des Unternehmens in eine Betriebsgesellschaft und eine Besitzgesellschaft.[196]

55 **b) Form.** Ein Unternehmenspachtvertrag kann grundsätzlich ohne Beachtung einer besonderen Form abgeschlossen werden. Gehört zu dem Unternehmensvermögen ein **Grundstück,** muss jedoch gem. §§ 550, 581 Abs. 2 BGB die Schriftform eingehalten werden, wenn der Vertrag auf einen längeren Zeitraum als ein Jahr befristet werden soll.[197]

56 **c) Vertragspflichten. aa) Verpächter.** Ebenso wie ein Verkäufer (→ Rn. 23) ist der Verpächter verpflichtet, dem Pächter Besitz an den Betriebseinrichtungen des Unternehmens zu verschaffen und ihn in den **unternehmerischen Tätigkeitsbereich** einzuweisen.[198] Darüber hinaus trifft den Verpächter die vertragliche Nebenpflicht, während der Pachtdauer nicht in Wettbewerb mit dem Pächter zu treten. Ähnlich wie bei einem Unternehmenskauf folgt dieses **Wettbewerbsverbot** unmittelbar aus dem Pachtvertrag, ohne dass es hierzu einer ausdrücklichen Vereinbarung bedarf.[199]

57 **bb) Pächter.** Die Hauptpflicht des Pächters besteht gem. § 581 Abs. 1 S. 2 BGB in der Entrichtung der **vereinbarten Pacht.** Darüber hinaus ist der Pächter verpflichtet, das Unternehmen während der Pachtdauer zu betreiben. Zwar besteht nach den §§ 581 ff. BGB keine generelle Pflicht des Pächters, den Pachtgegenstand zu benutzen. Bei der Unternehmenspacht ergibt sich eine solche **Betriebspflicht** jedoch aus dem Umstand, dass ein Unternehmen an Wert verliert, wenn es – nicht nur vorübergehend – stillgelegt wird.[200] Will der Pächter das Unternehmen einstellen oder seine wirtschaftliche Bestimmung wesentlich ändern, etwa weil es nicht mehr rentabel arbeitet, bedarf er deshalb der Zustimmung des Verpächters. Verweigert der Verpächter seine Zustimmung ohne sachlichen Grund, kann dies eine außerordentliche Kündigung des Pachtvertrags durch den Pächter rechtfertigen.[201]

58 **d) Vermögenszuordnung.** Die Eigentumsverhältnisse am **Anlagevermögen** (Betriebsgrundstück, Fuhrpark usw) bleiben durch einen Pachtvertrag grundsätzlich unberührt. Soweit der Pächter jedoch das Inventar zum Schätzwert übernimmt, was in der Praxis regelmäßig vereinbart wird, kann er in analoger Anwendung von § 582a Abs. 1 S. 2 BGB über die einzelnen Stücke im Rahmen einer ordnungsgemäßen Wirtschaft verfügen. Neu angeschaffte Inventarstücke werden mit der Einverleibung in das Inventar entsprechend § 582a Abs. 2 S. 2 BGB Eigentum des Verpächters.[202] Hinsichtlich des **Umlaufvermögens** (Lagerbestände, Forderungen usw) wird häufig vereinbart, dass der Pächter Vollrechtsinhaber werden soll, sodass er über diese Gegenstände frei verfügen kann.[203] Fehlt eine

---

[194] Staub/Hüffer, 4. Aufl. 1995, Vor § 22 Rn. 61; Canaris HandelsR § 8 Rn. 50 f.

[195] BGH 22.10.1997, NJW-RR 1998, 803 (804); 29.6.1953, NJW 1953, 1391; Roth/Wozniak ZInsO 2017, 1293; Krause MittRhNotK 1990, 237 (238); K. Schmidt HandelsR § 5 Rn. 51.

[196] Heymann/Horn Einl. V Rn. 24; MüKoZPO/Patzina ZPO § 29a Rn. 15.

[197] OLG Brandenburg 27.2.2008, BeckRS 2008, 06147; Erman/Dickersbach BGB § 581 Rn. 9; vgl. zu § 566 BGB aF auch BGH 13.1.1982, WM 1982, 431 (433 f.).

[198] Heymann/Horn Einl. V Rn. 24; Canaris HandelsR § 8 Rn. 50.

[199] Krause MittRhNotK 1990, 237 (244).

[200] Krause MittRhNotK 1990, 237 (244); Heymann/Horn Einl. V Rn. 24; Staudinger/Schaub, 2024, BGB § 581 Rn. 288 f.; Grüneberg/Weidenkaff BGB § 581 Rn. 11; einschr. MüKoBGB/Harke BGB § 581 Rn. 11.

[201] Krause MittRhNotK 1990, 237 (244).

[202] Krause MittRhNotK 1990, 237 (239); Staudinger/Schaub, 2024, BGB § 582a Rn. 21 ff.; K. Schmidt HandelsR § 5 Rn. 52.

[203] Staub/Hüffer, 4. Aufl. 1995, Vor § 22 Rn. 64; Canaris HandelsR § 8 Rn. 50.

solche Vereinbarung, ist der Pächter jedenfalls aufgrund einer stillschweigend erteilten Ermächtigung nach § 185 Abs. 1 BGB[204] bzw. in entsprechender Anwendung von § 1067 BGB[205] als verfügungsbefugt anzusehen, da er ansonsten zu einer Weiterführung des Unternehmens nicht in der Lage wäre.

e) Vertragsbeendigung. Das Pachtverhältnis endet gem. § 542 BGB, § 581 Abs. 2 BGB aufgrund der **Kündigung** einer Vertragspartei oder mit **Ablauf der vereinbarten Laufzeit.** Nach seiner Beendigung hat der Pächter das Unternehmen als betriebsfähige Wirtschaftseinheit zurückzugewähren (§ 546 Abs. 1 BGB, § 581 Abs. 2 BGB). Ferner unterliegt er – auch ohne ausdrückliche vertragliche Vereinbarung – regelmäßig einem **nachvertraglichen Wettbewerbsverbot.**[206] Soweit der Pächter das Inventar bei Vertragsbeginn übernommen hat, ist eine Werterhöhung oder -minderung gegenüber dem ursprünglichen Schätzwert gem. § 582a Abs. 3 BGB durch eine Geldzahlung auszugleichen. Für sonstige **Wertsteigerungen** des Unternehmens (Goodwill) kann hingegen kein Geldausgleich verlangt werden, soweit die Parteien nichts Abweichendes vereinbart haben.[207] 59

3. Unternehmensnießbrauch. a) Begriff. Ein Unternehmensnießbrauch verschafft dem Nießbraucher gem. §§ 1030 ff. BGB ein einheitliches dingliches Nutzungsrecht an dem Unternehmen als betriebsfähiger Wirtschaftseinheit, wodurch der Berechtigte selbst zum Unternehmer wird.[208] Zu unterscheiden ist der **echte Unternehmensnießbrauch** vom bloßen **Ertragsnießbrauch,** bei dem das Unternehmen weiterhin vom Besteller betrieben wird und der Nießbraucher – trotz dinglicher Berechtigung – auf die Kontrolle und den Ertrag beschränkt ist.[209] 60

b) Bestellung. Da ein Unternehmen als solches aufgrund des sachenrechtlichen Spezialitätsprinzips nicht Gegenstand rechtsgeschäftlicher Verfügungen sein kann (→ Rn. 4), muss der Nießbrauch an den **einzelnen** zu ihm gehörenden **Gegenständen** nach den hierfür jeweils geltenden Vorschriften (§§ 873, 1032, 1069 BGB) bestellt werden.[210] Darüber hinaus ist der Besteller verpflichtet, den Nießbraucher in den unternehmerischen Tätigkeitsbereich einzuweisen.[211] 61

c) Vermögenszuordnung. Der Besteller des Nießbrauchs bleibt Eigentümer des (dinglich belasteten) **Anlagevermögens.** Jedoch kann der Nießbraucher in analoger Anwendung von § 1048 BGB über einzelne Inventarstücke in den Grenzen einer ordnungsgemäßen Wirtschaft verfügen.[212] Die ihm obliegende Pflicht zur Bestandserhaltung bezieht sich nicht auf die einzelnen zum Unternehmen gehörenden Vermögensgegenstände, sondern auf das Handelsgeschäft in seinem wirtschaftlichen Bestand. Der Nießbraucher kann deshalb auch einzelne Unternehmenszweige vollständig aufgeben, wenn er den hierdurch erzielten Erlös zeitnah wieder in das Unternehmen investiert, wobei ihm ein wirtschaftlicher Ermessensspielraum zusteht.[213] Das **Umlaufvermögen** wird in entsprechender Anwendung von § 1067 BGB Eigentum des Nießbrauchers, sodass er hierüber ohne weiteres frei verfügen kann.[214] 62

4. Unternehmenstreuhand. Ein zeitweiliger Wechsel des Unternehmensträgers kann schließlich auch im Wege einer fremdnützigen Vollrechtstreuhand durch die Übertragung des Unternehmens an einen **Treuhänder** bewirkt werden.[215] In diesen Fällen tritt der Treuhänder **nach außen als Berechtigter in Erscheinung,** handelt aber für Rechnung des Treugebers, mit dem er im Innenverhältnis durch einen Geschäftsbesorgungsvertrag (§ 675 BGB) verbunden ist. Während die treuhänderische Verwaltung von Gesellschaftsanteilen größere praktische Bedeutung hat (→ § 105 Rn. 38),[216] 63

---

[204] Canaris HandelsR § 8 Rn. 50.

[205] Krause MittRhNotK 1990, 237 (240).

[206] LG Berlin 4.6.2002, VuR 2002, 331 (332) m. zust. Anm. Oehler; Krause MittRhNotK 1990, 237 (244).

[207] BGH 12.5.1986, NJW 1986, 2306; Erman/Dickersbach BGB § 581 Rn. 9; K. Schmidt HandelsR § 5 Rn. 55 ff.; **aA** MüKoBGB/Harke BGB § 581 Rn. 97.

[208] BGH 2.11.2001, NJW 2002, 434 (435) = DNotZ 2002, 217 m. zust. Anm. Frank; 18.11.1974, WM 1974, 1219 (1220); Grüneberg/Herrler BGB § 1085 Rn. 3.

[209] BayObLG 3.7.1973, BayObLGZ 1973, 168 (171); Heymann/Horn Einl. V Rn. 24; Staudinger/Heinze, 2021, BGB Anh. §§ 1069 f. Rn. 27 ff.

[210] RG 26.1.1909, RGZ 70, 226 (232); MüKoBGB/Pohlmann BGB § 1085 Rn. 18; K. Schmidt HandelsR § 5 Rn. 58.

[211] Canaris HandelsR § 8 Rn. 51; K. Schmidt HandelsR § 5 Rn. 53.

[212] BGH 18.11.1974, WM 1974, 1219 (1220); Grüneberg/Herrler BGB § 1085 Rn. 5; Staudinger/Heinze, 2021, BGB Anh. §§ 1069 f. Rn. 35.

[213] BGH 10.3.2006, NJW-RR 2006, 874 (875); 2.11.2001, NJW 2002, 434 (435); Grüneberg/Herrler BGB § 1085 Rn. 5.

[214] BGH 18.11.1974, WM 1974, 1219 (1220); Staudinger/Heinze, 2021, BGB Anh. §§ 1069 f. Rn. 35.

[215] Vgl. zur Rechtsnatur und den unterschiedlichen Formen von Treuhandverhältnissen Hopt/Roth § 105 Rn. 87; MüKoHGB/K. Schmidt Vor § 230 Rn. 34 f.

[216] Vgl. dazu auch Hopt/Roth § 105 Rn. 87; Ebenroth/Boujong/Wertenbruch § 105 Rn. 385 ff.

kommt sie hinsichtlich einzelkaufmännischer Handelsunternehmen eher selten vor; sie dient dann häufig Tarnungs- bzw. Umgehungszwecken.[217]

IV. Bereicherungsrechtliche Rückabwicklung

64 **1. Überblick.** Bereicherungsrechtliche Rückübertragungsansprüche sind vor allem bei **fehlgeschlagenen Unternehmenskaufverträgen** von praktischer Bedeutung. Darüber hinaus kommen sie aber auch bei der Rückabwicklung **nichtiger Pacht- und Nießbrauchverhältnisse** in Betracht, wo die §§ 812 ff. BGB allerdings in der Regel durch ein Eigentümer-Besitzer-Verhältnis nach §§ 987 ff. BGB überlagert werden.[218] Die Unwirksamkeit des jeweiligen schuldrechtlichen Vertrages kann dabei ganz unterschiedliche Ursachen haben: zB fehlende familiengerichtliche Genehmigung nach § 1822 Nr. 3 BGB[219] bzw. Zustimmung des Ehegatten nach § 1365 BGB,[220] Geschäftsunfähigkeit eines Beteiligten,[221] Verstoß gegen kartellrechtliche Vorschriften,[222] aktienrechtliche Bestimmungen zur Kapitalerhaltung[223] oder andere gesetzliche Verbote (§ 134 BGB), Sittenwidrigkeit nach § 138 BGB oder Anfechtung nach § 119 BGB bzw. § 123 BGB.[224]

65 **2. Anspruchsinhalt.** Die Herausgabepflicht des Bereicherungsschuldners gem. § 812 Abs. 1 BGB bildet das spiegelbildliche Gegenstück zur Übertragungspflicht des Veräußerers. Den zur Herausgabe verpflichteten Kondiktionsschuldner treffen daher grundsätzlich dieselben Pflichten wie den Veräußerer bei der Erfüllung des Vertrags.[225] Da er das Unternehmen als **betriebsfähige Wirtschaftseinheit** erlangt hat, ist er – ebenso wie zuvor der Veräußerer (→ Rn. 23) – zu dessen Rückübertragung und nicht nur zur Herausgabe und Rückübereignung einzelner Vermögensgenstände verpflichtet. Anders als einen Veräußerer (→ Rn. 24) trifft ihn infolge der Rückabwicklung des Vertrags jedoch **kein Wettbewerbsverbot.** Da der Kondiktionsschuldner auch vor Abschluss des unwirksamen Vertrages nicht zur Unterlassung von Wettbewerb verpflichtet war, fehlt für ein solches Verbot die bereicherungsrechtliche Grundlage.[226]

66 Da ein Unternehmen als betriebsfähige Wirtschaftseinheit einem beständigen Wandel unterliegt, wird es sich bis zum Zeitpunkt seiner Herausgabe zwangsläufig mehr oder weniger stark verändert haben. Gleichwohl beschränkt sich die Rückgabepflicht des Bereicherungsschuldners nach § 812 Abs. 1 BGB nicht auf die noch vorhandenen Vermögensgegenstände, die er von dem Kondiktionsgläubiger erhalten hat. Vielmehr hat der Kondiktionsschuldner das **Unternehmen** in seinem **jeweiligen Bestand** herauszugeben, weil es sich bei diesem und nicht bei den einzelnen Vermögensstücken um den eigentlichen Kondiktionsgegenstand handelt.[227] Eventuelle Werterhöhungen des Unternehmens kommen daher – vorbehaltlich nach § 812 Abs. 3 BGB abzugsfähiger Aufwendungen des Schuldners (→ Rn. 72) – dem Gläubiger zugute, mögliche Wertminderungen fallen – soweit nicht die Voraussetzungen eines Schadensersatzanspruchs nach § 818 Abs. 4 BGB, § 819 BGB erfüllt sind – ihm zur Last.[228]

67 **3. Wertersatz.** Wertersatz nach **§ 818 Abs. 2 BGB** kann der Bereicherungsgläubiger nur dann verlangen, wenn auch die **Herausgabe** des veränderten Unternehmens **unmöglich** geworden ist. Dies kommt in Betracht, wenn der Bereicherungsschuldner den Betrieb endgültig eingestellt[229] oder so grundlegend umgestaltet, dass bei einer wirtschaftlichen Betrachtungsweise ein Identitätsverlust

[217] K. Schmidt HandelsR § 5 Rn. 74 ff.

[218] BGH 8.1.1975, BGHZ 63, 365 (367 f.) = NJW 1975, 638; Canaris HandelsR § 8 Rn. 56.

[219] BGH 25.9.1952, BGHZ 7, 208 = NJW 1952, 1410.

[220] Schwintowski JZ 1987, 588 Fn. 3.

[221] BGH 4.5.1994, NJW 1994, 2021; RG 18.9.1934, RGZ 145, 155.

[222] BGH 13.11.1990, NJW-RR 1991, 1002.

[223] BGH 18.2.2008, BGHZ 175, 265 = NZG 2008, 425.

[224] MüKoHGB/Thiessen Anh. § 25 Rn. 42.

[225] BGH 5.7.2006, BGHZ 168, 220 (232) = NJW 2006, 2847; Schöne ZGR 2000, 86 (96); Rupietta, Die bereicherungsrechtliche Rückabwicklung unwirksamer Unternehmenskaufverträge, 2001, 74 f.

[226] BGH 5.7.2006, BGHZ 168, 220 (232) = NJW 2006, 2847; 14.1.2002, NJW 2002, 1340 (1341); Grüneberg/Retzlaff BGB § 818 Rn. 24; **aA** Bodenbenner MDR 2007, 1056 (1059); Rupietta, Die bereicherungsrechtliche Rückabwicklung unwirksamer Unternehmenskaufverträge, 2001, 75.

[227] BGH 5.7.2006, BGHZ 168, 220 (230) = NJW 2006, 2847; Schwintowski JZ 1987, 588 f.; Haarmann FS Kollhosser, Bd. II, 2004, 160 f.; MüKoHGB/Thiessen Anh. § 25 Rn. 43; Staudinger/Lorenz, 2007, BGB § 818 Rn. 21; Canaris HandelsR § 8 Rn. 52, 54 f.; **aA** Bodenbenner MDR 2007, 1056 (1058 f.).

[228] Staudinger/Lorenz, 2007, BGB § 818 Rn. 21; Canaris HandelsR § 8 Rn. 54.

[229] Eine vorübergehende Stilllegung genügt hingegen nicht; vgl. BGH 25.9.1952, BGHZ 7, 208 = NJW 1952, 1410 (Tod des Betriebsinhabers); Schöne ZGR 2000, 86 (98 f.).

vorliegt.[230] Ist der Kundenstamm für das Unternehmen von entscheidender Bedeutung, kann auch die mangelnde Bereitschaft der Kunden zur Rückkehr eine Unmöglichkeit der Herausgabe begründen.[231] Bloße Veränderungen in der Zusammensetzung der Vermögenswerte, wie sie im Rahmen eines gewöhnlichen Betriebsablaufs erfolgen, also etwa die Erneuerung oder Ergänzung von Gegenständen des Inventars, der Wechsel oder die Veränderung der Räume des Unternehmens sowie Änderungen im Personalbestand, im Kundenbestand oder im Warenbestand, sind hingegen in der Regel nicht ausreichend.[232] Im Hinblick auf die Subsidiarität des Wertersatzanspruchs kann eine Unmöglichkeit iSv § 812 Abs. 2 BGB auch nicht allein dadurch herbeigeführt werden, dass die Parteien die Rückabwicklung einvernehmlich als gescheitert betrachten.[233] Ist jedoch eine Herausgabe des Unternehmens als Ganzes objektiv unmöglich, so ist der Bereicherungsschuldner auch dann **insgesamt** zum Wertersatz verpflichtet, wenn er einzelne Unternehmensbestandteile herausgeben könnte.[234]

Die **Höhe des Wertersatzes** richtet sich nach dem **objektiven Verkehrswert** des Erlangten. 68
Dabei handelt es sich um den Betrag, den ein Dritter für das in Rede stehende Rechtsgut am Markt zu zahlen bereit wäre.[235] Entscheidend ist damit nicht lediglich die Summe des Werts der zu dem Unternehmen gehörenden Einzelbestandteile; vielmehr ist der Unternehmenswert grundsätzlich nach der Ertragswertmethode zu ermitteln.[236] **Maßgeblicher Zeitpunkt** für die Wertberechnung ist der Eintritt der Unmöglichkeit der Herausgabe[237] und nicht bereits die Entstehung des Kondiktionsanspruchs.[238] Ebenso wie bei einer Herausgabe in natura (→ Rn. 66) kommen zwischenzeitliche Wertsteigerungen damit noch dem Bereicherungsgläubiger zugute; umgekehrt gehen Wertminderungen grundsätzlich zu seinen Lasten.

4. Nutzungen. Darüber hinaus hat der Bereicherungsschuldner gem. § 818 Abs. 1 BGB (gleiches 69
gilt nach § 987 Abs. 1 BGB in einem Eigentümer-Besitzer-Verhältnis bzw. gem. § 347 BGB nach einem Rücktritt) Nutzungen, die er aus dem Unternehmen gezogen hat, zu ersetzen. Zu diesen gehören nach § 100 BGB ua die Vorteile, die der Gebrauch des Unternehmens gewährt. Ob hierunter auch **Unternehmensgewinne** zu subsumieren sind, ist äußerst umstritten. Nach Auffassung des **BGH** ist die Frage grundsätzlich zu bejahen. Die mit dem rechtsgrundlos erlangten Unternehmen erzielten Gewinne sind danach als Nutzungen nach § 100 BGB herauszugeben, soweit nicht der Gewinn ausschließlich auf den persönlichen Leistungen oder Fähigkeiten desjenigen beruht, der die gewinnbringenden Einnahmen erzielt hat.[239] Sind die erzielten Erträge sowohl auf den gegenständlichen Bereich des Unternehmens als auch auf die persönlichen Fähigkeiten und Leistungen des Betreibers zurückzuführen, ist der Anteil beider Faktoren an dem erzielten Gewinn zu ermitteln und dieser anteilig herauszugeben.[240]

Diese Rspr. ist im Schrifttum auf berechtigte **Kritik** gestoßen. So erscheint es bereits im dogmati- 70
schen Ansatz zweifelhaft, erzielte Gewinne unter den Nutzungsbegriff nach § 100 BGB zu subsumieren, weil es sich hierbei weder um Sach- oder Rechtsfrüchte gem. § 99 BGB noch um Gebrauchsvorteile handelt.[241] Ferner ist zu berücksichtigen, dass nicht der Veräußerer, sondern der Erwerber die

---

[230] BGH 5.7.2006, BGHZ 168, 220 (229 f.) = NJW 2006, 2847; Schöne ZGR 2000, 86 (103 f.); Staudinger/Lorenz, 2007, BGB § 818 Rn. 21; Canaris HandelsR § 8 Rn. 55; **aA** MüKoHGB/Thiessen Anh. § 25 Rn. 45 f.; MüKoBGB/Schwab BGB § 818 Rn. 60 f.

[231] BGH 5.7.2006, BGHZ 168, 220 (230 f.) = NJW 2006, 2847 (Steuerberaterpraxis); 13.11.1990, NJW-RR 1991, 1002 (1004) (Abonnentenzeitung); BeckOGK/Wilhelmi, 1.4.2025, BGB § 480 Rn. 460.

[232] BGH 5.7.2006, BGHZ 168, 220 (230 f.) = NJW 2006, 2847; BeckOGK/Wilhelmi, 1.4.2025, BGB § 453 Rn. 484; Schöne ZGR 2000, 86 (93 f.).

[233] BGH 5.7.2006, BGHZ 168, 220 (231) = NJW 2006, 2847.

[234] OLG Karlsruhe 4.7.1996, DB 1998, 717; Schwintowski JZ 1987, 588; **aA** Bodenbenner MDR 2007, 1056 (1059).

[235] BGH 5.7.2006, BGHZ 168, 220 (239) = NJW 2006, 2847; MüKoBGB/Schwab BGB § 818 Rn. 82 f.; Grüneberg/Retzlaff BGB § 818 Rn. 19.

[236] BGH 5.7.2006, BGHZ 168, 220 (239 f.) = NJW 2006, 2847; Schöne ZGR 2000, 86 (108); MüKoBGB/Schwab BGB § 818 Rn. 117; Canaris HandelsR § 8 Rn. 55.

[237] So unter Aufgabe der früheren Rspr. BGH 5.7.2006, BGHZ 168, 220 (236 f.) = NJW 2006, 2847; Bodenbenner MDR 2007, 1056 (1059 f.); Rupietta, Die bereicherungsrechtliche Rückabwicklung unwirksamer Unternehmenskaufverträge, 2001, 225 f.; Grüneberg/Retzlaff BGB § 818 Rn. 20; BeckOGK/Wilhelmi, 1.4.2025, BGB § 453 Rn. 491; **aA** Schöne ZGR 2000, 86 (108 f.).

[238] Vgl. idS noch BGH 14.1.2002, NJW 2002, 1340 (1341) mwN zur früheren Rspr.

[239] BGH 5.7.2006, BGHZ 168, 220 (241) = NJW 2006, 2847; 12.5.1978, NJW 1978, 1578 zu §§ 347, 987 BGB; 8.1.1975, BGHZ 63, 365 (368) = WM 1975, 254 zu § 987 BGB; 3.11.1955, WM 1956, 91 (93 f.); teilweise abw. noch BGH 25.9.1952, BGHZ 7, 209 (218) zu § 987 BGB.

[240] BGH 5.7.2006, BGHZ 168, 220 (242) = NJW 2006, 2847; 12.5.1978, NJW 1978, 1578 zu §§ 347, 987 BGB.

[241] Staudinger/Lorenz, 2007, BGB § 818 Rn. 12; Larenz/Canaris SchuldR BT II § 72 II 3c; **aA** MüKoHGB/Lieb, 2. Aufl. 2005, Anh. § 25 Rn. 50, der eine entsprechende Anwendung des Nutzungsbegriffs befürwortet.

unternehmerische Verantwortung und das damit verbundene Risiko trägt, sodass ihm auch ein hierdurch erzielter Gewinn zufallen sollte.[242] Schließlich führt die vom BGH vertretene Auffassung zu schwierigen Beweis- und Bewertungsfragen, wenn die erzielten Gewinne teilweise auf „den persönlichen Leistungen und Fähigkeiten des Betreibers“ und teilweise auf „dem gegenständlichen Bereich des Unternehmens“ beruhen, wie die einschlägigen Entscheidungen anschaulich belegen.[243]

71 Es erscheint deshalb vorzugswürdig, nicht den konkret erzielten Gewinn, sondern die abstrakte Nutzungsmöglichkeit als herauszugebenden Gebrauchsvorteil anzusehen. Wer ein Unternehmen rechtsgrundlos erlangt hat, schuldet deshalb bei Gutgläubigkeit grundsätzlich **keine Gewinnherausgabe,** sondern eine Nutzungsentschädigung, die dem **objektiven Ertragswert** (Pachtwert) entspricht.[244]

72 **5. Verwendungen.** Der nicht verklagte, gutgläubige Bereicherungsschuldner kann dem Herausgabe- bzw. Wertersatzanspruch des Gläubigers im Rahmen des **Entreicherungseinwand nach § 818 Abs. 3 BGB** Aufwendungen (insbesondere Investitionen in das Unternehmen) entgegenhalten, die er im Vertrauen auf die Beständigkeit des Rechtserwerbs erbracht hat.[245] Allerdings gilt dies naturgemäß nur dann, wenn die hierfür erforderlichen Mittel nicht aus dem Unternehmensvermögen stammen, sondern vom Erwerber selbst aufgebracht worden sind.[246] Nach Rechtshängigkeit oder Bösgläubigkeit des Kondiktionsschuldners richtet sich ein möglicher Verwendungsersatzanspruch nach den (engeren) Voraussetzungen der §§ 994 ff. BGB.[247]

V. Internationale Unternehmensübertragungen

Schrifttum: Fetsch, IPR-Bezüge beim GmbH-Geschäftsanteils- und Unternehmenskaufverträgen, internationale Gerichtsstandsvereinbarungen, RNotZ 2007, 532; Göthel (Hrsg.), Grenzüberschreitende M&A-Transaktionen, 5. Aufl. 2020; Göthel, Grenzüberschreitende Unternehmenskaufverträge durch Anteilserwerb – kollisionsrechtliche Anknüpfung nach der ROM I-Verordnung, ZIP 2011, 505; Göthel, Unternehmenskauf, in Reithmann/Martiny (Hrsg.), Internationales Vertragsrecht, 9. Aufl. 2022; Land, Rechtsfragen des internationalen Unternehmenskaufs, BB 2013, 2697; Meyer-Sparenberg, Internationalprivatrechtliche Probleme bei Unternehmenskäufen, WIB 1995, 849; Müller, Auslandsbeurkundung von Abtretungen deutscher GmbH-Geschäftsanteile in der Schweiz, NJW 2014, 1994; Olk, Beurkundungserfordernisse nach deutschem GmbH-Recht bei Verkauf und Abtretung von Anteilen an ausländischen Gesellschaften, NJW 2010, 1639; Robles y Zepf/Mangels, Rechtswahlklauseln bei Cross-Border M&A-Transaktionen, NZG 2019, 1250; Weller, GmbH-Anteilsabtretung in Basel, ZGR 2014, 865.

73 **1. Überblick.** Eine internationale Unternehmensübertragung liegt vor, wenn eine der Vertragsparteien im Ausland ansässig ist oder der zugrunde liegende Lebenssachverhalt einen anderweitigen **Auslandsbezug** (zB im Hinblick auf den Sitz des zu übertragenden Unternehmens) aufweist.[248] In einem solchen Fall muss anhand des Internationalen Privatrechts ermittelt werden, welches Sachrecht auf den Vertrag (Vertragsstatut) anzuwenden (→ Rn. 74 ff.) und welche Formerfordernisse (Formstatut) einzuhalten sind (→ Rn. 77 ff.). Daneben kommt bei grenzüberschreitenden Kaufverträgen die Anwendbarkeit des UN-Kaufrechts als international vereinheitlichtem Sachrecht in Betracht (→ Rn. 80).

74 **2. Vertragsstatut. a) Allgemeines.** Da ein Unternehmenskauf auf die Übertragung des Unternehmens als betriebsfähige Wirtschaftseinheit gerichtet ist und sich nicht auf die Einzelübertragung der zu ihm gehörenden Vermögensgegenstände beschränkt, ist nicht nur beim share deal (→ Rn. 5), sondern auch bei einem asset deal (→ Rn. 4), für das **Verpflichtungsgeschäft** ein einheitliches Vertragsstatut zu ermitteln und nicht nach einzelnen Wirtschaftsgütern zu differenzieren.[249] Die

[242] Schwintowski JZ 1987, 588 (593); Staudinger/Lorenz, 2007, BGB § 818 Rn. 12; Canaris HandelsR § 8 Rn. 61; Larenz/Canaris SchuldR BT II § 72 II 3c.

[243] BGH 5.7.2006, BGHZ 168, 220 (242 f.) = NJW 2006, 2847; 12.5.1978, NJW 1978, 1578 zu §§ 347, 987 BGB.

[244] KG 9.10.1995, NJW-RR 1996, 431 (433) (Zahnarztpraxis); Kulms JZ 1998, 430 (435); Schwintowski JZ 1987, 588 (593); Staudinger/Lorenz, 2007, BGB § 818 Rn. 12; Canaris HandelsR § 8 Rn. 61 f.; Larenz/Canaris SchuldR BT II § 72 II 3c; iE – wenn auch mit abw. Begr. – ähnlich MüKoHGB/Lieb, 2. Aufl. 2005, Anh. § 25 Rn. 51.

[245] BGH 5.7.2006, BGHZ 168, 220 (240) = NJW 2006, 2847; Haarmann FS Kollhosser, Bd. II, 2004, 166 f.; MüKoHGB/Thiessen Anh. § 25 Rn. 51.

[246] MüKoHGB/Thiessen Anh. § 25 Rn. 51; Canaris HandelsR § 8 Rn. 59.

[247] Haarmann FS Kollhosser, Bd. II, 2004, 166 f.; MüKoHGB/Thiessen Anh. § 25 Rn. 51.

[248] BeckOGK/Wilhelmi, 1.4.2025, BGB § 453 Rn. 937; Olk NJW 2010, 1639; Göthel Grenzüberschreitende M&A-Transaktionen/Göthel, 5. Aufl. 2020, § 1 Rn. 12.

[249] Grüneberg/Thorn Rom I-VO Art. 4 Rn. 23; BeckOGK/Wilhelmi, 1.4.2025, BGB § 453 Rn. 939; Holzapfel/Pöllath/Bergjan/Engelhardt Unternehmenskauf/Engelhardt Rn. 2269; **aA** MüKoBGB/Martiny Rom I-VO Art. 4 Rn. 213.

zum Vollzug des Kaufvertrags notwendigen **Erfüllungsgeschäfte** sind hingegen jeweils gesondert anzuknüpfen.[250] So unterliegt die Übertragung von Anteilsrechten beim share deal dem Personalstatut der jeweiligen Gesellschaft, das nach der Sitz- bzw. Gründungstheorie zu bestimmen ist (→ § 13d Rn. 13 ff.; → § 105 Rn. 180 ff.).[251] Beim asset deal muss je nach Art der zu übertragenden Vermögensgegenstände unterschieden werden: Für bewegliche und unbewegliche Sachen gilt die lex rei sitae, dh das Recht des Ortes, an welchem sich die Sache derzeit befindet (Art. 43 EGBGB). Für die Abtretung von Forderungen gilt das gem. Art. 14 Abs. 2 Rom I-VO zu ermittelnde Forderungsstatut.[252]

b) Rechtswahl. Während bei den Erfüllungsgeschäften eine Rechtswahl nicht vorgesehen ist, können die Parteien das auf das Verpflichtungsgeschäft und damit den eigentlichen Unternehmenskaufvertrag anzuwendende Sachrecht frei wählen (Art. 3 Abs. 1 Rom I-VO). Die Rechtswahl muss dabei **ausdrücklich** erfolgen oder sich eindeutig aus den Bestimmungen des Vertrages oder den Umständen des Falles ergeben. Als Indizien für eine **konkludente Rechtswahl** kommen zB die Vereinbarung eines (ausschließlichen) Gerichtstands,[253] einer Schiedsklausel mit der Unterwerfung unter ein nationales Schiedsgericht oder die Bezugnahme auf Vorschriften einer bestimmten Rechtsordnung in Betracht.[254] Da es aber häufig an eindeutigen Anhaltspunkten für eine konkludente Rechtswahl fehlen wird, ist den Parteien schon aus Gründen der Rechtssicherheit dringend anzuraten, den zu schließenden Vertrag ausdrücklich einer bestimmten Rechtsordnung zu unterstellen.[255] Dem Umstand, dass durch die Verwendung einer Rechtwahlklausel bei einer notariellen Beurkundung besondere Kosten entstehen (§ 111 Nr. 4 GNotKG),[256] sollte demgegenüber keine ausschlaggebende Bedeutung beigemessen werden.[257] 75

c) Fehlende Rechtswahl. Fehlt es an einer ausdrücklichen oder konkludenten Rechtswahl, ist das auf den Vertrag anzuwendende Recht nach Art. 4 Rom I-VO zu bestimmen. Da der Unternehmenskauf kein Kauf beweglicher Sachen iSv Art. 4 Abs. 1 lit. a Rom I-VO darstellt und auch keiner anderen Fallgruppe des Art. 4 Abs. 1 Rom I-VO zugeordnet werden kann, gilt Art. 4 Abs. 2 Rom I-VO.[258] Danach unterliegt der Vertrag dem Recht des Staates, in dem die Partei, welche die für den Vertrag charakteristische Leistung zu erbringen hat, ihren gewöhnlichen Aufenthalt hat. Bei einem Kaufvertrag führt diese Anknüpfung grundsätzlich zur Anwendung des am **Sitz des Verkäufers** geltenden Sachrechts. Allerdings lässt die Ausweichklausel in Art. 4 Abs. 3 Rom I-VO Ausnahmen von dieser Regelanknüpfung zu, wenn sich aus den gesamten Umständen ergibt, dass der Vertrag eine offensichtlich engere Verbindung zu dem Recht eines anderen Staates aufweist. Dies dürfte regelmäßig zu bejahen sein, wenn der Verkäufer in einem anderen Land ansässig ist als das verkaufte Unternehmen. In diesem Fall wird man in der Regel davon ausgehen können, dass eine engere Beziehung zu dem am **Unternehmenssitz** geltenden Recht besteht.[259] 76

3. Formstatut. a) Verpflichtungsgeschäft. Für das Verpflichtungsgeschäft gilt Art. 11 Abs. 1 Rom I-VO. Danach ist ein Rechtsgeschäft formgültig, wenn alternativ entweder die nach dem **Vertragsstatut** (das gem. Art. 3 ff. Rom I-VO zu ermitteln ist; → Rn. 74 ff.) maßgeblichen Formerfordernisse oder die am Ort seiner Vornahme geltenden Bestimmungen **(Ortsstatut)** eingehalten sind. Aus der für die Bestimmung des Vertragsstatuts geltenden freien Rechtwahl folgt mittelbar, dass letztlich auch das Formstatut frei gewählt werden kann. Nach hM ist es daher auch zulässig, 77

[250] Beisel/Klumpp Unternehmenskauf/Beisel § 7 Rn. 51; Reithmann/Martiny IntVertragsR/Göthel Rn. 33.20 (share deal) und Reithmann/Martiny IntVertragsR/Göthel Rn. 33.58 (asset deal); BeckOGK/Köhler, 1.8.2025, Rom I-VO Art. 4 Rn. 283; BeckOGK/Wilhelmi, 1.4.2025, BGB § 453 Rn. 948.

[251] Becker notar 2015, 60 (61); Göthel ZIP 2011, 505 (509 f.); Reithmann/Martiny IntVertragsR/Göthel Rn. 33.64.

[252] Zu weiteren Einzelheiten Robles y Zepf/Mangels NZG 2019, 1250 (1253); Land BB 2013, 2697 (2699 f.); Reithmann/Martiny IntVertragsR/Martiny Rn. 33.20 ff.

[253] So ausdrücklich Erwägungsgrund 12 Rom I-VO.

[254] Vgl. Grüneberg/Thorn Rom I-VO Art. 3 Rn. 7 f.; MüKoBGB/Martiny Rom I-VO Art. 3 Rn. 49 ff.

[255] Krasauskaite/Schwarz DZWIR 2014, 51 (52); Land BB 2013, 2697 f.; Göthel ZIP 2011, 505 (506); Göthel Grenzüberschreitende M&A-Transaktionen/Göthel, 5. Aufl. 2020, § 6 Rn. 43 ff.

[256] Hierzu und zu möglichen Vermeidungsstrategien Begemann/Nölle BB 2016, 137 (138 ff.); Schneider/Korn WM 2015, 62 (63 ff.); Krasauskaite/Schwarz DZWIR 2014, 51 ff.

[257] Ebenso Begemann/Nölle BB 2016, 137 (141).

[258] Reithmann/Martiny IntVertragsR/Göthel Rn. 33.9 (share deal); Reithmann/Martiny IntVertragsR/Göthel Rn. 33.55 (asset deal).

[259] So auch Land BB 2013, 2697 (2698); Grüneberg/Thorn Rom I-VO Art. 4 Rn. 23; Kort FS Augsburg, 2021, 395 (396); **aA** Krasauskaite/Schwarz DZWIR 2014, 51 (54); BeckOGK/Köhler, 1.8.2025, Rom I-VO Art. 4 Rn. 275; Staudinger/Magnus, 2021, Rom I-VO Art. 4 Rn. 221; Holzapfel/Pöllath/Bergjan/Engelhardt Unternehmenskauf/Engelhardt Rn. 2266 ff.

dass die Parteien im Wege einer Teilrechtswahl (Art. 3 Abs. 1 S. 3 Rom I-VO) die Form des Verpflichtungsgeschäfts einem Recht unterstellen, welches für das Rechtsgeschäft anders als das Vertrags- oder Ortsstatut keine oder eine einfachere Form verlangt.[260]

78 **b) Erfüllungsgeschäft.** Das Formstatut für die zur Erfüllung des Unternehmenskaufvertrags notwendigen Verfügungsgeschäfte ist nach Art. 11 EGBGB zu bestimmen. Art. 11 Rom I-VO ist nicht anwendbar, weil die Verordnung keine Verfügungsgeschäfte erfasst (Art. 1 Abs. 1 Rom I-VO) und auch gesellschaftsrechtliche Fragen von ihrem Anwendungsbereich ausgenommen sind (Art. 1 Abs. 2 lit. f Rom I-VO). Zwar sind beide Normen im Wesentlichen inhaltsgleich, sachliche Unterschiede ergeben sich jedoch aus der für Verfügungsgeschäfte im Interesse der Rechts- und Verkehrssicherheit grundsätzlich ausgeschlossenen Rechtswahlmöglichkeit.[261] Darüber hinaus ist für **sachenrechtliche Verfügungsgeschäfte** Art. 11 Abs. 4 EGBGB zu beachten. Danach unterliegen Verfügungen über bewegliche oder unbewegliche Sachen ausschließlich dem (nach Art. 43 EGBGB zu bestimmenden) Geschäftsstatut, weshalb in diesen Fällen die Einhaltung der Ortsform nicht ausreicht. Dies hat etwa zur Folge, dass ein ausländischer Notar unter Einhaltung der an seinem Sitz geltenden Formvorschriften zwar einen Kaufvertrag über ein deutsches Grundstück beurkunden kann, die vor ihm erklärte Auflassung (§ 925 BGB) jedoch unwirksam ist, da auch eine Substitution insoweit nicht in Betracht kommt (→ Rn. 79).[262] Für statusrelevante gesellschaftsrechtliche Vorgänge (Gründung, Satzungsänderung, Umwandlung) wird die Einhaltung der Ortsform (Art. 11 Abs. 1 Alt. 2 EGBGB) von der mittlerweile ganz hM als nicht ausreichend angesehen.[263] Ob dies auch für die Abtretung von **Geschäftsanteilen einer GmbH** (§ 15 Abs. 3 GmbHG) gilt, ist – ebenso wie die Möglichkeit einer Substitution (→ Rn. 79) – nach wie vor heftig umstritten. Die besseren Gründe und insbesondere der Schutz des Rechtsverkehrs sprechen jedoch wohl eher dafür, die Einhaltung der Ortsform in entsprechender Anwendung von Art. 11 Abs. 4 EGBGB hier ebenfalls nicht ausreichen zu lassen.[264]

79 **c) Auslandsbeurkundung.** Ob eine vom Geschäftsstatut vorgeschriebene Form im Wege der **Substitution** durch eine Beurkundung im Ausland erfüllt werden kann, hängt vom Einzelfall und insbesondere dem Zweck ab, den die jeweilige Formvorschrift verfolgt (→ § 12 Rn. 29 ff.).[265] Die Frage wird relevant, wenn ausnahmsweise – wie zB bei sachen- oder gesellschaftsrechtlichen Verfügungsgeschäften (→ Rn. 78) – nur das Geschäftsstatut gilt, oder wenn auch die Formvorschriften des Ortsstatuts nicht eingehalten sind. Während nach ganz hM bei der Auflassung eines Grundstücks eine Substitution aus Gründen der Rechtssicherheit grundsätzlich nicht in Betracht kommt, wurde sie bei der Abtretung des Geschäftsanteils einer GmbH (§ 15 Abs. 3 GmbHG) bislang für möglich gehalten, sofern von einer **Gleichwertigkeit** der ausländischen Beurkundung ausgegangen werden konnte.[266] Hierfür ist nach der Rspr. des BGH erforderlich, dass die ausländische Urkundsperson nach Vorbildung und Stellung im Rechtsleben eine der Tätigkeit des deutschen Notars entsprechende Funktion ausübt und für die Errichtung der Urkunde ein Verfahrensrecht zu beachten hat, das den tragenden Grundsätzen des deutschen Beurkundungsrechts entspricht,[267] was zB für Notare in Österreich,[268] für Angehörige des sog. lateinischen Notariats (Frankreich, Belgien, Italien, Nieder-

---

[260] Land BB 2013, 2697 (2701); Janssen/Robertz GmbHR 2003, 433 (439 f.); Reithmann/Martiny IntVertragsR/Göthel Rn. 33.26, 33.72; tendenziell auch BGH 4.11.2004, NZG 2005, 41 (42); **aA** Staudinger/Winkler v. Mohrenfels, 2021, Rom I-VO Art. 11 Rn. 100 ff.

[261] Vgl. Grüneberg/Thorn EGBGB Art. 46 Rn. 3; MüKoBGB/Wendehorst EGBGB Art. 46 Rn. 18 ff.

[262] BGH 13.2.2020, NJW 2020, 1670 Rn. 8 ff.; KG 27.5.1986, NJW-RR 1986, 1462; LG Ellwangen 26.11.1999, BWNotZ 2000, 45; Grüneberg/Thorn EGBGB Art. 11 Rn. 20; **aA** Heinz RIW 2001, 928.

[263] KG 24.1.2018, NJW 2018, 1828 f. = RNotZ 2018, 267 mAnm Herrmanns; OLG Hamm 1.2.1974, NJW 1974, 1057 (1058); LG Augsburg 4.6.1996, NJW-RR 1997, 420; AG Charlottenburg 22.1.2016, GmbHR 2016, 223 mAnm Wösthoff; Herrler NJW 2018, 1787; Lieder ZIP 2018, 805 (808 ff.); **aA** Grüneberg/Thorn EGBGB Art. 11 Rn. 13.

[264] So auch AG Köln GmbHR 1990, 171; Herrler NJW 2018, 1787; Böcker DZWiR 2014, 234 (235); Dignas GmbHR 2005, 139 (140); König/Götte/Bormann NZG 2009, 881 (882 ff.); Wicke GmbHG § 15 Rn. 20; Lutter/Hommelhoff/Bayer GmbHG § 15 Rn. 35 f.; **aA** Weller ZGR 2014, 865 (872 ff.); Land BB 2013, 2697 (2701 f.); Olk NJW 2010, 1639 (1640 f.); Grüneberg/Thorn EGBGB Art. 11 Rn. 13; Reithmann/Martiny IntVertragsR/Göthel Rn. 33.31 ff., jeweils mwN.

[265] Lieder ZIP 2018, 805 (810); Weller ZGR 2014, 865 (875); Grüneberg/Thorn EGBGB Einl. v. Art. 3 Rn. 31; Mansel FS W. Lorenz, 1991, 689 ff.

[266] BGH 16.2.1981, BGHZ 80, 76 (78) = NJW 1981, 1160; vgl. zu weiteren Einzelheiten MHLS/Leible Syst. Darst. 2 Rn. 115 ff.; Reithmann/Martiny IntVertragsR/Göthel Rn. 33.35 ff.

[267] BGH 17.12.2013, BGHZ 199, 270 Rn. 14 = NJW 2014, 2026; 22.5.1989, BGHZ 80, 76 (78 f.) = NJW 1981, 1160.

[268] LG Kiel 25.4.1997, BB 1998, 120; Schütze DB 1992, 1969 (1971); Beisel/Klumpp Unternehmenskauf/Beisel § 7 Rn. 61.

lande usw)[269] sowie – teilweise nach bestimmten Kantonen differenzierend – für Notare in der Schweiz[270] bejaht worden war. Verneint wurde eine Gleichwertigkeit zB für Beurkundungen in den USA[271] oder Dänemark.[272]

Inwiefern diese Grundsätze auch nach dem **Inkrafttreten des MoMiG** uneingeschränkt fortgelten, ist im Hinblick auf die in § 40 Abs. 2 GmbHG nF statuierte Mitwirkungspflicht des Notars umstritten.[273] Bezüglich der aus Kostengründen in der Praxis besonders häufig gewählten Beurkundung durch Notare in der Schweiz kommt hinzu, dass nach dortigem Recht seit der **Reform des Obligationenrechts** im Jahr 2008 für die Abtretung von Gesellschaftsanteilen statt der öffentlichen Beurkundung die einfache Schriftform genügt (Art. 785 Abs. 1 OR nF).[274] Zwar hat der BGH mittlerweile entschieden, dass das Registergericht eine nach der Abtretung eines Gesellschaftsanteils zum Handelsregister eingereichte Gesellschafterliste nicht schon deshalb zurückweisen darf, weil sie von einem Notar mit Sitz in der Schweiz (Basel) vorgelegt worden ist.[275] Allerdings basiert die Entscheidung letztlich darauf, dass der BGH dem Registergericht neben einer rein formellen Prüfung ein allenfalls auf Evidenzfälle beschränktes inhaltliches Prüfungsrecht zubilligt. Die Zurückweisung einer Gesellschaftsliste könne aufgrund dessen nur dann in Betracht kommen, wenn für das Registergericht ohne weiteres feststehe, dass es an der notwendigen Gleichwertigkeit fehle, was bei der Beurkundung durch einen Notar mit Sitz in Basel nicht der Fall sei.[276] Zu der Frage, ob eine solche Beurkundung auch unter den geänderten rechtlichen Bedingungen tatsächlich noch als gleichwertig angesehen werden kann, liegt daher nach wie vor keine höchstrichterliche Entscheidung vor, wenngleich der BGH offenbar in diese Richtung tendiert.[277] Aufgrund der damit weiterhin bestehenden Unsicherheiten sind im Ausland beurkundete Abtretungen von GmbH-Anteilen daher nach wie vor mit dem Risiko der Formungültigkeit behaftet.[278] An dieser Beurteilung dürften auch die kürzlich ergangenen und sehr umstrittenen Entscheidungen nichts geändert haben, mit der das KG die Beurkundung des Gesellschaftsvertrags einer GmbH durch einen Berner Notar[279] sowie die eines Verschmelzungsvertrags durch einen Baseler Notar als gleichwertig und damit formwirksam angesehen hat.[280] 79a

4. Einheitsrecht. Da der Anwendungsbereich des **UN-Kaufrechts** gem. Art. 1 CISG auf Kaufverträge über Waren (bewegliche körperliche Gegenstände) beschränkt ist,[281] findet das einheitliche Kaufrecht auf Unternehmenskaufverträge grundsätzlich keine Anwendung, solange die Parteien nichts anderes vereinbaren.[282] Dies gilt auch dann, wenn das Geschäft als asset deal (→ Rn. 4) abgewickelt wird und das Unternehmen gemessen an seinem Gesamtwert nicht überwiegend aus 80

---

[269] OLG Düsseldorf 25.1.1989, NJW 220; Land BB 2013, 2697 (2702); Reithmann/Martiny IntVertragsR/Göthel Rn. 33.37.

[270] BGH 22.5.1989, BGHZ 80, 76 = NJW 1981, 1160 (Zürich); OLG Düsseldorf 2.3.2011, NJW 2011, 1370; OLG Frankfurt 25.1.2005, GmbHR 2005, 764 (766 f.); OLG München 19.11.1997, DB 1998, 125 (126) (jeweils Basel-Stadt); BGH 22.5.1989, NJW-RR 1989, 1259 (1261) (für alle Schweizer Notare bejahend ohne Differenzierung nach Kantonen); verneinend (betreffend die Beurkundung des Gesellschaftsvertrags einer GmbH durch einen Notar in Bern) AG Charlottenburg 22.1.2016, GmbHR 2016, 223 mAnm Wösthoff; vgl. auch Reithmann/Martiny IntVertragsR/Göthel Rn. 33.37 mwN; krit. Müller NJW 2014, 1994 (1996 ff.).

[271] OLG Stuttgart 17.5.2000, NZG 2001, 40 (43); Reithmann/Martiny IntVertragsR/Merkt/Göthel Rn. 4429.

[272] Land BB 2013, 2697 (2702); Reithmann/Martiny IntVertragsR/Göthel Rn. 33.37.

[273] Für die weitere Zulässigkeit der Auslandsbeurkundung zB Odendahl RIW 2014, 189 (193 f.); Mankowski NZG 2010, 201; Altmeppen GmbHG § 15 Rn. 94; Reithmann/Martiny IntVertragsR/Göthel Rn. 33.38 ff.; **aA** OLG München 6.2.2013, NZG 2013, 340; LG Frankfurt 7.10.2009, NJW 2010, 683; Böttcher ZNotP 2010, 6; Braun DNotZ 2009, 585; krit. auch Herrler GmbHR 2014, 225 (227 ff.).

[274] Für eine deshalb fehlende Gleichwertigkeit zB Hermanns RNotZ 2014, 229 (231); vgl. näher Engel DStR 2008, 1593 (1596 ff.); Trendelenburg GmbHR 2008, 644; weiter von der Gleichwertigkeit ausgehend hingegen Weller ZGR 2014, 865 (878 ff.).

[275] BGH 17.12.2013, BGHZ 199, 270 Rn. 6 ff. = NJW 2014, 2026; ebenso bereits OLG Düsseldorf 2.3.2011, NJW 2011, 1370; **aA** OLG München 6.2.2013, NZG 2013, 340.

[276] BGH 17.12.2013, BGHZ 199, 270 Rn. 23 = NJW 2014, 2026.

[277] Götze/Mörtel NZG 2014, 369 (371); Odendahl RIW 2014, 189 (193).

[278] Böcker DZWiR 2014, 234 (235); Hermanns RNotZ 2014, 229 (231 f.); Müller NJW 2014, 1994 (1998 ff.); Tebben DB 2014, 585 (586); Seebach DNotZ 2014, 413 (420 ff.); Land BB 2013, 2697 (2702); Göthel Grenzüberschreitende M&A-Transaktionen/Göthel, 5. Aufl. 2020, § 9 Rn. 39.

[279] KG 26.7.2018, NZG 2018, 1195; abl. Tebben GmbHR 2018, 1190; Lieder EWiR 2018, 743.

[280] KG 24.1.2018, NJW 2018, 1828; abl. ua Cziupka EWiR 2018, 137; Heckschen DB 2018, 685; Herrler NJW 2018, 1787; Lieder ZIP 2018, 805; Weber MittBayNot 2018, 215.

[281] Schlechtriem/Schwenzer/Ferrari CISG Art. 1 Rn. 34; Staudinger/Magnus, 2025, CISG Art. 1 Rn. 42 ff.

[282] Land BB 2013, 2697 (2698); Meyer-Sparenberg WIB 1995, 849; 850; Schlechtriem/Schwenzer/Ferrari CISG Art. 1 Rn. 36.

Immobilien oder immateriellen Gütern, sondern aus Waren iSv Art. 1 CISG besteht.[283] Die gegenteilige Auffassung verkennt, dass auch ein asset deal sich nicht auf die Übertragung einzelner Vermögensgegenstände beschränkt, sondern auf die Übergabe des Unternehmens als betriebsfähiger Wirtschaftseinheit gerichtet ist (→ Rn. 9 f.). Den Parteien steht es jedoch frei, die Anwendbarkeit des UN-Kaufrechts zu vereinbaren. Bei einer solchen grundsätzlich zulässigen Ausdehnung des sachlichen Anwendungsbereichs der Konvention (sog. „opt in") handelt es sich indes nicht um eine kollisionsrechtliche, sondern (lediglich) um eine materiellrechtliche Rechtswahl. Das UN-Kaufrecht gilt dann nur als Bestandteil des eigentlichen Vertragsstatuts, dessen zwingende Normen somit weiterhin anwendbar bleiben.[284]

§ 29 [Anmeldung der Firma]

Jeder Kaufmann ist verpflichtet, seine Firma, den Ort und die inländische Geschäftsanschrift seiner Handelsniederlassung bei dem Gericht, in dessen Bezirke sich die Niederlassung befindet, zur Eintragung in das Handelsregister anzumelden.

Schrifttum: Giehl, Auswirkungen des Handelsrechtsreformgesetzes auf die notarielle Praxis, MittBayNot 1998, 293; Gustavus, Das Handelsrechtsreformgesetz – Auswirkungen auf die notarielle Praxis, NotBZ 1998, 121; Knaier/Wolff, Die Blockchain-Technologie als Entwicklungsoption für das Handelsregister?, BB 2018, 2253; Kögel, Entwicklungen im Handels- und Registerrecht seit 2015, Rpfleger 2017, 313; H. Schmidt, „… unter Angabe der Firma …" – Hinweise zur Anwendung des Handelsrechtsreformgesetzes, ZNotP 1998, 483; Vossius, Gesellschaftsrecht und Freiwillige Gerichtsbarkeit, ZGR 2009, 366.

I. Allgemeines

1 § 29 verpflichtet im Allgemeininteresse[1] zur Offenlegung und damit zur Anmeldung verkehrswesentlicher Merkmale des Unternehmens zur Eintragung in das Handelsregister. Seit die Verpflichtung zur Zeichnung der Namensunterschrift im Zuge der Einführung eines elektronischen Handelsregisters entfallen ist (vgl. Art. 1 EHUG), zählt die Norm zu diesen Merkmalen nur noch die Firma und den Ort der Hauptniederlassung. Seit Inkrafttreten des MoMiG am 1.11.2008 (Übergangsvorschrift: Art. 65 EGHGB) ist zum Zwecke der Zustellungserleichterung und des Gläubigerschutzes[2] die genaue Angabe der inländischen **Geschäftsanschrift**[3] hinzugekommen. § 29 betrifft die Pflicht des **Einzelkaufmanns** zur **erstmaligen Anmeldung** der Hauptniederlassung. Für spätere Änderungen gilt § 31. Für Unternehmensträger anderer Rechtsformen gelten entsprechende Vorschriften in Spezialgesetzen (OHG: § 106; KG: § 162; GmbH: §§ 7 ff. GmbHG; AG: §§ 36 ff. AktG; Genossenschaft: §§ 10 ff. GenG; VVaG: § 185 VAG; EWIV: § 2 EWIVAG; juristische Personen nach § 33: § 33). Für Zweigniederlassungen sind §§ 13 ff. zu beachten. **Kleingewerbetreibende** (§ 1 S. 2) und Inhaber land- und fortwirtschaftlicher Unternehmen (§§ 3 Abs. 1, Abs. 2) sind zur Anmeldung berechtigt, aber nicht verpflichtet.[4] Dasselbe gilt für nur eigenes Vermögen verwaltende Handelsgesellschaften nach § 107 Abs. 1. Bei Gründungen entscheidet über die Anmeldepflicht wegen der sonst zu befürchtenden Unwägbarkeiten nicht der (lediglich) geplante Zuschnitt des Unternehmens, sondern ob tatsächlich ein kaufmännisches Unternehmen besteht.[5] Sinkt ein eingetragenes kaufmännisches Unternehmen auf den Umfang eines Kleingewerbebetriebes herab, besteht diesbezüglich keine Pflicht,[6] wohl aber die Möglichkeit der Anmeldung.

2 Die Durchsetzung der in § 29 normierten Pflicht erfolgt nach § 14. § 29 ist **kein Schutzgesetz** iSv § 823 Abs. 2 BGB.[7] Schadensersatzansprüche bei Nichtbeachtung von § 29 können daher nur

---

[283] BeckOK BGB/Saenger, 75. Ed. 1.8.2025, CISG Art. 1 Rn. 7; Schlechtriem/Schwenzer/Ferrari CISG Art. 1 Rn. 36; **aA** Fetsch RNotZ 2007, 532 (539); Picot/Land DB 1998, 1601 (1692 Fn. 3); Merkt ZVglRWiss 93 (1994) 353 (361, 370); Göthel Grenzüberschreitende M&A-Transaktionen/Göthel, 5. Aufl. 2020, § 6 Rn. 19; MüKoBGB/Martiny Rom I-VO Art. 4 Rn. 213.

[284] Vgl. Reithmann/Martiny IntVertragsR/Göthel Rn. 33.52; Staudinger/Magnus, 2025, CISG Art. 6 Rn. 64 f.

[1] Ebenroth/Boujong/Reuschle Rn. 1; KKD/Roth/Stelmaszczyk Rn. 1.

[2] Begr. RegE MoMiG, BT-Drs. 16/6140, 49; OLG Naumburg 8.5.2009, NZG 2009, 956.

[3] Vgl. OLG Hamm 24.3.2021, NZG 2021, 1261; KG 5.10.2021, GmbHR 2022, 153 = BeckRS 2021, 32604 zur UG; OLG Naumburg 8.5.2009, NZG 2009, 956 zur Angabe c/o.

[4] Vgl. ausf. Ebenroth/Boujong/Kindler § 3 Rn. 4.

[5] Ebenroth/Boujong/Reuschle Rn. 3, 4; MüKoHGB/Krafka Rn. 12; Hopt/Merkt Rn. 2 (außer bei Vorhandensein greifbarer Unterlagen für den Ausbau); Heymann/Förster Rn. 4; vgl. aber auch KKD/Roth/Stelmaszczyk Rn. 2; RGHMW/Ries Rn. 3.

[6] RGHMW/Ries § 17 Rn. 32 (dann auch kein Anlass für eine Amtslöschung).

[7] RG 4.2.1910, RGZ 72, 408 (411).

unter den besonderen Voraussetzungen der § 823 Abs. 1 BGB, § 826 BGB hergeleitet werden. Wird ohne Anmeldung eingetragen, gilt § 5. Wenn die entsprechenden Voraussetzungen vorliegen, kann eine Haftung nach § 839 BGB, Art. 34 GG bestehen.[8]

II. Anmeldung

Da es, abgesehen von den Fällen des § 31 Abs. 2 S. 2 und des § 32, Amtseintragungen nicht gibt, erfordert die Eintragung eine Anmeldung. Die Anmeldung muss der **Geschäftsinhaber**[9] vornehmen, beim verpachteten Unternehmen der Pächter.[10] Bei Personenhandelsgesellschaften erfolgt die Anmeldung durch sämtliche Gesellschafter, juristische Personen handeln auch insoweit durch ihre Organe.[11] Frühester Anmeldezeitpunkt ist die Aufnahme von Vorbereitungsgeschäften, sonst die Geschäftsaufnahme.[12] Die Anmeldung bedarf der Form der **öffentlichen Beglaubigung** nach § 12.[13] 3

Die Anmeldung muss **inhaltlich** keinen bestimmten Wortlaut enthalten, wohl aber erkennen lassen, dass ein Kaufmann unter einer bestimmten Firma an einem bestimmten Ort ein Handelsgewerbe betreibt und dies einzutragen wünscht.[14] Als Ort der Handelsniederlassung muss deren geschäftlicher Mittelpunkt (Verwaltung) erkennbar sein, auch damit das Registergericht seine Zuständigkeit bestimmen kann.[15] Zu beachten ist, dass nach § 24 Abs. 1, 2, 4 HRV, § 40 Nr. 3 HRV zusätzlich Vor- und Familienname, Geburtsdatum[16] und Wohnort des Kaufmannes sowie Lage der Geschäftsräume und Geschäftsgegenstand anzugeben sind,[17] wobei diese Angaben zwar nicht eingetragen, aber nach § 33 HRV bekannt gegeben werden können. Im Firmenfortführungsfalle können ergänzende Angaben erforderlich sein, soweit diese nicht bereits aus dem Handelsregister ersichtlich sind. 4

III. Prüfungsverfahren des Registergerichts

Sachlich **zuständig** für das Eintragungsverfahren sind die Amtsgerichte (§ 23a Abs. 2 Nr. 3 GVG, §§ 374, 376 FamFG), dort funktionell der Rechtspfleger (§ 3 Nr. 2 lit. d RPflG). Die örtliche Zuständigkeit bestimmt § 29 nach dem Sitz der Handelsniederlassung (Hauptniederlassung). Nach § 13 S. 1 GNotKG ist ein Vorschuss einzuzahlen; wird der Vorschuss nicht eingezahlt, bleibt der Antrag unerledigt liegen.[18] Das Registergericht prüft die Anmeldung in **formeller und materieller Hinsicht.**[19] Zentrales Augenmerk liegt auf den Fragen der Firmenfähigkeit und den Zulässigkeitsvoraussetzungen nach §§ 18, 19, 30. Soweit die Irreführungseignung nach § 18 Abs. 2 geprüft wird, sind die verfahrensrechtlichen Einschränkungen (Ersichtlichkeit) zu berücksichtigen (→ § 18 Rn. 21). Eine (gutachterliche) Stellungnahme der Industrie- und Handelskammer bzw. von berufsständischen Organen ist nach § 380 Abs. 2 FamFG, § 23 HRV jedenfalls in Zweifelsfällen erforderlich und ggf. elektronisch einzuholen. Bei Anmeldung einer unzulässigen Firma kann[20] ein Firmenmissbrauchsverfahren nach § 37 einzuleiten sein,[21] das Anmeldeverfahren ist solange auszusetzen.[22] Kommt der Kaufmann seiner Pflicht zur Anmeldung nicht nach, kann dies nach § 14 durch **Festsetzung von Zwangsgeld** erzwungen werden. Gegenstand einer Zwischenverfügung nach § 382 Abs. 4 FamFG kann nur ein behebbarer Mangel sein, nicht aber das Ansinnen einer inhaltlichen 5

---

[8] Vgl. KKD/Roth/Stelmaszczyk Rn. 2.

[9] RGHMW/Ries Rn. 3; ähnlich Ebenroth/Boujong/Reuschle Rn. 6: „Betreiber des Unternehmens"; vgl. auch BayObLG 19.12.1989, BB 1990, 372 (Anmeldepflicht des Erwerbers bei Firmenfortführung).

[10] Vgl. OLG Köln 20.10.1962, NJW 1963, 541; LG Nürnberg-Fürth 1.3.1976, BB 1976, 810; **aA** OLG Düsseldorf 24.9.1986, Rpfleger 1987, 203 (Mitwirkung des Verpächters); bei der Verpachtung des bereits eingetragenen Unternehmens gilt § 31; vgl. dazu MüKoHGB/Krafka Rn. 6.

[11] OLG Düsseldorf 12.2.2014, NZG 2014, 1066; vgl. aber zur Anmeldung durch einen Prokuristen KG 4.5.2016, GmbHR 2016, 821; OLG Karlsruhe 7.8.2014, NZG 2014, 1346.

[12] KKD/Roth/Stelmaszczyk Rn. 2.

[13] Vgl. zur Vermutung der Notarvertretungs-Ermächtigung KG 30.1.2025, GmbHR 2025, 306.

[14] Vgl. OLG Hamm 16.9.2004, FGPrax 2005, 39.

[15] RGHMW/Ries Rn. 4; vgl. auch OLG Frankfurt 29.12.2000, Rpfleger 2001, 185.

[16] Vgl. dazu OLG Celle 28.6.1999, OLGR 1999, 376.

[17] Vgl. ausf. MüKoHGB/Krafka Rn. 7–11.

[18] OLG Hamm 24.3.2021, NZG 2021, 1261; OLG Frankfurt 17.1.2022, GmbHR 2022, 1195 = BeckRS 2022, 30969; OLG Köln 5.8.2010, BeckRS 2013, 4027; **aA** KG 5.10.2022, GmbHR 2022, 153 = BeckRS 2021, 32604; OLG Düsseldorf 6.12.2019, NZG 2020, 355 (Antrag muss zurückgewiesen werden).

[19] KG 20.3.2012, GmbHR 2012, 798.

[20] MüKoHGB/Krafka Rn. 15; Hopt/Merkt Rn. 4; Ebenroth/Boujong/Reuschle Rn. 10; **aA** wohl BayObLG 28.4.1988, BayObLGZ 1988, 128; RGHMW/Ries Rn. 8: kein Ermessensspielraum.

[21] Ebenroth/Boujong/Reuschle Rn. 10; RGHMW/Ries Rn. 8 (Anmeldung ist bereits Firmengebrauch).

[22] BayObLG 28.4.1988, BayObLGZ 1988, 128.

Änderung der Firma, damit diese §§ 18, 19 entspreche.[23] Gegen die Ablehnung der beantragten Anmeldung findet nach § 58 FamFG die Beschwerde statt.

§ 30 [Unterscheidbarkeit]

(1) Jede neue Firma muß sich von allen an demselben Ort oder in derselben Gemeinde bereits bestehenden und in das Handels-, Genossenschafts-, Gesellschafts-, Partnerschafts- oder Vereinsregister eingetragenen Firmen deutlich unterscheiden.

(2) Hat ein Kaufmann mit einem bereits eingetragenen Kaufmanne die gleichen Vornamen und den gleichen Familiennamen und will auch er sich dieser Namen als seiner Firma bedienen, so muß er der Firma einen Zusatz beifügen, durch den sie sich von der bereits eingetragenen Firma deutlich unterscheidet.

(3) Besteht an dem Orte oder in der Gemeinde, wo eine Zweigniederlassung errichtet wird, bereits eine gleiche eingetragene Firma, so muß der Firma für die Zweigniederlassung ein der Vorschrift des Absatzes 2 entsprechender Zusatz beigefügt werden.

(4) Durch die Landesregierungen kann bestimmt werden, daß benachbarte Orte oder Gemeinden als ein Ort oder als eine Gemeinde im Sinne dieser Vorschriften anzusehen sind.

Schrifttum: Ammon, Gesellschaftsrechtliche und sonstige Neuerungen im Handelsrechtsreformgesetz – Ein Überblick, DStR 1998, 1474; Bokelmann, Das Recht der Firmen und Geschäftsbezeichnungen, 5. Aufl. 2000; Bülow, Zwei Aspekte im neuen Handelsrecht – Unterscheidungskraft und Firmenunterscheidbarkeit, DB 1999, 269; Canaris, Kollisionen der §§ 16 und 3 UWG mit dem Grundsatz der Firmenbeständigkeit gemäß §§ 22, 24 HGB, GRUR 1989, 717; Knaak, Firma und Firmenschutz, eine rechtstatsächliche Untersuchung zur Praxis des Kennzeichenrechts, Köln 1986; Kögel, Die deutliche Unterscheidbarkeit von Firmennamen, Rpfleger 1998, 317; Noack, BGH verneint Firmenänderung durch den Insolvenzverwalter, NZG 2020, 257; K. Schmidt, Die freiberufliche Partnerschaft. Zum neuen Gesetz zur Schaffung von Partnerschaftsgesellschaften, NJW 1995, 1; Steinbeck, Konvergenz zwischen Firmen- und Kennzeichenrecht, FS Horn, 2006, 589; Unmuth/Waimer, Identische Firma von Haupt- und Zweigniederlassung im Konflikt mit § 30 Abs. 3 HGB, ZIP 2025, 356.

Übersicht

I. Allgemeines

1 **1. Normzweck.** § 30 ist Ausdruck des Grundsatzes des **Firmenunterscheidbarkeit.** Jede neue Firma muss sich von allen an demselben Ort oder in der derselben Gemeinde bereits bestehenden und eingetragenen Firmen deutlich unterscheiden. Die konkrete Unterscheidbarkeit vor Ort ist etwas anderes als die abstrakte Unterscheidungskraft nach § 18 Abs. 1. Die Vorschrift hat das Interesse des Rechtsverkehrs an der Identifizierung des Unternehmensträgers im Auge und soll den Rechtsverkehr vor verwechslungsfähigen Firmen schützen. § 30 steht folglich in erster Linie im öffentlichen Interesse und ist deshalb nicht abdingbar.[1] Der Individualschutz des bereits eingetragenen Konkurrenten mit besserer Berechtigung in Bezug auf die Firma, der (bei unterschiedlichen, teilweise strengeren Voraussetzungen)[2] aus markenrechtlichen, namensrechtlichen oder lauterkeitsrechtlichen Vorschriften hergeleitet werden kann, ist lediglich Nebenfolge der Vorschrift.[3] § 30 ordnet zur Lösung von

---

[23] OLG Düsseldorf 20.3.2018, Rpfleger 2018, 473.

[1] BGH 14.7.1966, NJW 1966, 1813 (1815); Ebenroth/Boujong/Reuschle Rn. 2; zur fehlenden Möglichkeit der analogen Anwendung bei fehlender Unterscheidbarkeit mit einer Vereinsbezeichnung vgl. OLG Stuttgart 12.5.2020, MittBayNot 2021, 512.

[2] Vgl. BGH 18.3.1993, NJW 1993, 2236; OLG Köln 25.11.2005, GRUR-RR 2006, 191.

[3] MüKoHGB/Heidinger Rn. 2; zum Schutz „wettbewerblicher Interessen" vgl. auch K. Schmidt HandelsR § 12 Rn. 125, 127.

Kollisionsproblemen bei gleichen Firmen das **Prioritätsprinzip** an und verpflichtet zur Herbeiführung der Unterscheidbarkeit den Inhaber der später einzutragenden (neuen) Firma.[4] Die deutliche Unterscheidbarkeit herbeizuführen, ist deshalb, auch bei Änderung einer prioritätsälteren Firma,[5] Sache des Neuanmelders.[6] Die Verpflichtung zur Verwendung von unterscheidungskräftigen Zusätzen ist Ausfluss des Verhältnismäßigkeitsprinzips.[7]

2. Abgrenzung. § 30 hat allein Bedeutung für die Entscheidung des **Registergerichts** vor Ort. 2
Hat das Registergericht die Firma eingetragen, weil eine Verwechslungsfähigkeit vor Ort nicht zu befürchten ist, kann das in Bezug auf einen möglicherweise vorliegenden Verstoß gegen §§ 5, 15 MarkenG, § 12 BGB, § 5 Abs. 1 UWG für das **Verletzungsgericht** keine Bindungswirkung haben.[8] Unterscheidbarkeit nach § 30 Abs. 1 ist etwas anderes als die vom Registergericht vorrangig[9] zu prüfende abstrakte Unterscheidungskraft nach § 18 Abs. 1. Die Irreführungsgefahr infolge fehlender Unterscheidbarkeit vor Ort ist von § 18 Abs. 2 erfasst. Der eingeschränkte Prüfungsmaßstab des Registergerichts, wie ihn § 18 Abs. 2 S. 2 zugrunde legt, gilt aber bei § 30 nicht.[10] Eine Prüfung der Unterscheidbarkeit kommt erst dann zum Zuge, wenn eine ansonsten nach §§ 17, 18, 19 zulässige Firma vorliegt.[11] Nach § 717b S. 1 Nr. 1 BGB ist § 30 auch auf die ins Gesellschaftsregister eingetragenen Gesellschaften bürgerlichen Rechts **(eGbR)** anzuwenden.

3. Beschränkung. § 30 setzt den Schutz gegen Verwechslungen nur unvollkommen durch, weil 3
das Erfordernis der Firmenunterscheidbarkeit auf **Firmen an demselben Ort oder in derselben Gemeinde** beschränkt ist.[12] Diese Beschränkung mag in Hinblick auf das vielfach überregionale Tätigwerden der meisten Unternehmen überholt erscheinen,[13] ist aber durch Sinn und Zweck der Vorschrift gerechtfertigt. Denn im Vordergrund steht das öffentliche Interesse an der Identifizierung von Unternehmensträgern (zB bei der Klageerhebung), weshalb eine Unterscheidbarkeit am jeweiligen Sitz des Unternehmens ausreicht.[14] Außerdem könnte das Registergericht eine mögliche Verwechslung mit allen bestehenden Firmen nur sehr aufwändig überprüfen und es besteht anderweitig (§§ 5, 15 MarkenG, § 12 BGB, § 5 Abs. 1 UWG) ausreichender Verwechslungsschutz.[15]

4. Verfahren. Entsprechend dem an den Interessen der Allgemeinheit ausgerichteten Schutz- 4
zweck der Norm ist es in erster Linie Sache des Registergerichts, darüber zu wachen, dass die Vorgaben des § 30 eingehalten werden. Genügt dem eine Firmenanmeldung nicht, so kann das Registergericht dem Anmelder Gelegenheit zur Herstellung der deutlichen Unterscheidbarkeit geben und ihn auffordern, den unzulässigen Firmengebrauch zu unterlassen. Bleibt es bei dem Verstoß gegen § 30, dann weist das Registergericht die Anmeldung zurück und wird den unzulässigen Firmengebrauch nach § 37 Abs. 1, §§ 388, 392 FamFG durch Ordnungsmittelfestsetzung unterbinden.[16] Bei einer eingetragenen Firma kann bei erkanntem Verstoß gegen § 30 nach erfolglosem Ordnungsgeldverfahren eine Amtslöschung (§ 395 FamFG) vorgenommen werden, wenn die Firma nicht geändert wird. Daneben kann jeder durch unbefugten Firmengebrauch in seinen Rechten Verletzte, insbesondere der Inhaber einer gleichen, prioritätsälteren Firma,[17] nach § 37 Abs. 2 Unterlassung des Firmengebrauchs verlangen.

II. Begriffe

1. Ort und Gemeinde. Zur Bestimmung des in § 30 Abs. 1 verwendeten Begriffs „derselbe 5
Ort" ist die Verkehrsauffassung maßgeblich.[18] Der Begriff „dieselbe Gemeinde" entspricht dem

---

[4] Vgl. ausf. Canaris HandelsR § 11 Rn. 29.
[5] BGH 27.5.1987, NJW-RR 1988, 95.
[6] RGHMW/Ries Rn. 19.
[7] Canaris GRUR 1989, 717.
[8] MüKoHGB/Heidinger Rn. 3; RGHMW/Ries Rn. 1.
[9] Ebenroth/Boujong/Reuschle Rn. 1: „komplementäre Funktion".
[10] RGHMW/Ries Rn. 1; MüKoHGB/Heidinger Rn. 5; KKD/Roth/Stelmaszczyk Rn. 5; teilweise anders Steinbeck FS Horn, 2006, 589.
[11] RGHMW/Ries Rn. 1.
[12] Vgl. zur untergeordneten Bedeutung von § 30 gegenüber § 15 MarkenG auch Canaris HandelsR § 11 Rn. 31.
[13] Vgl. Kögel Rpfleger 1998, 317.
[14] Ebenroth/Boujong/Reuschle Rn. 3.
[15] Ausf. RGHMW/Ries Rn. 2.
[16] Zum Verfahren OLG Köln 26.5.2010, FGPrax 2010, 203.
[17] OLG Hamm 28.11.2006, Rpfleger 2007, 266 zum eingeschränkten Prüfungsmaßstab bei § 30.
[18] Hopt/Merkt Rn. 2.

kommunalrechtlichen Begriff der politischen Gemeinde,[19] wobei im Zweifel ein weiterer Geltungsbereich anzunehmen ist.[20] Gibt es eine Zuständigkeitskonzentration nach § 376 FamFG hat dies jedoch keinen Einfluss auf den Orts- und Gemeindebegriff des § 30.[21] Dass der Umfang des Ortes oder der Gemeinde über den Bezirk des Registergerichts hinausgehen könnte, wirft, genauso wie in den Fällen nach § 30 Abs. 4, wegen der Zuständigkeitskonzentration der Registergerichte nach § 376 FamFG auch keine praktischen Ermittlungsprobleme mehr auf (§ 38 HRV).[22] Ändern sich die maßgeblichen Grenzen des Ortes oder der Gemeinde, besteht für möglicherweise gleichlautend eingetragene Firmen Bestandsschutz.[23]

6 **2. Bestehende Firma.** Maßgeblich sind **alle eingetragenen Firmen,** gleich welcher Form der Rechtsträger ist, also neben Firmen von Einzelkaufleuten und Personengesellschaften auch solche von Kapitalgesellschaften und eingetragenen Genossenschaften. Die bloße Anmeldung genügt nicht, Firmenübertragung nach § 22 schadet nicht.[24] Auch im Partnerschaftsregister eingetragene Namen sind einzubeziehen, nicht aber die Bezeichnungen von eingetragenen Vereinen, es sei denn sie betreiben ein Gewerbe (§ 33).[25] Branchenähnlichkeit spielt keine Rolle. Nicht in den Schutz einbezogen sind nicht eingetragene oder erloschene Firmen, die noch zu Unrecht eingetragen sind, sowie Firmen von solchen Unternehmen (oder Namen von Partnerschaften), die für das Registergericht zweifelsfrei überhaupt keine Geschäftstätigkeit (mehr) ausführen (zur möglichen Irreführungseignung in einem solchen Fall aber → § 18 Rn. 37).[26] Firmen von Unternehmen in Liquidation oder Insolvenz sind jedoch noch zu beachten.[27] Ob die Firma nach §§ 17 ff. zulässig ist, spielt zunächst keine Rolle.[28] Hier ist jedoch das Eintragungsverfahren bis zum Abschluss des Amtslöschungsverfahrens wegen der unzulässigen Firma auszusetzen.[29] Grundsätzlich in den Firmenvergleich einzubeziehen ist auch die Komplementär-GmbH bei der Beurteilung der Firma der GmbH & Co. KG.[30]

7 **3. Neue Firma.** Eine Firma ist neu iSv § 30, wenn sie zeitlich nach einer schon eingetragenen Firma eingetragen werden soll.[31] Maßgeblich für die Beurteilung der Priorität ist, auch bei pflichtwidrigem Handeln des Registergerichts,[32] allein der Eintragungszeitpunkt, bei mehreren zur Eintragung anstehenden Anmeldungen auch der Zeitpunkt des Eingangs des Eintragungsantrags,[33] nicht jedoch der Zeitpunkt des Entstehens der Firma.[34] Auch bei einer Sitzverlegung, einer Firmenänderung oder der Eintragung einer Zweigniederlassung ist die zur Eintragung anstehende Firma neu.[35]

III. Unterscheidbarkeit

8 Die vom Gesetz geforderte deutliche Unterscheidbarkeit dient dem Schutz vor Verwechslungen. Es fehlt folglich an der deutlichen Unterscheidbarkeit, wenn die Firmen verwechslungsfähig sind. **Verwechslungsgefahr** besteht nicht nur dann, wenn der Verkehr aufgrund der Firmierung über die Identität des Unternehmensträgers irrt (sog. Verwechslungsgefahr im engeren Sinne), sondern auch dann, wenn er eine geschäftliche, wirtschaftliche oder organisatorische Verbindung zwischen den bezeichneten Unternehmensträgern annimmt (sog. Verwechslungsgefahr im weitern Sinne). Wegen

---

[19] OLG Frankfurt 16.7.1980, OLGZ 1981, 8 (9).

[20] Ebenroth/Boujong/Reuschle Rn. 5.

[21] Ebenroth/Boujong/Reuschle Rn. 5; ähnlich Staub/Burgard Rn. 22.

[22] Ammon DStR 1998, 1474 (1479).

[23] Hopt/Merkt Rn. 10; Ebenroth/Boujong/Reuschle Rn. 6; RGHMW/Ries Rn. 4; zu einem besonderen Fall nach der deutschen Wiedervereinigung vgl. BGH 29.6.1995, GRUR 1995, 754 – Altenburger Spielwarenfabrik.

[24] Hopt/Merkt Rn. 6.

[25] Ebenroth/Boujong/Reuschle Rn. 7; RGHMW/Ries Rn. 5, 6; diff. MüKoHGB/Heidinger Rn. 10: „Änderung de lege ferenda wünschenswert"; **aA** LG Limburg 19.12.1979, Rpfleger 1981, 23.

[26] RG 17.6.1892, RGZ 29, 66 (68); Ebenroth/Boujong/Reuschle Rn. 12; MüKoHGB/Heidinger Rn. 15.

[27] RGHMW/Ries Rn. 7.

[28] Staub/Burgard Rn. 17; MüKoHGB/Heidinger Rn. 10; RGHMW/Ries Rn. 7; KKD/Roth/Stelmaszczyk Rn. 4; **aA** Hopt/Merkt Rn. 6.

[29] RGHMW/Ries Rn. 7; Ebenroth/Boujong/Reuschle Rn. 14.

[30] MüKoHGB/Heidinger Rn. 11; vgl. auch BGH 16.3.1981, NJW 1981, 2746; krit. K. Schmidt HandelsR § 12 Rn. 132.

[31] RGHMW/Ries Rn. 8.

[32] Ebenroth/Boujong/Reuschle Rn. 10.

[33] RGHMW/Ries Rn. 9.

[34] Ebenroth/Boujong/Reuschle Rn. 9; MüKoHGB/Heidinger Rn. 18.

[35] BayObLG 10.3.1978, BayObLGZ 1978, 62 (65); LG Nürnberg-Fürth 4.2.1999, MittBayNot 1999, 398; Ebenroth/Boujong/Reuschle Rn. 9; RGHMW/Ries Rn. 10.

der gebotenen Einheitlichkeit der Kennzeichnungsrechte[36] ist die Auffassung zutreffend, dass deutliche Unterscheidbarkeit iSv § 30 die Verwechslungsgefahr im weiteren Sinne ausschließen muss.[37]

Verwechslungsgefahr bzw. deutliche Unterscheidungskraft iSv § 30 ist trotz der Abweichungen in 9
Bezug auf den Schutzzweck nach denselben Maßstäben zu beurteilen wie die Irreführungsgefahr iSv § 18 Abs. 2. Maßgeblich ist deshalb das Verständnis des **durchschnittlich versierten Teilnehmers am Geschäftsverkehr** (→ § 18 Rn. 20).[38] Gegenstand der Beurteilung ist zunächst der volle Firmenwortlaut, so wie er in das Handelsregister eingetragen ist bzw. eingetragen werden soll. Ist darüber hinaus eine abgekürzte Form der bestehenden, eingetragenen Firma im Verkehr vor Ort bekannt und für das Registergericht ohne Weiteres ersichtlich, so kann – mit diesen Einschränkungen – auch diese abgekürzte Form ausnahmsweise Gegenstand der Beurteilung sein.[39] Eine noch großzügigere Berücksichtigung schlagwortartiger Bestandteile[40] verkennt die Bedeutung der grundsätzlichen Pflicht zur Führung der eingetragenen Firma gerade auch im allgemeinen Verkehr sowie die Ermittlungsmöglichkeiten des Registergerichts. Weitergehenden Schutz für über den Firmengebrauch hinausgehende Schlagworte bieten im Übrigen §§ 5, 15 MarkenG, § 12 BGB. Das „Klangbild"[41] der Firma hat nur Bedeutung bei der Frage, ob sich die neue Firma ausreichend von der bestehenden entfernt. Bei der Beurteilung der Unterscheidbarkeit spielt die Branchennähe eine gewisse Rolle, weil dann, wenn sie gegeben ist, die Gefahr von Verwechslungen für den Verkehr näher liegt.[42]

Die Unterscheidbarkeit ist bei Personen-, Sach-, Misch- und Fantasiefirmen unterschiedlich zu 10
beantworten, weil die prägende Wirkung des jeweiligen Firmenkerns unterschiedlich ist.[43] Unterschiedliche (Familien-)Namen in **Personenfirmen** führen in der Regel zu einer deutlichen Unterscheidbarkeit.[44] Stimmt der Name einer Personenfirma überein oder ist er in seinem Wort- oder Klangbild verwechslungsfähig ähnlich („Meyer" – „Meier"), so muss ein unterscheidungskräftiger Zusatz gewählt werden. Dies kann ein (in der Regel ausgeschriebener, ggf. unterschiedlicher)[45] Vorname sein, es kann aber auch eine (unterschiedliche)[46] Sachbezeichnung genügen. **Sachfirmen** müssen, auch und gerade bei ähnlichen Tätigkeitsbereichen des Unternehmens, Zusätze wählen, die auch die Verwechslungsgefahr im weiteren Sinne ausschließen. Hier sind, gerade auch bei der Verwendung von Branchen- oder Gattungsangaben, keine zu geringen Anforderungen zu stellen,[47] zumal die Gattungsbezeichnung ohne Unterscheidungskraft iSv § 18 Abs. 1 nicht für jüngere Firmen gesperrt werden darf. Buchstabenkombinationen oder Ordinalzahlen sind grundsätzlich geeignet,[48] wenn es sich nicht um Firmen handelt, die nur aus einer Zahl und dem Rechtsformzusatz besteht.[49] Geografische Zusätze, insbesondere adjektivisch gebraucht, sind nicht grundsätzlich ungeeignet,[50] müssen jedoch kritisch beurteilt werden, um auch eine Verwechslungsgefahr im weiteren Sinne auszuschließen.[51] Entscheidend sind deshalb die Umstände des Einzelfalls.[52] Zur deutlichen Unter-

[36] BGH 5.10.2000, NJW 2001, 1868 – DB Immobilienfonds.

[37] RGHMW/Ries Rn. 13; MüKoHGB/Heidinger Rn. 19; KKD/Roth/Stelmaszczyk Rn. 5; **aA** Staub/Burgard Rn. 25: Schwerpunkt Verwechslungsgefahr ieS; diff. Hopt/Merkt Rn. 4.

[38] BGH 14.7.1966, NJW 1966, 1813 (1815); KG 8.2.1991, OLGZ 1991, 396 (402); Ebenroth/Boujong/Reuschle Rn. 17; MüKoHGB/Heidinger Rn. 20.

[39] Diff. MüKoHGB/Heidinger Rn. 21; strenger (nur Wortlaut) KG 8.2.1991, OLGZ 1991, 396 (402); vgl. auch OLG Düsseldorf 7.11.1995, GRUR 1996, 361; insoweit unklar BayObLG 28.9.1979, BayObLGZ 1979, 316 (319).

[40] So in der Tendenz (zweistufige Prüfung) Ebenroth/Boujong/Reuschle Rn. 18, 19; RGHMW/Ries Rn. 15.

[41] BGH 14.7.1966, NJW 1966, 1813.

[42] MüKoHGB/Heidinger Rn. 22; RGHMW/Ries Rn. 17.

[43] Vgl. beispielhaft OLG Frankfurt 16.7.1980, OLGZ 1981, 8 (9).

[44] BGH 18.3.1993, NJW 1993, 2236.

[45] So auch Ebenroth/Boujong/Reuschle Rn. 20.

[46] BGH 14.7.1966, NJW 1966, 1813.

[47] KG 17.5.2024, NZG 2024, 944; vgl. auch KG 8.2.1991, OLGZ 1991, 396 (401); BayObLG 28.9.1979, BayObLGZ 1979, 316 (319); Ebenroth/Boujong/Reuschle Rn. 21; MüKoHGB/Heidinger Rn. 31; RGHMW/Ries Rn. 20.

[48] OLG Hamm 19.6.2013, NZG 2013, 997; KG 23.10.2012, MDR 2013, 920; RGHMW/Ries Rn. 20; MüKoHGB/Heidinger Rn. 33; **aA** AG Frankfurt a. M. 14.7.1980, Rpfleger 1980, 388.

[49] KG 17.5.2013, NZG 2013, 1153.

[50] Vgl. auch MüKoHGB/Heidinger Rn. 25; RGHMW/Ries Rn. 16; Staub/Burgard Rn. 33; vgl. jetzt auch Heymann/Förster Rn. 17.

[51] OLG Frankfurt 3.5.1996 – 20 W 386/95.

[52] Beispiele aus der (teilweise älteren) Rspr.: BGH 2.2.1989, NJW-RR 1989, 808; LG Limburg Rpfleger 1981, 23; OLG Frankfurt 16.7.1980, OLGZ 1981, 8 (Verwechslungsgefahr bejahend); aus der jüngeren Rspr.: OLG Zweibrücken 30.8.2001, GRUR-RR 2002, 137; LG Meiningen 11.7.2003, OLG-NL 2004, 234 (Verwechslungsgefahr verneinend); vgl. den besonderen Fall zur Unanwendbarkeit bei Geschäftsbezeichnungen auch BGH 12.11.1986, GRUR 1988, 319 – VIDEO-RENT.

scheidung können auch mehrere Zusätze zusammengestellt werden. Bei der **Fantasiefirma** sind (wie bei der gemischten Firma) die Anforderungen an die Unterscheidbarkeit noch höher, weil es hier eine größere Freiheit der Firmenbildung gibt.[53]

11 Die wegen Übereinstimmungen oder gar Identität der Angaben im Firmenkern anzunehmende Verwechslungsgefahr wird durch Zusätze, die lediglich eine abweichende Gesellschafts- oder Rechtsform zum Ausdruck bringen **(Rechtsformzusätze** und **Gesellschaftsformzusätze),** nicht beseitigt.[54] Das gilt auch für einen Liquidationszusatz.[55] Der Verkehr misst, auch wenn Rechtsformzusätze jetzt zwingend sind, solchen Zusätzen keine besondere Bedeutung in Hinblick auf die Unterscheidbarkeit bei. Sind lediglich solche Zusätze verschieden, bleibt außerdem zumeist die Verwechslungsgefahr im weiteren Sinne bestehen. Auch die Firmen innerhalb einer GmbH & Co. KG müssen sich unterscheiden.[56] Ausreichend sind Zusätze, die sich auf eine abweichende Inhaberschaft beziehen, denn sie bezeichnen den abweichenden Unternehmensträger eindeutig.

IV. Gleichnamigkeit

12 § 30 Abs. 2 regelt für den Fall der Personenfirma bei Gleichnamigkeit von Kaufleuten konkret, was zur Herbeiführung der deutlichen Unterscheidbarkeit erforderlich ist, nämlich die Beifügung eines unterscheidungskräftigen Zusatzes.[57] Abs. 2 ist entsprechend anwendbar, wenn die Gleichnamigkeit nicht wegen desselben bürgerlichen Namens, sondern wegen derselben Firma einer Handelsgesellschaft oder desselben Namens einer Partnerschaftsgesellschaften besteht.[58] Gleichnamigkeit besteht auch bei völlig gleich klingenden Namen unterschiedlicher Schreibweise („Meyer" – „Meier"). Zur Herbeiführung der Unterscheidbarkeit dient die Beifügung eines unterscheidungskräftigen Zusatzes. Das kann ein (ausgeschriebener oder zusätzlicher) Vorname sein, aber auch eine Sach- oder Fantasiebezeichnung. Weil es auf die Unterscheidbarkeit vor Ort ankommt, ist die Beifügung allein des Ortsnamens bei Gleichnamigen ungeeignet.[59] Das Unternehmen kann den Zusatz, solange er nur ausreichend unterscheidungskräftig ist, frei wählen. Ob durch ihn Irreführungen hervorgerufen werden, ist allein eine Frage von § 18 Abs. 2, nicht von § 30 Abs. 2.

V. Zweigniederlassung

13 § 30 Abs. 3 schreibt vor, dass sich auch die Firma einer neu errichteten Zweigniederlassung von am selben Ort bestehenden Firmen unterscheiden muss.[60] Die Norm hat an Bedeutung verloren, seit anerkannt ist, dass die Zweigniederlassung (bei Erkennbarkeit der Zugehörigkeit) eine von der Hauptniederlassung unterschiedliche Firma führen darf.[61] Deshalb muss die Unterscheidbarkeit nicht durch einen Zusatz, sondern kann bei der Firmenbildung auch anderweitig herbeigeführt werden. Dass der Zusatz „Zweigniederlassung" allein nicht ausreichen soll,[62] überzeugt nicht.[63] Bei der Beurteilung der Priorität kommt es auf die Firma der Hauptniederlassung nicht an.[64] Verfahrensrechtlich hat das Registergericht der Zweigniederlassung nur eine eingeschränkte Prüfungskompetenz.[65]

VI. Firmenbezirke

14 Nach § 30 Abs. 4 können Firmenbezirke gebildet werden, sodass der Kreis der in die Prüfung der Unterscheidbarkeit einzubeziehenden Firmen vergrößert wird. Solche Firmenbezirke iSv Abs. 4, die keine besondere praktische Bedeutung mehr haben, sind von gemeinschaftlichen Registerbezirken (§ 376 FamFG) zu unterscheiden.[66]

---

[53] MüKoHGB/Heidinger Rn. 32; RGHMW/Ries Rn. 20.
[54] KG 22.5.2024, NZG 2024, 1520 für GmbH und UG.
[55] RGHMW/Ries Rn. 16.
[56] Vgl. BGH 16.3.1981, NJW 1981, 2746; BayObLG 28.9.1979, BayObLGZ 1979, 316 (317); ausf. MüKoHGB/Heidinger Rn. 11, 12.
[57] BGH 18.3.1993, NJW 1993, 2236.
[58] Staub/Burgard Rn. 42; Ebenroth/Boujong/Reuschle Rn. 24; MüKoHGB/Heidinger Rn. 36.
[59] Ebenroth/Boujong/Reuschle Rn. 24.
[60] Vgl. LG Frankfurt a. M. 2.3.2005, BB 2005, 1297.
[61] BayObLG 19.3.1992, NJW-RR 1992, 1062.
[62] So RGHMW/Ries Rn. 23; Hopt/Merkt Rn. 9; KKD/Roth/Stelmaszczyk Rn. 7; diff. Heymann/Förster Rn. 39.
[63] Kögel Rpfleger 1998, 317 (322); zweifelnd auchMüKoHGB/Heidinger Rn. 38.
[64] Hopt/Merkt Rn. 9; MüKoHGB/Heidinger Rn. 38.
[65] BayObLG 1.6.1995, NJW-RR 1995, 1370; OLG Karlsruhe 19.6.1997, NJW-RR 1998, 244.
[66] Staub/Burgard Rn. 45; die früher bedeutsame Anlage 5 zur HRV ist aufgehoben.

VII. Änderung durch das MoPeG

15 Im Rahmen der Modernisierung des Personengesellschaftsrechts (MoPeG) hat auch § 30 eine Änderung erfahren, die aber nur klarstellenden Charakter hat. Anstelle der (bislang formulierten) Eintragung in das Handelsregister oder in das Genossenschaftsregister ist jetzt umfassender von der Eintragung „in das Handels-, Gesellschafts-, Partnerschafts- Genossenschafts- oder Vereinsregister" die Rede. Nach § 707b S. 1 Nr. 1 BGB gilt § 30 entsprechend auch für die eingetragene Gesellschaft bürgerlichen Rechts.

§ 31 [Änderung der Firma; Erlöschen]

(1) Eine Änderung der Firma oder ihrer Inhaber, die Verlegung der Niederlassung an einen anderen Ort sowie die Änderung der inländischen Geschäftsanschrift ist nach den Vorschriften des § 29 zur Eintragung in das Handelsregister anzumelden.

(2) [1]Das gleiche gilt, wenn die Firma erlischt. [2]Kann die Anmeldung des Erlöschens einer eingetragenen Firma durch die hierzu Verpflichteten nicht auf dem in § 14 bezeichneten Wege herbeigeführt werden, so hat das Gericht das Erlöschen von Amts wegen einzutragen.

Übersicht

I. Allgemeines

1 § 31 stellt zum Schutz des Rechtsverkehrs eine notwendige Ergänzung zu § 29 dar. Damit das Handelsregister zuverlässig richtige Auskunft geben kann,[1] müssen auch nachträgliche Änderungen angemeldet werden. § 31 gilt unmittelbar für Einzelkaufleute, nach § 6 für Personenhandelsgesellschaften und nach § 3 Abs. 1 AktG, § 13 Abs. 3 GmbHG auch für die AG und die GmbH. Zu beachten sind außerdem Sonderregelungen in §§ 34, 107, 106 Abs. 7, 141, 161 Abs. 2 (für Personenhandelsgesellschaften), §§ 181, 273 AktG (für AG und KGaA) sowie §§ 54, 74 GmbHG (für die GmbH). Insbesondere für den Liquidationsfall gibt es besondere Vorschriften in Spezialgesetzen (§§ 147, 161 Abs. 2 für Personenhandelsgesellschaften; § 74 Abs. 1 GmbHG für die GmbH, § 273 Abs. 1 AktG für die Abwicklung der AG). In Bezug auf Amtslöschungen sind §§ 393, 394, 395, 397, 398 FamFG zu berücksichtigen.

II. Änderung der Firma

2 § 31 Abs. 1 Alt. 1 betrifft die Änderung einer **bestehenden, zulässigen Firma,** gleich ob es sich um eine ursprüngliche oder zunächst unverändert fortgeführte[2] Firma handelt. Eine Änderung einer bereits erloschenen Firma kann es nicht geben.[3] Die unzulässige Firma darf nicht geändert, sondern muss gelöscht werden (§ 395 FamFG), bevor sie neu gebildet werden kann.[4] Ein Erlöschen der Firma liegt auch dann vor, wenn ein Erwerber nicht zur Fortführung der Firma berechtigt ist oder von der Firmenfortführung von Anfang an keinen Gebrauch macht.[5] Änderungen der Firma können bei gleich bleibender Identität des Unternehmensträgers vorgenommen werden, aber auch aufgrund der Aufnahme eines Gesellschafters in das Einzelunternehmen[6] oder des Ausscheidens eines

---

[1] OLG Köln 4.2.2004, FGPrax 2004, 88; OLG Hamm 7.1.1993, NJW 1993, 807; RGHMW/Ries Rn. 1.

[2] Vgl. BayObLG 10.8.1978, DB 1978, 2407; 27.4.1971, NJW 1971, 1616; OLG Hamm 2.5.1977, OLGZ 1977, 438.

[3] OLG Hamm 21.6.1993, DB 1993, 1816.

[4] BayObLG 10.3.1978, BayObLGZ 1978, 54; MüKoHGB/Krafka Rn. 5; RGHMW/Ries Rn. 7 (auch für den Fall der unzulässig gewordenen Firma eines Nichtkaufmanns); vgl. dazu auch OLG Hamm 21.6.1993, DB 1993, 1816; Ebenroth/Boujong/Reuschle Rn. 1; KKD/Roth/Stelmaszczyk Rn. 2.

[5] BayObLG 27.4.1971, NJW 1971, 1616; 10.8.1978, DB 1978, 2407; OLG Hamm 2.5.1977, OLGZ 1977, 438.

[6] OLG Stuttgart 2.7.1979, OLGZ 1979, 385; OLG Hamm 2.5.1977, OLGZ 1977, 438; RGHMW/Ries Rn. 3.

Gesellschafters aus einer zweigliedrigen Personenhandelsgesellschaft.[7] Firmenänderung ist auch die Wahl einer neuen Firma durch denjenigen, der die Firma zunächst nach § 22 fortgeführt hatte.

3 Der **Grund für die Änderung** spielt keine Rolle, weshalb die Änderung nicht nur auf Freiwilligkeit, sondern auch auf einer Verurteilung betreffend den Firmengebrauch (§ 37 Abs. 2 MarkenG, § 15 Abs. 4 MarkenG, § 8 Abs. 1 UWG, § 12 BGB) beruhen kann. Anzumelden ist jede Änderung, gleich ob sie die gesamte Firma oder nur einen Firmenbestandteil betrifft.[8] Die Änderung kann zeitgleich mit der zuvor noch nicht erfolgten Eintragung der Firma erfolgen.[9] Die geänderte Firma muss zulässig sein (§§ 18, 19, 30). Zur **Anmeldung** der Änderung ist der Geschäftsinhaber (→ § 29 Rn. 3) verpflichtet, nach Insolvenzeröffnung der Insolvenzverwalter.[10] Bei AG und GmbH ist eine Firmenänderung nur aufgrund einer einzutragenden Satzungsänderung (bzw. Änderung des Gesellschaftsvertrages) möglich (§ 23 Abs. 3 Nr. 1 AktG, § 181 AktG, § 3 Abs. 1 Nr. 1 GmbHG, § 54 GmbHG).[11]

III. Inhaberwechsel

4 § 31 Abs. 1 Alt. 2 regelt Fälle des Inhaberwechsels **ohne Änderung der Firma.** Eine solche Anmeldung ist schon zur Vermeidung der Haftung des Altinhabers für Neuverbindlichkeiten nach § 15 geboten.[12] Der Inhaberwechsel kann aufgrund eines Erwerbs des Handelsgeschäfts (§ 22), eines Erwerbs von Todes wegen, Verpachtung oder Nießbrauchgewährung oder wegen der Aufnahme oder des Ausscheidens eines Gesellschafters (§ 24) erfolgen.[13] Inhaberwechsel bedeutet dabei stets, dass der neue Inhaber das Handelsgeschäft in eigenem Namen weiterführt. Fälle des Gesellschafterwechsels sind für die OHG und KG in § 106 Abs. 6, § 106 Abs. 7, § 141, § 161 Abs. 2, für die GmbH in § 40 GmbHG geregelt.

5 Im Falle des Inhaberwechsels aufgrund eines rechtsgeschäftlichen Erwerbs sind der neue und der alte Inhaber zur **Anmeldung** verpflichtet.[14] Im Erbfall sind die Erben anmeldepflichtig,[15] der Testamentsvollstrecker nur bei Bestehen einer treuhänderischen Testamentsvollstreckung.[16]

IV. Verlegung der Niederlassung

6 Wird die Niederlassung an einen anderen Ort verlegt, ist dies nach § 31 Abs. 1 Alt. 3 zum Handelsregister anzumelden. Bei Verlegung der Hauptniederlassung im Inland ist die vorrangige Sonderregelung des **§ 13h** zu berücksichtigen. Die Anmeldepflicht für eine solche Änderung gilt auch für die Verlegung einer Zweigniederlassung im Inland (§ 13 Abs. 1 S. 2).

V. Änderung der inländischen Geschäftsanschrift

7 Seit Inkrafttreten des MoMiG (1.11.2008) ist jede Änderung der inländischen Geschäftsanschrift, auch eine solche innerhalb derselben politischen Gemeinde,[17] anzumelden.[18] Erforderlich sind genaue Angaben zu Straße, Hausnummer, Postleitzahl und Ort. Besteht kein Geschäftslokal, keine Hauptverwaltung oder kein Betrieb (mehr), ist eine andere Anschrift anzugeben, zB die inländische Wohnanschrift eines Geschäftsführers, Gesellschafters oder Zustellungsbevollmächtigten, unter der die Gesellschaft tatsächlich erreichbar ist.[19] Die Vorschrift dient dazu, dem Geschäftsverkehr aufwändige Nachforschungen in Bezug auf eine Zustellanschrift zu ersparen.[20] Die bloße Angabe eines

---

[7] BayObLG 10.3.1978, BayObLGZ 1978, 54; Ebenroth/Boujong/Reuschle Rn. 2.

[8] Hopt/Merkt Rn. 2.

[9] Hopt/Merkt Rn. 10; ähnlich KKD/Roth/Stelmaszczyk Rn. 2.

[10] Staub/Burgard Rn. 10; vgl. auch OLG Hamburg 27.1.2011, GmbHR 2011, 828 für eine noch vor der Eröffnung des Insolvenzverfahrens erfolgte Änderung der Geschäftsanschrift.

[11] Vgl. hierzu ausf. MüKoHGB/Krafka Rn. 24.

[12] KKD/Roth/Stelmaszczyk Rn. 3.

[13] Vgl. MüKoHGB/Krafka Rn. 9 (nicht bei Betreuung oder Nachlassverwaltung).

[14] Hopt/Merkt Rn. 6; zur Eintragung auf dem alten Registerblatt vgl. OLG Oldenburg 6.3.1980, Rpfleger 1980, 473.

[15] RGHMW/Ries Rn. 9.

[16] Vgl. K. Schmidt HandelsR § 4 Rn. 70, 71; KKD/Roth/Stelmaszczyk Rn. 3.

[17] MüKoHGB/Krafka Rn. 10.

[18] OLG Hamm 24.3.2021, NZG 2021, 1261 zur GmbH; OLG Düsseldorf 12.2.2014, GmbHR 2014, 373; KG 20.9.2013, NZG 2014, 150; OLG Hamburg 27.1.2011, GmbHR 2011, 828; zur gebührenrechtlichen Einordnung vgl. OLG Brandenburg 23.2.2021, GmbHR 2021, 544 = FGPrax 2021, 140.

[19] OLG Düsseldorf 12.11.2014, NZG 2015, 279.

[20] Staub/Burgard Rn. 3; MüKoHGB/Krafka Rn. 10; vgl. auch OLG Hamm 24.3.2021, NZG 2021, 1261; OLG Düsseldorf 12.11.2014, BeckRS 2015, 00620.

Postfachs genügt nicht.[21] Der Zusatz c/o ist nicht unzulässig, sondern kann zu einer weiteren Konkretisierung und besseren Auffindbarkeit einer zur Annahme einer Zustellung befugten Person führen.[22] Im Falle der Eröffnung des Insolvenzverfahrens ist der Insolvenzverwalter nicht verpflichtet, seine eigene (Zustell-)Anschrift zur Eintragung anzumelden.[23]

VI. Erlöschen der Firma

§ 31 Abs. 2 regelt den Fall des Erlöschens der Firma. Er ist unmittelbar **anwendbar** bei Einzelkaufleuten, nach § 2 Abs. 2 PartGG bei Partnerschaftsgesellschaften, nach § 6 auch bei Personenhandelsgesellschaften, im Ergebnis auch bei juristischen Personen nach § 33.[24] Bei der AG gilt vorrangig § 273 Abs. 1 AktG, bei der GmbH § 74 Abs. 1 GmbHG.[25] Eine Sonderregelung existiert für die OHG und die KG nach Beendigung der Liquidation (§ 150 Abs. 1, § 161 Abs. 2). 8

Die Firma von **Einzelkaufleuten und Personenhandelsgesellschaften** erlischt mit der endgültigen, nicht nur vorübergehenden Aufgabe ihres Geschäftsbetriebs,[26] weil dadurch deren Firmenfähigkeit verloren geht. Da eine Liquidation bzw. Abwicklung noch zum Geschäftsbetrieb gehören, ist ein (speziell in § 150 geregelter) Fall des Erlöschens von OHG und KG (§ 161 Abs. 2) die (vollständige) Beendigung nach Liquidation bzw. Abwicklung.[27] Ansonsten führt die Beendigung der vereinbarten, das gesamte Vermögen betreffenden Auseinandersetzung (§ 141 Abs. 1, § 31 Abs. 2) zum Erlöschen der Firma.[28] Die Eintragung des Erlöschens wirkt dann nur noch deklaratorisch.[29] Hat die Eintragung konstitutive Wirkung, bedarf es der Anmeldung der Löschung auch, wenn das Handelsgeschäft auf einen kleingewerblichen Umfang herabsinkt (§ 1 Abs. 2); eine Pflicht zur Anmeldung besteht allerdings nicht.[30] Für **Kapitalgesellschaften** gelten die speziellen Regelungen der § 74 Abs. 1 GmbHG, § 273 Abs. 1 AktG und § 202 VAG. Anzumelden ist der Schluss der Abwicklung bzw. Liquidation. Trägt das Registergericht dies und die Löschung der Gesellschaft ein, erlischt auch die Firma. Die Liquidationsgesellschaft ist zur Firmenführung bis zum Abschluss der Liquidation berechtigt[31] (allerdings mit dem entsprechenden Zusatz „i.L.“). Ein Erlöschen der Firma liegt auch bei Veräußerung des Unternehmens vor, wenn der Erwerber nicht zur Fortführung der Firma berechtigt ist oder von der Berechtigung von Anfang an keinen Gebrauch macht.[32] 9

Anmeldepflichtig ist grundsätzlich der bisherige Geschäftsinhaber, bei einer Personenhandelsgesellschaft ohne Liquidation alle Gesellschafter. Im Falle der Übertragung des Handelsgewerbes ohne Firmenfortführung ist der Veräußerer verpflichtet, im Erbfalle die Erben, wenn sie den Geschäftsbetrieb auf Dauer einstellen. Eine Anmeldepflicht der Erben besteht jedoch nicht, wenn die Firma zum Zeitpunkt des Erbfalls bereits erloschen war.[33] Je nach Fallgestaltung (und Rechtsform des Unternehmensträgers) können schließlich der Pächter, der Insolvenzverwalter, die Abwickler oder die Liquidatoren zur Anmeldung verpflichtet sein. 10

VII. Verfahren

Für Inhalt und Form der Anmeldung sowie den Prüfungsumfang des Registergerichts gilt § 29 entsprechend. Bei begründeten Zweifeln zum Beispiel an der Erklärung der Anmeldepflichtigen, 11

[21] Staub/Burgard Rn. 15.

[22] OLG Hamm 13.1.2016, NZG 2016, 386; 7.5.2015, NZG 2015, 833; OLG Naumburg 8.5.2009, NZG 2009, 956.

[23] OLG Schleswig 9.6.2010, Rpfleger 2010, 595; zum Geschäftsführer vgl. OLG Hamm 9.3.2017, NZG 2017, 747.

[24] RGHMW/Ries Rn. 11.

[25] Ebenroth/Boujong/Reuschle Rn. 14, 15; Hopt/Merkt Rn. 7; MüKoHGB/Krafka Rn. 21, 22; Staub/Burgard Rn. 27; Heymann/Förster Rn. 4; vgl. auch RGHMW/Ries Rn. 11; KKD/Roth/Stelmaszczyk Rn. 5 (§ 31 Abs. 2 anzuwenden).

[26] OLG Zweibrücken 11.7.2022, GmbHR 2023, 123 = NZG 2023, 174; BayObLG 10.3.2000, NZG 2000, 641.

[27] OLG Hamm 3.7.2003, DB 2003, 2381; BayObLG 18.11.1982, DB 1983, 170; 17.5.1978, BayObLGZ 1978, 121.

[28] BayObLG 18.11.1982, DB 1983, 170 (auch zu einer denkbaren Löschung der Löschung im Handelsregister); vgl. auch KG 3.4.2007, NZG 2007, 665 (Erlöschen einer Partnerschaftsgesellschaft, dann keine Anmeldung des Ausscheidens eines Partners mehr möglich).

[29] Ebenroth/Boujong/Reuschle Rn. 11; BayObLG 18.11.1982, DB 1983, 170.

[30] RGHMW/Ries Rn. 12; Ebenroth/Boujong/Reuschle Rn. 11.

[31] KKD/Roth/Stelmaszczyk Rn. 5.

[32] Ebenroth/Boujong/Reuschle Rn. 13; zur Eintragung auf einem neuen Registerblatt vgl. MüKoHGB/Krafka Rn. 7, 13.

[33] RGHMW/Ries Rn. 14; Hopt/Merkt Rn. 9; **aA** Staub/Burgard Rn. 36.

die Firma sei erloschen, hat das Registergericht dem nachzugehen.[34] Die Anmeldung von Änderungen kann nach § 14 (iVm §§ 388–392 FamFG) erzwungen werden.[35] Das Registergericht **muss** einschreiten, wenn es von einem insoweit anmeldepflichtigen Vorgang glaubhaft Kenntnis erlangt.[36] Wird die erzwungene Anmeldung vorgenommen, ist das Zwangsverfahren beendet und das festgesetzte Zwangsmittel aufzuheben.[37] Wenn die Anmeldung zum Erlöschen der Firma durch das Zwangsverfahren gleichwohl nicht herbeigeführt werden kann bzw. aussichtslos ist (zB weil der Aufenthalt des Anmeldepflichtigen unbekannt ist), ist das Registergericht nach § 31 Abs. 2 S. 2 zur Amtslöschung berechtigt. Die (Amts-)Löschung vermögensloser Gesellschaften ist in § 394 FamFG geregelt.

§ 32 [Insolvenzverfahren]

(1) [1]Wird über das Vermögen eines Kaufmanns das Insolvenzverfahren eröffnet, so ist dies von Amts wegen in das Handelsregister einzutragen. [2]Das gleiche gilt für
1. die Aufhebung des Eröffnungsbeschlusses,
2. die Bestellung eines vorläufigen Insolvenzverwalters, wenn zusätzlich dem Schuldner ein allgemeines Verfügungsverbot auferlegt oder angeordnet wird, daß Verfügungen des Schuldners nur mit Zustimmung des vorläufigen Insolvenzverwalters wirksam sind, und die Aufhebung einer derartigen Sicherungsmaßnahme,
3. die Anordnung der Eigenverwaltung durch den Schuldner und deren Aufhebung sowie die Anordnung der Zustimmungsbedürftigkeit bestimmter Rechtsgeschäfte des Schuldners,
4. die Einstellung und die Aufhebung des Verfahrens und
5. die Überwachung der Erfüllung eines Insolvenzplans und die Aufhebung der Überwachung.

(2) [1]Die Eintragungen werden nicht bekanntgemacht. [2]Die Vorschriften des § 15 sind nicht anzuwenden.

I. Allgemeines

1 Wenn über das Vermögen eines Kaufmanns das Insolvenzverfahren eröffnet wird, hat dies für den Rechtsverkehr erhebliche Bedeutung.[1] Mit der Eröffnung des Insolvenzverfahrens werden OHG und KG aufgelöst (§ 138 Abs. 1 Nr. 2, § 161 Abs. 2). Für Kapitalgesellschaften gelten insoweit Sonderregelungen (§ 60 Abs. 1 Nr. 4 GmbHG; § 262 Abs. 1 Nr. 3 AktG). § 32 bestimmt ausführlich, dass und wie das Handelsregister Auskunft über ein Insolvenzverfahren und bestimmte **wesentliche Maßnahmen des Insolvenzgerichts** geben muss. Da mit der Eröffnung des Insolvenzverfahrens die Verwaltungs- und Verfügungsbefugnis des Kaufmanns erlischt (§ 80 Abs. 1 InsO) und dies auch die Anmeldeberechtigung zum Handelsregister betrifft, sieht § 32 ein Eintragungsverfahren **von Amts wegen** vor; eine Anmeldepflicht von Insolvenzverwalter oder Insolvenzschuldner besteht daher nicht. Das Handelsregister trägt nach § 31 InsO, § 19 Abs. 2 HRV ohne eigene Prüfung aufgrund einer Mitteilung der Geschäftsstelle des Insolvenzgerichts (§§ 31, 277 Abs. 3 S. 2 InsO) ein.

2 § 32 ist unmittelbar **anwendbar** auf Einzelkaufleute, nach § 6 auf Personenhandelsgesellschaften, nach § 34 Abs. 5 auf juristische Personen iSv § 33, nach § 13 Abs. 3 GmbHG auf die GmbH, nach § 3 AktG auf die AG und die KGaA. Besondere Vorschriften für die Anmeldung bzw. Eintragung gibt es in § 65 GmbHG, § 273 AktG, § 102 GenG. Entsprechende Anwendung findet § 32 nach § 2 Abs. 2 PartGG für Partnerschaften und nach § 707b S. 1 Nr. 2 BGB für eingetragene Gesellschaften bürgerlichen Rechts. Auch für inländische Zweigniederlassungen ausländischer Rechtsträger gilt die Vorschrift aufgrund § 13d Abs. 3. Das Erlöschen der Prokura durch Eröffnung des Insolvenzverfahrens ist allein nach § 53 Abs. 2 zu behandeln.[2]

---

34 BayObLG 17.5.1978, BayObLGZ 1978, 121.

35 KG 31.5.2016, NZG 2016, 866; zu den besonderen Voraussetzungen nach § 388 Abs. 1 FamFG vgl. OLG Frankfurt 24.1.2017, BeckRS 2017, 115045; KG 31.5.2016, NZG 2016, 866; zu der Sondersituation bei einer Ltd. nach dem Brexit: OLG Celle 5.9.2022, NZG 2023, 23.

36 OLG Hamm 3.7.2003, DB 2003, 2381; vgl. auch KG 12.11.1964, NJW 1965, 254.

37 Hopt/Merkt Rn. 10; RGHMW/Ries Rn. 16.

1 Ebenroth/Boujong/Reuschle Rn. 1; vgl. auch die vergleichbare Regelung in § 75 BGB für eingetragene Vereine; zur Bedeutung für die Verjährung vgl. § 151 HGB.

2 Implizit RGHMW/Ries Rn. 6; vgl. ausf. MüKoHGB/Krafka Rn. 7, 5 zu sog. Folgeeintragungen bzw. zur Insolvenz von Organen oder Gesellschaftern.

II. Einzutragende Maßnahmen des Insolvenzgerichts

In das Handelsregister einzutragen ist nach § 32 Abs. 1 S. 1 vor allem der Beschluss über die **Eröffnung des Insolvenzverfahrens** (§ 27 InsO) sowie eine Wiederaufnahme des Insolvenzverfahrens.[3] Entsprechend sind aber auch die Aufhebung des Eröffnungsbeschlusses (§ 32 Abs. 1 Nr. 1) sowie die Einstellung und die Aufhebung des Insolvenzverfahrens (§ 32 Abs. 1 Nr. 4) einzutragen. In das Handelsregister einzutragen sind außerdem die Bestellung eines vorläufigen Insolvenzverwalters (§ 21 Abs. 2 Nr. 1 InsO), aber nur, wenn dem Schuldner ein allgemeines Verfügungsverbot auferlegt ist oder Verfügungen von der Zustimmung des vorläufigen Insolvenzverwalters abhängig gemacht worden sind (§ 21 Abs. 2 Nr. 2 InsO, § 22 Abs. 1 InsO); spiegelbildlich ist auch die Aufhebung entsprechender Maßnahmen einzutragen (§ 32 Abs. 1 Nr. 2). Zum Katalog einzutragender Maßnahmen des Insolvenzgerichts gehören weiter die Anordnung der Eigenverwaltung des Schuldners (§ 270 InsO) und deren Aufhebung sowie die Anordnung der Zustimmungsbedürftigkeit bestimmter Rechtsgeschäfte des Schuldners (§ 32 Abs. 1 Nr. 3). Eingetragen werden muss schließlich nach § 32 Abs. 1 Nr. 5 die Überwachung der Erfüllung eines Insolvenzplans (§§ 217, 260 InsO) sowie die Aufhebung dieser Überwachung (§ 268 InsO). 3

III. Keine Bekanntmachung und kein Gutglaubensschutz

Die in § 32 genannten Eintragungen werden entgegen § 10 **vom Registergericht** nicht öffentlich bekannt gemacht (§ 32 Abs. 2 S. 1); dies obliegt dem Insolvenzgericht (§§ 9, 30 Abs. 1 InsO, § 267 InsO, § 268 Abs. 2 InsO, § 277 Abs. 3 S. 2 InsO). Eine gleichwohl durch das Registergericht erfolgte öffentliche Bekanntmachung der Insolvenzeröffnung macht dann auch die öffentliche Bekanntmachung von deren Aufhebung erforderlich.[4] Da die Insolvenzordnung die Rechtsfolgen des Insolvenzverfahrens abschließend regelt[5] und es an einer öffentlichen Bekanntmachung fehlt,[6] gilt § 15 wegen der Eintragungen nach § 32 nicht. 4

§ 33 [Juristische Person]

(1) Eine juristische Person, deren Eintragung in das Handelsregister mit Rücksicht auf den Gegenstand oder auf die Art und den Umfang ihres Gewerbebetriebes zu erfolgen hat, ist von sämtlichen Mitgliedern des Vorstandes zur Eintragung anzumelden.

(2) [1]Der Anmeldung sind die Satzung der juristischen Person und die Urkunden über die Bestellung des Vorstandes in Urschrift oder in öffentlich beglaubigter Abschrift beizufügen; ferner ist anzugeben, welche Vertretungsmacht die Vorstandsmitglieder haben. [2]Bei der Eintragung sind die Firma und der Sitz der juristischen Person, der Gegenstand des Unternehmens, die Mitglieder des Vorstandes und ihre Vertretungsmacht anzugeben. [3]Besondere Bestimmungen der Satzung über die Zeitdauer des Unternehmens sind gleichfalls einzutragen.

(3) Die Errichtung einer Zweigniederlassung ist durch den Vorstand anzumelden.

(4) Für juristische Personen im Sinne von Absatz 1 gilt die Bestimmung des § 37a entsprechend.

Schrifttum: Boos, Handelsregistereintragungspflicht für kommende Eigenbetriebe und eigenbetriebsähnliche Einrichtungen, DB 2000, 1061; Deike, Zur handelsrechtlichen Eintragungspflicht von Kaufleuten in der Rechtsform des öffentlichen Rechts, NotBZ 1998, 175; Großfeld/Strotmann, Ausländische juristische Person aus Nicht-EG-Staat als Komplementär einer KG, IPRax 1990, 298; Holland, Anmeldung kommunaler Eigen- und Regiebetriebe zum Handelsregister, ZNotP 1999, 466; Kornblum, Die Handelsregisterrubrik „HRA Juristische Person", Rpfleger 2009, 481; Krafka, Die Anmeldung und die Eintragung von Gesellschaftsvertrags- und Satzungsänderungen im Register, NZG 2019, 81; W.-R. Roth, Zum Firmenrecht der juristischen Personen i.S. des § 33 HGB, FS Lutter, 2000, 651; Sack, Der „vollkaufmännische Idealverein", ZGR 1974, 179; Waldner, Handelsregisteranmeldung infolge der Streichung von § 36 HGB, MittBayNot 2000, 13; Wünsch, Gedanken zur Kaufmannseigenschaft juristischer Personen, FS Kralik, 1986, 611.

[3] Ebenroth/Boujong/Reuschle Rn. 3; Heymann/Förster Rn. 1; zu sog. Folgeeintragungen vgl. MüKoHGB/Krafka Rn. 7, 8.

[4] LG Köln 9.11.1973, Rpfleger 1974, 266.

[5] RGHMW/Ries Rn. 7; MüKoHGB/Krafka Rn. 13, 14 (auch zu den Unterschieden bei sog. Folgeeintragungen); Hopt/Merkt Rn. 3.

[6] Ebenroth/Boujong/Reuschle Rn. 5.

I. Allgemeines

1 Damit das Handelsregister vollständig und zuverlässig Auskunft über alle Rechtsträger geben kann, die ein Handelsgewerbe betreiben,[1] regeln die §§ 33, 34 die (einheitliche) Eintragungs- und Anmeldepflicht von juristischen Personen, die zwar ein Handelsgewerbe iSv § 1 betreiben, aber insoweit keinen speziellen Regelungen in Sondergesetzen (zB GmbHG, AktG, GenG, EWIVAG, SEAG, VAG) unterliegen. § 33 unterstreicht daher den **einheitlichen Kaufmannsbegriff** und beseitigt Privilegien der öffentlichen Hand.[2] Gegenstand der Anwendung von § 33 sind der Idealverein mit wirtschaftlicher Nebenbetätigung (§ 21 BGB),[3] der wirtschaftliche Verein (§ 22 BGB), unternehmensträgerfähige Stiftungen (§§ 80 ff. BGB)[4] sowie die juristische Person des öffentlichen Rechts (§ 89 BGB) und Unternehmen von Gebietskörperschaften einer anderen als der bislang erwähnten Rechtsform (zB Eigenbetriebe[5] und Sparkassen als Anstalten des öffentlichen Rechts).[6] Bei der Frage der Anwendung von § 33 auf **ausländische juristische Personen** ist zu beachten, ob aufgrund der Vorgaben des EuGH[7] (bei juristischen Personen mit statuarischem Sitz in der EU oder dem EWR) oder bilateraler Verträge[8] (zB USA) die Gründungstheorie gilt. Dann jedenfalls kann § 33 nicht angewendet werden.[9] Allenfalls kommen §§ 13d ff. in Betracht, weil der Betrieb des Handelsgeschäfts im Inland eine Zweigniederlassung darstellt (→ § 13d Rn. 21 f., → § 13d Rn. 32 ff.).[10] Der Vorschrift unterliegen nicht die Bundesbank und die Landeszentralbanken (§ 29 Abs. 3 BBankG, §§ 8, 2 S. 1 BBankG) sowie alle nichtrechtsfähigen Vereine, weil für diese, wenn sie ein Handelsgewerbe betreiben, der sog. gesellschaftsrechtliche Rechtsformzwang[11] gilt. Die Anmeldepflichten nach §§ 33, 34 gelten außerdem nicht für solche der genannten juristischen Personen, die lediglich ein Kleingewerbe nach § 2 oder ein land- oder forstwirtschaftliches Gewerbe nach § 3 betreiben,[12] es sei denn sie führen ihre Kaufmannseigenschaft durch Anmeldung tatsächlich herbei. Die Vorschrift soll außerdem nicht für einen Zweckverband (zur Zusammenarbeit bei der Wasserversorgung und Schmutzwasserableitung), der sich ausschließlich hoheitlicher Handlungsformen bedient.[13]

II. Anmeldung

2 **1. Anmeldepflicht.** Die Anmeldepflicht müssen, satzungsmäßig nicht abdingbar,[14] **sämtliche Mitglieder des Vorstandes** beachten (§ 33 Abs. 1). Das sind die nach den entsprechenden (landesrechtlichen) öffentlich-rechtlichen Vorschriften für die Vertretung vorgesehenen Organe,[15] nicht jedoch Mitglieder anderer Organe wie zB des Aufsichtsrats.[16] Zwangsmaßnahmen (§ 14) können sich nur gegen dasjenige Vorstandsmitglied richten, das seinen Pflichten nicht nachgekommen ist.[17]

3 **2. Inhalt der Anmeldung.** Anzugeben sind: Firma, Sitz, Unternehmensgegenstand (→ Rn. 4) und die **Vorstandsmitglieder,** letztere mit Vornamen, Familiennamen, Geburtsdatum und Wohnort (§ 40 Nr. 3 HRV), sowie deren **Vertretungsbefugnis.**[18] Die Anmeldung muss inhaltlich ausreichend

[1] Ebenroth/Boujong/Reuschle Rn. 1; MüKoHGB/Krafka Rn. 1; diff. noch Hopt/Merkt, 42. Aufl. 2023, Rn. 1 (wohl nur klarstellende Wirkung).
[2] Vgl. Begr. RegE HRefG, BT-Drs. 13/8444, 34 (59).
[3] Vgl. beispielhaft BGH 29.9.1982, NJW 1983, 569; ausf. Sack ZGR 1974, 179.
[4] MüKoHGB/Krafka Rn. 2.
[5] Vgl. BayObLG 12.12.2001, Rpfleger 2002, 316; OLG Frankfurt 20.12.2001, Rpfleger 2002, 270; Holland ZNotP 1999, 466; Boos DB 2000, 1061.
[6] BayObLG NJW-RR 2001, 27.
[7] EuGH 5.11.2002, NJW 2002, 3614; dem folgend BGH 13.3.2003, BGHZ 154, 185 = NJW 2003, 1461.
[8] MüKoHGB/Krafka Rn. 5; → § 13d Rn. 23.
[9] KG 18.11.2003, NZG 2004, 49; Staub/Burgard Rn. 5, 6; MüKoHGB/Krafka Rn. 4–6; anders noch BayObLG 21.3.1986, BayObLGZ 1986, 61; EBJS/Reuschle, 4. Aufl. 2020, Rn. 1; RGHMW; → 5. Aufl. 2017, Rn. 1.
[10] Staub/Burgard Rn. 5.
[11] Vgl. dazu BGH 29.11.1956, BGHZ 22, 240.
[12] RGHMW/Ries Rn. 3; Ebenroth/Boujong/Reuschle Rn. 2.
[13] OLG Brandenburg 30.1.2020, NZG 2020, 423.
[14] Ebenroth/Boujong/Reuschle Rn. 4.
[15] Vgl. BayObLG 12.12.2001, Rpfleger 2002, 316; OLG Frankfurt 20.12.2001, Rpfleger 2002, 270; Waldner MittBayNot 2000, 13.
[16] Ebenroth/Boujong/Reuschle Rn. 4; vgl. auch OLG Düsseldorf 5.4.2000, Rpfleger 2000, 396 zu Verhinderungsvertretern.
[17] Staub/Burgard Rn. 52.
[18] Zur Vertretungsmacht bei Organen öffentlich-rechtlicher Unternehmen vgl. aber OLG Brandenburg 18.12.2024, NZG 2025, 566; OLG Düsseldorf 15.7.2025, NZG 2025, 1039 zur fehlenden Eintragungsfähigkeit von „Geschäftsführung".

sein und der **Form nach § 12** entsprechen. Beizufügen ist die Satzung in Urschrift oder beglaubigter Abschrift, es sei denn eine solche gibt es gar nicht, wie dies zB bei ausländischen juristischen Personen der Fall sein kann.[19] Beizufügen sind auch die Vorstandsbestellungsurkunden (§ 33 Abs. 2 S. 1), denen in der Regel dann auch die nach § 33 Abs. 2 S. 3 anzugebenden bzw. einzutragenden Angaben entnommen werden können.[20]

3. Einzelheiten. § 33 enthält keine besondere Regelung über die **Bildung der Firma** einer juristischen Person. Es gelten deshalb die allgemeinen Grundsätze nach §§ 17, 18, 22, 30.[21] Auch die juristische Person nach § 33 kann deshalb eine Personen-, Sach- oder Fantasiefirma wählen oder die Firma eines übernommenen Handelsgeschäfts fortführen.[22] Ein besonderer **Rechtsformzusatz** für die juristische Person nach § 33 ist in § 19 nicht vorgesehen.[23] Auch wenn es wünschenswert wäre, dass auch aus der Firma der juristischen Person deren Rechtsform für den Verkehr erkennbar wird, kann der Zusatz „e.K." nicht als Ersatz herangezogen werden, da er als solcher nicht zutreffend ist.[24] Der Schutz des Verkehrs kann deshalb nur über § 33 Abs. 4, § 37a erreicht werden. Der **Unternehmensgegenstand** ist ausreichend bestimmt und verständlich anzugeben, weshalb eine allgemeine Bezeichnung wie „Handelsgeschäft" nicht ausreicht.[25] Hier können die zu § 3 Abs. 1 Nr. 2 GmbHG, § 23 Abs. 3 Nr. 2 AktG entwickelten Grundsätze herangezogen werden.[26] Unter **Sitz** der juristischen Person ist grundsätzlich der satzungsgemäße Sitz zu verstehen.[27] Zusätzlich kann es erforderlich sein, auch den tatsächlichen Verwaltungssitz bzw. den Ort der Handelsniederlassung anzugeben, wenn dieser nicht mit dem satzungsgemäßen Sitz zusammenfällt.[28] 4

4. Prüfungsverfahren und Eintragung. Die gerichtliche Zuständigkeit für die Eintragung der juristischen Person nach § 33 bestimmt sich nach § 29. **Zuständig** ist das Gericht der Handelsniederlassung bzw. des tatsächlichen Verwaltungssitzes.[29] Das Registergericht prüft die formelle und materielle Ordnungsgemäßheit der Anmeldung, wozu insbesondere gehört, ob die juristische Person tatsächlich entstanden (und im Inland anerkannt)[30] ist und ob die zur Anmeldung verpflichteten Organe ordnungsgemäß bestellt wurden.[31] Die Eintragung selbst richtet sich nach § 33 Abs. 2 S. 2. Die Eintragung hat die **Wirkungen der §§ 5, 15.**[32] 5

5. Zweigniederlassungen. Für Zweigniederlassungen von juristischen Personen nach § 33 gelten §§ 13 ff. § 33 Abs. 3 bestimmt lediglich in Abweichung von Abs. 1, dass die Anmeldung durch den Vorstand erfolgen kann, dabei diejenigen Vorstandsmitglieder, die die juristische Person satzungsgemäß vertreten können.[33] 6

§ 34 [Anmeldung und Eintragung von Änderungen]

(1) Jede Änderung der nach § 33 Abs. 2 Satz 2 und 3 einzutragenden Tatsachen oder der Satzung, die Auflösung der juristischen Person, falls sie nicht die Folge der Eröffnung des Insolvenzverfahrens ist, sowie die Personen der Liquidatoren, ihre Vertretungsmacht, jeder Wechsel der Liquidatoren und jede Änderung ihrer Vertretungsmacht sind zur Eintragung in das Handelsregister anzumelden.

---

[19] Ebenroth/Boujong/Reuschle Rn. 6; vgl. auch MüKoHGB/Krafka Rn. 10.
[20] RGHMW/Ries Rn. 5; Staub/Burgard Rn. 35.
[21] BayObLG 21.3.2001, NJW-RR 2001, 1688 auch zu zulässigen Mehrfachfirmen nach dem maßgeblichen öffentlichen Recht; 21.3.1986, BayObLGZ 1986, 61; Deike NotBZ 2000, 155 (157).
[22] Vgl. dazu Wünsch FS Kralik, 1986, 612.
[23] Vgl. hierzu auch OLG Zweibrücken 28.5.2010, Rpfleger 2011, 91.
[24] MüKoHGB/Krafka Rn. 12; Ebenroth/Boujong/Reuschle Rn. 8; **aA** W.-H. Roth FS Lutter, 2000, 651 (663).
[25] BayObLG 1.8.1994, BB 1994, 1811 = NJW-RR 1995, 31; Ebenroth/Boujong/Reuschle Rn. 10; RGHMW/Ries Rn. 7.
[26] Vgl. Lutter/Hommelhoff/Bayer GmbHG § 3 Rn. 10; Wicke GmbHG § 3 Rn. 5.
[27] RGHMW/Ries Rn. 8; für einen Mehrfachsitz nach öffentlich-rechtlichen Vorschriften vgl. BayObLG 19.7.2000, BayObLGZ 2000, 210; OLG Frankfurt 29.12.2000, FGPrax 2001, 86.
[28] Ebenroth/Boujong/Reuschle Rn. 9; teilweise anders für ausländische juristische Personen Staub/Burgard Fn. 91(nur der tatsächliche Verwaltungssitz).
[29] RGHMW/Ries Rn. 10.
[30] BayObLG 21.3.1986, BayObLGZ 1986, 61.
[31] Ebenroth/Boujong/Reuschle Rn. 14.
[32] MüKoHGB/Krafka Rn. 20.
[33] Hopt/Merkt Rn. 2; Ebenroth/Boujong/Reuschle Rn. 13.

(2) Bei der Eintragung einer Änderung der Satzung genügt, soweit nicht die Änderung die in § 33 Abs. 2 Satz 2 und 3 bezeichneten Angaben betrifft, die Bezugnahme auf die bei dem Gericht eingereichten Urkunden über die Änderung.

(3) Die Anmeldung hat durch den Vorstand oder, sofern die Eintragung erst nach der Anmeldung der ersten Liquidatoren geschehen soll, durch die Liquidatoren zu erfolgen.

(4) Die Eintragung gerichtlich bestellter Vorstandsmitglieder oder Liquidatoren geschieht von Amts wegen.

(5) Im Falle des Insolvenzverfahrens finden die Vorschriften des § 32 Anwendung.

I. Allgemeines

1 Die Norm betrifft die Anmeldung und Eintragung von **Änderungen** bei einer juristischen Person nach § 33.[1] Sie steht also im Interesse der zuverlässigen Auskunft des Handelsregisters im selben Verhältnis zu § 33 wie § 31 zu § 29. § 34 ist nach § 172 VAG auch auf den VVaG anwendbar, weil für diesen entsprechend vollständige sondergesetzliche Regelungen fehlen.

II. Anzumeldende Änderungen

2 Anzumelden und einzutragen sind nach § 34 Abs. 1 Änderungen, die die eintragungspflichtigen Tatsachen nach **§ 33 Abs. 2 S. 2** betreffen, also eine Änderung der Firma, des Sitzes, des Unternehmensgegenstandes, der Vorstandsmitglieder und deren Vertretungsmacht sowie Änderungen einer Bestimmung der Zeitdauer des Unternehmens (§ 33 Abs. 2 S. 3). Entsprechend § 33 Abs. 2 S. 1 sind die die Änderung betreffenden Beschlüsse in Urschrift oder beglaubigter Abschrift vorzulegen.[2] Anzumelden ist auch eine **Satzungsänderung.** Das gilt im Hinblick auf § 33 Abs. 2 S. 1 und das Einsichtsrecht nach § 9 auch dann, wenn die Satzungsänderung an sich eine nicht nach § 33 Abs. 2 eintragungspflichtige Tatsache betrifft.[3] Allerdings gelten bei der Eintragung von Satzungsänderungen die Erleichterungen nach § 34 Abs. 2, es genügt also ein Hinweis im Handelsregister auf den eingereichten Änderungsbeschluss.[4] Für den VVaG gilt insoweit § 196 VAG. Anzumelden und einzutragen sind nach § 34 Abs. 1 schließlich die Auflösung der juristischen Person sowie Person (Name, Wohnort, Beruf) und Vertretungsmacht der Liquidatoren. In entsprechender Anwendung von § 31 Abs. 2 S. 1 ist auch das **Erlöschen der Firma** einzutragen. Hat die juristische Person trotz ihres Weiterbestehens im Übrigen keine handelsrechtliche Relevanz mehr, weil das Handelsgeschäft nicht mehr betrieben wird und die Firma erloschen ist, sind nach der Eintragung des Erlöschens spätere Änderungen nicht mehr einzutragen.[5] Erfolgt die Auflösung aufgrund der Eröffnung eines Insolvenzverfahrens, ist nach § 34 Abs. 5 auch bei der juristischen Person § 32 anzuwenden und sind die entsprechenden Eintragungen vorzunehmen.

III. Anmeldepflichtige und Verfahren

3 Zur Anmeldung verpflichtet ist der **Vorstand** in vertretungsberechtigter Zahl[6] bzw. (nach Anmeldung der ersten Liquidatoren) die Liquidatoren (§ 34 Abs. 3). Gibt es einen Wechsel im Vorstand, so dürfen an der Anmeldung neben den verbleibenden vertretungsberechtigten Vorstandsmitgliedern nur die neu eintretenden, nicht aber die ausscheidenden Vorstandsmitglieder mitwirken.[7] Für die Vertretung der juristischen Person bei der Anmeldung von Zweigniederlassungen gilt § 34 Abs. 3, sonst §§ 13 ff. Gerichtlich bestellte Vorstandsmitglieder oder Liquidatoren sind von Amts wegen einzutragen (§ 34 Abs. 4). Das gilt auch für die Maßnahmen nach § 32, § 34 Abs. 5, § 31 Abs. 2.[8]

4 Das nach §§ 29, 33 zuständige **Registergericht** prüft die Anmeldung in formeller und materieller Hinsicht, bei Änderungen also insbesondere die ordnungsgemäße Bestellung von Vorstandsmitgliedern. Die Anmeldung von Änderungen kann nach § 14 zwangsweise herbeigeführt werden. Mit Ausnahme der Satzungsänderungen iSv § 34 Abs. 2 sind die Änderungen in das Handelsregister

---

[1] OLG Hamm 9.9.2010, ZIP 2011, 230 (auch Sparkassen als selbständige juristische Personen des öffentlichen Rechts).

[2] Ebenroth/Boujong/Reuschle Rn. 3.

[3] MüKoHGB/Krafka Rn. 3; Ebenroth/Boujong/Reuschle Rn. 4.

[4] Staub/Burgard Rn. 7; RGHMW/Ries Rn. 3.

[5] Staub/Burgard Rn. 10; Heymann/Förster Rn. 9.

[6] Hopt/Merkt Rn. 3; RGHMW/Ries Rn. 4 (auch zur gemischten Gesamtvertretung); Ebenroth/Boujong/Reuschle Rn. 7.

[7] Ebenroth/Boujong/Reuschle Rn. 7.

[8] RGHMW/Ries Rn. 5; Ebenroth/Boujong/Reuschle Rn. 9.

einzutragen und nach § 10 bekannt zu machen.[9] Dann findet § 15 Anwendung. Beim VVaG gilt wegen Satzungsänderungen § 196 VAG.

§§ 35, 36 *[aufgehoben]*

§ 37 [Unzulässiger Firmengebrauch]

(1) Wer eine nach den Vorschriften dieses Abschnitts ihm nicht zustehende Firma gebraucht, ist von dem Registergerichte zur Unterlassung des Gebrauchs der Firma durch Festsetzung von Ordnungsgeld anzuhalten.

(2) [1]Wer in seinen Rechten dadurch verletzt wird, daß ein anderer eine Firma unbefugt gebraucht, kann von diesem die Unterlassung des Gebrauchs der Firma verlangen. [2]Ein nach sonstigen Vorschriften begründeter Anspruch auf Schadensersatz bleibt unberührt.

Schrifttum: Bokelmann, Der Gebrauch von Geschäftsbezeichnungen mit Inhaberzusatz durch Nichtkaufleute und Minderkaufleute, NJW 1987, 1683; Frey, Verwendung einer schutzfähigen Geschäftsbezeichnung als unberechtigter Firmenmissbrauch?, DB 1993, 2169; v. Gamm, Die Unterlassungsklage gegen Firmenmissbrauch, FS Stimpel, 1985, 1007; v. Gamm, Entwicklungen und neuere Rechtsprechung im Kennzeichnungsrecht, WM 1985, 849; Goldmann, Der Schutz des Unternehmenskennzeichens, 3. Aufl. 2008; Knaak, Firma und Firmenschutz, 1986; Nägele, Das Verhältnis des Schutzes geschäftlicher Bezeichnungen nach § 15 MarkenG zum Namensschutz nach § 12 BGB, GRUR 2007, 1007; Pöpel, Die unwahr gewordene Firma, Irreführungsverbot versus Bestandsschutz, 1995; W.-H. Roth, Unzulässiger firmenmäßiger Gebrauch einer zulässig geführten Geschäftsbezeichnung, ZGR 1992, 632; K. Schmidt, Das Verbot der „firmenähnlichen Geschäftsbezeichnung“: Geltendes Handelsrecht oder gesetzwidrige Erfindung?, DB 1987, 1181; K. Schmidt, Replik: Das geltende Handelsrecht kennt kein Verbot der „firmenähnlichen Geschäftsbezeichnung“, DB 1987, 1674; Ullmann, Die Verwendung von Marke, Geschäftsbezeichnung und Firma im geschäftlichen Verkehr, insbesondere des Franchising, NJW 1994, 1255; Wessel, Nochmals: Das Verbot der firmenähnlichen Geschäftsbezeichnung: Geltendes Handelsrecht oder gesetzwidrige Erfindung?, DB 1987, 11 673; Zwernemann, Der Name der Gesellschaft des bürgerlichen Rechts, BB 1987, 774.

Übersicht

I. Allgemeines

1. Normzweck. § 37 Abs. 1 regelt das Firmenmissbrauchsverfahren, das die Möglichkeiten des Einschreitens des Registergerichts von Amts wegen gegen unzulässigen Firmengebrauch zum Gegenstand hat. § 37 Abs. 2 betrifft demgegenüber die Unterlassungsklage Dritter gegenüber unbefugtem Firmengebrauch und macht damit die Initiative Privater für den Firmenschutz nutzbar.[1] Beide Verfahrensweisen dienen dem **öffentlichen Interesse** an der Einhaltung des Firmenrechts im Geschäftsverkehr,[2] wobei § 37 Abs. 2 auch einen Schutz privater Dritter einschließt.[3] Der firmenrechtliche Unterlassungsanspruch nach § 37 Abs. 2 steht neben den Ansprüchen von Mitbewerbern nach § 8 Abs. 1 UWG, § 3a UWG, § 4 UWG, § 5 Abs. 1, 3 UWG bzw. von Inhabern von Namens- 1

[9] Ebenroth/Boujong/Reuschle Rn. 8.

[1] BGH 10.11.1969, NJW 1970, 704 (705); v. Gamm FS Stimpel, 1985, 1007 (1010).

[2] Hopt/Merkt Rn. 1.

[3] OLG Hamm 29.8.1983, GRUR 1983, 679 (682); Canaris HandelsR § 11 Rn. 45; RGHMW/Ries Rn. 2; Ebenroth/Boujong/Reuschle Rn. 1; diff. MüKoHGB/Krebs Rn. 2: „nicht primär“; GK-HGB/Steitz Rn. 1 (sowohl im öffentlichen, als auch im privaten Interesse liegend).

oder Kennzeichnungsrechten nach § 12 BGB, §§ 5, 15 MarkenG, wodurch der materielle Firmenschutz im Kern bereits sichergestellt ist.[4] Gleichwohl hat § 37 Abs. 2 allein wegen der teilweise abweichenden Anspruchsvoraussetzungen nach wie vor eine eigene Berechtigung.[5]

2 **2. Anwendungsbereich.** § 37 gilt für **alle Firmen aller Unternehmensträger.** Das bedeutet, dass die Norm für die Firma des Einzelkaufmanns und von Personenhandelsgesellschaften (OHG, KG) gilt, aber auch für die Firmen der GmbH, der AG (§ 6), der Genossenschaft und des VVaG (§ 17 Abs. 2 GenG; § 172 VAG). Nach § 2 Abs. 2 PartGG gilt § 37 entsprechend für den Namen der Partnerschaftsgesellschaft und nach § 707b S. 1 Nr. 1 BGB entsprechend für den Namen der eingetragenen Gesellschaft bürgerlichen Rechts. Schließlich ist die Norm auch entsprechend anwendbar auf den unzulässigen **Firmengebrauch eines Nicht-Firmenfähigen** (zB Kleingewerbetreibende, Freiberufler oder GbR).[6] Allerdings ist zu berücksichtigen, dass nicht jede firmenähnliche Geschäftsbezeichnung, die irgendeine Ähnlichkeit mit einer Firma besitzt, unzulässig ist und ein Einschreiten des Registergerichts rechtfertigt, sondern dass dies nur bei denjenigen Geschäftsbezeichnungen gilt, die insbesondere durch einen Rechtsformzusatz wie eine Firma gebildet und gebraucht und deshalb mit einer Firma verwechselt werden können (→ § 17 Rn. 8).

II. Firmenmissbrauchsverfahren nach Abs. 1

3 **1. Gebrauch der Firma.** Firmengebrauch iSv § 37 ist jede Handlung eines Unternehmensträgers, die sich unmittelbar auf den Geschäftsbetrieb bezieht und den Willen des Geschäftsinhabers zum Ausdruck bringt, die verwendete Bezeichnung im Geschäftsverkehr auf Dauer angelegt[7] als eigenen Handelsnamen, also zur Individualisierung des eigenen Geschäftsbetriebs zu benutzen **(firmenmäßiger Gebrauch).**[8] Maßgeblich ist, auch in Bezug auf die Abgrenzung zur Geschäftsbezeichnung (→ § 17 Rn. 8), die **Verkehrsauffassung,** nicht die eigene Vorstellung des Geschäftsinhabers.[9] Firmengebrauch ist anzunehmen bei der Anmeldung zum Handelsregister bzw. der (Duldung der) Eintragung im Handelsregister[10] sowie bei der Verwendung auf Geschäftsbriefen (§ 37a), sonstigen Geschäftspapieren[11] und Tür- oder Firmenschildern. Ein Firmengebrauch liegt nicht vor, wenn die Benutzung rein innerbetrieblich[12] oder im Ausland[13] erfolgt. Ein Firmengebrauch ist auch dann nicht anzunehmen, wenn es sich um eine schlagwortartig verkürzte, vom Verkehr auch so verstandene Beschreibung des Geschäftsbetriebs in der **Werbung,** in Adressverzeichnissen mit Werbecharakter oder bei mündlichen Geschäftsabschlüssen handelt.[14]

4 **2. Unzulässigkeit des Gebrauchs.** Ein Gebrauch einer dem Unternehmensträger nicht zustehenden Firma liegt immer dann vor, wenn eine unzulässige Firma geführt wird. Dies ist nicht nur dann der Fall, wenn die Firma gegen die Firmenbildungs- und Firmenfortführungsregelungen des dritten Abschnitts (§§ 17–19, 21–24[15] und 30) verstößt, sondern auch dann, wenn **firmenrechtliche**

---

[4] Canaris HandelsR § 11 Rn. 44 (geringe praktische Bedeutung hervorhebend); RGHMW/Ries Rn. 2; Ebenroth/Boujong/Reuschle Rn. 1.

[5] Krit. hierzu MüKoHGB/Krebs Rn. 3 (de lege ferenda eine Integration in § 15 MarkenG wünschend); krit. K. Schmidt HandelsR § 12 Rn. 138 (die Vorschrift im heutigen System des Unternehmensschutzes für entbehrlich haltend).

[6] Vgl. aber auch MüKoHGB/Krebs Rn. 7: kein Raum für Analogie; diff. zum Einschreiten des Registergerichts gegen Freiberufler Canaris HandelsR § 11 VI 1b; zum Meinungsstand iÜ: BayObLG 24.9.1998, NJW 1999, 297; OLG Hamm 11.8.1989, BB 1990, 154; OLG Frankfurt 30.6.1980, Rpfleger 1980, 472; K. Schmidt HandelsR § 12 Rn. 139; Hopt/Merkt Rn. 2; KKD/Roth/Stelmaszczyk Rn. 2; RGHMW/Ries Rn. 13; Ebenroth/Boujong/Reuschle Rn. 2; Oetker HandelsR § 4 Rn. 106.

[7] Zum hierdurch zum Ausdruck kommenden Element der Wiederholungsgefahr vgl. BayObLG 6.2.1992, BB 1992, 943; MüKoHGB/Krebs Rn. 13.

[8] BGH 8.4.1991, NJW 1991, 2023; OLG Köln 5.11.2010, NZG 2011, 155; OLG Stuttgart 7.11.1995, NJW-RR 1996, 936; Hopt/Merkt Rn. 3; Ebenroth/Boujong/Reuschle Rn. 3; KKD/Roth/Stelmaszczyk Rn. 4; RGHMW/Ries Rn. 4; K. Schmidt DB 1987, 1181 und 1674.

[9] BGH 8.4.1991, NJW 1991, 2023; Hopt/Merkt Rn. 3;BeckOK HGB/Bömeke, 46. Ed. 1.1.2025, HGB Rn. 10 RGHMW.

[10] BayObLG 28.4.1988, NJW-RR 1989, 100; KKD/Roth/Stelmaszczyk Rn. 4.

[11] OLG Hamm 27.5.2008, DB 2008, 2303; BayObLG 6.2.1992, BB 1992, 943.

[12] MüKoHGB/Krebs Rn. 10; RGHMW/Ries Rn. 5.

[13] OLG Karlsruhe 24.10.1984, WRP 1985, 104; diff. MüKoHGB/Krebs Rn. 11.

[14] BGH 8.4.1991, NJW 1991, 2023; BayObLG 28.4.1998, NJW 1999, 257; OLG Düsseldorf 7.11.1995, NJW-RR 1996, 936; OLG Stuttgart 26.4.1991, BB 1991, 93; RGHMW/Ries Rn. 7; Hopt/Merkt Rn. 3; vgl. zum nicht inhaberbezogenen bzw. schlagwortartigen Gebrauch ausf. MüKoHGB/Krebs Rn. 14–21; Ullmann NJW 1994, 1255.

[15] Vgl. hierzu Canaris HandelsR § 11 Rn. 43; zum Firmengebrauch einer im Ausland gegründeten und eingetragenen Handelsgesellschaft OLG Hamm 27.5.2008, GmbHR 2009, 736.

Normen missachtet werden, die sich in Spezialgesetzen befinden (§§ 4, 279 AktG, § 4 GmbHG, § 3 GenG, § 174 Abs. 2 VAG, § 2 PartGG, §§ 39 ff. KWG, §§ 3, 4 KAGB, §§ 32, 43 StBerG, §§ 130, 132 WPO, §§ 18, 200 UmwG).[16] Die Vereinbarkeit mit namens-, kennzeichnungs- oder wettbewerbsrechtlichen Bestimmungen (§ 12 BGB, § 5 MarkenG, § 5 Abs. 1 UWG) ist für das Registergericht allerdings genauso wenig maßgeblich wie vertragliche Abreden.[17]

Ohne Bedeutung ist, ob die Firma von Anfang an gegen eine dieser Normen verstoßen hat oder erst durch spätere Veränderung der tatsächlichen Verhältnisse unzulässig wird.[18] Ausnahmsweise kann der wegen geänderter Verkehrsauffassung unzulässig gewordenen Firma **Bestandsschutz**[19] zukommen. Hier muss eine Einzelfallabwägung vorgenommen werden, die den Grad der Irreführungseignung, die mögliche Bösgläubigkeit des Firmenführers und den erworbenen wirtschaftlichen Wert der Firma in die Entscheidung mit einbezieht.[20] Nur ganz ausnahmsweise können solche Bestandsschutzinteressen auch zum Zuge kommen, wenn es sich um eine schon lange eingetragene und benutzte, aber von Anfang an unzulässige Firma handelt.[21] Im Übrigen ist der unzulässige Firmengebrauch nach § 37 stets nach objektiven Kriterien zu beurteilen. Verschulden spielt keine Rolle.[22] Auch die **Eintragung** einer unzulässig gebildeten Firma hindert die Anwendung von § 37 nicht; die unterlassene Anmeldung zur Eintragung ist allerdings allein nach § 14 zu erzwingen.[23] Unzulässiger Firmengebrauch liegt auch dann vor, wenn eine von der eingetragenen Firma unterschiedliche Firmierung verwendet wird.[24] § 37 ist nicht abdingbar, sodass ein Einschreiten des Registergerichts wegen unzulässiger Firmenführung nach § 37 Abs. 1 nicht durch Parteivereinbarung verhindert werden kann.[25] Auch eine Gestattung (zB des Namensinhabers) hat lediglich Auswirkungen auf den Ausschluss von Unterlassungsansprüchen nach § 37 Abs. 2, § 12 BGB.[26] 5

3. Verfahren. a) Entscheidung des Registergerichts. Das Firmenmissbrauchsverfahren wird von Amts wegen durchgeführt. Anträge von Klageberechtigten iSv § 37 Abs. 2 sind als bloße Anregung zur Verfahrenseinleitung von Amts wegen zu verstehen.[27] Bei der Einleitung des Verfahrens steht dem Registergericht nach dem insoweit eindeutigen Wortlaut von § 37 Abs. 1 **kein Ermessen** zu.[28] Nur eine solche Sichtweise stellt den erforderlichen Gleichklang zu § 37 Abs. 2 her, durch den Dritten Unterlassungsansprüche ohne Rücksicht auf irgendein Ermessen eingeräumt werden. Soweit vor allem die Rspr.[29] einerseits doch von einem gebundenen Ermessen ausgeht und andererseits keine materiellrechtliche Prüfung der Zulässigkeit der Firmenführung im Zusammenhang mit der Frage des Bestandsschutzes vornimmt (→ Rn. 5), gelangt sie nicht zu unterschiedlichen Ergebnissen. Denn die Kriterien, die einen Bestandsschutz rechtfertigen sind dieselben wie diejenigen, die bei einer Abwägung von privaten und öffentlichen Interessen im Rahmen einer gebundenen Ermessens- 6

---

[16] Weitere Beispiele firmenrechtlicher Sondervorschriften bei MüKoHGB/Krebs Rn. 23.

[17] RGHMW/Ries Rn. 8; Heymann/Förster Rn. 17; v. Gamm FS Stimpel, 1985, 1007 (1008); Canaris HandelsR § 11 Rn. 43.

[18] Staub/Burgard Rn. 10; MüKoHGB/Krebs Rn. 26; Ebenroth/Boujong/Reuschle Rn. 6; **aA** Heymann/Förster Rn. 19; zur Unwirksamkeit aufgrund von Gesetzesänderungen vgl. den (zuletzt zeitlich beschränkten) Bestandsschutz in den Übergangsregelungen in Art. 22, 38 EGHGB.

[19] Vgl. BGH 4.3.1993, NJW-RR 1993, 1129; Begründungsansatz im Schrifttum str.: zutr. RGHMW/Ries Rn. 10; Staub/Burgard Rn. 11 (Frage des materiellen Rechts im Einzelfall); vgl. auch Ebenroth/Boujong/Reuschle Rn. 13; Hopt/Merkt Rn. 6; KKD/Roth/Stelmaszczyk Rn. 6 (Ermessen bei Einleitung des Firmenmissbrauchsverfahrens); wieder anders MüKoHGB/Krebs Rn. 29 (Art. 22 EGHGB analog).

[20] BGH 26.9.1980, GRUR 1981, 60 – Sitex; 15.10.1976, GRUR 1977, 159 – Ostfriesische Teegesellschaft; 18.9.1975, NJW 1976, 48; 12.7.1965, NJW 1965, 1915; vgl. auch ausf. MüKoHGB/Krebs Rn. 31 ff. (auch zur Erwirkung).

[21] BayObLG 7.5.1986, BayObLGZ 1986, 150 (im Zusammenhang mit einer Ermessensausübung bei der Einleitung des Firmenmissbrauchsverfahrens).

[22] KKD/Roth/Stelmaszczyk Rn. 5; GK-HGB/Steitz Rn. 9 (guter Glaube schützt nicht); die Festsetzung eines Ordnungsgeldes setzt allerdings eine schuldhafte Zuwiderhandlung voraus; vgl. Ebenroth/Boujong/Reuschle Rn. 8, 16.

[23] MüKoHGB/Krebs Rn. 25; Ebenroth/Boujong/Reuschle Rn. 7; RGHMW/Ries Rn. 9.

[24] OLG Hamburg 12.8.1998, OLGR 1998, 53; Hopt/Merkt Rn. 4.

[25] Ebenroth/Boujong/Reuschle Rn. 9.

[26] *HK-HGB/Ruß* Rn. 5.

[27] BGH 10.11.1969, NJW 1970, 704; vgl. auch OLG Hamm 23.12.2004, NJW-RR 2005, 767; K. Schmidt HandelsR § 12 Rn. 141 (kein durchsetzbares Antragsrecht); Ebenroth/Boujong/Reuschle Rn. 15 (auch zu Unterstützungspflichten nach § 380 FamFG).

[28] MüKoHGB/Krebs Rn. 35; NK-HGB/Lamsa Rn. 6; Oetker HandelsR § 4 Rn. 107; diff. KKD/Roth/Stelmaszczyk Rn. 6; Heymann/Förster Rn. 26; **aA** BayObLG 23.2.1989, NJW-RR 1989, 867; Hopt/Merkt Rn. 6; GK-HGB/Steitz Rn. 11.

[29] BayObLG 23.2.1989, NJW-RR 1989, 867; 7.5.1986, BayObLGZ 1986, 150; OLG Köln 7.9.1977, BB 1977, 1671.

entscheidung berücksichtigt werden. Die Prüfung firmenrechtlicher Verstöße im Firmenmissbrauchsverfahren (wie auch im Amtslöschungsverfahren) unterliegt den **verfahrensrechtlichen und materiellrechtlichen Beschränkungen** nach § 18 Abs. 2[30] (→ § 18 Rn. 19, → § 18 Rn. 21).

7 **b) Androhungsverfügung.** Das registergerichtliche Firmenmissbrauchsverfahren richtet sich nach **§ 392 FamFG iVm §§ 388 ff. FamFG.** Zunächst wird dem Betroffenen[31] unter Androhung eines Ordnungsgeldes aufgegeben, den Gebrauch der konkreten, genau zu bezeichnenden, unzulässigen Firma im Ganzen[32] zu unterlassen oder innerhalb einer bestimmten, im Beschluss festzusetzenden Frist den Gebrauch der Firma durch einen Einspruch zu rechtfertigen (§ 392 Abs. 1 Nr. 1 FamFG). Nicht angeordnet werden darf das Löschen oder Ändern der unzulässigen Firma, weil das Firmenmissbrauchsverfahren nicht den Zweck hat, zu einer bestimmten zulässigen Firma zu zwingen.[33] Die gesetzte, verlängerbare Frist darf nicht unangemessen kurz sein,[34] die Höchstsumme des anzudrohenden Ordnungsgeldes beträgt 1.000 Euro (Art. 6 EGStGB).[35] Eine Bezeichnung „Ordnungsgeld von bis zu …" ist zulässig, wenn die ausgesprochene Höchstgrenze in Betracht kommen kann.[36] Ohne Ordnungsgeldandrohung ist eine spätere Ordnungsgeldfestsetzung stets rechtswidrig.[37]

8 **c) Festsetzung des Ordnungsgeldes.** Nach § 392 Abs. 1 Nr. 2 FamFG darf eine Ordnungsgeldfestsetzung nur erfolgen, wenn die Androhungsverfügung wegen Ablaufs der Einspruchsfrist oder rechtskräftiger Verwerfung des Einspruchs rechtskräftig ist und eine schuldhafte Zuwiderhandlung[38] nach förmlicher Bekanntmachung (Zustellung) der Androhungsverfügung (§§ 40, 41 FamFG) festzustellen ist.

9 **d) Einspruchs- und Beschwerdeverfahren.** Wird rechtzeitig Einspruch eingelegt und ist dieser, ohne dass weitere Ermittlungen erforderlich wären, begründet, so ist die Androhungsverfügung aufzuheben. In allen anderen Fällen ist auf den Einspruch hin ein Termin zur mündlichen Verhandlung zu bestimmen.[39] Wird der Einspruch nach der mündlichen Verhandlung für begründet erachtet, wird die Androhungsverfügung aufgehoben. Ansonsten wird der Einspruch verworfen. Zuständig ist der Rechtspfleger (§ 3 Nr. 2 lit. d RPflG) beim Amtsgericht (§ 23a Abs. 2 Nr. 3 GVG, §§ 374, 376 FamFG). Für das Beschwerdeverfahren gilt: Über die Beschwerde nach § 391 FamFG entscheidet nach § 119 Abs. 1 Nr. 1 lit. b GVG, § 23a Abs. 2 Nr. 3 GVG, §§ 59, 63 FamFG das Oberlandesgericht. Beschwerdebefugt ist, wer in seinen Rechten beeinträchtigt ist; dies ist nicht ein das Firmenmissbrauchsverfahren Anregender.[40] Gegen die Entscheidung des Oberlandesgerichts ist die Zulassungsrechtsbeschwerde (§ 70 FamFG) gegeben. Bei Altfällen[41] ist gegen die Entscheidung des Rechtspflegers ist nach §§ 391, 392 Abs. 1 FamFG, §§ 58, 63 FamFG die Beschwerde binnen Monatsfrist statthaft.

10 **e) Abgrenzungen.** Neben dem Firmenmissbrauchsverfahren ist grundsätzlich auch ein Amtslöschungsverfahren nach § 395 FamFG möglich.[42] Da in der Anmeldung bzw. Eintragung einer unzulässigen Firma ein Firmengebrauch zu sehen ist, ist es grundsätzlich sinnvoll das Eintragungsverfahren auszusetzen, bis ein Firmenmissbrauchsverfahren abgeschlossen ist.[43] Auch Firmenmissbrauchsverfahren nach § 37 Abs. 1 und Unterlassungsklage nach § 37 Abs. 2 können nebeneinander stehen, allerdings mit der Möglichkeit das Missbrauchsverfahren nach §§ 381, 21 Abs. 1 FamFG auszusetzen.[44]

III. Unterlassungsklage nach Abs. 2

11 **1. Allgemeines.** Der (verschuldensunabhängige) Unterlassungsanspruch nach § 37 Abs. 2 bezieht die Initiative privater Dritter in das System des Firmenschutzes ein. Wer durch einen unbefugten

[30] RGHMW/Ries Rn. 1, 15; MüKoHGB/Krebs Rn. 24.
[31] Natürliche Person oder gesetzlicher Vertreter der Personenhandelsgesellschaft oder juristischen Person, die die unzulässige Firma führt; vgl. RGHMW/Ries Rn. 18.
[32] Vgl. BayObLG 24.9.1998, NJW 1999, 297; Hopt/Merkt Rn. 5.
[33] MüKoHGB/Krebs Rn. 37; Hopt/Merkt Rn. 5; Staub/Burgard Rn. 36; RGHMW/Ries Rn. 17.
[34] RGHMW/Ries Rn. 17.
[35] BayObLG 24.9.1998, NJW 1999, 297 (§ 14 nicht anwendbar).
[36] BGH 3.10.1973, NJW 1973, 2288.
[37] BayObLG 24.9.1998, NJW 1999, 297.
[38] BayObLG 7.5.1986, BayObLGZ 1986, 150; OLG Frankfurt 24.3.1980, Rpfleger 1980, 345.
[39] OLG Düsseldorf 27.3.1998, FGPrax 1998, 149.
[40] BGH 5.3.2024, NZG 2024, 999, vgl. auch Vorinstanz: OLG Frankfurt 18.8.2023, BeckRS 2023, 43883.
[41] BGH 1.3.2010, NZG 2010, 347.
[42] BayObLG 23.2.1989, NJW-RR 1989, 867; RGHMW/Ries Rn. 25; teilweise anders Hopt/Merkt Rn. 8; MüKoHGB/Krebs Rn. 38; GK-HGB/Steitz Rn. 11; Ebenroth/Boujong/Reuschle Rn. 17 (vorzuziehen das Firmenmissbrauchsverfahren als weniger einschneidendes, milderes Mittel).
[43] BayObLG 28.4.1988, NJW-RR 1989, 100; diff. hierzu RGHMW/Ries Rn. 26.
[44] MüKoHGB/Krebs Rn. 40.

Firmengebrauch in seinen Rechten verletzt wird, kann unabhängig vom Einschreiten des Registergerichts von demjenigen, der die Firma unbefugt führt, Unterlassung des Firmengebrauchs verlangen. Die Verletzung eigener Rechte ist die Grundlage für die Klageberechtigung nach § 37 Abs. 2, eine Popularklage gibt es insoweit nicht.[45] Der **unbefugte firmenmäßige Gebrauch** der Firma nach § 37 Abs. 2 ist gleichbedeutend mit dem Gebrauch einer nicht zustehenden Firma iSv § 37 Abs. 1 (→ Rn. 3).[46] § 37 Abs. 2 ist nicht anwendbar bei einem nicht firmenmäßigen Gebrauch einer schlagwortartigen Unternehmenskennzeichnung[47] oder im Falle des nicht firmenmäßigen Gebrauchs in der Werbung. Im Rahmen der Unterlassungsklage nach § 37 Abs. 2 prüft das Prozessgericht **Verstöße gegen firmenrechtliche Vorschriften** eigenständig und ohne die Beschränkungen, denen das Registergericht im Zusammenhang mit § 18 Abs. 2 unterliegt.[48] Verstöße gegen das Namens-, Marken- oder Unlauterkeitsrecht beinhalten keinen im Verhältnis zu § 37 Abs. 2 identischen Streitgegenstand, weshalb darauf gestützte Unterlassungsansprüche (§ 12 BGB, §§ 5, 15 MarkenG, §§ 8, 5 Abs. 1 UWG) parallel geltend gemacht werden können und müssen.[49] Wie jeder Unterlassungsanspruch hat auch § 37 Abs. 2 zur Voraussetzung, dass Wiederholungs- oder Begehungsgefahr besteht.

2. Verletzung von eigenen Rechten. Unter einer Verletzung in eigenen Rechten iSv § 37 12
Abs. 2 ist nicht nur die Verletzung absoluter Rechte[50] zu verstehen, sondern die **unmittelbare**[51] **Verletzung rechtlicher Interessen wirtschaftlicher Art.**[52] Nur dieses weite Verständnis von der Klageberechtigung verschafft dem privatrechtlichen Unterlassungsanspruch nach § 37 Abs. 2 seine eigenständige Bedeutung gegenüber sonstigen Unterlassungsansprüchen bei Verletzung absoluter Rechte (§§ 5, 15 MarkenG, §§ 12, 823, 1004 BGB) oder nach §§ 8, 3, 5 Abs. 1 UWG. Eine Verletzung ideeller Interessen genügt nicht.[53] Dagegen reicht es aus, wenn die Parteien einer Unterlassungsklage nach § 37 Abs. 2 Mitbewerber sind.[54] Im Übrigen kommen eine Verletzung von eigenen Firmen-,[55] Namens-[56] oder Markenrechten in Betracht sowie die Verletzung sonstiger absoluter Rechte (Urheberrecht, Patentrecht).[57] Da Verbände iSv § 8 Abs. 3 Nr. 2 UWG mit eigenen Rechten ausgestattet sind, können sie, soweit diese Klagebefugnis reicht, auch Ansprüche nach § 37 Abs. 2 geltend machen.[58] Wegen der örtlichen Beschränkung des Unterscheidbarkeitserfordernisses iSv § 30 hat auch ein Unterlassungsanspruch nach § 37 Abs. 2, der allein auf eine Verletzung von § 30 gestützt wird, nur begrenzte räumliche Wirkung.[59]

3. Einwendungen. Eine Frage der Begründetheit des Unterlassungsanspruches ist, ob der Fir- 13
mengebrauch tatsächlich unbefugt ist und welche Einwendungen dem Unterlassungsschuldner insoweit zur Seite stehen. Bei der Verletzung von Namens-, Kennzeichnungs- und Firmenrechten ist die **Priorität** des Rechtes des Unterlassungsgläubigers zu prüfen.[60] Eine **Einwilligung** in die Benutzung der Firma bedeutet, dass der Firmengebrauch insoweit nicht durch den betroffenen Dritten, der über seine Rechte disponieren konnte, nach § 37 Abs. 2 unterbunden werden kann,[61] allerdings ein Firmenmissbrauchsverfahren durch das Registergericht nicht ausscheidet. Schließlich kann eine

---

[45] BGH 10.11.1969, NJW 1970, 704; v. Gamm FS Stimpel, 1985, 1007 (1010); KKD/Roth/Stelmaszczyk Rn. 8; NK-HGB/Lamsa Rn. 13; diff. Canaris HandelsR § 11 Rn. 45.

[46] MüKoHGB/Krebs Rn. 42; Ebenroth/Boujong/Reuschle Rn. 18; RGHMW/Ries Rn. 29; vgl. auch Hopt/Merkt Rn. 10.

[47] OLG Düsseldorf 7.11.1995, NJW-RR 1996, 936.

[48] Hopt/Merkt Rn. 10; RGHMW/Ries Rn. 29.

[49] MüKoHGB/Krebs Rn. 43 (zutr. systematische Stellung von § 37 Abs. 2 betonend); RGHMW/Ries Rn. 29.

[50] So noch RG 21.4.1931, RGZ 132, 311 (316).

[51] Vgl. RGHMW/Ries Rn. 30; MüKoHGB/Krebs Rn. 50 (grds. keine Klageberechtigung des Gesellschafters des Konkurrenzunternehmens).

[52] BGH 8.4.1991, NJW 1991, 2023; 10.11.1969, NJW 1970, 704; OLG Köln 12.8.1998, OLGR 1999, 53; Staub/Burgard Rn. 55, 56; MüKoHGB/Krebs Rn. 46; Hopt/Merkt Rn. 11; Ebenroth/Boujong/Reuschle Rn. 19; RGHMW/Ries Rn. 30; Heymann/Förster Rn. 35, 36; KKD/Roth/Stelmaszczyk Rn. 9.

[53] OLG Hamburg 10.3.1977, WRP 1977, 496; RGHMW/Ries Rn. 30; tendenziell weiter Staub/Burgard Rn. 56 (auch ideelle Interessen bei nicht wirtschaftlich tätigen Akteuren).

[54] OLG Hamburg 12.8.1998, OLGR 1999, 53; OLG Hamm 24.11.1988, NJW-RR 1989, 549.

[55] Auch das Zustimmungsrecht zur Firmenfortführung, vgl. OLG Hamm 29.8.1983, GRUR 1983, 679 (682).

[56] OLG Jena 30.6.1999, GRUR 2000, 435 (Ansprüche jedoch verneinend).

[57] Vgl. ausf. MüKoHGB/Krebs Rn. 49.

[58] MüKoHGB/Krebs Rn. 50; RGHMW/Ries Rn. 31; unklar insoweit BGH 16.1.1997, NJW 1997, 2817.

[59] Ebenroth/Boujong/Reuschle Rn. 24; vgl. zum territorialen Schutzbereich einer geschäftlichen Bezeichnung einer Apotheke auch KG 6.4.1999, OLGR 1999, 321.

[60] RGHMW/Ries Rn. 30.

[61] Ebenroth/Boujong/Reuschle Rn. 21; MüKoHGB/Krebs Rn. 51; iErg auch OLG Saarbrücken 24.3.1999, NJWE-WettbR 1999, 284; in der Begr. anders RGHMW/Ries Rn. 32: Klagebefugnis entfällt.

Verwirkung des Unterlassungsanspruchs in Betracht kommen.[62] Da auch der Anspruch nach § 37 Abs. 2 regelmäßig in der Regelverjährungsfrist von drei Jahren (§ 195 BGB) verjährt, ist es überzeugend, in Anlehnung an § 21 MarkenG von einer Verwirkung der Ansprüche des betroffenen Dritten dann auszugehen, wenn ein schutzwürdiger Besitzstand erworben wurde[63] und dieser mindestens fünf Jahre lang nicht gegen die Rechtsverletzung eingeschritten ist.[64] Wenn gewichtige Interessen der Allgemeinheit verletzt sind, wird ein schutzwürdiger Besitzstand allerdings zumeist nicht entstehen können.[65] Dass dem privatrechtlichen Unterlassungsanspruch des Dritten der Verwirkungseinwand entgegenstehen kann, hindert zudem nicht, dass das Registergericht von Amts wegen gegen die unzulässige Firma einschreitet.

14 **4. Antragsgestaltung.** Der Anspruch nach § 37 Abs. 2 ist auf **Unterlassung des unbefugten firmenmäßigen Gebrauchs** gerichtet, nicht etwa auf Änderung der benutzten Firma oder das Benutzen oder die Anmeldung einer bestimmten zulässigen Firma.[66] Das Begehren muss sich dabei auf das Unterlassen des Gebrauchs der unzulässigen Firma in ihrer Gesamtheit richten, nicht etwa nur auf einen einzelnen Teil, auch wenn dieser die Unzulässigkeit herbeiführt.[67] Der Anspruch kann auch im einstweiligen Verfügungsverfahren geltend gemacht werden, wobei die Eilbedürftigkeit darzulegen und glaubhaft zu machen ist, weil die Dringlichkeitsvermutung des § 12 Abs. 1 UWG nicht gilt.[68] Das Unterlassungsurteil bzw. die Unterlassungsverfügung werden nach § 890 ZPO vollstreckt, weshalb die Aufnahme der Ordnungsmittelandrohung bereits in den Klageantrag empfehlenswert ist. Weil auch die Eintragung im Handelsregister Firmengebrauch ist, kann der Unterlassungsantrag als besondere Form der Beseitigung[69] auch die **Löschung** der eingetragenen Firma umfassen.[70] Der Antrag kann insoweit auf Anmeldung zur Löschung gerichtet sein, sodass eine Vollstreckung nach § 894 ZPO möglich ist.[71] Dass im Rahmen des Löschungsantrags als milderes Mittel auch die Löschung bloß des unzulässigen Firmenbestandteils geboten sein kann,[72] wird mit guten Gründen angezweifelt.[73] Der Löschungsantrag kann nicht im Wege der einstweiligen Verfügung durchgesetzt werden.[74] Steht eine Eintragung unmittelbar bevor, kann aus dem Gesichtspunkt der Begehungsgefahr Unterlassung verlangt werden, die dann wiederum auch im Wege der einstweiligen Verfügung geltend gemacht werden kann.[75] Für die privatrechtlichen Unterlassungsklagen sind regelmäßig die Landgerichte zuständig.

15 **5. Andere Unterlassungsansprüche.** Privatrechtliche Unterlassungsansprüche für Dritte gewährt nicht nur § 37 Abs. 2. Betrifft dieser nämlich nur den relativ seltenen Fall des (unzulässigen) firmenmäßigen Gebrauchs, so sind Unterlassungsansprüche nach §§ 15, 5 MarkenG oder § 12 BGB bzw. § 8 Abs. 1 UWG von größerer Bedeutung. Unterlassungsansprüche nach dem Markengesetz bieten Schutz gegen Verwechslungen von Geschäftsbezeichnungen im geschäftlichen Verkehr. Das Namensrecht nach § 12 BGB rundet den Firmenschutz im nicht geschäftlichen, privaten Bereich ab. § 8 Abs. 1 UWG, § 5 Abs. 1 UWG gewährleisten einen ergänzenden Irreführungsschutz.[76] Im Bereich der Benutzung im geschäftlichen Verkehr gehen §§ 15, 5 MarkenG namensrechtlichen Ansprüchen vor.[77] Alle Unterlassungsansprüche setzen Wiederholungs- oder Erstbegehungsgefahr voraus, die jedoch regelmäßig durch die Verletzungshandlung indiziert ist.

---

[62] MüKoHGB/Krebs Rn. 52; Staub/Burgard Rn. 59; Heymann/Förster Rn. 37; Hopt/Merkt Rn. 12; GK-HGB/Steitz Rn. 20; **aA** RGHMW/Ries Rn. 33; KKD/Roth/Stelmaszczyk Rn. 12; v. Gamm FS Stimpel, 1985, 1007 (1013); diff. Ebenroth/Boujong/Reuschle Rn. 23; NK-HGB/Lamsa Rn. 16 (meistens zu verneinen); offengelassen in BGH 4.3.1993, GRUR 1993, 576 – Datatel.

[63] Staub/Burgard Rn. 59; Ebenroth/Boujong/Reuschle Rn. 23.

[64] MüKoHGB/Krebs Rn. 52.

[65] BGH 4.3.1993, GRUR 1993, 576 – Datatel; idS auch Canaris HandelsR § 11 Rn. 46; zu § 3 UWG aF bei geringer Irreführungsgefahr vgl. allerdings auch BGH 15.10.1976, GRUR 1977, 159 – Ostfriesische Teegesellschaft.

[66] GK-HGB/Steitz Rn. 19; Ebenroth/Boujong/Reuschle Rn. 29.

[67] MüKoHGB/Krebs Rn. 54; Hopt/Merkt Rn. 13; RGHMW/Ries Rn. 35.

[68] Vgl. MüKoUWG/Schlingloff UWG § 12 Rn. 66.

[69] OLG Hamm 23.12.2004, NJW-RR 2005, 767.

[70] RGHMW/Ries Rn. 34; Ebenroth/Boujong/Reuschle Rn. 29.

[71] RG 22.4.1896, RGZ 37, 58 (59); BayObLG 17.8.1983, Rpfleger 1983, 480; OLG München 10.6.2013, NZG 2013, 1114; Hopt/Merkt Rn. 13; RGHMW/Ries Rn. 34; krit. MüKoHGB/Krebs Rn. 55.

[72] BGH 26.9.1980, GRUR 1981, 60 – Sitex.

[73] MüKoHGB/Krebs Rn. 55; RGHMW/Ries Rn. 35; GK-HGB/Steitz Rn. 19.

[74] Vgl. MüKoUWG/Schlingloff UWG § 12 Rn. 17.

[75] Ebenroth/Boujong/Reuschle Rn. 29, auch zum dann bestehenden Widerspruchsrecht nach § 16 Abs. 2.

[76] Zum Nebeneinander der handelsrechtlichen und lauterkeitsrechtlichen Regelungen vgl. Ebenroth/Boujong/Reuschle § 18 Rn. 40 f.; MüKoUWG/Busche UWG § 5 Rn. 658 f.

[77] BGH 22.11.2001, GRUR 2002, 622 – shell.de.

a) Markenrechtliche Ansprüche. Der Anwendungsbereich der §§ 15, 5 MarkenG ist weiter, weil er nicht nur die (vollständige) Firma, sondern auch Firmenbestandteile und Firmenschlagworte erfasst.[78] Markenrechtliche Ansprüche können auf Unterlassung oder Löschung entweder eines Firmenbestandteils oder der gesamten Firma gerichtet sein.[79] Voraussetzungen für den Schutz nach § 5 MarkenG sind insbesondere die hinreichende Unterscheidungskraft und ein fehlendes Freihaltebedürfnis bzw. Verkehrsgeltung[80] (→ § 17 Rn. 7). Der Schutz entsteht durch erstmalige, befugte Benutzung der Bezeichnung im inländischen Verkehr. Voraussetzung für einen Unterlassungsanspruch gegen den Verletzer ist außerdem die **unternehmenskennzeichenmäßige Benutzung dieser Bezeichnung im geschäftlichen Verkehr** durch den Verletzer, also eine Benutzung zur individualisierenden Kennzeichnung von dessen Unternehmen im geschäftlichen Verkehr.[81] Schließlich muss **Verwechslungsgefahr** im engeren oder weiteren Sinne bestehen, damit ein markenrechtlicher Unterlassungsanspruch begründet ist; dies setzt, bei bestehender Wechselwirkung mit der vorhandenen Kennzeichnungskraft, insbesondere Waren-, Dienstleistungs- bzw. Branchenidentität oder -nähe sowie Identität oder Ähnlichkeit der Bezeichnungen voraus.[82] 16

b) Namensrechtliche Ansprüche. Unterlassungsansprüche können nach § 12 S. 2 BGB bestehen.[83] Als Name des Unternehmensträgers unterfällt die Firma ohne Zweifel § 12 BGB. Das gilt auch für ausreichend kennzeichnungskräftige Firmenbestandteile, weil es sich nicht um ein Produktkennzeichen handelt.[84] Um geschützt zu sein, muss der Name namensmäßig unterscheidungskräftig sein. Geschützt ist der Name vor allem gegen eine unbefugte **Namensanmaßung,** die eine Verletzung von schutzwürdigen Interessen des Namensträgers verursacht.[85] Allerdings verlangt § 12 BGB eine Verletzungshandlung im **außergeschäftlichen, privaten Bereich.** Dieser Fall dürfte bei der Verletzung einer Firma kaum auftreten.[86] Besondere Bedeutung hat § 12 BGB jedoch im Domainrecht erlangt, weil insoweit auch die bloße (nicht notwendig geschäftlichen Zwecken dienende) Registrierung einer das Namensrecht verletzenden Domain[87] und die Verwendung einer Domain außerhalb einer ähnlichen Branche[88] erfasst werden. Nach § 12 BGB kann branchenübergreifend die Nutzung der Domain untersagt und der Verzicht auf die Domain verlangt werden.[89] 17

c) Lauterkeitsrechtliche Ansprüche. Unterlassungsansprüche können sich aus § 8 Abs. 1 UWG ergeben, wenn im geschäftlichen Verkehr eine irreführende Firma oder eine Firma gänzlich ohne oder mit unzutreffendem bzw. unzulässigem Rechtsformzusatz verwendet wird. Anspruchsberechtigt sind insoweit Mitwerber und klagebefugte Verbände (§ 8 Abs. 3 UWG). Als Unlauterkeitstatbestände kommen § 5 Abs. 2 Nr. 3 UWG (→ § 18 Rn. 16a), § 5b Abs. 1 Nr. 2 UWG (→ § 19 Rn. 16) und § 3a UWG (→ § 18 Rn. 16a; → § 37a Rn. 11) in Betracht. 18

6. Schadensersatzansprüche. § 37 Abs. 2 S. 2 bringt zum Ausdruck, dass Schadensersatzansprüche nach sonstigen Vorschriften, also insbesondere nach § 823 Abs. 1 BGB, § 826 BGB, § 15 Abs. 5 MarkenG, § 9 UWG, unberührt bleiben. Aus § 37 selbst kann also kein Schadensersatz verlangt werden, auch wenn der Verstoß schuldhaft begangen wurde.[90] Die Norm stellt auch kein Schutzgesetz iSv § 823 Abs. 2 BGB dar.[91] 19

§ 37a [Angaben auf Geschäftsbriefen]

(1) Auf allen Geschäftsbriefen des Kaufmanns gleichviel welcher Form, die an einen bestimmten Empfänger gerichtet werden, müssen seine Firma, die Bezeichnung nach § 19

---

[78] Vgl. beispielhaft BGH 30.1.2008, GRUR 2008, 801 – Hansen-Bau; 15.2.2001, GRUR 2001, 1161 – CompuNet; 28.1.1999, GRUR 1999, 492 – Altberliner; 26.6.1997, GRUR 1997, 845.

[79] Zur unterschiedlichen Reichweite vgl. BGH 5.12.2012, GRUR 2013, 833 – Culinaria/Villa Culinaria.

[80] Staub/Burgard § 37 Anh. II Rn. 14 ff.

[81] Staub/Burgard § 37 Anh. II Rn. 22 f.

[82] Staub/Burgard § 37 Anh. II Rn. 27 f.

[83] Vgl. ausf. Nägele GRUR 2007, 1007.

[84] IRN/Dustmann/Engels MarkenG Nach § 15 Rn. 64, 107.

[85] IRN/Dustmann/Engels MarkenG Nach § 15 Rn. 12 ff.; vgl. hierzu auch die Einschränkungen in BGH 12.2.1998, GRUR 1998, 696 – Rolex-Uhr mit Diamanten.

[86] Vgl. dazu die Beispiele bei IRN/Dustmann/Engels MarkenG Nach § 15 Rn. 5 ff.

[87] BGH 22.11.2001, GRUR 2002, 622 – shell.de; 9.9.2004, GRUR 2005, 430 – mho.de; 24.4.2008, GRUR 2008, 1099 – afilias.de.

[88] BGH 24.4.2008, GRUR 2008, 1099 – afilias.de.

[89] IRN/Dustmann/Engels MarkenG Nach § 15 Rn. 65.

[90] Staub/Burgard Rn. 73; RGHMW/Ries Rn. 36.

[91] MüKoHGB/Krebs Rn. 56.

Abs. 1 Nr. 1, der Ort seiner Handelsniederlassung, das Registergericht und die Nummer, unter der die Firma in das Handelsregister eingetragen ist, angegeben werden.

(2) Der Angaben nach Absatz 1 bedarf es nicht bei Mitteilungen oder Berichten, die im Rahmen einer bestehenden Geschäftsverbindung ergehen und für die üblicherweise Vordrucke verwendet werden, in denen lediglich die im Einzelfall erforderlichen besonderen Angaben eingefügt zu werden brauchen.

(3) [1]Bestellscheine gelten als Geschäftsbriefe im Sinne des Absatzes 1. [2]Absatz 2 ist auf sie nicht anzuwenden.

(4) [1]Wer seiner Pflicht nach Absatz 1 nicht nachkommt, ist hierzu von dem Registergericht durch Festsetzung von Zwangsgeld anzuhalten. [2]§ 14 Satz 2 gilt entsprechend.

Schrifttum: Bohnenkamp, Mindestangaben des e.V. auf seinen geschäftlichen Schreiben und E-Mails, NZG 2007, 292; Bredol, Angaben auf Geschäftsbriefen bei Handeln Dritter, NZG 2017, 611; Fitzner, Die berufliche Zusammenarbeit von Patentanwälten, GRUR 2009, 252; Glaus/Gabel, Praktische Umsetzung der Anforderungen zu Pflichtangaben in E-Mails, BB 2007, 1744; Hoeren/Pfaff, Pflichtangaben im elektronischen Geschäftsverkehr aus juristischer und technischer Sicht, MMR 2007, 207; Leuering/Rubel, Pflichtangaben in E-Mails: Der Link ins Internet als Alternative; NJW-Spezial 2008, 47; Maaßen/Orlikowski-Wolf, Stellt das Fehlen von Pflichtangaben in Geschäftskorrespondenz einen Wettbewerbsverstoß dar?, BB 2007, 561; Roth/Groß, Pflichtangaben auf Geschäftsbrief und Bestellschein im Internet, K&R 2002, 127; Wild, E-Mail-Pflichtangaben, DuD 2007, 374.

Übersicht

I. Allgemeines

1 **1. Bedeutung der Norm.** Die größere Freiheit des Kaufmannes bei der Bildung der Firma schafft ein entsprechend größeres Bedürfnis des Verkehrs, aussagekräftige Informationen über den Unternehmensträger und seine Handelsregistereintragung erhalten zu können.[1] Neben der allgemeinen Pflicht nach § 19 die richtige Rechtsform oder wichtige Angaben zu den Haftungsverhältnissen bereits in die Firma aufzunehmen, enthält § 37a umfangreiche Pflichten zur Angabe bestimmter, wichtiger Informationen auf allen Geschäftsbriefen. Die Norm schließt iSd einheitlichen Behandlung aller Kaufleute eine Lücke für den Einzelkaufmann und ist keine Generalklausel.[2] Für andere Unternehmensträger bestehen entsprechende Regelungen, so für alle Personenhandelsgesellschaften in § 125 bzw. § 177a (für die KG), die GmbH in § 35a GmbHG, die AG in § 80 AktG, den VVaG jetzt in § 172 S. 1 VAG und die Genossenschaft in § 25a GenG. § 125 findet nach § 7 Abs. 3 PartGG auf die Partnerschaftsgesellschaft entsprechende Anwendung. § 37a entsprechende Regelungen zu Angaben auf Geschäftsbriefen finden sich schließlich in Art. 25 EWIV-VO für die Europäische wirtschaftliche Interessenvereinigung,[3] in § 43 Abs. 1 SEAG für die Europäische Gesellschaft (SE) und in § 25 SCEAG für die Europäische Genossenschaft (SCE) (jeweils mit Sitz im Inland). Besondere Angabepflichten gelten allgemein für Dienstleistungserbringer nach der DL-InfoV (→ § 17 Rn. 23), für Anbieter digitaler Dienste (§ 5 Abs. 1 Nr. 1 DDG), bei Fernabsatzgeschäften (§ 312c BGB iVm Art. 246 § 1 EGBGB) bzw. im Rahmen einer Aufforderung zum Kauf gegenüber Verbrauchern (§ 5b Abs. 1 Nr. 2 UWG[4]). Eine unionsrechtliche Überlagerung besteht schließlich aufgrund von **Art. 26 GesR-RL** für die in Anh. II GesR-RL genannten Rechtsformen von Gesellschaften (Art. 13 GesR-RL), also AG, KGaA und GmbH.

2 **2. Anwendungsbereich.** Die Norm ist anwendbar auf die im Handelsregister eingetragenen Einzelkaufleute, also auch auf den eingetragenen Kleingewerbetreibenden, weil dessen Eintragung

[1] Vgl. Begr. RegE HRefG, BT-Drs. 13/8444, 61 (Zugriff auf die Daten des Handelsregisters ohne weiteren Aufwand); Hopt/Merkt Rn. 1; KKD/Roth/Stelmaszczyk Rn. 1; Ammon DStR 1998, 1474 (1479).

[2] MüKoHGB/Krebs Rn. 4; vgl. auch MüKoHGB/Krebs Rn. 3 zu einer wünschenswerten Regelung de lege ferenda für alle unternehmerischen Geschäftsbetriebe auf der Grundlage europarechtlicher Vorgaben.

[3] Vgl. dazu auch Staub/Burgard Rn. 1.

[4] Vgl. dazu BGH 18.4.2013, NZG 2014, 838 – Brandneu von der IFA; MüKoUWG/Alexander UWG § 5a Rn. 305 ff.

konstitutive Wirkung hat. Nach § 33 Abs. 4 gilt die Norm auch für die juristische Person nach § 33, die insoweit nicht als Personenhandelsgesellschaft anzusehen ist.[5] Der Kaufmann, der nicht im Handelsregister eingetragen ist, obwohl er wegen Art und Umfang seines Geschäftsbetriebs Kaufmann iSv § 1 ist, muss, weil seine Eintragung nur deklaratorische Wirkung hat, sowohl den Rechtsformzusatz nach § 19 Abs. 1 Nr. 1 führen (→ § 19 Rn. 3) als auch die nach § 37a erforderlichen Angaben auf Geschäftsbriefe aufnehmen.[6] Jedoch kann diese Pflicht beim noch nicht eingetragenen Kaufmann selbstverständlich nicht die Angaben von Registergericht und Registernummer umfassen.[7] Bei Geschäftsbriefen inländischer Zweigniederlassungen von ausländischen Einzelkaufleuten ist § 37a entsprechend anzuwenden.[8] Die Vorschrift gilt nicht für nicht eingetragene Kleingewerbetreibende und Freiberufler.[9] Hier sind aber die Vorgaben der DL-InfoV zu beachten (→ § 17 Rn. 23).

II. Begriffe und Voraussetzungen

3 **1. Pflichtangaben.** Anzugeben ist die vollständige, also nicht bloß schlagwortartig abgekürzte **Firma** so wie sie im Handelsregister eingetragen ist.[10] Die Firma muss mit dem für den Einzelkaufmann nach § 19 Abs. 1 Nr. 1 vorgeschriebenen **Rechtsformzusatz** „eingetragener Kaufmann“ genannt werden. Zulässig ist die entsprechende weibliche oder abgekürzte[11] Form („eK“, „eKfm“, „eKfr“). Der nicht eingetragene Kaufmann, der ein vollkaufmännisches Handelsgewerbe betreibt, hat ebenfalls diesen Rechtsformzusatz anzugeben (→ § 19 Rn. 3), auch wenn seine (bloß deklaratorisch wirkende) Eintragung noch nicht erfolgt ist. Wesentliche Irreführungen des Verkehrs sind dadurch nicht zu befürchten, vielmehr überwiegt das grundsätzliche Informationsbedürfnis des Rechtsverkehrs.[12] Anders als bei § 125, bei Vertretungsorganen von Kapitalgesellschaften (zB § 35a GmbHG) oder nach § 2 Abs. 1 Nr. 1 DL-InfoV, ist es nicht erforderlich, einen Familiennamen mit Vornamen zur Identifizierung der **Person des Geschäftsinhabers** aufzunehmen. Um einen (haftenden) Vertragspartner genauer bestimmen zu können, ist daher insbesondere bei Sach- und Fantasiefirmen des Einzelkaufmanns die Einsicht des Handelsregisters unvermeidlich. Dies wird zutreffend für unbefriedigend, unnötige Kosten auslösend und daher reformbedürftig gehalten.[13]

4 Anzugeben ist weiter der **Ort der Handelsniederlassung,** da diese Angabe insbesondere für die Bestimmung des Gerichtsstandes nach § 21 ZPO von Bedeutung ist. Dies ist grundsätzlich der Ort der Hauptniederlassung.[14] Bei einer **Zweigniederlassung** sind deren möglicherweise abweichende Firma und (nur) der Ort der Zweigniederlassung aufzuführen.[15] Bei einer Zweigniederlassung eines ausländischen Einzelkaufmanns ist der anzugebende Ort die deutsche Handelsniederlassung.[16] Schließlich müssen das **Registergericht** und die **Registernummer** der Handelsniederlassung aufgeführt werden, wobei allgemein übliche und verständliche Abkürzungen zulässig sind (zB „AG“ für Amtsgericht oder „HRA“).[17]

5 **2. Geschäftsbriefe.** Entsprechend den zu den vergleichbaren Vorschriften (§ 35a GmbHG, § 80 AktG, § 25a GenG, § 125) entwickelten Grundsätzen ist der Begriff des Geschäftsbriefes **weit auszulegen.**[18] Das bedeutet, dass unter einem Geschäftsbrief iSv § 37a (anders als bei §§ 238, 257 Abs. 1 Nr. 3) jede nach außen gerichtete, schriftliche[19] Mitteilung des Kaufmanns in seinen geschäftlichen

---

[5] RGHMW/Ries Rn. 9.

[6] RGHMW/Ries Rn. 7; Ebenroth/Boujong/Reuschle Rn. 4; Zimmer ZIP 1998, 2050 (2052).

[7] Vgl. ausf. zum für erforderlich gehaltenen Hinweis auf den „besonderen Status“ MüKoHGB/Krebs Rn. 12.

[8] MüKoHGB/Krebs Rn. 5; Ebenroth/Boujong/Reuschle Rn. 4; RGHMW/Ries Rn. 8.

[9] MüKoHGB/Krebs Rn. 5.

[10] Vgl. dazu grds. BayObLG 6.2.1992, Rpfleger 1992, 304; RGHMW/Ries Rn. 15; HK-HGB/Ruß Rn. 6 (auch zur unzulässigen Aufteilung von Schlagwort und vollständiger Firma in Kopf und Fußleiste von Geschäftsbriefen).

[11] MüKoHGB/Krebs Rn. 8; RGHMW/Ries Rn. 15; beide halten zutr. die Bedenken, wie sie insoweit noch in BT-Drs. 13/8444, 61 geäußert wurden, für mittlerweile gegenstandslos; Ebenroth/Boujong/Reuschle Rn. 3 (abwartend).

[12] RGHMW/Ries Rn. 5; Hopt/Merkt Rn. 3; **aA** MüKoHGB/Krebs Rn. 12.

[13] MüKoHGB/Krebs Rn. 10; dieses Bedürfnis verneinend RGHMW/Ries Rn. 18.

[14] MüKoHGB/Krebs Rn. 9.

[15] MüKoHGB/Krebs Rn. 9; RGHMW/Ries Rn. 16; **aA** Hopt/Merkt Rn. 3: auch Ort der Hauptniederlassung.

[16] MüKoHGB/Krebs Rn. 9.

[17] MüKoHGB/Krebs Rn. 9; RGHMW/Ries Rn. 17.

[18] LG Heidelberg 31.5.1996, NJW-RR 1997, 355; Ebenroth/Boujong/Reuschle Rn. 5; RGHMW/Ries Rn. 10.

[19] Hopt/Merkt Rn. 4; KKD/Roth/Stelmaszczyk Rn. 2 (keine mündlichen Äußerungen bzw. keine Telefonate).

Angelegenheiten zu verstehen ist.[20] Erfasst werden Mitteilungen zur Anbahnung von Geschäftsbeziehungen und solche innerhalb bestehender Geschäftsbeziehungen. Der erforderliche Außen- bzw. Drittbezug fehlt, wenn es sich um Schriftverkehr handelt, der gänzlich betriebsintern ist[21] oder der nur mit oder zwischen verschiedenen Niederlassungen geführt wird.[22] Erfasst werden demgegenüber insbesondere Verkaufsangebote, Rechnungen, Auftragsbestätigungen, Quittungen, Mahnungen sowie an Arbeitnehmer[23] oder bestimmte Kunden gerichtete (Werbe-)Schreiben oder andere Erklärungen wie insbesondere Mängelrügen oder Kündigungen.[24] Durch die Formulierung „gleichviel welcher Form" wird zum Ausdruck gebracht, dass die äußere Form oder die Art der technischen Übermittlung keine Bedeutung hat. Geschäftsbriefe sind also auch Telefaxschreiben, SMS und E-Mails.[25] Für den Bereich des elektronischen Geschäftsverkehrs wird diskutiert, ob Pflichtangaben auch als Link oder Anhang zur Verfügung gestellt werden können (→ § 125 Rn. 14 ff.).[26] Dem kann zugestimmt werden, wenn der Link jederzeit einfach zu erreichen ist,[27] weil er von der E-Mail aus abrufbar ist (also nicht bloß Angabe eines Links auf einem Geschäftspapier).

6 Erforderlich ist jedoch in jedem Falle, dass der Geschäftsbrief an einen oder mehrere **bestimmte Empfänger** gerichtet ist. Richtet sich die Mitteilung, wie dies bei nicht konkret adressierten Werbeschreiben, Postwurfsendungen, Katalogen oder Zeitungsannoncen der Fall ist,[28] an einen unbestimmten Empfängerkreis, so müssen die Pflichtangaben nicht enthalten sein. Da sich der insoweit im Internet abrufbare Text ebenfalls nicht an einen bestimmten oder bestimmbaren Personenkreis richtet, müssen auch auf einer Homepage (unbeschadet anderer Rechtsvorschriften) die Pflichtangaben nach § 37a nicht vorgehalten werden.[29]

7 Bei **Bestellscheinen** handelt es sich wegen der ausdrücklichen gesetzlichen Regelung in § 37a Abs. 3 S. 1 immer um Geschäftsbriefe iSv § 37a Abs. 1 und nicht um Vordrucke iSv § 37a Abs. 2. Dies entspricht den Regelungen in § 35a GmbHG, § 80 AktG, § 125[30] und gilt unabhängig von der Gestaltung der Bestellscheine. Daher sind auch Bestellmasken im Internet Bestellscheine, die die Pflichtangaben nach § 37a Abs. 1 enthalten müssen.[31]

8 **3. Ausnahmen.** Mitteilungen oder Berichte, die im Rahmen einer bestehenden Geschäftsbeziehung ergehen und für die üblicherweise **Vordrucke** verwendet werden, in die einzelfallabhängig nur noch bestimmte Dinge eingefügt werden, sind nach § 37a Abs. 2 keine Geschäftsbriefe iSv § 37a Abs. 1. Dies gilt aber nur, wenn der Geschäftspartner im Laufe der **bestehenden Geschäftsbeziehung** die für ihn wichtigen Informationen bereits einmal erhalten hatte.[32] Liegt der Zeitpunkt des Erhalts der Informationen zu weit, nämlich mehr als ein Jahr zurück, kann die Ausnahmeregelung nach § 37 Abs. 2 nicht mehr gelten, weil das von § 37a Abs. 1 geschützte Informationsbedürfnis nicht mehr sicher als erfüllt gelten kann.[33] Von der Ausnahme erfasst sind nur Mitteilungen des Kaufmanns ohne eigenen rechtsgeschäftlichen Erklärungswert,[34] insbesondere formularähnlich ausfüllbare, branchenübliche Vordrucke wie Lieferscheine, Versandanzeigen, (Reparaturabhol-)Benachrichtigungen oder Kontoauszüge,[35] nicht aber als Formular ausgestaltete Bestellscheine (§ 37 Abs. 3).

---

[20] Hopt/Merkt Rn. 4; ähnlich Ebenroth/Boujong/Reuschle Rn. 5 (rechtsgeschäftlich erhebliche Mitteilungen); noch weiter RGHMW/Ries Rn. 10.

[21] MüKoHGB/Krebs Rn. 6.

[22] Staub/Burgard Rn. 11; Ebenroth/Boujong/Reuschle Rn. 5.

[23] Ebenroth/Boujong/Reuschle Rn. 5; diff. RGHMW/Ries Rn. 10: jedenfalls soweit nicht bloß betriebsinterne Mitteilungen; Hopt/Merkt Rn. 4: soweit als Vertragspartner betroffen; anders MüKoHGB/Krebs Rn. 6: nicht Schreiben, die allein den arbeitsvertraglichen Status betreffen.

[24] Hopt/Merkt Rn. 4; Ebenroth/Boujong/Reuschlen Rn. 8; vgl. zu ausgestellten Schecks bzw. Wechseln LG Detmold 20.10.1989, NJW-RR 1990, 995 zu § 35a GmbHG; insoweit zust. MüKoHGB/Krebs Rn. 7; abl. RGHMW/Ries Rn. 10.

[25] So BT-Drs. 13/8444, 61; LG Baden-Baden 18.1.2012, WRP 2012, 612 (Newsletter als E-Mail); MüKoHGB/Krebs Rn. 7; RGHMW/Ries Rn. 11; Ebenroth/Boujong/Reuschle Rn. 6; Schmittmann/Ahrens DB 2002, 1040; **aA** Muter GmbHR 2001, 336; zur praktischen Gestaltung vgl. Glaus/Gabel BB 2007, 1744; Hoeren/Pfaff MMR 2007, 207.

[26] Leuering/Rubel NJW-Spezial 2008, 47.

[27] Vgl. BGH 20.7.2006, GRUR 2007, 159 Rn. 20 – Anbieterkennzeichnung im Internet.

[28] Hopt/Merkt Rn. 4; RGHMW/Ries Rn. 13.

[29] KKD/Roth/Stelmaszczyk Rn. 2.

[30] Vgl. ausf. RGHMW/Ries Rn. 22.

[31] So auch MüKoHGB/Krebs Rn. 14; Roth/Groß K&R 2002, 127 (128).

[32] LG Detmold 20.10.1989, NJW-RR 1990, 995 zu § 35a GmbHG; EBJS/Hillmann, 4. Aufl. 2020, Rn. 9.

[33] RGHMW/Ries Rn. 20; MüKoHGB/Krebs Rn. 13 de lege ferenda die Streichung von Abs. 2 vorschlagend; **aA** BeckOK HGB/Bömeke, 47. Ed. 1.7.2025, Rn. 15.

[34] MüKoHGB/Krebs Rn. 13; RGHMW/Ries Rn. 20.

[35] Hopt/Merkt Rn. 5; MüKoHGB/Krebs Rn. 13.

Wie jede Ausnahmeregelung ist § 37a Abs. 2 eng auszulegen. Einzelne Voraussetzungen, insbesondere die Branchenüblichkeit, sind von demjenigen zu beweisen, der sich auf den Ausnahmetatbestand beruft.

III. Rechtsfolgen

1. Zwangsgeld. Das Registergericht **muss** zum Zwecke der Durchsetzung der Angabepflichten auf Geschäftsbriefen nach § 14 gegen den Einzelkaufmann ein Zwangsgeld festsetzen (§ 37a Abs. 4). Nach dem entsprechend anwendbaren § 14 S. 2 ist das Ordnungsgeld der Höhe nach auf 5.000 Euro begrenzt. 9

2. Zivilrechtliche Folgen. Die Nichteinhaltung von § 37a durch den Einzelkaufmann hat keine Auswirkungen auf die Wirksamkeit einer von ihm abgegebenen Willenserklärung, weil § 37a nur eine Ordnungsvorschrift ist[36] und deshalb einen Verstoß § 134 BGB nicht begründet. § 37a ist kein Schutzgesetz iSv § 823 Abs. 2 BGB.[37] Eine Haftung des Einzelkaufmanns gegenüber seinem Geschäftspartner kann allerdings nach § 823 Abs. 2 BGB iVm § 263 StGB[38] oder nach § 280 Abs. 1 BGB, § 311 Abs. 2 BGB bestehen.[39] Unvollständige Angaben können zudem Rechtsscheinwirkungen nach § 15 auslösen.[40] Aufgrund einer Missachtung von § 37a kann für den Geschäftspartner die Möglichkeit der Irrtumsanfechtung (§ 119 BGB) in Bezug auf eine eigene, abgegebene Willenserklärung bestehen.[41] 10

3. Lauterkeitsrecht. § 37a stellt eine Marktverhaltensregel dar,[42] sodass ein Verstoß gegen diese Vorschrift einen Unterlassungsanspruch des Wettbewerbers nach § 8 Abs. 1 UWG, § 3a UWG begründen kann, wenn eine spürbare Beeinträchtigung des Wettbewerbs bejaht werden kann. Eine solche spürbare Beeinträchtigung wird bei einem einfachen Verstoß, der eine nebensächliche Angabe betrifft, nicht anzunehmen sein. Etwas anderes muss aber bei einem planmäßigen Verstoß gegen § 37a gelten oder dann, wenn der Verstoß zur Tarnung oder Verschleierung der Identität des Kaufmanns im Geschäftsverkehr führt.[43] Bei einer Aufforderung zum Kauf ist § 5b Abs. 1 Nr. 2 UWG zu beachten.[44] 11

Vierter Abschnitt. Handelsbücher

§§ 38–47b *[aufgehoben]*

---

[36] Hopt/Merkt Rn. 8.

[37] MüKoHGB/Krebs Rn. 15; **aA** KKD/Roth/Stelmaszczyk Rn. 4; NK-HGB/Lamsa Rn. 11; LG Detmold 20.10.1989, NJW-RR 1990, 995 zu § 35a GmbHG.

[38] MüKoHGB/Krebs Rn. 16.

[39] LG Heidelberg 31.5.1996, NJW-RR 1997, 355; Ebenroth/Boujong/Reuschle Rn. 12; KKD/Roth/Stelmaszczyk Rn. 4.

[40] Vgl. ausf. KKD/Roth/Stelmaszczyk Rn. 4 zum Schein-Nichtkaufmann.

[41] MüKoHGB/Krebs Rn. 16; RGHMW/Ries Rn. 23.

[42] LG Bonn 22.6.2006, BeckRS 2006, 10375; MüKoUWG/Schaffert UWG § 3a Rn. 456; Köhler/Feddersen/Köhler/Odörfer UWG § 3a Rn. 1.296 ff., 1.305.

[43] Vgl. LG Bonn 22.6.2006, BeckRS 2006, 10375; Maaßen/Orlikowski-Wolf BB 2007, 561 (564); zu § 1 UWG aF vgl. noch OLG Düsseldorf 6.5.2003, GRUR-RR 2004, 25 zu § 35a GmbHG; KG 26.2.1991, GmbHR 1991, 470; LG Berlin 16.2.1990, GRUR 1991, 471; **anders** OLG Brandenburg 10.7.2007, GRUR-RR 2008, 136 zum mittlerweile aufgehobenen § 15b GewO; vgl. in diesem Zusammenhang auch BGH 13.7.1989, GRUR 1989, 830 – Impressumspflicht.

[44] BGH 18.4.2013, NZG 2014, 839 – Brandneu von der IFA; OLG Jena 25.3.2015, Magazindienst 1015, 636; OLG München 20.10.2011, WRP 2012, 230; MüKoUWG/Alexander UWG § 5a Rn. 305 ff., 358 ff.

Fünfter Abschnitt. Prokura und Handlungsvollmacht

§ 48 [Erteilung der Prokura; Gesamtprokura]

(1) Die Prokura kann nur von dem Inhaber des Handelsgeschäfts oder seinem gesetzlichen Vertreter und nur mittels ausdrücklicher Erklärung erteilt werden.

(2) Die Erteilung kann an mehrere Personen gemeinschaftlich erfolgen (Gesamtprokura).

Schrifttum: Bärwaldt/Hadding, Die Bindung des Prokuristen an die Mitwirkung des Prinzipals, NJW 1998, 1103; Bayer, Halbseitige und gemischte Gesamtvertretung in der GmbH, GmbHR 2021, 968; Beuthien, Gemischte Gesamtvertretung und unechte Gesamtprokura im deutschen Gesellschaftsrecht, FS Kim, 1995, 127; Beuthien/Müller, Gemischte Gesamtvertretung und unechte Gesamtprokura, DB 1995, 461; Bucher, Organschaft, Prokura, Stellvertretung, FS Bürgi, 1971, 39; P. Bydlinski, Der sogenannte „Missbrauch" unbeschränkbarer Vertretungsmacht, FS Bydlinski, 2002, 19; Drexl/Mentzel, Handelsrechtliche Besonderheiten der Stellvertretung, Jura 2002, 289; R. Fischer, Missbrauch der Vertretungsmacht, FS Schilling, 1973, 3; Grooterhorst, Vollmachten in Unternehmen, 6. Aufl. 2014; Harrer, Grenzen der Zulässigkeit einer „gemischten Gesamtprokura", RdW 1984, 34; Hertel, Die gesetzliche Stellung des Prokuristen, 1904; Hofmann/Fladung/van Ghemen, Der Prokurist, 8. Aufl. 2007; Honsell, Die Besonderheiten der handelsrechtlichen Stellvertretung, JA 1984, 17; H. Hübner, Die Prokura als formalisierter Vertrauensschutz, FS Klingmüller, 1974, 173; U. Hübner, Zulässigkeit der Generalvollmacht bei Kapitalgesellschaften, ZHR 143 (1979), 1; Joussen, Die Generalvollmacht im Handels- und Gesellschaftsrecht, WM 1994, 273; Kerb, Die rechtliche Stellung des Prokuristen, 1906; Köhl, Der Prokurist in der unechten Gesamtvertretung, NZG 2005, 197; Krafka, Gestaltungsformen der Gesamtprokura, Zehn Jahre Deutsches Notarinstitut, 2003; Krebs, Ungeschriebene Prinzipien der handelsrechtlichen Stellvertretung als Schranken der Rechtsfortbildung – speziell für Gesamtvertretungsmacht und Generalvollmacht, ZHR 159 (1995), 635; Leiner, Die Generalvollmacht im Recht der Personen- und Kapitalgesellschaften, 1998; Münch, Gesamtvertretung im Gesellschaftsrecht, Diss. Köln 1989; Plagemann, Der unechte gesamtvertretende Prokurist im Spannungsfeld der Kompetenzverteilung der GmbH-Gesellschaft, GmbHR 2006, 576; Reimer, Die Generalvollmacht im Handels- und Gesellschaftsrecht, 2002; Reinert, Unechte Gesamtvertretung und unechte Gesamtprokura im Recht der Aktiengesellschaft, 1990; Roquette, Rechtsfragen zur unechten Gesamtvertretung im Rahmen der gesetzlichen Vertretung von Kapitalgesellschaften, FS Oppenhoff, 1985, 335; Schippers, Organvertretende Generalvollmachten, DNotZ 2009, 353; K. Schmidt, Die Prokura in Liquidation und Konkurs der Handelsgesellschaften, BB 1989, 229; Schott, Der Missbrauch der Vertretungsmacht, AcP 171 (1971), 385; Simons/Niller, Gesamtprokuristen in der Unternehmenspraxis, NZG 2024, 1649; Wasmann, Keine Prokuraerteilung an juristische Personen, BB 2002, 479; v. Westphalen, Erteilung, Umfang, Mißbrauch und Erlöschen, DStR 1993, 1186; H. P. Westermann, Missbrauch der Vertretungsmacht, JA 1991, 521.

Übersicht

I. Allgemeines

1. Systematik des handelsrechtlichen Vertretungsrechts. Die Vertretung des Inhabers eines Handelsgeschäfts kann auf der Grundlage handelsrechtlicher Vollmachten, einfacher zivilrechtlicher Vollmachten oder gesetzlicher Vertretungsmacht erfolgen. Die handelsrechtlichen Vollmachten in den §§ 48 ff. sind **besondere Formen rechtsgeschäftlicher Vertretungsmacht** (Sonderfall: § 56) und ergänzen die allgemeinen Stellvertretungsregeln des BGB.[1] Sie sind auf den Betrieb eines Handelsgeschäfts bezogen und richten sich nach den Bedürfnissen des kaufmännischen Geschäftsverkehrs.[2] Daher dienen sie insbesondere der Rechtssicherheit und Rechtsklarheit hinsichtlich des Vorliegens der Vollmacht (§§ 15, 53, 56) sowie des Umfangs der Vertretungsmacht (§§ 49 f., 54 ff.). Daneben unterstützen sie die Leichtigkeit und Schnelligkeit des Rechtsgeschäftsverkehrs.[3] Das HGB regelt in den §§ 48 ff. einen **numerus clausus**[4] handelsrechtlicher Vollmachten: die Prokura (§§ 48–53), die Handlungsvollmacht (§§ 54 f., 57 f.) und die Vertretungsmacht der Ladenangestellten (§ 56). Der besondere Schutz des Rechtsgeschäftsverkehrs bleibt auf den Kreis der geregelten Formen beschränkt. Anders als zu Zeiten des ADHGB beschränkt sich die Bedeutung des numerus clausus nur darauf, dass es einen geschlossenen Kreis handelsrechtlicher Vollmachten gibt, ohne dass BGB-Vollmachten ausgeschlossen wären. 1

Die handelsrechtlichen Vollmachten beschränkten sich bereits nach den Regelungen des ADHGB im Grundsatz auf **die organisatorisch in das Handelsgeschäft eingegliederten Bevollmächtigten,** die in der Regel in einem Subordinationsverhältnis zum Inhaber oder dessen gesetzlichen Vertreter stehen.[5] Das kommt in den Regelungen des HGB zwar nicht mehr so klar zum Ausdruck, dieser Grundsatz wurde aber nie aufgegeben.[6] Indirekt zeigt sich das in § 55, der die Handlungsvollmacht nach § 54 auf die selbständigen Handelsvertreter und Handlungsbevollmächtigten überträgt, weil sie auch auf das Unternehmen bezogen und in seine Organisation eingebunden sind. Die explizite Regelung wäre nicht erforderlich gewesen, wenn es ansonsten nicht auf die organisatorische Eingliederung der Bevollmächtigten ankäme.[7] Auch für die Vermittlungsgehilfen, die „außerhalb des Betriebs des Prinzipals" tätig sind, verweist § 75g ausdrücklich auf § 55 Abs. 4. 2

Neben den handelsrechtlichen Vollmachten kann der Inhaber des Handelsgeschäfts nach dem Stellvertretungsrecht des BGB Vollmacht erteilen, die aber nicht mit demselben Verkehrsschutz wie die handelsrechtlichen Vollmachten versehen ist. Üblich sind vor allem **Generalvollmachten,** die im Umfang über die Prokura hinausgehen (→ Rn. 74 ff.).[8] Zudem stehen die Generalbevollmächtigten im Unternehmen hierarchisch typischerweise höher als die Prokuristen.[9] Die Generalvollmacht unterliegt nicht dem besonderen Verkehrsschutz der handelsrechtlichen Vollmachten, auch wenn zum Teil eine Analogie der handelsrechtlichen Regelungen angenommen wird (→ § 53 Rn. 4). Angesichts der Gebräuchlichkeit der Generalvollmacht sollte sie in den Kreis der handelsrechtlichen Vollmachten aufgenommen und deren Verkehrsschutz verstärkt werden. Gerade ihre praktische Bedeutung im Handelsgewerbe spiegelt die heutige Regelung nicht ausreichend.[10] 3

Die handelsrechtlichen Vollmachten sind von der gesetzlichen Vertretungsmacht bzw. organschaftlichen Vertretung zu unterscheiden, die die Handlungsfähigkeit juristischer Personen und 4

[1] Staub/Fischinger Vor § 48 Rn. 5; K. Schmidt HandelsR § 16 Rn. 1.

[2] Staub/Fischinger Vor § 48 Rn. 3; MüKoHGB/Krebs Vor § 48 Rn. 15, 33.

[3] Staub/Fischinger Vor § 48 Rn. 3 f.; MüKoHGB/Krebs Vor § 48 Rn. 15; Kerb, Die rechtliche Stellung des Prokuristen, 1906, 1, 5.

[4] MüKoHGB/Krebs Vor § 48 Rn. 32 f.; **aA** BeckOGK/Schärtl, 15.6.2025, Rn. 85.

[5] MüKoHGB/Krebs Vor § 48 Rn. 11; Trost, Die Arten der Handlungsvollmacht, 1933, 50 f.; BeckOGK/Schärtl, 15.6.2025, Rn. 6; vgl. Heymann/Teichmann § 55 Rn. 4; krit. Staub/Fischinger § 55 Rn. 5.

[6] Krebs ZHR 159 (1995), 615 (647 ff.); K. Schmidt HandelsR § 16 Rn. 89; so für § 54 Hopt/Merkt § 54 Rn. 1; **aA** Staub/Fischinger § 54 Rn. 12; KKD/Roth/Stelmaszczyk Rn. 4: nur für die Prokura.

[7] Begr. RegE, BT-Drs. 1/3856, 43; MüKoHGB/Krebs § 55 Rn. 4; krit. Staub/Fischinger § 55 Rn. 5, der § 55 für überflüssig hält.

[8] Geitzhaus GmbHR 1989, 229 (232); Joussen WM 1994, 273; Grooterhorst, Vollmachten in Unternehmen, 6. Aufl. 2014, 131 f.

[9] MüKoHGB/Krebs Vor § 48 Rn. 101; MüKoHGB/Krebs Rn. 57; Ebenroth/Boujong/Weber Vor § 48 Rn. 4; Grooterhorst, Vollmachten in Unternehmen, 6. Aufl. 2014, 127.

[10] MüKoHGB/Krebs Vor § 48 Rn. 24; BeckOGK/Schärtl, 15.6.2025, Rn. 92.

gesamthänderischer Gesellschaften herstellt. Eine **Zwischenstellung** nehmen die Geschäftsleiter einer inländischen Zweigniederlassung einer ausländischen Bank ein, die nach § 53 Abs. 2 Nr. 1 iVm § 33 Abs. 1 Nr. 5 KWG bestellt werden müssen, damit das Unternehmen Bankgeschäfte betreiben und Finanzdienstleistungen erbringen kann.[11] Das Gleiche gilt für den Hauptbevollmächtigten eines ausländischen Versicherungsunternehmens mit einer Niederlassung im Inland (§ 68 Abs. 2 VAG).

4a Die **Richtlinie (EU) 2025/25,** die bis zum 31.7.2027 umzusetzen ist, führt eine **digitale EU-Vollmacht** ein, die nach einem einheitlichen Muster ausgestellt wird und dem grenzüberschreitenden Nachweis der Vertretungsmacht dient (Art. 16c Abs. 1 UAbs. 1, Abs. 2, 4). Diese Vollmacht ist nur Personen- und Kapitalgesellschaften zugänglich und ist inhaltlich auf die **Durchführung von Verfahren im Anwendungsbereich der Richtlinie,** insbesondere auf die Gründung von Gesellschaften, die Eintragung und Schließung von Zweigniederlassungen, die grenzüberschreitende Umwandlung, Verschmelzung oder Spaltung einer Gesellschaft, beschränkt (Art. 16c Abs. 1 UAbs. 1). Die EU-Vollmacht soll der grenzüberschreitenden Anerkennung von Vollmachtsurkunden bei den genannten gesellschaftsrechtlichen Vorgängen sicherstellen und diese hierdurch erleichtern; sie ändert aber nichts an den jeweiligen nationalen Vorschriften für die erfassten gesellschaftsrechtlichen Verfahren. Die Richtlinienumsetzung führt somit nur zu einer Ergänzung der vorhandenen Vollmachten im gesellschaftsrechtlichen Kontext und erlaubt weitreichende Bevollmächtigung wie bei einer Prokura oder einer Handlungsvollmacht. Die Erstellung, die Änderung oder der Widerruf der Vollmacht gestalten die Mitgliedstaaten; sie müssen sicherstellen, dass zumindest die Identität, Rechtsfähigkeit und die Befugnis zur Vertretung der Gesellschaft sowie die fortdauernde Gültigkeit der EU-Vollmacht im Verwendungsstaat geprüft wird. Ob für die EU-Vollmacht eine Registerpflicht besteht, entscheiden die Mitgliedstaaten (Art. 16c Abs. 3).

5 **2. Einordnung der Prokura.** Die Prokura ist eine spezielle Form rechtsgeschäftlicher Vertretungsmacht mit einem besonders **weiten Umfang,** der **gesetzlich festgeschrieben** ist und rechtsgeschäftlich grundsätzlich nicht eingeschränkt werden kann (§ 50 Abs. 1, Ausnahme: § 50 Abs. 3). Sie wird ins Handelsregister eingetragen (§ 53 Abs. 1), sodass gem. § 15 Vertrauensschutz besteht. Das trägt dem Schutzbedürfnis des Handelsverkehrs Rechnung.[12] Neben den §§ 48 ff. bleiben die §§ 164 ff. BGB anwendbar, soweit die handelsrechtlichen Sonderregelungen sie nicht verdrängen.

6 Rechtstatsächlich ist die Prokura weit verbreitet, da sie als Statussymbol innerhalb der unternehmensinternen Hierarchie gilt.[13] Damit entfernt sie sich von der ursprünglichen Vorstellung der Prokura nach dem ADHGB, die den Prokuristen als „Alter ego" des Prinzipals sah.[14] Um das Missbrauchsrisiko, das mit der steigenden Zahl der Prokuren einhergeht, zu begrenzen, werden häufig Gesamtprokuren erteilt (§ 48 Abs. 2).[15] Zudem entwickelten sich **Sonderformen** der sog. unechten Gesamtprokura, sodass der Prokurist nur unter Mitwirkung eines organschaftlichen Vertreters für das Handelsgeschäft agieren kann (→ Rn. 52 ff.).[16]

7 **3. Zweck des § 48.** § 48 ist die **Grundnorm** für die Prokuraerteilung, die sowohl die Verkehrsinteressen als auch die Interessen des Vertretenen berücksichtigt. Sie regelt, welche Unternehmen prokurafähig sind und durch welche Personen sowie auf welche Weise Prokura erteilt wird. Zudem erlaubt § 48 Abs. 2 die Einräumung der Prokura an mehrere Personen (echte Gesamtprokura). Die Anforderungen an die Person des Prokuristen sind nicht ausdrücklich geregelt.

II. Erteilung der Prokura (Abs. 1)

8 **1. Prokurafähige Unternehmen. a) Handelsgeschäft.** Prokurafähig sind nach § 48 Abs. 1 nur Handelsgeschäfte. Dieser Begriff entstammt dem ADHGB und ist mit dem des Handelsgewerbes iSv § 1 Abs. 2 identisch.[17] Prokura kann daher durch Istkaufleute (§ 1 Abs. 1), eingetragene Kannkaufleute (§ 2, § 3 Abs. 2) sowie Handelsgesellschaften nach § 6 Abs. 1 (OHG, KG, EWIV) und Formkaufleute gem. § 6 Abs. 2 (AG: § 3 AktG; KGaA: §§ 278, 3 AktG; GmbH, UG: § 13 GmbHG; VVaG: § 172 VAG; Genossenschaften: § 42 Abs. 1 GenG; SE: Art. 9 Abs. 1 lit. c Ziff. ii SE-VO iVm

---

[11] BayObLG 12.7.1973, NJW 1973, 2162.

[12] Staub/Fischinger Vor § 48 Rn. 4, 46; K. Schmidt HandelsR § 16 Rn. 15; Canaris HandelsR § 12 Rn. 1; ähnlich GK-HGB/B. Schmidt § 49 Rn. 1.

[13] MüKoHGB/Krebs Rn. 1, 3.

[14] Thöl, Das Handelsrecht, Bd. I, 1875, 181; Ebenroth/Boujong/Weber Rn. 3.

[15] Ebenroth/Boujong/Weber Rn. 1; MüKoHGB/Krebs Vor § 48 Rn. 18; MüKoHGB/Krebs Rn. 72; KKD/Roth/Stelmaszczyk Rn. 12.

[16] MüKoHGB/Krebs Vor § 48 Rn. 18; Canaris HandelsR § 12 Rn. 25; K. Schmidt HandelsR § 16 Rn. 45; Ebenroth/Boujong/Weber Rn. 3.

[17] Ebenroth/Boujong/Weber Rn. 4.

§ 3 AktG; SCE: Art. 8 Abs. 1 lit. c Ziff. ii SCE-VO iVm § 42 Abs. 1 GenG) erteilt werden, aber auch durch Kaufleute kraft Eintragung (§ 5).[18] Für Unternehmen des Bundes, der Länder und Gemeinden, die keine Formkaufleute sind (Stiftungen, Körperschaften, Anstalten des öffentlichen Rechts), gelten seit 1998 die §§ 1–3.

Alle übrigen Unternehmen sind nicht prokurafähig. Dazu gehören neben PartG und Vereinen Kleingewerbetreibende und Landwirte, die nicht im Handelsregister eingetragen sind, sowie Innengesellschaften und Scheinkaufleute.[19] Sofern sie dennoch Prokura erteilen, lässt sich die Willenserklärung in der Regel in die Erteilung einer Vollmacht nach dem BGB umdeuten (§ 140 BGB). Streitig ist die Prokurafähigkeit des Apothekenbetriebs, den der BGH als Handelsgewerbe ansieht.[20] Dem wird zum Teil wegen der Verpflichtung des Apothekers zur persönlichen Leistungserbringung widersprochen (§ 7 S. 1 ApoG).[21] Die Gegenansicht verweist auf die Liberalisierung des Apothekenwesens.[22] Zudem ist § 7 ApoG eine Berufsausübungsregelung, die auf das Innenverhältnis zwischen Prokurist und Vertretenem einwirkt, um die Prokura mit den Berufspflichten in Einklang zu bringen. Prokurafähig sind auch die dem Handelsrecht unterfallenden Gesellschaften von Freiberuflern (zB Rechtsanwalts-GmbH).[23] Der Prokurist darf eine Rechtsberatung zwar nur vornehmen, wenn er die Voraussetzungen des RDG erfüllt, er kann aber bei allen anderen Rechtsgeschäften Vertreter sein. 9

b) Sonderfälle. aa) Nichteintragung ins Handelsregister. Die Prokurafähigkeit des Istkaufmanns ist unabhängig von seiner Eintragung ins Handelsregister.[24] Beim Herabsinken der Tätigkeit unter ein vollkaufmännisches Gewerbe erlischt die Prokura. Die Prokuraerteilung kann ggf. in die Gewährung einer BGB-Vollmacht umgedeutet werden (§ 140 BGB). Zudem gilt § 15. An der Eintragung im Handelsregister fehlt es auch den **Vorgesellschaften** der GmbH und AG. Ihre Prokurafähigkeit wurde zunächst abgelehnt. Die hM lässt die Prokuraerteilung aber zu Recht zu, sofern bereits ein vollkaufmännisches Gewerbe betrieben wird, weil es sich um eine mit eigenen Rechten und Pflichten ausgestattete Vorstufe der GmbH bzw. AG handelt, die dem Recht dieser Gesellschaften unterliegt.[25] Die Prokurafähigkeit entfällt mit Aufgabe der Eintragungsabsicht. Dann erlischt auch die Prokura. 10

bb) Unternehmen in Abwicklung und Sanierung. Die Prokura ist eine handelsrechtliche Vollmacht, die auf den Betrieb eines Handelsgeschäfts ausgerichtet ist, sodass die Prokurafähigkeit von Unternehmen in der Abwicklung, in der Sanierung sowie im Erbfall Zweifeln ausgesetzt ist. Die ganz hM geht zutreffend davon aus, dass die **unternehmenstragende Erbengemeinschaft** prokurafähig ist.[26] Ihr Zweck besteht nicht nur in der Abwicklung des zum Nachlass gehörenden Unternehmens, sie kann dauerhaft fortbestehen und das Unternehmen betreiben.[27] 11

Selbst in der **Insolvenz** verliert das Unternehmen die Prokurafähigkeit nicht, weil sich das Insolvenzverfahren nicht auf die Verwertung des Unternehmens als Vermögenswert beschränkt, sondern seine Fortführung zulässt (§ 1 InsO). Sofern der Insolvenzverwalter das Unternehmen fortführt, besteht ein Interesse an der Schnelligkeit und Zuverlässigkeit des Handelsverkehrs, zu der die Prokura beiträgt. Daher steht die Insolvenz nach der zutreffenden hM der Prokurafähigkeit des Unternehmens 12

[18] MüKoHGB/Krebs Rn. 5; Staub/Fischinger Rn. 5 f.; Ebenroth/Boujong/Weber Rn. 4; **aA** BeckOGK/Schärtl, 15.6.2025, Rn. 119, aber Schutz durch § 15 Abs. 3 nach Eintragung.

[19] GK-HGB/B. Schmidt Rn. 2; Ebenroth/Boujong/Weber Rn. 5; s. auch OLG München 5.9.2005, NJW 2005, 3730.

[20] BGH 20.1.1983, NJW 1983, 2085 (2086); eine Prüfung des § 7 ApoG durch das Registergericht verneinend BGH 25.7.2017, NZG 2017, 1226 Rn. 7 ff.

[21] OLG Celle 30.8.1988, NJW-RR 1989, 483; Staub/Fischinger Rn. 8; s. auch OLG Karlsruhe 1.3.2016, NZG 2017, 186 f.

[22] MüKoHGB/Krebs Rn. 15; Ebenroth/Boujong/Weber Rn. 6; KKD/Roth/Stelmaszczyk Rn. 2a; vgl. auch BeckOGK/Schärtl, 15.6.2025, Rn. 116.4.

[23] MüKoHGB/Krebs Rn. 15; Ebenroth/Boujong/Weber Rn. 6; s. zur Eintragungsfähigkeit der Gesellschaft BGH 15.7.2014, GmbHR 2014, 1194.

[24] Ebenroth/Boujong/Weber Rn. 4; KKD/Roth/Stelmaszczyk Rn. 2a.

[25] Ebenroth/Boujong/Weber Rn. 6; Scholz/K. Schmidt § 11 Rn. 74; Staub/Fischinger Rn. 10; BeckOGK/Schärtl, 15.6.2025, Rn. 137; BeckOK HGB/Meyer, 47. Ed. 1.10.2024, Rn. 6; **aA** MüKoHGB/Krebs Rn. 8; RGHMW/Wöstmann Rn. 5; Hofmann/Fladung/van Ghemen, Der Prokurist, 8. Aufl. 2007, 23; HK-HGB/Ruß Rn. 2, wenn nicht aus anderen Gründen ein Handelsgewerbe vorliege.

[26] Ganz hM, BGH 8.10.1984, BGHZ 92, 259 (262 f.) = NJW 1985, 136; 24.9.1959, BGHZ 30, 391 (397 f.) = NJW 1959, 2114; Staub/Fischinger Rn. 7; MüKoHGB/Krebs Rn. 10; Ebenroth/Boujong/Weber Rn. 6; KKD/Roth/Stelmaszczyk Rn. 2a.

[27] BGH 8.10.1984, BGHZ 92, 259 (262 f.) = NJW 1985, 136; 24.9.1959, BGHZ 30, 391 (397 f.) = NJW 1959, 2114.

nicht entgegen.[28] Eine vergleichbare Situation entsteht, wenn das Unternehmen Teil eines Nachlasses ist, der der **Nachlassverwaltung** bzw. einem **Nachlassinsolvenzverfahren** unterliegt. Nach Eröffnung des Insolvenzverfahrens ist eine Prokuraerteilung durch den Insolvenzverwalter zulässig. Die Nachlassverwaltung beschränkt sich zwar nach § 1985 Abs. 1 BGB auf die Berichtigung des Nachlasses, seine Verwaltung kann aber die Fortführung des zum Nachlass gehörenden Unternehmens erforderlich machen. Insoweit ist die Nachlassverwaltung der unternehmenstragenden Erbengemeinschaft bzw. der Gesellschaft in der Insolvenz gleich zu behandeln, sodass mit der hM die Prokurafähigkeit des Unternehmens anzuerkennen ist.[29] Das Gleiche muss für die **Nachlasspflegschaft** gelten, die der Sicherung des Nachlasses dient (§ 1960 Abs. 1 BGB) und ggf. mit der Fortführung eines Unternehmens verbunden ist.[30]

13 Die Prokurafähigkeit der **Liquidationsgesellschaft** unterlag einem Wandel. § 210 Abs. 5 AktG 1937 schloss sie ausdrücklich aus. Seit der Streichung der Regelung ist allgemein anerkannt, dass AG und GmbH in der Liquidation prokurafähig sind.[31] Auch für Personengesellschaften geht die Lit. trotz des Liquidationszwecks zum Teil davon aus, dass Prokura erteilt werden kann.[32] Dem ist zuzustimmen, da die Liquidatoren zur Beendigung der Gesellschaft Rechtsgeschäfte abschließen können (§ 148 Abs. 2 S. 2). Dabei bedarf es ggf. ebenso wie bei der Durchführung des Handelsgeschäfts eines angemessenen Verkehrsschutzes, den insbesondere die Prokura verwirklichen kann. Die Liquidatoren waren nach § 149 S. 2 aF zwar in ihren Befugnissen und nach der hM auch in ihrer Vertretungsmacht auf die Abwicklung beschränkt.[33] Diese Beschränkung enthält § 146 Abs. 1 aber nicht mehr, sondern ergibt sich aus ihrer Rechtsstellung nach § 148 Abs. 2. Bereits nach der Vorgängerregelung war eine Prokuraerteilung möglich, wobei lediglich im Innenverhältnis die Befugnisse des Prokuristen beschränkt waren.[34] Nichts anderes gilt mit Rücksicht auf die Aufgaben des Liquidators nach der Neufassung der Vorschriften.

14 **2. Erteilungsberechtigte Personen.** Die Erteilung der Prokura kann durch den Inhaber des Handelsgeschäfts oder dessen gesetzlichen Vertreter erfolgen, nicht durch rechtsgeschäftliche Vertreter.

15 **a) Inhaber.** Inhaber ist diejenige Person, die das Handelsgeschäft führt (zB Einzelkaufmann). Sofern es sich nicht um eine natürliche Person handelt (Personengesellschaft, juristische Person) oder es ihr an der Geschäftsfähigkeit fehlt, agiert der organschaftliche bzw. gesetzliche Vertreter. Ein **minderjähriger Inhaber** kann einen Prokuristen nur mit Einwilligung der Eltern und unter Zustimmung des Familiengerichts bestellen (§ 1626 BGB, § 1629 BGB, § 1643 Abs. 1 BGB, § 1852 Nr. 3 BGB). Selbst wenn der Minderjährige zum selbständigen Betrieb des Erwerbsgeschäfts ermächtigt ist, kann er nicht Prokura erteilen (§ 112 Abs. 1 S. 2 BGB). Es bedarf der Genehmigung des Familiengerichts vor Prokuraerteilung (§ 1644 Abs. 3 S. 1 BGB, § 1858 Abs. 1 BGB). Den Mangel einer solchen Genehmigung kann weder die nachträgliche Genehmigung noch die Eintragung der Prokura ins Handelsregister heilen (→ § 53 Rn. 1). Der Inhaber muss die Prokura erneut erteilen. Das Gleiche gilt im Falle der **Vormundschaft** (§ 1773 BGB, § 1799 Abs. 1 BGB, § 1852 Nr. 3 BGB) und der **Betreuung** (§ 1852 Nr. 3 BGB).

16 Die Erteilung einer Prokura durch eine **prokuraunfähige Person** ist unwirksam (§ 134 BGB). Sie lässt sich in der Regel in die Erteilung einer Handlungsvollmacht (§§ 54 f.) oder eine BGB-Vollmacht umdeuten (§ 140 BGB). Ihr Umfang ist durch Auslegung zu ermitteln. Die Umdeutung in eine Generalvollmacht ist hingegen ausgeschlossen, da ihr Umfang über den der Prokura hinaus-

[28] K. Schmidt BB 1989, 229 (233); Hopt/Merkt Rn. 1; KKD/Roth/Stelmaszczyk Rn. 3; Ebenroth/Boujong/Weber Rn. 14; Canaris HandelsR § 12 Rn. 3; Hess/Hess InsO § 117 Rn. 11; Staub/Fischinger Rn. 15; anders noch BGH 4.12.1957, WM 1958, 430 (431).

[29] MüKoHGB/Krebs Rn. 12; Heymann/Teichmann Rn. 13; GK-HGB/B. Schmidt Rn. 3.

[30] MüKoHGB/Krebs Rn. 12; Heymann/Teichmann Rn. 14; GK-HGB/B. Schmidt Rn. 3.

[31] MüKoAktG/Koch AktG § 269 Rn. 16; Kölner KommAktG/Kraft AktG § 269 Rn. 11; Koch AktG § 269 Rn. 4; Rowedder/Pentz/Gesell GmbHG § 68 Rn. 5; Hertel, Die gesetzliche Stellung des Prokuristen, 1904, 13; Geißler DZWIR 2013, 1 (4); vgl. auch Lutter/Hommelhoff/Kleindiek GmbHG § 68 Rn. 2.

[32] K. Schmidt HandelsR § 16 Rn. 16; Staub/Fischinger Rn. 11 ff.; Hopt/Merkt Rn. 1; Heymann/Teichmann Rn. 9; Ebenroth/Boujong/Weber Rn. 6; **aA** GroßkommHGB/Würdinger Rn. 3; Kerb, Die rechtliche Stellung des Prokuristen, 1906, 8; Hueck OHG 501; RGHMW/Mock § 146 Rn. 12; Hofmann/Fladung/van Ghemen, Der Prokurist, 8. Aufl. 2007, 23; Hertel, Die gesetzliche Stellung des Prokuristen, 1904, 13 (anders bei Gewerbeeinstellung durch Kaufmann).

[33] BGH 1.12.1983, NJW 1984, 982; OLG Hamm 14.12.2015, BeckRS 2015, 115552; Heymann/Teichmann Rn. 10; Hopt/Roth § 146 Rn. 2 f.; **aA** K. Schmidt AcP 184 (1984), 529 (532 ff.); Lutter/Hommelhoff/Kleindiek GmbHG § 68 Rn. 5.

[34] BeckOGK/Schärtl, 15.6.2025, Rn. 140; MüKoHGB/Krebs Rn. 11; Staub/Fischinger Rn. 13.

geht. Der Inhaber des Handelsgeschäfts kann die „Prokuraerteilung" genehmigen; dadurch gewährt er Prokura.[35]

b) Gesetzliche Vertreter. Gesetzliche Vertreter iSv § 48 Abs. 1 sind alle Personen, die kraft Gesetzes im Namen des nicht oder nur beschränkt handlungsfähigen Inhabers agieren. Das sind im Fall der mangelnden Geschäftsfähigkeit die Eltern (§§ 1626, 1629 BGB), der Vormund (§ 1773 BGB, § 1789 Abs. 1 BGB) oder der Betreuer (§ 1821 Abs. 1 BGB). Für eine OHG bzw. KG handeln die vertretungsberechtigten Gesellschafter (§ 124 Abs. 1, 4). Die Prokuraerteilung bedarf im Innenverhältnis der Zustimmung aller Gesellschafter (§ 116 Abs. 2 S. 2, § 161 Abs. 2), sofern keine Gefahr im Verzug ist. Eine Prokura, die ohne Beachtung dieser Vorgaben eingeräumt wird, ist dennoch wirksam.[36] Für die GmbH handeln deren Geschäftsführer (§ 35 GmbHG). Im Innenverhältnis bedarf es für die Prokuraerteilung eines zustimmenden Beschlusses der Gesellschafterversammlung (§ 46 Nr. 7 GmbHG), von dem die Wirksamkeit der Prokura aber nicht abhängt.[37] Für die AG handelt der Vorstand (§ 78 AktG), der durch die Satzung an die Zustimmung des Aufsichtsrates gebunden sein kann (§ 111 Abs. 4 AktG). Das Fehlen der Zustimmung beeinträchtigt seine Vertretungsmacht nicht.[38] Der gesetzliche Vertreter muss im Zeitpunkt der Prokuraerteilung über die notwendige Vertretungsmacht verfügen.[39] Für die Genossenschaft erteilt der Vorstand die Prokura (§ 25 Abs. 1 GenG). 17

c) Sonderfälle. Sofern bei einer **unternehmenstragenden Erbengemeinschaft** die Miterben gemeinsam Inhaber des Unternehmens sind, ist die Prokura durch die Erben als Inhaber zu erteilen.[40] Wird hingegen mit der neueren Rspr. die Erbengemeinschaft selbst als teilrechtsfähiger Unternehmensträger anerkannt, so agieren die Erben als deren organschaftliche Vertreter. 18

Bei einer Handelsgesellschaft unter fremder Verwaltung tritt grundsätzlich der Verwalter an die Stelle des Inhabers. In der **Insolvenz** gehen die Verwaltungs- und Verfügungsbefugnisse auf den Insolvenzverwalter über, der nach der herrschenden Amtsträgertheorie als Partei kraft Amtes im eigenen Namen handelt.[41] Er ist mehr als ein gesetzlicher Vertreter des Insolvenzschuldners und erteilt Prokura.[42] Hierfür spricht, dass die Prokuraerteilung auf einem besonderen Vertrauensverhältnis zwischen Vertretenem und Prokuristen beruht. Die Behandlung des Insolvenzverwalters als Inhaber hat zur Folge, dass mit dessen Entlassung die Prokura erlischt. 19

Ähnlich einem Insolvenzverwalter steht der **Nachlassverwalter,** der zur Befriedigung der Nachlassgläubiger agiert. Er ist nicht Vertreter der Erben, sondern amtlich bestelltes Organ zur Verwaltung der Vermögensmasse mit eigener Parteistellung.[43] Insofern muss das Gleiche wie für den Insolvenzverwalter gelten.[44] Das trifft auch für den **Nachlasspfleger** zu, der gesetzlicher Vertreter der Erben ist.[45] 20

Bei der Anordnung einer **Testamentsvollstreckung** kann sich die Verwaltung des Nachlasses auf die Ausführung der letztwilligen Verfügung beschränken, der Erblasser kann das Unternehmen aber auch der dauerhaften Verwaltung eines Testamentsvollstreckers unterstellen (§ 2209 BGB). Bei der Fortführung des Unternehmens durch den Testamentsvollstrecker entsteht ein Konflikt zwischen den erbrechtlichen Verfügungsbeschränkungen und der für die Unternehmensführung notwendigen unbeschränkten Haftung des Inhabers. Hierfür haben sich verschiedene Lösungen entwickelt. Nach dem Testamentsvollstreckerkonzept sind die Erben Inhaber des Handelsgeschäfts, die Geschäftsfüh- 21

---

[35] BGH 18.1.1956, WM 1956, 727.

[36] RG 22.12.1931, RGZ 134, 303 (305); Staub/Fischinger Rn. 51; MüKoHGB/Krebs Rn. 49.

[37] BGH 13.6.1984, BGHZ 91, 334 (336 f.) = NJW 1984, 2085; 14.2.1974, BGHZ 62, 166 (168) = NJW 1974, 1194; Staub/Fischinger Rn. 51.

[38] MüKoAktG/Habersack AktG § 111 Rn. 148; Kölner KommAktG/Mertens AktG § 111 Rn. 86.

[39] RG 20.2.1923, RGZ 107, 161 (166); OLG Düsseldorf 8.12.2017, ZIP 2018, 475; s. auch für das Handeln von Bevollmächtigten OLG Hamm 23.2.2012, GmbHR 2012, 903.

[40] BGH 24.9.1959, BGHZ 30, 391 (396) = NJW 1959, 2114; OLG Stuttgart 9.10.1975, WM 1976, 700 (702); vgl. auch BeckOGK/Schärtl, 15.6.2025, Rn. 126; **aA** K. Schmidt HandelsR § 4 Rn. 25 ff.; MüKoHGB/Krebs Rn. 19; M. Wolf AcP 181 (1981), 480 ff.

[41] BGH 3.12.1968, BGHZ 51, 125 (128) = NJW 1969, 424; 29.5.1961, BGHZ 35, 180 (182) = NJW 1961, 1528; Ebenroth/Boujong/Weber Rn. 14; KKD/Roth/Stelmaszczyk Rn. 3.

[42] K. Schmidt HandelsR § 16 Rn. 24; Grooterhorst, Vollmachten in Unternehmen, 6. Aufl. 2014, 84; RGHMW/Wöstmann Rn. 10; KKD/Roth/Stelmaszczyk Rn. 3.

[43] BGH 28.11.1962, BGHZ 38, 281 (284) = NJW 1963, 297; RG 3.2.1936, RGZ 150, 189 (190); 4.1.1932, RGZ 135, 305 (307); 6.12.1909, RGZ 72, 260 (261 f.).

[44] Staub/Fischinger Rn. 19; Grooterhorst, Vollmachten in Unternehmen, 6. Aufl. 2014, 84 f.; RGHMW/Wöstmann Rn. 9; Ebenroth/Boujong/Weber Rn. 9.

[45] BGH 14.5.1985, BGHZ 94, 312 (314) = NJW 1984, 2596; 26.10.1976, BGHZ 49, 1 (4) = NJW 1968, 353; Staub/Fischinger Rn. 19; Ebenroth/Boujong/Weber Rn. 9; Grooterhorst, Vollmachten in Unternehmen, 6. Aufl. 2014, 84 f.

rung ist aber in den Händen des Testamentsvollstreckers als gesetzlichem Vertreter kraft Amtes.[46] Nach der sog. Treuhandkonstruktion führt der Testamentsvollstrecker das Unternehmen im eigenen Namen.[47] Erbrechtlich sind die Vorgaben des § 2218 Abs. 1 BGB zu beachten. Sofern der Testamentsvollstrecker ein Handelsgewerbe im eigenen Namen führt, kann er Prokura erteilen.[48] Etwas anderes gilt nach der sog. Vollmachtskonzeption, wonach die Erben Inhaber des Unternehmens sind und den Testamentsvollstrecker bevollmächtigen.[49] Dieser ist folglich kein gesetzlicher Vertreter, sodass er nicht Prokura erteilen kann.[50]

22 In der **Liquidation** erfolgt die Prokuraerteilung bei der GmbH durch den Geschäftsführer (§ 66 Abs. 1 GmbHG), sofern keine andere Person durch Gesellschaftsvertrag, Beschluss der Gesellschafter oder durch Gericht bestimmt wird. Bei der AG räumt der Vorstand als Abwickler (§ 265 Abs. 1 AktG) die Prokura ein, sofern nicht die Satzung bzw. ein Beschluss der Hauptversammlung oder das Gericht etwas anderes festlegen. Bei Personenhandelsgesellschaften sind grundsätzlich alle Gesellschafter Liquidatoren und können nur gemeinsam handeln (§ 146 Abs. 1 S. 2). Die Liquidatoren sind gesetzliche Vertreter der Gesellschaft (§ 146 Abs. 1 S. 2, § 151) und erteilen als solche Prokura (→ Rn. 13).[51]

23 **3. Person des Prokuristen. a) Personenkreis.** Prokurist kann nur eine natürliche Person sein.[52] Er hat eine Vertrauensstellung, die wegen der Identifikation nur eine natürliche Person einnehmen kann. Das ergibt sich indirekt aus der Unübertragbarkeit der Prokura (§ 52 Abs. 2).[53] Der Angestellte einer juristischen Person kann Prokurist sein.[54] Zudem kann beschränkt Geschäftsfähigen Prokura gewährt werden (§ 165 BGB),[55] aber nicht Geschäftsunfähigen.[56]

24 **b) Personenverschiedenheit, keine mehrfache Vertretungsmacht.** Ebenso wie die Vollmacht nach dem Stellvertretungsrecht des BGB kann die Prokura nur einer anderen Person als dem Vertretenen erteilt werden. Der Inhaber des Handelsgeschäfts und der Prokurist müssen personenverschieden sein, damit die Prokura nicht funktionslos ist.[57] Eine natürliche Person, die **Inhaber eines Handelsgeschäfts** ist, kann nie Prokurist sein.[58] Das muss auch für die **Partei kraft Amtes** gelten, auf die die Verwaltungs- und Verfügungsbefugnisse des Inhabers des Handelsgeschäfts übergegangen sind und die im eigenen Namen agiert, sodass sie im Rahmen des § 48 Abs. 1 wie ein Inhaber zu behandeln ist. Daher können Nachlassverwalter[59] und Insolvenzverwalter[60] keine Prokuristen sein. Allerdings kann auch dem Insolvenzschuldner keine Prokura gewährt werden. Er hat nach der Eröffnung des Insolvenzverfahrens zwar keine Verwaltungs- und Verfügungsbefugnisse mehr, die Erteilung der Prokura widerspricht aber der Ausgestaltung und dem Zweck des Insolvenzverfahrens und ist unzulässig.[61]

25 Prokura kann schließlich nur jenen Personen gewährt werden, die weder gesetzliche noch organschaftliche Vertreter des Inhabers des Handelsgewerbes sind.[62] Ansonsten kommt es zu einer funkti-

[46] LG Neisse 10.4.1906, LZ 1907, Sp. 236 f.; Dempewolf DB 1956, 886 f.

[47] BGH 18.1.1954, BGHZ 12, 100 (102) = NJW 1954, 636; KG 15.1.1959, NJW 1959, 1086 (1088); dazu Staudinger/Dutta, 2021, BGB § 2205 Rn. 149 ff.; MüKoBGB/Zimmermann BGB § 2205 Rn. 27 f.

[48] KG 15.1.1959, NJW 1959, 1086 (1088); Staub/Fischinger Rn. 18; Ebenroth/Boujong/Weber Rn. 13; KKD/Roth/Stelmaszczyk Rn. 3; s. auch MüKoBGB/Zimmermann BGB § 2218 Rn. 7.

[49] BGH 11.4.1957, BGHZ 24, 106 (112) = NJW 1957, 1026; 18.1.1954, BGHZ 12, 100 (102) = NJW 1954, 636; dazu MüKoBGB/Zimmermann BGB § 2205 Rn. 25 f.; Bielfeldt RpflStud 2010, 131 (134).

[50] Staub/Fischinger Rn. 18; MüKoHGB/Krebs Rn. 18; Kruse DB 1956, 885; **aA** KG 15.1.1959, NJW 1959, 1086 (1088); Ebenroth/Boujong/Weber Rn. 13.

[51] K. Schmidt HandelsR § 16 Rn. 16; Staub/Fischinger Rn. 13; RGHMW/Wöstmann Rn. 8; Ebenroth/Boujong/Weber Rn. 11.

[52] KG 23.10.2001, NZG 2002, 48; GK-HGB/B. Schmidt Rn. 10; Ebenroth/Boujong/Weber Rn. 15; RGHMW/Wöstmann Rn. 20; Hertel, Die gesetzliche Stellung des Prokuristen, 1904, 17; **aA** Beuthien/Gätsch ZHR 157 (1993), 483 (495 f.); Staub/Fischinger Rn. 23; NK-HGB/Schmidt Rn. 16; Wasmann BB 2002, 479; Bielfeldt RpflStud 2010, 131 (136 ff.).

[53] KG 23.10.2001, NZG 2002, 48; K. Schmidt HandelsR § 16 Rn. 52; GK-HGB/B. Schmidt Rn. 10; Heymann/Teichmann Rn. 27; Müller JuS 1998, 1000 (1002); KKD/Roth/Stelmaszczyk Rn. 4.

[54] Hofmann/Fladung/van Ghemen, Der Prokurist, 8. Aufl. 2007, 8, aber mit der unzutreffenden Schlussfolgerung, dass ausschließlich die juristische Person für das pflichtwidrige Handeln des Angestellten hafte.

[55] GK-HGB/B. Schmidt Rn. 10; Heymann/Teichmann Rn. 26; **aA** Ebenroth/Boujong/Weber Rn. 15.

[56] BGH 9.2.1970, BGHZ 53, 210 (215) = NJW 1970, 806; Heymann/Teichmann Rn. 26; Hertel, Die gesetzliche Stellung des Prokuristen, 1904, 17 f.; Kerb, Die rechtliche Stellung des Prokuristen, 1906, 9; RGHMW/Wöstmann Rn. 21; **aA** KKD/Roth/Stelmaszczyk Rn. 5.

[57] Heymann/Teichmann Rn. 28; GK-HGB/B. Schmidt Rn. 11; KKD/Roth/Stelmaszczyk Rn. 6.

[58] Heymann/Teichmann Rn. 28; RGHMW/Wöstmann Rn. 27.

[59] Staub/Fischinger Rn. 30; Ebenroth/Boujong/Weber Rn. 9.

[60] Ebenroth/Boujong/Weber Rn. 16; GK-HGB/B. Schmidt Rn. 11; RGHMW/Wöstmann Rn. 27.

[61] MüKoHGB/Krebs Rn. 39; GK-HGB/B. Schmidt Rn. 12; RGHMW/Wöstmann Rn. 27.

[62] OLG München 10.8.2011, NZG 2011, 1072 (1073); krit. Schneider BB 2011, 2452.

onswidrigen Verdoppelung der Vertretungsmacht. Eine Person, die bereits **gesetzlicher Vertreter** ist, kann sich nicht – indem sie für den Inhaber handelt – selbst Prokura erteilen. Es gilt nichts anderes als für eine natürliche Person, die Inhaber ist. Auch die Eltern, der Vormund und der Betreuer können sich selbst keine Prokura einräumen.[63] Sie haben bereits kraft Gesetzes Vertretungsmacht. Zudem hätte die Prokura ggf. zur Folge, dass die Vertreter die rechtlichen Grenzen ihrer gesetzlichen Vertretungsmacht überwinden könnten. Das widerspricht dem Zweck der gesetzlichen Vertretungsmacht. Lediglich gesetzlichen Vertretern, die auf eine Gesamtvertretung beschränkt sind, kann eine Vollmacht zur Einzelvertretung in Form der Prokura vom zuständigen Organ erteilt werden.[64]

Aus den gleichen Erwägungen verneint der BGH die Erteilung einer Prokura an einen **Miterben.**[65] 26
Sofern die Miterben gemeinschaftlich Inhaber des zum Nachlass gehörenden Handelsgewerbes seien, verbiete sich die Prokuraerteilung wegen ihrer Inhaberstellung.[66] Zudem stehe den Miterben die Verwaltung des Nachlasses nach § 2038 Abs. 1 BGB grundsätzlich gemeinschaftlich zu, sie können die Erbengemeinschaft im Außenverhältnis nur gemeinsam vertreten.[67] Etwas anderes gilt höchstens, wenn der Testamentsvollstrecker die Handelsgesellschaft im eigenen Namen weiterführt und der Miterbe weder Inhaber noch gesetzlicher Vertreter ist.[68] Die Gegenansicht verweist darauf, dass eine unterschiedliche Behandlung der Erbengemeinschaft zu anderen Gesamthandsgemeinschaften nicht gerechtfertigt sei, zumal eine gesamthänderische Bindung und gemeinschaftliche Verwaltung (§ 2038 Abs. 1 BGB) bestehe. Eine Identität von Erbengemeinschaft und Miterben liege dadurch nur formal vor, der einzelne Miterbe könne im Außenverhältnis jedoch grundsätzlich nicht allein agieren. Die daraus resultierende Unterscheidung zwischen der das Handelsgewerbe tragenden Erbengemeinschaft und dem Miterben erlaubt nach der Gegenansicht die Erteilung der Prokura.[69] Der Miterbe erhält danach wie ein gesamtvertretungsberechtigter Gesellschafter Prokura zur Einzelvertretung. Unstreitig ist die Prokuraerteilung jedenfalls möglich, wenn die Erbenstellung unsicher ist.

Auch ein **Testamentsvollstrecker** kann nach der Testamentsvollstreckerlösung nicht Prokurist 27
sein.[70] Er handelt bei der Unternehmensfortführung als Partei kraft Amtes im Namen der Erben und ist wie ein gesetzlicher Vertreter zu behandeln. Die Erteilung der Prokura wäre funktionswidrig. Nach der Treuhandlösung führt er das Unternehmen im eigenen Namen und ist somit Inhaber, sodass eine Prokura ebenfalls ausscheidet. Etwas anderes gilt nur, wenn er Bevollmächtigter der Erben ist, ohne zugleich Amtsträger zu sein (→ Rn. 20).

Bei **Personengesellschaften** ist wegen der Anerkennung ihrer Teilrechtsfähigkeit grundsätzlich 28
von einer Personenverschiedenheit zwischen Gesellschaft und Gesellschaftern auszugehen. Es besteht somit keine Identität mit dem Inhaber, die der Prokura entgegenstünde. Daher können **nicht vertretungsberechtigte Gesellschafter** Prokuristen sein: Kommanditisten (§ 170 Abs. 1)[71] sowie Komplementäre bzw. Gesellschafter einer OHG, die durch gesellschaftsvertragliche Regelung von der Vertretung der Gesellschaft ausgeschlossen sind.[72] Der Inhaber kann auch stillen Gesellschaftern

---

[63] Ebenroth/Boujong/Weber Rn. 16; MüKoHGB/Krebs Rn. 37; Staub/Fischinger Rn. 25; BeckOGK/Schärtl, 15.6.2025, Rn. 157; GK-HGB/B. Schmidt Rn. 11; **aA** RGHMW/Wöstmann Rn. 23; HK-HGB/Ruß Rn. 3; Hofmann/Fladung/van Ghemen, Der Prokurist, 8. Aufl. 2007, 11.

[64] OLG Karlsruhe 29.6.2010, NZG 2012, 553 (554); Lennert GmbHR 2015, 652 (653).

[65] BGH 10.2.1960, BGHZ 32, 60 (67) = NJW 1960, 959; 24.9.1959, BGHZ 30, 391 (397) = NJW 1959, 2114; MüKoHGB/Krebs Rn. 39; Reinicke MDR 1960, 28; GK-HGB/B. Schmidt Rn. 13; aA Hopt/Merkt Rn. 2.

[66] BGH 10.2.1960, BGHZ 32, 60 (67) = NJW 1960, 959; 24.9.1959, BGHZ 30, 391 (397); BeckOGK/Schärtl, 15.6.2025, Rn. 152.3.

[67] BGH 29.3.1971, BGHZ 56, 47 (49 ff.) = NJW 1971, 1265; MüKoHGB/Krebs Rn. 39; Reinicke MDR 1960, 28; GK-HGB/B. Schmidt Rn. 13; **aA** Heymann/Teichmann Rn. 38; K. Schmidt HandelsR § 16 Rn. 18; Oetker HandelsR § 5 Rn. 16; KKD/Roth/Stelmaszczyk Rn. 6.

[68] GK-HGB/B. Schmidt Rn. 13; RGHMW/Wöstmann Rn. 27, 23.

[69] Staub/Fischinger Rn. 28; Heymann/Teichmann Rn. 37; K. Schmidt HandelsR § 16 Rn. 18; Beuthien FS Fischer, 1979, 1 (3 ff.); RGHMW/Wöstmann Rn. 23; Oetker HandelsR § 5 Rn. 16; Ebenroth/Boujong/Weber Rn. 22; KKD/Roth/Stelmaszczyk Rn. 6; NK-HGB/Schmidt Rn. 14; Petersen Jura 2012, 196; Bielfeldt RpflStud 2010, 131 (140).

[70] Ebenroth/Boujong/Weber Rn. 16; Heymann/Teichmann Rn. 31; RGHMW/Wöstmann Rn. 27; **aA** Staub/Fischinger Rn. 30.

[71] BGH 27.6.1955, BGHZ 17, 392 (394) = NJW 1955, 1394; OLG Karlsruhe 27.11.1973, BB 1973, 1551; BeckOGK/Schärtl, 15.6.2025, Rn. 155; Ebenroth/Boujong/Weber Rn. 17; Wertenbruch GmbHR 2024, 1 (9).

[72] BGH 24.9.1959, BGHZ 39, 391 (397) = NJW 1959, 2114; Ebenroth/Boujong/Weber Rn. 19; MüKoHGB/Krebs Rn. 33; Staub/Fischinger Rn. 36; Kerb, Die rechtliche Stellung des Prokuristen, 1906, 10; Lehmann/Ring, Das Handelsgesetzbuch für das Deutsche Reich, Bd. I, 1902, 132; Makower HGB, Bd. I, 13. Aufl. 1906, 170; Bielfeldt RpflStud 2010, 131 (138); **aA** Hofmann/Fladung/van Ghemen, Der Prokurist, 8. Aufl. 2007, 9 f.

Prokura gewähren.[73] Etwas anderes gilt für **einzelvertretungsberechtigte Gesellschafter.**[74] Die Prokura wäre für sie funktionslos und daher sinnwidrig. Bei **gesamtvertretungsberechtigten Gesellschaftern** wird die Prokuraerteilung an einen der Gesellschafter zum Teil für zulässig gehalten.[75] Sie bliebe zwar gegenständlich hinter der Vertretungsmacht des Gesellschafters als gesetzlichem Vertreter zurück, befreie ihn in diesem Bereich aber von seiner Bindung an die übrigen Gesellschafter. Hierdurch wird indes die Beschränkung der Vertretungsmacht, der der Gesellschafter durch den Gesellschaftsvertrag unterworfen ist, aufgehoben. Dafür bedarf es grundsätzlich der Änderung des Gesellschaftsvertrags. Hierfür spricht § 124 Abs. 3 S. 1, der für die unechte Gesamtvertretung eine Regelung im Gesellschaftsvertrag voraussetzt. Die Erteilung einer Prokura ohne eine gesellschaftsvertragliche Regelung ist funktionswidrig, sodass der gesamtvertretungsberechtigte Gesellschafter ohne sie nicht Prokurist sein kann.[76]

29 **Kapitalgesellschaften** sind als juristische Personen ebenfalls nicht mit ihren Gesellschaftern identisch, sodass Gesellschaftern, die weder Vorstandsmitglied noch Geschäftsführer sind, Prokura gewährt werden kann. Einzelvertretungsberechtigte organschaftliche Vertreter können nicht Prokurist sein, weil die Prokura funktionslos wäre.[77] Die Gewährung der Prokura an einen gesamtvertretungsberechtigten organschaftlichen Vertreter scheidet aus den gleichen Gründen wie bei den Personengesellschaften aus.[78] Auch Aufsichtsratsmitglieder können nicht Prokurist sein, da § 105 Abs. 1 AktG (iVm § 52 Abs. 1 GmbHG) die Prokura für sie ausschließt. Die Erteilung der Prokura ist wegen Verstoßes gegen § 134 BGB nichtig.[79] Eine Ausnahme sieht § 6 Abs. 2 S. 1 MitbestG jedoch für die Wahl der Arbeitnehmervertreter vor, es sei denn, der Prokurist ist unmittelbar der Unternehmensleitung unterstellt und vertritt diese im gesamten Bereich des Unternehmens. Bei einer GmbH mit fakultativem Aufsichtsrat kann die Satzung eine Abweichung von § 105 AktG regeln.[80]

30 Die hM hält es allerdings für zulässig, wenn eine KG dem Geschäftsführer ihrer Komplementär-GmbH Prokura erteilt, obwohl er gerade die Vertretungsmacht ausübt, die der GmbH als Komplementär der **GmbH & Co. KG** zukommt und nicht anders steht als der alleinvertretungsberechtigte organschaftliche Vertreter.[81] Vertreter ist im Falle der GmbH & Co. KG zwar die GmbH, sie wird jedoch ihrerseits vom Geschäftsführer vertreten. Die Gegenansicht hält daher die Prokuraerteilung zu Recht für unzulässig.[82] Die Prokura ist funktionslos, da der Geschäftsführer die KG ohnehin umfassend vertreten kann.

31 **4. Erteilung der Prokura. a) Ausdrückliche Erklärung.** Die Prokura ist eine rechtsgeschäftliche Vertretungsmacht, sodass ihre Erteilung durch einseitiges Rechtsgeschäft erfolgt, das eine Willenserklärung des Inhabers bzw. des gesetzlichen Vertreters voraussetzt. Sie bedarf einer **ausdrücklichen** Erklärung, die eindeutig erkennen lässt, dass eine solche Vollmacht erteilt wird. Sie muss nicht das Wort Prokura enthalten, sondern kann zB auch die Abkürzung ppa. oder einen Verweis auf § 48 verwenden.[83] Eine konkludente Erklärung genügt ebenso wenig wie die Duldung des Auftretens einer Person als Prokurist.[84] Die Erteilung der Prokura ist bedingungs- und befristungsfeindlich, da ihr Umfang gesetzlich vorgegeben ist und gegenüber Dritten nicht beschränkt werden darf (§ 50

[73] BGH 27.3.1961, BB 1961, 583; RG 10.10.1933, RGZ 142, 13 (16); GK-HGB/B. Schmidt Rn. 12; K. Schmidt HandelsR § 16 Rn. 18; **aA** Ebenroth/Boujong/Weber Rn. 17.

[74] GK-HGB/B. Schmidt Rn. 11.

[75] K. Schmidt HandelsR § 16 Rn. 18; RGHMW/Wöstmann Rn. 23; Ebenroth/Boujong/Weber Rn. 20; KKD/Roth/Stelmaszczyk Rn. 6.

[76] MüKoHGB/Krebs Rn. 33; Staub/Fischinger Rn. 39; Grooterhorst, Vollmachten in Unternehmen, 6. Aufl. 2014, 87, 103; BeckOGK/Schärtl, 15.6.2025, Rn. 154.2; GK-HGB/B. Schmidt Rn. 11.

[77] K. Schmidt HandelsR § 16 Rn. 18; Oetker HandelsR § 5 Rn. 17; Ebenroth/Boujong/Weber Rn. 18; KKD/Roth/Stelmaszczyk Rn. 6; vgl. für einen ständigen Vertreter iSv § 13e Abs. 2 S. 5 Nr. 3 OLG München 10.8.2011, BeckRS 2011, 21348.

[78] Staub/Fischinger Rn. 39; Grooterhorst, Vollmachten in Unternehmen, 6. Aufl. 2014, 87; GK-HGB/B. Schmidt Rn. 11.

[79] BeckOGK/Spindler, 1.10.2023, AktG § 105 Rn. 17 f.; Koch AktG § 105 Rn. 6; ErfK/Oetker AktG § 105 Rn. 3; vgl. auch Staub/Fischinger Rn. 40.

[80] Staub/Fischinger Rn. 40; MüKoHGB/Krebs Rn. 41; NK-HGB/Schmidt Rn. 15; GK-HGB/B. Schmidt Rn. 15.

[81] BayObLG 14.7.1980, BB 1980, 1487; 20.1.1970, WM 1970, 333 f.; OLG Hamm 11.12.1972, BB 1973, 354; Heymann/Teichmann Rn. 36; GK-HGB/B. Schmidt Rn. 14; Bayer GmbHR 2021, 968 (969).

[82] MüKoHGB/Krebs Rn. 35; Staub/Fischinger Rn. 42; Ebenroth/Boujong/Weber Rn. 18; **aA** GK-HGB/B. Schmidt Rn. 15.

[83] Heymann/Teichmann Rn. 38; Hertel, Die gesetzliche Stellung des Prokuristen, 1904, 15; Hopt/Merkt Rn. 3.

[84] AllgM, RGHMW/Wöstmann Rn. 32; GK-HGB/B. Schmidt Rn. 18; Hopt/Merkt Rn. 3.

Abs. 1, 2).[85] Eine Bedingung bzw. Befristung ist daher unwirksam. Die Prokura selbst bleibt wirksam (§ 139 BGB), wenn ein entsprechender Parteiwille erkennbar ist. Die Prokuraerteilung ist formfrei (§ 167 Abs. 2 BGB), zumal die Eintragung im Handelsregister nur deklaratorisch ist. Aus § 311b Abs. 1 S. 1 BGB ergeben sich grundsätzlich keine zusätzlichen Anforderungen. Etwas anderes gilt nach dem Stellvertretungsrecht des BGB nur, wenn die Warnfunktion der Schriftform unterlaufen würde. Eine teleologische Reduktion von § 167 Abs. 2 BGB ist insbesondere erforderlich, sofern die Vollmacht unwiderruflich ist oder für den Fall des Widerrufs eine Vertragsstrafe verfällt.[86] Das ist bei der Prokura gerade nicht der Fall (§ 52 Abs. 1; → § 52 Rn. 3). Zudem ist die Veräußerung und Belastung von Grundstücken nach § 49 Abs. 2 von der Prokura ausgenommen, sofern sie nicht durch eine Immobiliarklausel erweitert wurde.

b) Erklärungsempfänger und Wirksamwerden. Die Prokuraerteilung kann **gegenüber dem Prokuristen** erklärt (§ 167 Abs. 1 BGB) oder **öffentlich** bekannt gemacht werden (entsprechend § 171 BGB; zB durch Anzeige, Rundschreiben an Geschäftspartner und Kunden, Eintragung im Handelsregister und deren Bekanntmachung). Grundsätzlich erlaubt § 167 Abs. 1 BGB auch die Bevollmächtigung durch Erklärung gegenüber einem „**Dritten,** dem gegenüber die Vertretung stattfinden soll". Die Prokura ist aber eine Vollmacht gegenüber jedermann und lässt sich nicht auf Rechtsgeschäfte mit einer Person beschränken. Daher genügt die Erklärung gegenüber einem Dritten für die Prokuraerteilung nicht.[87] Sie kann nur durch eine Erklärung an die Öffentlichkeit als Außenvollmacht erteilt werden.[88] Die Prokura kann gleichzeitig mit der Anmeldung zum Handelsregister eingeräumt und öffentlich bekannt gemacht werden.[89] Das setzt voraus, dass der Inhaber dabei den Willen hatte, Vollmacht zu gewähren, und ausdrücklich Prokura erteilt hat. Der **Zeitpunkt** für das Wirksamwerden der Prokura hängt von der Art ihrer Erteilung ab. Die Prokura in Form der Innenvollmacht wird mit dem Zugang beim Prokuristen wirksam (§ 130 BGB); die Eintragung im Handelsregister ist nur deklaratorisch (→ § 53 Rn. 1). Einer Annahme durch den Prokuristen bedarf es nicht.[90] Eine Prokura, die öffentlich bekannt gegeben wird, ist wirksam, wenn sie einer unbestimmten Anzahl von Personen zugänglich ist, sodass die Möglichkeit der Kenntnisnahme besteht. Erfolgt die Prokuraerteilung durch Erklärung gegenüber dem Handelsregister, so genügt nach der hM bereits der Eintragungsantrag für das Wirksamwerden der Prokura.[91] Die öffentliche Bekanntmachung erfolgt aber erst mit der Eintragung ins Handelsregister, sodass die Prokura erst zu diesem Zeitpunkt wirksam wird.[92] In der Regel erfolgt aber bereits intern eine Prokuraerteilung oder eine Bevollmächtigung nach § 54 Abs. 1, sodass sich im Ergebnis keine Unterschiede ergeben. 32

c) Mängel bei der Prokuraerteilung. Eine unwirksame Prokura wird durch die Eintragung im Handelsregister nicht geheilt (→ § 53 Rn. 1). Sie lässt sich in die Erteilung einer Handlungsvollmacht (§§ 54 f.) oder einer BGB-Vollmacht **umdeuten.** Fehlte es an einer Willenserklärung des Inhabers oder seines gesetzlichen Vertreters, so kann zumindest eine **Rechtsscheinvollmacht** mit dem Umfang einer Prokura bestehen. Die §§ 48 ff. schließen die Rechtsscheinhaftung nicht aus. Eine Duldungsprokura ist hingegen unmöglich, da § 48 Abs. 1 eine ausdrückliche Erklärung voraussetzt.[93] Auch eine Anscheinsprokura ist daher abzulehnen.[94] Es ist nur der Rechtsschein einer BGB-Vollmacht möglich, die ihrem Umfang nach einer Prokura entspricht.[95] Die §§ 48 ff. finden keine Anwendung. Etwas anderes gilt höchstens nach § 15 Abs. 3, wonach sich der Dritte auf das scheinbare Vorliegen einer Prokura nach dem Handelsregister verlassen kann. 33

---

85 AllgM, MüKoHGB/Krebs Rn. 43; GK-HGB/B. Schmidt Rn. 16.

86 BGH 23.2.1979, NJW 1979, 2306; 11.7.1952, NJW 1952, 1210; MüKoBGB/Schubert BGB § 167 Rn. 23 ff.; BeckOK BGB/Schäfer, 74. Ed. 1.5.2025, BGB § 167 Rn. 9.

87 GK-HGB/B. Schmidt Rn. 19; **aA** Staub/Fischinger Rn. 55; Heymann/Teichmann Rn. 39; RGHMW/Wöstmann Rn. 35; Ebenroth/Boujong/Weber Rn. 24; Kerb, Die rechtliche Stellung des Prokuristen, 1906, 11 f.; NK-HGB/Schmidt Vor §§ 48–58 Rn. 4; HK-HGB/Ruß Rn. 4; Hopt/Merkt Rn. 3.

88 Hertel, Die gesetzliche Stellung des Prokuristen, 1904, 17; Makower HGB, Bd. I, 13. Aufl. 1906, 170.

89 RG 22.3.1931, RGZ 133, 229 (233).

90 Ebenroth/Boujong/Weber Rn. 24; MüKoHGB/Krebs Rn. 44.

91 MüKoHGB/Krebs Rn. 46; Ebenroth/Boujong/Weber Rn. 24; RGHMW/Wöstmann Rn. 36; KKD/Roth/Stelmaszczyk Rn. 8; **aA** Heymann/Teichmann Rn. 39.

92 Allg. dazu Neuner BGB AT § 50 Rn. 15.

93 MüKoHGB/Krebs Rn. 47; Heymann/Teichmann Rn. 38; BeckOGK/Schärtl, 15.6.2025, Rn. 172.1; NK-HGB/Schmidt Rn. 18; Hopt/Merkt Rn. 3; **aA** Petersen Jura 2012, 196.

94 Ebenroth/Boujong/Weber Rn. 25; MüKoHGB/Krebs Rn. 47; H. Hübner FS Klingmüller, 1974, 173 (174); **aA** Hopt/Merkt Rn. 3.

95 GK-HGB/B. Schmidt Rn. 18; Ebenroth/Boujong/Weber Rn. 25; RGHMW/Wöstmann Rn. 33; NK-HGB/Schmidt Rn. 18.

34 **5. Rechtsstellung des Prokuristen. a) Innenverhältnis.** Die Prokura ist wie alle Vollmachten ein abstraktes Rechtsgeschäft,[96] auch wenn die Vertretungsmacht mit dem Erlöschen des zugrunde liegenden Rechtsverhältnisses erlischt (§ 168 S. 1 BGB). Das Grundverhältnis zwischen dem Inhaber des Handelsgeschäfts und dem Prokuristen ist zum Teil ein **Dienstvertrag** (§ 611 Abs. 1 BGB), aber meist ein **Arbeitsvertrag** (§ 611a BGB), sodass das Arbeitsrecht Anwendung findet. Ein allgemeiner Grundsatz, dass ein Prokurist stets Arbeitnehmer ist, existiert jedoch nicht.[97] Die Prokura macht den Arbeitnehmer nicht ohne weiteres zum leitenden Angestellten. Das ist gem. § 5 Abs. 3 Nr. 2 BetrVG nur anzunehmen, wenn die Prokura im Verhältnis zum Arbeitgeber nicht unbedeutend ist. In der Regel ist der Prokurist zugleich Handlungsgehilfe iSd §§ 59 ff.[98]

35 Die Prokura ist zwar im Außenverhältnis grundsätzlich unbeschränkbar (§ 50 Abs. 1), ihre Ausübung unterliegt aber im Innenverhältnis in der Regel vertraglich vereinbarten Grenzen. Sie berühren den Umfang der Vertretungsmacht nicht, nur das rechtliche Dürfen des Prokuristen bleibt hinter dem rechtlichen Können zurück. Gerade wegen der Verwendung der Prokura zur Kennzeichnung einer hierarchischen Position sind derartige Beschränkungen im Innenverhältnis notwendig, da der Prokurist nicht als Alter ego des Kaufmanns agieren soll.[99]

36 **aa) Anspruch auf Prokura.** Grundsätzlich besteht **kein Anspruch** auf Prokuraerteilung, selbst wenn das Grundverhältnis eine entsprechende vertragliche Vereinbarung enthält.[100] Die Prokura setzt wegen ihres Umfangs und ihrer Unübertragbarkeit ein besonderes Vertrauensverhältnis voraus und ist daher stets widerruflich, um dem Vertretenen die Dispositionsmöglichkeit zu erhalten (§ 52 Abs. 1). Damit ist ein Anspruch auf Prokuraerteilung unvereinbar. Der Verstoß gegen die vertragliche Abrede ist nur eine Pflichtverletzung im Innenverhältnis, die einen Schadensersatzanspruch gem. § 280 Abs. 1 BGB nach sich ziehen kann. Zum Teil wird ein wichtiger Grund für eine **außerordentliche Kündigung** des Prokuristen bejaht.[101] Die bloße Verweigerung der Prokura macht für den Arbeitnehmer aber nicht in jedem Fall das Abwarten der Kündigungsfrist iSv § 626 Abs. 1 BGB unzumutbar. Das Hinzutreten weiterer Umstände kann im Einzelfall aber eine fristlose Kündigung rechtfertigen.[102]

37 Ausnahmsweise besteht ein Anspruch auf Prokuraerteilung, wenn der Gesellschaftsvertrag eine entsprechende Vereinbarung enthält.[103] In diesem Fall besteht kein Anspruch eines Dritten gegenüber dem Inhaber des Handelsgeschäfts, sondern die Gesellschafter haben sich darauf geeinigt, einem Gesellschafter Prokura einzuräumen. Diese Selbstbeschränkung ist von der Satzungsautonomie gedeckt.

38 **bb) Missbrauch der Vertretungsmacht.** Ein Missbrauch der Vertretungsmacht liegt vor, wenn der Prokurist die im Innenverhältnis gesetzten Grenzen für die Ausübung der Prokura überschreitet. Das **Missbrauchsrisiko** trifft grundsätzlich den Vertretenen,[104] da er sich des Vertreters bedient und somit das Risiko setzt und durch Kontrollmaßnahmen beeinflussen kann. Der Dritte muss sich gerade bei einer handelsrechtlichen Vollmacht nicht nach dem rechtlichen Dürfen des Vertreters erkundigen, da die Sonderregelungen des HGB die Leichtigkeit und Schnelligkeit des Rechtsgeschäftsverkehrs bezwecken. Das mit dem Vertreter geschlossene Rechtsgeschäft ist somit wirksam.

39 Etwas anderes gilt, wenn Vertreter und Vertragspartner bewusst und gewollt zusammenwirken, um den Vertretenen zu schädigen oder wenn der Vertragspartner Kenntnis von der Schädigungsabsicht des Vertreters hat und daraufhin selbst mit Schädigungsabsicht handelt. Im Falle einer solchen **Kollusion** ist das Rechtsgeschäft gem. § 138 Abs. 1 BGB nichtig und kann nicht genehmigt werden.[105] Eine

---

[96] Maßgebend Laband ZHR 10 (1866), 183 (203 ff.); Lenel JherJb 36 (1896), 1 ff.

[97] OLG Stuttgart 19.8.2024, GmbHR 2025, 318 (320); vgl. auch MüKoHGB/Krebs Rn. 58.

[98] Ebenroth/Boujong/Weber Rn. 31; MüKoHGB/Krebs Rn. 58.

[99] Ebenroth/Boujong/Weber Rn. 49.

[100] BAG 26.8.1986, NJW 1987, 862 f.; BGH 27.6.1955, BGHZ 17, 392 (394) = NJW 1955, 1394 (1395); RG 26.5.1880, RGZ 2, 30 (34); 19.11.1890, RGZ 27, 35 (37 ff.); Ebenroth/Boujong/Weber Rn. 33; NK-HGB/Schmidt Rn. 17.

[101] MüKoHGB/Krebs Rn. 64; offenlassend BAG 26.8.1986, NJW 1987, 862 f.

[102] BAG 11.2.1981, AP KSchG 1969 § 4 Nr. 8; 17.9.1970, AP BGB § 628 Nr. 5; RAG 2.3.1929, RAGE 3, 281 (283 ff.); Staub/Fischinger Rn. 75 f.; Ebenroth/Boujong/Weber Rn. 33.

[103] HM, BGH 27.6.1955, BGHZ 17, 392 (394) = WM 1955, 1118; MüKoHGB/Krebs Rn. 61; Ebenroth/Boujong/Weber Rn. 34; NK-HGB/Schmidt Rn. 17; Hofmann/Fladung/van Ghemen, Der Prokurist, 8. Aufl. 2007, 27 f.

[104] RG 3.10.1928, HRR 1929, Nr. 84; K. Schmidt HandelsR § 16 Rn. 64; Neuner BGB AT § 49 Rn. 98; MüKoBGB/Schubert BGB § 164 Rn. 221.

[105] BGH 11.5.2017, NJW 2017, 3373 Rn. 20; 14.6.2016, BKR 2016, 383 Rn. 22; 28.1.2014, WM 2014, 628 Rn. 10 = DNotI-Report 2014, 85; 14.6.2000, NJW 2000, 2896 (2897); 17.5.1988, NJW 1989, 26; RG 1.6.1932, RGZ 136, 359 (360); K. Schmidt HandelsR § 16 Rn. 74; BeckOK BGB/Schäfer, 74. Ed. 1.5.2025, BGB § 167 Rn. 50; aA Lieder JuS 2014, 681 (685 f.); Mock JuS 2008, 486 f.

Einschränkung der Nichtigkeitsfolge kommt allenfalls beim nachträglichen Wegfall der Nachteiligkeit des Rechtsgeschäfts in Betracht.[106] Der Vertretene hat Schadensersatzansprüche aus § 826 BGB.[107]

Auch in anderen Fällen des **Missbrauchs der Vertretungsmacht** beschränkt die hM die Wirksamkeit des Vertretergeschäfts. Die Pflichtwidrigkeit des Vertreterhandelns hat ausnahmsweise Außenwirkung gegenüber dem Vertragspartner. Die Wirkung der Vertretung wird zu Gunsten des Vertretenen beschränkt. Die Abstraktheit der Vollmacht gegenüber dem Innenverhältnis zwischen Vertreter und Vertretenem ist insoweit durchbrochen. Daher steht der Vertreter beim Missbrauch der Vertretungsmacht nicht anders als ein Vertreter ohne Vertretungsmacht, sodass die §§ 177 ff. BGB analog anzuwenden sind.[108] Die Rspr. und ein Teil der Lit. gewähren dem Vertretenen hingegen eine Einrede aus § 242 BGB.[109] Die Rspr. will zudem das Mitverschulden des Vertretenen analog § 254 Abs. 1 BGB berücksichtigen.[110] Dem ist grundsätzlich zuzustimmen. § 254 Abs. 1 BGB ist jedoch ungeeignet,[111] da analog § 177 Abs. 1 BGB nur die Wahl zwischen der Wirksamkeit oder der Unwirksamkeit des Rechtsgeschäfts besteht. Der Vertragspartner hat aber im Einzelfall einen Schadensersatzanspruch gegen den Vertretenen gem. § 280 Abs. 1 BGB (§ 311 Abs. 2 BGB), wobei das Mitverschulden des Vertragspartners nach § 254 Abs. 1 BGB den Anspruch mindert.[112] 40

Die Voraussetzungen des Missbrauchs der Vertretungsmacht sind iE umstritten. Es bedarf grundsätzlich eines **pflichtwidrigen Verhaltens** des Vertreters. Zum Teil wird verlangt, dass der Vertreter mit Vorsatz oder Schädigungsabsicht handelt.[113] Das ist abzulehnen. Der Verkehrsschutz wird zu Gunsten des Vertragspartners aus Billigkeitsgründen eingeschränkt. Es kommt somit darauf an, ob sich der Vertragspartner auf den gesetzlich geregelten Umfang der Vollmacht berufen darf. Somit kommt es auf die Kenntnis des Vertragspartners an. Der Vorsatz oder die Schädigungsabsicht des Vertreters spielt keine Rolle.[114] Er ist nur bei der Begründung eines kollusiven Zusammenwirkens iSv § 138 Abs. 1 BGB relevant. 41

Der Vertragspartner muss **positive Kenntnis** vom pflichtwidrigen Verhalten des Vertreters haben.[115] Das gilt auch, wenn der Missbrauch **evident** war und sich dem Vertragspartner aufdrängen musste und er hiervor bewusst die Augen verschlossen hat.[116] Der Vertragspartner hat wegen des vom Stellvertretungsrecht bezweckten Verkehrsschutzes keine Pflicht, Nachforschungen anzustellen.[117] Das liefe gerade bei der Prokura der Intention der §§ 49 f. zuwider.[118] Einfache Fahrlässigkeit genügt daher nicht, um einen Missbrauch der Vertretungsmacht anzunehmen.[119] Für die objektive Evidenz des Missbrauchs bedarf es massiver Verdachtsmomente (grobe Fahrlässigkeit).[120] Sie bestehen 42

---

[106] Vgl. dazu MüKoBGB/Schubert BGB § 164 Rn. 228.

[107] BGH 14.6.2000, NJW 2000, 2896 (2897); Staudinger/Schilken, 2024, BGB § 167 Rn. 105.

[108] K. Schmidt HandelsR § 16 Rn. 67 ff.; Neuner BGB AT § 49 Rn. 101; Staudinger/Schilken, 2024, BGB § 167 Rn. 101; NK-BGB/Stoffels BGB § 164 Rn. 87 f.; BeckOK BGB/Schäfer, 74. Ed, 1.5.2025, BGB § 167 Rn. 54; s. Canaris HandelsR § 12 Rn. 41: Missbrauch als Ausprägung des § 242 BGB, aber die Rechtsfolgen analog §§ 177 ff. BGB; ebenso OLG München 21.10.2016, NJW-RR 2017, 649 (650).

[109] BGH 5.11.2003, NJW-RR 2004, 247 (248); 3.10.1989, NJW 1990, 384 (385); 28.2.1966, NJW 1966, 1911; RG 5.11.1934, RGZ 145, 311 (315 f.); 14.10.1931, RGZ 134, 67 (72); Soergel/Leptien BGB, 13. Aufl. 1999, § 177 Rn. 19; **aA** BGH 6.5.1989, NJW 1990, 2266 (2268).

[110] BGH 6.3.1975, BGHZ 64, 79 (85) = NJW 1975, 1168; 25.3.1968, BGHZ 50, 112 (114 f.) = NJW 1968, 1379; RG 5.11.1934, RGZ 145, 311 (316).

[111] K. Schmidt HandelsR § 16 Rn. 71; Canaris HandelsR § 12 Rn. 42; Staub/Fischinger § 50 Rn. 51; MüKoBGB/Schubert BGB § 164 Rn. 241; Heckelmann JZ 1970, 62 (65 f.); Neuner BGB AT § 49 Rn. 102.

[112] K. Schmidt HandelsR § 16 Rn. 71; Canaris HandelsR § 12 Rn. 42.

[113] BGH 3.10.1989, NJW 1990, 384 (385); 25.3.1968, BGHZ 50, 112 (114) = NJW 1968, 1379; so auch Soergel/Leptien BGB, 13. Aufl. 1999, § 177 Rn. 17.

[114] BGH 10.4.2006, NJW 2006, 2776; 18.5.1988, NJW 1988, 3012 (3013); 5.12.1983, NJW 1984, 1461 (1462); anders obiter dictum BGH 3.10.1989, NJW 1990, 384 (385); anders zur Prokura noch BGH 5.12.1983, NJW 1984, 1461 (1462); 25.3.1968, BGHZ 50, 112 (114) = NJW 1968, 1379; s. auch K. Schmidt HandelsR § 16 Rn. 73; Canaris HandelsR § 12 Rn. 37; Flume BGB AT II § 45 II 3.

[115] BGH 31.1.1991, BGHZ 113, 315 (320) = NJW 1991, 1812; 27.3.1985, BGHZ 94, 132 (138) = NJW 1985, 2409; 24.2.1954, NJW 1954, 1159; Staub/Fischinger § 50 Rn. 44 f.

[116] BGH 11.5.2017, NJW 2017, 3373 Rn. 20; 9.5.2014, NJW 2014, 2790 Rn. 18; 31.1.1991, BGHZ 113, 315 (320) = NJW 1991, 1812; 18.5.1988, NJW 1988, 3012 (3013); 27.3.1985, BGHZ 94, 132 (138) = NJW 1985, 2409; K. Schmidt HandelsR § 16 Rn. 76; Neuner BGB AT § 49 Rn. 103; Flume BGB AT II § 45 II 3; **aA** Heymann/Teichmann § 50 Rn. 14; ähnlich H. Hübner FS Klingmüller, 1974, 173 (178, 180 f.).

[117] BGH 28.4.1992, NJW-RR 1992, 1135; 5.12.1983, NJW 1984, 1461 (1462); H. Hübner FS Klingmüller, 1974, 173 (175 f.); Soergel/Bayer BGB § 164 Rn. 220.

[118] Oetker HandelsR § 5 Rn. 42.

[119] Canaris HandelsR § 12 Rn. 36; K. Schmidt HandelsR § 16 Rn. 77; Prölss JuS 1985, 577 (579); **aA** BGH 25.3.1968, BGHZ 50, 112 (114) = NJW 1968, 1379.

[120] BGH 29.6.1999, NJW 1999, 2883; 25.10.1995, NJW 1995, 250 (251); Neuner BGB AT § 49 Rn. 105; Oetker HandelsR § 5 Rn. 42.

zB nicht ohne weiteres, wenn der Vertreter ein Konto auflöst und das Guthaben erkennbar im Eigeninteresse verwenden will.[121]

43 **b) Außenverhältnis. aa) Grundsatz.** Der Prokurist besitzt im Außenverhältnis gegenüber Dritten Vertretungsmacht in dem von § 49 geregelten Umfang. Als rechtsgeschäftlicher Vertreter des Inhabers ist der Prokurist aus dem Vertretergeschäft nicht verpflichtet und tritt daher in einem Prozess wegen des Vertrags nicht als Partei, sondern als Zeuge auf.[122] Unabhängig davon kann bei der Wissenszurechnung sowie bei der Anwendung von Normen, die auf die handelnde Person abstellen (zB Gewerbeuntersagung nach § 35 Abs. 1 S. 1 GewO),[123] der Vertreter, dessen Wissen bzw. Handeln, maßgebend sein.

44 **bb) Zivilrechtliches Außenverhältnis.** Im Außenverhältnis haftet grundsätzlich nur der Vertretene, nicht der Prokurist. Etwas anderes gilt nur, wenn die Prokura unwirksam ist, keine Rechtsscheinvollmacht vorliegt und kein Vertrauensschutz nach § 15 Abs. 3 eingreift. Der Vertreter ohne Vertretungsmacht haftet auf Erfüllung oder Schadensersatz nach § 179 Abs. 1 BGB. Bei der Vertretung einer Vor-GmbH oder Vor-AG trifft ihn zudem die Handelndenhaftung (§ 11 Abs. 2 GmbHG, § 41 Abs. 1 S. 2 AktG).

45 Ausnahmsweise haftet der Vertreter gem. § 280 Abs. 1 BGB, § 311 Abs. 2, 3 S. 2 BGB, obwohl die Vertretung wirksam erfolgte und er nicht Vertragspartner ist, sofern er in besonderem Maße das persönliche Vertrauen des vertragsschließenden Dritten in Anspruch genommen hat (sog. **Sachwalterhaftung**).[124] Hierfür genügt es nicht, dass der Vertreter auf die von ihm zu erwartende Sachkunde verweist. Er muss persönlich Gewähr für die Erfüllung des Vertrags und die Richtigkeit und Vollständigkeit der abgegebenen Erklärung übernommen haben, die über das normale Vertrauensverhältnis hinausgeht.[125] Seine Erklärung muss einen garantieartigen Charakter haben. Bei beschränkt geschäftsfähigen Prokuristen steht dieser Haftung jedoch die Minderjährigkeit entgegen. § 165 BGB erlaubt ihre Bevollmächtigung nur, weil sie infolge der Vertretung keine rechtlichen Pflichten treffen.

46 Eine Haftung gem. § 280 Abs. 1 BGB, § 311 Abs. 2, 3 BGB ist auch anzunehmen, wenn der Vertreter ein **besonderes eigenes wirtschaftliches Interesse** an dem Rechtsgeschäft hat, sodass es wirtschaftlich betrachtet quasi sein eigenes Geschäft ist, obwohl er nicht Vertragspartner wurde.[126] Ein bloß mittelbares Eigeninteresse (zB Provisionsinteresse) genügt nicht.[127] Der BGH fordert ein unmittelbares Eigeninteresse des Vertreters. Dafür reicht es nach gefestigter Rspr. nicht aus, dass der Vertreter Allein- oder Mehrheitsgesellschafter der vertretenen Gesellschaft war.[128] Das widerspräche dem Trennungsgrundsatz, wonach zwischen dem Vermögen der juristischen Person und ihrer Gesellschafter zu differenzieren ist (zB § 13 Abs. 2 GmbHG). Neben den beherrschenden Einfluss des Vertreters auf die Gesellschaft müssen weitere Umstände treten, um seine Eigenhaftung zu begründen.[129] Hierfür genügt nicht die bloße Übernahme von Bürgschaften oder die Gewährung dinglicher Sicherheiten für Gesellschaftsverbindlichkeiten.[130] Erst in der Insolvenz hat der Vertreter ein so gewichtiges Eigeninteresse, dass seine Eigenhaftung gerechtfertigt ist.[131] Das Gleiche gilt, wenn die Tätigkeit des Vertreters allein auf die Beseitigung von Schäden abzielt, für die er sonst selbst einstehen müsste.[132]

---

[121] LG München I 23.9.2004, BKR 2006, 28 (32 f.).

[122] RG 9.7.1921, RGZ 102, 328 (331).

[123] VGH Kassel 4.1.2021, BeckRS 2021, 22821.

[124] BGH 11.1.2007, NJW 2007, 1362 Rn. 10; 4.5.2004, NJW 2004, 2523 (2525); 6.6.1994, BGHZ 126, 181 (189) = NJW 1994, 2220; 1.7.1991, NJW-RR 1991, 1312 (1313); 4.7.1983, BGHZ 88, 67 (68 f.) = NJW 1983, 2696; 25.5.1983, BGHZ 87, 302 (304) = NJW 1983, 2192.

[125] BGH 11.1.2007, NJW 2007, 1362 Rn. 10; 6.6.1994, BGHZ 126, 181 (189) = NJW 1994, 2220; 1.7.1991, NJW-RR 1991, 1312 (1313); OLG Koblenz 27.2.2003, NJW-RR 2003, 1198 (1999); Staudinger/Schilken, 2024, BGB § 164 Rn. 15; BeckOK BGB/Schäfer, 74. Ed. 1.5.2025, BGB § 164 Rn. 40.

[126] BGH 11.1.2007, NJW 2007, 1362 Rn. 10; 3.4.1990, NJW 1990, 1907 (1908); 23.2.1983, BGHZ 87, 27 (32 f.) = NJW 1983, 1607 (1608 f.); 5.4.1971, BGHZ 56, 81 (83) = NJW 1971, 1309 (1310); BeckOK BGB/Schäfer, 74. Ed. 1.5.2025, BGB § 164 Rn. 40.

[127] BGH 25.10.2005, NJW-RR 2006, 109 (110); 23.2.1983, BGHZ 87, 27 (32 f.) = NJW 1983, 1607 (1608 f.); 5.4.1971, BGHZ 56, 81 (84) = NJW 1971, 1309.

[128] BGH 25.10.2005, NJW-RR 2006, 109 (110); 7.11.1994, NJW-RR 1995, 289; 6.6.1994, NJW 1994, 2220 (2221); 23.10.1985, NJW 1986, 586 (588); Staudinger/Schilken, 2024, BGB § 164 Rn. 15; Ulmer NJW 1983, 1577 (1579); anders noch BGH 23.2.1983, BGHZ 87, 27 (33 f.) = NJW 1983, 1607.

[129] BGH 6.6.1994, NJW 1994, 2220 (2221).

[130] BGH 7.11.1994, NJW-RR 1995, 289; 6.6.1994, NJW 1994, 2220 (2221); Canaris JZ 1993, 649 (650); Flume ZIP 1994, 337 (338).

[131] BGH 7.11.1994, NJW-RR 1995, 289; 6.6.1994, NJW 1994, 2220 (2221); Flume ZIP 1994, 337 (338).

[132] BGH 8.10.1987, NJW-RR 1988, 615 (616); 23.10.1985, NJW 1986, 586 (588).

III. Gesamtprokura (Abs. 2)

1. Echte Gesamtprokura. a) Grundsatz. Prokura kann nach § 48 Abs. 2 auch an mehrere Personen gemeinschaftlich erteilt werden, sodass sie nur gemeinsam die Vertretungsmacht ausüben können (sog. echte Gesamtprokura).[133] Dabei handelt es sich um einen **Unterfall der Gesamtvertretung** nach dem allgemeinen Stellvertretungsrecht, dessen Regelungen lückenfüllend auf die Gesamtprokura anzuwenden sind (vgl. § 1629 Abs. 1 BGB, § 124 Abs. 2, 3 HGB, § 78 Abs. 2, 3 AktG, § 25 Abs. 1–3 GenG, § 35 Abs. 2 GmbHG). Die Bindung mehrerer Prokuristen aneinander erschwert die Ausübung der Prokura und ist somit ein Instrument, um das Missbrauchsrisiko für den Inhaber des Handelsgeschäfts zu verringern.[134] Die Gesamtprokura spielt in der Praxis eine erhebliche Rolle. 47

b) Zulässige Formen. Der von § 48 Abs. 2 geregelte Grundfall der echten Gesamtprokura liegt vor, wenn an zwei oder mehr Personen Prokura zur gemeinschaftlichen Ausübung erteilt wird **(allseitige echte Gesamtprokura).**[135] Daneben kann einer Gruppe von Personen Prokura in der Form eingeräumt werden, dass immer nur eine bestimmte Anzahl von Gruppenmitgliedern bei einem Rechtsgeschäft oder einer rechtsgeschäftsähnlichen Handlung mitwirken muss (sog. **Gruppenprokura**).[136] Diese Ausgestaltung lässt § 48 Abs. 2 zu, da mehrere Prokuristen wechselseitig aneinander gebunden werden, auch wenn sie nur durch ihre Gruppenzugehörigkeit bestimmt sind (personenbezogene Beschränkung). Es erfolgt keine unzulässige Beschränkung des Vollmachtumfangs nach § 50 Abs. 1, 2. In der Praxis wird eine Gesamtprokura auch in der Form erteilt, dass ein Gesamtprokurist mit einem Einzelprokuristen zusammenwirken muss, wobei der Einzelprokurist den Geschäftsinhaber weiterhin allein vertreten kann (sog. **halbseitige echte Gesamtprokura**). Somit ist der Gesamtprokurist einseitig an die Mitwirkung des Einzelprokuristen gebunden, der eine Kontrollfunktion übernimmt. 48

Die **halbseitige echte Gesamtprokura** wird in § 48 Abs. 2 nicht geregelt, da er nur die Prokura im Auge hat, die mehreren Personen gemeinschaftlich erteilt wird; dennoch ist sie zulässig.[137] Der Einzelprokurist hat eine Doppelrolle: beim Zusammenwirken mit dem anderen Prokuristen agiert er wie ein Gesamtprokurist, daneben ist er Einzelprokurist. Daher wendet die Gegenansicht ein, dass der Einzelprokurist durch die Gesamtprokura keine zusätzliche Vertretungsmacht erlange und ihm nach dem Grundsatz der Funktionalität keine zusätzliche Gesamtprokura erteilt werden könne.[138] Diese Argumentation konzentriert sich einseitig auf die Bevollmächtigung des Einzelprokuristen, der durch die Gesamtprokura nichts hinzugewinnt. Ohne dessen Mitwirkung erlangte der andere Gesamtprokurist aber keine Vertretungsmacht. Dabei ist zu berücksichtigen, dass dem Gesamtprokuristen die passive Stellvertretung allein möglich ist und er bei der aktiven Vertretung zunächst allein agieren und anschließend die Genehmigung des Einzelprokuristen einholen kann.[139] Zudem soll der Grundsatz der Funktionalität nur überflüssige Vollmachtserteilungen im Interesse der Rechtssicherheit verhindern. Dieser Zweck greift bei der halbseitigen echten Gesamtprokura nicht ein, da der Gesamtprokurist ohne den Einzelprokuristen keine Vertretungsmacht hätte. Zudem ist nicht plausibel, warum der Geschäftsinhaber einer weiteren Person soll Prokura gewähren müssen, damit er wirksam Gesamtprokura erteilen kann, obwohl dem Einzelprokuristen die Mitwirkung möglich ist. Dem steht der Schutz des Rechtsgeschäftsverkehrs nicht entgegen, da die Gesamtprokura ins Handelsregister einzutragen ist. Schließlich verliert die Prokura nicht ihre klaren Konturen.[140] 49

c) Erteilung der Gesamtprokura. Für die Erteilung der Gesamtprokura gelten dieselben Grundsätze wie bei der Einzelprokura (→ Rn. 31 f.). Die ausdrückliche Erklärung des Geschäftsinhabers muss erkennen lassen, dass er Gesamtprokura erteilen will.[141] Ansonsten führt seine Willenserklärung nur zur Begründung einer Einzelprokura, da sie die vom Gesetz geregelte Grundform der Prokura ist (§ 48 Abs. 1). Die Prokura ist daher nach dem objektiven Empfängerhorizont eine 50

---

133 Ebenroth/Boujong/Weber Rn. 39; Bärwaldt/Hadding NJW 1998, 1103; Grooterhorst, Vollmachten in Unternehmen, 6. Aufl. 2014, 101.

134 MüKoHGB/Krebs Rn. 72; Hertel, Die gesetzliche Stellung des Prokuristen, 1904, 21.

135 K. Schmidt HandelsR § 16 Rn. 41; Ebenroth/Boujong/Weber Rn. 40; KKD/Roth/Stelmaszczyk Rn. 13.

136 MüKoHGB/Krebs Rn. 73; Ebenroth/Boujong/Weber Rn. 40.

137 HM, BGH 14.2.1974, BGHZ 62, 166 (170 ff.) = NJW 1974, 1194; Canaris HandelsR § 12 Rn. 28; K. Schmidt HandelsR § 16 Rn. 42 ff.; Staub/Fischinger Rn. 96; Heymann/Teichmann Rn. 53; Ebenroth/Boujong/Weber Rn. 41; GK-HGB/B. Schmidt Rn. 24; RGHMW/Wöstmann Rn. 47.

138 Krebs ZHR 159 (1995), 635 (660 f.); Kötter FS Hefermehl, 1976, 75 (95 ff.).

139 Darauf verweist auch K. Schmidt HandelsR § 16 Rn. 42 f.; Ebenroth/Boujong/Weber Rn. 41.

140 Canaris HandelsR § 12 Rn. 28.

141 Hertel, Die gesetzliche Stellung des Prokuristen, 1904, 19 f.; Kerb, Die rechtliche Stellung des Prokuristen, 1906, 19.

Einzelprokura, wenn sich aus dem Wortlaut nichts anderes ergibt.[142] Die Erklärung, dass es sich um eine Gesamtprokura handelt, muss nicht gleichzeitig gegenüber beiden Prokuristen erfolgen.[143] Die Bevollmächtigung gegenüber einem der Gesamtprokuristen setzt inhaltlich aber voraus, dass eine zweite Person als Prokurist bestellt ist bzw. wird (Rechtsbedingung). Vor Erteilung der zweiten Prokura ist die Gesamtprokura noch nicht vollständig und somit nicht wirksam. Sie kann erst nach Erteilung beider Prokuren im Handelsregister eingetragen werden (→ § 53 Rn. 8).

51 **d) Erteilung weiterer Vollmachten neben der Gesamtprokura.** Grundsätzlich kann einem Prokuristen keine zusätzliche Gesamthandlungsvollmacht erteilt werden, da sie hinter der Prokura zurückbleibt. Im Falle einer Gesamtprokura kann der Inhaber des Handelsgeschäfts dem Prokuristen aber eine **Handlungsvollmacht zum alleinigen Handeln** einräumen, da er auf diese Weise die persönliche Bindung der Gesamtprokura überwinden kann, ohne sie vollständig zu unterlaufen.[144] Der Umfang der Vertretungsmacht bleibt bei der Handlungsvollmacht hinter der Prokura zurück, sodass ein Anwendungsbereich für die Gesamtprokura verbleibt. Eine solche Vollmacht kann ausdrücklich oder konkludent erteilt werden. Für eine konkludente Bevollmächtigung bedarf es jedoch klarer Anhaltspunkte.[145] Es genügt nicht, dass ein Prokurist mit Gesamtprokura allein auftritt oder zusammen mit einem Gesamtbevollmächtigten oder einem Gesamthandlungsbevollmächtigten agiert.[146] Um bei einseitigen Rechtsgeschäften eine Zurückweisung nach § 174 S. 1 BGB zu vermeiden, muss der Geschäftsgegner von der zusätzlichen Vollmacht in Kenntnis gesetzt werden. Dazu reicht aber die Bekanntmachung der mit der Vollmacht verbundenen Funktion des Mitarbeiters oder der Verweis auf die Stellung als Personalleiter aus.[147]

52 **2. Sonderformen.** Im Innenverhältnis kann der Inhaber mit dem Prokuristen grundsätzlich beliebige Beschränkungen für sein Tätigwerden vereinbaren.[148] Sie berühren weder den Umfang noch die Ausübung der Vollmacht im Außenverhältnis. Ihre Missachtung ist nur eine Pflichtverletzung des Prokuristen. Die Sonderformen der Prokura betreffen hingegen die Bindungen des Prokuristen mit Wirkung im Außenverhältnis. Ihre rechtliche Zulässigkeit ist nur vereinzelt geregelt und iE umstritten.

53 **a) Terminologisches.** Neben der echten (allseitigen/halbseitigen) Gesamtprokura existieren in der Praxis Sonderformen, bei denen Prokuristen und organschaftliche Vertreter zusammenwirken. Das kann zu einer gleichmäßigen Bindung des Vertreters und des Prokuristen führen (allseitige Bindung) oder zu einer halbseitigen Bindung des organschaftlichen Vertreters bzw. des Prokuristen an die Mitwirkung des jeweils anderen. In diesem Fall hat der nicht gebundene Vertreter unabhängig von der anderen Person alleinige Vertretungsmacht. Das entspricht der Konzeption der halbseitigen echten Gesamtprokura. Die Terminologie für diese personenbezogenen Bindungen bei der Ausübung der Vertretungsmacht variiert. Überwiegend wird die Verbindung eines organschaftlichen Vertreters und eines Prokuristen entweder generell als gemischte Gesamtvertretung bezeichnet[149] oder als gemischte Gesamtprokura.[150] Innerhalb dessen wird zwischen einer allseitigen und einer halbseitigen Gesamtvertretung unterschieden. Zum Teil wird auch danach differenziert, ob der Prokurist an den organschaftlichen Vertreter gebunden ist oder umgekehrt. Die Bindung eines organschaftlichen Vertreters an einen Prokuristen wird danach als gemischte bzw. unechte Gesamtvertretung bezeichnet, die allseitig oder halbseitig sein kann; die Bindung des Prokuristen an den organschaftlichen Vertreter ist hingegen eine unechte gemischte Gesamtprokura.[151]

54 Bei der Begriffsbildung ist für die Aussagekraft der Termini entscheidend, dass sie die Art der persönlichen Bindung, den Umfang der Vertretungsmacht und die Anbindung an das Gesetz präzise

---

[142] RGHMW/Wagner/Wöstmann Rn. 39.

[143] RGHMW/Wagner/Wöstmann Rn. 40.

[144] RG 8.6.1917, RGZ 90, 299 (300); BGH 23.2.1961, BB 1961, 352; 30.12.1963, BB 1964, 151; KKD/Roth/Stelmaszczyk Rn. 16; BeckOGK HGB/Schärtl, 15.6.2025, § 49 Rn. 34, § 50 Rn. 8; Simons/Niller NZG 2024, 1649 (1650 f.); Ebenroth/Boujong/Weber Rn. 58; Weiß/Külzer NZG 2024, 383.

[145] Dazu Weiß/Külzer NZG 2024, 383.

[146] BGH 30.12.1963, BB 1964, 151.

[147] BAG 25.9.2014, NZA 2015, 159 Rn. 20; LAG Baden-Württemberg 15.11.2012, GWR 2013, 413; krit. bei Zeichnung mit ppa. Laws FA 2014, 165 (169).

[148] Krebs ZHR 159 (1995), 635 (661); Hopt/Merkt Rn. 7; HK-HGB/Ruß Rn. 5.

[149] MüKoHGB/Krebs Rn. 77; Ebenroth/Boujong/Weber Rn. 42, 43; Staub/Fischinger Rn. 97; so auch BGH 6.11.1986, BGHZ 99, 76 (78) = NJW 1987, 841; 14.2.1974, BGHZ 62, 166 (170) = NJW 1974, 1194.

[150] K. Schmidt HandelsR § 16 Rn. 40 ff.; Heymann/Teichmann Rn. 54 ff.

[151] Beuthien FS Kim, 1995, 127 (129); Reinert, Unechte Gesamtvertretung und unechte Gesamtprokura im Recht der Aktiengesellschaft, 1990, 8; BeckOGK/Schärtl, 15.6.2025, Rn. 179; GK-HGB/B. Schmidt Rn. 26; Beuthien/Müller DB 1995, 461 f.; **aA** Münch, Gesamtvertretung im Gesellschaftsrecht, 1989, 17 ff.

wiedergeben. Somit ist zunächst zwischen der **echten Gesamtprokura** (§ 48 Abs. 2) und der **echten Gesamtvertretung** (§ 124 Abs. 2 S. 1 HGB, § 78 Abs. 2 S. 1 AktG, § 25 Abs. 1 S. 1 GenG) zu unterscheiden, bei der jeweils nur Prokuristen oder nur organschaftliche Vertreter zusammen agieren. Daneben ist die **unechte bzw. gemischte Gesamtvertretung** gesetzlich geregelt (§ 124 Abs. 3 S. 1 HGB, § 78 Abs. 3 S. 1 AktG, § 25 Abs. 2 S. 1 GenG), wonach der gesamtvertretungsberechtigte organschaftliche Vertreter ersatzweise zusammen mit einem Prokuristen handeln kann. Eine **unechte Gesamtprokura** liegt hingegen vor, wenn vom gesetzlichen Modell des § 48 Abs. 2 durch die Beteiligung eines Nicht-Prokuristen abgewichen wird, der Umfang der Vertretungsmacht aber weiter dem einer Prokura entsprechen soll.[152] Ob eine unechte Gesamtprokura oder eine unechte Gesamtvertretung vorliegt, ist im Einzelfall durch Auslegung des Gesellschaftsvertrags, der Satzung bzw. der Prokuraerteilung zu ermitteln.[153] Dabei ist die Eintragung im Handelsregister zu berücksichtigen. Die Bezeichnung als Gesamtvertretung bzw. Gesamtprokura kennzeichnet folglich den Umfang der Vertretungsmacht.[154]

Diese Formen der Vertretung können jeweils allseitige oder halbseitige Bindungen für die beteiligten Vertreter mit sich bringen. Eine halbseitige unechte Gesamtvertretung liegt vor, wenn nur der organschaftliche Vertreter an die Mitwirkung des Prokuristen gebunden ist. In diesem Fall erstreckt sich die Vertretungsmacht des Prokuristen auf den gesamten Bereich der organschaftlichen Vertretung (→ § 49 Rn. 32), sodass der Prokurist unabhängig von der Ermächtigung nach § 49 Abs. 2 an Grundstücksgeschäften mitwirken kann.[155] Die Bindung eines Prokuristen an einen organschaftlichen Vertreter beschränkt sich hingegen auf den Umfang der Prokura gem. §§ 49 f.[156] Um dies terminologisch zu verdeutlichen, ist diese Bevollmächtigung als halbseitige unechte Gesamtprokura zu bezeichnen. Diese begriffliche Klarstellung sagt noch nichts über die Zulässigkeit der einzelnen Formen aus. 55

b) Unechte (gemischte) Gesamtvertretung. § 124 Abs. 3 S. 1 erlaubt ausdrücklich, einen gesamtvertretungsberechtigten Gesellschafter im Gesellschaftsvertrag an die Mitwirkung eines Prokuristen zu binden, um die Handlungsmöglichkeiten des Gesellschafters zu erweitern.[157] Das Gleiche gilt für die gemeinschaftlich vertretungsberechtigten Vorstandsmitglieder der Genossenschaft und der AG, sofern die Satzung dies vorsieht (§ 25 Abs. 2 S. 1 GenG, § 78 Abs. 3 S. 1 AktG). Im Wege einer Gesamtanalogie ist die unechte Gesamtvertretung auf die GmbH zu übertragen. Eine unechte Gesamtvertretung kann eine allseitige oder halbseitige Bindung des gesamtvertretungsberechtigten Gesellschafters bzw. organschaftlichen Vertreters bewirken. Einer allseitigen unechten Gesamtvertretung steht § 50 Abs. 1, 2 nicht entgegen (→ § 124 Rn. 39). Auch eine halbseitige unechte Gesamtvertretung ist durch den Wortlaut von § 124 Abs. 3 S. 1 HGB, § 78 Abs. 3 S. 1 AktG, § 25 Abs. 2 S. 1 GenG erfasst (→ § 124 Rn. 41). Die gemischte Gesamtvertretung ist ins Handelsregister einzutragen (§ 106 Abs. 2 Nr. 3 bzw. § 39 Abs. 1 S. 3 AktG, § 12 Abs. 2 Nr. 4 GenG, § 10 Abs. 1 S. 2 GmbHG), zumal nach § 53 Abs. 1 jede Abweichung von der Einzelprokura der Eintragung ins Handelsregister bedarf. Für eine gemischte Gesamtvertretung ergibt sich aus den gesetzlichen Bestimmungen indes keine Vorgabe dahingehend, dass der organschaftliche Vertreter auch Gesamtvertreter (mit einem anderen organschaftlichen Vertreter) sein muss.[158] Vielmehr kann neben einem alleinvertretungsberechtigten Gesellschafter bzw. organschaftlichen Vertreter ein weiterer Gesellschafter bzw. organschaftlicher Vertreter im Rahmen einer gemischten Gesamtvertretung mit einem Prokuristen Vertretungsmacht erhalten. 56

Die unechte oder gemischte Gesamtvertretung ist nur mit Gesellschaftern bzw. organschaftlichen Vertretern möglich, die vertretungsbefugt sind.[159] Allerdings ist eine gemischte Gesamtvertretung zwischen dem (einzigen) **alleinvertretungsberechtigten Gesellschafter** und einem Prokuristen 57

[152] BGH 6.11.1986, BGHZ 99, 76 (78) = NJW 1987, 841; 14.2.1974, BGHZ 62, 166 (170) = NJW 1974, 1194; s. auch Bayer GmbHR 2021, 968 (977).

[153] Canaris HandelsR § 12 Rn. 25; KKD/Roth/Stelmaszczyk Rn. 19.

[154] Ebenso Bayer GmbHR 2021, 968 (972 f., 977).

[155] HM, BGH 6.11.1986, BGHZ 99, 76 (78) = NJW 1987, 841; 14.2.1974, BGHZ 62, 166 (170) = NJW 1974, 1194; 31.3.1954, BGHZ 13, 61 (64) = NJW 1954, 1158; RG 22.12.1931, RGZ 134, 303 (305 ff.); Staub/Fischinger Rn. 113 f.; K. Schmidt HandelsR § 16 Rn. 47; Heymann/Teichmann Rn. 57; Ebenroth/Boujong/Weber Rn. 53; Wertenbruch GmbHR 2024, 1 (8 f.).

[156] BGH 6.11.1986, BGHZ 99, 76 (78) = NJW 1987, 841; 14.2.1974, BGHZ 62, 166 (170) = NJW 1974, 1194; Staub/Fischinger Rn. 114; Ebenroth/Boujong/Weber Rn. 53; ohne Differenzierung K. Schmidt HandelsR § 16 Rn. 45 ff.; Heymann/Teichmann Rn. 58.

[157] BGH 6.2.1958, BGHZ 26, 330 (332 f.) = NJW 1958, 668; Ebenroth/Boujong/Hillmann § 124 Rn. 57.

[158] Bayer GmbHR 2021, 968 (974 ff.); Staub/Habersack § 125 Rn. 54, 56; GroßkommAktG/Habersack/Foerster § 78 Rn. 67; vgl. MüKoHGB/K. Schmidt § 125 Rn. 34.

[159] BGH 6.2.1958, BGHZ 26, 330 (332 f.) = NJW 1958, 668.

bei Personengesellschaften wegen Verstoßes gegen das Prinzip der Selbstorganschaft unzulässig (→ § 124 Rn. 42).[160] Bei Kapitalgesellschaften scheitert eine gemischte Gesamtvertretung des einzigen **alleinvertretungsberechtigten organschaftlichen Vertreters** und eines Prokuristen daran, dass die juristische Person nicht mehr aus sich selbst heraus handlungsfähig wäre.[161] Zudem erhielte der Prokurist einen Einfluss, der ihm nach dem Gesetz nicht zukommt. § 78 Abs. 3 S. 1 AktG und § 25 Abs. 2 S. 1 GenG geben vor, dass jedes Organmitglied in der Lage sein muss, zusammen mit einem anderen Organmitglied und somit unabhängig vom Prokuristen zu handeln.

58 Eine gemischte Gesamtvertretung wird schließlich unzulässig, wenn einer von zwei vertretungsberechtigten Gesellschaftern durch das Ausscheiden aus der Gesellschaft wegfällt (zB Kündigung, Tod) und somit nur noch ein Gesellschafter mit dem Prokuristen zurückbleibt. Der verbleibende Gesellschafter ist wegen der Regelung im Gesellschaftsvertrag bzw. der Satzung nur gesamtvertretungsberechtigt. Die Gesamtvertretung ist aber mangels eines zweiten Gesellschafters ausgeschlossen (→ Rn. 57), bis ein anderer Gesellschafter bestimmt wird. Da der Prokurist bei einer gemischten Gesamtvertretung nur ausnahmsweise an die Stelle des zweiten Gesellschafters treten soll,[162] muss eine solche Gesamtvertretung ausscheiden, wenn es an einem zweiten Gesellschafter fehlt. Der verbleibende Gesellschafter wäre ohne den Prokuristen nicht mehr handlungsfähig. Eine so weitgehende Durchbrechung des Prinzips der Selbstorganschaft erlaubt § 124 Abs. 3 S. 1 nicht.[163] Erst mit der Benennung eines neuen Gesellschafters zum Gesamtvertreter ist eine gemischte Gesamtvertretung wieder möglich. Dennoch wird eine gemischte Gesamtvertretung in diesem Fall zum Teil für zulässig erachtet, wenn alsbald ein neuer Gesellschafter bestellt wird.[164] Das wirft jedoch Abgrenzungsschwierigkeiten auf, die dem Verkehrsschutz zuwiderlaufen, den die Prokura bezweckt. Für **Kapitalgesellschaften** kann nichts anderes gelten. Sie müssen unabhängig vom Einfluss Dritter durch ihre Organe handeln können. Im Ergebnis ist im Gesellschaftsvertrag für solche Fälle durch eine Regelung vorzusorgen.

59 **c) Unechte Gesamtprokura.** Eine unechte Gesamtprokura ist jede Bindung eines Prokuristen an die Mitwirkung einer anderen Person, die nicht Prokurist ist. Sie ist nicht ausdrücklich geregelt und ihr könnte insbesondere die Unbeschränkbarkeit der Prokura (§ 50 Abs. 1, 2) entgegenstehen. Bei der Beurteilung ihrer Zulässigkeit sind drei Fallgruppen zu unterscheiden: die unechte Gesamtprokura zwischen einem nicht vertretungsberechtigten Gesellschafter und einem vertretungsberechtigten Gesellschafter bzw. organschaftlichen Vertreter oder mit einem Dritten. Zudem ist zwischen der halbseitigen und der beidseitigen unechten Gesamtprokura zu unterscheiden.

60 **aa) Halbseitig. (1) Nicht vertretungsberechtigte Gesellschafter.** Bei einer halbseitigen unechten Gesamtprokura ist allein der Prokurist an die Mitwirkung einer anderen Person gebunden. Das dient der Kontrolle der Vollmachtausübung, ohne dass die Vertretungsmacht des Prokuristen inhaltlich beschränkt wird. Eine unechte Gesamtprokura setzt daher – unabhängig von ihrer Zulässigkeit – voraus, dass beide Personen Vertretungsmacht besitzen. Ein Prokurist kann daher nicht an die Mitwirkung eines nicht vertretungsberechtigten Gesellschafters gebunden werden.[165] Daher scheidet insbesondere die unechte Gesamtprokura unter Beteiligung eines Kommanditisten aus, sofern ihm keine organschaftliche Vertretungsmacht gewährt wurde.[166]

61 **(2) Vertretungsberechtigter Gesellschafter/organschaftliche Vertreter.** Eine unechte Gesamtprokura kommt nur mit einem vertretungsberechtigten Gesellschafter oder einem Organvertreter in Betracht.[167] Im Unterschied zur unechten (gemischten) Gesamtvertretung soll nach dem

---

[160] BGH 6.2.1958, BGHZ 26, 330 (332 f.) = NJW 1958, 668; K. Schmidt HandelsR § 16 Rn. 51; Münch, Gesamtvertretung im Gesellschaftsrecht, 1989, 79; Stötter BB 1975, 767 (769); Ebenroth/Boujong/Weber Rn. 45; KKD/Roth/Stelmaszczyk Rn. 19.

[161] BGH 6.2.1958, BGHZ 26, 330 (332 f.) = NJW 1958, 668; Heymann/Teichmann Rn. 56; K. Schmidt HandelsR § 16 Rn. 45 ff.; Münch, Gesamtvertretung im Gesellschaftsrecht, 1989, 79; Bayer GmbHR 2021, 968 (973); Stötter BB 1975, 767 (768 f.); Ebenroth/Boujong/Weber Rn. 45; KKD/Roth/Stelmaszczyk Rn. 19.

[162] GroßkommAktG/Meyer-Landrut AktG § 78 Rn. 8; Roquette FS Oppenhoff, 1985, 335 (340 ff.); vgl. auch Bayer GmbHR 2021, 968 (973).

[163] Dazu auch OLG Hamm 19.5.1983, BB 1983, 1303.

[164] KG 9.11.1933, JW 1934, 304; Baumbach/Hueck AktG, 13. Aufl. 1968, AktG § 78 Rn. 11; GroßkommAktG/Meyer-Landrut AktG § 78 Rn. 8; **aA** Roquette FS Oppenhoff, 1985, 335 (340 ff.).

[165] BGH 30.12.1963, BB 1964, 151; vgl. OLG München 26.1.2011, NJOZ 2012, 52; Münch, Gesamtvertretung im Gesellschaftsrecht, 1989, 79; Ebenroth/Boujong/Weber Rn. 48; GK-HGB/B. Schmidt Rn. 27; RGHMW/Wöstmann Rn. 50.

[166] RGHMW/Wöstmann Rn. 50.

[167] Personengesellschaften: BGH 6.11.1986, BGHZ 99, 76 (78) = NJW 1987, 841; 23.2.1961, BB 1961, 383; Kapitalgesellschaften: BGH 14.2.1974, BGHZ 62, 166 (170) = NJW 1974, 1194; RG 29.10.1897, RGZ 40, 17 f.; s. auch Heymann/Teichmann Rn. 56; Staub/Fischinger Rn. 104; Lüdtke-Handjery DB 1973, 2502 (2503); GK-HGB/B. Schmidt Rn. 26; **aA** NK-HGB/Schmidt Rn. 30.

hier zugrunde gelegten Begriffsverständnis die unechte Gesamtprokura die Vertretungsmacht des Prokuristen nicht erweitern.[168] Der Prokurist kann nur im Rahmen der gesetzlichen Vertretungsmacht gem. §§ 49 f. unter Mitwirkung eines vertretungsberechtigten Gesellschafters bzw. eines organschaftlichen Vertreters handeln. Der Gesellschafter bzw. organschaftliche Vertreter seinerseits kann seine Vertretungsmacht hingegen unabhängig vom Prokuristen ausüben und unterliegt bei der Ausübung seiner Vertretungsmacht keinen Beschränkungen. Daher entsteht bei der halbseitigen unechten Gesamtprokura kein Konflikt mit dem Prinzip der Selbstorganschaft bei Personenhandelsgesellschaften oder der Handlungsfähigkeit der juristischen Person. Daher kann der Prokurist nach hM sowohl an einzel- als auch an gesamtvertretungsberechtigte Gesellschafter oder organschaftliche Vertreter gebunden werden.[169]

Die Zulässigkeit der unechten Gesamtprokura hängt von ihrer Vereinbarkeit mit § 48 Abs. 2, § 50 Abs. 1, 2 ab. § 48 Abs. 2 regelt zwar nur die echte Gesamtprokura. Die Regelungen zur gemischten Gesamtvertretung (§ 124 Abs. 3 S. 1 HGB, § 78 Abs. 3 AktG, § 25 Abs. 2 GenG) zeigen jedoch, dass auch eine Bindung des Prokuristen an einen Gesellschafter bzw. organschaftlichen Vertreter zulässig ist. Sie beziehen sich zwar in erster Linie auf die Bindung des Gesamtvertreters an einen Prokuristen. Da sie aber auch eine allseitige unechte Gesamtvertretung zulassen (→ Rn. 57), muss erst recht eine gemeinsame Vertretung durch Gesellschafter bzw. Organvertreter und Prokuristen erlaubt sein, bei der sich die Vertretungsmacht auf den Umfang der Prokura beschränkt.[170] Zudem erfolgt keine unzulässige Beschränkung des Prokuraumfangs. Ihre Ausübung wird nur an die Mitwirkung einer Person gebunden (→ Rn. 48). Eine solche Begrenzung der Handlungsmöglichkeiten lässt § 48 Abs. 2 zu.[171] Nichts anderes kann für die Mitwirkung eines Gesellschafters oder organschaftlichen Vertreters gelten, der ebenfalls in das Handelsgeschäft integriert ist und dessen Vertretungsmacht über die des Prokuristen sogar hinausgeht.[172] Somit ist eine unechte Gesamtprokura mit einem vertretungsberechtigten Gesellschafter bzw. organschaftlichen Vertreter zulässig.[173] Zur Bindung an den Inhaber des Handelsgeschäfts → Rn. 65. 62

(3) Dritte mit Vertretungsmacht. Eine unechte Gesamtprokura zwischen einem Prokuristen und einem rechtsgeschäftlichen Vertreter ist unzulässig, wenn dessen Vollmacht im Umfang hinter der Prokura zurückbleibt, da § 50 Abs. 1, 2 jeder Beschränkung der Prokura entgegensteht. Somit ist eine unechte Gesamtprokura mit einem Handlungsbevollmächtigten oder Abschlussvertreter (§§ 54, 55) ebenso ausgeschlossen wie mit einem Vertreter, der eine BGB-Vollmacht hat, deren Umfang hinter der Prokura zurückbleibt.[174] Zudem können sie nicht ins Handelsregister eingetragen werden.[175] Zur Erteilung einer Gesamthandlungsvollmacht → § 54 Rn. 29. Eine Ausnahme ist nur bei **Generalbevollmächtigten** denkbar, deren Vertretungsmacht über die Prokura hinausgeht (→ Rn. 74 ff.). Die Besonderheit der Prokura besteht aber darin, dass eine in das Handelsgeschäft integrierte Person eine Vollmacht mit gesetzlich geregeltem Umfang erhält, deren Publizität einen hohen Grad an Rechtssicherheit bewirkt. Diese Eigenart wird missachtet, wenn das Handeln des Prokuristen an die Mitwirkung eines Dritten gebunden wird. Ein Generalbevollmächtigter kann, muss aber nicht in das Handelsgeschäft integriert sein. Zudem ist die Generalvollmacht nicht im Handelsregister einzutragen, sodass die Publizität, die der Prokura eigen ist, durch die Bindung an den Generalbevollmächtigten beeinträchtigt wird.[176] Daher ist eine unechte Gesamtprokura unzuläs- 63

168 BGH 6.11.1986, BGHZ 99, 76 (78 f.) = NJW 1987, 841 f.; 14.2.1974, BGHZ 62, 166 (170 f.) = NJW 1974, 736; Staub/Fischinger Rn. 99, 104; Heymann/Teichmann Rn. 58; K. Schmidt HandelsR § 16 Rn. 45 ff.

169 BGH 6.11.1986, BGHZ 99, 76 (78 f.) = NJW 1987, 841 f.; 14.2.1974, BGHZ 62, 166 (170) = NJW 1974, 1194; OLG Stuttgart 1.10.1998, BB 1998, 2546; Heymann/Teichmann Rn. 58; Bayer GmbHR 2021, 968 (978); Lüdtke-Handjery DB 1973, 2502 (2503); Münch, Gesamtvertretung im Gesellschaftsrecht, 1989, 79; RGHMW/Wöstmann Rn. 50; KKD/Roth/Stelmaszczyk Rn. 20; **aA** Canaris HandelsR § 12 Rn. 26.

170 HM, BGH 6.11.1986, BGHZ 99, 76 (78) = NJW 1987, 841; Canaris HandelsR § 12 Rn. 25; K. Schmidt HandelsR § 16 Rn. 45; Heymann/Teichmann Rn. 58; Ebenroth/Boujong/Weber Rn. 44; KKD/Roth/Stelmaszczyk Rn. 19; **aA** Beuthien/Müller DB 1995, 461 (462 ff.); NK-HGB/Schmidt Rn. 30.

171 BGH 6.11.1986, BGHZ 99, 76 (78) = NJW 1987, 841; 14.2.1974, BGHZ 62, 166 (170) = NJW 1974, 1194; RG 29.10.1897, RGZ 40, 17; K. Schmidt HandelsR § 16 Rn. 45 ff.

172 BGH 6.11.1986, BGHZ 99, 76 (78) = NJW 1987, 841; RG 29.10.1897, RGZ 40, 17.

173 BGH 6.11.1986, BGHZ 99, 76 (78 f.) = NJW 1987, 841; 14.2.1974, BGHZ 62, 166 (170 f.) = NJW 1974, 736; RG 29.10.1897, RGZ 40, 17; BayObLG 15.2.1971, NJW 1971, 810 (811); Heymann/Teichmann Rn. 58; Canaris HandelsR § 12 Rn. 24; K. Schmidt HandelsR § 16 Rn. 45 ff.; Ebenroth/Boujong/Weber Rn. 44; **aA** Beuthien FS Kim, 1995, 127 (129 ff.).

174 BGH 30.12.1963, BB 1964, 151; Canaris HandelsR § 12 Rn. 31; Ebenroth/Boujong/Weber Rn. 50; GK-HGB/B. Schmidt Rn. 27; RGHMW/Wöstmann Rn. 48; Hopt/Merkt Rn. 7.

175 BGH 30.12.1963, BB 1964, 151; BayObLG 3.8.1994, NJW 1994, 2965; KKD/Roth/Stelmaszczyk Rn. 21.

176 Staub/Fischinger Rn. 110; GK-HGB/B. Schmidt Rn. 27; RGHMW/Wöstmann Rn. 50.

sig.[177] Aus denselben Gründen kann keine unechte Gesamtprokura mit dem **Geschäftsführer der Komplementär-GmbH einer GmbH & Co. KG** bestehen. Der Geschäftsführer ist im Verhältnis zur GmbH & Co. KG Dritter. Komplementär ist allein die GmbH. Der Prokurist kann höchstens an die Mitwirkung der GmbH gebunden werden, aber nicht an deren Geschäftsführer, auch wenn er organschaftlicher Vertreter der GmbH ist.[178] Im Ergebnis ist die Bindung des Prokuristen an die Mitwirkung eines Dritten unzulässig.[179]

64 **bb) Allseitig.** Eine allseitige unechte Gesamtprokura hätte zur Folge, dass nicht nur der Prokurist an den Gesellschafter bzw. Organvertreter gebunden ist, sondern umgekehrt auch der Gesellschafter bzw. organschaftliche Vertreter nur zusammen mit dem Prokuristen handeln kann und sich die Vertretungsmacht auf die §§ 49 f. beschränkte. Eine allseitige unechte Gesamtprokura hätte somit zur Folge, dass der Gesellschafter bzw. organschaftliche Vertreter nicht seine gesamte Vertretungsmacht ausüben kann. Das führt zur Beschränkung der Vertretungsmacht des Organvertreters bzw. Gesellschafters. Bei alleinvertretungsberechtigten Gesellschaftern widerspricht eine solche Einschränkung dem Prinzip der Selbstorganschaft. Bei organschaftlichen Vertretern kommt sie mit dem Grundsatz in Konflikt, dass das Organ einer juristischen Person unabhängig von Dritten im vollen Umfang handlungsfähig sein muss. Sie ist daher in beiden Fällen unzulässig.[180] Bei einer allseitigen unechten Gesamtprokura unter Beteiligung gesamtvertretungsberechtigter Gesellschafter bzw. Organvertreter ergibt sich dasselbe Ergebnis aus einem Umkehrschluss zu § 124 Abs. 3 S. 1 HGB, § 78 Abs. 3 AktG und § 25 Abs. 2 GenG. Diese Normen lassen zwar eine Bindung an die Mitwirkung eines Prokuristen zu, sie sehen aber keine Einschränkung der Vertretungsmacht der Gesellschafter bzw. Organvertreter vor.[181] Eine wechselseitige Bindung zwischen gesamtvertretungsberechtigtem Gesellschafter bzw. Organvertreter und Prokuristen ist daher nur in Form einer allseitigen unechten Gesamtvertretung zulässig.

65 **d) Sonderfall: Bindung an die Mitwirkung des Geschäftsinhabers.** Keine Einigkeit besteht darüber, ob der Prokurist an die Mitwirkung des Inhabers des Handelsgeschäfts gebunden werden darf. Dabei ist zwischen der allseitigen und halbseitigen Bindung zu differenzieren. Eine **allseitige Bindung** des Geschäftsinhabers ist unzulässig, da der Inhaber seine eigene Rechtsmacht und Handlungsfähigkeit nicht beschränken kann.[182] Ihm obliegen grundsätzlich alle Entscheidungen über das Handelsgeschäft, zu denen auch höchstpersönliche Pflichten zählen (zB § 48 Abs. 1, § 245). Dem widerspricht die Bindung an einen Prokuristen. Insofern gilt nichts anderes als für den alleinvertretungsberechtigten organschaftlichen Vertreter, dessen Bindung an einen Prokuristen ebenfalls abzulehnen ist (→ Rn. 59).[183]

66 Auch die Bindung eines Prokuristen an die Mitwirkung des Geschäftsinhabers **(halbseitige Bindung)** widerspricht der in § 48 Abs. 1 geregelten Konzeption der Prokura und ist unzulässig.[184] Danach soll eine andere Person als der Geschäftsinhaber eine umfassende Vollmacht mit gesetzlich geregeltem Umfang erhalten. Ursprünglich galt der Prokurist als Alter ego des Kaufmanns. § 48 Abs. 2 und § 124 Abs. 3 S. 1 HGB, § 78 Abs. 3 S. 1 AktG, § 25 Abs. 2 S. 1 GenG erlauben zwar die Bindung des Prokuristen an die Mitwirkung anderer Personen, es handelt sich aber nie um den Geschäftsinhaber, sondern um andere Prokuristen, Gesellschafter oder organschaftliche Vertreter. Der Geschäftsinhaber kann zudem nicht als sein eigener Vertreter agieren. Indem der Inhaber den Prokuristen im Außenverhältnis an seine Zustimmung bindet, kommt es nicht zu der Bevollmächtigung einer anderen Person, die unabhängig vom Inhaber agiert.[185] Im Anschluss daran ist auch

[177] Ebenroth/Boujong/Weber Rn. 50.

[178] OLG Frankfurt 16.11.2000, NJW-RR 2001, 178; BayObLG 3.8.1994, NJW 1994, 2965; Heymann/Teichmann Rn. 58; Ebenroth/Boujong/Weber Rn. 46; RGHMW/Wöstmann Rn. 49; GK-HGB/B. Schmidt Rn. 27; Hopt/Merkt Rn. 6, 7.

[179] BGH 30.12.1963, BB 1964, 151; BayObLG 3.8.1994, NJW 1994, 2965; GK-HGB/B. Schmidt Rn. 27; RGHMW/Wöstmann Rn. 48; KKD/Roth/Stelmaszczyk Rn. 21.

[180] K. Schmidt HandelsR § 16 Rn. 51; RGHMW/Wöstmann Rn. 50.

[181] Canaris HandelsR § 12 Rn. 24.

[182] OLG Hamm 1.3.1971, NJW 1971, 1369 (1370); KG 15.1.1915, OLGRspr. 34, 333; GK-HGB/B. Schmidt Rn. 29; **aA** Heymann/Teichmann Rn. 59.

[183] K. Schmidt HandelsR § 16 Rn. 51.

[184] BayObLG 23.9.1997, NJW 1998, 1161 (1162); Reinert, Unechte Gesamtvertretung und unechte Gesamtprokura im Recht der Aktiengesellschaft, 1990, 126 ff.; Beuthien/Müller DB 1995, 461 (463 f.); Canaris HandelsR § 12 Rn. 29; Ebenroth/Boujong/Weber Rn. 49; RGHMW/Wöstmann Rn. 48; Hopt/Merkt Rn. 7; HK-HGB/Ruß Rn. 5; **aA** OLG Hamm 1.3.1971, NJW 1971, 1369 (1370); Heymann/Teichmann Rn. 59; BeckOGK/Schärtl, 15.6.2025, Rn. 182.15; Bärwaldt/Hadding NJW 1998, 1103 (1104); Staub/Fischinger Rn. 99; KKD/Roth/Stelmaszczyk Rn. 20.

[185] BayObLG 23.9.1997, NJW 1998, 1161 (1162); Canaris HandelsR § 12 Rn. 29; GK-HGB/B. Schmidt Rn. 29; RGHMW/Wöstmann Rn. 48; **aA** Bärwaldt/Hadding NJW 1998, 1103 (1104).

die Bindung des Prokuristen an die Zustimmung des einzigen vertretungsberechtigten oder aller gesamtvertretungsberechtigten Gesellschafter bzw. organschaftlichen Vertreter der Gesellschaft abzulehnen.[186]

3. Ausübung der Gesamtprokura bzw. Gesamtvertretung. a) Grundsatz. Für die Ausübung der Gesamtprokura gelten die allgemeinen Grundsätze der Gesamtvertretung, die sich im Stellvertretungsrecht des BGB entwickelt haben.[187] Dabei sind insbesondere die gesetzlichen Regelungen im Zivil- und Gesellschaftsrecht (§ 1629 Abs. 1 BGB, § 124 Abs. 2, 3, 6 HGB, § 78 Abs. 2, 3 AktG, § 25 Abs. 1–3 GenG, § 35 Abs. 2 GmbHG) zu berücksichtigen und im Wege einer Gesamtanalogie auf die Prokura zu übertragen. Zudem gilt für die Prokuristen § 181 BGB mit seinen Ausnahmen. **67**

b) Aktivvertretung. Die Gesamtprokura oder Gesamtvertretung ist gemeinschaftlich, aber nicht notwendig gleichzeitig auszuüben. Jeder Vertreter muss die erforderliche Erklärung abgeben. Das betrifft Rechtsgeschäfte ebenso wie rechtsgeschäftsähnliche Handlungen. Sofern die Erklärung des Prokuristen nichtig ist, sind alle nichtig; § 139 BGB greift wegen der Bindung der Prokuristen aneinander nicht ein.[188] Bei formbedürftigen Rechtsgeschäften müssen alle Willenserklärungen die Form wahren. Die Unterschrift eines Prokuristen kann aber gleichzeitig die Form für den anderen Prokuristen wahren, wenn erkennbar ist, dass er für beide Prokuristen zeichnet.[189] **68**

Die Gesamtprokuristen bzw. Gesamtvertreter können einen von ihnen ermächtigen, bestimmte Geschäfte oder bestimmte Arten von Geschäften allein vorzunehmen.[190] Das ist in den §§ 48 ff. nicht ausdrücklich geregelt, ergibt sich aber aus dem allgemeinen Gesamtvertretungsrecht. Aus den übereinstimmenden Regelungen in § 124 Abs. 2 S. 2, Abs. 3 S. 2 HGB, § 78 Abs. 4 AktG, § 25 Abs. 3 S. 1 GenG ist abzuleiten, dass sich die Gesamtvertreter untereinander ermächtigen können. Die **Ermächtigung** muss sich aber auf ein bestimmtes Geschäft oder einen Kreis von Geschäften beschränken. Sie darf sich nicht auf sämtliche Rechtsgeschäfte erstrecken, sonst würde die Gesamtprokura bzw. Gesamtvertretung de facto aufgehoben und die mit ihr verbundene Kontrollfunktion unterlaufen.[191] Die Ermächtigung kann ausdrücklich oder konkludent erfolgen. Dazu genügt eine formlose Willenserklärung des Prokuristen bzw. des Vertreters, selbst wenn die Willenserklärung des Ermächtigten der Form bedarf (analog § 167 Abs. 2 BGB). Die Ermächtigung ist jederzeit widerruflich (analog § 168 S. 2 BGB). Fehlt es an der tatsächlichen Ermächtigung, so kann sich nach den Grundsätzen der Rechtsscheinvollmacht ergeben, dass ein Prokurist bzw. Vertreter zum alleinigen Handeln ermächtigt ist.[192] **69**

Alle Rechtsgeschäfte und rechtsgeschäftsähnlichen Handlungen, die der Prokurist **ohne die Mitwirkung des anderen** Vertreters vornimmt, bedürfen für ihre Wirksamkeit der Genehmigung (§ 177 Abs. 1 BGB). Sie kann von dem bzw. den anderen Prokuristen, vertretungsberechtigten Gesellschaftern, Organvertretern oder vom Inhaber des Handelsgeschäfts ausdrücklich oder konkludent erklärt werden. Sie bedarf keiner Form (§ 182 Abs. 2 BGB) und ist gegenüber dem handelnden Prokuristen oder gegenüber dem Dritten möglich, den die Erklärung des Prokuristen betraf (§ 182 Abs. 1 BGB). Bis zum Zugang der Genehmigung kann der Dritte das Rechtsgeschäft widerrufen, wenn er die mangelnde Vertretungsmacht nicht kannte (§ 178 BGB). Bei einseitigen Rechtsgeschäften gilt § 180 S. 1 BGB, sodass eine Genehmigung nur möglich ist, wenn die vom Prokuristen behauptete Vertretungsmacht nicht beanstandet wurde oder Einverständnis mit dem Handeln eines vollmachtlosen Vertreters bestand. Im Einzelfall ist außerdem zu prüfen, ob dem Prokuristen mit Gesamtprokura ggf. zusätzlich eine (Gesamt-)Handlungsvollmacht für bestimmte Geschäfte eingeräumt wurde, um seine Handlungsmöglichkeiten zu erweitern.[193] **70**

c) Passivvertretung. Analog § 1620 Abs. 1 S. 2 BGB, § 124 Abs. 3 S. 2, Abs. 6 HGB, § 78 Abs. 2 S. 2 AktG, § 25 Abs. 1 S. 3 GenG, § 35 Abs. 2 S. 2 GmbHG genügt für den Zugang von **71**

---

186 OLG Frankfurt 4.4.1973, BB 1973, 677 (678); Canaris HandelsR § 12 Rn. 30; Ebenroth/Boujong/Weber Rn. 49; s. auch K. Schmidt HandelsR § 16 Rn. 52; **aA** Staub/Fischinger Rn. 99.

187 ZB Grüneberg/Ellenberger BGB § 167 Rn. 13 f.; BeckOK BGB/Schäfer, 74. Ed. 1.5.2025, BGB § 167 Rn. 41 ff.

188 BGH 9.2.1970, BGHZ 53, 210 (214 f.) = NJW 1970, 806.

189 RG 4.10.1927, RGZ 118, 168 (170); 5.2.1923, RGZ 106, 268 (269); Hopt/Merkt Rn. 5.

190 BAG 25.9.2014, AP BGB § 174 Nr. 23; BGH 25.11.1985, NJW-RR 1986, 778; RG 5.2.1923, RGZ 106, 268 (269); Staub/Fischinger Rn. 117; Heymann/Teichmann Rn. 50.

191 RGHMW/Wöstmann Rn. 43.

192 OLG München 28.10.1971, BB 1972, 113 (114).

193 Vgl. BGH 23.2.1961, WM 1961, 361; weitergehend Gravenhorst juris-PR 38/2017 Anm. 5.

Willenserklärungen im Fall einer Gesamtprokura der Zugang bei einem der Prokuristen.[194] Das gilt entsprechend für rechtsgeschäftsähnliche Erklärungen wie Mahnungen oder Fristsetzungen. Auch für die Zustellung reicht die Zustellung an einen der Prokuristen aus (analog § 170 Abs. 3 ZPO iVm § 171 ZPO).[195] Darüber hinaus wirkt der Willensmangel eines Prokuristen stets für beide.[196] Auch die Kenntnis bzw. das Kennenmüssen eines Prokuristen wird jeweils dem anderen zugerechnet.[197]

IV. Generalvollmacht

72 **1. Abgrenzung.** Die Generalvollmacht ist eine umfassende Vollmacht nach dem allgemeinen Stellvertretungsrecht, die gesetzlich nicht speziell geregelt ist (§ 164 Abs. 1 BGB, § 167 BGB).[198] Ihr Umfang ergibt sich aus der Vollmachtserklärung des Vertretenen (§§ 133, 157 BGB). Sie geht typischerweise über die Generalhandlungsvollmacht iSv § 54 hinaus, da sie nicht auf die gewöhnlichen Geschäfte des konkreten Handelsgeschäfts beschränkt ist.[199] Schließlich ist ihr Umfang weiter als die Prokura, da sie nicht der (dispositiven) Beschränkung des § 49 Abs. 2 unterliegt und sich auf Grundlagengeschäfte erstrecken kann (zB Prokuraerteilung, Anmeldungen zum Handelsregister gem. § 12 Abs. 1 S. 2).[200] Die Generalbevollmächtigten stehen daher in der Unternehmenshierarchie grundsätzlich höher als die Prokuristen. Die Generalvollmacht ist gesetzlich nicht umschrieben, sodass ihr Umfang im Einzelfall variiert. Anders als die Prokura und die Handlungsvollmacht nach § 54 ist die Erteilung der Generalvollmacht zudem nicht auf Personen beschränkt, die in das Handelsgeschäft integriert sind, sondern kann Dritten gewährt werden, die außerhalb des Unternehmens stehen. Solche Vollmachten werden insbesondere im Rahmen von Betriebsführungsverträgen erteilt. Typischerweise erstrecken sie sich aber nur auf die laufenden Geschäfte, nicht die Grundlagenentscheidungen, sodass sich die Vertretungsmacht hierauf beschränkt.

73 **2. Rechtliche Anerkennung. a) Grundsatz.** Die hM erkennt die Generalvollmacht zu Recht seit langem als zulässig an.[201] Dem steht der numerus clausus der handelsrechtlichen Vollmachten nicht entgegen, da sie die §§ 164 ff. BGB nur ergänzen. Auch für die in das Handelsgeschäft integrierten Personen sind die §§ 48 ff. keine abschließende Regelung.[202] Ansonsten könnte externen Dritten in weitergehendem Umfang Vollmacht eingeräumt werden als unternehmensangehörigen Personen. Für eine derart unterschiedliche Behandlung besteht im Kontext des HGB keine Rechtfertigung. Den handelsrechtlichen Vollmachten ist vor allem ein besonderer Verkehrsschutz eigen, der so nicht auf die Generalvollmacht übertragbar ist. Hierin besteht der Vorteil der §§ 48 ff., der sie aber nicht zu einer abschließenden Regelung der zulässigen Stellvertretungsformen macht. Der Inhaber des Handelsgeschäfts kann den Generalbevollmächtigten zudem Prokura erteilen, um zumindest in diesem Umfang an den Vorteilen des Handelsrechts zu partizipieren.[203] Die Generalvollmacht findet infolge ihrer Anerkennung und tatsächlichen Verbreitung in einer Reihe von Normen Berücksichtigung: § 5 Abs. 3 Nr. 2 BetrVG, § 22 Abs. 2 Nr. 2 ArbGG, § 16 Abs. 4 Nr. 4 SGG, § 30 Abs. 1 Nr. 4 OWiG.

74 **b) Grenzen.** Die Rspr. lehnt die Zulässigkeit einer Generalvollmacht bei Personenhandelsgesellschaften zutreffend ab, wenn sich die Vertretungsmacht auf die unübertragbaren organschaftlichen Vertretungsbefugnisse erstreckt.[204] Das Gleiche gilt bei einer **GmbH,** wenn der Bevollmächtigte

[194] BGH 14.2.1974, BGHZ 62, 166 (173) = NJW 1974, 1194; RG 31.12.1902, RGZ 53, 227 (230 f.); Heymann/Teichmann Rn. 51; GK-HGB/B. Schmidt Rn. 35.

[195] BGH 20.9.1978, MDR 1979, 135 = BeckRS 1978, 31206383.

[196] BGH 14.2.1974, BGHZ 62, 166 (173) = NJW 1974, 1194; Heymann/Teichmann Rn. 51; Hopt/Merkt Rn. 5.

[197] BGH 14.2.1974, BGHZ 62, 166 (173) = NJW 1974, 1194; Heymann/Teichmann Rn. 51; Hopt/Merkt Rn. 5.

[198] Joussen WM 1994, 273 (275); Grooterhorst, Vollmachten in Unternehmen, 6. Aufl. 2014, 126; Leiner, Die Generalvollmacht im Recht der Personen- und Kapitalgesellschaften, 1998, 14 f.; Ebenroth/Boujong/Weber Vor § 48 Rn. 6; GK-HGB/B. Schmidt Vor §§ 48–58 Rn. 29; Hopt/Merkt Einl. v. § 48 Rn. 2.

[199] Ebenroth/Boujong/Weber Vor § 48 Rn. 5; GK-HGB/B. Schmidt Vor §§ 48–58 Rn. 29.

[200] Ebenroth/Boujong/Weber Vor § 48 Rn. 5, 8.

[201] BGH 22.1.1962, BGHZ 34, 27 (31) = NJW 1962, 738; Staub/Fischinger § 49 Rn. 49; Ebenroth/Boujong/Weber Vor § 48 Rn. 5; Hopt/Merkt Einl. v. § 48 Rn. 2; KKD/Stelmaszczyk Vor §§ 48–58 Rn. 2.

[202] Leiner, Die Generalvollmacht im Recht der Personen- und Kapitalgesellschaften, 1998, 45 ff.; **aA** MüKoHGB/Krebs Vor § 48 Rn. 94 f.

[203] Ebenroth/Boujong/Weber Vor § 48 Rn. 7; Joussen WM 1994, 273 (283); Grooterhorst, Vollmachten in Unternehmen, 6. Aufl. 2014, 131 f.

[204] BGH 22.1.1962, BGHZ 36, 292 (295) = WM 1962, 240; 11.7.1960, BGHZ 33, 105 (108 f.) = WM 1960, 1005; Leiner, Die Generalvollmacht im Recht der Personen- und Kapitalgesellschaften, 1998, 65 ff.; Wolffskeel von Reichenberg MittBayNot 2017, 511.

faktisch die Position eines Geschäftsführers erhält, selbst wenn die Vollmacht zeitlich befristet und widerruflich ist.[205] Der rechtsgeschäftliche Vertreter darf nicht im Ganzen die organschaftliche Vertretungsmacht übernehmen. Das wäre eine unzulässige Ersetzung eines Organs durch einen nichtorganschaftlichen Vertreter.[206] Diese Einschränkung dient dem Schutz der Gesellschafter vor der Ausübung der Geschäftsführerbefugnisse durch Personen, die nicht ihr Vertrauen genießen.[207] Selbst wenn die Gesellschafter alle der Übertragung zustimmen, gilt im Interesse der Rechtssicherheit nichts anderes. Die Rspr. verweist zu Recht darauf, dass die Zustimmung ein interner Vorgang ist, der den Vertragspartnern der GmbH nicht bekannt wird.[208] Zudem treffen den Geschäftsführer Pflichten im Interesse der Gesellschaft und ihrer Gläubiger (zB § 15a Abs. 1 InsO), über die die Gesellschafter nicht disponieren können.[209] Der Generalbevollmächtigte unterliegt nicht denselben gesetzlichen Bindungen, sodass die Grenzen der organschaftlichen Vertretung unterlaufen würden.

Diese Rspr. ist auf andere juristische Personen, insbesondere auf die **AG,** auszudehnen.[210] Auch **75**
für sie gilt, dass eine vollständige Übertragung der organschaftlichen Geschäftsführungsbefugnisse über die Pflichten des Vorstands disponiert, die der Verfügung der Gesellschafter entzogen sind. Es wäre eine nicht zu rechtfertigende Ungleichbehandlung, wenn eine solche Generalvollmacht nur bei der GmbH unzulässig ist, obwohl bei anderen juristischen Personen das gleiche Prinzip gilt.

Die unzulässige Übertragung organschaftlicher Vertretungsmacht kann in die Erteilung einer **76**
Generalhandlungsvollmacht iSv § 54 Abs. 1 umgedeutet werden (§ 140 BGB), sodass der Bevollmächtigte zumindest alle Geschäfte vornehmen kann, die sich im Rahmen des gewöhnlichen Betriebs des Handelsgeschäfts halten.[211]

3. Erteilung der Generalvollmacht. Die Erteilung der Generalvollmacht unterliegt als BGB- **77**
Vollmacht nicht denselben Beschränkungen wie die Prokura. Sie ist nicht auf Personen beschränkt, die dem Handelsgeschäft angehören, sondern kann auch Externen eingeräumt werden. Bevollmächtigter kann eine natürliche Person, aber auch eine Personengesellschaft oder eine juristische Person sein.[212] Die Vollmacht kann grundsätzlich nur der Inhaber des Handelsgeschäfts oder dessen gesetzlicher bzw. organschaftlicher Vertreter erteilen.[213] Einem Prokuristen ist die Einräumung einer solchen Vollmacht verwehrt, da sie ein Grundlagengeschäft ist (→ § 49 Rn. 14 ff.). Zudem geht der Umfang der Vertretungsmacht des Generalbevollmächtigten über den der Prokura hinaus, sodass ein Prokurist nicht die Rechtsmacht für eine solche Bevollmächtigung hat. Die Vollmachtserteilung ist gem. § 167 Abs. 1 BGB ausdrücklich oder konkludent möglich. Eine Generalvollmacht kann auch kraft Rechtsscheins bestehen. Sie bedarf grundsätzlich keiner Form (§ 167 Abs. 2 BGB), auch wenn eine schriftliche Erklärung aus Beweisgründen ratsam ist. Die Ausstellung einer Vollmachtsurkunde hat den Vorteil, dass die Beendigung der Vollmacht durch die Rückgabe der Urkunde bzw. ihre Kraftloserklärung nach außen kenntlich wird (§ 172 Abs. 2 BGB). Die Vollmacht bedarf nach § 311b Abs. 1 S. 1 BGB ausnahmsweise der notariellen Beurkundung, wenn für den Fall des Widerrufs eine Vertragsstrafe vereinbart oder das Verbot des Insichgeschäfts aufgehoben ist.[214] Darüber hinaus ist diese Form zu wahren, wenn für den Vollmachtgeber bereits durch die Bevollmächtigung eine tatsächliche Bindungswirkung eintritt. Das ist insbesondere der Fall, wenn der Grundstückskaufvertrag ausschließlich dem Interesse des Bevollmächtigten dient und er die Möglichkeit hat, die Voll-

---

[205] BGH 18.7.2002, NZG 2002, 813 (814); 18.10.1976, NJW 1977, 199 (200); 12.12.1960, BGHZ 34, 27 (31) = NJW 1961, 506 (507); 31.3.1954, BGHZ 13, 61 (65) = NJW 1954, 1158; OLG Brandenburg 18.1.2010, BeckRS 2010, 3477; KG 7.12.2010, BeckRS 2011, 25843; Leiner, Die Generalvollmacht im Recht der Personen- und Kapitalgesellschaften, 1998, 107 f.; Ebenroth/Boujong/Weber Vor § 48 Rn. 5, 8; GK-HGB/B. Schmidt Vor §§ 48–58 Rn. 30; diff. zwischen organersetzender und -vertretender Generalvollmacht Schippers DNotZ 2009, 353 (363 ff.); **aA** NK-HGB/Schmidt Rn. 29.

[206] BGH 18.7.2002, NZG 2002, 813 (814); 18.10.1976, NJW 1977, 199 (200).

[207] BGH 18.7.2002, NZG 2002, 813 (814); 18.10.1976, NJW 1977, 199 (200).

[208] BGH 18.7.2002, NZG 2002, 813 (814); 18.10.1976, NJW 1977, 199 (200).

[209] BGH 18.10.1976, NJW 1977, 199 (200).

[210] RGHMW/Wöstmann § 49 Rn. 23; zur AG Leiner, Die Generalvollmacht im Recht der Personen- und Kapitalgesellschaften, 1998, 134; Ebenroth/Boujong/Weber Vor § 48 Rn. 5; MüKoHGB/Krebs Vor § 48 Rn. 92; *Grooterhorst, Vollmacht im Unternehmen*, 6. Aufl. 2014, S. 146; **aA** RG 4.7.1928, HRR 1929, Nr. 25.

[211] BGH 18.7.2002, NZG 2002, 813 (814); Leiner, Die Generalvollmacht im Recht der Personen- und Kapitalgesellschaften, 1998, 128 ff.; RGHMW/Wöstmann § 49 Rn. 23; Wolffskeel von Reichenberg MittBayNot 2017, 511.

[212] Joussen WM 1994, 273 (278 f.); GK-HGB/B. Schmidt Vor §§ 48–58 Rn. 30.

[213] Ebenroth/Boujong/Weber Vor § 48 Rn. 7; Grooterhorst, Vollmachten in Unternehmen, 6. Aufl. 2014, 132.

[214] BGH 23.2.1979, NJW 1979, 2306 f.; 11.7.1952, NJW 1952, 1210 (1211); Rösler NJW 1999, 1150 (1151); pauschaler Ebenroth/Boujong/Weber Vor § 48 Rn. 7.

macht unverzüglich für sich zu nutzen.[215] Zudem ist die Generalvollmacht in öffentlich beglaubigter Form gem. § 12 Abs. 1 S. 2 zu erteilen, wenn sie sich auf Anmeldungen beim Handelsregister erstreckt. Sie muss erkennen lassen, welche Anmeldungen von ihr erfasst sind.

78 **4. Beendigung der Generalvollmacht.** Die Generalvollmacht endet wie jede rechtsgeschäftliche Vertretungsmacht durch Widerruf (§ 168 S. 2 BGB). Das Widerrufsrecht kann rechtsgeschäftlich beschränkt werden. Eine unwiderrufliche Generalvollmacht ist jedoch wegen der zu weit gehenden Einschränkung der Privatautonomie unzulässig.[216] Sofern eine unwiderrufliche Vollmacht erteilt wurde, ist die Vollmacht aber nicht unwirksam, sie ist nach § 139 BGB als Vollmacht aufrechtzuerhalten, die nur aus wichtigem Grund widerrufen werden kann.[217]

79 Die Vollmacht ist zudem anfechtbar gem. §§ 119, 123 BGB. Schließlich führt die Beendigung des Grundverhältnisses trotz der Abstraktheit der Vollmacht zu ihrem Erlöschen (§ 168 S. 1 BGB). Auch der Tod des Bevollmächtigten hat gem. § 673 BGB, § 168 S. 1 BGB im Zweifel zur Folge, dass die Generalvollmacht erlischt. Etwas anderes gilt für den Tod des Vertretenen, der gem. § 672 BGB, § 168 S. 1 BGB im Zweifel nicht zum Erlöschen der Vollmacht führt. Mit der Eröffnung des Insolvenzverfahrens endet die Generalvollmacht nach § 117 InsO.

80 **5. Umfang.** Der Umfang der Generalvollmacht ergibt sich aus der rechtsgeschäftlichen Vollmachtserklärung und ist durch Auslegung zu ermitteln.[218] Typischerweise handelt es sich um eine umfassende Vollmacht, die die Vertretung bei allen Rechtsgeschäften und Rechtshandlungen umfasst, die zum Betrieb eines Handelsgeschäfts gehören. Sie ist anders als die Handlungsvollmacht nicht auf das konkrete Handelsgeschäft begrenzt und kann sich im Gegensatz zur Prokura auch auf Grundlagengeschäfte erstrecken. Nur die organschaftlichen Befugnisse lassen sich nicht im Ganzen auf den Bevollmächtigten übertragen (→ Rn. 76). Unzulässig ist eine Generalvollmacht, wenn sie alle Befugnisse des Geschäftsführers bzw. des Vorstands erfasst und sich selbst auf deren unentziehbaren Kernbereich erstreckt.[219]

V. Darlegungs- und Beweislast

81 Die Darlegungs- und Beweislast trägt derjenige, der sich auf die Prokura beruft. § 15 Abs. 2 begünstigt die beweisbelastete Partei, da die andere Prozesspartei den bekannt gemachten Handelsregistereintrag gegen sich gelten lassen muss. Auch das Vorliegen einer Gesamtprokura ist von demjenigen darzulegen und zu beweisen, der sich zu seinen Gunsten auf sie beruft, da § 48 vom Grundfall der Einzelprokura ausgeht.[220]

VI. Internationales Privatrecht

82 Die **Rom I-VO** findet auf das Verhältnis zwischen Vertretenem und Drittem keine Anwendung. Art. 1 Abs. 2 lit. g Rom I-VO nimmt die rechtsgeschäftliche und organschaftliche Vertretung aus. Am 17.6.2017 ist in **Art. 8 EGBGB** erstmals eine gesetzliche Regelung des IPR zur Stellvertretung ohne Rückwirkung in Kraft getreten.[221] Ausgenommen sind aber Verfügungen über Grundstücke bzw. Grundstücksrechte und Börsengeschäfte (Art. 8 Abs. 6, 7 EGBGB). Um den Gleichlauf von Vollmachts- und Sachstatut zu bewirken, gilt für Vollmachten hins. der Verfügung über ein Grundstück oder ein Recht an einem Grundstück die lex rei sitae (Art. 8 Abs. 6 EGBGB, Art. 43 Abs. 1 EGBGB), es sei denn, es besteht zu einem anderen Staat eine wesentlich engere Verbindung (Art. 46 EGBGB).[222] Für die Prozessvollmacht gilt weiterhin die lex fori.[223]

---

[215] BGH 23.2.1979, NJW 1979, 2306 f.; 11.7.1952, NJW 1952, 1210 (1211); Rösler NJW 1999, 1150 (1151); pauschaler Ebenroth/Boujong/Weber Vor § 48 Rn. 7.

[216] BGH 1.6.2010, WM 2010, 1218 Rn. 16; 26.2.1988, NJW 1988, 2303 f.; Staudinger/Schilken, 2024, BGB § 168 Rn. 9; MüKoBGB/Schubert BGB § 168 Rn. 31; BeckOK BGB/Schäfer, 74. Ed. 1.5.2025, BGB § 168 Rn. 25.

[217] BGH 5.10.1981, NJW 1982, 1817 (1818); 12.5.1969, WM 1969, 1009; Staudinger/Schilken, 2024, BGB § 168 Rn. 10, 14; MüKoBGB/Schubert BGB § 168 Rn. 26.

[218] Ebenroth/Boujong/Weber Vor § 48 Rn. 8; GK-HGB/B. Schmidt Vor §§ 48–58 Rn. 29; vgl. auch OLG Frankfurt 1.12.2016, MittBayNot 2017, 508 (509).

[219] So bereits BGH 12.12.1960, BGHZ 34, 27 Ls. = WM 1961, 80; s. auch BGH 20.10.2008, NJW 2009, 293 (294); OLG Frankfurt 1.12.2016, MittBayNot 2017, 508 (509); NSH/Beurskens GmbHG § 35 Rn. 26.

[220] MüKoHGB/Krebs Rn. 108.

[221] Nach einem Entwurf des Deutschen Rates für Internationales Privatrecht, s. Vorarbeiten von Spickhoff RabelsZ 80 (2016), 481 ff.

[222] So bereits die bisher hM, RG 18.10.1935, RGZ 149, 93 (94); Spickhoff RabelsZ 80 (2016), 481 (494 f.).

[223] Begr. RegE, BT-Drs. 18/10714, 24; s. auch BGH 26.4.1990, NJW 1990, 3088; Rademacher IPRax 2017, 56 (57); BeckOK BGB/Mäsch, 74. Ed. 1.2.2025, EGBGB Art. 8 Rn. 15.

Art. 8 EGBGB bestimmt das **Vollmachtstatut** unabhängig vom Statut des Innenverhältnisses zwischen Vertreter und Vertretenem sowie unabhängig vom Statut des Vertretergeschäfts. Für die Konkretisierung durch die Rspr. offengelassen wurde die Zulässigkeit der Vertretung und Publizitätserfordernisse.[224] Es handelt sich um eine Sachnormverweisung, die Rücksicht auf die Vorhersehbarkeit des anzuwendenden Rechts nimmt.[225] **Vorrang** hat die gemeinsame **Rechtswahl.** Erfolgt sie durch Vollmachtgeber, Bevollmächtigten und Dritten gemeinsam, gilt sie vorrangig vor einer einseitigen Bestimmung durch den Vollmachtgeber, die auch dem Bevollmächtigten und dem Dritten bekannt sein muss, um Wirkung zu entfalten (Art. 8 Abs. 1 S. 1, 2 EGBGB). Formgebunden ist die Rechtswahl nicht. Nach Ausübung der Vollmacht kann die Rechtswahl nur noch durch dreiseitigen Vertrag erfolgen. Die Rechtswahl ist für Kaufleute nicht eintragungspflichtig, ihre Eintragungsfähigkeit im Handelsregister wird zum Teil unter Verweis auf § 181 BGB, § 48 Abs. 2, § 50 bejaht, auch wenn das Register keinen Rechtsschein setze.[226] Ohne gesetzliche Regelung sind indes nur solche Tatsachen eintragungsfähig, deren Eintragung im Interesse eines sicheren Rechtsverkehrs dringend geboten und unumgänglich ist, sofern das Handelsregister nicht unübersichtlich wird.[227] Daher wird eine Eintragungsfähigkeit nur angenommen, soweit sie sich auf die Auslegung gesetzlicher Vorschriften oder richterliche Rechtsfortbildung stützen lässt.[228] Eine Eintragung kommt daher lediglich bei der registerfähigen Prokura in Betracht, nicht bei der Handlungsvollmacht oder der BGB-Vollmacht.[229] 83

Fehlt die Rechtswahl, unterscheidet das Gesetz zwischen unternehmerisch tätigen Bevollmächtigten (vgl. § 14 BGB) und Arbeitnehmern (§ 611a BGB). Für Erstere ist der **erkennbare gewöhnliche Aufenthalt des Bevollmächtigten** im Zeitpunkt der Vollmachtausübung maßgebend,[230] für Letztere der erkennbare gewöhnliche Aufenthalt **des Vollmachtgebers,** also des Arbeitgebers (Art. 8 Abs. 2, 3 EGBGB). Wegen der Eingliederung der Prokuristen in das Unternehmen wird es sich regelmäßig um Arbeitnehmer handeln, sodass der erkennbare gewöhnliche Aufenthalt des Arbeitgebers maßgebend ist. Für die Bestimmung des Aufenthalts verweist Art. 8 Abs. 8 EGBGB auf Art. 19 Rom I-VO (Sitz der Hauptverwaltung der Gesellschaft, Ort der Hauptniederlassung bei natürlichen Personen). Insofern kommt es zu einem Auseinanderfallen von Vollmachtstatut und Gesellschaftsstatut, das auf den Satzungssitz abstellt und auch die Rechtsstellung des organschaftlichen Vertreters beeinflusst.[231] Das wirkt sich insbesondere aus, wenn Bevollmächtigte und organschaftliche Vertreter nebeneinander agieren oder eine gemischte Gesamtprokura bzw. Gesamtvertretung besteht.[232] 84

Sofern die Anknüpfungspunkte nach Art. 8 Abs. 2, 3 EGBGB nicht erkennbar sind, kommt als **Auffangregelung** das sog. **Wirkungsstatut,** das Recht am Ort des Vollmachtgebrauchs, zur Anwendung (Art. 8 Abs. 5 EGBGB). Das gilt unabhängig davon, ob der Vertreter abredewidrig gehandelt hat, es sei denn, der Geschäftsgegner wusste oder hätte wissen müssen, in welchem Staat die Vollmacht ausgeübt wurde (entsprechend Art. 12 EGBGB). In diesem Fall gilt das Recht am bestimmungsgemäßen Gebrauchsort. Bei Distanzgeschäften ist der Ort maßgeblich, an dem der Vertreter seine Willenserklärung abgibt.[233] Bei Rechtsscheinvollmachten, die Art. 8 EGBGB nicht explizit regelt,[234] ist an den Ort anzuknüpfen, wo der Rechtsschein Wirkung entfaltet (in der Regel Ort der Ausübung der Rechtsscheinvollmacht).[235] Ist für den Dritten nicht erkennbar, wo die Vollmacht ausgeübt wird, ist der gewöhnliche Aufenthalt des Vollmachtgebers unabhängig von seiner Erkennbarkeit maßgebend (Art. 8 Abs. 5 EGBGB).[236] Eine darüber hinausgehende Ausweichregelung besteht nicht.[237] 85

---

224 v. Hein IPRax 2015, 578 (580); Rademacher IPRax 2017, 56 (57).

225 Spickhoff RabelsZ 80 (2016), 481 (520 ff.); v. Hein IPRax 2015, 578 (580); Rademacher IPRax 2017, 56 (59); vgl. auch MüKoBGB/Schubert BGB § 164 Rn. 265.

226 Kindler/Brüggemann RIW 2018, 473 (479 f.).

227 MüKoHGB/Krafka § 8 Rn. 41 f.

228 MüKoHGB/Krafka § 8 Rn. 42 unter Verweis auf BGH 10.11.1997, NJW 1998, 1071; 30.1.1992, NJW 1992, 1452; mit Abweichungen BGH 14.2.2012, NJW-RR 2012, 730.

229 MüKoBGB/Schubert BGB § 164 Rn. 265.

230 So bereits vor der gesetzlichen Regelung BGH 26.4.1990, MDR 1991, 236 unter Verweis auf die Niederlassung.

231 Krit. dazu Kindler/Brüggmann RIW 2018, 473 (476 f.).

232 Dazu Kindler/Brüggmann RIW 2018, 473 (477); früher für eine einheitliche Anwendung des Rechts am Verwaltungssitz der Gesellschaft im Falle einer gemischten Gesamtvertretung BGH 8.10.1992, NJW 1992, 618.

233 Kropholler IPR, 6. Aufl. 2006, § 41 I 2 a; Looschelders IPR, 2003, EGBGB Anh. Art. 12 Rn. 7.

234 Dazu Spickhoff RabelsZ 80 (2016), 481 (524); krit. BeckOK BGB/Mäsch, 74. Ed. 1.2.2025, EGBGB Art. 8 Rn. 57.

235 BGH 5.2.2007, NJW 2007, 1529 (1530); 9.12.1964, BGHZ 43, 21 (27) = NJW 1965, 487; OLG Karlsruhe 25.7.1986, IPRax 1987, 237 (239); krit. BeckOK BGB/Mäsch, 74. Ed. 1.2.2025, EGBGB Art. 8 Rn. 56.

236 Zum Nichtbestehen weiterer Ausweichregelungen Spickhoff RabelsZ 80 (2016), 481 (523).

237 Dazu Spickhoff RabelsZ 80 (2016), 481 (517 ff., 533).

86 Das Statut der Stellvertretung erfasst Erteilung, Änderung und Erlöschen der Vollmacht, deren Auslegung und deren Umfang.[238] Das Gleiche gilt für die Rechtsscheinvollmacht.[239] Der Missbrauch der Vertretungsmacht ist ebenso erfasst wie das Verbot des Insichgeschäfts. Nicht geregelt ist die Zulässigkeit der Stellvertretung, die nach dem Geschäftsstatut zu ermitteln ist.[240] Für die Geschäftsfähigkeit von Vertreter und Prinzipal gilt Art. 7 EGBGB. Für die **Form** bestimmt Art. 11 EGBGB als lex specialis, dass die Vollmacht formwirksam ist, wenn die Voraussetzungen des Vollmachtstatus oder des Ortes erfüllt sind, an dem sie erteilt wurde.[241] Hinsichtlich der Eintragungsfähigkeit eines directors einer englischen Limited als ständiger Vertreter nach § 13e Abs. 2 S. 5 Nr. 3 hat das OLG Frankfurt nicht strikt auf das Personalstatut abgestellt, um im Interesse des Rechtsverkehrs einen möglichst zutreffenden Überblick über die Vertretungsverhältnisse der private company limited by shares zu geben.[242] Die Eintragung wäre aber auch nach dem Wirkungsstatut zulässig gewesen, weil einem gesamtvertretungsberechtigten Gesellschaftsorgan eine Einzelvertretungsmacht erteilt werden kann (→ Rn. 25). Streitig ist nur, welches Recht für das Handeln des **Vertreters ohne Vertretungsmacht** gilt. Art. 8 EGBGB findet insoweit keine Anwendung. Zunächst kommt es darauf an, ob Art. 12 Abs. 2 Rom II-VO eingreift.[243] Zum Teil wird das Wirkungsstatut herangezogen,[244] zum Teil das Statut des Vertretergeschäfts.[245] Andere wollen differenzieren und für die Genehmigung des Vertretenen das Statut des Vertretergeschäfts und für die Haftung des vollmachtlosen Vertreters das Wirkungsstatut heranziehen.[246] Die Genehmigung nimmt jedoch ebenso wie die Haftung auf das Handeln des vollmachtlosen Vertreters Bezug, sodass an dessen Handeln anzuknüpfen ist.

§ 49 [Umfang der Prokura]

(1) Die Prokura ermächtigt zu allen Arten von gerichtlichen und außergerichtlichen Geschäften und Rechtshandlungen, die der Betrieb eines Handelsgewerbes mit sich bringt.

(2) Zur Veräußerung und Belastung von Grundstücken ist der Prokurist nur ermächtigt, wenn ihm diese Befugnis besonders erteilt ist.

Schrifttum: Gebhard/Greth, § 49 II HGB und das faktische Grundlagengeschäft, NZG 2025, 249; Grooterhorst, Vollmachten im Unternehmen, 6. Aufl. 2014; Gustavus, Die Vollmacht zur Handelsregisteranmeldung bei Personengesellschaften und Gesellschaften mit beschränkter Haftung, GmbHR 1978, 219; Hofmann/Fladung/van Ghemen, Der Prokurist, 8. Aufl. 2007; Joost, Die Vertretungsmacht der Prokuristen für die Anmeldung zum Handelsregister, ZIP 1992, 463; Kreul, Der Umfang der Vollmacht des Prokuristen, 1905; Tobias, Die Grenzen der Vertretungsmacht der Prokura, insbesondere die Wirkung interner Bindungen, Diss. Halle-Wittenberg 1940; Weimar, Aufnahme von Krediten durch Vertreter nach dem HGB, MDR 1980, 993.

Übersicht

[238] BeckOK BGB/Mäsch, 74. Ed. 1.2.2025, EGBGB Art. 8 Rn. 20.

[239] Spickhoff RabelsZ 80 (2016), 481 (523); Rademacher IPRax 2017, 56 (59).

[240] PWW/Mörsdorf EGBGB Art. 8 Rn. 3; BeckOK BGB/Mäsch, 74. Ed. 1.2.2025, EGBGB Art. 8 Rn. 19, 24.

[241] OLG Stuttgart 11.11.1980, MDR 1981, 405; BeckOK BGB/Mäsch, 74. Ed. 1.2.2025, EGBGB Art. 8 Rn. 55.

[242] OLG Frankfurt 3.2.2015, GmbHR 2015, 648 (651); zust. Lennert GmbHR 2015, 652 f.

[243] Dafür Reuter, Die Qualifikation der Haftung des falsus procurator im Internationalen Privatrecht, 2016, 205 ff.; vgl. BeckOK BGB/Spickhoff, 74. Ed. 1.5.2025, Rom II-VO Art. 12 Rn. 6; **aA** NK-BGB/Budzikiewicz Rom II-VO Art. 12 Rn. 44 ff.; Behnen IPRax 2011, 221 (224 f.).

[244] OLG Hamburg 27.5.1987, VersR 1987, 1216; Fischer IPRax 1996, 332 (335); Behnen IPRax 2011, 221 (228); Kegel/Schurig IPR, 9. Aufl. 2004, § 17 V 2c; Kropholler IPR, 6. Aufl. 2006, § 41 I 3; Looschelders IPR, 2003, EGBGB Anh. § 12 Rn. 14.

[245] v. Bar/Mankowski IPR BT II § 1 Rn. 1075 f.; BeckOK BGB/Mäsch, 74. Ed. 1.2.2025, EGBGB Art. 8 Rn. 26; Erman/Stürner EGBGB Art. 8 Rn. 38.

[246] Hüßtege/Ganz IPR, 5. Aufl. 2013, § 175 4b bb.

I. Allgemeines

§ 49 und § 50 bilden eine Regelungseinheit und legen den Umfang der Prokura gesetzlich fest. 1
Sie gelten sowohl für die Einzel- als auch für die Gesamtprokura und für die Niederlassungsprokura. Das macht die Vertretungsmacht nicht zu einer gesetzlichen; sie bleibt eine Vollmacht.[1] Die normative Determinierung des Prokuraumfangs dient der Verlässlichkeit und Sicherheit des Handelsverkehrs.[2] Rechtsgeschäftliche Modifikationen, die den Umfang der Vertretungsmacht limitieren, haben im Außenverhältnis zu Dritten keine Wirkung (§ 50 Abs. 1), sondern können nur im Innenverhältnis zum Vertretenen binden.[3] Nur § 50 Abs. 3 erlaubt die Beschränkung der Prokura auf einzelne Niederlassungen. Schließlich kann die Ausübung der Prokura nach § 48 Abs. 2 an einen anderen Prokuristen gebunden werden. Daneben kommt eine unechte Gesamtprokura zusammen mit einem anderen Gesellschafter oder einem organschaftlichen Vertreter in Betracht (→ § 48 Rn. 59 ff.). Auch eine Erweiterung der Prokura ist nur durch § 49 Abs. 2 vorgesehen, der eine Ermächtigung zu Grundstücksgeschäften zulässt.

II. Umfang der Prokura

1. Geschäfte, die der Betrieb eines Handelsgewerbes mit sich bringt. § 49 Abs. 1 regelt 2
einen sehr weiten Umfang der Vertretungsmacht und beschreibt ihn positiv durch alle Geschäfte, die der Betrieb eines Handelsgewerbes mit sich bringt.[4] Anders als bei der Generalhandlungsvollmacht (§ 54 Abs. 1) sind **nicht nur die Geschäfte** erfasst, **die mit dem Betrieb eines derartigen Handelsgewerbes gewöhnlich verbunden** sind.[5] Die Norm bezieht alle Geschäfte ein, die überhaupt zu einem Gewerbe gehören können. Somit orientiert sich der Umfang der Prokura nicht am konkreten Gewerbe des Geschäftsinhabers und ist unabhängig vom jeweiligen Unternehmen und der konkreten Branche, sodass auch branchenfremde Geschäfte einbezogen sind. Zudem schließt die Prokura atypische und ungewöhnliche Geschäfte ein.[6] Auch Rechtsgeschäfte, die deren Vorbereitung und Unterstützung dienen, sind von der Vertretungsmacht des Prokuristen erfasst.[7]

Grenzen für die Prokura ergeben sich aber durch die Bezugnahme auf den Betrieb eines Handels- 3
gewerbes. Der Prokurist führt den laufenden Betrieb und ist nicht für **Grundlagen- und Strukturentscheidungen** zuständig. Diese obliegen weiterhin dem Geschäftsinhaber (→ Rn. 14 ff.). Zudem sind **private und höchstpersönliche Rechtsgeschäfte** des Inhabers nicht erfasst. Probleme bei der Zuordnung bestimmter Geschäfte zur Geschäfts- oder Privatsphäre des Kaufmanns reduziert § 344 Abs. 1, wonach die Rechtsgeschäfte im Zweifel zum Betrieb des Handelsgeschäfts gehören.

2. Ermächtigung. Anders als das Stellvertretungsrecht des BGB spricht § 49 Abs. 1 von der 4
Ermächtigung des Prokuristen, meint damit aber die Bevollmächtigung iSv § 167 Abs. 1 BGB. Der terminologische Unterschied beruht auf der Übernahme der Formulierung des Art. 42 Abs. 1 ADHGB.[8] Die Bevollmächtigung bezieht sich nur auf die Vertretung bei Rechtsgeschäften und rechtsgeschäftsähnlichen Handlungen; Realakte sind nicht erfasst.[9]

3. Außergerichtliche Geschäfte. Der Prokurist ist umfassend zur Vertretung beim Abschluss 5
aller Rechtsgeschäfte im Betrieb eines Handelsgewerbes bevollmächtigt. Er kann Verbindlichkeiten eingehen und Primär- und Sekundäransprüche sowie Rechte des Geschäftsinhabers geltend

[1] Hertel, Die gesetzliche Stellung des Prokuristen, 1904, 10; HK-HGB/Ruß Rn. 1.
[2] MüKoHGB/Krebs Rn. 1; RGHMW/Wöstmann Rn. 1.
[3] Hertel, Die gesetzliche Stellung des Prokuristen, 1904, 23; BeckOGK/Schärtl, 15.6.2025, Rn. 2; RGHMW/Wöstmann Rn. 2; HK-HGB/Ruß Rn. 1.
[4] MüKoHGB/Krebs Rn. 3; GK-HGB/B. Schmidt Rn. 2; Hopt/Merkt Rn. 1.
[5] MüKoHGB/Krebs Rn. 3; BeckOGK/Schärtl, 15.6.2025, Rn. 5, 12; RGHMW/Wöstmann Rn. 3; GK-HGB/B. Schmidt Rn. 2; Hopt/Merkt Rn. 1.
[6] BGH 10.6.1974, BGHZ 63, 32 (35) = BB 1974, 907; Heymann/Teichmann Rn. 2; GK-HGB/B. Schmidt Rn. 2.
[7] BGH 10.6.1974, BGHZ 63, 32 (35) = BB 1974, 907; GK-HGB/B. Schmidt Rn. 2.
[8] MüKoHGB/Krebs Rn. 12; K. Schmidt DB 1994, 515 (520).
[9] Staub/Fischinger Rn. 13; MüKoHGB/Krebs Rn. 12; BeckOGK/Schärtl, 15.6.2025, Rn. 7.

machen.[10] Das gilt auch für Ansprüche der Gesellschaft gegenüber ihren Gesellschaftern (→ Rn. 20),[11] es sei denn, es handelt sich um den einzigen Gesellschafter und Geschäftsführer.[12] Der Prokurist einer Komplementär-GmbH ist aber nicht nur zur Vertretung der GmbH, sondern auch der **GmbH & Co. KG** bevollmächtigt. Die Vertretung der GmbH & Co. KG ist Teil des Handelsgewerbes der GmbH und somit Gegenstand der Prokura gem. § 49 Abs. 1.[13] Sie umfasst nach der Rspr. auch die Grundlagengeschäfte der KG.[14]

6 Anders als ein Handlungsbevollmächtigter kann der Prokurist Darlehen aufnehmen, fremde Verbindlichkeiten übernehmen und Wechselverbindlichkeiten eingehen.[15] Er kann Unternehmen und Beteiligungen an Handelsgesellschaften erwerben und die daraus resultierenden Rechte ausüben, da nur Grundlagen- und Strukturentscheidungen für das Handelsgewerbe des Inhabers von der Prokura ausgenommen sind (→ Rn. 14 ff.).[16] Er ist bevollmächtigt, Tochtergesellschaften zu gründen oder zu erwerben sowie Niederlassungen des Handelsgewerbes einzurichten oder aufzulösen.[17] Der Prokurist kann die Fertigungsmethoden und die Zwecksetzung einzelner Betriebe ändern sowie Geschäfte anderer Branchen hinzunehmen.[18]

7 Schließlich kann der Prokurist **Grundstücke erwerben.** Abs. 2 nimmt nur deren Veräußerung und Belastung von der Vertretungsmacht aus.[19] Das gilt auch, wenn er beim Grundstückserwerb Hypotheken oder sonstige dingliche Belastungen auf dem Grundstück übernimmt oder eine Hypothek zur Sicherung der (Rest-)Kaufpreisschuld bestellt.[20] Abs. 2 soll den Geschäftsinhaber vor der Verfügung über Grundstücke schützen, da es sich um unvermehrbare Wirtschaftsgüter handelt und ggf. erhebliche Werte betroffen sind. Beim Erwerb eines Grundstücks greift dieser Normzweck selbst bei der Übernahme von Belastungen nicht ein, da kein Grundstück aus dem Vermögen des Geschäftsinhabers ausscheidet und die Belastungen nicht den vorhandenen Bestand mindern, sondern nur den Wert des Erworbenen verringern. Ebenso ist die Aufhebung von dinglichen Rechten ausgenommen, die auf den Grundstücken lasten.[21] Auch für die Vermietung und Verpachtung sowie die Bestellung eines schuldrechtlichen Vorkaufsrechts gilt Abs. 2 nicht.[22] Zweifel ergeben sich höchstens bei Wohnraummietverträgen, die wegen des besonderen Schutzes des Wohnraummieters einem dinglichen Recht ähnlich sind.[23]

8 Darüber hinaus kann der Prokurist selbst **BGB- und Handlungsvollmachten erteilen** oder vollmachtloses Handeln genehmigen.[24] Die Gewährung einer Generalvollmacht ist jedoch ausgeschlossen, da der Prokurist nicht mehr Vertretungsmacht einräumen kann, als er besitzt.[25] Auch die Erteilung einer Prokura ist unmöglich (→ Rn. 21). Insofern kann er keine derartige Vollmacht bestätigen oder ein Vertretergeschäft genehmigen, das er selbst nicht hätte vornehmen können.[26]

9 Die Vertretungsmacht des Prokuristen erstreckt sich auch auf die **arbeitsrechtliche Vertretung** des Inhabers. Er kann Arbeitsverträge schließen und durch Kündigung oder Aufhebungsvertrag

---

[10] GK-HGB/B. Schmidt Rn. 3; HK-HGB/Ruß Rn. 2.

[11] RG 30.9.1929, RGZ 125, 380 (381); Hopt/Merkt Rn. 1; Ebenroth/Boujong/Weber Rn. 3, 6.

[12] OLG Frankfurt 11.7.1996, NJW-RR 1997, 31; BeckOK HGB/Meyer, 47. Ed. 1.10.2024, Rn. 26.

[13] BGH 2.12.1991, BGHZ 116, 190 = NJW 1992, 975; OLG Hamm 3.7.1967, NJW 1967, 2163; Staub/Fischinger Rn. 4, 15; MüKoHGB/Krebs Rn. 31; Ebenroth/Boujong/Weber Rn. 3.

[14] BGH 2.12.1991, BGHZ 116, 190 = NJW 1992, 975; Staub/Fischinger Rn. 4, 15; Ebenroth/Boujong/Weber Rn. 4, 13; aA MüKoHGB/Krebs Rn. 31.

[15] RG 5.10.1918, WarnRspr 1918 Nr. 227; Ebenroth/Boujong/Weber Rn. 3; GK-HGB/B. Schmidt Rn. 3; vgl. auch Hopt/Merkt Rn. 1.

[16] KG 20.9.2013, DZWIR 2014, 147 (148); Heymann/Teichmann Rn. 3; GK-HGB/B. Schmidt Rn. 3; Hopt/Merkt Rn. 1; zur Ausübung von Rechten aus einer Beteiligung sogar auf der Grundlage einer Generalhandlungsvollmacht BGH 20.10.2008, NJW 2009, 293 Rn. 8; krit. MüKoHGB/Krebs Rn. 32.

[17] Grooterhorst, Vollmachten in Unternehmen, 6. Aufl. 2014, 91; RGHMW/Wöstmann Rn. 6; Seebach RNotZ 2015, 68 (80); HK-HGB/Ruß Rn. 2; vgl. auch Hopt/Merkt Rn. 1.

[18] MüKoHGB/Krebs Rn. 19; Ebenroth/Boujong/Weber Rn. 3; RGHMW/Wöstmann Rn. 4; HK-HGB/Ruß Rn. 2.

[19] HK-HGB/Ruß Rn. 2.

[20] KG 4.4.1929, HRR 1929 Nr. 1607; MüKoHGB/Krebs Rn. 48; K. Schmidt HandelsR § 16 Rn. 32 ff.; Ebenroth/Boujong/Weber Rn. 17; RGHMW/Wöstmann Rn. 19; GK-HGB/B. Schmidt Rn. 13; Hopt/Merkt Rn. 4.

[21] RGHMW/Wöstmann Rn. 19.

[22] HK-HGB/Ruß Rn. 3; Hopt/Merkt Rn. 4 (ohne Beschränkung auf das schuldrechtliche Vorkaufsrecht); krit. MüKoHGB/Krebs Rn. 46 hins. Wohnungsmietverträge.

[23] MüKoHGB/Krebs Rn. 46; BeckOGK/Schärtl, 15.6.2025, Rn. 28.1; zum Schutz des Besitzrechts des Wohnraummieters durch Art. 14 Abs. 1 GG s. BVerfG 26.5.1993, NJW 1993, 2035.

[24] BGH 28.2.1966, WM 1966, 491 (494); MüKoHGB/Krebs Rn. 17; Hopt/Merkt Rn. 1.

[25] MüKoHGB/Krebs Rn. 17.

[26] Anders wohl LG Chemnitz 18.2.2008, BeckRS 2009, 07029 bzgl. einer Grundstücksverkaufs, Bestätigung der Vollmacht durch zwei Gesamtprokuristen, ohne Erweiterung auf Grundstücksgeschäfte.

beenden.[27] Er kann Zeugnisse erteilen, da diese nicht vom Arbeitgeber in persona oder von dessen gesetzlichem Vertreter ausgestellt werden müssen. § 630 BGB setzt aber voraus, dass der Prokurist in der unternehmensinternen Hierarchie höher steht als der zu beurteilende Arbeitnehmer und ihm gegenüber weisungsbefugt war.[28] Arbeitnehmern, die direkt der Geschäftsleitung unterstellt sind, kann der Prokurist kein Zeugnis ausstellen. Das Gleiche gilt für Generalbevollmächtigte. Aus dem Zeugnis muss jeweils hervorgehen, dass der Prokurist dem Arbeitnehmer gegenüber weisungsbefugt war. Auch die Kündigung des Geschäftsführer-Dienstvertrages kann nicht der Prokurist vornehmen; hierfür ist bei der GmbH die Gesellschafterversammlung als Annexkompetenz aus ihrer Abberufungsbefugnis (§ 46 Nr. 5 GmbHG) zuständig.[29]

Die Vertretungsmacht des Prokuristen beschränkt sich nicht auf das Privatrecht, sondern erfasst auch Willenserklärungen und rechtsgeschäftsähnliche Handlungen nach **öffentlichem Recht** (zB Stellen von Anträgen, Abschluss öffentlich-rechtlicher Verträge, Einlegen von Widersprüchen, Dienstaufsichtsbeschwerden) sowie **Strafrecht** (zB Stellen von Strafanträgen bei Delikten Dritter bzw. der Mitarbeiter gegen das Unternehmen),[30] die zum Betrieb eines Handelsgewerbes gehören. Keine Vertretungsmacht besteht insbesondere bei Strafanträgen, wenn sich die Straftat nicht gegen das Unternehmen richtet oder interne Vorgänge im Unternehmen betrifft (zB unternehmensinterne Korruption) und eine Grundlagenentscheidung darstellt.[31] 10

4. Gerichtliche Geschäfte. Der Prokurist kann den Geschäftsinhaber auf jedem Rechtsweg aktiv und passiv bei Klagen vertreten und Prozessvollmacht erteilen.[32] Das gilt für sämtliche Verfahrensarten, auch in der freiwilligen Gerichtsbarkeit. Wenn ihm die Postulationsfähigkeit fehlt, kann er einem postulationsfähigen Rechtsanwalt Prozessvollmacht erteilen.[33] **Zustellungen** von Amts wegen können ihm gegenüber erfolgen (§ 171 ZPO); bei einer Gesamtprokura genügt die Zustellung an einen der Prokuristen (→ § 48 Rn. 72).[34] Inhaltlich beschränkt sich die Vertretungsmacht auf alle Geschäfte, die auch außergerichtlich von der Vollmacht gedeckt sind. Daher ist der Prokurist bei Grundlagen- und Strukturentscheidungen sowie bei der Veräußerung und Belastung von Grundstücken nicht bevollmächtigt, die gerichtliche Vertretung zu übernehmen.[35] Auch ein Insichprozess ist ausgeschlossen. Daher kann er nicht gegen den einzigen Geschäftsführer einer Handelsgesellschaft klagen.[36] Nicht erfasst sind auch Klagen gegen Organe und Organmitglieder,[37] aber auch Strafanzeigen gegen den Betriebsrat.[38] 11

Zu den gerichtlichen Geschäften gehören bei der freiwilligen Gerichtsbarkeit auch die **Anmeldungen zum Handelsregister.**[39] Die früher hM verneinte insoweit die Vertretungsmacht des Prokuristen, da die Anmeldung beim Handelsregister per se ein Grundlagengeschäft bzw. ein höchstpersönliches Geschäft des Inhabers sei.[40] Es trifft zwar zu, dass die Anmeldung zum Handelsregister ein Grundlagengeschäft ist, soweit sie das vertretene Handelsgewerbe betrifft und der Prokurist insoweit keine Vertretungsmacht hat. Der Prokurist kann jedoch nach § 49 Abs. 1 Beteiligungen an anderen Handelsgesellschaften für den Inhaber erwerben. Deren Anmeldung gehört zum Betrieb des Handelsgewerbes, sofern es sich nicht um ein privates Geschäft des Inhabers handelt. Daher muss sich die Vollmacht des Prokuristen in diesen Fällen auf die Anmeldung beim Handelsregister erstre- 12

[27] BAG 10.7.1991, DB 1992, 895; 9.10.1975, AP BGB § 626 Ausschlußfrist Nr. 8; MüKoHGB/Krebs Rn. 18; GK-HGB/B. Schmidt Rn. 3; Hopt/Merkt Rn. 1.

[28] BAG 26.6.2001, AP BGB § 630 Nr. 27; 21.9.1999, AP BGB § 630 Nr. 23; 16.11.1995, EzA BGB § 630 Nr. 20.

[29] OLG München 3.5.2023, GmbHR 2023, 1098 (1100).

[30] RG 3.12.1886, RGSt 15, 144 (145 f.); OLG München 8.5.2009, ZfBR 2009, 494 (495 f.); RGHMW/Wöstmann Rn. 9; MüKoHGB/Krebs Rn. 19; Hopt/Merkt Rn. 1; nicht bei Betriebsratsbegünstigung nach § 119 Abs. 1 BetrVG s. BGH 17.9.2009, NJW 2010, 92 Rn. 71.

[31] BGH 17.9.2009, NJW 2010, 92 Rn. 73 zu § 119 Abs. 1 BetrVG, § 44 Abs. 1 Nr. 2 EBRG; MüKoHGB/Krebs Rn. 20.

[32] MüKoHGB/Krebs Rn. 20; GK-HGB/B. Schmidt Rn. 5; Hopt/Merkt Rn. 1.

[33] BGH 6.2.2019, MDR 2019, 887 Rn. 24.

[34] Ebenroth/Boujong/Weber Rn. 7; GK-HGB/B. Schmidt Rn. 5.

[35] MüKoHGB/Krebs Rn. 21.

[36] RG 22.6.1907, RGZ 66, 240 (244); OLG Frankfurt 11.7.1996, NJW-RR 1997, 31; GK-HGB/B. Schmidt Rn. 5.

[37] BeckOGK/Schärtl, 15.6.2025, Rn. 18.6; MüKoHGB/Krebs Rn. 20; diff. Ebenroth/Boujong/Weber Rn. 6.

[38] BGH 17.9.2009, NJW 2010, 92 Rn. 73 f.

[39] BGH 2.12.1991, BGHZ 116, 190 (193 f.) = NJW 1992, 975; KG 20.9.2013, DZWIR 2014, 147 (148); Ebenroth/Boujong/Weber Rn. 8; Seebach RNotZ 2015, 68 (70); RGHMW/Wöstmann Rn. 10; GK-HGB/B. Schmidt Rn. 6.

[40] BayObLG 14.4.1982, BB 1982, 1075 (1076); 20.6.1974, DB 1974, 1521 f.

cken. Schließlich erlaubt § 49 Abs. 1 dem Prokuristen selbst die Gründung von Tochtergesellschaften, sodass ihm deren Anmeldung ebenfalls möglich sein muss, soweit das Gesetz kein höchstpersönliches Handeln des Inhabers bzw. seines gesetzlichen Vertreters voraussetzt.[41] Daher nimmt die hM heute zu Recht an, dass die Prokura die Anmeldung zum Handelsregister umfasst, wenn das der Eintragung zugrunde liegende Geschäft zum Betrieb des Handelsgewerbes gehört und kein Grundlagengeschäft ist oder ein höchstpersönliches Handeln voraussetzt.[42] Die Anmeldung des vertretenen Unternehmens oder der eigenen Prokura ist dem Prokuristen daher unmöglich (→ § 53 Rn. 6 f.).[43] Insoweit bedarf es einer eigenen, formgerechten Bevollmächtigung des Prokuristen gem. § 12 Abs. 1 S. 2. Auch die Genehmigung nach § 177 Abs. 1 BGB bedarf dieser Form, um deren Zweck (Sicherung der Richtigkeit des Handelsregisters) zu verwirklichen.[44]

III. Grenzen der Prokura

13 **1. Grundsatz.** Der Umfang der Prokura ist durch die immanenten Grenzen des Abs. 1 und die gesetzlichen Vorgaben beschränkt. Indem sich Abs. 1 auf den Betrieb des Handelsgewerbes bezieht, nimmt er die Grundlagen- und Strukturentscheidungen (→ Rn. 14 ff.) sowie die privaten Geschäfte des Inhabers (→ Rn. 21) von der Prokura aus. Zudem erstreckt sich die Vertretungsmacht des Prokuristen nach Abs. 2 grundsätzlich nicht auf die Veräußerung und Belastung von Immobilien. Daneben setzen einzelne Regelungen des Wirtschaftsrechts ein höchstpersönliches Handeln des Geschäftsinhabers voraus und stehen somit der Vertretung durch einen Prokuristen entgegen. Schließlich gelten die allgemeinen Grenzen der Vertretungsmacht auch für die Prokura: das Verbot des Selbstkontrahierens (§ 181 BGB),[45] die Kollusion (§§ 138, 826 BGB) und der sonstige Missbrauch der Vertretungsmacht (→ § 48 Rn. 38 ff.). Von den Beschränkungen aus § 49 Abs. 2 und § 181 BGB kann der Prokurist befreit werden. Das ist beim Handelsregister zur deklaratorischen Eintragung anzumelden (→ § 53 Rn. 3).

14 **2. Grundlagen- und Strukturentscheidungen. a) Abgrenzung.** Die von der Prokura ausgenommenen Grundlagen- und Strukturentscheidungen werden meist als Geschäfte umschrieben, die das Handelsgewerbe als solches – in seiner Existenz und seiner rechtlichen Ausgestaltung – betreffen.[46] Teilweise wird auf den gesellschaftsrechtlichen Begriff der Grundlagen- und Strukturentscheidungen und insbesondere auf § 119 Abs. 1 AktG zurückgegriffen.[47] In diesem Kontext grenzt der Begriff aber die Zuständigkeiten der Gesellschaftsorgane ab. Er gehört zum Organisationsrecht der Gesellschaft und somit zu ihrem Innenrecht. Die Prokura ist hingegen eine speziell geregelte Form der Vollmacht. Die Vertretung im Rechtsgeschäftsverkehr ist Teil des Außenrechts, das das Verhältnis der Gesellschaft zu Dritten regelt und grundsätzlich unabhängig von den Beschränkungen des Innenrechts ist. Daher sind die gesellschaftsrechtlichen Begriffe und ihre Abgrenzung zu den Geschäftsführungsmaßnahmen nicht unmittelbar auf das Recht der Prokura zu übertragen.[48]

15 Die Grundlagen- und Strukturentscheidungen sind auf der Basis der §§ 48 ff. abzugrenzen. Der Prokurist handelt für den Geschäftsinhaber und agiert für das Handelsgewerbe im Rechtsgeschäftsverkehr. Er handelt somit im „Außenverhältnis" gegenüber Dritten. Die gesellschaftsrechtliche Organisation des Handelsgewerbes gehört daher grundsätzlich nicht zu den Rechtsgeschäften, für die der Prokurist eingesetzt ist.[49]

16 Daneben ist die Abgrenzung darauf zu stützen, dass der Prokurist Geschäfte und Rechtshandlungen vornimmt, „die der Betrieb eines Handelsgewerbes mit sich bringt" (§ 49 Abs. 1). Der Prokurist ist nicht auf die zum Handelsgewerbe gehörenden Geschäfte beschränkt, sodass seine Bevollmächti-

---

[41] BGH 2.12.1991, BGHZ 116, 190 (193 f.) = NJW 1992, 975; MüKoHGB/Krebs Rn. 32; RGHMW/Wöstmann Rn. 11; GK-HGB/B. Schmidt Rn. 6.

[42] BGH 2.12.1991, BGHZ 116, 190 (193 f.) = NJW 1992, 975; Canaris HandelsR § 12 Rn. 13; Joost ZIP 1992, 463 (464 f.); MüKoHGB/Krebs Rn. 35; Staub/Fischinger Rn. 41; Ebenroth/Boujong/Weber Rn. 8; RGHMW/Wöstmann Rn. 10; GK-HGB/B. Schmidt Rn. 6; Hopt/Merkt Rn. 1; KKD/Roth/Stelmaszczyk Rn. 4.

[43] OLG Frankfurt 28.2.2005, DB 2005, 1103 f.; BayObLG 19.6.1973, NJW 1973, 2068; GK-HGB/B. Schmidt Rn. 6; Hopt/Merkt § 53 Rn. 1; KKD/Roth/Stelmaszczyk § 53 Rn. 3.

[44] OLG Frankfurt 7.11.2011, GmbHR 2012, 751 (752 f.).

[45] BayObLG 14.7.1980, BB 1980, 1487; GK-HGB/B. Schmidt Rn. 9; Hopt/Merkt Rn. 2.

[46] K. Schmidt HandelsR § 16 Rn. 29; RGHMW/Wöstmann Rn. 5; GK-HGB/B. Schmidt Rn. 7.

[47] MüKoHGB/Krebs Rn. 24 f.; BeckOGK/Schärtl, 15.6.2025, Rn. 16.2; s. auch Gebhard/Greb NZG 2025, 249.

[48] Ähnlich Ebenroth/Boujong/Weber Rn. 12.

[49] Ähnlich Heymann/Teichmann Rn. 8.

gung nicht auf die laufende Geschäftsführung begrenzt ist.[50] Es lag die Vorstellung von einer möglichst weiten Vollmacht zugrunde, deren gesetzliche Regelung der Sicherheit des Rechtsverkehrs dient. Daher sind die Beschränkungen für die Prokura in Grenzen zu halten. Zudem ist auf eine möglichst einfach zu handhabende Abgrenzung zu achten. § 49 Abs. 1 beschränkt sich auf die Geschäfte, die der Betrieb eines Handelsgewerbes mit sich bringt und setzt somit ein solches voraus. Entscheidungen über die Existenz des Handelsgewerbes liegen somit nicht in den Händen des Prokuristen. Das Gleiche gilt für dessen Identität, die mit seiner Existenz untrennbar verbunden ist. Dem steht nicht entgegen, dass der Prokurist auch Rechtsgeschäfte außerhalb des Tätigkeitsbereichs des Handelsgewerbes vornehmen kann, da sie die Entscheidung über die Identität des Unternehmens prinzipiell nicht berühren.[51] Die Identität des Handelsgewerbes hat eine persönliche und eine sachliche Dimension: dazu gehören der Inhaber des Handelsgeschäfts (Kaufmann) und der Gegenstand des Gewerbes, außerdem sein Sitz und die Firma, unter der der Kaufmann agiert. Diese Parameter dienen der Individualisierung jedes Handelsgewerbes und werden vom Einzelkaufmann, von den Gesellschaftern der Personenhandelsgesellschaft oder der juristischen Person bzw. deren Gründern festgelegt.[52]

b) Zugehörige Rechtsgeschäfte. aa) Entscheidung über das Bestehen des Handelsgewerbes. Der Prokurist kann das Handelsgewerbe nicht einstellen[53] und keinen Insolvenzantrag stellen,[54] da die Eröffnung des Insolvenzverfahrens dem Inhaber die Verfügungsmacht nimmt und bei juristischen Personen und Personenhandelsgesellschaften zur Auflösung führen kann. Der Abschluss eines Sozialplans ist dem Prokuristen jedoch möglich, auch wenn er im Zusammenhang mit der Auflösung des Handelsgewerbes steht.[55] Er bestimmt nicht über die Auflösung, sondern regelt nur Maßnahmen zum Ausgleich bzw. zur Milderung der wirtschaftlichen Nachteile der Betriebsänderung (§ 112 Abs. 1 S. 2 BetrVG). Zudem können Prokuristen selbst im Rahmen der Liquidation oder Insolvenz bestellt werden (→ § 48 Rn. 12 f.). Daher muss ihnen auch der Abschluss eines Sozialplanes möglich sein. Nur über das Ob des Insolvenzverfahrens und die Einstellung des Handelsgewerbes können sie nicht entscheiden. 17

bb) Identität des Handelsgewerbes. Der Prokurist kann weder den Sitz des Gewerbes verlegen[56] noch die Firma ändern und ihre Änderung oder Löschung im Handelsregister beantragen.[57] Auch einen Inhaberwechsel vermag der Prokurist nicht herbeizuführen. Daher kann er das Handelsgewerbe nicht veräußern.[58] Auch dessen Verpachtung ist ausgeschlossen, obwohl kein Inhaberwechsel erfolgt.[59] Die Nutzungen stehen jedoch vollständig dem Pächter zu, sodass der bisherige Inhaber nicht mehr auf das Handelsgewerbe zugreifen kann. Das kommt aus wirtschaftlicher Sicht der Veräußerung nahe, sodass sich die Prokura hierauf nicht erstreckt. Eine Identitätsänderung ist auch mit dem Anmelden der Geschäftsadresse gem. § 8 Abs. 4 Nr. 1 GmbHG verbunden, die letztlich den Kontakt des Inhabers im Außenverhältnis mitbestimmt, auch wenn die Änderung weniger als eine Sitzverlegung ist.[60] Insofern bedarf es einer speziellen Vollmacht nach § 12 Abs. 1.[61] 18

cc) Gesellschaftsrechtliche Organisation. Die gesellschaftsrechtliche Organisation kann der Prokurist nicht ändern. Er kann weder an der Änderung des Gesellschaftsvertrags noch an der 19

[50] BGH 10.6.1974, BGHZ 63, 32 (35) = NJW 1974, 1462; MüKoHGB/Krebs Rn. 15; Ebenroth/Boujong/Weber Rn. 3; KKD/Roth/Stelmaszczyk Rn. 2.
[51] Ähnlich MüKoHGB/Krebs Rn. 26; Heymann/Teichmann Rn. 6; NK-HGB/Schmidt Rn. 8.
[52] Vgl. zB § 3 Abs. 1 GmbHG, § 23 Abs. 2 AktG, § 106.
[53] MüKoHGB/Krebs Rn. 30; BeckOGK/Schärtl, 15.6.2025, Rn. 18; RGHMW/Wöstmann Rn. 5; Hopt/Merkt Rn. 2; HK-HGB/Ruß Rn. 2.
[54] Ebenroth/Boujong/Weber Rn. 13; GK-HGB/B. Schmidt Rn. 7; Hopt/Merkt Rn. 2; HK-HGB/Ruß Rn. 2.
[55] Staub/Fischinger Rn. 22; Ebenroth/Boujong/Weber Rn. 13; MüKoHGB/Krebs Rn. 30; GK-HGB/B. Schmidt Rn. 3; **aA** LAG München 5.9.1986, NZA 1987, 465 f.
[56] K. Schmidt HandelsR § 16 Rn. 30; MüKoHGB/Krebs Rn. 27; BeckOGK/Schärtl, 15.6.2025, Rn. 18.3; Ebenroth/Boujong/Weber Rn. 13; **aA** Hopt/Merkt Rn. 1.
[57] BGH 2.12.1991, BGHZ 116, 190 (193) = NJW 1992, 975; MüKoHGB/Krebs Rn. 28; RGHMW/Wöstmann Rn. 5; Hopt/Merkt Rn. 2; HK-HGB/Ruß Rn. 2.
[58] BGH 28.6.1965, BB 1965, 1373; Heymann/Teichmann Rn. 14; RGHMW/Wöstmann Rn. 5; GK-HGB/B. Schmidt Rn. 7.
[59] BeckOGK/Schärtl, 15.6.2025, Rn. 20; GK-HGB/B. Schmidt Rn. 7; HK-HGB/Ruß Rn. 2.
[60] KG 4.5.2016, BeckRS 2016, 9580; OLG Karlsruhe 7.8.2014, NZG 2014, 1346 f.; MüKoHGB/Krebs Rn. 27 (es sei denn, gleicher Registerbezirk); **aA** KG 20.9.2013, DZWIR 2014, 147 (148); Seebach RNotZ 2015, 68 (80).
[61] Für deren Zulässigkeit KG 4.5.2016, BeckRS 2016, 9580 (keine Höchstpersönlichkeit).

Satzung mitwirken und somit auch nicht die Rechtsform der Gesellschaft ändern.[62] Das hat die Rspr. zu Recht auch für die Anmeldung der Amtsniederlegung des GmbH-Geschäftsführers angenommen, weil kein Geschäft des Handelsgewerbes betroffen ist.[63] Schließlich kann er keine Gesellschafter aufnehmen oder kündigen bzw. ausschließen.[64] Umstritten ist dies lediglich bei stillen Gesellschaften. Die überwM will die Prokura auf den Abschluss solcher Beteiligungen erstrecken.[65] Der stille Gesellschafter partizipiert zwar am Gewinn und Verlust des Handelsgewerbes und ist organisatorisch einbezogen (Kontrollrecht, § 233 iVm § 166). Die rechtliche Stellung der übrigen Gesellschafter bzw. des Inhabers bleibt aber grundsätzlich gleich. Lediglich der wirtschaftliche Ertrag ändert sich. Es handelt sich um eine Form der mezzaninen Unternehmensfinanzierung. Sofern jedoch die stille Gesellschaft darüber hinausgeht und die rechtliche Stellung des stillen Teilhabers schuldrechtlich der eines Gesellschafters angenähert ist, wirkt die Gründung einer stillen Gesellschaft wie eine Maßnahme der gesellschaftsrechtlichen Organisation und gehört daher nicht zum bloßen Betrieb des Handelsgewerbes. Daher erstreckt sich die Prokura nicht auf atypische stille Gesellschaften.[66] Kein Grundlagengeschäft ist indes die Gründung einer Tochtergesellschaft, weil sie die gesellschaftsrechtliche Organisation der Muttergesellschaft nicht berührt.[67]

20 Nicht zur gesellschaftsrechtlichen Organisation des Handelsgewerbes gehört auch die Geltendmachung von **Ansprüchen der Gesellschaft gegen den Gesellschafter** auf Beiträge und Einlagen.[68] Nur die Begründung solcher Ansprüche gehört zu den Grundlagen- und Strukturentscheidungen der Gesellschaft, für die der Prokurist keine Vertretungsmacht hat. Das Geltendmachen der Ansprüche betrifft zwar nicht das Außenverhältnis der Gesellschaft, auf das die Prokura primär ausgerichtet ist. Allerdings gehört für die teilrechtsfähigen Personenhandelsgesellschaften und die juristischen Personen die Durchsetzung solcher Ansprüche zum Betrieb, da sie zumindest indirekt der Verwirklichung des Gesellschaftszwecks dienen.

21 **3. Private Rechtsgeschäfte.** Nicht zum Betrieb des Handelsgewerbes gehören Rechtsgeschäfte, die das private Vermögen des Inhabers betreffen.[69] Die persönliche Haftung eines Gesellschafters für Verbindlichkeiten der Gesellschaft hat aber nicht zur Folge, dass ein privates Rechtsgeschäft vorliegt.[70] Von der Prokura sind nur Rechtsgeschäfte ausgenommen, die den privaten Lebensverhältnissen des Inhabers oder der Gesellschafter zuzuordnen sind. Der Prokurist darf ihr Vermögen weder belasten noch einzelne Gegenstände veräußern, auch eine Bürgschaftserklärung ist ausgeschlossen. Sofern sich bei der Abgrenzung Zweifel ergeben, ist die Vermutung des § 344 Abs. 1 heranzuziehen, wonach die Rechtsgeschäfte des Kaufmanns seinem Handelsgewerbe zuzuordnen sind.

22 **4. Höchstpersönliche Rechtsgeschäfte.** In einzelnen Regelungen verpflichtet das Gesetz den Inhaber oder seinen gesetzlichen Vertreter zum höchstpersönlichen Handeln und schließt eine Vertretung aus.[71] Die Höchstpersönlichkeit einer Verpflichtung ergibt sich nicht automatisch daraus, dass die Pflicht den Inhaber bzw. alle organschaftlichen Vertreter trifft oder dass sie im Falle der Pflichtverletzung eine persönliche Haftung nach sich zieht. Die Regelung weist dem Inhaber bzw. den organschaftlichen Vertretern zwar die Verantwortung zu, eine höchstpersönliche Pflicht setzt aber voraus, dass nach dem Gesetzeszweck allein der Normadressat die Pflicht erfüllen soll.[72] Das kommt insbesondere in Betracht, wenn die Erklärung garantieartigen Charakter haben soll oder die Handlung für den Inhaber des Handelsgewerbes oder Dritte von solcher Bedeutung ist, dass sie nur durch den

---

[62] Staub/Fischinger Rn. 23; MüKoHGB/Krebs Rn. 26; BeckOGK/Schärtl, 15.6.2025, Rn. 18.3; HK-HGB/Ruß Rn. 2.

[63] OLG Düsseldorf 16.3.2012, ZIP 2012, 969; Ebenroth/Boujong/Weber Rn. 13; GK-HGB/B. Schmidt Rn. 6; NSH/Beurskens GmbHG § 78 Rn. 9; s. auch MüKoGmbHG/Herrler GmbHG § 78 Rn. 28; **aA** Renaud GmbHR 2012, 1128.

[64] MüKoHGB/Krebs Rn. 33; BeckOGK/Schärtl, 15.6.2025, Rn. 18; RGHMW/Wöstmann Rn. 5; HK-HGB/Ruß Rn. 2; vgl. auch Hopt/Merkt Rn. 2.

[65] RG 8.1.1937, RGZ 153, 371 (374); BeckOGK/Schärtl, 15.6.2025, Rn. 18.1; Heymann/Teichmann Rn. 9; Ebenroth/Boujong/Weber § 48 Rn. 3; RGHMW/Wöstmann Rn. 6; GK-HGB/B. Schmidt Rn. 3; Hopt/Merkt Rn. 2; **aA** MüKoHGB/Krebs Rn. 33.

[66] K. Schmidt HandelsR § 16 Rn. 30, Fn. 3; s. auch Staub/Fischinger Rn. 24; MüKoHGB/Krebs Rn. 33; NK-HGB/Schmidt Rn. 11.

[67] BeckOK HGB/Meyer, 47. Ed. 1.10.2024, Rn. 12; Körber/Effer-Uhe DNotZ 2009, 92 (93).

[68] HM, ROHG 2.11.1872, ROHGE 7 (1878), 412 (416 f.); Staub/Fischinger Rn. 26.

[69] MüKoHGB/Krebs Rn. 6; Ebenroth/Boujong/Weber Rn. 4; RGHMW/Wöstmann Rn. 7; GK-HGB/B. Schmidt Rn. 7.

[70] RGHMW/Wöstmann Rn. 7.

[71] MüKoHGB/Krebs Rn. 50; Staub/Fischinger § 50 Rn. 27; BeckOGK/Schärtl, 15.6.2025, Rn. 22.

[72] BGH 2.12.1991, BGHZ 116, 190 (199 f.) = NJW 1992, 975; OLG Köln 1.10.1986, NJW 1987, 135; MüKoHGB/Krebs Rn. 50; offenlassend BGH 2.12.1991, BGHZ 116, 190 (195) = NJW 1992, 975.

Inhaber erfolgen kann. Höchstpersönliche Rechtsgeschäfte sind zB die Prokuraerteilung (§ 48 Abs. 1), die Unterzeichnung des Jahresabschlusses (§ 245), der Gründungsbericht nach § 32 Abs. 1 AktG, ebenso Nachgründungs- und Prüfungsberichte.[73] Auch die Gesellschafter- bzw. Hauptversammlung ist durch den Geschäftsführer[74] bzw. den Vorstand höchstpersönlich einzuberufen (§ 49 GmbHG, § 121 Abs. 2 AktG, § 175 Abs. 2 AktG), ebenso die Aufsichtsratssitzung (durch den Vorstand) nach § 110 Abs. 2 AktG. Wegen der Übernahme einer Richtigkeitsgewähr bedürfen zB folgende Anmeldungen beim Handelsregister eines höchstpersönlichen Handelns durch die Geschäftsführer: Kapitalerhöhung und -herabsetzung (§ 57 Abs. 1 GmbHG, § 57i Abs. 1 GmbHG, § 58 GmbHG, § 184 Abs. 1 AktG, § 188 Abs. 1 AktG), Unterzeichnung von Gesellschafterlisten (§ 8 Abs. 1 Nr. 3 GmbHG, § 40 Abs. 1 GmbHG, § 57 Abs. 3 Nr. 2 GmbHG), Erklärung zu Inhabilitätsvorschriften (§ 8 Abs. 3 GmbHG, § 39 Abs. 3 GmbHG). Letzteres gilt auch für die AG (§ 37 Abs. 3, § 81 Abs. 3 AktG). Der Prinzipal selbst muss den Eid gem. § 478 ZPO leisten bzw. an der Parteivernehmung gem. § 445 ZPO mitwirken.[75] Höchstpersönlich ist auch die Bekanntmachung der Änderungen der Aufsichtsratszusammensetzung (§ 106 AktG).[76] Der Insolvenzantrag ist bereits als Grundlagen- und Strukturentscheidung von der Vollmacht des Prokuristen ausgenommen (→ Rn. 17).

5. Grundstücksgeschäfte (Abs. 2). a) Allgemeines. Abs. 2 schützt den Geschäftsinhaber vor der Veräußerung und Belastung von Grundstücken durch den Prokuristen. Grundstücke sind ein unvermehrbares Gut und stehen daher in ihrer Verkehrsfähigkeit anderen Wirtschaftsgütern nicht gleich.[77] Eine Ersatzbeschaffung ist nur sehr eingeschränkt möglich, sodass die Veräußerung und Belastung von Grundstücken für das Handelsgewerbe von besonderer Bedeutung sind. Zudem haben Betriebsgrundstücke meist erheblichen Vermögenswert und wegen der eingeschränkten Fungibilität wesentliche Bedeutung für den Betrieb des Handelsgewerbes.[78] **23**

Seinem Wortlaut nach gilt Abs. 2 nur für Grundstücke. Dem ist die **Beteiligung** am Grundstückseigentum im Rahmen einer Bruchteilsgemeinschaft (Miteigentum nach Bruchteilen, § 1008 BGB) gleichzustellen, da der Geschäftsinhaber unmittelbar einen Anteil am Grundstückseigentum innehat.[79] Zudem ist § 49 Abs. 2 auf **grundstücksgleiche Rechte** wie Erbbaurechte oder Wohnungseigentum analog anzuwenden.[80] Der Umfang der Inanspruchnahme der Immobilie rechtfertigt einen gleichartigen Schutz des Geschäftsinhabers. Für die Anwendung des § 49 Abs. 2 ist es unerheblich, ob der Geschäftsinhaber tatsächlicher Eigentümer oder nur Bucheigentümer ist. Im Interesse der Sicherheit und Leichtigkeit des Rechtsgeschäftsverkehrs kann es hierauf nicht ankommen, zumal das Eigentum streitig sein kann.[81] **Von § 49 Abs. 2 nicht erfasst** sind beschränkt dingliche Rechte an einem Grundstück (zB Hypothek, Grundschuld, Reallast).[82] Die Veräußerung oder Belastung dieser Rechte (zB durch Verpfändung) erweitert die bestehende Belastung des Grundstückseigentums nicht. Es ändert sich nur der Inhaber des beschränkt dinglichen Rechts bzw. das Recht wird seinerseits mit dem Recht eines Dritten belastet, was aber nicht zu einer weitergehenden Belastung des Grundstücks führt. **24**

Abs. 2 erfasst Grundstücksgeschäfte unabhängig davon, ob das Grundstück im Eigentum des Kaufmanns steht. Zum Teil wird die Norm auf die Geschäfte mit den Grundstücken des Kaufmanns beschränkt, weil sie nur dem Schutz des Inhabers diene.[83] Hiergegen spricht, dass auch Geschäfte mit fremden Grundstücken von wesentlicher Bedeutung sind, weil diese als Wirtschaftsgut nicht ohne weiteres substituierbar sind, sodass der Schutzzweck eingreift.[84] Nach der hM sind Grundstücksveräußerungen und -belastungen auch unzulässig, wenn der Handel mit Grundstücken Gegenstand **25**

---

[73] MüKoHGB/Krebs Rn. 50; Ebenroth/Boujong/Weber Rn. 10; Hopt/Merkt Rn. 2.

[74] BeckOK GmbHG/Schindler, 64. Ed. 1.11.2024, GmbHG § 49 Rn. 2; MüKoGmbHG/Liebscher GmbHG § 49 Rn. 20; Altmeppen GmbHG § 49 Rn. 2.

[75] BeckOGK/Schärtl, 15.6.2025, Rn. 23; MüKoHGB/Krebs Rn. 51.

[76] Vgl. Koch AktG § 106 Rn. 2; MüKoAktG/Habersack AktG § 106 Rn. 10; BeckOGK/Spindler, 1.10.2023, AktG § 106 Rn. 10; **aA** Kölner KommAktG/Cahn AktG § 106 Rn. 7.

[77] MüKoHGB/Krebs Rn. 10, 36; krit. Gebhard/Greth NZG 2025, 249 (252), die Immobliengeschäfte iE als faktisches Grundlagengeschäft einordnen.

[78] MüKoHGB/Krebs Rn. 10, 37; ähnlich GK-HGB/B. Schmidt Rn. 11.

[79] MüKoHGB/Krebs Rn. 41; Ebenroth/Boujong/Weber Rn. 16; RGHMW/Wöstmann Rn. 16.

[80] MüKoHGB/Krebs Rn. 38; BeckOGK/Schärtl, 15.6.2025, Rn. 29; RGHMW/Wöstmann Rn. 16; KKD/Roth/Stelmaszczyk Rn. 7; GK-HGB/B. Schmidt Rn. 12; Staub/Fischinger Rn. 30.

[81] RGHMW/Wöstmann Rn. 14; **aA** Staub/Fischinger Rn. 32.

[82] BayObLG 14.4.1982, WM 1982, 647 (649); MüKoHGB/Krebs Rn. 39; Ebenroth/Boujong/Weber Rn. 16.

[83] OLG Hamm 13.10.2011, DNotZ 2012, 230; MüKoHGB/Krebs Rn. 38; BeckOGK/Schärtl, 15.6.2025, Rn. 27; Hopt/Merkt Rn. 4; Gebhard/Greth NZG 2025, 249 (252).

[84] KG 5.7.2021, NJW 2021, 2810 Rn. 6; OLG Köln 9.12.2019, BeckRS 2019, 35498; vgl. auch RGHMW/Wöstmann Rn. 14 f.; Wachter EWiR 2021, 558 (559); Weidt NJW 2021, 2811.

des konkreten Handelsgeschäfts ist.[85] In diesem Fall sind die Grundstücke zwar Teil des Umlaufvermögens, sodass sich die Bedeutung des einzelnen Grundstücksgeschäfts relativiert. Das ändert aber nichts an den Eigenheiten von Grundstücken als Verkehrsgut. Zudem ist der Wortlaut des § 49 Abs. 2 eindeutig, sodass eine ungeschriebene Ausnahme nicht ohne Gefahr für die Leichtigkeit und Zuverlässigkeit des Rechtsverkehrs möglich ist. Schließlich kann die Vertretungsmacht des Prokuristen nach § 49 Abs. 2 oder durch eine zusätzliche BGB-Vollmacht erweitert werden, sodass dem Interesse des Geschäftsinhabers auf diese Weise Rechnung getragen werden kann.[86] Das gilt auch beim Handeln des Prokuristen für einen Testamentsvollstrecker. Sofern es sich nicht um eine Dauertestamentsvollstreckung handelt, sondern lediglich im Rahmen der Vollstreckung das Handelsgewerbe abgewickelt wird, mag das Schutzbedürfnis zugunsten des Testamentsvollstreckers nicht in gleicher Weise bestehen.[87] Eine Einschränkung des § 49 Abs. 2 widerspricht vor allem dem Ziel der Leichtigkeit und Sicherheit des Handelsverkehrs, weil der Umfang der Vollmacht nicht mehr aus dem Gesetz bzw. Handelsregister erkennbar ist. Zudem lässt sich die Vollmacht ohne weiteres auf die Grundstücksgeschäfte erweitern.

26 **b) Veräußerung von Grundstücken.** Die Veräußerung eines Grundstücks iSv Abs. 2 ist jede Eigentumsübertragung. Neben der vollständigen Veräußerung des Grundstücks erfasst die Norm auch Teilveräußerungen, bei denen dem Geschäftsinhaber die Verfügungsmacht über das Grundstück teilweise entzogen wird (zB die Einräumung von Miteigentum oder das Einbringen des Grundstücks in eine Gesellschaft).

27 Abs. 2 erfasst das **Verfügungsgeschäft.** Das gilt auch, wenn der Geschäftsinhaber oder dessen Vertreter bereits ein wirksames **Verpflichtungsgeschäft** bezüglich des Grundstücks geschlossen haben. Die Regelung enthält keine Einschränkung für die Erfüllung einer Verbindlichkeit wie § 181 BGB. Daneben findet § 49 Abs. 2 auf Verpflichtungsgeschäfte über die Veräußerung eines Grundstücks Anwendung.[88] Ansonsten könnte der Gläubiger den Geschäftsinhaber auf Erfüllung dieses Vertrags in Anspruch nehmen und somit die Übertragung des Eigentums fordern. Der von § 49 Abs. 2 angestrebte Schutz des Immobilienbestands des Handelsgewerbes sowie des Vermögens des Geschäftsinhabers würde verfehlt.

28 **c) Belastung von Grundstücken.** Die Belastung eines Grundstücks ist jede Verfügung, die einem Dritten ein dingliches Recht an dem Grundstück einräumt.[89] Hierzu zählt die Bestellung **beschränkt dinglicher Rechte** wie Grundschulden, Hypotheken, Reallasten, Nießbrauch oder Dienstbarkeiten. Auch das dingliche Vorkaufsrecht ist eine Grundstücksbelastung iSv Abs. 2.[90] Darüber hinaus ist die **Vormerkung** nach § 883 BGB wie eine Belastung des Grundstücks zu behandeln, obwohl es sich nicht um ein dingliches Recht handelt. Sie ist eine dingliche Verstärkung eines schuldrechtlichen Anspruchs, um dessen Erfüllung zu sichern. Alle Verfügungen, die den schuldrechtlichen Anspruch vereiteln oder beeinträchtigen, sind relativ unwirksam (§ 883 Abs. 2 BGB). Insoweit beschränkt die Vormerkung die Verfügungsmacht des Eigentümers. Im Hinblick auf den Schutzzweck der Norm ist § 49 Abs. 2 auf die Vormerkung analog anzuwenden.[91] § 49 Abs. 2 gilt nicht nur für die Verfügungsgeschäfte, die zu einer Grundstücksbelastung führen, sondern auch für die ihnen zugrunde liegenden Verpflichtungsgeschäfte.[92]

29 Die Bestellung einer **Eigentümergrundschuld** erfasst Abs. 2 hingegen nicht, da sie dem Geschäftsinhaber zusteht.[93] Erst ihre Übertragung auf einen Dritten ist eine Grundstücksbelastung.[94] Abs. 2 gilt schließlich nicht für **schuldrechtliche Ansprüche** an dem Grundstück, die zB durch

[85] Ebenroth/Boujong/Weber Rn. 18; RGHMW/Wöstmann Rn. 15; GK-HGB/B. Schmidt Rn. 14; **aA** OLG Hamm 13.10.2011, DNotZ 2012, 230; 3.7.1967, NJW 1967, 2163; Gebhard/Greth NZG 2025, 249 (252).

[86] OLG Köln 9.12.2019, BeckRS 2019, 35498; RGHMW/Wöstmann Rn. 15.

[87] Für eine teleologische Reduktion des § 49 Abs. 2 Schneider ZfIR 2021, 517; Schneider ZfIR 2022, 216; Becker NotBZ 2021, 386 (388); Heckschen MittBayNot 2020, 368.

[88] MüKoHGB/Krebs Rn. 43 (Analogie); K. Schmidt HandelsR § 16 Rn. 32; Ebenroth/Boujong/Weber Rn. 16; GK-HGB/B. Schmidt Rn. 12; Hopt/Merkt Rn. 4.

[89] Vgl. MüKoHGB/Krebs Rn. 45; RGHMW/Wöstmann Rn. 17; GK-HGB/B. Schmidt Rn. 12.

[90] MüKoHGB/Krebs Rn. 45; BeckOGK/Schärtl, 15.6.2025, Rn. 28; Hofmann/Fladung/van Ghemen, Der Prokurist, 8. Aufl. 2007, 63.

[91] Staub/Fischinger Rn. 34; Heymann/Teichmann Rn. 17; MüKoHGB/Krebs Rn. 45; BeckOGK/Schärtl, 15.6.2025, Rn. 28; RGHMW/Wöstmann Rn. 17; GK-HGB/B. Schmidt Rn. 12. Für eine direkte Anwendung des § 49 Abs. 2 KG 5.7.2021, NJW 2021, 2810 Rn. 5.

[92] Staub/Fischinger Rn. 34; MüKoHGB/Krebs Rn. 45.

[93] MüKoHGB/Krebs Rn. 47; BeckOGK/Schärtl, 15.6.2025, Rn. 28.2; Staub/Fischinger Rn. 35; RGHMW/Wöstmann Rn. 18; **aA** Heymann/Teichmann Rn. 17.

[94] Heymann/Teichmann Rn. 17; MüKoHGB/Krebs Rn. 47; HK-HGB/Ruß Rn. 3; RGHMW/Wöstmann Rn. 18.

Vermietung oder Verpachtung entstehen. Der schuldrechtliche Anspruch richtet sich nur gegen den Vertragspartner und belastet das Grundstück nicht dinglich. Zweifel ergeben sich höchstens bei Wohnraummietverträgen wegen des umfassenden Schutzes des Mieters (→ Rn. 8).

IV. Erweiterung der Vertretungsmacht des Prokuristen

1. Erweiterung der Prokura (insbesondere Immobiliarklausel). Der Umfang der Vertretungsmacht des Prokuristen lässt sich vergrößern, indem die Prokura erweitert wird.[95] Das ist zum einen durch die Befreiung vom Verbot des Selbstkontrahierens (§ 181 BGB), zum anderen durch die Ausdehnung der Vollmacht auf die Veräußerung und Belastung von Grundstücken möglich (sog. Immobiliarklausel, § 49 Abs. 2). Die hM hält es für zulässig, die Prokura nur für die Veräußerung *oder* die Belastung von Grundstücken zu erweitern.[96] Das widerspricht aber dem Wortlaut des § 49 Abs. 2, der die „Veräußerung und Belastung von Grundstücken" kumulativ anführt. Zudem ist der Umfang der Prokura im Außenverhältnis durch die gesetzliche Regelung formalisiert. Individuelle Ausgestaltungen bleiben dem Innenverhältnis vorbehalten. Auch der Schutzzweck des § 49 Abs. 2 gebietet nicht, dem Geschäftsinhaber eine Erweiterung der Prokura zu ermöglichen, die sich auf Veräußerungen oder Belastungen beschränkt.[97] Die Erweiterung der Prokura muss ebenso wie ihre Erteilung ausdrücklich erklärt (analog § 48 Abs. 1) und ins Handelsregister eingetragen werden (→ § 53 Rn. 3).[98] Fehlt es an der ausdrücklichen Erklärung, so kann die konkludente Willenserklärung in die Erteilung einer Handlungsvollmacht mit Immobiliarklausel oder eine BGB-Vollmacht umgedeutet werden.[99] 30

2. Zusätzliche Vollmachten. Neben der Prokura können dem Prokuristen weitere Handlungsvollmachten bzw. BGB-Vollmachten erteilt werden, soweit sie über die Grenzen der Prokura hinausgehen. Sie können sich auf Grundlagenentscheidungen sowie Grundstücksveräußerungen und -belastungen beziehen.[100] Eine besondere Form oder die Eintragung ins Handelsregister ist grundsätzlich nicht erforderlich (§ 167 Abs. 2 BGB).[101] Bei einer Vollmacht über Grundstücksgeschäfte ist die Rspr. des BGH zu beachten, die eine notarielle Beurkundung verlangt, wenn die Bevollmächtigung bereits dem Rechtsgeschäft nach § 311b Abs. 1 S. 1 BGB gleichkommt.[102] Daneben kann für die Anmeldungen zum Handelsregister Vollmacht erteilt werden, die aber der öffentlichen Beglaubigung bedarf (§ 12 Abs. 1 S. 2). 31

3. Sonderfall: Gemischte Gesamtvertretung. Sofern ein gesamtvertretungsberechtigter Gesellschafter bzw. organschaftlicher Vertreter an die Mitwirkung eines Prokuristen gebunden ist (§ 124 Abs. 3, § 35 Abs. 2 GmbHG, § 78 Abs. 3 AktG, § 25 Abs. 2 GenG), nimmt der Prokurist trotz seiner rechtsgeschäftlichen Bevollmächtigung entsprechend den Vorgaben des Gesellschaftsvertrags bzw. der Satzung an der gesetzlichen Vertretung des Unternehmens teil. Seine Vertretungsmacht ist daher nicht auf den Umfang beschränkt, den die §§ 49 f. regeln. Sie bestimmt sich nach der Vertretungsmacht des Gesellschafters bzw. Organvertreters, der an den Prokuristen gebunden ist.[103] Der Umfang der Vertretungsmacht erweitert sich somit. 32

§ 50 [Beschränkung des Umfangs]

(1) Eine Beschränkung des Umfanges der Prokura ist Dritten gegenüber unwirksam.

(2) Dies gilt insbesondere von der Beschränkung, daß die Prokura nur für gewisse Geschäfte oder gewisse Arten von Geschäften oder nur unter gewissen Umständen oder für eine gewisse Zeit oder an einzelnen Orten ausgeübt werden soll.

---

[95] BayObLG 15.2.1971, NJW 1971, 810; Staub/Fischinger Rn. 36; MüKoHGB/Krebs Rn. 56.

[96] Staub/Fischinger Rn. 38; BeckOGK/Schärtl, 15.6.2025, Rn. 33; **aA** Ebenroth/Boujong/Weber Rn. 18; MüKoHGB/Krebs Rn. 58.

[97] MüKoHGB/Krebs Rn. 58; Ebenroth/Boujong/Weber Rn. 18.

[98] BayObLG 15.2.1971, NJW 1971, 810; GK-HGB/B. Schmidt Rn. 14; HK-HGB/Ruß Rn. 3.

[99] Staub/Fischinger Rn. 37; MüKoHGB/Krebs Rn. 57; RGHMW/Wöstmann Rn. 22.

[100] MüKoHGB/Krebs Rn. 61 f. (gegen eine pauschale Bevollmächtigung); Ebenroth/Boujong/Weber Rn. 14; GK-HGB/B. Schmidt Rn. 8.

[101] RG 27.5.1927, RGZ 117, 164 (165); GK-HGB/B. Schmidt Rn. 15; HK-HGB/Ruß Rn. 3.

[102] BGH 23.2.1979, NJW 1979, 2306; 11.7.1952, NJW 1952, 1210; MüKoBGB/Schubert BGB § 167 Rn. 23 ff.; BeckOK BGB/Gehrlein, 74. Ed. 1.5.2025, BGB § 311b Rn. 15.

[103] BGH 6.11.1986, BGHZ 99, 76 (78) = NJW 1987, 841; 14.2.1974, BGHZ 62, 166 (170) = NJW 1974, 1194; 31.3.1954, BGHZ 13, 61 (64) = NJW 1954, 1158; RG 22.12.1931, RGZ 134, 303 (305 ff.); Staub/Fischinger § 48 Rn. 114; K. Schmidt HandelsR § 16 Rn. 45 ff.; Canaris HandelsR § 12 Rn. 24; Köhl NZG 2005, 197 (199); Heymann/Teichmann § 48 Rn. 57; Ebenroth/Boujong/Weber § 48 Rn. 52; Stötter BB 1975, 767 (768); s. zur GmbH Bayer GmbHR 2021, 968 (972 f.); **aA** Reinert, Unechte Gesamtvertretung und unechte Gesamtprokura im Recht der Aktiengesellschaft, 1990, 41 ff.; MüKoHGB/Krebs § 48 Rn. 90 ff.

(3) [1]Eine Beschränkung der Prokura auf den Betrieb einer von mehreren Niederlassungen des Geschäftsinhabers ist Dritten gegenüber nur wirksam, wenn die Niederlassungen unter verschiedenen Firmen betrieben werden. [2]Eine Verschiedenheit der Firmen im Sinne dieser Vorschrift wird auch dadurch begründet, daß für eine Zweigniederlassung der Firma ein Zusatz beigefügt wird, der sie als Firma der Zweigniederlassung bezeichnet.

Schrifttum: Hofmann/Fladung/van Ghemen, Der Prokurist, 8. Aufl. 2007; H. Hübner, Die Prokura als formalisierter Vertrauensschutz, FS Klingmüller, 1974, 173; Knieper/Jahrmarkt, Zweigniederlassung, Zweigbüro, Filiale, Nebenbetrieb, 1972; Merz, Vertretungsmacht und ihre Beschränkungen im Recht der juristischen Person, der kaufmännischen und der allgemeinen Stellvertretung, FS H. Westermann, 1974, 399; Petersen, Bestand und Umfang der Vertretungsmacht, Jura 2003, 310; Tietz, Vertretungsmacht und Vertretungsbefugnis im Recht der BGB-Vollmacht und der Prokura, 1990.

Übersicht

I. Allgemeines

1 § 50 ergänzt die Regelung über den Umfang der Prokura in § 49, indem er in Abs. 1 bestimmt, dass sie im Verhältnis zu Dritten unbeschränkbar ist. In Abs. 2 illustriert er dies mit einer nicht abschließenden Aufzählung von Beispielen. § 50 Abs. 1, 2 sichert den durch § 49 vorgegebenen Umfang der Prokura, um die Rechtssicherheit sowie die Leichtigkeit und Verlässlichkeit des handelsrechtlichen Verkehrs sicherzustellen.[1] Die Norm war erforderlich, da ein Dritter typischerweise nicht erkennen kann, ob der Inhaber des Handelsgewerbes und der Prokurist abweichende Vereinbarungen getroffen haben. Für ihre Anwendung kommt es aber nicht darauf an, ob der Dritte Kenntnis von den Abreden hatte.[2] Die Prokura ist abstrakt und als unbeschränkbare Vollmacht ausgestaltet, sodass alle vereinbarten Einschränkungen im Außenverhältnis gegenüber Dritten unwirksam sind. Sie entfalten nur im Innenverhältnis zwischen Inhaber und Prokurist rechtliche Wirkung. Verstöße des Prokuristen im Innenverhältnis berühren das Vertretergeschäft grundsätzlich nicht. Etwas anderes gilt in Fällen der Kollusion und beim Missbrauch der Vertretungsmacht (→ § 48 Rn. 38 ff.).

2 Der weite Umfang der Prokura birgt auch Gefahren für den Inhaber. Daher kann die Prokura nach § 52 Abs. 1 jederzeit widerrufen werden. Darüber hinaus lassen sich die mit der Prokura verbundenen Risiken einschränken, indem Gesamtprokura erteilt wird. § 50 Abs. 3 erlaubt den Kaufleuten die Limitierung der Prokura auf eine oder mehrere Niederlassungen.[3]

II. Beschränkung des Umfangs der Prokura im Außenverhältnis (Abs. 1, 2)

3 **1. Grundsatz.** Nach § 50 Abs. 1 sind alle Beschränkungen des Umfangs der Prokura im Außenverhältnis unwirksam. Das gilt für rechtsgeschäftliche Einschränkungen durch Individualvereinbarungen, AGB oder Weisungen.[4] Gesamtprokura und Gesamtvertretung sind indes zulässig, da sie den Umfang der Vollmacht unberührt lassen und den Prokuristen nur an die Mitwirkung einer anderen Person bindet,[5] sodass ihrer Ausübung Grenzen gesetzt sind.[6] Auch gesetzliche Beschränkungen sind

[1] BeckOGK/Schärtl, 15.6.2025, Rn. 2; Heymann/Teichmann Rn. 1; Staub/Fischinger Rn. 1; MüKoHGB/Krebs Rn. 1; RGHMW/Wöstmann Rn. 1, 4.

[2] GK-HGB/B. Schmidt Rn. 3.

[3] Zur rechtspolitischen Bewertung: MüKoHGB/Krebs Rn. 2.

[4] MüKoHGB/Krebs Rn. 3; Ebenroth/Boujong/Weber Rn. 2; KKD/Roth/Stelmaszczyk Rn. 2; RGHMW/Wöstmann Rn. 5; BeckOGK/Schärtl, 15.6.2025, Rn. 7.

[5] BGH 28.6.1990, NJW-RR 1991, 357; 14.2.1974, BGHZ 62, 166 (170) = NJW 1974, 1194; RG 29.10.1897, RGZ 40, 17; Staub/Fischinger Rn. 5; BeckOGK/Schärtl, 15.6.2025, Rn. 3; **aA** Beuthien/Müller DB 1995, 461 (462 ff.).

[6] BGH 14.2.1974, BGHZ 62, 166 (170) = NJW 1974, 1194; Heymann/Teichmann Rn. 43.

von § 50 nicht erfasst[7] (zB höchstpersönliche Rechtsgeschäfte gem. §§ 2064, 2274 BGB, § 245; Verbot des Selbstkontrahierens gem. § 181 BGB).

Für § 50 Abs. 1 kommt es nicht darauf an, ob die Abrede im Innenverhältnis zwischen Inhaber und Prokurist oder im Außenverhältnis zwischen Inhaber und Geschäftspartner erfolgte.[8] Die umfassende Wirkung der Norm ergibt sich aus dem Wortlaut und dem Zweck, die Sicherheit und Leichtigkeit des Rechtsgeschäftsverkehrs umfassend zu schützen. Eine Einschränkung des § 50 Abs. 1 resultiert daher nicht per se daraus, dass der Geschäftspartner die Beschränkungen im Innenverhältnis kannte.[9] Den Geschäftspartner kann höchstens eine Schadensersatzpflicht treffen, wenn er mit dem Prokuristen einen Vertrag schließt, der der Vereinbarung mit dem Inhaber zuwiderläuft. Zudem kann ein Missbrauch der Vertretungsmacht vorliegen, sodass der Vertreter ohne Vertretungsmacht gehandelt hat (→ § 48 Rn. 38 ff.).[10] 4

Die Unwirksamkeit der rechtsgeschäftlichen Beschränkungen hat zur Folge, dass sie nicht im Handelsregister eingetragen werden können. Eine dennoch erfolgte Eintragung entfaltet keine Wirkung.[11] 5

2. Unwirksame Einschränkungen nach Abs. 2. Nach § 50 Abs. 2 sind Beschränkungen auf **gewisse Geschäfte** und **gewisse Arten von Geschäften** unzulässig. Die Prokura lässt sich daher nicht auf einzelne Geschäfte, das konkrete Handelsgewerbe oder einzelne Bereiche begrenzen. Auch die Limitierung auf gewöhnliche oder laufende Geschäfte oder Geschäfte bis zu einem bestimmten Umfang ist ausgeschlossen.[12] 6

Daneben kann die Ausübung der Prokura nicht vom Eintreten **bestimmter Umstände** abhängig gemacht werden, insbesondere nicht vom Eintritt einer Bedingung oder der Zustimmung des Inhabers des Handelsgeschäfts (→ § 48 Rn. 31) oder eines Handlungsbevollmächtigten (→ § 48 Rn. 63). Nur im Rahmen der Gesamtprokura und Gesamtvertretung kann das rechtsgeschäftliche Handeln des Prokuristen von der Mitwirkung eines anderen Prokuristen oder organschaftlichen Vertreters abhängig sein (→ § 48 Rn. 47 ff.). Vergleichbare Beschränkungen ergeben sich aus Formvorgaben des Inhabers, diese sind nur im Innenverhältnis relevant.[13] 7

Auch die Beschränkung der Prokura auf eine **bestimmte Zeit** durch aufschiebende oder auflösende Befristung oder die Festlegung auf bestimmte Zeiträume (zB Messe, Urlaubsvertretung) kommt nicht in Betracht. Der Inhaber des Handelsgeschäfts muss die Prokura erteilen, widerrufen und ggf. erneut erteilen. Die jeweilige Änderung ist deklaratorisch zum Handelsregister anzumelden. Auch auf **einzelne Orte** oder geographische Bereiche lässt sich die Prokura nicht beschränken. Die Bevollmächtigung erstreckt sich auf alle Geschäfte weltweit. 8

III. Beschränkung des Umfangs der Prokura im Innenverhältnis

Im Gegensatz zum Außenverhältnis lässt sich das Innenverhältnis zwischen dem Prokuristen und dem Inhaber des Handelsgeschäfts (→ § 48 Rn. 34) in den Grenzen der Privatrechtsordnung (§§ 134, 138, 242 BGB) ausgestalten. Der Inhaber kann den Prokuristen durch vertragliche Vereinbarung, AGB oder durch Weisungen im Rahmen seines Weisungsrechts binden, sodass er die Vollmacht nicht beliebig ausüben darf.[14] Bei der Verletzung der Vorgaben aus dem Grundverhältnis kann der Inhaber vom Prokuristen Schadensersatz verlangen (§ 280 Abs. 1 BGB).[15] Sofern die Pflichtverletzung zugleich ein wichtiger Grund ist, der das Abwarten der Kündigungsfrist unzumutbar macht, ist zudem eine außerordentliche Kündigung möglich.[16] Etwas anderes gilt nur, wenn der Inhaber sein Handeln nachträglich genehmigt. Dabei handelt es sich nicht um eine Genehmigung nach § 177 Abs. 1 BGB, sondern um eine Genehmigung der Pflichtverletzung, die ihr die Rechtswidrigkeit nimmt. Die Ausführung des weisungswidrig abgeschlossenen Geschäfts ist allerdings keine konkludente Genehmigung, da der Vertrag im Außenverhältnis wegen § 50 Abs. 1 wirksam war und somit eine Verpflichtung zu seiner Erfüllung bestand.[17] 9

---

[7] MüKoHGB/Krebs Rn. 3; RGHMW/Wöstmann Rn. 6.
[8] RGHMW/Wöstmann Rn. 5.
[9] MüKoHGB/Krebs Rn. 6; GK-HGB/B. Schmidt Rn. 3; vgl. auch Heymann/Teichmann Rn. 2; **aA** BAG 9.10.1975, AP BGB § 626 Ausschlußfrist Nr. 8.
[10] Heymann/Teichmann Rn. 2.
[11] MüKoHGB/Krebs Rn. 5.
[12] Heymann/Teichmann Rn. 3; BeckOGK/Schärtl, 15.6.2025, Rn. 4, 5; RGHMW/Wöstmann Rn. 7 f.
[13] BeckOGK/Schärtl, 15.6.2025, Rn. 6 f.
[14] Heymann/Teichmann Rn. 2, 10; RGHMW/Wöstmann Rn. 3, 13 f.
[15] Heymann/Teichmann Rn. 10; Ebenroth/Boujong/Weber Rn. 2; KKD/Roth/Stelmaszczyk Rn. 4.
[16] Heymann/Teichmann Rn. 10; Ebenroth/Boujong/Weber Rn. 2; KKD/Roth/Stelmaszczyk Rn. 4.
[17] Heymann/Sonnenschein/Weitemeyer, 2. Aufl. 1995, Rn. 14.

IV. Niederlassungsprokura (Abs. 3)

10 **1. Voraussetzungen. a) Zweigniederlassung.** Die Prokura gilt grundsätzlich für die Hauptniederlassung sowie alle Zweigniederlassungen des Handelsgewerbes. Sie lässt sich nach § 50 Abs. 3 auf eine oder mehrere Niederlassungen beschränken. Die Niederlassungsprokura kann sich sowohl auf die Haupt- als auch auf die Zweigniederlassung beziehen.[18] § 50 Abs. 3 greift jedoch nur ein, wenn ein Handelsgewerbe mit mehreren Niederlassungen vorliegt. Handelt es sich hingegen um mehrere selbständige Unternehmen, so kann ohnehin nur für jedes einzelne eigens Prokura erteilt werden.[19] Die Differenzierung zwischen Zweigniederlassungen und selbständigen Unternehmen ist bei Gesellschaften unproblematisch, da sie nur ein Handelsgewerbe führen können. Bei ihnen bedarf es nur der Unterscheidung zwischen bloßen Betriebsstätten und Zweigniederlassungen. Alle Betriebsstätten, die räumlich von der Hauptniederlassung getrennt und nach der Verkehrsanschauung selbständig sowie auf Dauer angelegt sind, sind Zweigniederlassungen des Unternehmens.[20] Schwieriger ist die Abgrenzung bei Einzelkaufleuten, die mehrere Handelsgewerbe führen können. Die hM grenzt die Niederlassung vom selbständigen Unternehmen anhand der organisatorischen Abhängigkeit ab.[21] Dabei ist auch die Firmierung zu beachten.[22]

11 **b) Eigene Firma.** Die Erteilung einer Niederlassungsprokura ist nur möglich, wenn der Kaufmann mehrere Niederlassungen (mindestens eine Haupt- und eine Zweigniederlassung) unter verschiedenen Firmen betreibt. Die unterschiedlichen Firmen sind erforderlich, um die Prokura nach außen eindeutig auf eine Niederlassung zu beziehen. Nach § 50 Abs. 3 S. 2 genügt ein Firmenzusatz, der die Zweigniederlassung als solche kennzeichnet. Es muss erkennbar sein, dass es sich nicht nur um eine Betriebsstätte handelt. Fehlt es an der eigenen Firma der Niederlassung, so ist die Beschränkung der Prokura auf die Niederlassung unwirksam, sodass eine unbeschränkte Prokura besteht, deren Umfang sich nach § 49 richtet,[23] es sei denn, diese Prokuraerteilung widerspricht dem Willen des Inhabers (§ 139 BGB). Allerdings besteht ggf. ein Rechtsschein nach § 15 Abs. 1.

12 **2. Erteilung.** Die Erteilung der Niederlassungsprokura erfolgt in der gleichen Weise wie bei der Einzelprokura nach § 48 und ist auch als Gesamtprokura zulässig.[24] Die Beschränkung auf die Niederlassung ist ausdrücklich zu erklären.[25] Es genügt nicht, die Firma der Niederlassung anzugeben. In Zweifelsfällen erfolgt eine Auslegung nach dem Empfängerhorizont.[26] Sofern sich die Erteilung einer Niederlassungsprokura nicht ermitteln lässt, liegt eine Einzelprokura nach § 48 Abs. 1 vor. Zweigniederlassungen sind nicht beim Handelsregister ihres Sitzes, sondern beim Handelsregister der Hauptniederlassung anzumelden und einzutragen.[27] Aus dem Register muss sich eindeutig ergeben, dass es sich um eine Niederlassungsprokura handelt.[28]

13 **3. Rechtsfolgen.** Die Niederlassungsprokura ist im Außenverhältnis auf die angegebene Niederlassung beschränkt.[29] Der Prokurist darf nur unter der Firma der Niederlassung handeln.[30] Der Umfang dieser Prokura erstreckt sich nach § 49 Abs. 1 wie die Einzelprokura auf alle Rechtsgeschäfte und rechtsgeschäftsähnlichen Handlungen, die der Betrieb eines Handelsgewerbes mit sich bringt.[31] Die Beschränkung auf eine Niederlassung hat aber zur Folge, dass er nur für diese agieren darf. Die

[18] KG 25.2.1937, JW 1937, 1743 (1744); Heymann/Teichmann Rn. 4; BeckOK HGB/Meyer, 47. Ed. 1.10.2024, Rn. 13; GK-HGB/B. Schmidt Rn. 10.

[19] MüKoHGB/Krebs Rn. 10; HK-HGB/Ruß Rn. 3; Hopt/Merkt Rn. 3; **aA** K. Schmidt HandelsR § 12 Rn. 68 ff.

[20] MüKoHGB/Krebs Rn. 9; BeckOGK/Schärtl, 15.6.2025, Rn. 11; Ebenroth/Boujong/Weber Rn. 5; Hofmann/Fladung/van Ghemen, Der Prokurist, 8. Aufl. 2007, 136.

[21] BeckOGK/Schärtl, 15.6.2025, Rn. 11.1; Ebenroth/Boujong/Weber Rn. 5; s. auch Staub/Koch § 13 Rn. 19; krit. zum Begriff Staub/Koch § 13 Rn. 13.

[22] MüKoHGB/Krebs Rn. 10; BeckOK HGB/Meyer, 47. Ed. 1.10.2024, Rn. 16.

[23] BeckOK HGB/Meyer, 47. Ed. 1.10.2023, Rn. 15; Staub/Fischinger Rn. 16; MüKoHGB/Krebs Rn. 11; Ebenroth/Boujong/Pentz § 13 Rn. 39; **aA** KKD/Roth/Stelmaszczyk Rn. 5.

[24] Heymann/Teichmann Rn. 7; GK-HGB/B. Schmidt Rn. 10.

[25] Heymann/Teichmann Rn. 7; Ebenroth/Boujong/Weber Rn. 6; KKD/Roth/Stelmaszczyk Rn. 8; zur alten Rechtslage BGH 21.3.1988, BGHZ 104, 61 (64) = NJW 1988, 1840.

[26] KG KGJ 37 (1909), A 191 (193); **aA** Heymann/Teichmann Rn. 7.

[27] Zur alten Rechtslage BGH 21.3.1988, BGHZ 104, 61 (64) = NJW 1988, 1840.

[28] Ebenroth/Boujong/Weber Rn. 6.

[29] BeckOK HGB/Meyer, 47. Ed. 1.10.2024, Rn. 20; GK-HGB/B. Schmidt Rn. 10; RGHMW/Wöstmann Rn. 21.

[30] BeckOK HGB/Meyer, 47. Ed. 1.10.2024, Rn. 22; HK-HGB/Ruß Rn. 3.

[31] Staub/Fischinger Rn. 20; MüKoHGB/Krebs Rn. 13; BeckOGK/Schärtl, 15.6.2025, Rn. 15; RGHMW/Wöstmann Rn. 20; HK-HGB/Ruß Rn. 3.

Rechtsgeschäfte müssen sich auf die Niederlassung beziehen und auf deren Rechnung erfolgen.[32] Daher sind alle Ansprüche grundsätzlich durch den Betrieb der Niederlassung zu erfüllen.[33] Ansonsten bliebe die Einschränkung der Prokura ohne Bedeutung. Etwas anderes wird nur angenommen, wenn es sich um ein filialübergreifendes Bankgeschäft handelt.[34]

Die Niederlassungsprokura hat nicht zur Folge, dass sich die Vollmacht gegenständlich auf Rechtsgeschäfte beschränkt, die dem Geschäft der Zweigniederlassung entsprechen. Das widerspräche § 49 Abs. 1. Nur für diejenigen Rechtsgeschäfte, die auf eine andere Niederlassung bezogen sind, existiert keine Vertretungsmacht.[35] Sie kommen nur zustande, wenn zusätzlich eine Handlungsvollmacht oder eine bürgerlich-rechtliche Vollmacht vorliegt. 14

§ 51 [Zeichnung des Prokuristen]

Der Prokurist hat in der Weise zu zeichnen, daß er der Firma seinen Namen mit einem die Prokura andeutenden Zusatze beifügt.

I. Allgemeines

1 § 51 soll sicherstellen, dass das Handeln mit Prokura anhand der Zeichnung ohne weiteres erkennbar ist. Das erleichtert den Handelsverkehr, zumal die Prokura einen gesetzlich geregelten Umfang hat. Zugleich ist die Bestimmung eine spezielle Ausprägung des Offenkundigkeitsprinzips im Stellvertretungsrecht und bezweckt die klare Zuordnung rechtsgeschäftlicher Erklärungen.[1] Sie gilt nach dem Wortlaut für alle schriftlichen Erklärungen des Prokuristen, nicht nur für Willenserklärungen.[2] Das muss gleichermaßen für Erklärungen in elektronischer Form und Textform gelten,[3] zumal § 51 kein eigenhändiges Zeichnen oder Handzeichen wie § 126 BGB voraussetzt (→ Rn. 5).

2 Früher sollte § 51 zusätzlich den Vergleich der Unterschrift mit der Zeichnung des Prokuristen ermöglichen, die nach § 53 Abs. 2 aF zu hinterlegen war.[4] Das EHUG hat § 53 Abs. 2 aF jedoch beseitigt, sodass dieser Normzweck entfallen ist.

II. Zeichnungsweise

3 **1. Firma.** Die Firma ist entsprechend den firmenrechtlichen Vorgaben vollständig zu bezeichnen (einschließlich der Rechtsformzusätze).[5] Im Liquidationsfall muss analog § 68 Abs. 2 GmbHG, § 269 Abs. 6 AktG ein Hinweis auf die Liquidation erfolgen.[6] Das Gleiche gilt in der Insolvenz.[7] Das Fehlen des Hinweises kann zur Haftung führen.[8] Bei einer Niederlassungsprokura (§ 50 Abs. 3) ist die Firma der Niederlassung anzugeben, für die der Prokurist handelt.

4 Die Zeichnung der Firma muss nicht eigenhändig erfolgen, sie kann gedruckt, gestempelt oder in Maschinenschrift sein.[9] Das ergab sich vor dem EHUG indirekt aus § 53 Abs. 2 aF, der seit der Handelsrechtsreform von 1998 nur noch die Namensunterschrift und die Angabe der Firma forderte. Die Aufhebung des § 53 Abs. 2 aF führte zu keiner Änderung der Rechtslage. Sie erfolgte nur, weil die durch § 53 Abs. 2 aF erstrebte Echtheitsprüfung der Unterschrift des Prokuristen bei einem elektronischen Register unmöglich ist.[10]

5 **2. Name des Prokuristen.** Der Prokurist unterzeichnet mit seinem Familiennamen; Vorname oder Titel sind nicht erforderlich. Etwas anderes ergibt sich nicht aus § 18 Abs. 1, da der Vorname

[32] BGH 21.3.1988, BGHZ 104, 61 (63) = NJW 1988, 1840; MüKoHGB/Krebs Rn. 13; BeckOGK/Schärtl, 15.6.2025, Rn. 15; GK-HGB/B. Schmidt Rn. 10; RGHMW/Wöstmann Rn. 21; **aA** Heymann/Teichmann Rn. 8.

[33] MüKoHGB/Krebs Rn. 13; RGHMW/Wöstmann Rn. 21; Hopt/Merkt Rn. 2; **aA** BeckOGK/Schärtl, 15.6.2025, Rn. 19; BeckOK HGB/Meyer, 47. Ed. 1.10.2024, Rn. 24.

[34] BGH 29.5.1951, BGHZ 2, 218 (226) = NJW 1951, 652; HK-HGB/Ruß Rn. 3; Hopt/Merkt Rn. 2.

[35] MüKoHGB/Krebs Rn. 13.

[1] BAG 25.9.2014, AP BGB § 174 Nr. 23; GK-HGB/B. Schmidt Rn. 2; MüKoHGB/Krebs Rn. 1.

[2] Heymann/Teichmann Rn. 2; MüKoHGB/Krebs Rn. 1.

[3] BeckOGK/Schärtl, 15.6.2025, Rn. 3.

[4] MüKoHGB/Krebs § 53 Rn. 1.

[5] MüKoHGB/Krebs Rn. 3; BeckOK HGB/Meyer, 47. Ed. 1.10.2024, Rn. 4; **aA** BeckOGK/Schärtl, 15.6.2025, Rn. 4, 4.1.

[6] Ebenso MüKoHGB/Krebs Rn. 3; Haag/Löffler/Glock Rn. 3.

[7] MüKoHGB/Krebs Rn. 3; Haag/Löffler/Glock Rn. 3.

[8] K. Schmidt BB 1989, 229 (234); MüKoHGB/Krebs Rn. 3; Haag/Löffler/Glock Rn. 3; vgl. auch BeckOGK/Schärtl, 15.6.2025, Rn. 4.1.

[9] MüKoHGB/Krebs Rn. 3; so zur Wechselordnung RG 5.1.1901, RGZ 47, 165 (167).

[10] Begr. RegE, BT-Drs. 16/960, 48 (47).

erst seit der Handelsrechtsreform von 1998 in die Firma aufzunehmen ist und dies der Identifikation iSd Firmenwahrheit und -klarheit dient.[11] Diese Grundsätze gelten nicht für die Prokura. Der Name musste nach bisherigem Verständnis eigenhändig gezeichnet werden.[12] Das sollte die Überprüfung der Echtheit der Unterschrift durch einen Vergleich mit der beim Handelsregister hinterlegten Zeichnung ermöglichen.[13] Mit der Streichung des § 53 Abs. 2 aF ist ein Echtheitsvergleich nicht mehr möglich. § 51 beschränkt sich daher darauf, die Offenkundigkeit der Stellvertretung sicherzustellen. Hierfür bedarf es keiner eigenhändigen Unterschrift, zumal der Wortlaut diese nicht eindeutig verlangt („zeichnen" statt „Handzeichen" wie in § 126 Abs. 1 BGB). Das Festhalten an der Handschriftlichkeit würde § 51 zu einem Schutz des Vertretenen umfunktionieren, der intern Missbrauchsrisiken, insbesondere Fälschungen, entgegenwirkt. Eine solche Zwecksetzung hatte der Gesetzgeber nicht vor Augen. Der Schutz wäre ohnehin minimal, da § 51 nur eine Ordnungsvorschrift ist. Der Vertretene kann aber intern für den Geschäftsbetrieb die eigenhändige Unterschrift anordnen, um Fälschungen vorzubeugen. Der Zweck des § 51 gebietet hingegen keine eigenhändige Zeichnung mehr, zumal § 51 keine Formvorschrift ist.[14] Eine eigenhändige Unterschrift ist nur erforderlich, soweit das Vertretergeschäft der Schriftform bedarf.

6 **3. Prokurazusatz.** Der die Prokura andeutende Zusatz ist üblicherweise die Abkürzung „ppa." oder „pp."; auch die Zeichnung „per Prokura", „als Prokurist" oder „in Prokura" sind gebräuchlich. Der Zusatz muss nicht handschriftlich erfolgen, er schließt sich meist der Firma an und geht dem Namen des Prokuristen voran. Sofern der Prokurist weitere Vollmachten hat und er nicht auf der Grundlage der Prokura, sondern einer weiteren Handlungsvollmacht oder BGB-Vollmacht handelt, ist nicht der Prokurazusatz zu verwenden. Die Vertretung muss lediglich offenkundig sein.

7 **4. Gesamtprokura, Niederlassungsprokura.** Bei der Gesamtprokura (§ 48 Abs. 2) zeichnen sämtliche Prokuristen jeweils mit Prokurazusatz.[15] Ein Hinweis auf die Gesamtprokura ist nicht erforderlich, um die Offenkundigkeit der Stellvertretung zu wahren.[16] Zudem deutet die Mehrzahl der Zeichnungen die Gesamtprokura an. Bei einer Niederlassungsprokura bedarf es keiner besonderen Zeichnung.[17] § 51 zielt nur auf die Offenkundigkeit der Stellvertretung, nicht auf die Art der Vollmacht ab; diese ergibt sich aus dem Handelsregister. Handelt ein Prokurist mit Gesamtprokura aufgrund einer weiteren ihm erteilten Vollmacht, dann bedarf es keines Prokurazusatzes; bei einer Handlungsvollmacht ergibt sich dies auch aus § 57.[18] Die Vertretung muss lediglich offenkundig sein.

III. Rechtsfolgen

8 § 51 ist eine **Ordnungsvorschrift;** ihre Nichtbeachtung führt nicht zur Nichtigkeit der Willenserklärung des Prokuristen.[19] Das gilt auch, wenn der (Gesamt-)Prokurist aufgrund einer weiteren ihm erteilten Vollmacht handelt, aber mit dem Prokura andeutenden Zusatz gezeichnet hat.[20] Ob sie Wirkung für und gegen den Vertretenen entfaltet, bestimmt sich nach § 164 BGB. Die Zeichnung nach § 51 stellt die **Offenkundigkeit** der Stellvertretung in optimaler Weise sicher und verhindert, dass die Erklärung nach § 164 Abs. 2 BGB den Prokuristen verpflichtet. Fehlt der Prokurazusatz oder zeichnet der Prokurist nur mit der Firma, so ergibt sich bereits aus der Bezeichnung der Firma, dass er für das Unternehmen gehandelt hat.[21] Fehlt hingegen die Beifügung der Firma, so kann der Prokurist durch ausdrückliche Erklärung oder konkludentes Handeln die Offenkundigkeit gleichwohl hergestellt haben.

9 Bei einseitigen Rechtsgeschäften kann der Empfänger die Erklärung nicht nach § 174 S. 1 BGB zurückweisen, wenn die Zeichnung § 51 nicht entspricht. Durch die Eintragung der Prokura im

[11] Begr. RegE, BT-Drs. 13/8444, 50.

[12] BGH 28.10.1965, NJW 1966, 1077; MüKoHGB/Krebs Rn. 4.

[13] MüKoHGB/Krebs § 53 Rn. 1.

[14] Vgl. BeckOK HGB/Meyer, 47. Ed. 1.10.2024, Rn. 4 f.; Staub/Fischinger Rn. 10, 14; **aA** KKD/Roth/Stelmaszczyk Rn. 1; MüKoHGB/Krebs Rn. 4.

[15] GK-HGB/B. Schmidt Rn. 1; MüKoHGB/Krebs Rn. 5.

[16] BAG 25.9.2014, AP BGB § 174 Nr. 23 Rn. 28; Simons/Niller NZG 2024, 1649 (1651); Staub/Fischinger Rn. 8; **aA** BeckOGK/Schärtl, 15.6.2025, Rn. 7; BeckOK HGB/Meyer, 47. Ed. 1.10.2024, Rn. 7; MüKoHGB/Krebs Rn. 5.

[17] **AA** BeckOK HGB/Meyer, 47. Ed. 1.10.2024, Rn. 8; Ebenroth/Boujong/Weber Rn. 7; Staub/Fischinger Rn. 9.

[18] Weiß/Külzer NZG 2024, 383 (384).

[19] BAG 21.5.2008, NZA 2008, 753 Rn. 14; BGH 28.10.1965, NJW 1966, 1077; RG 21.12.1901, RGZ 50, 51 (60); BeckOGK/Schärtl, 15.6.2025, Rn. 2; MüKoHGB/Krebs Rn. 1 f.; Hertel, Die gesetzliche Stellung des Prokuristen, 1904, 45.

[20] BeckOGK/Schärtl, 15.6.2025, Rn. 11; BeckOK HGB/Meyer, 47. Ed. 1.10.2024, Rn. 9; Simons/Niller NZG 2024, 1649 (1651 f.); aA Weiß/Külzer NZG 2024, 383 (384).

[21] BGH 3.2.1975, BGHZ 64, 11 (14 ff.) = NJW 1975, 1166; RG 21.12.1901, RGZ 50, 51 (60).

Handelsregister ist der Empfänger über die Vollmacht in Kenntnis gesetzt (§ 174 S. 2 BGB), sodass er die Erklärung gegen sich gelten lassen muss.[22] Nur wenn der (Gesamt-)Prokurist eine weitere Vollmacht erteilt bekommen hat und auf deren Grundlage ein einseitiges Rechtsgeschäft vornimmt, kommt § 174 S. 1 BGB zur Anwendung, sofern es an dem Inkenntnissetzen iSv § 174 S. 2 BGB fehlt.

§ 51 ist **keine Formvorschrift,** sodass § 125 S. 1 BGB nicht eingreift.[23] Er hat auch keine 10
Auswirkungen auf die Formvorschriften, insbesondere erweitert er die eigenhändige Unterschrift nach § 126 BGB nicht auf die Firma und den Prokurazusatz.[24] Die Schriftformbestimmung ist selbständig auszulegen. § 51 zielt nur auf die Erleichterung des Handelsverkehrs.

§ 52 [Widerruflichkeit; Unübertragbarkeit; Tod des Inhabers]

(1) Die Prokura ist ohne Rücksicht auf das der Erteilung zugrunde liegende Rechtsverhältnis jederzeit widerruflich, unbeschadet des Anspruchs auf die vertragsmäßige Vergütung.

(2) Die Prokura ist nicht übertragbar.

(3) Die Prokura erlischt nicht durch den Tod des Inhabers des Handelsgeschäfts.

Schrifttum: Brox, Erteilung, Widerruf und Niederlegung von Prokura und Handlungsvollmacht im neuen Aktienrecht, NJW 1967, 801; Dempewolf, Zum Verhältnis von Testamentsvollstreckung und Prokura nach dem Tod des Erblassers, DB 1955, 889; Frey, Rechtsnachfolge in Vollmachtnehmer- und Vollmachtgeberstellungen, 1997; Hopt, Auswirkungen des Todes des Vollmachtgebers auf die Vollmacht und das zugrundeliegende Rechtsverhältnis, ZHR 133 (1970), 305; H. Köhler, Fortbestand betrieblicher Vollmachten beim Betriebsübergang?, BB 1979, 912; Kruse, Zum Verhältnis von Testamentsvollstreckung und Prokura nach dem Tode des Erblassers, DB 1956, 885.

Übersicht

I. Allgemeines

§ 52 Abs. 1 regelt den jederzeitigen Widerruf der Prokura. Er dient dem Schutz des Inhabers des 1
Handelsgeschäfts, für den der Prokurist eine Person mit einer Vertrauensstellung ist.[1] Daher muss er sich vom Prokuristen ohne weiteres lösen können.[2] Zugleich ist der Widerruf das notwendige Korrektiv für den weiten Umfang der Vertretungsmacht und ihre Unbeschränkbarkeit. § 52 Abs. 1 ist **zwingend** und erhält die Abstraktheit der Prokura vom zugrunde liegenden Rechtsverhältnis stärker aufrecht als das Stellvertretungsrecht des BGB. Anders als nach § 168 S. 2 BGB sind Einschränkungen des Widerrufs im Rahmen des Grundverhältnisses unzulässig.

Wegen der Vertrauensstellung des Prokuristen ist die Prokura unübertragbar (§ 52 Abs. 2).[3] Ihre 2
Ausgestaltung ist grundsätzlich am Vertrauensverhältnis zwischen Geschäftsinhaber und Prokurist

---

[22] BAG 21.5.2008, NZA 2008, 753 Rn. 14; 11.7.1991, AP BGB § 174 Nr. 9; s. auch BAG 25.9.2014, AP BGB § 174 Nr. 23 Rn. 21.

[23] MüKoHGB/Krebs Rn. 2.

[24] **AA** LAG Hamm 10.1.2005, NJW-RR 2005, 428 (429).

[1] Heymann/Teichmann Rn. 1, 2; BeckOGK/Schärtl, 15.6.2025, Rn. 1, 3; Ebenroth/Boujong/Weber Rn. 1; RGHMW/Wöstmann Rn. 2.

[2] Heymann/Teichmann Rn. 1, 2; Ebenroth/Boujong/Weber Rn. 1; GK-HGB/B. Schmidt Rn. 1.

[3] Heymann/Teichmann Rn. 1; GK-HGB/B. Schmidt Rn. 1; RGHMW/Wöstmann Rn. 2.

ausgerichtet. Im Interesse des Handelsverkehrs erlischt die Prokura aber mit dem Tod des Inhabers des Handelsgeschäfts nicht (§ 52 Abs. 3).

II. Widerruf der Prokura (Abs. 1)

3 **1. Jederzeitige Widerruflichkeit.** Der Widerruf der Prokura ist jederzeit möglich (§ 52 Abs. 1). Es bedarf weder eines Grundes noch der Wahrung einer Frist.[4] Die Prokura darf nicht als bedingt widerruflich oder unwiderruflich erteilt werden.[5] Von § 52 Abs. 1 abweichende Erklärungen sind wegen Gesetzesverstoßes nichtig.[6] Einschränkungen für den Widerruf der Prokura aus dem zugrunde liegenden Rechtsverhältnis haben wegen der Abstraktheit der Vollmacht keine rechtliche Wirkung für den Widerruf.[7] Der Prokurist hat höchstens einen Schadensersatzanspruch aus § 280 Abs. 1 BGB oder ein Recht zur außerordentlichen Kündigung (→ § 48 Rn. 37).[8]

4 Daneben gelten **Vertragsstrafenabreden** zum Teil als unzulässige mittelbare Einschränkung der freien Widerruflichkeit der Prokura.[9] Die Vertragsstrafenklausel ist formal zwar Teil des Grundverhältnisses und beschränkt den Widerruf nicht unmittelbar. Sie ist aber nicht nur ein pauschalierter Schadensersatzanspruch, sondern soll den Inhaber zugleich anhalten, die Prokura nicht zu widerrufen. Ihre Wirkung steht daher einer Beschränkung der freien Widerruflichkeit der Prokura gleich und ist ein Umgehungsversuch zu § 52 Abs. 1. Die Norm ist somit dahin auszulegen, dass sie Vertragsstrafenklauseln entgegensteht. Solche Klauseln sind daher unwirksam. Eine Einschränkung der freien Widerruflichkeit erfolgt aber nicht dadurch, dass der Prokurist eine Zulage zur Vergütung erhält, die vom Fortbestehen der Prokura abhängt.[10] Zum einen ist die Prokura abstrakt, zum anderen wird die Entscheidungsfreiheit des Geschäftsinhabers dadurch nicht berührt. Die Abstraktheit der Prokura kann durch Vereinbarungen eingeschränkt oder aufgehoben werden, solange die freie Widerruflichkeit dadurch nicht tangiert wird.

5 Nach hM dürfen **statutarische Regelungen,** die zB einem Kommanditisten Geschäftsführungsbefugnis einräumen und die Erteilung einer Prokura festlegen (→ § 48 Rn. 37), die freie Widerruflichkeit der Prokura einschränken. Die Prokura kann dann entsprechend § 124 Abs. 5, § 116 Abs. 5 nur aus wichtigem Grund widerrufen werden.[11] Das entspricht auch § 38 Abs. 2 GmbHG.[12] Zu Recht geht aber die hM davon aus, dass ein Widerruf ohne wichtigen Grund nach außen wirksam ist und der Kommanditist höchstens im Innenverhältnis gegenüber der Gesellschaft Anspruch auf Wiedererteilung der Prokura hat.[13]

6 **2. Erklärung des Widerrufs.** Der Widerruf der Prokura erfolgt als **actus contrarius** grundsätzlich auf die gleiche Weise wie ihre Erteilung. Widerrufsberechtigt ist der Inhaber des Handelsgeschäfts bzw. dessen gesetzlicher Vertreter.[14] Eine Genehmigung des Familiengerichts ist nicht erforderlich, da sich § 1852 Nr. 3 BGB (§ 1643 Abs. 1 BGB) auf die Prokuraerteilung beschränkt.[15] Bei **Handelsgesellschaften** kann jeder Gesellschafter die Prokura widerrufen (§ 124 Abs. 4 S. 1, § 161 Abs. 2).[16] Selbst wenn ihm intern die Geschäftsführungsbefugnis fehlt und er nicht widerrufen darf (§ 116 Abs. 2 S. 3), besteht im Außenverhältnis Vertretungsmacht.[17] Bei einer **GmbH** erfolgt der Widerruf

---

[4] BeckOGK/Schärtl, 15.6.2025, Rn. 3, 3.1; MüKoHGB/Krebs Rn. 2; Staub/Fischinger Rn. 4.

[5] RGHMW/Wöstmann Rn. 3, 4; GK-HGB/B. Schmidt Rn. 2; vgl. auch Heymann/Teichmann Rn. 2.

[6] RG 19.11.1890, RGZ 27, 35 (39); Heymann/Teichmann Rn. 2; vgl. BeckOGK/Schärtl, 15.6.2025, Rn. 3.

[7] Ebenroth/Boujong/Weber Rn. 3; GK-HGB/B. Schmidt Rn. 3; HK-HGB/Ruß Rn. 1.

[8] MüKoHGB/Krebs Rn. 6 f.; HK-HGB/Ruß Rn. 1; RGHMW/Wöstmann Rn. 4; einschr. Staub/Fischinger § 48 Rn. 75 f., 80, nur bei unzumutbarer Diskriminierung.

[9] Staub/Fischinger Rn. 24; MüKoHGB/Krebs Rn. 7; BeckOGK/Schärtl, 15.6.2025, Rn. 3; GK-HGB/B. Schmidt Rn. 2; NK-HGB/Schmidt Rn. 11; **aA** Heymann/Teichmann Rn. 4; RGHMW/Wöstmann Rn. 5.

[10] Anders LAG Hamburg 23.10.2013, BeckRS 2014, 65060, das in der Abhängigkeit der Zulage von der Prokura eine unangemessene Benachteiligung iSv § 307 Abs. 1, 2 Nr. 1 BGB sieht.

[11] BGH 27.6.1955, BGHZ 17, 392 (394 ff.) = NJW 1955, 1394; Staub/Fischinger Rn. 6; Hofmann/Fladung/van Ghemen, Der Prokurist, 8. Aufl. 2007, 142; GK-HGB/B. Schmidt Rn. 4.

[12] Heymann/Teichmann Rn. 5; K. Schmidt HandelsR § 16 Rn. 81.

[13] BGH 27.6.1955, BGHZ 17, 392 (396) = NJW 1955, 1394; RG 27.1.1940, RGZ 163, 35 (38); Heymann/Teichmann Rn. 5; GK-HGB/B. Schmidt Rn. 4; HK-HGB/Ruß Rn. 1; ebenso Ebenroth/Boujong/Weber Rn. 4; **aA** MüKoHGB/Krebs Rn. 4 f., aber iErg dem Wiedererteilungsanspruch zustimmend.

[14] BeckOGK/Schärtl, 15.6.2025, Rn. 4; Ebenroth/Boujong/Weber Rn. 6; RGHMW//Wöstmann Rn. 7; HK-HGB/Ruß Rn. 3.

[15] Heymann/Teichmann Rn. 6; GK-HGB/B. Schmidt Rn. 6; RGHMW/Wöstmann Rn. 7.

[16] GK-HGB/B. Schmidt Rn. 6; RGHMW/Wöstmann Rn. 10; Hopt/Merkt Rn. 2.

[17] RG 27.1.1940, RGZ 163, 35 (38); MüKoHGB/Krebs Rn. 11; Hofmann/Fladung/van Ghemen, Der Prokurist, 8. Aufl. 2007, 147; Ebenroth/Boujong/Weber Rn. 6.

durch den Geschäftsführer, sofern der Gesellschaftsvertrag nichts anderes bestimmt. Ein Beschluss der Gesellschafter ist nicht erforderlich, da § 46 Nr. 7 GmbHG nur die Prokuraerteilung erfasst.[18]

Bei einer **Erbengemeinschaft,** die Träger des Handelsgeschäfts ist, kann der Widerruf durch jeden Miterben erfolgen,[19] sofern es sich um eine notwendige Maßregel handelt. Sie sind nach § 2038 Abs. 1 S. 2 Hs. 2 BGB zu solchen Maßregeln allein berechtigt, während die ordnungsgemäße Verwaltung im Übrigen ein Handeln der Mehrheit der Miterben verlangt. Insofern bedarf es eines entsprechenden Beschlusses. Im Falle der Nachlassverwaltung bzw. Nachlasspflegschaft handelt der Nachlassverwalter bzw. -pfleger, bei einer Testamentsvollstreckung der Testamentsvollstrecker (nach der Testamentsvollstrecker- bzw. Treuhandlösung).[20] Etwas anderes gilt nur nach der Vollmachtlösung, wonach der Testamentsvollstrecker Bevollmächtigter der Erben ist, sodass er weder Prokura erteilen noch widerrufen kann (→ § 48 Rn. 20). Daher müssen die Erben den Widerruf erklären. 7

Der Widerruf erfolgt durch einseitige empfangsbedürftige Willenserklärung und ist **ausdrücklich** zu erklären.[21] Das ergibt sich zwar nicht aus dem Wortlaut des § 52 Abs. 1, der Widerruf der Prokura muss aber als actus contrarius in gleicher Weise erfolgen wie ihre Erteilung. Hierfür sprechen § 168 S. 3 BGB, § 167 Abs. 1 BGB sowie der Zweck des § 48 Abs. 1. Die ausdrückliche Erklärung dient der Sicherheit des Handelsverkehrs. Die Kündigung des Anstellungsvertrags genügt daher für den Widerruf der Prokura nicht, wenn keine ausdrückliche Erklärung erfolgt. Sofern die Berechtigten nacheinander widersprechende Erklärungen über den Widerruf der Prokura abgegeben haben, führt die erste Widerrufserklärung zum Erlöschen der Prokura.[22] Ihr Erklärungsgehalt ist nach dem objektiven Empfängerhorizont zu ermitteln und ihre Wirksamkeit ist von nachfolgenden Erklärungen unabhängig. Die spätere Erklärung, die nicht mit dem Widerruf in Einklang steht, kann höchstens zur erneuten Prokuraerteilung führen. 8

Der Widerruf der Prokura ist **formlos** möglich.[23] Er ist als einseitige Gestaltungserklärung grundsätzlich **bedingungs- und befristungsfeindlich.**[24] Ein bedingter oder befristeter Widerruf ist – im Gegensatz zu anderen Gestaltungsrechten – nicht unwirksam, sondern sofort und ohne Einschränkung wirksam.[25] Die Unwirksamkeit des Widerrufs widerspräche § 52 Abs. 1, der gerade sicherstellen soll, dass dem Kaufmann jederzeit die Lösung von der Prokura möglich ist. Der Prokurist behielte Vertretungsmacht, was den Inhaber des Handelsgeschäftes erheblich belastete, wenn er die Unwirksamkeit nicht erkannt hat. Darüber hinaus lässt sich dieses Ergebnis mit § 50 Abs. 1, 2 und dem Schutz des Handelsverkehrs begründen.[26] 9

Der Widerruf der Prokura erfolgt gegenüber dem Prokuristen oder der Öffentlichkeit (§ 168 S. 3 BGB, § 167 Abs. 1 BGB, § 171 BGB). Ein Widerruf der Prokura gegenüber einem einzelnen Dritten genügt ebenso wie bei ihrer Erteilung nicht (→ § 48 Rn. 34).[27] 10

Der Widerruf ist als **eintragungspflichtige Tatsache** beim Handelsregister anzumelden (§ 53 Abs. 2; → § 53 Rn. 12 ff.). Erfolgt die Anmeldung des Widerrufs zum Handelsregister, obwohl er noch nicht erklärt wurde, so ist die Anmeldung in der Regel eine Widerrufserklärung gegenüber der Öffentlichkeit.[28] 11

3. Umfang des Widerrufs. Die Prokura ist wegen ihrer Unbeschränkbarkeit grundsätzlich nur im Ganzen zu widerrufen. Ein teilweiser Widerruf ist nur zulässig, sofern der verbleibende Teil eine Prokura iSd §§ 48–50 ist.[29] Zudem darf der **Teilwiderruf** § 48 Abs. 1 nicht zuwiderlaufen, der eine ausdrückliche Erteilung der Prokura verlangt. Folglich ist der Widerruf der Immobilienklausel gem. § 49 Abs. 2 separat möglich, da sie die Prokura lediglich erweitert.[30] Etwas anderes gilt, wenn die Prokura nachträglich auf einzelne Niederlassungen beschränkt werden soll. Eine Niederlassungsprokura 12

[18] Ebenroth/Boujong/Weber Rn. 6; RGHMW/Wagner/Wöstmann Rn. 11.

[19] BGH 24.1.1959, BGHZ 30, 391 (398) = WM 1959, 1286; RGHMW/Wöstmann Rn. 8; Hopt/Merkt Rn. 2; **aA** Heymann/Teichmann Rn. 7.

[20] KG 15.1.1959, NJW 1959, 1086 (1088); RGHMW/Wöstmann Rn. 8.

[21] Staub/Fischinger Rn. 13; Heymann/Teichmann Rn. 11; Ebenroth/Boujong/Weber Rn. 7; GK-HGB/B. Schmidt Rn. 8; RGHMW/Wöstmann Rn. 12.

[22] OLG Hamm 12.3.1957, BB 1957, 448; MüKoHGB/Krebs Rn. 12; Ebenroth/Boujong/Weber Rn. 6; GK-HGB/B. Schmidt Rn. 6; Haag/Löffler/Glock Rn. 8.

[23] Heymann/Teichmann Rn. 11.

[24] Ebenroth/Boujong/Weber Rn. 9; GK-HGB/B. Schmidt Rn. 9; RGHMW/Wöstmann Rn. 12.

[25] Ebenroth/Boujong/Weber Rn. 9; GK-HGB/B. Schmidt Rn. 9; vgl. auch Heymann/Teichmann Rn. 13; MüKoHGB/Krebs Rn. 15.

[26] MüKoHGB/Krebs Rn. 15; Ebenroth/Boujong/Weber Rn. 9.

[27] **AA** Staub/Fischinger Rn. 14; RGHMW/Wöstmann Rn. 12; Heymann/Teichmann Rn. 12.

[28] Ebenroth/Boujong/Weber Rn. 7; GK-HGB/B. Schmidt Rn. 10.

[29] Ebenroth/Boujong/Weber Rn. 9.

[30] Ebenroth/Boujong/Weber Rn. 9; GK-HGB/B. Schmidt Rn. 5; KKD/Roth/Stelmaszczyk Rn. 1; Hopt/Merkt Rn. 1.

ist zwar zulässig (§ 50 Abs. 3), sie ist aber ausdrücklich zu erklären. Der bloße Widerruf der Prokura für einzelne Niederlassungen genügt nicht,[31] da sich die Erteilung einer Niederlassungsprokura daraus nur konkludent ergäbe und § 48 Abs. 1 eine ausdrückliche Erklärung fordert. Nur wenn bereits eine Niederlassungsprokura für mehrere Niederlassungen erteilt ist, kann ein teilweiser Widerruf für einzelne der benannten Niederlassungen erfolgen.[32] Ausgeschlossen ist auch die Umwandlung einer Einzelprokura in eine Gesamtprokura durch Teilwiderruf.[33] Es bedarf des Widerrufs der Einzelprokura und der Erteilung einer Gesamtprokura, da es sonst an einer ausdrücklichen Prokuraerteilung fehlt.

13 **4. Rechtsfolgen. a) Erlöschen der Vollmacht.** Die Prokura erlischt mit ihrem Widerruf. Damit entfällt die Vertretungsmacht des Prokuristen. Soweit er nach dem Widerruf noch Willenserklärungen abgibt, binden sie den Inhaber des Handelsgeschäfts nur, wenn er sie genehmigt (§ 177 Abs. 1 BGB) oder der Rechtsschein einer Vollmacht besteht. Insbesondere § 15 Abs. 1 greift zum Schutz des Handelsverkehrs ein. Der Dritte muss sich den Widerruf erst mit dessen Eintragung und Bekanntmachung im Handelsregister entgegenhalten lassen.[34] Gegebenenfalls besteht der Rechtsschein einer bürgerlich-rechtlichen Vollmacht. Bei einseitigen Rechtsgeschäften gilt § 180 BGB.

14 **b) Wirkung auf das Grundverhältnis.** Wegen der Abstraktheit der Prokura berührt der Widerruf das zugrunde liegende Rechtsverhältnis nicht. Alle Rechte, Pflichten und Ansprüche aus dem Grundverhältnis zwischen Prokurist und Vertretenem bestehen weiter. § 52 Abs. 1 verweist exemplarisch auf den Vergütungsanspruch.[35] Infolge des Widerrufs entstehen zugunsten des Prokuristen auch Schadensersatzansprüche sowie ein Recht zur außerordentlichen Kündigung, wenn der Inhaber des Handelsgeschäfts seine Pflichten aus dem Grundverhältnis schuldhaft verletzt hat.[36] Das gilt insbesondere, wenn er sich im Innenverhältnis verpflichtet hatte, die Prokura nur unter bestimmten Voraussetzungen zu widerrufen, und diese nicht vorlagen.

15 Der Inhaber des Handelsgeschäfts kann gleichzeitig mit dem Widerruf das Grundverhältnis durch Kündigung beenden. Ob mit der Widerrufserklärung eine konkludente Kündigungserklärung verbunden ist, muss durch Auslegung ermittelt werden (§§ 133, 157 BGB). Die Wirksamkeit der Kündigung bemisst sich nach den Vorgaben für den jeweils geschlossenen Vertrag.

III. Weitere Erlöschensgründe

16 **1. Grundsatz.** § 52 enthält keine vollständige Regelung über die Erlöschensgründe der Prokura. Er erfasst nur den Widerruf und den Tod des Geschäftsinhabers. Die Prokura erlischt auch durch Anfechtung oder wenn die Voraussetzungen für ihre Erteilung auf Seiten des Kaufmanns bzw. Prokuristen nachträglich entfallen. Nach § 48 setzt die Prokura den Betrieb eines Handelsgewerbes voraus. Sie ist zudem auf den Inhaber des Handelsgeschäfts bezogen, der sie erteilt hat. Daher führt ein Inhaberwechsel zum Erlöschen der Prokura.[37] Zum Teil wird im Interesse des Rechtsverkehrs eine Kontinuität der Prokura gefordert.[38] Zur Sicherheit des Rechtsverkehrs trägt bereits der Rechtsschein des Handelsregisters nach § 15 bei. Zudem gelten die Grundsätze der Rechtsscheinvollmacht.

17 **2. Nachträgliche Beseitigung der Prokura.** Die Prokura erlischt durch die Anfechtung der Vollmacht nach den §§ 119, 123 BGB ex tunc (§ 142 Abs. 1 BGB). Die Rechtsgeschäfte, an denen der Prokurist beteiligt war, wirken daher nur für und gegen den Geschäftsinhaber, soweit er sie genehmigt oder Rechtsscheintatbestände (§ 15, §§ 171–173 BGB) eingreifen. Unschädlich ist jedoch die versehentliche Löschung der Prokura, da die Eintragung im Handelsregister nur deklaratorisch ist (→ § 53 Rn. 1). Die Prokura entfällt auch dann nicht, wenn die vertretene Gesellschaft führungslos wird (Tod des einzigen Geschäftsführers), sofern die Prokuraerteilung ordnungsgemäß erfolgte.[39]

18 **3. Einstellung des Handelsgewerbes.** Die Prokura setzt das Bestehen eines Handelsgewerbes voraus und erlischt mit dessen endgültiger Einstellung.[40] Bei einer Niederlassungsprokura (§ 50

[31] Heymann/Teichmann Rn. 13; BeckOGK/Schärtl, 15.6.2025, Rn. 8; GK-HGB/B. Schmidt Rn. 5.
[32] Heymann/Teichmann Rn. 13; Ebenroth/Boujong/Weber Rn. 9; KKD/Roth/Stelmaszczyk Rn. 1; GK-HGB/B. Schmidt Rn. 5.
[33] Heymann/Sonnenschein/Weitemeyer, 2. Aufl. 1995, Rn. 12; **aA** Ebenroth/Boujong/Weber Rn. 9; Hofmann/Fladung/van Ghemen, Der Prokurist, 8. Aufl. 2007, 143.
[34] Heymann/Teichmann Rn. 15; Ebenroth/Boujong/Weber Rn. 10; KKD/Roth/Stelmaszczyk Rn. 4.
[35] Vgl. LAG Hamm 23.10.2013, BeckRS 2014, 65060, Klauselkontrolle.
[36] BAG 26.8.1986, AP HGB § 52 Nr. 1; 17.9.1970, AP BGB § 628 Nr. 5; Ebenroth/Boujong/Weber Rn. 5; GK-HGB/B. Schmidt Rn. 13.
[37] BayObLG 16.12.1970, BB 1971, 238 (239); KG 26.5.1927, JW 1927, 2433; Köhler BB 1979, 912 (913 f.); Grooterhorst, Vollmachten in Unternehmen, 6. Aufl. 2014, 110; GK-HGB/B. Schmidt Rn. 19; Hopt/Merkt Rn. 5.
[38] Ebenroth/Boujong/Weber Rn. 18.
[39] BGH 6.2.2019, MDR 2019, 887 Rn. 25 m. zust. Anm. Schmitt EWiR 2019, 325 (326).
[40] RG 2.5.1883, RGZ 12, 9 (11); OLG Karlsruhe 1.4.1969, NJW 1969, 1724; BeckOGK/Schärtl, 15.6.2025, Rn. 19; Ebenroth/Boujong/Weber Rn. 16; GK-HGB/B. Schmidt Rn. 17; HK-HGB/Ruß Rn. 5.

Abs. 3) genügt die Schließung der Niederlassung, für die sie erteilt ist. Bei einer Betriebseinstellung erlischt in der Regel die für die Prokura erforderliche Kaufmannseigenschaft. Auch § 5 erhält sie nicht zum Schutz des Handelsverkehrs aufrecht, da seine Anwendung den Betrieb eines Handelsgewerbes voraussetzt.[41]

4. Wegfall der Prokurafähigkeit des Unternehmens. Die Prokura setzt voraus, dass der Geschäftsinhaber Kaufmann iSd §§ 1–6 ist und erlischt mit Wegfall dieser Eigenschaft. Die Prokuraerteilung kann nur noch in eine BGB-Vollmacht umgedeutet werden (§ 140 BGB). Das fortgesetzte Tätigwerden des ehemaligen Prokuristen mit dem Willen des Geschäftsinhabers ist in der Regel mit einer konkludenten Erteilung einer Vollmacht verbunden. Sofern die Firma aber im Handelsregister eingetragen ist, besteht die Kaufmannseigenschaft trotz des Absinkens des Geschäftsumfangs nach § 2 S. 1 bzw. § 5 fort, sodass die Prokura weiterhin wirksam ist.[42] Wird die Firma eines Minderkaufmanns versehentlich aus dem Handelsregister gelöscht, verliert dieser die Kaufmannseigenschaft, sodass die Prokura erlischt und mit dessen erneuter Eintragung wieder erteilt werden kann.[43] 19

5. Wechsel des Geschäftsinhabers. Der Prokurist hat im Verhältnis zum Geschäftsinhaber eine Vertrauensstellung, sodass die Prokura erlischt, wenn der Inhaber des Handelsgewerbes wechselt. Daher entfällt sie bei der **Unternehmensveräußerung** mit deren Wirksamwerden.[44] Das Erlöschen der Prokura ist nicht davon abhängig, ob der Unternehmenserwerber den Prokuristen in seine Dienste nimmt oder es zu einem Übergang des Arbeitsverhältnisses nach § 613a Abs. 1 S. 1 BGB kommt. Die Prokuraerteilung ist aber nur durch ausdrückliche Erklärung möglich und kann daher nicht konkludent durch die Indienstnahme erfolgen. Der Erwerber kann jederzeit ohne weiteres erneut Prokura gewähren und zum Handelsregister anmelden. Fehlt es daran, so kann eine konkludent erteilte Handlungsvollmacht vorliegen.[45] Das gilt auch für jeden anderen Inhaberwechsel. 20

Die Prokura erlischt, wenn ein Gesellschafter in ein einzelkaufmännisches Unternehmen eintritt, sodass eine **Umwandlung in eine OHG** oder **KG** erfolgt.[46] Nicht der bisherige Inhaber betreibt das Handelsgewerbe, sondern die teilrechtsfähige Personenhandelsgesellschaft. Das gilt nach der hM auch, wenn der bisherige Inhaber der einzige vertretungsberechtigte Gesellschafter ist.[47] Die Personenhandelsgesellschaft tritt an die Stelle des Einzelkaufmanns als neuer Geschäftsinhaber. Daher muss die Gesellschaft die Prokura erteilen. Die Vertretung der Gesellschaft durch den früheren Einzelkaufmann ändert daran nichts, da es für die Prokura nicht auf das konkrete Bestehen von Vertrauen ankommt. Es liegt eine Vertrauensstellung im Verhältnis zum Geschäftsinhaber als Rechtsträger vor. Daher erlischt die Prokura auch im umgekehrten Fall, wenn die Personenhandelsgesellschaft aufgelöst und durch einen Einzelkaufmann fortgeführt wird.[48] Sie erlischt weiterhin, wenn der **Testamentsvollstrecker** das Unternehmen aus dem Nachlass im eigenen Namen fortführt (sog. Treuhandkonstruktion) bzw. als Partei kraft Amtes agiert (Testamentsvollstreckerlösung).[49] 21

Etwas anderes gilt bei **formwechselnder Umwandlung,** da sie die Identität des Geschäftsinhabers nicht antastet.[50] Auch der **Wechsel einzelner Gesellschafter** hat auf die von der Gesellschaft erteilte Prokura keinen Einfluss.[51] Selbst der Wechsel aller Gesellschafter ist unschädlich.[52] Das gilt sogar bei Personengesellschaften.[53] Die Prokura wird von der Gesellschaft als teilrechtsfähige Gesamthand gewährt, die als solche bestehen bleibt. Die Prokura hängt nicht vom konkreten Ver- 22

---

[41] GK-HGB/B. Schmidt Rn. 17; KKD/Roth/Stelmaszczyk Rn. 9; **aA** Ebenroth/Boujong/Weber Rn. 16.

[42] BeckOGK/Schärtl, 15.6.2025, Rn. 20; Ebenroth/Boujong/Weber Rn. 16; KKD/Roth/Stelmaszczyk Rn. 9; GK-HGB/B. Schmidt Rn. 18.

[43] Heymann/Teichmann Rn. 23; s. auch Metzinger Jura 2016, 143 (147).

[44] BayObLG 16.12.1970, BB 1971, 238 (239); KG 26.5.1927, JW 1927, 2433; Heymann/Teichmann Rn. 25; BeckOGK/Schärtl, 15.6.2025, Rn. 22, 28; Köhler BB 1979, 912 (913 f.); Grooterhorst, Vollmachten in Unternehmen, 6. Aufl. 2014, 110; GK-HGB/B. Schmidt Rn. 19; NK-HGB/Schmidt Rn. 14; Hopt/Merkt Rn. 5; **aA** Ebenroth/Boujong/Weber Rn. 19.

[45] Köhler BB 1979, 912 (915); Hopt/Merkt Rn. 5.

[46] BayObLG 16.12.1970, BB 1971, 238 (239); KG 26.5.1927, JW 1927, 2433; Staub/Fischinger Rn. 53; MüKoHGB/Krebs Rn. 35; Heymann/Teichmann Rn. 27; GK-HGB/B. Schmidt Rn. 20; Hopt/Merkt Rn. 5; **aA** Ebenroth/Boujong/Weber Rn. 21.

[47] Heymann/Teichmann Rn. 27.

[48] GK-HGB/B. Schmidt Rn. 20; **aA** Hopt/Merkt Rn. 4.

[49] KG 14.11.1935, JW 1936, 1137; Staub/Fischinger Rn. 36; MüKoHGB/Krebs Rn. 32; GK-HGB/B. Schmidt Rn. 28.

[50] OLG Köln 6.5.1996, Rpfleger 1997, 28 (29); BeckOGK/Schärtl, 15.6.2025, Rn. 26; Ebenroth/Boujong/Weber Rn. 21; KKD/Roth/Stelmaszczyk Rn. 9; GK-HGB/B. Schmidt Rn. 21.

[51] Staub/Fischinger Rn. 53; Heymann/Teichmann Rn. 29; Haag/Löffler/Glock Rn. 33; GK-HGB/B. Schmidt Rn. 20.

[52] Staub/Fischinger Rn. 53; GK-HGB/B. Schmidt Rn. 20.

[53] Heymann/Teichmann Rn. 29.

trauen der Gesellschafter ab, die ursprünglich an ihrer Erteilung mitwirkten. Die teilrechtsfähige Gesamthand ist partiell rechtlich verselbständigt. Daher ist die Prokura vom Gesellschafterwechsel unabhängig. Es genügt, wenn die Gesellschaft an sich fortbesteht. Den neuen Gesellschaftern ist jederzeit der Widerruf der Prokura möglich.

23 **6. Liquidation/Insolvenz.** Bei der Eröffnung des Insolvenzverfahrens erlischt die Prokura gem. § 117 Abs. 1, 2 InsO, § 115 Abs. 1 InsO.[54] Der Insolvenzverwalter kann zwar seinerseits erneut Prokura erteilen (→ § 48 Rn. 12, → § 48 Rn. 19), das ändert aber nichts daran, dass mit der Eröffnung des Insolvenzverfahrens die bestehende Prokura erlischt und der Insolvenzverwalter selbst die Prokuristen auswählt.[55] Die Umwandlung einer Kapitalgesellschaft in eine Liquidationsgesellschaft führt indes nicht zum Erlöschen der Prokura.[56] Es besteht weder eine der InsO vergleichbare Regelung noch ändert sich die Identität der Gesellschaft. Der Geschäftsführer der Liquidationsgesellschaft kann die Prokura widerrufen.

24 **7. Erlöschen der Gesamtprokura.** Eine Gesamtprokura setzt für ihre wirksame Erteilung stets zwei Prokuristen voraus. Beim Widerruf einer Prokura entfallen die Wirksamkeitsvoraussetzungen für die (allseitige) Gesamtprokura, wenn kein weiterer Prokurist bestellt ist, sodass sie erlischt.[57] Die alleinige Empfangszuständigkeit eines Gesamtprokuristen zwingt zu keinem anderen Ergebnis,[58] da sie die Wirksamkeitsvoraussetzungen der Gesamtprokura nicht ändern. Eine Empfangszuständigkeit des verbleibenden Gesamtprokuristen kann sich nur aus § 15 Abs. 1 bzw. den Grundsätzen der Rechtsscheinvollmacht ergeben. Im Gegensatz dazu ist der Widerruf einer Prokura bei einer halbseitigen echten Gesamtprokura (Verbindung von Einzelprokurist und Gesamtprokurist) unschädlich für den Einzelprokuristen. Seine Einzelprokura besteht nach dem Widerruf der Gesamtprokura fort. Nichts anderes gilt bei einer gemischten Gesamtvertretung, wenn der verbleibende Gesamtvertreter weiter selbstständig handeln kann, ansonsten erlischt die Gesamtvertretung.[59]

25 **8. Erlöschensgründe in der Person des Prokuristen.** Prokurafähig ist eine Person nur, wenn sie vom Inhaber oder dem Organ des Handelsgewerbes personenverschieden ist. Daher erlischt die Prokura zwangsläufig, wenn der Prokurist nachträglich durch Erwerb unter Lebenden oder von Todes wegen Inhaber des Handelsgeschäfts wird.[60] Selbst wenn er nur Miterbe des Handelsgewerbes ist, hat er Geschäftsführungsbefugnisse (§ 2038 BGB), sodass seine Prokurafähigkeit erlischt.[61] Es genügt indes nicht, wenn der Prokurist lediglich Kommanditist oder persönlich haftender Gesellschafter ohne Geschäftsführungsbefugnis und Vertretungsmacht ist.[62] Im Falle der Nacherbschaft entfällt die Prokura erst mit Eintritt des Nacherbfalles, da die Erbschaft erst in diesem Zeitpunkt anfällt und der Prokurist zum Geschäftsinhaber wird.[63] Die Prokura ist zudem unvereinbar mit dem Aufsichtsratsmandat. Sie erlischt aber nicht automatisch mit der Wahl des Prokuristen in den Aufsichtsrat. Nach der heute ganz hM gilt der Prioritätsgrundsatz.[64] Sofern eine wirksame Prokura besteht, ist der Beschluss der Hauptversammlung wegen Verstoßes gegen § 105 Abs. 1 AktG entsprechend § 250 Abs. 1 Nr. 4 AktG nichtig. Etwas anderes gilt nur, wenn vor der Wahl die Niederlegung der Prokura erfolgt. Eine Ausnahme regelt zudem § 6 Abs. 2 S. 1 MitbestG für die Wahl der Arbeitnehmervertreter, es sei denn, der Prokurist ist unmittelbar dem gesetzlichen Vertretungsorgan unterstellt und zur

---

[54] BGH 4.12.1957, WM 1958, 430 (431); MüKoHGB/Krebs Rn. 30; KKD/Roth/Stelmaszczyk Rn. 9; Ebenroth/Boujong/Weber Rn. 17; Grooterhorst, Vollmachten in Unternehmen, 6. Aufl. 2014, 110; Hofmann/Fladung/van Ghemen, Der Prokurist, 8. Aufl. 2007, 153.

[55] GK-HGB/B. Schmidt Rn. 22; KKD/Roth/Stelmaszczyk § 48 Rn. 3; zur KO BGH 4.12.1957, WM 1958, 430 (431).

[56] OLG München 9.8.2011, NZG 2011, 1183; Heymann/Teichmann Rn. 30; K. Schmidt BB 1989, 229 (234); BeckOGK/Schärtl, 15.6.2025, Rn. 23; HK-HGB/Ruß Rn. 5.

[57] Staub/Fischinger Rn. 18; MüKoHGB/Krebs Rn. 16, 42; Ebenroth/Boujong/Weber Rn. 10, 24; GK-HGB/B. Schmidt Rn. 12; NK-HGB/Schmidt Rn. 10.

[58] So aber KKD/Roth/Stelmaszczyk Rn. 4; HK-HGB/Ruß Rn. 5; Hopt/Merkt Rn. 6.

[59] BeckOGK/Schärtl, 15.6.2025, Rn. 9; Ebenroth/Boujong/Weber Rn. 10; MüKoHGB/Krebs Rn. 16; **aA** KKD/Roth/Stelmaszczyk Rn. 4 (für den Fortbestand der Passivvertretungsmacht).

[60] BGH 24.9.1959, BGHZ 30, 391 (397 f.) = DB 1959, 1192 mit anderer Begr.; K. Schmidt HandelsR § 16 Rn. 82; BeckOGK/Schärtl, 15.6.2025, Rn. 31; GK-HGB/B. Schmidt Rn. 34; Hopt/Merkt Rn. 5.

[61] BGH 10.2.1960, BGHZ 32, 60 (67) = NJW 1960, 959; 24.9.1959, BGHZ 30, 391 (397 f.) = DB 1959, 1192; NK-HGB/Schmidt Rn. 19; **aA** Staub/Fischinger Rn. 35; Hopt/Merkt Rn. 4.

[62] GK-HGB/B. Schmidt Rn. 23.

[63] BGH 10.2.1960, BGHZ 32, 60 (67) = NJW 1960, 959; Heymann/Teichmann Rn. 33.

[64] MüKoAktG/Habersack AktG § 105 Rn. 18 f.; Schäuble/Lindemann GWR 2015, 155 (156); BeckOGK/Spindler, 1.10.2023, AktG § 105 Rn. 17 f.; Koch AktG § 105 Rn. 6; ErfK/Oetker AktG § 105 Rn. 3; Staub/Fischinger Rn. 41; **aA** MüKoHGB/Krebs Rn. 41; GK-HGB/B. Schmidt Rn. 23; s. auch Brox NJW 1967, 801 (804).

Ausübung der Vollmacht in dessen gesamten Geschäftsbereich ermächtigt. Für die GmbH kann zudem die Satzung eine Ausnahme vorsehen.

Die Prokura endet wegen ihres höchstpersönlichen Charakters mit dem Tod des Prokuristen; die § 673 BGB, § 168 S. 1 BGB greifen nicht ein.[65] Das Gleiche gilt bei dessen Geschäftsunfähigkeit.[66] Die Betreuung gem. §§ 1814, 1825 BGB schließt die Prokura indes nicht aus.[67] Auch die Insolvenz des Prokuristen berührt die Vollmacht nicht.[68] 26

9. Beendigung des Grundverhältnisses. Die Prokura ist grundsätzlich von dem zugrunde liegenden Rechtsverhältnis abstrakt. Gemäß § 168 S. 1 BGB erlischt sie aber mit der Beendigung des Beschäftigungsverhältnisses.[69] Es kommt nicht darauf an, ob die Beendigung vom Prokuristen oder Geschäftsinhaber ausging. Sofern die Beendigung des Grundverhältnisses vom Ablauf einer Frist (zB Kündigungsfrist) abhängt, entfällt die Prokura erst mit Fristablauf. Soll die Prokura sofort erlöschen, bedarf es eines gesonderten Widerrufs. Bei der wirksamen Anfechtung des Grundverhältnisses gem. §§ 119, 123 BGB erlischt das Rechtsverhältnis ex tunc (§ 142 Abs. 1 BGB) und mit ihm die Prokura. Die bereits getätigten Rechtsgeschäfte wirken nur für und gegen den Geschäftsinhaber, wenn er sie genehmigt oder der Rechtsschein einer Vollmacht bestand.[70] Etwas anderes gilt bei Arbeitsverhältnissen, die – sobald sie vollzogen werden – nur ex nunc beendet werden können. 27

10. Niederlegung der Prokura. Nicht einheitlich wird beurteilt, ob der Prokurist die Prokura niederlegen darf.[71] Zum Teil wird eine Niederlegung abgelehnt und darauf verwiesen, dass der Prokurist die Prokura unausgeübt lassen bzw. das Grundverhältnis kündigen könne, um die Vollmacht zum Erlöschen zu bringen (§ 168 S. 1 BGB).[72] Die Prokura ist zudem eine Vollmacht, die nach § 167 Abs. 1 BGB durch einseitige Willenserklärung erteilt wird, die keiner Annahme bedarf. Im Stellvertretungsrecht des BGB wird dem Bevollmächtigten gleichwohl analog § 333 BGB ein Zurückweisungsrecht zugesprochen, um seine Privatautonomie zu schützen.[73] Das muss auch für die Prokura gelten.[74] Die §§ 48 ff. lassen nicht erkennen, dass sich der Prokurist die Prokura aufzwingen lassen muss. Die Sicherheit des Handelsverkehrs gewährleistet § 15. 28

IV. Unübertragbarkeit der Prokura (Abs. 2)

Die Prokura ist als Vertrauensstellung gem. § 52 Abs. 2 unübertragbar. Allerdings ist eine Vollmacht ohnehin nicht im eigentlichen Sinne übertragbar, da sie weder Recht noch Forderung ist. Die Regelung ist dahin auszulegen, dass die Vertretungsmacht vom Prokuristen auszuüben ist und nicht im vollen Umfang auf eine andere Person übertragen werden darf. Der Prokurist kann somit keine **Unterprokura** erteilen und auch keine bürgerlich-rechtliche Vollmacht gewähren, mit der er seine Vertretungsmacht im vollen Umfang auf einen Stellvertreter überträgt **(Untervollmacht).**[75] Er kann aber Vollmacht nach dem Stellvertretungsrecht des BGB oder Handlungsvollmacht erteilen. 29

V. Kein Erlöschen beim Tod des Inhabers (Abs. 3)

§ 52 Abs. 3 bestimmt für die Prokura zwingend, dass sie nicht mit dem Tod des Inhabers des Handelsgeschäfts erlischt. Anders als im Stellvertretungsrecht des BGB (§ 672 BGB, § 168 S. 1 BGB) kommt es für das Fortbestehen der Vollmacht nach dem Tod nicht auf das Grundverhältnis an. Die 30

---

[65] Staub/Fischinger Rn. 38; BeckOGK/Schärtl, 15.6.2025, Rn. 32; Ebenroth/Boujong/Weber Rn. 22; GK-HGB/B. Schmidt Rn. 24.

[66] MüKoHGB/Krebs Rn. 39; BeckOGK/Schärtl, 15.6.2025, Rn. 33; Ebenroth/Boujong/Weber Rn. 23; GK-HGB/B. Schmidt Rn. 24; **aA** Heymann/Teichmann Rn. 32; KKD/Roth/Stelmaszczyk Rn. 8; Metzinger Jura 2019, 143 (146) unter gleichzeitiger Anwendung der §§ 1641, 1643, 1821 f. BGB.

[67] GK-HGB/B. Schmidt Rn. 24; vgl. auch Heymann/Teichmann Rn. 32.

[68] BeckOGK/Schärtl, 15.6.2025, Rn. 35; GK-HGB/B. Schmidt Rn. 24.

[69] Ebenroth/Boujong/Weber Rn. 15; GK-HGB/B. Schmidt Rn. 15; Hopt/Merkt Rn. 1.

[70] Staub/Fischinger Rn. 28; Ebenroth/Boujong/Weber Rn. 15; GK-HGB/B. Schmidt Rn. 16.

[71] Abl. Ebenroth/Boujong/Weber Rn. 26; GK-HGB/B. Schmidt Rn. 14; Niederlegung ohne Wirkung auf die Prokura: HK-HGB/Ruß Rn. 2; diff. Brox NJW 1967, 801 (805).

[72] GK-HGB/B. Schmidt Rn. 14; HK-HGB/Ruß Rn. 2.

[73] Neuner BGB AT § 50 Rn. 11, 50; Staudinger/Schilken, 2024, BGB § 167 Rn. 10; Petersen Jura 2003, 310 (311); Metzinger Jura 2019, 143 (147); vgl. ebenso BeckOGK/Schärtl, 15.6.2025, Rn. 29 f.

[74] Staub/Fischinger Rn. 42; BeckOK HGB/Meyer, 47. Ed. 1.10.2024, Rn. 18; RGHMW/Wöstmann Rn. 1; vgl. Heymann/Teichmann Rn. 35; einschr. Schäuble/Lindemann GWR 2015, 155 (158); offenlassend Hopt/Merkt Rn. 1 unter Verweis auf die mögliche Beendigung des Grundverhältnisses, die zum Wegfall der Prokura führt.

[75] MüKoHGB/Krebs Rn. 21; BeckOGK/Schärtl, 15.6.2025, Rn. 40 f.; Ebenroth/Boujong/Weber Rn. 12; GK-HGB/B. Schmidt Rn. 26.

Regelung dient der Sicherheit des Handelsverkehrs und steht daher auch dem Widerruf der Prokura in einer Verfügung von Todes wegen entgegen.[76] Vereinbarungen über eine zeitliche Beschränkung der Prokura auf die Lebenszeit des Geschäftsinhabers sind im Außenverhältnis unwirksam.[77] Zulässig ist aber eine Vereinbarung im Innenverhältnis, dass die Prokura nach dem Tod des Geschäftsinhabers nicht mehr ausgeübt werden soll. Im Falle der Pflichtverletzung haben die Erben Schadensersatzansprüche und können das Grundverhältnis ggf. außerordentlich kündigen. Auch die Geschäftsunfähigkeit oder die Betreuung des Geschäftsinhabers beendet die Prokura nicht.[78]

31 Die Ausübung der fortbestehenden Prokura berechtigt und verpflichtet die Erben des Geschäftsinhabers. Der Prokurist muss nicht die Weisungen der Erben abwarten.[79] Auch eine Änderung des Handelsregisters ist nicht erforderlich.[80] Aus dem Grundverhältnis, das auf die Erben übergeht, ergibt sich für den Prokuristen nur die Pflicht, den Erben Auskunft zu erteilen (zB § 666 BGB).[81] Die Erben können die Prokura jederzeit widerrufen. Zur Testamentsvollstreckung → Rn. 21; → § 48 Rn. 21.

VI. Darlegungs- und Beweislast

32 Die Darlegungs- und Beweislast für das Erlöschen der Prokura trifft den, der sich auf ihr Erlöschen beruft. Bei Ansprüchen des Dritten gegen den Vertretenen hat daher der Vertretene das Erlöschen der Prokura darzulegen und zu beweisen. Bei Ansprüchen des Vertretenen trifft den Dritten die Darlegungs- und Beweislast.

§ 53 [Anmeldung der Erteilung und des Erlöschens]

(1) [1]Die Erteilung der Prokura ist von dem Inhaber des Handelsgeschäfts zur Eintragung in das Handelsregister anzumelden. [2]Ist die Prokura als Gesamtprokura erteilt, so muß auch dies zur Eintragung angemeldet werden.

(2) Das Erlöschen der Prokura ist in gleicher Weise wie die Erteilung zur Eintragung anzumelden.

Schrifttum: Bärwaldt, Mitwirkung der Prokuristen bei der Handelsregisteranmeldung der ihm erteilten Prokura, NJW 1997, 1404; Bärwaldt, Mitwirkung des frisch bestellten Prokuristen bei der Eintragung der ihm erteilten Gesamtprokura im Handelsregister, GmbHR 2005, 684; U. Hübner, Zur Zulässigkeit der Generalvollmacht bei Kapitalgesellschaften, ZHR 143 (1979), 1; Joost, Die Vertretungsmacht des Prokuristen für Anmeldungen zum Handelsregister, ZIP 1992, 463; Kanzleiter, Zur Anmeldung des Erlöschens einer Prokura, DNotZ 1995, 236; Schröder/Oppermann, Die Eintragungsfähigkeit der kaufmännischen Generalvollmacht in das Handelsregister, JZ 2007, 176; v. Westphalen, Die Prokura – Erteilung, Umfang, Missbrauch, Erlöschen, DStR 1993, 1186.

Übersicht

I. Allgemeines

1 § 53 statuiert eine Anmeldepflicht und macht die Erteilung und das Erlöschen der Prokura zur eintragungspflichtigen Tatsache im Handelsregister. Das dient der Information und dem Schutz des Rechtsgeschäftsverkehrs und soll Klarheit hinsichtlich der Vollmacht schaffen.[1] § 53 ist eine **Ordnungsvorschrift,** sodass die Eintragung im Handelsregister nur deklaratorische Wirkung hat

[76] MüKoHGB/Krebs Rn. 24; Ebenroth/Boujong/Weber Rn. 13; GK-HGB/B. Schmidt Rn. 28; **aA** BeckOGK/Schärtl, 15.6.2025, Rn. 6.1, 16; RGHMW/Wöstmann Rn. 12.
[77] Hopt/Merkt Rn. 4.
[78] BeckOGK/Schärtl, 15.6.2025, Rn. 17.
[79] Hopt/Merkt Rn. 4.
[80] BeckOGK/Schärtl, 15.6.2025, Rn. 14.1; GK-HGB/B. Schmidt Rn. 27.
[81] Hopt ZHR 133 (1970), 310; Hopt/Merkt Rn. 4.
[1] Ebenroth/Boujong/Weber Rn. 1; Heymann/Teichmann Rn. 2; MüKoHGB/Krebs Rn. 1; Hertel, Die gesetzliche Stellung des Prokuristen, 1904, 40.

und die Wirksamkeit der Prokura nicht von ihr abhängt.[2] Sie hat auch keine Heilungswirkung für die eingetragenen Vorgänge.[3] Nur der Rechtsschein des Handelsregisters hat vertrauensschützende Wirkung (§ 15), ebenso das Genossenschaftsregister (§ 29 GenG).[4]

Die Regelung der Zeichnungspflicht des Prokuristen in § 53 Abs. 2 aF wurde durch das EHUG zum 1.1.2007 gestrichen, der frühere Abs. 3 des § 53 wurde zu Abs. 2. Das Hinterlegen einer Unterschriftenprobe des Prokuristen wurde abgeschafft, weil im elektronischen Handelsregister eine Echtheitsprüfung nicht mit hinreichender Sicherheit möglich sei und die Online-Präsentation eingescannter Unterschriften ein erhebliches Missbrauchsrisiko berge.[5] 2

II. Anmeldung der Prokuraerteilung (Abs. 1)

1. Eintragungspflichtige Tatsachen. Eintragungspflichtig ist die Erteilung der Prokura, wobei Vorname, Familienname, Geburtsdatum und Wohnort des Prokuristen anzugeben sind (§ 40 Nr. 4 HRV, § 43 Nr. 5 HRV). Das gilt auch bei der Erneuerung einer erloschenen Prokura. Das Rechtsverhältnis, das der Prokura zugrunde liegt, ist nicht zu bezeichnen. Gemäß § 53 Abs. 1 S. 2 ist die Erteilung der Gesamtprokura als solche anzumelden. Daneben sind alle zulässigen inhaltlichen Modifikationen der Prokura einzutragen.[6] Das gilt für die Bindung des gesetzlichen Vertreters der Gesellschaft an die Mitwirkung eines Prokuristen (§ 124 Abs. 3 S. 1, § 78 Abs. 3 S. 1 AktG, § 25 Abs. 2 GenG) und für die Bindung des Prokuristen an die Beteiligung eines gesetzlichen Vertreters (gemischte Gesamtvertretung, unechte Gesamtprokura), soweit dies zulässig ist (→ § 48 Rn. 56 ff.). Daneben sind die Immobiliarklausel (§ 49 Abs. 2), die Niederlassungsprokura (§ 50 Abs. 3) und die Befreiung vom Verbot des Selbstkontrahierens (§ 181 BGB) einzutragen.[7] 3

Eine **Generalvollmacht** ist nach hM weder eintragungspflichtig noch eintragungsfähig.[8] Die Gegenansicht befürwortet eine Analogie zu § 53,[9] um Gesetzesumgehungen zu verhindern. Zudem soll der Vertretene die Möglichkeit haben, dem Rechtsschein einer solchen Vollmacht entgegenzuwirken, indem er ihr Erlöschen eintragen lässt. Dem steht aber entgegen, dass die Prokura die einzige eintragungsfähige und eintragungspflichtige Vollmacht ist. Die Generalvollmacht geht zwar in ihrem Umfang über die Prokura hinaus, ist jedoch nach Art und Umfang nicht im Gesetz geregelt, sodass die Eintragung die Gefahr birgt, den Rechtsverkehr zu verwirren. Zudem stellt das Handelsrecht mit der Prokura eine spezielle Vollmachtart zur Verfügung, um einen besonderen Verkehrsschutz zu gewährleisten. Die Prokura nimmt daher eine Sonderstellung ein. Die Voraussetzungen für eine Analogie zu § 53 liegen somit nicht vor. De lege ferenda ist eine Regelung der Generalvollmacht und die Ausgestaltung eines Verkehrsschutzes wünschenswert. 4

2. Person des Anmeldepflichtigen. Anmeldepflichtig ist der Inhaber des Handelsgeschäfts bzw. dessen gesetzlicher Vertreter. Bei Handelsgesellschaften genügt die Anmeldung durch die vertretungsberechtigten Gesellschafter (§ 124 Abs. 4). § 106 Abs. 7 greift nicht ein, da es sich nicht um ein Grundlagengeschäft handelt.[10] Bei juristischen Personen trifft die Anmeldepflicht den gesetzlichen Vertreter.[11] Gesamtvertretungsberechtigte Gesellschafter bzw. gesetzliche Vertreter müssen die Anmeldung gemeinsam vornehmen.[12] Dem Inhaber des Handelsgeschäfts stehen Testamentsvollstrecker, Nachlassverwalter und -pfleger gleich, sofern sie kraft Amtes ermächtigt sind, Prokura zu erteilen (→ § 48 Rn. 20). 5

Die Anmeldung ist eine persönliche Verpflichtung. Eine rechtsgeschäftliche Vertretung ist dennoch zulässig (vgl. § 378 Abs. 1 FamFG) und kann durch die vertetungsberechtigte Person gem. § 10 6

---

[2] BGH 25.10.2012, NJW 2013, 297 Rn. 13; MüKoHGB/Krebs Rn. 1; Staub/Fischinger Rn. 1; Hertel, Die gesetzliche Stellung des Prokuristen, 1904, 40.

[3] RG 24.1.1930, RGZ 127, 153 (159).

[4] Ebenroth/Boujong/Weber Rn. 1; Staub/Fischinger Rn. 1; zum Genossenschaftsregister BGH 25.10.2012, NJW 2013, 297 Rn. 13.

[5] Begr. RegE BT-Drs. 16/960, 47, 48.

[6] MüKoHGB/Krebs Rn. 5; Staub/Fischinger Rn. 7.

[7] MüKoHGB/Krebs Rn. 5; Staub/Fischinger Rn. 19.

[8] OLG Hamburg 4.12.2008, GmbHR 2009, 252; BayObLG 22.3.1924, BayObLGZ 1924, 55 (56); U. Hübner ZHR 143 (1979), 1 (21); MüKoHGB/Krafka § 8 Rn. 69; MüKoHGB/Krebs Rn. 4; Staub/Fischinger Rn. 4; ähnlich OLG Frankfurt 26.9.2005, NZG 2006, 262 (263).

[9] Canaris HandelsR § 4 Rn. 11; Leiner, Die Generalvollmacht im Recht der Personen- und Kapitalgesellschaften, 1998, 57; Schroeder/Oppermann JZ 2007, 176 (181 f.).

[10] Heymann/Teichmann Rn. 9; KKD/Roth/Stelmaszczyk Rn. 3.

[11] OLG Düsseldorf 29.8.2024, NZG 2025, 135 (136); OLG Frankfurt 28.2.2005, NJW-RR 2005, 982; LG Mainz 10.11.1999, NJW-RR 2000, 1567.

[12] BayObLG 19.6.1973, NJW 1973, 2068.

Abs. 2 FamFG erfolgen.[13] Die Vollmachtserteilung muss in öffentlich beglaubigter Form erfolgen (§ 12 Abs. 1 S. 2). Der Prokurist kann eine Anmeldung aber nur vornehmen, wenn ihm eine zusätzliche Vollmacht erteilt wurde.[14] Die Prokura gewährt keine Vertretungsmacht für die Erteilung einer Prokura und deren Anmeldung zum Handelsregister (→ § 49 Rn. 22).[15]

7 Auch bei einer gemischten Gesamtvertretung kann der Prokurist nach der zutreffenden hM nicht an der Anmeldung seiner eigenen Prokura mitwirken.[16] Die Vertretungsmacht des Prokuristen wird bei einer solchen Gesamtvertretung zwar auf den Umfang der Vertretungsmacht des gesetzlichen Vertreters ausgedehnt (→ § 49 Rn. 32). Eine Prokuraerteilung an sich selbst ist dem beteiligten Prokuristen gleichwohl unmöglich, sodass ihm auch die akzessorische Anmeldung beim Handelsregister versagt bleiben muss.[17] Es bedarf einer zusätzlichen, notariell beglaubigten Vollmacht. Der Prokurist kann zusammen mit dem gesetzlichen Vertreter aber einem Dritten Prokura erteilen und zur Eintragung beim Handelsregister anmelden.[18]

8 **3. Anmeldung. a) Entstehung der Eintragungspflicht.** Die Pflicht zur Anmeldung zum Handelsregister entsteht mit der wirksamen Erteilung der Prokura. Es genügt, wenn der Inhaber des Handelsgewerbes sie gleichzeitig mit ihrer Anmeldung beim Handelsregister gewährt.[19] Anzumelden ist auch die Wiedererteilung der Prokura nach ihrem zwischenzeitlichen Erlöschen, selbst wenn dies nicht im Register eingetragen war.[20] Das gilt insbesondere beim Erlöschen der Prokura durch einen Inhaberwechsel und ihre erneute Erteilung durch den neuen Inhaber. Bei der Gesamtprokura ist zu beachten, dass ihre Eintragung erst möglich ist, wenn beiden Personen Prokura erteilt wurde.[21] Sie wird erst mit der Bestimmung des zweiten Prokuristen wirksam. Etwas anderes gilt nach der Rspr., wenn dem bereits bestellten Prokuristen nicht nur Gesamtprokura eingeräumt wird, sondern zugleich eine gemischte Gesamtvertretung zusammen mit einem gesetzlichen Vertreter besteht.[22] Das entspringt vor allem praktischen Erwägungen. Dem § 53 entspräche es eher, zunächst nur die Gesamtvertretung einzutragen und später die Gesamtprokura zu ergänzen. Die Gesamtprokura ist noch nicht wirksam, solange keine zweite Prokura vorliegt, sodass sie noch nicht eintragungsfähig ist.

9 **b) Anmeldung.** Die Prokura ist beim Gericht der Hauptniederlassung anzumelden. Bei Handelsgesellschaften ist das Gericht ihres Sitzes zuständig. Auch die Niederlassungsprokura bedarf gem. § 13 Abs. 1 nur noch der Anmeldung beim Gericht der Hauptniederlassung. Die Eintragung in das Handelsregister des Gerichts der Zweigniederlassung entfällt. Daher ist die Niederlassungsprokura stets als solche zu kennzeichnen.[23] Bei Genossenschaften erfolgt die Eintragung der Prokura gem. § 42 Abs. 1 S. 2 GenG im Genossenschaftsregister beim Gericht des Sitzes der Genossenschaft.

10 Bei einander widersprechenden Anmeldungen mehrerer gesetzlicher Vertreter mit Einzelvertretungsmacht lehnt die Rspr. die Eintragung ab, bis sich die Vertreter geeinigt haben.[24] In der Lit. wird zum Teil befürwortet, zum Schutz des Vertretenen eine bereits bestehende Prokura zu löschen, um für das Unternehmen den sicherst möglichen Zustand herzustellen.[25] Zum Teil wird vorgeschlagen, nach Antragsreihenfolge einzutragen.[26] Dem ist grundsätzlich zuzustimmen, da jede Anmeldung als Verfahrenshandlung für sich wirksam ist, es sei denn, es liegt ein treuwidriges Verhalten vor.

11 **c) Prüfung durch das Registergericht.** Das Registergericht prüft die Anmeldung inhaltlich, um die Eintragung unrichtiger oder tatsächlich nicht bestehender Rechtsverhältnisse zu verhindern.

[13] OLG Düsseldorf 29.8.2024, NZG 2025, 135 (136); OLG Düsseldorf 8.12.2017, MittBayNot 2018, 479 (480).

[14] OLG Düsseldorf 29.8.2024, NZG 2025, 135 (136).

[15] HM, s. BGH 2.12.1991, BGHZ 116, 190 (193) = NJW 1992, 975 mwN; OLG Frankfurt 28.2.2005, NJW-RR 2005, 982; BayObLG 19.6.1973, NJW 1973, 2068 f.; Bärwaldt NJW 1997, 1404; Ebenroth/Boujong/Weber Rn. 5; Staub/Fischinger § 49 Rn. 11, 41; **aA** NK-HGB/Schmidt Rn. 13; Renaud/Heinsen GmbHR 2008, 687 (689 f.).

[16] OLG Frankfurt 28.2.2005, NJW-RR 2005, 982; BayObLG 19.6.1973, NJW 1973, 2068 f.; **aA** Bärwaldt NJW 1997, 1404 (1405 f.); Bärwaldt GmbHR 2005, 684 (685 f.); krit. auch NK-HGB/Schmidt Rn. 13.

[17] Walchshöfer Rpfleger 1975, 381 (383).

[18] RG 22.12.1931, RGZ 134, 303 (307 f.); KG 12.4.1962, NJW 1962, 1349 (1350); Walchshöfer Rpfleger 1975, 381 (383).

[19] BGH 18.1.1956, DB 1956, 521; MüKoHGB/Krebs Rn. 6; Hertel, Die gesetzliche Stellung des Prokuristen, 1904, 40 f.

[20] BayObLG 16.12.1970, BB 1971, 239; Ebenroth/Boujong/Weber Rn. 3; KKD/Roth/Stelmaszczyk Rn. 2.

[21] BGH 14.2.1974, BGHZ 62, 166 (173) = NJW 1974, 1194; OLG Stuttgart 17.9.1968, Rpfleger 1969, 245; MüKoHGB/Krebs Rn. 6.

[22] BGH 14.2.1974, BGHZ 62, 166 (173 f.) = NJW 1974, 1194.

[23] Zur früheren Rechtslage BGH 21.3.1988, Rpfleger 1988, 316 (317) = NJW 1988, 1840.

[24] BayObLG 3.4.1928, HRR 1928, Nr. 638.

[25] MüKoHGB/Krebs Rn. 17.

[26] Staub/Fischinger Rn. 21 f.

Es überprüft die Anträge auf Form und Vollständigkeit, wobei es auch die Einholung einer ggf. erforderlichen Genehmigung des Familiengerichts gem. § 1852 Nr. 3 BGB kontrolliert. Das Gericht nimmt aber keine umfassende materielle Prüfung vor, sondern untersucht nur, ob die Urkunden die beantragte Eintragung formell rechtfertigen.[27] Die Einhaltung gesellschaftsrechtlicher oder gesellschaftsvertraglicher Anforderungen, vor allem das Vorliegen der Beschlüsse nach § 46 Nr. 7 GmbHG bzw. § 116 Abs. 2 S. 2 kontrolliert es nicht, da sie das Innenverhältnis der Gesellschaft betreffen.[28]

III. Anmeldung des Erlöschens der Prokura (Abs. 2)

Das Erlöschen der Prokura ist als actus contrarius gem. § 53 Abs. 3 einzutragen. Seine Anmeldung muss sich inhaltlich mit der Anmeldung bei Prokuraerteilung decken („in gleicher Weise"). Insoweit gelten die obigen Ausführungen entsprechend. In der Regel gilt es aber als ausreichend, wenn der Prokurist bei der Anmeldung namentlich bezeichnet ist.[29] Die Gründe für das Erlöschen der Prokura sind nicht anzugeben. Der Anmeldung des Erlöschens steht nicht entgegen, dass die Prokuraerteilung nicht eingetragen wurde. Der Inhaber des Handelsgeschäfts hat an der Eintragung wegen der Publizität des Handelsregisters gem. § 15 Abs. 1 ein berechtigtes Interesse.[30] Die Erteilung und das Erlöschen der Prokura sind dann gleichzeitig einzutragen. 12

Sofern das Erlöschen der Prokura zB nach einem Inhaberwechsel nicht eingetragen wurde und der neue Inhaber die Prokura sofort wieder erteilt, lässt es die Rspr. zu Recht zu, nicht das Erlöschen der Prokura, sondern ihr Bestehenbleiben beim Handelsregister anzumelden.[31] Eine gesonderte Anmeldung des Erlöschens der Prokura ist zudem entbehrlich, wenn Umstände eintreten, die unabhängig von der Prokura in das Handelsregister eingetragen werden müssen und zugleich zum Erlöschen der Prokura führen. Das gilt zB für die Bestellung des Prokuristen zum organschaftlichen Vertreter oder Liquidator,[32] das Erlöschen der Firma[33] oder die Eröffnung des Insolvenzverfahrens.[34] Es bedarf nur der Anmeldung der Tatsachen, die die Prokura gegenstandslos werden lassen. Eine zusätzliche Anmeldung des Erlöschens wäre überflüssige Förmelei, da der Rechtsverkehr keiner weiteren Klarstellung bedarf. § 53 Abs. 3 ist daher teleologisch einzuschränken. Einer Anmeldung nach § 53 Abs. 3 ist auch bei formwechselnder Umwandlung überflüssig.[35] Der formwechselnde Rechtsträger besteht weiter (§ 202 Nr. 1 UmwG), sodass sich der Vertretene nicht ändert und die Prokura fortbesteht. 13

IV. Änderung der Prokura

Die Anmeldung von Änderungen der Prokura ist in § 53 nicht geregelt; wegen der Informationsaufgabe des Handelsregisters ist deren Eintragung aber dringend geboten.[36] Sowohl die Änderungen der persönlichen Daten des Prokuristen als auch der Prokura und ihrer inhaltlichen Modifikationen (zB Entzug der Bevollmächtigung nach § 49 Abs. 2) sind anzumelden. 14

§ 54 [Handlungsvollmacht]

(1) Ist jemand ohne Erteilung der Prokura zum Betrieb eines Handelsgewerbes oder zur Vornahme einer bestimmten zu einem Handelsgewerbe gehörigen Art von Geschäften oder zur Vornahme einzelner zu einem Handelsgewerbe gehöriger Geschäfte ermächtigt, so erstreckt sich die Vollmacht (Handlungsvollmacht) auf alle Geschäfte und Rechtshandlungen, die der Betrieb eines derartigen Handelsgewerbes oder die Vornahme derartiger Geschäfte gewöhnlich mit sich bringt.

---

[27] OLG Düsseldorf 29.8.2024, NZG 2025, 135 (136); OLG Frankfurt 28.2.2005, DB 2005, 1103 (1104); Staub/Fischinger Rn. 18; Heymann/Teichmann Rn. 14.

[28] StRspr, BGH 14.2.1974, BGHZ 62, 166 (168 f.) = NJW 1974, 1194; RG 26.1.1911, RGZ 75, 164 (166).

[29] OLG Düsseldorf 6.5.1994, DNotZ 1995, 236 mAnm Kanzleiter.

[30] Ebenroth/Boujong/Weber Rn. 8; KKD/Roth/Stelmaszczyk Rn. 2.

[31] BayObLG 16.12.1970, BB 1971, 239.

[32] OLG Düsseldorf 7.3.2012, NZG 2012, 957; LG Bremen 9.6.1998, NJW-RR 1998, 1332 f.

[33] OLG Oldenburg 9.5.1996, NJW-RR 1996, 1180 (1181); OLG Karlsruhe 1.4.1969, NJW 1969, 1724 mAnm Coing.

[34] LG Halle 1.9.2004, NZG 2005, 442; zust. Vogel EWiR 2005, 543; ebenso LG Leipzig 21.11.2006, BeckRS 2007, 4592.

[35] OLG Köln 6.5.1996, DNotZ 1996, 700 (701).

[36] MüKoHGB/Krebs Rn. 15; BeckOGK/Schärtl, 15.6.2025, Rn. 7 f.; Ebenroth/Boujong/Weber Rn. 3; **aA** BayObLGZ 1920, 63 (64 f.); Staub/Fischinger Rn. 12: Eintragung erforderlich, aber Berichtigung von Amts wegen.

(2) Zur Veräußerung oder Belastung von Grundstücken, zur Eingehung von Wechselverbindlichkeiten, zur Aufnahme von Darlehen und zur Prozeßführung ist der Handlungsbevollmächtigte nur ermächtigt, wenn ihm eine solche Befugnis besonders erteilt ist.

(3) Sonstige Beschränkungen der Handlungsvollmacht braucht ein Dritter nur dann gegen sich gelten zu lassen, wenn er sie kannte oder kennen mußte.

Schrifttum: Bork, Notiz zur Dogmatik des § 54 HGB, JA 1990, 249; Brox, Erteilung, Widerruf und Niederlegung von Prokura und Handlungsvollmacht im neuen Aktienrecht, NJW 1967, 801; Cassel, Stillschweigende Bevollmächtigung und Scheinvollmacht im Handelsrecht, Diss. Marburg 1934; Drexl/Mentzel, Handelsrechtliche Besonderheiten der Stellvertretung, Jura 2002, 289, 375; Eder, „Generalvollmacht" bei der GmbH?, GmbHR 1962, 225; Frey, Rechtsnachfolge in Vollmachtnehmer- und Vollmachtgeberstellungen, 1997; Frotz, Verkehrsschutz im Vertretungsrecht, 1972; Geitzhaus, Generalbevollmächtigung – empfehlenswertes Instrument der Unternehmensführung?, GmbHR 1989, 229, 278; Grooterhorst, Vollmachten in Unternehmen, 6. Aufl. 2014; Honsell, Die Besonderheiten der handelsrechtlichen Stellvertretung, JA 1984, 17; U. Hübner, Die Zulässigkeit der Generalvollmacht bei Kapitalgesellschaften, ZHR 143 (1979), 1; Loos, Betriebsführungsvertrag und damit verbundene Generalvollmacht bei Handelsgeschäften, BB 1963, 615; Prehl, Handlungsvollmacht kraft Rechtsscheins, Diss. Jena 1936; Trost, Die Arten der Handlungsvollmacht, Diss. Leipzig 1933; Graf v. Westphalen, Die Handlungsvollmacht – Erteilung, Umfang, Missbrauch und Erlöschen, DStR 1993, 1562; Weimar, Prokura und Handlungsvollmacht, MDR 1974, 121; Winter, Handlungsvollmacht und patentgerichtliches Beschwerdeverfahren, GRUR 1978, 233.

Übersicht

I. Allgemeines

1 Eine Handlungsvollmacht ist jede Vollmacht eines Kaufmanns an einen Dritten, die ihn zum Betrieb des Handelsgewerbes oder zur Vornahme einer bestimmten zum Handelsgewerbe gehörenden Art von Geschäften bzw. einzelner zum Handelsgewerbe gehörender Geschäfte ermächtigt und die keine Prokura ist. § 54 knüpft an das kaufmännische Gewerbe an und regelt eine **besondere Form der handelsrechtlichen Vollmacht.** Die Handlungsvollmacht setzt stets eine wirksame rechtsgeschäftliche Erteilung der Vertretungsmacht voraus. Neben den §§ 54, 57 f. gelten die allgemeinen Regelungen der §§ 164 ff. BGB.[1]

[1] Canaris HandelsR § 13 Rn. 1; K. Schmidt HandelsR § 16 Rn. 106 ff.; Heymann/Teichmann/Körber Rn. 7.

Den Umfang der Handlungsvollmacht bestimmt primär der Geschäftsinhaber bei deren Erteilung. Um Unklarheiten über den Umfang der Vertretungsmacht zu vermeiden und den Rechtsgeschäftsverkehr zu schützen, enthält § 54 Abs. 1 eine spezielle Regelung zum Umfang der Vertretungsmacht.[2] Die gesetzliche Regelung legt den Umfang der Handlungsvollmacht aber im Gegensatz zur Prokura nicht zwingend fest. § 54 Abs. 1 umschreibt den Umfang der Vertretungsmacht durch eine typisierende Regelung (General-, Art- und Spezialhandlungsvollmacht). Es handelt sich um eine **widerlegliche Vermutung** des Vollmachtumfangs, die eine Beweislastumkehr zur Folge hat.[3] § 54 Abs. 1 setzt aber stets voraus, dass der Inhaber des Handelsgewerbes den Vertreter tatsächlich bevollmächtigt hat oder zumindest eine Rechtsscheinvollmacht besteht. § 54 Abs. 1 fingiert die Vertretungsmacht nicht. 2

§ 54 Abs. 1 dient der Leichtigkeit und Sicherheit des Handelsverkehrs und wird durch den Gutglaubensschutz in § 54 Abs. 3 ergänzt. Danach kann der Kaufmann Beschränkungen der Handlungsvollmacht Dritten nur entgegenhalten, wenn sie diese kannten oder kennen mussten. Auf diese Weise wird die Vermutung des Umfangs der Handlungsvollmacht in § 54 Abs. 1 verstärkt. Das war notwendig, weil die Handlungsvollmacht im Gegensatz zur Prokura im Handelsregister weder eingetragen werden kann noch muss. Somit greifen die Rechtsscheintatbestände des § 15 nicht ein.[4] § 54 Abs. 2 gleicht im Gegenzug den intensiven Schutz des Handelsverkehrs im Interesse des Geschäftsinhabers aus, indem er von der Handlungsvollmacht bestimmte Geschäfte ausnimmt.[5] Der Inhaber muss die Befugnis für die in Abs. 2 genannten Geschäfte eigens erteilen, wenn sich die Handlungsvollmacht auf sie erstrecken soll. 3

Der Handlungsvollmacht ähnlich sind die **Befugnisse des Kapitäns,** der auch nach der Reform des Seehandelsrechts für den Reeder alle Geschäfte und Rechtshandlungen vornehmen kann, die der Betrieb des Schiffes gewöhnlich mit sich bringt (§ 479 Abs. 1). Die Beschränkung auf die gewöhnlichen Geschäfte entspricht § 54 Abs. 1. Es handelt sich aber nicht um eine rechtsgeschäftliche, sondern eine gesetzliche Vertretungsmacht.[6] Einschränkungen der Vertretungsmacht sind zulässig; ein Dritter muss sie aber – ebenso wie nach § 54 Abs. 3 – nur gegen sich gelten lassen, wenn er sie kannte oder kennen musste (§ 479 Abs. 1 S. 3).[7] 3a

II. Erteilung der Handlungsvollmacht

1. Vollmachtgeber. a) Inhaber des Handelsgewerbes. Bei einer Handlungsvollmacht ist stets der Inhaber des Handelsgewerbes der Vollmachtgeber. Das sind alle **Kaufleute** iSd §§ 1–6.[8] Dazu gehören Istkaufleute (§ 1 Abs. 1), eingetragene Kannkaufleute (§ 2, § 3 Abs. 2), Handelsgesellschaften (§ 6 Abs. 1) sowie Formkaufleute (§ 6 Abs. 2) und Kaufleute kraft Eintragung (§ 5; → § 48 Rn. 8). **Genossenschaften** können nach § 42 Abs. 2 GenG Handlungsvollmacht erteilen. Auch **Vorgesellschaften** (zB Vor-GmbH, Vor-AG), die bereits ein vollkaufmännisches Gewerbe betreiben, können Handlungsvollmacht gewähren.[9] Insoweit gilt das Gleiche wie für die Prokura (→ § 48 Rn. 12). 4

In der **Insolvenz** kann der Insolvenzverwalter eines Handelsgewerbes Handlungsvollmacht erteilen, da zum Insolvenzverfahren auch die Fortführung des Unternehmens gehören kann.[10] Das Gleiche gilt für **Nachlassverwaltung** und **Nachlasspflegschaft,** die ebenfalls den Betrieb des Handelsgewerbes einschließen können. Selbst bei der **Liquidation** einer Handelsgesellschaft ist die Erteilung einer Handlungsvollmacht nicht ausgeschlossen.[11] Es gilt nichts anderes als für die Prokura (→ § 48 Rn. 14 f.). 5

Nichtkaufmännische Unternehmen können hingegen keine Handlungsvollmacht erteilen, da § 54 den Betrieb eines Handelsgewerbes voraussetzt.[12] Das gilt für Kleingewerbetreibende, denen 6

[2] Staub/Fischinger Rn. 1; Heymann/Teichmann/Körber Rn. 1, 4; Canaris HandelsR § 13 Rn. 1; Ebenroth/Boujong/Weber Rn. 1; RGHMW/Wöstmann Rn. 3; GK-HGB/B. Schmidt Rn. 1.

[3] Staub/Fischinger Rn. 3, 32; Canaris HandelsR § 13 Rn. 2; Ebenroth/Boujong/Weber Rn. 1; RGHMW/Wöstmann Rn. 3; Grooterhorst, Vollmachten in Unternehmen, 6. Aufl. 2014, 51; GK-HGB/B. Schmidt Rn. 11; vgl. auch BeckOGK/Schärtl, 15.6.2025, Rn. 4 ff.; **aA** MüKoHGB/Krebs Rn. 4 f.

[4] Hopt/Merkt Rn. 8.

[5] OLG München 19.8.2008, NJW-RR 2009, 417 (418).

[6] Begr. RegE, BT-Drs. 17/10309, 43, 64.

[7] Begr. RegE, BT-Drs. 17/10309, 64.

[8] MüKoHGB/Krebs Rn. 7; Ebenroth/Boujong/Weber Rn. 2; KKD/Roth/Stelmaszczyk Rn. 3.

[9] MüKoHGB/Krebs Rn. 7; Ebenroth/Boujong/Weber Rn. 2; GK-HGB/B. Schmidt Rn. 6.

[10] OLG Düsseldorf 7.2.1957, BB 1957, 412; RGHMW/Wöstmann Rn. 7; Hopt/Merkt Rn. 6.

[11] RG 21.10.1909, RGZ 72, 119 (123); RGHMW/Wöstmann Rn. 8; Hopt/Merkt Rn. 6.

[12] Staub/Fischinger Rn. 9; BeckOGK/Schärtl, 15.6.2025, Rn. 35; Heymann/Teichmann/Körber Rn. 13; Oetker HandelsR § 5 Rn. 48; Ebenroth/Boujong/Weber Rn. 2; RGHMW/Wöstmann Rn. 7; GK-HGB/B. Schmidt Rn. 6; **aA** Canaris HandelsR § 13 Rn. 33: „kaufmannsähnliche Personen“; K. Schmidt HandelsR § 16 Rn. 97; MüKoHGB/Krebs Rn. 8; Grooterhorst, Vollmachten in Unternehmen, 6. Aufl. 2014, 46.

mangels Eintragung im Handelsregister die Kaufmannseigenschaft fehlt, aber auch für sonstige nichtkaufmännische Unternehmen, die ihre Leistungen am Markt anbieten (zB Freiberufler). Das MoPeG hat jedoch die Personenhandelsgesellschaften auf die freien Berufen erweitert (§ 107 Abs. 1 S. 2). Auch Kapitalgesellschaften von Freiberuflern sind inzwischen zulässig (zB Rechtsanwalts-GmbH), sodass § 54 für diese Formkaufleute Anwendung findet. An einer darüber hinausgehenden Analogie zu § 54 besteht ein praktisches Interesse, es fehlt aber an den Voraussetzungen für eine Rechtsfortbildung. Kleingewerbetreibende können Handlungsvollmacht ohne weiteres erteilen, wenn sie sich ins Handelsregister eintragen lassen. Zudem sind nichtkaufmännische Unternehmen grundsätzlich nicht vom HGB erfasst. Diese historisch gewachsene abweichende Behandlung der Freiberufler ist reformbedürftig, doch ist es Sache des Gesetzgebers einzugreifen. Bisher dehnt nur § 91 Abs. 1 die Vollmacht des Handelsvertreters nach § 55 auf nichtkaufmännische Unternehmen aus. Das lässt nicht auf eine planwidrige Regelungslücke schließen. § 55 ist bereits eine Erweiterung des § 54 auf Außendienstmitarbeiter. Außerdem ist § 91 eine Sonderregelung für Handelsvertreter. Etwas anderes ergibt sich auch nicht aus der Handelsrechtsreform von 1998, die nicht eingetragene Kleingewerbetreibende gerade aus dem Kaufmannsbegriff ausnahm. Der Gesetzgeber war sich der Konsequenzen der Gesetzesänderung bewusst.[13] Ob zugunsten der Kleingewerbetreibenden eine Analogie zu den handelsrechtlichen Vorschriften möglich ist, ließ er letztlich offen.[14] Die Gesetzgebungsmaterialien beziehen sich dabei ohnehin nur auf § 56. Eine Analogie zu § 54 ist daher abzulehnen. Die Inhaber nichtkaufmännischer Unternehmen können BGB-Vollmachten erteilen. Der Rechtsgeschäftsverkehr ist zumindest durch die Grundsätze der Rechtsscheinvollmacht geschützt.

7 **b) Vollmachterteilung durch Vertreter.** Die Erteilung der Handlungsvollmacht kann durch gesetzliche (bzw. organschaftliche) Vertreter des Inhabers erfolgen. Auch eine rechtsgeschäftliche Vertretung ist zulässig,[15] da es sich, anders als bei der Prokura, nicht um ein Grundlagengeschäft handelt. Insbesondere Prokuristen und Generalbevollmächtigte können als Vertreter agieren.[16] Sogar Handlungsbevollmächtigte können Handlungsvollmacht erteilen, soweit der Umfang ihrer Vertretungsmacht die Gewährung einer Untervollmacht einschließt.[17] Ihre eigene Vollmacht dürfen sie nach § 58 aber nur mit Zustimmung des Inhabers des Handelsgewerbes auf einen Dritten übertragen. Zur Untervollmacht → § 58 Rn. 4.

8 § 1852 Nr. 3 BGB gilt für die Handlungsvollmacht nicht. Bei der Erteilung einer Generalhandlungsvollmacht durch eine GmbH ist § 46 Nr. 7 GmbHG zu beachten; das Fehlen des Beschlusses macht die Handlungsvollmacht aber nicht unwirksam.

9 **2. Person des Bevollmächtigten.** Vertreter kann jede **natürliche Person** sein, die zumindest beschränkt geschäftsfähig ist (§ 165 BGB).[18] Er muss vom Inhaber des Handelsgewerbes personenverschieden und darf kein organschaftlicher Vertreter sein. Auch Aufsichtsratsmitgliedern kann nicht zugleich Handlungsvollmacht erteilt werden (§ 105 Abs. 1 AktG, § 52 Abs. 1 GmbHG). Bei einer GmbH ist das nur dann möglich, wenn der Gesellschaftsvertrag eine Ausnahme regelt. Schließlich kann der Prokurist grundsätzlich nicht Handlungsbevollmächtigter sein, da er bereits Vertretungsmacht hat. Nur wenn die Handlungsvollmacht seine Vertretungsmacht erweitert, ist sie zulässig.[19] Die Vollmacht für Immobiliengeschäfte kann ihm nach § 54 Abs. 2 erteilt werden, wenn die Prokura nicht auf solche Rechtsgeschäfte nach § 49 Abs. 2 erweitert werden soll. Das erspart die Eintragung im Handelsregister. Auch die Vertretungsmacht des Prokuristen mit Niederlassungs- oder Gesamtprokura lässt sich durch die Handlungsvollmacht erweitern.[20] Es ist unschädlich, wenn mit ppa gezeichnet wird, da hierdurch nur das Handeln für den Inhaber verlautbart wird (→ § 51 Rn. 6, 8).[21]

10 Eine Handlungsvollmacht iSv § 54 kann grundsätzlich nur an Hilfspersonen erteilt werden, die wie Angestellte oder Angehörige des Kaufmanns in das Unternehmen eingegliedert oder mit ihm

---

[13] Begr. RegE, BT-Drs. 13/8444, 30.

[14] Begr. RegE, BT-Drs. 13/8444, 30.

[15] GK-HGB/B. Schmidt Rn. 7; RGHMW/Wöstmann Rn. 10.

[16] BGH 23.9.1952, DB 1952, 949; MüKoHGB/Krebs Rn. 48; Ebenroth/Boujong/Weber Rn. 6.

[17] Heymann/Teichmann/Körber Rn. 19; Ebenroth/Boujong/Weber Rn. 6; GK-HGB/B. Schmidt Rn. 7; RGHMW/Wöstmann Rn. 10; vgl. auch MüKoHGB/Krebs Rn. 48.

[18] MüKoHGB/Krebs Rn. 9; Heymann/Teichmann/Körber Rn. 10; GK-HGB/B. Schmidt Rn. 10; **aA** KKD/Roth/Stelmaszczyk Rn. 5; Ebenroth/Boujong/Weber Rn. 4.

[19] RG 8.6.1917, RGZ 90, 299 (300); Staub/Fischinger Rn. 15; BeckOGK/Schärtl, 15.6.2025, Rn. 41; Heymann/Teichmann/Körber Rn. 10; RGHMW/Wöstmann Rn. 13; GK-HGB/B. Schmidt Rn. 10.

[20] BAG 25.9.2014, AP BGB § 174 Nr. 23; zust. Lingemann/Siemer NJW 2014, 3597; Riehm JuS 2015, 933 (934).

[21] BAG 25.9.2014, AP BGB § 174 Nr. 23; zust. Lingemann/Siemer NJW 2014, 3597; Riehm JuS 2015, 933 (934).

verbunden sind.[22] Es handelt sich um sog. **Innendienstmitarbeiter,** ohne dass solche Mitarbeiter auf die Tätigkeit in den Räumlichkeiten des Kaufmanns beschränkt wären. Das ergibt sich im Umkehrschluss aus § 55 Abs. 1, der § 54 explizit auf Handlungsbevollmächtigte außerhalb des Betriebs des Kaufmanns erweitert.[23] Zudem ist der gesteigerte Verkehrsschutz durch § 54 nur gerechtfertigt, wenn der Vertreter in das kaufmännische Gewerbe eingegliedert ist, sodass der Inhaber ihn kontrollieren und steuern kann.[24] Der Handlungsbevollmächtigte muss aber nicht in einem wirksamen Arbeits- oder Dienstvertrag stehen. Es genügt, dass er als Hilfsperson in das Handelsgewerbe des Kaufmanns eingegliedert ist.[25] An einen außenstehenden Dritten kann der Kaufmann nur eine Abschlussvollmacht nach § 55 oder eine BGB-Vollmacht erteilen.

Die hM hält es anders als bei der Prokura für zulässig, **juristische Personen, Handelsgesell- 11 schaften oder GbR** zu bevollmächtigen.[26] Dem Handelsbevollmächtigten komme nicht die gleiche persönliche Vertrauensstellung zu wie den Prokuristen. Hierfür spreche § 58, der die Übertragung der Handlungsvollmacht zulässt. Zudem wird der Umfang der Vertretungsmacht nicht zwingend durch Gesetz geregelt, sondern nur gesetzlich vermutet. § 54 Abs. 1 setzt aber voraus, dass der Handlungsbevollmächtigte in den Betrieb des Handelsgewerbes eingegliedert ist. Nur wenn der Vertreter organisatorisch in das Handelsgewerbe einbezogen ist, kann der Geschäftsinhaber den Vertreter überwachen und steuern, sodass der Verkehrsschutz durch § 54 Abs. 1 und 3 gerechtfertigt ist. Das ist bei juristischen Personen nur vereinzelt der Fall, sodass lediglich in diesen Fällen eine Handlungsvollmacht nach § 54 vorliegt. Soweit es an einer Eingliederung fehlt, ist eine Abschlussvollmacht nach § 55 möglich, die selbständige Handelsvertreter einbezieht. Zudem erweitert § 91 die Abschlussvollmacht auf nichtkaufmännische Unternehmen. Im Übrigen greift das Stellvertretungsrecht des BGB ein.

3. Rechtsgeschäftliche Erteilung. Die Handlungsvollmacht wird durch einseitige empfangsbe- 12 dürftige Willenserklärung erteilt. Sie kann ausdrücklich oder konkludent erfolgen.[27] Daher kann der Kaufmann die Handlungsvollmacht einräumen, indem er einen bestimmten Arbeitsplatz oder Aufgabenbereich zuweist.[28] Das setzt voraus, dass der Bevollmächtigte in dieser Position als Hilfsperson im Betrieb agiert und zur Erfüllung der damit verbundenen Aufgaben nach der Verkehrsanschauung typischerweise Handlungsvollmacht hat.[29] Eine konkludente Vollmachterteilung erfolgt zB bei der Überlassung der Geschäftsführung,[30] bei der Beauftragung mit Gesprächen zur Abwicklung bestimmter Rechtsgeschäfte[31] sowie bei Schalterbeamten einer Bank[32] oder Beschäftigten einer Reparaturannahmestelle.[33] Es bedarf aber stets einer Willenserklärung des Kaufmanns oder seines Vertreters. Ansonsten liegt keine rechtsgeschäftliche Vertretungsmacht, sondern höchstens eine Rechtsscheinvollmacht vor.

---

[22] MüKoHGB/Krebs Rn. 10; K. Schmidt HandelsR § 16 Rn. 89; BeckOGK/Schärtl, 15.6.2025, Rn. 44; RGHMW/Wöstmann Rn. 5; Hopt/Merkt Rn. 1; vgl. auch Heymann/Teichmann/Körber Rn. 8 f., der auf die Zugehörigkeit zum Handelsgewerbe abstellt; **aA** Staub/Fischinger Rn. 12; Ebenroth/Boujong/Weber Rn. 5; GK-HGB/B. Schmidt Rn. 1; NK-HGB/Schmidt Rn. 5; s. auch KG 20.9.2013, DZWIR 2014, 147 (148).

[23] MüKoHGB/Krebs Rn. 10; K. Schmidt HandelsR § 16 Rn. 89; RGHMW/Wöstmann Rn. 5; Hopt/Merkt Rn. 1.

[24] Vgl. Heymann/Teichmann Rn. 8 f., der § 54 iE aber nicht auf Innendienstmitarbeiter beschränkt, sondern die Bevollmächtigung von Personen einbezieht, auf die der Kaufmann Geschäfte und Rechtshandlungen auslagert, die aber nicht außenstehende Dritte sind.

[25] MüKoHGB/Krebs Rn. 10; K. Schmidt HandelsR § 16 Rn. 89; Oetker HandelsR § 5 Rn. 56; vgl. auch Heymann/Teichmann/Körber Rn. 9.

[26] Heymann/Teichmann/Körber Rn. 11; K. Schmidt HandelsR § 16 Rn. 89; RGHMW/Wöstmann Rn. 12; GK-HGB/B. Schmidt Rn. 10; Hopt/Merkt Rn. 7; einschr. Staub/Fischinger Rn. 13; **aA** MüKoHGB/Krebs Rn. 11; BeckOGK/Schärtl, 15.6.2025, Rn. 43; Ebenroth/Boujong/Weber Rn. 4.

[27] BGH 25.3.2015, NJW 2015, 2584 Rn. 47; 19.3.2002, NJW-RR 2002, 967 (968); 25.2.1982, NJW 1982, 1389 (1390); RG 8.6.1917, RGZ 90, 299 (300); OLG Brandenburg 27.4.2022, BeckRS 2022, 10332 Rn. 35; Ebenroth/Boujong/Weber Rn. 6; Grooterhorst, Vollmachten im Unternehmen, 6. Aufl. 2014, 48.

[28] BGH 25.3.2015, NJW 2015, 2584 Rn. 47; 9.5.2014, NJW 2014, 2790 Rn. 10; OLG Brandenburg 27.4.2022, BeckRS 2022, 10332 Rn. 35; Staub/Fischinger Rn. 21; Ebenroth/Boujong/Weber Rn. 6; RGHMW/Wöstmann Rn. 15; krit. BeckOGK/Schärtl, 15.6.2025, Rn. 46.1.

[29] BGH 25.3.2015, NJW 2015, 2584 Rn. 47 f.: „Deputy General Director"; 19.3.2002, NJW-RR 2002, 967 (968); 25.2.1982, NJW 1982, 1389 (1390); OLG Stuttgart 12.1.2017, VersR 2018, 748 (750): „Head of Personnel and Finance" (Personalleiterin).

[30] OLG Braunschweig 17.9.2001, MDR 2002, 42; LAG Mecklenburg-Vorpommern 28.7.2017, FA 2017, 328 Ls. bei Überlassung der Geschäftsführung der KG.

[31] BGH 21.12.1972, WM 1973, 635; RG 24.6.1921, RGZ 102, 295 (296); OLG Düsseldorf 18.10.1994, NJW-RR 1995, 592; OLG Köln 22.4.1994, NJW-RR 1994, 1501.

[32] RG 17.12.1927, RGZ 119, 272 (278); 8.12.1914, RGZ 86, 86 (89); Hopt/Merkt Rn. 5.

[33] BGH 25.2.1982, NJW 1982, 1389 f.

13 Die Vollmacht kann gegenüber dem Bevollmächtigten erklärt (§ 167 Abs. 1 BGB) oder öffentlich bekannt gegeben werden (entsprechend § 171 Abs. 1 BGB). Daneben ist eine Erklärung an den Dritten möglich, gegenüber dem der Bevollmächtigte agieren soll (§ 167 Abs. 1 BGB). Das setzt aber voraus, dass sich die rechtsgeschäftliche Tätigkeit des Handlungsbevollmächtigten auf diese Person beschränkt. Daher kommt die Vollmachterteilung gegenüber Dritten nur bei einer Spezialhandlungsvollmacht und ggf. bei einer Arthandlungsvollmacht in Betracht, die nur gegenüber dem Erklärungsempfänger ausgeübt wird. Eine Eintragung der Vollmacht im Handelsregister ist weder nötig noch möglich.

14 **4. Rechtsscheinvollmacht.** Fehlt es an einer wirksam erteilten Handlungsvollmacht, kann eine Rechtsscheinvollmacht bestehen. Insoweit gelten die §§ 171–173 BGB sowie die allgemeinen Grundsätze der Rechtsscheinvollmacht. Sonderregelungen bestehen nicht; § 15 greift nicht ein.

15 **5. Innenverhältnis.** Die Handlungsvollmacht ist gegenüber dem Innenverhältnis zwischen Bevollmächtigtem und Vollmachtgeber abstrakt. Der Handlungsbevollmächtigte ist in der Regel Handlungsgehilfe iSv § 59 und steht in einem Arbeitsverhältnis (§ 611a BGB).[34] Gegebenenfalls liegt auch ein Dienstvertrag oder Auftrag vor.[35]

III. Umfang der Handlungsvollmacht (Abs. 1, Abs. 2)

16 Die Handlungsvollmacht ist eine rechtsgeschäftliche Vertretungsmacht, deren Bestand und deren Umfang von der Vollmachterteilung des Geschäftsinhabers abhängen.[36] Der Umfang der Vollmacht wird somit autonom durch den Vertretenen bestimmt und ist grundsätzlich durch Auslegung zu ermitteln, ohne dass eine Orientierung an bzw. eine Abgrenzung zum Prokuraumfang erfolgen muss.[37] Zum Schutz des Rechtsgeschäftsverkehrs enthält § 54 Abs. 1 eine widerlegliche Vermutung über den Umfang der Handlungsvollmacht.[38] Der Vertretene kann die Vermutung durch die Darlegung der tatsächlich erteilten Vertretungsmacht widerlegen. Somit kommt es primär auf die rechtsgeschäftlich erteilte Vertretungsmacht an und nur sekundär auf die Vermutung des § 54 Abs. 1 (→ Rn. 2).[39] Die Vollmachterteilung ist nach dem objektiven Empfängerhorizont auszulegen. Dabei ist zu ermitteln, inwieweit die vom Kaufmann erklärten Beschränkungen das rechtliche Können im Außenverhältnis und somit die Vertretungsmacht betreffen oder nur das rechtliche Dürfen im Innenverhältnis.[40] Sofern die erteilte Vollmacht hinter dem widerleglich vermuteten Umfang der Handlungsvollmacht nach § 54 Abs. 1 zurückbleibt, muss sich der Dritte diese Beschränkungen nur entgegenhalten lassen, wenn er sie kannte oder kennen musste (§ 54 Abs. 3).

17 Die widerlegliche Vermutung in § 54 Abs. 1 beschränkt den Umfang der Vertretungsmacht auf alle Geschäfte, die der Betrieb des Handelsgewerbes gewöhnlich mit sich bringt. Zudem ist die Vollmacht je nach ihrer Erteilung gegenständlich auf den Betrieb des Handelsgewerbes oder bestimmte Arten von Geschäften bzw. einzelne Geschäfte bezogen, die zum Betrieb des Handelsgewerbes gehören.[41] Ob eine General-, Art- oder Spezialhandelsvollmacht vorliegt, bestimmt der Kaufmann. Die Handlungsvollmacht wird schließlich durch § 54 Abs. 2 gesetzlich eingeschränkt. Der Geschäftsinhaber kann den Vertreter aber zu den in § 54 Abs. 2 aufgezählten Geschäften eigens bevollmächtigen (→ Rn. 31).

18 **1. Geschäfte und Rechtshandlungen im Betrieb eines derartigen Handelsgewerbes.** § 54 Abs. 1 erfasst alle **Rechtsgeschäfte** und **Rechtshandlungen.** Tatsächliche Handlungen sind nicht einbezogen. Ebenso wie bei der Prokura müssen die Geschäfte und Rechtshandlungen zum Betrieb des Handelsgewerbes gehören (→ § 49 Rn. 13). Es darf sich nicht um private Geschäfte des Kaufmanns oder Dritter handeln.[42] Bei der Abgrenzung ist § 344 Abs. 1 zu berücksichtigen. Ausgenommen sind auch Geschäfte, die die Grundlage des Handelsgewerbes berühren (→ § 49 Rn. 14 ff.).

[34] Staub/Fischinger Rn. 94; MüKoHGB/Krebs Rn. 67; Ebenroth/Boujong/Weber Rn. 7.

[35] Vgl. auch Hopt/Merkt Rn. 1 (sonstige Vertrags- oder Rechtsverhältnisse).

[36] Staub/Fischinger Rn. 31; Heymann/Teichmann/Körber Rn. 4; Canaris HandelsR § 13 Rn. 1; K. Schmidt HandelsR § 16 Rn. 112 ff.; Ebenroth/Boujong/Weber Rn. 8.

[37] Vgl. aber KG 20.9.2013, DZWIR 2014, 147 f.

[38] Heymann/Teichmann/Körber Rn. 5; Canaris HandelsR § 13 Rn. 2; K. Schmidt HandelsR § 16 Rn. 112 ff.; Grooterhorst, Vollmachten in Unternehmen, 6. Aufl. 2014, 51.

[39] Staub/Fischinger Rn. 31; K. Schmidt HandelsR § 16 Rn. 101; Ebenroth/Boujong/Weber Rn. 8; KKD/Roth/Stelmaszczyk Rn. 8.

[40] Staub/Fischinger Rn. 33 f.; Ebenroth/Boujong/Weber Rn. 9.

[41] BGH 19.3.2019, BGHZ 221, 282 = NJW 2019, 2469 Rn. 18; 25.3.2015, NJW 2015, 2584 Rn. 47; RGHMW/Wöstmann Rn. 26; Grooterhorst, Vollmachten in Unternehmen, 6. Aufl. 2014, 52; Oetker HandelsR § 5 Rn. 51; Hopt/Merkt Rn. 10.

[42] BGH 4.3.1976, WM 1976, 769; RGHMW/Wöstmann Rn. 29; BeckOGK/Schärtl, 15.6.2025, Rn. 15; Hopt/Merkt Rn. 10.

Die Handlungsvollmacht erstreckt sich nur auf Geschäfte, die zum jeweiligen Handelsgewerbe gehören, während die Prokura alle Geschäfte erfasst, die überhaupt zu einem Handelsgewerbe gehören können. Die Abgrenzung des Umfangs der Handlungsvollmacht erfolgt aber nicht allein nach dem konkreten Unternehmen und dem Umfang seiner Geschäfte. § 54 Abs. 1 dient dem Schutz des Rechtsgeschäftsverkehrs, sodass der Umfang der Handlungsvollmacht für Dritte erkennbar sein muss. Daher ist objektivierend darauf abzustellen, welche Geschäfte typischerweise zu einem Handelsgewerbe der vorliegenden Art gehören.[43] 19

2. Geschäfte, die das Handelsgewerbe gewöhnlich mit sich bringt. Die Handlungsvollmacht erstreckt sich auf alle Geschäfte, die der Betrieb des Handelsgewerbes gewöhnlich mit sich bringt. Es kommt nicht darauf an, ob das Geschäft für das konkrete Unternehmen gewöhnlich ist, sondern es ist auf seine Branchenüblichkeit für ein derartiges Gewerbe abzustellen. Ansonsten wäre der Umfang der Handlungsvollmacht nach § 54 Abs. 1 für Dritte nur schwer zu erkennen. Das widerspräche dem bezweckten Verkehrsschutz. Zu berücksichtigen sind der Gegenstand und die äußeren Umstände des Geschäfts, die Üblichkeit der Aufgabentrennung sowie dessen wirtschaftliche und finanzielle Tragweite.[44] Die Gewöhnlichkeit des Geschäfts ist somit objektiv anhand der Branche, der Art und Größe des Unternehmens sowie den Besonderheiten der Geschäftsabwicklung und Vertragsbedingungen zu ermitteln, soweit sie sich nicht auf ein einzelnes Unternehmen beschränken.[45] Auch die erkennbare Unternehmensorganisation und die Stellung des Vertreters innerhalb dieser können die Verkehrsanschauung prägen.[46] 20

Beispiele aus der Rspr., die noch gewöhnliche Geschäfte sind: bei großen Unternehmen auch Vertragsabschlüsse von erheblicher finanzieller Tragweite;[47] Millionenanerkenntnis beim Bau einer Ölraffinerie,[48] Ausübung der Stimmrechte bei einer Tochtergesellschaft;[49] Schuldanerkenntnis infolge einer Falschbetankung durch Stationsleiter einer Tankstelle.[50] Bei Personalleitern sind es insbesondere Personalbeschaffung und -planung, Personalentwicklung und -verwaltung, Entgeltabrechnung und deren Kontrolle; das schließt im Fall der betrieblichen Mitbestimmung die vertrauensvolle Zusammenarbeit mit den Arbeitnehmervertretern ein.[51] Bei einer Projektleiterin eines Unternehmens, das als Bauträgergesellschaft und in der Projektentwicklung tätig ist, gehört die Beauftragung eines Maklers zu den gewöhnlichen Geschäften.[52] Für ungewöhnliche Geschäfte: Manipulationen zur kurzfristigen Kreditschöpfung (ungedeckte, vordatierte Schecks);[53] Abschluss eines Automatenaufstellungsvertrags durch einen Handlungsbevollmächtigten eines Gaststättenbetriebs;[54] Vertrag auf Durchführung von Kleintransportleistungen mit einer Ausschließlichkeitsbindung für fünf Jahre bei einem Arzneimittelgroßhändler;[55] Abschluss eines Kollektivversicherungsvertrags (Direktversicherung) zur betrieblichen Altersversorgung durch einen Teamleiter, der hierarchisch unterhalb der Geschäftsführung steht, für einen erheblichen Teil der Mitarbeiter eines mittelständischen Unternehmens.[56] 21

3. Gesetzliche Einschränkungen. § 54 Abs. 2 beschränkt den Umfang der widerleglichen Vermutung aus Abs. 1, indem er besonders gewichtige und riskante Geschäfte davon ausnimmt. Die Regelung erfasst keineswegs alle Rechtsgeschäfte und Rechtshandlungen, die mit Gefahren für den 22

[43] OLG Hamm 22.10.2010, NJW-RR 2011, 532; BeckOGK/Schärtl, 15.6.2025, Rn. 13; RGHMW/Wöstmann Rn. 27; Grooterhorst, Vollmachten in Unternehmen, 6. Aufl. 2014, 52; Oetker HandelsR § 5 Rn. 51.

[44] OLG Stuttgart 12.1.2017, VersR 2017, 748 (751); Staub/Fischinger Rn. 46; BeckOGK/Schärtl, 15.6.2025, Rn. 13; Ebenroth/Boujong/Weber Rn. 11; RGHMW/Wöstmann Rn. 27; Hopt/Merkt Rn. 10; zur unzulässigen Berücksichtigung örtlicher Besonderheiten MüKoHGB/Krebs Rn. 28; vgl. auch BGH 19.3.2019, BGHZ 221, 282 = NJW 2019, 2469 Rn. 18; 25.3.2015, NJW 2015, 2584 Rn. 47.

[45] BGH 19.3.2002, NJW-RR 2002, 967 (968); 8.5.1978, DB 1978, 2118; RG 27.6.1902, RGZ 52, 89 (90); OLG Brandenburg 27.4.2022, BeckRS 2022, 10332 Rn. 36; OLG Stuttgart 12.1.2017, VersR 2017, 748 (751); GK-HGB/B. Schmidt Rn. 14; RGHMW/Wöstmann Rn. 27; Hopt/Merkt Rn. 10.

[46] OLG Stuttgart 12.1.2017, VersR 2017, 748 (751); Ebenroth/Boujong/Weber Rn. 12; KKD/Roth/Stelmaszczyk Rn. 9; vgl. auch OLG Düsseldorf 24.11.1987, DB 1988, 1063.

[47] BGH 19.3.2002, NJW-RR 2002, 967 (968); RG 27.6.1902, RGZ 52, 89 (90); OLG Stuttgart 12.1.2017, VersR 2017, 748 (751).

[48] BGH 8.5.1978, DB 1978, 2118; Hopt/Merkt Rn. 11.

[49] BGH 20.10.2008, NJW 2009, 293 Rn. 8.

[50] OLG Hamm 22.10.2010, NJW-RR 2011, 532.

[51] Vgl. OLG Stuttgart 12.1.2017, VersR 2018, 748 (750), im konkreten Fall Mitwirkung eines Prokuristen oder Geschäftsführers für die Abmahnung und Kündigung erforderlich.

[52] OLG Brandenburg 27.4.2022, BeckRS 2022, 10332 Rn. 36.

[53] BGH 30.12.1963, WM 1964, 224 (225).

[54] OLG Celle 17.12.1982, BB 1983, 1495.

[55] OLG Düsseldorf 24.11.1987, DB 1988, 1063.

[56] OLG Stuttgart 12.1.2017, VersR 2018, 748 betr. Versicherung für 15 von 60 Mitarbeitern.

Geschäftsinhaber verbunden sind. Wegen des abschließenden Charakters der Aufzählung ist eine Rechtsfortbildung aber abzulehnen.[57] Die in § 54 Abs. 2 genannten Geschäfte sind generell von der Handlungsvollmacht ausgenommen. Es ist unerheblich, ob die genannten Geschäfte für das Handelsgewerbe ggf. sogar branchenüblich sind. Die Norm bezieht sich auf die Verpflichtungs- und Verfügungsgeschäfte.[58] Vorverträge, aus denen Erfüllungsansprüche resultieren, sind ebenfalls erfasst.[59] Die Handlungsvollmacht kann über § 54 Abs. 2 hinaus rechtsgeschäftlich begrenzt werden. Zum Schutz Dritter besteht aber in § 54 Abs. 3 ein Gutglaubensschutz (→ Rn. 38 ff.).

23 **4. Arten der Handlungsvollmacht. a) Generalhandlungsvollmacht.** Eine Generalhandlungsvollmacht räumt dem Bevollmächtigten Vertretungsmacht für den Betrieb des Handelsgewerbes ein, sodass er wie ein Geschäftsführer für den Geschäftsinhaber agieren kann.[60] Sie ist aber auf die gewöhnlichen Geschäfte beim Betrieb des Handelsgewerbes beschränkt (→ Rn. 20).

24 Die Generalhandlungsvollmacht ist von der **Generalvollmacht** zu unterscheiden. Für diese gilt weder § 48 noch § 54. Es handelt sich um eine BGB-Vollmacht, deren Umfang in der Regel über den der Handlungsvollmacht und Prokura hinausgeht (→ § 48 Rn. 72 ff.).[61] Zur Abgrenzung ist die Willenserklärung des Kaufmanns, mit der die Vollmacht erteilt wurde, auszulegen (§§ 133, 157 BGB). Dabei ist zu berücksichtigen, ob der Vertreter mit allen Aufgaben betraut wurde, die mit dem Unternehmen verbunden sind, sodass eine Generalvollmacht vorliegt, oder ob ihm Vertretungsmacht nur im Rahmen der Handelsgeschäfte eingeräumt wird, die gewöhnlich zum Betrieb des Handelsgewerbes gehören.[62] Die Bezeichnung der Vollmacht hat Indizcharakter.[63] Dafür spricht auch das Überlassen der Geschäftsführung bei bloßer Beschränkung im Innenverhältnis durch einen Zustimmungsvorbehalt bei weitreichenden finanziellen Entscheidungen.[64]

25 **b) Arthandlungsvollmacht.** Die Arthandlungsvollmacht limitiert die Vertretungsmacht auf eine bestimmte Art von Geschäften. Diese werden vom Kaufmann bestimmt. Er kann den Bevollmächtigten auf eine bestimmte Gattung von Geschäften (zB Rechtsgeschäfte, die zum Aufgabenbereich eines bestimmten Betriebs oder einer Sparte des Unternehmens gehören) oder auf bestimmte Vertragstypen (zB Kaufvertrag, Leasingvertrag) beschränken. Auch die Zeit (zB während bestimmter Messen), der Ort (zB europaweit) oder die Größenordnung der Rechtsgeschäfte kann beschränkt sein. Zudem lässt sich die Handlungsvollmacht auf Geschäfte zu bestimmten Geschäftsbedingungen (zB Bargeschäfte) beschränken. Bei der Erteilung einer Arthandlungsvollmacht ist eine Gruppe von Geschäften zu bezeichnen, die klar erkennbar ist und sich objektiv abgrenzen lässt.[65] Anknüpfungspunkt kann auch die nach außen kommunizierte Funktion sein („Leiter Einkauf", „Head of Human Ressources").[66] Ansonsten vermag § 54 Abs. 1 nicht, den von der Norm bezweckten Verkehrsschutz zu verwirklichen. Zudem würde der Gutglaubensschutz nach § 54 Abs. 3 seine praktische Wirksamkeit einbüßen. Sofern die Einschränkung der Handlungsvollmacht auf eine bestimmte Art von Geschäften nicht objektiv erkennbar ist, entfaltet sie keine Wirkung gegenüber Dritten.[67] Somit liegt eine Generalhandlungsvollmacht vor. Einschränkungen für diese Vollmacht sind nur wirksam, soweit der Gutglaubensschutz nach § 54 Abs. 3 nicht eingreift.

26 **c) Spezialhandlungsvollmacht.** Die Spezialhandlungsvollmacht ist auf den Abschluss einzelner Geschäfte ausgerichtet. Deren Identität und Anzahl muss im Zeitpunkt der Vollmachterteilung noch nicht endgültig feststehen, aber zumindest objektiv erkennbar sein.[68] Zusätzlich erstreckt sich die Spezialhandlungsvollmacht auf alle vorbereitenden und abwickelnden Rechtsgeschäfte und Rechts-

[57] Canaris HandelsR § 13 Rn. 23; BeckOGK/Schärtl, 15.6.2025, Rn. 18.1; GK-HGB/B. Schmidt Rn. 17; Hopt/Merkt Rn. 16.

[58] Canaris HandelsR § 13 Rn. 23; BeckOGK/Schärtl, 15.6.2025, Rn. 18.2; GK-HGB/B. Schmidt Rn. 17.

[59] RGHMW/Wöstmann Rn. 30.

[60] BGH 18.7.2002, WM 2003, 747 (748); KG 11.6.1991, NJW-RR 1992, 34 (35); RGHMW/Wöstmann Rn. 18; Hopt/Merkt Rn. 10.

[61] BGH 10.1.1962, BGHZ 36, 292 (295) = WM 1962, 240; KG 11.6.1991, NJW-RR 1992, 34 (35); Hopt/Merkt Rn. 10.

[62] KG 11.6.1991, NJW-RR 1992, 34 (35); Heymann/Teichmann/Körber Rn. 28 ff.

[63] KG 11.6.1991, NJW-RR 1992, 34 (35); RGHMW/Wöstmann Rn. 21; vgl. auch Heymann/Teichmann/Körber Rn. 30.

[64] Vgl. OLG Düsseldorf 17.5.2017, WuW 2018, 49 betr. gemeinnützige Stiftung ohne Geschäftsführer.

[65] RGHMW/Wöstmann Rn. 22; GK-HGB/B. Schmidt Rn. 15.

[66] GK-HGB/B. Schmidt Rn. 15; vgl. auch BGH 25.3.2015, NJW 2015, 2584 Rn. 48: „Deputy General Director"; OLG Brandenburg 30.8.2008, BeckRS 2008, 20920: „Neuwagenverkäufer"; LAG Hamm 12.12.2006, BeckRS 2007, 44049: Personalleiter; LAG Mecklenburg-Vorpommern 28.7.2017, FA 2017, 328 Ls.: „Head of Personnel and Finance" (Personalleiterin).

[67] RGHMW/Wöstmann Rn. 22.

[68] Heymann/Teichmann/Körber Rn. 32; Ebenroth/Boujong/Weber Rn. 13.

handlungen, die mit dem speziellen Geschäft verbunden sind (zB Montagevereinbarung beim Kauf einer Anlage, Mahnung der Lieferung).

d) Niederlassungs-/Gesamthandlungsvollmacht. Die Handlungsvollmacht lässt sich ebenso wie die Prokura auf die Geschäfte einzelner Niederlassungen beschränken.[69] Dabei handelt es sich um eine räumliche Einschränkung der Handlungsvollmacht wie sie bei einer Arthandlungsvollmacht möglich ist. Für die Erteilung einer **Niederlassungshandlungsvollmacht** ist es im Gegensatz zur Prokura nicht erforderlich, dass die Niederlassungen unter verschiedenen Firmen betrieben werden, da die Handlungsvollmacht nicht ins Handelsregister einzutragen ist. 27

§ 54 kann wie jede Vollmacht nach § 167 BGB als **Gesamthandlungsvollmacht** erteilt werden.[70] Eine Regelung entsprechend § 48 Abs. 2 war nicht erforderlich, da die Vollmacht nicht gesetzlich geregelt ist, sondern der Kaufmann selbst über ihre inhaltliche Ausgestaltung entscheidet. Die widerlegliche Vermutung des § 54 schützt den Handelsverkehr, ohne die Gestaltungsmöglichkeiten zu beschränken. 28

Die Gesamthandlungsvollmacht bindet das Handeln des Bevollmächtigten an die Mitwirkung eines Dritten. Dabei kann es sich um einen Handlungsbevollmächtigten (echte Gesamthandlungsvollmacht), einen Prokuristen[71] oder einen organschaftlichen Vertreter handeln (unechte Gesamthandlungsvollmacht). Die Bindung an den Dritten kann allseitig oder halbseitig sein. Bei einer halbseitigen Bindung des Handlungsbevollmächtigten kann der zweite Handlungsbevollmächtigte, Prokurist oder organschaftliche Vertreter uneingeschränkt agieren. Die Gestaltungsmöglichkeiten entsprechen somit grundsätzlich denen der Gesamtprokura (→ § 48 Rn. 48 f., → § 48 Rn. 52 ff.). Die Schranken der Zulässigkeit der Gesamtprokura sind aber nicht uneingeschränkt zu übertragen, da die Handlungsvollmacht im Gegensatz zur Prokura beschränkbar ist. Die Handlungsbevollmächtigten können daher im Wege der Gesamthandlungsvollmacht an andere Vertreter gebunden werden, deren Vertretungsmacht hinter ihrer eigenen zurückbleibt. Sofern der zweite Vertreter seinerseits Bindungen (zB Gesamtprokura) unterliegt, ist durch Auslegung zu ermitteln, ob die Bevollmächtigung zum gemeinsamen Handeln zugleich die Erteilung einer Handlungsvollmacht an den Prokuristen ist. Das ist in Fällen der (allseitigen oder halbseitigen) Gesamtprokura relevant. Der Prokurist kann zwar nicht an das Handeln des Handlungsvertreters gebunden werden (→ § 48 Rn. 63), es wird aber in der Regel eine konkludente Handlungsvollmacht erteilt, wenn erkennbar ist, dass der Prokurist jedenfalls in bestimmten Angelegenheiten zusammen mit dem Handlungsbevollmächtigten handeln dürfen soll (zB Personalverwaltung).[72] Den Rechtsgeschäftsverkehr schützt § 54 Abs. 3. 29

Grenzen für die Gesamthandlungsvollmacht können sich wie bei der unechten Gesamtprokura bzw. Gesamtvertretung aus der organschaftlichen Stellung des zweiten Vertreters ergeben. Eine unechte bzw. gemischte Gesamtvertretung, bei der ein Gesellschafter an die Mitwirkung eines Handlungsbevollmächtigten gebunden ist, ist ausgeschlossen. § 124 Abs. 3 S. 1, § 78 Abs. 3 AktG und § 25 Abs. 2 GenG erlauben nur die Bindung des Gesellschafters an einen Prokuristen. Der Handlungsbevollmächtigte kann höchstens seinerseits an die Mitwirkung eines Gesellschafters gebunden werden. Seine Vertretungsmacht wird dadurch nicht erweitert. Er unterliegt bei der Ausübung der Vollmacht vielmehr der persönlichen Bindung an den Gesellschafter. 30

IV. Zusätzliche Ermächtigungen (Abs. 2)

1. Grundsatz. Für die in § 54 Abs. 2 aufgezählten Geschäfte und Rechtshandlungen muss der Geschäftsinhaber eine besondere Vollmacht erteilen. Sie ist formlos durch ausdrückliche oder konkludente Erklärung möglich.[73] Sie kann für einzelne der in § 54 Abs. 2 genannten Geschäfte erfolgen oder generell für alle. Mit der Gewährung einer Generalhandlungsvollmacht ist nicht ohne weiteres eine konkludente Ermächtigung für die Geschäfte iSv § 54 Abs. 2 verbunden.[74] Es bedarf objektiver 31

[69] Ebenroth/Boujong/Weber Rn. 22; KKD/Roth/Stelmaszczyk Rn. 9.

[70] BGH 30.12.1963, WM 1964, 151; MüKoHGB/Krebs Rn. 22; Ebenroth/Boujong/Weber Rn. 19; GK-HGB/B. Schmidt Rn. 19; Hopt/Merkt Rn. 2; KKD/Roth/Stelmaszczyk Rn. 10.

[71] BGH 23.2.1961, BB 1961, 352; OLG München 26.1.2011, BeckRS 2011, 23050; GK-HGB/B. Schmidt Rn. 19; Ebenroth/Boujong/Weber Rn. 21; KKD/Roth/Stelmaszczyk Rn. 10; s. auch BGH 20.12.1963, BB 1964, 151.

[72] Vgl. BGH 23.2.1961, WM 1961, 361; weitergehend Gravenhorst juris-PR 38/2017 Anm. 5 (schließt aber aus dem Umfang der Prokura auf die Handlungsvollmacht als Minus, was nichts über die Bindung an die Mitwirkung eines Geschäftsführers oder eines anderen Prokuristen sagt); **aA** LAG Berlin-Brandenburg 21.6.2017, BeckRS 2017, 118130.

[73] BGH 8.5.1978, WM 1978, 1046 (1047); 14.10.1968, WM 1969, 43; RG 27.5.1927, RGZ 117, 164 (165); 1.4.1911, RGZ 76, 202 (203); OLG München 19.8.2008, NJW-RR 2009, 417 (419).

[74] BGH 14.10.1968, WM 1969, 43; RG 27.5.1927, RGZ 117, 164 (165); RGHMW/Wöstmann Rn. 35; vgl. auch BGH 1.8.2018, NJW 2018, 3176 Rn. 11.

Anhaltspunkte, ob und inwieweit eine zusätzliche Ermächtigung vom Geschäftsinhaber gewollt war. Soweit dem Bevollmächtigten das Unternehmen zur alleinigen Führung übertragen ist, sind in der Regel auch die Geschäfte nach § 54 Abs. 2 einbezogen. Für die zusätzliche Ermächtigung gelten zudem die Grundsätze der Rechtsscheinvollmacht.[75]

32 **2. Veräußerung und Belastung von Grundstücken.** Die Veräußerung und Belastung von Grundstücken bedürfen ebenso wie bei der Prokura einer zusätzlichen Ermächtigung. Insoweit lassen sich die Ausführungen zu § 49 Abs. 2 übertragen (→ § 49 Rn. 23 ff.).

33 **3. Wechselverbindlichkeiten.** Wechselverbindlichkeiten iSv § 54 Abs. 2 sind die Ausstellung, Annahme und Indossierung von Wechseln sowie die Erteilung einer Wechselbürgschaft.[76] Erfasst sind auch die ihnen zugrunde liegenden schuldrechtlichen Vereinbarungen. Der Wortlaut erstreckt sich hingegen nicht auf den Scheckverkehr.[77] Der Scheck dient im Gegensatz zum Wechsel nicht dem Kredit-, sondern bloß dem Zahlungsverkehr, da er nur auf eine Bank bezogen werden kann, bei der der Aussteller ein Guthaben hat (Art. 3 ScheckG). Demzufolge enthält eine Scheckvollmacht keine konkludente Ermächtigung, Wechselverbindlichkeiten einzugehen.

34 **4. Darlehensaufnahme.** § 54 Abs. 2 erfasst nur die Aufnahme von Darlehen, nicht ihre Gewährung. Er gilt für alle Geld- und Sachdarlehen iSv § 488 BGB und § 607 BGB. Dazu gehören auch Überziehungskredite.[78] Die übrigen Finanzierungshilfen wie Zahlungsaufschub, Teilzahlungsgeschäfte oder Finanzierungsleasing erfasst der Wortlaut nicht. Für eine Analogie fehlen die Voraussetzungen. Anders als der Darlehensvertrag ist die Finanzierungshilfe auf ein konkretes Geschäft bezogen, das nach § 54 Abs. 1 zu beurteilen ist. Der Vertretene ist daher weniger schutzbedürftig.[79] Teilzahlungsabreden sind zudem nur Nebenabreden des finanzierten Geschäfts. § 54 Abs. 2 greift auch nicht ein, wenn eine Vollmacht zur Scheckeinziehung vorliegt, bei deren Ausnutzung auf die Valuta einer bestehenden Kreditlinie des Handelsgewerbes zugegriffen wird.[80] In diesem Fall war der Darlehensvertrag bereits geschlossen und die Valutierung erfolgt, sodass es sich nicht um die Aufnahme eines Darlehens handelt. Etwas anderes gilt bei der Inanspruchnahme von Überziehungskrediten. Eine Ermächtigung zur Abwicklung von Bankgeschäften kann aber eine konkludente Ermächtigung des Vertreters zur Darlehensaufnahme enthalten.

35 **5. Prozessführung.** Zur Prozessführung iSv § 54 Abs. 2 gehört die Vertretung des Inhabers auf der Kläger- oder Beklagtenseite in **kontradiktorischen Verfahren** sowie **Schiedsverfahren.**[81] Die besondere Ermächtigung ist erforderlich, weil Prozesse, selbst um kleine Summen, die Geschäftsbeziehung nachhaltig schädigen können, sodass die Entscheidung grundsätzlich dem Inhaber des Handelsgewerbes vorbehalten bleibt.[82] Zur Prozessführung zählen alle Rechtshandlungen, die unmittelbar zum Prozess gehören oder direkt auf ihn einwirken. Daher erfasst § 54 Abs. 2 den Prozessvergleich. Ausgenommen ist der außergerichtliche Vergleich als materielles Rechtsgeschäft, auch wenn seine Einführung in den Prozess das Verfahren beendet.[83] Konsequenterweise ist die Ermächtigung zu einem solchen Vergleich grundsätzlich keine Bevollmächtigung zur Prozessführung.

36 Zur Prozessführung werden meist auch **Schieds- und Gerichtsstandsvereinbarungen** gezählt.[84] Es handelt sich indes um schuldrechtliche Abreden im Vorfeld des Prozesses. Sie beeinflussen zwar die spätere Prozessführung, sind aber nicht deren unmittelbarer Bestandteil. Daher ist das Gefahrenpotential für den Geschäftsinhaber ein anderes als bei der Prozessführung, zumal die Vereinbarungen nachträglich geändert werden können. Daher greift § 54 Abs. 2 nicht ein.[85] Das Gleiche gilt für Vereinbarungen über Mediation oder sonstige Formen der Alternative Dispute Resolution.[86]

---

[75] OLG München 19.8.2008, NJW-RR 2009, 417 (419); GK-HGB/B. Schmidt Rn. 17.

[76] Ebenroth/Boujong/Weber Rn. 17; RGHMW/Wöstmann Rn. 32; GK-HGB/B. Schmidt Rn. 18.

[77] BGH 4.3.1976, WM 1976, 769; MüKoHGB/Krebs Rn. 38; RGHMW/Wöstmann Rn. 32; Hopt/Merkt Rn. 13.

[78] Staub/Fischinger Rn. 63; RGHMW/Wöstmann Rn. 33.

[79] Ähnlich MüKoHGB/Krebs Rn. 39; krit. BeckOGK/Schärtl, 15.6.2025, Rn. 18.6.

[80] BGH 20.1.1969, NJW 1969, 694 (695); Staub/Fischinger Rn. 63; Ebenroth/Boujong/Weber Rn. 17.

[81] OLG München 19.8.2008, NJW-RR 2009, 417 (419); Staub/Fischinger Rn. 65; MüKoHGB/Krebs Rn. 40 f.; BeckOGK/Schärtl, 15.6.2025, Rn. 18.7; Ebenroth/Boujong/Weber Rn. 17.

[82] BGH 1.8.2018, NJW 2018, 3176 Rn. 11 f.; MüKoHGB/Krebs Rn. 40.

[83] Ebenroth/Boujong/Weber Rn. 17; GK-HGB/B. Schmidt Rn. 18; Hopt/Merkt Rn. 15.

[84] Ebenroth/Boujong/Weber Rn. 17; RGHMW/Wöstmann Rn. 34; KKD/Roth/Stelmaszczyk Rn. 12.

[85] BeckOGK/Schärtl, 15.6.2025, Rn. 18.9; GK-HGB/B. Schmidt Rn. 18; Hopt/Merkt Rn. 15; **aA** OLG München 19.8.2008, NJW-RR 2009, 417 (419).

[86] MüKoHGB/Krebs Rn. 41; BeckOGK/Schärtl, 15.6.2025, Rn. 18.9.

§ 54 Abs. 2 erstreckt sich nicht auf die Verfahren der **freiwilligen Gerichtsbarkeit.**[87] Sie sind nicht Teil der streitigen Zivilgerichtsbarkeit, die der Begriff der Prozessführung in § 54 erfasst.[88] Im ersten Rechtszug entscheiden Gerichte sowie Behörden und Notare in den ihnen zugewiesenen Angelegenheiten auf Antrag oder von Amts wegen, aber nicht über eine Klage. Die Beteiligten haben daher eine andere Verfahrensposition. Aus diesem Grund bedarf der Geschäftsinhaber keines Schutzes wie bei kontradiktorischen Verfahren, zumal das Kostenrisiko geringer ist.[89] Das gilt zB für das Rechtsmittel eines Versorgungsträgers in einem Versorgungsausgleichsverfahren bei der Scheidung.[90] Auch die Anmeldung von Patenten, Gebrauchs- und Geschmacksmustern erfasst § 54 Abs. 2 nicht.[91] Es handelt sich um Verwaltungsverfahren vor einer Behörde. Das Gleiche gilt für das patentgerichtliche Verfahren, da es an das Verwaltungsverfahren zur Gewährleistung effektiven Rechtsschutzes anschließt, zumal die Behörde im Verfahren keine Eigeninteressen verfolgt.[92] Etwas anderes gilt nur für den Einspruch gegen ein fremdes Patent.[93] Schließlich gilt § 54 Abs. 2 nicht für die Anmeldung zum Handelsregister. Die Handlungsvollmacht gewährt gleichwohl keine Vertretungsmacht, wenn es sich um ein höchstpersönliches oder ein Grundlagengeschäft handelt (→ Rn. 31 f.; → § 49 Rn. 14 ff.). 37

V. Gutglaubensschutz (Abs. 3)

1. Anwendbarkeit. Die Handlungsvollmacht hat keinen gesetzlich festgelegten Umfang wie die Prokura, sondern wird durch den Vertretenen bestimmt. Zum Schutz des Rechtsgeschäftsverkehrs werden Dritte aber in ihrem guten Glauben an den Umfang der Vertretungsmacht geschützt, der nach § 54 Abs. 1 widerleglich vermutet wird (§ 54 Abs. 3). Daher kann sich der Vertreter auf die tatsächlichen Beschränkungen der Vollmacht nur berufen, wenn der Dritte sie kannte oder kennen musste. § 54 Abs. 3 setzt aber die wirksame Erteilung einer Handlungsvollmacht voraus. Er schützt nicht den guten Glauben an ihren Bestand.[94] Insoweit greifen höchstens § 56 oder die allgemeinen Grundsätze der Rechtsscheinvollmacht ein. Auch den guten Glauben an eine bestimmte Art der Handlungsvollmacht (Gesamt-, Art- oder Spezialhandlungsvollmacht) erfasst § 54 Abs. 3 nicht.[95] Die Art- und Spezialhandlungsvollmacht bleiben in ihrem Umfang zwar hinter der Gesamthandlungsvollmacht zurück. § 54 Abs. 3 schützt nur den guten Glauben daran, dass keine Einschränkungen gegenüber diesen Vollmachttypen dem Umfang nach vorliegen. Er gilt jedoch nicht für den guten Glauben an das Vorliegen einer Art- bzw. Spezialhandlungsvollmacht. 38

Eine **Beschränkung** einer Handlungsvollmacht iSv § 54 Abs. 3 liegt vor, wenn der Vertretene die Vollmacht limitiert, sodass sie hinter dem Umfang zurückbleibt, den § 54 Abs. 1 entsprechend der erteilten Art der Handlungsvollmacht vermutet.[96] Somit ist der gute Glaube an den uneingeschränkten Bestand des jeweiligen Typs der Handlungsvollmacht geschützt. Bei einer Generalhandlungsvollmacht sind daher alle zusätzlichen Einschränkungen der Vertretungsmacht von § 54 Abs. 3 erfasst. Bei der Arthandlungsvollmacht sind es hingegen nur solche Vorgaben, die die Vertretungsmacht limitieren, ohne dass sich die Art der Geschäfte, für die die Vollmacht erteilt ist, verändert. In der Regel handelt es sich um Ausnahmen für einzelne Rechtsgeschäfte. Bei Spezialhandlungsvollmachten spielt § 54 Abs. 3 keine besondere Rolle, da die Vertretungsmacht bereits wegen der Art der Vollmacht sehr beschränkt ist. Schließlich greift § 54 Abs. 3 nicht bei bloßen Beschränkungen im Innenverhältnis ein.[97] 39

§ 54 Abs. 3 gilt nicht, wenn sich der Vertretene auf die Erteilung einer **Gesamthandlungsvollmacht** an zwei Vertreter beruft.[98] Es handelt sich grundsätzlich nicht um eine Einschränkung iSv 40

---

[87] BGH 1.8.2018, NJW 2018, 3176 Rn. 12; BeckOGK/Schärtl, 15.6.2025, Rn. 18.7; RGHMW/Wöstmann Rn. 34; GK-HGB/B. Schmidt Rn. 18; Hopt/Merkt Rn. 15; **aA** OLG Frankfurt 25.8.2017, BeckRS 2017, 130662.

[88] BGH 1.8.2018, NJW 2018, 3176 Rn. 13; Winter GRUR 1978, 233.

[89] Vgl. BGH 1.8.2018, NJW 2018, 3176 Rn. 12; Winter GRUR 1978, 233.

[90] BGH 1.8.2018, NJW 2018, 3176 Rn. 14; **aA** OLG Frankfurt 25.8.2017, BeckRS 2017, 130662.

[91] BeckOGK/Schärtl, 15.6.2025, Rn. 18.8; RGHMW/Wöstmann Rn. 34; Ebenroth/Boujong/Weber Rn. 17; GK-HGB/B. Schmidt Rn. 18; Hopt/Merkt Rn. 15.

[92] BPatG 7.3.1989, GRUR 1989, 664 (665); BGH 14.12.1976, BB 1977, 267 (268); 29.4.1969, GRUR 1969, 562 (563); Benkard/Schwarz PatG Vor § 73 Rn. 3, 5 ff (?).

[93] BeckOGK/Schärtl, 15.6.2025, Rn. 18.8.

[94] Canaris HandelsR § 13 Rn. 15; Staub/Fischinger Rn. 69; Ebenroth/Boujong/Weber Rn. 24.

[95] Staub/Fischinger Rn. 69; Ebenroth/Boujong/Weber Rn. 24; RGHMW/Wöstmann Rn. 38.

[96] Staub/Fischinger Rn. 68; Ebenroth/Boujong/Weber Rn. 25.

[97] RGHMW/Wöstmann Rn. 39; Hopt/Merkt Rn. 18; s. auch BGH 25.2.1982, ZIP 1982, 588 (589).

[98] MüKoHGB/Krebs Rn. 22; KKD/Roth/Stelmaszczyk Rn. 10, 14; s. auch Grooterhorst, Vollmachten in Unternehmen, 6. Aufl. 2014, 46 f.; **aA** Staub/Fischinger Rn. 68; Ebenroth/Boujong/Weber Rn. 25; für eine Analogie Canaris HandelsR § 13 Rn. 10.

§ 54 Abs. 3, sondern um eine Ausgestaltung der Vollmacht. Der Schutz des guten Glaubens ergänzt die widerlegliche Vermutung des § 54 Abs. 1 und ist wie sie auf den sachlichen Umfang der Vollmacht bezogen, nicht aber auf die persönliche Bindung bei der Vollmachtausübung. Das bestätigt die Parallele in § 48 Abs. 2, § 50 Abs. 2, wo ebenfalls zwischen den sachlichen Beschränkungen der Prokura und der Gesamtprokura differenziert wird. Etwas anderes gilt aber, wenn die Vertretungsmacht des zweiten Vertreters, an den der Handlungsbevollmächtigte gebunden ist, hinter dem Umfang der Handlungsvollmacht zurückbleibt und diese somit faktisch beschränkt. In diesem Fall wirkt sich die Gesamthandlungsvollmacht als Beschränkung des Vollmachtumfangs aus, sodass der Schutzzweck des § 54 Abs. 3 eingreift. Daher ist der gute Glaube Dritter insoweit zu schützen.

41 **2. Guter Glaube des Dritten.** § 54 Abs. 3 schützt den Dritten nur, wenn er die Beschränkung kannte oder kennen musste. Die hM versteht das Kennenmüssen wie in § 122 Abs. 2 BGB, sodass dem Dritten die positive Kenntnis und die fahrlässige Unkenntnis von den Einschränkungen der Vollmacht schadet.[99] Der **Sorgfaltsmaßstab** richtet sich grundsätzlich nach den §§ 346, 347. Zugleich ist zu berücksichtigen, dass § 54 Abs. 3 dem Schutz des Rechtsgeschäftsverkehrs dient. Dem laufen die hohen Anforderungen an den Sorgfaltsmaßstab zuwider und bedürfen einer normzweckkonformen Einschränkung. Die hM geht zu Recht davon aus, dass sich der Geschäftspartner auf die erkennbaren Umstände verlassen darf und keine Nachforschungsobliegenheit hat.[100] Fahrlässigkeit besteht daher nur bei offensichtlichen Verdachtsmomenten (zB eindeutigen und leicht erkennbaren Aushängen in den Geschäftsräumen oder Aufdrucken auf Rechnungen).[101]

42 **3. Rechtsfolgen.** Aus § 54 Abs. 3 folgt, dass die Beschränkungen der Handlungsvollmacht nicht gegenüber dem Dritten wirken. Die Rspr. und ein großer Teil der Lit. gehen davon aus, dass der Dritte kein Wahlrecht hat, ob er sich auf den Gutglaubensschutz des § 54 Abs. 3 berufen möchte.[102] Das widerspricht jedoch dem Schutzzweck der Norm, die dem schutzwürdigen Dritten zugutekommen soll. Konsequenterweise muss dieser auch entscheiden können, ob er sich auf das Nichtbestehen der Beschränkung berufen will.[103] Er muss ebenso wie bei § 15 die Wahl haben, den Vertretenen aus dem Rechtsgeschäft oder den vollmachtlosen Vertreter nach § 179 BGB in Anspruch zu nehmen. Der Vertretene seinerseits ist in seiner Dispositionsbefugnis ausreichend geschützt, da er das Rechtsgeschäft des Handlungsbevollmächtigten genehmigen kann (§ 177 Abs. 1 BGB).

VI. Überschreiten der Vertretungsmacht

43 Der Bevollmächtigte handelt als vollmachtloser Vertreter, wenn seine Handlungsvollmacht nicht besteht oder im Außenverhältnis wirksam beschränkt ist und er die Grenzen der ihm eingeräumten Vertretungsmacht überschreitet. Es gelten die §§ 177 ff. BGB. Sofern sich die Einschränkungen aber nur auf das Innenverhältnis beziehen, wirkt das Rechtsgeschäft oder die Rechtshandlung des Bevollmächtigten für und gegen den Vertretenen. Etwas anderes gilt nur beim Missbrauch der Vertretungsmacht (→ § 48 Rn. 38 ff.). Unabhängig davon hat die Pflichtverletzung des Bevollmächtigten Konsequenzen im Innenverhältnis. Der Inhaber des Handelsgewerbes hat einen Schadensersatzanspruch nach § 280 Abs. 1 BGB und kann ggf. das Anstellungsverhältnis des Vertreters außerordentlich kündigen.

VII. Erlöschen der Handlungsvollmacht

44 **1. Grundsatz.** Das Erlöschen der Handlungsvollmacht ist anders als bei der Prokura gesetzlich nicht geregelt. Es gelten die allgemeinen Bestimmungen in den §§ 164 ff. BGB. Nach dem Erlöschen der Vollmacht greifen zugunsten der Teilnehmer am Rechtsgeschäftsverkehr die Rechtsscheinvorschriften (zB §§ 170–173 BGB) ein.

[99] BGH 19.3.2002, NJW-RR 2002, 967 (968); Staub/Fischinger Rn. 71; Canaris HandelsR § 13 Rn. 27; Ebenroth/Boujong/Weber Rn. 26; GK-HGB/B. Schmidt Rn. 20; RGHMW/Wöstmann Rn. 40.

[100] MüKoHGB/Krebs Rn. 44; Staub/Fischinger Rn. 72; Ebenroth/Boujong/Weber Rn. 26; KKD/Roth/Stelmaszczyk Rn. 16.

[101] BGH 25.2.1982, NJW 1982, 1389 f.; RG 20.10.1927, RGZ 118, 234 (240); Staub/Fischinger Rn. 72; GK-HGB/B. Schmidt Rn. 20; RGHMW/Wöstmann Rn. 40.

[102] OLG Braunschweig 20.8.2001, MDR 2002, 42; MüKoHGB/Krebs Rn. 46; GK-HGB/B. Schmidt Rn. 21; Hopt/Merkt Rn. 19; s. auch BGH 20.1.1983, BGHZ 86, 273 (275) = NJW 1983, 1308; BeckOK BGB/Schäfer, 74. Ed. 1.5.2025, BGB § 179 Rn. 6.

[103] Staub/Fischinger Rn. 74; BeckOGK/Schärtl, 15.6.2025, Rn. 70; Ebenroth/Boujong/Weber Rn. 27; RGHMW/Wöstmann Rn. 41; KKD/Roth/Stelmaszczyk Rn. 17; s. auch Canaris NJW 1991, 2628; Staudinger/Schilken, 2019, BGB § 167 Rn. 44; MüKoBGB/Schubert BGB § 167 Rn. 148 ff.; Chiusi AcP 202 (2002), 494 (509 ff.).

2. Widerruf der Handlungsvollmacht. Die Handlungsvollmacht ist gem. § 168 S. 2 BGB frei widerruflich. Mangels einer zwingenden Regelung wie in § 52 Abs. 1 lässt sich das Widerrufsrecht durch vertragliche Abrede abbedingen. Hierfür genügt kein einseitiger Verzicht, es bedarf einer vertraglichen Vereinbarung.[104] Diese unterliegt den allgemeinen Schranken gem. §§ 134, 138 BGB sowie §§ 307 ff. BGB. Ein vollständiger Ausschluss des Widerrufsrechts ist ebenso wie beim Kündigungsrecht unzulässig. Zumindest ein Widerruf aus wichtigem Grund muss möglich bleiben.[105] Das Widerrufsrecht ist zudem unverzichtbar, wenn der Auftrag nur dem Interesse des Geschäftsinhabers diente.[106] Es ist grundsätzlich zu berücksichtigen, dass der Ausschluss des Widerrufsrechts den Geschäftsinhaber erheblich darin beschränkt, über seine Vertretung im Rechtsgeschäftsverkehr zu entscheiden. Daher muss der Bevollmächtigte oder ein Dritter ein berechtigtes Interesse an der Unwiderruflichkeit haben.[107] 45

Unabhängig davon ist die Vollmacht gem. §§ 119, 123 BGB anfechtbar. Der Inhaber des Handelsgeschäfts kann die Handlungsvollmacht indes nicht wegen Irrtums über ihren Umfang anfechten, der sich aus der widerleglichen Vermutung des § 54 Abs. 1 ergibt. Es handelt sich um einen unbeachtlichen Rechtsfolgenirrtum. 46

3. Beendigung des Innenverhältnisses. Neben dem Widerruf führt die Beendigung des Innenverhältnisses gem. § 168 S. 1 BGB zum Erlöschen der Vollmacht. Insbesondere Kündigung, Zeitablauf oder Aufhebungsvertrag beenden das Grundverhältnis. Soll die Vollmacht schon vor dem Ende des Schuldverhältnisses erlöschen, bedarf es zusätzlich eines Widerrufs. 47

4. Erlöschensgründe in der Person des Vertretenen. Kaufleute erteilen die Handlungsvollmacht jeweils für ihr Handelsgewerbe. Daher erlischt die Vollmacht mit der **Beendigung des Handelsgewerbes.**[108] Das Gleiche gilt beim Wegfall der Kaufmannseigenschaft, da § 54 für Kleingewerbetreibende und Freiberufler nicht analog gilt (→ Rn. 6). Die Handlungsvollmacht kann aber in eine BGB-Vollmacht umgedeutet werden (§ 140 BGB). Die Handlungsvollmacht erlischt auch bei der **Veräußerung** des Handelsgewerbes oder einem sonstigen **Inhaberwechsel.**[109] Behält der Vertreter beim Erwerber seine bisherige Stellung, so liegt ggf. eine konkludente Neuerteilung der Handlungsvollmacht durch den Erwerber vor. Im Übrigen greifen die Grundsätze der Rechtsscheinvollmacht ein. Der **Tod** des Inhabers führt hingegen im Zweifel nicht zum Erlöschen der Vollmacht (§ 168 S. 1 BGB, § 672 S. 1 BGB), da dies den Vermögensinteressen der Erben eher entspricht.[110] Eine abweichende Vereinbarung ist möglich. 48

Die Handlungsvollmacht erlischt gem. § 117 Abs. 1 InsO mit der **Eröffnung des Insolvenzverfahrens.** Der Insolvenzverwalter kann sie erneut erteilen. Für die **Liquidation** der Gesellschaft gibt es keine vergleichbare Regelung. Die Handlungsvollmacht besteht somit bis zum Abschluss der Liquidation fort, da erst dann das Handelsgewerbe endet.[111] 49

5. Erlöschensgründe in der Person des Bevollmächtigten. Die Vollmacht erlischt mit dem Tod oder der Geschäftsunfähigkeit des Bevollmächtigten. Auch seine Bestellung in den Aufsichtsrat bringt die Handlungsvollmacht zum Erlöschen. Ebenso wie bei der Prokura hat der Bevollmächtigte das Recht, die Handlungsvollmacht niederzulegen (→ § 53 Rn. 28).[112] 50

VIII. Darlegungs- und Beweislast

Der Inhaber des Handelsgewerbes, der sich auf die von ihm erteilte Vollmacht beruft, muss ihre Erteilung und ihren Umfang darlegen und beweisen. Das gilt auch für die Erweiterung ihres Umfangs im Außenverhältnis nach § 54 Abs. 2. Sofern sich der Geschäftspartner auf die Handlungsvollmacht beruft, muss hingegen dieser die rechtsgeschäftliche Erteilung der Vollmacht oder ihren zurechenba- 51

---

[104] HM, BGH 14.3.1996, NJW-RR 1996, 848 (849); RG 13.12.1924, RGZ 109, 331 (333); Ebenroth/Boujong/Weber Rn. 30; Grooterhorst, Vollmachten in Unternehmen, 6. Aufl. 2014, 62.

[105] BGH 12.5.1969, WM 1969, 1009; Ebenroth/Boujong/Weber Rn. 30; RGHMW/Wöstmann Rn. 48.

[106] BGH 13.5.1971, WM 1971, 956; RG 29.3.1939, RGZ 160, 122 (125).

[107] BGH 13.5.1971, WM 1971, 956; s. auch BGH 14.3.1996, NJW-RR 1996, 848 (849); 13.12.1990, NJW-RR 1991, 439 (441); Staudinger/Schilken, 2019, BGB § 168 Rn. 8.

[108] Staub/Fischinger Rn. 84; BeckOGK/Schärtl, 15.6.2025, Rn. 53; Ebenroth/Boujong/Weber Rn. 31; MüKoHGB/Krebs Rn. 62.

[109] Staub/Fischinger Rn. 89; BeckOGK/Schärtl, 15.6.2025, Rn. 58; Köhler BB 1979, 912 (914 f.); GK-HGB/B. Schmidt Rn. 24; RGHMW/Wöstmann Rn. 51; **aA** Ebenroth/Boujong/Weber Rn. 32; Honsell JA 1984, 17 (21); Grooterhorst, Vollmachten in Unternehmen, 6. Aufl. 2014, 63 f.

[110] Staub/Fischinger Rn. 85; Ebenroth/Boujong/Weber Rn. 32; GK-HGB/B. Schmidt Rn. 23; RGHMW/Wöstmann Rn. 49.

[111] Staub/Fischinger Rn. 87; Ebenroth/Boujong/Weber Rn. 32.

[112] Hopt/Merkt Rn. 21; BeckOGK/Schärtl, 15.6.2025, Rn. 64.

ren Rechtsschein und die Art der Vollmacht (General-, Art- oder Spezialhandlungsvollmacht) darlegen und beweisen. Erst danach greift zu seinen Gunsten die widerlegliche Vermutung hinsichtlich des Vollmachtumfangs nach § 54 Abs. 1 und hinsichtlich der Beschränkungen der Vollmacht bei Gutgläubigkeit gem. § 54 Abs. 3 ein. Der Geschäftsinhaber ist sodann mit dem doppelten Beweis des Gegenteils belastet (§ 292 ZPO). Im umgekehrten Fall, wenn der Geschäftspartner die Unwirksamkeit wegen fehlender Vertretungsmacht geltend macht, muss er deren Fehlen darlegen und beweisen.[113] Maßgebender Zeitpunkt für das Bestehen der Handlungsvollmacht ist in der Regel der Zeitpunkt der Vornahme des Vertretergeschäfts.[114]

IX. Internationales Privatrecht

52 Im Internationalen Privatrecht gelten für die Handlungsvollmacht dieselben Vorgaben wie für die Prokura (→ § 48 Rn. 82 ff.).

§ 55 [Abschlußvertreter]

(1) Die Vorschriften des § 54 finden auch Anwendung auf Handlungsbevollmächtigte, die Handelsvertreter sind oder die als Handlungsgehilfen damit betraut sind, außerhalb des Betriebes des Prinzipals Geschäfte in dessen Namen abzuschließen.

(2) Die ihnen erteilte Vollmacht zum Abschluß von Geschäften bevollmächtigt sie nicht, abgeschlossene Verträge zu ändern, insbesondere Zahlungsfristen zu gewähren.

(3) Zur Annahme von Zahlungen sind sie nur berechtigt, wenn sie dazu bevollmächtigt sind.

(4) Sie gelten als ermächtigt, die Anzeige von Mängeln einer Ware, die Erklärung, daß eine Ware zur Verfügung gestellt werde, sowie ähnliche Erklärungen, durch die ein Dritter seine Rechte aus mangelhafter Leistung geltend macht oder sie vorbehält, entgegenzunehmen; sie können die dem Unternehmer (Prinzipal) zustehenden Rechte auf Sicherung des Beweises geltend machen.

Schrifttum: Böhme, Vollmacht des Versicherungsvertreters, DB 1957, 61; Dichtl/Raffée/Nidetzky, Reisende oder Handelsvertreter, 1981; Grooterhorst, Vollmachten in Unternehmen, 6. Aufl. 2014; Lenz, Inkassovollmacht der Stadtreisenden, Rechtsschein einer Vollmacht, JR 1931, 150; Wolf, Der reisende Handlungsgehilfe und der Handelsvertreter als Bevollmächtigte, Diss. Würzburg 1971.

Übersicht

I. Allgemeines

1 § 55 enthält eine Sonderregelung für die handelsrechtliche Vollmacht der Handelsvertreter und Handlungsgehilfen im **Außendienst,** die eine Abschlussvollmacht haben.[1] § 55 dient ebenso wie

[113] BGH 28.4.2009, NJOZ 2009, 2672 Rn. 16; 23.9.2008, NJW-RR 2009, 544 Rn. 36; OLG Stuttgart 12.1.2017, VersR 2018, 748 (749).

[114] Vgl. KG 4.12.2018, NZG 2019, 308.

[1] Staub/Fischinger Rn. 8; MüKoHGB/Krebs Rn. 1; BeckOGK/Schärtl, 15.6.2025, Rn. 19; Ebenroth/Boujong/Weber Rn. 1.

§ 54 der Sicherheit und Leichtigkeit des Handelsverkehrs.[2] Für den Geschäftspartner des Kaufmanns ist im Einzelfall nicht immer erkennbar, ob er mit einem Mitarbeiter des Innen- oder Außendienstes kontrahiert.[3] Indem § 55 Abs. 1 die Regelung des § 54 auf die aufgezählten Außendienstmitarbeiter überträgt, kommt es auf die Stellung des Bevollmächtigten zum kaufmännischen Gewerbe nicht mehr an. Der Umfang der Handlungsvollmacht wird entsprechend § 54 Abs. 1 widerleglich vermutet.

§ 55 enthält daneben Sonderbestimmungen, die die spezielle Interessenlage des Außendienstes – die Schutzbedürftigkeit des Kaufmanns ebenso wie des Rechtsverkehrs – verstärkt berücksichtigen.[4] Abs. 2 und 3 schränken die widerlegliche Vermutung des Vollmachtumfangs gem. § 55 Abs. 1, § 54 Abs. 1 ein und gehen dabei über § 54 Abs. 2 hinaus, um den Kaufmann vor eigenmächtigem Handeln des Vertreters zu schützen.[5] Die Abschlussvertreter dürfen keine Verträge ändern oder Inkasso betreiben. Im Gegenzug erweitert § 55 Abs. 4 die Vollmachtvermutung auf die Entgegennahme von Erklärungen über die und wegen der Mangelhaftigkeit der Leistung, um die Interessen der Geschäftspartner des Kaufmanns zu schützen. Unter diesen Umständen kann der Abschlussvertreter im Interesse des Unternehmers auch Beweissicherungsrechte geltend machen, soweit sie die Mängel der Leistung des Kaufmanns betreffen. 2

II. Abschlussvollmacht (Abs. 1)

1. Vertreter. § 55 gilt nur für Handelsvertreter und Handlungsgehilfen, die als Handlungsbevollmächtigte im Außendienst tätig sind.[6] Der Wortlaut des § 55 Abs. 1 verlangt zwar nur für die Handlungsgehilfen, dass die Geschäftsabschlüsse außerhalb des Betriebs des Kaufmanns erfolgen. Das dient insbesondere der Abgrenzung zu den Handlungsgehilfen im Betrieb, für die § 54 gilt. Die Handelsvertreter gelten hingegen wegen ihrer persönlichen Selbständigkeit typischerweise als Außendienstmitarbeiter, auch wenn es nicht ausgeschlossen ist, sie im Betrieb einzusetzen.[7] Daher erfasst § 55 generell nur Handelsvertreter und Handlungsgehilfen im Außendienst. Das steht in Einklang mit dem Zweck der Sonderbestimmungen in § 55 Abs. 2–4, die auf die besondere Situation bei Geschäftsabschlüssen außerhalb des Betriebs zugeschnitten sind. 3

Außendienst iSv § 55 Abs. 1 ist jede Tätigkeit außerhalb des Betriebs des Kaufmanns, dh außerhalb der Haupt- und Zweigniederlassungen.[8] Dabei kommt es nicht auf den Ort der Geschäftsabschlüsse an, sondern auf die Tätigkeit außerhalb der Sphäre des Kaufmanns.[9] Dadurch ist der Bevollmächtigte stärker der Kontrolle entzogen und erhöht die Risiken für den Kaufmann. Daher sind die zusätzlichen Einschränkungen der Vollmacht gem. § 55 Abs. 2, 3 erforderlich. Für die Anwendung des § 55 genügt es, wenn der Handelsvertreter oder Handlungsgehilfe sowohl im Innen- als auch im Außendienst tätig ist. Nur der ausschließliche Einsatz im Innendienst steht der Anwendung des § 55 entgegen.[10] Dann ist § 54 anzuwenden. 4

§ 55 gilt nach Abs. 1 nur für Handlungsbevollmächtigte, die mit dem Abschluss von Geschäften im Namen des Kaufmanns betraut sind. Sie müssen eine **Abschlussvollmacht** haben und dürfen die Geschäftsabschlüsse nicht nur vermitteln. § 55 Abs. 1 setzt ebenso wie § 54 Abs. 1 voraus, dass eine Abschlussvollmacht tatsächlich erteilt wurde, da die Norm nur den Umfang der Vollmacht widerleglich vermutet.[11] Auch eine Rechtsscheinvollmacht genügt. 5

a) Handelsvertreter. Handelsvertreter iSv § 55 Abs. 1 sind selbständige Gewerbetreibende, die zur Vornahme bestimmter, zu einem Handelsgewerbe gehörender Geschäfte ermächtigt sind (§ 84 Abs. 1 S. 1) und insoweit Abschlussvollmacht haben (selbständige Abschlussvertreter). Sofern der Handelsvertreter nicht durch einen Kaufmann, sondern durch ein anderes Unternehmen mit dem Abschluss von Geschäften betraut ist, erklärt § 91 Abs. 1 die Regelung des § 55 für anwendbar. 6

---

[2] BeckOGK/Schärtl, 15.6.2025, Rn. 2; RGHMW/Wöstmann Rn. 1; vgl. auch Heymann/Teichmann/Körber Rn. 2.

[3] Denkschrift zum RJA-E I, bei Schubert/Schmiedel/Krampe II/1, 46.

[4] Staub/Fischinger Rn. 7; BeckOGK/Schärtl, 15.6.2025, Rn. 2; Ebenroth/Boujong/Weber Rn. 1; GK-HGB/B. Schmidt Rn. 6, 9.

[5] BeckOGK/Schärtl, 15.6.2025, Rn. 3; GK-HGB/B. Schmidt Rn. 6.

[6] Begr. RegE, BT-Drs. 1/3856, 43; Heymann/Teichmann/Körber Rn. 2, 7; MüKoHGB/Krebs Rn. 4; Ebenroth/Boujong/Weber Rn. 5; GK-HGB/B. Schmidt Rn. 2; RGHMW/Wöstmann Rn. 5.

[7] Staub/Fischinger Rn. 16; MüKoHGB/Krebs Rn. 11; Ebenroth/Boujong/Weber Rn. 5; KKD/Roth/Stelmaszczyk Rn. 4.

[8] Ebenroth/Boujong/Weber Rn. 5; RGHMW/Wöstmann Rn. 6; Hopt/Merkt Rn. 3.

[9] Heymann/Teichmann/Körber Rn. 7; RGHMW/Wöstmann Rn. 6; GK-HGB/B. Schmidt Rn. 2; **aA** MüKoHGB/Krebs Rn. 13.

[10] RGHMW/Wöstmann Rn. 5.

[11] RG 7.10.1919, RGZ 97, 1 f.

Das betrifft Handelsvertreter, die für nicht im Handelsregister eingetragene Kleingewerbetreibende, Landwirte oder Freiberufler agieren.

7 **b) Handlungsgehilfe.** Handlungsgehilfen sind kaufmännische Angestellte iSv § 59, die im Gegensatz zu Handelsvertretern persönlich abhängig sind (§ 84 Abs. 1 S. 2). § 55 stellt sie den selbständigen Handelsvertretern zum Schutz der Geschäftspartner gleich, da der Unterschied für sie in der Regel nicht erkennbar ist. § 55 Abs. 1 erfasst nur Handlungsgehilfen, die für kaufmännische Unternehmen tätig sind. Eine dem § 91 Abs. 1 vergleichbare Regelung besteht nicht. Grundsätzlich findet das Recht der Handlungsvollmacht keine analoge Anwendung auf **nicht-kaufmännische Unternehmen** (→ § 54 Rn. 6). Für die Abschlussvertreter besteht aber die Besonderheit, dass das Gesetz in § 55 Abs. 1 bewusst die Handelsvertreter und Handlungsgehilfen gleichstellt, um die Geschäftspartner des Unternehmens zu schützen. Das Abgrenzen zwischen Handlungsgehilfen und Handelsvertretern ist für Dritte zum Teil nur schwer möglich, sodass der Rechtsgeschäftsverkehr verunsichert wäre, käme es auf diese Unterscheidung an. Eine einseitige Ausdehnung des § 55 auf die Handelsvertreter in nicht-kaufmännischen Unternehmen durch § 91 Abs. 1 widerspricht dieser Zwecksetzung. Daher ist § 55 ausnahmsweise auf die Handlungsgehilfen analog anzuwenden, die als Außendienstmitarbeiter in einem nicht-kaufmännischen Unternehmen tätig sind.[12]

8 **c) Nicht erfasste Personen.** § 55 findet keine Anwendung auf **Makler,** da sie den Geschäftsabschluss nur vorbereiten. Zudem gilt er nicht für Handelsvertreter und Handlungsgehilfen ohne Abschlussvollmacht (sog. **Vermittlungsvertreter** bzw. **-gehilfen**).[13] Für sie bestehen gem. § 75g, § 91 Abs. 2 sowie den § 75h, § 91a eigene Regelungen zum Schutz des Geschäftspartners. Sie sind zur Entgegennahme von Mängelrügen und mangelbezogenen Erklärungen sowie zur Wahrnehmung der Beweissicherungsrechte bevollmächtigt. Soweit sie als vollmachtlose Vertreter handeln, wird die Genehmigung des Geschäfts durch den Geschäftsherrn fingiert, wenn dieser nicht unverzüglich nach seiner Benachrichtigung das Geschäft ablehnt.

9 Nicht erfasst sind schließlich Außendienstmitarbeiter, die **Verträge im eigenen Namen** schließen: Eigenhändler, Vertragshändler, Kommissionäre und Kommissionsagenten.[14] Ausgenommen sind auch **Versicherungsvertreter,** deren Vollmacht in den §§ 69 ff. VVG speziell geregelt ist.[15]

10 **2. Vertretener.** Vertretener iSv § 55 können nur Kaufleute gem. §§ 1–6 sein. Nach § 91 Abs. 1 sind auch nicht-kaufmännische Unternehmen Vertretene, sofern sie Handelsvertreter im Außendienst bevollmächtigen. Das Gleiche gilt analog § 55 für Handlungsgehilfen im Außendienst (→ Rn. 7).

11 **3. Vollmachterteilung.** Der Vertretene kann die Handlungsvollmacht ausdrücklich oder konkludent und ohne Beachtung einer bestimmten Form gewähren. Es gilt nichts anderes als nach § 54 (→ § 54 Rn. 12 f.). Fehlt es an der Erteilung der Vollmacht, besteht ggf. eine Rechtsscheinvollmacht. § 15 gilt jedoch nicht.

12 **4. Umfang der Vollmacht.** Der Umfang der Vollmacht bestimmt sich auf die gleiche Weise wie bei der Handlungsvollmacht nach § 54 Abs. 1.[16] Er richtet sich primär nach der Abschlussvollmacht, die der Inhaber dem Bevollmächtigten eingeräumt hat.[17] Die Vollmacht kann als General-, Art- oder Spezialhandlungsvollmacht ausgestaltet sein. Zum Schutz des Rechtsgeschäftsverkehrs wird der Umfang der Vollmacht durch § 54 Abs. 1, § 55 Abs. 1 widerleglich vermutet. Die Handlungsvollmacht erfasst daher alle Rechtsgeschäfte und Rechtshandlungen, die der Betrieb des Handelsgewerbes gewöhnlich mit sich bringt (→ § 54 Rn. 20 f.). Gesetzliche Einschränkungen des Vollmachtumfangs ergeben sich aus § 54 Abs. 2 (→ § 54 Rn. 22, → § 54 Rn. 32 ff.) und den Bestimmungen für Abschlussvertreter in § 55 Abs. 2, 3.

III. Beschränkung der Abschlussvollmacht (Abs. 2, Abs. 3)

13 Die gesetzlichen Beschränkungen der Abschlussvollmacht sind in § 54 Abs. 2, § 55 Abs. 2, 3 abschließend geregelt und dienen dem Schutz des Inhabers des Handelsgewerbes. Sie gelten für alle

[12] MüKoHGB/Krebs Rn. 8; Staub/Fischinger Rn. 14; BeckOGK/Schärtl, 15.6.2025, Rn. 13.4; GK-HGB/B. Schmidt Rn. 3; Hopt/Merkt Rn. 2; Haag/Löffler/Glock Rn. 5; **aA** Heymann/Teichmann/Körber Rn. 9; Ebenroth/Boujong/Weber Rn. 3; RGHMW/Wöstmann Rn. 7.

[13] BeckOGK/Schärtl, 15.6.2025, Rn. 13.2; RGHMW/Wöstmann Rn. 8 f.

[14] MüKoHGB/Krebs Rn. 5; Staub/Fischinger Rn. 15; BeckOGK/Schärtl, 15.6.2025, Rn. 15.1 ff.; Ebenroth/Boujong/Weber Rn. 6; GK-HGB/B. Schmidt Rn. 5.

[15] BGH 18.12.1991, BGHZ 116, 387 (389 f.) = NJW 1992, 828; Schwenker NJW 1992, 343; BeckOGK/Schärtl, 15.6.2025, Rn. 13.3; Ebenroth/Boujong/Weber Rn. 7; Hopt/Merkt Rn. 5; s. auch Grooterhorst, Vollmachten in Unternehmen, 6. Aufl. 2014, 62 ff.; **aA** Staub/Fischinger Rn. 12: §§ 69 ff. VVG leges speciales.

[16] Staub/Fischinger Rn. 25; BeckOGK/Schärtl, 15.6.2025, Rn. 21; Ebenroth/Boujong/Weber Rn. 2.

[17] Ebenroth/Boujong/Weber Rn. 2; KKD/Roth/Stelmaszczyk Rn. 6; RGHMW/Wöstmann Rn. 12.

Verträge des Kaufmanns, nicht nur für jene, die der jeweilige Abschlussvertreter geschlossen hat.[18] Der Kaufmann soll selbst über den Fortbestand der Verträge entscheiden.[19] Zudem kann er die Vollmacht rechtsgeschäftlich noch weiter beschränken. § 54 Abs. 3 schützt aber den guten Glauben der Geschäftspartner. Der Geschäftsinhaber kann sich daher auf die Beschränkungen nur berufen, wenn der Dritte sie kannte oder kennen musste. Der Kaufmann kann die Abschlussvollmacht erweitern, sodass der Bevollmächtigte einzelne oder alle Rechtshandlungen und Rechtsgeschäfte iSd § 54 Abs. 2, § 55 Abs. 2, 3 vornehmen kann.[20] Auch eine Rechtsscheinvollmacht kann insoweit vorliegen.

1. Vertragsänderungen (Abs. 2). Vertragsänderungen sind alle ein- und mehrseitigen Rechtshandlungen und Rechtsgeschäfte, die sich auf den Bestand des Vertrags oder den Inhalt seiner Pflichten auswirken.[21] **Inhaltsänderungen** sind insbesondere nachträgliche Zahlungspflichten sowie Veränderungen des Leistungsgegenstands, des Preises, der Gewährleistungsrechte oder sonstiger Vertragsbedingungen.[22] Auch die Modifikation von Nebenbedingungen oder AGB sind erfasst. Es kommt nicht darauf an, ob die Änderung wesentlich oder unwesentlich ist, ob sie eine Verbesserung oder Verschlechterung der Rechtsstellung des Geschäftsinhabers bewirkt.[23] Wegen des uneingeschränkten Verbots ist zudem ohne Bedeutung, ob der Bevollmächtigte bei Vertragsschluss berechtigt gewesen wäre, eine entsprechende Vereinbarung zu treffen.[24] Unzulässige **Bestandsänderungen** sind die Anfechtung, die Kündigung und die Aufhebung des Vertrags ebenso wie der Rücktritt vom Vertrag. Das gilt auch, wenn die Bestandsänderung dem Kaufmann günstig ist. Abs. 2 erfasst auch die Leistung an Erfüllungs statt und erfüllungshalber.[25] 14

§ 55 Abs. 2 gilt nicht für Willenserklärungen, die der **Durchführung der Geschäfte** dienen und den Bestand sowie den Inhalt des Vertrags nicht berühren.[26] Auch Willenserklärungen zum Erhalt und zur Begründung von Rechten für den Kaufmann sind von der Vollmacht gedeckt. Dazu zählen Mahnungen, Mängelrügen sowie das Setzen von Fristen für den Kaufmann. 15

2. Annahme von Zahlungen (Abs. 3). Abschlussvertreter dürfen keine Barzahlungen oder Geldsummen in vergleichbarer Zahlungsweise annehmen (zB Geldkarten, EC-Karten, Kreditkarten oder Barschecks).[27] Sie haben grundsätzlich **keine Inkassovollmacht.** § 55 Abs. 3 greift auch ein, wenn der Bevollmächtigte beim Vertragsschluss berechtigt gewesen wäre, den Kaufpreis zu stunden oder zu kreditieren. Der Inhaber kann aber Inkassovollmacht erteilen und auf diese Weise § 55 Abs. 3 abbedingen.[28] Darüber hinaus können die Grundsätze der Rechtsscheinvollmacht eingreifen. Unabhängig davon gilt jeder Überbringer einer **Quittung** gem. § 370 BGB als ermächtigt, die Leistung zu empfangen.[29] 16

IV. Erweiterung der Abschlussvollmacht (Abs. 4)

1. Entgegennahme von Mängelanzeigen. a) Grundsatz. § 55 Abs. 4 erweitert die gesetzliche Vermutung des Vollmachtumfangs zum Schutz der Kunden, damit sie die vom Kaufmann verursachten Mängel der geschuldeten Leistung gegenüber dem Außendienstmitarbeiter als Ansprechpartner rasch und ungehindert geltend machen können.[30] § 55 Abs. 4 gilt für alle Verträge des Kaufmanns, nicht nur für jene, die der Vertreter selbst abgeschlossen hat.[31] Diese Erweiterung der Vertretungs- 17

[18] GK-HGB/B. Schmidt Rn. 7.
[19] BeckOGK/Schärtl, 15.6.2025, Rn. 23.1.
[20] Staub/Fischinger Rn. 28; Heymann/Teichmann/Körber Rn. 11; MüKoHGB/Krebs Rn. 21; Ebenroth/Boujong/Weber Rn. 12; RGHMW/Wöstmann Rn. 17.
[21] BeckOGK/Schärtl, 15.6.2025, Rn. 23; Heymann/Teichmann/Körber Rn. 18; MüKoHGB/Krebs Rn. 18; Ebenroth/Boujong/Weber Rn. 11.
[22] Heymann/Teichmann/Körber Rn. 18; BeckOGK/Schärtl, 15.6.2025, Rn. 23.2; Ebenroth/Boujong/Weber Rn. 11; RGHMW/Wöstmann Rn. 13; vgl. auch BeckOK HGB/Meyer, 47. Ed. 1.10.2024, Rn. 18.
[23] RGHMW/Wöstmann Rn. 14; GK-HGB/B. Schmidt Rn. 7; s. auch RJA-E I, bei Schubert/Schmiedel/Krampe II/1, 47.
[24] RGHMW/Wöstmann Rn. 14; GK-HGB/B. Schmidt Rn. 7; vgl. auch Heymann/Teichmann/Körber Rn. 19.
[25] BeckOK HGB/Meyer, 47. Ed. 1.10.2024, Rn. 19.
[26] Heymann/Teichmann/Körber Rn. 20; BeckOGK/Schärtl, 15.6.2025, Rn. 23.3; Ebenroth/Boujong/Weber Rn. 11; Hopt/Merkt Rn. 7.
[27] BGH 14.4.1976, WM 1976, 715 (716); MüKoHGB/Krebs Rn. 22; BeckOGK/Schärtl, 15.6.2025, Rn. 25; Ebenroth/Boujong/Weber Rn. 12; KKD/Roth/Stelmaszczyk Rn. 8; GK-HGB/B. Schmidt Rn. 8.
[28] BGH 14.4.1976, WM 1976, 715; RG 28.11.1930, HRR 1931, Nr. 529; krit. Lenz JR 1931, 150.
[29] Ebenroth/Boujong/Weber Rn. 12; KKD/Roth/Stelmaszczyk Rn. 8; RGHMW/Wöstmann Rn. 19.
[30] Staub/Fischinger Rn. 39; BeckOGK/Schärtl, 15.6.2025, Rn. 26.
[31] Heymann/Teichmann/Körber Rn. 17; Ebenroth/Boujong/Weber Rn. 13; KKD/Roth/Stelmaszczyk Rn. 10.

macht kann der Inhaber des Handelsgewerbes rechtsgeschäftlich beschränken.[32] Insoweit gilt zum Schutz seiner Geschäftspartner aber der Gutglaubensschutz nach § 54 Abs. 3.

18 **b) Entgegennahme von mängelbezogenen Erklärungen.** Die Vollmacht des Abschlussvertreters erstreckt sich auf die Entgegennahme von Erklärungen, die wegen der Mangelhaftigkeit der vertraglich geschuldeten Leistung des Kaufmanns erfolgen.[33] Der Begriff der Ermächtigung in den §§ 48 ff. meint stets die Bevollmächtigung, sodass § 55 Abs. 4 eine Empfangsvollmacht des Abschlussvertreters widerleglich vermutet. Die passive Stellvertretung ist nicht vom Willen des Vertreters abhängig, sodass die Weigerung des Bevollmächtigten, die Erklärung entgegenzunehmen, unbeachtlich ist.[34] Es kommt nur auf das Vorliegen der Vertretungsmacht an. Es kann aber ein Fall der Zugangsvereitelung vorliegen.

19 Die Empfangsvollmacht erfasst Mängelanzeigen sowie Erklärungen darüber, dass eine Ware zur Verfügung gestellt und somit nicht als vertragsgemäße Erfüllung behalten wird.[35] **Mängelanzeigen** sind Mängelrügen nach § 377, aber auch sonstige Anzeigen von Leistungsmängeln. Der Begriff des Mangels ist dabei in einem weiten Sinn zu verstehen und erfasst jegliche leistungsbezogene Haupt- und Nebenpflichtverletzung.[36] Die Vollmacht erstreckt sich zudem auf **ähnliche Erklärungen,** durch die ein Dritter seine Rechte wegen mangelhafter Leistung geltend macht oder vorbehält. Dazu gehören Leistungs- und Nacherfüllungsverlangen, Anfechtungs-, Kündigungs- und Rücktrittserklärungen wegen eines Mangels.[37] Zudem sind die Mahnung, die Fristsetzung sowie die Ausübung von Zurückbehaltungs- und Leistungsverweigerungsrechten, aber auch das Verlangen von Schadensersatz nach den §§ 280, 281 BGB erfasst, sofern jeweils ein Mangel der Leistung zugrunde liegt.[38] Für den Verbraucherwiderruf gilt § 55 an sich nicht, eine entsprechende Anwendung kommt höchstens in Betracht, wenn der Widerruf wegen eines Mangels erfolgt.[39] Die Vertretungsmacht erstreckt sich indes nicht auf die **Rücknahme** der mangelhaften Leistung.[40] Wortlaut und Normzweck beschränken sich auf mangelbezogene Erklärungen. Die befreiende Leistung an den Kaufmann geht darüber hinaus. Hierfür bedarf es einer zusätzlichen Ermächtigung des Abschlussvertreters.

20 **c) Nicht erfasste Erklärungen und Handlungen.** Die Abschlussvertreter dürfen die Erklärung Dritter wegen eines Mangels nur entgegennehmen, aber **keine eigenen Willenserklärungen** abgeben.[41] Für Stellungnahmen im Namen des Geschäftsinhabers, die Anerkennung von Rechten oder die Gewährung eines Preisnachlasses fehlt ihnen die Vertretungsmacht. Darüber hinaus haben sie keine Vollmacht, Erklärungen oder Handlungen vor- bzw. entgegenzunehmen, die zwar der geordneten Abwicklung des Vertrags dienen, aber nicht im Zusammenhang mit Leistungsmängeln stehen. Das gilt für die Anfechtung und den Widerruf des Vertrags. Auch die Ausübung eines Wahlrechts (§ 263 BGB) oder die Vornahme einer Spezifikation (§ 375) sind ihnen nicht möglich.[42] Nur Erklärungen, die den Vertrag nicht ändern, sind von der Vollmacht gedeckt (→ Rn. 14).

21 **2. Geltendmachung von Beweissicherungsrechten für das Unternehmen.** Ergänzend erlaubt § 55 Abs. 4 den Abschlussvertretern, die Beweissicherungsrechte des Prinzipals geltend zu machen. Die Vertretungsmacht erstreckt sich daher auf die Sicherung von Beweisen für die Mangelhaftigkeit bzw. Mangelfreiheit der Leistung des Kaufmanns. Wegen der Mängel der Leistung des Geschäftspartners steht ihm nicht die gleiche Vertretungsmacht zu. Zur Beweissicherung gehört die Veranlassung, Entnahme und Verwahrung von Proben. Daneben ist das Einholen eines Sachverständigengutachtens und das Beantragen eines selbständigen Beweisverfahrens gem. §§ 485 ff. ZPO zulässig, solange ein Zusammenhang mit den Mängelrügen besteht.[43]

---

[32] Staub/Fischinger Rn. 42; MüKoHGB/Krebs Rn. 24.

[33] MüKoHGB/Krebs Rn. 27; Staub/Fischinger Rn. 50; Ebenroth/Boujong/Weber Rn. 16.

[34] Heymann/Teichmann/Körber Rn. 26; GK-HGB/B. Schmidt Rn. 13; s. auch MüKoBGB/Schubert BGB § 164 Rn. 261; BeckOK BGB/Schäfer, 74. Ed. 1.5.2025, BGB § 164 Rn. 45; **aA** Staudinger/Schilken, 2024, BGB § 164 Rn. 22.

[35] Heymann/Teichmann/Körber Rn. 28 f.; GK-HGB/B. Schmidt Rn. 10.

[36] MüKoHGB/Krebs Rn. 30; Staub/Fischinger Rn. 50.

[37] MüKoHGB/Krebs Rn. 31; Staub/Fischinger Rn. 51; BeckOGK/Schärtl, 15.6.2025, Rn. 32; Ebenroth/Boujong/Weber Rn. 16; RGHMW/Wöstmann Rn. 22.

[38] MüKoHGB/Krebs Rn. 31; Staub/Fischinger Rn. 51; Ebenroth/Boujong/Weber Rn. 16; RGHMW/Wöstmann Rn. 22.

[39] Weitergehend MüKoHGB/Krebs Rn. 31; Haag/Löffler/Glock Rn. 21; zum Reformbedarf der Beschränkung auf das Mangelgewährleistungsrecht BeckOGK/Schärtl, 15.6.2025, Rn. 32.2.

[40] Heymann/Teichmann/Körber Rn. 29; Staub/Fischinger Rn. 49; Haag/Löffler/Glock Rn. 19.

[41] Ebenroth/Boujong/Weber Rn. 15; RGHMW/Wöstmann Rn. 24; Hopt/Merkt Rn. 10.

[42] Vgl. Heymann/Teichmann/Körber Rn. 31.

[43] Heymann/Teichmann/Körber Rn. 32; BeckOGK/Schärtl, 15.6.2025, Rn. 33; RGHMW/Wöstmann Rn. 25; Hopt/Merkt Rn. 9 f.; **aA** Staub/Fischinger Rn. 54 f.; BeckOK HGB/Meyer, 47. Ed. 1.10.2024, Rn. 27 f.

V. Vertreter ohne Vertretungsmacht

Soweit der Abschlussvertreter ohne Vertretungsmacht handelt, gelten grundsätzlich die §§ 177 ff. BGB. Nach § 75h Abs. 1, 2 und § 91a Abs. 1, 2 gilt indes das Rechtsgeschäft als vom Unternehmer genehmigt, wenn er es nicht unverzüglich gegenüber dem Dritten ablehnt, nachdem er von ihm und seinem wesentlichen Inhalt durch den Vertreter oder den Dritten Kenntnis erlangt hat. Für die Handlungsgehilfen im Außendienst bei nicht-kaufmännischen Unternehmen, für die § 55 analog gilt, muss § 75h Abs. 1, 2 entsprechende Anwendung finden, da er den von § 55 bezweckten Verkehrsschutz im Falle eines vollmachtlosen Handelns des Vertreters ergänzt. 22

VI. Darlegungs- und Beweislast

Für die Darlegungs- und Beweislast gilt nichts anders als bei § 54 (→ § 54 Rn. 51). Die Erweiterung der Vollmacht und die damit einhergehende Abbedingung des § 55 Abs. 2, 3 muss der Inhaber des Handelsgeschäfts darlegen und beweisen, wenn er sich darauf stützen will. Das Gleiche gilt für Einschränkungen der Vollmacht entgegen § 55 Abs. 4. Lediglich bei der Geltendmachung der Beweissicherungsrechte durch den Abschlussvertreter träfe den Dritten die Darlegungs- und Beweislast dafür, dass § 55 Abs. 4 abbedungen wurde. 23

§ 56 [Angestellte in Laden oder Warenlager]

Wer in einem Laden oder in einem offenen Warenlager angestellt ist, gilt als ermächtigt zu Verkäufen und Empfangnahmen, die in einem derartigen Laden oder Warenlager gewöhnlich geschehen.

Schrifttum: Grooterhorst, Vollmachten in Unternehmen, 6. Aufl. 2014; Habersack, Verkauf einer Grafik aufgrund veralteter Preisliste, JuS 1992, 548; Honsell, Die Besonderheiten der handelsrechtlichen Stellvertretung, JA 1984, 17; Marks, Die Scheinvollmacht im Handelsverkehr unter besonderer Berücksichtigung des § 56 HGB, Diss. Marburg 1939; Schmitt, Die Rechtsstellung der Kleingewerbetreibenden nach dem Handelsrechtsreformgesetz, 2003; Weimar, Vertretungsmacht der Ladenangestellten, MDR 1968, 901; Weimar, Die Vollmachtsfiktion für Ladenangestellte gemäß § 56 HGB, JR 1979, 103.

Übersicht

I. Allgemeines

§ 56 bezweckt ebenso wie die §§ 54 f. einen **Verkehrsschutz** und dient der Sicherheit und Leichtigkeit des Handelsverkehrs.[1] Personen, die in Läden oder offenen Warenlagern tätig sind, haben typischerweise eine Vollmacht, Verkäufe und Empfangnahmen für den Inhaber des Handelsgeschäfts vorzunehmen. Dabei handelt es sich um alltägliche Geschäfte. Daher sollen sich Dritte darauf verlassen dürfen, dass der Handelnde Vertretungsmacht für solche Geschäfte hat. Schließlich handelt es sich um einen für den Kaufmann leicht kontrollierbaren Geschäftsbereich, sodass ihm die Verlagerung des Risikos fehlender Vertretungsmacht zumutbar ist. 1

Die **dogmatische Einordnung** des § 56 ist streitig. Es sind zwei Aspekte zu unterscheiden: Zum einen ist zu ermitteln, ob § 56 wie die §§ 54 f. die Erteilung einer Vollmacht voraussetzt oder auch dann vertrauensschützend eingreift, wenn keine Vollmacht besteht (Rechtsscheinvollmacht). Zum anderen besteht Uneinigkeit darüber, in welcher Weise § 56 den Umfang der Vertretungsmacht regelt. Zur ersten Frage wird zum Teil angenommen, § 56 regele eine rechtsgeschäftliche Vertretungs- 2

[1] MüKoHGB/Krebs Rn. 1; Staub/Fischinger Rn. 1; Ebenroth/Boujong/Weber Rn. 1; RGHMW/Wöstmann Rn. 2.

macht (konkludente Vollmacht) und setze die Vollmacht voraus.[2] Zum Teil gilt die Regelung als Vertrauensschutznorm[3] oder als doppelfunktionale Norm,[4] die den Rechtsschein nur soweit schützt, als keine Vollmacht existiert. Der Verkehrsschutz als Normzweck hat nicht zwingend zur Folge, dass § 56 eine vertrauensschützende Bestimmung ist. § 56 knüpft aber an einen Sachverhalt an, bei dem typischerweise bevollmächtigte Personen handeln und Dritte grundsätzlich auf die Bevollmächtigung vertrauen. Zudem formuliert § 56 im Gegensatz zu § 54 Abs. 1, dass der Angestellte als ermächtigt „gilt". Somit soll es nicht darauf ankommen, ob eine Vollmacht vorliegt. Daher handelt es sich bei § 56 um eine Norm, die das Vertrauen auf das Vorliegen einer Vollmacht schützt. Der Rechtsscheintatbestand ist die Anstellung in einem Laden oder offenen Warenlager. Der Schutz des Rechtsscheins durch § 56 erfolgt aber nur, wenn tatsächlich keine Vollmacht besteht. Im Übrigen hat die privatautonome Vollmachterteilung Vorrang.

3 Hinsichtlich des **Umfangs der Vertretungsmacht** gilt § 56 zum Teil als Fiktion (gesetzliche Regelung der Vertretungsmacht),[5] zum Teil als widerlegliche Vermutung[6] oder als dispositive gesetzliche Vertretungsmacht.[7] Die hM geht wohl von einer unwiderleglichen Vermutung der Vertretungsmacht aus.[8] Der Wortlaut („gilt") scheint zwar, für eine Fiktion zu sprechen, der Kontext zu den §§ 54 f. verweist aber auf eine gesetzliche Vermutung des Vollmachtumfangs. Sofern dem Angestellten tatsächlich eine Vollmacht erteilt wurde, ist § 56 nur eine widerlegliche Vermutung des Vollmachtumfangs.[9] Das ergibt sich aus dem systematischen Zusammenhang zu § 54 Abs. 1. Es ist nicht ersichtlich, warum § 54 Abs. 1 und § 56 ungleich behandelt werden sollten, wenn tatsächlich eine Vollmacht erteilt wurde. Im Falle einer Rechtsscheinvollmacht nach § 56 wird der Umfang der Vertretungsmacht hingegen unwiderleglich vermutet.[10] Etwas anderes wäre mit dem Rechtsscheincharakter unvereinbar.

II. Tatbestand des § 56

4 **1. Laden oder offenes Warenlager.** Der Tatbestand des § 56 ist wegen seines Normzwecks **weit auszulegen** und funktional abzugrenzen.[11] § 56 soll Wirkung entfalten, wenn es sich um ein dem Publikum zugängliches Verkehrslokal handelt, auch wenn es nur vorübergehend benutzt wird. Eine besondere Ausstattung des Lokals ist nicht erforderlich.

5 **a) Laden.** Ein Laden ist jedes zum Abschluss von Geschäften bestimmtes Lokal.[12] Es muss sich weder um eine feste Niederlassung noch eine Dauereinrichtung handeln.[13] Eine Verkaufsfläche im Freien (zB Zelt, Pavillon) oder bei einer Ausstellung oder Messe genügt.[14] Der Laden muss nicht betretbar sein (zB Kiosk), auch die Art der angebotenen Waren ist unerheblich.[15] Ein Laden ist ebenfalls der Verkaufsraum eines Großhändlers, wenn Publikumsverkehr besteht. Das ist zumindest der Fall, wenn auch an Privatkunden verkauft wird.[16] Nicht erfasst sind Kontor-, Büro- und Fabrikräume, die dem allgemeinen Publikumsverkehr nicht zum Abschluss von Kaufverträgen zugänglich sind.[17]

---

[2] Flume BGB AT II § 49, 3; Schlegelberger/Schröder Rn. 1.

[3] BGH 4.5.1988, NJW 1988, 2109 (2110); 24.9.1975, NJW 1975, 2191; Canaris HandelsR § 14 Rn. 5; Ebenroth/Boujong/Weber Rn. 2.

[4] Staub/Fischinger Rn. 7; BeckOGK/Schärtl, 15.6.2025, Rn. 3; K. Schmidt HandelsR § 16 Rn. 123; MüKoHGB/Krebs Rn. 2, 6; BeckOK HGB/Meyer, 47. Ed. 1.10.2024, Rn. 28 ff.; wohl auch Heymann/Teichmann Rn. 4.

[5] Frotz, Verkehrsschutz im Vertretungsrecht, 1972, 366 f.; Honsell JA 1984, 17 (22).

[6] Canaris HandelsR § 14 Rn. 6; Ebenroth/Boujong/Weber Rn. 2; BeckOK HGB/Meyer, 47. Ed. 1.10.2024, Rn. 29 f.; Hopt/Merkt Rn. 4.

[7] MüKoHGB/Krebs Rn. 5.

[8] BGH 4.5.1988, NJW 1988, 2109; 24.9.1975, NJW 1975, 2191; RGHMW/Wöstmann Rn. 1; vgl. auch Heymann/Teichmann Rn. 3, 5.

[9] Staub/Fischinger Rn. 7; BeckOGK/Schärtl, 15.6.2025, Rn. 4; K. Schmidt HandelsR § 16 Rn. 123; Oetker HandelsR § 5 Rn. 62.

[10] K. Schmidt HandelsR § 16 Rn. 123; Oetker HandelsR § 5 Rn. 63; vgl. auch Staub/Fischinger Rn. 7.

[11] RG 20.10.1908, RGZ 69, 307 (309); Staub/Fischinger Rn. 17; Heymann/Teichmann Rn. 15; RGHMW/Wöstmann Rn. 3.

[12] RG 20.10.1908, RGZ 69, 307 (308); MüKoHGB/Krebs Rn. 17; Staub/Fischinger Rn. 17 ff.; Ebenroth/Boujong/Weber Rn. 6.

[13] RG 20.10.1908, RGZ 69, 307 (308); MüKoHGB/Krebs Rn. 17; Ebenroth/Boujong/Weber Rn. 6.

[14] RG 20.10.1908, RGZ 69, 307 (308); Staub/Fischinger Rn. 18, 19; Ebenroth/Boujong/Weber Rn. 6; KKD/Roth/Stelmaszczyk Rn. 5.

[15] K. Schmidt HandelsR § 16 Rn. 129; Staub/Fischinger Rn. 18; Heymann/Teichmann Rn. 16; Ebenroth/Boujong/Weber Rn. 6.

[16] BGH 24.9.1975, NJW 1975, 2191.

[17] OLG Frankfurt 15.1.1998, WM 1999, 793 (794); MüKoHGB/Krebs Rn. 18; Heymann/Teichmann Rn. 15; RGHMW/Wöstmann Rn. 7; Staub/Fischinger Rn. 19; NK-HGB/Schmidt Rn. 2.

b) Offenes Warenlager. Ein offenes Warenlager sind Räume, in denen bewegliche Sachen aufbewahrt werden und die für den Publikumsverkehr geöffnet sind, sodass der Abschluss von Geschäften vor Ort vorgesehen ist.[18] Sie können sich in Gebäuden oder unter freiem Himmel befinden. Nicht erfasst sind reine Vorratslager, die nur der Aufnahme und Ablieferung von Waren dienen. 6

2. Ladeninhaber. Der vertretene Ladeninhaber muss grundsätzlich Kaufmann iSd §§ 1–6 sein. § 56 gilt nicht für Freiberufler und Kleingewerbetreibende, die nicht im Handelsregister eingetragen sind. Allerdings hat das MoPeG in § 107 Abs. 1 S. 2 die Personenhandelsgesellschaft für freie Berufe geöffnet, sodass für eine solche Gesellschaft als Formkaufmann auch § 56 gilt. Die hM wendet § 56 darüber hinaus auf alle Unternehmen analog an.[19] Ebenso wie bei § 54 fehlt es für die Rechtsfortbildung aber an der planwidrigen Regelungslücke und im Einzelfall liegt in der Regel eine konkludente Vollmacht oder eine Rechtsscheinvollmacht vor.[20] Der Gesetzgeber hat dazu bei der Handelsrechtsreform 1998 nicht Stellung genommen, sondern nur konstatiert, dass beide Ansichten im Wesentlichen zum gleichen Ergebnis kommen.[21] Letztlich ist bei nichtkaufmännischen Unternehmen eine Analogie zu § 56 wie bei § 54 abzulehnen und auf das Stellvertretungsrecht des BGB zu verweisen. De lege ferenda sollte aber ein vergleichbarer Verkehrsschutz zumindest für alle Freiberufler geschaffen werden. Die Erwartung an die Sicherheit des Geschäftsverkehrs hängt nicht von der Einordnung der Tätigkeit als Handelsgewerbe ab, sondern knüpft an der professionellen Tätigkeit des Vertragspartners an. Die traditionelle Unterscheidung zwischen Handelsgewerbe und Freiberuflern hat – jenseits des besonderen Berufsrechts – kein so entscheidendes Gewicht mehr. 7

3. Angestellter. Der Begriff des Angestellten ist iSd § 56 bezweckten Verkehrsschutzes weit auszulegen. Angestellt ist jede Person, die mit Wissen und Wollen des Geschäftsinhabers in einem bestimmten Laden oder Warenlager mit Publikumsverkehr agiert und in den Verkauf eingeschaltet ist.[22] Dies kann sich auch auf einen Teilbereich des Ladens beziehen (zB shop in shop). Sie muss mindestens beschränkt geschäftsfähig sein (§ 165 BGB). Es muss sich aber nicht um einen Arbeitnehmer oder Handlungsgehilfen nach § 59 handeln, auch Familienangehörige, Auszubildende, Volontäre oder Praktikanten sind erfasst.[23] Es kommt nicht darauf an, ob die Tätigkeit entgeltlich oder unentgeltlich, ständig, gelegentlich oder einmalig erfolgt, da dies für den Dritten nicht erkennbar ist.[24] Ausgenommen sind hingegen Personen, die ohne Wissen und Wollen des Kaufmanns tätig werden. Daher gilt § 56 beim Shop-in-Shop nur für den in das Geschäft integrierten Laden, wenn der Angestellte darüber hinaus nicht tätig werden soll.[25] § 56 erfasst zudem nur jene Angestellten, die zumindest auch zu Verkaufszwecken beschäftigt sind.[26] Ansonsten fehlte es an dem typisierbaren Sachverhalt, an den § 56 anknüpft und der Zurechenbarkeit des Rechtsscheins gegenüber dem Kaufmann. Das gilt sogar, wenn die Beschäftigten innerhalb und außerhalb des Ladens tätig sind, aber nicht für den Publikumsverkehr eingesetzt werden.[27] Konsequenterweise sind erst recht die Mitarbeiter in anderen Unternehmensbereichen nicht erfasst (zB Buchhalter, Raumpfleger, Packer, Lagerarbeiter oder Dekorateure).[28] In diesen Fällen kann eine Handlungsvollmacht nach § 54 Abs. 1 oder eine Rechtsscheinvollmacht vorliegen.[29] 8

---

[18] Heymann/Teichmann Rn. 17.

[19] K. Schmidt HandelsR § 16 Rn. 128; MüKoHGB/Krebs Rn. 10; BeckOK HGB/Meyer, 47. Ed. 1.10.2024, Rn. 3; RGHMW/Wöstmann Rn. 4a; Heymann/Teichmann Rn. 6; Hopt/Merkt Rn. 1; Haag/Löffler/Glock Rn. 2; **aA** BeckOGK/Schärtl, 15.6.2025, Rn. 7.1 f.; KKD/Roth/Stelmaszczyk Rn. 3.

[20] Staub/Fischinger Rn. 8; Ebenroth/Boujong/Weber § 56 Rn. 3.

[21] Begr. RegE, BT-Drs. 13/8444, 30.

[22] BGH 24.9.1975, NJW 1975, 2191; RG 23.1.1924, RGZ 108, 48 (49 f.); OLG Hamm 20.7.2010, BeckRS 2010, 22726; MüKoHGB/Krebs Rn. 19; Staub/Fischinger Rn. 11, 14; BeckOGK/Schärtl, 15.6.2025, Rn. 14; K. Schmidt HandelsR § 16 Rn. 131; Ebenroth/Boujong/Weber Rn. 5.

[23] RG 23.1.1924, RGZ 108, 48 (49 f.); Staub/Fischinger Rn. 12, 15; MüKoHGB/Krebs Rn. 19; Heymann/Teichmann Rn. 11; Ebenroth/Boujong/Weber Rn. 5; s. auch OLG Düsseldorf 28.4.2008, NJW-RR 2009, 1043 (1044).

[24] Staub/Fischinger Rn. 12; MüKoHGB/Krebs Rn. 21; Ebenroth/Boujong/Weber Rn. 5.

[25] Weitergehend MüKoHGB/Krebs Rn. 21; BeckOGK/Schärtl, 15.6.2025, Rn. 41, die die Beschränkung von der Erkennbarkeit des shop in shop abhängig machen wollen; insoweit ist jedoch auf § 54 und die Rechtsscheinvollmacht zurückzugreifen.

[26] BGH 24.9.1975, NJW 1975, 2191; OLG Hamm 20.7.2010, BeckRS 2010, 22726; MüKoHGB/Krebs Rn. 19; Heymann/Teichmann Rn. 11 f.; **aA** BeckOGK/Schärtl, 15.6.2025, Rn. 14.5 f.

[27] BGH 5.3.1968, NJW 1968, 1147 (1148).

[28] RG 23.1.1924, RGZ 108, 48 (49); MüKoHGB/Krebs Rn. 21; Ebenroth/Boujong/Weber Rn. 5; KKD/Roth/Stelmaszczyk Rn. 4.

[29] OLG Hamm 20.7.2010, NJOZ 2010, 2604 (2605 f.); OLG Brandenburg 30.9.2008, BeckRS 2008, 20920.

9 **4. Abschluss des Geschäfts.** § 56 setzt unausgesprochen voraus, dass im Laden eine geschäftliche Tätigkeit erfolgt ist.[30] Daran knüpfen der Verkehrs- bzw. der Vertrauensschutz an. Das Geschäft muss entweder innerhalb des Ladens bzw. Warenlagers geschlossen worden sein oder sich dort angebahnt haben. Der nachträgliche Vertragsschluss (zB telefonisch) muss in einem ausreichenden zeitlichen und örtlichen Zusammenhang zum Besuch im Laden oder Warenlager stehen.[31] § 56 gilt nicht nur für den Vertragsschluss, sondern auch für die Erfüllung durch Verfügung.

III. Umfang der Ladenvollmacht

10 **1. Gewöhnliche Verkäufe.** Die Vertretungsmacht erstreckt sich nach § 56 auf die Verhandlungen und den Abschluss von Verkäufen. Damit sind Kaufverträge iSv § 433 BGB, aber auch Werklieferungsverträge iSv § 650 BGB erfasst, für die ebenfalls das Kaufvertragsrecht gilt.[32] Zudem hat der Vertragstyp nur eine untergeordnete Bedeutung, da § 56 dem Verkehrsschutz bei Geschäften in Läden und Warenlagern dient. Schließlich gehört zum „Verkauf" die Übereignung zur Erfüllung des schuldrechtlichen Vertrags.[33] Das HGB berücksichtigt die Abstraktion nicht explizit, sodass sich § 56 auf das gesamte Umsatzgeschäft bezieht. Die Vollmacht reicht nach § 56 so weit, dass der Bevollmächtigte den Vertragsinhalt einschließlich unselbständiger Nebenabreden wie Stundungsvereinbarungen, Preisrabatte und Ratenzahlungen vereinbaren kann, so lange er dabei die Grenzen des Gewöhnlichen nicht überschreitet.[34] Erfasst ist auch der Verkauf von Gebrauchtwagen im Agenturmodell, wobei § 56 für den Vermittlungsvertrag als mit dem Verkauf verbundener Vertrag zumindest analog gilt.[35]

11 Die hM beschränkt § 56 auf den Einzelhandel, der auch das Nebengeschäft eines Großhandels sein könne.[36] Die Rechtsfolgen des § 56 seien dem Vertretenen im Großhandel weniger zumutbar. Dem wird zu Recht entgegengehalten, dass § 56 für den Großhandel zumindest gelten müsse, wenn ebenfalls ein Laden oder ein offenes Warenlager mit Publikumsverkehr unterhalten werde.[37] Es besteht ein Rechtsscheintatbestand, sodass der Vertrauensschutz eingreifen muss. Unterschiede zwischen Kaufleuten und Verbrauchern lassen sich im Rahmen des Maßstabs für den guten Glauben berücksichtigen.

12 Zum **Verkauf als Umsatzgeschäft** gehören nicht der Rücktritt vom Vertrag und die Anfechtung, auch nicht die Aufhebung oder nachträgliche Änderung des Vertrags.[38] Insoweit besteht nicht der gleiche typisierte Anknüpfungspunkt für die Vermutung des § 56. Eine Handlungsvollmacht kann sich insoweit nur aus § 54 ergeben. Das gilt ebenfalls für die Rückabwicklung von Verträgen. Auf die Entgegennahme von Mängelanzeigen ist § 56 Alt. 2 (gewöhnliche Empfangnahme) hingegen anzuwenden.[39] Diese modifiziert den Vertrag nicht. Streitig ist indes die Anwendung des § 56 auf den **Warenumtausch.**[40] Der Umtausch ist weder ein Rücktritt vom Vertrag noch dessen Rückabwicklung. Der Dritte modifiziert durch die Ausübung eines vertraglich geregelten Umtauschrechts nur den Vertragsinhalt in der ursprünglich vereinbarten Weise. Daher ist der Umtausch von § 56

[30] BGH 5.3.1968, NJW 1968, 1147 (1148); RG 23.1.1924, RGZ 108, 48 (49 f.); MüKoHGB/Krebs Rn. 24 ff.; Staub/Fischinger Rn. 24; Ebenroth/Boujong/Weber Rn. 8.

[31] RG 23.1.1924, RGZ 108, 48 (49); RGHMW/Wöstmann Rn. 13; KKD/Roth/Stelmaszczyk Rn. 7; K. Schmidt HandelsR § 16 Rn. 130; Heymann/Teichmann Rn. 20; Haag/Löffler/Glock Rn. 11; **aA** BeckOGK/Schärtl, 15.6.2025, Rn. 20; Ebenroth/Boujong/Weber Rn. 8; MüKoHGB/Krebs Rn. 27, Anwendung von § 54; s. auch BeckOK HGB/Meyer, 47. Ed. 1.10.2024, Rn. 13 f.

[32] BGH 4.5.1988, NJW 1988, 2109; MüKoHGB/Krebs Rn. 28; K. Schmidt HandelsR § 16 Rn. 132; Hopt/Merkt Rn. 4; NK-HGB/Schmidt Rn. 4; für ein funktionales Verständnis: Heymann/Teichmann Rn. 25; **aA** zu § 652 BGB: Ebenroth/Boujong/Weber Rn. 11.

[33] BGH 4.5.1988, NJW 1988, 2109; Ebenroth/Boujong/Weber Rn. 10; Heymann/Teichmann Rn. 22; KKD/Roth/Stelmaszczyk Rn. 8.

[34] OLG Karlsruhe 16.10.2020, BeckRS 2020, 29472; OLG Karlsruhe 7.5.1980, MDR 1980, 849 (850); MüKoHGB/Krebs Rn. 28; Staub/Fischinger Rn. 26, 30; Heymann/Teichmann Rn. 23; Ebenroth/Boujong/Weber Rn. 10.

[35] MüKoHGB/Krebs Rn. 11; Staub/Fischinger Rn. 30.

[36] BGH 24.9.1975, NJW 1975, 2191.

[37] Staub/Fischinger Rn. 18.

[38] MüKoHGB/Krebs Rn. 30; Staub/Fischinger Rn. 32; Heymann/Teichmann Rn. 24; Ebenroth/Boujong/Weber Rn. 10; KKD/Roth/Stelmaszczyk Rn. 8.

[39] Ebenroth/Boujong/Weber Rn. 10; s. auch Staub/Fischinger Rn. 38; MüKoHGB/Krebs Rn. 34; Heymann/Teichmann Rn. 27.

[40] Staub/Fischinger Rn. 32; BeckOGK/Schärtl, 15.6.2025, Rn. 26; RGHMW/Wöstmann Rn. 16; KKD/Roth/Stelmaszczyk Rn. 8; Kohte JR 1990, 61 (63); Ebenroth/Boujong/Weber Rn. 10; Heymann/Teichmann Rn. 24.

erfasst, sofern es sich dabei um ein gewöhnliches Geschäft handelt. Das Gleiche gilt, wenn mit dem Verkauf die Inzahlunggabe einer Sache verbunden ist.[41]

Gewöhnlich iSv § 56 sind Verkäufe, wenn sie branchenüblich sind. Dabei sind auch Typ und Größe des Ladens zu berücksichtigen.[42] § 56 dient dem Verkehrsschutz Dritter, sodass es nicht auf die Gepflogenheiten des konkreten Ladengeschäfts ankommen kann. Insoweit gelten dieselben Grundsätze wie bei § 54 (→ § 54 Rn. 19). 13

2. Gewöhnliche Empfangnahme. § 56 erfasst nur den Empfang von Sachen, der im Zusammenhang mit dem Betrieb eines Ladens oder offenen Warenlagers steht und Gegenstände betrifft, die dort – unabhängig vom Ort des Vertragsschlusses – gewöhnlich abgeliefert werden.[43] Hierzu zählt primär die Entgegennahme des Kaufpreises durch die Zahlung an den Angestellten,[44] die je nach Geschäftsbetrieb auch hohe Summen sein können.[45] Sie hat wegen § 56 die gleiche Erfüllungswirkung wie die Entgegennahme durch den Vertretenen. Dabei kommt es nicht darauf an, ob der entgegennehmende Angestellte den Kaufvertrag abgeschlossen hat.[46] Es genügt, wenn die Erfüllung der Verträge gewöhnlich im Laden oder offenen Warenlager erfolgt. Daneben gilt § 56 für das Entgegennehmen von Waren, die gewöhnlich dort abgeliefert werden. Das schließt die Rückgabe bemängelter Waren ein. Allerdings hat der Angestellte keine Vertretungsmacht für die Anerkennung der geltend gemachten Mängelgewährleistungsrechte. 14

3. Ankäufe. Der Ankauf einer Ware ist weder ein Verkauf noch die Entgegennahme einer Ware iSv § 56, da eine Verpflichtung zur Abnahme für den Vertretenen entsteht.[47] Mit solchen Verträgen sind weitergehende Risiken verbunden als mit der bloßen Entgegennahme von Waren. § 56 gilt wegen seines Wortlauts auch nicht für Ankäufe, die für das Handelsgewerbe gewöhnlich sind. Das Gleiche gilt für Rückkaufvereinbarungen, die dem Käufer ein Optionsrecht einräumen und den Vertretenen zum Ankauf verpflichten.[48] Es handelt sich nicht nur um eine Nebenabrede des Kaufvertrages, da dem Käufer ein Gestaltungsrecht gewährt wird, das de facto das Umsatzgeschäft rückgängig macht. Eine Analogie kommt nicht in Betracht, da eine Handlungsvollmacht nach § 54 erteilt werden kann und somit keine Regelungslücke besteht. Zudem fehlt es wegen der Risikosteigerung an einer vergleichbaren Interessenlage. Es gelten aber die Grundsätze der Rechtsscheinvollmacht. 15

4. Analoge Anwendung auf alle Absatzverträge. Die Anwendung des § 56 auf andere Absatzverträge (Werk-, Dienst-, Leasing- oder Versicherungsverträge) wird uneinheitlich beurteilt. Der Wortlaut bezieht sich zwar auf Verkäufe und Entgegennahmen. Er beschränkt sich damit aber nicht auf den Kaufvertrag als Vertragstyp. Zudem besteht bei Absatzverträgen, die im Laden oder offenen Warenlager geschlossen werden, der von § 56 vorausgesetzte räumliche Bezug, der die Verkehrserwartung beeinflusst und einen Rechtsscheintatbestand begründet. Es besteht daher ein vergleichbares Bedürfnis nach Verkehrs- und Vertrauensschutz wie bei Kaufverträgen. Zudem entstehen keine höheren Risiken als bei Verkäufen. Daher ist § 56 auf (andere) Absatzverträge entsprechend anzuwenden.[49] Eine Ausnahme gilt für das Handeln von Versicherungsvertretern, deren Vertretungsmacht in den §§ 69 ff. VVG eigens geregelt ist. Die Gegenansicht gelangt über die Grundsätze der Rechtsscheinvollmacht zu weitgehend gleichen Ergebnissen.[50] Eine Erweiterung auf den Fernabsatz de lege ferenda ist nicht angezeigt, weil es an der Grundlage für einen Rechtsschein iSd § 56 fehlt.[51] 16

---

[41] OLG Brandenburg 30.9.2008, BeckRS 2008, 20920; BeckOGK/Schärtl, 15.6.2025, Rn. 26; MüKoHGB/Krebs Rn. 30.

[42] Staub/Fischinger Rn. 39; MüKoHGB/Krebs Rn. 28; Ebenroth/Boujong/Weber Rn. 13; KKD/Roth/Stelmaszczyk Rn. 10; s. auch BGH 29.1.1975, NJW 1975, 642 (643).

[43] Heymann/Teichmann Rn. 27 f.; BeckOGK/Schärtl, 15.6.2025, Rn. 29; Ebenroth/Boujong/Weber Rn. 12.

[44] OLG Karlsruhe 16.10.2020, BeckRS 2020, 29472; OLG Düsseldorf 28.4.2008, NJW-RR 2009, 1043 (1044); Hopt/Merkt Rn. 4.

[45] So zu einem Autohandel OLG Karlsruhe 16.10.2020, NJW-RR 2021, 122 Rn. 22.

[46] Staub/Fischinger Rn. 36.

[47] BGH 4.5.1988, NJW 1988, 2109 f.; MüKoHGB/Krebs Rn. 33; Staub/Fischinger Rn. 33; Heymann/Teichmann Rn. 26; Ebenroth/Boujong/Weber Rn. 11.

[48] **AA** OLG Brandenburg 30.9.2008, BeckRS 2008, 20920.

[49] MüKoHGB/Krebs Rn. 31; K. Schmidt HandelsR § 16 Rn. 132 f.; BeckOK HGB/Meyer, 47. Ed. 1.10.2024, Rn. 17; GK-HGB/B. Schmidt Rn. 8; Haag/Löffler/Glock Rn. 18; s. auch BGH 4.5.1988, NJW 1988, 2109; für den Frachtvertrag LG Bonn 14.5.2004, BeckRS 2004, 17817; **aA** Ebenroth/Boujong/Weber Rn. 11; Staub/Fischinger Rn. 34; diff. BeckOGK/Schärtl, 15.6.2025, Rn. 32 f.; zweifelnd Honsell JA 1984, 17 (23).

[50] Ebenroth/Boujong/Weber Rn. 11; BeckOGK/Schärtl, 15.6.2025, Rn. 33.

[51] **AA** MüKoHGB/Krebs Rn. 32.

IV. Guter Glaube

17 Der Gutglaubensschutz ist in § 56 nicht ausdrücklich geregelt. Ihm kommt eine doppelte Bedeutung zu. Zunächst kann sich der Kaufmann auf die Beschränkung der Vollmacht auf einen Umfang, der hinter dem in § 56 geregelten Umfang zurückbleibt, nicht berufen, wenn der Dritte gutgläubig war. Das ergibt sich aus § 54 Abs. 3 (analog).[52] Zum Teil wird auch auf § 173 BGB verwiesen.[53] Sofern § 56 den Vollmachtumfang widerleglich vermutet, handelt es sich um eine spezielle Ausprägung der Arthandlungsvollmacht nach § 54 Abs. 1.[54] Daher ist § 54 Abs. 3 analog anzuwenden. Der Dritte muss die Beschränkung der Vollmacht nur gegen sich gelten lassen, wenn er sie kannte oder kennen musste. Ihn trifft aber keine Nachforschungsobliegenheit.[55] Die Ausführungen zu § 54 Abs. 3 gelten entsprechend (→ § 54 Rn. 38 ff.).

18 Für die hM, die in § 56 eine unwiderlegliche Vermutung der Vollmacht sieht, haben rechtsgeschäftliche Beschränkungen keine Wirkung im Außenverhältnis. Dennoch beschränkt die hM die Wirkung des § 56 auf den gutgläubigen Handelsverkehr, da Dritte nur in diesem Fall schutzwürdig sind. § 54 Abs. 3 ist insoweit analog anzuwenden,[56] sodass es nicht zu unterschiedlichen Ergebnissen kommt.

19 Daneben ist § 56 eine vertrauensschützende Norm, sodass sich der Dritte auf den Rechtsschein einer Vollmacht nur berufen kann, wenn er gutgläubig ist, dh den Mangel an Vollmacht weder kannte noch kennen musste. Insofern gelten die gleichen Maßgaben wie nach § 54 Abs. 3, da insoweit die spezifischen Sorgfaltsanforderungen für das handelsrechtliche Vertretungsrecht entwickelt wurden. Eine bloße Regelung in den AGB steht nicht ohne weiteres entgegen, vielmehr müssen zusätzliche Umstände hinzutreten, damit erwartet werden darf, dass der Dritte die fehlende Vertretungsmacht kennt.[57] Der Vertretene kann § 56 insofern durch einen Hinweis auf die fehlende Vertretungsmacht beschränken (zB Hinweisschild „Zahlung nur an der Kasse").[58] Lediglich interne Anweisungen (zB keine Barzahlungen anzunehmen), die der Dritte nicht kennt oder kennen muss, haben keine Außenwirkung.[59]

V. Rechtsfolgen

20 Nach § 56 hat der Angestellte in Läden oder offenen Warenlagern Vertretungsmacht. Seine Willenserklärungen wirken für und gegen den vertretenen Geschäftsinhaber. Etwas anderes gilt bei **nicht voll geschäftsfähigen Kaufleuten,** da der Schutz der Minderjährigen gegenüber dem Verkehrs- und Vertrauensschutz nach den Wertungen der Privatrechtsordnung Vorrang hat.[60] Soweit § 56 eine widerlegliche Vermutung des Umfangs einer tatsächlich erteilten Vollmacht ist, entfaltet er seine Wirkung gegenüber beschränkt Geschäftsfähigen nur, wenn die Vollmachterteilung gem. §§ 106 ff. BGB wirksam ist. Sofern § 56 als Rechtsscheinvollmacht wirkt, greift er nur ein, wenn eine Bevollmächtigung wirksam gewesen wäre.[61] Das setzt voraus, dass der Angestellte mit Wissen und Wollen der gesetzlichen Vertreter im Laden bzw. offenen Warenlager agiert.

21 Der Vertreter ist nach § 56 auch zum Empfang von Waren oder Geld ermächtigt. Sofern er Besitzdiener des Vertretenen ist, wird dieser mit dem Empfang der Sache unmittelbarer Besitzer. Sofern der Vertreter unmittelbarer Fremdbesitzer ist, erlangt der Vertretene mittelbaren Eigenbesitz. Falls der Vertreter hingegen unmittelbaren Eigenbesitz erlangt, ergibt sich besitzrechtlich keine Wirkung zugunsten des Vertretenen. In diesem Fall muss der Besitz des Vertreters dem Vertretenen nach § 56 zugerechnet werden.[62] Die Einbeziehung der Empfangnahme in § 56 erreicht den angestrebten Verkehrsschutz nur, wenn der Besitz des Vertreters dem Vertretenen zuzurechnen ist. Ansonsten kann der Dritte nicht mit befreiender Wirkung an den Vertreter leisten. Das Gleiche muss beim Verkauf für die Übergabe von Sachen an den Käufer gelten, selbst wenn der Vertretene im Einzelfall nicht damit einverstanden war.

---

52 Ebenroth/Boujong/Weber Rn. 14; MüKoHGB/Krebs Rn. 39 (direkte Anwendung); KKD/Roth/Stelmaszczyk Rn. 11; s. auch BGH 29.1.1975, NJW 1975, 642 (643); **aA** Heymann/Teichmann Rn. 27, 29.

53 Staub/Fischinger Rn. 44; ähnlich K. Schmidt HandelsR § 16 Rn. 134 (zusammen mit § 54 Abs. 3).

54 MüKoHGB/Krebs Rn. 2.

55 BGH 24.9.1975, NJW 1975, 2191; so auch Heymann/Teichmann Rn. 29.

56 K. Schmidt HandelsR § 16 Rn. 134; Metzing Jura 2019, 143 (151); **aA** Heymann/Teichmann Rn. 29.

57 OLG Karlsruhe 16.10.2020, NJW-RR 2021, 122 Rn. 35; MüKoHGB/Krebs Rn. 40.

58 OLG Düsseldorf 28.4.2008, NJW-RR 2009, 1043 (1044); MüKoHGB/Krebs Rn. 40; GK-HGB/B. Schmidt Rn. 10; Hopt/Merkt Rn. 5.

59 Vgl. dazu OLG Karlsruhe 16.10.2020, NJW-RR 2021, 122 Rn. 23.

60 K. Schmidt HandelsR § 16 Rn. 136.

61 K. Schmidt HandelsR § 16 Rn. 136; Frotz, Verkehrsschutz im Vertretungsrecht, 1972, 367 f.

62 MüKoHGB/Krebs Rn. 29; Staub/Fischinger Rn. 37.

VI. Darlegungs- und Beweislast

Ein Dritter, der sich auf die Vertretungsmacht nach § 56 beruft, muss deren Voraussetzungen darlegen und beweisen. Den Vertretenen trifft hingegen die Darlegungs- und Beweislast für das Fehlen der Vertretungsmacht und die Bösgläubigkeit des Dritten.[63] 22

§ 57 [Zeichnung des Handlungsbevollmächtigten]

Der Handlungsbevollmächtigte hat sich bei der Zeichnung jedes eine Prokura andeutenden Zusatzes zu enthalten; er hat mit einem das Vollmachtsverhältnis ausdrückenden Zusatze zu zeichnen.

I. Allgemeines

§ 57 ist eine **Ordnungsvorschrift,**[1] die dem Handlungsbevollmächtigten aufgibt, bei allen schriftlichen Erklärungen mit einem die Handlungsvollmacht andeutenden Zusatz zu zeichnen. Das muss gleichermaßen für Erklärungen in elektronischer Form und Textform gelten,[2] zumal § 57 kein eigenhändiges Zeichnen oder Handzeichen wie § 126 BGB voraussetzt (→ Rn. 3). Zugleich verbietet sie die Verwendung eines die Prokura andeutenden Zusatzes. Die Norm steht im systematischen Zusammenhang zu § 51 und soll die **Erkennbarkeit** der Handlungsvollmacht sicherstellen und Verwechslungen mit der Prokura ausschließen.[3] Zugleich dient sie der **Offenkundigkeit** der Stellvertretung sowie der Leichtigkeit und Sicherheit des Handelsverkehrs.[4] 1

II. Zeichnungsweise

Der Handlungsbevollmächtigte muss mit einem das **Vollmachtsverhältnis andeutenden Zusatz** zeichnen. Üblich sind „in Vertretung", „in Vollmacht", abgekürzt „i.V.", oder „im Auftrag", abgekürzt „i.A.";[5] auch „in Handlungsvollmacht" ist möglich.[6] Eine Zeichnung mit „ppa" oder ähnlichen auf Prokura verweisenden Zusätzen muss unterbleiben. Die Art der Handlungsvollmacht ist nicht anzugeben.[7] Um Verwechslungen zu vermeiden, ist die Festlegung einer einheitlichen Zeichnungsweise ratsam. 2

§ 57 bestimmt nicht, dass die Firma der Zeichnung beizufügen ist. § 57 bezweckt aber ebenso wie § 51 die Offenkundigkeit der Stellvertretung zur Sicherheit des Handelsverkehrs. Daher ist entsprechend § 51 die Firma zu benennen, um den Vertretenen erkennbar zu machen.[8] Dazu bedarf es keiner bestimmten Form (Stempel, Druck, Maschinenschrift oÄ), die Ausweisung auf dem Briefkopf genügt.[9] Aus demselben Grund muss der Handlungsbevollmächtigte seinen Namen (nicht notwendig handschriftlich)[10] hinzufügen, wobei der Familienname ausreicht.[11] Bei einer Gesamthandlungsvollmacht müssen alle Bevollmächtigten unterzeichnen.[12] 3

III. Rechtsfolgen

Ein Verstoß gegen diese Ordnungsvorschrift ist ohne Rechtsfolgen. Die Willenserklärung des Handlungsbevollmächtigten ist wirksam, auch wenn er nur mit der Firma oder dem Namen des Kaufmanns zeichnet, ohne einen Zusatz oder seinen Namen hinzuzufügen.[13] Im Einzelfall kann es 4

---

[63] MüKoHGB/Krebs Rn. 44; Staub/Fischinger Rn. 49.

[1] BeckOGK/Schärtl, 15.6.2025, Rn. 2; Heymann/Teichmann Rn. 4; RGHMW/Wöstmann Rn. 2; GK-HGB/B. Schmidt Rn. 1; HK-HGB/Ruß Rn. 1.

[2] BeckOGK/Schärtl, 15.6.2025, Rn. 4.

[3] Heymann/Teichmann Rn. 1; Ebenroth/Boujong/Weber Rn. 1; RGHMW/Wöstmann Rn. 1.

[4] MüKoHGB/Krebs Rn. 1; Ebenroth/Boujong/Weber Rn. 1; GK-HGB/B. Schmidt Rn. 1.

[5] OLG Brandenburg 27.4.2022, BeckRS 2022, 10332 Rn. 37; vgl. zu § 164 Abs. 1 BGB OLG Dresden 7.9.2022, BeckRS 2022, 30295 Rn. 42; **anders** zu § 57 LAG Rheinland-Pfalz 19.12.2007, NZA 2008, 403 f.; auf Zweifel am Umfang der Vollmacht verweisend Haag/Löffler/Glock Rn. 7.

[6] MüKoHGB/Krebs Rn. 4; Haag/Löffler/Glock Rn. 6 f.; GK-HGB/B. Schmidt Rn. 1.

[7] Staub/Fischinger Rn. 4; Ebenroth/Boujong/Weber Rn. 3; BeckOGK/Schärtl, 15.6.2025, Rn. 8.

[8] MüKoHGB/Krebs Rn. 5; Heymann/Teichmann Rn. 3; Ebenroth/Boujong/Weber Rn. 2; RGHMW/Wöstmann Rn. 3; GK-HGB/B. Schmidt Rn. 1; formaler BeckOGK/Schärtl, 15.6.2025, Rn. 6.

[9] MüKoHGB/Krebs Rn. 5; Heymann/Teichmann Rn. 3; Ebenroth/Boujong/Weber Rn. 2; GK-HGB/B. Schmidt Rn. 1.

[10] **AA** Heymann/Teichmann Rn. 3; GK-HGB/B. Schmidt Rn. 1.

[11] RGHMW/Wöstmann Rn. 3.

[12] MüKoHGB/Krebs Rn. 4.

[13] Heymann/Teichmann Rn. 4; GK-HGB/B. Schmidt Rn. 7; HK-HGB/Ruß Rn. 1.

an der Offenkundigkeit der Stellvertretung mangeln, wenn weder ein Vertretungszusatz noch der Name des Vertretenen beigefügt ist. Nach § 164 Abs. 2 BGB liegt dann ein Eigengeschäft des Vertreters vor. Bei der Verwendung eines Prokura andeutenden Zusatzes durch den Handlungsbevollmächtigten bemisst sich der Umfang seiner Vertretungsmacht weiterhin nach der tatsächlich bestehenden Handlungsvollmacht.[14] Bei einer Überschreitung der Vollmacht gelten die §§ 177–179 BGB; ggf. greifen aber die Grundsätze der Rechtsscheinvollmacht ein.[15]

§ 58 [Unübertragbarkeit der Handlungsvollmacht]

Der Handlungsbevollmächtigte kann ohne Zustimmung des Inhabers des Handelsgeschäfts seine Handlungsvollmacht auf einen anderen nicht übertragen.

I. Allgemeines

1 Im Gegensatz zur Prokura ist die Handlungsvollmacht trotz der Vertrauensstellung des Vertreters übertragbar, wenn der Inhaber des Handelsgeschäfts zustimmt. Eine solche Zustimmung wäre auch ohne die Regelung in § 58 erforderlich, da die Handlungsvollmacht nach § 54 ihre Übertragung im Sinne der Vollsubstitution in der Regel nicht einschließt, sodass nach § 177 Abs. 1 BGB die Zustimmung des Geschäftsinhabers notwendig ist (→ Rn. 5). Daher hat § 58 eine klarstellende Funktion und signalisiert den begrenzten Umfang der Handlungsvollmacht.[1]

II. Inhalt der Regelung

2 § 58 regelt nur die Übertragung der Handlungsvollmacht durch den Bevollmächtigten im Sinne einer **Vollsubstitution.**[2] Da die Vollmacht kein abtretbares Recht ist, erfolgt die Übertragung, indem der Bevollmächtigte eine Vollmacht im selben Umfang einem Dritten erteilt und seine eigene Handlungsvollmacht niederlegt. **Nicht erfasst** ist die Übertragung der Handlungsvollmacht durch den Inhaber, da er die bestehende Handlungsvollmacht widerrufen und an einen Dritten erteilen kann.[3] Insoweit fehlte eine Regelungsnotwendigkeit, zumal der Inhaber die volle Rechtsmacht innehat. § 58 regelt auch nicht die Untervollmacht, bei der der Handlungsbevollmächtigte seine Vertretungsmacht behält.[4] Die Gegenansicht will § 58 auf die Untervollmacht erstrecken, die dem Dritten eine Vertretungsmacht im selben Umfang wie die Handlungsvollmacht gewährt.[5] § 58 könnte insoweit zwar klarstellend wirken, der Wortlaut beschränkt sich aber auf die Übertragung der Handlungsvollmacht. Für eine Analogie fehlt es an einer planwidrigen Regelungslücke. Eine Zustimmung des Geschäftsinhabers zur Untervollmacht ist bereits erforderlich, weil die Handlungsvollmacht deren Erteilung nicht erlaubt.

3 Die Zustimmung kann der Inhaber des Handelsgeschäfts bzw. der gesetzliche Vertreter ausdrücklich oder konkludent erklären.[6] Auch Prokuristen oder Generalbevollmächtigte können zustimmen.[7] Richtiger Erklärungsempfänger ist nicht nur der bisherige Bevollmächtigte, sondern auch der neue (§ 182 Abs. 1 BGB). Zeitlich kann die Zustimmung sowohl vor der Erteilung der Handlungsvollmacht (§ 183 BGB) als auch danach (§ 184 Abs. 1 BGB) erfolgen, sodass die zunächst schwebend unwirksame Übertragung der Handlungsvollmacht rückwirkend wirksam wird. § 91a findet keine (entsprechende) Anwendung.[8]

III. Untervollmacht

4 Die von § 58 nicht geregelte Untervollmacht wird in der Regel in der Weise erteilt, dass der Unterbevollmächtigte unmittelbarer Vertreter des Geschäftsinhabers wird und der Handlungsbevoll-

[14] GK-HGB/B. Schmidt Rn. 7; HK-HGB/Ruß Rn. 1.
[15] Staub/Fischinger Rn. 10; MüKoHGB/Krebs Rn. 2; BeckOGK/Schärtl, 15.6.2025, Rn. 15; Ebenroth/Boujong/Weber Rn. 5.
[1] Denkschrift zum RJA-E I, in Schubert/Schmiedel/Krampe II/1, 48.
[2] Ebenroth/Boujong/Weber Rn. 3; Grooterhorst, Vollmachten in Unternehmen, 6. Aufl. 2014, 47; RGHMW/Wöstmann Rn. 1; **aA** NK-HGB/Schmidt Rn. 3; BeckOGK/Schärtl, 15.6.2025, Rn. 4 f.
[3] Heymann/Teichmann Rn. 4; HK-HGB/Ruß Rn. 1.
[4] Staub/Fischinger Rn. 6; RGHMW/Wöstmann Rn. 1, 4; diff. Heymann/Teichmann Rn. 5; offenlassend Haag/Löffler/Glock Rn. 4.
[5] MüKoHGB/Krebs Rn. 4; BeckOGK/Schärtl, 15.6.2025, Rn. 3 ff.; BeckOK HGB/Meyer, 47. Ed. 1.10.2024, Rn. 4, 7; K. Schmidt HandelsR § 16 Rn. 98; NK-HGB/Schmidt Rn. 4.
[6] Heymann/Teichmann Rn. 8; RGHMW/Wöstmann Rn. 3.
[7] Vgl. Heymann/Teichmann Rn. 8; RGHMW/Wöstmann Rn. 3; NK-HGB/Schmidt Rn. 5; vgl. auch Hopt/Merkt Rn. 1.
[8] MüKoHGB/Krebs Rn. 9.

mächtigte seinerseits die Handlungsvollmacht behält. Sie kann jedoch auch so gewährt werden, dass der Unterbevollmächtigte Vertreter des Handlungsbevollmächtigten ist und in dessen Namen handelt (Vertreter des Vertreters).[9] Insofern entfällt die Vertretungsmacht des Unterbevollmächtigten mit dem Widerruf der Handlungsvollmacht.

Der Handlungsbevollmächtigte kann eine Untervollmacht ohne Zustimmung des Inhabers des Handelsgewerbes nur erteilen, wenn sich seine Vertretungsmacht hierauf erstreckt. Die Handlungsvollmacht nach § 54 Abs. 1 bezieht sich grundsätzlich nur auf Geschäfte, die das Handelsgewerbe gewöhnlich mit sich bringt. Diese sind anhand des konkreten Handelsgewerbes zu ermitteln. Die Vertretungsmacht für eine Untervollmacht ergibt sich somit nicht generell aus § 54 Abs. 1,[10] sondern nur, wenn die Untervollmacht ein gewöhnliches Geschäft im Betrieb des Handelsgewerbes ist. Dabei kommt es auf den Umfang der zu erteilenden Vollmacht an. Soll die Untervollmacht in ihrem Umfang hinter der Vertretungsmacht des Handlungsbevollmächtigten zurückbleiben, so ist entscheidend, ob der Kaufmann ein berechtigtes Interesse hat, nicht durch Dritte vertreten zu werden, die er nicht selbst bevollmächtigt hat.[11] 5

Sofern der Handlungsbevollmächtigte eine Vollmacht iSv § 54 Abs. 1 erteilt, die seiner eigenen im Umfang entspricht, so ist zu berücksichtigen, dass der Handlungsbevollmächtigte ebenfalls eine Vertrauensstellung innehat. Somit ist die Erteilung der Untervollmacht in einem solchen Umfang jedenfalls kein Geschäft, das gewöhnlich mit dem Betrieb eines Handelsgewerbes verbunden ist.[12] Nur eine Erweiterung der Vollmacht im Einzelfall gewährt ihm die notwendige Vertretungsmacht. Ob eine solche vorliegt, ist durch Auslegung zu ermitteln (§§ 133, 157 BGB).[13] Sie kann ausdrücklich oder konkludent erfolgen und muss sich auf die Einräumung von Untervollmachten erstrecken. Der Handlungsbevollmächtigte kann jedoch keine Vollmacht erteilen, die im Umfang über seine eigene Vertretungsmacht hinausgeht.[14] 6

Ein Handlungsbevollmächtigter, dessen Vollmacht nach § 54 Abs. 2 erweitert ist, hat nicht per se Vertretungsmacht, eine Untervollmacht im selben Umfang zu erteilen. Es kommt auf die Bevollmächtigung durch den Inhaber des Handelsgewerbes an, die nach dem objektiven Empfängerhorizont auszulegen ist.[15] 7

---

[9] Heymann/Teichmann Rn. 12; MüKoHGB/Krebs Rn. 7; vgl. auch BGH 27.6.1963, BB 1963, 1193.

[10] Staub/Fischinger Rn. 8; Heymann/Teichmann Rn. 10; MüKoHGB/Krebs Rn. 8; Ebenroth/Boujong/Weber Rn. 5; KKD/Roth/*Stelmaszczyk* Rn. 3; Haag/Löffler/Glock Rn. 6.

[11] OLG München 30.3.1984, ZIP 1984, 815 (816); Staub/Fischinger Rn. 8; Ebenroth/Boujong/Weber Rn. 5; KKD/Roth/Stelmaszczyk Rn. 3.

[12] Heymann/Teichmann Rn. 5; Schubert/Schmiedel/Krampe II/1, 48; Ebenroth/Boujong/Weber Rn. 5; GK-HGB/B. Schmidt Rn. 2.

[13] RGHMW/Wöstmann Rn. 5.

[14] Ebenroth/Boujong/Weber Rn. 5; HK-HGB/Ruß Rn. 1; **aA** OLG München 30.3.1984, ZIP 1984, 815 (816).

[15] OLG München 30.3.1984, ZIP 1984, 815 (816); RGHMW/Wöstmann Rn. 5.

Sechster Abschnitt. Handlungsgehilfen und Handlungslehrlinge

§ 59 [Handlungsgehilfe]

[1]Wer in einem Handelsgewerbe zur Leistung kaufmännischer Dienste gegen Entgelt angestellt ist (Handlungsgehilfe), hat, soweit nicht besondere Vereinbarungen über die Art und den Umfang seiner Dienstleistungen oder über die ihm zukommende Vergütung getroffen sind, die dem Ortsgebrauch entsprechenden Dienste zu leisten sowie die dem Ortsgebrauch entsprechende Vergütung zu beanspruchen. [2]In Ermangelung eines Ortsgebrauchs gelten die den Umständen nach angemessenen Leistungen als vereinbart.

Schrifttum: Alexander, Das vertragliche Verbot der Abwerbung von Mitarbeitern, ZeWeR 2016, 16; Baisch/Cardinale-Koc, Zusammentreffen mehrere nachvertraglicher Wettbewerbsverbote, NJW 2016, 1914; Bauer, Wettbewerbsverbote und Kündigung, DB 1979, 500; Bauer/Diller, Wettbewerbsverbote, 9. Aufl. 2022; Bauer/Diller, Nachvertragliche Wettbewerbsverbote: Änderungen durch die Schuldrechtsreform, NJW 2002, 1609; Beer, Die Grundlagen des vertragsbegleitenden Wettbewerbsverbots im deutschen Arbeitsrecht, Diss. Regensburg 2016 (2017); Bettinghausen, Das nachvertragliche Wettbewerbsverbot unter Berücksichtigung der bisherigen BAG-Rechtsprechung, BB 2018, 1016; Bieder, Kompensatorische Vertragsgestaltung im Arbeits- und Wirtschaftsrecht, 2015; Boemke, Nachvertragliches Wettbewerbsverbot, JuS 2018, 489; Borsch/Erni, Wettbewerbsverbote in der GbR, ZAP Fach 15, 603; Brune, Bedingte Wettbewerbsverbote für Arbeitnehmer, 1989; Buchner, Das Wettbewerbsverbot während der Dauer des Arbeitsverhältnisses, AR-Blattei SD 1830.2; Buchner, Das Wettbewerbsverbot nach Beendigung des Arbeitsverhältnisses, AR-Blattei SD 1830.3; Cochè/Striegler, Nachvertragliche Wettbewerbsverbote mit Geschäftsführern an der Schnittstelle zwischen BGH und BAG, DB 2024, 2896; Commandeur, Rechtsprobleme bei Abwerbe- und Beschäftigungsverboten sowie Sperrabreden, RdA 2022, 341; Cordt, Die Vererbung arbeitsrechtlicher Ansprüche beim Tod des Arbeitnehmers, Diss. Marburg 2017; Diller, „Cooling-Off" Klauseln als nachvertragliches Wettbewerbsverbot?, NZA 2018, 692; Diller, Nachvertragliche Wettbewerbsverbote und AGB-Recht, NZA 2005, 250; Düwell, Das nachvertragliche Wettbewerbsverbot in der Gewerbeordnung, DB 2002, 2270; Edenfeld, Fürsorge und Haftung des Arbeitgebers bei Auslandsentsendungen, DB 2017, 2803; Fuhlrott, Wettbewerbsverbote, AuA 2014, 522; Fuhlrott/Fabritius, Das Schicksal arbeitgebergebundener Rechtspositionen beim Betriebsübergang, BB 2013, 1592; Ganter, Dauerschuldverhältnisse in der Insolvenz, ZIP 2019, 97; Gaul, Die Kennzeichnung des unerlaubten Wettbewerbs bei arbeitsrechtlichen Wettbewerbsbeschränkungen, BB 1984, 346; Gaul, Die Abgrenzung nachvertraglicher Geheimhaltungsverpflichtungen gegenüber vertraglichen Wettbewerbsbeschränkungen, ZIP 1988, 689; Gaul/Ludwig, Betriebsübergang, Auswirkungen, NZA 2013, 489; Gresbrand, Wettbewerbsverbote für den Gesellschafter-Geschäftsführer beim GmbH- Unternehmenserwerb, GmbHR 2013, 119; Gründel/Butz, Provisionen bei Fehlzeiten des Arbeitnehmers, BB 2014, 1210; Hamann/Rudnik, Das nachvertragliche Wettbewerbsverbot, Jura 2016, 341; Hartmann, Sperrabreden zwischen Arbeitgebern, ZfA 2019, 486; Heilmann/Koch, Karenzentschädigung im Rahmen eines nachvertraglichen Wettbewerbsverbotes nach § 74 HGB bei Altersteilzeitverträgen, NZA 2018, 339; Hergenroeder, Kaufmännische Angestellte, AR-Blattei SD 880.2 (2000); Hoffmann, Aktuelle Fragen zum Provisionsanspruch der Angestellten im Versicherungsaußendienst, DB 1977, 770; Holthausen, Die arbeitsvertragliche Verschwiegenheit, NZA 2019, 1377; Hoß, Das nachvertragliche Wettbewerbsverbot während des Kündigungsschutzprozesses und im Aufhebungsvertrag, DB 1997, 1818; Hunold, Aktuelle Rechtsprechung zum nachvertraglichen Wettbewerbsverbot, NZA-RR 2013, 174; Hunold, Rechtsprechung zur Nebentätigkeit des Arbeitnehmers, NZA 2002, 505; Ide, Das kaufmännische Arbeits-, Angestellten- und Berufsausbildungsverhältnis, 1991; Kamanabrou, AGB-Kontrolle und gesetzlich angeordnete, geltungserhaltende Reduktion, ZfA 2018, 92; Kempen/Kreuder, Nebentätigkeit und arbeitsrechtliches Wettbewerbsverbot bei verkürzter Arbeitszeit, AuR 1994, 214; Kleinebrink, Möglichkeiten zur Bindung von Auszubildenden, DB 2020, 170; Koch, Das nachvertragliche Wettbewerbsverbot im einseitig formulierten Arbeitsvertrag, RdA 2006, 28; Kocher, Je Zeitstunde – zur Auslegung des § 1 MiLoG, AuR 2015, 173; v.Koppenfels-Spies, Provisionen im Elterngeldrecht, NZS 2017, 471; Korinth, Konkurrenz aus dem eigenen Haus, ArbRB 2013, 61; Kwi-Cheon Park, Nebenpflichten des Arbeitnehmers während der Dauer des Arbeitsverhältnisses, Diss. Frankfurt 2013; Lampenius, Geheimhaltungsvereinbarungen mit entliehenen Softwareentwicklern, K&R 2012, 12; Laskawy, Die Tücken des nachvertraglichen Wettbewerbsverbots im Arbeitsrecht, NZA 2012, 1011; Lembke, Nachvertragliche Wettbewerbsverbote in der Praxis, BB 2020, 52; Lembke, Nachvertragliches Wettbewerbsverbot von Organmitgleidern auf dem Prüfstand, NZA-RR 2019, 65; Lingemann/Chakrabarti, Kundenschutzklauseln und Abwerbeverbote bei Arbeitnehmern, NJW 2020, 2316; Lumper, Kontrollmaßstäbe für nachvertragliche Wettbewerbsverbote und ihre Anwendung im Kollisionsfall, Diss. 2013; Maaß, Das nachvertragliche Wettbewerbsverbot im Arbeitsrecht, ZAP Nr. 4, 194; Makoski/Krapohl, Ärztlicher Leiter des MVZ – sozial- und arbeitsrechtliche Fragen, GesR 2014, 6; Mareck, Handelsvertreter: Rechtsweg und Berechnung der Durchschnittsvergütung, AA 2010, 33; Mareck, Corona und die weiteren Folgen – was gilt? AA 2020, 86; Mayer, Das nachvertragliche Wettbewerbsverbot, AIB 2005, 433; Müller, Das nachvertragliche Wettbewerbsverbot von GmbH-Geschäftsführern, GmbHR 2014, 964; Naber, Wettbewerbsverbote in gesellschaftsrechtlichen Vereinbarungen mit Arbeitnehmern und Organmitgliedern, NZA 2013, 870; Naegele, Das Gebot der Wettbewerbsenthaltung während des Kündigungsschutzprozesses, NZA 2016, 271; Oehlschlaeger, Die Konkurrenztätigkeit des Arbeitnehmers im Zeitraum des Kündigungsschutzverfahrens, 2020; Oehlschlaeger, Vertragliches und Nachvertragliches Wettbewerbsverbot, AuA 2025 Nr. 3, 18; Parafianowicz, Die Zulässigkeit von Beschränkungen der Arbeitnehmerfreizügigkeit durch Wettbewerbsverbote und Verschwiegenheitspflichten, 2016; Wettbewerbsverbote und Verschwiegenheitspflichten, Diss.

Frankfurt/O. 2017; Pauken, Nachvertragliche Wettbewerbsverbote rechtssicher gestalten, ArbR 2017, 377; Ramrath, Entwicklung des Rechts der Handlungsgehilfen von den Kodifikationen bis zum Entwurf eines Arbeitsvertragsgesetzes, FS Sandrock, 1995, 255; Röder/Herzberg, Das Verhältnis von Abfindung und Karenzentschädigung bei nachvertraglichen Wettbewerbsverboten insbesondere mit Organmitgliedern, NZA 2025, 390; Roehsler/Bormann, Wettbewerbsbeschränkungen für Arbeitnehmer und Handlungsgehilfen, 1988; Roth, 150 Jahre Recht des Handlungsgehilfen, RdA 2012, 1; Rütz, Reichweite und Verbindlichkeit eines nachvertraglichen Wettbewerbsverbotes bei Darlehen, DB 2016, 118; Schliemann, Zum Schutz wirtschaftlich schwacher Solo-Dienst- und Werkvertragsunternehmer – ein Zwischenruf, FS Wank, 2014, 531; Schloßer, Effektiver Schutz der Belegschaft durch vertragliche Abwerbeverbote, BB 2003, 1382; Schmidt, Handlungsgehilfenrecht und Handelsgesetzbuch, FS Söllner, 2000, 1047; Schönleber, Psychische Belastungen in der Arbeitswelt, Diss. Hamburg 2016/2017; Schwill, Ausscheiden aus der Anwaltspartnerschaft – Sperrabreden unter Arbeitgebern, NJW 2017, 3120; Stöhr, Der GmbH-Geschäftsführer als Arbeitnehmerähnlicher?, GmbHR 2020, 411; Straube, AGB-Kontrolle von nachvertraglichen Wettbewerbsverboten, BB 2013, 117; Urban, Wettbewerbsverbote sicher vereinbaren, ArbR 2012, 241; Vesper, Indirekte nachvertragliche Wettbewerbsbeschränkungen, 2015; Wagner, Die Besonderheiten beim Arbeitsverhältnis des Handlungsgehilfen, 1992; Wank, Arbeitsrecht und Handelsrecht im HGB, JA 2007, 321; Worzalla Rechtliche Folgen des Verstoßes gegen das Wettbewerbsverbot, PuR 2021, 201; Wünschelbaum, Covid19-Pandemie und Datenschutz, NZA 2020, 610.

Übersicht

I. Allgemeines

1 Im sechsten Abschnitt ist das **Sonderarbeitsrecht** der bei Kaufleuten beschäftigten kaufmännischen Angestellten geregelt. Es handelt sich um einen Ausschnitt des Individualarbeitsrechts, welcher ergänzende Regelungen für einen eng umrissenen Kreis von Arbeitnehmern enthält. Natürlich gilt für diese Arbeitnehmer das Arbeitsrecht in seiner Gesamtheit, die in diesem Gesetz geregelten Bestimmungen treten für kaufmännische Angestellte – oder wie der historisch übermittelte Begriff lautet – für Handlungsgehilfen hinzu. Verständlich wird die Sonderregelung nur vor dem Hintergrund der historischen Entwicklung im 19. Jahrhundert. Die soziologische Eigenart der einzelnen Gruppen abhängig Beschäftigter zwang oder ermunterte den Gesetzgeber zu jeweils spezifischen Regelungen.[1] In der weiteren Entwicklung ebneten sich die Unterschiede ein.[2]

2 Die **Bedeutung** des in den §§ 59–83 enthaltenen Sonderrechts ist deshalb im Abnehmen begriffen.[3] Gingen zunächst Impulse von diesen Bestimmungen aus, die anreichernd auf das Arbeitsrecht in seiner Gesamtheit wirkten – etwa im Bereich des Kündigungsschutzes, bei der Entgeltfortzahlung oder im Bereich des Wettbewerbsverbots –, so überwogen später vom Gleichheitsgrundsatz[4] oder der Berufsfreiheit[5] getragene Angleichungstendenzen und führten dazu, dass die Unterscheidungen abnahmen. Die Sonderbestimmungen zur Entgeltfortzahlung wurden aufgehoben und einer gemeinsamen Regelung für alle zugeführt. Die Bestimmung zur Fürsorgepflicht etwa (§ 62) ist heute inhaltsgleich mit § 618 BGB. Soweit noch Besonderheiten existierten, wie im Bereich des Wettbewerbsverbots, wird ihre Anwendung auf andere Beschäftigte ausdrücklich angeordnet (§ 110 GewO), oder es ist die Rspr., welche die Angleichung herstellt (§§ 60 f.). Regional ist der Anwendungsbereich teilweise eingeschränkt. So sind die Regelungen, welche die Fürsorgepflicht des Prinzipals gegenüber im häuslichen Bereich aufgenommenen Handlungsgehilfen betreffen (§ 62 Abs. 2–4), die Fälligkeit des Gehalts (§ 64) und die §§ 82a, 83 vom Einigungsvertrag ausgenommen.[6] Sie finden in den „neuen" Bundesländern keine Anwendung.

3 Ziel der **Darstellung** in einem Handkommentar kann es nicht sein, eine umfassende Darstellung des Arbeitsrechts für Handlungsgehilfen zu leisten. Vielmehr sollen die Regelungen in ihrem Kontext erläutert werden. Dabei wird der Schwerpunkt naturgemäß auf das Wettbewerbsrecht gelegt, denn dort spiegelt sich die verbleibende Bedeutung der Bestimmungen des HGB vornehmlich wieder.

[1] Vgl. Ramrath FS Sandrock, 1993, 255 (260).
[2] Fahrtmann FS Hilger/Stumpf, 1983, 177 (192).
[3] Hopt/Roth Rn. 1; Ebenroth/Boujong/Rudkowski Rn. 4; Staub/Weber/Gräf Rn. 3.
[4] BVerfG 16.11.1982, BVerfGE 62, 256 = NJW 1983, 617.
[5] BAG 16.10.1980, NJW 1981, 1174 = BB 1981, 553.
[6] Einigungsvertrag Anlage I Kap. VII, Sachgebiet A Abschnitt III Nr. 2.

II. Handlungsgehilfe

4 „Schlüsselbegriff"[7] bei der Anwendung der §§ 59–83 ist der Handlungsgehilfe. Das Gesetz nennt hier **vier Merkmale.** Es muss sich um eine angestellte Person handeln. Die Anstellung hat in einem Handelsgewerbe zu erfolgen. Geschuldet ist die Leistung kaufmännischer Dienste. Die Leistung hat entgeltlich zu erfolgen.

5 **1. Arbeitnehmer.** § 59 S. 1 Hs. 1 verlangt **„wer … angestellt ist".** Handlungsgehilfe kann danach nur sein, wer Arbeitnehmer ist. Das ist nach allgemeinen arbeitsrechtlichen Kriterien zu ermitteln. Durch die Einfügung des § 611a BGB mit Gesetz vom 28.2.2017 (BGBl. 2017 I 258) hat der Gesetzgeber seit dem 1.4.2017 hier die bislang durch die Rspr. geleistete Eingrenzung aufgegriffen. Der implizit mit der Definition des Arbeitsvertrags mitgeregelte Begriff des Arbeitnehmers bildet nunmehr den bestimmenden Zugang für den Anwendungsbereich des Arbeitsrechts.[8] Auch wenn jetzt das Gesetz Merkmale bietet, die eine Bestimmung steuern, hat sich an der herkömmlichen Problemstellung wenig geändert. Die komplexe und differenzierte Organisation der Wirtschafts- und Arbeitswelt erlaubt nach wie vor keine sichere Ableitung, wer als Arbeitnehmer und damit als schutzbedürftig einzustufen ist und wer nicht. Schon nach der bisher maßgeblichen, typologischen Methode des BAG ist es ausgeschlossen, die Abgrenzung zwischen selbständiger und unselbständiger Tätigkeit durch abstrakte Kriterien sicher zu bestimmen.[9] Das ist auch im Rahmen der normativen Eingrenzung im Wesentlichen gleich. Entscheidend bleibt nach wie vor eine am Gesamtbild orientierte Wertung, bei der eine Reihe von Indizien darüber Auskunft geben, ob eine **persönliche Abhängigkeit** gegeben ist oder nicht. Hierhin zählen etwa Arbeitsorganisation, Weisungsbefugnis, die Bestimmung von Arbeitsort oder -zeit.[10] Auch tatsächliche Zwänge durch eine vom Auftraggeber geschaffene Organisationsstruktur können geeignet sein, zu einer persönlichen Abhängigkeit zu führen.[11] Nicht jedes dieser Merkmale muss in jedem Fall notwendig gegeben sein.[12] Diese Abgrenzungstechnik in der höchstrichterlichen Rspr. hatte die Zustimmung des BVerfG gefunden,[13] nicht aber die aller Vertreter der Dogmatik.[14] Dort wurde teils am „Unternehmerrisiko" angesetzt,[15] was zu einer stärkeren Gewichtung der wirtschaftlichen Abhängigkeit führt.[16] Oder es wurde das Kriterium der Unselbständigkeit in den Vordergrund gerückt.[17] Die gesetzliche Definition verbindet diese Ansatzpunkte: „… die Abhängigkeit (folgt) eben entweder aus der Weisungsbindung oder der Fremdbestimmung".[18] Nach wie vor gilt, dass die Abgrenzung zwischen der abhängigen Beschäftigung des Arbeitnehmers und der selbständigen Tätigkeit des Unternehmers, wie sie auch § 84 Abs. 2 unterlegt, nicht allein von der Begriffswahl der Parteien ausgehen darf. Entscheidend ist vielmehr die objektive Zuordnung der Tätigkeit, sodass im Zweifel der Umsetzung der Tätigkeit in der Praxis die entscheidende Bedeutung zukommt.[19] Die steuerliche oder sozialversicherungsrechtliche Einordnung vermag ebenfalls nur Indizien zur Abgrenzung zu geben.[20] Allerdings legen die Sozialgerichte heute weitgehend gleiche Kriterien zugrunde.[21] Die Überlegung, ob der „Kernbereich" selbständiger Entscheidung erhalten bleibt oder nicht, ist jeweils durch eine Würdigung der Gesamtumstände zu bestimmen.[22] Überhaupt geht es bei den Streitigkeiten häufig nicht um eine Erlangung des „Vollschutzes".[23]

---

[7] Ebenroth/Boujong/Rudkowski Rn. 4 spricht von „Schlüsselnorm".
[8] ErfK/Preis BGB § 611a Rn. 3: „Schlüssel".
[9] BAG 23.4.1980, AP BGB § 611 Abhängigkeit Nr. 34; Hilger RdA 1989, 1 ff.
[10] BAG 12.11.2024, NZA 2025, 473.
[11] BAG 1.12.2020, NZA 2021, 552 zum sog. „crowd-worker"; das aufgreifend BAG 17.12.2024, AP BGB § 611a nF Nr. 13.
[12] BAG 15.3.1978, BAGE 30, 163 = AP BGB § 611 Abhängigkeit Nr. 26; 13.1.1983, BAGE 41, 247 = AP BGB § 611 Abhängigkeit Nr. 42.
[13] BVerfG 20.5.1996, AP BGB § 611 Abhängigkeit Nr. 82 = NZA 1996, 1063; zu sog. „Umsatzprovisionen" vgl. LAG Thüringen 21.7.2009, LAGE BGB § 259 2002 Nr. 1 = BeckRS 2010, 72333. Vgl. auch LSG Baden-Württemberg 7.5.2014, BeckRS 2014, 72685.
[14] ErfK/Preis BGB § 611a Rn. 55 mwN.
[15] Wank, Arbeitnehmer und Selbständige, 1988, 122 ff.; Wank DB 1992, 90.
[16] ErfK/Preis BGB § 611 Rn. 56.
[17] ZLH/Hergenröder ArbR § 5 Rn. 26.
[18] ErfK/Preis BGB § 611a Rn. 10; Wank AR 2017, 140 (144 f.).
[19] BAG 1.12.2020, NZA 2021, 552; 26.7.1995, NZA 1996, 477 (479).
[20] BAG 21.1.1966, BAGE 18, 87 (103 f.) = BeckRS 1966, 30701518.
[21] BSG 5.11.2024, BeckRS 2024, 30327; 28.6.2022, NZS 2022, 860; 4.6.2019, BSGE 128, 191 = NZA 2019, 1583; LSG Baden-Württemberg 22.1.2016, BeckRS 2016, 68172.
[22] BSG 29.1.1981, AP HGB § 92 Nr. 4; 22.6.2005, NZS 2006, 318 Ls. = BeckRS 2005, 42507 zum Frachtführer; LSG Baden-Württemberg 22.1.2016, BeckRS 2016, 68172.
[23] Schliemann FS Wank, 2014, 531.

Abzugrenzen ist die Tätigkeit des Handlungsgehilfen von derjenigen der **arbeitnehmerähnlichen Personen.**[24] Eine gesetzliche Begriffsbestimmung findet sich in § 12a TVG. Hiernach muss eine **wirtschaftlich abhängige Stellung** gegeben sein,[25] aus welcher eine einem Arbeitnehmer vergleichbare soziale Schutzbedürftigkeit folgt, weil der Betreffende aufgrund eines Dienst- oder Werkvertrags überwiegend für eine Person tätig ist und die geschuldete Leistung persönlich sowie im Wesentlichen ohne Mitarbeit von Arbeitnehmern erbringt. Grundlage der Tätigkeit sind Dienst- oder Werkverträge, die den persönlich Verpflichteten im Wesentlichen an einen Auftraggeber binden.[26] Eine Sondergruppe bilden die Einfirmen-Handelsvertreter, die – im Gegensatz zu den sonstigen selbständigen Handelsvertretern (§ 84 Abs. 1 HGB) – dann als Arbeitnehmer iSd ArbGG gelten, wenn sie unter § 92a fallen und die Voraussetzungen des § 5 Abs. 3 ArbGG erfüllt sind. Abzustellen ist auf den Durchschnittsverdienst der letzten – in der Regel sechs – Monate, ohne dass die Ansprüche, deren sich der Handelsvertreter berühmt, miteinbezogen werden.[27] 6

Zu unterscheiden sind Handlungsgehilfen weiter von **freien Mitarbeitern,** die ihre Dienste in persönlicher Unabhängigkeit erbringen. Regelmäßig gehören hierhin die Angehörigen freier Berufe, etwa Ärzte, Rechtsanwälte, Steuerberater oder Stundenlohnbuchhalter.[28] Diese Gruppe bereitet auch in der sozialversicherungsrechtlichen Einordnung erhebliche Schwierigkeiten.[29] Vereinsmitglieder, welche ihre mitgliedschaftsrechtlichen Befugnisse ausüben können, sind weder Arbeitnehmer noch arbeitnehmerähnlich.[30] 7

Nicht Arbeitnehmer, folglich auch nicht Handlungsgehilfen, sind **Organe juristischer Personen.**[31] Der Geschäftsführer einer GmbH, das Vorstandsmitglied einer Genossenschaft oder Aktiengesellschaft ist zwar auch auf der Grundlage eines Dienstvertrags tätig. Dieser schuldrechtliche Vertrag muss nicht notwendig mit der juristischen Person abgeschlossen sein, zu deren Organvertreter der Geschäftsführer bestellt ist.[32] Solange aber die Organfunktion wahrgenommen wird, ruht jedenfalls die Arbeitnehmerstellung, wenn sie nicht sogar beendet worden ist. Ein Wechsel zwischen beiden Positionen – und zurück – ist möglich. Im Einzelfall kann die Abfolge oder gar das Nebeneinander von Arbeitsverhältnis und Organstellung erhebliche Einordnungsprobleme auslösen.[33] Schutzrechtliche Regelungen können gleichwohl zum Tragen kommen. Das ist nicht zuletzt der eigenen, **europarechtlichen Definition des Arbeitnehmerbegriffs** geschuldet, der über die nationale Eingrenzung hinausweist.[34] 8

Handlungsgehilfe kann auch nicht eine **juristische Person** sein. §§ 59 ff. regeln Arbeitsrecht, dessen Bestimmungen regelmäßig auf die Beziehung zu einer juristischen Person nicht anwendbar sind.[35] 9

2. Handelsgewerbe. Als Arbeitgeber des Handlungsgehilfen kommt nur ein Kaufmann in Betracht. Kaufmann kann nur sein, wer einen **Gewerbebetrieb** unterhält. Angesichts der vielfältigen Verwendung des Begriffs Gewerbe ist hier auf den handelsrechtlichen Gewerbebegriff abzustellen. Es handelt sich mithin um eine planmäßige, auf Dauer angelegte, selbständige Tätigkeit, welche auf Gewinnerzielung ausgerichtet ist, wenigstens aber eine wirtschaftliche Betätigung am Markt etabliert.[36] Damit scheiden zunächst einmal **Angehörige eines freien Berufs,** etwa ein Rechtsanwalt, ein Architekt, ein Arzt oder Apotheker, als Arbeitgeber eines Handlungsgehilfen aus.[37] Leistet der Arbeitnehmer kaufmännische Dienste bei einem Nichtkaufmann, handelt es sich um einen Gewerbegehilfen.[38] 10

Ob ein Gewerbebetrieb den Anforderungen genügt, um sich als **Kaufmann** zu qualifizieren, regeln die §§ 1 ff., insbesondere § 1 Abs. 2. Also scheiden weiter **Kleingewerbetreibende,**[39] deren 11

[24] Hromadka NZA 1997, 1 ff.; Ebenroth/Boujong/Rudkowski Rn. 13; Hopt/Roth Rn. 26; ErfK/Preis BGB § 611a Rn. 86; im Hinblick auf die Sozialversicherungspflicht s. LSG Baden-Württemberg 27.3.2012, BeckRS 2012, 73626.

[25] BAG 26.9.2002, AP ArbGG 1979 § 2 Nr. 83 = NZA 2002, 1412 (1415); ErfK/Preis BGB § 611a Rn. 86.

[26] Schubert, Der Schutz arbeitnehmerähnlicher Personen, 2004.

[27] BAG 20.10.2009, AP ArbGG 1979 § 5 Nr. 67; für den Rechtsweg vgl. LAG Hessen 6.11.2013, BeckRS 2014, 70900; dazu Burgmer/Soltyszek jurisPR-ArbR 34/2014 Anm. 6.

[28] Hopt/Roth Rn. 26; Ebenroth/Boujong/Rudkowski Rn. 14; MüKoHGB/Thüsing Rn. 69.

[29] Vgl. etwa BSG 4.6.2019, NZA 2019, 1583; 14.3.2018, NZS 2018, 671 = Die Beiträge, Beil. 2019, 52 ff.

[30] BAG 21.2.2017, BAGE 158, 121 Rn. 26 = NZA 2017, 662; 6.7.1995, NZA 1996, 33 – Rote Kreuz Schwestern.

[31] BGH 29.1.1981, BGHZ 79, 291 (292) = NJW 1981, 1270; 16.12.1953, BGHZ 12, 1 (9) = NJW 1954, 505 (507).

[32] BAG 25.10.2007, NJW 2008, 1018; krit. dazu Stöhr GmbHR 2020, 411.

[33] BAG 25.10.2007, NJW 2008, 1018 m. krit. Anm. Diller NJW 2008, 1019 f.

[34] Jutzi AuA 2018, 348; Lunk/Hildebrand NZA 2016, 129; Giesen ZfA 2016, 47.

[35] Zimmermann FS Wiese, 1998, 657 (insbes. 661 ff.); BeckOGK/Freyler, 1.10.2025, Rn. 32.

[36] BGH 10.5.1979, BGHZ 74, 273 (276) mwN = NJW 1979, 1650; Hopt/Merkt § 1 Rn. 11 ff.

[37] BGH 7.7.1960, BGHZ 33, 321 (324 f.) = NJW 1961, 725; Ebenroth/Boujong/Rudkowski Rn. 22.

[38] MüKoHGB/Thüsing Rn. 8; Heymann/Henssler/Markworth Rn. 1 m. Fn. 2.

[39] Zum Begriff Hopt/Merkt § 1 Rn. 6, 53 f.; MüKoHGB/K. Schmidt/Fleischer § 1 Rn. 71.

Tätigkeit nach Art und Umfang im Rahmen einer Gesamtschau eine kaufmännische Einrichtung nicht erforderlich scheinen lassen, aber auch **Betriebe der Land- und Forstwirtschaft** – dies folgt aus § 3 Abs. 1 – als Arbeitgeber eines Handlungsgehilfen aus. Anders liegen die Dinge, wenn sich Kleingewerbetreibende oder Land- und Forstwirte für eine Eintragung in das Handelsregister entscheiden. Mit der Eintragung werden die kaufmännischen Gehilfen aufgrund der Regelung in § 5 – **Kaufmann kraft Eintragung** – zu Handlungsgehilfen.[40] Die §§ 59 ff. sind auf sie anzuwenden. Gleiches gilt aufgrund § 6 bei **Handelsgesellschaften** und **juristischen Personen.**

12 Nicht übersehen werden sollte auch, dass zahlreiche **Personen öffentlichen Rechts** ein Handelsgewerbe betreiben. Streitig ist hierbei, ob in jedem Fall eine Gewinnerzielungsabsicht erforderlich ist.[41] Bei Sparkassen und der Bundesbank, aber auch bei zahlreichen kommunalen Versorgungsbetrieben steht die Kaufmannseigenschaft außer Zweifel, wie bereits vor ihrer Privatisierung auch Post und Bahn eine ähnliche Bewertung erfahren haben.[42] Kaufmännische Mitarbeiter dieser Unternehmen sind mithin Handlungsgehilfen.

13 Der Arbeitgeber wird im HGB **Prinzipal** genannt. Dieser Begriff ist zeitgebunden dem 19. Jahrhundert zuzuschreiben, ohne dass er heute noch einen eigenen Inhalt transportiert. Soweit in der älteren Lehre mit dem „abstrakten Prinzipal" und dem „konkreten Prinzipal" eine Unterscheidung zwischen der aus dem Arbeitsvertrag berechtigten juristischen Person und der konkret die Weisungen erteilenden natürlichen Person gesucht wurde,[43] hilft die Distinktion in der Sache nicht weiter.[44]

14 **3. Kaufmännische Dienste.** Der Arbeitnehmer des Kaufmanns muss zur Leistung kaufmännischer Dienste angestellt sein. Klarstellend bestimmt § 83, dass die Normen des 6. Abschnitts auf Beschäftigte, die andere Leistungen erbringen, keine Anwendung finden. Folglich ist der Handlungsgehilfe **Angestellter,** nicht Arbeiter;[45] aber auch nichttechnischer Angestellter.[46] Auch diese einst prinzipielle Unterscheidung zwischen Hand- und Kopfarbeit ist angesichts der Vereinheitlichung des Arbeitsrechts,[47] spätestens mit der Aufhebung des Gruppenprinzips in der Betriebsverfassung, von wenigen Nuancen abgesehen heute Rechtsgeschichte.[48]

15 Als kaufmännische Leistungen werden gemeinhin solche verstanden, welche **beim Umsatz von Waren notwendig und üblich** sind, um diesen erfolgreich und sachgerecht zu gestalten.[49] Gleiches dürfte für den Umsatz von Dienstleistungen gelten. Es kommt weniger auf die Ausbildung als auf die tatsächlich ausgeübte Tätigkeit an.[50] Anzuknüpfen ist an die Wertung in der Verkehrsanschauung, welche sich häufig in der Tarifpraxis niederschlägt.[51] Entscheidend ist, dass ein gewisses Maß an kaufmännischer Kenntnisse und Erfahrungen, mindestens aber kaufmännische Übung gegeben sind.[52] In der – durchweg älteren – Rspr. spielen eine Rolle etwa die Einordnung eines Verkaufsfahrers mit Befugnis zu fakturieren und zu kassieren,[53] eines Mitarbeiters in einer Rechtsabteilung,[54] einer Kontoristin, welche auch Versicherungen vermittelte[55] oder auch ein Schaufensterdekorateur.[56]

16 **4. Entgeltlichkeit.** Die Anstellung muss gegen Entgelt erfolgt sein.[57] Ob Gehalt, Provision, Gratifikation oder Sachleistung vereinbart wurde, hat auf die Einordnung als Handlungsgehilfe keinen Einfluss.[58] Ist eine ausdrückliche Vereinbarung nicht getroffen, so wird die Entgeltlichkeit – der Handlungsgehilfe ist Arbeitnehmer – vermutet (§ 612 BGB).[59]

[40] Ebenroth/Boujong/Rudkowski Rn. 23 f.; BeckOGK/Freyler, 1.10.2025, Rn. 79.
[41] MüKoHGB/Thüsing Rn. 29.
[42] Hopt/Merkt § 1 Rn. 27; MüKoHGB/Thüsing Rn. 30 f.
[43] Hueck/Nipperdey ArbeitsR I 89 f.; Nikisch ArbeitsR I 145.
[44] MüKoHGB/Thüsing Rn. 9.
[45] Ebenroth/Boujong/Rudkowski Rn. 28, 29; Heymann/Henssler/Markworth Rn. 27 ff., der eine an Indizien orientierte Abgrenzung favorisiert; vgl. auch Brill DB 1981, 316.
[46] Heymann/Henssler/Markworth Rn. 28.
[47] BeckOGK/Freyler, 1.10.2025, Rn. 19.
[48] Staub/Weber/Gräf Rn. 40.
[49] BAG 6.12.1972, AP HGB § 58 Nr. 23.
[50] RAG 7.1.1931, RAGE 7, 250 zum Werkstattschreiber.
[51] BAG 29.11.1958, BAGE 7, 86 = AP HGB § 59 Nr. 12.
[52] BeckOGK/Freyler, 1.10.2025, Rn. 47 mwN.
[53] BAG 30.9.1954, BAGE 1, 92 = NJW 1954, 1860.
[54] BAG 11.12.1956, BAGE 3, 321 = AP HGB § 59 Nr. 4.
[55] BAG 25.10.1967, BAGE 20, 123.
[56] LAG Düsseldorf 6.11.1959, AP HGB § 56 Nr. 15.
[57] Schliemann FS Wank, 2014, 536.
[58] Hopt/Roth Rn. 29, 58; Ebenroth/Boujong/Rudkowski Rn. 33; BeckOGK/Freyler, 1.10.2025, Rn. 55.
[59] MüKoHGB/Thüsing Rn. 286.

III. Rechtsfolgen

Auf der Rechtsfolgenseite korrespondiert die Arbeitspflicht des Handlungsgehilfen mit der Vergütungspflicht des Prinzipals. 17

1. Dienstleistungspflicht. Geschuldet sind kaufmännische Dienste der vereinbarten Stellung entsprechend.[60] Fehlen gesonderte Vereinbarungen, so handelt es sich um „dem Ortsgebrauch entsprechende Dienste". Es ist auf die Anschauungen des Handelsverkehrs am Ort abzustellen.[61] Wo auch dies für eine Konturierung der Pflicht nichts hergibt, können es Dienste jeder Art sein,[62] die der Arbeitgeber innerhalb der normativen Grenzen – unter Beachtung von § 59 S. 2 – nach billigem Ermessen zu bestimmen hat.[63] Dieses Weisungsrecht, angesprochen in § 611a Abs. 1 S. 2 BGB, wird durch § 106 GewO näher ausgestaltet.[64] 18

2. Vergütung. Auch für die Vergütung ist der Ortsgebrauch, fehlt es an einer konkreten Vereinbarung, maßgeblich.[65] Allerdings entspricht die ortsübliche Vergütung iSd § 59 S. 1 der üblichen Vergütung iSd § 612 Abs. 2 BGB.[66] Normative Bindungen können sich aus Tarifvertrag, aber auch aus dem Gleichbehandlungsgebot ergeben. 19

IV. Darlegungs- und Beweislast

Hinsichtlich der Verteilung der Beweislast gelten die **allgemeinen Regeln.** Jede Partei ist für das Vorliegen der ihr günstigen Tatsachen darlegungs- und beweispflichtig.[67] So hat bei einer Klage auf Zahlung eines üblichen Gehalts für einen kaufmännischen Angestellten der Handlungsgehilfe das Bestehen eines Anstellungsverhältnisses, die Kaufmannseigenschaft des Prinzipals, die Art seiner Leistung als kaufmännisch sowie die Üblichkeit der Vergütung darzulegen und zu beweisen. Der Arbeitgeber hingegen müsste entsprechend der Vermutung des § 1 Abs. 2 dartun, dass sein Unternehmen nach Art und Umfang der Tätigkeit keiner kaufmännischen Einrichtung bedarf.[68] Umgekehrt hat der Arbeitgeber, der sich etwa auf eine direkte Verletzung von § 60 beruft, ebenfalls das Vorliegen der ihm günstigen Anwendungsvoraussetzungen zu beweisen. Für Üblichkeit und Höhe des Entgelts, also etwa der eingeforderten Provision, ist hingegen der Handlungsgehilfe darlegungspflichtig, wobei Hindernisse wie Krankheit keine Erleichterung bei der Darlegung vermitteln.[69] 20

§ 60 [Gesetzliches Wettbewerbsverbot]

(1) Der Handlungsgehilfe darf ohne Einwilligung des Prinzipals weder ein Handelsgewerbe betreiben noch in dem Handelszweige des Prinzipals für eigene oder fremde Rechnung Geschäfte machen.

(2) Die Einwilligung zum Betrieb eines Handelsgewerbes gilt als erteilt, wenn dem Prinzipal bei der Anstellung des Gehilfen bekannt ist, daß er das Gewerbe betreibt, und der Prinzipal die Aufgabe des Betriebs nicht ausdrücklich vereinbart.

Übersicht

[60] Heymann/Henssler/Markworth Rn. 43 ff.; Hopt/Roth Rn. 44.
[61] MüKoHGB/Thüsing Rn. 190.
[62] Hopt/Roth Rn. 44.
[63] Hopt/Roth Rn. 44; Ebenroth/Boujong/Rudkowski Rn. 40; aA MüKoHGB/Thüsing Rn. 191; einschr. Heymann/Henssler/Markworth Rn. 46.
[64] ErfK/Preis BGB § 611a Rn. 258.
[65] Heymann/Henssler/Markworth Rn. 87.
[66] Ebenroth/Boujong/Rudkowski Rn. 38; ErfK/Oetker Rn. 1.
[67] Vgl. zum allgemeinen Grundsatz der Darlegungs- und Beweislast BAG 24.3.2021, BAGE 174, 294 Rn. 61 = NZA 2021, 1651; BeckOGK/Freyler, 1.10.2025, Rn. 126.
[68] Hopt/Merkt § 1 Rn. 25.
[69] LAG Rheinland-Pfalz 6.4.2005, BeckRS 2005, 41479.

I. Grundlagen und Anwendungsbereich

1 **1. Grundlagen.** Das **Wettbewerbsverbot während des Arbeitsverhältnisses,** zu unterscheiden vom Wettbewerbsverbot nach Beendigung des Arbeitsverhältnisses, ist aus der Perspektive der Rechtsentwicklung ein wesentliches Charakteristikum des Rechts des Handlungsgehilfen. Vorgänger dieser Regelung war Art. 59 Abs. 1 ADHGB.[1] Nach allgM handelt es sich um eine **Konkretisierung der allgemeinen Verpflichtung,** die Interessen des Vertragspartners wahrzunehmen (§ 241 Abs. 2 BGB).[2] Inhaltlich geht es darum, dass der Arbeitnehmer im Marktbereich seines Arbeitgebers ohne dessen Einwilligung Dienste und Leistungen nicht Dritten anbieten darf. Dem Arbeitgeber soll dieser Bereich uneingeschränkt und ohne die Gefahr einer nachteiligen Beeinflussung durch den Arbeitnehmer offenstehen.[3] Vorsicht geboten ist allerdings insoweit, als § 60 heute immer im Lichte des Art. 12 GG zu sehen ist: Arbeit- auch im Wettbewerb zum Prinzipal, also dem Arbeitgeber – ist Grundrechtsausübung.

2 **2. Persönlicher Anwendungsbereich.** Der persönliche Anwendungsbereich umfasst vom Wortlaut her die Handlungsgehilfen. Hierauf ist er allerdings nicht beschränkt. Er konkretisiert vielmehr eine allgemeine Rechtspflicht. Die früher hM bemühte insoweit die Treupflicht.[4] Neuere Stimmen in Rspr.[5] und Lit.[6] beziehen sich infolge des SchuldRModG auf die speziellere Bestimmung in § 241 Abs. 2 BGB. Andere sprechen von Analogie,[7] wobei die Begründungen in der Sache nicht zu Unterschieden führen.[8] Daraus folgt, dass die Maßstäbe des § 60 über den Normbereich hinaus auf **alle Arbeitnehmer** Anwendung finden.[9] Zwar begegnet dieser Ansatz neuerdings wieder einer grundsätzlich angelegten, dogmatischen Kritik.[10] So berechtigt die Zweifel an einer überzeugenden Ableitung des weiten Anwendungsbereichs sind, so wenig zwingend ist es, die Wirkungen der Norm auf eine von der sozialen Rolle im 19. Jahrhundert geprägten Arbeitnehmergruppe der Handlungsgehilfen oder „Fabrikbeamten" zu beschränken, die im Arbeitsalltag heute so nicht mehr existiert. Vielmehr sind die Grenzen der Arbeitnehmergruppen nahezu ununterscheidbar verschmolzen. Hier den angestellten Mitarbeitern aus technischen Berufen, Wissenschaftlern, Rechtsanwälten oder Steuerberatern von Ausnahmefällen der Vertragsauslegung abgesehen eine unbeschränkte Konkurrenz zu ihrem Arbeitgeber zu erlauben, birgt mannigfaltige Risiken für die Rechtssicherheit und den wirtschaftlichen Verkehr.[11] – Der überzeugende Kern der Kritik, das Fehlen einer klaren Begründung, sollte dazu führen, mit den Grenzfällen in der Anwendung und der Auslegung von Zweifelsfällen verantwortungsvoll umzugehen. Damit ist viel erreicht. – Diskutiert wird, ob nicht **Teilzeitbeschäftigten,** die ein Interesse an der Verwertung der brachliegenden Arbeitskapazität haben, eine Lockerung des Wettbewerbsverbotes zugebilligt werden sollte.[12] Das Verbot wirkt hier zudem als Marktzugangsbeschränkung gem. Art. 45 Abs. 2 AEUV.[13] Zutreffend ist aber darauf zu

---

[1] Gesetz v. 5.6.1869 (BGBl. des Norddeutschen Bundes 1869, 404).

[2] BAG 16.8.1990, NZA 1991, 141; 17.10.1969, AP BGB § 611 Treupflicht Nr. 7 mAnm Canaris; ErfK/Oetker Rn. 1; Buchner AR-Blattei SD 1830.2 Rn. 2.

[3] BAG 24.2.2021, BAGE 174, 193 Rn. 38 = NZA 2021, 1581.

[4] Buchner AR-Blattei SD 1830.2 Rn. 162 mwN.

[5] BAG 20.9.2006, NZA 2007, 977; 28.1.2010, NZA-RR 2010, 461 Rn. 24; nur in Nuancen abw. BAG 24.3.2010, NZA 2010, 693 Rn. 15; krit. Diller FA 2011, 11 f.

[6] ErfK/Oetker Rn. 1; ähnlich Parafianowicz, Die Zulässigkeit von Beschränkungen der Arbeitnehmerfreizügigkeit durch Wettbewerbsverbote und Verschwiegenheitspflichten, 2016, 10 f., 28, 167.

[7] AR/Wertheimer Rn. 1: „entsprechend"; Buchner AR-Blattei SD 1830.2 Rn. 6; Kunz DB 1990, 2482 (2484); auch BAG 26.9.2007, NJW 2008, 392: allgemeiner Treupflichtgedanke.

[8] BeckOK HGB/Wetzel, 49. Ed. 1.1.2026, Rn. 1; Ulrici AcP 216 (2016), 283 (284) verweist denn auch darauf, dass entscheidend nicht die Zuordnung des Anspruchs, sondern die Herkunft des Unterlassungsrechtsverhältnisses ist. Dies ist bei dem hier in Rede stehenden Wettbewerbsverbot jedenfalls das Beschäftigungsverhältnis, also der Vertrag.

[9] BAG 26.9.2007, NZA 2007, 1436; BeckOGK/Ittmann, 1.9.2025, Rn. 5; MüKoBGB/Spinner BGB § 611a Rn. 1021; Beuthien/Janzen RdA 1975, 266; Oehlschläger AuA 2025 Nr. 3, 18 (19).

[10] Beer, Die Grundlagen des vertragsbegleitenden Wettbewerbsverbots im deutschen Arbeitsrecht, 2017.

[11] Natürlich ist die Terminologie des Handelsrechts nicht immer glatt auf alle Arbeitsbeziehungen zu übertragen, vgl. LAG Mecklenburg-Vorpommern 19.4.2017, BeckRS 2017, 109059: arbeiten Lehrer einer Privatschule in einem Handelszweig?

[12] Kempen/Kreuder AuR 1994, 218.

[13] Parafianowicz, Die Zulässigkeit von Beschränkungen der Arbeitnehmerfreizügigkeit durch Wettbewerbsverbote und Verschwiegenheitspflichten, 2016, 13 ff.

verweisen, dass der Schutzzweck des § 60 die wettbewerblichen Interessen des Prinzipals ins Auge fasst.[14] Wenn es also darum geht, das mit der Einbindung in den Betrieb des Arbeitgebers notwendig erlangte Wissen und Können nicht ungeschützt weiterzugeben, dann kann das quantitative Ausmaß der Einbindung allein insoweit keine Absenkung der Schutzhürden begründen.[15] Und darin liegt auch die Rechtfertigung einer Einschränkung der Freizügigkeit.[16] – Im Hinblick auf den Schutzzweck schützt bei **Leiharbeitnehmern** das Wettbewerbsverbot regelmäßig den Verleiher, doch wird der Entleiher über die Treuepflicht geschützt.[17] Zwar kann der Verleiher durch eine Zweittätigkeit des Leiharbeitnehmers in seinem Geschäftsfeld getroffen sein, doch begründet auch die Kenntnis der betrieblichen Abläufe beim Entleiher zweifelsfrei ein schutzwürdiges Interesse.

Bei **Auszubildenden** wird eine Bindung an § 60 häufig über § 10 Abs. 2 BBiG begründet.[18] Es kann mithin dahingestellt bleiben, ob § 13 Nr. 6 BBiG eine speziellere Verpflichtung aufstellt.[19] 3

Obwohl über den Bereich der §§ 59 ff. hinausreichend, beschränkt sich die Anwendung auf Arbeitnehmer. **Geschäftsführer oder Gesellschafter juristischer Personen,**[20] **Gesellschafter von Personenhandelsgesellschaften**[21] haben eigene, andere Regeln zu beachten.[22] Sind allerdings Minderheitsgesellschafter zugleich Arbeitnehmer, gilt jedenfalls für die Dauer der Beschäftigung § 60.[23] Für die GbR wird ein vertraglicher Wettbewerbsschutz vorgeschlagen.[24] Auch freie Mitarbeiter sind nicht an § 60 gebunden.[25] Ebenso wenig gilt die Norm für andere, vertraglich gebundene Selbständige, etwa Handelsvertreter. Hier hält § 86 Abs. 1 S. 2 eine andere Regelung bereit.[26] Ein Wettbewerbsverstoß ist auch nicht etwa dadurch ausgeschlossen, dass der **Arbeitgeber,** zB im Bereich der Altenpflege, gemeinnützig tätig ist. Die rein steuerrechtliche Zuordnung berührt nicht den Anwendungsbereich des § 60.[27] 4

3. Zeitlicher Anwendungsbereich. Der zeitliche Anwendungsbereich des § 60 erstreckt sich auf die Dauer des Arbeitsverhältnisses. Maßgeblich für den **Beginn** ist der Zeitpunkt, zu welchem die Tätigkeit aufgenommen werden soll.[28] Schwierigkeiten bereiten diejenigen Fälle, in denen es nicht zur Arbeitsaufnahme kommt. Tritt der Arbeitnehmer seinen Dienst nicht an, so kann vom Schutzzweck des § 60 her ein Wettbewerbsverbot eigentlich nicht greifen. Es gibt noch kein erworbenes Wissen um die Belange des Arbeitgeber/Prinzipals, die deshalb auch noch keines Schutzes bedürfen.[29] Allerdings differenziert der Tatbestand selbst nicht hiernach, sodass es bei dem Wettbewerbsverbot bleibt,[30] auch wenn sich der Arbeitgeber von Anfang an weigert, die Dienste entgegen zu nehmen[31] oder der Arbeitnehmer noch vor Dienstantritt kündigt.[32] Freilich gerät hier der Arbeitnehmer in eine Zwickmühle. Denn während des Annahmeverzugs des Arbeitgebers hält ihn § 615 BGB an, seine Arbeitskraft zu verwerten.[33] Hier kann sich der Arbeitnehmer auf die Einrede der 5

[14] Buchner AR-Blattei SD 1830.2 Rn. 7 f.; Heymann/Henssler/Markworth Rn. 5.

[15] BeckOGK/Ittmann, 1.9.2025, Rn. 9; MüKoHGB/Thüsing Rn. 17.

[16] Parafianowicz, Die Zulässigkeit von Beschränkungen der Arbeitnehmerfreizügigkeit durch Wettbewerbsverbote und Verschwiegenheitspflichten, 2016, 61 ff., der aus Art. 36 AEUV mittelbar wie aus Art. 16, 17 GRCh eine Rechtfertigung ableitet.

[17] LAG Hamm 9.2.1981, DB 1981, 1095; MüKoHGB/Thüsing Rn. 10; BeckOK HGB/Wetzel, 49. Ed. 1.1.2026, Rn. 3; aA BeckOGK/Ittmann, 1.9.2025, Rn. 6 f.: schützt nur den Verleiher.

[18] BAG 20.9.2006, AP HGB § 60 Nr. 13 = NZA 2007, 977; BeckOGK/Ittmann, 1.9.2025, Rn. 8; MüKoHGB/Thüsing Rn. 11.

[19] Buchner AR-Blattei SD 1830.2 Rn. 191 ff.; vgl. auch ErfK/Schlachter BBiG § 13 Rn. 5, nach welcher eine Ausformung der in § 10 Abs. 2 BBiG verankerten Treuepflicht vorliegt.

[20] von der Osten GmbHR 1989, 450 für die GmbH; auch Wirbelauer MDR 2018, 61 (64), der darauf verweist, dass § 88 AktG „die Interessenlage besser trifft".

[21] Armbrüster ZIP 1997, 261.

[22] BeckOGK/Ittmann, 1.9.2025, Rn. 11.

[23] OLG Stuttgart 7.3.2019, ZIP 2019, 1425.

[24] Borsch/Erni ZAP Fach 15, 603.

[25] BAG 21.1.1997, NJW 1998, 99 (100); BeckOGK/Ittmann, 1.9.2025, Rn. 11.

[26] BGH 23.1.1964, NJW 1964, 817 unter Hinweis auf die Entstehungsgeschichte; Ebenroth/Boujong/Rudkowski Rn. 9.

[27] LAG Hamm 17.7.2015, BeckRS 2015, 72692.

[28] MüKoHGB/Thüsing Rn. 13; BeckOGK/Ittmann, 1.9.2025, Rn. 13.

[29] Buchner AR-Blattei SD 1830.2 Rn. 81; ähnlich BAG 26.5.1992, NZA 1992, 976, allerdings für den Fall einer nachvertraglichen Karenz.

[30] BeckOGK/Ittmann, 1.9.2025, Rn. 13; MüKoHGB/Thüsing Rn. 14; **aA** noch in → 8. Aufl. 2024, Rn. 5 angedeutet.

[31] BeckOGK/Ittmann, 1.9.2025, Rn. 14; MüKoHGB/Thüsing Rn. 15.

[32] BeckOGK/Ittmann, 1.9.2025, Rn. 13.

[33] MHdB ArbR/Tillmanns § 76 Rn. 52 f.; ErfK/Preis/Greiner BGB § 615 Rn. 95, 97.

Arglist stützen, dh. der Arbeitgeber kann das Wettbewerbsverbot nicht durchsetzen.[34] Im Übrigen gilt auch hier, dass es noch kein erworbenes Wissen gibt, der Arbeitgeber daher keines Schutzes bedarf. Der Arbeitnehmer kann also auch bei einem Wettbewerber tätig werden. Mit dem **Ende des Arbeitsverhältnisses** endet das Konkurrenzverbot.[35] Es besteht freier Wettbewerb. Ein Wettbewerbsverbot kommt nur nach Maßgabe der §§ 74 ff. in Betracht.[36] Freilich können Pflichten zur Bewahrung von Geschäftsgeheimnissen fortbestehen.[37] Das gilt auch im Ruhestand.[38]

6 Prinzipiell ist der **rechtliche Bestand** des Arbeitsverhältnisses maßgeblich.[39] Das Ruhen der Arbeitspflicht, etwa im Fall von Krankheit oder Urlaub, steht der Geltung des Verbots nicht entgegen.[40] Gleiches gilt bei Freistellung,[41] Suspendierung[42] oder in der Elternzeit.[43] Im Fall der Kündigung gilt das Wettbewerbsverbot bis zum Ablauf der Kündigungsfrist;[44] bei Aufhebung oder Befristung kommt es auf den vereinbarten Beendigungszeitpunkt an.[45] Das gilt für berechtigte Kündigungen oder für Fälle, in welchen der Arbeitnehmer die unberechtigte Kündigung seines Arbeitgebers akzeptiert.[46] Kündigt der Arbeitnehmer unberechtigt fristlos, bleibt das Wettbewerbsverbot bestehen.[47] Nimmt er eine Tätigkeit beim Konkurrenten auf, kann der Arbeitgeber das Wettbewerbsverbot nach § 60 im Wege einer einstweiligen Verfügung geltend machen.[48] Ebenso steht ein kollusiv mit einem Vertreter abgeschlossener Aufhebungsvertrag dem Konkurrenzverbot nicht entgegen.[49] Als problematisch wird die Dauer von **Kündigungsschutzprozessen** angesehen.[50] Jedenfalls der weiterbeschäftigte Arbeitnehmer, sei es freiwillig oder erzwungen,[51] unterfällt weiter § 60.[52] Wird dem Arbeitnehmer die Beschäftigung hingegen verwehrt, so gilt das oben zur verweigerten Arbeitsaufnahme gesagte (→ Rn. 5), wobei es stets auf die Umstände des Einzelfalls ankommt. Die Ablehnung der Tätigkeit kann auch bei der Interessenabwägung im Fall einer auf den Pflichtverstoß gestützten Kündigung eine Rolle spielen, bringt der Arbeitgeber den Arbeitnehmer doch in eine Zwangslage.[53] Vorrang hat das Wettbewerbsverbot.[54] Bei einer außerordentlichen fristlosen Kündigung war vertreten worden, dass der Arbeitgeber, will er für die Dauer des Verfahrens eine konkurrierende Tätigkeit vermeiden, eine Karenzentschädigung anzubieten hat.[55] Diese Auffas-

[34] BeckOGK/Ittmann, 1.9.2025, Rn. 14; MüKoHGB/Thüsing Rn. 15.
[35] BeckOGK/Ittmann, 1.9.2025, Rn. 17; MüKoHGB/Thüsing Rn. 19; Oehlschläger AuA 2025 Nr. 3, 18 (19).
[36] Ebenroth/Boujong/Rudkowski Rn. 14.
[37] BAG 19.5.1998, NZA 1999, 200; hierzu Schwab AiB 2018, Nr. 4, 39; zur Grenzziehung nachvertraglicher Wettbewerb und Geschäftsgeheimnis vgl. Holthausen NZA 2019, 1377 (1380 f.); zur Bewertung einer sog. „catch-all-Klausel“ vgl. BAG 17.10.2024, NZA 2025, 112.
[38] ErfK/Oetker Rn. 2; NK-GA/Reinhard Rn. 5.
[39] Das gilt auch bei Betriebsübergang, vgl. Fuhlrott EWiR 2012, 135 (136).
[40] Ebenroth/Boujong/Rudkowski Rn. 12.
[41] BAG 17.10.2012, NZA 2013, 207; zuvor LAG Baden-Württemberg 12.9.2011, BeckRS 2011, 79027; Fuhlrott/Balupuri-Beckmann RdA 2011, 391 (395); BeckOGK/Ittmann, 1.9.2025, Rn. 15; MüKoHGB/Thüsing Rn. 16.
[42] BAG 30.5.1978, NJW 1979, 335 = BB 1979, 325; zweifelhaft LAG Rheinland-Pfalz 23.3.2007, BeckRS 2007, 45727.
[43] LAG Düsseldorf 2.7.1999, NZA-RR 2000, 232.
[44] Das gilt auch, wenn die Parteien eine längere Kündigungsfrist vereinbart haben. Im Fall eines Einkaufsleiters hat das LAG Nürnberg 28.3.2019, BeckRS 2019, 36092, für eine Verlängerung einer Frist auf 24 Monate zum Quartalsende, an der umfassenden Bindung über § 60 keinen Anstoß genommen; hierzu Anm. König NZA-RR 2020, 168.
[45] MüKoHGB/Thüsing Rn. 19.
[46] HWK/Diller Rn. 9.
[47] ErfK/Oetker Rn. 3.
[48] Wobei es im einstweiligen Rechtsschutz genügt darzutun, dass sich die Kündigung im Hauptprozess mit überwiegender Wahrscheinlichkeit als unwirksam erweisen wird, vgl. LAG Hamm 7.4.1983, EzA § 935 ZPO Nr. 1; Korinth ArbRB 2016, 282 (284).
[49] LAG Hamm 12.8.2019, BeckRS 2019, 20177 mAnm Herrmann EWiR 2020, 187 und mAnm Boemke jurisPR-ArbR 3/2020 Anm. 4: der Ehemann war Niederlassungsleiter mit Personalvollmacht, die Ehefrau und Disponentin gründet das konkurrierende Logistikunternehmen in der parallel laufenden Kündigungsfrist. Rechtlich spannend ist der Bestand einer unwissentlich erteilten Genehmigung.
[50] BAG 28.1.2010, NZA-RR 2010, 461 Rn. 23 f.; Fleddermann/Schwirtzek ArbR 2009, 103; Salamon/Fuhlrott BB 2011, 1018; Korinth ArbRB 2013, 61; ausf. jetzt Oehlschlaeger, Die Konkurrenztätigkeit, 2020.
[51] Zur Unterscheidung LAG Thüringen 2.10.2007, BeckRS 2007, 48825; Sommer/Wiechert AuA 2012, 144.
[52] BAG 23.10.2014, BB 2015, 761 Rn. 29; LAG Hamm 4.7.2007, BeckRS 2008, 50138; Ebenroth/Boujong/Rudkowski Rn. 21; ErfK/Oetker Rn. 3.
[53] LAG Rheinland-Pfalz 26.1.2015, GesR 2015, 442 = BeckRS 2015, 68012.
[54] BeckOGK/Ittmann, 1.9.2025, Rn. 27.
[55] LAG Köln 4.7.1995, NZA-RR 1996, 2; für alle Kündigungen auch Fischer NJW 2009, 331 (333 f.).

sung ist allerdings mit den Grundsätzen der Rspr. des BAG nicht in Einklang zu bringen.[56] Grundsätzlich gilt das Wettbewerbsverbot während der gesamten rechtlichen Dauer des Arbeitsverhältnisses, also auch nach Zugang einer vom Arbeitnehmer gerichtlich angegriffenen fristlosen Kündigung, wenn sich diese später als unwirksam herausstellt.[57] Auch die Obliegenheit aus § 615 S. 2 BGB, nicht böswillig anderweitigen Erwerb zu unterlassen, rechtfertigt es nicht, eine Konkurrenztätigkeit im Geschäftsbereich des Arbeitgebers aufzunehmen – allerdings kann eine auf die Verletzung des Wettbewerbsverbots gestützte zweite Kündigung unwirksam sein, weil sich beide Parteien objektiv vertragswidrig verhalten haben.[58] In der Lit. wird entgegengehalten, infolge der arbeitgeberseitigen Kündigung fehle überhaupt eine Pflichtverletzung.[59] Oehlschlaeger[60] setzt hier mit dem Hinweis an, dass angesichts der gebotenen verfassungskonformen Auslegung des Wettbewerbsverbots ein Interesse des Arbeitgebers in den meisten Fällen hinter die grundrechtlich geschützte Position des Arbeitnehmers zurücktreten muss. Er wirbt für eine analoge Anwendung des § 162 BGB, weil dieser spezieller auf die Fallkonstellation zugeschnitten sei und der Arbeitgeber mit seiner Kündigung die Zwangslage herbeigeführt habe.[61] Die eindeutige klare Rechtsfolge zwinge den Arbeitgeber zum Schutz seiner Positionen in Verhandlungen über eine Karenzvereinbarung zu treten,[62] „böswillige" Arbeitnehmer könnten über das UWG und § 826 BGB eingefangen werden.[63] Auf den ersten Blick besticht die Klarheit der Lösung, aber es kommt nicht hinreichend zum Ausdruck, dass der kündigungsrechtliche Aspekt nur einen Teil des § 60 widerspiegelt. Die auf den Einzelfall bezogene Abwägung des BAG schafft vielleicht weniger Rechtssicherheit, kann aber auch in Ausnahmefällen zu sachgerechten Lösungen führen, welche ein starres Konzept verwehrt. Letztlich haben es auch die Parteien in der Hand, die gegenseitigen, aus der Fortgeltung des Wettbewerbsverbots folgenden Risiken aufzuzeigen und ggf. zu klären.[64]

Soweit vom rechtlichen Bestand als Voraussetzung des Wettbewerbsverbots die Rede ist, gilt indes eine Einschränkung. Nach einhelliger Auffassung gilt dasselbe nämlich auch im vollzogenen **fehlerhaften Arbeitsverhältnis** uneingeschränkt.[65] 7

4. Dispositives Recht. Die Verbotstatbestände des § 60 sind dispositiv. Damit haben die Parteien es in der Hand, Änderungen zu vereinbaren.[66] Im Hinblick auf Lockerungen des Wettbewerbsverbots bestehen hier weite Spielräume, wie ein Blick auf Abs. 2 erhellt. Eine Verdichtung des Verbots zugunsten des Arbeitgebers hingegen begegnet im Hinblick auf die Nähe zum Schutzbereich des Art. 12 Abs. 1 GG sehr rasch Bedenken.[67] In der Praxis wird darauf abgestellt, ob der Arbeitgeber ein berechtigtes Interesse daran hat, dass der Arbeitnehmer nicht wettbewerblich tätig wird. Fehlt dieses, hat der Arbeitnehmer einen Anspruch auf Ausübung der Nebentätigkeit.[68] 8

II. Die Verbotstatbestände

Abs. 1 unterscheidet zwischen zwei Formen gesetzlich[69] verbotener Tätigkeit. Einmal geht es in der ersten Alternative um ein planvolles, auf Dauer eingerichtetes **Betreiben eines Handelsgewerbes.** Die zweite Alternative richtet sich gegen **einzelne Geschäfte** des Handlungsgehilfen – sei es auf eigene oder auf fremde Rechnung – **im Geschäftszweig** des Prinzipals. 9

1. Verbot eines eigenen Handelsgewerbes. Nach dem Wortlaut von § 60 Abs. 1 Alt. 1 ist es im Hinblick auf §§ 1 ff. vollständig untersagt, neben der abhängigen Tätigkeit einen Gewerbebetrieb – und sei es etwa als Gesellschafter einer Personenhandelsgesellschaft – zu führen.[70] Hierzu meint das BAG:[71] „Es mag einer früheren, noch durch Vorstellungen aus der Zeit des Zunftwesens 10

[56] BAG 23.10.2014, NJW 2015, 1403; LAG Hamm 4.7.2007, BeckRS 2008, 50138; LAG Hessen 26.9.2018, BeckRS 2018, 46024 Rn. 71.
[57] BAG 23.10.2014, NJW 2015, 1403; BeckOGK/Ittmann, 1.9.2025, Rn. 27.
[58] BAG 23.10.2014, NJW 2015, 1403.
[59] Nägele NZA 2016, 271 (273).
[60] Oehlschlaeger, Die Konkurrenztätigkeit, 2020, 161 f.
[61] Oehlschlaeger, Die Konkurrenztätigkeit, 2020, 201.
[62] Oehlschlaeger, Die Konkurrenztätigkeit, 2020, 209.
[63] Oehlschlaeger, Die Konkurrenztätigkeit, 2020, 210.
[64] BeckOGK/Ittmann, 1.9.2025, Rn. 27.
[65] MHdB ArbR/Reichold § 54 Rn. 19; Ebenroth/Boujong/Rudkowski Rn. 15.
[66] BeckOGK/Ittmann, 1.9.2025, Rn. 4.
[67] Hopt/Roth Rn. 1; Buchner AR-Blattei SD 1830.2 Rn. 67; naturgemäß sehr viel offener noch RG 11.7.1900, JW 1900, 662.
[68] BAG 11.12.2001, BAGE 100, 70 = NZA 2002, 965.
[69] Es bedarf keiner weiteren, vertraglichen Vereinbarung, Ebenroth/Boujong/Rudkowski Rn. 23.
[70] Buchner AR-Blattei SD 1830.2 Rn. 19 mwN.
[71] BAG 25.5.1970, BAGE 22, 344 (349) = AP HGB § 60 Nr. 4.

beeinflussten patriarchalischen Auffassung entsprochen haben, den Angestellten auch in seiner Freizeit zu bevormunden … Mit dem Grundrecht der freien Berufswahl … lässt sich eine so weitgehende Beschränkung des Arbeitnehmers nicht vereinbaren." Mit dem BAG geht heute die wohl einhM[72] davon aus, § 60 Abs. 1 Alt. 1 durch **verfassungskonforme Auslegung** dahin einzuengen, dass nur eine solche Tätigkeit untersagt werden kann, die geeignet ist, dem „Arbeitgeber wettbewerbsmäßig (zu) schaden oder doch (zu) gefährden"[73] – also eine Beschränkung auf den Geschäftsbereich des Arbeitgebers. Zuvor hatte bereits das BVerfG betont, dass Art. 12 Abs. 1 GG auch das Recht umfasse, mehrere Berufe zu wählen und gleichzeitig nebeneinander auszuüben.[74]

11 Die inhaltliche Bestimmung, wann eine Tätigkeit im Rahmen des Ausübens eines Gewerbebetriebs **dem Arbeitgeber schadet oder seine Interessen gefährdet,** erfordert eine Einzelfallbeurteilung. Denkbar ist ein Abwerben von Kunden oder Mitarbeitern,[75] ein Ausschöpfen von Bezugsquellen oder die Verdrängung bei der Nutzung günstiger Betriebsmittel. Ausreichend kann schon die Weitergabe von Checklisten und fachlichen Informationen sein.[76] Moderne Formen der Datenverarbeitung erhöhen das Risiko.[77] Wichtig ist die Konkurrenzsituation. Hierbei genügt allerdings die Überschneidung in nur einem Marktsegment.[78] Allerdings ist auch hier zu werten. Der Vertrieb von Kochschürzen einerseits und Markenkleidung andererseits ist nicht wettbewerbswidrig.[79] Ist der Arbeitgeber selbst Vertragspartner im Bereich der selbständigen Nebentätigkeit seines Arbeitnehmers, kann von unzulässiger Konkurrenz keine Rede sein.[80] Dies gilt auch dann, wenn der Arbeitnehmer an einem Unternehmen beteiligt ist, zu welchem der Arbeitgeber in Geschäftsbeziehung steht.[81] Das Verbot, ein eigenes Gewerbe zu betreiben, wird oft verletzt bei freien Berufen, bei welchen der Wechsel von der abhängigen Beschäftigung in die Selbständigkeit häufiger vorkommt. So sind es oftmals Steuerberater[82] oder Rechtsanwälte,[83] welche die Rspr. beschäftigen. Klinikärzte, welche zugleich niedergelassen sind, können ebenfalls in Konflikt mit den Interessen ihres Arbeitgebers geraten.[84] Liegen allerdings Krankenhäuser der Regelversorgung räumlich weit auseinander, so ist eine pflichtwidrige Konkurrenz nicht selbstverständlich.[85] Im Laufe der Zeit sind die Bereiche der Altenpflege[86] und der Zeitarbeit[87] hinzugekommen. Weitere Beispiele stammen aus der Baubranche,[88] dem Transportgewerbe nebst Containervermietung[89] oder auch der IT-Branche.[90]

12 Betrieben wird ein Gewerbe durch den **Inhaber,** aber auch durch persönlich haftende **Gesellschafter** einer Personengesellschaft[91] sowie – in leicht erweiternder Anwendung der Norm[92] – die **Organvertreter** von Kapitalgesellschaften.[93] Teilweise wurde sogar die Erteilung der Prokura in

---

[72] BeckOK HGB/Wetzel 49. Ed. 1.1.2026, Rn. 13; Heymann/Henssler/Markworth Rn. 23; Hopt/Roth Rn. 2; Ebenroth/Boujong/Rudkowski Rn. 24; Gaul BB 1984, 346; Oehlschlaeger, Die Konkurrenztätigkeit, 2020, 159 f., spricht von einem massiven Spannungsverhältnis der Grundrechte von Arbeitgeber und Arbeitnehmer; ErfK/Oetker Rn. 4; BeckOGK/Ittmann, 1.9.2025, Rn. 36.

[73] BAG 25.5.1970, BAGE 22, 351 = AP HGB § 60 Nr. 4; vgl. auch BAG 3.5.1983, BAGE 42, 329 = NJW 1984, 886; 24.2.2021, NZA 2021, 1581 Rn. 54.

[74] BVerfG 15.2.1967, BVerfGE 21, 173 = NJW 1967, 1317.

[75] LAG Rheinland-Pfalz 6.3.2012, BeckRS 2012, 68307; Vogt StBW 2011, 950; zum Abwerben von Mitarbeitern Fink/Schmid AuA 2013, 510.

[76] LAG Rheinland-Pfalz 24.8.2012, DStR 2013, 159.

[77] Fingerhut BB 2014, 389.

[78] LAG Hessen 10.6.2013, BeckRS 2013, 73109; LAG Niedersachsen 17.11.2015, BeckRS 2016, 66158.

[79] LAG Rheinland-Pfalz 2.6.2016, BeckRS 2016, 72973.

[80] BAG 3.5.1983, BAGE 42, 329 = AP HGB § 60 Nr. 10 – das BAG geht auf die Frage einer Einwilligung allerdings nicht ein.

[81] LAG Schleswig-Holstein 12.4.2017, BeckRS 2017, 115772 = ZIP 2017, 2124.

[82] BAG 25.10.2007, MDR 2008, 326 = AP KSchG 1969 § 12 Nr. 3; LAG Köln 6.6.2024, K&R 2024, 835; 14.4.2008, DStZ 2009, 346; LAG Rheinland-Pfalz 23.3.2007, BeckRS 2007, 45727.

[83] BAG 26.9.2007, NZA 2007, 1436.

[84] LAG Baden-Württemberg 17.10.2012, MedR 2014, 35; Makowski/Krapohl GesR 2014, 6.

[85] LAG Rheinland-Pfalz 26.1.2015, GesR 2015, 442 = BeckRS 2015, 68012.

[86] BAG 16.1.2013, NZA 2013, 748; LAG Mecklenburg-Vorpommern 26.3.2024, ZD 2024, 592.

[87] LAG Berlin-Brandenburg 30.8.2012, BeckRS 2012, 75347.

[88] Für Bodenverleger s. LAG Schleswig-Holstein 27.6.2007, BeckRS 2007, 45843; krit. Oesterle jurisPR-ArbR 38/07 Anm. 4.

[89] BAG 3.5.1983, BAGE 42, 329 = AP HGB § 60 Nr. 10.

[90] LAG Hamm 4.9.2012, LAGE BGB 2002 § 626 Nr. 38; LAG Rheinland-Pfalz 26.2.2016, BeckRS 2016, 68762; 6.3.2012, BeckRS 2012, 68307; Lampenius K&R 2012, 12.

[91] BAG 15.2.1962, NJW 1962, 1365; Ebenroth/Boujong/Rudkowski Rn. 28; ErfK/Oetker Rn. 5.

[92] Buchner AR-Blattei SD 1830.2 Rn. 30.

[93] BAG 15.2.1962, NJW 1962, 1365; LAG Niedersachsen 17.11.2015, BeckRS 2016, 66158; BeckOGK/Ittmann, 1.9.2025, Rn. 39.

einem Konkurrenzunternehmen als genügend angesehen.[94] Ein mittelbares Betreiben über Strohmänner oder Treuhänder kann ausreichen.[95] Nicht zureichend ist die bloße Beteiligung an Kapitalgesellschaften oder einer stillen Gesellschaft.[96] Erlaubt ist – jedenfalls im Hinblick auf die hier zur Frage stehende erste Alternative – die Übernahme eines Kommanditanteils.[97] Erreicht die Beteiligung hingegen einen Umfang, der einen steuernden Einfluss auf die Organe eröffnet, liegt wiederum eine Konkurrenzsituation vor.[98]

Prinzipiell erlaubt sind **Vorbereitungshandlungen.**[99] Der Arbeitnehmer darf also, wenn kein 13
nachvertragliches Wettbewerbsverbot nach § 74 HGB vereinbart ist, schon vor Beendigung des Arbeitsverhältnisses für die Zeit nach seinem Ausscheiden die Gründung eines eigenen Unternehmens oder den Wechsel zu einem Konkurrenzunternehmen vorbereiten.[100] Verboten ist es jedoch, eine werbende Tätigkeit aufzunehmen, zB durch Vermittlung von Konkurrenzgeschäften oder aktives Abwerben von Kunden oder Arbeitnehmern oder Betreiben einer öffentlich zugänglichen Internetpräsenz.[101] Zulässig ist insoweit etwa die Anmietung von Geschäftsräumen,[102] das Stellen eines Antrags auf Zulassung als „Leistungsanbieter im ambulant betreuten Wohnen“[103] oder auch der Erwerb einer Internetdomain und die Gestaltung einer Internetpräsenz, die noch nicht öffentlich zugänglich ist.[104] Ebenso kann ein ausscheidender Steuerberater in seinem Internet-Profil auf eine künftige freiberufliche Tätigkeit aufmerksam machen.[105] Diese Aktivitäten dürfen allerdings während der aktiven Beschäftigung nicht die Kreise des Arbeitgebers stören. Schon der Beginn einer Außenwerbung ist ein Schritt zu viel[106] – etwa eine in das Internet eingestellte Seite, die von jedermann besucht werden kann und auf der ein Leistungsspektrum angepriesen wird. Denn dabei handelt es sich um eine nach außen wirkende, werbende Tätigkeit.[107] Durch sie können die geschäftlichen Interessen des Arbeitgebers beeinträchtigt werden. Ob bereits der, der während eines noch bestehenden Arbeitsverhältnisses die Eintragung für ein neues Unternehmen ins Handelsregister betreibt, pflichtwidrig handelt, weil bereits die Eintragung Rechtsfolgen auslöst, kann bezweifelt werden.[108] Spricht der Existenzgründer Mitarbeiter oder Kunden seines Prinzipals an, etwa ein Rechtsanwalt Mandanten seines Noch-Arbeitgebers[109] oder eine Pflegedienstleisterin Vertragspartner ihrer bisherigen Arbeitgeberin,[110] sind deren Interessen unmittelbar berührt und die Grenzen des Zulässigen überschritten.[111] Gleiches gilt für das „Vorfühlen“ beim Kunden.[112] Es ist dafür auch nicht das Maß einer „gewissen Beharrlichkeit“ geboten.[113] Ein Angebot an einen (potentiellen) Kunden jedenfalls zählt schon zum Betreiben des Gewerbes.[114] Das gilt erst recht für einen Vertragsabschluss.[115] Ist eine Kündigung des Arbeitsverhältnisses ausgesprochen, steigt ein Verständnis für zunehmende Akti-

---

[94] LAG Schleswig-Holstein 27.6.2007, BeckRS 2007, 45843; krit. dazu Luke BB 2016, 762, der zutr. darauf hinweist, dass die Stellung des Prokuristen unterschiedlich ausgeformt sein kann.

[95] Ebenroth/Boujong/Rudkowski Rn. 28.

[96] Vgl. etwa LAG Köln 29.4.1994, NZA 1995, 994; BeckOGK/Ittmann, 1.9.2025, Rn. 40; BeckOK HGB/Wetzel, 49. Ed. 1.1.2026, Rn. 12; Ebenroth/Boujong/Rudkowski Rn. 28.

[97] Hopt/Roth Rn. 2: reine Kapitalanlage.

[98] LAG Schleswig-Holstein 12.4.2017, BeckRS 2017, 113281; BeckOGK/Ittmann, 1.9.2025, Rn. 40.

[99] BAG 24.2.2021, NZA 2021, 1581 Rn. 95.

[100] BAG 30.5.1978, NJW 1979, 335; LAG Schleswig-Holstein 30.5.1991, DB 1991, 1990; LAG Bremen 27.7.1998, LAGE HGB § 60 Nr. 7; BeckOGK/Ittmann, 1.9.2025, Rn. 41.

[101] BAG 24.2.2021, NZA 2021, 1581 Rn. 95.

[102] BAG 30.1.1963, AP § 60 Nr. 3.

[103] BAG 28.1.2010, NZA-RR 2010, 461.

[104] BAG 24.2.2021, NZA 2021, 1581 Rn. 96 ff.

[105] LAG Köln 7.2.2017, NZA-RR 2017, 353 m. zust. Anm. Schwab AiB 2017, Nr. 11, 48 (49); ähnlich Spitz jurisPR-ITR 10/2017 Anm. 3.

[106] LAG Rheinland-Pfalz 1.12.1997, NZA-RR 1998, 496; zur Abgrenzung einer passiven „Vorratsunternehmung“ für den Sohn und aktiver Gefährdung LAG Rheinland-Pfalz 23.1.2008, BeckRS 2008, 53634; Salamon/Fuhlrott BB 2011, 1019.

[107] BAG 24.2.2021, NZA 2021, 1581.

[108] LAG Hessen 10.6.2013, BeckRS 2013, 73109 mAnm Wirtz ArbR 2013; anders dagegen BAG 26.6.2008, NZA 2008, 1415 – jedenfalls, soweit die Gesellschaft dadurch noch nicht werbend nach außen tritt.

[109] LAG Hessen 17.5.2017, BeckRS 2017, 139137 Rn. 28 = ArbRB 2017, 337.

[110] BAG 19.12.2018, NZA 2019, 571 Rn. 53, 57.

[111] BAG 26.6.2008, NZA 2008, 1415; LAG Rheinland-Pfalz 6.3.2012, BeckRS 2012, 68307; Staub/Weber Rn. 18 ff., 22; BeckOK HGB/Wetzel, 49. Ed. 1.1.2026, Rn. 14 f.; ErfK/Oetker Rn. 6 mwN, insbes. für erlaubte Aktivitäten.

[112] BAG 23.4.1998 – 2 AZR 442/97, nv.

[113] **AA** Greßlin/Römermann BB 2016, 1461 (1462 f.).

[114] LAG Rheinland-Pfalz 26.2.2016, BeckRS 2016, 68762; LAG München 3.12.2008, BeckRS 2009, 72963.

[115] BAG 13.1.2013, NZA 2013, 748 Rn. 19.

vitäten kurz vor dessen Beendigung. Gleiches wird angenommen, wenn die Parteien sich auf eine Aufhebung des Arbeitsverhältnisses verständigt haben.[116] Das gilt aber dann nicht mehr, wenn die Kündigung „zurückgenommen" wird.[117] Unzulässig bleibt allerdings eine bereits aktiv werbende Tätigkeit.

14 Das Verbot des § 60 Abs. 1 ist – im Hinblick auf beide Verbotsalternativen – nicht starr. Das liegt schlicht darin, dass auch die geschäftlichen Aktivitäten von Prinzipal und Gehilfen sich ändern können. Bestimmend ist zunächst der **Zeitpunkt** des Vertragsschlusses.[118] Zu diesem Zeitpunkt sind die geschäftlichen Interessen des Arbeitgebers umrissen, der Arbeitnehmer übernimmt mit der Entscheidung für die Arbeitsstelle die Verpflichtung, diesen Geschäftskreis zu respektieren. Aktivitäten außerhalb sind zulässig. Zweifelhaft ist, was passiert, wenn der Arbeitgeber seine unternehmerische Tätigkeit in diesen anfangs zulässigen Tätigkeitsbereich des Arbeitnehmers hineinverlagert. Einerseits genießt die Tätigkeit des Arbeitnehmers grundrechtlichen Schutz. Andererseits hat das Wettbewerbsverbot grundsätzlich Unternehmensbezug. Das beinhaltet von Anfang an einen offenen Tatbestand, sodass der Arbeitnehmer mit Aufnahme seiner Tätigkeit beim Arbeitgeber damit rechnen muss, dass sich die geschäftlichen Aktivitäten des Arbeitgebers ausweiten können.[119] Insofern dürfte er gehalten sein, bei einer Ausweitung der unternehmerischen Tätigkeiten in seine geschäftlichen Aktivitäten diese einzuschränken, sodass keine Konkurrenzsituation mehr gegeben ist.[120] Anderenfalls müsste er wohl sein Arbeitsverhältnis aufgeben. Zuzugestehen ist ihm aber in jedem Fall eine Übergangsfrist.[121] Komplexe Änderungen kann ein **Betriebsübergang** bedingen. Einigkeit besteht, dass im Regelfall der Arbeitnehmer seinem neuen Arbeitgeber die Unterlassung von Wettbewerb schuldet.[122] Das dürfte auch gelten, wenn der Arbeitnehmer – noch beim Veräußerer – zulässigerweise ein Gewerbe eröffnet hat.[123] Voraussetzung ist natürlich ein berechtigtes Interesse des Erwerbers.[124] Widerspricht der Arbeitnehmer dem Übergang und ist sein bisheriger Arbeitgeber in einem Geschäftsfeld nicht mehr tätig, wird der Weg grundsätzlich frei für Wettbewerb.[125] Es wird aber als unangemessen und treuwidrig gewertet, wenn die konkurrierende Tätigkeit nicht wenigstens bis zum Ablauf der Kündigungsfrist unterbleibt.[126] Fraglich ist, ob das überzeugt, insbesondere wenn gar keine Kündigung oder sonstige Beendigung des Arbeitsverhältnisses zum Veräußerer im Raum steht, sondern der Arbeitnehmer dort weiter beschäftigt wird. Vielmehr begibt sich der Arbeitnehmer durch den Widerspruch wertungsmäßig in die Situation eines nachvertraglichen Wettbewerbsverbots zum Erwerber (§ 74). Sind mit der Tätigkeit vitale Kenntnisse verbunden, kann eine Karenzvereinbarung des Veräußerers schützen. Diese wäre im Verhältnis von Erwerber und dem infolge Widerspruchs aus dem Betrieb ausscheidenden Arbeitnehmer zu aktivieren.[127]

15 **2. Geschäfte im Handelszweig des Prinzipals.** Betrifft die erste Verbotsalternative das Betreiben eines Gewerbes, also eine planvolle, komplexe Tätigkeit, so bezieht sich das Verbot der zweiten Alternative auf den Abschluss einzelner Geschäfte für eigene oder fremde Rechnung. „Geschäfte machen" iSd Norm ist eine, wenn auch nur spekulative, auf Gewinn gerichtete Teilnahme am Geschäftsverkehr.[128] Allerdings fasst die Rspr. unter dieses Verbot nicht nur **Umsatzgeschäfte** – inklusive entsprechender Vorbereitungshandlungen – im Handelszweig des Arbeitgebers[129] und das Anbieten von Diensten und Leistungen gegenüber Dritten im Marktbereich des Arbeitgebers.[130] Auch **Kapitalbeteiligungen** an fremden Unternehmen,[131] etwa der Erwerb von Anteilen einer

---

[116] LAG Köln 7.2.2017, NZA-RR 2017, 353.
[117] LAG Niedersachsen 17.11.2015, BeckRS 2016, 66158.
[118] Buchner AR-Blattei SD 1830.2 Rn. 68 ff.
[119] So auch Bauer/Diller Wettbewerbsverbote Rn. 297.
[120] BeckOGK/Ittmann, 1.9.2025, Rn. 50; iErg so wohl auch ErfK/Oetker Rn. 7.
[121] ZB für die Dauer der Kündigungsfrist s. BeckOGK/Ittmann, 1.9.2025, Rn. 50.
[122] ErfK/Oetker Rn. 7; **aA** Nägele BB 1989, 1481, der eine gesonderte Vereinbarung verlangt.
[123] Bauer/Diller Wettbewerbsverbote Rn. 990 f.; BeckOGK/Ittmann, 1.9.2025, Rn. 61; **aA** ErfK/Oetker Rn. 7.
[124] BAG 26.9.1963, DB 1963, 1682.
[125] BeckOK HGB/Wetzel, 49. Ed. 1.1.2026, § 74 Rn. 67; Gaul/Ludwig NZA 2013, 489.
[126] LAG Nürnberg 4.2.2003, LAGE BGB § 626 Nr. 148 Rn. 34.
[127] ErfK/Oetker § 74 Rn. 25 spricht von dreiseitigen Vereinbarungen; Ansätze bieten mE Wertungen aus §§ 241, 328 BGB. Zur Möglichkeit der Regelung von Wettbewerbsverboten in Unternehmenskaufverträgen BAG 18.8.1997, ZIP 1997, 2094; Bauer/Diller Wettbewerbsverbote Rn. 997; Greshold GmbHR 2013, 122; abl. BeckOGK/Ittmann, 1.9.2025, Rn. 62.1.
[128] BAG 17.10.2012, BAGE 143, 203 Rn. 19 = NZA 2013, 207; ErfK/Oetker Rn. 7.
[129] BAG 12.5.1972, DB 1972, 1831; 30.1.1963, NJW 1964, 1420.
[130] BAG 16.6.1976, AP BGB § 611 Treuepflicht Nr. 8.
[131] BeckOGK/Ittmann, 1.9.2025, Rn. 45.

GmbH,[132] sogar die Stellung als stiller Gesellschafter[133] oder gar Kreditgeber[134] werden als unzulässig angesehen. Entscheidend ist, ob mit der Geldanlage ein Einfluss auf das Unternehmen verbunden sein kann.[135] Erfasst ist auch das Verbot, im Rahmen eines **zweiten Beschäftigungsverhältnisses** für einen weiteren Arbeitgeber dieselben Geschäfte vorzunehmen, die für den Prinzipal abgeschlossen werden.[136] Ebenso gehört systematisch **Schwarzarbeit** hierhin, sofern etwa dem Arbeitgeber insoweit ein Auftrag weggenommen wird. Wird der Arbeitnehmer nur für einen anderen Arbeitgeber tätig, schließt er also keine Geschäfte ab und hat er auch keinen Einfluss auf Geschäftsabschlüsse, fällt dies nicht unter die zweite Verbotsalternative.[137] In diesen Fällen kommt allerdings ein Verstoß gegen die Treupflicht aus § 241 Abs. 2 BGB in Betracht.[138] Im Anwendungsbereich des § 60 muss der Gehilfe nicht selbst in den Abschluss von Geschäften eingebunden sein, es genügt eine **Vermittlung.**[139]

Das Verbot wird weit verstanden: bereits jede Teilnahme ist erfasst.[140] Selbst unentgeltliche Tätig- 16
keit kann genügen.[141] Korrektiv soll sein, dass das Geschäft im **Handelszweig** des Prinzipals erfolgen muss. Entscheidend ist, dass der Arbeitnehmer wie der Arbeitgeber am Markt als Anbieter auftritt, so zu ihm in eine Wettbewerbssituation tritt und die gleichen Marktchancen zu seinem Vorteil nutzt.[142] Angesichts der Flexibilität der Geschäftsfelder moderner Unternehmen[143] kann eine Abgrenzung schwierig sein. Hilfsweise wird in der Praxis versucht, den Unternehmenszweck der konkurrierenden Unternehmen aufzuschlüsseln[144] und dienstbar zu machen. So kann ein Privatgymnasium nicht mit einer staatlichen Berufsschule konkurrieren.[145] Der praktisch uferlos gewordene Anwendungsbereich ist nicht ohne Widerspruch geblieben. Klare Strukturen werden gefordert und gesucht. Teilweise wird verlangt, dass der Arbeitnehmer auf derselben geschäftlichen Ebene tätig ist,[146] teilweise wird die Entwicklung einer konkreten Gefährdungslage für geboten erachtet, um Bagatellbetätigungen die Spitze zu nehmen.[147] Nicht entscheidend ist allerdings, ob der Arbeitgeber die Geschäfte konkret hätte für sich abschließen können.[148] Bei **einfachen Tätigkeiten** zeichnet sich jetzt eine Tendenzwende in der Rspr. ab, insbesondere bei unterstützenden Arbeiten als Arbeitnehmer beim Konkurrenten.[149] So kann die Mitarbeiterin der Sortierzentrale eines Zustellunternehmens im Nebenerwerb künftig wohl Zeitungen für ein Konkurrenzunternehmen selbst zustellen. Das BAG zeigt Verständnis dafür, die existenziellen Belange von Teilzeitbeschäftigten bei einer erforderlichen Abwägung im Lichte des Art. 12 GG einzustellen.[150] Für die Zulässigkeit eines Zweiterwerbs bei einfacheren Tätigkeiten[151] spricht auch Art. 45 Abs. 2 AEUV (Freizügigkeit innerhalb der Union): bleiben Geschäftsgeheimnisse aus dem Spiel, ist eine Rechtfertigung einer Beschränkung

---

[132] BAG 15.2.1962, NJW 1962, 1365; vgl. auch Staub/Weber Rn. 26.

[133] BeckOGK/Ittmann, 1.9.2025, Rn. 45.

[134] RG 6.4.1937, JW 1937, 2654; BAG 30.5.1978, NJW 1979, 335 – Franchisegebühr; MHdB ArbR/Reichold § 54 Rn. 11.

[135] BAG 7.7.2015, NZA 2015, 1253 Rn. 25 mwN – Gewähren einer Anschubfinanzierung, allerdings für den Bereich des nachvertraglichen Wettbewerbsverbots, mAnm Fuhlrott GWR 2015, 459 und mAnm Menke/Heisig EWiR 2016, 29.

[136] Buchner AR-Blattei SD 1830.2 Rn. 48.

[137] Vgl. BAG 25.11.2021, NZA 2022, 655 Rn. 53 mwN; 15.2.1962, NJW 1962, 1365.

[138] BAG 28.1.2010, NZA-RR 2010, 461 Rn. 24; LAG Baden-Württemberg 12.9.2011, BeckRS 2011, 79027; BAG 17.10.2012, NZA 2013, 207; zuletzt BAG 30.5.2018, NZA 2018, 1425 Rn. 37; ErfK/Oetker Rn. 8; Woertz/Klinkhammer ArbR 2012, 183 (184); krit. HWK/Diller Rn. 1; Diller Anm. zu BAG AP GG Art. 12 Nr. 141; Diller FA 2011, 12, der eine Rechtszersplitterung fürchtet.

[139] BAG 16.1.1975, DB 1975, 1705 = AP HGB § 60 Nr. 8.

[140] BAG 30.1.1963, NJW 1963, 140; Ebenroth/Boujong/Rudkowski Rn. 26.

[141] LAG Schleswig-Holstein 3.12.2002, BeckRS 2013, 69371: sofern diese nicht nur geringfügig ist und den Interessen des Arbeitgebers zuwiderläuft.

[142] BAG 17.10.2012, BAGE 143, 203 Rn. 19 = NZA 2013, 207; ErfK/Oetker Rn. 7.

[143] Nicht erfasst ist der Tätigkeitsbereich eines Konzerns, MüKoHGB/Thüsing Rn. 43.

[144] LAG Rheinland-Pfalz 17.12.2009, BeckRS 2010, 68266; 24.9.2009, BeckRS 2010, 66874.

[145] LAG Mecklenburg-Vorpommern 19.4.2017, BeckRS 2017, 109059 m. zust. Anm. Raif ArbR 2017, 279.

[146] BAG 17.10.2012, NZA 2013, 207 Rn. 19; ErfK/Oetker Rn. 8.

[147] *Buchner AR-Blattei SD 1830.2* Rn. 52, 55 f.; LAG Rheinland-Pfalz 9.12.2013, BeckRS 2013, 68450.

[148] BAG 16.1.2013, NZA 2013, 748 Rn. 16; LAG Niedersachsen 12.11.2015, BeckRS 2016, 66178.

[149] BAG 25.11.2021, NZA 2022, 655 Rn. 53; 30.5.2018, NZA 2018, 1425 Rn. 37; 17.10.2012, BAGE 143, 203 Rn. 19 = NZA 2013, 207; 24.3.2010, NZA 2010, 693 Rn. 17 – iErg aber offen, weil es um die Auslegung einer Tarifnorm und nicht um § 60 „unmittelbar" ging; so auch ErfK/Oetker § 60 Rn. 8.

[150] BAG 24.3.2010, NZA 2010, 693 Rn. 17; anders noch die Vorinstanz LAG München 27.8.2008, BeckRS 2009, 67519.

[151] AR/Wertheimer Rn. 3 spricht von „bloßen Hilfstätigkeiten ohne Wettbewerbsbezug"; so BAG 25.11.2021, NZA 2022, 655 Rn. 53; 20.5.2018, NZA 2018, 1425, Rn. 37.

der Freizügigkeit nicht begründbar.[152] Noch ist allerdings das vorliegende Fallmaterial ungenügend, um eine exakte Abgrenzung zulässiger einfacher und interessenwidriger Tätigkeiten[153] zu leisten. Die in der Folge ausgelöste Diskussion[154] zeigt, dass die Art der Beschäftigung allein nicht ausschlaggebend sein kann. So belegt eine Entscheidung des LAG Rheinland-Pfalz,[155] dass auch einfache Tätigkeiten in einem Steuerbüro interessenwidrig sein können, wenn mit ihnen zB die Gefahr eines Informationstransfers verbunden ist. Die Tätigkeit muss im Hinblick auf die konkrete Interessenlage gewichtet werden. Bei **herausgehobener Verantwortung,** etwa der Zuständigkeit für einen bestimmten Marktsektor, verschärfen sich die Anforderungen an die Pflicht.[156] – Veränderungen in der Zeit sind im Rahmen der zweiten Alternative des Abs. 1 leichter zu erfassen. Es kommt auf den Zeitpunkt der Vornahme des Geschäfts durch den Gehilfen an. In diesem Moment darf er nicht den Interessen des Prinzipals zuwider handeln.[157]

17 **3. Wettbewerbsinteresse.** Das Verhältnis der beiden Alternativen des § 60 Abs. 1 ist durch die grundrechtlich gebotene Einschränkung des Verbots, ein Handelsgewerbe zu betreiben, ein wenig aus den Fugen geraten. Es erscheint ratsam, hier insofern anzugleichen, als nicht nur für das Betreiben eines Handelsgewerbes, sondern auch beim Abschluss einzelner Geschäfte eine Beeinträchtigung, jedenfalls eine konkrete Gefährdung der Interessen des Arbeitsgebers, Voraussetzung für das Eingreifen des Verbots ist.[158] Proportional geboten ist sogar, dass ein Betreiben eines konkurrierenden **Gewerbes** mit Berührungen bei Angebot oder Nachfrage bereits **abstrakt** genügt. So muss nicht das unmittelbare Einzugsgebiet des Arbeitgebers betroffen sein.[159] Ein Gewerbe ist auf Dauer angelegt, sodass dieser Störung das größere Gewicht beizumessen ist. Bei einzelnen **Geschäften** ist dagegen **konkret** aufzuzeigen, welche Störungen für den Arbeitgeber aus der jeweiligen Transaktion oder Bindung folgen. Zusätzlich können, etwa bei Kapitalanlagen oder Zweitbeschäftigungen – auch im Rahmen des § 241 Abs. 2 BGB –, Wertungen erforderlich werden, ob die Interessen in einer Weise beeinträchtigt sind, welche einen Eingriff rechtfertigen.

III. Einwilligung des Arbeitgebers

18 **1. Fiktive Einwilligung.** Abs. 2 enthält zunächst eine Fiktion. Hat der Arbeitgeber positive Kenntnis[160] davon, dass ein Arbeitnehmer, der eine Tätigkeit bei ihm aufnimmt, ein Handelsgewerbe betreibt, so gilt das Betreiben des Gewerbes als genehmigt. Diese Fiktion gilt nur im Bereich der ersten Alternative des Abs. 1.

19 **2. Rechtsgeschäftliche Einwilligung.** Mit Einwilligung des Arbeitgebers ist für den Arbeitnehmer jede (zulässige) wirtschaftliche Betätigung auch im Bereich des Wettbewerbsverhaltens offen. Diese Einwilligung kann auch schlüssig erteilt werden.[161] Eine solche muss aber eindeutig sein. Ob das ausdrücklich geregelte Verbot, für einen anderen Privatschulträger tätig zu werden, erlaubt, an einer staatlichen Schule zu arbeiten, hat etwa das LAG Mecklenburg-Vorpommern offen gelassen.[162] Als Einwilligung zählt auch nicht eine Freistellung im Rahmen eines Beendigungsvergleichs.[163] Teilweise wurde in der Freistellung während der Kündigungsfrist verbunden mit der Aufforderung, anderweitigen Erwerb zu erzielen, bereits eine solche Einwilligung gesehen.[164] Das erscheint nur plausibel, wenn mit der Aufnahme einer neuen Tätigkeit notwendig ein Wettbewerb verbunden ist. Beglückwünscht der Klinikträger einen Chefarzt während eines Kündigungsschutzprozesses zur Eröffnung einer eigenen Praxis, so billigt er diese Tätigkeit auch für den Fall, dass das Arbeitsverhältnis durch die arbeitgeberseitige Kündigung nicht beendet wurde.[165] Ist ein Widerruf nicht vorbehalten,

---

152 Parafianowicz, Die Zulässigkeit von Beschränkungen der Arbeitnehmerfreizügigkeit durch Wettbewerbsverbote und Verschwiegenheitspflichten, 2016, 69, 82, 87.

153 Heymann/Henssler/Markworth Rn. 27 meint mit „Wettbewerbsbezug" eine vergleichbare Wertung.

154 Fuhlrott/Fabritius FA 2010, 194; Diller Anm. AP GG Art. 12 Nr. 14; Reinhard jurisPR-ArbR 5/2011 Anm. 4; Boemke JuS 2010, 926; Henssen jurisPR-ArbR 8/2013 Anm. 3.

155 24.8.2012, DStR 2013, 159 mAnm Arens/Pelke.

156 LAG Niedersachsen 17.11.2015, BeckRS 2016, 66158 = LAGE HGB § 60 Nr. 12.

157 Ebenroht/Boujong/Rudkowski Rn. 36.

158 BeckOGK/Ittmann, 1.9.2025, Rn. 45; Ebenroth/Boujong/Rudkowski Rn. 34.

159 LAG Niedersachsen 12.11.2015, BeckRS 2016, 66178.

160 MüKoHGB/Thüsing Rn. 28; Ebenroth/Boujong/Rudkowski Rn. 43.

161 RG 19.12.1924, RGZ 109, 335 (337); BAG 6.9.2006, NZA 2007, 39; BeckOK/Wetzel, 49. Ed. 1.1.2026, Rn. 17; MüKoHGB/Thüsing Rn. 26; dazu Ünsal AuA 2013, 272 (274).

162 LAG Mecklenburg-Vorpommern 19.4.2017, BeckRS 2017, 109059.

163 BAG 17.10.2012, BAGE 143, 203 = NZA 2013, 207; dazu Eckert DStR 2012, 2605 (2607); BAG 30.5.1978, AP HGB § 60 Nr. 9 = NJW 1979, 335.

164 BAG 6.9.2006, NZA 2007, 36 (39).

165 LAG Rheinland-Pfalz 26.1.2015, GesR 2015, 442 = BeckRS 2015, 68012.

kann die Einwilligung auch nicht widerrufen werden.[166] Die nachträgliche Genehmigung steht der Einwilligung gleich.[167]

IV. Darlegungs- und Beweislast

Für das **Vorliegen eines Wettbewerbsverstoßes** liegt die Darlegungs- und Beweislast bei dem Arbeitgeber. Der Fall, dass der Arbeitnehmer ein Handelsgewerbe betreibt, scheint in der Praxis weniger Schwierigkeiten zu bereiten. Denn hier genügt es, die Betätigung als Gewerbetreibender an sich nachzuweisen. Häufig sind es Gewerbeanmeldungen[168] oder Werbemaßnahmen,[169] mit denen der Arbeitnehmer auf sich aufmerksam macht. Auch die Unterbreitung eines Angebots an ein Unternehmen der Konkurrenz bietet eine ausreichende Grundlage.[170] Die Anforderungen sollen hier nicht zu hoch veranschlagt werden.[171] Darlegungschancen sind meist von einem „Anfangsverdacht" abhängig, der wiederum von Ausmaß und Ausprägung der betrieblichen Kontrollsysteme abhängig ist. In diesem Zusammenhang ist auch die Auswertung von Daten in den IT-Systemen zulässig.[172] Die Rechtfertigung des Eingriffs im Einzelnen ist allerdings einer gerichtlichen Kontrolle im Rahmen der Beweisverwertung unterworfen.[173] Weist der Arbeitgeber nach, dass der Arbeitnehmer für ein Konkurrenzunternehmen tätig ist, so ist es auf der zweiten Stufe dessen Sache, sich zu entlasten.[174] Bereits der Nachweis, dass der Arbeitnehmer einen Vertrag mit einem Wettbewerber noch während der Zeit des Arbeitsverhältnisses geschlossen hat, führt zur Verlagerung der Beweislast auf den Arbeitnehmer.[175] Probleme bereitet das häufiger vorkommende **Abwerben von Kunden oder Mandanten,** insbesondere soweit es der zweiten Alternative des § 60 Abs. 1 zuzuordnen ist. In der Dienstleistungsbranche sind Gespräche zwischen Mitarbeiter und Kunden die Regel. Es kommt dann inhaltlich darauf an, ob in solchen Gesprächen abgeworben wurde. Meist steht nur im Nachhinein fest, dass der Mandant plötzlich „weg ist" und vom selbständig gewordenen Arbeitnehmer oder dessen neuen Arbeitgeber bedient wird.[176] Ein **Anscheinsbeweis** versagt regelmäßig, weil das geschäftliche Verhalten nicht notwendig der Lebenserfahrung folgt.[177] Zeugen sind als Beweismittel im Fall kollusiven Verhaltens problematisch.[178] Gegebenenfalls kann sich das Gericht über eine Reihe von Indizien die Überzeugung verschaffen, ob ein Abwerbeverhalten vorliegt.[179] Ist ein Verstoß des Arbeitnehmers zur Überzeugung gebracht, hat dieser die Rechtmäßigkeit seines Verhaltens zu beweisen.[180] Es kommt vor, dass sich ein für die Konkurrenz tätiger Arbeitnehmer damit verteidigt, er habe sich durch Kündigung von seinem bisherigen Arbeitgeber gelöst.[181] Pocht der Arbeitgeber im Wege der einstweiligen Verfügung auf das Wettbewerbsverbot nach § 60, so trägt der Arbeitnehmer nach allgemeinen Grundsätzen die Darlegungs- und Beweislast für seine Einwendung, dass seine (!) Kündigung zur Beendigung geführt hat.[182] Der Maßstab der Glaubhaftigkeit richtet sich nach den Folgen der zu treffenden Entscheidung.[183] – Naturgemäß liegt auch der **Nachweis einer Einwilligung** des Arbeitgebers in der Sphäre des Arbeitnehmers.[184] Eine Aus- 20

---

[166] BeckOGK/Ittmann, 1.9.2025, Rn. 29; MüKoHGB/Thüsing Rn. 25.

[167] Heymann/Henssler/Markworth Rn. 39.

[168] HessLAG 28.4.1998, BB 1989, 1899.

[169] BAG 25.10.2007, NJW 2008, 1466.

[170] LAG München 3.12.2008, BeckRS 2009, 72963.

[171] BAG 16.1.2013, NZA 2013, 748 Rn. 20; LAG Rheinland-Pfalz 24.9.2009, BeckRS 2010, 66874.

[172] LAG Rheinland-Pfalz 24.1.2019, BeckRS 2019, 6752.

[173] Anm. Tiedemann zu LAG Rheinland-Pfalz 24.1.2019, ZD 2019, 371; Tribess GWR 2019, 186; Wahlers jurisPR-ITR 11/2019 Anm. 5. Die Nichtzulassungsbeschwerde wurde allerdings verworfen, BAG 23.5.2019 – 10 AZN 400/19, obwohl vorliegend dem Beschäftigten die private Nutzung des E-Mail-Accounts eingeräumt war.

[174] BAG 17.10.1969, AP BGB § 611 Treuepflicht Nr. 7; ArbG Göttingen 29.4.1974, DB 1974, 631.

[175] BAG 13.1.2013, NZA 2013, 748 Rn. 20.

[176] Plastisch formuliert das LAG Köln 11.4.2019, BeckRS 2019, 45760 Rn. 38, dass Rückschlüsse aus dem Fernbleiben der Mandanten immer nur eine von mehreren möglichen „Eventualitäten" begründen.

[177] LAG Hamm 19.2.2016, BeckRS 2016, 67941 Rn. 60 ff.: Wechsel eines ganzen Pflegeteams; LAG Rheinland-Pfalz 10.1.2008, BeckRS 2008, 51332 – Abkehr von elf Mandanten zeitgleich; 24.4.2007, BeckRS 2007, 45874.

[178] Salamon/Fuhlrott BB 2011, 1021.

[179] LAG Rheinland-Pfalz 28.6.2007, BeckRS 2007, 47918.

[180] LAG Rheinland-Pfalz 12.1.2006, AuA 2006, 228.

[181] LAG Hamm 4.9.2012, LAGE BGB 2002 § 626 Nr. 38.

[182] LAG Köln 14.11.1989, LAGE BGB § 611 Treupflicht Nr. 1; **aA** LAG Hamm 7.4.1983, EzA ZPO § 935 Nr. 1; vgl. auch Korinth ArbRB 2016, 282 (284).

[183] LAG Hamm 4.9.2012, LAGE BGB 2002 § 626 Nr. 38 Rn. 62.

[184] BAG 16.6.1976, NJW 1977, 646; 16.1.2013, NZA 2013, 748 Rn. 16.

nahme gilt allerdings, wenn eine außerordentliche Kündigung umstritten ist. Dann hat der Kündigende auch Entlastungsvorbringen auszuschließen.[185] Präventiv kann der Arbeitnehmer im Wege einer Feststellung klären, dass eine angestrebte oder ausgeübte Tätigkeit im Einklang mit den Pflichten des Arbeitsvertrags steht.[186]

§ 61 [Verletzung des Wettbewerbsverbots]

(1) Verletzt der Handlungsgehilfe die ihm nach § 60 obliegende Verpflichtung, so kann der Prinzipal Schadensersatz fordern; er kann statt dessen verlangen, daß der Handlungsgehilfe die für eigene Rechnung gemachten Geschäfte als für Rechnung des Prinzipals eingegangen gelten lasse und die aus Geschäften für fremde Rechnung bezogene Vergütung herausgebe oder seinen Anspruch auf die Vergütung abtrete.

(2) Die Ansprüche verjähren in drei Monaten von dem Zeitpunkt an, in welchem der Prinzipal Kenntnis von dem Abschluss des Geschäfts erlangt oder ohne grobe Fahrlässigkeit erlangen müsste; sie verjähren ohne Rücksicht auf diese Kenntnis oder grob fahrlässige Unkenntnis in fünf Jahren von dem Abschluss des Geschäfts an.

Übersicht

I. Normzweck und Anwendungsbereich

1 Die Norm enthält die Rechtsfolgenseite des § 60 HGB. Zweck ist mithin die **Durchsetzung des Wettbewerbsverbots** und der Ausgleich der Pflichtverletzungen. Explizit geregelt sind in Abs. 1 der Schadensersatzanspruch und das sog. „Eintrittsrecht". Ergänzend tritt das in allgemeinen Vorschriften[1] verankerte Instrumentarium eines Auskunfts- und Unterlassungsanspruchs hinzu. Außerdem kommt eine Kündigung – ggf. nach vorheriger Abmahnung – durch den Arbeitgeber in Betracht. Für eine Anwendung der Grundsätze des eingerichteten und ausgeübten Gewerbebetriebs als sonstiges Recht nach § 823 Abs. 1 BGB ist neben diesen Instrumenten eher kein Raum.[2] – Unklarheit bestand in der Vergangenheit über den Anwendungsbereich der Norm. Die Lit. forderte überwiegend die **Anwendung auf alle Arbeitnehmer.**[3] Die Rspr. wurde indes immer verdächtigt, im Hinblick auf eine ältere Entscheidung des 3. Senats des BAG[4] und einer vorgehenden Entscheidung des LAG Bln,[5] den Anwendungsbereich der Norm auf kaufmännische Angestellte zu beschränken. Dieser Disput ist überholt. Zuerst hatte der 2. Senat eine Analogie für die freien Berufe erlaubt.[6] Dann rückte der 9. Senat des BAG von der Formulierung ab, § 61 enthalte (hinsichtlich der Verjährungsregel in Abs. 2) eine „verunglückte Einzelwertung".[7] Den Schlussstein bildet eine Entscheidung des 10. Senats, in welcher § 60 als Konkretisierung eines allgemeinen Rechtsgedankens hervorgehoben und die entsprechende Anwendung der §§ 60 ff. auf alle Arbeitnehmer als „geboten" angesehen wurde.[8]

---

[185] BAG 6.8.1987, NJW 1988, 438; LAG Rheinland-Pfalz 9.12.2013, BeckRS 2014, 68450.

[186] BAG 10.2.2010, NZA 2010, 693 = BB 2010, 887 Rn. 12.

[1] Ein Vergleich zwischen den allgemeinen Ansprüchen nach BGB und § 61 Abs. 1 findet sich bei Wagner, Die Besonderheiten beim Arbeitsverhältnis des Handlungsgehilfen, 1993, 64 ff.

[2] LAG Hessen 17.5.2017, BeckRS 2017, 139137 Rn. 34; offen BAG 12.5.1972, AP § 60 Nr. 6; Grünberg/Sprau BGB § 823 Rn. 133; **aA** ErfK/Oetker Rn. 1.

[3] Ebenroth/Boujong/Rudkowski Rn. 3; MüKoHGB/Thüsing Rn. 4 f.; **aA** GK-HGB/Etzel Rn. 2.

[4] BAG 16.1.1975, DB 1975, 1705 = AP HGB § 60 Nr. 8.

[5] LAG Berlin 17.2.1970, DB 1970, 1837.

[6] BAG 23.5.1985, BeckRS 1985, 30713832.

[7] BAG 11.4.2000, BAGE 94, 199 = NZA 2001, 94.

[8] BAG 26.9.2007, NZA 2007, 1436 = AP HGB § 61 Nr. 4; vgl. auch BAG 24.2.2021, NZA 2021, 1581 Rn. 38.

II. Rechte des Arbeitgebers

Verstöße gegen § 60 geben dem Arbeitgeber ein ganzes Instrumentarium an Möglichkeiten in die Hand, von welchen in § 61 Abs. 1 nur zwei, der Schadensersatz und das „Eintrittsrecht", angesprochen sind. 2

1. Unterlassungsanspruch. Der Unterlassungsanspruch wird als materiell-rechtlicher Anspruch iSd §§ 241 ff. BGB eingeordnet. [9] Er prägt – nur ansatzweise geregelt – Teilbereiche der Rechtspraxis. Neben dem Schutz absoluter Rechte und Rechtsgüter im Umfeld der § 823 Abs. 1 BGB, § 1004 S. 2 BGB geben Wettbewerbsverletzungen im Anwendungsbereich des UWG Hauptanwendungsmuster für dieses Institut. Dort hat die Novelle 2004 auch mit § 8 Abs. 1 UWG eine gesetzliche Ausformung erbracht. Die wettbewerbsrechtliche Praxis bevorzugt die Unterlassung, weil dieser Anspruch verglichen mit der Verfolgung von Schadensersatzansprüchen die geringeren Prozessrisiken entfaltet. Konsequent begründen auch Verletzungen der arbeitsvertraglichen Wettbewerbspflichten aus den §§ 60, 74 einen Unterlassungsanspruch, auch wenn das Gesetz selbst hierzu schweigt.[10] Für eine gerichtliche Durchsetzung der erstrebten Unterlassung muss eine gewisse Schwelle überschritten sein. Dies ist etwa der Fall, wenn der Arbeitnehmer mit der verbotenen Tätigkeit schon begonnen hat und eine Fortsetzung oder Wiederholung droht.[11] Denkbar ist auch, dass Tatsachen belegen, dass eine Begehung unmittelbar bevorsteht. Fehlt es an der Begehungs- oder Wiederholungsgefahr, ist der Anspruch infolge mangelnden Rechtsschutzbedürfnisses nicht durchsetzbar.[12] 3

2. Schadensersatzanspruch. Praktisch regelt Abs. 1 in der ersten Alternative eine Ausformung des allgemeinen Schadensersatzanspruchs, der eine vertragliche Pflichtverletzung sanktioniert (§§ 241, 280 Abs. 1 BGB).[13] Entsprechend verlangt der **haftungsbegründende Tatbestand** eine **verschuldete Pflichtverletzung,**[14] die im haftungsausfüllenden Tatbestand einen **kausalen Schaden** auslösen muss. Für die Berechnung sind die §§ 249 ff. BGB maßgeblich.[15] In Betracht kommt mithin der entgangene Gewinn,[16] wobei sich der Arbeitgeber Ersparnisse im Wege der Vorteilsausgleichung anzurechnen lassen hat. Ein evtl. weitergehender Gewinn, der aus besonderer Geschäftstüchtigkeit des Arbeitnehmers folgt, kann hingegen nicht verlangt werden.[17] Denn umfasst ist nur der entgangene Gewinn, welcher nach dem gewöhnlichen Lauf der Dinge oder nach den besonderen Umständen, insbesondere nach den getroffenen Anstalten und Vorkehrungen, mit Wahrscheinlichkeit erwartet werden konnte.[18] Mitumfasst sind Aufwendungen zur Schadensermittlung, zur Aufdeckung von Art und Umfang der Pflichtverletzung.[19] Erleichternd tritt hinzu, dass § 287 ZPO eine Schätzung des Schadensumfangs erlaubt.[20] Es genügt allerdings nicht, wenn der Mitarbeiter eines Rechtsanwalts ausscheidet und Mandanten abwirbt, einfach die Umsätze der Vergangenheit hochzurechnen, wenn nicht einmal ein Rahmenvertrag mit diesen Mandanten bestanden hatte.[21] Regelmäßig nicht erfasst sind mögliche Schäden, die bei einer Schwestergesellschaft des Arbeitgebers entstehen.[22] 4

Als Vereinfachung der Durchsetzung wird bei Verletzung eines Betriebsgeheimnisses ermöglicht, den Schaden im Wege der **Lizenzanalogie** zu berechnen.[23] Hier folgt die arbeitsgerichtliche Rspr. der im allgemeinen Zivilrecht üblichen Praxis, dass der Verletzer nicht besser dastehen dürfe als ein vertraglicher Lizenznehmer, der seine Lizenzgebühr zu entrichten hat.[24] Voraussetzung ist damit, 5

---

[9] Baur JZ 1966, 381; zusammenfassend KBF/Bornkamm UWG § 8 Rn. 1.8.

[10] Staub/Weber/Gräf Rn. 1; BeckOK HGB/Wetzel, 49. Ed. 1.1.2026, Rn. 24; ErfK/Oetker Rn. 2; Ebenroth/Boujong/Rudkowski Rn. 22.

[11] ErfK/Oetker Rn. 1 f.; BeckOK HGB/Wetzel, 49. Ed. 1.1.2026, Rn. 24; Ebenroth/Boujong/Rudkowski Rn. 23.

[12] BGH 21.1.1999, GRUR 1999, 522 (524).

[13] Buchner AR-Blattei SD 1830.2 Rn. 176.

[14] Heymann/Henssler/Markworth Rn. 8; MüKoHGB/Thüsing Rn. 8.

[15] BAG 16.1.2013, NZA 2013, 748; LAG Rheinland-Pfalz 26.2.2016, BeckRS 2016, 68762; BeckOGK/Ittmann, 1.9.2025, Rn. 10; Ebenroth/Boujong/Rudkowski Rn. 6; MüKoHGB/Thüsing Rn. 10.

[16] Nicht hingegen der betriebswirtschaftlich ermittelte Gewinn, LAG München 21.5.2008, BeckRS 2009, 67671.

[17] BeckOGK/Ittmann, 1.9.2025, Rn. 10; ErfK/Oetker Rn. 4.

[18] BAG 30.5.2018, NZA 2018, 1425 Rn. 26.

[19] BeckOGK/Ittmann, 1.9.5025, Rn. 11; ausf. Ebenroth/Boujong/Rudkowski Rn. 19; MüKoHGB/Thüsing Rn. 11.

[20] BAG 16.1.2013, NZA 2013, 748; 26.9.2012, NZA 2013, 152; AR/Wertheimer Rn. 3.

[21] LAG Hessen 17.5.2017, BeckRS 2017, 139137.

[22] LAG Sachsen-Anhalt 15.2.2015, BeckRS 2015, 69929.

[23] BAG 24.6.1986, NZA 1986, 781; BeckOGK/Ittmann, 1.9.2025, Rn. 12; Ebenroth/Boujong/Rudkowski Rn. 9.

[24] Köhler/Feddersen/Köhler UWG § 9 Rn. 1.42.

dass für das Gut oder die Ware Lizenzen verkehrsüblich sind.[25] Die Berechnung erfolgt dann in der Weise, dass ein Lizenzvertrag fingiert und auf diese Weise ermittelt wird, was vernünftig denkende Parteien als Gebühr vereinbart hätten.[26]

6 Da die Schädigungshandlung und ihre Folgen maßgeblich außerhalb der Sphäre des Arbeitgebers stattfinden und auch die Ermittlungsmöglichkeiten begrenzt sind, begegnet der Geschädigte Schwierigkeiten, seiner Darlegungs- und Beweislast zu genügen. Hier hilft ein **Auskunftsanspruch,** der aus § 242 BGB abzuleiten ist.[27] Umstritten ist, welcher Grad der Überzeugung gegeben sein muss, dass sich die in Anspruch genommene Person wettbewerbswidrig verhalten hat. In der Rspr. wird vertreten, es genüge, wenn ein Arbeitnehmer Anlass oder erheblichen Anlass zu der Vermutung gegeben hat, er habe entgegen seiner Vertragspflicht Wettbewerb betrieben[28] bzw. die Wahrscheinlichkeit des Anspruchs.[29] Ein Teil der Lit. verlangt einen begründeten Anlass[30] bzw. einen erheblichen Anlass.[31] Andere befürworten eine geringe Wahrscheinlichkeit[32] bzw. eine hohe Wahrscheinlichkeit der Konkurrenztätigkeit.[33] Ausreichend ist die hinreichende Wahrscheinlichkeit der Konkurrenztätigkeit. Zwar setzt der Auskunftsanspruch nach § 242 BGB grundsätzlich voraus, dass der Hauptanspruch dem Grunde nach feststeht. Anders aber im vertraglichen Bereich, der auch vorliegend gegeben ist. Dann genügt die wahrscheinliche Existenz des Hauptanspruchs.[34] Allerdings genügt eine bloße Vermutung nicht, sondern eine auf Tatsachen begründete Annahme.[35] – Ein Auskunftsanspruch kann zu Interessenkonflikten führen, wenn strafbare Handlungen des Gehilfen in Rede stehen. Hier wird den Sonderinteressen des Auskunftsberechtigten der Vorrang eingeräumt, da den Belangen des Schuldners durch ein strafprozessuales Verwertungsverbot Rechnung getragen werden kann.[36]

7 **3. Eintrittsrecht.** In der Regel wird bei Wettbewerbsverstößen Schadensersatz verlangt. Möglich ist nach § 61 Abs. 1 aber auch, von dem Eintrittsrecht Gebrauch zu machen, dh. den **Gewinn eigener Geschäfte** des Handlungsgehilfen oder die **Vergütung von Geschäften für fremde Rechnung** herauszuverlangen bzw. den Anspruch auf die Vergütung abtreten zu lassen. Auch wenn diese Rechtsfolge mit der Sanktion bei einer unberechtigten Geschäftsführung übereinstimmt und deshalb gelegentlich mit § 687 Abs. 2 BGB verglichen wird,[37] handelt es sich um eine Rechtsfolgenanordnung für eine Pflichtverletzung.[38] Möglich ist eine **pauschalierte Berechnung des Schadens,** wobei nicht erforderlich ist, dass der Prinzipal entsprechende Geschäfte selbst abgeschlossen hätte.[39] Gegenüber § 687 Abs. 2 BGB ist die Schwelle für eine Begründung des Anspruchs abgesenkt, weil bereits ein fahrlässig wettbewerbswidriger Geschäftsabschluss genügt.[40] Der Natur einer Scha-

---

[25] BGH 16.2.1973, BGHZ 60, 206 (211) = NJW 1973, 622 (623); Köhler/Feddersen/Köhler UWG § 9 Rn. 1.42.

[26] BGH 6.7.1980, BGHZ 77, 16 (25 f.); Köhler/Feddersen/Köhler UWG § 9 Rn. 1.42.

[27] BAG 22.4.1967, AP BGB § 242 Auskunftspflicht Nr. 12; 17.10.2012, NZA 2013, 207 Rn. 25; 26.9.2013, NJW 2014, 381 Rn. 14 ff.; 24.2.2021, NZA 2021, 1581 Rn. 39 ff. Zur Modifizierung des Auskunftsanspruchs durch § 43a Abs. 2 BRAO sowie zur Vereinbarkeit mit der DS-GVO vgl. LAG Berlin-Brandenburg 5.9.2022, BeckRS 2022, 38922 (die Revision unter BAG Az. 8 AZR 361/22 wurde zurückgenommen) mAnm Fischer jurisPR-ArbR 6/2023 Anm. 7.

[28] BAG 12.5.1972, DB 1972, 1831 = AP HGB § 60 Nr. 6; 11.12.1990, BeckRS 1990, 31017310; es genüge eine geringe Wahrscheinlichkeit einer Wettbewerbsverletzung BAG 21.10.1970, BB 1971, 86.

[29] „Begründeter Verdacht" einer wettbewerbswidrigen Handlung, den Grad aber auch offenlassend, BAG 25.11.2021, NZA 2022, 655 Rn. 70; 12.5.1972, DB 72, 1831 = AP HGB § 60 Nr. 6; 15.6.1993, NZA 1994, 502; LAG Köln 17.1.2002, BeckRS 2002, 16472; LAG München 3.12.2008, BeckRS 2009, 72963; LAG Berlin-Brandenburg 30.4.2010, BeckRS 2010, 74476; LAG Hessen 26.9.2018, BeckRS 2018, 46024; allg. vgl. auch BAG 28.7.2021, NZA 2022, 916 Rn. 28.

[30] HWK/Diller Rn. 10; HK-ArbR/Schütte/Schlegel Rn. 3.

[31] BeckOGK/Ittmann, 1.9.2025, Rn. 38.1; BeckOK ArbR/Hagen, 78. Ed. 1.12.2025, Rn. 4; MüKoHGB/Thüsing Rn. 26; RGHMW/Wagner/Vogt Rn. 21.

[32] Bauer/Diller Wettbewerbsverbote Rn. 862.

[33] ErfK/Oetker Rn. 6; Schaub ArbR-HdB/Vogelsang § 54 Rn. 26; BeckOK HGB/Wetzel, 49. Ed. 1.1.2026, Rn. 22.

[34] Vgl. BAG 12.10.2022, NZA 2023, 225 Rn. 23; 27.7.2021, NZA 2022, 916 Rn. 28; 27.5.2020, BAGE 170, 327 Rn. 34 = NZA 2020, 1113; 25.4.2017, BAGE 159, 38 Rn. 23 = NZA 2018, 61; auch BGH 9.11.2017, DB 2018, 758 Rn. 24 = BeckRS 2017, 132370.

[35] Worzalla PuR 2021, 201 (203).

[36] LAG Hamm 3.3.2009, BeckRS 2009, 74015; krit. Schäfer NJW-Spezial 2010, 210.

[37] Hopt/Roth Rn. 3; Heymann/Henssler/Markworth Rn. 13.

[38] Vgl. Ebenroth/Boujong/Rudkowski Rn. 13, 15.

[39] BeckOGK/Ittmann, 1.9.2025, Rn. 17; MüKoHGB/Thüsing Rn. 16; Buchner AR-Blattei SD 1830.2 Rn. 176.

[40] Ebenroth/Boujong/Rudkowski Rn. 15; Hopt/Roth Rn. 3.

densberechnung entsprechend wirkt der – insofern irreführend bezeichnete – „Eintritt" nur im Verhältnis von Gehilfe und Prinzipal.[41]

8 Bei Geschäften **für eigene Rechnung** des Handlungsgehilfen darf der Prinzipal den **Nettogewinn** herausverlangen. Wirtschaftlich rückt er an die Stelle des Arbeitnehmers, der das Konkurrenzgeschäft abgeschlossen hat.[42] Dabei ist er einem Auftraggeber gleichgestellt.[43] Dem Anspruch auf Herausgabe des Erlöses steht der Anspruch auf Ersatz der Aufwendungen und Auslagen gegenüber.[44] Zu den Aufwendungen zählt indes nicht der eigene Zeitaufwand, dessen Vergütung dazu führen könnte, den Ersatzanspruch leer laufen zu lassen.[45] Hat der Gehilfe mehrere Geschäfte abgeschlossen oder betreibt er ein eigenes Handelsgewerbe im Handelszweig des Prinzipals, so erstreckt sich das Eintrittsrecht auf alle einzelnen Geschäfte, sofern diese in seinem Geschäftszweig liegen und er dies in gleichem Umfang gemacht hätte.[46] Ein Teileintritt in ein verbotswidrig vorgenommenes Geschäft ist nicht möglich, da der Arbeitgeber nicht den Teil herausgreifen kann, der ihm einen Gewinn verspricht.[47] Dementsprechend kann er bei mehreren Geschäften sein Eintrittsrecht nicht nur hinsichtlich der gewinnbringenden ausüben.[48]

9 Bei **Geschäften auf fremde Rechnung** tritt der Arbeitnehmer aktiv werbend im Handelszweig des Arbeitgebers auf und schließt für Rechnung eines Wettbewerbers, also für fremde Rechnung, Geschäfte ab oder bahnt sie an. Dann kann der Arbeitgeber die unmittelbar hieraus bezogene Vergütung herausverlangen.[49] Dh. es muss ein unmittelbarer Zusammenhang zwischen dem Drittgeschäft und der herausverlangten Vergütung bestehen.[50] Konsens besteht insoweit, dass bei Eingehung eines zweiten Arbeitsverhältnisses der Gehilfe **nicht** gehalten ist, das **Arbeitsentgelt** herauszugeben. Denn die Tätigkeit als Arbeitnehmer fällt schon nicht unter den Begriff des „Geschäftemachens", das Arbeitsentgelt nicht unter den Begriff „Vergütung" iSv § 61 Abs. 1.[51] Bei **Beteiligungen** an konkurrierenden Gesellschaften ist aufgrund der Wirkungen des Eintritts nach § 61 Abs. 1 ausschließlich im Innenverhältnis zu unterscheiden. Ein Teil der Lit. lehnt sich an die Rspr. des **BGH** zu § 113 an und hält eine Herausgabe des Erlöses ohne Verstoß gegen gesellschaftsrechtliche Regeln für möglich.[52] Das **BAG** hingegen hat in einer mehr als 50 Jahre zurückliegenden Entscheidung befunden, dies entspreche nicht mehr der Intention des Gesetzes.[53] Der Arbeitgeber wird insoweit auch nicht rechtlos gestellt. Er kann Schadensersatz verlangen und dessen Geltendmachung durch ein Auskunftsverlangen vorbereiten.[54]

10 Die **Ausübung** des Eintrittsrechts erfolgt durch **empfangsbedürftige Willenserklärung.**[55] Es liegt aber kein Wahlrecht iSd §§ 262 ff. BGB vor. Da es an die Stelle der üblichen Schadensberechnung tritt, handelt es sich um eine sog. **facultas alternativa.**[56] Weder kann der Prinzipal den Eintritt erklären und zur üblichen Schadensberechnung zurückkehren, noch kann er zunächst Schadensersatz verlangen und dann den Eintritt erklären.[57] Umgekehrt ist es auch dem Gehilfen verwehrt, über § 264 Abs. 2 BGB Druck auszuüben.[58] Zur Vorbereitung der Rechtsausübung kann vom Auskunfts-

---

41 AllgM, vgl. BeckOGK/Ittmann, 1.9.2025, Rn. 1; MüKoHGB/Thüsing Rn. 15.

42 BeckOGK/Ittmann, 1.9.2025, Rn. 18; GK-HGB/Etzel Rn. 9; MüKoHGB/Thüsing Rn. 18.

43 ErfK/Oetker Rn. 5.

44 LAG Niedersachsen 12.11.2015, LAGE HGB § 61 Nr. 2 = BeckRS 2016, 66178 Rn. 31; BeckOGK/Ittmann, 1.9.2025, Rn. 18.1.

45 LAG Niedersachsen 12.11.2015, LAGE HGB § 61 Nr. 2 = BeckRS 2016, 66178; ErfK/Oetker Rn. 5.

46 LAG Bremen 5.12.1980, DB 1981, 847; BeckOK HGB/Wetzel, 49. Ed. 1.1.2026, Rn. 16; ErfK/Oetker Rn. 5.

47 BAG 15.2.1962, NJW 1962, 1365 = AP HGB § 61 Nr. 1; Buchner AR-Blattei SD 1830.2 Rn. 117.

48 BAG 17.10.2012, BAGE 143, 203 Rn. 19 = NZA 2013, 207; 15.2.1962, NJW 1962, 1365 = AP HGB § 61 Nr. 1; Buchner AR-Blattei SD 1830.2 Rn. 117; BeckOK HGB/Wetzel, 49. Ed. 1.1.2026, Rn. 16; ErfK/Oetker Rn. 5.

49 Ebenroth/Boujong/Rudkowski Rn. 18.

50 BAG 17.10.2012, NZA 2013, 207 Rn. 22.

51 BAG 15.2.1962, NJW 1962, 1365 (1367); Buchner AR-Blattei SD 1830.2 Rn. 119; LAG Baden-Württemberg 12.9.2011, BeckRS 2011, 79027; bestätigt von BAG 17.10.2012, NZA 2013, 207 Rn. 18 ff.; BeckOGK/Ittmann, 195.2025, Rn. 20; BeckOK HGB/Wetzel, 49. Ed. 1.1.2026, Rn. 17; MüKoHGB/Thüsing Rn. 23.

52 BGH 6.12.1962, BGHZ 38, 306 = NJW 1963, 646; 5.12.1983, BGHZ 89, 162 (170) = NJW 1984, 1351; BeckOGK/Ittmann, 1.9.2025, Rn. 25; Ebenroth/Boujong/Rudkowski Rn. 20; MüKoHGB/Thüsing Rn. 20 f.; Buchner AR-Blattei SD 1830.2 Rn. 122.

53 BAG 15.2.1962, NJW 1962, 1366; folgend zB GK-HGB/Etzel Rn. 11.

54 BAG 17.10.2012, NZA 2013, 207 Rn. 25; ErfK/Oetker Rn. 5; Hopt/Roth Rn. 3.

55 Ebenroth/Boujong/Rudkowski Rn. 13.

56 ErfK/Oetker Rn. 5; Coester-Waltjen Jura 2011, 100; BeckOK HGB/Wetzel, 96. Ed. 1.1.2026, Rn. 21.

57 LAG Rheinland-Pfalz 17.12.2009, BeckRS 2009, 68266; Ebenroth/Boujong/Rudkowski Rn. 13; GK-HGB/Etzel Rn. 3; Buchner AR-Blattei SD 1830.2 Rn. 150.

58 Ebenroth/Boujong/Rudkowski Rn. 12; ErfK/Oetker Rn. 5.

anspruch Gebrauch gemacht werden, wobei hier zur Begründung teilweise auf § 666 BGB zugegriffen wird.[59]

11 **4. Kündigung.** Wettbewerbsverstöße während des laufenden Arbeitsverhältnisses werden als so gravierend eingestuft, dass sie einen **wichtigen Grund** für eine **außerordentliche Kündigung** darstellen.[60] Da der Verstoß im Vertrauensbereich liegt, kann eine Abmahnung entbehrlich sein.[61] Im Hinblick auf § 314 Abs. 2 BGB kommt es auf den Einzelfall an.[62] In Übergangsphasen, etwa bei der Vorbereitung einer selbständigen Tätigkeit, hat im Zweifel die Abmahnung den Vorrang.[63] Dies gilt auch für die Interessenabwägung. So können eine vorausgehende Kündigung des Arbeitgebers und durch die Tätigkeit ausgelöste Schäden im Rahmen der Interessenabwägung berücksichtigt werden.[64] Befindet sich der Arbeitgeber in Insolvenz und ist eine Reorganisation gescheitert, können von Wettbewerbshandlungen nennenswerte Schädigungen in der Regel nicht mehr ausgehen.[65] Für die Frist des § 626 Abs. 2 BGB gilt: die Entfaltung von Konkurrenz ist ein Dauertatbestand, der sich fortlaufend neu verwirklicht.[66] Es kommt mithin auf den letzten Zeitpunkt an.[67] Neben der sofortigen Trennung kann auch eine **ordentliche, verhaltensbedingte Kündigung** zum Tragen kommen.[68] Schließlich ist eine Suspendierung von der Arbeit in Betracht zu ziehen.[69]

III. Verjährung

12 **1. Drei Monate.** Die Ansprüche des Arbeitgebers bei Wettbewerbsverstößen verjähren in drei Monaten. Die kurze Verjährung umfasst **alle Ansprüche,**[70] sei es aus Vertrag,[71] aus unerlaubter Handlung, aus UWG oder aus § 687 Abs. 2 BGB,[72] sofern tatsächlich ein Wettbewerbsverstoß zugrunde liegt.[73] Auch die Unterscheidung zwischen kaufmännischen Angestellten und anderen Arbeitnehmern hat das BAG aufgegeben (→ Rn. 1 mN).[74] Es ist nur folgerichtig, wenn auch ein Verstoß gegen § 241 Abs. 2 BGB so behandelt wird, sofern eine weitere Tätigkeit bei einem Konkurrenten aufgenommen wird, die nicht direkt § 60 zuzuordnen ist (→ § 60 Rn. 15). Die Frist beginnt zu laufen **ab Kenntnis** des Arbeitgebers von der Aufnahme des Handelsgewerbes bzw. von der Vornahme des Geschäftes. Seit dem SchuldRModG ist **grobe Fahrlässigkeit** gleichgestellt.[75] Streitig ist, wie der Fristbeginn bei mehreren Konkurrenzhandlungen in Folge anzusetzen ist. Zum Teil – und so auch die jüngste Rspr. des BAG[76] – wird vertreten, dass die Verjährungsfrist in den Fällen, in denen der Wettbewerbsverstoß im Betreiben eines Handelsgeschäfts besteht, bereits mit Kenntnis oder grob fahrlässiger Unkenntnis des Arbeitgebers von diesem Betreiben zu laufen beginnt. Die Gegenmeinung knüpft bei jeder Handlung erneut an.[77] Der Vergleich mit § 113 Abs. 3 HGB

[59] GK-HGB/Etzel Rn. 9.

[60] BAG 30.1.1963, BAGE 14, 72 = NJW 1963, 1420; 5.4.1991, NJW 1992, 1646; 23.10.2014, NZA 2015, 429; Ebenroth/Boujong/Rudkowski Rn. 25; ErfK/Oetker Rn. 3.

[61] LAG Rheinland-Pfalz 6.3.2012, BeckRS 2012, 68307 Rn. 41–43; 10.7.2019, BeckRS 2019, 20975 Rn. 50; LAG Sachsen-Anhalt 18.1.2018, BeckRS 2018, 1976; strenger LAG Berlin 30.8.2012, BeckRS 2012, 75347 Rn. 28; Ebenroth/Boujong/Rudkowski Rn. 26.

[62] BAG 10.6.2010, NZA 2010, 1227 Rn. 37.

[63] LAG Köln 7.2.2017, NZA-RR 2017, 353.

[64] BAG 23.10.2014, NJW 2015, 1403 = AP BGB § 626 Nr. 252; krit. Nägele NZA 2016, 272.

[65] LAG Rheinland-Pfalz 9.12.2013, BeckRS 2014, 68450.

[66] BAG 22.10.2015, NZA 2016, 1754 für die Arbeitsverweigerung.

[67] LAG Schleswig-Holstein 12.4.2017, BeckRS 2017, 113281.

[68] BAG 12.5.1972, DB 1972, 1831 = AP HGB § 60 Nr. 6; LAG Baden-Württemberg 21.2.2008, LAGE HGB § 60 Nr. 8.

[69] LAG Hamburg 27.2.2008, BeckRS 2008, 56428.

[70] Auch bei entsprechender Anwendung: BAG 26.9.2007, AP HGB § 61 Nr. 4 m. krit. Anm. Diller; bestätigt BAG 30.5.2018, NZA 2018, 1425 Rn. 44 mAnm Lipinski/Kaindl DB 2018; 2763; Diller ArbRAktuell 2018, 474; Bittner JR 2019, 50; BAG 19.12.2018, NZA 2019, 571 Rn. 77; BeckOGK/Ittmann, 1.9.2025, Rn. 35.

[71] OLG Stuttgart 7.3.2019, ZIP 2019, 1425 (1427).

[72] BAG 12.5.1972, DB 1972, 1831 = AP HGB § 60 Nr. 6; LAG Rheinland-Pfalz 12.6.2008, BeckRS 2008, 55567; MüKoHGB/Thüsing Rn. 14; krit. NK-GA/Reinhard Rn. 10 im Hinblick auf Unterlassung und Vertragsstrafe.

[73] Vgl. etwa BAG 11.8.1989, AP BGB § 611 Haftung des Arbeitnehmers Nr. 90, wo eine Vermögensschädigung jenseits eines Wettbewerbsverstoßes vorlag; BeckOGK/Ittmann, 1.9.2025, Rn. 35; eingrenzend zum Anwendungsbereich LAG Mecklenburg-Vorpommern 18.7.2008, BeckRS 2008, 57008.

[74] Vgl. auch BAG 25.11.2021, NZA 2022, 655.

[75] Wagner ZIP 2005, 563 ff.

[76] BAG 25.11.2021, NZA 2022, 655; 24.2.2021, BAGE 174, 192 = NZA 2021, 1581.

[77] Ausf. Nachweise zum Meinungsstand bei BAG 24.2.2021, BAGE 174, 192 Rn. 69 ff. = NZA 2021, 1581.

und die Gesetzesgeschichte sprechen dafür, dass die Verjährungsfrist auch dann beginnt, wenn der Prinzipal Kenntnis oder grob fahrlässige Unkenntnis vom Betrieb eines Handelsgewerbes durch den Handlungsgehilfen hat.[78] Sobald der Arbeitgeber Kenntnis bzw. grob fahrlässige Unkenntnis davon hat, dass sein Arbeitnehmer ein Handelsgeschäft betreibt, besteht kein Grund, ihm ein weiteres Abwarten zuzugestehen. Geschützt ist er durch die Möglichkeit, im Wege der Stufenklage in Erfahrung zu bringen, in welchem Umfang das wettbewerbswidrige Handeln gegeben ist und welche Schäden entstanden sind. Allein die Kenntnis von einzelnen Wettbewerbsverstößen setzt allerdings die Verjährungsfrist bzgl. des auf Dauer angelegten Verstoßes iSd „Geschäftemachens" noch nicht in Gang – wohl aber die Verjährungsfrist für diese einzelnen Geschäfte.[79] Entsprechendes gilt, wenn der Arbeitnehmer zunächst nur einzelne Geschäfte im Handelszweig des Arbeitgebers tätigt. Dann kommt es auf die Kenntnis bzw. grob fahrlässige Unkenntnis in Bezug auf jedes einzelne Geschäft an. In der Praxis wird es natürlich nicht immer einfach sein zu unterscheiden, ob die in die Erkennbarkeit eintretende, konkurrierende Geschäftsaktivität des Arbeitnehmers singulär ist oder auf einem System (Handelsgewerbe) beruht. – Streit besteht ferner darüber, inwieweit sich der Arbeitgeber die **Kenntnis Dritter** zurechnen lassen muss. Einigkeit besteht über die Zurechnung der Kenntnis der gesetzlichen Vertreter.[80] Teilweise soll die Kenntnis von Personen genügen, die zur Aufsicht über den Gehilfen bevollmächtigt sind.[81] Teilweise wird verlangt, diese Personen sollten beauftragt sein, eine Wettbewerbsverletzung festzustellen.[82] Üblicherweise führt die Delegation der Personalaufsicht auch zur Erweiterung des Zurechnungszusammenhangs.[83] Einerseits droht mit der kurzen Frist ein rascher Verlust von Forderungen in einem sensiblen Bereich. Andererseits hat es der Arbeitgeber in der Hand, die Delegation von Verantwortung mit einhegenden, parallelen Informationspflichten zu begleiten. Verständlicherweise hat es das BAG im Hinblick auf kriminelles Verhalten des Arbeitnehmers im Zusammenhang mit Vermögensbetreuungspflichten offengelassen, ob hier nicht eine Ausnahme zu machen ist.[84]

2. Fünf Jahre. Hat der Arbeitgeber keine Kenntnis von dem Wettbewerbsverstoß, so verjährt der Anspruch fünf Jahre von dem Abschluss des Geschäfts an. Bei mehreren Geschäften ist an jedes Geschäft einzeln anzuknüpfen.[85] Die Frist gilt auch für die Begründung eines konkurrierenden Handelsgewerbes, wobei es nicht möglich ist, bei Versäumen dieser Frist auf den Abschluss einzelner Geschäfte innerhalb des Handelsgewerbes abzustellen.[86] 13

IV. Darlegungslast und Verfahren

1. Darlegungs- und Beweislast. Für den haftungsbegründenden Tatbestand gilt zunächst das zu § 60 ausgeführte (→ § 60 Rn. 20). Nicht unproblematisch ist die Behandlung des **Verschuldens.** Bei Vorfällen jenseits der Sphäre des Unternehmers wird durch die allgemeine Bestimmung des § 280 Abs. 1 S. 2 BGB dem Gehilfen die Pflicht auferlegt, sein Nicht-Vertreten-Müssen zu belegen.[87] Ansonsten wird § 280 Abs. 1 S. 2 BGB durch § 619a BGB verdrängt.[88] Für den **Unterlassungsanspruch** wird – wie bei Wettbewerbsverstößen üblich – bei Nachweis einer ersten Pflichtverletzung die Wiederholungsgefahr vermutet.[89] Beim **Schadensersatzanspruch** ist es Sache des Arbeitgebers darzutun, er hätte selbst das entsprechende Geschäft auch abgeschlossen.[90] Ein Kontakt zum Kunden des Gehilfen muss indes nicht notwendig bereits vorgelegen haben.[91] Zwar hilft hinsichtlich der Höhe des Anspruchs § 252 BGB, auch genügt für eine Durchsetzung eine überwiegende Wahrscheinlichkeit iSd § 287 ZPO.[92] Greifbare Anknüpfungstatsachen sind indes auch für eine großzügige Schadensschätzung unabdingbar und vom Geschädigten darzulegen 14

[78] Hierzu s. BAG 24.2.2021, NZA 2021, 1581 Rn. 78 ff.; bestätigt in BAG 25.11.2021, NZA 2022, 605 Rn. 51.
[79] BAG 25.11.2021, NZA 2022, 605 Rn. 73.
[80] Vgl. etwa BeckOGK/Ittmann, 1.9.2025, Rn. 42; Heymann/Henssler/Markworth Rn. 32.
[81] MüKoHGB/Thüsing Rn. 34.
[82] Ebenroth/Boujong/Rudkowski Rn. 34 mwN.
[83] Vgl. auch BeckOGK/Ittmann, 1.9.2025, Rn. 42.
[84] *BAG 30.5.2018*, NZA *2018*, 1425 Rn. 48.
[85] Buchner AR-Blattei SD 1830.2 Rn. 130; Ebenroth/Boujong/Rudkowski Rn. 36.
[86] RG 1.5.1906, RGZ 63, 252 (256); MüKoHGB/Thüsing Rn. 36.
[87] Ebenroth/Boujong/Rudkowski Rn. 5.
[88] BAG 21.5.2015, NZA 2015, 1517; HWK/Diller Rn. 4.
[89] Buchner AR-Blattei SD 1830.2 Rn. 140.
[90] BeckOGK/Ittmann, 1.9.2025, Rn. 14.; MüKoHGB/Thüsing Rn. 13.
[91] LAG München 21.5.2008, BeckRS 2009, 67671.
[92] BAG 16.1.2013, NZA 2013, 748 Rn. 24, 25.

und zu beweisen.[93] Wo diese Darlegung doch Schwierigkeiten bereitet, kann auf das **„Eintrittsrecht"** ausgewichen werden. Für den **Auskunftsanspruch** genügen der Nachweis des Haftungsgrundes und eine hinreichend wahrscheinliche Konkurrenztätigkeit (→ Rn. 6). Bei der Kündigung infolge Wettbewerbsverstoßes trifft den Arbeitgeber die volle Darlegungs- und Beweislast. Allerdings muss der Arbeitgeber nicht jedem erdenklichen Rechtfertigungsgrund von vornherein begegnen. Es ist im Rahmen einer abgestuften Darlegungslast vielmehr Sache des Arbeitnehmers, hier greifbare Anhaltspunkte – etwa zu einer Einwilligung – vorzutragen, die dann den Arbeitgeber zu näherer Darlegung zwingen.[94]

15 **2. Verfahrensrechtliche Besonderheiten.** Wettbewerbsverstöße, auch solche des Arbeitnehmers, machen oft ein rasches Einschreiten erforderlich. Deshalb ist der Unterlassungsanspruch bei Verstößen gegen § 60 im Wege der **einstweiligen Verfügung** durchsetzbar.[95] Nicht die Arbeitspflicht wird erzwungen, sondern das Unterlassen einer schädigenden Tätigkeit. – Im Hinblick auf die kurze Verjährungsfrist empfiehlt es sich, die Auskunftsklage im Wege der **Stufenklage** zu erheben.[96] Die Stufenklage erlaubt es, sich an „das Mögliche" heranzutasten, auch wenn noch nicht alle Tatsachen klar zu Tage liegen.[97] Wirkt der Arbeitnehmer mit einem Dritten zusammen, so verbietet § 13 UWG, vor dem Arbeitsgericht eine **Zusammenhangsklage** gegen diesen Dritten zu erheben.[98]

§ 62 [Fürsorgepflicht des Arbeitgebers]

(1) Der Prinzipal ist verpflichtet, die Geschäftsräume und die für den Geschäftsbetrieb bestimmten Vorrichtungen und Gerätschaften so einzurichten und zu unterhalten, auch den Geschäftsbetrieb und die Arbeitszeit so zu regeln, daß der Handlungsgehilfe gegen eine Gefährdung seiner Gesundheit, soweit die Natur des Betriebs es gestattet, geschützt und die Aufrechterhaltung der guten Sitten und des Anstandes gesichert ist.

(2) Ist der Handlungsgehilfe in die häusliche Gemeinschaft aufgenommen, so hat der Prinzipal in Ansehung des Wohn- und Schlafraums, der Verpflegung sowie der Arbeits- und Erholungszeit diejenigen Einrichtungen und Anordnungen zu treffen, welche mit Rücksicht auf die Gesundheit, die Sittlichkeit und die Religion des Handlungsgehilfen erforderlich sind.

(3) Erfüllt der Prinzipal die ihm in Ansehung des Lebens und der Gesundheit des Handlungsgehilfen obliegenden Verpflichtungen nicht, so finden auf seine Verpflichtung zum Schadensersatze die für unerlaubte Handlungen geltenden Vorschriften der §§ 842 bis 846 des Bürgerlichen Gesetzbuchs entsprechende Anwendung.

(4) Die dem Prinzipal hiernach obliegenden Verpflichtungen können nicht im voraus durch Vertrag aufgehoben oder beschränkt werden.

Übersicht

[93] BeckOGK/Ittmann, 1.9.2025, Rn. 14.

[94] BAG 16.7.2015, AP BGB § 626 Nr. 255; LAG Sachsen-Anhalt 18.1.2018, BeckRS 2018, 1976.

[95] LAG Hamm 12.8.2019, BeckRS 2019, 20177; Buchner AR-Blattei SD 1830.2 Rn. 141; Ebenroth/Boujong/Rudkowski Rn. 24.

[96] BAG 25.11.2021, NZA 2022, 655 Rn. 19 ff.; 28.1.1986, AP HGB § 61 Nr. 2; Fleddermann ArbR 2010, 597.

[97] LAG Düsseldorf 9.1.2020, BeckRS 2020, 10791 Rn. 29 (nachgehend BAG 25.11.2021, NZA 2022, 655).

[98] BAG 10.6.2010, NJW 2010, 3387 Rn. 15. Zu Komplikationen bei der Abgrenzung des Rechtswegs weiter LAG Thüringen 23.3.2010 – 7 Sa 254/08, nv.

I. Normzweck und Anwendungsbereich

1 **1. Normzweck.** Die ersten beiden Abs. regeln Ausprägungen der Fürsorgepflicht des Arbeitgebers. Die Grundverpflichtung zum **Schutz der Gesundheit** des Handlungsgehilfen wie aber auch der **guten Sitten** und des **Anstands** ist in Abs. 1 enthalten. Sie wird durch mannigfaltige Regelungen des öffentlich-rechtlichen Arbeitsschutzrechts überlagert.[1] Durch die COVID-19-Pandemie hat der Gesundheitsschutz einen Bedeutungsschub erfahren. Prävention und Dokumentation sind im Vormarsch, geraten aber durch die Verdichtung des Pflichtenkonzepts in einen Widerspruch zum Datenschutz.[2] Einen Sonderfall erfasst Abs. 2 für den Fall, dass der Gehilfe in die **häusliche Gemeinschaft** des Prinzipals aufgenommen wird. Fraglich ist, ob dieser zünftig anmutende Sachverhalt heute überhaupt noch vorkommt.[3] Abs. 3 enthält bei Verstößen des Arbeitgebers im Hinblick auf dessen **Haftung** eine Rechtsfolgenverweisung auf das Schadensersatzrecht, wobei Teile des Deliktsrechts (§§ 842–846 BGB) erweiternd mit einbezogen werden. Abs. 4 entzieht den Parteien vor Eintritt des Schadensfalls die **Disposition** über die Pflichten des Prinzipals.

2 **2. Anwendungsbereich.** Die Regelungen zur Fürsorgepflicht verdrängen als **lex specialis**[4] in ihrem Teilbereich – und nur dort – die allgemeinen arbeitsrechtlichen Regeln der §§ 618, 619 BGB, werden aber ihrerseits von den auf bestimmte Personenkreise zugeschnittenen, **noch spezielleren Vorschriften** der §§ 2 ff. MuSchG, §§ 28 f. JArbSchG, § 12 HAG verdrängt.[5] Erfasst werden vom persönlichen Anwendungsbereich Handlungsgehilfen, teilweise deren Familienangehörige und Leiharbeitnehmer in der Funktion von Handlungsgehilfen.[6] Der Einigungsvertrag nimmt eine Anwendung der Abs. 2–4 in den neuen Bundesländern aus.[7] Weiter ist zu berücksichtigen, dass § 104 SGB VII vor der Haftungsregel des Abs. 3 bei Arbeitsunfällen im Hinblick auf Gesundheitsschäden grundsätzlich Vorrang hat und die Haftung beschränkt, wenn nicht dem Arbeitgeber ein vorsätzliches Verhalten zur Last zu legen ist.[8] Bei Auslandsentsendungen bleibt, sofern der Schwerpunkt der Tätigkeit in Deutschland verbleibt, § 62 weiterhin verbindlicher Maßstab.[9]

II. Grundregel zur Fürsorge

3 **1. Schutzgüter.** Im Vordergrund steht der Schutz der **Gesundheit** des Arbeitnehmers. Angesprochen sind die körperliche Integrität und die Abwesenheit von Krankheit, verstanden als Abweichung von der Normalität in körperlicher, seelischer oder geistiger Hinsicht.[10] Eine Beschränkung nur auf physiologische Normabweichungen ist angesichts des gewandelten und auch stärker seelische Erkrankungen erfassenden Gesundheitsverständnisses nicht mehr vermittelbar.[11] Selbstverständlich ist der Schutz des Lebens miterfasst.[12] Über § 618 BGB hinausgehend will § 62 auch die guten Sitten und den Anstand wahren.[13] Die offene Formulierung verweist hinsichtlich der Maßstäbe auf das Anstandsgefühl aller billig und gerecht Denkenden, wobei bislang die Praxis überwiegend im Hinblick auf § 138 BGB vor die Frage einer Anwendung gestellt wurde.[14] Hinzuweisen ist auch auf

[1] HWK/Diller Rn. 1; BeckOK HGB/Wetzel, 49. Ed. 1.1.2026, Rn. 1.
[2] Vgl. etwa Wünschelbaum NZA 2020, 610.
[3] Gibt man die Norm etwa bei juris ein, so findet sich kein Treffer.
[4] GK-HGB/Etzel Rn. 1.
[5] MüKoHGB/Thüsing Rn. 7. Dabei darf allerdings nicht übersehen werden, dass die Praxis zunehmend nur § 618 BGB ins Auge fasst, Roth RdA 2012, 1 (10).
[6] Ebenroth/Boujong/Rudkowski Rn. 7 f.
[7] Einigungsvertrag Anlage I Kap. VIII Sachgebiet D Abschnitt III Nr. 1.
[8] ErfK/Roloff BGB § 618 Rn. 18; MüKoHGB/Thüsing Rn. 7.
[9] Edenhofer DB 2017, 2803 (2804), der jedenfalls die Kontrolle notwendiger Impfungen und andere Vorsorgemaßnahmen dem Arbeitgeber auferlegt.
[10] Ebenroth/Boujong/Rudkowski Rn. 16, unter Abgrenzung vom schlichten Wohlbefinden; MüKoHGB/Thüsing Rn. 17.
[11] Vgl. hierzu Schönleber, Psychische Belastungen in der Arbeitswelt, 2017, 60 ff.
[12] BAG 5.3.1959, BAGE 7, 280 (283) = NJW 1959, 1555 (1556); BeckOK HGB/Wetzel, 49. Ed. 1.1.2026, Rn. 11; Staub/Weber Rn. 7.
[13] MüKoHGB/Thüsing Rn. 3, 18.
[14] BAG 1.4.1976, NJW 1976, 1958 unter Hinweis auf die ältere Rspr. des BGH.

die Nähe zum Persönlichkeitsrecht und zur Diskriminierung.[15] Nicht erfasst werden sonstige Rechte, vornehmlich das Eigentum und Vermögensrechte.[16]

4 **2. Pflichtbereiche.** Das Gesetz spricht hier Geschäftsräume, Vorrichtungen und Gerätschaften sowie den Geschäftsbetrieb und die Arbeitszeit an.

5 **a) Geschäftsräume.** Hierunter ist nicht nur die in einem Gebäude liegende, dem Arbeitnehmer zugewiesene Arbeitsstätte zu verstehen. Vielmehr sind **alle Örtlichkeiten,** in denen sich der Arbeitnehmer befugtermaßen aufhält, miterfasst.[17] Betroffen sind mithin Bereitschaftsräume, Flure, Sanitärräume, auch Hofbereiche, Garagen oder Baustellen. Die Eigentumsverhältnisse spielen keine Rolle. **Abgrenzungsprobleme** entstehen erst, wenn ein Gebäude verschiedenen Unternehmen dient oder Bereiche dem allgemeinen Verkehr zuzurechnen sind. Nutzt der Arbeitgeber nur eine Etage in einem Center, dann ist er hinsichtlich der übrigen Gebäudeteile dem Handlungsgehilfen gegenüber nur verpflichtet, seine Rechte als Mieter auch in dessen Sinne wahrzunehmen.[18] Die Arbeitsstätte ist so zu organisieren, dass sie gesundheitsrechtlichen Standards entspricht. In Zeiten einer Pandemie – wie zuletzt bei Corona – muss die Einhaltung der ggf. vorgeschriebenen Distanz ermöglicht und Schutzvorkehrungen vor direktem Kontakt mit der Atemluft anderer getroffen werden. Bei der Installation von Einrichtungen, insbesondere bei einer Überwachung der Abstände durch Aufnahme und Aufzeichnung, müssen jedoch auch in Zeiten der Pandemie die Mitbestimmungsrechte des Betriebsrats berücksichtigt werden.[19] Bei der Teilnahme am öffentlichen Verkehr haben die allgemeinen Verkehrssicherungsregeln Vorrang, und zwar auch dann, wenn der Arbeitgeber selbst diese verletzt.[20]

6 **b) Vorrichtungen und Gerätschaften.** Es geht hierbei um Arbeitsgeräte und Material, Kraftfahrzeuge, Schutzkleidung, aber auch Heizung und Belüftung.[21] Insofern ist gleichfalls nicht von Belang, wer diese Gegenstände beschafft oder wem sie gehören. Allein die Einbeziehung in den Arbeitsprozess ist bedeutsam.[22]

7 **c) Geschäftsbetrieb und Arbeitszeit.** Damit ist vornehmlich die **Organisation** der Arbeitsabläufe angesprochen. Der Arbeitgeber hat hier zu vermeiden, dass Gesundheitsrisiken entstehen, die dadurch ausgelöst werden, dass ein Handlungsgehilfe im **Übermaß** belastet wird.[23] Dies gilt auch bei leitenden Angestellten.[24] Die **Arbeitszeit** ist in weiten Teilen gesetzlich oder im Rahmen von Kollektivnormen determiniert.[25] Verbleibende Spielräume des Weisungsrechts hat der Arbeitgeber so zu nutzen, dass eine Gesundheitsgefährdung auch angegriffener, sich überschätzender Mitarbeiter nicht vorkommt.[26]

8 **3. Inhalt der Pflicht.** Da der Bereich weitgehend durch **öffentlich-rechtliche Vorschriften** erfasst ist, können diese als Konkretisierung der Verpflichtung des Prinzipals verstanden werden.[27] Fehlen sie, so sind der **Stand der Technik** oder die **Verkehrsanschauung** maßgeblich. Die Standards des europäischen Arbeitsschutzrechts sind zu berücksichtigen.[28] Ein – inzwischen – beinahe historisches Beispiel mag zur Veranschaulichung dienen: Der Arbeitgeber schuldete kein Rauchverbot, wenn ein solches für Fluggäste noch nicht existierte.[29] Das BAG stellt hier auf die wirtschaftliche Entscheidung ab, Flüge auch für Raucher anzubieten, sodass das Flugpersonal unvermeidlich mit diesen konfrontiert werde.[30] Das gilt auch für Croupiers in einem Spielcasino, die keinen Anspruch

[15] Ebenroth/Boujong/Rudkowski Rn. 17 f.
[16] BAG 5.3.1959, BAGE 7, 280 = AP BGB § 611 Fürsorgepflicht Nr. 26; GK-HGB/Etzel Rn. 4; MüKoHGB/Thüsing Rn. 19.
[17] Ebenroth/Boujong/Rudkowski Rn. 22 f.; ErfK/Roloff BGB § 618 Rn. 6; MüKoHGB/Thüsing Rn. 10 f.
[18] MüKoHGB/Thüsing Rn. 12.
[19] ArbG Wesel 24.4.2020, BeckRS 2020, 6941 mAnm Tiedemann ZD 2020, 368 und mAnm Braun ArbRB 2020, 175.
[20] RG 23.3.1898, Gruchot 42, 928 (931 f.).
[21] ErfK/Roloff BGB § 618 Rn. 9.
[22] MüKoHGB/Thüsing Rn. 13 f. mit Beispielen.
[23] Hopt/Roth Rn. 3.
[24] BAG 13.3.1967, BAGE 19, 288 = NJW 1967, 1631.
[25] GK-HGB/Etzel Rn. 8; MüKoHGB/Thüsing Rn. 16.
[26] BAG 13.3.1967, BAGE 19, 288 (294 f.) = AP BGB § 618 Nr. 15; GK-HGB/Etzel Rn. 8.
[27] MüKoHGB/Thüsing Rn. 20; im Hinblick auf Räume etwa die ArbStättV vom 12.8.2004 vgl. Raif/Böttcher AuR 2009, 289.
[28] Ebenroth/Boujong/Rudkowski Rn. 6.
[29] BAG 8.5.1996, BAGE 83, 95 = NJW 1996, 3028.
[30] BAG 8.5.1996, NJW 1996, 3028.

darauf haben, ausschließlich im Nichtraucherbereich eingesetzt zu werden.[31] Hier war aber explizit § 5 Abs. 2 ArbStättV Grundlage für eine Absenkung der Schutzanforderungen. Gegen den Einsatz in Räumen mit Publikumsverkehr, in denen das Rauchen nicht untersagt ist, wird eingewendet, § 62 verlange, von der Betroffenheit des Arbeitnehmers auszugehen. Wenn die Gesundheit dies verlange, sei der Arbeitgeber gehalten, im Rahmen des Zumutbaren auch seine unternehmerische Entscheidung zu ändern.[32] Beide Wege werden im Regelfall zum gleichen Ergebnis führen, geht es darum, das Marktangebot und die Unternehmensstrategie zu ändern. Der Arbeitnehmer hat nur Anspruch auf die Vermeidung von Gefahren, die von der Beschäftigung ausgehen. „Das Arbeitsschutzrecht soll die Arbeitnehmer vor erhöhten Gefahren schützen, die ihnen durch die Arbeit drohen, nicht aber gegen das allgemeine Lebensrisiko aller Menschen."[33] Und auch aus der Arbeit hervorgehende, nicht vermeidbare Gefahren sind hinzunehmen.[34] Wie dem Risiko zu begegnen ist, hängt von den Umständen ab. Beim Umgang mit Gefahren sind zunächst Informationspflichten zu berücksichtigen (zB § 12 ArbSchG; § 81 BetrVG uam),[35] die bei Bedarf über den gesetzlich geregelten Umfang hinausgehen. Organisationspflichten gehen dahin, von der Arbeit ausgehende Beeinträchtigungen, etwa Staubauswirkungen, einzudämmen.[36] Hierhin gehört auch, Ansteckung unter Mitarbeitern zu verhindern.[37] Im Hinblick auf den Schutz von Nichtrauchern sind Vorkehrungen bis hin zum Rauchverbot zu treffen.[38] Noch stellt das BAG dem in Art. 2 Abs. 2 GG verankerten Schutz der Gesundheit die unternehmerische Betätigungsfreiheit nach Art. 12 GG entgegen.[39] Bei sozialen Risiken, etwa sexueller Belästigung, haben inzwischen die Bestimmungen des AGG ein feinmaschigeres Regelungsmuster zu bieten.[40] Gefährliche Arbeiten haben im Regelfall überwacht zu sein.[41] Und schließlich ist die Verkehrssicherung im Hinblick auf Gebäude, Vorrichtungen und Geräte zu gewährleisten.[42] Besondere Krankheiten wie zB Aids verlangen besondere Aufmerksamkeit.[43] Das Zusammenwachsen der Welt, die Globalisierung, hat auch dem Risiko Pandemie zu aktueller Bedeutung verholfen. Eine Pandemie kann im Rahmen des Arbeitsschutzes erhöhte Anforderungen stellen.[44] Doch gibt es keine eigenen Instrumentarien, die Anforderungen an den Arbeitgeber stellen, Vorkehrungen zum Schutz der Mitarbeiter zu treffen. Unterrichtungspflichten und Arbeitsorganisation erreichen aber möglicherweise neue Dimensionen.[45] § 62 stärkt in Zeiten der Pandemie die Pflichten, verlangt ein Eingehen auf Seuchenschutz bezogene Vorgaben. Diese beruhen aber im Regelfall auf gesetzlichen Festlegungen.[46] So können Verpflichtungen entstehen, Masken während der Arbeit zu tragen, oder es kann Arbeit im Home-Office angeordnet werden.[47] Der Einzelfall ist entscheidend. Aus der Fürsorge folgt nicht schlechthin, einen Arbeitnehmer von bestimmten Leistungsverpflichtungen freizustellen.[48]

4. Mitwirkung des Betriebsrats. Der Arbeitgeber hat den Betriebsrat zu beteiligen.[49] Die Lage der Arbeitszeit, Unfallverhütung und Gesundheitsschutz sind mitbestimmungspflichtig (§ 87 Abs. 1 Nr. 2 und 7 BetrVG). Entsprechend kann der Betriebsrat auch die Initiative zur Verbesserung des Gesundheitsschutzes ergreifen.[50] Soweit das Ordnungsverhalten im Betrieb angesprochen ist, wird 9

[31] BAGE 155, 80 = NZA 2016, 1134; das HessLAG hatte in der Tatsacheninstanz festgestellt, dass die Mitarbeiter überwiegend (zwei Drittel) im Nichtraucherbereich eingesetzt werden; vgl. auch Kock NZA 2017, 198.

[32] Ebenroth/Boujong/Rudkowski Rn. 31; s. auch Staub/Weber/Gräf Rn. 31.

[33] BAG 8.5.1996, BAGE 83, 105 = NZA 1997, 86; s. auch BeckOGK/Freyler, 1.10.2025, Rn. 27.

[34] MüKoHGB/Thüsing Rn. 23; Ebenroth/Boujong/Rudkowski Rn. 27 ff.

[35] MüKoHGB/Thüsing Rn. 26. Zur Gefährdungsunterweisung vgl. Lützeler AuA 2011, 586.

[36] RAG 1.12.1928, ARS 4, 257 (259 f.).

[37] ErfK/Roloff BGB § 618 Rn. 11.

[38] HWK/Krause BGB § 618 Rn. 23–26; Dietrich, Nichtraucherschutz am Arbeitsplatz, 2008; Stück AuA 2009, 140; Wellenhofer-Klein RdA 2003, 155.

[39] BAG 10.5.2016, NZA 2016, 1134; vgl. auch HWK/Krause BGB § 618 Rn. 24; krit. Adam EzA § 618 BGB 2002 Nr. 5, der einseitig davon ausgeht, dass Leben und Gesundheit wirtschaftlichen Interessen stets vorgehen.

[40] Köhler/Koops BB 2015, 2015 vor dem Hintergrund BAG 20.11.2014, BeckRS 2015, 65741.

[41] MüKoHGB/Thüsing Rn. 28.

[42] MüKoHGB/Thüsing Rn. 29.

[43] Löwisch DB 1987, 939.

[44] Falter BB 2009, 1974 ff.

[45] Im Einzelnen Falter BB 2009, 1976 ff.

[46] Mareck AA 2020, 86 ff.

[47] Nicht allein aufgrund des Direktionsrechts (vor Corona), LAG Brandenburg 14.11.2018, NZA-RR 2019, 287.

[48] Ein 62 Jahre alter Pädagoge muss nicht notwendig vom Präsenzunterricht freigestellt werden, ArbG Mainz 8.6.2020, BeckRS 2020, 12262.

[49] M. Müller AiB 2015, 52.

[50] GK-HGB/Etzel Rn. 12; Hopt/Roth Rn. 3.

auch § 87 Abs. 1 Nr. 1 BetrVG einschlägig.[51] Diese Mitwirkungen sind – wie die aktuelle Rspr. der Instanzgerichte zeigt – pandemie-fest (vgl. → Rn. 5).[52]

III. Besondere Fürsorge bei häuslicher Gemeinschaft

10 **1. Begriff.** Der Begriff der häuslichen Gemeinschaft ist im Hinblick auf die geänderten Rahmenbedingungen seit Entstehung des Gesetzes weit zu verstehen.[53] Eine häusliche Gemeinschaft besteht nicht nur, wenn der Prinzipal selbst mit dem Handlungsgehilfen unter einem Dach lebt. Auch das Zusammenleben in einer Gemeinschaft oder in einem **Wohnheim** oder in einem Schwesternhaus kann hiervon betroffen sein.[54] Überschritten ist die Grenze bei der Werkswohnung, für die nach allgemeiner Auffassung Mietrecht allein Anwendung findet.[55]

11 **2. Inhalt.** Die Fürsorgepflicht ist bei Vorliegen einer häuslichen Gemeinschaft in mehrfacher Hinsicht gesteigert. Zunächst ist in **räumlicher Hinsicht** auch die Einrichtung der Wohnung einschließlich der Zuwegung den Standards der allgemeinen Fürsorgepflicht entsprechend auszugestalten.[56] In **zeitlicher Hinsicht** – unter Berücksichtigung der persönlichen Freiheit – erstreckt sich die Verantwortung auch auf die Freizeit, was etwa Verhaltensanordnungen für Mitbewohner erfassen kann. Auch der Bereich der Schutzgüter ist erweitert: der Arbeitgeber hat auf Belange der **Religion** Rücksicht zu nehmen.[57] Dies kann Auswirkungen auf die Verpflegung haben, aber auch solche auf die Anordnung der Räume und Sanitäranlagen.

IV. Rechtsfolgen der Pflichtverletzung

12 **1. Erfüllung und Schadensersatz.** Abs. 3 verweist hinsichtlich der Folgen eines Verstoßes nach Abs. 1 und Abs. 2 auf das Schadensersatzrecht, genauer auf **§ 280 Abs. 1 BGB.** Erweitert werden die Bestimmungen der §§ 249 ff. BGB durch die Einbeziehung der Vorschriften der unerlaubten Handlung,[58] insbesondere auch der §§ 842 ff. BGB. Damit ist zum einen eine Rechtsfolgenerweiterung des seiner Natur nach **vertraglichen Anspruchs** angesprochen.[59] Im Fall der Tötung des Handlungsgehilfen gewähren §§ 844, 845 BGB aber auch Dritten Ersatzansprüche gegen den Prinzipal.[60] Durch die Einfügung eines Abs. 3 in § 844 BGB ist hier jetzt auch ein Hinterbliebenengeld zu gewähren.[61] Dem Sekundäranspruch vorgeschaltet ist der **Erfüllungsanspruch** auf effektiven Arbeitsschutz, der aber eingeschränkt sein kann durch die Notwendigkeit, die Mitbestimmungsbefugnisse des Betriebsrates zu beachten.[62] Im Übrigen wird die Haftung naturgemäß über das Recht der gesetzlichen Unfallversicherung abgeschwächt.[63] Soweit diese greift, setzt eine direkte Haftung des Arbeitgebers nur bei vorsätzlicher Schädigung ein.[64] Rentenansprüche sind als Insolvenzforderungen eingestuft.[65]

13 **2. Verschulden.** Der Schadensersatzanspruch ist **verschuldensabhängig.**[66] Die Zurechnung des Verschuldens Dritter erfolgt über § 278 BGB. Das gilt auch dann, wenn der Arbeitgeber – etwa bei der Wartung von Maschinen – andere Unternehmer einschaltet, weil er sich dieser zur Erfüllung seiner Fürsorgepflicht bedient.[67] Ausgenommen ist das Verhalten von Mitarbeitern oder Dritten, die

---

[51] vgl. BAG 12.8.2008, NZA 2009, 102 zu § 618 BGB.
[52] ArbG Wesel 24.4.2020, BeckRS 2020, 6941; ArbG Berlin 27.4.2020, BeckRS 2020, 13154; ArbG Hamm 4.5.2020, ArbRaktuell 2020, 401.
[53] Für die Parallelvorschrift vgl. ErfK/Roloff BGB § 618 Rn. 14; enger Heymann/Henssler/Markworth Rn. 15.
[54] BAG 9.6.1955, AP BGB § 618 Nr. 1; **aA** LAG Baden-Württemberg 26.3.1954, BB 1954, 629.
[55] BAG 28.7.1992, NZA 1993, 272; vgl. etwa Schaub ArbR-HdB/Koch § 81 Rn. 4 „denn durch das Arbeitsrecht wird der Arbeitnehmer nicht besser gestellt als durch das Mietrecht"; Hopt/Roth Rn. 4.
[56] Ebenroth/Boujong/Rudkowski Rn. 32; etwa auch die Flure im Schwesternhaus: BAG 8.6.1955, AP BGB § 618 Nr. 1.
[57] Staub/Weber/Gräf Rn. 35; GK-HGB/Etzel Rn. 11.
[58] LAG Rheinland-Pfalz 7.8.2017, BeckRS 2017, 142466.
[59] RG 10.2.1930, RGZ 127, 218 (224); ErfK/Roloff BGB § 618 Rn. 19; MüKoHGB/Thüsing Rn. 36; „Anknüpfung an vertragliche Verhaltenspflichten", vgl. LAG Rheinland-Pfalz 21.7.2020, BeckRS 2020, 27534.
[60] MüKoHGB/Thüsing Rn. 43.
[61] Näher hierzu Wagner NJW 2017, 2641.
[62] Ebenroth/Boujong/Rudkowski Rn. 37 f.
[63] BeckOGK/Freyler, 1.10.2025, Rn. 39.
[64] LAG Rheinland-Pfalz 7.8.2017, BeckRS 2017, 142466.
[65] Ganter ZIP 2019, 97.
[66] HWK/Diller Rn. 2.
[67] MüKoHGB/Thüsing Rn. 38.

nicht in die Erfüllung eingeschaltet sind.[68] Eigenes Fehlverhalten ist dem Handlungsgehilfen nach § 254 BGB zuzurechnen.[69]

3. Zurückbehaltungsrecht. Kommt der Arbeitgeber seiner Fürsorgepflicht nicht nach, so wird dem Arbeitnehmer nach allgemeiner Auffassung ein **Leistungsverweigerungsrecht** nach § 273 BGB eingeräumt.[70] Teilweise ist dieses Recht sogar spezialgesetzlich vorgesehen (§ 9 Abs. 3 ArbSchG, § 14 AGG). Eine **Abwendung** durch Sicherheitsleistung nach § 273 Abs. 3 S. 1 BGB scheidet regelmäßig aus, weil die höchstpersönlichen Rechtsgüter Leben und Gesundheit betroffen sind.[71] Ist der Verstoß weniger gravierend, hat der Arbeitnehmer den Arbeitgeber zunächst abzumahnen.[72] Eine berechtigte Zurückbehaltung versetzt den Arbeitgeber in **Annahmeverzug.**[73] Wird von der Zurückhaltung voreilig Gebrauch gemacht, geht der Arbeitnehmer ein hohes Risiko ein. Es droht ein Wegfall des Entgeltanspruchs. 14

4. Kündigung. Ist dem Arbeitnehmer eine weitere Arbeitsleistung nicht zuzumuten, weil der Arbeitgeber beharrlich die Erfüllung seiner Fürsorgepflichten verweigert, so kann der Arbeitnehmer auch mit der außerordentlichen, fristlosen Kündigung reagieren.[74] 15

V. Unabdingbarkeit

Eine **Abänderung** der Fürsorgepflichten durch Vertrag kommt nicht in Betracht. Das gilt auch, soweit der Schadensersatzanspruch, der auf entsprechende Pflichtverletzungen gestützt wird, ausgeschlossen oder beschränkt werden soll.[75] Verstöße führen zur **Nichtigkeit** der verantwortungsverkürzenden Regelung **nach § 134 BGB.**[76] Die Bestimmung kann auch nicht durch Tarifvertrag geändert werden. Hiervon nicht betroffen sind allerdings **tarifliche Ausschlussklauseln,** weil sie nur die Durchsetzung, nicht den Inhalt des Anspruchs betreffen.[77] Ist der Schadensfall eingetreten, sind entstandene Ansprüche dispositiver Natur. Erlassverträge oder Vergleiche sind zulässig. Abs. 4 verfolgt präventive Zwecke.[78] 16

VI. Darlegungslast und Verfahren

1. Darlegungs- und Beweislast. Hier gilt für Pflichtverletzungen des Prinzipals eine Erleichterung zugunsten des Handlungsgehilfen. Prinzipiell obliegt es dem Gläubiger des Schadensersatzanspruchs im Rahmen des § 280 Abs. 1 BGB, Pflichtverletzung, Schaden und Kausalität darzulegen und zu beweisen. Abweichend vom Regelfall genügt bei Verletzungen der Pflichten aus § 62 für den Nachweis des Ursachenzusammenhangs der Nachweis einer Pflichtverletzung, die lediglich geeignet ist, die eingetretene Folge auszulösen.[79] Ist dieser dem Anscheinsbeweis entsprechende Überzeugungsgrad erreicht,[80] hat der Arbeitgeber die wider ihn streitende Vermutung zu widerlegen. Dabei genügt aber nicht der einfache Gegenbeweis, vielmehr wird vom Prinzipal der volle Nachweis des Gegenteils verlangt.[81] Ratio dieser Beweislastumkehr ist die erfolgsbezogene Pflicht, den Fürsorgepflichten wie in § 62 in der Weise nachzukommen, dass vom Arbeitsumfeld wie von Räumen oder Gerätschaften keine Verletzungsgefahr ausgeht. Wurde die Pflicht gleichwohl verletzt, führt dies zur Überwälzung des Aufklärungsrisikos.[82] 17

2. Verfahrensrecht. Unzweifelhaft sind bei Streitigkeiten aus § 62 die Arbeitsgerichte berufen.[83] Streit besteht hingegen darüber, wie bei der Klage auf Erfüllung der Pflichten aus § 62 zu verfahren 18

---

[68] Ebenroth/Boujong/Rudkowski Rn. 46 f.

[69] BeckOGK/Freyler, 1.4.2025, Rn. 43; GK-HGB/Etzel Rn. 24.

[70] BAG 2.2.1994, BAGE 75, 332 (338) = NZA 1994, 610 (612); 19.2.1997, BAGE 85, 155 (161) = NZA 1997, 821 (822); BeckOGK/Freyler, 1.10.2025, Rn. 47 ff.; Hopt/Roth Rn. 5.

[71] Ebenroth/Boujong/Rudkowski Rn. 44.

[72] MüKoHGB/Thüsing Rn. 50.

[73] BAG 7.6.1973, DB 1973, 1605 = AP BGB § 615 Nr. 28; MüKoHGB/Thüsing Rn. 50.

[74] BeckOGK/Freyler, 1.10.2025, Rn. 50; MüKoHGB/Thüsing Rn. 52.

[75] GK-HGB/Etzel Rn. 51; Hopt/Roth Rn. 7.

[76] Ebenroth/Boujong/Rudkowski Rn. 54.

[77] BeckOGK/Freyler, 1.10.2025, Rn. 53; GK-HGB/Etzel Rn. 35; Staub/Weber/Gräf Rn. 57.

[78] BeckOGK/Freyler, 1.10.2025, Rn. 53; MüKoHGB/Thüsing Rn. 55.

[79] BAG 8.5.1996, BAGE 83, 105 (111); 27.2.1970, AP BGB § 618 Nr. 16; 8.6.1955, AP BGB § 618 Nr. 1; LAG Rheinland-Pfalz 21.7.2020, BeckRS 2020, 27534, allerdings zu § 618 BGB.

[80] Ebenroth/Boujong/Rudkowski Rn. 49.

[81] BAG 8.6.1955, AP BGB § 618 Nr. 1; BGH 14.4.1958, BGHZ 27, 79 (84) = NJW 1958, 1437; MüKoHGB/Thüsing Rn. 56.

[82] GMP/Prütting ArbGG § 58 Rn. 91: „Haftung des Arbeitgebers" zur Parallelvorschrift § 618 BGB.

[83] MüKoHGB/Thüsing Rn. 46.

ist, wenn deren Umsetzung an der fehlenden Mitwirkung des Betriebsrats scheitert. Während einige den Arbeitnehmer dazu verpflichtet ansehen, den Arbeitgeber auf eine Einigung mit dem Betriebsrat in Anspruch zu nehmen,[84] gehen andere davon aus, ein solcher Weg sei mit der Willensbildung der Organe der Betriebsverfassung nicht in Einklang zu bringen.[85] In der Konsequenz ist der Handlungsgehilfe auf Sekundäransprüche verwiesen.

§ 63 *[aufgehoben]*

1 § 63 wurde gem. Art. 59 Gesetz zur sozialen Absicherung des Risikos der Pflegebedürftigkeit vom 26.5.1994 (BGBl. 1994 I 1014) aufgehoben. Es gilt einheitlich das EFZG.

§ 64 [Gehaltszahlung]

[1]Die Zahlung des dem Handlungsgehilfen zukommenden Gehalts hat am Schlusse jedes Monats zu erfolgen. [2]Eine Vereinbarung, nach der die Zahlung des Gehalts später erfolgen soll, ist nichtig.

I. Normzweck und Anwendungsbereich

1 **1. Normzweck.** § 64 S. 1 betrifft die **Fälligkeit** des Gehaltsanspruchs des Handlungsgehilfen. Mindestens eine Entgeltzahlung pro Monat soll gesichert werden.[1] Die Norm ist lex specialis zu §§ 271, 614 BGB.[2] Für den Mindestlohn gilt hingegen § 2 MiLoG. Mit der Bezugnahme auf den Zeitabschnitt „Monat" ist der Spielraum enger als es das BGB vorsieht. Die Zahlung muss binnen Monatsfrist erfolgen.[3] S. 2 regelt die Unabdingbarkeit.

2 **2. Anwendungsbereich.** Vom **persönlichen Anwendungsbereich** betrifft § 64 nur Handlungsgehilfen. Für eine Ausweitung auf andere Bereiche fehlt es an einer planwidrigen Regelungslücke.[4] Räumlich ist die Bestimmung auf die **alten Bundesländer** beschränkt.[5] Im Beitrittsgebiet gilt § 614 BGB, ergänzend §§ 107, 108 GewO.[6] Sachlich werden die **festen laufenden Geldbezüge** erfasst.[7] Diese erstrecken sich auf die festen Bestandteile des Gehalts, die nach überwM auch Mindestprovisionen und feste Spesenpauschalen erfassen.[8] Es geht um das, was nach dem Arbeitsvertrag ohne weitere Voraussetzung zu zahlen ist.

II. Gehaltszahlung

3 **1. Fälligkeit.** Zu zahlen ist am „Schlusse jeden Monats". Darunter ist nicht notwendig das Ende des Kalendermonats zu verstehen.[9] Vom Zweck der Sicherung einer Mindesteinnahme ist auf den Zeitpunkt des Dienstantritts bzw. der letzten Gehaltszahlung abzustellen.[10] Die Berechnung erfolgt auf der Grundlage der §§ 187 ff. BGB.[11] Eine Insolvenz des Arbeitgebers berührt den Anspruch und seine Fälligkeit zunächst nicht.[12]

4 **2. Art und Ort der Zahlung.** Der Begriff „Zahlung" stellt immer noch auf die in der Praxis längst durch Banküberweisung verdrängte **Barzahlung** ab, die, so sie noch praktiziert wird, im Betrieb des Arbeitgebers abzuholen ist.[13] Die Zahlungsmodalität ist vertraglich abweichenden Vereinbarungen zugänglich und so wird auch im Allgemeinen verfahren.[14] Zu beachten ist hierbei das **Mitbestimmungsrecht** des Betriebsrats, der nach § 87 Abs. 1 Nr. 4 BetrVG hinsichtlich Ort,

[84] Löwisch AuR 1972, 359 (362 f.).
[85] Boemke ZfA 1992, 473 (484).
[1] HessLAG 8.10.1963, AP HGB § 64 Nr. 1; BeckOGK/Siepelt, 1.3.2025, Rn. 10.
[2] Ebenroth/Boujong/Rudkowski Rn. 1.
[3] Hopt/Roth Rn. 1 f.
[4] Roth RdA 2012, 1 (10).
[5] Einigungsvertrag Kap. VIII Sachgebiet A Abschnitt III Nr. 2; Ebenroth/Boujong/Rudkowski Rn. 2.
[6] ErfK/Oetker Rn. 1; BeckOK HGB/Wetzel, 49. Ed. 1.1.2026, Rn. 2.
[7] BeckOK HGB/Wetzel, 96. Ed. 1.1.2026, Rn. 3; MüKoHGB/Thüsing Rn. 3.
[8] GK-HGB/Etzel Rn. 2; MüKoHGB/Thüsing Rn. 3.
[9] Ebenroth/Boujong/Rudkowski Rn. 8; GK-HGB/Etzel Rn. 4.
[10] BAG 14.11.1966, AP HGB § 65 Nr. 4; MüKoHGB/Thüsing Rn. 4.
[11] Ebenroth/Boujong/Rudkowski Rn. 8.
[12] Ganter ZIP 2019, 97 (102).
[13] MüKoHGB/Thüsing Rn. 5.
[14] Heymann/Henssler/Markworth Rn. 7.

Art und Zeit der Auszahlung eine Mitwirkung erzwingen kann. Die betriebliche Mitbestimmung hat wiederum dem Vorrang einer Regelung der Tarifpartner zu weichen.

III. Unabdingbarkeit

Die in S. 2 enthaltene Anordnung verleiht der Fälligkeitsregel des S. 1 zugunsten des Handlungsgehilfen zwingendes Recht. Soweit die festen Gehaltsteile angesprochen sind, darf weder durch individualvertragliche Regelung noch durch Betriebsvereinbarung oder Tarifvertrag vom Gesetz abgewichen werden. Möglich sind sowohl Vorverlegungen der Fälligkeit[15] wie abweichende Regelungen bei Gehaltsteilen, die § 64 S. 1 nicht erfasst.[16] In den neuen Ländern gilt die weichere, abdingbare und vielfach abbedungene Regelung des § 614 BGB.[17] Verstöße gegen S. 1 führen zur Nichtigkeit,[18] wobei entgegen der Regel des § 139 BGB der Vertrag gültig bleibt.[19] Ist eine Forderung fällig geworden, so können hierüber Vereinbarungen, etwa auch Stundungsabreden getroffen werden.[20] 5

§ 65 [Provision]

Ist bedungen, daß der Handlungsgehilfe für Geschäfte, die von ihm geschlossen oder vermittelt werden, Provision erhalten solle, so sind die für die Handelsvertreter geltenden Vorschriften des § 87 Abs. 1 und 3 sowie der §§ 87a bis 87c anzuwenden.

Übersicht

I. Normzweck und Anwendungsbereich

1. Normzweck. Typischerweise wird die Tätigkeit von Handelsvertretern und Maklern durch die Zahlung von Provisionen vergütet. Aber auch bei Handlungsgehilfen kann die Entlohnung jedenfalls teilweise in dieser Form vereinbart sein. Die Vorschrift des § 65, neu gefasst durch Gesetz vom 6.8.1953 (BGBl. 1953 I 771), dient der **Harmonisierung des Rechts der Handlungsgehilfen und der Handelsvertreter.**[1] Ausgeklammert wurde der Bezirks- und Kundenschutz in § 87 Abs. 2, weil derartige Zuweisungen für einen Handlungsgehilfen selten in Betracht kommen.[2] Auch die Inkassoprovision (§ 87 Abs. 4), die kurze Verjährung des § 88 und der Abfindungsanspruch bei Beendigung der Vertragsbeziehung gem. § 89b bleiben Spezifika des Handelsvertreters. Aber **hinsichtlich der Anspruchsvoraussetzungen, hinsichtlich Fälligkeit, Höhe und Abrechnung** sollten die ihrer Art nach vergleichbaren Tätigkeiten nach dem Willen des Gesetzgebers soweit möglich gleichbehandelt werden.[3] Deshalb verweist § 65 insoweit auf die §§ 87 ff. 1

2. Anwendungsbereich. Die Vorschrift ist zunächst zugeschnitten auf **Handlungsgehilfen.** 2
Nun kommt es in der Praxis immer wieder vor, dass auch außerhalb der kaufmännischen Tätigkeiten Provisionen versprochen werden. So kann der Fliesenleger befugt sein, für seinen Arbeitgeber den

---

15 MüKoHGB/Thüsing Rn. 1.
16 MüKoHGB/Thüsing Rn. 12; BeckOGK/Siepelt, 1.9.2025, Rn. 15.
17 ErfK/Preis/Greiner BGB § 614 Rn. 2, 3.
18 BAG 7.11.2007, NZA-RR 2008, 399.
19 Ebenroth/Boujong/Rudkowski Rn. 17; RGHMW/Wagner/Vogt Rn. 7.
20 MüKoHGB/Thüsing Rn. 13.
1 MüKoHGB/Thüsing Rn. 1.
2 Entsprechende vertragliche Vereinbarungen bleiben möglich, BAG 13.12.1965, AP HGB § 65 Nr. 3; vgl. auch LAG Thüringen 14.12.2021, BeckRS 2021, 44087 Rn. 85 f.
3 Ebenroth/Boujong/Rudkowski Rn. 1; MüKoHGB/Thüsing Rn. 1.

Verkauf von Arbeitsmaterial zu vermitteln, und er kann dafür eine Provisionszahlung versprochen bekommen haben.[4] Es besteht daher Einigkeit, dass der **persönliche Anwendungsbereich** sich auf **alle Arbeitnehmer** erstreckt.[5]

3 **Sachlich** ist eine Anwendung eröffnet, wenn der Arbeitsvertrag eine Provisionsvereinbarung enthält. Provision ist eine **Erfolgsvergütung.**[6] Ihre **Bemessung** knüpft an den **Umfang der vom Provisionsberechtigten getätigten Geschäfte** an, unabhängig davon, welche konkrete Bezeichnung die Vertragsparteien für diese Vergütungsform gewählt haben,[7] und ist der Höhe nach gekoppelt an einen vereinbarten Prozentsatz.[8] Die **Provision** unterscheidet sich von **Prämien, Boni**[9] oder **Tantiemen,** soweit diese nach dem Erfolg des gesamten Unternehmens bemessen werden. Auf letztere findet § 65 keine Anwendung.[10] Auch personenbezogene **Leistungsprämien** gemeinhin unterfallen nicht den §§ 87 ff.[11] Offen ist noch, wie es um Vergütungen steht, die an die Umsätze kleiner Mitarbeitergruppen anknüpfen.[12] Keine Rolle spielt hingegen, ob nur ein Teil der Vergütung[13] in Form von Provisionen gezahlt wird oder ob und in welcher Weise eine Verrechnung mit einem Fixum vereinbart worden ist.[14]

II. Provisionsanspruch

4 **1. Provisionsvereinbarung.** Grundlage eines Anspruchs ist, dass der Arbeitsvertrag eine Provisionsvereinbarung enthält.[15] Diese muss **nicht ausdrücklich** erfolgen, sie kann sich auch aus den Umständen ergeben.[16] Ist eine Festvergütung vereinbart, spricht vieles dafür, dass Provisionszahlungen gerade nicht gewollt sind.[17] Lücken in der Vereinbarung können durch **Auslegung,** auch durch ergänzende Auslegung geschlossen werden.[18] Hier kann die Üblichkeit – zB im Versicherungsgewerbe – Grundlage einer Ergänzung bilden.[19] Allerdings kann der angestellte Immobilienmakler neben der im Arbeitsvertrag vereinbarten Provision nicht auch noch einen Anspruch aus § 652 BGB verlangen.[20] Möglicherweise kann eine einvernehmliche Handhabung über Jahre zur schlüssigen Änderung der vertraglich vereinbarten, erfolgsorientierten Provision in eine Garantieprovision führen.[21] Bei einer Auslegung ist zu berücksichtigen, dass die Vertragsbedingungen regelmäßig als AGB vereinbart werden. Maßgeblich sind die typischerweise zu erwartenden Verständnishorizonte, nicht die konkrete Situation.[22]

5 Grenzen findet die Provisionsvereinbarung im **höherrangigen Recht.**[23] Führt die Vereinbarung dazu, dass der Handlungsgehilfe von dem zu erzielenden Einkommen seinen Lebensunterhalt nicht bestreiten kann, so kann ein Verstoß gegen **§ 138 BGB** zur Nichtigkeit der Abrede führen.[24] Eine sittenwidrige Verlagerung des arbeitgeberseitigen Beschäftigungsrisikos liegt aber erst dann vor, wenn das zur Verfügung gestellte Adressenmaterial oder eine andere geschuldete Mitwirkung des Arbeitge-

---

[4] BAG 27.11.1984, DB 1985, 2154 = AP TVG § 4 Ausschlussfristen Nr. 89.
[5] BAG 21.1.2015, NZA 2015, 871 Rn. 28 mwN; Heymann/Henssler/Markworth Rn. 6 (analog); HWK/Diller Rn. 1.
[6] GK-HGB/Etzel Rn. 5.
[7] Hopt/Roth Rn. 2; ErfK/Oetker Rn. 1 f.
[8] BeckOGK/Siepelt, 1.9.2025, Rn. 5.
[9] BAG 3.8.2016, AP BGB § 611 Gratifikation Nr. 306 = NZA 2016, 1334.
[10] HessLAG 19.6.2020, BeckRS 2020, 26847 (im Rahmen der Revision unter BAG Az. 9 AZR 376/20 spielte die Frage keine Rolle); Ebenroth/Boujong/Rudkowski Rn. 7 für Umsatzprovision; MüKoHGB/Thüsing Rn. 6; BeckOGK/Siepelt, 1.9.2025, Rn. 6.
[11] BAG 13.3.1984, BAGE 45, 208 = AP HGB § 87 Nr. 4.
[12] HWK/Diller Rn. 3.
[13] GK-HGB/Etzel Rn. 1.
[14] ErfK/Oetker Rn. 3.
[15] BeckOK HGB/Wetzel, 49. Ed. 1.1.2026, Rn. 2.
[16] BeckOGK/Siepelt, 1.9.2025, Rn. 8.
[17] BAG 8.9.1998, AP HGB § 87a Nr. 6.
[18] BeckOGK/Siepelt, 1.9.2025, Rn. 8; GK-HGB/Etzel Rn. 8 unter Hinweis auf eine unvollständige Vereinbarung zum Mindestumsatz, BAG 25.4.1989, BeckRS 1989, 30730680.
[19] BAG 12.4.1962, DB 1962, 939 = AP HGB § 65 Nr. 1; BeckOGK/Siepelt, 1.9.2025, Rn. 8; MüKoHGB/Thüsing Rn. 7.
[20] LAG Rheinland-Pfalz 10.8.2017, BeckRS 2017, 123588.
[21] LAG Berlin-Brandenburg 28.1.2009, BeckRS 2009, 60427.
[22] LAG Hamm 31.1.2017, BeckRS 2017, 125968.
[23] BeckOGK/Siepelt, 1.9.2025, Rn. 9 ff.; MüKoHGB/Thüsing Rn. 11.
[24] BAG 16.2.2012, BeckRS 2012, 70997 Rn. 33; LAG Berlin 3.11.1986, AP HGB § 65 Nr. 14; LAG Rheinland-Pfalz 10.8.2017, BeckRS 2017, 123588; BeckOGK/Siepelt, 1.9.2025, Rn. 9.

bers nicht ausreichend ist, um in der eingesetzten Zeit einen angemessenen Verdienst zu erzielen.[25] Auch **Beschränkungen aus Tarifvertrag** sind zu berücksichtigen. Sind die Parteien tarifgebunden, so muss durch die Vereinbarung eines Fixums sichergestellt sein, dass der Tariflohn eingehalten wird.[26] Bewegt sich das Einkommen oberhalb eines tariflichen Mindestlohns, ist eine Anwendung des § 138 BGB ausgeschlossen.[27]

6 Schwierigkeiten bereitet, inwieweit die **Dispositivität** der auf den selbständigen Handelsvertreter zugeschnittenen §§ 87 ff.[28] auf den abhängigen Arbeitnehmer übertragen werden darf.[29] Dabei ist § 65 selbst nicht abdingbar.[30] Die unvollständige Verweisung in § 65 klammert zB § 89b aus, sodass eine Schutzlücke klafft, wenn die Provision bei Beendigung des Arbeitsverhältnisses noch nicht vollständig verdient ist.[31] Während der Handelsvertreter nach § 89b einen Anspruch auf Abfindung gewährt bekommt, steht der Arbeitnehmer mit leeren Händen da. In diesen Fällen der **Überhangprovision** hat die Rspr. stets eine **Billigkeitskontrolle** für angemessen erachtet, ob eine von den Parteien getroffene, vom Gesetz abweichende Regelung **sachlich gerechtfertigt** ist.[32] Die Rechtsentwicklung ist darüber hinausgegangen. Seit Aufgabe der Bereichsausnahme im Recht der AGB kommt als Prüfmaßstab für Arbeitsvertragsklauseln hinzu, dass die Vereinbarung der **Inhaltskontrolle des § 307 BGB** standhält, wobei sich die Inhaltskontrolle nicht auf die Hauptleistungspflicht, sondern nur auf die Ausgestaltung der Provisionsvereinbarung bezieht,[33] sofern AGB vorliegen.[34] Diese Prüfung führt zu einer Abwägung auf der Grundlage des berechtigten Interesses beider Parteien, ob bei generalisierender Betrachtung die Abweichung vom Gesetz den Interessen beider Vertragspartner gerecht wird.[35] Damit wird in den Fällen, in denen ein Arbeitnehmer ein Geschäft vermittelt, bei dem die Provision aber erst fällig wird, nachdem das Arbeitsverhältnis endet, der Spielraum für Vereinbarungen nochmals verkleinert.[36] Häufig werden hier von Seiten des Arbeitgebers Klauseln gestellt, welche den Anspruch im Hinblick auf Kostenrisiken verkürzen. Diese stellen zB darauf ab, dass ein zweiter Arbeitnehmer nach dem Ausscheiden des Vermittlers durch weitere Betreuung des Kunden ebenfalls eine Provision verdient. Die für sich abstrakte **Gefahr einer Mehrfachvergütung** hat das BAG jetzt als unzureichend angesehen.[37] Werde keine zweite Provision gezahlt, verkürze sich der an sich besonders geschützte Entgeltanspruch ohne sachlichen Grund. Zudem gehe von solchen Klauseln eine **Kündigungserschwernis**[38] aus. Im Ergebnis werden allenfalls AGB Bestand haben, die eine sich realisierende Verpflichtung des Arbeitgebers zur Zahlung einer weiteren Provision zur Bedingung einer Anspruchskürzung erheben. – Weitere Konfliktfälle in der Praxis waren etwa die **Beschränkung der Provisionspflicht** bei dynamischen Lebensversicherungen[39] oder Verrechnungen von verdienter Provision mit Überzahlungen.[40] Insgesamt begegnet eine Regelung der **Rückzahlung** nicht ins Verdienen gebrachter Vorschüsse keinen grundsätzli-

---

[25] LAG Köln 16.2.2009, ArbuR 2009, 225. Die Rspr. des BAG nimmt grds. an, Sittenwidrigkeit der Vergütungsabrede sei gegeben, wenn nicht einmal zwei Drittel eines im Wirtschaftszweig des Arbeitgebers üblicherweise gezahlten Tarifentgelts gewährt wird, vgl. BAG 24.5.2017, BeckRS 2017, 128351 = ArbR 2017, 575 (Kurzwiedergabe); 18.11.2015, NZA 2016, 494 Rn. 21.

[26] BAG 29.10.1986, DB 1987, 1257; 19.2.2002, NZA 2002, 1300; s. auch LAG Rheinland-Pfalz 11.12.2018, BeckRS 2018, 45748 Rn. 74; MüKoHGB/Thüsing Rn. 11.

[27] LAG München 11.11.2010, BeckRS 2010, 144002; BAG 16.2.2012, BeckRS 2012, 70995 Rn. 29 f.; offener LAG Rheinland-Pfalz 11.12.2018, BeckRS 2018, 45748.

[28] MüKoHGB/Thüsing § 87 Rn. 3 f.

[29] HWK/Diller Rn. 7; ErfK/Oetker Rn. 7.

[30] Vgl. Ebenroth/Boujong/Rudkowski Rn. 23; ausf. zur Frage vgl. BeckOGK/Siepelt, 1.9.2025, Rn. 42 ff.

[31] Ebenroth/Boujong/Rudkowski Rn. 21 ff.

[32] BAG 17.5.1962, AP HGB § 65 Nr. 2; 4.7.1972, DB 1972, 2113 = AP HGB § 65 Nr. 6; 20.7.1973, AP HGB § 65 Nr. 7; 26.11.1985, BeckRS 2008, 52058; LAG Köln 13.3.2002, ARST 2002, 260; Rspr. jetzt in Frage gestellt („Es bleibt unentschieden …"): BAG 20.2.2008, NZA 2008, 1124 = AP HGB § 87 Nr. 11 mAnm v. Hoyningen-Huene.

[33] LAG Hamm 12.9.2017, BeckRS 2017, 130696 Rn. 76 hat darauf hingewiesen, dass die Preisabsprache selbst kontrollfrei ist. Das gilt aber nicht für Berechnungs- oder Fälligkeitsregeln uÄ, soweit nicht schon zwingendes Recht einer abweichenden Gestaltung entgegensteht; vgl. auch Ebenroth/Boujong/Rudkowski Rn. 26; MüKoHGB/Thüsing Rn. 12.

[34] LAG Rheinland-Pfalz 11.12.2018, BeckRS 2018, 45748.

[35] BAG 24.10.2007, NZA 2008, 40 mwN; LAG Berlin-Brandenburg 8.5.2015, BeckRS 2015, 70810 (zu kurze Ausschlussfrist); LAG Rheinland-Pfalz 26.1.2015, BeckRS 2015, 68013 (Rückforderung Ausbildungskosten).

[36] Skeptisch auch AR/Wertheimer Rn. 3.

[37] BAG 20.2.2008, NZA 2008, 1124; **aA** die Vorinstanz, LAG Mecklenburg-Vorpommern 16.1.2007, BeckRS 2008, 52060.

[38] Vgl. schon BAG 12.1.1973, BB 1973, 1072 = AP HGB § 87a Nr. 4.

[39] BAG 30.7.1985, AP HGB § 65 Nr. 13.

[40] BAG 25.3.1976, AP HGB § 65 Nr. 9.

chen Bedenken. Sie entspricht den allgemeinen Regeln und führt auch nicht zu einer unzulässigen Bindung des Arbeitnehmers.[41] Nur transparent sollte sie sein. – Jenseits der AGB-Kontrolle gibt es keine allgemeine Angemessenheitskontrolle an den Maßstäben von Treu und Glauben. Die Parteien sind vielmehr bis zu der von § 138 BGB gezogenen Grenze einer Sittenwidrigkeit frei.[42]

7 Wird ein Provisionssystem in einem Betrieb eingeführt, so ist das **Mitbestimmungsrecht** des Betriebsrats nach § 87 Abs. 1 Nr. 10 BetrVG zu berücksichtigen, weil eine Frage der betrieblichen Lohngestaltung angesprochen ist.[43] Nicht erfasst von der Mitbestimmung ist allerdings die Festsetzung der Provisionssätze.[44]

8 Die Festlegungen im Vertrag dürfen **nicht einseitig verändert** werden. Soweit sich der Arbeitgeber Gestaltungsspielräume vorbehält, etwa bei der Überlassung von Kundenlisten, gelten die Grundsätze des § 315 Abs. 1 BGB.[45] Änderungen von Verkaufsbezirken, die im Arbeitsvertrag allgemein vorgesehen sind, müssen ebenfalls nach billigem Ermessen vorgenommen werden. Fehlt der Vorbehalt, setzt eine Änderung eine Änderungskündigung voraus.[46] Allerdings sind hiervon nicht alle Unterstützungsleistungen des Arbeitgebers betroffen.[47] Einvernehmliche Änderungen sind auch schlüssig möglich. Eine Schriftformklausel kann nicht entgegengehalten werden.[48]

9 Die Provisionsabrede kann **befristet** oder – bei entsprechendem Vorbehalt – **widerrufen** werden. Voraussetzung ist, dass die Provision nur einen begrenzten Teil der Vergütung beträgt.[49] Daneben sind ggf. AGB-rechtliche Voraussetzungen einzuhalten.[50]

10 **2. Verdienen der Provision. a) Regelfall.** Im Regelfall wird der Provisionsanspruch durch den Abschluss oder die Vermittlung eines Geschäfts perfekt. Hier ist die Provisionsvereinbarung maßgeblich. Hat der Handlungsgehilfe Abschlussvollmacht, kann es auf den **Vertragsschluss** ankommen. Bei **Vermittlungen** genügt eine **mitursächliche Tätigkeit,**[51] die zum Abschluss führt. Das Geschäft muss rechtswirksam zustande kommen, was in der Praxis selten eine Rolle spielt.[52] Die Fälligkeit des Anspruchs unterliegt nämlich dem komplizierten Mechanismus des § 87a, der weiter die **Ausführung des Geschäfts** zur aufschiebenden Bedingung für die Provision erhebt.[53] Der Vertrag kann weitere Voraussetzungen, etwa unternehmensbezogene Zielvereinbarungen vorsehen.[54] Beim angestellten Versicherungsvertreter verlangt § 94 Abs. 2 sogar, dass der Versicherungsnehmer die Prämie gezahlt hat.[55] Dies wurde durch das BAG bekräftigt.[56] Schließlich besteht die Gefahr einer auflösenden Bedingung, falls feststeht, dass der Dritte endgültig nicht leisten wird.[57] Auf Einzelheiten kann es an dieser Stelle nicht ankommen (→ § 87a Rn. 4 ff.). Die Auslegung der Provisionsabrede kann weiter ergeben, dass nicht allein Geschäftsabschlüsse des Arbeitgebers, sondern

[41] BAG 21.1.2015, NJW 2015, 2364 Rn. 31 ff. = MDR 2015, 901; Vorinstanz LAG Nürnberg 14.11.2013, BeckRS 2014, 66700.

[42] LAG Rheinland-Pfalz 11.12.2018, BeckRS 2018, 45748 Rn. 34.

[43] GK-HGB/Etzel Rn. 26.

[44] BAG 13.3.1984, AP BetrVG 1972 § 87 Nr. 4.

[45] MüKoHGB/Thüsing Rn. 15 f.; BeckOGK/Siepelt, 1.9.2025, Rn. 17.

[46] BAG 16.2.2012, NZA 2012, 1307 Rn. 51, 59; MüKoHGB/Thüsing Rn. 9.

[47] Vgl. BAG 16.2.2012, BeckRS 2012, 70996 Rn. 63 f.; 16.2.2012, BeckRS 2012, 70995 Rn. 40: betriebliche Organisationsfreiheit liegt beim Arbeitgeber; individualrechtliche Bedeutung erlangen solche Leistungen nur, wenn Vertrauensmerkmale hinzutreten, mAnm Winzer ArbRAktuell 2012, 382; Köhl GWR 2012, 356.

[48] LAG Rheinland-Pfalz 14.1.2015, BeckRS 2015, 68495.

[49] BAG 21.4.1993, NZA 1994, 476 = BB 1994, 432 f.: bis zu 15 % der Vergütung neben einem Tarifgehalt; 12.1.2004, BAGE 113, 140 Rn. 18 ff. = NZA 2005, 465: danach ist die Vereinbarung eines Widerrufsvorbehalts zulässig, soweit der widerrufliche Anteil am Gesamtverdienst unter 25–30 % liegt und der Tariflohn nicht unterschritten wird. Die in Bezug genommene Rechtsprechung handelt von Vorbehalten bei Leistungs- bzw. übertariflichen Zulagen. HWK/Diller Rn. 4 billigt ebenfalls einen Spielraum bis maximal 30 %; ebenso MüKoHGB/Thüsing Rn. 14; BeckOGK/Siepelt, 1.9.2025, Rn. 14.

[50] Vgl. BAG 24.1.2017, NZA 2017, 777 Rn. 14 ff. betr. Weihnachtsgeld; 12.1.2005, BAGE 113, 140 Rn. 18 ff. = NZA 2005, 465 bzgl. eines übertariflichen Lohnbestandteils.

[51] BAG 4.11.1968, DB 1969, 266 = AP HGB § 65 Nr. 5; LAG Rheinland-Pfalz 20.4.2016, BeckRS 2016, 74051; BeckOGK/Siepelt, 1.9.2025, Rn. 19; Ebenroth/Boujong/Rudkowski Rn. 27.

[52] Nicht die Bestellung, sondern erst die Annahme durch den Verkäufer löst den Anspruch aus: LAG Rheinland-Pfalz 7.4.2011, BeckRS 2011, 72956.

[53] Für den Handelsvertreter BGH 29.6.2004, BGHZ 159, 388 (395) = NJW 2004, 3118; 12.12.1989, NJW 1990, 1665.

[54] LAG Hamm 12.9.2017, BeckRS 2017, 130696.

[55] LAG Nürnberg 14.11.2013, BeckRS 2014, 66700 Rn. 162; krit. zur Reichweite der Regel: LAG Schleswig-Holstein 16.4.2013, BeckRS 2013, 69221 m. abl. Anm. Seeger ArbRAktuell 2013, 343; positiver Beckmann/Schleimer jurisPR-ArbR 29/2013 Anm. 3.

[56] BAG 21.1.2015, NJW 2015, 2364.

[57] BAG 16.2.1962, AP HGB § 87a Nr. 1; vgl. Hopt/Hopt § 87a Rn. 1.

auch solche mit **Dritten,** zB diesem verbundenen Unternehmen, eine Provisionspflicht begründen.[58]

b) Ohne Ausführung des Geschäfts. Ohne Ausführung des Geschäfts verdient der Handlungsgehilfe die Provision, wenn der Arbeitgeber nicht belegen kann, dass er dies nicht zu vertreten hat (§ 87a Abs. 3 S. 2).[59] Es genügt nicht, dass der Dritte sich leistungsunwillig zeigt.[60] Den Arbeitgeber kann nämlich insoweit eine Nachbearbeitungspflicht treffen.[61] Er hat allerdings nicht für jeden Produktionsengpass einzustehen.[62] Bei willkürlicher Vereitelung eines Provisionsanspruchs kann auch ein Schadensersatzanspruch eingreifen.[63] Hierzu bedarf es aber einer konkreten Pflichtverletzung.[64] 11

c) Nach Beendigung des Arbeitsverhältnisses. Nach Beendigung des Arbeitsverhältnisses tritt keine Veränderung ein. Die Anwartschaft auf die Provision wird nicht beeinträchtigt, auch wenn der Arbeitnehmer nicht mehr in einem aktiven Beschäftigungsverhältnis zum Arbeitgeber steht. Hat er die Grundlage für einen Provisionsverdienst gelegt, so wird dieser mit Ausführung des Geschäfts fällig. Kritisch für den Anspruch kann nur sein, wenn ein weiterer Handlungsgehilfe nach dem Ausscheiden durch seine Tätigkeit für denselben Vertragsschluss gleichfalls einen Anspruch erwirbt.[65] Dann kann es unter den Voraussetzungen des § 87 Abs. 3 zur Anspruchsteilung kommen (→ § 87 Rn. 1 ff.).[66] 12

d) Bei Krankheit, Urlaub, Erziehungszeit etc. Bei Krankheit, im Urlaub wie an Feiertagen gehört die Forderung auf Zahlung einer Provision zu den durch Entgeltfortzahlungsregeln gesicherten Ansprüchen.[67] Ein Provisionssurrogat wird mithin ohne ursächliche Tätigkeit erworben. Insoweit sei an dieser Stelle auf §§ 2, 3 EFZG und § 11 Abs. 1 BUrlG verwiesen. Bei der Berechnung von Elterngeld werden variable Entgeltbestandteile entsprechend ihrer lohnsteuerrechtlichen Einordnung behandelt. Sind sie dort „sonstige Bezüge", gehen sie nicht in die Bemessungsgrundlage nach § 2c BEEG ein.[68] Ist allerdings die steuerrechtliche Behandlung durch den Arbeitgeber infolge eines Steuerbescheides korrigiert, gilt dessen Festlegung.[69] Die steuerrechtliche Behandlung ist bindend und kann nur bei fehlender Bestandskraft korrigiert werden.[70] 13

3. Höhe und Verrechnung der Provision. Hinsichtlich der **Höhe** gilt die Verweisung auf § 87b. Entsprechend bildet in erster Linie die **Vereinbarung** der Parteien die maßgebliche Leitlinie. Außerdem können Tarifnormen hereinspielen (→ Rn. 5). Fehlt eine Vereinbarung, kommt es auf die **Üblichkeit** an. Dabei ist auf die Gepflogenheiten im Geschäftszweig vor Ort abzustellen.[71] Wenn auch eine Üblichkeit nicht zu ermitteln ist, greifen als Auffangbestimmungen §§ 315, 316 BGB.[72] 14

Auch das **MiLoG** hat Auswirkungen auf die Höhe der Provisionszahlung. Die Fälligkeitsregelung des § 2 Abs. 1 MiLoG soll sicherstellen, dass der Arbeitnehmer im engen zeitlichen Zusammenhang ein Entgelt für seine Arbeitsleistung erhält, das dem Mindestlohn entspricht. Der Mindestlohn soll ihm zur Deckung seiner regelmäßig monatlich entstehenden Kosten zur Verfügung stehen. Das schließt es aus, im Hinblick auf die Eigenart des Vergütungssystems eine „großzügigere Handhabung" zuzulassen.[73] Der Provisionsanspruch besteht neben dem Mindestlohnanspruch, der für die tatsächlich geleisteten Stunden erreicht sein muss.[74] Der Arbeitgeber hat den Anspruch auf den Mindestlohn erfüllt, wenn die für einen Kalendermonat gezahlte Bruttovergütung den Betrag erreicht, der sich aus der Multiplikation der Anzahl der in diesem Monat tatsächlich geleisteten Arbeitsstunden mit dem 14a

[58] BAG 20.10.1975, AP HGB § 65 Nr. 10.
[59] Vgl. MüKoHGB/Thüsing Rn. 20.
[60] HWK/Diller Rn. 11.
[61] BAG 25.10.1967, BAGE 20, 123 = NJW 1968, 518.
[62] LAG Rheinland-Pfalz 7.4.2011, BeckRS 2011, 72956.
[63] BGH 23.7.1997, NJW 1997, 3304.
[64] Das BAG unterscheidet zwischen Regelungen, die dem Betrieb als Ganzes dienen, und solchen, die individualrechtliche Bindungen entfalten: BAG 16.2.2012, BeckRS 2012, 70996 Rn. 63; 16.2.2012, BeckRS 2012, 70995 Rn. 29 f.
[65] MüKoHGB/Thüsing Rn. 18.
[66] BeckOGK/Siepelt, 1.9.2025, Rn. 21.
[67] BeckOGK/Siepelt, 1.9.2025, Rn. 24 f.; MüKoHGB/Thüsing Rn. 21 f.; Gründel/Butz BB 2014, 1210.
[68] BSG 14.12.2017, BeckRS 2017, 142713; vgl. jetzt auch BSG 25.6.2020, LSK 2020, 15598.
[69] BSG 25.6.2020, LSK 2020, 15598; zuvor LSG Bayern 26.2.2019, BeckRS 2019, 5071; zu den Hintergründen v. Koppenfeld-Spiess NZS 2017, 641; Richter ASR 2019, 92.
[70] BSG 14.12.2017, BeckRS 2017, 146849.
[71] BeckOGK/Siepelt, 1.9.2025, Rn. 29.
[72] BGH 19.1.2005, NJW-RR 2005, 762 Rn. 33 f.; 2.3.1961, DB 1961, 638; BeckOGK/Siepelt, 1.9.2025, Rn. 29; Ebenroth/Boujong/Rudkowski Rn. 32.
[73] So auch MüKoBGB/Müller-Glöge MiLoG § 1 Rn. 25.
[74] BAG 6.9.2017, DStR 2017, 2830 Rn. 13; MüKoBGB/Müller-Glöge MiLoG § 1 Rn. 24.

Mindestlohnbetrag ergibt.[75] Der Provisionsanspruch kann aber im Auszahlungsmonat angerechnet werden. Es gilt ein umfassender Entgeltbegriff,[76] weshalb alle im Synallagma stehenden Geldleistungen – also auch Provisionen – geeignet sind, den Mindestlohnanspruch zu erfüllen.

15 Die Abhängigkeit der Provision von der Durchführung des vermittelten Geschäfts und die Notwendigkeit, vom regelmäßigen Fluss des Einkommens den Lebensunterhalt zu bestreiten, führen oft zu einem komplizierten Nebeneinander von Vorschüssen und **Rückforderungen.** Damit ist eine Lösung zu suchen, inwieweit verdiente Provisionen mit Rückforderungen verrechnet werden können.[77] Es ist zu unterscheiden. In **§ 87a Abs. 2** sieht das Gesetz eine Rückforderung für den Fall vor, dass der Dritte die Durchführung einer Leistung endgültig verweigert. Diese Norm wird als selbständige Grundlage verstanden, ist aber als Spezialvorschrift nicht verallgemeinerungsfähig.[78] In allen anderen Fällen, in denen eine Anwartschaft auf Provision zur Auszahlung führte, der Anspruch aber gleichwohl nicht zur Entstehung gelangte, muss daher ein Rückzahlungsanspruch des Arbeitgebers in der Vorschussabrede in Verbindung mit **Bereicherungsrecht** gesehen werden.[79] Grundlage der Rückforderung ist allerdings die Vorschussabrede.[80] Umfangreichere Rückforderungen sind im Hinblick auf die Schutzbedürftigkeit des Arbeitnehmers nicht ohne Bedenken.[81] Jedenfalls ist in entsprechender Anwendung des § 394 BGB bei der Verrechnung mit laufenden Bezügen eine Unterschreitung der Pfändungsfreigrenzen nicht zulässig.[82] Auch das vertragliche zugesagte Fixum darf nicht angetastet werden.[83]

16 **4. Abrechnung.** Hinsichtlich der Abrechnung führt die Verweisung auf § 87c ebenfalls zur Gleichstellung von Arbeitnehmern und Handelsvertretern.[84] Danach erfolgt die **Abrechnung monatlich;** doch kann dieser Zeitraum durch Vereinbarung auf bis zu drei Monate ausgedehnt werden.[85] Weiter kann der Handlungsgehilfe einen **Buchauszug** über alle provisionspflichtigen Geschäfte einschließlich der noch nicht ausgeführten verlangen. Der Buchauszug muss klar und verständlich sein, doch kann der Unternehmer die ihm kostengünstigste Variante wählen.[86] Unklarheiten kann der Handlungsgehilfe beseitigen, indem er **Mitteilungen** über wesentliche Umstände verlangt. Bei schweren Mängeln kann das Begehren auch wiederholt gestellt werden.[87] Verweigerungen oder Zweifeln kann mit dem Verlangen auf **Bucheinsicht** begegnet werden[88] – allerdings zunächst auf Kosten des Handlungsgehilfen (→ § 87c Rn. 1 ff.).[89] Streitig ist das Rangverhältnis zwischen dem Anspruch auf Bucheinsicht und den allgemeinen Behelfen nach § 259 BGB. Während eine Meinung von einer Subsidiarität ausgeht,[90] hat der Gläubiger nach anderer Auffassung die Wahl, ob er eine Bucheinsicht oder eine eidesstattliche Versicherung verlangt.[91] Für die Letztgenannte Auffassung spricht, dass die Zweckmäßigkeit des weiteren Vorgehens vom Inhalt des erteilten Auszugs abhängig sein kann.[92]

17 **5. Verjährung und Ausschlussfrist.** Hier gilt – wie inzwischen auch beim Handelsvertreter – die **allgemeine Verjährungsfrist** von drei Jahren (§§ 195, 199 BGB). Die Auskunftsansprüche und der Anspruch auf Provision sind eigenständig, sodass eine Hemmung der Verjährung bei einem Anspruch den anderen nicht berührt.[93] Fällig wird der Anspruch am letzten Tag der Abrechnungsperiode[94] im gesetzlichen Regelfall am Ende des Monats, bei abweichender Vereinbarung am Ende des Quartals. Das gilt auch für die kurzen tariflichen **Ausschlussfristen.** Hat allerdings der Arbeitgeber durch falsche Angaben oder schuldhafte Verzögerung die Durchsetzung der Provision behindert, so ist

[75] MüKoBGB/Müller-Glöge MiLoG § 1 Rn. 24.
[76] BAG 6.9.2017, DStR 2017, 2830 Rn. 14.
[77] BeckOGK/Siepelt, 1.9.2025, Rn. 32 f.
[78] BAG 14.3.2000, BAGE 94, 46 = NZA 2000, 827.
[79] BAG 14.3.2000, BAGE 94, 46 = NZA 2000, 82; MüKoHGB/Thüsing Rn. 25.
[80] BAG 21.1.2015, NJW 2015, 2364 Rn. 21; MüKoHGB/Thüsing Rn. 25.
[81] BAG 22.9.1975, AP HGB § 65 Nr. 8; 25.3.1976, AP HGB § 65 Nr. 9.
[82] HWK/Diller Rn. 11; MüKoHGB/Thüsing Rn. 25.
[83] BeckOGK/Siepelt, 1.9.2025, Rn. 32.1; MüKoHGB/Thüsing Rn. 25.
[84] Dies gilt entsprechend auch bei Umsatzprovisionen: LAG Köln 20.4.2009, BeckRS 2009, 69331.
[85] Hoffmann DB 1977, 770; Ebenroth/Boujong/Rudkowski Rn. 30.
[86] BGH 21.3.2001, NJW 2001, 2333 (2336).
[87] LAG Rheinland-Pfalz 28.1.2009, BeckRS 2009, 61430.
[88] LAG Düsseldorf 9.6.2020, BeckRS 2020, 43977 Rn. 156 ff.; LAG Rheinland-Pfalz 28.1.2009, BeckRS 2009, 61430.
[89] MüKoHGB/Ströbl § 87c Rn. 89.
[90] LAG Rheinland-Pfalz 28.1.2009, BeckRS 2009, 61430.
[91] LAG Thüringen 21.7.2009, LAGE § 259 Nr. 1.
[92] BeckOGK/Siepelt, 1.9.2025, Rn. 36.
[93] BAG 21.11.2000, BAGE 96, 274 = NZA 2001, 1093.
[94] Ebenroth/Boujong/Rudkowski Rn. 30.

er nach Treu und Glauben gehindert, sich auf einen Ausschluss zu berufen.[95] Ob einzelvertragliche Ausschlussfristen im Widerspruch zu § 87c Abs. 5 stehen und deshalb unwirksam sind, ist höchstrichterlich noch nicht entschieden, instanzlich umstritten.[96] Eine Rolle spielt diese Frage nur für die Rechte nach § 87c Abs. 1–4, also auf Abrechnung, Buchauszug etc. Nur darauf bezieht sich § 87c Abs. 5. Für die Wirksamkeit einer vertraglichen Ausschlussfrist spricht, dass die Ansprüche an sich dadurch nicht beschränkt werden, sondern nur die Geltendmachung einer Beschränkung unterzogen wird.

III. Darlegungslast und Verfahren

1. Darlegungs- und Beweislast. Hier gelten die allgemeinen Regeln. Für das Ob und den Inhalt der Provisionsvereinbarung trägt grundsätzlich der Arbeitnehmer die Beweislast. Weichen die Absprachen von der gesetzlichen Grundlage ab, so ist es Sache des Arbeitgebers, den sachlichen Grund hierfür darzutun.[97] Bei einem Streit über die Höhe der Provision muss der Arbeitnehmer die Üblichkeit dartun. Behauptet demgegenüber der Arbeitgeber die Vereinbarung eines festen, niedrigeren Provisionssatzes, hat der Arbeitnehmer dies zu widerlegen.[98] Wie bei § 632 BGB dürfen an diesen schwer zu führenden Negativbeweis allerdings keine zu hohen Anforderungen gestellt werden. Fordert der Arbeitnehmer einen weiteren Buchauszug, liegt die Darlegungslast für die Mangelhaftigkeit des ersten bei ihm.[99] Für den Rückforderungsanspruch des Arbeitgebers gilt: die Darlegung der ordnungsgemäßen Nachpflege ist unerlässlich.[100] 18

2. Verfahrensrecht. Oft ist bei Provisionsansprüchen die Frage des Rechtswegs offen. Auch bei Selbstständigen vermag § 5 Abs. 3 ArbGG den **Rechtsweg** zu den Arbeitsgerichten eröffnen, wenn während der letzten Monate das Einkommen entsprechend niedrig lag. Allein die Behauptung des Klägers, ihm stünden höhere Ansprüche zu, schließt die so begründete Zuständigkeit nicht aus.[101] Der Provisionsanspruch leidet oft darunter, dass dem Gläubiger Daten zu seiner Durchsetzung fehlen. Auskunft und Provision sind aber separate, unabhängig von einander verjährende Rechte. Daher ist eine Verbindung beider Ansprüche im Wege der **Stufenklage**[102] üblich und angemessen. 19

§§ 66–73 *[aufgehoben]*

§ 74 [Vertragliches Wettbewerbsverbot; bezahlte Karenz]

(1) Eine Vereinbarung zwischen dem Prinzipal und dem Handlungsgehilfen, die den Gehilfen für die Zeit nach Beendigung des Dienstverhältnisses in seiner gewerblichen Tätigkeit beschränkt (Wettbewerbsverbot), bedarf der Schriftform und der Aushändigung einer vom Prinzipal unterzeichneten, die vereinbarten Bestimmungen enthaltenden Urkunde an den Gehilfen.

(2) Das Wettbewerbsverbot ist nur verbindlich, wenn sich der Prinzipal verpflichtet, für die Dauer des Verbots eine Entschädigung zu zahlen, die für jedes Jahr des Verbots mindestens die Hälfte der von dem Handlungsgehilfen zuletzt bezogenen vertragsmäßigen Leistungen erreicht.

Übersicht

[95] ZB BAG 8.8.1985, DB 1986, 2337 = AP TVG § 4 Ausschlussfrist Nr. 94; MüKoHGB/Thüsing Rn. 29; BeckOGK/Siepelt, 1.9.2025, Rn. 38.

[96] LAG Thüringen 18.11.2015, BeckRS 2015, 116243 Rn. 56; **aA** LAG Baden-Württemberg 12.2.2020, *ZVertriebsR 2020, 309*; vgl. auch BAG 6.5.2009, NZA-RR 2009, 593 zur Wirksamkeit tarifvertraglicher Ausschlussfristen.

[97] BAG 4.7.1972, AP HGB § 65 Nr. 6.

[98] LAG Bremen 5.7.1960, WA 1961, 11.

[99] LAG Rheinland-Pfalz 28.1.2009, BeckRS 2009, 61430.

[100] BAG 21.1.2015, NJW 2015, 2364 Rn. 49.

[101] BAG 20.10.2009, NZA 2009, 1411.

[102] BAG 6.5.2009, NZA-RR 2009, 593; 21.11.2000, NZA 2001, 1093; LAG Mecklenburg-Vorpommern 15.11.2005, BeckRS 2011, 67500.

I. Normzweck und Systematik

1 **1. Normzweck.** Die §§ 74 ff. setzen da an, wo § 60 aufhört. Während § 60 für die Dauer des Arbeitsverhältnisses die Nebenpflicht konkretisiert, durch konkurrierendes Verhalten oder die Unterstützung von Konkurrenz den Arbeitgeber in seinen wettbewerblichen Interessen nicht zu stören, erfassen die §§ 74 ff. den **Zeitraum nach Beendigung des Arbeitsverhältnisses.**[1] Der Pflichtenrahmen unterliegt in der nachvertraglichen Zeit vollständig veränderten Bedingungen. Zwar wirkt die Treuepflicht wie bei allen Dauerschuldverhältnissen auch nach Beendigung des Schuldverhältnisses weiter,[2] doch ist sie in ihrer Wirkung erheblich gemindert. Zum einen sind die schutzwürdigen Interessen des Arbeitgebers an einer Bindung des nicht mehr bei ihm tätigen Arbeitnehmers gemindert, zum anderen gewinnt die Berufsfreiheit des nunmehr für seine Existenzsicherung auf anderweitigen Erwerb angewiesenen Arbeitnehmers ein ungleich größeres Gewicht.[3] Entsprechend wird der Arbeitgeber nur noch gegen **treuwidriges Verhalten** des ausgeschiedenen Arbeitnehmers geschützt, zu dem erweiternd der Verrat von Betriebs- und Geschäftsgeheimnissen hinzutritt.[4] Weitere Einschränkungen sind gem. § 74 von einer Leistung des Arbeitgebers abhängig. Nur vor Geheimnisverrat kann sich der Arbeitgeber auch ohne Verpflichtung zu einer eigenen Leistung durch erweiternde Vereinbarungen schützen, sofern dadurch nicht der Schutzzweck der §§ 74 ff. ausgehöhlt wird.[5] Das Modell, Beschränkung gegen Ausgleich, kann dabei als beispielgebend verstanden werden.[6]

2 Arbeit, jede Erwerbstätigkeit, ist Grundrechtsausübung.[7] Jenseits der beschriebenen, **engen Nachwirkungszone** ist der Arbeitnehmer frei.[8] Er kann als Selbständiger konkurrieren, er kann aber auch, was häufiger geschieht, für ein mit dem ehemaligen Arbeitgeber im Wettbewerb befindlichen Unternehmen als Arbeitnehmer tätig werden. Will der Arbeitgeber hier einen **weitergehenden Schutz** für sich und seine Belange, kann er dies gleichfalls **durch Vereinbarungen** erreichen, doch ist dieser Eingriff in die Berufsfreiheit des Arbeitnehmers **nicht kostenfrei.** Das Gesetz verpflichtet den Arbeitgeber zur Gegenleistung. Unterschiedliche Wirkungskräfte führen zu einer uneinheitlichen Interessenlage. Der Arbeitgeber hat keinen Anspruch auf Abschluss einer Wettbewerbsvereinbarung.[9] Selbst Vorverträgen ist mit Vorsicht zu begegnen.[10] Taktisch ist der günstigste Moment, ein solches Begehren durchzusetzen, der Beginn des Arbeitsverhältnisses, obwohl sich die Notwendigkeit eines Schutzes meist erst im Laufe der Zusammenarbeit herauskristallisiert. Zu früh eingegangene Verbindungen erweisen sich später als unnötig, im Moment der Krise des Arbeitsverhältnisses hingegen hat sich die Verhandlungsposition des Arbeitnehmers zunehmend verstärkt. Das kann auch wieder teuer sein. Es ist aus der Interessenlage des Arbeitgebers folglich nicht unverständlich, wenn

[1] Zum Leitbildcharakter für andere Beschränkungen der Berufsfreiheit Bieder, Kompensatorische Vertragsgestaltung im Arbeits- und Wirtschaftsrecht, 2015, § 9.

[2] Buchner AR-Blattei SD 1830.3 Rn. 4.

[3] Vgl. zB BAG 11.12.1967, BB 1968, 504 = AP BGB § 242 Nachvertragliche Treuepflicht Nr. 4.

[4] BAG 16.3.1982, BAGE 41, 21 = AP BGB § 611 Betriebsgeheimnis Nr. 1; zur Definition im GeschGehG vgl. § 2 Nr. 1 GeschGehG, die sich nahezu mit dem rechtsfortgebildeten Begriff deckt und die auch im Arbeitsrecht gelten sollte, BeckOGK/Ittmann, 1.9.2025, Rn. 62.1; ErfK/Preis/Greiner BGB § 611a Rn. 812.

[5] BAG 9.5.1998, NZA 1999, 200 (201); ErfK/Oetker Rn. 11.

[6] Bieder, Kompensatorische Vertragsgestaltung im Arbeits- und Wirtschaftsrecht, 2015, 230 ff., 504.

[7] Vgl. für die Kooperation von Hebammen (Art. 12 GG iVm § 138 BGB) OLG München 15.1.2014, ZGMR 2014, 292 Rn. 32.

[8] StRspr, BAG 15.6.1993, NZA 1994, 502 (504); 19.5.1998, NZA 1999, 200 (201); 7.9.2004, NZA 2005, 105 (106); 15.1.2014, NZA 2014, 536 Rn. 36.

[9] HWK/Diller Rn. 59.

[10] BAG 19.12.2018, NZA 2019, 383; 14.7.2010, NZA 2011, 413.

er versucht, **durch vorsorgende Vertragsgestaltungen** seine **Risiken zu steuern.** Dies fordert vom Gesetzgeber wieder, gegensteuernd einem mehr oder weniger verborgenen **Missbrauch Einhalt** zu gebieten. Auch die Rspr. versucht, hier entgegen zu wirken. Im Ergebnis formen die §§ 74 ff. heute ein Bild von Aktion und Reaktion, bei dem Übersichtlichkeit und Systematik allmählich zu verblassen drohen.

2. Systematik. Die Ausgangsnorm (§ 74) stellt in Abs. 1 zunächst einmal Anforderungen an **Form** und **Dokumentation** der Wettbewerbsabrede; Abs. 2 verlangt dann für die Verbindlichkeit einer solchen Abrede die **Vereinbarung einer Karenz.** Die inhaltlichen Anforderungen an sachliche Voraussetzung und Wirkung, den Interessen- und Schutzrahmen regelt in der Folge § 74a Abs. 1, indem er ein **berechtigtes Interesse des Arbeitgebers** verlangt und die Verbindlichkeit von den **Auswirkungen auf das berufliche Fortkommen** des Gehilfen abhängig macht. Maximal zulässig ist ein **zeitlicher Rahmen** von zwei Jahren, was der Gesetzgeber als angemessen erachtet. Ergänzt werden die Einschränkungen der Vertragsfreiheit um den besonderen **Minderjährigenschutz** in § 74a Abs. 2 und die ein wenig antiquierte Exemption des **Ehrenschutzes.** Weiter stellt die Norm klar, dass die allgemeine Vorschrift des § 138 BGB ebenfalls zu beachten ist. 3

An sich ist die Beendigung des Arbeitsverhältnisses für das Wettbewerbsverbot ein Entfaltungszeitpunkt. Ausnahmen regelt § 75, nämlich Rechtsbedingungen, die unter engen Voraussetzungen zur **Unwirksamkeit des Verbots** führen. In engem Zusammenhang steht § 75a, der die Möglichkeit eines **Verzichts** durch den Prinzipal zum Gegenstand hat. §§ 74b, 74c enthalten flankierende Bestimmungen zur **Fälligkeit** und **Berechnung der Karenz,** § 75c regelt die Möglichkeit einer **Vertragsstrafe,** falls der Arbeitnehmer gegen das Verbot verstößt. § 75d sichert den Regelungskomplex mit einer **Unveränderbarkeitssperre** zugunsten des Arbeitnehmers. 4

3. Vertragstypus. Das nachvertragliche Wettbewerbsverbot ist eine **individual-vertragliche Abrede** mit Variationsmöglichkeiten. Es können aber auch Tarifverträge Inhaltsnormen mit Wettbewerbsabreden enthalten.[11] Zu dem Streit, ob und in welchem Umfang die gesetzlichen Festlegungen zur Disposition der Tarifparteien stehen, wird an anderer Stelle Stellung genommen (→ § 75d Rn. 2). Größerer Skepsis begegnet dagegen die Frage, ob auch Betriebspartner entsprechende Verpflichtungen begründen können.[12] Regelmäßig finden sich die Vereinbarungen indes in Verträgen, die häufig auch noch der Kontrolle der §§ 305 ff. BGB unterfallen, wenn eine Partei – in den meisten Fällen der Arbeitgeber – eine formularmäßige Bedingung vorgibt.[13] 5

Entsprechend lassen sich auch die einschlägigen Normen ordnen. Grundlegend sind zunächst die Bestimmungen, die sich mit Mängeln der vertraglichen Abrede befassen. Auffällig ist hier die Spannbreite der Sanktionen im Hinblick auf die **Wirksamkeit der Vereinbarung,** die von der Nichtigkeit über die beiderseitige Unverbindlichkeit mit einem Wahlrecht zugunsten des Arbeitnehmers bis hin zur teilweisen Unverbindlichkeit reicht. Eine **Nichtigkeit**[14] der Vereinbarung haben zur Folge: 6

- Formverstöße nach § 74 Abs. 1,
- Fehlen jeglicher Karenz,[15]
- Vereinbarungen mit Minderjährigen (§ 74a Abs. 2),
- Verpfändung des Ehrenwortes (§ 74a Abs. 2),
- Einbeziehung Dritter (§ 74a Abs. 2),
- Bindung von Leiharbeitnehmern (§ 9 Abs. 1 Nr. 4 AÜG),[16]
- allgemeine Regeln (§§ 134, 138 BGB).

---

[11] BAG 12.11.1971, AP HGB § 74 Nr. 28; HWK/Diller Rn. 4, der allerdings darauf hinweist, dass solche noch nicht bekannt geworden seien; Buchner AR-Blattei SD 1830.3 Rn. 79.

[12] LAG Hamm 2.4.1965, BB 1965, 988.

[13] BAG 14.8.2007, NZA 2008, 170; LAG Rheinland-Pfalz 30.11.2007, BeckRS 2008, 51421.

[14] Vgl. zum Überblick Staub/Weber/Gräf vor § 74 Rn. 21; HWK/Diller Rn. 16.

[15] BAG 16.12.2021, NZA 2022, 713 Rn. 34 mwN; LAG Köln 11.4.2019 – 7 Sa 582/19, nv; entgegen *LAG Hamm 18.2.2014*, BeckRS 2014, 67411 Rn. 12, 136 ist auch eine salvatorische Klausel, welche eine Ersetzungsfunktion regelt, ungenügend, mAnm Raif GWR 2014, 270. Das erste Revisionsverfahren 10 AZR 181/14 wurde durch Vergleich beendet. Erneut LAG Hamm 5.6.2015, BeckRS 2015, 7269 und nachfolgend BAG 22.3.2017, BAGE 158, 329 = NZA 2017, 845: die Regel sei und bleibe intransparent und gebe dem Arbeitnehmer keine Sicherheit; zust. Boemke jurisPR-ArbR 34/2017 Anm. 6; Hexel DB 2017, 1911; vgl. auch Pröbsting/Peitz BB 2016, 840.

[16] Wenn der Leiharbeitnehmer sich verpflichtet, nach Beendigung der Beziehung zum Verleiher kein Arbeitsverhältnis mit dem Entleiher einzugehen. Das gilt selbst dann, wenn sich der Verleiher verpflichtet, hierfür eine Entschädigung zu zahlen, ErfK/Roloff AÜG § 9 Rn. 19.

7 Eine **beiderseitige Unverbindlichkeit**[17] mit einem Wahlrecht zugunsten des Arbeitnehmers lösen folgende Rechtsmängel aus:

– Vertragsurkunde wurde dem Arbeitnehmer nicht ausgehändigt (§ 74 Abs. 1),[18]
– Karenzentschädigung unterschreitet das Soll (§ 74 Abs. 2),[19]
– (überhaupt) kein geschäftliches Interesse des Arbeitgebers oder eine unbillige Erschwerung des Fortkommens des Arbeitnehmers (§ 74a Abs. 1),[20]
– Vorvertrag mit der Wirkung einer unbilligen Erschwerung des Fortkommens,[21]
– bedingte Wettbewerbsverbote (Umkehr aus § 75),
– Ausschluss der Lösungsrechte des § 75.

8 Eine **teilweise Unverbindlichkeit** zieht weniger gravierende Verstöße gegen § 74a Abs. 1 nach sich, etwa ein „zu wenig" an Interesse beim Arbeitgeber, eine Beschränkung des Fortkommens unterhalb der Schwelle der Erschwerung oder eine Überschreitung der Frist von zwei Jahren. Die teilweise Unverbindlichkeit folgt aus dem Umstand, dass im Bereich der Wettbewerbsabrede die Vermutungswirkung des § 139 in umgekehrter Weise gilt – die Unwirksamkeit der Teilabrede lässt die Wirksamkeit im Übrigen unberührt.[22] Das gilt sowohl im Hinblick auf den Arbeitsvertrag, der eine Wettbewerbsabrede enthält, als auch im Hinblick auf die Wettbewerbsabrede als solche. Nicht umgekehrt wird allerdings das Verbot der geltungserhaltenden Reduktion im Hinblick auf AGB.[23]

9 Neben der Abgrenzung und **Auslegung** wirksamer Vertragsabreden geht es im Weiteren um den **Vollzug des Verbots,** der zunächst eine Bestimmung des Wirkungszeitpunkts, die Berechnung der Entschädigung und schließlich die Pflichten des Arbeitnehmers und die Ahndung eines Verstoßes zum Gegenstand hat. **Änderungen bis hin zur Aufhebung** sind Einschränkungen unterworfen.

10 **4. Geltungsbereich.** Das Gesetz definiert den Begriff der Wettbewerbsabrede weit.[24] Es handelt sich um **jede Beschränkung des Arbeitnehmers in seiner gewerblichen Tätigkeit** nach Beendigung des Arbeitsverhältnisses. Deshalb unterfallen auch Abreden, die eine Sperrfrist für eine Tätigkeit bei Unternehmen aus anderen als wettbewerblichen Gründen ins Auge fassen, sog. „Cooling-Off-Klauseln", in den Regelungszusammenhang.[25] Schon in den 60iger Jahren weitete das BAG die Geltung der §§ 74 ff. auf alle Arbeitnehmer unabhängig von ihrem Tätigkeitsbereich aus.[26] Der Gesetzgeber hat dies in § 110 GewO aufgegriffen – danach fällt die Beschränkung der beruflichen Tätigkeit des Arbeitnehmers für die Zeit nach Beendigung des Arbeitsverhältnisses unter den Begriff des Wettbewerbsverbots. Geschäftsführer oder andere Organwalter sind vom Ansatz außen vor,[27] auch wenn die Ausformung der Rechtsgrundsätze Interdependenzen immer deutlich werden lässt.[28] Selbstverständlich sind hingegen leitende Angestellte[29] wie auch Prokuristen[30] vom **persönlichen Geltungsbereich** erfasst. Die normative Prägekraft strahlt hinein in den Bereich der **freien Mitarbeiter,** welche je nach Grad der Abhängigkeit den Schutz genießen, sei es im Wege einer analogen Anwendung,[31] sei es – abgeschwächt – durch Einwirkung der Wertmaßstäbe auf die Beurteilung

---

[17] Staub/Weber/Gräf vor § 74 Rn. 22 f.; GK-HGB/Etzel Rn. 18 ff.
[18] Vgl. BAG 16.12.2021, NZA 2022, 713 Rn. 39.
[19] BAG 16.12.2021, NZA 2022, 713 Rn. 35.
[20] BAG 16.12.2021, NZA 2022, 713 Rn. 35.
[21] BAG 19.12.2018, NZA 2019, 383 Rn. 33.
[22] BeckOGK/Ittmann, 1.9.2025, Rn. 23 ff.; HWK/Diller Rn. 25; LAG Rheinland-Pfalz BeckRS 2020, 31501 Rn. 21.
[23] BAG 14.8.2007, NZA 2008, 170.
[24] GK-HGB/Etzel Rn. 7.
[25] Diller NZA 2018, 692; Bauer/Diller Wettbewerbsverbote Rn. 305d. Angesprochen sind vornehmlich Wechsel von der Politik in die Wirtschaft, aber auch von Wirtschaftsunternehmen mit Kontrollfunktionen hin zu „ehemaligen" Mandanten oder Kontrollunterworfenen. Hier besteht die Praxis, Beschränkungen zu vereinbaren, die aufgrund der parallel laufenden Wirkungen zu Wettbewerbsverboten die Frage nach einer Kompensation aufwerfen.
[26] BAG 13.9.1969, BAGE 22, 125 = NJW 1970, 626.
[27] Überblicke geben: Sedlmeyer/Rüppell BB 2017, 1923; Baisch/Cardinale-Koc NJW 2016, 1914; Kielkowski NZG 2015, 900; „weitreichende Gestaltungsoptionen", vgl. Röder/Herzberg NZA 2025, 390 (394) unter Auseinandersetzung mit dem Urteil BGH 23.4.2024, ZIP 2024, 1536; zum Gesellschafter-Geschäftsführer OLG Stuttgart 15.3.2017, ZIP 2017, 868 = BB 2017, 1932; OLG München 2.8.2018, NZA-RR 2019, 82.
[28] OLG Stuttgart 7.3.2019, ZIP 2019, 1425 (1427).
[29] LAG Nürnberg 21.7.1994, NZA 1995, 532.
[30] OLG Karlsruhe 30.9.1986, BB 1986, 2365 = WM 1986, 1473.
[31] BAG 21.1.1997, BAGE 85, 60 = NZA 1997, 1284: aus Italien zugewanderter „Autoaufbereiter"; OLG Dresden 13.9.2011, ITRB 2012, 82 = BeckRS 2011, 27497 mAnm Bolz IBR 2012, 548: freiberuflicher Programmierer; für wirtschaftlich abhängige vgl. BGH 10.3.2003, NJW 2003, 1864; Bauer/Diller Wettbewerbsverbote Rn. 1118.

der Angemessenheit der Vereinbarung.[32] Nicht umfasst sind Organmitglieder juristischer Personen, auch nicht Geschäftsführer einer GmbH.[33] Zu überlegen ist, wie mit Beschäftigten umzugehen ist, die heute Abteilungsleiter, morgen **Geschäftsführer** und übermorgen Prokurist sind. Gegebenenfalls muss hier der Schutzgedanke Vorrang haben. Arbeitnehmer, die zu Geschäftsführern werden, müssen ggf. durch Vereinbarungen auf der Grundlage der §§ 74 ff. geschützt und gebunden bleiben.[34] Dagegen müssen sich Wettbewerbsbindungen des zum Arbeitnehmer gewordenen Geschäftsführers ggf. an den schärferen Kontrollvorschriften messen lassen.[35] Es gibt sogar Stimmen, die das Modell des HGB jedenfalls für Fremdgeschäftsführer und vergleichbare als interessengerecht erachten und eine analoge Anwendung verlangen.[36] Selbstverständlich gelten die Vorschriften für Heimarbeiter,[37] wie auch Arbeitnehmer mit Beteiligungen an einer Kapitalgesellschaft regelmäßig Arbeitnehmer bleiben.[38] Auszubildende kommen über § 12 Abs. 1 BBiG iVm § 10 Abs. 2 in den Anwendungsbereich der Normen.[39]

Der **zeitliche Geltungsbereich** ist umfassend; es gibt eigentlich nur eine Ausnahme. Nur 11
Vereinbarungen nach Beendigung des Arbeitsverhältnisses – etwa im Rahmen eines Prozessvergleichs – sind von der Regelung der §§ 74 ff. ausgenommen.[40] Die Wettbewerbsvereinbarung kann Bestandteil des Arbeitsvertrags sein, was aber nicht zwangsläufig ist. Ist sie in einem Vorvertrag[41] enthalten, muss auch in diesem Zusammenhang den normativen Anforderungen Genüge getan werden.[42] So ist beispielsweise die Schriftform einzuhalten.[43] Der Vorvertrag allein bindet indes noch nicht endgültig.[44] Das Wettbewerbsverbot kann auch bereits für die Zeit der Probezeit vereinbart werden[45] und zwar auch dann, wenn das Arbeitsverhältnis nicht über die Probezeit hinausgeht.[46]

Anders als bei Verträgen nach Beendigung haben sich entsprechende Regelungen in Aufhebungs- 12
verträgen ebenfalls an den §§ 74 ff. auszurichten.[47] Ein vor Aufnahme der Tätigkeit abgeschlossenes Wettbewerbsverbot entfaltet dann keine Wirkung, wenn die Arbeit gar nicht erst aufgenommen wird: in diesem Fall gibt es keine Kenntnisse, vor deren Weitergabe der Arbeitgeber zu schützen wäre.[48] Wurde hingegen der Arbeitnehmer bereits zuvor in die Interna eingeweiht und tritt er die Arbeitsstelle vertragswidrig nicht an, bleibt die Aufrechterhaltung und Durchsetzung des Wettbewerbsverbotes nach wie vor sinnvoll.[49]

[32] OLG Köln 23.8.1996, VersR 1998, 97: „lebenslängliches Wettbewerbsverbot" eines Handelsvertreters.

[33] BGH 15.4.1991, NZA 1991, 615; 28.4.2008, NZG 2008, 664; OLG München 2.8.2018, NZA-RR 2019, 82 f.; **aA** Kamanabrou ZGR 2002, 898, 907 ff.; Lembke, NZA 2019, 65, 68 f. Sie können aber geschützt sein durch § 138 BGB: vgl. OLG Düsseldorf 10.3.2000, NZG 2000, 737; OLG München 2.8.2018, NZA-RR 2019, 82 f.

[34] Vgl. OLG Koblenz 1.8.1985, WM 1985, 1484; zur Überlagerung von Karenzvereinbarungen Baisch/Cardinale-Koc NJW 2016, 1914.

[35] Bauer/Diller GmbHR 1999, 885; Bauer/Diller Wettbewerbsverbote Rn. 1125; Kamanabrou ZGR 2002, 605 f.; Campos Nave NJW 2003, 3322; Thüsing NZG 2004, 9 (11).

[36] Stöhr GmbHR 2020, 411 (416 f.); vgl. auch Lembke NZA-RR 2019, 65 (69 f.), der eine Revision der Grundorientierung unter Angleichung der Maßstäbe fordert.

[37] MüKoHGB/Thüsing § 74 Rn. 8.

[38] BAG 18.8.1997, NZA 1997, 1362 mAnm Bauer/Diller EWiR 1998, 131; vgl. hierzu Naber NZA 2013, 870.

[39] Die Gestaltungsräume sind hier allerdings eng, da Art. 12 GG die Entfaltungsmöglichkeiten nach Abschluss der Ausbildung in besonderer Weise schützt, Kleinebrink DB 2020, 170 (173).

[40] BAG 11.3.1968, AP HGB § 74 Nr. 23 = BB 1968, 1120; Ebenroth/Boujong/Rudkowski Rn. 20; „noch im Zusammenhang mit dem Arbeitsverhältnis und seiner Abwicklung", vgl. Röder/Herzberg NZA 2025, 390 (391).

[41] Dieser kann wie ein bedingtes Wettbewerbsverbot wirken, BAG 14.7.2010, NZA 2011, 413; Bauer/Diller Wettbewerbsverbote Rn. 489.

[42] BAG 18.4.1969, AP GewO § 133f Nr. 22 = BB 1969, 1351; 14.7.2010, NZA 2011, 413 Rn. 29; Staub/Weber/Gräf Rn. 72 f.; deshalb kann von der Form auch nicht zurückgeschlossen werden, ob ein Vorvertrag oder schon eine bindende Abrede gewollt ist, BAG 19.12.2018, NZA 2019, 383 Rn. 28; vgl. auch BeckOGK/Ittmann, 1.9.2025, Rn. 43.3.

[43] LAG Rheinland-Pfalz 16.2.2017, BeckRS 2017, 107364.

[44] LAG Köln 11.9.2015, BeckRS 2015, 73488; vgl. auch BAG 19.12.2018, NZA 2019, 383 Rn. 24 ff.

[45] BAG 19.5.1983, RdA 1984, 60 = BB 1984, 533 = AP BGB § 123 Nr. 25.

[46] BAG 28.6.2006, NZA 2006, 1157 = AP HGB § 74 Nr. 80.

[47] BAG 3.5.1994, NZA 1995, 72 (73) = AP HGB § 74 Nr. 65; Ebenroth/Boujong/Rudkowski Rn. 20; **aA** Bauer/Diller Wettbewerbsverbote Rn. 76 ff. Danach sei die Interessenlage mit einer nachvertraglichen Aufhebung vergleichbar. Deshalb greife der Schutzzweck nicht. Das stimmt nur bedingt. Geht das Lösungsinteresse vom Arbeitnehmer aus, kann der Arbeitgeber durchaus Druck ausüben.

[48] BAG 19.5.1983, RdA 1984, 60 = AP BGB § 123 Nr. 25; 26.5.1992, NZA 1992, 976 = AP HGB § 74 Nr. 63.

[49] BAG 3.2.1987, NZA 1987, 813 = AP HGB § 74 Nr. 54.

II. Abschluss und Inhalt

13 **1. Vertragsschluss und Auslegung.** Wettbewerbsverbote kommen wie jeder Vertrag durch Angebot und Annahme zustande. Es bedarf zweier hinlänglich konkreter, korrespondierender Erklärungen. So hat das BAG[50] der Suggestion eines schlüssigen Wettbewerbsverbots eine Absage erteilt, welches aus der Zustimmung zu erhöhten Versorgungsbezügen abgeleitet werden sollte. Die Abrede kann zeitlich versetzt erfolgen, sie steht aber jedenfalls inhaltlich weitestgehend **unabhängig neben dem Arbeitsvertrag.** Nur in seltenen Fällen, bei Tätigkeiten in hochsensiblen Bereichen, führt die Unwirksamkeit der Karenzvereinbarung über § 139 BGB zur Unwirksamkeit des Arbeitsvertrags. Dies erfordert aber hinreichende Umstände, die den Rückschluss zulassen, dass das nachvertragliche Wettbewerbsverbot Voraussetzung für den Abschluss des Arbeitsvertrags war.[51] Umgekehrt kann trotz Unwirksamkeit des Arbeitsvertrags das Wettbewerbsverbot sehr wohl Wirkungen entfalten, und zwar sowohl dann, wenn es gesondert vereinbart wurde, als auch sogar dann, wenn es Bestandteil des Arbeitsvertrags ist.[52] Entscheidend ist, zu welchem Ergebnis eine Analyse der Parteiinteressen vor dem Hintergrund der ausgetauschten Erklärungen führt.[53] Vorsicht geboten ist auch gegenüber der Vorstellung, „schlüssige" Weiterungen könnten unzureichende Festlegungen in der Abrede ausgleichen.[54] Nicht unproblematisch sind auch Vorverträge,[55] in denen sich der Arbeitnehmer zu einem späteren Zeitpunkt, etwa nach Ablauf der Probezeit, zur Eingehung einer Wettbewerbsvereinbarung verpflichtet. Hier wird eine Nähe zu einem einseitigen Gestaltungsrecht spürbar.[56] Deshalb hat die Rspr. zuletzt, wenn der Vorvertrag tief in das Arbeitsverhältnis hineinwirkt und dem Fortkommen deutlich Erschwernisse bereitet, dem Arbeitnehmer konsequent ein Wahlrecht eingeräumt.[57]

14 Ist der Vertrag zustande gekommen, so erschließt sich sein Inhalt durch **Auslegung** nach §§ 133, 157 BGB.[58] Zwar wird teilweise der Rspr. unterlegt, sie handhabe dies restriktiv zu Lasten der Arbeitgeber.[59] Richtig daran scheint, dass derjenige, der sich auf einen Verbotstatbestand beruft, für dessen klare und eindeutige Formulierung Sorge zu tragen hat.[60] Im Rahmen der AGB-Kontrolle sind das Transparenzgebot des § 307 Abs. 1 S. 2 BGB und die Unklarheitenregel des § 305c Abs. 2 BGB zu berücksichtigen.[61] Von dieser Verfeinerung abgesehen bleibt es bei den alten Auslegungsregeln, die nach wie vor Gültigkeit beanspruchen.[62] Bei einer gesonderten, vom Arbeitsvertrag unabhängigen Vereinbarung des Wettbewerbsverbots werden die Festlegungen in sachlicher, räumlicher und zeitlicher Hinsicht zu Inhaltsbestimmungen, die einer Kontrolle nach §§ 305 ff. BGB entzogen sind.[63] Für den Inhalt bietet § 74a eigene Kontrollmaßstäbe. – In Betracht kommt auch eine Anfechtung nach § 123 Abs. 1 BGB, wenn die Bindung durch kausale Täuschung oder widerrechtliche Drohung zustande gekommen ist.[64] Die Vorenthaltung von Sonderzahlungen, wenn eine Wettbewerbsrede nicht neu gefasst werde, kann – abhängig von den Umständen des Einzelfalls – als Mittel zur Durchsetzung eines berechtigten Interesses zu akzeptieren sein.[65]

15 **2. Inhalte.** Der genaue Inhalt eines Wettbewerbsverbots ist durch Auslegung zu ermitteln.[66] Die vertraglichen Einschränkungen der beruflichen Tätigkeit nach Beendigung des Arbeitsverhältnisses

---

[50] BAG 15.6.1993, BAGE 73, 229 = NZA 1994, 502.

[51] Buchner AR-Blattei SD 1830.3 Rn. 121; BeckOGK/Ittmann, 1.9.2025, Rn. 74 f.; MüKoHGB/Thüsing Rn. 16; **aA** Ebenroth/Boujong/Rudkowski Rn. 28, die meinen, § 74 gehe den Regelungen der §§ 134, 139 BGB vor.

[52] BAG 3.2.1987, NZA 1987, 813 = AP HGB § 74 Nr. 54; für eine diff. Betrachtung Bauer/Diller Wettbewerbsverbote Rn. 56.

[53] Buchner AR-Blattei SD 1830.3 Rn. 122, 129.

[54] BAG 24.6.1966, AP HGB § 74a Nr. 2.

[55] Laskawy NZA 2012, 1015; vgl. Rn. 11.

[56] BAG 14.7.2010, NZA 2011, 413 Rn. 18–20.

[57] BAG 19.12.2018, NZA 2019, 383 Rn. 33; vgl. hierzu Gallini BB 2019, 1407; Lembke BB 2020, 52 (55).

[58] BAG 30.4.1965, DB 1965, 1143 = AP GewO § 133f Nr. 17.

[59] HWK/Diller Rn. 38.

[60] So verhält es sich bei BAG 21.1.1997, BAGE 85, 60 = NZA 1997, 1284; vgl. zum – weithin gleichlaufenden – Problem der Auslegung eines Vertragsstrafeversprechens BGH 20.6.1991, NJW-RR 1991, 1318; vgl. auch BGH 3.12.2015, NJW 2016, 401.

[61] LAG Hamm 1.12.2009, ArbR 2010, 176 mAnm Ebeling jurisPR-ArbR 19/2010 Anm. 5; vgl. zuvor LAG Hamm 4.11.2008, BeckRS 2009, 57 359; 23.3.2010, NZA-RR 2010, 515 mAnm Diller ArbR 2010, 352; LAG Köln 28.5.2010, ArbR 2011, 126 mAnm Diller.

[62] BAG 7.9.2004, NZA 2005, 1376 = AP HGB § 75 Nr. 11.

[63] LAG Baden-Württemberg 30.1.2008, NZA-RR 2008, 508; HWK/Roloff § 307 BGB Rn. 4.

[64] LAG München 26.8.2010, BB 2010, 3029; LAG Hamm 1.12.2009, BeckRS 2010, 67131; Bauer/Diller Wettbewerbsverbote Rn. 62; offen BAG 15.1.2014, NZA 2014, 536 Rn. 29.

[65] LAG Hamm 1.12.2009, ArbR 2010, 176.

[66] MüKoHGB/Thüsing Rn. 27; Staub/Weber/Gräf Rn. 23.

unterliegen §§ 74 ff., Grenzen folgen va. aus §§ 74a ff. Eine **zu weite Formulierung,** etwa wenn jegliche Tätigkeit untersagt wird, trägt im Zweifel den Keim der Unwirksamkeit in sich.[67] Aus Sicht des Arbeitnehmers darf kein vernünftiger Zweifel über den Anspruch auf Karenzentschädigung bestehen.[68] Deshalb finden sich in der Praxis meist konkrete Fassungen, die entweder **Bezug nehmen zu einer Tätigkeit oder zu bestimmbaren oder bestimmten Unternehmen.**[69] Ist die Branche, etwa Werkzeug- und Maschinenbau, einigermaßen präzise eingegrenzt, werden umfassend auch mittelbare Unterstützungsleistungen, zB das Weitergewähren eines zinslosen Finanzierungsbeitrags, mit indiziert.[70] Nicht immer fällt die Abgrenzung leicht, etwa wenn ein Chemiker in leitender Funktion zur Konkurrenz geht.[71] Schwierigkeiten in der Umsetzung dürfen allerdings nicht zu einer „angleichenden", weiten Auslegung des Verbots führen,[72] auch wenn die Rahmenbedingungen und Verhältnisse des konkreten Produktions- oder Marktbereichs zur Auslegung herangezogen werden können. Gelegentlich wird unternehmensbezogenen Verboten der Vorzug gegeben, weil die Tätigkeit bei einem Unternehmen leichter erfassbar scheint als die konkrete Ausgestaltung der Tätigkeit in dem Unternehmen.[73] Wird nur die Tätigkeit für ein **Konkurrenzunternehmen** untersagt, kann mitunter die Auffüllung dieses Begriffs zu Schwierigkeiten führen.[74] Es kommt auf die Marktverhältnisse an: ob dieselben Nachfrager nach Gütern oder Dienstleistungen nebeneinander auftreten.[75] Selbstverständlich kann auch ein Wechsel zu Abnehmern oder Zulieferern mit einem Tätigkeitsverbot belegt werden.[76] Diese Zielvorstellung sollte dann aber auch in dem Vertrag ihren Niederschlag finden. Dasselbe gilt, wenn ein Beschäftigungsverbot auf einen Konzernverbund mit einem Konkurrenzunternehmen ausgedehnt werden soll. Genauigkeit bei der Vertragsgestaltung erspart später unnötige Risiken. So erfasst das allgemeine Verbot, **„Konkurrenz zu machen",** gemeinhin nur selbständige Tätigkeiten.[77] Umgekehrt umfasst ein Verbot, für ein anderes Unternehmen tätig zu werden, noch nicht das Verbot, sich im selben Bereich selbständig zu machen.[78]

Es gibt viele Möglichkeiten, ein **Wettbewerbsverbot** zu konkretisieren und **zu beschränken.** 16
Dies hat den Charme leichterer Durchsetzbarkeit. Es besteht aber das Risiko, dass Schutzlöcher entstehen. Auch spielen Wirtschaftlichkeitsüberlegungen eine Rolle. Da etwa auch die Regelung, im nachvertraglichen Bereich die Abwerbung von ehemaligen Kollegen zu unterlassen, die volle Karenz auslöst, wird empfohlen, das Wettbewerbsverbot doch allgemeiner zu halten.[79] Nicht nur sachliche Beschränkungen sind möglich. Eine **zeitliche Beschränkung** ist denkbar, da die Zweijahresfrist eine Höchstgrenze darstellt.[80] **Örtliche** Beschränkungen dienen häufig bei Mitarbeitern freier Berufe oder bei Handelsvertretern als Eingrenzungskriterium,[81] im Arbeitsrecht kann sich das berechtigte Interesse des Arbeitgebers in ihnen widerspiegeln.[82] Fehlt ein räumlicher Geltungsbereich, so gilt das Wettbewerbsverbot im Zweifel weltweit.[83] Ob dies durch Interessen des Arbeitgebers zu rechtfertigen ist, muss anhand der Kriterien des § 74a beurteilt werden. Wurde vor 1990 der Geltungsbereich auf die Bundesrepublik beschränkt, so ist nach dem Beitritt auch der Bereich der neuen Länder einbezogen.[84] Hinsichtlich der inhaltlichen Ausgestaltung des Wettbewerbsverbots besteht – innerhalb der Grenzen von §§ 74 ff. – Vertragsfreiheit.[85]

---

[67] LAG Düsseldorf 28.6.1996, LAGE HGB § 74 Nr. 15; HWK/Diller Rn. 43 versucht durch einschränkende Auslegung zu retten: „nur Konkurrenztätigkeit".

[68] BAG 7.7.2015, NZA 2015, 1253.

[69] BAG 26.5.1992, NZA 1992, 976; LAG Hamm 1.12.2009, ArbR 2010, 176; Maaß ZAP 2025, Nr. 4, 194, 199.

[70] BAG 7.7.2015, NZA 2015, 1253 Rn. 20: das Verbot darf keine vermeidbaren Unklarheiten enthalten. Rütz DB 2016, 118, weist zutr. darauf hin, dass in der Konsequenz dieses Ansatzes die Interessenabwägung den Umfang des Verbots entscheidend mitbestimmt.

[71] BAG 30.1.1970, DB 1970, 1229 = AP GewO § 133f Nr. 24.

[72] BAG 30.4.1965, NJW 1965, 1876 =AP GewO § 133f Nr. 17; LAG Hessen 10.2.1997, LAGE § 74a Nr. 1; Hopt/Roth Rn. 7; MüKoHGB/Thüsing Rn. 28.

[73] HWK/Diller Rn. 40.

[74] Wobei die Verwendung des Begriffs für sich unschädlich ist, LAG Sachsen-Anhalt 10.11.2015, BeckRS 2016, 66245 Rn. 21.

[75] Staub/Weber/Gräf Rn. 30.

[76] BAG 21.1.1997, BAGE 85, 60 = NZA 1997, 1284.

[77] *HWK/Diller Rn. 41; GK-HGB/Etzel Rn. 15.*

[78] LAG Hamburg 20.9.1968, BB 1969, 362; OLG Frankfurt 6.12.1972, DB 1973, 139.

[79] Vogt/Oltmanns ArbR 2011, 604 (606).

[80] MüKoHGB/Thüsing Rn. 31.

[81] BGH 15.4.1986, BGHZ 97, 317 = NJW 1986, 2954.

[82] BAG 5.12.1966, BAGE 19, 164.

[83] HWK/Diller Rn. 50.

[84] LAG Berlin 23.6.1991, NZA 1991, 674.

[85] Ebenroth/Boujong/Rudkowski Rn. 36.

17 Eine Beschränkung des beruflichen Fortkommens findet ihren Niederschlag nicht nur in Verboten. Denkbar sind auch Vorbehalte, die eine Konkurrenztätigkeit von einer Genehmigung des bisherigen Arbeitgebers abhängig machen.[86] Druck wird auch ausgeübt durch eine Vereinbarung, dass bereits empfangene Vergütung zurückzuzahlen ist, falls eine Tätigkeit für die Konkurrenz aufgenommen wird.[87] Diese **mittelbaren Steuerungen** unterfallen §§ 74 ff. ebenso wie ein ausdrückliches Tätigkeitsverbot.[88] Ebenso hierhin zu zählen ist das Versprechen einer Abfindung, die nur zur Auszahlung gelangt, wenn sich der Arbeitnehmer der Konkurrenz enthält.[89]

18 Von Wettbewerbsverboten unterschieden werden sog. **Mandantenschutzklauseln.** Sie richten sich an Angehörige freier Berufe und ihre Mitarbeiter. Wird dem Arbeitnehmer verboten, Mandanten seines Arbeitgebers aktiv abzuwerben, wenn er in die Selbständigkeit geht, so ist diese „beschränkte Mandantenschutzklausel" ohne Karenz möglich.[90] Wird hingegen die Betreuung und Übernahme allgemein ausgeschlossen, so ist dies – entsprechend § 74 – nur gegen eine Karenzentschädigung möglich.[91] Auch versteckte Bindungen, etwa die Vereinbarung von Umsatzbeteiligungen des Arbeitgebers bei Mitnahme von Mandaten durch den Arbeitnehmer, sind ausgleichspflichtig.[92] Lediglich dann, wenn die Beschränkung des beruflichen Fortkommens allenfalls **marginale wirtschaftliche Folgen** hat, bleiben die Wertungen der §§ 74 ff. außer Ansatz.[93] Die Umsetzung ist allerdings nicht ohne Risiko. Während vorgeschlagen wird, dass etwa Abwerbeverbote hierunter zu fassen sind,[94] bewertet die Instanz-Rspr. dies anders.[95] Schon ein einzelner Patient bzw. Kunde kann von wirtschaftlicher Relevanz sein.[96] Bei der undifferenzierten Regelung einer **Mandantenübernahmeklausel,**[97] dass 20 % der Nettohonorare abzuführen seien, wird das berufliche Fortkommen unverhältnismäßig behindert.[98] Zudem wird die Sachlage „schwierig", wenn der Freiberufler Mandate auch später in abhängiger Beschäftigung betreut.[99] Die Verdichtung des Regelwerks hat ein weiteres Risiko. Solche Klauseln können nämlich auch daran scheitern, dass sie intransparent formuliert werden.[100]

III. Inkrafttreten, Änderung und Aufhebung der Wettbewerbsvereinbarung

19 **1. Beginn.** Die zeitliche Beschränkung des Wettbewerbsverbots in § 74a Abs. 1 S. 3 hat prägenden Charakter. Daher kommt dem Beginn des Verbots entscheidende Bedeutung zu. Regelmäßig fällt er mit der rechtlichen Beendigung des Arbeitsverhältnisses zusammen.[101] Auf das tatsächliche Ende der Beschäftigung wird allerdings etwa abgestellt, wenn bei unwirksamer Kündigung das Arbeitsver-

[86] BAG 2.5.1970, BAGE 22, 324 = NJW 1971, 74.

[87] BGH 16.11.1972, BGHZ 59, 387 = NJW 1973, 144 für Handelsvertreter.

[88] BeckOGK/Ittmann, 1.9.2025, Rn. 45, 57 ff.; MüKoHGB/Thüsing Rn. 25.

[89] LAG Bremen 25.2.1994, NZA 1994, 889; zur Anrechnung einer Abfindung auf die Karenzentschädigung und umgekehrt s. BeckOGK/Ittmann, 1.9.2025, Rn. 109 ff.; Röder/Herzberg NZA 2025, 390 (391).

[90] BAG 16.7.1971, BAGE 23, 382 = NJW 1971, 2245 = AP BGB § 611 Konkurrenzklausel Nr. 25; BeckOGK/Ittmann, 1.9.2025, Rn. 46 f.; Lingemann/Chakrabarti NJW 2020, 2317.

[91] BAG 16.7.1971, BAGE 23, 382 = NJW 1971, 2245 = AP BGB § 611 Konkurrenzklausel Nr. 25; LAG Köln 14.4.2008, BeckRS 2008, 56517; vgl. auch LAG Schleswig-Holstein 19.3.2013, BeckRS 2013, 68629; BeckOGK/Ittmann, 1.9.2025, Rn. 47; AR/Wertheimer Rn. 5 f.

[92] BAG 7.8.2002, BAGE 102, 145 = NZA 2002, 1282.

[93] BAG 19.2.1959, BAGE 7, 239 = AP HGB § 74 Nr. 10; ähnlich BAG 15.12.1987, BAGE 57, 159 = NJW 1988, 1686: wirtschaftlich unbedeutende Beschränkungen können aus dem Bereich der Wettbewerbsverbote herausgehalten werden; offener jetzt Vesper, Indirekte nachvertragliche Wettbewerbsbeschränkungen, 2015, 186 ff.; vgl. auch BeckOGK/Ittmann, 1.9.2025, Rn. 58.

[94] HWK/Diller Rn. 52.

[95] So jedenfalls ArbG Berlin 11.2.2005, EzA-SD 2005, Nr. 12 S. 12.

[96] LAG Hamm 19.2.2016, BeckRS 2016, 67941; offener LAG Köln 2.6.1999, NZA 2000, 19 für einen PC-Programmierer („im Zweifel … keine Entschädigungspflicht"). Das ist aber zweifelhaft, weil schon ein einziger Kunde einen attraktiven Arbeitsplatz bereithalten kann.

[97] Hierzu Arens/Pelke DStR 2013, 1804; Meier NZA 2013, 253; Degen NZA-RR 2013, 349.

[98] BAG 11.12.2013, NZA 2014, 413 Rn. 21, 26; Vorinstanz LAG Niedersachsen 13.2.2013, NZA-RR 2013, 347; ähnlich LAG Schleswig-Holstein 1.7.2014, BeckRS 2014, 72371 mAnm Arens/Pelke DStR 2014, 2364; BeckOGK/Ittmann, 1.9.2025, Rn. 50.

[99] Bauer/Diller Wettbewerbsverbote Rn. 136; hier greifen nach den überzeugenden Ausführungen des BAG die herkömmlichen Klauseln schon im Wortlaut nicht, weil der Angestellte an den Honoraren nicht beteiligt ist, NZA 2014, 413 Rn. 17–19.

[100] BGH 4.12.2015, NJW 2016, 401. Jedenfalls eine Transparenzkontrolle ist auch nach BAG 7.7.2015, BAGE 152, 99 Rn. 20 = NZA 2015, 1253 möglich.

[101] BAG 25.10.2007, NJW 2008, 1466; Bauer/Diller Wettbewerbsverbote Rn. 688; Heymann/Henssler/Michel Rn. 21.

hältnis durch Urteil gem. §§ 9, 10 KSchG aufgelöst wird.[102] Umgekehrt kann bei wirksamer Kündigung auf das Ende einer während des Kündigungsprozesses vereinbarten Prozessbeschäftigung abgestellt werden, wenn deren Ende über das Ende der durch die Kündigung ausgelösten Beschäftigungszeit hinausweist.[103] Schließt sich eine Tätigkeit als freier Mitarbeiter an, so ist das Ende dieser Tätigkeit maßgeblich.[104]

2. Änderungen. Einvernehmliche Änderungen der getroffenen Vereinbarung, die sich im Rahmen der §§ 74 ff. bewegen, begegnen keinen Schwierigkeiten. In der Praxis häufig finden sich allerdings von der Rspr. kritisch bewertete Regelungen, die durch **Bedingungen** einen geschmeidigeren Einsatz des Wettbewerbsverbots anstreben.[105] Dabei ist die Terminologie unscharf.[106] **Objektive Bedingungen,** dh vom Willen der Vertragspartner nicht direkt beeinflusste Sachverhalte oder **Befristungen,**[107] haben durchaus Bestand.[108] So kann die Wirksamkeit der Wettbewerbsregelung vom Erreichen einer bestimmten Position, vom konkreten Einblick in bestimmte Betriebsgeheimnisse oder der Beteiligung an Projekten abhängig gemacht werden.[109] Auch eine aufschiebende Bedingung, etwa dass die Probearbeitszeit ungekündigt verläuft oder eine ähnliche Ziele verfolgende Befristung, werden als unproblematisch eingestuft.[110] Gleichgestellt sind auflösende Bedingungen, etwa das Erreichen einer Altersgrenze oder der Bezug einer Rente wegen Erwerbs- oder Bezugsunfähigkeit.[111] 20

Kritisch sind dagegen **Potestativbedingungen,** die die Wirksamkeit des Wettbewerbsverbots oder die Verpflichtung zur Zahlung der Karenzentschädigung von einer Willensentscheidung einer Vertragspartei, in der Regel des Arbeitgebers, abhängig machen.[112] Der Unternehmer behält sich etwa vor, „ob" er das Wettbewerbsverbot in Anspruch nimmt[113] oder ob er überhaupt ein Wettbewerbsverbot „auszusprechen" gedenkt[114] – wie es auch umgekehrt in seinem Ermessen liegen soll, den Arbeitnehmer freizugeben.[115] Auch ein Vorbehalt hinsichtlich des sachlichen oder örtlichen Rahmens des Wettbewerbsverbots, der dessen Bestimmung einem späteren Zeitpunkt überantwortet, wirkt in gleicher Weise.[116] Wertungsgleich ist eine Formulierung, die ein Wettbewerbsverbot davon abhängig macht, dass eine vom Arbeitnehmer „ausgelöste" Beendigung des Arbeitsverhältnisses vorliegt.[117] Gleichgestellt sind Vorverträge, die das Inkraftsetzen der Abrede in das Ermessen des Arbeitgebers stellen.[118] 21

In all diesen Fällen liegt eine **Umgehung der §§ 74 ff.** vor, weil der Arbeitnehmer bei seiner Suche nach einem neuen Arbeitsplatz der Einschränkung unterliegt, sich an das Wettbewerbsverbot zu halten bzw. nicht erkennen kann, ob er sich nach Beendigung des Arbeitsverhältnisses an ein Wettbewerbsverbot halten muss. Der Entschädigung für diese Einschränkung, eben der Karenzentschädigung, soll sich der Arbeitgeber aber nicht entziehen können.[119] Hat das BAG solche Regelungen früher für beide Parteien als unverbindlich erachtet,[120] wird seit der Entscheidung vom 18.1.1978[121] und fortan in ständiger Rspr. die Absprache als **für den Arbeitnehmer unverbindlich** 22

[102] HWK/Diller Rn. 62.

[103] MüKoHGB/Thüsing Rn. 32.

[104] BAG 16.1.1970, DB 1970, 1493 = AP HGB § 74a Nr. 4.

[105] HWK/Diller Rn. 104: ein „Massenphänomen".

[106] Deutlich Buchner AR-Blattei SD 1830.3 Rn. 158 ff.; MüKoHGB/Thüsing Rn. 54.

[107] LAG Hamm 23.3.2010, BeckRS 2010, 70152 mAnm Diller FD-ArbR 305391; Buchner AR-Blattei SD 1830.3 Rn. 149 ff.; Heymann/Henssler/Michel Rn. 45.

[108] BeckOGK/Ittmann, 1.9.2025, Rn. 42.

[109] HWK/Diller Rn. 107; Buchner AR-Blattei SD 1830.3 Rn. 176.

[110] BAG 27.4.1982, BAGE 38, 318 = NJW 1983, 135 = AP BGB § 620 Probearbeitsverhältnis Nr. 16; 13.7.2005, AP HGB § 74 Nr. 78; 28.6.2006, NZA 2006, 1157; LAG Hamm 23.3.2010, NZA-RR 2010, 515; BeckOGK/Ittmann, 1.9.2025, Rn. 42.

[111] BeckOGK/Ittmann, 1.9.2025, Rn. 42; HWK/Diller Rn. 108.

[112] BeckOGK/Ittmann, 1.9.2025, Rn. 43 ff.; Staub/Weber/Gräf Rn. 63 ff.; GK-HGB/Etzel Rn. 57; vgl. auch die krit. Analyse von Brune, Bedingte Wettbewerbsverbote, 1989, die allerdings eine Lösung über § 75a sucht.

[113] BAG 2.5.1970, BAGE 22, 41 (21) = NJW 1971, 74 = AP HGB § 74 Nr. 26.

[114] BAG 13.5.1986, NZA 1986, 828 = AP HGB § 74 Nr. 51.

[115] BAG 18.11.1967, BAGE 20, 162 = DB 1968, 577 = AP HGB § 74 Nr. 21.

[116] *LAG Düsseldorf 10.2.1993*, NZA 1993, 849.

[117] BAG 7.9.2004, AP HGB § 75 Nr. 11; LAG Schleswig-Holstein 24.1.2018, BeckRS 2018, 5587.

[118] BAG 19.12.2018, NZA 2019, 383 Rn. 35; 14.7.2010, NZA 2011, 413 Rn. 18–20; Bauer/Diller Wettbewerbsverbote Rn. 490 f.; BeckOGK HGB/Ittmann, 1.9.2025, Rn. 43.

[119] BAG 19.1.1978, BAGE 30, 23 = NJW 1978, 1023 = ES 1830 Nr. 123; Buchner AR-Blattei SD 1830.3 Rn. 169.

[120] BAG 2.5.1970, BAGE 22, 324 = AP HGB § 74 Nr. 26; 2.8.1971, DB 1971, 2165 = AP HGB § 74 Nr. 27.

[121] BAG 19.1.1978, BAGE 30, 23 = NJW 1978, 1023 = ES 1830 Nr. 123, in der Folge zB BAG 4.6.1985, AP HGB § 74 Nr. 50 und BAG 5.9.1995, BAGE 80, 380 = AP HGB § 74 Nr. 67.

gewertet, mit der Konsequenz, dass ihm ein **Wahlrecht** zusteht.[122] Entscheidet sich der Arbeitnehmer für eine Einhaltung des Wettbewerbsverbots,[123] steht ihm die Entschädigung zu. In diesem Fall kann allerdings auch der Arbeitgeber die Einhaltung des Wettbewerbsverbots erzwingen.[124]

23 Eine am Schutzzweck der §§ 74 ff. ausgerichtete Auslegung nimmt Vereinbarungen der Vertragsparteien aus, die die Verpflichtung zur Zahlung der Karenzentschädigung unberührt lassen. Hierhin gehört, wenn der Arbeitgeber sich vorbehält, den örtlichen und sachlichen Rahmen, in welchem das Wettbewerbsverbot gelten soll, näher zu bestimmen, diese **Bestimmung** aber **keinen Einfluss auf die Höhe der Karenz** haben soll.[125] Ähnlich liegt es, wenn im Rahmen einer Mandantenschutzklausel der Arbeitgeber sich vorbehält, die Zustimmung zur Übernahme von Mandanten zu erteilen, ohne dass dadurch die Karenzentschädigung geschmälert wird.[126]

24 **3. Beendigung.** Das Wettbewerbsverbot ist ein gegenseitiger Vertrag.[127] Eine Aufhebung ist jederzeit, auch formlos möglich.[128] Oft werden insoweit Abgeltungsklauseln in Vergleichen unterschätzt, die – auch ohne ausdrücklichen Bezug – eine Aufhebung der Wettbewerbsabrede beinhalten können.[129] Allerdings genügt auch nicht jeder Aufhebungsvertrag.[130] So hat ein Abwicklungsvertrag nur zum Gegenstand, dass die Modalitäten um das Ausscheiden infolge Kündigung geregelt werden.[131] Wird im Wege eines dreiseitigen Vertrags der Arbeitgeber ausgetauscht und verzichtet der bisherige Arbeitgeber auf seinen Konkurrenzschutz, erlischt regelmäßig auch der Anspruch auf Karenz.[132] – Änderungen nur im Tatsächlichen wirken sich hingegen nicht unmittelbar aus. Der Arbeitnehmer ist verpflichtet, Wettbewerb zu unterlassen. Aus welchen Gründen er dies tut, ist für den Bezug der Karenzentschädigung ohne Belang.[133] Die Aufnahme einer selbständigen Tätigkeit,[134] der Eintritt in den Ruhestand[135] führen nicht zur Beendigung der Karenzzeit. Auch Arbeitsunfähigkeit hat keinen Einfluss auf den Bestand der Absprache.[136] Damit endet die Karenzzeit **regelmäßig durch Ablauf,** wenn nicht eine auflösende Bedingung[137] eingreift. Möglich ist auch ein Rücktritt bei Zahlungsverzug des Arbeitgebers.[138] Ob eine Kündigung das Wettbewerbsverbot beendet, regelt § 75. Es sind dies Ausnahmefälle. Weiter kann der Arbeitgeber nur im Rahmen des § 75a einen Verzicht erklären. Bei einem **Betriebsübergang** ist zu differenzieren. Widerspricht der Arbeitnehmer dem Übergang nicht, gilt das Verbot nun gegenüber dem Erwerber.[139] Damit einhergehende Modifikationen des Inhalts der Abrede können Komplikationen hervorrufen.[140] Im Falle eines

---

122 BeckOGK HGB/Ittmann, 1.9.2025, Rn. 44; ErfK/Oetker Rn. 12; MüKoHGB/Thüsing Rn. 54.

123 Regelmäßig zu Beginn der Karenz, bei unverbindlichen Vorverträgen, bei denen Zweifel an der Wirksamkeit bestehen, kann noch eine Überlegungsfrist jedenfalls bis zur Fälligkeit der ersten Rate hinzutreten, BAG 10.7.2010, NZA 2011, 413.

124 BAG 22.5.1990, NZA 1991, 263 = AP HGB § 74 Nr. 60.

125 LAG Düsseldorf 10.2.1993, NZA 1993, 849; zust. Buchner AR-Blattei SD 1830.3 Rn. 173. Das BAG 5.9.1995, BAGE 80, 380 = AP HGB § 74 Nr. 67 kommt in der Revision zu einem abweichenden Ergebnis. Es verlangt eine „eindeutige Formulierung" im Vertrag, dass die Karenz jedenfalls in voller Höhe gezahlt werde. Ohne diese sei davon auszugehen, dass der Arbeitgeber die Entschädigung reduzieren wolle.

126 BAG 27.9.1988, NZA 1989, 467 = AP BGB § 611 Konkurrenzklausel Nr. 35.

127 BAG 30.10.1984, BAGE 47, 125 = NZA 1985, 429.

128 BAG 16.12.2021, NZA 2022, 713 Rn. 25; 19.11.2008, NZA 2009, 318; 10.1.1989, NJW 1989, 2149; BeckOK HGB/Hagen, 78. Ed. 1.12.2025, Rn. 45; HWK/Diller Rn. 69; iE Lingemann/Groneberg NJW 2011, 2028; Bauer/Diller Wettbewerbsverbote Rn. 712 f.; vgl. aber auch den Sonderfall: LAG Hamm 12.8.2019, BeckRS 2019, 20177 mAnm Herrmann EWiR 2020, 187 und mAnm Boemke jurisPR-ArbR 3/2020 Anm. 4.

129 BAG 24.6.2009, AP HGB § 74 Nr. 81 mAnm Oesterle jurisPR-ArbR 48/2009 Anm. 1; für den gerichtlichen Vergleich bereits BAG 22.10.2008, NJW 2009, 618 = NZA 2009, 139.

130 BAG 16.12.2021, NZA 2022, 713 Rn. 26, wonach bei Schweigen zum Wettbewerbsverbot in einem Aufhebungsvertrag dieses idR weiter Wirkung entfaltet; LAG Köln 17.3.2011, NZA-RR 2011, 513 mAnm Gromann und mAnm Fuhlrott EWiR 2012, 135.

131 LAG Düsseldorf 21.9.2015, BeckRS 2015, 73316; LAG Berlin-Brandenburg 10.12.2019, BeckRS 2019, 38077 Rn. 24 f. mAnm Wittek DB 2020, 1406.

132 LAG Rheinland-Pfalz 24.10.2012, BeckRS 2013, 66649.

133 BAG 2.12.1968, NJW 1969, 679 = DB 1969, 352.

134 BAG 13.11.1975, DB 1976, 439 = AP HGB § 74c Nr. 7.

135 BAG 30.10.1984, BAGE 47, 125 (128) = AP HGB § 74 Nr. 46.

136 BAG 23.11.2004, AP HGB § 74 Nr. 75; LAG Köln 17.3.2011, NZA-RR 2011, 513.

137 Dies bleibt nach BAG 30.10.1984, BAGE 47, 128 = AP HGB § 74 Nr. 46 „unbenommen".

138 BAG 31.1.2018, NZA 2018, 578; zuvor schon LAG Mecklenburg-Vorpommern 4.8.2014, BeckRS 2014, 72301; Bauer/Diller Wettbewerbsverbote Rn. 752; BeckOK HGB/Hagen, 78. Ed. 1.12.2025, Rn. 45a.

139 BeckOGK/Ittmann, 1.9.2025, Rn. 185; GK-HGB/Etzel Rn. 64; HWK/Diller Rn. 121; Gaul/Ludwig NZA 2013, 489; **aA** Nägele BB 1989, 1481.

140 HWK/Diller Rn. 122 mit dem Hinweis, dass sich auch die Perspektive des geschäftlichen Interesses (§ 74a) verschiebt.

Widerspruchs nach § 613a BGB bleibt das Arbeitsverhältnis einschließlich Wettbewerbsabsprachen zum Veräußerer bestehen.[141] Dies gilt nicht für im Zeitpunkt des Übergangs ausgeschiedene Mitarbeiter, weil in diesem Fall § 613a BGB keine Wirkung entfaltet.[142] – Bei der **Insolvenz des Arbeitgebers** gilt: der Insolvenzverwalter hat ein Wahlrecht nach § 103 InsO. Verlangt er die Einhaltung des Verbots, wird die Entschädigung, die nach Eröffnung der Insolvenz fällig wird, zur Masseverbindlichkeit.[143] – Der **Tod des Arbeitnehmers** führt zur Beendigung der beiderseitigen Pflichten. Das höchstpersönliche Unterlassungsgebot entfällt, gleichzeitig können bislang nicht fällige Entschädigungsansprüche nicht mehr zur Entstehung gelangen.[144]

IV. Formanforderungen

1. Schriftform. Das Gesetz schreibt zunächst vor, dass bei Vereinbarung einer Karenz die Schriftform gewahrt sein muss.[145] Das gilt auch für Teile, etwa die Zusage der Vergütung.[146] Damit gilt **§ 126 BGB,** dh beide Parteien müssen auf derselben Urkunde unterschreiben.[147] Bei mehreren, gleichlautenden Urkunden genügt, wenn jede Seite auf dem der anderen Seite auszuhändigenden Exemplar unterschreibt (§ 126 Abs. 2 S. 2 BGB).[148] Die Unterschriften müssen **eigenhändig** erfolgen. Faxe, fotokopierte oder eingescannte Namenszüge genügen nicht.[149] Die Schriftform gilt auch bei Verlängerungen. Wird das Wettbewerbsverbot im Rahmen eines befristeten Arbeitsverhältnisses vereinbart, so ist es formunwirksam, wenn der Arbeitsvertrag nach Fristablauf nur mündlich verlängert wird.[150] Bei einer **Gesamtvertretung** auf Seiten des Arbeitgebers müssen alle maßgeblichen Unterschriften auf der Urkunde zu finden sein. Ein Mangel insoweit kann nicht durch nachträgliche Genehmigung geheilt werden.[151] Natürlich ist Vertretung möglich.[152] Prokuristen müssen mit dem Zusatz „ppa." unterzeichnen.[153] Ersetzt werden kann die Schriftform durch notarielle Beurkundung oder durch gerichtliche Protokollierung,[154] nicht aber durch die elektronische Form.[155] In **Anlagen** enthaltene Abreden müssen eigens unterschrieben sein.[156] Es kann aber auch eine feste Verbindung mit dem unterschriebenen Vertrag den Zusammenhang herstellen.[157] Nach neuerer Auffassung genügt eine eindeutige, klar individualisierbare Bezugnahme, etwa durch Paraphierung oder in ähnlicher Weise.[158] Für spätere Änderungen kommt es darauf an, ob die Parteien insoweit eine Form vereinbart haben.[159] Wird ein schriftlicher Vertrag mit Konkurrentenschutzklausel gekündigt und dann auf mündlicher Grundlage fortgesetzt, ist die Form nicht mehr eingehalten.[160] Ein Verstoß gegen das Erfordernis der Schriftform führt zur **Nichtigkeit** der Wettbewerbsabrede, wodurch aber die Wirksamkeit des Arbeitsvertrags regelmäßig nicht berührt wird.[161] Eine Geltendmachung des 25

---

[141] MüKoHGB/Thüsing Rn. 76; modifizierend LAG Nürnberg 4.2.2003, BeckRS 2003, 40477 – gebunden für die Dauer einer (fiktiven) Kündigungsfrist.

[142] LAG Hessen 3.5.1993, NZA 1994, 1033; LAG Köln 8.7.2011, ZIP 2012, 243; BeckOGK/Ittmann, 1.9.2025, Rn. 186; Ebenroth/Boujong/Rudkowski Rn. 49.

[143] Bauer/Diller Wettbewerbsverbote Rn. 1020; BeckOGK/Ittmann, 1.9.2025, Rn. 184; ausf. Ebenroth/Boujong/Rudkowski Rn. 53 ff.; vgl. LAG Nürnberg 1.10.2014, ZInsO 2015, 407.

[144] Cordt, Die Vererbung arbeitsrechtlicher Ansprüche, 2017, 148, 150.

[145] Bauer/Diller Wettbewerbsverbote Rn. 185 ff.; Fuhlrott FA 2012, 162.

[146] LAG Düsseldorf 4.12.2009, ArbR 2010, 276.

[147] BAG 30.10.1984, BAGE 47, 125 (126) = AP HGB § 74 Nr. 46; 14.7.2010, NZA 2011, 440 Rn. 30; 15.1.2014, NZA 2014, 536 Rn. 21 – erfasst die wesentlichen Inhalte der Absprache; nach LAG München 26.8.2010, BB 2010, 3029 ist es allerdings unschädlich, wenn sich die Unterschrift in einem falschen Formularfeld befindet; krit. dazu Fülbier BB 2010, 2955 (3032).

[148] BAG 14.7.2010, NZA 2011, 413 Rn. 33–36; BeckOGK/Ittmann, 1.9.2025, Rn. 30; ErfK/Oetker Rn. 13.

[149] BGH 28.1.1993, NJW 1993, 1126.

[150] LAG Hamm 4.2.2007, BeckRS 2009, 59; 16.2.2016, BeckRS 2016, 69103; Maaß ZAP 2025, Nr. 4, 194 (195); krit. Bauer/Diller Wettbewerbsverbote Rn. 196a; vgl. zu Änderungsvereinbarungen auch BeckOGK/Ittmann, 1.9.2025, Rn. 32.

[151] LAG Sachsen 10.3.1998, LAGE BGB § 620 Hochschulen Nr. 1.

[152] LAG Hamm 19.2.2008, BeckRS 2008, 53589.

[153] LAG Hamm 10.1.2005, NZA-RR 2005, 428.

[154] Hopt/Roth Rn. 17.

[155] ErfK/Oetker Rn. 13 m. zutr. Hinweis auf § 2 Abs. 1 S. 3 NachwG; **aA** HWK/Diller Rn. 29; Bauer/Diller Wettbewerbsverbote Rn. 190.

[156] BeckOGK/Ittmann, 1.9.2025, Rn. 31; HWK/Diller Rn. 30.

[157] So noch BAG 30.10.1984, BAGE 47, 125 = NZA 1985, 429.

[158] BAG 10.7.2010, NZA 2011, 413.

[159] MüKoHGB/Thüsing Rn. 36.

[160] LAG Hamm 16.2.2016, BeckRS 2016, 69103 mAnm Fuhlrott GWR 2016, 285.

[161] BeckOK HGB/Hagen, 78. Ed. 1.12.2025, Rn. 10; MüKoHGB/Thüsing Rn. 40.

Formmangels kann im Allgemeinen nicht als treuwidrig behandelt werden.[162] Erklärt aber der Vertreter des Arbeitgebers auf Bedenken des Arbeitnehmers, der Vertrag sei „vom Hausjuristen geprüft", so kann eine Anwendung des § 242 BGB in Betracht kommen.[163]

26 **2. Aushändigung der Urkunde.** Weiter verlangt § 74 Abs. 1 die Aushändigung einer vom Prinzipal unterzeichneten Urkunde. Die Unterschrift muss **eigenhändig** erfolgt sein.[164] Wichtig ist auch der **Zeitpunkt** der Aushändigung. Die Urkunde muss unmittelbar im Zusammenhang mit dem Vertragsschluss übergeben werden, anderenfalls ist sie unverbindlich.[165] Erfolgt die Übergabe später, kann der Arbeitnehmer die Urkunde zurückweisen mit der Konsequenz, nicht an die Abrede gebunden zu sein.[166] Eine spätere Entgegennahme der Urkunde vermag den Mangel zu heilen, aber nur, wenn sich der Arbeitnehmer dieser Wirkung der Entgegennahme bewusst ist.[167] Umgekehrt ist es dem Arbeitgeber verwehrt, sich darauf zu berufen, dass eine Aushändigung der Urkunde nicht erfolgt ist.[168]

V. Zahlung für die Dauer der Karenz (Abs. 2)

27 **1. Vereinbarung.** Seit 1914 gilt im deutschen Recht der Grundsatz: die wettbewerbliche Abstinenz nach Ende eines Beschäftigungsverhältnisses gibt es nur gegen Entschädigung.[169] Anders als § 90a für den selbständigen Handelsvertreter regelt § 74 für den Arbeitnehmer keinen gesetzlichen Anspruch.[170] Den Parteien wird vielmehr eine rechtsbegründende Vereinbarung abverlangt.[171] Und hier gibt es in der **Praxis** ein Phänomen: die **Arbeitgeber,** denen an einem Wettbewerbsverbot gelegen ist, **scheuen die klare Zusage** einer Entschädigung.[172] Das BAG verlangt aber eine eindeutige Vertragsgestaltung, die den Arbeitnehmer nicht im Unklaren lässt.[173] Zweifel gehen zu Lasten des Arbeitgebers. Dabei führen Zweifel an der Ernsthaftigkeit einer **Zusage überhaupt zur Nichtigkeit** des Wettbewerbsverbots.[174] Das gilt nach § 74 Abs. 2 für das Fehlen einer Zahlungszusage.[175] Hierhin zählt etwa auch der pauschale Hinweis auf die §§ 74 ff.[176] Um aber auch nicht den Vertragsgestaltern in die Hände zu arbeiten, die auf eine abschreckende Wirkung auch rechtsunwirksamer Vereinbarungen („Bluff") setzen, gilt es, die Nichtigkeitsfolge einzugrenzen. Einen Grenzfall bildet deshalb der Verweis auf § 74 Abs. 2, § 74c. Da diese Normen sich mit dem Entgelt in der Karenz befassen, sieht das BAG hier einen ausreichenden Anhalt, auf einen hinreichend präzisen Rechtsbindungswillen zu schließen.[177] Die Rspr. leitet eine Vereinbarung daraus ab, dass eine Entschädigung in Mindesthöhe zu zahlen sei.[178] Unzureichend ist hingegen bei fehlender Karenzzusage die Regelung einer salvatorischen Klausel mit Ersetzungsfunktion.[179] Das LAG Hamm hatte hier versucht, durch extensive Auslegung Arbeitgeber zu binden, welche solche Wettbewerbsverbote im Hinblick auf ihre scheinbare Abschreckung missbrauchen.[180] Das BAG setzt darauf, dass der Arbeitnehmer

---

162 BAG 26.9.1957, AP HGB § 74 Nr. 2.

163 LAG Düsseldorf 4.12.2009, ArbR 2010, 276 = FD-ArbR 2010, 303231 = BeckRS 2010, 67734 – Revision BAG 10 AZR 22/10 (verglichen).

164 HWK/Diller Rn. 32.

165 Maaß ZAP 2025 Nr. 4, 194 (195).

166 BeckOK HGB/Hagen, 78. Ed. 1.1.2025, Rn. 11.

167 LAG Nürnberg 21.7.1994, NZA 1995, 532.

168 BAG 23.11.2004, BAGE 112, 376 = NZA 2005, 41; LAG Hamm 19.9.1993, LAGE HGB § 74 Nr. 18.

169 Ebenroth/Boujong/Rudkowski Rn. 57.

170 Die Stimmen, hier Abhilfe zu schaffen, mehren sich, Buchner AR-Blattei 1830.3 Rn. 294.

171 BAG 22.3.2017, NJW 2017, 2363; HWK/Diller Rn. 75; MüKoHGB/Thüsing Rn. 4.

172 Plastisch Grunsky RdA 1988, 713.

173 BAG 5.9.1995, BAGE 80, 380 = AP HGB § 74 Nr. 67; MüKoHGB/Thüsing Rn. 5.

174 BAG 13.9.1969, BAGE 22, 125 = NJW 1970, 625; 3.5.1994, AP HGB § 74 Nr. 65; 28.6.2006, NZA 2006, 1157.

175 Vgl. Bettenhausen BB 2018, 1017 mwN Fn. 42: selbst wenn sich der Arbeitnehmer an das Wettbewerbsverbot hielte, fehlte eine Grundlage für eine Zahlung; **aA** ArbG Berlin 20.1.2017, BeckRS 2017, 106721 m. ausf. Begr.; zutr. verweist Gravenhorst jurisPR-ArbR 1/2018 Anm. 2 darauf, dass einer solchen Auslegung der klare Wortlaut des § 74 Abs. 2 entgegensteht.

176 BAG 28.6.2006, NZA 2006, 1157; LAG Bremen 4.5.1966, DB 1966, 1440; HWK/Diller Rn. 92; Grunsky NZA 1988, 714 f.; großzügiger laut Sachverhalt LAG Köln 18.4.1984, NZA 1984, 91; LAG Nürnberg 16.6.2005, LAGE HBG § 74 Nr. 20.

177 BAG 28.6.2006, NJW 2006, 3659; 14.8.1975, DB 1975, 2187; LAG Hessen 26.6.2014, BeckRS 2015, 70400.

178 Heftig umstr., LAG Köln 28.5.2010, BeckRS 2010, 74441 mit einer mehr als phantasievollen Auslegung; abl. Bauer/Diller Wettbewerbsverbote Rn. 437 ff.; Hunold NZA-RR 2013, 174.

179 Bauer/Diller Wettbewerbsverbote Rn. 443 f.

180 LAG Hamm 18.2.2014, BeckRS 2014, 67411 Rn. 138; 5.6.2015, BeckRS 2015, 72694.

nur bei einer klaren Regelung der Karenz im Vertrag bei einer neuen Arbeitssuche sicher entscheiden könne, ob er wettbewerblich gebunden sei oder nicht.[181] Damit ist dieser Weg, die Karenzzusage zu retten, künftig verschlossen.[182] Ist **nur die Höhe der Entschädigung unklar**[183] **oder unterschreitet** diese die **gesetzlichen Anforderungen,** führt dies zur Unverbindlichkeit mit einem damit einhergehenden Wahlrecht des Arbeitnehmers.[184] Dieses **Wahlrecht** ist grundsätzlich zu Beginn der Karenz auszuüben.[185] Steht die Wirksamkeit des Wettbewerbsverbots im Streit, kann die Entscheidung über eine Bindung bis zur gerichtlichen Klärung der Bindung aufgeschoben werden, wenn sich der Arbeitnehmer nicht abredewidrig verhält.[186] Wettbewerbsverbot und Entschädigung sind untrennbare, **im Synallagma stehende Teile** derselben Vereinbarung.[187]

2. Bestandteile der Entschädigung. Das Gesetz verlangt, dass die Entschädigung „mindestens die Hälfte der … zuletzt bezogenen vertragsmäßigen Vergütung erreicht". Diese Formulierung deckt **alle** vom Arbeitgeber auf der Grundlage des Vertrags **als Vergütung erbrachten Leistungen** ab.[188] Aus „zuletzt" erhellt, dass die aktuelle Vergütung, nicht die Vergütung im Zeitpunkt der Zusage angesprochen ist.[189] Zwar ist durchaus denkbar, dass die Parteien insofern einen festen Betrag in Valuta aushandeln. Sie laufen dann aber Gefahr, dass die ökonomische Entwicklung zur Unwirksamkeit der Abrede führt. Üblich sind daher Vereinbarungen, die sich an Einkommensbruchteilen orientieren.[190] Enthalten sind in der Berechnung zunächst die festen Bezüge, obwohl eine Klausel, die nur auf die festen Bezüge, etwa das „Festgehalt", abstellt, unwirksam ist, weil die Variablen dann ausgeblendet werden.[191] Einzubeziehen sind nämlich Provisionen, Gratifikationen, Tantiemen, Gewinn- und Umsatzbeteiligungen,[192] Urlaubsgeld und Urlaubsentgelt,[193] auch Sachleistungen wie Dienstwagen oder Werkswohnung.[194] Ausgeblendet werden nur (nicht pauschalierte) Aufwendungen[195] und ganz spezielle, nicht „planmäßige" Zuwendungen wie Geburtsbeihilfen oder Jubiläumsgaben.[196] Nicht erfasst sind aber etwa sog. Restricted Stock Units, die nicht seitens des Vertragsarbeitgebers, sondern von der Muttergesellschaft zugesagt und gewährt werden – es sei denn, der Vertragsarbeitgeber hat sich auch selbst vertraglich verpflichtet.[197] Zu den „zuletzt bezogenen vertragsmäßigen Leistungen" iSv § 74 Abs. 2 können auch abgerechnete Leistungen aus einem virtuellen Aktienoptionsprogramm zählen. Wenn im laufenden Arbeitsverhältnis virtuelle Aktienoptionsrechte ausgeübt werden, stellt die sodann abgerechnete und erbrachte Leistung des Arbeitgebers in der Regel jedenfalls auch eine Gegenleistung für die Arbeitsleistung dar.[198] Denkbar ist auch eine „offene" Formulierung der Anspruchshöhe. Steht die Karenz „im Ermessen" des Arbeitgebers, so schuldet 28

[181] BAG 22.3.2017, BAGE 158, 329 Rn. 33 f. = NZA 2017, 845.

[182] Zust. Anm. Boemke jurisPR-ArbR 34/2017 Anm. 6; Boemke JuS 2018, 489; Hexel DB 2017, 1911; Ley BB 2017, 1984; Naber NZA 2017, 1170; **aA** allerdings LAG Hamm 18.2.2014, BeckRS 2014, 67411; Schaub ArbR-HdB/Vogelsang § 55 Rn. 57, der dem Arbeitnehmer die Möglichkeit lassen möchte, sich auf die Regelung zu berufen; krit. auch Kock NJW 2017, 2366.

[183] BAG 15.1.2014, NZA 2014, 536 Rn. 23: Zahlung, „die in unserem Ermessen steht". Vorinstanz: LAG Niedersachsen 9.1.2013, LAGE HGB § 74 Nr. 23; krit. Anm. Diller AP HGB § 74 Nr. 86.

[184] BeckOGK/Ittmann, 1.9.2025, Rn. 136; Staub/Weber/Gräf Rn. 59; GK-HGB/Etzel Rn. 34; Buchner AR-Blattei 1830.3 Rn. 270.

[185] BAG 24.4.1980, NJW 1980, 2429; 19.1.1978, BAGE 30, 23 (28) = AP HGB § 74 Nr. 36.

[186] BAG 19.1.1978, BAGE 30, 23 (28) = AP HGB § 74 Nr. 36.

[187] LAG Baden-Württemberg 12.3.1969, BB 1969, 404 = FHZivR 15 Nr. 4501; Heymann/Henssler/Michel Rn. 37.

[188] BeckOGK/Ittmann, 1.9.2025, Rn. 132 ff.; BAG 25.8.2022, NZA 2023, 154 Rn. 26: alle Leistungen, „die auf dem Austauschcharakter des Arbeitsvertrags beruhen und als Vergütung für geleistete Arbeit erbracht werden", NZA 2023, 154.

[189] Buchner AR-Blattei 1830.3 Rn. 312.

[190] GK-HGB/Etzel Rn. 42.

[191] BeckOGK/Ittmann, 1.9.2025, Rn. 133; HWK/Diller Rn. 94; LAG Hessen 10.2.1997, LAGE HGB § 74 Nr. 18.

[192] BAG 16.12.2021, NZA 2022, 713 Rn. 63; unabhängig von der Fälligkeit: BAG 9.1.1990, BAGE 64, 1 = NZA 1990, 519; MüKo/Thüsing Rn. 47; nicht aber die Gewährung von Aktienerwerbsrechten durch Dritte im Zusammenhang mit dem Arbeitsverhältnis, vgl. BAG 25.8.2022, NZA 2023, 154 Rn. 35 ff.; zu den Schwierigkeiten bei „Virtuell-Stock-Programmen" Naber/Seeger GWR 2016, 117.

[193] Maaß ZAP 2025 Nr. 4, 194 (196) – nicht aber Urlaubsabgeltung.

[194] Ebenroth/Boujong/Rudkowski Rn. 63; MüKoHGB/Thüsing Rn. 47.

[195] Ebenroth/Boujong/Rudkowski Rn. 47.

[196] HWK/Diller Rn. 78.

[197] BAG 25.8.2022, NZA 2023, 154 Rn. 27 ff.; vgl. dazu Anm. Diller in ArbRAktuell 2022, 481, der für den Einbezug der „total compensation" plädiert.

[198] BAG 27.3.2025, NZA 2025, 935 mAnm Diller FD-ArbR 2025, 807323; zum Vergütungscharakter virtueller Aktienoptionsrechte vgl. auch BAG 19.3.2025, NZA 2025, 927 = BB 2025, 2295.

dieser über § 315 Abs. 1 BGB eine Leistungsbestimmung, die in vollem Umfang der gerichtlichen Prüfung unterworfen ist und mindestens das gesetzliche Soll von 50 % erreichen muss.[199]

29 **3. Berechnungsmethoden.** Die Berechnung der Entschädigung kann im Einzelfall zu Komplikationen führen. So sind zunächst für fixe oder variable Anteile des Entgelts unterschiedliche Ermittlungsmethoden einzusetzen. Unabhängig von der Gehaltsentwicklung ist für die Berechnung der **festen Gehaltsbestandteile** der Bezug der letzten vertraglichen Zahlungsperiode, regelmäßig also der **Bezug im letzten Monat** maßgeblich.[200] Dies gilt auch bei Teilzeitbeschäftigung, obwohl dem Arbeitnehmer während der Karenz die Aufnahme einer (konkurrierenden) Vollzeitbeschäftigung verschlossen ist.[201] Nach der bisherigen Rspr. des BAG muss sich auch eine Arbeitnehmerin in Elternzeit daran festhalten lassen, dass die Entschädigung aus einer abgesenkten Einkommensgrundlage berechnet wird.[202] Fraglich erscheint, ob das mit europarechtlichen Vorgaben vereinbar ist.[203] Hinsichtlich der **variablen Bestandteile** ist – dies folgt aus § 74b – auf den Durchschnitt der letzten drei Jahre abzustellen. Hat die für die Bezüge bei der Beendigung des Arbeitsverhältnisses maßgebende Vertragsbestimmung noch nicht drei Jahre bestanden, so erfolgt der Ansatz nach dem Durchschnitt des Zeitraums, für den die Bestimmung in Kraft war (§ 74 Abs. 2 S. 2).[204] Nicht die konkreten Zahlungen oder ihre jeweilige Fälligkeit sind entscheidend, vielmehr ist die Zuordnung des Anspruchs zum jeweiligen Zeitabschnitt von Bedeutung.[205] Allerdings werden auch Leistungen eingerechnet, die dem Arbeitnehmer gewährt wurden, ohne dass insofern ein Anspruch bestanden hat.[206] Die Berechnung ist im Einzelnen äußerst kompliziert, bei einem Wechsel von Teilzeit zu Vollzeit oder bei Altersteilzeit kommt auch eine Quotelung in Betracht.[207] Die Rspr. geht bei einem Wechsel zur Teilzeit davon aus, dass auf den zuletzt erzielten Verdienst abzustellen ist.[208] Dafür spricht der Gesetzeswortlaut auch bei Altersteilzeit. Es wäre Sache des Arbeitnehmers, hier im Verhandlungsweg eine höhere Vergütung zu erzielen.[209]

30 **4. Entstehung des Anspruchs.** Der Anspruch entsteht mit dem Ende der Beschäftigungszeit, mit dem Beginn der Karenz. Es ist gleichgültig, ob der Arbeitnehmer überhaupt in der Lage ist, eine konkurrierende Tätigkeit aufzunehmen.[210] Krankheit,[211] Studium oder Auslandsaufenthalt hindern nicht, dass die **höchstpersönliche Unterlassungspflicht** erfüllt wird.[212] Lediglich der Tod oder – dies regelt § 74c Abs. 1 S. 3 als Ausnahme – die Verbüßung einer Freiheitsstrafe führen zum Erlöschen der Verpflichtung. Grundsätzlich ist der (ehemalige) Arbeitgeber zur Zahlung verpflichtet. Nur in Ausnahmefällen ist die Verpflichtung eines Dritten denkbar, etwa in Gestalt einer Konzernobergesellschaft.[213] **Fällig** wird der Anspruch jeweils **zum Monatsende.**[214] Folglich gerät der Arbeitgeber ohne Mahnung in Verzug (§ 286 Abs. 2 Nr. 1 BGB). Während das „Stammrecht" unberührt bleibt, **verjähren** die Ansprüche auf die einzelnen Raten in drei Jahren, wobei diese Frist mit dem Ende des Kalenderjahres beginnt, in welchem die Rate fällig geworden ist.[215] Tarifliche Ausschlussklauseln greifen.[216] Ebenso gelten Verfallklauseln aus Arbeitsverträgen, die

---

[199] BAG 15.1.2014, NZA 2014, 536 Rn. 32, 34 m. krit. Anm. Diller AP HGB § 74 Nr. 86.

[200] GK-HGB/Etzel Rn. 44; Versuche, etwa den Durchschnitt des letzten Jahres zugrunde zu legen, führen zur Unverbindlichkeit und zum Wahlrecht des Arbeitnehmers: LAG Hamm 25.11.2008, BeckRS 2009, 55136; 23.3.2010, BeckRS 2010, 70152.

[201] HWK/Diller Rn. 87.

[202] BAG 22.10.2008, NZA 2009, 962 mit ausf. Begr. im Hinblick auf Art. 6 GG und Art. 3 GG, welche Stichtagsregelungen nicht ausschließen. Vgl. hierzu auch Merkes ZESAR 2010, 134; Hahn FA 2010, 43.

[203] Vgl. hierzu und zu Recht krit. Bauer/Diller Wettbewerbsverbote Rn. 414.

[204] Einmalige Leistungen bei Ausübung virtueller Aktienoptionen sind entsprechend umzurechnen, vgl. BAG 27.3.2025, NZA 2025, 935.

[205] BAG 9.1.1990, BAGE 64, 1 = NZA 1990, 519; LAG Düsseldorf 10.12.2002, NZA-RR 2003, 570.

[206] BAG 16.11.1973, BAGE 25, 385 (389) = NJW 1974, 765 (766).

[207] HWK/Diller Rn. 87; Bauer/Diller Wettbewerbsverbote Rn. 407 ff.; vgl. auch Heilmann/Koch NZA 2018, 339 (340 f.).

[208] BAG 22.10.2008, NZA 2008, 962 für die Elternzeit.

[209] Heilmann/Koch NZA 2018, 338 (340).

[210] BAG 8.2.1974, AP HGB § 74c Nr. 4; MüKoHGB/Thüsing Rn. 44.

[211] BAG 23.11.2004, BAGE 112, 376 = NZA 2005, 41 = AP HGB § 74 Nr. 75.

[212] BeckOGK/Ittmann, 1.9.2025, Rn. 148; ErfK/Oetker Rn. 16.

[213] HWK/Diller Rn. 89.

[214] BeckOGK/Ittmann, 1.9.2025, § 74b Rn. 2.

[215] HWK/Diller Rn. 99.

[216] BAG 22.6.2005, AP TVG § 4 Nr. 183 Ausschlussfrist; 17.6.1997, NZA 1998, 258; ErfK/Oetker Rn. 17; **aA** Ebenroth/Boujong/Rudkowski § 74b Rn. 6, die hierin Abweichungen zu Lasten der Arbeitnehmer sehen, die dem Verbot des § 75d unterfallen.

„alle beiderseitigen Ansprüche" erfassen.[217] Stirbt der Arbeitnehmer während der Karenzzeit, so erlischt der noch nicht fällig gewordene Anspruch auf Zahlung der Entschädigung. Lediglich die bereits fällig gewordenen Teilansprüche sind vererbbar und gehen im Wege der **Rechtsnachfolge** auf die Erben über.[218]

VI. Verletzung der Wettbewerbsabrede

1. Ansprüche des Arbeitgebers. Der Inhalt des Anspruchs wird konkretisiert durch den Inhalt der Wettbewerbsabrede. Neben konkret beschriebenen Tätigkeiten[219] kommen zeitliche und örtliche Komponenten in Betracht. Primär kann der Arbeitgeber **Unterlassung** jeder abredewidrigen Tätigkeit verlangen.[220] Diese muss allerdings feststehen, der bloße Verdacht genügt nicht.[221] Die Unterlassung umfasst die **Beseitigung einer fortdauernden Störung,** also etwa die Schließung eines konkurrierenden Betriebs,[222] die Löschung seiner Eintragung im Handelsregister[223] wie auch die Beendigung einer Tätigkeit für einen anderen Arbeitgeber, sei es insgesamt, sei es in einem konkreten Kontext.[224] Neben den Erfüllungsanspruch und seine Durchsetzung treten **Sekundäransprüche.** Zunächst begründet der Vertragsverstoß ein **Zurückbehaltungsrecht bzw. ein Leistungsverweigerungsrecht nach §§ 320 ff. BGB.**[225] Letzteres führt allerdings praktisch dazu, dass das Zurückbehaltungsrecht verdrängt wird.[226] Weiter kann der Arbeitgeber Schadensersatz verlangen. Grundlage sind hier die §§ 280 ff. BGB.[227] Voraussetzung ist also neben dem objektiven Pflichtverstoß ein Verschulden.[228] Der **Schadensersatz** umfasst den entgangenen Gewinn (§ 252 BGB), doch hat der Arbeitgeber anders als bei einem Wettbewerbsverstoß im aktiven Arbeitsverhältnis kein Eintrittsrecht wie in § 61.[229] Auch Detektivkosten kann der Arbeitgeber hier – im Rahmen des Zulässigen – mit geltend machen.[230] Der Durchsetzung des Schadensersatzanspruchs dient – entsprechend der Sachlage bei § 615 BGB – ein selbständiger Anspruch des Arbeitgebers auf **Auskunft.**[231] Diese Auskunft umfasst die Namen von Mandanten, die abredewidrig gebunden oder beraten worden sind.[232] Solange der Arbeitnehmer schuldhaft gegen das Wettbewerbsverbot verstößt, geht der Anspruch auf Karenzentschädigung nach §§ 275, 326 BGB unter.[233] Der Arbeitgeber kann nach erfolgloser Fristsetzung gem. § 323 Abs. 1, 5 BGB von der **Wettbewerbsabrede zurücktreten** mit der Folge, dass der Arbeitnehmer für die Zukunft den Anspruch auf Entschädigung verliert.[234] Ob die Zahlung einer Vertragsstrafe fällig wird, hängt von der Vereinbarung einer an § 75c zu messenden Vereinbarung ab. – Keinen flankierenden Schutz gewähren die §§ 823, 1004 BGB, da die Verpflichtung des Arbeitnehmers ihre Grundlage nur im Vertrag findet.[235] Dagegen kann unter Umständen ein weiterer Anspruch nach §§ 3 ff. UWG in Betracht kommen.[236] 31

2. Verstöße des Arbeitgebers. Wenn der Arbeitgeber die Entschädigung nicht fristgerecht bezahlt, gerät er ohne weitere Mahnung in **Verzug.** Er ist zum Ausgleich des Verzögerungsschadens und zur Zahlung der Verzugszinsen verpflichtet.[237] Allerdings begründet § 320 BGB nicht ein Recht 32

[217] LAG Baden-Württemberg 14.1.2014, BeckRS 2015, 72048; LAG Nürnberg 21.2.2007, NZA-RR 2007, 428.
[218] Cordt, Die Vererbung arbeitsrechtlicher Ansprüche, 2017, 148, 150.
[219] Zur Nutzung sozialer Netzwerke Frik/Klühe DB 2013, 1174.
[220] BAG 30.1.1970, AP GewO § 133f Nr. 24 = BB 1970, 801; Maaß ZAP 2025 Nr. 4, 194 (201).
[221] LAG Baden-Württemberg 14.1.2014, BeckRS 2015, 72048.
[222] MüKoHGB/Thüsing Rn. 55.
[223] Hopt/Roth Rn. 10.
[224] HWK/Diller Rn. 113 f.
[225] BAG 7.7.2015, BAGE 152, 99 Rn. 29 = NZA 2015, 1253.
[226] Bauer/Diller Wettbewerbsverbote Rn. 906.
[227] BAG 5.8.1968, AP HGB § 74 Nr. 24 = BB 1968, 1288; Hopt/Roth Rn. 11.
[228] MüKoHGB/Thüsing Rn. 60.
[229] BeckOGK/Ittmann, 1.9.2025, Rn. 163; Bauer/Diller Wettbewerbsverbote Rn. 908.
[230] LAG Köln 10.10.2001, DB 2002, 592 = RDV 2002, 247; Bauer/Diller Wettbewerbsverbote Rn. 908.
[231] BAG 29.7.1993, NJW 1994, 2043 (2045) = NZA 1994, 116.
[232] BAG 27.9.1988, AP BGB § 611 Konkurrenzklausel Nr. 35; LAG München 19.8.1986, DB 1987, 1444.
[233] BAG 5.7.2015, NZA 2015, 1253 Rn. 29 f.
[234] Bauer/Diller NJW 2002, 1609 (1612); ggf. auch ohne Rücktrittsfrist, vgl. BeckOGK/Ittmann, 1.9.2025, Rn. 160 f.
[235] Hopt/Roth Rn. 15. Allerdings kommt ein Anspruch gegen einen neuen Arbeitgeber des Arbeitnehmers nach §§ 823, 1004 BGB in Betracht, vgl. Bauer/Diller Wettbewerbsverbote Rn. 898.
[236] Gegen den Arbeitgeber BGH 11.1.2007, WRP 2007, 951 = NJW 2007, 2999; Bauer/Diller Wettbewerbsverbote Rn. 898.
[237] MüKoHGB/Thüsing Rn. 65.

des Arbeitnehmers, im Wege der „Zurückbehaltung" nun wettbewerblich tätig zu werden.[238] Will er sich von der Wettbewerbsabrede lösen, muss er seinerseits vom Vertrag zurücktreten. § 314 BGB steht der Ausübung des nur auf die Vereinbarung nach §§ 74 ff. bezogenen Gestaltungsrechts nicht entgegen.[239] Der **Rücktritt** wirkt zudem nur für die Zukunft.[240] Zwar sieht das Rücktrittsrecht an sich eine Rückabwicklung ex tunc vor.[241] Doch sollte – wie beim faktischen Arbeitsverhältnis[242] – eine teleologische Reduktion die Rechtsfolgen auf eine Wirkung ex nunc beschränken.[243] Es vereinfacht die Abwicklung, zumal Vergangenes, insbesondere auch in der Vergangenheit liegende Unterlassungen,[244] regelmäßig schwer zu erfassen ist.[245] Damit unterscheiden sich die Rechtsfolgen allerdings von denen einer Unwirksamkeit nach § 75 (→ § 75 Rn. 6). Dies rechtfertigt sich aber daraus, dass die Ursache des Rücktritts auf einer Störung der Wettbewerbsvereinbarung nach Beendigung des Arbeitsverhältnisses beruht, wohingegen eine Loslösung nach § 75 ihre Ursache im aktiven Arbeitsverhältnis hat. – Neben den Rücktrittsfolgen bleibt ein etwa gegebener Anspruch auf Schadensersatz erhalten.[246]

VII. Darlegungslast und Verfahren

33 **1. Darlegungs- und Beweislast.** Begehrt der Arbeitnehmer **Karenzentschädigung,** so liegt die Darlegungs- und Beweislast für das Vorliegen einer anspruchsbegründenden Abrede zunächst bei ihm. Angesichts des Formzwangs bereitet dies in der Regel keine Schwierigkeiten. Entsprechend der Komplexität der Komponenten bei der Anspruchshöhe können in diesem Bereich Zweifel zu Lasten des Anspruchstellers gehen. Die Einwendung, der Arbeitnehmer habe sich wettbewerbswidrig verhalten, muss vom Arbeitgeber mit Tatsachen unterlegt werden. Im Rahmen einer abgestuften Darlegung liegt es dann beim (sachnäheren) Arbeitnehmer, näher vorzutragen.[247] – Umgekehrt kann es für den Arbeitgeber bei der Geltendmachung des **Unterlassungsanspruchs** problematisch werden, wenn der Arbeitnehmer bestreitet, eine Urkunde mit der Wettbewerbsabrede erhalten zu haben. Damit einher geht die Empfehlung, sich die Aushändigung der unterschriebenen Urkunde bestätigen zu lassen.[248] **Schadensersatzansprüche** setzen voraus, dass der Anspruchsgrund und die Höhe dargetan werden. Den Erfüllungseinwand für die Zahlung der Entschädigung hat der Arbeitgeber darzulegen. Problematisch ist hingegen, ob bei Verstößen des Arbeitnehmers § 619a BGB zu dessen Gunsten eingreift, mit der Folge, dass der Arbeitgeber auch ein **Verschulden** nachzuweisen hat. Zutreffend wird darauf hingewiesen, dass das tragende Argument, dem Arbeitgeber aufgrund seiner Organisationsmöglichkeiten ein höheres Risiko aufzuerlegen,[249] im nachvertraglichen Bereich keine Geltung beanspruchen kann.[250] Entsprechend bleibt es bei § 280 Abs. 1 S. 2 BGB, dass nämlich der Arbeitnehmer sich hier zu entlasten hat.[251] – Für den **Auskunftsanspruch** des Arbeitgebers – der selbstverständlich eine wirksame Verpflichtung voraussetzt[252] – genügt, wie im Bereich der §§ 60, 61, eine „Verletzungsvermutung".[253] Die Schwierigkeiten bei der Darstellung eines Schadens führen in der Praxis dazu, dass ein Wettbewerbsverbot oft nur über eine wirksame Vertragsstrafenvereinbarung durchgesetzt werden kann.

---

[238] BAG 5.10.1982, AP HGB § 74 Nr. 42; Bauer/Diller Wettbewerbsverbote Rn. 754 mwN; **aA** Ebenroth/Boujong/Rudkowski Rn. 80, Rspr. inkonsequent im Hinblick auf die sonst im Arbeitsrecht übliche Anwendung des § 320 BGB; Hamann/Rudnik JuS 2016, 341 (351) meinen hingegen: „keine Bedeutung".

[239] BAG 31.1.2018, NZA 2018, 578 = MDR 2018, 681 Rn. 20 ff. mAnm Diller ArbR 2018, 122, mAnm Klumpp DB 2018, 1092, mAnm Oetker EWiR 2018, 317 und mAnm Ley BB 2018, 1468.

[240] BAG 5.10.1982, NJW 1983, 2896 = AP HGB § 74 Nr. 42; bestätigt von BAG 31.1.2018, NZA 2018, 578 Rn. 26; GK-HGB/Etzel Rn. 103; MüKoHGB/Thüsing Rn. 67; Rspr. des BAG und BGH vergleichend s. Coché/Striegler DB 2024, 2896 (2998).

[241] Hier setzt die Kritik von Oetker an, Oetker EWiR 2018, 318; inzwischen aber ErfK/Oetker Rn. 21.

[242] ErfK/Preis BGB § 611a Rn. 145.

[243] Wie hier Diller ArbR 2018, 122; BeckOK HGB/Hagen, 78. Ed. 1.12.2025, Rn. 45a; wohl auch Klumpp DB 2018, 1092; schon Bauer/Diller NJW 2002, 1609 (1611 f.); **aA** Staub/Weber/Gräf Rn. 92.

[244] BAG 31.1.2018, NZA 18, 578 Rn. 26.

[245] Staub/Weber Rn. 62, 66.

[246] Das BAG konnte aus revisionsrechtlichen Gründen die Frage offenlassen, BAG 31.1.2018, NZA 2018, 578 Rn. 39; MüKoHGB/Thüsing Rn. 67.

[247] LAG Baden-Württemberg 14.1.2014, BeckRS 2015, 72048.

[248] HWK/Diller Rn. 35.

[249] BAG 17.9.1998, NJW 1999, 1049 = NZA 1999, 141.

[250] Bauer/Diller NJW 2002, 1611.

[251] BeckOGK/Ittmann, 1.9.2025, Rn. 170.1.

[252] LAG Rheinland-Pfalz 10.3.2016, BeckRS 2016, 68020.

[253] HWK/Diller Rn. 110.

2. Verfahrensrechtliche Besonderheiten. Zuständig für nachvertragliche Streitigkeiten sind die **Gerichte für Arbeitssachen,** auch wenn der Arbeitnehmer später selbständig tätig wird (§ 2 Abs. 1 Nr. 3 lit. c ArbGG). Besteht allerdings kein Zusammenhang zwischen der vorgehenden, abhängigen Beschäftigung und dem späteren Wettbewerbsverstoß, kann auch die Zuständigkeit der ordentlichen Gerichte begründet sein.[254] Besonders vorsichtige Wettbewerber klagen sogar in beiden Gerichtszweigen.[255] In diesen Fällen sollte allerdings der spezielleren Zuständigkeit der Arbeitsgerichte der Vorrang gebühren. Rechtfertigen besondere Umstände den Schluss, der Arbeitnehmer werde sich nicht an die Wettbewerbsabrede halten, so kann der Arbeitgeber eine **vorbeugende Unterlassungsklage** anstrengen.[256] Auch vorläufiger Rechtsschutz kommt in Betracht.[257] Die Vollstreckung richtet sich nach § 890 ZPO.[258] Gegebenenfalls kommt auch eine einstweilige Verfügung in Betracht.[259] Läuft die Karenzzeit während des laufenden Gerichtsverfahrens ab, so kann der Arbeitgeber eine Erledigungserklärung abgeben[260] oder zur **Feststellungsklage** übergehen.[261] Eine (negative) Feststellungsklage des Arbeitnehmers ist jedenfalls spätestens mit Beginn des Verbotszeitraums zulässig.[262] Soweit die Bestimmung der Anspruchshöhe dem Arbeitgeber vorbehalten war,[263] kann unmittelbar auf **Leistung** einer billigen Entschädigung geklagt werden. Die Leistung wird dann mit Rechtskraft fällig.[264] Mögliche Schadensersatz- oder Vertragsstrafeansprüche begründen ein Feststellungsinteresse.[265] Auskunftsklage und der Anspruch auf Schadensersatz können im Wege der **Stufenklage** kombiniert werden.[266] Eine Bezifferung des Antrags auf Schadensersatz ist dann nicht zwingend, wenn der Sachvortrag genügende Grundlagen für eine Schadensschätzung enthält.[267] Die Schätzung ist Sache der Tatsacheninstanz.[268] Ist der Arbeitgeber mit der Auskunft in erster Stufe unterlegen, kommt auch eine eidesstattliche Versicherung nicht mehr in Betracht.[269] – Streiten die Parteien über den Inhalt einer Wettbewerbsabrede oder deren Aufhebung, so kann es in den typischerweise unter vier Augen geführten Gesprächen erforderlich werden, die ohne Zeugen beteiligte Partei im Hinblick auf ihren Anspruch auf rechtliches Gehör im Verfahren persönlich zu hören. Die Partei kann ihre eigene Vernehmung nach § 448 ZPO anregen.[270] Der Streitwert entspricht regelmäßig der Entschädigungshöhe.[271] Bei Unterlassungsanträgen kann auch die Höhe des zu erwartenden Schadens eingesetzt werden.[272] 34

§ 74a [Unverbindliches oder nichtiges Verbot]

(1) [1]Das Wettbewerbsverbot ist insoweit unverbindlich, als es nicht zum Schutze eines berechtigten geschäftlichen Interesses des Prinzipals dient. [2]Es ist ferner unverbindlich, soweit es unter Berücksichtigung der gewährten Entschädigung nach Ort, Zeit oder Gegenstand eine unbillige Erschwerung des Fortkommens des Gehilfen enthält. [3]Das Verbot kann nicht auf einen Zeitraum von mehr als zwei Jahren von der Beendigung des Dienstverhältnisses an erstreckt werden.

---

[254] OLG Frankfurt 15.8.1991, DB 1991, 2680; krit. GMP/Schlewing/Dickerhoff-Borello ArbGG § 2 Rn. 76.
[255] LAG Thüringen 23.3.2010 – 7 Sa 254/08, nv (die Zulässigkeit des zweiten Rechtschutzbegehrens ist zweifelhaft!).
[256] LAG Baden-Württemberg 28.2.1986, NZA 1986, 641; Heymann/Henssler Rn. 54; zu den Anforderungen an die Bestimmtheit: LAG Köln 18.1.2012, BeckRS 2012, 78069 mAnm Wißmann ArbRAktuell 2012, 256; Korinth ArbRB 2013, 63.
[257] LAG Rheinland-Pfalz 17.12.2009, BeckRS 2010, 68 214; Bauer/Diller Wettbewerbsverbote Rn. 887 ff.
[258] HWK/Diller Rn. 113.
[259] LAG Baden-Württemberg 7.9.1967, BB 1967, 1426; Heymann/Henssler/Michel Rn. 55; zu Umsetzungsschwierigkeiten Bernhardt/Merget AuA 2018, 19 (20 f.).
[260] Auch in der Revisionsinstanz: BAG 1.8.1995, BAGE 80, 303 = NZA 1996, 310.
[261] BAG 2.2.1968, AP HGB § 74 Nr. 22; ErfK/Oetker Rn. 22.
[262] LAG Schleswig-Holstein 24.1.2018, BeckRS 2018, 5587.
[263] BAG 15.1.2014, NZA 2014, 576 Rn. 34.
[264] BGH 24.11.1995, NJW 1996, 1056 Rn. 29.
[265] LAG Düsseldorf 4.12.2009, ArbR 2010, 256.
[266] LAG Baden-Württemberg 17.1.2012, BeckRS 2012, 68185; MüKoHGB/Thüsing Rn. 56.
[267] BAG 26.9.2012, NZA 2013, 152 Rn. 19 f. Bei einem Unternehmen mit Pflegeleistungen etwa eine Liste von verlorengegangenen Patienten sowie entsprechende Umsatzzahlen, LAG Rheinland-Pfalz 3.7.2009, BeckRS 2009, 72911, Nichtzulassungsbeschwerde BAG 25.2.2010 – 8 AZN 739/09 zurückgewiesen (nicht dokumentiert).
[268] BAG 15.1.2014, NZA 2014, 536 Rn. 34.
[269] LAG Rheinland-Pfalz 10.3.2016, BeckRS 2016, 68020.
[270] BAG 19.11.2008, NJW 2009, 1019 = NZA 2009, 318.
[271] LAG Schleswig-Holstein 31.5.2012, BeckRS 2012, 70282.
[272] LG Magdeburg 5.11.2011, AE 2012, 190 mAnm Rudolf AuR 2013, 48.

(2) [1]Das Verbot ist nichtig, wenn der Gehilfe zur Zeit des Abschlusses minderjährig ist oder wenn sich der Prinzipal die Erfüllung auf Ehrenwort oder unter ähnlichen Versicherungen versprechen läßt. [2]Nichtig ist auch die Vereinbarung, durch die ein Dritter an Stelle des Gehilfen die Verpflichtung übernimmt, daß sich der Gehilfe nach der Beendigung des Dienstverhältnisses in seiner gewerblichen Tätigkeit beschränken werde.

(3) Unberührt bleiben die Vorschriften des § 138 des Bürgerlichen Gesetzbuchs über die Nichtigkeit von Rechtsgeschäften, die gegen die guten Sitten verstoßen.

Übersicht

I. Normzweck

1 **1. Allgemein.** Die Norm konkretisiert Grenzen zulässiger Wettbewerbsabreden. Eingeführt im Zuge der Reform 1914[1] wurde sie noch lange als Ausdruck der allgemeinen Maßstäbe in § 138 BGB verstanden.[2] Hinsichtlich der Rechtsfolgen ordnet Abs. 1 die nur den Arbeitgeber treffende Unverbindlichkeit an, während Abs. 2 die für beide Parteien abträgliche Nichtigkeit auslöst. Abs. 3 stellt klar, dass neben den konkretisierenden Tatbeständen der vorstehenden Abs. auch die allgemeine Norm des **§ 138 BGB** gilt. Es besteht Einigkeit, dass angesichts der spezielleren Tatbestände des § 74a hier nur wenig Spielraum besteht,[3] etwa wenn besondere Begleitumstände vorliegen.[4] Noch diffiziler ist das Verhältnis zu den §§ 305 ff. BGB. Mit dem SchRModG ist die **AGB-Kontrolle** allgemein eröffnet. Damit können etwa versteckte Wettbewerbsverbote gegen § 305c BGB verstoßen.[5] Demgegenüber verdrängt § 74a Abs. 1 im Allgemeinen eine Inhaltskontrolle nach § 307 Abs. 2 BGB.[6] Das ist dem Umstand geschuldet, dass § 74a HGB statt der Verwerfung der Regelung eine geltungserhaltende Reduktion anordnet.[7] Hinzu tritt, dass der Zeitpunkt der Beurteilung differiert. Während § 307 BGB auf den Vertragsschluss abstellt, stellt § 74a auf die Verhältnisse im Zeitpunkt der Vertragsbeendigung ab.[8]

2 **2. Systematischer Überblick.** Materiell verlangt das Gesetz zunächst, dass die Beschränkung der Berufsfreiheit durch ein **berechtigtes Interesse des Arbeitgebers** begründet wird. Soweit dieses fehlt, führt dies zur Unverbindlichkeit. Gleichgestellt sind Vereinbarungen, bei denen die **Erschwerung des Fortkommens** und die korrespondierende Entschädigung in einem für den Arbeitnehmer unangemessenen Verhältnis stehen. Und schließlich wird die Zeit einer Beschränkung auf **maximal zwei Jahre** dimensioniert. Den absoluten Schutz mit der Folge einer Nichtigkeit lösen Wettbewerbsabreden mit **Minderjährigen** aus, oder solche, die ein **Ehrenwort** einfordern. Dieselbe Sanktion löst die **Einbindung eines Dritten** in den Konkurrenzschutz aus.

II. Unverbindliche Wettbewerbsverbote

3 **1. Berechtigtes geschäftliches Interesse.** Jede nachvertragliche Wettbewerbsbeschränkung bedarf einer Rechtfertigung. Das Wettbewerbsverbot muss von einem geschäftlichen Interesse des Arbeitgebers getragen sein.[9] Die Wettbewerbsbeschränkung muss sachlich und räumlich

[1] Ebenroth/Boujong/Rudkowski Rn. 1.
[2] BAG 2.2.1968, AP HGB § 74 Nr. 22.
[3] Buchner AR-Blattei 1830.3 Rn. 247; Staudinger/Fischinger, 2024, BGB § 138 Rn. 452 ff BeckOGK/Ittmann 1.9.2025 Rn. 32.
[4] Straube BB 2013, 116; HWK/Diller Rn. 24.
[5] LAG Hamm 10.4.2004, LAGE BGB § 305c Nr. 2.
[6] LAG Rheinland-Pfalz 3.8.2012, NZA 2013, 15; Thüsing/Leder BB 2004, 42 (46); Diller NZA 2005, 250; Staudinger/Fischinger/Rieble, 2024, BGB § 138 Rn. 457; Ebenroth/Boujong/Rudkowski Rn. 1; HWK/Dillinger Rn. 1; offen lassend BAG 16.12.2021, NZA 2022, 713.
[7] LAG Baden-Württemberg 30.1.2008, NZA-RR 2008, 508.
[8] Kamanabrou ZfA 2018, 92 (104, 108); Tschöpe ArbR-HdB, 14. Aufl. 2025, F. Rn. 25 ff.
[9] BAG 25.8.2022, NZA 2023, 154 Rn. 44.

nachvollziehbar sein. In sachlicher Hinsicht muss eine **finale Beziehung** zwischen dem Verbot und der früheren Tätigkeit des Arbeitnehmers gegeben sein.[10] Es muss zu befürchten sein, dass die Übermittlung oder der Einsatz von im Betrieb des Arbeitgebers erworbener **Arbeitsmethoden,** erfahrener **Geschäftsgeheimnisse,**[11] der **Kalkulationsgrundlagen**[12] oder die Kenntnis spezieller **Vertriebswege,**[13] vielleicht auch des Rabattsystems[14] dem Geschäft des bisherigen Arbeitgebers eigene, spezielle Wettbewerbsverzerrungen beschert.[15] Dabei reicht nicht die Möglichkeit, die Tätigkeit des Arbeitnehmers werde „irgendwie" die Konkurrenz stärken.[16] Dh, das bloße Interesse, Konkurrenz einzuschränken, genügt nicht.[17] Überschneiden sich aber die Produktsortimente, so kann von einem berechtigten Interesse auszugehen sein.[18] Regelmäßig stört die Tätigkeit auf einer anderen Vertriebsstufe den bisherigen Arbeitgeber nicht erheblich.[19] Auch allgemeine, berufsbezogene Kenntnisse,[20] selbst im Betrieb des Arbeitgebers erworbene Kenntnisse infolge der Einarbeitung als Werkzeugschleifer[21] oder das Know-how bei der Vermittlung von Kreuzfahrten,[22] genügen nicht, den Ausschluss von der gleichen Tätigkeit in einem anderen Unternehmen zu rechtfertigen. Das schlichte Vorführen von Kombi-Dämpfern auf Messen vermittelt noch keine spezifischen Kenntnisse schutzwürdiger Vertriebswege.[23] Wer aber während der Karenzzeit einen erheblichen Beitrag zur Anschubfinanzierung eines Konkurrenten zinslos gewährt, kann mit den berechtigten Interessen des zahlungspflichtigen Arbeitgebers in Konflikt geraten.[24]

Gibt es **besondere Kenntnisse und Fertigkeiten,** so kann an der Untersagung von deren Verwendung ein besonderes Interesse bestehen.[25] Dasselbe gilt, wenn der Arbeitnehmer über seinen Bereich hinaus Zugang zu Geschäftsgeheimnissen hat.[26] Übernimmt der Angestellte im neuen Unternehmen **leitende Funktionen,** werden die Beurteilungsmaßstäbe großzügiger.[27] So kann auch der Wechsel von der technischen Fertigung in die kaufmännische Abteilung zu einem Interessenwiderspruch führen.[28] Andere als geschäftliche Zwecke können ein Wettbewerbsverbot allerdings nicht tragen.[29] – Bei der Wahl der **räumlichen Schutzzone** kommt es auf den Raum an, in welchem der Arbeitgeber seine Geschäftstätigkeit entfaltet.[30] Dabei können auch geplante Expansionen berücksichtigt werden.[31] Ist der Raum überdimensioniert, entfällt insoweit der Schutz.[32] Fehlt eine räumliche Begrenzung überhaupt, liegt regelmäßig eine unbillige Erschwernis vor.[33] 4

---

[10] BAG 21.4.2010, NJW 2010, 2378; BeckOGK/Ittmann, 1.9.2025, Rn. 5; Ebenroth/Boujong/Rudkowski Rn. 6; Maaß ZAP 2025, Nr. 4, 194 (199).

[11] Lembke BB 2020, 52 (53).

[12] ArbG Heilbronn 1.3.2017, BeckRS 2017, 117781.

[13] LAG Hamm 1.12.2009, ArbR 2010, 176: ein Vertriebsleiter, dem 41 Mitarbeiter unterstellt sind, kann sich nicht auf die Position zurückziehen, er sei lediglich Vertriebsmitarbeiter. LAG Schleswig-Holstein 19.3.2013, BeckRS 2013, 68629: „Einbruch … in den Kunden- oder Lieferantenkreis"; vgl. AR/Wertheimer Rn. 23.

[14] LAG Sachsen-Anhalt 10.11.2015, BeckRS 2016, 66245.

[15] Buchner AR-Blattei 1830.3 Rn. 222.

[16] BAG 24.6.1966, DB 1966, 1360 = AP HGB § 74a Nr. 2.

[17] BAG 21.4.2010, BAGE 134, 147 = NZA 2010, 1175 Rn. 15.

[18] BAG 16.12.1968, AP GewO § 133f Nr. 21 erachtet 10% Überschneidung als ausreichend; vgl. jetzt LAG Hamm 7.10.2019, BeckRS 2019, 29813 für Vertrieb von Befestigungsteilen; für die Baubranche LAG Baden-Württemberg 30.1.2008, NZA-RR 2008, 508.

[19] BAG 8.3.2006, BAGE 117, 218 = NZA 2006, 854; bestätigt 21.4.2010, NZA 2010, 1175 Rn. 20: hier ging es um Fachhandel oder Endabnehmer; krit. v. Hoyningen-Huene Anm. AP HGB § 74a Nr. 6.

[20] ZB bei einem Fahrlehrer, BAG 21.3.1964, BAGE 15, 320 = BeckRS 1964, 103674.

[21] BAG 9.9.1968, AP BGB § 611 Konkurrentenschutz Nr. 22.

[22] ArbG Solingen 20.6.2017, BeckRS 2017, 116832.

[23] BAG 1.8.1995, BAGE 80, 303 = NZA 1996, 310.

[24] BAG 7.7.2015, NZA 2015, 1253 Rn. 22 ff.; Vorinstanz LAG Baden-Württemberg 14.1.2014, BeckRS 2015, 72048; dazu Fuhlrott GWR 2015, 459.

[25] ErfK/Oetker Rn. 2; Buchner AR-Blattei 1830.3 Rn. 225; Heymann/Henssler/Michel Rn. 5.

[26] LAG Hamm 19.2.2008, BeckRS 2008, 53985.

[27] LAG Rheinland-Pfalz 30.6.2020, BeckRS 2020, 21501 Rn. 39.

[28] BAG 16.12.1968, DB 1969, 973 = AP GewO § 133f Nr. 21.

[29] BAG 1.8.1995, NZA 1995, 310; Ebenroth/Boujong/Rudkowski Rn. 11.

[30] Bauer/Diller Wettbewerbsverbote Rn. 326; zur Frage eines Verstoßes gegen Art. 45 AEUV vgl. LAG Rheinland-Pfalz 30.6.2020, BeckRS 2020, 31501 Rn. 40.

[31] Pauken ArbR Aktuell 2017, 378.

[32] BAG 2.8.1971, AP BGB § 611 Nr. 25 unter II.1. der Gründe, mAnm Blomeyer; LAG Sachsen-Anhalt 10.11.2015, BeckRS 2016, 66245 Rn. 26.

[33] Dann Reduktion auf das räumlich angemessene Maß, vgl. etwa LAG Hamm 10.1.2002, BeckRS 2004, 42092 Rn. 33.

5 Besonderes Augenmerk verdient der **Zeitpunkt der Beurteilung** des Interesses. Dieses ist nämlich gerade der Zeitpunkt der Geltendmachung der Rechte aus der Abrede.[34] Eine Änderung der Rahmenbedingungen, ein Wegfall des Interesses kann mithin zum Wegfall der Verbindlichkeit führen, obwohl umgekehrt eine im Zeitpunkt des Vertragsschlusses unverbindliche Vereinbarung nicht zur Wirksamkeit erstarken kann.[35] Typischerweise wird hier die Veräußerung des Unternehmens genannt, wenn nicht das Wettbewerbsverbot infolge Betriebsübernahme fortbesteht.[36]

6 **2. Unbillige Erschwerung des Fortkommens.** Im Mittelpunkt stehen hier die – auch durch das Institut der Freizügigkeit geschützten[37] – Interessen des Arbeitnehmers.[38] Mit diesem Merkmal stellt der Gesetzgeber auf die Beziehung zwischen der **Höhe der Entschädigung** und den Behinderungen ab, die vom sachlichen **Umfang, Raum** und **Dauer** der Wettbewerbsbeschränkung ausgehen.[39] Diese sollen in einem ausgewogenen Verhältnis zueinander stehen. Umstritten ist hingegen, ob zusätzlich auch Interessen des Arbeitgebers oder die Verhältnisse des Arbeitnehmers in die Waagschale geworfen werden dürfen.[40] Richtigerweise wird darauf verwiesen,[41] dass § 74a Abs. 1 S. 1 und S. 2 jeweils eigene, hintereinandergeschaltete[42] Wertungen verlangen, die aber inhaltlich eng miteinander verbunden sind. Die notwendig auf den **Einzelfall** bezogene Abwägung[43] wird in der Regel nicht umhinkommen, eine Verknüpfung der Wertungsinteressen zu leisten. Selbstredend ist eine großzügige Entschädigung eher geeignet, weitergehende Erschwerungen zu rechtfertigen.[44] Der positive Befund eines rechtfertigenden Interesses des Arbeitgebers allein vermag die Intensität der Bindung nicht auszugleichen. Bei Vorverträgen, welche dem Arbeitgeber das Verlangen einer Wettbewerbsbeschränkung noch nach Ausspruch einer Kündigung einräumen, ist ebenfalls eine Belastungsgrenze überschritten.[45] Für die Beurteilung der Erschwerung ist auf den **Zeitpunkt** abzustellen, in welchem der Arbeitnehmer die Konkurrenztätigkeit aufzunehmen gedenkt.[46] Allerdings kann der Arbeitgeber zu diesem Zeitpunkt eine unverbindliche Abrede nicht mehr durch Aufbesserung der Entschädigung heilen.[47]

7 **3. Dauer der Bindung.** Das Wettbewerbsverbot darf im Höchstfall zwei Jahre andauern. Allgemein wird hierin eine Obergrenze für vertragliche Bindungen gesehen.[48] Bei Freistellungen während der Kündigungsfrist können das Wettbewerbsverbot aus § 60 und eine Karenzvereinbarung zusammenspielen.[49] Naturgemäß kann auch eine Unterschreitung – etwa bei kurzlebigen Produkten[50] – nicht mehr vom Interesse des Arbeitgebers gedeckt sein oder den Arbeitnehmer unbillig in seinem

---

[34] BAG 28.1.1966, BAGE 18, 104 = AP HGB § 74 Nr. 18; 21.4.2010, NZA 2010, 1175 Rn. 16; BeckOGK/Ittmann, 1.9.2025, Rn. 8; Staub/Weber/Gräf Rn. 5; ErfK/Oetker Rn. 2; Heymann/Henssler/Michel Rn. 9.

[35] BAG 28.1.1968, BAGE 18, 104 = AP HGB § 74 Nr. 18; für den Sonderfall, dass ein Betriebsgeheimnis bekannt wird, LAG Thüringen 11.6.2001, ZIP 2002, 587.

[36] MüKoHGB/Thüsing Rn. 4.

[37] Kocher GPR 2011, 132 (137).

[38] BeckOGK/Ittmann, 1.9.2025, Rn. 10; Staub/Weber/Gräf Rn. 14.

[39] BAG 15.1.2014, NZA 2014, 536 Rn. 37 = AP HGB § 74 Nr. 86; LAG Rheinland-Pfalz 12.1.2012, BeckRS 2012, 69951; Ebenroth/Boujong/Rudkowski Rn. 13; Urban ArbR 2012, 241; Lembke BB 2020, 52, 54.

[40] Dafür BAG 21.4.2010, NJW 2010, 2378 Rn. 17; BeckOGK/Ittmann, 1.9.2025, Rn. 10; Heymann/Henssler/Michel Rn. 11; HWK/Diller Rn. 13 mwN; ErfK/Oetker Rn. 3; **aA** Ebenroth/Boujong/Rudkowski Rn. 14: Gesetz gibt keinen Anhalt.

[41] Buchner AR-Blattei 1830.3 Rn. 237; ähnlich MüKoHGB/Thüsing Rn. 12.

[42] BAG 21.4.2010, NZA 2010, 1175 = BeckRS 2010, 70588 Rn. 18; Bauer/Diller Wettbewerbsverbote Rn. 348; HWK/Diller Rn. 3.

[43] BeckOGK/Ittmann, 1.9.2025, Rn. 11; LAG Hamm 10.1.2002, RV 2002, 153 – die dortige Wertung eines räumlich nicht begrenzten Verbotes gelangt gerade zu einer Verknüpfung von Interesse des Arbeitgebers und Erschwerung.

[44] BAG 18.2.1967, BAGE 19, 267 = AP GewO § 133f Nr. 19.

[45] BAG 19.12.2018, NZA 2019, 383 Rn. 33 ff.; eine solche Konstruktion gleiche einer bedingten Abrede, dass ein Verbot bei einer Kündigung des Arbeitnehmers ausgelöst werde, LAG Schleswig-Holstein 24.1.2018, BeckRS 2018, 5587.

[46] BAG 21.4.2010, BeckRS 2010, 70 588; BeckOK HGB/Wetzel, 46. Ed. 1.4.2025, Rn. 11; MüKoHGB/Thüsing Rn. 13.

[47] HWK/Diller Rn. 15.

[48] BGH 20.1.2015, NJW 2015, 1012 mAnm Schwarzfischer BB 2014, 2897; LAG Köln 11.4.2019, BeckRS 2019, 45760: drei Jahre; für Sperrabreden BGH 30.4.2014, BB 2014, 2897 (→ § 75f Rn. 1 ff.) = NZA 2015, 111 = NJW 2014, 3442; unzulässige Verlängerung der Kündigungsfrist auf drei Jahre: BAG 26.10.2017, NZA 2018, 297.

[49] LAG Nürnberg 19.3.2019, BeckRS 2019, 36092 mAnm König NZA-RR 2020, 168. In der Freistellungsphase zahlt der Arbeitgeber allerdings auch das volle Gehalt.

[50] HWK/Diller Rn. 10.

Fortkommen beschweren. So können Karenzzeiten von sechs Monaten dem Arbeitnehmer den Wechsel des Arbeitsplatzes erschweren.[51]

8 **4. Rechtsfolge Unverbindlichkeit.** Abs. 1 ordnet an, dass eine die Anforderungen nicht erfüllende Abrede „insoweit" unverbindlich ist. Für das **geschäftliche Interesse** des Arbeitgebers hat dies zur Folge, dass ein **vollständiges Fehlen** eines solchen Interesses zur vollständigen Unverbindlichkeit führt. Allgemein kann der Arbeitnehmer zwischen einer Einhaltung des Verbots bei Zahlung der Entschädigung oder einer Unverbindlichkeit bar jeder Zahlungspflicht des Arbeitgebers frei wählen.[52] Die Ausübung des **Wahlrechts** hat zu Beginn der vereinbarten Karenz zu erfolgen und kann nicht widerrufen werden.[53] Besteht nur ein **teilweises** Deckungsverhältnis, so hat der Arbeitnehmer den durch das Interesse gedeckten Teil seiner Tätigkeit zu unterlassen, wobei ihm der Anspruch auf die gesamte versprochene Entschädigung verbleibt.[54] Insofern ergibt sich die Regelung nicht unmittelbar aus dem Gesetz, doch kann der Arbeitnehmer nicht schlechter gestellt werden, als er stünde, wenn die vertragliche Regelung den gesetzlichen Vorgaben angemessen erfolgte.[55] Die vertragliche Regelung erfährt eine geltungserhaltende Reduktion.[56] Es ist das Risiko des Arbeitgebers, Fehleinschätzungen in der Tragweite des Wettbewerbsverbots auszugleichen; umgekehrt bleibt es Sache des Arbeitnehmers, die Reichweite der noch erlaubten Wettbewerbstätigkeit einzuschätzen.[57] Eine Unverbindlichkeit wegen einer **Erschwerung des Fortkommens** eröffnet wiederum das umfassende Wahlrecht des Arbeitnehmers. Allerdings hat er keinen Anspruch, eine zu niedrig bemessene Karenz aufzustocken.[58] Überschreitet die **Zeitvereinbarung** die zulässige Höchstdauer, so bleibt die Abrede im gesetzlichen Rahmen wirksam.[59] Nach Ablauf der zwei Jahre steht es dem Arbeitnehmer frei zu entscheiden, ob er sich weiter an die Vereinbarung hält und so die Fortgewährung der Entschädigung sichert, oder ob die Abrede „insoweit" unverbindlich ist.[60]

III. Nichtige Vereinbarungen (Abs. 2)

9 Vereinbarungen mit **minderjährigen Arbeitnehmern** sind nach dem ausdrücklichen Willen des Gesetzgebers nichtig. Das deckt auch Abreden, die Eltern als gesetzliche Vertreter ihrer Kinder treffen.[61] Abzustellen ist auf den Zeitpunkt des Vertragsschlusses. Eine spätere Heilung durch Genehmigung, wenn die Volljährigkeitsgrenze überschritten wird, scheidet aus.[62] In Betracht kommt aber eine Bestätigung, mithin eine – formgebundene – Neuvornahme des Rechtsgeschäfts.[63] – Nur aus einer zeitversetzten Sittlichkeitsbetrachtung erklärt sich, dass die **Ehre** nicht für einen Wettbewerbsverzicht eingelegt werden darf. Die in einer nunmehr über hundert Jahre alten Rspr.[64] verwurzelte Vorschrift hat nach allgemeiner Auffassung im 21. Jahrhundert keine wesentliche Überzeugungskraft.[65] Es wird aber doch auch vom Arbeitgeber verlangt, ein ihm spontan angedientes Ehrenwort zurückzuweisen.[66] – Dem **Umgehungsschutz** dient die Norm, welche die **Einbindung eines Dritten** in eine Wettbewerbsabrede verbietet. Nach § 74 Abs. 2 S. 2 darf weder ein Dritter sich verpflichten, für eine Beschränkung des Arbeitnehmers im Wettbewerb Sorge zu tragen, noch dürfen

[51] LAG Hamm 4.9.2012, BeckRS 2012, 343339 Rn. 95; ArbG Solingen 20.6.2017, BeckRS 2017, 116832; Bauer/Diller Wettbewerbsverbote Rn. 314.

[52] LAG Rheinland-Pfalz 18.12.2008, BeckRS 2009, 55996; HWK/Diller Rn. 2.

[53] BAG 19.1.1978, AP HGB § 74 Nr. 36; 5.10.1982, NJW 1983, 2896 = AP HGB § 74 Nr. 42; BeckOGK/Ittmann, 1.9.2025, Rn. 18; **aA** mit guten Argumenten LAG Hamm 14.2.2012, BeckRS 2012, 69997: maßgeblich sei nur die tatsächliche Einhaltung eines Wettbewerbsverbots.

[54] BAG 2.2.1968, AP HGB § 74 Nr. 22; 16.12.1968, DB 1969, 973; 21.4.2010, NZA 2010, 1175 Rn. 23; BeckOGK/Ittmann, 1.9.2025, Rn. 23, 26; HWK/Diller Rn. 2; MüKoHGB/Thüsing Rn. 20.

[55] BAG 21.4.2010, NZA 2010, 1055 mAnm Menke/Wolf EWiR 2010, 715.

[56] BAG 21.4.2010, NZA 2010, 1175 Rn. 22; ErfK/Oetker Rn. 5.

[57] Ebenroth/Boujong/Rudkowski Rn. 21; MüKoHGB/Thüsing Rn. 22.

[58] BAG 5.9.1995, AP HGB § 74 Nr. 67; LAG Baden-Württemberg 17.1.2012, BeckRS 2012, 68072 mAnm Klagges GWR 2012, 212 (Revision unter BAG Az. 10 AZR 133/12: Vergleich); Bauer/Diller Wettbewerbsverbote Rn. 172.

[59] BAG 2.12.1966, BAGE 19, 152 = AP GewO § 133f Nr. 18.

[60] LAG Düsseldorf 4.3.1997, NZA-RR 1998, 58.

[61] BAG 20.4.1964, BAGE 15, 335 = NJW 1964, 1641; BeckOGK/Ittmann, 1.9.2025, Rn. 28.

[62] HWK/Diller Rn. 19; Heymann/Henssler/Michel Rn. 25.

[63] BeckOGK/Ittmann, 1.9.2025, Rn. 28; MüKoHGB/Thüsing Rn. 27.

[64] RG 23.1.1912, RGZ 78, 258; vgl. hierzu Ebenroth/Boujong/Rudkowski Rn. 25.

[65] Buchner AR-Blattei 1830.3 Rn. 196; BeckOGK/Ittmann, 1.9.2025, Rn. 29; HWK/Diller § 74 Rn. 36; Bauer/Diller Wettbewerbsverbote Rn. 223, der die Norm „aufgrund der völlig gewandelten Moralvorstellungen" für unanwendbar hält.

[66] Hopt/Roth Rn. 6; Staub/Weber/Gräf Rn. 38 stellt auf die Umstände des Einzelfalls ab.

ihm mittelbare Verpflichtungen wie eine Bürgschaft oder Garantie auferlegt werden.[67] Eine eigene Verpflichtung des Dritten, etwa eines Ehepartners, ist davon nicht betroffen.[68] Zulässig sind weiter Verstärkungen einer Verpflichtung, die der Arbeitnehmer bereits eingegangen ist.[69] Eine frühere Regelung, welche **Geringbesoldete** aus dem Spektrum der Wettbewerbsabreden herausnahm, ist seit einigen Jahren aufgehoben.[70]

IV. Darlegungslast und Verfahren

10 **1. Darlegungslast.** Bei Unverbindlichkeits- und Nichtigkeitsgründen handelt es sich um Einwendungen, für deren Vorliegen derjenige die Darlegungs- und Beweislast trägt, der sich hierauf beruft. Das wird bei Fehlen eines berechtigten geschäftlichen Interesses regelmäßig der Arbeitnehmer sein.[71] Entsprechendes gilt für eine unbillige Erschwernis des beruflichen Fortkommens.[72] Auch § 74a Abs. 2 folgt dieser Regel.

11 **2. Prozessuale Durchsetzung.** Unverbindlichkeit, Teilverbindlichkeit und Nichtigkeit werfen im Einzelfall viele Fragen im Tatsächlichen auf. Es besteht daher Konsens, dass von einem **Feststellungsinteresse** des Arbeitnehmers auszugehen ist, die rechtlichen Bindungen einer gerichtlichen Klärung zuzuführen.[73] Teilweise wird ein solches Interesse erst für den Beginn des Verbotszeitraums bejaht.[74] Das ist mE für eine sinnvolle Vorbereitung des Wahlrechts zu spät, zumal dieses hinsichtlich der Reichweite der Bindungen nach wie vor mit Risiken behaftet bleibt.[75]

§ 74b [Zahlung und Berechnung der Entschädigung]

(1) Die nach § 74 Abs. 2 dem Handlungsgehilfen zu gewährende Entschädigung ist am Schlusse jedes Monats zu zahlen.

(2) [1]Soweit die dem Gehilfen zustehenden vertragsmäßigen Leistungen in einer Provision oder in anderen wechselnden Bezügen bestehen, sind sie bei der Berechnung der Entschädigung nach dem Durchschnitt der letzten drei Jahre in Ansatz zu bringen. [2]Hat die für die Bezüge bei der Beendigung des Dienstverhältnisses maßgebende Vertragsbestimmung noch nicht drei Jahre bestanden, so erfolgt der Ansatz nach dem Durchschnitt des Zeitraums, für den die Bestimmung in Kraft war.

(3) Soweit Bezüge zum Ersatze besonderer Auslagen dienen sollen, die infolge der Dienstleistung entstehen, bleiben sie außer Ansatz.

I. Normzweck

1 Abs. 1 regelt die **Fälligkeit** der Vergütung. Die Norm entspricht § 64[1] bzw. § 614 BGB.[2] Die Rspr.[3] sieht den Zweck der monatlichen Zahlungen darin, dem Arbeitnehmer, der einem Wettbewerbsverbot unterliegt, ein Mindestniveau für den Unterhalt zu sichern. Die Abs. 2 und 3 geben **Berechnungshilfen** bei der Ermittlung der Entschädigung. § 74b setzt das Bestehen eines Vergütungsanspruchs voraus.[4]

II. Fälligkeit

2 Die Entschädigung ist **am Ende eines jeden Monats** zu zahlen. Auch hinsichtlich der Fälligkeit gilt, dass – anders als im Rahmen des § 64[5] – keine abweichenden Vereinbarungen zu Lasten des

67 BeckOGK/Ittmann, 1.9.2025, Rn. 30; HWK/Diller Rn. 21; Buchner AR-Blattei 1830.3 Rn. 197.
68 BeckOGK/Ittmann, 1.9.2025, Rn. 30; HWK/Diller Rn. 22.
69 HWK/Diller Rn. 21; GK-HGB/Etzel Rn. 37.
70 Gesetz v. 21.12.2000 (BGBl. 2000 I 1983).
71 LAG Niedersachsen 16.7.2009, NZA-RR 2010, 68 Rn. 12; Buchner AR-Blattei 1830.3 Rn. 235; BeckOGK/Ittmann, 1.9.2025, Rn. 27; HWK/Diller Rn. 12.
72 HWK/Diller Rn. 12; 16.
73 LAG Hamm 14.4.2003, NZA-RR 2003, 513; Ebenroth/Boujong/Rudkowski Rn. 17; ErfK/Oetker Rn. 6; MüKoHGB/Thüsing Rn. 23.
74 LAG Hamm 14.4.2003, NZA-RR 2004, 513; ErfK/Oetker Rn. 6.
75 Vgl. BAG 2.2.1968, AP HGB § 74 Nr. 22.
1 BeckOK HGB/Wetzel, 49. Ed. 1.1.2026, Rn. 1.
2 MüKoHGB/Thüsing Rn. 1.
3 BAG 2.6.1987, BAGE 55, 309 = NZA 1988, 130.
4 Hopt/Roth Rn. 1.
5 Ebenroth/Boujong/Rudkowski Rn. 3.

Arbeitnehmers getroffen werden dürfen. Als **ungünstig** eingestuft werden **längere Zahlungsfristen,** die den Anspruch strecken oder an das Ende der Karenz verlegen.[6] Ebenfalls als nachteilig wird eine Vorverlagerung der Zahlungen vor den Beginn des Wettbewerbsverbots angesehen.[7] So kann die Entschädigung während des aktiven Arbeitsverhältnisses weder als regelmäßige Zulage[8] noch als Einmalzahlung[9] gewährt werden.[10] Das ändert sich mit dem Ende der Beschäftigung und dem Beginn der Karenz. Hier sind Einmalzahlungen – etwa als Existenzgründungshilfe[11] – ebenso denkbar[12] wie eine **Verkürzung der Zahlungsräume.**[13] Als heikel wird angesehen, ob Abzinsungen bei vorzeitiger Zahlung möglich sind.[14] Einvernehmliche Lösungen dürften gültig sein, soweit bei einem Restbetrag die Mindestentschädigung nach § 74 Abs. 2 bestehen bleibt.[15]

III. Berechnung der Entschädigung

1. Grundlagen. Abs. 2 und Abs. 3 ergänzen § 74 Abs. 2.[16] Schließlich sollen nach dessen Vorgabe 3
alle tatsächlichen Einkommensanteile erfasst werden.[17] Einmal geht es deshalb um die Präzisierung, wie variable Entgeltbestandteile in eine Berechnung einzustellen sind (Abs. 2). Zum anderen ist die Ausklammerung reiner Auslagenerstattung Thema (Abs. 3).

2. Nicht feststehende Entgeltelemente. Es handelt sich um Entgeltbestandteile, die entweder 4
nicht ständig oder jedenfalls nicht immer in gleicher Höhe gezahlt werden.[18] Dahin gehören etwa Aktienoptionen oder beschränkte Aktieneinheiten nebst der darauf entfallenden Dividende,[19] auch Zahlungen aus einem virtuellen Aktienoptionsplan.[20] Relevanz entfalten diese nur, wenn im Berechnungszeitraum ein Zufluss zu verzeichnen ist.[21] Offen ist insoweit, ob auch von der Konzernobergesellschaft gewährte Leistungen hier einzubeziehen sind.[22] Für eine Berechnung der Variablen schreibt das Gesetz im Regelfall einen **Dreijahreszeitraum** vor. Die Berechnung bezieht sich auf die Vergangenheit, künftige Entwicklungen werden nicht erfasst.[23] Der ermittelte Durchschnittsbetrag ist den festen Bezügen hinzuzurechnen, sofern solche ebenfalls bezogen werden.[24] Maßgeblich ist die zuletzt bezogene Vergütung. Scheidet der Arbeitnehmer als Teilzeitbeschäftigter aus, ist diese Vergütung maßgeblich, auch wenn er vorher in Vollzeit tätig war.[25] Auch auf die Schwierigkeiten bei einer Unterschreitung des Referenzzeitraums geht das Gesetz ein. In diesem Fall ist eine Relationsberechnung durchzuführen, der Divisor von 36 ist dem Zeitraum der angefallenen Bezüge anzupassen.[26] So deutlich und klar der **Rechenweg** zu Tage tritt, können doch erhebliche Probleme bei der Bewertung der einzelnen Faktoren auftreten. Eine Schwierigkeit bildet die Bewertung der **Sachleistungen.** In der Praxis bedeutsam sind vornehmlich Gebrauchsüberlassungen, sofern sie nicht als Zuschüsse in fixer Höhe gewährt werden.[27] Hier besteht Streit darüber, ob der Nutzungswert an den für das Schadensersatzrecht entwickelten Tabellen ausgerich-

---

6 Buchner AR-Blattei 1830.3 Rn. 351; HWK/Diller Rn. 2.
7 BeckOGK/Ittmann, 1.9.2025, Rn. 4.
8 BAG 14.7.1981, NJW 1982, 903 = AP HGB § 74 Nr. 38; 16.2.1967, BB 1967, 714.
9 LAG Düsseldorf 19.2.1976, DB 1976, 1113.
10 BeckOGK/Ittmann, 1.1.2025, Rn. 4.
11 BAG 18.2.1967, NJW 1967, 1821; ErfK/Oetker Rn. 1.
12 BAG 16.2.1967, BAGE 19, 267 = AP GewO § 133f Nr. 19 = BB 1967, 714: 5.000 DM; BeckOGK/Ittmann, 1.5.2025, Rn. 6.
13 GK-HGB/Etzel Rn. 102.
14 MüKoHGB/Thüsing Rn. 4; Heymann/Henssler/Michel Rn. 8; abl. ErfK/Oetker Rn. 1.
15 BeckOGK/Ittmann, 1.9.2025, Rn. 5; MüKoHGB/Thüsing Rn. 4.
16 HWK/Diller Rn. 5 wertet den Standort der Norm als „systemwidrig".
17 BAG 21.1.1972, AP HGB § 74 Nr. 30; 16.11.1973, AP HGB § 74 Nr. 34.
18 BAG 5.8.1966, AP HGB § 74 Nr. 19; BeckOGK/Ittmann, 1.9.2025, Rn. 9 f.; Staub/Weber/Gräf Rn. 17 ff.
19 LAG Baden-Württemberg 14.1.2009, BeckRS 2011, 65940.
20 BAG 27.3.2025, NZA 2025, 935.
21 Naber/Seeger GWR 2016, 117 (119).
22 LAG Hessen 31.5.2017, BeckRS 2017, 123014 rechnet solche Optionen auch dann hinzu, wenn kein Anspruch gegen den Vertragsarbeitgeber besteht; das LAG Baden-Württemberg 14.1.2009, BeckRS 2011, 65940 sieht dies enger. Das BAG verneint dies, BAG 25.8.2022, NZA 2023, 154 Rn. 48 ff. m. zust. Anm. Sura EWiR 2023, 152.
23 BAG 22.10.2008, NZA 2009, 962 Rn. 18; vgl. auch LAG Berlin-Brandenburg 10.12.2019, BeckRS 2019, 38077 Rn. 28.
24 Ebenroth/Boujong/Rudkowski Rn. 13 mit einem Rechenbeispiel.
25 BAG 22.10.2008, NZA 2009, 962 Rn. 20 ff; krit. zu betrachten aber bei Teilzeit während der Elternzeit.
26 Vgl. BAG 27.3.2025, NZA 2025, 935.
27 LAG Baden-Württemberg 14.1.2009, BeckRS 2011, 65940.

tet werden kann[28] oder ob nicht die steuerliche Bewertung als Richtschnur dienen soll.[29] Vieles spricht dafür, die steuerliche Bewertung anzusetzen. Der Gebrauchsvorteil eines zur privaten Nutzung überlassenen Dienst-Pkws ist spezifisch arbeitsvertraglich zu bestimmen. Der Arbeitnehmer ist verpflichtet, seinen Dienstwagen in erster Linie und unter Zurückstellung privater Interessen für dienstliche Zwecke einzusetzen. Nur soweit diese dienstliche Zwecksetzung Spielräume für die private Nutzung lässt, ist ihm eine solche überhaupt möglich. Dies weicht von den für das Verkehrsunfallrecht maßgeblichen Überlegungen und Tabellen ab. Der Wert der Sachleistung des Arbeitgebers entspricht damit regelmäßig nicht dem Wert eines uneingeschränkt zur Verfügung stehenden privaten Pkws.[30] – Ein weiteres Problem der Bewertung beinhaltet die Zuordnung von Zahlungsansprüchen, bei denen **Fälligkeit und Anspruchsentstehung** auseinanderfallen. Das kann zum Beispiel bei Provisionen, aber auch bei Gratifikationen der Fall sein. Entscheidend ist dabei, für welchen Zeitraum diese Bezüge gezahlt werden.[31] Dabei ist die Fälligkeit dieser Ansprüche ohne Belang, sofern sie nur in dem Zeitabschnitt der Berechnung verdient wurden.[32] Künftige Bestandteile des Entgelts, die erst nach dem Ausscheiden aus dem Beschäftigungsverhältnis zur Entstehung gelangen, etwa Betriebsrenten, bleiben aber außer Ansatz.[33] Ebenfalls nicht einzubeziehen sind Sozialversicherungszuschüsse des Arbeitgebers.[34] Konsequenterweise bleiben auch vor dem Bezugszeitraum anfallende Vergütungen aus Teilverkäufen außen vor.[35] – Erreicht die vereinbarte Karenzentschädigung nicht die gesetzlich vorgeschriebene Mindesthöhe, ist das Wettbewerbsverbot unverbindlich.[36]

5 **3. Auslagen.** Auslagen, die der reinen Kostenerstattung dienen, bleiben bei der Berechnung der Entscheidung ausgeklammert. Hierin gehören Fahrt- und Übernachtungskosten sowie tatsächlich entstandener Aufwand. Pauschalierte Spesen hingegen, die eine Art verdeckte Vergütung enthalten, sind damit allerdings nicht angesprochen.[37]

§ 74c [Anrechnung anderweitigen Erwerbs]

(1) [1]Der Handlungsgehilfe muß sich auf die fällige Entschädigung anrechnen lassen, was er während des Zeitraums, für den die Entschädigung gezahlt wird, durch anderweitige Verwertung seiner Arbeitskraft erwirbt oder zu erwerben böswillig unterläßt, soweit die Entschädigung unter Hinzurechnung dieses Betrags den Betrag der zuletzt von ihm bezogenen vertragsmäßigen Leistungen um mehr als ein Zehntel übersteigen würde. [2]Ist der Gehilfe durch das Wettbewerbverbot gezwungen worden, seinen Wohnsitz zu verlegen, so tritt an die Stelle des Betrags von einem Zehntel der Betrag von einem Viertel. [3]Für die Dauer der Verbüßung einer Freiheitsstrafe kann der Gehilfe eine Entschädigung nicht verlangen.

(2) Der Gehilfe ist verpflichtet, dem Prinzipal auf Erfordern über die Höhe seines Erwerbes Auskunft zu erteilen.

Übersicht

[28] GK-HGB/Etzel Rn. 43a mwN.
[29] LAG Hamm 30.3.2000, EzA SD 2000 Nr. 12 S. 9; ErfK/Oetker Rn. 3.
[30] LAG Hamm 30.3.2000, EzA SD 2000 Nr. 12 S. 9.
[31] BAG 9.1.1990, NZA 1990, 519 f. = AP HGB § 74 Nr. 59; Ebenroth/Boujong/Rudkowski Rn. 13.
[32] BAG 9.1.1990, AP HGB § 74 Nr. 59 = NZA 1990, 519 unter Aufgabe von BAG 20.4.1967, AP HGB § 74 Nr. 20; BeckOGK/Ittmann, 1.9.2025, Rn. 11.
[33] ErfK/Oetker Rn. 4.
[34] BAG 21.7.1981, DB 1982, 1227 = NJW 1982, 1480 Ls.; Hopt/Roth Rn. 3.
[35] LAG Baden-Württemberg 17.1.2012, BeckRS 2012, 68072 = GWR 2012, 212.
[36] BAG 15.1.2014, BAGE 147, 128 Rn. 23 = NZA 2014, 536; der Arbeitnehmer kann sich in der Folge entscheiden, ob er sich an das Wettbewerbsverbot hält.
[37] BeckOGK/Ittmann, 1.9.2025, Rn. 17; HWK/Diller § 74 Rn. 79; zur Abgrenzung LAG Köln 29.10.1997, BeckRS 1997, 30771856.

I. Normzweck

1 **1. Anrechnungsgrundlage.** § 74c enthält eine Einschränkung des Anspruchs auf Zahlung der Karenzentschädigung.[1] Obwohl Wettbewerbsenthaltung und Entschädigung in einem Austauschverhältnis stehen,[2] hat sich der Arbeitnehmer, der sich an das vereinbarte Wettbewerbsverbot hält, mit seiner Arbeitskraft erzielte Einkünfte und teilweise auch deren Surrogate anrechnen zu lassen, wenn diese gemeinsam mit der Karenzzahlung das bisherige Arbeitseinkommen um ein Zehntel übersteigen, für den Fall eines Wohnungswechsel kommt eine etwas höhere Toleranz in Betracht. Die Darlegungs- und Beweislast trifft den Arbeitgeber.[3] Als Zweck der Regelung wurden **„Billigkeitsgründe"**[4] bzw. ein **„Bereicherungsverbot"**[5] genannt, neuerdings wird eine Steuerung des Arbeitnehmerverhaltens ins Blickfeld gerückt. Arbeitsplatzkontinuität soll gestärkt, eine Übersicherung ohne Nachteile vermieden, Anreize zur Untätigkeit gemindert werden.[6] Die Entlastung des Arbeitgebers ist hier nur ein Reflex.[7] Streit besteht, ob die Wirkungen des § 74c vereinbart sein müssen.[8] Nach der jüngeren Rspr. bedarf es keiner Vereinbarung. Die Anrechnung findet kraft Gesetzes statt.[9] Andere verlangen Anhaltspunkte, um eine schlüssige Vereinbarung zu begründen.[10] Nach zutreffender Auffassung folgt die Einschränkung aus dem Gesetz.[11] Einigkeit besteht, dass von § 74c – zugunsten des Arbeitnehmers (vgl. § 75d) – abgewichen werden kann. Dies ist ausdrücklich möglich, doch genügt zB die Vereinbarung, dass die Entschädigung zu Beginn der Karenz in einem Einmalbetrag zu entrichten ist, um zu erkennen, dass die Parteien auf die Entwicklung der folgenden Einkommenssituation des Arbeitnehmers kein Augenmerk richteten.[12] Es geht um Auslegung nach §§ 133, 157 BGB. Auf den Karenzanspruch eines Geschäftsführers ist die Beschränkung nicht zugeschnitten.[13]

2 **2. Verbüßung einer Freiheitsstrafe.** Etwas versteckt und überraschend enthält § 74c in Abs. 1 S. 3 noch die Regelung, dass im Fall der Verbüßung einer Freiheitsstrafe der Anspruch auf Entschädigung nicht verlangt werden kann. Diese Ausnahmeregelung verdeutlicht im Umkehrschluss, dass **alle anderen Hinderungsfälle,** überhaupt in Wettbewerb treten zu können, etwa Krankheit[14] oder der Eintritt in den Ruhestand,[15] den Anspruch auf Entschädigung nicht berühren. Eine entsprechende Anwendung des § 74c Abs. 1 S. 3 kommt ebenso wenig in Betracht[16] wie ein Rückgriff auf die Geschäftsgrundlagenlehre.[17]

II. Anrechnung und fiktives Einkommen

3 **1. Tatsächlicher Erwerb.** Anzurechnen ist, was der von dem Wettbewerbsverbot betroffene Arbeitnehmer durch Verwendung seiner Arbeitskraft erwirbt. Dabei erfolgt die Anrechnung nur, soweit die Karenzentschädigung und der anderweitige Erwerb 110 % des letzten Einkommens übersteigen. Im Fall einer notwendigen Wohnsitzverlegung steigt die Grenze auf 125 %.[18] Grundlage der Berechnung ist also das **nach § 74 Abs. 2, § 74b ermittelte Einkommen.** Dem gegenüber gestellt werden die **Einkünfte,** die nach Beendigung des Beschäftigungsverhältnisses erzielt werden. Hierhin gehört zunächst eine Vergütung, die der Arbeitnehmer **in einem neuen Arbeitsverhältnis** erzielt.[19] Deren Berechnung erfolgt „spiegelbildlich"[20] unter Einbeziehung der Maßstäbe des § 74

[1] ErfK/Oetker Rn. 1; MüKoHGB/Thüsing Rn. 1.
[2] Buchner AR-Blattei 18.30.3 Rn. 314.
[3] BAG 27.2.2019, BAGE 166, 36 Rn. 27 = NZA 2019, 837.
[4] BAG 18.11.1967, AP HGB § 74 Nr. 21.
[5] BAG 17.12.1973, NJW 1974, 767.
[6] BGH 28.4.2008, DB 2008, 1558 = NJW-RR 2008, 1421.
[7] BAG 14.9.2011, NZA-RR 2012, 98 Rn. 24 aE.
[8] Buchner AR-Blattei 1830.3 Rn. 315.
[9] BAG 16.12.2021, NZA 2022, 713 Rn. 47.
[10] MüKoHGB/Thüsing Rn. 1.
[11] BeckOGK/Ittmann, 1.9.2025, Rn. 3; Staub/Weber/Gräf Rn. 2; HWK/Diller Rn. 1; Bauer/Diller Wettbewerbsverbote Rn. 763.
[12] LAG Hamm 19.2.1992, BB 1992, 1856 = LAGE HGB § 74c Nr. 4.
[13] BGH 24.8.2008, NZG 2008, 664.
[14] BAG 23.11.2004, BAGE 112, 376 = AP HGB § 74 Nr. 75 = NZA 2005, 411; LAG Köln 17.3.2011, NZA-RR 2011, 513.
[15] BAG 30.10.1984, BAGE 47, 125 = NZA 1985, 429.
[16] MüKoHGB/Thüsing Rn. 26; Staub/Weber/Gräf Rn. 24.
[17] BAG 23.11.2004, BAGE 112, 376 = NZA 2005, 412.
[18] BAG 23.2.1999, NZA 1999, 936; 17.12.1971, NJW 1974, 767.
[19] BAG 16.5.1969, NJW 1970, 443 (445); BeckOGK/Ittmann, 1.9.2025, Rn. 5; Ebenroth/Boujong/Rudkowski Rn. 7.
[20] BeckOGK/Ittmann, 1.9.2025, Rn. 10; ErfK/Oetker Rn. 2.

Abs. 2,[21] aber unter Ausklammerung der Berechnungsmethode nach § 74b Abs. 2.[22] Zeiteinheit für eine Anrechnung ist – in Abkehr von einer früheren Rspr.,[23] welche auf eine Gesamtberechnung abstellte – der **jeweilige Monat,** in welchem das Einkommen erzielt wurde.[24] Es kann also im Hinblick auf variable Einkommenselemente Monat für Monat zu einer in der Höhe variierenden Karenzentschädigung kommen.[25] Der Summe der neu erzielten Einkünfte hinzu gerechnet wird die Karenzentschädigung. Übersteigt diese Summe 110 % (bzw. 125 %) des vorherigen Einkommens, so verringert sich der Anspruch auf die Entschädigung.

4 Bei Arbeitnehmern, die künftig auf der Grundlage eines **Dienstvertrags** als Organwalter tätig werden, ist zu unterscheiden: das Entgelt im Rahmen des Dienstvertrags entspringt der Verwertung der Arbeitskraft – Gewinnbeteiligungen, die eingeräumt werden, hingegen nicht.[26] Hat die Abfindung aus einem Aufhebungsvertrag die Zielsetzung, Gehalt zu ersetzen, so ist diese Abfindung Ertrag der Arbeitskraft und anzurechnen.[27] – Aber nicht nur Arbeitsentgelt, auch **Einkünfte aus selbständiger Tätigkeit** entspringen einer Verwertung der Arbeitskraft.[28] Da in diesem Fall das Einkommen oft größeren Schwankungen unterliegt, ändert sich auch die Berechnungsmethode. In dieser Situation ist die Karenzentschädigung aufgrund einer Gesamtberechnung für die Dauer eines Jahres zu ermitteln.[29] Auch dies hat seine Wurzeln in der Unterhaltssicherungsfunktion der Entschädigung. Nicht wichtig ist nach neuerer Sicht, dass der Zufluss in den Karenzzeitraum fällt. Zur Vermeidung von Manipulationen stellt das BAG[30] – wie der BFH[31] – auf das mit dem Erbringen der Tätigkeit Entstehen eines Entgeltanspruchs ab. Erhält der nun seinen Unterhalt erwirtschaftende Selbständige mit Entschädigungsanspruch gegen den „Alt-Arbeitgeber" **Überbrückungsgeld** von der Arbeitsverwaltung, kann zwar nur mittelbar von einem „Verwertungszusammenhang" gesprochen werden; gleichwohl führt eine wertende Betrachtung zu einer Anrechnung.[32] Schwierigkeiten bereitet der Umgang mit dem **Arbeitslosengeld.** Zunächst hatte die Rspr. § 74c entsprechend angewendet.[33] Dann hatte sich der Gesetzgeber des Problems angenommen und mit § 128a AFG aF,[34] nach Korrektur durch das BVerfG[35] durch § 148 Abs. 1 S. 2 SGB III,[36] eine vollständige, später partielle Anrechnungsregel geschaffen. Diese Regelung hat sich als verwaltungsaufwändig erwiesen, was 2004 zur Abschaffung führte.[37] In der Folge wurden Stimmen für die Wiederbelebung der alten Analogie laut, meist unter Einbeziehung der Grenze von 110 %.[38] Vieles spricht für die Berücksichtigung der 110 %, zumal Kappungen aufgrund der verminderten Sozialleistungen bei einem Nettoabzug in der Praxis häufig nicht zum Zuge kommen.[39] Das BAG hat allerdings nun in einem obiter dictum anklingen lassen, dass für eine Analogie kaum Spielraum bestehe, nachdem der Gesetzgeber eine bestehende Regelung aufgehoben habe.[40] So hat nachfolgend auch das LAG Köln erkannt[41] und – dem folgend – das LAG Düsseldorf.[42] Dem ist zuzustimmen.[43] Folglich wird **Krankengeld** infolge seiner Lohnersatzfunktion ebenfalls nicht in die Berechnung einzustellen sein.[44]

---

[21] BAG 9.1.1990, NJW 1990, 1870.
[22] HWK/Diller Rn. 15.
[23] BAG 23.1.1967, BAGE 19, 194 = BeckRS 9998, 160011.
[24] BAG 16.5.1969, BAGE 22, 6 = NJW 1970, 443.
[25] MüKoHGB/Thüsing Rn. 22; Buchner AR-Blattei 1830.3 Rn. 337.
[26] BAG 20.4.1967, AP HGB § 74 Nr. 20; Heymann/Henssler/Michel Rn. 5.
[27] LAG Rheinland-Pfalz 28.5.2020, BeckRS 2020, 18148.
[28] BAG 13.11.1975, AP HGB § 74c Nr. 7; BeckOGK/Ittmann, 1.9.2025, Rn. 11; Ebenroth/Boujong/Rudkowski Rn. 7; HWK/Diller Rn. 16.
[29] BAG 2.6.1987, BAGE 55, 309 = NZA 1988, 130; BeckOGK/Ittmann, 1.9.2025, Rn. 11.
[30] BAG 27.2.2019, NZA 2019, 837 Rn. 51 mAnm Groeger ArbB 2019, 201.
[31] BFH 15.2.2017, BFHE 257, 244.
[32] BAG 16.11.2005, NJW 2006, 3228.
[33] BAG 25.6.1985, BAGE 49, 109 = AP HGB § 74c Nr. 11.
[34] Gesetz v. 20.12.1985 (BGBl. 1985 I 2484).
[35] BVerfG 10.11.1998, BVerfGE 99, 202.
[36] Gesetz v. 21.12.2000 (BGBl. 2000 I 1971).
[37] Den detaillierten Ablauf schildert BAG 14.9.2011, NZA-RR 2012, 98 Rn. 17 f.; vgl. auch Ebenroth/Boujong/Rudkowski Rn. 11 ff.
[38] ErfK/Oetker Rn. 4; Staub/Weber/Gräf Rn. 16 f.; Bauer/Diller Wettbewerbsverbote Rn. 788; HWK/Diller Rn. 18; LAG Niedersachsen 18.11.2009, BeckRS 2011, 66937; zum Ganzen Diller BB 2008, 1680.
[39] LAG Niedersachsen 18.11.2009, BeckRS 2011, 66937; jetzt auch BAG 14.9.2011, NZA-RR 2012, 98.
[40] BAG 14.9.2011, NZA-RR 2012, 98 Rn. 20; ähnlich 15.1.2014, NZA 2014, 536 Rn. 41.
[41] LAG Köln 30.1.2014, BeckRS 2014, 357132 = NZS 2014, 396.
[42] LAG Düsseldorf 21.9.2015, BeckRS 2015, 73316 Rn. 78.
[43] Die nach wie vor vertretene Gegenansicht fürchtet eine ungerechtfertigte Begünstigung, stellt allerdings nur geflossene Nettobeträge ein, ErfK/Oetker Rn. 4.
[44] Ähnlich ErfK/Oetker Rn. 4; **aA** GK-HGB/Etzel Rn. 95; HWK/Diller Rn. 19; NK-GA/Reinhard Rn. 6.

Nicht von einer Anrechnung erfasst werden Einkünfte aus **Nebentätigkeit,** sofern die Nebentätigkeit bereits zuvor neben der Haupttätigkeit ausgeübt wurde und die Einnahmen folglich nicht durch die Verwertung der frei gewordenen Arbeitskraft erworben werden.[45] Dies betrifft zB wissenschaftliche Nebentätigkeiten, aber auch Einkünfte aus der Fortsetzung bereits während des früheren Arbeitsverhältnisses gestatteter unternehmerischer Aktivitäten.[46] Soweit der Art nach neue Nebentätigkeiten hinzutreten, besteht die Möglichkeit, diese der „Verwertung der Arbeitskraft" zuzuordnen und anzurechnen.[47] Keine Rolle spielen Einkünfte aus privatem Vermögen, etwa **Miet- oder Kapitaleinnahmen.**[48] Sie sind keine Verwertungsergebnisse. Einige **Sozialleistungen,** die keine Lohnersatzfunktion aufweisen, etwa Altersrenten, können ebenso wenig in Ansatz gebracht werden.[49] Die Abgrenzung in diesem Bereich ist nicht einfach und auch nicht frei von Widersprüchen.[50] **Auslagenerstattung** steht ein konkreter Aufwand gegenüber. Es handelt sich um anrechnungsfreie Durchlaufposten.[51] 5

Die Anrechnungsgrenze erhöht sich, wenn der Arbeitnehmer für eine neue Tätigkeit den **Wohnsitz wechselt.** Erforderlich ist eine Verlagerung des Lebensmittelpunktes der Familie.[52] In diesem Fall erhöht sich der Behalt auf 125 %, praktisch eine abstrakte Erstattung der Umzugskosten bzw. ein Anreiz zu flexibler Arbeitsplatzsuche.[53] Die Erhöhung setzt voraus, dass der **Umzug für** den Erhalt eines **neuen Arbeitsplatzes ursächlich** ist.[54] Das ist regelmäßig der Fall, wenn vom eigenen Wohnort aus eine Arbeitsstelle nicht zu finden oder zu erreichen ist. Zu streng erscheint die Anforderung, ein Umzug führe dann nicht zur Erhöhung der Anrechnungsgrenze, wenn es im „verbotenen Bereich" keinen in Betracht kommenden Arbeitsplatz gebe.[55] Das führt dann zu Darlegungen, dass eine selbständige Tätigkeit plausibel sein könne, um die Erhöhung doch zu erreichen.[56] Trotz der sich abzeichnenden Lockerung der Darlegungsanforderungen[57] sind auch inhaltliche Verschiebungen des Maßstabs angezeigt. Angesichts der heutigen Umzugskosten ist eine wirkungsvolle Motivation zur Flexibilität[58] nur denkbar, wenn ein Umzug, der zu einer aktiven Tätigkeit führt, als grundsätzlich kausal angesehen wird. Freilich scheint der Gesetzestext hinsichtlich des Merkmals „gezwungen" in Abs. 1 S. 3 strengere Anforderungen zu verlangen. Doch sollten fast 100 Jahre seit Inkrafttreten der Regelung eine freiere Interpretation erlauben. Eine Kontrollrechnung bei normalen Rahmenbedingungen führt zu folgendem Ergebnis: die Erhöhung der Entschädigung um 15 % bezogen auf die maximale Laufzeit von zwei Jahren führt zu 24 x 15 % = 360 %. Es können also maximal 3,6 Monatsgehälter zusätzlich ausgelöst werden. Die Kosten eines Umzugs führen heute zum Verbrauch dieses Betrages. Die – widerlegliche – Vermutung, dass Umzugskosten auch in Anbetracht der Erhöhung nur auf sich nimmt, wer dazu gezwungen ist, scheint plausibel. Gibt es allerdings keinerlei Tätigkeit, die durch das Wettbewerbsverbot betroffen ist – eine von Veränderungen im Zeitablauf abgesehen widersinnige Vorstellung –, dann kann auch das Wettbewerbsverbot nicht ursächlich für einen Wohnungswechsel sein. – Bei **zeitlichen Verschiebungen** gelten per se großzügigere Maßstäbe. So wirkt die 125 %-Grenze zurück, wenn der Arbeitnehmer zunächst vor Ort eine Tätigkeit findet, dann aber nach auswärts versetzt wird.[59] 6

2. Fiktive Berechnung. Die Verpflichtung zur Zahlung einer Entschädigung gibt nicht das Privileg, sich für ein Leben ohne Arbeit zu entscheiden.[60] Wie in § 326 Abs. 2 S. 2 BGB, § 615 S. 2 BGB und § 11 S. 2 KSchG[61] muss sich der Gläubiger daher auch anrechnen lassen, was er **böswillig** zu erwerben unterlässt.[62] Die Auslegung der Böswilligkeit hat sich an einem Abwägungsprozess zu 7

[45] BAG 16.5.1969, BAGE 22, 6 = NJW 1970, 443; LAG Berlin-Brandenburg 20.3.2025, WuW 2025, 500 und GWR 2025, 389 mAnm. Eufinger.

[46] LAG Nürnberg 9.4.1987, LAGE HGB § 74c Nr. 2.

[47] ErfK/Oetker Rn. 3.

[48] BAG 20.4.1967, DB 1967, 1415 = AP HGB § 74 Nr. 20; Buchner AR-Blattei 1830.3 Rn. 320.

[49] BAG 30.10.1984, AP HGB § 74 Nr. 46.

[50] Vgl. etwa HWK/Diller Rn. 18 ff.; Buchner AR-Blattei 1830.3 Rn. 320; Ebenroth/Boujong/Rudkowski Rn. 9 ff.

[51] Hopt/Roth Rn. 1; HWK/Diller Rn. 20.

[52] BeckOGK/Ittmann, 1.9.2025, Rn. 19; HWK/Diller Rn. 10.

[53] BAG 7.5.1988, NJW 1988, 3173 = AP HGB § 74c Nr. 14; 23.2.1999, BAGE 91, 56 = AP HGB § 74c Nr. 20.

[54] BAG 10.9.1985, NZA 1986, 329 = AP HGB § 74c Nr. 12; 23.2.1999, BAGE 91, 56 = NZA 1999, 936; BeckOGK/Ittmann, 1.9.2025, Rn. 20.

[55] BAG 23.2.1982, DB 1982, 1471 = AP HGB § 74c Nr. 9.

[56] LAG Köln 29.10.1997, LAGE HGB § 74c Nr. 6.

[57] BAG 8.11.1994, NZA 1995, 631 = AP HGB § 74c Nr. 17.

[58] So das deutliche pädagogische Ziel bei BAG 23.2.1999, BAGE 91, 56 = AP HGB § 74c Nr. 20.

[59] BAG 8.11.1994, NZA 1994, 631; BeckOGK/Ittmann, 1.9.2025, Rn. 23.

[60] Hopt/Roth Rn. 2.

[61] BAG 23.1.1967, BAGE 19, 194 = AP HGB § 74c Nr. 1; Ebenroth/Boujong/Rudkowski Rn. 19.

[62] Zur Auslegung im Rahmen von § 615 S. 2 BGB vgl. BAG 12.2.2025, NZA 2025, 556; 15.1.2025, NZA 2025, 629.

orientieren. Einzustellen sind die **Freiheit der Berufswahl,** Möglichkeit und Zumutbarkeit der auszuübenden Tätigkeit wie auch die Interessen des Arbeitgebers.[63] Der in Art. 12 GG angelegte Schutz gibt den Interessen des Arbeitnehmers das Schwergewicht, doch sind die Grenzen überschritten, wenn vorsätzlich eine zumutbare Arbeitsmöglichkeit unbeachtet bleibt oder ein geringerer Verdienst hingenommen wird.[64] Fahrlässigkeit genügt nicht.[65] Dabei sind allerdings vernünftige Gründe des Arbeitnehmers, welche die Interessen des Arbeitgebers, die Entschädigung zu sparen, hintansetzen, in die Abwägung einzustellen.[66] Dies wird an den Streitfällen in der Praxis deutlich. Entschließt sich der vom Wettbewerbsverbot betroffene Arbeitnehmer, künftig als **Selbständiger** tätig zu werden, so sind Einkommensdefizite in der Aufbauphase selbstverständlich hinzunehmen.[67] Das gilt auch dann, wenn diese Tätigkeit zeitweise weniger Ertrag bringt, als die Arbeitsbehörde an Arbeitslosengeld zahlt.[68] Der Arbeitnehmer kann während der Karenzzeit ein **Studium** aufnehmen.[69] Prinzipiell erfüllt der Beginn eines Studiums nicht das Kriterium der Böswilligkeit.[70] Anders aber zum Beispiel, wenn das gewählte Studium nach seinem Inhalt oder in der Anlage offensichtlich nicht berufsfördernd scheint.[71] Es kommt auf die Umstände des Einzelfalls an. Zulässig ist, wenn ein Lebensmitteltechnologe sich zusätzlich für die Bereiche der Gemüse- und Fruchttechnologie spezialisiert, insbesondere falls er diese Ausbildung bereits parallel zu der Beschäftigung beim früheren Arbeitgeber aufgenommen hat.[72] Ein Betriebswirt kann mit dem Ziel, Journalist zu werden, auch geisteswissenschaftliche Fächer belegen.[73] Für vernünftige Planungen sind die Spielräume eröffnet.[74] Selbstverständlich ist, wer die Voraussetzungen zum Erhalt einer Altersversorgung erfüllt, nicht verpflichtet, sich zur Vermeidung einer Karenzzahlung eine Vollzeitbeschäftigung zu suchen.[75]

8 Nicht als böswillig anzusehen ist, wenn der Arbeitnehmer ein **Angebot** des zur Karenzzahlung verpflichteten Arbeitgebers ablehnt, wieder bei diesem tätig zu werden.[76] Das gilt sowohl, wenn der Arbeitnehmer infolge Kündigung ausscheidet,[77] als auch, wenn er in den Ruhestand überwechselt.[78] Ein Zwang zur Annahme wirkte sich im ersten Fall konsequenterweise als Kündigungserschwerung aus.[79] Auch im zweiten Fall wird in eine zuvor festgelegte Planung eingegriffen.

8a **3. Abweichende Vereinbarungen.** Abweichende Vereinbarungen zugunsten des Arbeitnehmers dürften zulässig sein, so zB ein Verzicht des Arbeitgebers auf die Anrechnung anderweitigen Verdiensts.[80] Umstritten ist, was die Rechtsfolge ist, wenn die Parteien der Wettbewerbsabrede eine Regelung getroffen haben, die über die Vorgaben des § 74 Abs. 1 S. 1 hinausgeht – zB wenn die Abrede die uneingeschränkte Anrechnung anderweitigen Verdiensts vorsieht.[81] Mit Blick auf § 75d S. 1 (analog) führt dieser Umstand nicht zur Unverbindlichkeit der gesamten Wettbewerbsabrede, sondern dazu, dass die Abrede insoweit für den Arbeitnehmer unverbindlich ist, als sie über die Vorgaben des § 74c Abs. 1 S. 1 hinausgeht.[82] § 75d stellt sicher, dass die Vorgaben der §§ 74 ff.

[63] BAG 23.1.1967, BAGE 19, 194 = AP HGB § 74c Nr. 1; 13.11.1975, AP HGB § 74c Nr. 7; HWK/Diller Rn. 21; Ebenroth/Boujong/Rudkowski Rn. 19.
[64] Buchner AR-Blattei 1830.3 Rn. 27.
[65] BAG 11.4.2000, NZA 2001, 26; Staub/Weber Rn. 13.
[66] ErfK/Oetker Rn. 5; MüKoHGB/Thüsing Rn. 15.
[67] BAG 13.11.1975, AP HGB § 74c Nr. 7; AR/Wertheimer Rn. 5; Ebenroth/Boujong/Rudkowski Rn. 20; ErfK/Oetker Rn. 5.
[68] BAG 2.6.1987, BAGE 55, 309 = NZA 1988, 238 = AP HGB § 74c Nr. 13.
[69] BAG 13.2.1996, BAGE 82, 157 Rn. 15 ff. = NZA 1999, 1039; BeckOGK/Ittmann, 1.9.2025, Rn. 15; prinzipiell abl. Bengelsdorf BB 1983, 905 ff.
[70] BAG 13.2.1996, BAGE 82, 157 Rn. 15 ff. = NZA 1999, 1039; 8.2.1974, AP HGB § 74c Nr. 4 (Betriebswirt).
[71] „Studium generale" oder Konzeptionslosigkeit: BAG 9.8.1974, AP HGB § 74c Nr. 5; BeckOGK/Ittmann, 1.9.2025, Rn. 15.
[72] BAG 26.5.1981, BeckRS 1981, 04468.
[73] BAG 13.2.1996, BAGE 82, 157 = NZA 1996, 1039 = AP HGB § 74c Nr. 18.
[74] MüKoHGB/Thüsing Rn. 16; GK-HGB/Etzel Rn. 99; Staub/Weber Rn. 16.
[75] LAG Berlin-Brandenburg 10.12.2019, BeckRS 2019, 38077 Rn. 38; vgl. auch Anm. Wittek DB 2020, 1406.
[76] HWK/Diller Rn. 22.
[77] BAG 18.10.1976, AP HGB § 74b Nr. 1 = NJW 1977, 775.
[78] BAG 3.7.1990, NZA 1991, 308 = AP HGB § 74 Nr. 61.
[79] Buchner AR-Blattei 1830.3 Rn. 332.
[80] Bauer/Diller Wettbewerbsverbote Rn. 825 mwN.
[81] Vgl. BAG 16.12.2021, NZA 2022, 713 Rn. 46 ff.
[82] BAG 16.12.2021, NZA 2022, 713 Rn. 49 ff.; HWK/Diller Rn. 24; NK-GA/Reinhard Rn. 18; Anm. Rudkowski zu BAG 16.12.2021, AP HGB § 74c Nr. 24 = NZA 2022, 713; aA BeckOGK/Ittmann, 1.9.2025, § 75d Rn. 9.2.

zugunsten der Arbeitnehmer zwingend sind. Es soll verhindert werden, dass der über diese Bestimmungen vermittelte Schutz ins Leere läuft.[83]

III. Auskunftsverpflichtung

1. Voraussetzungen und Inhalt. § 74c Abs. 2 gibt dem Arbeitgeber einen selbständigen Anspruch auf Auskunft. Dieser Anspruch setzt zunächst das Bestehen eines fälligen Entschädigungsanspruchs voraus. Deshalb entfällt er bei einem Verzicht nach § 75a.[84] Gleiches gilt, wenn die Karenzentschädigung im Voraus gezahlt wurde.[85] Weiter erforderlich ist aber, dass die **Anrechnungssituation** eingetreten ist.[86] Der Auskunftsanspruch wird dann auf Verlangen[87] des Arbeitgebers fällig. Die Auskunft hat den Zweck, den Arbeitgeber über Inhalt und Umfang der Anrechenbarkeit der Einkünfte des Arbeitnehmers zu informieren und ihm eine Nachprüfbarkeit zu gestatten.[88] Somit erscheint eine Erklärung, es gebe keine anrechenbaren Einkünfte,[89] unzureichend. Inhalt und Umfang bestimmen sich daher im Einzelnen nach **Treu und Glauben**[90] – ohne dass sich feste Regeln aufstellen lassen.[91] Bei einem neuen Arbeitsverhältnis können Lohnabrechnungen, die Vorlage des Einkommensteuerbescheides, jedenfalls auch Name und Anschrift des neuen Arbeitgebers verlangt werden.[92] Bei selbständiger Tätigkeit wird der alte Arbeitgeber meist auf Einkommensteuerunterlagen verwiesen.[93] Diese genügen dann nicht, wenn die zugrundeliegenden Angaben von vornherein nicht glaubwürdig wirken.[94] Die Vorlage einer Bilanz wird regelmäßig als untunlich angesehen.[95] Es kann aber auch Sonderfälle geben, bei denen ohne Gewinn- und Verlustrechnung sich ein prüfbares Bild von den Einkünften nicht ergeben wird. „Die Pflicht des Arbeitnehmers, seine Angaben zu belegen, besteht nicht stets und von vornherein, sondern nur bei begründeten Einwendungen und mit dem Ziel, dem Arbeitgeber die Überprüfung der Auskunft zu ermöglichen."[96] In der Konsequenz hat das BAG jetzt für den konkreten Fall, in dem die Einkommensteuererklärung keine Aussagekraft entfaltete, die Vorlage der Gewinn- und Verlustrechnung für tunlich erachtet.[97] Im Einzelfall kann auch die Vorlage von Verträgen geschuldet sein, um empfangene Zahlungen rechtlich korrekt der Anrechnungspflicht zuzuordnen.[98] Soweit die Auskunft droht, zur Preisgabe von Geschäftsgeheimnissen zu führen, kann es erforderlich werden, dass ein unabhängiger Dritter eingeschaltet wird.[99] Maßgebend sind die Umstände des Einzelfalls. Möglich ist weiter, dass vorläufige Auskünfte zu vorläufigen Entschädigungszahlungen führen. Unvermeidliche Begleitrisiken, wie Rückabwicklungen, müssen damit hingenommen werden.[100] Die Pflicht erstreckt sich nicht darauf, was der Arbeitnehmer hätte erwerben können.[101] Insoweit ist es Sache des Arbeitgebers, ein etwaiges böswilliges Unterlassen von Verdienst darzulegen.[102] 9

2. Folgen der Nichterfüllung. Ein inzwischen wohl mehrheitlich geklärter Streit rankt um die Folgen einer Nichterfüllung der Auskunftspflicht. Das BAG hatte in zwei Entscheidungen der 70iger 10

[83] BAG 16.12.2021, NZA 2022, 713 Rn. 50.
[84] BAG 26.10.1978, AP HGB § 75a Nr. 3.
[85] ErfK/Oetker Rn. 9.
[86] ErfK/Oetker Rn. 9; MüKoHGB/Thüsing Rn. 27.
[87] LAG Köln 8.6.2005, AE 2007, 134; BeckOGK/Ittmann, 1.9.2025, Rn. 32; MüKoHGB/Thüsing Rn. 27.
[88] Buchner AR-Blattei 1830.3 Rn. 340; MüKoHGB/Thüsing Rn. 30.
[89] So NK-GA/Reinhard Rn. 24.
[90] BAG 27.2.2019, BAGE 166, 36 Rn. 27 = NZA 2019, 837; 29.7.1993, NJW 1994, 2041 (2043); LAG Düsseldorf 21.9.2015, BeckRS 2015, 73316; LAG Berlin-Brandenburg 10.12.2019, BeckRS 38077 Rn. 31 mAnm Wittek DB 2020, 1403; HWK/Diller Rn. 29; BeckOGK/Ittmann, 1.9.2025, Rn. 34; Ebenroth/Boujong/Rudkowski Rn. 35.
[91] BAG 2.6.1987, BAGE 55, 309 (319) = NZA 1988, 130.
[92] BAG 25.2.1975, NJW 1975, 1246 = AP HGB § 74c Nr. 6; LAG Berlin-Brandenburg 10.12.2019, BeckRS 2019, 38077 Rn. 31.
[93] LAG Schleswig Holstein 15.3.2018, NZA 2018, 525; MüKoHGB/Thüsing Rn. 30.
[94] BAG 27.2.2019, BAGE 166, 36 Rn. 30 ff. = NZA 2019, 837.
[95] BeckOK HGB/Wetzel, 49. Ed. 1.1.2026, Rn. 23; GK-HGB/Etzel Rn. 101; MüKoHGB/Thüsing Rn. 30; **aA** HWK/Diller Rn. 29; LAG Kiel 5.11.1957, BB 1957, 1274 f.
[96] BAG 2.6.1987, BAGE 55, 309 (320) = AP HGB § 74c Nr. 13 unter III.2.b.
[97] BAG 27.2.2019, NZA 2019, 837 Rn. 62.
[98] LAG Rheinland-Pfalz 28.5.2020, BeckRS 2020 18148 Rn. 52.
[99] LAG Schleswig-Holstein 8.11.1977 – 1 Sa 511/77, nv.
[100] BAG 2.6.1987, BAGE 55, 309 (319) = AP HGB § 74c Nr. 13.
[101] MüKoHGB/Thüsing Rn. 30; Staub/Weber/Gräf Rn. 39; **aA** BeckOGK/Ittmann, 1.9.2025, Rn. 37.
[102] Hopt/Roth Rn. 6; MüKoHGB/Thüsing Rn. 30.

Jahre[103] Auskunftsansprüche zur Ermittlung des Einkommens des Arbeitnehmers § 320 BGB und damit dem Synallagma zugewiesen. Zutreffender Weise hat die Lit. einhellig[104] darauf hingewiesen, dass es sich bei § 74c Abs. 2 um einen selbständigen Nebenanspruch handelt. Verlangt der Arbeitgeber Auskunft, so wird der Arbeitnehmer insoweit vorleistungspflichtig.[105] In der Konsequenz entsteht dem Arbeitgeber ein **Zurückbehaltungsrecht.**[106]

IV. Prozessuales und Darlegungslasten

11 **1. Prozessuale Besonderheiten.** Die **Anrechnung** von Einkommen allgemein kann aus Sicht des Arbeitgebers als Einwendung in ein Verfahren eingebracht werden. Will er die Initiative ergreifen, so ist er auf eine Feststellungsklage verwiesen. Hinsichtlich der **Anrechnungsgrenze** von 125 % hat der Arbeitnehmer die Möglichkeit, diese inzident im Wege der Leistungsklage ermitteln zu lassen. Allerdings ist hier zur Klärung des „Stammrechts" auch eine Feststellungsklage denkbar. Der Anspruch auf **Auskunft** kann selbständig eingeklagt werden.[107] Die Vollstreckung erfolgt nach § 888 ZPO.[108]

12 **2. Darlegungslast.** Prinzipiell hat der **Arbeitgeber** darzulegen, dass der Arbeitnehmer über anzurechnendes Einkommen verfügt. Dazu benötigt er Einblick in die ihm fremde Sphäre des Arbeitnehmers. Um dies überhaupt zu bewerkstelligen, dient der Auskunftsanspruch. Der wiederum hilft aber nicht bei der Ermittlung **böswillig** unterlassenen Erwerbs. Hier ist der Arbeitgeber auf sich allein gestellt.[109] Den **Arbeitnehmer** trifft die Last, den Ursachenzusammenhang zwischen der Aufnahme einer Tätigkeit und einem **Wohnortwechsel** zu belegen.[110] Das geht allerdings nicht so weit, dass ihm der Negativbeweis abverlangt werden kann, im Geltungsbereich des Verbots eine Tätigkeit nicht finden zu können.[111]

§ 75 [Unwirksamwerden des Wettbewerbsverbotes]

(1) Löst der Gehilfe das Dienstverhältnis gemäß § 626 des Bürgerlichen Gesetzbuchs wegen vertragswidrigen Verhaltens des Prinzipals auf, so wird das Wettbewerbverbot unwirksam, wenn der Gehilfe vor Ablauf eines Monats nach der Kündigung schriftlich erklärt, daß er sich an die Vereinbarung nicht gebunden erachte.

(2) [1]In gleicher Weise wird das Wettbewerbverbot unwirksam, wenn der Prinzipal das Dienstverhältnis kündigt, es sei denn, daß für die Kündigung ein erheblicher Anlaß in der Person des Gehilfen vorliegt oder daß sich der Prinzipal bei der Kündigung bereit erklärt, während der Dauer der Beschränkung dem Gehilfen die vollen zuletzt von ihm bezogenen vertragsmäßigen Leistungen zu gewähren. [2]Im letzteren Falle finden die Vorschriften des § 74b entsprechende Anwendung.

(3) Löst der Prinzipal das Dienstverhältnis gemäß § 626 des Bürgerlichen Gesetzbuchs wegen vertragswidrigen Verhaltens des Gehilfen auf, so gilt Absatz 1 entsprechend.

Übersicht

[103] 12.1.1978, NJW 1978, 2215; 27.3.1974, NJW 1974, 1348.
[104] Statt vieler MüKoHGB/Thüsing Rn. 29; Bauer/Diller Wettbewerbsverbote Rn. 838 ff.
[105] BAG 25.2.1975, AP HGB § 74c Nr. 6; ErfK/Oetker Rn. 9; Heymann/Henssler/Michel Rn. 21, der zutr. die dogmatisch nicht einschlägige Anwendung des § 320 BGB kritisiert und auf § 273 BGB verweist; so auch MüKoHGB/Thüsing Rn. 29.
[106] BAG 27.2.2019, BAGE 166, 36 Rn. 36 = NZA 2019, 837; LAG Düsseldorf 21.9.2015, BeckRS 2015, 73316; Bauer/Diller Wettbewerbsverbote Rn. 839.
[107] LAG Hamm 28.1.1974, DB 1974, 972; Hopt/Roth Rn. 6; zweifelnd Buchner AR-Blattei 1830.3 Rn. 346.
[108] BeckOGK/Ittmann, 1.9.2025, Rn. 39; Bauer/Diller Wettbewerbsverbote Rn. 768; Ebenroth/Boujong/Rudkowski Rn. 34.
[109] LAG Düsseldorf 19.8.1968, BB 1968, 1427; MüKoHGB/Thüsing Rn. 30.
[110] BeckOGK/Ittmann, 1.9.2025, Rn. 29; Bauer/Diller Wettbewerbsverbote Rn. 768.
[111] BAG 23.2.1999, BAGE 91, 56 (61) = AP HGB § 74c Nr. 20; BeckOGK/Ittmann, 1.9.2025, Rn. 9.

I. Normzweck

1 **1. Grundlage.** Einerseits gehört es zu den Hauptanliegen der §§ 74 ff., Wettbewerbsvereinbarungen davor zu bewahren, dass sich eine Partei aus geänderter Interessenlage einseitig[1] von ihnen löst. Andererseits gibt es Standardsituationen, in denen eine Lösung für eine Partei aus Zumutbarkeitsgesichtspunkten heraus geboten scheint. Letzterem Zweck dient § 75. Zwar ist vom **Grundsatz der Bindung** auszugehen.[2] Doch eröffnet die Norm hier **Lösungsrechte,** wenn die jeweils andere Seite die Beendigung des Arbeitsverhältnisses ausgelöst hat. Dieser Sprengkraft wird teilweise auch „taktisches Potential" beigemessen.[3]

2 **2. Systematik.** Es sind drei Fallgruppen zu unterscheiden.[4] Nach **Abs. 1** kann sich der Arbeitnehmer von einer Bindung lossagen, wenn der **Arbeitgeber** durch sein Verhalten eine **außerordentliche Kündigung** des Arbeitsverhältnisses **hervorgerufen** hat. **Abs. 2** regelt die Folgen einer **arbeitgeberseitigen Kündigung.** Hier kann sich der Arbeitnehmer „in gleicher Weise" lösen, wobei das Gesetz zwei **Rückausnahmen** anbietet. Einmal kann der Lösung eine Kündigungsverursachung durch den Arbeitnehmer entgegenstehen, zum anderen kann der Arbeitgeber die Bindung durch erhöhte Anforderungen an die Entschädigung erhalten. **Abs. 3** sah ursprünglich vor, dass bei einer außerordentlichen Kündigung, die auf ein Verhalten des Arbeitnehmers zurückgeht, der Gehilfe an das Wettbewerbsverbot gebunden blieb, aber seinen Anspruch auf Entschädigung verlor. Anfangs konnte sich das BAG auch noch mit dieser Regelung abfinden, weil es von einem besonderen Schutzbedürfnis des Arbeitgebers ausging.[5] Zehn Jahre später ergaben sich Zweifel an der **Verfassungsmäßigkeit,** die in die Warnung mündeten, „wenn es künftig auf die Verbindlichkeit des § 75 Abs. 3 ankommt, die Verfassungsmäßigkeit dieser Bestimmung zu überprüfen".[6] Drei Jahre später kam dann das höchstrichterliche „Aus" für die vorkonstitutionelle Norm.[7] Die Sanktionen, die auf ein vertragswidriges Verhalten des Arbeitnehmers folgten, seien ungleich schärfer als die Folgen eines vertragswidrigen Verhaltens des Arbeitgebers.[8] Die so entstandene **Regelungslücke** füllte das BAG mit einer **analogen Anwendung** des **Abs. 1.**[9] Der Gesetzgeber hatte diese Rspr. insoweit akzeptiert, als die Regelung des § 75 Abs. 3 in den neuen Bundesländern nicht in Kraft gesetzt worden war.[10] Nun wurde § 75 in Abs. 1 und 3 vom Gesetzgeber mit Wirkung zum 1.1.2025 abgeändert und mündete in einer unmittelbaren gesetzlichen Regelung.[11] Damit ist die Rspr. des BAG kodifiziert.[12] – Sowohl die außerordentliche Kündigung des Arbeitnehmers als auch die des Arbeitgebers kann neben der Anwendung des § 75 auch Schadensersatzansprüche nach **§ 628 Abs. 2 BGB** nach sich ziehen.[13] Die Normen überschneiden sich in ihren Voraussetzungen und teilweise auch in den Folgen.

II. Lösungsrechte von Arbeitnehmer und Arbeitgeber

3 **1. Außerordentliche Kündigung des Arbeitnehmers.** Hat der Arbeitnehmer das Arbeitsverhältnis wirksam außerordentlich gekündigt, so bleibt die Wettbewerbsabrede der Parteien zunächst intakt.[14] Erfasst werden aber nur solche Kündigungen im Rahmen des § 626 BGB, die durch ein **Verhalten des Arbeitgebers** begründet sind. Die Störungen können aus dem Leistungsbereich, dem Vertrauensbereich oder dem Betriebsbereich herrühren.[15] Sie müssen aber auf einem Verhalten des Arbeitgebers beruhen. Ein wichtiger Grund in der Person des Arbeitgebers oder ein Sonderkün-

[1] Zur Möglichkeit der Aufhebung → § 74 Rn. 24; vgl. auch Bauer/Diller Wettbewerbsverbote Rn. 712 ff.
[2] Buchner AR-Blattei 1830.3 Rn. 380.
[3] HWK/Diller Rn. 1: „vielfältige taktische Möglichkeiten".
[4] Grafische Übersicht bei Bauer/Diller Wettbewerbsverbote Rn. 619.
[5] BAG 2.12.1963, AP HGB § 75 Nr. 2 = NJW 1964, 611: „vorbeugende Funktionen und … Strafcharakter".
[6] BAG 26.10.1973, AP HGB § 75 Nr. 5.
[7] BAG 23.2.1977, AP HGB § 75 Nr. 6 = BB 1977, 847; parallel dazu, wenn auch zeitversetzt, BVerfG 7.2.1990, BVerfGE 81, 242 zu § 90a Abs. 2 S. 2 aF betr. Handelsvertreter; zur Problematik s. Fröhlich ArbRB 2014, 244.
[8] Krit. insoweit Buchner AR-Blattei Rn. 396 ff., allerdings resignierend Rn. 400; vgl. auch Fröhlich ArbRB 2014, 244.
[9] BAG 23.2.1977, AP HGB § 75 Nr. 6; 17.2.1987, AP HGB § 75a Nr. 4; 19.5.1998, AP HGB § 75 Nr. 10; 31.7.2002, NZA 2003, 100 (102); 15.1.2014, NZA 2014, 536 Rn. 27; 7.7.2015, NZA 2015, 1253 Rn. 14.
[10] ErfK/Oetker Rn. 5; zweifelhaft daher LG Stuttgart 6.5.2019, BeckRS 2019, 8317.
[11] Viertes Bürokratieentlastungsgesetz vom 23.10.2024, BGBl. 2024 I Nr. 323.
[12] MüKoHGB/Thüsing Rn. 19a.
[13] BAG 23.2.1977, AP HGB § 75 Nr. 6; BeckOGK/Ittmann, 1.9.2025, Rn. 13; Ebenroth/Boujong/Rudkowski Rn. 11.
[14] Buchner AR-Blattei 1830.3 Rn. 382.
[15] Ebenroth/Boujong/Rudkowski Rn. 4; Hopt/Roth Rn. 3 f.

digungsrecht wie in § 113 InsO genügen nicht.[16] Streitig ist, ob ein **Verschulden** des Arbeitgebers vorliegen muss. Während die wohl hM dies im Hinblick auf den weiteren Gesetzeswortlaut ablehnt,[17] folgert – so scheint es – Diller aus der neuen Fassung des § 90a Abs. 3, dass ein Verschulden jedenfalls vorliegen müsse.[18] Da die Entschädigungsrechte für Handlungsgehilfen und Handelsvertreter jedenfalls nicht synchron ausgestaltet sind, kann dieses Argument angesichts des abweichenden Wortlauts der anzuwendenden Normen weniger überzeugen. Michel[19] zieht § 628 BGB zur Begründung für das Erfordernis eines (nach seiner Auffassung selten fehlenden) Verschuldens des Arbeitgebers heran. Der Wettbewerbsnorm sollte hier angesichts ihrer Spezialität der Vorrang verbleiben.[20] Rückt man die Frage der fehlenden Zumutbarkeit der Fortsetzung des Arbeitsverhältnisses in den Vordergrund, sollte ein Verschulden des Arbeitgebers keine Voraussetzung für das Lossagungsrecht sein.[21] – Der außerordentlichen Kündigung **gleichgestellt** sind ordentliche Kündigungen, bei denen der Arbeitnehmer auch zu einer außerordentlichen Kündigung berechtigt wäre,[22] wie auch eine einvernehmliche Beendigung, wenn ein Grund zur außerordentlichen Kündigung vorläge.[23] Selbstverständlich genügt auch eine außerordentliche Kündigung mit Auslauffrist. Entscheidend ist nicht die Form, sondern der Anlass der Vertragsbeendigung.[24] – Dagegen vermögen unwirksame Kündigungen die Bindung durch das Wettbewerbsverbot nicht zu beeinträchtigen, auch solche nicht, die etwa „nur" auf Versäumung der Frist des § 626 Abs. 2 BGB beruhen.[25]

4 Das Lösungsrecht muss im Wege einer **schriftlichen Erklärung** (§ 126 BGB) ausgeübt werden. Es handelt sich um eine einseitige, empfangsbedürftige Willenserklärung.[26] Die Erklärung ist der Auslegung zugänglich, soweit sich aus ihr mit hinreichender Eindeutigkeit ergibt, dass sich der Arbeitnehmer nicht mehr an das Wettbewerbsverbot gebunden fühlt und auch keine Karenzentschädigung begehrt.[27] Eine nur mündliche Erklärung kann allenfalls als Angebot zum Abschluss eines Aufhebungsvertrags gewertet werden und ist von der Annahme durch die andere Seite abhängig.[28]

5 Weiter muss die Erklärung **vor Ablauf eines Monats nach der Kündigung** abgegeben werden. Andernfalls bleibt die Erklärung ohne Wirkung. Die Frist beginnt mit Zugang der Kündigung. Ihr Ablauf wird allerdings nicht durch einen Kündigungsschutzprozess gehemmt.[29] Doch bleibt es den Parteien unbenommen, auch nach Ablauf der Frist eine Aufhebungsvereinbarung, etwa im Rahmen eines Prozessvergleichs, zu schließen. Die Lossagefrist beginnt dann aber ebenfalls mit Zugang der Kündigung.[30] Stellt sich im Rahmen des Arbeitsgerichtsverfahrens heraus, dass ein Grund zur außerordentlichen Kündigung nicht vorliegt, so ist die Erklärung zur Lossagung von der Wettbewerbsvereinbarung gegenstandslos.[31]

6 Liegen die Voraussetzungen des Abs. 1 vor, so entfällt als **Rechtsfolge** der rechtsgestaltenden Erklärung[32] des Arbeitnehmers die Bindungswirkung der Wettbewerbsabrede ex tunc, das heißt mit Beendigung des Arbeitsverhältnisses, aber nicht vor Zugang der Lösungserklärung.[33] Gleichzeitig wird der Arbeitgeber von seiner Entschädigungspflicht befreit.[34] Hat sich der Arbeitnehmer bis zum

---

[16] ErfK/Oetker Rn. 2; MüKoHGB/Thüsing Rn. 3.

[17] BeckOGK/Ittmann, 1.9.2025, Rn. 4; MüKoHGB/Thüsing Rn. 5; Ebenroth/Boujong/Rudkowski Rn. 5 unter Hinweis auf die allgemeine Verschuldensunabhängigkeit des Instituts der außerordentlichen Kündigung; ErfK/Oetker Rn. 2; **aA** Heymann/Henssler/Michel Rn. 7.

[18] Bauer/Diller Wettbewerbsverbote Rn. 624.

[19] Heymann/Henssler/Michel Rn. 7.

[20] Der Charakter des § 75 als abschließende Sonderregelung wird an anderer Stelle eingeräumt, Heymann/Henssler/Michel Rn. 5.

[21] ErfK/Oetker Rn. 2.

[22] BAG 26.9.1963, AP HGB § 75 Nr. 1; BeckOK HGB/Wetzel, 49. Ed., 1.1.2026; MüKoHGB/Thüsing Rn. 3.

[23] BeckOGK/Ittmann, 1.9.2025, Rn. 7; Ebenroth/Boujong/Rudkowski Rn. 6; Hopt/Roth Rn. 6; **aA** MüKoHGB/Thüsing Rn. 22; Heymann/Henssler/Michel Rn. 25, der einer Auslegung des Aufhebungsvertrags den Vorrang einräumt.

[24] BAG 24.9.1965, AP HGB § 75 Nr. 3 = NJW 1965, 123.

[25] MüKoHGB/Thüsing Rn. 3; Heymann/Henssler/Michel Rn. 8 aE.

[26] ErfK/Oetker Rn. 3.

[27] BAG 13.4.1978, AP HGB § 75 Nr. 7 – allerdings für einen spiegelbildlichen Fall des Arbeitgebers (Abs. 3); 15.1.2014, NZA 2014, 536 Rn. 27; BeckOGK/Ittmann, 1.9.2025, Rn. 8; Ebenroth/Boujong/Rudkowski Rn. 8.

[28] MüKoHGB/Thüsing Rn. 9.

[29] BAG 26.1.1973, AP HGB § 75 Nr. 4; BeckOGK/Ittmann, 1.9.2025, Rn. 11; Ebenroth/Boujong/Rudkowski Rn. 8; MüKoHGB/Thüsing Rn. 10.

[30] BAG 26.1.1973, AP HGB § 75 Nr. 4.

[31] BAG 26.1.1973, AP HGB § 75 Nr. 4.

[32] ErfK/Oetker Rn. 3.

[33] Bauer/Diller Wettbewerbsverbote Rn. 636; zur abweichenden Rechtsfolge beim Rücktritt → § 74 Rn. 32.

[34] Bauer/Diller Wettbewerbsverbote Rn. 636; Ebenroth/Boujong/Rudkowski Rn. 9.

Zugang der Lösungserklärung an das Wettbewerbsverbot gehalten, steht ihm insoweit die Karenzentschädigung zu.[35] Bereits für die Zeit nach Zugang der Lösungserklärung gezahlte Beträge sind nach § 812 BGB zurückzugewähren. Verstreicht die Frist, ohne dass der Arbeitnehmer eine Erklärung abgibt, so bleibt er an das Wettbewerbsverbot gebunden.[36]

2. Kündigung des Arbeitgebers allgemein. Die Wettbewerbsabrede dient in erster Linie den schutzwürdigen Belangen des Arbeitgebers. Zwingt er in dieser Situation den gebundenen Arbeitnehmer durch eine **ordentliche Kündigung** zum Arbeitsplatzwechsel, so wird seine Schutzbedürftigkeit als nicht mehr vorrangig angesehen.[37] In dieser Situation entsteht das in Abs. 2 geregelte **Wahlrecht** des Arbeitnehmers, ob er gegen Zahlung der Entschädigung die Beschränkung bei der Arbeitsplatzsuche hinnehmen will oder nicht.[38] Das Wahlrecht unterliegt, da es **„in gleicher Weise"** geltend gemacht werden muss, demselben Formzwang und derselben Frist wie das in Abs. 1 geregelte Wahlrecht.[39] 7

In zwei Fällen kann der Arbeitgeber dem Wahlrecht des Arbeitnehmers begegnen. Eine dieser **Rückausnahmen** liegt vor, wenn die Kündigung des Arbeitgebers in erheblicher Weise durch einen **„Anlass" in der Person des Gehilfen** begründet wurde. Diese, vom wichtigen Grund in § 626 Abs. 1 BGB abweichende Formulierung,[40] wird allgemein als personen- oder verhaltensbedingte Kündigung verstanden.[41] Die Anforderungen werden als § 1 Abs. 2 KSchG entsprechend gewertet, Verschulden ist nicht erforderlich.[42] Eine „betriebswirtschaftlich" begründete Kündigung gehört nicht in diesen Zusammenhang.[43] 8

Weiter kann der Arbeitgeber nach Abs. 2 S. 1 dem Gehilfen die **vollen, zuletzt von ihm bezogenen vertragsmäßigen Leistungen** anbieten. Dieses unwiderrufliche Angebot ist mit der Kündigung zu unterbreiten.[44] Die Erklärung ist formlos möglich, muss sich aber über den gesamten Verbotszeitraum erstrecken.[45] Für eine Berechnung der vollen Leistungen verweist das Gesetz in S. 2 auf § 74b. Darüber hinaus wird die entsprechende Anwendung des § 74c als sachgerecht angesehen.[46] Abs. 2 findet auch Anwendung auf außerordentliche Kündigungen, soweit diese nicht auf ein vertragswidriges Verhalten zurückzuführen sind,[47] sowie auf Sonderkündigungsrechte wie etwa § 113 InsO, sofern der Insolvenzverwalter kündigt.[48] 9

3. Außerordentliche Kündigung des Arbeitgebers. Um eine Benachteiligung des Arbeitgebers zu vermeiden, glich das BAG bis zur Neufassung der Norm die von ihm ausgesprochene Eliminierung des Abs. 3 **bei vertragswidrigem Verhalten des Arbeitnehmers** durch eine analoge Anwendung des Abs. 1 aus.[49] Dies ist jetzt gesetzlich mWv 1.1.2025 kodifiziert. Voraussetzung ist demnach das Vorliegen eines **wichtigen Grundes** iSd § 626 Abs. 1 BGB,[50] der durch das Verhalten des Arbeitnehmers begründet ist.[51] Auch muss der Arbeitgeber eine außerordentliche Kündigung binnen der Zweiwochenfrist des § 626 Abs. 2 S. 1 BGB erklären.[52] Sind diese Voraussetzungen erfüllt, so verfügt nunmehr der Arbeitgeber über ein **Wahlrecht.**[53] Er hat es in der Hand, in der **Form** und der **Frist** des Abs. 1 zu erklären, dass er sowohl auf die Einhaltung des Wettbewerbsverbots verzichte als auch keine Entschädigung zu zahlen gedenke.[54] Nur bei Wiederholungskündigungen muss eine bereits bei den vorgehenden Kündigungen ausgesprochene Lösungserklärung nicht notwendig wiederholt werden.[55] 10

---

[35] HWK/Diller Rn. 12; BeckOGK/Ittmann, 1.9.2025, Rn. 12.

[36] BeckOGK/Ittmann, 1.9.2025, Rn. 14. Eine verspätete Erklärung kann in ein Angebot zum Abschluss eines Aufhebungsvertrages gedeutet werden, HWK/Diller Rn. 13.

[37] Buchner AR-Blattei 1830.3 Rn. 385.

[38] BAG 14.7.1981, AP HGB § 75 Nr. 8.

[39] HWK/Diller Rn. 30; ErfK/Oetker Rn. 5.

[40] Ebenroth/Boujong/Rudkowski Rn. 16; Heymann/Henssler/Michel Rn. 17.

[41] HWK/Diller Rn. 18; MüKoHGB/Thüsing Rn. 14.

[42] Buchner AR-Blattei 1830.3 Rn. 388; MüKoHGB/Thüsing Rn. 14; Bauer/Diller Wettbewerbsverbote Rn. 665.

[43] BAG 15.1.2014, NZA 2014, 536 Rn. 27–29.

[44] Bauer/Diller Wettbewerbsverbote Rn. 672; BeckOGK/Ittmann, 1.9.2025, Rn. 17.

[45] MüKoHGB/Thüsing Rn. 16.

[46] BeckOGK/Ittmann, 1.9.2025, Rn. 18; MüKoHGB/Thüsing Rn. 15.

[47] Ebenroth/Boujong/Rudkowski Rn. 12.

[48] Hopt/Roth Rn. 4; Bauer/Diller Wettbewerbsverbote Rn. 662.

[49] BAG 23.2.1977, AP HGB § 75 Nr. 6; Ebenroth/Boujong/Rudkowski Rn. 21.

[50] Die Norm hat im Rahmen des Kündigungsrechtsbereinigungsgesetzes die §§ 70, 72 abgelöst.

[51] BeckOGK/Ittmann, 1.9.2025, Rn. 32; MüKoHGB/Thüsing Rn. 18.

[52] BeckOGK/Ittmann, 1.9.2025, Rn. 32.

[53] Buchner AR-Blattei 1830.3 Rn. 400.

[54] BeckOGK/Ittmann, 1.9.2025, Rn. 34; zur aF: BAG 13.4.1978, AP HGB § 75 Nr. 7.

[55] BeckOGK/Ittmann, 1.9.2025, Rn. 23; zur aF: BAG 19.5.1998, AP HGB § 75 Nr. 10.

III. Darlegungs- und Beweislast

11 Derjenige, der ein **Lösungsrecht** geltend macht, trägt im Regelfall die Darlegungs- und Beweislast für das Vorliegen der **Voraussetzungen.** So hat **der Arbeitnehmer** zu belegen, dass ein **Anlass iSd § 75 Abs. 1** vorliegt.[56] Das gilt auch für den rechtzeitigen Zugang der Gestaltungserklärung. Die Rückausnahmen im Rahmen des Abs. 2 muss wiederum der **Arbeitgeber** darlegen. Dies gilt sowohl für den **erheblichen Anlass** in der Person des Arbeitnehmers[57] als auch für den **Zugang** des erhöhten Entschädigungsangebots.[58] Natürlich hat der Arbeitgeber auch darzulegen, dass für eine von ihm ausgehende Lösung von der Entschädigungspflicht ein vertragswidriges Verhalten des Arbeitnehmers zur sofortigen Lösung vom Vertrag berechtigt.

§ 75a [Verzicht des Prinzipals auf Wettbewerbsverbot]

Der Prinzipal kann vor der Beendigung des Dienstverhältnisses durch schriftliche Erklärung auf das Wettbewerbverbot mit der Wirkung verzichten, daß er mit dem Ablauf eines Jahres seit der Erklärung von der Verpflichtung zur Zahlung der Entschädigung frei wird.

I. Normzweck

1 Vor Beendigung des Arbeitsverhältnisses kann der Arbeitgeber die getroffene Wettbewerbsabrede nochmals überdenken.[1] Der Verzicht des Arbeitgebers[2] ist immer vor einem grundlegenden **Widerspruch der Interessen** zu sehen. Zweck und Wirtschaftlichkeit einer kostspieligen Wettbewerbsabrede sind vor allem arbeitgeberseits einer oftmals wechselnden Bewertung unterworfen. So kann eine bei Vertragsbeginn als unverzichtbar eingestufte Bindung sich im Laufe der Zeit als weniger wichtig erweisen, sei es, dass Geschäftsgeheimnisse zu Allgemeingut wurden, sei es, dass ein Produkt nicht mehr in gleicher Weise marktgängig ist. Hier droht sogar ein Wegfall des nach § 74a erforderlichen geschäftlichen Interesses mit der Konsequenz, dass nur eine unverbindliche Abrede getroffen wurde, die ausschließlich ihn bindet, der anderen Seite aber ein Wahlrecht einräumt.[3] Die Norm gibt also auch eine Lösungsmöglichkeit bei nicht perfekten Karenzabreden.[4] Auch andere Faktoren können die Wertschätzung einer Bindung beeinflussen. Um diesen Entwertungsmöglichkeiten oder -erkenntnissen Rechnung zu tragen, räumt das Gesetz dem Arbeitgeber eine **Überlegungsfrist** ein.[5] Dabei darf aber nicht außer Betracht gelassen werden, dass die Interessen des Arbeitnehmers zumeist gegenläufig sind. Er hatte sich darauf eingelassen, Beschränkungen auf dem Arbeitsmarkt hinzunehmen, wenn dafür eine Unterhaltssicherung gewährt wird. Eine Umorientierung kann hier nicht ohne Abfederung auferzwungen werden. Ähnlich ist die Sachlage bei freien Mitarbeitern in wirtschaftlicher Abhängigkeit. Deshalb erstreckt sich die Schutzwirkung der Norm auch auf diese.[6]

II. Voraussetzungen und Rechtsfolgen

2 **1. Voraussetzungen.** Grundsätzlich ist der Arbeitgeber in der Erklärung des Verzichts frei. Er muss dies nur in der **richtigen Weise** und zum **richtigen Zeitpunkt** tun. Der Verzicht ist eine **einseitige, empfangsbedürftige Willenserklärung** (§ 130 BGB).[7] Er muss gegenüber dem Arbeitnehmer erklärt werden – eine Erklärung gegenüber der Arbeitsverwaltung ist unzureichend.[8] Er bedarf keiner Annahme, insofern wird er auch gern als „Gegenstück" zu den Lösungsrechten nach § 75 gesehen.[9] Auch muss der Verzicht dem Vertragspartner gegenüber erklärt werden.[10] Inhaltlich muss die Erklärung eindeutig sein. Es muss deutlich und zweifelsfrei zum Ausdruck kommen,

[56] Ebenroth/Boujong/Rudkowski Rn. 7.
[57] BeckOGK/Ittmann, 1.9.2025, Rn. 23; MüKoHGB/Thüsing Rn. 14.
[58] HWK/Diller Rn. 22.
[1] BeckOGK/Ittmann 1.9.2025; Kamann ArbR 2015, 372.
[2] Zur fehlenden Anwendbarkeit bei Geschäftsführern OLG München 28.7.2010, GmbHR 2010, 1031; s. auch Bauer/v. Medem GWR 2011, 435.
[3] HWK/Diller Rn. 1; Buchner AR-Blattei 1830.3 Rn. 372.
[4] Vgl. etwa LAG Rheinland-Pfalz 3.3.2020, BeckRS 2020, 7837: Karenzzahlung von 30% war vereinbart.
[5] BAG 26.10.1978, AP HGB § 75a Nr. 3 = NJW 1979, 2166.
[6] BAG 21.1.1997, BAGE 85, 60 = NJW 1998, 99; Ebenroth/Boujong/Rudkowski Rn. 1.
[7] BeckOK HGB/Wetzel, 49. Ed. 1.1.2026, Rn. 1; ErfK/Oetker Rn. 2; MüKoHGB/Thüsing Rn. 2; Bauer/Diller Wettbewerbsverbote Rn. 588.
[8] BAG 31.7.2002, BAGE 102, 103 = NZA 2003, 100.
[9] MüKoHGB/Thüsing Rn. 1.
[10] BAG 31.7.2002, BAGE 102, 103 = NZA 2003, 100.

dass der Arbeitnehmer mit sofortiger Wirkung aus dem Wettbewerbsverbot entlassen wird.[11] Wenn insofern Zweifel bestehen, etwa weil sich der Arbeitgeber noch Rechte aus der Vereinbarung vorbehält, liegt keine ausreichende Erklärung vor.[12] Überhaupt gilt das **„Alles-oder-Nichts-Prinzip".**[13] Modifikationen oder Teillösungen können nur Gegenstand einer zweiseitigen Vereinbarung sein.[14] Nicht erforderlich ist, dass die Erklärung auf das sofortige Wirken der Erklärung und das daraus resultierende Freiwerden von der Verpflichtung des Arbeitgebers zur Karenzentschädigung nach Ablauf eines Jahres hinweist.[15] Die Rechtsfolgen des § 75a sind hinzunehmen. Deshalb kann eine Änderungskündigung nicht in einen Verzicht umgedeutet werden. Sie unterscheidet sich von der Lossageerklärung nach § 75a und geht über deren Wirkungen weit hinaus. Mit der Änderungskündigung und dem Angebot des abgeänderten Arbeitsvertrags ohne Wettbewerbsverbot sollen die Wirkungen und Nachwirkungen des Wettbewerbsverbots mit sofortiger Wirkung beseitigt werden. Dagegen lässt die Lossageerklärung die Verpflichtung des Arbeitgebers, noch für ein Jahr die Karenzentschädigung zu zahlen, unberührt.[16] Unzureichend ist, wenn der Arbeitgeber nur zum Ausdruck bringt, er wolle keine Entschädigung zahlen.[17] Ebenso wenig dürfen der Erklärung Bedingungen oder Vorbehalte beigefügt werden, soll sie Wirksamkeit entfalten.[18] Einigkeit besteht, dass eine vom Arbeitgeber vorgelegte Ausgleichsquittung den Anforderungen an eine Verzichtserklärung regelmäßig nicht entspricht.[19] Der Verzicht muss schriftlich erklärt werden, dh die **Form des § 126 BGB** muss eingehalten werden. Eine mündliche Erklärung ist ungenügend.[20]

Die Erklärung muss **zur rechten Zeit** abgegeben werden. Das hat **„vor Beendigung des Dienstverhältnisses"** zu erfolgen, wodurch der Zeitrahmen der Erklärung durch den Abschluss der Wettbewerbsvereinbarung einerseits und den Zeitpunkt der Beendigung andererseits abgesteckt ist. Der Verzicht kann so mit der Erklärung einer ordentlichen[21] oder außerordentlichen Kündigung verbunden werden.[22] Bei der ordentlichen Kündigung kann der Verzicht sogar noch während des Laufs der Kündigungsfrist nachgeschoben werden, aber nicht später.[23] Diese Eingrenzung verfolgt zwei Ziele: bei einer Erklärung nach Beendigung wäre der Arbeitnehmer im Rahmen seiner Orientierung auf dem Arbeitsmarkt erheblich eingeschränkt.[24] Gerade dann ist das **Wissen um eine Wirksamkeit** der Beschränkung elementar.[25] Und der Arbeitgeber erlangte mit einer späteren Lösungsmöglichkeit einen von § 75a nicht gewollten, **taktischen Vorteil:** er könnte die Wettbewerbsabrede einseitig ändern, nachdem die von der Folgebeschäftigung des Arbeitnehmers ausgehende Konkurrenzgefahr erkennbar und kalkulierbar geworden ist.[26] Das ist nicht gewollt. Entsprechend ist der Arbeitnehmer auch nicht gehalten, vor Beendigung des Arbeitsverhältnisses seine Beschäftigungsabsichten für die Zukunft zu offenbaren. Eine dahingehende Verpflichtung zur Auskunft ist unwirksam.[27] 3

2. Rechtsfolgen des Verzichts. Der Arbeitnehmer wird von der **Verpflichtung, das Wettbewerbsverbot einzuhalten,** für die Zeit nach Beendigung des Arbeitsverhältnisses (§ 74 Abs. 1) sofort **mit Zugang der Verzichtserklärung** frei.[28] Die Befreiung des Arbeitgebers von der **Ver-** 4

---

[11] LAG Rheinland-Pfalz 3.3.2020, BeckRS 2020, 7837; Rüschenbaum jurisPR-ArbR 27/2020 Anm. 3; Buchner AR-Blattei 1830.3 Rn. 374; BeckOGK/Ittmann, 1.9.2025, Rn. 4; Ebenroth/Boujong/Rudkowski Rn. 4. Eine Freistellungsvereinbarung ist insofern ungenügend: LAG Köln 17.3.2011, NZA-RR 2011, 513 mAnm Gromann.

[12] BAG 13.4.1978, AP HGB § 75 Nr. 7.

[13] Ebenroth/Boujong/Rudkowski Rn. 15.

[14] MüKoHGB/Thüsing Rn. 2; GK-HGB/Etzel Rn. 69.

[15] LAG Rheinland-Pfalz 3.3.2020, BeckRS 2020, 7837. Danach ergibt sich die sofortige Wirkung des Verzichts aus Auslegung, der verkürzte Fortbestand der Zahlungspflicht aus dem Gesetz.

[16] BAG 10.9.1985, AP HGB § 74 Nr. 49.

[17] GK-HGB/Etzel Rn. 67.

[18] BAG 13.4.1978, NJW 1978, 2263; HWK/Diller Rn. 102.

[19] BGH 20.10.1981, NJW 1982, 1479; Ebenroth/Boujong/Rudkowski Rn. 7; HWK/Diller Rn. 12.

[20] BeckOGK/Ittmann, 1.9.2025, Rn. 3; ErfK/Oetker Rn. 2 unter Hinweis auf den fehlenden Ausschluss von § 126 Abs. 3 BGB, so dass die elektronische Form gilt.

[21] BAG 12.7.1963, AP HGB 75a Nr. 2; 17.2.1987, AP HGB § 75a Nr. 4.

[22] BAG 31.7.2002, BAGE 102, 103 = AP HGB § 74 Nr. 74; Bauer/Diller Wettbewerbsverbote Rn. 573; Ebenroth/Boujong/Rudkowski Rn. 9.

[23] BAG 17.2.1987, NZA 1987, 453; LAG Berlin-Brandenburg 10.12.2019, BeckRS 2019, 38077 Rn. 23; ErfK/Oetker Rn. 3; Ebenroth/Boujong/Rudkowski Rn. 9.

[24] BAG 26.10.1978, NJW 1989, 2166; Ebenroth/Boujong/Rudkowski Rn. 11.

[25] BAG 18.11.1967, BAGE 20, 162 = AP HGB § 74 Nr. 21.

[26] BAG 26.10.1978, AP HGB § 75a Nr. 3.

[27] LAG Hamm 1.12.2009, ArbR 2010, 176; ErfK/Oetker Rn. 5.

[28] BAG 25.10.2007, BAGE 124, 273 = NJW 2008, 1466 Rn. 26; 17.2.1987, AP HGB § 75a Nr. 4; vgl. auch Bettenhausen BB 2018, 1019.

pflichtung, Entschädigung zu zahlen, setzt dagegen erst später ein. Sie endet erst **mit dem Ablauf eines Jahres** seit der Erklärung.[29] Diese Frist läuft – entsprechend dem Wortlaut der Norm – ab dem Zugang der Erklärung.[30] Will der Arbeitgeber also ohne Entschädigungszahlung auskommen, hat er seinen Verzicht ein Jahr vor Beendigung des Arbeitsverhältnisses zu erklären.[31] Durch diesen flankierenden Schutz – Zeit oder Geld – kann sich der Arbeitnehmer auf die Umstellung einstellen.[32] Die Jahresfrist bleibt dem Arbeitnehmer unabhängig von der vereinbarten Dauer der Karenz erhalten; sie verkürzt sich nicht.[33]

III. Abgrenzungen und Risiken

5 **1. Treu und Glauben.** § 75a ist für Wesen und Funktion der Wettbewerbsabreden ein maßgeblicher Prüfstein. Jeglichem Taktieren und möglichen Umgehungsversuchen begegnet die Rspr. mit wachsamem Misstrauen. Der Arbeitgeber kann auf sein Verzichtsrecht im Vorhinein – auch formlos – verzichten.[34] Tut er dies, dann unterfällt eine später erfolgte Verzichtserklärung dem Grundsatz „venire contra factum proprium" und kann eine Wirksamkeit nicht mehr entfalten.[35] Dasselbe gilt auch dann, wenn der Arbeitgeber den **Anschein erweckt,** er werde von seinem Verzichtsrecht keinen Gebrauch machen.[36]

6 **2. Auskunftsvereinbarungen und Auskunftsverlangen.** Entsprechendes gilt für Auskunftsvereinbarungen, die den Zweck des offenen Risikotauschs im Rahmen einer Wettbewerbsvereinbarung einzugrenzen versuchen. Weder der Arbeitgeber noch der Arbeitnehmer ist verpflichtet, eine entsprechende Antwort zu erteilen. Häufig finden sich **Klauseln, die den Arbeitnehmer verpflichten,** zwischen Kündigung und Beendigung des Arbeitsverhältnisses dem Arbeitgeber über seine Orientierung auf dem Arbeitsmarkt Rede und Antwort zu stehen.[37] Damit wird die in § 74c Abs. 2 festgelegte Pflicht vorverlagert. Dies verstößt gegen Sinn und Zweck des § 75a, sodass in der Folge solche Vereinbarungen unwirksam sind.[38] Hat der Arbeitnehmer die Auskunft gleichwohl erteilt, so wird der Arbeitgeber über § 242 BGB gehindert, einen Verzicht zu erklären.[39] Entsprechend kann auch der **Arbeitgeber nicht verpflichtet** werden, über seine Absichten hinsichtlich eines Verzichts Auskunft zu erteilen.[40] Dadurch verkürzte sich die ihm von § 75a eingeräumte Überlegungsfrist.[41]

7 **3. Bedingte Wettbewerbsverbote.** Es gibt eine Reihe von Bedingungen, die mit dem Wesen der bezahlten Karenz nicht in Einklang zu bringen sind (→ § 74 Rn. 20). Hierhin gehört etwa, wenn der Arbeitgeber die Verbindlichkeit eines nachvertraglichen Wettbewerbs davon abhängig macht, dass die nachvertragliche Tätigkeit nicht seine Zustimmung findet.[42] Oder er behält sich allgemein vor, überhaupt ein nachvertragliches Wettbewerbsverbot auszusprechen.[43] Nach allgM sind solche Vereinbarungen und Vorbehalte auch als Umgehung von § 75a zu werten.[44] In der Folge erwächst dem Arbeitnehmer das **Wahlrecht,** ob er die Verpflichtung gegen Entschädigung eingeht oder ob er sich unbeirrt von der für ihn unverbindlichen Vereinbarung auf dem Arbeitsmarkt verdingen will.[45]

---

[29] BAG 25.10.2007, BAGE 124, 273 = NJW 2008, 1466 Rn. 26; BeckOGK/Ittmann, 1.9.2025, Rn. 11.
[30] BAG 23.11.2004, BAGE 112, 376 = NZA 2005, 411; LAG Berlin-Brandenburg 15.12.2016 mwN, BeckRS 2016, 115376 = ArbR 2017, 149 mAnm Pauken; **aA** BAG 25.10.2007, BAGE 124, 273 = NJW 2008, 1466; ErfK/Oetker Rn. 4.
[31] BeckOGK/Ittmann, 1.9.2025, Rn. 12.
[32] Heymann/Henssler/Michel Rn. 5; Ebenroth/Boujong/Rudkowski Rn. 13.
[33] LAG Rheinland-Pfalz 26.2.1998, LAGE § 75a Nr. 1.
[34] BAG 26.10.1978, AP HGB § 75a Nr. 3 Ls. 1.
[35] Ebenroth/Boujong/Rudkowski Rn. 12.
[36] BAG 26.10.1978, AP HGB § 75a Nr. 3.
[37] LAG Hamm 1.12.2009, ArbR 2010, 176; BeckOGK/Ittmann, 1.9.2025 Rn. 14; MüKoHGB/Thüsing Rn. 12.
[38] BAG 18.4.1969, AP GewO § 133f Nr. 22; 2.12.1968, AP HGB § 74a Nr. 3; LAG Hamm 16.10.2010, BeckRS 2010, 73949; Heymann/Henssler/Michel Rn. 11; Buchner AR-Blattei 1830.3 Rn. 373; Bauer/Diller Wettbewerbsverbote Rn. 601 f; BeckOGK/Ittmann, 1.9.2025, Rn. 14.1.
[39] BAG 2.12.1968, AP HGB § 74a Nr. 3; ErfK/Oetker Rn. 5; Bauer/Diller Wettbewerbsverbote Rn. 603.
[40] BAG 26.10.1978, AP HGB § 75a Nr. 3; BeckOGK/Ittmann, 1.9.2025, Rn. 14.
[41] MüKoHGB/Thüsing Rn. 14.
[42] BAG 4.6.1985, AP HGB § 74 Nr. 50.
[43] BAG 13.5.1986, AP HGB § 74 Nr. 51.
[44] BAG 4.6.1985, AP HGB § 74 Nr. 50 f.; Heymann/Henssler/Michel Rn. 9; Ebenroth/Boujong/Rudkowski Rn. 16.
[45] Ebenroth/Boujong/Rudkowski Rn. 16; MüKoHGB/Thüsing Rn. 16. Hier setzt die Kritik von Brune ein, die statt des Wahlrechts eine analoge Anwendung des § 75a fordert: Brune, Bedingte Wettbewerbsverbote für Arbeitnehmer, 1987, 70 ff.

§ 75b *[aufgehoben]*

§ 75c [Vertragsstrafe]

(1) [1]Hat der Handlungsgehilfe für den Fall, daß er die in der Vereinbarung übernommene Verpflichtung nicht erfüllt, eine Strafe versprochen, so kann der Prinzipal Ansprüche nur nach Maßgabe der Vorschriften des § 340 des Bürgerlichen Gesetzbuchs geltend machen. [2]Die Vorschriften des Bürgerlichen Gesetzbuchs über die Herabsetzung einer unverhältnismäßig hohen Vertragsstrafe bleiben unberührt.

(2) Ist die Verbindlichkeit der Vereinbarung nicht davon abhängig, daß sich der Prinzipal zur Zahlung einer Entschädigung an den Gehilfen verpflichtet, so kann der Prinzipal, wenn sich der Gehilfe einer Vertragsstrafe der in Absatz 1 bezeichneten Art unterworfen hat, nur die verwirkte Strafe verlangen; der Anspruch auf Erfüllung oder auf Ersatz eines weiteren Schadens ist ausgeschlossen.

I. Normzweck

Wettbewerbsverbote sind schwer durchsetzbar. Die Bezifferung von Schadensersatzansprüchen steht vor schier unüberwindlichen Hindernissen. Hier entgegen zu wirken, nämlich **präventiv** die Einhaltung der Unterlassung zu erzwingen und **repressiv** die Durchsetzung von Schadensersatzansprüchen zu erleichtern, werden Wettbewerbsklauseln in der Praxis häufig mit Vertragsstrafeversprechen verbunden.[1] § 74c ist 1914 zur Erweiterung der Rechte des Arbeitgebers in das Gesetz aufgenommen worden.[2] Die Verweisung auf **§ 340 BGB** in Abs. 1 S. 1 schützt aber zugleich den Arbeitnehmer, ist doch der Einsatz der Vertragsstrafe insoweit beschränkt, als der Arbeitgeber **nicht gleichzeitig Strafe und Erfüllung** verlangen kann.[3] Wenn das Gesetz weiter auf die Möglichkeit zur Herabsetzung der Vertragsstrafe verweist, so handelt es sich dabei nur um einen klarstellenden Hinweis. **Abs. 2** betrifft Wettbewerbsabsprachen ohne Entschädigungsverpflichtung. Nach Aufhebung des § 75b ist die letzte Möglichkeit entfallen, solche Absprachen verbindlich zu treffen. Die Norm **ist gegenstandslos.**[4] 1

II. Versprechen und Verwirkung

1. Vertragsstrafeversprechen. Grundlage eines Strafversprechens ist ein **Vertrag.**[5] Es kommt nicht durch einseitige Erklärung zustande.[6] Vertragsstrafeversprechen im Rahmen des § 74c sind darüber hinaus Bestandteil einer Wettbewerbsabrede.[7] Sie müssen deshalb auch der Schriftform des § 74, mithin § 126 BGB Genüge tun.[8] Weiter ist eine wirksame, mithin verbindliche Wettbewerbsvereinbarung erforderlich.[9] Fehlt etwa eine Entschädigungsvereinbarung, kann auch die Vertragsstrafe nicht wirksam werden.[10] Dies folgt aus dem in § 344 BGB niedergelegten Prinzip der Akzessorietät.[11] Nicht notwendig muss die Strafbewehrung zeitgleich mit der Karenz erfolgen; auch nachträgliche Strafversprechen sind möglich und zulässig.[12] 2

Eine Vertragsstrafe, so nützlich sie erscheinen mag, ist eine einschneidende Regelung. Es empfiehlt sich daher, sie **konkret auszuhandeln.** Dabei sollten die Parteien den Verwirkungstatbestand so bestimmt wie möglich vereinbaren. Eine Differenzierung zwischen Einzelverletzungen und einem Dauerverstoß kann sich als zweckmäßig erweisen.[13] Fehlt es an präzisen Regelungen, so kann weiter 3

---

[1] BAG 4.3.2004, BAGE 110, 8 = NZA 2004, 1277; Staub/Weber/Gräf Rn. 1; BeckOGK/Ittmann, 1.9.2025, Rn. 2.1; MüKoHGB/Thüsing Rn. 1.

[2] Zur Gesetzgebungsgeschichte Ebenroth/Boujong/Rudkowski Rn. 2.

[3] BAG 16.1.1970, AP HGB § 74a Nr. 4; BeckOGK/Ittmann, 1.9.2025, Rn. 3; MüKoHGB/Thüsing Rn. 1.

[4] MüKoHGB/Thüsing Rn. 14.

[5] Winter BB 2010, 2757; BeckOK BGB/Janoscheck, 76. Ed. 1.11.2025, § 339 Rn. 2.

[6] BGH 20.1.2016, NZM 2016, 214; 4.10.1956, BGHZ 21, 370 = NJW 1956, 1793; BeckOK BGB/Janoschek, 76. Ed. 1.11.2025, § 339 Rn. 2 mwN.

[7] Ebenroth/Boujong/Rudkowski Rn. 6; ErfK/Oetker Rn. 1.

[8] Bauer/Diller Wettbewerbsverbote Rn. 932; BeckOGK/Ittmann, 1.9.2025, Rn. 3.

[9] LAG Hessen 5.3.1990, LAGE HGB § 74 Nr. 5 = DB 1991, 709; ArbG Solingen 20.6.2017, BeckRS 2017, 116832; Bauer/Diller Wettbewerbsverbote Rn. 933; Ebenroth/Boujong/Rudkowski Rn. 9.

[10] LAG München 4.10.2012 – 11 Sa 515/12, nv.

[11] Staub/Weber/Gräf Rn. 2; Bauer/Diller Wettbewerbsverbote Rn. 933; BeckOGK/Ittmann, 1.9.2025, Rn. 15; MüKoHGB/Thüsing Rn. 2.

[12] MüKoHGB/Thüsing Rn. 2; Heymann/Henssler/Michel Rn. 1.

[13] BAG 21.5.1971, BAGE 23, 350 = AP HGB § 75c Nr. 1.

innerhalb bestimmter Grenzen auch eine Auslegung zum Ziel führen.[14] Dabei können die Parteien zum Beispiel die Bestimmung der Höhe der Vertragsstrafe in das Ermessen Dritter stellen.[15] Das Gericht kann mit dieser Aufgabe allerdings nicht belastet werden.[16]

4 Im Interesse einer Standardisierung und Präzisierung ist es üblich geworden, Vertragsstrafen in Klauseln zu kleiden. Mit Aufhebung der Bereichsausnahme Arbeitsrecht im Schutzbereich des Rechts der **AGB** im Zuge der Schuldrechtsreform 2002 war eine heftig umstrittene Frage zunächst, ob nicht § 309 Nr. 6 BGB einer formularmäßigen Vereinbarung einer Strafe entgegenstehe. Das BAG hat in drei Entscheidungen vom 4.3.2004[17] erkannt, dass die fehlende Vollstreckbarkeit der Arbeitsleistung, wie sie § 888 Abs. 3 ZPO anordnet, eine Besonderheit darstelle, die es erlaube, über die Öffnungsklausel des § 310 Abs. 4 S. 2 BGB Vertragsstrafen auch in vorformulierte Klauseln zu fassen. Somit ist weiter unangefochten, dass auch in **Formulararbeitsverträgen** enthaltene Vertragsstrafeversprechen Bestand haben können.[18] Solche Klauseln müssen aber den zusätzlichen, verschärften Prüfmaßstäben der §§ 305 ff. BGB standhalten, die auf Regelungen in Einbettungszusammenhängen zugeschnitten sind, um etwa mangelnde Aufmerksamkeit des Vertragspartners des Verwenders auszugleichen. So kann schon eine Platzierung an unerwarteter Stelle zur Unwirksamkeit nach § 305c Abs. 1 BGB führen.[19] Und die Regelung darf nicht zu einer unangemessenen Benachteiligung der anderen Seite führen. Als eine solche hat es das BAG angesehen, wenn Rechte und Pflichten nicht so klar und präzise wie möglich beschrieben werden.[20] Das Bestimmtheitsverbot ist verletzt, wenn eine Regelung „vermeidbare Unklarheiten und Spielräume" enthält.[21] Eine Festlegung durch Auslegung, ein Offenlassen der Höhe kommen vom Regelungszweck der AGB-Kontrolle her nicht in Betracht.[22] Auch eine geltungserhaltende Reduktion ist im Regelfall ausgeschlossen.[23] Allerdings berührt die Unwirksamkeit der Vertragsstrafe nach § 306 Abs. 1 BGB nicht notwendig die Vereinbarung insgesamt.[24]

5 **2. Verwirkung.** Ob der Arbeitnehmer eine vereinbarte Strafe verwirkt, hängt von den inhaltlichen Festlegungen ab.[25] Gerade bei der Verletzung von Unterlassungspflichten werden Auslegungshilfen unverzichtbar sein. Über §§ 339 ff. BGB gilt der **Verschuldensgrundsatz,** auch wenn ein Unrechtsbewusstsein nicht notwendig ist.[26] Zu unterscheiden sind **Einzelverstöße** und **Dauerverstöße,** die – jedenfalls in Formularverträgen – klar voneinander abzugrenzen sind.[27] Im Kern aber verweist § 74c auf § 340 BGB. In der Konsequenz hat der Arbeitgeber unter Ausklammerung des § 341 BGB die Wahl, ob er Erfüllung oder die verwirkte Strafe in Anspruch nimmt. Wählt er letztere, dann geht der Anspruch auf Unterlassung unter (§ 340 Abs. 1 S. 2 BGB).[28] Wählt der Arbeitgeber Erfüllung, dann lässt erst ein erneuter Verstoß gegen das Wettbewerbsverbot das **Wahlrecht** wiederaufleben.[29] Dies gilt jedenfalls dann, wenn sich die Vertragsstrafe auf den gesamten Zeitraum der Karenz bezieht.[30] Hat dagegen der Arbeitnehmer nur in einem Zeitabschnitt während der Karenz verbotenen Wettbewerb betrieben, dann kann der Arbeitgeber für diesen Abschnitt die Vertragsstrafe begehren, im Übrigen aber Erfüllung verlangen.[31] – Nicht ausgeschlossen wird durch die Wahl der Vertragsstrafe die Geltendmachung von **Schadensersatzansprüchen.** Die Vertragsstrafe stellt den Mindestschaden dar, sodass der Arbeitgeber weiteren Schaden daneben geltend machen kann.[32]

[14] BAG 26.9.1963, NJW 1964, 317; ErfK/Oetker Rn. 2.
[15] BeckOK HGB/Wetzel, 96. Ed. 1.1.2026, Rn. 3; Buchner AR-Blattei 1830.3 Rn. 203.
[16] BAG 25.9.1980, NJW 1981, 1799; BeckOK HGB/Wetzel, 49. Ed. 1.1.2026, Rn. 3.
[17] Führend: BAG 22.10.2003, BAGE 110, 8 = NZA 2004, 1275 (1277).
[18] BeckOK HGB/Wetzel, 49. Ed. 1.1.2026, Rn. 4; MüKoHGB/Thüsing Rn. 3; Buchner AR-Blattei 1830.3 Rn. 200; Lingemann/Gottschalk DStR 2011, 774; BeckOGK/Ittmann, 1.9.2025, Rn. 6, der allerdings meint, auf § 310 Abs. 4 S. 2 BGB komme es nicht an.
[19] BAG 31.8.2005, BAGE 115, 372 = NZA 2006, 324.
[20] BAG 3.4.2007, NZA 2007, 1045; 18.8.2005, NZA 2006, 34.
[21] BAG 31.5.2005, BAGE 115, 372 = NZA 2006, 324.
[22] Bauer/Diller Wettbewerbsverbote Rn. 929.
[23] BAG 14.8.2007, NJW 2008, 458 = NZA 2008, 170; Bauer/Diller Wettbewerbsverbote Rn. 931.
[24] LAG Hamm 1.12.2009, ArbR 2010, 176M; Bauer/Diller Wettbewerbsverbote Rn. 931.
[25] BAG 26.9.1963, NJW 1964, 317; Ebenroth/Boujong/Rudkowski Rn. 10 ff.
[26] BAG 21.5.1971, BAGE 23, 350 = AP HGB § 75c Nr. 1; BeckOK HGB/Wetzel, 49. Ed. 1.1.2026, Rn. 8; MüKoHGB/Thüsing RN. 5; zu weit Ebenroth/Boujong/Rudkowski Rn. 11.
[27] BeckOGK/Ittmann, 1.9.2025, Rn. 28 f.; Staub/Weber/Gräf Rn. 14 ff.
[28] Ebenroth/Boujong/Rudkowski Rn. 14; Hopt/Roth Rn. 3.
[29] RG 7.1.1913, JW 1913, 320.
[30] RG 23.1.1926, RGZ 112, 361; BAG 16.1.1970, AP HGB § 74a Nr. 4.
[31] BAG 26.1.1973, AP HGB § 75 Nr. 4; Ebenroth/Boujong/Rudkowski Rn. 15.
[32] BAG 16.1.1970, AP HGB § 74a Nr. 4; BeckOGK/Ittmann, 1.9.2025, Rn. 31; BeckOK HGB/Wetzel, 49. Ed. 1.1.2026, Rn. 14; ErfK/Oetker Rn. 3; MüKoHGB/Thüsing Rn. 8.

III. Herabsetzung der Vertragsstrafe

Auf Antrag des Arbeitnehmers kann eine **unverhältnismäßig hohe Vertragsstrafe** herabgesetzt werden. Abs. 1 S. 2 verweist insoweit auf § 343 BGB. Dabei hängt die **angemessene Höhe** von einer Vielzahl von Faktoren ab. Sie muss nicht notwendig mit der Höhe der Karenzentschädigung korrelieren.[33] Das Interesse des Arbeitgebers, der potentielle Schaden, Ausmaß des Verschuldens und eine intendierte Prävention können hier ua eingedacht werden. Bei **Formularverträgen** hat das BAG allerdings einen engeren Rahmen gesteckt. Danach sind Vertragsstrafen am Maßstab des § 307 Abs. 1 BGB zu messen.[34] Das BAG erachtet zB Strafen, die für jeden Verstoß ein bis drei Monatsgehälter ansetzen, als **unangemessene Benachteiligung.**[35] In diesen Fällen kommt auch eine Herabsetzung nicht in Betracht, weil der Verstoß gegen die AGB-Regeln zur Unwirksamkeit der Vertragsstrafe führt. Eine Herabsetzung liefe dann auf die vom BAG abgelehnte geltungserhaltende Reduktion hinaus.[36] Folglich verkürzt sich der Spielraum des § 75c Abs. 1 S. 2 auf die (wenigen) Fälle, in welchen die Höhe einzelvertraglich ausgehandelt worden ist. Ist die Vertragsstrafe bereits entrichtet, scheidet eine Herabsetzung aus (§ 343 Abs. 1 S. 3 BGB). Die **Darlegungslast** für Umstände, welche eine Herabsetzung tragen, liegt beim Arbeitnehmer.[37] 6

§ 75d [Unabdingbarkeit]

[1]Auf eine Vereinbarung, durch die von den Vorschriften der §§ 74 bis 75c zum Nachteil des Handlungsgehilfen abgewichen wird, kann sich der Prinzipal nicht berufen. [2]Das gilt auch von Vereinbarungen, die bezwecken, die gesetzlichen Vorschriften über das Mindestmaß der Entschädigung durch Verrechnungen oder auf sonstige Weise zu umgehen.

I. Normzweck

Die Norm sichert, dass die §§ 74 ff. **zugunsten des Arbeitnehmers zwingend** sind.[1] Es soll verhindert werden, dass der intendierte Schutz ins Leere läuft.[2] Werden zu Lasten des Arbeitnehmers abweichende Regelungen getroffen, so ist die Abrede für den Arbeitnehmer unverbindlich. Der Arbeitgeber hingegen bleibt gebunden.[3] Die Vorschrift gilt für Mandantenschutzklauseln entsprechend.[4] 1

II. Schutz vor nachteiligen Abreden

1. Abweichende Vereinbarungen. Nur Abweichungen **zu Lasten des Arbeitnehmers** lösen den Schutz aus. So können etwa Verlängerungen der Zahlungsfristen und Abstände, Erweiterungen der Anrechenbarkeit oder Unterschreitungen der Mindestentschädigung keine Wirkung entfalten. Auch Beschränkungen der Lösungsrechte oder die Pflicht zum Abführen von Einkünften gehören hierhin. Führt nicht – aus konkreter gesetzlicher Anordnung wie in § 74a Abs. 2 – die Abweichung per se zur Nichtigkeit, dann hat der Arbeitnehmer die **Wahl,** ob er sich binden will oder nicht.[5] Allerdings leitet das BAG aus § 75d ab, dass bei „überschießenden Wettbewerbsabreden" eine Bindung nur im Umfang der gesetzlichen Zulässigkeit erfolgt.[6] Der Schutz unterliegt einer **zeitlichen Beschränkung.** Mit der **Beendigung des Arbeitsverhältnisses** endet auch die Abhängigkeit des Arbeitnehmers von seinem Arbeitgeber.[7] Mit diesem Zeitpunkt lebt der Grundsatz der Vertragsfreiheit wieder auf. Die Parteien können jetzt die Mindestentschädigung unterschreiten oder die Laufzeit verlängern. Auch Verfallfristen können zum Erlöschen der Ansprüche führen.[8] **Vorher** sind nur Abweichungen **zugunsten des Arbeitnehmers** gestattet, also etwa eine höhere Entschädigung 2

[33] BAG 21.5.1971, BAGE 23, 350 = AP HGB § 75c Nr. 1.
[34] BeckOK HGB/Wetzel, 49. Ed. 1.1.2026, Rn. 11.
[35] BAG 18.8.2005, AP BGB § 336 Nr. 1; MüKoHGB/Thüsing Rn. 3.
[36] BAG 4.3.2004, BAGE 110, 8 = NZA 2004, 727; 14.8.2007, NJW 2008, 458.
[37] LAG Baden-Württemberg 14.5.1963, AP BGB § 339 Nr. 2; HWK/Diller Rn. 11.
[1] BAG 14.7.1981, NJW 1982, 1548; LAG Schleswig-Holstein 24.1.2018, BeckRS 2018, 5587 Rn. 40; Ebenroth/Boujong/Rudkowski Rn. 1; BeckOGK/Ittmann, 1.9.2025, Rn. 1.
[2] MüKoHGB/Thüsing Rn. 1.
[3] GK-HGB/Etzel Rn. 113.
[4] BAG 11.12.2013, NZA 2014, 433 Rn. 20 ff.; BeckOGK/Ittmann, 1.9.2025, Rn. 4.1.
[5] BeckOGK/Ittmann, 1.9.2025, Rn. 6; Ebenroth/Boujong/Rudkowski Rn. 5; MüKoHGB/Thüsing Rn. 4.
[6] BAG 21.4.2010, NZA 2010, 1175 Rn. 28; ausf. BeckOGK/Ittmann, 1.9.2025, Rn. 9.1 ff.
[7] MüKoHGB/Thüsing Rn. 2.
[8] BAG 19.6.1997, NZA 1998, 258; LAG Baden-Württemberg 14.1.2014, BeckRS 2015, 72048 unter I.3.b bb.

oder der Ausschluss von Anrechnungen wie auch die Beschränkung von Vertragsstrafen.[9] – Besondere Aufmerksamkeit wird der Frage gewidmet, ob in **Tarifverträgen** von §§ 74 ff. abweichende nachteilige Regelungen getroffen werden können. Das BAG hat dies in älteren Entscheidungen obiter bemerkt.[10] Spielräume bestanden, soweit die Regelungen für Handlungsgehilfen durch Richterrecht auf andere Arbeitnehmer ausgeweitet wurden. Gleichwohl war die Lit. skeptisch, ob die Sozialpartner hier regelnd eingreifen dürfen.[11] Seit der Gesetzgeber in § 110 S. 2 GewO sich die Ausweitung auf alle Arbeitnehmer zu Eigen machte, hat sich das Problem erledigt.[12] Sie dürfen aber wegen § 74d nicht von den gesetzlichen Mindestvorschriften zum Nachteil des Arbeitnehmers abweichen.[13]

3 **2. Umgehungen.** Umgehungen werden von § 75d S. 2 erfasst. Die Rspr. stützt insbesondere das Verbot bedingter Wettbewerbsabsprachen, in dem sich der Arbeitgeber die Entscheidung über eine Inkraftsetzung vorbehält, auf diese Norm.[14] Hierhin gehören auch einseitige Bestimmungen, dass nur eine Kündigung des Arbeitnehmers das Verbot auszulösen vermag.[15] Dasselbe gilt für **Klauseln,** in denen **für übernommene Mandanten** Pauschalen abzuführen sind, ohne dass eine Entschädigung gewährt wird.[16] Ebenso sind Mandantenübernahmeklauseln unverbindlich, die ein über zwei Jahre hinausgehende Pflicht begründen, einen Teil der erzielten Vergütung an den ehemaligen Arbeitgeber abzuführen.[17] Hierhin gehören auch Vereinbarungen, in denen Einkünfte in erweiterter Weise anzurechnen sind.[18]

§ 75e *[aufgehoben]*

§ 75f [Sperrabrede unter Arbeitgebern]

[1]Im Falle einer Vereinbarung, durch die sich ein Prinzipal einem anderen Prinzipal gegenüber verpflichtet, einen Handlungsgehilfen, der bei diesem im Dienst ist oder gewesen ist, nicht oder nur unter bestimmten Voraussetzungen anzustellen, steht beiden Teilen der Rücktritt frei. [2]Aus der Vereinbarung findet weder Klage noch Einrede statt.

I. Normzweck

1 Wenn Arbeitgeber untereinander verabreden, Arbeitnehmer nicht oder nicht ohne Zustimmung des früheren Arbeitgebers einzustellen, liegt eine **Sperrabrede** vor.[1] Diesen Wettbewerbsabsprachen, die mit den §§ 74 ff. insoweit in einem Wirkungszusammenhang stehen,[2] als die Verwertung der Arbeitskraft und damit die **Ausübung der Berufsfreiheit** nicht durch Bindung, sondern durch Isolierung des Arbeitnehmers einzuschränken gesucht wird, soll § 75f sowohl im Hinblick auf Einzel-[3] als auch im Hinblick auf Verbandsabsprachen[4] gegensteuern. Bekannt geworden sind solche Kartellvereinbarungen in der Kaufhausbranche, indem Verkaufspersonal nicht oder jedenfalls nicht zu einem höheren Gehalt übernommen werden sollte.[5] Heute ist vorwiegend die Beratungsbranche betroffen.[6] § 75f geht von einer Wirksamkeit der Vereinbarung aus, wodurch sich die Norm „nach oben" von § 138 BGB abgrenzt. Wird nämlich eine deutliche Einschnürung der Möglichkeiten des Arbeitnehmers auf dem Arbeitsmarkt bewirkt, etwa, weil seine speziellen Fertigkeiten nur für wenige Arbeitgeber verwertbar sind und diese sich in überwiegender Zahl binden, laufen solche Vereinbarungen

[9] BeckOK HGB/Wetzel, 49. Ed. 1.1.2026, Rn. 3; MüKoHGB/Thüsing Rn. 3.
[10] BAG 12.11.1971, AP HGB § 74 Nr. 28; 21.1.1972, AP HGB § 74 Nr. 30.
[11] Ausf. Buchner AR-Blattei 1830.3 Rn. 79 ff.; **aA** etwa Heymann/Henssler/Michel Rn. 7: Ausgestaltung möglich.
[12] BeckOGK/Ittmann, 1.9.2025, Rn. 11.1.
[13] BeckOGK/Ittmann, 1.9.2025, Rn. 11; Ebenroth/Boujong/Rudkowski Rn. 4; ErfK/Oetker Rn. 3; MüKoHGB/Thüsing Rn. 8 f.
[14] BAG 31.7.2002, BGB § 611 Konkurrenzklausel Nr. 48; LAG Hamm 10.1.2002, BuW 2002, 660.
[15] LAG Schleswig-Holstein 24.1.2018, BeckRS 2018, 5587.
[16] BAG 11.12.2013, NZA 2014, 413 Rn. 21, 26; Vorinstanz LAG Niedersachsen 13.2.2013, NZA-RR 2013, 347 für weitere Tätigkeit im Anstellungsverhältnis; ähnlich jetzt LAG Schleswig-Holstein 1.7.2014, BeckRS 2014, 72371 für folgende Selbständigkeit; schon zuvor BAG 7.8.2002, BAGE 102, 145 = NZA 2002, 1282.
[17] BAG 11.12.2013, NZA 2014, 433 Rn. 21 mwN.
[18] Buchner AR-Blattei 1830.3 Rn. 339; Ebenroth/Boujong/Rudkowski Rn. 7; ErfK/Oetker Rn. 2.
[1] BeckOK HGB/Wetzel, 49. Ed. 1.1.2026, Rn. 1; Commandeur RdA 2022, 341 (342).
[2] BGH 13.10.1972, AP HGB § 74f Nr. 1; BeckOGK/Ittmann, 1.9.2025, Rn. 2.
[3] BGH 13.10.1972, AP HGB § 75f Nr. 1 unter II.1.; MüKoHGB/Thüsing Rn. 3.
[4] BGH 30.4.1974, NJW 1974, 1330; BeckOK HGB/Wetzel, 49. Ed. 1.1.2026, Rn. 3.
[5] MüKoHGB/Thüsing Rn. 1.
[6] Schloßer BB 2003, 1382.

Gefahr, als **sittenwidrig** bewertet zu werden. Es ist jetzt auch darauf aufmerksam gemacht worden, dass hinter der Folie des „überkommenen" § 75f auch das **moderne Kartellrecht** greift, weil Abwerbeverbote eine spürbare Beschränkung des Wettbewerbs bezwecken.[7] Lange hat die Norm in einem Dornröschen-Schlummer verharrt. In den letzten Jahren ist sie wieder in den Fokus gerückt.

II. Voraussetzungen und Rechtsfolgen

1. Voraussetzungen. § 75f trifft im **sachlichen Anwendungsbereich** Abreden unter Arbeitgebern, die eine anderweitige Betätigung eines Arbeitnehmers behindern.[8] Dabei ist gleichgültig, ob der Arbeitnehmer in der Aufnahme eines Arbeitsverhältnisses oder in der Aufnahme einer selbständigen Tätigkeit behindert werden soll.[9] Nach bislang hL nicht erfasst war hingegen die Absprache unter Arbeitgebern, gegenseitig Abwerbungen zu unterlassen. Es wurde darauf abgestellt, dass diese Absprachen nur die eigene Initiative der Arbeitgeber binden. Es bliebe genügend Raum für Aktivitäten der Arbeitnehmer und die Reaktion der anderen Arbeitgeber darauf stehe frei.[10] Dem ist der BGH entgegengetreten.[11] Aus dem Kontext mit den §§ 74 ff. erhelle,[12] dass es dem Arbeitgeber freistehe – gegen Zahlung einer Karenz – sich vor einer künftigen Konkurrenz seiner Mitarbeiter zu schützen. Im Übrigen habe das Grundrecht der Arbeitnehmer auf freie Wahl des Arbeitsplatzes, das die Möglichkeit abgeworben zu werden einschließe, Vorrang.[13] Schutzinteressen des Arbeitgebers sei in besonderen Fällen Rücksicht zu gewähren, etwa bei unlauterer Abwerbung oder im Fall besonderer Schutzbedürftigkeit. Dabei sei aber regelmäßig die Zweijahresfrist des § 74 im Auge zu halten.[14] Dieser differenzierten, die jeweiligen Schutzzonen des Art. 12 GG wägenden Lösung, ist der Vorzug zu geben.[15] Das Argument, der Schutzbereich sei nicht eröffnet, weil keine konkreten Interessen von Arbeitnehmern betroffen seien,[16] blendet den abstrakten Gewinn eines fehlenden, wenn auch anderweit begründeten Verbots, angesprochen zu werden, aus.[17] Die vom BGH eröffneten Ausnahmen im Interesse des Arbeitgebers haben im Anschluss Gestalt angenommen. So hat das LG Hamburg anerkannt, dass sich ein ausscheidendes Sozietätsmitglied wirksam verpflichten kann, keine Mitarbeiter abzuwerben.[18] Das LG Mannheim hatte hingegen die Zulässigkeit an besonders enge Voraussetzungen gebunden. Zudem war dort die Abwerbung der technischen Fachkraft mehr als zwei Jahre nach den Übernahmeverhandlungen erfolgt, anlässlich derer das Abwerbungsverbot vereinbart worden war.[19] In der neueren Lit. zeichnet sich in Umsetzung des vom BGH gegebenen Ansatzes ab, dass zulässige Vereinbarungen zum Schutz eines Vertrauensbereiches möglich sind, wenn das Abwerbeverbot nicht Hauptzweck der Absprache ist und der Verbotszeitraum nicht zwei Jahre überschreitet.[20] Auch hier helfen im Übrigen kartellrechtliche Parallelüberlegungen.[21] Gezielte Abwerbungen sind, sofern wettbewerbswidrig, auch vom Kartellrecht nicht erlaubt. Und auf besondere Schutzbedürfnisse nehmen diese Regelungen ebenfalls Bedacht.[22] Eine synchrone Wertung kann den wenigen Anwendungsfällen, in denen allein § 75f eine Rolle spielt, nur gut tun. Es 2

---

[7] Alexander ZeWeR 2016, 16 (24–29).

[8] BeckOGK/Ittmann, 1.9.2025, Rn. 3; nicht betroffen sind Abreden, nach denen ein Mitarbeiter im Fall seines Ausscheidens andere Mitarbeiter beeinflusst, – ggf. gemeinsam – zu einem Dritten zu gehen, Bauer/Diller Wettbewerbsverbote Rn. 129; s. aber Lingemann/Chakrabarti NJW 2020, 2318.

[9] BGH 27.9.1983, BGHZ 88, 260 = NJW 1984, 116.

[10] MüKoHGB/Thüsing Rn. 5; **aA** Schloßer BB 2003, 1382 (1384).

[11] BGH 30.4.2014, ZIP 2014, 1934 = NZA 2015, 111 = NJW 2014, 3441; vgl. hierzu Pottgiesser EWiR 2015, 47; Naber DB 2014, 2945; Becher GRUR-Prax 2014, 465.

[12] BGH 30.4.2014, NJW 2014, 3441 Rn. 24.

[13] BGH 30.4.2014, NJW 2014, 3441 Rn. 25, 28.

[14] BGH 30.4.2014, NJW 2014, 3441 Rn. 31 ff.; so auch LG Mannheim 22.2.2016, BeckRS 2016, 11889.

[15] Hopt/Roth Rn. 1; BeckOGK/Ittmann, 1.9.2025, Rn. 6 mit Bsp. in Rn. 6.1; Ebenroth/Boujong/Rudkowski Rn. 9; Schwarzfischer BB 2014, 2897; Naber DB 2014, 2223; Henssler/Bleck WuB 2015, 78, die allerdings eine stärkere Berücksichtigung der Interessen der Arbeitgeber bei der Gestaltung der Ausnahmen für angemessen erachten, diff. auch Heymann/Henssler/Michel, die sich ebenfalls für eine flexible Auslegung einsetzen, Heymann/Henssler/Michel Rn. 3 ff.; abl. ErfK/Oetker Rn. 1; MüKoHGB/Thüsing Rn. 5; BeckOK HGB/Wetzel, 49. Ed. 1.1.2026, Rn. 4.

[16] ErfK/Oetker Rn. 1.

[17] ErfK/Oetker Rn. 1 meint: es werde nicht in Interessen und Initiativen der Arbeitnehmer eingegriffen. Das Zweite stimmt, Ersteres bedürfte einer näheren Begründung.

[18] LG Hamburg 15.3.2016, BeckRS 2016, 126460.

[19] LG Mannheim 22.2.2016, BeckRS 2016, 11889.

[20] BeckOGK/Ittmann, 1.9.2025, Rn. 6.1; Schwill NJW 2017, 3120; Commandeur RdA 2022, 341 (346); Naber/Deiß GWR 2016, 444; zum internationalen Bezug (insbes. USA) und zu kartellrechtlichen Überlegungen: Linsmeier BB 2018, 515.

[21] Alexander ZeWeR 2016, 29 ff.

[22] Alexander ZeWeR 2016, 29 (30, 39).

finden sich allerdings auch Ansätze, die der Rechtsprechungsentwicklung entgegentreten, obwohl der Ansatz, den Grundrechtsschutz der Arbeitnehmer zu stärken, geteilt wird.[23] Weder die Ausweitung auf Abwerbeverbote noch die Relativierung der Kernzone der Einstellungsverbote durch wettbewerbsrechtliche Kriterien sei hinzunehmen.[24] In diesem engen Bereich seien dem Arbeitnehmer Schadensersatz-, Unterlassungs- und Bereicherungsansprüche zuzubilligen, um dem Schutzgedanken der Norm Rechnung zu tragen.[25] Eine Umkehr der Beweislast wird angedeutet.[26] Diese Ausweitung eines „Flankenschutzes" für die §§ 74 ff. erscheint auf den ersten Blick verlockend. Doch genügen dem Arbeitgeberinteresse in der Regel Abwerbeverbote. Der schneidige Schutz der Kernzone läuft dann ins Leere. Die ergänzend vorgeschlagene Sanktion einer Bußgeldbewehrung verlangt ebenso wie der angedachte kollektiv-rechtliche Schutz[27] ein Handeln des Gesetzgebers. Durch die Diskussion wird die Schutzlücke von Art. 12 GG deutlich hervorgehoben. Ein Rezept, wie den betroffenen **meist ahnungslosen** Arbeitnehmern zu helfen ist, wird noch einiger Entwicklungsanstrengung bedürfen. – Im **persönlichen Anwendungsbereich** hatte zunächst die Rspr. des BGH[28] die entsprechende Anwendung über den Bereich der kaufmännischen Angestellten hinaus für angezeigt erachtet. Der Gesetzgeber hat dies jetzt in § 110 S. 2 GewO bestätigt.[29] Absprachen zwischen Entleihern und Leiharbeitgebern werden von der spezielleren Norm des § 9 Nr. 3 AÜG erfasst.[30]

3 **2. Rechtsfolgen.** Die Vereinbarung erlangt zwar Wirksamkeit, aber keine Durchsetzbarkeit. Der beteiligte Arbeitgeber kann sie erfüllen.[31] Aber weder kann aus dem Vertrag geklagt werden, noch können Einwendungen aus ihm abgeleitet werden.[32] Beiden Teilen ist auch voraussetzungslos die Beseitigung der rechtlichen Hülse durch Rücktritt gestattet.[33] Etwa vereinbarte Vertragsstrafen sind im Hinblick auf § 344 BGB ebenfalls nicht durchsetzbar.[34] Für den – unbeteiligten – Arbeitnehmer ist der Vertrag – so der Ansatz des § 75f – neutral. Wird allerdings die Grenze zur Sittenwidrigkeit überschritten, kommt für ihn ein Schadensersatzanspruch gem. § 826 BGB[35] oder auch ein Unterlassungsanspruch in Betracht.[36] Die Schärfung dieser Instrumente[37] kann schon als Fortschritt gesehen werden.

§ 75g [Vermittlungsgehilfe]

[1]§ 55 Abs. 4 gilt auch für einen Handlungsgehilfen, der damit betraut ist, außerhalb des Betriebes des Prinzipals für diesen Geschäfte zu vermitteln. [2]Eine Beschränkung dieser Rechte braucht ein Dritter gegen sich nur gelten zu lassen, wenn er sie kannte oder kennen mußte.

I. Normzweck

1 § 75g enthält eine Regelung des **Vertretungsrechts,**[1] keine Vorschrift des Arbeitsrechts. Dem Handlungsgehilfen, der außerhalb des Geschäfts seines Prinzipals mit der Vermittlung von Geschäften betraut ist, werden kraft Gesetzes einem Abschlussvertreter entsprechende Befugnisse typisierend[2] zugewiesen. **Passiv** gilt der Handlungsgehilfe zur Entgegennahme von Erklärungen bei Leistungsstö-

[23] Hartmann ZfA 2019, 486, dessen Beitrag Hintergründe und Entwicklung der Norm transparent werden lässt.
[24] Hartmann ZfA 2019, 486 (504 f.).
[25] Hartmann ZfA 2019, 486 (509–511).
[26] Hartmann ZfA 2019, 486 (513).
[27] Hartmann ZfA 2019, 486 (514).
[28] BGH 30.4.1974, NJW 1974, 1282 für ein Bewachungsunternehmen.
[29] BGH 30.4.2014, ZIP 2014, 1934 Rn. 14; BeckOK HGB/Wetzel, 49. Ed. 1.1.2026, Rn. 1.
[30] Ebenroth/Boujong/Rudkowski Rn. 6; LG Mannheim 29.8.2002, NJW-RR 2003, 561.
[31] BeckOGK/Ittmann, 1.9.2025, Rn. 8.
[32] Hopt/Roth Rn. 2; Commandeur RdA 2022, 341 (347); vgl. auch OLG Köln 3.9.2021, NJW-RR 2022, 50 Rn. 56, auch zu Ausnahmen durch einschränkende Auslegung des § 75f, zB bei unlauterer geschäftlicher Handlung des abwerbenden Arbeitgebers.
[33] MüKoHGB/Thüsing Rn. 6; Commandeur RdA 2022, 341 (347).
[34] BGH 30.4.1974, NJW 1974, 1330; 13.10.1972, DB 1973, 423; BeckOK HGB/Wetzel, 49. Ed. 1.1.2026 Rn. 5.
[35] BeckOK HGB/Wetzel, 49. Ed. 1.1.2026, Rn. 7.
[36] BeckOGK/Ittmann, 195.2025, Rn. 12; Staub/Weber/Gräf Rn. 19; MüKoHGB/Thüsing Rn. 10; Commandeur RdA 2022, 341 (347).
[37] Hartmann ZfA 2019, 486 (509 ff.).
[1] BeckOGK/Ittmann, 1.9.2025, Rn. 3; Staub/Weber/Gräf Rn. 1; MüKoHGB/Thüsing Rn. 1; vgl. auch Kolbe BB 2010, 2322 (2324).
[2] Hopt/Merkt § 55 Rn. 8.

rungen ermächtigt, **aktiv** beschränken sich seine Befugnisse auf die Wahrnehmung von dem Prinzipal zustehenden Beweissicherungsrechten.[3] Die eigentliche Bedeutung der Vorschrift erhellt sich aus S. 2. Danach kann der Rahmen der gesetzlich zugewiesenen Befugnisse beschränkt werden, Dritten gegenüber aber nur dann, wenn diese Kenntnis davon haben oder haben müssten. Damit wird im Interesse des Verkehrs der **Rechtsschein** der Vollmacht geschützt.[4]

II. Vertretungsmacht

1. Anwendungsbereich. § 110 S. 2 GewO verweist nicht auf § 75g. Die Norm ist damit als prinzipiell analogiefeindliche Sondervorschrift des Handelsrechts[5] in ihrem Anwendungshorizont auf **Handlungsgehilfen,** mithin auf im kaufmännischen Bereich tätige Angestellte eines Kaufmanns beschränkt.[6] Parallel für den selbständigen Handelsvertreter gilt § 91 Abs. 2. Die Befugnisse des Vermittlungsgehilfen sind geringer als die des Abschlussvertreters, dem das Gesetz Handlungsvollmacht zuweist, wenn er mit dem Abschluss von Geschäften betraut ist. Dafür ist auch die Voraussetzungshürde niedriger, denn der Gehilfe muss nur mit der **Vermittlung** von Geschäften betraut sein, also in rechtsverbindlicher Weise die Aufgabe **zugewiesen** bekommen haben, auf (potentielle) Vertragspartner des Prinzipals einzuwirken.[7] Nicht genügt, dass sich der Gehilfe von sich aus einschaltet.[8] Außerdem müssen sich die Aktivitäten des Gehilfen **außerhalb der Geschäftsräume** des Prinzipals entfalten, gälte doch andernfalls § 56.[9] Dagegen muss sich der Dritte nicht ausschließlich an den Gehilfen wenden, mit dem er selbst bei seinen Geschäften zu tun hatte. Es genügt, wenn der Gehilfe allgemein in Vermittlungen eingeschaltet war.[10] 2

2. Umfang. Liegen diese Voraussetzungen vor, dann stehen dem Vermittlungsgehilfen die **Befugnisse des § 55 Abs. 4** zur Seite. Zunächst geht es um passive Vertretungsmacht. So kann der Vermittlungsgehilfe Mängelanzeigen entgegennehmen, auch Erklärungen, durch welche Ware dem Prinzipal zur Verfügung gestellt werden. Gleichgestellt sind etwa Leistungs- und Nacherfüllungsverlangen, Mahnung, Kündigung, Rücktritt oder die Erklärung von Leistungsverweigerungsrechten (→ § 55 Rn. 19).[11] Noch enger gefasst sind die aktiven Befugnisse. Hier darf der Gehilfe die seinem Prinzipal zustehenden Beweissicherungsbefugnisse ausüben, und zwar nur solche, die mit mangelhaften Leistungen des Arbeitgebers korrespondieren.[12] 3

III. Beschränkung der Vertretungsmacht

Zur Sicherung des Vertrauensschutzes sind Abschlussvertreter und Vermittlungsgehilfen über § 55 Abs. 4 mit denselben Befugnissen ausgestattet. Es ist daher konsequent, dass Beschränkungen der Befugnis, die dem Dritten bekannt sind oder bekannt sein müssen, diesen Schutz nicht auslösen können.[13] Die Darlegungs- und Beweislast für die Bösgläubigkeit des Dritten liegt beim Prinzipal.[14] 4

§ 75h [Unkenntnis des Mangels der Vertretungsmacht]

(1) Hat ein Handlungsgehilfe, der nur mit der Vermittlung von Geschäften außerhalb des Betriebes des Prinzipals betraut ist, ein Geschäft im Namen des Prinzipals abgeschlossen, und war dem Dritten der Mangel der Vertretungsmacht nicht bekannt, so gilt das Geschäft als von dem Prinzipal genehmigt, wenn dieser dem Dritten gegenüber nicht unverzüglich das Geschäft ablehnt, nachdem er von dem Handlungsgehilfen oder dem Dritten über Abschluß und wesentlichen Inhalt benachrichtigt worden ist.

(2) Das gleiche gilt, wenn ein Handlungsgehilfe, der mit dem Abschluß von Geschäften betraut ist, ein Geschäft im Namen des Prinzipals abgeschlossen hat, zu dessen Abschluß er nicht bevollmächtigt ist.

---

[3] Heymann/Henssler/Michel Rn. 1 f.
[4] Ebenroth/Boujong//Rudkowski Rn. 1.
[5] MüKoHGB/Thüsing Rn. 4; Staub/Weber/Gräf Rn. 3.
[6] Staub/Weber/Gräf Rn. 3; BeckOK HGB/Wetzel, 49. Ed. 1.1.2026, Rn. 2.
[7] Ebenroth/Boujong/Rudkowski Rn. 5.
[8] MüKoHGB/Thüsing Rn. 7.
[9] Ebenroth/Boujong/Rudkowski Rn. 5; Staub/Weber/Gräf Rn. 5.
[10] Staub/Weber/Gräf Rn. 6.
[11] BeckOGK/Ittmann, 1.9.2025, Rn. 13.
[12] BeckOGK/Ittmann, 1.9.2025, Rn. 14; Ebenroth/Boujong/Rudkowski Rn. 7.
[13] BeckOGK/Ittmann, 1.9.2025, Rn. 14; Staub/Weber/Gräf Rn. 8.
[14] BeckOGK/Ittmann, 1.9.2025, Rn. 18; BeckOK HGB/Wetzel, 49. Ed. 1.1.2026, Rn. 11; MüKoHGB/Thüsing Rn. 11.

I. Normzweck

1 Die Vorschrift betrifft den Vermittlungsgehilfen, der seine Vermittlungstätigkeit außerhalb des Betriebs verrichtet.[1] Sie ist – wie § 75g – **Vertrauensschutznorm.**[2] Wie schon in § 316 Abs. 1 S. 2, § 377 Abs. 2 oder § 416 Abs. 1 S. 2 BGB wird dem **Schweigen** eine **Zustimmungsfiktion** unterlegt. § 75h beinhaltet zwei Fallgestaltungen: in Abs. 1 fehlt jegliche Vollmacht, in Abs. 2 fehlt eine Vollmacht gerade für das abgeschlossene Geschäft. Obwohl Spezialvorschrift, verdrängt § 75h nicht die allgemeinen Vorschriften der §§ 177 ff. BGB.[3] Eine inhaltsgleiche Regelung für Handelsvertreter trifft § 91a.

II. Zustimmungsfiktion

2 **1. Voraussetzungen und Anwendungsbereich.** Abs. 1 regelt den Fall, dass ein Vermittlungsgehilfe iSd § 75g als vollmachtloser Vertreter handelt.[4] Es muss sich also hinsichtlich des **persönlichen Anwendungsbereichs** um einen kaufmännischen Angestellten in einem kaufmännischen Unternehmen handeln (vgl. § 59).[5] Nicht verzichtbar ist, dass er mit der Vermittlung betraut ist. Eine Ausweitung der Norm auf kaufmännische Angestellte ohne Vermittlungs- oder Abschlussvollmacht kommt nicht in Betracht.[6] Dagegen ist unschädlich, wenn der Angestellte nicht nur außerhalb des Geschäftes, sondern auch im Innendienst tätig ist.[7] Der Terminus „nur" dient der Abgrenzung von Vermittlung und Vertretung.[8] Folgerichtig darf der Gehilfe über **keine Vollmacht** verfügen.[9] Abs. 2 erfasst dagegen die Fälle, in denen der Gehilfe zwar eine Abschlussvollmacht hat, diese aber das konkrete Geschäft nicht deckt. Entsprechend kann die Norm keine Anwendung finden, wenn ein Gehilfe über eine umfassende Vollmacht verfügt.[10]

3 Weiter ist erforderlich, dass der Geschäftspartner des Prinzipals den **Mangel der Vollmacht nicht kennt.** Nach dem Wortlaut kommt nur positive Kenntnis, nicht fahrlässige, auch nicht grob fahrlässige Unkenntnis in Betracht.[11] Schließlich ist der Unternehmer von dem Vermittlungsgehilfen oder von dem Dritten – ggf. durch Mittelspersonen – über das Geschäft zu benachrichtigen, wobei die **Nachricht** die wesentlichen **Inhalte** des Geschäftes miterfassen muss.[12] Das sind im Regelfall die für eine Entschließung maßgeblichen Abreden und Einzelheiten.[13] Wenn der Prinzipal auf die Nachricht hin schweigt, greift die Genehmigungsfiktion. Die Alternative zum Schweigen ist die **Zurückweisung,** die ausdrücklich, aber auch konkludent[14] erfolgen kann. Die Frist, in welcher der Unternehmer dem Schweigen begegnen muss, ist **„unverzüglich"** iSd § 121 Abs. 1 S. 1 BGB.[15] Im Regelfall scheint eine Frist von zwei Wochen angemessen.[16]

4 **2. Rechtsfolge bei Schweigen.** Bei einem Schweigen gilt das Geschäft als genehmigt. Der Unternehmer muss den Vertrag in vollem Umfang für und gegen sich gelten lassen.[17] Sein Gehilfe ist der Stellung als Vertreter ohne Vertretungsmacht enthoben, Schadensersatzansprüche können gegen ihn nicht geltend gemacht werden. Im Gegenteil: unter Umständen ist ihm ein Anspruch auf Provision erwachsen.[18]

§§ 76–82 *[aufgehoben]*

[1] BeckOGK/Ittmann, 1.9.2025, Rn. 5.
[2] MüKoHGB/Thüsing Rn. 1.
[3] BeckOGK/Ittmann, 195.2025, Rn. 26 f.; MüKoHGB/Thüsing Rn. 17.
[4] Ebenroth/Boujong/Rudkowski Rn. 3; Heymann/Henssler/Michel Rn. 4 ff.
[5] BeckOGK/Ittmann, 1.9.2025, Rn. 5.
[6] Ebenroth/Rudkowski/Boujong Rn. 2.
[7] BGH 21.12.2005, NJW-RR 2006, 1106.
[8] OLG Naumburg 16.3.2005, OLGR 2005, 714 = BeckRS 2005, 30353006.
[9] BeckOGK/Ittmann, 1.9.2025, Rn. 7.
[10] MüKoHGB/Thüsing Rn. 21.
[11] BeckOGK/Ittmann, 1.9.2025, Rn. 9; Ebenroth/Boujong/Rudkowski Rn. 5.
[12] BGH 21.12.2005, NJW-RR 2006, 1106; MüKoHGB/Thüsing Rn. 6.
[13] BeckOGK/Ittmann, 1.9.2025, Rn. 13; Ebenroth/Boujong/Rudkowski Rn. 8.
[14] BGH 2.11.1989, NJW 1990, 454; BeckOGK/Ittmann, 1.9.2025, Rn. 16.
[15] BeckOGK/Ittmann, 1.9.2025, Rn. 20; Staub/Weber/Gräf Rn. 9.
[16] BGH 21.12.2005, NJW-RR 2006, 1106; BeckOK HGB/Wetzel, 49. Ed. 1.1.2026, Rn. 5.
[17] BeckOGK/Ittmann, 1.9.2025, Rn. 22.
[18] BeckOGK/Ittmann, 1.9.2025, Rn. 25; MüKoHGB/Thüsing Rn. 14; abl. Ebenroth/Boujong/Rudkowski Rn. 18.

§ 82a [Wettbewerbsverbot gegenüber Volontären]

Auf Wettbewerbsverbote gegenüber Personen, die, ohne als Lehrlinge angenommen zu sein, zum Zwecke ihrer Ausbildung unentgeltlich mit kaufmännischen Diensten beschäftigt werden (Volontäre), finden die für Handlungsgehilfen geltenden Vorschriften insoweit Anwendung, als sie nicht auf das dem Gehilfen zustehende Entgelt Bezug nehmen.

Volontäre sind „unentgeltlich …beschäftigt". Das **BBiG** erfasst in § 26 BBiG den Personenkreis,[1] 1 der außerhalb eines Arbeitsverhältnisses Kenntnisse, Fertigkeiten und Erfahrungen erwirbt, ohne dass es um Berufsausbildung im engeren Sinne geht. Hiervon sind auch Volontäre erfasst, unabhängig von der Frage, ob nicht die Notwendigkeit einer „angemessenen" Vergütung nach § 17 BBiG dazu führt, vom Volontär iSd § 82a ganz Abstand zu nehmen.[2] Entsprechend § 12 BBiG sind jedenfalls **nachvertragliche Wettbewerbsverbote** ohnehin unzulässig.[3] Während der Tätigkeit können §§ 60 f. gewisse Wirkungen entfalten.[4] Für die **neuen Bundesländer** wurde die Norm nicht in Kraft gesetzt. Insgesamt hat sich eingebürgert, § 82a als **gegenstandslos** anzusehen.[5]

§ 83 [Gewerbegehilfen]

Hinsichtlich der Personen, welche in dem Betrieb eines Handelsgewerbes andere als kaufmännische Dienste leisten, bewendet es bei den für das Arbeitsverhältnis dieser Personen geltenden Vorschriften.

Im Betrieb eines Handelsgewerbes werden neben den Handlungsgehilfen auch andere Personen, 1 insbesondere **Gewerbegehilfen** und **technische Angestellte** beschäftigt.[1] § 83 sollte ursprünglich helfen, die Scheidelinie zwischen diesen verschiedenen Beschäftigtengruppen zu ziehen.[2] Die Abgrenzung ist aber brüchig bis hinfällig. Eigentlich müsste die Norm gegen ihren Wortlaut ausgelegt werden.[3] Für kaufmännische Angestellte gilt weithin allgemeines Arbeitsrecht. Für alle Arbeitnehmer gelten über § 110 S. 2 GewO die Regeln zum nachvertraglichen Wettbewerbsverbot. In den **neuen Bundesländern** hat § 83 keine Geltungskraft.

---

[1] Vgl. hierzu Faulhaber, Praktikanten und Volontäre zwischen Ausbildungs- und Arbeitsrecht, 2008.
[2] GK-HGB/Etzel Rn. 1.
[3] BeckOK HGB/Wetzel, 49. Ed. 1.1.2026, Rn. 1; Ebenroth/Boujong/Rudkowski Rn. 2.
[4] BAG 20.9.2006, NZA 2007, 977.
[5] BeckOGK/Ittmann, 1.9.2025, Rn. 2; Hopt/Roth Rn. 4; MüKoHGB/Thüsing Rn. 6; Ebenroth/Boujong/Rudkowski Rn. 2; Wank JA 2007, 321 (322); Ory AfP 2014, 308.

[1] BeckOK HGB/Wetzel, 49. Ed. 1.1.2026, Rn. 1; Hopt/Roth § 59 Rn. 23.
[2] ErfK/Oetker Rn. 1; Heymann/Henssler/Markworth Rn. 1.
[3] Roth RdA 2012, 1 (8).

Siebenter Abschnitt. Handelsvertreter

§ 84 [Begriff des Handelsvertreters]

(1) [1]Handelsvertreter ist, wer als selbständiger Gewerbetreibender ständig damit betraut ist, für einen anderen Unternehmer (Unternehmer) Geschäfte zu vermitteln oder in dessen Namen abzuschließen. [2]Selbständig ist, wer im wesentlichen frei seine Tätigkeit gestalten und seine Arbeitszeit bestimmen kann.

(2) Wer, ohne selbständig im Sinne des Absatzes 1 zu sein, ständig damit betraut ist, für einen Unternehmer Geschäfte zu vermitteln oder in dessen Namen abzuschließen, gilt als Angestellter.

(3) Der Unternehmer kann auch ein Handelsvertreter sein.

(4) Die Vorschriften dieses Abschnittes finden auch Anwendung, wenn das Unternehmen des Handelsvertreters nach Art oder Umfang einen in kaufmännischer Weise eingerichteten Geschäftsbetrieb nicht erfordert.

Schrifttum: Budde, Die Geschäftsverbindung: Abgrenzung vom Vertragshändlervertrag und Frist zu seiner Beendigung – zugleich eine Anmerkung zu OLG Hamm, Urteil vom 14.5.2020, ZVertriebsR 2020, 348; Busche, Der Handelsvertreter – selbstständiger Gewerbetreibender und weisungsgebundener Absatzmittler?, FS Martinek, 2020, 107; Christodoulou/Holzwarth, Die neue Vertikal-GVO: Das moderne Vertriebskartellrecht 3.0, NZKart 2022, 540; Dieselhorst/Grages, Der Onlineshop-Betreiber als Handelsvertreter? – Anwendung der §§ 84 ff. HGB auf Shopbetreiber im Internet, MMR 2011, 368; Emde, Handelsvertreterrecht – relevante Vorschriften bei nationalen und internationalen Verträgen, MDR 2002, 190; Emde, Die Handelsvertreter-Richtlinie 1986 und ihre Folgen, ZVertriebsR 2014, 218; Emde/Valdini, Die Handelsvertreter-Richtlinie, ZVertriebsR 2016, 353 (Teil 1) und ZVertriebsR 2017, 3 (Teil 2); Fabig/Toepfer, Influencer im Geltungsbereich der Handelsvertreter-Richtlinie, ZVertriebsR 2024, 349; Goßler/Wentzel, Der Entwurf der neuen Vertikal-GVO im Lichte des Entwurfs der neuen Vertikal-Leitlinien, ZVertriebsR 2021, 341; Gozzo/Budde, Der Handelsvertretervertrag in Italien – Besonderheiten des italienischen Rechts, ZVertriebsR 2017, 77; Haberer, Die Neue Vertikal-GVO: Rückkehr zum sicheren Hafen?, NZKart 2022, 426; Höving, Das Vertriebsrecht und Social Media: (Wann) sind Influencer Handelsvertreter?, ZVertriebsR 2023, 158; Hopt, Die Selbständigkeit von Handelsvertretern und anderen Vertriebspersonen – Handels- und arbeitsrechtliche Dogmatik und Vertragsgestaltung, DB 1998, 863; Hromadka, Arbeitnehmerähnliche Personen – Rechtsgeschichtliche, dogmatische und rechtspolitische Überlegungen, NZA 1997, 1249; Hromadka, Arbeitnehmer oder freier Mitarbeiter, NJW 2003, 1847; Küstner, Verstoßen „Rennlisten" gegen datenschutzrechtliche Bestimmungen?, BB 1984, 1906; Martinek, Franchising, 1987; Martinek, Franchising im Handelsrecht – Zur analogen Anwendbarkeit handelsvertreterrechtlicher Vorschriften auf Franchiseverträge, ZIP 1988, 1362; Martinek, Neue Perspektiven zur Europäisierung des Handelsvertreterrechts – Plädoyer für eine Europäische Handelsvertreter-Verordnung, ZVertriebsR 2014, 139; Martinek/Bergmann, Künstler-Repräsentanten, -Agenten und -Manager als Handelsvertreter: Konkurrenzvertretung und Interessenwahrnehmung als Grundlagenprobleme des Handelsvertreterrechts, WRP 2006, 1047; Matthießen, Arbeits- und handelsvertreterrechtliche Ansätze eines Franchisenehmerschutzes, ZIP 1988, 1089; Oberthür/Lohr, Der Handelsvertreter im Arbeits- und Sozialversicherungsrecht, NZA 2001, 126; Preis/Stoffels, Die Inhaltskontrolle der Verträge selbständiger und unselbständiger Handelsvertreter, ZHR 160 (1996), 442; Reinecke, Arbeitnehmer, arbeitnehmerähnliche und andere Selbständige in den Bereichen Handel und Vertrieb sowie Transport und Verkehr, ZVertriebsR 2014, 151; Rohrßen, Handelsvertreter als Ein- und Mehrfirmenvertreter sowie im Nebenberuf: Die Irrelevanz von Tätigkeitsort und -art (stationär, ambulant oder online), ZVertriebsR 2019, 153; Rohrßen, Online-Vertrieb in der EU – Vertriebskartellrecht: Die neue Vertikal-GVO 2022, ZVertriebsR 2021, 293; Schipper, Verletzung vorvertraglicher Wahrheits- und Aufklärungspflichten des Unternehmers bei Handelsvertreterverträgen und ihre Folgen, NJW 2007, 734; Semler, Zum aktuellen Stand des Handelsvertreterrechts, ZVertriebsR 2022, 37; Sonnenschein, Zwingende Vorschriften im Handelsvertreterrecht – oder von der Freiheit und Unfreiheit der Vertragsparteien, FS Boujong, 1996, 481; Wagner/Wexler-Uhlich, Vertriebsmittlerverträge in der Insolvenz – Handelsvertreterverträge, BB 2010, 2454; Wank, Die „neue Selbständigkeit", DB 1992, 90; Wank, Selbständige und angestellte Handelsvertreter, ZVertriebsR 2022, 207.

Übersicht

I. Allgemeines

1. Funktion. Der Handelsvertreter ist seiner Funktion nach ein **selbstständig tätiger Absatzmittler.** Als solcher wird er von Unternehmen zur Verteilung von Gütern und Dienstleistungen an nachfolgende Wirtschaftsstufen eingeschaltet, wobei das rechtliche und wirtschaftliche Risiko seiner Tätigkeit denjenigen trifft, der sich des Handelsvertreters bedient.[1] Der Vertrieb über Handelsvertreter, der sich historisch betrachtet aus einer Auslagerung und Verselbstständigung des Tätigkeitsbereichs angestellter Handlungsgehilfen iSv § 59 entwickelt hat, ist abzugrenzen einerseits von unternehmensinternen Formen der Produktdistribution über Filialen, andere unselbstständige Verkaufsstellen und Reisende (Verkaufsangestellte), andererseits von weiteren Formen der Absatzmittlung. Dazu gehören Eigenhändler (Vertragshändler), Kommissionäre (Kommissionsagenten), Handelsmakler und Franchisenehmer (zur Abgrenzung → Rn. 7 ff.). Systematisch betrachtet ist der Handelsvertretervertrieb wie auch die Absatzmittlung über Kommissionäre und Franchisenehmer zwischen dem vertikal konzentrierten Eigenvertrieb (Filialsystem) und dem vertikal dekonzentrierten Eigenhändlervertrieb (Vertragshändler) angesiedelt. Die Entscheidung eines Unternehmens, ob der Vertrieb von Waren und Dienstleistungen in eigener Regie durchgeführt werden soll oder durch Einschaltung externer Absatzmittler, ist Teil der Distributionspolitik. Sie hat strategischen Charakter. Dabei sind neben den Kosten insbesondere die Konsequenzen zu bedenken, die sich aus der rechtlichen Ausgestaltung des Absatzmittlungsverhältnisses ergeben. Das Recht des Handelsvertreters (§§ 84–92c) enthält eine Reihe zwingender Vorschriften, die dem Schutz des Handelsvertreters 1

[1] BGH 15.4.1986, BGHZ 97, 317 (323) = NJW 1986, 2954.

dienen und damit den Spielraum für die Ausgestaltung des Vertriebssystems einschränken. Darüber hinaus sind der Vertragsfreiheit durch das Kartellrecht weitere Grenzen gesetzt (→ Rn. 83 ff.).

2 **2. Rechtstypus.** Die Absatzmittlertätigkeit des Handelsvertreters ist dadurch gekennzeichnet, dass sie aufgrund ständiger Betrauung durch einen (anderen) Unternehmer für diesen selbstständig ausgeübt wird (§ 84 Abs. 1). Der Handelsvertreter handelt zwar eigenverantwortlich, aber im fremden Interesse. Er ist selbstständiger Gewerbetreibender und damit Kaufmann, wenn er ein Handelsgewerbe betreibt (§ 1 Abs. 2) oder in das Handelsregister eingetragen ist (§ 2 S. 1). Gegenstand der Tätigkeit des Handelsvertreters kann sowohl die Vermittlung als auch der Abschluss von Geschäften für einen anderen Unternehmer sein (§ 84 Abs. 1). Da es sich insoweit um eine **fremdnützige Tätigkeit** handelt, hat der Handelsvertreter die Interessen des Unternehmers zu wahren (§ 86 Abs. 1 Hs. 2). Er muss damit grundsätzlich auch dessen Weisungen befolgen. Es handelt sich um einen Dienstvertrag über eine selbstständige Geschäftsbesorgung.[2] Neben den §§ 84 ff. sind daher subsidiär auch die §§ 611 ff. BGB, § 675 Abs. 1 BGB anwendbar (→ Rn. 52). Der Umstand, dass der Handelsvertreter ständig für einen anderen Unternehmer tätig ist, gibt seinem Handeln das Gepräge eines Dauerschuldverhältnisses iSv § 314 BGB, das durch Kündigung (§§ 89, 89a) aufgelöst werden kann.[3]

3 **3. Normgenese.** Das Handelsvertreterrecht in seiner heutigen Gestalt geht zurück auf die HGB-Novelle 1953,[4] mit der der 7. Abschnitt des HGB neu gefasst und inhaltlich ausgebaut wurde. Während das **ADHGB** keine speziellen Vorschriften zur Handelsvertretung enthielt, sodass die allgemeinen Regeln des Dienst- und Werkvertragsrechts herangezogen wurden, gab es im **HGB 1900** weltweit erstmalig besondere Normen für Handelsvertreter, die seinerzeit als Handelsagenten bezeichnet wurden. Das vom Gesetzgeber in neun Vorschriften niedergelegte Regelungsprogramm verzichtete bewusst auf eine eingehende Ausgestaltung des Vertragsverhältnisses zwischen Handelsvertreter und Geschäftsherrn zu Gunsten privatautonomer Vereinbarungen. Darin spiegelte sich wider, dass das Berufsbild des Handelsagenten seinerzeit wenig einheitlich war.[5] Dieses Regelungskonzept erwies sich jedoch schon bald als unzulänglich, da auf diese Weise kein wirksamer Schutz des Handelsvertreters vor wirtschaftlicher Übervorteilung erreicht werden konnte. Der Unterausschuss für das Recht der Handelsvertreter und Handelsreisenden der AkDR erarbeitete vor diesem Hintergrund im Jahre 1940 einen Entwurf eines Handelsvertretergesetzes,[6] der nicht umgesetzt wurde. Mit der **HGB-Novelle 1953** gab der Gesetzgeber die Überlegungen zur Etablierung eines eigenständigen Handelsvertreterrechts auf und entschied sich für eine interne Lösung im Rahmen des HGB. Grundanliegen der Novelle 1953 waren eine klare Abgrenzung der Handelsvertreter von den Handlungsgehilfen (→ Rn. 1), die Klärung der Rechtsstellung der arbeitnehmerähnlichen Handelsvertreter und die Verbesserung der Rechtsstellung aller Handelsvertreter.[7]

4 Nach der grundlegenden Neuausrichtung durch die HGB-Novelle 1953 hat das Handelsvertreterrecht zahlreiche weitere Änderungen erfahren. Diese gehen im Wesentlichen zurück auf die **Umsetzung europäischen Rechts,** mit dem das Ziel einer Rechtsangleichung auf dem Gebiet des Handelsvertreterrechts in der EU verfolgt wird. Zu nennen sind die **RL 86/653/EWG**[8] des Rates vom 18.12.1986 zur Koordinierung der Rechtsvorschriften der Mitgliedstaaten betreffend die selbständigen Handelsvertreter (ABl. EG L 382, 17) und deren Umsetzung durch die HGB-Novelle 1990,[9] mit der insbesondere die Vorschriften über die Kündigung (§ 89) und das Recht des Auslandsvertreters (§ 92c) neu gefasst wurden. Das HRRefG brachte 1998 Änderungen bei §§ 84 und 90a. Im Jahre 2009 wurde § 89b Abs. 1 neu gefasst. Grundgedanke aller genannten Novellierungen war stets der Schutz des Handelsvertreters, der mit einer vermehrten Zahl zwingender Regelungen verbunden ist.

5 **4. Realtypus.** Das rechtstatsächliche Erscheinungsbild des Handelsvertreters ist äußerst vielschichtig. Anzutreffen ist der Handelsvertreter sowohl in Gestalt der vom Geschäftsherrn wirtschaftlich abhängigen Kleinunternehmung, die sich im Wesentlichen auf die Tätigkeit eines einzelnen Handelsvertreters stützt, als auch in der Ausprägung größerer Unternehmen, die im Verhältnis zum Geschäfts-

[2] BGH 4.12.2013, NJW 2014, 625 Rn. 13; OLG München 6.4.2022, ZVertriebsR 2022, 327 Rn. 50.
[3] Hopt/Hopt Rn. 43.
[4] Gesetz zur Änderung des Handelsgesetzbuchs (Recht der Handelsvertreter) vom 6.8.1953, BGBl. 1953 I 771.
[5] S. nur K. Schmidt HandelsR § 27 Rn. 32.
[6] Vgl. Nipperdey/Dietz, Arbeitsberichte der Akademie für Deutsches Recht, Nr. 17, 1940.
[7] Begr. RegE zum Gesetz zur Änderung des HGB (Recht der Handelsvertreter), BT-Drs. 1/3856, 9 ff.
[8] Dazu Emde ZVertriebsR 2014, 218 ff.
[9] Gesetz zur Durchführung der EG-Richtlinie zur Koordinierung des Rechts der Handelsvertreter vom 23.10.1989, BGBl. 1989 I 1910.

herrn über beträchtliche Marktmacht verfügen können,[10] wie Beispiele aus dem Automobilsektor belegen. Während in den soeben bezeichneten Fällen die Handelsvertretertätigkeit hauptberuflich ausgeübt wird, sind gelegentlich auch Handelsvertreter im **Nebenberuf** anzutreffen, wie etwa im Bereich der Vermittlung von Versicherungsverträgen. Schließlich lässt sich die Tätigkeit des Handelsvertreters rechtstatsächlich danach unterscheiden, ob sie als **Einfirmen- oder Mehrfirmenvertretung** erfolgt. Dem gesetzlichen Leitbild der §§ 84 ff. entspricht in erster Linie der als Mehrfirmenvertreter tätige Kleinunternehmer. Mit Rücksicht auf die besondere Schutzbedürftigkeit der Einfirmenvertreter und der Vertreter im Nebenberuf hat der Gesetzgeber für diese Vertriebsmittler zusätzliche Regeln aufgestellt (§§ 92a, 92b). Zu erwähnen ist schließlich der Bezirksvertreter iSv § 87 Abs. 2, dem vertraglich ein bestimmter, räumlich abgegrenzter Bezirk oder ein bestimmter Kundenkreis zugewiesen ist. Dies führt zu einer Erweiterung des Provisionsanspruchs. Die Handelsvertretertätigkeit wird sowohl **stationär** (in Geschäftsräumen) als auch **ambulant** ausgeübt. In Betracht kommen auch Formen des Online-Vertriebs, zB in Gestalt von Handelsplattformen.[11]

Die Handelsvertretertätigkeit **kann mit anderen Formen der Absatzmittlung zusammentreffen.** Es ist nicht ungewöhnlich, dass ein Absatzmittler hinsichtlich bestimmter Waren als Einzel- oder Vertragshändler tätig wird, hinsichtlich anderer Waren aber als Handelsvertreter.[12] In der Praxis ist dies insbesondere der Fall, wenn sich der Handelsvertreter nicht nur zur Abschluss- und Vermittlungstätigkeit verpflichtet, sondern darüber hinaus zu einer speziellen Präsentation der von ihm vertriebenen Produkte, beispielsweise in einem Showroom, in einer besonders ausgestatteten Geschäftsabteilung oder durch Einsatz geschulten Personals. Liegt ein derartiger Sachverhalt vor, kann es Schwierigkeiten bereiten, einzelne Geschäftsvorfälle voneinander abzugrenzen (→ Rn. 7 ff.).[13] Denkbar ist auch, dass der Handelsvertreter neben der eigentlichen Vertriebsleistung und unabhängig davon **weitere Dienstleistungen** für den Unternehmer erbringt.[14] 6

5. Abgrenzung. a) Allgemeines. Wie bereits dargelegt (→ Rn. 1), ist das Institut des Handelsvertreters von anderen Erscheinungsformen der Absatzmittlung zu unterscheiden. Dabei handelt es sich auf der einen Seite um den Eigen- bzw. Vertragshändler, auf der anderen Seite um den Kommissionär (Kommissionsagenten) und den Franchisenehmer. Dem Handelsvertretervertrieb wie auch den anderen Formen der Absatzmittlung ist zunächst gemeinsam, dass ein Unternehmer (Hersteller) sie einsetzen kann, um ohne hohen Kapitalaufwand ein organisatorisch koordiniertes, flächendeckendes Vertriebssystem aufzubauen, während der Absatzmittler an der Produktidee des Herstellers partizipiert, in der Regel aber auch vom wirtschaftlichen Erfolg der Waren oder Dienstleistungen abhängig ist. Den **funktionalen Gemeinsamkeiten** der Absatzmittlungssysteme steht eine **Reihe rechtlicher Unterschiede** gegenüber. Für die rechtliche Zuordnung eines Absatzmittlungsverhältnisses zu einem bestimmten Rechtstypus ist auf die tatsächlichen Verhältnisse, also auf das **Gesamtbild der vertraglichen Gestaltung und tatsächlichen Handhabung** abzustellen, und nicht vorrangig auf die von den Parteien gewählte Vertragsbezeichnung.[15] Nicht eindeutig ist beispielsweise die Bezeichnung „Generalvertreter"; sie kann auf einen Handelsvertreter, aber auch auf einen Einzelhändler hindeuten.[16] Im Zweifel kommt der tatsächlichen Gestaltung und Durchführung des Vertragsverhältnisses entscheidende Bedeutung zu.[17] Ungeachtet der rechtlichen Unterschiede zwischen den verschiedenen Formen der Absatzmittlung können einzelne **Vorschriften des Handelsvertreterrechts** auf die anderen Absatzmittlerformen **analoge Anwendung** finden. Voraussetzung ist allerdings, dass die konkrete Ausgestaltung des Absatzmittlungsverhältnisses dem in den jeweiligen Vorschriften zum Ausdruck kommenden Leitbild des Handelsvertreterrechts entspricht (s. dazu die Erläuterungen zu den jeweiligen Vorschriften unter „Andere Absatzmittler"). 7

---

[10] S. auch Martinek/Bergmann WRP 2006, 1047 (1053).

[11] Vgl. EuGH 21.11.2018, ZVertriebsR 2019, 20 Rn. 29 – Zako/Sanidel; Rohrßen ZVertriebsR 2019, 153 (159); **aA** – technischer Hilfsdienstleister – Dieselhorst/Grages MMR 2011, 368 (369 ff.).

[12] Vgl. BGH 20.2.1986, NJW-RR 1986, 709 (710) zu einer Konzertkartenverkaufsstelle; Semler ZVertriebsR 2022, 37; Ströbl/Krebs ZVertriebsR 2020, 371 (372 ff.).

[13] S. dazu BGH 18.4.2007, NJW-RR 2007, 1286 zum Tankstellen- und Shop-Geschäft.

[14] EuGH 21.11.2018, ZVertriebsR 2019, 20 Rn. 42 ff. – Zako/Sanidel; Semler ZVertriebsR 2022, 37.

[15] BGH 11.2.1977, BGHZ 68, 340 (345) = NJW 1977, 896; 22.6.1972, BGHZ 59, 87 (91) = NJW 1972, 1662; 4.12.1981, BB 1982, 1876 (1877) = AP HGB § 84 Nr. 2; 4.6.1975, BB 1975, 1409 (1410) = BeckRS 1975, 31066212; BAG 9.6.2010, NJW 2010, 2455 Rn. 19; 28.4.1972, DB 1972, 2215; OLG Düsseldorf 22.12.2011, BeckRS 2012, 828; 4.5.1984, WM 1984, 1287; OLG Frankfurt 8.7.2025, ZVertriebsR 2025, 310 Rn. 39; OLG München 15.7.1998, HVR Nr. 893 = BB 1998, 2445; Hopt/Hopt Rn. 5; Ebenroth/Boujong/Semmler Rn. 13, 189.

[16] Vgl. BGH 18.3.1970, NJW 1970, 1040.

[17] BGH 14.3.1991, NJW-RR 1991, 1053 (1054); 22.6.1972, BGHZ 59, 87 (91) = NJW 1972, 1662; 4.12.1981, BB 1982, 1876 (1877) = AP HGB § 84 Nr. 2; BAG 15.12.1999, ZIP 2000, 630 (631); 20.9.2000, ZIP 2001, 36 (37); OLG München 8.8.1957, NJW 1957, 1767; Ebenroth/Boujong/Semmler Rn. 17.

8 **b) Eigen- bzw. Vertragshändler.** Der gesetzlich nicht geregelte Eigen- bzw. Vertragshändler tritt wie der Kommissionsagent **im eigenen Namen** auf, handelt aber **auf eigene Rechnung.** Von einem Vertragshändler spricht man, wenn Waren, die von einem anderen Unternehmen (Hersteller bzw. anderer Lieferant) bezogen werden, von dem Vertriebsmittler aufgrund eines langfristig angelegten Absatzmittlungsverhältnisses im eigenen Namen und auf eigene Rechnung vertrieben werden.[18] Im Rahmen des Vertragshändlervertrages werden dem Vertragshändler zumeist zahlreiche Pflichten auferlegt, wie beispielsweise Vorgaben für die **Warenpräsentation,** die **Werbung** und die **Erbringung von Serviceleistungen** gegenüber den Abnehmern. Der Vertragshändler wird damit in recht weitgehendem Umfang in ein fremdes Vertriebssystem integriert.[19] Seine Rechtsstellung kann insoweit derjenigen des Handelsvertreters angeglichen sein.[20] Vom Vertragshändler unterscheidet sich der Eigenhändler dadurch, dass er meist nur gelegentlich, jedenfalls nicht notwendig aufgrund eines langfristig, gerade auf Absatzmittlung für einen anderen Unternehmer angelegtes Vertragsverhältnis tätig wird. Im Vordergrund steht das Eigeninteresse.[21] Das schließt nicht aus, dass auch der Eigenhändler über einen Rahmenliefervertrag mit seinem Lieferanten verbunden ist.[22] Eigen- und Vertragshändler verfügen regelmäßig über eigene Geschäftsräume und eine Internetpräsenz. Das kann freilich auch auf Handelsvertreter zutreffen (→ Rn. 5).

9 **c) Kommissionär/Kommissionsagent.** Kommissionär ist nach dem gesetzlichen Leitbild des § 383 Abs. 1, wer es gewerbsmäßig übernimmt, Waren oder Wertpapiere **für Rechnung eines anderen** (des Kommittenten) **in eigenem Namen** zu kaufen oder zu verkaufen. Wie beim Handelsvertreter liegt also eine fremdnützige Tätigkeit vor. Diese unterscheidet sich freilich von derjenigen des Handelsvertreters dadurch, dass die Fremdnützigkeit des Handelns gegenüber Dritten regelmäßig nicht aufgedeckt wird. Darüber hinaus ist der Kommissionär nicht ständig für den Kommittenten tätig; vielmehr handelt er von Fall zu Fall, indem er einzelne Geschäfte für den Kommittenten ausführt. Neben dem gesetzlichen Leitbild hat sich der Realtypus des **Kommissionsagenten** etabliert, der vom Kommittenten ständig mit der Ausführung von Kommissionsgeschäften betraut ist.[23] Zuweilen ist er auch verpflichtet, ein Kommissionslager zu unterhalten und den Vertrieb für ein bestimmtes Gebiet zu übernehmen. Insoweit nähert sich die Erscheinungsform des Kommissionsagenten teilweise dem Typus des Handelsvertreters an, sodass im Innenverhältnis zum Kommittenten einzelne Vorschriften des Handelsvertreterrechts wie §§ 87, 89–89b entsprechend anwendbar sein können.[24] Da der Kommissionsagent im Außenverhältnis gleichwohl in eigenem Namen handelt, nimmt er letztlich eine Zwitterstellung zwischen Vertragshändler und Handelsvertreter ein.[25] Bleiben Zweifel, ob der Vertriebsmittler in fremdem Namen auftritt, ist nach der allgemein gültigen Beweislastregel des § 164 Abs. 2 BGB davon auszugehen, dass ein Handeln in eigenem Namen vorliegt.[26]

10 **d) Franchising.** Kennzeichnend für die im HGB nicht geregelten, auf privatautonomer Vereinbarung der Beteiligten beruhenden Franchiseverträge ist, dass ein Unternehmer (Franchisegeber) mit anderen Unternehmern (Franchisenehmern) jeweils gesonderte, aber inhaltlich gleichlautende Vereinbarungen zur Optimierung des Warenabsatzes durch **Anwendung einer einheitlichen Marketingkonzeption** abschließt. Die vertraglichen Vereinbarungen können dabei unterschiedlich ausgestaltet sein. Grundsätzlich zu unterscheiden sind das Subordinations-Franchising und das Partnerschafts-Franchising.[27] Während es sich beim **Partnerschafts-Franchising** um eine durch Interessengleichrichtung gekennzeichnete Form der Absatzkooperation handelt, ist das **Subordinations-Franchising** auf die dauernde Eingliederung des Absatzmittlers in die zentral administrierte Absatzorganisation des Herstellers gerichtet.[28] Das Subordinations-Franchising hat damit strukturell gewisse Ähnlichkeiten mit der Absatzmittlung über Handelsvertreter und Kommissionsagenten,

[18] BGH 9.10.2002, NJW-RR 2003, 98; OLG Hamm 14.11.2022, ZVertriebsR 2023, 58 Rn. 90; iE dazu MSF VertriebsR-HdB/Rösch § 23 Rn. 1 ff.

[19] BGH 9.10.2002, NJW-RR 2003, 98; OLG Hamm 14.11.2022, ZVertriebsR 2023, 58 Rn. 90; 14.5.2020, ZVertriebsR 2020, 374 Rn. 31.

[20] BGH 24.9.2020, BGHZ 227, 112 Rn. 20 = NJW 2021, 69.

[21] Budde ZVertriebsR 2020, 348 (353); ähnlich wohl auch Krüger/Lutz ZVertriebsR 2023, 222 (223).

[22] Budde ZVertriebsR 2020, 348 (353).

[23] BGH 21.7.2016, NJW 2017, 475 Rn. 12; OLG Frankfurt 10.6.2020, ZVertriebsR 2020, 381 Rn. 15; MSF VertriebsR-HdB/Flohr § 36 Rn. 4; zu einer derartigen Fallgestaltung auch OLG München 20.12.2017, ZVertriebsR 2018, 27.

[24] GK-HGB/Achilles § 383 Rn. 3.

[25] OLG Frankfurt 10.6.2020, ZVertriebsR 2020, 381 Rn. 16.

[26] Vgl. BGH 1.4.1992, NJW-RR 1992, 1010; LG Freiburg 3.2.2022, ZVertriebsR 2022, 219 Rn. 37.

[27] Dazu Martinek Franchising, 1987, 256 ff., 378 ff.; Martinek ZIP 1988, 1362 (1370 ff.); MSF VertriebsR-HdB/Martinek § 3 Rn. 83 ff.

[28] Martinek Franchising, 1987, 294 ff.; Martinek ZIP 1988, 1362 (1370 f., 1374 f.).

unterscheidet sich jedoch von diesen Formen der Vertriebsmittlung dadurch, dass der Franchisenehmer sowohl **im eigenen Namen** als auch **für eigene Rechnung** am Wirtschaftsleben teilnimmt.[29] Rechtstypologisch liegt ein als Dauerschuldverhältnis ausgestalteter **Typenkombinationsvertrag** aus Elementen der Geschäftsbesorgung, des Kaufs, der Rechtspacht und ggf. der Miete vor, wobei die Geschäftsbesorgung dominiert: Der Franchisegeber überlässt dem Franchisenehmer gegen Entgelt (Franchisegebühr) ein Bündel aus Dienstleistungen und Rechten (Marketingkonzept, Werbemittel, Know how, Handelsware, Lizenzen zur Nutzung von Marken) und befähigt ihn damit zum Vertrieb bestimmter Produkte (Waren/Dienstleistungen). Der Franchisenehmer seinerseits ist insbesondere zur Wahrung der Interessen des Franchisegebers verpflichtet. Soweit die Ausgestaltung des Franchisevertrages im Einzelfall an den Typus des Handelsvertreters angenähert ist, können Vorschriften aus dem Handelsvertreterrecht wie §§ 89 und 89b analog anwendbar sein (→ § 89 Rn. 26; → § 89b Rn. 60, → § 89b Rn. 67).[30]

e) Handelsmakler/Zivilmakler. Nach dem gesetzlichen Leitbild des § 93 ist **Handelsmakler,** 11
wer gewerbsmäßig für andere Personen die Vermittlung von Verträgen über Anschaffung oder Veräußerung von Waren oder Wertpapieren, über Versicherungen, Güterbeförderungen, Schiffsmiete oder sonstige Gegenstände des Handelsverkehrs übernimmt. Wie der Handelsvertreter wird der Handelsmakler **fremdnützig** für eine andere Person tätig, in deren Namen er Geschäfte abschließt und deren Interesse er zu wahren hat. Im Gegensatz zum Handelsvertreter handelt der Handelsmakler jedoch **nicht aufgrund ständiger Betrauung,** sondern von Fall zu Fall.[31] Damit fällt auch eine laufende Tätigkeit ohne Dauerbeauftragung unter § 93.[32] Eine Tätigkeitspflicht, wie sie für den Handelsvertreter charakteristisch ist (→ Rn. 41, → Rn. 56), besteht für den Handelsmakler nicht.[33] Der Maklervertrag ist ein einseitiger, nur den Auftraggeber im Falle erfolgreicher Vermittlung verpflichtender Vertrag. Nicht ausgeschlossen ist, dass eine Person für einen anderen sowohl als Handelsvertreter als auch als Handelsmakler wird.[34] Wer, ohne von einer anderen Person ständig damit betraut zu sein, für diese gewerbsmäßig Geschäfte abschließt, die nicht zu den Gegenständen des Handelsverkehrs gehören, ist **Zivilmakler** iSv §§ 652 ff. BGB. Legt ein Vermittler hinreichend offen, dass er als Handelsvertreter tätig ist, spricht allein die Tatsache, dass er sich von seinen Kunden eine eigenständige Vergütung versprechen lässt, noch nicht dafür, dass es sich in Wahrheit um einen Makler handelt.[35] Für eine Maklertätigkeit spricht jedoch das gleichzeitige Tätigwerden für mehrere konkurrierende Unternehmen.[36]

6. Bedeutung des Unionsrechts. Wie bereits dargelegt (→ Rn. 4), gehen zahlreiche Vorschrif- 12
ten des geltenden Handelsvertreterrechts auf Richtlinien des europäischen Unionsrechtsgesetzgebers zurück, die vom deutschen Gesetzgeber in nationales Recht umzusetzen waren (→ Einl. Rn. 54 ff.). Die **RL 86/653/EWG,** die von der Kommission im Jahre 2005 evaluiert wurde,[37] hat insbesondere die Kriterien für das Berufsbild des (Waren-) Handelsvertreters, nämlich Selbstständigkeit des Handelns und ständige Betrauung durch einen anderen Unternehmer, festgelegt, sodass die nationalen Gesetzgeber der Mitgliedstaaten nicht mehr in der Lage sind, davon abweichende Voraussetzungen aufzustellen.[38] Zentrales Anliegen der Richtlinie ist der **Schutz des Handelsvertreters in seiner Beziehung zum Unternehmer** (Erwägungsgründe Nr. 2 und 3 RL 86/653/EWG).[39] Ausgeschlossen ist damit jede Auslegung der Richtlinie, die sich für den Handelsvertreter als nachteilig erweisen könnte.[40] Der Schutz der Richtlinie entfaltet sich für alle Handelsvertreter, die ihre **Tätig-**

[29] BGH 21.7.2016, NJW 2017, 475 Rn. 15; Matthießen ZIP 1988, 1089.

[30] Näher BGH 17.7.2002, BB 2002, 2036 zu § 89; Bodewig BB 1997, 637 zu § 89b; zur Rechtsentwicklung im Franchise-Recht Flohr ZVertriebsR 2022, 5 ff., 71 ff.

[31] BGH 12.3.2015, NJW 2015, 1754 Rn. 11; OLG Düsseldorf 27.5.2016, NJW-RR 2016, 1315 Rn. 23; 22.12.2011, BeckRS 2012, 828; LG Dortmund 8.2.2016, ZVertriebsR 2017, 240 Rn. 23; Martinek/Bergmann WRP 2006, 1047 (1051).

[32] Hopt/Roth § 93 Rn. 14; Ebenroth/Boujong/Reiner § 93 Rn. 67.

[33] OLG Düsseldorf 27.5.2016, NJW-RR 2016, 1315 Rn. 23; 22.12.2011, BeckRS 2012, 828; OLG Hamm 14.11.2022, ZVertriebsR 2023, 58 Rn. 79; LG Köln 6.3.2018, ZVertriebsR 2019, 246 Rn. 37; Martinek/Bergmann WRP 2006, 1047 (1050); Hopt/Roth § 93 Rn. 11; **aA** Ebenroth/Boujong/Reiner § 93 Rn. 68.

[34] OLG Bamberg 18.9.1964, BB 1965, 1167; Hopt/Hopt Rn. 41.

[35] *BGH 6.11.2013, NJW-RR 2014,* 669 Rn. 30 ff. – Vermittlung von Netto-Policen.

[36] LG Köln 19.5.1993, NJW-RR 1993, 1208.

[37] Komm., Evaluation on the Coordination of the Laws of the Member States relating to self-employed Commercial Agents (Directive 86/653/EEC), Refit Evaluation, SWD (2015) 146 final v. 16.7.2015.

[38] Fischer ZVglRWiss 101 (2002), 143 (146).

[39] Vgl. auch EuGH 13.10.2022, EuZW 2022, 1126 Rn. 26 – NY/Herios; 19.4.2018, ZVertriebsR 2018, 169 Rn. 33 – CMR; 17.5.2017, ZVertriebsR 2017, 235 Rn. 41 – ERGO Poist'ovna.

[40] EuGH 13.10.2022, EuZW 2022, 1126 Rn. 27 – NY/Herios; 19.4.2018, ZVertriebsR 2018, 169 Rn. 35 – CMR; 26.3.2009, EuZW 2009, 304 Rn. 21 – Semen/Tamoil (zu Art. 17 RL 86/853/EWG).

keit in der Union ausüben.[41] Dagegen sind die Mitgliedstaaten aufgrund der Richtlinie nicht verpflichtet, außerhalb der Union tätigen Handelsvertretern einen vergleichbaren Schutz zu gewähren (→ § 92c Rn. 3).[42]

12a Die **Auslegungshoheit** für harmonisiertes Unionsrecht liegt beim EuGH (→ Einl. Rn. 47 ff.). Das gilt auch dann, wenn das nationale Recht dem Standard des Unionsrechts bereits entsprach und es daher eines besonderen Umsetzungsaktes nicht bedurfte.[43] Nationale Gerichte, deren Entscheidungen selbst nicht mehr mit Rechtsmitteln des innerstaatlichen Rechts angefochten werden können, sind daher im Grundsatz verpflichtet, dem EuGH Rechtsfragen zur Auslegung des Unionsrechts, auf die es im Rahmen ihrer eigenen Entscheidung ankommt, zur **Vorabentscheidung** vorzulegen (Art. 267 AEUV; früher Art. 234 EG-Vertrag).[44] Sinn und Zweck dieses Vorabentscheidungsverfahrens ist es, eine einheitliche Anwendung des harmonisierten nationalen Rechts zu gewährleisten.[45] Unabhängig davon sind auch die nationalen Gerichte zu einer richtlinienkonformen Auslegung des nationalen Rechts angehalten. Eine richtlinienkonforme Auslegung ist insoweit nicht nur bezogen auf das harmonisierte Recht geboten, sondern, mit Blick auf das Erfordernis einer einheitlichen Auslegung des nationalen Rechts, ggf. auch bezogen auf nicht harmonisiertes nationales Recht, soweit sich der nationale Gesetzgeber entschlossen hat, dieses und das harmonisierte Recht gleich zu behandeln.[46] Für das deutsche Recht gilt dies etwa für das Recht der Versicherungsvertreter, das zwar nicht von der RL 86/653/EWG erfasst wird, aber aufgrund der Verweisung des Gesetzgebers in § 92 Abs. 2 dem Recht der Handelsvertreter weitgehend gleichgestellt ist,[47] sowie für den Vertrieb oder Erwerb von Dienstleistungen, da der sachliche Anwendungsbereich der §§ 84 ff. nicht wie die RL 86/653/EWG auf den Verkauf oder Ankauf von Waren beschränkt ist.

13 **7. Internationales Handelsvertreterrecht.** Welches **Sachrecht** auf das Handelsvertreterverhältnis bei Verträgen mit Auslandsberührung anzuwenden ist, entscheidet sich nach den Regeln des Internationalen Privatrechts (→ § 92c Rn. 4). Der **Gerichtsstand** bestimmt sich nach der Brüssel Ia-VO bzw. (im Verhältnis zu Island, Norwegen und der Schweiz) nach dem Luganer Übereinkommen vom 16.9.1988. Soweit die Parteien keine wirksame Gerichtsstandsvereinbarung getroffen haben (Art. 23, 24 Brüssel Ia-VO bzw. Art. 17, 18 LugÜ), kann die Vertragsgegenseite vor dem (zuständigen) Gericht des Staates verklagt werden, in dem sie ihren Wohn- bzw. Firmensitz hat (Art. 2 Abs. 1 Brüssel Ia-VO bzw. Art. 2 Abs. 1 LugÜ); im Anwendungsbereich der Brüssel Ia-VO ist bei Streitigkeiten aus dem Betrieb einer Zweigniederlassung, einer Agentur oder sonstigen Niederlassung zudem der Gerichtsstand der Zweigniederlassung gegeben (Art. 5 Nr. 5 Brüssel Ia-VO). Daneben besteht wahlweise der Gerichtsstand des (einheitlichen) Erfüllungsortes (Art. 5 Nr. 1 lit. b zweiter Spiegelstrich Brüssel Ia-VO bzw. Art. 5 Nr. 1 lit. b zweiter Spiegelstrich LugÜ), an dem über sämtliche Ansprüche aus dem Vertrag entschieden wird. Erfüllungsort ist danach der Ort, an dem die vertragliche (Dienst-) Leistung erbracht worden ist oder hätte erbracht werden müssen. Abzustellen ist insoweit auf die charakteristische Leistung des Vertrages, die bei einem Handelsvertretervertrag der Handelsvertreter erbringt.[48] Kann der Ort, an dem der Handelsvertreter die charakteristische Leistung zu erbringen hat, anhand der vertraglichen Abreden nicht (zweifelsfrei) bestimmt werden, ist hilfsweise, soweit dies nicht dem Vertragswillen widerspricht, auf den Ort abzustellen, an dem der Handelsvertreter seine Tätigkeit zur Erfüllung der vertraglichen Verpflichtung überwiegend ausgeführt hat.[49] Führt auch dieses Kriterium nicht zum Ziel, ist der Wohnsitz des Handelsvertreters als Gerichtsstand des Erfüllungsortes anzusehen, da er aller Wahrscheinlichkeit nach eine räumliche Nähe zum Rechtsstreit aufweist.[50] Die vorgenannten Grundsätze sind entsprechend anzuwenden, wenn der Handelsvertreter Leistungen in mehreren Mitgliedstaaten erbringt bzw. zu erbringen hat. Erfüllungsort ist in diesem Fall der Ort, an dem die engste Verknüpfung zwischen dem Vertrag und dem zuständigen Gericht besteht. In der Regel ist dies der Ort der hauptsächlichen Leistungserbringung.[51]

---

[41] EuGH 16.2.2017, ZVertriebsR 2017, 182 Rn. 32 – Agro Foreign Trade & Agency; 9.11.2000, NJW 2001, 2007 Rn. 25 – Ingmar.

[42] EuGH 16.2.2017, ZVertriebsR 2017, 182 Rn. 32 ff. – Agro Foreign Trade & Agency.

[43] Vgl. EuGH 27.6.2000, Slg. 2000, I-4941 Rn. 30 = NJW 2000, 2571 – Océano/Quintero.

[44] Streinz/Ehricke, EUV/AEUV, 2018, AEUV Art. 267 Rn. 41 ff.

[45] Oppermann/Classen/Nettesheim, Europarecht, 10. Aufl. 2025, § 10 Rn. 124.

[46] Zur Zuständigkeit des EuGH für diesbezügliche Vorabentscheidungsersuchen EuGH 13.10.2022, EuZW 2022, 1022 Rn. 25 ff. – Rigall/Bank Handlowy; 17.5.2017, ZVertriebsR 2017, 235 Rn. 29 – ERGO Post'ovna.

[47] BGH 25.10.2012, NJW 2013, 2027 Rn. 38; s. auch Emde ZVertriebsR 2014, 218 (221 ff.); 17.5.2017.

[48] EuGH 11.3.2010, Slg. 2010, I-2161 = EWS 2010, 150 Rn. 34 – Wood Floor; OLG Oldenburg 25.2.2014, NJW-RR 2014, 814.

[49] EuGH 11.3.2010, Slg. 2010, I-2161 = EWS 2010, 150 Rn. 40 – Wood Floor.

[50] EuGH 11.3.2010, Slg. 2010, I-2161 = EWS 2010, 150 Rn. 41 f. – Wood Floor.

[51] EuGH 11.3.2010, Slg. 2010, I-2161 = EWS 2010, 150 Rn. 33 – Wood Floor.

II. Person des Handelsvertreters

1. Allgemeines. Die Tätigkeit eines Handelsvertreters kann durch natürliche und juristische Personen, aber auch durch sonstige (teil-) rechtsfähige Personengesellschaften und Vereine ausgeübt werden. Das zeigt bereits § 84 Abs. 1 S. 1, wonach es allein auf die **selbständige gewerbliche Tätigkeit** und die **Unternehmereigenschaft** des Handelsvertreters („für einen anderen Unternehmer") ankommt, nicht jedoch auf andere personale Voraussetzungen. Maßgebend ist allein, dass die Person Träger von Rechten und Pflichten eines Handelsvertreters sein kann. Ein in kaufmännischer Weise eingerichteter Gewerbebetrieb ist nicht erforderlich (§ 84 Abs. 4). Im Grundsatz bedarf die Ausübung einer Handelsvertretertätigkeit auch keiner behördlichen Genehmigung. Eine Ausnahme gilt für die gewerbsmäßige Versicherungsvermittlung. Diese unterliegt seit dem Inkrafttreten des Gesetzes zur Neuregelung des Versicherungsvermittlerrechts vom 19.12.2006 (BGBl. 2006 I 3232) am 22.5.2007 einem Erlaubnisvorbehalt (§ 34d GewO). Es galt jedoch gem. § 156 GewO eine Übergangsfrist bis 1.1.2009. Die Erteilung einer entsprechenden Erlaubnis durch die Industrie- und Handelskammern ist davon abhängig, dass der Vermittler seine persönliche und wirtschaftliche Zuverlässigkeit und den Abschluss einer Berufshaftpflichtversicherung nachweist sowie eine Sachkundeprüfung erfolgreich ablegt (§ 34d Abs. 2 GewO). Die erlaubnispflichtige Anlagevermittlung iSv § 1 Abs. 1a Nr. 1, 2 KWG ist regelmäßig keine Handelsvertreter-, sondern eine Makler- oder Beratertätigkeit.[52] 14

In personaler Hinsicht zu bedenken ist stets, dass die **Vorschriften** des Handelsvertreterrechts ihrem Ursprung nach **auf** die **Tätigkeit natürlicher Personen zugeschnitten** sind. Soweit es für die Charakterisierung des Handelns als Handelsvertretertätigkeit auf individuelle Merkmale ankommt, müssen diese bei Gesellschaften ggf. modifiziert werden. Entsprechend kann bei Normen, die dem Schutz des Handelsvertreters dienen, im Einzelfall zu prüfen sein, ob sie ohne weiteres auf juristische Personen und (teil-) rechtsfähige Personengesellschaften anwendbar sind. 15

2. Natürliche Personen. Da die Tätigkeit des Handelsvertreters auf die Vermittlung von Geschäften und damit auf rechtsgeschäftliches Handeln angelegt ist, setzt dies im Grundsatz die volle **Geschäftsfähigkeit** des Handelsvertreters voraus. **Minderjährige,** die in ihrer Geschäftsfähigkeit beschränkt sind, bedürfen zum Abschluss eines Handelsvertretervertrages, der insoweit auf den selbstständigen Betrieb eines Erwerbsgeschäfts gerichtet ist, der Ermächtigung durch ihren gesetzlichen Vertreter und der Genehmigung durch das Familiengericht (§ 112 Abs. 1 S. 1 BGB).[53] Dies gilt auch dann, wenn es sich um eine arbeitnehmerähnliche Tätigkeit handelt.[54] Die Ermächtigung umfasst alle Rechtsgeschäfte, welche der Betrieb einer Handelsvertretung mit sich bringt. Für diese erlangt der Minderjährige die volle Geschäftsfähigkeit, es sei denn, es handelt sich um Rechtsgeschäfte für die der gesetzliche Vertreter der Genehmigung des Familiengerichts bedarf (§ 112 Abs. 1 S. 2 BGB iVm §§ 1643, 1821 ff. BGB). Die Vorschrift des § 112 BGB ist entsprechend anzuwenden auf unter Betreuung stehende Personen, für die das Betreuungsgericht einen Einwilligungsvorbehalt angeordnet hat (§ 1903 Abs. 1 S. 2 BGB). 16

3. Juristische Personen/(Teil-)rechtsfähige Personengesellschaften. Handelsvertreter können auch juristische Personen **(AG, GmbH),**[55] und (teil-) rechtsfähige Personengesellschaften (GbR, OHG, KG) sein, da sie Träger von Rechten und Pflichten sind. Das folgt bei juristischen Personen bereits daraus, dass sie unabhängig vom Gesellschafterbestand mit eigener Rechtspersönlichkeit ausgestattet sind (§ 1 Abs. 1 AktG, § 13 Abs. 1 GmbHG). Die Personengesellschaften des Handelsrechts **(OHG, KG)** hat der Gesetzgeber ebenfalls als rechtlich selbstständige Träger von Rechten und Pflichten ausgestaltet (§ 124 Abs. 1). Entsprechendes gilt nach heutigem Verständnis auch für die **GbR,** soweit sie als Außengesellschaft auftritt.[56] Nach der früher vorherrschenden Doktrin, wonach es sich bei der GbR um eine nicht rechtsfähige Gesamthandsgemeinschaft handelte, waren deren Gesellschafter selbst als Handelsvertreter und Vertragspartner des Geschäftsherrn anzusehen (§ 431 BGB). Davon ist nach wie vor bei **Erbengemeinschaften** auszugehen.[57] Bei der **stillen Gesellschaft** (§ 230) kann Handelsvertreter nur derjenige sein, an dessen Handelsgewerbe sich der stille Gesellschafter beteiligt, nicht jedoch der stille Gesellschafter selbst, da er kein selbstständiges Gewerbe 17

---

[52] *HessVGH 18.7.2003, ZIP 2003, 1880.*

[53] Ebenroth/Boujong/Semmler Rn. 19; MüKoBGB/Spickhoff BGB § 112 Rn. 9 ff.

[54] BAG 20.4.1964, AP § 90a Nr. 1; MüKoBGB/Spickhoff BGB § 112 Rn. 6.

[55] S. dazu den Sachverhalt bei BGH 14.3.2013, BGHZ 196, 340 = NJW 2013, 3366; zur franz. SARL EuGH 19.4.2018, ZVertriebsR 2018, 169 – CMR.

[56] BGH 29.1.2001, BGHZ 146, 341 (343) = NJW 2001, 1056; Boin GmbHR 2001, 513; Canaris HandelsR § 15 Rn. 7; Hopt/Hopt Rn. 9; Ebenroth/Boujong/Semmler Rn. 19, 31; MüKoHGB/Ströbl Rn. 27.

[57] Ebenroth/Boujong/Semmler Rn. 19; allg. zur Rechtsfähigkeit der Erbengemeinschaft BGH 17.10.2006, ZEV 2007, 30 Rn. 7; 16.3.2004, NJW-RR 2004, 1006; 11.9.2002, NJW 2002, 3389.

betreibt, sondern sich nur im Rahmen einer Innengesellschaft mit einer Vermögenseinlage am Handelsgeschäft eines anderen beteiligt.[58]

18 **4. Vereine.** Auch Vereine können grundsätzlich als Handelsvertreter tätig sein, sofern sie **rechtsfähig** sind. Häufig wird es jedoch an einer gewerblichen Tätigkeit fehlen. Bei rechtsfähigen Idealvereinen iSv § 21 BGB ist ein wirtschaftlicher Geschäftsbetrieb nur im Rahmen des sog. Nebenzweckprivilegs denkbar.[59] Wirtschaftsvereine erlangen Rechtsfähigkeit durch staatliche Verleihung (§ 22 BGB). Auf nicht eingetragene bzw. konzessionierte Vereine (Vereine ohne Rechtspersönlichkeit), deren Zweck auf einen wirtschaftlichen Geschäftsbetrieb gerichtet ist, sind die Vorschriften über die BGB-Gesellschaft entsprechend anzuwenden (§ 54 Abs. 1 S. 2 BGB).

III. Rechtstypus des Handelsvertreters

19 **1. Allgemeines.** Der Rechtstypus des Handelsvertreters ist dadurch gekennzeichnet, dass eine Person als selbstständiger Gewerbetreibender aufgrund ständiger Betrauung für einen anderen Unternehmer gegen Entgelt tätig ist (Abs. 1 S. 1). Diese Voraussetzungen stimmen mit Art. 1 Abs. 2 RL 86/653/EWG, Art. 2 Abs. 1 erster Spiegelstrich RL 86/653/EWG und Art. 6 ff. RL 86/653/EWG überein. Darüber hinaus sind das Handeln im Namen und für Rechnung des Unternehmers (Art. 1 Abs. 2 RL 86/853/EWG) und die Wahrnehmung der Interessen des Unternehmers bei der Ausübung der Absatzmittlertätigkeit (Art. 3 Abs. 1 RL 86/653/EWG iVm Art. 1 Abs. 2 RL 86/653/EWG) für den Typus des Handelsvertreters charakteristisch. Der EuGH spricht in diesem Zusammenhang von notwendigen und hinreichenden Voraussetzungen.[60] Damit zeigt sich der Handelsvertreter als relativ **„offener" Typus,** der in der Lage ist, unterschiedlichste tatsächliche Erscheinungsformen der Absatzmittlung rechtlich zu integrieren.[61] Die Tätigkeit eines Handelsvertreters ist insoweit nicht nur Kaufleuten vorbehalten, wie dies nach früherem Recht (§ 1 Abs. 1 Nr. 7 aF) der Fall war.[62] Jedenfalls muss der Handelsvertreter aber ein selbstständiges Gewerbe betreiben.[63] Dies begründet der Sache nach zugleich die Unternehmereigenschaft.

20 **2. Selbstständiger Gewerbetreibender. a) Bedeutung.** Der Begriff des selbstständigen Gewerbetreibenden erfordert eine Abgrenzung zum Kaufmannsbegriff, zur unselbstständigen Tätigkeit und zur rein privaten Betätigung.

21 **b) Gewerbetreibender.** Handelsvertreter ist nur, wer ein selbstständiges Gewerbe betreibt (Abs. 1 S. 1). Der Gewerbebegriff ist im HGB nicht ausdrücklich definiert, obwohl er nicht nur für das Handelsvertreterrecht, sondern insgesamt für das HGB zentrale Bedeutung hat, insbesondere für die Konkretisierung des handelsrechtlichen Zentralbegriffs: die Kaufmannseigenschaft (vgl. § 1). Wie ein Blick auf den Wortlaut von § 84 Abs. 1 S. 1 zeigt, steht der Gewerbebegriff hier in einem anderen sachlichen Kontext als in § 1. Während dort das Betreiben eines Handelsgewerbes vorausgesetzt wird und damit die Verbindung zum Kaufmannsbegriff hergestellt wird, erfordert § 84 allein den Betrieb eines Gewerbes, der in den Kontext zur Unternehmereigenschaft der handelnden Person gestellt wird („für einen anderen Unternehmer"). Daraus ergibt sich, dass **jede Form von Gewerbe** für eine Handelsvertretertätigkeit ausreicht. Ein bestimmter Geschäftsumfang ist nicht erforderlich. Dies stellt auch Abs. 4 klar, wonach die Vorschriften des Handelsvertreterrechts auch dann Anwendung finden, wenn das Unternehmen des Handelsvertreters einen in kaufmännischer Weise eingerichteten Geschäftsbetrieb nicht erfordert, sodass andere Vorschriften des HGB im Regelfall nicht anwendbar sind.[64]

22 Da lediglich ein Gewerbebetrieb vorhanden sein muss, können sich als Handelsvertreter auch solche Personen betätigen, die traditionell nicht als Handelsgewerbetreibende angesehen werden und daher nicht unter den Kaufmannsbegriff fallen. Dazu gehören Freiberufler, Künstler und Wissenschaftler. **Kaufmann** ist der Handelsvertreter nur, wenn er entweder ein Handelsgewerbe betreibt (zu den Voraussetzungen → § 1 Rn. 48 ff.) oder in das Handelsregister eingetragen ist (§§ 2 ff.).

---

[58] Hopt/Hopt Rn. 9; Ebenroth/Boujong/Semmler Rn. 31.

[59] Boin GmbHR 2001, 513; näher dazu Staudinger/Schwennicke, 2023, BGB § 21 Rn. 59 ff.; krit. zur Terminologie MüKoBGB/Leuschner § 21 Rn. 290.

[60] EuGH 21.11.2018, ZVertriebsR 2019, 20 Rn. 23 – Zako/Sanidel.

[61] Näher Busche, FS Martinek, 2020, 107 (108 ff.); zur Tätigkeit von Influencern Fabig/Toepfer ZVertriebsR 2024, 349 (350 ff.); Höving ZVertriebsR 2023, 153 (161 ff.).

[62] Staub/Emde Rn. 13.

[63] EuGH 21.11.2018, ZVertriebsR 2019, 20 Rn. 49 – Zako/Sanidel.

[64] EuGH 21.11.2018, ZVertriebsR 2019, 20 Rn. 32 ff. – Zako/Sanidel; Hopt/Hopt Rn. 33.

Überhaupt kein Gewerbe betreibt, wer lediglich in der **Privatsphäre** handelt. Er ist Zivilagent.[65] Das ist jeweils in Bezug auf die konkrete Betätigung festzustellen. Bei Personen, die auch als Gewerbetreibende tätig sind, kommt es insoweit auf eine Abgrenzung von Geschäfts- und Privatsphäre an. 23

Nach Sinn und Zweck der Norm ist der **Begriff des Gewerbetreibenden weit auszulegen,** um einen möglichst breiten Personenkreis in den „Schutzbereich" des Handelsvertreterrechts einzubeziehen. Gewerbetreibender iSv Abs. 1 S. 1 ist demnach, wer im Wettbewerb mit anderen Unternehmen einer planmäßigen, auf Dauer angelegten wirtschaftlichen Tätigkeit nachgeht.[66] Diese muss zudem selbstständig ausgeübt werden. 24

c) Selbstständigkeit. aa) Grundsatz. Wesentliches Element der Rechtsstellung des Handelsvertreters ist seine Selbstständigkeit, die ihn von einem in persönlicher Abhängigkeit von einem Arbeitgeber tätigen Arbeitnehmer unterscheidet (§ 611a Abs. 1 S. 1 BGB). Nach § 84 Abs. 1 S. 2 ist selbstständig, wer im Wesentlichen frei seine Tätigkeit gestalten und seine Arbeitszeit bestimmen kann. Diese Definition hat nicht nur Bedeutung für das Handelsvertreterrecht, sondern wird dem Rechtsgedanken nach überall dort herangezogen, wo es darauf ankommt, selbstständige und unselbstständige Tätigkeiten voneinander abzugrenzen, wie auch § 611a Abs. 1 BGB zeigt.[67] Kritikwürdig ist, dass der Gesetzgeber den Wortlaut von § 611a Abs. 1 BGB und § 84 Abs. 1 S. 2 nicht aufeinander abgestimmt hat,[68] was aber nicht dazu führen kann, der handelsvertreterrechtlichen Regelung ihre Existenzberechtigung abzusprechen und sie nach dem lex posterior-Grundsatz der (im Übrigen sprachlich missglückten) Vorschrift des § 611a Abs. 1 BGB unterzuordnen,[69] zumal der Gesetzgeber davon ausging, dass § 84 Abs. 1 S. 2 durch § 611a BGB unberührt bleibt.[70] Jedenfalls lassen sich beide Vorschriften trotz unterschiedlichen Wortlauts gleichsinnig interpretieren. 25

Nach dem **Leitbild** des Handelsvertreterrechts ist das Merkmal der Selbstständigkeit auf **natürliche Personen** zugeschnitten. Für juristische Personen und (teil-)rechtsfähige Personengesellschaften, die als Absatzmittler tätig sind (→ Rn. 17), mag ebenfalls festgestellt werden können, ob sie ihre Tätigkeit im Wesentlichen frei gestalten können, ohne dass dabei freilich auf das weitere Merkmal der Arbeitszeitbestimmung abzustellen wäre, das ersichtlich nicht passt. Letztlich kann dies jedoch dahin stehen, da juristische Personen und (teil-)rechtsfähige Personengesellschaften schon der Natur der Sache nach nur selbstständig tätig werden können (→ Rn. 81). Handelsgesellschaften sind stets selbstständige Gewerbetreibende iSv § 84 Abs. 1 HGB.[71] 25a

bb) Kriterien. Die Definition der Selbstständigkeit in Abs. 1 S. 2 lässt darauf schließen, dass es nicht auf eine Form der wirtschaftlichen Selbstständigkeit, sondern auf die **rechtliche Selbstständigkeit** des Handelnden ankommt, insbesondere darauf, dass die Tätigkeit in einem bestimmten Umfang frei von Weisungen des Geschäftsherrn ausgeübt werden kann. Diese **Weisungsfreiheit** kann freilich nicht im Sinne einer umfassenden persönlichen Freiheit verstanden werden, da die schuldrechtliche Beziehung, aufgrund derer die Tätigkeit ausgeübt wird, naturgemäß zu einer partiellen rechtlichen und wirtschaftlichen „Abhängigkeit" des Handelsvertreters von dem Geschäftsherrn führt.[72] Auf der anderen Seite darf diese Abhängigkeit nicht derart verfestigt sein, dass die Rechtsstellung des Handelsvertreters derjenigen eines Arbeitnehmers entspricht (Abs. 2). Es muss also im Einzelfall festgestellt werden, ob die ausgeübte Tätigkeit nach Grad und Maß der Selbstständigkeit dem Leitbild von Abs. 1 S. 2 entspricht. Entscheidend ist dabei das **Gesamtbild** der vertraglichen Gestaltung und der tatsächlichen Handhabung,[73] wobei auf die prägenden Elemente, den **Schwerpunkt** der Tätigkeit, abzustellen ist.[74] Weicht die tatsächliche Handhabung des Vertrages von der 26

[65] Hopt/Hopt Rn. 29.

[66] Dagegen auf die Gewinnerzielung abstellend Ebenroth/Boujong/Semmler Rn. 18; Heymann/Stöber Rn. 25; MüKoHGB/Ströbl Rn. 69.

[67] LAG Köln 13.2.2019, ZVertriebsR 2019, 119 Rn. 16; Hopt/Hopt Rn. 35.

[68] Wank ZVertriebsR 2022, 207 (208 ff.).

[69] So aber Wank ZVertriebsR 2022, 207 (208).

[70] Beschlussempfehlung und Bericht des BT-Ausschusses für Arbeit und Soziales, BT-Drs. 18/10064, S. 17.

[71] BGH 12.3.2015, NJW 2015, 1754 Rn. 10.

[72] IdS auch OLG München 11.12.2024, ZVertriebsR 2025, 165 Rn. 49.

[73] BVerfG 25.10.1977, NJW 1978, 365; BGH 27.10.2009, NJOZ 2010, 2116 Rn. 12; 21.10.1998, NJW 1999, 648 (649); 4.3.1998, NJW 1998, 2057 (2058); 14.3.1991, WM 1991, 1472 (1474) = NJW-RR 1991, 1053; 4.12.1981, BB 1982, 1876 = AP HGB § 84 Nr. 2; 11.3.1982, NJW 1982, 1757 (1758); BAG 17.4.2013, NJW 2013, 2984 Rn. 15; 15.2.2012, NJW 2012, 2903 Rn. 13; 9.6.2010, NJW 2010, 2455 Rn. 19; 15.12.1999, BB 2000, 1469; 15.12.1999, BB 2000, 826 (827); OLG Düsseldorf 4.7.1997, HVR Nr. 814; OLG Hamm 23.7.1958, HVR Nr. 181; OLG München 11.12.2024, ZVertriebsR 2025, 165 Rn. 43; SG Frankfurt 8.3.2021, ZVertriebsR 2022, 372 Rn. 37; Hanau/Strick DB-Beil. 14/1998, 4; Hopt DB 1998, 863 (865); Oberthür/Lohr NZA 2001, 126 (129 f.); Thume BB 1999, 2309; Hopt/Hopt Rn. 36; Ebenroth/Boujong/Semmler Rn. 21.

[74] OLG Düsseldorf 5.12.1997, NZA-RR 1998, 145; LAG Köln 13.2.2019, ZVertriebsR 2019, 119 Rn. 16; Canaris HandelsR § 15 Rn. 9; Hopt/Hopt Rn. 36; Ebenroth/Boujong/Semmler Rn. 21.

vertraglichen Gestaltung ab, ist diese und nicht die ausdrückliche Vereinbarung maßgebend (§ 611a Abs. 1 S. 6 BGB).[75] Auf die von den Parteien gewählte Vertragsbezeichnung kommt es dann nicht an,[76] da ansonsten die Schutznormen des Handelsvertreterrechts wie § 89b durch bloße Falschbezeichnung des eigentlich Gewollten umgangen werden könnten. Vielmehr ist im Zweifel auf den gelebten Vertrag abzustellen.

27 Für eine selbstständige Tätigkeit spricht nach dem Wortlaut des Abs. 1 S. 2, wenn der Handelnde im Wesentlichen frei seine **Tätigkeit gestalten** und seine **Arbeitszeit bestimmen** kann.[77] Liegen diese Merkmale, die ihrerseits der Konkretisierung bedürfen, nicht vor, ist die Selbstständigkeit zu verneinen.[78] Dies schließt nicht aus, dass daneben auch andere, im Gesetz nicht ausdrücklich genannte Merkmale für ein selbstständiges Handeln sprechen können. In der Entscheidungspraxis der Gerichte und im Schrifttum sind sowohl zur Konkretisierung der in Abs. 1 S. 2 genannten Voraussetzungen als auch in deren Ergänzung eine Vielzahl von Kriterien entwickelt worden, die zur Beurteilung der Selbstständigkeit herangezogen werden. Als Indizien für eine selbstständige Tätigkeit werden angesehen ein **Mindestmaß an unternehmerischer Freiheit,**[79] insbesondere die Freiheit zur Bestimmung der Arbeitszeit und des Arbeitsumfangs[80] und eine weit gehende Weisungsfreiheit.[81] Diese Gesichtspunkte gehen ineinander über. Die Freiheit der Arbeitszeitgestaltung und die Weisungsfreiheit sind letztlich Unterfälle der unternehmerischen Freiheit.

28 **cc) Einzelheiten. (1) Unternehmerische Freiheit.** Wer selbstständig tätig ist, muss in der Lage sein, über den Einsatz der ihm zur Verfügung stehenden unternehmerischen Ressourcen (Geschäftsräume, Personal, Anlagegüter), also über die Geschäftsorganisation und den Geschäftsablauf sowie den Umfang der Tätigkeit, im Wesentlichen autonom zu bestimmen. Selbstständiges Handeln setzt daher zunächst einmal voraus, dass überhaupt derartige **Ressourcen** vorhanden sind,[82] unabhängig davon, in welchem Umfang sie im Einzelfall erforderlich sind. Zur unternehmerischen Freiheit gehört damit im Grundsatz auch das **Bestimmungsrecht über** die **Vorhaltung und** den **Einsatz der Ressourcen,** also beispielsweise über die Auswahl des Geschäftslokals und seiner Ausstattung oder über die Personalauswahl.[83] Der Handelsvertreter kann daher im Grundsatz entscheiden, ob er seine Tätigkeit stationär (in einem Geschäftslokal) oder ambulant (als Reisender), analog oder online, zB auch als Betreiber einer Vertriebsplattform,[84] ausüben will. Auf der anderen Seite darf natürlich nicht verkannt werden, dass es gerade im Rahmen von Absatzmittlungsverhältnissen üblich ist, dem Absatzmittler die **Einhaltung bestimmter Standards** vorzugeben (auch → Rn. 32). Das ist jedenfalls dann unschädlich, wenn der Handelsvertreter im Übrigen freie Hand hat, wie er diese Standards umsetzt und erfüllt. Darüber hinaus können sich auch aus der Art der Tätigkeit gewisse **Einschränkungen** der unternehmerischen Freiheit ergeben, die **aus der Natur der Sache** folgen (Einhaltung von Arbeits-/Öffnungszeiten und Arbeitsabläufen; Einbindung in ein Warenwirtschaftssystem) und deshalb die Selbstständigkeit nicht ohne Weiteres ausschließen.[85] Entsprechendes gilt

[75] BGH 22.6.1972, BGHZ 59, 87 (91) = NJW 1972, 1662; 4.12.1981, BB 1982, 1876 (1877); BAG 15.2.2012, NJW 2012, 2903 Rn. 13; 20.9.2000, ZIP 2001, 36 (37); 15.12.1999, ZIP 2000, 630 (631); 21.1.1966, VersR 1966, 382 (383); OLG Düsseldorf 4.7.1997, HVR Nr. 814; OLG München 8.8.1957, HVR Nr. 180; OLG Saarbrücken 29.7.2004, HVR Nr. 1169; Oetker HandelsR § 6 Rn. 15; Hopt/Hopt Rn. 36; Ebenroth/Boujong/Semmler Rn. 21.

[76] BGH 4.12.1981, BB 1982, 1876 (1877) = AP HGB § 84 Nr. 2; BAG 15.2.2012, NJW 2012, 2903 Rn. 13; 21.1.1966, VersR 1966, 382 (383); LAG Köln 13.2.2019, ZVertriebsR 2019, 119 Rn. 18; Hopt/Hopt Rn. 36; Oetker HandelsR § 6 Rn. 15.

[77] Vgl. SG Frankfurt 8.3.2021, ZVertriebsR 2022, 372 Rn. 33, 40 (Finanzberater).

[78] BAG 15.2.2012, NJW 2012, 2903 Rn. 13, 17; 20.9.2000, ZIP 2001, 36 (37); LAG Hamm 7.6.2017, ZVertriebsR 2017, 392 Rn. 42 ff., 56 ff.; LAG Köln 13.2.2019, ZVertriebsR 2019, 119 Rn. 27; Ebenroth/Boujong/Semmler Rn. 23.

[79] Hopt/Hopt Rn. 36a.

[80] BAG 15.2.2012, NJW 2012, 2903 Rn. 17; Hopt/Hopt Rn. 36a.

[81] Hromadka NJW 2003, 1847 (1848); Hopt/Hopt Rn. 36a; Ebenroth/Boujong/Semmler Rn. 23.

[82] Vgl. auch BVerfG 25.10.1977, NJW 1978, 365 (Geschäftsräume); OLG Düsseldorf 4.7.1997, HVR Nr. 814 (Geschäftseinrichtung); OLG München 11.12.2024, ZVertriebsR 2025, 165 Rn. 48 (Geschäftsräume); OLG Stuttgart 21.12.1955, VersR 1956, 318 (Geschäftsräume); Hopt/Hopt Rn. 36a.

[83] Dazu BGH 4.12.1981, BB 1982, 1876 (1877) = AP HGB § 84 Nr. 2; 20.1.1964, VersR 1964, 331 = BeckRS 1964, 31190752; BAG 28.11.1997, DB 1997, 2437; Hopt/Hopt Rn. 36a.

[84] Vgl. EuGH 21.11.2018, ZVertriebsR 2019, 20 Rn. 29 – Zako/Sanidel; Rohrßen ZVertriebsR 2019, 153 (159); **aA** – technischer Hilfsdienstleister – Dieselhorst/Grages MMR 2011, 368 (369 ff.).

[85] Vgl. BGH 11.3.1982, NJW 1982, 1757 (1758) (Kaufhaus-Propagandistin); 9.6.1969, BGHZ 52, 171 = GRUR 1969, 698 (Tankstellenpacht); 15.10.1964, BGHZ 42, 244 (245) = NJW 1965, 248 (Tankstellenpacht); BAG 15.12.1999, BB 2000, 932 (Versicherungsvertreter); 21.1.1966, DB 1966, 546 (Versicherungsvertreter); BSozG 29.1.1981, BB 1981, 2074 (Bausparkassenvertreter); LAG Köln 13.2.2019, ZVertriebsR 2019, 119 Rn. 26 (Vertrieb von Photovoltaikanlagen).

für die vertragliche **Festlegung von Preisen,** die der Handelsvertreter gegenüber Endkunden einzuhalten hat.[86] Unschädlich sind in diesem Zusammenhang auch **Wettbewerbsverbote**[87] oder das Verbot der **Mehrfirmenvertretung.**[88] Der Unternehmer kann nämlich angesichts der Interessenwahrungspflicht des Handelsvertreters (§ 86 Abs. 1 Hs. 2) ein berechtigtes Interesse daran haben, dass dieser seine Tätigkeit auf den Unternehmer konzentriert, insbesondere nicht für Konkurrenten tätig wird. Dadurch allein wird die Selbstständigkeit des Handelsvertreters im Grundsatz nicht in Frage gestellt.[89] Eine andere Frage ist, ob ein Ein-Firmenvertreter eines ergänzenden Schutzes bedarf (vgl. § 92a). Auf der anderen Seite kann die **Vertretung mehrerer Unternehmer** durchaus ein Indiz für unternehmerische Freiheit sein.[90]

Zur unternehmerischen Freiheit gehört, dass der Handelnde im Grundsatz auch das geschäftliche 29 Risiko **(Unternehmerrisiko)** zu tragen hat.[91] Die Risikotragung ist insoweit die Kehrseite der Fähigkeit, Chancen im Wettbewerb autonom zu nutzen. Ein Unternehmerrisiko trägt daher nicht, wem aufgrund der vertraglichen Ausgestaltung des Absatzmittlungsverhältnisses alle (oder zumindest maßgebliche) Vorteile der unternehmerischen Freiheit genommen, gleichzeitig aber auch die geschäftlichen (wirtschaftlichen) Risiken der Geschäftstätigkeit (zB Erreichung eines Mindestumsatzes) aufgebürdet werden. Eine derartige Ausgestaltung des Vertragsverhältnisses deutet vielmehr auf eine Abhängigkeit des Absatzmittlers vom Unternehmer und damit auf eine **abhängige Beschäftigung** hin.[92] Ein Unternehmerrisiko trägt dagegen derjenige, der über unternehmerische Entscheidungsfreiheit verfügt und ausschließlich eine erfolgsabhängige Vergütung erhält, beispielsweise in Form von Provisionen.[93] Dabei sind einzelne feste Vergütungsbestandteile unschädlich,[94] soweit sie lediglich von untergeordneter Bedeutung bleiben. Im Schrifttum wird die Risikoverteilung zuweilen als allein entscheidendes Kriterium für die Beurteilung der Selbstständigkeit des Absatzmittlers angesehen.[95] Dem steht freilich schon der Wortlaut von § 84 Abs. 1 S. 2 entgegen. Insoweit handelt es sich im Rahmen der erforderlichen Gesamtbetrachtung nur um einen Gesichtspunkt unter vielen,[96] zumal mit der Risikotragung immer auch ein entsprechendes Maß unternehmerischer Entscheidungsfreiheit korrespondieren muss.

Einen bestimmten **Umfang** muss die unternehmerische Tätigkeit im Übrigen nicht erreichen. 30 Das zeigt bereits Abs. 4. Deshalb ist auch eine Binnen- oder Außenorganisation nicht zwingend erforderlich;[97] ebenso wenig der Einsatz von Eigenkapital.[98] **Formale Kriterien** wie das Auftreten unter eigener Firma,[99] das Vorhandensein einer Buchführung[100] oder das Vorliegen einer Gewerbeanmeldung[101] sind für die Feststellung unternehmerischer Freiheit kaum aussagekräftig.[102] Eine gewisse Indizwirkung für die Selbstständigkeit des Absatzmittlers ergibt sich jedoch aus der Heranziehung zur Umsatz- und Gewerbesteuer[103] wie auch aus dem Umstand, dass der Absatzmittler für die Kosten der Geschäftsorganisation[104] oder für die Sozialversicherungsbeiträge selbst aufkommt.[105]

---

[86] EuGH 4.6.2020, ZVertriebsR 2020, 252 Rn. 31 f. – Trendsetteuse SARL.

[87] BAG 15.12.1999, BB 2000, 932; OLG Saarbrücken 29.7.2004, VersR 2005, 1388 (1389); Hopt/Hopt Rn. 36c.

[88] BGH 20.1.1964, VersR 1964, 331 = BeckRS 1964, 31190752.

[89] OLG München 11.12.2024, ZVertriebsR 2025, 165 Rn. 51.

[90] OLG Celle 27.2.1958, MDR 1958, 341; Hopt/Hopt Rn. 36a.

[91] BVerfG 25.10.1977, NJW 1978, 365; BAG 16.7.1997, ZIP 1997, 1715 (Eismann).

[92] Vgl. OLG Düsseldorf 5.12.1997, NZA-RR 1998, 145 (147); 4.7.1997, HVR Nr. 814; LAG Köln 13.2.2019, ZVertriebsR 2019, 119 Rn. 27; Hopt/Hopt Rn. 36a.

[93] BGH 4.12.1981, BB 1982, 1876 (1877) = NJW 1982, 1757; Hopt/Hopt Rn. 36c.

[94] Vgl. OLG Nürnberg 9.6.1960, BB 1960, 956 (Fixum/Mindestprovision); OLG Stuttgart 6.7.1961, BB 1962, 156 (Spesenzuschuss).

[95] So insbes. Wank DB 1992, 90 (91 f.).

[96] Hopt/Hopt Rn. 36.

[97] BAG 15.12.1999, BB 2000, 826 (827) (Versicherungsvertreter); Hopt/Hopt Rn. 36c.

[98] BGH 16.2.1961, BGHZ 34, 282 (291) = NJW 1961, 662; Hopt/Hopt Rn. 36c.

[99] **AA** BGH 20.1.1964, VersR 1964, 331 = BeckRS 1964, 31190752; BAG 24.4.1980, BB 1980, 1471; Hopt/Hopt Rn. 36a.

[100] **AA** OLG München 8.8.1957, NJW 1957, 1767.

[101] Vgl. *BGH 4.12.1981, BB 1982,* 1876 (1877) = AP HGB § 84 Nr. 2; 20.1.1964, VersR 1964, 331 = AP HGB § 84 Nr. 2.

[102] Hopt/Hopt Rn. 36c.

[103] Vgl. BGH 4.12.1981, BB 1982, 1876 (1877) = AP HGB § 84 Nr. 2; anders wohl BGH 20.1.1964, VersR 1964, 331 = AP HGB § 84 Nr. 2.

[104] EuGH 21.11.2018, ZVertriebsR 2019, 20 Rn. 33 f. – Zako/Sanidel.

[105] BGH 4.12.1981, BB 1982, 1876 (1877) = AP HGB § 84 Nr. 2; anders wohl BGH 4.6.1975, BB 1975, 1409 (1410) = BeckRS 1975, 31066212; BAG 15.12.1999, BB 2000, 1469; OLG Düsseldorf 21.10.1983, WM 1985, 526.

31 **(2) Arbeitszeit und Arbeitsumfang.** Eine wichtige Ausprägung der unternehmerischen Freiheit und damit der Freiheit zur Gestaltung der eigenen Tätigkeit ist die Freiheit zur Bestimmung der Arbeitszeit und des Arbeitsumfangs. Diese besteht darin, die **Lage der Arbeitszeit** und die währenddessen zu erledigenden **Aufgaben** im Wesentlichen frei festlegen zu können.[106]

32 **(3) Weisungsfreier Kernbereich.** Wie bereits ausgeführt, besteht allein schon aufgrund der schuldrechtlichen Beziehung ein rechtliches und wirtschaftliches Abhängigkeitsverhältnis des Handelsvertreters vom Geschäftsherrn, das sich unter anderem in der Pflicht des Handelsvertreters zur Wahrung der Interessen des Geschäftsherrn niederschlägt (§ 86 Abs. 1 Hs. 2). Diese Interessenwahrungspflicht geht einher mit einem Weisungsrecht des Unternehmers, das sich auf Gegenstände wie die Vertriebspolitik, die Warenpräsentation, die Preisstellung gegenüber Kunden (zur kartellrechtlichen Behandlung → Rn. 84 ff.), Werbemaßnahmen oder auch die Rechenschaftspflicht des Handelsvertreters beziehen kann (→ § 86 Rn. 16 ff.). Weisungsfreiheit ist daher **nicht gleichbedeutend mit vollständiger Autonomie** der für den Unternehmer handelnden Person. Deshalb können die aus dem gesetzlichen Leitbild des Handelsvertreterrechts resultierenden Weisungsrechte des Unternehmers einer selbstständigen Betätigung nicht entgegenstehen.[107] Unbedenklich in diesem Sinne sind genuin produkt- und tätigkeitsbezogene Weisungen.[108] Diese können sich beispielsweise auf die Kundenwerbung und -betreuung,[109] die Warenpräsentation oder die Geschäftsabwicklung[110] beziehen. Letztlich sind solche Weisungen legitim, weil sie einen bestimmten Qualitätsstandard der Absatzorganisation sicherstellen. Zulässig sind im Regelfall auch Weisungen, die dazu dienen, wirtschaftliche Risiken vom Unternehmer fernzuhalten, wie Vorgaben zur Person des Geschäftsgegners[111] oder zu den Geschäftsbedingungen. Der Umfang zulässiger Weisungen hängt letztlich von den Umständen des Einzelfalls ab. Je höher die durch die Absatzmittlung begründeten Risiken des Unternehmers sind, desto eher darf er den Handelsvertreter zu einem bestimmten Verhalten anweisen.[112]

33 Wie bereits der Wortlaut der Norm deutlich macht, muss jedoch gesichert sein, dass die Tätigkeit „im Wesentlichen" frei gestaltet werden kann. Dazu gehört, dass dem Handelnden ein **Kernbereich weisungsfreier Betätigung** verbleibt.[113] Der Umfang dieses Kernbereichs ist insbesondere abhängig von der Art der Absatzmittlertätigkeit. Er ist jeweils im Einzelfall zu bestimmen. Als Leitlinie kann gelten, dass die Geschäftsorganisation, der konkrete **Geschäftsablauf** und die **Lage der Arbeitszeit** im Wesentlichen frei von Weisungen sein müssen.[114] Daher ist es etwa nicht von vornherein schädlich, wenn der Handelsvertreter seiner Tätigkeit in den Geschäftsräumen des Unternehmers nachgeht, aber im Übrigen keinen Weisungen im Kernbereich unterliegt und materiell unabhängig bleibt, sodass er seine Aufgaben selbstbestimmt erfüllen kann.[115] Die RL 86/653/EWG gibt nicht vor, dass der Handelsvertreter seine Tätigkeit an einem bestimmten **Ort** auszuüben hat und schließt damit auch eine Berufsausübung in den Räumen des Unternehmers nicht aus.[116]

34 Für einen **Eingriff in den Kernbereich** selbständiger Betätigung und damit für die Arbeitnehmereigenschaft des Handelnden und gegen eine Handelsvertretertätigkeit sprechen dagegen weitergehende Weisungen zur **Geschäftsorganisation,** beispielsweise die Verpflichtung zur ständigen Anwesenheit im Geschäftslokal während der Ladenöffnungszeiten,[117] insbesondere wenn es sich um Räumlichkeiten des Unternehmers handelt,[118] ferner die Verpflichtung zum kontinuierlichen Besuch

[106] Exemplarisch SG Frankfurt 8.3.2021, ZVertriebsR 2022, 372 Rn. 33, 40.

[107] LAG Nürnberg 26.1.1999, BB 1999, 793 (795); Ebenroth/Boujong/Semmler Rn. 24.

[108] Hopt/Hopt § 86 Rn. 15.

[109] BGH 12.3.2015, NJW 2015, 1754 Rn. 13 (Gesprächsleitfaden); OLG München 9.12.2019, ZVertriebsR 2020, 56 Rn. 18 (Erfassungsbogen/Beratungsdokumentation); Hopt/Hopt § 86 Rn. 15; MüKoHGB/Ströbl § 86 Rn. 24 (Kundenbesuche in bestimmten Zeitintervallen).

[110] BGH 4.6.1986, VersR 1986, 1072 = BeckRS 1986, 30399696 (Ausfüllung von Versicherungsanträgen); 1.2.1968, VersR 1968, 642 (Rückübertragung der Bestandsverwaltung); OLG Nürnberg 21.9.1973, MDR 1974, 144 (Ausfüllung von Auftragsscheinen).

[111] Vgl. BGH 14.3.1960, BB 1960, 574 = BeckRS 1960, 30388328.

[112] Vgl. BGH 7.4.1960, BB 1960, 534 (Abschlussvollmacht); vgl. auch Hopt/Hopt § 86 Rn. 15.

[113] EuGH 21.11.2018, ZVertriebsR 2019, 20 Rn. 32 ff.; BGH 13.1.1966, BB 1966, 265 = NJW 1966, 882; BAG 30.8.1994, NZA 1995, 649; Hopt/Hopt Rn. 38, § 86 Rn. 16; BeckOK HGB/Lehmann, 48. Ed. 1.10.2025, Rn. 32.

[114] Vgl. auch BAG 9.6.2010, NJW 2010, 2455 Rn. 20 ff.; Hopt/Hopt Rn. 38.

[115] EuGH 21.11.2018, ZVertriebsR 2019, 20 Rn. 14, 28, 32 ff. – Zako/Sanidel.

[116] EuGH 21.1.2018, ZVertriebsR 2019, 20 Rn. 28 – Zako/Sanidel.

[117] BAG 19.11.1997, DB 1998, 624 (625); SG Frankfurt 8.3.2021, ZVertriebsR 2022, 372 Rn. 40; Hopt/Hopt Rn. 36b.

[118] Vgl. BGH 4.12.1981, BB 1982, 1876 (1877) = AP HGB § 84 Nr. 2.

von Schulungsveranstaltungen[119] oder zur Einhaltung fester Urlaubszeiten.[120] Entsprechendes gilt, wenn ein Nebentätigkeitsverbot besteht[121] oder der Absatzmittler gar in die betriebliche Organisation des Unternehmers, zB durch Zuweisung eines Büroarbeitsplatzes[122] oder auch durch Einbeziehung in Betriebsvereinbarungen, Tarifverträge und Urlaubsregelungen eingebunden ist[123] und dem Unternehmer mehrmals täglich persönlich berichten muss.[124] In den Kernbereich der Weisungsfreiheit greifen tendenziell auch Vorgaben des Unternehmers ein, die den konkreten **Geschäftsablauf** betreffen wie die Vorgabe eines konkreten Arbeitsplans,[125] des Tätigkeitsorts,[126] der Reiseroute, von Art und Umfang der Kundenbesuche, etwa die Verpflichtung zur ständigen Bestandspflege,[127] oder Vorgaben über den zu tätigenden Mindestumsatz.[128] Entsprechendes gilt, wenn in Bezug auf die **Arbeitszeit** die tägliche Arbeitszeit festgesetzt,[129] eine ständige Dienstbereitschaft vorausgesetzt,[130] ein Dienstplan vorgegeben[131] oder der Nachweis von Arbeitsunfähigkeitszeiten[132] gefordert wird.

dd) Beweislast. Die Beweislast für die Selbstständigkeit des Handelns oder das Vorliegen eines abhängigen Beschäftigungsverhältnisses trägt nach allgemeinen Grundsätzen derjenige, der sich darauf beruft.[133] In der Praxis wird dies hauptsächlich dann relevant, wenn die tatsächliche Übung von der vertraglichen Regelung abweicht. 35

3. Tätigkeit für einen anderen Unternehmer. a) Bedeutung. Wer als selbstständiger Gewerbetreibender zum Zwecke der Absatzmittlung tätig ist, handelt zugleich als Unternehmer. Das Gesetz drückt dies mit den Worten aus, der Handelsvertreter werde für einen „anderen" Unternehmer tätig, und qualifiziert den Handelsvertreter damit selbst als Unternehmer. Der Wortlaut ist nicht dahin gehend zu verstehen, dass der Handelsvertreter nur für „einen" anderen Unternehmer tätig werden kann („Einfirmenvertreter").[134] Vielmehr soll allein klargestellt werden, dass es ausreichend ist, wenn der Vertragspartner des Handelsvertreters selbst Unternehmer ist. 36

b) Unternehmerbegriff. Der Unternehmerbegriff ist wie der Begriff des selbstständigen Gewerbetreibenden weit auszulegen.[135] Nur so ist gewährleistet, dass das Handelsvertreterrecht seinen Schutzzweck durch Einbeziehung möglichst vieler Absatzmittlerverhältnisse entfalten kann. Einen gewissen Anhalt zur Konkretisierung des Unternehmerbegriffs kann § 14 BGB geben. Freilich ist die Vorschrift auf Rechtsgeschäfte von Unternehmern untereinander gerade nicht zugeschnitten, sondern dient der Implementierung des Verbraucherschutzrechts in das BGB.[136] Gleichwohl kommen als Unternehmer iSv § 84 alle in § 14 BGB genannten natürlichen und juristischen Personen sowie (teil-)rechtsfähigen Personengesellschaften in Betracht. Der Betrieb eines Handelsgewerbes iSv § 1 Abs. 1 ist nicht erforderlich.[137] Vielmehr reicht **jede planmäßige, auf Dauer angelegte wirtschaftliche Betätigung** aus,[138] sodass auch Freiberufler, Künstler, Wissenschaftler oder Land- 37

---

[119] Hopt/Hopt Rn. 38; vgl. aber auch BAG 9.6.2010, NJW 2010, 2455 Rn. 32.

[120] BAG 20.8.2003, NJW 2004, 461 (462) (Urlaubssperrklausel); 19.11.1997, DB 1998, 625; Hopt/Hopt Rn. 36b; krit. Hopt DB 1998, 867 zu Urlaubssperrklauseln.

[121] BGH 4.2.1981, BB 1982, 1876 (1877) = AP HGB § 84 Nr. 2; 4.6.1975, LM § 89b Nr. 48; OLG Düsseldorf 21.10.1983, WM 1985, 524 (526); Hopt/Hopt Rn. 36b; **aA** BAG 15.12.1999, BB 2000, 1469.

[122] BGH 4.12.1981, BB 1982, 1876 (1877) = AP HGB § 84 Nr. 2.

[123] OLG Düsseldorf 21.10.1983, WM 1985, 524 (526).

[124] BGH 4.12.1981, BB 1982, 1876 (1877) = AP HGB § 84 Nr. 2.

[125] BGH 4.11.1998, BGHZ 140, 11 (21) = DStR 1998, 2020; BAG 19.11.1997, DB 1997, 624 (625); OLG Hamm 7.2.2003, VersR 2004, 1133; Hopt/Hopt Rn. 36b.

[126] BGH 4.3.1998, NJW 1998, 2057 (2058); BAG 9.5.1996, DB 1996, 2033 (EH-Partnervertrag); 15.3.1978, DB 1978, 1035; 1966, 548; Hopt/Hopt Rn. 36b.

[127] OLG Bremen 28.1.2005, HVR Nr. 1143; Hopt/Hopt Rn. 38.

[128] SG Frankfurt 8.3.2021, ZVertriebsR 2022, 372 Rn. 39; BeckOK HGB/Lehmann, 48. Ed. 1.10.2025, § 86 Rn. 14.

[129] BGH 4.11.1998, BGHZ 140, 11 (21) = DStR 1998, 2020; BAG 19.11.1997, DB 1997, 2437; OLG Hamm 7.2.2003, VersR 2004, 1133; Hopt/Hopt Rn. 36b.

[130] BAG 19.11.1997, DB 1998, 624 (625); Hopt/Hopt Rn. 38.

[131] BAG 12.9.1996, DB 1997, 47; Hopt/Hopt Rn. 38.

[132] *Hopt/Hopt* Rn. 38.

[133] BAG 20.8.2003, NJW 2004, 461 (462); 21.1.1966, DB 1966, 546; Hopt/Hopt Rn. 38a.

[134] Hopt/Hopt Rn. 30; iS eines „Idealtypus" allerdings MSF VertriebsR-HdB/Martinek § 3 Rn. 53; K. Schmidt JuS 2008, 665 (666).

[135] BGH 21.1.1965, BGHZ 43, 108 (110) = NJW 1965, 1132; 4.12.1981, BB 1982, 1876 (1877) = AP HGB § 84 Nr. 2; Hopt/Hopt Rn. 27.

[136] MüKoBGB/Bachmann, 10. Aufl. 2025, BGB § 14 Rn. 4, 9, 11.

[137] Martinek/Bergmann WRP 2006, 1047 (1058).

[138] BGH 4.12.1981, BB 1982, 1876 (1877) = AP HGB § 84 Nr. 2; Hopt/Hopt Rn. 27.

und Forstwirte als Unternehmer zu qualifizieren sind,[139] soweit sie Handelsvertreter für Zwecke der Absatzmittlung einsetzen. Entsprechendes gilt für öffentliche Unternehmen, die sich am Privatrechtsverkehr beteiligen.[140] Rein private Tätigkeiten ohne gewerblichen Charakter werden nicht erfasst. Insoweit gelten die Ausführungen zum Handelsvertreter entsprechend (→ Rn. 23).

38 **c) Fremdnützige Tätigkeit.** Der Rechtstypus des Handelsvertreters ist wie andere Absatzmittlungsverhältnisse darauf angelegt, dass der Handelsvertreter fremdnützig tätig wird („für einen anderen Unternehmer"). Damit steht der Handelsvertreter einerseits zwar im Lager des Unternehmers, andererseits kann fremdnützig nur handeln, wer im Verhältnis zum Unternehmer über **rechtliche und wirtschaftliche Selbstständigkeit** verfügt (→ Rn. 25 ff.). Fehlt es daran, liegt keine Absatzmittlung im fremden Interesse und damit kein Handelsvertreterverhältnis vor. Davon ist regelmäßig im Rahmen von Konzernverbindungen auszugehen, wenn ein Tochterunternehmen als Absatzmittler für die Muttergesellschaft oder andere Konzernunternehmen auftritt.[141] Eine fremdnützige Absatzmittlertätigkeit ist naturgemäß auch dann zu verneinen, wenn kein Drei-Personen-Verhältnis (Unternehmer – Handelsvertreter – Dritter) vorliegt, sondern in rechtlicher Hinsicht überhaupt nur zwei Personen am Vorgang der Absatzmittlung beteiligt sind, beispielsweise bei einem Eigenhändlervertrieb durch den Unternehmer oder Vertriebshandlungen von angestellten Reisenden des Unternehmers.[142]

39 **4. Ständige Betrauung. a) Allgemeines.** Ein Handelsvertreterverhältnis liegt nur dann vor, wenn der Absatzmittler aufgrund ständiger Betrauung für den Unternehmer tätig ist. Damit ist zweierlei ausgedrückt: Auf der einen Seite darf es sich nicht nur um eine einmalige Betätigung handeln; vielmehr wird eine **Tätigkeit über eine gewisse Dauer** vorausgesetzt. Auf der anderen Seite erschöpft sich die Absatzmittlung nicht in einer ständigen Geschäftsverbindung;[143] vielmehr folgt aus der Betrauung eine Tätigkeitspflicht des Handelsvertreters,[144] die darüber hinaus mit einer Verpflichtung zur Wahrung der Interessen des Unternehmers einhergeht. Kein Handelsvertreter ist daher der bloße **„Tippgeber"**.[145]

40 **b) Zeitmoment.** Das Gesetz fordert zwar eine ständige Betrauung des Handelsvertreters, setzt damit aber kein auf unbestimmte Zeit angelegtes Absatzmittlungsverhältnis voraus.[146] Ausreichend ist es, wenn die Tätigkeit auf eine gewisse Dauer angelegt ist.[147] Die Zeitbestimmung kann sich aus dem Kalender oder aus anderen Umständen ergeben. Zu denken ist an Tätigkeiten, die an eine bestimmte Saison, an die Dauer von Ausstellungen[148] und Messen oder einen konkreten wirtschaftlichen Bedarf[149] gebunden sind. Aus der „Ständigkeit" der Betrauung folgt auch, dass das Absatzmittlungsverhältnis auf eine unbestimmte Vielzahl von Geschäften angelegt sein muss. Wer nur für ein einzelnes Geschäft oder sonst gelegentlich herangezogen wird (Gelegenheitsagent), mag die Abwicklung des Geschäfts jeweils auch längere Zeit beanspruchen, ist nicht Handelsvertreter.[150] Auf ein solches Rechtsverhältnis ist § 675 BGB anzuwenden.[151]

41 **c) Tätigkeitsmoment.** Der Unternehmer schaltet einen Handelsvertreter in der Regel ein, um den Absatz von Waren und Dienstleistungen zu befördern. Dieses durch die Betrauung mit der Absatzmittlung dem Handelsvertreter „anvertraute" Interesse hat der Handelsvertreter zu wahren.[152]

---

139 Hopt/Hopt Rn. 27.

140 BGH 21.1.1965, BGHZ 43, 108 (111) = NJW 1965, 1132 (Lottogesellschaft); 8.2.1980, NJW 1980, 1793 (öffentlicher Bauträger); 22.6.1972, BB 1972, 938 = NJW 1972, 1662 (Lottogesellschaft); Hopt/Hopt Rn. 27.

141 Hopt/Hopt Rn. 42 (anders aber Hopt/Hopt Rn. 23); **aA** Heymann/Stöber Rn. 47.

142 Hopt/Hopt Rn. 23.

143 BGH 12.3.2015, NJW 2015, 1754 Rn. 12; OLG Düsseldorf 27.5.2016, NJW-RR 2016, 1315 Rn. 23; 22.12.2011, BeckRS 2012, 828; OLG Hamm 14.11.2022, ZVertriebsR 2023, 58 Rn. 79.

144 OLG Düsseldorf 27.5.2016, NJW-RR 2016, 1315 Rn. 23; OLG Frankfurt 8.7.2025, ZVertriebsR 2025, 310 Rn. 40; OLG Hamm 14.11.2022, ZVertriebsR 2023, 58 Rn. 79.

145 Dreyer/Haskamp ZVertriebsR 2019, 321 (322); Emde BB 2015, 1539; undeutlich LG Hannover 16.7.2019, ZVertriebsR 2019, 318 Rn. 39 ff.

146 BGH 1.4.1992, NJW 1992, 2818 (2819); OLG Frankfurt 8.7.2025, ZVertriebsR 2025, 310 Rn. 40; Martinek/Bergmann WRP 2006, 1047 (1052); Hopt/Hopt Rn. 42.

147 BGH 1.4.1992, NJW 1992, 2818 (2819); Hopt/Hopt Rn. 42.

148 Vgl. OLG Nürnberg 19.12.1958, BB 1959, 318.

149 Vgl. OLG Nürnberg 19.9.1957, NJW 1957, 1720 (Adressbuchwerber).

150 BGH 12.3.2015, NJW 2015, 1754 Rn. 11; 1.4.1992, NJW 1992, 2818 (2819); s. auch Martinek/Bergmann WRP 2006, 1047 (1049, 1052).

151 OLG Hamburg 19.9.1995, NJW-RR 1996, 869 (870); BeckOK HGB/Lehmann, 48. Ed. 1.10.2025, Rn. 44.

152 Hopt/Hopt Rn. 41.

Die Vorschrift des § 86 Abs. 1 Hs. 2 enthält insoweit allein eine Klarstellung.[153] Der Handelsvertreter ist nach dem rechtlichen Leitbild der §§ 84 ff. nicht unparteiischer Makler sondern auf Seiten des Unternehmers tätig. Die Betrauung, die eine Beauftragung iSv §§ 611 ff., 675 Abs. 1 BGB beinhaltet, begründet insoweit eine **Tätigkeitspflicht des Handelsvertreters,**[154] die diesen wiederum vom Makler unterscheidet (→ Rn. 11). Wie § 86 Abs. 1 Hs. 1 verdeutlicht, muss sich der Handelsvertreter um die Herstellung von Geschäftskontakten mit dem Unternehmer „bemühen" (→ Rn. 56). Ansonsten macht er sich unter Umständen schadensersatzpflichtig.

Die Betrauung mit der Absatzmittlertätigkeit für einen Unternehmer schließt nicht von vornherein aus, dass der Handelsvertreter parallel auch für andere (weitere) Unternehmer tätig wird (sog. **Mehrfirmenvertreter**) oder einen Eigenvertrieb unterhält. Allerdings ergeben sich für die Aufnahme derartiger Betätigungen, insbesondere wenn sie in Konkurrenz zum Unternehmer treten, unter dem Blickwinkel der Interessenwahrungspflicht, die insoweit eine unselbstständige Nebenpflicht darstellt (→ § 86 Rn. 6, → § 86 Rn. 12), gewisse Einschränkungen. Der Handelsvertreter begeht regelmäßig eine Pflichtverletzung, wenn er im Tätigkeitsbereich des Unternehmers selbst oder für einen anderen Unternehmer geschäftlich aktiv wird (zum Wettbewerbsverbot → § 86 Rn. 24 ff.). Er muss sich daher einer **Konkurrenztätigkeit** enthalten,[155] es sei denn, der Unternehmer stimmt dem Eigenvertrieb oder einer Konkurrenzvertretung zu.[156] Dies kann ausdrücklich[157] oder konkludent geschehen, beispielsweise durch die Verpflichtung des Handelsvertreters, ein bestimmtes Sortiment verschiedener Hersteller auf Lager zu halten.[158] Darüber hinaus liegt eine zumindest konkludente Zustimmung zur Konkurrenztätigkeit vor, wenn der Unternehmer den Handelsvertretervertrag abschließt, obwohl ihm bekannt ist, dass der Handelsvertreter für einen konkurrierenden Unternehmer tätig ist.[159] Die Zulässigkeit von Konkurrenztätigkeiten kann sich konkludent auch aus einer Branchenübung ergeben, die darauf schließen lässt, dass der Vertrieb von Konkurrenzprodukten notwendig ist, um überhaupt im Wettbewerb bestehen zu können.[160] Dafür spricht etwa, wenn einzelnen Handelsvertretern eine Markterschließungsfunktion für eine ganze Branche zukommt.[161] Einen Anspruch auf Zustimmung zur Konkurrenztätigkeit hat der Handelsvertreter nicht,[162] es sei denn, die Vertragsfreiheit des Unternehmers ist aus anderen Gründen eingeschränkt. Die Zustimmung zur Konkurrenztätigkeit kann zeitlich befristet oder sachlich bedingt erteilt werden. Eine erneute Konkurrenztätigkeit bedarf wiederum der Zustimmung des Unternehmers.[163] 42

IV. Absatzmittlertätigkeit

1. Allgemeines. Die Absatzmittlertätigkeit des Handelsvertreters besteht in der Vermittlung oder im Abschluss von Geschäften. Dabei handelt es sich um eine fremdnützige Tätigkeit im Interesse des Unternehmers (→ Rn. 38), die voraussetzt, dass an dem Vorgang der Absatzmittlung drei Personen beteiligt sind (→ Rn. 38). Der Handelsvertreter kann als Vermittlungsvertreter (→ Rn. 44 f.) und als Abschlussvertreter (→ Rn. 46) tätig werden. Das Gesetz stellt beide Formen der Absatzmittlung gleichwertig nebeneinander. 43

2. Arten. a) Vermittlungsvertreter. Der Begriff **„vermitteln"** ist durch Art. 1 Abs. 2 RL 86/653/EWG **unionsrechtlich** geprägt und daher autonom **auszulegen.**[164] Umschrieben wird damit 44

---

[153] Hopt/Hopt Rn. 41.

[154] BGH 26.1.1984, VersR 1984, 534 (536) = BeckRS 1984, 30383679; OLG Düsseldorf 22.12.2011, BeckRS 2012, 828; OLG Frankfurt 8.7.2025, ZVertriebsR 2025, 310 Rn. 40; Martinek/Bergmann WRP 2006, 1047 (1052); Hopt/Hopt Rn. 41.

[155] BGH 9.6.1969, BGHZ 52, 171 (177) = GRUR 1969, 698; 18.6.1964, BGHZ 42, 59 (61) = NJW 1964, 1621; 7.7.1983, NJW 1984, 2101 (2102); OLG Hamm 14.5.1987, DB 1988, 751; Maier BB 1979, 500; MüKoHGB/Ströbl § 86 Rn. 33; RGHMW/Thume § 86 Rn. 29 ff.

[156] Vgl. BGH 30.1.1963, BB 1963, 448 = BeckRS 1963, 31190435; 25.3.1958, BB 1958, 425 = BeckRS 1958, 31198166; 30.6.1954, BB 1954, 648; OLG München 9.12.1955, BB 1956, 20; 26.5.1955, BB 1955, 714; K. Schmidt HandelsR § 27 Rn. 44.

[157] Dazu OLG Hamm 6.6.1991, NJW-RR 1992, 364.

[158] Vgl. Maier BB 1979, 500 (501).

[159] *OLG Düsseldorf 5.8.1955, HVR* Nr. 106; Ebenroth/Boujong/Semmler § 86 Rn. 25.

[160] BGH 25.9.1990, BGHZ 112, 218 (222) = NJW 1991, 490; 9.6.1969, BGHZ 52, 171 (178) = NJW 1969, 1662; 15.12.1967, DB 1968, 211 = GRUR 1968, 654; Martinek/Bergmann WRP 2006. 1047, 1056; Ebenroth/Boujong/Semmler § 86 Rn. 25.

[161] Martinek/Bergmann WRP 2006, 1047 (1057) zu Künstleragenten und Reisebüros.

[162] Ebenroth/Boujong/Semmler § 86 Rn. 25; MüKoHGB/Ströbl § 86 Rn. 40.

[163] OLG Hamm 6.6.1991, NJW-RR 1992, 364; OLG München 15.12.1989, HVR Nr. 683; Ebenroth/Boujong/Semmler § 86 Rn. 25.

[164] EuGH 4.6.2020, ZVertriebsR 2020, 252 Rn. 25 – Trendsetteuse SARL.

die Aufgabe des Handelsvertreters, für den Unternehmer neue Kunden zu werben und die Geschäftsverbindungen mit den vorhandenen Kunden zu erweitern.[165] Dies setzt nicht notwendig die Fähigkeit des Handelsvertreters voraus, die Preise gegenüber Kunden autonom festlegen zu können.[166] Eine Vermittlungstätigkeit des Handelsvertreters liegt daher vor, wenn ein **Geschäftsabschluss** des Unternehmers mit einem Dritten **durch Einwirkung auf** den **Dritten gefördert** wird.[167] Das Handelsvertreterverhältnis ist also typischerweise auf eine Drei-Personen-Beziehung angelegt. Damit unterfallen Eigengeschäfte des Handelsvertreters nicht dem Anwendungsbereich der §§ 84 ff.[168] Die Art und Weise, wie der Handelsvertreter auf den Dritten einwirkt, unterliegt dessen unternehmerischer Entscheidung, es sei denn, der Unternehmer hat insoweit zulässigerweise eine Weisung erteilt.[169] Nicht erforderlich ist, dass der Geschäftsabschluss ausschließlich auf die Tätigkeit des Handelsvertreters zurückgeht; ausreichend ist vielmehr bloße **Mitursächlichkeit,**[170] soweit diese nicht von völlig untergeordneter Bedeutung ist (→ Rn. 45).[171] Der Handelsvertreter muss dabei, obwohl er im Zweifel zu persönlichen Dienstleistungen verpflichtet ist (§ 675 BGB), nicht notwendig in eigener Person handeln;[172] für ihn können Angestellte oder auch Untervertreter tätig werden (→ Rn. 54). Für das Verhalten dieser Personen hat der Vermittlungsvertreter nach § 278 BGB einzustehen; entsprechend muss sich der Unternehmer das Verhalten des Vermittlungsvertreters gegenüber den Kunden zurechnen lassen.[173] Kenntnisse, die der Vermittlungsvertreter im Rahmen seiner Vermittlungstätigkeit erlangt oder hätte erlangen können, sind dem Unternehmer gem. § 166 BGB zuzurechnen.[174] Ein Vermittlungsvertreter ist regelmäßig ermächtigt, Vertragsangebote Dritter als **Empfangsvertreter** entgegenzunehmen.[175]

45 Die Vermittlungstätigkeit des Handelsvertreters muss sich auf die **Vermittlung konkreter Geschäfte** beziehen.[176] Dies legt bereits der Wortlaut von Abs. 1 S. 1 nahe, soweit dort die Vermittlung von Geschäften auf die gleiche Stufe mit dem Abschluss von Geschäften gestellt wird („oder"). Daraus folgt, dass die allgemeine Anbahnung von Geschäftsbeziehungen,[177] der isolierte Nachweis von Geschäftsgelegenheiten,[178] wie die Namhaftmachung von Personen, die bloße Kontaktpflege und Kundenbetreuung[179] oder unspezifische Werbemaßnahmen[180] keine hinreichende Vermittlungstätigkeit darstellen, wohl aber als Geschäftsbesorgung iSv § 675 Abs. 1 BGB, §§ 611 ff. BGB qualifiziert werden können.[181] Eine Vermittlungstätigkeit fehlt erst recht, wenn der Handelsvertreter nur Hilfsdienste erbringt, indem er sich lediglich als Schreibhilfe zur Verfügung stellt[182] oder Dolmetscherdienste leistet.[183] Auch durch Eigenbestellungen „vermittelt" der Handelsvertreter keine Geschäfte.[184]

46 **b) Abschlussvertreter.** Die Eingehung eines Handelsvertreterverhältnisses berechtigt den Handelsvertreter nicht ohne Weiteres zum Abschluss von Geschäften für den Unternehmer. Vielmehr bedarf es dazu einer besonderen vertraglichen Abrede und einer entsprechenden Vollmacht.[185] Die Abschlussbefugnis kann sich auf einzelne Geschäfte, bestimmte Arten von Geschäften oder auf Abschlüsse allgemein beziehen.[186] Der Handelsvertreter verfügt insoweit jeweils über eine **Hand-**

165 EuGH 4.6.2020, ZVertriebsR 2020, 252 Rn. 33 – Trendsetteuse SARL.
166 EuGH 4.6.2020, ZVertriebsR 2020, 252 Rn. 28 – Trendsetteuse SARL.
167 BGH 12.3.2015, NJW 2015, 1754 Rn. 13; 19.5.1982, NJW 1983, 42; OLG Hamm 30.9.2021, ZVertriebsR 2022, 301 Rn. 61; Hopt/Hopt Rn. 22.
168 Giedinghagen NJW-Spezial 2011, 655 (656); Hopt/Hopt Rn. 23.
169 Hopt/Hopt Rn. 22.
170 BGH 12.3.2015, NJW 2015, 1754 Rn. 13; 8.2.1980, NJW 1980, 1793; BAG 22.1.1971, BB 1971, 492; OLG Hamm 30.9.2021, ZVertriebsR 2022, 301 Rn. 61; Hopt/Hopt Rn. 22.
171 Staub/Emde Rn. 76.
172 Hopt/Hopt Rn. 22.
173 BGH 9.5.1951, BB 1951, 488 = NJW 1951, 885.
174 BGH 14.6.1957, LM BGB § 307 Nr. 1; Ebenroth/Boujong/Semmler § 91 Rn. 11.
175 BGH 19.11.1981, BGHZ 82, 219 (222) = NJW 1982, 377; Hopt/Hopt Rn. 22; MüKoHGB/Ströbl § 86 Rn. 24.
176 OLG Hamm 30.9.2021, ZVertriebsR 2022, 301 Rn. 61.
177 OLG Hamm 30.9.2021, ZVertriebsR 2022, 301 Rn. 61; Hopt/Hopt Rn. 23.
178 Dazu Hopt/Hopt Rn. 23.
179 BGH 19.5.1982, NJW 1983, 42; OLG Hamm 30.9.2021, ZVertriebsR 2022, 301 Rn. 61; 2.2.2000, HVR Nr. 970.
180 Dazu Hopt/Hopt Rn. 23; offengelassen von BGH 1.12.1983, NJW 1984, 2695.
181 OLG Hamm 30.9.2021, ZVertriebsR 2022, 301 Rn. 65.
182 Dazu OLG Köln 4.11.1970, BB 1971, 103.
183 Dazu LAG BW 3.2.1971, DB 1971, 1015.
184 Hopt/Hopt Rn. 23.
185 Dänekamp/Kölln NJW 2015, 3126 (3128); Ebenroth/Boujong/Semmler Rn. 123; Hopt/Hopt Rn. 24.
186 LAG Düsseldorf 20.5.1960, DB 1960, 813; vgl. auch MüKoHGB/Ströbl § 86 Rn. 26.

lungsvollmacht iSv §§ 54, 55 Abs. 1, die zur Vornahme der von der Handlungsvollmacht umfassten Geschäfte berechtigt. Diese kann bei Abschluss des Handelsvertretervertrages oder auch erst im Nachhinein erteilt werden.[187] Als Abschlussvertreter ist der Handelsvertreter zugleich Unternehmer iSv Art. 2 Nr. 2 der **Verbraucherrechte-RL** 2011/83/EU,[188] sodass er die Informationspflichten nach Art. 6 Abs. 1 RL 2011/83/EU und Art. 8 Abs. 1 und 7 RL 2011/83/EU zu erfüllen hat.[189]

3. Geschäftsgegenstand. Die **Vermittlungs- oder Abschlusstätigkeit** des Handelsvertreters 47
kann sich im Grundsatz auf **Geschäfte aller Art** beziehen, unabhängig davon, ob deren Gegenstand Waren oder Dienstleistungen sind. Anders als die RL 86/653/EWG ist der sachliche Anwendungsbereich der §§ 84 ff. nicht auf den Verkauf oder Ankauf von Waren beschränkt. Auf den Umfang oder den Wert der angebahnten Geschäfte kommt es nicht an. Ebenso wenig spielt das Motiv des Unternehmers zur Einschaltung des Handelsvertreters eine Rolle.[190] Bei dem Begriff der **Ware** handelt es sich um einen autonomen Terminus des Unionsrechts,[191] der allerdings in der RL 86/653/EWG nicht definiert wird. Unter Waren sind nach der Rspr. des EuGH Erzeugnisse zu verstehen, die einen Geldwert haben und deshalb Gegenstand von Handelsgeschäften sein können.[192] Erfasst werden davon auch **Computerprogramme,** unabhängig davon, ob sie auf einem physischen Datenträger verkörpert sind oder elektronisch per Download geliefert werden.[193] Soweit die RL voraussetzt, dass der Handelsvertreter mit dem **Verkauf oder Ankauf** von Waren betraut ist (Art. 1 Abs. 2 RL 86/653/EWG), ist damit eine Vereinbarung gemeint, nach der eine Person ihre Eigentumsrechte an einem ihr gehörenden körperlichen oder nicht körperlichen Gegenstand gegen Zahlung eines Entgelts an eine andere Person abtritt.[194] Die elektronische Lieferung eines Computerprogramms an einen Kunden gegen Bezahlung fällt regelmäßig unter den Begriff „Verkauf von Waren", wenn die Lieferung durch die Erteilung einer unbefristeten Lizenz zur Nutzung des Programms ergänzt wird.[195]

V. Mehrstufige Handelsvertreterverhältnisse (Abs. 3)

1. Allgemeines. Die Vorschrift des Abs. 3 stellt klar, dass auch mehrstufige Handelsvertreterver- 48
hältnisse denkbar sind. Der Unternehmer kann selbst Handelsvertreter für einen anderen Unternehmer (Hauptunternehmer) sein und seinerseits als Hauptvertreter weitere Untervertreter einsetzen, die für ihn im Rahmen der Absatzmittlung tätig werden (echte Untervertretung). Zum **Einsatz von Untervertretern** ist der Hauptvertreter kraft unternehmerischer Freiheit regelmäßig befugt, es sei denn, aus dem Vertragsverhältnis zum Hauptunternehmer ergibt sich etwas anderes.[196] Dem Recht des Hauptvertreters zum Einsatz von Untervertretern entspricht die Pflicht diese sorgfältig auszuwählen und zu überwachen; ansonsten macht sich der Hauptvertreter gegenüber dem Hauptunternehmer schadensersatzpflichtig (§ 280 Abs. 1 BGB).[197] Unabhängig von den durch Abs. 3 erfassten Fällen der echten Untervertretung lässt es die Privatautonomie zu, dass der Hauptunternehmer in unmittelbare Vertragsbeziehungen zu dem Untervertreter tritt (unechte Untervertretung).

2. Echte Untervertretung. Eine echte Untervertretung liegt vor, wenn ein **Handelsvertreter-** 49
verhältnis mit allen Rechten und Pflichten **zwischen** dem **Hauptvertreter und** dem **Untervertreter** besteht,[198] der auch eine Handelsvertretergesellschaft sein kann.[199] Der Untervertreter erhält dadurch im Falle einer erfolgreichen Absatzmittlung einen Provisionsanspruch gegen den Hauptvertreter;[200] diesem wiederum steht wegen der Tätigkeit des Untervertreters ein Provisions- und Aus-

[187] MüKoHGB/Ströbl § 86 Rn. 26.
[188] EuGH 24.2.2022, NJW 2022, 2457 Rn. 31, 36 – Tiketa.
[189] EuGH 24.2.2022, NJW 2022, 2457 Rn. 41 ff. – Tiketa.
[190] Hopt/Hopt Rn. 26.
[191] EuGH 16.9.2021, NJW 2022, 459 Rn. 30 – The Software Incubator/Computer Associates.
[192] EuGH 26.10.2006, BeckRS 2006, 70826 Rn. 23 – Kommission/Griechenland; 16.9.2021, NJW 2022, 459 Rn. 34 – The Software Incubator/Computer Associates.
[193] EuGH 16.9.2021, NJW 2022, 459 Rn. 36 – The Software Incubator/Computer Associates.
[194] EuGH 3.7.2012, NJW 2012, 2565 Rn. 42 – UsedSoft; 16.9.2021, NJW 2022, 459 Rn. 40 – The Software Incubator/Computer Associates.
[195] EuGH 16.9.2021, NJW 2022, 459 Rn. 43 – The Software Incubator/Computer Associates.
[196] OLG München 3.5.2000, HVR Nr. 987 = OLGR 2000, 304; Ebenroth/Boujong/Semmler Rn. 154; MüKoHGB/Ströbl Rn. 123 f.; Staub/Emde Rn. 171.
[197] MüKoHGB/Ströbl Rn. 125; **aA** – keine Überwachungspflicht – Ebenroth/Boujong/Semmler Rn. 158.
[198] BGH 20.6.1984, BGHZ 91, 370 (373) = NJW 1984, 2881.
[199] Westphal BB 1999, 2517 (2520); Ebenroth/Boujong/Semmler Rn. 155; zur Einschaltung einer Untervertreter-GmbH, an der der Hauptvertreter beteiligt ist, BFH 15.10.1998, BB 1999, 249.
[200] BGH 22.10.2020, BGHZ 227, 213 Rn. 17, 26 = NJW 2021, 156; OLG Köln 9.9.2005, VersR 2006, 71; Hopt/Hopt Rn. 31; Staub/Emde Rn. 172.

gleichsanspruch (§ 89b) gegen den Hauptunternehmer zu.[201] Der Sache nach wird der Untervertreter also im Interesse des Hauptunternehmers tätig,[202] für den er Verträge abzuschließen oder zu vermitteln hat, ohne dass eine unmittelbare Rechtsbeziehung zwischen Hauptunternehmer und Untervertreter besteht.[203] Daher kann aus dem Umstand, dass der Unternehmer einen Vollstreckungsbescheid, der die Provisionsforderung des Untervertreters gegen den Hauptvertreter zum Gegenstand hat, durch Versäumung der Einspruchsfrist gegen sich hat rechtskräftig werden lassen, regelmäßig nicht geschlossen werden, dass der Unternehmer dadurch eine selbstständige Mithaftung für die vom Hauptvertreter geschuldete Provisionszahlung gegenüber dem Untervertreter übernehmen will.[204] Eine **Pflichtverletzung des Hauptvertreters** gegenüber dem Untervertreter kann zugleich ein pflichtwidriges Verhalten gegenüber dem Unternehmer begründen.[205]

50 Für das Vorliegen einer echten Untervertretung ist es unschädlich, wenn der Untervertreter über eine selbstständige **Abschlussvollmacht** zugunsten des Hauptunternehmers verfügt.[206] Diese kann unmittelbar vom Hauptunternehmer erteilt, aber auch als Untervollmacht vom Hauptvertreter abgeleitet sein. Zur Weitergabe der Abschlussvollmacht ist der Hauptvertreter, dem der Einsatz von Untervertretern nicht untersagt ist, regelmäßig befugt.[207] Tritt der Untervertreter als Vertreter ohne Vertretungsmacht auf, so haftet er nach allgemeinen Regeln (§ 179).[208] Im Verhältnis des Hauptvertreters zum Hauptunternehmer ist der Untervertreter Erfüllungsgehilfe des Hauptvertreters (§ 278 BGB).[209] Die (vorzeitige) Beendigung des Hauptvertreterverhältnisses führt nicht ohne weiteres auch zur Beendigung des Untervertreterverhältnisses.[210] Dies folgt bereits daraus, dass beide Vertragsverhältnisse voneinander unabhängig sind.

51 **3. Unechte Untervertretung.** Kein Anwendungsfall des Abs. 3 ist die sog. unechte Untervertretung. In diesen Fällen besteht eine **unmittelbare Rechtsbeziehung zwischen** dem **Hauptunternehmer** und zumeist mehreren **Untervertretern,** nicht aber zwischen den Untervertretern und dem Hauptvertreter. Aufgabe des Hauptvertreters, häufig als Generalvertreter bezeichnet, der in einem Vertragsverhältnis zum Hauptunternehmer steht, ist es, die Arbeit der Untervertreter zu koordinieren.[211] Zuweilen ist der Hauptvertreter auch berechtigt, im Namen des Hauptunternehmers selbst Untervertreter einzustellen. Seine Weisungs- und Organisationsbefugnisse gegenüber den Untervertreten leitet der Hauptvertreter aus dem Rechtsverhältnis des Hauptunternehmers zu den Untervertretern ab.[212] Unter dieser Voraussetzung ist der Hauptvertreter also Erfüllungsgehilfe (§ 278 BGB) des Hauptunternehmers im Verhältnis zu den Untervertretern. Eine erfolgreiche Absatzmittlertätigkeit der Untervertreter wird dem Hauptvertreter aufgrund seiner Koordinierungstätigkeit als eigene zugerechnet, sodass ihm ein eigener Provisionsanspruch zusteht, regelmäßig in Form einer „Superprovision" oder „Provisionsspitze".[213]

VI. Rechtsverhältnis zwischen Unternehmer und Handelsvertreter

52 **1. Pflichtenstruktur. a) Rechtsgrundlagen.** Der Handelsvertretervertrag ist seiner Rechtsnatur nach kein eigenständiger Vertragstyp, auch wenn die Vorschriften der §§ 84 ff. vordergründig darauf hindeuten. Diese verdrängen jedoch nicht das allgemeine Zivilrecht, sondern überlagern und modifizieren es lediglich in einzelnen Punkten. Die §§ 84 ff. gehen daher in ihrem Anwendungsbereich den „allgemeinen" **Regeln des BGB** vor. Auf diese kann jeweils **subsidiär** zurückgegriffen werden. Da es sich beim Handelsvertretervertrag um einen Dienstvertrag mit Geschäftsbesorgungscharakter

[201] BGH 22.6.1972, BGHZ 59, 87 (92) = NJW 1972, 1662; 24.6.1971, BGHZ 56, 290 (293) = NJW 1971, 1610; Hopt/Hopt Rn. 31; Staub/Emde Rn. 172.

[202] BGH 20.6.1984, BGHZ 91, 370 (373) = NJW 1984, 2881.

[203] BGH 24.6.1971, BGHZ 56, 290 (293) = NJW 1971, 1610; BeckOK HGB/Lehmann, 48. Ed. 1.10.2025, Rn. 54; Ebenroth/Boujong/Semmler Rn. 155.

[204] BGH 22.10.2020, BGHZ 227, 213 Rn. 26 = NJW 2021, 156.

[205] BGH 2.7.1992, WM 1992, 2026 = NJW-RR 1992, 1386; Hopt/Hopt § 86 Rn. 25.

[206] Hopt/Hopt Rn. 31.

[207] Schröder, Recht der Handelsvertreter, 5. Aufl. 1973, § 84 Rn. 21; MüKoHGB/Ströbl Rn. 123; Staub/Emde Rn. 171; vgl. auch K. Schmidt HandelsR § 27 Rn. 100; **aA** Ebenroth/Boujong/Semmler Rn. 157.

[208] BGH 25.5.1997, BGHZ 391, 393 ff. = NJW 1977, 1535.

[209] BGH 22.6.1972, BGHZ 59, 87 (92) = NJW 1972, 1662; OLG Hamm 20.10.1958, MDR 1959, 1016; OLG Köln 9.9.2005, VersR 2006, 71; Hopt/Hopt Rn. 31; Ebenroth/Boujong/Semmler Rn. 155; MüKoHGB/Ströbl Rn. 122; Staub/Emde Rn. 171.

[210] Staub/Emde Rn. 178; anders wohl Ebenroth/Boujong/Semmler Rn. 157.

[211] Vgl. BGH 29.10.1964, BB 1964, 1397 = BeckRS 1964, 31190956; BFH 10.6.1999, DB 1999, 1988 (1989); Ebenroth/Boujong/Semmler Rn. 159; Heymann/Stöber Rn. 76; MüKoHGB/Ströbl Rn. 121.

[212] Emde MDR 1999, 1108 (1109); MüKoHGB/Ströbl Rn. 121.

[213] Ebenroth/Boujong/Semmler Rn. 159; MüKoHGB/Ströbl Rn. 121.

handelt (→ Rn. 2), sind neben den §§ 84 ff. für die Ausgestaltung des Handelsvertreterverhältnisses die §§ 611 ff. BGB und aufgrund der Verweisung in § 675 Abs. 1 BGB auch das dort in Bezug genommene Auftragsrecht (§§ 663, 665–670, 672–674 BGB) von Bedeutung.[214] Aus handelsrechtlicher Perspektive ist daneben vornehmlich von Interesse, ob die im Rahmen des Handelsvertreterverhältnisses geschlossenen Ausführungsgeschäfte dem Recht der Handelsgeschäfte (§§ 343 ff.) unterliegen (→ Rn. 65 f.). Durch die ständige Betrauung des Handelsvertreters seitens des Unternehmers hat der Handelsvertretervertrag den **Charakter eines Dauerschuldverhältnisses.**[215]

b) Einzelheiten. Das in § 84 Abs. 1 skizzierte Tätigkeitsbild des Handelsvertreters ist darauf 53
angelegt, dass der Handelsvertreter durch Vermittlung oder Abschluss von Geschäften als Absatzmittler des Unternehmers tätig wird. Der Erfolg dieser **Absatzmittlertätigkeit,** nämlich der Abschluss und die Ausführung eines entsprechenden Geschäfts, hängen sowohl von der Abschluss- und Ausführungsbereitschaft des Unternehmers als auch derjenigen des Kunden ab. Daraus folgt, dass der Handelsvertreter selbst keinen Erfolg schuldet. Er hat sich lediglich um die Herbeiführung entsprechender Geschäftskontakte zu bemühen (so ausdrücklich § 86 Abs. 1 Hs. 1). Der Handelsvertretervertrag ist daher kein Werkvertrag, sondern als Dienstvertrag einzuordnen, der eine Geschäftsbesorgung zum Gegenstand hat (§ 675 BGB).[216] Der Handelsvertreter hat mit der Absatzmittlertätigkeit das seinerseits Erforderliche getan.[217] Sie ist vertragliche **Hauptpflicht.**[218] Die **erfolgsbezogene Vergütung,** die unter der doppelten Bedingung des Abschlusses und der Ausführung des Geschäfts steht (§§ 87 f.), ändert daran nichts. Sie knüpft zwar an den Vermittlungserfolg an, wird jedoch der Sache nach für die Absatzmittlertätigkeit als solche gewährt. Das Handelsvertreterverhältnis hat insoweit einen „partiarischen Einschlag".[219] Die Absatzmittlertätigkeit ist daher die eigentliche, im Synallagma stehende Pflicht des Handelsvertreters.[220]

Da es sich bei der in § 84 Abs. 1 beschriebenen Absatzmittlertätigkeit um eine Geschäftsbesorgung 54
für den Unternehmer handelt, muss sich der Handelsvertreter auch um entsprechende Geschäftskontakte bemühen (so ausdrücklich § 86 Abs. 1 Hs. 1). Dabei handelt es sich **im Zweifel** um eine **höchstpersönliche Dienstleistung,** weshalb der Anspruch darauf regelmäßig nicht auf Dritte übertragen werden kann (§ 613 BGB).[221] Soweit es auf die persönlichen Fähigkeiten des Handelsvertreters nicht ankommt, darf er jedoch Gehilfen beschäftigen.[222] Erfordert es der Geschäftsumfang, kann der Handelsvertreter auch Untervertreter (→ Rn. 48 ff.) einsetzen,[223] es sei denn, der Handelsvertretervertrag sieht etwas anderes vor.

Im Rahmen der Absatzmittlung ist es Aufgabe des Handelsvertreters, den **Markt zu beobach-** 55
ten,[224] Geschäftschancen zu suchen und diese für den Unternehmer nutzbar zu machen.[225] Dies schließt die Pflege bestehender Kundenbeziehungen, aber auch die Werbung neuer Kunden ein.[226] Der Tätigkeitsbereich des Handelsvertreters ist dabei stets auf die **konkrete Kundenwerbung** beschränkt. Nicht zu seinen Aufgaben zählt die allgemeine Markt-, Produkt- oder Kundenpflege, beispielsweise durch allgemeine Werbemaßnahmen.[227] Diese ist Sache des Unternehmers. Entsprechendes gilt für die Warenlagerhaltung und -auslieferung, es sei denn, diese wird dem Handelsvertre-

---

214 Martinek/Bergmann WRP 2006, 1047 (1051).

215 BGH 13.8.2015, NJW 2015, 3373 Rn. 38; Hopt/Hopt Rn. 43; Ebenroth/Boujong/Semmler Rn. 68.

216 BGH 25.9.1970, NJW 1970, 2294 (2295); BAG 20.4.1964, AP § 90a Nr. 1; 21.1.1966, AP § 92 Nr. 2; Wagner/Wexler-Uhlich BB 2010, 2454 (2455); Canaris HandelsR § 15 Rn. 15; Oetker HandelsR § 6 Rn. 27; K. Schmidt HandelsR § 27 Rn. 39; Ulmer, Der Vertragshändler, 1969, 289; Ebenroth/Boujong/Semmler Rn. 67; Heymann/Stöber Rn. 77; MüKoHGB/Ströbl Rn. 86; Staub/Brüggemann, 4. Aufl. 1995, Rn. 31.

217 Vgl. auch Canaris HandelsR § 17 Rn. 55.

218 Hopt/Hopt § 86 Rn. 12; Ebenroth/Boujong/Semmler § 86 Rn. 1.

219 Canaris HandelsR § 17 Rn. 54.

220 BGH 4.5.1959, BGHZ 30, 98 (102) = NJW 1959, 1430; MüKoHGB/Ströbl § 86 Rn. 22; idS auch Oetker HandelsR § 6 Rn. 29.

221 BGH 13.8.2015, NJW 2015, 3373 Rn. 24; 4.12.2013, NJW 2014, 625 Rn. 13; 10.12.1997, NJW 1998, 1070 (1071); Wagner/Wexler-Uhlich BB 2010, 2454 (2455); Hopt/Hopt § 86 Rn. 18.

222 Hopt/Hopt § 86 Rn. 19; Ebenroth/Boujong/Semmler Rn. 109; vgl. auch MüKoHGB/Ströbl § 86 Rn. 8.

223 OLG München 3.5.2000, HVR Nr. 987; Ebenroth/Boujong/Semmler Rn. 109; Hopt/Hopt § 86 Rn. 19; vgl. auch MüKoHGB/Ströbl § 86 Rn. 8.

224 Vgl. KG 22.2.2021, ZVertriebsR 2021, 243 Rn. 7; MüKoHGB/Ströbl § 86 Rn. 45; enger KKD/Roth § 86 Rn. 7.

225 Vgl. OLG Celle 7.1.1970, BB 1970, 228; Hopt/Hopt § 86 Rn. 13; ähnlich MüKoHGB/Ströbl § 86 Rn. 22, 24.

226 OLG Hamm 26.11.1970, HVR Nr. 432; Heymann/Stöber § 86 Rn. 11; Staub/Emde § 86 Rn. 28 f.

227 Hopt/Hopt § 86 Rn. 13; MüKoHGB/Ströbl § 86 Rn. 45; s. auch BGH 13.1.2010, NJW-RR 2010, 1263 Rn. 46.

ter ausdrücklich übertragen. Geschieht dies, ist er zur sorgfältigen Ausführung verpflichtet.[228] Erst recht keine Aufgaben des Handelsvertreters sind die Klärung rechtlicher Sachverhalte[229] oder die Führung von Vergleichsverhandlungen.[230]

56 Zweifelhaft ist, ob den Handelsvertreter eine Pflicht zum Tätigwerden trifft. Jedenfalls darf er einen ihm zugewiesenen Bezirk nicht zugunsten anderer Betätigungen vernachlässigen.[231] Insoweit kann von einer **Tätigkeitspflicht** des Handelsvertreters gesprochen werden. Auf der anderen Seite gibt die gesetzliche Regelung keine bestimmte Tätigkeitsfrequenz vor. Das schließt andererseits allgemeine Weisungen zur zeitlichen Abfolge von Kundenbesuchen nicht aus (→ Rn. 33 f.). „Bemühen" bedeutet jedenfalls nicht, dass unter größtmöglicher Anstrengung alle nur irgendwie erreichbaren Geschäftskontakte hergestellt werden müssen.[232] Alles Weitere hängt vom Einzelfall ab, insbesondere von der Branche und der Absatzorganisation des Unternehmers. Nur in diesem Sinne mag es sinnvoll sein, von einer Verpflichtung zu angemessenen Umsätzen zu sprechen.[233] Generell gilt, dass von Einfirmenvertretern und Handelsvertretern mit Gebiets- oder Kundenschutz größere Anstrengungen erwartet werden dürfen.[234] Soweit nichts anderes vereinbart ist, bezieht sich die Bemühenspflicht auf die **gesamte Produktpalette** des Unternehmers und nicht nur auf bestimmte, schon eingeführte und deshalb ggf. besonders gut verkäufliche Produkte.[235] Für ein **neues Warensortiment** hat der Handelsvertreter unter Umständen sogar einen neuen Kundenkreis zu erschließen.[236] Die Pflicht zur Absatzmittlung für neue Produkte ist freilich zu verneinen, soweit der Handelsvertreter solche Produkte bereits für einen anderen Unternehmer mittelt, es sei denn, dieser ist mit dem Tätigwerden des Handelsvertreters für einen Konkurrenten einverstanden.[237]

57 **c) Abweichende Vereinbarungen.** Die Pflichtenstruktur des Handelsvertretervertrages kann von den Beteiligten abweichend vom gesetzlichen Leitbild ausgestaltet werden, soweit einzelne Vorschriften vom Gesetzgeber nicht mit zwingender Wirkung ausgestattet worden sind (vgl. § 85 S. 2, § 86 Abs. 4, § 86a Abs. 3, § 87a Abs. 5, § 87c Abs. 5, § 89a Abs. 1 S. 2, § 89b Abs. 4, § 90a Abs. 4, § 92a Abs. 1 S. 2).[238] Im Übrigen gelten die allgemeinen zivilrechtlichen **Wirksamkeitsschranken** (→ Rn. 62 f.). Nicht individuell ausgehandelte Vertragsbedingungen, die von Rechtsvorschriften abweichende oder ergänzende Regelungen enthalten (§ 307 Abs. 3 S. 1 BGB), unterliegen der für **AGB** geltenden Inhaltskontrolle (§§ 305 ff. BGB).[239] Deren Regeln gelten unmittelbar, wenn der Handelsvertreter im Zeitpunkt des Vertragsschlusses kein Unternehmer ist, also auch dann, wenn der Handelsvertreter erst durch den Abschluss des Vertrages zum Unternehmer wird.[240] Etwaige beschränkende Abreden wie Einschränkungen des Provisions- oder Ausgleichsanspruchs, Kundenschutz- oder Wettbewerbsklauseln, Kündigungsklauseln, Vertragsstrafeversprechen oder Leistungsänderungsvorbehalte, um nur einige Fälle zu nennen, sind auf der Grundlage der Klauselverbote (§§ 308, 309 BGB), ggf. auch unter Heranziehung der Generalklausel (§ 307 BGB), zu überprüfen.[241] Anstelle von Klauseln, die der Inhaltskontrolle nicht standhalten, sind nach § 306 Abs. 2 BGB die §§ 84 ff. anzuwenden; ersatzweise ist eine ergänzende Vertragsauslegung vorzunehmen. Diese Grundsätze gelten entsprechend, wenn der Handelsvertreter selbst Unternehmer ist. Zwar sind die §§ 308, 309 BGB in diesem Fall nicht unmittelbar anwendbar (§ 310 Abs. 1 S. 1 BGB); allerdings sind deren Wertungen, soweit sie im Handelsverkehr Geltung beanspruchen können, bei der Anwendung von § 307 Abs. 1, 2 BGB zu berücksichtigen (§ 310 Abs. 1 S. 2 BGB).

58 **2. Vertragsbegründung und -abänderung. a) Vertragsbegründung.** Für den Abschluss des Handelsvertretervertrages gelten die allgemeinen Regeln. Der Vertrag kann **ausdrücklich oder**

---

228 Vgl. OLG Karlsruhe 25.3.1969, DB 1969, 742.
229 OLG Hamm 12.1.1968, BB 1968, 1017 (Güterverkehrsgenehmigung).
230 OLG Hamburg 6.7.1936, JW 1936, 2939 (2940).
231 OLG München 26.5.1955, BB 1955, 714; MüKoHGB/Ströbl § 86 Rn. 24.
232 OLG Celle 8.10.1958, NdsRpfl. 1959, 109; Hopt/Hopt § 86 Rn. 12; MüKoHGB/Ströbl § 86 Rn. 24; Staub/Emde § 86 Rn. 16.
233 So Hopt/Hopt § 86 Rn. 12; Staub/Emde § 86 Rn. 16.
234 Hopt/Hopt § 86 Rn. 12; MüKoHGB/Ströbl § 86 Rn. 25.
235 Vgl. auch BGH 27.2.1981, DB 1981, 1772 = BeckRS 1981, 30386716; Hopt/Hopt § 86 Rn. 12; Heymann/Stöber § 86 Rn. 35; MüKoHGB/Ströbl § 86 Rn. 23; Staub/Emde § 86 Rn. 16.
236 BGH 27.2.1981, DB 1981, 1772 = BeckRS 1981, 30386716; MüKoHGB/Ströbl § 86 Rn. 23.
237 MüKoHGB/Ströbl § 86 Rn. 23, 37.
238 Näher dazu Sonnenschein FS Boujong, 1996, 481 ff.
239 Vgl. BGH 21.12.1983, BGHZ 89, 206 (210) = NJW 1984, 1182; OLG Hamm 8.2.2021, ZVertriebsR 2021, 193 Rn. 33 ff. zur AGB-Kontrolle einer Provisionsvereinbarung.
240 BGH 13.1.2005, BGHZ 162, 9 (17) = NJW 2005, 1125 zu § 1031 Abs. 5 S. 1 ZPO; OLG Koblenz 24.7.1986, NJW 1987, 74; Preis/Stoffels ZHR 160 (1996), 442 (452) mit Fn. 3; Hopt/Hopt § 86 Rn. 8; **aA** OLG Oldenburg 27.4.1989, NJW-RR 1989, 1081; UBH/Schäfer § 310 Rn. 23.
241 Vgl. dazu Preis/Stoffels ZHR 160 (1996), 442 (457 ff.).

konkludent geschlossen werden,[242] auch durch Anwendung der Grundsätze über das kaufmännische Bestätigungsschreiben.[243] Ein konkludenter Vertragsschluss liegt etwa vor, wenn der Unternehmer aufgrund der Absatzmittlertätigkeit des Handelsvertreters wiederholt Verträge schließt, aber auch dann, wenn er die Dienste des Handelsvertreters erstmalig mit der Erklärung in Anspruch nimmt, er werde auf den Handelsvertreter auch künftig für eine unbestimmte Vielzahl von Geschäften zurückgreifen.[244] Dagegen kommt dem **Schweigen** eines Beteiligten auf den Zugang eines Vertragsangebots grundsätzlich keine positive Erklärungsbedeutung zu, es sei denn, es liegt ein Fall des § 362 vor.[245] Unter den Voraussetzungen des § 663 BGB kann sich ein Handelsvertreter jedoch nach § 280 Abs. 1 BGB schadensersatzpflichtig machen, wenn er sich einem Unternehmer zur Vertretung erboten hat, einen entsprechenden Antrag jedoch nicht annimmt, ohne dies dem Unternehmer unverzüglich anzuzeigen. Denkbar ist auch eine **Befristung** des Handelsvertretervertrages[246] oder der Vertragsschluss unter einer (auflösenden) **Bedingung,**[247] soweit nicht zwingende Vorschriften, beispielsweise die Einhaltung von Kündigungsfristen (→ § 89 Rn. 24) entgegen stehen.

Ein bestimmtes **Formgebot** besteht für den Handelsvertretervertrag als solchen nicht.[248] Nach Art. 13 Abs. 2 RL 86/653/EWG ist es den Mitgliedstaaten freigestellt, die Gültigkeit des Handelsvertretervertrages von der Einhaltung der Schriftform abhängig zu machen. Der deutsche Gesetzgeber hat davon keinen Gebrauch gemacht. Die Vertragsparteien können jedoch selbst die Schriftform vereinbaren (§ 127 Abs. 1 BGB). Unabhängig davon können die Parteien eines Handelsvertretervertrages nach § 85 verlangen, dass der Vertragsinhalt zu Beweiszwecken in eine Vertragsurkunde aufgenommen wird. Im Übrigen ist allerdings für die **Übernahme eines Delkredere** (§ 86b Abs. 1 S. 3) und eines **nachvertraglichen Wettbewerbsverbots** (§ 90a Abs. 1 S. 1) die Schriftform erforderlich. Die fehlende Einigung über die Höhe eines auf den Ausgleichsanspruch anzurechnenden Übernahmepreises für die Handelsvertretung schließt einen wirksamen Vertragsschluss nicht von vornherein aus, da ein Dissens den Vertrag nur im Zweifel nicht zustande kommen lässt (§ 154 Abs. 1 BGB). 59

b) Vertragsabänderung. Auf Vertragsänderungen sind die vorbenannten Grundsätze entsprechend anzuwenden. Aus diesem Grunde kann der ursprüngliche Inhalt eines Handelsvertretervertrages im Nachhinein durch einvernehmliche **abweichende Vertragsdurchführung** konkludent abgeändert werden.[249] Das gilt regelmäßig selbst dann, wenn der Vertrag ursprünglich schriftlich geschlossen wurde.[250] Die Schriftform hat nämlich zumeist nur Beweisfunktion, wie § 85 bestätigt. 60

3. Auswahl des Handelsvertreters. Der Grundsatz der Vertragsbegründungsfreiheit bringt es mit sich, dass der Unternehmer die Person des Handelsvertreters frei auswählen kann. Diese Freiheit wird allerdings durch das **AGG** eingeschränkt (§ 6 Abs. 3 AGG). Danach dürfen Bewerber weder beim Zugang zur Handelsvertretertätigkeit noch beim beruflichen Aufstieg, etwa bei Gebietserweiterungen, aus den in § 1 AGG genannten Gründen (Rasse, ethische Herkunft, Geschlecht, Religion, Weltanschauung, Behinderung, Alter, sexuelle Identität) benachteiligt werden (§ 7 AGG), es sei denn, es liegt ein Fall zulässiger unterschiedlicher Behandlung nach §§ 8–10 AGG vor. Darüber hinaus besteht auf der zivilrechtlichen Ebene keine Verpflichtung zur Gleichbehandlung. Anderes gilt nur dann, wenn spezielle **Treuepflichten** eingreifen.[251] Schließlich kann sich aus der Anwendung des kartellrechtlichen Marktmissbrauchs- und Diskriminierungsverbots (§§ 18 ff. GWB, Art. 102 AEUV; früher Art. 82 EG-Vertrag) eine Verpflichtung zum Vertragsschluss ergeben. Dies setzt jedoch jedenfalls eine marktstarke Stellung des Unternehmers voraus. Im Verhältnis zu Dritten kann den Unternehmer die vertragliche Pflicht treffen, nur solche Handelsvertreter mit der Absatzmittlung zu betrauen, von deren Zuverlässigkeit er sich überzeugt hat. Das gilt insbesondere für den Vertrieb von vermögensrelevanten Produkten.[252] Im Falle einer Pflichtverletzung können etwaige 61

---

[242] BGH 1.4.1992, NJW 1992, 2818 (2819); 14.3.1991, WM 1991, 1472 (1473) = NJW-RR 1991, 1053; 26.10.1989, BB 1990, 303 = NJW 1990, 354; 12.11.1986, BB 1987, 220 = BeckRS 1986, 31067276; 18.11.1957, NJW 1958, 180; Hopt/Hopt § 85 Rn. 2; Ebenroth/Boujong/Semmler Rn. 54.

[243] Hopt/Hopt § 85 Rn. 3; Ebenroth/Boujong/Semmler Rn. 54, 68; vgl. auch BGH 24.10.1955, DB 1955, 1085 = BeckRS 1955, 31200248; OLG Nürnberg 28.2.1957, BB 1957, 560; Heymann/Stöber § 87 Rn. 4; MüKoHGB/Ströbl § 87 Rn. 8.

[244] BGH 21.12.1973, BGHZ 62, 71 (74) = WM 1974, 396 = NJW 1974, 852.

[245] Hopt/Hopt § 85 Rn. 3; Ebenroth/Boujong/Semmler Rn. 54.

[246] OLG München 29.3.2017, ZVertriebsR 2017, 242 Rn. 9 ff.

[247] BGH 5.11.2020, BGHZ 227, 268 Rn. 26 = NZG 2021, 298.

[248] MüKoHGB/Ströbl § 85 Rn. 7.

[249] Hopt/Hopt § 85 Rn. 2.

[250] Ebenroth/Boujong/Semmler Rn. 55; vgl. auch BAG 1.8.2001, DB 2001, 2557 zum Arbeitsvertrag; anders die Fallgestaltung bei OLG Frankfurt 4.3.1997, MDR 1997, 1139.

[251] Hopt/Hopt § 86 Rn. 10.

[252] BGH 14.3.2013, BGHZ 196, 340 Rn. 24 f. = NJW 2013, 3366 zur Anlageberatung und -vermittlung.

Schäden gem. § 280 Abs. 1 BGB, § 311 Abs. 2 BGB ersatzfähig sein. Für das Handelsvertreterverhältnis kann eine **Probezeit** vereinbart werden. Dem steht die RL 86/653/EWG nicht entgegen.[253] Allerdings dürfen der Probezeit keine Rechtswirkungen zukommen, durch welche die volle Wirksamkeit der Richtlinie beeinträchtigt werden kann.[254]

62 **4. Vertragsverhältnisse auf fehlerhafter Grundlage. a) Anfechtung.** Die zur Perfektionierung des Handelsvertretervertrages führenden Willenserklärungen können von den Beteiligten im Grundsatz angefochten werden, soweit zur Anfechtung berechtigende Willensmängel vorliegen (§§ 119, 123 BGB). Zweifelhaft ist allerdings, ob ein **Handelsvertretervertrag** auch dann noch angefochten werden kann, wenn er bereits **in Vollzug gesetzt** ist. Bedenken ergeben sich aus der einschneidenden Wirkung des § 142 BGB, die zu einer bereicherungsrechtlichen Rückabwicklung führt. Soweit diesbezüglich Rückabwicklungsprobleme zu gewärtigen sind, wird außerhalb des Handelsvertreterrechts, insbesondere bei Arbeitsverträgen,[255] angenommen, das Dauerschuldverhältnis sei auch durch Anfechtung nur mit Wirkung ex nunc auflösbar. Die Rspr. ist dem ursprünglich für den Fall gefolgt, dass der Handelsvertreter als ähnlich schutzbedürftig angesehen wurde wie ein Arbeitnehmer,[256] hat diese Entscheidungspraxis zwischenzeitlich jedoch auch auf andere Fälle ausgedehnt.[257] Dies kommt im Ergebnis der Möglichkeit einer fristlosen Kündigung gem. § 89a nahe, sodass auch erwogen werden kann, ob die Anfechtungstatbestände bei Dauerschuldverhältnissen nicht von vornherein durch die einschlägigen Kündigungsregeln verdrängt werden.[258] Dem ist allerdings entgegen zu halten, dass das Recht zur Kündigung jeweils bei Störungen in der Vertragsabwicklung ansetzt, während der Anfechtung ein Mangel im Vertragsabschluss zugrunde liegt,[259] sodass beide Institute einen eigenständigen Anwendungsbereich haben.[260] Bei näherer Betrachtung zeigt sich überdies, dass die häufig angeführten Rückabwicklungsprobleme im Bereich des Handelsvertreterrechts regelmäßig nicht existieren, sodass auch eine Begrenzung der Rechtsfolgen des § 142 BGB auf eine Nichtigkeit des Vertrages ex nunc nicht geboten ist. Vielmehr hält das Bereicherungsrecht mit der Rechtsfolge des Wertersatzes ein leistungsfähiges Instrumentarium zur Bewältigung der Folgen anfänglich „mangelhafter" Vertragsschlüsse bereit.[261] Im Ergebnis ist daher festzuhalten, dass der Handelsvertretervertrag auch nach seiner Invollzugsetzung ohne weiteres angefochten werden kann.[262]

63 **b) Andere Nichtigkeitsgründe.** Abgesehen von den Fällen der Anfechtung der Vertragserklärungen kann die Nichtigkeit eines Handelsvertretervertrages auch auf anderen Gründen beruhen (§§ 105, 134, 138 BGB). Insoweit gelten die allgemeinen Grundsätze. Denkbar sind insbesondere Sachverhaltsgestaltungen, die zu einer Sittenwidrigkeit des Vertrages führen, beispielsweise bei Vereinbarung einer sog. „Hungerprovision"[263] oder Verlagerung wesentlicher Teile des Unternehmerrisikos auf den Handelsvertreter ohne entsprechende Vergütung.[264] Freilich darf die **Sittenwidrigkeit** des Handelsvertretervertrages nicht vorschnell aufgrund wirtschaftlicher Unterlegenheit des Handelsvertreters bejaht werden. Immerhin kann davon ausgegangen werden, dass Personen, die Handelsvertreterverträge abschließen, nicht von vornherein geschäftlich unerfahren sind, und deshalb in der Lage sind, die wirtschaftlichen Konsequenzen eines Vertragsschlusses zu bedenken. Jedenfalls können etwaige strengere Anforderungen aus dem Arbeitsrecht nicht auf das Handelsvertreterverhältnis über-

[253] EuGH 19.4.2018, ZVertriebsR 2018, 169 Rn. 17 – CMR.

[254] EuGH 19.4.2018, ZVertriebsR 2018, 169 Rn. 20 – CMR.

[255] Vgl. BGH 6.4.1964, BGHZ 41, 282 (288) = NJW 1964, 1367; BAG 5.12.1957, AP BGB § 123 Nr. 2; einschr. BAG 16.9.1982, AP BGB § 123 Nr. 24; 29.8.1984, AP BGB § 123 Nr. 27.

[256] Vgl. BGH 12.1.1970, BGHZ 53, 152 (159) = NJW 1970, 609 (610).

[257] BGH 3.5.1995, BGHZ 129, 290 (293) = NJW 1995, 1958: soweit Unternehmer die vom Handelsvertreter hergestellte Geschäftsverbindung weiter nutzen kann; 11.12.1996, NJW 1997, 655; OLG Karlsruhe 16.12.1998, HVR Nr. 976; zust. Hopt/Hopt § 89 Rn. 5; Ebenroth/Boujong/Semmler Rn. 70: rückwirkende Vernichtung allenfalls bei arglistiger Täuschung; KKD/Roth § 89 Rn. 1.

[258] Dazu eingehend Oetker, Das Dauerschuldverhältnis und seine Beendigung, 1994, 436 ff.

[259] Beitzke, Nichtigkeit, Auflösung und Umgestaltung von Dauerrechtsverhältnissen, 1948, 23.

[260] Oetker, Das Dauerschuldverhältnis und seine Beendigung, 1994, 449 f.

[261] Überzeugend Canaris HandelsR § 15 Rn. 27; Heymann/Stöber Rn. 59; **aA** Hopt/Hopt § 89 Rn. 5; MüKoHGB/Ströbl § 89 Rn. 17.

[262] Canaris HandelsR § 15 Rn. 27.

[263] Vgl. dazu BGH 17.10.1960, BB 1960, 1221 = NJW 1961, 25; OLG Düsseldorf 18.3.1998, NJW 1998, 2981 (2982); OLG Nürnberg 23.9.1960, BB 1960, 1261; Evers BB 1992, 1365; Ebenroth/Boujong/Semmler Rn. 70; Heymann/Stöber Rn. 58.

[264] Vgl. dazu EuG 15.9.2005, DB 2005, 2127; BGH 20.3.1981, DB 1981, 2274 = MDR 1982, 200 = BeckRS 1981, 31064731; 17.10.1960, BB 1960, 1221 (1222) = NJW 1961, 25; OLG Stuttgart 5.7.1957, NJW 1957, 1281; Ebenroth/Boujong/Semmler Rn. 70.

tragen werden.[265] Die Nichtigkeit einzelner Bestimmungen des Handelsvertretervertrages führt entgegen § 139 BGB im Übrigen regelmäßig nicht zur Nichtigkeit des ganzen Vertrages, da dadurch der Schutzzweck zwingender handelsrechtlicher Vorschriften unterlaufen würde.[266] Aus den Gründen, die bereits zur Anfechtung angeführt wurden, ist es auch nicht geboten, die Wirkung der Nichtigkeit auf die Zukunft zu begrenzen.[267]

5. Leistungspflichten. Die Absatzmittlertätigkeit auf der einen Seite und die Provisionszahlung auf der anderen Seite stehen im Gegenseitigkeitsverhältnis, sodass die Vorschriften der §§ 320–322 BGB anwendbar sind. Der **Erfüllungs- oder Leistungsort** bestimmt sich vorrangig nach den vertraglich bestimmten Pflichten der Vertragsparteien (§ 269 Abs. 1 BGB, § 270 BGB). Einen einheitlichen Erfüllungs- oder Leistungsort sieht das HGB nicht vor.[268] Soweit dem Handelsvertreter kein bestimmter Bezirk zugewiesen ist, kann der Unternehmer den Leistungsort des Handelsvertreters, vorbehaltlich einer anderweitigen vertraglichen Regelung, durch einseitige Weisung ändern.[269] Er muss dem Handelsvertreter dann allerdings die dadurch anfallenden Mehrkosten erstatten oder durch höhere Provisionszahlungen ausgleichen.[270] Dies kann dazu führen, dass der Handelsvertreter im Rahmen eines Rotationssystems in ständig wechselnden Bezirken tätig werden muss. Gibt der Handelsvertretervertrag für die Bestimmung des Erfüllungs- oder Leistungsorts nichts her, so ist der Wohnort bzw. die Niederlassung des Schuldners maßgeblich (§ 269 Abs. 2 BGB), auch wenn dieser außerhalb des Vertretungsbezirks liegt.[271] Fehlt es auch daran, kommt es auf den geschäftlichen Mittelpunkt an, der regelmäßig dort liegt, wo der Handelsvertreter seine Geschäftsräume unterhält, wohin seine Geschäftsbriefe gehen, und wo er seine Reisen antritt bzw. wohin er wieder zurückkehrt.[272] 64

6. Vertragsdurchführung. Das Innenverhältnis zwischen Unternehmer und Handelsvertreter wird nicht nur durch §§ 84 ff. und die ergänzend heranzuziehenden Vorschriften des BGB ausgestaltet (→ Rn. 52); darüber hinaus können im Rahmen der Abwicklung des Handelsvertreterverhältnisses auch sonstige handelsrechtliche Vorschriften zur Anwendung kommen. Dies gilt insbesondere für das **Recht der Handelsgeschäfte** (§§ 343 ff.) und im Prozessrecht für die Anrufung der Kammer für Handelssachen (§§ 94, 95 Abs. 1 Nr. 1 GVG). Das Recht der Handelsgeschäfte ist im Grundsatz anwendbar, wenn ein einseitiges Handelsgeschäft vorliegt (§ 345). In anderen Fällen (§§ 346, 352, 353, 377) ist ein beiderseitiges Handelsgeschäft erforderlich. Entsprechendes gilt für die Zuständigkeit der Kammer für Handelssachen. Maßgebend ist also, ob die zwischen Unternehmer und Handelsvertreter im Rahmen des Handelsvertreterverhältnisses geschlossenen weiteren Verträge, insbesondere über die Lieferung von Waren, als Handelsgeschäfte zu qualifizieren sind (§ 343). Dies wiederum hängt von der Kaufmannseigenschaft der beteiligten Personen ab, die weder beim Unternehmer noch beim Handelsvertreter notwendig vorliegen muss (→ Rn. 21 ff., → Rn. 37). 65

Im Schrifttum wird zuweilen befürwortet, vom **Erfordernis eines beiderseitigen Handelsgeschäfts** in den genannten Fällen abzusehen, wenn der Unternehmer kein Kaufmann ist,[273] da ansonsten der Handelsvertreter, der nicht für einen Kaufmann tätig sei, schlechter stünde als im Falle der Absatzmittlung für einen Kaufmann. Methodisch ist diese Sichtweise freilich nicht zu begründen, da der Gesetzgeber die Anwendbarkeit der bezeichneten Vorschriften gerade an die (beiderseitige) Kaufmannseigenschaft anknüpft und nicht an die Unternehmenseigenschaft.[274] Unterschiedliche Ergebnisse müssen insoweit hingenommen werden. Allenfalls kann im Einzelfall de lege lata an eine punktuelle Ausdehnung der an sich nur für beiderseitige Handelsgeschäfte bestimmten Vorschriften auf den allgemeinen Geschäftsverkehr gedacht werden, soweit dies wie bei § 377 mit dem Normzweck vereinbar ist.[275] Entsprechendes gilt für den Rückgriff auf Handelsbräuche iSv § 346. Diese können jedoch nur dann herangezogen werden, wenn eine entsprechende Verkehrssitte auch unter Nichtkaufleuten existiert oder wenn sich die Beteiligten privatautonom einem Handelsbrauch unterworfen haben.[276] 66

---

[265] Ebenroth/Boujong/Semmler Rn. 70.
[266] BGH 25.11.1963, BGHZ 40, 235 (239) = NJW 1964, 350; Hopt/Hopt § 86 Rn. 11.
[267] Anders BAG 15.11.1957, AP BGB § 125 Nr. 2; MüKoHGB/Ströbl § 89 Rn. 19.
[268] BGH 22.10.1987, NJW 1988, 966 (967); Hopt/Hopt Rn. 45; Ebenroth/Boujong/Semmler Rn. 69.
[269] Ebenroth/Boujong/Semmler Rn. 69.
[270] Ebenroth/Boujong/Semmler Rn. 69.
[271] Hopt/Hopt § 86 Rn. 46.
[272] Staub/Brüggemann, 4. Aufl. 1995, § 86 Rn. 2; vgl. auch Heymann/Stöber § 86 Rn. 6; MüKoHGB/Ströbl § 86 Rn. 21.
[273] RGHMW/Thume § 84 Rn. 13.
[274] Ähnlich Staub/Brüggemann, 4. Aufl. 1995, Rn. 17.
[275] Allg. dazu Hopt AcP 183 (1983), 608; K. Schmidt HandelsR § 29 Rn. 43.
[276] Hopt/Leyens § 346 Rn. 4 f.

67 **7. Pflichtverletzungen. a) Vertragliche Pflichtverletzungen. aa) Handelsvertreter.** Verletzt der Handelsvertreter seine vertraglichen Pflichten durch Nichtleistung, steht dem Unternehmer ein Anspruch auf **Erfüllung,** bei einem Wettbewerbsverstoß (→ § 86 Rn. 24 ff.) ein Anspruch auf **Unterlassung** zu. Darüber hinaus kann der Unternehmer weitere, aus dem BGB folgende sekundäre Rechtsbehelfe geltend machen, insbesondere ist ein **Schadensersatzanspruch** wegen Pflichtverletzung denkbar (§ 280 Abs. 1 BGB), der bei pflichtwidriger Untätigkeit des Handelsvertreters auch auf Ersatz des entgangenen Gewinns gerichtet sein kann.[277] Wirksam vereinbart werden kann auch ein Anspruch auf Leistung einer **Vertragsstrafe,**[278] die regelmäßig auf einen Schadensersatzanspruch anzurechnen ist.[279] Die Vertragsstrafe muss freilich hinreichend bestimmt und der Höhe nach angemessen sein.[280] Der Dauerschuldcharakter des Handelsvertretervertrages führt dazu, dass die Rücktrittsvorschriften (§§ 323 ff.) durch die spezielleren Kündigungsregeln (§§ 89, 89a) verdrängt werden, sofern der Handelsvertretervertrag in Vollzug gesetzt ist.[281] Erklärt eine Partei den **Rücktritt** vom Vertrag, ist dieser als außerordentliche **Kündigung** auszulegen. Anwendbar sind im Grundsatz auch die Regeln über das Fehlen oder den **Wegfall der Geschäftsgrundlage** (§ 313 BGB).[282] Allerdings werden die Voraussetzungen für die Anwendung des Rechtsinstituts regelmäßig nicht vorliegen. Insbesondere ist es nicht Aufgabe von § 313 BGB, unzutreffende Gewinnerwartungen oder ungünstige Marktentwicklungen zu korrigieren.[283]

68 Eine Pflichtverletzung kann sich auch auf den **Provisionsanspruch** des Handelsvertreters auswirken. Ein bereits verdienter Provisionsanspruch wird zwar in der Regel durch einen nachfolgenden Pflichtenverstoß des Handelsvertreters nicht berührt,[284] dem Unternehmer kann jedoch insoweit ein Zurückbehaltungsrecht zustehen.[285] Bei besonders schwerwiegenden Pflichtverstößen kann der Provisionsanspruch freilich nach Treu und Glauben (§ 242 BGB) verloren gehen.[286]

69 **bb) Unternehmer.** Verletzt der Unternehmer seine vertraglichen Pflichten, steht dem Handelsvertreter ebenfalls ein Anspruch auf **Erfüllung oder auf Unterlassen des vertragswidrigen Verhaltens** zu. Darüber hinaus kann auch der Handelsvertreter weitere, aus dem BGB folgende Rechtsbehelfe geltend machen, insbesondere ist ein **Schadensersatzanspruch** wegen Pflichtverletzung denkbar (§ 280 Abs. 1 BGB), der bei pflichtwidriger Untätigkeit des Unternehmers, beispielsweise bei unterlassener Information iSv § 86a Abs. 2, auch auf Ersatz des entgangenen Gewinns (entgangene Provision) gerichtet sein kann.[287] Im Grundsatz ist bei Verletzung gesetzlicher oder vertraglicher Nebenpflichten das negative Interesse zu ersetzen.[288] Praktisch bedeutsam ist der Erfüllungsanspruch im Hinblick auf den Provisionsanspruch (§ 87), daneben auch im Rahmen von § 86a Abs. 1 und Abs. 2 S. 1. Kommt der Unternehmer seiner Verpflichtung zur Überlassung von Unterlagen iSv § 86a Abs. 1 nicht nach, kann er im Hinblick auf die vom Handelsvertreter zu leistenden Dienste darüber hinaus in Annahmeverzug geraten, sodass der Handelsvertreter gem. § 615 einen etwaigen Vergütungsanspruch, etwa auf ein vertragliches Fixum, behält, ohne zur Nachleistung verpflichtet zu sein.[289] Dagegen werden bei Verletzung der Pflichten aus § 86a Abs. 2 S. 2 und 3 regelmäßig nur noch Schadensersatzansprüche, ggf. auch Unterlassungsansprüche in Betracht kommen. Letzteres gilt auch bei Wettbewerbsverstößen des Unternehmers (→ § 86a Rn. 27); insoweit kann ein flankierender Auskunftsanspruch gegen den Unternehmer bestehen.[290] Bei vorsätzlicher Schädigung des

[277] BGH 3.4.1996, ZIP 1996, 1006 (1008); 4.10.1984, BB 1985, 823 (824) = BeckRS 1984, 31066131; Ebenroth/Boujong/Semmler § 86 Rn. 72.

[278] Heymann/Stöber § 86 Rn. 8; zur Vereinbarung durch AGB BGH 16.7.1998, ZIP 1998, 1756.

[279] BGH 21.11.1991, NJW 1992, 1096 (1097).

[280] OLG Düsseldorf 18.10.1991, DB 1992, 86; OLG Hamm 1.2.1983, MDR 1984, 404; OLG München 26.1.1994, BB 1994, 1104.

[281] Wohl auch MüKoHGB/Ströbl § 89 Rn. 18; anders offenbar Hopt/Hopt § 86 Rn. 47; Ebenroth/Boujong/Semmler § 89 Rn. 12.

[282] Emde MDR 2002, 190 (191); Ende BB 1996, 2260 (2263); v. Hase NJW 2002, 2278; Ebenroth/Boujong/Semmler Rn. 71.

[283] Vgl. auch Ebenroth/Boujong/Semmler Rn. 71.

[284] Hopt/Hopt § 86 Rn. 49; Ebenroth/Boujong/Semmler § 86 Rn. 72.

[285] Vgl. auch OLG München 26.5.1955, BB 1955, 714; Heymann/Stöber § 86 Rn. 8.

[286] Vgl. OLG Hamm 3.11.1958, NJW 1959, 677 (Untätigkeit eines Bezirksvertreters); OLG Koblenz 27.4.1973, BB 1973, 866; OLG Stuttgart 22.5.1970, BB 1970, 1112; wohl auch Ebenroth/Boujong/Semmler § 86 Rn. 72.

[287] BGH 22.11.2000, MDR 2001, 283 = NJW 2001, 821; 7.2.1974, NJW 1974, 795; Thume BB 1995, 1913 (1915); Ebenroth/Boujong/Semmler § 86a Rn. 61; MüKoHGB/Ströbl § 86a Rn. 47.

[288] BGH 17.5.2006, IHR 2006, 164 = BeckRS 2006, 07358; Ebenroth/Boujong/Semmler § 86a Rn. 61; vgl. auch MüKoHGB/Ströbl § 86a Rn. 46 und allg. BGH 9.11.1967, BGHZ 49, 39 (44) = NJW 1968, 394.

[289] MüKoHGB/Ströbl § 86a Rn. 17; vgl. auch Ebenroth/Boujong/Semmler § 86a Rn. 61.

[290] BGH 2.4.1957, BB 1957, 452 = NJW 1957, 1026; Ebenroth/Boujong/Semmler § 86a Rn. 60; MüKoHGB/Ströbl § 86a Rn. 56.

Handelsvertreters kommt ein Schadensersatzanspruch gem. § 826 BGB in Betracht.[291] Wirksam vereinbart werden kann auch ein Anspruch auf Leistung einer **Vertragsstrafe.**[292] Schwerwiegende Pflichtverletzungen des Unternehmers können nach entsprechender Abmahnung ein fristloses **Kündigungsrecht** des Handelsvertreters nach § 89a begründen, wobei ein etwaiger Ausgleichsanspruch gem. § 89b Abs. 3 Nr. 1 erhalten bleibt.[293]

b) Vorvertragliche Pflichtverletzungen. Für Pflichtverletzungen im vorvertraglichen Stadium haften Unternehmer und Handelsvertreter nach den Grundsätzen der culpa in contrahendo (§ 311 Abs. 2 BGB, § 241 Abs. 2 BGB, § 280 BGB), unabhängig davon, ob der Vertrag zustande kommt oder nicht. Die Schadensersatzhaftung geht grundsätzlich auf das negative Interesse.[294] Der **Unternehmer** muss den potenziellen Handelsvertreter einerseits auf dessen Nachfrage zutreffend über sein Unternehmen und das zu vertreibende Produkt informieren, andererseits aber auch ungefragt über Tatsachen aufklären, wenn dies nach Treu und Glauben mit Rücksicht auf die Verkehrssitte zu erwarten ist.[295] Es gilt der Grundsatz, dass der Unternehmer während der Vertragsverhandlungen alle Umstände zu offenbaren hat, die für die Entscheidung des potenziellen Handelsvertreters über den Vertragsschluss erkennbar von Bedeutung sind.[296] Eine Pflichtverletzung des Unternehmers kann beispielsweise in fehlerhaften Angaben über Art und Umfang der Tätigkeit[297] oder die geschäftlichen Erfolgsaussichten der Handelsvertretung (Umsatz- und Gewinnerwartungen)[298] bestehen, aber auch in einer unzureichenden oder unterlassenen Aufklärung über einzelne Risiken der Vertretung wie die Wertlosigkeit von Kundenlisten,[299] das Auslaufen von Lizenzen,[300] die Störanfälligkeit der zu vermittelnden Produkte,[301] die Absicht des Unternehmers, seinen Betrieb zu veräußern[302] oder die Insolvenzreife des Unternehmens.[303] Dagegen trifft den Unternehmer keine Aufklärungspflicht bezüglich solcher Tatsachen, die allgemein zugänglich sind, wie allgemeine Marktinformationen.[304] Denkbar sind auch Pflichtverletzungen durch Weitergabe vertraulicher Informationen, die von den Parteien im Vorfeld des Vertragsschlusses ausgetauscht wurden.[305] 70

c) Nachvertragliche Pflichtverletzungen. Eine Haftung aus culpa post contrahendum (§ 280 Abs. 1 BGB) kommt in Betracht, soweit die Parteien trotz Beendigung der Laufzeit des Handelsvertreterverhältnisses noch nachwirkende Vertragspflichten treffen. Fälle dieser Art sind beispielsweise bei **Weitergabe von Geschäfts- und Betriebsgeheimnissen** des Unternehmers an Dritte (vgl. dazu § 90) oder bei Verleiten der Kunden des bisherigen Geschäftsherrn zum Vertragsbruch[306] gegeben. Verstöße gegen nachvertragliche Wettbewerbsverbote sind in § 90a gesondert geregelt.[307] Dagegen darf der nicht durch ein nachvertragliches **Wettbewerbsverbot** gebundene Handelsvertreter Kunden des bisherigen Geschäftsherrn grundsätzlich abwerben, sofern diese sich nicht in konkreten Vertragsverhandlungen mit dem Geschäftsherrn befinden.[308] Er muss zur Vermeidung von Täu- 71

[291] OLG Nürnberg 9.5.1956, BB 1956, 352; OLG Stuttgart 1.10.1986, HVR Nr. 679; Ebenroth/Boujong/Semmler § 86a Rn. 62; Heymann/Stöber § 86a Rn. 26.

[292] Ebenroth/Boujong/Semmler § 86a Rn. 63; zur Vereinbarung durch AGB BGH 16.7.1998, ZIP 1998, 1756.

[293] Ebenroth/Boujong/Semmler § 86a Rn. 63; Heymann/Stöber § 86a Rn. 26; MüKoHGB/Ströbl § 86a Rn. 48; Staub/Emde § 86a Rn. 183.

[294] OLG Düsseldorf 15.12.2000, HVR Nr. 948 = OLGR 2001, 339; Ebenroth/Boujong/Semmler § 86a Rn. 61.

[295] Vgl. dazu OLG Düsseldorf 15.12.2000, HVR Nr. 948 = OLGR 2001, 339 (Produktinformation); Schipper NJW 2007, 734; Ebenroth/Boujong/Semmler § 86a Rn. 45; zum Franchisevertrag OLG Brandenburg 28.9.2005, NJW-RR 2006, 51.

[296] OLG Düsseldorf 15.12.2000, HVR Nr. 949 = OLGR 2001, 339; OLG München 13.11.1987, BB 1988, 865.

[297] Vgl. OLG Nürnberg 9.5.1956, BB 1956, 352 (Einsatz weiterer Handelsvertreter); Hopt/Hopt § 86a Rn. 2 (Arbeitsbedingungen); Heymann/Stöber § 86a Rn. 26.

[298] Vgl. OLG München 24.4.2001, BB 2001, 1759 (1761) (Franchising); Ebenroth/Boujong/Semmler § 86a Rn. 43.

[299] Hopt/Hopt § 86a Rn. 2.

[300] OLG Düsseldorf 15.12.2000, HVR Nr. 949 = OLGR 2001, 339.

[301] Ebenroth/Boujong/Semmler § 86a Rn. 43.

[302] Schipper NJW 2007, 734 (735).

[303] Ebenroth/Boujong/Semmler § 86a Rn. 43.

[304] OLG München 24.4.2001, BB 2001, 1759 (1760) (Franchising).

[305] Vgl. Hopt/Hopt § 86 Rn. 45; MüKoHGB/Ströbl § 86 Rn. 12; Staub/Emde § 86 Rn. 235.

[306] Vgl. OLG Düsseldorf 11.4.2003, HVR Nr. 1082.

[307] Zur Verwirkung einer Vertragsstrafe BGH 1.6.1983, BB 1983, 2136 (2137) = NJW 1984, 919.

[308] BGH 7.4.2005, ZIP 2005, 1380 (1381); LG Frankfurt 25.4.1973, HVR Nr. 475; LG Leipzig 30.9.2005, HVR Nr. 1176.

schungen jedoch darauf hinweisen, dass er nicht mehr für den bisherigen Geschäftsherrn tätig ist. Der Unternehmer seinerseits darf die weitere Erwerbstätigkeit des Handelsvertreters nicht behindern.[309] Persönliche Daten des Handelsvertreters sind auch nach Vertragsende vertraulich zu behandeln und dürfen nur mit dessen Einverständnis an Dritte weitergegeben werden.[310]

72 **d) Beweislast/Verjährung.** Im Hinblick auf die **Beweislast** gelten die folgenden Grundsätze: Macht der **Unternehmer** geltend, dass der Handelsvertreter eine Pflicht aus dem Vertragsverhältnis verletzt hat, so trifft ihn die Darlegungs- und Beweislast für das Bestehen der Pflicht und die anspruchsbegründenden Voraussetzungen.[311] Der Handelsvertreter trägt die Beweislast dafür, dass er die im konkreten Fall erforderliche Sorgfalt iSv § 86 Abs. 3 eingehalten hat.[312] Entsprechendes gilt spiegelbildlich für den Fall, dass der **Handelsvertreter** Ansprüche wegen Pflichtverletzung gegen den Unternehmer geltend macht.[313] Die aus dem Handelsvertretervertrag entstehenden Ansprüche unterliegen der **Regelverjährung** von drei Jahren (§ 195 BGB). Die früher in § 88 aF enthaltene Sonderverjährungsvorschrift, die eine vierjährige Verjährung vorsah, ist mit Wirkung zum 10.12.2004 aufgehoben worden.[314] Abweichende **Verjährungsvereinbarungen** sind in den Grenzen des § 202 BGB möglich.[315] Die Rspr. zu § 88 aF nahm freilich bei individualvertraglichen Vereinbarungen an, dass Verjährungsverkürzungen, die einseitig zu Lasten einer Partei wirken, unwirksam sind, wenn und soweit dafür nicht billigenswerte Interessen angeführt werden können.[316] Diese Rspr. findet auch de lege lata weiterhin Gefolgschaft.[317] Zur Begründung der Unwirksamkeit wird regelmäßig auf den Grundsatz der Gleichbehandlung verwiesen, der darin zum Ausdruck komme, dass § 88 aF die bis zum Inkrafttreten des HGB 1953 unterschiedlichen Verjährungsfristen für Ansprüche des Unternehmers und des Handelsvertreters beseitigt habe, was sich auch in der geltenden einheitlichen Regelverjährung nach § 195 BGB weiterhin widerspiegele. Das ist freilich deshalb wenig überzeugend, weil schon § 88 aF keinen zwingenden Charakter hatte und auch § 195 BGB (in den Grenzen von § 202 BGB) dispositiv ist. Offen bleibt auch, woraus die Unwirksamkeit eigentlich abgeleitet wird. Anders liegen die Dinge naturgemäß bei formularvertraglichen Verkürzungen der Verjährungsfrist.[318] Diese sind am Leitbild der einheitlichen Regelverjährung zu messen und unterliegen insoweit den Restriktionen des AGB-Rechts.[319] Diese Grundsätze gelten für die **Verjährung von Hilfsansprüchen** aus § 87c entsprechend.[320] Hilfsansprüche verjähren grundsätzlich selbstständig.[321] Sie werden jedoch mit Verjährung der Provisionsansprüche, die sie vorbereiten sollen, gegenstandslos.[322] Zur **Verjährung des Ausgleichsanspruchs** nach § 89b → § 89b Rn. 50.

73 **8. Vertragsbeendigung/Vertragsübernahme.** Das Handelsvertreterverhältnis kann wie jedes Dauerschuldverhältnis durch Kündigung **beendet** werden. Die Voraussetzungen ergeben sich aus den Sonderregeln der §§ 89, 89a (→ § 89 Rn. 1 ff.; → § 89a Rn. 1 ff.). Darüber hinaus kann der Tod des Handelsvertreters zur Beendigung des Handelsvertreterverhältnisses führen (→ § 89 Rn. 30).

---

309 Hopt/Hopt § 86a Rn. 3; Heymann/Stöber § 86a Rn. 26.

310 Ebenroth/Boujong/Semmler § 86a Rn. 56.

311 BGH 30.6.1954, MDR 1954, 606 = BeckRS 1954, 31205816 (vertragliches Wettbewerbsverbot); Ebenroth/Boujong/Semmler § 86 Rn. 75.

312 OLG Karlsruhe 25.3.1969, DB 1969, 741; Hopt/Hopt § 86 Rn. 44; Ebenroth/Boujong/Semmler § 86 Rn. 75; Heymann/Stöber § 86 Rn. 34; MüKoHGB/Ströbl § 86 Rn. 70.

313 Zur Darlegungs- und Beweislast des Handelsvertreters BGH 12.12.1957, BGHZ 26, 161 (166) = NJW 1958, 219 (willkürliche Schädigung durch Unternehmer); BGH 7.2.1974, NJW 1974, 795 (796) (Schadensersatzanspruch); Schipper NJW 2007, 734 (736); Ebenroth/Boujong/Semmler § 86a Rn. 67; zum Entlastungsbeweis des Unternehmers BGH 7.2.1974, NJW 1974, 795; Ebenroth/Boujong/Semmler § 86a Rn. 67; MüKoHGB/Ströbl § 86a Rn. 49.

314 Art. 9 Nr. 22 iVm Art. 25 Gesetz zur Anpassung von Verjährungsvorschriften an das Gesetz zur Modernisierung des Schuldrechts vom 9.12.2004, BGBl. 2004 I 3214.

315 Hopt/Hopt § 87 Rn. 52.

316 BGH 12.10.1979, NJW 1980, 286; 10.5.1990, NJW-RR 1991, 35 (36); 3.4.1996, NJW 1996, 2097 (2099); 12.2.2003, NJW 2003, 1670.

317 OLG Stuttgart 17.2.2016, ZVertriebsR 2016, 233 Rn. 14; Ebenroth/Boujong/Semmler Rn. 78; Küstner/Thume VertriebsR-HdB I/Thume V Rn. 589 ff.

318 Zu einer derartigen Fallgestaltung BGH 3.4.1996, NJW 1996, 2097 (2099 f.) zu § 88 aF.

319 UBH/Schmidt Teil 2, Handelsvertreterverträge, Rn. 7; Hopt/Hopt § 87 Rn. 52; vgl. zu § 88 aF BGH 12.2.2003, WM 2003, 2101 (2102) = NJW 2003, 1670.

320 Hopt/Hopt § 87 Rn. 53; vgl. zu § 88 aF BGH 11.7.1980, NJW 1981, 457; 31.1.1979, WM 1979, 463 (464) = BeckRS 1979, 31068599.

321 BGH 22.5.1981, NJW 1982, 234 (235); OLG Stuttgart 17.2.2016, ZVertriebsR 2016, 233 Rn. 23; Hopt/Hopt § 87 Rn. 53.

322 BGH 3.4.1996, NJW 1996, 2087 (2100); 22.5.1981, NJW 1982, 235 (236); 1.12.1978, NJW 1979, 764; Hopt/Hopt § 87 Rn. 53.

Die Parteien können den Handelsvertretervertrag auch einvernehmlich aufheben (→ § 89 Rn. 28). Im Übrigen ist der Anspruch auf die Dienstleistung des Handelsvertreters zwar isoliert nicht **übertragbar** (→ Rn. 54). Möglich ist es jedoch, dass die Rechte und Pflichten aus einem Handelsvertretervertrag im Rahmen einer **Unternehmensspaltung** (§ 123 UmwG) auf einen anderen Unternehmensträger übergehen, sodass es zu einer Auswechslung des Geschäftsherrn kommt. Rechtsfolge ist, dass der übernehmende Rechtsträger, also der neue Geschäftsherr, die Verbindlichkeiten des übertragenden Rechtsträgers übernimmt (§ 131 Abs. 1 Nr. 1 UmwG). Dazu gehören auch die vor dem Wirksamwerden der Spaltung begründeten Verbindlichkeiten (§ 133 Abs. 1 UmwG), wie ein etwaiger Ausgleichsanspruch nach § 89b. Insoweit schadet es nicht, wenn der Ausgleichsanspruch erst nach dem Wirksamwerden der Spaltung entsteht.[323] Entscheidend ist nach § 133 Abs. 1 UmwG allein die „Begründung" der Verbindlichkeit, deren Rechtsgrund bereits mit dem vor Wirksamwerden der Spaltung erfolgten Abschluss des Handelsvertretervertrags gelegt ist. Das gilt auch bei Dauerschuldverhältnissen wie dem Handelsvertretervertrag.[324]

9. Insolvenz. Die Insolvenz **des Handelsvertreters** lässt den Vertrag nicht erlöschen; sie ist aber wichtiger Grund zur Kündigung des Vertragsverhältnisses für den Unternehmer und den Handelsvertreter (→ § 89a Rn. 19). Provisionsansprüche des Handelsvertreters fallen, unabhängig davon, wann sie entstanden oder unbedingt geworden sind, in die Insolvenzmasse (§ 35 InsO).[325] Entsprechendes gilt für den Ausgleichsanspruch gem. § 89b.[326] Der Insolvenzverwalter über das Vermögen des Handelsvertreters kann den Handelsvertretervertrag nicht anstelle des Handelsvertreters kündigen und auch nicht das Wahlrecht nach § 103 InsO ausüben.[327] Dagegen führt die Eröffnung des Insolvenzverfahrens über das Vermögen **des Unternehmers** zum Erlöschen des Handelsvertretervertrages (§ 116 S. 1 InsO, § 115 Abs. 1 InsO). Der Handelsvertreter ist in der Insolvenz des Unternehmers in der Regel einfacher Insolvenzgläubiger; das gilt selbst dann, wenn der Insolvenzverwalter nach § 103 Abs. 1 InsO die Erfüllung des Handelsvertretervertrages verlangt.[328] Insoweit ist nämlich zu bedenken, dass der Insolvenzmasse kein neuer Vorteil entsteht, soweit der Provisionsanspruch bereits vor Eröffnung des Insolvenzverfahrens aufschiebend bedingt entstanden war. Nur wenn der Insolvenzverwalter das vom Handelsvertreter vermittelte Geschäft selbst nach Verfahrenseröffnung abschließt und erst damit die Provisionsanwartschaft begründet, entsteht der Provisionsanspruch als Masseanspruch (§ 55 Abs. 1 Nr. 1 InsO).[329] Vorrechte, wie sie früher nach § 59 Abs. 1 Nr. 3 lit. c KO, § 61 Abs. 1 Nr. 1 lit. c KO für bestimmte Handelsvertreter bestanden, kennt die InsO nicht. 74

10. Rechtsweg. a) Grundsatz. Für Rechtstreitigkeiten, die das Handelsvertreterverhältnis betreffen, ist der Zivilrechtsweg eröffnet (§ 23 GVG). Die **Zuständigkeit der Kammern für Handelssachen** bei den Landgerichten ist begründet, wenn ein beiderseitiges Handelsgeschäft vorliegt (§ 95 Abs. 1 Nr. 1 GVG). In diesem Fall muss die Kaufmannseigenschaft sowohl in der Person des Unternehmers als auch des Handelsvertreters begründet sein (→ Rn. 65). Dies führt bei Kleingewerbetreibenden, die gleichwohl Handelsvertreter sind (§ 84 Abs. 4), zu einer misslichen, aber de lege lata hinzunehmenden Zuständigkeitsspaltung.[330] Für den **Gerichtsstand** ist nach § 29 ZPO der Erfüllungsort maßgeblich (→ Rn. 64). Erbringt der Handelsvertreter Dienstleistungen in mehreren EU-Mitgliedstaaten, ist für alle Klagen aus dem Handelsvertretervertrag nach Art. 5 Nr. 1 lit. b zweiter Gedankenstrich Brüssel Ia-VO das Gericht zuständig, in dessen Sprengel sich der Ort der hauptsächlichen Leistungserbringung befindet.[331] Dabei ist in erster Linie auf die Bestimmungen des Handelsvertretervertrages abzustellen,[332] mangels solcher Bestimmungen auf den Ort, an dem tatsächlich überwiegend Handlungen zur Erfüllung des Vertrages vorgenommen werden, es sei denn, dies widerspricht dem Parteiwillen.[333] Kann der Ort auch auf diese Weise nicht ermittelt werden, ist auf den Wohnort des Handelsvertreters abzustellen, da dieser stets mit Sicherheit ermittelt werden kann und daher vorhersehbar ist.[334] 75

---

[323] BGH 13.8.2015, NJW 2015, 3373 Rn. 36.
[324] BGH 13.8.2015, NJW 2015, 3373 Rn. 37 f. mwN.
[325] Ebenroth/Boujong/Semmler § 87 Rn. 86; MüKoHGB/Ströbl § 87 Rn. 138.
[326] Küstner/Thume VertriebsR-HdB I/Thume V Rn. 663; Ebenroth/Boujong/Semmler § 89b Rn. 53.
[327] Wagner/Wexler-Ulrich BB 2010, 2454 (2455); Küstner/Thume VertriebsR-HdB I//Thume V Rn. 661; Hopt/Hopt Rn. 48.
[328] *BGH 21.12.1989, NJW 1990,* 1665 (1665 f.) zu § 17 KO; Emde/Kelm ZIP 2005, 58 (61); Hopt/Hopt § 87 Rn. 51; Ebenroth/Boujong/Semmler § 87 Rn. 86.
[329] Emde/Kelm ZIP 2005, 58 (60); Küstner/Thume VertriebsR-HdB I//Thume V Rn. 632; Ebenroth/Boujong/Semmler § 87 Rn. 86; MüKoHGB/Ströbl § 87 Rn. 141.
[330] Hopt/Hopt Rn. 45.
[331] EuGH 11.3.2010, Slg. 2010, I-2161 = NJW 2010, 1189 Rn. 36 – Wood Floor/Silva Trade.
[332] EuGH 11.3.2010, Slg. 2010, I-2161 = NJW 2010, 1189 Rn. 38 – Wood Floor/Silva Trade.
[333] EuGH 11.3.2010, Slg. 2010, I-2161 = NJW 2010, 1189 Rn. 40 – Wood Floor/Silva Trade.
[334] EuGH 11.3.2010, Slg. 2010, I-2161 = NJW 2010, 1189 Rn. 42 – Wood Floor/Silva Trade.

76 **b) Einfirmenvertreter (§ 92a).** Abweichend von den zuvor beschriebenen Grundsätzen ist bei Rechtsstreitigkeiten zwischen dem Unternehmer und einem Einfirmenvertreter iSv § 92a ausnahmsweise der **Rechtsweg zu den Arbeitsgerichten** eröffnet (§ 5 Abs. 3 ArbGG). Handelsvertreter gelten danach nur dann als Arbeitnehmer, wenn sie unter § 92a fallen und während der letzten sechs Monate, bei kürzerer Vertragsdauer während dieser, für die Handelsvertretertätigkeit durchschnittlich nicht mehr als 1.000 Euro Vergütung bezogen haben, einschließlich Provisionen und Ersatz für im regelmäßigen Geschäftsbetrieb entstandene Aufwendungen. Entscheidend kommt es insoweit auf die dem Handelsvertreter zustehenden, nicht die ausgezahlten Vergütungen an.[335] Anderenfalls könnte der Status des Handelsvertreters durch den Unternehmer einseitig durch die Höhe der ausgezahlten Vergütung verändert werden.[336] Sinn und Zweck des § 5 Abs. 3 ArbGG ist es, Einfirmenvertreter mit geringem Einkommen diejenigen prozessualen Erleichterungen zu gewähren, die für abhängig beschäftigte Arbeitnehmer und arbeitnehmerähnliche Personen bestehen.[337] Daraus folgt jedoch nicht, dass auf Einfirmenvertreter materielles Arbeitsrecht unmittelbar oder mittelbar anwendbar ist (→ § 92a Rn. 1). Dies zeigt bereits § 92a, wonach es dem Verordnungsgeber vorbehalten ist, Mindestarbeitsbedingungen für Einfirmenvertreter durch Rechtsverordnung festzulegen.[338] Wird die in § 5 Abs. 3 ArbGG definierte Vergütungsgrenze überschritten, bleibt es bei der Zuständigkeit der allgemeinen Zivilgerichtsbarkeit, selbst wenn das Tätigkeitsbild des Handelsvertreters arbeitnehmerähnlich ist.[339] Insoweit enthält § 5 Abs. 3 ArbGG eine abschließende Sonderregelung, die den Rückgriff auf § 5 Abs. 1 S. 2 ArbGG sperrt.[340]

VII. Rechtsverhältnis zwischen Unternehmer und Kunden

77 Im Falle einer erfolgreichen Absatzmittlertätigkeit des Handelsvertreters kommt zwischen dem Unternehmer und dem Kunden ein Vertragsverhältnis zustande. Überwiegend handelt es sich dabei um einen Kaufvertrag. Es gelten die allgemeinen **Grundsätze der Rechtsgeschäftslehre.** Handelt der Handelsvertreter als Abschlussvertreter, muss der Unternehmer solche Umstände, die seinem Handelsvertreter bekannt sind oder bekannt sein müssen, gegen sich gelten lassen (§ 166 Abs. 1 BGB), es sei denn, es liegt ein Missbrauch der Vertretungsmacht vor.[341] Die Vorschrift des § 166 Abs. 1 BGB ist entsprechend anzuwenden, wenn der Handelsvertreter nur als Vermittlungsvertreter auftritt.[342] Ist der Kunde zur Abgabe einer Willenserklärung gegenüber dem Unternehmer durch arglistige Täuschung des Handelsvertreters bestimmt worden, so kann er seine Willenserklärung auch dann anfechten, wenn der Unternehmer die Täuschung nicht kannte oder kennen musste. Der Handelsvertreter, der im Lager des Unternehmers steht, ist nicht Dritter iSv § 123 Abs. 2 S. 1 BGB.[343]

78 Für **schädigende Handlungen** des Handelsvertreters muss der Unternehmer gegenüber dem Kunden schuldrechtlich nach § 278 einstehen, da der Handelsvertreter im Geschäftsverkehr als **Erfüllungsgehilfe** des Unternehmers auftritt. Das gilt insbesondere auch im vorvertraglichen Bereich. Schwieriger zu begründen ist eine Haftung des Unternehmers nach §§ 831, 31 BGB. Der Handelsvertreter steht zwar einerseits im Lager des Unternehmers, ist aber andererseits durch das Erfordernis selbstständiger Tätigkeit nur ausnahmsweise derart in die Geschäftsorganisation des Unternehmers integriert, dass er als **Verrichtungsgehilfe** oder **Repräsentant** des Unternehmers qualifiziert werden kann. Generell wird eine deliktische Haftung des Unternehmers für das Verhalten des Handelsvertreters deshalb überhaupt nur dann in Betracht zu ziehen sein, wenn der Handelsvertreter im Einzelfall dem Weisungsrecht des Unternehmers unterliegt oder sich der Direktion des Unternehmers unterstellt.[344]

---

335 BGH 9.12.1963, NJW 1964, 497; OLG Düsseldorf 1.6.2005, HVR Nr. 1149 = OLGR 2005, 540; OLG Hamm 20.2.2006, HVR Nr. 1155; BAG 15.2.2005, DB 2005, 728; Küstner/Thume VertriebsR-HdB I//Schürr I Rn. 267; Hopt/Hopt Rn. 46; MüKoHGB/Ströbl § 92a Rn. 6; Staub/Emde § 92a Rn. 20f.

336 Hopt/Hopt Rn. 46; MüKoHGB/Ströbl § 92a Rn. 6; Staub/Emde § 92a Rn. 23.

337 BAG 24.10.2002, NJW 2003, 2627 (2628).

338 BAG 24.10.2002, NJW 2003, 2627 (2628).

339 Hopt/Hopt Rn. 47; MüKoHGB/Ströbl § 92a Rn. 6.

340 BAG 15.7.1961, AP § 92a Nr. 1; OLG Köln 14.6.2000, VersR 2001, 894; Preis/Stoffels ZHR 160 (1996), 442 (447); Hopt/Hopt Rn. 47; MüKoHGB/Ströbl § 92a Rn. 6.

341 Vgl. RG 14.10.1931, RGZ 134, 67 (71).

342 BGH 9.5.2000, NJW-RR 2001, 127 (128); 2.2.1996, BGHZ 132, 30 (35) = NJW 1996, 1339; 12.2.1965, NJW 1965, 1174; 14.6.1957, BB 1957, 729; Hopt/Hopt Rn. 53; MüKoBGB/Schubert BGB § 166 Rn. 22; vgl. auch MüKoHGB/Ströbl Rn. 112.

343 OLG Hamburg 19.3.1959, BB 1959, 612; Hopt/Hopt Rn. 54; MüKoHGB/Ströbl Rn. 112.

344 BGH 11.7.2013, NJW-RR 2013, 1513 Rn. 19 mwN; MüKoHGB/Ströbl Rn. 111.

VIII. Rechtsverhältnis zwischen Handelsvertreter und Kunden

79 Der Handelsvertreter steht nur zum Unternehmer in einer schuldvertraglichen Beziehung, bei Untervertretung ggf. zum Hauptvertreter, nicht jedoch zum Kunden,[345] da er durch seine Absatzmittlertätigkeit auf die Vermittlung oder den Abschluss eines fremden Geschäfts hinwirkt, wodurch ggf. ein Vertrag zwischen dem Unternehmer und dem Kunden zustande kommt. Eine unmittelbare **Rechtsbeziehung zum Kunden** entsteht allerdings dann, wenn der Handelsvertreter ein Geschäft abschließt, ohne selbst dazu bevollmächtigt zu sein. In diesem Fall ist der Handelsvertreter dem Dritten nach dessen Wahl zur Erfüllung oder zum Schadensersatz verpflichtet, wenn der Unternehmer das Geschäft nicht genehmigt (§ 179 BGB).

80 Im Übrigen kommt eine **Haftung des Handelsvertreters** auf Schadensersatz nach den allgemeinen Grundsätzen in Betracht. Zu denken ist an ein Verschulden bei Vertragsverhandlungen (§ 280 Abs. 1 BGB iVm § 311 Abs. 3 BGB, § 241 Abs. 2 BGB), soweit der Handelsvertreter als Vertreter und Verhandlungsgehilfe des Unternehmers ein besonderes Maß an Vertrauen für sich in Anspruch nimmt, das dann enttäuscht wird. Freilich lässt sich eine **c.i.c.-Haftung** des Handelsvertreters regelmäßig nicht bereits unter Hinweis auf das wirtschaftliche Interesse des Handelsvertreters an der Erlangung einer Provision begründen.[346] Erforderlich ist vielmehr ein darüber hinausgehendes **wirtschaftliches Eigeninteresse.**[347] Daneben wird häufig eine **Sachwalterhaftung** des Handelsvertreters aus c.i.c. in Betracht gezogen.[348] Dem ist allerdings mit Vorsicht zu begegnen. Sachwalter sind typischerweise Personen, die im eigentlichen Sinne nicht im Lager einer Vertragspartei stehen und gerade deshalb als vertrauenswürdige Auskunftsperson angesehen werden.[349] Das ist beim Handelsvertreter gerade nicht der Fall, da er kein neutraler Mittler ist, sondern die Interessen des Unternehmers wahrnimmt. Eine Sachwalterhaftung wird daher nur in besonders gelagerten Ausnahmefällen in Betracht kommen. Wenig überzeugend sind in diesem Zusammenhang einzelne Versuche in der Rspr., den geschäftlichen Kontakt zwischen Handelsvertreter und Kunden auf die Grundlage spezieller Auskunfts- und Beratungsverträge zu stellen.[350] Dahinter steht zumeist der Gedanke des Kundenschutzes, ohne dass freilich der Wille zum Vertragsabschluss hinreichend erkennbar wird. Denkbar bleibt schließlich eine **deliktische Haftung** des Handelsvertreters nach §§ 823 ff. BGB.[351]

IX. Unselbstständiger Absatzmittler (Abs. 2)

81 Wer eine Absatzmittlertätigkeit iSv Abs. 1 ausübt, ohne selbstständig zu sein, ist **Angestellter** des Unternehmers und kein Handelsvertreter.[352] Einen angestellten Handelsvertreter gibt es nicht. Allerdings kann ein Handelsvertreter neben seiner selbstständigen Tätigkeit in einem Angestelltenverhältnis (zu einem anderen Unternehmer) stehen. Beides schließt sich nicht aus, wenn die Tätigkeitsbereiche klar voneinander abgegrenzt werden können.[353] Der angestellte Absatzmittler ist **Handlungsgehilfe** (§§ 59 ff.), wenn er für einen Kaufmann tätig ist, im Übrigen gelten die Vorschriften der §§ 611 ff. BGB und die weiteren Normen des Arbeits- und Sozialrechts.[354] Die Vorschrift des Abs. 2 soll insoweit im Interesse des Absatzmittlers für eine klare rechtliche Zuordnung des Absatzmittlungsverhältnisses sorgen.[355] Sie ist als Schutznorm zwingend,[356] da abhängig Beschäftigten der Schutz des Arbeitsrechts nicht vorenthalten werden darf.[357] Für Klagen auf Feststellung

[345] BGH 17.11.1998, ZIP 1999, 193; zu abweichenden Gestaltungen BGH 13.1.2000, ZIP 2000, 355 (357); 8.1.1998, ZIP 1998, 1753; OLG Köln 18.6.1999, MDR 2000, 99.

[346] BGH 29.1.1997, NJW 1997, 1233 mwN; 26.1.1971, BB 1971, 543 = BeckRS 1971, 31123983; MüKoHGB/Ströbl Rn. 107; allg. dazu BGH 4.7.1983, BGHZ 88, 67 (70) = NJW 1983, 2696; 29.1.1997, NJW 1997, 1233 mwN; Staudinger/Busche Eckpfeiler, 2024, Rn. C 38 f.

[347] BGH 26.1.1971, BB 1971, 543 (544) = BeckRS 1971, 31123983; MüKoHGB/Ströbl Rn. 107.

[348] BGH 17.6.1991, WM 1991, 1730 = NJW-RR 1991, 1241; 17.10.1989, ZIP 1990, 43 = NJW 1990, 506; 14.11.1983, WM 1984, 1287; OLG Düsseldorf 6.6.1997, NJW-RR 1998, 395; OLG Hamm 3.2.1994, VersR 1995, 167 (168); Hopt/Hopt Rn. 50; MüKoHGB/Ströbl Rn. 107.

[349] Dazu Staudinger/Busche Eckpfeiler, 2024, Rn. C 40.

[350] Vgl. BGH 13.1.2000, ZIP 2000, 355 (357) (Kapitalanlagevermittler); offengelassen von BGH 10.12.2002, NJW 2003, 743 (746) (Reisevermittlung).

[351] Vgl. BGH 26.1.1971, BB 1971, 543 (544) = BeckRS 1971, 31123983; OLG Köln 1.9.1964, BB 1965, 768.

[352] Zu Abgrenzungskriterien SG Frankfurt 8.3.2021, ZVertriebsR 2022, 372 Rn. 33 ff. (Finanzberatung).

[353] OLG Düsseldorf 21.10.1983, WM 1985, 524; Hopt/Hopt Rn. 39; vgl. auch Ebenroth/Boujong/Semmler Rn. 160.

[354] Vgl. Zu SG Frankfurt 8.3.2021, ZVertriebsR 2022, 372 Rn. 32; näher Hromadka NZA 1997, 1249; Hunold, Arbeitsrecht im Außendienst, 2. Aufl. 2006.

[355] Vgl. auch BSG 29.1.1981, BB 1981, 2074.

[356] OLG Düsseldorf 21.10.1983, WM 1985, 524; Hopt/Hopt Rn. 39; Ebenroth/Boujong/Semmler Rn. 160.

[357] Heymann/Stöber Rn. 75.

der Voraussetzungen von Abs. 2 sind die **Arbeitsgerichte** zuständig.[358] Juristische Personen und (teil-)rechtsfähige Personengesellschaften können schon der Sache nach nicht in einem Angestelltenverhältnis stehen.[359] Dies ist bei Personengesellschaften mit der Theorie der Mitgliedschaft, bei juristischen Personen mit der Verbandsverfassung nicht vereinbar. Soweit sie als Absatzmittler tätig sind, handeln sie stets selbstständig.

X. Wettbewerbsrecht

82 **1. Lauterkeitsrecht.** Die Bezeichnung „Handelsvertreter" und von ihr abgeleitete Bezeichnungen wie „Generalvertreter" und „Bezirksvertreter" sind gesetzlich (berufsrechtlich) nicht geschützt. Daher ist die bloße Benutzung einer dieser Bezeichnungen im geschäftlichen Verkehr durch eine Person, die selbst nicht Handelsvertreter iSv § 84 ist, lauterkeitsrechtlich nicht zu beanstanden. Allerdings kann die Verwendung der genannten oder ähnlicher Bezeichnungen in der Werbung, soweit zur Benutzung als solcher weitere Umstände hinzutreten, zu einer **Irreführung** der angesprochenen Verkehrskreise über Merkmale des Angebots und die geschäftlichen Verhältnisse des Werbenden führen (§ 3 Abs. 1 UWG iVm § 5 Abs. 2 Nr. 1 und 3 UWG). Dabei ist von dem normativen Leitbild eines situationsadäquat aufmerksamen, durchschnittlich informierten und verständigen Durchschnittsverbrauchers auszugehen.[360] Verwendet der Werbende etwa den Begriff „Agentur", sieht das Publikum darin regelmäßig den Hinweis auf eine Vermittlungstätigkeit, wie sie beispielsweise im Rahmen eines Handelsvertreterverhältnisses erbracht wird. Eine Irreführungsgefahr kann in diesem Zusammenhang von unverständlichen Abkürzungen ausgehen, die nicht erkennen lassen, dass der Anbieter einer (provisionspflichtigen) Vermittlertätigkeit nachgeht.[361] Im Grundsatz besteht ein Interesse des Publikums daran zu erfahren, ob ein Anbieter im eigenen Namen und für eigene Rechnung handelt oder lediglich als Vermittler der Leistung (Handelsvertreter oder Makler) eines anderen auftritt. Dabei kann unter Umständen selbst eine objektiv richtige geschäftliche Angabe irreführend und damit unlauter iSv § 5 Abs. 1 UWG sein, wenn ein beachtlicher Teil des angesprochenen Publikums mit ihr eine unrichtige Vorstellung verbindet.[362] Legt der Vermittler freilich hinreichend offen, dass er als Handelsvertreter tätig ist, begründet allein die Tatsache, dass er sich von seinen Kunden eine eigenständige Vergütung versprechen lässt, noch nicht den unzutreffenden Eindruck, er trete als Makler auf.[363] Inwieweit sich die angesprochenen Verkehrskreise im Einzelfall überhaupt konkrete Vorstellungen machen, sodass die **Gefahr einer Fehlvorstellung** entsteht, hängt von der Art des zu tätigenden Geschäfts und der jeweiligen Branche ab. Generell gilt, dass es dem Publikum bei Geschäften, die einen gewissen Vertrauenscharakter haben oder auch von ihrem Umfang her aus dem Rahmen fallen, eher auf die Person des Vertragspartners und die Modalitäten der Vertragsdurchführung ankommen wird als bei Geschäften des täglichen Lebens. Von Bedeutung kann insoweit sein, dass sich die Leistung bei Einschaltung von Vermittlern wie Handelsvertretern im Regelfall durch Provisionszahlung verteuert. Verstößt der Handelsvertreter gegen seine Interessenwahrungspflicht (→ § 86 Rn. 12 ff.), beschränken sich die Rechtsfolgen auf Ansprüche des Unternehmers. Die Vorschrift des § 86 Abs. 1 Hs. 1 ist keine drittbezogene Marktverhaltensregel iSv § 3a UWG.[364] Der Handelsvertreter ist anders als der Vertragshändler zudem regelmäßig als Beauftragter des Unternehmers iSv § 8 Abs. 2 UWG anzusehen, sodass Unterlassungs- und Beseitigungsansprüche iSv § 8 Abs. 1 UWG auch gegen den Unternehmer begründet sein können.[365]

83 **2. Kartellrecht. a) Grundsatz.** Der Unternehmer ist in der Lage, durch den strategischen Aufbau eines Absatzmittlungssystems gezielt auf die Marktverhältnisse Einfluss zu nehmen. Dies kann durch die Auswahl der Handelsvertreter geschehen, aber auch durch die Auferlegung von wirtschaftlichen Beschränkungen. Als solche kommen die Zuweisung von Absatzgebieten, aber auch die Verpflichtung zur Einhaltung bestimmter Preise und Konditionen beim Abschluss des Kundengeschäfts in Betracht. Dies wäre kartellrechtlich unproblematisch, wenn der Handelsvertreter nur als verlängerter Arm des Unternehmers, gleichsam als dessen „Filiale" anzusehen wäre. Wie bereits dargestellt (→ Rn. 25 ff.), handelt es sich beim Handelsvertreter jedoch um einen selbstständig agierenden

[358] Schröder, Recht der Handelsvertreter, 5. Aufl. 1973, § 84 Rn. 35b; Ebenroth/Boujong/Semmler Rn. 160.
[359] Ebenso K. Schmidt HandelsR § 27 Rn. 3; Ebenroth/Boujong/Semmler Rn. 160.
[360] Zu Einzelheiten Köhler/Feddersen/Bornkamm/Feddersen UWG § 5 Rn. 0.60 ff.
[361] KG 8.2.1977, WRP 1978, 133 – SEGURA BARGELDAGT.
[362] BGH 23.10.1997, GRUR 1998, 1043 (1044) – GS-Zeichen; MüKoUWG/Ruess UWG § 5 Rn. 185 ff.
[363] BGH 6.11.2013, NJW-RR 2014, 669 Rn. 30 ff. – Vermittlung von Netto-Policen.
[364] BGH 6.11.2013, NJW-RR 2014, 669 Rn. 28 – Vermittlung von Netto-Policen.
[365] BGH 25.9.1970, GRUR 1971, 119 (120) – Branchenverzeichnis; LG Frankfurt/M 9.11.2018, ZVertriebsR 2019, 123 Rn. 19 ff.; vgl. auch BGH 28.10.2010, GRUR 2011, 543 Rn. 11 – Änderung der Voreinstellung III; 7.10.2009, GRUR 2009, 167 Rn. 21 – Partnerprogramm.

Marktbeteiligten, der zwar in das Absatzmittlungssystem des Unternehmers integriert ist, ohne dadurch jedoch den für das Eingreifen des Kartellrechts erforderlichen unternehmerischen Handlungsspielraum von vornherein einzubüßen. Aus diesem Grunde ist die **Anwendung des Kartellrechts** auf den Handelsvertretervertrag **nicht per se ausgeschlossen.** Sie darf freilich nicht dazu führen, dass das Institut des Handelsvertretervertrages, das durch institutionalisierte Weisungsrechte des Unternehmers gekennzeichnet ist (vgl. § 86), gleichsam ausgehebelt wird. Es liegt daher der Gedanke nahe, dem gesetzlichen Leitbild entsprechende („echte") Handelsvertreterverhältnisse nicht dem Kartellrecht zu unterwerfen, während vom Leitbild abweichende („unechte") Handelsvertreterverhältnisse auf den Prüfstand des Kartellrechts zu stellen sind.

b) Wettbewerbsbeschränkende Vereinbarungen (Art. 101 AEUV/§ 1 GWB). Vereinbarungen zwischen Unternehmen, die sich, wie in Handelsvertreterverträgen üblich, auf Preise und Konditionen in Kundenverträgen (Drittverträgen) beziehen oder einem Vertragspartner ein (nachvertragliches) Wettbewerbsverbot auferlegen (Vertikalvereinbarungen), fallen dem Wortlaut nach unter das Kartellverbot (Art. 101 AEUV/§ 1 GWB), da sie jeweils **wettbewerbsbeschränkend** wirken.[366] Materiellrechtlich besteht insoweit ein Gleichlauf zwischen dem Unionsrecht und dem deutschen Kartellrecht (Art. 3 Abs. 2 S. 1 VO (EG) 1/2003; § 22 Abs. 1, 2 GWB), wobei das GWB im Hinblick auf mögliche Freistellungen vom Kartellverbot die nach Art. 101 Abs. 3 AEUV ergangenen Gruppenfreistellungsvereinbarungen in das deutsche Recht inkorporiert (§ 2 Abs. 2 GWB), ohne jedoch wie das Unionsrecht die Eignung zur Beeinträchtigung des Handels zwischen Mitgliedstaaten (Zwischenstaatlichkeitsklausel) vorauszusetzen. Darüber hinaus muss die Wettbewerbsbeschränkung sowohl nach Unionsrecht als auch nach deutschem Recht **spürbar** sein. Dabei handelt es sich um ein ungeschriebenes Tatbestandsmerkmal von Art. 101 AEUV und § 1 GWB.[367] Unter welchen Voraussetzungen von einer spürbaren Wettbewerbsbeschränkung auszugehen ist, wird maßgebend durch die Umstände des Einzelfalls bestimmt. Insoweit können sowohl qualitative Kriterien (Finanzkraft der beteiligten Unternehmen, kumulative Marktabschottung durch parallele Vertragsnetze) als auch quantitative Kriterien (Marktanteile der beteiligten Unternehmen) von Bedeutung sein. Nach der Rspr. des EuGH und der deutschen Gerichte erscheint es nicht ausgeschlossen, dass eine spürbare Wettbewerbsbeschränkung bereits bei einem Marktanteil von 5 % vorliegt.[368] Die Kartellbehörden gehen in ihren Bagatellbekanntmachungen, die freilich keinen rechtsverbindlichen Charakter haben, sondern lediglich eine Selbstbindung herbeiführen, zum Teil von höheren Spürbarkeitsschwellen aus.[369] 84

Soweit wettbewerbsbeschränkende Vereinbarungen spürbar sind (→ Rn. 84) und daher an sich dem Kartellverbot unterliegen, können diese Verträge jedoch vom Kartellverbot freigestellt sein. Denkbar ist eine **Gruppenfreistellung** unter Anwendung der zu diesem Zweck erlassenen Gruppenfreistellungsverordnungen (Art. 101 AEUV; § 2 Abs. 2 GWB) oder subsidiär (für den Fall des Nichteingreifens einer Gruppenfreistellungsverordnung) eine **Einzelfreistellung,** die ebenfalls im Wege einer Legal-Ausnahme erfolgt (vgl. Art. 101 Abs. 3 AEUV; § 2 Abs. 1 GWB). Soweit nicht die Spezialregelungen zum Kraftfahrzeugsektor in Gestalt der **Kfz-GVO**[370] greifen, fallen wettbewerbsbeschränkende Vereinbarungen in Absatzmittlerverträgen grundsätzlich in den Anwendungsbereich der VO (EU) 2022/720 **(Vertikal-GVO),**[371] wonach vertikale Beschränkungen in Verein- 85

[366] Immenga/Mestmäcker/Zimmer, Wettbewerbsrecht, 7. Aufl. 2024, GWB § 1 Rn. 206; **aA** Dreher/Kulka, Wettbewerbs- und Kartellrecht, 12. Aufl. 2023, Rn. 1015 f.

[367] Vgl. nur Immenga/Mestmäcker/Zimmer, Wettbewerbsrecht, 7. Aufl. 2024, GWB § 1 Rn. 49 f., 204 f.; Kölner Komm KartR/Maritzen, 2017, GWB § 1 Rn. 260; grdl. EuGH 9.7.1969, Slg. 1969, 295 (302) – Völk/Vervaecke, zu Art. 85 EG-Vertrag; BGH 14.10.1976, BGHZ 68, 6 (11) = NJW 1977, 804 – Fertigbeton, zu § 1 GWB aF.

[368] Vgl. EuGH 7.6.1983, Slg. 1983, 1825 Rn. 85 f. – Musique Diffusion Française/Kommission; OLG Frankfurt 2.3.1989, WuW/E OLG 4488, 4490 – Konkurrenz im selben Haus.

[369] Vgl. zum Unionsrecht II. Ziff. 8 ff. der Bek. der Kommission über Vereinbarungen von geringer Bedeutung, die im Sinne des Artikel 101 Absatz 1 des Vertrages über die Arbeitsweise der Europäischen Union den Wettbewerb nicht spürbar beschränken (De-minimis-Bek.) vom 30.8.2014, ABl. EU 2014 C 291, 1; (zum deutschen Recht) Ziff. 9 der Bek. Nr. 18/2007 des Bundeskartellamtes über die Nichtverfolgung von Kooperationsabreden mit geringer wettbewerbsbeschränkender Bedeutung („Bagatellbekanntmachung") vom 13.3.2007 (15 %-Schwelle).

[370] VO (EU) 461/2010 der Kommission über die Anwendung von Artikel 101 Absatz 3 des Vertrags über die Arbeitsweise der Europäischen Union auf Gruppen von vertikalen Vereinbarungen und abgestimmten Verhaltensweisen im Kraftfahrzeugsektor vom 27.5.2010, ABl. EG 2010 L 129, 52.

[371] VO (EU) 2022/720 der Kommission über die Anwendung von Artikel 101 Absatz 3 des Vertrages über die Arbeitsweise der Europäischen Union auf Gruppen von vertikalen Vereinbarungen und abgestimmten Verhaltensweisen vom 10.5.2022, ABl. EU 2022 L 134, 4; zuvor VO (EG) 330/2010 der Kommission über die Anwendung von Artikel 101 Absatz 3 des Vertrages über die Arbeitsweise der Europäischen Union auf Gruppen von vertikalen Vereinbarungen und abgestimmten Verhaltensweisen vom 20.4.2010, ABl. EG 2010 L 102, 1 (in Kraft bis 31.5.2022); zur VO (EU) 2022/720 Christodoulou/Holzwarth, NZKart 2022, 540; Haberer, NZKart 2022, 426; Goßler/Wentzel ZVertriebsR 2021, 341; Rohrßen ZVertriebsR 2021, 293.

barungen zwischen zwei oder mehreren Unternehmen, die auf unterschiedlichen Produktions- oder Vertriebsstufen tätig sind, vom Verbot des Art. 101 Abs. 1 AEUV freigestellt sind (Art. 2 Abs. 1 VO (EU) 2022/720). Allerdings sind von dieser Freistellung vertikaler Vereinbarungen solche Vereinbarungen ausgenommen, die den gebundenen Vertragspartner darin beschränken, seine Verkaufspreise selbst festzusetzen (Art. 4 lit. a VO (EU) 2022/720). Nicht freigestellt sind darüber hinaus unter anderem bestimmte Verkaufsgebiets- und Kundenkreisbeschränkungen (Art. 4 lit. b VO (EU) 2022/720), Beschränkungen des aktiven oder passiven Verkaufs an Endverbraucher (Art. 4 lit. c VO (EU) 2022/720) sowie vertragliche und nachvertragliche Wettbewerbsverbote, soweit diese bestimmte Vorgaben nicht beachten (Art. 5 VO (EU) 2022/720).[372] Danach wären Handelsvertreterverträge, die typischerweise Bestimmungen enthalten, die nach der VO (EU) 2022/720 im Einzelfall nicht freistellungsfähig sind, vom Kartellverbot bedroht. Dies würde bedeuten, dass durch die Anwendung des Kartellrechts das Institut der Handelsvertretung selbst in Frage gestellt wäre.

86 Um Handelsvertreterverhältnisse, die dem gesetzlichen Leitbild der §§ 84 ff. entsprechen,[373] gegen die Wirkungen des Kartellrechts zu immunisieren, bedarf es einer methodischen **Begrenzung der Reichweite des Kartellverbots.** Dazu haben die kartellrechtliche Entscheidungspraxis und das Schrifttum unterschiedliche Lösungsansätze vorgeschlagen.[374] Durchgesetzt hat sich im **deutschen Kartellrecht** der Gedanke, dass es in erster Linie auf die Verteilung des wirtschaftlichen Risikos zwischen Unternehmer und Handelsvertreter im Produktmarkt ankommt: Trägt der Handelsvertreter aus den vermittelten Geschäften kein wesentliches wirtschaftliches Risiko, so liegt ein **„echtes" Handelsvertreterverhältnis** iSd gesetzlichen Leitbildes vor. Weisungen und andere Vorgaben hinsichtlich der vermittelten Geschäfte, die der Unternehmer dem Handelsvertreter innerhalb „echter" Handelsvertreterverhältnisse aufgibt, stellen danach schon tatbestandlich keine Wettbewerbsbeschränkung dar.[375] Dagegen sind Abreden zwischen Unternehmer und Handelsvertreter, die das bilaterale vertragliche Verhältnis zwischen den Beteiligten ausgestalten (Vermittlungsmarkt), wie etwa Wettbewerbsverbote oder Alleinvertreterklauseln, als wettbewerbsbeschränkend anzusehen, wenn sie über das nach dem gesetzlichen Leitbild des Handelsvertreterverhältnisses und für dessen Funktionsfähigkeit erforderliche (notwendige) Mindestmaß hinausgehen.[376] In diesen Fällen kommt es auch bei echten Handelsvertreterverhältnissen, die Spürbarkeit der Abreden vorausgesetzt, auf eine Freistellung an (→ Rn. 85). **„Unechte"**, also dem gesetzlichen Leitbild ohnehin nicht entsprechende **Handelsvertreterverhältnisse** sind im Hinblick auf die zwischen Unternehmer und Handelsvertreter getroffenen Abreden grundsätzlich wettbewerbsbeschränkend, soweit die Auswirkungen auf den Wettbewerb spürbar sind. Für sie kommt von vornherein nur eine Freistellung in Betracht. Vereinzelt wird eine wettbewerbsbeschränkende Wirkung von Abreden in Handelsvertreterverträgen, die sich auf das Absatzgebiet, den Vertragspartner und Inhalt des Kundengeschäfts, aber auch auf bilaterale Wettbewerbsverbote beziehen, generell verneint.[377] Ein derartig weitgehendes „Handelsvertreterprivileg" ist allerdings mit der Stellung des Handelsvertreters als selbstständiger Gewerbetreibender nicht vereinbar.

87 Die kartellrechtliche Behandlung von Handelsvertreterverträgen ist nach wie vor mit Unsicherheiten behaftet. Während die bisherige deutsche Entscheidungspraxis trotz nicht immer deckungsgleicher Begründungsansätze in weitem Umfang dogmatisch abgesichert erschien (→ Rn. 86), zeigt die **europäische Rechtspraxis,** die nach der Angleichung des deutschen Kartellverbots an das europäische Kartellrecht durch die 7. GWB-Novelle Maßstab gebend ist, ein nicht ganz einheitliches Bild.[378] Dort gibt es Tendenzen in der Rspr. des EuGH und des EuG, den Unternehmer und den Handelsvertreter bei **„echten" Handelsvertreterverträgen** als wirtschaftliche Einheit zu betrachten, mit der Folge, dass wettbewerbsbeschränkende Abreden innerhalb eines Handelsvertreterverhältnisses schon mangels Unternehmenseigenschaft des Handelsvertreters von vornherein nicht vorliegen können. Damit ist das gesamte Vertragsverhältnis dem Anwendungsbe-

---

[372] Vgl. EuGH 6.12.2017, GRUR 2018, 211 Rn. 62 ff. – Coty Germany (zu Art. 4 lit. b, c VO (EU) 330/2010); 13.11.2011, GRUR 2012, 844 Rn. 48 ff. – Pierre Fabre Dermo-Cosmetique.

[373] Dazu Busche FS Kreutz, 2010, 557 (562 ff.).

[374] Vgl. im Überblick Busche, Preisbindungsverbot und Markenwarenvertrieb, 1990, 97 ff. zu § 15 GWB aF.

[375] Vgl. nur BGH 15.4.1986, BGHZ 97, 317 (322 f.) = NJW 1986, 2954 – EH-Partner-Vertrag; Immenga/Mestmäcker/Zimmer, Wettbewerbsrecht, 7. Aufl. 2024, GWB § 1 Rn. 206.

[376] Vgl. nur BGH 25.9.1990, BGHZ 112, 218 (221) = NJW 1991, 490 – Pauschalreisen-Vermittlung; 10.12.2008, NJW 2009, 1751 Rn. 15 – Subunternehmervertrag II; Immenga/Mestmäcker/Zimmer, Wettbewerbsrecht, 7. Aufl. 2024, GWB § 1 Rn. 206.

[377] Vgl. nur Dreher/Kulka, Wettbewerbs- und Kartellrecht, 12. Aufl. 2023, Rn. 1016.

[378] Dazu auch Genzow IHR 2014, 10 ff.; Kapp/Andresen BB 2006, 2253 (2253 f.); Semler ZVertriebsR 2012, 156 (157 ff.).

reich des Art. 101 Abs. 1 AEUV entzogen.[379] Das EuG ist in diesem Sinne in der Rechtssache „DaimlerChrysler“ davon ausgegangen, dass ein „echtes“ Handelsvertreterverhältnis nicht nur erfordere, dass der Unternehmer alle wesentlichen wirtschaftlichen Risiken trägt; vielmehr sei darüber hinaus eine vollständige **Eingliederung** des Handelsvertreters in den Geschäftsbetrieb des Unternehmers erforderlich.[380] Das ist freilich angesichts der Tatsache, dass das gesetzliche Leitbild des Handelsvertreters nicht fest gefügt ist (→ Rn. 3) und eher auf den Mehrfirmenvertreter und nicht den Einfirmenvertreter ausgerichtet ist[381] (→ Rn. 5), wenig realitätsnah. In der jüngeren Rechtssache „CEPSA“ stellt der EuGH zunächst ebenfalls auf den Aspekt der Risikotragung durch den Unternehmer und die Eingliederung des Handelsvertreters in den Geschäftsbetrieb des Unternehmers als dessen Hilfsorgan ab.[382] Allerdings wird in den weiteren Entscheidungsgründen das Merkmal der Eingliederung als Hilfsorgan nicht mehr aufgegriffen. Vielmehr heißt es, das maßgebliche Element für die Feststellung der wirtschaftlichen Einheit sei die **Verteilung der finanziellen und kommerziellen Risiken.**[383] Damit scheint der EuGH in der Rechtssache „CEPSA“, bezogen auf die vorangegangene Rspr. des EuG, einen modifizierten Begründungsansatz zu verfolgen. Im Einzelnen soll die Verteilung der finanziellen und kommerziellen Risiken zwischen dem Unternehmer und dem Handelsvertreter nach Kriterien wie dem Eigentum an den Waren, der Kostentragung für Vertrieb und Lagerung der Waren, der Haftung für Schäden an den Waren und durch die Waren bei Dritten sowie anhand der Verteilung der marktspezifischen Investitionskosten bestimmt werden.[384] Nicht anwendbar sei Art. 101 AEUV, wenn der Absatzmittler nur einen geringen Teil der Gefahren trage.[385] Das gelte freilich nur für Abreden in Bezug auf die vermittelten Geschäfte, nicht jedoch für bilaterale Abreden wie Ausschließlichkeits- und Wettbewerbsverbotsklauseln.[386] Die Entscheidungsgründe in der Rechtssache CEPSA weisen damit eine weitgehende Übereinstimmung mit den **Vertikalleitlinien**[387] der Europäischen Kommission auf, die allerdings das Merkmal der Risikoverteilung nicht in einen Zusammenhang mit der Unternehmenseigenschaft des Handelsvertreters stellen. Die Vertikalleitlinien unterscheiden anhand der Risikoverteilung der Sache nach ebenfalls zwischen „echten“ und „unechten“ Handelsvertreterverhältnissen.[388] Danach ist Art. 101 Abs. 1 AEUV im Rahmen von echten Handelsvertreterverträgen auf Verpflichtungen des Handelsvertreters bezüglich der für den Unternehmer ausgehandelten oder abgeschlossenen Verträge grundsätzlich nicht anwendbar.[389] Das gilt für Gebietsbeschränkungen, Kundenbeschränkungen sowie Preis- und Konditionenbindungen, die den Gütermarkt betreffen.[390] Dagegen können auf den Handelsvertreter-Dienstleistungsmarkt bezogene bilaterale Abreden wie Wettbewerbsverbote, die eine marktabschottende Wirkung haben, dem Anwendungsbereich des Art. 101 Abs. 1 AEUV unterfallen,[391] sodass es im Einzelfall auf eine Freistellung ankommt. Insgesamt ist damit eine **Konvergenz der Begründungsansätze** festzustellen, wenngleich nicht übersehen werden darf, dass unterschiedliche Akzentuierungen im Einzelfall durchaus zu divergierenden Entscheidungen führen können. Nicht abschließend geklärt ist, welche Bedeutung den einzelnen wirtschaftlichen Risiken für die (Nicht-) Anwendung des Kartellverbots zukommt, insbesondere ob und wie im Einzelfall zwischen Hauptrisiken und sonstigen Risiken zu gewichten ist.[392]

---

[379] Vgl. EuGH 14.12.2006, Slg. 2006, I-12018 = EuZW 2007, 150 Rn. 41 ff. – CEPSA; EuG 15.9.2005, Slg. 2005, II-3318 Rn. 88 ff., 102 = WuW/E EU-R 933 – DaimlerChrysler/Kommission; s. auch BGH 4.3.2008, NJW-RR 2008, 1491 Rn. 40 – Post-Wettannahmestelle.

[380] EuG 15.9.2005, Slg. 2005, II-3318 Rn. 88 ff., 102 = WuW/E EU-R 933 – DaimlerChrysler/Kommission; zust. Pfeffer/Wegner EWS 2006, 296 (297).

[381] S. auch EuGH 1.10.1987, Slg. 1987, 3801 – Flämisches Reisebüro.

[382] EuGH 14.12.2006, Slg. 2006, I-12018 = EuZW 2007, 150 Rn. 43 – CEPSA.

[383] EuGH 14.12.2006, Slg. 2006, I-12018 = EuZW 2007, 150 Rn. 46 – CEPSA; s. auch EuGH 11.9.2008, Slg. 2008, I-06681 = EuZW 2008, 668 Rn. 36 – CEPSA II; öOGH GRUR Int. 2010, 885 (887) – Pressegrosso I.

[384] EuGH 14.12.2006, Slg. 2006, I-12018 = EuZW 2007, 150 Rn. 60 – CEPSA.

[385] EuGH 14.12.2006, Slg. 2006, I-12018 = EuZW 2007, 150 Rn. 61 – CEPSA.

[386] EuGH 14.12.2006, Slg. 2006, I-12018 = EuZW 2007, 150 Rn. 62 – CEPSA; 11.9.2008, Slg. 2008, I-6681 Rn. 41 – CEPSA/Tobar; dazu Dück NJW 2016, 368 (370); Immenga/Mestmäcker/Zimmer, Wettbewerbsrecht, *7. Aufl. 2024, GWB § 1 Rn. 207.*; Kölner Komm KartR/Maritzen, 2017, GWB § 1 Rn. 318 f.; **aA** – zum Wettbewerbsverbot – Kapp WuW 2007, 1218 (1223 ff.).

[387] Mitteilung der Kommission, Leitlinien für vertikale Beschränkungen vom 30.6.2022, ABl. EU 2022 C 248, 1.

[388] Leitlinien Tz. 30 ff.

[389] Leitlinien Tz. 41.

[390] Leitlinien Tz. 41.

[391] Leitlinien Tz. 43.

[392] Dazu auch Uhlig/Walzel ZVertriebsR 2022, 80 (85).

§ 85 [Vertragsurkunde]

[1]Jeder Teil kann verlangen, daß der Inhalt des Vertrages sowie spätere Vereinbarungen zu dem Vertrag in eine vom anderen Teil unterzeichnete Urkunde aufgenommen werden. [2]Dieser Anspruch kann nicht ausgeschlossen werden.

Übersicht

I. Allgemeines

1 Wie bereits dargestellt (→ § 84 Rn. 58), gelten für das Zustandekommen des Handelsvertretervertrages die **Regeln der allgemeinen Rechtsgeschäftslehre.** Die Einhaltung einer bestimmten Form (§ 125 BGB) ist für die Wirksamkeit des Vertrages im Grundsatz ohne Bedeutung. Nach Art. 13 Abs. 2 RL 86/653/EWG können die Mitgliedstaaten die Wirksamkeit des Handelsvertretervertrages zwar von der Einhaltung der **Schriftform** abhängig machen; der deutsche Gesetzgeber hat davon jedoch keinen Gebrauch gemacht. Ausnahmen bestehen für einzelne Abreden; der Schriftform bedürfen insoweit die Übernahme eines Delkredere (§ 86b Abs. 1 S. 3) und die Vereinbarung eines nachvertraglichen Wettbewerbsverbots (§ 90a Abs. 1 S. 1). Dies hindert die Parteien jedoch nicht daran, die Schriftform privatautonom zu vereinbaren (§ 127 BGB). Unabhängig von § 85 kann daher das von einer Partei geäußerte Verlangen nach Errichtung einer Vertragsurkunde bedeuten, dass sie ohne Einhaltung der Schriftform nicht gebunden sein will.[1] In AGB können Schriftformklauseln regelmäßig nicht wirksam vereinbart werden.[2]

2 Die durch die HGB-Novelle 1953 geschaffene Vorschrift des § 85 begründet selbst keinen gesetzlichen Formzwang. Sie gibt den Parteien eines bereits wirksam geschlossenen Handelsvertretervertrages einen (akzessorischen) Anspruch auf Unterzeichnung einer **Vertragsurkunde,** in welcher der Vertragsinhalt aufzunehmen ist. Es handelt sich um einen bloßen **Hilfsanspruch,** der nicht isoliert abtretbar ist (§ 401 BGB).[3] Die Vertragsurkunde hat demgemäß regelmäßig nur deklaratorische und keine konstitutive Bedeutung. Sie dient allein Beweiszwecken.[4] Die Vorschrift dient damit im weiteren Sinne der **Rechtssicherheit.** Gerade bei Dauerschuldverhältnissen wie dem Handelsvertretervertrag kommt es wegen der auf längere Zeit angelegten Vertragsbeziehungen häufig zu Unklarheiten über den vereinbarten Vertragsinhalt, die durch § 85 vermieden werden sollen.[5]

3 Der Anspruch aus § 85 ist im Interesse der Rechtssicherheit **nicht abdingbar** (S. 2). Dies bedeutet, dass der Anspruch weder inhaltlich noch zeitlich beschränkt werden darf.[6] Unwirksam sind daher beispielsweise Vereinbarungen, die den Anspruch an andere als die in § 85 genannten Voraussetzungen knüpfen oder zu einer Befristung gleich welcher Art führen. Die Vorschrift des § 85 ist auf **Vertragshändler, Kommissionsagenten** und **Franchisenehmer** analog anwendbar.[7]

II. Anspruch auf Vertragsurkunde

4 **1. Entstehung und Fälligkeit.** Der Anspruch auf Unterzeichnung der Vertragsurkunde entsteht mit dem Abschluss eines wirksamen Handelsvertretervertrages (→ § 84 Rn. 58) und erneut mit jeder Vertragsänderung. Dies folgt aus dem Wortlaut von S. 1. Fällig wird der Anspruch mit der

[1] OLG Frankfurt 4.3.1997, MDR 1997, 1139.
[2] BGH 26.11.1984, NJW 1985, 623 (630); UBH/Schmidt Teil 2, Schriftformklauseln, Rn. 11.
[3] Ebenso Ebenroth/Boujong/Semmler Rn. 9; allg. dazu Staudinger/Busche, 2022, BGB § 401 Rn. 28 ff.
[4] OLG München 8.5.1956, VersR 1957, 97; MüKoHGB/Ströbl Rn. 8.
[5] Begr. RegE, BT-Drs. 1/3856, 18 zu § 85a RegE.
[6] MüKoHGB/Ströbl Rn. 22.
[7] Scriba/Liesegang, ZVertriebsR 2021, 348 (357); zum Vertragshändler und Franchisenehmer MüKoHGB/Ströbl Rn. 1; zum Franchisenehmer Matthießen ZIP 1988, 1089 (1095); Ebenroth/Boujong/Semmler Rn. 3.

Geltendmachung durch einen Anspruchsberechtigten (→ Rn. 6). Dabei handelt es sich um eine **geschäftsähnliche Handlung.**[8] Der Anspruch kann jederzeit geltend gemacht werden.[9] Ein unmittelbarer zeitlicher Zusammenhang mit dem Vertragsschluss oder der Vertragsänderung ist nicht erforderlich, da es allein auf das Bedürfnis nach Klarstellung ankommt.[10]

2. Anspruchsinhalt. Der Anspruchsberechtigte hat gegen den Anspruchsverpflichteten einen Anspruch auf **eigenhändige Unterzeichnung** der Urkunde iSv § 126 BGB,[11] ersatzweise wird der Beweiszweck auch durch Verwendung der elektronischen Form (§ 126 Abs. 3 BGB, § 126a BGB)[12] oder notarielle Beurkundung gewahrt (§ 126 Abs. 4 BGB, § 128 BGB). Der Anspruchsverpflichtete ist jedoch nicht notwendig auch zur Errichtung der Urkunde verpflichtet.[13] Das folgt aus dem Wortlaut von S. 1, der offen lässt, wer die Urkunde errichtet. Dies kann der Anspruchsverpflichtete oder der Anspruchsberechtigte, aber auch ein Dritter sein. Mit der Unterzeichnung einer nicht selbst aufgesetzten Urkunde macht sich der Verpflichtete deren Inhalt zu eigen. Den Anforderungen an eine Vertragsurkunde entspricht auch ein kaufmännisches Bestätigungsschreiben über den Inhalt der getroffenen Vereinbarung.[14] Dieses kann konstitutive Bedeutung haben, wenn es den Vertragsinhalt nicht zutreffend wiedergibt, ohne dass der Empfänger widerspricht.[15] 5

3. Anspruchsberechtigter. Den Anspruch auf Unterzeichnung einer Vertragsurkunde können sowohl der **Unternehmer** als auch der **Handelsvertreter** geltend machen. Für den Handelsvertreter gilt dies unabhängig von seiner Person (→ § 84 Rn. 14 ff.) und der Art der Handelsvertretung, also auch für Untervertreter, Einfirmenvertreter (§ 92a) und Handelsvertreter im Nebenberuf (§ 92b).[16] Der Anspruch geht auf die Erben der Berechtigten über. Die Geltendmachung des Anspruchs durch einen Vertragsteil schließt nicht aus, dass auch der andere Vertragsteil die Unterzeichnung einer Vertragsurkunde verlangt. 6

4. Anspruchsverpflichteter. Je nach dem, wer den Anspruch auf Unterzeichnung der Vertragsurkunde geltend macht, richtet sich der Anspruch gegen den jeweils **anderen Vertragsteil,** also den Unternehmer oder den Handelsvertreter, ggf. auch gegen deren Erben. Verlangen beide Vertragsteile die Unterzeichnung (→ Rn. 6), sind beide Teile gegenseitig zur Unterzeichnung der Vertragsurkunde verpflichtet.[17] 7

III. Inhalt, Rechtsnatur und Rechtswirkungen der Vertragsurkunde

1. Urkundeninhalt. Entsprechend ihrem Beweiszweck soll die Vertragsurkunde über den Inhalt des Handelsvertreterverhältnisses Auskunft geben. Aus der Urkunde müssen sich deshalb **sämtliche Umstände** ergeben, **die für** die **Vertragsdurchführung von Bedeutung** sind. Aufzunehmen sind also insbesondere die Aufgaben des Handelsvertreters (Art und Umfang der Absatzmittlertätigkeit und einer etwaigen Abschlussvollmacht), das Vertragsgebiet, die Provisionsvereinbarungen und Wettbewerbsabreden, ferner die Vereinbarungen zur Vertragsdauer und zu Kündigungsmöglichkeiten. Erforderlich sind nur solche Angaben, die sich nicht unmittelbar aus dem Gesetz ergeben. Ein pauschaler Hinweis auf die gesetzlichen Bestimmungen ist entbehrlich,[18] da sich ihre Geltung von selbst ergibt, soweit nichts Abweichendes vereinbart ist. 8

Im Falle der **Vertragsänderung** ist der Anspruch regelmäßig auf Fixierung des geänderten Vertragsinhalts gerichtet.[19] Der bisherige Vertragsinhalt muss nicht aufgenommen werden, selbst wenn er bisher nicht fixiert wurde.[20] Soweit allerdings die Änderungen umfangreicherer Natur sind oder Zweifel über den Vertragsinhalt nahe liegen, kann der Berechtigte auch im Falle einer Vertragsänderung die Fixierung des gesamten Vertragsinhalts verlangen.[21] 9

---

[8] Ebenso MüKoHGB/Ströbl Rn. 12.

[9] Hopt/Hopt Rn. 9.

[10] Vgl. auch Begr. RegE, BT-Drs. 1/3856, 18 zu § 85a RegE.

[11] BGH 21.2.2006, NJW-RR 2006, 755 Rn. 7.

[12] Scriba/Liesegang, ZVertriebsR 2021, 348 (357); BeckOK HGB/Lehmann, 48. Ed. 1.10.2025, Rn. 15; **aA** Ebenroth/Boujong/Semmler Rn. 5.

[13] MüKoHGB/Ströbl Rn. 16; **aA** Heymann/Stöber Rn. 6.

[14] Ebenroth/Boujong/Semmler Rn. 4; MüKoHGB/Ströbl Rn. 6; Staub/Emde Rn. 15.

[15] MüKoHGB/Ströbl Rn. 6; Staub/Emde Rn. 13.

[16] Heymann/Stöber Rn. 2; MüKoHGB/Ströbl Rn. 13.

[17] Heymann/Stöber Rn. 7.

[18] MüKoHGB/Ströbl Rn. 3; **aA** Heymann/Stöber Rn. 7; Staub/Emde Rn. 14.

[19] MüKoHGB/Ströbl Rn. 11; Staub/Emde Rn. 15.

[20] Staub/Emde Rn. 11; anders Ebenroth/Boujong/Semmler Rn. 6 (regelmäßig Anspruch auf neue vollständige Urkunde).

[21] Hopt/Hopt Rn. 6 (bei berechtigtem Interesse); Heymann/Stöber Rn. 7; MüKoHGB/Ströbl Rn. 11.

10 **2. Rechtsnatur.** Die Vertragsurkunde hat den Charakter einer **Wissenserklärung.**[22] Sie bezeugt lediglich, dass das Handelsvertreterverhältnis mit dem in der Urkunde niedergelegten Inhalt besteht.

11 **3. Rechtswirkungen.** Die Vertragsurkunde bezeugt als Privaturkunde iSv § 416 ZPO, dass die in ihr enthaltene Erklärung von dem Aussteller der Urkunde stammt. Dadurch wird zudem die **widerlegliche Vermutung der Richtigkeit** der Erklärung begründet.[23] Eine weiter gehende Vermutung der Vollständigkeit des Erklärten besteht immer nur bezogen auf den konkreten Beweiszweck der Vertragsurkunde. Dieser kann sich auf den gesamten Vertragsinhalt beziehen, also den ursprünglichen Vertragsinhalt und nachfolgende Änderungen umfassen, aber auch nur auf eine Vertragsänderung beschränkt sein.[24]

IV. Erlöschen und Durchsetzbarkeit des Anspruchs

12 **1. Erlöschen des Anspruchs.** Der Anspruch aus § 85 erlischt nach allgemeinen Regeln mit der **Erfüllung** (§ 362 Abs. 1 BGB; → Rn. 5). Zweifelhaft ist, wie sich die Beendigung des Vertragsverhältnisses auswirkt. Insoweit ist zu bedenken, dass das Handelsvertreterverhältnis trotz Beendigung des Vertrages regelmäßig noch nicht vollständig abgewickelt sein wird, sodass die Vorschrift des § 85 auch nach der Vertragsbeendigung noch der Beweiserleichterung dienen kann. Das gilt insbesondere für Provisionsansprüche (§ 87), Ausgleichszahlungen (§ 89b), Verschwiegenheitsverpflichtungen (§ 90) und Wettbewerbsabreden (§ 90a). Der Anspruch aus § 85 besteht daher über die Beendigung des Vertrages hinaus bis zu seiner vollständigen **Abwicklung.**[25]

13 Einem **Verzicht** auf den Anspruch steht dessen Unabdingbarkeit entgegen (S. 2). Das gilt nicht nur für das Stadium bis zur Vertragsbeendigung, sondern darüber hinaus bis zur vollständigen Vertragsabwicklung.[26] Der hinter dem Schutzzweck des § 85 stehende Gedanke der Rechtssicherheit steht nämlich nicht zur Disposition des Anspruchsberechtigten. Selbstverständlich bleibt es seine privatautonome Entscheidung, ob er den Anspruch geltend machen will.

14 Aus den zuvor zum Anspruchsverzicht angeführten Gründen kommt auch eine **Verwirkung** des Anspruchs aus § 85 nicht in Betracht.[27] Der Anspruch kann jedoch gem. § 242 BGB erlöschen, wenn er rechtsmissbräuchlich geltend gemacht wird. Ein derartiger Fall mag gegeben sein, wenn nur noch einzelne außer Streit stehende Ansprüche zu erfüllen sind.

15 **2. Durchsetzbarkeit.** Der Anspruch aus § 85 **verjährt nach allgemeinen Regeln** (§ 199 BGB) drei Jahre nach Schluss des Jahres, in dem die vollständige Abwicklung des Vertragsverhältnisses eintritt, da sich der Anspruch aus § 85 bis zu diesem Zeitpunkt jeweils neu aktualisieren kann.[28]

V. Nichterfüllung des Anspruchs

16 **1. Gerichtliche Durchsetzung.** Bestreitet der Anspruchsverpflichtete einen Anspruch des Berechtigten aus § 85 oder lehnt er die Unterzeichnung einer Urkunde aus anderen Gründen ab, kann der Berechtigte den Anspruch aus § 85 gerichtlich durchsetzen.[29] Dabei ist auf Unterzeichnung und Aushändigung einer vom Kläger vorzulegenden Urkunde anzutragen. Die **Beweislast** für das Bestehen des Anspruchs aus § 85 trägt der Kläger. Er hat daher auch zu beweisen, dass er gerade einen Anspruch auf Unterzeichnung einer Urkunde mit dem vorgelegten Inhalt hat. Gelingt ihm dies nicht oder nur teilweise, ist die Klage in dem Umfang abzuweisen, in dem der Kläger beweisfällig geblieben ist.[30] Die **Vollstreckung** des Urteils richtet sich nicht nach § 894 ZPO, sondern nach § 888 ZPO, da der Schuldner eine Urkunde zu unterschreiben und auszuhändigen hat.[31] Dabei handelt es sich um eine nicht vertretbare Handlung. Gegenstand des Anspruchs aus § 85 ist gerade

[22] MüKoHGB/Ströbl Rn. 9 (ähnlich einer Quittung iSv § 368 BGB).

[23] OLG München 8.5.1956, VersR 1957, 97; LAG Bremen 5.7.1960, DB 1960, 1212; Hopt/Hopt Rn. 10.

[24] Nicht diff. OLG München 8.5.1956, VersR 1957, 97; LAG Bremen 5.7.1960, DB 1960, 1212; Hopt/Hopt Rn. 10.

[25] Küstner/Thume VertriebsR-HdB I/Schröder II Rn. 127; Hopt/Hopt Rn. 6; Ebenroth/Boujong/Semmler Rn. 7; NK-HGB/J. Keßler Rn. 9; MüKoHGB/Ströbl Rn. 18.

[26] Für Verzichtsmöglichkeit nach Ablauf der Vertragszeit dagegen Ebenroth/Boujong/Semmler Rn. 7; MüKoHGB/Ströbl Rn. 19.

[27] Vgl. auch Ebenroth/Boujong/Semmler Rn. 7 (grds. nicht verwirkbar); **aA** für den Abwicklungszeitraum MüKoHGB/Ströbl Rn. 20.

[28] Hopt/Hopt Rn. 7; MüKoHGB/Ströbl Rn. 21; wohl auch Ebenroth/Boujong/Semmler Rn. 7; bezogen auf das Ende der Vertragszeit auch Staub/Emde Rn. 19.

[29] BGH 4.11.1998, ZIP 1998, 2152 (2153).

[30] MüKoHGB/Ströbl Rn. 23.

[31] Hopt/Hopt Rn. 9; Ebenroth/Boujong/Semmler Rn. 12; Heymann/Stöber Rn. 9; MüKoHGB/Ströbl Rn. 24; **aA** Küstner/Thume VertriebsR-HdB I/Schröder II Rn. 131 f.

nicht die Abgabe einer Willenserklärung, wie von § 894 ZPO vorausgesetzt. Verweigert der Schuldner lediglich die Herausgabe der Urkunde, richtet sich die Vollstreckung nach § 883 ZPO.

2. Kündigungsrecht und Schadensersatz. Verweigert der Anspruchsverpflichtete die Unterschriftsleistung oder Aushändigung der Urkunde, kann dadurch das gegenseitige Vertrauen zwischen den Vertragsparteien erschüttert werden. Im Einzelfall kann sich daraus für den Anspruchsberechtigten ein Recht zur fristlosen Kündigung des Vertragsverhältnisses ergeben (§ 89a).[32] Daneben besteht aufgrund der Pflichtverletzung des Anspruchsverpflichteten ggf. ein Anspruch des Anspruchsberechtigten auf Schadensersatz (§ 280 Abs. 1 BGB).[33] 17

§ 86 [Pflichten des Handelsvertreters]

(1) Der Handelsvertreter hat sich um die Vermittlung oder den Abschluß von Geschäften zu bemühen; er hat hierbei das Interesse des Unternehmers wahrzunehmen.

(2) Er hat dem Unternehmer die erforderlichen Nachrichten zu geben, namentlich ihm von jeder Geschäftsvermittlung und von jedem Geschäftsabschluß unverzüglich Mitteilung zu machen.

(3) Er hat seine Pflichten mit der Sorgfalt eines ordentlichen Kaufmanns wahrzunehmen.

(4) Von den Absätzen 1 und 2 abweichende Vereinbarungen sind unwirksam.

Schrifttum: Birkhahn, Wettbewerbsverbote für Handelsvertreter auch ohne vertragliche Vereinbarung?, BB 1961, 1351; v. Brunn, Das Wettbewerbsverbot im Handelsvertreterrecht beim Fehlen einer Vereinbarung, AcP 163 (1964), 487; Höld, Verwendung von Kundendaten durch ausgeschiedene Versicherungsvertreter, NJW 2016, 2774; Korte/Harten, Geheimnisschutz im Vertriebsrecht – Ohne angemessene Schutzmaßnahmen kein Schutz der Betriebs- und Geschäftsgeheimnisse mehr?, ZVertriebsR 2021, 155; Maier, Das gesetzliche Wettbewerbsverbot für Handelsvertreter, BB 1979, 500, 501; Rittner, Das Wettbewerbsverbot im Handelsvertreterrecht, FS Reinhardt, 1972, 301.

Übersicht

I. Allgemeines

Der Handelsvertretervertrag ist typologisch ein Dienstvertrag, der auf eine Geschäftsbesorgung gerichtet ist (→ § 84 Rn. 2, → § 84 Rn. 52). Auf den Handelsvertretervertrag sind daher an sich die §§ 611 ff. BGB und kraft Verweisung in § 675 Abs. 1 BGB auch einzelne Vorschriften des Auftragsrechts (§§ 663, 665–670, 672–674 BGB) anzuwenden. Das gilt in Bezug auf die Pflichten des Handelsvertreters freilich nur, soweit § 86 keine vorrangige Regelung trifft. Die Vorschrift hat damit im Verhältnis zu den allgemeinen zivilrechtlichen Vorschriften den Charakter einer lex specialis, trifft insoweit aber **keine abschließende Regelung** zu den (wesentlichen) Pflichten des Handelsvertreters.[1] Im Übrigen bleibt es den Beteiligten unbenommen, abweichende Regelungen zu treffen, es sei denn, das Gesetz schließt dies ausdrücklich aus (→ § 84 Rn. 57). Eine derartige Regelung enthält Abs. 4, der Abweichungen von Abs. 1 und 2 ausschließt. 1

[32] BGH 21.2.2006, WM 2006, 1115 = NJW-RR 2006, 755; OLG München 8.5.1956, VersR 1957, 97; Hopt/Hopt Rn. 10; Ebenroth/Boujong/Semmler Rn. 6; MüKoHGB/Ströbl Rn. 25.

[33] OLG München 8.5.1956, VersR 1957, 97 zum früheren Recht; Hopt/Hopt Rn. 10; MüKoHGB/Ströbl Rn. 25.

[1] MüKoHGB/Ströbl Rn. 3.

2 In seiner jetzigen Gestalt existiert die Vorschrift des § 86 erst seit dem Inkrafttreten der **Handelsvertreternovelle 1989**[2] am 1.1.1990. Ursprünglich waren Abs. 1 Hs. 2 und Abs. 2 der Vorschrift in § 84 aF enthalten. Diese Vorschriften wurden bereits durch die Handelsrechtsnovelle 1953 in die Vorschrift des § 86 überführt und durch Abs. 1 Hs. 1 sowie Abs. 3 ergänzt. Dadurch sollte die Pflichtenstruktur des Handelsvertretervertrages gegenüber der zuvor geltenden Rechtslage präzisiert werden.[3] Der vierte Absatz ist in Umsetzung von Art. 5 RL 86/653/EWG durch die Handelsvertreternovelle 1989 in das Gesetz eingefügt worden.[4] Ursprünglich sollten mit der Handelsvertreternovelle 1989 auch Abs. 1 Hs. 2 (in Anlehnung an Art. 3 Abs. 2 lit. c RL 86/653/EWG) neu gefasst und Abs. 3 (als „überflüssige Doppelregelung") gestrichen werden.[5] Beides ist im Gesetzgebungsverfahren gescheitert.[6]

II. Pflichtenstruktur

3 **1. Allgemeines. a) Gesetzessystematik.** Die Vorschrift des § 86 präzisiert die Pflichtenstruktur des Handelsvertretervertrages, indem sie sowohl die Hauptpflichten als auch die Nebenpflichten des Handelsvertreters näher beschreibt. Als **Hauptpflicht** des Handelsvertreters sieht das Gesetz die bereits in § 84 Abs. 1 erwähnte Absatzmittlertätigkeit an, nämlich die Pflicht des Handelsvertreters, sich um die Vermittlung und den Abschluss von Geschäften zu bemühen (Abs. 1 Hs. 1).[7] Hierbei treffen ihn eine Reihe von **Nebenpflichten.** In § 86 sind – nicht abschließend – nur zwei ausdrücklich genannt, nämlich das Interesse des Unternehmers wahrzunehmen (Abs. 1 Hs. 2) und ihm die erforderlichen Nachrichten zu geben (Abs. 2).

4 **b) Unionsrecht.** Diese Systematik des deutschen Handelsvertreterrechts[8] harmoniert auf den ersten Blick nur bedingt mit der RL 86/653/EWG. Dort wird die **Interessenwahrungspflicht** des Handelsvertreters in dem mit „Rechte und Pflichten" überschriebenen Kapitel II als **wesentliche Pflicht** herausgestrichen (Art. 3 Abs. 1 RL 86/653/EWG), während die anderen Pflichten, auch die Verpflichtung zur Absatzmittlung, als Unterfall der Interessenwahrung („im Besonderen") erscheinen (Art. 3 Abs. 2 RL 86/653/EWG). Undeutlich bleibt freilich, ob der Gemeinschaftsgesetzgeber insoweit eine andersartige Festlegung der Haupt- und Nebenpflichten treffen wollte. Dagegen spricht, dass die Absatzmittlertätigkeit unabhängig von der Interessenwahrungspflicht in Art. 1 Abs. 2 RL 86/653/EWG besonders hervorgehoben wird und daher auch nach Unionsrecht als Hauptpflicht anzusehen ist. Soweit sie in Art. 3 Abs. 2 RL 86/653/EWG im Kontext mit der Interessenwahrungspflicht nochmals erwähnt wird, ist dies dahin gehend zu verstehen, dass auch die Interessenwahrungspflicht – als Nebenpflicht – auf die Absatzmittlertätigkeit ausgerichtet ist. Im Grundansatz, nämlich im Hinblick auf die Verteilung der Haupt- und Nebenpflichten, entsprechen §§ 84, 86 damit den Vorgaben der Richtlinie. Die weiteren Vorgaben der Richtlinie sind dagegen zum Teil nur unvollkommen oder gar nicht umgesetzt worden, sodass § 86 in jedem Fall der richtlinienkonformen Auslegung bedarf (→ Rn. 16, → Rn. 45, → Rn. 47).

5 **2. Hauptpflicht.** Wie sich bereits aus § 84 Abs. 1 S. 1 ergibt, besteht die Hauptpflicht des Handelsvertreters darin, für den Unternehmer eine **Absatzmittlertätigkeit** auszuüben, also Geschäfte zu vermitteln oder in dessen Namen abzuschließen (→ § 84 Rn. 43 ff.). Diese Hauptpflicht wird in § 86 Abs. 1 Hs. 1 erneut angesprochen. Der von § 84 abweichende Wortlaut der Vorschrift, wonach sich der Handelsvertreter um Geschäftskontakte zu „bemühen" hat, darf nicht als Relativierung der Aussage des § 84 verstanden werden. Er deutet vielmehr lediglich darauf hin, dass der Handelsvertreter keinen über die Absatzmittlertätigkeit hinausgehenden Erfolg schuldet.[9] Auf der anderen Seite muss sich der Handelsvertreter schon aufgrund des Geschäftsbesorgungsverhältnisses, das ihn mit dem Unternehmer verbindet, jedenfalls um Geschäftskontakte bemühen. Bleibt er tatenlos, kann dies zu Schadensersatzansprüchen des Unternehmers führen (→ § 84 Rn. 67).

6 **3. Nebenpflichten.** Während die Hauptpflicht des Handelsvertreters bereits in § 84 Abs. 1 S. 1 geregelt ist, besteht die eigentliche Bedeutung von § 86 in der Benennung der für den Handelsvertreter geltenden Nebenpflichten, wenngleich diese nicht erschöpfend ist. Die Nebenpflichten des

---

[2] Gesetz zur Durchführung der EG-Richtlinie zur Koordinierung des Rechts der Handelsvertreter vom 23.10.1989, BGBl. 1989 I 1910.
[3] Dazu Begr. RegE, BT-Drs. 1/3856, 18 f.
[4] Dazu Begr. RegE, BR-Drs. 339/88, 9, 14.
[5] Dazu Begr. RegE, BR-Drs. 339/88, 9, 13 f.
[6] Vgl. BT-RA, BT-Drs. 11/4559, 3, 9.
[7] *Ebenroth/Boujong/Semmler* Rn. 1.
[8] Vgl. insoweit Begr. RegE, BT-Drs. 1/3856, 13 f.
[9] Ebenso *Ebenroth/Boujong/Semmler* Rn. 1.

Unternehmers behandelt das Gesetz in § 86a. Zu den in § 86 erwähnten Nebenpflichten des Handelsvertreters gehören die **Interessenwahrungspflicht** (Abs. 1 Hs. 2), die **Informationspflicht** (Abs. 2) und die **Sorgfaltspflicht** (Abs. 3). Schon die systematisch herausgehobene Erwähnung der Interessenwahrungspflicht in Abs. 1 Hs. 2 im unmittelbarem Anschluss an die Hauptpflicht zeigt, dass es sich dabei um die wesentliche Nebenpflicht handelt, die gewissermaßen das gesamte Handelsvertreterverhältnis überwölbt und der sich die anderen Nebenpflichten der Sache nach unterzuordnen haben (→ Rn. 12 ff.).

4. Dauer der Verpflichtung (Zeitmoment). Wie bei jedem Schuldverhältnis sind die Vertrags- 7 parteien auch beim Handelsvertretervertrag verpflichtet, die Haupt- und Nebenpflichten **während** der Laufzeit **des Vertragsverhältnisses** zu erfüllen.[10] Der Dauerschuldcharakter des Handelsvertretervertrages bringt es insoweit mit sich, dass sich die jeweiligen Pflichten im Laufe der Zeit ständig aktualisieren. Darüber hinaus entsteht zwischen den Parteien des Vertrages sowohl in zeitlicher Hinsicht als auch aufgrund der Eigenheiten des Vertragsgegenstandes ein besonderes „Näheverhältnis", das sie zu besonderer Rücksichtnahme verpflichtet. Das gilt für den Handelsvertreter insbesondere im Hinblick auf seine Einbindung in die Absatzorganisation des Unternehmers. Charakteristisch für das Handelsvertreterverhältnis sind daher typischerweise eine Reihe von Nebenpflichten, die **über** die eigentliche **Vertragslaufzeit hinaus** fortbestehen. Dazu gehören das Verbot der Preisgabe von Geschäfts- und Betriebsgeheimnissen des Unternehmers (§ 90) und das nachvertragliche Wettbewerbsverbot (§ 90a). Entsprechendes gilt für die Informationspflicht gem. § 86 Abs. 2 (→ Rn. 35 ff.), soweit sich die Informationsgegenstände (→ Rn. 36) auf die Vertragslaufzeit beziehen.[11] Der Handelsvertreter kann auch verpflichtet sein, im Geschäftsverkehr darauf hinzuweisen, dass die Absatzmittlertätigkeit für einen Unternehmer beendet worden ist.[12] Diese Verpflichtung kann auch lauterkeitsrechtlich begründet sein (§§ 3, 5 UWG). Die Verletzung nachvertraglicher Pflichten kann zu einem Schadensersatzanspruch des Unternehmers aus § 280 Abs. 1 BGB führen (→ § 84 Rn. 71). Entsprechend kommen nach den allgemeinen Regeln (§ 280 Abs. 1 BGB iVm § 311 Abs. 2 BGB, § 241 Abs. 2 BGB) auch Schadensersatzansprüche des Unternehmers bei Pflichtverletzungen im vorvertraglichen Bereich in Betracht (→ § 84 Rn. 70).

5. Verpflichteter. Die Haupt- und Nebenpflichten aus dem Handelsvertreterverhältnis betreffend 8 die Erbringung der Absatzmittlertätigkeit treffen den Handelsvertreter. Dies versteht sich von selbst, soweit es sich um eine natürliche Person handelt. Bei **Personengesellschaften** sind diese als solche verpflichtet (§ 105 Abs. 2), daneben aber auch deren Gesellschafter als Gesamtschuldner (§ 126). Dagegen besteht bei **Kapitalgesellschaften** (GmbH, AG) keine Haftung der Gesellschafter oder der Gesellschaftsorgane für die Verbindlichkeiten der Gesellschaften aus Handelsvertreterverträgen, die diese mit Unternehmern abgeschlossen haben. Etwas anderes gilt nur dann, wenn Gesellschafter oder Gesellschaftsorgane persönlich in die Verpflichtung der Gesellschaft einbezogen sind.[13] Da Gesellschaften nicht selbst, sondern nur durch ihre Organe handeln können, machen diese sich unter Umständen gegenüber der Gesellschaft schadensersatzpflichtig, wenn sie die Pflichten der Gesellschaft aus dem Handelsvertreterverhältnis nicht oder nicht vertragsgemäß erfüllen (vgl. § 93 Abs. 2 AktG, § 43 Abs. 2 GmbHG). Der Handelsvertreter hat die Pflichten aus dem Handelsvertretervertrag **im Zweifel persönlich** zu erfüllen (§ 613 S. 1 BGB; → § 84 Rn. 54). (Teil-) Rechtsfähige Personenverbände und Kapitalgesellschaften handeln insoweit durch ihre Organe. Freilich kann sich der Handelsvertreter zur Erfüllung seiner Verbindlichkeiten aus dem Handelsvertretervertrag weiterer **Erfüllungsgehilfen** bedienen, für die er dann nach § 278 BGB einstehen muss.[14] Der Einsatz von Untervertretern ist nicht ausgeschlossen (→ § 84 Rn. 48 ff.).

6. Berechtigter. Der Handelsvertreter schuldet die Absatzmittlertätigkeit dem jeweiligen Unter- 9 nehmer. Da die Verpflichtung zur Dienstleistung höchstpersönlicher Natur ist (→ § 84 Rn. 54), kann der Unternehmer den Primäranspruch auf Leistung der Absatzmittlerdienste **im Zweifel nicht auf Dritte übertragen** (§ 613 S. 2 BGB). Geht der Betrieb oder ein Betriebsteil des Unternehmers durch Rechtsgeschäft auf einen anderen Inhaber über, wird davon das Handelsvertreterverhältnis nicht automatisch erfasst. Denkbar wäre ohnehin nur eine analoge Anwendung der für Arbeitnehmer geltenden Vorschrift des § 613a BGB, für die aber kein Bedürfnis besteht, weil der selbstständige Handelsvertreter bereits durch §§ 89 f. hinreichend geschützt ist.[15]

---

[10] OLG Düsseldorf 3.7.1969, DB 1969, 2077; Heymann/Stöber Rn. 4; MüKoHGB/Ströbl Rn. 11.
[11] OLG München 30.6.2016, ZVertriebsR 2017, 196 Rn. 51.
[12] LG Düsseldorf 15.1.1969, WRP 1969, 462 (463); MüKoHGB/Ströbl Rn. 11.
[13] MüKoHGB/Ströbl Rn. 6 f.
[14] MüKoHGB/Ströbl Rn. 8.
[15] MüKoHGB/Ströbl Rn. 10.

10 **7. Rechtsfolgen.** Dem Unternehmer steht gegen den Handelsvertreter nach allgemeinen Regeln ein Anspruch auf Erfüllung der vertraglichen Pflichten oder Unterlassen vertragswidrigen Verhaltens zu. Verletzt der Handelsvertreter seine Vertragspflichten, kann der Unternehmer darüber hinaus die allgemeinen sekundärrechtlichen Ansprüche geltend machen (→ § 84 Rn. 67).

III. Nebenpflichten des Handelsvertreters

11 **1. Überblick.** Die Ausgestaltung des Handelsvertreterverhältnisses als Geschäftsbesorgung für den Unternehmer bringt es mit sich, dass den Handelsvertreter neben der Hauptpflicht zur Absatzmittlung (→ Rn. 5; → § 84 Rn. 43 ff.) eine Reihe von Nebenpflichten treffen, die von der Interessenwahrungspflicht (Abs. 1 Hs. 2; → Rn. 12 ff.) dominiert werden. Daher handelt es sich bei der in Abs. 2 genannten Informationspflicht (→ Rn. 35 ff.) und der in Abs. 3 geregelten Sorgfaltspflicht (→ Rn. 45 ff.) der Sache nach nur um nähere Ausgestaltungen der Interessenwahrungspflicht. Gleichwohl werden diese Nebenpflichten entsprechend dem Gesetzesaufbau nachfolgend gesondert behandelt (→ Rn. 12 ff.). Daneben können weitere, im Gesetz nicht ausdrücklich benannte Nebenpflichten bestehen.

12 **2. Interessenwahrungspflicht (Abs. 1 Hs. 2). a) Allgemeines.** Die Interessenwahrungspflicht des Handelsvertreters ist, obwohl bloße Nebenpflicht,[16] ein in jeder Hinsicht **prägendes Element** des Schuldverhältnisses.[17] Ihre Erwähnung in unmittelbarem Zusammenhang mit der in Abs. 1 Hs. 1 wiederholten Hauptpflicht zur Absatzmittlung bekräftigt, dass der Handelsvertreter „hierbei" kein ehrlicher Makler ist, sondern als Absatzmittler im Lager des Unternehmers steht.[18] In diesem Sinne umhegt die Interessenwahrungspflicht nicht nur die Hauptpflicht, sondern strahlt – trotz des insoweit in diesem Zusammenhang missverständlichen Wortlauts („hierbei") – auch auf den Zeitraum der Geschäftsabwicklung und als nachwirkende Vertragspflicht sogar über das Ende der Vertragslaufzeit hinaus aus.[19] Diese herausgehobene Stellung erklärt, warum der Gesetzgeber abweichende Vereinbarungen für unwirksam erachtet (Art. 5 RL 86/653/EG; § 86 Abs. 4).

13 **b) Inhalt.** Die Interessenwahrungspflicht des Handelsvertreters ist darauf gerichtet, alles zu tun, was **im Interesse des Unternehmers** erforderlich ist, und alles zu unterlassen, was dessen Interessen widerspricht.[20] Daraus folgt, dass der Handelsvertreter ein gegenläufiges eigenes Interesse wie dasjenige nach möglichst hoher Provisionszahlung, oder Interessen Dritter, beispielsweise nach möglichst günstigen Geschäftsabschlüssen, zurückstellen muss.[21]

14 Im Einzelnen hat sich der Handelsvertreter danach um die Vermittlung und den Abschluss von Geschäften zu bemühen (→ § 84 Rn. 43 ff.), allerdings nur, soweit dies dem Interesse des Unternehmers entspricht. Er muss also von einer **Absatzmittlung** Abstand nehmen, wenn das Geschäft für den Unternehmer, etwa aufgrund der Vertrags- oder Preisgestaltung oder fehlender Bonität des Kunden, nachteilig ist oder er aus anderen Gründen, beispielsweise Lieferschwierigkeiten, daran kein Interesse hat.[22] Da die Interessenwahrungspflicht im Innenverhältnis zum Unternehmer besteht, beschränken sich die Rechtsfolgen im Falle einer Pflichtverletzung des Handelsvertreters auf Ansprüche des Unternehmers. Die Vorschrift des § 86 Abs. 1 Hs. 1 ist keine drittbezogene Marktverhaltensregeln iSv § 3a UWG.[23]

15 **c) Einzelne Pflichten. aa) Überblick.** Die Interessenwahrungspflicht wird im Rahmen der Abwicklung des Handelsvertreterverhältnisses immer wieder aufs Neue aktualisiert und verdichtet sich insoweit zu konkreten Handlungspflichten im Rahmen der Absatzmittlung. Dazu gehören insbesondere die Pflicht zur Befolgung von Weisungen (→ Rn. 16 f.), die Bonitätsprüfung (→ Rn. 18), das Verbot der Annahme von Sondervorteilen (→ Rn. 19), die Loyalitätspflicht (→ Rn. 20 ff.), die Verschwiegenheitspflicht (→ Rn. 23) und das Wettbewerbsverbot

[16] Martinek/Bergmann WRP 2006, 1047 (1052); vgl. auch Ebenroth/Boujong/Semmler Rn. 7; Hopt/Hopt Rn. 20; **aA** – Hauptpflicht – MüKoHGB/Ströbl Rn. 22 ff., 28.

[17] BGH 12.5.2016, NJW 2016, 2561 Rn. 16; 25.9.1990, BGHZ 112, 218 (222) = NJW 1991, 490; 15.4.1984, BGHZ 97, 318 (326) = NJW 1986, 2954; OLG Düsseldorf 27.5.2016, NJW-RR 2016, 1315 Rn. 27; Grundmann, Treuhandvertrag, 1997, 385; Hopt/Hopt Rn. 20.

[18] BGH 1.12.1979, BB 1979, 241 (242) = NJW 1979, 764; 23.11.1973, NJW 1974, 137; Hopt/Hopt Rn. 20; MüKoHGB/Ströbl Rn. 32.

[19] OLG Düsseldorf 27.5.2016, NJW-RR 2016, 1315 Rn. 27; MüKoHGB/Ströbl Rn. 31.

[20] BGH 18.6.1964, BGHZ 42, 59 (61) = NJW 1964, 1621; Hopt/Hopt Rn. 21; MüKoHGB/Ströbl Rn. 28; s. zum Versicherungsvertreter aus lauterkeitsrechtlicher Sicht aber auch BGH 6.11.2013, NJW-RR 2014, 669 Rn. 21 – Vermittlung von Netto-Policen.

[21] OLG Koblenz 27.4.1973, BB 1973, 866; MüKoHGB/Ströbl Rn. 28.

[22] Vgl. auch MüKoHGB/Ströbl Rn. 29.

[23] BGH 6.11.2013, NJW-RR 2014, 669 Rn. 28 – Vermittlung von Netto-Policen.

(→ Rn. 24 ff.) sowie die anderweitig explizit geregelte Informationspflicht (Abs. 2; → Rn. 35 ff.), Rechenschaftspflicht (§ 666 BGB), Aufbewahrungs- und Herausgabepflicht (§ 667 BGB; → Rn. 40 ff.) und nachvertragliche Verschwiegenheitspflicht (§ 90). Der Umfang der Interessenwahrung kann dabei in Abhängigkeit von der Intensität der Eingliederung in das Absatzmittlungssystem des Unternehmers variieren.[24]

bb) Befolgung von Weisungen. Wie bereits an anderer Stelle ausgeführt folgt unmittelbar aus der Interessenwahrungspflicht, dass der Handelsvertreter etwaige Weisungen des Unternehmers **zur Ausgestaltung des Handelsvertreterverhältnisses** zu beachten hat (→ § 84 Rn. 32).[25] Entsprechendes lässt sich im Gegenschluss auch § 665 BGB entnehmen, der ergänzend auch auf Handelsvertreterverträge anzuwenden ist. Der deutsche Gesetzgeber wollte ursprünglich in § 86 Abs. 1 S. 2 zur Klarstellung die Formulierung aufnehmen, dass der Handelsvertreter „sachgerechte Weisungen des Unternehmers zu befolgen" habe.[26] Im Laufe des Gesetzgebungsverfahrens ist dieser Passus wieder gestrichen worden, da man befürchtete, die Weisungsgebundenheit könne auf eine Tätigkeit im Angestelltenverhältnis hindeuten.[27] Diese Begründung ist erstaunlich, da die Weisungsgebundenheit als Merkmal des selbstständigen Handelsvertreters seit jeher anerkannt ist. Der Verzicht auf die Klarstellung führt dazu, dass § 86 *de lege lata* die Vorgaben aus Art. 3 Abs. 2 lit. c RL 86/653/EWG nur unzureichend umsetzt.[28] Dort ist nämlich ausdrücklich geregelt, dass der Handelsvertreter „den vom Unternehmer erteilten angemessenen Weisungen nachkommen" muss. Eine entsprechende Formulierung wäre daher auch in § 86 aufzunehmen gewesen, da die Ableitung der Weisungsgebundenheit aus anderen Vorschriften oder der Verweis auf eine entsprechende (nationale) Rspr. vom EuGH regelmäßig nicht als hinreichend klare, eindeutige und effektive Umsetzung einer Richtlinie anerkannt wird.[29] 16

Durch sein Weisungsrecht kann der Unternehmer selbstverständlich nur **bestehende Pflichten** des Handelsvertreters für den Einzelfall oder generell **konkretisieren,**[30] nicht aber neue Pflichten des Handelsvertreters begründen oder bestehende abändern. Darüber hinaus muss dem Handelsvertreter bei seiner Absatzmittlertätigkeit ein **weisungsfreier Kernbereich** verbleiben, da ansonsten seine Rechtsstellung als selbstständiger Gewerbetreibender in Frage gestellt wäre (→ § 84 Rn. 33 f.). Dies meint Art. 3 Abs. 2 lit. c RL 86/653/EWG, wenn dort von „angemessenen Weisungen" die Rede ist. Weisungen, die dagegen in den weisungsfreien Kernbereich eingreifen, braucht der Handelsvertreter nicht zu beachten. Er muss den Unternehmer darüber freilich informieren.[31] Im Übrigen darf der Handelsvertreter von an sich zulässigen Weisungen abweichen, wenn er den Umständen nach annehmen darf, dass der Auftraggeber bei Kenntnis der Sachlage die Abweichung billigen würde (§ 665 S. 1 BGB). Die Interessenwahrungspflicht gebietet es jedoch, dass der Handelsvertreter dem Unternehmer die Abweichung zuvor anzeigt und dessen Entschließung abwartet, es sei denn, mit dem Aufschub ist Gefahr verbunden (§ 665 S. 2 BGB). Diese kann beispielsweise in einer erheblichen Beeinträchtigung der Vermögensinteressen des Unternehmers bestehen. Liegt ein derartiger Fall vor, muss der Handelsvertreter abweichen.[32] 17

cc) Bonitätsprüfung. Die Vermittlung und der Abschluss von Geschäften sind für den Unternehmer im Regelfall nur von Interesse, wenn der durch die Tätigkeit des Handelsvertreters gewonnene Kunde über hinreichende Bonität verfügt. Der Handelsvertreter muss sich daher im Rahmen der Absatzmittlung über die Bonität des Kunden, seine Kredit- und Vertrauenswürdigkeit, erkundigen. Dabei darf er auf die **Einschätzung Dritter** vertrauen, sofern ihm keine gegenteiligen Indizien zur Kenntnis gelangen.[33] Diesen darf er sich freilich auch nicht verschließen. Jedenfalls hat der Handelsvertreter erkennbare **Zweifel,** auch wenn er sie selbst nicht für stichhaltig hält, dem Unternehmer mitzuteilen, damit dieser sich selbst eine Meinung bilden kann[34] (→ Rn. 36). Eine Verletzung der mit der Bonitätsprüfung in Zusammenhang stehenden Pflichten begründet einen Schadensersatzanspruch des Unternehmers (§ 280 Abs. 1 BGB); freilich muss der Handelsvertreter selbst für 18

[24] Dazu Busche, FS Martinek, 2020, 107 (115 ff.).
[25] Vgl. auch Canaris HandelsR § 15 Rn. 34; Hopt/Hopt Rn. 15; Ebenroth/Boujong/Semmler Rn. 47; Heymann/Stöber Rn. 17; Staub/Emde Rn. 197 ff.
[26] Vgl. Art. 1 Nr. 1 lit. a Entwurf eines Gesetzes zur Durchführung der EG-Richtlinie zur Koordinierung des Rechts der Handelsvertreter, BR-Drs. 339/88, 1 (Begr. BR-Drs. 339/88, 13 f.).
[27] Vgl. Beschlussempfehlung und Bericht BT-RA, BT-Drs. 11/4559, 9.
[28] Westphal FS Meyer-Marsilius, 1993, 12; Ebenroth/Boujong/Semmler Rn. 79.
[29] Vgl. nur EuGH 19.9.1996, Slg. 1996, I-4459 – Kommission/Griechenland.
[30] Ebenroth/Boujong/Semmler Rn. 46; MüKoHGB/Ströbl Rn. 13.
[31] Ebenroth/Boujong/Semmler Rn. 47; MüKoHGB/Ströbl Rn. 15; Staub/Emde Rn. 199.
[32] Hopt/Hopt Rn. 16.
[33] OLG Düsseldorf 16.2.1954, HVR Nr. 59; Hopt/Hopt Rn. 21.
[34] BGH 19.6.1969, BB 1969, 1196; Hopt/Hopt Rn. 21.

die Bonität des Kunden nicht einstehen, es sei denn, er hat das Delkredere übernommen (→ § 86b Rn. 3 ff.).

19 **dd) Verbot der Annahme von Sondervorteilen.** Wie bereits (→ § 84 Rn. 38) ausgeführt, steht der Handelsvertreter als Interessenwahrer im Lager des Unternehmers. Für die Leistung seiner Dienste erhält er vom Unternehmer eine erfolgsbezogene Provision (§§ 87, 87a). Daher darf sich der Handelsvertreter bei der Durchführung seiner Absatzmittlertätigkeit **nicht von Zahlungen** seiner Kunden oder **anderer Personen beeinflussen** lassen.[35] Dementsprechend darf er weder Provisionen noch Schmiergelder von Dritten entgegen nehmen. Diese sind, unabhängig von einer Schadensersatzverpflichtung des Handelsvertreters und seiner strafrechtlichen Verantwortlichkeit (vgl. §§ 299 ff. StGB), ggf. an den Unternehmer herauszugeben (§ 667 BGB; → Rn. 43). Eine Pflichtverletzung wegen Verletzung der Interessenwahrungspflicht liegt unabhängig davon vor, ob das konkrete Geschäft auch ohne die gewährten Sondervorteile zu denselben Bedingungen zustande gekommen wäre.[36]

20 **ee) Loyalitätspflicht.** Aus der Interessenwahrungspflicht folgt auch, dass sich der Handelsvertreter gegenüber dem Unternehmer nicht illoyal verhalten darf. Dagegen verstößt er, wenn er einem Kunden empfiehlt, vom Unternehmer Schadensersatz zu fordern oder vom Vertrag Abstand zu nehmen.[37] Ein **Pflichtverstoß** liegt auch bei Abwerbung eines anderen Handelsvertreters des Unternehmers zugunsten eines Dritten vor.[38] Der Handelsvertreter verhält sich darüber hinaus in hohem Maße illoyal, wenn er die Kundenliste des Unternehmers zum eigenen Vorteil oder zugunsten Dritter verwertet.[39]

21 Erhebliche Interessenkonflikte können auftreten, wenn der Handelsvertreter als **Mehrfirmenvertreter** tätig ist. Das gilt insbesondere für den Fall der (vertraglich zugestandenen) Absatzmittlung für einen konkurrierenden Absatzmittler. Im Ausgangspunkt schuldet der Handelsvertreter beiden Unternehmern gleichermaßen Loyalität. Er ist deshalb gehalten, der Kundschaft die Waren sowohl des einen als auch des anderen Unternehmers zu präsentieren, ohne deshalb deren Vorzüge oder Nachteile verschweigen zu müssen.[40] Allerdings hat er gezielt abwertende Äußerungen zu unterlassen.[41] Inwieweit der Handelsvertreter bei der Zuweisung der Kunden an den einen oder anderen Unternehmer auch ohne besondere Vereinbarung allein aufgrund der Loyalitätspflicht gebunden ist, beispielsweise durch **Einhaltung eines sachgerechten Repartierungsverfahrens,**[42] erscheint zweifelhaft. Letzten Endes hängt die Zuweisung auch von der Vertragsgeneigtheit und damit vom Entschluss des Kunden ab, auf den der Handelsvertreter gerade nicht in illoyaler Weise einwirken darf. Eine Repartierungspflicht, etwa nach der Zahl oder Herkunft der Kunden oder auch nach dem Zeitpunkt der Vermittlung, ist daher nur dann anzunehmen, wenn der Kunde keine Präferenz zugunsten eines Unternehmers erkennen lässt. **Folgeaufträge** sind vorbehaltlich einer gegenteiligen Kundenäußerung dem Unternehmer zuzuweisen, mit dem der jeweilige Kunde bereits einen Abschluss getätigt hat.[43]

22 Im Verhältnis zwischen Hauptvertreter und **Untervertreter** bestehen im Grundsatz dieselben Nebenpflichten wie zwischen Unternehmer und Hauptvertreter (→ § 84 Rn. 48 ff.). Daher besteht für den Untervertreter auch eine Loyalitätspflicht gegenüber dem Hauptvertreter. Diese wird verletzt, wenn der Untervertreter, zwecks Überleitung des Hauptvertreterverhältnisses auf sich selbst, mit dem Unternehmer die Kündigung des Hauptvertreterverhältnisses und des Untervertretervertrages abspricht.[44]

23 **ff) Verschwiegenheitspflicht.** Die Verpflichtung des Handelsvertreters zur Verschwiegenheit ist für den Zeitraum nach Beendigung des Vertragsverhältnisses ausdrücklich in § 90 geregelt. Diese Bestimmung hat freilich keinen abschließenden Charakter. Vielmehr besteht eine Verschwiegenheitspflicht des Handelsvertreters auch und gerade **während** der Laufzeit **des Vertragsverhältnisses.**[45] Dies folgt unmittelbar aus der Interessenwahrungspflicht. Danach hat der Handelsvertreter über Informationen, die er im Rahmen des Absatzmittlungsverhältnisses und dessen Abwicklung erhält,

---

[35] Vgl. auch Hopt/Hopt Rn. 23.
[36] Hopt/Hopt Rn. 23.
[37] OLG Koblenz 27.4.1973, BB 1973, 866 (867); Hopt/Hopt Rn. 21.
[38] BGH 11.3.1977, MDR 1977, 644 = AP HGB § 89b Nr. 7; Hopt/Hopt Rn. 21.
[39] Vgl. auch Hopt/Hopt § 90 Rn. 2.
[40] Hopt/Hopt Rn. 24.
[41] Hopt/Hopt Rn. 24.
[42] IdS Hopt/Hopt Rn. 24.
[43] LG Lübeck 30.6.1950, VersR 1950, 182; Hopt/Hopt Rn. 24.
[44] Hopt/Hopt Rn. 25.
[45] KG 22.2.2021, ZVertriebsR 2021, 243 Rn. 21 ff.; MüKoHGB/Ströbl Rn. 57.

gegenüber Dritten Stillschweigen zu bewahren, sofern die Weitergabe für den Unternehmer nachteilig ist.[46] Die Verschwiegenheitspflicht ist also anders als im nachvertraglichen Bereich nicht nur auf Geschäfts- und Betriebsgeheimnisse beschränkt.[47] Insbesondere darf der Handelsvertreter, unabhängig von eigener Mittlertätigkeit, keine Kundenbeziehungen **(Kundenlisten)** gegenüber einem Dritten offenlegen, soweit sich die Existenz der Kunden nicht ohnehin kraft ihrer Zugehörigkeit zum potenziellen Abnehmerkreis des Unternehmers ergibt.[48] Das gilt selbst dann, wenn der Dritte in einer anderen Branche als der Unternehmer tätig ist.[49] Die vorbenannten Grundsätze sind entsprechend auf den vorvertraglichen Bereich anzuwenden (→ § 84 Rn. 70). Die Pflicht zur Verschwiegenheit wird durch die Regelungen des **GeschGehG,** das Geschäftsgeheimnisse unter der Voraussetzung besonderer Geheimhaltungsmaßnahmen (§ 2 Nr. 1 lit. b GeschGehG) gegen unerlaubte Erlangung, Nutzung und Offenlegung schützt (§ 1 Abs. 1 GeschGehG), nicht berührt.[50] Mit dem GeschGehG sollen bestehende zivilrechtliche Schutzvorschriften lediglich ergänzt werden, um darüber hinaus zusätzliche Möglichkeiten zum Schutz von Geschäftsgeheimnissen zu eröffnen. Dem widerspräche es, wie auch Erwägungsgrund Nr. 10 RL (EU) 2016/943[51] zeigt, das Schutzniveau bestehender strengerer Regeln, wie sie sich aus der Interessenwahrungspflicht des § 86 ergeben (vgl. auch Art. 3 Abs. 1 RL 86/653/EWG), durch Anwendung des GeschGehG abzusenken,[52] zumal damit auch ein Eckpfeiler der Binnenbeziehung zwischen Handelsvertreter und Unternehmer in Wegfall geriete. Unter den dort genannten Voraussetzungen ist das GeschGehG als zusätzliches Schutzinstrumentarium jedoch parallel anwendbar.

gg) Wettbewerbsverbot. (1) Allgemeines. Dem Handelsvertreter ist ein Tätigwerden für einen konkurrierenden Unternehmer nicht ohne Weiteres gestattet, sondern nur dann, wenn „sein" Unternehmer der Konkurrenzvertretung ausdrücklich oder konkludent zustimmt (→ § 84 Rn. 42). Er unterliegt damit im Grundsatz einem Wettbewerbsverbot.[53] Hat der Handelsvertreter Zweifel, ob die Aufnahme einer weiteren Tätigkeit dem Wettbewerbsverbot zuwiderläuft, ist der Unternehmer vorab zu informieren und dessen Zustimmung einzuholen.[54] Wie bei der Verschwiegenheitspflicht (→ Rn. 23) ist auch bei Wettbewerbsverboten im Verhältnis des Handelsvertreters zum Unternehmer zwischen Sachverhalten zu unterscheiden, die auf die Laufzeit des Handelsvertreterverhältnisses bezogen sind, und solchen, die eine nachvertragliche Anknüpfung haben. Letztere sind gesondert in § 90a geregelt, bedürfen der Schriftform und unterliegen inhaltlichen Schranken. Dagegen ergibt sich ein gesetzliches Wettbewerbsverbot für den **Zeitraum der Vertragslaufzeit** direkt aus der Interessenwahrungspflicht,[55] die freilich von Fall zu Fall variiert und damit auch den Inhalt des Wettbewerbsverbots bestimmt. Der gesonderten vertraglichen **Vereinbarung eines Wettbewerbsverbots bedarf es nicht.**[56] Dies schließt nicht aus, dass die Pflichten aus dem gesetzlichen Wettbewerbsverbot durch Vertrag konkretisiert, inhaltlich verschärft oder auch abgeschwächt werden.[57] Eine Verschärfung ist jedoch nur mit Rücksicht auf die schutzwürdigen Belange des Handelsvertreters möglich.[58] Wird der Handelsvertreter vertraglich vom gesetzlichen Wettbewerbsverbot und damit von der Interessenwahrnehmungspflicht (teilweise) entbunden, ist er insoweit nicht verpflichtet, 24

---

[46] Heymann/Stöber Rn. 27; MüKoHGB/Ströbl Rn. 57; Staub/Emde Rn. 57.

[47] Vgl. MüKoHGB/Ströbl Rn. 57; wohl auch Hopt/Hopt § 90 Rn. 2.

[48] Staub/Emde Rn. 72; vgl. auch Hopt/Hopt § 90 Rn. 2.

[49] Hopt/Hopt § 90 Rn. 2; Staub/Emde § 90 Rn. 16.

[50] Korte/Harten ZVertriebsR 2021, 155 (157).

[51] RL (EU) 2016/943 des Europäischen Parlaments und des Rates vom 8.6.2016 über den Schutz vertraulichen Know-hows und vertraulicher Geschäftsinformationen (Geschäftsgeheimnisse) vor rechtswidrigem Erwerb sowie rechtswidriger Nutzung und Offenlegung, ABl. 2016 L 157, 1.

[52] IdS auch Korte/Harten ZVertriebsR 2021, 155 (155 f., 157); Köhler/Feddersen/Alexander Vorb. GeschGehG Rn. 82.

[53] Zur historischen Einordnung Martinek/Bergmann WRP 2006, 1047 (1054 f.).

[54] Hopt/Hopt Rn. 27; Ebenroth/Boujong/Semmler Rn. 38; vgl. auch MüKoHGB/Ströbl Rn. 39.

[55] BGH 18.7.2013, NJW-RR 2013, 1511 Rn. 25; 25.9.1990, BGHZ 112. 218, 221 = NJW 1991, 490 – Pauschalreisen-Vermittlung; 18.6.1964, BGHZ 42, 59 (61) = NJW 1964, 1621; Birkhahn BB 1961, 1351 (1353 f.); v. Brunn AcP 163 (1964), 487 ff.; Maier BB 1979, 500 (501); Rittner FS Reinhardt, 1972, 301 (314); Canaris HandelsR § 15 Rn. 41; K. Schmidt HandelsR § 27 Rn. 43; Ebenroth/Boujong/Semmler Rn. 23; **aA** – nur vertragliches Wettbewerbsverbot – Oetker HandelsR § 6 Rn. 32; missverständlich BGH 25.9.1990, BGHZ 112, 218 (221) = WuW/E BGH 2668, 2670 = NJW 1991, 490 (491), wonach die Interessenwahrungspflicht „nicht zu einem umfassenden Wettbewerbsverbot schlechthin" führt.

[56] Hopt/Hopt Rn. 26; MüKoHGB/Ströbl Rn. 33.

[57] Vgl. BGH 18.7.2013, NJW-RR 2013, 1511 Rn. 25; 15.12.1967, GRUR 1968, 654 (657) – SHELL-Tankstelle; Ebenroth/Boujong/Löwisch Rn. 24, 29; Heymann/Stöber Rn. 22; MüKoHGB/Ströbl Rn. 41.

[58] BGH 15.12.1967, BB 1968, 60 (60 f.) = GRUR 1968, 654; Hopt/Hopt Rn. 26.

dem Unternehmer Auskunft über die Drittgeschäfte zu erteilen.[59] Unabhängig vom Inhalt des Wettbewerbsverbots (→ Rn. 26 ff.) ist im Einzelfall zu prüfen, ob das jeweilige Wettbewerbsverbot den Regeln des Kartellrechts standhält (→ § 84 Rn. 84 ff.).

25 **(2) Wettbewerbsbeziehung.** Ein aus der Interessenwahrungspflicht abzuleitendes Wettbewerbsverbot kann für den Handelsvertreter naturgemäß nur bestehen, wenn er durch sein Tätigwerden in eine Wettbewerbsbeziehung zum Unternehmer tritt.[60] Erforderlich ist zudem, dass dadurch die Interessen des Unternehmers beeinträchtigt werden (→ Rn. 26). Ob eine Wettbewerbsbeziehung besteht, ist in sachlicher, räumlicher und zeitlicher Hinsicht festzustellen. Die **sachliche Reichweite** des Wettbewerbsverbots beurteilt sich aus Sicht der potenziellen Kunden. Maßgebend ist, ob diese die Konkurrenzware von ihrer Funktion her im Vergleich mit der Unternehmerware als austauschbar ansehen.[61] Das Wettbewerbsverbot bezieht sich also nicht nur auf den aktuellen Kundenkreis des Unternehmers[62] und ist auch nicht auf Waren beschränkt, die nach Preis und Qualität mit denen des Unternehmers gleichartig sind.[63] Es genügt, dass von der Konkurrenzware potenzieller Wettbewerb ausgeht.[64] Dies ist auch bei nur partieller Überschneidung der Sortimente der Fall,[65] weil die Gefahr der Ausweitung des Bezugs vom Konkurrenzunternehmer besteht, und auch dann, wenn eine Erweiterung der Produktpalette des Unternehmers auf den Bereich der Konkurrenzware erkennbar bevorsteht.[66] Potenzieller Wettbewerb ist dagegen zu verneinen, wenn völlig unterschiedliche Kundenkreise angesprochen werden.[67] Die **räumliche Reichweite** des Wettbewerbsverbots bestimmt sich nach dem Absatzgebiet des Unternehmers.[68] Eine Begrenzung auf das (unter Umständen engere) Tätigkeitsgebiet des Handelsvertreters oder den ihm zugewiesenen Kundenkreis ist abzulehnen.[69] Zwar bezieht sich die Interessenwahrungspflicht des Handelsvertreters nur auf das ihm zugewiesene Vertragsgebiet. Das bedeutet aber nicht, dass er die Interessen des Unternehmers in dessen weiterem Absatzgebiet nicht zu beachten braucht oder mit dem Unternehmer „von außen" in seinem eigenen Vertragsgebiet in Wettbewerb treffen darf. In **zeitlicher Hinsicht** erstreckt sich das Wettbewerbsverbot bis zum Ende der Vertragslaufzeit; im Anschluss kann ein nachvertragliches Wettbewerbsverbot iSv § 90a eingreifen. Kündigt der Unternehmer das Vertragsverhältnis aus wichtigem Grund vorzeitig, muss der Handelsvertreter das Wettbewerbsverbot im Grundsatz auch dann beachten, wenn er die Kündigung für unberechtigt hält.[70] Entsprechendes gilt, wenn der Unternehmer eine außerordentliche Kündigung des Handelsvertreters für unberechtigt hält und auf Vertragserfüllung besteht.[71]

26 **(3) Inhalt.** Die Interessenwahrungspflicht verbietet es, dass der Handelsvertreter während der Vertragslaufzeit selbst in Konkurrenz zum Unternehmer tritt oder parallel für einen konkurrierenden Unternehmer tätig wird, soweit dadurch das Interesse des Unternehmers nicht nur unerheblich beeinträchtigt wird.[72] Eine Interessenbeeinträchtigung kann sich insoweit aus der (greifbaren) Möglichkeit einer tatsächlichen Schädigung, nach Meinung des BGH[73] aber insbesondere auch aus der Störung des Vertrauensverhältnisses zwischen Unternehmer und Handelsvertreter ergeben. Das Wett-

---

[59] OLG Frankfurt 11.9.2003, HVR Nr. 1088 = OLGR 2004, 89.

[60] BGH 7.7.1983, NJW 1984, 2101 (2102); Ebenroth/Boujong/Semmler Rn. 30.

[61] Vgl. OLG Celle 13.11.1969, BB 1970, 229; OLG Düsseldorf 9.11.2001, HVR Nr. 1044; OLG München 26.5.1955, BB 1955, 714; Westphal, Vertriebsrecht I, 1998, Rn. 219; Hopt/Hopt Rn. 27; Ebenroth/Boujong/Semmler Rn. 30, 33; wohl auch Staub/Emde Rn. 104.

[62] BGH 18.7.2013, NJW-RR 2013, 1511 (Finanzvermittlung); Hopt/Hopt Rn. 27; **aA** OLG München 16.11.1990, HVR Nr. 699.

[63] **AA** MüKoHGB/Ströbl Rn. 36.

[64] Vgl. OLG Düsseldorf 9.11.2001, HVR Nr. 1044; Hopt/Hopt Rn. 27; Ebenroth/Boujong/Semmler Rn. 33.

[65] Hopt/Hopt Rn. 27; Ebenroth/Boujong/Semmler Rn. 33; MüKoHGB/Ströbl Rn. 36.

[66] Hopt/Hopt Rn. 27.

[67] BGH 17.1.2001, NJW-RR 2001, 677 (Vermittlung von Finanzdienstleistungen/steuerrechtliche Beratung); 3.7.1986, NJW 1987, 57 (Versicherungsvermittlung/Motorradwinterlager); Ebenroth/Boujong/Semmler Rn. 33; Heymann/Stöber Rn. 23; enger Westphal, Vertriebsrecht I, 1998, Rn. 224.

[68] BGH 19.11.1976, MDR 1977, 289 (290) = BeckRS 1976, 31065931; Hopt/Hopt Rn. 27; Ebenroth/Boujong/Semmler Rn. 34; Heymann/Stöber Rn. 23.

[69] MüKoHGB/Ströbl Rn. 38; diff. Staub/Emde Rn. 112 f.; **aA** Maier BB 1979, 500 (501); Röhsler/Borrmann Wettbewerbsbeschränkungen 152.

[70] BGH 30.6.1954, MDR 1954, 606 = BeckRS 1954, 31205816; Ebenroth/Boujong/Semmler Rn. 40.

[71] Ebenroth/Boujong/Semmler Rn. 40.

[72] Vgl. BGH 9.6.1969, BGHZ 52, 171 (172) = NJW 1969, 1662; 7.7.1983, NJW 1984, 2101; 15.12.1967, DB 1968, 211 = GRUR 1968, 654; 30.1.1963, BB 1963, 448 = BeckRS 1963, 31190435; LAG Berlin-Brandenburg 1.12.2022, ZVertriebsR 2023, 103 Rn. 78; Hopt/Hopt Rn. 26; Ebenroth/Boujong/Semmler Rn. 39; Heymann/Stöber Rn. 24; MüKoHGB/Ströbl Rn. 34.

[73] BGH 15.12.1967, GRUR 1968, 654 (656) – SHELL-Tankstelle.

bewerbsverbot besteht im Übrigen nicht notwendig in einem umfassenden Sinne.[74] Auf der anderen Seite muss der Handelsvertreter **jeden Anschein unzulässigen Wettbewerbs vermeiden.**[75] Ob es sich um unzulässigen Wettbewerb handelt, ist vorrangig anhand vertraglicher Konkretisierungen im Handelsvertretervertrag zu beurteilen. Ergänzend oder ersatzweise können sich Anhaltspunkte für den Umfang des Wettbewerbsverbots auch aus Besonderheiten des Marktes ergeben. Gegen ein Wettbewerbsverbot kann im Einzelfall sprechen, dass die Abnehmer eine repräsentative Produktauswahl konkurrierender Anbieter erwarten. Unter Umständen sind konkurrierende Unternehmen auch auf die Absatzmittlung eines bestimmten Handelsvertreters angewiesen, weil er über besondere Sachkunde oder ein überragendes Ansehen bei den Marktteilnehmern verfügt. Gegen ein Wettbewerbsverbot mag auch sprechen, dass sich ein Handelsvertreter nur durch Konkurrenzvertretungen einen ausreichenden Verdienst sichern kann. Dabei kommt es immer auf den Einzelfall an (→ Rn. 27 ff.). Das Wettbewerbsverbot kann sich nicht nur auf die Absatzmittlung ieS beziehen, sondern auch auf Vorbereitungshandlungen wie das Anerbieten zur Übernahme einer Konkurrenzvertretung[76] oder die Begründung einer Bürogemeinschaft mit dem Handelsvertreter eines konkurrierenden Unternehmers.[77] Vom Wettbewerbsverbot umfasst können darüber hinaus Handlungen sein, die geeignet sind, die Absatzmittlertätigkeit anderer Personen zu Lasten des Unternehmers zu fördern.[78] Dazu gehören das Abwerben von Handelsvertretern des Unternehmers (→ Rn. 20), die Beratung anderer Unternehmer, das Überlassen von Kundenlisten oder sonstiger Interna, die Zurverfügungstellung von Geschäfts- und Lagerräumen, die Belieferung von Kunden konkurrierender Unternehmer mit Waren oder auch die Beteiligung des Handelsvertreters als stiller Gesellschafter an einem Konkurrenzunternehmen.

Unzulässig sind nach allgemeinen Regeln auch Handlungen, die darauf abzielen, das Wettbewerbs- 27
verbot durch **Vorschieben anderer Personen,** beispielsweise der Ehefrau, naher Angehöriger, anderer Strohleute oder Gründung weiterer Handelsvertretungen zu umgehen.[79] Anders liegen die Dinge freilich, wenn etwa die Ehefrau oder andere dem Handelsvertreter nahe stehende Personen eine rechtlich und wirtschaftlich selbstständige Handelsvertretung betreiben.[80] Dafür spricht, dass zwischen den jeweiligen Handelsvertretergeschäften eine hinreichende organisatorische und informationelle Trennung besteht.[81] Diese fehlt beispielsweise bei einem gemeinsamen Telefonanschluss,[82] wird aber durch die Beteiligung des Handelsvertreters am Ertrag des Konkurrenzbetriebs nicht ohne weiteres ausgeschlossen.

Schwierigkeiten bereiten die Fälle, in denen erst während der Vertragslaufzeit ohne Zutun eines 28
als Mehrfirmenvertreter tätigen Handelsvertreters ein Wettbewerbsverhältnis begründet wird, weil der oder die Unternehmer ihren **Tätigkeitsbereich ausweiten**[83] oder weil infolge einer Erbauseinandersetzung eine Konkurrenzsituation entsteht.[84] Um einem Verstoß gegen das Wettbewerbsverbot zu entgehen, kann der Handelsvertreter das Vertragsverhältnis mit dem Unternehmer, der sich mit seinem Sortiment dem anderen Unternehmer angeglichen hat, entweder aus wichtigem Grund kündigen[85] oder, falls die Voraussetzungen einer außerordentlichen Kündigung nicht vorliegen, um Vertragsaufhebung bitten.[86]

Ein Verstoß gegen das Wettbewerbsverbot ist ausgeschlossen, wenn dem Handelsvertreter aufgrund 29
des **Vorverhaltens des Unternehmers** eine Pflicht zur Interessenwahrung nicht zugemutet werden kann (§ 242 BGB). Dies ist etwa der Fall, wenn der Unternehmer den Handelsvertretervertrag unberechtigt fristlos gekündigt und jedes weitere Tätigwerden des Handelsvertreters endgültig abgelehnt hat.[87] Eine Verletzung des Wettbewerbsverbots kann auch zu verneinen sein, wenn für den

---

[74] BGH 25.9.1990, BGHZ 112, 218 (221) = NJW 1991, 491 – Pauschalreisen-Vermittlung.

[75] Hopt/Hopt Rn. 29.

[76] OLG Nürnberg 18.11.1969, BB 1961, 64 (65); BGH 19.11.1976, WM 1977, 318 = BeckRS 1976, 31065931; Ebenroth/Boujong/Semmler Rn. 39.

[77] BGH 20.1.1969, VersR 1969, 372 (373); Ebenroth/Boujong/Semmler Rn. 39.

[78] Vgl. auch Hopt/Hopt Rn. 28; Ebenroth/Boujong/Semmler Rn. 39; Heymann/Stöber Rn. 24; MüKoHGB/Ströbl Rn. 34.

[79] BGH 30.11.2004, ZIP 2005, 296 (298); 23.1.1964, BB 1964, 409 (410) = BeckRS 1964, 31190906; 6.7.1970, BB 1970, 1374 = BeckRS 1970, 31121761; OLG Hamm 14.5.1987, NJW-RR 1987, 1114; Hopt/Hopt Rn. 29; Ebenroth/Boujong/Semmler Rn. 37; MüKoHGB/Ströbl Rn. 34.

[80] *OLG Braunschweig* 8.3.1968, HVR Nr. 384.

[81] Hopt/Hopt Rn. 29; RGHMW/Thume Rn. 36.

[82] BGH 20.1.1969, VersR 1969, 372 (373).

[83] Vgl. BGH 22.9.1969, DB 1960, 1305.

[84] Vgl. OLG Zweibrücken 19.1.1965, HVR Nr. 327.

[85] Vgl. auch Ebenroth/Boujong/Semmler Rn. 36; MüKoHGB/Ströbl Rn. 37.

[86] Hopt/Hopt Rn. 28; vgl. auch OLG Zweibrücken 19.1.1965, HVR Nr. 327 (Entscheidung der konkurrierenden Unternehmen bei Erbteilung).

[87] OLG Köln 21.6.2002, HVR Nr. 978.

Handelsvertreter eine **Interessen- und Pflichtenkollision** besteht: Diese ist etwa anzunehmen, wenn der Handelsvertreter für verschiedene Unternehmer mehrere Geschäftszweige betreibt und das Wettbewerbsverbot des einen Unternehmers der Produktempfehlung des anderen Unternehmers widerspricht, die an das Publikum gerichtet ist.[88] Unter solchen Umständen fehlt es an einer erheblichen Beeinträchtigung der Interessen des Unternehmers. Dies kann auch der Fall sein, wenn sich eine erlaubte Zweitvertretung zu einem echten Konkurrenzunternehmen entwickelt.[89] Die Durchsetzung des Wettbewerbsverbots ist nicht allein deshalb eine unzulässige Rechtsausübung (§ 242 BGB), weil der Handelsvertreter einwendet, dass bei Beachtung des Wettbewerbsverbots bei ihm ein Schaden eingetreten wäre.[90]

30 Kein Verstoß gegen das gesetzliche Wettbewerbsverbot liegt regelmäßig vor, wenn sich der Handelsvertreter **vor Ende der Vertragslaufzeit** um eine neue Vertretung bemüht. Dies kann ihm im Grundsatz nicht verwehrt werden. Als selbstständiger Gewerbetreibender hat der Handelsvertreter ein schutzwürdiges Interesse, seine unternehmerische Existenz über das Ende einer bestehenden Handelsvertretung hinaus sicherzustellen. Er darf sich daher noch während der Vertragslaufzeit eines Handelsvertreterverhältnisses für die Zeit nach dessen Beendigung **um andere Auftraggeber bemühen** und entsprechende Verträge abschließen, unabhängig davon, ob es sich bei den Vertragspartnern um Konkurrenten des Unternehmers handelt, für den der Handelsvertreter aktuell noch tätig ist.[91] Entsprechendes gilt für die Beteiligung an der Gründung eines Konkurrenzunternehmens.[92] Eine Verletzung der Interessenwahrungspflicht und des gesetzlichen Wettbewerbsverbots gegenüber dem bisherigen Unternehmer liegt nicht vor, solange der Handelsvertreter während der Laufzeit des mit dem bisherigen Unternehmer geschlossenen Vertrages keine Konkurrenztätigkeit aufnimmt.[93] Auf der anderen Seite hindert die Interessenwahrungspflicht den vertraglich noch gebundenen Handelsvertreter, vor dem Vertragsende Kunden, Arbeitnehmer oder andere Handelsvertreter des Unternehmers abzuwerben oder zum Vertragsbruch zu verleiten.[94]

31 **(4) Rechtsfolgen. (a) Schadensersatz.** Der Verstoß gegen das gesetzliche Wettbewerbsverbot zieht die Schadensersatzpflicht des Handelsvertreters nach sich (§ 280 Abs. 1 BGB). Zweifelhaft ist, in welchem Umfang der Handelsvertreter zum Schadensersatz verpflichtet ist. Es stellt sich insbesondere die Frage, ob er einen durch den Wettbewerbsverstoß erzielten Gewinn herauszugeben hat. Diese Verpflichtung trifft im Falle von Wettbewerbsverstößen den Handlungsgehilfen (§ 61 Abs. 1 Hs. 2) und den OHG-Gesellschafter (§ 113 Abs. 1 Hs. 2). Aus dem Umstand, dass eine entsprechende Vorschrift im Handelsvertreterrecht fehlt, wird überwiegend der Schluss gezogen, dem Handelsvertreter sei der erzielte Gewinn zu belassen.[95] Anderenfalls würde ihm die Lebensgrundlage abgeschnitten.[96] Das Fehlen einer den § 61 Abs. 1 Hs. 2, § 113 Abs. 1 Hs. 2 entsprechenden Vorschrift lässt sich freilich dadurch erklären, dass im Gegensatz zu §§ 60, 112 schon das gesetzliche Wettbewerbsverbot des Handelsvertreters nicht ausdrücklich im Gesetz verankert ist. Es bedurfte daher auch keiner expliziten Rechtsfolgenbestimmung. Der Umfang des im Falle einer Pflichtverletzung iSv § 280 Abs. 1 BGB verwirkten Schadensersatzes ergibt sich im Übrigen zwanglos aus §§ 249 ff. BGB. Dazu gehört auch der **Ersatz des entgangenen Gewinns** (§ 252 BGB).[97] Weshalb bei Wettbewerbsverstößen eines Handelsvertreters etwas anders gelten soll, ist nicht ersichtlich. Dafür spricht auch, dass der Handelsvertreter ungeachtet seiner Selbstständigkeit aufgrund der ständigen Betrauung durch den Unternehmer einer ähnlichen Treubindung wie der Handlungsgehilfe und der OHG-Gesellschafter unterliegt.[98] Einer Analogie zu § 61 Abs. 1 Hs. 2, § 113 Abs. 1 Hs. 2 bedarf es allerdings nicht.[99]

32 **(b) Auskunft.** Neben die Schadensersatzverpflichtung tritt eine **akzessorische Verpflichtung** zur Auskunft (§ 242 BGB). Diese umfasst alle Umstände, die zur Prüfung und Bezifferung des

[88] Vgl. zum Vertrieb von Schmierölen durch einen Tankstellenpächter und Automobilvertragshändler BGH 9.6.1969, BGHZ 52, 171 (179 f.) = NJW 1969, 1662; 15.12.1967, BB 1968, 60 f. = GRUR 1968, 654.
[89] Hopt/Hopt Rn. 30.
[90] Hopt/Hopt Rn. 31; offengelassen von BGH 9.6.1969, BGHZ 52, 171 (180 f.) = NJW 1969, 1662 (1665).
[91] BGH 4.5.1959, BGHZ 30, 98 = NJW 1959, 1430; Ebenroth/Boujong/Semmler Rn. 26.
[92] OLG Köln 9.8.2002, HVR Nr. 1097; Hopt/Hopt Rn. 26; Ebenroth/Boujong/Semmler Rn. 26.
[93] BGH 18.6.1964, BGHZ 42, 59 (62) = NJW 1964, 1621 (1622); OLG München 8.5.1956, VersR 1957, 97; Ebenroth/Boujong/Semmler Rn. 26.
[94] BGH 7.4.2005, ZIP 2005, 1380.
[95] BGH 3.4.1996, NJW 1996, 2097 (2097 ff.); 23.1.1964, NJW 1964, 817 f.; vgl. auch Hopt/Hopt Rn. 32; Heymann/Stöber Rn. 34; MüKoHGB/Ströbl Rn. 44.
[96] BGH 23.1.1964, NJW 1964, 817 f.
[97] BGH 26.9.2013, NJW 2014, 381 Rn. 15; 21.3.2013, BGHZ 197, 100 Rn. 26 = NJW 2013, 2111; 24.6.2009, NJW-RR 2009, 1404 Rn. 14; 3.4.1996, NJW 1996, 2097 (2098); LAG Berlin-Brandenburg 1.12.2022, ZVertriebsR 2023, 103 Rn. 80.
[98] Vgl. auch Canaris HandelsR § 15 Rn. 44.
[99] Anders Canaris HandelsR § 15 Rn. 44.

materiellrechtlichen Anspruchs erforderlich sind. Der Anspruchsberechtigte soll in die Lage versetzt werden, Anhaltspunkte für eine **Schadensbezifferung** – zumindest in Form einer Schätzung gem. § 287 ZPO – zu erhalten.[100] Danach hat der Handelsvertreter dem Unternehmer auch Auskunft über die für den Konkurrenten vermittelten Geschäfte zu geben.[101] Eingeschlossen ist die Auskunft über den erzielten Gewinn (→ Rn. 31).[102] Soweit der Handelsvertreter dem Konkurrenten zur Verschwiegenheit verpflichtet ist, besteht regelmäßig nur eine modifizierte Auskunftspflicht, die dem Geheimhaltungsinteresse des Konkurrenten Rechnung trägt.[103] Dies kann dadurch geschehen, dass die erforderlichen Informationen nicht dem Konkurrenten, sondern einem zur Verschwiegenheit verpflichteten Dritten zugänglich gemacht werden.[104] Das Datenschutzrecht und das allgemeine Persönlichkeitsrecht steht einer mit der Auskunfterteilung verbundenen Weitergabe von Kundendaten grundsätzlich nicht entgegen.[105]

(c) Kündigung. Verstößt der Handelsvertreter gegen das Wettbewerbsverbot, liegt damit regelmäßig ein Grund zur fristlosen Kündigung des Handelsvertretervertrages durch den Unternehmer vor (→ § 89a Rn. 19). 33

(d) Weitere Rechtsfolgen. Ein **Eintrittsrecht** in die verbotswidrig getätigten Geschäfte oder ein **Anspruch auf Herausgabe** der Provision steht dem Unternehmer nicht zu.[106] Neben den kraft Gesetzes eintretenden Rechtsfolgen oder an deren Stelle können die Beteiligten für den Fall eines Verstoßes gegen das Wettbewerbsverbot privatautonom andere Rechtsfolgen setzen. Häufig wird in derartigen Fällen eine **Vertragsstrafe** vereinbart. Die Vertragsstrafe kann schon durch das Anerbieten, für einen Konkurrenten zu werben, verwirkt sein, ohne dass es zu einer konkreten Absatzmittlertätigkeit kommt.[107] Ein Vertragsstrafeversprechen kann auch durch AGB begründet werden. Unwirksam sind jedoch AGB, die eine Kumulierung von Vertragsstrafe und Schadensersatz statt der Leistung[108] oder eine Vertragsstrafe unabhängig vom Verschulden des Vertragspartners vorsehen.[109] 34

hh) Informationspflicht (Abs. 2). (1) Allgemeines. Die aus der ständigen Betrauung folgende Interessenwahrungspflicht des Handelsvertreters schließt ein, dass der Handelsvertreter dem Unternehmer die erforderlichen Informationen über Art und Umfang seiner Absatzmittlertätigkeit zu geben hat. Nur auf diese Weise kann sich der Unternehmer ein Bild vom Zustand seiner Absatzorganisation machen. Der Unternehmer ist auf Informationen des Handelsvertreters angewiesen, weil dieser der Natur der Sache nach dem einzelnen Absatzmittlervorgang näher steht und daher im Verhältnis zum Unternehmer über einen **Informationsvorsprung** verfügt. Dieser soll durch die ausdrücklich in Abs. 2 geregelte Informationspflicht ausgeglichen werden, sodass diese auch noch nachvertraglich bestehen kann.[110] Erforderlich sind Nachrichten iSv Abs. 2 selbstverständlich nur dann, wenn sie für die Durchführung des Handelsvertreterverhältnisses von Bedeutung sind. Das ist beispielsweise im Hinblick auf eine erlaubte Konkurrenztätigkeit nach Vertragsende nicht der Fall.[111] Auskunftsansprüche, die der Vorbereitung von Schadensersatzansprüchen dienen, können nicht auf § 86 Abs. 2 bzw. § 666 BGB gestützt werden, sondern nur auf § 242 BGB (→ Rn. 32).[112] 35

(2) Informationsgegenstände. Nach Abs. 2 hat der Handelsvertreter die erforderlichen Nachrichten zu geben (Hs. 1). Als Gegenstände der Informationspflicht werden in Hs. 2 ausdrücklich nur die **Geschäftsvermittlung** und der **Geschäftsabschluss** „namentlich" benannt. Daraus wird bereits deutlich, dass insoweit keine abschließende Aufzählung bezweckt ist. Da der Handelsvertretervertrag 36

---

[100] LAG Berlin-Brandenburg 1.12.2022, ZVertriebsR 2023, 103 Rn. 102.

[101] BGH 26.9.2013, NJW 2014, 381 Rn. 15; 21.3.1013, BGHZ 197, 100 Rn. 16 = NJW 2013, 2111; 3.4.1996, NJW 1996, 2097; 23.1.1964, NJW 1964, 817; LAG Berlin-Brandenburg 1.12.2022, ZVertriebsR 2023, 103 Rn. 102; Hopt/Hopt Rn. 32.

[102] Wohl auch BGH 26.9.2013, NJW 2014, 381 Rn. 15; **aA** BGH 3.4.1996, NJW 1996, 2097; 23.1.1964, NJW 1964, 817; OLG Hamm 14.5.1987, NJW-RR 1987, 1114; Hopt/Hopt Rn. 32.

[103] Vgl. BGH 28.10.1953, BGHZ 10, 385 (387); 26.9.2013, NJW 2014, 381 Rn. 19 f. zu Namen und Anschrift von Kunden.

[104] Hopt/Hopt Rn. 32.

[105] Instruktiv LAG Berlin-Brandenburg 1.12.2022, ZVertriebsR 2023, 103 Rn. 88 ff.

[106] MüKoHGB/Ströbl Rn. 44.

[107] OLG Nürnberg 18.11.1960, BB 1961, 64 (64 f.); Hopt/Hopt Rn. 32.

[108] BGH 21.11.1991, BB 1992, 307 (308); Hopt/Hopt Rn. 32.

[109] BGH 21.3.2013, BGHZ 197, 100 Rn. 23 = NJW 2013, 2111.

[110] LAG Berlin-Brandenburg 1.12.2022, ZVertriebsR 2023, 103 Rn. 125.

[111] Hopt/Hopt Rn. 42; MüKoHGB/Ströbl Rn. 50.

[112] OLG München 30.6.2016, ZVertriebsR 2017, 196 Rn. 68 f.; LAG Berlin-Brandenburg 1.12.2022, ZVertriebsR 2023, 103 Rn. 150.

als Geschäftsbesorgungsverhältnis einzuordnen ist (→ § 84 Rn. 2), kommt ergänzend § 666 BGB zur Anwendung. Daraus ergeben sich weitere Informationsgegenstände. Danach hat der Handelsvertreter auf Verlangen über den **Stand des Geschäfts,** also den Status seiner Vermittlungs- und Abschlusstätigkeit, Auskunft zu geben[113] und nach Ausführung des Auftrags Rechenschaft zu legen. Die Rechenschaftspflicht ist umfassend zu verstehen; sie beinhaltet die Verpflichtung, nicht nur über den Geschäftsvorgang als solchen zu berichten. Vielmehr ist der Unternehmer über die mit dem Geschäft verbundenen Einnahmen und Ausgaben nachvollziehbar zu informieren.[114] Ergänzend sind überdies andere für den Unternehmer relevante Details wie die angewandten Werbemethoden,[115] die Annahme von Provisionen oder Schmiergeldern sowie weitere Abreden, auch zur Vorbereitung künftiger Geschäfte,[116] mitzuteilen. Darüber hinaus ist der Handelsvertreter auf der Grundlage von Abs. 2 Hs. 1 verpflichtet, den Unternehmer auch unabhängig von konkreten Geschäftsvorgängen mit den erforderlichen Informationen zu versehen. Dazu gehören die Weitergabe selbst erstellter Kundenlisten,[117] Informationen zur Kundenstruktur,[118] zu Meinungsäußerungen und Wünschen der Kundschaft[119] und zur Marktsituation.[120] Ein legitimes Interesse des Unternehmers besteht auch an Informationen über die **Person des Handelsvertreters und des Kunden.** Insoweit muss der Handelsvertreter den Unternehmer informieren, wenn er der Absatzmittlertätigkeit wegen Krankheit oder anderweitiger Verhinderung nicht nachgehen kann[121] oder die Aufnahme einer Konkurrenztätigkeit beabsichtigt.[122] Bestehen Zweifel an der Bonität eines Kunden, hat der Handelsvertreter auch diese mitzuteilen.[123] Das gilt selbst dann, wenn der Handelsvertreter entsprechende Nachrichten nicht teilt.[124] Letztlich geht es nämlich allein darum, die Entscheidungsgrundlage des Unternehmers für die Beurteilung des Sachstands zu verbessern. Deshalb muss der Handelsvertreter auch über Pflichtverletzungen des Kunden informieren, und zwar ohne Rücksicht darauf, ob er selbst dadurch Nachteile erleidet.[125]

37 **(3) Informationsdichte.** In welchem Umfang der Handelsvertreter zu informieren hat, komprimiert oder detailliert, **hängt** sicherlich **vom Einzelfall ab.** Auf der Grundlage des dem Unternehmer zuzubilligenden Informationsinteresses kann allerdings der Grundsatz formuliert werden: Je größer das Informationsinteresse des Unternehmers, umso detaillierter die Informationspflicht. Auch dann wird jedoch nicht jedes noch so kleine Detail der Absatzmittlertätigkeit für den Unternehmer objektiv von Interesse sein.[126] Im Übrigen darf dem Handelsvertreter durch vertragliche Vereinbarung keine übermäßig detaillierte Berichtspflicht auferlegt werden, da dies mit seinem Status als selbstständiger Gewerbetreibender nicht vereinbar wäre.[127]

38 **(4) Informationsfrequenz.** Der Handelsvertreter hat dem Unternehmer gem. Abs. 2 Hs. 2 von jeder Geschäftsvermittlung und jedem Geschäftsabschluss unverzüglich, also ohne schuldhaftes Zögern (§ 121 BGB), Mitteilung zu machen. Zweifellos handelt es sich dabei um Informationen, die für den Unternehmer von besonderer Wichtigkeit sind, sodass es interessengerecht ist, den Handelsvertreter zu besonderen **Informationsanstrengungen** anzuhalten. Das gilt auch dann, wenn sich seine Informationspflicht auf außergewöhnliche Umstände bezieht, beispielsweise starke Umsatzrückgänge binnen kurzer Frist, oder andere wichtige Ereignisse.[128] Darüber ist dem Unternehmer unverzüglich zu berichten. Andere Informationsgegenstände lassen unter Umständen eine

[113] LAG Berlin-Brandenburg 1.12.2022, ZVertriebsR 2023, 103 Rn. 124.
[114] MüKoHGB/Ströbl Rn. 49, 53.
[115] OLG München 30.6.2016, ZVertriebsR 2017, 196 Rn. 57; Hopt/Hopt Rn. 41.
[116] OLG München 30.6.2016, ZVertriebsR 2017, 196 Rn. 58; Hopt/Hopt Rn. 41.
[117] Hopt/Hopt Rn. 17.
[118] BGH 24.9.1987, NJW-RR 1988, 287; OLG München 30.6.2016, ZVertriebsR 2017, 196 Rn. 54; LAG Berlin-Brandenburg 1.12.2022, ZVertriebsR 2023, 103 Rn. 126.
[119] OLG Köln 3.3.1971, BB 1971, 543; OLG München 30.6.2016, ZVertriebsR 2017, 196 Rn. 62; Hopt/Hopt Rn. 41; MüKoHGB/Ströbl Rn. 50.
[120] OLG München 30.6.2016, ZVertriebsR 2017, 196 Rn. 65; LAG Berlin-Brandenburg 1.12.2022, ZVertriebsR 2023, 103 Rn. 126.
[121] Hopt/Hopt Rn. 41; Heymann/Stöber Rn. 30; MüKoHGB/Ströbl Rn. 50.
[122] BGH 3.4.1996, ZIP 1996, 1006; 19.11.1976, WM 1977, 318 (319) = BeckRS 1976, 31065931; Hopt/Hopt Rn. 41; vgl. auch OLG Düsseldorf 13.12.1969, BB 1969, 330 (Tätigkeit als Prokurist für Ehefrau).
[123] OLG München 30.6.2016, ZVertriebsR 2017, 196 Rn. 57.
[124] BGH 19.6.1969, BB 1969, 1196 = BeckRS 1969, 00171; Hopt/Hopt Rn. 41.
[125] BGH 1.12.1978, BB 1979, 241 (242) = NJW 1979, 764; Hopt/Hopt Rn. 42; MüKoHGB/Ströbl Rn. 50.
[126] Vgl. auch OLG Köln 3.3.1971, BB 1971, 543.
[127] Vgl. auch OLG Köln 3.3.1971, BB 1971, 543; LAG Berlin-Brandenburg 1.12.2022, ZVertriebsR 2023, 103 Rn. 125; MüKoHGB/Ströbl Rn. 52.
[128] MüKoHGB/Ströbl Rn. 52.

geringere Informationsfrequenz zu. Das zeigt bereits Abs. 2 Hs. 1, der allgemein nur von „erforderlichen Nachrichten“ spricht. Dabei kann es sich um Nachrichten handeln, die in festen Zeitintervallen gegeben werden, etwa über Kundenwünsche, Änderungen des Publikumsgeschmacks oder Aktivitäten der Konkurrenz. Ebenfalls periodisch innerhalb fester Zeiträume ist regelmäßig über die getätigten Geschäftsabschlüsse Rechenschaft iSv § 666 zu legen.[129] Dies ergibt sich sinngemäß aus § 87c Abs. 1 S. 1 Hs. 1, es sei denn, die Parteien haben etwas anderes vereinbart. Eine unverzügliche Rechenschaftspflicht nach jedem Geschäftsvorgang besteht nicht. Über den Stand der Absatzmittlertätigkeit bei noch nicht abgeschlossenen Geschäften ist nach § 666 BGB überhaupt nur auf Verlangen Auskunft zu geben. Auch diese Informationspflicht kann sich freilich aufgrund besonderer Umstände, etwa langwierigen Verhandlungen oder besonderer **Bedeutung des Geschäfts,** verdichten, sodass der Handelsvertreter gehalten sein kann, auch unaufgefordert Zwischenberichte zu geben.[130] Mit der Selbstständigkeit des Handelsvertreters unvereinbar wäre freilich eine vertragliche Verpflichtung zu täglichen Berichten.[131]

(5) Informationsmodalitäten. Das Gesetz schreibt keine besondere Form für die Berichterstattung durch den Handelsvertreter vor. Es liegt vielmehr in der Hand der Vertragsparteien, bei Bedarf entsprechende Regeln selbst zu treffen. Regelmäßig wird es sich empfehlen, für die Berichte aus Beweisgründen die **Schriftform** vorzusehen (§ 127 BGB). Darüber hinaus kann es die Interessenwahrungspflicht gebieten, dem einseitigen Verlangen des Unternehmers nach schriftlichen Berichten nachzukommen, insbesondere wenn die Absatzmittlertätigkeit größeren Umfangs ist.[132] Der Unternehmer kann überdies ein berechtigtes Interesse daran haben, dass Berichte unter Verwendung von ihm vorgeschriebener Vordrucke und Formulare gegeben werden.[133] 39

ii) Aufbewahrungs- und Herausgabepflicht (§ 667 BGB). (1) Allgemeines. Auf das Handelsvertreterverhältnis als Geschäftsbesorgungsvertrag ist ergänzend § 667 BGB anwendbar. Danach hat der Handelsvertreter alles, was er zur Ausführung der Geschäftsbesorgung erhält (vgl. § 86a Abs. 1) und was er aus der Geschäftsbesorgung erlangt, an den Unternehmer herauszugeben. Daraus folgt inzident eine Aufbewahrungspflicht bis zum Zeitpunkt der Herausgabe. Diese ergibt sich aus dem Gesichtspunkt der Interessenwahrung, der im Übrigen auch die Herausgabepflicht trägt. 40

(2) Aufbewahrungspflicht. Der Unternehmer ist nach § 86a verpflichtet, dem Handelsvertreter die zur Ausübung seiner Tätigkeit erforderlichen **Unterlagen** zur Verfügung zu stellen. Diese darf der Handelsvertreter ohne Zustimmung des Unternehmers weder verbrauchen noch veräußern.[134] Die Arbeitsmittel hat der Handelsvertreter pfleglich zu behandeln und sorgfältig zu verwahren.[135] Dabei gilt der Grundsatz: Je höher der Wert oder die Bedeutung der Unterlagen, umso größere qualitative Anforderungen sind an die Aufbewahrung zu stellen. Bei **Kundenlisten** und Mustern, die der Unternehmer dem Handelsvertreter überlassen hat, gehört es daher zur Aufbewahrungspflicht des Handelsvertreters, das Kopieren dieser Unterlagen durch Dritte zu verhindern.[136] Zweifelhaft ist, ob der Handelsvertreter verpflichtet ist, vom Unternehmer überlassene **Muster und Kollektionen** zu versichern. An sich ist dies Aufgabe des Unternehmers,[137] in dessen Eigentum die Muster im Zweifel verbleiben. Freilich kann sich Gegenteiliges aus einem Handelsbrauch ergeben.[138] Dann ist dem Handelsvertreter jedoch ein Aufwendungsersatzanspruch zuzubilligen, da ihm die erforderlichen Unterlagen nach dem Leitbild des § 86a unentgeltlich zur Verfügung zu stellen sind.[139] Für die Unterhaltung eines Musterlagers oder Auslieferungslagers kann der Handelsvertreter vom Unter- 41

---

[129] MüKoHGB/Ströbl Rn. 53; MüKoBGB/Schäfer BGB § 666 Rn. 29.

[130] Hopt/Hopt Rn. 40; Ebenroth/Boujong/Semmler Rn. 18, 48; MüKoHGB/Ströbl Rn. 49; Staub/Emde Rn. 159.

[131] BGH 16.2.1989, NJW-RR 1989, 862 (863); AG München 9.5.1956, HVR Nr. 147; Hopt/Hopt Rn. 42; Ebenroth/Boujong/Semmler Rn. 18.

[132] OLG Braunschweig 30.11.1995, NJW-RR 1996, 1316 (1317).

[133] BGH 20.1.1964, VersR 1964, 331 = BeckRS 1964, 31190752; 24.9.1987, WM 1988, 33 (34) = NJW-RR 1988, 287; BAG 21.1.1966, DB 1966, 546; Hopt/Hopt Rn. 43.

[134] Küstner/Thume VertriebsR-HdB I/Thume IV Rn. 18; Ebenroth/Boujong/Semmler Rn. 13; MüKoHGB/Ströbl Rn. 64.

[135] BGH 7.4.1993, WM 1993, 1596 = NJW-RR 1993, 926; Hopt/Hopt Rn. 17.

[136] MüKoHGB/Ströbl Rn. 54; Staub/Emde Rn. 64 f.

[137] LG Köln 27.3.1952, HVR Nr. 11; Thume BB 1995, 1913 (1914 f.); Küstner/Thume VertriebsR-HdB I/Thume IV Rn. 22; Hopt/Hopt Rn. 17; MüKoHGB/Ströbl Rn. 54; **aA** LG Hannover 8.8.1984, MDR 1984, 1028 f.

[138] MüKoHGB/Ströbl Rn. 54.

[139] Küstner/Thume VertriebsR-HdB I/Thume IV Rn. 22 f.

nehmer nicht ohne weiteres Aufwendungsersatz verlangen, da das Lager auch seinen Interessen dient.[140]

42 Aufzubewahren hat der Handelsvertreter auch Sachen, die er im Zusammenhang mit seiner Absatzmittlertätigkeit **von Dritten erhalten** hat. Dazu gehören eingezogene Gelder (vgl. auch § 87 Abs. 4) und Versicherungsprämien (§ 69 Abs. 2 VVG), die getrennt von anderen Geldern aufzubewahren sind,[141] aber auch Schmiergelder, und zwar ohne Rücksicht darauf, dass der Handelsvertreter diese an sich nicht annehmen darf (→ Rn. 19). Darüber hinaus unterliegen der Aufbewahrungspflicht Waren(proben), die von Kunden zurückgegeben werden oder im Rahmen einer Einkaufsvertretung vom Handelsvertreter erworben werden, von Dritten erfüllungshalber hingegebene Wechsel und Schecks, die Korrespondenz mit Kunden und der Schriftverkehr mit Behörden und Gerichten, soweit er sich auf die Absatzmittlertätigkeit bezieht.

43 **(3) Herausgabepflicht (§ 667 BGB).** Die der Aufbewahrungspflicht unterliegenden Gegenstände (→ Rn. 41 f.) hat der Handelsvertreter an den Unternehmer herauszugeben (§ 667 BGB).[142] Dazu gehören nicht nur die vom Unternehmer überlassenen Unterlagen iSv § 86a; von der Herausgabepflicht umfasst ist überhaupt alles, was der Handelsvertreter aus der Tätigkeit für den Unternehmer erlangt. Daher sind etwa auch die Daten solcher Kunden herauszugeben, die der Handelsvertreter selbst geworben hat.[143] Der **Zeitpunkt,** zu dem die Herausgabepflicht zu erfüllen ist, variiert allerdings. Kundendaten sind unabhängig davon, ob der Handelsvertreter die Kunden selbst geworben hat oder nicht, nach Beendigung der Tätigkeit an den Unternehmer herauszugeben. Entsprechend ist bei sonstigen Unterlagen iSv 86a Abs. 1 zu verfahren, die der Handelsvertreter vom Unternehmer zur Ausübung seiner Tätigkeit erhalten hat.[144] Eine Ausnahme gilt, wenn die Unterlagen nur für ein einzelnes Geschäft zur Verfügung gestellt wurden. Dann sind sie bereits nach dessen Erledigung zurückzugeben.[145] Was der Handelsvertreter im Rahmen seiner Absatzmittlertätigkeit von Dritten erhält (→ Rn. 19, → Rn. 42), ist dagegen regelmäßig unmittelbar nach Abschluss des konkreten Geschäfts an den Unternehmer herauszugeben.[146] Soweit dies im Einzelfall unpraktikabel ist, wird der Interessenwahrungspflicht unter Umständen auch Genüge getan, wenn die Herausgabe in regelmäßigen Abständen erfolgt.[147] Das kann bei eingezogenen Geldern der Fall sein. Bei verspäteter Rückgabe sind diese freilich gem. § 288 Abs. 1 BGB zu verzinsen.[148] Selbstverständlich betrifft die Herausgabepflicht nur dasjenige, was der Handelsvertreter auch tatsächlich erhalten hat; er ist daher nicht verpflichtet, für noch nicht eingegangene Kundengelder gegenüber dem Unternehmer in Vorlage zu treten.[149]

44 Gegenüber einem auf **Herausgabe von Geldern** gerichteten Anspruch des Unternehmers steht dem Handelsvertreter im Zweifel kein Recht zur Befriedigung oder Aufrechnung wegen eigener Forderungen gegen Unternehmer zu.[150] Dies folgt daraus, dass der Handelsvertreter treuhänderisch für den Unternehmer tätig wird. Entsprechendes gilt für die Ausübung eines Zurückbehaltungsrechts.[151] Dagegen spricht nicht, dass der Handelsvertreter im Voraus nicht auf gesetzliche Zurückbehaltungsrechte verzichten kann.[152] Dies besagt nämlich nichts darüber, ob das Zurückbehaltungsrecht im Einzelfall auch ausgeübt werden darf. Anders können die Dinge bei einer Inkassobefugnis des Handelsvertreters liegen.[153]

IV. Sorgfaltsmaßstab (Abs. 3)

45 Der Handelsvertreter hat seine vertraglichen Haupt- und Nebenpflichten nach Abs. 3 mit der **Sorgfalt eines ordentlichen Kaufmanns** wahrzunehmen. Die Vorschrift nimmt den Regelungsgedanken von § 347 Abs. 1 auf, sodass inhaltlich auf die dortige Kommentierung verwiesen werden

140 Staub/Brüggemann, 4. Aufl. 1995, Rn. 25.
141 BGH 15.9.2005, MDR 2006, 139 (140) = NJW 2005, 3709; Hopt/Hopt Rn. 17.
142 Hopt/Hopt Rn. 17; Ebenroth/Boujong/Semmler Rn. 49; Heymann/Stöber Rn. 32; MüKoHGB/Ströbl Rn. 55 f.
143 BGH 26.2.2009, NJW 2009, 1420 Rn. 19 mwN; Höld NJW 2016, 2774 (2777 f.).
144 MüKoHGB/Ströbl Rn. 55; vgl. auch Hopt/Hopt Rn. 17.
145 MüKoHGB/Ströbl Rn. 55.
146 OLG Celle 21.3.1969, OLGZ 1970, 6 (8); Ebenroth/Boujong/Semmler Rn. 49 f.; MüKoHGB/Ströbl Rn. 56.
147 Hopt/Hopt Rn. 17; Ebenroth/Boujong/Semmler Rn. 50.
148 BGH 15.9.2005, MDR 2006, 139 (140) = NJW 2005, 3709; Ebenroth/Boujong/Semmler Rn. 49.
149 BGH 8.11.2005, ZIP 2006, 288 (289); Ebenroth/Boujong/Semmler Rn. 49.
150 OLG Hamm 12.8.1993, NJW-RR 1994, 158; Ebenroth/Boujong/Semmler Rn. 49.
151 Ebenroth/Boujong/Semmler Rn. 49; **aA** Hopt/Hopt Rn. 17.
152 So aber Hopt/Hopt Rn. 17, § 88a Rn. 1 f.
153 Ebenroth/Boujong/Semmler Rn. 49.

kann. Der Gesetzgeber wollte Abs. 3 ursprünglich wegen des Gleichlaufs mit § 347 Abs. 1 streichen,[154] ist davon im Laufe des Gesetzgebungsverfahrens jedoch wieder abgerückt.[155] Die Beibehaltung von Abs. 3 führt dazu, dass *de lege lata* nach dem Gesetzeswortlaut auch solche Handelsvertreter dem Sorgfaltsmaßstab eines ordentlichen Kaufmanns unterworfen sind, die selbst über keinen in kaufmännischer Weise eingerichteten Geschäftsbetrieb verfügen.[156] Das ist insgesamt mit der RL 86/653/EWG nur schwer in Einklang zu bringen. Nach Art. 3 Abs. 1 RL 86/653/EWG hat der Handelsvertreter sich bei der Ausübung seiner Tätigkeit nach den Geboten von Treu und Glauben zu verhalten. Damit ist ersichtlich nicht zwingend die Sorgfalt eines ordentlichen Kaufmanns gemeint. Die Einhaltung derartiger Sorgfaltspflichten kann nur von Kaufleuten oder allenfalls von Personen verlangt werden, die wie Kaufleute am Geschäftsverkehr teilnehmen. Eine **richtlinienkonforme Auslegung** von Abs. 3 gebietet insoweit eine entsprechende teleologische Reduktion der Norm. Nicht anwendbar auf den Handelsvertretervertrag ist jedenfalls § 347 Abs. 2.[157] Für Handelsvertreter, die ihre Tätigkeit lediglich als Kleingewerbetreibende ausüben, gilt entsprechend Art. 3 Abs. 1 RL 86/653/EWG allein der Maßstab von Treu und Glauben, der sich bereits aus § 242 BGB ergibt. Einer ausdrücklichen Umsetzung in das Handelsvertreterrecht bedurfte es insoweit nicht.

Regelungsinhalt von Abs. 3 ist allein die Festlegung des einzuhaltenden Sorgfaltsmaßstabs. Die Vorschrift ist **keine Anspruchsgrundlage.**[158] Welche Sorgfaltsanforderungen im Einzelfall gelten, richtet sich nach den jeweiligen Pflichten des Handelsvertreters. Allgemein gilt, dass die Anforderungen an die Sorgfaltspflicht des Handelsvertreters in dem Maße steigen, in dem sich das geschäftliche Risiko des Unternehmers durch die Tätigkeit des Handelsvertreters erkennbar erhöht.[159] Deshalb trifft den Handelsvertreter beispielsweise bei der Verwahrung von Unterlagen iSv § 86a eine erhöhte Sorgfaltspflicht. Die **Beweislast** für die Einhaltung der Sorgfalt liegt beim Handelsvertreter.[160] 46

V. Abweichende Vereinbarungen (Abs. 4)

Nach Abs. 4 sind Vereinbarungen, die von den Abs. 1 und 2 abweichen, unwirksam. Der deutsche Gesetzgeber hat mit Abs. 4 der aus Art. 5 RL 86/653/EWG folgenden Umsetzungsverpflichtung nachkommen wollen. Das ist allerdings nur bedingt gelungen. Während Abs. 4 sich lediglich auf die in Abs. 1 und 2 genannten Haupt- und Nebenpflichten des Handelsvertreters bezieht, liegt Art. 5 RL 86/653/EWG ein umfassenderes Verständnis zugrunde. Danach darf von den in Art. 3 RL 86/653/EWG genannten Rechten und Pflichten insgesamt nicht abgewichen werden. Dort sind freilich nicht nur die in § 86 Abs. 1 und 2 benannten Haupt- und Nebenpflichten aufgeführt. Vielmehr erwähnt Art. 3 Abs. 1 darüber hinaus, dass sich der Handelsvertreter nach den Geboten von Treu und Glauben zu verhalten hat; im Übrigen wird die Weisungsgebundenheit des Handelsvertreters ausdrücklich aufgeführt (Art. 3 Abs. 2 lit. c RL 86/653/EWG). Dies zeigt, dass § 86 Abs. 4 die Richtlinie nur unzureichend umsetzt[161] und insoweit einer **richtlinienkonformen Auslegung** bedarf. Soweit dies, wie im Falle von Art. 3 Abs. 1 RL 86/653/EWG aufgrund des eindeutig abweichenden Wortlauts von § 86 Abs. 4 nicht möglich ist, besteht Anlass zur Prüfung auf Europarechtskonformität und Vorlage an den EuGH nach Art. 267 AEUV (früher Art. 234 EG-Vertrag).[162] 47

Vereinbarungen, die in den Kerngehalt der Rechte und Pflichten iSv Abs. 4 eingreifen, sind unwirksam. Fraglich ist, wie weit das Abweichungsverbot reicht. Der Wortlaut von Art. 5 RL 86/653/EWG und von Abs. 4 lässt zunächst auf ein **umfassendes Verbot** schließen. In diesem Sinne spricht der deutsche Gesetzgeber davon, dass danach „Vereinbarungen, die entweder eine Erweiterung oder eine Einschränkung der geregelten Pflichten zum Inhalt haben", unwirksam seien.[163] Im Schrifttum wird dem entgegen gehalten, die Vorschrift des Abs. 4 diene dem Schutz des Handelsvertreters, sodass Abweichungen zu seinen Gunsten, mithin also Einschränkungen seiner Pflichten, dem Gesetzeszweck nicht widersprächen.[164] Der zu weit geratene Gesetzeswortlaut sei daher restriktiv 48

---

154 Begr. RegE Gesetz zur Durchführung der EG-Richtlinie zur Koordinierung des Rechts der Handelsvertreter, BR-Drs. 339/88, 14.

155 Vgl. Beschlussempfehlung und Bericht BT-RA, BT-Drs. 11/4559, 9.

156 Mit diesem Ergebnis Hopt/Hopt Rn. 44; BeckOK HGB/Lehmann, 48. Ed. 1.10.2025, Rn. 85.

157 Ebenroth/Boujong/Semmler Rn. 68.

158 Hopt/Hopt Rn. 44.

159 Ebenroth/Boujong/Semmler Rn. 68.

160 OLG Karlsruhe 25.3.1969, DB 1969, 741 (742); Hopt/Hopt Rn. 44; Ebenroth/Boujong/Semmler Rn. 75; Heymann/Stöber Rn. 35; MüKoHGB/Ströbl Rn. 70.

161 Ebenroth/Boujong/Semmler Rn. 80.

162 Für Zulässigkeit abw. Vereinbarungen Hopt/Hopt Rn. 51; Heymann/Stöber Rn. 35.

163 Begr. RegE Gesetz zur Durchführung der EG-Richtlinie zur Koordinierung des Rechts der Handelsvertreter, BR-Drs. 339/88, 14.

164 Sonnenschein FS Boujong, 1996, 481 (485); Heymann/Stöber Rn. 35.

auszulegen.[165] Diese Überlegungen harmonieren auf der einen Seite mit dem Zweck der RL 86/653/EWG, den Handelsvertreter zu schützen, lassen auf der anderen Seite aber außer Betracht, dass der Gemeinschaftsgesetzgeber in den Erwägungsgründen zur Richtlinie ebenso die Notwendigkeit einer Harmonisierung des Rechts der Mitgliedstaaten wie auch den Gesichtspunkt der Sicherheit des Handelsverkehrs herausstreicht. Vor diesem Hintergrund zeigt die rigide Formulierung von Art. 5 RL 86/653/EWG, dass mit dem Abweichungsverbot gerade ein gemeinschaftsweit einheitliches Regelungsniveau hergestellt werden soll. Damit aber verbieten sich **Abweichungen** selbst dann, wenn sie sich im Einzelfall **zugunsten des Handelsvertreters** auswirken.[166] **Zulässig** bleiben vertragliche Regelungen, die den Inhalt der unabdingbaren Pflichten näher konkretisieren,[167] wie beispielsweise Konkretisierungen der Informationspflicht des Handelsvertreters oder des von ihm zu beachtenden Wettbewerbsverbots. Darüber hinaus erfasst Abs. 4 selbstverständlich nicht solche Pflichten des Handelsvertreters, die sich nicht aus Abs. 1 und 2, sondern (ausschließlich) aus anderen gesetzlichen Vorschriften ergeben.[168]

VI. Andere Absatzmittler

49 Die Vorschrift des § 86 ist unmittelbar zwar nur auf das Rechtsverhältnis zwischen Handelsvertreter und Unternehmer anwendbar. Der Sache nach sind die in Abs. 1 und 2 geregelten Grundsätze jedoch auf andere Absatzmittler übertragbar, soweit diese den Absatz von Waren und Dienstleistungen im Interesse eines anderen Unternehmens mitteln. Die Bestimmungen können daher im Einzelfall auf **Kommissionsagenten,**[169] **Vertragshändler**[170] und **Subordinations-Franchisenehmer**[171] entsprechend angewendet werden.

§ 86a [Pflichten des Auftraggebers]

(1) Der Unternehmer hat dem Handelsvertreter die zur Ausübung seiner Tätigkeit erforderlichen Unterlagen, wie Muster, Zeichnungen, Preislisten, Werbedrucksachen, Geschäftsbedingungen, zur Verfügung zu stellen.

(2) [1]Der Unternehmer hat dem Handelsvertreter die erforderlichen Nachrichten zu geben. [2]Er hat ihm unverzüglich die Annahme oder Ablehnung eines vom Handelsvertreter vermittelten oder ohne Vertretungsmacht abgeschlossenen Geschäfts und die Nichtausführung eines von ihm vermittelten oder abgeschlossenen Geschäfts mitzuteilen. [3]Er hat ihn unverzüglich zu unterrichten, wenn er Geschäfte voraussichtlich nur in erheblich geringerem Umfange abschließen kann oder will, als der Handelsvertreter unter gewöhnlichen Umständen erwarten konnte.

(3) Von den Absätzen 1 und 2 abweichende Vereinbarungen sind unwirksam.

Schrifttum: Emde, Vorgaben des Unternehmers zur CI eines Handelsvertreters – eine teure Unternehmerentscheidung?, ZIP 2022, 106; Hübsch, Der Unterlagenbegriff nach § 86a HGB im Tankstellenvertrieb, ZVertriebsR 2018, 88; Kehr/Willich, Die Grenzen des § 86a Abs. 1 HGB, ZVertriebsR 2022, 159; Küstner, Verstoßen „Rennlisten" gegen datenschutzrechtliche Bestimmungen?, BB 1984, 1906; M. Roth, Zur unentgeltlichen Überlassung von Unterlagen an den Handelsvertreter, BB 2010, 2000; Thelen, Unterfallen „Kundenzeitschriften" eines im Finanzdienstleistungsbereich tätigen Vertriebsunternehmens § 86a Abs. 1 HGB?, VersR 2009, 1025; Thume, Die Musterkollektion des Handelsvertreters, BB 1995, 1913.

Übersicht

[165] Sonnenschein FS Boujong, 1996, 481 (486).

[166] Im Ergebnis ebenso Ankele DB 1989, 2211; Küstner/v. Manteuffel BB 1990, 291 (294); Hopt/Hopt Rn. 50; Ebenroth/Boujong/Semmler Rn. 80; MüKoHGB/Ströbl Rn. 65.

[167] Canaris HandelsR § 15 Rn. 31; Küstner/v. Manteuffel BB 1990, 291 (294); Reiff VersR 2012, 645 (649); Hopt/Hopt Rn. 50; Heymann/Stöber Rn. 35; MüKoHGB/Ströbl Rn. 65.

[168] Hopt/Hopt Rn. 50; Heymann/Stöber Rn. 35.

[169] Vgl. Ulmer/Habersack ZHR 159 (1995), 109, 126 (129 f.); Ebenroth/Boujong/Semmler Rn. 4.

[170] BGH 7.7.1983, NJW 1984, 2101 (2102); Canaris HandelsR § 17 Rn. 17; Ebenroth/Boujong/Semmler Rn. 4; zum Wettbewerbsverbot MSF VertriebsR-HdB/Rösch § 23 Rn. 25 f.

[171] MSF VertriebsR-HdB/Flohr § 28 Rn. 329 f.; Ebenroth/Boujong/Semmler Rn. 4.

I. Allgemeines

1. Normgenese. Die Vorschrift des § 86a regelt die Nebenpflichten des Unternehmers; dessen Hauptpflicht, die Provisionszahlung, wird erst in § 87 angesprochen. In seiner heutigen Gestalt, die seit dem 1.1.1990 in Kraft ist, geht § 86a zurück auf Art. 1 Nr. 2 Gesetz zur Durchführung der EG-Richtlinie zur Koordinierung des Rechts der Handelsvertreter.[1] Dadurch wurden Abs. 2 S. 2 und 3 inhaltlich und sprachlich an die Vorgaben aus Art. 4 **RL 86/653/EWG** angeglichen. Darüber hinaus wurde Abs. 3, der Art. 5 RL 86/653/EWG umsetzt, angefügt. Die **Umsetzung** der Richtlinie ist insgesamt **nur unvollkommen gelungen.** Während die Vorgaben aus Art. 4 Abs. 2 und 3 RL 86/653/EWG sich im Wesentlichen in § 86a Abs. 1 und 2 wiederfinden, wurde Art. 4 Abs. 1 RL 86/653/EWG, der den Unternehmer dazu verpflichtet, sich nach den Geboten von Treu und Glauben zu verhalten, nicht ausdrücklich umgesetzt. Der deutsche Gesetzgeber meinte, dass insoweit § 242 BGB ausreichend sei.[2] Aufgrund der fehlenden ausdrücklichen Umsetzung von Art. 4 Abs. 1 RL 86/653/EWG fehlt in § 86a Abs. 3 ein Abweichungsverbot, wie es Art. 5 RL 86/653/EWG für Art. 4 Abs. 1 RL 86/653/EWG vorsieht. Es ist aber durchaus zweifelhaft, ob insoweit eine eindeutige und effektive Umsetzung der Richtlinie im Sinne der Vorgaben des EuGH vorliegt. Dies gibt Anlass zur Prüfung der Europarechtskonformität von § 86a Abs. 3 durch Vorlage an den EuGH (Art. 267 AEUV; früher Art. 234 EG-Vertrag).[3] 1

2. Normzweck. Die Eingehung eines Absatzmittlungsverhältnisses bedingt regelmäßig, dass die Vertragsparteien stärker als bei anderen Austauschverhältnissen aufeinander angewiesen sind. Dies zeigt die in § 86 Abs. 1 Hs. 2 hervorgehobene Interessenwahrungspflicht des Handelsvertreters, aus der sich eine Reihe von Nebenpflichten ergeben. Aber auch der Unternehmer muss Rücksicht auf die Belange des Handelsvertreters nehmen und diesen unterstützen, wenn er an einer erfolgreichen Absatzmittlertätigkeit des Handelsvertreters interessiert ist. Der Gesetzgeber hat aus diesem Grunde – spiegelbildlich zu § 86 – die für die Vertragsdurchführung bedeutsamen Nebenpflichten des Unternehmers in § 86a typisiert. Sie sind Ausdruck einer **vertragsspezifischen Treuepflicht** (§ 242 BGB) des Unternehmers gegenüber dem Handelsvertreter.[4] Die Benennung der Nebenpflichten in § 86a ist freilich nicht abschließend.[5] Ergänzend heranzuziehen ist beispielsweise § 618 Abs. 1, 3 BGB. 2

3. Rechtsfolgen. Dem Handelsvertreter steht gegen den Unternehmer nach allgemeinen Regeln ein Anspruch auf Erfüllung der vertraglichen Pflichten oder Unterlassen vertragswidrigen Verhaltens zu. Verletzt der Unternehmer seine Vertragspflichten, kann der Unternehmer darüber hinaus die allgemeinen sekundärrechtlichen Ansprüche geltend machen (→ § 84 Rn. 67 ff.). 3

II. Nebenpflichten des Unternehmers

1. Überblick. Im Einzelnen verpflichtet § 86a Abs. 1 den Unternehmer zur Überlassung der für die Ausübung der Absatzmittlertätigkeit erforderlichen Unterlagen an den Handelsvertreter (→ Rn. 5 ff.); darüber hinaus regelt Abs. 2 die Informationspflicht des Unternehmers (→ Rn. 7 ff.). Schließlich können sich aus den allgemeinen Vorschriften (§ 241 Abs. 2 BGB, § 242 BGB) weitere Nebenpflichten des Unternehmers wie die Pflicht zur Rücksichtnahme (→ Rn. 29 f.) oder zur *Unterlassung von Wettbewerb* (→ Rn. 27 f.) ergeben. Dabei handelt es sich letztlich um eine Ausformung der allgemeinen Treuepflicht.[6] Danach hat der Unternehmer alles zu tun, was die Arbeit des 4

[1] Vgl. RegE, BR-Drs. 339/88, 1 f. (Begr. dazu BR-Drs. 339/88, 14 f.).
[2] Vgl. BT-Drs. 11/3077, 7.
[3] So auch Hopt/Hopt Rn. 1; **aA** Canaris HandelsR § 15 Rn. 21.
[4] M. Roth BB 2010, 2000 (2001).
[5] Hopt/Hopt Rn. 1.
[6] Heymann/Stöber Rn. 2.

Handelsvertreters fördert, und alles zu unterlassen, was den Vertreter schädigen kann.[7] Vereinbarungen, die von den Abs. 1 und 2 abweichen, sind nach Abs. 3 unwirksam (→ Rn. 32 f.). Die Vorschrift des § 86a betrifft allein **vertragliche Nebenpflichten.** Darüber hinaus können nach allgemeinen Vorschriften vorvertragliche und nachvertragliche Pflichten bestehen (→ § 84 Rn. 70 f.).

5 **2. Zurverfügungstellung von Unterlagen (Abs. 1).** Nach Abs. 1 hat der Unternehmer dem Handelsvertreter die „zur Ausübung seiner Tätigkeit erforderlichen **Unterlagen**" zur Verfügung zu stellen. Wie ein Blick auf Art. 4 Abs. 2 lit. a RL 86/653/EWG zeigt, entspricht der Wortlaut von § 86a Abs. 1 nicht exakt den Vorgaben der Richtlinie, da dort nicht auf die Tätigkeit des Handelsvertreters (als solche) Bezug genommen wird, sondern auf die „Unterlagen", „die sich auf die betreffenden Waren beziehen". Vor diesem Hintergrund ist § 86a Abs. 1 richtlinienkonform auszulegen. Es geht mithin nur um solche Unterlagen aus der Sphäre des Unternehmers,[8] auf die der Handelsvertreter zur Vermittlung oder zum Abschluss der den Gegenstand des Handelsvertretervertrages bildenden Verträge angewiesen ist.[9] Es muss also ein konkreter Bezug zu den Produkten (Waren und Dienstleistungen) bestehen, auf die sich die Absatz- und Vermittlungstätigkeit des Handelsvertreters bezieht.[10] Nicht umfasst sind dagegen Unterlagen, die nur für den Handelsvertreterbetrieb (als solchen) förderlich sind.[11] Insoweit ist nämlich zu bedenken, dass der Handelsvertreter die für den eigenen Geschäftsbetrieb erforderlichen Aufwendungen selbst zu tragen hat (§ 87d; → § 87d Rn. 7 f.). Der Begriff der „Unterlage" deutet vom Wortsinn darauf hin, dass körperliche Gegenstände (Sachen) gemeint sind. Ein solches Verständnis wird freilich den heutigen Erfordernissen geschäftlicher Tätigkeit, die durch eine umfassende Digitalisierung von Geschäftsprozessen gekennzeichnet ist, nicht mehr gerecht. Daher ist der Begriff der „Unterlage" nach Sinn und Zweck „weit" zu verstehen.[12] Er umfasst über den eigentlichen Wortsinn hinaus beispielsweise auch Daten.

5a Zur Verfügung zu stellen sind jedoch nur **erforderliche** Unterlagen. Dazu gehört alles, was zur Ausübung der Handelsvertreter-Tätigkeit objektiv unerlässlich bzw. unverzichtbar ist.[13] Anzulegen ist also ein enges Verständnis des Begriffs „erforderlich".[14] Entsprechendes gilt im Verhältnis des Handelsvertreters zu etwaigen Untervertretern.[15] Welche Unterlagen für die konkrete Vermittlungs- und Absatztätigkeit erforderlich sind, richtet sich nach den **Umständen des Einzelfalls,** mithin nach dem Gegenstand der Absatzmittlung und dem Tätigkeitsbild des Handelsvertreters.[16] Die Aufzählung der Unterlagen in § 86a Abs. 1 ist daher nicht abschließend.[17] Ausdrücklich erwähnt sind in Abs. 1 Muster, Zeichnungen, Preislisten, Werbedrucksachen und Geschäftsbedingungen. Dabei handelt es sich um Unterlagen, die für die Arbeit eines Handelsvertreters typischerweise unabdingbar sind. Insoweit spricht eine widerlegliche Vermutung dafür, dass sie für den Handelsvertreter auch erforderlich sind.[18] Der Handelsvertreter soll nämlich durch die Zurverfügungstellung der Unterlagen in die Lage versetzt werden, die Gegenstände der Absatzmittlung bei den Kunden anzupreisen.[19] Der Unternehmer hat dem Handelsvertreter daher jedenfalls einzelne Musterstücke, aber auch **Mus-**

---

[7] Heymann/Stöber Rn. 2.

[8] BGH 17.11.2016, BGHZ 213, 18 Rn. 19 = NJW 2017, 662.

[9] BGH 17.11.2016, BGHZ 213, 18 Rn. 19 = NJW 2017, 662; 4.5.2011, NJW 2011, 2423 Rn. 24.

[10] OLG Hamm 9.11.2020, NJOZ 2021, 718 Rn. 65, zutr. verneint für Bereitstellung der Agenturware durch den Unternehmer und damit in Zusammenhang stehende Datenerhebung.

[11] **AA** Emde ZIP 2022, 106: „alle betriebsnotwendigen Hilfsmittel".

[12] BGH 17.11.2016, BGHZ 213, 18 Rn. 19 = NJW 2017, 662; OLG Hamm 9.11.2020, NJOZ 2021, 718 Rn. 49; OLG Köln 2.2.2024, ZVertriebsR 2024, 81 Rn. 15; 24.11.2013, ZVertriebsR 2024, 23 Rn. 66.

[13] BGH 17.11.2016, BGHZ 213, 18 Rn. 19 = NJW 2017, 662; 4.5.2011, NJW 2011, 2423 Rn. 24; OLG Hamm 8.2.2021, ZVertriebsR 2021, 193 Rn. 47; 17.6.2016, NJW-RR 2016, 1134 Rn. 25; OLG Köln 24.11.2023, ZVertriebsR 2024, 23 Rn. 67; 9.12.2022, ZVertriebsR 2023, 95 Rn. 36; OLG München 16.12.2021, NJW 2022, 2625 Rn. 20; LG Bonn 19.5.2009, BeckRS 2009, 15914; M. Roth BB 2010, 2000 (2003); Thelen VersR 2009, 1025 (1030); Hopt/Hopt Rn. 5a; weiter gehend Emde ZIP 2022, 106 (107); Ebenroth/Boujong/Semmler Rn. 29.

[14] BGH 4.5.2011, NJW 2011, 2425 Rn. 23 f.; OLG Köln 2.2.2024, ZVertriebsR 2024, 81 Rn. 16; **aA** Hopt/Hopt Rn. 5a.

[15] M. Roth BB 2010, 2000 (2004).

[16] BGH 4.5.2011, NJW 2011, 2423 Rn. 20; OLG Bremen 27.6.2011, NJW-RR 2011, 1542 (1543); Hopt/Hopt Rn. 5; MüKoHGB/Ströbl Rn. 5; Staub/Emde Rn. 120.

[17] BGH 17.11.2016, BGHZ 213, 18 Rn. 19 = NJW 2017, 662; OLG Bremen 27.6.2011, NJW-RR 2011, 1542; OLG Hamm 17.6.2016, NJW-RR 2016, 1134 Rn. 25; OLG Köln 24.11.2023, ZVertriebsR 2024, 23 Rn. 66; OLG München 16.12.2021, NJW 2022, 2625 Rn. 20; Thelen VersR 2009, 1025 (1030).

[18] Hopt/Hopt Rn. 5; **aA** Thelen VersR 2009, 1025 (1030): Einzelfallprüfung erforderlich.

[19] BGH 17.11.2016, BGHZ 213, 18 Rn. 19 = NJW 2017, 662; 4.5.2011, NJW 2011, 2423 Rn. 20; OLG Hamm 17.6.2016, NJW-RR 2016, 1134 Rn. 30; Staub/Emde Rn. 115.

terkollektionen und darauf bezogenes Werbematerial (Prospekte etc) zu überlassen,[20] nicht aber produktunspezifische Werbemittel wie Kundenzeitschriften und Werbegeschenke.[21] Auch **Kundenlisten** sind dem Handelsvertreter, soweit vorhanden, zur Verfügung zu stellen.[22] Sind die Unterlagen in elektronischer Form erfasst, ist der Handelsvertreter mit der erforderlichen **Zugangssoftware** auszustatten.[23] Alternativ ist ihm Zugang zur EDV des Unternehmers zu gewähren.[24] Als Unterlage kann auch ein vom Geschäftsherrn überlassenes **Stations-Computersystem** zur Übermittlung und Steuerung der Preise an Zapfsäulen und Werbetafeln einer Tankstelle angesehen werden.[25] Entsprechendes gilt für die **Bereitstellung von Arbeitsplatzsystemen mit Kassenfunktion und leitungstechnischer Anbindung,** wenn der Handelsvertreter allein hierüber an die Informationsverarbeitungssysteme des Unternehmers (Warenwirtschaft, Kasse, Kundendaten) angebunden werden kann und eine anderweitige Nutzung für Zwecke der allgemeinen Büroausstattung ausgeschlossen ist.[26] **Nicht zu den erforderlichen Unterlagen** zählen übliche, nicht produktspezifische Arbeitsmittel, die der Handelsvertreter wie jeder andere Gewerbetreibende zur Ausübung seiner Geschäftstätigkeit üblicherweise vorhalten muss. Dabei handelt es sich um die Geschäftseinrichtung einschließlich üblicher (kartenfähiger oder mit einem Warenwirtschaftssystem verknüpfte) Kassensysteme,[27] die Büroausstattung[28] (Telekommunikation, PC,[29] Drucker etc), das Büromaterial[30] und Kraftfahrzeuge.[31] Dies schließt nicht aus, dass die Parteien auch über diese Gegenstände vertragliche Vereinbarungen treffen.[32] Allein der Umstand, dass der Unternehmer in diesem Kontext bestimmte vertragliche Anforderungen an die Handelsvertretertätigkeit, beispielsweise die Ausstattung eines Ladenlokals, stellt, führt jedoch noch nicht dazu, dass es sich um erforderliche Unterlagen iSv § 86a handelt.[33] Das gilt auch für Umbaumaßnahmen in den Geschäftsräumen, selbst wenn sie zu Werbezwecken erfolgen.[34]

Die **Unterlagen sind** dem Handelsvertreter **zur Verfügung zu stellen.** Unter Umständen ist der Unternehmer daher auch gehalten, bei ihm nicht vorhandene, aber für den Handelsvertreter erforderliche Unterlagen zu erstellen oder sich diese zum Zwecke der Weiterleitung an den Handelsvertreter zu besorgen.[35] Es handelt sich um eine Bringschuld des Unternehmers,[36] die nach der Natur des Schuldverhältnisses am Geschäftssitz des Handelsvertreters oder am Ort seiner Tätigkeit zu erfüllen ist.[37] **Die Kosten trägt der Unternehmer,**[38] da dem Handelsvertreter nur das wirt- 6

[20] Vgl. OLG Köln 24.11.2023, ZVertriebsR 2024, 23 Rn. 66; OLG München 3.3.1999, BB 1999, 2320; 8.8.2001, HVR Nr. 991; Emde ZIP 2022, 106 (109); M. Roth BB 2010, 2000 (2004).

[21] BGH 4.5.2011, NJW 2011, 2423 Rn. 28 f.; Kehr/Willich ZVertriebsR 2022, 159 (162); Thelen VersR 2009, 1025 (1031); **aA** Emde ZIP 2022, 106 (109, 110).

[22] OLG München 20.10.2004, NJW-RR 2005, 1062 (1063); Höld NJW 2016, 2774 (2775); Emde ZIP 2022, 106 (109); **aA** Kehr/Willich ZVertriebsR 2022, 159 (163).

[23] BGH 4.5.2011, NJW 2011, 2423 Rn. 30; OLG Köln 24.11.2023, ZVertriebsR 2024, 23 Rn. 66; 30.9.2005, VersR 2006, 407.

[24] OLG Bremen 27.6.2011, NJW-RR 2011, 1542 (1543).

[25] BGH 17.11.2016, BGHZ 213, 18 Rn. 23 = NJW 2017, 662; OLG Hamm 9.11.2020, NJOZ 2021, 718 Rn. 51 ff. – zweifelhaft jedoch Rn. 111 im Hinblick auf Datenleitung; 17.6.2016, NJW-RR 2016, 1134 Rn. 32 ff.; LG Hamburg 4.4.2017, ZVertriebsR 2018, 10 Rn. 21; zu gängigen Vertragsgestaltungen Hübsch ZVertriebsR 2018, 88 (88 f.); vgl. auch OLG Köln ZVertriebsR 2023, 95 Rn. 37 f., 44.

[26] OLG Köln 24.11.2023, ZVertriebsR 2024, 23 Rn. 64, 69 ff.

[27] KG 17.3.2022, NJW 2022, 2628 (2629); OLG Hamm 8.2.2021, ZVertriebsR 2021, 193 Rn. 48 f.; OLG München 16.12.2021, NJW 2022, 2625 Rn. 23; Kehr/Willich ZVertriebsR 2022, 159 (163, 165).

[28] BGH 4.5.2011, NJW 2011, 2423 Rn. 27; KG 17.3.2022, NJW 2022, 2628 (2629); OLG Köln ZVertriebsR 2023, 95 Rn. 36; Emde ZIP 2022, 106 (110); Kehr/Willich ZVertriebsR 2022, 159 (162); **aA** Ebenroth/Boujong/Semmler Rn. 29.

[29] Dazu OLG Köln 30.9.2005, VersR 2006, 407.

[30] Emde ZIP 2022, 106 (108, 110).

[31] OLG Celle 10.12.2009, BeckRS 2009, 88792 (unt. II.2.).; OLG Köln 11.9.2009, BeckRS 2009, 88067 (unt. I.1.); Hopt/Hopt Rn. 5b.

[32] Vgl. Thume BB 1995, 1913.

[33] **AA** Emde ZIP 2022, 106 (113 f.).

[34] OLG Köln 24.11.2023, ZVertriebsR 2024, 23 Rn. 131.

[35] S. auch Thelen VersR 2009, 1025 (1030); enger wohl OLG Hamm 8.2.2021, ZVertriebsR 2021, 193 Rn. 47: Unterlagen aus „der Sphäre des Unternehmers"; ebenso KG 17.3.2022, NJW 2022, 2628 (2629); OLG München 16.12.2021, NJW 2022, 2625 Rn. 20.

[36] BGH 17.11.2016, BGHZ 213, 18 Rn. 19 = NJW 2017, 662; Hopt/Hopt Rn. 6; Ebenroth/Boujong/Semmler Rn. 36; Staub/Emde Rn. 134.

[37] Ebenroth/Boujong/Semmler Rn. 36; Heymann/Stöber Rn. 7.

[38] BGH 17.11.2016, BGHZ 213, 18 Rn. 20 = NJW 2017, 662; 4.5.2011, NJW 2011, 2423 Rn. 19; KG 17.3.2022, NJW 2022, 2628 (2629); OLG München 8.8.2001, HVR Nr. 991; 3.3.1999, BB 1999, 2320; M. Roth BB 2010, 2000 (2004); Hopt/Hopt Rn. 6; Ebenroth/Boujong/Semmler Rn. 38.

schaftliche Risiko für seine Absatzbemühungen und die dafür erforderliche Geschäftsausstattung zugewiesen ist. Insoweit besteht ein Korrespondenzverhältnis zu § 87d (→ § 87d Rn. 7 f.). Darüber hinaus hat der Handelsvertreter nicht für das wirtschaftliche Risiko des Unternehmers einzustehen. Das aber wäre der Fall, wenn er unabhängig vom Erfolg seiner Absatzmittlertätigkeit an den Unternehmer ein Entgelt für die zu überlassenden Unterlagen zu zahlen hätte.[39] Differenziert zu beurteilen sind vor diesem Hintergrund freilich Sachverhalte, die dadurch gekennzeichnet sind, dass „Unterlagen" sowohl für die konkrete Absatzmittlertätigkeit des Handelsvertreters eingesetzt werden können und deshalb „kostenfrei" zu überlassen sind, aufgrund ihrer Funktionalität aber darüber hinaus auch für den „allgemeinen" Geschäftsbetrieb des Handelsvertreters nützlich sind. Insoweit hat der Handelsvertreter nur entsprechend dem Anteil, der auf die konkrete Absatzmittlertätigkeit für den Prinzipal entfällt, einen Anspruch auf kostenfreie Überlassung. Etwaige Vergütungsveinbarungen zwischen Prinzipal und Handelsvertreter, die dies unberücksichtigt lassen und dem Handelsvertreter die Kostenlast vollumfänglich aufbürden, sind – ihre Teilbarkeit vorausgesetzt – nach § 139 BGB nur insoweit gem. § 86a Abs. 3 iVm. Abs. 1 unwirksam, wie die Funktionalität der Unterlage iSv § 86a Abs. 1 reicht.[40] Für die „überschießende" Funktionalität hat der Handelsvertreter die Kosten zu tragen.

6a Der Handelsvertreter muss zum Zwecke der Absatzmittlertätigkeit die **Verfügungsmacht** über die Unterlagen erlangen, und zwar sobald dies erforderlich ist, in der Regel also zu Beginn des Vertragsverhältnisses, und ggf. auch fortlaufend durch Aktualisierung vorhandener Unterlagen.[41] Dies setzt, wie bereits der Wortlaut von Abs. 1 zeigt, keine Eigentumsübertragung voraus, die in der Praxis regelmäßig auch nicht erfolgt. Nach sachenrechtlichen Kategorien ist es vielmehr ausreichend, wenn dem Handelsvertreter auf der Grundlage eines Besitzmittlungsverhältnisses der unmittelbare Besitz an den Unterlagen eingeräumt wird[42] oder doch zumindest die Möglichkeit, auf diese im Bedarfsfalle Zugriff zu nehmen. Verbleiben die Unterlagen im Eigentum des Unternehmers, obliegt es ihm, ggf. für eine Versicherung zu sorgen.[43] Unabhängig davon haftet der Unternehmer dem Handelsvertreter wegen des Zustands der Unterlagen nach § 618 Abs. 1 und 3 BGB.[44] Bedeutung hat dies insbesondere bei Mustern, von denen aufgrund ihrer Beschaffenheit eine Sachgefahr ausgeht. Eine Verpflichtung des Handelsvertreters zum Erwerb der Unterlagen kann weder aus § 86 noch aus § 86a abgeleitet werden; sie kann auch nicht durch AGB begründet werden.[45] Benötigt der Handelsvertreter die Unterlagen nicht mehr, weil beispielsweise die bisherige Musterkollektion durch eine neue ersetzt wurde oder weil das Handelsvertreterverhältnis beendet wurde, hat er die Unterlagen an den Unternehmer zurückzugeben.[46]

7 **3. Informationspflicht (Abs. 2). a) Allgemeines.** Nicht nur der Handelsvertreter ist nach § 86 Abs. 2 verpflichtet, dem Unternehmer die erforderlichen Nachrichten zu geben. Korrespondierend dazu trifft auch den Unternehmer eine entsprechende Nebenpflicht gegenüber dem Handelsvertreter. Die erforderlichen Informationen schuldet der Unternehmer unaufgefordert.[47] Dies ist die Grundaussage von Abs. 2 S. 1. Nachfolgend in den Sätzen 2 und 3 greift das Gesetz in Umsetzung von Art. 4 Abs. 3 und Abs. 2 lit. b RL 86/653/EWG zwei **Informationsgegenstände** auf, die für den Handelsvertreter von besonderer Bedeutung sind, nämlich die Annahme, Ablehnung bzw. Nichtausführung vom Handelsvertreter vermittelter bzw. abgeschlossener Geschäfte (Abs. 2 S. 2) und den Abschluss von Geschäften in vermindertem Umfang (Abs. 2 S. 3). In beiden Fällen sind die Auswirkungen auf den Provisionsanspruch des Handelsvertreters evident. Da es sich jeweils nur um spezielle Anwendungsfälle von Abs. 2 S. 1 handelt, kann den Sätzen 2 und 3 keine inhaltliche Begrenzung der Informationspflicht auf diese oder vergleichbare Informationsgegenstände entnommen werden. Das bestätigt auch ein Blick in Art. 4 Abs. 2 lit. b und Abs. 3 RL 86/653/EWG, wonach „insbesondere" und „im übrigen" über die dort genannten Gegenstände zu informieren ist. In diesem Sinne ist bei richtlinienkonformer Auslegung daher auch § 86a Abs. 2 zu verstehen.

8 Der Sinn und Zweck von Informationspflichten besteht allgemein darin, ein berechtigtes Informationsinteresse des Informationsberechtigten zu befriedigen, weil der Berechtigte aufgrund eines Informationsdefizits nicht über die für seine Dispositionen erforderliche Tatsachenkenntnis verfügt. Nicht

[39] BGH 4.5.2011, NJW 2011, 2423 Rn. 19.

[40] BGH 17.11.2016, BGHZ 213, 18 Rn. 31 f. = NJW 2017, 662; OLG Hamm 9.11.2020, NJOZ 2021, 718 Rn. 80; vgl. auch OLG Schleswig 3.12.2015, ZVertriebsR 2016, 178 Rn. 28 f.

[41] Hopt/Hopt Rn. 6.

[42] OLG München 3.3.1999, BB 1999, 2320; Heymann/Stöber Rn. 8; MüKoHGB/Ströbl Rn. 13.

[43] Hopt/Hopt Rn. 6.

[44] Hopt/Hopt Rn. 6.

[45] Vgl. OLG Düsseldorf 25.11.1994, HVR Nr. 770 (Musterkollektion); OLG München 8.8.2001, HVR Nr. 991 (Musterkollektion); Hopt/Hopt Rn. 6.

[46] Hopt/Hopt Rn. 6.

[47] Ebenroth/Boujong/Semmler Rn. 40.

anders verhält es sich im Verhältnis des Unternehmers zum Handelsvertreter. Hat der Handelsvertreter daher **erforderliche Informationen** iSv Abs. 2 S. 1 bereits auf anderem Wege erlangt oder handelt es sich um allgemein bekannte Tatsachen und ist das Informationsdefizit damit ausgeglichen, entfällt auch die Informationspflicht des Unternehmers.[48] Dieser kann jedoch gehalten sein, dem Handelsvertreter auf Nachfrage darüber Auskunft zu geben, ob die dem Handelsvertreter vorliegenden Informationen zutreffend sind.[49] Darüber hinaus treffen den Handelsvertreter keine Nachforschungspflichten, sodass das bloße „Kennenmüssen" die Informationspflicht nicht entfallen lässt.[50] Im Übrigen ist die Informationspflicht auf die „erforderlichen Nachrichten" beschränkt. Was erforderlich ist, hängt vom Einzelfall ab, insbesondere von der Art des Geschäfts, den berechtigten Interessen der Beteiligten, die gegeneinander abzuwägen sind, und dem Zeitpunkt, zu dem die Information zu geben ist. Im Einzelnen handelt es sich um eine Frage der Informationsdichte und der Informationsfrequenz (→ Rn. 19 ff.). Allgemein gilt, dass der Unternehmer dem Handelsvertreter solche Nachrichten zu geben hat, auf die er zur sachgerechten Erledigung der ihm übertragenen Aufgaben angewiesen ist[51] oder die für die Absatzmittlertätigkeit allgemein förderlich sind.[52]

b) Informationsgegenstände. aa) Allgemeines. Wie in → Rn. 7 erläutert, hat die Benennung der in S. 2 und 3 aufgeführten Informationsgegenstände keinen abschließenden Charakter. Es handelt sich lediglich um (wichtige) Anwendungsfälle von S. 1, auf den ergänzend zurückzugreifen ist. 9

bb) Annahme, Ablehnung, Nichtausführung (Abs. 2 S. 2). (1) Allgemeines. Nach Abs. 2 S. 2 hat der Unternehmer dem Handelsvertreter unverzüglich, also ohne schuldhaftes Zögern (vgl. § 121 BGB), die Annahme oder Ablehnung eines vom Handelsvertreter vermittelten oder ohne Vertretungsmacht abgeschlossenen Geschäfts (Alt. 1) und die Nichtausführung eines von ihm vermittelten oder abgeschlossenen Geschäfts (Alt. 2) mitzuteilen. Wie der Wortlaut deutlich macht, regelt S. 2 zwei unterschiedliche Sachverhalte (→ Rn. 11 ff.).[53] Vom Wortlaut der Vorschrift und damit von der gesetzlichen Informationspflicht nicht erfasst sind Geschäfte, die ohne Mitwirkung des Handelsvertreters zustande gekommen sind,[54] für die ihm aber gleichwohl nach § 87 Abs. 2 S. 1 (Bezirksgeschäfte) oder § 87 Abs. 1 S. 1 Alt. 1 (Folgegeschäfte) eine Provision zusteht. Insoweit ist zu bedenken, dass § 86a Abs. 2 ein individuelles Tätigwerden des Handelsvertreters voraussetzt. Im Übrigen besteht bei Bezirks- und Folgegeschäften kein annähernd vergleichbares Informationsinteresse des Handelsvertreters, sodass seine Informationsrechte nach § 87c Abs. 2 und 3 ausreichen.[55] 10

(2) Annahme oder Ablehnung. Die Alt. 1 betrifft nach dem Wortlaut der Norm nicht nur den **Vermittlungsvertreter,**[56] der entweder als solcher auftritt oder aber ein Geschäft abschließt, ohne selbst über Vertretungsmacht zu verfügen (§ 91a Abs. 1), sondern auch den **Abschlussvertreter,** der seine Vertretungsmacht überschritten hat (§ 91a Abs. 2).[57] Die Informationspflicht geht damit über die Anforderungen aus Art. 4 Abs. 3 RL 86/653/EWG hinaus, wonach allein Vermittlungsvertreter erfasst sind. Das durch Abs. 2 S. 2 abgedeckte Informationsinteresse des Handelsvertreters liegt darin begründet, dass sein Provisionsanspruch nach § 87 vom Abschluss des Geschäfts zwischen Unternehmer und Kunden abhängt. Der Vermittlungsvertreter hat deshalb ein besonderes Interesse zu erfahren, ob er sich durch seine Vermittlungstätigkeit eine Provision verdient hat oder ob er ggf. anderweitige Dispositionen treffen muss. Dem korrespondiert die „aktive" Informationspflicht des Unternehmers. Ohne diese Informationspflicht könnte der Handelsvertreter selbst nur nach § 87c Abs. 2 und 3 vorgehen und die Vorlage eines Buchauszugs sowie ergänzende Informationen verlangen. Die Benachrichtigungspflicht schränkt die unternehmerische Entscheidungsfreiheit selbstverständlich nicht ein;[58] sie ist vielmehr Folge der autonomen Entscheidung des Unternehmers, 11

---

[48] Ebenroth/Boujong/Semmler Rn. 26; Heymann/Stöber Rn. 12, 16; Staub/Emde Rn. 145; vgl. auch Hopt/Hopt Rn. 8: „kann, aber muss nicht unbedingt entfallen".

[49] Hopt/Hopt Rn. 12.

[50] Hopt/Hopt Rn. 12; Ebenroth/Boujong/Semmler Rn. 26; Heymann/Stöber Rn. 12; undeutlich MüKoHGB/Ströbl Rn. 40.

[51] Ebenroth/Boujong/Semmler Rn. 40; MüKoHGB/Ströbl Rn. 16.

[52] *Hopt/Hopt* Rn. 7 f.; *Ebenroth*/Boujong/Semmler Rn. 40; Heymann/Stöber Rn. 9.

[53] Hopt/Hopt Rn. 10.

[54] Hopt/Hopt Rn. 10; Ebenroth/Boujong/Semmler Rn. 47; Staub/Emde Rn. 151; **aA** Ebenroth/Boujong/Semmler Rn. 46.

[55] Staub/Emde Rn. 151.

[56] Für Beschränkung auf den Vermittlungsvertreter jedoch Ebenroth/Boujong/Semmler Rn. 46; Heymann/Stöber Rn. 13.

[57] Hopt/Hopt Rn. 10; MüKoHGB/Ströbl Rn. 29.

[58] MüKoHGB/Ströbl Rn. 24.

die freilich nicht willkürlich oder in der Absicht erfolgen darf, den Handelsvertreter zu schädigen (→ Rn. 30).

12 Die Erklärung über die Annahme oder Ablehnung des Geschäfts hat nur Bedeutung für das (interne) Rechtsverhältnis zwischen Unternehmer und Handelsvertreter,[59] jedoch **keine Außenwirkung** gegenüber dem Kunden.[60] Das Geschäft mit dem Kunden kommt bei Vermittlung durch einen Handelsvertreter erst durch die Einigung zwischen dem Unternehmer und dem Kunden zustande. Hat der Handelsvertreter ein Geschäft mit dem Kunden ohne Vertretungsmacht abgeschlossen, so kann die gegenüber dem Handelsvertreter erklärte Annahme iSv Abs. 2 S. 2 zugleich eine Genehmigung des Vertragsschlusses iSv § 177 BGB beinhalten,[61] da diese sowohl gegenüber dem Vertreter als auch gegenüber dem Dritten erklärt werden kann. Will der Unternehmer das Geschäft dagegen ablehnen, muss er die Ablehnung auch gegenüber dem Kunden erklären, da nur so die unwiderlegliche Vermutung nach § 91a ausgeschlossen wird.[62] Die Ablehnung begründet im Übrigen im Verhältnis zum Handelsvertreter grundsätzlich keinen Annahmeverzug iSv § 615 BGB.[63]

13 **(3) Nichtausführung.** Die Informationspflicht in der in Abs. 2 S. 2 geregelten Alt. 2, also bei Nichtausführung eines vom Handelsvertreter vermittelten oder abgeschlossenen Geschäfts durch den Unternehmer, besteht nach dem eindeutigen Wortlaut der Norm gegenüber allen Handelsvertretern, unabhängig davon, ob es sich um **Vermittlungs-** oder **Abschlussvertreter** handelt.[64] Die entsprechende Bestimmung in Art. 4 Abs. 3 RL 86/653/EWG sieht wiederum nur eine auf Vermittlungsvertreter beschränkte Informationspflicht vor; insoweit geht das deutsche Recht darüber hinaus. Eine Nichtausführung des Geschäfts liegt nach Sinn und Zweck der Norm nicht nur dann vor, wenn das Geschäft vollständig unterbleibt, sondern auch dann, wenn es nur **teilweise** nicht zur Ausführung gelangt.[65] Anderenfalls wäre der Schutz des Handelsvertreters lückenhaft. Trotz Nichtausführung kann der Unternehmer dem Handelsvertreter eine Provision schulden (§ 87a Abs. 3 S. 1).

14 **cc) Geschäftsabschlüsse in erheblich geringerem Umfang (Abs. 2 S. 3).** Die Informationspflicht des Unternehmers schließt auch die Unterrichtung des Handelsvertreters über zu erwartende Geschäftsabschlüsse ein, sofern diese in der Zukunft erheblich hinter den Erwartungen des Handelsvertreters zurückbleiben. Ebenso wie Abs. 2 S. 2 soll die Vorschrift sicherstellen, dass der Handelsvertreter hinreichende Informationen über den realisierbaren Provisionsanspruch erhält, damit er ggf. anderweitige geschäftliche Dispositionen treffen kann. Der Handelsvertreter soll insbesondere davor bewahrt werden, zwecklos für den Unternehmer zu arbeiten.[66] Die Vorschrift setzt voraus, dass die Geschäfte vom Unternehmer abgeschlossen werden; sie ist daher **auf Vermittlungsvertreter zugeschnitten.**[67]

15 Wie schon der Wortlaut von Abs. 2 S. 3 deutlich macht, kommt es auf den Grund, warum Geschäfte nur in erheblich geringerem Umfang abgeschlossen werden, nicht an.[68] **Relevante Umstände** können insbesondere Änderungen im Absatzmittlungssystem,[69] Lieferschwierigkeiten,[70] Produktionsumstellungen,[71] Qualitätsprobleme,[72] Betriebsstilllegungen[73] oder andere wirtschaftliche Schwierigkeiten,[74] wie die bevorstehende Zahlungsunfähigkeit des Unternehmers, sein. Diese müssen sich freilich derart auswirken, dass der Abschluss von Geschäften in quantitativer Hinsicht erheblich zurückgeht.[75] Dabei kommt es nicht auf einzelne Geschäfte an, sondern auf den Geschäftsbetrieb insgesamt.[76]

---

59 Ebenroth/Boujong/Semmler Rn. 25; MüKoHGB/Ströbl Rn. 33 f.

60 MüKoHGB/Ströbl Rn. 33 f.; vgl. auch Heymann/Stöber Rn. 13.

61 Ebenroth/Boujong/Semmler Rn. 25; MüKoHGB/Ströbl Rn. 34.

62 MüKoHGB/Ströbl Rn. 34.

63 Hopt/Hopt Rn. 13.

64 Ebenso Ebenroth/Boujong/Semmler Rn. 46; Hopt/Hopt Rn. 10; wohl auch Heymann/Stöber Rn. 14.

65 Hopt/Hopt Rn. 10; Ebenroth/Boujong/Semmler Rn. 46; MüKoHGB/Ströbl Rn. 31.

66 So bereits Begr. RegE zum Gesetz zur Änderung des HGB, BT-Drs. 1/3856, 9, 20.

67 Heymann/Stöber Rn. 16; MüKoHGB/Ströbl Rn. 35.

68 Hopt/Hopt Rn. 11.

69 Vgl. BGH 27.1.1972, BGHZ 58, 140 (145) = NJW 1972, 629; 9.11.1967, BGHZ 49, 39 (44) = NJW 1968, 394; 22.1.1987, WM 1987, 595 (596) = NJW-RR 1987, 873.

70 Vgl. BGH 13.7.1959, BB 1959, 864 = BeckRS 1959, 31207216.

71 Vgl. BGH 7.2.1974, NJW 1974, 795.

72 Vgl. BGH 12.12.1957, BGHZ 26, 161 (167) = NJW 1958, 219.

73 Vgl. BGH 7.2.1974, NJW 1974, 795.

74 Heymann/Stöber Rn. 18.

75 Ebenroth/Boujong/Semmler Rn. 49; Heymann/Stöber Rn. 15; Staub/Emde Rn. 162; **aA** Hopt/Hopt Rn. 11.

76 Ebenroth/Boujong/Semmler Rn. 49; Heymann/Stöber Rn. 16.

Unter welchen Voraussetzungen insoweit von einem **erheblichen Rückgang** auszugehen ist, hängt vom Einzelfall ab. Da die Vorschrift den Schutz des Handelsvertreters bezweckt, ist dies letzten Endes aus dessen Sicht zu beurteilen. Dies bestätigt auch der Wortlaut von Abs. 2 S. 3, der im Gegensatz zu der bis 1990 geltenden Gesetzesfassung keine objektive Anknüpfung an den nach den Umständen zu erwartenden Geschäftsbetrieb, sondern an die Erwartungshaltung des Handelsvertreters enthält. Was der Handelsvertreter konkret erwarten konnte, ergibt sich aus dem mit dem Unternehmer geschlossenen Vertrag und dessen tatsächlicher Handhabung, wobei insbesondere Art und Umfang der bisherigen Tätigkeit im Verhältnis zu dem zu erwartenden Geschäftsumfang von Bedeutung sind.[77] Ferner kommt es darauf an, ob der Handelsvertreter berechtigterweise auf die Fortsetzung des Geschäftsbetriebs im bisherigen Umfang vertrauen durfte.[78] Rein subjektive Hoffnungen, die durch die konkreten Umstände des Vertragsverhältnisses nicht gestützt werden, müssen naturgemäß außer Betracht bleiben.[79] Auf der anderen Seite verbietet der Gesetzeswortlaut, die Erheblichkeit rein objektiv durch Betrachtung der prozentualen Verringerung des Geschäftsumfangs festzulegen.[80] 16

Die Informationspflicht besteht für den Unternehmer nicht erst, wenn der Umfang der getätigten Geschäfte tatsächlich zurückgeht, sondern im Einklang mit dem Schutzzweck der Norm bereits im Vorfeld, wenn ein Rückgang „voraussichtlich" bevorsteht. Erforderlich ist also eine **Prognosebetrachtung** aus Sicht des Unternehmers.[81] Diese ist auf der Grundlage der Umstände vorzunehmen, die mutmaßlich für den quantitativen Rückgang der Geschäfte ursächlich sein werden (→ Rn. 15). Unerheblich ist, ob diese Gründe dem Unternehmer aufgrund der objektiven Geschäftslage aufgezwungen sind oder auf seiner autonomen Entscheidung beruhen.[82] Liegen die Voraussetzungen von Abs. 2 S. 3 nicht vor, kann ggf. jedoch eine Informationspflicht nach Abs. 2 S. 1 bestehen.[83] 17

dd) Weitere Informationsgegenstände (Abs. 2 S. 1). Über die in Abs. 2 S. 2 und 3 genannten Informationsgegenstände hinaus ist der Unternehmer verpflichtet, dem Handelsvertreter auch alle weiteren Nachrichten zu geben, **soweit diese für die Ausübung der Handelsvertretertätigkeit objektiv erforderlich sind** (→ Rn. 7). Angewiesen ist der Handelsvertreter zunächst auf Informationen über den Gegenstand des Vertriebsobjekts,[84] dessen wirtschaftliche und technische Eigenschaften, seine Qualität,[85] den Preis und die weiteren Lieferbedingungen.[86] Erforderlich sind regelmäßig auch Informationen über den Geschäftsbetrieb des Unternehmers und dessen Leistungsfähigkeit; dazu gehören auch Angaben über Warenvorräte[87] oder den Produktionsumfang.[88] Zu informieren hat der Unternehmer auch über seine (künftige) Geschäftspolitik wie etwa über den akzeptierten Kundenkreis,[89] oder über seine Einschätzung der Lage und Entwicklung des Marktes.[90] Im Übrigen darf der geschäftliche Erfolg des Handelsvertreters nicht durch unerwartete Dispositionen des Unternehmers beeinträchtigt werden.[91] Mitzuteilen sind daher auch Änderungen des Produktionsprogramms[92] und der Unternehmensstruktur, etwa infolge Stilllegung,[93] Verpachtung oder Veräußerung von Betriebsteilen oder des gesamten Geschäftsbetriebs. Entsprechendes gilt für wirtschaftliche Schwierigkeiten des Unternehmens, soweit diese wie bei bevorstehender Zahlungsunfähigkeit den Provisionsanspruch des Handelsvertreters konkret gefährden.[94] Förderlich für die Tätigkeit des Han- 18

---

[77] Ebenroth/Boujong/Semmler Rn. 50; Heymann/Stöber Rn. 17 f.; MüKoHGB/Ströbl Rn. 37.

[78] Ebenroth/Boujong/Semmler Rn. 50; Heymann/Stöber Rn. 17; MüKoHGB/Ströbl Rn. 37.

[79] MüKoHGB/Ströbl Rn. 37.

[80] IdS jedoch MüKoHGB/Ströbl Rn. 38 (Verringerung des Geschäftsumfangs um mindestens 25 %).

[81] Ebenroth/Boujong/Semmler Rn. 50; Heymann/Stöber Rn. 18.

[82] Heymann/Stöber Rn. 18; MüKoHGB/Ströbl Rn. 38.

[83] BGH 12.12.1957, BGHZ 26, 161 (167) = NJW 1958, 219; Heymann/Stöber Rn. 17; **aA** Westphal, Vertriebsrecht I, 1998, Rn. 402.

[84] BGH 12.12.1957, BGHZ 26, 161 (167) = NJW 1958, 219.

[85] BGH 17.5.2006, IHR 2006, 164 = BeckRS 2006, 07358.

[86] Ebenroth/Boujong/Semmler Rn. 29, 40; MüKoHGB/Ströbl Rn. 19.

[87] Ebenroth/Boujong/Semmler Rn. 45.

[88] OLG Celle 20.12.2001, HVR Nr. 1039.

[89] BGH 9.11.1967, BGHZ 49, 39 = NJW 1968, 394 (395); 22.1.1987, NJW-RR 1987, 873; OLG Düsseldorf 15.12.2000, HVR Nr. 948; Hopt/Hopt Rn. 8; Ebenroth/Boujong/Semmler Rn. 45; Heymann/Stöber Rn. 9; *MüKoHGB/Ströbl Rn. 19.*

[90] Hopt/Hopt Rn. 8.

[91] BGH 12.12.1957, BGHZ 26, 161 (165) = NJW 1958, 219 (220); Hopt/Hopt Rn. 8; Heymann/Stöber Rn. 9.

[92] Heymann/Stöber Rn. 9; MüKoHGB/Ströbl Rn. 19.

[93] Vgl. dazu BGH 22.1.1987, NJW-RR 1987, 873; 7.2.1974, NJW 1974, 795 (796); Ebenroth/Boujong/Semmler Rn. 41.

[94] Ebenroth/Boujong/Semmler Rn. 41; **aA** BGH 25.4.1960, BB 1960, 605 (606) = NJW 1960, 1292; MüKoHGB/Ströbl Rn. 21; einschr. Hopt/Hopt Rn. 12.

delsvertreters und daher ebenfalls Gegenstand der Informationspflicht sind darüber hinaus beispielsweise Informationen über erfolgreiche Tests der Vertriebsprodukte, errungene Auszeichnungen oder die erfolgreiche Teilnahme an Messen und Ausstellungen.[95] Schließlich muss der Unternehmer den Handelsvertreter über bevorstehende Änderungen im Vertragsverhältnis wie über die Ausübung des vorbehaltenen Rechts zur einseitigen Änderung von Vertragsbedingungen oder über die Kündigung bzw. Nichtverlängerung des Vertrages[96] rechtzeitig unterrichten.[97] Handelt es sich insoweit um fristgebundene Erklärungen, ist bei Einhaltung der Frist regelmäßig von einer rechtzeitigen Information auszugehen.[98]

19 **c) Informationsdichte. aa) Allgemeines.** Die Informationsdichte ist im Grundsatz **für jeden Informationsgegenstand gesondert zu bestimmen.** Wie bereits Abs. 2 S. 1 klarstellt, braucht nur das mitgeteilt zu werden, was „erforderlich" ist. Insoweit ist das vom Gesetzgeber dem Grunde nach anerkannte Informationsbedürfnis des Handelsvertreters mit gegenläufigen, rechtlich beachtlichen Interessen des Unternehmers abzuwägen. Als solche kommen vorrangig die Freiheit der unternehmerischen Betätigung und das Geheimhaltungsinteresse in Betracht.[99] Die Informationspflicht erstreckt sich immer nur auf Gegenstände, deren Kenntnis für die konkrete Tätigkeit des Handelsvertreters von Bedeutung ist, nicht jedoch auf eine in jeder Beziehung umfassende Unterrichtung über die Unternehmensstrategie.[100]

20 **bb) Annahme, Ablehnung oder Nichtausführung (Abs. 2 S. 2).** Die Annahme, Ablehnung oder Nichtausführung eines Geschäfts iSv Abs. 2 S. 2 sind dem Handelsvertreter **bezogen auf jedes einzelne Geschäft** und nicht nur pauschal für eine Mehrzahl von Geschäften mitzuteilen.[101] Im Einzelfall, beispielsweise bei Verzögerungen in der Geschäftsabwicklung, sind auch Zwischennachrichten zu geben.[102] Darüber hinaus ist die Entscheidung, insbesondere bei Ablehnung oder Nichtausführung, zu begründen,[103] damit der Handelsvertreter die Auswirkungen auf die Provision abschätzen und prüfen kann, ob ihm ggf. Ansprüche gegen den Unternehmer zustehen.

21 **cc) Geschäftsabschlüsse in erheblich geringerem Umfang (Abs. 2 S. 3).** Die Informationspflicht nach Abs. 2 S. 3 bezieht sich der Sache nach nicht auf einzelne Geschäftsvorfälle, sondern auf die **künftige Entwicklung der Geschäftstätigkeit.** Es sind daher keine Detailinformationen zu einzelnen Geschäftsvorgängen gefordert. Auf der anderen Seite genügt es auch nicht, wenn der Unternehmer sich lapidar auf die Mitteilung beschränkt, er werde Geschäfte voraussichtlich nur in erheblich geringerem Umfang abschließen. Vielmehr ist auch wie in den Fällen des Abs. 2 S. 2 eine Begründung erforderlich.[104] Nur dann ist nämlich der Handelsvertreter in der Lage, die Auswirkungen der Mitteilung auf seine Tätigkeit zu ermessen.

22 **dd) Weitere Informationsgegenstände (Abs. 2 S. 1).** Informationen zu den weiteren Informationsgegenständen sind im Regelfall anlassbezogene Einzelmitteilungen. Die Informationsdichte hängt gerade in diesen Fällen immer auch dann davon ab, in welchem Umfang ein berechtigtes Geheimhaltungsbedürfnis des Unternehmers besteht.[105] Das kann etwa bei einer strategischen Neuausrichtung des Betriebes, vor der Markteinführung noch in der Entwicklung befindlicher Produkte oder im Vorfeld eines Unternehmensverkaufs der Fall sein. Der Grad der Informationspflicht kann unter solchen Umständen bis auf null reduziert sein, wobei es letztlich wiederum auch auf die zeitliche Dimension der Ereignisse ankommt. Daran ändert die Geheimhaltungspflicht des Handelsvertreters nach § 90 nichts.[106] Im Übrigen muss der Unternehmer den Handelsvertreter auch im Detail über alle Umstände unterrichten, die für die Vertriebstätigkeit von Bedeutung sind (→ Rn. 18).

23 **d) Informationsfrequenz.** Die erforderlichen Informationen iSv Abs. 2 S. 1 hat der Unternehmer in zeitlicher Hinsicht so zu geben, dass der Handelsvertreter die Informationen sachgerecht auswerten und rechtzeitig notwendige Dispositionen treffen kann. **In der Regel** wird der Unternehmer daher

[95] Ebenroth/Boujong/Semmler Rn. 41; ferner Heymann/Stöber Rn. 9; MüKoHGB/Ströbl Rn. 21.
[96] Dazu BGH 24.4.1960, DB 1960, 636 (637) = NJW 1960, 1292.
[97] Ebenroth/Boujong/Semmler Rn. 44; Staub/Emde Rn. 148.
[98] BGH 25.4.1960, BB 1960, 605 (606) = NJW 1960, 1292; Ebenroth/Boujong/Semmler Rn. 44; Staub/Emde Rn. 148.
[99] Vgl. auch BGH 7.2.1974, NJW 1974, 795; Hopt/Hopt Rn. 9, 12.
[100] Hopt/Hopt Rn. 9.
[101] Ebenroth/Boujong/Semmler Rn. 46.
[102] Hopt/Hopt Rn. 10.
[103] Hopt/Hopt Rn. 10; enger Ebenroth/Boujong/Semmler Rn. 46: nur auf Verlangen.
[104] **AA** Schröder Rn. 15. Ebenroth/Boujong/Semmler Rn. 49.
[105] Vgl. Hopt/Hopt Rn. 12; Ebenroth/Boujong/Semmler Rn. 26.
[106] Ebenroth/Boujong/Semmler Rn. 26.

seiner Informationspflicht unverzüglich **mit Eintritt des Informationsereignisses** nachzukommen haben.[107] Die Information muss also ohne schuldhaftes Zögern (§ 121 Abs. 1 S. 1 BGB) erfolgen. Unter Umständen kann es darüber hinaus geboten sein, den Handelsvertreter bereits vorab über bevorstehende Veränderungen zu informieren, ohne dass in diesem Fall bereits eine Verpflichtung zu inhaltlich detaillierten Mitteilungen besteht. Für die in Abs. 2 S. 2 und 3 geregelten besonderen Informationsgegenstände besteht eine ausdrückliche Verpflichtung zur unverzüglichen Information. Im Hinblick auf die Entscheidung über die Annahme, Ablehnung oder Nichtausführung eines Geschäfts (Abs. 2 S. 2) bedeutet dies nicht, dass der Unternehmer materiellrechtlich zu einer unverzüglichen Willensbildung verpflichtet wäre. Entschließt er sich nicht sofort, muss er dem Handelsvertreter jedoch einen Zwischenbescheid geben.[108] Der Handelsvertreter erhält auf diese Weise die Gelegenheit, sich selbst noch einmal einzuschalten, um die Dinge in seinem Sinne zu beeinflussen.

e) Informationsmodalitäten. Die Wirksamkeit der Information ist, soweit nichts Gegenteiliges vereinbart ist, nicht von der Einhaltung einer bestimmten **Form** abhängig. Aus Beweisgründen empfiehlt es sich jedoch, die Information schriftlich zu erteilen. Die **Kosten** der Informationserteilung hat der Unternehmer zu tragen. **Erfüllungsort** ist wie im Falle des Abs. 1 der Geschäftssitz des Handelsvertreters oder der Ort seiner Tätigkeit.[109] 24

4. Allgemeine Treuepflicht. a) Allgemeines. Wie in → Rn. 4 ausgeführt, regelt § 86a die Nebenpflichten des Unternehmers nicht abschließend. Neben den in Abs. 1 und 2 hervorgehobenen Nebenpflichten besteht beim Handelsvertretervertrag wie bei anderen Schuldverhältnissen kraft der dadurch begründeten Sonderverbindung zwischen den Vertragsparteien eine allgemeine Treuepflicht (§ 242 BGB), aus der sich – über die in Abs. 1 und 2 ausdrücklich geregelten Fällen hinaus – weitere leistungsbezogene Schutzpflichten ergeben können. Zuweilen wird auch von einer allgemeinen **Pflicht des Unternehmers zur Unterstützung und Rücksichtnahme** gesprochen.[110] Seit Inkrafttreten des Schuldrechtsmodernisierungsgesetzes hat dieser Gedanke in § 241 Abs. 2 BGB eine zusätzliche allgemeine Verankerung gefunden. Die Austauschbeziehung zwischen Unternehmer und Handelsvertreter wird wie auch andere Absatzmittlungsverhältnisse in besonderer Weise durch den Treuegedanken geprägt. Das bestätigt Art. 4 Abs. 1 RL 86/653/EWG, wonach der Unternehmer sich gegenüber dem Handelsvertreter nach den Geboten von Treu und Glauben zu verhalten hat. In Absatzmittlungsverhältnissen und damit auch im Handelsvertreterverhältnis kommt nämlich zum Tragen, dass es sich um langfristig angelegte Schuldverhältnisse handelt, die trotz ihres Austauschcharakters ein gedeihliches Miteinander der Vertragsparteien erfordern. Auf diese Weise unterscheiden sich die Absatzmittlungsverhältnisse von Kaufverträgen oder anderen auf kurzfristigen Leistungsaustausch angelegten Schuldverhältnissen. Sie stehen in gewisser Weise den auf Interessengleichrichtung angelegten Verträgen näher, ohne deren Charakter anzunehmen. Aus der fehlenden Umsetzung von Art. 4 Abs. 1 RL 86/653/EWG in das deutsche Recht (→ Rn. 1) kann im Übrigen nicht geschlossen werden, dass der deutsche Gesetzgeber dem Treuegedanken keine Bedeutung beimisst. In den Gesetzesmaterialien wird insoweit auf § 242 BGB verwiesen.[111] 25

Der Umstand, dass es sich beim Handelsvertretervertrag im Ergebnis um ein Austauschverhältnis handelt, das auf die Koordinierung entgegengesetzter Interessen angelegt ist, zeigt, dass die Treuepflicht des Unternehmers gegenüber dem Handelsvertreter nicht bedingungslos sein kann. Sie findet ihre **Grenze** vielmehr in der kaufmännischen Entschließungsfreiheit und eigenen Schutzbedürftigkeit des Unternehmers.[112] Im Kern geht es also um eine **Abgrenzung der Interessensphären.** Die Treuepflicht gebietet insoweit, dass der Unternehmer den Kernbereich der Interessen des Handelsvertreters nicht antastet. Dies ist gemeint, wenn von einem Gebot der Rücksichtnahme auf die schutzwürdigen Belange des Handelsvertreters[113] und dem Verbot der Schädigung des Handelsvertreters die Rede ist. Aus dem Schädigungsverbot folgt im Übrigen nicht notwendig eine Verpflichtung zur Gleichbehandlung mit anderen Handelsvertretern. Es geht vielmehr darum, alles zu unterlassen, was Tätigkeit und Erfolg des Handelsvertreters unberechtigt beeinträchtigt oder gefährdet.[114] Letztlich 26

[107] IdS auch Ebenroth/Boujong/Semmler Rn. 23.

[108] Ebenroth/Boujong/Semmler Rn. 23; MüKoHGB/Ströbl Rn. 32.

[109] Ebenroth/Boujong/Semmler Rn. 24.

[110] Hopt/Hopt Rn. 1.

[111] Vgl. BT-Drs. 11/3077, 7.

[112] Heymann/Stöber Rn. 20.

[113] BGH 12.1.1994, BGHZ 124, 351 (354) = NJW 1994, 1060; 26.11.1984, BGHZ 93, 29 (54) = NJW 1985, 623; 27.1.1972, BGHZ 58, 140 (145) = NJW 1972, 629; 12.12.1957, BGHZ 26, 161 (164) = NJW 1958, 219; 15.12.1967, BB 1968, 60 = GRUR 1968, 654; Hopt/Hopt Rn. 15.

[114] Vgl. BGH 18.6.1964, BGHZ 42, 59 (62) = NJW 1963, 1621; 11.12.1981, BB 1982, 1626 = BeckRS 1981, 30996846; OLG München 31.10.1957, BB 1958, 247; Hopt ZIP 1996, 1533 (1538); Hopt/Hopt Rn. 16; Ebenroth/Boujong/Semmler Rn. 54.

ist dies auch Ausdruck der Rücksichtnahme auf die Interessen des Handelsvertreters. Die allgemeine Treuepflicht wird im Handelsvertreterverhältnis also insbesondere durch die **Pflicht zur Rücksichtnahme** näher ausgeformt. In der Praxis haben sich verschiedene Fallgruppen herausgebildet.

27 **b) Wettbewerbsverbot.** Im Gegensatz zur Situation beim Handelsvertreter, der die Interessen des Unternehmers kraft Gesetzes zu wahren hat, unterliegt der Unternehmer vertragstypologisch betrachtet keinem originären Wettbewerbsverbot.[115] Dem Unternehmer ist daher der Direktvertrieb mit den Kunden des Handelsvertreters nicht grundsätzlich untersagt;[116] entsprechendes gilt für den Einsatz von konkurrierenden Handelsvertretern.[117] Ein Wettbewerbsverbot, das im Falle eines Wettbewerbsverhältnisses (→ § 86 Rn. 25) entsprechende Wettbewerbshandlungen unterbinden soll, kann sich jedoch im Einzelfall ausdrücklich oder konkludent **aus dem Handelsvertretervertrag und der tatsächlichen Ausgestaltung des Absatzmittlerverhältnisses** ergeben.[118] Darin manifestiert sich das Gebot der Rücksichtnahme auf die Belange des Handelsvertreters.[119] Von einem Wettbewerbsverbot ist insbesondere auszugehen, wenn dem Handelsvertreter eine Alleinvertretung übertragen worden ist[120] oder ihm Bezirks- oder Kundenschutz zugesagt wurde.[121] In diesen Fällen darf der Unternehmer die Absatzmittlertätigkeit des Handelsvertreters nicht systematisch durch eigene Abschlusstätigkeit untergraben.[122] Der Verstoß gegen das Rücksichtnahmegebot wird jedenfalls nicht dadurch ausgeräumt, dass dem Handelsvertreter bei Bezirks- und Kundenschutz eine Provision auch dann zusteht, wenn das Geschäft ohne seine Mitwirkung abgeschlossen wurde (§ 87 Abs. 2).[123] Durch die Konkurrenztätigkeit wird ihm jedenfalls die durch den Bezirks- und Kundenschutz gegebene Möglichkeit genommen, von ihm geschaffene Beziehungen mit der Aussicht auf höhere Provisionen auszubauen.[124] Allgemein gilt, dass ein Wettbewerbsverbot umso eher anzunehmen ist, je mehr der Handelsvertreter in die Vertriebsorganisation des Unternehmers eingebunden ist und diese durch Einsatz von Personal und Kapital zu unterstützen hat.[125]

28 Auch unabhängig von Wettbewerbsverboten darf der Unternehmer den Handelsvertreter nicht durch einzelne Maßnahmen gezielt schädigen, beispielsweise durch Direktvertrieb mit gezielter Preisunterbietung[126] oder die Übernahme einer Handelsvertretung für Konkurrenzartikel.[127] Eine **unzulässige Schädigung** liegt ferner vor, wenn der Unternehmer im Falle fehlenden Gebietsschutzes anderen Handelsvertretern gestattet, die Vertriebsprodukte zu einem niedrigeren Preis anzubieten,[128] oder wenn der Unternehmer im Gebiet des Handelsvertreters andere Absatzmittler einsetzt, denen günstigere Konditionen eingeräumt werden, sodass der Handelsvertreter dem Wettbewerb nicht standhalten kann.[129] Gegen das Rücksichtnahmegebot verstößt auch der Versuch des Unternehmers, Stammkunden des Handelsvertreters durch Aufforderung zum Direktbezug oder zum Bezug bei anderen Absatzmittlern abzuwerben.[130] Entsprechendes gilt für das Ausspannen von Untervertretern des Handelsvertreters und[131] die Weitergabe von Kundenlisten des Handelsvertreters an andere Absatzmittler.[132]

---

[115] Canaris HandelsR § 17 Rn. 37; Hopt/Hopt Rn. 17.
[116] Canaris HandelsR § 17 Rn. 37; Hopt/Hopt Rn. 17; MüKoHGB/Ströbl Rn. 53.
[117] Hopt ZIP 1996, 1533; Hopt/Hopt Rn. 17; vgl. für den Zeitraum nach Kündigung des Handelsvertretervertrages auch OLG München 14.10.1993, HVR 1993 Nr. 766.
[118] Canaris HandelsR § 17 Rn. 37; Hopt/Hopt Rn. 17.
[119] Vgl. LG Frankfurt a. M. 25.4.1969, BB 1969, 1326; Hopt/Hopt Rn. 15; Heymann/Stöber Rn. 21.
[120] BGH 9.1.1961, DB 1961, 601 = NJW 1961, 1112; OLG Düsseldorf 8.6.1972, HVR Nr. 468; OLG Köln 17.11.2000, BB 2000, 2595; Hopt/Hopt Rn. 17; Hopt/Hopt § 87 Rn. 24; Heymann/Stöber Rn. 21.
[121] Weniger strikt Hopt/Hopt Rn. 17.
[122] Staub/Emde Rn. 47, 58.
[123] Staub/Emde Rn. 58.
[124] Ebenroth/Boujong/Semmler Rn. 54; **aA** MüKoHGB/Ströbl Rn. 57.
[125] BGH 12.1.1994, BGHZ 124, 351 (355) = NJW 1994, 1060; 10.2.1993, WM 1993, 1464; OLG Düsseldorf 19.1.2001, HVR Nr. 950; Hopt/Hopt Rn. 17.
[126] OLG Bremen 10.2.1966, NJW 1967, 254; Hopt/Hopt Rn. 17; Ebenroth/Boujong/Semmler Rn. 54; MüKoHGB/Ströbl Rn. 53.
[127] Hopt/Hopt Rn. 17; Staub/Emde Rn. 55.
[128] BGH 15.4.1986, BGHZ 97, 317 (327 f.) = NJW 1986, 2954; OLG Bremen 10.2.1966, NJW 1967, 254; Hopt/Hopt Rn. 17; Heymann/Stöber Rn. 21.
[129] LG Stuttgart 25.3.1983, HVR Nr. 668; Heymann/Stöber Rn. 21.
[130] BGH 11.6.1959, BB 1959, 720 = NJW 1959, 1679; Hopt/Hopt Rn. 17; Heymann/Stöber Rn. 21; MüKoHGB/Ströbl Rn. 56.
[131] BGH 18.6.1964, BGHZ 42, 59 (62) = NJW 1964, 1621 (1622); OLG Düsseldorf 26.1.1957, HVR Nr. 151; OLG München 31.10.1957, BB 1958, 247; Hopt/Hopt Rn. 17; Heymann/Stöber Rn. 22; MüKoHGB/Ströbl Rn. 56; Staub/Emde Rn. 61; **aA** Canaris HandelsR § 15 Rn. 80.
[132] OLG Düsseldorf 26.11.2004, HVR Nr. 1148; Hopt/Hopt Rn. 17.

c) Allgemeines Rücksichtnahmegebot. Wie bereits erläutert, folgt aus der Treuebindung des Unternehmers eine allgemeine Pflicht zur Rücksichtnahme auf die Belange des Handelsvertreters.[133] Auch in diesem Zusammenhang gilt, dass die Rücksichtnahmepflicht vom **Grad der Integration des Handelsvertreters in das Absatzmittlersystem** abhängt. Je mehr die Tätigkeit des Handelsvertreters auf den Unternehmer ausgerichtet ist, umso stärker ist die Pflicht zur Rücksichtnahme. Der Unternehmer muss daher den Handelsvertreter im Einzelfall auch vor geschäftlichen Fehlinvestitionen bewahren.[134] Kundenanfragen sind dem Handelsvertreter bei zugesichertem Kundenschutz unverzüglich zuzuleiten.[135] Generell sind Rechte aus dem Handelsvertreterverhältnis stets unter Beachtung der Interessen des Handelsvertreters auszuüben:[136] Daher dürfen vorbehaltene Genehmigungen für Zweitvertretungen regelmäßig nur aus triftigem Grund versagt werden;[137] im Interesse des Handelsvertreters eingeräumte Vollmachten können nicht beliebig entzogen werden.[138] Aus der Treuebindung folgt überdies eine Pflicht zur Verschwiegenheit:[139] Persönliche Geschäftsdaten und Kundenberichte des Handelsvertreters sind unter allen Umständen vertraulich zu behandeln und dürfen (auch nach Vertragsende) nur mit dessen Einverständnis an Dritte weitergegeben werden,[140] da anderenfalls die Absatzmittlertätigkeit des Handelsvertreters negativ beeinflusst werden könnte. Im Übrigen gebietet es die Pflicht zu loyalem Verhalten, dass sich der Unternehmer gegenüber Dritten nicht abfällig über den Handelsvertreter äußert.[141] Treupflichtwidrig kann es auch sein, wenn der Unternehmer unter Zugriff auf die Kundendaten des Handelsvertreters mit dessen Kunden zum Zwecke des Vertragsschlusses Kontakt aufnimmt und damit einen Provisionsanspruch des Handelsvertreters vereitelt.[142] Entsprechendes gilt bei nachträglicher Aufnahme des Direktvertriebs durch den Unternehmer, sofern dadurch die geschäftlichen Interessen des Handelsvertreters treuwidrig beeinträchtigt werden.[143] 29

Das Gebot der Rücksichtnahme auf die Belange des Handelsvertreters lässt im Übrigen die **unternehmerische Entscheidungsfreiheit** des Unternehmers **unberührt;**[144] das gilt auch für die Benachrichtigungspflicht nach Abs. 2 S. 2. Der Unternehmer allein entscheidet über die Grundlinien der Geschäftspolitik wie Vertriebs- und Sortimentsumstellungen,[145] Änderungen des Kundenkreises,[146] Qualitäts- und Preisänderungen,[147] den Verkauf des Unternehmens oder die Einstellung des Geschäftsbetriebs. Bei der Umsetzung dieser Entscheidungen muss er jedoch auf die Belange des Handelsvertreters Rücksicht nehmen.[148] Insbesondere darf er den Abschluss vermittelter Geschäfte nicht willkürlich oder gar in Schädigungsabsicht ablehnen.[149] Damit korrespondiert, dass der Unternehmer die Ablehnung eines Geschäfts gegenüber dem Handelsvertreter zu begründen hat (→ Rn. 20). Ein willkürliches Handeln im vorbenannten Sinne liegt regelmäßig vor, wenn die Entscheidung nicht objektiv nachvollziehbar ist, sondern auf sachfremden, die Belange des Handelsvertreters in eklatanter Weise verletzenden Erwägungen beruht.[150] 30

---

[133] OLG Düsseldorf 23.11.2023, ZVertriebsR 2024, 293 Rn. 17.

[134] BAG 24.4.1980, DB 1980, 2039 zum Franchisevertrag; Ebenroth/Boujong/Semmler Rn. 57; Heymann/Stöber Rn. 23.

[135] Ebenroth/Boujong/Semmler Rn. 27.

[136] Ebenroth/Boujong/Semmler Rn. 42.

[137] Ebenroth/Boujong/Semmler Rn. 53; ähnlich Staub/Emde Rn. 31.

[138] OLG Celle 26.1.1961, DB 1961, 369 (Inkassovollmacht mit Recht zur Einbehaltung verdienter Provisionen); Ebenroth/Boujong/Semmler Rn. 53; MüKoHGB/Ströbl Rn. 63.

[139] MüKoHGB/Ströbl Rn. 62.

[140] Vgl. dazu LG Freiburg 29.8.1966, BB 1966, 999 (999 f.); Küstner BB 1984, 1906 (1908); Ebenroth/Boujong/Semmler Rn. 56; MüKoHGB/Ströbl Rn. 62; Staub/Emde Rn. 31.

[141] OLG Karlsruhe 10.7.1959, BB 1959, 1006; Ebenroth/Boujong/Semmler Rn. 55; MüKoHGB/Ströbl Rn. 62; Staub/Emde Rn. 31.

[142] OLG Köln 8.9.2023, ZVertriebsR 2024, 223 Rn. 153.

[143] Erwogen von OLG Köln 8.9.2023, ZVertriebsR 2024, 223 Rn. 157.

[144] OLG Düsseldorf 23.11.2023, ZVertriebsR 2024, 293 Rn. 17.

[145] OLG Düsseldorf 15.12.2000, HVR Nr. 949 (Nichtverlängerung eines Lizenzvertrags für die Vertriebsprodukte).

[146] Vgl. BGH 9.11.1967, BGHZ 49, 39 (42) = NJW 1968, 394; 6.5.1993, WM 1993, 1725 (1726) = NJW-RR 1993, 1122; 10.2.1993, WM 1993, 1464 = NJW-RR 1993, 678; 22.1.1987, WM 1987, 595 (596) = NJW-RR 1987, 873; *zum Vertragshändlervertrag* auch BGH 26.11.1984, BGHZ 93, 29 (38) = NJW 1985, 623.

[147] BGH 12.12.1957, BGHZ 26, 161 (163) = NJW 1958, 219.

[148] Vgl. BGH 23.7.1997, BGHZ 136, 295 (298 f.) = NJW 1997, 3304 (3307); 12.12.1957, BGHZ 26, 161 (164 f.) = NJW 1958, 219; 17.10.1960, BB 1960, 1221 (1222) = NJW 1961, 25; 25.6.1959, BB 1959, 865 = NJW 1959, 2255; OLG Celle 29.11.1961, BB 1962, 195 (willkürliches Verhalten gegenüber vom Handelsvertreter geworbenem Kunden); Hopt/Hopt Rn. 15; MüKoHGB/Ströbl Rn. 25.

[149] BGH 30.1.1981, NJW 1981, 1785 (1786); 17.10.1960, BB 1960, 1221 (1222) = NJW 1961, 25; OLG Düsseldorf 9.5.1997, OLGR 1998, 11 (13); MüKoHGB/Ströbl Rn. 25; vgl. auch Staub/Emde Rn. 31.

[150] Vgl. auch MüKoHGB/Ströbl Rn. 27.

III. Sorgfaltsmaßstab

31 Im Gegensatz zu der für Handelsvertreter geltenden Regelung in § 86 Abs. 3 gibt § 86a für das Handeln des Unternehmers keinen Sorgfaltsmaßstab vor. Im Grundsatz ist daher auf die allgemeine Vorschrift des § 347 zurückzugreifen. Der Unternehmer hat daher, sofern er selbst Kaufmann ist, seine Pflichten mit der **Sorgfalt eines ordentlichen Kaufmanns** zu erfüllen, es sei denn, die Parteien haben etwas anderes vereinbart.

IV. Abweichende Vereinbarungen (Abs. 3)

32 Nach Abs. 3 sind Vereinbarungen, die von den Abs. 1 und 2 abweichen, unwirksam. In der bis 1990 geltenden Fassung des § 86a Abs. 2 S. 3 bezog sich die Unabdingbarkeit nur auf die Pflicht des Unternehmers, den Handelsvertreter zu unterrichten, wenn er Geschäfte voraussichtlich nur in erheblich geringerem Umfang abschließen konnte oder wollte, als nach den Umständen zu erwarten war. Der deutsche Gesetzgeber hat mit der darüber hinausgehenden geltenden Fassung von § 86a Abs. 3 der aus Art. 5 RL 86/653/EWG folgenden Umsetzungsverpflichtung nachkommen wollen. Das ist wie bei § 86 allerdings nur unvollkommen gelungen. Während Abs. 3 sich lediglich auf die in Abs. 1 und 2 genannten Nebenpflichten des Unternehmers bezieht, die in Art. 4 Abs. 2 und 3 RL 86/653/EWG ihre Entsprechung haben, enthält Art. 3 Abs. 1 RL 86/653/EWG die weitere Bestimmung, dass der Unternehmer sich gegenüber dem Handelsvertreter nach den Geboten von Treu und Glauben zu verhalten hat. Auch diese Regel ist nach Art. 5 RL 86/653/EWG einer abweichenden Vereinbarung nicht zugänglich; dies ist in § 86a nicht ausdrücklich gesagt. Der deutsche Gesetzgeber hat von der ausdrücklichen Umsetzung von Art. 3 Abs. 1 RL 86/653/EWG und damit auch von einer entsprechenden Verweisung in § 86a Abs. 3 unter Hinweis auf § 242 BGB abgesehen.[151] Es ist aber durchaus **zweifelhaft,** ob insoweit eine **eindeutige und effektive Umsetzung der Richtlinie** iSd Vorgaben des EuGH vorliegt.[152] Dies gibt Anlass zur Prüfung der Europarechtskonformität von § 86a Abs. 3 durch Vorlage an den EuGH (Art. 267 AEUV; früher Art. 234 EG-Vertrag).[153]

33 Der Wortlaut von Art. 5 RL 86/653/EWG und von Abs. 3 lässt zunächst auf ein umfassendes Verbot schließen. In diesem Sinne spricht der deutsche Gesetzgeber davon, dass „sämtliche in § 86a Abs. 1 und 2 geregelten Pflichten des Unternehmers vertraglich weder eingeschränkt noch erweitert werden" können.[154] Im Schrifttum wird dem entgegen gehalten, die Vorschrift des Abs. 3 diene dem Schutz des Handelsvertreters, sodass **Abweichungen** zu seinen **Gunsten,** mithin also Erweiterungen des Pflichtenkreises des Unternehmers, dem Gesetzeszweck nicht widersprächen.[155] Ähnlich wie bei § 86 Abs. 4 sei der zu weit geratene Gesetzeswortlaut daher restriktiv auszulegen, womit nur zum Nachteil des Handelsvertreters vom Gesetz abweichende Vereinbarungen als unwirksam anzusehen seien.[156] Diese Überlegungen harmonieren, wie schon bei § 86 Abs. 4 ausgeführt, auf der einen Seite mit dem Zweck der RL 86/653/EWG, den Handelsvertreter zu schützen, lassen auf der anderen Seite aber außer Betracht, dass der Gemeinschaftsgesetzgeber in den Erwägungsgründen zur Richtlinie ebenso die Notwendigkeit einer Harmonisierung des Rechts der Mitgliedstaaten wie auch den Gesichtspunkt der Sicherheit des Handelsverkehrs herausstreicht. Vor diesem Hintergrund zeigt die rigide Formulierung von Art. 5 RL 86/653/EWG, dass mit dem Abweichungsverbot gerade ein unionsweit einheitliches Regelungsniveau hergestellt werden soll. Damit aber verbieten sich Abweichungen von Abs. 1 und 2 selbst dann, wenn sie sich im Einzelfall zugunsten des Handelsvertreters auswirken.[157]

33a Die **Unwirksamkeit** erfasst regelmäßig die gesamte Vereinbarung, es sei denn, diese ist teilbar. Dann kommt nach allgemeinen Grundsätzen eine Teilnichtigkeit in Betracht, wenn der ohne den unwirksamen Teil verbleibende Teil der Vereinbarung als selbstständige Regelung Bestand haben kann und davon auszugehen ist, dass die Parteien daran festhalten wollen (§ 139 BGB). Denkbar ist dies etwa bei einer Entgeltvereinbarung, die darauf gerichtet ist, dass der Handelsvertreter die Kosten für ein Kassensystem oder Arbeitsplatzsystem zu tragen hat, das nicht nur seiner Büroausstattung dient, sondern auch ein – vom Unternehmer kostenfrei zur Verfügung zu stellendes – Hilfsmittel iSv § 86a Abs. 1 ist.[158] Entgelt-

---

[151] Vgl. BT-Drs. 11/3077, 7.

[152] Dazu allg. Streinz/Schroeder EUV/AEUV, 2018, AEUV Art. 288 Rn. 75 ff.

[153] So auch Hopt/Hopt Rn. 1; **aA** Canaris HandelsR § 15 Rn. 21.

[154] Begr. RegE Gesetz zur Durchführung der EG-Richtlinie zur Koordinierung des Rechts der Handelsvertreter, BR-Drs. 339/88, 15.

[155] Ebenroth/Boujong/Semmler Rn. 59; Sonnenschein FS Boujong, 1996, 481 (485); Heymann/Stöber Rn. 27; ähnlich MüKoHGB/Ströbl Rn. 51.

[156] Sonnenschein FS Boujong, 1996, 481 (488).

[157] **AA** Hopt/Hopt Rn. 18.

[158] BGH 17.11.2016, BGHZ 213, 18 Rn. 31 f. = NJW 2017, 662; OLG Hamm 9.11.2020, NJOZ 2021, 718 Rn. 46 ff.; LG Hamburg 4.4.2017, ZVertriebsR 2018, 110 Rn. 25 ff.

vereinbarungen, die sich auf vom Unternehmer gestellte Hilfsmittel beziehen, welche nicht auch als allgemeine Büroausstattung verwendet werden können oder dürfen und damit dem Handelsvertreter keine wesentlichen Vorteile für seinen selbstständigen Geschäftsbetrieb bieten, sind dagegen insgesamt nach § 86a Abs. 3 unwirksam.[159] **Zulässig** bleiben vertragliche **Regelungen, die den Inhalt der unabdingbaren Pflichten näher konkretisieren,**[160] namentlich in Bezug auf die zu überlassenden Unterlagen iSv Abs. 1 und die zu gebenden Nachrichten iSv Abs. 2 S. 1. Darüber hinaus erfasst Abs. 3 selbstverständlich nicht solche Pflichten des Handelsvertreters, die sich nicht aus Abs. 1 und 2, sondern (ausschließlich) aus anderen gesetzlichen Vorschriften ergeben.[161] Mit dem Wortlaut von Abs. 3 vereinbar sind danach an sich auch abweichende Vereinbarungen, die zur Einschränkung allgemeiner, aus dem Gebot von Treu und Glauben abzuleitender Nebenpflichten des Unternehmers führen (→ Rn. 25 ff.).[162] Wie bereits ausgeführt (→ Rn. 32), entspricht Abs. 3 insoweit jedoch nicht den Vorgaben aus Art. 5 RL 86/653/EWG iVm Art. 4 Abs. 1 RL 86/653/EWG.

V. Andere Absatzmittler

Die Vorschrift des § 86a ist auf andere Absatzmittler entsprechend anwendbar, wenn diese ähnlich einem Handelsvertreter auf eine loyale Zusammenarbeit mit dem Unternehmer und auf dessen Unterstützung angewiesen sind. Das kann bei **Vertragshändlern,**[163] **Kommissionsagenten**[164] und **Subordinations-Franchisenehmern**[165] der Fall sein. 34

§ 86b [Delkredereprovision]

(1) [1]Verpflichtet sich ein Handelsvertreter, für die Erfüllung der Verbindlichkeit aus einem Geschäft einzustehen, so kann er eine besondere Vergütung (Delkredereprovision) beanspruchen; der Anspruch kann im voraus nicht ausgeschlossen werden. [2]Die Verpflichtung kann nur für ein bestimmtes Geschäft oder für solche Geschäfte mit bestimmten Dritten übernommen werden, die der Handelsvertreter vermittelt oder abschließt. [3]Die Übernahme bedarf der Schriftform.

(2) Der Anspruch auf die Delkredereprovision entsteht mit dem Abschluß des Geschäfts.

(3) [1]Absatz 1 gilt nicht, wenn der Unternehmer oder der Dritte seine Niederlassung oder beim Fehlen einer solchen seinen Wohnsitz im Ausland hat. [2]Er gilt ferner nicht für Geschäfte, zu deren Abschluß und Ausführung der Handelsvertreter unbeschränkt bevollmächtigt ist.

Schrifttum: Castan, Rechtsfragen des Handelsvertreter-Delkredere, BB 1957, 1124; Masing, Die Delkrederevereinbarung nach § 86b Abs. 3 HGB, BB 1995, 2589; Scriba/Liesegang, E-Signing im Rahmen von Vertriebssystemen, ZVertriebsR 2021, 348; Valdini, Die Delkrederehaftung des Handelsvertreters, ZVertriebsR 2016, 207.

Übersicht

---

[159] OLG Köln 24.11.2023, ZVertriebsR 2024, 23 Rn. 65, 74.

[160] M. Roth BB 2010, 2000 (2003); Ebenroth/Boujong/Semmler Rn. 59; Heymann/Stöber Rn. 27; MüKoHGB/Ströbl Rn. 51.

[161] Ebenroth/Boujong/Semmler Rn. 59.

[162] IdS Ebenroth/Boujong/Semmler Rn. 59.

[163] BGH 23.7.1997, BGHZ 136, 295 (299) = NJW 1997, 3304 (3307); 29.4.1958, NJW 1958, 1138; 2.4.1957, BB 1957, 452 = NJW 1957, 1026; K. Schmidt HandelsR § 28 Rn. 19; Ulmer, Der Vertragshändler, 1969, 397 f., 431 ff.; MSF VertriebsR-HdB/Rösch § 23 Rn. 27 f.; Ebenroth/Boujong/Semmler Rn. 65; Staub/Emde Vor § 84 Rn. 580 ff.; diff. *MüKoHGB/Ströbl* Rn. 2; **aA** Kehr/Willich ZVertriebsR 2022, 159 (159, 167 f.); Renz, Das Rechtsverhältnis zwischen dem Vertragshändler und seinem Lieferanten, 1966, 63 ff.; wohl auch Emde ZIP 2022, 106 (118).

[164] Ebenroth/Boujong/Semmler Rn. 65; Krüger/Lutz ZVertriebsR 2023, 222 (226); diff. MüKoHGB/Ströbl Rn. 2.

[165] BGH 23.7.1997, BGHZ 136, 295 (299) = NJW 1997, 3304 (3307); MSF VertriebsR-HdB/Flohr § 38 Rn. 328 f.; Ebenroth/Boujong/Semmler Rn. 65; widersprüchlich NK-HGB/Prasse Anh. FranchiseR Rn. 61 (einerseits)/Rn. 66 (andererseits); diff. MüKoHGB/Ströbl Rn. 2; undeutlich Emde ZIP 2022, 106 (118); **aA** Kehr/Willich ZVertriebsR 2022, 159.

I. Allgemeines

1 **1. Normzweck.** Gegenstand der Interessenwahrungspflicht des Handelsvertreters ist es unter anderem, dass er sich über die geschäftlichen Verhältnisse des Kunden sowie dessen Vertrauens- und Kreditwürdigkeit informiert und dem Unternehmer die für dessen Entscheidungsfindung notwendigen Nachrichten gibt (→ § 86 Rn. 17, → § 86 Rn. 35). Eine Verletzung dieser Pflicht kann zu einem Schadensersatzanspruch des Unternehmers führen. Darüber hinaus haftet der Handelsvertreter gegenüber dem Unternehmer nicht für die Bonität des Kunden. Vielmehr trägt der Unternehmer grundsätzlich das wirtschaftliche Risiko der Einbringlichkeit der Forderung. Daher ist es nicht Aufgabe des Handelsvertreters, dem Unternehmer gegenüber für die mit Kunden erzielten Verkaufserlöse in Vorlage zu treten.[1] Auf der anderen Seite wird der Handelsvertreter aufgrund seiner besonderen Marktkenntnisse die Bonität des Kunden häufig besser beurteilen können als der Unternehmer. Zögert dieser, einen geschäftlichen Kontakt zu dem Kunden aufzunehmen, obwohl aus Sicht des Handelsvertreters keine begründeten Zweifel an dessen Bonität bestehen, kann es für den Handelsvertreter sinnvoll sein, gegenüber dem Unternehmer die Haftung für die Erfüllung der Verbindlichkeit des Kunden zu übernehmen (sog. Delkredere), um den eigenen Provisionsanspruch zur Entstehung gelangen zu lassen. In der Praxis spielt die Delkrederehaftung überdies bei Massengeschäften als Instrumentarium des Unternehmers zur Absicherung gegen Zahlungsausfälle eine Rolle.[2] Dies zeigt, dass es auf der anderen Seite des Schutzes des Handelsvertreters davor bedarf, dass der Unternehmer aufgrund seiner typischerweise überlegenen wirtschaftlichen Stellung den Handelsvertreter dazu zwingt, generell das Delkredere zu übernehmen.[3] Unter diesen Umständen käme es zu einer mit dem Typus des Handelsvertretervertrages nicht zu vereinbarenden Risikoverlagerung auf den Handelsvertreter. Vor diesem Hintergrund soll durch § 86b ein **Interessenausgleich** herbeigeführt werden. Danach steht dem Handelsvertreter, der sich gegenüber dem Unternehmer schriftlich zur Übernahme des Delkredere verpflichtet, eine spezielle Delkredereprovision zu (Abs. 1, 2), soweit nicht ein Ausnahmetatbestand nach Abs. 3 eingreift.

2 **2. Normgenese.** Die Vorschrift war in der ursprünglichen Fassung des HGB nicht enthalten. Sie ist erst durch die **HGB-Novelle 1953** in das Gesetz eingefügt worden.[4] Dem Gesetzgeber ging es darum, die schon zuvor geübte Praxis der Delkrederehaftung zu kodifizieren, gleichzeitig aber den Handelsvertreter durch besondere Sicherungen bei der Übernahme der Haftung und durch den Anspruch auf die Delkredereprovision zu schützen.[5] Die Vorschrift des § 86b lehnt sich in Teilen an Art. 418c Abs. 3 OR[6] und § 8 öHVertrG sowie Art. 4 Akademie-Entwurf[7] aus dem Jahre 1940 an. In der RL 86/653/EWG findet sich keine entsprechende Regelung. Für den Kommissionär sieht § 394 unter bestimmten Voraussetzungen ebenfalls die Übernahme einer Delkrederehaftung vor.

[1] BGH 8.11.2005, NJW-RR 2006, 339 Rn. 8 f.; OLG München 16.12.2021, NJW 2022, 2625 Rn. 36; zur AGB-Kontrolle LG München I 20.5.2022, ZVertriebsR 2022, 230 Rn. 142.

[2] Dazu Valdini ZVertriebsR 2016, 207.

[3] Vgl. auch BGH 21.3.1982, BB 1982, 2008 = WM 1982, 1152; Masing BB 1995, 2589 (2592).

[4] Art. 1 Gesetz zur Änderung des Handelsgesetzbuchs (Recht der Handelsvertreter) vom 6.8.1953, BGBl. 1953 I 771.

[5] Vgl. Begr. RegE, BT-Drs. 1/3856, 9 (20).

[6] Bundesgesetz betr. die Ergänzung des Schweizerischen Zivilgesetzbuches (Fünfter Teil: Obligationenrecht) vom 30.3.1911.

[7] Nipperdey/Dietz, Entwurf eines Handelsvertretergesetzes, in Arbeitsberichte der Akademie für Deutsches Recht Nr. 17, 1940, 14 (dazu Begr. RegE BT-Drs. 1/3856, 64 ff.).

II. Einstandsvereinbarung

1. Allgemeines. Der mit dem Abschluss des Kundengeschäfts entstehende Anspruch auf die Delkredereprovision (→ Rn. 15) setzt voraus, dass sich der Handelsvertreter **gegenüber dem Unternehmer** schriftlich verpflichtet, für die **Erfüllung einer Kundenverbindlichkeit** einzustehen (Abs. 1 S. 1, 3). Diese Verpflichtung kann nur für ein bestimmtes Geschäft („konkretes" Delkredere) oder für solche Geschäfte mit bestimmten Dritten („generelles" Delkredere) übernommen werden, die der Handelsvertreter vermittelt oder abschließt (Abs. 1 S. 2). Der Anspruch auf die Delkredereprovision ist ausgeschlossen, wenn der Handelsvertreter keines besonderen Schutzes bedarf. Das ist nach Abs. 3 bei Absatzmittlergeschäften mit Auslandsbezug und bei solchen Geschäften der Fall, für die dem Handelsvertreter eine unbeschränkte Vollmacht eingeräumt wurde. Keine Einstandsvereinbarung iSv Abs. 1 S. 1 liegt vor, wenn sich der Handelsvertreter **gegenüber Dritten,** beispielsweise einer Teilzahlungskreditbank, zur Haftungsübernahme für solche Verbindlichkeiten bereit erklärt, die der Kunde gegenüber dem Dritten hat.[8] Entsprechendes gilt für Abreden, mit denen der Handelsvertreter gegenüber Kunden die Haftung für Leistungen des Unternehmers übernimmt.[9] 3

Die Vereinbarung einer Delkrederehaftung des Handelsvertreters durch **AGB** muss mangels hinreichender Individualisierung des Vertragsgegenstands iSv Abs. 1 S. 2 an § 307 Abs. 1, 2 BGB scheitern.[10] Wird dem Handelsvertreter durch AGB die Verpflichtung auferlegt, die Kosten für die Beitreibung der Verbindlichkeit im Falle der Zahlungsunfähigkeit oder -unwilligkeit der Kunden zu tragen, kann auch eine derartige Bestimmung gem. § 307 Abs. 1, 2 BGB unwirksam sein,[11] da sie der Sache nach einer nur unter den Voraussetzungen des § 86b zulässigen Einstandsvereinbarung nahe kommen kann. 4

2. Vertragsschluss. Voraussetzung für das Entstehen des Anspruchs auf die Delkredereprovision ist zunächst, dass der Handelsvertreter mit dem Unternehmer einen haftungsbegründenden Vertrag schließt. Für den Vertragsschluss gelten die allgemeinen Regeln (§§ 145 ff. BGB). Die Übernahmeerklärung des Handelsvertreters, nicht jedoch die Vertragserklärung des Unternehmers, bedarf der **Schriftform** iSv § 126 BGB (Abs. 1 S. 3). Dem Handelsvertreter soll dadurch die besondere Gefährlichkeit der Vereinbarung vor Augen geführt werden.[12] Dies entspricht der Rechtslage bei der Bürgschaft. Der Formzwang gilt jedoch unabhängig davon, welche rechtliche Einkleidung die Einstandsvereinbarung durch die Parteien erfährt[13] (→ Rn. 6). Ein Formverstoß führt zur Nichtigkeit der Vereinbarung (§ 125 BGB). Geben die Beteiligten der Vereinbarung das Gepräge eines Bürgschaftsvertrages, ist die Übernahmeerklärung abweichend von § 350 auch für den kaufmännischen Handelsvertreter formbedürftig, da Abs. 1 S. 3 lex specialis zu § 350 ist.[14] Die Nichtbeachtung der Schriftform kann bei der Bürgschaft durch Erfüllung geheilt werden (§ 766 S. 2 BGB); bei anderen rechtlichen Einkleidungen ist § 766 S. 2 BGB analog anzuwenden.[15] Ein **Ersatz** der in Abs. 1 S. 3 vorgesehenen Schriftform durch die elektronische Form (§ 126a BGB), wie sie § 126 Abs. 3 BGB ermöglicht, kommt im Anwendungsbereich des § 86b analog § 766 S. 2 BGB nicht in Betracht, soweit die Vereinbarung iSv. Abs. 1 S. 1 Bürgschaftscharakter hat (→ Rn. 6).[16] Im Übrigen sind bei der Einstandsvereinbarung die weiteren **zivilrechtlichen Außenschranken** zu beachten. Insbesondere darf die Vereinbarung nicht gegen § 138 BGB verstoßen. Dazu kann es kommen, wenn der Unternehmer die wirtschaftliche Notlage eines Handelsvertreters ausnutzt, um ihm eine Einstandsvereinbarung aufzuzwingen.[17] Kein Sittenverstoß liegt freilich vor, wenn keine oder nur eine unangemessen niedrige Delkredereprovision vereinbart wird.[18] Diese kann nämlich im Voraus nicht ausge- 5

---

[8] BGH 17.3.1988, WM 1988, 1048 – Bürgschaft des Handelsvertreters gegenüber Teilzahlungskreditbank; OLG Hamm 7.10.1955, VersR 1956, 113 (114) – Bürgschaft gegenüber Finanzierungsbank; v. Brunn NJW 1954, 56 (57); Hopt/Hopt Rn. 2; Ebenroth/Boujong/Semmler Rn. 6 f.; Heymann/Stöber Rn. 6; MüKoHGB/Ströbl Rn. 27.

[9] Ebenroth/Boujong/Semmler Rn. 6; MüKoHGB/Ströbl Rn. 28.

[10] Valdini ZVertriebsR 2016, 207 (208); Ebenroth/Boujong/Semmler Rn. 14; vgl. auch MüKoHGB/Ströbl Rn. 11.

[11] OLG Karlsruhe 26.3.1974, BB 1974, 904; UBH/Schmidt Teil 2 Handelsvertreterverträge Rn. 3; Hopt/Hopt Rn. 2.

[12] Begr. RegE, BT-Drs. 1/3856, 9, 20.

[13] Heymann/Stöber Rn. 13.

[14] Vgl. auch Hopt/Hopt Rn. 5; Heymann/Stöber Rn. 13; MüKoHGB/Ströbl Rn. 20.

[15] Ebenroth/Boujong/Semmler Rn. 16.

[16] Scriba/Liesegang ZVertriebsR 2021, 348 (358); **aA** Ebenroth/Boujong/Semmler Rn. 13.

[17] Vgl. LG Heidelberg 12.9.1957, BB 1958, 7; Heymann/Stöber Rn. 7; MüKoHGB/Ströbl Rn. 11.

[18] Heymann/Stöber Rn. 7; vgl. auch Staub/Emde Rn. 26; **aA** LG Heidelberg 12.9.1957, BB 1958, 7; Graf v. Westphalen DB 1984, 2335 (2337).

schlossen werden (Abs. 1 S. 1 Hs. 2), sodass der Handelsvertreter den Anspruch auf die gesetzliche Provision in jedem Fall geltend machen kann. Eine zu weit gehende, nicht den gesetzlichen Anforderungen von Abs. 1 entsprechende Vereinbarung kann nach § 139 BGB wirksam sein, soweit sie den gesetzlichen Anforderungen entspricht.[19]

6 **3. Rechtsnatur.** Der Wortlaut von Abs. 1 S. 1 zeigt, dass eine dementsprechende Vereinbarung darauf gerichtet sein muss, eine eigene Verpflichtung des Handelsvertreters zu begründen. Die Gesetzesformulierung weist insoweit Parallelen zu § 765 Abs. 1 BGB auf. Vielfach wird daher angenommen, dass es sich bei der Vereinbarung iSv Abs. 1 S. 1 um einen **Bürgschaftsvertrag** handelt.[20] Das ist jedoch nicht zwingend, da die Parteien unter Beachtung der Voraussetzungen von § 86b nicht daran gehindert sind, eine **andere rechtliche Einkleidung** zu wählen.[21] In Betracht kommen daher auch die Vereinbarung eines Schuldbeitritts, eines Schuldversprechens oder einer Garantie.[22] Es kommt daher letzten Endes auf eine Vertragsauslegung an, um zu ermitteln, was gewollt ist. Im Regelfall wird dies freilich ein Bürgschaftsvertrag sein.[23] Die Vorschriften der §§ 765 ff. BGB sind damit ergänzend heranzuziehen.[24]

7 Im Falle einer Inanspruchnahme durch den Unternehmer kann der Handelsvertreter ihm gegenüber daher die **Einreden** aus §§ 768, 770, 771 BGB geltend machen.[25] Soweit die Bürgschaft für den Handelsvertreter ein Handelsgeschäft ist, ist die Einrede der Vorausklage (§ 771 BGB) freilich an sich nach § 349 S. 1 ausgeschlossen. Allerdings darf nicht übersehen werden, dass auch den Unternehmer eine Pflicht zur Interessenwahrung gegenüber dem Handelsvertreter trifft. Aus diesem Grunde ist der Unternehmer unabhängig von § 349 S. 1 gleichwohl gehalten, zumindest den Versuch zu unternehmen, die Leistung vom Kunden zu erlangen, bevor er sich an den Handelsvertreter hält.[26] Dabei wird man jedoch nicht verlangen können, dass eine Klage gegen den Kunden erhoben oder gar die Zwangsvollstreckung betrieben wird.[27] Die Vorschriften der §§ 768, 770, 771 BGB sind analog anzuwenden, wenn die Einstandsvereinbarung in einen Schuldbeitritt oder ein Schuldversprechen eingekleidet ist; bei einem Garantievertrag können entsprechende Einreden freilich der Natur der Sache nach nicht erhoben werden.[28]

8 **4. Inhalt (Abs. 1 S. 2). a) Grundsatz.** Der Handelsvertreter muss sich gegenüber dem Unternehmer verpflichten, für die Erfüllung der Verbindlichkeit des Kunden einzustehen. Die Übernahme der Haftung für den Kunden gegenüber einem Dritten ist nicht ausreichend (→ Rn. 3). Die Einstandsvereinbarung muss die Begründung einer eigenen Verbindlichkeit beinhalten (→ Rn. 5); ansonsten ist möglicherweise nur eine unverbindliche Kreditauskunft oder eine allgemeine Information über die Kreditwürdigkeit des Kunden gegeben.[29] Erforderlich ist, dass sich die Delkrederehaftung des Handelsvertreters unzweideutig aus der Vereinbarung ergibt, insbesondere wenn sie erst im Rahmen einer späteren Vertragsänderung begründet wird.[30] Zulässig sind nach Abs. 1 S. 2 nur Einstandsverpflichtungen, die sich auf ein bestimmtes Geschäft (Abs. 1 S. 2 Alt. 1) oder Geschäfte mit bestimmten Dritten (Abs. 1 S. 2 Alt. 2) beziehen, die der Handelsvertreter selbst vermittelt oder abschließt **(Bestimmtheitsgebot).** Die Nichtbeachtung dieser Vorgaben führt zur Unwirksamkeit der Vereinbarung.[31] Die Bestimmtheit der Kundengeschäfte oder der in die Einstandsvereinbarung

---

[19] Ebenroth/Boujong/Semmler Rn. 17; MüKoHGB/Ströbl Rn. 26.

[20] Vgl. RG 26.9.1923, RGZ 107, 194 (195); 16.4.1935, HRR 1935 Nr. 1054; OLG Nürnberg 9.2.1956, BayJMBl. 1956, 115; Castan BB 1957, 1124; Küstner/Thume VertriebsR-HdB I/Schürr III Rn. 168; Staub/Emde Rn. 5; offengelassen von BGH 31.3.1982, BB 1982, 2008 = BeckRS 1982, 31065494.

[21] Ebenroth/Boujong/Semmler Rn. 4; Heymann/Stöber Rn. 5; MüKoHGB/Ströbl Rn. 8.

[22] Vgl. BGH 15.11.1963, WM 1964, 61 (62) – Garantievertrag; RG 14.11.1904, RGZ 59, 232 (233) – Schuldbeitritt; ferner Valdini ZVertriebsR 2016, 207 (209); Hopt/Hopt Rn. 6; Ebenroth/Boujong/Semmler Rn. 4; Heymann/Stöber Rn. 5; NK-HGB/Ahouzaridi/J. Keßler Rn. 3; MüKoHGB/Ströbl Rn. 9.

[23] Ebenroth/Boujong/Semmler Rn. 4.

[24] Valdini ZVertriebsR 2016, 207 (209); vgl. auch MüKoHGB/Ströbl Rn. 8.

[25] Hopt/Hopt Rn. 8; MüKoHGB/Ströbl Rn. 23.

[26] RG 16.4.1935, HRR 1935 Nr. 1054; Castan BB 1957, 1124 (1125); Küstner/Thume VertriebsR-HdB I/Schürr III Rn. 170; Hopt/Hopt Rn. 8; Ebenroth/Boujong/Semmler Rn. 21; Heymann/Stöber Rn. 7; NK-HGB/Ahouzaridi/J. Keßler Rn. 3; MüKoHGB/Ströbl Rn. 23; Staub/Emde Rn. 7; **aA** OLG Nürnberg 9.2.1956, BayJMBl. 1956, 115.

[27] Masing BB 1995, 2589 (2595); Ebenroth/Boujong/Semmler Rn. 21; Staub/Emde Rn. 7; MüKoHGB/Ströbl Rn. 23; enger Castan BB 1957, 1124 (1125): nur bei Nichtverschulden des Handelsvertreters.

[28] Vgl. Heymann/Stöber Rn. 7; **aA** Ebenroth/Boujong/Semmler Rn. 4 zu § 771 BGB.

[29] OLG München 27.6.1929, JW 1930, 1424; Heymann/Stöber Rn. 8; MüKoHGB/Ströbl Rn. 10.

[30] Vgl. OLG Karlsruhe 28.11.1972, VersR 1973, 857; Ebenroth/Boujong/Semmler Rn. 5; Heymann/Stöber Rn. 8; MüKoHGB/Ströbl Rn. 10.

[31] OLG Karlsruhe 26.3.1974, BB 1974, 904; Heymann/Stöber Rn. 9.

einbezogenen Kunden ist Wirksamkeitsvoraussetzung, damit der Handelsvertreter im Hinblick auf eine mögliche Haftung (→ Rn. 11) das wirtschaftliche Risiko der Vereinbarung einschätzen kann.

b) Einzelfälle. aa) Bestimmtes Geschäft (Abs. 1 S. 2 Alt. 1). Eine Einstandsvereinbarung kann sich auf einzelne bestimmte Geschäfte beziehen. Bestimmt iSd Vorschrift ist ein Geschäft, das nach allgemeinen Merkmalen individualisiert werden kann und dadurch Gegenstand einer individuellen Haftungsvereinbarung sein kann.[32] **Bestimmbarkeit** des Geschäfts in diesem Sinne ist gegeben, wenn eine Individualisierung beispielsweise anhand des Leistungsgegenstandes, der Auftrags- und Rechnungsunterlagen (Datum, Auftragsnummer, Rechnungsbetrag) oder der Kundendaten (Name, Anschrift, Kundennummer) möglich ist.[33] Die Einstandspflicht kann auf einen bestimmten oder bestimmbaren Betrag begrenzt werden, wenn der Rechnungsbetrag noch nicht feststeht.[34] Im Gegensatz zur zweiten in Abs. 1 S. 2 geregelten Fallgruppe, den Geschäften mit bestimmten Dritten (→ Rn. 10), ist es nicht erforderlich, dass das Geschäft von dem Handelsvertreter selbst oder einem Untervertreter vermittelt oder abgeschlossen wird. Der Relativsatz, der diese Einschränkung enthält, bezieht sich nach Satzstellung und Sinnzusammenhang nämlich nur auf die zweite Fallgruppe. Daher kann eine Einstandsvereinbarung wirksam auch für solche Geschäfte begründet werden, an denen der Handelsvertreter selbst überhaupt nicht beteiligt ist, beispielsweise Geschäfte eines anderen Untervertreters, bestimmte Bezirksgeschäfte oder Eigengeschäfte des Unternehmers.[35] Freilich muss sich aus diesen Geschäften ein irgendwie geartetes Provisionsinteresse des Handelsvertreters ergeben,[36] da gerade dieses durch die gesetzlichen Vorgaben des § 86b geschützt wird. Nicht erforderlich ist es jedenfalls, dass das Geschäft schon abgeschlossen ist. Der Unternehmer ist daher in der Lage, den Abschluss von der Übernahme der Delkrederehaftung durch den Handelsvertreter abhängig zu machen. Wie der Wortlaut von Abs. 1 S. 2 zeigt, braucht sich eine Einstandsvereinbarung im Übrigen gegenständlich nicht auf ein einzelnes Geschäft zu beschränken; vielmehr können auch mehrere Geschäfte in einer Vereinbarung zusammengefasst werden.[37] 9

bb) Geschäfte mit bestimmten Dritten (Abs. 1 S. 2 Alt. 2). Dem Bestimmtheitsgebot werden auch Vereinbarungen gerecht, die sich nicht auf einzelne bestimmbare Geschäfte iSv Abs. 1 S. 2 Alt. 1 beziehen, sondern die sich durch ihren Bezug auf **bestimmte Dritte** (Kunden) identifizieren lassen (Abs. 1 S. 2 Alt. 2). Bestimmte Dritte iSv Abs. 1 S. 2 Alt. 2 sind nicht nur einzelne Kunden. Die Vereinbarung kann sich vielmehr auch auf mehrere bestimmte Dritte beziehen, also einen bestimmten Kundenkreis erfassen.[38] Bedeutung erlangt diese Regelungsvariante insbesondere für **künftige Geschäfte,** die noch nicht anhand der in → Rn. 9 genannten Merkmale bestimmbar sind.[39] Allerdings ist Voraussetzung, dass der Handelsvertreter die Geschäfte mit den einschlägigen Kunden selbst (oder durch einen Untervertreter) **vermittelt oder abschließt.** Während das durch die Einstandsvereinbarung für den Handelsvertreter entstehende Risiko nach Abs. 1 S. 2 Alt. 1 durch die gegenständliche Konkretisierung des Geschäfts kalkulierbar ist, soll es der Handelsvertreter nach Abs. 1 S. 2 Alt. 2 in der Hand haben darüber zu befinden, ob er mit den in der Einstandsvereinbarung bestimmten Kunden im Einzelfall ein Geschäft vermitteln oder abschließen will. Der Handelsvertreter erhält also jeweils die Gelegenheit, anhand der mutmaßlichen Bonität der Kunden zu entscheiden, ob ein bestimmtes Geschäft in die Einstandsvereinbarung einbezogen werden soll. Aus diesem Grunde kann mit einem Bezirksvertreter keine Einstandsvereinbarung für alle Geschäfte mit Kunden seines Bezirks getroffen werden.[40] Diese Geschäfte können nämlich auch von anderen Vertretern vermittelt oder vom Unternehmer direkt abgeschlossen werden. Der Handelsvertreter hat unter diesen Umständen keine Möglichkeit, das Risiko zu steuern; damit aber würde der durch Abs. 1 S. 2 Alt. 2 bezweckte Schutz des Handelsvertreters in sein Gegenteil verkehrt. 10

5. Haftungsumfang. Die Einstandspflicht des Handelsvertreters setzt voraus, dass eine Verbindlichkeit des Kunden gegenüber dem Handelsvertreter besteht. Diese umfasst in erster Linie den **Erfüllungsanspruch des Unternehmers** aus dem mit dem Kunden geschlossenen Geschäft. 11

---

32 Heymann/Sonnenschein/Weitemeyer Rn. 10; MüKoHGB/Ströbl Rn. 13 f.

33 Vgl. auch Heymann/Stöber Rn. 7.

34 Heymann/Stöber Rn. 9; MüKoHGB/Ströbl Rn. 14.

35 Hopt/Hopt Rn. 3 f.; Ebenroth/Boujong/Semmler Rn. 10; Heymann/Stöber Rn. 10; NK-HGB/Ahouzaridi/J. Keßler Rn. 8; MüKoHGB/Ströbl Rn. 16.

36 Staub/Emde Rn. 19.

37 Castan BB 1957, 1124 (1125); Ebenroth/Boujong/Semmler Rn. 8; Heymann/Stöber Rn. 9; MüKoHGB/Ströbl Rn. 15; Staub/Emde Rn. 19.

38 Heymann/Stöber Rn. 11; MüKoHGB/Ströbl Rn. 19.

39 Vgl. Heymann/Stöber Rn. 11.

40 Hopt/Hopt Rn. 4; MüKoHGB/Ströbl Rn. 18; **aA** Ebenroth/Boujong/Semmler Rn. 10: bei Beschränkung auf selbst vermittelte oder abgeschlossene Geschäfte.

Erlischt die Kundenverbindlichkeit durch Erfüllung, Rücktritt, Anfechtung oder aus sonstigen Gründen, fällt in der Regel auch die Einstandspflicht des Handelsvertreters weg. Dessen Haftung kann sich allerdings auch auf **Folgeansprüche** erstrecken wie Schadensersatzansprüche wegen Nichterfüllung oder sonstiger Pflichtverletzung, Ansprüche aus Sachmangelgewährleistung oder weitere Ansprüche, die sich aufgrund Nichtigkeit, Aufhebung oder Anfechtung des Kundengeschäfts beispielsweise aus §§ 122, 346, 812 BGB ergeben.[41] Welchen Umfang die Einstandspflicht hat, ist im Einzelfall anhand einer **Auslegung** der vertraglichen Vereinbarung zu ermitteln.

III. Delkredereprovision

12 **1. Allgemeines.** Dem Handelsvertreter steht für seine Absatzmittlertätigkeit unter den Voraussetzungen des §§ 87 ff. eine Vermittlungs- oder Abschlussprovision zu. Übernimmt der Handelsvertreter unter den bei → Rn. 3 ff. genannten Voraussetzungen das Delkredere, kann er nach § 86b Abs. 1 S. 1 Hs. 1 dafür zusätzlich eine **besondere Vergütung** verlangen (sog. Delkredereprovision). Die Delkredereprovision wird bei der Berechnung des Ausgleichsanspruchs nach § 89b Abs. 1 nicht berücksichtigt; sie ist allerdings für dessen Höchstgrenze iSv § 89b Abs. 2 von Bedeutung.[42]

13 **2. Entstehung. a) Grundsatz.** Der Anspruch auf die Delkredereprovision setzt eine wirksame Einstandsvereinbarung zwischen Unternehmer und Handelsvertreter (→ Rn. 3 ff.) und den Abschluss eines Kundengeschäfts zwischen Unternehmer und Kunden voraus.

14 **b) Einstandsvereinbarung.** Die Einstandsvereinbarung muss **wirksam entstanden** sein und darf nicht durch Anfechtung rückwirkend vernichtet worden sein (→ Rn. 15). Ein Formverstoß kann unter Umständen gem. § 766 S. 3 BGB geheilt werden, wenn die Einstandsvereinbarung als Bürgschaftsvertrag ausgestaltet ist (→ Rn. 5). Ein einseitiger Verzicht des Unternehmers auf die Inanspruchnahme des Handelsvertreters aus der Einstandsvereinbarung berührt deren Wirksamkeit und damit den Anspruch des Handelsvertreters auf die Delkredereprovision nicht.[43] Anders liegen die Dinge, wenn die Parteien einen Erlassvertrag (§ 397 BGB) geschlossen haben.[44] Eine nachträgliche Aufhebung der Einstandsvereinbarung führt – vorbehaltlich einer anderen Vereinbarung – regelmäßig nicht zum Verlust solcher Delkredereprovisionen, die bereits entstanden sind.[45]

15 **c) Kundenverbindlichkeit.** Unter der Voraussetzung, dass eine wirksame Einstandsvereinbarung vorliegt, entsteht der Anspruch auf die Delkredereprovision mit dem wirksamen Zustandekommen des Kundengeschäfts (Abs. 2). Bei Kundengeschäften, die unter einer Bedingung iSv § 158 Abs. 1 BGB abgeschlossen werden, ist mithin auf den Eintritt der Bedingung abzustellen. Liegt eine Einstandsvereinbarung zum Zeitpunkt des Wirksamwerdens des Kundengeschäfts noch nicht vor, wird diese aber zu einem späteren Zeitpunkt unter Einbeziehung des bereits abgeschlossenen Geschäfts geschlossen, so entsteht der Anspruch auf die Provision mit Abschluss der Einstandsvereinbarung und nicht etwa rückwirkend zum Zeitpunkt des Geschäftsabschlusses.[46] Dies ist bedeutsam, wenn der Handelsvertreter im Zeitraum zwischen dem Abschluss des Kundengeschäfts und dem Abschluss der Einstandsvereinbarung mit einem Dritten eine Vereinbarung über die Globalzession aller ihm gegen den Unternehmer zustehenden Provisionsansprüche trifft. Für das **Entstehen des Anspruchs** kommt es allein auf die rechtsgeschäftliche Perfektionierung des Kundengeschäfts an, nicht jedoch darauf, ob das Geschäft tatsächlich ausgeführt wird oder ob der Haftungsfall eintritt.[47] Der Provisionsanspruch entfällt wieder, wenn das Kundengeschäft infolge Anfechtung der Vertragserklärungen rückwirkend beseitigt wird.[48] Dagegen wird der Provisionsanspruch durch eine in die Zukunft wirkende Vertragsbeendigung, beispielsweise bei Ausübung eines vertraglichen oder gesetzlichen Rücktrittsrechts, nicht berührt.[49] Entsprechendes gilt für den Abschluss eines Aufhebungsvertrages

---

[41] Vgl. Castan BB 1957, 1124; Glaser DB 1956, 297 (298); Heymann/Stöber Rn. 5; MüKoHGB/Ströbl Rn. 24; im Falle unmissverständlicher Vereinbarung auch Hopt/Hopt Rn. 7; weitergehend Ebenroth/Boujong/Semmler Rn. 11 (im Zweifel Einstandspflicht).

[42] BGH 19.11.1970, BB 1971, 105 = NJW 1971, 462; Ebenroth/Boujong/Semmler Rn. 22; Heymann/Stöber Rn. 15; Staub/Emde Rn. 24.

[43] Ebenroth/Boujong/Semmler Rn. 24; Heymann/Stöber Rn. 16; MüKoHGB/Ströbl Rn. 29; **aA** Castan BB 1957, 1124 (1127).

[44] Heymann/Stöber Rn. 16; MüKoHGB/Ströbl Rn. 29.

[45] Heymann/Stöber Rn. 16; diff. MüKoHGB/Ströbl Rn. 30.

[46] Heymann/Stöber Rn. 17; Staub/Emde Rn. 30.

[47] Ebenroth/Boujong/Semmler Rn. 23; Heymann/Stöber Rn. 17; MüKoHGB/Ströbl Rn. 32.

[48] Hopt/Hopt Rn. 11; Ebenroth/Boujong/Semmler Rn. 20; MüKoHGB/Ströbl Rn. 31; Staub/Emde Rn. 21.

[49] Heymann/Stöber Rn. 17; MüKoHGB/Ströbl Rn. 31; Hopt/Hopt Rn. 11; **aA** Ebenroth/Boujong/Semmler Rn. 20; Staub/Emde Rn. 21.

oder bei Eintritt einer auflösenden Bedingung (§ 158 Abs. 2 BGB).[50] Der Handelsvertreter hätte nämlich zwischenzeitlich in Anspruch genommen werden können.

16 **3. Fälligkeit.** Im Gegensatz zum Regelungsmodell der §§ 87, 87a, das zwischen der Entstehung des Provisionsanspruchs und der erst mit Ausführung des Kundengeschäfts eintretenden Fälligkeit unterscheidet, fehlt eine derartige Differenzierung in § 86b. Der Anspruch auf die Delkredereprovision ist deshalb **unmittelbar** mit dessen **Entstehung** auch fällig (§ 271 BGB). Freilich können die Parteien eine davon abweichende Regelung treffen.[51] Die Regelung des Abs. 1 S. 1 Hs. 2, wonach der Provisionsanspruch im Voraus nicht ausgeschlossen werden kann, steht dem nicht entgegen, da sie sich nur auf die Anspruchsentstehung bezieht.[52]

17 **4. Rechtsnatur.** Die Regelung zur Delkredereprovision wird im Schrifttum zuweilen in einen Sachzusammenhang mit **§ 354 Abs. 1** gestellt.[53] Danach kann derjenige, der in Ausübung eines Handelsgewerbes einem anderen Geschäfte besorgt oder Dienste leistet, dafür auch ohne Verabredung eine Provision fordern. Dabei wird jedoch übersehen, dass die Übernahme der Delkrederehaftung nach § 86b gerade im Zusammenhang mit einem bestehenden Handelsvertreterverhältnis erfolgt. Ohne die besondere Vergütungspflicht nach § 86b könnte die Haftungsübernahme durch den Handelsvertreter daher auch als mit der Gesamtvergütung abgegolten angesehen werden.[54] Das ist aber nicht die Regelungssituation des § 354 Abs. 1.

18 **5. Höhe.** Zur Höhe der Delkredereprovision enthält § 86a keine Vorgaben. Die **Aushandlung** der Provision liegt daher in der privatautonomen Verantwortung der Beteiligten. Fehlt eine entsprechende Regelung in der Einstandsvereinbarung, so ist die Provision nicht auf der Grundlage von § 354 Abs. 1 zu bestimmen (→ Rn. 17);[55] vielmehr ist systematisch § 87b entsprechend anzuwenden.[56] Das gilt auch, wenn die Delkredereprovision in der Einstandsvereinbarung unangemessen niedrig festgesetzt wurde.[57] Es ist also der übliche Satz als vereinbart anzusehen (§ 87b Abs. 1). Ist ein üblicher Satz nicht feststellbar, unterliegt die Bestimmung der Provisionshöhe den §§ 315 ff. BGB.[58] Im Zweifel ist also der Handelsvertreter gem. § 316 BGB berechtigt, die Provisionshöhe einseitig nach billigem Ermessen festzusetzen. Diese Festsetzung unterliegt der gerichtlichen Überprüfung (§ 315 Abs. 3 BGB).

19 **6. Unabdingbarkeit (Abs. 1 S. 1 Hs. 2).** Der Anspruch auf die Delkredereprovision kann zum Schutz des Handelsvertreters **im Voraus nicht ausgeschlossen** werden (Abs. 1 S. 1 Hs. 2). Die Vorschrift soll verhindern, dass der typischerweise wirtschaftlich überlegene Unternehmer den Handelsvertreter ohne finanziellen Ausgleich zur Übernahme einer Delkrederehaftung drängt. Ein Verzicht „im Voraus" liegt vor, wenn dieser vor dem Zeitpunkt der Entstehung des Anspruchs auf die Delkredereprovision erfolgt.[59] Nach den bei → Rn. 13 ff. dargestellten Grundsätzen kommt es bei Übernahme der Haftung für zukünftige Kundengeschäfte auf den Zeitpunkt des wirksamen Zustandekommens des Kundengeschäfts an, bei der Haftungsübernahme für bereits abgeschlossene Kundengeschäfte auf den Zeitpunkt des Abschlusses der Einstandsvereinbarung. Der zuletzt genannte Fall ist, obwohl der – in der Einstandserklärung vereinbarte Provisionsausschluss – zeitlich mit der Entstehung des Anspruchs zusammenfällt, nach Sinn und Zweck der Norm wie ein im Voraus vereinbarter Ausschluss zu behandeln.[60] Der Gesetzgeber sieht nämlich nur denjenigen Handelsvertreter als nicht schutzwürdig an, der auf einen bereits erworbenen Provisionsanspruch verzichtet. Dies kann durch Erlassvertrag geschehen (§ 397 BGB). Ein Ausschluss der Delkredereprovision, der vor den genannten Zeitpunkten erfolgt, ist unwirksam (§ 134 BGB). Dem Handelsvertreter steht in jedem Fall der Anspruch auf die gesetzliche Provision zu.

---

[50] Hopt/Hopt Rn. 11; Ebenroth/Boujong/Semmler Rn. 20; Staub/Emde Rn. 21.

[51] Hopt/Hopt Rn. 11; MüKoHGB/Ströbl Rn. 35.

[52] Castan BB 1957, 1124 (1127); Heymann/Stöber Rn. 17.

[53] Vgl. Küstner/Thume VertriebsR-HdB I/Schürr III Rn. 183 (Sonderregelung zu § 354); Staub/Emde Rn. 24 (Anwendungsfall von § 354).

[54] BGH 24.10.1966, BB 1966, 1322 = MDR 1967, 37 = BeckRS 1966, 31179675; Heymann/Stöber Rn. 15; **aA** Castan BB 1957, 1124 (1128).

[55] *Staub/Emde Rn. 27.*

[56] Hopt/Hopt Rn. 10; Heymann/Stöber Rn. 19; NK-BGB/Ahouzaridi/J. Keßler Rn. 10; MüKoHGB/Ströbl Rn. 33; darüber hinaus auch für Rückgriff auf § 354 Ebenroth/Boujong/Semmler Rn. 25.

[57] Hopt/Hopt Rn. 10; Heymann/Stöber Rn. 19.

[58] Ebenso Valdini ZVertriebsR 2016, 207 (209).

[59] Ebenroth/Boujong/Semmler Rn. 24; Heymann/Stöber Rn. 20; MüKoHGB/Ströbl Rn. 37; Staub/Emde Rn. 28.

[60] Küstner/Thume VertriebsR-HdB I/Schürr III Rn. 190; Heymann/Stöber Rn. 20; für direkte Anwendbarkeit MüKoHGB/Ströbl Rn. 37.

IV. Ausnahmen (Abs. 3)

20 **1. Allgemeines.** Von der Vorschrift des Abs. 1 macht Abs. 3 eine Ausnahme in zwei Richtungen, nämlich in Fällen mit Auslandsbezug (Abs. 3 S. 1) und für Geschäfte, zu deren Abschluss und Ausführung der Handelsvertreter unbeschränkt bevollmächtigt ist (Abs. 3 S. 2). Dies bedeutet, dass in beiden Fällen weder die Einschränkungen für den Abschluss einer Einstandsvereinbarung, also das Bestimmtheitsgebot (Abs. 1 S. 2) und die Schriftform (Abs. 1 S. 3), gelten noch für die Übernahme der Delkrederehaftung ein Provisionsanspruch kraft Gesetzes besteht, wie dies Abs. 1 S. 1 vorsieht. Freilich kann die Schriftform unabhängig von Abs. 1 S. 3 nach § 766 S. 1 BGB einzuhalten sein, wenn die Einstandsvereinbarung als Bürgschaftsverpflichtung ausgestaltet ist (→ Rn. 5) und die Übernahme der Bürgschaft durch den Handelsvertreter kein Handelsgeschäft ist (§ 350).[61]

21 **2. Absatzmittlung mit Auslandsbezug (Abs. 3 S. 1).** Nach Abs. 3 S. 1 gilt die Regelung des Abs. 1 nicht, wenn der Unternehmer oder der Dritte seine **Niederlassung oder** beim Fehlen einer solchen seinen **Wohnsitz im Ausland** hat. Unter diesen Umständen ist es üblich, dass der Handelsvertreter die Delkrederehaftung als normale Vertragspflicht übernimmt. Dem Unternehmer fällt es nämlich typischerweise schwer, die Bonität von Auslandskunden zu überprüfen. Wird deshalb die Delkrederehaftung dem Handelsvertreter als normales Vertragsrisiko auferlegt, bedarf er keiner zusätzlichen Delkredereprovision. Vielmehr wird das wirtschaftliche Risiko dann mit der normalen Provision abgegolten.[62] Zweifelhaft kann sein, unter welchen Voraussetzungen ein Auslandsbezug besteht. Nach Sinn und Zweck ist es denkbar, Sachverhalte im EU/EWR-Raum als Inlandsfälle anzusehen (vgl. auch § 92c).[63] Daher empfiehlt sich eine vertragliche Klarstellung. Vorfrage für die Anwendbarkeit von Abs. 3 S. 1 ist selbstverständlich, ob der Handelsvertretervertrag überhaupt deutschem Recht untersteht (→ § 92c Rn. 4).

22 **3. Absatzmittlung mit unbeschränkter Vollmacht (Abs. 3 S. 2).** Nicht anwendbar ist Abs. 1 auch auf Geschäfte, zu deren Abschluss und Ausführung der Handelsvertreter unbeschränkt bevollmächtigt ist. Die Vorschrift bezieht sich demgemäß nur auf **Abschlussvertreter.** Eine „unbeschränkte" Bevollmächtigung liegt vor, wenn der Handelsvertreter **im Wesentlichen frei** über Vertragspartner sowie Inhalt und Ausführung des Vertrages **bestimmen** kann.[64] Dies ist nicht gleichbedeutend mit einer Alleinbevollmächtigung.[65] Typischerweise unter Abs. 3 S. 2 fallen die Absatzmittlertätigkeit von Tankstellen[66] (in Bezug auf den Mineralölverkauf) und Reisebüros[67] (in Bezug auf Fahr-/Flugscheine). Die Unbeschränktheit der Vollmacht wird nicht dadurch ausgeschlossen, dass der Handelsvertreter die Vorgaben des Unternehmers hinsichtlich Produkt und Preis einhalten muss.[68] Sie setzt im Hinblick auf die Ausführung freilich voraus, dass der Handelsvertreter in der Lage ist, den abgeschlossenen Kundenvertrag ohne Einschaltung des Unternehmers vollständig zu erfüllen.[69] Er muss also regelmäßig Zugriff auf die vertriebenen Produkte haben.[70]

23 Im Entwurf zur HGB-Novelle 1953 war ursprünglich vorgesehen, dass die Ausnahme nach Abs. 3 S. 2 nur für Handelsvertreter mit Generalhandlungsvollmacht iSv § 54 Abs. 1 Alt. 1 gelten sollte.[71] Davon ist der Gesetzgeber im Laufe des Gesetzgebungsverfahrens zugunsten der geltenden Fassung abgerückt. Dies bedeutet, dass es **unerheblich** ist, **ob sich** die unbeschränkte **Vollmacht** des Handelsvertreters **auf den Absatz der gesamten Produktion, eine bestimmte Art von Geschäften oder ein einzelnes Geschäft bezieht.**[72] In jedem Fall ist die Einräumung einer unbeschränkten Vollmacht für den Unternehmer mit einem wirtschaftlichen Risiko verbunden. Der Handelsvertreter kann nämlich sowohl über den Vertragsinhalt (Zahlungsziele, Kreditgewährung) als auch über die Ausführung des Geschäfts (Zeitpunkt, Art und Weise) selbst bestimmen und damit das Risiko steuern.

---

[61] Vgl. auch Masing BB 1995, 2589; MüKoHGB/Ströbl Rn. 40.

[62] Vgl. auch Begr. RegE, BT-Drs. 1/3856, 9, 21; MüKoHGB/Ströbl Rn. 41; **aA** – zusätzlicher Provisionsanspruch aus § 354 – Canaris HandelsR § 17 Rn. 51; Hopt/Hopt Rn. 12; Ebenroth/Boujong/Semmler Rn. 28.

[63] Hopt/Hopt Rn. 12; **aA** MüKoHGB/Ströbl Rn. 42.

[64] Vgl. LG Essen 8.4.1960, BB 1961, 425; Hopt/Hopt Rn. 14; Ebenroth/Boujong/Semmler Rn. 31; MüKoHGB/Ströbl Rn. 43.

[65] Hopt/Hopt Rn. 14; MüKoHGB/Ströbl Rn. 43.

[66] Vgl. LG Essen 8.4.1960, BB 1961, 425.

[67] Vgl. BGH 31.3.1982, BB 1982, 2008 (2009) = BeckRS 1982, 31065494.

[68] Castan BB 1957, 1124 (1126); Masing BB 1995, 2589 (2594); Ebenroth/Boujong/Semmler Rn. 31.

[69] Masing BB 1995, 2589 (2593); Ebenroth/Boujong/Semmler Rn. 31.

[70] Ebenroth/Boujong/Semmler Rn. 31.

[71] Vgl. Art. 1 § 86b Abs. 4 GE zur Änderung des Handelsgesetzbuches (Recht der Handelsvertreter), BT-Drs. 1/3856, 3 (dazu Begr. BT-Drs. 1/3856, 9, 21).

[72] Vgl. LG Essen 8.4.1960, BB 1961, 425; Hopt/Hopt Rn. 14; Heymann/Stöber Rn. 24; MüKoHGB/Ströbl Rn. 43.

Es ist daher durchaus interessengerecht, wenn unter diesen Vorzeichen eine Vereinbarung getroffen wird, die zur Übernahme der Delkrederehaftung durch den Handelsvertreter führt.[73] Ein besonderer Schutz, wie ihn Abs. 1 vorsieht, ist nicht angezeigt,[74] soweit der Handelsvertreter jedenfalls bei Übernahme der Delkrederehaftung weitgehend frei entscheiden kann.[75] Nicht erforderlich ist es, dass der Handelsvertreter dem Unternehmer wirtschaftlich überlegen ist und von der Vollmacht zur Ausführung tatsächlich Gebrauch macht.[76]

V. Beweislast

Die Beweislast für das Vorliegen der Delkrederehaftung trägt nach allgemeinen Grundsätzen der **Unternehmer,** während der Handelsvertreter hinsichtlich der Voraussetzungen der Delkredereprovision beweispflichtig ist.[77] 24

VI. Andere Absatzmittler

Eine entsprechende Anwendung von § 86b auf andere Absatzmittler kommt nicht generell in Betracht, sondern nur dann, wenn sie aufgrund ständiger Betrauung in ähnlicher Weise wie der Handelsvertreter in einem Interessenwahrungsverhältnis zum Geschäftsherrn stehen. Das ist beim **Kommissionsagenten** der Fall;[78] nicht übertragbar ist § 86b auf Vertragshändler[79] und Subordinations-Franchisenehmer.[80] 25

§ 87 [Voraussetzung des Provisionsanspruches]

(1) [1]Der Handelsvertreter hat Anspruch auf Provision für alle während des Vertragsverhältnisses abgeschlossenen Geschäfte, die auf seine Tätigkeit zurückzuführen sind oder mit Dritten abgeschlossen werden, die er als Kunden für Geschäfte der gleichen Art geworben hat. [2]Ein Anspruch auf Provision besteht für ihn nicht, wenn und soweit die Provision nach Absatz 3 dem ausgeschiedenen Handelsvertreter zusteht.

(2) [1]Ist dem Handelsvertreter ein bestimmter Bezirk oder ein bestimmter Kundenkreis zugewiesen, so hat er Anspruch auf Provision auch für die Geschäfte, die ohne seine Mitwirkung mit Personen seines Bezirkes oder seines Kundenkreises während des Vertragsverhältnisses abgeschlossen sind. [2]Dies gilt nicht, wenn und soweit die Provision nach Absatz 3 dem ausgeschiedenen Handelsvertreter zusteht.

(3) [1]Für ein Geschäft, das erst nach Beendigung des Vertragsverhältnisses abgeschlossen ist, hat der Handelsvertreter Anspruch auf Provision nur, wenn
1. **er das Geschäft vermittelt hat oder es eingeleitet und so vorbereitet hat, daß der Abschluß überwiegend auf seine Tätigkeit zurückzuführen ist, und das Geschäft innerhalb einer angemessenen Frist nach Beendigung des Vertragsverhältnisses abgeschlossen worden ist oder**
2. **vor Beendigung des Vertragsverhältnisses das Angebot des Dritten zum Abschluß eines Geschäfts, für das der Handelsvertreter nach Absatz 1 Satz 1 oder Absatz 2 Satz 1 Anspruch auf Provision hat, dem Handelsvertreter oder dem Unternehmer zugegangen ist.**

[2]Der Anspruch auf Provision nach Satz 1 steht dem nachfolgenden Handelsvertreter anteilig zu, wenn wegen besonderer Umstände eine Teilung der Provision der Billigkeit entspricht.

(4) Neben dem Anspruch auf Provision für abgeschlossene Geschäfte hat der Handelsvertreter Anspruch auf Inkassoprovision für die von ihm auftragsgemäß eingezogenen Beträge.

---

[73] BGH 31.3.1982, BB 1982, 2008 = BeckRS 1982, 31065494; Heymann/Stöber Rn. 24.

[74] LG Essen 8.4.1960, BB 1961, 425; Castan BB 1957, 1124 (1126); Heymann/Stöber Rn. 24.

[75] BGH 31.3.1982, BB 1982, 2008 = BeckRS 1982, 31065494; Heymann/Stöber Rn. 20.

[76] BGH 24.10.1966, BB 1966, 1322 = BeckRS 1966, 31179675; Masing BB 1995, 2589 (2593); Ebenroth/Boujong/Semmler Rn. 31; Heymann/Stöber Rn. 24; MüKoHGB/Ströbl Rn. 45; vgl. auch Hopt/Hopt Rn. 14.

[77] BeckOK HGB/Lehmann, 48. Ed. 1.10.2025, Rn. 37 f.

[78] Canaris HandelsR § 18 Rn. 12; Ebenroth, Absatzmittlungsverhältnisse im Spannungsfeld von Kartell- und Zivilrecht, 1980, 31; Ebenroth/Boujong/Semmler Rn. 32; **aA** MüKoHGB/Ströbl Rn. 3 f.

[79] Renz, Das Rechtsverhältnis zwischen dem Vertragshändler und seinem Lieferanten, 1966, 66; Ulmer, Der Vertragshändler, 1969, 397 f.; Ebenroth/Boujong/Semmler Rn. 32; MüKoHGB/Ströbl Rn. 3 f.

[80] Matthießen ZIP 1988, 1089 (1095); MSF VertriebsR-HdB/Flohr § 28 Rn. 331; Ebenroth/Boujong/Semmler Rn. 32; MüKoHGB/Ströbl Rn. 3 f.

Schrifttum: Giedinghagen, Provisionspflichtige Eigengeschäfte des Handelsvertreters, NJW-Spezial 2011, 655; Habersack/Martinez-Sanz, Die Kontogeorgas-Entscheidung des EuGH und ihre Auswirkungen für das deutsche und spanische Handelsvertreterrecht, EWS 1997, 289; Knütel, Die Provisionsteilung bei Mitwirkung mehrerer Makler oder Handelsvertreter, ZHR 144 (1980), 289; Korte/Harten, Keine Folgeprovision für Nachbestellungen von intensivierten Altkunden, ZVertriebsR 2021, 364; Schweizer/Heldrich, Überhangprovision des Handelsvertreters für sogenannte gestorbene Geschäfte, WRP 1976, 25; Thume, Provisionsansprüche des Handelsvertreters beim Vertrieb von Dauerverträgen, MDR 2011, 703; Walter, Zugang ist nicht gleich Zugang – Nachvertraglicher Provisionsanspruch des Handelsvertreters und Unionsrecht, NJW 2019, 959; Wauschkuhn/Fröhlich, Der nachvertragliche Provisionsanspruch des Handelsvertreters, BB 2010, 524; Westphal, Provisionskollisionen durch Zusammenwirken mehrerer Handelsvertreter für einen Geschäftsabschluss, BB 1991, 1027.

Übersicht

I. Allgemeines

1 **1. Normzweck.** Die Vorschrift des § 87 und die im engen Regelungskontext dazu stehenden §§ 87a–87c sollen den **Provisionsanspruch** des Handelsvertreters einer in sich geschlossenen Regelung zuführen, wobei die Regelung in § 87 dispositiv ist (→ Rn. 39). Systematisch betrachtet gehört auch § 86b in diesen Regelungszusammenhang. Ergänzend enthält § 87d eine Bestimmung zum Aufwendungsersatz. Im Einzelnen enthält § 87 detaillierte Regelungen zur Entstehung der Vermittlungs- und Abschlussprovision (Abs. 1–3) sowie die Klarstellung, dass die Einziehung von Kundengeldern durch den Handelsvertretern gesondert durch eine Inkassoprovision zu vergüten ist (Abs. 4).

2 Im Hinblick auf die Vermittlungs- und Abschlussprovision unterscheidet das Gesetz danach, ob das Kundengeschäft während des Handelsvertreterverhältnisses (Abs. 1 und 2) oder nach dessen Beendigung (Abs. 3) abgeschlossen wurde. Nach Abs. 1 S. 1 hat der Handelsvertreter einen Provisionsanspruch für alle **während des Handelsvertreterverhältnisses** abgeschlossenen Geschäfte, soweit diese unmittelbar auf seine Tätigkeit zurückzuführen sind oder auch ohne seine unmittelbare Mitwirkung mit von ihm geworbenen Kunden geschlossen wurden (Abs. 1 S. 1). Im Falle der Zuweisung eines bestimmten Bezirks oder eines bestimmten Kundenkreises ist die Entstehung des Provisionsanspruchs für in diesem Rahmen abgeschlossene Geschäfte in jedem Fall unabhängig von der Mitwirkung des Handelsvertreters (Abs. 2 S. 1). **Nach Beendigung** des Vertragsverhältnisses abgeschlossene Kundengeschäfte sind dann provisionspflichtig, wenn sie auf die frühere Mitwirkung des Handelsvertreters zurückzuführen sind (Abs. 3).

3 Der in § 87 angesprochene Abschluss des Kundengeschäfts führt für sich genommen noch nicht zu einem Provisionsanspruch des Handelsvertreters. Vielmehr entsteht zunächst nur eine **Provisionsanwartschaft.**[1] Diese erstarkt erst unter den in § 87a genannten Voraussetzungen zu einem Provisionsanspruch. Erforderlich ist danach eine Ausführung des Kundengeschäfts durch den Unternehmer oder den Dritten (Kunden). Bei vorgängiger Ausführung des Geschäfts durch den Unternehmer kann der Provisionsanspruch wieder entfallen, wenn der Dritte (Kunde) nicht leistet (§ 87a Abs. 2). Die **Höhe der Provision** ergibt sich aus § 87b. Darüber hinaus werden in § 87c die **Abrechnungsmodalitäten** behandelt.

4 **2. Normgenese.** Die Vorschrift des § 87 ist mit den §§ 87a–87d durch die HGB-Novelle 1953[2] in das Handelsvertreterrecht inkorporiert worden. Dabei steht die Bestimmung in der Regelungstradition der §§ 88, 89 aF. Insbesondere § 88 aF hatte in der Rechtspraxis zahlreiche Zweifelsfragen

[1] BGH 29.6.2004, BGHZ 159, 388 (395) = NJW 2004, 3118.

[2] Art. 1 Gesetz zur Änderung des Handelsgesetzbuchs (Recht der Handelsvertreter) vom 6.8.1953, BGBl. 1953 I 771.

aufgeworfen, die durch § 87 einer Klärung zugeführt werden sollten.[3] Im Rahmen der Umsetzung der RL 86/653/EWG sind in Abs. 1 S. 2 und Abs. 2 S. 2 die Worte „und soweit" eingefügt worden; die Vorschrift des Abs. 3 wurde neu gefasst.[4]

II. Vermittlungs- und Abschlussprovision (Abs. 1–3)

1. Überblick. Der Handelsvertreter erhält eine Vermittlungs- oder Abschlussprovision als Gegenleistung für seine Tätigkeit als Absatzmittler (→ § 84 Rn. 53). Nach der Konzeption der gesetzlichen Regelung ist die Vergütung allerdings **erfolgsbezogen.**[5] Der Vergütungsanspruch entsteht also nicht aufgrund der Absatzmittlertätigkeit als solcher, sondern erst mit dem Abschluss des Kundengeschäfts (§ 87 Abs. 1). Auch insoweit hat der Handelsvertreter freilich zunächst nur eine Provisionsanwartschaft erlangt.[6] Der Provisionsanspruch steht nämlich unter einer doppelten Bedingung: Er ist aufschiebend bedingt an die Ausführung des Kundengeschäfts durch den Unternehmer oder den Dritten gekoppelt (§ 87a Abs. 1 S. 1, 3) und im Falle der Vorleistung durch den Unternehmer auflösend bedingt bis zur Erfüllung durch den Kunden (§ 87a Abs. 2 Hs. 1).[7] Die Vorschrift des § 87 regelt zunächst nur die Voraussetzungen für das Entstehen der Provisionsanwartschaft. Der Wortlaut ist insoweit missverständlich. 5

2. Gegenstand. Die Anwartschaft auf die Provision erwirbt der Handelsvertreter bei erfolgreicher **Vermittlung** oder erfolgreichem **Abschluss eines Kundengeschäfts.** Die Höhe des Provisionsanspruchs richtet sich nach § 87b. Da es sich um eine erfolgsbezogene Vergütung handelt, gilt ein Berechnungsmaßstab, der von dem Umfang des Arbeitseinsatzes des Handelsvertreters unabhängig ist. Es kommt allein auf den Erfolg der Absatzmittlertätigkeit an, nicht jedoch darauf, wie viel Zeit und Mühe der Handelsvertreter darauf verwendet hat. Die Provision ist daher gem. § 87b Abs. 2 auf der Grundlage des Entgeltes zu berechnen, das der Dritte oder der Unternehmer zu entrichten hat. 6

3. Abgrenzung. a) Andere Absatzmittlertätigkeiten. Tätigkeiten, die über das Leistungsbild der Absatzmittlertätigkeit iSv § 84 Abs. 1 S. 1 hinausgehen, sind dem Handelsvertreter grundsätzlich **gesondert zu vergüten.** Dieser Grundsatz ist im Handelsvertreterrecht nicht ausdrücklich geregelt, folgt aber aus dem Rechtsgedanken des § 354 Abs. 1, wonach derjenige, der in Ausübung eines Handelsgewerbes einem anderen Geschäfte besorgt oder Dienste leistet, dafür eine Provision verlangen kann. Das Handelsvertreterrecht selbst regelt beispielhaft die Fälle der Delkredereprovision (§ 86b) und der Inkassoprovision (§ 87 Abs. 4). Allgemein gilt, dass sog. **Verwaltungsprovisionen nicht** durch §§ 87 ff. **abgegolten** sind.[8] Gesondert zu vergüten sind daher nicht nur die in §§ 86b, 87 Abs. 4 genannten Tätigkeiten, sondern auch die Bestandshaltung, Lagerhaltung (sog. Konsignationslagerabrede) und Auslieferung,[9] soweit der Handelsvertreter dazu verpflichtet ist, die überobligatorische Abwehr von Mängelansprüchen[10] oder die Anleitung von Untervertretern des Unternehmers (Leitungs- oder Superprovision).[11] 7

b) Andere Vergütungsformen. Neben oder anstelle der Vermittlungs- oder Abschlussprovision können die Parteien andere Vergütungsbestandteile vereinbaren. Bei Kombination verschiedener Vergütungsbestandteile sind die §§ 87–87d nur auf die Provisionsanteile anwendbar.[12] In der Praxis verbreitet sind Abreden über ein erfolgsunabhängiges **Fixum,**[13] zB in der Form eines Bürokostenzuschusses.[14] Dies wird regelmäßig mit der Vermittlungs- oder Abschlussprovision kombiniert, da die bloße Zahlung eines Fixums als Entlohnung eines unselbstständigen Handelsvertreters verstanden werden könnte. Das Fixum ist auch dann zu zahlen, wenn die Tätigkeit des Handelsvertreters 8

---

[3] Vgl. Begr. RegE Gesetz zur Änderung des HGB (Recht der Handelsvertreter), BT-Drs. 1/3856, 9, 21 ff.

[4] Art. 1 Nr. 3 Gesetz zur Durchführung der EG-Richtlinie zur Koordinierung des Rechts der Handelsvertreter vom 23.10.1989, BGBl. 1989 I 1910.

[5] Heymann/Stöber Rn. 9.

[6] BGH 29.6.2004, BGHZ 159, 388 (395) = HVR Nr. 1133 = NJW 2004, 3118; 21.12.1989, MDR 1990, 620 = NJW 1990, 1665; BFH 19.10.1972, DB 1973, 363; Ebenroth/Boujong/Semmler Rn. 3; Heymann/Stöber Rn. 9; K. Schmidt HandelsR § 27 Rn. 59.

[7] Vgl. BGH 21.12.1989, NJW 1990, 1665.

[8] *OLG Schleswig 11.1.1977*, VersR 1977, 1002; Heymann/Stöber Rn. 11.

[9] Vgl. BGH 28.4.1988, NJW-RR 1988, 1061 (1062); Hopt/Hopt Rn. 3; Ebenroth/Boujong/Semmler Rn. 6; Heymann/Stöber Rn. 11.

[10] BGH 3.10.1962, BB 1962, 1345; Ebenroth/Boujong/Semmler Rn. 6; Heymann/Stöber Rn. 11.

[11] Vgl. BGH 6.7.1972, BGHZ 59, 125 (128 ff.) = NJW 1972, 1664; 16.3.1989, BB 1989, 1075 = NJW-RR 1989, 863; Ebenroth/Boujong/Semmler Rn. 6; MüKoHGB/Ströbl Rn. 16.

[12] Vgl. Ebenroth/Boujong/Semmler Rn. 6.

[13] Vgl. OLG Hamburg 17.3.2000, HVR Nr. 1046; Heymann/Stöber Rn. 12.

[14] OLG München 20.12.2017, ZVertriebsR 2018, 27 Rn. 26.

nach Auffassung des Unternehmers nicht ausreichend ist, jedoch nicht, wenn der Handelsvertreter überhaupt nicht tätig wird.[15] Die Vereinbarung einer „Mindestvergütung" beinhaltet im Zweifel die Abrede über eine Provisionsgarantie und nicht über ein Fixum.[16] Vereinbart werden können auch (Treue-) **Prämien**[17] oder Gewinn – und Umsatzbeteiligungen am Gesamtumsatz oder Gewinn des vertretenen Unternehmens,[18] häufig als **Tantieme** oder **Bonus** bezeichnet, die nach dem Betriebsergebnis einer Abrechnungsperiode berechnet werden und nach Ablauf dieses Zeitraums entstehen.[19] Die Umsatz- und Gewinnbeteiligung tritt regelmäßig an die Stelle der am Einzelgeschäft orientierten Provision, sodass §§ 87–87d nicht anwendbar sind.[20]

9 **4. Voraussetzungen. a) Grundsatz.** Der Handelsvertreter hat einen Provisionsanspruch für alle während des Handelsvertreterverhältnisses von ihm selbst oder vom Unternehmer abgeschlossenen Kundengeschäfte, soweit sie auf seine Tätigkeit zurückgehen (Abs. 1 S. 1) oder mit Personen seines Bezirkes oder seines Kundenkreises geschlossen werden (Abs. 2 S. 1), aber auch für bestimmte Geschäfte, die erst nach Beendigung des Vertragsverhältnisses abgeschlossen werden (Abs. 3). Die Voraussetzungen des Anspruchs auf die Vermittlungs- oder Abschlussprovision unterscheiden sich also in Abhängigkeit vom Zeitpunkt des Vertragsschlusses mit dem Kunden. **Nicht provisionspflichtig** sind **Eigengeschäfte** des Handelsvertreters, da insoweit keine Absatzmittlertätigkeit des Handelsvertreters vorliegt, wie sie von § 87 vorausgesetzt wird (→ § 84 Rn. 44).[21] Abweichendes kann freilich vertraglich vereinbart werden.[22]

10 **b) Abschlüsse während der Vertragsdauer (Abs. 1, 2). aa) Geschäfte.** Voraussetzung für den Provisionsanspruch des Handelsvertreters ist, dass während der Vertragslaufzeit durch ihn selbst oder durch den Unternehmer Geschäfte mit Dritten (Kunden) abgeschlossen werden. Dabei muss es sich um **entgeltliche** Geschäfte handeln, auf die sich die Absatzmittlertätigkeit des Handelsvertreters bezieht.[23] Maßgebend sind insoweit der Gegenstand des Handelsvertretervertrages und die tatsächliche Handhabung des Handelsvertreterverhältnisses. Aus dieser kann sich eine konkludente **Erweiterung** des Kreises der provisionspflichtigen Geschäfte ergeben, wenn der Unternehmer dem Handelsvertreter beispielsweise Muster, Werbematerial und Preislisten für Produkte übersendet, die bisher nicht Gegenstand der Absatzmittlertätigkeit waren.[24] Entsprechendes gilt, wenn ein provisionspflichtiges Vertragsverhältnis beendet und durch eine neue vertragliche Vereinbarung ersetzt wird. In diesem Fall kann die Auslegung des Vertrages ergeben, dass sich die (ursprüngliche) Provisionspflicht auch auf Geschäfte erstrecken soll, die während des neuen Vertragsverhältnisses abgeschlossen werden.[25] Eine nachträgliche **Einschränkung** des Kreises provisionspflichtiger Geschäfte ist nur durch eine ausdrückliche, eindeutig gefasste vertragliche Vereinbarung möglich.[26] Einseitige formularmäßige Anpassungsvorbehalte des Unternehmers unterliegen der Inhaltskontrolle nach §§ 307 ff. BGB.[27] Der Umstand, dass sich das Kundengeschäft für den Unternehmer als **nicht kostendeckend** oder verlustbringend erweist, hat auf die Provisionspflicht keinen Einfluss.[28]

11 **bb) Vertragsschluss. (1) Perfektionierung.** Für die Perfektionierung des Kundengeschäfts gelten die allgemeinen Regeln der Rechtsgeschäftslehre. Der Vertrag mit dem Kunden muss also **wirksam** zustande gekommen sein. Bei bedingt abgeschlossenen Geschäften kommt es auf den Zeitpunkt des Bedingungseintritts nicht an (§ 158 Abs. 1 BGB).[29] Die Nichtigkeit des Kundengeschäfts, die Ausübung eines vorbehaltenen Rücktrittsrechts[30] oder der Eintritt einer auflösenden

---

[15] OLG Braunschweig 23.2.1956, DB 1956, 794.
[16] OLG Nürnberg 12.6.1964, BB 1964, 866; Ebenroth/Boujong/Semmler Rn. 8; MüKoHGB/Ströbl Rn. 21.
[17] Vgl. BAG 16.3.1982, BB 1982, 1486; OLG Karlsruhe 9.5.1979, BB 1980, 226; Hopt/Hopt Rn. 5; Heymann/Stöber Rn. 12.
[18] Vgl. BAG 14.11.1966, BB 1967, 501; Hopt/Hopt Rn. 5.
[19] LAG Tübingen 31.1.1966, DB 1966, 424; Heymann/Stöber Rn. 12.
[20] OLG Karlsruhe 29.10.1965, BB 1966, 1169; OLG Naumburg 7.3.2002, HVR Nr. 1108; Hopt/Hopt Rn. 5.
[21] Giedinghagen NJW-Spezial 2011, 655 (656); **aA** ErfK/Oetker Rn. 7.
[22] Giedinghagen NJW-Spezial 2011, 655 (656); MüKoHGB/Ströbl Rn. 7.
[23] Ebenroth/Boujong/Semmler Rn. 22 f.
[24] OLG Karlsruhe 9.5.1985, HVR Nr. 610; Heymann/Stöber Rn. 11.
[25] BGH 2.10.1985, VersR 1986, 58; Heymann/Stöber Rn. 12.
[26] OLG Karlsruhe 13.7.1971, BB 1971, 1123; Heymann/Stöber Rn. 11.
[27] OLG München 19.9.1990, BB 1992, 455; Heymann/Stöber Rn. 11.
[28] Vgl. OLG Köln 2.8.2002, VersR 2002, 1374; Ebenroth/Boujong/Semmler Rn. 30.
[29] OLG Düsseldorf 31.1.2020, ZVertriebsR 2020, 257 Rn. 17; Hopt/Hopt Rn. 7, 38; BeckOK HGB/Lehmann, 48. Ed. 1.10.2025, Rn. 9; MüKoHGB/Ströbl Rn. 33.
[30] Hopt/Hopt Rn. 7; **aA** MüKoHGB/Ströbl § 87a Rn. 43; offen gelassen BGH 23.1.2014, NJW 2014, 940 Rn. 11.

Bedingung[31] schließen einen Provisionsanspruch aus. Bei Teilnichtigkeit des Geschäfts (§ 139 BGB) kann ein Provisionsanspruch nur für den aufrechterhaltenen Vertragsteil entstehen.[32] Hat der Unternehmer die Unwirksamkeit des Kundengeschäfts zu vertreten, weil beispielsweise der Kunde wegen arglistiger Täuschung nach § 123 BGB anficht, kommt freilich ein Provisionsanspruch in entsprechender Anwendung von § 87a Abs. 3 in Betracht.[33] Soweit das Geschäft vom Handelsvertreter nur vermittelt, aber nicht selbst abgeschlossen wird, ist der Unternehmer im Grundsatz frei in Bezug auf die Annahme oder Ablehnung des Geschäfts (Grundsatz der Ablehnungsfreiheit); er muss den Handelsvertreter freilich informieren (§ 86a Abs. 2 S. 2). Der Handelsvertreter seinerseits kann daher im Falle der Ablehnung eines Geschäfts regelmäßig keinen Schadensersatzanspruch wegen entgangener Provision geltend machen. Anders können die Dinge allerdings dann liegen, wenn der Unternehmer den Handelsvertreter gegenüber anderen Handelsvertretern benachteiligt, oder bei willkürlichem Nichtabschluss von Geschäften.[34]

Grundsätzlich nicht ausreichend für die Entstehung der Provisionsanwartschaft ist der Abschluss eines **Rahmenvertrages** mit Bezugsrechten des Kunden, da der eigentliche Güterumsatz erst später durch weitere Einzelabschlüsse aktualisiert wird.[35] Entsprechendes gilt für einen **Vorvertrag;** die Provisionsanwartschaft entsteht erst mit Perfektionierung des Hauptvertrages,[36] unabhängig davon, dass der Kunde aufgrund des Vorvertrages verpflichtet ist, später einen Hauptvertrag abzuschließen. Freilich können die Parteien jeweils etwas anderes vereinbaren,[37] da § 87 insoweit dispositiv ist (→ Rn. 31). Ein als **freibleibend vereinbartes Geschäft** wird erst dann provisionspflichtig, wenn es tatsächlich ausgeführt wird.[38] 12

(2) Vertragsparteien. Ein (Kunden-)Geschäft iSv Abs. 1 S. 1 liegt nur dann vor, wenn der Vertrag mit Wirkung für den Unternehmer und einen Dritten geschlossen wird. Der Begriff des Dritten ist dabei in einem wirtschaftlichen Sinne zu verstehen. **Dritte** können nicht nur natürliche oder juristische Personen sein, sondern auch (rechtlich unselbstständige) Filialen oder Zweigniederlassungen,[39] obwohl aus derartigen Geschäften immer nur die Hauptniederlassung berechtigt und verpflichtet wird. Unschädlich ist es auch, wenn eine juristische Person (Tochtergesellschaft) von einer anderen Gesellschaft (Muttergesellschaft) abhängig ist. Weder die Unselbstständigkeit noch die Abhängigkeit führen dazu, dass ein Geschäft iSv Abs. 1 S. 1 zu verneinen ist. Dies bedeutet, dass unabhängig von der rechtlichen Organisation des Dritten mehrere Geschäfte vorliegen, wenn der Unternehmer aufgrund der Absatzmittlertätigkeit des Handelsvertreters beispielsweise Geschäfte mit einer Vielzahl von Filialen abschließt. Entscheidend ist, dass der Dritte eine wirtschaftlich selbstständige Entscheidung treffen kann.[40] Tritt unter diesen Umständen eine Filiale oder Zweigniederlassung nach außen als Besteller auf, erwirbt der Handelsvertreter für jede Bestellung eine eigene Provisionsanwartschaft. Bei Vorliegen einer Bezirksvertretung gebührt die Provision dem für die jeweilige Filiale oder Zweigniederlassung zuständigen Bezirksvertreter, während der für die Hauptniederlassung zuständige Bezirksvertreter leer ausgeht.[41] Die Provisionspflichtigkeit der Geschäfte ist damit jeweils im Einzelfall zu prüfen.[42] Entsprechendes gilt für die Seite des Unternehmers. Wird das Kundengeschäft nicht von dem **Unternehmer,** sondern von einer wirtschaftlich selbstständigen Schwestergesellschaft getätigt, entfällt der Provisionsanspruch regelmäßig.[43] Anders liegen die Dinge, wenn die Unternehmen wirtschaftlich gleich zu setzen sind 13

---

[31] Vgl. BGH 23.1.2014, NJW 2014, 930 Rn. 18; 11.10.1990, WM 1991, 1976; Hopt/Hopt Rn. 7a; **aA** Ebenroth/Boujong/Semmler Rn. 27.

[32] Hopt/Hopt Rn. 7a; Ebenroth/Boujong/Semmler Rn. 25.

[33] Altmeppen, Provisionsansprüche bei Vertragsauflösung, 1987, 51 f.; Canaris HandelsR § 15 Rn. 57; **aA** – Schadensersatzanspruch des Handelsvertreters aus § 311 Abs. 2 BGB – Hopt/Hopt Rn. 7a; vgl. auch Schmidt-Rimpler, Der Handlungsagent, in Ehrenbergs HdB V/1, 1926, 1, 148.

[34] Vgl. BGH 12.12.1957, BGHZ 26, 161 (165) = NJW 1968, 394; 9.11.1967, BGHZ 49, 39 (42) = NJW 1958, 219; Canaris HandelsR § 15 Rn. 59 f.; Hopt/Hopt Rn. 9.

[35] BGH 18.11.1957, NJW 1958, 180; Wauschkuhn/Fröhlich BB 2010, 524 (527 f.); Hopt/Hopt Rn. 7; Ebenroth/Boujong/Semmler Rn. 29; Staub/Emde Rn. 67; **aA** OLG Frankfurt 15.11.1972, VW 1973, 1264; Thume MDR 2011, 703 (705 ff.); Heymann/Stöber Rn. 12.

[36] Heymann/Stöber Rn. 12; Ebenroth/Boujong/Semmler Rn. 29; MüKoHGB/Ströbl Rn. 67; Staub/Emde Rn. 66; **aA** *v. Gamm NJW 1979, 2489 (2492).*

[37] BGH 22.1.2015, NJW 2015, 1107 Rn. 21; MüKoHGB/Ströbl Rn. 65.

[38] OLG Hamburg Recht 1923 Nr. 530; Ebenroth/Boujong/Semmler Rn. 29; Heymann/Stöber Rn. 12.

[39] BGH 14.12.1959, NJW 1960, 433 Ls.; Ebenroth/Boujong/Semmler Rn. 23.

[40] BGH 16.6.1978, BB 1978, 1137 = BeckRS 1978, 31117495; 29.11.1956, BB 1957, 9 = NJW 1957, 179; Hopt/Hopt Rn. 27; MüKoHGB/Ströbl Rn. 102.

[41] MüKoHGB/Ströbl Rn. 102 f.

[42] Vgl. auch OLG Celle 14.11.1969, DB 1970, 582.

[43] LG Münster 1.4.1982, MDR 1983, 673; Hopt/Hopt Rn. 14; Heymann/Stöber Rn. 13.

(Grundsatz der wirtschaftlichen Einheit).[44] Da es auf den Handlungsspielraum ankommt, ist eine wirtschaftliche Einheit nicht ohne Weiteres bei jeder Unternehmensverbindung iSv §§ 15 ff. AktG gegeben.[45] Keine Drittgeschäfte iSv Abs. 1 S. 1 sind solche Geschäfte, bei denen der Unternehmer oder der Kunde mit dem Handelsvertreter identisch sind.

14 **cc) Während der Vertragsdauer.** Die Perfektionierung des Kundengeschäfts (→ Rn. 11) muss während der Laufzeit des Handelsvertretervertrages erfolgen. Das trifft auch dann zu, wenn sich ein noch zu Zeiten des Handelsvertretervertrages geschlossenes Kundengeschäft nach Beendigung des Vertretervertrages (mangels Kündigung) automatisch verlängert.[46] Es kommt also nur auf den Zeitpunkt des Abschlusses des Kundengeschäfts an, nicht auf dessen Ausführung iSv § 87a. Diese kann nach Vertragsende liegen (sog. **Überhangprovision**).[47] Daher unterfallen während der Vertragsdauer geschlossene **Sukzessivlieferungsverträge**[48] und **Optionsverträge**[49] unabhängig vom Zeitpunkt des späteren Einzelabrufs der Provisionspflicht. Entsprechendes kann für versicherungsrechtliche **„Aufbauverträge"** gelten (auch → § 90 Rn. 4).[50] Die Rechtslage unterscheidet sich damit von derjenigen bei Rahmenverträgen (→ Rn. 12).

15 Das **Vertragsende** wird durch die (Voll-)Beendigung des Handelsvertreterverhältnisses markiert. Es ist daher unerheblich, ob im Zeitpunkt des Vertragsschlusses mit dem Dritten (Kunden) im Handelsvertreterverhältnis ein Kündigungsgrund angelegt war[51] oder ob der Vertragsschluss in den Lauf einer Kündigungsfrist fällt. Verträge, die von einem während der Vertragsdauer eingesetzten Untervertreter erst nach Vertragsende geschlossen werden, sind nicht provisionspflichtig.[52]

16 **dd) Ursächlichkeit der Absatzmittlertätigkeit (Abs. 1 S. 1). (1) Grundsatz.** Der Provisionsanspruch entsteht nach Abs. 1 S. 1 nur unter der Voraussetzung, dass die Absatzmittlertätigkeit des Handelsvertreters für den Abschluss des Kundengeschäfts ursächlich geworden ist. Insoweit muss das Geschäft entweder auf die Tätigkeit des Handelsvertreters zurückzuführen sein oder von dem Unternehmer mit Dritten geschlossen werden, die der Handelsvertreter als Kunden für Geschäfte der gleichen Art geworben hat (sog. Nachbestellungen). Sinn und Zweck der Regelung ist es, alle Geschäfte zu erfassen, die irgendwie durch den Handelsvertreter veranlasst worden sind. Der Gesetzgeber der HGB-Novelle 1953 hat sich damit bewusst von dem engen Normverständnis des § 88 Abs. 1 aF verabschiedet, wonach ein Provisionsanspruch nur für jedes zur Ausführung gelangte Geschäft bestand, das durch die Tätigkeit des Handelsvertreters zustande gekommen war.[53] Für **Versicherungsvertreter** besteht nach § 92 Abs. 3 S. 1 ein Provisionsanspruch nur für solche Geschäfte, die (unmittelbar) auf seine Tätigkeit zurückzuführen sind.

17 **(2) Tätigkeit des Handelsvertreters (Abs. 1 S. 1 Alt. 1).** Nach Abs. 1 S. 1 Alt. 1 ist es erforderlich, dass das abgeschlossene Geschäft auf die Tätigkeit des Handelsvertreters zurückzuführen ist. Diese Voraussetzung ist bei Abschlussvertretern ohne weiteres gegeben, bedarf bei Vermittlungsvertretern jedoch einer genaueren Prüfung. Ausreichend ist es jedenfalls, wenn der Handelsvertreter den Kunden in irgendeiner Weise zum Geschäftsabschluss bewegt oder auf diesen jedenfalls vermittelnd Einfluss genommen hat. Letzteres ist vor allem bei Dauerkunden von Bedeutung. **Mitursächlichkeit** der Absatzmittlertätigkeit für den Geschäftsabschluss genügt also.[54] Eine solche liegt bereits vor, wenn die Bestellung eines an sich zum Kauf entschlossenen (Dauer-) Kunden

[44] Vgl. BGH 4.12.1986, NJW-RR 1987, 547 = BB 1987, 1417; 30.1.1981, NJW 1981, 1785; OLG Köln 8.1.1979, HVR Nr. 526; OLG München 7.7.1993, HVR Nr. 1103; OLG Schleswig 13.12.1996, HVR Nr. 996; Hopt/Hopt Rn. 14; Heymann/Stöber Rn. 13; MüKoHGB/Ströbl Rn. 27.

[45] Hopt/Hopt Rn. 14; MüKoHGB/Ströbl Rn. 27.

[46] OLG Düsseldorf 31.1.2020, ZVertriebsR 2020, 257 Rn. 17; Hopt/Hopt Rn. 38.

[47] Vgl. BGH 10.12.1997, WM 1998, 723 (724) = NJW-RR 1998, 629; OLG Naumburg 7.3.2002, HVR Nr. 1108; Hopt/Hopt Rn. 38; Ebenroth/Boujong/Semmler Rn. 50.

[48] BGH 18.11.1957, NJW 1958, 180; OLG Düsseldorf 11.1.1977, DB 1977, 817; Wauschkuhn/Fröhlich BB 2010, 524 (527); Hopt/Hopt Rn. 38, 42; Ebenroth/Boujong/Semmler Rn. 53; MüKoHGB/Ströbl Rn. 64.

[49] OLG Düsseldorf 11.1.1977, DB 1977, 817; Ebenroth/Boujong/Semmler Rn. 53; MüKoHGB/Ströbl Rn. 68.

[50] BGH 20.12.2018, NJW 2019, 1674 Rn. 15 (zur Beweislastverteilung NJW 2019, 1674 Rn. 20); BAG 28.2.1984, VersR 1984, 897 f.; Hopt/Hopt Rn. 12; Ebenroth/Boujong/Semmler Rn. 53; MüKoHGB/Ströbl Rn. 66.

[51] v. Gamm NJW 1979, 2489 (2492); Heymann/Stöber Rn. 14.

[52] RG 12.1.2012, RGZ 78, 252; Heymann/Stöber Rn. 14.

[53] Vgl. Begr. RegE Gesetz zur Änderung des HGB (Recht der Handelsvertreter), BT-Drs. 1/3856, 9, 22.

[54] Vgl. KG 16.6.1969, BB 1969, 1062 (Teamarbeit mehrerer Handelsvertreter); K. Schmidt HandelsR § 27 Rn. 57; Hopt/Hopt Rn. 11; Ebenroth/Boujong/Semmler Rn. 37.

lediglich an den Unternehmer weitergereicht (vermittelt) wird.[55] Entsprechendes gilt, wenn beim Kunden das Interesse an einem Vertragsschluss mit dem Unternehmer geweckt wird.[56] Wie es dann letztlich zum Vertragsschluss kommt, ist unerheblich. Jedenfalls muss der Kunde die Bestellung nicht unmittelbar gegenüber dem Handelsvertreter abgeben.[57] Vielmehr werden auch **Direktgeschäfte** zwischen Unternehmer und Kunden erfasst.[58] Das kann selbst dann der Fall sein, wenn der Handelsvertreter nicht unmittelbar auf den Kunden, sondern auf einen „Vierten" eingewirkt hat, der wiederum den Kunden im Sinne des Handelsvertreters motiviert.[59] Freilich reicht die bloße **Weiterempfehlung** eines Produkts im Regelfall nicht aus.[60] Als nicht mitursächlich für den Abschluss des Kundengeschäfts sind auch (unterstützende) **Hilfstätigkeiten** des Handelsvertreters anzusehen wie eine Schreibhilfe beim Ausfüllen eines Formulars,[61] eine Übersetzungshilfe[62] oder der bloße Nachweis einer Gelegenheit zum Vertragsschluss für den Unternehmer.[63] Auf die **Kenntnis des Unternehmers** von der mitursächlich gewordenen Tätigkeit des Handelsvertreters kommt es nicht an.[64]

Nicht ausdrücklich geregelt ist in § 87 der Sachverhalt, dass **mehrere** (befugt tätige) **Vermittlungsvertreter** bei der Herbeiführung des Vertragsabschlusses nebeneinander wirken. In einem solchen Fall liegt es nahe, anknüpfend an den Grundsatz der Mitursächlichkeit des Handelns, jedem Handelsvertreter den vollen Provisionsanspruch zuzubilligen. Dieses Ergebnis ist für den Unternehmer in wirtschaftlicher Hinsicht freilich kaum tragbar. Es empfiehlt sich daher, den Sachverhalt im Handelsvertretervertrag ausdrücklich abweichend zu regeln,[65] da § 87 keinen zwingenden Charakter hat (→ Rn. 39). Denkbar ist etwa eine Regelung, wonach die Provision den beteiligten Handelsvertretern gemeinsam zustehen soll, aber auch eine anteilige Aufteilung oder die Regelung, dass die Provision nur einem Handelsvertreter zustehen soll, unabhängig davon, ob ein anderer Handelsvertreter tätig wurde.[66] Fehlt allerdings eine ausdrückliche vertragliche Bestimmung, kann nicht ohne Weiteres eine stillschweigende Provisions-Teilungsabrede angenommen werden. Vielmehr müssen sich dafür konkrete Anhaltspunkte aus dem Vertragsverhältnis ergeben. Diese können beispielsweise darin zu sehen sein, dass der Unternehmer die Handelsvertreter von vornherein in ein Vertriebssystem mit mehreren (nebeneinander tätigen) Vertretern eingebunden hat.[67] Dann ist im Zweifel von einem Provisionsanspruch nach Handlungsbeiträgen auszugehen.[68] Soweit diese nicht feststellbar sind, besteht ein Provisionsanspruch zu gleichen Teilen (§ 420 BGB). Fehlen auch Anhaltspunkte für eine konkludente Teilungsabrede, bleibt es bei dem Grundsatz des Abs. 1 S. 1, dass jeder Handelsvertreter, dessen Tätigkeit für den Abschluss des Kundengeschäfts mitursächlich ist, einen vollen Provisionsanspruch hat.[69] Die für den nachvertraglichen Geschäftsabschluss geltende Vorschrift des Abs. 3 S. 2, die unter engen Voraussetzungen eine Teilung des Provisionsanspruchs zwischen dem ausgeschiedenen Handelsvertreter und seinem Nachfolger vorsieht, kann wegen ihres abweichenden Regelungszwecks nicht entsprechend herangezogen werden. Allenfalls im Einzelfall mag eine Provisionsteilung unter dem Gesichtspunkt von Treu und Glauben (§ 242 BGB) in Betracht kommen. 18

---

[55] K. Schmidt HandelsR § 27 Rn. 58; Hopt/Hopt Rn. 15; Ebenroth/Boujong/Semmler Rn. 37; vgl. auch MüKoHGB/Ströbl Rn. 40; **aA** OLG Köln 4.11.1970, BB 1971, 103 f. = DB 1971, 327; Canaris HandelsR § 15 Rn. 62.

[56] Vgl. OLG Köln 4.11.1970, BB 1971, 103 = DB 1971, 327; LAG Mannheim 10.3.1971, DB 1971, 1016; Ebenroth/Boujong/Semmler Rn. 37.

[57] Vgl. Begr. RegE Gesetz zur Änderung des HGB (Recht der Handelsvertreter), BT-Drs. 1/3856, 9, 22.

[58] BAG 22.1.1971, BB 1971, 492; 4.11.1968, DB 1969, 266; OLG Nürnberg 23.12.1958, BB 1959, 391; Hopt/Hopt Rn. 12; Ebenroth/Boujong/Semmler Rn. 42; Heymann/Stöber Rn. 21.

[59] Vgl. BGH 14.12.1959, NJW 1960, 433 für das Verhältnis Hauptniederlassung/Zweigniederlassung; Hopt/Hopt Rn. 12 f.; Ebenroth/Boujong/Semmler Rn. 37; Heymann/Stöber Rn. 21; MüKoHGB/Ströbl Rn. 43.

[60] Hopt/Hopt Rn. 13; MüKoHGB/Ströbl Rn. 43.

[61] OLG Köln 4.11.1970, BB 1971, 103 (104) = DB 1971, 327; Ebenroth/Boujong/Semmler Rn. 44; MüKoHGB/Ströbl Rn. 45.

[62] Ebenroth/Boujong/Semmler Rn. 44; MüKoHGB/Ströbl Rn. 45.

[63] LAG Hamm 2.12.1958, DB 1959, 236; MüKoHGB/Ströbl Rn. 45.

[64] OLG Nürnberg 23.12.1958, BB 1959, 391; Hopt/Hopt Rn. 11; Ebenroth/Boujong/Semmler Rn. 38; MüKoHGB/Ströbl Rn. 38.

[65] *Vgl. KG 16.6.1969, BB 1969, 1062*; Hopt/Hopt Rn. 21; näher dazu Habersack/Martinez-Sanz EWS 1997, 289 f.

[66] Vgl. Hopt/Hopt Rn. 21; Ebenroth/Boujong/Semmler Rn. 55.

[67] Vgl. Knütel ZHR 144 (1980), 289 (295); Hopt/Hopt Rn. 21; BeckOK HGB/Lehmann, 48. Ed. 1.10.2025, Rn. 36. Ebenroth/Boujong/Semmler Rn. 55.

[68] Hopt/Hopt Rn. 21.

[69] Hopt/Hopt Rn. 21; BeckOK HGB/Lehmann, 48. Ed. 1.10.2025, Rn. 36; Ebenroth/Boujong/Semmler Rn. 55; Staub/Emde Rn. 141; **aA** – Teilung – Schmidt-Rimpler, Der Handlungsagent, in Ehrenbergs HdB V/1, 1928, § 43, 135 f.

19 **(3) Nachbestellungen (Abs. 1 S. 1 Alt. 2).** Provisionspflichtig sind nach Abs. 1 S. 1 Alt. 2 auch Geschäfte, die zwar nicht unmittelbar auf die Absatzmittlertätigkeit des Handelsvertreters zurückgehen, wohl aber mittelbar, weil es sich um Geschäfte mit Kunden handelt, die der Handelsvertreter zu einem früheren Zeitpunkt für Geschäfte der gleichen Art geworben hat (→ Rn. 20). Erfasst sind damit Nachbestellungen, die dieser Kundenkreis bei dem Unternehmer vornimmt. Das Gesetz geht insoweit von einer **Fortwirkung der früheren Absatzmittlertätigkeit** aus,[70] Anhaltspunkte dafür können sich aus der Provisionsvereinbarung der Parteien ergeben.[71] Es handelt sich um eine **unwiderlegliche Vermutung.**[72] Der Provisionsanspruch ist daher selbst dann nicht ausgeschlossen, wenn dem Unternehmer der Nachweis gelingt, dass die Bestellung nicht auf die frühere Tätigkeit des Handelsvertreters zurückzuführen ist.[73] Allerdings muss der Handelsvertreter, bei dem es sich auch um einen Bezirksvertreter handeln kann, die Geschäftsbeziehung zum betreffenden **Kunden** jedenfalls **ursprünglich** hergestellt haben, indem er ihn **geworben** hat. Das ist nicht der Fall, wenn er lediglich einen Altkunden bei Beginn des Vertragsverhältnisses übernimmt, wohl aber, wenn abgebrochene Kontakte wieder aufgenommen oder bestehende Kontakte wesentlich ausgebaut werden, sodass bei wirtschaftlicher Betrachtung eine Neuwerbung vorliegt.[74] Letzteres lässt sich freilich nicht aus einer analogen Anwendung von § 89b Abs. 1 S. 2 herleiten,[75] wonach der Werbung von neuen Kunden eine wesentliche Erweiterung bestehender Geschäftsverbindungen gleichsteht. Insoweit fehlt es bereits an einer planwidrigen Regelungslücke, wie sich bereits daraus ergibt, dass der für die richtlinienkonforme Auslegung von § 87 maßgebliche Wortlaut von Art. 7 Abs. 1 lit. b RL 86/653/EWG von der für den Ausgleichsanspruch nach § 89b relevanten Richtlinienbestimmung des Art. 17 Abs. 2 lit. a erster Gedankenstrich RL 86/653/EWG abweicht. Dies deutet auf eine bewusste Entscheidung des Gesetzgebers hin.[76] Aus diesem Grunde kommt eine Werbung von Kunden iSv § 87 bezogen auf Bestandskunden nur in Betracht, wenn diese einer Neuwerbung gleichkommt,[77] beispielsweise für Produkte, die zuvor nicht Gegenstand der Kundenbeziehung waren. Dann nämlich liegt keine bloße Intensivierung der Kundenbeziehung vor. Vielmehr kommt der Vorgang wirtschaftlich der Werbung eines neuen Kunden gleich. Eine Werbung für den Unternehmer iSv § 87 liegt im Übrigen auch vor, wenn der Handelsvertreter einen Kunden in das Handelsvertreterverhältnis einbringt.[78] Es kommt nämlich allein darauf an, dass der Kunde für den zur Provisionszahlung verpflichteten Unternehmer bisher nicht oder nicht mehr „erschlossen" war.

20 Eine zur Provisionszahlung verpflichtende Fortwirkung der früheren Absatzmittlertätigkeit kommt allerdings nur in Betracht, wenn sich die Tätigkeit auf **Geschäfte der gleichen Art** bezieht. Das kann etwa bei sog. Serienbestellungen der Fall sein, bei denen der Vertragsgegenstand vorab festgelegt wird, während die zu liefernde Stückzahl erst in der Folge durch Lieferabrufe konkretisiert wird.[79] Wie der Wortlaut der Vorschrift zeigt, muss es sich nicht um in jeder Hinsicht (Vertragsgegenstand, Preis etc) übereinstimmende Geschäfte handeln. Geschäfte der gleichen Art sind vielmehr auch der Gattung nach gleiche Geschäfte. Dazu gehören jedenfalls alle Geschäfte, die sich auf das vom Handelsvertreter vertriebene Sortiment beziehen.[80] Nach der Vorstellung des Gesetzgebers ist die Gleichartigkeit des Geschäfts nach der jeweiligen Verkehrsanschauung zu bestimmen.[81] Dabei ist regelmäßig eine großzügige Betrachtung geboten.[82]

21 **ee) Bezirks- und Kundenkreisgeschäfte (Abs. 2 S. 1). (1) Grundsatz.** Die Vorschrift des Abs. 2 S. 1 trifft eine Sonderregelung für den Fall, dass dem Handelsvertreter ein bestimmter Bezirk oder ein bestimmter Kundenkreis (zB Geschäftssparte) zugewiesen ist. Unter diesen Umständen kommt es im Gegensatz zu Abs. 1 S. 1 für die Entstehung des Provisionsanspruchs nicht darauf an,

---

[70] BGH 24.4.1986, NJW-RR 1986, 1477 (1478); Heymann/Stöber Rn. 22.

[71] BGH 22.1.2015, NJW 2015, 1107 Rn. 21.

[72] OLG Köln 24.11.2023, ZVertriebsR 2024, 23 Rn. 97; Hopt/Hopt Rn. 17; Heymann/Stöber Rn. 22.

[73] BGH 17.11.1960, BB 1960, 1354 (1355); Heymann/Stöber Rn. 22.

[74] Ebenroth/Boujong/Semmler Rn. 46; Heymann/Stöber Rn. 22; MüKoHGB/Ströbl Rn. 50 f.; Staub/Emde Rn. 90.

[75] Zutr. Korte/Harten ZVertriebsR 2021, 364 (365); **aA** MüKoHGB/Ströbl Rn. 50.

[76] Vgl. auch Korte/Harten ZVertriebsR 2021, 364 (367).

[77] Flohr/Wauschkuhn/Fröhlich Rn. 46; **aA** (Intensivierung der Kundenbeziehung ausreichend) Ebenroth/Boujong/Semmler Rn. 46; MüKoHGB/Ströbl Rn. 50; Staub/Emde Rn. 90; Küstner/Thume VertriebsR-HdB I/Thume V Rn. 69.

[78] Staub/Emde Rn. 90.

[79] Dazu BGH 22.1.2015, NJW 2015, 1107 (Serienbelieferungsverträge in der Automobilindustrie).

[80] Vgl. auch Hopt/Hopt Rn. 18; Ebenroth/Boujong/Semmler Rn. 47; Heymann/Stöber Rn. 22; MüKoHGB/Ströbl Rn. 53; Staub/Emde Rn. 92.

[81] Vgl. Begr. RegE Gesetz zur Änderung des HGB (Recht der Handelsvertreter), BT-Drs. 1/3856, 9, 22.

[82] Vgl. auch Ebenroth/Boujong/Semmler Rn. 47; MüKoHGB/Ströbl Rn. 54.

dass die Absatzmittlertätigkeit des Handelsvertreters den Geschäftsabschluss in irgendeiner Weise ursächlich befördert hat. Vielmehr ist der Bezirk oder Kundenkreis dem Handelsvertreter von vornherein **wirtschaftlich zugewiesen.** Der insoweit „erweiterte" Provisionsanspruch ist die Gegenleistung dafür, dass der Handelsvertreter es übernimmt, einen bestimmten räumlichen Bezirk oder definierten Kundenkreis regelmäßig und in konzentrierter Weise zu betreuen.[83] Daher liegt auch bei der Bezirksvertretung eine tätigkeitsbezogene Vergütung vor.[84] Der Provisionsanspruch nach Abs. 2 S. 1, der kraft Gesetzes entsteht und daher nicht gesondert vereinbart zu werden braucht,[85] steht gleichrangig neben den Ansprüchen aus Abs. 1 S. 1,[86] wobei ein Rückgriff auf Abs. 2 S. 1 häufig entbehrlich ist, soweit bereits die Provisionsvoraussetzungen nach Abs. 1 S. 1 vorliegen. Nicht anwendbar ist Abs. 2 S. 1 auf **Versicherungsvertreter** (§ 92 Abs. 3 S. 2), da die Zuweisung eines Bezirks in der Versicherungswirtschaft nicht die Bedeutung hat, dass dem Vertreter eine Provision auch für die ohne seine Mitwirkung abgeschlossenen Geschäfte zukommen soll.[87]

(2) Bezirksvertretereigenschaft. Bezirksvertreter ist derjenige, dem durch vertragliche Vereinbarung mit dem Unternehmer ein bestimmter Bezirk oder ein Kundenkreis zur Ausübung der Absatzmittlertätigkeit zugewiesen ist.[88] Denkbar ist auch eine Kombination beider Merkmale. Die Zuweisung kann schon bei Abschluss des Handelsvertretervertrags geschehen, aber auch im Rahmen einer späteren Vertragsänderung. Eine einseitige Zuweisung durch den Unternehmer genügt nicht.[89] Das Schweigen des Handelsvertreters auf eine entsprechende Mitteilung des Unternehmers hat grundsätzlich nicht den Erklärungswert einer Zustimmung.[90] Die Bezirksvertreter-Vereinbarung unterliegt im Übrigen keinem Formgebot und ist daher auch konkludent möglich.[91] Letztlich handelt es sich um eine Frage der **Vertragsauslegung.**[92] Da die Begründung einer Bezirksvertretung nicht der gesetzliche Regelfall ist, müssen sich aus der Vereinbarung **hinreichende Anhaltspunkte** für eine derartige Gestaltung des Absatzmittlungsverhältnisses ergeben.[93] Insbesondere muss der Bezirk nach räumlichen oder personellen Kriterien hinreichend abgrenzbar sein, wobei die bloße Zuweisung eines Vertragsgebiets in der Regel nicht ausreicht.[94] Wird der Bezirk räumlich abgegrenzt, kommt es nicht darauf an, ob die Vertragsparteien bei Vertragsschluss nur bestimmte (wirtschaftlich bedeutende) Kunden im Auge gehabt haben.[95] Erfasst werden von der Vereinbarung vielmehr alle (auch künftige) Kunden des Bezirks.[96] Nicht eindeutig ist die bloße Bezeichnung als „Generalvertreter".[97] 22

Kein Bezirksvertreter ist der sog. **Alleinvertreter.** Diesem steht das Recht zu, einen bestimmten Bezirk allein zu bearbeiten. Damit sind regelmäßig auch Direktgeschäfte des Unternehmers ausgeschlossen.[98] Eine derartige rechtliche Ausschließlichkeit ist mit der Vereinbarung einer Bezirksvertretung regelmäßig nicht verbunden.[99] Neben einem Bezirksvertreter können vielmehr andere Handelsvertreter für den Unternehmer tätig sein,[100] aber auch der Unternehmer selbst, es sei denn, Gegenteiliges ist ausdrücklich vereinbart.[101] Mit dem Bezirksschutz werden nämlich die wirtschaftlichen Interessen des Handelsvertreters bereits hinreichend geschützt. Der Bezirksvertreter selbst darf 23

---

[83] BGH 9.2.1984, NJW 1984, 2411; 18.6.1976, WM 1976, 1193 (1194) = BeckRS 1976, 31066636; 9.4.1964, BGHZ 41, 292 (295) = NJW 1964, 1622 (1623); 18.11.1957, NJW 1958, 180; Bieder EWS 2008, 337; Hopt/Hopt Rn. 28; Ebenroth/Boujong/Semmler Rn. 60; Heymann/Stöber Rn. 27; Staub/Emde Rn. 100 f.

[84] S. auch Hopt/Hopt Rn. 31: „Entgelt für Gesamtbemühung".

[85] Ebenroth/Boujong/Semmler Rn. 65.

[86] Ebenroth/Boujong/Semmler Rn. 64; **aA** – Subsidiarität von Abs. 2 S. 1 – Westphal, Vertriebsrecht I, 1988, Rn. 493.

[87] Vgl. Begr. RegE Gesetz zur Änderung des HGB (Recht der Handelsvertreter), BT-Drs. 1/3856, 9, 23.

[88] Vgl. Begr. RegE Gesetz zur Änderung des HGB (Recht der Handelsvertreter), BT-Drs. 1/3856, 9, 23; Heymann/Stöber Rn. 29.

[89] BAG 7.8.1982, VW 1983, 991 (992); Hopt/Hopt Rn. 25.

[90] OLG Nürnberg 28.2.1957, BB 1957, 560 f.; Hopt/Hopt Rn. 25; Ebenroth/Boujong/Semmler Rn. 65.

[91] Vgl. OLG Düsseldorf 27.7.1967, DB 1968, 611.

[92] Vgl. BGH 31.3.1982, WM 1982, 635 = BeckRS 1982, 30390692; OLG Düsseldorf 28.4.1981, NJW 1982, 1231 (1232) – Projektschutz; OLG Karlsruhe 6.11.2014, NJW-RR 2015, 290 Rn. 19; 10.5.2005, HVR Nr. 1156.

[93] OLG Düsseldorf 27.7.1967, DB 1968, 611; OLG Karlsruhe 6.11.2014, NJW-RR 2015, 290 Rn. 19: „exklusiv und somit verprovisionierungspflichtig".

[94] *Vgl. OLG Düsseldorf 9.5.2003, HVR* Nr. 1083; Ebenroth/Boujong/Semmler Rn. 65.

[95] Vgl. OLG Nürnberg 27.5.1981, MDR 1982, 324.

[96] OLG Nürnberg 27.5.1981, MDR 1982, 324; Hopt/Hopt Rn. 26.

[97] Hopt/Hopt Rn. 25.

[98] Vgl. BGH 4.6.1975, BB 1975, 1409 (1410) = BeckRS 1975, 31066212; OLG Düsseldorf 8.6.1972, HVR Nr. 468; OLG Karlsruhe 6.11.2014, NJW-RR 2015, 290 Rn. 20.

[99] OLG Karlsruhe 6.11.2014, NJW-RR 2015, 290 Rn. 20; Ebenroth/Boujong/Semmler Rn. 62.

[100] OLG Düsseldorf 8.6.1972, HVR Nr. 468; Heymann/Stöber Rn. 29.

[101] OLG Karlsruhe 6.11.2014, NJW-RR 2015, 290 Rn. 20; MüKoHGB/Ströbl Rn. 91.

auch außerhalb seines Bezirks tätig werden. Freilich können die Vertragsparteien auch insoweit andere Regelungen treffen. Eine **Beschränkung** des Bezirksvertreters auf sein Absatzgebiet kann sich im Übrigen konkludent aus einer festen Einteilung des gesamten Absatzgebietes in einzelne Bezirke ergeben.[102] Selbstverständlich ist der Unternehmer auch unter diesen Umständen nicht gehindert, einer Tätigkeit des Handelsvertreters außerhalb des Bezirks zuzustimmen.[103]

24 **(3) Provisionspflichtige Geschäfte.** Dem Bezirksvertreter steht eine Provision unabhängig von eigener Mitwirkung zu, wenn der Abschluss unter Beteiligung des Unternehmers mit Personen seines Bezirks oder Kundenkreises zustande kommt.[104] Von der Provisionspflicht erfasst sind daher auch **Direktgeschäfte** des Unternehmers oder von Dritten vermittelte Geschäfte. Unberührt bleibt der Provisionsanspruch des Bezirksvertreters daher auch dann, wenn ein anderer Vertreter an dem Abschluss des Kundengeschäfts mitwirkt und dafür eine Vergütung beanspruchen kann.[105] Es spielt ferner keine Rolle, ob der Handelsvertreter krankheitsbedingt[106] oder aus anderen von ihm zu vertretenden oder nicht zu vertretenden Gründen[107] **untätig** bleibt.[108] Entsprechendes gilt, wenn er seine Tätigkeit nach Kündigung des Vertragsverhältnisses durch den Unternehmer einstellt.[109] Werden im letztgenannten Fall noch vor Ablauf der vertraglichen Auslauffrist Kundengeschäfte getätigt, ist für diese eine Provision zu zahlen.[110] Der Handelsvertreter braucht sich etwaige Ersparnisse von Aufwendungen nicht anrechnen zu lassen.[111] Dem entsprechend kommt auch nach Beendigung des Vertragsverhältnisses eine Minderung des Provisionsanspruchs in Hinsicht auf eine Ersparnis, die Möglichkeit anderweitigen Erwerbs (§ 615 S. 2 BGB) oder unter Rückgriff auf die Grundsätze der Vorteilsausgleichung nicht in Betracht.[112] Freilich bestehen im Falle einer vom Handelsvertreter zu vertretenden Untätigkeit regelmäßig Schadensersatzansprüche des Unternehmers, mit denen er gegen den Provisionsanspruch aufrechnen kann.[113] Im Übrigen mag unter diesen Umständen auch ein Grund zur fristlosen Kündigung des Vertragsverhältnisses gegeben sein (§ 89a). Der **Provisionsanspruch** für Direktgeschäfte des Unternehmers kann im Einzelfall nach Treu und Glauben (§ 242 BGB) **ausgeschlossen** sein, wenn der Bezirksvertreter ohne zureichenden Grund eine Tätigkeit für den Unternehmer unterlässt.[114] Grundsätzlich ausgeschlossen ist ein Provisionsanspruch des Bezirksvertreters nach der Rspr. des EuGH zudem, wenn ein Kunde aus dem zugewiesenen Bezirk ein Geschäft mit einem Dritten abgeschlossen hat, ohne dass der Unternehmer unmittelbar oder mittelbar an dem Geschäft beteiligt ist.[115] Zur Begründung verweist der EuGH insoweit auf den Sachzusammenhang, in dem Art. 7 Abs. 2 RL 86/653/EWG, Art. 10 Abs. 1 und 2 RL 86/653/EWG sowie Art. 11 Abs. 1 RL 86/653/EWG stehen. Aus diesem ergebe sich, dass die Beteiligung des Geschäftsherrn für die Anspruchsentstehung eine notwendige Bedingung darstelle.[116] Freilich spricht der Wortlaut von Art. 7 Abs. 2 RL 86/653/EWG für sich genommen eine andere Sprache. Sie deutet eher darauf hin, dass der Bezirksvertreter besonders schutzwürdig ist. Damit aber wäre es an sich folgerichtig, ihm pauschal den gesamten in seinem Bezirk entstehenden Umsatz zuzurechnen.[117]

---

[102] Hopt/Hopt Rn. 28; Heymann/Stöber Rn. 29; Staub/Emde Rn. 101.

[103] BGH 5.4.2006, WM 2006, 1358 = HVR Nr. 1141 = NJW-RR 2006, 976; 15.2.1971, WM 1971, 563 (564); Hopt/Hopt Rn. 28; Ebenroth/Boujong/Semmler Rn. 63.

[104] EuGH 17.1.2008, Slg. 2008, I-161 = EuZW 2008, 215 Rn. 21 – Danone.

[105] EuGH 12.12.1996, Slg. 1996, I-6643 = EuZW 1997, 248 Rn. 16 – Kontogeorgas; BGH 18.11.1957, NJW 1958, 180; Hopt/Hopt Rn. 30, Ebenroth/Boujong/Semmler Rn. 65 f.

[106] BGH 9.4.1964, BGHZ 41, 292 (295) = NJW 1964, 1622 (1623); OLG Braunschweig 17.6.1993, NJW-RR 1994, 34 (35) = BB 1993, 2113 (2114); Hopt/Hopt Rn. 31; Heymann/Stöber Rn. 30.

[107] Vgl. BGH 9.6.1978, BB 1978, 1136 (1137) = BeckRS 1978, 31066783 (zeitweise Unterbrechung der Geschäftsverbindung); OLG Hamm 18.12.1988, HVR Nr. 964 (Wehrdienst).

[108] Hopt/Hopt Rn. 31 f.; Ebenroth/Boujong/Semmler Rn. 11, 13; offengelassen von BGH 9.4.1964, BGHZ 41, 292 (296) = NJW 1964, 1622 (für den Fall schuldloser Untätigkeit während der gesamten Vertragszeit).

[109] Vgl. BGH 12.3.1992, NJW-RR 1992, 1059 (1060) = BB 1992, 1162 f.; Hopt/Hopt Rn. 31.

[110] BGH 12.3.1992, NJW-RR 1992, 1059 (1060 f.) = BB 1992, 1162 f.; Hopt/Hopt Rn. 37; Ebenroth/Boujong/Semmler Rn. 13; anders offenbar BGH 17.4.2002, BB 2002, 1507 (Schadensersatzanspruch).

[111] BGH 12.3.1992, NJW-RR 1992, 1059 (1060) = BB 1992, 1162 f.; 18.6.1959, NJW 1959, 1490; OLG Köln 30.6.1981, HVR Nr. 565; Ebenroth/Boujong/Semmler Rn. 13; Heymann/Stöber Rn. 30; MüKoHGB/Ströbl Rn. 98.

[112] BGH 12.3.1992, NJW-RR 1992, 1059 = BB 1992, 1162 f.; Heymann/Stöber Rn. 30; MüKoHGB/Ströbl Rn. 98.

[113] Hopt/Hopt Rn. 32.

[114] Vgl. OLG Hamm 3.11.1958, BB 1959, 682; RG 28.11.1924, RGZ 109, 254 (256); Hopt/Hopt Rn. 33; vgl. auch OLG Stuttgart 22.5.1970, BB 1970, 1112, wo nicht explizit von Treu und Glauben die Rede ist.

[115] EuGH 17.1.2008, Slg. 2008, I-01038 Rn. 21 f. = EuZW 2008, 215 – Danone.

[116] EuGH 17.1.2008, Slg. 2008, I-01038 Rn. 17 ff. = EuZW 2008, 215 – Danone.

[117] Bieder EWS 2008, 337 (338).

Abgesehen von der Beteiligung des Geschäftsherrn an der Ausführung des Geschäfts ist für die Entstehung des Provisionsanspruchs allein die **wirtschaftliche Zuordnung des Kunden** zum Handelsvertreter entscheidend. Diese ist gegeben, wenn der Kunde entweder bezirksansässig ist oder aufgrund seiner persönlichen Merkmale dem vertraglich definierten Kundenkreis angehört. Ein nur vorübergehender Aufenthalt des Kunden im Bezirk reicht im Zweifel nicht.[118] Dagegen ist es unerheblich, wo das Kundengeschäft perfektioniert wird oder an wen die vertragsgegenständliche Ware letztendlich geliefert wird.[119] Kunden können nicht nur natürliche oder juristische Personen sein, die ihren (Wohn-) Sitz oder ihre Niederlassung im Bezirk haben, sondern auch rechtlich unselbstständige Filialen, soweit sie aufgrund wirtschaftlicher Entscheidungsfreiheit nach außen hin als Besteller erscheinen. Daher liegt ein Bezirksgeschäft vor, wenn ein Geschäft mit der (wirtschaftlich selbstständigen) Filiale eines Unternehmens geschlossen wird, das außerhalb des Bezirks seinen Sitz hat.[120] Nicht provisionspflichtig sind dagegen Bestellungen einer bezirksfremden Zweigniederlassung eines Kunden, selbst wenn sich dessen Hauptniederlassung im Bezirk des Handelsvertreters befindet.[121] **Belegschaftsverkäufe** des Unternehmers, die der Deckung des Eigenbedarfs der Arbeitnehmer dienen und sich damit im üblichen Rahmen halten, lösen keine Provisionspflicht aus,[122] da es sich um Annexgeschäfte im Rahmen des Arbeitsverhältnisses handelt. Grundsätzlich nicht provisionspflichtig sind auch **Eigengeschäfte des Unternehmers,** wie etwa Lieferungen an rechtlich unselbstständige Unternehmensteile oder Zweigniederlassungen im Bezirk des Handelsvertreters.[123] Gegenteiliges kann sich freilich aus einem Handelsbrauch oder einer Vereinbarung der Parteien ergeben.[124] Zur Provisionszahlung verpflichtet ist der Unternehmer auch, wenn er das Geschäft nicht selbst tätigt, sondern durch ein anderes, von ihm **beherrschtes Unternehmen.**[125] 25

Für den Fall, dass das Kundengeschäft **mehreren Bezirksvertretern zugeordnet** werden kann, enthält das Gesetz keine ausdrückliche Regelung, sodass vorausschauende vertragliche Vereinbarungen angezeigt sind. Relevant wird dies etwa im Hinblick auf einen möglichen **Bezirkswechsel** des Handelsvertreters[126] oder einzelner Kunden. Im zuletzt genannten Fall besteht für die nach dem Bezirkswechsel abgeschlossenen Kundengeschäfte ein Provisionsanspruch des nunmehr zuständigen Bezirksvertreters. Handelt es sich freilich um eine **Nachbestellung** iSv Abs. 1 S. 1 Alt. 2 bleibt der Unternehmer auch gegenüber dem früheren Bezirksvertreter provisionspflichtig.[127] Das ist aus Sicht des Unternehmers kaum interessengerecht. Wird dieser oder ein anderer Sachverhalt nicht ausdrücklich geregelt, ist eine konkludente Provisions-Teilungsabrede in Betracht zu ziehen. Anlässlich von **Messen,** bei denen mehrere Handelsvertreter häufig in einem Team zusammenarbeiten, kann eine stillschweigende Abrede vorliegen, dass der Anspruch auf die Bezirksprovision nicht demjenigen Handelsvertreter zusteht, in dessen Bezirk die Messe stattgefunden hat, sondern dem Handelsvertreter, in dessen Bezirk der jeweilige Messekunde seinen Wohnsitz oder seine gewerbliche Niederlassung hat.[128] Denkbar bleibt freilich ein Provisionsanspruch des handelnden Vertreters nach Abs. 1 S. 1,[129] es sei denn, die Handelsvertreter haben untereinander eine Teamvereinbarung geschlossen, nach der sie gegenüber Kunden, die nicht zu ihrem eigenen Bezirk gehören, als Erfüllungsgehilfen des jeweils zuständigen Bezirksvertreters tätig werden.[130] Ihr Handeln ist dem zuständigen Handelsvertreter in diesem Fall als eigenes zuzurechnen.[131] 26

ff) Ausschluss des Provisionsanspruchs (Abs. 1 S. 2, Abs. 2 S. 2). Der Provisionsanspruch nach Abs. 1 S. 1 ist gemäß S. 2 ausgeschlossen, wenn und soweit die Provision nach Abs. 3 dem ausgeschiedenen Handelsvertreter zusteht. Entsprechendes gilt für den Anspruch auf eine Bezirkspro- 27

---

118 Ebenroth/Boujong/Semmler Rn. 70.

119 OLG Bamberg 17.12.1999, HVR Nr. 936; Hopt/Hopt Rn. 26; vgl. zu Lieferungen an eine andere als die vertragsschließende Niederlassung eines Unternehmens BGH 9.6.1978, BB 1978, 1136 (1137) = BeckRS 1987, 31066783; OLG Düsseldorf 16.7.1970, WM 1970, 1284 (1285); zur Lieferung an ein anderes selbstständiges Unternehmen eines Einzelkaufmanns BGH 18.6.1976, BB 1976, 1530 (1531).

120 BGH 9.6.1978, BB 1978, 1136 (1137) = BeckRS 1987, 31066783; 18.6.1976, BB 1976, 1530 (1531) = BeckRS 1976, 31066636; OLG Düsseldorf 16.7.1970, WM 1970, 1284 (1285); Hopt/Hopt Rn. 27.

121 BGH 29.11.1956, BB 1957, 9 = NJW 1957, 179; Hopt/Hopt Rn. 27; Heymann/Stöber Rn. 30.

122 Hopt/Hopt Rn. 30; Ebenroth/Boujong/Semmler Rn. 74; MüKoHGB/Ströbl Rn. 107.

123 Hopt/Hopt Rn. 15; Ebenroth/Boujong/Semmler Rn. 74.

124 Hopt/Hopt Rn. 15; Heymann/Stöber Rn. 13.

125 OLG Köln 8.1.1979, HVR Nr. 526; OLG Nürnberg 26.9.1998, HVR Nr. 593; Heymann/Stöber Rn. 30.

126 Vgl. auch Ebenroth/Boujong/Semmler Rn. 75.

127 Dazu auch MüKoHGB/Ströbl Rn. 104.

128 MüKoHGB/Ströbl Rn. 105; weitgehender KG 16.6.1969, BB 1969, 1062 = HVR Nr. 397; Ebenroth/Boujong/Semmler Rn. 71.

129 **AA** MüKoHGB/Ströbl Rn. 105.

130 Hopt/Hopt Rn. 35; MüKoHGB/Ströbl Rn. 105 f.

131 KG 16.9.1969, BB 1969, 1062; MüKoHGB/Ströbl Rn. 106.

vision nach Abs. 2 S. 1. Das Gesetz löst einen möglichen **Provisionskonflikt** zwischen dem aktuell tätigen Handelsvertreter und seinem Vorgänger damit zugunsten des Vorgängers. Sinn und Zweck der Regelung ist es, für den Fall, dass die Tätigkeit mehrerer Handelsvertreter für den Abschluss eines Geschäfts ursächlich ist, den praktischen Schwierigkeiten einer Teilung des Provisionsanspruchs aus dem Weg zu gehen. Dieser Regelungsansatz kommt auch in Abs. 3 S. 1 zum Ausdruck. Er wird jedoch im Einzelfall aus Gründen der Billigkeit durchbrochen (Abs. 3 S. 2). Auf die danach gegebene Möglichkeit der Teilung des Provisionsanspruchs nehmen auch Abs. 1 S. 2 und Abs. 2 S. 2 durch die Worte „und soweit" Bezug.[132]

28 **c) Abschlüsse nach Vertragsende (Abs. 3). aa) Grundsatz.** Die Absatzmittlertätigkeit des Handelsvertreters kann für den Unternehmer auch noch nach Beendigung des Handelsvertreterverhältnisses Früchte tragen, da die Tätigkeit des Handelsvertreters regelmäßig eine gewisse Zeit fortwirkt. Es wäre daher unbillig, dem Handelsvertreter eine Provisionsanwartschaft für solche Geschäfte zu verwehren, die erst nach Beendigung des Vertragsverhältnisses abgeschlossen werden, aber ursächlich (auch) auf seine Tätigkeit zurückgehen. Dem Handelsvertreter steht daher gem. Abs. 3 eine sog. **unechte Überhangprovision** zu. Das gilt unabhängig vom Grund der Beendigung des Vertragsverhältnisses.[133] Es gibt jedenfalls keinen allgemeinen Grundsatz, dass im Falle der Beendigung des Handelsvertretervertrages, zB durch fristlose Kündigung, Provisionen für die Zeit nach Beendigung des Vertrages nicht geschuldet werden.[134] Auf der anderen Seite hat der Unternehmer, der anstelle des ausgeschiedenen Handelsvertreters regelmäßig einen Nachfolger einsetzt, ein berechtigtes Interesse daran, dass die Provisionspflicht gegenüber dem ausgeschiedenen Handelsvertreter begrenzt bleibt. In dieser Hinsicht soll durch Abs. 3 ein **Interessenausgleich** herbeigeführt werden. Darüber hinaus ist es Ziel der Vorschrift, eine Teilung des Provisionsanspruchs zwischen dem ausgeschiedenen Handelsvertreter und seinem Nachfolger zu vermeiden, da dies in der Praxis regelmäßig zu Streitigkeiten führt. Eine **Provisionsteilung** kommt nach Abs. 3 S. 2 ausnahmsweise nur dann in Betracht, wenn die Billigkeit dies gebietet. Die Vorschrift des Abs. 3 ist mit dem Inhalt des S. 1 Nr. 1 durch die HGB-Novelle 1953 in das Handelsvertreterrecht inkorporiert worden.[135] S. 1 Nr. 2 und S. 2 gehen auf die Umsetzung von Art. 8 lit. b RL 86/653/EWG und Art. 9 RL 86/653/EWG durch die HGB-Novelle 1989 zurück.[136]

29 **bb) Provisionspflichtige Geschäfte. (1) Vermittlung (Abs. 3 S. 1 Nr. 1 Alt. 1).** Ein Provisionsanspruch steht dem ausgeschiedenen Handelsvertreter nach Abs. 3 S. 1 Nr. 1 Alt. 1 für solche nach Vertragsende abgeschlossenen Geschäfte zu, die er noch während des Vertragsverhältnisses abschlussreif ausgehandelt („vermittelt") hat.[137] Diese Bestimmung geht zwar über die in Abs. 1 S. 1 und Abs. 2 S. 1 geregelten Sachverhalte hinaus und erweitert damit den Provisionsanspruch des Handelsvertreters; sie stellt freilich einen Grundsatz auf, der an sich selbstverständlich ist. Soweit nämlich der Abschluss des Kundengeschäfts ursächlich auf die Vermittlungstätigkeit des Handelsvertreters zurückgeht, muss ihm der Sache nach unabhängig vom Zeitpunkt des Vertragsschlusses ein Provisionsanspruch zustehen. Der Handelsvertreter hat **mit der Vermittlungstätigkeit das** seinerseits **Erforderliche getan;** der Zeitpunkt des Vertragsschlusses kann von ihm nicht beeinflusst werden. Dann aber darf das Dazwischentreten der Vertragsbeendigung auch keinen Einfluss auf die Entstehung des Provisionsanspruchs haben.

30 Die von einem ausgeschiedenen Handelsvertreter vermittelten Kundengeschäfte sind allerdings nur dann provisionspflichtig, wenn sie innerhalb einer **angemessenen Frist** nach Beendigung des Handelsvertreterverhältnisses abgeschlossen werden. Der Gesetzgeber will insoweit, ungeachtet möglicher Härten für den Handelsvertreter, auf eine beschleunigte Vertragsabwicklung hinwirken.[138] Die Angemessenheit der Frist lässt sich nicht generell, sondern nur im Einzelfall bestimmen. Dabei sind der Gegenstand und der Umfang des Geschäfts sowie die demgemäß den Parteien einzuräumende Überlegungsfrist zu berücksichtigen.[139] Die Frist beginnt nach dem eindeutigen Gesetzes-

---

[132] Vgl. Begr. RegE Gesetz zur Durchführung der EG-Richtlinie zur Koordinierung des Rechts der Handelsvertreter, BT-Drs. 11/3077, 6, 8.

[133] Ebenroth/Boujong/Semmler Rn. 50.

[134] BGH 22.1.2015, NJW 2015, 1107 Rn. 24; OLG München 19.12.2012, BeckRS 2012, 25588.

[135] Art. 1 Gesetz zur Änderung des Handelsgesetzbuchs (Recht der Handelsvertreter) vom 6.8.1953, BGBl. 1953 I 771; dazu Begr. RegE, BT-Drs. 1/3856, 9, 23 f.

[136] Art. 1 Nr. 3b Gesetz zur Durchführung der EG-Richtlinie zur Koordinierung des Rechts der Handelsvertreter vom 23.10.1989, BGBl. 1989 I 1910; dazu Begr. RegE, BT-Drs. 11/3077, 6.

[137] Ebenroth/Boujong/Semmler Rn. 51; MüKoHGB/Ströbl Rn. 121.

[138] Vgl. Begr. Gesetz zur Änderung des Handelsgesetzbuchs (Recht der Handelsvertreter), BT-Drs. 1/3856, 9, 24.

[139] Vgl. Hopt/Hopt Rn. 43; Ebenroth/Boujong/Semmler Rn. 52; Heymann/Stöber Rn. 16.

wortlaut mit der Beendigung des Vertragsverhältnisses und nicht bereits mit dem Ende der das Geschäft betreffenden Tätigkeit des Handelsvertreters.[140] Von vornherein nicht von S. 1 Nr. 1 Alt. 1 erfasst werden erst nach Vertragsende vermittelte Geschäfte, selbst wenn der Unternehmer diese noch ausführt.[141]

(2) Einleitung und Vorbereitung (Abs. 3 S. 1 Nr. 1 Alt. 2). Darüber hinaus hat der ausgeschiedene Handelsvertreter auch dann einen Provisionsanspruch, wenn er das Geschäft eingeleitet und so vorbereitet hat, dass der Abschluss überwiegend auf seine Tätigkeit zurückzuführen ist (Abs. 3 S. 1 Nr. 1 Alt. 2). Anders als bei alleiniger Vermittlung des Geschäfts iSv S. 1 Nr. 1 Alt. 1 geht es also um einen Geschäftsabschluss, für den der Handelsvertreter nur mitursächlich geworden ist. Das kann etwa bei Abschlüssen der Fall sein, die auf Vorverträge oder Rahmenverträge zurückgehen, welche der Handelsvertreter noch während der Vertragszeit geschlossen hat. An sich wäre daher eine Teilung des Provisionsanspruchs zwischen dem Handelsvertreter und seinem Nachfolger oder die Zahlung einer verminderten Provision angezeigt. Wie bereits ausgeführt, wollte der Gesetzgeber derartige Konsequenzen jedoch aus praktischen Erwägungen vermeiden. Der Provisionsanspruch wird demgemäß dem ausgeschiedenen Handelsvertreter vollständig zugewiesen, wenn der Abschluss überwiegend auf seine Tätigkeit zurückzuführen ist. Das ist unter Berücksichtigung der Umstände des Einzelfalls festzustellen. Insoweit bedarf es einer wertenden Betrachtung der Mitwirkungsanteile des ausgeschiedenen Handelsvertreters, seines etwaigen Nachfolgers und des Unternehmers.[142] Von einer **überwiegenden Verursachung** des Geschäftsabschlusses durch vorbereitende Handlungen des Handelsvertreters ist beispielsweise auszugehen, wenn der Kunde aufgrund eines früheren, auf die Tätigkeit des Handelsvertreters zurückgehenden Musterkaufs nach Vertragsende eine Großbestellung macht.[143] Wie im Falle der Geschäftsvermittlung iSv S. 1 Nr. 1 Alt. 1 ist auch die überwiegende Verursachung des Geschäftsabschlusses nur dann provisionspflichtig, wenn der Geschäftsabschluss innerhalb einer **angemessenen Frist** nach Beendigung des Handelsvertreterverhältnisses erfolgt (→ Rn. 30). 31

(3) Kundenangebot (Abs. 3 S. 1 Nr. 2). Ausreichend für einen Provisionsanspruch des ausgeschiedenen Handelsvertreters ist es schließlich, wenn ihm oder dem Unternehmer vor Beendigung des Vertragsverhältnisses das Angebot des Dritten (Kunden) zum Abschluss eines Geschäfts zugeht, für das der Handelsvertreter nach Abs. 1 S. 1 oder Abs. 2 S. 1 einen Provisionsanspruch hat. Aus dem Regelungskontext zu Nr. 1 ergibt sich, dass das Kundengeschäft nicht auf einer Tätigkeit des Handelsvertreters beruhen muss, da diese Fälle bereits von Nr. 1 erfasst werden.[144] Auf eine **Vermittlung oder überwiegende Verursachung** des Geschäfts **kommt es** also **nicht an,**[145] sodass auch der Bezirksvertreter geschützt ist. Maßgebend ist nach tradierter Auffassung allein, dass dem Handelsvertreter oder dem Unternehmer ein annahmefähiges Angebot des Dritten iSv § 145 BGB zugeht (§ 130 Abs. 1 BGB).[146] Das Angebot muss danach mit der Möglichkeit der Kenntnisnahme in den Machtbereich des Handelsvertreters oder des Unternehmers gelangen, und zwar vor Beendigung des Handelsvertreterverhältnisses.[147] Inwieweit darüber hinaus wie nach § 130 Abs. 1 BGB außerdem auch auf den Zeitpunkt der gewöhnlichen Kenntnisnahme abzustellen ist, erscheint vor dem Hintergrund von Art. 8 lit. b RL 86/653/EWG und dem Erfordernis einer richtlinienkonformen Auslegung des nationalen Rechts zweifelhaft.[148] In Art. 8 lit. b RL 86/653/EWG ist nämlich nicht von dem Zugang eines Angebots, sondern davon die Rede, dass die Bestellung eines Dritten „eingegangen“ ist. Unerheblich ist jedenfalls, zu welchem Zeitpunkt der Unternehmer das Angebot annimmt.[149] Das gilt zum Schutz des Handelsvertreters auch bei einer Annahme in modifizierter 32

[140] BGH 14.10.1957, DB 1957, 1068 (1069) = BeckRS 1957, 31387993; v. Gamm NJW 1979, 2489 (2492); Küstner/Thume VertriebsR-HdB I/Thume V Rn. 188; Hopt/Hopt Rn. 43; Ebenroth/Boujong/Semmler Rn. 52; Heymann/Stöber Rn. 16; Staub/Emde Rn. 160; **aA** Schweizer/Heldrich WRP 1976, 25 (30 f.); Wauschkuhn/Fröhlich BB 2010, 524 (526).

[141] LG Hamburg 11.2.1991, VersR 1992, 743 (744); Heymann/Stöber Rn. 14.

[142] Ebenroth/Boujong/Semmler Rn. 51; wohl auch MüKoHGB/Ströbl Rn. 123.

[143] BGH 14.10.1957, BB 1957, 1086 = BeckRS 1957, 31387993; OLG Düsseldorf 16.3.1956, DB 1956, 376; Heymann/Stöber Rn. 15; MüKoHGB/Ströbl Rn. 123.

[144] Vgl. auch Hopt/Hopt Rn. 44; Ebenroth/Boujong/Semmler Rn. 54.

[145] Küstner/v. Manteuffel BB 1990, 291 (295); Heymann/Stöber Rn. 16; vgl. auch Hopt/Hopt Rn. 44.

[146] Vgl. BGH 3.11.1976, BGHZ 67, 275 = NJW 1977, 194; RGHMW/Thume Rn. 36; Hopt/Hopt Rn. 44; Ebenroth/Boujong/Semmler Rn. 54; MüKoHGB/Ströbl Rn. 118; **aA** – Bekundung ernsthaften Interesses ausreichend – Wauschkuhn/Fröhlich BB 2010, 524 (526).

[147] Hopt/Hopt Rn. 44 f.

[148] Dagegen mit gewichtigen Argumenten Walter NJW 2019, 959 (963 f.).

[149] Hopt/Hopt Rn. 45.

Form (§ 150 Abs. 2 BGB).[150] Der ausgeschiedene Handelsvertreter kann mithin durch das Hinauszögern der Annahme oder eine modifizierte Annahme seitens des Unternehmers nicht um seine Provision gebracht werden.

33 **cc) Provisionsteilung (Abs. 3 S. 2).** In Ausnahme zu Abs. 3 S. 1 sieht Abs. 3 S. 2 eine Teilung des Provisionsanspruchs zwischen dem ausgeschiedenen Handelsvertreter und seinem Nachfolger vor, wenn dies **aus Gründen der Billigkeit** angezeigt ist. Das ist angesichts des Ausnahmecharakters der Vorschrift nur dann der Fall, wenn allein durch eine Teilung des Provisionsanspruchs ein **angemessener Interessenausgleich** zwischen den Beteiligten herbeigeführt werden kann.[151] Eine Provisionsteilung kann daher in Betracht kommen, wenn der Nachfolger am Abschluss des Kundengeschäfts mitgewirkt hat. Freilich kann nach Sinn und Zweck der Vorschrift nicht jede (noch so geringe) Mitwirkung des Nachfolgers bereits zu einer Provisionsteilung führen.[152] Vielmehr ist zu fordern, dass der Nachfolger spürbaren Einfluss auf den Vertragsschluss genommen hat. Unter diesen Umständen ist die Provision unter Berücksichtigung der Verursachungsbeiträge des ausgeschiedenen Handelsvertreters und seines Nachfolgers zu teilen. Insoweit kommt nach dem Gesetzeswortlaut nicht nur eine hälftige, sondern jede der Billigkeit entsprechende („anteilige") Aufteilung der Provision in Betracht.[153] Nicht anwendbar ist S. 2, wenn der Unternehmer oder seine Angestellten einen Beitrag zum Geschäftsabschluss geleistet haben.[154] Ebenfalls nicht geregelt wird durch Abs. 3 S. 2 die parallele Tätigkeit mehrerer Handelsvertreter während bestehender Handelsvertreterverhältnisse.

III. Inkassoprovision (Abs. 4)

34 Die Einziehung des von dem Dritten (Kunden) zu zahlenden Entgelts gehört nicht zu den originären Aufgaben des Handelsvertreters und ist mithin nicht durch die Zahlung einer Vermittlungs- oder Abschlussprovision abgegolten.[155] Vereinbart der Unternehmer daher mit dem Handelsvertreter, dass dieser zusätzlich das **Inkasso** übernehmen soll, ist diese Tätigkeit zusätzlich **gesondert zu vergüten.** Das stellt Abs. 4 klar. Die Höhe der Inkassoprovision richtet sich nach § 87b.[156] Sie unterliegt damit der Parteivereinbarung und kann im Gegensatz zur Delkredereprovision (§ 86b Abs. 1 S. 1) auch im Voraus ausgeschlossen werden. Mit der Erteilung des Inkassoauftrags verbunden ist die Einräumung einer entsprechenden Vollmacht (§ 55 Abs. 3).[157] Eine dem Handelsvertreter erteilte Abschlussvollmacht berechtigt regelmäßig nicht zum Inkasso.[158]

IV. Beweislast

35 Den **Handelsvertreter** trifft die Darlegungs- und Beweislast, dass seine Absatzmittlertätigkeit für den Abschluss des Kundengeschäfts mitursächlich war.[159] Die Darlegungs- und Beweislast bezieht sich insoweit auf Grund und Höhe des Provisionsanspruchs.[160] Ausreichend im Sinne eines Beweises des ersten Anscheins ist es, wenn dargetan wird, dass eine Betätigung in Richtung auf den Abschluss und das Zustandekommen eines Geschäfts stattgefunden hat.[161] Zu beweisen hat der Handelsvertreter ebenfalls den tatsächlichen Abschluss eines Kundengeschäfts während des bestehenden Handelsvertreterverhältnisses, während dem **Unternehmer** die Beweislast für die rechtliche Unwirksamkeit des Geschäfts obliegt[162] sowie für einen etwaigen Rückzahlungsanspruch wegen überzahlter Provisionen.[163] Für die Voraussetzungen des Abs. 3 trägt derjenige die Beweislast, der die Provision für sich beansprucht.[164] Unter Umständen reicht es insoweit nicht aus, wenn der Handelsvertreter nur zu den relevanten, nach Vertragsende getätigten Umsätzen des Unternehmers vorträgt, wenn die Provisi-

[150] MüKoHGB/Ströbl Rn. 118.
[151] Vgl. auch Ebenroth/Boujong/Semmler Rn. 54; MüKoHGB/Ströbl Rn. 127.
[152] Wie hier MüKoHGB/Ströbl Rn. 128; wohl auch Ebenroth/Boujong/Semmler Rn. 54; **aA** Hopt/Hopt Rn. 46.
[153] Vgl. auch Heymann/Stöber Rn. 16.
[154] Heymann/Stöber Rn. 16.
[155] Ebenroth/Boujong/Semmler Rn. 77; Heymann/Stöber Rn. 34.
[156] Hopt/Hopt Rn. 47; Ebenroth/Boujong/Semmler Rn. 79; Heymann/Stöber Rn. 34.
[157] Ebenroth/Boujong/Semmler Rn. 77; Heymann/Sonnenschein/Weitemeyer Rn. 34.
[158] Ebenroth/Boujong/Semmler Rn. 77.
[159] Dazu Dänekamp/Köln NJW 2015, 3126 (3127 f.).
[160] OLG Köln 8.9.2023, ZVertriebsR 2024, 223 Rn. 159.
[161] OLG Nürnberg 23.12.1958, BB 1959, 391; Hopt/Hopt Rn. 16; Ebenroth/Boujong/Semmler Rn. 89.
[162] Ebenroth/Boujong/Semmler Rn. 89.
[163] OLG Köln 8.9.2023, ZVertriebsR 2024, 223 Rn. 159.
[164] BGH 22.1.2015, NJW 2015, 1107 Rn. 25; OLG Düsseldorf 9.5.2003, HVR Nr. 1083; Ebenroth/Boujong/Semmler Rn. 89.

onsvereinbarung ergänzende Voraussetzungen für die Provisionszahlung vorsieht.[165] Die Voraussetzungen einer Inkassoprovision muss der Handelsvertreter beweisen. Er trägt auch die Beweislast dafür, auf welche Schuld (provisionspflichtige oder anderweitige Tätigkeit) eine zwischen den Parteien streitige Zahlung anzurechnen ist.[166]

V. Verjährung

Für den Provisionsanspruch des Handelsvertreters gilt die **Regelverjährung** von drei Jahren (§ 195 BGB). Die früher in § 88 aF enthaltene Sonderverjährungsvorschrift, die eine vierjährige Verjährungsfrist vorsah, ist mWv 10.12.2004 aufgehoben worden.[167] Abweichende **Verjährungsvereinbarungen** sind in den Grenzen des § 202 BGB möglich, unterliegen jedoch bei Vereinbarung durch **AGB** Einschränkungen.[168] Zu Einzelheiten → § 84 Rn. 72. 36

VI. Zwangsvollstreckung, Insolvenz

Der Provisionsanspruch des Handelsvertreters unterliegt als Einkommen aus selbstständigen Dienstverhältnissen iSv § 850 Abs. 2 ZPO den besonderen **Pfändungsschutzvorschriften** der §§ 850a ff. ZPO, wenn die Erwerbstätigkeit den Handelsvertreter vollständig oder zu einem wesentlichen Teil in Anspruch nimmt.[169] Bei Mehrfirmenvertretern ist dies anhand einer Gesamtbetrachtung festzustellen.[170] Nicht der Pfändung unterworfen sind beispielsweise **Aufwandsentschädigungen,** die der Handelsvertreter vom Unternehmer erhält (§ 850a Nr. 3 ZPO).[171] Die Pfändung erstreckt sich, vorbehaltlich des Pfändungsschutzes nach §§ 850a ff. ZPO, auch auf **künftige Provisionsansprüche** (§ 832 ZPO). Eine Verrechnungsabrede, die der Handelsvertreter im Rahmen einer Inkassovereinbarung mit dem Unternehmer getroffen hat, setzt sich in diesem Fall gegen eine spätere Pfändung nicht durch.[172] Vielmehr hat der Handelsvertreter die eingezogenen Gelder vollständig, also ohne Abzug seiner Provision, an den Unternehmer auszukehren. Dieser ist in Höhe des pfändbaren Teils der Provision von seiner Zahlungspflicht gegenüber dem Handelsvertreter befreit und muss diesen Betrag als Drittschuldner seinerseits an den Pfändungsgläubiger auszahlen. 37

Zu den Auswirkungen der **Insolvenz** des Handelsvertreters und des Unternehmers auf den Provisionsanspruch des Handelsvertreters → § 84 Rn. 74. 38

VII. Abweichende Vereinbarungen

Die Vorschrift des § 87 ist im Grundsatz abweichenden und konkretisierenden Vereinbarungen zugänglich, **soweit keine** anderen **zwingenden Regelungen entgegenstehen.** Das ergibt sich bei systematischer Betrachtung daraus, dass Abweichungsverbote im Gesetz ausdrücklich benannt sind (zB §§ 87a Abs. 5, 87c Abs. 5), in § 87 aber fehlen. Dies entspricht dem Regelungsansatz der RL 86/653/EWG (vgl. Art. 7, 8, 9 RL 86/653/EWG einerseits, Art. 10, 11, 12 andererseits).[173] Insbesondere kann von den Parteien autonom festgelegt werden, für welche Geschäfte der Handelsvertreter eine Provision erhalten soll und auf welchen Zeitpunkt es für das Entstehen des Provisionsanspruchs ankommt.[174] In gewissem Rahmen der privatautonomen Vereinbarung entzogen ist erst der aufschiebend bedingt entstandene Provisionsanspruch (§ 87a Abs. 5). Denkbar ist daher beispielsweise eine **Abbedingung von Abs. 1 S. 1,**[175] soweit dadurch § 89b nicht umgangen wird.[176] Eine weitere dem Handelsvertreterrecht immanente Schranke ergibt sich aus § 87a Abs. 3 und 5. Aus dem Rege- 39

---

[165] BGH 22.1.2015, NJW 2015, 1107 Rn. 25.

[166] OLG Nürnberg 12.6.1964, BB 1964, 866; Ebenroth/Boujong/Semmler Rn. 89.

[167] Art. 9 Nr. 22 iVm Art. 25 Gesetz zur Anpassung von Verjährungsvorschriften an das Gesetz zur Modernisierung des Schuldrechts vom 9.12.2004, BGBl. 2004 I 3214.

[168] OLG München 20.3.2024, ZVertriebsR 2024, 371 Rn. 38 f.; Hopt/Hopt Rn. 52; vgl. zu § 88 aF BGH 12.2.2003, WM 2003, 2101 (2102) = NJW 2003, 1670.

[169] Vgl. nur BAG 10.2.1962, NJW 1962, 1221; OLG Hamm 25.11.1971, BB 1972, 855; Hopt/Hopt Rn. 50.

[170] Küstner/Thume VertriebsR-HdB I/Thume V Rn. 613 ff.; Hopt/Hopt Rn. 50.

[171] Vgl. OLG Hamm 9.5.1956, BB 1956, 668; MüKoHGB/Ströbl Rn. 136.

[172] LG Dortmund 26.6.1957, MDR 1957, 750; Küstner/Thume VertriebsR-HdB I/Thume V Rn. 626 f.; Hopt/Hopt Rn. 50; Heymann/Stöber Rn. 36; MüKoHGB/Ströbl Rn. 137; **aA** LG Bochum 18.6.1957, BB 1957, 1158 f.

[173] Dazu EuGH 13.10.2022, EuZW 2022, 1022 Rn. 32 – Rigall/Bank Handlowy.

[174] BGH 22.1.2015, NJW 2015, 1107 Rn. 12.

[175] BGH 22.1.2015, NJW 2015, 1107 Rn. 12; OLG Hamm 14.11.2022, ZVertriebsR 2023, 58 Rn. 99; OLG Köln 24.11.2023, ZVertriebsR 2024, 23 Rn. 109; 8.9.2023, ZVertriebsR 2024, 223 Rn. 116; OLG München 11.4.2018, ZVertriebsR 2018, 176 Rn. 56.

[176] Hopt/Hopt Rn. 48.

lungskontext dieser Vorschriften folgt, dass ein Verzicht des Handelsvertreters auf eine Abschlussprovision (Überhangprovision) für die bei Beendigung des Handelsvertreterverhältnisses nicht ausgeführten Geschäfte ausgeschlossen ist, wenn feststeht, dass der Unternehmer das Geschäft ganz oder teilweise nicht oder nicht so ausführt, wie es abgeschlossen worden ist.[177] Dagegen kann ein Anspruch auf Provisionen für Folgegeschäfte (§ 87 Abs. 1 S. 1 Alt. 2) vertraglich ausgeschlossen werden[178] und zwar auch mittelbar, indem vereinbart wird, dass dem Handelsvertreter ein Provisionsanspruch nur für von ihm vermittelte bzw. abgeschlossene Geschäfte zusteht.[179] Die Vereinbarung einer **„Provision nach Absprache"** ist im Zweifel nur als Abrede zur Höhe der Provision zu verstehen.[180] Konkretisiert werden können auch die **Provisionsansprüche nach Abs. 2** und Abs. 3.[181] Der Anspruch auf die Bezirksprovision (Abs. 2) kann etwa in der Weise modifiziert werden, dass für Geschäfte, die ohne Mitwirkung des Handelsvertreters zustande gekommen sind, kein Provisionsanspruch entsteht.[182] Denkbar ist insoweit auch die Vereinbarung einer niedrigeren Provision.[183] Soweit von der Gegenansicht, die von Abs. 2 abweichende Vereinbarungen nicht für möglich hält,[184] zuweilen auf die Entscheidung des EuGH in der Rechtssache Kontogeorgas/Kartonpak[185] verwiesen wird, geht dies fehl, da sich der EuGH in der Entscheidung nicht mit der Dispositivität von Abs. 2 (= Art. 7 Abs. 2 erster Gedankenstrich RL 86/653/EWG) beschäftigt. Im Hinblick auf **Abs. 3** und die dort verankerte unechte Überhangprovision ist etwa denkbar, dass die Parteien die Frist iSv S. 1 Nr. 1 konkretisieren[186] oder die Vorschrift auch vollständig abbedingen.[187] Abweichende Vereinbarungen in **AGB** unterliegen darüber hinaus der Inhaltskontrolle nach §§ 307 ff. BGB.[188]

40 Einem **Schweigen** des Handelsvertreters auf eine einseitige Vertragsänderung des Unternehmers kommt nach den allgemeinen Regeln der Rechtsgeschäftslehre grundsätzlich keine positive Erklärungsbedeutung zu, es sei denn, es liegen die Voraussetzungen eines kaufmännischen Bestätigungsschreibens vor.[189] Da § 87 dem Schutz des Handelsvertreters dient und insoweit Teil des gesetzlichen Leitbildes des Handelsvertreterverhältnisses ist, muss eine davon zum Nachteil des Handelsvertreters abweichende **Vereinbarung** in jedem Fall klar zum Ausdruck bringen, dass die Provisionspflicht (für bestimmte Geschäfte) ausgeschlossen sein soll.[190] Insoweit reicht es nicht aus, wenn lediglich ein abweichender Handelsbrauch besteht.[191] Soweit abweichende Vereinbarungen nicht ausgeschlossen sind, können diese im Grundsatz auch **konkludent** geschlossen werden.[192] Allerdings müssen sich aus den Gesamtumständen hinreichende Anhaltspunkte für das Gewollte entnehmen lassen.[193] Möglich sind insbesondere (stillschweigende) Erweiterungen der Provisionspflicht,[194] wie etwa die Vereinbarung einer Provision für Eigengeschäfte des Handelsvertreters (→ Rn. 9).

---

[177] BGH 11.7.1960, BGHZ 33, 92 (95) = NJW 1960, 1996 (1997); 10.12.1997, WM 1998, 723 (724 f.) = NJW-RR 1998, 629; 21.10.2009, NJW 2010, 298 Rn. 22; OLG Nürnberg 13.12.1962, BB 1963, 203; Ebenroth/Boujong/Semmler Rn. 84; Heymann/Stöber Rn. 4.

[178] OLG Köln 8.9.2023, ZVertriebsR 2024, 223 Rn. 116: MüKoHGB/Ströbl Rn. 71; Hopt/Hopt Rn. 48.

[179] OLG Köln 8.9.2023, ZVertriebsR 2024, 223 Rn. 116; MüKoHGB/Ströbl Rn. 71.

[180] OLG Frankfurt 4.3.1997, MDR 1997, 1139 = HVR Nr. 1045.

[181] Ebenroth/Boujong/Semmler Rn. 84; vgl. auch OLG Karlsruhe 10.5.2005, HVR Nr. 1156 zu Abs. 2.

[182] BGH 24.4.2014, NJW 2014, 1785 Rn. 11 f.

[183] Flohr/Wauschkuhn/Fröhlich Rn. 103; MüKoHGB/Ströbl Rn. 111.

[184] J. Schmidt ZHR 156 (1992), 512 (519); zweifelnd KKD/Roth Rn. 3.

[185] EuGH 12.12.1996, Slg. I-6643, 6656 = BeckRS 2004, 74064.

[186] Flohr/Wauschkuhn/Fröhlich Rn. 127; Hopt/Hopt Rn. 48.

[187] BAG 20.8.1996, ZIP 1996, 1912 (1914); OLG Düsseldorf 23.11.2023, ZVertriebsR 2024, 293 Rn. 22; OLG Frankfurt 18.2.1986, NJW-RR 1986, 782; OLG Hamm 14.5.2018, ZVertriebsR 2018, 375 Rn. 100; OLG Nürnberg 13.12.1962, BB 1963, 203; Flohr/Wauschkuhn/Fröhlich Rn. 126; **aA** J. Schmidt ZHR 156 (1992), 512 (519 f.).

[188] Vgl. nur BGH 10.12.1997, WM 1998, 723 (724) = NJW-RR 1998, 629 (Provisionsausschluss); 21.10.2009, NJW 2010, 298 Rn. 20 ff. (Ausschluss von Überhangprovisionen); OLG Düsseldorf 31.1.2020, ZVertriebsR 2020, 257 Rn. 17 (Ausschluss von Überhangprovisionen); OLG Hamm 8.2.2021, ZVertriebsR 2021, 193 Rn. 33 ff. (Provisionsvereinbarung); OLG Karlsruhe 10.5.2005, HVR Nr. 1156 (Bezirksschutz/Alleinvertretung); OLG Köln 24.11.2023, ZVertriebsR 2024, 23 Rn. 110 ff. (Folgeanspruch); 8.9.2023, ZVertriebsR 2024, 223 Rn. 117 ff.; 19.12.2001, NJW-RR 2002, 1464 (1465) (Verpflichtung zur Sicherheitsleistung vor Provisionsauszahlung); OLG München 19.9.1990, BB 1992, 455 f.

[189] BGH 24.10.1955, DB 1955, 1085 = BeckRS 1955, 31200248; 8.11.1957, NJW 1958, 180; OLG Karlsruhe 14.10.1975, VW 1976, 1206; OLG Nürnberg 28.2.1957, BB 1957, 560; Heymann/Stöber Rn. 4.

[190] OLG Karlsruhe 10.5.2005, HVR Nr. 1156; 13.7.1971, BB 1971, 1123 = 13.7.1971, HVR Nr. 446; OLG Oldenburg 21.12.1995, HVR Nr. 995; Ebenroth/Boujong/Semmler Rn. 83; Heymann/Stöber Rn. 4.

[191] OLG Celle 20.10.1961, BB 1961, 1341; Heymann/Stöber Rn. 4.

[192] BGH 15.12.1960, BB 1961, 497 = BeckRS 1960, 00050; OLG Nürnberg 19.6.1959, VersR 1959, 801; Heymann/Stöber Rn. 4.

[193] Hopt/Hopt Rn. 48.

[194] BGH 15.12.1960, BB 1961, 497 = BeckRS 1960, 00050.

VIII. Andere Absatzmittler

Die Vorschrift des § 87 ist auf eine Tätigkeit für fremde Rechnung zugeschnitten. Sie ist daher im Grundsatz auf Vertragshändler und Subordinations-Franchisenehmer nicht entsprechend anwendbar.[195] Dagegen kann sie auf **Kommissionsagenten,** die wie der Handelsvertreter auf fremde Rechnung arbeiten, analog Anwendung finden.[196] 41

§ 87a [Bedingungen des Provisionsanspruches]

(1) [1]Der Handelsvertreter hat Anspruch auf Provision, sobald und soweit der Unternehmer das Geschäft ausgeführt hat. [2]Eine abweichende Vereinbarung kann getroffen werden, jedoch hat der Handelsvertreter mit der Ausführung des Geschäfts durch den Unternehmer Anspruch auf einen angemessenen Vorschuß, der spätestens am letzten Tag des folgenden Monats fällig ist. [3]Unabhängig von einer Vereinbarung hat jedoch der Handelsvertreter Anspruch auf Provision, sobald und soweit der Dritte das Geschäft ausgeführt hat.

(2) Steht fest, daß der Dritte nicht leistet, so entfällt der Anspruch auf Provision; bereits empfangene Beträge sind zurückzugewähren.

(3) [1]Der Handelsvertreter hat auch dann einen Anspruch auf Provision, wenn feststeht, daß der Unternehmer das Geschäft ganz oder teilweise nicht oder nicht so ausführt, wie es abgeschlossen worden ist. [2]Der Anspruch entfällt im Falle der Nichtausführung, wenn und soweit diese auf Umständen beruht, die vom Unternehmer nicht zu vertreten sind.

(4) Der Anspruch auf Provision wird am letzten Tag des Monats fällig, in dem nach § 87c Abs. 1 über den Anspruch abzurechnen ist.

(5) Von Absatz 2 erster Halbsatz, Absätzen 3 und 4 abweichende, für den Handelsvertreter nachteilige Vereinbarungen sind unwirksam.

Schrifttum: Altmeppen, Provisionsansprüche bei Vertragsauflösung, 1987; Behrendt, Aktuelle handelsvertreterrechtliche Fragen in Rechtsprechung und Praxis, NJW 2003, 1563; Dänekamp/Kölln, Provisionsvergütung(en) bei der Vermittlung von Dauerbezugsverträgen – Probleme der prozessualen Durchsetzung und der vertraglichen Gestaltung, NJW 2015, 3126; Kempfler, Der Provisionsanspruch bei Werk- und Werklieferungsverträgen, NJW 1963, 524; Knorn, „Nacharbeit" des Handelsvertreters, BB 1975, 111; Rewolle, Die Provision des Handelsvertreters nach Rücktritt vom Vertrag nach dem Abzahlungsgesetz, DB 1964, 467; Wolf/Ungeheuer, Provisionsanspruch des Handelsvertreters bei Kündigung nach § 649 BGB, NJW 1994, 1497.

Übersicht

---

[195] Zum Vertragshändler BGH 9.2.1984, NJW 1984, 2411 zu Abs. 2; OLG Köln 27.11.1974, BB 1975, 8; Canaris HandelsR § 17 Rn. 21; Ulmer, Der Vertragshändler, 1969, 397; MSF VertriebsR-HdB/Rösch § 23 Rn. 29; Hopt/Hopt § 84 Rn. 11; MüKoHGB/Ströbl Rn. 10; zum Franchising: NK-HGB/Prasse Anh. FranchiseR Rn. 66; **aA** BGH 18.11.1963, NJW 1964, 151 zu Abs. 2; Petereck BB 1966, 351 (355) zu Abs. 2; Ebenroth/Boujong/Semmler Rn. 88 zu Abs. 2, 3; offengelassen von BGH 18.1.2000, NJW 2000, 1193; zum Franchisenehmer BGH 9.2.1984, NJW 1984, 2411 zu Abs. 2; Matthießen ZIP 1988, 1089 (1095); MüKoHGB/Ströbl Rn. 10.

[196] Canaris HandelsR § 16 Rn. 7; Ebenroth/Boujong/Semmler Rn. 88 zu Abs. 3.

I. Allgemeines

1 **1. Normzweck.** Die Vorschrift des § 87a ergänzt § 87, indem sie die **Voraussetzungen des Provisionsanspruchs** näher **präzisiert.** Wie bereits zu § 87 ausgeführt, ist die mit dem Abschluss des Kundengeschäfts verknüpfte Entstehung des Provisionsanspruchs aufschiebend bedingt (sog. Provisionsanwartschaft).[1] Bedingung für den Provisionsanspruch ist nämlich, dass der Unternehmer oder der Dritte (Kunde) das Kundengeschäft ausführt (Abs. 1 S. 1, 3). Bei Vorleistung des Unternehmers ist der Provisionsanspruch überdies auflösend bedingt durch die endgültige Nichtleistung des Dritten (Abs. 2).[2] Damit ist klargestellt, dass es sich bei der Provisionszahlung nicht um eine tätigkeitsbezogene, sondern um eine erfolgsbezogene Vergütung handelt.[3] Mit dem bloßen Abschluss des Kundengeschäfts, der in § 87 angesprochen wird, ist der eigentliche Erfolg, der Austausch der vertragsgegenständlichen Leistungen, noch nicht eingetreten. Der Gesetzgeber stand daher bei § 87a vor der Aufgabe, nicht nur die Bedingungen für den Eintritt des wirtschaftlichen Erfolgs und damit für die Provisionspflicht des Unternehmers ergänzend festzulegen, sondern auch Regelungen zu erlassen, die sicherstellen, dass der Handelsvertreter die ihm gebührende Gegenleistung für seine Absatzmittlertätigkeit innerhalb eines überschaubaren Zeitraums erhält. Insoweit dient Abs. 3 dem Schutz des Handelsvertreters vor einer schuldhaften Nichtausführung des Auftrags durch den Unternehmer, während Abs. 4 die Fälligkeit des Provisionsanspruchs regelt. Schließlich darf von Abs. 2 Hs. 1 und den Abs. 3 und 4 nicht zu Lasten des Handelsvertreters abgewichen werden.

2 **2. Normgenese.** Die Vorschrift des § 87a, die einen inhaltlich anders ausgestalteten Vorläufer in § 88 der ursprünglichen Fassung des HGB hatte, ist durch die **HGB-Novelle 1953** in das Handelsvertreterrecht inkorporiert worden.[4] Durch die **HGB-Novelle 1989** wurde Abs. 1 S. 4, der eine Möglichkeit vorsah, den Anspruch auf Teilprovision auszuschließen, in Angleichung an Art. 10 Abs. 2 und 4 RL 86/653/EWG[5] gestrichen.[6] Darüber hinaus wurde die Ausnahmeregelung des Abs. 3 S. 2 über den Wegfall des Provisionsanspruchs bei Nichtausführung des Geschäfts zugunsten des Handelsvertreters enger gefasst und das Verbot abweichender Vereinbarungen in Abs. 5 auf die Bestimmung des Abs. 2 Hs. 1 erweitert.[7] Diese Änderungen entsprechen den Vorgaben aus Art. 11 Abs. 1, 3 RL 86/653/EWG.

3 **3. Anwendungsbereich.** Die Vorschrift des § 87a ist auf die Vergütung des Handelsvertreters durch Zahlung einer erfolgsbezogenen Provision iSv § 87 Abs. 1–3 zugeschnitten.[8] Sie ist daher auf **Verwaltungsprovisionen** (→ § 87 Rn. 7) und **andere Vergütungsformen** (→ § 87 Rn. 8) nicht anwendbar.[9] Für **Versicherungsvertreter** gilt die Sondervorschrift des § 92 Abs. 4 (→ § 92 Rn. 5).

II. Erwerb des Provisionsanspruchs (Abs. 1 S. 1, 3, Abs. 3 S. 1)

4 **1. Überblick.** Aufschiebende Bedingung für den Erwerb des Provisionsanspruchs ist, dass entweder der Unternehmer (Abs. 1 S. 1) oder der Dritte (Abs. 1 S. 3) ein Geschäft ausführt, das Gegenstand der Absatzmittlertätigkeit des Handelsvertreters war. Je nach dem, wer das Kundenge-

[1] Vgl. BGH 29.6.2004, BGHZ 159, 388 (394 f.) = DNotZ 2005, 38.

[2] BGH 21.12.1989, NJW 1990, 1665.

[3] Vgl. Begr. RegE Gesetz zur Änderung des HGB (Recht der Handelsvertreter), BT-Drs. 1/3856, 9, 24 ff.; vgl. auch Hopt/Hopt Rn. 1; Ebenroth/Boujong/Semmler Rn. 2; MüKoHGB/Ströbl Rn. 1, 4.

[4] Art. 1 Gesetz zur Änderung des Handelsgesetzbuchs (Recht der Handelsvertreter) vom 6.8.1953, BGBl. 1953 I 771.

[5] RL 86/653/EWG des Rates vom 18.12.1986, zur Koordinierung der Rechtsvorschriften der Mitgliedstaaten betreffend die selbständigen Handelsvertreter, ABl. EG L 382, 17.

[6] Art. 1 Nr. 4 lit. a Gesetz zur Durchführung der EG-Richtlinie zur Koordinierung des Rechts der Handelsvertreter vom 23.10.1989, BGBl. 1989 I 1910; dazu Begr. RegE, BT-Drs. 11/3077, 6, 8.

[7] Art. 1 Nr. 4 lit. b, c Gesetz zur Durchführung der EG-Richtlinie zur Koordinierung des Rechts der Handelsvertreter vom 23.10.1989, BGBl. 1989 I 1910; dazu Begr. RegE, BT-Drs. 11/3077, 6, 8.

[8] MüKoHGB/Ströbl Rn. 5.

[9] Ebenroth/Boujong/Semmler Rn. 2; **aA** OLG Karlsruhe 9.5.1979, BB 1980, 226 zu Treueprämien.

schäft zunächst ausführt, unterscheiden sich die Rechtsfolgen. Bei vorgängiger Ausführung des Geschäfts durch den Unternehmer (Abs. 1 S. 1) steht der Provisionsanspruch des Handelsvertreters unter der auflösenden Bedingung, dass der Dritte (Kunde) nicht leistet (Abs. 2 Hs. 1). Dagegen steht dem Handelsvertreter im Falle der vorgängigen Ausführung durch den Dritten unmittelbar ein unbedingter Provisionsanspruch zu, und zwar unabhängig davon, ob die Parteien eine von Abs. 1 S. 1 abweichende Regelung getroffen haben (Abs. 1 S. 3). Mit der Ausführung des Geschäfts durch den Dritten ist nämlich der wirtschaftliche Erfolg auf Seiten des Unternehmers eingetreten.[10] Darüber hinaus besteht ein Provisionsanspruch des Handelsvertreters, wenn feststeht, dass der Unternehmer das Kundengeschäft aus Gründen, die er zu vertreten hat, ganz oder teilweise nicht oder nicht so ausführt, wie es abgeschlossen worden ist (Abs. 3 S. 1). In allen genannten Fällen ist es erforderlich, dass das Kundengeschäft iSv § 87 wirksam zustandegekommen ist (→ § 87 Rn. 11). Nach seinem Inhalt, nämlich auf der Grundlage des dort vereinbarten Entgelts, bemisst sich die Provision des Handelsvertreters (§ 87b Abs. 2 S. 1). **Spätere vertragliche Änderungen** beim Kundengeschäft berühren den Provisionsanspruch des Handelsvertreters nicht, es sei denn, der Handelsvertreter schließt seinerseits einen entsprechenden Änderungsvertrag mit dem Unternehmer.[11] Die **Beendigung des Handelsvertretervertrages** vor Ausführung des Geschäfts berührt den Provisionsanspruch nicht (→ § 87 Rn. 14).[12] Eine Zurückbehaltung von Provisionen nach Vertragsende ist jedoch ausnahmsweise gerechtfertigt (§ 242 BGB), wenn der Rückgewähranspruch wegen schlechter Vermögensverhältnisse des Handelsvertreters gefährdet ist (§ 321 BGB).[13]

2. Ausführung (Abs. 1 S. 1, 3). Die Ausführung des Kundengeschäfts ist ein Mehr gegenüber 5
dem bloßen Abschluss, der bereits in § 87 erfasst ist. Während der Begriff des Abschlusses die rechtsgeschäftliche Perfektionierung des Kundengeschäfts betrifft, bezeichnet die Ausführung den **Austausch der vertragsgegenständlichen Leistungen.** Gegenstand des Kundengeschäfts können insoweit alle erdenklichen Leistungen (Waren oder Dienstleistungen) sein.[14] Freilich muss es sich bei diesen Waren oder Dienstleistungen um solche handeln, auf die sich die Absatzmittlertätigkeit des Handelsvertreters bezieht.

Obwohl die Provision erfolgsbezogen ausgestaltet ist, ergibt sich aus dem Wortlaut von Abs. 1 6
(„Ausführung"), dass im Hinblick auf den Leistungsaustausch die jeweilige Vornahme der **Leistungshandlung** ausreichend ist; nicht erforderlich ist dagegen der Eintritt des Leistungserfolgs.[15] Das gilt unabhängig davon, ob die Ausführung durch den Unternehmer oder den Dritten erfolgt.[16] Es kommt daher im Einzelfall auch nicht darauf an, ob die Leistung mangelfrei oder zur rechten Zeit erbracht wird.[17] Eine Ausführung des Kundengeschäfts liegt zudem vor, wenn diese durch **Erfüllungssurrogate** oder **Leistungen an Erfüllungs Statt** erfolgt,[18] auch wenn sie wertmäßig hinter der geschuldeten Leistung zurückbleiben.[19] Nimmt der Unternehmer nämlich eine andere als die geschuldete Leistung als vollwertig entgegen, muss er dies auch im Verhältnis zum Handelsvertreter gegen sich gelten lassen,[20] selbst wenn ihm durch die Verwertung zusätzliche Kosten entstehen.[21] Der Provisionsanspruch des Handelsvertreters wird daher nicht dadurch geschmälert, dass der Unternehmer beim Weiterverkauf von Wertpapieren, die ihm der Dritte anstelle des Kaufpreises zu einem vertraglich festgelegten Preis übereignet hat, einen geringeren Erlös erzielt.[22] **Leistungen erfüllungshalber** und **andere Ersatzleistungen** stehen der (vollständigen) Ausführung nur gleich, soweit sie vollwertig sind.[23] Das gilt für die Inzahlunggabe gebrauchter Waren,[24]

---

[10] BGH 20.10.1982, BGHZ 85, 134 (138) = NJW 1983, 629 (630); Heymann/Stöber Rn. 6.

[11] Vgl. Ebenroth/Boujong/Semmler Rn. 4; Heymann/Stöber Rn. 6; Staub/Emde Rn. 2.

[12] BGH 21.12.1989, NJW 1990, 1665; 21.10.2009, NJW 2010, 298 Rn. 14; Hopt/Hopt Rn. 7; Ebenroth/Boujong/Semmler Rn. 4.

[13] BGH 21.11.1974, DB 1975, 497 = NJW 1975, 443.

[14] BGH 21.10.2009, NJW 2010, 298 Rn. 23 zum Telefondienstvertrag.

[15] Hopt/Hopt Rn. 5; Ebenroth/Boujong/Semmler Rn. 6; Heymann/Stöber Rn. 3; MüKoHGB/Ströbl Rn. 8.

[16] **AA** Ebenroth/Boujong/Semmler Rn. 11: bei Ausführung durch Dritten ist Leistungserfolg entscheidend.

[17] Hopt/Hopt Rn. 5.

[18] OLG Nürnberg 26.4.1963, BB 1963, 1313 zur Inzahlungnahme von Waren; Ebenroth/Boujong/Semmler Rn. 12; Heymann/Stöber Rn. 7; MüKoHGB/Ströbl Rn. 15 f.; **aA** – für Leistungen an Erfüllungs statt – Hopt/Hopt Rn. 11.

[19] BGH 20.10.1982, BGHZ 85, 134 (138 f.) = NJW 1983, 629; Ebenroth/Boujong/Semmler Rn. 12; MüKoHGB/Ströbl Rn. 16; vgl. auch OLG Celle 29.2.1972, NJW 1972, 879 – Veräußerung der Kundenforderung unter Nennwert.

[20] MüKoHGB/Ströbl Rn. 16.

[21] RG 4.5.1928, RGZ 121, 125 (126 f.).

[22] RG 4.5.1928, RGZ 121, 125; Heymann/Stöber Rn. 13.

[23] Hopt/Hopt Rn. 11; Ebenroth/Boujong/Semmler Rn. 12.

[24] Hopt/Hopt Rn. 11; Heymann/Stöber Rn. 13.

die Hingabe von Schecks oder Wechseln,[25] die Herausgabe des stellvertretenden commodums nach § 285 BGB,[26] die Leistung von **Schadensersatz** (wegen Nichterfüllung)[27] oder (Ersatz-) Leistungen von Versicherungen[28] oder anderen Personen[29] wie etwa Bürgen. In diesen Fällen bleibt der Provisionsanspruch des Handelsvertreters bei Werthaltigkeit der Ersatzleistungen bestehen,[30] im Übrigen mindert er sich entsprechend.[31] Eine „Ausführung" des Geschäfts durch den Dritten ist im Übrigen nicht deshalb zu verneinen, weil der Unternehmer für die Zahlung des Dritten **Sicherheiten** zu leisten hat und hierzu die Zahlungen des Dritten verwendet.[32] Ausgeführt ist das Geschäft zudem bei **Vorausleistungen** des Dritten,[33] und zwar selbst dann, wenn der Unternehmer die Vorauszahlung zu Unrecht zurückweist (§ 162 Abs. 1 BGB). Dagegen ist bei Zurückweisung einer Vorausleistung des Unternehmers durch den Dritten eine Ausführung zu verneinen.[34] Bei **Gebrauchsüberlassungs- und Nutzungsverträgen** von bestimmter Dauer iSv § 87b Abs. 3 S. 1 ist das Kundengeschäft bereits mit Gebrauchsüberlassung und nicht erst am Ende des Nutzungszeitraums ausgeführt.[35]

7 Wie der Wortlaut von Abs. 1 S. 1 („soweit") zeigt, wird von der Bestimmung nicht nur die vollständige, sondern auch die **teilweise Ausführung** des Kundengeschäfts erfasst.[36] Soweit der Unternehmer oder der Dritte das Geschäft ausführen, steht dem Handelsvertreter ein Teil-Provisionsanspruch nach Abs. 1 S. 1 entsprechend dem Wertverhältnis des gelieferten zum noch zu liefernden Teil zu.[37] Darin liegt keine unzulässige Abweichung iSv Abs. 5.[38] Darüber hinaus ist für den nicht ausgeführten Teil des Geschäfts ein Provisionsanspruch unter den Voraussetzungen des Abs. 3 gegeben (→ Rn. 10 ff.). Leisten der Unternehmer oder der Dritte für die nicht erbrachte Teilleistung Schadensersatz, handelt es sich gleichwohl um ein ausgeführtes Geschäft (→ Rn. 6), sodass der Provisionsanspruch aus Abs. 1 S. 1 folgt. Eine teilweise (Nicht-) Ausführung ist beispielsweise im Falle der **Insolvenz des Dritten** gegeben. Die Provision berechnet sich nach der Insolvenzquote, unabhängig davon, ob der Unternehmer diese eingefordert hat.[39]

8 Die Höhe des Provisionsanspruchs hängt davon ab, in welchem Umfang („sobald und soweit") das Kundengeschäft von dem Unternehmer oder dem Dritten ausgeführt wird. Da es für den Provisionsanspruch einzig und allein auf die **tatsächliche Ausführung** ankommt, ist es ohne Belang, ob **Teilleistungen** vereinbart waren oder der Leistende dazu berechtigt sein sollte (vgl. § 266 BGB).[40] Bei gleichzeitiger Teillieferung des Unternehmers und Teilzahlung des Dritten entsteht der Provisionsanspruch in Höhe derjenigen der beiden Teilleistungen, die den höheren Anteil an der Gesamtleistung ausmacht.[41]

9 Auch im Rahmen von **Untervertreterverhältnissen** ist für die Ausführung auf die Person des Unternehmers abzustellen. Maßgebend ist also, ob der Unternehmer als Auftraggeber des Hauptvertreters das vom Untervertreter vermittelte oder abgeschlossene Geschäft ausgeführt hat.[42] Der **Insolvenzverwalter** ist Ausführender, wenn er ein vom Gemeinschuldner vor Insol-

[25] Vgl. BGH 4.5.1928, BGHZ 85, 134 (138) = NJW 1983, 629 (630) betr. Hingabe eines Schecks in ausländischer Währung; Heymann/Sonnenschein/Weitemeyer, 2. Aufl. 1995, Rn. 13.

[26] Hopt/Hopt Rn. 11; MüKoHGB/Ströbl Rn. 14.

[27] BGH 11.10.1990, NJW-RR 1991, 156 (159) = WM 1991, 196 (199); 19.11.1956, DB 1957, 185; OLG Frankfurt 19.2.1991, NJW-RR 1991, 674 (677); Ebenroth/Boujong/Semmler Rn. 12; Heymann/Stöber Rn. 13.

[28] OLG Frankfurt 19.2.1991, NJW-RR 1991, 674 (677); Hopt/Hopt Rn. 11.

[29] Vgl. BGH 11.10.1990, WM 1991, 76 = NJW-RR 1991, 155; OLG Frankfurt 19.2.1991, WM 1991, 867; Hopt/Hopt Rn. 11; Ebenroth/Boujong/Semmler Rn. 8; MüKoHGB/Ströbl Rn. 13.

[30] BGH 11.10.1999, NJW-RR 1991, 156 (159); Heymann/Stöber Rn. 14; Staub/Emde Rn. 28 f.

[31] MüKoHGB/Ströbl Rn. 14; vgl. auch BGH 19.11.1956, DB 1957, 185 f. (keine Provision, wenn lediglich Verzugsschaden ersetzt wird).

[32] BGH 20.10.1982, BGHZ 85, 134 (140) = NJW 1983, 629; Hopt/Hopt Rn. 10; Heymann/Stöber Rn. 13.

[33] BGH 20.10.1982, BGHZ 85, 134 (138) = NJW 1983, 629; Hopt/Hopt Rn. 10.

[34] Hopt/Hopt Rn. 5; MüKoHGB/Ströbl Rn. 10.

[35] Hopt/Hopt Rn. 5; Ebenroth/Boujong/Semmler Rn. 6; MüKoHGB/Ströbl Rn. 21.

[36] EuGH 17.5.2017, ZVertriebsR 2017, 235 Rn. 35, 44 – ERGO Post'ovna; vgl. auch BGH 12.3.2015, NJW 2015, 1754 Rn. 16 f.

[37] Vgl. auch EuGH 17.5.2017, ZVertriebsR 2017, 235 Rn. 49 – ERGO Poist'ovna (zu Art. 11 Abs. 1 RL 86/653/EWG).

[38] EuGH 17.5.2017, ZVertriebsR 2017, 235 Rn. 47 – ERGO Poist'ovna (zu Art. 11 Abs. 3 RL 86/653/EWG).

[39] BGH 11.10.1990, WM 1991, 196 (199) = NJW-RR 1991, 156; Hopt/Hopt Rn. 10.

[40] Vgl. Heymann/Stöber Rn. 4; MüKoHGB/Ströbl Rn. 11.

[41] Hopt/Hopt Rn. 10; ähnlich Küstner/Thume VertriebsR-HdB I/Thume V Rn. 248; MüKoHGB/Ströbl Rn. 11.

[42] BGH 20.6.1984, BGHZ 91, 370 (372) = NJW 1984, 2881; OLG Düsseldorf 12.12.1993, DB 1993, 733; Hopt/Hopt Rn. 5; Heymann/Stöber Rn. 3; MüKoHGB/Ströbl Rn. 22.

venzeröffnung abgeschlossenes Geschäft nach Ausübung des Wahlrechts nach § 103 InsO erfüllt.[43]

3. Nichtausführung oder abweichende Ausführung (Abs. 3 S. 1). a) Grundsatz. Der Provisionsanspruch des Handelsvertreters steht im Grundsatz unter der Bedingung, dass der Unternehmer oder der Dritte das Geschäft ausführen (Abs. 1 S. 1, S. 3). Zu einer Ausführung des Kundengeschäfts ist der Unternehmer freilich nur im Verhältnis zum Kunden verpflichtet, nicht jedoch gegenüber dem Handelsvertreter.[44] Die Provisionsanwartschaft des Handelsvertreters kann daher, ohne dass ein sachlicher Grund vorliegt, hinfällig werden. Um den Handelsvertreter, dem wegen der Nichtausführung kein Schadensersatzanspruch gegen den Unternehmer zusteht,[45] zu schützen,[46] sieht Abs. 3 S. 1 vor, dass der Unternehmer auch dann zur Provisionszahlung verpflichtet ist, wenn feststeht, dass der Unternehmer das Geschäft ganz oder teilweise nicht oder nicht so ausgeführt hat, wie es abgeschlossen wurde. Zudem muss der Unternehmer die Nichtausführung iSv §§ 276, 278 BGB zu vertreten haben (vgl. Abs. 3 S. 2; → Rn. 11). Mit der Vorschrift des Abs. 3 S. 1 hat der Gesetzgeber den in § 162 BGB abgebildeten Rechtsgedanken in das Handelsvertreterrecht umgesetzt.[47] Als handelsrechtliche Spezialregelung verdrängt Abs. 3 die Grundsätze der Vertragsanpassung wegen Störung der Geschäftsgrundlage.[48] 10

b) Vom Unternehmer zu vertretende (Teil-) Nichtausführung (Abs. 3 S. 1 Alt. 1). Eine **Nichtausführung** des Kundengeschäfts liegt vor, wenn der Unternehmer seine Leistung vollständig nicht erbringt,[49] und zwar bezogen auf ein konkretes (einheitliches) mit dem Kunden vereinbartes Geschäft. Ein solches besteht nicht, wenn es sich um eine Aneinanderreihung mehrerer (befristeter), aufgrund einer automatischen Verlängerung miteinander „verbundener" Kundengeschäfte handelt. Im Falle der Nichtverlängerung eines solchen Geschäfts liegt mithin keine Nichtausführung eines einheitlichen Geschäfts vor.[50] Der für die Nichtausführung maßgebliche Grund ist für die Provisionspflicht unerheblich,[51] solange der Unternehmer die Nichtausführung **zu vertreten** hat.[52] Das ist beispielsweise der Fall, wenn der Unternehmer die Ware, für die der Handelsvertreter bereits Kunden vermittelt hat, anderweitig verkauft.[53] Entsprechendes gilt, wenn der Unternehmer sich im Nachhinein aus eigenem Antrieb und treuwidrig entschließt, das Geschäft nicht auszuführen, etwa weil die Ausführung keinen hinreichenden Ertrag verspricht[54] oder um Kapazitäten zur Bedienung von Direktkunden zu gewinnen, bei denen keine Provision anfällt[55] (aber → Rn. 22). Unterbleibt die Ausführung des Kundengeschäfts, weil der Unternehmer auf das Angebot des Dritten eingeht, das Kundengeschäft rückgängig zu machen, hat der Unternehmer auch diesen Umstand zu vertreten.[56] Nach § 276 BGB hat der Unternehmer überdies für das Beschaffungs-, Finanzierungs- und Insolvenzrisiko einzustehen.[57] Die Verfügbarkeit von Rohstoffen und das Vorhalten genügender Produktionskapazitäten fallen daher in den Risikobereich des Unternehmers.[58] Entsprechend hat er für das Verschulden von Erfüllungsgehilfen einzustehen (§ 278 BGB). In den Anwendungsbereich von Abs. 3 S. 1 und nicht von Abs. 2 fällt zudem eine Nichtausführung, die darauf beruht, dass der Dritte vor Leistung des Unternehmers die Abnahme ablehnt,[59] die Gegenleistung verweigert oder sich im 11

[43] OLG Düsseldorf 10.2.1989, BB 1989, 515 zu § 17 KO.
[44] OLG Koblenz 27.4.1973, BB 1973, 866 = MDR 1993, 1187.
[45] Vgl. OLG Koblenz 27.4.1973, BB 1973, 866 = MDR 1993, 1187; MüKoHGB/Ströbl Rn. 55.
[46] Vgl. Staub/Emde Rn. 69.
[47] Altmeppen 51 f.; Ebenroth/Boujong/Semmler Rn. 17; MüKoHGB/Ströbl Rn. 42.
[48] BGH 27.9.2023, ZVertriebsR 2024, 166 Rn. 24.
[49] BGH 1.6.2017, NJW 2017, 3521 Rn. 49.
[50] OLG Hamm 27.6.2024, ZVertriebsR 2024, 286 Rn. 77.
[51] Hopt/Hopt Rn. 21; Ebenroth/Boujong/Semmler Rn. 20; MüKoHGB/Ströbl Rn. 44.
[52] Vgl. OLG Koblenz 27.4.1973, BB 1973, 866 zur Kündigung des Bestellers nach § 649 BGB; 14.10.1993, NJW-RR 1994, 295 (296) zur Kündigung des Bestellers nach § 649 BGB; Kempfler NJW 1963, 524 zum Annahmeverzug beim Werkvertrag; Wolf/Ungeheuer NJW 1994, 1497 (1498) zur Kündigung des Bestellers nach § 649 BGB.
[53] BAG 14.11.1966, BB 1967, 501.
[54] Vgl. BGH 23.1.2014, NJW 2014, 930 Rn. 15; 21.10.2009, NJW 2010, 298 Rn. 25; LG Bielefeld 3.7.1958, HVR Nr. 178; Hopt/Hopt Rn. 21; Heymann/Stöber Rn. 6; MüKoHGB/Ströbl Rn. 44.
[55] Vgl. BGH 21.11.1991, NJW-RR 1992, 868 (869).
[56] BGH 27.9.1956, HVR Nr. 119; OLG Düsseldorf 24.5.1991, HVR Nr. 707; OLG Frankfurt 17.10.1989, NJW-RR 1990, 356; Heymann/Stöber Rn. 6; MüKoHGB/Ströbl Rn. 44.
[57] Vgl. Hopt/Hopt Rn. 26.
[58] Vgl. BGH 13.7.1959, DB 1959, 940 = BeckRS 1959, 31207216; RG 4.10.1919, RGZ 74, 167 (168 f.); OLG Frankfurt 6.7.1954, HVR Nr. 93; LAG Brem 5.7.1960, DB 1960, 1212; LAG Düsseldorf 20.5.1960, BB 1960, 1075; LG Gießen 14.6.1962, HVR Nr. 266; MüKoHGB/Ströbl Rn. 46.
[59] Hopt/Hopt Rn. 5, 13.

Übrigen vom Geschäft lossagt.[60] Der Risikosphäre des Unternehmers zuzurechnen ist bei einem Kaufvertrag auf Abruf auch der Nichtabruf der Ware durch den Kunden.[61] Ein Provisionsanspruch des Handelsvertreters gegen den Unternehmer kann zudem bestehen, wenn dieser den Abschluss und die Ausführung eines Kundengeschäfts ablehnt, dieses aber durch ein anderes, von ihm beherrschtes Unternehmen ausführen lässt, das in seinem wirtschaftlichen Interesse handelt.[62]

12 **Teilweise nicht ausgeführt** ist das Kundengeschäft, wenn die Leistung des Unternehmers quantitativ hinter der ursprünglichen Vereinbarung zurückbleibt. Das ist generell bei **Minderlieferungen** der Fall. Entsprechend ist Abs. 3 anzuwenden, wenn es bei Gebrauchsüberlassungsverträgen iSv § 87b Abs. 3 S. 1 zu einer vorzeitigen Vertragsbeendigung kommt.[63] Während der Handelsvertreter für den ausgeführten Teil des Kundengeschäfts einen Teil-Provisionsanspruch nach Abs. 1 S. 1 hat, folgt die Provisionspflicht des Unternehmers für den nicht ausgeführten Teil aus Abs. 1 S. 3. Auch insoweit bestimmt sich die Höhe der Provision anteilig nach dem im Kundengeschäft vereinbarten Entgelt (§ 87b Abs. 2), und zwar selbst dann, wenn der Kunde wegen der Minderlieferung Gewährleistungsansprüche gegen den Unternehmer geltend machen kann (§ 437 BGB iVm § 434 Abs. 3 Alt. 2 BGB; § 634 BGB iVm § 633 Abs. 2 S. 2 Alt. 2 BGB). Ohne Auswirkung auf die Provisionspflicht bleibt auch die **Rücknahme** vom Kunden nicht benötigter Materialreste unter Herabsetzung des Kaufpreises, wenn die Rücknahmepflicht nicht von Anfang an vereinbart war.[64]

13 **c) Abweichende Ausführung (Abs. 3 S. 1 Alt. 2).** Unter einer abweichenden Ausführung ist eine Leistung zu verstehen, die von der vereinbarten Leistung iSv § 87 abweicht, weil es sich um ein **aliud** handelt (vgl. § 434 Abs. 3 Alt. 1 BGB, § 633 Abs. 2 S. 2 Alt. 1 BGB)[65] oder weil die Leistung im Übrigen **mangelhaft** oder **verspätet** erfolgt.[66]

14 **d) Feststehen.** Der Provisionsanspruch des Handelsvertreters besteht nur dann, wenn die (Teil-)Nichtausführung oder abweichende Ausführung feststeht. Nach Sinn und Zweck der Norm ist dies **anhand objektiver Kriterien** zu beurteilen und nicht unter Zugrundelegung der subjektiven Einschätzung der Beteiligten.[67] Die buchmäßige Behandlung der Forderung bzw. Verbindlichkeit durch die Parteien kann daher allenfalls ein Indiz dafür sein, ob der Sachverhalt feststeht.[68] Die Nichtausführung steht beispielsweise fest, wenn die Leistung für den Unternehmer objektiv unmöglich ist oder wenn der Dritte aus Gründen, die der Unternehmer zu vertreten hat, vom Vertrag zurücktritt.[69]

15 **4. Vorschuss (Abs. 1 S. 2).** Nach Abs. 1 S. 2 können die Parteien eine von Abs. 1 S. 1 abweichende Regelung über die Entstehung des Provisionsanspruchs treffen. In der Praxis verbreitet ist die Bestimmung, dass die Provision nicht schon mit Ausführung des Kundengeschäfts durch den Unternehmer verdient ist, sondern erst, wenn der Dritte (Kunde) das Geschäft ebenfalls ausführt. Eine derartige Vereinbarung hat zur Folge, dass dem Handelsvertreter mit Ausführung des Geschäfts durch den Unternehmer zwingend ein Anspruch auf angemessenen Vorschuss zusteht (Abs. 1 S. 2). Dadurch soll verhindert werden, dass der Handelsvertreter eigene Aufwendungen in erheblichem Umfang vorfinanzieren muss. Die **Angemessenheit** des Vorschusses lässt sich nur anhand der Umstände des Einzelfalls bestimmen. Maßgebend ist insbesondere, ob und wann die Geschäftsausführung durch den Dritten zu erwarten ist.[70] Darüber hinaus können das Bedürfnis des Handelsvertreters und die wirtschaftliche Situation des Unternehmers eine Rolle spielen.[71] Das Bestimmungsrecht steht im Zweifel dem Handelsvertreter zu (§ 316 BGB),[72] soweit die Parteien keine vertragliche

---

[60] Vgl. BGH 27.1.1972, BGHZ 58, 140 (142) = NJW 1972, 629 (Weigerung des Kunden die Ware wegen zu hohen Ausschusses abzunehmen); 1.12.1960, BB 1961, 146 (147) (Abspringen des Kunden wegen Lieferversäumnis des Unternehmers); 13.7.1959, BB 1959, 864 = BeckRS 1959, 31207216 (vertragswidriges Abspringen des Kunden); BAG 9.12.1966, NJW 1967, 846 (vertragswidriges Abspringen des Kunden); MüKoHGB/Ströbl Rn. 44.

[61] BGH 11.10.1990, NJW-RR 1991, 155 (158); Heymann/Stöber Rn. 6.

[62] BGH 30.1.1981, NJW 1981, 1785 (1786); Heymann/Stöber Rn. 8.

[63] Hopt/Hopt Rn. 5; Staub/Emde § 87b Rn. 40.

[64] BGH 11.10.1990, NJW-RR 1991, 155 (156); Heymann/Stöber Rn. 6; MüKoHGB/Ströbl Rn. 19.

[65] **AA** Hopt/Hopt Rn. 21.

[66] Vgl. BGH 11.7.1960, BGHZ 33, 92 (95) = NJW 1960, 1996; 10.12.1997, WM 1998, 723 = NJW-RR 1998, 629; 21.10.2009, NJW 2010, 298 Rn. 24; OLG München 17.12.2008, NJW-RR 2009, 1699 (1700); MüKoHGB/Ströbl Rn. 45.

[67] Ebenroth/Boujong/Semmler Rn. 19; MüKoHGB/Ströbl Rn. 49.

[68] Noch restriktiver (keine Berücksichtigung); Heymann/Stöber Rn. 10.

[69] Vgl. Hopt/Hopt Rn. 22; MüKoHGB/Ströbl Rn. 49.

[70] Hopt/Hopt Rn. 9; Heymann/Stöber Rn. 26; MüKoHGB/Ströbl Rn. 26.

[71] Hopt/Hopt Rn. 9.

[72] Ebenroth/Boujong/Semmler Rn. 48; Heymann/Stöber Rn. 26; **aA** MüKoHGB/Ströbl Rn. 26.

Abmachung getroffen haben. Der Anspruch auf den Vorschuss ist spätestens am letzten Tag des Monats fällig, der auf die Ausführung des Kundengeschäfts durch den Unternehmer folgt (Abs. 1 S. 2). Für **Handelsvertreter im Nebenberuf** kann der Vorschussanspruch ausgeschlossen werden (§ 92b Abs. 1 S. 3).

III. Verlust des Provisionsanspruchs (Abs. 2 Hs. 1, Abs. 3 S. 2)

1. Überblick. Der Provisionsanspruch des Handelsvertreters entfällt, wenn entweder der Dritte nicht leistet (Abs. 2 Hs. 1) oder die Nichtausführung des Kundengeschäfts auf Umständen beruht, die der Unternehmer nicht zu vertreten hat (Abs. 3 S. 2). 16

2. Nichtleistung des Dritten (Abs. 2 Hs. 1). a) Grundsatz. Der durch den Abschluss und die Ausführung des Kundengeschäfts entstandene Provisionsanspruch steht, wie bereits ausgeführt, unter der auflösenden Bedingung, dass der Dritte (Kunde) seinerseits leistet (Abs. 2 Hs. 1). In den Anwendungsbereich von Abs. 2 Hs. 1 sind damit nur jene Fälle einbezogen, in denen eine **Vorleistung des Unternehmers** vorliegt, die als Ausführungshandlung den Provisionsanspruch zur Entstehung gebracht hat.[73] Nicht anwendbar ist Abs. 2 Hs. 1 daher, sofern der Dritte die Abnahme der Leistung des Unternehmers ablehnt. Entsprechendes gilt, wenn der Dritte (vor Ausführung des Geschäfts durch den Unternehmer) seine Gegenleistung verweigert oder sich im Übrigen vom Geschäft lossagt. Unter diesen Umständen beurteilt sich das Schicksal des Provisionsanspruchs nach Abs. 3.[74] 17

b) Nichtleistung. Eine Nichtleistung des Dritten liegt vor, wenn er die ihm nach dem Inhalt des Kundengeschäfts auferlegte Verpflichtung nicht erfüllt. Der **Grund** der Nichtleistung ist unerheblich, es sei denn, diese ist auf eine vom Unternehmer zu vertretende Nichtleistung iSv Abs. 3 zurückzuführen. In diesem Fall geht Abs. 3 im Interesse der Erhaltung der Provision des Handelsvertreters vor.[75] Ersetzt der Dritte seine Leistung durch ein Erfüllungssurrogat, eine Leistung an Erfüllungs Statt oder erfüllungshalber, ist das Geschäft bei entsprechender Werthaltigkeit der **Ersatzleistung** ausgeführt, sodass der Handelsvertreter seinen Provisionsanspruch behält (→ Rn. 6). Der Provisionsanspruch des **Untervertreters** entfällt, wenn entweder der Endabnehmer nicht an den Unternehmer leistet oder der Unternehmer den Provisionsanspruch des Hauptvertreters trotz Leistung des Endabnehmers nicht erfüllt.[76] Insoweit trägt der Untervertreter das geschäftliche Risiko des Hauptvertreters mit. Andererseits bleibt der Provisionsanspruch des Untervertreters erhalten, wenn lediglich der Hauptvertreter seinen begründeten Provisionsanspruch nicht geltend macht.[77] 18

c) Feststehen. Die Nichtleistung des Dritten muss feststehen. Dies ist wie bei Abs. 3 S. 1 **anhand objektiver Kriterien** zu beurteilen.[78] Bloße (subjektive) Annahmen reichen nicht.[79] Von einer feststehenden Nichtleistung wird in der Regel bei (nicht nur vorübergehender) Unmöglichkeit der Leistung oder bei dauernder Zahlungsunfähigkeit des Dritten auszugehen sein,[80] nicht jedoch im Falle der Kündigung eines Werkvertrages durch den Besteller, da dieser gem. § 649 S. 2 BGB zur Entrichtung der vereinbarten Vergütung verpflichtet bleibt.[81] Im Zweifel hat der Unternehmer gegen den Dritten den **Klageweg** zu beschreiten, soweit ihm das zumutbar ist (§ 242 BGB). An der Zumutbarkeit fehlt es, wenn von vornherein absehbar ist, dass eine Zwangsvollstreckung aufgrund unabsehbarer Zahlungsunfähigkeit aussichtslos sein wird[82] oder wenn es sich um ein kleineres Geschäft mit einem nicht zahlungs- und abnahmewilligen Kunden handelt.[83] Dem Unternehmer ist es trotz der auch für ihn geltenden Interessenwahrungspflicht ebenfalls nicht zuzumuten, einen 19

---

[73] Ebenroth/Boujong/Semmler Rn. 36; MüKoHGB/Ströbl Rn. 28.

[74] BGH 19.11.1982, DB 1983, 2135; 1.12.1960, BB 1961, 146 (147); Hopt/Hopt Rn. 13; Heymann/Stöber Rn. 15; MüKoHGB/Ströbl Rn. 29.

[75] Vgl. auch MüKoHGB/Ströbl Rn. 52 f.

[76] BGH 20.6.1984, BGHZ 91, 370 (372 ff.) = NJW 1984, 2881; Hopt/Hopt Rn. 17; Ebenroth/Boujong/Semmler Rn. 72; Heymann/Stöber Rn. 15.

[77] Vgl. OLG Düsseldorf 12.2.1993, NJW-RR 1993, 1188 (1190).

[78] Hopt/Hopt Rn. 14; Ebenroth/Boujong/Semmler Rn. 39; MüKoHGB/Ströbl Rn. 35.

[79] Vgl. OLG Celle 29.2.1972, NJW 1972, 879 zur Annahme der Zahlungsunfähigkeit.

[80] Hopt/Hopt Rn. 15; Ebenroth/Boujong/Semmler Rn. 41; Heymann/Stöber Rn. 15; MüKoHGB/Ströbl Rn. 38.

[81] BGH 17.11.1983, DB 1984, 716; OLG Koblenz 27.4.1993, MDR 1993, 1187; OLG Köln 27.11.1992, BB 1993, 606; Wolf/Ungeheuer NJW 1994, 1497; Hopt/Hopt Rn. 14; MüKoHGB/Ströbl Rn. 23, 34.

[82] Vgl. Begr. RegE Gesetz zur Änderung des HGB (Recht der Handelsvertreter), BT-Drs. 1/3856, 9, 26; Heymann/Stöber Rn. 15; MüKoHGB/Ströbl Rn. 36.

[83] BGH 19.11.1982, DB 1983, 2135 (2136); 21.10.1971, BB 1971, 1430 = BeckRS 2010, 20617; Hopt/Hopt Rn. 15; Heymann/Stöber Rn. 15; MüKoHGB/Ströbl Rn. 36.

Prozess nur deshalb zu führen, um dem Handelsvertreter den Provisionsanspruch zu erhalten.[84] Der Zumutbarkeit kann auch entgegenstehen, dass der (für den Unternehmer wichtige) Kunde mit dem Abbruch der Geschäftsbeziehungen droht.[85]

20 **d) Rechtsfolge.** Steht die Nichtleistung des Dritten unter den zuvor genannten Voraussetzungen fest, **entfällt** der bereits entstandene **Provisionsanspruch** des Handelsvertreters (Abs. 2 Hs. 1). Der Handelsvertreter hat dem Unternehmer bereits **empfangene Beträge** nach Abs. 2 Hs. 2 **zurückzugewähren.** Dabei handelt es sich um einen vertraglichen Rückgewähranspruch des Unternehmers.[86] Der Gesetzgeber hat sich bewusst für diese Regelungskonzeption entschieden, da ihm eine bereicherungsrechtliche Rückabwicklung unter Anwendung von § 820 BGB zu Recht zweifelhaft erschien.[87] Auf das Rückgewährschuldverhältnis iSv Abs. 2 Hs. 2 sind die §§ 346 ff. BGB entsprechend anzuwenden. Zurückzugewähren sind dem gemäß auch Vorschüsse auf die Provision.[88] Der Rückgewähranspruch ist nach §§ 353, 354 Abs. 2 zu verzinsen.[89]

21 **3. Vom Unternehmer nicht zu vertretende Nichtausführung (Abs. 3 S. 2). a) Grundsatz.** Der Provisionsanspruch des Handelsvertreters entfällt nach Abs. 3 S. 2 im Falle der Nichtausführung des Kundengeschäfts durch den Unternehmer, wenn und soweit dies auf Umständen beruht, die vom Unternehmer nicht zu vertreten sind. Die Bestimmung in der geltenden Fassung ist durch die HGB-Novelle 1989 in das Handelsvertreterrecht inkorporiert worden.[90] Sie beruht auf Art. 11 Abs. 1 zweiter Gedankenstrich RL 86/653/EWG. Nach § 87a Abs. 3 S. 2 aF, der auf die HGB-Novelle 1953 zurückging,[91] entfiel der Provisionsanspruch des Handelsvertreters bei vom Unternehmer nicht zu vertretender Unmöglichkeit oder bei Unzumutbarkeit der Ausführung des Kundengeschäfts. Nach der geltenden Fassung der Bestimmung kommt es allein auf die **tatsächliche Nichtausführung** des Kundengeschäfts und das fehlende Vertretenmüssen des Unternehmers an.[92] Die Gründe für die Nichtausführung sind unerheblich. Erfasst werden mithin sowohl rechtliche als auch tatsächliche Umstände.[93] Entgegen der früheren Rechtslage muss also weder eine Unmöglichkeit noch eine Unzumutbarkeit der Ausführung des Kundengeschäfts positiv festgestellt werden.[94] Der **Begriff der Nichtausführung** entspricht inhaltlich der in Abs. 3 S. 1 getroffenen Regelung (→ Rn. 11). Erfasst wird nach dem Wortlaut von Abs. 3 S. 2 („soweit") ebenfalls eine teilweise Nichtausführung (→ Rn. 12), wie sie bei Teilzahlungsgeschäften vorkommen kann.[95] In diesem Fall entfällt der Provisionsanspruch lediglich anteilig. Dem Handelsvertreter verbleibt ein Teilprovisionsanspruch.[96] **Nicht anwendbar** ist Abs. 3 S. 2 auf die **Fälle der abweichenden Ausführung** (Abs. 3 S. 1 Alt. 2; → Rn. 13). Der Provisionsanspruch des Handelsvertreters bleibt solchenfalls also unabhängig davon erhalten, ob der Unternehmer die abweichende Ausführung zu vertreten hat oder nicht.[97]

22 **b) Nichtvertretenmüssen.** Der Unternehmer hat die für die Nichtausführung maßgebenden Umstände nicht zu vertreten, wenn ihm oder seinen Erfüllungsgehilfen diesbezüglich **weder Vorsatz noch Fahrlässigkeit** zur Last gelegt werden können (§§ 276, 278 BGB) und er auch im Übrigen **weder** ein **Beschaffungsrisiko noch** ein **sonstiges Risiko übernommen** hat[98] und die Nichtausführung auch ansonsten nicht seinem unternehmerischen oder betrieblichen Risikobereich zugeord-

[84] OLG Frankfurt 31.5.1983, DB 1983, 1591 (1592); Hopt/Hopt Rn. 15; Heymann/Stöber Rn. 15.

[85] BGH 19.6.1959, DB 1959, 864 (865); vgl. auch MüKoHGB/Ströbl Rn. 36.

[86] BGH 5.11.1962, BB 1963, 8; Küstner/Thume VertriebsR-HdB I/Thume V Rn. 448; Hopt/Hopt Rn. 19; Ebenroth/Boujong/Semmler Rn. 44; Heymann/Stöber Rn. 17; NK-HGB/Ahouzaridi/J. Keßler Rn. 11; MüKoHGB/Ströbl Rn. 39.

[87] Vgl. Begr. RegE Gesetz zur Änderung des HGB (Recht der Handelsvertreter), BT-Drs. 1/3856, 9, 26.

[88] OLG Karlsruhe 3.3.1988, VersR 1989, 511 (512); Heymann/Stöber Rn. 17; vgl. auch BAG 20.6.1989, BB 1989, 2333.

[89] BGH 5.11.1962, BB 1963, 8; Heymann/Stöber Rn. 17.

[90] Art. 1 Nr. 4b Gesetz zur Durchführung der EG-Richtlinie zur Koordinierung des Rechts der Handelsvertreter vom 23.10.1989, BGBl. 1989 I 1910 (dazu Begr. RegE, BT-Drs. 11/3077, 6, 8).

[91] Vgl. Art. 1 Gesetz zur Änderung des Handelsgesetzbuchs (Recht der Handelsvertreter) vom 6.8.1953, BGBl. 1953 I 771 (dazu Begr. RegE, BT-Drs. 1/3856, 9, 26).

[92] Hopt/Hopt Rn. 25.

[93] EuGH 17.5.2017, ZVertriebsR 2017, 235 Rn. 59, 61 – ERGO Poist'ovna.

[94] Hopt/Hopt Rn. 25; Ebenroth/Boujong/Semmler Rn. 23.

[95] Vgl. dazu LG Wuppertal 21.1.1958, NJW 1958, 423 (424).

[96] Heymann/Stöber Rn. 7; **aA** Rewolle DB 1964, 467.

[97] Hopt/Hopt Rn. 20; **aA** Ebenroth/Boujong/Semmler Rn. 23; für entsprechende Anwendung von Abs. 3 S. 2 MüKoHGB/Ströbl Rn. 54.

[98] BGH 1.6.2017, NJW 2017, 3521 Rn. 54; 23.1.2014, NJW 2014, 930 Rn. 13; 21.10.2009, NJW 2010, 298 Rn. 25; OLG Hamm 27.6.2024, ZVertriebsR 2024, 286 Rn. 76.

net werden kann.[99] Hierher gehören die rechtskräftige Verurteilung zur Unterlassung der Lieferung, die Nichtausführung wegen Verdachts des Weiterverkaufs an eigene Kunden des Unternehmers, wegen patentgefährdenden Gebrauchs der zu liefernden Ware durch den Abnehmer (§ 10 PatG) oder wegen Geltendmachung von Schutzrechten an der Ware durch andere Personen. Ferner können Streiks beim Unternehmer oder bei Vorlieferanten, auf höherer Gewalt beruhende Transportschwierigkeiten oder auch die Insolvenz des Dritten bzw. die Verschlechterung seiner Vermögenslage und eine daraus resultierende Gefährdung der Kaufpreisforderung als nicht zu vertretende Umstände in Betracht kommen.[100] Regelmäßig nicht zu vertreten hat der Unternehmer überdies die zufällige Unmöglichkeit der Ausführung des Kundengeschäfts,[101] es sei denn, dieses Risiko ist ihm vertraglich zugewiesen.[102] Nicht zu vertreten hat der Unternehmer im Übrigen den von dem Dritten erklärten Widerruf des Kundengeschäfts aufgrund des Widerrufsrechts bei außerhalb von Geschäftsräumen abgeschlossenen Verträgen (§§ 312b, 312g Abs. 1 BGB).[103] Ebenfalls nicht zu vertreten hat der Unternehmer einen Rücktritt vom Vertrag, wenn er für das Eintreten der Voraussetzungen des Rücktrittsrechts keine Verantwortung trägt, zB weil der Dritte (Kunde) seinen vertraglichen Verpflichtungen nicht nachkommt.[104] Entsprechendes gilt, wenn deshalb die Ausführung des Geschäfts unterbleibt, jedenfalls dann, wenn es für den Unternehmer nicht zumutbar oder nicht Erfolg versprechend ist, seine vertraglichen Ansprüche gegen den Kunden durchzusetzen.[105] Nicht zu vertreten hat der Unternehmer es auch, wenn das Kundengeschäft aufgrund nicht in seinen Risikobereich fallender hoheitlicher Eingriffe, beispielsweise aufgrund (rechtswidriger) Versagung von Import- oder Exportgenehmigungen, nicht ausgeführt werden kann.[106] Anders kann im Falle der Vorhersehbarkeit des hoheitlichen Eingriffs zu entscheiden sein, soweit Ausweichmaßnahmen möglich und zumutbar sind.[107] Grundsätzlich ist festzuhalten, dass das wirtschaftliche **Risiko der Vertragsdurchführung** in der Regel dem Unternehmer zugewiesen ist.[108] Anders können die Dinge liegen, wenn von vornherein deutlich wird, dass die vermittelte Leistung nur bei Erreichen eines bestimmten Kostendeckungsgrads erbracht werden wird.[109] Insoweit unterscheidet sich die Fallgestaltung von Sachverhalten, in denen der Unternehmer erst nachträglich (treuwidrig) vom Geschäft abrückt (→ Rn. 11).

Zweifelhaft ist, ob von einem Nichtvertretenmüssen des Unternehmers erst dann ausgegangen **23** werden kann, wenn er oder der Handelsvertreter gegenüber dem Dritten zuvor erfolglos auf die Erfüllung des Vertrages hingewirkt haben. Eine derartige **Nachbearbeitung** gefährdeter Verträge hat sich jedenfalls im Bereich der **Versicherungswirtschaft** und der **Bausparkassen** etabliert (→ § 92 Rn. 7 f.). Diese Sichtweise kann freilich nicht ohne Weiteres auf **andere Wirtschaftsbereiche** übertragen werden. Es bedarf vielmehr der Feststellung im Einzelfall, ob der Unternehmer oder der Handelsvertreter eine Verpflichtung zur Nachbearbeitung übernommen hat.[110] Soweit eine Verpflichtung des Unternehmers zur Nachbearbeitung besteht, ist zu bedenken, dass diese wirtschaftlich sowohl ihm selbst als auch (mittelbar durch den Provisionsanspruch) dem Handelsvertreter zu Gute kommen kann.[111] Freilich können Nachbearbeitungsbemühungen dann nicht verlangt werden, wenn sie außer Verhältnis zu den zu erwartenden Zahlungsbeträgen stehen.[112]

---

[99] BGH 27.9.2023, ZVertriebsR 2024, 166 Rn. 21; 23.1.2014, NJW 2014, 930 Rn. 13; 10.10.2013, BeckRS 2013, 18983 Rn. 11; 5.3.2008, WM 2008, 923 Rn. 18 = BeckRS 2008, 5534; Hopt/Hopt Rn. 26; MüKoHGB/Ströbl Rn. 56.

[100] Vgl. Hopt/Hopt Rn. 28; Ebenroth/Boujong/Semmler Rn. 25.

[101] Vgl. OLG Hamburg 25.11.1914, LZ 1915, 455; LAG BW 24.6.1950, BB 1950, 674; Ebenroth/Boujong/Semmler Rn. 24; Heymann/Stöber Rn. 19; MüKoHGB/Ströbl Rn. 56.

[102] Vgl. OLG Frankfurt 19.2.1992, NJW-RR 1991, 674 (675) (Ausbleiben einer Reexportgenehmigung für Lieferung militärischer Ausrüstung in Spannungsgebiet).

[103] OLG Karlsruhe 11.5.1993, NJW-RR 1993, 1274 zu § 1 Haustürwiderrufsgesetz; Ebenroth/Boujong/Semmler Rn. 31; Heymann/Stöber Rn. 6, 19.

[104] BGH 8.7.2021, NJW 2022, 52 Rn. 32; Heymann/Stöber Rn. 7.

[105] BGH 21.10.1971, BeckRS 2010, 20617 unter 2c = NJW 1972, 45 Ls.

[106] BGH 27.9.2023, ZVertriebsR 2024, 166 Rn. 21; 8.7.2021, NJW 2022, 52 Rn. 32; 1.6.2017, NJW 2017, 3521 Rn. 54, 58 (rechtswidriges behördliches Einschreiten); 10.10.2013, BeckRS 2013, 18983 Rn. 11; LAG Düsseldorf 20.5.1960, BB 1960, 1074 (1075) (Interzonenhandel); Hopt/Hopt Rn. 28; Ebenroth/Boujong/Semmler Rn. 25; Heymann/Stöber Rn. 19; MüKoHGB/Ströbl Rn. 56; **aA** OLG Frankfurt 19.2.1992, NJW-RR 1991, 674 (676) = WM 1991, 867 (870).

[107] Vgl. OLG München 3.5.1995, BB 1995, 1559.

[108] BGH 5.3.2008, WM 2008, 923 Rn. 17 = BeckRS 2008, 5534 (Zahlungsschwierigkeiten).

[109] BGH 23.1.2014, NJW 2014, 930 Rn. 15 (Mindestteilnehmerzahl bei Reisevermittlung); Führich RRa 2013, 269 (272) (Mindestteilnehmerzahl bei Reisevermittlung).

[110] Vgl. Knorn BB 1975, 110 (111); weitergehend offenbar OLG Dresden 26.4.2022, ZVertriebsR 2022, 252 Rn. 14; Behrend NJW 2003, 1563 (1566); Ebenroth/Boujong/Semmler Rn. 29.

[111] BGH 12.3.2015, NJW 2015, 1754 Rn. 24.

[112] BGH 12.3.2015, NJW 2015, 1754 Rn. 24.

24 **c) Rechtsfolge.** Unter der Voraussetzung, dass der Unternehmer die Nichtausführung des Kundengeschäfts nicht zu vertreten hat, **entfällt** der **Provisionsanspruch** des Handelsvertreters (Abs. 3 S. 2). Bereits geleistete Provisionen kann der Unternehmer gem. § 812 Abs. 1 S. 1 Alt. 1 BGB zurückfordern.[113] Einen ausdrücklichen vertraglichen Rückgewähranspruch, wie ihn Abs. 2 Hs. 2 bei Nichtleistung des Dritten vorsieht, hat der Gesetzgeber im Anwendungsbereich von Abs. 3 S. 2 nicht vorgesehen. Eine entsprechende Anwendung von Abs. 2 Hs. 2 kommt daher mangels planwidriger Regelungslücke nicht in Betracht.[114]

IV. Fälligkeit des Provisionsanspruchs (Abs. 4)

25 **1. Grundsatz.** Aus § 87c Abs. 1 S. 1 Hs. 1 ergibt sich, dass der Unternehmer über die Provision, unabhängig vom Zeitpunkt der Entstehung einzelner Provisionsansprüche, im Grundsatz monatlich abzurechnen hat. Der **Abrechnungszeitraum** kann durch Vereinbarung der Parteien auf bis zu drei Monate ausgedehnt werden (§ 87c Abs. 1 S. 1 Hs. 2). Die Abrechnung hat spätestens bis zum Ende des dem Abrechnungszeitraum folgenden Monats zu erfolgen (§ 87c Abs. 1 S. 2). Abs. 4 nimmt im Hinblick auf die **Fälligkeit** des Provisionsanspruchs auf die Bestimmung des § 87c Abs. 1 Bezug. Der einzelne Provisionsanspruch wird danach am letzten Tag des Monats fällig, in dem nach § 87c Abs. 1 über die Provision abzurechnen ist. Dies bedeutet, dass alle in einen Abrechnungszeitraum fallenden Provisionsansprüche gemeinsam fällig werden. **Nicht anwendbar** ist Abs. 4 auf Verwaltungsvergütungen, selbst wenn diese am Warenumsatz orientiert sind.[115]

26 **2. Folgen.** Der Abschluss eines Kundengeschäfts innerhalb eines Abrechnungszeitraums führt nicht dazu, dass der Unternehmer mit Ablauf des Zeitraums automatisch mit der Provisionszahlung in **Verzug** gerät (§ 286 Abs. 2 Nr. 1 BGB), da es für die Entstehung des Provisionsanspruchs auf die Ausführung des Kundengeschäfts ankommt. Diese kann aber außerhalb des Abrechnungszeitraums liegen und ist insoweit nicht von vornherein kalendermäßig bestimmt. Ein Verzug mit der Provisionszahlung kann daher nur durch Mahnung (§ 286 Abs. 1 S. 1 BGB) eintreten.[116]

V. Beweislast

27 Der **Handelsvertreter** trägt nach Abs. 3 S. 1 die Darlegungs- und Beweislast dafür, dass der Unternehmer das Kundengeschäft ganz oder teilweise nicht oder nicht so ausgeführt hat, wie es abgeschlossen worden ist.[117] Dagegen hat der **Unternehmer** darzulegen und zu beweisen, dass er die Nichtausführung des Geschäfts nicht vertreten muss.[118] Insoweit hat der Unternehmer für jedes einzelne Geschäft die konkreten Gründe darzulegen und ggf. zu beweisen, bei Versicherungsverträgen insbesondere das Ob und Wie der Nachbearbeitung bzw. deren Entbehrlichkeit.[119] Für den Provisionsanspruch des Untervertreters gelten die gleichen Beweislastregeln wie für den Hauptvertreter.[120]

VI. Abweichende Vereinbarungen (Abs. 5)

28 Die Vorschrift des § 87a ist **in gewissem Umfang disponibel.** Ausdrücklich **zulässig** ist nach Abs. 1 S. 2 eine (auch zu Lasten des Handelsvertreters) von Abs. 1 S. 1 abweichende Regelung der Entstehung des Provisionsanspruchs.[121] In der Praxis verbreitet ist die Bestimmung, dass die Provision nicht schon mit Ausführung des Kundengeschäfts durch den Unternehmer, sondern erst bei Ausführung durch den Dritten (Kunden) verdient ist.[122] Dann steht dem Handelsvertreter gem. Abs. 1 S. 2 freilich ein Anspruch auf Vorschuss zu (→ Rn. 15). Im Übrigen sind jedoch Vereinbarungen, die zu Ungunsten des Handelsvertreters von **Abs. 1 S. 3,** abweichen, **unwirksam** (§ 134 BGB); an ihre

---

113 Vgl. OLG Köln 10.12.1973, VersR 1974, 287.

114 **AA** BGH 1.6.2017, NJW 2017, 3521 Rn. 46; 5.3.2008, WM 2008, 923 Rn. 15 = BeckRS 2008, 5534; Ebenroth/Boujong/Semmler Rn. 35a.

115 OLG Schleswig 11.1.1977, VersR 1977, 1002; vgl. auch Ebenroth/Boujong/Semmler Rn. 51.

116 BGH 9.4.1962, BB 1962, 543; OLG Oldenburg 27.11.1959, NJW 1959, 888; Heymann/Stöber Rn. 20; MüKoHGB/Ströbl Rn. 66.

117 BGH 2.3.1989, NJW-RR 1989, 865 = BB 1989, 1077; Hopt/Hopt Rn. 30; Ebenroth/Boujong/Semmler Rn. 75; Heymann/Stöber Rn. 5; MüKoHGB/Ströbl Rn. 64.

118 BGH 21.3.2001, ZIP 2001, 876 (879); 2.3.1989, NJW-RR 1989, 865 = BB 1989, 1077; OLG Düsseldorf 2.12.1994, OLGR 1995, 19 (20); OLG Frankfurt 4.2.2003, OLGR 2003, 328 (331); Hopt/Hopt Rn. 30; Ebenroth/Boujong/Semmler Rn. 75; Heymann/Stöber Rn. 19; MüKoHGB/Ströbl Rn. 64.

119 OLG Karlsruhe 13.9.2017, ZVertriebsR 2017, 377 (379 f.).

120 OLG Düsseldorf 12.2.1993, NJW-RR 1993, 1188 (1189); Ebenroth/Boujong/Semmler Rn. 77.

121 Dazu BGH 9.7.2003, WM 2003, 2112 (2114); OLG Naumburg 20.11.2024, ZVertriebsR 2025, 29 Rn. 46.

122 Vgl. MüKoHGB/Ströbl Rn. 26.

Stelle tritt im Zweifel die gesetzliche Regelung. Die Vorschrift des Abs. 1 S. 3 setzt Vorgaben aus Art. 10 Abs. 2 und 4 RL 86/653/EWG in das deutsche Recht um. Daher sind Vereinbarungen unwirksam, die einen Provisionsanspruch des Handelsvertreters trotz (Teil-) Ausführung des Kundengeschäfts (→ Rn. 5, → Rn. 7) ausschließen.[123] An deren Stelle tritt die gesetzliche Regelung des § 87b Abs. 1,[124] wobei freilich die Wertung von § 87a Abs. 1 S. 3 nicht außer Acht gelassen werden kann.[125] Entsprechendes gilt, wenn die vertragliche Vereinbarung mit dem Handelsvertreter vorsieht, dass eine gutgeschriebene Provision rückbelastet wird, wenn der Kunde nicht über einen vereinbarten (Mindest-) Zeitraum Zahlungen leistet (sog. Sprunghaftung).[126] Unwirksam gem. Abs. 5 mit der Folge, dass im Zweifel die gesetzliche Regelung eingreift, sind auch von **Abs. 2 Hs. 1** (dazu auch → Rn. 17) und von **Abs. 3**[127] und **Abs. 4**[128] abweichende Vereinbarungen. Gleichwohl kann individuell bestimmt werden, unter welchen Voraussetzungen eine Tatsache als feststehend iSv Abs. 3 S. 1 gelten soll.[129] In Abweichung von Abs. 4 kann auch der Fälligkeitszeitpunkt für die Provision zugunsten des Handelsvertreters modifiziert werden.[130] Ebenfalls ohne Weiteres **zulässig** sind andere Vereinbarungen, mit denen die **Rechtsstellung des Handelsvertreters verbessert** wird. Das gilt für Abreden, die in Abweichung von Abs. 1 S. 1 den Provisionsanspruch des Handelsvertreters von geringeren Voraussetzungen abhängig machen,[131] beispielsweise indem der Provisionsanspruch schon bei Abschluss des Kundengeschäfts zur Entstehung gelangen soll. Vorteilhaft ist auch eine Regelung, die dem Handelsvertreter bei nur teilweiser Ausführung des Geschäfts den vollen Provisionsanspruch zuspricht oder in Abweichung von Abs. 2 Hs. 1 eine Provisionspflicht selbst für den Fall vorsieht, dass der Dritte nicht leistet.

Unzulässig ist dagegen eine Abrede, die das Feststehen der Nichtleistung des Dritten in Abweichung von **Abs. 2 Hs. 1** in das Ermessen des Unternehmers stellt.[132] Der Grundsatz des **Abs. 3,** also die Provisionspflicht des Unternehmers bei zu vertretender (teilweiser) Nichtausführung oder bei abweichender Ausführung, darf nicht dadurch beeinträchtigt werden, dass dem Handelsvertreter bei Vertragsänderungen mit dem Dritten nach Ende des Handelsvertretervertrages nur ein hälftiger Provisionsanspruch eingeräumt wird[133] oder der Handelsvertreter zur Übernahme von Gerichtskosten verpflichtet wird, die im Zusammenhang mit der Durchsetzung von Ansprüchen gegen säumige Kunden entstehen.[134] Mit Abs. 3 unvereinbar ist darüber hinaus eine Bestimmung, nach der eine bereits empfangene Provision bei Kündigung oder Zahlungseinstellung seitens des Dritten zurückzuzahlen ist.[135] Von **Abs. 4** darf beispielsweise nicht in der Weise abgewichen werden, dass Teile der Provision erst später in Form einer als Einmalzahlung zu erbringenden „Pensionszusage" fällig werden.[136] Insgesamt darf der Fälligkeitszeitpunkt nicht zum Nachteil des Handelsvertreters hinausgeschoben werden.[137] 29

Möglich bleibt ein nachträglicher **Verzicht des Handelsvertreters** auf bereits entstandene Rechte.[138] Dieser kann stillschweigend und formlos erfolgen. Abweichende Abreden, die durch AGB getroffen werden, unterliegen der Inhaltskontrolle nach §§ 305 ff. BGB.[139] Unbedenklich sind auch rein **klarstellende Klauseln,** die das wirtschaftliche Risiko des Unternehmers nicht einseitig auf den Handelsvertreter verlagern.[140] 30

[123] Vgl. BGH 12.3.2015, NJW 2015, 1754 Rn. 16 f.
[124] BGH 12.3.2015, NJW 2015, 1754 Rn. 18, 21.
[125] Dänekamp/Kölln NJW 2015, 3126 (3131); undeutlich BGH 12.3.2015, NJW 2015, 1754 Rn. 21.
[126] BGH 12.3.2015, NJW 2015, 1754 Rn. 16 f.
[127] Dazu BGH 23.1.2014, NJW 2014, 930 Rn. 8; OLG Karlsruhe 9.5.1979, BB 1980, 226; OLG Köln 8.9.2023, ZVertriebsR 2024, 223 Rn. 133.
[128] Dazu LAG Hamm 20.9.1984, BB 1985, 464.
[129] OLG Frankfurt 29.10.1976, BB 1977, 1170 (1171); LAG BW 20.6.1955, DB 1955, 682; Heymann/Stöber Rn. 10, 15 (26).
[130] Heymann/Stöber Rn. 26.
[131] Vgl. auch Heymann/Stöber Rn. 26; MüKoHGB/Ströbl Rn. 24.
[132] Hopt/Hopt Rn. 32; vgl. auch OLG Karlsruhe 26.3.1974, BB 1974, 904; MüKoHGB/Ströbl Rn. 41.
[133] Vgl. OLG Karlsruhe 9.5.1979, BB 1980, 226.
[134] Vgl. OLG Karlsruhe 26.3.1974, BB 1974, 904.
[135] OLG Frankfurt 4.2.2003, OLGR 2003, 328 (331).
[136] *LAG Hamm 20.9.1984, BB 1985*, 464; Ebenroth/Boujong/Semmler Rn. 71.
[137] OLG Düsseldorf 5.2.1993, OLGR 1993, 131; 15.1.1990, BB 1990, 1085 (1086); Ebenroth/Boujong/Semmler Rn. 59, 66.
[138] BGH 9.7.2003, NJW-RR 2003, 1615 (1616) = WM 2003, 2112 (Erlassvertrag); 1.12.1960, BB 1961, 146 (147) (Erlassvertrag); Hopt/Hopt Rn. 33; Ebenroth/Boujong/Semmler Rn. 68; Heymann/Stöber Rn. 27; MüKoHGB/Ströbl Rn. 63.
[139] Vgl. nur OLG Düsseldorf 15.1.1990, BB 1990, 1086 (Stornoeinbehalt); OLG Oldenburg 21.12.1995, HVR Nr. 995.
[140] Ebenroth/Boujong/Semmler Rn. 57; MüKoHGB/Ströbl Rn. 62.

VII. Andere Absatzmittler

31 Entsprechend anwendbar ist § 87a auf den **Kommissionsagenten,**[141] da dieser wie der Handelsvertreter im fremden wirtschaftlichen Interesse handelt. Dem gemäß muss eine entsprechende Anwendung auf Vertragshändler und Subordinations-Franchisenehmer ausscheiden.[142]

§ 87b [Höhe der Provision]

(1) Ist die Höhe der Provision nicht bestimmt, so ist der übliche Satz als vereinbart anzusehen.

(2) [1]Die Provision ist von dem Entgelt zu berechnen, das der Dritte oder der Unternehmer zu leisten hat. [2]Nachlässe bei Barzahlung sind nicht abzuziehen; dasselbe gilt für Nebenkosten, namentlich für Fracht, Verpackung, Zoll, Steuern, es sei denn, daß die Nebenkosten dem Dritten besonders in Rechnung gestellt sind. [3]Die Umsatzsteuer, die lediglich auf Grund der steuerrechtlichen Vorschriften in der Rechnung gesondert ausgewiesen ist, gilt nicht als besonders in Rechnung gestellt.

(3) [1]Bei Gebrauchsüberlassungs- und Nutzungsverträgen von bestimmter Dauer ist die Provision vom Entgelt für die Vertragsdauer zu berechnen. [2]Bei unbestimmter Dauer ist die Provision vom Entgelt bis zu dem Zeitpunkt zu berechnen, zu dem erstmals von dem Dritten gekündigt werden kann; der Handelsvertreter hat Anspruch auf weitere entsprechend berechnete Provisionen, wenn der Vertrag fortbesteht.

Schrifttum: Habscheid, Das Ausgleichsrecht des Handelsvertreters, FS Schmidt-Rimpler, 1957, 335; Heckmann, Die Exportabgabe nach dem Absicherungsgesetz und der Provisionsanspruch des ausländischen Handelsvertreters, DB 1969, 990; Klinger, Zur Bemessung und Gestaltung der Vertreterprovision, DB 1957, 975; Kottke, Die Mehrwertsteuer des Handelsvertreters, BB 1968, 1076.

Übersicht

I. Allgemeines

1 **1. Normzweck.** Die Vorschrift des § 87b baut auf §§ 87, 87a auf, die sich mit der Provisionsanwartschaft und den Voraussetzungen des Provisionsanspruchs beschäftigen. Ergänzend dazu dient § 87b dem Zweck, die Grundsätze über die **Höhe und** die **Berechnung der Provision** klarzustellen. Die Vorschrift enthält freilich keine abschließende Regelung. Sie ist vielmehr in vollem Umfang dispositiv, sodass die Parteien einen davon abweichenden Interessenausgleich treffen können.[1]

2 **2. Normgenese.** Eine Bestimmung zur Provisionshöhe war bereits in der ursprünglichen Fassung des HGB enthalten (§ 88 Abs. 3 aF). Sie beschränkte sich auf die de lege lata in Abs. 1 enthaltene

[141] LG Wuppertal NJW 1966, 1129; Hopt/Hopt § 84 Rn. 19; Staub/Koller § 383 Rn. 68; vgl. auch Canaris HandelsR § 16 Rn. 8 zu § 87a Abs. 3 S. 2; diff. Ebenroth/Boujong/Semmler Rn. 73; aA MüKoHGB/Ströbl Rn. 5.

[142] MSF VertriebsR-HdB/Rösch § 23 Rn. 29 zum Vertragshändler; MSF VertriebsR-HdB/Flohr § 28 Rn. 331 zum Franchisenehmer; Ebenroth/Boujong/Semmler Rn. 73; NK-HGB/Prasse Anh. FranchiseR Rn. 66 zum Franchising; MüKoHGB/Ströbl Rn. 6.

[1] OLG Hamm 8.2.2021, ZVertriebsR 2021, 193 Rn. 44; Hopt/Hopt Rn. 18.

Aussage, dass im Falle fehlender vertraglicher Vereinbarung die übliche Provision zu entrichten ist. Die weiteren Bestimmungen des § 87b sind im Wesentlichen durch die HGB-Novelle 1953 in das Gesetz inkorporiert worden.[2] Später eingefügt wurde die Regelung über die Zugehörigkeit der Umsatzsteuer zum Entgelt (Abs. 2 S. 3) durch das UStG 1967.[3]

3. Anwendungsbereich. Die Vorschrift des § 87b ist nicht nur für die Bestimmung der Provisionshöhe bei Abschluss- und Vermittlungsprovisionen heranzuziehen. Sie gilt vielmehr für **alle Arten von Provisionen,**[4] also auch für Delkredereprovisionen (§ 86b), Inkassoprovisionen (§ 87 Abs. 4) oder Leitungsprovisionen.[5] Anzuwenden ist § 87b auch auf Versicherungsvertreter.[6] 3

II. Höhe der Provision (Abs. 1)

1. Grundsatz. Die Höhe der Provision richtet sich **primär** nach der privatautonomen **Vereinbarung der Parteien.** Nur wenn und soweit die Parteien keine entsprechende Abrede getroffen haben oder wenn diese unwirksam ist (→ § 87a Rn. 28 f.), greift die gesetzliche Regelung ein, wonach der übliche Satz als vereinbart anzusehen ist (Abs. 1). Dieses Regelungsmodell ist in ähnlicher Form im Schuldrecht des BGB anzutreffen (vgl. § 612 Abs. 2 BGB, § 632 Abs. 2 BGB, § 653 Abs. 2 BGB). Keine Anwendung findet § 87b, soweit der Gesetzgeber die Provisionshöhe durch gesonderte gesetzliche Regelung explizit festlegt. Dies war früher im Bereich der Kfz-Haftpflichtversicherung der Fall.[7] 4

2. Provisionsvereinbarung. Eine Provisionsvereinbarung können die Beteiligten nach den allgemeinen Regeln der Rechtsgeschäftslehre treffen. Sie ist daher auch konkludent möglich,[8] beispielsweise durch Zahlung eines bestimmten Provisionssatzes über eine längeren Zeitraum für gleichartige Geschäfte. Eine bestimmte Form muss nicht eingehalten werden. Gleichwohl empfiehlt sich schon aus Beweisgründen eine schriftliche Vereinbarung. Regelmäßig wird die Provisionsabrede im Handelsvertretervertrag enthalten sein. Sie kann aber auch nachträglich (und mit Rückwirkung) geschlossen werden, wobei dann festzulegen ist, auf welche Geschäfte sich die Provisionsvereinbarung beziehen soll.[9] Soweit die Einbeziehung bestimmter Geschäfte nicht festgestellt werden kann, ist der vereinbarte Satz als vereinbart anzusehen (Abs. 1). Die Vertragsparteien können das Bestimmungsrecht auch einseitig einem Vertragsteil oder einem Dritten zuweisen, der die Bestimmung dann im Zweifel nach billigem Ermessen zu treffen hat (§ 315 Abs. 1 BGB, § 317 Abs. 1 BGB). Auch der **Inhalt** der Provisionsvereinbarung kann frei ausgehandelt werden.[10] Denkbar ist beispielsweise, dass für alle Geschäfte ein fester Provisionssatz vereinbart wird oder dieser nach der Verdienstspanne des Unternehmers gestaffelt wird.[11] Die Provisionshöhe kann aber auch nach Geschäftsart, Umfang des Geschäfts oder Geschäftspartner variieren.[12] Grenzen für die Vertragsgestaltung ergeben sich insbesondere aus § 138 BGB. Eine unwirksame „Hungerprovision" kann bei einem besonders groben Missverhältnis zwischen der vom Handelsvertreter geschuldeten Leistung und der vereinbarten Vergütung vorliegen.[13] 5

3. Übliches Entgelt. Haben die Parteien keine Vereinbarung zur Höhe des Provisionssatzes getroffen, ist die übliche Provision als vereinbart anzusehen. Mit dieser „Ersatzanordnung", die stillschweigend voraussetzt, dass die Beteiligten jedenfalls über das Ob der Vergütung einig sind, wird sichergestellt, dass der Handelsvertretervertrag im Hinblick auf einen wesentlichen Vertragsbestandteil vervollständigt wird. Die Bestimmung unterstellt („ist … anzusehen"), dass die Vertragsparteien ihrer Vereinbarung die übliche Vergütung zugrunde gelegt haben. Als **üblich** ist danach diejenige Vergütung anzusehen, die **für Leistungen gleicher Art und Güte sowie gleichen Umfangs am Leis-** 6

[2] Art. 1 Gesetz zur Änderung des Handelsgesetzbuchs (Recht der Handelsvertreter) vom 6.8.1953, BGBl. 1953 I 771; dazu Begr. RegE, BT-Drs. 1/3856, 9, 20 f.
[3] § 31 Abs. 2 UStG vom 29.5.1967, BGBl. 1967 I 545.
[4] Ebenroth/Boujong/Semmler Rn. 1, 13.
[5] MüKoHGB/Ströbl Rn. 3.
[6] Ebenroth/Boujong/Semmler Rn. 1.
[7] Vgl. §§ 31 ff. VO über die Tarife in der Kfz-Haftpflichtversicherung vom 5.12.1984, BGBl. 1984 I 1437 (aufgehoben durch VO vom 10.6.1994, BGBl. 1994 I 1223).
[8] Ebenroth/Boujong/Semmler Rn. 4.
[9] Vgl. auch Ebenroth/Boujong/Semmler Rn. 4.
[10] Heymann/Stöber Rn. 6.
[11] Vgl. OLG Karlsruhe 14.10.1975, HVR Nr. 494.
[12] Klinger DB 1957, 925; Ebenroth/Boujong/Semmler Rn. 7; Heymann/Stöber Rn. 6.
[13] Vgl. BGH 20.3.1981, DB 1981, 2274 = BeckRS 1981, 31064731; BAG 10.3.1960, MDR 1960, 612; OLG Düsseldorf 30.1.1998, ZIP 1998, 624; LAG Bln 17.10.1963, DB 1964, 189; Evers BB 1992, 1362 (1365); Ebenroth/Boujong/Semmler Rn. 11.

tungsort[14] nach allgemein anerkannter Auffassung gezahlt werden muss. Dies setzt gleiche Verhältnisse in zahlreichen Einzelfällen voraus, wobei es nicht von entscheidender Bedeutung ist, welche Vergütung der Unternehmer seinen anderen Handelsvertretern für vergleichbare Tätigkeiten zahlt.[15] Für die Feststellung der Üblichkeit der Vergütung, die unter Umständen auch von Handelsbräuchen beeinflusst wird,[16] ist ggf. ein Sachverständiger heranzuziehen.[17] Lässt sich unter diesen Voraussetzungen eine übliche Vergütung nicht feststellen und scheidet auch eine ergänzende Vertragsauslegung aus,[18] ist der Handelsvertreter subsidiär nach §§ 315, 316 BGB befugt, die Provisionshöhe nach billigem Ermessen zu bestimmen.[19]

III. Berechnung der Provision (Abs. 2, 3)

7 **1. Grundsatz.** Ausgangspunkt für die Berechnung der Provision ist das Entgelt, das der Dritte oder der Unternehmer nach dem Inhalt des Kundengeschäfts zu leisten hat (Abs. 2 S. 1). Das Kundengeschäft muss also, unabhängig davon, ob es tatsächlich ausgeführt wird, jedenfalls wirksam zustandegekommen sein (→ § 87 Rn. 11). Darüber hinaus enthält Abs. 2 weitere Berechnungsmodalitäten für Barzahlungs-Nachlässe (Abs. 2 S. 2 Hs. 1), Nebenkosten (Abs. 2 S. 2 Hs. 2) und die Behandlung der Umsatzsteuer (Abs. 2 S. 3). Die Bestimmungen des Abs. 2 sind auf Warengeschäfte und andere Verträge mit einmaligem Leistungsaustausch zugeschnitten. Die dort getroffenen Bestimmungen führen für sich genommen bei Dauerschuldverhältnissen zu keinem befriedigenden Ergebnis.[20] Daher enthält Abs. 3 eine Sonderregelung für Gebrauchsüberlassungs- und Nutzungsverträge.

8 **2. Entgeltmaßstab.** Wie sich aus Abs. 2 S. 1 ergibt, ist die Provision entsprechend der vertraglichen Vereinbarung entweder von dem Entgelt zu berechnen, das der Dritte dem Unternehmer als Gegenleistung für die von dem Handelsvertreter vermittelte Leistung des Unternehmers zu zahlen hat, oder von dem Entgelt, das der Unternehmer als Gegenleistung für die von dem Handelsvertreter vermittelte Leistung des Dritten zu zahlen verpflichtet ist. Das jeweilige **Entgelt** dient nur als **Bezugsgröße** für die Berechnung der Provision, die damit in einem Vomhundertsatz oder Bruchteil des Entgelts besteht. Das Gesetz geht davon aus, dass die Provision in Geld zu bemessen und auszuzahlen ist. Wird das Entgelt in ausländischer Währung berechnet, ist der Wert entscheidend, der sich bei einer Umrechnung in Euro ergibt, und zwar zum Zeitpunkt des Eingangs beim Gläubiger.[21] Ist beim Kundengeschäft keine Geldleistung als Gegenleistung vereinbart, beispielsweise bei Abschluss eines Tauschgeschäfts, kommt es auf den in Geld auszudrückenden Wert derjenigen Leistung an, die nach dem Willen der Parteien für die Provisionsberechnung maßgebend sein soll.[22] Ist Gegenstand der Absatzmittlung eine aus mehreren Teilen zusammengesetzte Sache, bemisst sich die Provision nach dem Kaufpreis für die ganze Sache, und zwar selbst dann, wenn der Unternehmer einen Teil dieser Sache anderweitig verkauft.[23]

9 Da Bezugspunkt für die Provisionsberechnung die dem Kundengeschäft zugrunde liegende Vereinbarung ist, kommt es auf den **Wert der** dort **vereinbarten Leistungen** an. Das gilt auch bei Leistungen an Erfüllungs Statt.[24] Die Provision des Handelsvertreters vermindert sich im Übrigen nicht dadurch, dass der Unternehmer oder der Dritte beim Weiterverkauf einer von der Gegenseite erbrachten Sachleistung einen geringeren Erlös als den vertraglich zugrunde gelegten Wert der Leistung erzielt. Das gilt nicht nur für Leistungen an Erfüllungs Statt, sondern auch für den Fall, dass als Gegenleistung von vornherein eine andere als eine Geldleistung vereinbart wurde, deren

---

[14] Vgl. dazu AG Hamburg 1.10.1981, BB 1981, 2033 (Werbeanzeigenvermittlung).

[15] Küstner/Thume VertriebsR-HdB I/Thume V Rn. 311; Ebenroth/Boujong/Semmler Rn. 18; MüKoHGB/Ströbl Rn. 12.

[16] Vgl. Ebenroth/Boujong/Semmler Rn. 18.

[17] Vgl. Küstner/Thume VertriebsR-HdB I/Thume V Rn. 313; Hopt/Hopt Rn. 3; MüKoHGB/Ströbl Rn. 13.

[18] Vgl. BGH 13.3.1985, BGHZ 94, 98 (103) = NJW 1985, 1895 zu § 653 Abs. 2 BGB; 3.11.1999, NJW-RR 2000, 1560 (1562) zu § 632 Abs. 2 BGB.

[19] BGH 19.1.2005, WM 2005, 1041 = NJW-RR 2005, 762; Hopt/Hopt Rn. 3; Ebenroth/Boujong/Semmler Rn. 19; Heymann/Stöber Rn. 8; krit. MüKoHGB/Ströbl Rn. 14.

[20] Vgl. auch Begr. RegE zum Gesetz zur Änderung des HGB (Recht der Handelsvertreter), BT-Drs. 1/3856, 9, 28.

[21] Vgl. Hopt/Hopt Rn. 4; Ebenroth/Boujong/Semmler Rn. 21; Heymann/Stöber Rn. 10; MüKoHGB/Ströbl Rn. 19.

[22] Vgl. auch Hopt/Hopt Rn. 4; Heymann/Stöber Rn. 9; für Maßgeblichkeit der Leistung des Kunden Ebenroth/Boujong/Semmler Rn. 23; MüKoHGB/Ströbl Rn. 18; Staub/Emde Rn. 23.

[23] OLG Braunschweig 23.2.1956, BB 1956, 226 = JR 1957, 103; MüKoHGB/Ströbl Rn. 20.

[24] Hopt/Hopt Rn. 6; Ebenroth/Boujong/Semmler Rn. 22; MüKoHGB/Ströbl Rn. 19; undeutlich Heymann/Stöber Rn. 10.

Veräußerung dann weniger erbringt als nach dem Kundengeschäft erwartet.[25] Entsprechend bleibt dem Handelsvertreter der Provisionsanspruch auch dann erhalten, wenn die für die Provisionsberechnung maßgebliche Forderung unter ihrem Nennwert verkauft wird.[26] Unterliegt das Kundengeschäft zwingenden preisrechtlichen Vorschriften, wie dies früher häufig der Fall war,[27] ist bei Vereinbarung eines preisrechtlich unzulässigen Entgelts auf das Entgelt abzustellen, das den gesetzlichen Vorschriften (noch) entspricht.[28] Das gilt unabhängig davon, welches Entgelt tatsächlich gezahlt wird.[29] Nachträgliche Erhöhungen des im Kundengeschäft vereinbarten Preises sind für die Provisionsberechnung ebenfalls ohne Bedeutung, es sei denn, diese waren im Kundengeschäft von vornherein angelegt, etwa bei Vereinbarung einer Preisgleitklausel.[30]

3. Provisionsbestandteile (Abs. 2 S. 2, 3). a) Grundsatz. Die Bestimmung des Abs. 2 S. 2 10
stellt klar, dass bei der Provisionsberechnung weder Barzahlungsnachlässe noch – im vereinbarten Entgelt enthaltene – Nebenkosten, abzuziehen sind. Darüber hinaus ergibt sich aus Abs. 2 S. 3, dass die Umsatzsteuer in die Provisionsberechnung einfließt.

b) Nachlässe (Abs. 2 S. 2 Hs. 1). Wird auf das der Provisionsberechnung zugrunde liegende 11
Entgelt ein Barzahlungsnachlass gewährt, so ist dies auf die Bemessung der Provision ohne Einfluss. **Maßgebend** für die Provisionsberechnung ist das im Rahmen des Kundengeschäfts vertraglich vereinbarte **Brutto-Entgelt.** Barzahlungsnachlässe, die der Unternehmer nachträglich mit dem Kunden vereinbart, sollen nach dem Sinn und Zweck der Vorschrift nicht zu Lasten des Handelsvertreters gehen.[31] Dieser soll nicht dafür bestraft werden, dass er dem Unternehmer einen besonders solventen und zahlungswilligen Kunden vermittelt hat.[32] Preisnachlässe, die der Unternehmer von vornherein mit dem Kunden vereinbart hat, mindern dagegen die Provision.[33] Das gilt beispielsweise für Mengenrabatte, Treuerabatte, Aktionsrabatte oder die Gewährung eines Jahresbonus.[34]

c) Nebenkosten (Abs. 2 S. 2 Hs. 2). Die Anrechenbarkeit von Nebenkosten bei der Provisions- 12
berechnung **hängt davon ab, ob** sie einen **Teil des (ursprünglich vereinbarten) Preises** darstellen. Ist dies der Fall, sind Nebenkosten wie Verpackungskosten, Frachtkosten,[35] (variable) Luftlandegebühren,[36] Zollabgaben, Exportabgaben,[37] oder Steuern bei der Provisionsberechnung zu berücksichtigen.[38] Dagegen sind Nebenkosten, die dem Dritten (Kunden) nach dem Inhalt des Kundengeschäfts gesondert in Rechnung gestellt werden dürfen, nicht anrechnungsfähig (Abs. 2 S. 2 Hs. 2).[39] Insoweit nämlich ist davon auszugehen, dass es sich um besondere Aufwendungen des Unternehmers für den Kunden handelt.[40] Die Vorschrift des Abs. 2 S. 2 Hs. 2 ist, soweit es für die Provisionsberechnung auf die Entgeltforderung des Dritten ankommt, entsprechend auf den Fall anzuwenden, dass der Dritte in seiner Rechnung die Nebenkosten gesondert ausweist.[41] Ebenfalls nicht provisionsfähig sind nachträgliche Preiserhöhungen durch Belastung mit zusätzlichen Nebenkosten,[42] da diese der Absatzmittlertätigkeit nachfolgen. Die nachträgliche Aufteilung eines ursprünglich einheitlich vereinbarten Entgelts kann den Provisionsanspruch nicht mehr schmälern.[43]

d) Umsatzsteuer (Abs. 2 S. 3). Zu den bereits durch Abs. 2 S. 2 Hs. 2 angesprochenen Neben- 13
kosten gehört auch die Umsatzsteuer. Abweichend von den Grundsätzen für die Anrechenbarkeit der sonstigen Nebenkosten (→ Rn. 12) bestimmt Abs. 2 S. 3, dass die Umsatzsteuer, die aufgrund

[25] Vgl. RG 4.5.1928, RGZ 121, 116 (125) (Weiterverkauf von Wertpapieren durch den Unternehmer).
[26] Vgl. OLG Celle 29.2.1972, NJW 1972, 879.
[27] Vgl. OLG Düsseldorf 19.6.1956, MDR 1957, 168.
[28] Hopt/Hopt Rn. 5; Heymann/Stöber Rn. 10; MüKoHGB/Ströbl Rn. 22.
[29] Vgl. OLG Düsseldorf 19.6.1956, MDR 1957, 168 (168 f.); MüKoHGB/Ströbl Rn. 22.
[30] Ebenroth/Boujong/Semmler Rn. 21; Staub/Emde Rn. 23.
[31] OLG Braunschweig 23.2.1956, BB 1956, 226 = JR 1957, 103; OLG München 13.10.1993, NJW-RR 1994, 103; MüKoHGB/Ströbl Rn. 26.
[32] Vgl. Begr. RegE zum Gesetz zur Änderung des HGB (Recht der Handelsvertreter), BT-Drs. 1/3856, 9, 28.
[33] Hopt/Hopt Rn. 8; Heymann/Stöber Rn. 11; MüKoHGB/Ströbl Rn. 25.
[34] Hopt/Hopt Rn. 8; vgl. auch OLG München 13.10.1993, DB 1993, 2379.
[35] Vgl. LG Stade 22.10.1990, HVR Nr. 719.
[36] Vgl. BGH 12.5.2004, NJW-RR 2004, 1206 (1207).
[37] Vgl. Heckmann DB 1969, 990.
[38] Vgl. Hopt/Hopt Rn. 10; Heymann/Stöber Rn. 12.
[39] Vgl. auch MüKoHGB/Ströbl Rn. 29.
[40] Vgl. Begr. RegE zum Gesetz zur Änderung des HGB (Recht der Handelsvertreter), BT-Drs. 1/3856, 9, 28.
[41] BGH 3.3.1960, HVR Nr. 250; Hopt/Hopt Rn. 10, Heymann/Stöber Rn. 12; MüKoHGB/Ströbl Rn. 30.
[42] BGH 3.3.1960, HVR Nr. 250; Hopt/Hopt Rn. 11; Heymann/Stöber Rn. 12; MüKoHGB/Ströbl Rn. 30.
[43] Hopt/Hopt Rn. 11; Heymann/Stöber Rn. 12; MüKoHGB/Ströbl Rn. 29.

steuerrechtlicher Vorschriften (vgl. § 14 UStG) in der Rechnung gesondert auszuweisen ist, nicht als besonders in Rechnung gestellt gilt. Die Umsatzsteuer ist daher bei der Provisionsberechnung zu berücksichtigen,[44] um zu verhindern, dass der Handelsvertreter durch die im Mehrwertsteuersystem begründete Trennung von Entgelt und Steuer benachteiligt wird.[45] Bei **Änderungen** des Umsatzsteuersatzes ist für die Provisionsermittlung derjenige Steuersatz maßgeblich, der im Zeitpunkt der Ausführung des Kundengeschäfts gilt.[46]

14 **4. Dauerverträge (Abs. 3). a) Grundsatz.** Für die Provisionsberechnung bei Dauerverträgen, also solchen Verträgen, bei denen der Leistungsaustausch auf einen längeren, unter Umständen sogar unbestimmten Zeitraum angelegt ist und das Entgelt von vornherein nach Zeitabschnitten fest bestimmt ist, trifft Abs. 3 eine **Sonderregelung für die Berechnungsgrundlage der Provision;** ergänzend sind allerdings auch für Dauerverträge die auf Verträge mit einmaligem Leistungsaustausch zugeschnittenen Regeln der Abs. 1 und 2 heranzuziehen, soweit dies der Sache nach in Betracht kommt.[47] Ausdrücklich erwähnt werden in Abs. 3 nur **Gebrauchsüberlassungs- und Nutzungsverträge.** Erfasst werden also beispielsweise Miet- und Pachtverträge, wobei der Vertragsgegenstand (bewegliche oder unbewegliche Sachen/Rechte) wie im Übrigen auch der Grund der Überlassung (zB Dienstbarkeit, Nießbrauch, Erbbaurecht) unerheblich sind.[48] Allerdings ist im Hinblick auf den Modus der Provisionsberechnung danach zu unterscheiden, ob es sich um Verträge von bestimmter Dauer (Abs. 3 S. 1) oder von unbestimmter Dauer (Abs. 3 S. 2) handelt. **Entsprechend anwendbar** ist Abs. 3 auf **andere Dauerschuldverhältnisse** mit einem im Voraus festgelegten Entgelt wie Dienst- und Versicherungsverträge.[49] **Nicht anwendbar** ist Abs. 3 auf **Verträge mit variablem, ergebnisbezogenem Entgelt,** beispielsweise auf Lieferabonnements für Bücher und Zeitschriften oder Verlagsverträge mit Autorenbeteiligung.[50] In diesen Fällen bemisst sich die Provision nach jedem vergütungspflichtigen Vorgang (Bücherkauf, Zeitschriftenlieferung) oder jeder Zahlung des anderen Teils.[51] Eine (entsprechende) Anwendung kommt ebenfalls nicht in Betracht bei **vorzeitiger Beendigung** des Dauervertrags; insoweit ist vielmehr § 87a Abs. 3 analog heranzuziehen (→ § 87a Rn. 12).

15 **b) Verträge von bestimmter Dauer (Abs. 3 S. 1). aa) Begriff.** Ein Vertrag von bestimmter Dauer liegt vor, wenn die Vertragsdauer entweder **im Vertrag** genau **bestimmt** ist **oder aufgrund des Vertragsinhalts,** ggf. unter Heranziehung ergänzender Auslegungsmittel, hinreichend **bestimmbar** ist. Die Vertragsdauer ist danach sowohl bei Angabe eines konkreten Endtermins (Kalendertag) als auch bei Benennung einer Frist bestimmt, soweit diese nach Zeiteinheiten bemessen ist und mit Beginn des Vertragsverhältnisses zu laufen beginnt.[52] Ein Vertragsverhältnis, das nach diesen Grundsätzen als Vertrag von bestimmter Dauer anzusehen ist, wird nicht dadurch ein Vertrag von unbestimmter Dauer, dass der Vertrag aufgrund einseitiger Ausübung eines Optionsrechts oder automatisch aufgrund einer Verlängerungsklausel um eine bestimmte Zeit verlängert wird.[53] Dem Handelsvertreter steht in diesen Fällen für den Verlängerungszeitraum nach §§ 87, 87a ein weiterer Provisionsanspruch zu, der auf der Grundlage von § 87b Abs. 3 S. 1 zu berechnen ist.[54] Dagegen richtet sich der weitere Provisionsanspruch bei einer Verlängerung auf unbestimmte Zeit nach Abs. 3 S. 2.[55] Ein zeitlicher Gleichlauf zwischen Handelsvertreterverhältnis und Dauervertrag ist nicht erforderlich.[56] Dem Handelsvertreter steht ein Provisionsanspruch für die gesamte Dauer des Vertrages vielmehr auch dann zu, wenn der Handelsvertretervertrag zuvor endet.[57] Provisionspflichtig sind nämlich nach allgemeinen Grundsätzen alle Kundengeschäfte, die während der Dauer des Handelsvertreterverhältnisses abgeschlossen wurden, ohne dass es darauf ankommt, ob sie auch noch während der Vertragsdauer (vollständig) ausgeführt werden.[58]

---

[44] BGH 28.6.1973, BGHZ 61, 112 (114) = NJW 1973, 1744.
[45] Kottke BB 1968, 1076; Heymann/Stöber Rn. 13.
[46] Ebenroth/Boujong/Semmler Rn. 29.
[47] Heymann/Stöber Rn. 14; MüKoHGB/Ströbl Rn. 33.
[48] Heymann/Stöber Rn. 15.
[49] Hopt/Hopt Rn. 13; Ebenroth/Boujong/Semmler Rn. 31; Heymann/Stöber Rn. 15; offengelassen von BGH 1.6.2005, WM 2005, 1866 (1867).
[50] Vgl. Küstner/Thume VertriebsR-HdB I/Thume V Rn. 357; Hopt/Hopt Rn. 13; Ebenroth/Boujong/Semmler Rn. 31; Heymann/Stöber Rn. 16; MüKoHGB/Ströbl Rn. 34.
[51] Hopt/Hopt Rn. 13.
[52] Heymann/Stöber Rn. 17.
[53] BGH 12.12.1974, NJW 1975, 387; Heymann/Stöber Rn. 17; NK-HGB/Ahouzaridi/J. Keßler Rn. 12; MüKoHGB/Ströbl Rn. 36; **aA** Küstner/Thume VertriebsR-HdB I/Thume V Rn. 361.
[54] Heymann/Stöber Rn. 17; MüKoHGB/Ströbl Rn. 36.
[55] Heymann/Stöber Rn. 18; MüKoHGB/Ströbl Rn. 36.
[56] Ebenroth/Boujong/Semmler Rn. 34; Heymann/Stöber Rn. 18; MüKoHGB/Ströbl Rn. 44.
[57] Hopt/Hopt Rn. 17; MüKoHGB/Ströbl Rn. 37.
[58] MüKoHGB/Ströbl Rn. 44.

bb) Provisionsberechnung. Bei Verträgen von bestimmter Dauer ist die Provision vom Entgelt für die gesamte Vertragsdauer zu berechnen (Abs. 3 S. 1). Es handelt sich also nicht um eine fortlaufend (in Raten) zu zahlende, sondern um eine **einmalige Provision,** und zwar unabhängig davon, ob das für die Provisionsbemessung zu zahlende Entgelt in einem Betrag oder ratenweise zu entrichten ist.[59] Der Anspruch auf die Provision entsteht gem. § 87a mit der Ausführung des Kundengeschäfts (→ § 87a Rn. 5 ff.). Bei Gebrauchsüberlassungs- und Nutzungsverträgen ist die Ausführung bereits mit Überlassung des Gebrauchs und nicht erst mit Vertragsende vollendet (→ § 87a Rn. 6). 16

c) Verträge von unbestimmter Dauer (Abs. 3 S. 2). aa) Begriff. Verträge von unbestimmter Dauer sind solche Vertragsverhältnisse, bei denen das Vertragsende weder bestimmt noch bestimmbar ist (→ Rn. 15). 17

bb) Provisionsberechnung. Die Provisionsberechnung richtet sich in diesen Fällen nach dem Entgelt, das bis zum Zeitpunkt zu entrichten ist, zu dem der Dritte erstmals kündigen kann (Abs. 3 S. 2 Hs. 1). Maßgebend ist insoweit der gesetzliche oder vertragliche Termin für eine **(erstmalige) ordentliche Kündigung.**[60] Dieser kann von dem für den Unternehmer geltenden Kündigungstermin abweichen. Bei mehreren aufeinander folgenden (nicht wahrgenommenen) Kündigungsterminen entsteht für jede Periode zwischen zwei Kündigungsterminen ein neuer Provisionsanspruch.[61] Der Sache nach erfolgt die Provisionsberechnung also auf der Grundlage jener Zeitabschnitte, in denen der Dritte von der ihm eingeräumten Nutzungsmöglichkeit Gebrauch gemacht hat.[62] Davon zu unterscheiden sind Verträge, die nicht nur zu fest bestimmten Terminen, sondern zu jedem beliebigen Termin (mit oder ohne Einhaltung einer Frist) gekündigt werden können. In diesem Fall ergibt sich ein einheitlicher (ständig anwachsender) Provisionsanspruch, der allerdings in den nach § 87c Abs. 1 maßgeblichen Zeiträumen abzurechnen ist.[63] 18

Nicht einheitlich beurteilt wird die Rechtslage bei **vorzeitiger Beendigung des Handelsvertretervertrages.** Besteht der auf unbestimmte Zeit geschlossene Drittvertrag über das Ende des Handelsvertreterverhältnisses hinaus fort, wird zuweilen die Ansicht vertreten, dass der Provisionsanspruch des Handelsvertreters zu dem Zeitpunkt ende, zu dem der Dauervertrag erstmals durch den Dritten gekündigt werden könne.[64] Demnach wäre das über diesen Zeitpunkt hinaus fortgesetzte Rechtsverhältnis mit dem Dritten so zu behandeln, als wäre der zugrunde liegende Vertrag erst nach Ende des Handelsvertreterverhältnisses wirksam zustandegekommen.[65] Ein Provisionsanspruch für den Zeitraum nach Beendigung des Handelsvertretervertrages wäre nur analog § 87 Abs. 3 gegeben.[66] Das überzeugt nicht. Für die Provisionsberechnung ist nämlich der Wert des Kundengeschäfts maßgeblich, das auf die Absatzmittlertätigkeit des Handelsvertreters zurückgeht.[67] Dies ist aber das gesamte, auf unbestimmte Dauer angelegte Geschäft, so wie es der Handelsvertreter ursprünglich vermittelt hat. Daher kann eine vorzeitige Beendigung des Handelsvertreterverhältnisses nicht zu seinen Lasten gehen. Im Übrigen beruht die Fortsetzung des Kundengeschäfts nicht auf einem Neuabschluss. Es handelt sich vielmehr gerade um die Fortsetzung des vom Handelsvertreter vermittelten Rechtsgeschäfts. Die Zerlegung des Drittgeschäfts in einzelne Nutzungsabschnitte ist nur für die Berechnung der Provision des Handelsvertreters bedeutsam.[68] Daher ist für die Provisionsberechnung die gesamte tatsächliche Dauer des Kundengeschäfts zugrunde zu legen.[69] 19

IV. Beweislast

Im Bestreitensfalle muss der **Handelsvertreter** beweisen, dass eine bestimmte Vergütung vertraglich vereinbart wurde.[70] Der Handelsvertreter hat ebenfalls zu beweisen, dass die Höhe der Provision 20

---

59 Küstner/Thume VertriebsR-HdB I/Thume V Rn. 362; Heymann/Stöber Rn. 18; MüKoHGB/Ströbl Rn. 37.

60 Heymann/Stöber Rn. 19.

61 Hopt/Hopt Rn. 15.

62 Heymann/Stöber Rn. 19.

63 Hopt/Hopt Rn. 15; Heymann/Stöber Rn. 19; MüKoHGB/Ströbl Rn. 39.

64 Hopt/Hopt Rn. 17.

65 Staub/Emde Rn. 37.

66 *Hopt/Hopt Rn. 17; diff.* Küstner/Thume VertriebsR-HdB I/Thume V Rn. 372 unter Berufung auf § 87a Abs. 3 HGB analog.

67 MüKoHGB/Ströbl Rn. 45.

68 Heymann/Stöber Rn. 20; MüKoHGB/Ströbl Rn. 45.

69 BGH 21.10.2009, NJW 2010, 298 Rn. 32; OLG Düsseldorf 11.1.1977, DB 1977, 817; LAG Hamm 23.11.1983, DB 1984, 674 (675); Habscheid FS Schmidt-Rimpler, 1957, 335 (359 f.); Ebenroth/Boujong/Semmler Rn. 35; Heymann/Stöber Rn. 23; MüKoHGB/Ströbl Rn. 45.

70 MüKoHGB/Ströbl Rn. 15; vgl. auch BGH 9.4.1981, BGHZ 80, 257 (259) = NJW 1981, 1442 zu § 632 BGB.

nicht durch eine vertragliche Vereinbarung bestimmt ist, wenn er die übliche Provision beansprucht oder ein eigenes Bestimmungsrecht geltend macht.[71]

V. Abweichende Vereinbarungen

21 **1. Grundsatz.** Die Vorschrift des § 87b ist nicht zwingend, sodass die Vertragsparteien abweichende privatautonome Vereinbarungen treffen können.[72] Dies geschieht in der Praxis auch häufig. Zu beachten sind allerdings die allgemeinen zivilrechtlichen Außengrenzen, insbesondere §§ 134, 138 BGB,[73] aber auch andere zwingende Vorschriften des Handelsvertreterrechts. Regelungen in **AGB** unterliegen der Inhaltskontrolle nach §§ 305 ff. BGB, wobei § 87b Abs. 2 kein Leitbild iSv § 307 Abs. 2 Nr. 1 BGB für die Vergütung von Nebenleistungen enthält.[74] Unwirksam ist eine Klausel, die dem Unternehmer ohne sachgerechte Begrenzung eine einseitige Änderung des Provisionssatzes ermöglicht.[75] Dies kann der Fall sein, wenn eine umsatzabhängige Provision im Laufe der Zeit durch absehbar (zB in Folge steigender Preise) steigende Abzüge (zB für Kreditkartenzahlungen der Kunden) aufgezehrt zu werden droht.[76] In solchen Fällen kann eine ABG-Kontrolle allerdings daran scheitern, dass entsprechende Regelungen den Gegenstand der Hauptleistung (zB Preisbestandteil) betreffen und damit anders als Preisnebenabreden kontrollfrei sind.[77] Im Einzelfall unwirksam kann auch eine Regelung sein, die Preisnachlässe auf die Provision des Handelsvertreters durchschlagen lässt.[78]

22 **2. Einzelfälle.** Unter Beachtung der vorbenannten Grundsätze können die Parteien die Höhe des Provisionsanspruchs abweichend von **Abs. 1** etwa nach Geschäft, Kunde oder Verdienstspanne des Unternehmers differenziert festsetzen.[79] Denkbar ist beispielsweise auch eine Regelung, die eine Berechnung des Provisionsanspruchs nach Stückzahl, Gewicht oder Volumen der verkauften Ware und nicht nach dem Entgelt oder eine Kombination dieser Merkmale vorsieht.[80] Entsprechend kann für die Berechnung der Provision von den Vorgaben des **Abs. 2 S. 1** abgewichen werden.[81] Von der Provisionspflicht nach **Abs. 2 S. 2** ausgenommen werden können Zuschläge zum vertraglich vereinbarten Entgelt[82] und nicht gesondert ausgewiesene Nebenkosten. In Abweichung von **Abs. 2 S. 3** kann eine sog. **Nettoklausel** vereinbart werden. Diese kann beinhalten, dass die Umsatzsteuer von der Provisionsberechnung ausgenommen sein soll.[83] Letztlich ist dies allerdings eine Frage der Vertragsauslegung, die nur im Einzelfall entschieden werden kann.[84] Von **Abs. 3** weicht eine Regelung ab, die bei Verträgen auf bestimmte Zeit nur einen Teil des Entgelts für die gesamte Laufzeit der Provisionspflicht unterwirft.[85] Möglich ist auch eine Regelung, die bei Verträgen auf unbestimmte Zeit unabhängig von der weiteren Vertragsdauer eine Einmalprovision statt einer nach Zeitabschnitten zu bemessenden Provision vorsieht.[86] Um eine von Abs. 3 abweichende Regelung handelt es sich ebenfalls, wenn die Provision des Handelsvertreters auf der Grundlage der **Umsatzbeteiligung** berechnet wird, die einer Partei des Kundengeschäfts als Vergütung zusteht.[87] Das kann

---

[71] RG 18.6.1922, WarnR 1923/24 Nr. 135; LAG Brem 5.7.1960, DB 1960, 1212; Hopt/Hopt Rn. 3a; Heymann/Stöber Rn. 7; MüKoHGB/Ströbl Rn. 15; vgl. auch BGH 9.4.1981, BGHZ 80, 257 (258) = NJW 1981, 1442; 14.4.1983, NJW 1983, 1782 zu § 632 BGB.

[72] Vgl. BGH 1.6.2005, NJW-RR 2005, 1274 (1276) zu Abs. 2 und 3; KG 17.3.2022, NJW 2022, 2628 (2631); OLG Hamm 8.2.2021, ZVertriebsR 2021. 193 Rn. 44.

[73] Vgl. LAG Berlin 17.10.1963, DB 1964, 189.

[74] BGH 12.5.2004, NJW-RR 2004, 1206 (1207); OLG München 16.12.2021, NJW 2022, 2625 Rn. 34.

[75] BGH 21.12.1983, BGHZ 89, 206 (212 ff.) = NJW 1984, 1182; Preis/Stoffels ZHR 160 (1996), 442 (481 f.).

[76] Vgl. OLG München 16.12.2021, NJW 2022, 2625 Rn. 38 ff.

[77] Dazu KG 17.3.2022, NJW 2022, 2628 (2629 f.) einerseits; OLG München 16.12.2021, NJW 2022, 2625 Rn. 28 ff. andererseits.

[78] Vgl. UBH/Schmidt Teil 2, Handelsvertreterverträge, Rn. 4.

[79] Vgl. HessLAG 18.2.1991, NZA 1992, 799 (geringerer Provisionssatz bei Vermittlung von Geschäften unter Listenpreis); OLG Karlsruhe 14.10.1975, HVR Nr. 494; ferner Hopt/Hopt Rn. 18.

[80] Heymann/Stöber Rn. 22; MüKoHGB/Ströbl Rn. 47.

[81] Vgl. BAG 24.9.1965, BB 1966, 386 (Provisionsberechnung nach Barpreis statt nach Rechnungsbetrag bei Inzahlungnahme gebrauchter Sachen); OLG Naumburg HVR Nr. 1108; Heymann/Stöber Rn. 22.

[82] Vgl. OLG Celle 26.11.1956, HVR Nr. 116; Heymann/Stöber Rn. 22.

[83] Vgl. OLG Düsseldorf 7.1.1955, DB 1955, 578 f.; Küstner/Thume VertriebsR-HdB I/Otto V Rn. 353; Hopt/Hopt Rn. 18; MüKoHGB/Ströbl Rn. 47.

[84] Vgl. BAG 23.3.1982, BB 1983, 195 (197); Heymann/Stöber Rn. 13.

[85] Heymann/Stöber Rn. 23; MüKoHGB/Ströbl Rn. 48.

[86] BGH 4.5.1959, BGHZ 30, 98 (107) = NJW 1959, 1430 (1433); 1.6.2005, WM 2005, 1866 (1867) = NJW-RR 2005, 1274; OLG Düsseldorf 18.9.2025, ZVertriebsR 2025, 367 Rn. 32; Hopt/Hopt Rn. 19; Heymann/Stöber Rn. 23; MüKoHGB/Ströbl Rn. 48.

[87] Heymann/Stöber Rn. 23.

etwa bei Lizenz- oder Verlagsverträgen der Fall sein. Entsprechendes gilt, wenn Gegenstand der Absatzmittlertätigkeit die Vermittlung von Lizenzen für den Vertrieb von Büchern oder Zeitschriften ist und die Provision des Handelsvertreters nach der verkauften **Stückzahl** berechnet wird.[88]

VI. Andere Absatzmittler

Die Vorschrift des § 87b ist auf die Tätigkeit des Handelsvertreters zugeschnitten. Eine entsprechende Anwendung auf andere Absatzmittler wie Kommissionsagenten, Vertragshändler oder Subordinations-Franchisenehmer kommt daher nicht in Betracht.[89] Freilich sind die Parteien nicht gehindert, in derartigen Absatzmittlerverträgen eine § 87b entsprechende Vereinbarung zu treffen.[90] 23

§ 87c [Provisionsabrechnung]

(1) [1]Der Unternehmer hat über die Provision, auf die der Handelsvertreter Anspruch hat, monatlich abzurechnen; der Abrechnungszeitraum kann auf höchstens drei Monate erstreckt werden. [2]Die Abrechnung hat unverzüglich, spätestens bis zum Ende des nächsten Monats, zu erfolgen.

(2) Der Handelsvertreter kann bei der Abrechnung einen Buchauszug über alle Geschäfte verlangen, für die ihm nach § 87 Provision gebührt.

(3) Der Handelsvertreter kann außerdem Mitteilung über alle Umstände verlangen, die für den Provisionsanspruch, seine Fälligkeit und seine Berechnung wesentlich sind.

(4) Wird der Buchauszug verweigert oder bestehen begründete Zweifel an der Richtigkeit oder Vollständigkeit der Abrechnung oder des Buchauszuges, so kann der Handelsvertreter verlangen, daß nach Wahl des Unternehmers entweder ihm oder einem von ihm zu bestimmenden Wirtschaftsprüfer oder vereidigten Buchsachverständigen Einsicht in die Geschäftsbücher oder die sonstigen Urkunden so weit gewährt wird, wie dies zur Feststellung der Richtigkeit oder Vollständigkeit der Abrechnung oder des Buchauszuges erforderlich ist.

(5) Diese Rechte des Handelsvertreters können nicht ausgeschlossen oder beschränkt werden.

Schrifttum: Andrelang/Penners, Anforderungen an einen elektronischen Buchauszug nach § 87c Abs. 2 HGB, ZVertriebsR 2013, 218; Emde, Abrechnung und Buchauszug als Informationsrechte des Handelsvertreters, MDR 2003, 1151; Emde, Heimatgerichtsstand für Handelsvertreter und andere Vertriebsmittler, RIW 2003, 505; Emde, Der Erfüllungsort der Buchauszugsforderung nach § 87c Abs. 2 HGB und Art. 12 Abs. 2 Handelsvertreter-Richtlinie, IHR 2023, 97; Gräfe, Buchauszug und Ausgleichsanspruch – Zeitliche und inhaltliche Grenzen der Geltendmachung des Anspruchs auf Erteilung des Buchauszugs, ZVertriebsR 2015, 227; Harten, Der Buchauszug in der prozessrechtlichen Praxis, ZVertriebsR 2015, 288; Holling, Der Anspruch des Handelsvertreters auf einen Buchauszug, DB 1959, 687; Knorn, Kosten der Abrechnungs- und Auskunftspflicht des Unternehmers gegenüber dem Handelsvertreter, BB 1972, 989; Kukat, Der Anspruch des Handelsvertreters auf Erteilung eines Buchauszugs gemäß § 87c Abs. 2 HGB, DB 2002, 1646; Reif/David, Zur Verjährung des Buchauszugsanspruchs des Handelsvertreters gemäß § 87c Abs. 2 HGB – 11 Jahre der Diskussion und kein Ende in Sicht, ZVertriebsR 2015, 343; Scherer, Nachforderung von Provision – Verzicht durch widerspruchslose Hinnahme der Abrechnungen?, BB 1996, 2205; Schröder, Anspruch des Handelsvertreters auf einen Auszug, BB 1955, 181; Schröder, Abrechnungszeitraum für neben Festgehalt gezahlte Provisionen, DB 1963, 651; Seetzen, Die Kontrollrechte des Handelsvertreters nach § 87c HGB und ihre Durchsetzung, WM 1985, 213; Stötter, Einzelfragen der Provisionsabrechnung zwischen Unternehmer und Handelsvertreter, DB 1970, 1473; Stötter, Die Provisionsabrechnung nach § 87c Abs. 1 HGB (i.V. mit den anderen Hilfsansprüchen nach Abs. 2–4) und der Abschluss eines Schuldanerkenntnisvertrages, DB 1983, 867; Stötter/Lindner/Karrer, Die Provision und ihre Abrechnung, 2. Aufl. 1980; Treffer, Pfändung von Provisionsansprüchen, MDR 1998, 384.

Übersicht

[88] Heymann/Stöber Rn. 16.

[89] MSF VertriebsR-HdB/Rösch § 23 Rn. 29 zum Vertragshändler; MSF VertriebsR-HdB/Flohr § 28 Rn. 331 zum Franchising; NK-HGB/Prasse Anh. FranchiseR Rn. 66 zum Franchising.

[90] Ebenroth/Boujong/Semmler Rn. 46.

I. Allgemeines

1 **1. Normzweck.** Die Vorschrift des § 87c, die zwingenden Charakter hat (Abs. 5), legt Einzelheiten zur Abrechnung des Provisionsanspruchs fest (Abs. 1) und erkennt dem Handelsvertreter darüber hinaus Informations- und Kontrollrechte zu (Abs. 2–4), die der Durchsetzung des Provisionsanspruchs dienen. Sinn und Zweck der Vorschrift ist es mithin, die **Rechtsstellung des Handelsvertreters** im Verhältnis zum Unternehmer **zu stärken.** Aus diesem Grunde trifft § 87c keine abschließende Regelung; vielmehr kann der Handelsvertreter seine berechtigten Informationsinteressen ggf. auch auf der Grundlage anderer Vorschriften durchsetzen.[1] Sowohl der Anspruch auf Abrechnung als auch die Informations- und Kontrollrechte haben im Verhältnis zum Provisionsanspruch den Charakter akzessorischer **Hilfsrechte,**[2] die aus diesem Grunde nicht isoliert abtretbar sind.[3]

2 **2. Normgenese.** Die heutige Fassung von § 87c geht auf die **HGB-Novelle 1953** zurück.[4] Der Gesetzgeber hat insoweit die in der ursprünglichen Fassung des HGB enthaltenen Vorschriften grundlegend modifiziert. Danach waren die Abrechnung am Schlusse eines Kalenderhalbjahrs (§ 88 Abs. 4 aF) und das Recht des Handelsvertreters auf einen Buchauszug über die durch seine Tätigkeit zustandegekommenen Geschäfte vorgesehen (§ 91 aF). Diese Regelungen wurden als defizitär empfunden, sodass der Abrechnungszeitraum durch die HGB-Novelle 1953 erheblich verkürzt wurde und die Kontrollrechte ausgebaut wurden.[5] Im Hinblick auf die Kontrollrechte des Handelsvertreters sollte insbesondere eine über § 810 BGB hinausgehende, auf die Bedürfnisse der Handelsvertreter zugeschnittene Regelung getroffen werden.[6]

3 **3. Anwendungsbereich.** Der Anwendungsbereich von § 87c erstreckt sich nur auf **Provisionsvertreter.**[7] Erfasst sind damit Vermittlungs-, Inkasso-,[8] Delkredere- oder andere Provisionen. Haben die Parteien eine andere Art der Vergütung vereinbart, beispielsweise ein Fixum oder eine Umsatzbeteiligung (→ § 87 Rn. 8), steht dem Handelsvertreter diesbezüglich ein Rechnungslegungsanspruch entsprechend §§ 666, 675, 259 BGB zu.[9]

[1] Emde RIW 2003, 505 (510); MüKoHGB/Ströbl Rn. 8; **aA** Ebenroth/Boujong/Semmler Rn. 1, 6; Staub/Emde Rn. 19.

[2] BGH 19.9.2017, NJW 2017, 3525 Rn. 15; Ebenroth/Boujong/Semmler Rn. 5; MüKoHGB/Ströbl Rn. 4; **aA** Reif/David ZVertriebsR 2015, 343 (346).

[3] Vgl. auch OLG Hamm 21.3.1997, NJW-RR 1997, 1322 (1323); LAG Bremen 22.12.1954, BB 1955, 97; Emde MDR 2003, 1151 (1152); Hopt/Hopt Rn. 1; Ebenroth/Boujong/Semmler Rn. 32; MüKoHGB/Ströbl Rn. 4; BGH 19.3.1998, EBE 1998, 138 (139); **aA** Treffer MDR 1998, 384 (385).

[4] Art. 1 Gesetz zur Änderung des Handelsgesetzbuchs (Recht der Handelsvertreter) vom 6.8.1953, BGBl. 1953 I 771 (dazu Begr. RegE, BT-Drs. 1/3856, 9, 28 ff.).

[5] Vgl. Begr. RegE zum Gesetz zur Änderung des HGB (Recht der Handelsvertreter), BT-Drs. 1/3856, 9, 28 f.

[6] Begr. RegE zum Gesetz zur Änderung des HGB (Recht der Handelsvertreter), BT-Drs. 1/3856, 9, 29.

[7] OLG Oldenburg 25.2.2014, NJW-RR 2014, 814 (815); MüKoHGB/Ströbl Rn. 10.

[8] MüKoHGB/Ströbl Rn. 10.

[9] OLG Karlsruhe 29.10.1965, BB 1966, 1169; Ebenroth/Boujong/Semmler Rn. 17 f.; Heymann/Stöber Rn. 2; MüKoHGB/Ströbl Rn. 10.

II. Abrechnungsmodalitäten (Abs. 1)

1. Grundsatz. Nach Abs. 1 ist der Unternehmer gegenüber dem Handelsvertreter verpflichtet, über die Provision, auf die der Handelsvertreter einen Anspruch hat, abzurechnen. Den Handelsvertreter seinerseits trifft keine ausdrückliche Abrechnungspflicht. Der Unternehmer ist im Hinblick auf die Abrechnung freilich auf die Nachrichten des Handelsvertreters iSv § 86 Abs. 2 angewiesen. Vorgeschrieben ist für den Regelfall ein monatlicher Abrechnungszeitraum (Abs. 1 S. 1 Hs. 1), der auf maximal drei Monate verlängert werden kann (Abs. 1 S. 1 Hs. 2). Ein besonderes **Abrechnungsverlangen** des Handelsvertreters ist nicht erforderlich.[10] 4

2. Abrechnung. a) Inhalt. Das Gesetz verpflichtet den Unternehmer abzurechnen. Dem Handelsvertreter ist mithin eine Aufstellung über alle Geschäfte zu geben, aus denen für ihn Provisionsansprüche erwachsen. Die Abrechnung dient dem Informationsinteresse des Handelsvertreters. Dieser soll anhand der Abrechnung zuverlässig nachvollziehen können, ob der Unternehmer alle verdienten Provisionen lückenlos gutgeschrieben hat.[11] Deshalb ist die Abrechnung so zu gestalten, dass der Handelsvertreter die einzelnen Geschäfte identifizieren und die Provisionsberechnung nach der Bemessungsgrundlage und dem zugrunde gelegten Provisionssatz[12] überprüfen kann.[13] Etwaige Provisionsvorschüsse oder zu Unrecht ausgezahlte Provisionen sind auszuweisen und abzuziehen.[14] Die Aufstellung muss insgesamt geordnet, übersichtlich, vollständig und aus sich heraus nachvollziehbar sein.[15] Dies bedingt regelmäßig eine **schriftliche Abrechnung,** wenngleich das Gesetz diese nicht ausdrücklich vorschreibt, sodass im Einzelfall auch Textform genügen kann.[16] Nicht ausreichend ist es, wenn der Unternehmer dem Handelsvertreter lediglich Abschriften, Durchschriften oder Kopien seiner Geschäftspapiere überlässt, selbst wenn die jeweilige Provision daraus ersichtlich ist.[17] Aus der Überlassung derartiger Unterlagen lässt sich nämlich nicht zweifelsfrei erkennen, welche Provisionsansprüche der Unternehmer für berechtigt hält. Aus diesem Grunde entfällt das Informationsinteresse auch nicht dadurch, dass der Handelsvertreter die Provisionsansprüche aus seinen eigenen Unterlagen ermitteln kann.[18] Abzurechnen ist selbst dann, wenn sich der Handelsvertreter pflichtwidrig verhalten hat, indem er etwa falsche Angaben über das Inkasso gemacht und Beträge nicht abgeführt hat.[19] Ein **Zurückbehaltungsrecht** wegen etwaiger Gegenansprüche gegen den Handelsvertreter steht dem Unternehmer der Natur der Sache nach nicht zu, da der Unternehmer vorleistungspflichtig ist.[20] 5

b) Rechtsnatur. Die Abrechnung des Unternehmers hat den Charakter eines Antrags auf Abschluss eines **abstrakten Schuldanerkenntnisses** (§ 781 BGB).[21] Dieser ist bei Vorliegen einer (schriftlichen) Abrechnung formfrei möglich (§ 782 BGB).[22] Der Antrag kann vom Handelsvertreter unter (ausdrücklicher) Anerkennung der Abrechnung angenommen werden.[23] Damit verliert der Handelsvertreter seine weiteren Informations- und Kontrollrechte (→ Rn. 13) oder auch konkludente (Einzel-) Anerkenntnisse, beispielsweise durch Zustimmung zu Warenrücksendungen.[24] Schweigt der Handelsvertreter nach Erhalt der Abrechnung, hat dies nicht ohne weiteres die Erklä- 6

---

[10] Hopt/Hopt Rn. 5; MüKoHGB/Ströbl Rn. 26.

[11] Vgl. BGH 23.2.1989, WM 1989, 1073 (1074) = NJW-RR 1989, 738; 13.3.1961, DB 1961, 533 = BB 1961, 424 = BeckRS 1961, 31185896; Hopt/Hopt Rn. 3; Heymann/Stöber Rn. 3; MüKoHGB/Ströbl Rn. 14.

[12] Dazu OLG Karlsruhe 14.10.1975, HVR Nr. 494.

[13] OLG Hamm 13.12.2021, ZVertriebsR 2022, 116 Rn. 37; Heymann/Stöber Rn. 3.

[14] Vgl. BGH 7.2.1990, WM 1990, 710 (710 f.) = NJW-RR 1990, 1370 zum Provisionsvorschuss; OLG Hamm 13.12.2021, ZVertriebsR 2022, 116 Rn. 37.

[15] Vgl. BGH 22.5.1981, WM 1981, 991 (993) = NJW 1982, 235; OLG Karlsruhe 14.10.1975, HVR Nr. 494; Hopt/Hopt Rn. 3; Ebenroth/Boujong/Semmler Rn. 78; Heymann/Stöber Rn. 8; vgl. MüKoHGB/Ströbl Rn. 15.

[16] Hopt/Hopt Rn. 6; MüKoHGB/Ströbl Rn. 23; Staub/Emde Rn. 95, 145.

[17] Seetzen WM 1985, 213; Heymann/Stöber Rn. 8; MüKoHGB/Ströbl Rn. 16.

[18] BGH 13.3.1961, DB 1961, 533 (533) = BeckRS 1961, 31185896; Seetzen WM 1985, 213; Hopt/Hopt Rn. 5; Ebenroth/Boujong/Semmler Rn. 43; Heymann/Stöber Rn. 6; MüKoHGB/Ströbl Rn. 26; **aA** Emde VersR 2002, 151 (156 f.).

[19] BGH 13.3.1961, BB 1961, 424 = BeckRS 1961, 31185896; Hopt/Hopt Rn. 5; MüKoHGB/Ströbl Rn. 26.

[20] BGH 3.2.1978, BeckRS 1978, 31066644 unter IV. = NJW 1978, 1157 Ls.; RG 19.4.1921, RGZ 102, 110 (111); LG Köln 22.2.2019, ZVertriebsR 2019, 261 Rn. 23; Ebenroth/Boujong/Semmler Rn. 47; MüKoHGB/Ströbl Rn. 28.

[21] BGH 7.2.1990, WM 1990, 710 f. = NJW-RR 1990, 1370; Hopt/Hopt Rn. 4; Ebenroth/Boujong/Semmler Rn. 83; Heymann/Stöber Rn. 7; NK-HGB/Ahouzaridi/J. Keßler Rn. 9.

[22] BGH 7.2.1990, WM 1990, 710 (711) = NJW-RR 1990, 1370.

[23] BGH 7.2.1990, WM 1990, 710 (711) = NJW-RR 1990, 1370.

[24] v. Manteuffel/Evers EWiR § 87c 1/96, 175; Hopt/Hopt Rn. 4.

rungsbedeutung einer Annahme des Schuldanerkenntnisses.[25] Die jahrelange (stillschweigende) Hinnahme der Provisionsabrechnungen durch den Handelsvertreter beinhaltet **kein Schuldanerkenntnis** des Handelsvertreters, dass ihm weitere Provisionen nicht zustehen.[26] Entsprechendes gilt bei Unterzeichnung eines Provisionsrechnungsentwurfs des Unternehmers durch den Handelsvertreter.[27] Eine im Handelsvertretervertrag enthaltene Anerkenntnisklausel, nach der die Abrechnung als anerkannt gilt, wenn der Handelsvertreter nicht innerhalb einer bestimmten Frist widerspricht, ist unwirksam, weil damit zugleich ein mit Abs. 5 nicht vereinbarer Verzicht auf die Hilfsansprüche nach Abs. 2–4 verbunden ist.[28] Will der Unternehmer oder der Handelsvertreter die Abrechnung nach dem Schuldanerkenntnis zu seinen Gunsten ändern, ist die Unrichtigkeit der Abrechnung darzutun und das Anerkenntnis nach § 812 Abs. 1 S. 2 Alt. 1, Abs. 2 BGB zu kondizieren.[29]

7 **c) Umfang.** Die Abrechnung hat darüber Auskunft zu geben, **welche Provisionen** der Handelsvertreter **verdient** hat. Voraussetzung ist also, dass der Provisionsanspruch nach §§ 87, 87a wirksam entstanden ist. Das Gesetz erkennt ein Informationsinteresse des Handelsvertreters nämlich nur hinsichtlich solcher Ansprüche an, die unbedingt entstanden sind.[30] Der Unternehmer hat daher seinerseits nur abzurechnen, was er glaubt anerkennen zu können und was er erfüllen will.[31] Mithin hat der Handelsvertreter nach § 87c keinen Anspruch darauf, dass der Unternehmer zu bestimmten Konditionen (zB Provisionssätze) abrechnet.[32] Dies folgt nicht zuletzt aus der Rechtsnatur der Abrechnung als abstraktes Schuldanerkenntnis. **Nicht aufzunehmen** sind daher Provisionen für abgeschlossene, aber noch nicht ausgeführte Geschäfte,[33] es sei denn, diese sind trotz Nichtausführung provisionspflichtig (§ 87a Abs. 3 S. 1). Nicht Gegenstand der Abrechnung sind darüber hinaus Geschäfte, die noch unter einer auflösenden Bedingung stehen.[34] Nach der Wertung des § 87a Abs. 1 S. 1 ist die Provision mit dem Abschluss des Kundengeschäfts noch nicht verdient.[35] Nicht in die Abrechnung aufzunehmen sind erst Recht Geschäfte, bei denen die auflösende Bedingung bereits eingetreten ist.[36] Derartige Geschäfte werden bereits durch die Mitteilungspflicht nach § 86a Abs. 2 S. 2, 3 erfasst, wonach der Unternehmer dem Handelsvertreter über den Abschluss und die (teilweise) Nichtausführung eines Geschäfts entsprechende Nachrichten zu geben hat.

8 **3. Abrechnungszeitraum.** Die Abrechnung hat **im Grundsatz monatlich** zu erfolgen (Abs. 1 S. 1 Hs. 1). Gemeint ist damit im Zweifel ein Kalendermonat.[37] Die Vertragsparteien können jedoch abweichend davon einen dem Kalendermonat entsprechenden Zeitraum anderweitig nach dem Kalender festlegen[38] oder abweichend vom Kalendervierteljahr auch einen anderen Abrechnungszeitraum vereinbaren.[39] Dieser darf jedoch drei Monate nicht überschreiten (Abs. 1 S. 1 Hs. 2). Vereinbarungen, die dagegen verstoßen, sind unwirksam (Abs. 5).[40] An ihre Stelle tritt im Wege der geltungserhaltenden Reduktion die gesetzlich zulässige Höchstdauer von drei Monaten;[41] nicht anzuwenden ist § 139 BGB. In die Abrechnung einzubeziehen sind alle während des Abrechnungszeitraums unbedingt entstandenen und nach § 87a Abs. 4 fälligen Provisionsansprüche des Handelsvertreters.[42]

9 **4. Abrechnungsfrist.** Wie sich aus Abs. 1 S. 2 ergibt, hat die Abrechnung **während** der Dauer **des Handelsvertreterverhältnisses** unverzüglich im Anschluss an den vereinbarten Abrechnungs-

[25] Hopt/Hopt Rn. 4; Heymann/Stöber Rn. 7.
[26] BGH 29.11.1995, NJW 1996, 588 (589); Hopt/Hopt Rn. 4; MüKoHGB/Ströbl Rn. 24; vgl. auch OLG Hamburg 6.3.1998, BB 1998, 971 zur Handelsvertreter-GmbH.
[27] OLG Hamm 15.9.2000, VersR 2001, 1106 (1107); Hopt/Hopt Rn. 4.
[28] BGH 20.2.1964, BB 1964, 409 = BeckRS 1964, 31190906; Hopt/Hopt Rn. 4; Heymann/Stöber Rn. 7; Staub/Emde Rn. 121; **aA** OLG Saarbrücken 18.9.1985, DB 1985, 2399.
[29] Küstner/Thume VertriebsR-HdB I/Riemer VI Rn. 44; Hopt/Hopt Rn. 4; Ebenroth/Boujong/Semmler Rn. 83; MüKoHGB/Ströbl Rn. 25.
[30] Seetzen WM 1985, 213; Heymann/Stöber Rn. 4.
[31] BGH 7.2.1990, WM 1990, 710 (711) = NJW-RR 1990, 1370; OLG Hamm 13.12.2021, ZVertriebsR 2022, 116 Rn. 34; Hopt/Hopt Rn. 3; MüKoHGB/Ströbl Rn. 22, 34.
[32] OLG Hamm 13.12.2021, ZVertriebsR 2022, 116 Rn. 35.
[33] Hopt/Hopt Rn. 3; Heymann/Stöber Rn. 9; MüKoHGB/Ströbl Rn. 19; RGHMW/Thume Rn. 13; Staub/Emde Rn. 142 f.; **aA** Stötter DB 1983, 867 (869); Stötter DB 1970, 1473 (1474); Stötter/Lindner/Karrer 88 ff.
[34] **AA** Hopt/Hopt Rn. 3; MüKoHGB/Ströbl Rn. 18; Staub/Emde Rn. 143.
[35] **AA** MüKoHGB/Ströbl Rn. 18.
[36] Hopt/Hopt Rn. 3; **aA** RGHMW/Thume Rn. 13.
[37] OLG Hamm 13.12.2021, ZVertriebsR 2022, 116 Rn. 39; Heymann/Stöber Rn. 10.
[38] Heymann/Stöber Rn. 10.
[39] MüKoHGB/Ströbl Rn. 30.
[40] Zur AGB-Kontrolle LG München I 20.5.2022, ZVertriebsR 2022, 230 Rn. 91.
[41] Schröder DB 1963, 651 (651); Heymann/Stöber Rn. 10; MüKoHGB/Ströbl Rn. 30, 98.
[42] Heymann/Stöber Rn. 10.

zeitraum zu erfolgen, spätestens bis zum Ende des nächsten Monats. Der Unternehmer hat die Abrechnung mithin ohne schuldhaftes Zögern durchzuführen (vgl. § 121 Abs. 1 BGB). Sinn und Zweck der Regelung ist eine Beschleunigung des Abrechnungsverfahrens im Interesse des Handelsvertreters. Bis zum Ende des nächsten, auf die Abrechnungsperiode folgenden Monats darf sich der Unternehmer nur Zeit lassen, wenn die Abrechnung vorher nicht möglich ist. Spätestens zu diesem Zeitpunkt ist die Abrechnung fällig, sodass der Unternehmer jedenfalls zu diesem Zeitpunkt auch ohne Mahnung mit der Verpflichtung zur Abrechnung in Verzug kommt (§ 286 Abs. 2 Nr. 1 BGB). Haben die Parteien einen dem Kalendermonat entsprechenden Zeitraum anderweitig nach dem Kalender festgelegt (→ Rn. 8), endet die Monatsfrist mit dem Ablauf des desjenigen Tages des auf den Fristbeginn folgendes Monats, der durch seine Zahl dem Anfangstag der Frist entspricht (§ 187 Abs. 2 BGB, § 188 Abs. 2 BGB). Die Abrechnungsfrist verlängert sich in diesem Fall also nicht bis zum Ende des Kalendermonats.[43]

Eine ausdrückliche Regelung für den Fall, dass das **Handelsvertreterverhältnis endet,** enthält 10
das Gesetz nicht. Insbesondere ist keine Schlussabrechnung vorgesehen. Fällt das Ende des Handelsvertreterverhältnisses in eine **laufende Abrechnungsperiode,** ist die Provision für bereits unbedingt entstandene Provisionsansprüche nach dem Rechtsgedanken des § 614 S. 1 BGB sofort abzurechnen und zu entrichten.[44] Soweit später noch weitere Provisionsansprüche entstehen, ist zu den jeweiligen Abrechnungsterminen erneut abzurechnen.[45] Insoweit sind bereits erteilte Einzelabrechnungen ggf. zu ergänzen.[46]

5. Prozessuales. Kommt der Unternehmer seiner Verpflichtung zur Abrechnung nicht nach, 11
kann der Handelsvertreter eine Klage auf Abrechnung erheben, wobei jedoch nur die **Abrechnung als solche** verlangt werden kann, nicht jedoch eine Abrechnung mit bestimmtem, vom Handelsvertreter für zutreffend erachteten Inhalt.[47] Anderenfalls würde außer Acht gelassen, dass die Abrechnung den Charakter eines abstrakten Schuldanerkenntnisses hat.[48] In den Klageantrag aufzunehmen sind gem. § 253 Abs. 2 Nr. 2 ZPO der Abrechnungszeitraum und die sonstigen erforderlichen Angaben. Liegt eine **Abrechnung** des Unternehmers vor, hält der Handelsvertreter diese aber für **fehlerhaft,** muss er den Differenzbetrag, ggf. unter Zuhilfenahme der Kontrollrechte nach Abs. 2 und 3, sogleich per Leistungsklage geltend machen.[49] Die Erteilung einer neuen Abrechnung kann nur verlangt werden, wenn die erteilte Abrechnung gänzlich unbrauchbar ist.[50] Möglich ist eine **Stufenklage** (§ 254 ZPO) auf Abrechnung und Zahlung der aus der Abrechnung geschuldeten Provision.[51] Ist zwischen den Beteiligten nur ein Teil der Provision streitig, kann auch eine Klage auf Auszahlung der unstreitigen Provision mit einer Klage auf Abrechnung im Übrigen verbunden werden.[52] Entsprechendes gilt für eine Klage auf Abrechnung und Auskunft[53] oder im Falle eines Verstoßes des Unternehmers gegen die Abrechnungspflicht für eine Klage auf Schadensersatz und Schadensschätzung.[54]

6. Zwangsvollstreckung. Die Zwangsvollstreckung richtet sich grundsätzlich nach **§ 887** 12
ZPO,[55] da es sich bei der Abrechnung regelmäßig um eine vertretbare Handlung handelt, die durch einen Dritten anhand der Bücher des Unternehmers vorgenommen werden kann. Zu diesem Zweck kann der Handelsvertreter die Erteilung eines Buchauszugs (→ Rn. 15 ff.) und unter den Voraussetzungen des Abs. 4 ergänzend auch Bucheinsicht (→ Rn. 28 ff.) verlangen.

---

[43] Hopt/Hopt Rn. 9; Heymann/Stöber Rn. 11; MüKoHGB/Ströbl Rn. 32; **aA** Staub/Emde Rn. 149.

[44] BGH 11.7.1980, NJW 1981, 457; OLG München 11.7.1958, MDR 1958, 923; Hopt/Hopt Rn. 10; Heymann/Stöber Rn. 12; vgl. auch Ebenroth/Boujong/Semmler Rn. 81.

[45] Küstner/Thume VertriebsR-HdB I/Riemer VI Rn. 71; Hopt/Hopt Rn. 10; MüKoHGB/Ströbl Rn. 33.

[46] OLG München 14.2.1964, BB 1964, 698.

[47] Hopt/Hopt Rn. 11; MüKoHGB/Ströbl Rn. 38; **aA** OLG München 14.2.1964, BB 1964, 698 f.

[48] Vgl. BGH 7.2.1990, WM 1990, 710 (711) = NJW-RR 1990, 1370.

[49] Vgl. BGH 7.2.1990, WM 1990, 710 (711) = NJW-RR 1990, 1370; Küstner/Thume VertriebsR-HdB I/Riemer VI Rn. 75; MüKoHGB/Ströbl Rn. 34.

[50] Seetzen WM 1985, 213 (214); MüKoHGB/Ströbl Rn. 54.

[51] OLG Düsseldorf 11.4.2003, HVR Nr. 1082; OLG Köln 23.2.1972, BB 1972, 467 (468); Hopt/Hopt Rn. 11.

[52] Hopt/Hopt Rn. 11.

[53] OLG Köln 23.2.1972, BB 1972, 467; Hopt/Hopt Rn. 11.

[54] OLG Düsseldorf 26.3.1993, HVR Nr. 942.

[55] OLG Celle 27.8.1962, NJW 1962, 1968; OLG Düsseldorf 2.1.1964, BB 1964, 191; OLG Hamburg 3.9.1954, MDR 1955, 43 f.; OLG Hamm 10.2.1967, DB 1967, 592; OLG Nürnberg 9.2.1971, BB 1971, 491; Hopt/Hopt Rn. 12; Heymann/Stöber Rn. 13; MüKoHGB/Ströbl Rn. 40; Ebenroth/Boujong/Semmler Rn. 121; **aA** – Zwangsvollstreckung gemäß § 888 ZPO – OLG München 22.7.1959, BB 1960, 188; OLG Neustadt 6.10.1964, NJW 1965, 257.

III. Informations- und Kontrollrechte (Abs. 2–4)

13 **1. Grundsatz.** Ergänzend zu dem in Abs. 1 normierten Anspruch auf Abrechnung stehen dem Handelsvertreter nach Abs. 2–4 weitere Informations- und Kontrollrechte zu, die als **Hilfsansprüche** zum Abrechnungsanspruch ausgestaltet sind.[56] Die Regelung steht in Übereinstimmung mit den Vorgaben aus **Art. 12 RL 86/653/EWG.** Vor diesem Hintergrund kann der Handelsvertreter „insbesondere" einen **Buchauszug** über alle Geschäfte verlangen (Abs. 2). Dieser hat große praktische Bedeutung für die Durchsetzung der Provisionsansprüche des Handelsvertreters oder etwaiger, daran anknüpfender Schadensersatzansprüche. Ergänzend ist der Handelsvertreter im Wege der **Auskunft** über alle Umstände zu informieren, die für den Provisionsanspruch, seine Fälligkeit und seine Berechnung wesentlich sind (Abs. 3). Bestehen überdies begründete Zweifel an der Richtigkeit oder Vollständigkeit der Abrechnung oder des Buchauszugs, steht dem Handelsvertreter ein Recht auf **Einsichtnahme** in Geschäftsbücher und sonstige Urkunden zwecks Nachprüfung der Abrechnung oder des Buchauszuges zu (Abs. 4). Da es sich bei den genannten Informations- und Kontrollrechten, die gesondert voneinander geltend zu machen sind,[57] nur um Hilfsrechte handelt, entfallen diese, wenn sich Handelsvertreter und Unternehmer über die Höhe der Provision einigen,[58] beispielsweise auch durch Anerkennung der Abrechnung seitens des Handelsvertreters (→ Rn. 6). Gehen die Rechte und Pflichten aus dem Handelsvertretervertrag auf Unternehmerseite auf einen anderen Rechtsträger über, zB durch Verschmelzung oder Abspaltung, schuldet der **übernehmende Rechtsträger** grundsätzlich auch die Informationen nach § 87c.[59] Ein **Zurückbehaltungsrecht** wegen Gegenansprüchen kann der Unternehmer bezogen auf die Informations- und Kontrollrechte – wie auch beim Abrechnungsanspruch (→ Rn. 5) – nicht geltend machen.[60]

14 **2. Anwendungsbereich.** Die in Abs. 2–4 bezeichneten Informations- und Kontrollrechte stehen nach dem Wortlaut der Vorschriften und ihrer systematischen Stellung im Zusammenhang mit dem Provisionsanspruch des Handelsvertreters. Sie können daher nicht zur Durchsetzung des **Ausgleichsanspruchs** (§ 89b) geltend gemacht werden.[61]

15 **3. Buchauszug (Abs. 2). a) Begriff/Zweck.** Im Zuge der Abrechnung kann der Handelsvertreter gem. Abs. 2 einen Buchauszug über alle Geschäfte verlangen, für die ihm nach § 87 eine Provision gebührt. Dadurch soll er in die Lage versetzt werden, die Abrechnungen des Unternehmers zu überprüfen.[62] Der Buchauszug muss daher eine **Zusammenstellung aller Angaben** aus den Geschäftsbüchern und Geschäftspapieren des Unternehmers enthalten, die für die Berechnung, Höhe und Fälligkeit der Provision des Handelsvertreters (unmittelbar oder mittelbar) bedeutsam sein können.[63] Mithin sind alle im Hinblick auf die Provisionsvereinbarung relevanten geschäftlichen Verhältnisse vollständig zu erfassen,[64] die sich aus der Geschäftsbeziehung zwischen dem Unternehmer und seinen Kunden ergeben.[65] Den Maßstab für die Relevanz der Informationen geben insoweit vorrangig die Provisionsvereinbarung und das zwingende Gesetzesrecht (§ 87a Abs. 2–4) vor; ergänzend

---

[56] OLG Frankfurt 14.4.2022, ZVertriebsR 2022, 380 Rn. 64; OLG Stuttgart 17.2.2016, ZVertriebsR 2016, 233 Rn. 23.

[57] OLG Brandenburg 24.2.2020, ZVertriebsR 2020, 115 Rn. 13.

[58] Hopt/Hopt Rn. 30; MüKoHGB/Ströbl Rn. 4.

[59] OLG Hamm 10.2.2020, ZVertriebsR 2020, 131 Rn. 45.

[60] Zum Buchauszug OLG München 31.7.2019, ZVertriebsR 2019, 372 Rn. 63; 17.4.2019, ZVertriebsR 2019, 254 Rn. 29; Hopt/Hopt Rn. 29; zum Auskunftsanspruch Hopt/Hopt Rn. 26.

[61] OLG Düsseldorf 15.6.2023, ZVertriebsR 2024, 302 Rn. 41; 2.4.2020, ZVertriebsR 2020, 306 Rn. 7; 27.1.2017, ZVertriebsR 2017, 111 Rn. 27; 11.4.2003, HVR Nr. 1082; OLG Frankfurt 8.7.2025, ZVertriebsR 2025, 310 Rn. 53; LG Dortmund 8.2.2017, ZVertriebsR 2017, 240 Rn. 18; Hopt/Hopt Rn. 13.

[62] BGH 25.7.2024, NJW 2024, 3594 Rn. 15; 29.10.2008, NJW-RR 2009, 821 Rn. 14; OLG München 24.10.2024, ZVertriebsR 2025, 35 Rn. 45.

[63] BGH 25.7.2024, NJW 2024, 3594 Rn. 14; 20.9.2006, WM 2007, 177 (178) = NJW-RR 2007, 246; 21.3.2001, NJW 2001, 2333; 23.10.1981, DB 1982, 376 = BeckRS 1981, 30373535; 11.7.1980, NJW 1981, 457; OLG Düsseldorf 15.6.2023, ZVertriebsR 2024, 302 Rn. 30; OLG Frankfurt 19.6.1954, HVR Nr. 56; OLG Hamm 20.2.1964, BB 1964, 409; Hopt/Hopt Rn. 15; Heymann/Stöber Rn. 17.

[64] Vgl. BGH 29.11.1995, NJW 1996, 588; 23.10.1981, DB 1982, 376 = BeckRS 1981, 30373535; 11.7.1980, NJW 1981, 457; OLG Bamberg 16.5.2003, NJW-RR 2004, 475; 22.3.1990, HVR Nr. 692; OLG Celle 27.8.1962, NJW 1962, 1968; OLG Düsseldorf 30.11.1984, HVR Nr. 600; OLG Hamm 14.5.2003, HVR Nr. 1092 = VersR 2004, 1603; OLG Karlsruhe 26.10.1984, HVR Nr. 596; 14.6.2005, HVR Nr. 1157; OLG Koblenz 2.8.1984, HVR Nr. 592; OLG Köln 9.10.1991, HVR Nr. 709; OLG München 19.1.2006, HVR Nr. 1168; 26.3.2002, NJW-RR 2002, 1034; 13.10.1993, DB 1993, 2379; Hopt/Hopt Rn. 15; Heymann/Stöber Rn. 17.

[65] BGH 21.3.2001, NJW 2001, 2333 (2334); Hopt/Hopt Rn. 15; OLG Bamberg 27.5.2008, NJW-RR 2008, 1422 (1426); **aA** noch BGH 23.2.1989, WM 1989, 1073 (1074).

ist ggf. auf die dispositiven gesetzlichen Bestimmungen zurückzugreifen.[66] Wie bereits der Begriff „Buchauszug" zeigt, bezieht sich der Anspruch auf Erteilung des Auszugs nur auf solche Tatsachen, die sich unmittelbar aus den Büchern des Unternehmers ergeben,[67] nicht jedoch auf andere, außerhalb der Bücher verfügbare Informationen, welche für den Provisionsanspruch von Bedeutung sind.[68] Insoweit steht dem Handelsvertreter ggf. der Auskunftsanspruch nach Absatz 3 zu (→ Rn. 18, → Rn. 24 ff.). Nicht Gegenstand des Buchauszugs sind Tatsachen, die ohne weiteren Provisionsbezug allein das Vertragsverhältnis zwischen Unternehmer und Handelsvertreter betreffen.[69]

Die bloße Zurverfügungstellung der buchmäßigen Unterlagen ist kein Buchauszug,[70] da insoweit 15a das Informationsbedürfnis des Handelsvertreters nicht hinreichend befriedigt wird. Entsprechendes gilt für einen Auszug iSv § 259, da dieser auf die Handelsbücher (§§ 238, 257 Abs. 1 Nr. 1) beschränkt ist.[71] Der Handelsvertreter hat einen Anspruch auf **aufbereitete Informationen;** dies ist Aufgabe des Unternehmers.[72] Nicht ausreichend ist daher die Überlassung von Rechnungskopien samt Addition der Einzelbeträge,[73] die Überlassung eines Konvoluts tausender Blätter, deren Inhalt sich nicht ohne erheblichen Zeitaufwand erschließen lässt[74] oder die bloße Eröffnung der Zugriffsmöglichkeit auf die EDV des Unternehmers.[75] Die regelmäßig übersandten Provisionsabrechnungen können den Buchauszug grundsätzlich nicht ersetzen,[76] da der Buchauszug gerade dazu dient, die inhaltliche Richtigkeit der Abrechnungen zu überprüfen. Etwas anderes mag ausnahmsweise dann gelten, wenn die **Provisionsabrechnungen** den inhaltlichen **Anforderungen an** einen **Buchauszug** (→ Rn. 16) **entsprechen.**[77] Davon ist insbesondere dann auszugehen, wenn der Handelsvertreter, wie beispielsweise bei Tankstellenhaltern üblich, selbst über chronologisch geordnete Abrechnungsunterlagen verfügt und weiter gehende Informationen beim Unternehmer nicht vorhanden sind.[78] Unter diesen Umständen besteht nach der ratio legis kein Anspruch des Handelsvertreters gegen den Unternehmer auf Zurverfügungstellung von Informationen, die bei ihm bereits vorhanden sind. Es fehlt insoweit an dem durch Abs. 2 auszugleichenden Informationsgefälle. Dem Handelsvertreter ist vielmehr zuzumuten, die eigenen Unterlagen bis zur Abrechnung durch den Unternehmer aufzubewahren.[79]

b) Voraussetzungen. Die Verpflichtung des Unternehmers zur Erstellung eines Buchauszugs 16 setzt ein entsprechendes **Verlangen** des Handelsvertreters voraus.[80] Insoweit unterscheidet sich die

---

[66] BGH 25.7.2024, NJW 2024, 3549 Rn. 14; 29.10.2008, NJW-RR 2009, 821 Rn. 15; OLG München 24.10.2024, ZVertriebsR 2025, 35 Rn. 44.

[67] BGH 23.11.2011, NJW-RR 2012, 674 Rn. 52; 21.3.2001, NJW 2001, 2333; 23.2.1989, WM 1989, 1073 (1074 f.) = NJW-RR 1989, 738; 23.10.1981, WM 1982, 152 (153) = BeckRS 1981, 30373535; OLG Frankfurt 8.7.2025, ZVertriebsR 2025, 310 Rn. 48; OLG München 31.7.2019, ZVertriebsR 2019, 372 Rn. 66; MüKoHGB/Ströbl Rn. 46.

[68] Vgl. OLG Celle 27.8.1962, NJW 1962, 1968.

[69] BGH 21.3.2001, NJW 2001, 2333 (2334) unter II.2.b; OLG Düsseldorf 2.4.2020, ZVertriebsR 2020, 263 Rn. 15; OLG München 24.10.2024, ZVertriebsR 2025, 35 Rn. 46; OLG Saarbrücken 23.5.2001, NJW-RR 2001, 391 (392) unter I.3.c; Hopt/Hopt Rn. 15.

[70] OLG Hamm 21.3.1997, BB 1997, 1329 f.; OLG Koblenz 14.4.1993, HVR Nr. 759; Hopt/Hopt Rn. 14; MüKoHGB/Ströbl Rn. 44.

[71] Hopt/Hopt Rn. 16.

[72] IdS BGH 29.10.2008, NJW-RR 2009, 821 Rn. 24; OLG Bamberg 27.5.2008, NJW-RR 2008, 1422 (1425); OLG Düsseldorf 15.6.2023, ZVertriebsR 2024, 302 Rn. 29; 2.11.2001, HVR Nr. 1042; OLG München 19.1.2006, HVR Nr. 1168; Hopt/Hopt Rn. 14.

[73] BGH 23.10.1981, WM 1982, 152 (153) = DB 1982, 376 = BeckRS 1981, 30373535; Hopt/Hopt Rn. 15b; MüKoHGB/Ströbl Rn. 55.

[74] OLG Düsseldorf 15.6.2023, ZVertriebsR 2024, 302 Rn. 3, 30.

[75] Vgl. BGH 29.10.2008, NJW-RR 2009, 821 Rn. 24; 20.9.2006, WM 2007, 177 = NJW-RR 2007, 246; OLG Frankfurt 1.7.2003, VersR 2004, 780; OLG München 1.3.2017, ZVertriebsR 2017, 181 Rn. 10; LG Frankfurt a. M. 16.8.2024, ZVertriebsR 2024, 298 Rn. 19; **aA** AG Aachen 3.3.2000, VersR 2001, 716.

[76] Vgl. OLG Karlsruhe 26.10.1984, HVR Nr. 596; OLG München 1.3.2017, ZVertriebsR 2017, 181 Rn. 10; LG Köln 22.2.2019, ZVertriebsR 2019, 261 Rn. 19; Heymann/Stöber Rn. 17.

[77] IdS BGH 21.3.2001, NJW 2001, 2333; 11.10.1990, WM 1991, 196 (200) = NJW-RR 1991, 156; 23.10.1981, WM 1982, 153 = DB 1982, 376 = BeckRS 1981, 30373535; OLG Celle 16.2.2017, ZVertriebsR 2017, 230 Rn. 16; OLG München 26.3.2002, NJW-RR 2002, 1034 (1035); OLG Neustadt 24.9.1954, HVR Nr. 54; OLG Saarbrücken 23.5.2001, NJW-RR 2002, 391 (392); Hopt/Hopt Rn. 14; Heymann/Stöber Rn. 15; MüKoHGB/Ströbl Rn. 55.

[78] BGH 29.10.2008, NJW-RR 2009, 821 Rn. 23, 25; 21.4.2010, NJW-RR 2010, 1550 Rn. 17.

[79] BGH 29.10.2008, NJW-RR 2009, 821 Rn. 27.

[80] OLG Frankfurt 18.9.2012, BeckRS 2014, 11259 Rn. 72; LG Berlin 19.7.2014, ZVertriebsR 2015, 309 (310); Ebenroth/Boujong/Semmler Rn. 34; Flohr/Wauschkuhn/Fröhlich Rn. 54; MüKoHGB/Ströbl Rn. 47; **aA** BGH 3.8.2017, ZVertriebsR 2017, 298 Rn. 23; Hopt/Hopt Rn. 17 (Anspruch ex lege).

Situation von derjenigen bei der Abrechnung nach Abs. 1, die der Unternehmer ohne Weiteres schuldet. Das Verlangen nach Erteilung eines Buchauszugs kann der Handelsvertreter frühestens mit Erteilung der vom Unternehmer zeitabschnittsweise geschuldeten Abrechnung über die dem Handelsvertreter zustehende Provision stellen.[81] Bleibt die geschuldete Abrechnung aus, kann der Anspruch auf den Buchauszug ohne Weiteres zusammen mit dem Anspruch auf Abrechnung geltend gemacht werden.[82] Mit der Geltendmachung seitens des Handelsvertreters wird der mit der Abrechnung entstehende Anspruch auf den Buchauszug aktualisiert. Das Gesetz drückt dies mit den Worten aus, dass der Handelsvertreter den Buchauszug **„bei der Abrechnung"** verlangen kann. Daraus wird deutlich, dass es sich um einen **Hilfsanspruch** im Rahmen und zur Verifikation des Abrechnungsverfahrens handelt.[83] Der Anspruch auf den Buchauszug besteht auch dann, wenn sich aus der Abrechnung keine provisionspflichtigen Geschäfte ergeben.[84] Es reicht aus, dass die bloße Möglichkeit eines Provisionsanspruchs besteht.[85] Nur wenn diese aus rechtlichen oder tatsächlichen Gründen von vornherein zu verneinen ist, fehlt es auch an einem durch Abs. 2 in weitem Umfang geschützten Informationsinteresse des Handelsvertreters.[86] Die **Fälligkeit** des Anspruchs auf den Buchauszug ist davon abhängig, ob der Unternehmer dem Handelsvertreter eine **abschließende Abrechnung** über die diesem zustehende und tatsächlich abrechenbare Provision erteilt hat.[87] Der Abrechnung wird insoweit regelmäßig die stillschweigende Erklärung des Unternehmers zu entnehmen sein, dass weitere Provisionsforderungen des Handelsvertreters nicht bestehen oder keine Provisionsforderungen zu seinen Gunsten entstanden sind.[88] Das spricht, soweit keine gegenteiligen Anhaltspunkte vorliegen, für den abschließenden Charakter der Abrechnung. Dieser wird im Übrigen nicht dadurch in Frage gestellt, dass vom Handelsvertreter abgeschlossene Verträge einer Stornohaftzeit unterliegen.[89] Vor der abschließenden Abrechnung des jeweils maßgeblichen Zeitabschnitts kann der Anspruch auf den Buchauszug nach alledem nicht geltend gemacht werden.[90] Er ist allerdings in zeitlicher Hinsicht auch nicht unmittelbar zwingend mit der Abrechnung verknüpft.[91] Ein Anspruch auf den Buchauszug kann auch noch zu einem späteren Zeitpunkt bestehen.[92] Die Worte „bei der Abrechnung" sind nämlich iSv „anlässlich" zu verstehen; aus ihnen folgt im Grundsatz keine zeitliche Beschränkung für die Geltendmachung des Anspruchs.[93] Allerdings setzt das Verlangen nach nachträglicher Erstellung eines Buchauszugs für eine schon länger zurückliegende Abrechnungsperiode voraus, dass ein **Informationsinteresse des Handelsvertreters** noch gegeben ist.[94] Ein solches besteht etwa, wenn sich nachträglich herausstellt, dass ein zunächst erteilter Buchauszug unrichtig, unvollständig oder unbrauchbar ist. In diesem Fall kann ein Anspruch auf einen **ergänzenden Buchauszug** gegeben sein,[95] unter Umständen sogar auf Neuerteilung eines Buchauszugs, wenn der zunächst vorgelegte Buchauszug insgesamt unbrauchbar ist.[96] Der bloße Streit darüber, ob überhaupt eine Provisionsanwartschaft oder ein (unbedingter) Provisionsanspruch entstanden ist, steht

---

[81] BGH 3.8.2017, ZVertriebsR 2017, 298 Rn. 15; 20.5.2014, BeckRS 2014, 11742 Rn. 11; OLG Düsseldorf 15.6.2023, ZVertriebsR 2024, 302 Rn. 27.

[82] BGH 3.8.2017, ZVertriebsR 2017, 298 Rn. 18 mwN; OLG Düsseldorf 15.6.2023, ZVertriebsR 2024, 302 Rn. 27; OLG Köln 23.2.1972, DB 1972, 2104; Reif/David ZVertriebsR 2015, 343 (348).

[83] BGH 3.8.2017, ZVertriebsR 2017, 298 Rn. 13; OLG München 20.12.2017, ZVertriebsR 2018, 27 Rn. 42.

[84] OLG Hamm 25.10.2012, BeckRS 2013, 13109 unter II 1 c aa; OLG Stuttgart 17.2.2016, ZVertriebsR 2016, 233 Rn. 28.

[85] Vgl. BGH 23.10.1981, WM 1982, 152 (153) = BeckRS 1981, 30373535; 7.10.1977, WM 1977, 1381; OLG Hamm 13.12.2021, ZVertriebsR 2022, 116 Rn. 56; 30.1.2017, NJW-RR 2017, 934 Rn. 43; OLG Nürnberg 28.12.1990, HVR Nr. 710; Heymann/Stöber Rn. 14; MüKoHGB/Ströbl Rn. 47.

[86] Einen grds. weiten Anwendungsbereich von § 87c Abs. 2 bejahen auch OLG Köln 8.9.2023, ZVertriebsR 2024, 223 Rn. 102; 24.11.2023, ZVertriebsR 2024, 23 Rn. 94; Hopt/Hopt Rn. 13.

[87] BGH 3.8.2017, ZVertriebsR 2017, 298 Rn. 14 f.; 29.10.2008, NJW-RR 2009, 821 Rn. 28; OLG Hamm 30.1.2017, NJW-RR 2017, 934 Rn. 33; **aA** – Vorliegen der Voraussetzungen für Abrechnung ist ausreichend – Reif/David ZVertriebsR 2015, 343 (348).

[88] BGH 3.8.2017, ZVertriebsR 2017, 298 Rn. 16; Reif/David ZVertriebsR 2015, 343 (346, 348).

[89] OLG München 21.12.2017, ZVertriebsR 2018, 106 Rn. 16.

[90] OLG Nürnberg 28.1.2011, BeckRS 2011, 04747 unter IV 5c; OLG Oldenburg 4.4.2011, BeckRS 2011, 07655 unter II 3 a aa (1); OLG Stuttgart 17.2.2016, ZVertriebsR 2016, 233 Rn. 24; Hopt/Hopt Rn. 18; Heymann/Stöber Rn. 16; MüKoHGB/Ströbl Rn. 48.

[91] BGH 3.8.2017, ZVertriebsR 2017, 298 Rn. 19.

[92] BAG 23.3.1982, BB 1983, 195 (196); Hopt/Hopt Rn. 18.

[93] BGH 13.3.1961, BB 1961, 424 (425) = BeckRS 1961, 31185896; OLG Düsseldorf 19.10.1954, HVR Nr. 99; Seetzen WM 1985, 213 (214); Hopt/Hopt Rn. 18; Heymann/Stöber Rn. 16; MüKoHGB/Ströbl Rn. 49.

[94] OLG Karlsruhe 9.10.1973, VersR 1974, 384 (385); Heymann/Stöber Rn. 23; **aA** MüKoHGB/Ströbl Rn. 49.

[95] OLG Hamm 30.1.2017, NJW-RR 2017, 934 Rn. 47.

[96] BGH 25.7.2024, NJW 2024, 3594 Rn. 18; OLG Hamm 10.2.2020, ZVertriebsR 2020, 131 Rn. 53.

dem Verlangen nach einem Buchauszug von vornherein nicht entgegen. Durch diesen soll gerade verifiziert werden, ob ggf. ein Provisionsanspruch besteht.[97] Deshalb ist der Anspruch auf den Buchauszug auch nicht von der Vollständigkeit der Abrechnung abhängig.[98]

16a Ein **Anspruch** auf einen Buchauszug **besteht** dagegen **nicht,** wenn von vornherein zweifelsfrei feststeht, dass überhaupt keine provisionspflichtigen Geschäfte (mehr) vorliegen[99] oder diese nicht mehr durchsetzbar sind.[100] Solche Geschäfte müssen in einem Buchauszug nicht aufgenommen werden.[101] Ein Bezirksvertreter kann daher einen Buchauszug nicht verlangen, wenn der Unternehmer kein Kundengeschäft in dem betreffenden Bezirk getätigt hat;[102] denkbar ist freilich ein Vorgehen nach Abs. 4 (→ Rn. 28 ff.). Ausgeschlossen ist der Anspruch auf den Buchauszug zudem, wenn Unternehmer und Handelsvertreter die Abrechnung (und die darauf beruhende Provision) ausdrücklich außer Streit gestellt haben.[103] Entsprechendes gilt bei einem Saldoanerkenntnis des Handelsvertreters.[104] Die jahrelange (stillschweigende) Hinnahme der Provisionsabrechnungen durch den Handelsvertreter beinhaltet freilich kein Anerkenntnis des Handelsvertreters, dass ihm Buchauszug und weitere Provisionen nicht zustehen.[105] Der Anspruch auf einen Buchauszug wird daher nicht dadurch ausgeschlossen, dass der Handelsvertreter die bis dahin erteilten Abrechnungen, unter Umständen sogar über einen längeren Zeitraum, widerspruchslos hingenommen und unbeanstandet gelassen hat.[106] Macht der Handelsvertreter dennoch den Anspruch auf den Buchauszug geltend, liegt hierin per se kein treuwidriges (missbräuchliches) Verhalten.[107] Denkbar ist freilich, dass ein Fall der **Verwirkung** gegeben ist.[108] An einen **Rechtsmissbrauchseinwand** seitens des Unternehmers sind in jedem Fall strenge Anforderungen zu stellen.[109] Das Verlangen nach einem Buchauszug kann der Unternehmer daher auch nicht unter Hinweis auf die Wahrung von Geschäftsgeheimnissen als rechtsmissbräuchlich verweigern.[110]

17 Das Verlangen nach dem Buchauszug kann **formlos** gestellt werden und **bedarf keiner** weiteren **Begründung.**[111] Insbesondere ist es nicht erforderlich, dass der Handelsvertreter an der Richtigkeit oder Vollständigkeit der Abrechnung zweifelt.[112] Freilich muss erkennbar sein, für welchen Geschäfts-

---

[97] Vgl. BGH 23.2.1989, WM 1989, 1073 (1074) = NJW-RR 1989, 738; OLG Düsseldorf 11.6.2003, HVR Nr. 1125; OLG Köln 29.11.2002, HVR Nr. 1099; OLG München 17.4.2019, ZVertriebsR 2019, 254 Rn. 21; Hopt/Hopt Rn. 13b.

[98] BGH 3.8.2017, ZVertriebsR 2017, 298 Rn. 21; OLG München 21.12.2017, ZVertriebsR 2018, 106 Rn. 15; Reif/David ZVertriebsR 2015, 343 (346).

[99] BGH 23.2.1989, NJW-RR 1989, 738 (739); OLG Düsseldorf 23.11.2023, ZVertriebsR 2024, 293 Rn. 23; 15.6.2023, ZVertriebsR 2024, 302 Rn. 28;2.4.2020, ZVertriebsR 2020, 306 Rn. 7; OLG Hamm 30.1.2017, NJW-RR 2017, 934 Rn. 43; OLG Köln 24.11.2023, ZVertriebsR 2024, 23 Rn. 92; 8.9.2023, ZVertriebsR 2024, 223 Rn. 98, 102, 135; OLG München 11.4.2018, ZVertriebsR 2018, 176 Rn. 34.

[100] OLG Düsseldorf 15.6.2023, ZVertriebsR 2024, 302 Rn. 28.

[101] BGH 23.2.1989, NJW-RR 1989, 738 (739); OLG Düsseldorf 2.4.2020, ZVertriebsR 2020, 263 Rn. 15.

[102] OLG Frankfurt 13.12.1994, MDR 1995, 165; Hopt/Hopt Rn. 13b.

[103] Vgl. auch BGH 23.10.1981, DB 1982, 376 = BeckRS 1981, 30373535; 11.7.1980, NJW 1981, 457; 13.3.1961, BB 1961, 424 f. = BeckRS 1961, 31185896; OLG Düsseldorf 2.11.2001, HVR Nr. 1042; OLG Karlsruhe 10.5.2005, HVR Nr. 1156; OLG München 14.7.2016, ZVertriebsR 2016, 306 Rn. 21; LG Frankfurt a.M. 25.5.2018, ZVertriebsR 2018, 252 Rn. 60; LG Stade 22.11.1990, HVR Nr. 719; Hopt/Hopt Rn. 19; Heymann/Stöber Rn. 24; MüKoHGB/Ströbl Rn. 57.

[104] Schröder BB 1955, 181; MüKoHGB/Ströbl Rn. 57.

[105] BGH 29.11.1995, NJW 1996, 588 f.; OLG Saarbrücken 23.5.2001, NJW-RR 2002, 391 f.; Hopt/Hopt Rn. 4; MüKoHGB/Ströbl Rn. 49; vgl. auch OLG Hamburg 6.3.1998, BB 1998, 971 zur Handelsvertreter-GmbH; **aA** Scherer BB 1996, 2205.

[106] BGH 20.9.2006, WM 2007, 177 (179); 29.11.1995, NJW 1996, 588 f.; 23.10.1981, WM 1982, 152 (153) = BeckRS 1981, 30373535; OLG Hamburg 11.10.2000, HVR Nr. 957; 6.3.1998, BB 1998, 971 f. (16 Jahre); OLG München 19.7.2017, ZVertriebsR 2017, 302 Rn. 8; 1.3.2017, ZVertriebsR 2017, 181 Rn. 9; OLG Naumburg 20.11.2024, ZVertriebsR 2025, 29 Rn. 34; Hopt/Hopt Rn. 19; anders noch BGH 28.1.1965, BB 1965, 434 (435) = BeckRS 1965, 31368428.

[107] BGH 29.11.1995, NJW 1996, 588 (589); OLG Düsseldorf 11.6.2003, HVR Nr. 1125; OLG München 24.10.2024, ZVertriebsR 2025, 35 Rn. 42; LG Frankfurt a.M. 25.5.2018, ZVertriebsR 2018, 252 Rn. 60; LG Köln 22.2.2019, ZVertriebsR 2019, 261 Rn. 18.

[108] Vgl. BGH 30.1.1964, HVR Nr. 314; OLG München 17.4.2019, ZVertriebsR 2019, 254 Rn. 28.

[109] Vgl. OLG Düsseldorf 15.6.2023, ZVertriebsR 2023, 302 Rn. 26; OLG Karlsruhe 10.5.2005, HVR Nr. 1156; 14.6.2005, HVR Nr. 1157; LG Hannover 7.2.2001, VersR 2001, 764 (766); Emde EWiR 2/01, 731; Hopt/Hopt Rn. 13a.

[110] OLG Frankfurt 20.11.2006, BeckRS 2007, 14339 unter II.3.c; OLG München 31.7.2019, ZVertriebsR 2019, 372 Rn. 41.

[111] Vgl. OLG Hamburg 11.10.2000, HVR Nr. 957; Hopt/Hopt Rn. 17; Heymann/Stöber Rn. 23.

[112] BGH 3.8.2017, ZVertriebsR 2017, 298 Rn. 20; 23.10.1981, WM 1982, 152 (153) = BeckRS 1981, 30373535; OLG Stuttgart 17.2.2016, ZVertriebsR 2016, 233 Rn. 28; Hopt/Hopt Rn. 17.

bereich und Zeitraum der Auszug verlangt wird.[113] Der notwendige Inhalt des Buchauszugs ergibt sich im Übrigen aus dem Gesetz und muss nicht weiter konkretisiert werden.[114] Der Anspruch auf Erteilung eines Buchauszugs unterliegt der regelmäßigen **Verjährung** (§ 195 BGB).[115] Wie die übrigen Informationsrechte des § 87c Abs. 2 verjährt der Anspruch auf den Buchauszug im Verhältnis zum Hauptanspruch auf Provision selbstständig.[116] Davon zu unterscheiden ist, dass er als Hilfsanspruch mit der Verjährung oder fehlenden Durchsetzbarkeit des Provisionsanspruchs gegenstandslos wird.[117] Eine Klage auf Erteilung eines Buchauszugs ist in diesem Fall mangels Rechtsschutzbedürfnisses unzulässig.[118] Die Verjährung beginnt gem. § 199 Abs. 1 Nr. 1 BGB mit dem Schluss des Jahres, in dem der Anspruch auf Erteilung des Buchauszugs aufgrund einer erteilten Abrechnung entstanden und damit fällig geworden ist (→ Rn. 16).[119] Maßgebend ist insoweit der Zeitpunkt, zu dem der Unternehmer dem Handelsvertreter eine abschließende, also vorbehaltlose Abrechnung über die diesem zustehende Provision erteilt hat (→ Rn. 16). Ab diesem Zeitpunkt kann der Handelsvertreter beurteilen, ob es weiterer Auskünfte in Form des Buchauszugs zur Durchsetzung seines Provisionsanspruchs bedarf.[120]

18 **c) Inhalt.** Der Anspruch auf den Buchauszug dient, wie bereits dargelegt, der Verifikation der Abrechnung (→ Rn. 15). Daher erfasst die Vorschrift nicht nur bereits verdiente Provisionen, die in die Abrechnung aufzunehmen sind (→ Rn. 5, → Rn. 8), sondern auch bloße **Provisionsanwartschaften** iSv § 87, die durch den Abschluss eines Kundengeschäfts entstanden sind. Dazu gehören auch schwebende, nach § 87 Abs. 3 nur bedingt provisionspflichtige Geschäfte.[121] Der Buchauszug soll mithin ein über die Abrechnung hinaus gehendes Informationsinteresse des Handelsvertreters abdecken.[122] Nur wenn der Handelsvertreter über alle Geschäftsabschlüsse unterrichtet ist, kann er nämlich später anhand der Abrechnungen zuverlässig feststellen, ob diese vollständig sind.[123] In den Buchauszug aufzunehmen sind daher ausnahmslos alle abgeschlossenen Geschäfte, unabhängig davon, ob sie storniert wurden,[124] ob deren Provisionspflicht streitig ist[125] oder ob sie den inhaltlichen Vorgaben des Unternehmers entsprechen.[126] Darüber hinaus sind auch **nicht ausgeführte oder vertragswidrig nicht abgeschlossene Geschäfte** aufzunehmen,[127] da nur so dem berechtigten Informationsinteresse des Handelsvertreters entsprochen wird. Im Einzelnen sind beispielsweise anzugeben Name und Anschrift des Kunden,[128] die Kunden-Vertrags- und

[113] OLG Hamm 14.5.2018, ZVertriebsR 2018, 375 Rn. 31; OLG Naumburg 20.11.2024, ZVertriebsR 2025, 29 Rn. 22.

[114] OLG Hamm 14.5.2018, ZVertriebsR 2018, 375 Rn. 35; OLG Naumburg 20.11.2024, ZVertriebsR 2025, 29 Rn. 22.

[115] BGH 3.8.2017, ZVertriebsR 2017, 298 Rn. 13; OLG Düsseldorf 2.4.2020, ZVertriebsR 2020, 306 Rn. 9; LG Köln 6.3.2018, ZVertriebsR 2019, 246 Rn. 53.

[116] BGH 3.8.2017, ZVertriebsR 2017, 298 Rn. 13; 23.2.2016, BeckRS 2016, 04895 Rn. 14; OLG Hamm 30.1.2017, NJW-RR 2017, 934 Rn. 25; OLG München 21.12.2017, ZVertriebsR 2018, 106 Rn. 14; OLG Stuttgart 17.2.2016, NJW-RR 2016, 1130 Rn. 23 ff.; Gräfe ZVertriebsR 2015, 227; **aA** Harten ZVertriebsR 2015, 288 (290).

[117] BGH 3.8.2017, ZVertriebsR 2017, 298 Rn. 13; 23.2.2016, BeckRS 2016, 04895 Rn. 14; OLG Düsseldorf 2.4.2020, ZVertriebsR 2020, 306 Rn. 9; OLG München 11.4.2018, ZVertriebsR 2018, 176 Rn. 15; OLG Stuttgart 2.7.2019, ZVertriebsR 2020, 108 Rn. 41.

[118] OLG München 11.4.2018, ZVertriebsR 2018, 176 Rn. 15.

[119] BGH 3.8.2017, ZVertriebsR 2017, 298 Rn. 13; OLG Hamm 30.1.2017, NJW-RR 2017, 934 Rn. 33; OLG München 21.12.2017, ZVertriebsR 2018, 106 Rn. 14; **aA** – bei Beendigung des Handelsvertreterverhältnisses – OLG Frankfurt 18.9.2012, BeckRS 2014, 11259.

[120] BGH 3.8.2017, ZVertriebsR 2017, 298 Rn. 14; OLG München 31.7.2019, ZVertriebsR 2019, 372 Rn. 59; 17.4.2019, ZVertriebsR 2019, 254 Rn. 34; 11.4.2018, ZVertriebsR 2018, 176 Rn. 26; OLG Stuttgart 2.7.2019, ZVertriebsR 2020, 108 Rn. 42.

[121] BGH 23.2.1989, WM 1989, 1073 (1074) = NJW-RR 1989, 738; LG Frankfurt a.M. 25.5.2018, ZVertriebsR 2018, 252 Rn. 60; Hopt/Hopt Rn. 13, 15; MüKoHGB/Ströbl Rn. 42.

[122] Vgl. OLG Frankfurt 16.3.1993, HVR Nr. 758.

[123] Vgl. Begr. RegE zum Gesetz zur Änderung des HGB (Recht der Handelsvertreter), BT-Drs. 1/3856, 9, 29.

[124] OLG München 31.7.2019, ZVertriebsR 2019, 372 Rn. 77; 19.1.2018, NJW-RR 2018, 422 Rn. 17; Heymann/Stöber Rn. 18.

[125] Vgl. OLG München 14.2.1964, BB 1964, 698; Heymann/Stöber Rn. 18.

[126] Vgl. OLG Nürnberg 27.5.1981, MDR 1982, 324 (Erlöse des Unternehmers unter vorgegebenen Mindestpreisen); Heymann/Stöber Rn. 18.

[127] OLG Bamberg 27.5.2008, NJW-RR 2008, 1422 (1425); OLG München 19.1.2018, NJW-RR 2018, 422 Rn. 17; Dänekamp/Kölln NJW 2015, 3126 (3129); Hopt/Hopt Rn. 15.

[128] OLG München 24.10.2024, ZVertriebsR 2025, 35 Rn. 89; LG Frankfurt a.M. 25.5.2018, ZVertriebsR 2018, 252 Rn. 71.

Auftragsnummern,[129] das Auftragsdatum,[130] Art, Menge und Preis der verkauften Ware,[131] nicht aber Provisionssatz und Provisionsbeträge, da diese vom Handelsvertreter selbst zu berechnen sind;[132] darüber hinaus Angaben zu Stornierungen und Vertragsbeendigungen[133] sowie das Datum des Zugangs von Widerspruchsschreiben und die Form des Widerrufs.[134] Ein **Bezirksvertreter** kann regelmäßig einen Buchauszug über alle in dem Bezirk zustande gekommenen Geschäfte verlangen (auch → Rn. 16).[135] Die mit Erteilung des Buchauszugs verbundene **Datenübermittlung** ist regelmäßig durch Art. 6 Abs. 1 S. 1 lit. f DS-GVO gedeckt.[136] Nicht erforderlich ist die Beifügung der für den Buchauszug relevanten Belege.[137] Die für die Provisionsberechnung maßgeblichen Entgelte und die Provision sind im Buchauszug in der **Währung** anzugeben, die für die Abrechnung und Auszahlung der Provision maßgeblich ist.[138] Der **Auskunftsanspruch nach Abs. 3** führt zu keiner materiellen Begrenzung des Anspruchs auf den Buchauszug, sondern ergänzt diesen.[139] Erforderlich sein können zudem Angaben zu Beitreibungs- und Bestanderhaltungsmaßnahmen.[140] Bei **Versicherungsgeschäften** hat der Buchauszug die Jahresprämie,[141] etwaige Abweichungen vom Regelprämiensatz,[142] das Auftragsdatum,[143] die Mitteilung der Versicherungspolice,[144] und den Versicherungsbeginn, ggf. auch das Geburtsdatum des Versicherten (Lebensversicherung)[145] und die Versicherungssumme (Lebensversicherung),[146] das Eintrittsalter des Versicherungsnehmers (Kranken-, Lebens-, Berufsunfähigkeitsversicherung) und die Laufzeit des Vertrages (Lebensversicherung) auszuweisen,[147] darüber hinaus auch etwaige provisionsrelevante Sondervereinbarungen.[148]

d) Form. Das Gesetz schreibt für den Buchauszug keine konkrete Form vor. Aus diesem Grunde hat der Handelsvertreter keinen Anspruch auf eine bestimmte **Gestaltung des Buchauszugs,**[149] etwa in tabellarischer Form oder in Form einer EDV-Übersicht.[150] Vielmehr darf der Unternehmer unter mehreren möglichen, nämlich zum Beleg der abgeschlossenen Geschäfte geeigneten analogen oder digitalen Darstellungen diejenige wählen, die für ihn am wenigsten lästig und kostenträchtig ist.[151] Die relevanten Geschäfte sind jedoch regelmäßig einzeln aufzuführen.[152] Erforderlich ist jedoch stets, dass die im Einzelfall variable Gestaltung des Buchauszugs dem Informationsinteresse des Han- 19

[129] OLG Naumburg 20.11.2024, ZVertriebsR 2025, 29 Rn. 26; Ebenroth/Boujong/Semmler Rn. 78; Hopt/Hopt Rn. 15.

[130] OLG Hamm 15.1.1999, NJW-RR 1999, 1712 (1713); OLG München 21.4.2010, BeckRS 2010, 11741 unter II.2.a; OLG Naumburg 20.11.2024, ZVertriebsR 2025, 29 Rn. 27.

[131] OLG Naumburg 20.11.2024, ZVertriebsR 2025, 29 Rn. 29; Hopt/Hopt Rn. 15.

[132] Hopt/Hopt Rn. 15.

[133] OLG Köln 24.11.2023, ZVertriebsR 2024, 23 Rn. 61; OLG Naumburg 20.11.2024, ZVertriebsR 2025, 29 Rn. 30; Hopt/Hopt Rn. 15.

[134] OLG München 19.7.2023, ZVertriebsR 2024, 20 Rn. 11, 22; OLG Naumburg 20.11.2024, ZVertriebsR 2025, 29 Rn. 31.

[135] BGH 29.11.1995, NJW 1996, 588 (589); OLG Brandenburg 24.2.2020, ZVertriebsR 2020, 115 Rn. 12.

[136] OLG Köln 21.8.2020, BeckRS 2020, 55947 Rn. 45 f.; OLG München 31.7.2019, ZVertriebsR 2019, 372 Rn. 46 ff.; OLG Naumburg 20.11.2024, ZVertriebsR 2025, 29 Rn. 26; BeckOK HGB/Lehmann, 48. Ed. 1.10.2025, § 84 Rn. 82; zum Vertragshändlerrecht einschr. Beck/Kirschhöfer ZVertriebsR 2019, 3 (6 f.).

[137] OLG Hamm 27.11.1998, HVR Nr. 963.

[138] OLG Düsseldorf 11.6.2003, HVR Nr. 1125; Ebenroth/Boujong/Semmler Rn. 26.

[139] BGH 23.11.2011, NJW-RR 2012, 674 Rn. 53; 21.3.2001, NJW 2001, 2333 (2334); OLG Frankfurt 8.7.2025, ZVertriebsR 2025, 310 Rn. 53; Hopt/Hopt Rn. 23; MüKoHGB/Ströbl Rn. 64.

[140] OLG Hamm 14.5.2018, ZVertriebsR 2018, 375 Rn. 70; OLG Köln 24.11.2023, ZVertriebsR 2024, 23 Rn. 62.

[141] BGH 25.7.2024, NJW 2024, 3594 Rn. 16.

[142] OLG München 24.10.2024, ZVertriebsR 2025, 35 Rn. 62.

[143] OLG München 24.10.2024, ZVertriebsR 2025, 35 Rn. 89.

[144] OLG München 24.10.2024, ZVertriebsR 2025, 35 Rn. 89.

[145] OLG München 24.10.2024, ZVertriebsR 2025, 35 Rn. 48 ff.

[146] OLG München 24.10.2024, ZVertriebsR 2025, 35 Rn. 57.

[147] Vgl. BGH 21.3.2001, NJW 2001, 2333 (2335); OLG Hamm 14.5.2018, ZVertriebsR 2018, 375 Rn. 55 ff.; 12.3.2004, NJW-RR 2004, 1266; OLG Köln 9.2.2004, HVR Nr. 1102 = VersR 2004, 1413; OLG Saarbrücken 23.5.2001, NJW-RR 2002, 391; Hopt/Hopt Rn. 15a; Ebenroth/Boujong/Semmler Rn. 107.

[148] BGH 25.7.2024, NJW 2024, 3594 Rn. 16; 21.3.2001, NJW 2001, 2333 (2334) unter II.2.a; OLG München 24.10.2024, ZVertriebsR 2025, 35 Rn. 55.

[149] OLG München 21.12.2017, ZVertriebsR 2018, 106 Rn. 25.

[150] OLG München 19.7.2017, ZVertriebsR 2017, 302 Rn. 21; 1.3.2017, ZVertriebsR 2017, 181 Rn. 13; MüKoHGB/Ströbl Rn. 44; s. aber auch OLG Hamm 19.11.1983, NJW-RR 1994, 489 (490).

[151] BGH 21.3.2001, NJW 2001, 2333 (2336); 20.1.2011, NJW-RR 2011, 470 Rn. 13.

[152] OLG Bamberg 27.5.2008, NJW-RR 2008, 1422 (1425); OLG Hamm 21.3.1997, BB 1997, 1329 (1330) (Versicherungsvertreter).

delsvertreters gerecht wird.[153] Die Informationsfunktion des Buchauszugs gebietet es insoweit, dass der Auszug übersichtlich gestaltet, inhaltlich eindeutig, in sich abgeschlossen und aus sich heraus verständlich ist.[154] Diese Anforderungen werden freilich nicht schon dann verfehlt, wenn der Aufstellung ergänzende Belege (Auftrags-/Rechnungsunterlagen) beigefügt sind, die sich ohne Weiteres bestimmten Geschäften zuordnen lassen.[155] Daran mangelt es bei Belegen, die nach anderen Kriterien geordnet sind als die Aufstellung über die Geschäfte.[156] An der **Abgeschlossenheit** fehlt es, wenn dem Handelsvertreter lediglich der jederzeitige Zugriff auf die EDV des Unternehmers ermöglicht wird.[157] Nicht erforderlich ist es dagegen, dass der Buchauszug als einheitliches Werk vorgelegt wird. Ausreichend können daher bei entsprechendem Umfang des Buchauszugs nach Abrechnungszeiträumen geordnete (in sich abgeschlossene) Teillieferungen sein.[158]

20 **e) Erfüllungsmodalitäten. Erfüllungsort** für die Erteilung des Buchauszugs ist in der Regel der Sitz des Unternehmers.[159] Dort liegt auch der Erfolgsort,[160] da sich weder aus Art. 12 Abs. 2 RL 86/653/EWG noch aus dem Wortlaut von § 87c Abs. 3 ein Hinweis darauf ergibt, dass der Buchauszug dem Handelsvertreter zu übermitteln ist. Vielmehr handelt es sich um eine Holschuld.[161] Insoweit reicht die bloße Bereitstellung des Buchauszugs aus.[162] Zur Erfüllung (§ 362 BGB) bedarf es keiner Übergabe des Buchauszugs an den Handelsvertreter, da nicht erklärbar ist, weshalb ein etwaiges Hindernis auf Gläubigerseite die Erfüllung hindern soll.[163] Der Unternehmer hat den Buchauszug auf eigene **Kosten** zu erstellen,[164] selbst wenn dies mit hohen Aufwendungen verbunden ist. Diese Kosten sind jedenfalls dann nicht unzumutbar, wenn sie darauf beruhen, dass die Buchführung des Unternehmers unzureichend organisiert ist.[165] Der Verkauf des Unternehmens oder eines Geschäftsbereichs entbindet den Unternehmer nicht ohne Weiteres von der Erstellung des Buchauszugs,[166] selbst wenn die erforderlichen Geschäftsbücher und Geschäftspapiere sich nicht mehr im Verfügungsbereich des Unternehmers befinden. Der Unternehmer muss sich die notwendigen Informationen und Unterlagen ggf. von dem Drittunternehmen beschaffen.[167] Etwaige zusätzliche Kosten für die Beschaffung der Informationen hat der Unternehmer zu tragen. Der Unternehmer ist regelmäßig nicht gehalten, einen erteilten Buchauszug mit der Versicherung an Eides Statt zu bekräftigen (→ Rn. 21).[168]

21 **f) Pflichtverletzung.** Erteilt der Unternehmer einen unvollständigen oder lückenhaften Buchauszug und liegt damit nur eine Teil-Erfüllung des Buchauszugsanspruchs vor, hat der Handelsvertreter nach Abs. 2 einen Anspruch auf **Ergänzung** des Auszugs.[169] Der Ergänzungsanspruch kann nicht auf den erst subsidiär eingreifenden Auskunftsanspruch nach Abs. 3 gestützt werden.[170] Ein **neuer Auszug** kann nur im Ausnahmefall gefordert werden, wenn die Mängel des erteilten Buchauszugs so gravierend sind, dass der Auszug völlig unbrauchbar ist.[171] Unabhängig davon kann der

---

[153] Vgl. auch BGH 21.3.2001, NJW 2001, 2333 (2336).

[154] Vgl. BGH 23.10.1981, WM 1982, 152 (153) = BeckRS 1981, 30373535; 20.9.2006, NJW-RR 2007, 246 Rn. 17; 29.10.2008, NJW-RR 2009, 821 Rn. 14; 20.1.2011, NJW-RR 2011, 470 Rn. 13; LAG Baden-Württemberg 12.2.2020, ZVertriebsR 2020, 309 Rn. 47; Hopt/Hopt Rn. 15b; Heymann/Stöber Rn. 17.

[155] BGH 20.1.2011, NJW-RR 2011, 470 Rn. 13; vgl. MüKoHGB/Ströbl Rn. 43 ff.; Staub/Emde Rn. 177.

[156] BGH 20.1.2011, NJW-RR 2011, 470 Rn. 15.

[157] Dazu auch BGH 20.9.2006, WM 2007, 177.

[158] OLG Hamm 12.6.2003, HVR Nr. 1093.

[159] BGH 22.10.1987, NJW 1988, 966 (967); OLG Düsseldorf 18.6.1974, NJW 1974, 2185 (2186); Emde IHR 2023, 97 (98); Hopt/Hopt Rn. 15b; Heymann/Stöber Rn. 23; MüKoHGB/Ströbl Rn. 50.

[160] Harten ZVertriebsR 2015, 288 (289).

[161] OLG Düsseldorf 25.3.2008, BeckRS 2008, 10938 Rn. 3; allg. zur Holschuld BeckOGK/Beurskens, 1.11.2025, BGB § 243 Rn. 80 f.; **aA** (Schickschuld) Weiss/Brückerhoff ZIP 2021, 885 (888) bezogen auf Auskunftsanspruch.

[162] Emde IHR 2023, 97 Rn. 43; **aA** OLG München 24.10.2024, ZVertriebsR 2025, 35 Rn. 35.

[163] Allg. BeckOGK/Beurskens, 1.11.2025, BGB § 243 Rn. 81.

[164] BGH 24.6.1971, BGHZ 56, 290 (296) = NJW 1971, 1610; Hopt/Hopt Rn. 15b; Ebenroth/Boujong/Semmler Rn. 55; Heymann/Stöber Rn. 23; MüKoHGB/Ströbl Rn. 50.

[165] BGH 21.3.2001, NJW 2001, 2333 (2336); OLG Düsseldorf 17.5.1996, OLGR 1996, 221; OLG Hamburg 11.10.2000, HVR Nr. 957; OLG Stuttgart 23.12.2005, HVR Nr. 1171; Hopt/Hopt Rn. 15b.

[166] Vgl. OLG Köln 6.1.2001, HVR Nr. 982; Emde MDR 2003, 1151 (1152); Ebenroth/Boujong/Semmler Rn. 30.

[167] OLG Hamm 10.2.2020, ZVertriebsR 2020, 131 Rn. 50.

[168] OLG Hamm 21.3.1957, NJW 1959, 51 f.; Heymann/Stöber Rn. 37.

[169] OLG Köln 3.5.1995, NJW-RR 1996, 100 (101); MüKoHGB/Ströbl Rn. 53.

[170] BGH 20.2.1964, BB 1964, 409 = BeckRS 1964, 31190906; Heymann/Stöber Rn. 32.

[171] BGH 25.7.2024, NJW 2024, 3594 Rn. 18; 23.10.1981, DB 1982, 376 = BeckRS 1981, 30373535; 20.2.1964, BB 1964, 409 = BeckRS 1964, 31190906; OLG Düsseldorf 15.6.1994, HVR Nr. 817; OLG Köln 9.2.2004, HVR Nr. 1102 = VersR 2004, 1413; OLG München 21.12.2017, ZVertriebsR 2018, 106 Rn. 26; OLG Nürnberg 28.7.1998, BB 1999, 150 (151); Hopt/Hopt Rn. 20; Heymann/Stöber Rn. 28; MüKoHGB/Ströbl Rn. 54.

Handelsvertreter sein **Einsichtsrecht** in die Geschäftsbücher oder sonstigen Unterlagen gem. Abs. 4 ausüben. Ein Anspruch auf **eidesstattliche Versicherung** (§§ 259, 260 BGB) besteht nur bei Fehlen von Geschäftsbüchern oder erfolgloser Einsichtnahme.[172] Im Übrigen kann der Handelsvertreter einen Anspruch auf **Schadensersatz** (§ 280 Abs. 1 BGB) geltend machen, wenn der Unternehmer seiner Pflicht zur Erteilung eines Buchauszugs nicht oder nicht gehörig nachkommt.[173] Der Unternehmer ist auch dann zur Erteilung eines Buchauszugs verpflichtet, wenn er keiner kaufmännischen **Buchführungspflicht** iSv §§ 238 ff. unterliegt. Insoweit nämlich folgt aus § 87c Abs. 2 eine gesonderte Pflicht zur Buchführung.[174]

g) Prozessuales. Der Handelsvertreter kann den Anspruch auf einen Buchauszug im Klageweg durchsetzen. Im Hinblick auf die Vollstreckungsfähigkeit des Urteils ist es erforderlich, dass der Inhalt des Buchauszugs konkret bezeichnet wird.[175] Insoweit ist anzugeben, für welchen Geschäftsbereich und welchen Zeitraum der Buchauszug begehrt wird.[176] Eine weitere Konkretisierung ist dagegen nicht erforderlich, da sich der notwendige Inhalt des Buchauszugs (→ Rn. 18) aus § 87c Abs. 2 ergibt.[177] Im Hinblick auf ein etwaiges späteres Zwangsvollstreckungsverfahren (→ Rn. 23) können zusätzliche Konkretisierungen jedoch von Vorteil sein.[178] Die **Rechtskraft** des Urteils, mit dem der Unternehmer zur Erteilung eines Buchauszugs verurteilt wird, erstreckt sich nicht auf Grund und Höhe der Provisionsansprüche.[179] Möglich ist eine **Stufenklage** (§ 254 ZPO) auf Buchauszug und Zahlung der nach der Abrechnung geschuldeten Provision[180] oder auf Buchauszug und eidesstattliche Versicherung.[181] Die **Aktivlegitimation** und das **Rechtsschutzbedürfnis** für eine Klage auf Erfüllung des Buchauszugs entfallen nicht dadurch, dass Provisionsansprüche des Handelsvertreters gegen den Unternehmer zugunsten eines Dritten gepfändet wurden; insoweit geht der Anspruch auf Leistung an den Pfändungsgläubiger.[182] Dagegen fehlt für eine Klage auf Buchauszug und Bucheinsicht das Rechtsschutzbedürfnis, da eine Einsichtnahme in die Geschäftsbücher nur subsidiär verlangt werden kann (vgl. Abs. 4).[183] Ein rechtskräftiges Urteil auf Einsicht nach Abs. 4 erledigt den Anspruch auf den Buchauszug.[184] Die **Darlegungs- und Beweislast** für die Provisionsrelevanz der mit dem Buchauszug begehrten Informationen trifft den Handelsvertreter.[185] Der Unternehmer, der einen Buchauszug schuldet und einwendet, der Anspruch sei bereits erfüllt, hat darzulegen und zu beweisen, dass es über das bereits Mitgeteilte hinaus keine weiteren Geschäfte gegeben hat, aus denen ein Provisionsanspruch folgen könnte.[186] 22

h) Zwangsvollstreckung. Die Zwangsvollstreckung erfolgt nach **§ 887 ZPO** durch Ersatzvornahme, da die Erteilung des Buchauszugs eine vertretbare Handlung ist.[187] Das gilt auch, wenn es sich um einen Schuldner mit Sitz im Ausland handelt.[188] Eine Vollstreckung nach **§ 888 ZPO** 23

[172] BGH 16.5.1960, BGHZ 32, 302 (305) = NJW 1960, 1662 (1663 f.); OLG Celle 27.8.1962, BB 1962, 1017; OLG Hamm 21.3.1957, NJW 1959, 51 f.; Hopt/Hopt Rn. 20; MüKoHGB/Ströbl Rn. 53.

[173] OLG Düsseldorf HVR Nr. 965; Reif/David ZVertriebsR 2015, 343 (349); Hopt/Hopt Rn. 16.

[174] Vgl. auch Ebenroth/Boujong/Semmler Rn. 25.

[175] OLG Saarbrücken 15.6.2001, NJW-RR 2002, 34 (35); vgl. auch OLG Brandenburg 24.2.2020, ZVertriebsR 2020, 115 Rn. 13.

[176] OLG Hamm 14.5.2018, ZVertriebsR 2018, 375 Rn. 31.

[177] OLG Hamm 14.5.2018, ZVertriebsR 2018, 375 Rn. 35.

[178] Dazu Semler ZVertriebsR 2020, 25 (26).

[179] BGH 22.5.1981, WM 1981, 991 (993) = NJW 1982, 235; Heymann/Stöber Rn. 28; MüKoHGB/Ströbl Rn. 62.

[180] OLG Hamm 10.2.2020, ZVertriebsR 2020, 131 Rn. 38 ff.; OLG Stuttgart 2.7.2019, ZVertriebsR 2020, 108 Rn. 26 ff.; Holling BB 1959, 687 (688); MüKoHGB/Ströbl Rn. 60.

[181] BGH 28.10.1993, BGHZ 10, 385 (386) = NJW 1954, 70; Hopt/Hopt Rn. 21.

[182] LG Köln 22.2.2019, ZVertriebsR 2019, 261 Rn. 14 ff.

[183] BGH 24.6.1971, BGHZ 56, 290 (297) = NJW 1971, 1610; Hopt/Hopt Rn. 21.

[184] BGH 13.7.1959, BB 1959, 935 = NJW 1959, 1964; Hopt/Hopt Rn. 21.

[185] OLG Hamm 14.5.2018, ZVertriebsR 2018, 375 Rn. 40; vgl. auch OLG München 14.7.2016, ZVertriebsR 2016, 306 Rn. 15.

[186] OLG Brandenburg 24.2.2020, ZVertriebsR 2020, 115 Rn. 10; OLG Stuttgart 2.7.2019, ZVertriebsR 2020, 108 Rn. 33 f.

[187] BGH 20.1.2011, NJW-RR 2011, 470 Rn. 10; 13.8.2009, NJW-RR 2010, 279 Rn. 20; 26.4.2007, NJW-RR 2007, 1475 Rn. 15; OLG Bamberg 27.5.2008, NJW-RR 2008, 1422 (1423); OLG Köln 9.10.1991, HVR Nr. 709; OLG München 19.1.2018, NJW-RR 2018, 422 Rn. 13; OLG Nürnberg 9.2.1971, BB 1971, 491 (492); Hopt/Hopt Rn. 12; Ebenroth/Boujong/Semmler Rn. 121; Heymann/Stöber Rn. 30; MüKoHGB/Ströbl Rn. 63; Staub/Emde Rn. 188; **aA** – Vollstreckung nach § 888 ZPO – KG 22.3.2001, HVR Nr. 1004; OLG München 22.7.1959, BB 1960, 188; OLG Neustadt 6.10.1964, NJW 1965, 257 f.

[188] OLG Düsseldorf 21.1.2004, HVR Nr. 1126; OLG Hamm 27.3.1998, HVR Nr. 960; Hopt/Hopt Rn. 12; **aA** – Vollstreckung nach § 888 ZPO – OLG Frankfurt 14.12.2000, HVR Nr. 1129; 31.1.2002 Nr. 1130; OLG Hamburg 5.4.2005, HVR Nr. 1154.

(Zwangsgeld/-haft) kommt ausnahmsweise nur dann in Betracht, wenn der Buchauszug ohne Mithilfe des Unternehmers nicht erstellt werden kann[189] oder wenn Bücher überhaupt nicht vorhanden sind.[190] Entsprechendes gilt, wenn der Unternehmer nicht nur zur Erteilung eines Buchauszugs, sondern auch zur Belegvorlage verurteilt wurde.[191] Mit der Ersatzvornahme nach § 887 ZPO ist ein vom Handelsvertreter zu bestimmender Wirtschaftsprüfer oder vereidigter Buchsachverständiger zu betrauen, der auf Kosten des Unternehmers tätig wird.[192] Bei Unvollständigkeit des Buchauszugs kann im Rahmen der Zwangsvollstreckung nur Ergänzung verlangt werden.[193] Der Unternehmer kann Vollstreckungsabwehrklage (§ 767 ZPO) erheben.[194] Dagegen ist der Erfüllungseinwand im Verfahren nach § 887 ZPO nur zu prüfen, wenn kein Streit um Tatsachen besteht oder die Erfüllung durch Urkunden iSv § 775 Nr. 4 und 5 ZPO belegt ist.[195] Gegen einen titulierten Anspruch auf Kostenvorschuss (§ 887 Abs. 2 ZPO) ist die Aufrechnung mit einem bestrittenen, nachträglich erworbenen Gegenanspruch unzulässig.[196] Der Zwangsvollstreckung steht nicht entgegen, dass der Handelsvertreter bei einem unvollständigen Buchauszug auch nach Abs. 4 vorgehen kann.[197]

24 **4. Auskunft (Abs. 3). a) Grundsatz.** Nach Abs. 3 kann der Handelsvertreter „außerdem" Mitteilung über alle Umstände verlangen, die für den Provisionsanspruch, seine Fälligkeit und seine Berechnung wesentlich sind. Dieser Auskunftsanspruch tritt ergänzend neben den Anspruch auf Abrechnung und Erteilung des Buchauszugs (→ Rn. 18 aE). Er flankiert darüber hinaus die den Unternehmer nach § 86a Abs. 2 S. 2 treffenden Informationspflichten, welche die Annahme, Ablehnung oder Nichtausführung von Geschäften betreffen. Wie der Anspruch auf den Buchauszug setzt der Auskunftsanspruch voraus, dass (rechtlich und tatsächlich) überhaupt ein Provisionsanspruch bestehen kann. Fehlt es daran zweifelsfrei und damit auch an einem Informationsinteresse des Handelsvertreters, sind die Voraussetzungen für einen Auskunftsanspruch nicht gegeben.[198] Der Auskunftsanspruch nach Abs. 3 ist in dem Fall bedeutsam, wenn das Informationsinteresse des Handelsvertreters durch Abrechnung und Buchauszug nicht hinreichend abgedeckt wird. Denkbar ist, dass der Unternehmer entweder keine Bücher geführt hat oder dass die Buchführung lückenhaft oder in sonstiger Weise mangelhaft ist.[199] Mit dem Auskunftsanspruch erhält der Handelsvertreter die Möglichkeit weitere für die Provisionsberechnung erhebliche Informationen zu erhalten, die sich nicht unmittelbar aus den **Büchern** des Unternehmers ergeben.[200] Der Auskunftsanspruch ist ein **Hilfsanspruch,** der erst dann geltend gemacht werden kann, wenn der Anspruch auf Erteilung des Buchauszugs nicht zum Ziel geführt hat.[201] Nach Sinn und Zweck ergänzt der Auskunftsanspruch mithin den Anspruch auf den Buchauszug.[202] Inwieweit die Voraussetzungen für einen Auskunftsanspruch nach Abs. 3 gegeben sind, hängt davon ab, ob nach Erteilung des Buchauszugs noch Unklarheiten verbleiben.[203] Daraus ergibt sich materiell-rechtlich wie auch in prozessualer Hinsicht ein

---

189 Vgl. OLG Bamberg 16.5.2003, NJW-RR 2004, 475 (476) (fehlender Rechnerzugang); OLG Hamm 19.11.1983, NJW-RR 1994, 489 (490) (fehlender Rechnerzugang); MüKoHGB/Ströbl Rn. 40.

190 Hopt/Hopt Rn. 12; MüKoHGB/Ströbl Rn. 40.

191 OLG München 19.1.2018, NJW-RR 2018, 422 Rn. 13.

192 OLG Düsseldorf 21.6.1999, NJW-RR 2000, 1298 (1299); OLG Hamm 19.11.1993, NJW-RR 1994, 489 (490); 19.12.1997, HVR Nr. 879; 10.2.1967, DB 1967, 592 (592); OLG Köln 9.2.2004, HVR Nr. 1102 = VersR 2004, 1413; vgl. auch OLG Köln 3.5.1995, NJW-RR 1996, 100 (101); OLG Nürnberg 28.7.1998, BB 1999, 150; Hopt/Hopt Rn. 12; Heymann/Stöber Rn. 30.

193 BGH 26.4.2007, NJW-RR 2007, 1475 Rn. 17; OLG Hamburg 15.7.2000, HVR Nr. 956; Hopt/Hopt Rn. 12.

194 OLG München 26.3.2002, NJW-RR 2002, 1034 (1035); Hopt/Hopt Rn. 12.

195 OLG Düsseldorf 26.1.2001, InVo 2002, 32; OLG Hamburg 15.7.2000, HVR Nr. 956; OLG Hamm 19.12.1997, HVR Nr. 879; 12.6.2003, HVR Nr. 1093; OLG Köln 12.9.2001, HVR Nr. 1050; 9.2.2004, HVR Nr. 1102 = VersR 2004, 1413; OLG München 26.3.2002, NJW-RR 2002, 1034; Hopt/Hopt Rn. 12; **aA** BGH 5.11.2004, BGHZ 161, 67 (68 ff.) = NJW 2005, 367; 26.4.2007, NJW-RR 2007, 1475 Rn. 20; OLG München 26.3.2002, HVR Nr. 1054 = NJW-RR 2002, 1034; OLG Hamm 12.6.2003, HVR Nr. 1093 = OLGR 2004, 48; Ebenroth/Boujong/Semmler Rn. 119.

196 OLG Celle 21.4.2005, NJW-RR 2005, 1013; Hopt/Hopt Rn. 12.

197 BGH 26.4.2007, NJW-RR 2007, 1475 Rn. 20; OLG Köln 12.9.2001, HVR Nr. 1050 = OLGR 2002, 61; Hopt/Hopt Rn. 22; offengelassen von OLG Köln 3.5.1995, NJW-RR 1996, 100 (101).

198 OLG Köln 24.11.2023, ZVertriebsR 2024, 23 Rn. 127.

199 Vgl. Seetzen WM 1985, 213 (219); MüKoHGB/Ströbl Rn. 66.

200 OLG München 24.10.2024, ZVertriebsR 2025, 35 Rn. 76 zum Fall einer Umdeckung; Ebenroth/Boujong/Semmler Rn. 104; MüKoHGB/Ströbl Rn. 65; **aA** OLG Dresden 28.5.1996, HVR Nr. 813.

201 OLG Bamberg 17.12.1999, HVR Nr. 936; OLG Hamm 10.2.1967, DB 1967, 592 (593); Flohr/Wauschkuhn/Fröhlich Rn. 77; Heymann/Stöber Rn. 32; MüKoHGB/Ströbl Rn. 74.

202 MüKoHGB/Ströbl Rn. 65, 74; Begr. RegE Gesetz zur Änderung des HGB (Recht der Handelsvertreter), BT-Drs. 1/3856, 29.

203 BGH 24.7.2025, NJW 2025, 2997 Rn. 16: MüKoHGB/Ströbl Rn. 72, 74.

Stufenverhältnis zwischen dem Anspruch auf Buchauszug und dem Auskunftsanspruch. Darauf deutet auch Art. 12 Abs. 2 RL 86/653/EWG hin, wenn es dort heißt, dem Handelsvertreter seien „alle Auskünfte, insbesondere ein Auszug aus den Büchern" zu geben. Die Gegenauffassung geht von einem Gleichrang der Ansprüche auf Buchauszug und Auskunft aus und lässt damit eine kumulative Geltendmachung der Ansprüche zu.[204] Dieser Auffassung hat sich zwischenzeitlich auch der VII. Zivilsenat des BGH angeschlossen,[205] allerdings mit der Einschränkung, dass die Ansprüche auf „unterschiedliche Informationen gerichtet" sein müssen. Das freilich kann sinnvollerweise erst nach Erteilung des Buchauszugs beurteilt werden,[206] wie der seinerzeit zuständige VIII. Zivilsenat des BGH zutreffend vorausgesetzt hat, wenn er den Auskunftsanspruch lediglich als Ergänzung zu den Ansprüchen auf Abrechnung und Buchauszug bezeichnet.[207] Denkbar ist neben § 87c Abs. 3, soweit keine Provisionsrelevanz vorliegt, auch ein **allgemeiner Auskunftsanspruch** aus § 242 BGB.[208]

b) Inhalt. Der Auskunftsanspruch dient wie der Anspruch auf Erteilung eines Buchauszugs der Verifikation des Provisionsanspruchs. Aus diesem Grunde ist nach Abs. 3 ausnahmslos über alle **Umstände** Auskunft zu geben, die für die **Entstehung des Provisionsanspruchs,** seine **Fälligkeit** und seine **Berechnung** wesentlich sind, soweit sie sich nicht schon aus den Büchern des Unternehmers ergeben.[209] Im Grundsatz gilt das (ergänzende) Informationsinteresse des Handelsvertreters allen Angaben, die auch Gegenstand des Buchauszugs sein können (→ Rn. 15, → Rn. 18). Dazu gehören etwa Angaben zu Name und Anschrift des Kunden, Menge und Preis der verkauften Waren und (Nicht-) Ausführung der vermittelten Geschäfte.[210] Gegenstand des Auskunftsanspruchs können überdies Umstände sein, die zu nachträglichen Provisionsbelastungen oder Provisionskürzungen führen.[211] Insoweit kommt es nicht darauf an, wer bei der Geltendmachung von Provisionsrückforderungen die Darlegungs- und Beweislast trägt. Der Auskunftsanspruch besteht nämlich unabhängig davon.[212] Dagegen kann der Handelsvertreter vom Unternehmer keine Auskunft über den Inhalt der Unterlagen anderer Personen verlangen.[213] Dies muss schon deshalb ausscheiden, weil der Auskunftsanspruch inhaltlich nicht weiter gehen kann als der Anspruch auf Erteilung des Buchauszugs. Dieser betrifft aber nur die Bücher des Unternehmers. 25

c) Prozessuales. Der Auskunftsanspruch kann klageweise geltend gemacht werden. Dabei sind die Umstände, über die Auskunft begehrt wird, in der **Klageschrift** anzugeben,[214] wobei allerdings Verallgemeinerungen zulässig sind.[215] Möglich ist eine **Stufenklage** (§ 254 ZPO) auf Abrechnung, Buchauszug und Auskunft.[216] 26

d) Zwangsvollstreckung. Im Hinblick auf die Zwangsvollstreckung ist zu differenzieren: Handelt es sich um eine vertretbare Handlung, richtet sich diese nach § 887 ZPO, anderenfalls nach § 888 ZPO.[217] 27

5. Einsichtnahme (Abs. 4). a) Grundsatz. Das Gesetz sieht in Abs. 4 einen weiteren Hilfsanspruch auf Einsichtnahme in Geschäftsbücher oder sonstige Urkunden für den Fall vor, dass der 28

---

204 OLG Düsseldorf 15.6.2023, ZVertriebsR 2024, 302 Rn. 39; OLG München 24.10.2024, ZVertriebsR 2025, 35 Rn. 74; 9.12.2015, ZVertriebsR 2016, 31 Rn. 35; Ebenroth/Boujong/Semmler Rn. 7 f.; Hopt/Hopt Rn. 23; Staub/Emde Rn. 224; iErg auch OLG Hamm 19.11.1993, NJW-RR 1994, 489 (490).

205 BGH 24.7.2025, NJW 2025, 2997 Rn. 16.

206 MüKoHGB/Ströbl Rn. 74.

207 BGH 21.3.2001, NJW 2001, 2333 unter II.2.a; 23.11.2011, NJW-RR 2012, 674 Rn. 53.

208 OLG Hamm 18.8.2025, ZVertriebsR 2025, 376 Rn. 34 ff. zur vertragswidrigen Tätigkeit des Handelsvertreters; 14.5.2018, ZVertriebsR 2018, 375 Rn. 45; weitergehend offenbar OLG Düsseldorf 15.6.2023, ZVertriebsR 2024, 302 Rn. 41.

209 BGH 21.3.2001, NJW 2001, 2333 (2334); 20.2.1964, BB 1964, 409 = BeckRS 1964, 31190906; OLG Hamm 10.2.1967, DB 1967, 592 (593); Hopt/Hopt Rn. 23; Heymann/Stöber Rn. 32; MüKoHGB/Ströbl Rn. 68.

210 Heymann/Stöber Rn. 32; MüKoHGB/Ströbl Rn. 67.

211 BGH 24.7.2025, NJW 2025, 2997 Rn. 22 zur Umdeckung bei Versicherungsverträgen durch Ersatz-/Ergänzungsverträge; OLG München 24.10.2024, ZVertriebsR 2025, 35 Rn. 78.

212 BGH 24.7.2025, NJW 2025, 2997 Rn. 22; OLG München 24.10.2024, ZVertriebsR 2025, 35 Rn. 78; **aA** *OLG Düsseldorf 15.6.2023, ZVertriebsR 2024, 302 Rn. 39.*

213 OLG Dresden 28.5.1996, HVR Nr. 813; Hopt/Hopt Rn. 23.

214 Hopt/Hopt Rn. 24; Heymann/Stöber Rn. 33; MüKoHGB/Ströbl Rn. 72 f.; offengelassen von OLG Hamm 10.2.1967, DB 1967, 592 (593) (spätestens im Vollstreckungsantrag).

215 Heymann/Stöber Rn. 33.

216 OLG Köln 23.2.1972, BB 1972, 467 (468); Hopt/Hopt Rn. 11; Heymann/Stöber Rn. 33; MüKoHGB/Ströbl Rn. 74.

217 Heymann/Stöber Rn. 33; MüKoHGB/Ströbl Rn. 75; **aA** – Vollstreckung nach § 888 ZPO – Ebenroth/Boujong/Semmler Rn. 122.

Unternehmer den Buchauszug verweigert oder begründete Zweifel an der Richtigkeit oder Vollständigkeit der Abrechnung oder des Buchauszugs bestehen. Nach Wahl des Unternehmers hat unter diesen Umständen entweder der Handelsvertreter selbst oder ein von ihm zu bestimmender Wirtschaftsprüfer oder vereidigter Buchsachverständiger ein Recht auf Einsichtnahme, soweit dies zur Feststellung der Richtigkeit oder Vollständigkeit der Abrechnung oder des Buchauszugs erforderlich ist. Das Einsichtnahmerecht nach Abs. 4 geht weiter als das Urkundeneinsichtsrecht gem. § 810 BGB, das von einem qualifizierten rechtlichen Interesse an der Einsicht abhängig ist. Es ist **gegenüber** der **Abrechnung** und dem Anspruch auf **Erteilung des Buchauszugs subsidiär,**[218] da es als Kontrollrecht darauf angelegt ist, die Abrechnung oder den Buchauszug zu verifizieren. Für eine eidesstattliche Versicherung des Unternehmers (§§ 259, 260 BGB) ist erst Raum, wenn die Einsichtnahme nicht zum Ziel führt.[219]

29 **b) Anwendungsbereich.** Die Einsichtnahme dient wie die anderen in § 87c genannten Informations- und Kontrollrechte der **Verifikation des Provisionsanspruchs** des Handelsvertreters.[220] Aus diesem Grunde ist das Recht auf Einsichtnahme **unabhängig** davon, **ob** das **Handelsvertreterverhältnis** noch **besteht.** Es entfällt damit auch nicht im Falle einer fristlosen Kündigung des Vertrages iSv § 89a durch den Unternehmer.[221] Dem entsprechend bleibt das Einsichtnahmerecht auch durch ein **vertragswidriges Verhalten** des Handelsvertreters unberührt.[222] Der Unternehmer kann sich nämlich gegen einen möglicherweise unerwünschten Einblick des Handelsvertreters in Geschäftsinterna dadurch schützen, dass er die Einsicht nur einem zur Verschwiegenheit verpflichteten Wirtschaftsprüfer oder vereidigten Buchsachverständigen gewährt.

30 **c) Voraussetzungen.** Der Handelsvertreter hat ein Recht auf Einsichtnahme, wenn der Unternehmer die **Erteilung eines Buchauszugs verweigert,** diesen also vollständig vorenthält (Alt. 1), oder wenn **objektiv begründete Zweifel an** der **Richtigkeit oder Vollständigkeit der Abrechnung oder des Buchauszugs** bestehen (Alt. 2). Nach dem Wortlaut der Norm ist es im zweiten Fall erforderlich, dass eine (mangelhafte) Abrechnung erfolgt ist oder ein (mangelhafter) Buchauszug erteilt worden ist. Über den Wortlaut der Vorschrift hinaus ist diese freilich entsprechend auch auf den Fall anzuwenden, dass die Einsichtnahme zur Aufstellung des Buchauszugs erforderlich ist.[223] Das **Informationsinteresse** des Handelsvertreters ist allerdings nur insoweit geschützt, als die Einsichtnahme für den Zweck der Verifikation des Provisionsanspruchs notwendig ist.[224] Der Handelsvertreter kann also nicht ohne weiteres die Einsichtnahme in sämtliche Geschäftsbücher und Unterlagen des Unternehmers verlangen. Vielmehr reicht das Einsichtnahmerecht nur so weit, wie es zur Feststellung der Richtigkeit oder Vollständigkeit der Abrechnung oder des Buchauszugs erforderlich ist.[225] Freilich genügen zur Feststellung der Erforderlichkeit bereits begründete Zweifel in einem Punkt.[226] Das ist beispielsweise bei Nichtübereinstimmung des Buchauszugs mit den Rechnungssummen der Fall.[227] **Ausgeschlossen** ist der Anspruch auf Einsichtnahme, wenn Unternehmer und Handelsvertreter die Abrechnung (und die darauf beruhende Provision) ausdrücklich außer Streit gestellt haben.[228]

31 **d) Inhalt.** Das Recht auf Einsichtnahme bezieht sich auf **Geschäftsbücher** (iSd gesamten Buchführung) und sonstige Unterlagen, aus denen sich Tatsachen für etwaige Zahlungsansprüche des Handelsvertreters aus dem Handelsvertretervertrag ergeben können.[229] Dazu gehören nach Sinn und Zweck auch **elektronisch geführte Geschäftsunterlagen,** also die zur Dokumentation der Geschäftsvorgänge dienenden (körperlichen oder virtuellen) Speichersysteme (Computer-/EDV-

---

[218] Vgl. BGH 24.6.1971, BGHZ 56, 290 (296 f.) = BB 1971, 887 = NJW 1971, 1610; Hopt/Hopt Rn. 26, jeweils zum Buchauszug.

[219] BGH 16.5.1960, BGHZ 32, 302 (305) = NJW 1960, 1662 (1663); OLG Saarbrücken 27.3.1985, OLGZ 1988, 233 (234); Heymann/Stöber Rn. 37.

[220] BGH 13.7.1959, NJW 1959, 1964; OLG Frankfurt 14.4.2022, ZVertriebsR 2022, 380 Rn. 64.

[221] BGH 13.3.1961, BB 1961, 424 (425) = BeckRS 1961, 31185896; Hopt/Hopt Rn. 26; MüKoHGB/Ströbl Rn. 81.

[222] Hopt/Hopt Rn. 26; MüKoHGB/Ströbl Rn. 81; **aA** OLG Celle 21.10.1961, BB 1962, 2.

[223] MüKoHGB/Ströbl Rn. 86.

[224] OLG Stuttgart 31.7.2019, ZVertriebsR 2020, 51 (53).

[225] OLG München 13.8.1964, NJW 1964, 2257; Hopt/Hopt Rn. 25; Heymann/Stöber Rn. 35; MüKoHGB/Ströbl Rn. 87.

[226] OLG Celle 20.10.1961, BB 1962, 2; Hopt/Hopt Rn. 25; Heymann/Stöber Rn. 35; MüKoHGB/Ströbl Rn. 78.

[227] OLG Düsseldorf 18.3.1971, DB 1971, 1857; Hopt/Hopt Rn. 25; Heymann/Stöber Rn. 35.

[228] Vgl. auch OLG Düsseldorf 13.5.1965, NJW 1965, 2351; Hopt/Hopt Rn. 26.

[229] OLG Frankfurt 14.4.2022, ZVertriebsR 2022, 380 Rn. 64; OLG Stuttgart 31.7.2019; ZVertriebsR 2020, 51 (53).

Systeme).[230] Als **sonstige Urkunden** kommen die Geschäftskorrespondenz, Verträge sowie Liefer- und Zahlungsbelege in Betracht.[231] Entscheidend ist, dass sich die Dokumente im Besitz des Unternehmers befinden und für das Informationsinteresse des Handelsvertreters von Bedeutung sind (→ Rn. 30). Das Recht auf Einsichtnahme vermittelt dem Handelsvertreter insoweit ein auf die **vorhandenen relevanten Unterlagen** begrenztes Leserecht (auch → Rn. 32). Der Unternehmer ist nicht verpflichtet, für die Einsichtnahme zusätzliche Unterlagen zu erstellen, die es vorher nicht gab.[232]

e) Erfüllungsmodalitäten. Der Unternehmer ist verpflichtet, die Geschäftsbücher und sonstigen Urkunden **am Ort seiner Niederlassung oder seines Sitzes** bereitzulegen.[233] Dies kann in der Weise geschehen, dass die Unterlagen für die Bucheinsicht zusammengeführt und an einem Ort innerhalb der Geschäftsräume konzentriert werden.[234] Die Modalitäten für die Einsichtnahme legt der Unternehmer fest. Schon dem Wortlaut nach ist **„Einsichtnahme"** nicht gleichbedeutend mit einem Recht des Handelsvertreters, die Geschäftsräume des Unternehmers nach relevanten Unterlagen physisch oder durch unbeschränkten Zugriff auf die EDV- und Computersysteme des Unternehmers zu durchsuchen.[235] Im Übrigen hat der Unternehmer ein **Wahlrecht,** ob er dem Handelsvertreter selbst die Einsichtnahme in Geschäftsbücher und Urkunden gestatten will oder ob dies einem Wirtschaftsprüfer iSv § 1 WPO oder vereidigten Buchsachverständigen iSv § 128 WPO vorbehalten sein soll. Sinn und Zweck dieser Regelung ist es, berechtigte Geheimhaltungsinteressen des Unternehmers zu schützen. Insbesondere nach Beendigung des Handelsvertreterverhältnisses oder im Falle vertragswidrigen Verhaltens des Handelsvertreters kann der Unternehmer ein legitimes Interesse haben, bestimmte Informationen vor einem Zugriff und einer Verwertung durch den Handelsvertreter zu schützen. Das Gesetz sieht deshalb das in Abs. 4 verankerte Wahlrecht des Unternehmers vor,[236] wobei sich das Wahlrecht nur auf die im Gesetz benannte Alternative bezieht. Eine Wahlmöglichkeit zwischen der Einsichtnahme durch einen Wirtschaftsprüfer oder einen vereidigten Buchsachverständigen besteht für den Unternehmer nicht.[237] Wählt der Unternehmer die **Einsichtnahme durch** einen **Wirtschaftsprüfer** oder vereidigten Buchsachverständigen, steht dem Handelsvertreter im Gegenzug das Recht zur Auswahl des Berufsträgers (Wirtschaftsprüfer oder vereidigter Buchsachverständiger)[238] und der konkreten Person zu, durch welche die Einsichtnahme erfolgen soll. Lässt der Unternehmer die Einsichtnahme **durch** den **Handelsvertreter** zu, kann dieser sich dennoch der Hilfe durch einen Wirtschaftsprüfer oder vereidigten Buchsachverständigen bedienen,[239] ohne dass dies in einem auf Einsichtnahme lautenden Titel besonders auszusprechen wäre.[240] Dem Unternehmer steht nämlich kein Bestimmungsrecht darüber zu, wie der Handelsvertreter das ihm selbst zugestandene Einsichtnahmerecht ausübt. Die **Kosten** für die Einsichtnahme trägt der Handelsvertreter, es sei denn, die Einsichtnahme führt zu berechtigten Beanstandungen. In diesem Fall hat der Unternehmer, der die Abrechnung pflichtwidrig vorgenommen oder den Buchauszug pflichtwidrig erteilt hat, dem Handelsvertreter die Kosten für die Einsichtnahme im Wege des Schadensersatzes (§ 280 Abs. 1 BGB) zu ersetzen.[241] Die Beiziehung eines Wirtschaftsprüfers führt im Hinblick auf die daraus entstehenden Kosten regelmäßig nicht zu einem iSv § 254 BGB zu berücksichtigenden Mitverschulden des Handelsvertreters.[242] 32

---

[230] OLG Frankfurt 14.4.2022, ZVertriebsR 2022, 380 Rn. 64; 25.9.2014, BeckRS 2015, 8272 Rn. 57; OLG Stuttgart 31.7.2019, ZVertriebsR 2020, 51 (53); Hopt/Hopt Rn. 25.

[231] Heymann/Stöber Rn. 35; MüKoHGB/Ströbl Rn. 88.

[232] OLG Frankfurt 14.4.2022, ZVertriebsR 2022, 380 Rn. 64; Schwalm/Schellmann ZVertriebsR 2020, 55 (56); Ebenroth/Boujong/Semmler Rn. 102.

[233] OLG Stuttgart 31.7.2019, ZVertriebsR 2020, 51 (53); Heymann/Stöber Rn. 35; MüKoHGB/Ströbl Rn. 85.

[234] OLG Stuttgart 31.7.2019, ZVertriebsR 2020, 51 (53).

[235] Vgl. auch OLG Stuttgart 31.7.2019, ZVertriebsR 2020, 51 (54 f.).

[236] Vgl. Begr. RegE zum Gesetz zur Änderung des HGB (Recht der Handelsvertreter), BT-Drs. 1/3856, 9, 29.

[237] MüKoHGB/Ströbl Rn. 84; **aA** Heymann/Stöber Rn. 36.

[238] *Vgl. OLG Düsseldorf 27.3.1968, VW 1968, 1343.*

[239] KG 10.5.1971, DB 1971, 1204 (1204); OLG Frankfurt 28.1.2002, BB 2002, 427 = DB 2002, 474; Knorn BB 1972, 989 (990); Hopt/Hopt Rn. 27; MüKoHGB/Ströbl Rn. 83.

[240] Vgl. OLG Frankfurt 28.1.2002, BB 2002, 427 = DB 2002, 474.

[241] BGH 16.5.1960, BGHZ 32, 302 (306 f.) = NJW 1960, 1662 (1664); 13.7.1959, NJW 1959, 1964; KG 10.5.1971, DB 1971, 1204; OLG Hamburg 28.8.2003, HVR Nr. 1127; Hopt/Hopt Rn. 27; Heymann/Stöber Rn. 36; MüKoHGB/Ströbl Rn. 89; weitergehend Ebenroth/Boujong/Semmler Rn. 55 (Einsichtnahme geht regelmäßig Pflichtverletzung des Unternehmers voraus); **aA** Knorn BB 1972, 989.

[242] KG 10.5.1971, DB 1971, 1204 (1204); Hopt/Hopt Rn. 27; MüKoHGB/Ströbl Rn. 89.

33 **f) Prozessuales.** Der Anspruch auf Einsichtnahme in Geschäftsbücher und sonstige Urkunden kann klageweise durchgesetzt werden. Möglich ist eine **Stufenklage** (§ 254 ZPO) auf Einsichtnahme und Provisionszahlung[243] oder auf Einsichtnahme und eidesstattliche Versicherung,[244] nicht jedoch auf Erteilung eines Buchauszugs und Einsichtnahme, da beide Ansprüche zu demselben Ziel führen.[245] Denkbar ist auch eine **einstweilige Verfügung** auf Einsichtnahme (§§ 935, 940 ZPO), wenn ein Aufschub den Erfolg der Einsicht gefährdet.[246] Freilich ist insoweit im Hinblick auf eine mögliche Vorwegnahme der Hauptsache Zurückhaltung geboten. Ein **öffentlicher Aufruf** des Handelsvertreters mit dem Ziel, Zeugen für nicht abgerechnete Verkäufe des Unternehmers zu gewinnen, kann einen Eingriff in den eingerichteten und ausgeübten Gewerbebetrieb (§ 823 Abs. 1 BGB) begründen.[247]

34 **g) Zwangsvollstreckung.** Die Zwangsvollstreckung richtet sich nach **§ 887 ZPO,** soweit es um vertretbare Handlungen geht. Dies wird regelmäßig der Fall sein.[248] Anderenfalls ist § 888 ZPO anzuwenden.[249] Die vorübergehende Überlassung von Geschäftsunterlagen im Geschäftslokal fällt unter § 883 ZPO. Zwangsvollstreckungsmaßnahmen, die den Zutritt des Wirtschaftsprüfers oder vereidigten Buchprüfers zu den Geschäftsräumen ermöglichen sollen, richten sich nach §§ 890, 892 ZPO.[250] Die Kosten für einen Buchsachverständigen, der die Geschäftsbücher eingesehen hat, sind notwendige Kosten der Zwangsvollstreckung, und zwar auch dann, wenn der Buchprüfer nicht am Sitz des Unternehmers ansässig ist.[251]

IV. Beweislast

35 Der **Handelsvertreter,** der Abrechnung begehrt, trägt die Darlegungs- und Beweislast dafür, dass der Unternehmer die Abrechnung nicht rechtzeitig iSv § 87c Abs. 1 S. 2 erbracht hat.[252] Im Hinblick auf Abrechnung und Erteilung eines Buchauszugs hat er im Übrigen lediglich darzulegen und zu beweisen, dass die Möglichkeit eines Provisionsanspruchs besteht.[253] Bei Klage auf Auskunft, Einsichtnahme und eidesstattliche Versicherung sind die weiteren Voraussetzungen dieser Rechte darzulegen und zu beweisen.[254] Der **Unternehmer** hat zu beweisen, dass die Informationsrechte erloschen oder gegenstandslos geworden sind.[255] Dagegen trägt der Handelsvertreter die Darlegungs- und Beweislast für die Unwirksamkeit einer mit dem Unternehmer getroffenen abschließenden Provisionsvereinbarung.

V. Abdingbarkeit (Abs. 5)

36 Die Informations- und Kontrollrechte des § 87c dienen dem Schutz des Handelsvertreters. Sie können daher nach Abs. 5 nicht beschränkt oder ausgeschlossen werden. Entgegenstehende Vereinbarungen sind unwirksam. Der Handelsvertreter soll nicht veranlasst werden können, auf die für ihn besonders wichtigen Rechte zur Durchsetzung des Provisionsanspruchs zu verzichten.[256] Erfasst wird von Abs. 5 damit der Verzicht auf Informations- und Kontrollrechte für zukünftige Provisionsansprüche,[257] aber auch der Verzicht auf Kontrollrechte für bereits entstandene Provisionsansprüche, soweit

---

243 OLG Düsseldorf 13.5.1965, NJW 1965, 2351; MüKoHGB/Ströbl Rn. 91.

244 Hopt/Hopt Rn. 28; offengelassen von BGH 16.5.1960, BGHZ 32, 303 (305) = NJW 1960, 1662 zum Buchauszug.

245 BGH 24.6.1971, BGHZ 56, 290 (297) = NJW 1971, 1610 (1611); Heymann/Stöber Rn. 37; MüKoHGB/Ströbl Rn. 92; vgl. auch Hopt/Hopt Rn. 26.

246 Hopt/Hopt Rn. 28; MüKoHGB/Ströbl Rn. 94.

247 OLG Düsseldorf 8.6.1956, DB 1956, 664; Hopt/Hopt Rn. 28; MüKoHGB/Ströbl Rn. 9.

248 Heymann/Stöber Rn. 37; vgl. auch Hopt/Hopt Rn. 28; Ebenroth/Boujong/Semmler Rn. 122; Zöller/Seibel ZPO § 887 Rn. 3; **aA** – Vollstreckung nach § 888 ZPO – Seetzen WM 1985, 213 (218); MüKoHGB/Ströbl Rn. 93 (Vollstreckung nach § 883 ZPO).

249 OLG Stuttgart 31.7.2019, ZVertriebsR 2020, 51 (52).

250 OLG Frankfurt 28.1.2002, BB 2002, 427 = DB 2002, 474.

251 LG Bielefeld 14.4.1989, HVR Nr. 678.

252 Heymann/Stöber Rn. 4.

253 BGH 23.10.1981, LM Nr. 10 = BeckRS 1981, 30373535; 7.10.1977, AP HGB § 87c Nr. 14; OLG Düsseldorf 26.1.2001, OLGR 2001, 387 (388); 25.2.2000, OLGR 2000, 382; OLG Köln 29.11.2002, HVR Nr. 1099; Ebenroth/Boujong/Semmler Rn. 111.

254 Seetzen WM 1985, 213 (219); Ebenroth/Boujong/Semmler Rn. 111.

255 Ebenroth/Boujong/Semmler Rn. 111; vgl. auch OLG Jena 24.11.1999, HVR Nr. 1113.

256 Vgl. Begr. RegE zum Gesetz zur Änderung des HGB (Recht der Handelsvertreter), BT-Drs. 1/3856, 9, 30.

257 Vgl. BGH 28.1.1965, DB 1965, 588 (588) = BeckRS 1965, 31368428; Hopt/Hopt Rn. 29; MüKoHGB/Ströbl Rn. 35.

diese zwischen den Parteien noch nicht außer Streit stehen.[258] Die Informations- und Kontrollrechte nach **Abs. 1–4** können im Übrigen nicht durch die Geltendmachung eines Zurückbehaltungsrechts wegen etwaiger Gegenansprüche, beispielsweise auf Rückgabe von Mustern oder anderer Unterlagen, ausgeschlossen werden.[259] Unwirksam, weil mit einem faktischen Verzicht auf das Recht aus Abs. 2 verbunden, ist eine Vereinbarung, wonach die Provisionsabrechnung mangels rechtzeitigen Widerspruchs des Handelsvertreters als genehmigt gilt.[260] Ebenfalls unwirksam ist eine Abrede, die eine Beteiligung des Handelsvertreters an den vom Unternehmer zu tragenden Kosten für die Wahrnehmung der Informations- und Kontrollrechte vorsieht,[261] da insoweit der Handelsvertreter unter Umständen von der Geltendmachung der Rechte absieht. Bei einem Verstoß gegen **Abs. 1 S. 1** gilt nicht § 139 BGB, sondern die kürzere gesetzliche Frist, da sich ansonsten die Unwirksamkeit der Vereinbarung zum Nachteil des Handelsvertreters auswirken würde (→ Rn. 8). **Möglich** ist selbstverständlich eine vertragliche **Erweiterung der Kontrollrechte** des Handelsvertreters.[262] Nicht gegen Abs. 5 verstößt auch eine (ausdrückliche) **Einigung** der Parteien über die Höhe der Provision für einen bestimmten zurückliegenden Abrechnungszeitraum. Sie lässt die (akzessorischen) Informations- und Kontrollrechte nach § 87c entfallen.[263] Entsprechendes gilt bei einem Provisionsverzicht.[264] Zu einer mit Abs. 5 nicht vereinbaren Verkürzung der Rechte des Handelsvertreters führt freilich eine vertragliche Regelung, wonach die Abrechnung mangels Widerspruchs des Handelsvertreters innerhalb einer bestimmten Frist als genehmigt gilt (Anerkenntnisfiktion).[265] Dagegen ist bei **Handlungsgehilfen** eine **tarifvertragliche Ausschlussklausel** zulässig, mit der die Rechte aus § 87c Abs. 1 bis 4 als solche nicht ausgeschlossen oder beschränkt werden, wohl aber deren Geltrendmachung mit Rücksicht auf die Besonderheiten des Arbeitsverhältnissen beschränkt wird.[266] Entsprechendes soll für **arbeitsvertragliche Ausschlussfristen** gelten.[267] Dagegen spricht, dass der Gesetzgeber gerade individualvertragliche Vereinbarungen, die sich zum Nachteil des Anspruchsberechtigten auswirken, ausschließen wollte (vgl. auch Art. 12 Abs. 3 RL 86/653/EWG).[268]

VI. Andere Absatzmittler

Die Vorschrift des § 87c ist auf die Tätigkeit des Handelsvertreters zugeschnitten. Eine entspre- 37
chende Anwendung auf andere Absatzmittler wie Kommissionsagenten, Vertragshändler oder Subordinations-Franchisenehmer kommt daher nicht in Betracht.[269] Freilich sind die Parteien nicht gehindert, in derartigen Absatzmittlerverträgen eine § 87c entsprechende Vereinbarung zu treffen.

§ 87d [Aufwendungsersatz]

Der Handelsvertreter kann den Ersatz seiner im regelmäßigen Geschäftsbetrieb entstandenen Aufwendungen nur verlangen, wenn dies handelsüblich ist.

Schrifttum: Emde, Vorgaben des Unternehmers zur CI eines Handelsvertreters – eine teure Unternehmerentscheidung?, ZIP 2022, 106; Kehr/Willich, Die Grenzen des § 86a Abs. 1 HGB, ZVertriebsR 2022, 159; Renz,

[258] OLG München 31.7.2019, ZVertriebsR 2019, 372 Rn. 25, 27; Staub/Emde Rn. 118; **aA** OLG Düsseldorf 24.5.1991, HVR Nr. 707; OLG Nürnberg 31.3.1966, BB 1966, 877; Heymann/Stöber Rn. 39.

[259] BGH 19.1.2023, ZVertriebsR 2023, 191 Rn. 35 mwN (Buchauszug); OLG München 20.3.2024, ZVertriebsR 2024, 371 Rn. 73; RG 19.4.1921, RGZ 102, 110 (111); Hopt/Hopt Rn. 29.

[260] OLG München 19.7.2017, ZVertriebsR 2017, 302 Rn. 9.

[261] Ebenroth/Boujong/Semmler Rn. 70; diff. Hopt/Hopt Rn. 29.

[262] Heymann/Stöber Rn. 38.

[263] Vgl. OLG Hamm 21.11.1997, HVR Nr. 959; OLG München 31.7.2019, ZVertriebsR 2019, 372 Rn. 28. Hopt/Hopt Rn. 19, 29; Ebenroth/Boujong/Semmler Rn. 71.

[264] OLG München 11.4.2018, ZVertriebsR 2018, 176 Rn. 56.

[265] BGH 20.9.2006, WM 2007, 177; 29.11.1995, NJW 1996, 588; 20.2.1964, BB 1964, 409 = DB 1964, 583 = BeckRS 1964, 31190906; BAG 16.2.1973, BB 1973, 1411; OLG Düsseldorf 15.12.2000, HVR Nr. 948; OLG Hamm 22.5.1978, BB 1979, 442; OLG Karlsruhe 9.5.1979, BB 1980, 226; OLG Koblenz 27.3.1980, VersR 1980, 623; LG Karlsruhe 9.2.1982, DB 1982, 2453 (2454); Stötter DB 1983, 867 (869 f.); Hopt/Hopt Rn. 29; *Heymann/Stöber Rn. 41; Ebenroth/Boujong/Semmler Rn. 69*; MüKoHGB/Ströbl Rn. 35; diff. OLG Saarbrücken 18.9.1985, DB 1985, 2399; **aA** OLG Naumburg 17.4.1997, VersR 1999, 578.

[266] BAG 6.5.2009, NZA-RR 2009, 593 Rn. 42; Hopt/Hopt Rn. 29; MüKoHGB/Ströbl Rn. 97.

[267] LAG Baden-Württemberg 12.2.2020, ZVertriebsR 2020, 309 Rn. 47.

[268] LAG Thüringen 18.12.2015, BeckRS 2015, 116243 Rn. 52 ff.

[269] MSF VertriebsR-HdB/Rösch § 23 Rn. 29 zum Vertragshändler; MSF VertriebsR-HdB/Flohr § 28 Rn. 331 zum Franchising; NK-HGB/Prasse Anh. FranchiseR Rn. 66 zum Franchising; für Anwendung auf handelsvertreterähnlich ausgestaltete Rechtsverhältnisse OLG München 20.12.2017, ZVertriebsR 2018, 27 Rn. 31 f. zum Kommisionsagenten; Ebenroth/Boujong/Semmler Rn. 73.

Das Rechtsverhältnis zwischen dem Vertragshändler und seinem Lieferanten, Diss. Heidelberg 1966; Steindorff, Wertersatz für Schäden als Aufwendungsersatz im Arbeits- und Handelsrecht, FS Dölle, Bd. I, 1963, 273.

Übersicht

I. Allgemeines

1 **1. Normzweck.** Der Handelsvertreter ist selbstständiger Gewerbetreibender (→ § 84 Rn. 20 ff.). Er hat daher die **Aufwendungen** für seinen Geschäftsbetrieb (Miete, Telekommunikation, Post etc) **grundsätzlich selbst zu tragen,**[1] respektive durch Provisionen zu verdienen.[2] Dieser Grundsatz kommt in § 87d zum Ausdruck. Die Vorschrift macht allerdings eine Ausnahme für den Fall, dass der Aufwendungsersatz handelsüblich ist, also ein entsprechender Handelsbrauch iSv § 346 besteht. Da die Regelung dispositiv ist, können die Beteiligten freilich abweichende Vereinbarungen treffen (→ Rn. 10). Wird die Norm nicht abbedungen, hat sie im Hinblick auf den Aufwendungsersatzanspruch des Handelsvertreters abschließenden Charakter. Ein (ergänzender) Rückgriff auf § 670 BGB ist nicht möglich.[3] Das gilt nach Sinn und Zweck allerdings nur für solche Aufwendungen, die der Handelsvertreter im Rahmen des bestehenden Handelsvertreterverhältnisses macht (→ Rn. 6).

2 **2. Normgenese.** Die Vorschrift des § 87d geht zurück auf § 90 aF, wonach der Handlungsagent für die im regelmäßigen Geschäftsbetrieb entstandenen Kosten und Auslagen in Ermangelung einer entgegenstehenden Vereinbarung oder eines abweichenden Handelsbrauchs keinen Ersatz verlangen konnte. Die heutige Fassung der Norm beruht auf der **HGB-Novelle 1953.**[4] Der gegenüber der ursprünglichen Fassung modifizierte Wortlaut sollte inhaltlich zu keiner Änderung führen.[5]

3 **3. Anwendungsbereich.** Die Vorschrift gilt für **alle Handelsvertreter,** also sowohl für Vermittlungs- als auch für Abschlussvertreter. Sie ist auch auf Bezirksvertreter und Vertreter im Nebenberuf sowie auf Versicherungs- und Bausparkassenvertreter anzuwenden.[6]

II. Voraussetzungen

4 **1. Grundsatz.** Im regelmäßigen Geschäftsbetrieb entstandene Aufwendungen sind dem Handelsvertreter grundsätzlich nicht zu ersetzen, es sei denn, es besteht ein gegenteiliger Handelsbrauch.

5 **2. Aufwendungen.** Unter Aufwendungen iSv § 87d sind wie bei § 670 BGB alle Vermögensopfer zu verstehen, die der Handelsvertreter im Zusammenhang mit der Absatzmittlung **freiwillig oder auf Weisung** des Unternehmers macht **oder** die sich als **notwendige Folge der Absatzmittlertätigkeit** ergeben,[7] nicht jedoch Zufallsschäden oder andere unfreiwillige Vermögensopfer des Handelsvertreters,[8] da es sich insoweit von vornherein nicht um Aufwendungen im regelmäßigen Geschäftsbetrieb handelt.

6 **3. Im regelmäßigen Geschäftsbetrieb. a) Abgrenzung.** Erfasst werden von § 87d nur Aufwendungen, die auf dem zwischen Unternehmer und Handelsvertreter eingegangenen Handelsvertreterverhältnis beruhen. Soweit der Unternehmer mit dem Handelsvertreter **neben dem Handels-**

[1] BGH 17.11.2016, BGHZ 213, 18 Rn. 20 = NJW 2017, 662.
[2] Vgl. auch Heymann/Stöber Rn. 5.
[3] Hopt/Hopt Rn. 1; Ebenroth/Boujong/Semmler Rn. 5; Heymann/Stöber Rn. 6, 7; MüKoHGB/Ströbl Rn. 7.
[4] Art. 1 Gesetz zur Änderung des Handelsgesetzbuchs (Recht der Handelsvertreter) vom 6.8.1953, BGBl. 1953 I 771.
[5] Begr. RegE Gesetz zur Änderung des HGB (Recht der Handelsvertreter), BT-Drs. 1/3856, 9, 30.
[6] MüKoHGB/Ströbl Rn. 4.
[7] Vgl. Heymann/Stöber Rn. 3; MüKoHGB/Ströbl Rn. 9; zu § 670 BGB Grüneberg/Grüneberg BGB § 670 Rn. 3; MüKoBGB/Schäfer BGB § 670 Rn. 12 ff.
[8] Hopt/Hopt Rn. 3; MüKoHGB/Ströbl Rn. 9; **aA** Steindorff FS Dölle, Bd. I, 1963, 273.

vertreterverhältnis andere Geschäfte tätigt oder Weisungen erteilt, kommt § 87d von vornherein nicht zur Anwendung. In diesem Zusammenhang getätigte Aufwendungen können jedoch nach § 670 BGB ersatzfähig sein.[9] Hierher können etwa Aufwendungen für vorvertragliche Handlungen,[10] aber auch für die Erledigung nicht zum Vertragsumfang gehörender Tätigkeiten wie etwa für Marktanalysen oder Werbemaßnahmen,[11] Produkt- und Kundenpflege,[12] Unterhaltung eines Auslieferungslagers,[13] Warenauslieferung,[14] für den Standdienst an Messen[15] oder die Erwirkung von Ein- und Ausfuhrgenehmigungen[16] gehören. Liegt diesbezüglich kein Auftragsverhältnis vor, kommt ein Aufwendungsersatz nach den Regeln der Geschäftsführung ohne Auftrag (§ 677 BGB, § 683 S. 1 BGB, § 670 BGB) in Betracht.[17]

b) Zuordnung. Welche Aufwendungen im Einzelfall dem regelmäßigen Geschäftsbetrieb zuzuordnen sind, hängt von den vertraglichen Vereinbarungen der Parteien ab.[18] Nicht entscheidend ist, was bei vergleichbaren Handelsvertretern allgemein üblich ist.[19] Dem regelmäßigen Geschäftsbetrieb zuzuordnen sind mithin solche (üblichen) Aufwendungen, die nach dem **Inhalt des Handelsvertretervertrages** der Erfüllung der vertraglichen Verpflichtung des Handelsvertreters dienen.[20] Diese Aufwendungen sind im Grundsatz nicht ersatzfähig. Übernimmt der Handelsvertreter später **zusätzliche vertragliche Pflichten,** ohne dass sich dies auf die Höhe der Provision auswirkt, ist im Zweifel nicht anzunehmen, dass die dafür anfallenden Aufwendungen im Rahmen des regelmäßigen Geschäftsbetriebs erfolgen.[21] 7

c) Einzelfälle. Zu den im regelmäßigen Geschäftsbetrieb entstandenen Aufwendungen zählen die **Gemeinkosten** für die Durchführung und Aufrechterhaltung des Geschäftsbetriebs (Miete, Personal, Büroausstattung, Telekommunikation, sonstige Betriebsmittel, Reise- und Repräsentationskosten wie Kundenbewirtung und Kundengeschenke).[22] Dem regelmäßigen Geschäftsbetrieb zuzurechnen sind daher auch die Aufwendungen für die Unterhaltung eines Ladenlokals[23] und die Lagerhaltung,[24] soweit diese dem Handelsvertreter auferlegt sind, oder für ein Kraftfahrzeug, es sei denn, dieses wird dem Handelsvertreter vom Unternehmer gestellt. Im letztgenannten Fall hat der Handelsvertreter die Kosten nur zu tragen, wenn dies ausdrücklich vereinbart ist.[25] 8

4. Handelsüblichkeit. Die im regelmäßigen Geschäftsbetrieb entstandenen Aufwendungen sind ausnahmsweise dann zu ersetzen, wenn dies handelsüblich ist. Die Handelsüblichkeit richtet sich nach den **Gewohnheiten und Gebräuchen,** die **in der jeweiligen Branche** gelten.[26] Die Erstattung der Aufwendungen ist demnach als handelsüblich anzusehen, wenn zumindest die überwiegende Anzahl der in der betreffenden Branche tätigen Unternehmer die im regelmäßigen Geschäftsbetrieb entstandenen Aufwendungen gesondert erstatten.[27] Nach früherer Lesart wurden danach **Bestechungsgelder,** die zur Erlangung eines Auftrags gezahlt wurden, als erstattungsfähig angesehen,[28] jedenfalls soweit es sich um Sachverhalte mit Auslandsbezug handelte. Dem kann de lege lata nicht 9

---

[9] Hopt/Hopt Rn. 5; Ebenroth/Boujong/Semmler Rn. 4; Heymann/Stöber Rn. 8; MüKoHGB/Ströbl Rn. 5, 20; vgl. auch Begr. RegE Gesetz zur Änderung des HGB (Recht der Handelsvertreter), BT-Drs. 1/3856, 9, 30.

[10] Vgl. LG Hagen 25.2.1981, HVR Nr. 543 (Vorstellungsgespräch); AG Stuttgart 7.8.1990, HVR Nr. 702 (Vorstellungsgespräch); **aA** Ebenroth/Boujong/Semmler Rn. 15; Hopt/Hopt Rn. 5.

[11] Vgl. LAG Bremen 9.3.1955, DB 1955, 535; Hopt/Hopt Rn. 4 f.; MüKoHGB/Ströbl Rn. 14.

[12] RG 28.11.1924, RGZ 109, 254 (258) (Prospektversendung); Hopt/Hopt Rn. 4 f.; MüKoHGB/Ströbl Rn. 14; **aA** Ebenroth/Boujong/Semmler Rn. 20.

[13] Hopt/Hopt Rn. 4.

[14] LAG Bremen 5.7.1960, DB 1960, 1212; Hopt/Hopt Rn. 4; Ebenroth/Boujong/Semmler Rn. 14.

[15] MüKoHGB/Ströbl Rn. 14; wohl auch Küstner/Thume VertriebsR-HdB I/Riemer VII Rn. 13; **aA** Ebenroth/Boujong/Semmler Rn. 20.

[16] RG 28.11.1924, RGZ 109, 254 (258); Ebenroth/Boujong/Semmler Rn. 14; MüKoHGB/Ströbl Rn. 14.

[17] BGH 16.12.1952, BGHZ 8, 222 (229) = NJW 1953, 377 (378) (Schadensersatzleistung an einen Dritten); Hopt/Hopt Rn. 5; Ebenroth/Boujong/Semmler Rn. 4; Heymann/Stöber Rn. 9; MüKoHGB/Ströbl Rn. 6, 19.

[18] Kehr/Willich ZVertriebsR 2022, 159 (164); Hopt/Hopt Rn. 4; MüKoHGB/Ströbl Rn. 10 f.

[19] Hopt/Hopt Rn. 4; Heymann/Stöber Rn. 5.

[20] Ähnlich Hopt/Hopt Rn. 4.

[21] Hopt/Hopt Rn. 4; Heymann/Stöber Rn. 5.

[22] BGH 17.11.2016, BGHZ 213, 128 Rn. 20 = NJW 2017, 664; 4.5.2011, NJW 2011, 2423 Rn. 25, 28; Ebenroth/Boujong/Semmler Rn. 20, 16; MüKoHGB/Ströbl Rn. 13.

[23] Kehr/Willich ZVertriebsR 2022, 159 (164).

[24] Kehr/Willich ZVertriebsR 2022, 159 (164).

[25] OLG Düsseldorf 8.11.2002, HVR Nr. 1079; Hopt/Hopt Rn. 4; Ebenroth/Boujong/Semmler Rn. 17.

[26] Heymann/Stöber Rn. 6; MüKoHGB/Ströbl Rn. 16.

[27] Ebenroth/Boujong/Semmler Rn. 8; MüKoHGB/Ströbl Rn. 17.

[28] Vgl. BGH 8.5.1985, BGHZ 94, 268 (272) = NJW 1985, 2405 (2406); Heymann/Stöber Rn. 6.

mehr gefolgt werden,[29] nachdem der Gesetzgeber entsprechende Strafvorschriften erlassen hat (vgl. §§ 299 ff. StGB).

III. Abweichende Vereinbarungen

10 Die Vorschrift des § 87d ist in vollem Umfang **dispositiv.** Die Parteien können daher privatautonom abweichende Vereinbarungen treffen. Dies kann auch stillschweigend geschehen.[30] Denkbar ist etwa eine Vereinbarung, die zu Gunsten des Handelsvertreters einen Aufwendungsersatzanspruch nach § 670 BGB vorsieht oder dem Handelsvertreter einen festen Spesen(höchst)satz zuerkennt,[31] ggf. auch ohne die Verpflichtung zur Einzelabrechnung (sog. Vertrauensspesen).[32] Vereinbart werden kann auch, dass nur bestimmte Aufwendungen des regelmäßigen Geschäftsbetriebs zu ersetzen sind.

IV. Andere Absatzmittler

11 Eine entsprechende Anwendung von § 87d kommt bei **Kommissionsagenten** in Betracht,[33] deren Tätigkeit ähnlich derjenigen des Handelsvertreters auf einen bestimmten Unternehmer ausgerichtet ist. Dagegen ist die Vorschrift auf **Vertragshändler** und **Subordinations-Franchisenehmer,** die im eigenen Namen und auf eigene Rechnung handeln, grundsätzlich nicht analog anwendbar.[34]

§ 88 *[aufgehoben]*

§ 88a [Zurückbehaltungsrecht]

(1) Der Handelsvertreter kann nicht im voraus auf gesetzliche Zurückbehaltungsrechte verzichten.

(2) Nach Beendigung des Vertragsverhältnisses hat der Handelsvertreter ein nach allgemeinen Vorschriften bestehendes Zurückbehaltungsrecht an ihm zur Verfügung gestellten Unterlagen (§ 86a Abs. 1) nur wegen seiner fälligen Ansprüche auf Provision und Ersatz von Aufwendungen.

Schrifttum: Schneider, Aufrechnungsverbot und unabdingbares Zurückbehaltungsrecht nach § 88a HGB, DB 1969, 1229; Schnitzler, Gerichtsstandsvereinbarung und Zurückbehaltungsrecht des Handelsvertreters, DB 1966, 569; Schwab, Das Zurückbehaltungsrecht des Handelsvertreters, Diss. Erlangen 1961.

Übersicht

I. Normzweck

1 Die mit der HGB-Novelle 1953[1] in das HGB inkorporierte Bestimmung des § 88a, die in der RL 86/653/EWG keine Entsprechung hat, dient sowohl dem Schutz des Handelsvertreters (Abs. 1)

[29] Ebenroth/Boujong/Semmler Rn. 20; wohl auch Hopt/Hopt Rn. 4.

[30] Heymann/Stöber Rn. 7; MüKoHGB/Ströbl Rn. 18.

[31] Vgl. OLG Braunschweig 23.2.1956, BB 1956, 226; LAG Tübingen 8.10.1958, DB 1959, 656; Hopt/Hopt Rn. 2; Heymann/Stöber Rn. 7.

[32] Hopt/Hopt Rn. 2; MüKoHGB/Ströbl Rn. 19.

[33] Canaris HandelsR § 16 Rn. 8; BeckOK HGB/Lehmann, 48. Ed. 1.10.2025, Rn. 12; Ebenroth/Boujong/Semmler Rn. 3; MüKoHGB/Ströbl Rn. 4.

[34] Canaris HandelsR § 17 Rn. 22 zum Vertragshändler; Ulmer, Der Vertragshändler, 1969, 416 mit Fn. 36; MSF VertriebsR-HdB/Rösch § 23 Rn. 29; **aA** – zum Vertragshändler – Renz, Das Rechtsverhältnis zwischen dem Vertragshändler und seinem Lieferanten, 1966, 66; Ulmer, Der Vertragshändler, 1969, 70; BeckOK HGB/Lehmann, 48. Ed. 1.10.2025, Rn. 12; Ebenroth/Boujong/Semmler Rn. 3; MüKoHGB/Ströbl Rn. 4; zum Franchising BeckOK HGB/Lehmann, 48. Ed. 1.10.2025, Rn. 12; NK-HGB/Prasse Anh. FranchiseR Rn. 61.

[1] Art. 1 Gesetz zur Änderung des Handelsgesetzbuchs (Recht der Handelsvertreter) vom 6.8.1953, BGBl. 1953 I 771.

als auch dem (nachvertraglichen) Schutz des Unternehmers (Abs. 2). Anknüpfungspunkt der gesetzlichen Regelung sind jeweils die dem Handelsvertreter gegenüber dem Unternehmer ggf. zustehenden gesetzlichen Zurückbehaltungsrechte. Mit **Abs. 1** soll zunächst die **Durchsetzung der Rechte des Handelsvertreters** gegen den Unternehmer verbessert werden. Im Kern geht es darum, die Verhandlungsmacht des Handelsvertreters gegenüber dem in der Regel wirtschaftlich überlegenen Unternehmer zu stärken. Es soll verhindert werden, dass der Unternehmer die Zusammenarbeit mit dem Handelsvertreter davon abhängig macht, dass dieser im Voraus auf die ihm aufgrund des Handelsvertretervertrages zustehenden gesetzlichen Zurückbehaltungsrechte verzichtet. Diese Zurückbehaltungsrechte sind nämlich die einzigen rechtlichen Mittel, die dem Handelsvertreter zur Sicherung seiner Rechte gegen den Unternehmer zur Verfügung stehen.[2] Durch **Abs. 2** wird auf der anderen Seite die Geltendmachung gesetzlicher Zurückbehaltungsrechte im nachvertraglichen Stadium, die im Grundsatz keinen Bedenken ausgesetzt ist, zum **Schutz des Unternehmers** begrenzt. Der Handelsvertreter kann sich auf ein gesetzliches Zurückbehaltungsrecht an ihm zur Verfügung gestellten Unterlagen iSv § 86a Abs. 1 nur berufen, wenn dies wegen fälliger Ansprüche auf Provision oder Ersatz von Aufwendungen geschieht. Damit soll sichergestellt werden, dass der Handelsvertreter dem Unternehmer die für diesen besonders wichtigen Unterlagen iSv § 86a Abs. 1 nicht auf längere Zeit entzieht.[3] Das wäre der Fall, wenn das Zurückbehaltungsrecht auch für Ansprüche geltend gemacht werden könnte, wegen deren Begründetheit und Höhe, beispielsweise beim Ausgleichsanspruch nach § 89b, regelmäßig langwierige Auseinandersetzungen entstehen können. Der Gesetzgeber hat das nachvertragliche Zurückbehaltungsrecht an Unterlagen iSv § 86a Abs. 1 daher auf die Provisions- und Aufwendungsersatzansprüche des Handelsvertreters begrenzt, die im Regelfall leichter zu klären und für den Handelsvertreter überdies von vorrangiger Bedeutung sind.[4]

II. Verbot des Vorabverzichts (Abs. 1)

1. Allgemeines. Dem Handelsvertreter ist es nach Abs. 1 untersagt, im Voraus auf gesetzliche Zurückbehaltungsrechte zu verzichten. Das Verbot bezieht sich also von vornherein nur auf gesetzliche, nicht auf **vertragliche Zurückbehaltungsrechte.** Diese können nicht nur privatautonom begründet werden;[5] auf sie kann auch vor ihrer Entstehung ohne weiteres wieder verzichtet werden.[6] Neben der inhaltlichen Begrenzung auf gesetzliche Zurückbehaltungsrechte ist der Anwendungsbereich von Abs. 1 darüber hinaus in zeitlicher Hinsicht durch das Erfordernis des Vorabverzichts („im Voraus") eingeschränkt. 2

2. Voraussetzungen. Wegen fälliger Ansprüche aus dem Handelsvertreterverhältnis stehen dem Handelsvertreter gegen den Unternehmer ggf. die **gesetzlichen Zurückbehaltungsrechte** aus § 273 BGB und § 369 HGB kumulativ zur Verfügung. Die Geltendmachung des allgemeinen Zurückbehaltungsrechts aus § 273 BGB hat zur Folge, dass der Handelsvertreter zur Leistung nur Zug um Zug zu verurteilen ist (§ 274 BGB). Darüber hinaus besteht beim kaufmännischen Zurückbehaltungsrecht nach § 369 Abs. 1 nicht nur ein Sicherungsrecht an den in den Besitz des Handelsvertreters gelangten Gegenständen des Unternehmers,[7] sondern – bei Vorliegen eines entsprechenden vollstreckbaren Titels – auch ein Befriedigungsrecht (§ 371). Voraussetzung für ein kaufmännisches Zurückbehaltungsrecht ist jedoch generell, dass es sich um eine fällige Forderung aus einem beiderseitigen Handelsgeschäft handelt. Sowohl der Handelsvertreter als auch der Unternehmer müssen daher Kaufmann sein (vgl. § 343). Der Unternehmer seinerseits kann die Zurückbehaltung durch Sicherheitsleistung abwenden (§ 273 Abs. 3 BGB, § 369 Abs. 4 HGB). 3

Gesetzliche Zurückbehaltungsrechte können im Übrigen überhaupt nur bestehen, wenn der **Inhalt des Handelsvertreterverhältnisses nicht entgegensteht.** Das ist während des Vertragsverhältnisses bei der Berichtspflicht gegenüber dem Unternehmer,[8] bei der Verwendung von Mustern und sonstigen Unterlagen iSv § 86a Abs. 1 gegenüber Kunden und bei der Pflicht zur Weiterleitung von Inkassobeträgen an den Unternehmer[9] der Fall.[10] Insoweit ist ein etwaiger Verzicht des Handels- 4

[2] Begr. RegE Gesetz zur Änderung des HGB (Recht der Handelsvertreter), BT-Drs. 1/3856, 9, 30.
[3] Begr. RegE Gesetz zur Änderung des HGB (Recht der Handelsvertreter), BT-Drs. 1/3856, 9, 31.
[4] Begr. RegE Gesetz zur Änderung des HGB (Recht der Handelsvertreter), BT-Drs. 1/3856, 9, 31.
[5] Hopt/Hopt Rn. 1; Heymann/Stöber Rn. 6.
[6] MüKoHGB/Ströbl Rn. 11; Staub/Emde Rn. 4.
[7] Vgl. dazu BGH 28.4.1983, WM 1983, 863 = BeckRS 1983, 30393161 (Kundenkartei).
[8] Vgl. RG 19.4.1921, RGZ 102, 111.
[9] OLG Düsseldorf 25.2.2000, OLGR 2000, 382 (384); OLG Hamm 10.11.2000, HVR Nr. 973; 12.8.1993, NJW-RR 1994, 158 (159); Heymann/Stöber Rn. 5; Staub/Emde Rn. 20; **aA** OLG Düsseldorf 2.2.1990, BB 1990, 1086 (1087); OLG Köln 14.5.1969, VersR 1970, 53 (54); Hopt/Hopt Rn. 1; Ebenroth/Boujong/Semmler Rn. 4.
[10] Vgl. auch OLG Hamm 12.8.1993, NJW-RR 1994, 158 (159).

vertreters bedeutungslos.[11] Nach Vertragsende besteht allerdings nach Abs. 2 ein begrenztes Zurückbehaltungsrecht an Unterlagen iSv § 86a Abs. 1 (→ Rn. 11 ff.).

5 **3. Vorabverzicht.** Mit dem in Abs. 1 verwendeten Begriff „verzichten" werden nach Sinn und Zweck der Vorschrift (→ Rn. 1) nicht nur **einseitige Verzichtserklärungen** des Handelsvertreters erfasst, sondern auch **vertragliche Vereinbarungen,** die einen Verzicht des Handelsvertreters auf gesetzliche Zurückbehaltungsrechte zum Gegenstand haben. Der Verzicht kann im Handelsvertretervertrag selbst enthalten sein, aber auch in Vereinbarungen, die später für die weitere Vertragsdurchführung getroffen werden.[12] Vom Wortlaut des Abs. 1 nicht erfasst wird ein Verzicht, den der Handelsvertreter in spe vor Perfektionierung des Handelsvertretervertrages erklärt. Abs. 1 setzt nämlich offensichtlich voraus, dass der Verzicht zumindest im Zusammenhang mit dem Vertragsschluss erklärt wird („Der Handelsvertreter kann nicht …"). Nach Sinn und Zweck ist die Norm freilich auf zeitlich vorgelagerte Erklärungen und Vereinbarungen entsprechend anzuwenden, da ansonsten der Schutz des Handelsvertreters lückenhaft wäre.

6 Ein **Verzicht** liegt nach Sinn und Zweck der Norm nicht nur vor, wenn die Geltendmachung eines gesetzlichen Zurückbehaltungsrechts generell ausgeschlossen wird, sondern auch dann, wenn die gesetzlichen Voraussetzungen enger gefasst oder in anderer Weise zum Nachteil des Handelsvertreters modifiziert werden,[13] beispielsweise durch eine von § 371 Abs. 4 abweichende Gerichtsstandsvereinbarung.[14]

7 Das Verbot des Abs. 1 bezieht sich nur auf solche Verzichtshandlungen, die **im Voraus** erfolgen. Dies bedeutet, dass die Ansprüche des Handelsvertreters gegen den Unternehmer im Zeitpunkt des Verzichts noch nicht fällig sein dürfen.[15] Dagegen ist ein Verzicht auf gesetzliche Zurückbehaltungsrechte ohne weiteres möglich, sobald das Zurückbehaltungsrecht entstanden ist und geltend gemacht werden kann.[16] In diesem Moment ist der Handelsvertreter nämlich in der Lage, die Tragweite des Verzichts konkret zu ermessen.

8 Unwirksam sind auch **Umgehungshandlungen,** mit denen die Verzichtswirkungen auf anderem Wege als nach den Voraussetzungen des Abs. 1 herbeigeführt werden. Das kann etwa bei Vereinbarung eines vertraglichen Aufrechnungsverbots[17] oder bei Vorleistungspflichten des Handelsvertreters der Fall sein, die über den gesetzlichen Rahmen hinausgehen.[18] **Unbedenklich** ist es dagegen, wenn der Unternehmer ein bestehendes gesetzliches Zurückbehaltungsrecht des Handelsvertreters dadurch zu Fall bringt, indem er gem. § 959 BGB sein Eigentum an einem Gegenstand aufgibt, der dem Zurückbehaltungsrecht unterliegt.[19] Damit fehlt es schlicht an den Voraussetzungen für das Zurückbehaltungsrecht.

9 **4. Beweislast.** Den Unternehmer trifft die Beweislast dafür, dass dem Handelsvertreter ein ausgeübtes Zurückbehaltungsrecht nicht zusteht.[20] Darüber hinaus hat er zu beweisen, dass bestehende Beschränkungen des Zurückbehaltungsrechts nicht unter Abs. 1 fallen.[21]

10 **5. Abweichende Vereinbarungen.** Die Vorschrift des Abs. 1 ist zwingend, sodass nach gesetzlichen Vorschriften bestehende Zurückbehaltungsrechte des Handelsvertreters weder eingeschränkt noch ausgeschlossen werden können.[22]

III. Zurückbehaltungsrechte nach Vertragsbeendigung (Abs. 2)

11 **1. Allgemeines.** Nach Beendigung des Handelsvertreterverhältnisses begegnet die Geltendmachung gesetzlicher Zurückbehaltungsrechte im Grundsatz keinen Bedenken. Einschränkungen, die sich während der Vertragsdauer aus der Natur des Absatzmittlungsverhältnisses ergeben (→ Rn. 4),

[11] Heymann/Stöber Rn. 5.
[12] Heymann/Stöber Rn. 7; MüKoHGB/Ströbl Rn. 12.
[13] Vgl. BGH 29.3.1995, BGHZ 129, 186 (189 ff.) = NJW 1995, 1552 (1553) (Versicherungsvertretervertrag); Schneider DB 1969, 1229; Schnitzler DB 1966, 569 (570); Ebenroth/Boujong/Semmler Rn. 8; MüKoHGB/Ströbl Rn. 13.
[14] Vgl. Schnitzler DB 1966, 569; Hopt/Hopt Rn. 2; Ebenroth/Boujong/Semmler Rn. 8; Heymann/Stöber Rn. 8; MüKoHGB/Ströbl Rn. 13; Staub/Emde Rn. 7.
[15] Ebenroth/Boujong/Semmler Rn. 7; Heymann/Stöber Rn. 8.
[16] Vgl. auch MüKoHGB/Ströbl Rn. 14 f.
[17] Vgl. OLG Köln 14.5.1969, VersR 1970, 53 (54); Schneider DB 1969, 1229 f.; Ebenroth/Boujong/Semmler Rn. 9; Heymann/Stöber Rn. 8; Staub/Emde Rn. 9; **aA** MüKoHGB/Ströbl Rn. 13.
[18] MüKoHGB/Ströbl Rn. 13; Staub/Emde Rn. 9; vgl. auch Ebenroth/Boujong/Semmler Rn. 8.
[19] Vgl. LG Hamburg 3.7.1957, HVR Nr. 170; Heymann/Stöber Rn. 8.
[20] Ebenroth/Boujong/Semmler Rn. 18.
[21] Ebenroth/Boujong/Semmler Rn. 18.
[22] MüKoHGB/Ströbl Rn. 22; vgl. auch Hopt/Hopt Rn. 2; Ebenroth/Boujong/Semmler Rn. 7.

spielen nach Vertragsbeendigung keine Rolle mehr. Allerdings hat der Unternehmer gerade mit Beendigung des Vertragsverhältnisses ein evidentes Interesse daran, den unmittelbaren Besitz an den Unterlagen iSv § 86a Abs. 1 wiederzuerlangen, die er dem Handelsvertreter zum Zwecke der Absatzmittlung überlassen hat. Dieses Interesse ist rechtlich durch eine entsprechende Rückgabepflicht des Handelsvertreters abgesichert (→ § 86 Rn. 43). Deshalb macht Abs. 2 eine **Ausnahme** hinsichtlich des Zurückbehaltungsrechts an diesen Unterlagen. Dem Handelsvertreter steht ein gesetzliches Zurückbehaltungsrecht an Unterlagen iSv § 86a Abs. 1 nur wegen seiner fälligen Ansprüche auf Provision (→ § 87a Rn. 25 f.) und Ersatz von Aufwendungen (→ § 87d Rn. 4 ff.) zu.

2. Anwendungsbereich. Die Vorschrift des Abs. 2 bezieht sich allein „auf nach allgemeinen Vorschriften bestehende" Zurückbehaltungsrechte. Erfasst sind damit wie in Abs. 1 nur **gesetzliche Zurückbehaltungsrechte** (→ Rn. 3),[23] nicht aber vertragliche.[24] Geregelt wird durch Abs. 2 im Übrigen nur die **nachvertragliche Geltendmachung** gesetzlicher Zurückbehaltungsrechte, soweit sie an **Unterlagen iSv § 86a Abs. 1** (→ § 86a Rn. 5) bestehen. Wegen des auf Unterlagen iSv § 86a fokussierten Regelungszwecks von Abs. 2 (→ Rn. 1) ist die Vorschrift auf Zurückbehaltungsrechte an anderen Gegenständen nicht anwendbar;[25] das gilt etwa für einen dem Handelsvertreter überlassenen Pkw[26] oder für Warenvorräte.[27] 12

Während der Vertragslaufzeit bestehen Zurückbehaltungsrechte an Unterlagen iSv § 86a nur im Ausnahmefall (→ Rn. 4). Im Grundsatz sind sie ausgeschlossen (§ 369 Abs. 3), weil der Handelsvertreter mit ihnen vertragsgemäß umgehen muss (→ Rn. 4). Ein Zurückbehaltungsrecht kommt nur ausnahmsweise in Betracht, wenn die Unterlagen „entwidmet" sind,[28] weil der Unternehmer sie zurückfordert oder weil sie aus anderen Gründen, beispielsweise weil sie inhaltlich überholt sind, für die Absatzmittlertätigkeit keine Bedeutung mehr haben. Nach Vertragsende **kehrt sich** dieses **Regel-/Ausnahme-Verhältnis** der Sache nach **um.** An Unterlagen iSv § 86a Abs. 1 bestehen gesetzliche Zurückbehaltungsrechte gleichwohl nur, soweit es um die Geltendmachung der für den Handelsvertreter besonders wichtigen und in der Regel leichter zu klärenden Ansprüche auf Provision und Aufwendungsersatz geht. Unter den **Provisionsbegriff** fallen nicht nur Vermittlungsprovisionen, sondern auch Inkasso-, Delkredere- und Bestandspflegeprovisionen.[29] Die Ansprüche müssen nach allgemeinen Grundsätzen fällig sein.[30] 13

In anderen Fällen hat der Gesetzgeber dagegen dem **Interesse des Unternehmers** an der Rückerlangung der Unterlagen Vorrang eingeräumt. Diese werden nämlich in der Regel an Nachfolger des Handelsvertreters weitergegeben. Der Unternehmer soll insoweit davor geschützt werden, dass der Handelsvertreter gesetzliche Zurückbehaltungsrechte für Ansprüche geltend macht, bei deren Klärung mit langwierigen Auseinandersetzungen zu rechnen ist. Deshalb können Zurückbehaltungsrechte an Unterlagen iSv § 86a Abs. 1 wegen Ausgleichsansprüchen nach § 89b oder Schadensersatzansprüchen aus Pflichtverletzung, aber auch wegen anderer, in Abs. 2 nicht explizit genannter Ansprüche nach Vertragsende nicht geltend gemacht werden.[31] Das gilt freilich nur für die Unterlagen selbst, nicht aber für Behältnisse, in denen die Unterlagen aufbewahrt werden.[32] 14

3. Beweislast. Der Handelsvertreter hat das Bestehen der zu sichernden Forderung und die rechtzeitige sowie ordnungsgemäße Ausübung des Zurückbehaltungsrechts nachzuweisen.[33] Den Unternehmer trifft wegen des Ausnahmecharakters der Vorschrift die Beweislast dafür, dass der Handelsvertretervertrag beendet ist und dass die vom Handelsvertreter dargelegten Forderungen sowie zurückbehaltenen Gegenstände nicht unter Abs. 2 fallen.[34] 15

4. Abweichende Vereinbarungen. Die Vorschrift des Abs. 2 ist nicht zwingend und damit abweichenden individualvertraglichen Vereinbarungen zugänglich. Allerdings darf die Vereinbarung der Sache nach keinen unzulässigen vorherigen Verzicht des Handelsvertreters iSv Abs. 1 beinhal- 16

---

[23] Hopt/Hopt Rn. 5.
[24] Ebenroth/Boujong/Semmler Rn. 1, 11; Heymann/Stöber Rn. 7.
[25] Ebenroth/Boujong/Semmler Rn. 11; MüKoHGB/Ströbl Rn. 17; Staub/Emde Rn. 16.
[26] Hopt/Hopt Rn. 3; MüKoHGB/Ströbl Rn. 17; Staub/Emde Rn. 16.
[27] OLG Düsseldorf 2.2.1990, BB 1990, 1086 (1087); Hopt/Hopt Rn. 3; Ebenroth/Boujong/Semmler Rn. 4; Heymann/Stöber Rn. 10; MüKoHGB/Ströbl Rn. 17.
[28] Vgl. Hopt/Hopt Rn. 4; Ebenroth/Boujong/Semmler Rn. 3; MüKoHGB/Ströbl Rn. 8.
[29] Ebenroth/Boujong/Semmler Rn. 14; MüKoHGB/Ströbl Rn. 20.
[30] OLG München 11.7.1958, BB 1958, 895; Heymann/Stöber Rn. 10.
[31] MüKoHGB/Ströbl Rn. 21.
[32] OLG Hamburg HVR Nr. 101; Hopt/Hopt Rn. 3; Heymann/Stöber Rn. 10; MüKoHGB/Ströbl Rn. 17.
[33] Ebenroth/Boujong/Semmler Rn. 18.
[34] Ebenroth/Boujong/Semmler Rn. 18.

ten.[35] AGB-Regeln dürfen vom gesetzlichen Leitbild des § 88a nicht abweichen; ansonsten liegt eine unangemessene Benachteiligung des Handelsvertreters iSv § 307 Abs. 1 und 2 BGB vor.[36]

IV. Andere Absatzmittler

17 Die Vorschrift des § 88a ist auf Vertragshändlerverhältnisse, Kommissionsagentenverhältnisse und Subordinations-Franchisenehmervereinbarungen entsprechend anwendbar, soweit die Rechtsverhältnisse unter den Beteiligten ähnlich einem Handelsvertretervertrag ausgestaltet sind.[37] Unter dieser Voraussetzung sind der Absatzmittler wie der Handelsvertreter nach Abs. 1 und der Geschäftsherr wie der Unternehmer nach Abs. 2 schutzwürdig.

§ 89 [Kündigung]

(1) ¹Ist das Vertragsverhältnis auf unbestimmte Zeit eingegangen, so kann es im ersten Jahr der Vertragsdauer mit einer Frist von einem Monat, im zweiten Jahr mit einer Frist von zwei Monaten und im dritten bis fünften Jahr mit einer Frist von drei Monaten gekündigt werden. ²Nach einer Vertragsdauer von fünf Jahren kann das Vertragsverhältnis mit einer Frist von sechs Monaten gekündigt werden. ³Die Kündigung ist nur für den Schluß eines Kalendermonats zulässig, sofern keine abweichende Vereinbarung getroffen ist.

(2) ¹Die Kündigungsfristen nach Absatz 1 Satz 1 und 2 können durch Vereinbarung verlängert werden; die Frist darf für den Unternehmer nicht kürzer sein als für den Handelsvertreter. ²Bei Vereinbarung einer kürzeren Frist für den Unternehmer gilt die für den Handelsvertreter vereinbarte Frist.

(3) ¹Ein für eine bestimmte Zeit eingegangenes Vertragsverhältnis, das nach Ablauf der vereinbarten Laufzeit von beiden Teilen fortgesetzt wird, gilt als auf unbestimmte Zeit verlängert. ²Für die Bestimmung der Kündigungsfristen nach Absatz 1 Satz 1 und 2 ist die Gesamtdauer des Vertragsverhältnisses maßgeblich.

Schrifttum: Ankele, Das deutsche Handelsvertreterrecht nach der Umsetzung der EG-Richtlinie, DB 1989, 2211; Boldt, Zur vorzeitigen Kündigung eines Handelsvertreterverhältnisses, BB 1962, 906; Brüggemann, Das Handelsvertreterrecht im Schnittpunkt personbezogener und unternehmensbezogener Strukturelemente, ZHR 131 (1968), 1; Duden, Kündigung von Tankstellenverträgen nach § 624 BGB, NJW 1962, 1326; Emde, Die Strukturkündigung Nissans, BB 2009, 2330; Giesler, Die Auswirkungen der Schuldrechtsreform auf Franchiseverhältnisse, ZIP 2002, 420; Herbert, Neues zum Ausgleichsanspruch des Handelsvertreters, BB 1997, 1317; Küstner, Die kündigungsrechtliche Behandlung von Handelsvertreterverträgen mit Verlängerungsklausel, BB 1973, 1239; Küstner, Handelsvertreterverträge mit Verlängerungsklausel, BB 1975, 195; Küstner/v. Manteuffel, Die Änderung des Handelsvertreterrechts aufgrund der EG-Harmonisierungsrichtlinie vom 18.12.1986, BB 1990, 291; Leo, Rechtsfragen zur Kündigung des Handelsvertretervertrages, DB 1961, 1518; Schröder, Kündigung von Handelsvertreterverträgen mit Verlängerungsklausel, BB 1974, 298; Schröder, Handelsvertreterverträge auf bestimmte Zeit, FS Hefermehl, 1976, 113; Schwytz, Mindestkündigungsfrist bei Beendigung von Handelsvertreterverträgen, BB 1997, 2385.

Übersicht

[35] Heymann/Stöber Rn. 10; MüKoHGB/Ströbl Rn. 22.
[36] Vgl. insoweit BGH 29.3.1995, BGHZ 129, 186 (189 ff.) = NJW 1995, 1552 (Versicherungsvertretervertrag).
[37] Ebenroth/Boujong/Semmler Rn. 6; MüKoHGB/Ströbl Rn. 9; zum Franchising NK-BGB/Prasse Anh. FranchiseR Rn. 61.

I. Allgemeines

1 **1. Normzweck.** Die Vorschrift des § 89, die das Recht zur ordentlichen Kündigung des Handelsvertretervertrages regelt, steht im Regelungskontext mit § 89a und der dort erfassten außerordentlichen Kündigung. Zu beachten ist darüber hinaus der mit Beendigung des Handelsvertreterverhältnisses entstehende Ausgleichsanspruch des Handelsvertreters. Näheres dazu ergibt sich aus § 89b. Die in § 89 enthaltene Ausgestaltung des ordentlichen Kündigungsrechts dient dem **Schutz des Handelsvertreters.**[1] Sie lehnt sich mit der Festlegung bestimmter, nach der Vertragsdauer gestaffelter Mindestkündigungsfristen an das für Arbeitsverhältnisse geltende Regelungskonzept des § 622 BGB an. Dies zeigt, dass der Gesetzgeber den selbstständigen Handelsvertreter aufgrund seiner Einbindung in das Absatzmittlungssystem des Unternehmers für ähnlich schutzwürdig hält wie einen Arbeitnehmer.[2]

2 **2. Normgenese.** Die Entstehungsgeschichte von § 89 geht zurück auf § 92 aF.[3] Mit der HGB-Novelle 1953 wurde die Vorschrift grundlegend modifiziert und als § 89 in das Handelsvertreterrecht eingestellt.[4] Eine weitere Novellierung erfolgte durch die HGB-Novelle 1989,[5] mit der die Vorgaben der RL 86/653/EWG umgesetzt wurden.

3 **3. Anwendungsbereich.** Die Vorschrift des § 89 gilt für alle Handelsvertreter mit Ausnahme der **Handels- und Versicherungsvertreter im Nebenberuf.** Für diese besteht mit § 92b eine Sonderregelung (§ 92b Abs. 1 S. 1). Nicht anwendbar ist § 89 auch auf **unselbständige Handelsvertreter,** die als Arbeitnehmer den arbeitsrechtlichen Kündigungsbestimmungen unterliegen. Der Vorschrift des § 89 unterfällt ebenfalls nicht der **Gesellschafter einer KG,** der für seine Gesellschaft wie ein Handelsvertreter tätig ist.[6]

4 **4. Verhältnis zum BGB.** Wie bereits dargelegt (→ Rn. 1), entspricht § 89 dem Regelungsmodell des § 622 BGB. Es stellt sich damit die Frage, ob neben § 89 ggf. ergänzend auf die Vorschriften der §§ 620 ff. BGB zurückgegriffen werden kann. Da es sich bei § 89 um eine lex specialis für das Handelsvertreterverhältnis handelt, kommt ein Rückgriff von vornherein nur in Betracht, soweit nicht § 89 eine abschließende Regelung trifft. **Nicht anwendbar** sind daher **§ 620 Abs. 2 BGB, § 621 BGB, § 625 BGB.**[7] Im Übrigen können solche Vorschriften des Dienstvertragsrechts nicht ergänzend herangezogen werden, die auf Arbeitsverhältnisse oder dauernde Dienstverhältnisse zugeschnitten sind und damit der Stellung des Handelsvertreters als selbstständiger Gewerbetreibender nicht gerecht werden.[8] Das gilt für **§§ 622, 629 BGB und § 630 BGB.**[9] **Grundsätzlich anwendbar**

---

[1] Vgl. auch OLG Oldenburg 23.11.2013, NJW-RR 2014, 550; Heymann/Froitzheim Rn. 3.

[2] Vgl. auch Begr. RegE Gesetz zur Änderung des HGB (Recht der Handelsvertreter), BT-Drs. 1/3856, 9, 31.

[3] Zur Entstehungsgeschichte von § 92 aF Heymann/Froitzheim Rn. 2.

[4] Art. 1 Gesetz zur Änderung des Handelsgesetzbuchs (Recht der Handelsvertreter) vom 6.8.1953, BGBl. 1953 I 771 (dazu Begr. RegE, BT-Drs. 1/3856, 31).

[5] Art. 1 Nr. 5 Gesetz zur Durchführung der EG-Richtlinie zur Koordinierung des Rechts der Handelsvertreter vom 23.10.1989, BGBl. 1989 I 1910 (dazu Begr. RegE, BT-Drs. 11/3077, 6, 8 f.).

[6] BGH 4.10.1984, BB 1985, 823 (824) = BeckRS 1984, 31066131; Heymann/Froitzheim Rn. 18.

[7] Vgl. Küstner/v. Manteuffel BB 1990, 291 (297) zu § 625 BGB; Hopt/Hopt Rn. 6, 22 unklar zu § 625; Ebenroth/Boujong/Semmler Rn. 6; Heymann/Froitzheim Rn. 4, 7 zu §§ 621, 625 BGB; MüKoHGB/Ströbl Rn. 4 zu § 625 BGB.

[8] So bereits Begr. RegE zum Gesetz zur Änderung des HGB (Recht der Handelsvertreter), BT-Drs. 1/3856, 9, 30; vgl. auch MüKoHGB/Ströbl Rn. 3.

[9] Vgl. Hopt/Hopt Rn. 6; Ebenroth/Boujong/Semmler Rn. 6; Heymann/Froitzheim Rn. 14 zu § 622.

ist dagegen **§ 620 Abs. 1 BGB.**[10] Entsprechendes gilt für **§ 624 BGB,** wonach ein auf Lebenszeit oder für länger als fünf Jahre eingegangenes Dienstverhältnis vom Dienstverpflichteten nach dem Ablauf von fünf Jahren mit einer Kündigungsfrist von sechs Monaten gekündigt werden kann.[11] Dieser Sachverhalt, dessen Regelung in § 624 BGB ein abhängiges Dienstverhältnis nicht notwendig voraussetzt,[12] wird durch § 89 nicht erfasst. Allerdings setzt der Rückgriff auf § 624 BGB voraus, dass das Handelsvertreterverhältnis einen dienstvertragsähnlichen (personenbezogenen) Charakter hat.[13] Das ist beispielsweise bei Stationärs- oder sog. Pachtverträgen über Tankstellen, die regelmäßig den Regeln über gemischte Verträge unterliegen, nicht der Fall.[14] Dort überwiegen zumeist andersartige Vertragselemente, sodass auch eine gespaltene Kündigung, bei der nur der dienstvertragliche Teil § 624 BGB unterworfen wird, regelmäßig nicht der Interessenlage der Parteien entspricht.[15] Auf derartige (eher) unternehmensbezogene Handelsvertreterverträge findet § 624 BGB daher keine Anwendung.[16] Im Verhältnis zu den **Rücktrittsvorschriften** des BGB enthalten §§ 89, 89a eine verdrängende Sonderregelung.[17]

II. Vertragsverhältnis auf unbestimmte Zeit

5 **1. Grundsatz.** Die Vorschrift des § 89 gilt nur für Handelsvertreterverträge, die auf unbestimmte Zeit geschlossen sind. Erfasst wird durch Abs. 3 allerdings auch der Sonderfall des auf unbestimmte Zeit verlängerten Zeitvertrages (→ Rn. 19 ff.). Für diese Fälle regelt § 89 die Einzelheiten der ordentlichen Kündigung. Die außerordentliche Kündigung unbefristeter Verträge richtet sich nach § 89a.

6 **2. Einzelheiten.** Ein Vertragsverhältnis ist auf unbestimmte Zeit eingegangen, wenn seine Dauer nach dem Kalender weder bestimmt noch bestimmbar ist und sich auch im Übrigen nicht aus der Beschaffenheit oder dem Zweck der Dienste ergibt (vgl. § 620 Abs. 2 BGB). Das ist beispielsweise bei Verträgen der Fall, deren Ende zunächst allein vom Erreichen der **Altersgrenze** durch den Handelsvertreter abhängig ist,[18] aber auch bei **Verträgen auf Probe,** soweit diese keinen selbstständigen Charakter haben und vor Ablauf der Probezeit kündbar sind oder nach Ablauf der Probezeit automatisch verlängert werden,[19] und bei Verträgen auf Widerruf.[20] Ein Vertrag auf unbestimmte Zeit liegt ebenfalls vor, wenn sich ein zunächst auf bestimmte Zeit abgeschlossener Vertrag aufgrund einer **Verlängerungsklausel** automatisch um eine bestimmte oder unbestimmte Zeit verlängert, sofern nicht eine Partei vor Fristablauf den Willen zur Nichtverlängerung äußert.[21] In diesen Fällen handelt es sich um einen Vertrag auf unbestimmte Zeit, da der Vertrag nur durch eine rechtsgestaltende Erklärung beendet werden kann. Entsprechendes gilt, wenn sich der Vertrag durch Ausübung eines **Optionsrechts** auf unbestimmte

---

[10] Vgl. Hopt/Hopt Rn. 6; Ebenroth/Boujong/Semmler Rn. 6; Heymann/Froitzheim Rn. 4; MüKoHGB/Ströbl Rn. 3.

[11] KG 26.6.1997, MDR 1997, 1041 f.; OLG Hamm 8.5.1978, BB 1978, 1335; Grüneberg/Weidenkaff BGB § 624 Rn. 2; offengelassen von BGH 9.6.1969, BGHZ 52, 171 (174 ff.) = NJW 1969, 1662; **aA** Boldt BB 1962, 906 (907); Duden NJW 1962, 1326 (1326 ff.); Leo DB 1961, 1518 (1520); Würdinger NJW 1963, 1550 (1551); Hopt/Hopt Rn. 7; MüKoHGB/Ströbl Rn. 5; undeutlich Ebenroth/Boujong/Semmler Rn. 6.

[12] Heymann/Froitzheim Rn. 5; **aA** Boldt BB 1962, 906 (907); Duden NJW 1962, 1326 ff.; Leo DB 1961, 1518 (1520); Würdinger NJW 1963, 1550 (1551).

[13] KG 26.6.1997, MDR 1997, 1041 f.; OLG Hamm 8.5.1978, BB 1978, 1335; Hopt/Hopt Rn. 7; RGHMW/Thume Rn. 9; idS auch Heymann/Froitzheim Rn. 5; **aA** MüKoHGB/Ströbl Rn. 5.

[14] Vgl. Küstner/Thume VertriebsR-HdB I/Thume VIII Rn. 2.

[15] Hopt/Hopt Rn. 7; Heymann/Froitzheim Rn. 4; wohl auch K. Schmidt HandelsR § 27 Rn. 40; **aA** Canaris HandelsR § 15 Rn. 95; Staub/Emde Rn. 48.

[16] Vgl. BGH 31.3.1982, NJW 1982, 1692 (1692 f.); 9.6.1969, BGHZ 52, 171 (174 ff.); Brüggemann ZHR 131 (1968), 1 (27); Rittner NJW 1964, 2255 (2256 f.); Hopt/Hopt Rn. 7; Grüneberg/Weidenkaff BGB § 624 Rn. 3.

[17] **AA** Ebenroth/Boujong/Semmler Rn. 5; MüKoHGB/Ströbl Rn. 18.

[18] BGH 6.2.1969, VersR 1969, 445 (446); Hopt/Hopt Rn. 20; Ebenroth/Boujong/Semmler Rn. 20; MüKoHGB/Ströbl Rn. 41; wohl auch Heymann/Froitzheim Rn. 25.

[19] BGH 25.11.1963, BGHZ 40, 235 (237 f.) = NJW 1964, 350; OLG Bamberg 21.5.1952, HVR Nr. 87; OLG Düsseldorf 18.2.1983, HVR Nr. 573; OLG Nürnberg 23.12.1958, BB 1959, 391; LAG Bremen 8.6.1955, BB 1956, 818; Hopt/Hopt Rn. 19 f.; Ebenroth/Boujong/Semmler Rn. 21; Heymann/Froitzheim Rn. 26; MüKoHGB/Ströbl Rn. 43 f.

[20] Vgl. OLG Bamberg 21.5.1952, HVR Nr. 87; Hopt/Hopt Rn. 20; Heymann/Froitzheim Rn. 20.

[21] BGH 6.2.1969, VersR 1969, 445 (446); OLG Hamm 10.9.1973, BB 1973, 1233 (1234); LG Dortmund 17.9.1973, BB 1973, 1504 (1505); Küstner BB 1973, 1239 f.; Küstner BB 1975, 194 (195); Küstner/Thume VertriebsR-HdB I/Thume VIII Rn. 56 f.; Hopt/Hopt Rn. 20; Ebenroth/Boujong/Semmler Rn. 19; Heymann/Froitzheim Rn. 23; MüKoHGB/Ströbl Rn. 38; **aA** – aber analoge Anwendung von § 89 – BGH 12.12.1974, NJW 1975, 387 f.; Schröder BB 1974, 298 (300); Schröder FS Hefermehl, 1976, 113 (117) (bzgl. der Kündigungsfristen, nicht der Kündigungstermine).

Zeit verlängert.[22] Dabei handelt es sich nicht um einen Zeitvertrag iSv Abs. 3, weil der Vertrag gerade nicht zu einem bestimmten Termin auslaufen soll.[23] Entsprechendes gilt bei sog. echten **Kettenverträgen,**[24] die auf eine Umgehung von § 89 angelegt sind.

III. Ordentliche Kündigung (Abs. 1)

1. Grundsatz. Die Vorschrift des § 89 sieht für den Fall der ordentlichen Kündigung **gestaffelte Kündigungsfristen** vor, die an die Vertragsdauer gekoppelt sind (Abs. 1 S. 1, 2). Im Einzelnen beträgt die Kündigungsfrist im ersten Jahr der Vertragsdauer einen Monat, im zweiten Jahr zwei Monate, im dritten bis fünften Jahr drei Monate (S. 1). Nach einer Vertragsdauer von fünf Jahren beträgt die Kündigungsfrist sechs Monate (S. 2). Eines Grundes bedarf die Kündigung nicht. 7

2. Vertragsdauer. Der Begriff der Vertragsdauer bezeichnet das ununterbrochene Bestehen des Handelsvertretervertrages.[25] Es kommt also nicht darauf an, ob der Handelsvertreter auch tatsächlich tätig geworden ist.[26] Für den **Beginn** der Vertragsdauer ist auf den Zeitpunkt des Abschlusses des Handelsvertretervertrages abzustellen, für das **Ende** auf den Zeitpunkt des Zugangs der Kündigungserklärung,[27] nicht jedoch auf den Kündigungstermin. Als Umgehung der Fristenregelung ist es anzusehen, wenn das Handelsvertreterverhältnis gekündigt und unmittelbar im Anschluss mit demselben Inhalt fortgesetzt wird.[28] Die Vertragsdauer wird daher in diesem Fall nicht unterbrochen. Dagegen beginnt ein neuer Vertrag, wenn der Handelsvertreter eine Änderungskündigung annimmt und das bisherige Vertragsverhältnis durch ein neues ersetzt wird.[29] 8

3. Kündigungsfrist. Die Berechnung der Kündigungsfrist folgt den **allgemeinen Regeln** der §§ 186 ff. BGB. Sie beginnt mit dem Zugang der Kündigungserklärung.[30] Nicht anwendbar ist § 193 BGB,[31] wonach bei einem Fristbeginn, der auf einen Sonnabend, Sonntag oder gesetzlichen Feiertag fällt, an die Stelle dieser Tage der nächste Werktag tritt. Die Anwendung von § 193 BGB hätte zur Folge, dass die Kündigungsfrist verkürzt wird. Dies ist jedoch mit dem Schutz des Gekündigten unvereinbar. 9

4. Kündigungserklärung. Die Kündigung ist eine empfangsbedürftige **Willenserklärung,** die mit ihrem Zugang beim Erklärungsempfänger wirksam wird (vgl. §§ 130 ff. BGB). Nach Zugang ist sie unwiderruflich (§ 130 Abs. 1 S. 2 BGB), aber nach allgemeinen Regeln anfechtbar. Die Kündigung kann grundsätzlich formlos erklärt werden, soweit die Parteien nichts Abweichendes vereinbart haben (§ 127 BGB). Möglich ist auch eine konkludente Kündigungserklärung.[32] In jedem Fall muss der Wille, das Vertragsverhältnis zu beenden, eindeutig zum Ausdruck kommen.[33] Das kann auch konkludent geschehen.[34] Grundsätzlich kann die Kündigung bereits vor Invollzugsetzung des Handelsvertretervertrages erklärt werden, soweit die Kündigungsfrist gewahrt bleibt.[35] Die Kündigungsfrist beginnt dann regelmäßig nicht erst mit Invollzugsetzung des Vertrages, sondern bereits mit Zugang der Kündigungserklärung.[36] Das entspricht der Interessenlage der Parteien. 10

---

[22] MüKoHGB/Ströbl Rn. 37.

[23] Hopt/Hopt Rn. 20; **aA** BGH 12.12.1974, NJW 1975, 387 f. (aber analoge Anwendung von § 89 im Hinblick auf Kündigungsfrist); Schröder FS Hefermehl, 1976, 113 (114) (analoge Anwendung von § 89 im Hinblick auf Kündigungstermin, nicht aber für Kündigungsfrist).

[24] BGH 28.4.1999, BGHZ 141, 248 (250 f.) = NJW 1999, 2668; 9.10.2002, BB 2002, 2520 f.; 17.7.2002, BB 2002, 2036 (2037 f.); 13.12.1995, NJW 1996, 848 (849); 11.12.1958, VersR 1959, 129 (130 f.); Hopt/Hopt Rn. 20; Ebenroth/Boujong/Semmler Rn. 22; Heymann/Froitzheim Rn. 21; MüKoHGB/Ströbl Rn. 34 f.

[25] Heymann/Froitzheim Rn. 34.

[26] MüKoHGB/Ströbl Rn. 56 f.

[27] Hopt/Hopt Rn. 11; Heymann/Froitzheim Rn. 34; MüKoHGB/Ströbl Rn. 57.

[28] BGH 19.3.1987, BB 1987, 1760 = NJW-PR 1987, 1112; Hopt/Hopt Rn. 11; Heymann/Froitzheim Rn. 34; MüKoHGB/Ströbl Rn. 57.

[29] MüKoHGB/Ströbl Rn. 57.

[30] Hopt/Hopt Rn. 14; MüKoHGB/Ströbl Rn. 58.

[31] BGH 28.9.1972, BGHZ 59, 265 (267) = NJW 1972, 2083; BAG 5.3.1970, NJW 1970, 1470 f.; Küstner/Thume VertriebsR-HdB I/Thume VIII Rn. 27; Hopt/Hopt Rn. 14; Heymann/Froitzheim Rn. 30; MüKoHGB/Ströbl Rn. 58.

[32] Vgl. BGH 13.10.1960, VersR 1961, 82 (83); Hopt/Hopt Rn. 15.

[33] OLG Düsseldorf 4.11.1952, HVR Nr. 24; OLG Hamm 9.2.1987, HVR Nr. 670; OLG München 26.10.2017, ZVertriebsR 2017, 384 (385); Hopt/Hopt Rn. 15; Heymann/Froitzheim Rn. 28; MüKoHGB/Ströbl Rn. 45.

[34] OLG München 26.10.2017, ZVertriebsR 2017, 384 (385 f.).

[35] BGH 21.2.1979, BGHZ 73, 350 (351 f.) = NJW 1979, 1288; BAG 6.3.1974, DB 1974, 1070; Heymann/Froitzheim Rn. 30.

[36] MüKoHGB/Ströbl Rn. 51.

11 **5. Kündigungstermin.** Die Kündigung ist nach Abs. 1 S. 3 nur für den **Schluss eines Kalendermonats** zulässig. Demnach muss die Kündigungsfrist spätestens am Ende des jeweiligen Kalendermonats abgelaufen sein. Anderenfalls ist die Kündigung verspätet, sodass erst wieder auf das Ende des nächsten Kalendermonats gekündigt werden kann. Die Parteien können jedoch eine von Abs. 1 S. 3 abweichende Vereinbarung treffen.

12 **6. Kündigungsschranken.** Im Grundsatz unterliegt die Kündigung des Handelsvertretervertrages nur den allgemeinen zivilrechtlichen Schranken. In Betracht kommt insbesondere die **Rechtsmissbräuchlichkeit** der Kündigung (§ 242 BGB), beispielsweise wegen rechtsmissbräuchlichen Verhaltens oder Missachtung der Interessen des Handelsvertreters.[37] Letzteres kann der Fall sein, wenn die Kündigung ausgesprochen wird, obwohl sich erhebliche Investitionen des Handelsvertreters noch nicht amortisiert haben. Insoweit lässt sich allerdings die Rspr. zum Vertragshändler wegen der andersartigen tatsächlichen Verhältnisse nicht ohne weiteres auf den Handelsvertreter übertragen. Rechtsmissbräuchlich kann überdies eine ordentliche Kündigung sein, wenn ihr eine unwirksame fristlose Kündigung vorausging.[38] Denkbar ist schließlich, dass die Kündigung als solche **sittenwidrig** ist (§ 138 BGB),[39] beispielsweise weil die Kündigung mit nachteiligen wirtschaftlichen Folgen verbunden wird. Kündigungserschwerende Regeln in **AGB** unterliegen der Inhaltskontrolle nach §§ 305 ff. BGB. Unzulässig sind danach Klauseln, die eine Kündigung des Handelsvertreters durch den **Verlust von Kautionen**[40] oder die Verpflichtung zur Rückzahlung von Provisionen oder anderen vom Unternehmer erhaltenen Leistungen erschweren **(Rückzahlungsklauseln)**[41] oder den Handelsvertreter für die Dauer der Kündigungsfrist ohne ausreichende Entschädigung von seinen Vertragspflichten entbinden **(Freistellungsklauseln).**[42] Unter diesen Umständen wirkt die Freistellung nämlich wie ein vorgezogenes Wettbewerbsverbot (vgl. auch § 90a). Erfolgt die Kündigung unberechtigt, kann sich daraus für den anderen Vertragsteil ein **Schadensersatzanspruch** wegen Pflichtverletzung (§ 280 Abs. 1 BGB) ergeben.

13 **7. Besondere Kündigungsformen. a) Teilkündigung.** Die Teilkündigung eines Vertragsverhältnisses ist nur dann möglich, wenn sich das Vertragsverhältnis in selbstständige Leistungen oder abgrenzbare Tätigkeitsbereiche aufspalten lässt.[43] Das kann bei einer teilweisen Kündigung des dem Handelsvertreter zugewiesenen Bezirks der Fall sein.[44] Von einer Teilkündigung durch den Unternehmer kann dagegen nicht ausgegangen werden, wenn dieser dem Handelsvertreter lediglich einzelne Handlungen untersagt.[45] Kein Fall der Teilkündigung liegt schließlich vor, wenn der Unternehmer mit dem Handelsvertreter **mehrere selbstständige Verträge** geschlossen hat, beispielsweise Handelsvertreter- und Bezirksleitervertrag. Insoweit handelt es sich um die Kündigung selbstständiger Verträge.[46] Die Vereinbarung eines Teilkündigungsrechts in **AGB** unterliegt der Inhaltskontrolle nach §§ 305 ff. BGB. Erforderlich ist insbesondere eine genaue Bestimmung der Voraussetzungen und des Umfangs des Teilkündigungsrechts.[47] Eine unzulässige Teilkündigung kann ggf. in eine Änderungskündigung umgedeutet werden.[48]

---

[37] Canaris HandelsR § 15 Rn. 85.

[38] BGH 20.2.1969, BB 1969, 380 (381); Hopt/Hopt Rn. 23.

[39] Vgl. BGH 26.2.1970, NJW 1970, 855 (856) (bejahend); 6.2.1969, VersR 1969, 445 f. (abl.).

[40] LAG BW 21.7.1954, BB 1955, 177.

[41] Vgl. BGH 2.10.1981, NJW 1982, 181 f. (Vertragsabschlussgebühren); OLG Düsseldorf 30.12.1971, DB 1972, 181 (Provisionspauschale); OLG Köln 29.7.1997, HVR Nr. 885 (Kostenzuschüsse); LG Frankfurt a. M. 5.3.1975, VW 1975, 1551 (Provisionsverlust); LG Karlsruhe 2.7.1990, BB 1990, 1504 (1505) (Provisionsverlust); LG München II 30.4.1991, HVR Nr. 704 (Starthilfe als Provisionsersatz); Hopt/Hopt Rn. 16; MüKoHGB/Ströbl Rn. 49, 64.

[42] BGH 29.3.1995, BGHZ 129, 186 (193) = NJW 1995, 1552; Hopt/Hopt Rn. 16.

[43] OLG Bamberg 30.5.1958, NJW 1958, 1830; OLG Köln 2.2.2001, NJW-RR 2002, 602 (603); Thiede NJW 1959, 1444; enger (nur bei ausdrücklicher vertraglicher Ausbedingung) OLG Hamm HVR Nr. 969 (ausdrückliche Ausbedingung des Fortbestands einzelner vertraglicher Bestimmungen); Ebenroth/Boujong/Semmler Rn. 27; Heymann/Froitzheim Rn. 38; **aA** BGH 18.2.1977, BB 1977, 964 = BeckRS 1977 30385508; OLG Karlsruhe 14.10.1977, DB 1978, 298; OLG Köln 10.5.1989, VersR 1989, 1148; OLG Stuttgart 22.6.1965, BB 1965, 926.

[44] OLG Bamberg 30.5.1958, NJW 1958, 1830; einschr. Hopt/Hopt Rn. 18 (wirksame Ausbedingung der Teilkündigung); **aA** OLG Karlsruhe 14.10.1977, DB 1978, 298; Thiede NJW 1959, 1444; MüKoHGB/Ströbl Rn. 52.

[45] OLG Stuttgart 22.6.1965, BB 1965, 926 (Untersagung des Besuchs einzelner Kunden).

[46] BGH 18.2.1977, BB 1977, 964 (965) = BeckRS 1977 30385508; MüKoHGB/Ströbl Rn. 52; vgl. auch Ebenroth/Boujong/Semmler Rn. 27.

[47] Preis/Stoffels ZHR 160 (1996), 442 (485); Hopt/Hopt Rn. 18.

[48] OLG Köln 10.5.1989, VersR 1989, 1148; Heymann/Froitzheim Rn. 39.

b) Änderungskündigung. Grundsätzlich zulässig ist die Vornahme einer Änderungskündigung.[49] Spricht der Unternehmer eine ordentliche Kündigung verbunden mit dem Angebot zur **Fortsetzung des Handelsvertreterverhältnisses zu geänderten Bedingungen** aus, und nimmt der Handelsvertreter dieses Angebot vor Ablauf der Kündigungsfrist an, kommt ein neues Handelsvertreterverhältnis zustande. Eine Änderungskündigung kann bereits in einer Weisung liegen, die den Tätigkeitsbereich des Handelsvertreters einschränkt.[50] Der Handelsvertreter kann das Angebot auch konkludent annehmen. Allerdings müssen dafür eindeutige tatsächliche Anhaltspunkte bestehen. Das bloße Schweigen des Handelsvertreters auf ein entsprechendes Angebot des Unternehmers reicht nicht.[51] 14

8. Kündigungsfolgen. a) Vertragsbeendigung. Durch die wirksame ordentliche Kündigung wird das Handelsvertreterverhältnis zum Kündigungstermin **mit Wirkung ex nunc** beendet. Die bis dahin ausgetauschten Leistungen behalten also ihren Rechtsgrund. Bis zum Vertragsende können die Wirkungen der Kündigung einvernehmlich aufgehoben werden. Wünschen die Parteien nach Vertragsende eine Fortsetzung des Handelsvertreterverhältnisses, müssen sie einen neuen Vertrag abschließen. Dieser kommt jedoch nicht bereits durch das bloße Schweigen des einen Vertragsteils auf den Widerruf der Kündigung durch den anderen Vertragsteil zustande.[52] Das ursprüngliche (gekündigte) Vertragsverhältnis gilt allerdings auf unbestimmte Zeit verlängert, wenn der Handelsvertreter das Vertragsverhältnis mit Wissen des Unternehmers fortsetzt, es sei denn, dieser widerspricht unverzüglich (§ 625 BGB). Unwirksam im Hinblick auf § 613a BGB ist eine Vertragsklausel, die vorsieht, dass der Handelsvertreter bei Vertragsende bestehende Arbeitsverhältnisse mit Familienmitgliedern beendet.[53] 15

b) Vertragspflichten. Das Handelsvertreterverhältnis als solches bleibt bis zum Erreichen des Kündigungstermins bestehen. Auch **während der Kündigungsfrist** treffen die Parteien daher die im Vertrag übernommenen Verpflichtungen. Das gilt für die Pflicht des Handelsvertreters, sich um die Vermittlung und den Abschluss von Geschäften zu kümmern[54] und auch für das Wettbewerbsverbot des Handelsvertreters.[55] Der Unternehmer darf im Übrigen die vom (gekündigten) Handelsvertreter vermittelten Geschäfte nicht insgesamt ablehnen oder gar einen Ersatzvertreter einsetzen.[56] Zulässig ist allerdings die **Freistellung des Handelsvertreters** von seinen vertraglichen Verpflichtungen, wenn der Verdienstausfall finanziell ausgeglichen wird.[57] Die Freistellung wirkt nämlich wie ein vorgezogenes Wettbewerbsverbot iSv § 90a (→ Rn. 12), die gem. § 90a Abs. 1 S. 3 eine Karenzentschädigung nach sich zieht (→ Rn. 12). Darüber hinaus können aus der Kündigung zusätzliche vertragliche Nebenpflichten erwachsen: Der Handelsvertreter ist regelmäßig gehalten, seinen Nachfolger in die Absatzmittlertätigkeit einzuführen.[58] Dagegen ist der Unternehmer wegen der selbstständigen Stellung des Handelsvertreters nicht verpflichtet, diesem Freizeit zur Stellungssuche (§ 629 BGB) zu geben. Der Handelsvertreter seinerseits ist selbstverständlich nicht gehindert, noch während der Kündigungsfrist Kontakt zu (konkurrierenden) Unternehmern aufzunehmen, um einen neuen Auftraggeber zu finden.[59] 16

c) Folgeansprüche. Das Ende des Handelsvertreterverhältnisses lässt die Provisionsansprüche des Handelsvertreters unberührt, unabhängig davon, ob die Kundengeschäfte noch auszuführen sind (→ § 87a Rn. 5 ff.) oder vom **Handelsvertreter** nur vorbereitet wurden (→ § 87 Rn. 31). Darüber hinaus kann der Handelsvertreter einen Ausgleichsanspruch nach § 89b geltend machen. Einen Zeugnisanspruch hat der Handelsvertreter nicht.[60] Der **Unternehmer** seinerseits hat gegen den Handelsvertreter einen Anspruch auf Rückgabe überlassener Unterlagen und Waren sowie auf Herausgabe der Geschäftskorrespondenz mit Kunden (→ § 86 Rn. 43). Er hat die Sachen, die er dem Handelsvertreter überlassen hat, zurückzunehmen.[61] 17

---

[49] Ebenroth/Boujong/Semmler Rn. 29; Heymann/Froitzheim Rn. 39; MüKoHGB/Ströbl Rn. 53.
[50] OLG Stuttgart 22.6.1965, BB 1965, 926; Hopt/Hopt Rn. 17.
[51] BGH 24.10.1955, DB 1955, 1085 = BeckRS 1955, 31200248; Hopt/Hopt Rn. 17; MüKoHGB/Ströbl Rn. 53.
[52] BGH 4.7.1960, HVR Nr. 247; Hopt/Hopt Rn. 24; Heymann/Froitzheim Rn. 39.
[53] BGH 23.3.2006, WM 2006, 1262; Hopt/Hopt Rn. 26.
[54] OLG Köln 22.9.2023, ZVertriebsR 2024, 21 Rn. 22 f.
[55] BGH 13.2.2003, NJW-RR 2003, 981 (982); MüKoHGB/Ströbl Rn. 68.
[56] Hopt/Hopt Rn. 25; MüKoHGB/Ströbl Rn. 77.
[57] Hopt/Hopt Rn. 25; wohl auch MüKoHGB/Ströbl Rn. 74.
[58] Hopt/Hopt Rn. 25.
[59] BGH 3.4.1996, ZIP 1996, 1006 (1008); Ebenroth/Boujong/Semmler Rn. 52; MüKoHGB/Ströbl Rn. 68.
[60] Hopt/Hopt Rn. 26.
[61] Hopt/Hopt Rn. 26.

18 **9. Verhältnis zur außerordentlichen Kündigung.** Die wirksame ordentliche Kündigung des Handelsvertretervertrages schließt nicht aus, dass das Vertragsverhältnis bei Vorliegen eines wichtigen Grundes nochmals außerordentlich gekündigt wird und fristlos oder zu einem früheren Termin beendet wird.[62] Dagegen wird eine ordentliche Kündigung nicht nachträglich durch Nachschieben eines wichtigen Grundes zu einer fristlosen Kündigung.[63]

IV. Auf unbestimmte Zeit verlängerte Zeitverträge (Abs. 3)

19 **1. Grundsatz.** Regelungsgegenstand von § 89 Abs. 3 sind im Gegensatz zu Abs. 1 und 2 auf bestimmte Zeit eingegangene Vertragsverhältnisse (Zeitverträge). Die Vorschrift, die auf Art. 14, 15 Abs. 6 RL 86/653/EWG beruht, enthält eine **Sonderregelung zu § 625 BGB.** Während danach ein Dienstverhältnis nach dem Ablauf der Dienstzeit als auf unbestimmte Zeit verlängert gilt, wenn der Verpflichtete das Dienstverhältnis mit Wissen des anderen Teils fortsetzt, fordert § 89 Abs. 3, dass das Vertragsverhältnis von beiden Teilen fortgesetzt wird. Unter diesen Voraussetzungen steht der (ursprüngliche) Zeitvertrag den auf unbestimmte Zeit geschlossenen Handelsvertreterverträgen iSv Abs. 1 gleich.

20 **2. Zeitvertrag.** Ein Zeitvertrag iSv Abs. 3 ist geschlossen worden, wenn die Dauer des Vertrages entweder nach dem Kalender bestimmt oder zumindest doch bestimmbar ist oder aus dem Gegenstand der Absatzmittlertätigkeit folgt (vgl. § 620 Abs. 2 BGB). Typischerweise liegt eine gegenständliche Begrenzung der Vertragsdauer bei saisonal begrenzten Tätigkeiten, Messetätigkeiten oder Urlaubsvertretungen vor.[64] Im Übrigen kommt es für die **Abgrenzung** von Zeitverträgen und auf unbestimmte Zeit geschlossenen Verträgen iSv Abs. 1 auf den Einzelfall an. Selbst ein zunächst befristet auf einen bestimmten Zeitpunkt geschlossener Vertrag kann als Vertrag auf unbestimmte Dauer einzuordnen sein, wenn er vor dem Kalendertermin einvernehmlich oder durch Ausübung einer Option auf unbestimmte Zeit verlängert wird (zur Abgrenzung → Rn. 6). Führt die Ausübung der Option dagegen nur zu einer befristeten Verlängerung, liegt ein Zeitvertrag vor.[65]

21 **3. Fortsetzung.** Nach dem Wortlaut von Abs. 3 S. 1 muss das Vertragsverhältnis nach Ablauf der vereinbarten Laufzeit von beiden Parteien fortgesetzt werden, um als auf unbestimmte Zeit verlängert zu gelten. Ausreichend ist danach die **tatsächliche Fortsetzung** des Vertragsverhältnisses **durch beide Parteien** und damit die konkludente Kundgabe des Fortführungswillens. Insoweit wird das Vertragsverhältnis allerdings nicht bereits dadurch beiderseits fortgesetzt, wenn der Handelsvertreter seiner Absatzmittlertätigkeit nach Vertragsende weiter nachgeht, ohne dass der Unternehmer nach Kenntnisnahme unverzüglich widerspricht.[66] Dies entspräche einer einseitigen Fortsetzung des Vertragsverhältnisses iSv § 625 BGB, die nach dem Willen des Gesetzgebers gerade nicht ausreichen soll. Vielmehr ist zu fordern, dass der Unternehmer das Vertragsverhältnis positiv bestätigt, beispielsweise durch Überlassung von Mustern, Ausführung der vermittelten Geschäfte oder Zahlung von Provisionen.[67] Über die Bedingungen des Vertragsverhältnisses müssen sich die Parteien nicht erneut verständigen.[68] **Nicht erfasst** wird von Abs. 3 S. 1 die Beendigung des Vertragsverhältnisses durch **fristlose Kündigung.** In diesem Fall gilt § 625 BGB entsprechend.[69]

22 **4. Kündigungsfristen (Abs. 3 S. 2).** Im Falle der Verlängerung des Zeitvertrages bestimmen sich die Kündigungsfristen nach Abs. 1 S. 1 und 2 nicht nach der Dauer des Vertragsverhältnisses ab dem Zeitpunkt der Fortsetzung, sondern nach der Gesamtdauer des Handelsvertreterverhältnisses seit dessen Beginn (Abs. 3 S. 2).

V. Abweichende Vereinbarungen (Abs. 1 S. 3, Abs. 2)

23 **1. Kündigungstermin (Abs. 1 S. 3).** Die Parteien können von § 89 abweichende Vereinbarungen treffen, soweit einzelne Bestimmungen keinen zwingenden Charakter haben (→ Rn. 24). Möglich sind daher, wie bereits Abs. 1 S. 3 klarstellt, insbesondere Vereinbarungen über den Kündigungs-

[62] OLG Nürnberg 13.12.1962, HVR Nr. 342; Hopt/Hopt Rn. 23; Heymann/Froitzheim Rn. 41; MüKoHGB/Ströbl Rn. 79.

[63] BGH 5.5.1958, BGHZ 27, 220 (222) = NJW 1958, 1136; OLG Nürnberg 28.2.1957, BB 1957, 561; LG Bamberg 17.12.1954, HVR Nr. 88; Hopt/Hopt § 89a Rn. 13, 32; Heymann/Froitzheim Rn. 41; MüKoHGB/Ströbl Rn. 79.

[64] Küstner BB 1973, 1239 (1240); Hopt/Hopt Rn. 19; MüKoHGB/Ströbl Rn. 9.

[65] BGH 3.11.1999, ZIP 2000, 314; MüKoHGB/Ströbl Rn. 37.

[66] Heymann/Froitzheim Rn. 43; widersprüchlich Hopt/Hopt Rn. 21 f.; **aA** MüKoHGB/Ströbl Rn. 86.

[67] Heymann/Froitzheim Rn. 43.

[68] BGH 19.1.2005, WM 2005, 1041; Hopt/Hopt Rn. 21.

[69] Heymann/Froitzheim Rn. 44.

termin. Dieser kann abweichend von dem **Leitbild des Abs. 1 S. 3** beispielsweise auch auf das Quartalsende oder einen bestimmten wiederkehrenden Kalendertag gelegt werden.[70] Allerdings gilt nicht nur für Kündigungsfristen (vgl. zum Dienstvertrag § 622 Abs. 6 BGB), sondern auch für Kündigungstermine der Grundsatz, dass diese für beide Vertragsteile (Unternehmer und Handelsvertreter) grundsätzlich identisch sein müssen.[71]

2. Kündigungsfristen (Abs. 2). Abweichende Vereinbarungen über Kündigungsfristen sind nur 24
in eingeschränktem Umfang zulässig. Möglich ist, wie Abs. 2 S. 1 Hs. 1 zeigt, eine **Verlängerung** der Kündigungsfristen nach Abs. 1 S. 1 und 2.[72] Allerdings darf die Frist für den Unternehmer nicht kürzer sein als die für den Handelsvertreter geltende Kündigungsfrist (Grundsatz der Fristenparität; Abs. 2 S. 1 Hs. 2). Dadurch soll die Entscheidungsfreiheit des Handelsvertreters geschützt werden.[73] Wird dennoch eine kürzere Frist vereinbart, gilt in Durchbrechung von §§ 134, 139 BGB die für den Handelsvertreter vereinbarte Kündigungsfrist (Abs. 2 S. 2). Unzulässig und gem. § 89 Abs. 2 S. 1 Nr. 2 HGB, § 134 BGB nichtig sind auch Regelungen, die mittelbar zu einer asymmetrischen Verlängerung der Kündigungsfrist zu Lasten des Handelsvertreters führen.[74] An die Kündigung des Handelsvertreters dürfen nämlich nach Sinn und Zweck keine wesentlichen, eine Vertragsbeendigung erschwerenden Nachteile geknüpft werden.[75] Eine derartige **faktische Kündigungserschwerung** kann sich etwa durch finanzielle Nachteile von einigem Gewicht im Falle einer Vertragsbeendigung ergeben, soweit sie sich kündigungshemmend auswirken und insoweit die Entschließungsfreiheit des Handelsvertreters beschränken (auch → § 89a Rn. 28).[76] Insoweit kommt es auf die Umstände des Einzelfalls wie die Höhe und den Zeitraum der ggf. zu erbringenden Zahlungen oder auch die Einkommenssituation des Handelsvertreters an.[77] Auf der anderen Seite ist es möglich, im Rahmen einer Verlängerung der Kündigungsfrist für den Unternehmer eine längere Kündigungsfrist vorzusehen als für den Handelsvertreter.[78] Unzulässig ist dagegen eine **Verkürzung** der Kündigungsfristen, und zwar selbst dann, wenn sie nur einseitig zu Gunsten des Handelsvertreters wirkt. Die Mindestfristen nach Abs. 1 S. 1 und 2 dürfen nicht unterschritten werden. Das gilt auch für die **Probezeit.**[79] An die Stelle einer unzulässig verkürzten Kündigungsfrist tritt bei Individualabreden, soweit kein abweichender Parteiwille erkennbar ist, regelmäßig die gesetzliche Regelung, da die Anwendung von §§ 134, 139 BGB zu einer zweckwidrigen Verkürzung des Handelsvertreterschutzes führen kann.[80] Dagegen ist bei Vereinbarung durch **AGB** das Verbot der geltungserhaltenden Reduktion zu beachten (vgl. § 306 Abs. 2 BGB).[81] Unwirksam gem. § 307 Abs. 1 BGB ist eine in AGB enthaltene Regelung, wonach eine Zuschussvereinbarung vom Klauselverwender isoliert vom Hauptvertrag gekündigt werden kann, sofern die dafür vorgesehene Kündigungsfrist kürzer als die Kündigungsfrist des § 89 ist.[82]

---

[70] Vgl. auch Heymann/Froitzheim Rn. 33; MüKoHGB/Ströbl Rn. 66.

[71] Flohr/Wauschkuhn/Wauschkuhn Rn. 100; Hopt/Hopt Rn. 27; **aA** MüKoHGB/Ströbl Rn. 66.

[72] Vgl. KG 26.6.1997, MDR 1997, 1041; OLG Schleswig 13.6.1957, HVR Nr. 997.

[73] BGH 5.11.2015, NJW 2016, 242 Rn. 15; OLG München 22.2.2024, ZVertriebsR 2024, 282 Rn. 28.

[74] BGH 5.11.2015, NJW 2016, 242 Rn. 32; OLG Hamburg 17.3.2000, BeckRS 2000, 16777 Rn. 28; OLG Karlsruhe 18.2.2010, VersR 2011, 526 (527); OLG Oldenburg 26.12.2013, NJW-RR 2014, 550.

[75] BGH 5.11.2015, NJW 2016, 242 Rn. 27; OLG München 22.2.2024, ZVertriebsR 2024, 282 Rn. 28; OLG Oldenburg 30.3.2015, ZVertriebsR 2015, 247 (248).

[76] Vgl. BGH 5.11.2015, NJW 2016, 242 Rn. 28; OLG München 22.2.2024, ZVertriebsR 2024, 282 Rn. 30; OLG Oldenburg 26.11.2013, NJW-RR 2014, 550; LG Freiburg 15.2.2019, ZVertriebsR 2019, 251 Rn. 18; LG München I 10.12.2018, ZVertriebsR 2019, 190 Rn. 32.

[77] BGH 19.1.2023, ZVertriebsR 2023, 191 Rn. 22 f. (bejaht für Darlehensrückzahlung); 5.11.2015, NJW 2016, 242 Rn. 27 ff. (bejaht für Kopplung eines zweckgebundenen Bürokostenzuschusses an ungekündigtes Vertragsverhältnis mit langer Kündigungsfrist); OLG München 22.2.2024, ZVertriebsR 2024, 282 Rn. 29 ff. (bejaht für Wegfall von Vorschusszahlungen); OLG Oldenburg 30.3.2015, ZVertriebsR 2015, 247 (248) (verneint für Rückforderung eines Provisionsvorschusses); 26.11.2013, NJW-RR 2014, 550 (551 f.) (bejaht für Rückforderung monatlicher Garantiezahlungen bei vorfristiger Kündigung); LG München I 10.12.2018, ZVertriebsR 2019, 190 Rn. 38, 54 (verneint für Wegfall eines jährlich sinkenden Aufbauzuschusses bei dreimonatiger Kündigungsfrist und Umstellung einer Bestandspflegepauschale auf Provisionszahlung).

[78] Ankele DB 1989, 2211 (2212); Eckert NZA 1990, 384 (385); Hopt/Hopt Rn. 29; Heymann/Froitzheim Rn. 34; MüKoHGB/Ströbl Rn. 63.

[79] BGH 25.11.1963, BGHZ 40, 235 (237) = NJW 1964, 350; 2.10.1981, NJW 1982, 181 f.; Hopt/Hopt Rn. 28.

[80] Vgl. BGH 25.11.1963, BGHZ 40, 235 (238 f.) = NJW 1964, 350; Canaris HandelsR § 17 Rn. 83; Oetker, Das Dauerschuldverhältnis und seine Beendigung, 1994, 289 ff.; Hopt/Hopt Rn. 28; Ebenroth/Boujong/Semmler Rn. 64; Heymann/Froitzheim Rn. 32; MüKoHGB/Ströbl Rn. 61; **aA** Ulmer FS Möhring, 1975, 295 (316 f.).

[81] OLG Nürnberg 29.1.1986, NJW-RR 1986, 782 (783); Heymann/Froitzheim Rn. 32.

[82] LG Düsseldorf 14.7.2017, ZVertriebsR 2018, 49 (50).

25 **3. Beendigungsgründe und -folgen.** Zulässig ist der **Ausschluss des ordentlichen Kündigungsrechts** des Unternehmers.[83] Ein Ausschluss durch AGB ist dagegen nach § 307 Abs. 2 BGB unwirksam.[84] Denkbar ist auch, dass ein zunächst unbefristet geschlossener Vertrag nachträglich befristet und zugleich (entgegen der Wertung aus § 620 Abs. 2 BGB) die Möglichkeit einer ordentlichen Kündigung vereinbart wird.[85] Darüber hinaus können abweichende **Beendigungsgründe** vereinbart werden (→ Rn. 27 ff.). Dies darf aber nicht zu dem Zweck geschehen, um Kündigungsbeschränkungen zu umgehen. Eine derartige Fallgestaltung kann vorliegen, wenn das Handelsvertreterverhältnis unter der auflösenden Bedingung steht, dass es bei Nichterreichen eines bestimmten Umsatzziels automatisch enden soll.[86] In diesem Fall kann die abweichende Vereinbarung nach § 134 BGB nichtig sein. An die Stelle der nichtigen Vereinbarung treten sodann die allgemeinen Kündigungsregeln der §§ 89, 89a. Unzulässig können auch vertragliche Regeln zu **Kündigungsfolgen,** etwa Rückzahlungsklauseln, sein, die das Recht des Handelsvertreters zur Kündigung wirtschaftlich erschweren (→ Rn. 12).

VI. Andere Absatzmittler

26 Die Vorschrift des § 89 enthält eine nicht nur für das Handelsvertreterverhältnis adäquate Regelung der ordentlichen Kündigung. Sie spiegelt vielmehr auch die Interessenlage bei anderen Absatzmittlungsverhältnisses wider, die durch die Eingliederung der jeweiligen Absatzmittler in ein Absatzmittlungssystem gekennzeichnet sind. Daher ist § 89 analog auf Verträge mit **Kommissionsagenten,**[87] **Vertragshändlern**[88] und **Subordinations-Franchisenehmern**[89] anzuwenden. Eine analoge Anwendung von Abs. 2 (Grundsatz der Fristenparität) auf Vertragshändlerverträge kommt jedoch nicht in Betracht, wenn diese in den Geltungsbereich der VO (EU) 461/2010[90] (früher VO (EG) 1400/2002) fallen, da Art. 3 Abs. 5 lit. b Ziff. ii VO (EG) 1400/2002, der über Art. 2 VO (EU) 461/2010 bis zum 31.5.2013 weiterhin anwendbar ist, bezogen auf Strukturkündigungen eine Sonderregelung enthält.[91]

VII. Andere Beendigungsgründe

27 **1. Grundsatz.** Das Handelsvertreterverhältnis kann nicht nur durch ordentliche Kündigung (§ 89) oder fristlose Kündigung (§ 89a) beendigt werden. Die Regelung dieser Tatbestände hat im Verhältnis zu den allgemeinen gesetzlichen Bestimmungen **keinen abschließenden Charakter,** sodass die Vertragsbeendigung auch aus den allgemeinen Vorschriften des BGB folgen kann. In Betracht kommt etwa eine Vertragsbeendigung durch Aufhebungsvertrag (→ Rn. 28), Anfechtung der Vertragserklärung (→ Rn. 29) oder Eintritt sonstiger Ereignisse (→ Rn. 30). Die Art der Vertragsbeendigung ist von Bedeutung für den Ausgleichsanspruch (§ 89b) und das nachvertragliche Wettbewerbsverbot (§ 90a).

28 **2. Aufhebungsvertrag.** Es entspricht dem Grundsatz der Vertragsbeendigungsfreiheit, dass die Vertragsparteien das Vertragsverhältnis **jederzeit** durch Abschluss eines Aufhebungsvertrages beendigen können. Das gilt auch für den Handelsvertretervertrag. Dieser kann zu jedem beliebigen Zeitpunkt und **ohne Einhaltung einer Frist** aufgehoben werden.[92] Die Aufhebung ist **formlos** mög-

[83] BGH 26.4.1995, DB 1995, 1560; MüKoHGB/Ströbl Rn. 60.

[84] OLG München 20.11.1996, VersR 1997, 1003; Ebenroth/Boujong/Semmler Rn. 58; MüKoHGB/Ströbl Rn. 60.

[85] OLG München 6.4.2022, ZVertriebsR 2022, 327 Rn. 50.

[86] Vgl. MüKoHGB/Ströbl Rn. 12.

[87] MüKoHGB/Ströbl Rn. 6.

[88] BGH 24.6.2009, BGHZ 181, 346 Rn. 12 f. = NJW 2008, 3646; 9.10.2002, BB 2002, 2520; 23.2.1966, DB 1966, 577; 5.4.1962, NJW 1962, 1107; Schwytz BB 1997, 2385; K. Schmidt HandelsR § 28 Rn. 43; Heymann/Froitzheim Rn. 18; MüKoHGB/Ströbl Rn. 6; **aA** Evans-von Krbek, Die analoge Anwendung des Handelsvertreterrechts auf den Vertragshändler, 1976, 110; MSF VertriebsR-HdB/Rösch § 23 Rn. 31; grds. für analoge Anwendung auf Vertragshändler Wauschkuhn/Teichmann ZVertriebsR 2013, 139 (139 f.).

[89] BGH 17.7.2002, NJW-RR 2002, 1554 (1555) = BB 2002, 2036; Ebenroth/Boujong/Semmler Rn. 4; K. Schmidt HandelsR § 28 Rn. 43; MSF VertriebsR-HdB/Flohr § 29 Rn. 27 ff.; NK-HGB/Prasse Anh. FranchiseR Rn. 61; MüKoHGB/Ströbl Rn. 6; **aA** – Rückgriff auf § 314 BGB – Giesler ZIP 2002, 420 (427).

[90] VO (EU) 461/2010 über die Anwendung von Artikel 101 Absatz 3 des Vertrages über die Arbeitsweise der Europäischen Union auf Gruppen von vertikalen Vereinbarungen und abgestimmten Verhaltensweisen im Kraftfahrzeugsektor vom 27.5.2010, ABl. EU 2010 L 129, 52.

[91] BGH 24.6.2009, BGHZ 181, 346 Rn. 12 ff. = NJW 2009, 3646; **aA** Emde BB 2009, 2330 (2331 ff.).

[92] BGH 13.3.1969, BGHZ 52, 12 (15) = NJW 1969, 1023; Hopt/Hopt Rn. 9; Ebenroth/Boujong/Semmler Rn. 9; Heymann/Froitzheim Rn. 11; MüKoHGB/Ströbl Rn. 13; s. zum Vertragshändler (Kfz-Eigenhändler) BGH 2.7.1987, NJW-RR 1988, 42 (43).

lich, da § 623 BGB nicht anwendbar ist. Das gilt selbst bei Vereinbarung einer Schriftformklausel, soweit diese von den Parteien durch mündliche Vereinbarung wirksam abbedungen wurde.[93] Grundsätzlich ist auch eine **stillschweigende Aufhebung** möglich. Allerdings müssen dafür hinreichend konkrete Anhaltspunkte bestehen. Die bloße Nichtausübung der Handelsvertretertätigkeit aufgrund ungünstiger wirtschaftlicher Verhältnisse beinhaltet regelmäßig keine konkludente Vertragsaufhebung.[94] Unter Umständen kann nach §§ 133, 157 BGB in der unbegründeten fristlosen Kündigung des Vertrages ein Angebot zum Abschluss eines Aufhebungsvertrages liegen.[95] Der Aufhebungsvertrag muss sich im Übrigen an den allgemeinen zivilrechtlichen **Wirksamkeitsvoraussetzungen** messen lassen. Denkbar ist eine **Nichtigkeit** wegen Verstoßes gegen die guten Sitten (§ 138 Abs. 1 BGB), wenn der Aufhebungsvertrag unter Druck als Umgehungsgeschäft abgeschlossen wird.[96]

3. Anfechtung der Vertragserklärung. Nach allgemeinen zivilrechtlichen Grundsätzen kann jede Vertragspartei ihre Vertragserklärung anfechten, sofern dafür ein Anfechtungsgrund vorliegt (§§ 119 ff. BGB). Zweifelhaft sind allerdings die Rechtsfolgen, die infolge der Anfechtung der Vertragserklärungen eintreten. Nach § 142 Abs. 1 BGB führt die Anfechtung zur Nichtigkeit des Rechtsgeschäfts ex tunc. Das gilt auch für Handelsvertreterverträge, jedenfalls solange sie noch **nicht in Vollzug** gesetzt sind.[97] Dagegen ist streitig, ob **nach Invollzugsetzung** des Absatzmittlungsverhältnisses eine Ausnahme von der Regel der ex tunc-Nichtigkeit zu machen ist. Diese wird allgemein für arbeits- und gesellschaftsrechtliche Verträge befürwortet,[98] um eine bereicherungsrechtliche Rückabwicklung des Vertragsverhältnisses, die häufig mit Schwierigkeiten behaftet sein wird, zu vermeiden. Daneben wird bei Arbeitsverhältnissen die soziale Schutzbedürftigkeit des Arbeitnehmers angeführt.[99] Diese ist bei Handelsvertretern jedoch nicht in gleichem Umfang gegeben, obwohl das Handelsvertreterrecht eine Reihe von Vorschriften enthält, zu denen auch § 89 gehört, die den selbstständigen Handelsvertreter ähnlich einem Arbeitnehmer schützen. Aus diesem Grunde ist die Nichtigkeitsfolge des § 142 BGB bei in Vollzug gesetzten, fehlerhaften Handelsvertreterverträgen nicht rechtsfortbildend zu begrenzen. Etwaige Auswirkungen auf vom Handelsvertreter abgeschlossene Kundengeschäfte können mit Hilfe des Bereicherungsrechts bewältigt werden (→ § 84 Rn. 62). Die Anfechtung der Vertragserklärungen bei in Vollzug gesetzten, fehlerhaften Handelsvertreterverträgen führt daher zur Nichtigkeit des Vertragsverhältnisses ex tunc.[100] Dieser Zeitpunkt ist damit auch für die Bemessung des Ausgleichsanspruchs nach § 89b maßgebend.[101] 29

4. Eintritt sonstiger Ereignisse. Eine **Beendigung** des Handelsvertreterverhältnisses kann auch **durch** den Eintritt sonstiger Ereignisse eintreten. In Betracht kommt bei befristet geschlossenen Handelsvertreterverträgen (→ Rn. 20) der **Ablauf der Zeit,** für die das Vertragsverhältnis eingegangen wurde (§ 620 Abs. 1 BGB). Der Zeitablauf kann sich auch konkludent aus den Umständen der Absatzmittlertätigkeit ergeben.[102] Das Handelsvertreterverhältnis endet darüber hinaus bei **Eintritt einer auflösenden Bedingung** (§ 158 Abs. 2 BGB),[103] ebenso im Falle der **Vertragsumschaffung,** wenn nämlich das Vertragsverhältnis auf anderer rechtlicher und tatsächlicher Grundlage mit neuem Tätigkeitsbild fortgesetzt wird,[104] und bei **Eröffnung des Insolvenzverfahrens** über das 30

[93] Vgl. BGH 2.6.1976, BGHZ 66, 378 (380 f.) = NJW 1976, 1395.

[94] LG Düsseldorf 3.2.1954, HVR Nr. 32; Hopt/Hopt Rn. 9; Heymann/Froitzheim Rn. 11; MüKoHGB/Ströbl Rn. 14.

[95] OLG München 27.7.1994, BB 1994, 2166; MüKoHGB/Ströbl Rn. 14.

[96] Heymann/Froitzheim Rn. 11.

[97] Heymann/Froitzheim Rn. 12; MüKoHGB/Ströbl Rn. 16.

[98] Vgl. zum Arbeitsverhältnis BGH 6.4.1964, BGHZ 41, 282 (286) = NJW 1964, 1367; BAG 5.12.1957, AP BGB § 123 Nr. 2; Picker ZfA 1981, 1 (53); MHdB ArbR/Benecke § 38 Rn. 48; einschr. BAG 16.9.1982, AP BGB § 123 Nr. 24.

[99] Vgl. nur MHdB ArbR/Benecke § 38 Rn. 48.

[100] Beuthien RdA 1969, 161 ff.; Canaris HandelsR § 15 Rn. 27; diff. Ebenroth/Boujong/Semmler Rn. 12; **aA** OLG Düsseldorf 22.3.1985, HVR Nr. 607; OLG Karlsruhe 16.12.1998, HVR Nr. 976; Küstner/Thume VertriebsR-HdB I/Thume VIII Rn. 146 f.; Heymann/Froitzheim Rn. 12; Hopt/Hopt Rn. 5; BeckOK HGB/Lehmann, 48. Ed. 1.10.2025, Rn. 22; MüKoHGB/Ströbl Rn. 17; enger BGH 3.5.1995, BGHZ 129, 290; 11.12.1996, NJW 1997, 655 (656 f.) (ex nunc-Nichtigkeit nur, wenn Unternehmer die vom Handelsvertreter hergestellten Verbindungen weiter nutzen kann); noch enger BGH 12.1.1970, BGHZ 53, 152 (158 f.) = NJW 1970, 609 (610) (nur bei wirtschaftlicher und sozialer Überlegenheit des Unternehmers).

[101] Herbert BB 1997, 1317; Hopt/Hopt Rn. 5.

[102] MüKoHGB/Ströbl Rn. 9.

[103] OLG Naumburg 20.11.2024, ZVertriebsR 2025, 29 Rn. 41; Ebenroth/Boujong/Semmler Rn. 11; Hopt/Hopt Rn. 2.

[104] OLG Nürnberg 18.9.1958, BB 1958, 1151 (nebenberufliche Fortführung einer ursprünglich hauptberuflichen Tätigkeit); Hopt/Hopt § 89b Rn. 7; Heymann/Froitzheim Rn. 34; MüKoHGB/Ströbl Rn. 47; offengelassen von BGH 27.10.1993, BGHZ 124, 10 (12) = NJW 1994, 193; OLG Frankfurt 5.4.2006, HVR Nr. 1153 (Fortsetzung mit Ersatzteilgeschäft); Emde DStR 2009, 1478 (1481).

Vermögen des Unternehmers (§§ 115, 116 InsO; → § 84 Rn. 74),[105] im Zweifel ebenfalls bei **Tod des Handelsvertreters** (vgl. Art. 17 Abs. 4 RL 86/653/EWG),[106] auch im Falle der Selbsttötung,[107] es sei denn, es ist eine Fortführung des Handelsvertreterverhältnisses mit den Erben vereinbart,[108] oder bei **Auflösung der** als Handelsvertreter tätigen **juristischen Person oder Personengesellschaft.**[109] Der **Wegfall der Geschäftsgrundlage** (§ 313 BGB) führt nur dann zur Beendigung des Vertragsverhältnisses, wenn eine Vertragsanpassung nicht in Betracht kommt.[110]

31 **Keine Beendigung** des Handelsvertreterverhältnisses tritt ein bei bloßem Gesellschafterwechsel auf Seiten der Handelsvertretergesellschaft,[111] bei Betriebseinstellung des Unternehmers ohne Kündigung,[112] bei Betriebsveräußerung durch den Unternehmer,[113] bei Umwandlung des Rechtsträgers des Unternehmers[114] oder Insolvenz des Handelsvertreters,[115] im Zweifel auch nicht im Falle des Todes oder der Geschäftsunfähigkeit des Unternehmers (§ 672 BGB) oder bei Auflösung der vertretenen juristischen Person oder Personengesellschaft.[116]

§ 89a [Fristlose Kündigung]

(1) [1]Das Vertragsverhältnis kann von jedem Teil aus wichtigem Grunde ohne Einhaltung einer Kündigungsfrist gekündigt werden. [2]Dieses Recht kann nicht ausgeschlossen oder beschränkt werden.

(2) Wird die Kündigung durch ein Verhalten veranlaßt, das der andere Teil zu vertreten hat, so ist dieser zum Ersatz des durch die Aufhebung des Vertragsverhältnisses entstehenden Schadens verpflichtet.

Schrifttum: Börner/Hubert, Frist für die außerordentliche Kündigung des Handels- bzw. Versicherungsvertreters?, BB 1989, 1633; Budde/Gruppe, Anforderungen an die außerordentliche Kündigung von Handelsvertreter- und Vertragshändlerverträgen wegen zu geringer Umsätze, ZVertriebsR 2014, 71; Emde, Die GmbH als Handelsvertreter, GmbHR 1999, 1005; Ende, Die Dispositionsbefugnis des Unternehmers (Herstellers) im Rahmen vertikaler Vertriebssysteme, NJW 1999, 326; Ende, Die betriebsbedingte außerordentliche Kündigung von Vertragshändlerverträgen durch den Unternehmer, BB 1996, 2260; v. Hase, Fristlose Kündigung und Abmahnung nach neuem Recht, NJW 2002, 2278; Martinek, Die Wichtigkeit des Grundes für die fristlose Kündigung von Vertriebsverträgen – Zur Konkretisierung des § 314 BGB, ZVertriebsR 2015, 207; Schwerdtner, Das Recht zur außerordentlichen Kündigung als Gegenstand rechtsgeschäftlicher Vereinbarungen im Rahmen des Handelsvertreterrechts, DB 1989, 1757; Westphal, Die Handelsvertreter-GmbH: Renaissance mit Unterstützung des BFH?, BB 1999, 2517; Woltereck, Zweiwochenfrist bei außerordentlicher Kündigung eines Handelsvertreters, DB 1984, 279.

Übersicht

[105] Hopt/Hopt Rn. 4; Ebenroth/Boujong/Semmler Rn. 15; MüKoHGB/Ströbl Rn. 24; MüKoInsO/Ott/Vuia InsO § 116 Rn. 12.

[106] Vgl. BGH 13.5.1957, BGHZ 24, 214 (215 ff.) = NJW 1957, 1029; 13.5.1957, BGHZ 24, 223 (224 f.) = NJW 1957, 1028; Emde DStR 2009, 1478 (1481); Hopt/Hopt § 89b Rn. 9; Ebenroth/Boujong/Semmler Rn. 14; Heymann/Froitzheim Rn. 16; MüKoHGB/Ströbl Rn. 20, § 89b Rn. 39.

[107] BGH 30.6.1966, BGHZ 45, 385 (387) = NJW 1966, 1965.

[108] Küstner/Thume VertriebsR-HdB II/Thume V Rn. 17; MüKoHGB/Ströbl Rn. 20.

[109] Hopt/Hopt Rn. 3; Ebenroth/Boujong/Semmler Rn. 14.

[110] Vgl. LG Düsseldorf 3.2.1954, HVR Nr. 32.

[111] Hopt/Hopt Rn. 3; MüKoHGB/Ströbl Rn. 21.

[112] Hopt/Hopt Rn. 4; MüKoHGB/Ströbl Rn. 27.

[113] MüKoHGB/Ströbl Rn. 28; zum Eintritt des Unternehmensnachfolgers in das Vertragsverhältnis BGH 25.4.1960, VersR 1960, 797.

[114] MüKoHGB/Ströbl Rn. 29.

[115] Küstner/Thume VertriebsR-HdB I/Thume VIII Rn. 138; Hopt/Hopt Rn. 4; Ebenroth/Boujong/Semmler Rn. 15; MüKoHGB/Ströbl Rn. 26.

[116] Hopt/Hopt Rn. 3; MüKoHGB/Ströbl Rn. 23; **aA** Ebenroth/Boujong/Semmler Rn. 14 zur Auflösung der Handelsvertreter-GmbH.

I. Allgemeines

1 **1. Normzweck.** Die Vorschrift des § 89a regelt die außerordentliche Kündigung des Handelsvertreterverhältnisses. Der Tatbestand der ordentlichen Kündigung wird durch § 89 erfasst. Mit § 89a hat der Gesetzgeber aus Gründen der **Rechtsklarheit** dem allgemeinen Prinzip Ausdruck verliehen, dass Dauerrechtsverhältnisse von den Beteiligten jedenfalls aus wichtigem Grund kündbar sind.[1] Entsprechende Vorschriften finden sich in § 543 BGB (für die Miete), § 626 BGB (für den Dienstvertrag) und § 723 BGB (für die BGB-Gesellschaft). Sie gehen wie § 89a der allgemeinen Bestimmung in § 314 BGB als leges speciales vor, folgen aber sachlich dem selben Regelungsgedanken (→ Rn. 4). Das außerordentliche Kündigungsrecht kann nicht ausgeschlossen oder beschränkt werden (Abs. 1 S. 2). Dem kündigenden Teil steht ggf. ein Schadensersatzanspruch gegen den anderen Vertragsteil zu, wenn dieser die Kündigung durch schuldhaftes Verhalten veranlasst hat (Abs. 2).

2 **2. Normgenese.** Die Vorschrift des § 89a geht zurück auf § 92 Abs. 2 aF. Mit der HGB-Novelle 1953 wurde die de lege lata geltende Fassung in das Handelsvertreterrecht inkorporiert.[2] Im **Unionsrecht** hat die Vorschrift keine Entsprechung. In Art. 16 RL 86/653/EWG ist ausdrücklich bestimmt, dass die RL 86/653/EWG die Anwendung der Rechtsvorschriften der Mitgliedstaaten über die fristlose Beendigung von Handelsvertreterverhältnissen unberührt lässt.

3 **3. Anwendungsbereich.** Anwendbar ist § 89a auf **alle Handelsvertreter,** also auch auf Versicherungs- und Bausparkassenvertreter iSv § 92 und auf Handelsvertreter im Nebenberuf (vgl. § 92b Abs. 1 S. 1). Die außerordentliche Kündigung angestellter Handelsvertreter iSv § 84 Abs. 2 folgt den Regeln des Arbeitsrechts.

4 **4. Verhältnis zum BGB.** Wie bereits erläutert (→ Rn. 1), greift § 89a den in § 314 BGB verankerten allgemeinen Regelungsgedanken für das Handelsvertreterverhältnis auf. Die Vorschrift ist **lex specialis** zu § 314 Abs. 1 und 4 BGB,[3] ohne freilich sachlich von dessen Grundaussage abzuweichen. Dagegen bleiben § 314 Abs. 2 und 3 BGB mangels eigener Regelung in § 89a anwendbar.[4] Nicht anwendbar, da durch § 89a als lex specialis für fristlose Kündigungen verdrängt, sind §§ 626–628 BGB,[5] mit Ausnahme von § 626 Abs. 2 S. 3 BGB (→ Rn. 9). Für das Verhältnis von § 89a zu den übrigen Vorschriften der §§ 620 ff. BGB gelten die Ausführungen zu § 89 (→ § 89 Rn. 4) entsprechend.

5 **5. Verhältnis zu anderen Beendigungsgründen.** Die Möglichkeit der Beendigung des Handelsvertreterverhältnisses aus wichtigem Grund schließt es grundsätzlich nicht aus, das Vertragsverhältnis anderweitig zu beenden (→ § 89 Rn. 27 ff.). Das gilt insbesondere für eine **ordentliche**

[1] Vgl. Begr. RegE Gesetz zur Änderung des HGB (Recht der Handelsvertreter), BT-Drs. 1/3856, 9, 32.

[2] Art. 1 Gesetz zur Änderung des HGB (Recht der Handelsvertreter) vom 6.8.1953, BGBl. 1953 I 771; dazu Begr. RegE, *BT-Drs. 1/3856, 9, 32 f.*

[3] MüKoHGB/Ströbl Rn. 8; undifferenziert OLG Saarbrücken 25.1.2006, DB 2006, 1005 = HVR Nr. 1170; Hopt/Hopt Rn. 1.

[4] MüKoHGB/Ströbl Rn. 8.

[5] Hopt/Hopt Rn. 2; Heymann/Froitzheim Rn. 6; MüKoHGB/Ströbl Rn. 4 ff.; vgl. zu § 626 BGB auch BGH 29.6.2011, NJW 2011, 3361 Rn. 19; 15.12.1993, NJW 1994, 722 (723); 3.7.1986, NJW 1987, 57 f.; 27.1.1982, DB 1982, 1110 = NJW 1982, 2432; OLG München 15.12.1989, HVR Nr. 683; **aA** OLG Bamberg 26.4.1979, BB 1979, 1000 (1001); OLG Karlsruhe 25.2.1977, BB 1977, 1672; Martinek/Bergmann WRP 2006, 1047 (1059 f.); Woltereck DB 1984, 279 f.

Kündigung. Eine unwirksame außerordentliche fristlose Kündigung kann unter den Voraussetzungen des § 140 BGB in eine ordentliche Kündigung zum nächsten Termin umgedeutet werden.[6] Haben die Parteien in diesem Fall für die ordentliche Kündigung eine von § 89 Abs. 1 S. 1 und 2 abweichende Kündigungsfrist vereinbart, so ist wegen des Vorrangs privatautonomer Vereinbarungen diese und nicht die gesetzliche Fristbestimmung maßgeblich.[7] Der Handelsvertreter kann in diesem Fall berechtigt sein, seine Tätigkeit sofort einzustellen,[8] wenn ihm ein weiteres Tätigwerden für den Unternehmer wegen der eingetretenen Störung der Vertrauensgrundlage nicht mehr zumutbar ist (→ Rn. 30). Denkbar ist schließlich, dass eine unwirksame außerordentliche Kündigung das Angebot zum **Abschluss eines Aufhebungsvertrages** beinhaltet.[9]

II. Außerordentliche Kündigung

6 **1. Begriff.** Ein Handelsvertretervertrag kann unabhängig davon, ob er befristet oder unbefristet geschlossen wurde, außerordentlich gekündigt werden, sofern im Zeitpunkt der Kündigungserklärung ein wichtiger Grund objektiv vorliegt. Die außerordentliche Kündigung ist **im Regelfall** eine **fristlose Kündigung.** Sie kann aber auch mit einer Auslauffrist erfolgen (außerordentliche fristgebundene Kündigung).[10] Erforderlich ist freilich, dass dies in der Kündigungserklärung hinreichend klar zum Ausdruck kommt.[11] Die Mindestfristen nach § 89 Abs. 1 gelten in diesem Fall nicht. Im Übrigen muss die Kündigungserklärung ergeben, dass eine Kündigung **aus wichtigem Grund** erfolgt, da der Erklärungsempfänger ansonsten von einer ordentlichen Kündigung ausgehen kann. Das Recht zur außerordentlichen Kündigung des Handelsvertretervertrages ist nicht auf den Aufgabenbereich begrenzt, in dem der zur Kündigung berechtigende Vertragsverstoß eingetreten ist.[12]

7 **2. Abmahnung. a) Vertragspflichtverletzung.** Die außerordentliche Kündigung des Handelsvertreterverhältnisses ist mit einer einschneidenden Rechtsfolge verbunden, insbesondere dann, wenn sie fristlos erfolgt. Soweit der wichtige Grund für die Kündigung in der **Verletzung von Vertragspflichten** besteht, ist der fristlosen Kündigung daher eine Abmahnung der anderen Vertragspartei vorauszuschicken, um dieser (letztmalig) Gelegenheit zu geben, das vertragswidrige Verhalten abzustellen.[13] Dieser **allgemeine Rechtsgrundsatz** ergibt sich zwar nicht unmittelbar aus § 89a, jedoch aus der subsidiär anwendbaren Vorschrift des § 314 Abs. 2 S. 1 BGB. Die Abmahnung, die nach dem Rechtsgedanken des § 314 Abs. 3 BGB **zeitnah** zur Vertragsverletzung zu erfolgen hat, muss den Vertragsverstoß und die daraus resultierende Gefährdung des Fortbestands des Vertragsverhältnisses klar und unzweideutig erkennen lassen,[14] sodass der Abgemahnte die Verletzungshandlung abstellen und der ansonsten unausweichlichen fristlosen Kündigung entgehen kann.[15] Sie kann nach § 242 BGB ausnahmsweise **entbehrlich** sein, wenn eine Abhilfe seitens des anderen Vertragsteils von vornherein nicht zu erwarten ist.[16] In diesem Fall müsste das Erfordernis einer Abmahnung als bloße Förmelei erscheinen.

8 **b) Vertrauenspflichtverletzung.** Zweifelhaft ist dagegen, ob eine Abmahnung auch bei reinen Vertrauenspflichtverletzungen erforderlich ist. Das ist im Grundsatz zu verneinen,[17] da ein gestörtes

[6] BGH 12.3.1992, NJW-RR 1992, 1059 (1060) = BB 1992, 1162 (1163); 20.2.1969, BB 1969, 380 (381); OLG Karlsruhe 1.12.1970, DB 1971, 572; OLG Stuttgart 9.6.1960, BB 1960, 956 (957); LG Duisburg 5.7.1955, HVR Nr. 103; Hopt/Hopt Rn. 5; Heymann/Froitzheim Rn. 47; MüKoHGB/Ströbl Rn. 89.

[7] Heymann/Froitzheim § 89 Rn. 32; offengelassen von BGH 12.3.1992, BB 1992, 1162 (1163).

[8] Vgl. OLG Stuttgart 9.6.1960, BB 1960, 956 (957); Hopt/Hopt Rn. 5.

[9] OLG München 27.7.1994, NJW-RR 1995, 95.

[10] OLG München 26.10.2020, ZVertriebsR 2021, 45 (47).

[11] BGH 25.11.1998, NJW 1999, 946; OLG Nürnberg BB 1969, 391; Hopt/Hopt Rn. 4.

[12] OLG Frankfurt 15.10.2003, NJW-RR 2004, 124 (125); Hopt/Hopt Rn. 33.

[13] Vgl. BGH 17.12.2008, NZG 2009, 310 Rn. 30; 11.1.2006, WM 2006, 873 (874); 16.12.1998, NJW-RR 1999, 539 (540); 21.11.1980, WM 1981, 172 (173) = AP HGB § 89a Nr. 1; 7.7.1978, DB 1978, 1882; KG 22.2.2021, ZVertriebsR 2021, 243 Rn. 28; OLG Düsseldorf 16.3.2001, HVR Nr. 952; 16.12.2000, HVR Nr. 949; OLG Karlsruhe 22.1.1997, HVR Nr. 820; OLG München 23.1.2014, VersR 2014, 1080 (1082); Hopt/Hopt Rn. 10; Heymann/Froitzheim Rn. 19; MüKoHGB/Ströbl Rn. 30.

[14] OLG München 17.4.2019, ZVertriebsR 2019, 254 Rn. 30.

[15] Ebenroth/Boujong/Semmler Rn. 29; **aA** v. Hase NJW 2002, 2278 (2280).

[16] Vgl. BGH 17.1.2001, NJW-RR 2001, 677 (679); 26.5.1999, BB 1999, 1516 (1517); OLG Köln 4.7.2001, VersR 2002, 482 f.; 20.10.2000, NJW-RR 2001, 820 (821); Küstner/Thume VertriebsR-HdB I/Thume VIII Rn. 175.

[17] **AA** OLG Düsseldorf 16.5.2003, HVR Nr. 1073; OLG Saarbrücken 25.1.2006, DB 2006, 1005 = HVR Nr. 1170; Ebenroth/Boujong/Semmler Rn. 30.

Vertrauensverhältnis durch die Abmahnung im Regelfall nicht wieder hergestellt werden kann.[18] Anderes mag ausnahmsweise dann gelten, wenn es sich um ein langjähriges Vertragsverhältnis handelt und die Auswirkungen der Vertragsverletzung weniger gewichtig sind.[19]

3. Kündigungserklärung. a) Inhalt. Die Kündigungserklärung ist eine empfangsbedürftige Willenserklärung (→ § 89 Rn. 10). Sie muss klar zum Ausdruck bringen, dass der Kündigende eine außerordentliche Kündigung des Vertragsverhältnisses ausspricht.[20] Nicht erforderlich ist allerdings die Verwendung „außerordentliche" oder „fristlose" Kündigung.[21] Kommt der Wille des Erklärenden zur außerordentlichen Kündigung nicht hinreichend zum Ausdruck, ist von einer ordentlichen Kündigung auszugehen (§ 140 BGB),[22] soweit immerhin der Wille zur Kündigung erkennbar ist. Eine einmal erklärte ordentliche Kündigung wird durch **Nachschieben wichtiger Gründe** nicht zu einer außerordentlichen Kündigung. Vielmehr liegt eine weitere Kündigung vor.[23] Eine **Begründung** der Kündigung ist zu deren Wirksamkeit grundsätzlich nicht erforderlich.[24] Allerdings muss der Kündigende dem anderen Vertragsteil auf dessen Verlangen den Kündigungsgrund entsprechend § 626 Abs. 2 S. 3 BGB unverzüglich schriftlich mitteilen.[25] 9

b) Frist. Wer außerordentlich kündigen will, muss dies **innerhalb einer angemessenen Frist** tun. Die Vorschrift des § 89a enthält hierzu zwar keine ausdrückliche Bestimmung; es gilt jedoch der aus § 314 Abs. 3 BGB folgende allgemeine Grundsatz.[26] Welche Frist angemessen ist, lässt sich nur anhand der **Umstände des Einzelfalls** beurteilen. Jedenfalls ist dem Kündigenden zunächst ein angemessener Zeitraum zur Aufklärung des Sachverhalts, zu Verhandlungen und zur Überlegung einzuräumen,[27] beginnend ab dem **Zeitpunkt der Kenntnisnahme** von den Umständen, die das Kündigungsrecht begründen.[28] Insoweit bedarf es freilich keiner sicheren Kenntnis; vielmehr reicht ein begründeter Verdacht aus.[29] Da § 626 BGB durch § 89a als lex specialis verdrängt wird, kann auf die Zweiwochenfrist des § 626 Abs. 2 S. 1 BGB, die dem Schutzbedürfnis des abhängigen Arbeitnehmers Rechnung trägt, nicht zurückgegriffen werden.[30] Eine zeitliche Grenze für die Ausübung des außerordentlichen Kündigungsrechts wird regelmäßig zwei Monate nach Kenntnis des Kündigungsgrundes gezogen werden können,[31] da bis dahin der für die Kündigung maßgebliche Sachver- 10

[18] Enger (nur bei schwerwiegenden Vertragsverletzungen entbehrlich) BGH 26.5.1999, ZIP 1999, 1307 (1309) (fortwährende Konkurrenztätigkeit); KG 22.2.2021, ZVertriebsR 2021, 243 Rn. 28; OLG Köln 4.7.2001, VersR 2002, 482 (Erhebung strafrechtlicher Vorwürfe gegen wichtigen Kunden des Unternehmers); 20.10.2000, VersR 2001, 1023 (1024) (grob irreführende Absatzmittlertätigkeit); OLG Saarbrücken 22.8.2001, NJW-RR 2002, 542 (544); Hopt/Hopt Rn. 10b; MüKoHGB/Ströbl Rn. 30.

[19] Vgl. OLG Köln 19.7.2002, HVR Nr. 1051 (kein Schaden des Unternehmers).

[20] BGH 5.5.1958, BGHZ 27, 220 (225) = NJW 1958, 1136 (1137); 15.12.1960, BB 1961, 498 = BeckRS 1960, 00050; Ebenroth/Boujong/Semmler Rn. 84; Heymann/Froitzheim Rn. 38; MüKoHGB/Ströbl Rn. 64.

[21] Vgl. auch OLG Brandenburg 18.7.1995, BB 1996, 2115 f. (Aufforderung, jede Tätigkeit zu unterlassen und die Unterlagen zurückzugeben).

[22] MüKoHGB/Ströbl Rn. 64.

[23] BGH 5.5.1958, BGHZ 27, 220 (222) = NJW 1958, 1136; OLG Nürnberg 28.2.1957, BB 1957, 561; Hopt/Hopt Rn. 15.

[24] BGH 12.6.1963, BGHZ 40, 13 (16) = NJW 1963, 2068 (2069); 5.5.1958, BGHZ 27, 220 (225) = NJW 1958, 1136 (1137); 7.7.1988, BB 1988, 1771; 29.6.2011, NJW 2011, 3361 Rn. 28; OLG München 8.2.2018, ZVertriebsR 2018, 103 Rn. 16; Hopt/Hopt Rn. 14; Heymann/Froitzheim Rn. 38; MüKoHGB/Ströbl Rn. 65; **aA** OLG Nürnberg 27.5.1958, HVR Nr. 160.

[25] LG Köln 11.9.1991, NJW-RR 1992, 485; Hopt/Hopt Rn. 14; Heymann/Froitzheim Rn. 38; MüKoHGB/Ströbl Rn. 6, 65.

[26] OLG München 11.12.2024, ZVertriebsR 2025, 165 Rn. 70.

[27] BGH 29.6.2011, NJW 2011, 3361 Rn. 19; 12.3.1992, NJW-RR 1992, 1059 (1060); 14.4.1983, BB 1983, 1629 (1630); KG 22.2.2021, ZVertriebsR 2021, 243 Rn. 32; OLG Bamberg 26.4.1979, BB 1979, 1000 (1001); OLG Celle 7.1.1970, BB 1970, 228; OLG München 11.12.2024, ZVertriebsR 2025, 165 Rn. 70; OLG Nürnberg 15.3.1960, BB 1960, 956; Hopt/Hopt Rn. 30; Heymann/Froitzheim Rn. 42; MüKoHGB/Ströbl Rn. 67; vgl. auch OLG Nürnberg 5.2.1965, BB 1965, 688 (jedenfalls mehr als drei Tage).

[28] BGH 29.6.2011, NJW 2011, 3361 Rn. 19; KG 22.2.2021, ZVertriebsR 2021, 243 Rn. 32.

[29] BGH 26.5.1999, ZIP 1999, 1307 (1310 f.); KG 22.2.2021, ZVertriebsR 2021, 243 Rn. 33; Hopt/Hopt Rn. 30.

[30] BGH 29.6.2011, NJW 2011, 3361 Rn. 19; 26.5.1999, ZIP 1999, 1307 (1310); 15.12.1993, NJW 1994, 722 (723); 3.7.1986, NJW 1987, 57 (58); 27.1.1982, NJW 1982, 2432 (2433); Börner/Hubert BB 1989, 1633 (1634); Hopt/Hopt Rn. 30; MüKoHGB/Ströbl Rn. 5, 67.

[31] Vgl. BGH 26.5.1999, ZIP 1999, 1307 (1310); 15.12.1993, NJW 1994, 722 (723); 12.3.1992, BB 1992, 1162 (1163); 14.4.1983, BB 1983, 1629 (1630) = BeckRS 1983 30391664; KG 22.1.1999, NJW-RR 2000, 1566; OLG Köln 2.3.2001, VersR 2001, 1234 (1235) = HVR Nr. 1047; OLG Nürnberg BB 1960, 956; Hopt/Hopt Rn. 30; MüKoHGB/Ströbl Rn. 67; vgl. aber auch OLG Bamberg 26.4.1979, BB 1979, 1000 (1001) (acht Tage ausreichend).

halt regelmäßig aufgeklärt sein dürfte. Ein längeres Zuwarten deutet häufig darauf hin, dass der Kündigende den beanstandeten Sachverhalt als weniger schwerwiegend einstuft.[32] Im Übrigen kann mit fortdauerndem Zeitablauf bei dem Vertragspartner ein begründetes Vertrauen in den Fortbestand des Vertrages entstehen. Das gilt selbstverständlich nicht, wenn dem Vertragspartner bekannt ist, dass die Gegenseite nicht bereit ist, den zur Kündigung berechtigenden Sachverhalt hinzunehmen.[33] Es kommt freilich auf den Einzelfall an. Die Aufnahme von Verhandlungen mit dem Ziel einer einvernehmlichen Lösung wird für sich genommen regelmäßig noch nicht zum Verlust des außerordentlichen Kündigungsrechts führen.[34] Jedenfalls nach vier Monaten ist die Ausübung des außerordentlichen Kündigungsrechts als verspätet anzusehen.[35]

10a Die Frist, innerhalb derer das Kündigungsrecht ausgeübt werden kann, beginnt bei **fortlaufenden Pflichtverletzungen** in der Regel mit der jeweiligen Pflichtverletzung neu zu laufen[36] und nicht erst mit Abschluss eines Dauersachverhalts.[37] Dem zur Kündigung Berechtigten ist es nämlich zumutbar, bei hinreichend klarem Sachverhalt einen Willen über den Fortbestand des Vertragsverhältnisses zu fassen. Begnügt er sich insoweit damit, eine Abmahnung auszusprechen und setzt der Vertragspartner das vertragswidrige Verhalten fort, folgt daraus regelmäßig ein neuer, selbstständiger Kündigungsgrund.[38] Der zur Kündigung Berechtigte hat es daher bei einem Dauerverhältnis wie dem Handelsvertreter- oder Vertragshändlervertrag selbst in der Hand, den Zeitpunkt der Beendigung des Vertragsverhältnisses aus wichtigem Grund zu bestimmen, solange der Vertragspartner den für die Kündigung maßgebenden Sachverhalt aufrecht erhält. Die Geltendmachung des Kündigungsrechts wird in diesen Fällen allerdings durch den Grundsatz der **Verwirkung** begrenzt (→ Rn. 26).

11 **4. Kündigungsfolgen. a) Grundsatz.** Im Regelfall wird das Handelsvertreterverhältnis mit dem Zugang der Kündigungserklärung beim Erklärungsgegner **mit sofortiger Wirkung beendigt,** es sei denn, der Kündigende verbindet die Kündigung mit einer Auslauffrist (→ Rn. 6). Die wirksame außerordentliche Kündigung hat Folgewirkungen für den Ausgleichsanspruch (vgl. § 89b Abs. 3 Nr. 2) und die Wettbewerbsabrede (§ 90a Abs. 3). Heben die Parteien die Kündigungsfolgen einvernehmlich auf, handelt es sich der Sache nach um den Abschluss eines neuen Handelsvertretervertrages, dem Rückwirkung beigelegt werden kann.[39]

12 **b) Schadensersatz (Abs. 2). aa) Grundsatz.** Dem Kündigenden steht gegen den anderen Vertragsteil ein Anspruch auf Schadensersatz nach Abs. 2 zu, wenn der **andere Teil die Kündigung** durch sein Verhalten **ursächlich veranlasst** hat. Dieser Regelungsansatz entspricht § 628 Abs. 2 BGB[40] und wird auch in § 314 Abs. 4 BGB verfolgt. Der Schadensersatzanspruch ist auf Naturalrestitution gerichtet (§ 249 Abs. 1 BGB) und umfasst damit auch den entgangenen Gewinn (§ 252 BGB).[41] Mithin ist der Kündigende so zu stellen, als wäre der Vertrag ordentlich beendet worden. Für befristete Handelsvertreterverhältnisse ist insoweit der vertraglich festgelegte Vertragszeitraum maßgeblich. Bei unbefristeten Verträgen kommt es wie bei anderen Dauerschuldverhältnissen auf den nächstmöglichen Zeitpunkt an, zu dem für den Kündigungsgegner eine ordentliche Kündigung möglich wäre.[42] Auf eine längere Vertragslaufzeit könnte die kündigende Partei nämlich selbst bei ordnungsgemäßer Vertragsabwicklung nicht vertrauen.[43] Hat der Kündigungsgegner allerdings auf das Recht zur ordentlichen Kündigung verzichtet, unterliegt der Schadensersatzanspruch des Kündigenden keiner zeitlichen Beschränkung.[44] Der Kündigungsgegner hätte nämlich – abgesehen von dem Recht zur fristlosen Kündigung aus wichtigem Grund – keine Möglichkeit gehabt, das Vertragsverhältnis gegen den Willen des Kündigenden zu beenden und auf diese Weise die dem Kündigenden

[32] BGH 29.6.2011, NJW 2011, 3361 Rn. 19; 26.5.1999, NJW-RR 1999, 1481 (1484).
[33] BGH 29.6.2011, NJW 2011, 3361 Rn. 25.
[34] OLG München 11.12.2024, ZVertriebsR 2025, 165 Rn. 70.
[35] BGH 12.3.1992, BB 1992, 1162 (1163); Heymann/Froitzheim Rn. 42; vgl. auch OLG Nürnberg 28.2.1963, BB 1963, 447.
[36] Vgl. OLG München 23.7.1997, HVR Nr. 826; Hopt/Hopt Rn. 30.
[37] IdS Staub/Emde Rn. 59 ff.; Ebenroth/Boujong/Semmler Rn. 53; undeutlich MüKoHGB/Ströbl Rn. 70.
[38] BGH 29.6.2011, NJW 2011, 3361 Rn. 30.
[39] Heymann/Froitzheim Rn. 45.
[40] Vgl. auch Begr. RegE zum Gesetz zur Änderung des HGB (Recht der Handelsvertreter), BT-Drs. 1/3856, 9, 32.
[41] BGH 16.7.2008, NJW 2008, 3436 Rn. 10 ff.; 23.1.1964, BB 1964, 283 = NJW 1964, 817.
[42] BGH 16.7.2008, NJW 2008, 3436 Rn. 12 mwN.
[43] Vgl. BGH 3.3.1993, BGHZ 122, 9 (12 ff.) = NJW 1993, 1386; OLG Karlsruhe 17.9.2003, NJW-RR 2004, 191; Hopt/Hopt Rn. 34.
[44] BGH 16.7.2008, NJW 2008, 3436 Rn. 13; Hopt/Hopt Rn. 34; **aA** – zu § 628 Abs. 2 BGB – BAG 26.7.2001, BAGE 98, 275 (288) = NJW 2002, 1593.

aus dem Vertragsverhältnis erwachsenden Vermögensvorteile zu begrenzen.[45] Dem steht nicht entgegen, dass der kündigende Teil durch die fristlose Kündigung auf Primäransprüche aus dem Vertrag freiwillig verzichtet. Gerade davor soll er nämlich durch Abs. 2 geschützt werden.[46] Eine **entsprechende Anwendung** von Abs. 2 kommt in Betracht, wenn die Vertragsparteien das Handelsvertreterverhältnis bei Vorliegen eines wichtigen Kündigungsgrundes einvernehmlich aufheben, ohne dass damit ein Verzicht auf den Schadensersatzanspruch verbunden sein soll,[47] aber auch dann, wenn der Kündigungsberechtigte statt der außerordentlichen eine ordentliche Kündigung ausspricht.[48]

bb) Einzelheiten. Im Falle der **Kündigung durch den Unternehmer** kann sein Schaden auch darin bestehen, dass das aus der Interessenwahrungspflicht abzuleitende Wettbewerbsverbot des Handelsvertreters (→ § 86 Rn. 24 ff.) entfällt. Der Handelsvertreter hat dann Ersatz durch entschädigungslose Unterlassung von Wettbewerb für den Zeitraum bis zur (nächst möglichen) ordentlichen Beendigung des Handelsvertreterverhältnisses zu leisten.[49] Erfolgt die Kündigung **durch den Handelsvertreter,** muss dieser sich unter Umständen nach den Grundsätzen der Vorteilsausgleichung dasjenige anrechnen lassen, was er durch die Tätigkeit für einen anderen Unternehmer erworben hat,[50] es sei denn, die Tätigkeit beruht auf dem Einsatz noch freier Arbeitskraft.[51] Da der Handelsvertreter als selbstständiger Gewerbetreibender für den Unternehmer tätig ist, kann bei der Ermittlung des entgangenen Gewinns (§ 252 BGB) nicht ohne weiteres eine Fortschreibung der Verhältnisse aus dem letzten Vertragsjahr erfolgen. Vielmehr bedarf es detaillierter Feststellungen, wie sich die Einnahmen des Handelsvertreters und die Kosten seiner selbstständigen Tätigkeit bei einer Fortdauer des Vertragsverhältnisses entwickelt hätten. Das gilt insbesondere dann, wenn der Schadensersatzanspruch keiner zeitlichen Begrenzung unterliegt (→ Rn. 12).[52] Ein **Mitverschulden des kündigenden Vertragsteils** an der Pflichtverletzung des Gekündigten wirkt sich ebenfalls schadensmindernd aus (§ 254 Abs. 1 BGB).[53] Von Bedeutung ist dies in den Fällen, in denen dem Kündigenden selbst ein relevanter Vertragsverstoß zur Last fällt (→ Rn. 25). Darüber hinaus trifft den Kündigenden die Pflicht zur Schadensminderung (§ 254 Abs. 2 BGB).[54] Akzessorisch zum Schadensersatzanspruch kann der Kündigende gem. § 242 BGB einen **Auskunftsanspruch** gegen den anderen Vertragsteil geltend machen.[55] Dem anderen Vertragsteil steht gegenüber diesem Auskunftsanspruch kein Zurückbehaltungsrecht gem. § 273 BGB wegen eines eigenen Auskunftsanspruchs zu, da es sich jeweils um unselbstständige Auskunftsansprüche handelt.[56] Ein Schadensersatzanspruch **scheidet nach Treu und Glauben** (§ 242 BGB) **aus,** wenn der Kündigungsgegner wegen eines Fehlverhaltens des Kündigenden selbst hätte außerordentlich kündigen können, aber von seinem Kündigungsrecht keinen Gebrauch gemacht hat.[57] 13

III. Wichtiger Grund

1. Grundsatz. Jede außerordentliche Kündigung erfordert einen wichtigen Grund. Das Gesetz gibt damit zu verstehen, dass nicht jeder Grund für die Beendigung des Handelsvertreterverhältnisses ausreicht. Das kann schon deshalb nicht der Fall sein, weil das Vertragsverhältnis infolge der außerordentlichen Kündigung regelmäßig fristlos endet (Abs. 1 S. 1). Aus Gründen des Vertrauensschutzes kommt eine außerordentliche Kündigung daher nur in Betracht, wenn derart gewichtige Gründe vorliegen, dass eine **Fortsetzung des Vertragsverhältnisses nicht mehr tragbar** erscheint. Im Übrigen fehlt ein wichtiger Grund, wenn der Kündigende den anderen Vertragsteil im Vorwege 14

[45] BGH 16.7.2008, NJW 2008, 3436 Rn. 13.
[46] BGH 16.7.2008, NJW 2008, 3436 Rn. 17.
[47] BGH 29.11.1965, BGHZ 44, 271 (274) = NJW 1966, 347 f.; 27.1.1982, NJW 1982, 2432 (2433); 23.1.1964, BB 1964, 283 = NJW 1964, 817; Heymann/Froitzheim Rn. 52; MüKoHGB/Ströbl Rn. 95.
[48] Heymann/Froitzheim Rn. 45; MüKoHGB/Ströbl Rn. 95.
[49] Hopt/Hopt Rn. 34; **aA** LG Krefeld 7.10.1987, NJW-RR 1988, 1063; Heymann/Froitzheim Rn. 52.
[50] Hopt/Hopt Rn. 34; Heymann/Froitzheim Rn. 52.
[51] BGH 1.3.1984, DB 1984, 2137 = WM 1984, 1005 = BeckRS 1984, 03305; Heymann/Froitzheim Rn. 54; vgl. zum Vertragshändler auch BGH 22.3.2006, WM 2006, 1403 (1408) (Abzug ersparter Betriebskosten).
[52] Vgl. auch BGH 16.7.2008, NJW 2008, 3436 Rn. 18.
[53] BGH 29.11.1965, BGHZ 44, 271 (277) = NJW 1966, 347 (348); Heymann/Froitzheim Rn. 52.
[54] Vgl. BGH 16.7.2008, NJW 2008, 3436 (3437 f.); 1.3.1984, DB 1984, 2137 (2138) = WM 1984, 1005 = BeckRS 1984, 03305; 1.10.1970, WM 1970, 1513 (1515); Heymann/Froitzheim Rn. 52.
[55] BGH 29.11.1965, BGHZ 44, 271 (273) = NJW 1966, 347; 3.2.1978, WM 1978, 461 (465) = BeckRS 1978, 31066644; 23.1.1964, BB 1964, 283 = NJW 1964, 817.
[56] BGH 3.2.1978, MDR 1978, 467 = BeckRS 1978, 31066644; Heymann/Froitzheim Rn. 50.
[57] BGH 29.11.1965, BGHZ 44, 271 (277) = NJW 1966, 347 (348); Heymann/Froitzheim Rn. 53; MüKoHGB/Ströbl Rn. 99.

nicht abgemahnt hat, obwohl er dazu verpflichtet war (→ Rn. 7 f.).[58] Ein wichtiger Grund ist „verbraucht", wenn er bereits Gegenstand einer früheren Abmahnung war, der aber keine außerordentliche Kündigung folgte.[59] Der wichtige Grund iSv § 89a ist deckungsgleich mit dem entsprechenden Rechtsbegriff in § 89b Abs. 3 Nr. 2.[60]

15 **2. Begriff.** Der Rechtsbegriff[61] des wichtigen Grundes bedarf der inhaltlichen Konkretisierung. Er wird in § 89a nicht weiter präzisiert, sodass die Vorschrift insoweit keine abschließende Regelung enthält. Es liegt daher nahe, ergänzend auf die allgemeine Bestimmung des § 314 BGB zurückzugreifen.[62] Danach liegt ein wichtiger Grund vor, wenn dem kündigenden Teil unter Berücksichtigung aller Umstände des Einzelfalls und unter Abwägung der beiderseitigen Interessen die Fortsetzung des Vertragsverhältnisses bis zur vereinbarten Beendigung oder bis zum Ablauf der Kündigungsfrist nicht zugemutet werden kann (§ 314 Abs. 1 S. 2 BGB). Maßgebend ist also die **Unzumutbarkeit** des Festhaltens an der Vertragsdurchführung. Diese kann nach den Umständen des Einzelfalls variieren. So ist davon auszugehen, dass an die Unzumutbarkeit umso höhere Anforderungen zu stellen sind, desto kürzer die Frist für eine ordentliche Kündigung ist.[63] Entsprechendes gilt, wenn der Handelsvertreter aufgrund des Vorverhaltens des Unternehmers nicht mit einer außerordentlichen Kündigung rechnen muss.[64] In den Grenzen des Abs. 1 S. 2, wonach das Recht zur außerordentlichen Kündigung nicht ausgeschlossen oder beschränkt werden kann (→ Rn. 28), sind die Parteien in der Lage, vertragliche **Absprachen** zu treffen, welche Umstände als wichtiger Grund für eine außerordentliche Kündigung gelten sollen.[65] Freilich muss es sich um objektiv gewichtige Gründe handeln, da ansonsten die Gefahr der Umgehung von § 89 besteht.[66] Unzulässig sind dagegen Abreden, die das außerordentliche Kündigungsrecht für bestimmte Fälle ausschließen (→ Rn. 28).

16 **3. Interessenabwägung.** Die Unzumutbarkeit der Fortsetzung des Vertragsverhältnisses ist das Ergebnis einer umfassenden Abwägung der Interessen der Vertragsparteien. Zu berücksichtigen sind insoweit **alle Umstände des Einzelfalls,** sowohl objektive als auch subjektive.[67] Es kommt für die Einbeziehung in die Interessenabwägung nicht darauf an, ob die Umstände von einer der Vertragsparteien verschuldet worden sind[68] oder erst nach Beginn des Handelsvertreterverhältnisses eingetreten sind.[69] Das Verschulden kann allerdings im Rahmen der anschließenden Abwägung der Interessen von Bedeutung sein. **Abwägungsfähige Interessen** können sein die Art und Dauer des Handelsvertreterverhältnisses,[70] die Verdienste des Handelsvertreters um das Absatzmittlerwesen des Unternehmers (langjährige erfolgreiche Tätigkeit),[71] das Verhalten der kündigenden Partei,[72]

---

[58] Vgl. auch OLG München 22.9.1993, BB 1993, 2403; Hopt/Hopt Rn. 10b.

[59] LG Frankfurt a.M. 25.5.2018, ZVertriebsR 2018, 252 Rn. 46.

[60] BGH 25.11.1998, NJW 1999, 946 (947); 21.3.1985, WM 1985, 982 = BeckRS 1985 30389382; **aA** Hopt/Hopt Rn. 16.

[61] Zur Revisibilität BGH 26.1.1984, WM 1984, 557 (558).

[62] Näher dazu Martinek ZVertriebsR 2015, 207 (207 ff.).

[63] BGH 16.2.2000, NJW 2000, 1866 f.; 7.7.1978, BB 1979, 242 = BeckRS 1978, 31068565; OLG Karlsruhe 28.4.1978, DB 1978, 1396; OLG Stuttgart 21.10.1981, DB 1982, 800 (801); Heymann/Froitzheim Rn. 13; MüKoHGB/Ströbl Rn. 18.

[64] Vgl. OLG Nürnberg 26.3.1965, BB 1965, 809 (Einräumung einer längeren Frist zur Beendigung der Konkurrenztätigkeit).

[65] BGH 12.3.1992, NJW-RR 1992, 1059 (1060) = BB 1992, 1162; 7.7.1988, BB 1988, 1771 = WM 1988, 1490 = NJW-RR 1988, 1381; 20.10.1955, WM 1956, 138 (139); OLG München 11.8.1993, BB 1993, 1835; OLG Saarbrücken 28.7.1999, NJW-RR 1999, 1713; Hopt/Hopt Rn. 27; Heymann/Froitzheim Rn. 12; MüKoHGB/Ströbl Rn. 28; **aA** Schwerdtner DB 1989, 1757; Preis/Stoffels ZHR 160 (1996), 442 (471) (für AGB).

[66] BGH 6.12.1956, HVR Nr. 203; 10.11.2010, NJW 2011, 608 Rn. 23 ff.; OLG München 15.12.1955, BB 1956, 20; Küstner/Thume VertriebsR-HdB I/Thume VIII Rn. 168 ff.; Hopt/Hopt Rn. 27; MüKoHGB/Ströbl Rn. 29.

[67] Heymann/Froitzheim Rn. 13.

[68] Vgl. BGH 4.6.1986, VersR 1986, 1072 (1073); Heymann/Froitzheim Rn. 11.

[69] MüKoHGB/Ströbl Rn. 14.

[70] BGH 17.10.1991, WM 1992, 311 (313) = NJW-RR 1992, 481; 7.7.1978, DB 1978, 1882 = BeckRS 1978, 31068565; MüKoHGB/Ströbl Rn. 16, 21.

[71] BGH 27.2.1981, DB 1981, 1772 = BeckRS 1981 30386716; 7.7.1978, DB 1978, 1882 = BeckRS 1978, 31068565; LG Düsseldorf 11.1.1963, VersR 1964, 1097 (1099); Hopt/Hopt Rn. 7; Heymann/Froitzheim Rn. 15; MüKoHGB/Ströbl Rn. 21.

[72] BGH 26.1.1984, WM 1984, 556 (558) = VW 1984, 534; 14.4.1983, BB 1983, 1629 = BeckRS 1983 30391664; 18.2.1982, WM 1982, 632 = NJW 1982, 1814; 21.11.1980, DB 1981, 987 = AP HGB § 89a Nr. 1; 21.3.1985, WM 1985, 982 = HVR Nr. 606; OLG Nürnberg 26.3.1965, BB 1965, 809 (Einräumung längerer Abstellfrist); Hopt/Hopt Rn. 7; Heymann/Froitzheim Rn. 15; MüKoHGB/Ströbl Rn. 16.

beispielsweise eigene Vertragsuntreue des Kündigenden,[73] der bis zur nächsten ordentlichen Kündigungsmöglichkeit noch verbleibende Zeitraum[74] oder die Folgen der außerordentlichen Kündigung für den anderen Vertragsteil.[75] Bei der Interessenabwägung ist eine **Gesamtbetrachtung** vorzunehmen, sodass einzelne Umstände, die für sich genommen noch keinen wichtigen Grund bilden, durch ihr Zusammentreffen mit anderen Umständen eine außerordentliche Kündigung rechtfertigen können.[76]

In die Interessenabwägung einzubeziehen sind alle Umstände, die im Zeitpunkt der Kündigungserklärung objektiv vorlagen. Insoweit kommen auch Umstände in Betracht, die dem Kündigenden zu diesem Zeitpunkt (subjektiv) nicht bekannt waren. Deshalb ist das **Nachschieben** der zu dem maßgeblichen Zeitpunkt **vorhandenen Kündigungsgründe** grundsätzlich zulässig.[77] Eine Ausnahme ist nach Treu und Glauben (§ 242 BGB) allerdings dann zu machen, wenn der Kündigungsgegner darauf vertrauen konnte, dass der Kündigende andere als die ihm ursprünglich bekannten Gründe nicht geltend machen will.[78] Handelt es sich allerdings um einen **neuen Kündigungsgrund,** der erst nach der Kündigungserklärung entstanden ist und mit dem ursprünglichen Kündigungsgrund in keinerlei Verbindung steht, kann dieser zusätzliche Kündigungsgrund nur zur Begründung einer neuen Kündigung dienen.[79] Das Nachschieben einer neuen Begründung kann insoweit bereits eine neue Kündigungserklärung beinhalten.[80] Entsprechendes gilt, wenn der neue Kündigungsgrund mit dem ursprünglich benannten in einem inneren Zusammenhang steht.[81] Dagegen wird in Rspr. und Lit. zum Teil angenommen, dass es bei Nachschieben eines neuen Kündigungsgrundes, der mit dem ursprünglichen in Verbindung steht und erst zusammen mit diesem die außerordentliche Kündigung rechtfertigt, einer neuerlichen Kündigung nicht bedürfe; vielmehr werde die ursprüngliche Kündigung mit Entstehung des neuen Grundes wirksam.[82] Dies überzeugt nicht, da eine außerordentliche Kündigung nur dann wirksam erfolgen kann, wenn der wichtige Grund bereits im Zeitpunkt der Kündigungserklärung objektiv vorliegt.[83] 17

4. Einzelfälle. a) Überblick. Zur Frage, welche Umstände einen wichtigen Grund zur außerordentlichen Kündigung abgeben, existiert eine umfangreiche gerichtliche Entscheidungspraxis, die freilich für den Einzelfall nicht mehr als eine Orientierungshilfe sein kann. Dem Unternehmer wird regelmäßig dann ein wichtiger Kündigungsgrund zur Seite stehen, wenn der Handelsvertreter entweder wesentliche Vertragspflichten verletzt hat oder das Vertrauensverhältnis zum Handelsvertreter nachhaltig gestört ist. Entsprechendes gilt für das Kündigungsrecht des Handelsvertreters. 18

b) Kündigung durch Unternehmer. aa) Gründe in der Sphäre des Handelsvertreters. 19
Eine außerordentliche Kündigung des Handelsvertretervertrages durch den Unternehmer kommt in Betracht, wenn der Handelsvertreter **wesentliche Vertragspflichten** vorsätzlich oder grob fahrlässig **außer Acht lässt,** indem er etwa die Interessen des Unternehmers durch Preisgabe von Interna

---

[73] Vgl. BGH 29.11.1965, BGHZ 44, 271 (275) = NJW 1966, 347 (348); 17.12.1998, BB 1999, 974 f.; 17.10.1991, WM 1992, 311 (313) = NJW-RR 1992, 481; 24.3.1959, BB 1959, 540 (541) = NJW 1959, 1219; 16.4.1959, HVR Nr. 211; OLG Hamm 11.6.1997, HVR Nr. 878; Hopt/Hopt Rn. 8; MüKoHGB/Ströbl Rn. 23.

[74] BGH 16.2.2000, NJW 2000, 1866 (1868); OLG München 6.4.2022, ZVertriebsR 2022, 327 Rn. 70.

[75] BGH 21.5.1975, WM 1975, 856 = BeckRS 1975, 30394989 zu § 89b Abs. 3 Nr. 2; OLG München 6.4.2022, ZVertriebsR 2022, 327 Rn. 71; v. Gamm NJW 1979, 2489 (2494); Hopt/Hopt Rn. 7; Ebenroth/Boujong/Semmler Rn. 46; Heymann/Froitzheim Rn. 15; MüKoHGB/Ströbl Rn. 22.

[76] BGH 29.11.1965, BGHZ 44, 271 (274) = NJW 1966, 347 (348); 24.3.1959, BB 1959, 540 = NJW 1959, 1219; OLG Saarbrücken 22.8.2001, NJW-RR 2002, 542 (543); Hopt/Hopt Rn. 9; Heymann/Froitzheim Rn. 14; MüKoHGB/Ströbl Rn. 26.

[77] BGH 12.6.1963, BGHZ 40, 13 (16) = NJW 1963, 2068 (2069); 5.5.1958, BGHZ 27, 220 (225) = NJW 1958, 1136 f.; 15.12.1960, BB 1961, 498 = BeckRS 1960, 00050; OLG Saarbrücken 25.1.2006, DB 2006, 1005 = HVR Nr. 1170; Hopt/Hopt Rn. 14; Heymann/Froitzheim Rn. 48; MüKoHGB/Ströbl Rn. 75; enger (bei gravierenden Verstößen) OLG Bremen 30.3.2006, HVR Nr. 1144.

[78] BGH 5.5.1958, BGHZ 27, 220 (225 ff.) = NJW 1958, 1136 f.; 24.3.1959, BB 1959, 540 = NJW 1959, 1219; OLG Karlsruhe 28.4.1978, DB 1978, 1396; Heymann/Froitzheim Rn. 48; MüKoHGB/Ströbl Rn. 76.

[79] BGH 28.4.1960, BB 1961, 48 = BeckRS 1960, 31186258; OLG Saarbrücken 25.1.2006, DB 2006, 1005 = HVR Nr. 1170; Hopt/Hopt Rn. 15; Heymann/Froitzheim Rn. 48; MüKoHGB/Ströbl Rn. 77; **aA** noch RG 20.11.1933, RGZ 142, 268 (272).

[80] BGH 15.12.1960, BB 1961, 498 = BeckRS 1960, 00050; 28.4.1960, BB 1961, 48 = BeckRS 1960, 31186258; Heymann/Froitzheim Rn. 48.

[81] Hopt/Hopt Rn. 15; Heymann/Froitzheim Rn. 48.

[82] Vgl. BGH 5.5.1958, BGHZ 27, 220 (222 f.) = NJW 1958, 1136 f.; 28.4.1960, MDR 1961, 134 = BeckRS 1960, 31186258; 24.3.1959, BB 1959, 540 = NJW 1959, 1219; Küstner/Thume VertriebsR-HdB I/Thume VIII Rn. 193 f.; Staub/Emde Rn. 23; zweifelnd RGHMW/Thume Rn. 15.

[83] Heymann/Froitzheim Rn. 48; MüKoHGB/Ströbl Rn. 78.

(Geschäftsgeheimnissen) grob missachtet,[84] die Weisungen des Unternehmers übergeht,[85] dessen Absatzmittlungskonzept torpediert,[86] die eigene Absatzmittlertätigkeit in erheblichem Umfang vernachlässigt[87] oder vollständig unterlässt (aber → Rn. 16), bewusst fehlerhaft abrechnet, um dadurch eine höhere Provision zu erlangen,[88] Informationen und Unterlagen dem Unternehmer wiederholt vorenthält,[89] einen Vertragsbruch begeht oder vorbereitet,[90] Mitarbeiter des Unternehmers für andere Unternehmer abwirbt,[91] den Unternehmer hintergeht,[92] dessen Lieferfähigkeit gegenüber Kunden in Abrede stellt[93] oder die Person des Unternehmers oder seine geschäftlichen Verhältnisse herabwürdigt.[94] Entsprechendes gilt bei ehrverletzenden Äußerungen über Kunden.[95] Ein wichtiger Grund zur Kündigung des Handelsvertreterverhältnisses folgt regelmäßig auch aus **Wettbewerbsverstößen** (→ § 86 Rn. 24 ff.), etwa bei heimlicher oder offener Hinwegsetzung über ein Wettbewerbsverbot.[96] Hierher gehören die Übernahme von Konkurrenzvertretungen ohne Einwilligung des Unternehmers,[97] die Vermittlung von Kunden zur Konkurrenz,[98] die Durchführung von Eigengeschäften[99] oder die nicht genehmigte Übernahme einer Zweitvertretung.[100] Unter Umständen können auch nicht erlaubte Nebentätigkeiten, die als solche keinen Wettbewerbsverstoß begründen, ein Recht zur außerordentlichen Kündigung geben, wenn sie die Absatzmittlertätigkeit erheblich beeinträchtigen.[101] Eine Verletzung wesentlicher Vertragspflichten kann überdies vorliegen, wenn Gründe in der **Person des Handelsvertreters** die Durchführung der Absatzmittlertätigkeit in erheblichem Umfang beeinträchtigen.[102] Ein wichtiger Grund ist in diesem Zusammenhang auch die Eröffnung des Insolvenzverfahrens über das Vermögen des Handelsvertreters,[103] die Einstellung oder Übertra-

---

[84] MüKoHGB/Ströbl Rn. 45.

[85] BGH 4.6.1986, VersR 1986, 1072; 27.2.1981, DB 1981, 1772 = BeckRS 1981, 30386716; OLG Hamburg 13.5.1960, BB 1960, 1300; OLG München 12.7.2002, NJW-RR 2003, 401; OLG Nürnberg 21.9.1973, MDR 1974, 144; Hopt/Hopt Rn. 17; Ebenroth/Boujong/Semmler Rn. 65; Heymann/Froitzheim Rn. 28; MüKoHGB/Ströbl Rn. 40.

[86] Vgl. OLG Saarbrücken 22.8.2001, NJW-RR 2002, 542.

[87] BGH 18.2.1982, DB 1982, 1269 = WM 1982, 632 (633) = AP HGB § 89b Nr. 9; OLG Celle 9.5.1958, BB 1958, 894; OLG Frankfurt 31.1.1967, DB 1967, 329; OLG Karlsruhe 28.10.1975, HVR Nr. 495; OLG München 12.7.2002, NJW-RR 2003, 401; OLG Stuttgart 9.6.1960, BB 1960, 956; Heymann/Froitzheim Rn. 30.

[88] BGH 21.11.1980, DB 1981, 987 = AP HGB § 89a Nr. 1; OLG München 23.5.2001, VersR 2002, 568; MüKoHGB/Ströbl Rn. 46.

[89] BGH 7.7.1978, BB 1979, 242 = BeckRS 1978, 31068565; OLG Köln 3.3.1971, BB 1971, 543.

[90] BGH 21.12.1983, BGHZ 89, 206 (211 ff.) = BB 1984, 233 (235) = NJW 1984, 1182 (Nichteinhaltung einer Fortsetzungsvereinbarung); OLG Düsseldorf 17.11.1953, HVR Nr. 38 (heimliche Verhandlung mit neuem Geschäftsherrn).

[91] BGH 11.3.1977, BB 1977, 1170 = AP HGB § 89b Nr. 7.

[92] OLG Bamberg 26.4.1979, BB 1979, 1000 (1001); OLG Düsseldorf 23.11.2023, ZVertriebsR 2024, 293 Rn. 17 (Verdacht der Untreue).

[93] OLG München 6.4.2022, ZVertriebsR 2022, 327 Rn. 67.

[94] BGH 9.7.1959, VersR 1959, 887 (887 f.); OLG Celle 29.3.1963, BB 1963, 711; OLG Hamburg 13.5.1960, BB 1960, 1300; OLG Nürnberg 2.2.1967, VersR 1968, 298; 28.2.1963, BB 1963, 447 (Beleidigung leitender Angestellter); OLG Saarbrücken 22.8.2001, NJW-RR 2002, 542; OLG Stuttgart 9.6.1960, BB 1960, 956 (957) (Beleidigung leitender Angestellter).

[95] OLG Köln 4.7.2001, VersR 2002, 482.

[96] Vgl. BGH 12.3.2003, NJW-RR 2003, 981; 17.1.2001, NJW-RR 2001, 677; 25.11.1998, NJW 1999, 946 f.; 5.10.1989, NJW-RR 1990, 171; 24.1.1974, BB 1974, 714 = BeckRS 1974, 30383310; Küstner/Thume VertriebsR-HdB I/Thume VIII Rn. 350; MüKoHGB/Ströbl Rn. 34 f.

[97] BGH 25.11.1998, NJW 1999, 946 (947) = ZIP 1999, 277; 17.10.1991, NJW-RR 1992, 481 = WM 1992, 311; 5.10.1989, BB 1989, 2428 = NJW-RR 1990, 171; 3.7.1986, NJW 1987, 57; 28.10.1957, HVR Nr. 164 = NJW 1958, 23; 19.11.1976, WM 1977, 318 = BeckRS 1976, 31065931; 13.7.1972, VersR 1972, 1045; 7.7.1960, VersR 1960, 846 = BeckRS 1960, 30402457; OLG Düsseldorf 5.8.1955, HVR Nr. 106; OLG Frankfurt 15.10.2003, NJW-RR 2004, 124 = HVR Nr. 1087; OLG Hamm 5.12.1956, HVR Nr. 128; OLG Köln 23.2.1972, BB 1972, 468; OLG München 24.3.2009, BB 2009, 2002; OLG Stuttgart 29.10.1986, HVR Nr. 627; Hopt/Hopt Rn. 19; Heymann/Froitzheim Rn. 22.

[98] Vgl. BGH 4.6.1986, VersR 1986, 1072; 24.1.1974, BB 1974, 714 = BeckRS 1974, 30383310.

[99] OLG München 9.11.1994, NJW-RR 1995, 1186.

[100] BGH 19.11.1976, WM 1977, 318 = BeckRS 1976, 31065931; OLG Bamberg 26.4.1979, BB 1979, 1000; OLG Nürnberg 13.12.1962, BB 1963, 203.

[101] OLG Bamberg 26.4.1979, BB 1979, 1000; OLG Celle 18.12.1970, VW 1971, 1261; OLG Nürnberg 13.12.1962, BB 1963, 203; Heymann/Froitzheim Rn. 22.

[102] Vgl. BGH 3.5.1995, BGHZ 129, 290 (294) = NJW 1995, 1958 (Krankheit von unabsehbarer Dauer); OLG Celle 11.2.1961, VersR 1961, 507 (Trunkenheit im Dienst); OLG Frankfurt 9.2.2004, NJW-RR 2004, 1174 (Krankheit von unabsehbarer Dauer); OLG Hamburg 13.5.1960, BB 1960, 1300 (unberechtigte Titelführung).

[103] BGH 3.5.1995, BGHZ 129, 290 (296) = NJW 1995, 1958; OLG Hamm 9.6.2004, NJW-RR 2004, 1554 = HVR Nr. 1095; MüKoHGB/Ströbl Rn. 20; zum Vertragshändler Stumpf/Ströbl MDR 2004, 1209 (1211).

gung des Geschäftsbetriebs,[104] ggf. auch das Ausscheiden des Gesellschafters einer Handelsvertreter-GmbH, soweit dieser (als Gesellschafter oder Geschäftsführer) wesentlichen Einfluss auf die Absatzmittlertätigkeit hatte.[105] Die vorbenannten Umstände können für sich genommen oder in Verbindung mit anderen Umständen darüber hinaus zu einer kündigungsrechtlich relevanten **Störung des Vertrauensverhältnisses** zwischen Unternehmer und Handelsvertreter führen, unter Umständen sogar dann, wenn es sich um einen Vertrauensverstoß im Verhältnis zu einer **Konzerngesellschaft** des Unternehmers handelt.[106] Eine nachhaltige Vertrauensstörung liegt überdies vor, wenn sich die Parteien überworfen haben, sodass eine weitere gedeihliche Zusammenarbeit nicht mehr zu erwarten ist.[107] Grund dafür kann etwa auch eine unrechtmäßige fristlose Kündigung des Handelsvertreterverhältnisses durch den anderen Vertragsteil sein.[108] Bloße Meinungsverschiedenheiten reichen freilich nicht aus.[109] Im Einzelfall kann sogar der bloße Verdacht fehlerhaften Verhaltens zu einer nicht mehr behebbaren Vertrauensstörung führen.[110] Wird die Absatzmittlertätigkeit durch eine **Handelsvertretergesellschaft** durchgeführt und liegen die bezeichneten Umstände in der Person eines Gesellschafters vor, kann auch dies eine Kündigung aus wichtigem Grund rechtfertigen.[111] Dies gilt jedenfalls dann, wenn der Gesellschafter in die Absatzmittlertätigkeit operativ eingebunden ist, aber auch, wenn infolge des Fehlverhaltens des Gesellschafters das Vertrauensverhältnis des Unternehmers zu der Gesellschaft nachhaltig gestört ist.[112] Eine Störung des Vertrauensverhältnisses kann im Einzelfall auch eintreten, wenn ein neuer Gesellschafter in die Handelsvertretergesellschaft aufgenommen wird.[113]

Ein **wichtiger Grund** zur außerordentlichen Kündigung des Vertragsverhältnisses **liegt nicht vor** bei Pflichtverletzungen des Handelsvertreters, die den Bestand des Absatzmittlungsverhältnisses nicht gefährden, da sie für sich genommen nur von untergeordneter Bedeutung sind.[114] Hierher gehören das (ggf. nur vorübergehende und punktuelle) Nachlassen der Absatzmittlertätigkeit,[115] Vertragsverstöße von geringem Gewicht,[116] zumal wenn die Vertragsbestimmungen unklar sind[117] oder die vertraglich vorgegebenen Ziele nicht erreichbar sind.[118] Kein wichtiger Grund ist regelmäßig auch die nicht genehmigte Aufnahme einer Nebentätigkeit,[119] soweit diese nur von untergeordneter Bedeutung ist. **Zweifelhaft** ist das Vorliegen eines wichtigen Grundes bei Unterschreitung vorgegebener Mindestumsätze und erst recht im Falle der Enttäuschung bloßer Mindestumsatzerwartungen.[120] 20

bb) Gründe in der Sphäre des Unternehmers. Eine außerordentliche Kündigung des Handelsvertreterverhältnisses durch den Unternehmer kommt unter Umständen auch dann in Betracht, wenn der wichtige Grund zur Kündigung im weiteren Sinne der Sphäre des Unternehmers zuzuordnen ist. Ein Recht zur außerordentlichen Kündigung kann demgemäß bestehen, wenn der Unternehmer den Geschäftsbetrieb umstrukturieren oder (teilweise) einstellen muss, diesen verkauft[121] oder das Vertriebsrecht für Waren, die Gegenstand des Handelsvertretervertrags sind, 21

---

[104] Hopt/Hopt Rn. 20.
[105] Emde GmbHR 1999, 1005 (1016); MüKoHGB/Ströbl Rn. 51.
[106] Vgl. OLG Bremen 30.3.2006, HVR Nr. 1144; Hopt/Hopt Rn. 17.
[107] OLG Nürnberg 28.2.1963, BB 1963, 447; OLG Stuttgart 9.6.1960, BB 1960, 956 (957); OLG Saarbrücken 22.8.2001, NJW-RR 2002, 542; Hopt/Hopt Rn. 17.
[108] OLG Düsseldorf 23.11.2023, ZVertriebsR 2024, 293 Rn. 21.
[109] Vgl. BGH 5.7.1978, BB 1979, 242 (243) = BeckRS 1978, 31068565; Hopt/Hopt Rn. 17.
[110] Vgl. BGH 5.2.1959, BGHZ 29, 275 (276) = NJW 1959, 878 (Verdacht des Rezeptdiebstahls); OLG Düsseldorf 23.11.2023, ZVertriebsR 2024, 293 Rn. 17 (Verdacht der Untreue); OLG Karlsruhe 9.6.1971, VersR 1971, 1170 (1171) (Verdacht der Unterschlagung von Versicherungsprämien); OLG München 9.1.1998, HVR Nr. 888 (Verdacht eines Wettbewerbsverstoßes); Hopt/Hopt Rn. 20; MüKoHGB/Ströbl Rn. 46.
[111] Hopt/Hopt Rn. 17; MüKoHGB/Ströbl Rn. 52.
[112] MüKoHGB/Ströbl Rn. 52.
[113] Vgl. BGH 16.3.1970, VW 1970, 580; Heymann/Froitzheim Rn. 3; dazu auch Emde, Die Handelsvertreter-GmbH, 1994, 212 ff.
[114] Vgl. BGH 7.7.1960, HVR Nr. 298 = VersR 1960, 846 = BeckRS 1960, 30402457.
[115] BGH 27.2.1981, DB 1981, 1772 = BeckRS 1981, 30386716; OLG Karlsruhe 25.2.1977, BB 1977, 1672 (Umsatzrückgang); *28.10.1975*, HVR Nr. 495 (Umsatzrückgang); OLG Karlsruhe 11.4.1957, BB 1957, 561; Hopt/Hopt Rn. 18.
[116] BGH 24.9.1987, WM 1988, 33 (34) = NJW-RR 1988, 287 (Verweigerung der Benutzung von Formblättern); OLG Karlsruhe 22.1.1997, HVR Nr. 820 (Verletzung einer Anzeigepflicht).
[117] Vgl. OLG München 16.11.1990, HVR Nr. 699.
[118] OLG Düsseldorf 27.9.1996, HVR Nr. 875 (Sollabsatzvorgaben).
[119] Vgl. BGH 17.1.2001, WM 2001, 1031 (1034).
[120] Weiter gehend Budde/Gruppe ZVertriebsR 2014, 71 ff.
[121] Vgl. OLG Hamm 6.3.1988, NJW-RR 1986, 550 (551).

verliert.[122] Entsprechendes kann gelten, wenn sich die **wirtschaftlichen Verhältnisse** (ohne Zutun des Unternehmers) derart ändern, dass ein rentabler Geschäftsbetrieb nicht mehr möglich ist.[123] Insoweit ist eine außerordentliche Beendigung des Absatzmittlerverhältnisses nicht erst bei Zahlungsunfähigkeit des Unternehmers möglich.[124] Vielmehr kann es für eine außerordentliche Kündigung bereits ausreichend sein, wenn sich Verluste des Unternehmers erst abzeichnen.[125] Dem Unternehmer ist insoweit wirtschaftliche Gestaltungsfreiheit zuzubilligen,[126] wobei stets zu bedenken ist, ob unter den gegebenen Umständen nicht auch ein Abwarten der ordentlichen Kündigungsfrist zumutbar ist.[127] Jedenfalls darf das Handeln nicht willkürlich sein.[128] Für die Beurteilung der wirtschaftlichen Lage kommt es insoweit nur auf die Lage des Geschäftsbetriebs des kündigenden Unternehmers an, nicht aber auf die Situation bei konzernverbundenen Unternehmen.[129] Der Unternehmer kann aus Gründen des Vertrauensschutzes im Übrigen gehalten sein, eine außerordentliche Kündigung nur mit einer angemessenen **Auslauffrist** auszusprechen.[130] Von vornherein ausscheiden muss eine fristlose Kündigung, wenn sich der Umbruch in den wirtschaftlichen Verhältnissen bereits über längere Zeit abgezeichnet hat.[131] Unter diesen Umständen fehlt es an einem wichtigen Kündigungsgrund, da der Unternehmer hinreichende Gelegenheit hatte, das Vertragsverhältnis in anderer Weise aufzufangen.

22 **c) Kündigung durch Handelsvertreter. aa) Gründe in der Sphäre des Unternehmers.** Ein wichtiger Grund zur außerordentlichen Kündigung des Handelsvertreterverhältnisses ist auch für den Handelsvertreter immer dann gegeben, wenn der Unternehmer **wesentliche Vertragspflichten verletzt** oder das **Vertrauensverhältnis** zum Unternehmer **nachhaltig gestört** ist. In Betracht kommen wiederholte Unregelmäßigkeiten bei der Abrechnung und Auszahlung der Provision,[132] mangelnde Unterstützung des Handelsvertreters,[133] vertragswidrige Liefersperren gegenüber dem Handelsvertreter,[134] Beschneidungen des zugewiesenen Bezirks,[135] wiederholte verspätete oder mangelhafte Belieferung der Kunden,[136] grundlose Verweigerung von Geschäftsabschlüssen mit Kunden[137] oder Wettbewerbsverstöße des Unternehmers.[138] Auch Gründe in der Person des Unternehmers wie die Einstellung des Geschäftsbetriebs, die Geschäftsunfähigkeit, bevorstehende Insolvenz[139] oder der Tod des Unter-

[122] OLG München 26.10.2020, ZVertriebsR 2021, 45 (46) zum Verkauf der vertriebenen Marke durch eine Konzernobergesellschaft.

[123] Vgl. BGH 20.2.1958, VersR 1958, 243 (244) = BeckRS 1958, 31191821; OLG Hamm 6.3.1988, NJW-RR 1988, 550 (551); Ende NJW 1999, 326 (329); Hopt/Hopt Rn. 21; Heymann/Froitzheim Rn. 31; MüKoHGB/Ströbl Rn. 54.

[124] Vgl. auch BGH 20.2.1958, VersR 1958, 243 (244) = BeckRS 1958, 31191821; OLG München 11.12.2024, ZVertriebsR 2025, 165 Rn. 62.

[125] IdS Hopt/Hopt Rn. 21.

[126] OLG München 11.12.2024, ZVertriebsR 2025, 165 Rn. 62.

[127] BGH 30.1.1986, NJW 1986, 1931; OLG München 11.12.2024, ZVertriebsR 2025, 165 Rn. 65.

[128] OLG München 11.12.2024, ZVertriebsR 2025, 165 Rn. 62.

[129] Hopt/Hopt Rn. 21.

[130] OLG Hamm 6.3.1988, NJW-RR 1988, 550 (551); OLG München 11.12.2024, ZVertriebsR 2025, 165 Rn. 66 f.; 26.10.2020, ZVertriebsR 2021, 45 (46); OLG Stuttgart 15.9.1989, NJW-RR 1990, 491 f.; Emde NJW 1999, 326 (329); Emde BB 1996, 2260 (2262 f.); Hopt/Hopt Rn. 21.

[131] Vgl. BGH 30.1.1986, NJW 1986, 1931; Hopt/Hopt Rn. 21; Heymann/Froitzheim Rn. 31; MüKoHGB/Ströbl Rn. 54.

[132] BGH 16.2.1989, BB 1989, 1076 = NJW-RR 1989, 862 (Zahlung unter Vorbehalt); 27.5.1974, WM 1974, 867 (870) (Provisionskürzung); 4.4.1960, VersR 1960, 462 (Provisionskürzung); Hopt/Hopt Rn. 22; Heymann/Froitzheim Rn. 35; MüKoHGB/Ströbl Rn. 59.

[133] OLG München 30.6.2016, ZVertriebsR 2017, 196 Rn. 27 ff. (Sperrung des Zugangs zum Online-System des Unternehmers); 23.1.2014, VersR 2014, 1080 (1082) (Sperrung des Zugangs zum Online-System des Unternehmers); Heymann/Froitzheim Rn. 35.

[134] Vgl. BGH 11.1.2006, WM 2006, 873 (874); OLG Düsseldorf 23.11.2023, ZVertriebsR 2024, 293 Rn. 17 (rechtmäßige Liefersperre).

[135] BGH 28.1.1971, WM 1971, 561 (562 f.) = AP BGB § 242 Gleichbehandlung Nr. 35; OLG Stuttgart 21.10.1981, DB 1982, 800 (801); Hopt/Hopt Rn. 22; Heymann/Froitzheim Rn. 35.

[136] BGH 6.2.1986, WM 1986, 622 (623) = BeckRS 1986, 31066814; RG 12.1.1907, RGZ 65, 86 (90); Hopt/Hopt Rn. 24; Heymann/Froitzheim Rn. 37; MüKoHGB/Ströbl Rn. 60.

[137] BGH 17.10.1991, NJW-RR 1992, 481 (482); Küstner/Thume VertriebsR-HdB I/Riemer VIII Rn. 250; Heymann/Froitzheim Rn. 36; MüKoHGB/Ströbl Rn. 56.

[138] BGH 10.2.1993, NJW-RR 1993, 682 f.; 10.2.1993, NJW-RR 1993, 678 (679); 11.12.1981, BB 1982, 1626 = BeckRS 1981, 30996846 (Ausspannen von Untervertretern); 11.6.1959, BB 1959, 720 = MDR 1959, 911 (912) = NJW 1959, 1679 (Abwerbung von Stammkunden des Handelsvertreters zum Direktbezug); OLG Düsseldorf 8.6.1972, HVR Nr. 468 (Einsatz weiteren Vertreters bei Alleinvertretung); OLG München 18.12.1991, BB 1993, 1472 (1473) (paralleler Direktvertrieb); MüKoHGB/Ströbl Rn. 57.

[139] Vgl. auch OLG Dresden 11.10.1995, ZIP 1996, 73 (74 f.).

nehmers können einen wichtigen Grund zur Kündigung geben. Entsprechendes gilt, wenn der Hauptlieferant des Unternehmers ersatzlos wegfällt und der Handelsvertreter dadurch in seiner wirtschaftlichen Existenz bedroht ist.[140] Das Vertrauensverhältnis zwischen Unternehmer und Handelsvertreter kann überdies durch ehrenrührige Behauptungen des Unternehmers über den Handelsvertreter oder seine Tätigkeit untergraben werden.[141] Eine außerordentliche Kündigung seitens des Handelsvertreters kommt überdies in Betracht, wenn sich die Parteien überworfen haben (→ Rn. 16)[142] oder der Unternehmer das Vertragsverhältnis unberechtigt fristlos gekündigt hat.[143]

bb) Gründe in der Sphäre des Handelsvertreters. Der Handelsvertreter kann das Recht zur außerordentlichen Kündigung im Einzelfall auch auf Gründe aus seiner eigenen Sphäre wie die Einstellung des Geschäftsbetriebs oder die persönliche Verhinderung an der Ausübung der Absatzmittlertätigkeit stützen.[144] 23

IV. Ausschluss des Kündigungsrechts

1. Grundsatz. Das Recht zur außerordentlichen Kündigung des Handelsvertreterverhältnisses wird wie jede andere Rechtsausübung durch die Grundsätze von **Treu und Glauben** begrenzt (§ 242 BGB). Aus diesem Grunde kann das Kündigungsrecht im Einzelfall vollständig ausgeschlossen sein. 24

2. Unclean hands. Ein Ausschluss des Kündigungsrechts kommt in Betracht, wenn sich auch die kündigende Partei nicht vertragstreu verhält (unclean hands).[145] Allerdings lässt sich daraus **kein allgemeingültiger Grundsatz** ableiten. Vielmehr kommt es auf den Einzelfall an, insbesondere darauf, welcher Art und Intensität die beiderseitigen Vertragsverstöße sind. Auch der kündigenden Vertragspartei, die pflichtwidrig handelt, ist nämlich ein Festhalten am Vertragsverhältnis nicht zumutbar, wenn eine sinnvolle weitere Zusammenarbeit nicht mehr zu erwarten ist.[146] Abgesehen von eindeutigen Einzelfällen, in denen der unclean hands-Einwand ausnahmsweise greift, ist daher eine Lösung zu präferieren, die einen Interessenausgleich im Rahmen des Abs. 2 über die Bemessung des Schadensersatzes sucht. Insoweit kann gem. § 254 BGB berücksichtigt werden, dass den Kündigenden ein Mitverschulden für die „Zerrüttung" des Vertragsverhältnisses trifft.[147] 25

3. Verwirkung. Das Kündigungsrecht unterliegt darüber hinaus nach allgemeinen Regeln der Verwirkung (§ 242 BGB). Diese tritt ein, wenn der Berechtigte ein Recht längere Zeit nicht geltend macht und die andere Vertragspartei sich nach dem gesamten Verhalten des Berechtigten darauf einrichten durfte und auch tatsächlich darauf eingerichtet hat, dass der Berechtigte das Recht nicht geltend machen werde.[148] Der Verstoß gegen Treu und Glauben liegt insoweit in der illoyalen Verspätung der Rechtsausübung.[149] Unter welchen Voraussetzungen von einer treuwidrigen Ausübung des Kündigungsrechts auszugehen ist, hängt von den Umständen des Einzelfalls ab. Jedenfalls ist dem Kündigenden vor Erklärung der Kündigung eine angemessene Frist zur Aufklärung des Sachverhalts, zu Verhandlungen und zur Überlegung einzuräumen.[150] Dabei ist zu berücksichtigen, dass der Unternehmer unter Umständen ein berechtigtes Interesse an der Aufrechterhaltung des Vertragsverhältnisses hat, sodass er möglicherweise zunächst zuwartet, ob sich die Verhältnisse bessern.[151] Selbst wenn das **Zeitmoment** der Verwirkung gegeben ist, muss darüber hinaus das **Umstandsmoment** vorliegen, nämlich eine im Vertrauen auf die Nichtausübung des Rechts erworbene schutzwürdige Rechtsposition der anderen Vertragspartei. Diese kann beispielsweise gegeben sein, wenn der Gekündigte im Vertrauen auf die Nichtausübung des Kündigungsrechts noch weitere Investitionen vornimmt. 26

---

[140] OLG Köln 9.8.2002, HVR Nr. 1097.

[141] Vgl. OLG Karlsruhe 24.10.1972, HVR Nr. 472 (Vorwurf geschäftlichen Versagens); OLG Nürnberg 5.2.1965, BB 1965, 688 (Unterschlagungsvorwurf); Heymann/Froitzheim Rn. 32.

[142] Heymann/Froitzheim Rn. 33; MüKoHGB/Ströbl Rn. 61.

[143] OLG Düsseldorf 23.11.2023, ZVertriebsR 2024, 293 Rn. 21.

[144] Hopt/Hopt Rn. 25.

[145] Vgl. BGH 21.11.1980, DB 1981, 987 = AP HGB § 89a Nr. 1; 24.3.1959, BB 1959, 540 = NJW 1959, 1219; 16.4.1959, HVR Nr. 211.

[146] OLG Stuttgart 9.6.1960, BB 1960, 956.

[147] Vgl. auch Heymann/Froitzheim Rn. 52.

[148] Vgl. nur BGH 20.10.1988, BGHZ 105, 290 (298) = NJW 1989, 836; 30.3.1965, BGHZ 43, 289 (292) = NJW 1965, 1532; Grüneberg/Grüneberg BGB § 242 Rn. 86 f.

[149] BGH 27.6.1957, BGHZ 25, 47 (52) = NJW 1957, 1358; 29.2.1984, NJW 1984, 1684.

[150] BGH 14.4.1983, BB 1983, 1629 (1630) = BeckRS 1983, 30391664; OLG Bamberg 26.4.1979, BB 1979, 1000 (1001); OLG Stuttgart 9.6.1960, BB 1960, 956; Hopt/Hopt Rn. 30; Heymann/Froitzheim Rn. 42.

[151] Vgl. OLG Frankfurt 9.2.2004, NJW-RR 2004, 1174 (Krankheit des Handelsvertreters).

V. Beweislast

27 Der **Kündigende** trägt die Darlegungs- und Beweislast für das Vorliegen eines wichtigen Grundes.[152] Darüber hinaus trifft ihn die Beweislast für die Voraussetzungen des Schadensersatzanspruches gem. Abs. 2, wobei im Hinblick auf den entgangenen Gewinn nach § 252 S. 2 BGB, § 287 Abs. 2 ZPO Darlegungs- und Beweiserleichterungen bestehen.[153] Soweit danach vermutet werden kann, dass ein bestimmter Gewinn gemacht worden wäre, trifft die Gegenseite die Beweislast dafür, dass dies nicht der Fall gewesen wäre.[154] Der **andere Vertragsteil** hat ggf. ein Mitverschulden des Kündigenden (§ 254 BGB) zu beweisen.

VI. Abweichende Vereinbarungen

28 Das Recht zur außerordentlichen Kündigung des Handelsvertreterverhältnisses ist für beide Vertragsparteien zwingend. Es kann **im Voraus weder ausgeschlossen noch beschränkt** werden (Abs. 1 S. 2). Ein unwirksamer Ausschluss liegt nicht nur vor, wenn das außerordentliche Kündigungsrecht vollständig abbedungen wird, sondern auch dann, wenn nur bestimmte Umstände zur Kündigung berechtigen sollen.[155] Derartige Umstände können jedoch für die Beurteilung der Zumutbarkeit der Kündigung von Bedeutung sein.[156] Unwirksam sind darüber hinaus vertragliche Vereinbarungen, die den kündigenden Vertragsteil im Kündigungsfall **wirtschaftlich benachteiligen** und dadurch seine Entscheidungsfreiheit (auch mittelbar) beeinträchtigen. Das gilt beispielsweise für Vertragsstrafeversprechen,[157] Vereinbarungen, die zu einem (teilweisen) Verlust der Provision,[158] anderer vertraglicher Leistungen (Boni etc.) oder Sicherheiten führen, aber auch für die Verpflichtung zur (sofortigen) Rückzahlung von Provisionsvorschüssen[159] und Darlehen oder zur (höheren) Verzinsung von Darlehen.[160] Entsprechendes gilt, wenn Provisionsansprüche des Handelsvertreters im Fall der Kündigung mit Gegenansprüchen des Unternehmers zur Verrechnung gestellt werden.[161] Ein **nachträglicher Verzicht** auf ein bereits entstandenes Kündigungsrecht ist ohne weiteres möglich.[162]

VII. Unberechtigte Kündigung

29 **1. Grundsatz.** Die außerordentliche Kündigung des Handelsvertreterverhältnisses ist **unwirksam,** wenn die gesetzlichen Kündigungsvoraussetzungen nicht vorliegen. Eine insoweit unberechtigte Kündigung kann ihrerseits ein wichtiger Grund für eine außerordentliche Kündigung durch den anderen Vertragsteil sein,[163] wenn etwa das Vertrauensverhältnis zwischen den Parteien durch die unberechtigte Kündigung zerstört wird. In diesem Fall kann der seinerseits kündigende andere Vertragsteil den unberechtigt Kündigenden auf Ersatz des Aufhebungsschadens in Anspruch nehmen.[164] Denkbar ist auch eine **Umdeutung** der unberechtigten außerordentlichen Kündigung in eine ordentliche Kündigung zum nächstmöglichen Termin (→ Rn. 5).

30 **2. Rechtsfolgen. a) Vertragspflichten.** Die unberechtigte Kündigung entbindet den anderen Vertragsteil grundsätzlich nicht von der **Einhaltung** seiner Vertragspflichten,[165] soweit er nicht selbst von der Möglichkeit einer außerordentlichen Vertragskündigung Gebrauch macht (→ Rn. 29). Der

[152] BGH 16.12.1998, NJW-RR 1999, 539 (540); OLG Düsseldorf 15.2.1991, WM 1992, 14 (19); OLG Karlsruhe 28.10.1975, HVR Nr. 495; 1.12.1970, DB 1971, 572 (573); OLG Saarbrücken 25.1.2006, DB 2006, 1005 = HVR Nr. 1170; OLG Saarbrücken 11.2.1998, HVR Nr. 897; Hopt/Hopt Rn. 11; Heymann/Froitzheim Rn. 38; MüKoHGB/Ströbl Rn. 34 zum Wettbewerbsverbot.

[153] BGH 5.10.1989, BB 1989, 2428 (2429) = NJW-RR 1990, 171; MüKoHGB/Ströbl Rn. 101.

[154] BGH 6.2.1986, WM 1986, 622 (623) = BeckRS 1986, 31066814.

[155] BGH 26.5.1986, NJW 1986, 3134 (3135) (AGB); 28.4.1958, HVR Nr. 159; Hopt/Hopt Rn. 28; Heymann/Froitzheim Rn. 39; MüKoHGB/Ströbl Rn. 29, 91.

[156] BGH 28.4.1958, HVR Nr. 159.

[157] Heymann/Froitzheim Rn. 43; MüKoHGB/Ströbl Rn. 90.

[158] Vgl. LAG BW 21.7.1954, BB 1955, 177; Heymann/Froitzheim Rn. 43; MüKoHGB/Ströbl Rn. 90.

[159] OLG Hamburg 17.3.2000, HVR Nr. 1046; OLG München 9.3.2017, ZVertriebsR 2017, 177 Rn. 23; LG Freiburg 15.2.2019, ZVertriebsR 2019, 251 Rn. 18; LG Karlsruhe 2.7.1990, BB 1990, 1504 (1505).

[160] BGH 19.1.2023, ZVertriebsR 2023, 191 Rn. 24 ff.; Hopt/Hopt Rn. 26.

[161] OLG Düsseldorf 7.7.2000, HVR Nr. 946; Hopt/Hopt Rn. 26.

[162] OLG Köln 23.2.1972, BB 1972, 467 (468); Hopt/Hopt Rn. 29; MüKoHGB/Ströbl Rn. 93.

[163] BGH 11.10.1990, WM 1991, 196 (197) = NJW-RR 1991, 156; 27.5.1974, WM 1974, 867 (868); 22.2.1960, HVR Nr. 249; Hopt/Hopt Rn. 36; Ebenroth/Boujong/Semmler Rn. 71; MüKoHGB/Ströbl Rn. 88.

[164] BGH 12.1.1970, BGHZ 53, 150 (151) = NJW 1970, 467; 12.3.2003, WM 2003, 2103 (2105); Hopt/Hopt Rn. 39.

[165] BGH 12.3.2003, NJW-RR 2003, 981 (982); Küstner/Thume VertriebsR-HdB I/Thume VIII Rn. 214; MüKoHGB/Ströbl Rn. 84.

gekündigte Handelsvertreter muss also beispielsweise der Absatzmittlertätigkeit für den Unternehmer weiter nachgehen und ggf. auch ein aus dem Vertrag folgendes Wettbewerbsverbot einhalten.[166] Anderenfalls könnte der Handelsvertreter dem Unternehmer Anlass zu einer erneuten, nunmehr berechtigten außerordentlichen Kündigung geben. Freilich steht die Verpflichtung des Gekündigten zu vertragstreuem Verhalten unter dem Vorbehalt von **Treu und Glauben.** Vertragstreue kann nicht eingefordert werden, wenn sie dem Gekündigten nicht zumutbar ist.[167]

b) Vergütung. Der zu Unrecht gekündigte Handelsvertreter hat unter Umständen einen Anspruch auf Vergütung nach **§ 615 S. 1 BGB,** wenn er den Unternehmer in Annahmeverzug setzt.[168] Er muss sich jedoch anderweitigen Erwerb anrechnen lassen (§ 615 S. 2 BGB).[169] Ein Bezirksvertreter, dem unberechtigt gekündigt wird, hat unabhängig von § 615 BGB bis zur rechtswirksamen Vertragsbeendigung einen Provisionsanspruch hinsichtlich aller Geschäfte, die in seinem Bezirk oder Kundenkreis abgeschlossen werden (§ 87 Abs. 2 BGB).[170] 31

c) Schadensersatz. Die unberechtigte außerordentliche Kündigung des Handelsvertreterverhältnisses begründet eine vertragliche Pflichtverletzung, die den Kündigenden zum Schadensersatz verpflichtet (§ 280 Abs. 1 BGB, § 241 Abs. 2 BGB).[171] Zu ersetzen ist gem. §§ 249 ff. BGB der Schaden, der dem anderen Vertragsteil aus der unberechtigten Vertragskündigung entsteht, etwa die Kosten für die Suche nach einem neuen Handelsvertreter oder einem neuen Unternehmer. Zum ersatzfähigen Schaden gehört insbesondere auch der dem Gekündigten **entgangene Gewinn** (§ 252 BGB).[172] Zu ersetzen ist dem Handelsvertreter auch der durch die vorzeitige Beendigung des Vertragsverhältnisses entgangene höhere Ausgleich nach § 89b.[173] Kündigt der Unternehmer unberechtigt, hat er dem Handelsvertreter etwaige entgangene Provisionen zu ersetzen.[174] Mitwirkendes Verschulden des Gekündigten, das die außerordentliche Kündigung (noch) nicht rechtfertigt, ist gem. § 254 BGB zu berücksichtigen.[175] Anderenfalls läge eine rechtmäßige außerordentliche Kündigung vor, die den Gekündigten nach § 89a Abs. 2 zum Schadensersatz verpflichtet. Akzessorisch zum Schadensersatzanspruch steht dem Berechtigten ein Auskunftsanspruch gegen den unberechtigt Kündigenden aus § 242 BGB zu. 32

VIII. Andere Absatzmittler

Die Vorschrift des § 89a enthält, wie bereits erläutert (→ Rn. 1), einen allgemeinen Rechtsgedanken. Sie ist daher auf andere Absatzmittler wie den Vertragshändler,[176] Kommissionsagenten[177] oder Subordinations-Franchisenehmer[178] entsprechend anzuwenden. 33

[166] BGH 12.3.2003, WM 2003, 2103 (2105); Hopt/Hopt Rn. 39; **aA** Ebenroth/Boujong/Semmler Rn. 117.

[167] Vgl. BGH 17.10.1991, HVR Nr. 713 = NJW-RR 1992, 48; 30.6.1954, MDR 1954, 606 (607) = BeckRS 1954, 31205816; Hopt/Hopt Rn. 39.

[168] BGH 31.3.1982, WM 1982, 635 (636) = BeckRS 1982, 30390692; 14.11.1966, NJW 1967, 248 (250); Hopt/Hopt Rn. 37.

[169] OLG Düsseldorf 30.12.1971, DB 1972, 181.

[170] Vgl. auch BGH 12.3.1992, NJW-RR 1992, 1059; 18.6.1959, BB 1959, 718 = NJW 1959, 1490; OLG Karlsruhe 25.2.1977, BB 1977, 1672; Hopt/Hopt Rn. 38; Ebenroth/Boujong/Semmler Rn. 123; **aA** – Anwendung von § 615 S. 2 BGB – MüKoHGB/Ströbl Rn. 86.

[171] Vgl. nur BGH 12.1.1970, BGHZ 53, 150 (151 f.) = NJW 1970, 467; 30.5.2001, WM 2001, 2010 (2011); 11.10.1990, WM 1991, 196 (197) = NJW-RR 1991, 156; 7.7.1978, BB 1979, 242 (243) = BeckRS 1978, 31068565; 14.11.1966, NJW 1967, 248 (250); OLG Karlsruhe 28.4.1978, DB 1978, 1396; OLG Köln 30.9.2005, VersR 2006, 407 (408).

[172] LG Frankfurt a.M. 25.5.2018, ZVertriebsR 2018, 252 Rn. 52.

[173] BGH 12.1.1970, BGHZ 53, 150 (151) = NJW 1970, 467; LG Frankfurt a.M. 25.5.2018, ZVertriebsR 2018, 252 Rn. 52; MüKoHGB/Ströbl Rn. 87.

[174] BGH 30.5.2001, WM 2001, 2010 (2011); 31.3.1982, WM 1982, 635 (636) = BeckRS 1982, 30390692; 14.11.1966, NJW 1967, 248 (250).

[175] BGH 14.11.1966, NJW 1967, 248 (250); LG Frankfurt a.M. 25.5.2018, ZVertriebsR 2018, 252 Rn. 53.

[176] Vgl. BGH 15.12.1993, NJW 1994, 722 = WM 1994, 645 (646); 10.2.1993, NJW-RR 1993, 678 (680); 10.2.1993, NJW-RR 1993, 682 (683); 27.1.1982, NJW 1982, 2432; Wauschkuhn/Teichmann ZVertriebsR 2013, 139 (140 f.); Canaris HandelsR § 17 Rn. 23; MSF VertriebsR-HdB/Rösch § 23 Rn. 31; MSF VertriebsR-HdB/Rösch/van der Moolen § 24 Rn. 20 ff.; Hopt/Hopt § 84 Rn. 11; Ebenroth/Boujong/Semmler Rn. 11; Heymann/Froitzheim Rn. 5; MüKoHGB/Ströbl Rn. 10; **aA** Evans-von Krbek, Die analoge Anwendung des Handelsvertreterrechts auf den Vertragshändler, 1976, 110 ff.

[177] BGH 1.6.1964, BB 1964, 823 = NJW 1964, 1952; Canaris HandelsR § 16 Rn. 10; K. Schmidt HandelsR § 28 Rn. 43; Ebenroth/Boujong/Semmler Rn. 11; MüKoHGB/Ströbl Rn. 11; zu § 92 Abs. 2 aF RG 24.10.1908, RGZ 69, 363 (365); 9.5.1934, HRR 1934 Nr. 1298; 10.11.1911, JW 1912, 73.

[178] BGH 29.6.2011, NJW 2011, 3361 Rn. 17; 15.12.1993, NJW 1994, 722 (723); 3.10.1984, NJW 1985, 1894 (1895); KG 21.11.1997, BB 1998, 607 (608); Matthießen ZIP 1988, 1089 (1095 f.); Canaris HandelsR § 18 Rn. 26; Martinek, Franchising, 1987, 120 ff., 124 ff.; K. Schmidt HandelsR § 28 Rn. 43; Ebenroth/Boujong/Semmler Rn. 11; MüKoHGB/Ströbl Rn. 10; **aA** NK-HGB/Prasse Anh. FranchiseR Rn. 61, 66.

§ 89b [Ausgleichsanspruch]

(1) [1]Der Handelsvertreter kann von dem Unternehmer nach Beendigung des Vertragsverhältnisses einen angemessenen Ausgleich verlangen, wenn und soweit

1. der Unternehmer aus der Geschäftsverbindung mit neuen Kunden, die der Handelsvertreter geworben hat, auch nach Beendigung des Vertragsverhältnisses erhebliche Vorteile hat und

2. die Zahlung eines Ausgleichs unter Berücksichtigung aller Umstände, insbesondere der dem Handelsvertreter aus Geschäften mit diesen Kunden entgehenden Provisionen, der Billigkeit entspricht.

[2]Der Werbung eines neuen Kunden steht es gleich, wenn der Handelsvertreter die Geschäftsverbindung mit einem Kunden so wesentlich erweitert hat, daß dies wirtschaftlich der Werbung eines neuen Kunden entspricht.

(2) Der Ausgleich beträgt höchstens eine nach dem Durchschnitt der letzten fünf Jahre der Tätigkeit des Handelsvertreters berechnete Jahresprovision oder sonstige Jahresvergütung; bei kürzerer Dauer des Vertragsverhältnisses ist der Durchschnitt während der Dauer der Tätigkeit maßgebend.

(3) Der Anspruch besteht nicht, wenn

1. der Handelsvertreter das Vertragsverhältnis gekündigt hat, es sei denn, daß ein Verhalten des Unternehmers hierzu begründeten Anlaß gegeben hat oder dem Handelsvertreter eine Fortsetzung seiner Tätigkeit wegen seines Alters oder wegen Krankheit nicht zugemutet werden kann, oder

2. der Unternehmer das Vertragsverhältnis gekündigt hat und für die Kündigung ein wichtiger Grund wegen schuldhaften Verhaltens des Handelsvertreters vorlag oder

3. auf Grund einer Vereinbarung zwischen dem Unternehmer und dem Handelsvertreter ein Dritter anstelle des Handelsvertreters in das Vertragsverhältnis eintritt; die Vereinbarung kann nicht vor Beendigung des Vertragsverhältnisses getroffen werden.

(4) [1]Der Anspruch kann im voraus nicht ausgeschlossen werden. [2]Er ist innerhalb eines Jahres nach Beendigung des Vertragsverhältnisses geltend zu machen.

(5) [1]Die Absätze 1, 3 und 4 gelten für Versicherungsvertreter mit der Maßgabe, daß an die Stelle der Geschäftsverbindung mit neuen Kunden, die der Handelsvertreter geworben hat, die Vermittlung neuer Versicherungsverträge durch den Versicherungsvertreter tritt und der Vermittlung eines Versicherungsvertrages es gleichsteht, wenn der Versicherungsvertreter einen bestehenden Versicherungsvertrag so wesentlich erweitert hat, daß dies wirtschaftlich der Vermittlung eines neuen Versicherungsvertrages entspricht. [2]Der Ausgleich des Versicherungsvertreters beträgt abweichend von Absatz 2 höchstens drei Jahresprovisionen oder Jahresvergütungen. [3]Die Vorschriften der Sätze 1 und 2 gelten sinngemäß für Bausparkassenvertreter.

Schrifttum: Ahle, Probleme beim Ausgleichsanspruch nach § 89b HGB bei Handelsvertretungen durch juristische Personen oder Personengesamtheiten, DB 1963, 227; Balke/de Groot, Der Handelsvertreterausgleich nach § 89b HGB im Umbruch, NJOZ 2010, 1551; Bechtold, Ausgleichsansprüche für Eigenhändler dargestellt am Beispiel des Automobilvertriebs, NJW 1983, 1393; Beck/Kirschhöfer, Datenschutz im Vertragshändlerrecht – Ausgleichsanspruch und Verarbeitung von Kundendaten unter der DSGVO, ZVertriebsR 2019, 3; Bodewig, Der Ausgleichsanspruch des Franchisenehmers nach Beendigung des Vertragsverhältnisses, BB 1997, 637; Christoph, Muss der Handelsvertreterausgleich neu berechnet werden?, NJW 2010, 647; Dreyer/Haskamp, Die Unternehmervorteile bei der Berechnung des Ausgleichsanspruchs eines Bausparkassenvertreters, ZVertriebsR 2016, 366; Eckert, Die analoge Anwendung des Ausgleichsanspruchs nach § 89b HGB auf Vertragshändler und Franchisenehmer, WM 1991, 1245; Eggebrecht, Die Anrechnung von Altbestandsübertragungen bei der Ausgleichsberechnung eines Versicherungsagenten nach den Grundsätzen „Sach", ZVertriebsR 2014, 210; Emde, Ausgleichsanspruch analog § 89b HGB für Markenlizenznehmer?, WRP 2003, 468; Emde, Der Ausgleichsanspruch des Versicherungsvertreters, FS K. Schmidt, 2009, 331; Emde, Das Handelsvertreterausgleichsrecht muss neu geschrieben werden, DStR 2009, 1478; Emde, Der Ausgleichsanspruch des Kfz-Vertragshändlers analog § 89b HGB, MDR 2010, 537; Emde, Der Ausgleichsanspruch des Handelsvertreters beim Vertrieb von Dauerschuldverhältnissen, BB 2017, 1289; Emde, Die vertragliche Verpflichtung zur Übertragung des Kundenstamms als Voraussetzung des Ausgleichsanspruchs eines Eigenhändlers, ZVertriebsR 2020, 3; Emde, Das Problem der sog. „Einmalprovision", IHR 2024, 47; Emde/Böken, Ausgleichsanspruch des Eigenhändlers und Datenschutzrecht, ZVertriebsR 2022, 87; Emde/Kelm, Der Handelsvertretervertrag in der Insolvenz des Unternehmers, ZIP 205, 58; Ensthaler/Würmann, Auswirkungen des § 89b Abs. 3 Nr. 3 HGB bei der Veräußerung des Unternehmens eines Handelsvertreters, BB 2008, 230; Freitag/Leible, Internationaler Anwendungsbereich der Handelsvertreterrichtlinie – Europäisches Handelsvertreterrecht weltweit?, RIW 2001, 287; Fröhlich, Praktische Probleme bei der einvernehmlichen Aufhebung von Handelsvertreterverträgen, ZVertriebsR 2018, 207; Glaser, Steht dem Generalvertreter ein Ausgleichsanspruch zu?, DB 1957, 1173; Gräfe/Boerner, Aktuelle Entwicklungen beim Unternehmervorteil als Anspruchsvoraussetzung des Ausgleichsanspruchs nach § 89b Abs. 1 HGB – der neue „neugeworbene Stammkunde" und „intensivierte Altkunde" (?), ZVertriebsR 2017, 282; Gräfe/Giesa, „Neuer Kunde" im Sinne des § 89b Abs. 1 S. 1 Nr. 1 HGB – Produktbezogener Neukundenbegriff, ZVertriebsR 2014, 287; Horn, Zum Ausgleichsanspruch des Eigenhändlers: Kundenstamm und werbende Tätigkeit, ZIP 1988, 137; Jayme, Zum internationalen Geltungswillen der europäischen Regeln über den Handelsvertreterausgleich – zu EuGH 9.11.2000, IPRax 2001, 190; Kiene, Der Verkauf einer Handelsvertretung – Rechtliche Besonderheiten bei der Nachfolge im Wege des § 89b III Nr. 3 HGB, NJW 2006, 2007; Kindler, Rechtswahlfestigkeit des Handelsvertreterausgleichs bei Tätigkeitsausübung in Mitgliedstaat, aber Sitz des Unternehmens in Drittstaat, BB 2001, 11; Kirsch, Ist der Ausgleichsanspruch des Vertragshändlers analog § 89b HGB am Ende?, NJW 1999, 2779; Köhler, Ausgleichsanspruch des Franchisenehmers: Bestehen, Benennung, Abwälzung, NJW 1990, 1689; Korte/Harten, Keine Folgeprovision für Nachbestellungen von intensivierten Altkunden, ZVertriebsR 2021, 364; Kroll, Ist der Franchisenehmer in eine fremde Absatzorganisation eingegliedert? – Zu den Voraussetzungen des Ausgleichsanspruchs gemäß § 89b HGB analog, ZVertriebsR 2014, 290; Küstner, Aktuelle Probleme des Vertriebsrechts, BB 1999, 541; Latzel, Die analoge Anwendung von § 89b HGB auf Franchiseverträge unter Berücksichtigung der neuesten Rechtsprechung des BGH, ZVertriebsR 2015, 90; Lilje, Die Berechnung ds Handelsvertreterausgleichs im Versicherungsvertrieb, 2015; Lilje, Die Unternehmervorteile bei der Berechnung des Handelsvertreterausgleichs im Versicherungsvertrieb, ZVertriebsR 2016, 211; Maier, Kündigung eines Handelsvertreters wegen Alters oder Krankheit, BB 1978, 940; Mann, Die vertriebsrechtliche Aufhebungs- und Vergleichsvereinbarung, ZVertriebsR 2017, 25; Martinek, Vom Handelsvertreterrecht zum Recht der Vertriebssysteme, ZHR 161 (1997), 67; Martinek/Wimmer-Leonhardt, Steht auch dem Markenlizenznehmer der Vertriebsrechtliche Ausgleichsanspruch analog § 89b HGB zu?, WRP 2006, 204; Matthies, Der Ausgleichsanspruch des Handelsvertreters bei kurzer Vertragsdauer, DB 1986, 2063; Meyer, Ausgleichsansprüche nach § 89b HGB beim Vertrieb langlebiger Wirtschaftsgüter, BB 1970, 780; Michaels/Kamann, Grundlagen eines allgemeinen gemeinschaftlichen Richtlinienkollisionsrechts – Amerikanisierung des Gemeinschafts-IPR?, EWS 2001, 301; Müller, Ausgleichsanspruch des Handelsvertreters nach § 89b I 2 HGB wegen erweiterter Altkundenbeziehung auch bei Umsatzrückgang, NJW 1997, 3432; Müller-Stein, Ausgleichsanspruch gemäß § 89b HGB nach Bestandsübertragungen auf Grund erteilter Maklleraufträge?, VersR 1990, 561; Niklas, Der Ausgleichsanspruch des Franchisenehmers beim anonymen Massengeschäft, ZVertriebsR 2016, 362; Ordemann, Der „Generalvertreter" und sein Ausgleichsanspruch, BB 1964, 1323; Reich, Handelsvertreterrichtlinie unabdingbar gegenüber Drittlandprinzipal, EuZW 2001, 51; Retzer, Verfassungsmäßigkeit des § 89b Abs. 3 Nr. 1 HGB, BB 1993, 668; Rittner, Der Ausgleichsanspruch des Handelsvertreters und die jüngste BGH-Rechtsprechung, DB 1998, 457; Rothermel/Schulz, Vertragshändlerausgleich auch ohne Übertragung der Kundendaten?, BB 2019, 1609; Schäfer, Das rotierende Vertriebssystem auf der Grenze zwischen Arbeits- und Handelsvertreterrecht, NJW 2000, 320; Schlechtriem, Ausgleichsansprüche des Hauptvertreters, BB 1971, 1540; K. Schmidt, Kundenstammüberlassung und „Sogwirkung der Marke": taugliche Kriterien für den Ausgleichsanspruch des Vertragshändlers?, DB 1979, 2357; Schreiber, Der Ausgleichsanspruch des Handelsvertreters aus prozessualer Sicht, NJW 1998, 3737; Schröder, Zum Begriff der Unternehmervorteile beim Ausgleichsanspruch des Handelsvertreters nach § 89b HGB, DB 1973, 217; Schwarz, Das internationale Handelsvertreterrecht im Lichte von „Ingmar" – Droht das Ende der Parteiautonomie im Gemeinschaftsprivatrecht? – Eine Besprechung von EuGH, Urt. vom 9.11.2000 – Rs. C-381/98, ZVglRWiss 101 (2002), 45; Semler, Der Ausgleichsanspruch des deutschen Handelsvertreters in internationalen Handelsvertreterverhältnissen – Rechtswahl und Schiedsverfahren, ZVertriebsR 2016, 139; Siegert, Der Ausgleichsanspruch des Kfz-Vertragshändlers, NJW 2007, 188; Staudinger, Die ungeschriebenen kollisionsrechtlichen Regelungsgebote der Handelsvertreter-, Haustürwiderrufs- und Produkthaftungsrichtlinie, NJW 2001, 1974; Ströbl/Krüger, Kein Problem der Einmalprovison – Der Ausgleichsanspruch bei der Vermittlung von Dauerschuldverhältnissen (zugleich eine Erwiderung auf Emde, IHR 2024, 47), ZVertriebsR 2025, 139; Ströbl/Monschke/Krebs, Ausgleichsanspruch des Vertragshändlers nach § 89b HGB analog unter Berücksichtigung der DS-GVO, ZVertriebsR 2022, 211; Ströbl/Wentzel, Der Ausgleichsanspruch beim Vertrieb von Dauerschuldverhältnissen, BB 2017, 390; Stumpf, Vertragshändlerausgleich analog § 89b HGB – praktische und dogmatische Fehlverortung, NJW 1998, 12; Stumpf/Ströbl, Der Ausgleichsanspruch eines Kfz-Vertragshändlers, MDR 2004, 1209; Thume, Der neue Ausgleichs-Ausschlusstatbestand nach § 89b Abs. 3 Nr. 3 HGB, BB 1991, 490; Thume, Neues zum Ausgleichsanspruch des Handelsvertreters und des Vertragshändlers, BB 1994, 2358; Thume, Neue Rechtsprechung zum Ausgleichsanspruch des Handelsvertreters und des Vertragshändlers, BB 1998, 1425; Thume, Einige Gedanken zum Ausgleichsanspruch nach § 89b HGB, BB 1999, 2309; Thume, Anrechnung einer Alters- und Hinterbliebenenversorgungszusage auf den Ausgleichsanspruch des Versicherungsvertreters – ein Handelsbrauch, BB 2002, 1325; Thume, Der Ausgleichsanspruch des Handelsvertreters gemäß § 89b HGB im Lichte der Europäischen Union, BB 2004, 2473; Thume, Der neue § 89b Abs. 1 HGB und seine Folgen, BB 2009, 2490; Thume, Zum Ausgleichsanspruch des handelsvertreterähnlichen Vertriebsmittlers, BB 2016, 578; Thume, Kein Ausgleichsanspruch beim Vertrieb von Dauerverträgen? – eine Erwiderung, BB 2017, 906; Timmermann, Die Anrechnung gewährter Altersversorgung auf den Ausgleichsanspruch gemäß § 89b HGB, BB 2011, 1784; Ulmer, Kündigungsschranken im Handels- und Gesellschaftsrecht, FS Möhring, 1975, 311; Veltins, Zur analogen Anwendung von § 89b HGB auf den Ausgleichsanspruch des Eigenhändlers, NJW 1984, 2063; Wauschkuhn, Der Ausgleichsanspruch des Vertragshändlers, ZVertriebsR 2016, 79; Wauschkuhn, Die Berechnung des Ausgleichsanspruches des Handelsvertreters und Vertragshändlers, Status quo und Quo vadis, ZVertriebsR 2022, 32; Wauschkuhn, § 89b HGB analog: Die vertragliche Verpflichtung zur Übertragung der Kundendaten im Lichte der DS-GVO, FS Martinek, 2020, 841 ff.; v Westphalen, Die analoge Anwendung des § 89b HGB auf Vertragshändlerverträge der Kfz-Branche, DB-Beil. 12/1981, 1.

Übersicht

I. Allgemeines

1 **1. Normzweck.** Der in § 89b geregelte Ausgleichsanspruch des Handelsvertreters gehört zu den besonders praxiswirksamen Vorschriften des Handelsvertreterrechts. Darüber hinaus strahlt die Bestimmung aufgrund ihres verallgemeinerungsfähigen Regelungsgedankens auch auf andere Absatzmittlungsverhältnisse aus (→ Rn. 60 ff.). Der Regelungsansatz von § 89b besteht darin, dem Handelsvertreter für den Fall der Beendigung des Handelsvertreterverhältnisses einen finanziellen Ausgleich dafür zu verschaffen, dass dem Unternehmer auch nach Vertragsende regelmäßig wirtschaftliche Vorteile aus der Absatzmittlertätigkeit zufließen, sei es, dass der Handelsvertreter fortwirkende geschäftliche Kontakte geknüpft hat, sei es, dass er für den Unternehmer durch sein Auftreten am Markt ein Goodwill erworben hat.[1] Der Handelsvertreter hat zwar nach § 87 Abs. 3 einen Provisionsanspruch hinsichtlich solcher von ihm „eingeleiteter" Kundengeschäfte, die erst nach Beendigung des Handelsvertretervertrages abgeschlossen werden. Zumeist profitiert der Unternehmer aber darüber hinaus durch weitere (nicht mehr provisionspflichtige) Nachbestellungen und

[1] S. auch BGH 4.12.2013, NJW 2014, 625 Rn. 13 zur Berücksichtigung des Ausgleichsanspruchs beim Zugewinnausgleich.

Folgeaufträge von der Tätigkeit des Handelsvertreters. Mit der Vorschrift des § 89b soll erreicht werden, dass dieser wirtschaftliche Besitzstand, der zumindest auch auf der Leistung des ausgeschiedenen Handelsvertreters beruht, nicht einseitig dem Unternehmer zugute kommt.[2] Vielmehr geht es darum, mit Hilfe des Ausgleichsanspruchs einen angemessenen **Interessenausgleich** herbeizuführen,[3] wobei darauf zu achten ist, dass die Verdienste des Handelsvertreters beim Zustandekommen der ihm anvertrauten Geschäfte vollständig berücksichtigt werden.[4] Für den Unternehmer kann freilich dadurch eine „Doppelbelastung" entstehen, dass er einerseits dem ausgeschiedenen Handelsvertreter nach § 89b zum Ausgleich verpflichtet ist, andererseits aber auch dem Nachfolger des früheren Handelsvertreters für dessen Geschäfte eine Provision schuldet (§§ 87, 87a). Insoweit lassen sich beide „Vergütungssysteme" in Bezug auf Stammkunden nicht immer randscharf trennen. Das ändert jedoch nichts daran, dass die jeweiligen Verpflichtungen unabhängig voneinander bestehen.[5] Das folgt auch aus der unterschiedlichen Rechtsnatur der Ansprüche. Während es sich bei §§ 87, 87a um die Regelung eines Vergütungsanspruchs handelt (→ § 87a Rn. 3), liegen die Dinge bei § 89b komplizierter. Der Ausgleichsanspruch gem. § 89b kann zwar auch als vertraglicher **Vergütungsanspruch** qualifiziert werden, da es darum geht, den Handelsvertreter für eine noch nicht vollständig abgegoltene Leistung zu entlohnen.[6] Insoweit stellt § 89b Abs. 1 S. 1 Nr. 1 auf die Vorteile ab, die dem Unternehmer aus der Geschäftsverbindung mit neuen Kunden zufließen.[7] Auf der anderen Seite folgt aus der Notwendigkeit des Interessenausgleichs, dass der Vergütungsanspruch dem **Vorbehalt der Billigkeit** unterliegt.[8] Dies kommt vor allem in Abs. 1 S. 1 Nr. 2 und Abs. 3 Nr. 1 zum Ausdruck. Es handelt sich also der Sache nach um einen **Mischtatbestand.**[9] In den Gesetzesmaterialien zur HGB-Novelle 1953 ist noch etwas unscharf von einem Entschädigungsanspruch die Rede.[10] Zu weit geht es, den Ausgleichsanspruch im Hinblick auf den Billigkeitsvorbehalt als Sozialschutznorm zu Gunsten des Handelsvertreters einzuordnen.[11] Zwar sind bei der Beurteilung der Billigkeit der Zahlung alle Umstände zu berücksichtigen (Abs. 1 S. 1 Nr. 2), mithin auch soziale Gesichtspunkte.[12] Das führt jedoch nicht dazu, dass andere Aspekte, insbesondere die Interessen des Unternehmers, von vornherein zurückzutreten hätten. Jedenfalls soll § 89b keine Sanktion für die Vertragsauflösung sein.[13] Der in § 89b angelegte Interessenausgleich ist unter Berücksichtigung des dem Gesetzgeber zustehenden Gestaltungsspielraums als insgesamt **verfassungsgemäß** anzusehen.[14]

2. Normgenese. Die Vorschrift des § 89b ist mit der **HGB-Novelle 1953** in das Handelsvertreterrecht inkorporiert worden.[15] Der Gesetzgeber hat sich seinerzeit bei der Schaffung des Ausgleichsanspruchs von Vorbildern im österreichischen und Schweizer Recht leiten lassen,[16] deren Regelungsansatz jedoch modifiziert wurde. Eine inhaltliche Änderung hat § 89b durch die **HGB-Novelle** 2

[2] Vgl. BGH 24.9.2020, BGHZ 227, 112 Rn. 17 f. = NJW 2021, 69; 13.1.2010, NJW-RR 2010, 1263 Rn. 19; MüKoHGB/Ströbl Rn. 3.

[3] Begr. RegE Gesetz zur Durchführung der EG-Richtlinie zur Koordinierung des Rechts der Handelsvertreter, BT-Drs. 11/3077, 6, 9; idS auch Begr. RegE Gesetz zur Änderung des HGB (Recht der Handelsvertreter), BT-Drs. 1/3856, 9, 34 f.

[4] EuGH 13.10.2022, EuZW 2022, 1126 Rn. 27 – NY/Herios (zu Art. 17 Abs. 2 RL 86/653/EWG).

[5] BGH 15.10.1964, BGHZ 42, 244 (248) = NJW 1965, 248; 6.10.2010, NJW 2011, 848 Rn. 21; 6.10.2010, NJW-RR 2011, 389 Rn. 21; 13.1.2010, NJW-RR 2010, 1263 Rn. 20; 12.9.2007, NJOZ 2007, 5690 Rn. 48.

[6] BGH 13.5.1957, BGHZ 24, 214 (222) = NJW 1057, 1029; 9.4.1964, BGHZ 41, 292 (296) = NJW 1964, 1622; 28.4.1988, WM 1988, 1204 (1205) = NJW-RR 1988, 1061; 16.6.2010, NJW 2010, 3226 Rn. 15; Hopt/Hopt Rn. 2; Ebenroth/Boujong/Semmler Rn. 10; MüKoHGB/Ströbl Rn. 3, 5; Staub/Emde Rn. 27.

[7] BGH 16.6.2010, NJW 2010, 3226 Rn. 15.

[8] Vgl. Begr. RegE Gesetz zur Durchführung der EG-Richtlinie zur Koordinierung des Rechts der Handelsvertreter, BT-Drs. 11/3077, 6, 9; ferner MüKoHGB/Ströbl Rn. 4.

[9] BGH 16.6.2010, NJW 2010, 3226 Rn. 17; s. auch EuGH 13.10.2022, EuZW 2022, 1126 Rn. 36 (zu Art. 17 Abs. 2 RL 86/653/EWG: im Wesentlichen Zweck einer Entlohnung); OLG Oldenburg 30.1.2025, ZVertriebsR 2025, 171 Rn. 24; 25.2.2014, NJW-RR 2014, 814 (815).

[10] Begr. RegE Gesetz zur Änderung des HGB (Recht der Handelsvertreter), BT-Drs. 1/3856, 9, 33.

[11] So aber Martinek ZHR 161 (1997), 67 (74); Ulmer FS Möhring, 1975, 295 (311); vermittelnd Canaris HandelsR § 15 Rn. 104; wie hier K. Schmidt HandelsR § 27 Rn. 47; Hopt/Hopt Rn. 3.

[12] *Vgl. auch BVerfG 22.8.1995, NJW 1996, 381.*

[13] EuGH 19.4.2018, ZVertriebsR 2018, 169 Rn. 28 – CMR.

[14] Ebenso OLG Frankfurt 8.12.1970, HVR Nr. 428; Hopt/Hopt Rn. 1; MüKoHGB/Ströbl Rn. 5 f.; vgl. auch BVerfG 22.8.1995, NJW 1996, 381 zu Abs. 3 S. 1 Nr. 1; OLG Hamm 6.6.1991, NJW-RR 1992, 364 f. zu Abs. 3 Nr. 2 aF; OLG München 11.8.1993, BB 1993, 1835 zu Abs. 3 Nr. 2 aF; Retzer BB 1993, 668 zu Abs. 3 Nr. 1.

[15] Art. 1 Gesetz zur Änderung des HGB (Recht der Handelsvertreter) vom 6.8.1953; dazu Begr. RegE, BT-Drs. 1/3856, 9, 33 ff.

[16] Begr. RegE Gesetz zur Änderung des HGB (Recht der Handelsvertreter), BT-Drs. 1/3856, 9, 34.

1976[17] und die **HGB-Novelle 1989**[18] erfahren. Mit der Novelle 1989 wurden Art. 17–19 RL 86/653/EWG in das deutsche Recht umgesetzt. In einzelnen Punkten ist der deutsche Gesetzgeber dabei freilich von den Vorgaben der Richtlinie abgewichen. Der EuGH hat in der Rs. Semen/Tamoil[19] die Unvereinbarkeit von § 89b Abs. 1 S. 1 aF mit Art. 17 Abs. 2 lit. a RL 86/653/EWG festgestellt. Nach dem Wortlaut von § 89b Abs. 1 S. 1 aF war es nämlich für die Entstehung des Ausgleichsanspruchs nicht nur erforderlich, dass der Unternehmer bleibende Vorteile aus der Geschäftsverbindung mit neuen Kunden hat (§ 89b Abs. 1 S. 1 Nr. 1); vielmehr enthielt das Gesetz die weitere (kumulative) Voraussetzung, dass dem Handelsvertreter zugleich ein Provisionsverlust entsteht (§ 89b Abs. 1 S. 1 Nr. 2 aF). Das entsprach nicht den Vorgaben der Richtlinie.[20] Der Gesetzgeber hat daher die Entscheidung des EuGH in der Rs. Semen/Tamoil zum Anlass genommen, um § 89b Abs. 1 S. 1 an den Wortlaut von Art. 17 Abs. 2 lit. a RL 86/653/EWG anzupassen.[21] Die **derzeitige Fassung** von § 89b Abs. 1 S. 1 ist **am 5.8.2009 ohne Übergangsregelung in Kraft getreten.**[22] Soweit Ausgleichsansprüche von Handelsvertretern vor dem 5.8.2009 entstanden sind, ist eine richtlinienkonforme Fortbildung von § 89b Abs. 1 aF geboten.[23] Das gilt allerdings nur für Warenvertreter. Versicherungs- und Bausparkassenvertreter (→ Rn. 55 ff.) werden von der RL 86/653/EWG nicht erfasst. Das Erfordernis einer richtlinienkonformen Rechtsfortbildung kann im Übrigen auch nicht aus dem Gebot der einheitlichen Auslegung des nationalen (deutschen) Handelsvertreterrechts abgeleitet werden, da der deutsche Gesetzgeber den Ausgleichsanspruch von Versicherungs- und Bausparkassenvertretern bewusst anderen Regeln unterworfen hat als denjenigen von Warenvertretern.[24]

3 **3. Rechtsnatur.** Der Ausgleichsanspruch entsteht erst mit der Beendigung des Vertragsverhältnisses (Abs. 1 S. 1). Aus der Perspektive des in Durchführung begriffenen Vertragsverhältnisses handelt es sich mithin nicht um einen bedingten, sondern um einen **zukünftigen Anspruch,**[25] dessen Inhalt freilich bereits bestimmbar ist. Aus diesem Grunde kann der Ausgleichsanspruch bereits vor seiner Entstehung abgetreten werden (§ 398 BGB).[26] Er ist nach allgemeinen Regeln auch bereits verpfändbar (§ 1204 BGB) und pfändbar (§ 829 ZPO),[27] wobei freilich die Pfändungsschutzvorschriften (§§ 850 ff. ZPO) zu beachten sind, weil es sich bei der Ausgleichszahlung um Arbeitseinkommen iSv § 850 Abs. 2 ZPO handelt.[28] Der Charakter als künftiger Anspruch steht überdies seiner Vererbbarkeit nicht entgegen,[29] schließt aber eine Einbeziehung in den Zugewinnausgleich gem. § 1375 BGB aus, da in dieser Beziehung nur eine Erwerbschance vorliegt.[30] Bei Insolvenz des Unternehmers ist der Ausgleichsanspruch regelmäßig einfache Insolvenzforderung.[31] Der Ausgleichsanspruch hat im Übrigen den Charakter einer **Entgeltforderung** iSv § 288 Abs. 2 BGB.[32] Dem steht der Mischcharakter des Ausgleichsanspruchs nicht entgegen, da der hinter § 288 Abs. 2 BGB stehende Zweck, nämlich durch die Folgen des Zahlungsverzugs von der Überschreitung der Zahlungsfristen im Geschäftsverkehr abzuschrecken (vgl. auch Erwägungsgründe 7, 16 RL 2000/

---

[17] Art. 1 Nr. 2 Gesetz über die Kaufmannseigenschaft von Land- und Forstwirten und den Ausgleichsanspruch des Handelsvertreters vom 13.5.1976, BGBl. 1976 I 1197 (dazu Begr. RegE, BT-Drs. 7/3918, 7 f., 9).

[18] Art. 1 Nr. 6 Gesetz zur Durchführung der EG-Richtlinie zur Koordinierung des Rechts der Handelsvertreter vom 23.10.1989, BGBl. 1989 I 1910 (dazu Begr. RegE, BT-Drs. 11/3077, 6, 9 f.

[19] EuGH 26.3.2009, Slg. 2009, I-2355 Rn. 33 = EuZW 2009, 304 (305) – Semen/Tamoil.

[20] EuGH 26.3.2009, Slg. 2009, I-2355 Rn. 23 f. = EuZW 2009, 304 (305) – Semen/Tamoil.

[21] Beschlussempfehlung und Bericht BT-RA zum Entwurf eines Gesetzes zur Neuregelung der Rechtsverhältnisse bei Schuldverschreibungen aus Gesamtemissionen (…), BT-Drs. 16/13672, 22 zu Art. 6a.

[22] Vgl. Art. 8 Gesetz zur Neuregelung der Rechtsverhältnisse bei Schuldverschreibungen aus Gesamtemissionen (…) vom 31.7.2009, BGBl. 2009 I 2512.

[23] Das methodische Vorgehen offenlassend BGH 23.11.2011, NJW-RR 2012, 674 Rn. 23; für eine richtlinienkonforme Auslegung von § 89b Balke/de Groot NJOZ 2010, 1551 (1554): ab dem Zeitpunkt der Verkündung der EuGH-Entscheidung Semen/Tamoil am 26.3.2009. – Allg. zur richtlinienkonformen Rechtsfortbildung BGH 26.11.2008, BGHZ 179, 27 Rn. 20 ff. = NJW 2009, 427.

[24] Begr. RegE Gesetz zur Durchführung der EG-Richtlinie zur Koordinierung des Rechts der Handelsvertreter, BT-Drs. 11/3077, 6, 9 f.; s. auch BGH 23.11.2011, NJW-RR 2012, 674 Rn. 28 f.

[25] Hopt/Hopt Rn. 5; MüKoHGB/Ströbl Rn. 7.

[26] Hopt/Hopt Rn. 5.

[27] Hopt/Hopt Rn. 5.

[28] Vgl. BAG 10.2.1962, AP ZPO § 850 Nr. 3; BGH 5.12.1985, BGHZ 96, 324 (327) = NJW 1986, 2362; MüKoHGB/Ströbl Rn. 7.

[29] BGH 6.2.1964, BGHZ 41, 129 (133) = NJW 1964, 915; 13.5.1957, BGHZ 24, 223 (224) = NJW 1957, 1028; 13.5.1957, BGHZ 24, 214 (223) = NJW 1957, 1029; Hopt/Hopt Rn. 5, 9; MüKoHGB/Ströbl Rn. 8.

[30] BGH 9.3.1977, BGHZ 68, 163 (168 f.) = NJW 1977, 949; Hopt/Hopt Rn. 5; MüKoHGB/Ströbl Rn. 8.

[31] Emde/Kelm ZIP 2005, 58 (62); Hopt/Hopt Rn. 85.

[32] BGH 16.6.2010, NJW 2010, 3226 Rn. 14; Staub/Emde Rn. 601; **aA** Schnabl NJW 2009, 955 (956).

35/EG), auch dann verwirklicht werden kann, wenn der Ausgleichsanspruch nicht nur Vergütungscharakter hat, sondern auch eine Billigkeitskomponente aufweist.[33]

4. Anwendungsbereich. Anwendbar ist § 89b im Grundsatz auf **alle Handelsvertreter,**[34] also auch auf Handelsvertretergesellschaften,[35] Generalvertreter,[36] Hauptvertreter,[37] Untervertreter,[38] Versicherungs- und Bausparkassenvertreter iSv § 92 (→ Rn. 55 ff.), nicht jedoch auf Handelsvertreter im Nebenberuf (vgl. § 92b Abs. 1 S. 1), auf unselbstständige Vermittler iSv § 84 Abs. 2,[39] Innengesellschafter mit Geschäftsvermittlungs- oder -abschlusspflicht[40] oder Pächter.[41] 4

II. Voraussetzungen

1. Grundsatz. Ein Ausgleichsanspruch nach § 89b besteht mit **Beendigung des Handelsvertreterverhältnisses** (→ Rn. 6), wenn der Unternehmer aus der Geschäftsverbindung mit Kunden, die der Handelsvertreter neu geworben hat, auch nach Beendigung des Vertragsverhältnisses **erhebliche Vorteile** hat (→ Rn. 7 ff.) und die **Ausgleichszahlung der Billigkeit entspricht** (→ Rn. 18 ff.). Nach § 89b Abs. 1 S. 1 Nr. 2 aF war darüber hinaus erforderlich, dass der Handelsvertreter infolge der Beendigung des Vertragsverhältnisses Provisionsverluste erleidet. Dieses nach früherem Gesetzesverständnis[42] kumulative Erfordernis ist durch die richtlinienkonforme Neufassung der Bestimmung entfallen. Der Provisionsverlust ist freilich nach dem Wortlaut von § 89b Abs. 1 S. 1 Nr. 2 nunmehr ein maßgeblicher Aspekt für die Billigkeit des Ausgleichsanspruchs. 5

2. Beendigung des Handelsvertreterverhältnisses (Abs. 1 S. 1). Voraussetzung für die **Entstehung des Ausgleichsanspruchs** und damit seine **Fälligkeit** ist zunächst die Beendigung des Handelsvertreterverhältnisses.[43] Es kommt allein darauf an, dass das vertraglich fixierte und tatsächlich gehandhabte Handelsvertreterverhältnis rechtlich und nicht nur tatsächlich beendet wird.[44] Das gilt auch für Handelsvertreterverhältnisse, für die eine Probezeit vereinbart wurde.[45] Nicht erforderlich ist, dass es über den Beendigungszeitpunkt hinaus fortgesetzt werden könnte. In dieser Richtung konnte der Wortlaut von Abs. 1 S. 1 Nr. 2 aF verstanden werden. Die Einstellung des Geschäftsbetriebs nach Beendigung des Vertragsverhältnisses, zB in Folge einer Insolvenz[46] oder anderer Ereignisse, die den Handelsvertreter an einer Fortführung seiner Tätigkeit hindern würden, sind für den Ausgleichsanspruch ohne Bedeutung.[47] Die Vorschrift des § 89b zielt nämlich einzig und allein auf den Ausgleich in der Vergangenheit erbrachter Leistungen ab.[48] Unerheblich ist zudem, aus welchem Grund das Vertragsverhältnis beendet wurde.[49] Als Auslöser für den Ausgleichsanspruch kommen daher alle denkbaren Beendigungsgründe in Betracht (→ § 89 Rn. 27 ff.). Der konkrete Beendigungsgrund kann jedoch im Einzelfall im Hinblick auf die Billigkeit der Ausgleichszahlung (Abs. 1 S. 1 Nr. 2) oder den Ausschluss des Ausgleichsanspruchs (Abs. 3) 6

[33] BGH 16.6.2010, NJW 2010, 3226 Rn. 17.

[34] Vgl. BGH 22.6.1972, BGHZ 59, 87 (Lotto-Bezirksstellenleiter) = NJW 1972, 1662; 15.10.1964, BGHZ 42, 244 (245) (Tankstellenpächter) = NJW 1965, 248; 4.6.1975, BB 1975, 1409 = BeckRS 1975, 31066212 (Lotto-Bezirksstellenleiter); OLG Hamburg 10.11.1966, MDR 1967, 310 (Einkaufsvertreter); MüKoHGB/Ströbl Rn. 9.

[35] Dazu Ahle DB 1963, 227; vgl. auch EuGH 19.4.2018, ZVertriebsR 2018, 169 – CMR.

[36] OLG Düsseldorf 16.12.1965, NJW 1966, 888; Glaser DB 1957, 1173; Ordemann BB 1964, 1323 f.

[37] BGH 24.6.1971, BGHZ 56, 290 = BB 1971, 887 = NJW 1971, 1610; Schlechtriem BB 1971, 1540.

[38] BGH 13.3.1969, BGHZ 52, 5 = NJW 1969, 1021; 23.5.1984, DB 1984, 2298; Küstner/Thume VertriebsR-HdB II/Thume II Rn. 41 ff.; MüKoHGB/Ströbl Rn. 10.

[39] Vgl. BGH 11.12.1958, BGHZ 29, 83 (88) = NJW 1959, 144 = HVR Nr. 195 (Handlungsgehilfe); BAG 3.6.1958, BB 1958, 775 (Handlungsgehilfe); OLG Oldenburg 8.10.1964, BB 1964, 1322 (fest angestellter Reiseinspektor).

[40] BGH 3.2.1978, BB 1978, 422 f. = BeckRS 1978, 31066644; MüKoHGB/Ströbl Rn. 12.

[41] BGH 12.5.1986, NJW 1986, 2306; MüKoHGB/Ströbl Rn. 12.

[42] BGH 15.2.1965, BGHZ 43, 154 (157) = NJW 1965, 1134; 29.4.1993, WM 1993, 1681 (1683) = NJW-RR 1993, 996; 10.5.1984, NJW 1985, 58 (59); Heymann/Herrmann Rn. 38; vgl. zum Eigenhändler auch BGH 12.12.1985, NJW-RR 1986, 661.

[43] EuGH 19.4.2018, ZVertriebsR 2018, 169 Rn. 23 – CMR; BGH 6.8.1997, NJW 1998, 71 (75).

[44] *BGH 23.11.2011,* NJW-RR 2012, 674 Rn. 23; 29.3.1990, NJW 1990, 2889; OLG Frankfurt 5.4.2006, HVR Nr. 1153 (Fortsetzung mit Ersatzteilgeschäft); Emde DStR 2009, 1478 (1481); Heymann/Herrmann Rn. 22.

[45] EuGH 19.4.2018, ZVertriebsR 2018, 169 Rn. 26 – CMR.

[46] S. BGH 6.10.2010, NJW 2011, 848 Rn. 24.

[47] **AA** – zur Insolvenz – Stumpf/Ströbl MDR 2004, 1209 (1211 f.); Wendel/Ströbl WRP 2005, 999.

[48] BGH 6.10.2010, NJW 2011, 848 Rn. 24.

[49] BGH 6.10.2010, NJW 2011, 848 Rn. 23; 13.3.1969, BGHZ 52, 12 (13) = NJW 1969, 1023; MüKoHGB/Ströbl Rn. 33.

von Bedeutung sein, beispielsweise im Falle der **Kündigung** des Vertragsverhältnisses (Abs. 3 Nr. 1, 2) oder bei einvernehmlicher **Aufhebung** des Vertrages, soweit diese an Stelle einer außerordentlichen Kündigung durch den Unternehmer erfolgt (Abs. 3 Nr. 2).[50] Eine Beendigung des Vertragsverhältnisses iSv Abs. 1 S. 1 mit der Folge einer Ausgleichsverpflichtung liegt auch im Falle des Todes des Handelsvertreters vor (vgl. Art. 17 Abs. 4 RL 86/653/EWG),[51] es sei denn, es ist eine Fortführung des Handelsvertreterverhältnisses mit den Erben vereinbart.[52] Die Voraussetzungen einer Vertragsbeendigung können zudem gegeben sein, wenn das **Vertragsverhältnis** auf anderer rechtlicher und tatsächlicher Grundlage **mit neuem Tätigkeitsbild** fortgesetzt wird (Vertragsumschaffung).[53] Nicht ausreichend ist dagegen eine nur rein tatsächliche Änderung der Verhältnisse.[54] Denkbar ist darüber hinaus eine ausgleichspflichtige **teilweise Beendigung** des Handelsvertreterverhältnisses.[55] Diese kann auf einer Teilkündigung (→ § 89 Rn. 13), einer einvernehmlichen Teilbeendigung des Vertrages oder einer Vertragsumschaffung beruhen. Eine einvernehmliche Teilbeendigung kann etwa aus einer wesentlichen Einschränkung des Kundenkreises[56] oder Änderung des Bezirks[57] folgen, nicht jedoch aus einem bloßen Bezirkstausch,[58] dem Übergang vom Bezirks- zum Kundenschutz,[59] der Sitzverlegung eines Kunden,[60] der bloßen Sortimentsverkleinerung oder Produktionseinschränkung,[61] oder der Änderung der Vertragskonditionen,[62] selbst wenn diese mit Provisionseinbußen verbunden ist.[63] Bei Versicherungsvertretern liegt keine Teilbeendigung vor, wenn lediglich der Versicherungsbestand verringert wird[64] oder die Verwaltung einzelner Verträge auf eine andere Person übertragen wird.[65] Die bis zur Beendigung des Vertragsverhältnisses zurückgelegte **Vertragsdauer** ist für die Entstehung des Ausgleichsanspruchs nicht relevant, kann jedoch für die Billigkeit der Ausgleichszahlung (Abs. 1 S. 1 Nr. 2) zu berücksichtigen sein. Im Grundsatz entsteht ein Ausgleichsanspruch also auch bei nur kurzer Vertragsdauer.[66] **Keine Vertragsbeendigung** liegt vor, wenn ein befristetes Handelsvertreterverhältnis über das Vertragsende hinaus mit (im Wesentlichen) identischem Vertragsinhalt für einen weiteren bestimmten Zeitraum fortgeführt wird **(Kettenvertrag;** → § 89 Rn. 6).[67]

7 **3. Vorteile des Unternehmers (Abs. 1 S. 1 Nr. 1). a) Grundsatz.** Neben der Beendigung des Vertragsverhältnisses (→ Rn. 6) ist für einen Ausgleichsanspruch des Handelsvertreters erforderlich, dass der Unternehmer aus der Geschäftsverbindung mit dem Handelsvertreter auch nach Beendigung des Vertragsverhältnisses erhebliche Vorteile hat. Diese müssen auf der Werbung neuer Kunden durch den Handelsvertreter beruhen. Der Werbung neuer Kunden steht die wesentliche Erweiterung der Geschäftsverbindung mit einem Bestandskunden gleich (Abs. 1 S. 2).

---

[50] Vgl. BGH 13.3.1969, BGHZ 52, 12 (15) = NJW 1969, 1023; OLG Nürnberg 19.12.1958, BB 1959, 318.

[51] BGH 13.5.1957, BGHZ 24, 214 (216) = NJW 1957, 1029; Emde DStR 2009, 1478 (1481); Hopt/Hopt Rn. 9; MüKoHGB/Ströbl Rn. 41.

[52] Küstner/Thume VertriebsR-HdB II/Thume V Rn. 17; MüKoHGB/Ströbl Rn. 40.

[53] OLG Nürnberg 18.9.1958, BB 1958, 1151 (nebenberufliche Fortführung einer ursprünglich hauptberuflichen Tätigkeit); Hopt/Hopt Rn. 7; Heymann/Herrmann Rn. 21; MüKoHGB/Ströbl Rn. 53; offengelassen von BGH 27.10.1993, BGHZ 124, 10 (12) = NJW 1994, 193.

[54] BGH 23.11.2011, NJW-RR 2012, 674 Rn. 23; 29.3.1990, NJW 1990, 2889; OLG Frankfurt 5.4.2006, HVR Nr. 1153 (Fortsetzung mit Ersatzteilgeschäft); Emde DStR 2009, 1478 (1481); Heymann/Herrmann Rn. 21.

[55] Küstner/Thume VertriebsR-HdB II/Thume V Rn. 45 ff.; Hopt/Hopt Rn. 10; MüKoHGB/Ströbl Rn. 57, 58 (zur Teilbeendigung; **aA** im Hinblick auf Teilbeendigung Müller/Stein VersR 1990, 561; Heymann/Herrmann Rn. 20.

[56] Küstner/Thume VertriebsR-HdB II/Thume V Rn. 45, 53 ff.; Hopt/Hopt Rn. 10; MüKoHGB/Ströbl Rn. 57.

[57] OLG Nürnberg 18.9.1958, BB 1958, 1151 – Halbierung des Bezirks; Hopt/Hopt Rn. 10; MüKoHGB/Ströbl Rn. 57; offengelassen von BGH 6.10.1999, BGHZ 142, 358 (369) = NJW 2000, 515; 27.10.1993, BGHZ 124, 10 (12) = NJW 1994, 193; **aA** Müller-Stein VersR 1990, 561 (563 ff.).

[58] OLG Hamburg 30.11.1973, HVR Nr. 481; Hopt/Hopt Rn. 10; MüKoHGB/Ströbl Rn. 57.

[59] Küstner/Thume VertriebsR-HdB II/Thume V Rn. 55; Hopt/Hopt Rn. 10.

[60] OLG Nürnberg 21.3.2001, BB 2001, 1169; MüKoHGB/Ströbl Rn. 57; diff. Hopt/Hopt Rn. 10; Küstner/Thume VertriebsR-HdB II/Thume V Rn. 56.

[61] Hopt/Hopt Rn. 10; MüKoHGB/Ströbl Rn. 57.

[62] Hopt/Hopt Rn. 10.

[63] Küstner/Thume VertriebsR-HdB II/Thume V Rn. 59 ff.; MüKoHGB/Ströbl Rn. 51.

[64] OLG Hamm 7.12.1992, VersR 1993, 833 f.; Emde FS K. Schmidt, 2009, 331 (336); Hopt/Hopt Rn. 10.

[65] BGH 27.10.1993, BGHZ 124, 10 (13) = NJW 1994, 193; Hopt/Hopt Rn. 10; MüKoHGB/Ströbl Rn. 58.

[66] LG Freiburg 28.5.1999, NJW-RR 2000, 110; Hopt/Hopt Rn. 7; vgl. MüKoHGB/Ströbl Rn. 139; vgl. auch EuGH 19.4.2018, ZVertriebsR 2018, 169 Rn. 28 – CMR (Beendigung des Handelsvertretervertrags während der Probezeit).

[67] MüKoHGB/Ströbl Rn. 35.

b) Geschäftsverbindung mit neuen Kunden. aa) Überblick. Der Vorteil des Unternehmers muss daraus entstanden sein, dass der Handelsvertreter für den Unternehmer eine Geschäftsverbindung mit neuen Kunden aufgebaut hat. Diese Geschäftsverbindung muss nicht notwendig schon während der Laufzeit des Handelsvertretervertrages begründet worden sein. Es ist vielmehr ausreichend, wenn sie erst nach dessen Beendigung entstanden ist. Auch dann beruht sie nämlich auf der **Leistung des Handelsvertreters,** wenn der hinter der Geschäftsverbindung stehende Kunde von dem Handelsvertreter im Rahmen des Handelsvertreterverhältnisses angeworben wurde. Sowohl der Begriff der „Geschäftsverbindung" als auch der Begriff des „neuen Kunden" ist ein Rechtsbegriff. Beide Begriffe bedürfen der Konkretisierung im Lichte des Schutzzwecks der Norm. 8

bb) Geschäftsverbindung. (1) Begriff. Eine Geschäftsverbindung liegt wortsinngemäß an sich bereits dann vor, wenn ein einziger, durch ein Austauschverhältnis vermittelter geschäftlicher Kontakt besteht. Dieses Verständnis der Geschäftsverbindung kann freilich für § 89b nicht maßgebend sein, da es Sinn und Zweck der Vorschrift ist, einen Ausgleich für wirtschaftliche Besitzstände zu schaffen, die dem Unternehmer infolge der Absatzmittlertätigkeit des Handelsvertreters zufließen (→ Rn. 1). Von einem Besitzstand in diesem Sinne kann jedoch noch nicht ausgegangen werden, wenn der Unternehmer mit einem vom Handelsvertreter geworbenen Kunden lediglich einen einzelnen Geschäftsabschluss tätigt,[68] und sei es auch in Gestalt eines Dauerschuldverhältnisses, dessen Vertragsabwicklung über einen längeren Zeitraum angelegt ist.[69] Daran ändert sich nichts, wenn sich ein bestehendes Dauerschuldverhältnis infolge Nichtausübung eines Kündigungsrechts automatisch über die ursprünglich vereinbarte (Mindest-) Laufzeit hinaus verlängert.[70] Diese Folge ist in dem ursprünglichen Geschäft angelegt und nicht Ergebnis eines neuen Geschäftsabschlusses.[71] Es liegt also nur ein einheitliches (verlängertes) Vertragsverhältnis vor. Einem derartigen isolierten Geschäftskontakt fehlt, unabhängig davon, dass dem Handelsvertreter ohnehin regelmäßig nach § 87 Abs. 3 ein Provisionsanspruch zusteht, die iSv Abs. 1 S. 1 erforderliche Verfestigung der Geschäftsverbindung. Von einem ausgleichspflichtigen wirtschaftlichen Besitzstand des Unternehmers kann nämlich nur dann die Rede sein, wenn (begründete) Aussicht auf fortlaufende (neue) Geschäftsabschlüsse mit einem bestimmten Kunden bestehen. Eine Geschäftsverbindung iSv Abs. 1 S. 1 Nr. 1 setzt daher voraus, dass zwischen Unternehmer und Kunde ein **qualifizierter geschäftlicher Kontakt (Stammkundschaft)** besteht, aufgrund dessen der Kunde **nicht nur** als **Gelegenheitskunde (Laufkundschaft)** zu qualifizieren ist. Das ist dann der Fall, wenn der Kunde innerhalb eines überschaubaren Zeitraums, in dem üblicherweise mit Nachbestellungen zu rechnen ist, mehr als nur einmal mit dem Unternehmer ein Geschäft abgeschlossen hat oder voraussichtlich abschließen wird **(Mehrfachkunde).**[72] Eine Geschäftsverbindung kann mithin bereits bei einem Zweitgeschäft vorliegen.[73] Das soll selbst dann gelten, wenn der Zweitgeschäft mehr oder weniger zeitgleich oder auf der Grundlage eines einheitlichen Vertrages erfolgt, weil anzunehmen sei, dass dem Unternehmer auch unter diesen Umständen nach Vertragsbeendigung erhebliche Vorteile blieben.[74] Das mag so sein, beruht aber nicht auf einer Geschäftsverbindung im eigentlichen Sinne. Auf der anderen Seite ist die Eigenschaft des Mehrfachkunden nicht notwendig an eine bestimmte Person gebunden; vielmehr kann die Geschäftsverbindung auch zu einer **Kundengruppe** (Einkaufsstelle, Betriebsangehörige,[75] Familienmitglieder[76]) beste- 9

[68] So auch Gräfe/Boerner ZVertriebsR 2017, 282 (283); Ströbl/Krüger ZVertriebsR 2025, 139 (144 f.).

[69] OLG Köln 24.11.2023, ZVertriebsR 2024, 23 Rn. 143 (Mobilfinkvertrieb); 19.6.2015, BeckRS 2015, 19345 Rn. 37 (Kabelmietverträge); Gräfe/Boerner ZVertriebsR 2017, 282 (283); Ströbl/Krüger ZVertriebsR 2025, 139 (140, 146, 147); Ströbl/Wentzel BB 2017, 390 (391 f.); **aA** Emde IHR 2024, 47 (48 f., 50); BB 2017, 1289 (1294); DStR 2009, 1478 (1481 f.); Thume BB 2017, 906 (907); dazu auch Tetenberg ZVertriebsR 2025, 207 (212 f.).

[70] BGH 21.10.2009, NJW 2010, 298 Rn. 31; Ströbl/Krüger ZVertriebsR 2025, 139 (142).

[71] OLG Köln 19.6.2015, BeckRS 2015, 19345 Rn. 37.

[72] Vgl. BGH 21.4.2010, NJW-RR 2010, 1550 Rn. 20; 10.7.2002, WM 2003, 499 (500); 10.7.2002, NJW-RR 2002, 1548 (1549); 28.4.1999, BGHZ 141, 248 (252) = NJW 1999, 2668; 26.2.1997, BGHZ 135, 14 (19) = NJW 1997, 1503; 6.8.1997, NJW 1998, 71 (73); 6.8.1997, NJW 1998, 66 (68); 11.10.1990, WM 1991, 196 (198) = NJW-RR 1991, 156; 25.10.1984, NJW 1985, 859; Meyer BB 1970, 780 (781); Hopt/Hopt Rn. 12; Heymann/Herrmann Rn. 26; MüKoHGB/Ströbl Rn. 73.

[73] KG 14.9.2021, ZVertriebsR 2022, 55 Rn. 8 (Anzeigenschaltung); Hopt/Hopt Rn. 12; nach Branchen diff. MüKoHGB/Ströbl Rn. 75.

[74] BGH 16.2.2011, NJW-RR 2011, 614 Rn. 24 f. (zeitgleicher Kauf mehrerer Kfz); 13.1.2010, NJW-RR 2010, 1263 Rn. 23; 26.2.1997, NJW 1997, 1503 (1505) (zeitgleicher Kauf mehrerer Kfz; insoweit in BGHZ 135, 14 nicht abgedruckt); 5.6.1996, NJW 1996, 2298 (zeitgleicher Kauf mehrerer Kfz); OLG Frankfurt 30.1.2001, HVR Nr. 954 (Zweitkauf am gleichen Tag).

[75] Hopt/Hopt Rn. 12a; offen gelassen von BGH 5.6.1996, NJW 1996, 2302 (2305).

[76] Hopt/Hopt Rn. 12a; offen gelassen von BGH 5.6.1996, NJW 1996, 2302 (2305).

hen.[77] Bei den genannten Kundengruppen wird der „Nachkauf" nämlich häufig darauf zurückzuführen sein, dass der Handelsvertreter den Vorkäufer geworben hat.[78] Handelt es sich bei dem Nachkäufer um ein Familienmitglied (Ehegatte oder andere nahe Angehörige), ist eine häusliche Gemeinschaft zwischen Erst- und Zweitkäufer nicht erforderlich.[79] Entscheidend ist nämlich allein, dass die ursprüngliche Tätigkeit des Handelsvertreters innerhalb einer abgrenzbaren Kundengruppe fortwirkt.[80] Als Mehrfachkunde kann bei wirtschaftlicher Betrachtung unter Umständen auch eine Person anzusehen sein, die selbst nicht Vertragspartner des Unternehmers ist, aber aufgrund ihrer Sachkunde eine **eigenständige Kaufentscheidung** für den Vertragspartner trifft.[81] Aus diesem Grunde ist bei Verkäufen an eine Leasinggesellschaft, soweit kein Eigengeschäft der Gesellschaft vorliegt, grundsätzlich der Leasingnehmer als Kunde anzusehen, da er letzten Endes über die Auswahl und Anschaffung des Leasinggegenstandes entscheidet.[82] Die vorbenannten Grundsätze gelten unabhängig von der Branche und damit von der Art der Produkte, die Gegenstand der Absatzmittlung sind.[83] Freilich muss die Eigenschaft des Mehrfachkunden **innerhalb eines überschaubaren Zeitraums** begründet werden. Insoweit ist dann allerdings der Branchenbezug des Geschäfts von Bedeutung, da der Ersatzbedarf bei Gütern des täglichen Bedarfs ein anderer ist als bei langlebigen Wirtschaftsgütern. Das Wiederholungsintervall für Folgegeschäfte ist bei häufig wiederkehrenden Verbrauchsgeschäften kleiner zu bemessen als bei Geschäften über langlebige Wirtschaftsgüter.[84] Einer Geschäftsverbindung steht daher grundsätzlich nicht entgegen, wenn die einzelnen Geschäftskontakte nur in größeren Abständen erfolgen. Dementsprechend lässt ein längeres Zeitintervall, das zwischen zwei Geschäftskontakten liegt, nicht vorn vornherein den Rückschluss zu, dass eine bestehende Geschäftsverbindung zwischenzeitlich abgerissen ist.[85] Auf der anderen Seite gibt es Wirtschaftsgüter, die regelmäßig nur einmal angeschafft werden, sodass eine Geschäftsverbindung iSv Abs. 1 S. 1 überhaupt nicht entstehen kann.[86] Freilich ist es auch insoweit (je nach Branche) denkbar, dass ein (auch kurz- und mittelfristiger) Zusatz- oder Reparaturbedarf entstehen kann, der zu einem ausgleichspflichtigen Folgeauftrag führt.[87]

10 **(2) Einzelfälle.** Bei **Alltagsgeschäften** kann für die Bestimmung der Mehrfach- bzw. Stammkundeneigenschaft ein Zeitraum von einem Jahr zugrunde zu legen sein, bei Gütern, die nicht ohne Weiteres dem täglichen Bedarf zuzuordnen sind, kann auch ein Zeitraum von zwei bis drei Jahren angemessen sein.[88] Eine Geschäftsverbindung liegt beispielsweise im **Tankstellengeschäft,** bei dem es sich um ein Alltagsgeschäft handelt, regelmäßig dann vor, wenn ein Kunde die Tankstelle mindestens vier Mal im Jahr, also durchschnittlich ein Mal im Quartal aufsucht,[89] ohne dass es darauf ankommt, wie sich die konkreten Tankvorgänge auf die Quartale verteilen.[90] Entsprechendes gilt für das Shopgeschäft von Tankstellen.[91] Das Shopgeschäft ist nämlich gewissermaßen Annex zum Tankstellengeschäft und deckt einen anderen Verbraucherbedarf ab als herkömmliche Super- oder

---

[77] BGH 5.6.1996, NJW 1996, 2302 (2305) (Ehegatte und Angehörige); OLG Hamburg 20.12.1979, DB 1980, 972 (973) (Einkaufsstelle eines Ostblockstaates); OLG München 16.1.2002, NJOZ 2002, 1419 (1426) (Familienmitglied).

[78] S. auch BGH 13.7.2011, NJW 2011, 3438 Rn. 19 (Kfz-Vertragshändler).

[79] BGH 13.7.2011, NJW 2011, 3438 Rn. 19.

[80] S. OLG München 16.1.2002, NJOZ 2002, 1419 (1426).

[81] OLG Düsseldorf 8.2.1977, HVR Nr. 504 (Architekt); OLG Hamm 26.10.1961, HVR Nr. 321 (Architekt); OLG München 16.1.2002, NJOZ 2002, 1419 (1425 f.) (Einzelkaufmann/GmbH-Geschäftsführer); LG Lübeck 10.1.1989, HVR Nr. 677 (Architekt); vgl. auch Heymann/Herrmann Rn. 26; MüKoHGB/Ströbl Rn. 62.

[82] BGH 6.10.2010, NJW-RR 2011, 389 Rn. 24; OLG Köln 15.11.2002, VersR 2003, 105 (106).

[83] Hopt/Hopt Rn. 12; **aA** BGH 28.3.1974, NJW 1974, 1242 (1243 f.) (Reisebüro); Rittner DB 1998, 457; MüKoHGB/Ströbl Rn. 77.

[84] BGH 21.4.2010, NJW-RR 2010, 1550 Rn. 21; vgl. auch BGH 21.7.2016, NJW 2017, 475 Rn. 54 (Monatsfrequenz bei Sonderpostenmarkt); OLG Oldenburg 27.10.2015, ZVertriebsR 2016, 182 Rn. 35 (Monatsfrequenz bei Sonderpostenmarkt).

[85] BGH 21.7.2016, NJW 2017, 475 Rn. 65; OLG Nürnberg 19.9.1957, NJW 1957, 1720 f.

[86] Vgl. BGH 21.7.2016, NJW 2017, 475 Rn. 65; 20.10.1984, NJW 1985, 859; 15.6.1959, NJW 1959, 1677 f.; LG Frankfurt a. M. 22.3.1989, NJW-RR 1990, 1182 (Immobilienmaklergeschäfte im nicht gewerblichen Bereich); LG Hannover 16.7.2019, ZVertriebsR 2019, 318 Rn. 32 (Immobilienmaklergeschäft im nicht gewerblichen Bereich); Küstner/Thume VertriebsR-HdB II/Thume VII Rn. 15 (Fertighäuser); MüKoHGB/Ströbl Rn. 77.

[87] BGH 17.11.2010, NJW 2011, 1143 Rn. 14 (Industriefußböden).

[88] Vgl. auch Hopt/Hopt Rn. 16.

[89] BGH 6.8.1997, BeckRS 1997, 30000564; 17.12.2008, NZG 2009, 310 Rn. 35, 40; 15.7.2009, NJW-RR 2010, 43 Rn. 16; 11.11.2009, VersR 2010 Rn. 20; 21.4.2010, NJW-RR 2010, 1550 Rn. 11; 19.1.2011, BeckRS 2011, 3878 Rn. 22; OLG Oldenburg 30.1.2025, ZVertriebsR 2025, 171 Rn. 20; Hopt/Hopt Rn. 12a.

[90] BGH 11.11.2009, VersR 2010 Rn. 20.

[91] BGH 21.4.2010, NJW-RR 2010, 1550 Rn. 25.

Fachmärkte.[92] Ähnlich kurze Intervalle wie beim Tankstellengeschäft können auch in modeabhängigen Branchen angebracht sein.[93] Bei **langlebigen Gütern,** wie etwa Kraftfahrzeugen, Möbeln, Haushaltsgeräten oder Investitionsgütern, wird eine Geschäftsverbindung auch durch Geschäftskontakte begründet, die bis zu fünf Jahre auseinander liegen;[94] im Einzelfall können sogar längere Zeiträume in Betracht kommen.[95] Eine qualifizierte Geschäftsverbindung ist in diesen Fällen also möglich, wenn in dem bezeichneten Zeitraum mit Geschäftsabschlüssen gerechnet werden kann.[96] Diese müssen nicht notwendig während der Laufzeit des Handelsvertretervertrages erfolgen. Vielmehr reicht es aus, wenn spätere Nachbestellungen erwartet werden können (sog. potenzielle Stammkunden).[97]

cc) Werbung neuer Kunden. (1) Werbung. Die Geschäftsverbindung des Unternehmers mit neuen Kunden muss auf die Werbung, also die Absatzmittlertätigkeit des Handelsvertreters zurückgehen,[98] wobei jede **Mitursächlichkeit** ausreichend ist.[99] Aus diesem Grunde vermögen weder eigene Werbemaßnahmen des Unternehmers[100] noch eine Sogwirkung, die von der Marke des Unternehmers ausgeht,[101] oder eine Monopolstellung des Unternehmers auf dem relevanten Markt[102] den Tatbestand der Werbung von vornherein auszuschließen. Der Werbetätigkeit des Handelsvertreters zuzurechnen sind auch Kunden, die dieser über eine (wirtschaftlich eng verflochtene) Tochtergesellschaft[103] oder über angestellte Reisende[104] angeworben hat. Nicht auf die Absatzmittlertätigkeit des Handelsvertreters zurückzuführen sind dagegen Kundengeschäfte, bei denen die **Kunden** unabhängig von der Ansprache durch den Handelsvertreter schon fest **zum Kauf entschlossen** sind.[105] Dies kann im Einzelfall schwierig festzustellen sein, da eine Werbehandlung – wie etwa im Tankstellengeschäft[106] – nicht notwendig die direkte (persönliche) Ansprache des Kunden erfordert.[107] Ein Interessenausgleich ist in diesen Fällen im Rahmen der Billigkeitsprüfung (Abs. 1 S. 1 Nr. 2) durchzuführen.[108] An einer **Kundenwerbung** durch den Handelsvertreter **fehlt es** jedenfalls, wenn der Handelsvertreter die Kunden lediglich von seinem Vorgänger übernimmt.[109] Entsprechendes gilt, 11

[92] BGH 21.4.2010, NJW-RR 2010, 1550 Rn. 25; **aA** Steinhauer BB 2010, 1689 (1690).

[93] OLG München 20.12.2017, ZVertriebsR 2018, 27 Rn. 57.

[94] Vgl. BGH 13.7.2011, NJW 2011, 3438 Rn. 17 (Kfz-Vertragshändler: fünf Jahre); 22.3.2006, NJW-RR 2006, 1328 Rn. 20 (Kfz-Vertragshändler: fünf Jahre); 26.2.1997, BGHZ 135, 14 (19) = NJW 1997, 1503 (Kfz-Vertragshändler: fünf Jahre); 23.2.1994, NJW 1994, 1350 (1351); 25.10.1984, NJW 1985, 859 (860) (Elektrohaushaltsgerät); OLG Düsseldorf 2.11.2001, HVR Nr. 1043 = OLGR 2002, 164; OLG Frankfurt 19.6.1972, BB 1973, 212; OLG Hamm 11.5.1978, DB 1979, 304 (Möbel); MüKoHGB/Ströbl Rn. 77.

[95] Vgl. BGH 22.3.2006, NJW-RR 2006, 1328 Rn. 20 (Kfz-Neuwagengeschäft: 6 bis 8 Jahre); 28.4.1999, NJW 1999, 2668 (2670) (Anzeigenwerbung: 6 Jahre; insoweit in BGHZ 141, 248 nicht abgedruckt); 31.1.1991, BB 1991, 1210 (1211) (Gabelstapler: 13 Jahre).

[96] OLG Frankfurt 19.6.1972, BB 1973, 212; OLG Hamm 11.5.1978, BB 1978, 1686; OLG Oldenburg 4.6.1987, HVR Nr. 672; Heymann/Herrmann Rn. 26.

[97] BGH 16.11.2010, BeckRS 2010, 30437 Rn. 18; 26.2.1997, NJW 1997, 1503 (1504); KG 14.9.2021, ZVertriebsR 2022, 55 Rn. 11.

[98] BGH 29.3.1990, NJW 1990, 2889 (2890); OLG Düsseldorf 1.7.1965, NJW 1965, 2352; OLG Nürnberg 26.4.1963, BB 1963, 1313; Christoph NJW 2010, 647 (650); Meyer BB 1970, 780; Ebenroth/Boujong/Semmler Rn. 105; Heymann/Herrmann Rn. 29; MüKoHGB/Ströbl Rn. 66.

[99] BGH 17.11.2010, NJW 2011, 1143 Rn. 9; 6.8.1997, NJW 1998, 71 (75); 6.8.1997, NJW 1998, 66 (69); 16.1.1986, DB 1986, 1069 = BeckRS 1986, 31066864; 25.10.1984, NJW 1985, 859 (860); 8.2.1980, NJW 1980, 1793; KG 14.9.2021, ZVertriebsR 2022, 55 Rn. 14; OLG Düsseldorf 5.2.1988, HVR Nr. 673; Hopt/Hopt Rn. 14a; BeckOK HGB/Lehmann, 48. Ed. 1.10.2025, Rn. 31; Heymann/Herrmann Rn. 29; MüKoHGB/Ströbl Rn. 67; RGHMW/Thume Rn. 64.

[100] Vgl. BGH 15.12.1978, BGHZ 73, 99 (104) = NJW 1979, 651; 10.7.2002, WM 2003, 491 (495) (Kundenkarte); 12.2.2003, HVR Nr. 1063 = NJW-RR 2003, 821; OLG Düsseldorf 8.2.1977, HVR Nr. 504; OLG Karlsruhe 23.3.1960, BB 1960, 381; OLG Schleswig 1.11.1957, VersR 1958, 315 (316); Heymann/Herrmann Rn. 29; MüKoHGB/Ströbl Rn. 67; unklar OLG Köln 26.1.2001, BB 2001, 1601.

[101] Dazu BGH 2.7.1987, WM 1987, 1462 (1463) = NJW-RR 1988, 42; OLG Hamburg 20.12.1979, DB 1980, 972 (973); OLG Karlsruhe 23.3.1960, BB 1960, 381; vgl. auch Hopt/Hopt Rn. 14a; Heymann/Herrmann Rn. 29; MüKoHGB/Ströbl Rn. 67.

[102] Dazu OLG Nürnberg 26.4.1963, BB 1963, 1313; MüKoHGB/Ströbl Rn. 67.

[103] BGH 31.1.1991, NJW-RR 1991, 1050 (1051) (Clark-Geräte); MüKoHGB/Ströbl Rn. 66.

[104] *Dazu OLG Hamm 14.11.1977, HVR Nr. 514.*

[105] BGH 5.6.1996, NJW 1996, 2302 (2304); OLG Karlsruhe 23.3.1960, BB 1960, 381; Hopt/Hopt Rn. 14a; Heymann/Herrmann Rn. 29; MüKoHGB/Ströbl Rn. 66.

[106] Dazu BGH 10.7.2002, WM 2003, 491 (495); 6.8.1997, NJW 1998, 71 (75); 6.8.1997, NJW 1998, 66 (69); 29.11.1984; BB 1985, 353 (Selbstbedienungstankstelle).

[107] Hopt/Hopt Rn. 14a; Heymann/Herrmann Rn. 29; **aA** Rittner DB 1998, 457 (460).

[108] Vgl. auch KG 14.9.2021, ZVertriebsR 2022, 55 Rn. 15; Hopt/Hopt Rn. 14a.

[109] BGH 10.5.1984, NJW 1985, 58 f.; KG 28.8.1998, HVR Nr. 1000; LG Essen 16.2.1982, MDR 1982, 852 (853); Hopt/Hopt Rn. 14a; MüKoHGB/Ströbl Rn. 63.

wenn nicht der Handelsvertreter, sondern von diesem geworbene Dritte, die in keinem Untervertreterverhältnis zum Handelsvertreter stehen, den neuen Kunden anwerben, ohne selbst das beworbene Produkt abzunehmen.[110] Eine Mitursächlichkeit der Absatzmittlertätigkeit fehlt im Grundsatz auch bei Bezirksvertretern, wenn Kunden ohne deren Mitwirkung im Bezirk geworben werden.[111] Auf der anderen Seite ist die Anwerbung von Kunden auf Messen, soweit diese auf die Tätigkeit von Bezirksvertreterteams mit turnusmäßiger Ablösung der Vertreter zurückgeht, dem zuständigen **Bezirksvertreter** bei wirtschaftlicher Betrachtung als mitursächlich zuzurechnen.[112]

12 **(2) Neue Kunden.** Der Handelsvertreter hat einen neuen Kunden geworben, wenn die Geschäftsbeziehung zum Unternehmer (auch) auf seine Absatzmittlertätigkeit zurückgeht. Neu ist ein Kunde also nur, wenn er zuvor hinsichtlich der Produkte, die Gegenstand des vermittelten Kundengeschäfts sind, nicht in einer Geschäftsbeziehung zum Unternehmer stand.[113] Zum Kreis neuer Kunden gehören demnach einerseits solche **Kunden,** die der Handelsvertreter **aus einer früheren Vertretung** in das aktuelle Handelsvertreterverhältnis eingebracht hat, nämlich soweit sie bisher noch nicht in einer Geschäftsbeziehung zu dem (aktuellen) Geschäftsherrn standen.[114] Neu sind für den Unternehmer auch solche Kunden, die ihm bei **Übernahme eines** anderen **Unternehmens** oder beim **Erwerb des Kundenstamms** eines anderen Unternehmens zufallen.[115] In beiden Fällen werden nämlich nicht die Kunden oder Geschäftsverbindungen als solche „erworben". Vielmehr erlangt das erwerbende Unternehmen lediglich Informationen über Kunden des anderen Unternehmens mit der Möglichkeit, zu diesen eine eigene Geschäftsbeziehung aufzubauen[116] (aber → Rn. 23 zur Billigkeit des Ausgleichsanspruchs). Eine neue Geschäftsbeziehung ist zudem gegeben, wenn der Handelsvertreter durch seine Absatzmittlertätigkeit eine früher bestehende, dann aber abgebrochene **Kundenbeziehung reaktiviert.**[117] Eine derartige, dem Handelsvertreter zuzurechnende Reaktivierung liegt freilich nur bei vollständiger Unterbrechung des geschäftlichen Kontakts zwischen Unternehmer und Kunden vor, beispielsweise bei einer zwischenzeitlichen Einstellung der Geschäftskontakte des Kunden zum Unternehmer und gleichzeitigem Wechsel zu einem Konkurrenten[118] oder bei zwischenzeitlicher Einstellung des Geschäftsbetriebs beim Kunden.[119] Entsprechendes gilt, wenn der Handelsvertreter seine Absatzmittlertätigkeit für den Unternehmer über einen längeren Zeitraum vollständig einstellt und sodann einen früheren Kunden erneut wirbt.[120] Keine Reaktivierung der Geschäftsbeziehung ist dagegen gegeben, wenn diese aufgrund Geschäftsrückgangs beim Kunden lediglich gelockert war, sodass über längere Zeit keine Bestellungen getätigt wurden.[121]

12a Inwieweit darüber hinaus auch **Bestandskunden als neue Kunden** angesehen werden können, hängt nicht zuletzt davon ab, wie sich das Verhältnis der Neukundeneigenschaft (§ 89b Abs. 1 S. 1) zur (wesentlichen) Erweiterung einer Geschäftsverbindung (§ 89b Abs. 1 S. 2) darstellt. Das ist eine Frage der Normauslegung. In der deutschen Anwendungspraxis, aber auch im Schrifttum ist die Auffassung vorherrschend, dass jedenfalls im Ausgangspunkt auf eine branchenbezogene Betrachtung abzustellen ist.[122] Demnach sind solche Bestandskunden als neue Kunden anzusehen, die zwar schon in einer Geschäftsbeziehung zum Unternehmer stehen, aber von dem Unternehmer bisher nur

---

[110] Vgl. BGH 1.12.1983, NJW-RR 1991, 156 (157 f.) = WM 1991, 196 (198); 1.12.1983, NJW 1984, 2695 (2695) (Ärztepropagandisten); 15.6.1959, NJW 1959, 1677 (Landgenossenschaft); Hopt/Hopt Rn. 14a; Heymann/Herrmann Rn. 26; MüKoHGB/Ströbl Rn. 61.

[111] Hopt/Hopt Rn. 14a; MüKoHGB/Ströbl Rn. 67.

[112] KG 16.6.1969, BB 1969, 1062; Hopt/Hopt Rn. 14a; Heymann/Herrmann Rn. 29; MüKoHGB/Ströbl Rn. 67.

[113] BGH 6.10.2016, BGHZ 212, 201 Rn. 10 = NJW 2016, 3782; 26.10.2011, NJW 2012, 304 Rn. 21; Küstner/Thume VertriebsR-HdB II/Thume VI Rn. 7; Ebenroth/Boujong/Semmler Rn. 107; MüKoHGB/Ströbl Rn. 63.

[114] BGH 26.10.2011, NJW 2012, 304 Rn. 21; LG Bielefeld 19.4.1985, HVR Nr. 608; Küstner/Thume VertriebsR-HdB II/Thume VI Rn. 19; Heymann/Herrmann Rn. 27; MüKoHGB/Ströbl Rn. 63; **aA** Staub/Emde Rn. 139.

[115] BGH 26.10.2011, NJW 2012, 304 Rn. 21; OLG München 14.10.1987, HVR Nr. 640; Heymann/Herrmann Rn. 27; MüKoHGB/Ströbl Rn. 63.

[116] BGH 26.10.2011, NJW 2012, 304 Rn. 24.

[117] MüKoHGB/Ströbl Rn. 64.

[118] MüKoHGB/Ströbl Rn. 64.

[119] Vgl. OLG Nürnberg 19.9.1957, NJW 1957, 1720 (1721) (Kriegseinwirkung); MüKoHGB/Ströbl Rn. 64.

[120] OLG Nürnberg 3.11.1982, VW 1983, 549 (Aufgabe der Vertretung durch früheren Handelsvertreter); 29.9.1964, BB 1964, 1400 (mehrjährige Unterbrechung); Küstner/Thume VertriebsR-HdB II/Thume VI Rn. 30 ff.

[121] **AA** MüKoHGB/Ströbl Rn. 64.

[122] Emde, Vertriebsrecht, 3. Aufl. 2014, § 89b Rn. 91 mwN; MüKoHGB/Ströbl Rn. 65.

Produkte einer anderen Branchenzugehörigkeit bezogen haben.[123] Werden sie für branchenfremde Produkte geworben, handelt es sich um Neukunden. Ob Branchenidentität vorliegt oder nicht, ist im Einzelfall anhand der **Gattungsmerkmale** der vertragsgegenständlichen Produkte festzustellen. Im Regelfall werden Produkte dann als einer Gattung und damit einer Branche zugehörig angesehen werden können, wenn sie aus Sicht der Kunden ein bestimmtes Nachfragebedürfnis befriedigen, ohne dass insoweit vollständige Austauschbarkeit zu fordern wäre.[124] Bloße **Sortimentserweiterungen**[125] seitens des Geschäftsherrn, bei denen die Vertragsware lediglich um (neue) ähnliche (austauschbare) Produkte (Produktlinien) oder Ersatz- und Zubehörteile ergänzt wird, oder **Sortimentsaufspaltungen,**[126] bei denen Teilsortimente ausschließlich über bestimmte Handelsvertreter vertrieben werden, führen bei einer branchenbezogenen Betrachtung tendenziell nicht zu einer Werbung von Neukunden durch den Handelsvertreter. Vielmehr können Geschäftskontakte, die der Handelsvertreter unter diesen Vorzeichen zu Bestandskunden herstellt, im Einzelfall als wesentliche Erweiterung der Geschäftsverbindung iSv § 89b Abs. 1 S. 2 erfasst werden, wenn man konzediert, dass insoweit keine allzu strengen Anforderungen gestellt werden dürfen (→ Rn. 13). Der **EuGH**[127] neigt in der Rechtssache „Marchon Germany/Kasraszkiewicz", der eine Vorlage des BGH[128] zugrunde liegt, freilich dazu, den Begriff des Neukunden weiter zu fassen.[129] Dem hat sich der **BGH** zwischenzeitlich angeschlossen.[130] Der Wortlaut von Art. 17 Abs. 2 lit. a erster Gedankenstrich RL 86/653/EWG lässt nach Ansicht des Gerichtshofs nicht erkennen, ob die Eigenschaft als „neuer" oder als „vorhandener" Kunde in Bezug auf die gesamte Produktpalette des Unternehmers oder auf bestimmte Waren im Besonderen zu beurteilen sei.[131] Da die Vorschrift dem Schutz des Handelsvertreters diene und dem gemäß seine Verdienste beim Zustandekommen der ihm anvertrauten Geschäfte vollständig zu berücksichtigen seien,[132] verbiete sich nach Sinn und Zweck eine enge Auslegung des Begriffs „neuer Kunde".[133] Es könne daher nicht alleine darauf ankommen, ob vom Handelsvertreter geworbene Kunden vom Unternehmer bereits Waren gekauft haben, die ihrer Art nach mit denen vergleichbar seien, deren Verkauf der Handelsvertreter an die Kunden vermittelt habe.[134] Vielmehr sei zu prüfen, ob der Vertrieb der in Rede stehenden Waren von Seiten des betreffenden Handelsvertreters Vermittlungsbemühungen und eine **besondere Verkaufsstrategie** im Hinblick auf die **Begründung einer speziellen Geschäftsverbindung** erfordert habe.[135] Diese Prüfung soll insbesondere dann vorgenommen werden, wenn die vermittelten Waren zu einem anderen Teil der Produktpalette des Unternehmers gehören. Indizien für eine spezielle (spezifische) Geschäftsverbindung sieht der EuGH in einem gespaltenen (auf bestimmte neue Produkte zugeschnittenen) oder markenspezifischen Produktvertrieb.[136] In der Tat ist nicht von der Hand zu weisen, dass insbesondere durch den Aufbau eines bestimmten Markenimages die Segmentierung von Vertriebskanälen befördert werden kann. An sich austauschbare Produkten können aus Sicht des Kunden in Verbindung mit Marken ein unterschiedliches Image haben, das unter Umständen durch qualitative Vertriebsvorgaben noch verstärkt wird. Das mag besondere Vermittlungsbemühungen erfordern, wenn Bestandskunden für andere artgleiche Produkte (einer anderen Produktlinie) gewonnen werden sollen. Diese mögen dann als „neue Kunden" behandelt werden. Auf der anderen Seite stellt sich die Frage, ob der Lösungsansatz des EuGH zu mehr Einzelfallgerechtigkeit führt. Mit der „speziellen" bzw. „spezifischen Geschäftsverbindung" hat der EuGH einen Begriff in die

---

[123] Vgl. BGH 28.4.1999, NJW 1999, 2668 (2670); Hopt/Hopt Rn. 14; MüKoHGB/Ströbl Rn. 66.

[124] Wohl auch Staub/Emde Rn. 119.

[125] Fallgestaltung bei BGH 28.4.1999, NJW 1999, 2668 (2670) (Anzeigenvertrieb).

[126] Zu einer derartigen Fallgestaltung beim Brillenvertrieb BGH 14.5.2014, BeckRS 2014, 13047 = ZIP 2014, 2088 (Vorlagebeschluss); Vorinstanz: OLG München 24.10.2012, BeckRS 2012, 23000.

[127] EuGH 7.4.2016, NJW 2016, 2244 = ZVertriebsR 2016, 172 – Marchon Germany/Karaszkiewicz.

[128] BGH 14.5.2014, BeckRS 2014, 13047 = ZIP 2014, 2088; s. auch BGH 28.4.1999, NJW 1999, 2668 (2670); OLG München 24.10.2012, BeckRS 2012, 23000 unter II.; Hopt/Hopt Rn. 12, 14; Ebenroth/Boujong/Semmler Rn. 107.

[129] IdS auch BGH 14.5.2014, BeckRS 2014, 13047 Rn. 10, 14 = ZIP 2014, 2088 (Vorlagebeschluss); 28.4.1999, NJW 1999, 2668 (2670); OLG München 24.10.2012, BeckRS 2012, 23000 unter II.; Küstner/Thume VertriebsR-HdB II/Thume VI Rn. 50, 52; Hopt/Hopt Rn. 12, 14; Ebenroth/Boujong/Semmler Rn. 107.

[130] *BGH 6.10.2016, BGHZ 212, 201* Rn. 11 = NJW 2016, 3782.

[131] EuGH 7.4.2016, NJW 2016, 2244 Rn. 28 – Marchon Germany/Karaszkiewicz.

[132] IdS bereits BGH 14.5.2014, BeckRS 2014, 13047 Rn. 14 = ZIP 2014, 2088; Semler ZVertriebsR 2013, 95 (96) (Anm. zu OLG München 24.10.2012, BeckRS 2012, 23000).

[133] EuGH 7.4.2016, NJW 2016, 2244 Rn. 33 – Marchon Germany/Karaszkiewicz.

[134] EuGH 7.4.2016, NJW 2016, 2244 Rn. 37 – Marchon Germany/Karaszkiewicz.

[135] EuGH 7.4.2016, NJW 2016, 2244 Rn. 38 – Marchon Germany/Karaszkiewicz; BGH 6.10.2016, BGHZ 212, 201 Rn. 13 = NJW 2016, 3782.

[136] EuGH 7.4.2016, NJW 2016, 2244 Rn. 39 f. – Marchon Germany/Karaszkiewicz.

Rechtsanwendung eingeführt, der neue Auslegungsprobleme in sich trägt.[137] Systemgerechter erscheint in den Fällen der Sortimentserweiterung und -aufspaltung eine Lösung über die wesentliche Erweiterung der Geschäftsverbindung iSv § 89b Abs. 1 S. 2.[138] Von vornherein **keine neuen Kunden** sind Bestandskunden, deren Wechsel zu einem Konkurrenten der Handelsvertreter verhindert,[139] aber auch solche Kunden, die der Handelsvertreter bereits in seiner Zeit als Angestellter des Unternehmers geworben hat.[140] Entsprechendes gilt bei Übernahme der Kunden von einem Vorgänger, und zwar selbst dann, wenn der Handelsvertreter im Einverständnis mit dem Unternehmer eine Abfindung an den Vorgänger gezahlt hat,[141] es sei denn, die Parteien haben vertraglich etwas anderes vereinbart.[142]

13 **c) Erweiterung der Geschäftsverbindung mit Bestandskunden (Abs. 1 S. 2).** Nach Abs. 1 S. 2 steht es der Werbung eines neuen Kunden gleich, wenn der Handelsvertreter die Geschäftsverbindung mit einem Bestandskunden des Unternehmers so wesentlich erweitert, dass dies wirtschaftlich der Werbung eines neuen Kunden entspricht. Die Erweiterung der Geschäftsverbindung kann sowohl quantitativer Natur (Bestellmenge) als auch qualitativer Natur (Erweiterung auf andere Produkte) sein.[143] Sie muss freilich zumindest **mitursächlich** auf der Absatzmittlertätigkeit des Handelsvertreters und nicht nur auf anderen Einflüssen (Preissteigerung,[144] zufälliges Ereignis) beruhen.[145] Zudem muss die Geschäftserweiterung **wesentlich** sein. Insoweit kommt es wie beim Merkmal der Erheblichkeit in Abs. 1 S. 1 auf einen Gesamtvergleich der Umsätze bei Vertragsbeginn und bei Vertragsende an.[146] Von einer wesentlichen Erweiterung der Geschäftsverbindung ist insoweit nicht erst bei **Umsatzsteigerungen** von 100 % auszugehen.[147] Eine derartige Sichtweise ist mit Art. 17 Abs. 2 lit. a RL 86/653/EWG nicht vereinbar, da danach im Gegensatz zum – diesbezüglich nicht korrekt umgesetzten – deutschen Recht gerade nicht gefordert ist, dass die Erweiterung der Geschäftsverbindung „so wesentlich" ist, dass sie „wirtschaftlich der Werbung eines neuen Kunden entspricht".[148] Vielmehr können bereits erheblich geringere Umsatzsteigerungen als erheblich anzusehen sein.[149] Ausnahmsweise kann selbst bei einem **Umsatzrückgang,** der auf einen Preisverfall am Markt zurückzuführen ist, eine Erweiterung der Geschäftsverbindung vorliegen, wenn diese in quantitativer Hinsicht wesentlich ausgebaut wurde.[150] Soweit für die Erweiterung der Geschäftsverbindung auch **andere Einflüsse** als die Tätigkeit des Handelsvertreters ursächlich sind, ist dies ggf. bei der Prüfung der Billigkeit des Ausgleichsanspruchs (→ Rn. 23) zu berücksichtigen.[151]

14 **d) Erhebliche Vorteile aus der Geschäftsverbindung. aa) Grundsatz.** Aus der neuen oder erheblich erweiterten Geschäftsverbindung müssen dem Unternehmer (oder einer Konzerngesell-

[137] IdS auch Gräfe/Boerner ZVertriebsR 2017, 282 (284 f.); Gräfe EuZW 2016, 429 (430); zuvor bereits Gräfe/Giesa ZVertriebsR 2014, 287 (289 f.).

[138] IdS auch v. Bodungen BB 2016, 912.

[139] Hopt/Hopt Rn. 14a; Heymann/Herrmann Rn. 27; MüKoHGB/Ströbl Rn. 63.

[140] Hopt/Hopt Rn. 14a; MüKoHGB/Ströbl Rn. 63; **aA** Küstner/Thume VertriebsR-HdB II/Thume VI Rn. 19.

[141] BGH 10.5.1984, NJW 1985, 58 f.; KG 16.6.1969, BB 1969, 1062; LG Bielefeld 17.2.1971, BB 1972, 195 f.; LG Essen 16.2.1982, MDR 1982, 852 (853); Hopt/Hopt Rn. 12b; Heymann/Herrmann Rn. 27; auf die Vertragsauslegung abstellend MüKoHGB/Ströbl Rn. 63; **aA** OLG Hamm 21.1.1982, DB 1982, 1167.

[142] OLG Nürnberg 23.12.1986, HVR Nr. 646; Heymann/Herrmann Rn. 27; MüKoHGB/Ströbl Rn. 63.

[143] BGH 6.10.2016, BGHZ 212, 201 Rn. 9 = NJW 2016, 3782; 3.6.1971, BGHZ 56, 242 (245) = NJW 1971, 1611; OLG Celle 13.11.1969, BB 1970, 227; OLG Nürnberg 3.11.1982, HVR Nr. 571; Hopt/Hopt Rn. 13; Heymann/Herrmann Rn. 28; MüKoHGB/Ströbl Rn. 69.

[144] Dazu OLG Celle 13.11.1969, BB 1970, 227.

[145] Vgl. KG 14.9.2021, ZVertriebsR 2022, 55 Rn. 23; OLG Celle 13.11.1969, BB 1970, 227 (Wirtschaftsbelebung als Mitursache); Küstner/Thume VertriebsR-HdB II/Thume VI Rn. 8, 34 ff.; MüKoHGB/Ströbl Rn. 69.

[146] KG 14.9.2021, ZVertriebsR 2022, 55 Rn. 20; Heymann/Herrmann Rn. 28; MüKoHGB/Ströbl Rn. 70; **aA** Küstner/Thume VertriebsR-HdB II/Thume VI Rn. 35 (Einzelvergleich und Ausgleichsanspruch, wenn Geschäftserweiterung bei erheblichem Teil der Bestandskunden).

[147] Thume BB 2017, 1300; **aA** Gräfe/Boerner ZVertriebsR 2017, 282 (287); wohl auch Ebenroth/Boujong/Semmler Rn. 114; MüKoHGB/Ströbl Rn. 70 (ansonsten Einzelfallentscheidung); vgl. auch den Sachverhalt bei BGH 3.6.1971, BGHZ 56, 242 (244) = NJW 1971, 1611; OLG Celle 13.11.1969, BB 1970, 227.

[148] OLG Celle 16.2.2017, ZVertriebsR 2017, 230 Rn. 33; Korte/Harten ZVertriebsR 2021, 364 (365); Hopt/Hopt Rn. 13.

[149] KG 14.9.2021, ZVertriebsR 2022, 55 Rn. 20 (50 % und mehr); OLG Celle 16.2.2017, ZVertriebsR 2017, 230 Rn. 34 (mehr als 50 %); Emde BB 2011, 2755 (2765); Westphal DB 2010, 1333 (1335); Hopt/Hopt Rn. 13.

[150] Müller NJW 1997, 3423; Ebenroth/Boujong/Semmler Rn. 114; Hopt/Hopt Rn. 13; MüKoHGB/Ströbl Rn. 70; **aA** Küstner/Thume VertriebsR-HdB II/Thume VI Rn. 42.

[151] S. auch OLG München 24.10.2012, BeckRS 2012, 23000.

schaft des Unternehmers)[152] auch nach Vertragsende erhebliche Vorteile verbleiben. Nach einer insbesondere in der Rspr. anzutreffenden Auffassung soll es für das Entstehen einer Ausgleichspflicht erforderlich sein, dass der Unternehmer die Kundenbeziehung tatsächlich nutzt.[153] Diese Betrachtung ist jedoch zu eng. Ein Vorteil aus der vom Handelsvertreter aufgebauten Geschäftsverbindung entsteht für den Unternehmer nämlich bereits dann, wenn seine wirtschaftliche Position insgesamt verbessert wird. Eine derartige Verbesserung – im Sinne eines geldwerten Vorteils – folgt schon aus der bloßen **Möglichkeit zur Nutzung der Geschäftsverbindung** durch den Unternehmer und damit aus der Aussicht auf Realisierung neuer Geschäftsabschlüsse.[154] Das für den Unternehmer nutzbare **Kundenpotenzial** – und nicht erst der Geschäftsabschluss selbst – hat einen wirtschaftlichen Wert, der den Unternehmer zum Ausgleich verpflichtet.[155] Dies zeigt die Überlegung, dass im Falle der Betriebsveräußerung[156] oder der Verpachtung[157] allein durch die Tatsache eines nutzbaren Kundenstamms regelmäßig höhere Erlöse erzielt werden können. Dem entsprechend kommt es nicht zwingend darauf an, ob der Unternehmer infolge der Beendigung des Handelsvertreterverhältnisses tatsächlich Provisionszahlungen erspart.[158] Ein **wirtschaftlicher Vorteil** des Unternehmers ist im Übrigen auch nicht von einer Steigerung des Gesamtumsatzes abhängig.[159] Vielmehr kann sich ein Vorteil auch bei einer Umsatzminderung ergeben.[160] Diese ist jedoch ggf. bei der Billigkeitsprüfung (Abs. 1 S. 1 Nr. 2) zu berücksichtigen. Eine Gewinnerzielung ist ebenso wenig erforderlich,[161] da der wirtschaftliche Vorteil darin bestehen kann, dass die Geschäfte mit dem Kundenstamm einen bloßen zusätzlichen Deckungsbeitrag erbringen.[162] Unerheblich ist überdies, ob mit dem Stammkundengeschäft bestimmte Mindestumsätze erzielt werden[163] oder ob eine bestimmte Anzahl von Wiederholungskäufen zu erwarten ist.[164] Ein relevanter Vorteil wird schließlich auch nicht dadurch ausgeschlossen, dass der Gewinnung eines neuen Kundenstamms für den Unternehmer der **Verlust von Altkunden** gegenübersteht.[165]

bb) Prognosebetrachtung. In welchem Umfang sich aus der potenziellen Nutzung des Kundenstamms für den Unternehmer auch nach Vertragsende wirtschaftliche Vorteile ergeben, ist Gegen- 15
stand einer Prognosebetrachtung,[166] da die Vorteile des Unternehmers bei Beendigung des Vertragsverhältnisses zumeist noch nicht hinreichend bestimmt sind. Es bedarf vielmehr eines Blicks in die Zukunft. Dabei sind bezogen auf den Zeitpunkt der **Beendigung des Handelsvertreterverhältnisses** alle objektiven Umstände des Einzelfalls einzubeziehen, die für den Ausgleichsanspruch von Bedeutung sind. Konkret ist zu fragen, in welchem Zeitraum und in welchem Umfang die Geschäfte zwischen dem Unternehmer und den vom Handelsvertreter geworbenen Neukunden voraussichtlich fortgeführt werden (Prognosezeitraum).[167] Nach früher verbreiteter Auffassung sollte insoweit auch die Berücksichtigung solcher Umstände nicht ausgeschlossen sein, die erst nach Vertragsende eintreten.[168] Dies geht allerdings zu weit, da der Ausgleichsanspruch an die Umstände anknüpft, die durch

[152] Vgl. BGH 30.1.1986, NJW 1986, 1931 (1932); OLG Braunschweig 3.4.1975, NJW 1976, 2022 (2023); einschr. OLG München 5.8.1988, BB 1988, 2058 (2059).

[153] BGH 9.11.1967, BGHZ 49, 39 (43) = NJW 1968, 394; 30.1.1986, NJW 1986, 1931 (1932); MüKoHGB/Ströbl Rn. 80 f.

[154] Ebenroth/Boujong/Semmler Rn. 133; vgl. auch Thume BB 2009, 2490 (2494).

[155] Ebenroth/Boujong/Semmler Rn. 133; wohl auch OLG Bremen 10.2.1966, NJW 1967, 254 (255); OLG Düsseldorf 8.5.1956, HVR Nr. 130; Heymann/Herrmann Rn. 31.

[156] Vgl. BGH 9.11.1967, BGHZ 49, 39 (43) = NJW 1968, 394; 8.11.1984, VersR 1985, 265; 25.4.1960, NJW 1960, 1292 (1293); OLG Celle 7.1.1971, HVR Nr. 436; OLG Hamm 14.3.1977, HVR Nr. 511; OLG Karlsruhe 27.12.1984, WM 1985, 235 f.; OLG Nürnberg 6.12.1961, BB 1962, 155; LG Darmstadt 19.10.1976, VW 1978, 1318 f.

[157] OLG Hamburg 25.3.1958, VersR 1958, 688.

[158] Ebenroth/Boujong/Semmler Rn. 133; idS schon Begr. RegE Gesetz zur Änderung des HGB (Recht der Handelsvertreter), BT-Drs. 1/3856, 9, 35; undeutlich Hopt/Hopt Rn. 15.

[159] BGH 15.10.1964, BGHZ 42, 244 (246) = NJW 1965, 248; Hopt/Hopt Rn. 15.

[160] BGH 29.3.1990, NJW 1990, 2889 (2890); Hopt/Hopt Rn. 15; MüKoHGB/Ströbl Rn. 88.

[161] BGH 2.7.1987, NJW-RR 1988, 42 (43); Ebenroth/Boujong/Semmler Rn. 134; MüKoHGB/Ströbl Rn. 83.

[162] MüKoHGB/Ströbl Rn. 83.

[163] Dazu LG Hannover 30.9.1954, HVR Nr. 73.

[164] Dazu BGH 31.1.1991, NJW-RR 1991, 1050 (1052) = BB 1991, 1210.

[165] BGH 15.10.1964, BB 1964, 1399 f. = NJW 1965, 248; Küstner/Thume VertriebsR-HdB II/Thume VI Rn. 54.; Hopt/Hopt Rn. 21; MüKoHGB/Ströbl Rn. 88.

[166] BGH 3.6.1971, BGHZ 56, 242 (246) = NJW 1971, 1611; LG Coburg 14.1.1958, HVR Nr. 189; LG Hamburg 4.11.1955, HVR Nr. 190; Heymann/Herrmann Rn. 37; MüKoHGB/Ströbl Rn. 90.

[167] BGH 15.10.1992, NJW-RR 1993, 221 f.; MüKoHGB/Ströbl Rn. 90.

[168] BGH 3.6.1971, BGHZ 56, 242 (246) = NJW 1971, 1611; 31.1.1991, WM 1991, 1513 (1517) = NJW-RR 1991, 1050; Rittner DB 1998, 457; dem zuneigend Korte ZVertriebsR 2025, 3 (5 ff.); Heymann/Herrmann Rn. 37.

den Handelsvertreter während seiner Tätigkeit beeinflusst wurden. Nachvertraglich entstandene Umstände sind daher allenfalls dann zu berücksichtigen, wenn sie ihrer Wurzel nach bereits im Handelsvertreterverhältnis angelegt waren.[169] Voraussetzung für die Prognosebetrachtung ist in jedem Fall die begründete Annahme, dass die Geschäftsverbindung zwischen dem Unternehmer und dem vom Handelsvertreter aufgebauten Kundenstamm auch nach Vertragsende (zumindest teilweise) fortbestehen wird.[170] Davon kann im Regelfall ausgegangen werden.[171] Selbst eine Vertriebsumstellung nach Ausscheiden des Handelsvertreters schließt den **Fortbestand der Geschäftsverbindung** nicht aus, wenn die Kunden zwar nicht mehr direkt, wohl aber mittelbar beliefert werden.[172] Unerheblich ist überdies, ob der Handelsvertreter tatsächlich in der Lage wäre, die Absatzmittlertätigkeit über das Vertragsende hinaus fortzusetzen.[173] Ein bestimmter **Prognosezeitraum** ist nicht vorgegeben; dieser muss jedoch überschaubar sein. Entscheidend ist, in welchen Zeitabschnitten in der jeweiligen Branche mit Nach- bzw. Ersatzbestellungen zu rechnen ist. Insoweit ist auf die Überlegungen zur Bestimmung der Mehrfachkunden zurückzugreifen (→ Rn. 9 f.). In die Prognosebetrachtung einzubeziehen ist der Erfahrungssatz, dass ein Teil der Mehrfachkunden im Laufe der Zeit abwandert. Die **Abwanderungsquote** kann nach § 287 Abs. 2 ZPO geschätzt werden.[174] Dabei ist in erster Linie von den tatsächlich feststellbaren Kundenbewegungen während der Vertragslaufzeit auszugehen;[175] in zweiter Linie kann auf Erfahrungswerte zurückgegriffen werden.[176] Die Abwanderungsquote ist von der Zahl der Mehrfachkunden abzusetzen, soweit darin die Abwanderung nicht ohnehin bereits berücksichtigt ist.[177] Im Übrigen sind schematisierte Berechnungsverfahren zulässig, wenn diese allgemein gebräuchlich sind. Eine mathematisch richtige zeitliche Erfassung der tatsächlichen Abwanderung ist nicht erforderlich.[178] Erweist sich die **Prognose im Nachhinein** als **unzutreffend,** weil mehr Kunden als angenommen die Geschäftsverbindung zum Unternehmer lösen oder andere Kunden wider Erwarten die Geschäftsverbindung aufrechterhalten, kommt es zu keiner bereicherungsrechtlichen Rückabwicklung der Ausgleichszahlung.[179]

16 **cc) Erheblichkeit.** Auszugleichen sind die Vorteile aus der Geschäftsverbindung nur, wenn sie erheblich sind. Das ist nach der EuGH-Rspr. zu Art. 17 Abs. 2 lit. a RL 86/653/EWG der Fall, wenn der Unternehmer nach Beendigung des Vertragsverhältnisses einen Vorteil genießt, „der zum einen von gewisser Bedeutung ist und zum anderen mit früheren Leistungen des Handelsvertreters in Verbindung steht".[180] Unter welchen Voraussetzungen danach von einem erheblichen Vorteil auszugehen ist, entzieht sich einer verallgemeinernden Betrachtung. Es kommt auf den Einzelfall an. Als Maßstab kommen der zusätzliche Umsatz, ggf. auch der Gewinn, den der Unternehmer aus dem Fortbestand der vom Handelsvertreter aufgebauten Geschäftsverbindung zieht, in Betracht, nicht jedoch das Verhältnis zwischen dem Gesamtumsatz des Unternehmers und dem vom Handelsvertreter vermittelten Umsatz.[181] Zu vergleichen ist daher der **Geschäftsumfang** auf dem Vertretungsgebiet des ausgeschiedenen Handelsvertreters **vor Beginn und nach Beendigung des Handelsvertreterverhältnisses.**[182] Dabei kann die Höhe der Vorteile durch Einholung schriftlicher Auskünfte von

[169] BGH 6.8.1997, NJW 1998, 71 (75); OLG Koblenz 22.3.2007, NJW-RR 2007, 1044; Hopt/Hopt Rn. 16; MüKoHGB/Ströbl Rn. 90; offenbar diff. BGH 15.9.1999, NJW-RR 2000, 109; undeutlich Emde DStR 2009, 1478 (1484).

[170] Vgl. BGH 25.10.1984, NJW 1985, 859 (860); 12.12.1963, HVR Nr. 319; OLG Schleswig 17.12.1957, HVR Nr. 219; Hopt/Hopt Rn. 16; Heymann/Herrmann Rn. 37.

[171] OLG Düsseldorf 21.12.1979, HVR Nr. 535; OLG Frankfurt 3.6.1965, HVR Nr. 365; LG Hamburg 5.11.1954, MDR 1955, 44; Heymann/Herrmann Rn. 42.

[172] BGH 1.12.1983, NJW 1984, 2695 (2696); MüKoHGB/Ströbl Rn. 81.

[173] OLG Celle 25.1.1968, NJW 1968, 1141 (1142 f.).

[174] Vgl. BGH 26.2.1997, BGHZ 135, 14 (19) = NJW 1997, 1503; 21.4.2010, NJW-RR 2010, 1550 Rn. 27 f.; 10.7.2002, WM 2003, 499 (503); 10.7.2002, WM 2003, 491 (498); 12.2.1963, HVR Nr. 1063 = NJW-RR 2003, 821; 6.8.1996, HVR Nr. 869; 5.6.1996, NJW 1996, 2298 (2301); 23.2.1994, NJW 1994, 1350 f.; OLG Köln 29.4.1968, VersR 1968, 966; OLG Oldenburg 27.10.2015, ZVertriebsR 2016, 182 Rn. 35; Hopt/Hopt Rn. 12c.

[175] BGH 26.2.1997, NJW 1997, 1503 (1506); 10.7.2002, NJW-RR 2002, 1548 (1553); 17.11.2010, NJW 2011, 1143 Rn. 16.

[176] BGH 26.2.1997, NJW 1997, 1503 (1506); 10.7.2002, NJW-RR 2002, 1548 (1553); 17.11.2010, NJW 2011, 1143 Rn. 16.

[177] Vgl. BGH 26.2.1997, BGHZ 135, 14 (22) = NJW 1997, 1503; OLG Köln 26.9.1995, MDR 1996, 129 f.

[178] BGH 6.8.1997, NJW 1998, 71 (75).

[179] BGH 6.8.1997, NJW 1998, 71 (74); Hopt/Hopt Rn. 16.

[180] EuGH 13.10.2022, EuZW 2022, 1126 Rn. 23 – NY/Herios.

[181] BGH 6.8.1997, NJW 1998, 71 (74); 6.8.1997, NJW 1998, 66 (68); 31.1.1991, BB 1991, 1210 (1211); OLG Frankfurt 3.6.1965, HVR Nr. 365; OLG Nürnberg 6.12.1961, BB 1962, 155; Hopt/Hopt Rn. 15; Heymann/Herrmann Rn. 39; MüKoHGB/Ströbl Rn. 89.

[182] Begr. RegE Gesetz zur Änderung des HGB (Recht der Handelsvertreter), BT-Drs. 1/3856, 9, 35.

Stammkunden und durch Stichproben ermittelt werden.[183] Führt dies nicht weiter, kann die Höhe der Vorteile gem. § 287 Abs. 2 ZPO geschätzt werden.[184]

dd) Einzelfälle. Ein **Vorteil** liegt jedenfalls vor, wenn mit **Nachbestellungen** von Kunden innerhalb kurzer Zeitabstände gerechnet werden kann.[185] Selbst die Aussicht auf Nachbestellungen, die erst nach Jahren erfolgen, schließt einen Vorteil nicht aus. Das gilt insbesondere im Hinblick auf langlebige Konsumgüter (→ Rn. 10). Vorteile können überdies im Falle der **Geschäftsveräußerung oder -verpachtung** entstehen, wenn nämlich dem Unternehmer aufgrund des vom Handelsvertreter aufgebauten Kundenstamms ein höheres Entgelt zufließt[186] oder der Unternehmer den Kundenstamm mittelbar durch Zulieferungen an den Erwerber oder Pächter nutzen kann.[187] Inwieweit bei **Umstrukturierungen im Konzern** dem Unternehmer wirtschaftliche Vorteile verbleiben, kann nur im Einzelfall entschieden werden.[188] Das ist jedenfalls dann der Fall, wenn dem Unternehmer ein Erlös für die Übertragung des Kundenstamms zufällt, aber auch bei äquivalenten Vorteilen.[189] Anderenfalls kann ein Umgehungstatbestand vorliegen,[190] sodass Unternehmer und Übernehmer ggf. gem. § 242 BGB als wirtschaftliche Einheit zu betrachten sind.[191] Im Falle der **Geschäftsaufgabe** kann ein relevanter wirtschaftlicher Vorteil durch Zahlung von Abfindungen[192] oder staatlichen Stilllegungsprämien entstehen, soweit die Höhe der Zahlungen einen Bezug zum Kundenstamm hat. Im Verhältnis des Hauptvertreters zum (echten) **Untervertreter** (→ § 84 Rn. 49 f.) stellen Ausgleichszahlungen des Unternehmers an den Hauptvertreter regelmäßig Vorteile dar, die wiederum zu einem Ausgleichsanspruch des Untervertreters gegen den Hauptvertreter führen, wenn dieser aufgrund der Tätigkeit des Untervertreters eine höhere Ausgleichszahlung beanspruchen konnte,[193] es sei denn, die Ausgleichszahlung entspricht nicht der Billigkeit (→ Rn. 23). **Kein** ausgleichspflichtiger **Vorteil** ist es, wenn der Handelsvertreter lediglich eine **Vertreterorganisation** aufbaut, ohne dass daraus konkret nutzbare Geschäftsverbindungen erwachsen.[194] Darüber hinaus entfällt ein wirtschaftlicher Vorteil des Unternehmers, wenn dieser aus rechtlichen oder tatsächlichen Gründen nicht in der Lage ist, das vom Handelsvertreter geschaffene Kundenpotenzial zu nutzen, weil beispielsweise der ausgeschiedene Handelsvertreter die Kunden zur Konkurrenz mitnimmt[195] oder die Kunden selbst zu anderen Bezugsquellen wechseln.[196] Entsprechendes gilt bei behördlicher **Untersagung** des Geschäftsbetriebs und bei vollständiger, unter Umständen auch teilweiser **Einstellung des Geschäftsbetriebs** durch den Unternehmer.[197] Letztere ist Ausfluss der unternehmerischen Entscheidungsfreiheit und kann daher nicht auf wirtschaftliche Zweckmäßigkeit überprüft werden.[198] Freilich ist dem Unternehmer die Berufung auf 17

[183] BGH 25.10.1984, NJW 1985, 859 (860).

[184] BGH 21.7.2016, NJW 2017, 475 Rn. 50; OLG München 11.6.1958, NJW 1958, 1636 (1637).

[185] BGH 10.7.1969, BB 1970, 102 = BeckRS 1969, 31174120.

[186] Vgl. zur Geschäftsveräußerung BGH 9.11.1967, BGHZ 49, 39 (43) = NJW 1968, 394; 27.3.1996, NJW 1996, 1752 f.; 8.11.1984, VersR 1985, 265; 25.4.1960, NJW 1960, 1292 (1293); OLG Düsseldorf 2.11.2001, HVR Nr. 1043; OLG Hamm 14.3.1977, HVR Nr. 511; OLG Karlsruhe 27.12.1984, WM 1985, 235 (236) (Veräußerung durch Konkursverwalter); LG Hannover 25.1.1996, HVR Nr. 906; Schröder DB 1973, 217 (219 f.); Hopt/Hopt Rn. 18; MüKoHGB/Ströbl Rn. 86; zur Geschäftsverpachtung OLG Hamburg 25.3.1958, VersR 1958, 688.

[187] BGH 30.1.1986, NJW 1986, 1931 (1932); Hopt/Hopt Rn. 18.

[188] Dazu auch MüKoHGB/Ströbl Rn. 84.

[189] Vgl. BGH 30.1.1986, NJW 1986, 1931 (1932).

[190] Vgl. OLG Düsseldorf 2.11.2001, HVR Nr. 1043; OLG München 14.2.2001, HVR Nr. 1052 Ls.; offengelassen von BGH 30.1.1986, NJW 1986, 1931 (1932).

[191] Vgl. BGH 30.1.1986, NJW 1986, 1931 (1932); OLG Braunschweig 3.4.1975, NJW 1976, 2022 (2023) = BB 1976, 1908; OLG Schleswig 13.12.1996, HVR Nr. 996; MüKoHGB/Ströbl Rn. 84.

[192] OLG Frankfurt 29.1.1985, BB 1985, 687 (Tankstellenaufgabe).

[193] EuGH 13.10.2022, EuZW 2022, 1126 Rn. 31 – NY/Herios; BGH 13.3.1969, BGHZ 52, 5 (10) = NJW 1969, 1021; Küstner/Thume VertriebsR-HdB II/Thume VII Rn. 75 ff.; MüKoHGB/Ströbl Rn. 87.

[194] Hopt/Hopt Rn. 15; Heymann/Herrmann Rn. 32; vgl. auch OLG München 11.6.1958, NJW 1958, 1636 unter Berücksichtigung branchentypischer Gegebenheiten.

[195] BGH 21.5.1975, WM 1975, 856 (857 f.) = BeckRS 1975, 30394989; 25.4.1960, BB 1960, 605 (606) = NJW 1960, 1292; Hopt/Hopt Rn. 19; MüKoHGB/Ströbl Rn. 88.

[196] BGH 15.11.1984, NJW 1985, 860 (861); OLG Oldenburg 28.11.1962, BB 1963, 8 (Großhandelsbezug); MüKoHGB/Ströbl Rn. 88.

[197] Vgl. BGH 9.11.1967, BGHZ 49, 39 (43) = NJW 1968, 394; 29.6.1959, NJW 1959, 1964; 11.5.1978, OLG Hamm HVR Nr. 518 = BB 1978, 1686 = DB 1979, 304; OLG München 11.12.2024, ZVertriebsR 2025, 165 Rn. 76; 16.9.1955, NJW 1955, 1679; OLG Nürnberg 22.9.1962, BB 1962, 155 f.; LG Berlin 14.6.1956, HVR Nr. 126; LG Darmstadt 19.10.1976, VW 1978, 1318 f.; LG Münster 27.1.1960, BB 1960, 1300; Wendel/Ströbl WRP 2005, 999 (1000); zur teilweisen Geschäftseinstellung OLG München 16.6.2005, HVR 1166 (Brillenkollektion); 7.2.1996, BB 1996, 980 (Textilkollektion).

[198] BGH 9.11.1967, BGHZ 49, 39 (42) = NJW 1968, 394; Hopt/Hopt Rn. 20; MüKoHGB/Ströbl Rn. 81; **aA** Heymann/Herrmann Rn. 34 f.

fehlende wirtschaftliche Vorteile nach Treu und Glauben (§ 242 BGB) zu versagen, wenn oder soweit die Einstellung des Geschäftsbetriebs aus willkürlichen Gründen erfolgt, insbesondere um der Ausgleichspflicht zu entgehen.[199] Vorteile können überdies entfallen, wenn der Unternehmer nach Ausscheiden des Handelsvertreters die **Vertriebsstruktur ändert.**[200] Profitieren Konzerngesellschaften von der Einstellung des Geschäftsbetriebs eines Schwesterunternehmens, für das der Handelsvertreter tätig war, reicht das zur Begründung eines Ausgleichsanspruchs grundsätzlich nicht aus.[201] Ein Umsatzrückgang infolge Ausscheidens des Handelsvertreters kann **vorteilsmindernd** zu berücksichtigen sein.[202] Das gilt freilich nicht bei nur geringen oder zeitlich begrenzten Geschäftsschwankungen infolge des Ausscheidens des Handelsvertreters.[203] Vorteilsmindernd wirken auch nicht gewöhnliche eigene Werbeaufwendungen des Unternehmers[204] oder die Tatsache, dass die Kosten für den an den ausgeschiedenen Handelsvertreter gezahlten Ausgleich nicht auf Dritte abgewälzt werden können.[205]

18 **4. Billigkeit der Ausgleichszahlung (Abs. 1 S. 1 Nr. 2). a) Allgemeines.** Der Ausgleichsanspruch des Handelsvertreters steht unter dem Vorbehalt der Billigkeit der Ausgleichszahlung. Die in Abs. 1 S. 1 Nr. 2 angelegte Billigkeitsprüfung dient damit der **Korrektur des** zu Abs. 1 S. 1 Nr. 1 erzielten **(rechnerischen) Auslegungsergebnisses,**[206] sodass es unter dem Blickwinkel der Billigkeit im Ergebnis zu einer **Kürzung** oder gar Aufhebung des Ausgleichsanspruchs kommen kann (→ Rn. 23),[207] aber unter Umständen auch zu einer **Erhöhung des Ausgleichsanspruchs,** wenn beispielsweise die Unternehmervorteile iSd Nr. 1 höher zu bewerten sind als die in Nr. 2 erwähnten Provisionsverluste des Handelsvertreters.[208] Daraus ergibt sich, dass die Prüfung der Voraussetzungen des Abs. 1 S. 1 in einem Stufenverhältnis steht: Auf die Billigkeitsprüfung gem. Nr. 2 kommt es erst dann an, wenn feststeht, dass die anderen Anspruchsvoraussetzungen nach Nr. 1 vorliegen.[209] Ein Provisionsverlust des Handelsvertreters ist im Gegensatz zur früheren Gesetzesfassung (vgl. Abs. 1 S. 1 Nr. 2 aF) nicht mehr zwingend erforderlich. Vielmehr handelt es sich de lege lata nur noch um ein fakultatives Merkmal, das im Rahmen der Billigkeitsprüfung zu berücksichtigen ist. Dies entspricht der Vorgabe von Art. 17 Abs. 2 lit. a RL 86/653/EWG. Die Hervorhebung der „entgehenden Provision" im Gesetzeswortlaut zeigt freilich auch, dass dieser Umstand für die Billigkeit des Ausgleichsanspruchs von besonderer Bedeutung ist. Allerdings indiziert ein fehlender Provisionsverlust des Handelsvertreters noch nicht notwendig die fehlende Billigkeit des Ausgleichsanspruchs.[210] Daneben sind nach dem Wortlaut von Nr. 2 in die Billigkeitsbetrachtung auch alle weiteren Umstände **einzubeziehen,** die für die Bemessung der Ausgleichszahlung im Einzelfall relevant sind.[211] Da die Billigkeitsprüfung nach Sinn und Zweck der Vorschrift auf einen vertraglichen Interessenausgleich abzielt, sind freilich **nur vertragsbezogene Umstände** gemeint,[212] nicht aber vertragsfremde, die wie Alter, Gesundheitszustand, Familienstand, Kinderzahl oder Erwerbsfähigkeit

---

[199] Hopt/Hopt Rn. 20; MüKoHGB/Ströbl Rn. 81; vgl. auch OLG Hamm 11.5.1978, HVR Nr. 518 = BB 1978, 1686; LG Berlin 22.9.1958, HVR Nr. 188; LG Kaiserslautern 14.11.1955, HVR Nr. 81; Heymann/Herrmann Rn. 34; **aA** OLG Düsseldorf 12.3.2004, HVR Nr. 1085 = OLGR 2004, 275 (Schadensersatzpflicht).

[200] BGH 1.12.1983, NJW 1984, 2695 (2696) (Großhandelsvertrieb); OLG Frankfurt 19.6.1972, BB 1973, 212 (Großhandelsvertrieb).

[201] EuGH 26.3.2009, EuZW 2009, 304 Rn. 26 ff. – Semen/Tamoil; BGH 30.1.1986, NJW 1986, 1931 (1932).

[202] BGH 3.6.1971, BGHZ 56, 242 (246) = NJW 1971, 1611; LG Hannover 4.7.1979, VW 1979, 1270 f.; Hopt/Hopt Rn. 19; Heymann/Herrmann Rn. 31.

[203] MüKoHGB/Ströbl Rn. 88.

[204] BGH 15.12.1978, BGHZ 73, 99 (104) = NJW 1979, 651; 3.6.1971, BGHZ 56, 242 (245) = NJW 1971, 1611; Hopt/Hopt Rn. 19; MüKoHGB/Ströbl Rn. 88.

[205] OLG Hamm 14.11.1977, HVR Nr. 514; Hopt/Hopt Rn. 19.

[206] Hopt/Hopt Rn. 23; Heymann/Herrmann Rn. 46.

[207] Vgl. BGH 17.11.1983, WM 1984, 212 (213 f.) = BeckRS 1983, 30376135 (Kürzung); OLG Bremen 16.12.1965, BB 1966, 877; Emde BB 2000, 738 f.; Matthies DB 1986, 2063 (2064 f.); Ebenroth/Boujong/Semmler Rn. 149; **aA** MüKoHGB/Ströbl Rn. 164 (auch Erhöhung); vgl. auch BGH 10.5.1984, NJW 1985, 58 f.; 22.12.1960, VersR 1961, 222 (223) = BeckRS 1960, 31189183; LG Bielefeld 17.2.1971, BB 1972, 195 (196).

[208] Christoph NJW 2010, 647 (650); vgl. auch Balke/de Groot NJOZ 2010, 1551 (1553); MüKoHGB/Ströbl Rn. 143; BGH 10.5.1984, NJW 1985, 58 (59); 22.12.1960, VersR 1961, 222 (223) = BeckRS 1960, 31189183; LG Bielefeld 17.2.1971, BB 1972, 195 (196).

[209] Vgl. auch BGH 19.11.1970, BGHZ 55, 45 (55) = NJW 1971, 462; 15.2.1965, BGHZ 43, 154 (157) = NJW 1965, 1134 (1135); 11.12.1996, NJW 1997, 655 (656); 29.4.1993, WM 1993, 1681 (1683) = NJW-RR 193, 996; 12.12.1985, NJW-RR 1986, 661 (662); 10.5.1984, NJW 1985, 58 (59); Heymann/Herrmann Rn. 46; MüKoHGB/Ströbl Rn. 32.

[210] In diesem Sinne auch Emde DStR 2009, 1478 (1482); Thume BB 2009, 2490 (2491).

[211] OLG Oldenburg 30.1.2025, ZVertriebsR 2025, 171 Rn. 33.

[212] OLG Karlsruhe 11.4.1957, BB 1957, 561 (562); LG Hamburg 5.11.1954, MDR 1955, 44; Hopt/Hopt Rn. 25.

den sozialen oder familiären Verhältnissen des Handelsvertreters zuzurechnen sind.[213] Auch kommt es nicht darauf an, welche Auswirkungen die Vertragsbeendigung auf das nachvertragliche berufliche Fortkommen des Handelsvertreters hat.[214] Die in die Billigkeitsprüfung einzubeziehenden (vertragsbezogenen) Umstände sind gleichwohl vielschichtig (→ Rn. 23). Dem Handelsvertreter steht im Hinblick auf diese Umstände, die den Ausgleichsanspruch möglicherweise erhöhen, allerdings **kein umfassender Auskunftsanspruch** gegen den Unternehmer zu,[215] sondern nur insoweit diese Umstände für die Berechnung der Unternehmervorteile von Bedeutung sind. Das ist etwa in Bezug auf den vom Unternehmer erzielten Rohertrag, also den Betrag, der dem Unternehmer von seinen Erlösen nach Abzug variabler Kosten verbleibt, zu verneinen, da der Rohertrag keine Aussage über den Wert der vom Handelsvertreter erbrachten Leistung als Vertriebsmittler und damit über die dem Unternehmer erwachsenen Vorteile zulässt.[216] Hinzu kommt, dass der Handelsvertreter auf umfassende Auskünfte des Unternehmers, die unter Umständen Betriebsinterna betreffen, auch deshalb nicht angewiesen ist, weil er die Ausgleichsberechnung auf der Grundlage einer Prognosebetrachtung (→ Rn. 15) vornehmen kann. Bei der Berücksichtigung der ausgleichswirksamen Umstände ist im Übrigen darauf zu achten, dass diese nicht mehrfach, nämlich sowohl im Rahmen von Abs. 1 S. 1 Nr. 1 als auch im Rahmen von Nr. 2 verwertet werden.

b) Entgehende Provisionen des Handelsvertreters. aa) Grundsatz. Wie bereits dargelegt, kommt dem Aspekt des Provisionsverlustes auf Seiten des Handelsvertreters für die Billigkeitsprüfung besondere Bedeutung zu. Dies erklärt sich aus dem Sinn und Zweck des § 89b. Dem Handelsvertreter soll ein finanzieller Ausgleich dafür verschafft werden, dass der Unternehmer aus der Geschäftsverbindung mit solchen Kunden, die der Handelsvertreter geworben oder zu denen er die Geschäftsverbindung wesentlich erweitert hat, über den Zeitpunkt der Beendigung des Handelsvertreterverhältnisses hinaus weiterhin wirtschaftliche Vorteile zieht (→ Rn. 1). Zu diesen Vorteilen gehören auch jene Provisionen, die der Handelsvertreter hätte erhalten müssen, wenn der Handelsvertretervertrag fortbestanden hätte. Die frühere Gesetzesfassung (vgl. Abs. 1 S. 1 Nr. 1 und 2 aF) machte den Ausgleich allein davon abhängig, dass sich die wirtschaftlichen Vorteile des Unternehmers in Provisionsverlusten des Handelsvertreters niederschlagen. Der Provisionsverlust war danach gleichsam die Kehrseite der Vorteile des Unternehmers.[217] Damit wurde der Ausgleichsanspruch des Handelsvertreters freilich tendenziell verkürzt. Dies entsprach weder dem Wortlaut noch dem Sinn und Zweck von Art. 17 Abs. 2 RL 86/653/EWG. Nach der Richtlinienbestimmung ist es im Grundsatz vielmehr geboten, dem Handelsvertreter einen Ausgleichsanspruch für alle wirtschaftlichen Vorteile des Unternehmers einzuräumen. In diesem Sinne ist ein Provisionsverlust auf Seiten des Handelsvertreters nicht notwendig die (alleinige) Kehrseite der beim Unternehmer zu verbuchenden Vorteile. Der Provisionsverlust ist lediglich ein **Indiz für entsprechende Vorteile des Unternehmers.**[218] Dies bedeutet, dass Vorteile des Unternehmers auch dann bestehen und auszugleichen sind, soweit sie wie der Aufbau eines goodwill durch den Provisionsverlust des Handelsvertreters nicht indiziert sind. In diesem Sinne ist es nachvollziehbar, dass dem Aspekt des Provisionsverlustes im Rahmen der Billigkeitsprüfung zwar eine maßgebliche **Korrektivfunktion** zukommt. Insoweit können die Wertungen, die sich aus Erkenntnissen zu Abs. 1 S. 1 aF ergeben, für die Rechtslage de lege lata weiterhin fruchtbar gemacht werden. Zu beachten ist jedoch, dass dem Handelsvertreter im Einzelfall ein über den Provisionsverlust hinausgehender Ausgleichsanspruch einzuräumen ist, wenn die Unternehmervorteile die Provisionsverluste des Handelsvertreters übersteigen. Die Unternehmervorteile sind also nicht von vornherein durch die Provisionsverluste des Handelsvertreters begrenzt.[219] Damit gibt die geltende Fassung von Abs. 1 S. 1 in Übereinstimmung mit Art. 17 Abs. 2 RL 86/653/EWG der Einzelfallgerechtigkeit breiteren Raum. 19

bb) Provisionen. Von Abs. 1 S. 1 Nr. 2 erfasst werden – unabhängig von der Bezeichnung[220] – nur Abschlussprovisionen, also solche Provisionen, die dem Handelsvertreter **für werbende Maß-** 20

[213] Staub/Emde Rn. 258; diff. Emde DStR 2009, 1478 (1483); **aA** BGH 20.11.2002, BGHZ 153, 6 (14 f.) = NJW 2003, 1241; 15.2.1965, BGHZ 43, 154 (161 f.) = NJW 1965, 1134; 15.1.1957, BGHZ 23, 90 (99) = NJW 1957, 674; 6.7.1955, BGHZ 18, 149 (162 f.) = NJW 1955, 1675; OLG München 16.11.2006, WM 2007, 710 (712); OLG Oldenburg 30.1.2025, ZVertriebsR 2025, 171 Rn. 33; Küstner/Thume VertriebsR-HdB II/Thume XVII Rn. 45 ff.; Ebenroth/Boujong/Semmler Rn. 150; Heymann/Herrmann Rn. 47; MüKoHGB/Ströbl Rn. 97; einschr. RGHMW/Thume Rn. 102.

[214] **AA** OLG Düsseldorf 8.2.1977, HVR Nr. 504 (Gefahr der Betriebseinstellung).

[215] OLG Düsseldorf 27.1.2017, ZVertriebsR 2017, 111 Rn. 26 ff. (Auskunftsverlangen über Deckungsbeitrag).

[216] BGH 24.9.2020, BGHZ 227, 112 Rn. 19 f. = NJW 2021, 69.

[217] Vgl. auch BGH 29.3.1990, NJW 1990, 2889 (2891); 21.4.2010, NJW-RR 2010, 1550 Rn. 12; MüKoHGB/Ströbl Rn. 93.

[218] Vgl. auch EuGH 23.3.2023, ZVertriebsR 2023, 196 Rn. 45 f.

[219] EuGH 23.3.2023, ZVertriebsR 2023, 196 Rn. 63; 26.3.2009, EuZW 2009, 304 Rn. 25 – Semen/Tamoil.

[220] Dazu EuGH 23.3.2023, ZVertriebsR 2023, 196 Rn. 61 ff. (Einmalprovision); BGH 4.5.1959, BGHZ 30, 98 (104) = NJW 1959, 1430; OLG München 13.11.1991, NJW-RR 1993, 357 (358).

nahmen wie die Vermittlung und den Abschluss von Kundengeschäften zustehen. Dies folgt daraus, dass es sich bei dem Ausgleichsanspruch um einen modifizierten Vergütungsanspruch handelt (→ Rn. 1). Werbend sind alle für den Kunden wahrnehmbaren Verkaufsförderungsmaßnahmen.[221] Dementsprechend fallen unter Abs. 1 S. 1 Nr. 2 entgehende Provisionen für die Vermittlung und den Abschluss von Kundengeschäften,[222] aber je nach Branche auch für Lagerhaltung und Auslieferung[223] Warenpräsentation und Mitarbeiterüberwachung,[224] längere Öffnungszeiten,[225] ggf. sogar Inkassoprovisionen,[226] im Tankstellengewerbe auch Provisionen für die Kontrolle und Meldung von Preisänderungen bei benachbarten Drittanbietern.[227] Eine Abschlussprovision ist auch eine **Superprovision** für die Einstellung und Einarbeitung der dem Handelsvertreter (Generalvertreter) unterstellten (echten oder unechten) Untervertreter, sofern sie nach der Parteivereinbarung auf einen Abschluss bezogen ist.[228] Nicht erforderlich ist, dass der Generalvertreter die Untervertreter auch tatsächlich betreut.[229] Entsprechend anzuwenden ist Abs. 1 S. 1 Nr. 2 auf andere Vergütungen (Zusatzleistungen) für werbende Tätigkeiten wie **Festvergütungen, Boni, auch Zusatzprovisionen** oder **Betriebskostenzuschüsse.**[230] Diese können etwa darin bestehen, dass der Unternehmer dem Handelsvertreter zum Ausgleich für Rabatte, die dieser seinen Abnehmern einräumt, entsprechende Zusatzleistungen („Rückvergütungen") gewährt.[231] Auf der anderen Seite werden dementsprechend **nicht erfasst** solche Provisionen oder andere Vergütungsbestandteile, die der Handelsvertreter nicht für werbende Tätigkeiten, sondern für die interne Administration des Handelsvertreterverhältnisses wie das Delkredere (§ 86b), die Buchführung,[232] die Bestandspflege oder Schadensregulierung erhält (sog. **Verwaltungsprovision**).[233] Haben die Parteien keine vertragliche Regelung darüber getroffen, in welchem Umfang auch verwaltende Tätigkeiten von der gezahlten Provision erfasst sind, kommt es auf das tatsächliche Verhältnis zwischen werbender und verwaltender Tätigkeit an.[234]

21 **cc) Bereits abgeschlossene Geschäfte.** Der Provisionsverlust des Handelsvertreters kann sowohl im Hinblick auf bereits abgeschlossene Geschäfte als auch im Hinblick auf künftige Geschäfte eintre-

[221] Vgl. auch OLG München 20.12.2017, ZVertriebsR 2018, 27 Rn. 61; Hopt/Hopt Rn. 27.

[222] Vgl. BGH 4.5.1959, BGHZ 30, 98 (100) = NJW 1959, 1430; 6.8.1997, NJW 1998, 71 (72); 6.8.1997, NJW 1998, 66 (69); 14.12.1978, NJW 1979, 653 (654) (Abschlussprovision mit Sicherungsfunktion).

[223] BGH 21.4.2010, NJW-RR 2010, 1550 Rn. 16 (Tankstellengeschäft); 13.1.2010, NJW-RR 2010, 1263 Rn. 47 (Tankstellengeschäft); 10.7.2002, WM 2003, 491 (496 f.) (Tankstellengeschäft); 6.8.1997, NJW 1998, 71 (72); 6.8.1997, NJW 1998, 66 (69); OLG München 20.12.2017, ZVertriebsR 2018, 27 Rn. 61 (Mode-Outlet); Hopt/Hopt Rn. 27; MüKoHGB/Ströbl Rn. 109; **aA** noch BGH 3.6.1971, BGHZ 56, 242 (248) = NJW 1971, 1611; 28.4.1988, WM 1988, 1204 (1205 f.) = NJW-RR 1988, 1061; 15.11.1984, NJW 1985, 860 (861); ferner Rittner DB 1998, 457 (457 f.).

[224] BGH 6.8.1997, NJW 1998, 71 (72); 6.8.1997, NJW 1998, 66 (69); OLG München 20.12.2017, ZVertriebsR 2018, 27 Rn. 61 zur Ausstellung und Dekoration von Waren; Hopt/Hopt Rn. 27; **aA** MüKoHGB/Ströbl Rn. 109 zur Regalpflege.

[225] BGH 21.7.2016, NJW 2017, 475 Rn. 52.

[226] BGH 21.4.2010, NJW-RR 2010, 1550 Rn. 16 zum Tankstellengeschäft; 11.11.2009, BeckRS 2009, 88043 Rn. 19 zum Tankstellengeschäft; 10.7.2002, WM 2003, 491 zum Tankstellengeschäft; **aA** noch BGH 4.5.1959, BGHZ 30, 98 = NJW 1959, 1430; ferner Hopt/Hopt Rn. 28; MüKoHGB/Ströbl Rn. 109.

[227] BGH 11.11.2009, BeckRS 2009, 88043 Rn. 19.

[228] BGH 23.11.2011, NJW-RR 2012, 674 Rn. 31; 6.7.1972, BGHZ 59, 125 (128) = NJW 1972, 1664; 24.6.1971, BGHZ 56, 290 (294) = NJW 1971, 1610; 16.3.1989, BB 1989, 1075 = NJW-RR 1989, 863; 15.12.1978, NJW 1979, 651 (653); Emde FS K. Schmidt, 2009, 331 (339); Heymann/Herrmann Rn. 39; MüKoHGB/Ströbl Rn. 113.

[229] BGH 23.11.2011, NJW-RR 2012, 674 Rn. 31.

[230] Vgl. BGH 15.2.1965, BGHZ 43, 154 (158) = NJW 1965, 1134; OLG Köln 2.3.2001, HVR Nr. 1048 = VersR 2002, 437; LG Hamburg 16.6.2023, ZVertriebsR 2024, 18 Rn. 47; Hopt/Hopt Rn. 27; MüKoHGB/Ströbl Rn. 108.

[231] BGH 16.2.2011, NJW-RR 2011, 614 Rn. 30 f. (Großabnehmer- und Leasingzuschüsse); 13.1.2010, NJW-RR 2010, 1263 Rn. 28.

[232] BGH 21.4.2010, NJW-RR 2010, 1550 Rn. 17 (Tankstellengeschäft); 11.11.2009, BeckRS 2009, 88043 Rn. 19 (Tankstellengeschäft).

[233] Vgl. nur BGH 21.7.2016, NJW 2017, 475 Rn. 51; 21.4.2010, NJW-RR 2010, 1550 Rn. 14; 11.11.2009, VersR 2010, 480 Rn. 16; 12.2.2003, NJW-RR 2003, 821 (824); 6.8.1997, NJW 1998, 71 (72); 6.8.1997, NJW 1998, 66 (69); 28.4.1988, NJW-RR 1988, 1061 (1062 f.); 15.11.1984, NJW 1985, 860 (861); OLG Oldenburg 27.10.2015, ZVertriebsR 2016, 182 Rn. 37 f.; zum Versicherungs- und Bausparkassengeschäft BGH 6.7.1972, BGHZ 59, 125 (128) = NJW 1972, 1664; 19.11.1970, BGHZ 55, 45 (49) = NJW 1971, 462; 23.2.1961, BGHZ 34, 310 (314) = NJW 1961, 1059; 4.5.1959, BGHZ 30, 98 (102) = NJW 1959, 1430; OLG München 10.3.1993, BB 1993, 1754 f.; ferner Hopt/Hopt Rn. 28; BeckOK HGB/Lehmann, 48. Ed. 1.10.2025, Rn. 56; MüKoHGB/Ströbl Rn. 109; diff. Heymann/Herrmann Rn. 39; **aA** Ebenroth/Boujong/Semmler Rn. 156; Emde DStR 2009, 1478 (1482); Thume BB 2009, 2490 (2494).

[234] BGH 11.11.2009, VersR 2010, 480 Rn. 16; 12.2.2003, NJW-RR 2003, 821 (824); OLG Oldenburg 27.10.2015, ZVertriebsR 2016, 182 Rn. 38.

ten (→ Rn. 22). Bereits abgeschlossen ist ein Geschäft, wenn es **vor Beendigung** des Handelsvertreterverhältnisses iSv §§ 145 ff. BGB **perfektioniert** ist, sodass der Handelsvertreter eine Provisionsanwartschaft erlangt (→ § 87 Rn. 11 f.). Damit hat der Handelsvertreter im Grundsatz einen Provisionsanspruch, sofern das Kundengeschäft ausgeführt wird. Das gilt auch für Geschäfte, die erst nach Beendigung des Handelsvertretervertrages zur Ausführung kommen (sog. Überhangprovisionen; → § 87 Rn. 28 ff.). Allerdings kann der Anspruch auf derartige Provisionen vertraglich ausgeschlossen werden (→ § 87 Rn. 39). Unter diesen Umständen entsteht dem Handelsvertreter ein Provisionsverlust, der von Abs. 1 S. 1 Nr. 2 erfasst wird. Entsprechendes gilt, wenn ein Provisionsanspruch des Handelsvertreters für vorbereitete Geschäfte iSv § 87 Abs. 3 (→ § 87 Rn. 31) vertraglich ausgeschlossen wird.[235] Darüber hinaus können Provisionsverluste bei noch nicht fälligen Provisionsansprüchen aus Sukzessivlieferungsverträgen entstehen.

dd) Künftige Geschäfte. Ein Provisionsverlust hinsichtlich künftiger Geschäfte, die ohne Weiteres von Art. 17 Abs. 2 RL 86/653/EWG erfasst werden,[236] entsteht für den Handelsvertreter bei Kundengeschäften, die der Unternehmer nach Beendigung des Handelsvertretervertrages mit dem vom Handelsvertreter neu aufgebauten Kundenstamm abschließt, wobei es keine Rolle spielt, ob der Handelsvertreter an dem konkreten Geschäftsabschluss noch vor Vertragsende vorbereitend mitgewirkt hat.[237] Ausreichend ist die bloße **Mitursächlichkeit der früheren Tätigkeit** des Handelsvertreters, die dazu führt, dass der Handelsvertreter im Sinne eines hypothetischen Fortbestands des Handelsvertretervertrags an den zukünftigen Früchten seiner Tätigkeit angemessen zu beteiligen ist.[238] Das ist regelmäßig bei **Sukzessivlieferungsverträgen** der Fall, da daraus die Verpflichtung des Kunden zu fortlaufenden Bestellungen folgt,[239] nicht aber bei bloßen **Rahmenlieferverträgen** ohne Bezugspflicht, selbst wenn diese die Einräumung von Sonderkonditionen beinhalten.[240] Auch bei Vereinbarung von **Einmalprovisionen** ist ein Ausgleich für künftige Provisionsverluste nicht von vornherein ausgeschlossen.[241] Freilich kommt es darauf an, wie die Provision ausgestaltet ist. Werden Vorteile, die der Unternehmer nach der Beendigung des Handelsvertretervertrags aus dem vom Handelsvertreter aufgebauten Kundenstamm zieht, bereits durch die Einmalprovision abgegolten, besteht kein Anlass für einen Billigkeitsausgleich wegen Provisionsverlusts, wohl aber möglicherweise aus anderen Gründen.[242] Anders liegen die Dinge, wenn die Einmalprovision einer pauschalen Vergütung für jeden neuen Geschäftsabschluss entspricht, wodurch noch kein Ausgleich für nach Vertragsbeendigung entgangene Vorteile bewirkt wird.[243] Bei **Versicherungs- und Bausparkassenverträgen** kann ein Provisionsverlust auch bei sog. Nachfolgeverträgen entstehen, die in engem Zusammenhang mit einem früher vom Handelsvertreter vermittelten Vertrag stehen, da sie diesen verlängern oder eine Erhöhung der Versicherungssumme beinhalten.[244] Ein Provisionsverlust ist dagegen ausgeschlossen, wenn bei Vertragsende noch kein Kundenstamm aufgebaut ist, sondern für den Handelsvertreter lediglich die Aussicht besteht, neue Kunden zu werben.[245] Wie bei der nach Abs. 1 S. 1 Nr. 1 erforderlichen Feststellung, ob der Unternehmer nach Vertragsende wirtschaftliche Vorteile aus der Geschäftsverbindung erlangt, bedarf es im Hinblick darauf, ob dem Handelsvertreter Provisionen aus künftigen, nach Beendigung des Handelsvertreterverhältnisses geschlossenen Geschäften entgehen, einer **Prognosebetrachtung** (→ Rn. 15). Danach kommt es darauf an, welche Provisionen dem Handelsvertreter – die Fortsetzung des Handelsvertreterverhältnisses unterstellt – innerhalb eines überschaubaren Prognosezeitraums mutmaßlich entgehen („hypothetische" 22

---

[235] Vgl. BGH 11.7.1970, BGHZ 33, 92 (94) = NJW 1960, 1996.

[236] EuGH 23.3.2023, ZVertriebsR 2023, 196 Rn. 40 ff.

[237] Vgl. EuGH 23.3.2023, ZVertriebsR 2023, 196 Rn. 57 ff.; BGH 4.5.1959, BGHZ 30, 98 (103) = NJW 1959, 1430; 11.12.1958, BGHZ 29, 83 (92) = NJW 1959, 144; 13.5.1957, BGHZ 24, 223 (226) = NJW 1957, 1028; Hopt/Hopt Rn. 29.

[238] EuGH 23.3.2023, ZVertriebsR 2023, 196 Rn. 54.

[239] OLG Stuttgart 19.9.2022, BeckRS 2023, 15236 unter II.2.c.bb; Ströbl/Krüger ZVertriebsR 2025, 139 (146); Ebenroth/Boujong/Semmler Rn. 121.

[240] Ströbl/Krüger ZVertriebsR 2025, 139 (146).

[241] EuGH 23.3.2023, ZVertriebsR 2023, 196 Rn. 63; OLG Düsseldorf 18.9.2025, ZVertriebsR 2025, 367 Rn. 25, 27; OLG Köln 24.11.2023, ZVertriebsR 2024, 23 Rn. 143.

[242] Ströbl/Krieger ZVertriebsR 2025, 139 (147).

[243] EuGH 23.3.2023, ZVertriebsR 2023, 196 Rn. 65.

[244] Vgl. BGH 6.7.1972, BGHZ 59, 125 (126) = NJW 1972, 1664; 23.2.1961, BGHZ 34, 310 (317) = NJW 1961, 1059; 10.7.1969, BB 1970, 102 (102 f.) = BeckRS 1969, 31174120; LG Heilbronn 4.1.1980, BB 1980, 1819 (1820 f.); LG München 20.10.1980, BB 1981, 573 (573).

[245] BGH 23.2.1961, BGHZ 34, 310 (314) = NJW 1961, 1059; 11.12.1958, BGHZ 29, 83 (92) = NJW 1959, 144; 13.5.1957, BGHZ 24, 223 (228) = NJW 1957, 1028; 1.12.1960, BB 1961, 189 f. (unechte Gruppenversicherung); Hopt/Hopt Rn. 30; Heymann/Herrmann Rn. 42.

Provisionen).[246] Aufgrund dieser fiktionalen Betrachtung ist es unerheblich, ob der Handelsvertreter tatsächlich zur Absatzmittlung imstande gewesen wäre[247] oder ob die Geschäfte nur durch eine weitere Tätigkeit des Handelsvertreters zustande gekommen wären.[248] Die Prognose ist regelmäßig auf der Basis der in den letzten zwölf Monaten vor Beendigung des Handelsvertreterverhältnisses verdienten Provisionen vorzunehmen, es sei denn, dieser Zeitraum weist einen atypischen Verlauf auf (→ Rn. 26).[249] Damit wird vermieden, dass sich im Jahresverlauf eintretende Provisionsschwankungen bei der Berechnung der Verluste zum Nachteil des Handelsvertreters auswirken.[250] Darauf, ob die Auslieferung der Ware oder die Rechnungsstellung erst nach Beendigung des Handelsvertreterverhältnisses erfolgen, kommt es nicht an.[251] Diese Grundsätze kommen auch bei Rotationssystemen zum Tragen, die zu einem Einsatz des Handelsvertreters in wechselnden Bezirken führen.[252] Im Einzelfall unzuträgliche Ergebnisse sind im Rahmen der Billigkeitsprüfung (→ Rn. 27) auszugleichen. Abzustellen ist bei der Prognose auf die **Bruttoprovisionen** vor Abzug der Betriebskosten und nicht auf den Reingewinn.[253] Zu den Bruttoprovisionen kommt ggf. die Mehrwertsteuer hinzu.[254] Zu berücksichtigen sind auch Provisionsbestandteile, die der Handelsvertreter (Hauptvertreter) erhält, um sie an einen Untervertreter für dessen Vermittlungstätigkeit weiterzuleiten.[255] Es ist nämlich zu bedenken, dass der Hauptvertreter diese Zahlungen in Zukunft nicht mehr erhält, aber dem **Untervertreter** bei Beendigung des Untervertretervertrages ggf. selbst ausgleichspflichtig ist.[256] Berücksichtigungsfähig sind überdies Kostendeckungsbeiträge.[257] Dagegen sind durchlaufende Posten abzuziehen. Entsprechendes gilt für Provisionen, die im letzten Vertragsjahr durch Geschäfte mit solchen Mehrfachkunden erzielt wurden, bei denen nach Vertragsende von vornherein nicht mit weiteren Bestellungen zu rechnen ist.[258] Im Übrigen ist bei der Prognose die voraussichtliche **Abwanderung von Stammkunden** innerhalb des Prognosezeitraums zu berücksichtigen.[259] Soweit der Handelsvertreter infolge der Vertragsbeendigung **Aufwendungen erspart,** kann dies in die Billigkeitsprüfung eingehen.[260] Freilich kommt die Berücksichtigung nach Vertragsbeendigung ersparter Betriebskosten regelmäßig nicht in Betracht, da diese zumeist untrennbar mit der werbenden Tätigkeit des Handelsvertreters verbunden sind und diese fördern.[261] Ausnahmsweise mag ein Betriebskostenabzug denkbar sein, wenn es sich um atypisch hohe, den Verdienst schmälernde Kosten handelt.[262] Entsprechendes gilt im Hinblick auf eine etwaige (besonders hohe) **Kostenersparnis,**

[246] BGH 28.6.1973, BGHZ 61, 112 (115) = NJW 1973, 1744.

[247] BGH 13.5.1957, BGHZ 24, 223 (227) = NJW 1957, 1028; 13.5.1957, BGHZ 24, 214 (217) = NJW 1957, 1029; 10.12.1997, NJW 1998, 1070 f.; 27.2.1981, DB 1981, 1772 (1773) = BeckRS 1981, 30386716; OLG Celle 25.1.1958, NJW 1968, 1141 f.; Hopt/Hopt Rn. 29; Heymann/Herrmann Rn. 42; MüKoHGB/Ströbl Rn. 105.

[248] BGH 13.5.1957, BGHZ 24, 223 (229) = NJW 1957, 1028; Heymann/Hermann Rn. 42.

[249] BGH 28.4.1999, BGHZ 141, 248 (252) = NJW 1999, 2668; 26.2.1997, BGHZ 135, 14 (23) = NJW 1997, 1503; 2.7.1987, WPM 1987, 1462 = NJW-RR 1988, 42; 14.4.1983, NJW 1983, 2877 (2879); OLG Oldenburg 30.1.2025, ZVertriebsR 2025, 171 Rn. 16; Horn ZIP 1988, 137 (141 ff.); Küstner/Thume VertriebsR-HdB II/Thume IX Rn. 118 ff.; Hopt/Hopt Rn. 32; MüKoHGB/Ströbl Rn. 155.

[250] OLG Oldenburg 30.1.2025, ZVertriebsR 2025, 171 Rn. 17.

[251] BGH 26.2.1997, NJW 1997, 1503 (1505); KG 14.9.2021, ZVertriebsR 2022, 55 Rn. 6.

[252] BGH 28.4.1999, BGHZ 141, 248 (255) = NJW 1999, 2668; OLG Celle 1.2.2001, HVR Nr. 1036 = OLGR 2001, 168; Hopt/Hopt Rn. 32; **aA** Schaefer NJW 2000, 320 (321 f.); Thume BB 2009, 2490 (2494).

[253] Vgl. BGH 21.7.2016, NJW 2017, 475 Rn. 60; 6.2.1964, BGHZ 41, 129 (134) = NJW 194, 915; 11.12.1958, BGHZ 29, 83 (92) = NJW 1959, 144; 12.2.2003, HVR Nr. 1063 = NJW-RR 2003, 821; 1.10.2008, NJW-RR 2009, 824 Rn. 31; Heymann/Herrmann Rn. 40.

[254] BGH 28.6.1973, BGHZ 61, 112 (114) = NJW 1973, 1744; 1.10.2008, NJW-RR 2009, 824 Rn. 31; 28.4.1999, NJW 1999, 2668 (2670); 6.8.1997, NJW 1998, 66 (70); 7.3.1985, WM 1987, 1462 (1465) = NJW-RR 1988, 42; Hopt/Hopt Rn. 32; Heymann/Herrmann Rn. 40.

[255] BGH 7.3.1985, WM 1985, 981 f. = BeckRS 1985, 30391177; OLG München 3.5.2000, HVR Nr. 987 = OLGR 2000, 304; Hopt/Hopt Rn. 32; Heymann/Herrmann Rn. 41; MüKoHGB/Ströbl Rn. 114.

[256] BGH 7.3.1985, WM 1985, 981 (982) = BeckRS 1985, 30391177; Küstner/Thume VertriebsR-HdB II/Thume VIII Rn. 66 ff.; Hopt/Hopt Rn. 32; MüKoHGB/Ströbl Rn. 114.

[257] Vgl. BGH 12.2.2003, HVR Nr. 1063 = NJW 2003, 1670.

[258] BGH 2.7.1987, ZIP 1987, 1383 (1387 f.); Horn ZIP 1988, 137 (141 f.).

[259] BGH 21.7.2016, NJW 2017, 475 Rn. 63; 11.11.2009, VersR 2010, 480 Rn. 21 (Tankstelle: 20 vH); 12.2.2003, NJW-RR 2003, 821 (823) (Tankstelle: 20 vH); 6.8.1997, NJW 1998, 71 (75) (schematisierter Abwanderungsverlust); 2.7.1987, ZIP 1987, 1383 (1387); OLG Karlsruhe 27.3.1981, BB 1982, 274; OLG Köln 29.4.1968, VersR 1968, 966 f.; OLG München 20.12.2017, ZVertriebsR 2018, 27 Rn. 63 (Modebranche: 33 vH); LG Hamburg 16.6.2023, ZVertriebsR 2024, 18 Rn. 62 (Tankstelle: 20 vH); Heymann/Herrmann Rn. 43; MüKoHGB/Ströbl Rn. 158 f.

[260] Hopt/Hopt Rn. 32; Heymann/Herrmann Rn. 40; MüKoHGB/Ströbl Rn. 162.

[261] BGH 11.11.2009, VersR 2010, 480 Rn. 17; OLG Oldenburg 27.10.2015, ZVertriebsR 2016, 182 Rn. 40.

[262] BGH 12.2.2003, NJW-RR 2003, 821 (825); OLG Oldenburg 27.10.2015, ZVertriebsR 2016, 182 Rn. 40.

die beim Handelsvertreter infolge der Vertragsbeendigung eintritt,[263] zB ersparte Personalkosten bei besonders personalintensiven Vertriebsformen.[264]

c) Weitere Umstände. Eine Kürzung oder im Extremfall gar ein Ausschluss des Ausgleichsanspruchs kommt in Betracht, wenn der Handelsvertreter eine vertragliche oder nachvertragliche **Pflichtverletzung** begangen hat. Allgemein gesprochen ist das Verhalten des Handelsvertreters ein Gesichtspunkt, der im Rahmen der Prüfung der Billigkeit der Ausgleichsabfindung zu berücksichtigen sein kann.[265] Zu denken ist etwa an eine vertragswidrige **Konkurrenztätigkeit,** sei es während der Vertragslaufzeit[266] oder durch Verstoß gegen ein nachvertragliches Wettbewerbsverbot (§ 90a).[267] In beiden Fällen wird das Entstehen von Vorteilen für den Unternehmer beeinträchtigt oder verhindert. Das gilt entsprechend auch bei (erlaubter) Mehrfirmenvertretung für Konkurrenzprodukte, weil der Handelsvertreter unter diesen Umständen die Möglichkeit hat, den Kundenstamm zu Lasten des Unternehmers anderweitig zu nutzen.[268] Denkbar ist eine Kürzung des Ausgleichsanspruchs überdies in anderen Fällen einer schuldhaften **Vertragsverletzung,**[269] soweit diese sachlich und zeitlich nicht von völlig untergeordneter Bedeutung ist.[270] Ein wichtiger Grund für eine fristlose Kündigung muss durch die Vertragsverletzung nicht zwingend begründet werden.[271] Von vornherein keine Vertragsverletzung liegt vor, wenn es der Handelsvertreter ablehnt, das Vertragsverhältnis mit dem Unternehmer als selbstständiger oder angestellter Handelsvertreter fortzusetzen. Demgemäß kommt auch eine Anspruchskürzung nicht in Betracht.[272] Eine Kürzung des Ausgleichsanspruchs kann dagegen der Billigkeit entsprechen, wenn der Handelsvertreter neben einer (nicht nur unwesentlichen) Provision eine garantierte **Mindestvergütung**[273] oder andere **günstige Vertragsbedingungen**[274] erhalten hat. Gegebenenfalls ist sogar ein Ausschluss des Ausgleichsanspruchs angezeigt, wenn die sonstige (fixe) Vergütung den Verlust des Provisionsanspruchs mehr als ausgleicht.[275] Leis- 23

[263] BGH 15.12.1978, BGHZ 73, 99 (104 f.) = NJW 1979, 651; 3.6.1971, BGHZ 56, 242 (249) = NJW 1971, 1611; 6.2.1964, BGHZ 41, 129 (134 ff.) = NJW 1964, 915; 11.12.1958, BGHZ 29, 83 (93) = NJW 1959, 144; 12.2.2003, HVR Nr. 1063 = NJW-RR 2003, 821; Küstner/Thume VertriebsR-HdB II/Thume VIII Rn. 71 ff.; Hopt/Hopt Rn. 41; Ebenroth/Boujong/Semmler Rn. 175; Heymann/Herrmann Rn. 55; MüKoHGB/Ströbl Rn. 131.

[264] BGH 21.7.2016, NJW 2017, 475 Rn. 61; OLG München 20.12.2017, ZVertriebsR 2018, 27 Rn. 66.

[265] EuGH 13.10.2022, EuZW 2022, 1126 Rn. 33; 28.10.2010, NJW-RR 2011, 255 Rn. 44 – Volvo Car Germany; zu § 24 HVertrG 1993 (österr.) OGH 22.4.2022, ZVertriebsR 2022, 268 Rn. 9 (ungehöriges und beleidigendes Verhalten).

[266] Dazu BGH 11.12.1996, NJW 1997, 655 (656 f.); 3.5.1995, NJW 1995, 1958 f.; 21.5.1975, WM 1975, 856 (858) = BeckRS 1975, 30394989; OLG Rostock 4.3.2009, NJW-RR 2009, 1631 (1632); Heymann/Herrmann Rn. 57; MüKoHGB/Ströbl Rn. 135.

[267] BGH 28.6.2006, NJW-RR 2006, 1693 Rn. 16; 11.12.1996, NJW 1997, 655 (656 f.); 27.2.1981, DB 1981, 1772 (1773) = BeckRS 1981, 30386716; 21.5.1975, WM 1975, 856 (858) = BeckRS 1975, 30394989; 14.11.1966, NJW 1967, 248 (249 f.); OLG Rostock 4.3.2009, NJW-RR 2009, 1631 (1632); Küstner/Thume VertriebsR-HdB II/Thume XVI Rn. 35; MüKoHGB/Ströbl Rn. 134; wohl auch Heymann/Herrmann Rn. 49; **aA** BGH 12.12.1963, HVR Nr. 319; OLG Celle 13.11.1969, BB 1970, 227 (228); OLG Nürnberg 30.6.1960, HVR Nr. 234; Emde DStR 2009, 1478 (1482).

[268] BGH 27.2.1981, DB 1981, 1772 (1773) = BeckRS 1981, 30386716; 22.9.1960, BB 1960, 1179 = DB 1960, 1305 = BeckRS 1960, 31188983; OLG Frankfurt 3.6.1967, HVR Nr. 365; OLG Köln 29.4.1968, VersR 1968, 966 (968); Hopt/Hopt Rn. 40; Heymann/Herrmann Rn. 57; MüKoHGB/Ströbl Rn. 112; **aA** Staub/Emde Rn. 259.

[269] Vgl. BGH 5.2.1959, BGHZ 29, 275 (277) = NJW 1959, 878 (schuldhaftes Verhalten von Angestellten); OLG München 24.11.2004, HVR Nr. 1165 (Veräußerung von Kundenkartei nach Vertragsende an Dritten); OLG Stuttgart 26.3.1957, DB 1957, 379 (Vernachlässigung von Kunden); LG Hamburg 16.6.2023, ZVertriebsR 2024, 18 Rn. 67 f. (geschäftsschädigende Äußerungen); Ebenroth/Boujong/Semmler Rn. 189; für Berücksichtigung auch nicht verschuldeter Vertragsverletzungen BGH 5.2.1959, BGHZ 29, 275 (280) = NJW 1959, 878; MüKoHGB/Ströbl Rn. 136.

[270] Vgl. BGH 16.2.2011, NJW-RR 2011, 614 Rn. 41 (Nichteinhaltung der Haltefrist bei Kfz-Kauf); 17.10.1984, WM 1985, 469 = VersR 1985, 264 (265) (einmaliger Verstoß bei langjähriger Vertragsbeziehung); Hopt/Hopt Rn. 34; Heymann/Herrmann Rn. 58; MüKoHGB/Ströbl Rn. 135.

[271] BGH 16.2.2011, NJW-RR 2011, 614 Rn. 41.

[272] OLG Düsseldorf 8.5.1956, HVR Nr. 130; OLG Hamm 14.3.1977, HVR Nr. 511; OLG Nürnberg 3.11.1982, HVR Nr. 571; Hopt/Hopt Rn. 34; Heymann/Herrmann Rn. 59.

[273] Dazu BGH 15.2.1965, BGHZ 43, 154 (159) = NJW 1965, 1134; 14.11.1966, NJW 1967, 248 (249); OLG Celle 7.11.1961, BB 1962, 156; OLG München 13.10.1960, NJW 1961, 1072 f. = BB 1961, 651; OLG Nürnberg 16.1.1976, VersR 1976, 467 f.; Küstner/Thume VertriebsR-HdB II/Thume VIII Rn. 57 ff.; Hopt/Hopt Rn. 35; Heymann/Herrmann Rn. 52; MüKoHGB/Ströbl Rn. 128.

[274] Vgl. auch BGH 23.5.1966, BGHZ 45, 268 (270 ff.) = NJW 1966, 1962; 15.2.1965, BGHZ 43, 154 (159) = NJW 1965, 1134; Hopt/Hopt Rn. 35; MüKoHGB/Ströbl Rn. 129.

[275] OLG Celle 7.11.1961, BB 1962, 156; OLG Nürnberg 16.1.1976, VersR 1976, 467 (468); Heymann/Herrmann Rn. 52.

tungen des Unternehmers an den Handelsvertreter zum Zweck der **Alters- und Hinterbliebenenversorgung** können bei entsprechender vertraglicher Abmachung den Zweck haben, den Ausgleichsanspruch zu substituieren. Unter diesen Umständen sind sie anspruchsmindernd oder gar anspruchsausschließend anzusetzen, wenn die Rentenzahlung zeitnah nach dem Vertragsende erfolgt und die Rente aus Mitteln des Unternehmers und nicht des Handelsvertreters gezahlt wird.[276] Der Kapitalwert einer anzurechnenden Altersversorgung ist auf den Zeitpunkt der Vertragsbeendigung zu beziehen.[277] Vom Handelsvertreter zu vertretende Umstände, die den Unternehmer zur ordentlichen **Kündigung** berechtigen, können ebenfalls eine Anspruchskürzung rechtfertigen.[278] Entsprechendes gilt bei übermäßig langen und damit für den Handelsvertreter vorteilhaften Kündigungsfristen.[279] Die außerordentliche Kündigung führt dagegen zum Anspruchsausschluss gem. Abs. 3 Nr. 2. Anspruchsmindernd kann (insbesondere im Tankstellengeschäft und in der Automobilbranche) auch die **Sogwirkung** der Marke des Unternehmers zu berücksichtigen sein,[280] wobei die Rspr. üblicherweise Abschläge zwischen 10 und 25 % in Betracht zieht.[281] Darüber hinaus können auch **nachträgliche Provisionskürzungen** bei den verbliebenen Handelsvertretern des Unternehmers[282] oder auch ein **Rückgang des Gesamtumsatzes** beim Unternehmer trotz Werbung neuer Kunden durch den Handelsvertreter zu einer Minderung des Ausgleichs führen,[283] wenn der Rückgang vom Handelsvertreter hätte verhindert werden können.[284] Anspruchsmindernd kann es sich überdies auswirken, wenn der Unternehmer dem Handelsvertreter Informationen über Kunden eines übernommenen Unternehmens zur Verfügung stellt und damit die **Werbung neuer Kunden erleichtert**[285] (→ Rn. 12). Eine Kürzung des Ausgleichsanspruchs kommt überdies in Betracht, wenn der Handelsvertreter nach Beendigung des Handelsvertreterverhältnisses einen **Werkstattbetrieb** fortführt, der es ihm ermöglicht, einen Teil des geworbenen Kundenstamms zu halten. Dies ist insbesondere bei Kfz-Vertragshändlern anzunehmen, die im Zuge von Umstrukturierungen aus einem Händlernetz eines Herstellers ausscheiden, gleichwohl aber als Neuwagenvermittler und Werkstattbetreiber weiterhin auf dem Markt präsent sind (→ Rn. 64). Entsprechendes gilt, wenn ein **Untervertreter** seine Tätigkeit als Handelsvertreter anstelle des bisherigen Hauptvertreters gegenüber denselben Kunden und für dieselben Produkte fortsetzt; der (bisherige) Untervertreter erleidet nämlich, wenn er nunmehr in eine unmittelbare Beziehung zum Unternehmer tritt, durch die Beendigung des Hauptvertretervertrags keine negativen Folgen.[286]

23a Zuweilen wird angenommen, im Falle der **Insolvenz des Handelsvertreters** sei ein Billigkeitsabschlag oder gar eine Reduzierung des Ausgleichsanspruchs auf Null geboten, wenn es wegen der

---

[276] Vgl. BGH 20.11.2002, BGHZ 153, 6 (14) = NJW 2003, 1241; 19.11.1970, BGHZ 55, 45 (58) = NJW 1971, 462; 23.2.1994, NJW 1994, 1350 f.; 17.11.1983, BB 1984, 168 f. = BeckRS 1983, 30376135; BSG 13.12.2022, ZVertriebsR 2023, 292 Rn. 21; OLG Düsseldorf 24.2.1995, NJW-RR 1996, 225 (225 f.); OLG Köln 17.8.2001, VersR 2001, 1377 (1379 f.); 19.9.1996, VersR 1997, 615 (616); OLG München 16.11.2006, WM 2007, 710 (711 f.); 21.7.2004, VersR 2005, 687 (688); LG Berlin 26.1.1973, VersR 1973, 739; Küstner BB 1999, 541 (548 ff.); Thume BB 2002, 1325; Timmermann BB 2011, 1784 (1786); Küstner/Thume VertriebsR-HdB II/Thume X Rn. 31 ff.; Hopt/Hopt Rn. 39; Ebenroth/Boujong/Semmler Rn. 165 f.; Heymann/Herrmann Rn. 54; MüKoHGB/Ströbl Rn. 126.

[277] BGH 23.5.1966, BGHZ 45, 268 (276) = NJW 1966, 2188; 14.6.2006, NJW-RR 2006, 1542 (1543).

[278] BGH 27.2.1981, DB 1981, 1772 (1773) = BeckRS 1981, 30386716; Hopt/Hopt Rn. 34.

[279] BGH 1.10.1970, WM 1970, 1513 (1515); Hopt/Hopt Rn. 34; Heymann/Herrmann Rn. 63; MüKoHGB/Ströbl Rn. 136.

[280] BGH 21.4.2010, NJW-RR 2010, 1550 Rn. 31; 13.1.2010, NJW-RR 2010, 1263 Rn. 52; 11.11.2009, VersR 2010, 480 Rn. 43; 22.3.2006, NJW-RR 2006, 1328 Rn. 35 = HVR Nr. 1140; 7.5.2003, NJW-RR 2003, 1340 (1342); 10.7.2002, WM 2003, 491 (498 f.); 10.7.2002, NJW-RR 2002, 1548 (1553 f.); 26.2.1997, NJW 1997, 1503 (1506); 5.6.1996, NJW 1996, 2298 (2301); 6.10.1993, WM 1994, 243 (246) = NJW-RR 1994, 99; 2.7.1987, WM 1987, 1462 (1465) = NJW-RR 1988, 42; 25.3.1982, NJW 1982, 2819 (2820); OLG Köln 26.9.1995, BB 1995, 2547 (2548); OLG München 20.12.2017, ZVertriebsR 2018, 27 Rn. 67; 10.2.1993, BB 1994, 533 (535); OLG Oldenburg 30.1.2025, ZVertriebsR 2025, 171 Rn. 26 ff.; Hopt/Hopt Rn. 35; MüKoHGB/Ströbl Rn. 132; **aA** Emde MDR 2010, 537 (540).

[281] Vgl. BGH 13.7.2011, NJW 2011, 3438 Rn. 29; 21.4.2010, NJW-RR 2010, 1550 Rn. 31; 13.1.2010, NJW-RR 2010, 1263 Rn. 52; 5.6.1996, NJW 1996, 2302 (2304); OLG Köln 26.9.1995, BB 1995, 2547 (2548); OLG Oldenburg 30.1.2025, ZVertriebsR 2025, 171 Rn. 27 (10 vH bei B-Marke); 27.10.2015, ZVertriebsR 2016, 182 Rn. 44, 46; LG Hamburg 16.6.2023, ZVertriebsR 2024, 18 Rn. 63; noch weiter OLG München 16.1.2002, HVR Nr. 1053 (33 vH).

[282] OLG Karlsruhe 27.3.1981, BB 1982, 274 (274); Heymann/Herrmann Rn. 68; MüKoHGB/Ströbl Rn. 133.

[283] BGH 15.10.1964, BGHZ 42, 244 (247) = NJW 1965, 248; 29.3.1990, NJW 1990, 2889 (2890 f.); Hopt/Hopt Rn. 38; MüKoHGB/Ströbl Rn. 133.

[284] OLG Köln 29.4.1968, VersR 1968, 966 (969); Heymann/Herrmann Rn. 66.

[285] BGH 26.10.2011, NJW 2012, 304 Rn. 26.

[286] EuGH 13.10.2022, EuZW 2022, 1126 Rn. 38 f. – NY/Herios; krit. Schnell BB 2022, 2574.

wirtschaftlichen Schwierigkeiten des Handelsvertreters schon vor Vertragsbeendigung zu einer Abwanderung von Stammkunden oder einer Einstellung des Geschäftsbetriebs des Handelsvertreters kommt.[287] Freilich sind diese Umstände bereits bei der Bestimmung der Unternehmervorteile, namentlich im Rahmen der Festlegung des Basiszeitraums für die den Unternehmervorteilen korrespondierenden Provisionsverluste des Handelsvertreters (→ Rn. 22, → Rn. 26), zu berücksichtigen, sodass sie nicht erneut bei der Billigkeitsprüfung in Ansatz gebracht werden können. **Nicht anspruchsmindernd** wirken sich aus die **Dauer des Handelsvertretervertrages,**[288] **Provisionszahlungen an den Nachfolger,**[289] da diese gem. §§ 87, 87a, 89b neben den Ansprüchen des Vorgängers bestehen, **Zahlungen des Nachfolgers an den Unternehmer** für die Überlassung des Kundenstamms,[290] ebenso der (regelmäßig schon bei der Provisionshöhe berücksichtigte) eigene **Werbeaufwand des Unternehmers,**[291] soweit nicht außergewöhnliche Umstände vorliegen,[292] oder auch der (nicht vom Handelsvertreter verschuldete) **Verlust von Altkunden** aus bestehenden Geschäftsverbindungen, da das Schicksal von Altkunden im Rahmen von Abs. 1 S. 1 keine Rolle spielt.[293] Bei **(Unfall-) Tod**[294] oder **Selbstmord**[295] des Handelsvertreters ist eine Kürzung abzulehnen, da es sich um vertragsfremde Umstände handelt.[296]

III. Rechtsfolge (Abs. 1 S. 1, Abs. 2)

1. Grundsatz. Der Handelsvertreter hat nach Abs. 1 S. 1 einen **Anspruch auf angemessenen** 24
Ausgleich. Grundlage für die Berechnung des Ausgleichsanspruchs sind zunächst die in Abs. 1 S. 1 genannten Kriterien. Danach wird die Höhe des Ausgleichsanspruchs durch die Vorteile des Unternehmers iSv Abs. 1 S. 1 Nr. 1 und die daran anschließende Billigkeitskontrolle (Abs. 1 S. 1 Nr. 2) beeinflusst. Dabei handelt es sich nach dem Wortlaut von Abs. 1 S. 1 („wenn und soweit") um selbstständige Bemessungsgrundlagen. Diese müssen zur Begründung des Ausgleichsanspruchs kumulativ vorliegen,[297] wie die Verknüpfung von S. 1 Nr. 1 und Nr. 2 durch die Konjunktion „und" zeigt. Der auf dieser Grundlage errechnete Ausgleichsbetrag (sog. Rohausgleich) ist ggf. nach Abs. 2 zu kappen und abschließend einer Angemessenheitsprüfung nach Abs. 1 S. 1 zu unterwerfen. Es ist also in mehreren Schritten vorzugehen.[298]

2. Berechnung des Ausgleichsanspruchs. a) Erster Schritt: Berechnung der Unterneh- 25
mervorteile (Abs. 1 S. 1 Nr. 1). Im Einzelnen sind in einem ersten Schritt die Vorteile des Unternehmers im Wege der Prognose betragsmäßig festzulegen (→ Rn. 15, → Rn. 22). In der Praxis wurde freilich auf der Grundlage von Abs. 1 S. 1 aF zumeist auf die prognostische Erfassung der Unternehmervorteile verzichtet, weil diese nur schwer zu beziffern sind. Dies hängt damit zusammen, dass zu den berücksichtigungsfähigen Vorteilen des Unternehmers auch mittelbare wie die Steigerung des – rechnerisch kaum zu erfassenden – Goodwill des Unternehmens gehören.[299] Zur Vermeidung dieses Problems wurde in der Praxis bisher im Rahmen einer Schätzung gem. § 287 Abs. 2 ZPO der

---

[287] Stumpf/Ströbl MDR 2004, 1209 (1211 f.); Wagner/Wexler-Uhlich BB 2010, 2454 (2456); Wendel/Ströbl WRP 2005, 999.

[288] Ebenroth/Boujong/Semmler Rn. 176; Heymann/Herrmann Rn. 50 f.; MüKoHGB/Ströbl Rn. 139; vgl. zur kurzen Vertragsdauer BGH 11.12.1996, NJW 1997, 655 (656); 28.10.1957, BB 1957, 1161 = NJW 1958, 23; zur langen Vertragsdauer BGH 19.11.1970, BGHZ 55, 45 (56) = NJW 1971, 462; diff. Hopt/Hopt Rn. 36 (Berücksichtigung langer Vertragsdauer zugunsten des Handelsvertreters).

[289] BGH 15.10.1964, BGHZ 42, 244 (248) = NJW 1965, 248; 12.9.2007, NJOZ 2007, 5690 Rn. 48; 13.1.2010, NJW-RR 2010, 1263 Rn. 20; 6.10.2010, NJW 2011, 848 Rn. 21; MüKoHGB/Ströbl Rn. 142.

[290] OLG Oldenburg 30.1.2025, ZVertriebsR 2025, 171 Rn. 25.

[291] BGH 15.12.1978, BGHZ 73, 99 (104 f.) = NJW 1979, 651; 4.6.1975, WM 1975, 931 (934 f.) = BeckRS 1975, 31066212; OLG Köln 29.4.1968, VersR 1968, 966 (968); Küstner/Thume VertriebsR-HdB II/Thume VIII Rn. 90 ff.; Heymann/Herrmann Rn. 56; MüKoHGB/Ströbl Rn. 141.

[292] Vgl. BGH 3.6.1971, BGHZ 56, 242 (245) = NJW 1971, 1611; OLG Celle 25.1.1968, NJW 1968, 1141 (1142 f.); Heymann/Herrmann Rn. 56; MüKoHGB/Ströbl Rn. 141.

[293] BGH 29.3.1990, NJW 1990, 2889 (2891) = ZIP 1990, 1197; Hopt/Hopt Rn. 37; MüKoHGB/Ströbl Rn. 115, 139; diff. OLG Stuttgart 26.3.1957, DB 1957, 379; **aA** BGH 8.10.1964, BB 1964, 1399 f. (Tankstellenkunden); Heymann/Herrmann Rn. 60.

[294] *Dazu BGH 6.2.1964, BGHZ 41,* 129 (132) = NJW 1964, 915; 13.5.1957, BGHZ 24, 214 (223) = NJW 1957, 1029.

[295] Dazu BGH 12.4.1973, BGHZ 60, 350 f. = NJW 1973, 1121; 30.6.1966, BGHZ 45, 385 (388) = NJW 1966, 1965.

[296] Im Ergebnis auch Wendel/Ströbl WRP 2005, 999 (1000); Ebenroth/Boujong/Semmler Rn. 185; diff. jedoch Hopt/Hopt Rn. 34; Heymann/Herrmann Rn. 65 (Selbstmord).

[297] Vgl. auch Hopt/Hopt Rn. 45.

[298] Dazu EuGH 23.3.2023, ZVertriebsR 2023, 196 Rn. 39 („drei Stufen").

[299] MüKoHGB/Ströbl Rn. 150; Staub/Emde Rn. 195.

Erfahrungssatz herangezogen, **dass** die **Vorteile des Unternehmers mindestens den Verlusten des Handelsvertreters entsprechen.**[300] Legt man diese Sichtweise zugrunde, ist eine Berechnung des Unternehmervorteils nur dann erforderlich, wenn der Unternehmer geltend macht, dass sein Vorteil geringer ist als der Provisionsverlust des Handelsvertreters.[301] Diese Vorgehensweise konnte nach der früheren Gesetzeslage damit gerechtfertigt werden, dass die Provisionsverluste des Handelsvertreters gleichsam als Kehrseite der Unternehmervorteile aufgefasst wurden (→ Rn. 19). Inwieweit dies auch de lege lata noch möglich ist, muss zumindest zweifelhaft erscheinen, da die Provisionsverluste des Handelsvertreters nur noch im Rahmen der Billigkeitsprüfung von Bedeutung sind. Auf der anderen Seite kann nicht geleugnet werden, dass sich die Berechnung der Unternehmervorteile auch nach der geänderten Gesetzesfassung als unverändert schwierig erweist.[302] Schon aus Gründen der Praktikabilität ist es daher im ersten Zugriff weiterhin möglich, mit dem tradierten Erfahrungssatz zu arbeiten und auf dieser Basis eine Schätzung des Unternehmervorteils vorzunehmen.[303] Freilich ist stets im Auge zu behalten, dass der Provisionsverlust des Handelsvertreters immer nur eine rechnerische Annäherung an die Vorteile des Unternehmers erlaubt, ohne in irgendeiner Weise begrenzend zu wirken.

26 Die Prognose des Unternehmervorteils kann damit im vorbenannten Sinne zunächst unter Heranziehung des **Provisionsverlusts des Handelsvertreters** erfolgen. Der zugrunde zu legende Prognosezeitraum (→ Rn. 9 f.) ist dabei in Abhängigkeit von der Branche zu bestimmen. Regelmäßig ist die Prognose auf der Basis der in den letzten zwölf Monaten vor Beendigung des Handelsvertreterverhältnisses verdienten Abschlussprovisionen vorzunehmen (→ Rn. 22). Bei kürzerer Vertragsdauer ist auf die in dem entsprechenden Zeitraum erzielten Provisionen abzustellen.[304] Im Falle eines atypischen Geschäftsablaufs sind repräsentative frühere Zeiträume zugrunde zu legen,[305] zumeist unter Einschluss des letzten Vertragsjahrs. Von dem auf diese Weise betragsmäßig ermittelten **Provisionsaufkommen im Basisjahr/-zeitraum** sind solche Provisionen abzusetzen, die durch Geschäfte mit Kunden erzielt wurden, bei denen künftig (nach Beendigung des Handelsvertretervertrages) nicht mehr mit Bestellungen zu rechnen ist (→ Rn. 22). Nicht in die Berechnung der Provisionsverluste einzubeziehen sind auch Provisionen, die während des Prognosezeitraums mutmaßlich infolge Abwanderung von Stammkunden nicht erzielt werden können (→ Rn. 22). Der anhand der Provisionsverluste des Handelsvertreters prognostizierte Unternehmervorteil ist sodann mit einem **Korrekturzuschlag oder -abschlag** zu versehen. Dieser ist erforderlich, da der Unternehmervorteil durch die Betrachtung der Provisionsvorteile des Handelsvertreters nur näherungsweise bestimmt werden kann. In die Korrekturbetrachtung sind weitere Aspekte wie etwa der Goodwill des Unternehmens einzubeziehen.

27 **b) Zweiter Schritt: Billigkeitsprüfung (Abs. 1 S. 1 Nr. 2).** In einem zweiten Schritt ist sodann das auf der Grundlage von Abs. 1 S. 1 Nr. 1 ermittelte Ergebnis der **Billigkeitskontrolle** nach Abs. 1 S. 1 Nr. 2 zu unterziehen (→ Rn. 18 ff.).[306] „Soweit" der nach Abs. 1 S. 1 Nr. 1 ermittelte Betrag der Billigkeitskontrolle standhält, bildet er als sog. **Rohausgleich** die Grundlage für die weitere Berechnung des Ausgleichsanspruchs, wobei zunächst von dem Betrag eine **Abzinsung** vorzunehmen ist, wobei im Regelfall ein Zinssatz von 4 bzw. 5 vH in Ansatz gebracht wird.[307] Diese ist deshalb erforderlich, weil die erst im Laufe des Prognosezeitraums eintretenden Provisionsverluste durch den Ausgleichsanspruch im Voraus abgegolten werden.[308] Maßgebend ist insoweit, dass der Ausgleichsanspruch mit der Beendigung des Vertragsverhältnisses fällig wird. Deshalb ist es im Hinblick auf die Notwendigkeit der Abzinsung unerheblich, ob die Ausgleichszahlung tatsächlich erst zu einem späteren Zeitpunkt erfolgt.[309] Dem Handelsvertreter stehen in diesem Fall freilich

---

[300] BGH 6.10.2010, NJW-RR 2011, 389 Rn. 20; 6.10.2010, NJW 2011, 848 Rn. 19; 29.3.1990, NJW 1990, 2889 (2891); Küstner/Thume VertriebsR-HdB II/Thume XVII Rn. 21 ff.; Hopt/Hopt Rn. 47; Ebenroth/Boujong/Semmler Rn. 295; Heymann/Herrmann Rn. 75; MüKoHGB/Ströbl Rn. 151; Staub/Emde Rn. 193.

[301] Vgl. BGH 14.4.1983, NJW 1983, 2877 (2879); vgl. MüKoHGB/Ströbl Rn. 150 f.

[302] Wauschkuhn ZVertriebsR 2022, 32 (34).

[303] In diesem Sinne auch BGH 13.1.2010, NJW-RR 2010, 1263 Rn. 17; OLG Düsseldorf 31.1.2020, ZVertriebsR 2020, 257 Rn. 11; Christoph NJW 2010, 647 (650); Emde DStR 2009, 1478 (1484 f.); Hopt/Hopt Rn. 11, 26.

[304] Heymann/Herrmann Rn. 75; MüKoHGB/Ströbl Rn. 155.

[305] Vgl. BGH 2.7.1987, NJW-RR 1988, 42 (44); OLG Oldenburg 30.1.2025, ZVertriebsR 2025, 171 Rn. 17; MüKoHGB/Ströbl Rn. 155.

[306] MüKoHGB/Ströbl Rn. 147.

[307] OLG Oldenburg 30.1.2025, ZVertriebsR 2025, 171 Rn. 35 (im konkreten Fall wegen der besonderen Umstände nur 1 vH).

[308] Vgl. BGH 8.11.1990, NJW-RR 1991, 484 (485); 2.7.1987, ZIP 1987, 1383 (1387); OLG Oldenburg 30.1.2025, ZVertriebsR 2025, 171 Rn. 35; Küstner/Thume VertriebsR-HdB II/Thume XIX Rn. 41; Hopt/Hopt Rn. 48; MüKoHGB/Ströbl Rn. 165.

[309] Vgl. BGH 6.8.1997, NJW 1998, 71 (75); 8.11.1990, NJW-RR 1991, 484 (485); Hopt/Hopt Rn. 48; Ebenroth/Boujong/Semmler Rn. 200; MüKoHGB/Ströbl Rn. 165; **aA** Küstner/Thume VertriebsR-HdB II/Thume XIX Rn. 52.

Fälligkeits- und Verzugszinsen zu.[310] Die Abzinsung ist unter Zugrundelegung einer anerkannten Abzinsungstabelle[311] auf den Barwert vorzunehmen.[312]

c) Dritter Schritt: Berechnung der Ausgleichshöchstgrenze (Abs. 2). In einem dritten Schritt ist die Ausgleichshöchstgrenze nach Abs. 2 zu ermitteln und mit dem abgezinsten Rohausgleich zu vergleichen.[313] Überschreitet dieser betragsmäßig die Ausgleichshöchstgrenze, ist der überschießende Betrag zu kappen.[314] Nach Abs. 2 beträgt der Ausgleich höchstens eine nach dem Durchschnitt der letzten fünf Jahre der Tätigkeit des Handelsvertreters berechnete **Jahresprovision oder sonstige Jahresvergütung** (Hs. 1). Der Durchschnitt der letzten fünf Jahre kann aus Gründen der Billigkeit freilich dann nicht zugrunde gelegt werden, wenn sich das Einkommen des Handelsvertreters während dieses Zeitraums stark unterschiedlich entwickelt hat. In diesem Fall ist für die Bestimmung des Höchstbetrages auf einen kürzeren Zeitraum abzustellen, in dem das Provisionsaufkommen grundlegend erhöht oder verringert war.[315] Bei einer kürzeren Dauer des Vertragsverhältnisses als fünf Jahre ist der Durchschnitt während der Dauer der Tätigkeit maßgebend (Hs. 2). Betrug die Vertragslaufzeit weniger als ein volles Jahr, bedarf es einer Hochrechnung der Provisionseinnahmen auf ein Jahr.[316] Im Gegensatz zur Berechnung des Provisionsverlustes gem. Abs. 1 S. 1 Nr. 2 sind in die Berechnung der Jahresprovision nicht nur Abschlussprovisionen (für werbende Tätigkeiten des Handelsvertreters) einzubeziehen, sondern alle Provisionen, also auch solche für Bestandspflege, Delkredere und Schadensregulierung, iSv § 87 Abs. 3 verdiente Überhangprovisionen,[317] Bezirksprovisionen[318] sowie sonstige Vergütungen.[319] Zu berücksichtigen sind darüber hinaus aufgrund der Schutzfunktion der Vorschrift auch Provisionen aus Geschäften mit Altkunden des Unternehmers,[320] dem Handelsvertreter vorenthaltene Provisionen[321] und verjährte Provisionen.[322] Maßgebend ist der jeweilige **Bruttobetrag,**[323] von dem allerdings durchlaufende Posten abzuziehen sind,[324] nicht jedoch die Mehrwertsteuer,[325] an den Untervertreter gezahlte Provisionen,[326] Spesenzuschüsse oder Kostenerstattungspauschalen.[327] 28

---

310 Vgl. BGH 8.11.1990, NJW-RR 1991, 484 (485); OLG Oldenburg 30.1.2025, ZVertriebsR 2025, 171 Rn. 39 ff.

311 Vgl. BGH 10.10.1991, BGHZ 115, 307 (310) = NJW 1991, 3274 (Hoffmannsche Formel); 10.7.2002, DB 2002, 2321 (2324) = NJW-RR 2002, 1548; OLG Düsseldorf 17.12.1999, OLGR 2000, 354 (358); 27.9.1996, HVR Nr. 875; OLG Koblenz 2.7.1998, HVR Nr. 883; 18.6.1998, HVR Nr. 882.

312 BGH 6.8.1997, ZIP 1997, 1839 (1844); 6.8.1997, ZIP 1997, 1832 (1838); 8.11.1990, NJW-RR 1991, 484 (485); Ebenroth/Boujong/Semmler Rn. 200.

313 Vgl. BGH 19.11.1970, BGHZ 55, 45 (55) = NJW 1971, 462; 11.12.1958, BGHZ 29, 83 (94) = NJW 1959, 144; 11.12.1996, NJW 1997, 655 (656).

314 Vgl. BGH 19.11.1970, BGHZ 55, 45 (55) = VersR 1971, 265; 20.11.2002, NJW 2003, 1241 (1243); 15.10.1992, NJW-RR 1993, 221; Küstner/Thume VertriebsR-HdB II/Thume XII Rn. 10 ff.; MüKoHGB/Ströbl Rn. 146, 148.

315 OLG Karlsruhe 16.6.1984, HVR Nr. 975; BeckOK HGB/Lehmann, 48. Ed. 1.10.2025, Rn. 88; Heymann/Herrmann Rn. 79; zweifelnd Hopt/Hopt Rn. 49; **aA** Ebenroth/Boujong/Semmler Rn. 202 (bei Verringerung des Provisionsaufkommens); MüKoHGB/Ströbl Rn. 164, 168.

316 Heymann/Herrmann Rn. 79; MüKoHGB/Ströbl Rn. 169; **aA** Küstner/Thume VertriebsR-HdB II/Thume XII Rn. 6 ff.; Ebenroth/Boujong/Semmler Rn. 202.

317 BGH 23.10.1996, BGHZ 133, 391 (393 ff.) = NJW 1997, 316; OLG Düsseldorf 31.1.2020, ZVertriebsR 2020, 257 Rn. 24; Thume BB 2004, 2473 (2475); Hopt/Hopt Rn. 50; Ebenroth/Boujong/Semmler Rn. 203; MüKoHGB/Ströbl Rn. 170.

318 BGH 28.10.1957, VersR 1957, 775 f. = NJW 1958, 23; Küstner/Thume VertriebsR-HdB II/Thume XII Rn. 30 ff.; Ebenroth/Boujong/Semmler Rn. 204; MüKoHGB/Ströbl Rn. 170.

319 Vgl. BGH 3.6.1971, BGHZ 56, 242 (249) = DB 1971, 1298 = NJW 1971, 1611; 19.11.1970, BGHZ 55, 45 (53) = VersR 1971, 265; 12.11.1976, WM 1977, 115 = BeckRS 1976, 31065923; 19.11.1970, BB 1971, 105 (106) = NJW 1971, 462; OLG Karlsruhe 27.3.1981, BB 1982, 274 (275); Hopt/Hopt Rn. 50.

320 OLG Oldenburg 5.12.1963, DB 1964, 105 (106); Ebenroth/Boujong/Semmler Rn. 204; Heymann/Herrmann Rn. 78; MüKoHGB/Ströbl Rn. 170; **aA** OLG Celle 25.1.1968, NJW 1968, 1141 (1142).

321 MüKoHGB/Ströbl Rn. 171.

322 Vgl. BGH 22.5.1981, NJW 1982, 235 (236); MüKoHGB/Ströbl Rn. 171.

323 BGH 28.6.1973, BGHZ 61, 112 (114) = DB 1973, 1740 = NJW 1973, 1744; 3.6.1971, BGHZ 56, 242 (250) = DB 1971, 1298 = NJW 1971, 1611; 6.2.1964, BGHZ 41, 129 (134 f.) = DB 1964, 400 = NJW 1964, 915; 11.12.1958, BGHZ 29, 83 (92) = NJW 1959, 144; Hopt/Hopt Rn. 51; Heymann/Herrmann Rn. 78; MüKoHGB/Ströbl Rn. 174.

324 Hopt/Hopt Rn. 51; Heymann/Herrmann Rn. 78; MüKoHGB/Ströbl Rn. 172.

325 BGH 28.6.1973, BGHZ 61, 112 (114) = DB 1973, 1740 = NJW 1973, 1744; Hopt/Hopt Rn. 51; MüKoHGB/Ströbl Rn. 174.

326 BGH 7.3.1985, WM 1985, 981 f. = BeckRS 1985, 30391177; Hopt/Hopt Rn. 51; Heymann/Herrmann Rn. 78; MüKoHGB/Ströbl Rn. 174.

327 OLG Koblenz 2.7.1998, HVR Nr. 883; Hopt/Hopt Rn. 51; MüKoHGB/Ströbl Rn. 174.

29 **d) Vierter Schritt: Angemessenheitsprüfung (Abs. 1 S. 1).** Nachdem der Ausgleichsbetrag unter Berücksichtigung der Ausgleichshöchstgrenze bestimmt ist, bedarf es im vierten Schritt der Feststellung, ob er iSv Abs. 1 S. 1 **angemessen** ist. Die Angemessenheitsprüfung ist insoweit nicht identisch mit der Billigkeitskontrolle iSv Abs. 1 S. 1 Nr. 2. Die Billigkeit der Ausgleichszahlung ist nämlich Voraussetzung der Anspruchsbegründung, während es die Angemessenheitsprüfung ermöglichen soll, die rechnerisch ermittelte Höhe des Ausgleichsanspruchs auf der Rechtsfolgenseite zu korrigieren.[328] Aus diesem Grunde können Gesichtspunkte, die bereits im Rahmen der Billigkeitskontrolle nach Abs. 1 S. 1 Nr. 2 berücksichtigt wurden, regelmäßig nicht noch ein weiteres Mal in die Angemessenheitsprüfung nach Abs. 1 S. 1 eingeführt werden.

30 **3. Berechnungsbeispiel.**

1. Erster Schritt:	
Berechnung der Unternehmervorteile (→ Rn. 25 f.)	
a) Schätzung anhand der Provisionseinnahmen des Handelsvertreters im Basisjahr aus Werbung neuer Kunden und Erweiterung der Geschäftsverbindung mit Bestandskunden (letztes Vertragsjahr ohne Verwaltungsprovisionen)	200.000 Euro
./. Verlust von Stammkunden	20.000 Euro
	180.000 Euro
b) Prognose der Provisionsverluste unter Berücksichtigung der zukünftigen Abwanderung von Stammkunden (Prognosezeitraum fünf Jahre/Abwanderungsquote 20 %)	
2009: 180.000 ./. 20 % (= 36.000)	144.000 Euro
2010: 144.000 ./. 20 % (= 28.800)	115.200 Euro
2011: 115.200 ./. 20 % (= 23.040)	92.160 Euro
2012: 92.160 ./. 20 % (= 18.432)	73.728 Euro
2013: 73.728 ./. 20 % (= 14.746)	58.982 Euro
	484.070 Euro
c) Korrekturzuschlag/-abschlag bei Gesamtbetrachtung der Unternehmervorteile +	10.000 Euro
	494.070 Euro
2. Zweiter Schritt: Billigkeitsprüfung (→ Rn. 27)	
a) Billigkeitskontrolle ieS (Abs. 1 S. 1 Nr. 2)	
./. Kapitalwert der Altersversorgung	150.000 Euro
	344.070 Euro
b) Abzinsung (10 %)	34.407 Euro
Rohausgleich	309.663 Euro
3. Dritter Schritt: Berechnung der Ausgleichshöchstgrenze (Abs. 2) (→ Rn. 28)	
Provisionseinnahmen im Zeitraum:	
1.4.2003–31.3.2004	230.000 Euro
1.4.2004–31.3.2005	240.000 Euro
1.4.2005–31.3.2006	230.000 Euro
1.4.2006–31.3.2007	250.000 Euro
1.4.2007–31.3.2008	280.000 Euro
	1.230.000 Euro : 5
Höchstgrenze	246.000 Euro

Der Rohausgleich (309.663 Euro) ist demnach höher als die Ausgleichshöchstgrenze (246.000 Euro), so dass der Ausgleichsanspruch auf 246.000 Euro begrenzt ist (Abs. 2).

4. Vierter Schritt: Angemessenheitsprüfung (Abs. 1 S. 1; → Rn. 29) kein Korrekturbedarf.

IV. Ausschluss des Ausgleichsanspruchs (Abs. 3)

31 **1. Grundsatz.** Der Ausgleichsanspruch des Handelsvertreters besteht nicht schrankenlos. Vielmehr wird er in den Fällen des Abs. 3 **aus Gründen der Billigkeit** ausgeschlossen.[329] Die V konkretisiert damit Abs. 1 S. 1 Nr. 2,[330] soweit es um Sachverhalte des vollständigen Anspruchsausschlusses geht. Liegt ein Ausschlussgrund iSv Abs. 3 vor, bedarf es keiner weiteren Erörterung der Voraussetzungen gem. Abs. 1 S. 1; der Ausgleichsanspruch ist vielmehr von vornherein nicht zur

[328] Ebenso MüKoHGB/Ströbl Rn. 145.

[329] Dazu BGH 30.6.1966, BGHZ 45, 385 (386) = NJW 1966, 1965; 28.11.1975, BB 1976, 332 = NJW 1976, 671; Hopt/Hopt Rn. 52; MüKoHGB/Ströbl Rn. 181.

[330] Zu § 89b Abs. 1 S. 1 Nr. 3 aF BGH 28.2.2007, WM 2007, 1042 Rn. 15; Heymann/Herrmann Rn. 84.

Entstehung gelangt.[331] Dagegen können Umstände, die in § 89 Abs. 3 nicht aufgeführt sind, im Rahmen der allgemeinen Billigkeitsprüfung nach § 89b Abs. 1 S. 1 Berücksichtigung finden.[332] Im Einzelnen sind in § 89b Abs. 3 als Ausschlussgründe ausdrücklich erfasst die Eigenkündigung des Handelsvertreters (Abs. 3 Nr. 1), die Kündigung des Vertragsverhältnisses durch den Unternehmer aus wichtigem Grund (Abs. 3 Nr. 2) und der einvernehmliche Eintritt eines Dritten in das Vertragsverhältnis (Abs. 3 Nr. 3). Die Ausschlussgründe der Nr. 1 und Nr. 2 waren bereits vor Umsetzung der RL 86/653/EWG in § 89b Abs. 3 aF enthalten, während der Ausschlussgrund der Nr. 3 originär auf die RL 86/653/EWG zurückgeht (vgl. Art. 18 lit. c RL 86/653/EWG). Er ist erst mit der HGB-Novelle 1989 in das Gesetz inkorporiert worden,[333] entspricht aber im Wesentlichen der früheren Rspr. Die Aufzählung in **Abs. 3 hat** aufgrund ihres anspruchsbegrenzenden Ansatzes **abschließenden Charakter,**[334] weshalb die Vorschrift allenfalls in sehr engen Grenzen analogiefähig ist.[335] Diese Sichtweise entsprach auch der Rspr des früher für das Handelsvertreterrecht zuständigen VIII. Zivilsenats des BGH.[336] Die Haltung des nunmehr zuständigen VII. Zivilsenats ist nicht ganz klar. Auf der einen Seite nimmt der Senat in seiner Entscheidung vom 5.11.2020 unter Verweis auf die CMR-Entscheidung des EuGH[337] von der früheren Entscheidungspraxis des VIII. Zivilsenats, die von einer begrenzten Analogiefähigkeit von § 89b Abs. 3 HGB ausging, Abstand, meint dann aber, eine analoge Anwendung der Vorschrift scheide nur aus, „soweit (…) sie sich in Gegensatz zu dem bei Art. 18 RL 86/653/EWG maßgebenden Analogieverbot setzen würde".[338] Letzteres ergibt sich freilich auch nur aus der EuGH-Judikatur in der Rechtssache CMR. Richtigerweise ist daher nach wie vor von einer eng begrenzten Analogiefähigkeit von § 89b Abs. 3 auszugehen.[339] Insoweit ist im Zuge einer richtlinienkonformen Auslegung von § 89b Abs. 3 zu berücksichtigen, dass die Vorschrift den Unternehmer davor schützen will, von dem Handelsvertreter den Kundenstamm gegen Zahlung eines Ausgleichs aufgedrängt zu bekommen. Auf der anderen Seite sollen dem Handelsvertreter etwaige Ausgleichsansprüche in größtmöglichem Umfang erhalten bleiben.

2. Eigenkündigung des Handelsvertreters (Abs. 3 Nr. 1). a) Überblick. Ausgeschlossen ist 32
der Ausgleichsanspruch nach dem Wortlaut von Abs. 3 Nr. 1, wenn der Handelsvertreter das Vertragsverhältnis mit dem Unternehmer kündigt. Dahinter steht die gesetzgeberische Wertung, dass der Handelsvertreter im Falle der Eigenkündigung etwaige wirtschaftliche Nachteile bewusst in Kauf nimmt.[340] Inwieweit diese gesetzgeberische Wertung mit Abs. 3 Nr. 2 bzw. Art. 18 lit. a RL 86/653/EWG wertungskongruent ist, wonach im Falle der Kündigung durch den Unternehmer der Ausgleichsanspruch nur dann ausgeschlossen ist, wenn seitens des Handelsvertreters ein zusätzliches verhaltensbezogener Anlass vorliegt, mag zweifelhaft sein, ändert aber nichts daran, dass dem Gesetzgeber insoweit ein weiter Gestaltungsspielraum eröffnet ist.[341] Die Vorschrift ist mithin verfassungsgemäß.[342] Schließlich greift auch der Ausschluss des Ausgleichsanspruchs nach Abs. 3 Nr. 1 nicht unbedingt. Zu einem Ausschluss kommt es ausnahmsweise nicht, wenn ein Verhalten des Unternehmers begründeten Anlass zur Kündigung gegeben hat (→ Rn. 35) oder dem Handelsvertreter eine Fortsetzung seiner Tätigkeit wegen seines Alters oder wegen Krankheit nicht zugemutet werden kann (→ Rn. 36).

---

[331] Vgl. zu Abs. 1 S. 1 Nr. 3 auch Hopt/Hopt Rn. 69; MüKoHGB/Ströbl Rn. 182.

[332] BGH 28.2.2007, BGHZ 171, 192 Rn. 15 = NJW 2007, 3493 = WM 2007, 1042; 3.5.1995, BGHZ 129, 290 (294) = NJW 1995, 1958; 6.2.1964, BGHZ 41, 129 (131) = NJW 1964, 915; 14.4.1988, NJW 1989, 35 (36); 2.7.1988, NJW-RR 1988, 42; Hopt/Hopt Rn. 69; MüKoHGB/Ströbl Rn. 182.

[333] Art. 1 Nr. 6 lit. a Gesetz zur Durchführung der EG-Richtlinie zur Koordinierung des Rechts der Handelsvertreter vom 23.10.1989, BGBl. 1989 I 1910 (dazu Begr. RegE, BT-Drs. 11/3077, 6, 9).

[334] EuGH 19.4.2018, ZVertriebsR 2018, 169 Rn. 31 – CMR.

[335] EuGH 19.4.2018, ZVertriebsR 2018, 169 Rn. 31 – CMR; 28.10.2010, NJW-RR 2011, 255 Rn. 42 – Volvo Car Germany; BGH 28.2.2007, WM 2007, 1042 Rn. 15; 16.2.2000, NJW 2000, 1866 (1868); 10.12.1997, NJW 1998, 1070; 3.5.1995, BGHZ 129, 290 (294) = NJW 1995, 1958; 14.4.1988, NJW 1989, 35 (36 f.); 13.3.1969, BGHZ 52, 12 (14) = NJW 1969, 1023; 30.6.1966, BGHZ 45, 385 (387) = NJW 1966, 1965; Hopt/Hopt Rn. 69; Heymann/Herrmann Rn. 84.

[336] BGH 28.2.2007, BGHZ 171, 192 Rn. 15 = NJW 2007, 3493 = WM 2007, 1042; 3.5.1995, BGHZ 129, 290 (294) = NJW 1995, 1958; 6.2.1964, BGHZ 41, 129 (131) = NJW 1964, 915.

[337] EuGH 19.4.2018, ZVertriebsR 2018, 169 Rn. 31 – CMR.

[338] BGH 5.11.2020, BGHZ 227, 268 Rn. 38 = ZVertriebsR 2021, 47.

[339] MüKoHGB/Ströbl Rn. 182; s. auch Muhl, ZVertriebsR 2021, 51 (53), Anm. zu BGH 5.11.2020, BGHZ 227, 268 Rn. 38 = ZVertriebsR 2021, 47.

[340] Vgl. Begr. RegE Gesetz zur Änderung des HGB (Recht der Handelsvertreter), BT-Drs. 1/3856, 9 (37); ferner Ebenroth/Boujong/Semmler Rn. 60.

[341] BVerfG 22.8.1995, NJW 1996, 381.

[342] BVerfG 22.8.1995, NJW 1996, 381; OLG Hamm 3.7.1987, BB 1987, 1761; MüKoHGB/Ströbl Rn. 5.

33 **b) Kündigung.** Der Ausschluss des Ausgleichsanspruchs greift nach dem Wortlaut von § 89b Abs. 2 Nr. 1 jedenfalls bei einer Kündigung des Handelsvertretervertrages durch den Handelsvertreter. Unerheblich ist, ob es sich um eine **ordentliche oder außerordentliche** Kündigung handelt.[343] Es kommt allein darauf an, dass der Handelsvertreter die Beendigung des Vertragsverhältnisses durch einseitige Erklärung herbeiführt.[344] Insoweit ist zu fordern, dass das **Vertragsverhältnis tatsächlich durch** die **Kündigung beendet** wird.[345] Der Ausgleichsanspruch ist daher nicht ausgeschlossen, wenn der Handelsvertreter im Anschluss an die von ihm ausgesprochene Kündigung während der Kündigungsfrist mit dem Unternehmer einen Aufhebungsvertrag schließt, um das Vertragsverhältnis vor Ablauf der Kündigungsfrist zu beenden.[346] Unter diesen Umständen bedarf der Unternehmer nämlich nicht des Schutzes vor einem ihm einseitig durch Kündigung aufoktroierten Ausgleichsanspruch. Aus diesem Grunde ist es zudem unschädlich, wenn der Handelsvertreter anstatt zu kündigen von vornherein den Abschluss eines Aufhebungsvertrages vorschlägt.[347] Entsprechendes gilt, wenn der Unternehmer das Vertragsverhältnis, das vom Handelsvertreter ordentlich gekündigt wurde, während der Kündigungsfrist fristlos kündigt, ohne dass der Handelsvertreter dazu iSv Abs. 3 Nr. 2 eine Veranlassung gegeben hat.[348] Nicht ausgeschlossen wird der Ausgleichsanspruch überdies, wenn das Handelsvertreterverhältnis vor Ablauf der Kündigungsfrist durch Tod des Handelsvertreters vorzeitig beendet wird.[349]

33a **c) Sonstige Fälle.** Trotz der nur beschränkten Analogiefähigkeit von Abs. 3 (→ Rn. 31) ist Nr. 1 **entsprechend anzuwenden,** wenn der Handelsvertreter eine **auflösende Bedingung** herbeiführt,[350] von einer **Verlängerungsoption** keinen Gebrauch macht oder eine erneute **Vertragsofferte** des Unternehmers **zurückweist.**[351] Insoweit nämlich hat es der Handelsvertreter wie bei der Kündigung einseitig in der Hand, das Vertragsverhältnis zu beenden. Dass Abs. 3 Nr. 1 die genannten Fallgestaltungen erfasst, ergibt sich aus einer richtlinienkonformen Auslegung der Vorschrift. Der Wortlaut von Art. 18 lit. b RL 86/653/EWG begrenzt den Ausschluss des Ausgleichsanspruchs nämlich nicht auf die Fälle der Kündigung, sondern spricht allgemein davon, dass der Handelsvertreter das Vertragsverhältnis „beendet".[352] Die Argumentation des VIII. Zivilsenats des BGH, der vom Handelsvertreter herbeigeführte Eintritt einer auflösenden Bedingung könne nicht als Beendigung des Vertragsverhältnisses seitens des Handelsvertreters iSv Art. 18 lit. b RL 86/53/EWG angesehen werden,[353] überzeugt nicht.[354] Dass die Vertragsbeendigung „unmittelbar" durch das rechtsgeschäftliche Handeln des Handelsvertreters eintreten muss und nicht erst durch einen dadurch ausgelösten Bedingungseintritt, lässt sich Art. 18 lit. b RL 86/653/EWG nicht entnehmen. **Nicht der Kündigung gleich** stehen dagegen die einvernehmliche Vertragsaufhebung,[355] und zwar unabhängig davon, von wem die Initiative zur Vertragsaufhebung ausgeht,[356] das Vertragsende durch Zeitablauf, das Ausschlagen des Angebots zur Fortsetzung des Vertragsverhältnisses im Falle einer Änderungskün-

---

[343] BGH 7.6.1984, NJW 1984, 2529; 30.6.1969, HVR Nr. 399; Hopt/Hopt Rn. 53; Heymann/Herrmann Rn. 86; MüKoHGB/Ströbl Rn. 184.

[344] Heymann/Herrmann Rn. 86.

[345] Heymann/Herrmann Rn. 86; **aA** Ebenroth/Boujong/Semmler Rn. 63; MüKoHGB/Ströbl Rn. 184.

[346] **AA** BGH 13.3.1969, BGHZ 52, 12 (14) = NJW 1969, 1023; 20.10.1960, VersR 1960, 1111 f. = BeckRS 1960, 30373048; OLG Hamm 3.7.1987, BB 1987, 1761; Hopt/Hopt Rn. 54; Ebenroth/Boujong/Semmler Rn. 63; Heymann/Herrmann Rn. 87; MüKoHGB/Ströbl Rn. 185.

[347] OLG Frankfurt 13.3.2019, BeckRS 2019, 15476 Rn. 69 f.

[348] Hopt/Hopt Rn. 53; BeckOK HGB/Lehmann, 48. Ed. 1.10.2025, Rn. 94; Heymann/Herrmann Rn. 86; **aA** OLG Köln 25.5.1959, HVR Nr. 292; MüKoHGB/Ströbl Rn. 185.

[349] OLG Frankfurt 12.7.1960, NJW 1961, 514 (515); Hopt/Hopt Rn. 53; **aA** Ebenroth/Boujong/Semmler Rn. 63; MüKoHGB/Ströbl Rn. 185.

[350] Heymann/Herrmann Rn. 87; Hopt/Hopt Rn. 53; undeutlich MüKoHGB/Ströbl Rn. 186; **aA** BGH 5.11.2020, BGHZ 227, 268 Rn. 31 ff. = ZVertriebsR 2021, 47; Ebenroth/Boujong/Semmler Rn. 62.

[351] BGH 13.12.1995, NJW 1996, 848 (849 f.) (Kettenvertrag); 28.2.2007, BGHZ 171, 192 Rn. 17 = NJW 2007, 3493; Hopt/Hopt Rn. 54; Ebenroth/Boujong/Semmler Rn. 62; Heymann/Herrmann Rn. 87; MüKoHGB/Ströbl Rn. 186; **aA** Thume BB 1998, 1425 (1429).

[352] Zutr. Muhl ZVertriebsR 2021, 51 (52 f.).

[353] BGH 5.11.2020, BGHZ 227, 268 Rn. 31 = ZVertriebsR 2021, 47.

[354] Muhl ZVertriebsR 2021, 51 (53).

[355] BGH 13.3.1969, BGHZ 52, 12 (15) = NJW 1969, 1023; OLG Düsseldorf 9.8.2000, HVR Nr. 947; OLG Nürnberg 16.9.1969, HVR Nr. 401; Hopt/Hopt Rn. 54; Ebenroth/Boujong/Semmler Rn. 62; Heymann/Herrmann Rn. 87; MüKoHGB/Ströbl Rn. 187.

[356] Vgl. BGH 28.2.2007, BGHZ 171, 192 Rn. 19 = NJW 2007, 3493; 13.3.1969, BGHZ 52, 12 (15) = NJW 1969, 1023 (Vertragsaufhebung auf Initiative des Handelsvertreters); Heymann/Herrmann Rn. 87; Ebenroth/Boujong/Semmler Rn. 62; MüKoHGB/Ströbl Rn. 187; **aA** HessLAG 25.2.1992, NZA 1992, 1034.

digung des Unternehmers,[357] der Tod oder Selbstmord des Handelsvertreters[358] oder auch die Auflösung einer Vertretergesellschaft.[359]

d) Anspruchserhalt. aa) Grundsatz. Der Ausgleichsanspruch bleibt dem Handelsvertreter trotz eigenhändiger Kündigung des Vertragsverhältnisses erhalten, wenn der Unternehmer durch sein Verhalten begründeten Anlass zur Kündigung gegeben hat (Abs. 3 Nr. 1 Alt. 1) oder wenn dem Handelsvertreter die Fortsetzung des Vertragsverhältnisses wegen seines Alters oder wegen Krankheit nicht zumutbar ist (Abs. 3 Nr. 1 Alt. 2). 34

bb) Verhalten des Unternehmers (Abs. 3 Nr. 1 Alt. 1). Der Ausgleichsanspruch bleibt dem Handelsvertreter erhalten, wenn der Unternehmer durch sein Verhalten **begründeten Anlass zur Kündigung** des Vertragsverhältnisses gegeben hat. Wie sich aus dem Wortlaut der Norm ergibt („begründeter Anlass"), ist der Kündigungsgrund nicht gleichzusetzen mit dem nach § 89a erforderlichen „wichtigen Grund". Nach dem Wortsinn müssen bei einem „begründeten Anlass" weniger strenge Voraussetzungen vorliegen als bei einem „wichtigen Grund".[360] Es reicht jeder Anlass aus, aufgrund dessen es dem Handelsvertreter nach Treu und Glauben (§ 242 BGB) nicht zumutbar ist, an dem Absatzmittlungsverhältnis festzuhalten.[361] Den Anlass zur Kündigung muss insoweit das **Verhalten des Unternehmers** geben, wobei schon dem Normwortlaut nach ein schuldhaftes oder objektiv pflichtwidriges Handeln des Unternehmers nicht erforderlich ist.[362] Auch im Übrigen ist das Merkmal des „Unternehmerverhaltens" zum Schutz des Handelsvertreters im denkbar weiten Sinne zu verstehen.[363] Erfasst werden damit alle **Umstände, die der Sphäre des Unternehmers zuzuordnen sind.**[364] Das können im Einzelfall nicht nur Handlungen (aktives Tun oder Unterlassen) des Unternehmers sein, wie die treuwidrige Freistellung des Handelsvertreters ohne finanzielle Entschädigung,[365] die fristlose Kündigung des Handelsvertretervertrags ohne triftigen Grund[366] sowie Änderungen der Vertriebsstruktur (wie die Aufnahme des Direktvertriebs durch den Unternehmer)[367] oder der Unternehmensstruktur (wie etwa die Spaltung des Unternehmens und damit einhergehende Auswechslung des Vertragspartners),[368] sondern auch Umstände, die sich aus der geschäftlichen Situation des Unternehmers ergeben,[369] wie Zahlungsschwierigkeiten (schleppende Provisionszahlung), fehlende Kreditwürdigkeit, Betriebsstilllegungen oder Produktionseinschränkungen, aber auch sachfremde Erwägungen im Umgang mit dem Handelsvertreter[370] oder Interessenkollisionen, die sich aus dem Verhalten des Unternehmers für den Handelsvertreter ergeben.[371] Es muss mit anderen Worten eine Situation vorliegen, die für den 35

[357] BGH 28.2.2007, BGHZ 171, 192 Rn. 20f. = NJW 2007, 3493; OLG Köln 14.6.1996, BB 1997, 61; OLG Nürnberg 3.11.1982, VW 1983, 549; Thume BB 1998, 1425 (1429); Hopt/Hopt Rn. 54; Ebenroth/Boujong/Semmler Rn. 62; Heymann/Herrmann Rn. 87; MüKoHGB/Ströbl Rn. 188; **aA** Stumpf/Ströbl MDR 2004, 1209 (1210) zum Vertragshändler.

[358] BGH 12.4.1973, BGHZ 60, 350 (352f.) = NJW 1973, 1121; 30.6.1966, BGHZ 45, 385 (387) = NJW 1966, 1965; 6.2.1964, BGHZ 41, 129 (131) = NJW 1964, 915; Hopt/Hopt Rn. 54; Heymann/Herrmann Rn. 87; MüKoHGB/Ströbl Rn. 189.

[359] Hopt/Hopt Rn. 54; Heymann/Herrmann Rn. 87.

[360] BGH 13.8.2015, BGHZ 206, 332 Rn. 34 = NJW 2015, 3373; 21.2.2006, NJW-RR 2006, 755 Rn. 7; 13.12.1995, NJW 1996, 848 (849); OLG Köln 24.11.2023, ZVertriebsR 2024, 23 Rn. 136; Hopt/Hopt Rn. 57; MüKoHGB/Ströbl Rn. 193.

[361] Vgl. BGH 13.8.2015, BGHZ 206, 332 Rn. 34 = NJW 2015, 3373; 12.6.1963, BGHZ 40, 13 (15) = NJW 1963, 2068; 21.2.2006, NJW-RR 2006, 755 Rn. 7; 13.12.1995, NJW 1996, 848f.; 6.11.1986, NJW 1987, 778f.; 29.5.1967, NJW 1967, 2153; Hopt/Hopt Rn. 57; Heymann/Herrmann Rn. 88.

[362] Vgl. BGH 13.8.2015, BGHZ 206, 332 Rn. 34 = NJW 2015, 3373; 13.3.1969, BGHZ 52, 5 (8) = NJW 1969, 1021; OLG Köln 24.11.2023, ZVertriebsR 2024, 23 Rn. 136; OLG München 2.2.2017, ZVertriebsR 2017, 189 Rn. 17; Hopt/Hopt Rn. 57; Heymann/Herrmann Rn. 88; Staub/Emde Rn. 387; krit. MüKoHGB/Ströbl Rn. 193.

[363] BGH 13.3.1969, BGHZ 52, 5 (8) = NJW 1969, 1021 zu § 89b Abs. 3 S. 1 aF; 28.11.1975, NJW 1976, 671 zu § 89b Abs. 3 S. 1 aF; 13.8.2015, NJW 2015, 3373 Rn. 34.

[364] OLG Köln 24.11.2023, ZVertriebsR 2024, 23 Rn. 136; Hopt/Hopt Rn. 56.

[365] BGH 13.8.2015, BGHZ 206, 332 Rn. 35 = NJW 2015, 3373.

[366] BGH 14.11.1966, NJW 1967, 248 (248f.); KG 22.2.2021, ZVertriebsR 2021, 243 Rn. 37; Hopt/Hopt Rn. 58.

[367] Vgl. BGH 10.2.1993, DB 1993, 1031 (1032) = NJW-RR 1993, 678.

[368] Offen gelassen von BGH 13.8.2015, NJW 2015, 3373 Rn. 27; s. auch Schröer FS Maier-Reimer, 2010, 657 (666ff.); SHS/Hörtnagl, 10. Aufl. 2024, UmwG § 131 Rn. 64.

[369] Vgl. BGH 13.3.1969, BGHZ 52, 5 (8) = NJW 1969, 1021; 28.11.1975, NJW 1976, 671; Hopt/Hopt Rn. 57; Heymann/Herrmann Rn. 88; MüKoHGB/Ströbl Rn. 195; **aA** offenbar OLG Köln 15.12.2006, DB 2007, 517 Ls.

[370] Vgl. OLG Düsseldorf 14.11.1963, NJW 1964, 1963f.

[371] Vgl. BGH 6.11.1986, NJW 1987, 778 (Sortimentserweiterung).

Handelsvertreter nach Treu und Glauben nicht hinnehmbar ist,[372] ohne dass es insoweit zu einer schweren Gefährdung der wirtschaftlichen Existenz kommen muss.[373] Auf der anderen Seite darf die Anwendung von § 89b Abs. 3 Nr. 1 nicht dazu führen, dass sich der Handelsvertreter des von ihm zu tragenden wirtschaftlichen Risikos entledigen kann.[374] Im Rahmen einer **Untervertretung** können sich berechtigte Anlässe zur Kündigung nicht nur im Verhältnis zum Hauptvertreter ergeben, sondern mittelbar auch aus der Rechtsbeziehung des Hauptvertreters zum Unternehmer.[375] Neben den bereits genannten Anlässen ist ein begründeter Anlass zur Kündigung iSv Abs. 3 Nr. 1 Alt. 1 immer dann gegeben, wenn der **Handelsvertreter zur ordentlichen oder außerordentlichen Kündigung** des Vertragsverhältnisses **berechtigt** wäre (→ § 89 Rn. 7 f., → § 89 Rn. 19 ff.; → § 89a Rn. 22 f.). Ausreichend ist es, wenn überhaupt irgendein begründeter Anlass zur Kündigung vorliegt, sodass es unschädlich ist, wenn der Handelsvertreter die unzutreffende Kündigungsart wählt (zB außerordentliche statt ordentliche Kündigung).[376] Ein begründeter Anlass zur Kündigung wird im Übrigen auch nicht dadurch ausgeschlossen, dass der Handelsvertreter seinerseits dem Unternehmer einen Anlass zur Kündigung gegeben hat. Dieser Umstand kann freilich im Rahmen der Billigkeitskontrolle gem. Abs. 1 S. 1 Nr. 2 zu berücksichtigen sein.[377] Angesichts der weit reichenden Rechtsfolge, die sich aus dem Grundtatbestand des Abs. 3 ergibt, ist es zum Schutz des Handelsvertreters als ausreichend anzusehen, wenn der begründete **Anlass zur Kündigung objektiv vorliegt.**[378] Es ist für den Erhalt des Ausgleichsanspruchs also nicht erforderlich, dass der Handelsvertreter die zur Kündigung berechtigenden Umstände im Zeitpunkt der Kündigungserklärung kennt oder sie gar benennt.[379] Sie brauchen daher auch nicht das Motiv der Kündigung sein.[380] Freilich muss der Handelsvertreter den **Kündigungsgrund ggf. nachschieben.**[381] Insoweit unterscheidet sich die Rechtslage von der außerordentlichen Kündigung gem. § 89a. Das Nachschieben kann auch nach Ablauf der Ausschlussfrist für die Geltendmachung des Ausgleichsanspruchs (Abs. 4 S. 2) erfolgen,[382] soweit keine Verwirkung vorliegt.[383]

36 **cc) Unzumutbarkeit der Vertragsfortsetzung (Abs. 3 Nr. 1 Alt. 2).** Trotz Kündigung des Vertragsverhältnisses durch den Handelsvertreter entfällt der Ausgleichsanspruch auch dann nicht, wenn dem Handelsvertreter eine Fortsetzung seiner Absatzmittlertätigkeit wegen seines Alters oder wegen Krankheit nicht zugemutet werden kann. Zweifelhaft ist, ob der Handelsvertreter bei einer Kündigung auf der Grundlage von Abs. 3 Nr. 1 Alt. 2 den Kündigungsgrund bei Abgabe der Kündigungserklärung benennen muss[384] oder ob es wie im Rahmen von Abs. 3 Nr. 1 Alt. 1 ausreichend ist, dass der Kündigungsgrund im Zeitpunkt der Kündigung objektiv vorliegt, sodass er ggf. nachzuschieben wäre.[385] Für eine Verpflichtung zur Angabe des Kündigungsgrundes bei Abgabe der Kündigungserklärung spricht, dass es sich bei den Kündigungsgründen (Alter, Krankheit) um solche aus der Sphäre des Handelsvertreters handelt. Gleichwohl hat auch Abs. 3 Nr. 1 Alt. 2 die Funktion, den Handelsvertreter aus Gründen der Billigkeit vor einem zu weit reichenden Ausschluss des Ausgleichsanspruchs aufgrund des Grundtatbestandes zu schützen. Es ist daher keine engere Auslegung angezeigt als bei Alt. 1. Ausreichend ist es also, dass der **Kündigungsgrund objektiv vorliegt;** ein Nachschieben ist möglich (→ Rn. 35). Unter welchen Umständen von einer Unzumutbarkeit der Vertragsfortsetzung **wegen** des **Alters** des Handelsvertreters auszugehen ist, hängt von den Umständen des Einzelfalls ab. Davon wird regelmäßig erst bei Erreichen der gesetzlichen Altersgrenze

[372] BGH 13.8.2015, BGHZ 206, 332 Rn. 34 = NJW 2015, 3373; 21.2.2006, NJW-RR 2006, 755 Rn. 7; 13.12.1995, NJW 1996, 848 (849); OLG Köln 24.11.2023, ZVertriebsR 2023, 23 Rn. 137.

[373] BGH 6.11.1986, NJW 1987, 778.

[374] Einen Grenzfall behandelt OLG München 2.2.2017, ZVertriebsR 2017, 189 (unrentable Tankstelle).

[375] Vgl. BGH 13.3.1969, BGHZ 52, 5 (8) = NJW 1969, 1021 (Kündigung des Hauptvertretervertrages); BGH 20.11.1969, BB 1970, 101 = BeckRS 1969, 30376347 (teilweise Einstellung des Geschäftsbetriebs durch den Unternehmer); Hopt/Hopt Rn. 59; MüKoHGB/Ströbl Rn. 199.

[376] BGH 7.6.1984, BGHZ 91, 321 = NJW 1984, 2529; Hopt/Hopt Rn. 57; Heymann/Herrmann Rn. 88.

[377] BGH 16.2.1989, BB 1989, 1076 f. = NJW-RR 1989, 862; Hopt/Hopt Rn. 57.

[378] BGH 12.6.1963, BGHZ 40, 13 (14 ff.) = NJW 1963, 2068; Hopt/Hopt Rn. 56; MüKoHGB/Ströbl Rn. 201.

[379] BGH 12.6.1963, BGHZ 40, 13 (16) = NJW 1963, 2068; vgl. MüKoHGB/Ströbl Rn. 201.

[380] Hopt/Hopt Rn. 56.

[381] BGH 12.6.1963, BGHZ 40, 13 (14, 16) = NJW 1963, 2068; Hopt/Hopt Rn. 56.

[382] BGH 12.6.1963, BGHZ 40, 13 (18) = NJW 1963, 2068.

[383] Hopt/Hopt Rn. 56; auf Treu und Glauben abstellend BGH 12.6.1963, BGHZ 40, 13 (18) = NJW 1963, 2068.

[384] Mit diesem Ergebnis Küstner/Thume VertriebsR-HdB II/Thume XI Rn. 112; MüKoHGB/Ströbl Rn. 202 ff.

[385] In diesem Sinne Hopt/Hopt Rn. 60; Ebenroth/Boujong/Semmler Rn. 76.

auszugehen sein.[386] In diesem Fall ist die Eigenkündigung als ordentliche Kündigung auszusprechen. Kündigt der Handelsvertreter außerordentlich, wird der Ausgleichsanspruch gleichwohl nicht ausgeschlossen.[387] Wegen **Krankheit** unzumutbar ist die Fortsetzung des Vertragsverhältnisses nur dann, wenn der Handelsvertreter aufgrund einer schwerwiegenden und in ihrer zeitlichen Dauer nicht absehbaren Störung des Gesundheitszustands an der Ausübung der Absatzmittlertätigkeit nachhaltig gehindert ist und Ersatzkräfte die Tätigkeit nicht übernehmen können.[388] Nicht erforderlich ist die Berufs- oder Erwerbsunfähigkeit des Handelsvertreters.[389] Ein Indiz für das Vorliegen einer Krankheit kann sich aus der Anerkennung des Handelsvertreters als schwerbehinderter Mensch ergeben.[390] Die Tatsache, dass der Handelsvertreter eine von mehreren Handelsvertretungen aufrecht erhält[391] oder später eine eigene Tätigkeit aufnimmt,[392] schließt die Unzumutbarkeit der Fortsetzung einer bestimmten Handelsvertretung nicht aus.[393] Dem Tatbestand der Krankheit gleich zu setzen ist in richtlinienkonformer Auslegung die **Gebrechlichkeit** des Handelsvertreters. Nach Art. 18 lit. b RL 86/653/EWG steht der Ausgleichsanspruch dem Handelsvertreter auch dann zu, wenn er durch Gebrechen an der Fortsetzung seiner Tätigkeit gehindert ist. Der deutsche Gesetzgeber hat diesen Passus, obwohl dies ursprünglich vorgesehen war,[394] nur deshalb nicht in § 89b Abs. 3 Nr. 1 übernommen, weil eine Änderung letztendlich für überflüssig erachtet wurde.[395] Ein Gebrechen des Handelsvertreters ist insbesondere bei unfallbedingter Berufsbehinderung gegeben.[396]

Der Tatbestand der Unzumutbarkeit der Vertragsfortsetzung infolge Alter oder Krankheit ist auf natürliche Personen zugeschnitten. Gleichwohl kommt eine entsprechende Anwendung von Abs. 3 Nr. 1 Alt. 2 auf **Personenverbände** (OHG, KG) und (in engen Grenzen) auch auf **Verbandspersonen** (GmbH) in Betracht. Denkbar ist dies zunächst im Falle einer alters- oder krankheitsbedingten Kündigung des Handelsvertretervertrages durch den Gesellschafter einer OHG oder KG, wenn die Personengesellschaft (als Unternehmer) mit dem Gesellschafter „steht und fällt".[397] Dagegen kommt die Anwendung von Abs. 3 Nr. Alt. 2 auf die Handelsvertreter-GmbH grundsätzlich nicht in Betracht.[398] Eine Ausnahme kann freilich bei einer Einmann-GmbH geboten sein, wenn auch hier die Existenz der Gesellschaft symbiotisch mit dem Gesellschafter verbunden ist.[399] 37

3. Kündigung durch den Unternehmer aus wichtigem Grund (Abs. 3 Nr. 2). Der Ausgleichsanspruch des Handelsvertreters entfällt nach Abs. 3 Nr. 2, wenn der Unternehmer das Vertragsverhältnis gekündigt hat und dafür ein wichtiger Grund wegen schuldhaften Verhaltens des Handelsvertreters vorlag. Erforderlich ist, dass der Unternehmer die Beendigung des Vertragsverhältnisses durch einseitige Kündigungserklärung herbeiführt, unabhängig davon, ob dies durch ordentliche oder außerordentliche Kündigung erfolgt.[400] Allerdings muss für die Kündigung ein wichtiger Grund vorhanden sein, der zudem auf ein **schuldhaftes Verhalten des Handelsvertreters** iSv § 276 BGB zurückzuführen ist.[401] Dagegen ist die Zurechnungsnorm des § 278 BGB anders als im Rahmen von § 89a nicht anzuwenden, da der Gesetzeswortlaut ausdrücklich auf das Verhalten des 38

[386] Vgl. auch OLG Düsseldorf 12.3.2004, HVR Nr. 1085; 11.5.2001, HVR Nr. 1078; Hopt/Hopt Rn. 61; Ebenroth/Boujong/Semmler Rn. 73; MüKoHGB/Ströbl Rn. 203.

[387] BGH 7.6.1984, BGHZ 91, 321 (322 ff.) = NJW 1984, 2529; Hopt/Hopt Rn. 61; MüKoHGB/Ströbl Rn. 203.

[388] BGH 29.4.1993, NJW-RR 1993, 996 (997) = WM 1993, 1681; Hopt/Hopt Rn. 62; Ebenroth/Boujong/Semmler Rn. 74; MüKoHGB/Ströbl Rn. 177.

[389] Hopt/Hopt Rn. 62; MüKoHGB/Ströbl Rn. 177.

[390] BGH 29.4.1993, NJW-RR 1993, 996 (997) = WM 1993, 1681; Hopt/Hopt Rn. 62; MüKoHGB/Ströbl Rn. 204.

[391] Dazu OLG Düsseldorf 11.5.2001, HVR Nr. 1078.

[392] Dazu BGH 29.4.1993, NJW-RR 1993, 996 (997) = WM 1993, 1681.

[393] Hopt/Hopt Rn. 62; MüKoHGB/Ströbl Rn. 204.

[394] Vgl. Art. 1 Nr. 6b GE zur Durchführung der EG-Richtlinie zur Koordinierung des Rechts der Handelsvertreter, BT-Drs. 11/3077, 4 (dazu Begr. RegE, BT-Drs. 11/3077, 6, 9).

[395] Vgl. Beschlussempfehlung und Bericht BT-RA, BT-Drs. 11/4559, 9.

[396] Hopt/Hopt Rn. 62.

[397] KG 22.2.1985, HVR Nr. 659; Maier BB 1978, 940 (941); Küstner/Thume VertriebsR-HdB II/Thume XI Rn. 130; Ebenroth/Boujong/Semmler Rn. 78; Heymann/Herrmann Rn. 90; MüKoHGB/Ströbl Rn. 202; *vgl. auch Hopt/Hopt Rn. 60.*

[398] OLG Hamm 12.7.1982, HVR Nr. 569; OLG München 19.1.2006, HVR Nr. 1168 = OLGR 2007, 387; Hopt/Hopt Rn. 60; Ebenroth/Boujong/Semmler Rn. 78.

[399] Ebenso OLG München 4.12.2002, NJW-RR 2003, 541; Thume BB 1999, 2340; Hopt/Hopt Rn. 60; **aA** wohl MüKoHGB/Ströbl Rn. 202.

[400] BGH 21.5.1975, WM 1975, 856 (857); 6.7.1967, BGHZ 48, 222 (223) = NJW 1967, 2154; 7.3.1957, BGHZ 24, 30 (35) = NJW 1957, 871; KG 15.9.1994, HVR Nr. 811; OLG Düsseldorf 31.1.2020, ZVertriebsR 2020, 257 Rn. 6; Hopt/Hopt Rn. 64; MüKoHGB/Ströbl Rn. 206.

[401] Vgl. nur KG 22.2.2021, ZVertriebsR 2021, 243 Rn. 8 ff.

Handelsvertreters abstellt.[402] Freilich kann den Handelsvertreter ein **Auswahl- und Überwachungsverschulden** treffen.[403] Einzustehen hat der Handelsvertreter zudem für das Verhalten rechtsgeschäftlicher Vertreter.[404] Zudem muss sich eine **Hilfsperson** nach § 242 BGB selbst als Handelsvertreter behandeln lassen, wenn die im Außenverhältnis als Handelsvertreter auftretende Person nur vorgeschoben ist.[405] Nicht ausreichend für den Ausschluss des Ausgleichsanspruchs gem. Abs. 3 Nr. 2 ist die bloße Möglichkeit zur Kündigung, ohne dass diese ausgesprochen wird.[406] Auch kommt eine **analoge Anwendung** von Abs. 3 Nr. 2 auf Fälle, in denen zwar kein wichtiger Grund für die Kündigung vorliegt, der Unternehmer aber andere vernünftige Gründe für seine Kündigung vorbringt, nicht in Betracht.[407] Insoweit fehlt es nämlich im Hinblick auf den Ausschluss des Ausgleichsanspruchs an einer Vergleichbarkeit der Interessenlage. Besondere Umstände, die nicht zwingend einen Ausschluss des Ausgleichsanspruchs erfordern, sind vielmehr im Rahmen der Billigkeitsprüfung nach Abs. 1 S. 1 Nr. 2 zu berücksichtigen (→ Rn. 31). Generell gilt, dass das Recht zur außerordentlichen Kündigung auf schwerwiegende Fälle beschränkt sein muss. Nur dann lässt sich nämlich die einschneidende Rechtsfolge von § 89b Abs. 3 Nr. 2, der Verlust des Ausgleichsanspruchs, rechtfertigen.[408]

39 Durch die Bezugnahme auf das schuldhafte Verhalten des Handelsvertreters ist der in Abs. 3 Nr. 2 verwendete **Begriff des wichtigen Grundes** erheblich **enger als** der Begriffsinhalt **in § 89a,** da dort nicht stets ein Verschulden des Handelsvertreters erforderlich ist (→ § 89a Rn. 16).[409] Im Übrigen kann jedoch auf die Erkenntnisse zu § 89a zurückgegriffen werden, etwa im Hinblick auf das Erfordernis einer Abmahnung (→ § 89a Rn. 7 f.), die (rechtzeitige) Abgabe der Kündigungserklärung (→ § 89a Rn. 9 f.) und die im Wege einer Interessenabwägung zu ermittelnde Unzumutbarkeit der Fortsetzung des Vertragsverhältnisses, (→ § 89a Rn. 15 ff.).[410] Das gilt insbesondere hinsichtlich solcher, im Verhalten des Handelsvertreters wurzelnder wichtiger **Kündigungsgründe,** die den Unternehmer nach § 89a zur außerordentlichen Kündigung berechtigen (→ § 89a Rn. 19). Dazu gehören jedenfalls **wesentliche Vertragsverletzungen**[411] wie etwa die Nichtbeachtung der Interessenwahrungspflicht, zB durch Hinwegsetzung über die Loyalitätspflicht,[412] einen schwerwiegenden Vertrauensbruch[413] oder erhebliche Wettbewerbsverstöße des Handelsvertreters. Werden im Handelsvertretervertrag einzelne Gründe für eine Kündigung des Vertrags aus wichtigem Grund explizit benannt, schließt dies eine am Einzelfall orientierte **Interessenabwägung,** wie sie in § 314 Abs. 1 S. 2 BGB leitbildartig angelegt ist, nicht von vornherein aus. Ob die vertragliche Regelung einer Interessenabwägung zugänglich ist, muss letztlich im Wege der Auslegung (§§ 133, 157 BGB) geklärt werden.[414] Unter dem Gesichtspunkt der **Zumutbarkeit der Fortsetzung** des Vertragsverhältnisses sind an die Intensität der Vertragsstörung umso höhere Anforderungen zu stellen, je kürzer die Frist bemessen ist, innerhalb derer das Vertragsverhältnis abläuft oder durch ordentliche Kündigung beendet werden kann.[415] Kündigt der Unternehmer nur ordentlich oder spricht er die ordentliche Kündigung erst geraume Zeit nach Bekanntwerden des Verhaltens des Handelsvertreters aus, deutet dies regelmäßig darauf hin, dass die Fortsetzung des Vertragsverhältnisses aus Sicht des Unternehmers nicht schlechthin unzumutbar war.[416] Eine Schädigung des Unternehmers ist nicht erforderlich.[417]

---

[402] Vgl. auch BGH 5.2.1959, BGHZ 29, 275 (278) = NJW 1959, 878; 18.7.2007, NJW 2007, 3068 Rn. 7; 20.10.2007, WM 2007, 1986 (1986 f.); Hopt/Hopt Rn. 65; Ebenroth/Boujong/Semmler Rn. 81; Heymann/Herrmann Rn. 95.

[403] OLG Celle 9.5.1958, BB 1958, 894; Ebenroth/Boujong/Semmler Rn. 81; MüKoHGB/Ströbl Rn. 213.

[404] BGH 6.2.1964, BGHZ 41, 129 (130 ff.) = NJW 1964, 915; 20.10.2007, WM 2007, 1986 f.; Ebenroth/Boujong/Semmler Rn. 81; MüKoHGB/Ströbl Rn. 213.

[405] BGH 23.1.1964, DB 1964, 582 f. = BeckRS 1964, 30383132 (vorgeschobene Ehefrau); OLG Braunschweig 8.3.1968, VW 1968, 860 (861) (Aufnahme von Konkurrenztätigkeit durch Strohleute); Ebenroth/Boujong/Semmler Rn. 81; MüKoHGB/Ströbl Rn. 213.

[406] BGH 7.6.1984, BGHZ 91, 321 (324) = WM 1984, 1276 = NJW 1984, 2529; OLG München 22.9.1993, BB 1993, 2403; Hopt/Hopt Rn. 64; **aA** Emde DStR 2009, 1478 (1483 f.).

[407] BGH 28.2.2007, WM 2007, 1042 Rn. 12.

[408] S. auch BGH 10.11.2010, NJW 2010, 608 Rn. 24.

[409] Dazu BGH 12.6.1963, BGHZ 40, 13 (15) = NJW 1963, 2068; 16.2.2000, NJW 2000, 1866 (1867 f.); OLG München 7.3.2001, HVR Nr. 990.

[410] Vgl. auch BGH 17.12.2008, NZG 2009, 310 Rn. 24; 16.2.2000, NJW 2000, 1866 (1867); 25.11.1998, NJW 1999, 946 (947); 21.3.1985, WM 1985, 982 (982 f.) = BeckRS 1985, 30389382; Hopt/Hopt Rn. 65.

[411] OLG Schleswig 25.7.2024, ZVertriebsR 2024, 299 Rn. 20; Hopt/Hopt Rn. 63, 67.

[412] KG 22.2.2021, ZVertriebsR 2021, 243 Rn. 26.

[413] OLG Schleswig 25.7.2024, ZVertriebsR 2024, 299 Rn. 23 ff. (vertragswidrige Bearbeitung von Eigenschäden).

[414] BGH 10.11.2010, NJW 2011, 608 Rn. 19 f.

[415] BGH 16.2.2000, NJW 2000, 1866 (1868).

[416] BGH 16.2.2000, NJW 2000, 1866 (1868).

[417] BGH 3.5.1995, BGHZ 129, 290 (295) = NJW 1995, 1958; Hopt/Hopt Rn. 67.

Kein wichtiger Grund iSv Abs. 3 Nr. 2 liegt vor, wenn die Kündigungsgründe vom Handelsvertreter nicht verschuldet sind[418] oder aus der Sphäre des Unternehmers stammen.[419] Der **wichtige Grund** muss **für** die konkrete **Kündigung unmittelbar ursächlich** sein.[420] Dies folgt aus einer richtlinienkonformen Auslegung von Abs. 3 Nr. 2. Nach dem Wortlaut der Vorschrift („und") scheint es freilich ausreichend zu sein, wenn Kündigungserklärung und wichtiger Grund mehr oder weniger beziehungslos nebeneinander stehen. Demnach wäre die Begründung für die Kündigung austauschbar, sodass ein wichtiger Grund auch noch dann nachgeschoben werden könnte, wenn dem Unternehmer ein solcher erst nach Abgabe der Kündigungserklärung oder sogar erst nach Vertragsende bekannt wird. Das entsprach der tradierten Sichtweise des BGH.[421] Der BGH hat diese Position noch im Jahre 2009 in einem Vorlagebeschluss an den EuGH unter Hinweis auf die Entstehungsgeschichte und den Sinn und Zweck von Art. 18 lit. a RL 86/653/EWG bekräftigt.[422] Danach soll es genügen, dass ein wichtiger Grund für eine Kündigung durch den Unternehmer spätestens bis zum Vertragsende objektiv vorliegt, ohne dass der Unternehmer davon im Zeitpunkt der Kündigungserklärung eine konkrete Kenntnis gehabt haben muss.[423] Die Kommission hatte im Vorfeld des Erlasses der RL 86/653/EWG in der Tat entsprechende Formulierungsvorschläge unterbreitet.[424] Freilich sind diese nicht in den Wortlaut von Art. 18 lit. a RL 86/653/EWG eingegangen. Nach Art. 18 lit. a RL 86/653/EWG ist es vielmehr erforderlich, dass der Unternehmer den Vertrag gerade „wegen eines schuldhaften Verhaltens" des Handelsvertreters beendet. Der Wortlaut der Richtlinie ist insoweit enger als die deutsche Gesetzesfassung, wie auch der BGH in seinem Vorlagebeschluss eingeräumt hat.[425] Zudem bezweckt Abs. 3 den Schutz des Handelsvertreters, sodass die Vorschrift im Hinblick auf den Ausschluss des Ausgleichsanspruchs im Zweifel eng auszulegen ist. Eine derartige Auslegung verhindert im Übrigen nicht, dass ein schwerwiegendes, erst nach Abgabe der Kündigungserklärung zutage tretendes Fehlverhalten zu Lasten des Handelsvertreters dennoch berücksichtigt werden kann. Dies bleibt nämlich im Rahmen der allgemeinen Billigkeitsprüfung (Abs. 1 S. 1 Nr. 2) möglich.[426] Im Ergebnis ist also zu fordern, dass zwischen dem schuldhaften Verhalten des Handelsvertreters und der Entscheidung des Unternehmers den Vertrag zu beenden, ein unmittelbarer Ursachenzusammenhang bestehen muss, sodass der Kündigungsgrund im Zeitpunkt der Kündigungserklärung vorliegen muss.[427] Das hat auch der EuGH in seiner auf den Vorlagebeschluss des BGH ergangenen Entscheidung bestätigt.[428] Der BGH hat sich daraufhin dieser Sichtweise angeschlossen und seine bisherige Rspr. aufgegeben.[429] Der Kündigungsgrund kann mithin nicht nachgeschoben werden.[430] Allerdings muss die Kündigungserklärung den Kündigungsgrund nicht ausdrücklich bezeichnen.[431]

Zweifelhaft ist, ob die Rechtsfolge des Abs. 3 Nr. 2, nämlich der Ausschluss des Ausgleichsanspruchs auch dann eintritt, wenn zwar aufgrund des Verhaltens des Handelsvertreters ein wichtiger **40**
Grund zur Kündigung des Vertragsverhältnisses besteht, die Parteien den Vertrag aber auf andere Weise beenden. Insoweit wäre an eine analoge Anwendung von Abs. 3 Nr. 2 zu denken. Diese wird zum Teil mit der Begründung befürwortet, die Kündigung könne dem Handelsvertreter im Falle

---

[418] BGH 5.2.1959, BGHZ 29, 275 (278) = NJW 1959, 878 (Verschulden von Angestellten); 24.9.1987, WM 1988, 33 (34) = NJW-RR 1988, 287 (Verweigerung von Mitteilungen in der vom Unternehmer gewünschten Form); 17.12.2008, NZG 2009, 310 Rn. 27 (jahrelange Duldung vertragswidrigen Verhaltens durch den Unternehmer); OLG Düsseldorf 2.11.2001, HVR Nr. 1043 (Übernahme einer anderen Tätigkeit); OLG Rostock 4.3.2009, NJW-RR 2009, 1631; OLG Zweibrücken 19.1.1965, HVR Nr. 327 (durch Erbfall eingetretene Wettbewerbskollision).

[419] Hopt/Hopt Rn. 67; vgl. BGH 5.2.1959, BGHZ 29, 275 (276) = NJW 1959, 878 (Verdachtskündigung).

[420] KG 22.2.2021, ZVertriebsR 2021, 243 Rn. 5; OLG Koblenz 22.3.2007, NJW-RR 2007, 1044; OLG Köln 1.3.2021, ZVertriebsR 2021, 200 Rn. 8; Canaris HandelsR § 15 Rn. 119; Hopt/Hopt Rn. 66; Ebenroth/Boujong/Semmler Rn. 82; MüKoHGB/Ströbl Rn. 206.

[421] BGH 6.7.1967, BGHZ 48, 222 (224) = NJW 1967, 2154; 12.6.1963, BGHZ 40, 13 (15 f.) = NJW 1963, 2068; 7.3.1957, BGHZ 24, 30 (35) = NJW 1957, 871; 30.6.1969, HVR Nr. 399.

[422] BGH 29.4.2009, EuZW 2009, 667 Rn. 12 f., 18 ff.; zust. Balke/de Groot NJOZ 2010, 1551 (1555).

[423] BGH 29.4.2009, EuZW 2009, 667 Rn. 21; 6.7.1967, BGHZ 48, 222 (224) = NJW 1967, 2154; 12.6.1963, BGHZ 40, 13 (15 f.) = NJW 1963, 2068.

[424] ABl. EG 1977 C 13, 2; s. auch EuGH 28.10.2010, NJW-RR 2011, 255 Rn. 40.

[425] BGH 29.4.2009, EuZW 2009, 667 Rn. 14.

[426] S. *EuGH 28.10.2010*, NJW-RR 2011, 255 Rn. 44; MüKoHGB/Ströbl Rn. 108 f.

[427] KG 15.9.1994, HVR Nr. 811; OLG Rostock 4.3.2009, NJW-RR 2009, 1631 (1632); Ebenroth/Boujong/Semmler Rn. 81.

[428] EuGH 28.10.2010, NJW-RR 2011, 255 Rn. 39 ff.

[429] BGH 16.2.2011, NJW-RR 2011, 614 Rn. 14, 18.

[430] KG 22.2.2021, ZVertriebsR 2021, 243 Rn. 5; OLG Köln 1.3.2021, ZVertriebsR 2021, 200 Rn. 8; Ebenroth/Boujong/Semmler Rn. 84; MüKoHGB/Ströbl Rn. 207; undeutlich Hopt/Hopt Rn. 64, 66; **aA** Balke/de Groot NJOZ 2010, 1551 (1555).

[431] Ebenroth/Boujong/Semmler Rn. 82.

einer Bewerbung um eine neue Vertretung in größerem Umfang schaden als eine andere Form der Beendigung des Vertragsverhältnisses.[432] Deshalb soll bei Vorliegen eines wichtigen Kündigungsgrundes die **einverständliche Vertragsaufhebung,**[433] aber auch die **Nichtverlängerung eines (Ketten-) Vertrages**[434] zum Ausschluss des Ausgleichsanspruchs führen. Diese Sichtweise lässt sich mit Art. 18 lit. a RL 86/653/EWG freilich kaum in Einklang bringen. Danach ist nämlich erforderlich, dass der Handelsvertreter den Vertrag beendet, was auf das Erfordernis einer einseitigen Vertragsbeendigung hindeutet. Dieses wird in Abs. 3 Nr. 2 dahingehend konkretisiert, dass eine Kündigung erforderlich ist. Aus diesem Grunde ist eine analoge Anwendung von Abs. 3 Nr. 2 auf die Fälle der einverständlichen Vertragsaufhebung und des bloßen Auslaufens des Vertrages durch Nichtverlängerung abzulehnen. Wie eine Kündigung ist dagegen die **Nichtverlängerung eines Vertrages mit Verlängerungsoption** durch den Unternehmer zu behandeln.[435] Einer Kündigung nicht gleichzusetzen ist dagegen die **Anfechtung** der Vertragserklärung durch den Unternehmer wegen arglistiger Täuschung,[436] da die bloße Kündigungsmöglichkeit, wie bereits ausgeführt, nicht ausreicht. Nicht anwendbar ist Abs. 3 Nr. 2 deshalb auch, wenn der **Handelsvertreter** vor Ausspruch einer fristlosen Kündigung **verstirbt.**[437] Ohne Einfluss auf den Verlust des Ausgleichsanspruchs ist es, wenn der Handelsvertreter seinerseits vor Erklärung der Kündigung durch den Unternehmer einen **begründeten Anlass zur Kündigung** des Vertrages iSv Abs. 3 Nr. 1 Alt. 1 gehabt **hätte.**[438] Selbst wenn der Handelsvertreter unter diesen Umständen das Vertragsverhältnis ordentlich kündigt, kann der Unternehmer seinerseits innerhalb der Kündigungsfrist noch außerordentlich kündigen, mit der Folge, dass der Ausgleichsanspruch gem. Abs. 3 Nr. 2 entfällt.[439]

41 **4. Eintritt eines Dritten in das Vertragsverhältnis (Abs. 3 Nr. 3).** Der Ausgleichsanspruch geht dem Handelsvertreter nach Abs. 3 Nr. 3 Hs. 1 auch dann verloren, wenn ein Dritter aufgrund einer Vereinbarung zwischen dem Unternehmer und dem Handelsvertreter anstelle des Handelsvertreters im Wege der **Vertragsübernahme** in das Vertragsverhältnis eintritt.[440] Auf die konkrete Ausgestaltung der Vertragsübernahme[441] kommt es, wie Art. 18 lit. c RL 86/653/EWG zeigt, nicht an, sodass eine jedenfalls entsprechende Anwendung von Abs. 3 Nr. 3 geboten erscheint, wenn die Vertragsübernahme durch Vereinbarung zwischen dem Unternehmer und dem neu eintretenden Dritten unter Zustimmung des ausscheidenden Handelsvertreters erfolgt.[442] Erfasst sind also nicht nur die Fälle der Vertragsübernahme durch Vereinbarung zwischen dem Unternehmer und dem Handelsvertreter unter Zustimmung des Dritten oder der dreiseitigen Vereinbarung, die ebenfalls noch unter den Wortlaut von Abs. 3 Nr. 3 subsumiert werden kann. Die Bestimmung des Abs. 3 Nr. 3 ist durch die HGB-Novelle 1989 in das Handelsvertreterrecht inkorporiert worden.[443] Sie setzt den gerade erwähnten Art. 18 lit. c RL 86/653/EWG um. Hinter der Vorschrift steht die Überlegung, dass der Handelsvertreter seine Rechte aus dem Vertragsverhältnis im Einverständnis mit dem Unternehmer nur dann auf einen Dritten übertragen wird, wenn er von dem Dritten mit einer entsprechenden Gegenleistung für die Übertragung der Vertretung abgefunden worden ist.[444] Unter diesen Umständen wird der **Handelsvertreter durch den Dritten wirtschaftlich abgefunden,** sodass es eines Schutzes des Handelsvertreters durch Gewährung eines gesetzlichen Ausgleichsanspruchs nicht bedarf. Unerheblich ist, zu welchen Bedingungen die Vertragsübernahme erfolgt.[445] Insoweit gilt der Grundsatz der Privatautonomie. Dem ergänzenden

---

[432] Vgl. BGH 7.3.1957, BGHZ 24, 30 (34) = NJW 1957, 871; MüKoHGB/Ströbl Rn. 208.

[433] Vgl. OLG Nürnberg 19.12.1958, BB 1959, 318; Hopt/Hopt Rn. 64; Ebenroth/Boujong/Semmler Rn. 80; Heymann/Herrmann Rn. 96; MüKoHGB/Ströbl Rn. 208.

[434] Vgl. BGH 7.3.1957, BGHZ 24, 30 (34) = NJW 1957, 871; Hopt/Hopt Rn. 64; Ebenroth/Boujong/Semmler Rn. 80.

[435] Ebenso BGH 7.3.1957, BGHZ 24, 30 (34) = NJW 1957, 871; OLG München 17.9.1957, NJW 1958, 873; OLG Stuttgart 2.6.1960, BB 1960, 957; Heymann/Herrmann Rn. 96; MüKoHGB/Ströbl Rn. 208.

[436] BGH 7.6.1984, BGHZ 91, 321 (323 f.) = NJW 1984, 2529; Saenger, Der Ausgleichsanspruch des Handelsvertreters bei Eigenkündigung, 1997, 18; **aA** Hopt/Hopt Rn. 64; MüKoHGB/Ströbl Rn. 209; undeutlich Ebenroth/Boujong/Semmler Rn. 80.

[437] Heymann/Herrmann Rn. 98; diff. MüKoHGB/Ströbl Rn. 210.

[438] OLG Hamburg 28.9.1960, JR 1961, 22 (23); Heymann/Herrmann Rn. 97; MüKoHGB/Ströbl Rn. 207.

[439] OLG Hamburg JR 1961, 22; MüKoHGB/Ströbl Rn. 207.

[440] Krit. Ensthaler/Würmann BB 2008, 230 (230 ff.).

[441] Dazu Staudinger/Busche, 2022, BGB Einl. §§ 398 ff. Rn. 196 ff.

[442] Vgl. auch Ensthaler/Würmann BB 2008, 230 (232); Hopt/Hopt Rn. 68 f.; **aA** MüKoHGB/Ströbl Rn. 217.

[443] Vgl. Art. 1 Nr. 6 lit. a Gesetz zur Durchführung der EG-Richtlinie zur Koordinierung des Rechts der Handelsvertreter vom 23.10.1989, BGBl. 1989 I 1910; dazu Begr. RegE, BT-Drs. 11/3077, 6, 9.

[444] Begr. RegE Gesetz zur Durchführung der EG-Richtlinie zur Koordinierung des Rechts der Handelsvertreter, BT-Drs. 11/3077, 6, 9.

[445] Hopt/Hopt Rn. 68; Ebenroth/Boujong/Semmler Rn. 86; MüKoHGB/Ströbl Rn. 216.

Schutz des Handelsvertreters dient die Bestimmung in Abs. 3 Nr. 2 Hs. 2, wonach die Vereinbarung zwischen Unternehmer und Handelsvertreter nicht vor Beendigung des Vertragsverhältnisses getroffen werden kann. Eine derartige Vereinbarung ist unwirksam. Dadurch soll verhindert werden, dass die Vergütung des Handelsvertreters vorab in AGB ausgeschlossen wird.[446] Dies korrespondiert mit Abs. 4 S. 1, der vorsieht, dass der Ausgleichsanspruch nicht im Voraus ausgeschlossen werden kann.

Voraussetzung für das Eingreifen von Abs. 3 Nr. 3 Hs. 1 ist, dass der mit dem ausscheidenden Handelsvertreter geschlossene **Handelsvertretervertrag als solcher mit dem Dritten fortbesteht.** Das ist nicht der Fall, wenn der Unternehmer nach Ausscheiden des Handelsvertreters auf einen Vertrieb durch Angestellte übergeht oder ein eigenes Filialsystem aufbaut. Unerheblich ist es, ob der mit dem Dritten fortbestehende Vertrag einzelne inhaltliche Änderungen erfährt.[447] Liegen die Voraussetzungen einer Vertragsübernahme iSv Abs. 3 Nr. 3 Hs. 1 nicht vor, kommt eine nachvertragliche befreiende Schuldübernahme des Nachfolgers in Betracht.[448] 42

Die Vertragsübernahme ist im Übrigen **abzugrenzen** von anderen rechtlichen Vereinbarungen, die im Zusammenhang mit der Übernahme einer Handelsvertretung getroffen werden (zur Wirksamkeit → Rn. 54 aE). Dazu gehört die sog. **Abwälzungsabrede,**[449] die beinhaltet, dass der neue Handelsvertreter dem Unternehmer die Ausgleichszahlungen an den alten Handelsvertreter erstattet, ohne dass eine Vertragsübernahme erfolgt. Die Vereinbarung einer solchen Abwälzungsabrede führt im Übrigen nicht dazu, dass der dem Nachfolger im Zusammenhang mit der Übernahme der Handelsvertretung übertragene Kundenstamm als neu geworben anzusehen ist.[450] Im Rahmen der Übernahme von Handelsvertretungen kommen auch sog. **Einstandsvereinbarungen** vor, die eine Zahlung des neuen Handelsvertreters an den Unternehmer für die Übernahme der Vertretung und die Altkunden vorsehen, zum Teil unter Anerkennung der Altkunden als vom Erwerber geworbene Neukunden.[451] 43

V. Geltendmachung des Ausgleichsanspruchs

1. Klageverfahren. Die prozessuale Geltendmachung des Ausgleichsanspruchs kann durch unbezifferten Zahlungsantrag erfolgen, der die Höhe des Ausgleichs in das Ermessen des Gerichts stellt.[452] Damit ist die erforderliche **Bestimmtheit des Klageantrags** (§ 253 ZPO) gewahrt. Voraussetzung ist allerdings, dass hinreichend konkrete Tatsachen zur Größenordnung und zur Bezifferung des Anspruchs vorgetragen werden.[453] Die Zahlungsklage kann im Wege der **Stufenklage** (§ 254 ZPO) mit einer Auskunftsklage verbunden werden.[454] Auskunft kann freilich nur über solche (möglichst genau zu bezeichnenden) Tatsachen verlangt werden, die für die Berechnung des Ausgleichsanspruchs von Belang sind.[455] Über den Ausgleichsanspruch kann grundsätzlich ein **Grundurteil** (§ 304 ZPO) ergehen; dies ist freilich im Regelfall wegen der Verquickung der zu Grund und Höhe des Ausgleichsanspruchs zu klärenden Tat- und Rechtsfragen nicht praktikabel.[456] Zu fordern ist in jedem Fall, dass erhebliche fortdauernde Vorteile des Unternehmers und die Billigkeit der Ausgleichszahlung mehr oder weniger feststehen müssen.[457] Unzulässig ist dagegen ein **Teilurteil** über die Mindesthöhe der Ausgleichszahlung.[458] Die Feststellungen über 44

[446] Vgl. Begr. RegE, BT-Drs. 11/3077, 6, 9.

[447] Hopt/Hopt Rn. 68; Ebenroth/Boujong/Semmler Rn. 89; Heymann/Herrmann Rn. 99; MüKoHGB/Ströbl Rn. 218.

[448] Hopt/Hopt Rn. 68.

[449] Vgl. dazu auch Kiene NJW 2006, 2007 ff.; Thume BB 1991, 490 (493).

[450] BGH 10.5.1984, NJW 1985, 58; OLG München 4.12.1996, NJW-RR 1997, 986 f.; MüKoHGB/Ströbl Rn. 229.

[451] Vgl. OLG Koblenz 22.3.2007, NJW-RR 2007, 1044 (1046).

[452] Vgl. OLG Düsseldorf 8.2.1977, HVR Nr. 504; Hopt/Hopt Rn. 81; MüKoHGB/Ströbl Rn. 273.

[453] OLG Düsseldorf 8.2.1977, HVR Nr. 504.

[454] BGH 10.3.1960, BB 1960, 796 f.; Hopt/Hopt Rn. 82; Heymann/Herrmann Rn. 83; MüKoHGB/Ströbl Rn. 274.

[455] Vgl. OLG Düsseldorf 16.12.1965, NJW 1966, 888; OLG Hamm 15.12.2000, VersR 2001, 1154 (Versicherungsvertreter); OLG Frankfurt 13.3.2019, BeckRS 2019, 15476 Rn. 76 ff.; Hopt/Hopt Rn. 82; MüKoHGB/Ströbl Rn. 273 f.; insoweit einen Auskunftsanspruch verneinend BGH 3.4.1996, NJW 1996, 2100 f. (verjährte Provisionsansprüche; weitere Geschäftsentwicklung); 22.5.1981, NJW 1982, 235 (236) (verjährte Provisionsansprüche).

[456] Vgl. BGH 29.5.1967, NJW 1967, 2153 (2154); OLG Frankfurt 11.6.1968, BB 1968, 809; MüKoHGB/Ströbl Rn. 280.

[457] IdS BGH 28.2.2007, BGHZ 171, 192 = NJW 2007, 3493 (3496); 13.12.1995, NJW 1996, 848 (849 f.); 11.3.1982, NJW 1982, 1757 (1758 f.); Hopt/Hopt Rn. 83; MüKoHGB/Ströbl Rn. 280.

[458] OLG München 15.1.1992, NJW-RR 1992, 1191 f.; Hopt/Hopt Rn. 83.

die Bemessungsgrundlagen des Ausgleichsanspruchs (Abs. 1 S. 1 Nr. 1 und 2) sind nur **beschränkt revisibel,** nämlich im Hinblick auf etwaige Rechtsirrtümer, Außerachtlassung von Parteivorbringen und den Verstoß gegen Erfahrungssätze.[459]

45 **2. Beweislast. a) Abs. 1 S. 1 Nr. 1, S. 2.** Der **Handelsvertreter** trägt die Darlegungs- und Beweislast für das Vorliegen einer **Geschäftsverbindung** iSv Abs. 1 S. 1.[460] Er kann sich auf einen Beweis des ersten Anscheins berufen, wenn in der Vergangenheit schon mehrfach Bestellungen durch den jeweiligen Kunden getätigt wurden.[461] Kann der Handelsvertreter den Beweis für das Vorliegen einer Geschäftsverbindung führen, spricht eine widerlegliche Vermutung dafür, dass die Geschäftsverbindung auch nach Beendigung des Vertragsverhältnisses fortbestehen wird.[462] Der Handelsvertreter hat auch die **Werbung neuer Kunden** darzulegen und zu beweisen.[463] Es gilt der Beweis des ersten Anscheins, dass die seit Beginn der Absatzmittlertätigkeit geworbenen Kunden neu sind.[464] Zum Beweis der Kundenwerbung und der mit diesen Kunden getätigten Umsätze kann der Handelsvertreter Kundenlisten beibringen. Eine Vorlage von Kundenlisten ist jedoch nicht erforderlich, wenn sich die Neuwerbung aus einer zwischenzeitlich eingetretenen Umsatzsteigerung ergibt.[465] Fehlen Kundenlisten oder sind sie wenig aussagekräftig oder ungenau, kommt eine **Schätzung (§ 287 Abs. 2 ZPO)** des Gerichts unter Zugrundelegung geeigneter Unterlagen in Betracht.[466] Das gilt freilich nur dann, wenn die Beweisaufnahme deutliche Anhaltspunkte für die Kundenwerbung ergeben hat, ohne selbst zu einem klaren Ergebnis zu führen. Fehlen selbst Anhaltspunkte, ist nach Beweislast zu entscheiden.[467] Basis für eine Schätzung kann geeignetes **statistisches Material,** bei Massengeschäften zB die Auswertung der mit Giro- bzw. Kreditkarte erfolgten Zahlungen,[468] sein,[469] wobei der Handelsvertreter die Brauchbarkeit und Aktualität des Materials belegen muss.[470] Bei einem größeren Kundenkreis kann die Schätzung, welche Kunden als Neukunden anzusehen sind, ggf. auch auf der Grundlage einer stichprobenartigen Einholung schriftlicher Auskünfte bei einer repräsentativen Anzahl der Kunden erfolgen.[471] Im Falle des **Abs. 1 S. 2** hat der Handelsvertreter darzulegen und zu beweisen, dass die **Umsatzsteigerung** kausal auf seine Tätigkeit zurückgeht.[472] Allerdings kann vermutet werden, dass die Umsatzsteigerung auf der Vermittlertätigkeit des Handelsvertreters beruht, wenn von Seiten des Unternehmers nichts Gegenteiliges vorgetragen wird.[473] Darüber hinaus hat der Handelsvertreter, soweit möglich, darzulegen und zu beweisen, dass dem

---

[459] BGH 15.12.1978, BGHZ 73, 99 (103) = NJW 1979, 651; 19.11.1970, BGHZ 55, 45 (55) = NJW 1971, 462; 6.2.1964, BGHZ 41, 129 (135) = NJW 1964, 915.

[460] BGH 21.7.2016, NJW 2017, 475 Rn. 5; 11.10.1990, WM 1991, 196 (198) = NJW-RR 1991, 156; Christoph NJW 2010, 647 (650); MüKoHGB/Ströbl Rn. 78, 86; vgl. zum Vertragshändler auch BGH 1.10.2008, NJW-RR 2009, 824 Rn. 20.

[461] BGH 28.4.1999, NJW 1999, 2668 (2670); Küstner/Thume VertriebsR-HdB II/Thume XVII Rn. 35 f.; MüKoHGB/Ströbl Rn. 78, 86.

[462] BGH 11.10.1990, WM 1991, 196 (198) = NJW-RR 1991, 156; 25.10.1984, NJW 1985, 859 (860); OLG Celle 7.2.2002, HVR Nr. 1040; Hopt/Hopt Rn. 22; MüKoHGB/Ströbl Rn. 69.

[463] BGH 28.4.1988, BB 1988, 2199 (2200) = NJW-RR 1988, 1061; 25.10.1984, NJW 1985, 859; OLG Düsseldorf 21.12.1979, HVR Nr. 535; Christoph NJW 2010, 647 (650); Thume BB 1990, 1645 (1647); Heymann/Herrmann Rn. 30; MüKoHGB/Ströbl Rn. 68 f.; vgl. zum Vertragshändler auch BGH 1.10.2008, NJW-RR 2009, 824 Rn. 20.

[464] OLG Celle 7.1.1971, HVR Nr. 436; OLG Düsseldorf 6.6.1986, HVR Nr. 641; 8.2.1977, HVR Nr. 504; OLG Köln 27.1.2000, HVR Nr. 979; Hopt/Hopt Rn. 22; Heymann/Herrmann Rn. 30; MüKoHGB/Ströbl Rn. 68.

[465] OLG Düsseldorf 23.10.1981, HVR Nr. 535; Hopt/Hopt Rn. 22.

[466] BGH 21.7.2016, NJW 2017, 475 Rn. 55.

[467] BGH 6.8.1997, NJW 1998, 71 (73); Hopt/Hopt Rn. 22.

[468] OLG München 20.12.2017, ZVertriebsR 2018, 27 Rn. 57.

[469] Vgl. BGH 21.7.2016, NJW 2017, 475 Rn. 55; 26.2.1997, BGHZ 135, 14 (19) = NJW 1997, 1503; 6.7.1972, BGHZ 59, 125 (130) = NJW 1972, 1664; 23.2.1961, BGHZ 34, 310 (319) = NJW 1961, 1059; 7.5.2003, NJW-RR 2003, 1340 (1341); 12.2.2003, NJW-RR 2003, 821 (823); 10.7.2002, NJW-RR 2002, 1548 (1549); 6.8.1997, NJW 1998, 71 (74); 6.8.1997, NJW 1998, 66 (68); 3.4.1996, NJW 1996, 2100 (2102); Hopt/Hopt Rn. 22; MüKoHGB/Ströbl Rn. 74.

[470] Vgl. BGH 10.7.2002, WM 2003, 491 (493); 10.7.2002, WM 2003, 499 f.; 12.1.2000, NJW 2000, 1413 (1414); OLG Hamm 11.2.2000, HVR Nr. 972; Hopt/Hopt Rn. 22.

[471] BGH 10.7.2002, WM 2003, 499 (501); 10.7.2002, WM 2003, 491 (493); 6.8.1997, NJW 1998, 66 (68) (Tankstellengeschäft); 15.11.1984, NJW 1985, 860 (861); Hopt/Hopt Rn. 22; **aA** Rittner DB 1998, 457 (459 f.); Schreiber NJW 1998, 3737 (3741).

[472] OLG Celle 16.2.2017, ZVertriebsR 2017, 230 Rn. 29; Heymann/Herrmann Rn. 28; MüKoHGB/Ströbl Rn. 72 f.

[473] BGH 3.6.1971, BGHZ 56, 242 (245) = NJW 1971, 1611; OLG Stuttgart 9.10.1956, BB 1957, 561 f.; MüKoHGB/Ströbl Rn. 71.

Unternehmer aus der Geschäftsverbindung **erhebliche Vorteile** entstehen.[474] Da der Handelsvertreter regelmäßig keine Kenntnis von den konkreten Unternehmervorteilen hat, kann er diesbezüglich vom Unternehmer Auskunft verlangen (auch → Rn. 44). Bestreitet der Unternehmer das Vorbringen des Handelsvertreters pauschal, so genügt dies nicht, wenn es sich um Umstände aus seiner Sphäre handelt und ihm nähere Angaben möglich und zumutbar sind.[475]

b) Abs. 1 S. 1 Nr. 2. Die Beweislast für die **Billigkeit der Ausgleichszahlung** iSv Abs. 1 S. 1 Nr. 2 trägt der Handelsvertreter.[476] Dem entsprechend hat der Handelsvertreter im Grundsatz zu beweisen, dass ihm **Provisionsverluste** iSv Abs. 1 S. 1 Nr. 2 entstehen.[477] Weist der Handelsvertretervertrag eine klare Zuordnung der vereinbarten Provisionen zu den Aufgaben und Tätigkeiten aus, die durch die jeweilige Provision abgegolten werden sollen, trifft den Handelsvertreter dem entsprechend auch die Darlegungs- und Beweislast dafür, dass ihm im Vertrag versprochene Provisionen trotz anderer oder nicht eindeutiger Bezeichnung tatsächlich – nach Art und Umfang der ihm übertragenen Aufgaben – ganz oder teilweise ein Entgelt für seine Abschluss- und Vermittlungstätigkeit darstellen.[478] Möglich ist bei greifbaren Anhaltspunkten auch eine Schätzung der Provisionsverluste nach § 287 Abs. 2 ZPO.[479] Der Unternehmer trägt dagegen die Beweislast für die ihm günstige Tatsache, dass der Ausgleichsanspruch des Handelsvertreters unbillig ist.[480] Insoweit obliegt ihm, wenn im Handelsvertretervertrag eine Aufteilung der Provisionen nach werbender oder verwaltender Tätigkeit nicht vorgenommen wurde, die Darlegungs- und Beweislast dafür, dass es sich bei den Verlusten des Handelsvertreters um Verwaltungsprovisionen und nicht um Provisionen für werbende Tätigkeiten handelt.[481] Den Handelsvertreter trifft unter diesen Umständen nur die Darlegungslast für den Provisionsanteil, der sich auf die werbende Tätigkeit bezieht.[482] Der Unternehmer muss sodann aufgrund seiner größeren Sachnähe die Umstände, die einen seiner Auffassung nach höheren Anteil der verwaltenden Tätigkeit begründen, konkret darlegen und beweisen.[483] Im Übrigen kann das Gericht bei gemischter (werbender und verwaltender) Tätigkeit des Handelsvertreters im Rahmen der freien Beweiswürdigung (§ 287 ZPO) feststellen, welche Provisionsanteile im Rahmen von Abs. 1 S. 1 Nr. 2 zu berücksichtigen sind.[484] 46

c) Abs. 2. Der Unternehmer trägt die Beweislast für die ihm günstige Tatsache, dass eine Ausgleichshöchstgrenze iSv Abs. 2 besteht.[485] 47

d) Abs. 3. Der Unternehmer trägt überdies die Darlegungs- und Beweislast für das Vorliegen eines Ausschlussgrundes iSv Abs. 3.[486] Dagegen hat der Handelsvertreter ggf. darzulegen und zu beweisen, dass eine Ausnahme iSv Abs. 3 Nr. 1 vorliegt, die zur Erhaltung des Ausgleichsanspruchs 48

---

474 BGH 26.2.1997, BGHZ 135, 14 (24) = NJW 1997, 1059; 19.11.1970, BGHZ 55, 45 (52) = NJW 1971, 462; 6.8.1997, NJW 1998, 66 (68); 25.10.1984, NJW 1985, 859 f.; Thume BB 2009, 2490 (2494 f.); Hopt/Hopt Rn. 22.

475 BGH 28.4.1999, NJW 1999, 2268 (2670); Hopt/Hopt Rn. 22.

476 BGH 21.7.2016, NJW 2017, 475 Rn. 52; 26.2.1997, BGHZ 135, 14 (24) = NJW 1997, 1503; 19.11.1970, BGHZ 55, 45 (45) = NJW 1971, 462; 10.7.2002, WM 2003, 499 (501); 10.7.2002, WM 2003, 491 (493); OLG München 9.2.2017, ZVertriebsR 2017, 194 Rn. 21; Hopt/Hopt Rn. 44.; vgl. zum Vertragshändler auch BGH 1.10.2008, NJW-RR 2009, 824 Rn. 20.

477 BGH 21.4.2010, NJW-RR 2010, 1550 Rn. 15; 26.2.1997, BGHZ 135, 14 (24) = NJW 1997, 1059; 19.11.1970, BGHZ 55, 45 (52) = NJW 1971, 462; Hopt/Hopt Rn. 33.

478 BGH 22.12.2003, NJW-RR 2004, 469 (472).

479 BGH 6.8.1997, NJW 1998, 71 (73); 29.3.1990, NJW 1990, 2889 (2891); Hopt/Hopt Rn. 33; MüKoHGB/Ströbl Rn. 107.

480 BGH 19.11.1970, BGHZ 55, 45 (52 f.) = NJW 1971, 462; 29.3.1990, NJW 1990, 2889 (2891); Emde FS K. Schmidt, 2009, 331 (349); Hopt/Hopt Rn. 44.

481 Vgl. BGH 21.4.2010, NJW-RR 2010, 1550 Rn. 15 f.; 22.12.2003, NJW-RR 2004, 469 (472) zum Versicherungsvertreter; 10.7.2002, NJOZ 2002, 2481 (2487) = WM 2003, 499 (503); BGH 28.4.1988, NJW-RR 1988, 1061 (1062 f.); Hopt/Hopt Rn. 33.

482 BGH 21.7.2016, NJW 2017, 475 Rn. 52; 21.4.2010, NJW-RR 2010, 1550 Rn. 15; 28.4.1988, NJW-RR 1988, 1061 (1062); 22.12.2003, NJW-RR 2004, 469 (472); Heymann/Herrmann Rn. 40.

483 BGH 1.6.2005, VersR 2005, 1283 (1286) zum Versicherungsvertreter; 28.4.1988, NJW-RR 1988, 1061 (1062 f.); OLG Hamburg 26.3.1992, VersR 1993, 476; OLG München 10.3.1993, BB 1993, 1754; Heymann/Herrmann Rn. 40.

484 BGH 3.6.1971, BGHZ 56, 242 (249) = NJW 1971, 1611; OLG München 16.1.2002, HVR Nr. 1053; Küstner/Thume VertriebsR-HdB II/Thume XVII Rn. 49 ff.; Hopt/Hopt Rn. 33; MüKoHGB/Ströbl Rn. 111.

485 OLG Frankfurt 30.1.2001, HVR Nr. 954; Hopt/Hopt Rn. 51.

486 Emde DStR 2009, 1478 (1485); zu Abs. 3 Nr. 2 (wichtiger Grund) KG 22.2.2021, ZVertriebsR 2021, 243 Rn. 5; OLG München 24.11.2004, HVR Nr. 1165; 11.4.1997, BB 1997, 1553; 9.11.1994, NJW-RR 1995, 1186 (1187); Hopt/Hopt Rn. 65; MüKoHGB/Ströbl Rn. 212.

führt.[487] Vereinbaren die Parteien die **Vorauserfüllung** des Ausgleichsanspruchs durch zusätzliche Leistungen während der Vertragszeit (→ Rn. 53), trägt der Unternehmer die Beweislast für das Vorliegen der Voraussetzungen einer Vorauserfüllung.[488]

49 **3. Ausschlussfrist (Abs. 4 S. 2).** Der Ausgleichsanspruch kann nach Abs. 4 S. 2 nur innerhalb einer Ausschlussfrist **von einem Jahr** geltend gemacht werden. Diese Frist ist zwingend; sie kann durch vertragliche Vereinbarung weder verkürzt noch verlängert werden.[489] Die de lege lata geltende Frist ist durch die HGB-Novelle 1989 mit Wirkung zum 1.1.1990 eingeführt worden.[490] Zuvor betrug die Ausschlussfrist drei Monate. Die Fristverlängerung beruht auf der Umsetzung von Art. 17 Abs. 5 RL 86/653/EWG. Sinn und Zweck der Vorschrift war es ursprünglich, die vertraglichen Beziehungen zwischen den Beteiligten nach Vertragsende möglichst rasch zu klären.[491] Diese Zweckbestimmung gilt nach der Fristverlängerung nur noch eingeschränkt. Der Gesetzgeber hat insoweit, um den Handelsvertreter vor einem allzu schnellen Verlust seines Ausgleichsanspruchs zu schützen, einen Interessenausgleich herbeigeführt. Die Ausschlussfrist, die mit der rechtlichen Beendigung des Vertragsverhältnisses beginnt,[492] ist **materiell-rechtlicher Natur,**[493] sodass der Ausgleichsanspruch mit Ablauf der Frist erlischt.[494] Damit ist auch eine Aufrechnung mit dem Anspruch ausgeschlossen.[495] Der Ausgleichanspruch kann **fristwahrend** auch schon im Voraus geltend gemacht werden, wenn das rechtliche Vertragsende absehbar ist.[496] Zugunsten der Erben greift § 211 BGB entsprechend ein.[497] Eine bestimmte **Form** ist für die Geltendmachung des Ausgleichsanspruchs nicht vorgesehen. Der Anspruch kann daher sowohl mündlich als auch schriftlich vorgetragen werden; eine gerichtliche Geltendmachung ist nicht erforderlich.[498] Freilich muss die **Erklärung,** die eine geschäftsähnliche Handlung ist,[499] hinreichend deutlich zum Ausdruck bringen, dass der Ausgleichsanspruch verlangt wird.[500] Dies ist nicht der Fall, wenn sich der Handelsvertreter lediglich weitere Schritte vorbehält.[501] Eine **Bezifferung** des Anspruchs der Höhe nach ist nicht erforderlich.[502] Wird eine Klage bei Gericht eingereicht, ist die Frist analog § 167 ZPO auch dann gewahrt, wenn die Zustellung „demnächst" nach Fristablauf erfolgt.[503] Bei **Versäumung** der Frist ist eine Wiedereinsetzung in den vorigen Stand nach den Regeln der ZPO aufgrund der materiellen Wirkung der Ausschlussfrist nicht möglich.[504] Allerdings kann die Berufung des Unternehmers auf die Fristversäumnis ausnahmsweise eine **unzulässige Rechtsausübung** sein (§ 242 BGB), wenn der Unternehmer selbst zur Fristversäumnis beigetragen hat.[505]

50 **4. Verjährung und Verwirkung.** Die **Verjährung** des Ausgleichsanspruchs richtet sich nach den allgemeinen Vorschriften und unterliegt der Regelverjährung nach § 195 BGB. Da die Vorschrift

[487] KG 22.2.2021, ZVertriebsR 2021, 243 Rn. 38; Emde DStR 2009, 1478 (1485); Hopt/Hopt Rn. 55; MüKoHGB/Ströbl Rn. 166.

[488] BGH 13.1.1972, BGHZ 58, 60 (69) = NJW 1972, 477; 14.7.2016, NJW 2016, 3439 Rn. 22; MüKoHGB/Ströbl Rn. 250.

[489] Ebenroth/Boujong/Semmler Rn. 93; MüKoHGB/Ströbl Rn. 257.

[490] Vgl. Art. 1 Nr. 6 lit. b Gesetz zur Durchführung der EG-Richtlinie zur Koordinierung des Rechts der Handelsvertreter vom 23.10.1989, BGBl. 1989 I 1910 (dazu Begr. RegE, BT-Drs. 11/3077, 6, 9).

[491] Näher dazu Heymann/Herrmann Rn. 104.

[492] BGH 6.8.1997, NJW 1998, 71 (75); 8.11.1990, NJW-RR 1991, 484 (485); OLG Düsseldorf 14.4.2000, HVR Nr. 944; Ebenroth/Boujong/Semmler Rn. 94.

[493] Ebenroth/Boujong/Semmler Rn. 93.

[494] BGH 29.4.1968, BGHZ 50, 86 (88) = NJW 1968, 1419; MüKoHGB/Ströbl Rn. 256.

[495] Hopt/Hopt Rn. 79.

[496] BGH 29.4.1968, BGHZ 50, 86 (88) = NJW 1968, 1419 (Verhandlungen zur Vertragsbeendigung); 12.6.1963, BGHZ 40, 13 (14 ff.) = NJW 1963, 2068 (Kündigungsschreiben); KG 22.12.1959, NJW 1960, 631 (631) (Erwiderung auf Kündigung des Unternehmers); vgl. auch OLG Düsseldorf 29.4.1968, HVR Nr. 944; Hopt/Hopt Rn. 78; Ebenroth/Boujong/Semmler Rn. 97; MüKoHGB/Ströbl Rn. 258.

[497] BGH 15.12.1978, BGHZ 73, 99 (100 f.) = NJW 1979, 651 zu § 207 BGB aF; Hopt/Hopt Rn. 79.

[498] BGH 29.4.1968, BGHZ 50, 86 (88 ff.) = NJW 1968, 1419; 28.10.1957, NJW 1958, 23; Heymann/Herrmann Rn. 105; MüKoHGB/Ströbl Rn. 259.

[499] BGH 15.12.2016, NJW-RR 2017, 229 Rn. 44.

[500] BGH 29.4.1968, DB 1968, 1060 (1061) = NJW 1968, 1419; OLG Düsseldorf 29.4.1968, HVR Nr. 944; Hopt/Hopt Rn. 77; Heymann/Herrmann Rn. 105; MüKoHGB/Ströbl Rn. 259.

[501] BGH 22.9.1969, DB 1969, 2077 = BeckRS 1969, 31174138; Ebenroth/Boujong/Semmler Rn. 95.

[502] BGH 29.4.1968, BGHZ 50, 86 (88) = NJW 1968, 1419; 9.7.1962, DB 1962, 1404 = BeckRS 1962, 31185375; Hopt/Hopt Rn. 77; MüKoHGB/Ströbl Rn. 259.

[503] BGH 8.11.1979, NJW 1980, 455 (456); Heymann/Herrmann Rn. 106.

[504] MüKoHGB/Ströbl Rn. 256.

[505] BGH 18.9.1986, NJW-RR 1987, 157 f.; OLG Karlsruhe 27.12.1984, WM 1985, 235 (236) (Konkursverwalter).

dispositiv ist, sind abweichende (individualvertragliche) Vereinbarungen in den Grenzen von § 202 BGB möglich (→ § 84 Rn. 72). Im Falle des Ausgleichsanspruchs nach § 89b kommt hinzu, dass die Jahresfrist des Abs. 4 S. 2 nicht unterlaufen werden darf. Die Verjährungsfrist darf daher nicht ablaufen, solange die zwölfmonatige Ausschlussfrist des Abs. 4 S. 2 noch die Geltendmachung des Ausgleichsanspruchs erlaubt.[506] Wie jeder andere Anspruch unterliegt der Ausgleichsanspruch grundsätzlich auch der **Verwirkung.**[507] Diese ist freilich vor Ablauf der Jahresfrist nach Abs. 4 S. 2 kaum denkbar. Allerdings kann die Geltendmachung des Ausgleichsanspruchs im Einzelfall nach § 242 BGB verwirkt sein, wenn der Handelsvertreter den Ausgleichsanspruch fristgerecht geltend gemacht hat, dann aber untätig bleibt. Längeres, selbst mehrmonatiges Untätigbleiben **(Zeitmoment)** reicht freilich nicht aus;[508] vielmehr muss sich der Unternehmer aufgrund des Verhaltens des Handelsvertreters darauf eingerichtet haben, dass der Ausgleichsanspruch nicht mehr geltend gemacht wird **(Umstandsmoment).**[509]

VI. Abweichende Vereinbarungen (Abs. 4 S. 1)

1. Grundsatz. Der Ausgleichsanspruch des Handelsvertreters kann im Voraus nicht ausgeschlossen werden (Abs. 4 S. 1). Daraus folgt, dass es sich bei der Regelung des § 89b um zwingendes Recht handelt. Der häufig wirtschaftlich schwächere Handelsvertreter soll davor bewahrt werden, sich aufgrund der wirtschaftlichen Abhängigkeit von dem Unternehmer auf ihn benachteiligende Abreden einlassen zu müssen.[510] Ob der Handelsvertreter des Schutzes tatsächlich bedarf, ist freilich irrelevant, da nach Sinn und Zweck der Vorschrift auch **Rechtssicherheit** hergestellt werden soll.[511] Die Berufung des Handelsvertreters auf die Unwirksamkeit der Vereinbarung über den Ausgleichsanspruch stellt daher auch bei fehlender konkreter Schutzbedürftigkeit keine unzulässige Rechtsausübung dar.[512] Nicht anwendbar ist Abs. 4 S. 1 auf Handelsvertreter, die außerhalb der EU tätig sind (§ 92c Abs. 1). 51

Die Regelung in Abs. 4 S. 1 korrespondiert mit Art. 19 RL 86/653/EWG, wonach die Parteien vor Ablauf des Vertrages keine Vereinbarungen treffen können, die zum Nachteil des Handelsvertreters von den unionsrechtlich fundierten Regeln über den Ausgleichsanspruch in Art. 17 und 18 RL 86/653/EWG abweichen. Aus Art. 19 RL 86/653/EWG leitet der EuGH den weiter gehenden Grundsatz ab, dass der **Ausgleichsanspruch international zwingend** ist.[513] Dies bedeutet, dass dem Handelsvertreter, soweit seine Tätigkeit einen starken Binnenmarktbezug aufweist, auch dann ein Ausgleichsanspruch zusteht, wenn im Handelsvertretervertrag wirksam das Recht eines Drittstaats vereinbart wurde, das keinen Ausgleichsanspruch kennt.[514] Der Grund dafür ist, dass die RL 86/653/EWG gleiche Wettbewerbsbedingungen für die auf dem Binnenmarkt tätigen Unternehmer schaffen sowie einen Mindestschutz für die in der EU tätigen Unternehmer gewährleisten soll.[515] 52

2. Zeitliche Dimension. Ausgeschlossen sind freilich nur **Vereinbarungen,** die im Voraus stattfinden. Gemeint ist, dass der Anspruch nicht schon **vor Entstehung des Ausgleichsanspruchs,** also vor Beendigung des Handelsvertreterverhältnisses ausgeschlossen werden kann. Vereinbarungen, die vor diesem Zeitpunkt geschlossen werden, sind nichtig (§ 134 BGB).[516] Erfasst werden von Abs. 4 S. 1 mithin sowohl Ausschlussvereinbarungen, die schon bei Vertragsschluss 53

---

[506] Küstner/Thume VertriebsR-HdB I/Thume IX Rn. 86; Ebenroth/Boujong/Semmler Rn. 35; MüKoHGB/Ströbl Rn. 261.

[507] **AA** Ebenroth/Boujong/Semmler Rn. 36.

[508] Vgl. OLG Düsseldorf 10.10.1958, HVR Nr. 184; OLG Karlsruhe 11.4.1957, BB 1957, 561; OLG Nürnberg 13.12.1962, HVR Nr. 342.

[509] Vgl. LG Münster 13.7.2001, VersR 2002, 53; MüKoHGB/Ströbl Rn. 256.

[510] Vgl. BGH 10.7.1996, NJW 1996, 2867 (2868); 29.3.1990, NJW 1990, 2889 (2889 f.); 6.2.1985, NJW 1985, 3076 (3077); MüKoHGB/Ströbl Rn. 231.

[511] BGH 10.7.1996, NJW 1996, 2867 (2868); 29.3.1990, NJW 1990, 2889 (2890); Hopt/Hopt Rn. 70; MüKoHGB/Ströbl Rn. 243.

[512] *MüKoHGB/Ströbl Rn.* 247.; **aA** KG 8.7.1960, NJW 1961, 124 (125); Hopt/Hopt Rn. 76.

[513] EuGH 9.11.2000, Slg. 2000, I-09305 Rn. 6, 22 = NJW 2001, 2007 – Ingmar GB.

[514] Zust. Jayme IPRax 2001, 190 f.; Kindler BB 2001, 11 (12); Staudinger NJW 2001, 1974 f.; Hopt/Hopt § 92c Rn. 13; MüKoHGB/Ströbl Rn. 252; krit. Freitag/Leible RIW 2001, 287 (290); Michaels/Kamann EWS 2001, 301 (309 f.); Schwarz ZVglRWiss 101 (2002), 45 (53 ff.).

[515] EuGH 9.11.2000, Slg. 2000, I-09305 Rn. 23 f. = NJW 2001, 2007 (2008) – Ingmar GB.

[516] BGH 20.11.2002, BGHZ 153, 6 (12 f.) = ZIP 2003, 264; 25.9.2002, BGHZ 152, 121 (133) = ZIP 2003, 34; 21.5.2003, NJW 2003, 3350 (3351); 3.1.1972, BGHZ 58, 60 (65 f.) = NJW 1972, 477; Ebenroth/Boujong/Semmler Rn. 216.

erfolgen,[517] als auch solche während der Vertragszeit,[518] beispielsweise wenige Tage vor Vertragsende,[519] oder während des Zeitraums einer Freistellung des Handelsvertreters nach ordentlicher Kündigung des Vertrages.[520] Unwirksam ist demnach auch ein durch die spätere Zahlung einer Abfindung aufschiebend bedingter Verzicht auf den Ausgleichsanspruch, wenn die Vereinbarung – abgesehen von dem Bedingungseintritt – schon während der Vertragslaufzeit perfektioniert wird.[521] Im Hinblick auf den Zeitpunkt der Vereinbarung kommt es maßgeblich auf das **rechtliche Vertragsende** und nicht die tatsächliche Einstellung der Tätigkeit durch den Handelsvertreter an.[522] Dies folgt aus einer richtlinienkonformen Auslegung von Abs. 4 S. 1 im Lichte von Art. 19 RL 86/653/EWG, wonach zum Nachteil des Handelsvertreters abweichende Vereinbarungen nicht „vor Ablauf des Vertrages" getroffen werden können. **Zulässig** sind dagegen Vereinbarungen, die nach Beendigung des Handelsvertreterverhältnisses erfolgen oder im Rahmen einer Aufhebungsvereinbarung, mit welcher der Vertrag beendet wird.[523] Anders liegen die Dinge jedoch, wenn die Aufhebungsvereinbarung erst später wirksam werden soll.[524]

54 **3. Inhaltliche Dimension.** Um eine abweichende Vereinbarung im Sinne eines Anspruchsausschlusses handelt es sich nach Sinn und Zweck der Norm nicht nur, wenn der **Ausgleichsanspruch vollständig ausgeschlossen** wird, sondern auch dann, wenn er von weiteren im Gesetz nicht vorgesehenen Voraussetzungen abhängig gemacht[525] oder **inhaltlich begrenzt** und damit wirtschaftlich entwertet wird.[526] Der Anspruchsausschluss kann ausdrücklich, konkludent[527] oder auch formularmäßig[528] erfolgen.[529] **Unwirksam** ist demnach die Ersetzung des Ausgleichsanspruchs durch einen Anspruch auf Alterssicherung[530] oder eine entsprechende Verrechnungsabrede,[531] wie auch die Anrechnung der laufenden Vergütung auf den künftigen Ausgleichsanspruch,[532] die Bemessung des Ausgleichsanspruchs anhand der Verwaltungsprovision[533] oder auf der Grundlage anderer vom Maßstab des § 89b abweichender Bemessungsgrundlagen,[534] ferner die Begrenzung des Ausgleichsanspruchs auf einen Bruchteil der Verwaltungsprovision.[535] Für den Handelsvertreter wirtschaftlich nachteilig und damit gem. Abs. 4 S. 1 ausgeschlossen sind überdies Vereinbarungen, die dazu führen, dass bestimmte (für den Handelsvertreter günstige) Umstände bei der Berechnung des

---

[517] Vgl. BGH 21.5.1975, WM 1975, 856 (858) = BeckRS 1975, 30394989.

[518] Vgl. BGH 29.6.1967, BB 1967, 935 = BeckRS 1967, 31178001 (Abwälzung der Ausgleichspflicht auf den Nachfolger des Handelsvertreters).

[519] BGH 30.12.1970, BGHZ 55, 124 (126) = WM 1971, 184 = NJW 1971, 465; OLG Celle 18.4.2002, HVR Nr. 1041.

[520] BGH 29.3.1990, NJW 1990, 2889 (2890 f.); OLG München 20.10.2004, BB 2005, 630 = HVR Nr. 1124; **aA** Hopt/Hopt Rn. 74.

[521] Fröhlich ZVertriebsR 2018, 207 (208 f.); **aA** Mann ZVertriebsR 2017, 25 (28).

[522] Ebenroth/Boujong/Semmler Rn. 208; MüKoHGB/Ströbl Rn. 243; **aA** BGH 30.12.1970, BGHZ 55, 124 (125 f.) = WM 1971, 184 = NJW 1971, 465; 30.4.1962, BB 1962, 655 f. = NJW 1962, 1346; Mann ZVertriebsR 2017, 25 (27 f.); Hopt/Hopt Rn. 74; vgl. auch BGH 29.3.1990, NJW 1990, 2889 (2890).

[523] BGH 5.12.1968, BGHZ 51, 184 (188 f.) = WM 1969, 192 = NJW 1969, 504; 10.7.1996, NJW 1996, 2867 f.; 29.3.1990, NJW 1990, 2889 f.; 14.4.1998, NJW 1989, 35 (36); OLG München 2.3.1998, BB 1998, 1332 = HVR Nr. 890; Hopt/Hopt Rn. 74; Ebenroth/Boujong/Semmler Rn. 208; **aA** MüKoHGB/Ströbl Rn. 244.

[524] BGH 24.11.1969, BGHZ 53, 89 (91) = NJW 1970, 420; 10.7.1996, NJW 1996, 2867 f.; 29.3.1990, NJW 1990, 2889 f.; Fröhlich ZVertriebsR 2018, 207 (208); Heymann/Herrmann Rn. 101; MüKoHGB/Ströbl Rn. 243 f.

[525] BGH 21.5.2003, NJW 2003, 3350 (3351).

[526] BGH 10.7.2002, BGHZ 152, 121 (133) = NJW-RR 2002, 1548; 20.11.2002, BGHZ 153, 6 (12) = ZIP 2003, 264; 30.12.1970, BGHZ 55, 124 (126) = WM 1971, 184 = NJW 1971, 465; OLG Celle 18.4.2002, HVR Nr. 1041; Hopt/Hopt Rn. 70; Ebenroth/Boujong/Semmler Rn. 206; Heymann/Herrmann Rn. 102; MüKoHGB/Ströbl Rn. 233.

[527] Vgl. BGH 14.4.1998, NJW 1989, 35 (36).

[528] Vgl. zum Vertragshändlervertrag BGH 26.11.1984, BGHZ 93, 29 (44 f.) = NJW 1985, 623.

[529] MüKoHGB/Ströbl Rn. 246.

[530] Vgl. BGH 20.11.2002, BGHZ 153, 6 (9 f.) = ZIP 2003, 264; 20.2.2002, NJW 2003, 1244; Hopt/Hopt Rn. 70.

[531] Timmermann BB 2011, 1784 (1786); Ebenroth/Boujong/Semmler Rn. 211; MüKoHGB/Ströbl Rn. 238, 249.

[532] BGH 13.1.1972, BGHZ 58, 60 (65 f.) = NJW 1972, 477; 14.7.2016, NJW 2016, 3439 Rn. 22; OLG München 22.2.2024, ZVertriebsR 2024, 282 Rn. 53; MüKoHGB/Ströbl Rn. 249.

[533] BGH 14.6.2006, WM 2006, 1788 (1789 f.); Hopt/Hopt. Rn. 70.

[534] OLG München 2.3.1998, BB 1998, 1332 = HVR Nr. 1124; Hopt/Hopt Rn. 71.

[535] Vgl. BGH 25.9.2002, BGHZ 152, 121 (135 ff.) = NJW 2003, 290; 10.7.2002, WM 2003, 491 (496 ff.); Hopt/Hopt Rn. 70.

Ausgleichsanspruchs nicht berücksichtigt werden.[536] Unwirksam ist damit eine allgemeine Vertragsbedingung des Unternehmers, die den Umfang der werbenden Tätigkeit des Handelsvertreters im Verhältnis zur verwaltenden Tätigkeit zu niedrig ansetzt.[537] Entsprechendes gilt für Abreden, die zur Herausschiebung der gesetzlichen Fälligkeit führen,[538] zu einer für den Handelsvertreter nachteiligen Veränderung der Beweislast[539] oder zu einer Beschränkung der Vererblichkeit des Ausgleichsanspruchs.[540] Die Auszahlung des Ausgleichsanspruchs darf überdies nicht von der Abtretung eines Schadensersatzanspruchs gegen einen Dritten abhängig gemacht werden.[541] **Zulässig** sind allerdings Abreden, die zur **Konkretisierung der Billigkeitsprüfung** gem. Abs. 1 S. 1 Nr. 3 solche Umstände benennen, die in diesem Zusammenhang (ggf. auch anspruchsmindernd) zu berücksichtigen sind.[542] Darüber hinaus können die Parteien selbstverständlich Abreden über Gegenstände treffen, die von Abs. 4 S. 1 nicht erfasst werden, wie beispielsweise über die Begründung eines Wahlrechts des Handelsvertreters zwischen Ausgleichsanspruch und **Altersversorgung.**[543] Insoweit wird nämlich der Anspruch auf die Ausgleichszahlung nicht ausgeschlossen; vielmehr kann der Handelsvertreter innerhalb der Jahresfrist des Abs. 4 S. 2 entscheiden, ob er den Ausgleichsanspruch oder den Anspruch auf die Altersversorgung geltend machen will. Eine wirtschaftliche Verkürzung des Ausgleichanspruchs tritt überdies nicht durch **Aufrechnung** des gestundeten Übernahmepreises gegen den Ausgleichsanspruch ein.[544] Entsprechendes gilt für die Festlegung einer **Mindesthöhe** des Ausgleichsanspruchs.[545] Zulässig sind auch Vereinbarungen über andere, der Disposition der Parteien unterliegende Vertragsgegenstände, und zwar selbst dann, wenn dadurch die Rechtsstellung des Handelsvertreters nach § 89b mittelbar beeinträchtigt wird.[546] Denkbar ist demnach eine Abkürzung der Verjährung,[547] der Verzicht auf Provisionen für Nachbestellungen oder die Vereinbarung eines Rotationsvertriebssystems, sodass dem Handelsvertreter ein Ausgleichsanspruch nur für das jeweils zuletzt betreute Gebiet zusteht.[548] Im Grundsatz möglich sind überdies Vereinbarungen über die **Vorauserfüllung** des Ausgleichsanspruchs während der Vertragslaufzeit, wenn die entsprechenden Leistungen des Unternehmers zusätzlich zur Provisionszahlung oder zu sonstigen für die Absatzmittlung gewährten Vergütungen erfolgen.[549] Diesbezüglich ist ein strenger Maßstab anzulegen,[550] da die Gefahr der Umgehung von Abs. 4 S. 1 besteht.[551] Insoweit ist zu fordern, dass die Sonderzahlung eindeutig als solche zu erkennen ist und die Gesamtvergütung deutlich über der üblichen Provision liegt.[552] Im Übrigen muss der Handelsvertreter zur Rückzahlung der Sondervergütung verpflichtet sein, soweit im Falle der Beendigung des Vertragsverhältnisses kein Ausgleichsanspruch entsteht.[553] Nicht von Abs. 4 S. 1 erfasst werden auch der **Schuldbeitritt oder** die **Erfüllungsübernahme des Nachfolgers** im Hinblick auf den Ausgleichsanspruch des Vorgängers, da insoweit der Unternehmer nicht befreit wird.[554] Entsprechendes gilt, wenn der Unternehmer mit dem Nachfolger eine

---

[536] Vgl. OLG München 20.10.2004, BB 2005, 630 (Nichtberücksichtigung des übernommenen Kundenstamms trotz dafür entrichteter Zahlung des Handelsvertreters).

[537] BGH 10.7.2002, BGHZ 152, 121 (133 f.) = NJW-RR 2002, 1548; 11.11.2009, BeckRS 2009, 88043 Rn. 16; 21.4.2010, NJW-RR 2010, 1550 Rn. 15.

[538] Hopt/Hopt Rn. 71; MüKoHGB/Ströbl Rn. 240; **aA** OLG Oldenburg 12.10.1972, BB 1973, 1281 (Vereinbarung von Ratenzahlungen).

[539] Hopt/Hopt Rn. 71.

[540] Hopt/Hopt Rn. 71; MüKoHGB/Ströbl Rn. 240.

[541] Vgl. BGH 9.4.1964, BGHZ 41, 292 (294 ff.) = NJW 1964, 1622 (für den Fall, dass Dritter den Handelsvertreter verletzt, so dass dieser seine Tätigkeit nicht mehr ausüben kann).

[542] BGH 20.11.2002, BGHZ 153, 6 (13) = NJW 2003, 1241; OLG Köln 19.9.1996, VersR 1997, 615 (616); Balke/de Groot NJOZ 2010, 1551 (1553); Hopt/Hopt Rn. 70; **aA** Küstner BB 1994, 1590 (1592).

[543] Vgl. BGH 21.5.2003, NJW 2003, 3350 (3351); MüKoHGB/Ströbl Rn. 241.

[544] BGH 24.2.1983, NJW 1983, 1727 (1728); Hopt/Hopt Rn. 76.

[545] BGH 11.10.1990, NJW-RR 1991, 156 (158); MüKoHGB/Ströbl Rn. 233.

[546] BGH 21.5.2003, BB 2003, 1581 (1582); OLG Hamm 8.2.2021, ZVertriebsR 2021, 193 Rn. 51; Ebenroth/Boujong/Semmler Rn. 211.

[547] Küstner/Thume VertriebsR-HdB II/Thume XIII Rn. 39; Ebenroth/Boujong/Semmler Rn. 211; MüKoHGB/Ströbl Rn. 240.

[548] Vgl. näher MüKoHGB/Ströbl Rn. 241.

[549] BGH 14.7.2016, NJW 2016, 3439 Rn. 22; OLG Düsseldorf 31.1.2020, ZVertriebsR 2020, 257 Rn. 9; OLG München 3.5.2000, HVR Nr. 987; Hopt/Hopt Rn. 70; Ebenroth/Boujong/Semmler Rn. 212; MüKoHGB/Ströbl Rn. 248 f.

[550] BGH 13.1.1972, BGHZ 58, 60 (64 ff.) = NJW 1972, 477.

[551] Vgl. BGH 13.1.1972, BGHZ 58, 60 (65) = NJW 1972, 477.

[552] MüKoHGB/Ströbl Rn. 249.

[553] BGH 13.1.1972, BGHZ 58, 60 (66) = NJW 1972, 477.

[554] BGH 26.6.1967, BB 1967, 935 (935) = BeckRS 1967, 31178001; 10.6.1968, DB 1968, 1486 = BeckRS 1968, 31178213; Hopt/Hopt Rn. 73.

Einstandszahlung gegen Anerkennung der Altkunden als vom Nachfolger geworbene Neukunden vereinbart.[555]

VII. Versicherungs- und Bausparkassenvertreter (Abs. 5)

55 **1. Grundsatz.** Die Vorschrift des Abs. 5 enthält **Sonderregelungen** für Versicherungsvertreter (S. 1 und 2) und Bausparkassenvertreter (S. 3 iVm S. 1 und 2).[556] Diese überlagern die Bestimmungen in Abs. 1–4 teilweise und modifizieren diese insoweit. Im Übrigen sind Abs. 1–4 ohne Weiteres auch auf Versicherungs- und Bausparkassenvertreter anwendbar. **Versicherungsvertreter** ist nach § 92 Abs. 1, wer als Handelsvertreter damit betraut ist, Versicherungsverträge zu vermitteln oder abzuschließen (→ § 92 Rn. 2). Entsprechendes gilt mangels ausdrücklicher gesetzlicher Begriffsbestimmung auch für den **Bausparkassenvertreter.** Die Vorschrift des Abs. 5 ist durch die HGB-Novelle 1989 neu gefasst worden, wobei der Gesetzgeber allerdings in Abweichung vom ursprünglichen Regierungsentwurf[557] im Wesentlichen an der bereits zuvor geltenden Konzeption festgehalten hat.[558] Durch die Verweisung in Abs. 5 S. 1 auf Abs. 4 S. 1 ist klargestellt, dass auch der Ausgleichsanspruch des Versicherungs- und Bausparkassenvertreters zwingend ist.

56 **2. Vermittlung neuer Verträge (S. 1).** Nach S. 1 Alt. 1 kommt es für den Ausgleichsanspruch nicht wie nach Abs. 1 S. 1 Nr. 1 darauf an, dass der Versicherungs- und Bausparkassenvertreter neue (Stamm-) Kunden geworben hat, sondern darauf, dass er neue Verträge vermittelt hat, aus denen der Unternehmer nach Vertragsende erhebliche Vorteile hat.[559] Der Ausgleichsanspruch wird also in diesem Fall nicht als zusätzliche, durch Billigkeitsgesichtspunkte modifizierte Vergütung für den Aufbau eines Kundenstamms gewährt, sondern soll Provisionsansprüche substituieren, die vor Vertragsende begründet worden sind, aber dem Versicherungsvertreter infolge der Vertragsbeendigung entgehen.[560] Der **Vermittlung neuer Verträge** steht ähnlich wie bei Abs. 1 S. 2 (→ Rn. 13) die **wesentliche Erweiterung eines bestehenden Versicherungs- oder Bausparvertrages** gleich, sofern diese wirtschaftlich der Vermittlung eines neuen Vertrages entspricht (Abs. 1 S. 1 Alt. 2). **Neu** ist ein Vertrag demnach, wenn es sich entweder um die Vermittlung eines neuen Wagnisses handelt oder um die wesentliche Erweiterung eines bestehenden Vertrages mit einem Altkunden auf andere Leistungen (Vertragsgegenstände).[561] Dagegen sind Altbestände, die auf den Versicherungsvertreter übertragen wurden, keine „neuen" Verträge, da sie nicht auf der Vermittlungsleistung des Versicherungsvertreters beruhen.[562] **Wesentlich** ist jede Vertragsänderung, die ein erhöhtes Risiko oder Bausparziel abdeckt und sich deshalb für den Versicherer aufgrund des erhöhten Beitrags- und Prämienaufkommens wie ein Neuabschluss auswirkt.[563] Nach Sinn und Zweck wird auch die (auf dieselbe Leistung gerichtete) Verlängerung des Vertragsverhältnisses mit einem Altkunden erfasst, wenn der Altvertrag zuvor beendet und nicht nur automatisch verlängert wurde.[564] Die von Abs. 1 S. 1 Nr. 1 abweichende Regelung des Abs. 5 S. 1 erklärt sich daraus, dass es im Versicherungs- und Bausparkassensektor im Unterschied zum Warensektor regelmäßig keine Stammkunden mit wiederholten Abschlüssen („Nachbestellungen") gibt, sodass keine Folgeprovisionen aus Nachbestellungen entfallen können. Versicherungsverträge werden für dasselbe Risiko regelmäßig nur einmal abgeschlossen.[565] Es ist daher sinnvoll, für den Ausgleichsanspruch auf den Neuabschluss von Verträgen abzustellen. Darauf ist nämlich die Tätigkeit des Versicherungs- oder Bausparkassenvertreter im Wesentlichen ausgerichtet.[566] Dem korrespondiert die Regelung in § 92 Abs. 3 S. 1 zum Provisionsanspruch, der nur für die vom Vertreter selbst getätigten Geschäfte besteht, nicht aber für Nachbestellungen.

---

[555] OLG München 8.8.2001, HVR Nr. 991; Hopt/Hopt Rn. 73.

[556] Dagegen geht Emde IHR 2024, 47 (52) von einem verallgemeinerungsfähigen Ansatz aus.

[557] Entwurf zum Gesetz zur Durchführung der EG-Richtlinie zur Koordinierung des Rechts der Handelsvertreter, 7.11.1988, BT-Drs. 11/307, 4, 9 f.

[558] Vgl. Beschlussempfehlung und Bericht BT-RA, 18.5.1989, BT-Drs. 11/4559, 10.

[559] Ströbl/Krüger ZVertriebsR 2025, 139 (144).

[560] BGH 23.11.2011, NJW-RR 2012, 674 Rn. 27; 1.6.2005, NJW-RR 2005, 1274 (1276); Dreyer/Haskamp ZVertriebsR 2016, 366; Ströbl/Krüger ZVertriebsR 2025, 139 (144).

[561] BGH 6.7.1972, BGHZ 59, 125 (131) = NJW 1972, 1664; Emde FS K. Schmidt, 2009, 331 (337); Hopt/Hopt Rn. 88.

[562] Emde FS K. Schmidt, 2009, 331 (337).

[563] Emde FS K. Schmidt, 2009, 331 (338); Heymann/Herrmann Rn. 112; vgl. auch MüKoHGB/Ströbl Rn. 295.

[564] BGH 6.7.1972, BGHZ 59, 125 (131) = NJW 1972, 1664; Emde FS K. Schmidt, 2009, 331 (337); Hopt/Hopt Rn. 88.

[565] Emde FS K. Schmidt, 2009, 331 (334); krit. Dreyer/Haskamp ZVertriebsR 2016, 366 (367).

[566] Vgl. auch MüKoHGB/Ströbl Rn. 292, 294.

Der nach Abs. 1 S. 1 Nr. 1 erforderliche **erhebliche Vorteil des Unternehmers** kann aus dem neu vermittelten Vertrag selbst, aber auch aus Ergänzungsverträgen folgen, wobei die Zahl der neuen Verträge entscheidend ist, nicht aber das Verhältnis des Gesamtbestandes der Versicherungs- oder Bausparverträge bei Beginn und Ende des Vertragsverhältnisses.[567] Ausreichend ist jeder wirtschaftliche Vorteil. Dieser kann sich etwa aus dem Gewinn ergeben, der mit dem neu abgeschlossenen Vertrag erzielt oder aus der Erweiterung der Gewinnchancen wie auch der besseren Risikostreuung durch den höheren Bestand an Versicherungsverträgen.[568] Soweit im Rahmen der **Billigkeitsprüfung** nach Abs. 1 S. 1 Nr. 2 insbesondere die Provisionen aus Geschäften mit Neukunden zu berücksichtigen sind, die dem Handelsvertreter infolge der Beendigung des Vertragsverhältnisses entgehen, wird dies der tatsächlichen Situation bei Versicherungs- und Bausparkassenvertretern nicht gerecht. Wie bereits dargelegt, findet eine Stammkundenwerbung in der Versicherungs- und Bausparkassenbranche gerade nicht statt (→ Rn. 56). Vielmehr geht es aufgrund der Verweisung in Abs. 5 S. 1 um den **Verlust von Folgeprovisionen,** die durch die Beendigung des Vertrages (→ Rn. 6) vernichtet werden.[569] Ihrem Ausgleich dient der Anspruch nach Abs. 1 S. 1. Es kommt also zunächst darauf an, ob dem Vertreter bei Fortbestand des Vertrages aus von ihm vermittelten Geschäften noch Ansprüche auf Vermittlungs- oder Abschlussprovision zugestanden hätten.[570] Der Versicherungsvertreter erhält allerdings für die Vermittlung eines Vertrages zuweilen nur eine **Einmalprovision,** aber keine weiteren Folgeprovisionen. Dies ist etwa bei Lebens- und Krankenversicherungen der Fall.[571] Entsprechendes gilt für Bausparkassenvertreter.[572] Soweit im Übrigen **Folgeprovisionen** gezahlt werden, handelt es sich häufig nur um Verwaltungsprovisionen (→ Rn. 20) für die fortlaufende Betreuung von Versicherungsverträgen („unechte" Folgeprovisionen), gelegentlich aber auch um Abschlussprovisionen, die ratenweise gestreckt für bereits vor Vertragsende verdiente, aber noch nicht voll vergütete Abschlüsse gezahlt werden, wie beispielsweise in der Schadensversicherung. Nur im zweiten Fall handelt es sich um „echte" Folgeprovisionen, sodass eine Ausgleichspflicht nach Abs. 1 S. 1 iVm Abs. 5 S. 1 besteht.[573] „Echte" Folgeprovisionen sind darüber hinaus Provisionen für die Neuvermittlung abgelaufener und die wesentliche Erweiterung bestehender Verträge wie zB bei Erhöhung der Versicherungssumme **(Zweit- oder Ergänzungsverträge).**[574] Erforderlich ist insoweit aber ein enger wirtschaftlicher Zusammenhang zwischen Erst- und Ergänzungsvertrag.[575] Die Vermittlungsleistung des Versicherungsvertreters beim Erstvertrag muss gewissermaßen auf den Ergänzungsvertrag ausstrahlen, sodass der Ergänzungsvertrag so angesehen werden kann, als beruhe er noch auf der Tätigkeit des Versicherungsvertreters für den Erstabschluss.[576] Die Abgrenzung zwischen „echten" und „unechten" Folgeverträgen kann im Einzelfall erhebliche Schwierigkeiten bereiten (→ § 92 Rn. 4). Sie ist nicht nach der Bezeichnung der Provision im Vertrag, sondern nach den Umständen des Einzelfalls vorzunehmen.[577] Ein **Verlust** echter und damit ausgleichspflichtiger Folgeprovisionen liegt vor, wenn der Handelsvertreter auf diese (zunächst aufschiebend bedingt entstandenen) Provisionen für den Fall des Vertragsendes aufgrund entsprechender vertraglicher Vereinbarung verzichtet.[578] Dieser Verzicht muss unmissverständlich zum Ausdruck kommen, wes- 57

[567] OLG Stuttgart 26.3.1957, DB 1957, 379; MüKoHGB/Ströbl Rn. 296.

[568] Emde FS K. Schmidt, 2009, 331 (338).

[569] BGH 23.11.2011, NJW-RR 2012, 674 Rn. 27; 1.6.2005, NJW-RR 2005, 1274 (1276); OLG Frankfurt 9.5.1986, VersR 1986, 814 (814); 26.1.1978, BB 1978, 728 f.; Heymann/Herrmann Rn. 113; MüKoHGB/Ströbl Rn. 293.

[570] Ebenroth/Boujong/Semmler Rn. 226.

[571] Vgl. dazu BGH 4.5.1959, BGHZ 30, 98 (106) = BB 1959, 574 = NJW 1959, 1430; LG Stuttgart 28.1.2000, VersR 2000, 972.

[572] LAG BW 8.10.1958, BB 1958, 1185; Heymann/Herrmann Rn. 113; MüKoHGB/Ströbl Rn. 301.

[573] BGH 23.11.2011, NJW-RR 2012, 674 Rn. 30; 22.12.2003, NJW-RR 2004, 469 (471); Emde FS K. Schmidt, 2009, 331 (345 f.); MüKoHGB/Ströbl Rn. 302 f.

[574] Vgl. BGH 23.2.1961, BGHZ 34, 310 (314, 317) = NJW 1961, 1059; 1.6.2005, WM 2005, 1866 (1868) = NJW-RR 2005, 1274 = HVR Nr. 1136; 23.11.2011, NJW-RR 2012, 674 Rn. 30; Ebenroth/Boujong/Semmler Rn. 230; MüKoHGB/Ströbl Rn. 303.

[575] BGH 23.11.2011, NJW-RR 2012, 674 Rn. 30 zum Versicherungsvertreter; 6.7.1972, BGHZ 59, 125 (131) = NJW 1972, 1664 zum Bausparkassenvertreter; 23.2.1961, BGHZ 34, 310 (314, 318 f.) = NJW 1961, 1059 zum Bausparkassenvertreter; Emde FS K. Schmidt, 2009, 331 (346); Ebenroth/Boujong/Semmler § 92 Rn. 7; MüKoHGB/Ströbl Rn. 303, § 92 Rn. 16.

[576] Hopt/Hopt § 92 Rn. 4.

[577] Vgl. BGH 19.11.1970, BGHZ 55, 45 (51) = VersR 1971, 265; 4.5.1959, BGHZ 30, 98 (106) = NJW 1959, 1430; 14.6.2006, WM 2006, 1788 (1789); 1.6.2005, NJW-RR 2005, 1274 (1276) = WM 2005, 1866 (1868) = HVR Nr. 1136; 22.12.2003, WM 2004, 1483 (1485); Emde FS K. Schmidt, 2009, 331 (340); Hopt/Hopt Rn. 91; Ebenroth/Boujong/Semmler Rn. 228; MüKoHGB/Ströbl Rn. 304.

[578] Vgl. BGH 4.5.1959, BGHZ 30, 98 (107) = NJW 1959, 1430; OLG Frankfurt 18.2.1986, BB 1986, 697 (697); 26.1.1978, BB 1978, 728 (728 f.); OLG Köln 17.8.2001, VersR 2001, 1377; MüKoHGB/Ströbl Rn. 300.

halb ein stillschweigender Verzicht regelmäßig nicht in Betracht kommt.[579] In der Praxis sind entsprechende Provisionsverzichtsklauseln in den AGB der Versicherungsvertreterverträge weit verbreitet. Deren Wirksamkeit ist an § 307 BGB zu messen.[580] Im Hinblick auf die **Berechnung des Ausgleichsanspruchs** gelten die allgemeinen Grundsätze sinngemäß (→ Rn. 24 ff.).[581] Dabei sind allerdings Besonderheiten zu beachten: So können die in der Vergangenheit erzielten Provisionen des Versicherungsvertreters nicht ohne Weiteres in die Zukunft fortgeschrieben werden. Dies verbietet sich schon deshalb, weil bei Versicherungsvertretern ein erheblicher Provisionsanteil aus nicht ausgleichspflichtigen Einmalprovisionen bestehen kann.[582] Basis für die Prognose der Provisionsverluste kann regelmäßig ein Zeitraum von vier Jahren sein, da insoweit die Vertragsentwicklung als noch überschaubar angesehen werden kann. Längere Prognosezeiträume[583] können eine hinreichende Beurteilungssicherheit nicht mehr gewährleisten. Für die Ermittlung der Provisionsverluste des Versicherungsvertreters ist im Übrigen von Bedeutung, welche Bestandsdauer bei den ausgleichspflichtigen Versicherungsverträgen als wahrscheinlich zugrunde zu legen ist. Hierbei können Faktoren wie das versicherte Risiko oder das Alter und der Beruf des Versicherungsnehmers eine Rolle spielen.[584] Im Grundsatz **nicht ausgleichspflichtig** sind sog. **übertragene Bestände,** da der daraus erwachsende Unternehmervorteil nicht auf die Tätigkeit des ausscheidenden Versicherungsvertreters zurückgeht, sondern auf der Leistung des früheren Vertreters beruht, der die Bestände aufgebaut hat.[585] Anders zu beurteilen sind allerdings Zweitverträge zu übertragenen Beständen, soweit sie dem ausscheidenden Versicherungsvertreter zuzurechnen sind **(„modifizierte Altbestände").**

58 **3. Ausgleichshöchstgrenze (S. 2).** Nach der in S. 2 enthaltenen Sonderregelung ist der Ausgleichsanspruch des Versicherungsvertreters auf **höchstens drei Jahresprovisionen oder Jahresvergütungen** begrenzt. Entsprechendes gilt für den Bausparkassenvertreter (S. 3). Die Regelung soll dem Umstand Rechnung tragen, dass Versicherungs- und Bausparverträge regelmäßig auf eine längere Dauer angelegt sind. Für die Berechnung gelten die zu Abs. 2 entwickelten Grundsätze sinngemäß (→ Rn. 28).

59 **4. „Grundsätze" zur Berechnung des Ausgleichs.** Zur Vereinfachung der Berechnung des Ausgleichsanspruchs sind in der Praxis die zwischen den Spitzenverbänden der **Versicherungswirtschaft** und des Versicherungsaußendienstes vereinbarten „Grundsätze zur Errechnung der Höhe des Ausgleichsanspruchs" weit verbreitet.[586] Dabei handelt es sich freilich um rechtlich unverbindliche Empfehlungen,[587] jedenfalls nicht um einen Handelsbrauch.[588] Sie können jedoch im Einzelfall als Schätzgrundlage (§ 287 ZPO) verwendet werden,[589] wobei die Grundsätze angesichts ihres Kompromisscharakters nur insgesamt, also nicht nur lediglich in Teilen, herangezogen werden können.[590] Daneben können freilich Billigkeitsgesichtspunkte bei der Bemessung des Ausgleichsanspruchs ergänzend berücksichtigt werden.[591] Die Grundsätze unterliegen, sofern sie zwischen dem Unternehmer und dem Versicherungsvertreter vereinbart sind, als privatrechtliche AGB der Inhaltskontrolle nach §§ 305 ff. BGB, da sie nicht ohne Weiteres die Vermutung der Richtigkeit und Billigkeit in sich tragen.[592] Sie können allerdings nur nachvertraglich vereinbart oder angewandt werden, da eine

[579] BGH 20.12.2018, NJW 2019, 1674 Rn. 31 f.

[580] Näher dazu Emde FS K. Schmidt, 2009, 331 (344 f.).

[581] Teilw. abw. Emde FS K. Schmidt, 2009, 331 (354 f.).

[582] Emde FS K. Schmidt, 2009, 331 (354).

[583] Vgl. insoweit Küstner VersR 2002, 518 (519) mwN.

[584] Emde FS K. Schmidt, 2009, 331 (348).

[585] Vgl. aber auch (mit pauschalierendem Ansatz) Grundsätze Sach, Ziff. I 2 (abgedruckt bei Hopt, Handelsvertreterrecht, 4. Aufl. 2009, Ausgl. 1).

[586] Vgl. Eggebrecht ZVertriebsR 2014, 210 ff. zur Anrechnung von Altstandsübertragungen nach den Grundsätzen „Sach".

[587] OLG Frankfurt 21.11.1995, NJW-RR 1996, 548 (549); OLG Hamm 15.12.2000, VersR 2001, 1155; OLG Köln 5.6.1974, BB 1974, 1093; LG Köln 3.5.2024, ZVertriebsR 2024, 169 Rn. 26; Emde FS K. Schmidt, 2009, 331 (352); Küstner/Thume VertriebsR-HdB II/Thume XX Rn. 16 f.; Hopt/Hopt Rn. 96; Ebenroth/Boujong/Semmler Rn. 235; MüKoHGB/Ströbl Rn. 308; **aA** OLG München 21.12.1973, VersR 1974, 288.

[588] OLG Frankfurt 21.11.1995, NJW-RR 1996, 548 f.; 9.5.1986, VersR 1986, 814; 22.10.1985, NJW-RR 1986, 458; LG Köln 3.5.2024, ZVertriebsR 2024, 169 Rn. 26; Emde FS K. Schmidt, 2009, 331 (352); Ebenroth/Boujong/Semmler Rn. 235; MüKoHGB/Ströbl Rn. 309; **aA** OLG München 21.12.1973, VersR 1974, 288; OLG Nürnberg 26.1.1976, VersR 1976, 467; Thume BB 2002, 1325 (1327).

[589] BGH 13.8.2015, NJW 2015, 3373 Rn. 41; 8.5.2014, NJW-RR 2014, 928 Rn. 23; 23.11.2011, NJW-RR 2012, 674 Rn. 36 ff.; OLG München 9.2.2017, ZVertriebsR 2017, 194 Rn. 19; Hopt/Hopt Rn. 96; Ebenroth/Boujong/Semmler Rn. 235; vgl. MüKoHGB/Ströbl Rn. 308 f.

[590] BGH 8.5.2014, NJW-RR 2014, 928 Rn. 26; Küstner/Thume VertriebsR-HdB II/Thume XX Rn. 11.

[591] BGH 8.5.2014, NJW-RR 2014, 928 Rn. 26; 21.5.1975, VersR 1975, 807 (809).

[592] OLG Köln 17.8.2001, VersR 2001, 1379; Hopt/Hopt Rn. 96; vgl. MüKoHGB/Ströbl Rn. 309; **aA** OLG Düsseldorf 4.7.1979, VersR 1979, 837 (838).

vor Vertragsende getroffene Vereinbarung wegen Abs. 4 unwirksam wäre.[593] Einzelne Klauseln der Grundsätze entsprechen den gesetzlichen Vorgaben nicht vollständig.[594]

VIII. Andere Absatzmittler

1. Überblick. Wie bereits dargestellt (→ Rn. 1), enthält § 89b einen verallgemeinerungsfähigen Rechtsgedanken, der immer dann zum Tragen kommt, wenn Absatzmittler in eine Absatzorganisation eingegliedert sind und durch ihre Tätigkeit für den Geschäftsherrn einen wirtschaftlichen Besitzstand schaffen, der unabhängig vom Vertragsende fortbesteht. Aus diesem Grunde liegt es nahe, § 89b auf andere Absatzmittler entsprechend anzuwenden. Dabei sind die Besonderheiten der jeweiligen Absatzmittlungsverhältnisse zu beachten. 60

2. Vertragshändler. Nach überwiegender Auffassung ist § 89b auf das Vertragshändlerverhältnis entsprechend anzuwenden.[595] Dies wird durch die funktionellen Unterschiede zum Handelsvertreter (→ § 84 Rn. 8) nicht ausgeschlossen,[596] soweit den Vertragshändler mit seinem Vertragspartner mehr als eine reine Käufer-Verkäufer-Beziehung verbindet, er vielmehr in eine **Absatzorganisation integriert** ist und aufgrund dessen ähnlichen vertraglichen Pflichten unterworfen ist wie der Handelsvertreter, insbesondere einer Pflicht zur Interessenwahrung und zur Förderung des Warenabsatzes.[597] **Indizien** dafür sind Berichtspflichten, die Verpflichtung zur Einhaltung von Vertriebsregeln, zur Lagerhaltung, zur Absatzförderung sowie umfassende Weisungsrechte des Herstellers/Lieferanten.[598] Nicht erforderlich, aber zusätzliches Indiz für eine handelsvertreterähnliche Stellung, ist die Vereinbarung eines Gebietsschutzes[599] oder eines Konkurrenzverbots.[600] Darüber hinaus reicht es – entgegen anders lautender Auffassung, die eine Rechtspflicht zur Überlassung des Kundenstamms fordert (→ Rn. 62) – nach Sinn und Zweck für die analoge Anwendung von § 89b aus, wenn der Vertragspartner bei Vertragsende die tatsächliche **Möglichkeit** hat, **den Kundenstamm** des Vertragshändlers zu nutzen (Zurechnungskontinuität) und ihm insoweit ein wirtschaftlicher Vorteil aus der Geschäftsbeziehung mit dem Vertragshändler zufällt.[601] Diese wird durch die (berechtigte) Weitergabe der Kundenkartei nach Vertragsende an einen Dritten nicht per se ausgeschlossen.[602] Freilich kommt in einem solchen Fall regelmäßig die Minderung des Ausgleichsanspruchs (Abs. 1 S. 1 Nr. 2) in Betracht.[603] Bei einem Vertragshändler, insbesondere im Automobilsektor,[604] wird der Aufbau einer Geschäftsverbindung iSv § 89b Abs. 1 S. 1 Nr. 1 durch die **Sogwirkung** der Marke 61

[593] BGH 8.5.2014, NJW-RR 2014, 928 Rn. 28; 20.11.2002, BGHZ 153, 6 (15) = VersR 2003, 323; 21.5.1975, VersR 1975, 807 (808 f.); OLG Celle 16.5.2002, VersR 2002, 976 (977); Küstner/Thume VertriebsR-HdB II/Thume XX Rn. 32.

[594] Vgl. BGH 13.8.2015, NJW 2015, 3373 Rn. 41.

[595] Vgl. nur BGH 21.7.2016, NJW 2017, 475 Rn. 29; 16.2.2011, NJW-RR 2011, 614 Rn. 13; 29.4.2010, GRUR 2010, 1107 Rn. 24; 13.1.2010, NJW-RR 2010, 1263 Rn. 15; 6.10.1999, BGHZ 142, 358 (367) = NJW 2000, 515; 26.2.1997, BGHZ 135, 14 (17 f.) = NJW 1997, 1503; 26.11.1984, BGHZ 93, 29 (59) = NJW 1985, 623; 21.12.1983, BGHZ 89, 206 (216) = NJW 1984, 1882; 11.2.1977, BGHZ 68, 340 (343) = NJW 1977, 896; 16.2.1961, BGHZ 34, 282 (282 ff.) = NJW 1961, 662; 11.2.1958, BGHZ 29, 83 (88 f.) = NJW 1959, 144; 28.6.2006, WM 2006, 1919 (1920 f.); 22.3.2006, WM 2006, 1403; 12.1.2000, NJW 2000, 1413; 14.4.1983, NJW 1983, 2877 (2878) (Kfz-Vertragshändler); OLG Frankfurt 5.4.2006, HVR Nr. 1153; 1.2.2006, HVR Nr. 1152; 1.2.2006, HVR Nr. 1151; OLG München 10.2.1993, BB 1994, 533 f.; K. Schmidt HandelsR § 28 Rn. 45; Hopt/Hopt § 84 Rn. 12; Staub/Emde Rn. 41; **aA** OLG Köln 20.5.1994, NJW-RR 1995, 29; Bechtold NJW 1983, 1393 (1399); Eckert WM 1991, 1237 (1245); Kirsch NJW 1999, 2779 ff.; Siegert NJW 2007, 188 (189 ff.) (unter Hinweis auf die KfzGVO); Stumpf NJW 1998, 12 ff.; Ulmer, Der Vertragshändler, 1969, 449 ff.

[596] Ebenso MüKoHGB/Ströbl Rn. 16 ff.

[597] Vgl. dazu BGH 5.2.2015, BGHZ 204, 166 Rn. 14 = NJW 2015, 945; 5.2.2015, NJW 2015, 1300 Rn. 11; 6.10.2010, NJW 2011, 848 Rn. 17; 6.10.2010, NJW-RR 2011, 389 Rn. 18; 20.10.2007, NJW-RR 2007, 1327 Rn. 13; 22.10.2003, NJW-RR 2004, 898; OLG Köln 25.4.1997, BB 1997, 2451 f.; OLG München 5.12.2019, ZVertriebsR 2020, 72 Rn. 53; 8.1.1997, BB 1997, 595 f.; Thume BB 2016, 578 (581 f.); Thume BB 1994, 2358 (2359); Hopt/Hopt § 84 Rn. 13; Ebenroth/Boujong/Semmler Rn. 260 f.; MüKoHGB/Ströbl Rn. 18; RGHMW/Thume Rn. 31.

[598] Zu diesen Aspekten OLG München 5.12.2019, ZVertriebsR 2020, 72 Rn. 54 ff.

[599] Vgl. BGH 25.3.1982, NJW 1982, 2819 f.; MüKoHGB/Ströbl Rn. 18.

[600] Vgl. BGH 14.4.1983, NJW 1983, 2877 (2878); MüKoHGB/Ströbl Rn. 18.

[601] Emde ZVertriebsR 2020, 3 (6); Emde ZVertriebsR 2019, 50; K. Schmidt DB 1979, 2357 (2359 f.); Thume BB 2016, 578 (581 f.); v. Westphalen DB-Beil. 12/1981, 15; Hopt/Hopt § 84 Rn. 14; wohl auch LG Nürnberg-Fürth 27.11.2018, ZVertriebsR 2019, 50; **aA** Eckert WM 1991, 1237 (1245); Wauschkuhn/Teichmann ZVertriebsR 2013, 139 (141 f.).

[602] Hopt/Hopt § 84 Rn. 15.

[603] BGH 28.6.2006, WM 2006, 1919 (1920 f.); Ebenroth/Boujong/Semmler Rn. 266.

[604] Vgl. dazu BGH 2.7.1987, WM 1987, 1462 = NJW-RR 1988, 42; OLG Hamburg 20.12.1979, DB 1980, 972 f.

des Unternehmers nicht ausgeschlossen.[605] Vielmehr genügt eine auch nur geringe Mitursächlichkeit der Tätigkeit des Vertragshändlers für den Aufbau der Geschäftsverbindung.[606] Die Sogwirkung der Marke ist jedoch ggf. im Rahmen der Billigkeit der Ausgleichszahlung (Abs. 1 S. 1 Nr. 2) zu berücksichtigen,[607] wobei es unerheblich ist, ob die Sogwirkung der Marke auch für eine etwaige Rabattgewährung (→ Rn. 63) von Bedeutung ist.[608] Andererseits wird ein Ausgleichsanspruch des Vertragshändlers regelmäßig ausgeschlossen sein, wenn dessen Kunden branchenbekannt sind.[609] Auf eine besondere **Schutzbedürftigkeit** des Vertragshändlers, beispielsweise infolge wirtschaftlicher Abhängigkeit vom Unternehmer, kommt es für die analoge Anwendung von § 89b nicht an.[610] Erforderlich ist es überdies nicht, dass der Vertragshändler eigenes Kapital eingesetzt hat.[611] Auch die Nichtigkeit des Vertragshändlervertrages steht einem Ausgleichsanspruch nicht entgegen.[612] Diese Grundsätze sind in der **Lieferkette** nicht nur im Verhältnis zwischen Hersteller (Unternehmer) und Vertragshändler, sondern auch zwischen Vertragshändlern unterschiedlicher Absatzstufen anzuwenden.[613]

62 Nach der auf die **Rspr.**[614] zurückgehenden Gegenauffassung reicht zur Begründung eines Ausgleichsanspruchs nach § 89b die tatsächliche Möglichkeit der Nutzung des Kundenstamms bei Vertragsende (→ Rn. 61) nicht aus.[615] Gefordert wird vielmehr eine **vertragliche Pflicht zur Überlassung des Kundenstamms,**[616] die freilich auch konkludent begründet werden kann,[617] sowie das Ausscheiden des Vertragshändlers aus der Absatzorganisation und die **tatsächliche Möglichkeit zur Nutzung** des Kundenstamms unmittelbar nach Beendigung des Vertrages.[618] Da es danach nur auf die Möglichkeit der Nutzbarmachung ankommt,[619] ist es unerheblich, welcher Zweck mit der Überlassungsvereinbarung verfolgt wird,[620] und ob der Vertragspartner von der Nutzungsmöglichkeit tatsächlich Gebrauch macht[621] oder zu welchem Zweck er dies tut.[622] Unerheblich ist nach Auffassung der Rspr. überdies, wann die Verpflichtung zur Überlassung des Kundenstamms zu erfüllen ist, also während des Zeitraums der Vertragsdurchführung oder erst an dessen Ende,[623] und ob von

[605] Vgl. dazu BGH 5.6.1996, NJW 1996, 2302 (2304); OLG Köln 15.11.2002, VersR 2003, 105 (106).

[606] BGH 22.3.2006, WM 2006, 1403 (1407); 2.7.1987, WM 1987, 1462 (1465) = NJW-RR 1988, 42; 14.4.1983, NJW 1983, 2877 (2879); 25.3.1982, NJW 1982, 2819 (2820); Hopt/Hopt § 84 Rn. 15; MüKoHGB/Ströbl Rn. 26.

[607] BGH 16.2.2011, NJW-RR 2011, 614 Rn. 36; 13.7.2011, NJW 2011, 3438 Rn. 30; vgl. auch Thume BB 2016, 578 (582).

[608] BGH 13.7.2011, NJW 2011, 3438 Rn. 30.

[609] Vgl. OLG Hamm 6.3.1986, NJW-RR 1988, 550 (551); MüKoHGB/Ströbl Rn. 26.

[610] BGH 11.2.1977, BGHZ 68, 340 (343 f.) = NJW 1977, 896; 3.3.1983, NJW 1983, 1789; 7.11.1991, NJW-RR 1992, 421 (423); Hopt/Hopt § 84 Rn. 16; Ebenroth/Boujong/Semmler Rn. 260; **aA** Eckert WM 1991, 1237 (1245).

[611] BGH 11.2.1977, BGHZ 68, 340 (343 f.) = NJW 1977, 896; 3.3.1983, NJW 1983, 1789 f.; anders noch BGH 16.2.1961, BGHZ 34, 282 (282 ff.) = NJW 1961, 662.

[612] BGH 11.12.1996, NJW 1997, 655 f.; Emde ZVertriebsR 2020, 3 (15 f.); MüKoHGB/Ströbl Rn. 23.

[613] Vgl. BGH 19.12.1966, NJW 1967, 825 (825 ff.) (Importeur und Bezirkshändler).

[614] Überblick bei Emde ZVertriebsR 2020, 3 (8 ff.).

[615] Zust. Eckert WM 1991, 1237 (1245); Niklas ZVertriebsR 2016, 362 (365); Rothermel/Schulz BB 2019, 1609 (1613 f.); Wauschkuhn/Teichmann ZVertriebsR 2013, 139 (141 f.).

[616] BGH 5.2.2015, BGHZ 204, 166 Rn. 14 f. = NJW 2015, 945; 5.2.2015, NJW 2015, 1300 Rn. 11; 6.10.2010, NJW-RR 2011, 389 Rn. 18; 13.1.2010, NJW-RR 2010, 1263 Rn. 15 mwN; 29.4.2009, EuZW 2009, 667 Rn. 23; 20.10.2007, NJW-RR 2007, 1327 Rn. 13; OLG Frankfurt 10.6.2020, ZVertriebsR 2020, 381 Rn. 21; 13.3.2019, BeckRS 2019, 15476 Rn. 65; OLG München 5.12.2019, ZVertriebsR 2020, 72 Rn. 53.

[617] BGH 5.2.2015, BGHZ 204, 166 Rn. 14 = NJW 2015, 945; 26.2.1997, BGHZ 135, 14 (17) = NJW 1997, 1503; OLG München 5.12.2019, ZVertriebsR 2020, 72 Rn. 102; Veltins NJW 1984, 2063 ff.; MüKoHGB/Ströbl Rn. 23.

[618] Dazu BGH 26.2.1997, BGHZ 135, 14 (17) = NJW 1997, 1503; 20.10.2007, WM 2007, 1983 (1984); 12.3.2003, WM 2003, 2105 (2107); 17.4.1996, NJW 1996, 2159 (2160 f.); 6.10.1993, NJW-RR 1994, 99 (100 f.); 10.2.1993, WM 1993, 1464 (1466 f.) = NJW-RR 1993, 678; 10.2.1993, NJW-RR 1993, 678 (680); 7.11.1991, NJW-RR 1992, 421 (423); 31.1.1991, NJW-RR 1991, 1050 (1052) (Clark-Geräte); OLG Köln 4.5.2001, HVR Nr. 1049; OLG München 10.2.1993, BB 1994, 533; OLG Saarbrücken 23.9.1998, NJW-RR 1999, 106; zust. Canaris HandelsR § 17 Rn. 25; Ebenroth/Boujong/Semmler Rn. 262; MüKoHGB/Ströbl Rn. 23 ff.

[619] Vgl. BGH 10.2.1993, NJW-RR 1993, 678 (680); 14.4.1983, NJW 1983, 2877 (2879); 3.3.1983, NJW 1983, 1789 (1790).

[620] BGH 26.2.1997, NJW 1997, 1503; 3.3.1983, NJW 1983, 1789 (1790); Emde ZVertriebsR 2020, 3 (11, 12 ff.); **aA** OLG Köln 21.9.2012, BeckRS 2013, 2968 (unt. II. 2).

[621] BGH 26.2.1997, BGHZ 135, 14 (18) = NJW 1997, 1503; 17.6.1998, HVR Nr. 865; Wauschkuhn/Teichmann ZVertriebsR 2013, 139 (142).

[622] BGH 26.2.1997, BGHZ 135, 14 (18) = NJW 1997, 1503; OLG Düsseldorf 7.7.2000, HVR Nr. 945.

[623] BGH 5.2.2015, NJW 2015, 1300 Rn. 11; 12.11.2000, NJW 2000, 1413; 10.2.1993, NJW-RR 1993, 678 (680); ebenso Wauschkuhn/Teichmann ZVertriebsR 2013, 139 (142); MüKoHGB/Ströbl Rn. 23.

vornherein eine praktisch lückenlose Übermittlung der Kundendaten sichergestellt ist.[624] Für eine tatsächliche Überlassung spricht es etwa, wenn dem Hersteller (Unternehmer) jeweils Name und Anschrift des Käufers übermittelt werden.[625] Im Hinblick auf die **Übermittlung von Kundendaten** an den Unternehmer kann sich der Handelsvertreter auf ein berechtigtes Interesse stützen (Art. 6 Abs. 1 lit. f DS-GVO).[626] Dagegen fehlt es an einer tatsächlichen Überlassung und damit an der Möglichkeit, den Kundenstamm zu nutzen, wenn die Kunden nach Beendigung des Vertragshändlervertrages beim Händler verbleiben[627] oder wenn ein vom Händler zur Kundenpflege eingesetztes Drittunternehmen die Kundendaten nach Ende des Vertragshändlervertrages löschen muss.[628] Entsprechendes gilt, wenn sich der Unternehmer verpflichtet, die vom Vertragshändler übermittelten Kundendaten bei Beendigung des Vertrages zu sperren, ihre Nutzung einzustellen und auf Verlangen des Vertragshändlers zu löschen.[629] Nicht ausreichend ist auch die bei Eintritt eines Sicherungsfalls aus § 402 BGB folgende Verpflichtung, dem Sicherungsgeber die zur Geltendmachung der Forderung gegenüber dem Kunden nötige Auskunft zu erteilen. Diese Konstellation tritt nur in einem Sonderfall ein und beinhaltet keine umfassende Verpflichtung zur Überlassung aller Kundendaten, wie sie in ständiger Rspr. verlangt wird[630]

Maßgeblich für die **Berechnung des Ausgleichsanspruchs** ist der Umsatz des Vertragshändlers 63 mit von ihm neu geworbenen Stammkunden, wobei grundsätzlich, soweit kein atypischer Geschäftsverlauf vorliegt, vom **Stammkundenumsatz im letzten Vertragsjahr** auszugehen ist.[631] Ansonsten ist auf den Durchschnittsumsatz in einem längeren Zeitraum abzustellen.[632] Der Stammkundenumsatz ist sodann mit dem **Prognosezeitraum,** in dem Geschäfte zwischen dem Unternehmer und den vom Vertragshändler geworbenen Stammkunden voraussichtlich fortgeführt werden, zu multiplizieren.[633] **Ausgleichspflichtig** sind grundsätzlich alle **Geschäfte mit fabrikneuen Waren.** Im Kfz-Sektor, dem insoweit eine besondere wirtschaftliche Bedeutung zukommt, gehören dazu fabrikneue Fahrzeuge im weiteren Sinne, also nicht nur Neuwagen, sondern auch Tageszulassungen.[634] Davon abzugrenzen ist das nicht ausgleichspflichtige Gebrauchtwagengeschäft, zu dem auch der Handel mit Vorführwagen gehört.[635] Das **Ersatzteilgeschäft** ist im Kfz-Sektor regelmäßig nur ausgleichspflichtig, wenn der Vertragshändler diesbezüglich Vertriebsleistungen in Form besonderer werblicher Anstrengungen, zB durch Einsatz eines eigens dafür abgestellten Außendienstmitarbeiters, zu erbringen hat.[636] In einem solchen Fall kann freilich der für neue Waren zugrunde zu legende Prognosezeitraum nicht ohne Weiteres übernommen werden. Er ist vielmehr gesondert zu bestimmen, da Ersatzteile für gewöhnlich einen kürzeren Lebenszyklus als langlebige Wirtschaftsgüter haben.[637] Darüber hinaus ist zu berücksichtigen, dass die Kunden häufig auf den Erwerb und die Verwendung von Original-Ersatzteilen besonderen Wert legen. Dann aber ist wegen der Sogwirkung der Marke zumeist ein erheblicher Billigkeitsabschlag angebracht.[638]

Im Übrigen sind bei der **Berechnung des Ausgleichsanspruchs** des Vertragshändlers gewisse 64 Besonderheiten zu beachten, die aus der vom Handelsvertreterrecht abweichenden Rechtsstellung des Vertragshändlers resultieren. Der Vertragshändler erhält für seine Absatzmittlertätigkeit keine

---

[624] BGH 6.10.1993, NJW-RR 1994, 99 (101) = WM 1994, 243; ebenso Wauschkuhn/Teichmann ZVertriebsR 2013, 139 (142); Ebenroth/Boujong/Semmler Rn. 265; MüKoHGB/Ströbl Rn. 21.

[625] BGH 12.11.2000, NJW 2000, 1413; OLG Düsseldorf 28.2.2007, BeckRS 2007, 7179; 7.7.2000, HVR Nr. 945 (zum Neuwagenkauf: Name und Anschrift des Kunden sowie Garantiekarte mit Kfz-Nummer); Ströbl/Monschke/Krebs ZVertriebsR 2022, 211 (215); Wauschkuhn, FS Martinek, 2020, 841 (843).

[626] Emde/Böken ZVertriebsR 2022, 87 (88); Ströbl/Monschke/Krebs ZVertriebsR 2022, 211 (214 f.); Wauschkuhn, FS Martinek, 2020, 841 (845 f.); wohl auch Beck/Kirschhöfer ZVertriebsR 2019, 3 (6 f.); Emde ZVertriebsR 2020, 3 (15).

[627] OLG München 9.11.1994, NJW-RR 1995, 1186 f.

[628] BGH 26.11.1997, NJW-RR 1998, 390 (391); 17.4.1996, NJW 1996, 2159 (2160 f.); Hopt/Hopt § 84 Rn. 15; Ebenroth/Boujong/Semmler Rn. 265; MüKoHGB/Ströbl Rn. 24.

[629] BGH, 5.2.2015, NJW 2015, 1300 Rn. 18, 20.

[630] BGH 5.2.2015, NJW 2015, 1300 Rn. 15.

[631] BGH 26.2.1997, BGHZ 135, 14 (23) = NJW 1997, 1503; 6.10.2010, NJW 2011 Rn. 26; 13.1.2010, NJW-RR 2010, 1263 Rn. 16; 12.1.2000, NJW 2000, 1413 (1414); OLG Düsseldorf 27.1.2017, ZVertriebsR 2017, 111 Rn. 23; Wauschkuhn/Teichmann ZVertriebsR 2013, 139 (144); **aA** Emde MDR 2010, 537.

[632] *BGH 26.2.1997, BGHZ 135, 14 (22)* = NJW 1997, 1503; 6.10.2010, NJW 2011, 848 Rn. 26; OLG Düsseldorf 27.1.2017, ZVertriebsR 2017, 111 Rn. 23.

[633] BGH 26.2.1997, BGHZ 135, 14 (23) = NJW 1997, 1503; 6.10.2010, NJW 2011, 848 Rn. 26.

[634] BGH 5.6.1996, NJW 1996, 2302 (2304 f.); Emde MDR 2010, 537 (539).

[635] BGH 5.6.1996, NJW 1996, 2298 (2301); **aA** Emde MDR 2010, 537 (539).

[636] BGH 4.3.2008, BeckRS 2008, 7111 Rn. 4; 31.1.1991, NJW-RR 1991, 1050 (1051 f.); 2.7.1987, NJW-RR 1988, 42 (44); Stumpf/Ströbl MDR 2004, 1209 (1213); **aA** Emde MDR 2010, 537 (543).

[637] Wendel GRUR 2007, 748 (753).

[638] Stumpf/Ströbl MDR 2004, 1209 (1213); Wendel GRUR 2007, 748 (753).

Provision, sondern wird von seinem Vertragspartner für seine Leistungen in anderer Weise vergütet, in der Regel durch den Händlerrabatt, dh die Spanne zwischen Einkaufs- und Verkaufspreis.[639] Zudem erbringt der Vertragshändler typischerweise neben der auch die Handelsvertreterleistung prägenden und ausgleichsfähigen „reinen" Absatzmittlertätigkeit (Vermittlung und Werbung) weitere Leistungen für den Geschäftsherrn. Aufgrund seiner Selbstständigkeit trägt er auch andere Risiken als der Handelsvertreter. Einen Ausgleichsanspruch analog § 89b kann der Vertragshändler jedoch naturgemäß nur hinsichtlich solcher ihm nach Vertragsende entgehender Vergütungsanteile geltend machen, die der für den Handelsvertreter charakteristischen Erfolgsprovision für Vermittlung und Werbung entsprechen.[640] Daher dürfen Vergütungen für **handelsvertreteruntypische Geschäfte** nicht in die Verlustprognose einbezogen werden.[641] Dazu gehören regelmäßig die vom Unternehmer für das Absatz-, Lager-, Preisschwankungs- und Kreditrisiko an den Vertragshändler gezahlten Vergütungen,[642] die bei fehlender gesonderter Ausweisung ggf. aus dem vereinbarten Entgelt herauszurechnen sind.[643] Abzuziehen sind darüber hinaus der Gegenwert für Werbeaufwendungen, beispielsweise für das Halten von Vorführwagen, für die Absatzförderung (Präsentation) und die Gewährleistung.[644] Dieser Gegenwert kann dem Vertragshändler etwa in Form von Rabatten, Sonder- und Kulanzleistungen zufließen. Davon zu unterscheiden sind **Rabatte** (Rückvergütungen), die der Vertragshändler auf vertraglicher oder freiwilliger Basis für seine Verkaufsbemühungen auf den Listenpreis des Unternehmers erhält.[645] Diese sind bei wirtschaftlicher Betrachtung mit der Provision des Handelsvertreters vergleichbar und damit grundsätzlich ausgleichspflichtig.[646]

65 Rechnerisch kann der Ausgleichsanspruch des Vertragshändlers auf verschiedenen Wegen bestimmt werden. In der Rspr. des BGH sind bisher **drei Berechnungsmethoden** anerkannt:[647] Nach der **ersten** Berechnungsmethode ist für die Berechnung des Ausgleichsanspruchs von dem Rohertrag des Vertragshändlers auszugehen, also der Differenz zwischen dem Verkaufspreis (vom Hersteller unverbindlich empfohlener Preis abzüglich vom Händler selbst gewährter Preisnachlässe an Kunden) und dem Einkaufspreis des Vertragshändlers.[648] Aus dem Rohertrag herauszurechnen sind sodann solche vom Unternehmer an den Vertragshändler gezahlte Vergütungen, die nicht handelsvertretertypisch, sondern händlertypisch sind, sowie solche Entgelte, die der Vertragshändler nicht für werbende, sondern für verwaltende (vermittlungsfremde) Tätigkeiten erhält.[649] Alternativ ist nach einer **zweiten** Berechnungsmethode der dem Vertragshändler von seinem Lieferanten eingeräumte Rabatt durch Ausklammerung der händlertypischen Bestandteile auf das Niveau eines Handelsvertreters zurückzuführen. Sodann sind die der Provision des Handelsvertreters für vermittlungsfremde, „verwaltende" Tätigkeiten entsprechenden Vergütungsanteile auszusondern. Nach einer **dritten** Berechnungsmethode werden vergleichbare Vermittlungsprovisionen anderer, auf Handelsvertreter-Basis arbeitender Vertriebsorganisationen herangezogen. Diese sind wiederum um diejenigen Anteile zu kürzen, mit denen vermittlungsfremde Tätigkeiten des Handelsvertreters abgegolten

---

[639] Wauschkuhn ZVertriebsR 2022, 32 (34).

[640] BGH 11.2.1977, BGHZ 68, 340 (348) = NJW 1977, 896; 6.8.1997, ZIP 1997, 1839 (1841); 6.8.1997, ZIP 1997, 1832 (1836); 2.7.1987, NJW-RR 1988, 42 (44); 15.11.1984, NJW 1985, 860 (861); Ebenroth/Boujong/Semmler Rn. 267.

[641] BGH 11.12.1958, BGHZ 29, 83 (91 f.) = NJW 1959, 144; 13.7.2011, NJW 2011, 3438 Rn. 24; 6.10.2010, NJW-RR 2011, 389 Rn. 29; 6.10.2010, NJW 2011, 848 Rn. 29; 13.1.2010, NJW-RR 2010, 1263 Rn. 28; 22.3.2006, NJW-RR 2006, 1328 Rn. 23; 5.6.1996, NJW 1996, 2302; 2.7.1987, NJW-RR 1988, 42 (44); Wauschkuhn ZVertriebsR 2022, 32 (34 f.); Ebenroth/Boujong/Semmler Rn. 268.

[642] BGH 13.1.2010, NJW-RR 2010, 1263 Rn. 28, 44; 22.3.2006, NJW-RR 2006, 1328 Rn. 23 = HVR Nr. 1140; 5.6.1996, ZIP 1996, 1294 (1295 f.); Wauschkuhn ZVertriebsR 2022, 32 (35); Hopt/Hopt § 84 Rn. 12; Ebenroth/Boujong/Semmler Rn. 268.

[643] BGH 11.2.1977, BGHZ 68, 340 (348) = NJW 1977, 896; 22.3.2006, NJW-RR 2006, 1403 Rn. 23 = HVR Nr. 1140; 12.1.2000, ZIP 2000, 540 (542); 11.12.1996, ZIP 1997, 238 (240); 5.6.1996, ZIP 1996, 1294 (1295); Ebenroth/Boujong/Semmler Rn. 269.

[644] Vgl. BGH 13.7.2011, NJW 2011, 3438 Rn. 24 f.; 6.10.2010, NJW 2011, 848 Rn. 21; 13.1.2010, NJW-RR 2010, 1263 Rn. 28, 44; Hopt/Hopt § 84 Rn. 12; Ebenroth/Boujong/Semmler Rn. 269; **aA** Emde MDR 2010, 537 (539, 540).

[645] S. BGH 6.10.2010, NJW 2011, 848 Rn. 32; 13.1.2010, NJW-RR 2010, 1263 Rn. 31 f.

[646] BGH 22.3.2006, NJW-RR 2006, 1328 Rn. 23 = HVR Nr. 1140; 5.6.1996, NJW 1996, 2302; 29.4.2009, EuZW 2009, 667 Rn. 24; 13.1.2010, NJW-RR 2010, 1263 Rn. 28, 37; 6.10.2010, NJW 2011, 848 Rn. 21, 29; 6.10.2010, NJW-RR 2011, 389 Rn. 31; 16.2.2011, NJW-RR 2011, 614 Rn. 29 ff.; Wauschkuhn/Teichmann ZVertriebsR 2013, 139 (142).

[647] BGH 22.3.2006, NJW-RR 2006, 1328 Rn. 24 = HVR Nr. 1140; 5.6.1996, NJW 1996, 2302 (2303).

[648] BGH 6.10.2010, NJW 2011, 848 Rn. 30; 13.1.2010, NJW-RR 2010, 1263 Rn. 29 mwN; 22.3.2006, NJW-RR 2006, 1328 Rn. 24 = HVR Nr. 1140.

[649] BGH 13.1.2010, NJW-RR 2010, 1263 Rn. 29; 6.10.2010, NJW 2011, 848 Rn. 30; 16.2.2011, NJW-RR 2011, 614 Rn. 32 f.; 13.7.2011, NJW 2011, 3438 Rn. 24 ff.; **aA** Emde MDR 2010, 537 (540).

werden. Im Rahmen der jeweils anzustellenden **Billigkeitsprüfung** können solche Vorteile des Vertragshändlers anspruchsmindernd berücksichtigt werden, die es ihm ermöglichen, seinen Kundenstamm nach Beendigung der Vertragshändlertätigkeit weiter zu nutzen. Davon ist insbesondere bei Fortführung eines Werkstattbetriebs auszugehen, da Kunden, die mit dem Betrieb des Vertragshändlers langjährig vertraut sind, diesem häufig auch nach Verlust des Vertragshändlerstatus die Treue halten.[650] Anspruchsmindernd können insoweit nämlich auch Umstände wie der Werkstattbetrieb berücksichtigt werden, die mit den eigentlichen Vertriebsbemühungen eines Vertragshändlers nichts zu tun haben. Es kommt allein darauf an, dass dem früheren Vertragshändler daraus irgendwelche, den Verlust des Vertragshändlerstatus abmildernde Vorteile verbleiben.[651] Das ist etwa auch der Fall, wenn der ehemalige Vertragshändler im Anschluss eine anderweitige Vermittlertätigkeit aufnimmt und dabei seinen bisherigen Kundenstamm weiter nutzen kann.[652] Nicht ausgeschlossen erscheint eine Anspruchskürzung auch, wenn sich der Vertragshändler nicht hinreichend um eine möglichst lückenlose und datenschutzrechtlich zulässige Übermittlung von Kundendaten und deren Nutzbarkeit durch den Unternehmer bemüht.[653]

Änderungen des Vertriebssystems können dazu führen, dass der Hersteller/Lieferant aus den vom Vertragshändler geschaffenen Kundenbeziehungen keine Vorteile mehr hat. Kündigt der Hersteller in einem solchen Fall den Vertragshändlervertrag (sog. Strukturkündigung), steht dem Vertragshändler nur dann ein Ausgleichsanspruch zu, wenn unter Zugrundelegung der Fiktion, dass das Vertragsverhältnis mit gleich bleibender Tätigkeit des Vertragshändlers fortgesetzt wird, prognostiziert werden kann, dass dem Handelsvertreter infolge der Beendigung des Vertrages Provisionsverluste entstehen. Dies ist nicht der Fall, wenn der Hersteller aufgrund des Vertragshändlervertrages berechtigt gewesen wäre, das Vertriebsverhältnis auch gegenüber dem hinausgekündigten Vertragshändler umzustellen.[654] Dann nämlich fehlt es an der Kausalität zwischen Entgeltverlust und Beendigung des Vertragsverhältnisses. 66

3. Subordinations-Franchisenehmer. Die für die analoge Anwendung von § 89b auf den Vertragshändler entwickelten Grundsätze (→ Rn. 61 ff.) gelten entsprechend auch für den Subordinations-Franchisenehmer.[655] Wie beim Vertragshändler ist damit die tatsächliche Möglichkeit zur Nutzung des Kundenstamms durch den Franchisegeber nach Vertragsende als ausreichend anzusehen (→ Rn. 61 f.); eine Verpflichtung des Franchisenehmers zur Übertragung des Kundenstamms ist mithin nicht erforderlich.[656] 67

4. Kommissionsagenten. Entsprechend anzuwenden ist § 89b auf Kommissionsagenten,[657] wobei es entgegen einer in der Rspr.[658] verbreiteten Auffassung auf die Schutzbedürftigkeit des Kommissionsagenten nicht ankommt.[659] Der Kommissionsagent ist nämlich schon kraft Gesetzes verpflichtet, den Kundenstamm bei Vertragsende an den Kommittenten zu übertragen (§ 384 Abs. 2 Hs. 2).[660] Die Vorteile des Kundenstamms kann sich der Kommittent – ähnlich wie der Unternehmer 68

---

[650] BGH 13.7.2011, NJW 2011, 3438 Rn. 34; Stumpf/Ströbl MDR 2004, 1209 (1212).

[651] BGH 13.7.2011, NJW 2011, 3438 Rn. 35.

[652] BGH 13.7.2011, NJW 2011, 3438 Rn. 36 f.; Stumpf/Ströbl MDR 2004, 1209 (1212).

[653] Ströbl/Monschke/Krebs ZVertriebsR 2022, 211 (217).

[654] BGH 1.10.2008, NJW-RR 2009, 824 Rn. 27.

[655] OLG Celle 19.4.2007, BB 2007 1862 (1863); LG Frankfurt a. M. 19.11.1999, EWiR 2004, 69 = HVR Nr. 1115; Eckert WM 1991, 1237 (1245 ff.); Köhler NJW 1990, 1689 (1689 ff.); Küstner/Thume VertriebsR-HdB II/Thume II Rn. 90 f.; Martinek, Franchising, 1987, 366 ff.; Hopt/Hopt § 84 Rn. 19; Ebenroth/Boujong/Semmler Rn. 259; NK-HGB/Prasse Anh. FranchiseR Rn. 62 f.; MüKoHGB/Ströbl Rn. 28; wohl auch RGHMW/Thume Rn. 33; diff. Metzlaff ZVertriebsR 2012, 54 (55); zweifelnd OLG Schleswig 11.12.2014, ZVertriebsR 2015, 48 (49); offen gelassen BGH 5.2.2015, BGHZ 204, 166 Rn. 16 f. = NJW 2015, 945.

[656] Kroll ZVertriebsR 2014, 290 (293 f.); Niklas ZVertriebsR 2016, 362 (363 f.); Thume BB 2016, 578 (581 f.); **aA** BGH 21.7.2016, NJW 2017, 475 Rn. 31; 5.2.2015, BGHZ 204, 166 Rn. 17 ff. = NJW 2015, 945 (zust. Linderhorst NJW 2015, 947); 29.4.2010, GRUR 2010, 1107 Rn. 32 – JOOP!; OLG Schleswig 11.12.2014, ZVertriebsR 2015, 48 (49); Köhler NJW 1990, 1689 (1696); Küstner/Thume VertriebsR-HdB II/Thume II Rn. 85 ff.; MüKoHGB/Ströbl Rn. 28.

[657] BGH 12.3.2003, WM 2003, 2105 (2106 f.); 1.6.1964, NJW 1964, 1952 (1953); 11.12.1958, HVR Nr. 186 = NJW 1959, 144; OLG Frankfurt 10.6.2020, ZVertriebsR 2020, 381 Rn. 22; OLG München 18.2.1970, HVR Nr. 430; OLG Oldenburg 27.10.2015, ZVertriebsR 2016, 182 Rn. 23; Krüger/Lutz ZVertriebsR 2023, 222 (227); Küstner/Thume VertriebsR-HdB II/Thume II Rn. 92 ff.; Hopt/Hopt Rn. 4; MüKoHGB/Ströbl Rn. 29.

[658] Vgl. BGH 21.7.2016, NJW 2017, 475 Rn. 32 ff.; 12.3.2003, WM 2003, 2105 (2107); 1.6.1964, NJW 1964, 1952 (1953); 11.12.1958, BGHZ 29, 83 = NJW 1959, 649; OLG München 20.12.2017, ZVertriebsR 2018, 27 Rn. 47; 18.2.1970, HVR Nr. 430.

[659] Ebenso Hopt/Hopt § 84 Rn. 19.

[660] BGH 21.7.2016, NJW 2017, 475 Rn. 37; OLG Frankfurt 10.6.2020, ZVertriebsR 2020, 381 Rn. 22; OLG Oldenburg 27.10.2015, ZVertriebsR 2016, 182 Rn. 27.

beim Vertragshändlerverhältnis – bei Vertragsende schon dann zu Nutze machen, wenn eine faktische Kontinuität besteht.[661]

69 **5. Markenlizenznehmer.** Denkbar ist eine analoge Anwendung von § 89b auch auf Markenlizenznehmer.[662] Allerdings bedarf es im Regelfall eingehender Prüfung, ob der Lizenznehmer tatsächlich in die Absatzorganisation des Lizenzgebers eingegliedert ist. Die Basis für die analoge Anwendung von § 89b fehlt jedenfalls dann, wenn der Lizenzgeber nicht selbst auf dem Gebiet der vom Lizenznehmer vertriebenen Waren tätig ist.[663] Nach dem Leitbild des § 89b ist es nämlich erforderlich, dass der Absatzmittler am Absatz der Produkte eines Unternehmers mitwirkt.

§ 90 [Verschwiegenheitspflicht]

Der Handelsvertreter darf Geschäfts- und Betriebsgeheimnisse, die ihm anvertraut oder als solche durch seine Tätigkeit für den Unternehmer bekanntgeworden sind, auch nach Beendigung des Vertragsverhältnisses nicht verwerten oder anderen mitteilen, soweit dies nach den gesamten Umständen der Berufsauffassung eines ordentlichen Kaufmannes widersprechen würde.

Schrifttum: Köhler, Nachvertragliche Wettbewerbsverbote für Absatzmittler: Zivilrechtliche und kartellrechtliche Schranken, FS Rittner, 1991, 265; Korte/Harten, Geheimnisschutz im Vertriebsrecht – Ohne angemessene Schutzmaßnahmen kein Schutz der Betriebs- und Geschäftsgeheimnisse mehr?, ZVertriebsR 2021, 155; Otte-Gräbener/Kutscher-Puis, Handlungsbedarf durch das neue Geschäftsgeheimnisgesetz für Vertraulichkeitsvereinbarungen im Rahmen von Liefer- und Vertriebsverträgen, ZVertriebsR 2019, 288.

Übersicht

I. Allgemeines

1 **1. Normzweck.** Der Handelsvertreter ist dem Unternehmer nach § 86 Abs. 1 Hs. 2 zur Interessenwahrung verpflichtet (→ § 86 Rn. 12 ff.). Daraus folgt für die Dauer des Vertragsverhältnisses eine Pflicht zur Verschwiegenheit, die sich auf alle Informationen bezieht, die der Handelsvertreter während der Vertragsdurchführung erlangt, vorausgesetzt deren Weitergabe ist für den Unternehmer nachteilig (→ § 86 Rn. 23). Mit Beendigung eines Vertragsverhältnisses erlöschen im Grundsatz auch die Nebenpflichten. Einzelne Nebenpflichten wie die Pflicht zur Verschwiegenheit können jedoch über das Vertragsende hinaus fortwirken (→ § 84 Rn. 71) und im Falle ihrer Verletzung zu Schadensersatzansprüchen des Berechtigten führen (culpa post contrahendum). Häufig ist jedoch unklar, in welchem Umfang derartige nachwirkende Vertragspflichten bestehen. Die mit der HGB-Novelle 1953[1] in das Handelsvertreterrecht inkorporierte Bestimmung des § 90 soll im Hinblick auf die nachvertragliche Verschwiegenheitspflicht des Handelsvertreters eine **Klarstellung** bringen.[2] Die Vorschrift hat in der RL 86/653/EWG keine Entsprechung. Ähnliche, jedoch in den Voraussetzun-

[661] BGH 21.7.2016, NJW 2017, 475 Rn. 43; im konkreten Fall verneint von OLG Frankfurt 10.6.2020, ZVertriebsR 2020, 381 Rn. 27.

[662] BGH 29.4.2010, GRUR 2010, 1107 Rn. 25 – JOOP!; Ernde WRP 2003, 468 (470 ff.); **aA** Martinek/Wimmer-Leonhardt WRP 2006, 204 (217 ff.).

[663] BGH 29.4.2010, GRUR 2010, 1107 Rn. 32 – JOOP!.

[1] Art. 1 Gesetz zur Änderung des Handelsgesetzbuchs (Recht der Handelsvertreter) vom 6.8.1953, BGBl. 1953 I 771.

[2] Begr. RegE Gesetz zur Änderung des HGB (Recht der Handelsvertreter), BT-Drs. 1/3856, 9, 37.

gen abweichende Vorschriften enthält das GeschGehG (früher § 17 UWG aF). Nach **§ 17 UWG aF** kamen nur nicht selbstständig tätige Handelsvertreter, die als Angestellte gelten (§ 84 Abs. 2), in ihrer Eigenschaft als bei einem Unternehmen „Beschäftigte" als Täter eines Geheimnisverrats in Betracht.[3] Das **GeschGehG,** das Geschäftsgeheimnisse unter der Voraussetzung besonderer Geheimhaltungsmaßnahmen (§ 2 Nr. 1 lit. b GeschGehG) gegen unerlaubte Erlangung, Nutzung und Offenlegung schützt (§ 1 Abs. 1 GeschGehG), berührt § 90 nicht.[4] Insbesondere ist der Terminus „Geschäfts- und Betriebsgeheimnisse" nicht im Lichte von Art. 2 Nr. 1 RL (EU) 2016/943[5] und des daraus abgeleiteten § 2 Abs. 1 GeschGehG auszulegen.[6] Mit dem GeschGehG sollen bestehende zivilrechtliche Schutzvorschriften lediglich ergänzt werden, um darüber hinaus zusätzliche Möglichkeiten zum Schutz von Geschäftsgeheimnissen zu eröffnen. Dem widerspräche es, wie auch Erwägungsgrund 10 RL (EU) 2016/943 zeigt, das Schutzniveau bestehender strengerer Regeln, wie sie sich aus der Interessenwahrungspflicht des § 86 (vgl. auch Art. 3 Abs. 1 RL 86/653/EWG) und damit auch aus § 90 ergeben, durch Anwendung des GeschGehG abzusenken,[7] zumal damit ein Eckpfeiler der Binnenbeziehung zwischen Handelsvertreter und Unternehmer in Wegfall geriete. Unter den dort genannten Voraussetzungen ist das GeschGehG als zusätzliches Schutzinstrumentarium jedoch parallel anwendbar.

2. Inhalt. Durch § 90 wird die nachvertragliche **Pflicht zur Verschwiegenheit** in Abgrenzung zu den für die Vertragsdauer geltenden Grundsätzen **gegenständlich begrenzt,** nämlich auf Geschäfts- und Betriebsgeheimnisse, die dem Handelsvertreter anvertraut oder ihm als solche durch seine Tätigkeit für den Unternehmer bekanntgeworden sind.[8] Das daran anknüpfende Verwertungs- und Weitergabeverbot ist zudem dadurch konditioniert, dass die Handlung nach den gesamten Umständen der Berufsauffassung eines ordentlichen Kaufmanns widersprechen muss. Damit trägt das Gesetz dem Umstand Rechnung, dass der Umfang nachvertraglicher Pflichten im Vergleich zu entsprechenden vertraglichen Pflichten regelmäßig geringer ist.[9] Im Übrigen nimmt die Intensität der Pflichten mit zunehmendem Abstand zum Vertragsende ab. Der Verweis auf die Berufsauffassung eines ordentlichen Kaufmanns gibt insoweit den Weg zu einer an Treu und Glauben orientierten Interessenabwägung und damit zu verhältnismäßigen Lösungen frei. Eine Pflicht zur Verschwiegenheit kann im Übrigen nicht nur nachvertraglich fortbestehen, sondern auch schon im vorvertraglichen Stadium begründet sein, beispielsweise wenn der Unternehmer dem potenziellen Handelsvertreter der Geheimhaltung bedürftige Unternehmensdaten während der Vertragsverhandlungen zugänglich macht (→ § 84 Rn. 70). 2

II. Voraussetzungen

1. Geschäfts- und Betriebsgeheimnisse. a) Begriff. Wie bereits ausgeführt (→ Rn. 1), besteht die nachvertragliche Verschwiegenheitspflicht nicht allumfassend, sondern nur in Bezug auf Geschäfts- und Betriebsgeheimnisse, die dem Handelsvertreter zudem anvertraut oder durch seine Tätigkeit für den Unternehmer bekanntgeworden sein müssen (→ Rn. 2). Geschäfts- und Betriebsgeheimnisse sind Tatsachen, die im **Zusammenhang mit dem Geschäftsbetrieb** des Unternehmens stehen, **nicht offenkundig,** also nur einem begrenzten Personenkreis bekannt sind, und nach dem (zu vermutenden) Willen des Unternehmers nicht bekannt werden sollen.[10] Der **Wille zur Geheimhaltung** muss insoweit nicht ausdrücklich bekundet werden, sondern kann sich auch aus den Umständen des Einzelfalls ergeben.[11] Keine Geschäfts- und Betriebsgeheimnisse sind mithin Tatsachen, die nicht notwendig für jedermann, aber doch für jeden Kundigen, der sich in der 3

---

[3] BGH 26.2.2009, NJW 2009, 1420 Rn. 11.

[4] Korte/Harten ZVertriebsR 2021, 155 (157).

[5] RL (EU) 2016/943 des Europäischen Parlaments und des Rates vom 8.6.2016 über den Schutz vertraulichen Know-hows und vertraulicher Geschäftsinformationen (Geschäftsgeheimnisse) vor rechtswidrigem Erwerb sowie rechtswidriger Nutzung und Offenlegung, ABl. EU 2016 L 157, 1.

[6] Korte/Harten ZVertriebsR 2021, 155 (157); wohl auch MüKoHGB/Ströbl Rn. 11.

[7] *IdS auch Korte/Harten* ZVertriebsR 2021, 155 (155 f., 157); Hopt/Hopt Rn. 10; Köhler/Feddersen/Alexander Vorb. GeschGehG Rn. 82.

[8] **AA** offenbar Ebenroth/Boujong/Semmler Rn. 1.

[9] Vgl. auch Hopt/Hopt Rn. 7; Heymann/Froitzheim Rn. 1.

[10] Vgl. BGH 20.5.1996, ZIP 1996, 1341 (1342); 15.5.1955, DB-Beil. 2/1957, Nr. 12 = GRUR 1955, 424; OLG Koblenz 24.7.1986, NJW-RR 1987, 95 (97); Mautz/Löblich MDR 2000, 67 (70); Hopt/Hopt Rn. 5; Ebenroth/Boujong/Semmler Rn. 4; Heymann/Froitzheim Rn. 4; Staub/Emde Rn. 5; MüKoHGB/Ströbl Rn. 7; RGHMW/Thume Rn. 2.

[11] Hopt/Hopt Rn. 5; Ebenroth/Boujong/Semmler Rn. 5; Heymann/Froitzheim Rn. 4.

betreffenden Branche auskennt, offenkundig sind.[12] Der Umstand, dass die Tatsache einem beschränkten Kreis externer Personen offenbart wurde, schließt den Tatbestand des Geschäfts- und Betriebsgeheimnisses nicht von vornherein aus, wenn die Kenntnisnahme unter der Verpflichtung zur Verschwiegenheit erfolgte.[13] Selbst wenn allgemein bekannt ist, dass beispielsweise bestimmte Produktionsverfahren branchenüblich sind, kann es doch ein Geschäfts- und Betriebsgeheimnis sein, dass gerade der betreffende Unternehmer das Verfahren verwendet.[14] Die technische Lehre von Patenten wird zwar im Rahmen des Patenterteilungsverfahrens offenbart und kann daher als solche kein Geschäfts- und Betriebsgeheimnis sein; anderes gilt freilich für das technische Know-how, das der Unternehmer bei der Anwendung der technischen Lehre entwickelt hat.

4 **b) Beispiele.** Zu den Geschäfts- und Betriebsgeheimnissen gehören regelmäßig Kundenlisten, Reiseberichte, Musterkollektionen, Know how betreffend Marketing, Vertriebsorganisation, Produktionsverfahren und Produktzusammensetzungen, Vorlagen und Vorschriften technischer Art, Betriebsbilanzen, interne Kalkulationsunterlagen und Handelsspannen.[15] Bei Kundenlisten ist freilich zu differenzieren: Enthalten diese die Adressen von Kunden, die als Abnehmer der von dem Unternehmer angebotenen Produkte schon aufgrund allgemein zugänglicher Informationen in Betracht kommen, so liegt diesbezüglich von vornherein kein Geschäfts- und Betriebsgeheimnis vor.[16]

5 **2. Besondere Schutzqualifikation. a) Allgemeines.** Nicht jedes Geschäfts- und Betriebsgeheimnis unterfällt automatisch der Pflicht zur Verschwiegenheit. Vielmehr bedarf es einer besonderen Schutzqualifikation, die dadurch hergestellt wird, dass das Geschäfts- und Betriebsgeheimnis dem Handelsvertreter anvertraut oder als solches durch seine Tätigkeit für den Unternehmer bekanntgeworden sein muss. Das ist beispielsweise nicht der Fall, wenn der Handelsvertreter eine Kundenliste selbst in das Vertragsverhältnis eingebracht hat.[17] Insoweit mag aus der allgemeinen Interessenwahrungspflicht (§ 86 Abs. 1 Hs. 2) eine Pflicht zur Geheimhaltung während des Vertragsverhältnisses bestehen; es fehlt jedoch an einer besonderen Schutzqualifikation für die Zeit nach Beendigung des Handelsvertreterverhältnisses.

6 **b) Anvertrautsein.** Anvertraut sind solche Geschäfts- und Betriebsgeheimnisse, die dem Handelsvertreter von dem Unternehmer oder in dessen Auftrag mitgeteilt worden sind. Diese **Mitteilung** muss nicht zwangsläufig in Zusammenhang mit der konkreten Absatzmittlertätigkeit des Handelsvertreters stehen.[18] Nach Sinn und Zweck der Vorschrift soll der Unternehmer nämlich umfassend davor geschützt werden, dass der Handelsvertreter Erkenntnisse, die er während seiner Tätigkeit erlangt hat, unbefugt ausnutzt. Allerdings muss der Handelsvertreter auf die **besondere Vertraulichkeit** hingewiesen werden; jedenfalls muss sich diese aus den Umständen der Mitteilung ergeben.[19]

7 **c) Sonstiges Bekanntwerden.** Wird das Geschäfts- und Betriebsgeheimnis dem Handelsvertreter nicht besonders anvertraut (→ Rn. 6), reicht es auch aus, wenn es dem Handelsvertreter durch seine Tätigkeit für den Unternehmer in irgendeiner Weise zugänglich wurde. Die Tatbestandsalternative des sonstigen Bekanntwerdens erfüllt insoweit eine Auffangfunktion. Sie bestätigt, dass es um einen möglichst weitreichenden Schutz des Unternehmers geht. Nach diesem Verständnis ist der Begriff der **Tätigkeit** in einem umfassenden Sinne zu verstehen. Vorausgesetzt wird nicht ein wirksamer Handelsvertretervertrag; hinreichend ist vielmehr, dass der (vermeintliche) Handelsvertreter faktisch für den Unternehmer tätig wird.[20] Da es überdies ausreicht, dass das Geheimnis dem Handelsvertreter **in irgendeiner Weise zugänglich** wurde, ist es unerheblich, ob die Kenntnis rechtmäßig oder rechtswidrig erlangt wurde.[21] Die geheimzuhaltenden Umstände müssen zudem nicht aus der Sphäre des Unternehmers stammen.[22] Das Geheimnis kann vom Handelsvertreter auch selbst geschaffen worden sein, beispielsweise durch Erstellung von Reiseberichten oder Kundenlis-

[12] Ebenroth/Boujong/Semmler Rn. 6; enger (Öffentlichkeit) RG 22.11.1935, RGZ 149, 329 (334); MüKoHGB/Ströbl Rn. 8.
[13] MüKoHGB/Ströbl Rn. 8.
[14] RG 22.11.1935, RGZ 149, 329 (332 f.); MüKoHGB/Ströbl Rn. 8.
[15] Vgl. auch Hopt/Hopt Rn. 5; Heymann/Froitzheim Rn. 5; Staub/Emde Rn. 10 f.; MüKoHGB/Ströbl Rn. 9 f.; RGHMW/Thume Rn. 3, 5.
[16] Hopt/Hopt Rn. 7; Ebenroth/Boujong/Semmler Rn. 11; Heymann/Froitzheim Rn. 6; MüKoHGB/Ströbl Rn. 24.
[17] Vgl. auch Ebenroth/Boujong/Semmler Rn. 6.
[18] MüKoHGB/Ströbl Rn. 13.
[19] Ebenroth/Boujong/Semmler Rn. 7; MüKoHGB/Ströbl Rn. 13; wohl auch Heymann/Froitzheim Rn. 7.
[20] Ebenroth/Boujong/Semmler Rn. 8; MüKoHGB/Ströbl Rn. 4.
[21] Vgl. Hopt/Hopt Rn. 4; Ebenroth/Boujong/Semmler Rn. 4; Heymann/Froitzheim Rn. 7; MüKoHGB/Ströbl Rn. 14.
[22] Ebenroth/Boujong/Semmler Rn. 4.

ten.[23] Allerdings muss der Handelsvertreter aufgrund der objektiven Umstände der Kenntniserlangung erkennen können, dass es sich um eine geheimhaltungsbedürftige Tatsache handelt.[24] Die Kenntnis muss zudem während der Tätigkeit und nicht erst nach Vertragsende erlangt werden.[25] Die nachvertragliche Kenntniserlangung kann jedoch zu einer Haftung nach den Grundsätzen der culpa post contrahendo führen (→ § 84 Rn. 71).[26] Auch ein Bekanntwerden des Geschäfts- und Betriebsgeheimnisses im vorvertraglichen Stadium, beispielsweise im Rahmen von Vertragsverhandlungen, reicht für § 90 nicht aus. In einem solchen Fall fehlt es schon begrifflich an einer Tätigkeit für den Unternehmer.[27] Es können allerdings die allgemeinen Grundsätze der Haftung für vorvertragliche Pflichtverletzungen eingreifen (→ § 84 Rn. 70).

III. Rechtsfolgen

1. Geheimhaltungspflicht. a) Beginn und Dauer. Die nachvertragliche Geheimhaltungspflicht beginnt nach Beendigung des Handelsvertreterverhältnisses. Sie ist im Grundsatz zeitlich unbegrenzt, **endet** naturgemäß jedoch, **wenn** die der Geheimhaltung unterliegende **Tatsache** zwischenzeitlich **den Charakter eines Geschäfts- und Betriebsgeheimnisses verliert,** weil sie allgemein bekannt geworden ist.[28] Das ist beispielsweise bei als Know-how geschützten technischen Lehren der Fall, die im Zuge einer Patenterteilung der Öffentlichkeit zugänglich gemacht werden. Darüber hinaus kann der Zeitablauf dazu führen, dass die Geheimhaltung trotz Fortbestehens eines Geschäfts- und Betriebsgeheimnisses der Berufsauffassung eines ordentlichen Kaufmanns widerspricht (→ Rn. 13). Von der Zahlung einer **Entschädigung** wie im Falle des § 90a ist die Pflicht zur Geheimhaltung nicht abhängig, da sie unmittelbar aus dem Gesetz folgt (zu Erweiterungen aber → Rn. 20). 8

Ohne Einfluss auf das Entstehen der Geheimhaltungspflicht ist der **Grund, der** zur **Beendigung des Handelsvertreterverhältnisses** geführt hat. Dies folgt bereits aus dem Schutzzweck der Norm und der Tatsache, dass die Geheimhaltungspflicht selbst bei Fehlen eines wirksamen Vertragsverhältnisses besteht (→ Rn. 7). Daher ist der Handelsvertreter selbst dann zur Geheimhaltung verpflichtet, wenn er den Vertrag aus einem wichtigen, vom Unternehmer zu vertretenden Grund gekündigt hat.[29] Die **Eröffnung eines Insolvenzverfahrens** über das Vermögen von Unternehmer oder Handelsvertreter lässt die Geheimhaltungspflicht unberührt.[30] Sie endet jedoch mit dem **Untergang des Unternehmens** des Geschäftsherrn, es sei denn, der Geheimhaltung unterliegende Rechte gehen in diesem Zusammenhang auf Dritte über.[31] 9

b) Inhalt. aa) Allgemeines. Es ist dem Handelsvertreter untersagt, die einem qualifizierten Schutz unterliegenden Geschäfts- und Betriebsgeheimnisse zu verwerten oder anderen mitzuteilen, soweit dies nach den gesamten Umständen der Berufsauffassung eines ordentlichen Kaufmanns widersprechen würde. Erfasst werden damit im Grundsatz alle Handlungen, die darauf abzielen, das Geschäfts- und Betriebsgeheimnis unerlaubt Dritten zugänglich zu machen, einerlei, ob dies gegen ein Entgelt geschieht oder nicht. Der Beweggrund ist unerheblich. Eine **Einschränkung auf bestimmte Zwecksetzungen** wie nach § 17 UWG aF **besteht nicht.**[32] 10

bb) Verwertung. Eine Verwertung liegt vor, wenn der Handelsvertreter das Geheimnis mit Gewinnerzielungsabsicht für sich oder einen Dritten **wirtschaftlich ausnutzt.**[33] Beispielsweise kann der Handelsvertreter eine Kundenliste verwerten, indem er als Lieferant oder Angestellter eines Dritten Waren an die in der Liste verzeichneten Kunden liefert.[34] Verwertet wird die Liste ebenfalls durch Veräußerung an einen Dritten.[35] 11

---

[23] MüKoHGB/Ströbl Rn. 14.

[24] Ebenroth/Boujong/Semmler Rn. 7; Heymann/Froitzheim Rn. 7; Hopt/Hopt Rn. 6; MüKoHGB/Ströbl Rn. 14; Heymann/Froitzheim Rn. 7.

[25] Hopt/Hopt Rn. 6.

[26] Für analoge Anwendung von § 90 offenbar Heymann/Froitzheim Rn. 7.

[27] **AA** offenbar Ebenroth/Boujong/Semmler Rn. 8; für entsprechende Anwendung von § 90 MüKoHGB/Ströbl Rn. 4.

[28] Ebenroth/Boujong/Semmler Rn. 16; MüKoHGB/Ströbl Rn. 16; Staub/Emde Rn. 18.

[29] *OLG Koblenz* 24.7.1986, NJW-RR 1987, 95 (99); Heymann/Froitzheim Rn. 3; MüKoHGB/Ströbl Rn. 17; Staub/Emde Rn. 18; vgl. auch Ebenroth/Boujong/Semmler Rn. 1.

[30] Ebenroth/Boujong/Semmler Rn. 16.

[31] Ebenroth/Boujong/Semmler Rn. 16.

[32] Vgl. auch MüKoHGB/Ströbl Rn. 20.

[33] OLG Saarbrücken 24.7.2002, HVR Nr. 1057; Hopt/Hopt Rn. 4; Heymann/Froitzheim Rn. 18; MüKoHGB/Ströbl Rn. 19.

[34] MüKoHGB/Ströbl Rn. 19.

[35] Vgl. BGH 19.12.2002, HVR Nr. 1062 = GRUR 2003, 453.

12 **cc) Mitteilung.** An andere mitgeteilt wird das Geschäfts- und Betriebsgeheimnis, wenn es in irgendeiner Form **an Dritte weitergegeben** wird, sodass diese die Möglichkeit haben, das Geheimnis selbst zu verwerten oder anderen Personen mitzuteilen.[36] Eine Mitteilung kann auch durch Unterlassen erfolgen, wenn der Handelsvertreter Informationen über das Geschäfts- und Betriebsgeheimnis pflichtwidrig so aufbewahrt, dass Dritte davon Kenntnis nehmen können.[37]

13 **c) Grenzen. aa) Grundsatz.** Die Geheimhaltungspflicht besteht nicht schrankenlos. Abgesehen davon, dass sie endet, wenn der Tatbestand des Geschäfts- und Betriebsgeheimnisses entfällt (→ Rn. 8), kann sich aus den gesamten Umständen ergeben, dass eine (weitere) Geheimhaltung der Berufsauffassung eines ordentlichen Kaufmanns widersprechen würde. Damit ist zum Ausdruck gebracht, dass die Geheimhaltungspflicht als solche unverhältnismäßig sein kann. Mit dem Hinweis auf die **Berufsauffassung eines ordentlichen Kaufmanns** enthält das Gesetz eine Härteklausel, durch deren Anwendung unbillige Ergebnisse vermieden werden sollen. Letzten Endes ist dies Ausfluss des Gebotes von Treu und Glauben.[38] Im Einzelfall ist daher das **Geheimhaltungsinteresse** des Unternehmers **gegen das Interesse des Handelsvertreters an anderweitiger Betätigung nach Vertragsende abzuwägen.**[39] Dabei ist zu berücksichtigen, dass der Handelsvertreter nach Beendigung des Handelsvertreterverhältnisses in seiner beruflichen Entfaltung grundsätzlich frei ist, sofern keine entgegenstehende Wettbewerbsabrede iSv § 90a vorliegt.[40] Er ist damit grundsätzlich auch befugt, Kunden des bisherigen Unternehmers nach Vertragsende für einen Konkurrenzunternehmer zu werben.[41] Die Interessenabwägung fällt daher von vornherein regelmäßig zugunsten des Handelsvertreters aus, wenn die Belange des Unternehmers durch die Verwertung oder anderweitige Mitteilung des Geschäfts- und Betriebsgeheimnisses nicht oder nur unwesentlich beeinträchtigt werden. In den übrigen Fällen kommt es darauf an, ob der Handelsvertreter im Hinblick auf sein geschäftliches Fortkommen auf die Nutzung des Geschäfts- und Betriebsgeheimnisses angewiesen ist. Je weniger dies der Fall ist, umso stärker wiegt das Interesse des Unternehmers an der Geheimhaltung. Dieses überwiegt jedenfalls dann, wenn sich der Handelsvertreter die Geschäfts- und Betriebsgeheimnisse durch unlautere Mittel iSv § 17 Abs. 2 UWG verschafft hat.[42]

14 **bb) Einzelfälle.** Besondere Probleme wirft in der Praxis die nachvertragliche Nutzung von **Kundenlisten** durch den Handelsvertreter auf. Kundenlisten sind an sich nach Vertragsende an den Unternehmer herauszugeben (→ § 86 Rn. 43). Der BGH leitet daraus ab, dass deshalb für eine Interessenabwägung zwischen dem Geheimhaltungsinteresse des Unternehmers und dem Verwertungsinteresse des Handelsvertreters von vornherein kein Raum ist.[43] Auf der anderen Seite kann das Geheimhaltungsinteresse des Unternehmers, das sich im Grundsatz auch auf den Inhalt von Kundenlisten bezieht, im Sinne der Berufsauffassung eines ordentlichen Kaufmanns unverhältnismäßig sein, wenn die erfassten Kunden ohne Zutun des Handelsvertreters entschlossen sind, die Geschäftsbeziehung zu dem Unternehmer nicht mehr fortzusetzen.[44] Entsprechendes gilt, wenn der Handelsvertreter die Kundenliste nachvertraglich nicht in der Branche des Unternehmers einsetzen will.[45] Selbst bei branchenspezifischer Nutzung einer Kundenliste, bei der die Liste hinsichtlich „aktiver" Kunden regelmäßig der Geheimhaltung unterliegt,[46] wird dem **Betätigungsinteresse des Handelsvertreters** dann Vorrang einzuräumen sein, wenn von ihm nur Kunden angesprochen werden, die keinen dauerhaften Kontakt zum Unternehmer haben, also keine Stammkunden sind.[47] Die vorbenannten Grundsätze gelten auch dann, wenn der Handelsvertreter die Kunden für den Unternehmer neu geworben hat.[48] Dies gehört zu seinen Aufgaben. Auch neu geworbene Kunden

[36] Vgl. auch Hopt/Hopt Rn. 4; Heymann/Froitzheim Rn. 18; MüKoHGB/Ströbl Rn. 21.

[37] Ebenroth/Boujong/Semmler Rn. 17; MüKoHGB/Ströbl Rn. 21.

[38] Vgl. Begr. RegE zum Gesetz zur Änderung des HGB (Recht der Handelsvertreter), BT-Drs. 1/3856, 9, 37.

[39] Ebenroth/Boujong/Semmler Rn. 16; MüKoHGB/Ströbl Rn. 22; vgl. auch Hopt/Hopt Rn. 7.

[40] Vgl. OLG Celle 13.11.1969, BB 1970, 227 (228); Hopt/Hopt Rn. 7.

[41] BGH 28.1.1993, ZIP 1993, 703; LG Leipzig 30.9.2005, HVR Nr. 1176; Ebenroth/Boujong/Semmler Rn. 12; Heymann/Froitzheim Rn. 10.

[42] Ebenroth/Boujong/Semmler Rn. 16.

[43] BGH 26.2.2009, NJW 2009, 1420 Rn. 19.

[44] BGH 19.12.2002, NJW-RR 2003, 833; Heymann/Froitzheim Rn. 13; Hopt/Hopt Rn. 7; MüKoHGB/Ströbl Rn. 24; vgl. auch Ebenroth/Boujong/Semmler Rn. 11.

[45] Hopt/Hopt Rn. 7.

[46] BGH 28.1.1993, ZIP 1993, 703 (705); OLG Koblenz 24.7.1986, NJW-RR 1987, 95 (97); Ebenroth/Boujong/Semmler Rn. 9.

[47] BGH 14.1.1999, BB 1999, 1452; 28.1.1993, NJW 1993, 1786; Heymann/Froitzheim Rn. 14; undeutlich Hopt/Hopt Rn. 7.

[48] BGH 26.2.2009, NJW 2009, 1420 Rn. 17; OLG Koblenz 24.7.1986, NJW-RR 1987, 95 (98); MüKoHGB/Ströbl Rn. 25; **aA** Ebenroth/Boujong/Semmler Rn. 10.

sind Kunden des Unternehmers, sodass es auf die Geheimhaltungspflicht nach § 90 ohne Einfluss ist, ob der ausgeschiedene Handelsvertreter eine Ausgleichszahlung nach § 89b erhalten hat.[49] Genutzt werden dürfen freilich nur Kundenlisten, zu denen der Handelsvertreter rechtmäßig noch Zugang hat.[50] Das gilt nicht für private Abschriften, die unter Verstoß gegen die Interessenwahrungspflicht angefertigt wurden.[51] Entsprechendes muss für Kunden gelten, die der Handelsvertreter aufgrund seiner Tätigkeit zufällig im Gedächtnis behalten hat.[52]

2. Verletzungsfolgen. a) Allgemeines. Die Vorschrift des § 90 spricht eine Verpflichtung des Handelsvertreters zur nachvertraglichen Geheimhaltung aus, ist aber selbst keine Anspruchsgrundlage für den Fall, dass der Handelsvertreter seine Verschwiegenheitspflicht verletzt.[53] Die Norm enthält nämlich diesbezüglich keine Rechtsfolgen. Daher sind die **allgemeinen Vorschriften** heranzuziehen. 15

b) Unterlassung und Beseitigung. Da es sich bei § 90 um ein Schutzgesetz iSv § 823 Abs. 2 BGB handelt,[54] kann der Handelsvertreter vom Unternehmer **analog § 1004 BGB** auf Unterlassung in Anspruch genommen werden, wenn der Handelsvertreter gegen seine Verschwiegenheitspflicht verstößt oder ein Verstoß gegen diese Pflichten droht. Daneben kann analog § 1004 BGB beispielsweise auch die Beseitigung von Unterlagen und Datenträgern verlangt werden, in denen Geschäfts- und Betriebsgeheimnisse aufgezeichnet bzw. verkörpert sind. Handelt der Handelsvertreter zu Zwecken des Wettbewerbs, so liegt in dem Verstoß gegen § 90 zugleich ein Verstoß gegen **§§ 3, 3a UWG,** da es sich bei § 90 um eine Vorschrift handelt, die das Marktverhalten regelt. Daher können Beseitigungs- und Unterlassungsansprüchen von den nach § 8 Abs. 3 UWG aktiv legitimierten Personen ggf. auch auf **§ 8 Abs. 1 UWG** gestützt werden. 16

c) Schadensersatz. Die Verletzung der Verschwiegenheitspflicht durch den Handelsvertreter ist eine Pflichtverletzung, die einen Schadensersatzanspruch des Unternehmers gem. **§ 280 Abs. 1 BGB** auslösen kann. Denkbar ist darüber hinaus auch eine Schadensersatzverpflichtung des Handelsvertreters aus **§ 823 Abs. 1 BGB** (Recht am eingerichteten und ausgeübten Gewerbebetrieb), **§ 823 Abs. 2 BGB iVm §§ 90, 826 BGB** und aus **§§ 3, 3a UWG iVm § 9 S. 1 UWG.** Ein Schadensersatzanspruch aus § 823 Abs. 2 BGB iVm § 17 Abs. 1 UWG aF scheiterte daran, dass der Handelsvertreter nicht in einem Anstellungsverhältnis zum Unternehmer steht.[55] Anders liegt es im Falle des **§ 4 GeschGehG iVm § 10 GeschGehG** (vgl. auch § 17 Abs. 2 UWG aF); danach ist allerdings der Einsatz unlauterer Mittel zur Erlangung des Geschäftsgeheimnisses erforderlich.[56] Unter Umständen sind gem. § 840 BGB auch **Schadensersatzansprüche gegen Dritte** denkbar, sofern diese den deliktisch handelnden Handelsvertreter zum Geheimnisverrat angestiftet oder ihm dabei Beihilfe geleistet haben.[57] Schließlich können Dritte im Hinblick auf den Bruch der Verschwiegenheitspflicht auch selbst deliktisch handeln oder gem. §§ 3, 4 Nr. 4 UWG iVm § 9 S. 1 UWG bzw. gem. § 4 GeschGehG iVm § 10 GeschGehG dem Unternehmer zum Schadensersatz verpflichtet sein. Die unzulässige Aufzeichnung und Zurückbehaltung von Kundenanschriften kann zusätzlich durch eine **Vertragsstrafe** abgesichert werden.[58] 17

d) Gewinnherausgabe. Einen durch die Verletzung der Verschwiegenheitspflicht erzielten Gewinn hat der Handelsvertreter unter den Voraussetzungen der § 667 BGB, § 687 Abs. 2 BGB an den Unternehmer herauszugeben.[59] 18

3. Beweislast. Die Beweislast für das Vorliegen der Voraussetzungen von § 90 trägt nach allgemeinen Grundsätzen derjenige, der Rechte aus der Vorschrift geltend macht. Der **Unternehmer** hat 19

[49] Hopt/Hopt Rn. 7; MüKoHGB/Ströbl Rn. 25.

[50] Vgl. BGH 26.2.2009, NJW 2009, 1420 Rn. 15.

[51] BGH 19.12.2002, NJW-RR 2003, 833; 26.2.2009, NJW 2009, 1420 Rn. 15; OLG Brandenburg 8.9.1998, HVR Nr. 939; Ebenroth/Boujong/Semmler Rn. 14.

[52] Ebenroth/Boujong/Semmler Rn. 14; **aA** BGH 26.9.2009, NJW 2009, 1420 Rn. 15; Hopt/Hopt Rn. 7; Heymann/Froitzheim Rn. 12; MüKoHGB/Ströbl Rn. 24; zu § 1 UWG aF auch BGH 14.1.1999, BB 1999, 1452; OLG Düsseldorf 28.3.2003, OLGR 2003, 252 (259).

[53] Im Ergebnis auch Ebenroth/Boujong/Semmler Rn. 18; **aA** MüKoHGB/Ströbl Rn. 27 zum Unterlassungsanspruch.

[54] Ebenso Ebenroth/Boujong/Semmler Rn. 18.

[55] Zur Anwendbarkeit auf Angestellte iSv § 84 Abs. 2 RG 3.5.1927, JW 1927, 2378.

[56] Vgl. zu § 17 Abs. 2 UWG aF BGH 19.12.2002, NJW-RR 2003, 833 (834); 14.1.1999, NJW-RR 1999, 1131 (1132); RG 3.5.1927, JW 1927, 2378; OLG Naumburg 8.7.2004, HVR 2004 Nr. 1132; OLG Saarbrücken 24.7.2002, HVR 2002 Nr. 1057.

[57] Vgl. auch MüKoHGB/Ströbl Rn. 30.

[58] BGH 28.1.1993, NJW 1993, 1786 (1787); Heymann/Froitzheim Rn. 19.

[59] Hopt/Hopt Rn. 8; MüKoHGB/Ströbl Rn. 29.

also insbesondere den Beweis anzutreten, dass es sich um Geschäfts- und Betriebsgeheimnisse handelt und dass diese dem Handelsvertreter anvertraut oder durch seine Tätigkeit für den Unternehmer bekanntgeworden sind.[60] Den **Anspruchsgegner,** in der Regel also den Handelsvertreter, ggf. auch einen Dritten, trifft die Beweislast dafür, dass der Unternehmer auf die Geheimhaltung verzichtet hat oder dass es sich um offenkundige Tatsachen handelt.[61] Dabei können auch die Grundsätze des Anscheinsbeweises herangezogen werden.[62]

IV. Abweichende Vereinbarungen

20 Die Vorschrift des § 90 hat keinen zwingenden Charakter. Es sind daher abweichende Vereinbarungen der Parteien zulässig. Die nachvertragliche Verschwiegenheitspflicht des Handelsvertreters kann mithin ausgeschlossen oder beschränkt, aber auch erweitert werden.[63] Dies kann jedenfalls **individualvertraglich** geschehen, solange die Grenze der Sittenwidrigkeit (§ 138 Abs. 1 BGB) nicht überschritten ist. Bei Erweiterungen der Verschwiegenheitspflicht kann das relevant werden. Wird eine über die gesetzliche Regelung hinausgehende Verschwiegenheitspflicht vereinbart, liegt regelmäßig zugleich eine nachvertragliche Wettbewerbsvereinbarung iSv § 90a vor, die bei Vorliegen der entsprechenden Voraussetzungen einen gesetzlichen Anspruch auf Entschädigung begründet.

21 Erweiterungen der Verschwiegenheitspflicht können durch **AGB** nicht ohne weiteres vereinbart werden, da darin eine unangemessene Benachteiligung des Handelsvertreters iSv § 307 Abs. 1 iVm Abs. 2 Nr. 1 BGB zu sehen ist.[64] Es muss daher jedenfalls ein besonderes, rechtlich beachtenswertes Interesse des Unternehmers an einer derartigen Kundenschutzklausel bestehen.[65] Erweiterungen der Verschwiegenheitspflicht, die dazu führen, dass dem Handelsvertreter die Nutzung von Geschäfts- und Betriebsgeheimnissen des Unternehmers generell untersagt wird, halten der Inhaltskontrolle von vornherein nicht stand, da sie von wesentlichen Grundgedanken des § 90 abweichen.[66] Die in § 90 enthaltene Härteklausel zeigt, dass ein schützenswertes Interesse des Handelsvertreters an bestimmten Geschäfts- und Betriebsgeheimnissen und deren Nutzung besteht.

V. Andere Absatzmittler

22 Die nachvertragliche Geheimhaltung von Geschäfts- und Betriebsgeheimnissen spielt in ähnlicher Weise auch bei anderen Absatzmittlungsverhältnissen eine Rolle, die mit einer Interessenwahrungspflicht des Absatzmittlers gegenüber dem anderen Vertragsteil einher gehen. Aus diesem Grunde ist die Vorschrift des § 90 auf **Vertragshändler,**[67] **Kommissionsagenten**[68] und **Subordinations-Franchisenehmer**[69] entsprechend anzuwenden.

§ 90a [Wettbewerbsabrede]

(1) [1]Eine Vereinbarung, die den Handelsvertreter nach Beendigung des Vertragsverhältnisses in seiner gewerblichen Tätigkeit beschränkt (Wettbewerbsabrede), bedarf der Schriftform und der Aushändigung einer vom Unternehmer unterzeichneten, die vereinbarten Bestimmungen enthaltenden Urkunde an den Handelsvertreter. [2]Die Abrede kann nur für längstens zwei Jahre von der Beendigung des Vertragsverhältnisses an getroffen werden; sie darf sich nur auf den dem Handelsvertreter zugewiesenen Bezirk oder Kundenkreis und nur auf die Gegenstände erstrecken, hinsichtlich deren sich der Handelsvertreter um die Vermittlung oder den Abschluß von Geschäften für den Unternehmer zu bemühen hat. [3]Der Unternehmer ist verpflichtet, dem Handelsvertreter für die Dauer der Wettbewerbsbeschränkung eine angemessene Entschädigung zu zahlen.

[60] Mautz/Löblich MDR 2000, 67 (71 f.); Ebenroth/Boujong/Semmler Rn. 21; MüKoHGB/Ströbl Rn. 15.
[61] Ebenroth/Boujong/Semmler Rn. 21; MüKoHGB/Ströbl Rn. 15.
[62] Ebenroth/Boujong/Semmler Rn. 21.
[63] MüKoHGB/Ströbl Rn. 32.
[64] Vgl. auch LG Leipzig 30.9.2005, HVR Nr. 1176; Ebenroth/Boujong/Semmler Rn. 20.
[65] BGH 28.1.1993, ZIP 1993, 703 (704); OLG Koblenz 24.7.1986, NJW-RR 1987, 95; Preis/Stoffels ZHR 160 (1996), 442 (458); Ebenroth/Boujong/Semmler Rn. 12; **aA** OLG Naumburg 8.7.2004, HVR Nr. 1132.
[66] Ebenso BeckOK HGB/Lehmann, 48. Ed. 1.10.2025, Rn. 15; MüKoHGB/Ströbl Rn. 32; vgl. auch Hopt/Hopt Rn. 7.
[67] Ulmer, Der Vertragshändler, 1969, 397 mit Fn. 14; Ebenroth/Boujong/Semmler Rn. 15; MüKoHGB/Ströbl Rn. 6.
[68] Ebenroth/Boujong/Semmler Rn. 15; MüKoHGB/Ströbl Rn. 6; Staub/Koller § 383 Rn. 38.
[69] Vgl. auch Ebenroth/Boujong/Semmler Rn. 15; NK-HGB/Prasse Anh. FranchiseR Rn. 61; MüKoHGB/Ströbl Rn. 6 (jeweils ohne Begrenzung auf Subordinations-Franchising).

(2) Der Unternehmer kann bis zum Ende des Vertragsverhältnisses schriftlich auf die Wettbewerbsbeschränkung mit der Wirkung verzichten, daß er mit dem Ablauf von sechs Monaten seit der Erklärung von der Verpflichtung zur Zahlung der Entschädigung frei wird.

(3) Kündigt ein Teil das Vertragsverhältnis aus wichtigem Grund wegen schuldhaften Verhaltens des anderen Teils, kann er sich durch schriftliche Erklärung binnen einem Monat nach der Kündigung von der Wettbewerbsabrede lossagen.

(4) Abweichende für den Handelsvertreter nachteilige Vereinbarungen können nicht getroffen werden.

Schrifttum: Dück, Zivil- und kartellrechtliche Grenzen eines nachvertraglichen Wettbewerbsverbots für Handelsvertreter, NJW 2016, 368; Gallus, Wettbewerbsbeschränkungen im Recht des Handelsvertreters, 1971; Köhler, Nachvertragliche Wettbewerbsverbote für Absatzmittler: Zivilrechtliche und kartellrechtliche Schranken, FS Rittner, 1991, 265; Ordemann, Die Entschädigung des Handelsvertreters für Wettbewerbsbeschränkungen (§ 90a HGB), BB 1965, 932; Scriba/Liesegang, E-Signing im Rahmen von Vertriebssystemen, ZVertriebsR 2021, 348; Weber, Das Verhältnis von Ausgleichs- und Entschädigungsanspruch im Handelsvertreterrecht, BB 1961, 1220.

Übersicht

I. Allgemeines

1 **1. Normzweck.** Der Handelsvertreter ist dem Unternehmer zwar während der Dauer des Handelsvertreterverhältnisses zur Interessenwahrung verpflichtet, sodass er ohne Zustimmung des Unternehmers insbesondere nicht für einen konkurrierenden Unternehmer tätig werden darf. Dabei handelt es sich naturgemäß um eine Pflicht, die nicht über das Vertragsende hinaus besteht.[1] Der Handelsvertreter hat vielmehr ein evidentes Interesse daran, sein weiteres berufliches Fortkommen *nach Beendigung der Tätigkeit für* den Unternehmer autonom planen zu können. Auf der anderen Seite ist nicht zu verkennen, dass die Durchführung des Handelsvertretervertrages zu einer mehr oder weniger starken Integration des Handelsvertreters in die Absatzorganisation des Unternehmers und damit zu einem **symbiotischen Zusammenwirken der Parteien** führt. Der Handelsvertreter erlangt durch seine Tätigkeit einen umfangreichen Einblick in den Geschäftsbetrieb des Unternehmers, der es ihm ermöglicht, die erlangten Kenntnisse nach Vertragsende durch Aufnahme einer

[1] Vgl. BGH 3.12.2015, NJW 2016, 401 Rn. 28; 28.1.1993, NJW 1993, 1786 (1786 f.); 5.10.1979, BB 1980, 12 (13) = NJW 1980, 286; 6.11.1963, NJW 1964, 351; OLG Celle 27.11.1964, VersR 1965, 235.

konkurrierenden Tätigkeit zu Lasten des bisherigen Unternehmers auszunutzen. Das gleichsam natürliche **Interesse des Unternehmers** ist es daher, eine **Konkurrenztätigkeit des Handelsvertreters** auch für den Zeitraum nach Vertragsende **zu unterbinden.**

2 Aufgabe des Gesetzgebers ist es insoweit, die gegenläufigen Interessen der Beteiligten zum Ausgleich zu bringen. Dies ist durch § 90a geschehen. Die Vorschrift steht im Regelungszusammenhang mit § 90, der die nachvertragliche Verschwiegenheitspflicht des Handelsvertreters regelt. Mit § 90a erkennt der Gesetzgeber das Interesse des Unternehmers an einem nachvertraglichen Wettbewerbsverbot an, macht diesbezügliche Abreden zwischen Unternehmer und Handelsvertreter aber von der Einhaltung bestimmter Bedingungen und der Zahlung einer Entschädigung an den Handelsvertreter abhängig. Sinn und Zweck der Vorschrift ist demgemäß der **Schutz des Handelsvertreters.** Er soll durch inhaltliche und zeitliche Beschränkungen der Wettbewerbsabreden **vor einer übermäßigen Beschränkung seiner wettbewerblichen Bewegungsfreiheit** bewahrt werden, jedenfalls aber im Hinblick auf hinzunehmende Beschränkungen einen Anspruch auf Entschädigung haben, um seinen Lebensbedarf für die Dauer der Wettbewerbsbeschränkung sichern zu können.[2] Mit der Anordnung des Schriftformgebots für Wettbewerbsabreden soll zugleich verhindert werden, dass sich der Handelsvertreter bei Abschluss des Handelsvertretervertrages aufgrund der wirtschaftlichen Überlegenheit des Unternehmers unüberlegt nachvertragliche Wettbewerbsverbote aufzwingen lässt.[3]

3 **2. Normgenese.** Die Vorschrift des § 90a ist durch die **HGB-Novelle 1953** in das Handelsvertreterrecht inkorporiert worden.[4] In der ursprünglich in Kraft getretenen Fassung des HGB gab es keine explizite Regelung zu nachvertraglichen Wettbewerbsverboten. Gleichwohl war angesichts der bei → Rn. 1 geschilderten Interessenlage anerkannt, dass derartige Wettbewerbsverbote in den Grenzen des § 138 BGB zulässig sind. Angesichts der weiter reichenden Schutzbedürftigkeit des Handelsvertreters sah sich der Gesetzgeber jedoch zu einer gesetzlichen Regelung veranlasst. Dabei hat er sich gegen das österreichische Modell entschieden (vgl. § 26 öHAG), das ein generelles Verbot von Wettbewerbsabreden vorsieht. Die Vorschrift des § 90a orientiert sich vielmehr am Schweizer Recht,[5] das Wettbewerbsverbote ebenfalls nur unter bestimmten Bedingungen und bei Beachtung der Schriftform anerkennt (vgl. § 21 schweiz. CDHE). Diese Regelungskonzeption lag bezogen auf Schriftform und Entschädigungspflicht auch schon § 22 des Akademie-Entwurfs eines Handelsvertretergesetzes aus dem Jahre 1940 zugrunde.[6] Inhaltliche Parallelen bestehen zwischen § 90a und dem für Handlungsgehilfen geltenden Wettbewerbsverbot (vgl. §§ 74 ff.), ohne dass die Vorschriften deckungsgleich sind. Dies verbietet sich schon aufgrund der unterschiedlichen Interessenlagen. Das Unionsrecht enthält in Art. 20 **RL 86/653/EWG** eine Vorschrift über Wettbewerbsabreden. Aufgrund der dortigen Vorgaben hat der deutsche Gesetzgeber § 90a durch die in Abs. 1 S. 2 Hs. 2 bezeichneten zusätzlichen Beschränkungen ergänzt (vgl. Art. 20 Abs. 2 lit. b RL 86/653/EWG). Im Übrigen wurde die vom BVerfG[7] für verfassungswidrig erachtete Vorschrift des Abs. 2 S. 2 (→ Rn. 31) durch Art. 3 Nr. 22a HRRefG[8] gestrichen und Abs. 3 durch Art. 3 Nr. 22b HRRefG neu gefasst. Darüber hinaus war eine Anpassung des deutschen Rechts an die RL 86/653/EWG nicht erforderlich.

4 **3. Anwendungsbereich.** Nach dem Wortlaut der Vorschrift gilt § 90a für alle Handelsvertreter, unabhängig von der Rechtsform, also auch für Juristische Personen. Der **persönliche Anwendungsbereich** der Norm ist also nicht auf natürliche Personen beschränkt.[9] Das wirtschaftliche Ungleichgewicht, das § 90a ausgleichen soll, besteht nämlich unabhängig davon, ob die Absatzmittlertätigkeit durch eine natürliche oder juristische Person erfolgt. Der **räumliche Anwendungsbereich** von § 90a erstreckt sich auch auf Auslandsvertreter iSv § 92c,[10] soweit nichts anderes vereinbart

[2] Vgl. Begr. RegE Gesetz zur Änderung des HGB (Recht der Handelsvertreter), BT-Drs. 1/3856, 9, 37 f.; BGH 19.12.1974, BGHZ 63, 353 (355) = NJW 1975, 388 (389); 16.11.1972, BGHZ 59, 387 (390) = NJW 1973, 144 f.

[3] Begr. RegE Gesetz zur Änderung des HGB (Recht der Handelsvertreter), BT-Drs. 1/3856, 9, 37; BGH 25.12.2012, BGHZ 195, 107 Rn. 28 = NJW 2013, 2027; 5.12.1968, BGHZ 51, 184 (187) = NJW 1969, 504.

[4] Art. 1 Gesetz zur Änderung des Handelsgesetzbuchs (Recht der Handelsvertreter) vom 6.8.1953, BGBl. 1953 I 771.

[5] Vgl. Begr. RegE Gesetz zur Änderung des HGB (Recht der Handelsvertreter), BT-Drs. 1/3856, 9, 37.

[6] Dazu Nipperdey/Dietz, Entwurf eines Handelsvertretergesetzes, in Arbeitsberichte der Akademie für Deutsches Recht, Nr. 17, 1940, 19, 137 ff.

[7] Vgl. BVerfG 7.2.1990, BVerfGE 81, 242 (260 ff.) = NJW 1990, 1469 (1471 f.).

[8] Gesetz zur Neuregelung des Kaufmanns- und Firmenrechts und zur Änderung anderer handels- und gesellschaftsrechtlicher Vorschriften (Handelsrechtsreformgesetz) vom 22.6.1998, BGBl. 1998 I 1474.

[9] Vgl. OLG München 22.1.1997, BB 1997, 1015 (1016); Heymann/Froitzheim Rn. 4; MüKoHGB/Ströbl Rn. 6.

[10] Heymann/Froitzheim Rn. 4; **aA** Ebenroth/Boujong/Semmler Rn. 3.

ist (§ 92c Abs. 1). Dies bedeutet, dass das Abweichungsverbot des Abs. 4 nicht beachtet zu werden braucht. Geregelt werden von § 90a im Übrigen nur Wettbewerbsverbote, die den Zeitraum nach Vertragsbeendigung betreffen. Dieser **zeitliche Anwendungsbereich** der Vorschrift ist zu unterscheiden von der Frage, wann die Wettbewerbsabrede getroffen werden muss, um von § 90a erfasst zu werden (→ Rn. 15).

4. Verhältnis zu anderen Vorschriften. a) Recht der Handlungsgehilfen (§§ 74–75 f.). Wie in → Rn. 3 ausgeführt, bestehen zwischen § 90a und den für Handlungsgehilfen geltenden Regeln zum nachvertraglichen Wettbewerbsverbot (§§ 74 ff.) gewisse Parallelen. Es gibt allerdings keinen Gleichlauf der Regelungen. Dieser verbietet sich schon angesichts des unterschiedlichen Regelungsgegenstands.[11] Der **Handlungsgehilfe** ist als Angestellter des Unternehmers von vornherein **schutzwürdiger** als der selbstständig tätige Handelsvertreter. Daher können Auslegungsergebnisse, die zu §§ 74 ff. gewonnen werden, entweder überhaupt nicht oder nur mit großer Zurückhaltung, nämlich unter Beachtung des abweichenden Schutzkonzepts auf § 90a übertragen werden.[12] **Nicht übertragbar** sind beispielsweise die Entschädigung nach Mindestsätzen (§ 74 Abs. 2),[13] die Prüfung des Wettbewerbsverbots auf ein berechtigtes geschäftliches Interesse des Unternehmers und auf unbillige Erschwerung des Fortkommens des Gebundenen (§ 74a Abs. 1, S. 1, 2),[14] das Verbot der Wettbewerbsabrede bei Minderjährigkeit,[15] unter Ehrenwort oder zu Lasten Dritter (§ 74a Abs. 2),[16] der Vorbehalt zugunsten von § 138 BGB (§ 74a Abs. 3),[17] die Anrechnung anderen Erwerbs auf die Karenzentschädigung (§ 74c Abs. 1 S. 1),[18] die Einschränkung der Wettbewerbsabrede nach Vertragskündigung durch den Unternehmer (§ 75 Abs. 2)[19] oder das Verbot der Erweiterung der Vertragsstrafefolgen (§ 75c Abs. 1).[20] Bei Verletzung des Wettbewerbsverbots ist der Handelsvertreter nicht analog § 61 zur Herausgabe des Verdienstes verpflichtet.[21] Es verbietet sich demgemäß auch eine mittelbare Gleichstellung des Handelsvertreters durch Anwendung der §§ 138, 242 BGB (→ Rn. 16).[22] Angeknüpft werden kann bei der Auslegung von § 90a allenfalls an solche Bestimmungen, die in §§ 74 ff. eine offensichtlich **ähnliche Regelung** erfahren haben,[23] wie die Legaldefinition des „Wettbewerbsverbots" in § 74 Abs. 1 (in Parallele zur Wettbewerbsabrede nach § 90a Abs. 1), das Schriftformgebot (§ 74 Abs. 1), die zweijährige Höchstdauer der Beschränkung (§ 74a Abs. 1 S. 3) oder das Lossagungsrecht des Verpflichteten, der außerordentlich kündigt (§ 75 Abs. 1).[24] Es bleibt freilich dabei, dass das unterschiedliche Regelungsumfeld der Vorschriften nicht zu einer unbesehenen Übernahme von Auslegungsergebnissen führen darf.[25] 5

b) Kartellrecht. Die Wettbewerbsabrede erfüllt bei unbefangener Betrachtung den **Tatbestand des Kartellverbots** (§ 1 GWB; bei Binnenmarktbezug auch Art. 101 AEUV). Auf der anderen Seite steht die Wettbewerbsabrede im Zusammenhang mit dem Handelsvertreterverhältnis, sodass zu überlegen ist, ob sie dem Rechtsinstitut gleichsam immanent ist. Aus diesem Grunde wäre es denkbar, solche Wettbewerbsabreden, welche die Grenzen des § 90a einhalten, nicht dem Kartellverbot zu unterstellen,[26] Der Sache nach ist eine derartige teleologische Reduktion des Kartellverbots allerdings nur dann erforderlich und geboten, wenn nur so die Anwendungsbereiche des Sonderprivatrechts (§ 90a) und des Kartellrechts sinnvoll gegeneinander abgegrenzt werden können. um auf diese Weise den Handelsvertretervertrag als Privatrechtsinstitution zu sichern (zu Einzelheiten → § 84 Rn. 83 ff.). 6

[11] Vgl. auch BGH 19.12.1974, BGHZ 63, 353 (355) = NJW 1975, 388 (389).
[12] Vgl. auch MüKoHGB/Ströbl Rn. 9.
[13] OLG Nürnberg 23.9.1960, BB 1960, 1261; Hopt/Hopt Rn. 9; Heymann/Froitzheim Rn. 6; MüKoHGB/Ströbl Rn. 10.
[14] Hopt/Hopt Rn. 9; Heymann/Froitzheim Rn. 6; MüKoHGB/Ströbl Rn. 10; **aA** LAG Baden-Württemberg 27.5.1965, DB 1966, 907; Staub/Emde Rn. 4.
[15] BAG 20.4.1964, NJW 1964, 1641 f.; Küstner/Thume VertriebsR-HdB I/Schröder X Rn. 58; Heymann/Froitzheim Rn. 6; **aA** LAG Baden-Württemberg 28.3.1963, BB 1963, 1193 (1194).
[16] Hopt/Hopt Rn. 9; MüKoHGB/Ströbl Rn. 10.
[17] Hopt/Hopt Rn. 9.
[18] BGH 19.12.1974, BGHZ 63, 353 (355) = NJW 1975, 388 (389); 19.12.1974, BB 1975, 197 f. = NJW 1975, 388; Hopt/Hopt Rn. 9; Heymann/Froitzheim Rn. 6; MüKoHGB/Ströbl Rn. 10.
[19] Hopt/Hopt Rn. 9.
[20] Hopt/Hopt Rn. 9.
[21] BGH 23.1.1964, NJW 1964, 817 f.; Heymann/Froitzheim Rn. 6.
[22] Hopt/Hopt Rn. 9.
[23] Ähnlich MüKoHGB/Ströbl Rn. 9.
[24] Vgl. auch Hopt/Hopt Rn. 8.
[25] Weniger zurückhaltend offenbar Hopt/Hopt Rn. 8.
[26] Vgl. BGH 3.5.1988, WuW/E BGH 2505, 2507 f. = NJW 1988, 2737 – neuform-Bereich, zum Gesellschaftsrecht; Köhler FS Rittner, 1991, 265 (280 f.); Heymann/Froitzheim Rn. 6.

II. Wettbewerbsabrede

7 **1. Allgemeines.** Die Vorschrift des § 90a setzt die Vereinbarung einer nachvertraglichen Wettbewerbsabrede (→ Rn. 8 ff.) voraus, die der Schriftform (→ Rn. 17) und der Aushändigung einer entsprechenden Urkunde (→ Rn. 18) an den Handelsvertreter bedarf (Abs. 1 S. 1). Außerdem kann die Vereinbarung wirksam nur mit einem bestimmten Inhalt und längstens für die Dauer von zwei Jahren von Beendigung des Handelsvertreterverhältnisses an geschlossen werden (Abs. 1 S. 2; → Rn. 9 ff., → Rn. 13).

8 **2. Begriff.** Nach der Legaldefinition in Abs. 1 S. 1 handelt es sich bei einer Wettbewerbsabrede um eine Vereinbarung, die den Handelsvertreter nach Beendigung des Vertragsverhältnisses in seiner gewerblichen Tätigkeit beschränkt. Die Tätigkeit muss nach dem Begriffsinhalt („Wettbewerbsabrede") in einem Wettbewerbsverhältnis (→ § 86 Rn. 25) zum bisherigen Unternehmer ausgeübt werden;[27] das bestätigt Abs. 1 S. 2 Hs. 2 (→ Rn. 9 f.). Eine **Beschränkung** liegt nach dem Wortsinn bereits vor, wenn die gewerbliche Entfaltung des Handelsvertreters in irgendeiner Weise beeinträchtigt wird, soweit diese wirtschaftlich nicht völlig irrelevant ist.[28] Die nachvertragliche Tätigkeit muss durch die Wettbewerbsabrede daher nicht vollständig unterbunden werden. Im Gegenteil kann vereinbart werden, dass das Wettbewerbsverbot nur unter bestimmten Voraussetzungen eingreift, beispielsweise wenn der Handelsvertreter einen wichtigen Grund für die Beendigung des Handelsvertreterverhältnisses gegeben hat.[29] Im Übrigen ist es nicht erforderlich, dass die Wettbewerbsabrede dem **Schutz berechtigter geschäftlicher Interessen** des Unternehmers dient;[30] eine analoge Anwendung von § 74a Abs. 1 S. 1 und 2 kommt nicht in Betracht. Es ist überdies unerheblich, ob der Handelsvertreter sich weiterhin als Handelsvertreter (für einen anderen Unternehmer) betätigt oder aber selbst als Unternehmer tätig wird.[31] Darüber hinaus fällt auch eine Betätigung als Organ oder Gesellschafter einer Handelsgesellschaft[32] oder als unselbstständiger Vertreter (Arbeitnehmer)[33] unter das Wettbewerbsverbot. Eine gewerbliche Tätigkeit liegt nach Sinn und Zweck der Vorschrift nämlich auch dann vor, wenn sie für einen anderen ausgeübt wird.[34] Die Vorschrift entspricht sinngemäß der Regelung in § 74. Dort bezieht sich die Legaldefinition freilich auf den Begriff „Wettbewerbsverbot" und nicht auf den Begriff „Wettbewerbsabrede". In beiden Fällen handelt es sich um einen Rechtsbegriff. Nicht jede tatsächliche Beschränkung der Tätigkeit führt notwendig zu einer Beschränkung **im Rechtssinne.** Deshalb folgt aus einer nachvertraglichen Pflicht zur Verschwiegenheit iSv § 90 zwar eine tatsächliche Beschränkung der Tätigkeit des Handelsvertreters; eine relevante Wettbewerbsabrede iSv § 90a liegt aber nur vor, wenn die zulässigen Grenzen des § 90 überschritten werden.[35]

9 **3. Inhalt. a) Gegenstand.** Wie in → Rn. 8 ausgeführt, muss sich die Wettbewerbsabrede auf eine Tätigkeit beziehen, mit welcher der Handelsvertreter nachvertraglich in Konkurrenz zum bisherigen Unternehmer tritt. Dies ergibt sich sowohl aus dem Begriffsverständnis als auch aus der gegenständlichen **Eingrenzung durch Abs. 1 S. 2 Hs. 2.** Danach darf sich die Wettbewerbsabrede nur auf den dem Handelsvertreter zugewiesenen Bezirk oder Kundenkreis und nur auf die Gegenstände erstrecken, hinsichtlich deren sich der Handelsvertreter um die Vermittlung oder den Abschluss von Geschäften für den Unternehmer zu bemühen hat. Diese Einschränkung war in der ursprünglichen Fassung von § 90a nicht enthalten. Sie geht zurück auf Art. 20 Abs. 2 lit. b RL 86/653/EWG und ist mit Wirkung zum 1.1.1990 in die Vorschrift inkorporiert worden.[36] Sinn und Zweck der Regelung ist der Schutz des Handelsvertreters vor einer übermäßigen Beschränkung seiner wirtschaftlichen Handlungsfreiheit.

---

[27] Heymann/Froitzheim Rn. 10; Staub/Emde Rn. 24.

[28] Vgl. Hopt/Hopt Rn. 12; Ebenroth/Boujong/Semmler Rn. 18; zu § 74 auch Hopt/Roth § 74 Rn. 6.

[29] Vgl. BGH 6.10.1983, BB 1984, 235 (236 f.); OLG Düsseldorf 15.2.1962, BB 1962, 731; Ebenroth/Boujong/Semmler Rn. 61.

[30] MüKoHGB/Ströbl Rn. 31; **aA** BezG Dresden 9.7.1991, DB 1991, 1620; Ebenroth/Boujong/Semmler Rn. 20; Staub/Emde Rn. 24.

[31] Hopt/Hopt Rn. 12; Ebenroth/Boujong/Semmler Rn. 18; Heymann/Froitzheim Rn. 10; Staub/Emde Rn. 19.

[32] BGH 4.2.1960, VersR 1960, 398; Hopt/Hopt Rn. 12; Ebenroth/Boujong/Semmler Rn. 18; Heymann/Froitzheim Rn. 10; Staub/Emde Rn. 19.

[33] Hopt/Hopt Rn. 12; Ebenroth/Boujong/Semmler Rn. 18; Heymann/Froitzheim Rn. 10; Staub/Emde Rn. 19.

[34] Vgl. MüKoHGB/Ströbl Rn. 29; Staub/Emde Rn. 19.

[35] Vgl. auch Hopt/Hopt Rn. 6.

[36] Vgl. Art. 1 Nr. 7, Art. 4 Gesetz zur Durchführung der EG-Richtlinie zur Koordinierung des Rechts der Handelsvertreter vom 23.10.1989, BGBl. 1989 I 1910.

Der zulässige Inhalt der Wettbewerbsabrede ist damit gegenständlich in mehrfacher Hinsicht begrenzt: Die Abrede darf sich einerseits nur auf die **Erzeugnisse** und **Dienstleistungen** beziehen, die Gegenstand der bisherigen Absatzmittlertätigkeit des Handelsvertreters waren.[37] Bei Versicherungs- und Bausparkassenvertretern ist dies die Sparte, in der Geschäftsabschlüsse vermittelt wurden.[38] Andererseits darf sie sich nur auf den **Bezirk** oder **Kundenkreis** des Handelsvertreters erstrecken, falls für die Tätigkeit des Handelsvertreters eine entsprechende Zuweisung iSv § 87 Abs. 2 S. 1 gegeben war.[39] Bei Versicherungs- und Bausparkassenvertretern, für die § 87 Abs. 2 nicht gilt (vgl. § 92 Abs. 3 S. 2, Abs. 5), ist die räumliche Reichweite des Wettbewerbsverbots zur Vermeidung unbilliger Behinderungen ggf. nach §§ 138, 242 BGB einzuschränken.[40] 10

Schwierigkeiten bei der räumlichen Abgrenzung des Wettbewerbsverbots können entstehen, wenn der Handelsvertreter im ständigen Wechsel in unterschiedlichen Bezirken oder für jeweils andere Kundenkreise eingesetzt war **(Rotationssystem).** Denkbar wäre, das Wettbewerbsverbot in diesem Fall nur auf den Bezirk oder die Bezirke zu beziehen, die der Handelsvertreter in der letzten Zeit vor Vertragsbeendigung bereist hat; das wird aber nur bei entsprechender vertraglicher Vereinbarung in Betracht kommen.[41] Fehlt eine solche, erstreckt sich das Wettbewerbsverbot auf alle Gebiete, in denen der Handelsvertreter für den Unternehmer tätig war, da sich der Handelsvertreter dort überall Kundenkontakte, Kenntnisse und sonstige Vorteile verschaffen konnte.[42] 11

Eine Regelung zu der nach Abs. 1 S. 3 zu zahlenden **Karenzentschädigung** (→ Rn. 21 ff.) ist für die Wirksamkeit der Wettbewerbsabrede nicht erforderlich,[43] und zwar weder dem Grunde nach noch in Bezug auf die Höhe der Entschädigung. Insoweit unterscheidet sich die Rechtslage von derjenigen bei Handlungsgehilfen (vgl. § 74 Abs. 2). Der Handelsvertreter ist weniger schutzwürdig als der Handlungsgehilfe. Es ist daher hinnehmbar, wenn die Angemessenheit der Entschädigung iSv Abs. 1 S. 3 unter Umständen erst gerichtlich geklärt wird. Die Verpflichtung zur Zahlung einer Entschädigung ergibt sich bereits unmittelbar aus dem Gesetz[44] und bedarf auch deshalb keiner gesonderten Vereinbarung. Schließt der Unternehmer die Wettbewerbsabrede in der Annahme ab, zu einer Entschädigung nicht verpflichtet zu sein, berechtigt der Irrtum über die Rechtsfolge nicht zu einer Anfechtung nach § 119 Abs. 1 BGB.[45] Da die Entschädigungspflicht kraft Gesetzes besteht, liegt auch kein Fall des Dissenses (§§ 154, 155 BGB) vor.[46] 12

b) Dauer. Die Wettbewerbsabrede kann nach Abs. 1 S. 2 Hs. 1 nur für **längstens zwei Jahre** von der Beendigung des Handelsvertreterverhältnisses an getroffen werden. Die Regelung dient wie auch die gegenständliche Begrenzung der Wettbewerbsabrede nach Abs. 1 S. 2 Hs. 2 dem Schutz der wirtschaftlichen Handlungsfreiheit des Handelsvertreters. Vereinbarungen, die darüber hinaus gehen, sind unwirksam; es gilt dann die gesetzliche Höchstfrist (→ Rn. 42).[47] Fehlt eine vertragliche Bestimmung über die Dauer des Wettbewerbsverbots, ist diese im Wege ergänzender Vertragsauslegung zu bestimmen. Insoweit kann nicht davon ausgegangen werden, dass grundsätzlich die Zweijahresfrist gilt.[48] 13

4. Vereinbarung. Die Vorschrift des § 90a führt nicht dazu, dass das während der Vertragslaufzeit für den Handelsvertreter geltende Wettbewerbsverbot kraft Gesetzes auf den Zeitraum nach Vertragsende erstreckt wird. Eine solche Fortwirkung lässt sich regelmäßig auch nicht aus einer Auslegung 14

---

[37] Vgl. BGH 25.10.2012, BGHZ 195, 207 Rn. 25 = NJW 2013, 2027; Küstner/Thume VertriebsR-HdB I/Schröder X Rn. 63; Ebenroth/Boujong/Semmler Rn. 31; MüKoHGB/Ströbl Rn. 36; ferner BT-Drs. 11/3077, 10.

[38] Ankele DB 1989, 2211 (2213); Küstner/Thume VertriebsR-HdB I/Schröder X Rn. 63; MüKoHGB/Ströbl Rn. 36.

[39] BGH 25.10.2012, BGHZ 195, 207 Rn. 25 = NJW 2013, 2027; für Ausdehnung auf Handelsvertreter mit räumlich begrenztem Tätigkeitsbereich Küstner BB 1997, 1753 (1754); Ebenroth/Boujong/Semmler Rn. 28; MüKoHGB/Ströbl Rn. 33.

[40] Zurückhaltend Hopt/Hopt Rn. 7; **aA** Küstner BB 1997, 1753 (1754): geographischer Schwerpunkt der Tätigkeit entscheidend.

[41] Ebenroth/Boujong/Semmler Rn. 29.

[42] Küstner/Thume VertriebsR-HdB I/Schröder X Rn. 64; Ebenroth/Boujong/Semmler Rn. 29; MüKoHGB/Ströbl Rn. 35.

[43] OLG Düsseldorf 15.2.1962, BB 1962, 731; OLG Nürnberg 23.9.1960, BB 1960, 1261; Hopt/Hopt Rn. 18; Ebenroth/Boujong/Semmler Rn. 25; MüKoHGB/Ströbl Rn. 40, 58.

[44] OLG Düsseldorf 15.2.1962, BB 1962, 731; OLG Karlsruhe 28.11.1972, VersR 1973, 857 (859); OLG Nürnberg 23.9.1960, BB 1960, 1261; MüKoHGB/Ströbl Rn. 40.

[45] Hopt/Hopt Rn. 18; Ebenroth/Boujong/Semmler Rn. 21; MüKoHGB/Ströbl Rn. 40.

[46] Hopt/Hopt Rn. 18; Ebenroth/Boujong/Semmler Rn. 21; MüKoHGB/Ströbl Rn. 40.

[47] Ebenroth/Boujong/Semmler Rn. 27; Heymann/Froitzheim Rn. 12.

[48] Ebenroth/Boujong/Semmler Rn. 27; **aA** Heymann/Froitzheim Rn. 12.

des Handelsvertretervertrages gem. §§ 133, 157 BGB ableiten, sodass dem Unternehmer insoweit kein nachvertraglicher Unterlassungsanspruch gegen den Handelsvertreter zusteht.[49] Auch eine nach § 89b durchgeführte Ausgleichszahlung führt als solche nicht zu einem (konkludenten) nachvertraglichen Wettbewerbsverbot.[50] Im Einzelfall kann allerdings die Fortwirkung eines für die Vertragsdauer vereinbarten Wettbewerbsverbots über das Vertragsende hinaus gewollt sein, beispielsweise bei dem Verbot der anderweitigen Verwendung von Adressenmaterial.[51] Für eine **Fortdauer des vertraglichen Wettbewerbsverbots** müssen allerdings eindeutige Anhaltspunkte vorliegen, die auf ein inhaltlich hinreichend konkretes Wettbewerbsverbot schließen lassen.[52] Liegt kein derartiger Fall vor, bedarf es zur Begründung einer nachvertraglichen Wettbewerbsabrede einer ausdrücklichen Vereinbarung zwischen Unternehmer und Handelsvertreter. Der Handelsvertreter muss der Wettbewerbsabrede zweifelsfrei entnehmen können, was er zu unterlassen hat.[53] Unklarheiten gehen zu Lasten des Unternehmers.[54] Die Vereinbarung kann – wie regelmäßig – im Handelsvertretervertrag selbst enthalten sein, aber auch isoliert geschlossen werden. Das nachvertragliche Wettbewerbsverbot kann grundsätzlich auch durch **Formularvertrag** (AGB) vereinbart und durch die Vereinbarung einer Vertragsstrafe für den Fall der Zuwiderhandlung gegen das Wettbewerbsverbot abgesichert werden.[55]

15 Der **Zeitpunkt** einer isolierten Vereinbarung kann sowohl vor als auch nach Abschluss des Handelsvertretervertrages liegen.[56] Nach Sinn und Zweck der Norm, die den Handelsvertreter angesichts der wirtschaftlichen Übermacht des Unternehmers vor unüberlegten Entscheidungen schützen soll (→ Rn. 2), muss die Wettbewerbsabrede allerdings **vor Vertragsende** getroffen werden,[57] da der Handelsvertreter mit Vertragsende von einer etwaigen wirtschaftlichen Abhängigkeit befreit ist.[58] Aus diesem Grunde ist § 90a zwar anzuwenden, wenn die Abrede wenige Tage vor Vertragsende erfolgt[59] oder in einem Aufhebungsvertrag enthalten ist, der den Vertrag erst zu einem späteren Zeitpunkt beenden soll.[60] Nicht mehr einschlägig ist § 90a jedoch, wenn die Vereinbarung der Wettbewerbsabrede mit der Beendigung des Vertragsverhältnisses durch Aufhebungsvertrag zeitlich zusammenfällt.[61] Erst Recht nicht von § 90a erfasst werden Wettbewerbsabreden, die nach Vertragsende perfektioniert werden,[62] es sei denn, ihre Wurzel wurde bereits zu Zeiten des Vertragsverhältnisses gelegt (→ Rn. 42 aE). Nachvertragliche Wettbewerbsabreden, die nach dem zuvor Gesagten nicht als Vereinbarung iSv § 90a anzusehen sind, können frei vereinbart werden, unterliegen aber selbstverständlich den Grenzen aus §§ 134, 138, 242 BGB (→ Rn. 16).

16 Für das **Zustandekommen** der Vereinbarung gelten die allgemeinen Rechtsgeschäftsregeln.[63] Die Vereinbarung kann daher gem. §§ 106 ff. BGB von minderjährigen Handelsvertretern geschlossen werden.[64] Eine Anfechtung der Vertragserklärungen ist grundsätzlich möglich.[65] Die Vereinbarung darf, um wirksam zu sein, die Grenzen von § 138 BGB nicht überschreiten.[66] Allerdings ist für einen Rückgriff auf § 138 BGB nur in Ausnahmefällen Raum,[67] da § 90a selbst bereits eine

[49] OLG Düsseldorf 28.3.2003, HVR Nr. 1081; LG Krefeld 7.10.1987, NJW-RR 1988, 1063; Ebenroth/Boujong/Semmler Rn. 10, 15; Heymann/Froitzheim Rn. 8.

[50] BGH 21.2.1989, BB 1989, 1575 (1576) = NJW-RR 1989, 1310; Hopt/Hopt Rn. 6.

[51] LG Frankfurt 25.4.1973, HVR Nr. 475; Hopt/Hopt Rn. 13; Heymann/Froitzheim Rn. 8; vgl. auch MüKoHGB/Ströbl Rn. 22.

[52] Vgl. auch OLG Düsseldorf 28.3.2003, HVR Nr. 1081; Hopt/Hopt Rn. 13.

[53] OLG Düsseldorf 28.3.2003, HVR Nr. 1081; vgl. auch BAG 5.9.1995, ZIP 1996, 558 (560); LAG Düsseldorf 28.8.1996, BB 1997, 319.

[54] Ebenroth/Boujong/Semmler Rn. 17.

[55] Vgl. BGH 28.1.1993, ZIP 1993, 703 (705 f.); Ebenroth/Boujong/Semmler Rn. 10.

[56] BGH 24.11.1969, BGHZ 53, 89 (91) = NJW 1970, 420; Ebenroth/Boujong/Semmler Rn. 11 ff.; Heymann/Froitzheim Rn. 9.

[57] Hopt/Hopt Rn. 11; **aA** MüKoHGB/Ströbl Rn. 17.

[58] Vgl. BGH 5.12.1968, BGHZ 51, 184 (187) = NJW 1969, 504.

[59] BGH 24.11.1969, BGHZ 53, 89 (91) = NJW 1970, 420; Hopt/Hopt Rn. 11; Heymann/Froitzheim Rn. 9.

[60] BGH 24.11.1969, BGHZ 53, 89 (90 f.) = NJW 1970, 420; Ebenroth/Boujong/Semmler Rn. 11; Heymann/Froitzheim Rn. 9; MüKoHGB/Ströbl Rn. 16.

[61] BGH 24.11.1969, BGHZ 53, 89 (90) = NJW 1970, 420; 5.12.1968, BGHZ 51, 184 (188) = NJW 1969, 504 (505); Hopt/Hopt Rn. 11; Heymann/Froitzheim Rn. 9; **aA** OLG Hamburg 14.7.1967, MDR 1968, 53; OLG Köln 23.6.1996, VersR 1998, 97 (98); OLG Oldenburg 9.12.1993, HVR 1993 Nr. 994; Ebenroth/Boujong/Semmler Rn. 11; MüKoHGB/Ströbl Rn. 17 ff.

[62] BGH 5.12.1968, BGHZ 51, 184 (187) = NJW 1969, 504 f.; Ebenroth/Boujong/Semmler Rn. 14; Heymann/Froitzheim Rn. 9; **aA** Hopt/Hopt Rn. 11; MüKoHGB/Ströbl Rn. 17.

[63] Heymann/Froitzheim Rn. 8; MüKoHGB/Ströbl Rn. 21.

[64] BAG 20.4.1964, NJW 1964, 1641; Ebenroth/Boujong/Semmler Rn. 21; MüKoHGB/Ströbl Rn. 23.

[65] MüKoHGB/Ströbl Rn. 21.

[66] Näher dazu Köhler FS Rittner, 1991, 265 (270 ff.); vgl. auch LG Hamburg 24.11.1950, HVR Nr. 43.

[67] KG 26.6.1997, MDR 1997, 1041 (1042); Hopt/Hopt Rn. 7; **aA** BezG Dresden 9.7.1991, BB 1991, 2030 (2031).

Konkretisierung der guten Sitten enthält und insoweit § 138 BGB ausschnittweise abbildet.[68] Ergänzend mag die Anwendung von § 138 BGB in Betracht kommen, wenn der Absatzmittler in sittenwidriger Weise zur Eingehung der Wettbewerbsabrede veranlasst wird[69] oder wenn trotz Beachtung der Vorgaben aus Abs. 1 S. 2 eine übermäßige Knebelung des Absatzmittlers eintritt.[70] Uneingeschränkt anwendbar ist § 138 BGB bei Wettbewerbsabreden, die erst nach Vertragsende getroffen werden und daher ohnehin nicht von § 90a erfasst sind (aber → Rn. 15, → Rn. 42).

17 Die Vereinbarung einer Wettbewerbsabrede unterliegt der **Schriftform** (Abs. 1 S. 1). Erforderlich ist also eine eigenhändige Unterzeichnung der Urkunde (oder der Urkunden) durch die beiden Vertragsparteien (§ 126 BGB). Diese kann auch durch Stellvertreter erfolgen.[71] Dabei muss sich der gesamte Inhalt der Wettbewerbsabrede aus der Urkunde ergeben. Nicht ausreichend ist die Beifügung einer nicht unterzeichneten Wettbewerbsabrede als Anlage zum Handelsvertretervertrag, selbst wenn ausdrücklich auf sie Bezug genommen wird.[72] Das gilt jedenfalls bei Fehlen einer festen Verbindung zwischen Handelsvertretervertrag und Wettbewerbsabrede.[73] Dem Schriftformerfordernis genügt ebenfalls nicht ein kaufmännisches Bestätigungsschreiben, mit dem auf vorangegangene Vertragsverhandlungen Bezug genommen wird.[74] Die Schriftform kann durch die **elektronische Form (§ 126a BGB)** ersetzt werden,[75] da auch insoweit der Warnzweck des Formgebots gewahrt wird. Der Schriftform bedarf es nicht, wenn die Kündigung eines Handelsvertretervertrages vor Vertragsende einvernehmlich zurückgenommen wird.[76] Unter diesen Umständen liegt nämlich kein Neuabschluss einer Wettbewerbsabrede vor.

18 Weiteres Wirksamkeitserfordernis ist nach Abs. 1 S. 1, dass die inhaltlich vollständige Urkunde dem Handelsvertreter ausgehändigt wird. Diese muss bei Aufnahme mehrerer gleichlautender Urkunden gem. § 126 Abs. 2 S. 2 BGB mindestens vom Unternehmer unterzeichnet sein. Die **Aushändigung** erfordert die Erlangung des unmittelbaren Besitzes durch den Handelsvertreter.[77] Sie muss – wie bei der Erklärung der Annahme eines Vertrages (vgl. § 147 BGB) – nach Treu und Glauben binnen angemessener Zeit nach der Vereinbarung erfolgen, da der Handelsvertreter die Entgegennahme der Urkunde ansonsten ablehnen kann.[78] In diesem Fall kommt das Wettbewerbsverbot nicht wirksam zustande. Verweigert der Handelsvertreter die Entgegennahme der Urkunde ohne rechtfertigenden Grund, ist die Aushändigung gem. § 242 BGB als erfolgt anzusehen.[79] Bei **elektronischen Urkunden** ist es erforderlich, dass der Handelsvertreter die tatsächliche Verfügungsgewalt über den Datenbestand erhält.[80]

III. Rechtsfolgen

19 **1. Allgemeines.** Eine wirksame nachvertragliche Wettbewerbsabrede verpflichtet den Handelsvertreter zur Unterlassung von Handlungen, die gegen den Inhalt des Wettbewerbsverbots verstoßen (→ Rn. 20). Darüber hinaus ist der Unternehmer verpflichtet, dem Handelsvertreter für die Dauer der Wettbewerbsbeschränkung eine angemessene Entschädigung (sog. Karenzentschädigung) zu zahlen (Abs. 1 S. 3; → Rn. 21 ff.).

20 **2. Unterlassungspflicht.** Die Pflicht zur Unterlassung von nachvertraglichen Wettbewerbshandlungen nach § 90a beginnt, vorbehaltlich einer anderweitigen vertraglichen Regelung der Parteien, im Zeitpunkt der rechtlichen Beendigung des Handelsvertretervertrages,[81] also nicht schon in dem

---

68 Vgl. BGH 25.10.2012, BGHZ 195, 207 Rn. 36 = NJW 2013, 2027; Dück NJW 2016, 368 (370); Ebenroth/Boujong/Semmler Rn. 17; MüKoHGB/Ströbl Rn. 15; ferner BAG 2.2.1968, BB 1968, 504 zu § 74a.

69 Köhler FS Rittner, 1991, 265 (270).

70 Vgl. dazu BGH 15.3.1989, WuW/E BGH 2593, 2595 = NJW-RR 1989, 800 – Gebäudereinigung; OLG Hamm 17.11.1986, MDR 1987, 320.

71 OLG Düsseldorf 15.2.1962, BB 1962, 731; Hopt/Hopt Rn. 14; Ebenroth/Boujong/Semmler Rn. 23; Heymann/Froitzheim Rn. 13.; MüKoHGB/Ströbl Rn. 38.

72 LAG Hamm 19.10.1973, DB 1974, 1532; Hopt/Hopt Rn. 14; Heymann/Froitzheim Rn. 13.

73 Vgl. Hopt/Hopt Rn. 14; Heymann/Froitzheim Rn. 13; MüKoHGB/Ströbl Rn. 379.

74 Küstner/Thume VertriebsR-HdB I/Schröder X Rn. 50; Ebenroth/Boujong/Semmler Rn. 24; Heymann/Froitzheim Rn. 13; MüKoHGB/Ströbl Rn. 39; Staub/Emde Rn. 27.

75 Scriba/Liesegang ZVertriebsR 2021, 348 (359); Ebenroth/Boujong/Semmler Rn. 23.

76 BGH 6.10.1983, BB 1984, 235 (237) = BeckRS 1983, 30375032; Hopt/Hopt Rn. 14; Heymann/Froitzheim Rn. 13.

77 Ebenroth/Boujong/Semmler Rn. 26.

78 Hopt/Hopt Rn. 15; Heymann/Froitzheim Rn. 13; MüKoHGB/Ströbl Rn. 43 f.

79 Küstner/Thume VertriebsR-HdB I/Schröder X Rn. 52; Ebenroth/Boujong/Semmler Rn. 26; MüKoHGB/Ströbl Rn. 44.

80 Scriba/Liesegang ZVertriebsR 2021, 348 (360).

81 MüKoHGB/Ströbl Rn. 79.

Zeitpunkt einer etwaigen früheren Einstellung der Tätigkeit für den Unternehmer. Dem entsprechend ist auch für den **Beginn der Unterlassungsfrist** auf das rechtliche Vertragsende abzustellen.[82] Während der Vertragslaufzeit hat der Handelsvertreter das aus § 86 folgende Wettbewerbsverbot zu beachten (→ § 86 Rn. 24 ff.). Die Frist für das nachvertragliche Wettbewerbsverbot ist im Zusammenhang zu berechnen; eine Unterbrechung des Fristlaufs, gleich aus welchen Gründen (zB Krankheit des Handelsvertreters, Vertrieb von Saisonware), und entsprechende Verlängerung der Frist findet nicht statt.[83] Das Wettbewerbsverbot besteht unabhängig davon, ob der Handelsvertreter willens und in der Lage ist, tatsächlich eine Wettbewerbstätigkeit zu entfalten.[84]

21 **3. Entschädigung (Abs. 1 S. 3). a) Rechtsnatur.** Die in Abs. 1 S. 3 ausgesprochene Verpflichtung zur Entschädigung des Handelsvertreters (sog. **Karenzentschädigung**) hat nicht den Charakter einer Verpflichtung zum Schadensersatz.[85] Vielmehr handelt es sich um ein **Entgelt** für die Bereitschaft des Handelsvertreters, für die Dauer der Wettbewerbsabrede die darin festgehaltenen Wettbewerbshandlungen zu unterlassen.[86] Der im Gesetz gewählte Begriff der „Entschädigung" ist daher nicht glücklich gewählt.

22 **b) Art.** Eine bestimmte Art der Entschädigung wird in § 90a nicht zwingend vorgeschrieben. Denkbar ist daher außer der in der Praxis üblichen Geldleistung, auf die der Wortlaut von Abs. 1 S. 3 („zahlen") hindeutet, auch eine Zuwendung anderer Vermögenswerte.[87]

23 **c) Entstehung.** In Abs. 1 S. 3 ist alleine bestimmt, dass der Unternehmer dem Handelsvertreter eine Entschädigung zu zahlen hat. Dem kann nicht ohne weiteres entnommen werden, wann der Entschädigungsanspruch des Handelsvertreters entsteht. Der Sache nach kommt freilich nur der **Zeitpunkt der rechtlichen Beendigung des Handelsvertretervertrages** in Betracht.[88] Es kommt nicht darauf an, ob der Handelsvertreter tatsächlich in Wettbewerb zum Unternehmer treten kann oder will.[89]

24 **d) Fälligkeit.** Ebenfalls nicht ausdrücklich geregelt ist die Fälligkeit der Entschädigung. Allenfalls Abs. 2 S. 1, wonach der Unternehmer bei einem Verzicht auf die Wettbewerbsabrede nach Ablauf von sechs Monaten von der Verpflichtung zur Zahlung der Entschädigung frei wird, könnte auf eine ratenweise Zahlung hindeuten,[90] die in der Praxis verbreitet ist.[91] Eindeutig ist das jedoch nicht. Es ist daher von der allgemeinen Regel des § 271 Abs. 1 BGB auszugehen. Danach ist die Entschädigung **sofort und in einer Summe** fällig.[92] Die Parteien sind allerdings durch Abs. 3 S. 1, nicht gehindert, **abweichende Vereinbarungen** zu treffen. Diese verstoßen mangels konkreter gesetzlicher Vorgaben daher auch nicht gegen das Abweichungsverbot aus Abs. 4.[93]

25 **e) Höhe.** Eine verbindliche, der Höhe nach bestimmte Entschädigungssumme gibt Abs. 1 S. 3 nicht vor. Die Vorschrift unterscheidet sich damit von der für Handlungsgehilfen geltenden Regelung, die eine Mindestvergütung vorschreibt (vgl. § 74 Abs. 2). Handelsvertreter sind jedoch, wie bereits mehrfach betont, im Vergleich zu angestellten Handlungsgehilfen weniger schutzwürdig. Nach Abs. 1 S. 3 ist lediglich gefordert, dass die Entschädigung **angemessen** ist. Alles weitere bleibt der Aushandlung durch die Parteien vorbehalten.[94] Entsprechend dem Primat der Privatautonomie ist jede Vereinbarung angemessen, soweit sie nicht zu einer unangemessen niedrigen Entschädigung

---

[82] LAG München 22.9.1975, BB 1977, 1049; Hopt/Hopt Rn. 16; Heymann/Froitzheim Rn. 14.

[83] Vgl. Hopt/Hopt Rn. 16; Heymann/Froitzheim Rn. 12; MüKoHGB/Ströbl Rn. 24; Staub/Emde Rn. 30.

[84] BGH 19.12.1974, BGHZ 63, 353 (355) = NJW 1975, 388 (389); BAG 2.12.1968, NJW 1969, 676 (677 f.); Heymann/Froitzheim Rn. 14; MüKoHGB/Ströbl Rn. 24.

[85] BGH 19.12.1974, BGHZ 63, 353 (355) = NJW 1975, 388 (389); 12.11.1986, WM 1987, 512 (513) = NJW-RR 1987, 612; Ebenroth/Boujong/Semmler Rn. 34.

[86] BGH 19.12.1974, BGHZ 63, 353 (355) = NJW 1975, 388 (389); 16.11.1972, BGHZ 59, 387 (390) = NJW 1973, 144; BAG 18.11.1967, BAGE 20, 162 (169) = DB 1968, 577 (579); Dück NJW 2016, 368 (369); Hopt/Hopt Rn. 18; Heymann/Froitzheim Rn. 15; MüKoHGB/Ströbl Rn. 47; **aA** Ebenroth/Boujong/Semmler Rn. 34.

[87] BGH 30.4.1962, NJW 1962, 1346 (1347); 30.4.1962, BB 1962, 655 (656) = NJW 1962, 1346; Hopt/Hopt Rn. 19; Ebenroth/Boujong/Semmler Rn. 35; Heymann/Froitzheim Rn. 17; MüKoHGB/Ströbl Rn. 53.

[88] BFH 29.10.1969, DB 1970, 664; Ebenroth/Boujong/Semmler Rn. 40; Heymann/Froitzheim Rn. 16; MüKoHGB/Ströbl Rn. 56.

[89] BGH 19.12.1974, BGHZ 63, 353 (355) = NJW 1975, 388 (389); Hopt/Hopt Rn. 18.

[90] IdS Ordemann BB 1965, 932 (934).

[91] Dazu OLG Karlsruhe 28.11.1972, VersR 1973, 857 (859).

[92] Hopt/Hopt Rn. 18b; Ebenroth/Boujong/Semmler Rn. 40; MüKoHGB/Ströbl Rn. 56.

[93] Heymann/Froitzheim Rn. 16; MüKoHGB/Ströbl Rn. 56.

[94] Heymann/Froitzheim Rn. 18.

führt.[95] In diesem Fall oder bei Fehlen einer vertraglichen Bestimmung tritt an deren Stelle die angemessene Entschädigung.[96] Diese ist ggf. gerichtlich zu bestimmen (§ 287 ZPO). Was im Einzelfall angemessen ist, bedarf einer Interessenabwägung, die sich daran zu orientieren hat, dass durch die Entschädigung die mit dem Wettbewerbsverbot verbundenen beruflichen Nachteile ausgeglichen werden sollen.[97] Dem entsprechend sind die dem Handelsvertreter erwachsenden Nachteile den Vorteilen gegenüberzustellen, die dem Unternehmer durch die Wettbewerbsabrede zufließen.[98] Angesichts des Vergütungscharakters der Entschädigung ist in jedem Fall auch die **bisherige vertragliche Vergütung** des Handelsvertreters **zu berücksichtigen.** Aus ihr folgt jedoch keine feste Obergrenze, wenn der Handelsvertreter beispielsweise bei einem Konkurrenzunternehmen bessere Konditionen erzielen könnte.[99] Die Entschädigung ist ein Bruttoentgelt, welches die Mehrwertsteuer enthält.[100] Bei der Bemessung einer Entschädigung in Geld sind daher Bruttoprovisionen zugrunde zu legen.[101] Maßgeblicher Zeitpunkt für die Beurteilung der Angemessenheit der Entschädigung ist der Zeitpunkt der Entstehung des Anspruchs[102] (→ Rn. 21).

Entsprechend dem Entgeltcharakter der Entschädigung (→ Rn. 19) sind **Einkommensvorteile und -nachteile, Ersparnisse oder Kosten,** die in den persönlichen Umständen oder Entschließungen des Handelsvertreters nach Vertragsende begründet sind, für die Bestimmung der Entschädigungshöhe regelmäßig **ohne Belang.**[103] Das gilt erst recht für **Ausgleichsleistungen** iSv § 89b; damit wird ein anderer Vorteil des Unternehmers abgegolten.[104] Zweifelhaft ist, ob sich ein **anderweitiger Verdienst** des Handelsvertreters auf die Entschädigungshöhe auswirkt. Dies sieht § 74c Abs. 1 S. 1 für den Handlungsgehilfen ausdrücklich vor. Die Vorschrift ist jedoch nicht analogiefähig (→ Rn. 5). Gleichwohl kann anderweitiger Verdienst des Handelsvertreters im Rahmen der Angemessenheit der Entschädigung zu berücksichtigen sein.[105] Entscheidend ist nämlich, dass Abs. 1 S. 3 den Handelsvertreter gegen Einkommensausfälle absichern soll; deshalb muss ein trotz Wettbewerbsabrede bestehendes Einkommen in gewissem Umfang auch anrechnungsfähig sein. 26

IV. Pflichtverletzung

1. Allgemeines. Pflichtverletzungen durch Verstoß gegen die Wettbewerbsabrede sind sowohl auf Seiten des Handelsvertreters als auch auf Seiten des Unternehmers denkbar. Dies führt zu unterschiedlichen Rechtsfolgen. 27

2. Handelsvertreter. Im Falle der Nichtbeachtung der Wettbewerbsabrede ist der Handelsvertreter dem Unternehmer gem. § 280 Abs. 1 BGB zum **Schadensersatz** verpflichtet. Die insoweit erforderliche Pflichtverletzung kann bei Kontaktpflege zu bisherigen Kunden,[106] bei Umgehung des Wettbewerbsverbots durch Einschaltung Dritter[107] oder bei Gründung einer Scheinfirma[108] vorlie- 28

---

[95] Heymann/Froitzheim Rn. 18; MüKoHGB/Ströbl Rn. 48; anders offenbar Ebenroth/Boujong/Semmler Rn. 37 (uU Herabsetzung gemäß §§ 313, 242 BGB und bereicherungsrechtliche Kondiktion).

[96] BAG 20.4.1964, NJW 1964, 1641 (1643); OLG Nürnberg 23.9.1960, BB 1960, 1261; Heymann/Froitzheim Rn. 18.

[97] Vgl. BAG 16.5.1969, AP GewO § 133f Nr. 23.

[98] BGH 19.12.1974, BGHZ 63, 353 (355 f.) = NJW 1975, 388 (389); BAG 16.5.1969, NJW 1970, 443 (444); Gallus, Wettbewerbsbeschränkungen im Recht des Handelsvertreters, 1971, 117; Ordemann BB 1965, 932 (933); Heymann/Froitzheim Rn. 18; MüKoHGB/Ströbl Rn. 49 f.

[99] Hopt/Hopt Rn. 19; Ebenroth/Boujong/Semmler Rn. 39 (anders aber Rn. 36).

[100] BGH 19.12.1974, BGHZ 63, 353 (355, 359) = NJW 1975, 388 (389); Hopt/Hopt Rn. 19; Heymann/Froitzheim Rn. 18; MüKoHGB/Ströbl Rn. 54.

[101] BGH 19.12.1974, BGHZ 63, 353 (359) = NJW 1975, 388 (389); Hopt/Hopt Rn. 19; Ebenroth/Boujong/Semmler Rn. 41; MüKoHGB/Ströbl Rn. 54.

[102] Ebenroth/Boujong/Semmler Rn. 36.

[103] BGH 19.12.1974, BGHZ 63, 355. 356 f. = NJW 1975, 388 (389); Ebenroth/Boujong/Semmler Rn. 37; Heymann/Froitzheim Rn. 18; vgl. auch Hopt/Hopt Rn. 20 (mit Vorbehalt für ersparte Aufwendungen).

[104] Weber BB 1961, 1220 ff.; Hopt/Hopt Rn. 18b, 20; Ebenroth/Boujong/Semmler Rn. 37; Heymann/Froitzheim Rn. 18; MüKoHGB/Ströbl Rn. 47.

[105] BGH 19.12.1974, BGHZ 63, 353 (355 f.) = NJW 1975, 388 (389); BAG 16.5.1969, AP GewO § 133f Nr. 23; Ordemann BB 1965, 932 (934); Hopt/Hopt Rn. 20; Ebenroth/Boujong/Semmler Rn. 37; Heymann/Froitzheim Rn. 18; MüKoHGB/Ströbl Rn. 52; mit Einschränkungen Küstner/Thume VertriebsR-HdB I/Schröder X Rn. 95; undeutlich RGHMW/Thume Rn. 14; **aA** Staub/Emde Rn. 42.

[106] Vgl. OLG Nürnberg 23.9.1960, BB 1961, 729 (729 f.); Heymann/Froitzheim Rn. 20; MüKoHGB/Ströbl Rn. 81.

[107] Vgl. BGH 6.7.1970, BB 1970, 1374 = BeckRS 1970, 31121761 (Ehefrau); OLG Celle 29.1.1971, DB 1971, 865 (Ehefrau); Ebenroth/Boujong/Semmler Rn. 53; Heymann/Froitzheim Rn. 20; MüKoHGB/Ströbl Rn. 82.

[108] Vgl. OLG Hamm 14.5.1987, NJW-RR 1987, 1114; Ebenroth/Boujong/Semmler Rn. 53; Heymann/Froitzheim Rn. 20; MüKoHGB/Ströbl Rn. 81.

gen. Ein Anhaltspunkt bei der Schadensberechnung kann der vertragswidrig erzielte Umsatz des Handelsvertreters sein.[109] Eine nicht ausgezahlte Karenzentschädigung ist nach den allgemeinen Grundsätzen der Vorteilsausgleichung anzurechnen.[110] Akzessorisch zum Schadensersatzanspruch steht dem Unternehmer gem. § 242 BGB ein Auskunftsanspruch gegen den Handelsvertreter zu. Mit der Pflichtverletzung tritt der Verfall einer **Vertragsstrafe** ein, soweit die Parteien diese für den Fall der Zuwiderhandlung gegen die Wettbewerbsabrede vereinbart haben.[111] Für die Dauer der Zuwiderhandlung **verliert** der Handelsvertreter zudem gem. § 326 Abs. 1 BGB den Anspruch auf Zahlung der **Karenzentschädigung.**[112] Da die Karenzentschädigung als Gegenleistung für die Einhaltung des Wettbewerbsverbots gezahlt wird, steht dem Unternehmer unter den Voraussetzungen des § 323 BGB auch die Möglichkeit offen, vom Vertrag **zurückzutreten.**[113] AGB-Klauseln über die Rückzahlung früherer Provisionen verstoßen regelmäßig gegen § 307 Abs. 1, 2 BGB.[114] Im Falle eines konkret zu befürchtenden Wettbewerbsverstoßes des Handelsvertreters kann der Unternehmer eine **einstweilige Verfügung** beantragen.[115] Pflichtverletzende Handlungen des Handelsvertreters können auch lauterkeitsrechtlich relevant sein (§§ 3 ff. UWG) und entsprechende Rechtsfolgen auslösen (§§ 8, 9 UWG).

29 **3. Unternehmer.** Der Unternehmer ist nach Abs. 1 S. 3 verpflichtet, dem Handelsvertreter für die Dauer des Wettbewerbsverbots eine Karenzentschädigung zu zahlen. Kommt er dieser Verpflichtung nicht nach, kann der Handelsvertreter den Primäranspruch aus Abs. 1 S. 3 durchsetzen. Fraglich ist, ob der Handelsvertreter insoweit dem Erfüllungsverlangen des Unternehmers die **Einrede aus § 320 Abs. 1 BGB** entgegensetzen kann. Das wird von der Rspr. zum Teil befürwortet.[116] Dagegen spricht jedoch, dass der Handelsvertreter mit der Berufung auf das Zurückbehaltungsrecht für sich das Recht in Anspruch nehmen könnte, gegen das Wettbewerbsverbot zu verstoßen. Das geht jedoch über die bloße Verweigerung der Leistung hinaus; vielmehr macht der Handelsvertreter durch Nichtbeachtung der Wettbewerbsabrede die Leistung selbst unmöglich.[117] Freilich wird sich in einem solchen Fall die Geltendmachung einer Vertragsstrafe durch den Unternehmer als unzulässige Rechtsausübung darstellen.[118] Der Handelsvertreter kann jedoch nach § 323 BGB vorgehen und vom Vertrag **zurücktreten.**[119] Damit entfällt die Verpflichtung zur Einhaltung der Wettbewerbsabrede. Darüber hinaus kann im Falle einer verzögerten Auszahlung der Karenzentschädigung durch den Unternehmer ein **Schadensersatzanspruch** des Handelsvertreters aus § 280 Abs. 1, 2 BGB, § 286 BGB gegeben sein.

30 **4. Beweislast.** Der **Unternehmer,** der gegen den Handelsvertreter aus einem nachvertraglichen Wettbewerbsverbot vorgehen will, muss nach allgemeinen Grundsätzen die Voraussetzungen für die Wettbewerbsabrede und die Vertragsverletzung beweisen. Dagegen trägt der **Handelsvertreter** die Beweislast für den Verzicht des Unternehmers, ein rechtzeitiges Lossagen von der Wettbewerbsabrede oder andere zum Wegfall des Wettbewerbsverbots führende Umstände. Fordert der Handelsvertreter eine Entschädigung iSv Abs. 1 S. 3, trägt er die Beweislast für das Bestehen der Wettbewerbsabrede und die Höhe der geforderten Entschädigung. Dem gegenüber trifft den Unternehmer in diesem Fall die Beweislast für den Verzicht auf die Wettbewerbsabrede (Abs. 2) oder die Lossagung davon (Abs. 3) sowie ggf. für andere Tatbestände, die zum Wegfall der Entschädigungspflicht führen.

V. Erlöschen des Wettbewerbsverbots und der Entschädigungspflicht

31 **1. Verzicht (Abs. 2).** Der Unternehmer kann gem. Abs. 2 auf die Wettbewerbsbeschränkung verzichten. Dabei handelt es sich um eine einseitige, empfangsbedürftige Willenserklärung, die als

[109] Heymann/Froitzheim Rn. 20.

[110] BGH 9.5.1974, VersR 1975, 132 (133); OLG Karlsruhe 25.1.1972, DB 1972, 771 (772); Heymann/Froitzheim Rn. 20.

[111] Vgl. BGH 21.11.1991, WM 1992, 829 (830 f.) = NJW 1992, 1096; BAG 19.7.1968, DB 1968, 1360 f.; Ebenroth/Boujong/Semmler Rn. 54.

[112] BGH 4.2.1960, VersR 1960, 398 (399); BAG 20.4.1964, NJW 1964, 1641 (1643); Ebenroth/Boujong/Semmler Rn. 55; Heymann/Froitzheim Rn. 20; MüKoHGB/Ströbl Rn. 80; RGHMW/Thume Rn. 25.

[113] MüKoHGB/Ströbl Rn. 80; Staub/Emde Rn. 38.

[114] Vgl. zum früheren Recht BGH 16.11.1972, BGHZ 59, 387 (389 ff.) = NJW 1973, 144 f.

[115] Küstner/Thume VertriebsR-HdB I/Schröder X Rn. 154; Hopt/Hopt Rn. 26; Heymann/Froitzheim Rn. 27; MüKoHGB/Ströbl Rn. 70, 80.

[116] OLG Karlsruhe 28.11.1972, VersR 1973, 857 (859); 1.12.1970, DB 1971, 572 (573).

[117] Heymann/Froitzheim Rn. 21; MüKoHGB/Ströbl Rn. 83.

[118] Vgl. BAG 20.4.1964, NJW 1964, 1641 (1643); Hopt/Hopt Rn. 22; Ebenroth/Boujong/Semmler Rn. 42; Heymann/Froitzheim Rn. 21.

[119] Ebenroth/Boujong/Semmler Rn. 42; **aA** zum früheren Recht OLG Karlsruhe 1.12.1970, DB 1971, 572 (573).

bedingungsfeindliche Gestaltungserklärung durch Zugang beim Handelsvertreter (§ 130 BGB) unmittelbar wirksam wird und nicht einseitig zurückgenommen werden kann. Die Erklärung kann durch einen Stellvertreter (§ 164 BGB) abgegeben werden. Sie bedarf wie die Begründung der Wettbewerbsabrede der Schriftform (§ 126 BGB) bzw. der elektronischen Form.[120] Denkbar ist auch ein **Teilverzicht.**[121] Eine Anfechtung der Verzichtserklärung ist nach allgemeinen Regeln (§§ 119 ff. BGB) möglich. Die Verzichtserklärung kann jedoch nur **bis zum (rechtlichen) Ende des Vertragsverhältnisses** abgegeben werden. Dies bedeutet, dass sie auch noch während des Ablaufs einer Kündigungsfrist ausgesprochen werden kann.[122] Darüber hinaus ist erforderlich, dass auch die Verzichtswirkung vor dem Vertragsende eintritt. Dies zeigt der Wortlaut von Abs. 2 („kann … bis zum Ende verzichten"). Daher muss auch der Zugang beim Handelsvertreter noch vor Vertragsende erfolgen.[123]

32 Der Handelsvertreter wird mit Zugang der Verzichtserklärung unmittelbar von der nachvertraglichen Wettbewerbsbeschränkung befreit. Rechtliche Bedeutung erlangt der Verzicht freilich erst nach Ende des Handelsvertretervertrages. Der Wegfall der Wettbewerbsbeschränkung führt nicht notwendig dazu, dass die **Entschädigungspflicht** aus Abs. 1 S. 3 vollständig wegfällt. In Abs. 2 ist vielmehr bestimmt, dass der Unternehmer erst mit dem Ablauf von sechs Monaten seit der Verzichtserklärung von der Verpflichtung zur Zahlung der Entschädigung frei wird. Die Entschädigungspflicht hängt daher davon ab, ob zwischen der Verzichtserklärung und dem Vertragsende weniger als sechs Monate liegen. Ist dies der Fall, besteht die Entschädigungspflicht nach dem Vertragsende solange bis sechs Monate seit der Verzichtserklärung verstrichen sind. Die Regelung dient dem Schutz des Handelsvertreters. Sie soll ihn davor bewahren, durch einen kurzfristigen Verzicht des Unternehmers geschädigt zu werden. Der Gesetzgeber hat dabei insbesondere den Fall im Blick gehabt, dass der Verzicht des Unternehmers kurz vor Vertragsende erfolgt.[124] In diesem Fall ist es nicht auszuschließen, dass sich der Handelsvertreter angesichts der zu erwartenden Entschädigungszahlung noch nicht um eine andere Tätigkeit bemüht hat.

33 Die Parteien können das **Verzichtsrecht** des Unternehmers durch privatautonome Vereinbarung **ausschließen.** Darin liegt kein Verstoß gegen das Abweichungsverbot nach Abs. 4, da es sich um keine für den Handelsvertreter nachteilige Vereinbarung handelt. Eine Verzichtserklärung, die erst nach Vertragsende abgegeben wird oder unter Missachtung des Schriftformgebots erfolgt, kann gem. § 140 BGB in ein **Angebot auf Abschluss eines Aufhebungsvertrages** umgedeutet werden,[125] das vom Handelsvertreter zumindest konkludent angenommen werden muss.

34 **2. Kündigung aus wichtigem Grund (Abs. 3). a) Allgemeines.** Das Wettbewerbsverbot kann gem. Abs. 3 erlöschen, wenn das Vertragsverhältnis vom Unternehmer oder vom Handelsvertreter aus wichtigem Grund gekündigt wird. Die Kündigung selbst führt freilich noch nicht zum Erlöschen der Wettbewerbsabrede. Vielmehr haben die Parteien die Wahl, ob sie sich anlässlich der Kündigung von der Wettbewerbsvereinbarung lossagen wollen. Dies muss durch schriftliche Erklärung binnen eines Monats nach Kündigung des Vertragsverhältnisses erfolgen. Durch Abs. 3 sind **Unternehmer und Handelsvertreter** hinsichtlich der Voraussetzungen und Rechtsfolgen der Kündigung aus wichtigem Grund für die Wettbewerbsabrede **gleichgestellt.** Dies geht zurück auf Art. 3 Nr. 22b HRRefG 1998.[126] Die zuvor geltende, durch die HGB-Novelle 1953 eingeführte Regelung (vgl. § 90a Abs. 2 S. 2 aF), wonach der Handelsvertreter eine Kündigung des Unternehmers aus wichtigem Grund entschädigungslos hinnehmen musste, war wegen Verstoßes gegen Art. 12 Abs. 1 GG verfassungswidrig.[127]

35 **b) Voraussetzungen.** Sowohl der Unternehmer als auch der Handelsvertreter können den Handelsvertretervertrag nach Abs. 3 im Falle einer **schuldhaften Pflichtverletzung** des anderen Teils (§§ 276, 278 BGB) aus wichtigem Grund kündigen (vgl. auch § 89b Abs. 3 Nr. 2). Den Parteien soll nicht zugemutet werden, im Falle der Vertragsuntreue der Gegenseite weiterhin auf diese Rücksicht nehmen zu müssen.[128] Aus diesem Grunde wird beiden Parteien ein gegenständlich beschränk-

---

[120] Scriba/Liesegang ZVertriebsR 2021, 348 (360).

[121] Hopt/Hopt Rn. 23; Ebenroth/Boujong/Semmler Rn. 44; Heymann/Froitzheim Rn. 23; MüKoHGB/Ströbl Rn. 60.

[122] Heymann/Froitzheim Rn. 23; MüKoHGB/Ströbl Rn. 60.

[123] Ebenroth/Boujong/Semmler Rn. 44.

[124] Vgl. Begr. RegE, BT-Drs. 1/3856, 9, 38.

[125] Hopt/Hopt Rn. 23; Heymann/Froitzheim Rn. 25; MüKoHGB/Ströbl Rn. 60, 62.

[126] Gesetz zur Neuregelung des Kaufmanns- und Firmenrechts und zur Änderung anderer handels- und gesellschaftsrechtlicher Vorschriften (Handelsrechtsreformgesetz) vom 22.6.1998, BGBl. 1998 I 1474.

[127] Vgl. BVerfG 7.2.1990, BVerfGE 81, 242 (260 ff.) = NJW 1990, 1469 (1471).

[128] Vgl. Begr. RegE, BT-Drs. 1/3856, 9, 38.

tes außerordentliches Kündigungsrecht eingeräumt; aus einem anderen Grund als dem schuldhaften Verhalten der Vertragsgegenseite besteht das Kündigungsrecht nicht.[129]

36 Entsprechend dem Normzweck ist die Vorschrift des Abs. 3 **auf die Fälle der ordentlichen Kündigung und** der einvernehmlichen **Vertragsaufhebung analog anzuwenden,** wenn anstelle dessen wegen schuldhaften Verhaltens der Gegenseite an sich auch eine außerordentliche Kündigung möglich gewesen wäre.[130] Nach Sinn und Zweck der Norm darf nämlich derjenige, der möglicherweise aus Rücksicht auf den Vertragspartner von einer außerordentlichen Kündigung des Vertragsverhältnisses absieht, nicht schlechter gestellt werden als derjenige, der von dem außerordentlichen Kündigungsrecht nach Abs. 3 Gebrauch macht.

37 **c) Lossagungsrecht. aa) Grundsatz.** Akzessorisch zum außerordentlichen Kündigungsrecht besteht ein Lossagungsrecht von der Wettbewerbsabrede. Wie die Kündigungserklärung ist die **Lossagungserklärung** eine einseitige, empfangsbedürftige Willenserklärung, die der Schriftform (§ 126 BGB) bedarf. Die Lossagung von der Wettbewerbsbeschränkung ist binnen **Monatsfrist** nach der Kündigung, also nach Zugang der Kündigungserklärung, zu erklären (vgl. § 188 Abs. 2, 3 BGB). Damit wird dem Kündigenden eine Überlegungsfrist eingeräumt, innerhalb derer er abwägen kann, ob die Lossagung von der Wettbewerbsabrede für ihn günstig ist oder nicht. Der Gesetzgeber will den Kündigenden damit vor übereilten Entscheidungen schützen. Andererseits ist die Frist so kurz bemessen, dass der Gekündigte nicht ungebührlich lange über die Entscheidung des Kündigenden im Unklaren bleibt.[131] Entscheidet sich beispielsweise der Unternehmer gegen eine Lossagung von der Wettbewerbsabrede, bleibt er zur Zahlung der Karenzentschädigung verpflichtet. Bei der Bestimmung der Entschädigungshöhe wird jedoch im Regelfall das schuldhafte Verhalten des Handelsvertreters anspruchsmindernd zu berücksichtigen sein.[132] Spricht eine Vertragspartei eine zunächst unwirksame Kündigung aus, wird aber die Lossagung fristgerecht erklärt, kann eine erneute Lossagungserklärung im Falle einer Wiederholungskündigung entbehrlich sein.[133]

38 Im Falle einer **analogen Anwendung** von Abs. 3 auf gleich gelagerte Fälle der ordentlichen Kündigung und Vertragsaufhebung (→ Rn. 36) bedeutet dies, dass der Fristlauf für die einmonatige Überlegungsfrist nicht erst zum vereinbarten Termin der Vertragsbeendigung beginnt, sondern bereits mit Zugang der rechtsgeschäftlichen Erklärung zur Vertragsbeendigung.[134]

39 **bb) Rechtsfolge.** Mit Zugang der Lossagungserklärung beim Erklärungsgegner **entfallen die beiderseitigen Pflichten** aus der Wettbewerbsabrede. Die Wirkung der vereinbarten Wettbewerbsbeschränkung endet **mit sofortiger Wirkung.**[135] Der Unternehmer kann damit eine Unterlassung von Wettbewerbshandlungen nicht mehr verlangen. Auf der anderen Seite entfällt der Anspruch des Handelsvertreters gegen den Unternehmer auf Zahlung einer Karenzentschädigung.[136]

40 **3. Aufhebung.** Darüber hinaus können die Vertragsparteien **nach allgemeinen Regeln** die Aufhebung der Wettbewerbsabrede vereinbaren (§ 311 Abs. 1 BGB). Im Gegensatz zum Verzicht auf die Wettbewerbsabrede durch den Unternehmer (Abs. 2 S. 1), der nur bis zum Ende des Vertragsverhältnisses erklärt werden kann (→ Rn. 31), ist die privatautonome Aufhebung der Wettbewerbsabrede **jederzeit** möglich.[137] Ein Formzwang besteht nicht,[138] da der für die Begründung des Wettbewerbsverbots maßgebende Formzweck (→ Rn. 17) bei Aufhebung der Vereinbarung nicht einschlägig ist. Die Vertragsaufhebung führt zur Beendigung der Wettbewerbsbeschränkung und der Entschädigungspflicht zu dem von den Parteien festgelegten Zeitpunkt. Bei Fehlen einer ausdrücklichen Vereinbarung ist der Zeitpunkt durch Auslegung zu ermitteln. Die Rechtsfolge unterscheidet sich damit grundsätzlich von derjenigen nach einem Verzicht des Unternehmers iSv Abs. 2.

41 **4. Weitere Gründe.** Das Wettbewerbsverbot kann schließlich aus weiteren Gründen hinfällig werden, beispielsweise bei Betriebseinstellungen oder -umstellungen auf Seiten des Unternehmers.[139]

---

[129] Hopt/Hopt Rn. 26.

[130] Ebenroth/Boujong/Semmler Rn. 49; Heymann/Froitzheim Rn. 27; MüKoHGB/Ströbl Rn. 67; vgl. auch OLG Düsseldorf 21.12.1956, DB 1956, 376.

[131] Vgl. Begr. RegE, BT-Drs. 1/3856, 9, 38.

[132] Hopt/Hopt Rn. 25.

[133] BAG 19.5.1998, NJW 1999, 1885 (1886) zu § 75; Ebenroth/Boujong/Semmler Rn. 48; MüKoHGB/Ströbl Rn. 70.

[134] Ebenroth/Boujong/Semmler Rn. 49; Heymann/Froitzheim Rn. 27; MüKoHGB/Ströbl Rn. 68.

[135] OLG Düsseldorf 21.6.1957, HVR Nr. 151 Ls.; Hopt/Hopt Rn. 26; MüKoHGB/Ströbl Rn. 69.

[136] Vgl. OLG Braunschweig 30.11.1995, NJW-RR 1996, 1316 f.

[137] Heymann/Froitzheim Rn. 25.

[138] Ebenroth/Boujong/Semmler Rn. 4.

[139] Heymann/Froitzheim Rn. 14; einschr. Ebenroth/Boujong/Semmler Rn. 50; **aA** Hopt/Hopt Rn. 16; MüKoHGB/Ströbl Rn. 26.

Der **Tod des Handelsvertreters** führt nur dann zum Wegfall der Wettbewerbsabrede, wenn dessen Gewerbe nicht auf einen Rechtsnachfolger übergeht. Bei Fortführung des Geschäfts ist im Zweifel von einem Fortbestand der Wettbewerbsabrede auszugehen.[140] Letztlich kommt es auf die Auslegung der Wettbewerbsabrede an. Im Falle der **Insolvenz** des Unternehmers erlöschen der Handelsvertretervertrag und die Wettbewerbsabrede im Grundsatz mit der Eröffnung des Insolvenzverfahrens, es sei denn, das Wettbewerbsverbot dient dem berechtigten geschäftlichen Interesse des Unternehmers, wie beispielsweise im Falle der Fortführung oder Veräußerung des Unternehmens.[141] Soweit der Handelsvertretervertrag bei Verfahrenseröffnung bereits beendet war, hat der Insolvenzverwalter ein Wahlrecht nach § 103 InsO.[142] Erlischt das Wettbewerbsverbot, entfällt (anteilig) auch die Pflicht zur Entschädigung. Eine bereits ausgezahlte Karenzentschädigung ist ggf. nach bereicherungsrechtlichen Grundsätzen zu erstatten.

VI. Abweichende Vereinbarungen (Abs. 4)

1. Allgemeines. Nach Abs. 4 können privatautonome Vereinbarungen, soweit sie zum Nachteil des Handelsvertreters von Abs. 1–3 abweichen, nicht getroffen werden. Die Vorschrift dient dem Schutz des Handelsvertreters, der sich bei Vereinbarung einer nachvertraglichen Wettbewerbsabrede gegenüber dem Unternehmer typischerweise in einer schwächeren Position befindet.[143] Freilich greift das Abweichungsverbot unabhängig von der tatsächlichen Situation.[144] Das **Abweichungsverbot garantiert** dem Handelsvertreter bei Abschluss der Wettbewerbsvereinbarung also einen **Mindestschutz,** ohne Rücksicht darauf, ob er eines solchen tatsächlich bedarf.[145] Nach der rechtlichen Beendigung des Vertragsverhältnisses und damit mit Inkrafttreten des Wettbewerbsverbots entfällt das Schutzbedürfnis. Vereinbarungen über das Wettbewerbsverbot, die zu diesem Zeitpunkt getroffen werden, unterliegen daher nicht dem Abweichungsverbot des Abs. 4.[146] Für sie gilt allein die Außenschranke des § 138 BGB.[147] Für die Anwendung von Absatz 4 ausreichend ist es allerdings, wenn eine noch zu Zeiten des Handelsvertreterverhältnisses getroffene vertragliche Vereinbarung faktisch dazu führt, dass dem Handelsvertreter keine andere Wahl bleibt, als nach rechtlicher Beendigung des Vertragsverhältnisses eine nachvertragliche Wettbewerbsabrede zu unterzeichnen.[148] Grund hierfür kann etwa die Abwendung finanzieller Nachteile sein. 42

2. Nachteilige Vereinbarung. a) Grundsatz. Von Abs. 4 erfasst wird **jede** für den Handelsvertreter **nachteilige** Vereinbarung. Nachteilig ist eine Vereinbarung, wenn sie die Rechtsstellung des Handelsvertreters im Vergleich zu den gesetzlichen Bestimmungen des § 90a verschlechtert.[149] Dies kann nicht nur bei einer ausdrücklichen **Abweichung** von den Regelungen der Abs. 1–3 der Fall sein, sondern auch, wenn sich durch anderweitige Regelungen nur mittelbar eine Verschlechterung der nachvertraglichen Rechtsstellung des Handelsvertreters ergibt,[150] beispielsweise weil wirtschaftlicher Druck auf den Handelsvertreter ausgeübt wird.[151] Wirken sich Abweichungen vom Leitbild des § 90a nicht zum Nachteil des Handelsvertreters aus oder verbessern sie gar dessen nachvertragliche Wettbewerbssituation, greift das Abweichungsverbot nicht ein.[152] 43

b) Beispiele. Nachteilig, da von Abs. 1 S. 3 abweichend, ist eine Vereinbarung, die den Handelsvertreter verpflichtet, bei einem Wettbewerbsverstoß einen erheblichen Teil der bereits gezahlten Provision oder Inkassopauschale zurückzuzahlen[153] oder eine Verrechnungsabrede, die vorsieht, dass die Entschädigung mit bereits während des Vertragsverhältnisses geschuldeten oder geleisteten Zah- 44

---

[140] Ebenroth/Boujong/Semmler Rn. 50; **aA** Hopt/Hopt Rn. 16.

[141] Emde/Kelm ZIP 2005, 58 (62); Küstner/Thume VertriebsR-HdB I/Schröder X Rn. 148.

[142] Ebenroth/Boujong/Semmler Rn. 51.

[143] Vgl. Begr. RegE, BT-Drs. 1/3856, 38.

[144] BGH 24.11.1969, BGHZ 53, 89 (92) = NJW 1970, 420 (420 f.); 5.12.1968, BGHZ 51, 184 (188) = NJW 1969, 504 (505); Ebenroth/Boujong/Semmler Rn. 58; Heymann/Froitzheim Rn. 28; MüKoHGB/Ströbl Rn. 71.

[145] Vgl. auch BGH 24.11.1969, BGHZ 53, 89 (92) = NJW 1970, 420 f.; Hopt/Hopt Rn. 27; Heymann/Froitzheim Rn. 28; MüKoHGB/Ströbl Rn. 71.

[146] *Heymann/Froitzheim* Rn. 28; Staub/Emde Rn. 25; **aA** MüKoHGB/Ströbl Rn. 72.

[147] Staub/Emde Rn. 51.

[148] BGH 25.10.2012, NJW 2013, 2027 Rn. 30.

[149] Heymann/Froitzheim Rn. 29; MüKoHGB/Ströbl Rn. 73.

[150] Heymann/Froitzheim Rn. 29.

[151] Hopt/Hopt Rn. 28.

[152] Vgl. auch Heymann/Froitzheim Rn. 29; MüKoHGB/Ströbl Rn. 73.

[153] BGH 16.11.1972, BGHZ 59, 387 (390) = NJW 1973, 144 (144); Hopt/Hopt Rn. 28; Ebenroth/Boujong/Semmler Rn. 61; Heymann/Froitzheim Rn. 29; MüKoHGB/Ströbl Rn. 74.

lungen verrechnet wird (sog. Vorwegerfüllung)[154] Entsprechendes gilt für den vertraglichen Vorbehalt des Unternehmers, erst nach Vertragsende ein etwaiges Wettbewerbsverbot auszusprechen;[155] darin liegt eine Abweichung von Abs. 1 S. 1. Eine nachteilige Abweichung von Abs. 3 liegt in der Vereinbarung, dass das Wettbewerbsverbot durch den Handelsvertreter entschädigungslos zu befolgen ist, wenn der Unternehmer wegen schuldhaften Verhaltens des Handelsvertreters aus wichtigem Grund kündigt.[156] **Nicht nachteilig** iSv Abs. 4 ist der vertragliche Ausschluss des Verzichtsrechts des Unternehmers gem. Abs. 2 S. 1,[157] die im Voraus vereinbarte angemessene, also nicht unangemessen niedrige Entschädigung[158] oder die Vereinbarung, dass die Karenzentschädigung in Raten zu zahlen ist.[159] Zulässig sind auch ergänzende vertragliche Abreden, die § 90a lediglich ergänzen, wie die Vereinbarung einer Vertragsstrafe.[160]

45 **3. Rechtsfolgen.** Vereinbarungen, die zum Nachteil des Handelsvertreters von den gesetzlichen Bestimmungen des § 90a abweichen, verstoßen gegen ein gesetzliches Verbot und sind deshalb nichtig (§ 134 BGB).[161] Die **Nichtigkeit** der abweichenden Bestimmung erfasst regelmäßig nicht den gesamten Handelsvertretervertrag und stellt nicht einmal die Wettbewerbsabrede per se in Frage, da Abs. 4 allein den Zweck verfolgt, von § 90a abweichende, ungünstige Vereinbarungen zu Lasten des Handelsvertreters zu verhindern, im Übrigen aber das in Abs. 1–3 abgebildete Mindestschutzniveau aufrechtzuerhalten.[162] Die Regel des § 139 BGB ist daher zum Schutz des Handelsvertreters auch bei entgegenstehenden Parteiabreden nicht anzuwenden.[163] An die Stelle der nichtigen Bestimmung tritt vielmehr die jeweils gesetzlich zulässige Regelung.[164] Die Vorschrift des Abs. 4 kann daher als gesetzlich geregelter **Fall einer geltungserhaltenden Reduktion** verstanden werden.[165] Im Einzelnen bedeutet dies: Die Vereinbarung einer unangemessen niedrigen Entschädigung wird durch eine angemessene Entschädigungssumme ersetzt.[166] Entsprechendes gilt bei vollständigem Ausschluss der Entschädigung.[167] Werden die in § 90a Abs. 1 S. 2 Hs. 2 genannten örtlichen und gegenständlichen Grenzen des Wettbewerbsverbots überschritten, findet eine Reduktion auf den gesetzlich zulässigen Inhalt statt.[168] Ein entgegen Abs. 1 S. 2 Hs. 1 über zwei Jahre hinausgehendes Wettbewerbsverbot wird auf die gesetzliche Höchstdauer reduziert.[169] Dies steht im Übrigen in Einklang mit Art. 20 Abs. 3 RL 86/653/EWG, wonach eine Wettbewerbsabrede längstens zwei Jahre nach Beendigung des Vertragsverhältnisses wirksam ist. Bei einem vertraglichen Vorbehalt des Unternehmers, erst nach Vertragsende über ein Wettbewerbsverbot zu entscheiden, gilt eine Vereinbarung über die Karenzentschädigung als vorbehaltlos geschlossen, sodass dem Handelsvertreter ein uneingeschränkter Entschädigungsanspruch zusteht.[170] Ein **Wahlrecht,** wie es aus § 75d für den Handlungsgehilfen folgt, besteht für den Handelsvertreter nicht. Entscheidet sich der Handelsvertre-

[154] BGH 16.11.1972, BGHZ 59, 387 (390) = NJW 1973, 144 f.; Ebenroth/Boujong/Semmler Rn. 61; **aA** Blomberg VersR 1968, 328 (330); Martin VersR 1968, 117 (123).

[155] LG Tübingen 1.3.1976, BB 1977, 671 f.; Ebenroth/Boujong/Semmler Rn. 61; Heymann/Froitzheim Rn. 29; MüKoHGB/Ströbl Rn. 74; RGHMW/Thume Rn. 29 f.

[156] Ebenroth/Boujong/Semmler Rn. 61; MüKoHGB/Ströbl Rn. 75; **aA** zum früheren Recht BGH 6.10.1983, BB 1984, 235 (236) = BeckRS 1983, 30375032; OLG Düsseldorf 15.2.1962, BB 1962, 731; OLG München 1.6.1956, NJW 1956, 1323 f.

[157] Hopt/Hopt Rn. 29; MüKoHGB/Ströbl Rn. 75.

[158] Hopt/Hopt Rn. 29; MüKoHGB/Ströbl Rn. 75.

[159] Hopt/Hopt Rn. 18b, 29; Heymann/Froitzheim Rn. 16; MüKoHGB/Ströbl Rn. 75.

[160] BGH 1.6.1983, BB 1983, 2136 (2137) = NJW 1984, 919 (versuchte Vertreterabwerbung); Hopt/Hopt Rn. 30; Ebenroth/Boujong/Semmler Rn. 59; Heymann/Froitzheim Rn. 29; MüKoHGB/Ströbl Rn. 75.

[161] Dück NJW 2016, 368 (369); Ebenroth/Boujong/Semmler Rn. 21, 58.

[162] Vgl. auch BGH 25.11.1963, BGHZ 40, 235 (239) = NJW 1964, 350; Staub/Emde Rn. 54.

[163] BGH 25.11.1963, BGHZ 40, 235 (238 f.) = NJW 1964, 350; Hopt/Hopt Rn. 31; Ebenroth/Boujong/Semmler Rn. 58; Heymann/Froitzheim Rn. 30; anders wohl Ebenroth/Boujong/Semmler Rn. 21.

[164] BGH 25.10.2012, BGHZ 195, 207 Rn. 31 = NJW 2013, 2027; 25.11.1963, BGHZ 40, 235 (239) = NJW 1964, 350; Ebenroth/Boujong/Semmler Rn. 58; Heymann/Froitzheim Rn. 30; MüKoHGB/Ströbl Rn. 77.

[165] Vgl. MüKoHGB/Ströbl Rn. 77 f.

[166] BAG 20.4.1964, NJW 1964, 1641 (1643); OLG Nürnberg 23.9.1960, BB 1960, 1261; Hopt/Hopt Rn. 31; MüKoHGB/Ströbl Rn. 77.

[167] BGH 16.11.1972, BGHZ 59, 387 (390) = NJW 1973, 144; BAG 20.4.1964, NJW 1964, 1641 (1643); OLG Nürnberg 23.9.1960, BB 1960, 1261; MüKoHGB/Ströbl Rn. 48 (anders jedoch Rn. 41: Gesamtnichtigkeit der Wettbewerbsklausel); **aA** – Gesamtnichtigkeit der Wettbewerbsklausel – Küstner/Thume VertriebsR-HdB I/Schröder X Rn. 66.

[168] BGH 25.10.2012, BGHZ 195, 207 Rn. 33 = NJW 2013, 2027.

[169] BGH 25.10.2012, BGHZ 195, 207 Rn. 32 = NJW 2013, 2027; OLG München 11.4.1963, BB 1963, 1194; Canaris HandelsR § 15 Rn. 125; Hopt/Hopt Rn. 31; Heymann/Froitzheim Rn. 30; MüKoHGB/Ströbl Rn. 25, 77.

[170] LG Tübingen 1.3.1976, BB 1977, 671 (672); Hopt/Hopt Rn. 31; MüKoHGB/Ströbl Rn. 76.

ter dafür, ein von § 90a Abs. 1–3 abweichendes Wettbewerbsverbot dennoch zu befolgen, ändert das an der Unwirksamkeit der Abrede nichts.[171] Verlangt der Unternehmer die Einhaltung einer nach § 90a unwirksamen Wettbewerbsabrede, ist er dem Handelsvertreter ggf. schadensersatzpflichtig (§ 280 Abs. 1 BGB, § 241 Abs. 2 BGB).[172]

VII. Andere Absatzmittler

Die Vorschrift des § 90a ist auf solche Absatzmittler entsprechend anwendbar, die dem Handelsvertreter vergleichbar in die Absatzorganisation eines Unternehmens einbezogen sind und dem Unternehmer daher während der Vertragslaufzeit zur Interessenwahrung verpflichtet sind. Das nachvertragliche Verhältnis zwischen dem Unternehmer und solchen Absatzmittlern wird in diesen Fällen durch eine dem Handelsvertreterrecht ähnliche Interessenlage geprägt.[173] Das gilt für den **Vertragshändler,**[174] aber auch für den **Kommissionsagenten**[175] und den **Subordinations-Franchisenehmer.**[176] Nicht entsprechend anwendbar ist § 90a auf **Pächter** eines Unternehmens.[177] Diese trifft keine Interessenwahrungspflicht gegenüber dem Verpächter. Das Pachtverhältnis ist überdies kein Absatzmittlungsverhältnis. 46

§ 91 [Vollmacht]

(1) § 55 gilt auch für einen Handelsvertreter, der zum Abschluß von Geschäften von einem Unternehmer bevollmächtigt ist, der nicht Kaufmann ist.

(2) [1]Ein Handelsvertreter gilt, auch wenn ihm keine Vollmacht zum Abschluß von Geschäften erteilt ist, als ermächtigt, die Anzeige von Mängeln einer Ware, die Erklärung, daß eine Ware zur Verfügung gestellt werde, sowie ähnliche Erklärungen, durch die ein Dritter seine Rechte aus mangelhafter Leistung geltend macht oder sich vorbehält, entgegenzunehmen; er kann die dem Unternehmer zustehenden Rechte auf Sicherung des Beweises geltend machen. [2]Eine Beschränkung dieser Rechte braucht ein Dritter gegen sich nur gelten zu lassen, wenn er sie kannte oder kennen mußte.

Übersicht

I. Allgemeines

1. Normzweck. Die Vorschrift des § 91 regelt zwei verschiedene Sachverhalte: Durch Abs. 1 werden die allgemeinen Vollmachtsvorschriften der § 55 und § 54 auf Handelsvertreter erstreckt, die von einem nichtkaufmännischen Unternehmer zum Abschluss von Geschäften bevollmächtigt sind. In Abs. 2 wird die Vertretungsmacht von Vermittlungsvertretern festgelegt. Der Leitgedanke beider 1

[171] Hopt/Hopt Rn. 33; Ebenroth/Boujong/Semmler Rn. 61 – undeutlich aber Ebenroth/Boujong/Semmler Rn. 16 unter Hinweis auf Gaul/Khanian MDR 2006, 181 (184).

[172] BGH 25.10.2012, BGHZ 195, 307 Rn. 45 = NJW 2013, 2027.

[173] Köhler FS Rittner, 1991, 265 (266).

[174] BGH 12.11.1986, NJW-RR 1987, 612 (613); OLG München 11.4.1963, BB 1963, 1194; Canaris HandelsR § 19 Rn. 23; Köhler FS Rittner, 1991, 265 (266) m. Fn. 9; K. Schmidt HandelsR § 28 Rn. 43; MSF *VertriebsR-HdB/Rösch § 23 Rn.* 34; Hopt/Hopt Rn. 5; Ebenroth/Boujong/Semmler Rn. 7; Heymann/Froitzheim Rn. 4; diff. MüKoHGB/Ströbl Rn. 7 (Abs. 1 S. 1, 3 nicht entsprechend anwendbar); einschr. auch Ulmer, Der Vertragshändler, 1969, 398 (402).

[175] Canaris HandelsR § 18 Rn. 12; K. Schmidt HandelsR § 28 Rn. 43; Ebenroth/Boujong/Semmler Rn. 7.

[176] Canaris HandelsR § 20 Rn. 26; K. Schmidt HandelsR § 28 Rn. 43; MüKoHGB/Ströbl Rn. 7 (in Grenzen entsprechend anwendbar); vgl. auch BGH 12.11.1986, WM 1987, 512 (513) = NJW-RR 1987, 612; NK-HGB/Prasse Anh. FranchiseR Rn. 61; **aA** OLG Köln 17.9.2004, HVR 2004 Nr. 1158.

[177] BGH 30.4.1957, BGHZ 24, 165 (167 f.) = NJW 1957, 988; Hopt/Hopt Rn. 5; Heymann/Froitzheim Rn. 4; MüKoHGB/Ströbl Rn. 8.

Regelungen ist in der **Angleichung der Rechtsstellung** der jeweils erfassten Handelsvertreter an die Verhältnisse bei anderen Handelsvertretern zu sehen. Dahinter steht der **Gedanke des Verkehrsschutzes** und der **Leichtigkeit des Handelsverkehrs.** Konkret geht es in Abs. 1 um die Gleichstellung der für einen Nichtkaufmann tätigen Abschlussvertreter mit den für einen Kaufmann tätigen Vertretern. Beide Gruppen von Handelsvertretern treten nämlich gegenüber Dritten in gleicher Weise auf, sodass für eine unterschiedliche Behandlung kein Grund besteht.[1] Es wird daher durch Abs. 1 sichergestellt, dass für beide Gruppen ein einheitlicher Ermächtigungsrahmen gilt.[2] Entsprechend wird durch Abs. 2 dem Vermittlungsvertreter bei der Entgegennahme von Mängelanzeigen und bei der Geltendmachung von Beweissicherungsrechten für den Unternehmer die gleiche Vertretungsmacht eingeräumt wie dem Abschlussvertreter.[3] Dies führt zu Erleichterungen für den Geschäftsverkehr.

2 **2. Normgenese.** Abs. 1 der Vorschrift ist durch **HGB-Novelle 1953**[4] in das Handelsvertreterrecht inkorporiert worden. Es handelt sich der Sache nach um eine Folgeregelung zu der Entscheidung des Gesetzgebers, den Abschluss von Handelsvertreterverträgen auch Nicht-Kaufleuten („Unternehmern") zu eröffnen (→ § 84 Rn. 37). Diese sind nicht in der Lage eine Handlungsvollmacht iSv §§ 55, 54 zu erteilen, sodass die aus Abs. 1 ersichtliche Bestimmung erforderlich wurde, um die Einheitlichkeit des Instituts der Handelsvertretung zu sichern. Dagegen geht Abs. 2, der im Wesentlichen der Regelung in § 55 Abs. 4 iVm § 54 Abs. 3 entspricht und diese auf Vermittlungsvertreter erstreckt, auf § 87 Abs. 2 der ursprünglichen Fassung des HGB zurück. In der RL 86/653/EWG hat § 91 keine Entsprechung.

II. Vertretungsmacht der Abschlussvertreter von Nicht-Kaufleuten (Abs. 1)

3 **1. Allgemeines.** Die Vorschrift des Abs. 1 erstreckt die für Abschlussvertreter von Kaufleuten geltende Vorschrift des § 55 auf Abschlussvertreter von Nicht-Kaufleuten. Wie in → Rn. 1 erläutert, dient die Vorschrift dazu, alle Handelsvertreter ohne Rücksicht auf die Kaufmannseigenschaft des Unternehmers hinsichtlich ihrer Vertretungsbefugnis gleichzustellen. Mit Abs. 1 wird für die Abschlussvertreter von Nicht-Kaufleuten **keine originäre gesetzliche Vertretungsmacht** begründet. Vielmehr setzt die Vorschrift voraus, dass der nichtkaufmännische Unternehmer dem Handelsvertreter eine Abschlussvollmacht erteilt hat.[5]

4 **2. Umfang.** Der Umfang der Vertretungsmacht ergibt sich aus § 55, der seinerseits auf § 54 verweist. Im Ausgangspunkt kommt es auf die Art der von dem Nicht-Kaufmann erteilten Handlungsvollmacht an. Die Vorschrift des § 54 unterscheidet die **Generalhandlungsvollmacht** (§ 54 Abs. 1 Fall 1), die im Bereich der Handelsvertretung keine Rolle spielt,[6] die **Arthandlungsvollmacht** (§ 54 Abs. 1 Fall 2) und die **Spezialhandlungsvollmacht** (§ 54 Abs. 1 Fall 3). Die Arthandlungsvollmacht ermächtigt zur Vornahme einer bestimmten Art von Geschäften (→ § 54 Rn. 25), während die Spezialhandlungsvollmacht nur die Vornahme bestimmter einzelner Geschäfte erlaubt (→ § 54 Rn. 26). Erfasst werden jeweils branchenübliche Geschäfte (§ 54 Abs. 1). Wegen der weiteren Einzelheiten kann auf die Kommentierung zu § 54 verwiesen werden (→ § 54 Rn. 1 ff.). Die Regelungen des § 54 werden für den Handelsvertreter durch § 55 Abs. 2 und 3 in bestimmter Weise beschränkt (→ § 55 Rn. 13 ff.) und durch § 55 Abs. 4 erweitert (→ § 55 Rn. 17 ff.).

5 **3. Beweislast.** Die Beweislast für die Voraussetzungen und das Bestehen der Vertretungsmacht trifft nach allgemeinen Grundsätzen den Kunden, der unter Berufung auf die Vertretungsmacht Rechte für sich herleiten will.[7] Dagegen trifft den Unternehmer die Beweislast für Tatsachen, aus denen sich eine Beschränkung der Vertretungsmacht des Handelsvertreters oder eine Kenntnis bzw. fahrlässige Unkenntnis des Kunden hinsichtlich der Beschränkung ergibt.[8]

III. Vertretungsmacht des Vermittlungsvertreters (Abs. 2)

6 **1. Umfang (Abs. 2 S. 1).** Durch Abs. 2 werden die dem Abschlussvertreter bei der **Entgegennahme von Mängelanzeigen** und bei der **Geltendmachung von Beweissicherungsrechten** für

[1] Begr. RegE Gesetz zur Änderung des HGB (Recht der Handelsvertreter), BT-Drs. 1/3856, 9, 38.
[2] RGHMW/Thume Rn. 1.
[3] Begr. RegE Gesetz zur Änderung des HGB (Recht der Handelsvertreter), BT-Drs. 1/3856, 9, 38.
[4] Art. 1 Gesetz zur Änderung des Handelsgesetzbuchs (Recht der Handelsvertreter) vom 6.8.1953, BGBl. 1953 I 771.
[5] Heymann/Froitzheim Rn. 4.
[6] Vgl. auch Heymann/Froitzheim Rn. 5; MüKoHGB/Ströbl Rn. 8.
[7] Ebenroth/Boujong/Semmler Rn. 16.
[8] Ebenroth/Boujong/Semmler Rn. 16.

den Unternehmer zustehenden Rechte aus Gründen des Verkehrsschutzes auf den Vermittlungsvertreter erstreckt (→ Rn. 1 f.). Dies geschieht durch sinngemäße Wiederholung des Wortlauts von § 55 Abs. 4 (S. 1) und § 54 Abs. 3 (S. 2). Nach S. 1 gilt ein Vermittlungsvertreter als ermächtigt, bestimmte Erklärungen des Dritten (Kunden) entgegenzunehmen. Im Einzelnen handelt es sich dabei um die Anzeige von Mängeln einer Ware, die Erklärung, dass eine Ware zur Verfügung gestellt werde sowie ähnliche Erklärungen, durch die ein Dritter seine Rechte aus mangelhafter Leistung geltend macht oder sich vorbehält (Abs. 2 S. 1 Hs. 1). Der Gesetzeswortlaut zeigt, dass die **Aufzählung nicht abschließend** ist. Auf der anderen Seite werden nach Sinn und Zweck der Norm nur Erklärungen erfasst, die sich auf den Gegenstand eines konkreten Vertrages beziehen.[9] Der Vertreter seinerseits kann die dem Unternehmer zustehenden Beweissicherungsrechte geltend machen (Abs. 2 S. 1 Hs. 2). Im Unterschied zu der Regelung des § 55 Abs. 4, die zu einer Erweiterung der Rechte des Abschlussvertreters führt (→ Rn. 4), werden diese Rechte für den Vermittlungsvertreter durch Abs. 2 S. 1 originär begründet, da insoweit eine nicht durch Vollmacht begründete Vertretungsmacht gesetzlich fingiert wird.[10] Der Vermittlungsvertreter ist daher hinsichtlich der in S. 1 Hs. 1 genannten Erklärungen des Kunden nicht als dessen Erklärungsbote, sondern als Empfangsvertreter des Unternehmers anzusehen.[11] Das auf diese Weise erlangte Wissen ist dem Unternehmer regelmäßig zuzurechnen (§ 166 BGB).[12]

Der Umfang der Vertretungsmacht des Vermittlungsvertreters bei der Entgegennahme von Erklä- 7
rungen des Kunden und bei der Geltendmachung von Beweissicherungsrechten des Unternehmens **entspricht derjenigen des Abschlussvertreters nach § 55 Abs. 4.** Es kann daher auf die dortige Kommentierung verwiesen werden (→ § 55 Rn. 17 ff.). Durch Abs. 2 wird nicht nur ein Recht, sondern eine Pflicht des Handelsvertreters zur Entgegennahme von Kundenerklärungen und deren Weiterleitung an den Unternehmer begründet.[13] Sonderregeln für Versicherungsvertreter ergeben sich aus §§ 43 ff. VVG.[14]

Nach dem Schutzzweck der Norm bezieht sich die Ermächtigung des Vermittlungsvertreters zur 8
Entgegennahme von Erklärungen iSv S. 1 Hs. 1 nicht nur auf von ihm selbst, sondern auch auf **fremd vermittelte Geschäfte.**[15] Auch der Wortlaut der Norm enthält für eine restriktive Auslegung keine Anhaltspunkte. Diese würde zu einer Verkürzung der Rechtsposition der Kunden führen, die durch die Vorschrift gerade geschützt werden sollen. Aus Sicht der Kunden ist nämlich jeder Handelsvertreter des Unternehmers ein geeigneter Ansprechpartner.[16]

2. Beschränkung (Abs. 2 S. 2). Die dem Vermittlungsvertreter nach Abs. 2 S. 1 zustehenden 9
Rechte können vertraglich eingeschränkt oder ausgeschlossen werden. Dies braucht der Dritte nach Abs. 2 S. 2 aber nur dann gegen sich gelten zu lassen, wenn er die Beschränkung kannte oder kennen musste (§ 122 Abs. 2 BGB). Vertragliche Vollmachtsbeschränkungen im Innenverhältnis **wirken im Außenverhältnis zum Kunden also nur, wenn dieser bösgläubig ist.** Die Regelung entspricht sinngemäß der für Abschlussvertreter geltenden Bestimmung (§ 55 Abs. 1 iVm § 54 Abs. 3). Es kann daher auf die dortige Kommentierung verwiesen werden (→ § 54 Rn. 38 ff.).

3. Beweislast. Für die Beweislast gelten die zu Abs. 1 entwickelten Grundsätze entsprechend 10
(→ Rn. 5).

IV. Andere Absatzmittler

Auf andere Absatzmittlerverhältnisse, insbesondere Vertragshändler-, Kommissionsagenten- und 11
Subordinations-Franchisenehmerverhältnisse ist die Vorschrift nicht entsprechend anwendbar.[17] Sie ist vielmehr auf die Besonderheiten des Handelsvertretervertrages zugeschnitten.

§ 91a [Vollmachtsüberschreitung]

(1) Hat ein Handelsvertreter, der nur mit der Vermittlung von Geschäften betraut ist, ein Geschäft im Namen des Unternehmers abgeschlossen, und war dem Dritten der Mangel

[9] Vgl. auch Ebenroth/Boujong/Semmler Rn. 11.
[10] Heymann/Froitzheim Rn. 6; vgl. auch MüKoHGB/Ströbl Rn. 10.
[11] BGH 22.10.1987, BGHZ 102, 80 (83) = NJW 1988, 488; LG Frankfurt a. M. 4.2.1985, NJW 1985, *1167 (1168)* (Rüge eines Reisenden gegenüber vermittelndem Reisebüro); Ebenroth/Boujong/Semmler Rn. 11; Heymann/Froitzheim Rn. 6; MüKoHGB/Ströbl Rn. 13.
[12] BGH 14.6.1957, LM BGB § 307 Nr. 1; Ebenroth/Boujong/Semmler Rn. 11.
[13] Vgl. auch LG Frankfurt a.M. 4.2.1985, NJW 1985, 1167 (1168); Ebenroth/Boujong/Semmler Rn. 11.
[14] Dazu Schwenker NJW 1992, 343.
[15] Hopt/Hopt Rn. 2; Ebenroth/Boujong/Semmler Rn. 11; Heymann/Froitzheim Rn. 7; MüKoHGB/Ströbl Rn. 14.
[16] Heymann/Froitzheim Rn. 7; MüKoHGB/Ströbl Rn. 14.
[17] Ebenroth/Boujong/Semmler Rn. 4; NK-HGB/Prasse Anh. FranchiseR Rn. 66 zum Franchising.

an Vertretungsmacht nicht bekannt, so gilt das Geschäft als von dem Unternehmer genehmigt, wenn dieser nicht unverzüglich, nachdem er von dem Handelsvertreter oder dem Dritten über Abschluß und wesentlichen Inhalt benachrichtigt worden ist, dem Dritten gegenüber das Geschäft ablehnt.

(2) Das gleiche gilt, wenn ein Handelsvertreter, der mit dem Abschluß von Geschäften betraut ist, ein Geschäft im Namen des Unternehmers abgeschlossen hat, zu dessen Abschluß er nicht bevollmächtigt ist.

Übersicht

I. Allgemeines

1 **1. Normzweck.** Nach § 91a gilt das von einem Vermittlungsvertreter (→ § 84 Rn. 44 f.) ohne Abschlussvollmacht (Abs. 1) oder von einem Abschlussvertreter (→ § 84 Rn. 46) außerhalb seiner Vertretungsmacht mit einem Kunden abgeschlossene Geschäft (Abs. 2) als genehmigt, wenn der Unternehmer, nachdem er davon benachrichtigt worden ist, nicht unverzüglich widerspricht. Die Vorschrift dient ähnlich wie § 362 dem **Verkehrsschutz**[1] und der **Beschleunigung des Handelsverkehrs.** Derjenige, der mit einem als Abschlussvertreter auftretenden Handelsvertreter in geschäftlichen Kontakt tritt, wird in seinem guten Glauben an die Vertretungsmacht des Handelsvertreters geschützt, sofern der Unternehmer nichts Gegenteiliges verlautbart. Dem Unternehmer soll damit die Möglichkeit genommen werden, das Geschäft noch nach längerer Zeit unter Hinweis auf die fehlende Vertretungsmacht des Handelsvertreters zurückweisen zu dürfen.[2] Dagegen soll die Vorschrift nicht in das Verhältnis zwischen Unternehmer und Handelsvertreter eingreifen. Insoweit kommt es darauf an, ob der Unternehmer dem Handelsvertreter tatsächlich eine Vollmacht erteilt hat. Die Vorschrift war, beschränkt auf Vermittlungsvertreter, bereits in § 85 der ursprünglichen Fassung des HGB enthalten und hat ihre heutige Gestalt durch Art. 1 HGB-Novelle 1953[3] erhalten. In der RL 86/653/EWG hat § 91a keine Entsprechung.

2 **2. Anwendungsbereich.** Mit § 91a hat der Gesetzgeber einen eigenen handelsrechtlichen Vertrauenstatbestand geschaffen,[4] der unter Berücksichtigung der Bedürfnisse des Handelsverkehrs von den allgemeinen Vorschriften der §§ 177 ff. BGB in mehreren Punkten abweicht. So gilt das Schweigen des Unternehmers im Gegensatz zu § 177 Abs. 2 S. 2 BGB nicht als Ablehnung, sondern als Zustimmung. Die **allgemeinen Regeln des BGB** werden jedoch nicht verdrängt, sondern **bleiben ergänzend anwendbar.**[5] Eine ähnliche Regelungskonzeption liegt der für den Handlungsgehilfen geltenden Vorschrift des § 75h zugrunde. Die parallele Anwendbarkeit der §§ 177 ff. BGB gibt den Beteiligten ein Wahlrecht, ob sie Rechtssicherheit über den Weg des § 91a oder unter Heranziehung der allgemeinen Vorschriften herbeiführen wollen:[6] Insoweit kann der Unternehmer das Geschäft nach § 177 Abs. 1 BGB wirksam werden lassen, während der Kunde den Unternehmer zu einer Entscheidung binnen zwei Wochen auffordern kann (§ 177 Abs. 2 BGB). Erfüllt die Aufforderung nach § 177 Abs. 2 BGB allerdings auch die Voraussetzungen des § 91a, muss der Unternehmer in Abhängigkeit von der Überlegungsfrist (→ Rn. 9) ggf. unverzüglich widersprechen, um der Rechtsfolge der Genehmigung zu

---

[1] Heymann/Froitzheim Rn. 3.

[2] Denkschrift zum Entwurf eines HGB, abgedruckt bei Schubert/Schmiedel/Krampe Quellen HGB II/2 S. 1007.

[3] Gesetz zur Änderung des Handelsgesetzbuchs (Recht der Handelsvertreter) vom 6.8.1953, BGBl. 1953 I 771.

[4] BGH 21.12.2005, WM 2006, 1107 (1109); Ebenroth/Boujong/Semmler Rn. 2; MüKoHGB/Ströbl Rn. 3.

[5] Hopt/Hopt Rn. 2; Ebenroth/Boujong/Semmler Rn. 20; Heymann/Froitzheim Rn. 5; MüKoHGB/Ströbl Rn. 20.

[6] Vgl. auch MüKoHGB/Ströbl Rn. 20.

entgehen.[7] Darüber hinaus steht dem Dritten bis zur Genehmigung des Vertrags iSv § 177 Abs. 1 BGB bzw. bis zur Genehmigung nach § 91a das Widerrufsrecht nach § 178 BGB zu.[8] Sinn und Zweck des § 91a, der dem Kunden einen zusätzlichen Schutz verschaffen soll, ist es nämlich nicht, die Rechte aus den allgemeinen Vorschriften zu verkürzen.[9] Verweigert der Unternehmer die Genehmigung des Vertrages, haftet der Handelsvertreter dem Kunden nach § 179 Abs. 1 BGB.[10] Die Vorschrift des § 91a ist auch auf **Auslandsgeschäfte** anwendbar, sofern für das Rechtsverhältnis zwischen Unternehmer und Handelsvertreter deutsches Recht maßgebend ist.[11]

II. Vertragsabschluss durch Vermittlungsvertreter (Abs. 1)

1. Voraussetzungen. a) Vermittlungsvertreter ohne Abschlussvollmacht. Die Vorschrift des § 91a Abs. 1 betrifft allein Vermittlungsvertreter. Sie setzt voraus, dass ein Vermittlungsvertreter im Namen des Unternehmers handelt, der über keine Abschlussvollmacht verfügt. Ob dies der Fall ist, beurteilt sich nach dem Innenverhältnis zwischen Unternehmer und Handelsvertreter. Freilich kann eine **Scheinvollmacht** dazu führen, dass das Geschäft, ohne dass es auf § 91a ankommt, unmittelbar zwischen Unternehmer und Dritten wirkt.[12] 3

b) Geschäftsabschluss. Der mit der Vermittlung von Geschäften betraute Handelsvertreter muss ein Geschäft mit einem Dritten (Kunden) abgeschlossen haben. Dies erfordert nach dem eindeutigen Wortlaut der Vorschrift eine rechtliche **Perfektionierung des Geschäfts,** abgesehen von der Genehmigung des Unternehmers. Nicht ausreichend ist eine bloße Geschäftsanbahnung, aber auch nicht die Entgegennahme eines bindenden Angebots des Dritten durch den Handelsvertreter als Empfangsvertreter[13] oder ein Vertragsschluss unter Vorbehalt der Genehmigung des Unternehmers.[14] 4

Der von § 91a vermittelte Verkehrsschutz kann freilich nicht stärker sein als dies bei normalem Lauf der Dinge der Fall wäre. Im Ergebnis führt die Genehmigungsfiktion des § 91a dazu, dass der Vermittlungsvertreter wie ein Abschlussvertreter mit entsprechender Handlungsvollmacht nach §§ 54, 55 behandelt wird. Wenn dem so ist, müsste das vom Vermittlungsvertreter abgeschlossene **Geschäft von einer Handlungsvollmacht** iSv § 54 **abgedeckt sein.** Es muss sich also um ein Geschäft handeln, dass der Gewerbebetrieb des Unternehmers gewöhnlich mit sich bringt. Außergewöhnliche Geschäfte fallen also nicht unter § 91a.[15] Im Übrigen kommt es schon aus Gründen des Verkehrsschutzes nicht darauf an, ob der Handelsvertreter auch sonst mit der Vermittlung eines solchen Geschäfts betraut ist.[16] Etwaige, nur im Innenverhältnis zum Unternehmer bestehende Beschränkungen des Handelsvertreters sind nach § 91a unbeachtlich.[17] Entscheidend ist allein, ob der Dritte den Mangel der Vertretungsmacht kennt. 5

c) Unkenntnis des Dritten. Wie sich bereits aus dem Wortlaut der Vorschrift ergibt, **schadet** dem Dritten **allein positive Kenntnis** vom Mangel der Vertretungsmacht im Zeitpunkt des Vertragsschlusses. Das Kennenmüssen bestimmter Tatsachen (§ 122 Abs. 2) steht dem nicht gleich.[18] Hat der Dritte Kenntnis von dem Mangel, weil der Vermittlungsvertreter beispielsweise unter dem Vorbehalt der Genehmigung durch den Unternehmer abschließt, ist der Dritte nicht mehr schutzwürdig. Die Vorschrift des § 91a greift nicht ein. Es kommen dann nur noch die allgemeinen Vorschriften der §§ 177 ff. BGB zur Anwendung. 6

d) Benachrichtigung des Unternehmers. Darüber hinaus muss der Unternehmer von dem Handelsvertreter oder dem Dritten (Kunden) über Abschluss und wesentlichen Inhalt des Geschäfts benachrichtigt worden sein. Denkbar ist auch, dass bevollmächtigte Vertreter des Handelsvertreters 7

---

[7] Vgl. auch Ebenroth/Boujong/Semmler Rn. 20.
[8] Ebenroth/Boujong/Semmler Rn. 20; MüKoHGB/Ströbl Rn. 21.
[9] Vgl. auch Heymann/Froitzheim Rn. 5.
[10] BGH 25.5.1977, BGHZ 68, 391 (395) = NJW 1977, 1535 f.; K. Schmidt HandelsR § 27 Rn. 105 ff.; Ebenroth/Boujong/Semmler Rn. 20.
[11] RG 23.3.1929, WarnR 1929 Nr. 82 zu § 85 aF; Heymann/Froitzheim Rn. 4; **aA** OLG Hamburg 26.6.1959, DB 1959, 1396; Ebenroth/Boujong/Semmler Rn. 8.
[12] Vgl. auch Heymann/Froitzheim Rn. 6.
[13] RG 28.2.1905, RGZ 60, 187 (188); Heymann/Froitzheim Rn. 6.
[14] MüKoHGB/Ströbl Rn. 6.
[15] KG 29.1.1907, OLGRspr. 14, 347 (348); Hopt/Hopt Rn. 1; Ebenroth/Boujong/Semmler Rn. 2; Heymann/Froitzheim Rn. 6; MüKoHGB/Ströbl Rn. 7; vgl. zur Parallelvorschrift des § 75h auch BGH 21.12.2005, WM 2006, 1107 (1109).
[16] Heymann/Froitzheim Rn. 6; **aA** Ebenroth/Boujong/Semmler Rn. 8; Schlegelberger/Schröder Rn. 4.
[17] Hopt/Hopt Rn. 3; Ebenroth/Boujong/Semmler Rn. 6; Heymann/Froitzheim Rn. 6.
[18] Ebenroth/Boujong/Semmler Rn. 7; Heymann/Froitzheim Rn. 7; MüKoHGB/Ströbl Rn. 8.

oder des Dritten die Benachrichtigung übernehmen.[19] Nicht ausreichend ist jedoch eine Benachrichtigung durch außenstehende Personen oder eine sonstige (Möglichkeit der) Kenntniserlangung seitens des Unternehmers.[20] Dahinter steht die Erwägung, dass es unbillig wäre, dem Unternehmer in diesem Fall – auf unsicherer Informationsbasis – eine Erklärungspflicht aufzuerlegen.[21] Dem entsprechend muss dem Unternehmer auch der **wesentliche Inhalt des Geschäfts** mitgeteilt werden. Wesentlich ist alles, was aus Sicht des Unternehmers für seine Entschließung bedeutsam sein kann.[22] Dazu gehören jedenfalls der Geschäftsgegenstand, der vereinbarte Preis, die Liefermodalitäten, die zugrunde liegenden Haftungsregeln und – bei unbekannten Kunden – Informationen zur Person des Dritten.[23] Die Benachrichtigung, bei der es sich um eine empfangsbedürftige Willenserklärung handelt, kann **formlos** erfolgen.[24] Aus Beweisgründen empfiehlt sich freilich die Schriftform. Es ist ausreichend, dass die Benachrichtigung dem Unternehmer zugeht (§ 130 BGB); eine Kenntnisnahme ist nicht erforderlich.[25] Erfolgt die Benachrichtigung nur unvollständig, greifen die Rechtsfolgen aus § 91a nicht ein.[26] Genehmigt der Unternehmer das Geschäft in diesem Fall zunächst gem. § 177 Abs. 1 BGB, erfolgt aber später eine vollständige Benachrichtigung nach § 91a, so lebt das Ablehnungsrecht des Unternehmers nach § 91a nicht erneut auf.[27] Dies folgt aus der parallelen Anwendbarkeit der §§ 177 ff. BGB.

8 **e) Keine unverzügliche Ablehnung.** Die Rechtsfolge des § 91a Abs. 1 greift nur dann ein, wenn der Unternehmer das Geschäft nicht unverzüglich ablehnt. Dabei handelt es sich um eine **rechtsgestaltende Willenserklärung,** die als solche unwiderruflich ist.[28] Die Erklärung muss dem Erklärungsgegner zugehen (§ 130 BGB). Erklärungsgegner ist der Vertragspartner, also der Dritte. Die Erklärung ist formlos möglich.[29] Sowohl auf Seiten des Erklärenden als auch auf Seiten des Erklärungsempfängers können Boten oder Vertreter eingeschaltet werden. Als Willenserklärung kann die Ablehnungserklärung seitens des Unternehmers angefochten werden.[30] Dabei ist im Einzelfall durch Auslegung (§ 133 BGB) zu ermitteln, ob der Anfechtung der Ablehnung zugleich die Erklärungsbedeutung der Genehmigung des Geschäfts zukommt, oder ob dadurch der Schwebezustand nach § 91a wieder hergestellt wird.[31] Die Ablehnung bedarf keiner Begründung.[32] Unabhängig davon ist der Unternehmer freilich nach § 86a Abs. 2 S. 2 verpflichtet, die Ablehnung gegenüber dem Handelsvertreter nicht nur anzuzeigen, sondern auch zu begründen (→ § 86a Rn. 20).[33] Die Entscheidung über das Geschäft kann der Unternehmer bei entsprechender Bevollmächtigung im Übrigen auch dem Handelsvertreter überlassen.[34] Ein treuwidriges Handeln des Handelsvertreters liegt im Falle der Ablehnung des Geschäfts nicht vor, da er insoweit für den Unternehmer als Vertreter handelt.[35]

9 Will der Unternehmer das Geschäft ablehnen, kommt es im Hinblick auf die Rechtsfolgen darauf an, dass die Ablehnung **unverzüglich,** also ohne schuldhaftes Zögern, erfolgt (§ 121 Abs. 1 S. 1 BGB). Fehlt es daran, gilt das Geschäft gem. § 91a als genehmigt; die unverzügliche Ablehnung führt dagegen zur Haftung des Handelsvertreters nach § 179 BGB (→ Rn. 2). Unverzüglich ist nicht gleichbedeutend mit sofort. Vielmehr steht dem Unternehmer eine angemessene **Überlegungsfrist** zu, die mit dem Zugang der vollständigen Benachrichtigung beginnt.[36] Die Überlegungsfrist darf angesichts des Zwecks der Norm, der auch in der Beschleunigung des Handelsverkehrs zu sehen ist (→ Rn. 1), jedoch nicht übermäßig ausgedehnt werden. Insoweit dürfte eine Frist von zwei Wochen, in Abhängigkeit von der Komplexität der Entscheidung und der notwendigen Erkundigungen, die

---

[19] Hopt/Hopt Rn. 5; vgl. auch Heymann/Froitzheim Rn. 8 (mit Beschränkung auf den Dritten).

[20] Ebenroth/Boujong/Semmler Rn. 9; Heymann/Froitzheim Rn. 8; MüKoHGB/Ströbl Rn. 9.

[21] Vgl. Begr. zum Entwurf eines Gesetzes zur Änderung des Handelsgesetzbuchs (Recht der Handelsvertreter), BT-Drs. 1/3856, 9, 39.

[22] Hopt/Hopt Rn. 6; Ebenroth/Boujong/Semmler Rn. 9; Heymann/Froitzheim Rn. 8.

[23] Vgl. auch Hopt/Hopt Rn. 6; Ebenroth/Boujong/Semmler Rn. 9; Heymann/Froitzheim Rn. 8; ferner BGH 21.12.2005, WM 2006, 1107 (1110) zu § 75h.

[24] BGH 21.12.2005, WM 2006, 1107 (1110) zu § 75h; MüKoHGB/Ströbl Rn. 10.

[25] Hopt/Hopt Rn. 5; Heymann/Froitzheim Rn. 8.

[26] Ebenroth/Boujong/Semmler Rn. 9; Heymann/Froitzheim Rn. 8; MüKoHGB/Ströbl Rn. 10.

[27] Hopt/Hopt Rn. 6.

[28] BGH 28.4.1954, BGHZ 13, 179 (187) = NJW 1954, 1155; 14.2.1989, NJW 1989, 1672 (1673); Hopt/Hopt Rn. 7.

[29] MüKoHGB/Ströbl Rn. 12.

[30] Heymann/Froitzheim Rn. 10; Hopt/Hopt Rn. 7; MüKoHGB/Ströbl Rn. 14; Staub/Emde Rn. 24; **aA** Ebenroth/Boujong/Semmler Rn. 17.

[31] MüKoHGB/Ströbl Rn. 14.

[32] Ebenroth/Boujong/Semmler Rn. 15; Heymann/Froitzheim Rn. 10.

[33] **AA** Ebenroth/Boujong/Semmler Rn. 15.

[34] MüKoHGB/Ströbl 12.

[35] Ebenroth/Boujong/Semmler Rn. 15; Hopt/Hopt Rn. 7.

[36] Vgl. auch BGH 21.12.2005, WM 2006, 1108 zu § 75h.

Obergrenze darstellen;[37] im Einzelfall kann durchaus eine schnellere Entschließung gefordert sein.[38] Die Vorschrift des § 177 Abs. 2 S. 2 BGB, nach der (ebenfalls) eine zweiwöchige Erklärungsfrist besteht, kann aufgrund der Besonderheiten des Handelsrechts jedenfalls nicht ohne weiteres analog herangezogen werden.[39] Der Unternehmer trägt für den rechtzeitigen Zugang der Ablehnungserklärung, der innerhalb der Überlegungsfrist erfolgen muss,[40] das Risiko.[41] Verzögerungen gehen zu seinen Lasten, unabhängig von einem etwaigen Verschulden.[42] Eine Verlängerung der objektiv erforderlichen Frist aufgrund betrieblicher Erfordernisse des Unternehmers kommt aufgrund des vorrangigen Verkehrsschutzes nicht in Betracht.[43]

2. Rechtsfolge. Wird die Ablehnung nicht unverzüglich erklärt oder schweigt der Unternehmer, gilt das Geschäft als vom Unternehmer genehmigt (Abs. 1). Darauf kann sich auch der Unternehmer berufen; ein Wahlrecht des Dritten existiert nicht.[44] Die **Genehmigung** beruht nicht auf einer gesetzlichen Fiktion; wegen des Erklärungswerts des Schweigens handelt es sich vielmehr um eine **unwiderlegliche Rechtsvermutung.**[45] Das Geschäft ist von Anfang an wirksam. Der Unternehmer muss das Geschäft, so wie es vom Handelsvertreter geschlossen wurde, gegen sich gelten lassen.[46] Insbesondere sind ihm alle Umstände zuzurechnen, die dem Handelsvertreter aufgrund der Vertragsverhandlungen zur Kenntnis gelangt sind oder die er kennen musste (§ 166 BGB).[47] Dem Handelsvertreter steht aufgrund der Genehmigung ein Provisionsanspruch nach §§ 87 ff. zu.[48] **Schadensersatzansprüche** des Unternehmers gegen den Handelsvertreter wegen einer durch den Geschäftsabschluss begangenen Pflichtverletzung scheiden regelmäßig aus,[49] soweit sich im Einzelfall nichts Gegenteiliges ergibt.[50] Mit dem Eintritt der Genehmigungswirkung nach § 91a entfallen auch die Voraussetzungen für eine **fristlose Kündigung** des Handelsvertretervertrages gem. § 89a, soweit diese allein auf den Vertragsschluss gestützt wird.[51] Die Genehmigung ist nach allgemeinen Grundsätzen **anfechtbar.** Das gilt auch dann, wenn der Unternehmer die Ablehnungserklärung „unbewusst" unterlässt,[52] da § 91a dieses Schweigen gerade als Willenserklärung wertet. Ein Irrtum des Unternehmers über die rechtliche Bedeutung seines Schweigens ist allerdings unbeachtlich.[53] 10

Ein Schweigen des Unternehmers kann im Übrigen unabhängig von § 91a zu einer Genehmigung des Geschäfts nach allgemeinen Grundsätzen führen, wenn dem Schweigen aufgrund der Vereinbarung der Parteien ein konkludenter Erklärungssinn beikommen soll (sog. **beredtes Schweigen**). Herangezogen werden können auch die **Grundsätze über das kaufmännische Bestätigungsschreiben.** Dann kommt es auf § 91a unter Umständen nicht mehr an, sofern die stillschweigende Genehmigung bereits vorher eingetreten ist. Ein darüber hinausgehendes Wahlrecht, das dem Unternehmer in einem derartigen Fall auch die Berufung auf § 91a eröffnen könnte, besteht dann nicht mehr.[54] 11

3. Beweislast. Die Beweislast für das Vorliegen der Voraussetzungen des § 91a trägt nach allgemeinen Grundsätzen derjenige, der Rechte aus dem nach § 91a zustande gekommenen Vertrag herleiten will, also der **Kunde.** Er hat daher insbesondere zu beweisen, dass der Unternehmer geschwiegen oder die Ablehnungserklärung zu spät abgegeben hat.[55] Ferner trifft den Kunden die Beweislast für 12

---

[37] Vgl. BGH 21.12.2005, WM 2006, 1107 (1110) zu § 75h; Hopt/Hopt Rn. 8; MüKoHGB/Ströbl Rn. 13.
[38] Ebenroth/Boujong/Semmler Rn. 14.
[39] Ebenroth/Boujong/Semmler Rn. 15; Hopt/Hopt Rn. 8; MüKoHGB/Ströbl Rn. 13; **aA** Heymann/Froitzheim Rn. 10.
[40] Vgl. BGH 21.12.2005, WM 2006, 1007 (1110) zu § 75h.
[41] Ebenroth/Boujong/Semmler Rn. 16; Hopt/Hopt Rn. 8.
[42] Ebenroth/Boujong/Semmler Rn. 16.
[43] Ebenroth/Boujong/Semmler Rn. 14; offengelassen von BGH 21.12.2005, WM 2006, 1107 (1110) zu § 75h.
[44] MüKoHGB/Ströbl Rn. 15.
[45] Ebenroth/Boujong/Semmler Rn. 19; Heymann/Froitzheim Rn. 11; MüKoHGB/Ströbl Rn. 15; Staub/Emde Rn. 26; für Fiktion offenbar Hopt/Hopt Rn. 10.
[46] BGH 14.6.1957, DB 1957, 745 = BeckRS 1957, 31194772; 9.5.1951, BB 1951, 488 = NJW 1951, 885; RG 3.4.1902, RGZ 51, 147 (150); 23.3.1929, WarnR 1929 Nr. 82; Ebenroth/Boujong/Semmler Rn. 19; Heymann/Froitzheim Rn. 12; MüKoHGB/Ströbl Rn. 15.
[47] Ebenroth/Boujong/Semmler Rn. 19; Heymann/Froitzheim Rn. 12; MüKoHGB/Ströbl Rn. 15.
[48] Ebenroth/Boujong/Semmler Rn. 19; Heymann/Froitzheim Rn. 12; Hopt/Hopt Rn. 9; MüKoHGB/Ströbl Rn. 17; Staub/Emde Rn. 29; **aA** Ehrenberg HandelsR-HdB V/1/Schmidt-Rimpler S. 249 m. Fn. 22a.
[49] Ebenroth/Boujong/Semmler Rn. 19; MüKoHGB/Ströbl Rn. 18; **aA** Hopt/Hopt Rn. 9: nur bei konkludenter Genehmigung, nicht bei Rechtsschein nach Abs. 1; Heymann/Froitzheim Rn. 12; Staub/Emde Rn. 29.
[50] Vgl. Hallermann ZHR 89 (1926), 225 (239 ff.).
[51] **AA** Ebenroth/Boujong/Semmler Rn. 19; Staub/Emde Rn. 29.
[52] **AA** MüKoHGB/Ströbl Rn. 14.
[53] Ebenroth/Boujong/Semmler Rn. 19; Heymann/Froitzheim Rn. 12; Hopt/Hopt Rn. 10.
[54] Hopt/Hopt Rn. 9.
[55] Staub/Emde Rn. 40.

die inhaltlich ausreichende Benachrichtigung, das Ausbleiben einer rechtzeitigen Ablehnungserklärung des Unternehmers und seine Unkenntnis von der fehlenden Vertretungsmacht.[56] Der **Unternehmer** muss ggf. die Umstände darlegen und beweisen, aus denen sich eine den Anspruch ausschließende Kenntnis des Kunden und die Rechtzeitigkeit der Ablehnungserklärung ergeben.[57]

III. Vertragsabschluss durch Abschlussvertreter (Abs. 2)

13 Die Rechtsfolge des § 91a Abs. 1 (→ Rn. 10 f.) tritt nach Abs. 2 auch dann ein, wenn ein Abschlussvertreter **außerhalb** seiner **Abschlussvollmacht** ein Geschäft mit einem Dritten (Kunden) schließt. In diesem Fall ist der Dritte ebenso schutzwürdig wie beim Vertragsschluss eines Vermittlungsvertreters ohne Abschlussvollmacht. Wie im Rahmen von Abs. 1 (→ Rn. 6) fehlt ein Schutzbedürfnis freilich, wenn der Dritte den Mangel der Vertretungsmacht kennt.[58] Dies führt zur Unanwendbarkeit von § 91a Abs. 2. Entsprechendes gilt, wenn der Abschlussvertreter über eine unbeschränkte Abschlussvollmacht verfügt und nur im Innenverhältnis zum Unternehmer gewissen Beschränkungen unterliegt. Das ist wie bei Abs. 1 (→ Rn. 5) unerheblich. Vielmehr kommt das Geschäft schon nach § 164 Abs. 1 BGB zustande. Im Übrigen gelten aufgrund der Verweisung in Abs. 2 die weiteren Voraussetzungen des Abs. 1 entsprechend (→ Rn. 4 ff.).

IV. Andere Absatzmittler

14 Auf andere Absatzmittlerverhältnisse, insbesondere Vertragshändler-, Kommissionsagenten- und Subordinations-Franchisenehmerverhältnisse ist die Vorschrift nicht entsprechend anwendbar.[59] Sie ist vielmehr auf die Besonderheiten des Handelsvertretervertrages zugeschnitten.

§ 92 [Versicherungsvertreter]

(1) Versicherungsvertreter ist, wer als Handelsvertreter damit betraut ist, Versicherungsverträge zu vermitteln oder abzuschließen.

(2) Für das Vertragsverhältnis zwischen dem Versicherungsvertreter und dem Versicherer gelten die Vorschriften für das Vertragsverhältnis zwischen dem Handelsvertreter und dem Unternehmer vorbehaltlich der Absätze 3 und 4.

(3) [1]In Abweichung von § 87 Abs. 1 Satz 1 hat ein Versicherungsvertreter Anspruch auf Provision nur für Geschäfte, die auf seine Tätigkeit zurückzuführen sind. [2]§ 87 Abs. 2 gilt nicht für Versicherungsvertreter.

(4) Der Versicherungsvertreter hat Anspruch auf Provision (§ 87a Abs. 1), sobald der Versicherungsnehmer die Prämie gezahlt hat, aus der sich die Provision nach dem Vertragsverhältnis berechnet.

(5) Die Vorschriften der Absätze 1 bis 4 gelten sinngemäß für Bausparkassenvertreter.

Schrifttum: Eggebrecht, Die Anrechnung von Altbestandsübertragungen bei der Ausgleichsberechnung eines Versicherungsagenten nach den Grundsätzen „Sach", ZVertriebsR 2014, 210; Hanau/Strick, Die Abgrenzung von Selbständigen und Arbeitnehmern (Beschäftigten) im Versicherungsaußendienst, DB-Beil. 14/1998, 1; Höld, Verwendung von Kundendaten durch ausgeschiedene Versicherungsvertreter, NJW 2016, 2774; Nastold, Versicherungsvermittler, Netto-Police und neues VVG, ZVertriebsR 2014, 146.

Übersicht

[56] Ebenroth/Boujong/Semmler Rn. 23.
[57] Ebenroth/Boujong/Semmler Rn. 23.
[58] Heymann/Froitzheim Rn. 13.
[59] Ebenroth/Boujong/Semmler Rn. 4; NK-HGB/Prasse Anh. FranchiseR Rn. 66 zum Franchising; für Kommissionsagenten auch MüKoHGB/Ströbl Rn. 4.

I. Allgemeines

1. Normzweck. Die Vorschrift des § 92 enthält in Abs. 3 und Abs. 4 Sonderbestimmungen für Versicherungs- und Bausparkassenvertreter. Diese betreffen den Umfang des Provisionsanspruchs (Abs. 3) und die Entstehung des Provisionsanspruchs (Abs. 4). Im Übrigen gelten für das Vertragsverhältnis zwischen dem Versicherungsvertreter und der Versicherung und zwischen dem Bausparkassenvertreter und der Bausparkasse die „allgemeinen" Bestimmungen des Handelsvertreterrechts (Abs. 2). Dort finden sich allerdings in § 89b Abs. 5 (Ausgleichsanspruch), § 92a Abs. 2 (Mindestarbeitsbedingungen für arbeitnehmerähnliche Versicherungsvertreter) und § 92b Abs. 4 (Versicherungsvertreter im Nebenberuf) weitere Sonderregeln. Mit § 92, der in der ursprünglichen Fassung des HGB nicht enthalten war und durch die HGB-Novelle 1953 in das Gesetz inkorporiert wurde, will der Gesetzgeber den besonderen **Gepflogenheiten in der Versicherungswirtschaft** und im **Bausparkassenwesen** Rechnung tragen.[1] Die Rechtsstellung der Versicherungs- und Bausparkassenvertreter wird zwar durch die RL 86/653/EWG nicht geregelt. Gleichwohl folgt aus dem Gebot der einheitlichen Auslegung des nationalen Rechts, dass auch insoweit, wie § 92 Abs. 2 auf das Handelsvertreterrecht verweist, eine richtlinienkonforme Auslegung zu erfolgen hat (→ § 84 Rn. 12). Zu Einzelheiten wird auf die Kommentierung der jeweiligen Bezugsnormen verwiesen. 1

2. Anwendungsbereich (Abs. 1 und Abs. 5). Als Sondervorschrift gilt § 92 für Versicherungs- und Bausparkassenvertreter. Nach der Legaldefinition des Abs. 1 ist **Versicherungsvertreter,** wer als Handelsvertreter damit betraut ist, Versicherungsverträge zu vermitteln oder abzuschließen. Der Versicherungsvertreter ist also der Sache nach ein Handelsvertreter mit besonderem Tätigkeitsbereich. In der Versicherungsbranche haben sich zum Teil andere Bezeichnungen etabliert wie Versicherungsagent, Hauptagent, Generalagent, Generalvertreter, die allerdings für die rechtliche Einordnung nicht entscheidend sind. Maßgebend ist allein, ob der Versicherungsvertreter als selbstständiger Gewerbetreibender von einem anderen ständig damit betraut ist, Versicherungsverträge iSv § 1 VVG zu vermitteln.[2] Vertragspartner des Versicherungsvertreters ist regelmäßig ein Versicherungsunternehmen iSv § 1 Abs. 1 Nr. 1 VAG. Eine Legaldefinition für **Bausparkassenvertreter** enthält Abs. 5 nicht. Vielmehr verweist die Vorschrift auch auf Abs. 1. Dem entsprechend ist Bausparkassenvertreter, wer als Handelsvertreter damit betraut ist, Bausparkassenverträge iSv § 1 Abs. 2 BauSparkG zu vermitteln oder abzuschließen.[3] 2

II. Sonderbestimmungen (Abs. 3, Abs. 4)

1. Grundsatz. Wie bereits eingangs ausgeführt (→ Rn. 1), gelten für die Verträge der Versicherungs- und Bausparkassenvertreter die allgemeinen Vorschriften des Handelsvertretervertrages (Abs. 2), soweit nicht die Sonderbestimmungen der Abs. 3 und Abs. 4 eingreifen. Diese betreffen nur erfolgsabhängige Vermittlungs- oder Abschlussprovisionen, nicht aber erfolgsunabhängige Vergütungen (→ Rn. 4). Die Verweisung auf die allgemeinen Vorschriften in Abs. 2 ist im Übrigen rein deklaratorischer Natur, da der Versicherungs- und (iVm Abs. 5 auch) der Bausparkassenvertreter nach Abs. 1 ohnehin Handelsvertreter ist.[4] 3

2. Umfang des Provisionsanspruchs (Abs. 3). Nach Abs. 3 S. 1 hat ein Versicherungs- und Bausparkassenvertreter Anspruch auf Provision nur für solche Geschäfte, die auf seine Tätigkeit zurückzuführen sind. Dies bedeutet, dass der Vertreter selbst fördernd tätig sein muss. Auf die Tätigkeit des Vertreters zurückzuführen sind damit auch automatische Vertragsverlängerungen, soweit diese vom Vertreter mit dem Kunden verhandelt wurden.[5] Eine mittelbare Kausalität seiner Absatzmittlertätigkeit reicht nicht.[6] Damit wird der Provisionsanspruch entgegen § 87 Abs. 1 S. 1 Alt. 2 (→ § 87 Rn. 19 f.) eingeschränkt, sodass dem Versicherungs- und Bausparkassenvertreter keine Provision für **Nachbestellungen** und **Folgeverträge** zusteht.[7] Dies entspricht den Verhältnissen im Versicherungs- und Bausparkassengewerbe, da mit „Nachbestellungen" aus Folgegeschäften regelmäßig nicht gerechnet werden kann (→ § 89b Rn. 56). Der Versicherungs- und Bausparkassenvertreter muss vielmehr an prämienerhöhenden Änderungen der ursprünglich von ihm vermittelten Verträge 4

---

[1] Vgl. Begr. RegE Gesetz zur Änderung des HGB (Recht der Handelsvertreter), BT-Drs. 1/3856, 9, 39.

[2] Vgl. nur BAG 20.9.2000, BB 2001, 48; 15.12.1999, BB 2000, 1469 (1469 f.); 15.12.1999, BB 2000, 826 (827 f.); OLG München 8.11.1963, VersR 1964, 235 (236).

[3] MüKoHGB/Ströbl Rn. 8.

[4] Einschr. Emde DStR 2009, 1478 (1480).

[5] OLG Hamm 27.6.2024, ZVertriebsR 2024, 286 Rn. 34; Staub/Emde Rn. 136.

[6] BGH 24.4.1986, BB 1986, 2091 = NJW-RR 1986, 1477; Hopt/Hopt Rn. 4.

[7] Vgl. auch MüKoHGB/Ströbl Rn. 12.

selbst mitwirken, wenn er eine Provision verdienen will.[8] Eine Ausnahme gilt jedoch bei **dynamischen Versicherungsverträgen,** bei denen sich die Versicherungssumme regelmäßig erhöht[9] (auch → § 87 Rn. 14) und bei sog. **Ergänzungsverträgen** (→ § 89b Rn. 57), die in engem wirtschaftlichen Zusammenhang zum Ursprungsvertrag stehen, weil es sich um die bloße Aufstockung der Versicherungs- und Bausparsumme,[10] einen Anschlussvertrag mit im Wesentlichen gleichen Konditionen[11] oder die Einbeziehung eines neuen Gruppenmitglieds in eine echte Gruppenversicherung handelt.[12] Derartige Ergänzungsverträge weisen eine hinreichende Nähe zur Absatzmittlertätigkeit des Vertreters auf und sind damit provisionspflichtig.[13] Die Abgrenzung zu bloßen Folgeverträgen kann freilich im Einzelfall zweifelhaft sein. Da Abs. 3 dispositiv ist (→ Rn. 1), können die Parteien die Provisionspflicht für Folgegeschäfte freilich privatautonom regeln, sie also auch auf diese Geschäfte erstrecken, aber auch über den Kreis der Folgegeschäfte hinaus noch weiter einengen.[14] Verzichtet der Versicherungs- oder Bausparkassenvertreter für den Fall des Vertragsendes auf an sich zu gewährende Folgeprovisionen, führt dies zu einem Ausgleichsanspruch des Handelsvertreters gem. § 89b Abs. 5 iVm Abs. 1 (→ § 89b Rn. 57). Wie sich im Übrigen aus Abs. 3 S. 2 ergibt, erhält der Versicherungsvertreter **keine Bezirks- oder Kundenschutzprovision,** da § 87 Abs. 2 für nicht anwendbar erklärt ist. Auch der auf einen bestimmten Geschäftskreis beschränkte Versicherungs- und Bausparkassenvertreter erhält daher eine Provision nur für selbst vermittelte Geschäfte.[15]

5 **3. Entstehung des Provisionsanspruchs (Abs. 4).** Einen Anspruch auf Provisionszahlung iSv § 87a Abs. 1 hat der Versicherungs- und Bausparkassenvertreter nach Abs. 4, sobald der Versicherungsnehmer die Prämie gezahlt hat, aus der sich die Provision nach dem Vertragsverhältnis berechnet. Entsprechendes gilt für den Anspruch auf Zahlung einer Superprovision für werbende Tätigkeit, mit der ein Hauptvertreter am Vermittlungserfolg der ihm unterstellten Untervertreter partizipiert.[16] Die Bestimmung, die allein das Rechtsverhältnis des Versicherungsvertreters zum Versicherungsunternehmer, nicht aber dasjenige zum Versicherungsnehmer betrifft (→ Rn. 11),[17] bezieht sich auf den Regelfall der sog. **Bruttopolice,** bei der die Provisionszahlung wie beim Handelsvertreter im Innenverhältnis zwischen Versicherungsunternehmer und Versicherungsvertreter erfolgt. Anders liegen die Dinge beim Vertrieb von **Nettopolicen** (→ Rn. 11). Die Regelung in Abs. 4 folgt dem Regelungskonzept des § 87a Abs. 1 S. 3, weicht aber von § 87a Abs. 1 S. 1 ab, wonach es für die Entstehung des Provisionsanspruchs auf die Ausführung des Kundengeschäfts ankommt (→ § 87a Rn. 5 ff.). Gesperrt ist durch die Sonderbestimmung des Abs. 4 auch der Vorschussanspruch aus § 87a Abs. 1 S. 2.[18] Unter welchen Voraussetzungen die für die Entstehung des Provisionsanspruchs nach Abs. 4 maßgebliche **Prämie „gezahlt"** ist, hängt davon ab, wie die Prämie von dem Kunden zu erbringen ist. Im Falle einer Einmalprämie ist die Prämie regelmäßig erst dann gezahlt, wenn die Zahlung der gesamten Prämie erfolgt ist.[19] Dagegen kann bei laufenden Prämienzahlungen jede beliebige Prämie maßgeblich sein. Die Parteien können nämlich im Handelsvertretervertrag bestimmen, welche Prämienzahlung in welchem Umfang einen Provisionsanspruch des Vertreters auslösen soll.[20] Dies ergibt sich aus Abs. 4 letzter Hs., der bestimmt, dass sich die Provision aus der nach dem Vertragsverhältnis bestimmten Prämie berechnet. Fehlt eine ausdrückliche Bestimmung, bedarf es ggf. einer ergänzenden Vertragsauslegung.[21] **Teilleistungen** führen regelmäßig nicht zu einem Teilprovisionsanspruch.[22] Ein diesbezüglicher Rückgriff auf § 87a Abs. 1 S. 3 scheidet aufgrund der verdrängenden Regelung in Abs. 4 aus.[23] Da Abs. 4 insgesamt **dispositiv** ist (→ Rn. 11), kann im

---

[8] Vgl. MüKoHGB/Ströbl Rn. 16.
[9] BGH 20.12.2018, NJW 2019, 1674 Rn. 15 mwN.
[10] Vgl. BGH 23.2.1961, BGHZ 34, 310 (319) = NJW 1961, 1059.
[11] Vgl. OLG Köln 17.2.1978, VersR 1978, 511 (512).
[12] MüKoHGB/Ströbl Rn. 17.
[13] Vgl. BGH 1.12.1960, DB 1961, 269.
[14] Hopt/Hopt Rn. 5; MüKoHGB/Ströbl Rn. 20; vgl. auch OLG Düsseldorf 26.10.1956, DB 1956, 1132; OLG Frankfurt 18.2.1986, NJW-RR 1986, 782; OLG Köln 17.8.2001, VersR 2001, 1377.
[15] BAG 15.12.1999, BB 2000, 932; Hopt/Hopt Rn. 6; MüKoHGB/Ströbl Rn. 14, 19.
[16] BAG 21.1.2015, NJW 2015, 2364 Rn. 28; MüKoHGB/Ströbl § 87 Rn. 16.
[17] BGH 12.12.2013, BGHZ 199, 216 Rn. 15 = NJW 2014, 1655; 20.1.2005, BGHZ 162, 67, 76 f. = NJW 2005, 1357; 25.9.2014, NJW-RR 2015, 548 Rn. 13; 5.6.2014, NJW 2014, 2782 Rn. 13.
[18] MüKoHGB/Ströbl Rn. 21.
[19] MüKoHGB/Ströbl Rn. 24.
[20] OLG Karlsruhe 3.3.1988, VersR 1989, 511 (512); OLG Stuttgart 12.3.1976, BB 1977, 565; Hopt/Hopt Rn. 8; MüKoHGB/Ströbl Rn. 24.
[21] OLG Stuttgart 12.3.1977, BB 1977, 565; Heymann/Froitzheim Rn. 10.
[22] Vgl. BAG 25.10.1967, NJW 1968, 518 (520); OLG Saarbrücken 29.8.1997, NJW-RR 1998, 1192 (1193); Hopt/Hopt Rn. 7; MüKoHGB/Ströbl Rn. 26.
[23] MüKoHGB/Ströbl Rn. 26; vgl. auch Heymann/Froitzheim Rn. 10; Hopt/Hopt Rn. 8; **aA** BeckOK HGB/Lehmann, 48. Ed. 1.10.2025 Rn. 17.

Übrigen jedoch vereinbart werden, dass die Provisionsberechnung nicht anhand der Prämie, sondern auf anderer Bemessungsgrundlage zu berechnen ist, beispielsweise unter Zugrundelegung der Versicherungs- oder Bausparsumme.[24] Darüber hinaus können auch Teilprovisionen oder ein Recht auf Vorschuss (vgl. § 87a Abs. 1 S. 2) abweichend von Abs. 4 vereinbart werden.[25] Die **Abtretung** des Provisionsanspruches eines Versicherungsvertreters, der Personenversicherungen vermittelt, ist nach § 134 BGB nichtig, da mit der Abtretung nach § 402 BGB die Pflicht verbunden ist, dem Zessionar die zur Geltendmachung der abgetretenen Forderung nötigen, jedoch der Geheimhaltung (§ 203 Abs. 1 Nr. 6 StGB) unterworfenen Auskünfte zu erteilen.[26] Entsprechendes gilt für die Übertragung der in § 87c vorgesehenen Hilfsrechte, und zwar unabhängig davon, ob diese eigenständig abtretbar sind oder nicht.[27]

4. Leistungsstörungen im Versicherungsverhältnis. Die Vorschrift des Abs. 4 führt eigentlich nur zu einer Modifizierung von § 87a Abs. 1. Die weiteren Bestimmungen des § 87a bleiben damit auf Versicherungs- und Bausparkassenvertreter anwendbar.[28] Aus diesen Vorschriften ergibt sich daher auch, wie sich Störungen im Versicherungsverhältnis auf den Provisionsanspruch des Versicherungs- und Bausparkassenvertreters auswirken. Freilich besteht eine Ausnahme: Zu beachten ist nämlich, dass die Vorschrift des § 87a Abs. 2 inhaltlich auf § 87a Abs. 1 Bezug nimmt, da sie voraussetzt, dass der Provisionsanspruch des Handelsvertreters unabhängig von der Leistung des Kunden bereits unbedingt durch die Ausführung des Kundengeschäfts seitens des Unternehmers entsteht. Dies wird aber gerade durch Abs. 4 abweichend geregelt (→ Rn. 5). Daher ist **§ 87a Abs. 2** auf Handelsvertreterverträge mit Versicherungs- und Bausparkassenvertretern **nicht anzuwenden.**[29] 6

Ein **Provisionsanspruch** des Vertreters kann jedoch unter den Voraussetzungen des **§ 87a Abs. 3 S. 1** im Falle der Nichtausführung des Kundengeschäfts durch das Versicherungs- oder Bausparunternehmen entstehen.[30] Erforderlich ist insoweit, dass der Unternehmer das Geschäft insgesamt oder teilweise nicht oder nicht so ausgeführt hat, wie es abgeschlossen wurde (→ § 87a Rn. 10 ff.). Der Provisionsanspruch des Vertreters entfällt allerdings (§ 87a Abs. 3 S. 2), wenn und soweit die Nichtausführung auf Umständen beruht, die vom Unternehmer nicht zu vertreten sind. Das ist der Fall, wenn den Unternehmer oder seine Erfüllungsgehilfen weder ein Verschulden trifft noch die Nichtausführung auch ansonsten seinem unternehmerischen oder betrieblichen Risiko zugeordnet werden kann (zu Einzelheiten → § 87a Rn. 22 f.). Unter diesen Umständen hat der Unternehmer gegen den Versicherungs- und Bausparkassenvertreter ggf. einen Anspruch auf Rückzahlung bereits geleisteter Provisionen aus § 812 Abs. 1 S. 1 Alt. 1 BGB.[31] 7

Für die Frage, ob der Unternehmer die Nichtausführung des Kundengeschäfts iSv § 87a Abs. 3 S. 2 nicht zu vertreten hat, ist im Rahmen von Absatzmittlerverhältnissen mit Versicherungs- und Bausparkassenvertretern des Weiteren von Bedeutung, inwieweit den Unternehmer zusätzlich eine **Nachbearbeitungspflicht** trifft (vgl. → § 87a Rn. 23). Da es sich insoweit um eine Vertragspflicht handelt, setzt diese voraus, dass zunächst überhaupt ein wirksamer Vertrag zwischen dem Unternehmer (Versicherer/Bausparkasse) und dem Kunden (Versicherungsnehmer/Bausparer) zustande gekommen ist. Daran mangelt es, wenn die Vertragswirkungen von Anfang an nicht bestehen, zB infolge Anfechtung einer Vertragserklärung (§ 142 BGB). Dann steht auch keine Nachbearbeitung im Raum. Entsprechendes gilt, wenn sich der Versicherer dafür entscheidet, einen bestehenden Versicherungsvertrag aus wirtschaftlichen Gründen nicht zu verlängern.[32] In einem solchen Fall geht es ggf. um den Abschluss eines neuen Vertrags, nicht aber, wie für die Nachbearbeitung vorausgesetzt, um die Aufrechterhaltung eines bestehenden Vertrags.[33] Davon zu unterscheiden sind die Fälle, in denen die Vertragswirkungen erst für die Zukunft *(ex nunc)* entfallen, etwa durch Kündigung oder Widerruf der Vertragserklärung seitens des Versicherungs- 7a

---

[24] S. Küstner/Thume VertriebsR-HdB I/Thume V Rn. 414 zur Lebensversicherung.

[25] Hopt/Hopt Rn. 9; Heymann/Froitzheim Rn. 11.

[26] BGH 10.2.2010, NJW 2010, 2509 Rn. 15, 20.

[27] BGH 10.2.2010, NJW 2010, 2509 Rn. 20.

[28] BGH 19.11.1982, DB 1983, 2135 = BeckRS 2010, 20616; OLG Köln 18.5.1977, NJW 1978, 327 (328).

[29] OLG Düsseldorf 13.1.2017, ZVertriebsR 2017, 191 Rn. 6; Ebenroth/Boujong/Semmler Rn. 20; MüKoHGB/Ströbl Rn. 28; **aA** Müller VersR 1974, 950 (952).

[30] BGH 25.5.2005, HVR Nr. 1135 = NJW-RR 2005, 1196; 21.3.2001, ZIP 2001, 876 (879); 12.11.1987, NJW-RR 1988, 546; OLG Düsseldorf 13.1.2017, ZVertriebsR 2017, 191 Rn. 6; OLG Karlsruhe 3.3.1988, VersR 1989, 511 (512); OLG Köln 18.5.1977, NJW 1978, 327 (328); Hopt/Hopt Rn. 10; MüKoHGB/Ströbl Rn. 29; für analoge Anwendung von § 87a Abs. 3 Ebenroth/Boujong/Semmler Rn. 20.

[31] OLG Köln 10.12.1973, VersR 1974, 287; Heymann/Froitzheim Rn. 17; **aA** – entsprechende Anwendung von § 87a Abs. 2 – OLG Karlsruhe 10.7.1981, VersR 1982, 267; Hopt/Hopt Rn. 10; MüKoHGB/Ströbl Rn. 38.

[32] OLG Hamm 27.6.2024, ZVertriebsR 2024, 286 Rn. 78.

[33] OLG Hamm 27.6.2024, ZVertriebsR 2024, 286 Rn. 79 f.

nehmers (§§ 8, 9 VVG). Für den Fall der **Kündigung** bestehender Versicherungsverträge durch den Versicherungsnehmer geht die Rspr. zutreffend von dem Erfordernis einer Nachbearbeitung aus,[34] wenn den Unternehmer die Verantwortung für den Eintritt der Kündigungsvoraussetzungen trifft oder der Kunde vertragswidrig kündigt.[35] Dagegen soll ein solches Erfordernis nach der Rspr. des BGH bei einem **Widerruf nach § 8 VVG** nicht bestehen, da es sich um einen „Sonderfall" handele.[36] Der Unternehmer habe die Ausübung des Widerrufsrechts durch den Versicherungsnehmer nicht zu vertreten. Zur Begründung wird angeführt, dass bei einer Kündigung, die ein bereits in Durchführung befindliches Vertragsverhältnis betreffe, der Fürsorgepflicht des Versicherungsunternehmers, das Provisionsinteresse des Vermittlers zu wahren, erheblich größeres Gewicht zukomme als im Falle der Ausübung des Widerrufsrechts nach § 8 VVG, die im unmittelbaren zeitlichen Zusammenhang mit dem Vertragsschluss erfolge.[37] Freilich steht in beiden Konstellationen der Erhalt des Provisionsanspruchs des Versicherungsvertreters im Raum. Im Kontext des Widerrufs nach § 8 VVG mögen daher keine hohen Anforderungen an die Nachbearbeitung zu stellen sein. Jedenfalls zeigt die Sonderwertung des § 92 Abs. 4, die den Versicherungsunternehmer tendenziell begünstigt, dass im Gegenzug die Fürsorgepflicht gegenüber dem Versicherungsvertreter und damit die Pflicht zur Nachbearbeitung nicht vollständig entfällt.[38] Nicht zu überzeugen vermag der Hinweis des BGH, der Versicherungsvertrag sei gleichsam mit der Belastung des Widerrufs nach § 8 VVG vermittelt worden, weshalb der Versicherungsunternehmer für die Vornahme des Widerrufs keine Verantwortung trage.[39] Entsprechendes müsste dann freilich auch für den Fall der Kündigung gelten. Zudem nimmt der BGH im Falle des Antrags eines Versicherungsnehmers auf **Beitragsfreistellung** eine Pflicht zur Nachbearbeitung an,[40] obwohl, wie der Senat festhält, „die wirtschaftlichen Verhältnisse des Kunden grundsätzlich nicht zu dem vom Versicherungsunternehmen zu verantwortenden Risikobereich zählen.[41]

7b Aus der Pflicht zur Nachbearbeitung folgt, dass sich der Versicherungsunternehmer im Interesse des Versicherungsagenten darum bemühen muss, den Versicherungsnehmer am Vertrag festzuhalten und auf dessen Erfüllung hinzuwirken.[42] Eine entsprechende Verpflichtung trifft im Falle der Untervertretung den Hauptvertreter, wenn das Versicherungsunternehmen die Nachbearbeitung an den Hauptvertreter delegiert hat.[43] Was insoweit konkret gefordert ist, hängt vom Einzelfall ab.[44] Aufwand und möglicher wirtschaftlicher Ertrag müssen in einem vernünftigen Verhältnis stehen.[45] Die danach im Rahmen der Nachbearbeitung zu ergreifenden **Maßnahmen** müssen zudem geeignet sein, die Nichtausführung (Stornierung) des Vertrags (durch den Versicherungsnehmer) abzuwenden. Regelmäßig reicht es daher nicht aus, den Versicherungsnehmer lediglich (einmalig) zu mahnen[46] oder allgemein auf die Vorteile des Versicherungsschutzes hinzuweisen.[47] Vielmehr ist der Versicherungsnehmer nachdrücklich zur Erfüllung seiner vertraglichen Verpflichtungen aufzufordern.[48] Ausreichend können auch wiederholte Mahnungen und die Androhung der Kündigung des Vertragsverhält-

[34] BGH 8.7.2021, NJW 2022, 52 Rn. 43; 12.11.1987, NJW-RR 1988, 546 (547); OLG Brandenburg 20.5.2009, BeckRS 2009, 142615 Rn. 38.

[35] BGH 8.7.2021, NJW 2022, 52 Rn. 37.

[36] BGH 8.7.2021, NJW 2022, 52 Rn. 44; **aA** OLG Köln 2.7.2010, BeckRS 2011, 4516 unter II.3.e.

[37] BGH 8.7.2021, NJW 2022, 52 Rn. 44; krit. Emde ZVertriebsR 2023, 212 (216).

[38] Ebenso OLG München 27.3.2019, ZVertriebsR 2019, 194 Rn. 28, 36; zweifelnd MüKoHGB/Ströbl Rn. 32.

[39] BGH 8.7.2021, NJW 2022, 52 Rn. 40, 42.

[40] BGH 8.7.2021, NJW 2022, 52 Rn. 48; krit. Emde ZVertriebsR 2023, 212 (217 f.).

[41] BGH 8.7.2021, NJW 2022, 52 Rn. 48.

[42] Vgl. BGH 12.11.1987, NJW-RR 1988, 546 (547); 19.11.1982, DB 1983, 2135 = BeckRS 2010, 20616; OLG Düsseldorf 13.1.2017, ZVertriebsR 2017, 191 Rn. 9; 15.12.2000, HVR Nr. 948; OLG Frankfurt 20.11.1989, VersR 1991, 1135; 18.12.1984, VersR 1986, 461; 31.5.1983, DB 1983, 1591; OLG Karlsruhe 3.3.1988, VersR 1989, 511; LAG München 27.9.1990, VersR 1992, 183; Herzog VersR 1979, 797; Knorn BB 1975, 110 (111); Platz VersR 1985, 621; Heymann/Froitzheim Rn. 18; **aA** OLG Karlsruhe 10.7.1981, VersR 1982, 267 (Lebensversicherungsvertrag).

[43] BGH 8.7.2021, NJW 2022, 52 Rn. 32; zur Nachbearbeitung durch einen Maklerpool.

[44] BGH 28.6.2012, NJW 2012, 3305 Rn. 15; 25.5.2005, NJW-RR 2005, 1196 (1197); 12.11.1987, NJW-RR 1987, 546; 19.11.1982, VersR 1983, 371 (372 f.).

[45] BGH 12.3.2015, NJW 2015, 1754 Rn. 24; Emde ZVertriebsR 2023, 212 (218).

[46] OLG Düsseldorf 13.1.2017, ZVertriebsR 2017, 191 Rn. 11; 21.2.2007, BeckRS 2007, 14414 unter II 2b; OLG Karlsruhe 3.3.1988, VersR 1989, 511 (512); OLG Köln BeckRS 2005, 11975 unter II 2b(2); Hopt/Hopt § 87a Rn. 27; Staub/Emde Rn. 16, § 87a Rn. 78.

[47] BGH 1.12.2010, NJW 2011, 1590 Rn. 22; OLG München 27.3.2019, ZVertriebsR 2019, 194 Rn. 29.

[48] BGH 1.12.2010, NJW 2011, 1590 Rn. 22; BAG 25.10.1967, BAGE 20, 123 (132) = NJW 1968, 518; OLG Köln 9.9.2005, BeckRS 2005, 11975 unter II 2b = VersR 2006, 71; MüKoHGB/Ströbl Rn. 31; Staub/Emde Rn. 16.

nisses sein.[49] Nicht zwingend erforderlich ist dagegen eine persönliche Kontaktaufnahme mit dem Versicherungsnehmer,[50] um etwa die Gründe für die Nichtzahlung zu erforschen oder Lösungswege für den Fortbestand des Vertragsverhältnisses zu sondieren.[51] Dies bedeutet freilich nicht, dass das Versicherungsunternehmen im Falle erfolgloser außergerichtlicher Maßnahmen zwingend gehalten ist, den Klageweg zu beschreiten.[52] Beim Lebensversicherungsvertrag wird sich dies sogar verbieten.[53]

Eine Nachbearbeitung ist auch in der Weise denkbar, dass das Unternehmen dem Versicherungsvertreter eine **Stornogefahrmitteilung** macht, um diesem die Gelegenheit zu geben, den notleidend gewordenen Vertrag selbst nachzubearbeiten.[54] Die Rspr. nimmt sogar an, mit der Stornogefahrmitteilung habe das Versicherungsunternehmen alles Erforderliche getan, um die Nichtausführung des Vertrages abzuwenden,[55] soweit nämlich die Mitteilung dem Handelsvertreter unter Berücksichtigung einer angemessenen Prüfungs- und Überlegungszeit unverzüglich übersandt werde. Dagegen lässt sich freilich anführen, dass Versicherungsvertreter aufgrund der vom Regelfall des § 87a abweichenden Provisionsregelung des Abs. 4 ohnehin einem erhöhten wirtschaftlichen Risiko ausgesetzt sind. Dem korrespondiert eine erhöhte Loyalitätspflicht des Versicherungsunternehmens gegenüber dem Handelsvertreter.[56] Das Unternehmen kann sich daher im Regelfall nicht darauf beschränken, dem Handelsvertreter lediglich eine Stornogefahrmitteilung zu machen.[57] Erst recht reicht es wegen möglicher Interessenkonflikte nicht aus, eine Stornogefahrmitteilung lediglich an den Nachfolger des ausgeschiedenen Versicherungsvertreters zu schicken.[58] Vielmehr sind zusätzliche eigene Nachbearbeitungsmaßnahmen des Versicherungsunternehmens angezeigt. Anderes mag nur dann gelten, wenn das vermittelte Versicherungsgeschäft nur eine geringe Provisionsforderung auslöst, sodass dem Unternehmen ein Tätigwerden wirtschaftlich nicht zugemutet werden kann. Eine andere Frage ist, ob das Versicherungsunternehmen überhaupt verpflichtet ist, dem Handelsvertreter eine Stornogefahrmitteilung zu machen. Eine **Verpflichtung zu** derartigen **Mitteilungen** wird zuweilen angenommen,[59] zum Teil auch noch für den Zeitraum nach Ausscheiden des Versicherungsagenten.[60] Letzteres ist schon deshalb zweifelhaft, weil sich das Versicherungsunternehmen damit der Gefahr aussetzen würde, dass der betroffene Versicherungskunde von dem ehemaligen Versicherungsagenten oder Dritten zugunsten einer anderen Versicherung abgeworben wird.[61] Aber auch unabhängig davon kann von einer Verpflichtung oder Obliegenheit zu Stornogefahrmitteilungen nicht ausgegangen werden, da die Mitteilung nur eines von mehreren Mitteln ist, derer sich der Versicherer zur Stornoabwehr bedienen kann.[62] 8

Unterbleibt eine **Nachbearbeitung** in der einen oder anderen Form muss sich der Versicherungsunternehmer regelmäßig entgegenhalten lassen, dass er die Nichtausführung zu vertreten hat, weil er 9

[49] OLG Schleswig 24.4.1984, BeckRS 2010, 6907 = MDR 1984, 760; ebenso bei geringer Höhe der Provisionsansprüche BGH 25.5.2005, BeckRS 2005, 7402 unter II 2b.

[50] IdS OLG Karlsruhe 3.3.1988, VersR 1989, 511 (512); OLG München 27.3.2019, ZVertriebsR 2019, 194 Rn. 39; Hopt/Hopt § 87a Rn. 27; **aA** OLG Brandenburg 7.10.2010, BeckRS 2010, 25582 unter II 2b; OlG Düsseldorf 21.2.2007, BeckRS 2007, 14414 unter II 2b.

[51] IdS Hopt/Hopt § 87a Rn. 27; **aA** OLG Brandenburg 7.10.2010, BeckRS 2010, 25582 unter II 2b; OLG Düsseldorf 13.1.2017, ZVertriebsR 2017, 191 Rn. 11; 21.2.2007, BeckRS 2007, 14414 unter II 2b.

[52] BGH 1.12.2010, NJW 2011, 1590 Rn. 15; 25.5.2005, BeckRS 2005, 7402 unter II 1b.

[53] S. OLG Karlsruhe 3.3.1988, VersR 1989, 511 (512); OLG Schleswig 24.4.1984, BeckRS 2010, 6907 = MDR 1984, 760.

[54] BGH 8.7.2021, NJW 2022, 52 Rn. 32; 1.12.2010, NJW 2011, 1590 Rn. 15; 25.5.2005, NJW-RR 2005, 1196 (1197).

[55] BGH 8.7.2021, NJW 2022, 52 Rn. 26; 28.6.2012, NJW 2012, 3305 Rn. 15, 18; 25.5.2005, NJW-RR 2005, 1196 (1197); OLG Brandenburg 20.5.2009, BeckRS 2009, 15961; OLG Düsseldorf 13.1.2017, ZVertriebsR 2017, 191 Rn. 10; 27.5.2016, NJW-RR 2016, 1315 Rn. 54; 26.5.1998, OLGR 1999, 201 (202); OLG Frankfurt 18.4.1997, VersR 1999, 439 (440); OLG Köln 18.5.1977, NJW 1978, 327 (328); OLG München 27.3.2019, ZVertriebsR 2019, 194 Rn. 22; OLG Schleswig 24.4.1984, MDR 1984, 760; vgl. auch OLG Frankfurt 10.7.1980, VersR 1981, 480 (Kopie von Mahnschreiben ausreichend).

[56] OLG Karlsruhe 3.3.1988, VersR 1989, 511 (512); OLG München 27.3.2019, ZVertriebsR 2019, 194 Rn. 28.

[57] OLG Karlsruhe 3.3.1988, VersR 1989, 511 (512).

[58] BGH 28.6.2012, NJW 2012, 3305 Rn. 24; OLG Karlsruhe 13.9.2017, ZVertriebsR 2017, 377 (380); OLG München 27.3.2019, ZVertriebsR 2019, 194 Rn. 23.

[59] OLG Saarbrücken 24.3.1999, BeckRS 1999, 30053127 = VersR 2000, 1017; OLG Schleswig 24.4.1984, BeckRS 2010, 6907 = MDR 1984, 760; diff. Küstner/Thume VertriebsR-HdB I/Thume V Rn. 522; OLG Celle 28.6.2001, BeckRS 2001, 30189821; AG Karlsruhe 23.9.2009, VersR 2010, 626.

[60] Vgl. LG Mainz 8.9.1999, NJW-RR 2000, 915 (916); Ebenroth/Boujong/Semmler Rn. 22.

[61] OLG Brandenburg 20.5.2009, BeckRS 2009, 15961; OLG Saarbrücken 24.3.1999, BeckRS 1999, 30053127 = VersR 2000, 1017; OLG Schleswig 24.4.1984, BeckRS 2010, 6907 = MDR 1984, 760; wohl auch Hopt/Hopt § 87a Rn. 27.

[62] BGH 25.5.2005, NJW-RR 2005, 1196 (1197); MüKoHGB/Ströbl Rn. 35.

nicht alle möglichen Anstrengungen unternommen hat, um den Versicherungsvertrag zur Ausführung gelangen zu lassen. Eine Nachbearbeitung ist freilich ausnahmsweise **entbehrlich,** wenn sie von vornherein aussichtslos erscheint.[63] Die **Darlegungs- und Beweislast** dafür, dass eine ordnungsgemäße Nachbearbeitung des Versicherungsvertrages stattgefunden hat, trifft das Versicherungsunternehmen.[64] Der Versicherer hat darzulegen, welche konkrete Nacharbeit erfolgt ist oder aus welchen Gründen die Nacharbeit aussichtslos war.[65] Ein allgemein gehaltener Vortrag reicht nicht aus; vielmehr bedarf es konkreter Ausführungen zu jedem einzelnen Versicherungsvertrag.[66] Dagegen muss der Versicherer den (rechtzeitigen) Zugang einer unter Berücksichtigung der normalen Postlaufzeiten rechtzeitig abgesandten Stornogefahrmitteilung nicht darlegen und beweisen.[67] Insoweit darf das Versicherungsunternehmen darauf vertrauen, dass die Postsendung ordnungsgemäß befördert wird.[68]

10 Zweifelhaft ist, ob die in → Rn. 7 f. aufgestellten Grundsätze entsprechend auch für **Versicherungsmakler** gelten (zum Begriff → § 93 Rn. 2 f.). Dies wird zum Teil für den Fall angenommen, dass der Versicherungsmakler aufgrund der tatsächlichen Ausgestaltung seiner Tätigkeit, insbesondere bei atypischer Eingliederung in das Organisationssystem des Versicherers, ähnlich schutzwürdig sei wie ein Versicherungsvertreter.[69] Der Sache nach geht es freilich nicht um die Frage, ob § 87a Abs. 3 analog auf Versicherungsmakler anzuwenden ist, sondern um die zutreffende rechtliche Einordnung der jeweiligen Tätigkeit. Auch wer sich als Versicherungsmakler bezeichnet, ist in Wahrheit Versicherungsvertreter, wenn seine Tätigkeit durch die für den Handelsvertreter typischen Merkmale geprägt wird. Auf den „Pseudo-Makler" ist die Vorschrift des § 87a Abs. 3 daher unmittelbar anwendbar. Damit ist nicht ausgeschlossen, dass der Versicherer im Einzelfall auch gegenüber einem „echten" Versicherungsmakler gem. § 242 BGB verpflichtet sein kann, notleidende Versicherungsverträge nachzuarbeiten.[70]

III. Abweichende Vereinbarungen

11 Die Sonderregeln der Abs. 3 und 4 sind **nicht zwingend.**[71] Sie können also beispielsweise zu Gunsten der allgemeinen Vorschriften des Handelsvertreterrechts abbedungen werden (→ Rn. 5). Nicht ausgeschlossen ist im Übrigen, dass ein Versicherungsvertreter mit einem Versicherungsnehmer eine **gesonderte,** vom Fortbestand des Versicherungsverhältnisses unabhängige **Vergütungsvereinbarung** wegen der von ihm im Interesse des Versicherungsnehmers zu erbringenden Beratungs- und Dokumentationsleistungen (§§ 61, 62 VVG) abschließt. Ein dahin gehendes Interesse des Versicherungsvertreters wird insbesondere bei Vermittlung sog. **Nettopolicen**[72] gegeben sein, für die der Vertreter von der Versicherungsgesellschaft keine Provision oder sonstige Vergütung erhält, womit er auf eine Vergütung durch den Versicherungsnehmer angewiesen ist. Im Falle einer formularmäßigen Vereinbarung stehen § 87a Abs. 2 und § 92 Abs. 4 einer gesonderten Vergütungsvereinbarung mit dem Versicherungsnehmer schon deshalb nicht entgegen, weil sie nur das Rechtsverhältnis des Versicherungsvertreters zum Versicherungsunternehmen betreffen. Die Vergütungsvereinbarung weicht also nicht von wesentlichen Grundgedanken der gesetzlichen Regelung ab (§ 307 Abs. 1, 2 Nr. 1 BGB).[73]

[63] BAGE 20, 123 (125) = NJW 1968, 518 (520); OLG Düsseldorf 13.1.2017, ZVertriebsR 2017, 191 Rn. 11; 27.5.2016, NJW-RR 2016, 1315 Rn. 54.

[64] BGH 28.6.2012, NJW 2012, 3305 Rn. 16; 1.12.2010, NJW 2011, 1590 Rn. 23; 25.5.2005, NJW-RR 2005, 1196 (1197); 25.5.2005, BeckRS 2005, 7402 unter II 1d; 19.11.1982, DB 1983, 2135 = BeckRS 2010, 20616 Rn. 19; OLG Brandenburg 7.10.2010, BeckRS 2010, 25582 unter II 2a; OLG Düsseldorf 13.1.2017, ZVertriebsR 2017, 191 Rn. 13 f.; OLG Karlsruhe 13.9.2017, ZVertriebsR 2017, 377 (379 f.); Hopt/Hopt § 87a Rn. 27.

[65] BGH 28.6.2012, NJW 2012, 3305 Rn. 24; LG Heilbronn 4.9.2020, ZVertriebsR 2020, 390 Rn. 13.

[66] BGH 19.11.1982, DB 1983, 2135 = BeckRS 2010, 20616 Rn. 22; OLG Düsseldorf 13.1.2017, ZVertriebsR 2017, 191 Rn. 13 f.

[67] BGH 1.12.2010, NJW 2011, 1590 Rn. 24; Hopt/Hopt § 87a Rn. 27; **aA** OLG Köln 9.9.2005, BeckRS 2005, 11975 unter II 2b(1); Ebenroth/Boujong/Semmler Rn. 22.

[68] BGH 1.12.2010, NJW 2011, 1590 Rn. 24.

[69] Für analoge Anwendung von § 87a Abs. 3 HGB OLG Hamm 21.1.1999, BeckRS 2005, 8775 unter I 2b; 28.11.1996, NJW-RR 1997, 1482 (1483); 9.5.1994, NJW-RR 1994, 1306; **aA** OLG Düsseldorf 27.5.2016, NJW-RR 2016, 1315 Rn. 47; Hopt/Roth § 93 Rn. 7; MüKoHGB/Ströbl § 87a Rn. 6; vgl. zu § 88 aF auch BGH 13.6.1951, BGHZ 2, 281 (283 f.) = NJW 1951, 649.

[70] BGH 8.7.2021, NJW 2022, 52 Rn. 27; 1.12.2010, NJW 2011, 590 Rn. 17; OLG Celle 9.5.1994, NJW-RR 1994, 1306 (1307); OLG Düsseldorf 27.5.2016, NJW-RR 2016, 1315 Rn. 50; OLG Frankfurt 18.4.1997, OLGR Frankfurt 1997, 133; Hopt/Roth § 93 Rn. 7.

[71] Hopt/Hopt Rn. 5, 9.

[72] Dazu Reiff VersR 2012, 645 (646).

[73] BGH 5.6.2014, ZVertriebsR 2014, 245 Rn. 10, 13; 12.12.2013, BGHZ 199, 216 Rn. 10, 15 = NJW 2014, 1655 (dazu Nastold ZVertriebsR 2014, 146 ff.); Reiff VersR 2012, 645 (649 ff.); OLG Naumburg 24.5.2012, NJW-RR 2012, 1174 (1176).

§ 92a [Mindestarbeitsbedingungen]

(1) [1]Für das Vertragsverhältnis eines Handelsvertreters, der vertraglich nicht für weitere Unternehmer tätig werden darf oder dem dies nach Art und Umfang der von ihm verlangten Tätigkeit nicht möglich ist, kann das Bundesministerium der Justiz im Einvernehmen mit dem Bundesministerium für Wirtschaft und Klimaschutz nach Anhörung von Verbänden der Handelsvertreter und der Unternehmer durch Rechtsverordnung, die nicht der Zustimmung des Bundesrates bedarf, die untere Grenze der vertraglichen Leistungen des Unternehmers festsetzen, um die notwendigen sozialen und wirtschaftlichen Bedürfnisse dieser Handelsvertreter oder einer bestimmten Gruppe von ihnen sicherzustellen. [2]Die festgesetzten Leistungen können vertraglich nicht ausgeschlossen oder beschränkt werden.

(2) [1]Absatz 1 gilt auch für das Vertragsverhältnis eines Versicherungsvertreters, der auf Grund eines Vertrages oder mehrerer Verträge damit betraut ist, Geschäfte für mehrere Versicherer zu vermitteln oder abzuschließen, die zu einem Versicherungskonzern oder zu einer zwischen ihnen bestehenden Organisationsgemeinschaft gehören, sofern die Beendigung des Vertragsverhältnisses mit einem dieser Versicherer im Zweifel auch die Beendigung des Vertragsverhältnisses mit den anderen Versicherern zur Folge haben würde. [2]In diesem Falle kann durch Rechtsverordnung, die nicht der Zustimmung des Bundesrates bedarf, außerdem bestimmt werden, ob die festgesetzten Leistungen von allen Versicherern als Gesamtschuldnern oder anteilig oder nur von einem der Versicherer geschuldet werden und wie der Ausgleich unter ihnen zu erfolgen hat.

Schrifttum: Willemsen/Müntefering, Begriff und Rechtsstellung arbeitnehmerähnlicher Personen: Versuch einer Präzisierung, NZA 2008, 193.

I. Allgemeines

Die Vorschrift des § 92a, die in der ursprünglichen Fassung des HGB nicht enthalten war, ist durch die HGB-Novelle 1953 in das Handelsvertreterrecht eingestellt worden.[1] Sie beinhaltet eine **Ermächtigungsgrundlage** zum Erlass von **Mindestarbeitsbedingungen** für Einfirmenvertreter (Abs. 1) und Mehrfirmen-Versicherungsvertreter (Abs. 2). Der Gesetzgeber sieht diese Handelsvertreter als besonders schutzwürdig an, da sie in wirtschaftlicher Hinsicht häufig in besonders hohem Maß vom Unternehmer abhängig sind.[2] Rechtstatsächlich ähnelt das Berufsbild damit demjenigen eines Handlungsgehilfen. Aus diesem Grunde soll § 92a die Möglichkeit eröffnen, die untere Grenze der vertraglichen Leistungen der Unternehmer festzusetzen, um die notwendigen sozialen und wirtschaftlichen Bedürfnisse der Einfirmenvertreter und Mehrfirmenversicherungsvertreter sicherzustellen.[3] Bis heute sind derartige Mindestarbeitsbedingungen nicht erlassen worden. Es besteht auch **kein** erkennbares **praktisches Bedürfnis** für derartige Regelungen. Die Vorschrift ist dennoch nicht bedeutungslos, da § 5 Abs. 3 ArbGG im Hinblick auf die Zuständigkeit der Arbeitsgerichte für Rechtsstreitigkeiten zwischen Handelsvertreter und Unternehmer auf § 92a verweist. Nach **§ 5 Abs. 3 S. 1 ArbGG** gelten Handelsvertreter nur dann als Arbeitnehmer iSd ArbGG, wenn sie zu dem Personenkreis iSv § 92a gehören, für den Mindestarbeitsbedingungen festgesetzt werden können, und wenn sie zugleich die in § 5 Abs. 3 S. 1 ArbGG genannten Einkommensgrenzen nicht überschreiten.[4] Danach darf der Handelsvertreter in den letzten sechs Monaten, bei kürzerer Vertragsdauer während dieser, durchschnittlich nicht mehr als 1.000 Euro Vergütung bezogen haben, einschließlich Provisionen und Ersatz für im regelmäßigen Geschäftsbetrieb entstandene Aufwendungen.[5] Zu berücksichtigen sind insoweit auch darlehensweise gewährte Provisionsvorschüsse, wenn und soweit diese aufgrund eines Verzichts auf Rückzahlung als eine unbedingt bezogene Vergütung anzusehen sind.[6] Maßgeblich ist, in welcher Höhe in dem betreffenden Zeitraum entsprechende Ansprüche des Handelsvertreters unbedingt entstanden sind,[7] nicht aber, ob und in welcher Weise sie vom Unter- 1

[1] Art. 1 Gesetz zur Änderung des Handelsgesetzbuchs (Recht der Handelsvertreter) vom 6.8.1953, BGBl. 1953 I 771; dazu Begr. RegE, BT-Drs. 1/3856, 9, 39 ff.

[2] Begr. RegE Gesetz zur Änderung des HGB (Recht der Handelsvertreter), BT-Drs. 1/3856, 9, 40; BGH 16.10.2014, NJW-RR *2015, 289* Rn. 17.

[3] Begr. RegE Gesetz zur Änderung des HGB (Recht der Handelsvertreter), BT-Drs. 1/3856, 9, 39, 41.

[4] Vgl. dazu BAG 15.2.2005, DB 2005, 728 f.; 20.10.2009, NJW 2009, 3803; BGH 21.10.2015, NJW 2016, 316 Rn. 12.

[5] Vgl. zur Behandlung von Aufwendungen auch BGH 12.2.2008, NJW-RR 2008, 1420 Rn. 11 f.

[6] BGH 21.10.2015, NJW 2016, 316 Rn. 19; 28.6.2011, NJW-RR 2011, 1255 Rn. 16.

[7] BGH 21.10.2015, NJW 2016, 316 Rn. 19; 4.2.2015, ZVertriebsR 2015, 116 Rn. 11; 28.6.2011, NJW-RR 2011, 1255 Rn. 17; 12.2.2008, NJW-RR 2008, 1418 Rn. 14; 12.2.2008, NJW-RR 2008, 1420 Rn. 15; Hopt/Hopt § 84 Rn. 46; Ebenroth/Boujong/Semmler Rn. 17 ff.; MüKoHGB/Ströbl Rn. 6.

nehmer erfüllt worden sind.[8] Die Schutzbedürftigkeit des Handelsvertreters hängt nämlich nicht davon ab, ob die Ansprüche (schon) erfüllt oder durchgesetzt wurden.[9] Ist dementsprechend die Zuständigkeit der Arbeitsgerichte und nicht der ordentlichen Gerichte begründet, führt dies freilich nicht dazu, dass auch andere **arbeitsrechtliche Bestimmungen** auf das Vertragsverhältnis zwischen dem Unternehmer und dem von § 92a erfassten Handelsvertreter anzuwenden sind.[10] Die durch § 5 Abs. 3 S. 1 ArbGG herbeigeführte Gleichstellung ist rein prozessrechtlicher Natur.[11] Insoweit besteht auch keine planwidrige Gesetzeslücke, die zu einer analogen Anwendung arbeitsrechtlicher Bestimmungen auf Handelsvertreter berechtigen könnte.[12] Heranzuziehen sind arbeitsrechtliche Vorschriften freilich dann, wenn arbeitnehmerähnliche Personen iSv § 5 Abs. 1 S. 2 ArbGG ausdrücklich in ihren Anwendungsbereich einbezogen sind (vgl. § 2 S. 2 Hs. 1 BUrlG). Handelsvertreter sind freilich keine arbeitnehmerähnlichen Personen, da § 5 Abs. 3 S. 1 ArbGG eine vorgreifliche Sonderregelung enthält, die es verbietet, Handelsvertreter als arbeitnehmerähnliche Personen zu behandeln.[13]

II. Anwendungsbereich

2 **1. Einfirmenvertreter (Abs. 1).** Einbezogen in den Anwendungsbereich von § 92a sind nach Abs. 1 zunächst Einfirmenvertreter. Dazu zählen einerseits Handelsvertreter, die **vertraglich** (überhaupt) **nicht** für andere Unternehmer **tätig werden dürfen (Abs. 1 S. 1 Alt. 1; sog. Einfirmenvertreter kraft Vertrags).**[14] Das ist nach Sinn und Zweck aber auch dann der Fall, wenn dem Handelsvertreter auferlegt wird, hauptberuflich für den Unternehmer tätig zu sein.[15] Er kann dann zwar nebenberuflich für einen anderen Unternehmer tätig werden, ohne dass insoweit freilich das Abhängigkeitsverhältnis zu dem „eigentlichen" Geschäftsherrn, das hinter der Schutzbestimmung des § 92a steht, gelockert wird. Entsprechendes gilt, wenn die Aufnahme der Tätigkeit für einen anderen Unternehmer von der (noch nicht erteilten) Genehmigung des Unternehmers abhängig ist.[16] Ob der Unternehmer ggf. in eine weitere Tätigkeit eingewilligt hätte, ist unerheblich.[17] Nimmt der Handelsvertreter allerdings nach Genehmigung[18] die Tätigkeit auf, verliert er den Schutz des § 92a.[19] Ein Einfirmenvertreter kraft Vertrags ist jedenfalls nicht schon ohne Weiteres dann gegeben, wenn der Handelsvertreter einer Wettbewerbsabrede unterliegt, da diese regelmäßig nur ein branchenbezogenes Konkurrenzverbot beinhaltet.[20] Entsprechendes gilt, wenn der Handelsvertreter sich vor Aufnahme der Tätigkeit mit dem Unternehmer abzustimmen hat.[21]

2a Einfirmenvertreter ist auch, wem es nach Art und Umfang seiner **Tätigkeit tatsächlich nicht möglich** ist für weitere Unternehmer tätig zu werden **(Abs. 1 S. 1 Alt. 2; sog. Einfirmenvertreter kraft Weisung).**[22] Die tatsächliche Möglichkeit zu weiterer Tätigkeit beurteilt sich in diesem Fall nach den vertraglichen Pflichten des konkreten Handelsvertreters, die wiederum an den Fähigkeiten eines durchschnittlichen Vertreters zu messen sind.[23] Der Umstand, dass der Handelsvertreter vertraglich verpflichtet ist, seine volle Arbeitskraft einzusetzen, führt insoweit noch nicht zur

[8] BGH 21.10.2015, NJW 2016, 316 Rn. 19; s. auch ThürLAG 30.6.1997, OLG-NL 1997, 260; ErfK/Ahrendt ArbGG § 5 Rn. 12; offengelassen von BAG 20.10.2009, NJW 2009, 3803 Rn. 10 f.

[9] BGH 12.2.2008, NJW-RR 2008, 1418 Rn. 14; 12.2.2008, NJW-RR 2008, 1420 Rn. 17.

[10] BAG 24.10.2002, NJW 2003, 2627 (2628); Ebenroth/Boujong/Semmler Rn. 4; MüKoHGB/Ströbl Rn. 7.

[11] BAG 24.10.2002, NJW 2003, 2627 (2628).

[12] Hopt/Hopt Rn. 2.

[13] BAG 3.11.2020, NZA 2020, 1729 Rn. 27 mwN; LAG Hessen 24.2.2025, ZVertriebsR 2025, 176 Rn. 27.

[14] Vgl. dazu BAG 15.2.2005, NJW 2005, 1146 (1147); OLG Düsseldorf 1.6.2005, HVR Nr. 1149; OLG Oldenburg 25.7.2014, NJW-RR 2015, 31 Rn. 19; OLG Stuttgart 11.5.1966, BB 1966, 1396.

[15] BGH 21.10.2015, NJW 2016, 316 Rn. 16 f.; 16.10.2014, NJW-RR 2015, 289 Rn. 18; OLG Celle 26.6.2020, ZVertriebsR 2020, 393 Rn. 4.

[16] BGH 18.7.2013, NJW-RR 2013, 1511 Rn. 23 (Vetrorecht); BAG 15.2.2005, NJW 2005, 1146 (1147); MüKoHGB/Ströbl Rn. 10; anders wenn lediglich eine überschaubare Wartefrist einzuhalten ist, dazu BGH 18.7.2013, NJW-RR 2013, 1511 Rn. 23 (21 Tage).

[17] OLG Naumburg 8.3.2004, HVR Nr. 1109; Hopt/Hopt Rn. 3.

[18] Zur Möglichkeit einer konkludenten Genehmigung OLG Stuttgart 11.5.1966, BB 1966, 1396.

[19] OLG Köln 14.6.2000, VersR 2001, 894 (895); Hopt/Hopt Rn. 3; MüKoHGB/Ströbl Rn. 10.

[20] BGH 18.7.2013, NJW-RR 2013, 1511 Rn. 21; 27.10.2009, NJOZ 2010, 2116 Rn. 22; BAG 3.11.2020, NZA 2020, 1729 Rn. 27; OLG Celle 26.6.2020, ZVertriebsR 2020, 393 Rn. 6; OLG Düsseldorf 1.6.2005, HVR Nr. 1149; OLG Saarbrücken 29.7.2004, VersR 2005, 1388 (1390); LAG Hessen 24.2.2025, ZVertriebsR 2025, 176 Rn. 21; Hopt/Hopt Rn. 3; Heymann/Froitzheim Rn. 6; MüKoHGB/Ströbl Rn. 11.

[21] Vgl. BGH 18.7.2013, NJW-RR 2013, 1511 Rn. 21, 25; Hopt/Hopt Rn. 3; OLG Köln 14.6.2000, VersR 2001, 894.

[22] *OLG Karlsruhe 24.10.2012,* ZVertriebsR 2013, 255 (256); vgl. dazu LAG Düsseldorf 20.9.1955, BB 1956, 593.

[23] LAG Düsseldorf BB 1956, 593; Heymann/Froitzheim Rn. 7; MüKoHGB/Ströbl Rn. 13 f.

tatsächlichen Unmöglichkeit weiterer Tätigkeit, sei es in abhängiger oder unabhängiger Stellung.[24] Der Wortlaut von § 92a Abs. 1 S. 1 grenzt nämlich den Kreis anderer Tätigkeiten nicht ein. Maßgebend sind stets die Umstände des Einzelfalls.[25] Liegen die vorbezeichneten Voraussetzungen vor, werden **alle Handelsvertreter** erfasst, also auch solche im **Nebenberuf,**[26] da eine hauptberufliche Tätigkeit nicht Tatbestandsmerkmal des § 92a ist und überdies nach § 92b nur die Anwendung von §§ 89 und 89b auf Handelsvertreter im Nebenberuf ausgeschlossen ist. Freilich ist bei nebenberuflicher Tätigkeit die von § 92a vorausgesetzte Abhängigkeit des Handelsvertreters vom Unternehmer zweifelhaft. Erfasst werden darüber hinaus juristische Personen und Personengesellschaften.[27] Nach dem Wortlaut des § 92a kommt es auf Arbeitnehmerähnlichkeit des Handelsvertreters nämlich gerade nicht an.

2. Mehrfirmen-Versicherungsvertreter (Abs. 2). Die Vorschrift des Abs. 2 stellt den Einfir- 3
menvertretern, zu denen auch der Einfirmen-Versicherungsvertreter gehört, die Mehrfirmenversicherungsvertreter gleich. Voraussetzung ist allerdings, dass der Mehrfirmenvertreter für mehrere in einem **Konzern** iSv §§ 15, 18 AktG oder in einer Organisationsgemeinschaft verbundene Versicherer tätig ist. Eine **Organisationsgemeinschaft** liegt vor, wenn die Versicherer in der Weise zusammenarbeiten, dass sie ihren Geschäftsbetrieb ganz oder teilweise in gemeinsamer Organisation führen.[28] Darüber hinaus muss die Beendigung des Handelsvertretervertrages mit einem Versicherer im Zweifel auch die **Beendigung des Vertragsverhältnisses** zu den anderen Versicherern nach sich ziehen. Eine rechtliche Verknüpfung der Verträge oder tatsächliche Beendigung der anderen Verträge ist nicht erforderlich.[29] Es reicht die Erwartung, dass dies geschehen wird. Unerheblich ist auch, ob die Tätigkeit für die mehreren Versicherer aufgrund eines Vertrages oder aufgrund mehrerer einzelner Verträge erfolgt.[30] Eine **analoge Anwendung** von Abs. 2 S. 1 auf andere Handelsvertreter scheidet wegen der nicht vergleichbaren Interessenlage aus. Anders liegen die Dinge nur beim **Bausparkassenvertreter,** da dieser in § 92 Abs. 5 dem Versicherungsvertreter gleichgestellt ist.[31]

§ 92b [Nebenberuflicher Vertreter]

(1) [1]Auf einen Handelsvertreter im Nebenberuf sind §§ 89 und 89b nicht anzuwenden. [2]Ist das Vertragsverhältnis auf unbestimmte Zeit eingegangen, so kann es mit einer Frist von einem Monat für den Schluß eines Kalendermonats gekündigt werden; wird eine andere Kündigungsfrist vereinbart, so muß sie für beide Teile gleich sein. [3]Der Anspruch auf einen angemessenen Vorschuß nach § 87a Abs. 1 Satz 2 kann ausgeschlossen werden.

(2) Auf Absatz 1 kann sich nur der Unternehmer berufen, der den Handelsvertreter ausdrücklich als Handelsvertreter im Nebenberuf mit der Vermittlung oder dem Abschluß von Geschäften betraut hat.

(3) Ob ein Handelsvertreter nur als Handelsvertreter im Nebenberuf tätig ist, bestimmt sich nach der Verkehrsauffassung.

(4) Die Vorschriften der Absätze 1 bis 3 gelten sinngemäß für Versicherungsvertreter und für Bausparkassenvertreter.

Schrifttum: Baums, Handelsvertreter im Nebenberuf, BB 1986, 891; Jörres, Der Handelsvertreter im Nebenberuf gemäß § 92b HGB, 2015.

Übersicht

[24] OLG Frankfurt 13.3.1980, BB 1980, 336; Heymann/Froitzheim Rn. 6.

[25] LAG Hessen 24.2.2025, ZVertriebsR 2025, 176 Rn. 25.

[26] BAG 15.2.2005, NJW 2005, 1146 (1147); LAG Hessen 24.2.2025, ZVertriebsR 2025, 176 Rn. 25; Hopt/Hopt Rn. 3; Heymann/Froitzheim Rn. 9; MüKoHGB/Ströbl Rn. 21; **aA** Staub/Emde Rn. 11.

[27] Hopt/Hopt Rn. 3; Heymann/Froitzheim Rn. 9; MüKoHGB/Ströbl Rn. 22; **aA** Emde GmbHR 1999, 1005 (1008); Staub/Emde Rn. 12.

[28] MüKoHGB/Ströbl Rn. 17.

[29] MüKoHGB/Ströbl Rn. 18.

[30] MüKoHGB/Ströbl Rn. 17.

[31] LAG Nürnberg 30.10.1992, BB 1993, 1087; Hopt/Hopt Rn. 5; Ebenroth/Boujong/Semmler Rn. 10; MüKoHGB/Ströbl Rn. 19.

I. Allgemeines

1 Der Gesetzgeber sieht **Handelsvertreter im Nebenberuf** als **weniger schutzwürdig** an.[1] Aus diesem Grunde gelten für diese Personengruppe einzelne Vorschriften des Handelsvertreterrechts nicht. Diese sind in Abs. 1 abschließend aufgeführt: Danach wird die Kündigungsregelung des § 89 durch die **Sonderregelung** des § 92b Abs. 1 S. 2 ersetzt. Der Ausgleichsanspruch nach § 89b ist ausgeschlossen. Darüber hinaus haben die Parteien die Möglichkeit, von der eigentlich unabdingbaren Vorschusspflicht nach § 87a Abs. 1 S. 2 abzusehen. Im Übrigen bleibt es bei der Anwendbarkeit der allgemeinen Regeln. Die Vorschrift des § 92b ist durch die HGB-Novelle 1953 in das Handelsvertreterrecht aufgenommen worden.[2] Sie entspricht den Vorgaben der **RL 86/653/EWG.** Art. 2 Abs. 2 RL 86/653/EWG räumt den Mitgliedstaaten ausdrücklich das Recht ein, nebenberufliche Handelsvertreter vom Anwendungsbereich der Richtlinie auszunehmen. Dies ist durch § 92b partiell geschehen. Die Vorschrift ist auf **alle Handelsvertreter** unabhängig von ihrer Rechtsform anzuwenden, also auch auf juristische Personen und Personengesellschaften.[3] Eine entsprechende Anwendung von § 92b auf **andere Absatzmittler** kommt nicht in Betracht.[4] Vom Einzelfall abhängig ist auch die Einstufung von Influencern.[5]

II. Handelsvertreter im Nebenberuf

2 **1. Begriff (Abs. 3).** In § 92b ist keine Legaldefinition des Handelsvertreters im Nebenberuf enthalten. Der Gesetzgeber hat davon – entgegen der ursprünglichen Absicht[6] – ausdrücklich abgesehen. Er ging davon aus, dass eine gesetzliche Begriffsbestimmung insbesondere in Grenzfällen kaum zu völlig befriedigenden Ergebnissen führen würde.[7] Aus diesem Grunde verweist Abs. 3 auf die **Verkehrsauffassung.** Nach ihr ist zu beurteilen, ob ein Handelsvertreter hauptberuflich oder nur nebenberuflich tätig ist.[8] Die Ausübung der Handelsvertretertätigkeit im Nebenberuf setzt notwendig voraus, dass „daneben" ein anderer Hauptberuf ausgeübt wird oder dass die Handelsvertretertätigkeit einer anderen Tätigkeit (Studium, häusliche Tätigkeit etc)[9] oder Einkommensquelle (Pension, Rente etc) untergeordnet ist.[10] Merkmale, die danach für die Abgrenzung von Haupt- und Nebenberuf von Bedeutung sein können, sind insbesondere Zeit und Umfang der jeweiligen Betätigung,[11] nicht aber notwendig die Höhe des erzielten Entgeltes.[12] Entscheidend ist letzten Endes, ob die **Handelsvertretertätigkeit** nach den vorgenannten Merkmalen bei wertender Betrachtung **in den Hintergrund tritt.** Dies bedeutet auf der anderen Seite, dass ein Handelsvertreter nicht durch vertragliche Vereinbarung als Handelsvertreter im Nebenberuf qualifiziert werden kann,[13] wenn seine tatsächliche Tätigkeit derjenigen eines Handelsvertreters im Hauptberuf entspricht. Die vom

[1] Im Einzelnen dazu Jörres, Der Handelsvertreter im Nebenberuf gemäß § 92b HGB, 2015, 33 ff. mwN.

[2] Art. 1 Gesetz zur Änderung des HGB (Recht der Handelsvertreter) vom 6.8.1953, BGBl. 1953 I 771 (dazu Begr. RegE, BT-Drs. 1/3856, 9, 42 ff.); zur Entstehungsgeschichte der Norm Jörres, Der Handelsvertreter im Nebenberuf gemäß § 92b HGB, 2015, 18 ff.

[3] Jörres, Der Handelsvertreter im Nebenberuf gemäß § 92b HGB, 2015, 120 ff.; Hopt/Hopt Rn. 1; Heymann/Froitzheim Rn. 5.

[4] Ebenso Jörres, Der Handelsvertreter im Nebenberuf gemäß § 92b HGB, 2015, 38 ff.; Hopt/Hopt § 84 Rn. 11; **aA** Ebenroth/Boujong/Semmler Rn. 4 (für Kommissionsagenten).

[5] Fabig/Toepfer ZVertriebsR 2024, 349 (355 f.).

[6] Vgl. Art. 1 GE zur Änderung des Handelsgesetzbuches (Recht der Handelsvertreter), BT-Drs. 1/3856, 7.

[7] Vgl. Begr. RegE Gesetz zur Änderung des HGB (Recht der Handelsvertreter), BT-Drs. 1/3856, 9, 42.

[8] Dazu Jörres, Der Handelsvertreter im Nebenberuf gemäß § 92b HGB, 2015, 60 ff.

[9] Zu diesen Fallgruppen Jörres, Der Handelsvertreter im Nebenberuf gemäß § 92b HGB, 2015, 114 ff.

[10] Tendenziell enger Jörres, Der Handelsvertreter im Nebenberuf gemäß § 92b HGB, 2015, 68: „von der Vertretertätigkeit unabhängige wirtschaftliche Existenzgrundlage".

[11] Vgl. Jörres, Der Handelsvertreter im Nebenberuf gemäß § 92b HGB, 2015, 83 f.; MüKoHGB/Ströbl Rn. 7.

[12] Hopt/Hopt Rn. 2; Ebenroth/Boujong/Semmler Rn. 5; MüKoHGB/Ströbl Rn. 8; wohl auch OLG Düsseldorf 26.5.2017, BeckRS 2017, 151716 Rn. 36; **aA** Jörres, Der Handelsvertreter im Nebenberuf gemäß § 92b HGB, 2015, 89 f.; Heymann/Froitzheim Rn. 3.

[13] *BGH 18.4.2007*, NJW-RR 2007, 1286 Rn. 12 zur Vereinbarung in AGB; 4.11.1998, NJW 1999, 639 (641); Jörres, Der Handelsvertreter im Nebenberuf gemäß § 92b HGB, 2015, 132 ff.; Hopt/Hopt Rn. 2; Heymann/Froitzheim Rn. 12; MüKoHGB/Ströbl Rn. 5.

Gesetzgeber angesprochenen Grenzfälle lassen sich freilich auch nach der Verkehrsauffassung nicht immer befriedigend erfassen. Während die nebenberufliche Tätigkeit bei einem Beamten oder Angestellten, der auch Versicherungsverträge vermittelt, offensichtlich ist, werfen andere Fallgestaltungen zuweilen **Zuordnungsprobleme** auf. Das gilt etwa für **Mehrfirmenvertreter,** wenn die Tätigkeit für die mehreren Unternehmer unterschiedlichen Umfangs ist. In diesem Fall ist regelmäßig von einer insgesamt hauptberuflichen Tätigkeit auszugehen, da die Absatzmittlertätigkeit als solche (alleiniger) Haupterwerb des Handelsvertreters ist.[14] Entsprechendes ist anzunehmen, wenn die Erwerbstätigkeit sowohl in einer Einzelhändler- oder Großhändlertätigkeit als auch in einer Vermittlertätigkeit besteht.[15] Insoweit nämlich gibt die Einzel- oder Großhändlertätigkeit auch der Handelsvertretertätigkeit ein hauptberufliches Gepräge.

2. Versicherungs- und Bausparkassenvertreter (Abs. 4). Nach Abs. 4 gelten die Abs. 1–3 sinngemäß auch für Versicherungs- und Bausparkassenvertreter. Die Vorschrift hat nur deklaratorischen Charakter.[16] Rechtstatsächlich wird die Vermittlung von Versicherungs- und Bausparverträgen in großem Umfang durch nebenberufliche Handelsvertreter betrieben. 3

III. Sonderregeln

1. Grundsatz. Wie bereits eingangs ausgeführt (→ Rn. 1), enthält § 92b Sonderregeln für Handelsvertreter im Nebenberuf, die zu einer **Verdrängung** einzelner **allgemeiner Vorschriften** führen. Dies betrifft die ordentliche Kündigung des Handelsvertreterverhältnisses gem. § 89 (→ Rn. 5), den Ausgleichsanspruch nach § 89b (→ Rn. 6) und den Anspruch auf Provisionsvorschuss gem. § 87 Abs. 1 S. 2 (→ Rn. 7). Diese Sonderregeln sind freilich nicht zwingend, sondern im Grundsatz privatautonom **abdingbar.**[17] 4

2. Ordentliche Kündigung. Die für die ordentliche Kündigung des Handelsvertreterverhältnisses maßgebende allgemeine Bestimmung des § 89 wird durch § 92b Abs. 1 S. 1 und 2 verdrängt, da die Absatzmittlertätigkeit für den Handelsvertreter im Nebenberuf eine geringere Bedeutung hat, sodass es gerechtfertigt ist, den Kündigungsschutz einzuschränken.[18] Nach Abs. 1 S. 2 Hs. 1 ist ein auf unbestimmte Zeit geschlossener Handelsvertretervertrag mit einer Frist von einem Monat für den Schluss eines Kalendermonats kündbar. Darüber hinaus wird den Parteien die Möglichkeit eingeräumt, eine kürzere Frist zu vereinbaren. In diesem Fall muss die **Kündigungsfrist** jedoch für beide Teile gleich sein (S. 2 Hs. 2). Die Vereinbarung einer ungleichen Frist ist nichtig (§ 134 BGB). Es gilt dann die gesetzliche Frist nach S. 2 Hs. 1. Eine von S. 2 Hs. 1 abweichende Fristbestimmung kann auch in **AGB** getroffen werden. Sie unterliegt dann der Inhaltskontrolle nach §§ 305 ff. BGB. Insoweit ist eine Bestimmung als unwirksam, da mit den wesentlichen Grundgedanken der gesetzlichen Regelung unvereinbar (§ 307 Abs. 2 Nr. 1 BGB), anzusehen, die eine (beiderseitige) Kündigungsfrist von zwölf Monaten vorsieht.[19] Diese ist nämlich entgegen der in Abs. 1 S. 2 Hs. 1 zum Ausdruck kommende Intention länger als die für den Handelsvertreter im Hauptberuf geltende Frist nach § 89 Abs. 1. Ein nebenberufliches Handelsvertreterverhältnis soll nach Sinn und Zweck der gesetzlichen Regelung rascher beendet werden können als das Vertragsverhältnis eines Handelsvertreters im Hauptberuf.[20] Der Handelsvertreter hat ein berechtigtes Interesse daran, aus dem Nebenberuf, der regelmäßig nicht auf Existenzsicherung angelegt ist, alsbald in einen anderen existenzsichernden (Haupt-) Beruf wechseln zu können.[21] 5

---

[14] IdS OLG Stuttgart 26.3.1957, VersR 1957, 329; LG Düsseldorf 6.7.1954, HVR Nr. 84; Jörres, Der Handelsvertreter im Nebenberuf gemäß § 92b HGB, 2015, 66, 70 f.; Hopt/Hopt Rn. 2; Heymann/Froitzheim Rn. 4; MüKoHGB/Ströbl Rn. 10.

[15] Vgl. BGH 18.4.2007, NJW-RR 2007, 1286 Rn. 18 ff. für Shop-Geschäft und Tankstellengeschäft; Jörres, Der Handelsvertreter im Nebenberuf gemäß § 92b HGB, 2015, 73 ff.; Hopt/Hopt Rn. 2; Heymann/Froitzheim Rn. 4.

[16] Jörres, Der Handelsvertreter im Nebenberuf gemäß § 92b HGB, 2015, 37 f.; Hopt/Hopt Rn. 6; Ebenroth/Boujong/Semmler Rn. 2.

[17] MüKoHGB/Ströbl Rn. 31.

[18] Vgl. Begr. RegE Gesetz zur Änderung des HGB (Recht der Handelsvertreter), BT-Drs. 1/3856, 9, 42; Jörres, Der Handelsvertreter im Nebenberuf gemäß § 92b HGB, 2015, 43; MüKoHGB/Ströbl Rn. 17.

[19] BGH 21.3.2013, BGHZ 197, 100 Rn. 16 ff. = NJW 2013, 2111; OLG Celle 9.6.2005, HVR Nr. 1147 = BeckRS 2005, 07526; Jörres, Der Handelsvertreter im Nebenberuf gemäß § 92b HGB, 2015, 45 ff.; Hopt/Hopt Rn. 7; **aA** OLG Oldenburg 24.7.2012, NJOZ 2013, 256 (257 f.); Emde, Vertriebsrecht, 3. Aufl. 2014, § 92b Rn. 12.

[20] BGH 21.3.2013, BGHZ 197, 100 Rn. 17 = NJW 2013, 2111; **aA** OLG Oldenburg 24.7.2012, NJOZ 2013, 256 (257).

[21] BGH 21.3.2013, BGHZ 197, 100 Rn. 20 = NJW 2013, 2111.

6 **3. Ausgleichsanspruch.** Dem Handelsvertreter im Nebenberuf steht ein Ausgleichsanspruch iSv § 89b nicht zu (Abs. 1 S. 1). Inwieweit dieser **Ausschluss** im Hinblick auf Art. 3 Abs. 1 GG verfassungskonform ist, erscheint **zweifelhaft.**[22] Da der Ausgleichsanspruch nach § 89b als Vergütungsanspruch ausgestaltet ist (→ § 89b Rn. 1) und nicht als soziale Schutznorm zu Gunsten des Handelsvertreters, kann die Nichtanwendbarkeit von § 89b entgegen der Gesetzesbegründung[23] nicht damit begründet werden, dass die Beendigung des Vertragsverhältnisses für den Vertreter im Nebenberuf nicht dieselbe existenzielle Bedeutung habe wie für den Handelsvertreter im Hauptberuf. Vielmehr erbringt der Handelsvertreter im Nebenberuf wie der hauptberufliche Handelsvertreter Markterschließungsleistungen, die damit an sich auch vergütungsfähig sein müssten.[24]

7 **4. Provisionsvorschuss.** Der Anspruch des Handelsvertreters auf einen Provisionsvorschuss, der nach § 87a Abs. 1 S. 2 zwingend bei Ausführung des Geschäfts durch den Unternehmer besteht, kann nach Abs. 1 S. 3 ganz oder teilweise ausgeschlossen werden. Dies rechtfertigt sich daraus, dass der Handelsvertreter im Nebenberuf anders als der hauptberufliche Handelsvertreter auf den Vorschuss regelmäßig nicht unbedingt angewiesen ist, wenn er über andere finanzielle Grundlagen verfügt.[25]

IV. Geltendmachung (Abs. 2)

8 **1. Grundsatz.** Die Bestimmung des Abs. 2 beschäftigt sich damit, unter welchen Voraussetzungen sich der Unternehmer auf die für ihn günstige Tatsache berufen kann, dass der Handelsvertreter nebenberuflich tätig ist. Sinn und Zweck der Vorschrift ist der **Schutz des Handelsvertreters.**[26] Sie ist daher unabdingbar.[27]

9 **2. Unternehmer.** Wie sich aus Abs. 2 ergibt, kann sich der Unternehmer auf die für ihn günstigen Sonderregeln nur berufen, wenn er den Handelsvertreter ausdrücklich als Handelsvertreter im Nebenberuf beauftragt hat. Eine bestimmte Form für die **Beauftragung** sieht das Gesetz nicht vor. Sie kann daher formlos erfolgen. Die entsprechende Erklärung ist in den Handelsvertretervertrag aufzunehmen, da eine einseitige Erklärung des Unternehmers den Vertragsinhalt nicht gestalten kann.[28] **Ändert sich** der **Umfang der Handelsvertretertätigkeit** im Laufe der Zeit, hat dies auf den Status des Handelsvertreters keinen Einfluss, es sei denn, dies erfolgt einvernehmlich.[29] Dieses Einvernehmen kann auch konkludent hergestellt werden.[30] Dann gelten die §§ 84 ff. uneingeschränkt.[31] Der Handelsvertreter kann sich also nicht einseitig zum Handelsvertreter im Hauptberuf aufschwingen.[32] Entsprechend verliert der hauptberufliche Handelsvertreter diesen Status bei Verringerung des Geschäftsumfangs nur, wenn eine einvernehmliche Herabstufung zum Handelsvertreter im Nebenberuf erfolgt.[33] Dann gilt zwar § 89b nicht mehr (Abs. 1 S. 1); die Herabstufung kommt jedoch einer Beendigung des Handelsvertreterverhältnisses iSv § 89b Abs. 1 S. 1 gleich, sodass aus diesem Grunde ein Ausgleichsanspruch für die bisherige (hauptberufliche) Tätigkeit entsteht.[34]

10 **3. Handelsvertreter.** Der Handelsvertreter kann sich ohne weiteres darauf berufen, dass er nicht hauptberuflicher Handelsvertreter ist, sondern in Wahrheit nur Handelsvertreter im Nebenberuf, sodass die Sonderregeln nach Abs. 1 gelten.[35]

---

[22] Dazu auch Baums BB 1986, 891 (892); Jörres, Der Handelsvertreter im Nebenberuf gemäß § 92b HGB, 2015, 53; MüKoHGB/Ströbl Rn. 19.

[23] Begr. RegE Gesetz zur Änderung des HGB (Recht der Handelsvertreter), BT-Drs. 1/3856, 9, 42.

[24] Dazu auch Jörres, Der Handelsvertreter im Nebenberuf gemäß § 92b HGB, 2015, 50 ff.

[25] Vgl. Begr. RegE Gesetz zur Änderung des HGB (Recht der Handelsvertreter), BT-Drs. 1/3856, 9, 42 f.; krit. Jörres, Der Handelsvertreter im Nebenberuf gemäß § 92b HGB, 2015, 54 f.

[26] Ebenso Jörres, Der Handelsvertreter im Nebenberuf gemäß § 92b HGB, 2015, 186; Heymann/Froitzheim Rn. 15.

[27] Jörres, Der Handelsvertreter im Nebenberuf gemäß § 92b HGB, 2015, 188; Ebenroth/Boujong/Semmler Rn. 14; Heymann/Froitzheim Rn. 15; MüKoHGB/Ströbl Rn. 32.

[28] Jörres, Der Handelsvertreter im Nebenberuf gemäß § 92b HGB, 2015, 192; Heymann/Froitzheim Rn. 11; MüKoHGB/Ströbl Rn. 23; Hopt/Hopt Rn. 3.

[29] LG Hannover 4.7.1972, VersR 1973, 153; Hopt/Hopt Rn. 5; Ebenroth/Boujong/Semmler Rn. 12; Heymann/Froitzheim Rn. 13; **aA** Jörres, Der Handelsvertreter im Nebenberuf gemäß § 92b HGB, 2015, 159 f.; MüKoHGB/Ströbl Rn. 27.

[30] BGH 4.11.1998, NJW 1999, 639 (641).

[31] Hopt/Hopt Rn. 5.

[32] LG Hannover 4.7.1972, VersR 1973, 153; Heymann/Froitzheim Rn. 13; **aA** MüKoHGB/Ströbl Rn. 27.

[33] BGH 4.11.1998, NJW 1999, 639 (641); Hopt/Hopt Rn. 5; Ebenroth/Boujong/Semmler Rn. 13; Heymann/Froitzheim Rn. 13; **aA** Jörres, Der Handelsvertreter im Nebenberuf gemäß § 92b HGB, 2015, 171; MüKoHGB/Ströbl Rn. 27.

[34] Jörres, Der Handelsvertreter im Nebenberuf gemäß § 92b HGB, 2015, 173 ff. mwN.

[35] Vgl. BGH 21.1.1965, BGHZ 45, 108 (113) = NJW 1965, 1132; Hopt/Hopt Rn. 4; Heymann/Froitzheim Rn. 14.

4. Beweislast. Die Beweislast für die Umstände, die nach der Verkehrsauffassung dazu führen, dass der Handelsvertreter seine Tätigkeit nebenberuflich ausübt, trägt derjenige, der sich darauf beruft.[36] Macht der Handelsvertreter einen Ausgleichs- oder Provisionsvorschussanspruch geltend, obwohl er iSv Abs. 2 als Handelsvertreter im Nebenberuf beauftragt worden ist, hat er zu beweisen, dass die Beauftragung nicht den Tatsachen entsprochen hat oder die Handelsvertretung nachträglich im Einvernehmen mit dem Unternehmer zum Hauptberuf geworden ist.[37] 11

§ 92c [Auslands- und Schifffahrtsvertreter]

(1) Hat der Handelsvertreter seine Tätigkeit für den Unternehmer nach dem Vertrag nicht innerhalb des Gebietes der Europäischen Gemeinschaft oder der anderen Vertragsstaaten des Abkommens über den Europäischen Wirtschaftsraum auszuüben, so kann hinsichtlich aller Vorschriften dieses Abschnittes etwas anderes vereinbart werden.

(2) Das gleiche gilt, wenn der Handelsvertreter mit der Vermittlung oder dem Abschluß von Geschäften betraut wird, die die Befrachtung, Abfertigung oder Ausrüstung von Schiffen oder die Buchung von Passagen auf Schiffen zum Gegenstand haben.

Schrifttum: Bälz, Der Ausschluss des Ausgleichsanspruchs in internationalen Handelsvertreterverträgen, NJW 2003, 1559; Belgard, Die Rechtsstellung des Handelsvertreters bei der Vermittlung von Schiffspassagen auf Binnengewässern, DB 1966, 1640; Ebenroth, Kollisionsrechtliche Anknüpfung der Vertragsverhältnisse von Handelsvertretern, Kommissionsagenten und Vertragshändlern, RIW 1984, 165; Emde, Handelsvertreterrecht – Relevante Vorschriften bei nationalen und internationalen Verträgen, MDR 2002, 190; Emde, Heimatgerichtsstand für Handelsvertreter und andere Vertriebsmittler?, RIW 2003, 505; Emde/Toepfer, Ist der Schiffsausstattungen vertreibende Handelsvertreter ein Schiffsausrüstungen vermittelnder Handelsvertreter im Sinne des § 92c Abs. 2 HGB?, ZVertriebsR 2025, 228; Gräfe/Giesa, Von Ingmar zu Unamar – Welche Beschränkungen der Rechts- und Gerichtswahlfreiheit ergeben sich aus der Entscheidung des EuGH vom 17.10.2013, C-184/12?, ZVertriebsR 2014, 29; Hagemeister, Die Abdingbarkeit des Ausgleichsanspruchs bei ausländischen Handelsvertretern und Vertragshändlern, RIW 2006, 498; Hepting/Detzer, Die Abdingbarkeit des Ausgleichsanspruchs ausländischer Handelsvertreter und Vertragshändler, insbesondere durch Allgemeine Geschäftsbedingungen, RIW 1989, 337; Kindler, Zur Anknüpfung von Handelsvertreter- und Vertragshändlerverträgen im neuen bundesdeutschen IPR, RIW 1987, 660; Kindler, Neues deutsches Handelsvertreterrecht aufgrund der EG-Richtlinie, RIW 1990, 358; Kindler, Der lange Arm des deutschen Vertriebsrechts – Ausgleichsansprüche für Vertragshändler als international zwingender Schutzstandard, NJW 2016, 1855; Kocher, Analoge Anwendung des Handelsvertreterrechts auf Vertragshändler in Europa, RIW 2003, 512; Müller, Ausschluss des Ausgleichsanspruchs des Handelsvertreters nach § 92c I HGB, NJW 1998, 17; Peschke, Der Vertragshändlerausgleich in internationalen Verträgen, ZVertriebsR 2016, 144; Staudinger, Die ungeschriebenen kollisionsrechtlichen Regelungsgebote der Handelsvertreter-, Haustürwiderrufs- und Produkthaftungsrichtlinie, NJW 2001, 1974; Wauschkuhn/Meese, Die standardvertragliche Abbedingbarkeit zwingender Vorschriften des Handelsvertreterrechts, insbesondere: Abbedingbarkeit des Ausgleichsanspruchs in Verträgen mit außerhalb der EG und des EWR tätigen Handelsvertreters, RIW 2002, 301.

I. Allgemeines

1. Normzweck. Die Vorschrift des § 92c regelt zwei Sachverhalte: Abs. 1 bezieht sich auf Handelsvertreterverträge, deren Gegenstand Absatzmittlertätigkeiten des Handelsvertreters außerhalb des Gebietes der EU oder des EWR-Raums sind (Auslandsvertreter). Hinsichtlich dieser Verträge können die Vertragsparteien von allen Vorschriften der §§ 84 ff. abweichen, also auch von solchen, die zwingenden Charakter haben. Von Bedeutung ist dies in der Praxis insbesondere für den Ausgleichsanspruch nach § 89b. Entsprechendes gilt nach Abs. 2 für Handelsvertreterverträge, die sich auf die Befrachtung, Abfertigung oder Ausrüstung von Schiffen oder die Buchung von Passagieren auf Schiffen beziehen (Schifffahrtsvertreter). Zweck der Vorschrift ist es, den Vertragsparteien die Möglichkeit einzuräumen, den Vertragsinhalt an die jeweiligen **örtlichen Gegebenheiten** (Abs. 1)[1] oder **sachlichen Bedürfnisse** anzupassen (Abs. 2). 1

2. Normgenese. In der ursprünglichen Fassung des HGB war eine § 92c entsprechende Vorschrift nicht enthalten. Die Bestimmung ist erst durch die **HGB-Novelle 1953** in das Handelsvertreterrecht eingefügt worden,[2] wobei der Regierungsentwurf ursprünglich nur eine Regelung für 2

[36] Ebenroth/Boujong/Semmler Rn. 30; MüKoHGB/Ströbl Rn. 30.

[37] LAG Hamm 25.2.1971, BB 1971, 439; Hopt/Hopt Rn. 3; Ebenroth/Boujong/Semmler Rn. 30; **aA** MüKoHGB/Ströbl Rn. 30.

[1] Vgl. dazu Begr. RegE Gesetz zur Änderung des HGB (Recht der Handelsvertreter), BT-Drs. 1/3856, 9, 18; Heymann/Froitzheim Rn. 3.

[2] Art. 1 Gesetz zur Änderung des Handelsgesetzbuchs (Recht der Handelsvertreter) vom 6.8.1953, BGBl. 1953 I 771.

Auslandsvertreter, nicht aber für Schifffahrtsvertreter vorsah.[3] In der Fassung der Novelle von 1953 bezog sich die Befugnis, von den Vorschriften des Handelsvertreterrechts abzuweichen, überdies nur auf Verträge mit Handelsvertretern, die über keine Niederlassung im Inland verfügten. Dieser Regelungsansatz ist mit der **HGB-Novelle 1989** aufgegeben worden. Seitdem gilt die Abweichungsbefugnis nach Abs. 1 für Handelsvertreter, die außerhalb der EU tätig sind.[4] Mit dem EWR-Ausführungsgesetz[5] wurde diese Befugnis schließlich zum 1.1.1994 auf den EWR erweitert. Der Gesetzgeber wollte damit die durch die Anknüpfung an die Niederlassung im Inland verbundene Schlechterstellung der im EU-/EWR-Ausland ansässigen Handelsvertreter beseitigen,[6] die mit dem Grundsatz der Niederlassungsfreiheit nicht zu vereinbaren war.

3 **3. Unionsrecht.** Unionsrechtlich ist § 92c nicht präformiert. Die Vorschrift ist jedoch mit dem Unionsrecht **vereinbar,** da eine zwingende Anwendung des Unionsrechts bei einer Tätigkeit des Handelsvertreters außerhalb der EU bzw. des EWR nicht geboten ist (→ § 84 Rn. 12).[7] Der Sinn und Zweck der RL 86/653/EWG ist vielmehr darauf beschränkt, Wettbewerbsverzerrungen innerhalb der Union durch eine Harmonisierung der nationalen Rechtsordnungen zu vermeiden. Dem steht nicht entgegen, dass den Vertragsparteien bei Verträgen, die sich auf eine Tätigkeit außerhalb der EU bzw. des EWR beziehen, zusätzlicher privatautonomer Gestaltungsspielraum zur Abwendung von Wettbewerbsnachteilen auf den dortigen Märkten eingeräumt wird. Auf der anderen Seite gebietet es das Unionsrecht nach der Rspr. des EuGH,[8] dass die aufgrund der RL 86/653/EWG zwingenden Vorschriften des deutschen Handelsvertreterrechts auch dann anzuwenden sind, wenn die Vertragsparteien zwar das **Vertragsstatut eines Nicht-EU-Staates vereinbart** haben, der Handelsvertreter aber gleichwohl in Deutschland oder einem anderen EU-Staat tätig ist (→ § 89b Rn. 52). Die Durchsetzung der zwingenden Vorschriften der RL 86/653/EWG darf im Übrigen nicht dadurch gefährdet werden, dass über die Rechtswahl hinaus der **Gerichtsstand eines Nicht-EU-Staates** gewählt wird, dessen Recht dem Standard der RL 86/653/EWG nicht entspricht.[9] Eine entsprechende Gerichtsstandsvereinbarung ist unwirksam.

II. Auslandsvertreter (Abs. 1)

4 **1. Anwendungsbereich.** Die Vorschrift des § 92c bezieht sich auf Auslandsvertreter, soweit sie ihre Tätigkeit nach dem Inhalt des Handelsvertretervertrages nicht innerhalb des Gebietes der Europäischen Gemeinschaft oder der anderen Vertragsstaaten des Abkommens über den Europäischen Wirtschaftsraum ausüben. Voraussetzung für die Anwendbarkeit von Abs. 1 ist insoweit zunächst, dass der **Handelsvertretervertrag** nach den Regeln des internationalen Privatrechts überhaupt **deutschem Recht unterliegt.**[10] Dies beurteilt sich bei Verträgen, die vor dem 17.12.2009 abgeschlossen wurden, nach Art. 27 ff. EGBGB (→ 1. Aufl. 2009, § 92c Rn. 4); für danach abgeschlossene Verträge sind Art. 3 ff. Rom I-VO maßgeblich. Die Vorschrift des § 92c Abs. 1 selbst ist eine **Sachnorm** und **keine Kollisionsnorm.**[11] Den Parteien steht es nach Art. 3 Rom I-VO frei, eine **Rechtswahl** zu treffen[12] (zu den Konsequenzen bei Wahl des Rechts eines Drittstaates → Rn. 3),

[3] Vgl. RegE Gesetz zur Änderung des HGB (Recht der Handelsvertreter), BT-Drs. 1/3856, 2; dazu Begr. RegE, BT-Drs. 1/3856, 18 zu § 85 Abs. 2 HGB-E.

[4] Art. 1 Nr. 8 Gesetz zur Durchführung der EG-Richtlinie zur Koordinierung des Rechts der Handelsvertreter vom 23.10.1989, BGBl. 1989 I 1910; anders noch Art. 1 Nr. 8 GE, BT-Drs. 11/3077, 4; dazu Begr. RegE, BT-Drs. 11/3077, 10.

[5] Gesetz vom 27.4.1993 zur Ausführung des Abkommens vom 2.5.1992 über den Europäischen Wirtschaftsraum (EWR-Ausführungsgesetz), BGBl. 1993 I 512 (530).

[6] Vgl. Beschlussempfehlung und Bericht BT-RA, BT-Drs. 11/4559, 6, 10.

[7] EuGH 16.2.2017, ZVertriebsR 2017, 182 Rn. 34 – Agro Foreign Trade & Agency; vgl. auch Staudinger NJW 2001, 1974 (1976); Küstner/Thume VertriebsR-HdB I/Thume XI Rn. 115; Hopt/Hopt Rn. 1; **aA** Grundmann, Europäisches Schuldvertragsrecht, 1999, 3.80 Rn. 7; Kindler RIW 1990, 358 (363); Ebenroth/Boujong/Semmler Rn. 52 ff.

[8] EuGH 9.11.2000, Slg. 2000, I-9325 = NJW 2001, 2007 – Ingmar GB.

[9] BGH 5.9.2012, ZVertriebsR 2013, 89 Rn. 4; OLG München 17.5.2006, WM 2006, 1556 (1558); Emde RIW 2003, 505; Ebenroth/Boujong/Kindler Anh. § 92c Rn. 47; **aA** BGH 30.1.1961, NJW 1961, 1061 (1062); Michaels/Kamann EWS 2001, 301 (310); zur Parallelproblematik zwingender nationaler (belgischer) Schutzverstärkungen zu Gunsten des Handelsvertreters EuGH 17.10.2013, EuZW 2013, 956 – Unamar; dazu Gräfe/Giesa ZVertriebsR 2014, 29 ff.

[10] Kindler NJW 2016, 1855; Hopt/Hopt Rn. 1; Heymann/Froitzheim Rn. 4; MüKoHGB/Ströbl Rn. 8.

[11] Kindler RIW 1990, 358 (363); Kindler NJW 2016, 1855; Rohrßen ZVertriebsR 2017, 186 (187); Hopt/Hopt Rn. 1; Heymann/Froitzheim Rn. 4; MüKoHGB/Ströbl Rn. 6; MüKoBGB/Martiny Rom I-VO Art. 4 Rn. 153.

[12] Dazu Emde MDR 2002, 190 (194 ff.); Ebenroth/Boujong/Kindler Anh. § 92c Rn. 6 ff.

wobei Art. 8 Rom I-VO auf den Handelsvertretervertrag weder direkt noch analog anwendbar ist.[13] Die Rechtswahl kann auch stillschweigend erfolgen (Art. 3 Abs. 1 S. 2 Rom I-VO).[14] Treffen die Parteien keine Rechtswahl, kommt es nach Art. 4 Abs. 1 lit. b Rom I-VO darauf an, in welchem Staat der Handelsvertreter seinen gewöhnlichen Aufenthalt hat; dagegen erfasst Art. 4 Abs. 1 lit. f Rom I-VO lediglich Eigenhändler.[15] Hat der Handelsvertreter, beispielsweise bei erstmaliger Entsendung in ein anderes Land, noch keinen eigenen Geschäftssitz, dann unterliegt der Vertrag dem Recht des Staates, zu dem er die engste Verbindung aufweist (Art. 4 Abs. 4 Rom I-VO). Dies ist der Staat, in dem die Absatzmittlertätigkeit als charakteristische Leistung des Handelsvertretervertrages zu erbringen ist.[16]

2. Abweichungsbefugnis. a) Voraussetzungen. Die Abweichungsbefugnis besteht nur dann, wenn der Handelsvertreter seine **Absatzmittlertätigkeit außerhalb des EU/EWR-Raums** auszuüben hat. Maßgeblich ist insoweit die mit dem Unternehmer getroffene **vertragliche Vereinbarung,**[17] wobei die Absatzmittlertätigkeit als vertragliche Hauptpflicht entscheidend ist. Auf den Ort der Niederlassung des Handelsvertreters kommt es entgegen der früheren Rechtslage (→ Rn. 2) nicht mehr an. Wird der Handelsvertreter abweichend von der vertraglichen Regelung auch innerhalb des EU-/EWR-Raums tätig, ist § 92c **nicht anwendbar,** soweit die inländischen Tätigkeiten über bloße akzessorische Vor- und Nachbereitungshandlungen oder die Erfüllung von Nebenpflichten hinausgehen.[18] Ansonsten könnte § 92c durch eine von der vertraglichen Vereinbarung abweichende **tatsächliche Handhabung** umgangen werden. Eine lediglich akzessorische Tätigkeit liegt freilich vor, wenn der Handelsvertreter ausländische Kunden auf Bitten des Unternehmers an dessen Stammsitz innerhalb des EU/EWR-Raums begleitet.[19] Nicht unter § 92c fällt wegen des Vorrangs der vertraglichen Vereinbarung eine nicht geschuldete, aber tatsächlich ausgeübte Auslandstätigkeit.[20] Ergibt sich aus dem Vertrag mit dem Unternehmer eine Verpflichtung des Handelsvertreters zur Absatzmittlung **innerhalb und außerhalb des EU-/EWR-Raums,** muss die Anwendung von § 92c auch insoweit ausscheiden.[21] Der Handelsvertreter hat dann nämlich die Hauptpflicht der Absatzmittlertätigkeit teilweise im EU-/EWR-Inland zu erbringen, womit die Anwendung von § 92c zur Suspendierung teilweise zwingender Vorschriften der §§ 84 ff. führen würde. Dies aber ist mit der RL 86/653/EWG nicht vereinbar. Eine Aufspaltung des Vertrages nach Tätigkeitsgebieten mit der Folge, dass nur auf den Vertragsteil mit einer Vermittlungspflicht außerhalb des EU-/EWR-Raums die Vorschrift des § 92c anzuwenden wäre, ist mit dem Regelungsansatz der Vorschrift, die von einer einheitlichen Geltung für das gesamte Vertragsverhältnis ausgeht, nicht vereinbar.[22] 5

Die Voraussetzungen für die Abweichungsbefugnis müssen im **Zeitpunkt des Abschlusses** desjenigen Geschäfts vorliegen, mit dem von den zwingenden gesetzlichen Vorschriften der §§ 84 ff. abgewichen werden soll.[23] Daher führt eine **nachträgliche Änderung** des Handelsvertretervertrages, die eine Ausweitung der Absatzmittlertätigkeit auf den EU-/EWR-Raum beinhaltet, dazu, dass ab diesem Zeitpunkt § 92c nicht mehr anwendbar ist. Entgegenstehende vertragliche Vereinbarungen, nach denen zwingende Vorschriften des Handelsvertreterrechts wie § 89b für unanwendbar erklärt werden, sind fortan unwirksam.[24] 6

b) Rechtsfolgen. Liegen die Voraussetzungen des § 92c Abs. 1 vor, können die Vertragsparteien privatautonome Vereinbarungen treffen, die **teilweise oder in vollem Umfang** von den zwingenden Vorschriften des Handelsvertreterrechts **abweichen.**[25] Das gilt auch dann, wenn die Anwendbar- 7

---

13 **AA** Emde MDR 2002, 190 (198) zu Art. 30 EGBGB aF.

14 Vgl. OLG Düsseldorf 28.3.2003, HVR Nr. 1081 zu Art. 27 Abs. 1 S. 2 EGBGB aF.

15 MüKoBGB/Martiny Rom I-VO Art. 4 Rn. 151.

16 BGH 9.11.1994, BGHZ 127, 368 (371) = NJW 1995, 318; 12.5.1993, NJW 1993, 2753; OLG Düsseldorf 28.3.2003, HVR Nr. 1081; OLG Koblenz 19.10.1995, RIW 1996, 152; Hopt/Hopt Rn. 5.

17 MüKoHGB/Ströbl Rn. 9.

18 Im Ergebnis ebenso Ebenroth/Boujong/Semmler Rn. 15; Heymann/Froitzheim Rn. 7; **aA** MüKoHGB/Ströbl Rn. 9.

19 OLG München 11.1.2002, NJW-RR 2003, 471 (472).

20 Heymann/Froitzheim Rn. 7.

21 Staudinger NJW 2001, 1974 (1976); Hopt/Hopt Rn. 9; Heymann/Froitzheim Rn. 7; **aA** Küstner/Thume VertriebsR-HdB I/Thume XI Rn. 123 ff. (bei nach Inland und Ausland getrennten Verträgen); MüKoHGB/Ströbl Rn. 12.

22 **AA** Müller NJW 1998, 17; KKD/Roth Rn. 2; MüKoHGB/Ströbl Rn. 12.

23 MüKoHGB/Ströbl Rn. 13; **aA** Küstner/Thume VertriebsR-HdB I/Thume XI Rn. 126 (Zeitpunkt der tatsächlichen vertragsgemäßen Tätigkeit).

24 Ebenroth/Boujong/Semmler Rn. 19; MüKoHGB/Ströbl Rn. 14.

25 MüKoHGB/Ströbl Rn. 3.

keit des deutschen Rechts auf der Rechtswahl der Parteien beruht[26] und das an sich einschlägige Recht eines Drittstaates eine dem abbedungenen deutschen Recht vergleichbare oder sogar günstigere Regelung enthält.[27] Die abweichende Vereinbarung kann im Grundsatz auch durch AGB erfolgen.[28] Sie muss in der Vereinbarung hinreichend deutlich zum Ausdruck kommen. Unberührt von der Abweichungsbefugnis nach § 92c Abs. 1 bleibt die Bindung der Vertragsparteien an zwingende zivilrechtliche Vorschriften außerhalb des Handelsvertreterrechts.[29]

III. Schifffahrtsvertreter (Abs. 2)

8 Die Rechtsfolgen des Abs. 1 treten gem. Abs. 2 auch dann ein, wenn der Unternehmer den Handelsvertreter mit der Vermittlung oder dem Abschluss von Geschäften betraut hat, die sich gegenständlich auf die **Befrachtung, Abfertigung oder Ausrüstung von Schiffen** oder die **Buchung von Passagieren auf Schiffen** beziehen.[30] Unerheblich ist es nach dem Wortlaut der Bestimmung, ob die Geschäfte des Schifffahrtsvertreters die See- oder Binnenschifffahrt zum Gegenstand haben und ob sie im In- oder Ausland oder grenzüberschreitend getätigt werden.[31] Zur Ausrüstung von Schiffen gehören nach dem Wortsinn alle beweglichen oder fest eingebauten Bauteile von Schiffen, insbesondere Decksausrüstungen.[32] Dies zeigt, dass die Vorschrift nicht nur Dienstleistungsvermittler, sondern auch auf Warenvertreter anzuwenden ist.[33] Unter den Begriff der Befrachtung fällt auch die Vermittlung von Schleppverträgen.[34] Eine **entsprechende Anwendung** auf andere Formen der Reise- und Frachtvermittlung kommt nicht in Betracht, da Abs. 2 auf die speziellen Belange der Schifffahrtsvertreter zugeschnitten ist.[35] Bezieht sich die Absatzmittlertätigkeit des Handelsvertreters für den Unternehmer nicht nur auf die Schifffahrtsbranche, sondern auch auf andere Branchen **(Mehrfachvertretung)**, kommt es im Hinblick auf die Abweichungsbefugnis nach Abs. 1 darauf an, ob der Schwerpunkt der Tätigkeit nach der vertraglichen Vereinbarung bei Geschäften iSv Abs. 2 liegt, es sei denn, einzelne gesetzliche Vorschriften, wie unter Umständen § 89b und § 90a, können auf bestimmte Tätigkeitsbereiche gesondert angewandt werden.[36] Scheidet dies aus und bestehen auch im Hinblick auf den Schwerpunkt der Tätigkeit Zweifel, ist Abs. 2 nicht anzuwenden.[37]

IV. Beweislast

9 Für den Fall, dass der **Handelsvertreter** nach §§ 84 ff. an sich unabdingbare Ansprüche geltend macht, muss er deren Voraussetzungen darlegen und beweisen und darüber hinaus auch, dass eine vertragliche Vereinbarung mit dem Unternehmer nicht entgegensteht. Im Übrigen trägt der **Unternehmer** die Darlegungs- und Beweislast für die Abweichungsbefugnis nach § 92c.[38]

V. Andere Absatzmittler

10 Die Vorschrift des § 92c ist auf andere Absatzmittler entsprechend anwendbar, soweit deren Tätigkeitsmerkmale im Einzelfall denjenigen eines Handelsvertreters entsprechen. Eine analoge Anwen-

---

[26] MüKoHGB/Ströbl Rn. 17.

[27] Vgl. OLG München 11.1.2002, NJW-RR 2003, 471 (472); 20.11.2002, NJW-RR 2003, 201 (202); Bälz NJW 2003, 1559; Hepting/Detzer RIW 1989, 337 (339); Wauschkuhn/Meese RIW 2002, 301 (305 f.); Hopt/Hopt Rn. 9; Heymann/Froitzheim Rn. 8; MüKoHGB/Ströbl Rn. 17; **aA** Küstner/Thume VertriebsR-HdB I/Thume XI Rn. 121; KKD/Roth Rn. 2.

[28] OLG München 11.1.2002, NJW-RR 2003, 471 (472); 20.11.2002, NJW-RR 2003, 201 (202); Hopt/Hopt Rn. 9; Ebenroth/Boujong/Semmler Rn. 19; MüKoHGB/Ströbl Rn. 17; **aA** Hepting/Detzer RIW 1989, 337 (340).

[29] Vgl. auch Ebenroth/Boujong/Semmler Rn. 26; MüKoHGB/Ströbl Rn. 4.

[30] Zur Anwendbarkeit auf Reedereiagenten OLG Hamburg 12.10.1972, MDR 1973, 140.

[31] Belgard DB 1966, 1640; Ebenroth/Boujong/Semmler Rn. 25 f.; Heymann/Froitzheim Rn. 9; MüKoHGB/Ströbl Rn. 21; zum Geschäftsort OLG Köln 22.6.1966, OLGZ 1966, 533.

[32] **AA** Emde/Toepfer ZVertriebsR 2025, 228 (228 f.), die den Begriff nicht im technischen oder materiellen Sinne, sondern funktional im Hinblick auf Befrachtung und Transport von Schiffen verstehen.

[33] **AA** Emde/Toepfer ZVertriebsR 2025, 228 (229).

[34] Staub/Emde Rn. 33; MüKoHGB/Ströbl Rn. 21.

[35] Ebenroth/Boujong/Semmler Rn. 17; Heymann/Froitzheim Rn. 9; MüKoHGB/Ströbl Rn. 22; Staub/Emde Rn. 33.

[36] MüKoHGB/Ströbl Rn. 24; Staub/Emde Rn. 33; **aA** – nur Schwerpunktbetrachtung – Ebenroth/Boujong/Semmler Rn. 18; Heymann/Froitzheim Rn. 9.

[37] Ebenroth/Boujong/Semmler Rn. 9; MüKoHGB/Ströbl Rn. 24.

[38] Emde MDR 2002, 190 (200); Ebenroth/Boujong/Semmler Rn. 51.

dung der Norm kommt daher in Betracht auf **Vertragshändler,**[39] **Kommissionsagenten**[40] und **Subordinations-Franchisenehmer.**[41] Allerdings hat die analoge Anwendung von § 92c überhaupt nur insoweit Bedeutung, als die einzelnen handelsvertreterrechtlichen Schutzvorschriften, auf die sich die Abweichungsbefugnis nach § 92c bezieht, ihrerseits analog auf die genannten Absatzmittlungsverhältnisse anwendbar sind.

[39] BGH 25.2.2016, NJW 2016, 1885 Rn. 27 ff. zu § 89b Abs. 4 S. 1 (zust. Peschke ZVertriebsR 2016, 144 [149]; krit. Kindler NJW 2016, 1855 [1857]; abl. Ströbl BB 2016, 848); Hagemeister RIW 2006, 498 (501 f.); Winkler v. Mohrenfels ZVertriebsR 2014, 281 (285); Ebenroth/Boujong/Semmler Rn. 13; vgl. Ulmer, Der Vertragshändler, 1969, 398 m. Fn. 18; zweifelnd Küstner/Thume VertriebsR-HdB I/Thume XI Rn. 128 ff.; **aA** Kocher RIW 2003, 512 (515, 518 f.); NK-HGB/Prasse Anh. FranchiseR Rn. 66.

[40] Ebenroth RIW 1984, 165 (168); Hepting/Detzer RIW 1989, 337 (344); Kindler RIW 1987, 660 (664); Ebenroth/Boujong/Semmler Rn. 13.

[41] Winkler v. Mohrenfels ZVertriebsR 2014, 281 (285); Ebenroth/Boujong/Semmler Rn. 13.

Achter Abschnitt. Handelsmakler

§ 93 [Begriff]

(1) Wer gewerbsmäßig für andere Personen, ohne von ihnen auf Grund eines Vertragsverhältnisses ständig damit betraut zu sein, die Vermittlung von Verträgen über Anschaffung oder Veräußerung von Waren oder Wertpapieren, über Versicherungen, Güterbeförderungen, Schiffsmiete oder sonstige Gegenstände des Handelsverkehrs übernimmt, hat die Rechte und Pflichten eines Handelsmaklers.

(2) Auf die Vermittlung anderer als der bezeichneten Geschäfte, insbesondere auf die Vermittlung von Geschäften über unbewegliche Sachen, finden, auch wenn die Vermittlung durch einen Handelsmakler erfolgt, die Vorschriften dieses Abschnitts keine Anwendung.

(3) Die Vorschriften dieses Abschnittes finden auch Anwendung, wenn das Unternehmen des Handelsmaklers nach Art oder Umfang einen in kaufmännischer Weise eingerichteten Geschäftsbetrieb nicht erfordert.

Schrifttum: Althammer, Ersatz vergeblicher Maklerkosten nach der Schuldrechtsreform, NZM 2003, 131; Armbrüster, Schadensregulierung durch den Versicherungsmakler als erlaubnispflichtige Rechtsdienstleistung, ZIP 2017, 1; Ballasch/Kliesch, Sportliche Vermittlungs- und Agenturverträge unter dem Damoklesschwert des Handelsvertreterrechts, CaS 2015, 360; Beenken/Brühl/Wende, Mangel an Honorartarifen kollidiert mit gesetzlichem Auftrag des Maklers, VW 2011, 200; Bemme, Provisionsansprüche des Schiffsmaklers, TranspR 1997, 6; Demme, Handbuch für den Makler, 3. Aufl. 1997; Emde, Bestandsübertragungsverträge mit Versicherungsvermittlern, VersR 2019, 791; Emde, Rechtsprechungsreport zum Vertriebsrecht des Jahres 2012, BB 2013, 2627; Evers, Makler oder Vertreter, VW 2012, 279; Evers, Honorarabreden abweichend vom Schicksalsteilungsgrundsatz unwirksam, VW 2013, 51; Frank, Kann ein Versicherungsmakler überhaupt noch provisionspflichtig Versicherungen vermitteln?, VersR 2005, 592; Homann, Der Künstlermanagementvertrag, 2013; Kappus, Anspruchsanmeldung nach Urlaubsmeldung, RRa 2012, 58; Keim, Maklerprovision bei arglistbedingter Wandelung des Hauptvertrages, NJW 2001, 3168; P. Koch, Aktuelle Fragen des Versicherungsmaklerrechts, VersR 1997, 1200; R. Koch, Kreditrichtlinie, MDR 2016, 1417; Ledermann, Die Rechtsstellung des Kursmaklers an den deutschen Wertpapierbörsen, Diss. Darmstadt 1990; Loritz, Provisionen beim Abschluss von Lebensversicherungsverträgen, VersR 2004, 405; Matusche-Beckmann, Pflichten und Haftung des Versicherungsmaklers, 4. Aufl. 1995; Matusche-Beckmann, Probleme bei der Abgrenzung des Versicherungsagenten vom Versicherungsmakler, VersR 1995, 1391; Reiff, Die Vermittlung von Nettopolicen, VersR 2012, 645; Reiff, Die selbständige Vergütungsvereinbarung des Vermittlers einer Nettopolice im Lichte des § 9 Abs. 2 VVG, VersR 2016, 757; Teichler, Das zukünftige Vermittlerrecht, VersR 2002, 385; Thiel, Die Haftung der Anlageberater und Versicherungsvermittler, 2. Aufl. 2008; Tschmarke, Der Warenmakler, Diss. Köln 1958; Wegscheider, Die Rechtsstellung des Versicherungsmaklers, ZfV 1986, 509; Wichert, Immobilienmakler: Einwendungen gegen den Provisionsanspruch, MDR 2020, 6; Zinnert, Das Recht des Versicherungsmaklers am Anfang des 21. Jahrhunderts, VersR 2000, 399; Zopfs, Die Rechtsstellung des Versicherungsmaklers, VersR 1986, 747.

Übersicht

I. Begriff und Stellung des Handelsmaklers

1 **1. Begriff.** Der Handelsmakler ist ein Makler besonderer Art. Deshalb enthalten die Bestimmungen des achten Abschnitts keine abschließenden Regeln, sondern sie ergänzen, verfeinern und modi-

fizieren die Bestimmungen der §§ 652 ff. BGB zu einem eigenen, rechtlichen Handlungsrahmen für einen besonderen Vermittlungsberuf. Den Schlüssel enthält § 93. Er regelt in Abs. 1 die **Definition des Handelsmaklers,** die den Anwendungsbereich der §§ 94–104 eröffnet.[1] Die Folgeabsätze dienen der Abgrenzung anderer Vermittlungstätigkeiten und der Klarstellung, dass der Umfang der Gewerbsmäßigkeit nicht von Bedeutung ist.

Vier Voraussetzungen muss der Handelsmakler genügen. (1) Der **Handelsmakler vermittelt.** 2
Anders als beim Zivilmakler genügt es nicht, wenn er nur eine Gelegenheit zum Vertragsschluss nachweist, er hat vielmehr **auf die Abschlussbereitschaft** der Vertragsparteien **hinzuwirken.**[2] (2) Der Handelsmakler handelt auch nur als solcher – das ist der Kern des Abs. 2 – wenn er Verträge über die in Abs. 1 aufgezählten **Gegenstände des Handelsverkehrs** vermittelt. Auch hier spielt die Abgrenzung zum Zivilmakler herein. Nicht von Bedeutung ist, ob es sich um Verträge unter Kaufleuten handelt.[3] Entscheidend ist vielmehr, ob der Vertragsgegenstand als Vermögensobjekt von Handelswert anzusehen ist.[4] Die Aufzählung im Gesetz grenzt zwar Waren, Wertpapiere, Versicherungen, Güterbeförderungen und Schiffsmiete ein, doch gibt der unbestimmte Rechtsbegriff der „sonstigen Gegenstände des Handelsverkehrs" die Möglichkeit zur Öffnung. Hierhin zu zählen sind nach heutigem Stand besonders Schutzrechte, Patente, Lizenzen, Bankkredite und sonstige Bankgeschäfte,[5] sofern kein Bezug zu Immobilien gegeben ist. Praktisch gehören dazu weiter **alle Vermögensobjekte,** sofern ihnen im Verkehr eine handelsübliche Umschlagsfähigkeit zuerkannt wird. Einen Streitfall bilden Anteile an Publikumsgesellschaften, die einesteils nach § 719 BGB prinzipiell der Verkehrsfähigkeit entzogen scheinen, andererseits in der Praxis marktgängig gehandelt werden.[6] Definitiv ausgenommen aus dem Wirkungskreis des Handelsmaklers sind Immobiliengeschäfte.[7] Das Gleiche gilt für Dienstverträge oder ähnliche, die nicht „Gegenstand des Handelsverkehrs" sein können, sodass der Bereich der Arbeitsvermittlung dem Handelsmakler verschlossen bleibt.[8] Dies trifft auf die Vermittlung von Sportlerinnen und Sportler ebenso zu.[9] Auch eine Künstleragentur oder eine Vermittlung von Fotodesignern unterfällt mithin weder den §§ 89 ff. noch den §§ 93 ff.[10] Und schließlich kann auch die Zuführung anderer Makler nicht als Gegenstand des Handelsverkehrs gewertet werden.[11] (3) Der Handelsmakler **handelt gewerbsmäßig,** dh seine Tätigkeit ist eine auf Dauer eingerichtete, selbständige Tätigkeit, ausgerichtet auf die Erzielung nachhaltiger **Einnahmen.**[12] Nicht von Belang ist, ob eine Gewerbeerlaubnis vorliegt. Weder die Kaufmannseigenschaft[13] noch die Wirksamkeit der einzelnen geschlossenen Verträge[14] hängen davon ab. Maßgeblich bleibt allein, ob die Gewerbsmäßigkeit nach den vorliegenden Umständen tatsächlich anzunehmen ist. (4) Und der Handelsmakler darf, praktisch im Sinne einer negativen Konstituante, nicht **dauerhaft an einen Auftraggeber** gebunden sein. Besteht ein Dauerauftrag, ist die Scheidelinie zum Handelsvertreter überschritten (zur näheren Abgrenzung → Rn. 10 f.).[15] Unschädlich ist dagegen die häufige, selbst permanente Betrauung mit Einzelaufträgen.[16]

Phänotypisch werden Handelsmakler durch die Märkte geprägt, auf denen sie tätig sind. Es ist 3
die überlegene Kenntnis des Marktspezialisten, die seine Auftraggeber davon überzeugt, die Courtage für die Nutzbarmachung solchen Wissens aufzubringen.[17] So ist der **Warenmakler** regelmäßig im Importgeschäft zu finden, traditionell mit Südfrüchten, Kaffee oder bei Rohstoffen.[18] Heute können – unabhängig vom Aggregatszustand – Energieträger oder EDV-Programme Gegenstand der Vermittlung sein.[19] Im Wertpapierhandel erfreute sich der **Skontroführer (Börsenmakler)** einer

[1] Ebenroth/Boujong/Reiner Rn. 1.
[2] BGH 4.6.2009, NJW-RR 2009, 1282 (1283) mwN; MüKoHGB/Ströbl Rn. 25.
[3] Ebenroth/Boujong/Reiner Rn. 25.
[4] Heymann/Herrmann Rn. 1.
[5] Zur Darlehensvermittlung Koch MDR 2016, 1417.
[6] Für die Anerkennung als Gegenstand des Handelsverkehrs OLG Frankfurt 26.10.1978, WM 1979, 1396; offengelassen von BGH 29.2.1984, WM 1984, 667 = BeckRS 1984, 31071144: „bislang höchstrichterlich noch nicht entschieden".
[7] MüKoHGB/Ströbl Rn. 40; Staub/Thiessen Rn. 57.
[8] Rieble DB 1994, 1776.
[9] Ballasch/Kliesch CaS 2015, 360.
[10] OLG Hamburg 28.10.2005, GRUR 2006, 788; vgl. Homann, Künstlermanagementvertrag, 2013, Kap. 12.
[11] OLG Hamm 30.5.2014, BeckRS 2015, 03040.
[12] GK-HGB/Achilles Rn. 4.
[13] MüKoHGB/Ströbl Rn. 45; Staub/Thiessen Rn. 8.
[14] BGH 23.10.1980, BGHZ 78, 269 = NJW 1981, 387.
[15] LG Köln 6.3.2018, BeckRS 2018, 38455; Hopt/Roth Rn. 14, 20.
[16] Ebenroth/Boujong/Reiner Rn. 68.
[17] Heymann/Herrmann Vor § 93 Rn. 6.
[18] MüKoHGB/Ströbl Rn. 7.
[19] RGHMW/Mock Rn. 4.

gewissen Bekanntheit, auch wenn ihm der Gesetzgeber vor einigen Jahren – mit dem Segen des BVerfG[20] – die Aufgabe der Feststellung des amtlichen Börsenpreises entzogen hat (→ § 400 Rn. 6). Das Vermittlungsgeschäft, die wirtschaftliche Grundlage, ist davon zunächst unberührt.[21] Allerdings werden die Abschlüsse heute eher elektronisch gesteuert, der verbleibende „Parketthandelt" deckt nur einen Teil. Und die – geregelte – Bestellung und Entlassung engt die Unabhängigkeit ein, auch wenn der Beruf als Einzelkaufmann ausgeübt werden kann (s. dazu §§ 27 ff. BörsG wie auch die Börsenordnung). In engem Zusammenhang stehen **Anlagevermittler.** Das KWG beschränkt diese vermittelnde Tätigkeit zwischen kaufwilligen und verkaufswilligen Interessenten als Finanzdienstleistung auf Inhaber einer Banklizenz, welche der Aufsicht der BaFin unterliegen (§ 32 KWG). – Für die Praxis bedeutsam sind weiter **Versicherungsmakler,** die anders als Agenten nicht nur Produkte eines einzigen Anbieters vermitteln.[22] Diese Handelsmakler sind allerdings von der Pflicht, ein Tagebuch zu führen, ausgenommen (§ 104 S. 2). Weitere Aufgaben übernimmt der **Schiffsmakler,** dessen Tätigkeit vom Seerecht mitgeprägt und damit bestimmend auch von Handelsbräuchen durchsetzt ist.[23] Zu unterscheiden sind Befrachtungs- und Chartermakler, aber auch der An- und Verkauf von Schiffen, die insoweit nicht als Immobilien gelten.[24] Auch der Betreiber eines „freien" **Reisebüros** kann Handelsmakler sein.[25]

4 **2. Handelsmakler und Zivilmakler.** Handelsmakler und Zivilmakler folgen demselben **Leitbild.** Ziel ihrer Tätigkeit ist es, Verträge Dritter zu befördern. Während der Zivilmakler sich auch darauf beschränken kann, die Gelegenheit zum Abschluss eines solchen Vertrages nachzuweisen, muss der Handelsmakler **vermitteln,** also final auf die Parteien einwirken, um den Abschluss des gewünschten Vertrages mitursächlich vorwärts zu bringen.[26] Der Lohn des Maklers hängt vom Erfolg seiner Tätigkeit ab. Insoweit ist der Vertragstypus dem Werkvertrag ähnlich. Eine weitere Besonderheit ist, dass der Makler grundsätzlich **weder eine Tätigkeit noch die Herbeiführung des gewünschten Erfolges schuldet.**[27] Abweichend hiervon schuldet allerdings der Versicherungsmakler die rechtzeitige Beschaffung des gewünschten Versicherungsschutzes.[28] Es steht weiter den Auftraggebern der Makler im Allgemeinen „bis zum letzten Augenblick"[29] frei, die vermittelte Gelegenheit zum Abschluss eines Vertrages zu nutzen oder ungenutzt verstreichen zu lassen **(Abschlussfreiheit).**[30] Die §§ 320 ff. BGB finden auf diesen Vertragstyp keine Anwendung; vielmehr beschränken sich die Wirkungen des Maklervertrages zunächst auf die Begründung von Treue- und Nebenpflichten.[31]

5 Trotz der nur rudimentären Ausprägung im Gesetz kann der Maklervertrag von anderen, **verwandten Vertragstypen** deutlich unterschieden werden. Der wesentliche Unterschied zum **Auftrag** besteht darin, dass der Beauftragte fremdnützig, der Makler hingegen für sich selbst tätig wird.[32] Der Dienstnehmer des **Dienstvertrages** ist zur Tätigkeit verpflichtet.[33] Verpflichtet sich der Makler – was gelegentlich vorkommt – tätig zu werden, so wandelt sich das Bild, und es liegt ein **Maklerdienstvertrag** vor.[34] Anwendbar sind nun die §§ 611 ff. BGB, die §§ 652 ff. BGB und §§ 93 ff. werden nur ergänzend hinzugezogen.[35] Wenn der Makler sogar zusichert, dass seine Bemühungen Erfolg haben werden, dann handelt es sich um einen **Maklerwerkvertrag.** Bei dieser Variante, die beim Versicherungsmakler vorkommen kann, gilt dann in erster Linie Werkvertragsrecht.[36]

6 Eine Typenmischung enthält der sog. **„Alleinauftrag".** Vor dem Hintergrund einer weitgehend offenen Ausgestaltung durch den Gesetzgeber bleibt dem Makler Raum, durch AGB ein eigenes Handlungsinstrumentarium zusammenzustellen. Dieses Instrumentarium hat sich auch im Tätigkeits-

[20] BVerfG 21.8.2002, NJW 2002, 3460 = NZG 2002, 1028.

[21] Das BVerfG meint, dass das bisherige Berufsfeld erhalten bleibe, weil die Kursmakler künftig als Skontroführer tätig bleiben können, BVerfG 21.8.2002, NJW 2002, 3460 unter II.2.

[22] MüKoHGB/Ströbl Rn. 9.

[23] Staub/Thiessen Rn. 50.

[24] MüKoHGB/Ströbl Rn. 10.

[25] Kappus RRa 2012, 58; zur Gewerbesteuer bei Transaktionskosten BFH 26.4.2018, DStR 2018, 1860 = DB 2018, 2408 mAnm Wenzler GmbHR 2018, 1033.

[26] Hopt/Roth Rn. 13.

[27] GK-HGB/Achilles Rn. 7.

[28] BGH 14.6.2007, NJW-RR 2007, 1503; RGHMW/Mock Rn. 22.

[29] KG 16.12.1985, NJW-RR 1986, 598.

[30] BGH 18.5.1973, BGHZ 61, 17 = NJW 1973, 1971 Ls.

[31] Staudinger/Arnold, 2021, BGB Vor § 652 Rn. 1, 9.

[32] Grüneberg/Retzlaff BGB Einf. § 652 Rn. 5.

[33] BGH 20.3.1985, NJW 1985, 2478.

[34] BGH 17.10.1990, NJW-RR 1991, 628.

[35] BGH 25.5.1983, BGHZ 87, 309 = NJW 1983, 2817; MüKoHGB/Ströbl Rn. 22.

[36] BGH 21.10.1987, NJW 1988, 969 für Finanzmakler; Hopt/Roth Rn. 10.

bereich des Handelsmaklers etabliert.[37] Im Bereich der „Festofferte" sichert der Auftraggeber dem Makler zu, keine weiteren Makler zu betrauen. Weiter wird die Freiheit, den Auftrag zu widerrufen, eingeschränkt. Diese stärkere **Bindung des Auftraggebers** korrespondiert mit einer **Tätigkeitspflicht des Maklers.** Es entsteht ein Dauerschuldverhältnis mit Dienstvertragscharakter, bei welchem Rechte und Pflichten in ein korrespondierendes Verhältnis treten und die Beendbarkeit gewährleistet sein muss.[38] Abschlussfreiheit und das Recht zum Direktabschluss, dh zum Abschluss des Auftraggebers ohne Hinzuziehung des Maklers, müssen im Regelfall gewährleistet bleiben.[39]

Bei allen Gemeinsamkeiten zwischen Handels- und Zivilmakler gibt es auch **gravierende Unterschiede.** Hier ist die **Doppeltätigkeit** zu nennen. Für den Zivilmakler bildet die Bindung an beide Partner des angestrebten Vertrages eine zulässige, in Ansehung des § 654 BGB aber gefährliche Ausnahme. Bei Fehlen jeder Interessenkollision und unter Wahrung strikter Neutralität kann der seine doppelte Bindung offenbarende Makler Lohn von beiden Seiten einstreichen.[40] Überschreitet er aber die Grenze des Zulässigen, so kann er sich nicht nur ersatzpflichtig machen, er verwirkt auch den Anspruch auf die Courtage.[41] Im Leitbild des Handelsmaklers ist hingegen Doppeltätigkeit fest verankert.[42] Die § 94, § 96, § 98, § 99 und § 101 weisen dem Handelsmakler die Rolle des neutralen **„Schlichters zwischen zwei widerstreitenden Teilen"** zu.[43] Die Spielräume sind größer. Zwar kann der Inhalt des Vertrages mit einem Teil jede Bindung an die andere Seite ausschließen.[44] Doch können die Parteien bei Offenlegung der beiderseitigen Bindung dem „ehrlichen Makler" erhebliche Wirkungsmöglichkeiten zugestehen.[45] Die Grundsätze zum Doppelauftrag beim Zivilmakler sind jedenfalls nicht ohne weiteres übertragbar.[46] 7

Die Tätigkeit für beide Seiten führt auch zu der Möglichkeit, **von beiden Seiten Maklerlohn** zu verlangen (§ 99). Kopfzerbrechen bereitet die Konstruktion, wie eine Beziehung zu beiden Parteien zu bewerten sei. Konsens besteht, dass die Bindung an die zeitlich als erstes an den Makler herantretende Partei jedenfalls als Vertragsbeziehung zu werten ist. Problematisch ist die Beziehung zum Zweiten. Ein Teil geht von einem gesetzlichen Verhältnis vertragsähnlicher Natur aus.[47] Die Gegenansicht verlangt, dass mit beiden Seiten ein Vertrag zu schließen ist, wobei an die Verlautbarung der Willenserklärung keine großen Anforderungen gestellt werden.[48] Vermittelnd wird vorgeschlagen, von einem gesetzlich begründeten Vertragsverhältnis auszugehen.[49] Die wesentlichen Argumente sprechen für die Konstruktion eines **Vertrages** auch **mit der zweiten Partei.** Unter Kaufleuten jedenfalls bereitet die Absenkung der Anforderungen an eine Willenserklärung durch wissentliche Hinnahme der Leistung keine grundsätzlichen Probleme (§ 354, § 362; → Rn. 18; → § 99 Rn. 2 f.). Diese Lösung vermag auch die Ausnahmen zu erklären, dass ein Makler ausdrücklich gegenüber einer Partei keine verpflichtende Stellung zu erlangen wünscht,[50] oder dass die zweite Partei ebenfalls bereits einen Makler beauftragt hat.[51] Der Streit um die Konstruktion ist allerdings von untergeordneter Bedeutung, da einhellig eine Anwendung des § 278 BGB[52] befürwortet wird und auch dem gesetzlichen Courtageanspruch der „gleiche Inhalt" zugesprochen wird.[53] 8

Es wäre ein Missverständnis anzunehmen, Handels- und Zivilmakler seien notwendig verschiedene Personen. Dieselbe Person kann **beide Rechtsrollen** übernehmen, auch gleichzeitig. Sicher: der Gelegenheitsmakler kann nur Zivilmakler sein. Die Vermischung mit Ehe- oder Partnerschaftsvermittlung wird nicht häufig vorkommen. Zu sehr fallen im Regelfall die Geschäftstechniken auseinan- 9

---

[37] Hopt/Roth Rn. 59 ff.; MüKoHGB/Ströbl Rn. 22 f.; RGHMW/Mock Vor § 93 Rn. 21; Staub/Thiessen Rn. 71 ff.

[38] Vgl. Staudinger/Arnold, 2021, BGB §§ 652, 653 Rn. 230.

[39] Hopt/Roth Rn. 62 mwN; Ausnahme der qualifizierte Alleinauftrag, dazu Staudinger/Arnold, 2021, BGB §§ 652, 653 Rn. 231.

[40] RGHMW/Mock Vor § 93 Rn. 34.

[41] Hopt/Roth Rn. 32 f., 52.

[42] GK-HGB/Achilles Rn. 8; Ebenroth/Boujong/Reiner Rn. 39; MüKoHGB/Ströbl Rn. 49.

[43] BGH 25.10.1967, BGHZ 48, 344 (350) = NJW 1968, 150.

[44] BGH 26.3.1998, NJW-RR 1998, 992.

[45] Hopt/Roth Rn. 33; zur Offenlegung BGH 30.4.2003, NJW-RR 2003, 991.

[46] Ebenroth/Boujong/Reiner Rn. 39.

[47] Staub/Thiessen § 99 Rn. 8: Die Existenz der Norm mache „die Konstruktion eines stillschweigenden oder fingierten Vertragsschlusses sowie streitanfällige Provisionsabwälzungsklauseln überflüssig" (→ Rn. 8 aE); GK-HGB/Achilles § 98 Rn. 1.

[48] Ebenroth/Boujong/Reiner Rn. 41, 45 ff.

[49] Heymann/Herrmann Rn. 16.

[50] RG 5.11.1915, LZ 1916, 754.

[51] HK-HGB/Ruß § 98 Rn. 2; Hopt/Roth § 98 Rn. 2.

[52] GK-HGB/Achilles § 98 Rn. 2; RGHMW/Mock § 98 Rn. 2.

[53] Staub/Thiessen § 93 Rn. 173.

der. Aber ein Handelsmakler, der Immobiliengeschäfte vermittelt, ist ebenso Zivilmakler, wie er dies bei vertragsgerechter Nachweisung eines Kaufvertrags über Handelswaren sein kann.[54] Bei **gemischten Vertragsgegenständen** bestimmt der jeweilige Geschäftsgegenstand über die Anwendung des maßgeblichen Rechts. Anders als bei der Kommission bestimmt kein „Hauptgegenstand", es kann zu trennen sein, etwa zwischen einer Immobilie und den darauf gelagerten Waren.[55] Nur für letztere gelten dann die §§ 93 ff. Andere Vorschriften des HGB können auf das übrige Geschäft Anwendung finden, soweit der Zivilmakler als Kaufmann handelt.[56]

10 **3. Handelsmakler und andere Vermittler.** Das klassische Abgrenzungspaar bilden der **Handelsvertreter und der Handelsmakler.**[57] Es gibt sie auch in Gestalt der Versicherungsvertreter und Versicherungsmakler,[58] der Schiffsagenten und der Schiffsmakler.[59] Während der Vertreter in steter Abhängigkeit vom Auftraggeber zur Tätigkeit verpflichtet ist, bleibt der Makler unabhängig, kontraktiert mit mehreren und ist auch in seinem Bemühen frei.[60] Es handelt sich dabei aber nicht notwendig um „nicht trennbare Unternehmenstypen, sondern Tätigkeitstypen, die sich im Aufgabenkreis desselben Unternehmens überschneiden können".[61] Soweit der Unternehmer in verschiedenen Geschäften auftritt, kann er durchaus – Fälle der Verflechtung einmal ausgeklammert – einmal als Makler und einmal als Agent handeln.[62] Hinsichtlich desselben Geschäfts ist indes eine Mischung nicht denkbar. Übernimmt der Vermittler maklertypische Aufgaben, wie etwa die Auswahl einer passenden Sachversicherung, dann handelt er als Makler.[63] Er kann dabei auch die Produkte verschiedener Anbieter vermitteln. Der Handelsvertreter ist hingegen von „seinem Unternehmer" ständig betraut, er ist zur Tätigkeit verpflichtet.[64] Zu würdigen ist das Gesamtbild der Tätigkeit, die der Vermittler entfaltet.[65] Rechte und Pflichten der aus dieser Analyse sich ergebenden Vermittlungsart unterscheiden sich. Der Handelsmakler haftet für Pflichtverstöße in eigener Person.[66] Dagegen ist der Handelsvertreter enger an seinen Prinzipal gebunden.[67] Die Rechte sind anders strukturiert. So hat der Handelsvertreter anders als der Makler auch Anteil am Ausführungsrisiko der vermittelten Geschäfte.[68] Eine Anwendung des Handelsvertreterrechts auf den Handelsmakler scheidet daher prinzipiell aus.[69] Einen Grenzfall bildet der Literaturagent, der aber wohl doch aufgrund seiner Pflicht zur Tätigkeit als Handelsvertreter zu qualifizieren ist.[70] Soweit die Provision – sie ist beim Makler an sich mit Geschäftsabschluss fällig – später zu zahlen vereinbart worden ist, wird dies im Zweifel als Fälligkeitsabrede zu werden sein.[71] Vereinnahmt der Makler auch die Leistung aus dem Hauptgeschäft, trifft ihn eine Vermögensbetreuungspflicht, die über § 266 StGB und § 823 Abs. 2 BGB zur Haftung führen kann.[72]

11 Vom **Kommissionär** unterscheidet sich der Handelsmakler in erster Linie dadurch, dass jener im eigenen Namen auftritt, der Makler indes im Regelfall nicht.[73] Zudem trifft den Kommissionär

[54] Staub/Brüggemann, 4. Aufl. 1995, Vor § 93 Rn. 5; Hopt/Roth Rn. 12.
[55] MüKoHGB/Ströbl Rn. 42.
[56] Heymann/Herrmann Rn. 3.
[57] Vgl. hierzu auch Hiller BB 2008, 319; Böckmann/Ostendorf VersR 2009, 154.
[58] OLG Frankfurt 23.6.1987, VersR 1987, 985; OLG Düsseldorf 22.11.2011, BB 2012, 202 m. krit. Anm. Evers VW 2012, 279; zur Sozialversicherung LSG Bayern 3.6.2016, BeckRS 2016, 69908.
[59] LG Bremen 23.12.2003, TranspR 2004, 220.
[60] LG Köln 6.3.2018, BeckRS 2018, 38455 = ZVertriebsR 2019, 256; zur abw. Wertung der Unabhängigkeit des Maklers im Sozialversicherungsrecht BayLSG 3.6.2016, BeckRS 2016, 69908.
[61] Schmidt/Blaschczok VersR 1981, 393; zu den sozialversicherungsrechtlichen Folgen einer wenig deutlichen Aufgabentrennung LSG Berlin-Brandenburg 12.2.2010, BeckRS 2010, 68055; LSG Bayern 3.6.2016, BeckRS 2016, 69908.
[62] Ebenroth/Boujong/Reiner Rn. 68.
[63] OLG Hamm 8.10.2009, VersR 2010, 388.
[64] OLG Düsseldorf 22.12.2011, IHR 2013, 36 = ZVertriebsR 2012, 111; LG Dortmund 8.2.2017, BeckRS 2017, 109815; Hopt/Roth Rn. 11.
[65] BGH 1.4.1992, NJW 1992, 2818; OLG Hamm 30.5.2014, BeckRS 2015, 3040 Rn. 21; OLG Düsseldorf 27.5.2016, NJW-RR 2016, 1315.
[66] OLG Hamm 8.10.2009, VersR 2010, 388; OLG Bamberg 3.2.2011 – 1 U 127/10, nv.
[67] OLG Hamm 19.3.2009, BeckRS 2009, 24245.
[68] GK-HGB/Achilles Vor §§ 93–104 Rn. 3.
[69] Staub/Thiessen Vor § 93 Rn. 12.
[70] Pleister GRUR Int. 2000, 673.
[71] BGH 19.6.1980, BeckRS 1980, 31070499 = WM 1980, 1071.
[72] BGH 24.4.2018, NJW 2018, 3093 = MDR 2018, 994 mAnm Brand ZWH 2018, 371; BGH 3.12.2013, NStZ 2014, 158.
[73] OLG München 20.3.2014, KuR 2014, 54 Rn. 73 f. = BeckRS 2014, 06261; GK-HGB/Achilles Vor §§ 93–104 Rn. 4.

eine Tätigkeitspflicht, die entweder werk- oder dienstvertraglicher Natur ist.[74] Auch davon ist der Makler freigestellt.[75] Der Makler schuldet Information und Aufklärung, keine Nachforschung. Wird er als Auktionator tätig, so kann ihm nicht angelastet werden, dass er eine historische Rarität nicht erkennt und als einfachen Teppich „durch die Lappen gehen" lässt.[76] Dass die Tätigkeit des Maklers über die Tätigkeit reiner Beratungen hinausgeht, ergibt sich aus dem Umstand, dass der Makler vermittelnd final auf den Abschluss von Rechtsgeschäften hinzuwirken hat.[77]

II. Rahmenbedingungen der Tätigkeit

1. Gesetzlicher Rahmen. Der Makler ist in seinem Wissensbereich dem Auftraggeber überlegen. Den damit verbundenen Risiken hat der Gesetzgeber zunächst nicht dadurch zu begegnen versucht, dass er ein haftungsrechtliches Instrumentarium schärft. Regeln finden sich vielmehr im öffentlichen Recht. So stellt **§ 34c GewO** die Tätigkeit des Maklers unter einen Erlaubnisvorbehalt. Ziel war es, Missständen im Wohnungsvermittlungs- und Immobilienwesen zu begegnen.[78] Hier wurde das Bestellerprinzip eingeführt, welches eine Abwälzung der Courtage auf den Mieter zu verhindern trachtet.[79] Die Ausweitung dieses Schutzes auf den Erwerb von Immobilien, die zwingende Teilung der Courtage in diesen Fällen, tritt am 23.12.2020 in Kraft, Gesetz vom 20.6.2020 (BGBl. 2020 I 1245). Weiter wurde durch Gesetz vom 17.10.2017 (BGBl. 2017 I 3562) mWv 1.8.2018 dem Immobilienmakler die Pflicht zur Fortbildung auferlegt (§ 34c Abs. 2a GewO). Handelsmakler lagen bisher nicht direkt im Fadenkreuz der Maßnahmen. Auch die **Makler- und Bauträgerverordnung** befasst sich mit dem Immobiliengeschäft, welches dem Handelsmakler fremd ist. Verstöße gegen diese Schutzvorschriften haben auch nicht die Nichtigkeit des privatrechtlichen Vertrages zur Folge.[80] Schließlich haben die später eingefügten, privatrechtlichen Schutzvorschriften bei Wohnungs- oder Darlehensvermittlung wie auch die jetzt wieder zulässige private Arbeitsvermittlung das Wirken des Zivilmaklers im Auge. 12

2. Makler und AGB. Das Maklerrecht hat durch den Gesetzgeber eine lückenhafte Regelung erfahren. In der Praxis versuchen die Makler, dem durch eigene Regeln, mithin durch **AGB,** Rechnung zu tragen. Beim Zivilmakler hat dies zu einer engmaschigen Kontrolle durch die Rspr. geführt.[81] Beim Handelsmakler scheinen die Regelungsmöglichkeiten auf den ersten Blick großzügiger. Viele seiner Auftraggeber sind selbst **Kaufleute,** mit der Konsequenz, dass eine Anwendung der § 308 BGB, § 309 BGB entfällt. Bei näherem Hinsehen zeigt allerdings die Anwendungspraxis, dass **§ 307 Abs. 2 Nr. 1 BGB** die scheinbar verschütteten Kontrollaspekte in durchaus gleicher Weise zur Wirkung bringen kann.[82] Im Übrigen begegnen dem Versicherungsmakler, wie Entscheidungen der letzten Zeit zu den AGB zeigen,[83] auch zahlreiche **Nichtkaufleute.** Die Ausgangsfrage, ob eine AGB-Kontrolle stattfindet oder nicht, ist für Kaufleute wie Nichtkaufleute gleichermaßen streng zu beurteilen. Die **Abgrenzung zur Individualvereinbarung** setzt ein Aushandeln voraus. Aushandeln gibt dem Vertragspartner die konkrete Möglichkeit, auf die inhaltliche Gestaltung der Vertragserklärung Einfluss zu nehmen. Die subjektive Bereitschaft des Verwenders hierzu muss dem anderen offenbart sein.[84] 13

Inhaltlich ist für die Kontrolle entscheidend, ob die **wesentlichen Grundgedanken der §§ 93 ff. und der §§ 652 ff. BGB** beeinträchtigt sind oder nicht. Problematisch zu beurteilen sind vornehmlich Klauseln, mit denen der Makler danach trachtet, sich eine Vergütung **unabhängig vom Erfolg** seiner Bemühungen zu sichern. Sie sind regelmäßig unwirksam.[85] Das gilt auch dann, wenn die Vereinbarung in **Dienstvertrags- oder Aufwandsentschädigungsklauseln** eingekleidet wird.[86] Ähnlich wirkt eine Klausel, in welcher ein Auftraggeber Provision zu zahlen hat, wenn er den **Auftrag widerruft.**[87] Gern vereinbart werden auch **Folgegeschäftsklauseln,** die den Abschluss 14

[74] Ebenroth/Boujong/Reiner Rn. 70.
[75] LG Dortmund 15.1.2014, BeckRS 2015, 02118.
[76] OLG München 20.3.2014, NJW 2015, 81.
[77] Ebenroth/Boujong/Reiner Rn. 71.
[78] Landmann/Rohmer/Marks GewO § 34c Rn. 2.
[79] Hierzu Fischer NJW 2015, 1560.
[80] BGH 23.10.1980, *BGHZ* 78, 269 = NJW 1981, 387; MüKoHGB/Ströbl Rn. 45.
[81] Vgl. etwa MüKoBGB/Althammer BGB § 652 Rn. 235 ff.
[82] Hopt/Roth Rn. 65; MüKoHGB/Ströbl Rn. 90; GK-HGB/Achilles Vor §§ 93–104 Rn. 13.
[83] BGH 14.6.2007, NJW-RR 2007, 1503; 19.5.2005, NJW-RR 2005, 1423; 19.5.2005, NJW-RR 2005, 1425; 20.1.2005, NJW 2005, 1357; 20.1.2005, VersR 2005, 404.
[84] MüKoBGB/Althammer BGB § 652 Rn. 235.
[85] MüKoHGB/Ströbl Rn. 95; GK-HGB/Achilles Vor §§ 93–104 Rn. 13.
[86] BGH 20.3.1985, NJW 1985, 2477.
[87] BGH 22.2.1967, NJW 1967, 1225.

ähnlicher Geschäfte zwischen den einmal vom Makler zusammengebrachten Vertragspartnern gleichfalls einer Provisionspflicht unterwerfen. Solche Geschäfte können kaum noch das Ergebnis einer Vermittlungsbemühung des Maklers sein. Gibt es keinen Handelsbrauch, der hier eine Einbeziehung rechtfertigt,[88] so liegt die unwirksame Vereinbarung einer erfolgsunabhängigen Provision vor.[89] Bei der **Hinzuziehungsklausel,** die verlangt, den Makler auch bei Vertragspartnern hinzuziehen, die nicht von diesem vermittelt wurden, wird der Auftraggeber ebenfalls unzulässigerweise zur Provisionszahlung gebracht, ohne dass eine kausale Leistung des Maklers vorliegt.[90] **Abschlussklauseln** hingegen beeinträchtigen die Abschlussfreiheit, wird doch der Auftraggeber gehalten, einen Geschäftsabschluss nicht „grundlos" zu verweigern.[91] Verfolgen die Privatnormen hingegen nur den Zweck, Beweislasterleichterungen zu verschaffen – wie etwa die **Vorkenntnisklausel,**[92] die eine Kausalitätsvermutung stützt – oder soll einem Missbrauch der vermittelten Kenntnisse entgegen gewirkt werden – wie bei der **Weitergabeklausel** –, dann haben die Klauseln Aussicht auf rechtlichen Bestand. Auch eine inhaltliche **Ausgestaltung einzelner Pflichten** ist denkbar. So kann die Fälligkeit der Provision verschoben werden,[93] bei der Lebensversicherung kann die Provision vom „Schicksal" der Prämienzahlung abgekoppelt werden.[94] Vieles hängt von den Zusammenhängen ab. Wird in eine vitale Pflicht eingegriffen, so zB wenn ein Versicherungsmakler versucht, sich von jeglicher Verantwortung für seine Beratung freizuzeichnen, dann ist auch eine solche Ausgestaltung unwirksam.[95] Dagegen schuldet der Makler keine detaillierte Beratung bezüglich der Provisionsgestaltung.[96] – Gelegentlich ist auch der Auftraggeber Verwender der AGB. Dann kann es ebenso unzulässig sein, die Provisionszahlung etwa wie beim Handelsvertreter von der Ausführung des Geschäftes abhängig zu machen, auf welches der Makler ohne jeden Einfluss ist.[97] Gerade weil der Handelsmakler regelmäßig Kaufmann ist, sind für eine Beurteilung die Gepflogenheiten der jeweiligen Branche von grundlegender Bedeutung.[98]

15 **3. Zusammenwirken von Maklern.** In der Praxis wirken Makler oft zusammen. Zunächst ist denkbar, dass ein Auftraggeber **mehrere Makler** bindet. Das ist dann aber mit dem Risiko einer Häufung von Provisionsansprüchen verbunden.[99] Weiter kann aber der Makler einen **Untermakler** einschalten. In diesem Fall zieht der von einem Auftraggeber gebundene Makler von sich aus einen weiteren Makler in einem Maklervertrag hinzu. Ansprüche des Untermaklers richten sich gegen den Hauptmakler,[100] die Provision kann aber von der Durchsetzbarkeit der Ansprüche des Hauptmaklers abhängen.[101] Der Hauptmakler hat für Fehler des Untermaklers nach § 278 BGB einzustehen.[102] Wird der Kontakt zwischen dem Auftraggeber und dem Makler durch eine Person hergestellt, so handelt es sich um einen **Zubringer.** Der Zubringer unterhält rechtsgeschäftliche Beziehungen zum Makler, von dort her bezieht er seinen Lohn.[103] Von einem **Gemeinschaftsgeschäft** ist hingegen die Rede, wenn mehrere Auftraggeber im Rahmen eines angestrebten Vertrages verschiedene Makler binden und diese untereinander eine Provisionsteilung vereinbaren.[104] Unvollständige Absprachen sind im Wege der Auslegung zu ergänzen. Die Verletzung von Schutzinteressen kann auch Schadensersatzansprüche auslösen.[105] Bedeutung gewinnen Kooperationen auf der Grundlage von **Franchise-Verträgen.**[106] Ein Makler gestattet hier anderen Unternehmern die Nutzung seines Namens und gewährt unter Umständen weitere Dienstleistungen. Partner des Auftraggebers ist regelmäßig der Franchisenehmer.

---

[88] Etwa die „Tegernseer Gebräuche", Hopt/Leyens § 346 Rn. 15 mwBeispielen.
[89] BGH 28.2.1973, BGHZ 60, 343 = NJW 1973, 1118; 27.11.1985, NJW 1986, 1036.
[90] BGH 2.11.1983, BGHZ 88, 368 = NJW 1984, 360.
[91] Heymann/Herrmann Vor § 93 Rn. 54; MüKoHGB/Ströbl Rn. 92.
[92] BGH 10.2.1971, NJW 1971, 1133; RGHMW/Mock Vor § 93 Rn. 29.
[93] BGH 27.2.1985, NJW 1986, 1035 = WM 1985, 775.
[94] BGH 20.1.2005, VersR 2005, 404 = BeckRS 2005, 01493.
[95] BGH 19.5.2005, NJW-RR 2005, 1425.
[96] BGH 14.6.2007, NJW-RR 2007, 1503.
[97] OLG Düsseldorf 5.7.1991, OLGR 1992, 3.
[98] GK-HGB/Achilles Vor §§ 93–104 Rn. 13; Hopt/Roth Rn. 65; MüKoHGB/Ströbl Rn. 90.
[99] RGHMW/Mock Vor § 93 Rn. 108; GK-HGB/Achilles Vor §§ 93–104 Rn. 14; Heymann/Herrmann Vor § 93 Rn. 39 ff.
[100] BGH 28.2.1968, BB 1968, 729; OLG Hamm 1.3.1999, NJW-RR 2000, 59.
[101] OLG Stuttgart 15.11.2000, NJW-RR 2002, 52.
[102] OLG Celle 10.9.1998, OLGR 1999, 18 f.
[103] Breiholdt MDR 1986, 549; Heymann/Herrmann Vor § 93 Rn. 33.
[104] MüKoHGB/Ströbl Rn. 21.
[105] BGH 18.6.1986, NJW-RR 1987, 171; OLG Karlsruhe 19.2.1992, NJW-RR 1993, 762.
[106] BGH 26.10.1977, WM 1978, 245; Zerres ZfIR 2004, 361 (363 f.); RGHMW/Mock Vor § 93 Rn. 109.

4. IPR. Der Beruf des Maklers ist grenzüberschreitend. Gemäß Art. 3 Rom I-VO[107] – entsprechend gilt für Verträge, die vor dem 17.12.2009 abgeschlossen wurden, Art. 27 Abs. 1 EGBGB – haben die Parteien die Möglichkeit, das anzuwendende Recht frei zu bestimmen. Haben sie hiervon – auch stillschweigend[108] – keinen Gebrauch gemacht, ist typische Leistung diejenige des Maklers mit der Konsequenz, dass das **Recht seiner Niederlassung** anzuwenden ist.[109] Für neue Verträge folgt dies aus Art. 4 Abs. 1 lit. b Rom I-VO, Art. 19 Rom I-VO.[110] Es kann aber auch sein, dass eine Gesamtschau der Beziehungen engere Bindungen zu einem anderen Recht zum Ergebnis hat.[111] Bei Bezug zu einem Verbraucher – das gilt vornehmlich bei Versicherungsmaklern – gilt wiederum Art. 6 Rom I-VO. Hier ist die freie Rechtswahl insofern eingeschränkt, als zwingende Vorschriften zum Schutz des Verbrauchers nicht durch das Prinzip der Wahl unterlaufen werden dürfen.[112] Ist eine Rechtswahl nicht getroffen, so gilt das Recht des Staates, in dem der Verbraucher seinen gewöhnlichen Aufenthalt hat. Es wird vertreten, dass hinsichtlich der Tagebuchpflicht eine Sonderanknüpfung geboten ist.[113] 16

III. Provisionsanspruch des Maklers

1. Überblick. Angesichts des Umstandes, dass der Makler selbst nicht zur Tätigkeit verpflichtet ist, von der erwähnten Ausnahme beim Versicherungsmakler abgesehen, bilden die Voraussetzungen für eine Entstehung des Provisionsanspruchs praktisch das **Grundgerüst des Maklerrechts.** Vier Vorgaben muss der Makler regelmäßig einlösen, um an sein Ziel zu gelangen. Er muss den Auftraggeber im Rahmen des **Maklervertrages** (unter 2.) an sich binden. Er muss weiter seine Tätigkeit entfalten, also die **Maklerleistung** (3.) erbringen. Ein Abschluss des vom Auftraggeber intendierten **Hauptvertrages** (4.) mit einem Dritten muss zustande kommen. Und schließlich müssen die Bemühungen des Maklers und der Abschluss des Hauptvertrages in einem **Kausalverhältnis** (5.) zueinander stehen. Natürlich hat der Makler durch Beachtung der vornehmlich über die Treupflicht abgeleiteten Nebenpflichten den Interessen seiner Auftraggeber Rechnung zu tragen. Davon – wie von den Nebenpflichten des Auftraggebers – wird im Zusammenhang mit der **Haftung des Maklers** die Rede sein (→ § 98 Rn. 1 ff.). Der Handelsmakler wirkt in einem komplizierten Dreiecksverhältnis. Die Aufteilung der Passivlegitimation unter den Auftraggebern, **Höhe und Fälligkeit der Provision,** werden daher im Zusammenhang mit der subsidiären, gesetzlichen Auffangregelung des § 99[114] erläutert werden (→ § 99 Rn. 1 ff.). 17

2. Maklervertrag. Der Maklervertrag ist ein normaler bürgerlich-rechtlicher Vertrag. Deshalb gelten für den Abschluss die allgemeinen Regeln der §§ 145 ff. BGB, aber auch § 346, § 362. Hinsichtlich einer Stellvertretung gelten die allgemeinen Regeln.[115] 18

a) Abschluss. Verträge kommen durch **Angebot und Annahme** zustande. Hier sind mithin übereinstimmende Willenserklärungen von Makler und Auftraggeber erforderlich. Ein Kardinalproblem des Maklerrechts ist dabei, inwieweit das Verhalten der Parteien zureicht, um als **schlüssige Erklärung** zur Bindung zu führen. Die Rspr. ist geprägt durch eine Übung vornehmlich der Zivilmakler, die Provisionsforderung nicht zu sehr in den Vordergrund zu rücken.[116] Die Entgegennahme und Verwertung der Maklerleistung wurde dann als Vertragserklärung gewertet, wenn der Auftraggeber an den Makler herangetreten war, nicht aber umgekehrt.[117] Auch eine „Gleichzeitigkeit" von Maklerinitiative und Provisionsforderung begründete regelmäßig keinen Vertrag, um den Auftraggeber vor einer überrumpelnden Aufdrängung eines Vertrages zu schützen.[118] Diese Differen- 19

---

107 Zum weitgehenden Gleichklang vgl. Grüneberg/Thorn Rom I-VO Art. 3 Rn. 1; zum zeitlichen Anwendungsbereich etwa auch OLG Stuttgart 10.2.2010, BeckRS 2010, 10537.

108 Insoweit verlangt das neue Recht eine „eindeutige" Rechtswahl (Art. 3 Abs. 1 S. 2 Rom I-VO), vgl. Wagner IPRax 2008, 379.

109 BGH 13.6.1996, NJW 1996, 2569; 8.5.2002, NJW-RR 2002, 1433 Rn. 30 zum Handelsvertreter; zum heutigen Recht Art. 4 Abs. 1 lit. b Rom I-VO.

110 Der Begriff der Dienstleistung ist weitergefasst als nach deutschem, nationalrechtlichem Verständnis, vgl. etwa Katschthaler/Leichsenring r+s 2010, 45 (51).

111 Hopt/Roth Rn. 67 mit dem Bsp. Waffenkäufe.

112 Grüneberg/Thorn Rom I-VO Art. 6 Rn. 8.

113 Ebenroth/Boujong/Reiner Rn. 89.

114 MüKoHGB/Ströbl § 99 Rn. 1.

115 OLG Düsseldorf 12.8.2011, BeckRS 2012, 2377.

116 MüKoBGB/Althammer BGB § 652 Rn. 238 f.

117 Vgl. etwa RGHMW/Mock Vor § 93 Rn. 5 f.; Heymann/Herrmann Vor § 93 Rn. 29.

118 BGH 25.5.1983, NJW 1984, 232; 4.10.1995, NJW-RR 1996, 114; **aA** zuvor BGH 21.4.1971, WM 1971, 904.

zierung ließ aber die Flut der zur Entscheidung anstehenden Fälle nicht abreißen. Im Interesse der Rechtssicherheit hat der BGH deshalb beim Nachweis von Grundstücksgeschäften unter Anschluss an eine Rspr. des OLG Hamm[119] von einer nur an der Initiative anknüpfenden Unterscheidung Abstand genommen:[120] Nur ein deutlicheres Verhalten des Auftraggebers, etwa die Erteilung eines eigenen Suchauftrags, kann danach eine die Provisionspflicht auslösende, konkludente Erklärung begründen.[121] Es wird gemeinhin als Sache des Maklers angesehen, für hinreichende Klarheit zu sorgen. Zweifel jedenfalls gehen nach stRspr zu seinen Lasten.[122] Im **kaufmännischen Verkehr,** also im Regelfall der Betätigung des Handelsmaklers, **gelten diese Grundsätze nur eingeschränkt.**[123] Hier können Angebot und Entgegennahme der Dienste des Maklers in Kenntnis der Entgeltlichkeit genügen.[124] Nach den Grundwertungen **dient der Zivilmakler regelmäßig nur einer Partei** des Hauptvertrages. **Beim Handelsmakler** gilt umgekehrt, dass der Makler nach der Vorstellung des Gesetzes **beiden Parteien verpflichtet** ist. Nach der hier vertretenen Auffassung steht er sogar zu beiden Seiten in vertraglicher Beziehung (→ Rn. 8). Zusätzlich spielen die Wertungen des § 354 herein,[125] welchen zufolge die Leistungen eines Kaufmanns nicht unentgeltlich zu erwarten sind.[126] § 98, § 99, § 354 begründen zusammengenommen die **Vermutung,** dass Kaufleute, die beim Abschluss ihrer Verträge wissentlich einen Handelsmakler einbeziehen, diesen auch vertraglich an sich gebunden wissen wollen (→ Rn. 8; → § 99 Rn. 2 f.).[127] Wer mit dem Makler in Kontakt kommt, kann sich dieser Vermutung entziehen, indem er gegen die Mitwirkung protestiert.[128] Ebenso ist die Vermutung widerlegbar, wenn sich ausnahmsweise beide Parteien eines Maklers zur Vermittlung des Geschäftes bedienen.[129] Zusätzliche Klarheit kann ein kaufmännisches Bestätigungsschreiben bringen.[130] Ist Ansprechpartner des Handelsmaklers ein Nicht-Kaufmann, gelten die allgemeinen Regeln. Beim Versicherungsmakler etwa muss klargestellt sein, dass dieser nicht von einem Versicherer beauftragt worden ist.[131] Das **Bestellerprinzip,** das im Wohnungsvermittlungs- und im Immobilienbereich für eine faire Bindungsordnung sorgen soll, hat für den Handelsmakler keine Relevanz (→ Rn. 12).

20 **b) Wirksamkeit.** Der Handelsmakler hat anders als der Zivilmakler Konflikte mit § 311b BGB nicht zu fürchten, nimmt doch § 93 Abs. 2 Grundstücksgeschäfte aus seinem Repertoire.[132] Nur Verträge eines **Kreditvermittlers** mit einem Verbraucher unterfallen dem Formzwang des § 655b BGB, mit der Folge, dass bei Verstößen der Vertrag gem. § 126 BGB nichtig wird und ein Provisionsanspruch entfällt.[133] Teilzahlungsverträge – sie sind bei „Nettopolicen" des Versicherungsmaklers nicht unüblich – können einem Widerrufsrecht unterfallen.[134] Im Übrigen sind die allgemeinen Vorschriften, insbesondere §§ 134, 138 BGB zu beachten.[135] Verstößt der Vertrag gegen gesetzliche Verbote, fließen Schmiergelder oder Honorare nebenbei,[136] wird die Wirksamkeit ebenso versagt wie bei Vertragsabschlüssen mit Minderjährigen, sofern kein Ausnahmetatbestand der §§ 104 ff. BGB greift. – Im Fall einer Unwirksamkeit kann § 354 seine Bedeutung erlangen. Das setzt voraus, dass der Makler zulässigerweise und für den Interessenten erkennbar tätig wurde.[137] Und das zugrundeliegende Verhältnis muss die Tätigkeit des Maklers rechtfertigen.[138] Der Makler muss „befugtermaßen"

[119] 21.2.1994, NJW-RR 1994, 1540; ähnlich OLG Saarbrücken 22.4.2004, OLGR 2004, 420.
[120] 22.9.2005, NJW 2005, 3779; vgl. zuletzt BGH 3.5.2012, BeckRS 2010, 11160 = EBE/BGH 2012, 191.
[121] Krit. Bethge Anm. BGHR 2005, 1567; Pauly MDR 2006, 550 f.
[122] BGH 23.10.1989, NJW 1981, 279; 9.1.1997, NJW-RR 1997, 506; 17.9.1998, NJW-RR 1999, 361.
[123] GK-HGB/Achilles Vor § 93–104 Rn. 10.
[124] MüKoHGB/Ströbl Rn. 14.
[125] GK-HGB/Achilles Vor §§ 93–104 Rn. 10.
[126] BGH 7.7.2005, NJW-RR 2005, 1572 (1574) = ZIP 2005, 1516 (1518).
[127] Ähnlich Ebenroth/Boujong/Reiner Rn. 45 ff.; **aA** die hM: Hopt/Roth Rn. 16, 33; RGHMW/Mock § 98 Rn. 2.
[128] RG 5.11.1915, LZ 1916, 753; BGH 4.11.1999, NJW 2000, 282.
[129] HK-HGB/Ruß § 98 Rn. 2.
[130] MüKoHGB/Ströbl Rn. 14.
[131] OLG Saarbrücken 20.3.2013, ZfS 2013, 454.
[132] Staub/Thiessen Rn. 24.
[133] Ebenroth/Boujong/Reiner Rn. 55.
[134] BGH 17.1.2013, NJW-RR 2013, 885 Rn. 9; 19.7.2012, NJW 2012, 3428 Rn. 13; 1.3.2012, NZG 2012, 427 Rn. 15.
[135] Hopt/Roth Rn. 17; Ebenroth/Boujong/Reiner Rn. 74.
[136] BGH 13.10.1976, BB 1977, 264 = BeckRS 1976, 31116805 zum Zivilmakler; OLG Stuttgart 10.2.2010, BeckRS 2010, 10537: „Zahlung von Schmiergeld … stellt … eine krasse Erscheinungsform missbilligter Kommerzialisierung dar." (Anhörungsrüge nicht angenommen: BGH 24.3.2011, BeckRS 2011, 7022 Rn. 1).
[137] BGH 25.9.1985, BGHZ 95, 393 (398) = NJW 1986, 177.
[138] BGH 7.7.2005, BGHZ 163, 332 = NJW-RR 2005, 1572.

für den Auftraggeber tätig werden.[139] – Ob darüber hinaus noch § 812 BGB zum Zuge kommen kann, erscheint nach den jüngeren Judikaten eher zweifelhaft. § 812 BGB kann nicht geben, was § 652 BGB aufgrund des Fehlens gesetzlicher Voraussetzungen verwehrt.[140]

c) Dauer. Regelmäßig wird der Maklervertrag **auf unbestimmte Dauer** geschlossen.[141] Etwas anderes gilt nur für Allein- oder Festauftrag,[142] oder wenn der Auftraggeber eine Schlussnote nach § 95 annimmt.[143] Im Allgemeinen ist daher der Maklerauftrag ex nunc frei widerruflich.[144] Das gilt nicht ohne Weiteres beim Alleinauftrag.[145] Stirbt der Makler, so erlischt entsprechend § 673 BGB die Beziehung zum Auftraggeber,[146] stirbt der Auftraggeber, bleibt die Bindung über § 672 BGB erhalten.[147] Die Erben können sich lösen.[148] Ist der Makler bereits zuvor ursächlich tätig geworden, so bleibt der Provisionsanspruch von der einseitigen Beendigung des Maklervertrages unberührt.[149] Es bleibt den Parteien freigestellt, Abweichendes zu vereinbaren. So sind Befristungen etwa im Rahmen des Alleinauftrages möglich und notwendig. Auch Aufhebungsvereinbarungen sind denkbar, wobei das Schicksal bereits verdienter Provisionen dann von der Regelung der Parteien oder der Auslegung abhängig ist.[150] 21

3. Maklerleistung. Der Handelsmakler muss **vermittelnd für andere Personen** tätig werden.[151] Zum Vermitteln gehört notwendig, dass der Makler nicht nur mit seinem Auftraggeber, sondern auch mit der anderen Partei des intendierten Hauptvertrages Verbindung aufnimmt, etwa in dem er Vorklärungen trifft, Termine vereinbart oder Vorverhandlungen führt.[152] Der Makler hat auf den Dritten **final einzuwirken,** um den gewünschten Vertrag abzuschließen.[153] Nicht das Ausmaß der Tätigkeit ist entscheidend, sondern der Erfolg, das Herbeiführen des Vertrages.[154] Dabei genügt eine Förderung der Abschlussbereitschaft.[155] Diese muss sich aus den Umständen des Einzelfalles ableiten lassen. Die Übermittlung von Informationen reicht regelmäßig nicht.[156] Ungenügend ist für den Handelsmakler weiter der schlichte Nachweis einer Gelegenheit zum Abschluss eines Vertrages.[157] Dies kann aber, wenn der Vertrag es zulässt, dazu führen, dass der Handelnde als Zivilmakler einen Anspruch nach § 652 Abs. 1 BGB erwirbt.[158] Umgekehrt schadet es nicht, dass der Auftraggeber die dritte Partei bereits kennt.[159] Er kann sogar gezielt beauftragt sein, mit einer bestimmen Person über einen bestimmten Vertragsgegenstand zu verhandeln. Unschädlich ist, wenn der Makler bei Abschluss des Hauptvertrages nicht mehr anwesend ist, sofern er nur dessen Zustandekommen befördert hat.[160] Ebenso unschädlich ist, wenn die Leistung zu einem Zeitpunkt erbracht wurde, zu welchem ein Maklervertrag noch nicht abgeschlossen wurde. Es liegt im Vermögen der Parteien, eine solche Vereinbarung im Nachhinein zu treffen.[161] – Nicht mehr zulässig ist es, wenn sich der Makler in die Schadensregulierung des Versicherers einbringt. Dann liegt ein Verstoß gegen das Rechtsberatungsverbot vor, den § 5 RDG nicht deckt.[162] 22

---

[139] BGH 7.7.2005, BGHZ 163, 332 = NJW-RR 2005, 1572 (1574).
[140] BGH 7.7.2005, BGHZ 163, 332 = NJW-RR 2005, 1572 (1573); Soergel/Lorentz BGB § 652 Rn. 25.
[141] GK-HGB/Achilles Vor §§ 93–104 Rn. 11.
[142] Hopt/Roth Rn. 18, 60.
[143] Ebenroth/Boujong/Reiner Rn. 57.
[144] RGHMW/Mock Vor § 93 Rn. 11.
[145] Hopt/Roth Rn. 60.
[146] BGH 3.3.1965, NJW 1965, 965 zum Zivilmakler.
[147] Ebenroth/Boujong/Reiner Rn. 61; MüKoBGB/Althammer BGB § 652 Rn. 99.
[148] Hopt/Roth Rn. 18.
[149] MüKoHGB/Ströbl Rn. 17.
[150] BGH 26.1.1983, NJW 1983, 1847 f.
[151] MüKoHGB/Ströbl Rn. 49.
[152] Heymann/Herrmann Rn. 5.
[153] BGH 14.3.1991, BGHZ 114, 95 = NJW 1991, 1819; 4.7.1990, NJW 1990, 2745.
[154] BGH 4.7.1990, BGHZ 112, 63 = NJW 1990, 2744; Ebenroth/Boujong/Reiner Rn. 14; Ebenroth/Boujong/Reiner § 99 Rn. 21.
[155] BGH 2.6.1976, NJW 1976, 1844.
[156] BGH 4.6.2009, NJW-RR 2009, 1282 (1283) für das Exposé des Grundstücksmaklers.
[157] GK-HGB/Achilles Rn. 1.
[158] Heymann/Herrmann Rn. 5, 14; MüKoHGB/Ströbl Rn. 28.
[159] RGHMW/Mock Vor § 93 Rn. 30: es genügt, dass der Makler die Parteien zusammenführt.
[160] Heymann/Herrmann Rn. 5, 6 mit dem Hinweis, dass dann häufiger eine niedrigere Provision geschuldet sei.
[161] BGH 18.9.1997, NJW 1998, 62 (63).
[162] BGH 14.1.2016, WRP 2016, 861 = BeckRS 2016, 10331; **aA** Werber VersR 2015, 1325. Dazu ausf. Armbrüster ZIP 2017, 1 ff.

23 Obwohl in § 652 Abs. 1 BGB nicht ausdrücklich angesprochen verlangt die Rspr., dass der Makler seine **Tätigkeit in Kenntnis des Auftraggebers** entfaltet.[163] Dieses ungeschriebene Merkmal soll eine Preiskalkulation auf klarer Grundlage ermöglichen.[164] Hat nämlich der Auftraggeber den Makler beauftragt und kommt dann ein Interessent auf ihn zu, so kann dies ein Interessent sein, der vom Makler beeinflusst ist. Die Einbeziehung der so auslösbaren Courtage kann für die Preisbildung bedeutsam sein. Vom Auftraggeber wird allerdings verlangt, dass er sich beim Makler erkundigt.[165] Möglicherweise fällt aber auch die Provision bei der Preisbildung nicht ins Gewicht.[166] Primär handelt es sich allerdings um ein Problem des Zivilmaklers. Bei einem Vermittlungsmakler im Anwendungsbereich des § 99 sind Informationsdefizite der beschriebenen Art nur als Ausnahme denkbar.

24 **4. Hauptvertrag.** Die Tätigkeit des Maklers ist final auf den **Abschluss des gewünschten Vertrages** ausgerichtet. Dieser muss **rechtlichen Bestand** haben, und er muss mit einem **„Dritten“,** jedenfalls von einem (ersten) Auftraggeber und einer vom Makler verschiedenen Person geschlossen sein. Es besteht keine Pflicht für den Auftraggeber, eine vom Makler vermittelte Gelegenheit zum Vertragsschluss anzunehmen. Unabhängig vom Aufwand des Maklers besteht eine vollkommene **Abschlussfreiheit,** welche die Nutzung der Gelegenheit ins freie Belieben des Auftraggebers stellt.[167]

25 **a) Abschluss des gewünschten Vertrages.** Regelmäßig hat der Makler seine Leistung erbracht, wenn ein **schuldrechtlicher Verpflichtungsvertrag** geschlossen wurde.[168] Eine Ausnahme bildet insofern der Kreditvermittler. §§ 495, 655e BGB verschärfen die Erfolgsabhängigkeit der Courtage bei Verbraucherdarlehen, dass über den Abschluss des Darlehensvertrages hinaus der Kredit ausbezahlt und die Widerrufsfrist verstrichen sein muss.[169] Auch bei anderen Krediten kommt es darauf an, ob die Auslegung des Maklervertrages dazu führt, den Vertragsschluss oder die Auszahlung der Valuta als den Zeitpunkt anzusehen, zu welchem der Makler seine Arbeit getan hat.[170] Zuweilen können die Kosten der Vermittlung erst aus der vermittelten Finanzierung aufgebracht werden.[171] Aber auch der **Finanzierungsmakler** hat im Regelfall – mit der Ausnahme von hier weniger interessierenden Verbraucherdarlehen – seine Provision mit dem Abschluss des als Konsensualvertrag zu wertenden Darlehens verdient.[172] Eine weitere Ausnahme kann sich beim **Schiffsmakler** ergeben. Der Provisionsanspruch wurde dort schon von der Verschiffung der Ladung bzw. von der Auszahlung eines Schadensersatzanspruchs abhängig gemacht.[173] In allen Fällen, in welchen der Vertrag keinen Aufschluss für ein Hinausschieben des Provisionsanspruchs gibt, entsteht dieser mit dem Abschluss des Verpflichtungsvertrages. Denn hier liegt ein entscheidender Unterschied zwischen dem Handelsmakler und dem Handelsvertreter. Während letzterer über § 87a am Schicksal des Hauptvertrages teilhaben kann, kommt für ersteren nicht einmal eine analoge Anwendung dieser Norm in Betracht.[174]

26 Der geschlossene Vertrag muss mit dem Vertrag, zu dessen Vermittlung der Handelsmakler beauftragt wurde, in wirtschaftlicher und sachlicher Hinsicht übereinstimmen. Bei der Beurteilung der inhaltlichen Gleichwertigkeit oder **Kongruenz,** der wirtschaftlichen oder **sachlichen Identität,** ist das zwischen Makler und Auftraggeber vertraglich vereinbarte Ziel durch Auslegung zu ermitteln.[175] Es geht um einen Wertungsprozess, der Abweichungen in Randzonen miterfasst. Nicht selten sehen sich die Parteien des Hauptvertrages bei dessen Abschluss vor die Notwendigkeit gestellt, Modifikationen vorzunehmen. Das kann wirtschaftlichen, gesellschaftsrechtlichen oder steuerlichen Motiven folgen, es kann aber auch den Versuch beinhalten, den Makler um seine Courtage zu bringen.[176] Nicht jede Änderung darf hier von Bedeutung sein. Im Großen und Ganzen muss der geschlossene Vertrag mit dem Intendierten übereinstimmen.[177] Abweichungen in einer gewissen Toleranzzone

---

[163] Schon RG 3.7.1893, RGZ 31. 289, 291; 27.3.1908, RGZ 68, 195 (203).
[164] MüKoBGB/Althammer BGB § 652 Rn. 213.
[165] OLG München 29.11.1967, NJW 1968, 894.
[166] BGH 6.7.1994, NJW-RR 1994, 1260.
[167] Hopt/Roth Rn. 37; MüKoHGB/Ströbl Rn. 68; Ebenroth/Boujong/Reiner § 99 Rn. 4.
[168] BGH 20.2.1997, NJW 1997, 1581; Ebenroth/Boujong/Reiner § 99 Rn. 7.
[169] OLG Köln 17.6.1993, MDR 1993, 1175.
[170] BGH 20.10.1987, NJW 1988, 967 – Beschaffung der Finanzierungsmittel.
[171] OLG Karlsruhe 3.6.1988, NJW-RR 1989, 1069 (1070); Ebenroth/Boujong/Reiner § 99 Rn. 8.
[172] Heymann/Herrmann Rn. 24; RGHMW/Mock Vor § 93 Rn. 52: Frage der Auslegung; BGH 7.7.1982, NJW 1982, 2662 f. behandelt eine Regelung in den AGB (Vorverlagerung der Fälligkeit); **aA** OLG Karlsruhe 3.6.1988, NJW-RR 1989, 1069.
[173] BGH 13.6.1951, BGHZ 2, 281 = NJW 1951, 649; 17.4.1956, NJW 1956, 1197 f.
[174] BGH 11.11.1992, NJW-RR 1993, 248.
[175] GK-HGB/Achilles § 99 Rn. 5; Heymann/Herrmann Rn. 22.
[176] Staudinger/Arnold, 2021, §§ 652, 653 Rn. 77.
[177] BGH 7.5.1998, NJW 1998, 2277; 19.9.1999, NJW-RR 2000, 57; GK-HGB/Achilles § 99 Rn. 5.

sind unschädlich.[178] Das Ziel entscheidet. Quantitative Abweichungen können zum Verlust der Identität führen, es sei denn, der Auftraggeber erreicht mit dem abweichenden Ergebnis denselben wirtschaftlichen Erfolg.[179] Der Wechsel der Rechtsform ist regelmäßig riskant. Ist Kauf angestrebt, kann aber nur Pacht erzielt werden, genügt das nicht.[180] Ist Kauf eines gesamten Objektes gewollt, bleiben aber Teile im Eigentum der Veräußerer, ist die wirtschaftliche Gleichwertigkeit zweifelhaft.[181] Unschädlich ist, wenn statt eines „asset deal" ein „share deal" zustande kommt.[182] Unschädlich ist auch, wenn ein anderes, gleichwertiges Objekt statt des ursprünglich angestrebten Gegenstand der Verpflichtung wird. Aber der Nachweis eines Erwerbs in der Zwangsversteigerung steht nicht der Vermittlung eines Kaufs gleich.[183] Es sei denn, die Parteien haben von vornherein eine entsprechende Vereinbarung getroffen.[184] Natürlich haben es Makler und Auftraggeber in der Hand, durch nachträgliche, auch schlüssige Änderung des Maklervertrages die ursprüngliche Vereinbarung den späteren Gegebenheiten anzupassen.[185] Wo die Parteien durch eigene Regelung eine solche Klarstellung – oder auch Erweiterung – nicht erzielen können, muss eine **tatrichterliche Wertung durch Auslegung** die Bestimmung treffen.

Regelmäßig ist der Auftraggeber Partei des Hauptvertrages. Das muss aber nicht sein, auch hier sind Verschiebungen denkbar. Ob hier eine Gleichwertigkeit vorliegt, wird unter dem Gesichtspunkt der **personellen Identität** behandelt. Schließt ein Familienangehöriger, ein Bekannter oder ein gesellschaftsrechtlich verflochtenes Unternehmen den Vertrag ab, dann ist entscheidend, ob der Auftraggeber ein eigenes Interesse am Abschluss dieser Person hat.[186] Beauftragt eine GmbH in Gründung den Makler, deren Geschäftsführer und Gesellschafter sodann ein zweites Unternehmen mit demselben Gesellschaftszweck gründet, welches dann den Hauptvertrag abschließt, so ist es nach Auffassung des BGH mit Treu und Glauben nicht zu vereinbaren, wenn sich der Auftraggeber darauf beruft, nicht er habe den Vertrag geschlossen.[187] Ähnlich zu werten sind Abschlüsse der Konzernmutter statt der Tochter oder der Komplementärin statt der Kommanditgesellschaft.[188] Freilich ist gerade bei gesellschaftsrechtlichen Verknüpfungen die Darlegung nicht immer leicht, weigern sich die Gerichte, hier dem Makler mit Erleichterungen entgegenzukommen.[189] Nicht genügt eine bloße Geschäftsverbindung, erforderlich sind **„besonders enge Beziehungen"**.[190] Die Gefahr einer auch pflichtwidrigen Weitergabe der Informationen durch den Vertragspartner ist ein klassisches Risiko des Maklers.[191] Entscheidend bleibt somit die Wertung, ob unter Berücksichtigung der persönlichen und wirtschaftlichen Belange das Geschäft einem Eigengeschäft gleichgestellt werden kann.[192] Hier hat es der Immobilienmakler leichter: Wohnt der Auftraggeber im erworbenen Objekt, ist der persönliche Nutzen augenfällig, unabhängig, ob eine Verwandtschaftsbeziehung,[193] eine Ehe,[194] eine Lebensgemeinschaft[195] oder gar nur eine Wohngemeinschaft[196] vorliegt. Der Handelsmakler lebt weiter mit dem Risiko, dass Geschäftsführer und Gesellschaft, Aktiengesellschafts- und Aufsichtsratsmitglied[197] verschiedene Rechtspersönlichkeiten in jeweils eigenen Wirtschaftsräumen sind.[198] 27

b) Wirksamkeit des Hauptvertrages. Der Hauptvertrag muss wirksam zustande gekommen sein, will der Makler seine Provision verdienen. Gleichgestellt sind Fälle, in denen die Unvollkommenheit des Vertrages im Abschluss des Vertrages angelegt war.[199] Nicht hingegen nimmt der Makler 28

---

178 BGH 13.12.2007, NJW 2008, 651; OLG Jena 6.4.2011, MDR 2011, 970.
179 BGH 21.10.1987, NJW 1988, 968.
180 MüKoHGB/Ströbl Rn. 70; Büchner ZfIR 2005, 310 (312).
181 BGH 28.1.1987, NJW 1987, 1628.
182 BGH 16.12.2004, NJW 2005, 753 f.; 21.12.2005, NJW-RR 2006, 496 (497 f.).
183 BGH 4.3.1999, NJW 1999, 2271; Heymann/Herrmann Rn. 24.
184 MüKoHGB/Ströbl Rn. 70.
185 BGH 4.10.1995, NJW-RR 1996, 113; 19.9.1999, NJW-RR 2000, 57.
186 Heymann/Herrmann Vor § 93 Rn. 46; MüKoHGB/Ströbl Rn. 72.
187 BGH 5.10.1995, NJW 1995, 3311; ähnlich OLG Koblenz 4.5.1984, WM 1984, 1191 (1193).
188 Hopt/Roth Rn. 41.
189 OLG München 16.12.1994, NJW-RR 1995, 1525 abl. für die Konzernschwester.
190 BGH 12.10.1983, NJW 1984, 358.
191 RGHMW/Mock Vor § 93 Rn. 90, 102.
192 MüKoBGB/Althammer BGB § 652 Rn. 167 f.
193 BGH 8.4.2004, NJW-RR 2004, 851.
194 BGH 2.6.1976, NJW 1976, 1845 obiter; **aA** OLG Hamm 15.10.1987, NJW-RR 1988, 686.
195 BGH 10.10.1990, NJW 1991, 490.
196 OLG Jena 3.8.2005, NJW-RR 2005, 1509.
197 OLG Hamburg 30.11.1983, AIZ 1984, H.9., 21.
198 RGHMW/Mock Vor § 93 Rn. 105.
199 GK-HGB/Achilles § 99 Rn. 6.

Teil an denjenigen Risiken, die mit der Durchführung und Erfüllung des Vertrages verbunden sind. Insofern lassen sich Abschlussrisiko und Durchführungsrisiko unterscheiden.

29 aa) **Abschlussrisiko.** Eindeutig unzureichend sind Verträge, die von vornherein nichtig sind. Hierhin zählen Formverstöße, etwa beim Kauf von Gesellschaftsanteilen, Gesetzwidrigkeit, Sittenwidrigkeit oder die Anfechtung wegen Irrtums und arglistiger Täuschung.[200] Dasselbe gilt für ein Scheingeschäft oder für den mit dem vollmachtlosen Vertreter geschlossenen Vertrag. Die anfängliche Unmöglichkeit führte früher zur anfänglichen Nichtigkeit des Vertrages. Das hat sich mit der Einführung des § 311a BGB nF geändert. Seither ist streitig, ob der Makler in diesen Fällen eine „Leistung von Wert" erbracht hat. Eine wohl überwiegende Meinung[201] möchte die anfängliche Unmöglichkeit wie früher dem Abschlussrisiko zuordnen, während nach eher zutreffender Ansicht das Gesetz jetzt die Wirksamkeit des Vertrages zugrundelegt, und die Beteiligten auf Sekundäransprüche verweist.[202] Hängt die Wirksamkeit des Verpflichtungsgeschäfts von einer behördlichen Genehmigung ab,[203] dann hat wie bei einer aufschiebenden Bedingung[204] der Hauptvertrag vor Erteilung der Genehmigung bzw. vor Eintritt der Bedingung noch keine Wirksamkeit entfaltet. Eine Anfechtung des Hauptvertrags führt zur rückwirkenden Beseitigung und damit zum Verlust der Courtage. Beim Versicherungsmakler kann dessen Wissen dem Versicherer regelmäßig nicht zugerechnet werden, sodass die Anfechtung auch durch diesen möglich bleibt.[205]

30 bb) **Durchführungsrisiko.** Leistungsstörungen, die einen Rücktritt begründen, Kündigung, Minderung, Schadensersatz oder die einvernehmliche Aufhebung des Hauptvertrages sind Umstände, die den Provisionsanspruch des Maklers nicht berühren.[206] Das Gleiche gilt auch für einen Wegfall der Geschäftsgrundlage.[207]

31 cc) **Problemfälle.** So einleuchtend die Zuordnung von Abschluss- und Durchführungsrisiko scheint, so gibt es doch Grenzfälle. Die Vereinbarung eines **Rücktrittsrechts** etwa kann in den Ausübungsbedingungen einem gesetzlichen Rücktrittsrecht nachgebildet sein. Dann ist sie – wie dieses – für den Bestand des Provisionsanspruchs unschädlich.[208] Die Auslegung kann aber auch ergeben, dass die Parteien sich über die Durchführung des Vertrages im Ungewissen waren, vielleicht sogar ein voraussetzungsloses, befristetes Rücktrittsrecht vereinbart haben. Dann rückt der Vorbehalt in die Nähe der aufschiebenden Bedingung.[209] Beim **gesetzlichen Vorkaufsrecht** geht der Makler leer aus, weil seine Leistung für den Auftraggeber nach der Wertung des BGH wertlos geworden ist;[210] während beim schuldrechtlichen Vorkaufsrecht der Verkäufer von seiner Abschlussfreiheit Gebrauch macht, und nicht den vom Makler vermittelten Vertrag wählt. Diese nachträgliche Entscheidung lässt den Provisionsanspruch unangetastet.[211] Die **auflösende Bedingung** wird dem freien Rücktritt und der aufschiebenden Bedingung gleichgestellt.[212] Und schließlich gibt es eine Anzahl von Fällen, in denen die Parteien etwa eine Kündigung statt einer Anfechtung erklären, oder eine Aufhebung vereinbaren, wo ein Nichtigkeitsgrund vorliegt. In all diesen Fällen ist eine Zuordnung nicht formal, sondern unter wirtschaftlichen Gesichtspunkten vorzunehmen.[213] So bleibt etwa der Provisionsanspruch bei einem infolge Arglist des Verkäufers anfechtbaren Hauptvertrag unberührt, wenn der Käufer seine wirtschaftlichen Interessen im Wege eines „großen Schadensersatzanspruchs" verfolgt.[214] Umgekehrt kann ein Rücktritt wie eine Anfechtung zu behandeln sein, wenn die Voraussetzungen vorliegen.[215]

32 c) **Verflechtung und Eigengeschäft.** Der Makler hat einen Vertrag mit einem unabhängigen Dritten zu vermitteln. Beim **Eigengeschäft** ist dies evident nicht der Fall. Niemand kann auf

200 BGH 14.7.2005, NJW-RR 2005, 1506; Ebenroth/Boujong/Reiner § 99 Rn. 10.
201 Würdinger ZMR 2005, 24.
202 MüKoBGB/Althammer BGB § 652 Rn. 187.
203 BGH 8.5.1973, BGHZ 60, 385 = NJW 1973, 1194; 16.1.1991, NJW-RR 1991, 1073.
204 Dies regelt § 652 Abs. 1 S. 2 BGB explizit.
205 OLG Köln 2.3.2012, BeckRS 2012, 13251.
206 MüKoHGB/Ströbl Rn. 76; Ebenroth/Boujong/Reiner § 99 Rn. 11; Ausnahme beim Versicherungsmakler: OLG Hamm 28.11.1996, NJW-RR 1997, 1482.
207 BGH 4.7.2005, NJW-RR 2005, 1506.
208 BGH 9.1.1974, NJW 1974, 695; GK-HGB/Achilles § 99 Rn. 6.
209 BGH 5.5.1976, BGHZ 66, 270 = NJW 1976, 1842; Ebenroth/Boujong/Reiner § 99 Rn. 11.
210 BGH 7.7.1982, NJW 1982, 2662 (2663).
211 Staudinger/Arnold, 2021, BGB §§ 652, 653 Rn. 115.
212 Erman/Fischer BGB § 652 Rn. 38; **aA** hM, BGH 7.7.1982, NJW 1982, 2662.
213 Ebenroth/Boujong/Reiner § 99 Rn. 12.
214 So zu § 463 BGB aF zu Recht einschr. BGH 9.7.2009, NJW 2009, 2810.
215 OLG Stuttgart 7.12.2011, RNotZ 2012, 187.

sich selbst „einzuwirken".[216] Deshalb vermag das Eigengeschäft auch keinen Provisionsanspruch zu begründen.[217] AGB, die versuchen, den Selbsteintritt des Maklers provisionspflichtig zu gestalten, sind unwirksam.[218] Diese Form der Vereinbarung ist mit den Grundgedanken der §§ 652 ff. BGB nicht in Einklang zu bringen.[219]

Gleichbehandelt wie ein Eigengeschäft[220] werden Fälle der **echten Verflechtung.** In diesen Fällen ist eine der Parteien des Hauptvertrages mit dem Makler eng verbunden, wobei die Bindung wirtschaftlicher, gesellschaftsrechtlicher aber auch familiärer Natur sein kann.[221] Die Identität der persönlich haftenden Gesellschafter von Maklergesellschaft und Vertrags„gegner",[222] eine Beteiligung des Maklers an einer der Vertragsparteien,[223] der Einfluss einer gemeinsamen Obergesellschaft,[224] selbst ein erhebliches Eigeninteresse in einem Konkurrenzunternehmen[225] wurden für ausreichend erachtet, von einem „strukturellen" Interessenkonflikt auszugehen. Entscheidend ist, „ob die Tätigkeit des Maklers so sehr in den Entscheidungsbereich der Verkäuferseite eingeplant ist, dass von einer eigenverantwortlichen Maklertätigkeit, wie sie dem Leitbild des § 652 BGB entspricht, nicht mehr gesprochen werden kann".[226] Es fehlt daran, „…dass der Makler… unabhängiger Mittler zwischen zwei von ihm verschiedenen Hauptvertragsparteien sein kann.".[227] Provision wird dann nicht verdient.[228] 33

Seit die Rspr. bei der echten Verflechtung auf einen beherrschenden Einfluss in den jeweiligen Gesellschaften verzichtet, sind die Grenzen zur **unechten Verflechtung** fließend. Auch in diesen Fällen institutionalisierter Interessenkonflikte geht es darum, zu beurteilen, ob der Makler im Lager einer Partei steht.[229] Alle Arten rechtlicher oder wirtschaftlicher Bindung kommen in Betracht, von denen ein entscheidender Einfluss ausgehen kann.[230] Möglich sind dienst- oder arbeitsvertragliche Bindungen. Ein klassischer Fall ist der Handelsvertreter.[231] „Der Handelsvertreter ist aufgrund seines Vertrages mit dem Unternehmer verpflichtet; schließt er … einen Maklervertrag, so kann er aufgrund des Handelsvertretervertrages nicht so, wie er das als Makler müsste, die Belange des Kunden gegenüber dem Unternehmer wahren."[232] Bereits die Erteilung einer Vollmacht kann hier die notwendige Befangenheit begründen.[233] Ähnlich wird bei Ehepartnern unterstellt, dass ein unabhängiges Handeln nur eingeschränkt möglich sei.[234] Die „Verflechtungs-Rspr." dient dem Schutz des Auftraggebers. Bei Versicherungsmaklern kann bereits eine identifizierende Werbung mit den Produkten eines bestimmten Unternehmens den Eindruck zu großer Gemeinsamkeit vermitteln.[235] Dagegen bildet die Betreuung von Beständen durch den Makler für eine Versicherung nicht notwendig eine verflechtende Nähe.[236] Eine Beurteilung der Verflechtung kann weniger streng ausfallen, wenn der **Auftraggeber die Verflechtungsumstände kennt und in Kauf nimmt.** Dies gilt für den Zivilmakler, insbesondere wenn Ehepartner[237] eingebunden sind, kann aber prinzipiell auch auf den Handelsmakler übertragen werden.[238] Es wird dann oft ein unabhängiges Provisionsversprechen unterlegt.[239] 34

---

[216] MüKoBGB/Althammer BGB § 652 Rn. 126.
[217] BGH 22.7.1976, WM 1976, 1158 (1161); 23.11.1973, WM 1974, 58 f.
[218] BGH 27.3.1991, NJW 1991, 1678.
[219] BGH 2.11.1983, BGHZ 88, 368 (371) = NJW 1984, 360.
[220] MüKoBGB/Althammer BGB § 652 Rn. 128.
[221] MüKoHGB/Ströbl Rn. 52.
[222] BGH 13.3.1974, WM 1974, 482 = NJW 1974, 1130; 30.6.1976, WM 1976, 1158; Hopt/Roth Rn. 47.
[223] BGH 30.6.1976, BB 1976, 1432 = LM BGB § 652 Nr. 57; 16.4.1975, NJW 1975, 1215; OLG Karlsruhe 31.3.1995, NJW-RR 1996, 629.
[224] BGH 13.3.1974, NJW 1974, 1130.
[225] Ebenroth/Boujong/Reiner § 99 Rn. 25.
[226] BGH 16.4.1975, NJW 1975, 1216.
[227] RGHMW/Mock Vor § 93 Rn. 55.
[228] Einschr. Wank NJW 1979, 190 (192), der gleichwohl eine Maklerleistung als möglich ansieht; s. auch Lieb DB 1981, 2415.
[229] Dh „dass er sich im Fall eines Streits bei regelmäßigem Verlauf auf die Seite des Vertragsgegners stellt" BGH 26.3.1998, NJW-RR 1998, 992.
[230] OLG Frankfurt 2.4.2003, NJW-RR 2003, 1428 – direkte Gewinnbeteiligung.
[231] BGH 23.11.1973, NJW 1974, 137; 1.4.1992, NJW 1992, 2818; 26.3.1998, NJW-RR 1998, 992; 12.3.1998, NJW 1998, 1552.
[232] BGH 26.3.1998, NJW-RR 1998, 992.
[233] BGH 26.3.1998, NJW-RR 1998, 992 (993); krit. Ebenroth/Boujong/Reiner § 99 Rn. 25.
[234] BGH 3.12.1986, NJW 1987, 1009; OLG Brandenburg 13.5.1998, NJW-RR 1998, 1433 (1434).
[235] BGH 1.3.2012, NJW 2012, 1504.
[236] Emde VersR 2019, 791 zur Rechtsnatur, Befugnissen und datenschutzrechtlichen Fragen.
[237] BVerfG 30.6.1987, BVerfGE 76, 126; 26.4.1988, BVerfGE 78, 130; BGH 6.2.2003, NJW 2003, 1249.
[238] **AA** Heymann/Herrmann Vor § 93 Rn. 50, der dies nur bei einem erfolgsunabhängigen Provisionsversprechen gelten lassen möchte; MüKoHGB/Ströbl Rn. 53.
[239] BGH 6.2.2003, NJW 2003, 1249; 26.9.1990, NJW 1991, 168.

35 **5. Ursachenzusammenhang.** Der Hauptvertrag muss „infolge" der Vermittlungsbemühungen des Maklers zustande gekommen sein. Nicht erforderlich ist, dass der Makler die einzige Ursache für den Vertragsschluss setzt.[240] Allerdings sind unwesentliche Beiträge, etwa ein Telefonanruf,[241] oder zufällig ausgelöste Kausalketten,[242] die mit dem Vertrag nicht in Zusammenhang stehen, nicht ausreichend. Erforderlich ist ein konkreter Bezug zwischen der auf der Grundlage des Maklervertrages erbrachten Leistung und dem Hauptvertrag,[243] es muss sich um einen **Arbeitserfolg** handeln.[244] Ein einmal gesetzter Beitrag entfällt auch dann nicht, wenn erst einem zweiten Makler der Durchbruch gelingt.[245] Wenn **mehrere Makler** einen jeweils kausalen Beitrag setzen, gilt als Regel, dass jeder eine volle Provision verdient hat.[246] Es ist auch vorgeschlagen worden, dass sich die Makler aus Billigkeitsgründen eine Provision zu teilen haben.[247] Soweit aber jeder Makler mit dem Auftraggeber kontrahiert, muss diese Teilung in allen Maklerverträgen angelegt sein.[248] Möglich ist, dass ein einmal gesetzter Ursachenbeitrag seine Wirkung verliert, dass die **Kausalkette unterbrochen** wird. Dann entfiele eine Provisionspflicht, auch wenn ein Hauptvertrag zustande kommt. Die Beendigung des Maklervertrages kann allerdings eine solche Unterbrechung nicht bewirken, wenn der Vermittlungsbeitrag vor Beendigung des Vertrages gesetzt wurde.[249] Als Unterbrechung wurde aber angesehen, wenn zum Beispiel ein Verkäufer seine Verkaufsabsicht aufgegeben oder sich für einen anderen Interessenten entschieden hat.[250] Erforderlich ist dann eine endgültige Abkehr, die nicht etwa durch einen Rücktrittsvorbehalt entwertet werden kann.[251] Oft ist es der Zeitablauf, der Zweifel an der Ursache-Wirkungs-Beziehung aufkommen lässt. Es handelt sich aber immer um auf den Einzelfall bezogene Wertungen.[252] Werden die **Verhandlungen völlig neu** und ohne Mitwirkung eines zuvor eingeschalteten Maklers wieder aufgenommen, so liegt eine Unterbrechung vor.[253] Insbesondere das Einschalten neuer Makler zwingt zu einer Wertung, inwieweit Vermittlungsbeiträge der zuerst tätigen Makler noch Bestand haben.[254] Eine Hierarchisierung der Beiträge, dass etwa das günstigste Angebot als allein ursächlich anzusehen ist, hat die Rspr. abgelehnt.[255] Es kommt auch darauf an, ob der Erstmakler noch die Möglichkeit hatte, seine Vermittlung zu Ende zu führen.[256] Denkbar bleiben atypische Sachverhalte, in denen erst die Ideen eines später hinzukommenden Maklers Bewegung in die Verhandlung bringen, obwohl dann meist die Beiträge der zuerst tätigen Makler die Wesentlichkeitsschwelle kaum überschritten haben werden. – **Vorkenntnis** ist eher ein Problem des Nachweismaklers, nimmt Vorkenntnis doch die Möglichkeit, eine neue Gelegenheit nachzuweisen.[257] Die sog. „Vorkenntnisklausel" spricht hingegen ein Problem der Darlegungs- und Beweislast an (→ Rn. 41).

36 **6. Weitere Grundlagen.** Wurde ein Maklervertrag geschlossen, die Vermittlungsleistung in Kenntnis des Auftraggebers erbracht und kam es infolgedessen zum Abschluss des Hauptvertrages, so hat der Makler seine Provision verdient. Für den Handelsmakler gibt hier § 99 die besondere Regel, dass er aufgrund seiner Tätigkeit im doppelten Interesse sich hinsichtlich der Provision grundsätzlich an beide Parteien des Hauptvertrages halten kann. Entsprechend soll dort nicht nur auf die Frage der **Aufteilung** der Passivlegitimation, sondern auch auf **Fälligkeit** und **Höhe** der

---

[240] MüKoHGB/Ströbl Rn. 78; Hopt/Roth Rn. 50.
[241] BGH 10.5.1989, NJW-RR 1989, 1071.
[242] BGH 2.6.1976, NJW 1976, 1844: der eingeschaltete Notar interessiert sich für das Objekt (Zivilmakler).
[243] BGH 20.4.1983, NJW 1983, 1849.
[244] BGH 27.1.1988, NJW-RR 1988, 942; 15.6.1988, NJW-RR 1988, 1397; OLG Koblenz 18.9.2003, WuM 2004, 41 (44).
[245] OLG Düsseldorf 10.3.1995, OLGR 1995, 233; Ebenroth/Boujong/Reiner Rn. 15; s. auch BGH 20.4.1983, NJW 1983, 1849 (1850).
[246] BGH 27.10.1976, NJW 1977, 41 (42); OLG Köln 27.2.1997, OLGR 1997, 203.
[247] Knütel ZHR 1980, 289 ff.
[248] Vgl. hierzu auch Heymann/Herrmann Vor § 93 Rn. 39 ff. mwN.
[249] MüKoHGB/Ströbl Rn. 82; Lauer MDR 1986, 808.
[250] BGH 16.5.1990, NJW-RR 1990, 1008; 20.3.1991, NJW-RR 1991, 950.
[251] BGH 23.11.2006, NJW-RR 2007, 402; ähnlich 13.12.2007, NJW 2008, 651; 25.2.1999, BGHZ 141, 40 = NJW 1999, 1255.
[252] Für den Zivilmakler idR über ein Jahr: OLG Bamberg 22.12.1997, NJW-RR 1998, 565; OLG Frankfurt 12.12.2003, NJW-RR 2004, 704; OLG Jena 6.4.2011, BeckRS 2010, 3747; 11.5.2011, BeckRS 2012, 3747.
[253] OLG Hamm 16.6.1997, NJW-RR 1998, 1070 – im konkreten Fall bei zwei Monaten und 10 % Preisnachlass abl.
[254] GK-HGB/Achillles § 99 Rn. 2.
[255] BGH 26.9.1979, NJW 1980, 123 (124); 23.10.1980, BGHZ 78, 269 = NJW 1981, 377 (378).
[256] BGH 23.10.1980, BGHZ 78, 269 f. = NJW 1981, 377 (378); GK-HGB/Achilles § 99 Rn. 2; Ebenroth/Boujong/Reiner § 99 Rn. 14.
[257] Ebenroth/Boujong/Reiner § 99 Rn. 16.

Provision eingegangen werden (→ § 99 Rn. 1 ff.). – Hinsichtlich der **Nebenpflichten des Maklers** gibt § 98 eine eigene Haftungsregel (→ § 98 Rn. 1 ff.). Spiegelbildlich werden dort **Pflichtverletzungen des Auftraggebers** mit abgehandelt.

IV. Aufwendungsersatzanspruch

Grundlage ist hier § 652 Abs. 2 S. 1 BGB. Danach hat der Makler keinen gesetzlichen Anspruch auf Ersatz seiner Aufwendungen. Es kann aber durch eine entsprechende vertragliche Regelung Vorsorge getroffen werden. Das ist im Wege einer **Individualvereinbarung** jedenfalls unbedenklich.[258] Hier können auch Vorschüsse vereinbart werden,[259] die dann – §§ 667, 670 BGB analog – abzurechnen sind. Auch **allgemeine Vertragsklauseln,** die die Berechnung konkret entstandenen Aufwandes abwälzen, haben vor den §§ 305 ff. BGB Bestand.[260] Dabei ist allerdings Vorsicht geboten. Früher hat die Rspr. die Vereinbarung von Aufwandsentschädigungsklauseln großzügiger beurteilt, wenn sie sich in einem „maßvollen Rahmen" bewegten.[261] Der BGH hat diesen Rahmen, der sich teilweise um ein Fünftel oder gar ein Viertel der Provision bewegte, deutlich beschnitten.[262] Selbst 0,4 % von der Preisvorstellung sind bei größeren Vertragsgegenständen schon bedenklich, sodass sich Abwälzungen, die nicht **konkrete Positionen** für Inserierung, Schreibarbeit, Telekommunikation und Fahrt benennen, nur in äußerst bescheidenem Rahmen denkbar sind.[263] Bei völlig atypischen Aufwendungen, die normalerweise nicht Sache des Maklers sind, kommt eine Aufwandsentschädigung aus Auftragsrecht in Betracht.[264] Hingegen ist ein **bereicherungsrechtlicher Ausgleich** von Aufwendungen **ausgeschlossen.**[265] Eine Verpflichtung zum Ersatz von Aufwendungen kann aber aus Grundsätzen des **Schadensersatzrechts** folgen, wenn es der Auftraggeber versäumt, den Makler von einer nach Erteilung des Auftrags erfolgten Aufgabe seines Abschlusswillens zu informieren, und der Makler – in der Hoffnung, die Provision zu verdienen, weiterhin Aufwendungen tätigt.[266] 37

V. Darlegungslasten

Es obliegt regelmäßig dem Handelsmakler, die Voraussetzungen seines Provisionsanspruchs zu belegen. Das gilt zunächst für den **Abschluss des Maklervertrages.** Der Makler hat den Zugang seines Angebotes und die Annahme durch den Auftraggeber darzutun.[267] Soweit schriftliche Erklärungen ausgetauscht werden, ist dies unproblematisch. Konkludente Handlungen sind nach neuerer Rspr. regelmäßig nicht mehr ausreichend, unabhängig von wem die Initiative für eine Einschaltung des Maklers ausgeht (→ Rn. 17). Nun wird aber der **Handelsmakler** nach der hier vertretenen Auffassung für beide Parteien des Hauptvertrages auf vertraglicher Grundlage tätig. Insofern erscheint es – im Schatten des § 98 – sachgerecht, jedenfalls hinsichtlich einer Bindung der zweiten Partei die Anforderungen abzusenken. Nimmt diese die Dienste des Maklers wissentlich entgegen, so ist es ihre Sache, zu belegen, dass ein Ausnahmefall vorliegt. Behauptet der Auftraggeber, er habe sich gegen eine vertragliche Bindung verwahrt, so muss der Makler – wie der Zivilmakler[268] – diesen nach Zeit und Ort zu substantiierenden Einwand entkräften. Behauptet er, der Makler sei Vertrauensmakler der anderen Seite, so ist die Widerlegung ebenfalls beim Makler zu sehen.[269] Nur für den Fall, dass er die Einschaltung eines eigenen Maklers in dasselbe Geschäft behauptet, ist die Sphäre des zweiten Auftraggebers in einer Weise betroffen, dass die Darlegungs- und Beweislast kippt. Oft wird bestritten, dass ein gegenüber dem Makler als Vertreter Auftretender mit der notwendigen Vollmacht handelt. Nach allgemeinen Grundsätzen hat der Makler die Grundlagen der Vollmacht zu beweisen.[270] Behauptet der Auftraggeber, ein Vertrag sei nur bedingt abgeschlossen, so hat der Makler den unbedingten Abschluss des Vertrages zu belegen.[271] Prinzipiell gehen alle Unklarheiten zu Lasten des Maklers, wobei dies allerdings beim Handelsmakler weitaus weniger Probleme bereitet als beim Zivilmakler. 38

258 MüKoBGB/Althammer BGB § 652 Rn. 229.
259 OLG Karlsruhe 15.2.2003, NJW-RR 2003, 1426 für Finanzmakler.
260 Hopt/Roth Rn. 39, 66.
261 OLG Hamburg 25.3.1983, NJW 1983, 1502; LG Frankfurt 2.4.1984, NJW 1984, 2419.
262 BGH 28.1.1987, BGHZ 99, 374 = NJW 1987, 1634.
263 MüKoHGB/Ströbl Rn. 94; Ebenroth/Boujong/Reiner § 99 Rn. 55.
264 OLG Hamm 17.5.1973, NJW 1973, 1976.
265 LG Darmstadt 23.2.2000, NJW-RR 2002, 351 (353) zum Finanzmakler.
266 Heymann/Herrmann Rn. 41.
267 Schmidt-Salzer MDR 1969, 182 (186).
268 OLG Köln 7.10.2003, MDR 2004, 623.
269 Der hier in gefährliche Nähe zu § 654 BGB gerät.
270 BGH 5.6.1997, NJW-RR 1997, 1276.
271 BLP/Laumen BGB § 652 Rn. 24.

39 Ein Beleg der **Maklerleistung** verlangt nur geringen Aufwand. Aber auch hier hat der Handelsmakler zu beweisen, dass er Kontakt zum Vertragspartner aufgenommen und auf diesen eingewirkt hat.[272] Die Kenntnis des Auftraggebers spätestens bei Abschluss des Hauptvertrages hat der Makler darzulegen.[273]

40 Auch das **Zustandekommen des Hauptvertrages** bereitet regelmäßig wenig Kopfzerbrechen.[274] Schwieriger liegen die Dinge, wenn es um Einzelheiten aus einer Vertragsurkunde geht, und der Makler nicht am Abschluss direkt beteiligt gewesen ist. Vielen Darlegungsproblemen kann der Auskunftsanspruch aus § 242 BGB begegnen,[275] wobei allerdings die Voraussetzungen des § 810 BGB auf Vorlage der Urkunde selbst nicht vorliegen.[276] Eine spätere Vernichtung des Vertrages liegt hingegen in der Sphäre des Auftraggebers. So ist es seine Sache, etwa eine Anfechtung darzulegen.[277] Intrikat wird es, wenn Fragen der wirtschaftlichen oder persönlichen Identität angesprochen werden.[278] Das Gleiche gilt für Verflechtungssachverhalte.[279] Hier sollte durch vorsichtigen Einsatz des Sphärengedanken dem Makler geholfen werden, wenn sich unüberwindliche Darlegungshindernisse auftun.[280]

41 Kernproblem bleibt für den Makler, den Nachweis zu erbringen, dass seine **Vermittlungstätigkeit ursächlich** gewesen ist.[281] Prinzipiell gilt, dass bei einem engen zeitlichen Zusammenhang – dh ein Jahr darf nicht überschritten sein[282] – zwischen der Tätigkeit des Maklers und dem Abschluss des Hauptvertrages die Vermutung gilt, dass ein Ursachenzusammenhang besteht. Beruft sich der Auftraggeber auf Vorkenntnis, so trifft ihn die Beweislast für diese anderweitige Kenntnis.[283] In erster Linie trifft diese Fragestellung den Nachweismakler, also nicht den Handelsmakler. Hier werden sog. **„Vorkenntnisklauseln"** akzeptiert, soweit sie als Beweislastregel dem Auftraggeber die Widerlegung der Vermutung aufbürden.[284] Weitergehend wird aber für den Bereich des Handelsmaklers auch vertreten, dass es zulässig sein soll, bei nicht rechtzeitiger Information über die Vorkenntnis zu fingieren, dass eine daneben erbrachte Maklerleistung ursächlich sein soll.[285] Der BGH lehnt dies ab, soweit dem Auftraggeber der Beweis des Gegenteils abgeschnitten wird.[286] Das ist richtig. Jede andere Lösung sanktioniert ein fahrlässiges Verhalten des Auftraggebers mit der Haftung auf das positive Interesse. Oder es läuft auf ein erfolgsunabhängiges Provisionsversprechen hinaus, welches nur bei eindeutiger und ausdrücklicher Individualvereinbarung zulässig ist.[287]

§ 94 [Schlussnote]

(1) Der Handelsmakler hat, sofern nicht die Parteien ihm dies erlassen oder der Ortsgebrauch mit Rücksicht auf die Gattung der Ware davon entbindet, unverzüglich nach dem Abschlusse des Geschäfts jeder Partei eine vom ihm unterzeichnete Schlußnote zuzustellen, welche die Parteien, den Gegenstand und die Bedingungen des Geschäfts, insbesondere bei Verkäufen von Waren oder Wertpapieren deren Gattung und Menge sowie den Preis und die Zeit der Lieferung, enthält.

(2) Bei Geschäften, die nicht sofort erfüllt werden sollen, ist die Schlußnote den Parteien zu ihrer Unterschrift zuzustellen und jeder Partei die von der anderen unterschriebene Schlußnote zu übersenden.

(3) Verweigert eine Partei die Annahme oder Unterschrift der Schlußnote, so hat der Handelsmakler davon der anderen Partei unverzüglich Anzeige zu machen.

---

[272] BGH 2.6.1976, NJW 1976, 1844; OLG Brandenburg 30.5.2001, OLG-NL 2002, 75 (77).
[273] OLG München 29.11.1967, NJW 1968, 894; BLP/Laumen Rn. 4.
[274] KG 23.2.1970, NJW 1970, 901 f.
[275] BGH 8.10.1986, NJW-RR 1987, 173.
[276] OLG Düsseldorf 15.9.1995, NJW-RR 1996, 1464.
[277] BGH 28.1.1987, NJW 1987, 1628.
[278] BGH 7.5.1998, NJW 1998, 2277 (2279).
[279] BGH 8.7.1981, NJW 1981, 2685: Hinweispflicht.
[280] Vgl. BeckOK BGB/Kneller, 75. Ed. 1.8.2025, BGB § 652 Rn. 64.
[281] Hopt/Roth Rn. 51; GK-HGB/Achilles § 99 Rn. 4.
[282] BGH 6.7.2006, NJW 2006, 3062 (3063) für Nachweismakler.
[283] MüKoHGB/Ströbl Rn. 84.
[284] RGHMW/Mock Vor § 93 Rn. 29.
[285] Heymann/Herrmann Vor § 93 Rn. 61; ähnlich wohl EJBS/Reiner § 99 Rn. 18.
[286] BGH 10.2.1971, NJW 1971, 1133; 7.7.1976, NJW 1976, 2345.
[287] BGH 9.11.1983, WM 1984, 63 = BeckRS 2014, 17448; OLG Celle 17.11.1994, NJW-RR 1995, 501 (weniger streng).

I. Funktion und Bedeutung der Schlussnote

Geschäfte unter Kaufleuten werden oft von verschiedenen Orten aus getätigt, ohne dass die Parteien einander zu Gesicht bekommen. Zu Zeiten, als die Möglichkeiten der Telekommunikation noch nicht so ausgeprägt waren, fiel dem Makler als Mittler und Schnittstelle[1] die Aufgabe zu, den Inhalt der geschlossenen Vereinbarungen zu dokumentieren, damit den Parteien des Hauptvertrages ein **Beweismittel** zur Verfügung steht.[2] So kann etwa eine Schiedsgerichtsvereinbarung im Rahmen einer Schlussnote dokumentiert sein.[3] Allerdings belegt die Schlussnote als Privaturkunde nur, dass der Handelsmakler die in ihr enthaltene Erklärung abgegeben hat.[4] Nur ausnahmsweise, wenn der Makler als Stellvertreter für beide Seiten gleichzeitig gehandelt hat, dokumentiert die Note zugleich Erklärungen der Parteien.[5] Für den Abschluss und den Bestand des vermittelten Geschäftes hat das Schreiben keine konstituierende Bedeutung.[6] Aktuelle Entscheidungen zur Schlussnote sind rar geworden.[7] Doch kann ihre Erstellung helfen, das Haftungsrisiko zu steuern.[8] 1

II. Inhalt und Zustellung

1. Inhalt. Beide Parteien erhalten eine **inhaltlich gleichlautende** Schlussnote.[9] Ihr Inhalt ist vom Gesetz **nur allgemein vorgegeben.** Parteien, Gegenstand und Bedingungen des vermittelten Geschäftes sollen dokumentiert sein. Bei Waren- und Wertpapierkäufen sollen noch Gattung und Menge, Preis und Lieferzeit enthalten sein. Der Handelsmakler hat hier eine Gestaltungsfreiheit,[10] doch verlangt die von der Urkunde ausgehende **Vollständigkeitsvermutung**[11] die Erfassung aller *essentialia.* Schlussnoten enthalten in der Praxis auch klauselhafte Sondervermerke wie „Kasse gegen Faktura".[12] Gelegentlich fügt der Vermittler, nicht ganz uneigennützig, die Höhe der an ihn zu zahlenden Courtage hinzu. Jedenfalls hat der Makler – falls kein abweichender Handelsbrauch besteht – die Schlussnote zu unterzeichnen, wobei eine den Anforderungen der Signaturverordnung entsprechende elektronische **Unterschrift** genügt.[13] Bei Geschäften im Rahmen des **Abs. 2** – das sind solche, bei denen zumindest eine Hauptleistungspflicht nicht sogleich zu erfüllen ist[14] – ist die Note beiden Parteien zu deren Unterschrift zuzustellen. Die Unterschrift stärkt die Beweiskraft der Schlussnote. Einfache Abzeichnung genügt.[15] Das Unterschriftserfordernis kann auch nach Ortsbrauch entbehrlich sein.[16] 2

2. Zustellung. Der Handelsmakler hat die Schlussnote beiden Parteien unverzüglich zuzustellen. Unter Zustellung ist die Absendung eines **einfachen Briefes** zu verstehen.[17] Weder ist ein eingeschriebener Brief erforderlich, noch muss der Makler den Zugang des Schreibens nachweisen. Es handelt sich nicht um eine empfangsbedürftige Willenserklärung.[18] Hat der Absender Anhalt zu der Annahme, dass die Note nicht den Empfänger erreicht hat, so hat er sich um eine erneute Zustellung zu bemühen. Erst deren Fehlschlagen verpflichtet ihn, die andere Seite hiervon unverzüglich zu unterrichten.[19] **Zeitlich** hat die Absendung der Schlussnote nach Abschluss des Geschäftes, dann aber unverzüglich zu erfolgen.[20] Einen Sonderfall bildet der sog. **„Bestätigungsvorbehalt".** Ist ein (Haupt-)Vertrag noch nicht perfekt, und enthält die Schlussnote den Hinweis „Schlussschein des Verkäufers folgt",[21] so kommt der Vertrag erst mit dem Schweigen auf den späteren Zugang des 3

[1] GK-HGB/Achilles Rn. 1.
[2] Hopt/Roth Rn. 1; RGHMW/Mock Rn. 1a. Zum Reisebüro Kappus RRa 2012, 58.
[3] BGH 9.5.2018, IHR 2019, 125 = NJW-RR 2018, 1334.
[4] BGH 20.9.1955, NJW 1955, 1916 f. = MDR 1956, 219 f.
[5] MüKoHGB/Ströbl Rn. 4.
[6] GK-HGB/Achilles Rn. 6.
[7] Vgl. etwa auch die Nachweise zur Rspr. der Schiedsgerichte bei Staub/Thiessen zu § 94; zum vermittelten Reisevertrag Kappus RRa 2012, 59.
[8] Heymann/Hermann Rn. 3.
[9] Ebenroth/Boujong/Reiner Rn. 4.
[10] GK-HGB/Achilles Rn. 3.
[11] Staub/Thiessen Rn. 7, 28; RGHMW/Mock Rn. 4.
[12] Weitere Beispiele nennt MüKoHGB/Ströbl Rn. 9.
[13] Ebenroth/Boujong/Reiner Rn. 5 f.; KKD/Roth/Kindler Rn. 2.
[14] Hopt/Roth Rn. 5; GK-HGB/Achilles Rn. 9.
[15] MüKoHGB/Ströbl Rn. 17.
[16] GK-HGB/Achilles Rn. 9.
[17] RGHMW/Mock Rn. 11; KKD/Roth/Kindler Rn. 3.
[18] Heymann/Herrmann Rn. 8.
[19] MüKoHGB/Ströbl Rn. 11.
[20] Ebenroth/Boujong/Reiner Rn. 3.
[21] Sachverhalt nach BGH 20.9.1955, NJW 1955, 1916 f. = MDR 1956, 219 f.

Verkäuferschlussscheins zustande.[22] In diesem Fall kann eine weitere, abschließende Schlussnote dann noch erforderlich sein.[23]

III. Reaktionen und Rechtsfolgen

4 **1. Schweigen auf die Schlussnote.** Nehmen die Parteien die Schlussnote ohne jeden Vorbehalt an, hat dies wie beim kaufmännischen Bestätigungsschreiben zur Folge, dass sie der Verbindlichkeit des Geschäftsabschlusses mit dem in der Note enthaltenen Inhalt zustimmen.[24] Darin kann auch eine Schiedsgerichtsvereinbarung enthalten sein.[25] Damit hat das Schweigen **Genehmigungsfiktion.**[26] Dies gilt auch dann, wenn das Geschäft zuvor noch nicht zustande gekommen war.[27] Denn aus der Sicht der anderen Seite kann das Schweigen nicht anders gedeutet werden.[28] Diese Wirkung tritt nicht ein, wenn Schlussnoten inhaltlich voneinander abweichen, weil dann ein Konsens nicht auszumachen ist.[29]

5 **2. Widerspruch, Annahme- und Unterschriftsverweigerung.** Gibt die Schlussnote nach Ansicht einer Partei nicht den Inhalt der getroffenen Vereinbarung wieder, muss sie zur Vermeidung der Fiktion einer Genehmigung (→ Rn. 4) **widersprechen.** Hierbei nun handelt es sich um eine empfangsbedürftige Willenserklärung.[30] Adressat des Widerspruchs ist die andere Partei des Hauptvertrages, regelmäßig nicht der Handelsmakler.[31] Möglich ist natürlich, dass diesem für eine solche Erklärung Empfangsvollmacht eingeräumt wurde,[32] oder dass ein entsprechender Handelsbrauch existiert.[33] Der Empfänger einer Schlussnote kann auch Einzelheiten beanstanden und diese zum Gegenstand eines **Berichtigungsbegehrens** machen. Dies ist nur möglich, wenn der Makler seinen Irrtum erkennt und einräumt.[34]

6 Der Empfänger kann aber auch die **Annahme verweigern.** Der Makler hat dann der anderen Seite unverzüglich Anzeige zu erstatten (Abs. 3). Die Parteien haben so die Möglichkeit, die Sachlage zu klären.[35] Auch hierbei handelt es sich um eine empfangsbedürftige Willenserklärung.[36] Bei nicht sofort erfüllbaren Geschäften im Rahmen des Abs. 2 kann die erforderliche **Unterschrift verweigert** werden. Auch hiervon hat der Makler die andere Partei unverzüglich zu unterrichten.[37] – **Folge** eines Widerspruchs, der Annahmeverweigerung oder eines nicht zu beseitigenden Berichtigungsbegehrens ist, dass die Genehmigungsfiktion nicht eintritt.

7 **3. Pflichtverletzungen.** § 94 erlegt dem Handelsmakler eine Reihe von Pflichten auf. Diese sind dispositiv bei **Verzicht beider Parteien** oder können bei entsprechendem Handelsbrauch entfallen.[38] Wird nichts Abweichendes vereinbart sind die Pflichten bindend. Ihre Verletzung kann den Parteien des Hauptvertrages Nachteile zufügen. Diese können in Beweisnot geraten, ihnen können nicht erforderliche Aufwendungen entstehen. Bei schuldhaftem Verhalten ist hier der **Makler zu Schadensersatz** verpflichtet.[39] Hingegen können die Parteien untereinander nicht die Rücknahme des Widerspruchs oder ein Ableisten der Unterschrift verlangen.[40]

§ 95 [Vorbehaltene Aufgabe]

(1) Nimmt eine Partei eine Schlußnote an, in der sich der Handelsmakler die Bezeichnung der anderen Partei vorbehalten hat, so ist sie an das Geschäft mit der Partei, welche

[22] Heymann/Herrmann Rn. 4.
[23] MüKoHGB/Ströbl Rn. 8.
[24] BGH 20.9.1955, NJW 1955, 1917; 13.4.1983, WM 1983, 684.
[25] OLG München 7.6.2013, BeckRS 2013, 11713.
[26] BGH 20.9.1955, NJW 1955, 1917; MüKoHGB/Ströbl Rn. 12; KKD/Roth/Kindler Rn. 8.
[27] BGH 20.9.1955, NJW 1955, 1916 = MDR 1956, 219; RGHMW/Mock Rn. 2.
[28] RG 29.9.1922, RGZ 105, 206.
[29] RG 14.12.1928, RGZ 123, 97 (99).
[30] MüKoHGB/Ströbl Rn. 13.
[31] RGHMW/Mock Rn. 6.
[32] BGH 13.4.1983, WM 1983, 684 = BeckRS 1983, 31076958.
[33] BGH 13.4.1983, WM 1983, 684 = BeckRS 1983, 31076958; GK-HGB/Achilles Rn. 7.
[34] Heymann/Herrmann Rn. 10.
[35] Hopt/Roth Rn. 6.
[36] Staub/Thiessen Rn. 21.
[37] GK-HGB/Achilles Rn. 10.
[38] Heymann/Herrmann Rn. 5.
[39] Ebenroth/Boujong/Reiner Rn. 20.
[40] GK-HGB/Achilles Rn. 12.

ihr nachträglich bezeichnet wird, gebunden, es sei denn, daß gegen diese begründete Einwendungen zu erheben sind.

(2) Die Bezeichnung der anderen Partei hat innerhalb der ortsüblichen Frist, in Ermangelung einer solchen innerhalb einer den Umständen nach angemessenen Frist zu erfolgen.

(3) [1]Unterbleibt die Bezeichnung oder sind gegen die bezeichnete Person oder Firma begründete Einwendungen zu erheben, so ist die Partei befugt, den Handelsmakler auf die Erfüllung des Geschäfts in Anspruch zu nehmen. [2]Der Anspruch ist ausgeschlossen, wenn sich die Partei auf die Aufforderung des Handelsmaklers nicht unverzüglich darüber erklärt, ob sie Erfüllung verlange.

I. Normzweck und Anwendungsbereich

1. Normzweck. Die Abschlussfreiheit des Auftraggebers birgt für den Makler das Risiko, dass seine Bemühungen ins Leere laufen. In dieser Situation gibt § 95 dem Handelsmakler die Möglichkeit, durch eine unvollständige Schlussnote den Auftraggeber auf einen Geschäftsinhalt festzulegen, ohne dass der Partner des Hauptvertrages bereits gefunden ist.[1] Alle übrigen Geschäftsinhalte, dh alle anderen Angaben iSd § 94, sind hingegen fixiert.[2] § 95 beinhaltet damit eine **zeitlich-sachliche Eingrenzung der Abschlussfreiheit:** Die Bindung wird vorverlagert bzw. aufgeteilt.[3] Zunächst hat der Aufraggeber die Möglichkeit, die unvollständige Note des Handelsmaklers abzulehnen. Nimmt der Auftraggeber hingegen die Schlussnote an, bindet er sich hinsichtlich der sachlichen Konditionen, und er kann den Hauptvertrag nur noch ablehnen, wenn er begründete Einwände gegen die Person des später benannten Vertragspartners hat.[4] Auf dieser sicheren Grundlage kann dann der Makler die Suche nach einem Vertragspartner bewerkstelligen.[5] Diese Sicherheit hat allerdings ihren Preis. Misslingt die Suche nach einem Partner in der vorgegebenen Zeit oder hat der Auftraggeber gegen den gefundenen Partner begründete Einwände, droht dem Makler die Haftung auf Erfüllung. – § 95 soll auch **wechselbezüglich** anwendbar sein.[6] In diesem Fall erhalten zB Verkäufer wie auch Käufer eine unvollständige Schlussnote. Der Makler trägt dann die doppelte „Aufgabelast", er hat das Risiko, in zwei Verträge eintreten zu müssen. 1

2. Anwendungsbereich. Mit § 95 hat der Gesetzgeber einen bereits vorgegebenen Handelsbrauch aufgegriffen.[7] Es besteht aber Einigkeit, dass die unvollständige Schlussnote hinsichtlich der Varietät der möglichen Bindungen eines Handelsvertreters **nicht auf alle Verträge** passt. Will etwa der Makler die Person des Geschäftspartners geheim halten („verdeckte Partei"), ist § 95 nicht, auch nicht analog anwendbar.[8] Weiter werden die Grundsätze der unvollständigen Schlussnote als nicht anwendbar erachtet, wenn der Auftraggeber von vornherein dem Makler das Geschäft in der Weise an die Hand gegeben hat, dass er ihm unbeschränkte Abschlussvollmachten erteilt hat.[9] So gilt für den Bereich der Seefracht, dass es dem Auftraggeber häufig nicht darauf ankommt, wer die Förderung vornimmt, solange sie nur erfolgt.[10] – Dagegen soll § 95 über seinen normativen Rahmen hinaus anwendbar sein, wenn die **Erklärung** nicht im Rahmen einer Schlussnote, sondern **in anderer Form** erfolgt.[11] Obwohl der Wortlaut der Norm die „Annahme" verlangt, soll auch die unwidersprochen hingenommene Schlussnote gleichgestellt sein.[12] Und schließlich kann § 95 entsprechend beim Handelsvertreter Anwendung finden.[13] 2

II. Vorbehalt der Aufgabe und Benennung

1. Inhalt. Der Inhalt der Schlussnote ergibt sich aus § 94. Enthalten sein müssen mithin **Gegenstand, Konditionen, Preis und Erfüllungszeit.**[14] Mit der Formulierung „Aufgabe vorbehalten", 3

[1] RGHMW/Röhricht Rn. 1.
[2] MüKoHGB/Ströbl Rn. 1.
[3] Heymann/Herrmann Rn. 1.
[4] GK-HGB/Achilles Rn. 1.
[5] BeckOK HGB/Lehmann, 47. Ed. 1.10.2024, Rn. 1.
[6] Ebenroth/Boujong/Reiner Rn. 1.
[7] RGHMW/Mock Rn. 3.
[8] RG 9.12.1919, RGZ 97, 260; Hopt/Roth Rn. 1.
[9] Ebenroth/Boujong/Reiner Rn. 3; str., ob nicht § 95 teilweise Anwendung findet: krit. RGHMW/Mock Rn. 5 mwN.
[10] OLG Hamburg 1.3.1955, MDR 1955, 363; Heymann/Herrmann Rn. 3.
[11] RG 24.10.1921, RGZ 103, 68 (69 f.); RGHMW/Mock Rn. 4; Ebenroth/Boujong/Reiner Rn. 7, 25.
[12] Heymann/Herrmann Rn. 3.
[13] RG 9.12.1919, RGZ 97, 261; KKD/Roth/Kindler Rn. 4.
[14] RGHMW/Mock Rn. 6.

„in Aufgabe“ oder „für Aufgabe“ hält der Handelsmakler die Angabe des Geschäftspartners offen.[15] Es genügt auch, die Person des Geschäftspartners in der Note offen zu lassen.[16] Prinzipiell darf nur diese Person unter den Vorbehalt „späterer Aufgabe“ gestellt werden. Doch ist § 95 **dispositiv,** sodass weitere Zusätze wie „prima Ablader“ als unschädlich angesehen werden.[17] Sie geben darüber hinaus als Festlegungen für eine spätere Individualisierung Anhaltspunkte für ein Ablehnungsrecht des Auftraggebers, wenn später die Benennung des Geschäftspartners erfolgt.[18]

4 **2. Annahme.** Die Schlussnote muss angenommen worden sein. Das geht über eine körperliche Entgegennahme hinaus. Es handelt sich vielmehr um eine rechtsgeschäftliche Willenserklärung, die allerdings auch schlüssig möglich ist.[19] Bei einem Kaufmann kann auch Schweigen als Annahme ausgelegt werden; von ihm wird die umgehende Zurückweisung erwartet.[20] Selbstverständlich besteht keine Pflicht, diese Erklärung abzugeben.[21] Vielmehr ist es gerade Ausdruck der Abschlussfreiheit des Auftraggebers, auch eine unvollständige „Offerte“ abzulehnen. Wird die Schlussnote angenommen, beschränkt sich die Möglichkeit, einen Vertragsschluss zu verweigern auf „begründete Einwendungen“.

5 **3. Benennung des Geschäftspartners.** Mit der Benennung des Vertragspartners vervollständigt der Handelsmakler den Hauptvertrag, der nunmehr, da zwischenzeitlich die Erklärung des Geschäftspartners vorliegt, als **auflösend bedingter Vertrag** zustande kommt.[22] Die Angaben über die Person müssen so konkret sein, dass der Auftraggeber in die Lage versetzt wird, Überprüfungen in Gang zu setzen, die ihn in den Stand setzen, mögliche Einwendungen gegen den Geschäftspartner festzustellen und vorzubringen.[23]

6 **4. Rechtzeitigkeit der Benennung.** Der Handelsmakler hat die Benennung innerhalb der **ortsüblichen Frist,** in Ermangelung einer solchen in **angemessener Frist** vorzunehmen (Abs. 2). Entsprechend § 149 BGB genügt die rechtzeitige Absendung der Erklärung.[24] Im Wertpapierhandel ist die Frist für Aufgabegeschäfte des Skontroführers in den allgemeinen Bedingungen auf den zweiten, dem Abschlusstag folgenden Börsentag festgelegt.[25] Wird die Frist versäumt, ist der Auftraggeber nicht mehr gebunden.[26] Eine verspätete Benennung kann aber – auch konkludent – genehmigt werden.[27] Andernfalls kann der Auftraggeber den Handelsmakler unter den Voraussetzungen des Abs. 3 auf Erfüllung in Anspruch nehmen (→ Rn. 8).

III. Einstandspflicht des Handelsmaklers

7 **1. Einwendungen in der Person.** Mit der Annahme der Schlussnote hat sich der Auftraggeber in sachlicher Hinsicht seiner Abschlussfreiheit begeben.[28] Er kann aber Einwendungen gegen die Person des benannten Geschäftspartners vorbringen. Regelmäßig handelt es sich um **Leistungsfähigkeit** oder **Kreditwürdigkeit.**[29] Es können auch sonstige, nicht direkt geschäftsbezogene Gründe in Betracht kommen.[30] Die Darlegungs- und Beweislast für das Vorliegen dieser Gründe liegt beim Auftraggeber.[31] Die Ablehnung hat unverzüglich zu erfolgen, da sonst nach kaufmännischen Gepflogenheiten von einer Billigung und damit der Perfektion des Geschäftes auszugehen ist.[32] Es handelt sich um eine empfangsbedürftige Willenserklärung.[33]

8 **2. Erfolgshaftung des Maklers.** Bei begründeter Ablehnung tritt die **auflösende Bedingung** ein, mit der Folge, dass der mit der Benennung durch den Makler vervollständigte Vertrag wieder

[15] Hopt/Roth Rn. 1.
[16] Ebenroth/Boujong/Reiner Rn. 7; **aA** KKD/Roth/Kindler Rn. 2.
[17] RG 3.7.1893, RGZ 31, 290.
[18] RGHMW/Mock Rn. 6.
[19] Ebenroth/Boujong/Reiner Rn. 8.
[20] MüKoHGB/Ströbl Rn. 7 unter Hinweis auf den Ausschluss einer Anfechtung.
[21] GK-HGB/Achilles Rn. 3.
[22] Heymann/Herrmann Rn. 5 mwN; str.
[23] MüKoHGB/Ströbl Rn. 8; GK-HGB/Achilles Rn. 4.
[24] Ebenroth/Boujong/Reiner Rn. 10; Heymann/Herrmann Rn. 7; Staub/Thiessen Rn. 27.
[25] VG Frankfurt 29.10.2009, BeckRS 2010, 45650.
[26] GK-HGB/Achilles Rn. 4.
[27] RGHMW/Mock Rn. 9; Heymann/Hermann Rn. 7.
[28] Heymann/Herrmann Rn. 8.
[29] MüKoHGB/Ströbl Rn. 12; EB Ebenroth/Boujong JS/Reiner Rn. 15.
[30] RG 28.9.1889, RGZ 24, 64 (69 f.): „schlechter Ruf“.
[31] RG 20.4.1985, RGZ 35, 105 (106).
[32] MüKoHGB/Ströbl Rn. 14.
[33] Heymann/Herrmann Rn. 9.

unwirksam wird. Der Auftraggeber kann in dieser Situation von dem ihm in Abs. 3 eingeräumten Recht Gebrauch machen: Er ist befugt, den **Handelsmakler auf Erfüllung** in Anspruch zu nehmen.[34] Auf ein Verschulden des Maklers kommt es nicht an.[35] Handelt der Makler schuldhaft, kann der Auftraggeber auch Ansprüche aus Pflichtverletzung verfolgen.[36] Der Makler hat auch keinen Anspruch darauf, dass der Auftraggeber den Erfüllungsanspruch wählt. Anders als bei der Kommission handelt es sich nicht um ein Eintrittsrecht.[37] Macht der Auftraggeber von seinem Recht auf Inanspruchnahme des Handelsmaklers Gebrauch, so erwächst diesem **kein Anspruch auf Courtage.** Ein solcher wäre dem Makler bei einem Eigengeschäft verwehrt (→ § 93 Rn. 31) und er kann im Rahmen des § 95 Abs. 3 nicht besser gestellt werden.[38] – Die Garantiehaftung kommt auch bei **fehlender oder nicht rechtzeitiger Benennung** eines Geschäftspartners zum Zuge.[39]

3. Aufforderung zur Erklärung. Die Entscheidungsbefugnis des Auftraggebers führt zu einem Schwebezustand. Um die Ungewissheit zu beseitigen, kann der Handelsmakler den Wahlberechtigten auffordern, sich zu erklären (Abs. 3 S. 2). Kommt dieser der an ihn gerichteten Aufforderung nicht **unverzüglich** nach,[40] verliert er seinen Anspruch aus § 93 Abs. 3. Weitergehende Ansprüche – etwa aus § 98 – bleiben davon unberührt.[41] 9

§ 96 [Aufbewahrung von Proben]

[1]Der Handelsmakler hat, sofern nicht die Parteien ihm dies erlassen oder der Ortsgebrauch mit Rücksicht auf die Gattung der Ware davon entbindet, von jeder durch seine Vermittlung nach Probe verkauften Ware die Probe, falls sie ihm übergeben ist, so lange aufzubewahren, bis die Ware ohne Einwendung gegen ihre Beschaffenheit angenommen oder das Geschäft in anderer Weise erledigt wird. [2]Er hat die Probe durch ein Zeichen kenntlich zu machen.

1. Voraussetzungen

Handelt es sich bei dem vermittelten Hauptvertrag um einen **Kauf nach Probe oder Muster** (§ 454 BGB), so kann für Gewährleistungsrechte maßgeblich sein, ob die gelieferte Ware die Beschaffenheiten der Probe aufweist. Der Handelsmakler ist daher **gegenüber beiden Parteien** verpflichtet, eine ihm übergebene Probe aufzubewahren. Entsprechend hat eine **Entbindung von der Pflicht** auch durch beide Parteien zu erfolgen.[1] Aus dem Ortsgebrauch kann sich ergeben, dass eine Aufbewahrung der Ware im Hinblick auf die Gattung entbehrlich ist. 1

Die Aufbewahrung hat so zu erfolgen, dass der **Zweck der Beweissicherung** gewahrt bleibt.[2] Dem dient auch die unterstützende Pflicht, die Ware zu kennzeichnen, um sie im Bedarfsfall zu individualisieren.[3] Auf Verlangen hat der Makler die Probe vorzulegen, wobei der Verlangende nach § 811 BGB dafür die Kosten zu tragen hat.[4] Eine Vergütung eigens für die Aufbewahrung steht dem Makler nicht zu, weil er einer eigenen Verpflichtung nachkommt.[5] Gleichwohl haftet der Makler wegen schuldhafter Verstöße gegen seine Pflichten aus § 96 nach § 98. 2

2. Beendigung und Rückgabe

Das Ende der Aufbewahrungsfrist hängt von der Beschaffenheit der Ware und der Art des Kaufes ab. Bei einem Handelskauf ist mit dem Ausbleiben der Rüge nach § 377 ein mögliches Ende erreicht, 3

---

[34] RG 24.10.1921, RGZ 103, 68 (69 f.); BGH 5.5.1977, BGHZ 68, 356 (363) = NJW 1977, 1397.

[35] Ebenroth/Boujong/Reiner Rn. 19; GK-HGB/Achilles Rn. 8. Umstritten ist in diesem Zusammenhang, ob es sich um eine gesetzliche (zB RGHMW/Mock Rn. 13) oder eine vertragliche Einstandspflicht (Ebenroth/Boujong/Reiner Rn. 19 mwN) handelt. Es kommt darauf an, ob hier der Schwerpunkt auf der Norm liegt, oder ob auf den vorgehenden Vorbehalt der Parteibezeichnung abgestellt wird. Vieles spricht dafür, von der Übernahme einer bedingten Verpflichtung durch den Handelsmakler und deren Annahme durch den Auftraggeber auszugehen.

[36] Hopt/Roth Rn. 3.

[37] OLG Hamburg 4.1.1918, OLGE 36, 268.

[38] GK-HGB/Achilles Rn. 8; Heymann/Herrmann Rn. 13; **aA** Canaris HandelsR § 19 Rn. 24.

[39] Hopt/Roth Rn. 3.

[40] RGHMW/Mock Rn. 15.

[41] Heymann/Herrmann Rn. 12; Hopt/Roth Rn. 4.

[1] MüKoHGB/Ströbl Rn. 1; GK-HGB/Achilles Rn. 1.

[2] Ebenroth/Boujong/Reiner Rn. 1.

[3] MüKoHGB/Ströbl Rn. 9.

[4] Hopt/Roth Rn. 1.

[5] RGHMW/Mock Rn. 2.

kommen jedoch verdeckte Mängel in Betracht, so kann sich die Aufbewahrung bis zum Ende der Gewährleistungsfrist erstrecken.[6] Das gilt auch, wenn eine der Parteien des Hauptvertrages kein Kaufmann ist bzw. kein Handelskauf vorliegt. Erledigung in anderer Weise meint, dass die Parteien einen Vergleich geschlossen oder den Vertrag aufgehoben haben.[7] Nicht genügend ist, dass der Käufer sich auf Sekundäransprüche beruft, denn gerade dann kann es auf die Probe ankommen. Ist die Zeit zur Aufbewahrung der Probe abgelaufen, gibt sie der Makler an die Person zurück, die sie ihm ausgehändigt hat (bei Handelskauf § 377, sonst Verjährung § 477 BGB). Das folgt aus einer entsprechenden Anwendung des Auftragsrechts.

§ 97 [Keine Inkassovollmacht]

Der Handelsmakler gilt nicht als ermächtigt, eine Zahlung oder eine andere im Vertrage bedungene Leistung in Empfang zu nehmen.

1 Es handelt sich um eine Klarstellung im Gesetz. Die Norm dient der unabhängigen Stellung des Maklers.[1] Mit Abschluss des Hauptvertrages enden typischerweise seine Pflichten, die Abwicklung ist Sache der Parteien.[2] Der Handelsmakler ist damit weder zur Entgegennahme von Leistungen, noch zur Entgegennahme von Erklärungen befugt.[3] Adressat ist der Vertragspartner. Allerdings ist § 97 dispositiv.[4] Die Vereinbarung von Abweichungen ist denkbar und möglich. Das kann sogar konkludent erfolgen[5] oder auf Handelsbrauch beruhen.[6]

§ 98 [Haftung]

Der Handelsmakler haftet jeder der beiden Parteien für den durch sein Verschulden entstehenden Schaden.

I. Grundlagen und Dispositivität

1 **1. Grundlagen.** Der Handelsmakler ist zunächst dem Auftraggeber durch Maklervertrag verpflichtet, der ihn bezüglich eines konkreten Geschäftsgegenstands beauftragt. Seine Bemühung, durch Vermittlung einen Partner für den Hauptvertrag zu finden, bringt ihn notwendig in Kontakt zu dieser Partei. § 98 weist nun dem Handelsmakler anders als dem Zivilmakler eine Verantwortung für **beide Parteien** zu. Die Grundlagen dieser Verantwortung sind streitig. Während die hM von einer gesetzlichen[1] oder vertragsähnlichen Haftung auf gesetzlicher Grundlage[2] ausgeht, ist nach der hier vertretenen Auffassung der Meinung von Reiner[3] der Vorzug zu geben, nach welcher auch im Verhältnis zum zweiten Geschäftspartner regelmäßig ein Maklervertrag zustande kommt (→ § 93 Rn. 18). Damit ist der Makler beiden Ansprechpartnern vertraglich verpflichtet. Abschlussfreiheit und der meist fehlende Zwang zur Tätigkeit legen den Schwerpunkt auf maklertypische Nebenpflichten. Das Pflichtenkonzept ist nicht notwendig deckungsgleich,[4] vieles hängt vom konkreten Rahmen ab. Loyalität schuldet der Makler beiden Parteien. Richtig ist aber auch der Hinweis, dass die jeweilige Konstruktion für den Inhalt der Haftung ohne Bedeutung ist.[5] – Soweit keine Sonderform vorliegt, wo also Maklerdienst- oder -werkvertrag wie auch Alleinauftrag ausscheiden, tritt § 98 an die Stelle des § 280 Abs. 1 BGB.[6] Daneben bleibt natürlich ein **Verschulden bei Vertragsschluss** denkbar (§ 311 Abs. 2 BGB, § 280 BGB).[7] Und der Makler kann sich aus den Vorschriften des **Deliktsrechts** heraus haftbar machen. Hier sind insbesondere die §§ 94–96 und § 100 als Schutzgesetze zu berücksichtigen.[8]

---

[6] GK-HGB/Achilles Rn. 2.
[7] MüKoHGB/Ströbl Rn. 2.
[1] MüKoHGB/Ströbl Rn. 1.
[2] GK-HGB/Achilles Rn. 1.
[3] RGHMW/Mock Rn. 1a.
[4] Ebenroth/Boujong/Reiner Rn. 3.
[5] OLG Oldenburg 20.5.1997, NVersZ 1999, 466 zur langjährigen Durchführung von Zahlungen.
[6] Hopt/Roth Rn. 1; str., vgl. RG 29.11.1919, RGZ 97, 218.
[1] MüKoHGB/Ströbl Rn. 1; Heymann/Herrmann Rn. 1.
[2] K. Schmidt HandelsR § 26 II 3c.
[3] Ebenroth/Boujong/Reiner Rn. 1–12.
[4] Hopt/Roth Rn. 1.
[5] Staub/Thiessen Rn. 5; RGHMW/Mock Rn. 1a.
[6] *Ebenroth/Boujong/*Reiner Rn. 6.
[7] MüKoHGB/Ströbl Rn. 11.
[8] RGHMW/Mock Rn. 4.

2. Abdingbarkeit. § 98 ist insgesamt zur Disposition der Parteien gestellt, wobei zumeist nur die Haftung gegenüber einer Partei abbedungen wird.[9] Natürlich kann nach § 276 Abs. 3 nur die Haftung für fahrlässiges Verhalten ausgeschlossen werden. Im Rahmen von **AGB** sind weiter die § 307 BGB, § 309 Nr. 7 BGB zu berücksichtigen.[10] Denkbar ist auch, dass der **Makler nicht** vertraglich **an den zweiten Geschäftspartner gebunden** ist. Standardsituation ist entweder, dass der Geschäftspartner einen eigenen Makler einschaltet, oder dass er zum Ausdruck bringt, die Dienste des Maklers nicht selbst in Anspruch nehmen zu wollen.[11] Weiter gehört hierhin, dass der Makler deutlich zu erkennen gibt, als „Vertrauensmakler" im Lager der anderen Partei zu stehen.[12] 2

II. Haftung des Maklers allgemein

1. Voraussetzungen. § 98 setzt einen **Pflichtverstoß** des Maklers voraus. Die gesetzlichen Vorgaben bei der Ausgestaltung der Vertragspflichten sind eher spärlich. Grundlage ist daher die **allgemeine Treupflicht,** die je nach Intensität der Bindung und je nach Bedeutung des Geschäfts den Parteien, aber auch den Gerichten zur Gestaltung im Einzelnen überantwortet ist. Vom „normalen" Handelsmakler bis hin zum Vertrauensmakler kann sich eine Abstufung der Pflichtenintensität ebenso ableiten[13] wie aus Volumen und Risiko des vermittelten Vertrages. Von den Sonderfällen des Versicherungsmaklers und des Emissionsgehilfen abgesehen (→ Rn. 6 f.) schuldet der Makler zunächst **Aufklärung** über alle für den Entschluss des Auftraggebers bedeutsamen Umstände und ihm bekannte Risiken.[14] Auch wenn sich Anhaltspunkte für Zweifel an der Person des Geschäftspartners finden, besteht eine Hinweispflicht.[15] Ebenso ist auf das Fehlen einer hinreichend gefestigten Informationsgrundlage zu verweisen.[16] Umgekehrt kann sich aus der Pflicht zur **Interessenwahrung** ergeben, dass der Makler über erkennbar geheimhaltungsbedürftige Umstände schweigt.[17] Weiter schuldet der Handelsmakler **Beratung,** unter Umständen sogar Rechtsberatung.[18] Das erfasst allerdings nicht eine Schadensregulierung im Auftrag des Versicherers (→ Rn. 5).[19] **Nicht** verpflichtet ist er hingegen **zur Erkundigung** und **weiterer Nachforschung,** es sei denn es wurde ein entsprechender, deutlicher Auftrag erteilt.[20] Bei einer Doppelfunktion hat der Makler zudem seine **Loyalitäts-** und **Neutralitätspflichten** strengstens zu beachten (zur hierbei möglichen Verwirkung des Provisionsanspruchs → § 99 Rn. 6).[21] Die Haftung nach § 98 ist eine Verschuldenshaftung. Es genügt jedes Verschulden iSd § 276 BGB[22] und § 347.[23] Anspruchsberechtigt sind, sofern keine abweichende Regelung getroffen wurde, beide Parteien des vermittelten Geschäfts. 3

2. Umfang der Haftung. Es besteht Einigkeit, auch unter den Anhängern der gesetzlichen Haftung, dass die Haftung das **positive Interesse** erfasst.[24] Als typisch wird angesehen, wenn der Makler einen Vertragsschluss oder das Zustandekommen eines noch günstigeren Geschäfts vereitelt hat.[25] Das Verhalten seiner **Gehilfen** einschließlich der von ihm eingeschalteten Zwischenmakler hat sich der Makler nach § 278 BGB zurechnen zu lassen.[26] Ein **Mitverschulden** des Auftraggebers ist über § 254 BGB anzurechnen.[27] Heute unterliegt der Anspruch der dreijährigen Regelverjährung aus § 195 BGB.[28] Nach allgemeiner Meinung ist die für Handelsvertreter gültige, kurze Frist des § 88 unpassend. Eine analoge Anwendung der Norm auf § 98 scheidet aus.[29] 4

---

[9] MüKoHGB/Ströbl Rn. 9.
[10] Ebenroth/Boujong/Reiner Rn. 12.
[11] GK-HGB/Achilles Rn. 4.
[12] RGHMW/Mock Rn. 3.
[13] BeckOK BGB/Kneller, 75. Ed. 1.8.2025, BGB § 654 Rn. 18.
[14] BGH 8.7.1981, NJW 1981, 2685; Heymann/Herrmann Rn. § 93 Rn. 11 ff.
[15] OLG Brandenburg 17.10.2007, r+s 2008, 320.
[16] BGH 28.9.2000, NJW 2000, 3642.
[17] MüKoHGB/Ströbl § 93 Rn. 61.
[18] GK-HGB/Achilles § 93 Rn. 10 mwN; zur Zulässigkeit BGH 19.4.1974, NJW 1974, 1328; 8.7.1981, NJW 1981, 2685; **aA** Ebenroth/Boujong/Reiner Rn. 24; der allerdings aus der Rechtsberatung die „Aufklärung über rechtliche Eigenschaften" ausklammert.
[19] BGH 14.1.2016, ZIP 2016, 2169 = WRP 2016, 861.
[20] BGH 16.9.1981, NJW 1982, 1147; OLG Celle 16.5.2002, NJW-RR 2003, 347.
[21] Ebenroth/Boujong/Reiner Rn. 26 ff.
[22] MüKoHGB/Ströbl Rn. 5.
[23] OLG München 20.3.2014, NJW 2015, 81; RGHMW/Mock Rn. 2.
[24] Heymann/Herrmann Rn. 4.
[25] OLG Düsseldorf 4.12.1998, NJW-RR 1999, 848 (849); RGHMW/Mock Rn. 2.
[26] OLG Hamburg 4.1.1918, OLGE 36, 268; Hopt/Roth Rn. 1.
[27] OLG München 8.8.1970, NJW 1970, 1925.
[28] MüKoHGB/Ströbl Rn. 8; Ebenroth/Boujong/Reiner Rn. 9.
[29] BGH 18.11.1971, WM 1972, 191 = BeckRS 1971, 31125367.

5 **3. Beweislast.** Die Voraussetzungen des Anspruchs hat der Geschädigte darzulegen und zu beweisen.[30] Für Einwendungen ist dann wieder der Handelsmakler zuständig. Hier ist zunächst der Entlastungsbeweis anzuführen, dass eine schuldhafte Pflichtverletzung nicht vorliege.[31] Das gilt sowohl für den Einwand des Mitverschuldens,[32] wie für ein Vorbringen, dass der Schaden auch ohne die Pflichtverletzung eingetreten wäre.[33] Dahin gehört auch der Nachweis, dass der Auftraggeber den schützenden Versicherungsvertrag bei ordnungsgemäßer Auskunft und Beratung nicht(!) abgeschlossen hätte.[34]

III. Besonderheiten

6 **1. Versicherungsmakler.** Der Versicherungsmakler nimmt eine eigentümliche Position ein. Unzweifelhaft besteht ein Maklervertrag im Verhältnis zum Versicherungskunden,[35] in der Beziehung zum Versicherer werden vagere Umschreibungen gewählt. So ist von einem „Doppelrechtsverhältnis" die Rede.[36] Während über die Beziehung zum Versicherer Streit besteht, wird zumindest in der Beziehung des Versicherungsnehmers zum Makler ein Maklervertrag unterlegt.[37] Dabei ist der Versicherungsmakler derjenige unter den Makler, der am stärksten in der Pflicht gesehen wird, auf den Abschluss eines Hauptvertrages hinzuarbeiten. Er ist **zur Tätigkeit verpflichtet,** schuldet die rechtzeitige Beschaffung des gewünschten Versicherungsschutzes.[38] Hieraus folgt auch eine **sehr viel eingehendere Beratungspflicht.** Der Makler hat zu klären, welche Risiken abgesichert werden sollten, wie die effektivste Deckung erreicht werden kann, welche Risikoträger in Betracht kommen und welche Kosten (Prämien) mit dem Schutz verbunden sind.[39] Er hat Wissensdefizite des Versicherungsnehmers gegenüber der Versicherung auszugleichen.[40] Droht bei der Versicherung einer Fahrzeugflotte mit Kühlaufbauten hinsichtlich der Aufbauten eine Schutzlücke, hat der Versicherungsmakler dies zu erkennen und gegenzusteuern, soweit er um die Aufbauten weiß. Fragt der Eigentümer eines Sportwagens nach einem Versicherungsschutz für Fahrten auf dem Hockenheimring und wird dies für ein einfaches Sicherheitstraining verneint, so hat der Makler für den Schaden – abzüglich eines Mitverschuldens – aufzukommen.[41] Weniger ausgeprägt sind die Pflichten soweit die Rechtsbeziehungen zum Makler selbst betroffen sind.[42] Auch darf die Rechtsberatung nicht im Vordergrund stehen.[43] Allerdings kann Aufklärung geschuldet sein, wenn der Makler erkennt, dass der Kunde das Risiko einer Nettoprämie nicht überschaut.[44] Diese Pflichten erschöpfen sich nicht gegenüber dem Versicherungskunden. Auch der Versicherer hat Anspruch auf umfassende Information, etwa wenn der Kunde, der eine Lebensversicherung abzuschließen im Begriff ist, nach Kenntnis des Maklers Drogen konsumiert.[45] Hier hat der Makler seiner Aufklärungs- und Hinweispflicht nachzukommen.[46] Die Darlegungs- und Beweislast für die Verletzung der Beratungspflicht liegt allerdings beim Auftraggeber.[47] Auch nach Abschluss des Vertrages hat der Versicherungsmakler sich in die Bestandspflege einzubringen, die Verträge des Kunden zu verwalten und bei Schadensfällen zu beraten.[48] Nicht jedoch darf der Makler auf Seiten des Versicherers die Schadensregulierung betreuen. Der BGH geht insoweit von einer verbotenen Doppeltätigkeit aus, welche zudem in Widerspruch zum Rechtsberatungsverbot steht.[49] Denn die „Sachwalterstellung" des Versicherungs-

---

[30] OLG Koblenz 28.9.2006, OLGR 2007, 8; GK-HGB/Achilles Rn. 3.
[31] BGH 16.12.1999, NJW-RR 2000, 432.
[32] OLG Köln 7.5.2004, VersR 2005, 789 (790) = r+s 2004, 527 (528).
[33] OLG Hamburg 3.7.2002, VersR 2002, 1507.
[34] OLG Karlsruhe 1.7.2004, NJW-RR 2004, 1328.
[35] BGH 22.5.1985, NJW 1985, 2595. Zu Abgrenzung und zu den Problemen bei Widerruf durch den Verbraucher BGH 19.7.2012, NZM 2012, 689; Ebenroth/Boujong/Reiner § 93 Rn. 60.
[36] Vgl. BGH 19.10.1994, BGHR BGB § 626 Abs. 1 Versicherungsmakler Nr. 1 = BeckRS 1994, 12811.
[37] Jetzt eindeutig Ebenroth/Boujong/Reiner Rn. 30 mwN Fn. 94 f., der den Versicherungsmakler generell als Doppelmakler einstuft.
[38] BGH 14.6.2007, NJW-RR 2007, 1503; OLG Hamm 8.3.1996, VersR 1996, 997; 11.11.1992, r+s 1993, 439.
[39] BGH 10.3.2016, NJW 2016, 3366.
[40] OLG Celle 2.10.2019 – 8 U 107/19, GI aktuell 2019, 172.
[41] OLG Karlsruhe 1.7.2004, NJW-RR 2004, 1328.
[42] BGH 14.6.2007, NJW-RR 2007, 1503.
[43] Beenken/Brühl/Wende VW 2011, 200.
[44] OLG Frankfurt 11.2.2009, NJOZ 2009, 2007.
[45] OLG Brandenburg 17.10.2007, r+r 2008, 320.
[46] MüKoHGB/Ströbl Rn. 13.
[47] OLG Köln 7.5.2004, VersR 2005, 789.
[48] Ebenroth/Boujong/Reiner Rn. 34; zu Rechtsfragen der Bestandsverwaltung Emde VersR 2019, 791.
[49] BGH 14.1.2016, WRP 2016, 861 = BeckRS 2016, 10331; ausf. Armbrüster ZRP 2017, 1.

maklers beschränkt sich auf seine Beziehung zum Versicherungsnehmer.[50] Allerdings geht die Hinweispflicht des Maklers nicht ins Uferlose. So hat der Versicherungsmakler die Pflicht, über den abzuschließenden Versicherungsvertrag eine ausführliche Beratung zu erteilen. Der Inhalt des vorgelagerten Maklervertrages, die Frage, ob die Provision das Schicksal der Police teilt, ist nur ausnahmsweise Gegenstand seiner Aufklärungspflicht.[51]

2. Anlagevermittler. Früher war der Handel mit Anteilen an Personenhandelsgesellschaften als wenig marktgängig eingeordnet. Das hat sich geändert, seit mit der Publikums-KG eine neue Anlagesparte geschaffen wurde, die eine Mitgliedschaft in einer Personenhandelsgesellschaft einem Handel mit Wertpapieren in die Nähe gerückt hat. Seither hat sich durchgesetzt, den Kauf der Anteile als Geschäft iSd § 93 Abs. 1, den Emissionsgehilfen mithin als Handelsmakler anzusehen.[52] In der Konsequenz haftet er für pflichtwidrig falsche und schuldhafte Information und Beratung gegenüber den Anlegern.[53] Zu bedenken ist, ob der Handelsmakler darüber hinaus für die Notwendigkeit einer **sorgfältigen Überprüfung** nach § 98 einzustehen hat. Nun hat die Rspr. eigens in diesem Zusammenhang die sog. **„Sachwalterhaftung"** entwickelt.[54] Nach den durch die Schuldrechtsmodernisierung in § 311 Abs. 3 BGB niedergelegten Grundsätzen kommt eine Haftung dann in Betracht, wenn der Makler bei den Verhandlungen in besonderem Maße Vertrauen in Anspruch nimmt und dadurch erheblichen Einfluss gewinnt. Die Rspr. zu diesem Fragenkreis war früher großzügig. Etwa wurde auch der Versicherungsmakler als Sachwalter eingestuft.[55] Mittlerweile lässt sich indessen eine restriktive Tendenz feststellen.[56] Daraus wird für den Handelsmakler abgeleitet, dass er, um die Grenzen zur strengen Sachwalterhaftung nicht zu überspielen, für die Werthaltigkeit der von ihm gehandelten Anteile keine Garantie zu übernehmen hat.[57] Der Handelsmakler nehme nur beruflich-funktionales, nicht aber persönliches Vertrauen in Anspruch. Dem ist zuzustimmen. 7

IV. Haftung des Auftraggebers

§ 98 richtet sich an den Handelsmakler. Er ist bei schuldhafter Pflichtverletzung verantwortlich zu machen. Eine auf den Auftraggeber zugeschnittene Spezialnorm fehlt. Dies im Zusammenhang mit der Abschlussfreiheit erweckt den Eindruck, der Auftraggeber befinde sich in einem haftungsfreien Raum. Dem ist aber nicht so. Auch den Auftraggeber treffen **Nebenpflichten,** für deren Verletzung er **nach § 280 BGB** einzustehen hat.[58] Von Bedeutung ist zunächst die Pflicht zur **Verschwiegenheit.**[59] Der Auftraggeber hat über die Geschäftsvorschläge, die nicht zur Ausführung gelangen, Stillschweigen zu bewahren.[60] Das gilt natürlich nicht für allgemeinzugängliche Informationen, die gerade nicht vom Makler herrühren.[61] Weiter ist der Auftraggeber dem Makler zur **Information** darüber verpflichtet, wenn er vom Abschluss des angetragenen Geschäftes Abstand genommen hat. Andernfalls ist er zum Ersatz der weiter entstehenden Aufwendungen verpflichtet.[62] Dem Auftraggeber wurden auch Schäden zur Last gelegt, die mit einer unnötigen Verzögerung des Abschlusses des Hauptvertrages einhergingen.[63] Angesichts der Abschlussfreiheit können damit nur krasse Ausnahmefälle erfasst werden.[64] Streitig ist bei Pflichtverletzungen des Auftraggebers, ob der Makler nur seine Aufwendungen ersetzt verlangen darf, oder ob ihm auch ein Anspruch auf Provision erwachsen kann.[65] Dabei sind immer auch die Auswirkungen der Abschlussfreiheit einzudenken. So kann der Auftraggeber ohne weiteres bis zur Grenze des § 162 BGB dem Eintritt einer vereinbarten aufschiebenden Bedingung entgegenwirken.[66] Hängt – zB aufgrund entsprechender Parteivereinbarung – die Provision von der Ausführung des Geschäftes ab, so ist der Auftraggeber in aller Regel nicht zur Ausführung verpflichtet.[67] 8

[50] BGH 22.5.1985, BGHZ 94, 356 = NJW 1985, 2595; 10.3.2016, NJW 2016, 2595 Rn. 18; hierzu Armbrüster ZRP 2017, 3.
[51] BGH 14.6.2007, NJW-RR 2007, 1503; OLG Frankfurt 11.2.2009, NJOZ 2009, 2007.
[52] Lutter FS Bärmann, 1975, 609 (614).
[53] MüKoHGB/Ströbl Rn. 16.
[54] BGH 4.7.1983, BGHZ 88, 67 = NJW 1983, 2696; 3.4.1990, NJW 1990, 1907.
[55] BGH 22.5.1985, BGHZ 94, 356 = NJW 1985, 2595.
[56] BeckOK BGB/Sutschet, 75. Ed. 1.8.2025, BGB § 311 Rn. 122 ff.
[57] Heymann/Herrmann Rn. 6; MüKoHGB/Ströbl Rn. 17.
[58] Hopt/Roth § 93 Rn. 39.
[59] GK-HGB/Achilles § 93 Rn. 14; MüKoHGB/Ströbl § 93 Rn. 88.
[60] BGH 14.1.1987, NJW 1987, 2431 (2432); **aA** Knieper NJW 1970, 1293 (1296).
[61] Heymann/Herrmann Rn. 2; Heymann/Herrmann § 93 Rn. 10.
[62] BGH 19.1.1972, WM 1972, 444 = BeckRS 2009, 29445; Grüneberg/Retzlaff BGB § 652 Rn. 20.
[63] KG 5.3.1956, NJW 1956, 1758 (1759): „übermäßig verzögert".
[64] Krit. etwa GK-HGB/Achilles § 93 Rn. 14.
[65] Staudinger/Arnold, 2021, BGB §§ 652, 653 Rn. 207 f.
[66] OLG Düsseldorf 7.11.1997, NJW-RR 1998, 1207.
[67] BGH 18.4.1966, NJW 1966, 1404; OLG Hamm 28.11.1996, NJW-RR 1997, 1482.

§ 99 [Maklerlohn]

Ist unter den Parteien nichts darüber vereinbart, wer den Maklerlohn bezahlen soll, so ist er in Ermangelung eines abweichenden Ortsgebrauchs von jeder Partei zur Hälfte zu entrichten.

I. Norminhalt und Anwendungsbereich

1 **1. Schuldner des Provisionsanspruchs.** Die Norm ist zunächst einmal doppeldeutig. Sie kann das **Innenverhältnis** der Parteien des Hauptvertrages ansprechen, in der Form, dass der Auftraggeber die Hälfte seiner Provisionskosten von der anderen Partei verlangen kann. Dafür spricht, dass im ersten Hs. den „Parteien" eine Regelungsbefugnis zugewiesen wird.[1] Alle anderen Auslegungsmittel weisen indes auf das **Außenverhältnis.** Vor allem die starke Formulierung „ist … zu entrichten" lässt nur den Schluss auf eine direkte Berechtigung des Handelsmaklers zu.[2] § 99 gibt einen Anspruch im Außenverhältnis. Damit **hat der Handelsmakler zwei Teilschuldner** (§ 420 BGB), von denen jeder die Hälfte der Provision schuldet.[3] Für eine abweichende Vereinbarung der Parteien folgt daraus, dass diese nicht ohne Beteiligung oder Zustimmung des Maklers erfolgen kann.[4]

2 Die Norm betont geradezu ihre **Dispositivität.**[5] Nur für den Fall, dass die Parteien keine Regelung getroffen haben und wenn darüber hinaus kein abweichender Ortsgebrauch besteht, beansprucht sie überhaupt Geltung. Auf diese Weise erweckt sie den Anschein, als wolle sie gar nicht, dass ihr Inhalt beachtet werde. Gleichwohl birgt die Regelung eines der intrikatesten und umstrittensten Probleme des Handelsmaklerrechts (→ § 93 Rn. 18). Anscheinend ohne Rücksicht auf das Vorhandensein eines Vertragsschlusses und der diesen konstituierenden Willenserklärungen ordnet das Gesetz eine positive Bindung des den Makler nicht explizit beauftragenden Geschäftspartners, der zweiten Partei des Hauptvertrages, an. Dies scheint schwer zu deuten, zumal § 98 mit der Festlegung einer Verantwortung des Maklers im Hinblick auf beide Parteien des Hauptvertrages die Figur einer dreiseitigen Bindung noch bekräftigt. Es treffen sich also die Begründung der vertraglichen Nebenpflichten mit der Verpflichtung des Geschäftspartners, die einzige Hauptleistungspflicht des Maklervertrages, die Provisionspflicht des Auftraggebers, mitzutragen. Auch die speziellen gesetzlichen Nebenpflichten der §§ 94 ff. weisen eine parallele Verpflichtung aus. Im Wesentlichen sind Rechte und Pflichten des Maklers im Hinblick auf beide Parteien des Hauptvertrages hier gleich. Damit **verdichtet sich die Stellung des „Dritten" zu der einer Vertragsbindung.** Es wurde bereits betont, dass der überzeugendste Erklärungsansatz derjenige von Reiner[6] scheint, der unter Rückgriff auf die ältere Lit.[7] von einem Vertrag auch in dieser Beziehung ausgeht. Der richtige Weg dahin führt, jedenfalls **unter Kaufleuten,** über die Annahme oder Vermutung einer konkludenten Willenserklärung, die mit dem Gewährenlassen des Maklers verbunden ist.[8] Das erklärt zwar nicht, wie zu verfahren ist, wenn der Dritte kein Kaufmann ist. Doch gibt es insoweit nur wenige, jedenfalls keine erkennbaren Probleme. Im Bereich des **Versicherungsmaklers,** der häufig mit Nichtkaufleuten zu tun hat, ist Dritter meist der Versicherer, der zudem nach allgemeiner Übung[9] die Courtage allein zu tragen hat.[10] Gleiches gilt auch für die Seeversicherung, bei der nach aller Regel nur Kaufleute agieren.[11] Der **Finanzierungsmakler** scheint üblicherweise eine Regelung in den Vertrag aufzunehmen, zumal für den Bereich des Verbraucherdarlehens § 655b BGB auf die Schriftform verweist. Liegen also die meisten Beziehungen im Bereich des § 354, stehen einer Absenkung der Voraussetzungen, die an das Vorliegen einer Vertragserklärung zu stellen sind, größere Bedenken nicht entgegen. Bei Nichtkaufleuten in der Position des Dritten sollte es hingegen dabei verbleiben,

---

[1] Staub/Brüggemann, 4. Aufl. 1995, Rn. 1: „nicht stimmig".
[2] HM, Heymann/Herrmann Rn. 1; MüKoHGB/Ströbl Rn. 2.
[3] GK-HGB/Achilles Rn. 7.
[4] RGHMW/Mock Rn. 4.
[5] MüKoHGB/Ströbl Rn. 1, 8; Hopt/Roth Rn. 3: „voll dispositiv"; vgl. auch OLG Naumburg 24.5.2012, VersR 2012, 1034.
[6] Ebenroth/Boujong/Reiner § 93 Rn. 38 ff.
[7] Nachweise bei Ebenroth/Boujong/Reiner § 93 Rn. 41 Fn. 109.
[8] **AA** RGHMW/Röhricht, 4. Aufl. 2014, Rn. 2 m. Fn. 2: „überflüssig" und „gekünstelt"; moderater RGHMW/Mock Rn. 1a; Staub/Thiessen Rn. 8.
[9] Abw. gilt bei der ebenfalls möglichen Nettopolice (BGH 20.1.2005, VersR 2005, 406), dass die Courtage allein vom Versicherungsnehmer aufzubringen ist, und ihn auch dann belastet, wenn der Versicherungsvertrag selbst storniert wird, vgl. Reiff VersR 2012, 646, der die Zulässigkeit solcher Vereinbarungen auch nach der VVG-Reform zutr. begründet; Reiff VersR 2016, 757.
[10] BGH 22.5.1985, BGHZ 94, 359 = NJW 1985, 2595; 20.1.2005, BGHZ 162, 72 = NJW 2005, 1537.
[11] LG Hamburg 31.5.1951, VersR 1951, 261 (262).

dass diese allein über § 99 zur Provisionszahlung nicht herangezogen werden können. Bei ihnen sind an das Vorliegen einer Erklärung strengere Anforderungen zu stellen.

2. Anwendungsbereich. § 99 überlagert § 652 BGB. Voraussetzung ist, dass ein Kaufmann durch **Vermittlung** eines Handelsmaklers **in der Kenntnis der Vermittlungsgrundlage** ein courtagepflichtiges Geschäft eingeht. In diesem Fall wird der Anspruch aus § 652 BGB, der sich gegen den „ersten" Auftraggeber richtet, geteilt. Der Makler kann sich in gleicher Weise an beide halten. Grundlage dieser Sicht ist, dass §§ 98, 99 im Anwendungsbereich der §§ 362, 354 eine Absenkung der Schwelle für eine vertragliche Bindung anordnen. Es ist letztlich eine Frage des juristischen Geschmacks, ob hier eine „gekünstelte" Vertragsbeziehung oder ein gesetzlich begründetes Schuldverhältnis zugrunde gelegt wird.[12] Die **Dispositivität** der Norm führt dazu, dass die Beteiligten es in der Hand haben, ob sie zur Anwendung kommt oder nicht. Der „Dritte" kann deutlich machen, dass er die Dienste des Maklers nicht wünscht. Er kann weiter einen eigenen Makler einschalten. Auch der Makler kann darauf verweisen, dass er Vertrauensmakler des „ersten" Auftraggebers ist. Ausgenommen sind nach der hier vertretenen Auffassung **Nichtkaufleute.** Hier weichen die Ergebnisse der Konstruktion voneinander ab, weil die Vertreter der Variante eines gesetzlichen Schuldverhältnisses diese Gruppe mit einbezieht. Doch ist der Unterschied kaum praktisch, weil in den meisten Fällen, etwa beim Versicherungsmakler und auch beim Finanzierungsmakler, entweder die Übung oder das Gesetz einer Inanspruchnahme des Nichtkaufmanns im Wege stehen. Abgrenzungsprobleme wie beim Zivilmakler können auf diese Weise nicht, jedenfalls nicht in der dort üblichen, intensiven Form entstehen. Kaufleute, die schweigen, sind im Rahmen der Geschäfte des § 93 Abs. 2 nicht schutzbedürftig, aber Nichtkaufleute sollten dort nicht überrascht werden. 3

II. Verwirkung des Provisionsanspruchs

1. Verwirkung allgemein. Nach **§ 654 BGB** kann der Makler einen bereits perfekten Provisionsanspruch (zu den Voraussetzungen der Entstehung → § 93 Rn. 16 ff.) verwirken, wenn er „dem Inhalt des Vertrages zuwider" auch für die andere Seite tätig geworden ist. Dazu gehört auch der Abschluss eines Maklervertrages mit der jeweils anderen Partei.[13] Nun ist der Makler, auch der Zivilmakler, ohne weiteres berechtigt, zu beiden Parteien des Hauptvertrages hinsichtlich desselben Objektes in vertraglichen Beziehungen zu stehen. Die Schwierigkeit des § 654 BGB besteht darin, die **Grenze zwischen erlaubter und unerlaubter Doppeltätigkeit** zu ziehen. Nach einer Grundsatzentscheidung des BGH,[14] die sich in stRspr verfestigt,[15] hat die Norm **Strafcharakter:** „Der Mäkler soll bei Vermeidung des Verlusts seines Vergütungsanspruchs gehalten sein, die ihm gegenüber seinem Auftraggeber obliegende Treupflicht, dessen Interessen zu wahren, einzuhalten. Die Vorschrift setzt … nicht voraus, dass dem Auftraggeber überhaupt ein Schaden entstanden ist …".[16] Besondere Bedeutung wird dem **subjektiven Tatbestand** beigemessen. „Demgemäß erfasst die Vorschrift des § 654 die Fälle, in denen der Mäkler die Treupflicht … vorsätzlich, wenn nicht gar arglistig, mindestens aber in einer dem Vorsatz nahe kommenden Weise verletzt hat und deshalb den Mäklerlohn nach allgemeinem Rechts- und Billigkeitsempfinden nicht verdient hat."[17] Infolge dieses Ansatzes werden dem für beide Seiten tätigen Makler besondere **Pflichten zur Aufklärung und Information** auferlegt. Erlaubt ist Doppeltätigkeit, wenn beide Parteien des Hauptvertrages hierüber informiert sind und sie diese auch gestatten.[18] Diese **Gestattung** muss beim Zivilmakler, da die Doppeltätigkeit nicht seinem Leitbild entspricht, im Wege der Individualvereinbarung erfolgen.[19] Fehlt die Erlaubnis, so ist eine Doppeltätigkeit nur denkbar, wenn **keine Interessenkollision** droht.[20] Dabei ist wiederum die Neutralitätspflicht des Maklers entscheidend.[21] Eine **besonders enge Bindung** des Maklers an eine Partei schließt eine Bindung an die andere Partei aus. Nicht schon der Alleinauftrag, aber eine besonders intensive Bindung im Rahmen des Alleinauftrags mit erweiterten Handlungsbefugnissen oder Vollmachten wie überhaupt die Stellung als Vertrauensmakler schließt eine 4

---

[12] Heymann/Herrmann § 98 Rn. 1.

[13] Ein Maklervertrag mit beiden Seiten ist nur ein Fall der Doppeltätigkeit. Gleichgestellt gesehen werden ein unentgeltlicher Auftrag, BGH 31.10.1991, NJW 1992, 681; auch MüKoBGB/Althammer BGB § 654 Rn. 7, oder eigenwirtschaftliche Interessen, BGH 26.1.1983, NJW 1983, 1847; 25.9.1991, NJW-RR 1992, 110.

[14] BGH 5.2.1962, BGHZ 36, 323 (326) = NJW 1962, 734.

[15] Vgl. BGH 19.5.2005, NJW-RR 2005, 1423 (1424).

[16] BGH 5.2.1962, BGHZ 36, 323 (326) = NJW 1962, 734.

[17] BGH 5.2.1962, BGHZ 36, 323 (327) = NJW 1962, 734.

[18] BGH 18.5.1973, BGHZ 61, 17 (20) = NJW 1973, 1458.

[19] BGH 18.5.1973, BGHZ 61, 17 (21 f.) = NJW 1973, 1458.

[20] BGH 22.4.1964, NJW 1964, 1467; 16.1.1970, NJW 1970, 1075.

[21] BGH 25.10.1967, BGHZ 48, 344 (347); 26.3.1998, NJW-RR 1998, 992.

Doppeltätigkeit aus.[22] Die Kombination von Nachweis- und Vermittlungstätigkeit[23] ist ebenso möglich, wie in Ausnahmefällen eine Vermittlung auf beiden Seiten als zulässig angesehen wird.[24] In der Lit. gibt es nicht nur zustimmende, sondern auch kritische Stimmen, wird die Rspr. angesichts des latenten Interessenantagonismus als zu großzügig eingestuft.[25] Einen gewissen Ausgleich schafft allerdings, dass auch bei prinzipiell zulässiger Doppeltätigkeit das Augenmerk auf die **Ausführung des Auftrags** im Detail gelegt wird. So hat die Aufklärungspflicht hier Vorrang vor der Verschwiegenheit,[26] wobei sehr vieles vom Einzelfall abhängt.[27] So ist zB prinzipiell der Makler gehalten, sich einer aktiven Beteiligung an den Preisverhandlungen der Parteien zu versagen,[28] darf aber im Vorfeld, vor einer Bindung an die Gegenseite, den Verkäufer hinsichtlich des Preises beraten.[29] Hier gibt es wiederum Stimmen in der Lit., denen die Anforderungen der Rspr. zu weit scheinen.

5 Eine Verwirkung beschränkt sich allerdings nicht nur auf den engen Bereich der Doppeltätigkeit. Vielmehr hat die Rspr. den **Lohnunwürdigkeitsgedanken** auf **andere Pflichtverletzungen analog** übertragen. Der BGH ist in der Anwendung recht zurückhaltend, indem er neben grobem Verschulden ein objektives Moment der Unwürdigkeit verlangt, welches durch Druck,[30] Unredlichkeit[31] oder gar Bestechungsaktivitäten[32] ausgefüllt werden kann. Gelegentlich genügen aber auch grob falsche Angaben zu elementaren Eigenschaften des Vertragsobjektes.[33] Die Rspr. der Instanzgerichte ist weniger scharf akzentuiert, neigt zu einem großzügigeren Umgang mit der Verwirkungssanktion.[34] – Jenseits der Verwirkung kommt natürlich auch in Betracht, dass der Maklerlohn wegen eines Verstoßes gegen die guten Sitten seine rechtliche Grundlage verliert[35] oder durch einen Schadensersatzanspruch kompensiert wird.[36]

6 **2. Verwirkung durch den Handelsmakler.** Es besteht Übereinstimmung, dass § 654 auch für den Handelsmakler gilt.[37] Das erstreckt sich auch auf die erweiterte Anwendung, wie sie die Rspr. über den Lohnunwürdigkeitsgedanken entwickelt hat.[38] Im Hinblick auf das versetzte Leitbild, welches für den Handelsmakler eine Doppeltätigkeit gerade vorsieht, **verschieben sich** allerdings **die Akzente.**[39] So wird ein Engagement im Rahmen des § 99 selbstverständlich nicht als Anwendungsfall des § 654 BGB gesehen.[40] Beiderseitige Vermittlung wird nicht nur ausnahmsweise geduldet, sie ist der Tätigkeit des Handelsmaklers immanent. Die Rahmenbedingungen werden anders gewertet. Vielfach seien die Preise durch den Markt vorgegeben, gäbe es eine von beiden Seiten des Geschäfts kontrollierbare Verhandlungsbasis.[41] Vor diesem Hintergrund wird der Handelsmakler als „Schlichter“[42] und „Sachwalter“[43] verstanden, dem gleiche Nähe und Distanz zu beiden Parteien gut ansteht. In die Gefahr einer Anwendung des § 654 BGB gerät der Handelsmakler bei Doppelbindung dann, wenn diese Gleichheit gestört ist, wenn sein Näheverhältnis zu einer Partei disproportional eng wird. Wie beim Zivilmakler werden die Stellung als Vertrauensmakler, ein Alleinauftrag mit langer Bindung und Verhandlungskompetenz als nicht zulässig angesehen, wenn nicht eine Erlaubnis der Gegenseite vorliegt.[44] Auch die Verfolgung eigener Interessen kann der Bindung eines Auftraggebers entgegenstehen.[45] Es handelt sich hier praktisch um Fälle, die in einer Grauzone im Vorfeld

[22] BGH 22.4.1964, NJW 1964, 1467; vgl. auch MüKoBGB/Althammer BGB § 654 Rn. 15.
[23] BGH 30.4.2003, NJW-RR 2003, 991.
[24] BGH 26.3.1998, NJW-RR 1998, 992; OLG Bamberg 26.4.1999, OLGR 2000, 251 (252).
[25] Staudinger/Arnold, 2021, BGB § 654 Rn. 6.
[26] Hamm/Schwerdtner, Maklerrecht, 7. Aufl. 2017, Rn. 347, 354 mwN in Fn. 130.
[27] Vgl. auch insoweit Nachweise bei BeckOK BGB/Kneller, 75. Ed. 2025, BGB § 654 Rn. 15.
[28] BGH 25.10.1967, BGHZ 48, 344 (347) = NJW 1968, 150.
[29] OLG Koblenz 8.9.1999, NZM 2002, 178.
[30] BGH 29.11.1989, NJW-RR 1990, 372.
[31] BGH 13.3.1985, NJW 1986, 2573.
[32] BGH 11.7.1962, LM BGB § 654 Nr. 2 = MDR 1962, 980.
[33] BGH 5.3.1981, WM 1981, 590 = BeckRS 1981, 31070334.
[34] BeckOK BGB/Kneller, 75. Ed. 1.8.2025, BGB § 654 Rn. 20.
[35] OLG Stuttgart 10.2.2010, BeckRS 2010, 10537.
[36] OLG Frankfurt 11.2.2009, NJOZ 2009, 2007.
[37] Statt vieler Heymann/Herrmann Vor § 93 Rn. 45.
[38] Ebenroth/Boujong/Reiner Rn. 37 f.
[39] GK-HGB/Achilles § 93 Rn. 8.
[40] Hopt/Roth § 93 Rn. 33 mit der aus der Sicht einer gesetzlichen Zweitbindung folgenden Einschätzung, „echte“ Doppeltätigkeit liege nicht vor. Nach der hier vertretenen Auffassung liegt eine Doppeltätigkeit vor, wenn auch eine erlaubte.
[41] MüKoHGB/Ströbl § 93 Rn. 51.
[42] BGH 25.10.1967, BGHZ 48, 344 (348) = NJW 1968, 150.
[43] OLG München 8.8.1970, NJW 1970, 1925.
[44] RGHMW/Mock Vor § 93 Rn. 33.
[45] BGH 16.10.1980, NJW 1981, 280; 24.6.1981, NJW 1981, 2297; 26.1.1983, NJW 1983, 1847.

der Verflechtung liegen (→ § 93 Rn. 31). Ist somit eine generelle Interessenkollision ebenfalls auf nur wenige Ausnahmefälle beschränkt, so sind die Wertungen bei der Ausführung gegenüber dem Zivilmakler etwas großzügiger. Schädlich sind verheimlichte Sonderabsprachen, wenn sie zutage treten.[46] Offenheit und Aufklärung stehen im Vordergrund, auch beim Handelsmakler tritt die Verschwiegenheitspflicht zurück.[47] Grob schuldhafte Verletzungen der Neutralitätspflicht, auch wenn sie durch Erfüllungsgehilfen[48] begangen werden, führen zur Verwirkung der Provision. Freier ist der Handelsmakler bei der Vermittlung. Es ist ihm nicht verwehrt, nach Zusammenführung der Parteien, nach Erzielung einer Abschlussreife, einen weiteren potentiellen Vertragspartner heranzubringen.[49] Geschuldet ist auch insofern nur Offenheit, damit der erste „Dritte" nicht von einer weiteren Bietung ausgeschlossen ist.[50]

III. Höhe, Fälligkeit und Verjährung

1. Provisionshöhe. Auch die Höhe der Provision ist einer vertraglichen Regelung zugänglich.[51] 7
Nur wo dies nicht der Fall ist, gelten für den Kaufmann § 354, für den Nichtkaufmann § 653 Abs. 2 BGB. Entsprechend ist zunächst die **taxmäßige Provision,** in Ermangelung einer solchen die **übliche Provision**[52] geschuldet. Finden sich im Vertrag keine Maßstäbe, so ist anders als beim Handelsvertreter das Entgelt nicht entsprechend § 316 BGB durch den Makler zu bestimmen,[53] vielmehr hat der Richter im Wege der ergänzenden Vertragsauslegung zu versuchen, die Lücke zu schließen.[54] Üblicherweise wird in den **Vereinbarungen der Provision** ein bestimmter Prozentsatz des Wertes des Hauptgeschäftes zugrunde gelegt.[55] Ist eine wucherische Vereinbarung getroffen, so folgt die Unwirksamkeit aus **§ 138 BGB.** In der Konsequenz ist aber der gesamte Maklervertrag nichtig, eine Provision nicht mehr geschuldet.[56] § 655 BGB kommt im Hinblick auf seinen nicht erweiterbaren Zuschnitt[57] – Vermittlung von Dienstverträgen – beim Handelsmakler so gut wie nicht zur Anwendung.[58] Weiterhin nicht unproblematisch sind sog. **Übererlösklauseln.** Hier schuldet der Auftraggeber den über einem bestimmten Preislimit liegenden, vom Makler in den Verhandlungen erzielten Mehrerlös als Courtage. Eine Doppeltätigkeit ist infolge einer derartigen Vereinbarung aufgrund der greifbaren Interessenkollision ausgeschlossen. Solche Klauseln, die vornehmlich bei Kaufverträgen Anwendung finden, können ebenfalls sittenwidrig sein. Die Rspr. stellt auf eine Erkennbarkeit eines überproportionalen Spitzbetrages im Zeitpunkt der Vereinbarung des Maklervertrages ab.[59] In der Lit. werden solche ergebnisoffenen Absprachen eher kritisch gesehen.[60] Wird die Provision im Rahmen des § 99 geteilt, so bleibt zu beachten, dass ohne besondere Absprache die zweite Partei des Hauptvertrages nur die Hälfte der üblichen Provision schuldet. Eine darüber hinaus gehend vereinbarte Provision ist von der ersten Partei, mit der sie vereinbart wurde, allein zu tragen.[61]

2. Fälligkeit des Provisionsanspruchs. Nach § 652 Abs. 1 BGB wird der Anspruch des Maklers 8
mit Abschluss des Hauptvertrages fällig.[62] Das gilt auch für den Handelsmakler.[63] Abweichende Vereinbarungen sind zulässig. So kann der Zeitpunkt der Fälligkeit mit der Ausführung des Geschäftes verbunden werden. Es ist in diesem Fall eine Frage der Auslegung, ob der Anspruch einer aufschiebenden Bedingung unterworfen wurde, oder ob eine Verschiebung des Fälligkeitszeitpunktes vorliegt.[64] Kommt es nicht zur Ausführung, so tritt die Bedingung gem. § 158 Abs. 1 BGB nicht ein,

[46] Heymann/Herrmann § 93 Rn. 45 mwN Fn. 41; GK-HGB/Achilles Rn. 10.
[47] Hopt/Roth § 93 Rn. 33.
[48] OLG Celle 10.9.1998, OLGR 1999, 18.
[49] GK-HGB/Achilles § 93 Rn. 8.
[50] OLG Hamm 15.5.1997, NJW-RR 1998, 844.
[51] Heymann/Hermann Rn. 5.
[52] Den Mangel an Honorartarifen beklagen Beenken/Brühl/Wende VW 2011, 200.
[53] Hopt/Roth § 93 Rn. 55; GK-HGB/Achilles Rn. 9.
[54] BGH 13.3.1985, BGHZ 94, 98 = BeckRS 9998, 100637 = NJW 1985, 1895; 7.4.1978, BGHZ 71, 276.
[55] GK-HGB/Achilles Rn. 9; BGH 16.2.1994, BGHZ 125, 135 (138) = NJW 1994, 1475.
[56] RGHMW/Mock Vor § 93 Rn. 114; BGH 30.5.2000, NJW 2000, 2669 f.: für Immobilienmakler vierfache Höhe der üblichen Provision.
[57] BGH 12.5.2016, NJW 2016, 3233.
[58] Hopt/Roth § 93 Rn. 55.
[59] BGH 16.2.1994, BGHZ 125, 135 = NJW 1994, 1475.
[60] ZB Staudinger/Arnold, 2021, BGB §§ 652, 653 Rn. 184.
[61] MüKoHGB/Ströbl Rn. 11.
[62] BGH 19.3.1991, NJW 1991, 2844 zu § 807 ZPO; OLG Schleswig 11.9.2009, NJOZ 2010, 1982 = BeckRS 2010, 08987.
[63] Ebenroth/Boujong/Reiner Rn. 40; MüKoHGB/Ströbl § 93 Rn. 87.
[64] BGH 18.4.1966, NJW 1966, 1404.

und der Makler geht leer aus. In diesen Fällen kommt eine Anwendung des § 87a Abs. 3 analog nicht in Betracht, weil die als Einschränkung des § 87a Abs. 1 konstruierte Regel nicht als Auslegungsregel im vollends verschiedenen Maklerrecht verwendet werden könnte.[65] Bei einer einfachen Fälligkeitsregel tritt hingegen die Fälligkeit mit Ablauf der Zeitspanne ein, in der dieses üblicherweise ausgeführt worden wäre.[66] Auch eine Vorverlegung der Fälligkeit, etwa auf das Zustandekommen eines Vorvertrages ist denkbar. Beide Vereinbarungen können unter Kaufleuten auch im Rahmen von AGB getroffen werden.[67] Sind Nichtkaufleute beteiligt, so führt diese Lockerung der Erfolgsabhängigkeit der Provision zu einem Widerspruch mit dem Grundgedanken der §§ 652 ff. BGB.[68] Nicht zur Disposition steht die Fälligkeit im Bereich des Verbraucherdarlehens. Der Finanzierungsmakler hat gem. § 655c BGB nicht nur die Auszahlung der Valuta sondern auch das Verstreichen der Widerrufsfrist abzuwarten.

9 **3. Verjährung.** Für die Provisionsforderung gilt heute einheitlich die Regelverjährung von drei Jahren (§ 195 BGB).[69] Sie unterliegt dem „Ultimo-Prinzip" des § 199 Abs. 1 BGB, beginnt also mit Ablauf des Jahres ihrer Entstehung. Die frühere Unterscheidung von Fristen für Kaufleute und Nichtkaufleute ist im Zusammenhang mit der Schuldrechtsmodernisierung aufgegeben worden.[70]

§ 100 [Tagebuch]

(1) [1]Der Handelsmakler ist verpflichtet, ein Tagebuch zu führen und in dieses alle abgeschlossenen Geschäfte täglich einzutragen. [2]Die Eintragungen sind nach der Zeitfolge zu bewirken; sie haben die in § 94 Abs. 1 bezeichneten Angaben zu enthalten. [3]Das Eingetragene ist von dem Handelsmakler täglich zu unterzeichnen oder gemäß § 126a Abs. 1 des Bürgerlichen Gesetzbuchs elektronisch zu signieren.

(2) Die Vorschriften der §§ 239 und 257 über die Einrichtung und Aufbewahrung der Handelsbücher finden auf das Tagebuch des Handelsmaklers Anwendung.

I. Normzweck

1 Der Kaufmann hat nach § 238 Handelsbücher zu führen, die die eigenen Geschäfte dokumentieren. Davon unterscheidet[1] sich das Tagebuch des Handelsmaklers, das der Auflistung vermittelter, also fremder Geschäfte dient. Sollte, was der Regelfall ist, der Handelsmakler zugleich Kaufmann sein, hat er das Tagebuch nach § 100 und die Handelsbücher nach § 238 nebeneinander zu führen. Diskutiert wird, ob auch Eigengeschäfte des Handelsmaklers in das Tagebuch gehören.[2] Die wohl hM unterlegt dies vor dem Hintergrund des Wortlautes „alle abgeschlossenen Geschäfte".[3] Der Dissens führt zu keiner großen Dokumentationslücke, finden sich doch eigene Handelsgeschäfte des kaufmännischen Maklers im Handelsbuch, während fremde im Tagebuch vermerkt sind. Zudem ist der im Kleinverkehr tätige Krämermakler von der Pflicht zur Führung eines Tagebuches befreit (§ 104). Mit Dokumentation ist zugleich der zentrale Zweck des § 100 angesprochen. Die Norm dient in erster Linie den **Beweisinteressen der Parteien.** Doch erschöpft sich ihre Wirkung darin nicht. Dem Handelsmakler wird eine wesentliche Kompetenz zur Erhaltung der Markttransparenz zugesprochen. Damit verfolgt die Dokumentation zugleich **öffentlich-rechtliche Kontrollinteressen.**[4] § 100 ist von seinem Ursprung noch der Idee verpflichtet, dass der Handelsmakler eine Urkundsperson mit öffentlich-rechtlichen Aufgaben war.[5] Damit ist die Norm nur **eingeschränkt dispositiv.** Zwar können die Vertragspartner des Handelsmaklers auf die Aufnahme ihres Geschäftes im Tagebuch verzichten – wodurch Einschränkungen der Pflichten und der Haftung begründet sein können (→ Rn. 4). Die öffentlich-rechtlich begründete Pflicht zur Führung des Tagebuches wird

[65] BGH 18.4.1966, NJW 1966, 1404; **aA** OLG Hamburg 24.8.1950, MDR 1951, 35; Zustimmung in der Lit., zB Hopt/Roth § 93 Rn. 56.

[66] BGH 19.6.1980, WM 1980, 1071 = BeckRS 1980, 31070499; RGHMW/Mock Vor § 93 Rn. 111; Ebenroth/Boujong/Reiner Rn. 40.

[67] MüKoHGB/Ströbl § 93 Rn. 96.

[68] Staudinger/Arnold, 2021, BGB §§ 652, 653 Rn. 266.

[69] GK-HGB/Achilles § 99 Rn. 10.

[70] Hopt/Leyens Einl. vor § 343 Rn. 16.

[1] MüKoHGB/Ströbl Rn. 1.

[2] Ebenroth/Boujong/Reiner Rn. 4.

[3] Ebenroth/Boujong/Reiner Rn. 4; RGHMW/Mock Rn. 2; **aA** MüKoHGB/Ströbl Rn. 1; Staub/Thiessen Rn. 4.

[4] RGHMW/Mock Rn. 1.

[5] Ebenroth/Boujong/Reiner Rn. 1 mit Fn. 3.

davon nicht berührt. Ein Bußgeld nach § 103 kann weiter verhängt werden.[6] Über § 100 hinaus sind Vermittler von Wertpapieren gem. § 83 WpHG gehalten, weitergehende Angaben zu dokumentieren.[7] Hinzu treten die Pflichten des Skontroführers nach § 28 BörsG.[8] Folge der Tagebuchführungspflicht ist es, dass der allgemeine Auskunftsanspruch nicht mehr greift.[9]

II. Tagebuchpflichten

1. Eintragungspflicht. Alle vom Makler vermittelten und abgeschlossenen Geschäfte sind einzutragen, unabhängig davon, ob sie wirksam sind oder nicht.[10] Die Norm regelt minutiös, wer was wann in welcher Reihenfolge in das Tagebuch einzutragen hat. Die Notwendigkeit der persönlichen Unterschrift oder Signatur nach § 126a BGB stellt klar, dass der Makler sich zwar einer Hilfsperson bedienen kann, die Übernahme der Verantwortung durch Zeichnung erübrigt sich dadurch nicht. Diese **Verantwortung** trifft den **Handelsmakler in Person.**[11] Der **Inhalt** der Eintragungen im Einzelnen erschließt sich aus der Verweisung auf **§ 94.** Damit müssen sich über der Unterschrift Angaben zu den Parteien, dem Vertragsgegenstand und den Bedingungen des Geschäftes befinden.[12] Diese Eintragungen sind „täglich" vorzunehmen. Soweit der Handelsmakler nicht am Abschluss des Hauptvertrages direkt beteiligt war, ist der Pflicht an dem Tage Genüge zu tun, an welcher er Kenntnis vom Abschluss erlangt. Sind mehrere Eintragungen vorzunehmen, sind sie in der Zeitfolge vorzunehmen, wobei entweder beim Zeitpunkt des Abschlusses oder beim Zeitpunkt der Kenntnisnahme angesetzt werden kann.[13] Abs. 2 verweist auf § 239. Angesichts der eigenen Zeitregel in § 100 ist damit in erster Linie der Vollständigkeitsgrundsatz in § 239 Abs. 2 angesprochen.[14] Daraus ist zunächst abzuleiten, dass alle Geschäfte, unabhängig von Zweifeln im Hinblick auf Wirksamkeit oder Realisierbarkeit, seien sie provisionspflichtig oder nicht, zur Eintragung gelangen (Vollständigkeitsgrundsatz).[15] Streitig ist, ob zwischen Abschluss und Eintragung „eindeutig" rückgängig gemachte Verträge noch eintragungsbedürftig sind.[16] 2

2. Aufbewahrungspflicht. Abs. 2 verweist weiterhin auf § 257. Damit ist die Dauer der Verwahrung angesprochen, die mit dem Schluss des Kalenderjahres beginnt, in welchem die letzte Eintragung erfolgt. Danach ist das Tagebuch noch **zehn Jahre** aufzuheben. Die Aufbewahrungspflicht endet nicht mit der Aufgabe des Gewerbes als Handelsmakler.[17] Die Pflicht bindet auch die Erben, selbst wenn diese keine Handelsgewerbe betreiben.[18] Auch die Verwahrungspflicht ist öffentlich-rechtlicher Natur. 3

III. Folgen einer Pflichtverletzung

1. Haftung. Zunächst begründet eine schuldhafte Verletzung der Pflichten aus § 100 die Haftung nach § 98, soweit der Geschädigte aus dieser Norm berechtigt ist. Ausgeglichen werden auf diese Weise die Folgen von Beweisführungsnachteilen, die mit dem Dokumentationsversagen verbunden sind. Der **vertraglichen** oder quasivertraglichen **Haftung** steht nach hM eine deliktische Haftung zur Seite, weil der Norm **Schutzgesetzcharakter iSd § 823 Abs. 2 BGB** zugesprochen wird.[19] Hiergegen wird eingewendet, dass ein solcher Schutz bei Handelsbüchern nicht anerkannt sei.[20] Für einen erweiterten Schutz wird dagegen geltend gemacht, dass auch sonstige Dritte, die mit dem Handelsmakler in Berührung kommen, ein berechtigtes Interesse an einer lückenlosen Dokumentation der vermittelten Geschäfte besitzen.[21] Ob diese Personen dem Gesetzgeber bei der Abfassung 4

[6] GK-HGB/Achilles Rn. 1.
[7] Ebenroth/Boujong/Reiner Rn. 12.
[8] Staub/Thiessen Rn. 4.
[9] OLG Düsseldorf 22.12.2011, IHR 2013, 36 (42).
[10] Hopt/Roth Rn. 1.
[11] MüKoHGB/Ströbl Rn. 5. Bei der Gesellschaft trifft die Verantwortung einen vertretungsbefugten Gesellschafter oder ein Organmitglied, Staub/Thiessen Rn. 9.
[12] RGHMW/Mock Rn. 3.
[13] Heymann/Herrmann Rn. 1.
[14] Ebenroth/Boujong/Reiner Rn. 3.
[15] MüKoHGB/Ströbl Rn. 3.
[16] Für eine Erfassung RGHMW/Mock Rn. 3; Ebenroth/Boujong/Reiner Rn. 3; **aA** GK-HGB/Achilles Rn. 3.
[17] Heymann/Herrmann Rn. 3.
[18] Hopt/Roth Rn. 1.
[19] MüKoHGB/Ströbl Rn. 8; KKD/Roth/Kindler Rn. 4.
[20] GK-HGB/Achilles Rn. 4.
[21] Ebenroth/Boujong/Reiner Rn. 9.

des § 100 vorschwebten, erscheint indes angesichts der historischen Wurzel und der allgemeinen Sicherung von Transparenz (→ Rn. 1) zweifelhaft. Ein bei der Bewertung immer gebotener Vergleich zwischen dem Schutzgesetz und den in § 823 Abs. 1 geschützten Rechtsgütern bzw. dem durch § 826 BGB sanktionierten Verhalten[22] belegt, dass ein derart weit gefasster Schutz vor Vermögensschäden bereits für fahrlässiges Verhalten nicht gerechtfertigt werden kann. Insofern sind auch diejenigen, die mit einem Handelsmakler zu tun haben, von denjenigen, die meinen, von einem Kaufmann geschädigt zu sein, nicht zu unterscheiden.[23] Die weitergehende Auffassung ist deshalb abzulehnen.[24] – Haben die Parteien gegenüber dem Handelsmakler auf eine Aufnahme des von ihnen geschlossenen Vertrages in das Tagebuch ausdrücklich verzichtet, ist es widersprüchlich, den Handelsmakler gleichwohl aus diesem Grunde haftbar machen zu wollen.

5 **2. Ordnungswidrigkeit.** Die Einhaltung der Pflichten zur Führung eines Tagebuchs und zu seiner Verwahrung ist öffentlich-rechtlich sanktioniert. § 103 stellt insoweit einen eigenen Ordnungswidrigkeitstatbestand mit der Sanktion eines Bußgeldes bereit (vgl. § 103).

§ 101 [Auszüge aus dem Tagebuch]

Der Handelsmakler ist verpflichtet, den Parteien jederzeit auf Verlangen Auszüge aus dem Tagebuche zu geben, die von ihm unterzeichnet sind und alles enthalten, was von ihm in Ansehung des vermittelten Geschäfts eingetragen ist.

I. Normzweck und Stellung

1 Um die Dokumentation im Tagebuch den beteiligten Parteien zu **Informations- und Beweiszwecken** nutzbar zu machen, gibt § 101 einen selbständig einklagbaren und im Wege der Vollstreckung nach § 887 ZPO durchsetzbaren Anspruch auf Erteilung eines Auszugs.[1] Funktional steht dieser Anspruch in einer engen Beziehung zu dem in § 810 BGB geregelten Einsichtsrecht. Auch auf diese Weise kann eine Partei sich im Tagebuch enthaltene Informationen nutzbar machen. § 101 verlangt vom Handelsmakler die Fertigung einer Urkunde, § 810 BGB die Gestattung der Einsicht.[2] Andererseits sind die Voraussetzungen insofern gestuft, als das **Einsichtsrecht** von einem rechtlichen Interesse abhängt.[3] Ein solches Interesse wird nur vorliegen, wenn der Auszug nicht zu erlangen oder ungenügend ist. **§ 101 hat** mithin **Vorrang.**[4] Von der ebenfalls verwandten Regelung des § 102 unterscheidet sich § 101 dadurch, dass § 102 als Ausprägung des § 142 ZPO gesehen wird.[5] Auf eine **Vorlegung des Tagebuches** in einem Rechtsstreit müssen die Parteien mithin im Wege prozessualer Mittel hinwirken.

II. Anspruch auf Auszug

2 **1. Berechtigter und Verpflichteter.** § 101 nennt die **Parteien.** Der Begriff ist mithin identisch mit dem in den §§ 94 ff. genannten und kann nur als „Partei des Hauptvertrages" verstanden werden. Doch schlägt sich auch hier die wiederholt feststellbare Ambivalenz der Umsetzung des Begriffes wieder, je nachdem, ob es wie in §§ 94–96 um gesetzlich geregelte Spezialpflichten geht, oder um die eher vertraglich determinierten Vorschriften der §§ 98 f. In der Konsequenz wird einmal vertreten, das Recht auf Erstellung eines Auszugs stehe beiden Parteien des Hauptvertrages zu, unabhängig von ihrer Beziehung zum Handelsmakler.[6] Andererseits gibt es aber auch den Ansatz, bei **einseitiger Interessenwahrnehmung,** etwa wenn jede Partei sich eines Maklers bedient, die Partei hinsichtlich des Auszugs auf den jeweils eigenen Makler zu verweisen.[7] Letztere Ansicht vermag aber nicht zu überzeugen. Es liegt nahe, den Begriff entsprechend der §§ 94–96 weit auszulegen. Zum einen gibt es gegenüber einem Vertrauensmakler zwar eine einseitige Interessenwahrnehmung, aber nicht notwendig einen eigenen Makler, der für einen Auszug zur Verfügung stünde. Zum anderen kann im Streit mit dem Vertragspartner gerade der von „dessen" Makler vorzulegende Auszug aufgrund der „besseren Neutralität" von höherem Überzeugungswert sein. Damit hat **jede Partei,** die am

[22] BeckOGK/Voigt, 1.11.2025, BGB § 823 Rn. 269.
[23] Zu Letzteren BGH 10.7.1964, DB 1964, 1585.
[24] Eine Eingrenzung steht auch in Einklang mit § 101, der das Recht auf Auszüge auf die Parteien begrenzt.
[1] GK-HGB/Achilles Rn. 1.
[2] MüKoHGB/Ströbl Rn. 2.
[3] BGH 8.4.1981, NJW 1981, 1733 = MDR 1981, 1009; Heymann/Hermann Rn. 2.
[4] Ebenroth/Boujong/Reiner Rn. 7 mwN.
[5] BAG 10.9.1975, DB 1976, 1020; MüKoHGB/Ströbl Rn. 2.
[6] RGHMW/Mock Rn. 1a; Staub/Thiessen Rn. 6.
[7] MüKoHGB/Ströbl Rn. 3.

vermittelten Hauptvertrag beteiligt ist, den Anspruch aus § 101. Sicher können **Dritte,** die an diesem Vertrag nicht beteiligt sind, keinen Anspruch auf Erstellung eines Auszugs aus dem Tagebuch geltend machen.[8] – **Verpflichtet** aus § 101 **ist der Handelsmakler.** So wie die Verpflichtung zur Aufbewahrung des Tagebuches auf die **Rechtsnachfolger** übergeht, sind auch die Rechtsnachfolger im Gewerbe, aber auch Erben des Handelsmaklers, die nicht gewerblich tätig sind, zur Erteilung des Auszugs verpflichtet.[9]

2. Voraussetzungen und Inhalt. Jede Partei des Hauptvertrages kann den Anspruch der Norm zufolge „jederzeit auf Verlangen" geltend machen. Damit sind jenseits der Anforderung an die Person als solche weitere, inhaltliche Voraussetzungen nicht einzulösen. Enthalten muss der Auszug die **tatsächlich im Tagebuch vorhandenen Eintragungen.**[10] Nicht zulässig sind Ergänzungen oder Korrekturen, selbst wenn die Berichtigungen den tatsächlichen Verlauf des Geschäftsabschlusses widerspiegeln.[11] Der Auszug muss vom Handelsmakler **persönlich unterzeichnet** werden.[12] Ein eigenes Entgelt für diese Tätigkeit kann der Makler nicht verlangen.[13] 3

3. Folgen einer Pflichtverletzung. Verletzt der Handelsmakler seine Pflicht zur Vorlage eines Kontoauszugs, so löst dies Schadensersatzanspruch nach § 98 aus. § 101 regelt eine ausschließlich dem Privatrecht zuzuordnende Verpflichtung. Entsprechend ist die Verletzung in § 103 nicht als Ordnungswidrigkeit aufgenommen.[14] 4

§ 102 [Vorlegung im Rechtsstreit]

Im Laufe eines Rechtsstreits kann das Gericht auch ohne Antrag einer Partei die Vorlegung des Tagebuchs anordnen, um es mit der Schlußnote, den Auszügen oder anderen Beweismitteln zu vergleichen.

Die Norm regelt eine § 142 ZPO konkretisierende[1] Befugnis des Gerichts, die Vorlage des Tagebuches eines Handelsmaklers anzuordnen.[2] Voraussetzung der Anordnung ist, dass andere bei Gericht bereits vorliegende Beweismittel, insbesondere eine Schlussnote oder ein Auszug aus dem Tagebuch, auf ihre Richtigkeit und Vollständigkeit überprüft werden sollen. Es handelt sich mithin um eine Möglichkeit zur **Beweismittelkontrolle.**[3] Das Gericht kann von Amts wegen tätig werden, die Parteien können die Überprüfung durch entsprechende Anträge hervorrufen.[4] Streitig ist, ob § 102 nur zum Tragen kommt, wenn es sich um einen Prozess zwischen den Parteien des Hauptvertrages handelt.[5] In Streitigkeiten, an denen der Makler beteiligt ist, gibt es die prozessualen Möglichkeiten aus §§ 422 ff. ZPO,[6] insbesondere droht auch die Geständnisfiktion des § 427 ZPO. Die Einsicht im Rahmen der Vorlage beschränkt sich auf den maßgeblichen Teil, der sich auf die in das Streitverfahren eingebundene Partei bezieht. Kommt der Makler seiner durch § 102 geregelten Pflicht nicht nach, so haftet er gem. § 98.[7] 1

§ 103 [Ordnungswidrigkeiten]

(1) Ordnungswidrig handelt, wer als Handelsmakler

1. **vorsätzlich oder fahrlässig ein Tagebuch über die abgeschlossenen Geschäfte zu führen unterläßt oder das Tagebuch in einer Weise führt, die dem § 100 Abs. 1 widerspricht oder**
2. **ein solches Tagebuch vor Ablauf der gesetzlichen Aufbewahrungsfrist vernichtet.**

(2) Die Ordnungswidrigkeit kann mit einer Geldbuße bis zu fünftausend Euro geahndet werden.

---

[8] Ebenroth/Boujong/Reiner Rn. 2.
[9] Heymann/Herrmann Rn. 1.
[10] MüKoHGB/Ströbl Rn. 3; Staub/Thiessen Rn. 8.
[11] GK-HGB/Achilles Rn. 1.
[12] Heymann/Herrmann Rn. 1.
[13] RGHMW/Mock Rn. 1a.
[14] MüKoHGB/Ströbl Rn. 5.
[1] GK-HGB/Achilles Rn. 2; Gruber/Kießling ZZP 116 (2003), 305.
[2] Zu § 142 ZPO vgl. Goldkamp ZAP 2019, 355.
[3] MüKoHGB/Ströbl Rn. 1.
[4] Hopt/Roth Rn. 1.
[5] MüKoHGB/Ströbl Rn. 3.
[6] Hopt/Roth Rn. 1.
[7] GK-HGB/Achilles Rn. 3.

1 Die Pflichten zum Führen und Aufbewahren eines Tagebuches sind nicht rein privatrechtlicher, sondern auch **öffentlich-rechtlicher Natur** (→ § 100 Rn. 1). Verstöße werden daher als Ordnungswidrigkeiten sanktioniert. Hierbei ist zu unterscheiden. Bei der **Führung** des Tagebuches genügt bereits **fahrlässiges Verhalten,** um eine Sanktion auszulösen. Die **Vernichtung** muss hingegen **vorsätzlich** erfolgen.[1] Ist diese Verschuldensschwelle erreicht, kann die Bußgeldbehörde einschreiten. Fehlverhalten von Hilfspersonen hat sich der Makler nach der einen Auffassung zurechnen zu lassen,[2] während nach anderer Auffassung wenigstens ein Überwachungsverschulden feststellbar sein müsse.[3] **Einzelheiten** des Verfahrens und auch der Sanktionen regelt das **OWiG.** Dabei kann zB der Höchstbetrag von 5.000 Euro auch gem. § 17 Abs. 4 OWiG überschritten werden, wenn der wirtschaftliche Vorteil des Verhaltens wertvoller ist.[4]

§ 104 [Krämermakler]

[1]Auf Personen, welche die Vermittlung von Warengeschäften im Kleinverkehre besorgen, finden die Vorschriften über Schlußnoten und Tagebücher keine Anwendung. [2]Auf Personen, welche die Vermittlung von Versicherungs- oder Bausparverträgen übernehmen, sind die Vorschriften über Tagebücher nicht anzuwenden.

I. Sonderstellung des Krämermaklers

1 **1. Begriff des Krämermaklers.** Der Krämermakler ist Kaufmann. Entscheidend ist die Teilnahme am **Kleinverkehr.** Dieser hat mit der Art und Einrichtung des Gewerbes, mit den Kriterien, nach welchen sich die Kaufmannseigenschaft beurteilt, nichts zu tun.[1] Krämermakler ist vielmehr, wer Geschäfte des Warenverkehrs in einem beschränkten Spektrum vermittelt, dh die der Art nach, nicht im Umfang für sich überschaubar sind.[2] Eine eingehendere Definition findet sich nicht, die Rspr. streift den Begriff nur am Rande.[3] Der Vermittler von Geschäften auf landwirtschaftlichen Viehmärkten wird hierhin gerechnet.[4] Sowie sich die Geschäftsgegenstände vermischen, etwa wenn die Vermittlung von Krediten hinzutreten, verlässt der Makler den Bereich des Kleinverkehrs und ist nicht mehr Krämermakler. Der Krämermakler selbst kann einen umfangreichen, voll-kaufmännischen Gewerbebetrieb innehaben.

2 **2. Auswirkungen.** Der Krämermakler ist von einem Teil der gesetzlich geregelten Pflichten der §§ 93 ff. ausgenommen. Praktisch regelt die Norm den Anwendungsbereich mit, ist also systematisch Teil des § 93.[5] So ist der Krämermakler **nicht verpflichtet, Schlussnoten zu erstellen oder ein Tagebuch zu führen.** Er ist der Pflichten aus §§ 94 f. einerseits und §§ 100 ff. andererseits enthoben. Im Übrigen ist der Krämermakler Handelsmakler, also etwa aus § 98 beiden Parteien des Hauptvertrages verpflichtet. Auch seine sonstigen Pflichten bleiben von der Ausnahme des § 104 unbeeinflusst, etwa seine Pflicht zur Führung von Handelsbüchern.[6] Nach allgemeiner Ansicht **können die Parteien** des Maklervertrages aber **vereinbaren,** dass der Krämermakler eine Schlussnote zu erstellen hat oder ein Geschäft entsprechend § 100 in ein Tagebuch aufnimmt.[7] Dann kommt hinsichtlich der privatrechtlichen Wirkungen die vertragliche Verpflichtung der gesetzlichen gleich. Eine Verletzung der Pflichten aus § 100 hat indes dann nicht die Ahndung als Ordnungswidrigkeit zur Folge.[8] Streitig ist, ob der Krämermakler für sich **freiwillig** die Pflichten übernehmen können soll.[9] Dabei ist insofern Vorsicht geboten, als nicht jeder Schlussvermerk oder jede Art Tagebuch, welche der Krämermakler von sich heraus führt, an den Maßstäben der §§ 94 f., §§ 100 ff. gemessen werden dürfen und sollen. Das aber ist eine Frage der Anforderungen an den Bindungstatbestand.

---

[1] GK-HGB/Achilles Rn. 1.
[2] MüKoHGB/Ströbl Rn. 2.
[3] Ebenroth/Boujong/Reiner Rn. 2.
[4] MüKoHGB/Ströbl Rn. 2; Ebenroth/Boujong/Reiner Rn. 3.
[1] RGHMW/Mock Rn. 1a; MüKoHGB/Ströbl Rn. 2; KKD/Roth/Kindler Rn. 1.
[2] GK-HGB/Achilles Rn. 1; eBay-Verkaufsagent: LG Bonn 7.12.2004, CR 2005, 602.
[3] Staub/Thiessen Rn. 5 unter Hinweis auf LG Bonn 7.12.2004, WRP 2005, 640 Rn. 16.
[4] MüKoHGB/Ströbl Rn. 2.
[5] Ebenroth/Boujong/Reiner Rn. 1.
[6] Heymann/Herrmann Rn. 1.
[7] *Hopt/Roth Rn. 1; Heymann/Herrmann Rn. 2.*
[8] MüKoHGB/Ströbl Rn. 3.
[9] GK-HGB/Achilles Rn. 2; MüKoHGB/Ströbl Rn. 3; **aA** Ebenroth/Boujong/Reiner Rn. 3.

II. Versicherung- und Bausparkassenmakler

Die Abschlüsse dieser Personen werden von den beteiligten Institutionen aufgezeichnet und dokumentiert. Versicherungen sind hierzu nach § 3 VVG verpflichtet. Daher ist das Tagebuch zur **Beweissicherung nicht** in gleichem Maße **erforderlich.** Dies führte 1989 durch Gesetz vom 23.10.1989 (BGBl. 1989 I 1910) zur Befreiung von der Pflicht zur Führung eines Tagebuches. Es bleibt aber auch hier den Maklern unbenommen, sich privatrechtlich zu verpflichten (→ Rn. 2).[10] In der Konsequenz bleiben die § 100, § 103 außen vor.[11] 3

[10] GK-HGB/Achilles Rn. 3.
[11] Hopt/Roth Rn. 2.

Neunter Abschnitt. Bußgeldvorschriften

§ 104a Bußgeldvorschrift

(1) [1]Ordnungswidrig handelt, wer vorsätzlich oder leichtfertig entgegen § 8b Abs. 3 Satz 1 Nr. 2 dort genannte Daten nicht, nicht richtig oder nicht vollständig übermittelt. [2]Die Ordnungswidrigkeit kann mit einer Geldbuße bis zu zweihunderttausend Euro geahndet werden.

(2) Verwaltungsbehörde im Sinne des § 36 Abs. 1 Nr. 1 des Gesetzes über Ordnungswidrigkeiten ist die Bundesanstalt für Finanzdienstleistungsaufsicht.

Schrifttum: Altenhain, Der strafbare falsche Bilanzeid, WM 2008, 1141; Beurskens, Das Unternehmensregister, in Noack (Hrsg.), Das neue Gesetz über elektronische Handels- und Unternehmensregister, 2007, 98; Mülbert/Steup, Das zweispurige Regime der Regelpublizität nach Inkrafttreten des TUG – Nachbesserungsbedarf aus Sicht von EU- und nationalem Recht, NZG 2007, 761.

I. Allgemeines

1 Die Vorschrift wurde durch Art. 5 Nr. 2 TUG iVm Art. 15 S. 2 TUG mWv 20.1.2007 eingeführt. Sie steht im Zusammenhang mit der Ergänzung des § 8b Abs. 3 um die S. 3–5 (→ § 8b Rn. 5 ff.). Die **Transparenz-RL** verlangt, dass die aufgrund der Richtlinie erlassenen Bestimmungen tatsächlich angewandt werden, die vorgeschriebenen Informationen also in einem zentralen Speicherungssystem zur Verfügung gestellt werden. Aus diesem Grund wurde die Überwachungspflicht der BaFin angeordnet und eine flankierende Bußgeldregelung in Abs. 1 geschaffen.[1] Danach stellen Zuwiderhandlungen gegen die Übermittlungspflicht eine Ordnungswidrigkeit dar, die mit einer Geldbuße von 200.000 Euro geahndet werden kann. Anlässlich der Neufassung des Art. 28 Transparenz-RL durch Art. 1 Nr. 20 RL 2013/50/EG und der Einführung der Art. 28a–28c Transparenz-RL durch Art. 1 Nr. 21 RL 2013/50/EG mWv 26.11.2013 (Art. 6 RL 2013/50/EG) wurde der Bußgeldrahmen in § 39 Abs. 6 aF mWv 20.1.2017 (Art. 1 Nr. 27 lit. c TUG iVm Art. 15 S. 2 TUG) – die Vorschrift wurde durch Art. 3 Nr. 123 FiMaNoG iVm Art. 26 Abs. 5 FiMaNoG mWv 3.2018 in § 120 WpHG überführt und neugefasst – erhöht.[2] Nicht angepasst wurde hingegen Abs. 1.

2 Bußgeldtatbestände wegen der Verletzung einer Pflicht zur Übermittlung von Daten und Dokumenten an das Unternehmensregister finden sich auch in dem Bußgeldkatalog des § 120 Abs. 2 WpHG, da § 8b Abs. 3 S. 1 Nr. 2 mittels Bezugnahme auf § 8b Abs. 2 Nr. 4, 9 und 10 auf Pflichten des WpHG zurückgreift.[3] Wer zB den Jahresfinanzbericht, einschließlich des sog. Bilanzeids,[4] entgegen § 114 Abs. 1 S. 1 WpHG vorsätzlich oder fahrlässig **nicht oder nicht rechtzeitig** zur Verfügung stellt, begeht nicht nur eine Ordnungswidrigkeit gem. § 120 Abs. 12 Nr. 5 WpHG, sondern auch eine solche gem. Abs. 1 S. 1 iVm § 8b Abs. 3 S. 1 Nr. 2, Abs. 2 Nr. 4. Entsprechendes gilt für den Halbjahresfinanzbericht (§ 115 Abs. 1 S. 4 WpHG) und den Zahlungs- oder Konzernzahlungsbericht (§ 116 Abs. 1 WpHG).[5]

II. Ordnungswidrigkeit

3 **1. Übermittlungspflicht nach § 8b Abs. 3 Nr. 2.** Die Ordnungswidrigkeit setzt die Verletzung einer Übermittlungspflicht nach § 8b Abs. 3 Nr. 2 voraus. Gegenstand der Übermittlungspflicht sind nicht nur die Daten nach § 8b Abs. 2 Nr. 9 und 10, sondern seit der Neufassung des § 8b Abs. 3 S. 1 Nr. 1 durch Art. 1 Nr. 1 lit. b Doppelbuchst. aa DiRUG iVm Art. 31 Abs. 1 DiRUG mWv 1.8.2022 auch die von § 8b Abs. 2 Nr. 4 umfassten Unterlagen der Rechnungslegung sowie Unter-

---

[1] Begr. RegE TUG, BT-Drs. 16/2498, 54.

[2] Begr. RegE, BT-Drs. 18/5010, 54 zu Art. 1 Nr. 30 lit. d Gesetz zur Umsetzung der Transparenzrichtlinie-Änderungsrichtlinie.

[3] Beurskens in Noack, Das neue Gesetz über elektronische Handels- und Unternehmensregister, 2007, 123: „kaum abgrenzbar"; MüKoHGB/Krafka Rn. 2; Mülbert/Steup NZG 2007, 761 (763); zu Recht krit. hinsichtlich der Überschneidung Staub/Koch/Harnos § 8b Rn. 51; s. auch Altenhain WM 2008, 1141 (1143): „unnötige Doppelung".

[4] Zu dem Merkmal des Nichtübermittelns bei Unvollständigkeit des Jahresberichts s. Mülbert/Steup NZG 2007, 761 (768).

[5] Zu der Problematik des Unterlassens sowohl der Übermittlung an das Unternehmensregister als auch einer Mitteilung an die BaFin s. einerseits Altenhain WM 2008, 1141 (1143) – Tateinheit, andererseits Mülbert/Steup NZG 2007, 761 (770) – Gesetzeskonkurrenz.

nehmensberichte, die nach der Änderung des Systems zur Offenlegung zB gem. § 325 Abs. 1 S. 2 direkt der das Unternehmensregister führenden Stelle elektronisch zu übermitteln sind.[6] Eine Konsequenz dieser Änderung ist die Kumulation der Ordnungswidrigkeit nach Abs. 1 S. 1 mit einem Ordnungsgeldverfahren nach § 335 Abs. 1 S. 1 Nr. 1. Ob Abs. 1 S. 1 daher einschränkend auszulegen und nicht auf die dem Unternehmensregister nach § 8b Abs. 3 S. 1 Nr. 2 iVm § 8b Abs. 2 Nr. 4 zu übermittelnden Daten zu beziehen ist, erscheint in Ansehung des eindeutigen Wortlauts der Vorschrift zweifelhaft.

2. Verletzungshandlungen. Dem Tatbestand des Abs. 1 S. 1 unterfallen nicht sämtliche Verstöße gegen die Übermittlungspflicht nach § 8b Abs. 3 S. 1 Nr. 2, sondern nur drei Modalitäten, nämlich das Unterlassen („nicht … übermittelt"), die inhaltliche unzutreffende Übermittlung („nicht richtig … übermittelt") und – als Unterfall der zweiten Begehungsmodalität – die unvollständige Übermittlung („nicht vollständig übermittelt").[7] 4

3. Verschulden. Abs. 1 S. 1 sanktioniert vorsätzliches und leichtfertiges Verhalten, setzt den Grad des Verschuldens also über der einfachen Fahrlässigkeit an. Dieser Maßstab entspricht dem des § 120 Abs. 2 WpHG. 5

III. Sanktion

Der Bußgeldrahmen des Abs. 1 S. 2 – seit der Einführung der Vorschrift unverändert (→ Rn. 1) – reicht von fünf Euro (§ 17 Abs. 1 OWiG) bis zu 200.000 Euro. Grundlage für die Zumessung der Geldbuße sind gem. § 17 Abs. 3 S. 1, 2 Hs. 1 OWiG die Bedeutung der Ordnungswidrigkeit, der Vorwurf, der den Täter trifft, und die wirtschaftlichen Verhältnisse des Täters. Gemäß § 17 Abs. 4 S. 1 OWiG soll die Geldbuße den wirtschaftlichen Vorteil, den der Täter aus der Ordnungswidrigkeit gezogen hat, übersteigen. Reicht das gesetzliche Höchstmaß hierzu nicht aus – was in Fällen des Abs. 1 S. 1 nahezu ausgeschlossen erscheint –, kann es gem. § 17 Abs. 4 S. 2 OWiG überschritten werden. 6

[6] Staub/Koch/Harnos Rn. 2.
[7] BeckOK HGB/Moussa, 49. Ed. 1.10.2025, Rn. 7.

Zweites Buch. Handelsgesellschaften und stille Gesellschaft

Erster Abschnitt. Offene Handelsgesellschaft

Erster Titel. Errichtung der Gesellschaft

§ 105 Begriff der offenen Handelsgesellschaft; Anwendbarkeit des Bürgerlichen Gesetzbuchs

(1) Eine Gesellschaft, deren Zweck auf den Betrieb eines Handelsgewerbes unter gemeinschaftlicher Firma gerichtet ist, ist eine offene Handelsgesellschaft, wenn bei keinem der Gesellschafter die Haftung gegenüber den Gesellschaftsgläubigern beschränkt ist.

(2) Die offene Handelsgesellschaft kann Rechte erwerben und Verbindlichkeiten eingehen.

(3) Auf die offene Handelsgesellschaft finden, soweit in diesem Abschnitt nichts anderes vorgeschrieben ist, die Vorschriften des Bürgerlichen Gesetzbuchs über die Gesellschaft entsprechende Anwendung.

Schrifttum: Altmeppen, Zur Rechtsnatur der actio pro socio, FS Musielak, 2004, 1; Altmeppen, Die Publikum-Fonds-Gesellschaft und das Rechtsberatungsgesetz, ZIP 2006, 1; Altmeppen, Verwirrung über die gesamtschuldnerische Kommanditistenhaftung, NJW 2016, 1761; Armbrüster, Nachschusspflicht im Personengesellschaftsrecht, ZGR 2009, 1; Armbrüster, Auskunftsansprüche des Treugebers gegen Treuhänder und Fondsgesellschaft, FS Kanzleiter, 2010, 31; Armbrüster, Grenzen der Gestaltungsfreiheit im Personengesellschaftsrecht, ZGR 2014, 333; Arnold, Die Zweiwochenfrist des § 626 II BGB bei der außerordentlichen Kündigung vertretungsberechtigter Organmitglieder, NZG 2013, 1172; Asmus/Markwardt, Der anonyme Quasi-Gesellschafter, ZIP 2012, 1581; Autenrieth, Handelsrechtliche und steuerrechtliche Überlegungen zur Wirtschaftsprüfungs- und Steuerberatungs-GmbH & Co. KG, WPg 2014, 139; Bacina/Redeker, „Sanieren oder Ausscheiden" – Die Treuepflicht des Gesellschafters in Sanierungsfällen, DB 2010, 996; Banck, Die Unterbeteiligung als Gestaltungsinstrument der Unternehmensnachfolge, 2016; Bartels, Zuzug ausländischer Kapitalgesellschaften unter der Sitztheorie, ZHR 176 (2012), 412; v. Bary, Die Einpersonengesamthand, AcP 220 (2020), 343; Baßler/Frese, Die Reform des Vormundschafts- und Betreuungsrechts und ihre Wirkungen in der Unternehmerfamilie, NZG 2023, 1302; Bayer/Lieder/Hoffmann, Bundesweite Rechtstatsachen zum Unternehmens- und Gesellschaftsrecht (Stand: 1.1.2022), GmbHR 2022, 777; Bitter, Sanierung in der Insolvenz, ZGR 2010, 147; Binz/Mayer, Anteilsvinkulierung bei Familienunternehmen, NZG 2012, 201; Brügel/Tillkorn, Die konzernrechtliche Abhängigkeit der Kapitalgesellschaft & Co. KG im Mitbestimmungsrecht, GmbHR 2013, 459; Dorka/Derwald, Sanieren oder Ausscheiden – ein Modell auch für die Kommanditgesellschaft, NZG 2010, 694; Drygala, Europäische Niederlassungsfreiheit vor der Rolle rückwärts?, EuZW 2013, 569; Fleischer, Die Geschäftschancenlehre im Recht der BGB-Gesellschaft – Von der corporate opportunities zur partnership opportunities doctrine, NZG 2013, 361; Fleischer, Der Gesellschaftsvertrag der Fugger: Frühform des OHG-Rechts, FS Bergmann, 2018, 183; Fleischer, Auf den Spuren des römischen Erbes im modernen Personengesellschaftsrecht: Ein historisch-vergleichender Streifzug, JZ 2019, 53; Fleischer, Der numerus clausus im Gesellschaftsrecht: Rechtsdogmatik – Rechtsvergleichung – Rechtsökonomie – Rechtspolitik, ZGR 2023, 261; Fleischer, Plötzlich Personengesellschaft: Eine kleine Phänomenologie unbeabsichtigter Personengesellschaften, ZIP 2024, 1501; Fleischer/Cools, Internationale Trajektorien und Trends im Recht der Personengesellschaften, ZGR 2019, 463; Fleischer/Danninger, Der Sorgfaltsmaßstab in der Personengesellschaft (§ 708 BGB): Rechtsgeschichte – Rechtsdogmatik – Rechtsvergleichung – Rechtspolitik, NZG 2016, 481; Fleischer/Harzmeier, Die actio pro socio im Personengesellschaftsrecht – Traditionslinien, Entwicklungsverläufe, Zukunftsperspektiven –, ZGR 2017, 239; Fleischer/Pendl, Der Arbeitsgesellschafter im Personengesellschaftsrecht, WM 2017, 881; Fleischer/Thoma, Fehlerhafte Personengesellschaft und Scheingesellschaft: Eine rechtsvergleichende Gegenlese, FS Canaris, Bd. I, 2017, 841; Foerster, Die Zuordnung der Mitgliedschaft, 2018; Foerster, Der Einfluss der DSGVO auf den Auskunftsanspruch über Mitgesellschafter im Personengesellschaftsrecht, ZPG 2025, 241; Gattringer, Verpfändung von Gewinnforderungen, ZInsO 2010, 802; Grothe, Skizzen zur fehlerhaften Gesellschaft bei der Veräußerung von Anteilen an Personengesellschaften, FS Säcker, 2011, 345; Grunewald, Die Gesellschafterklage in der Personengesellschaft und der GmbH, 1990; Grunewald, Die Partnerschaftsgesellschaft mit beschränkter Berufshaftung – sinnvolle Ergänzung des PartGG oder systemwidrige Privilegierung einiger Weniger?, ZIP 2012, 1115; Grunewald, Die actio pro socio und Ansprüche der Gesellschafter aus eigenem Recht in der Liquidation der Personengesellschaften, FS Hommelhoff, 2012, 275; Habersack/Lüdeking, Die Haftung des Gesellschafters nach Aufhebung des § 708 BGB durch das MoPeG, RFamU 2022, 3; Heinze, Die Abtretung von Gesellschaftsanteilen an Personengesellschaften und der Registervollzug unter Berücksichtigung des § 12 I 3 HGB, NZG 2011, 647; Heinze, Die Gesellschaft bürgerlichen Rechts als Komplementärin bei der Kommanditgesellschaft auf Aktien, DNotZ 2012, 426; Henssler, Die freiberufliche GmbH & Co. KG – Systemwidrigkeit oder verfassungsrechtliche Notwendigkeit?, FS Kreutz, 2010, 635; Henssler,

Personengesellschaften mit beschränkter Haftung – Reformbedarf und Gestaltungsmöglichkeiten, FS K. Schmidt, Bd. I, 2019, 449; Henssler/Markworth, Anforderungen an die Freiberufler-GmbH & Co. KG, NZG 2015, 1; Herchen/Haack, Auswirkungen der Aktienrechtsnovelle 2012 auf Handelsregisteranmeldungen von Personengesellschaften, GmbHR 2012, 508; Huber, Vermögensanteil, Kapitalanteil und Gesellschaftsanteil an Personengesellschaften des Handelsrechts, 1970; Kaulbach, Gesellschaftsanteil zu verschenken, Jura 2020, 641; Kessal-Wulf, Die Innenverbände am Beispiel Publikumsgesellschaft, Franchising, Mitarbeiterbeteiligung und Betriebsverband, 1994; Kindler, Der Gesellschafter hinter dem Gesellschafter – Zur Treugeberhaftung in der Personengesellschaft, ZIP 2009, 1146; Kindler, Der reale Niederlassungsbegriff nach dem VALE-Urteil des EuGH, EuZW 2012, 888; Kindler, Der Kommanditist hinter dem Kommanditisten (II) – Qualifizierte Treuhand und Haftungsregress, FS K. Schmidt, Bd. I, 2019, 641; Kindler/Libbertz, Gesellschaftsrechtliche Grenzen des Verbraucherschutzes: Die Anwendung der Haustürwiderrufsrichtlinie und der Lehre von der fehlerhaften Gesellschaft auf den Beitritt zu einer Personengesellschaft, NZG 2010, 603; Klöhn/Schaper, Grenzüberschreitende Kombination von Gesellschaftsformen und Niederlassungsfreiheit, ZIP 2013, 49; Koch, Freie Sitzwahl für Personenhandelsgesellschaften, ZHR 173 (2009), 101; Kollmeyer/Meyer, Aktuelle Fragen bei der Schenkung von Immobilien und Gesellschaftsbeteiligungen an Minderjährige in der Beratungspraxis (Teil II), ZEV 2025, 438; Kreutz, Die actio pro socio im Recht der BGB-Gesellschaft, FS Hadding, 2004, 513; Langenfeld, Der Pool – ein Vertragstyp der Vergemeinschaftung, ZEV 2010, 17; Langheld, Beteiligung Minderjähriger an einer Family-Office-KG, DB 2020, 1609; Lazarets/Becker, Zur Eintragungsfähigkeit des Nießbrauchs an einem Kommanditanteil im Handelsregister, NotBZ 2020, 289; Leinekugel/Reif, Mehrheitserfordernis für gesellschaftsvertragsdurchbrechende Beschlüsse im Personengesellschaftsrecht nach MoPeG, NZG 2024, 1110; Lieder, Schuldrechtliche Nebenabreden im Gesellschaftsrecht, in Fleischer/Kalss/Vogt, Aktuelle Entwicklungen im deutschen, österreichischen und schweizerischen Gesellschafts- und Kapitalmarktrecht 2012, 2013, 231; Lieder, Die rechtsgeschäftliche Sukzession, 2015; Lieder, Die rechtsgeschäftliche Nachfolge in Gesellschaftsanteile, ZfPW 2016, 205; Lieder, Rechtsformvariante und Rechtsscheinhaftung – Ein Beitrag zur Institutionenbildung im Gesellschaftsrecht, FS 25 Jahre DNotI, 2018, 503; Lieder, Sittenwidrige Übertragung von Personengesellschaftsanteilen, FS K. Schmidt, Bd. I, 2019, 815; Lieder, Modernisierung des europäischen Gesellschafts- und Registerrechts durch die Digitalisierungs-RL II, NJW 2024, 2065; Lieder/Frehse/Kilian, Fünf Jahre PartG mbB – Die Verbandsform für Anwälte, NJW 2018, 2175; Lieder/Hoffmann, Rechtstatsachen zur Partnerschaftsgesellschaft mit und ohne beschränkte Berufshaftung, NZG 2017, 325; Lieder/Hoffmann, Die PartG mbB als nunmehr dominierende Partnerschaftsgesellschaftsform, NZG 2020, 721; F. Limbach, Gesamthand und Gesellschaft: Geschichte einer Begegnung, 2016; Lubberich, Sanierungsbeiträge und Innenausgleich in der Treuhand-KG: Ausgleichsansprüche gegen Mit-Treugeber, DNotZ 2016, 416; Maier-Reimer/Marx, Die Vertretung Minderjähriger beim Erwerb von Gesellschaftsbeteiligungen, NJW 2005, 3025; Meyer-Wehrsdorfer, Auswirkungen der Betreuungsrechtsreform und des MoPeG auf Familiengrundbesitzgesellschaften, FS Hügel, 2026, 399; Meinert, Zur handelsrechtlichen Buchführungspflicht des Kaufmanns kraft Eintragung, BB 2007, 1436; Mock, Die Gesellschafterklage (actio pro socio), JuS 2015, 590; Mock, Nieder mit dem Treuhandkommanditisten – Es lebe der Vertragskommanditist (oder wenigstens der Unterbeteiligte)!, ZIP 2016, 497; Mock, Die Geltendmachung der Geschäftsführerhaftung durch die Kommanditisten bei der GmbH & Co. KG, ZGR 2018, 796; Klaus J. Müller, Unternehmenskauf und notarielle Beurkundung nach § 311b III BGB, NZG 2007, 201; W. Müller, Das fehlerhafte Ausscheiden aus der Gesellschaft bürgerlichen Rechts, FS Maier-Reimer, 2010, 497; Münch, Übertragung von Kommanditanteilen an Minderjährige, FamRZ 2020, 1916; Nast, Auskunftsanspruch über Mitanleger eines treuhänderisch organisierten Publikumsfonds unter Geltung der DS-GVO, NZG 2020, 826; Neumann, Die Zustimmung zu Anteilsübertragungen bei Personengesellschaften, ZIP 2016, 1753; Offermann-Burckart, Berufsrechtliches Gesellschaftsrecht – Entwurf mit Fernjustierungsbedarf, ZRP 2018, 158; Otte-Gräbener, Reform des Personengesellschaftsrechts, FS Seibert, 2019, 613; Palzer, Kartellbefangene Gesellschaftsverträge: Anwendungsfall der Lehre von der fehlerhaften Gesellschaft?, ZGR 2012, 631; Paschke, Die fehlerhafte Korporation, ZHR 155 (1991), 1; Priester, Eigene Anteile an Personengesellschaften, ZIP 2014, 245; Priester, Die zwingende Einheitlichkeit des Personengesellschaftsanteils – ein überholtes Prinzip, DB 1998, 55; v. Proff, Die Testamentsvollstreckung an Beteiligungen an Personengesellschaften – Funktionsweise und Gestaltungsmöglichkeiten, DStR 2018, 415; v. Proff, Der handlungsunfähige Unternehmer – Vorsorgebedarf und Gestaltungsangebote bei Personengesellschaften, DStR 2020, 1380; Reichert, Sacheinlagen in das Gesellschaftsvermögen von Personengesellschaften, 2024; Reiff/Nannt, Die Anteilsübertragung in der Personengesellschaft – Dogmatische Grundlagen, Voraussetzungen und Rechtsfolgen, DStR 2009, 2376; Roesener, Alles beim Alten? Aktualisierung und Konsolidierung von Gesellschaftsverträgen, NJW 2016, 2214; Römermann, Reform des anwaltlichen Gesellschaftsrechts: Endlich Bewegung?, NZG 2018, 1041; Römermann, Endlich Hoffnung für das anwaltliche Gesellschaftsrecht?, BB 2019, 899; W.-H. Roth, Internationalprivatrechtliche Aspekte der Personengesellschaften, ZGR 2014, 168; Ropohl/Freck, Die Anwachsung als rechtliches und steuerliches Gestaltungsinstrument, GmbHR 2009, 1076; Rutschmann, Inanspruchnahme des mittelbaren Gesellschafters aus abgetretenem Recht durch Gläubiger der Fondsgesellschaft, NZG 2010, 776; Sachtleber/Wollenschläger, Das Recht der Kenntnis der Mitgesellschafter und die Datenschutz-Grundverordnung – alter Wein in neuen Schläuchen?, NZG 2024, 1553; Schäfer, Die Lehre vom fehlerhaften Verband, 2002; Schirrmacher, Der Haftungsmaßstab in der Personengesellschaft nach dem MoPeG, ZHR 186 (2022), 250; K. Schmidt, Die obligatorische Gruppenvertretung im Recht der Personengesellschaften und der GmbH, ZHR 146 (1982), 525; K. Schmidt, „Fehlerhafte Gesellschaft" und allgemeines Verbandsrecht, AcP 186 (1986), 421; K. Schmidt, Die Personengesellschaft als Rechtsfigur des „Allgemeinen Teils". Dogmatisches Konzept und Wirkungsgeschichte von Werner Flumes „Personengesellschaft", AcP 209 (2009), 181; K. Schmidt, Gesetzgebung und Rechtsfortbildung im Recht der GmbH und der Personengesellschaften (Zur Aufgabenteilung zwischen Gesetzgebung, Justiz und Wissenschaft), JZ 2009, 10; K. Schmidt, Grundlagenungewissheit der Gesetzgebung oder der Rechtsfortbildung im Gesellschaftsrecht? – Rechtsfähigkeit und

Rechtspersönlichkeit als Beispiele –, FS Beuthien, 2009, 211; K. Schmidt, Plädoyer für die freiberufliche (GmbH & Co.-)Kommanditgesellschaft, DB 2009, 271; K. Schmidt, Zur Gesellschafterhaftung in der „Innen-KG" – Bemerkungen zur typisch-atypischen stillen Gesellschaft, NZG 2009, 361; K. Schmidt, Personengesellschaften als Formkaufleute – Betrachtungen und 14 Thesen für ein praxisgerechtes Verständnis des § 105 Abs. 2 HGB, FS Kreutz, 2010, 837; K. Schmidt, Die Anwalts-GmbH & Co. KG: Kraftprobe des Berufsrechts oder des § 105 Abs. 2 HGB?, DB 2011, 2477; K. Schmidt, Struktur und Transparenz einer Treugeber-Innengesellschaft, NZG 2011, 361; K. Schmidt, Die Innenkommanditgesellschaft – wirklicher Verband und virtueller Rechtsträger –, ZHR 178 (2014), 10; K. Schmidt, Nochmals: Fehlerhafte Gemeinschaftsunternehmen – Theorie und Praxis, ZIP 2014, 863; K. Schmidt, Handelsregistereintragung einer Steuerberatungs- (GmbH & Co.) KG, oder: § 105 Abs. 2 HGB – Leidensgeschichte einer Öffnungsklausel, ZIP 2014, 2226; K. Schmidt, Eigenverwaltung und Insolvenzplan bei der GmbH & Co. KG, FS Binz, 2014, 624; Schön, Die vermögensverwaltende Personenhandelsgesellschaft – Ein Kind der HGB-Reform, DB 1998, 1169; Schön, EU-Publizität für Personenhandelsgesellschaften – ein erster Schritt, ZHR 189 (2025), 1; Schulze-Osterloh, Erneuter Beginn der Verjährung von Ansprüchen gegen Gesellschafter durch Feststellung des Jahresabschlusses, FS Westermann, 2008, 1487; Schürnbrand, Publikumspersonengesellschaften in Rechtsprechung und Literatur, ZGR 2014, 256; Stari/Beuster, Die Haftung des mittelbar an einem geschlossenen Fonds beteiligten Anlegers – Keine Haftungsabschirmung durch den Treuhänder, DStR 2014, 271; Stöber, Die Haftung der Anleger notleidender Immobilienfonds in der Rechtsform einer Personengesellschaft, NZG 2011, 738; Stumpf, Rechtsprobleme bei der Inanspruchnahme des (mittelbaren) Kommanditisten aus § 172 Abs. 4 HGB, BB 2012, 1429; Stupp, Hybride Finanzierungsformen und Nachschusspflichten als Rettungsanker für Fonds-KGs?, DB 2010, 489; Tassius, Kaum Neuerungen bei der Gründung und Registrierung von OHG und KG durch die Digitalisierungsrichtlinie 2.0, ZPG 2024, 325; Teichmann, Gestaltungsfreiheit in Gesellschaftsverträgen, 1970; Tersteegen, Fehlende Eintragungsfähigkeit einer Freiberufler-GmbH & Co. KG ins Handelsregister am Beispiel einer Steuerberatungs- bzw. Wirtschaftsprüfungs-GmbH & Co. KG, NZG 2010, 651; Theurer, Zur Nichtigkeit von kartellrechtswidrigen Personengesellschaften, BB 2013, 137; Thole, Treuepflicht-Torpedo? Die gesellschaftsrechtliche Treuepflicht im Insolvenzverfahren, ZIP 2013, 1937; Ulmer, Die Einheitlichkeit der Mitgliedschaft in einer Personengesellschaft – ein überholtes Dogma?, ZHR 167 (2003), 103; Verse, Die actio pro socio im Personengesellschafts- und GmbH-Recht nach der Reform der derivativen Aktionärsklage – Ausstrahlungswirkungen des § 148 AktG auf das allgemeine Verbandsrecht?, FS U. H. Schneider, 2011, 1325; Wagner, Keine Haftung mittelbar Beteiligter, NZG 2009, 213; Wälzholz, Aktuelle Gestaltungsprobleme des Nießbrauchs am Anteil an einer Personengesellschaft, DStR 2010, 1786; Weimar, Einmann-Personengesellschaft – ein neuer Typ des Gesellschaftsrechts?, ZIP 1997, 1769; Weitemeyer, Der Bestimmtheitsgrundsatz im Recht der Personengesellschaften, FS Kreutz, 2010, 905; Werner, Die Erhebung von Ansprüchen der GmbH & Co. KG gegen den Geschäftsführer der Komplementärin durch einen Kommanditisten, ZWH 2019, 177; Wertenbruch, Die Rechtsprechung zum Personengesellschaftsrecht in den Jahren 2003 bis 2005, NZG 2006, 408; Wertenbruch, Status und Haftung des Treugebers bei der Personengesellschaftstreuhand, NZG 2013, 285; Wertenbruch, Gesamtschuldregress sanierender Treugeber und stiller Gesellschafter – „Sanierung ohne Ausscheiden", NZG 2016, 401; Wertenbruch, Das Stimmrecht von Treugebern, stillen Gesellschaftern und Unterbeteiligten in der Personengesellschaft, NZG 2017, 81; Wertenbruch, Die Öffnung der KG und GmbH & Co. KG für die Freien Berufe in der Reform des Personengesellschaftsrechts, NZG 2019, 1081; Wertenbruch, Handelsregistereintragung des Nießbrauchs am Kommanditanteil?, NZG 2020, 641; Wertenbruch, Besitz und Besitzschutz bei der Personengesellschaft nach MoPeG, ZPG 2025, 1; Wessels, Entflechtung kartellrechtswidriger Personengesellschaften, ZIP 2014, 101; Wessels, Nochmals: Entflechtung kartellrechtswidriger Personengesellschaften, ZIP 2014, 857; Westermann, Die zweigliedrige Personengesellschaft in der Krise, FS Röhricht, 2005, 655; Westermann, Zur Zulassung der GmbH & Co. KG (auch: UG & Co. KG) als Berufsausübungsgesellschaft von Rechtsanwälten, NZG 2019, 1; Wiedemann, Die Übertragung und Vererbung von Mitgliedschaftsrechten bei Handelsgesellschaften, 1965; Wiedemann, Anteilsumwandlung und Mehrfachbeteiligung in der Personengesellschaft, FS Zöllner, Bd. I, 1998, 635; Wipplinger, Die rechtsfähige BGB-Gesellschaft als Organ der Personenhandelsgesellschaften, 2010; Woinar, Schenkung von Kommanditanteilen einer Immobilien-KG an minderjährige Kinder ohne Ergänzungspfleger – Erfordernis einer familiengerichtlichen Genehmigung, NotBZ 2020, 87; Zeising, Die Außenhaftung des Treugebers in der Personen-Publikumsgesellschaft, DZWIR 2016, 551; Zöllner, Die Schranken mitgliedschaftlicher Stimmrechtsmacht bei den privatrechtlichen Personenverbänden, 1963. – Schrifttumsnachweise speziell zur **Reform** des Personengesellschaftsrechts vor → Rn. 6; zur **Insolvenz** der OHG vor → Rn. 174; zum **Internationalen Gesellschaftsrecht** vor → Rn. 180; zur **Konzernrecht** der Personengesellschaft vor → Rn. 192.

Übersicht

I. Allgemeines

1. Normzweck. Abs. 1 definiert den **Begriff der OHG** als Gesellschaft, deren Zweck auf den Betrieb eines Handelsgewerbes unter gemeinschaftlicher Firma gerichtet ist, wenn bei keinem der Gesellschafter die Haftung gegenüber den Gesellschaftsgläubigern beschränkt ist. Damit grenzt die Norm die OHG zur **KG** ab, bei der nach § 161 Abs. 1 bei mindestens einem Gesellschafter die Haftung auf einen bestimmten Betrag (Haftsumme) beschränkt ist. Auf der anderen Seite wird die OHG von der **GbR** dadurch unterschieden, dass diese kein Handelsgewerbe iSd § 1 betreibt (→ § 1 Rn. 10 ff.). Mit der objektiven Fassung der Voraussetzungen erreicht das Gesetz, dass es für das Vorliegen der Rechtsform OHG nicht auf den Willen der Gesellschafter ankommt (→ Rn. 12). 1

2 **Abs. 2** regelt – in Übernahme des § 124 Abs. 1 aF – die **Rechtsfähigkeit der OHG** und – über die Verweisung des § 161 Abs. 2 – der KG. Da die Gesellschaft auch Kaufmann kraft Gesetzes ist, sind im Einzelnen auch die Vorschriften bezüglich der Handelsgeschäfte (§§ 343–373) heranzuziehen. Rechte einer **Zweigniederlassung** stehen der Gesellschaft zu.[1]

3 Der Zweck des **Abs. 3** besteht darin, als Verweisungsnorm subsidiär die allgemeinen Vorschriften über die GbR nach §§ 705 ff. BGB für anwendbar zu erklären. Mit der Verlagerung zahlreicher Regelungen aus dem Regelungskontext des OHG-Rechts in das BGB-Gesellschaftsrecht ist die praktische Relevanz der Verweisung durch das MoPeG (→ Rn. 6 ff.) nicht unerheblich gewachsen.

4 **2. Bedeutung.** In systematischer Hinsicht besteht die Bedeutung des Rechts der OHG darin, über die Verweisung in § 161 Abs. 2, §§ 2 ff. PartGG und § 1 EWIVAG als gesetzliche **Grundnorm aller Personenhandelsgesellschaften** zu dienen. In der Rechtswirklichkeit kommt der KG und ihren Kombinationsformen, vor allem der GmbH & Co. KG (→ § 161 Rn. 70 ff.), eine weit größere Bedeutung als der OHG selbst zu.[2] Insbesondere die GmbH & Co. KG vereint die Vorzüge des gegenüber der Kapitalgesellschaft flexibleren Gesellschaftsrechts und der transparenten Besteuerung der in der Gesellschaft erzielten Gewinne auf der Ebene der Gesellschafter nach § 15 Abs. 1 S. 1 Nr. 2 EStG[3] mit der Haftungsbeschränkung auf das Gesellschaftsvermögen.

5 **3. Entwicklung.** Die durch das HRRefG im Jahre 1998 zunächst als Abs. 2 in das HGB eingefügte Regelung[4] findet sich nach der Reform durch das MoPeG (→ Rn. 6 ff.) in § 107 Abs. 1 S. 1 und Abs. 2 S. 1 wieder. Der aktuelle Regelungsinhalt von Abs. 2 befand sich bisher in dem durch das MoPeG gestrichenen § 124 Abs. 1 aF.

II. Modernisierung des Personengesellschaftsrechts (MoPeG)

Schrifttum: Altmeppen, Kritischer Zwischenruf zum „Mauracher Entwurf", NZG 2020, 822; Armbrüster, Außengesellschaft und Innengesellschaft, ZGR Sonderheft 23 (2021), 143; Aumann, Das MoPeG: Ein Überblick für die Praxis, notar 2022, 99; Bachmann, Zum Entwurf eines Gesetzes zur Modernisierung des Personengesellschaftsrechts (MoPeG), NZG 2020, 612; Bachmann, Das Gesetz zur Modernisierung des Personengesellschaftsrechts, NJW 2021, 3073; Bergmann, Der Mauracher Gesetzentwurf der Expertenkommission für die Modernisierung des Personengesellschaftsrechts, DB 2020, 994; Bochmann, Gesellschafterwechsel, Ausscheiden und Auflösung im Mauracher Entwurf zur Modernisierung des Personengesellschaftsrechts, ZGR Sonderheft 23 (2021), 221; Drescher, Beschlussmängelrecht, ZGR Sonderheft 23 (2021), 115; Fleischer, Leitbildwandel im Recht der BGB-Gesellschaft – Ein erster Rundgang durch den Mauracher Entwurf zur Modernisierung des Personengesellschaftsrechts, DB 2020, 1107; Fleischer, Annäherungen an den Mauracher Entwurf für ein Gesetz zur Modernisierung des Personengesellschaftsrechts, ZGR Sonderheft 23 (2021), 1; Fleischer, Ein Rundflug über das OHG-Recht im Regierungsentwurf eines Gesetzes zur Modernisierung des Personengesellschaftsrechts, BB 2021, 386; Fleischer, Ein Rundgang durch den Regierungsentwurf eines Gesetzes zur Modernisierung des Personengesellschaftsrechts, DStR 2021, 430; Geibel, Mauracher Entwurf zum Personengesellschaftsrecht: Ein Gesetzgebungsvorschlag mit gewissen Widersprüchen, ZRP 2020, 137; Habersack, Modernisierung des Personengesellschaftsrechts – aber wie?, ZGR 2020, 539; Heckschen, Der so genannte „Mauracher Entwurf" – ein positiver Schritt zur Reform des Personengesellschaftsrechts, NZG 2020, 761; Heckschen/Nolting, Das MoPeG ist verkündet – Verbesserungen am Gesetz noch auf der Zielgeraden –, BB 2021, 2946; Hempe, Das Recht der OHG und KG nach MoPeG – und die „Brücke" samt Querverweisen zum alten Recht, DStR 2024, 1877; Herrler, Das neue Gesellschaftsregister, ZGR Sonderheft 23 (2021), 39; Hippeli, Zur avisierten Reform des Personengesellschaftsrechts, DZWIR 2020, 386; Kindler, Filippo Kanieri und die rechtsfähige Personengesellschaft, ZHR 185 (2021), 598; Kindler, Die „rechtsfähige Personengesellschaft" als juristische Personen – erste Befunde und Überlegungen zum Gesetz zur Modernisierung des Personengesellschaftsrechts (MoPeG), ZfPW 2022, 409; Kruse, Das Gesetz zur Modernisierung des Personengesellschaftsrechts (MoPeG) und seine Auswirkungen aus Praktikersicht, DStR 2021, 2412; Lieder, Geschäftsführung und Vertretung im modernisierten Personengesellschaftsrecht, ZGR Sonderheft 23 (2021), 169; Lieder, Modernisierung des Personengesellschaftsrechts: Der Regierungsentwurf des MoPeG in der rechtspolitischen Analyse, ZRP 2021, 34; Lieder/Hilser, Die Reform des Personengesellschaftsrechts: Implikationen für Dogmatik und notarielle Praxis, NotBZ 2021, 401; Lieder/Hoffmann, Die PartG mbB als nunmehr dominierende Partnerschaftsgesellschaftsform, NZG 2020, 721; Martens, Vom Beruf unserer Zeit für ein Gesetz zur Modernisierung des Personengesellschaftsrechts – Kritische Anmerkungen zum „Mauracher Entwurf", AcP 221 (2021), 68; M. Noack, Von Maurach in die Welt – Der Gesetzentwurf der Expertenkommission zur Modernisierung des Personengesellschaftsrechts im Überblick, NZG 2020, 581; M. Noack, Adieu „Feststellungsmodell", bonjour „Anfechtungsmodell" – über den Systemwechsel im Beschlussmängelrecht der Personengesellschaften, ZIP 2020, 1382; M. Noack, Der Regierungsentwurf eines Gesetzes zur Modernisierung des

[1] MüKoHGB/Fleischer § 105 Rn. 68.

[2] Lieder/Hoffmann GmbHR 2025, 785: 22.351 OHG, 307.417 KG zum Stand 1.1.2025; vgl. weiter Lieder/Hoffmann NZG 2021, 1045 ff. zu den Erscheinungsformen der KG.

[3] Weitemeyer FS Kreutz, 2010, 905 ff.

[4] Zum Zweck der Änderung → 7. Aufl. 2021, § 105 Rn. 2. – Zur historischen Entwicklung s. Fleischer/Agstner RabelsZ 81 (2017), 299 (310 ff.); Fleischer/Cools ZGR 2019, 463 (477 ff.).

Personengesellschaftsrechts (MoPeG) – Ausgewählte Aspekte im rechtsgebietsübergreifenden Überblick, BB 2021, 643; Otte, Beschlussmängelstreitigkeiten in Personengesellschaften nach dem Mauracher Entwurf für ein Gesetz zur Modernisierung des Personengesellschaftsrechts, ZIP 2020, 1743; Otte, Auswirkungen des MoPeG auf die anwaltliche Gestaltungs- und Beratungspraxis, ZIP 2021, 2162; Otte-Gräbener, Umfassende Modernisierung des Personengesellschaftsrechts – Entwurf der Expertenkommission, BB 2020, 1295; Prütting, Der Mauracher Entwurf und das Prozessrecht, FS Grunewald, 2021, 881; Punte/Klemens/Sambulski, Der „Mauracher Entwurf" zur Modernisierung des Personengesellschaftsrechts – was lange währt, wird endlich gut?, ZIP 2020, 1230; Schäfer, Grundzüge des neuen Personengesellschaftsrechts nach dem Mauracher Entwurf, ZIP 2020, 1149; Schäfer, Insolvenzrechtliche Implikationen des neuen Personengesellschaftsrechts nach dem Mauracher Entwurf, ZRI 2020, 333; Schall, Eine dogmatische Kritik am „Mauracher Entwurf" zur Modernisierung des Personengesellschaftsrechts, ZIP 2020, 1443; Schall, Zur Rechtsnatur der rechtsfähigen Personengesellschaft nach dem MoPeG – Abschied vom „guten allen Recht?" FS Heidel, 2021, 155; K. Schmidt, Ein neues Zuhause für das Recht der Personengesellschaften – Zum Regierungsentwurf eines MoPeG –, ZHR 185 (2021), 16; Schollmeyer, Der Mauracher Entwurf, ZGR Sonderheft 23 (2021), 29; Schwemmer, Ein Streit um Worte? – Anmerkungen zur Rechtsnatur der Personengesellschaften nach dem MoPeG, ZPG 2025, 81; Storz, Der Mauracher Entwurf für ein Gesetz zur Modernisierung des Personengesellschaftsrechts (MoPeG), GWR 2020, 257; Uwer, Die Öffnung der Personenhandelsgesellschaft für Freiberufler in berufsrechtlicher Perspektive, ZGR Sonderheft 23 (2021), 87; Wertenbruch, Schloss Maurach zur Reform des Personengesellschaftsrechts, GmbHR 2020, R196; Wertenbruch, Das MoPeG – die Reform des Rechts der Personengesellschaften, JZ 2023, 78; Westermann, Zum Stand der „Modernisierung" des Personengesellschaftsrechts, DZWIR 2020, 321; Wimmer, Der Mauracher Entwurf: eine richtungsweisende Konzeption für Objekt- und Subjektpublizität, DZWIR 2020, 379.

1. Hintergrund. Anknüpfend an die Reformdiskussion auf dem **71. DJT 2016**[5] hat sich der **Koalitionsvertrag** von CDU, CSU und SPD für die 19. Legislaturperiode unter anderem die Reform des Personengesellschaftsrechts auf die Fahnen geschrieben (→ Einl. Rn. 7).[6] Die im Herbst 2018 vom BMJV eingesetzte Expertenkommission hat am 20.4.2020 den Entwurf eines Gesetzes zur Modernisierung des Personengesellschaftsrechts (MoPeG) vorgelegt, der nach dem Ort der abschließenden Tagung als **Mauracher-Entwurf** (MoPeG-Mauracher-E) firmiert.[7] Am 19.11.2020 folgte der **Referentenentwurf** (MoPeG-RefE), am 17.3.2021 der **Regierungsentwurf** (MoPeG-RegE).[8] Das daraufhin erlassene **Gesetz zur Modernisierung des Personengesellschaftsrechts** (MoPeG) vom 10.8.2021 (BGBl. 2021 I 3436) ist am 1.1.2024 in Kraft getreten.[9] 6

2. Neuregelungen im OHG-Recht. Die Neuregelungen betreffen primär das BGB-Gesellschaftsrecht, das durch die Übernahme von Regelungen aus dem OHG-Recht wesentlich ausgebaut worden ist. Das Recht der Personenhandelsgesellschaften ist zwar zum Teil neu gefasst worden, erfuhr inhaltliche Neuerungen aber nur in eingeschränktem Maße. Die relevanten Grundzüge werden für die OHG nachfolgend und für die KG bei § 161 (→ § 161 Rn. 6) im Überblick dargestellt.[10] Einzelheiten werden bei der sachlich einschlägigen Vorschrift erläutert. Nach den allgemeinen Grundsätzen des **intertemporalen Rechts** finden die Neuregelungen mit dem Zeitpunkt ihres Inkrafttretens, dh zum 1.1.2024, uneingeschränkte Anwendung.[11] Die Übergangsregelung des Art. 89 EGHGB bezieht sich lediglich auf die Aufhebung des § 162 Abs. 1 S. 2 aF. 7

Die wichtigste Neuerung liegt in der Öffnung der Personenhandelsgesellschaften für **Freiberufler** nach Maßgabe des § 107 Abs. 1 S. 2 (→ § 107 Rn. 1), die vor allem für die Errichtung von (GmbH & Co.) KG (→ § 161 Rn. 4, → § 161 Rn. 75) praktische Relevanz hat. Darüber hinaus ist der Inhalt des **Handelsregisters erweitert** (→ § 106 Rn. 33) und es sind Vorschriften für den **Statuswechsel** von der BGB-Gesellschaft in die OHG (und umgekehrt) normiert worden (→ § 106 Rn. 39 ff.). Von zentraler Bedeutung ist weiter die erstmalige Kodifikation des **Beschlussmängelrechts** der 8

---

[5] Schäfer Verh. 71. DJT, Bd. I, 2016, E 1 ff.; Henssler Verh. 71. DJT, Bd. II/1, 2017, O 53 ff.; Roßkopf Verh. 71. DJT, Bd. II/1, 2017, O 12 ff.; Wicke Verh. 71. DJT, Bd. II/1, 2017, O 31 ff.; Beschlüsse Verh. 71. DJT, Bd. II/2, 2017, O 219 ff.

[6] Koalitionsvertrag zwischen CDU, CSU und SPD vom 12.3.2018, 131.

[7] Dazu Altmeppen NZG 2020, 822; Bachmann NZG 2020, 612; Bergmann DB 2020, 994; Fleischer DB 2020, 1107; Geibel ZRP 2020, 137; Habersack ZGR 2020, 539; Heckschen NZG 2020, 761; Hippeli DZWIR 2020, 386; Martens AcP 221 (2021), 68; M. Noack NZG 2020, 581; M. Noack ZIP 2020, 1382; Otte ZIP 2020, 1743; Otte-Gräbener BB 2020, 1295; Punte/Klemens/Sambulski ZIP 2020, 1230; Schäfer ZIP 2020, 1149; Schäfer ZRI 2020, 333; Schall ZIP 2020, 1443; Storz GWR 2020, 257; Wertenbruch GmbHR 2020, R196; Westermann DZWIR 2020, 321; Wimmer DZWIR 2020, 379; sowie die Beiträge von Armbrüster, Bochmann, Drescher, Fleischer, Herrler, Lieder, Schollmeyer, Uwer in ZGR Sonderheft 23 (2021).

[8] Begr. RegE, BT-Drs. 19/27635; dazu Fleischer BB 2021, 386; Fleischer DStR 2021, 430; Lieder ZRP 2021, 34; M. Noack BB 2021, 643; K. Schmidt ZHR 185 (2021), 16.

[9] Dazu Aumann notar 2022, 99; Bachmann NJW 2021, 3073; Heckschen/Nolting BB 2021, 2946; Kruse DStR 2021, 2412; Lieder/Hilser NotBZ 2021, 401; Otte ZIP 2021, 2162; Wertenbruch JZ 2023, 78.

[10] Für eine Synopse vgl. Hempe DStR 2024, 1877 ff.

[11] Mock NJW 2023, 3537 Rn. 1 unter Hinweis auf Heß, Intertemporales Privatrecht, 1998, S. 143 ff.

Personenhandelsgesellschaften (§§ 110 ff.). Zudem sind neue Kündigungsrechte eingeführt worden, die sich zum einen auf die **Kündigung der Geschäftsführungsbefugnis** (§ 116 Abs. 6; → § 116 Rn. 162 f.) und zum anderen auf die **Kündigung der Mitgliedschaft** aus wichtigem Grund beziehen (§ 132 Abs. 2; → § 132 Rn. 11 ff.). Dem ausgeschiedenen Gesellschafter schuldet die Gesellschaft eine **angemessene Abfindung,** die sich am wahren Wert des Gesellschaftsanteils zu orientieren hat (§ 135 Abs. 1 S. 1; → § 135 Rn. 5).

9 Über die Verweisung des § 105 Abs. 3 finden außerdem zahlreiche Neuregelungen des BGB-Gesellschaftsrechts im Wege einer Rechtsanalogie[12] auf die OHG entsprechende Anwendung. Das gilt namentlich für die **Gesellschafterklage** (§ 715b BGB; → Rn. 64), die **Informationsrechte** und Informationspflichten der OHG-Gesellschafter (§ 717 BGB; → Rn. 64), den neuen **Sorgfaltsmaßstab** (→ Rn. 98) und den Grundsatz, dass sich **Stimmkraft** sowie Gewinn- und Verlustverteilung grundsätzlich am (festen) Kapitalanteil der Gesellschafter orientieren (§ 709 Abs. 3 BGB; → Rn. 64, → § 120 Rn. 33). Weiterhin ist das **Sitzwahlrecht** für eingetragene Personengesellschaften zu erwähnen (§ 706 BGB; → § 106 Rn. 17 ff.), der **Aufwendungsersatzanspruch** (§ 716 BGB; → § 119 Rn. 4 ff.) sowie die Regelung zur **Übertragbarkeit** von Personengesellschaftsanteilen (§ 711 BGB; → Rn. 64).

10 Im Zuge der Übernahme zahlreicher OHG-Vorschriften in das BGB-Gesellschaftsrecht hat sich der Regelungsbereich der §§ 105 ff. **ausgedünnt.** Die Rechtslage verändert sich durch die regelungstechnischen Verschiebungen hingegen typischerweise nicht, weil die in Bezug genommenen §§ 705 ff. BGB über die Verweisung des § 105 Abs. 3 entsprechende Anwendung finden.

III. Begriff und Merkmale der OHG

11 **1. Rechtsnatur.** Die OHG ist nach Abs. 1 eine Sonderform der Gesellschaft iSd §§ 705 ff. BGB und muss daher die Grundvoraussetzungen der Gesellschaftsgründung erfüllen (→ Rn. 13 ff.). Sie ist eine **rechtsfähige Personengesellschaft**[13] und nach Abs. 2 ein eigenes Rechtssubjekt, das durch seine Organe handelt (→ § 124 Rn. 4 ff.). Hierdurch wird die Gesellschaft selbst wirksam verpflichtet und bildet zwangsläufig Gesellschaftsvermögen (vgl. § 713 BGB iVm § 105 Abs. 3). Sie ist daher **Außengesellschaft.**[14] Die Auffassung, die nach außen auftretenden Personengesellschaften seien Unterarten der juristischen Person, hat sich bislang zu Recht nicht durchgesetzt.[15] Dabei bleibt es auch nach der Reform durch das MoPeG.[16] Sie hätte weniger Auswirkungen auf die Außenhaftung in OHG und KG als auf die Stellung von Gesellschaft und Gesellschaftern in Innenprozessen und auf die Behandlung von Gesellschafterbeschlüssen.[17] Dass es neben natürlichen und juristischen Personen noch **rechtsfähige Personengesellschaften** gibt, folgt aus § 14 BGB. Ihren Charakter als Personengesellschaft verliert die OHG auch nicht, wenn sie kraft gesellschaftsvertraglicher Gestaltung kapitalistisch organisiert ist, zB bei einer Publikumspersonengesellschaft[18] oder einer Kapitalgesellschaft & Co. OHG.[19]

12 **2. Rechtsformzwang.** Da die Merkmale der OHG in Abs. 1 objektiv formuliert sind, liegt ohne weiteres eine solche Gesellschaft vor, wenn deren Voraussetzungen erfüllt sind. Es kommt nicht

---

[12] Begr. RegE, BT-Drs. 19/27635, 257 f.

[13] Vgl. zum früher vorherrschenden Verständnis als Gesamthandsgesellschaft BGH 16.2.1961, BGHZ 34, 293 (296) = NJW 1961, 1022; Flume BGB AT I 1 § 4 (50 ff.); Staub/Schäfer Rn. 33 f.; RGHMW/Haas Rn. 9; K. Schmidt GesR § 46 II 1; zur dogmengeschichtlichen Entwicklung vgl. F. Limbach, Gesamthand und Gesellschaft, 2016. – Zur Tilgung des Gesamthandprinzips aus dem Personengesellschaftsrecht vgl. Begr. RegE, BT-Drs. 19/27635, 148; näher Armbrüster ZGR-Sonderheft 23 (2021), 143 (151); Bachmann FR 2022, 709 ff.; Erman/Lieder BGB § 713 Rn. 1; relativierend Wertenbruch ZPG 2023, 1 (7 ff.); krit. Altmeppen NZG 2020, 822; Schall ZIP 2020, 1443 (1445).

[14] BGH 13.5.1953, BGHZ 10, 44 (48) = NJW 1953, 1548 (1549); Staub/Schäfer Rn. 39; Wiedemann GesR II § 8 I 2; vgl. zur Abgrenzung zwischen Außen- und Innengesellschaft K. Schmidt GesR § 43 II 3; Flume BGB AT I 1 § 1 III (5 ff.); zu teilrechtsfähigen Innenverbänden Kessal-Wulf, Die Innenverbände am Beispiel Publikumsgesellschaft, Franchising, Mitarbeiterbeteiligung und Betriebsverband, 1994, 46 und passim.

[15] Vgl. zum Diskussionsstand K. Schmidt AcP 209 (2009), 181 (200 ff.) mwN; K. Schmidt FS Beuthien, 2009, 211 (228 ff.).

[16] MüKoBGB/Schäfer BGB Vor § 705 Rn. 13 f.; Fleischer NZG 2021, 949 (951, 956); Lieder/Hilser NotBZ 2021, 401 (402); Wilhelm NZG 2020, 1041 (1042); Prütting FS Grunewald, 2021, 881 (884 f.); aA Kindler ZHR 185 (2021), 598 (608); Kindler ZfPW 2022, 409 (417 ff.); Schall FS Heidel, 2021, 155 (167 ff.); sympathisierend Schwemmer ZPG 2025, 81 (83 ff.).

[17] Vgl. K. Schmidt ZGR 2008, 1 (26 ff.); zurückhaltend Schwemmer ZPG 2025, 81 (84 f.).

[18] Staub/Schäfer Rn. 6; MüKoHGB/Fleischer Rn. 49 f.; ausf. Schürnbrand ZGR 2014, 256 ff.

[19] Westermann, Vertragsfreiheit und Typengesetzlichkeit im Recht der Personengesellschaften, 1970; Armbrüster ZGR 2014, 333 ff.

darauf an, ob die Gesellschafter einen entsprechenden Willen haben.[20] Die allgemeinen subjektiven Voraussetzungen für die Gründung einer Gesellschaft, der Rechtsbindungswille und die Vereinbarung eines gemeinsamen Zwecks (→ Rn. 26 ff.) müssen allerdings vorliegen. Die Gesellschaft ist OHG mit der Haftungsfolge der §§ 126 ff., wenn die Gesellschafter ein Handelsgewerbe betreiben, ohne die Voraussetzungen für eine andere Rechtsform wirksam erfüllt zu haben. Eine Anfechtung nach § 119 Abs. 1 BGB scheidet nach zutreffender hM aus, weil es sich um einen unbeachtlichen Rechtsfolgenirrtum handelt.[21] Wollten die Gesellschafter eine OHG gründen, liegt gleichwohl eine GbR vor, wenn kein Gewerbe betrieben wird.[22] Nimmt eine GbR später eine gewerbliche Tätigkeit auf oder wird durch Zunahme des Umfangs die Grenze zum Handelsgewerbe überschritten, wird die Gesellschaft **identitätswahrend** zur OHG.[23] Gibt die OHG ihr Handelsgewerbe auf oder fällt dieses auf einen kleingewerblichen Umfang zurück, wird sie wiederum zu einer rechtsidentischen GbR, soweit sie nicht bereits im Handelsregister als OHG eingetragen ist.[24] Bei registrierten Gesellschaften geht der Formwechsel mit einem **Statuswechsel** nach § 106 Abs. 3–6 einher (→ § 106 Rn. 48 ff.). Unter anderem diese Rechtsidentität zwischen OHG und GbR, welche die GbR als Durchgangsstadium der OHG erscheinen lässt, bewegte den BGH ursprünglich, auch die Außen-GbR als rechts- und parteifähig einzustufen.[25] Die Möglichkeit zur identitätswahrenden Umwandlung ist bedeutsam für die Kontinuität der Rechtsbeziehungen zu Dritten, etwa im Arbeits-, Miet- und Pachtrecht.[26]

3. Begriffsmerkmale im Einzelnen. a) Gesellschaftsvertrag. Voraussetzung für das Entstehen der Gesellschaft (zur fehlerhaften Gesellschaft → Rn. 142 ff.) ist der Abschluss eines Gesellschaftsvertrags mit den Grundvoraussetzungen des § 705 Abs. 1 BGB (zur Entstehung durch Fortführen einer Erbengemeinschaft → Rn. 41). Durch den Gesellschaftsvertrag müssen sich mindestens zwei Gesellschafter verpflichten, einen gemeinsamen Zweck durch Beiträge zu fördern. 13

aa) Vertragsschluss. Auf den Abschluss des Gesellschaftsvertrags finden die Vorschriften des BGB über das Rechtsgeschäft nach den §§ 104 ff. BGB und grundsätzlich auch die Regeln über Verträge nach den §§ 145 ff. BGB Anwendung (→ Rn. 131 ff.).[27] Dementsprechend kann ein OHG-Vertrag ausdrücklich, aber auch **stillschweigend** abgeschlossen werden. Die Gesellschafter müssen sich nicht einmal über die genaue rechtliche Qualifikation des Zusammenschlusses bewusst sein,[28] solange sie nur über den notwendigen **Rechtsbindungswillen** verfügen. Maßgeblicher Zeitpunkt ist der Moment, wenn die Beteiligten von bloßen Vorbereitungshandlungen zu einem – von besagtem Rechtsbindungswillen getragenen – Zusammenwirken auf rechtsgeschäftlicher Grundlage übergehen.[29] Die Parteien können auf **privatautonomer Grundlage** gegenseitig zum Ausdruck bringen, dass sie keinen Rechtsbindungswillen besitzen. Ergibt sich auch aus ihrem tatsächlichen Verhalten nichts anderes, kommt kein Gesellschaftsvertrag zustande. Sind hingegen die Voraussetzungen für einen wirksamen Vertragsschluss nach allgemeinen Grundsätzen erfüllt, müssen sie sich zumindest am zwingenden OHG-Recht festhalten lassen, während dispositives Recht nicht zur Anwendung gelangen mag.[30] 14

Gegenüber den **allgemeinen Regeln** sind aber Besonderheiten zu beachten. Der Vertrag kommt bei mehr als zwei Gesellschaftern als mehrseitiges Rechtsgeschäft erst zustande, wenn alle Beitrittserklärungen, auch nacheinander abgegebene, gegenseitig zugegangen sind.[31] **Vertretung** ist nach allgemeinen Grundsätzen (§§ 164 ff. BGB) zulässig.[32] Der Abschluss eines Gesellschaftsvertrags ist 14a

---

[20] BGH 17.6.1953, BGHZ 10, 91 (97) = NJW 1953, 1217; 29.11.1956, BGHZ 22, 240 (244 f.) = NJW 1957, 218; 29.11.1956, BGHZ 22, 240 (244 f.) = NJW 1957, 218; 19.5.1960, BGHZ 32, 307 (310) = NJW 1960, 1664; 23.11.1978, NJW 1979, 1705 f.; Hopt/Roth Rn. 7; K. Schmidt GesR § 5 II 3; Staub/Schäfer Rn. 15; Fleischer ZGR 2023, 261 (265).

[21] Vgl. BGH 29.11.1956, BGHZ 22, 240 (245) = NJW 1957, 218; MüKoHGB/Fleischer Rn. 43; Fleischer ZIP 2024, 1501 (1511); Jahnke ZHR 146 (1982), 595 (611).

[22] BGH 15.12.1955, BGHZ 19, 269 = NJW 1956, 297; Hopt/Roth Rn. 7; KKD/Kindler Rn. 8.

[23] BGH 19.5.1960, BGHZ 32, 307 (310 f.) = NJW 1960, 1664 f.; K. Schmidt GesR § 5 II 3d.

[24] BGH 19.5.1960, BGHZ 32, 307 (310 f.) = NJW 1960, 1664 f.; Hopt/Roth Rn. 8; RGHMW/Haas Rn. 17; K. Schmidt GesR § 5 II 3d.

[25] BGH 29.1.2001, BGHZ 146, 341 (343 ff.) = NJW 2001, 1056.

[26] Staudinger/Emmerich, *2021*, BGB § 566 Rn. 41 f.; vgl. noch BGH 27.11.2009, NZG 2010, 314 zur Überlassung der Pachtsache an einen Dritten.

[27] Wiedemann WM-Sonderbeil. 8/1990, 4 ff.; Staub/Schäfer Rn. 195.

[28] Vgl. Begr. RegE, BT-Drs. 19/27635, 105; MüKoHGB/Fleischer Rn. 43; Fleischer ZIP 2024, 1501 (1502).

[29] Vgl. BGH 28.9.2005, BGHZ 165, 1 Rn. 17 = NJW 2006, 1268; Heidel/Heidel GbR § 705 Rn. 204; näher zum Zeitpunkt Fleischer ZIP 2024, 1501 (1503).

[30] Vgl. Fleischer ZIP 2024, 1501 (1503).

[31] Staub/Schäfer Rn. 194; KKD/Kindler Rn. 5a.

[32] Hopt/Roth Rn. 55 aE; MüKoHGB/Fleischer Rn. 163; Staub/Schäfer Rn. 27, 205.

von der **Prokura** nach zutreffender hM nicht gedeckt,[33] weil es sich um einen Organisationsakt handelt, der von der Prokura gerade nicht erfasst wird (→ § 49 Rn. 13 ff.).

15 Zulässig und bei Publikumspersonengesellschaften notwendig (→ § 161 Rn. 128 ff.) ist die Gründung mit späterem Beitritt weiterer Gesellschafter[34] oder die **Ermächtigung** der anderen bereits vorhandenen Gründungsgesellschafter an den Geschäftsführer, weitere Gesellschafter aufzunehmen.[35] Alternativ kann der Geschäftsführer den Beitritt zwar auch im Namen der Gesellschaft erklären, was dann zur **Prospekthaftung** aus c.i.c. (Verschulden bei Vertragsschluss gem. § 280 Abs. 1 BGB, § 311 Abs. 2 BGB, § 241 Abs. 2 BGB) wegen falscher Angaben im Fondsprospekt einer Anlagegesellschaft über § 278 BGB der Gesellschaft führen kann.[36] Ergibt die Auslegung des Vertrags sowie des Beitrittsvertrags jedoch, dass die Beitrittserklärungen im Namen der anderen Gesellschafter abgegeben worden sind, haften diese nach den Grundsätzen der Prospekthaftung (→ § 161 Rn. 137 ff.; → § 171 Rn. 30 ff.).[37] **Anspruchsinhaber** können bei gesellschaftsrechtlicher Gleichstellung (sog. Quasi-Gesellschafter) die Anlage-Treugeber einer Publikumsanlagegesellschaft (zur Haftung im Übrigen → Rn. 49 ff.) sein.[38]

16 Ausnahmsweise können auch für den Vertragspartner auftretende **Vertreter,** Vermittler oder Sachwalter haften, soweit sie ein **besonderes persönliches Vertrauen** für sich in Anspruch nehmen.[39] Das setzt eine persönliche Gewähr für die Seriosität und ordnungsgemäße Erfüllung des Vertrags voraus, die über das normale Verhandlungsvertrauen hinausgeht.[40] Die vom BGH weiterhin anerkannte Fallgruppe des **eigenen wirtschaftlichen Interesses** eines Dritten am Vertragsschluss setzt voraus, dass der Dritte eigentlicher Vertragsinteressent war und nur aus formalen Gründen nicht als Vertragspartner in Erscheinung getreten ist;[41] sie ist nach zutreffender Ansicht indes wegen grundsätzlicher dogmatischer Bedenken abzulehnen.[42] In Betracht kommt im Einzelfall aber eine Haftungsbegründung auf Grundlage eines **Vertrags mit Schutzwirkung zugunsten Dritter.** Dafür muss allerdings infolge einer Kenntnis des Prospekts Vertrauen auch konkret in Anspruch genommen worden sein.[43] Eine Haftung der kreditfinanzierenden Banken wird hingegen abgelehnt.[44]

17 **Gesellschaftsgründung** und **Beitritt** (bedeutsam für § 176; → § 176 Rn. 37 ff.) unter aufschiebender oder auflösender Bedingung sind zulässig.[45] Eine Rückdatierung ist aber nur mit Innenwirkung möglich.[46] Der Vertrag kann, insbesondere bei einverständlicher Aufnahme der Geschäftstätigkeit, auch konkludent geschlossen werden.[47] Haben sich die Gesellschafter noch nicht über alle Punkte geeinigt, ist nach Vollzug des Vertrags § 154 Abs. 1 BGB nicht anzuwenden.[48] Stellvertretung ist nach allgemeinen Regeln möglich,[49] bei Vertretung durch einen Gesellschafter greift § 181 BGB

[33] MüKoHGB/Fleischer Rn. 163; Staub/Schäfer Rn. 205; NK-HGB/U. Schmidt § 49 Rn. 9; NK-HGB/Heidel Rn. 116; Ebenroth/Boujong/Weber § 49 Rn. 13; KKD/Roth § 49 Rn. 2; **aA** Staub/Ulmer, 4. Aufl. 2004, Rn. 167.

[34] Wiedemann WM-Sonderbeil. 8/1990, 6.

[35] BGH 17.11.1975, WM 1976, 15 (16); 14.11.1977, WM 1978, 136 (137); 1.3.2011, NZG 2011, 551 Rn. 9; Wiedemann WM-Sonderbeil. 8/1990, 6.

[36] BGH 23.4.2012, NZG 2012, 744 Rn. 23; 9.7.2013, NZG 2013, 980 Rn. 26 f.; 21.6.2016, NZG 2016, 986 Rn. 12; 16.3.2017, NZG 2017, 737 Rn. 17; 9.5.2017, NJW 2017, 3001 Rn. 12.

[37] BGH 1.3.2011, NZG 2011, 551 Rn. 7, 11 mwN; 20.3.2006, ZIP 2006, 849 (850).

[38] BGH 23.4.2012, NZG 2012, 744; vgl. auch BGH 23.9.2014, BeckRS 2014, 22061 Rn. 11; LG Hamburg 17.11.2014, BeckRS 2015, 08514.

[39] BGH 25.6.2009, BeckRS 2009, 20075 Rn. 8; 23.4.2012, NZG 2012, 744 Rn. 23; 22.10.2015, BeckRS 2015, 18540 Rn. 15; 17.7.2018, BeckRS 2018, 18501 Rn. 12.

[40] BGH 23.4.2012, NZG 2012, 744 Rn. 23; 22.10.2015, BeckRS 2015, 18540 Rn. 15; 17.7.2018, BeckRS 2018, 18501 Rn. 12.

[41] Vgl. BGH 4.5.1981, ZIP 1981, 1076 (1077) = NJW 1981, 2810; 23.10.1985, ZIP 1986, 26 (28) = NJW 1986, 586; 6.6.1994, BGHZ 126, 181 (183 f.) = NJW 1994, 2220; 7.11.1994, ZIP 1995, 211 (212) = NJW 1995, 221; 17.7.2018, BeckRS 2018, 18501 Rn. 17.

[42] MHLS/Lieder GmbHG § 13 Rn. 374; Fritsche/Lieder DZWIR 2004, 93 (98 f.); Medicus FS Steindorff, 1990, 725 (733 f.); ähnlich Brandner FS W. Werner, 1984, 53 (64 f.).

[43] BGH 14.6.2007, NJW-RR 2007, 1332 Rn. 28; 3.12.2007, ZIP 2008, 412 Rn. 19 = DStR 2008, 515; 17.7.2018, BeckRS 2018, 18501 Rn. 18.

[44] Ausf. und krit. Wagner NZG 2011, 847 ff. mwN auf den Rechtsstand.

[45] AllgM, Staub/Schäfer Rn. 202 f. mwN.

[46] BGH 24.5.1976, LM Nr. 39; 29.9.1977, NJW 1978, 264 (266 f.); 19.2.1979, WM 1979, 889 (891); Wiedemann WM-Sonderbeil. 8/1990, 6; Hueck OHG § 5 I 3.

[47] BGH 28.11.1953, BGHZ 11, 190 (192) = NJW 1954, 231; OLG Bremen 13.7.2001, NZG 2002, 173 (174); Staub/Schäfer Rn. 195; MüKoHGB/Fleischer Rn. 157; Hopt/Roth Rn. 110; KKD/Kindler Rn. 5a; Westermann/Wertenbruch PersGesR-HdB/Tröger Rn. I 124.

[48] *BGH 23.11.1959,* NJW 1960, 430; 28.6.1982, NJW 1982, 2816 f.; OLG Bremen 13.7.2001, NZG 2002, 173 (174); Staub/Schäfer Rn. 200.

[49] Hopt/Roth Rn. 55; MüKoHGB/Fleischer Rn. 162.

ein (→ § 109 Rn. 28). Bei einem **Missbrauch der Vertretungsmacht** infolge einer knebelnden unwiderruflichen Vollmacht ist der Gesellschaftsvertrag nach §§ 138, 826 BGB im Ganzen unwirksam, wenn dem Vertragspartner der Missbrauch bekannt ist (zur fehlerhaften Gesellschaft in diesem Fall → Rn. 143).[50] Sind nur einzelne Klauseln unwirksam, führt dies zur **Teilnichtigkeit** und über eine salvatorische Klausel oder ergänzende Vertragsauslegung in der Regel entgegen § 139 BGB zur Gültigkeit des Gesamtvertrags.[51]

bb) Inhalt. Neben dem notwendigen Mindestinhalt des Vertrags (gemeinsamer Zweck, Handelsgewerbe, Beitragspflichten, Auftreten nach außen; → Rn. 26 ff.) können die Gesellschafter weitere Vereinbarungen über das dispositive Gesellschaftsrecht treffen. Neben dem Gesellschaftsvertrag sind schuldrechtliche Nebenabreden möglich,[52] falls sie nicht ohnehin zum Inhalt des Gesellschaftsvertrags zu rechnen sind. Ein Beispiel sind Stimmbindungsabreden (→ § 109 Rn. 40). 18

cc) Form. Der Vertrag ist grundsätzlich **formfrei**[53] und kann daher auch konkludent geschlossen werden (→ Rn. 14). Notarielle Beurkundung ist nach **§ 311b Abs. 1 S. 1 BGB** erforderlich, wenn sich ein oder mehrere Gesellschafter verpflichten, das Eigentum an einem Grundstück zu übertragen oder zu erwerben, etwa als **Erwerbsverpflichtung**[54] oder als Einlageleistung,[55] nicht jedoch bei bloßer Nutzungsvereinbarung.[56] Entgegen der hM[57] unterliegt auch eine im Gesellschaftsvertrag verankerte Verpflichtung zur Abtretung eines **Auflassungsanspruchs** dem Formerfordernis des § 311b Abs. 1 S. 1 BGB,[58] weil sich beide Vertragsparteien aus der Verpflichtung gegenseitig auf Erfüllung in Anspruch nehmen können und andernfalls der mit § 311b Abs. 1 S. 1 BGB intendierte Zweck verfehlt würde. Gleiches gilt für die Vereinbarung von schweren Nachteilen unter der Voraussetzung, dass das Grundstück von der Gesellschaft nicht erworben oder veräußert wird.[59] 19

Die Gründung einer **Grundstücksgesellschaft,**[60] der Beitritt hierzu oder die Übertragung von Anteilen hieran[61] sind hingegen nicht formbedürftig, wenn keine Verpflichtung besteht, ein bestimmtes Grundstück zu erwerben, es sei denn, es liegt ein Umgehungsgeschäft vor (s. auch § 1 Abs. 2a, 3 GrEStG).[62] Soweit die sachenrechtliche Zuordnung im Hinblick auf ein bestimmtes Grundstück wechseln soll, greift § 311b Abs. 1 S. 1 BGB für das Verpflichtungsgeschäft aber ein, selbst bei Übertragung auf eine personenidentische andere Gesellschaft.[63] Beim Grundstückserwerb durch **Treuhänder** besteht Formzwang, wenn der Vertrag unmittelbar eine Erwerbsverpflichtung begründet.[64] **Heilung** nach § 311b Abs. 1 S. 2 BGB ist möglich.[65] Im Übrigen kommt eine Umdeu- 20

---

[50] BGH 13.9.2011, NZG 2011, 1225 Rn. 9.

[51] Staub/Schäfer Rn. 223 f.

[52] Zu schuldrechtlichen Nebenabreden im Gesellschaftsrecht ausf. Lieder in Aktuelle Entwicklungen im deutschen, österreichischen und schweizerischen Gesellschafts- und Kapitalmarktrecht 2012, 2013, 231 ff.; rechtsvergleichend Mock/Csach/Havel, International Handbook on Shareholders' Agreements, 2018; besprochen von Lieder/Bialluch AG 2018, 547 f.

[53] Hopt/Roth Rn. 110; Ebenroth/Boujong/Wertenbruch Rn. 75; MüKoHGB/Fleischer Rn. 167; allg. zum Prinzip der Formfreiheit Lieder, Die rechtsgeschäftliche Sukzession, 2015, 325 ff.

[54] BGH 10.4.1978, NJW 1978, 2505 (2506); 6.12.1979, BGHZ 76, 43 (46) = NJW 1980, 829; 22.10.1990, NJW-RR 1991, 613 (614); Staub/Schäfer Rn. 213; MüKoHGB/Fleischer Rn. 171 ff; MüKoBGB/Ruhwinkel BGB § 311b Rn. 40; zu Vertragsstrafen MüKoBGB/Ruhwinkel BGB § 311b Rn. 36.

[55] BGH 5.12.1956, BGHZ 22, 312 (317) = NJW 1957, 459 (460); Westermann/Wertenbruch PersGesR-HdB/Wertenbruch Rn. I 382; allgM.

[56] BGH 25.3.1965, WM 1965, 744 (745); 1.6.1967, WM 1967, 951 (952); OLG Hamburg 7.2.1994, NJW-RR 1996, 803 f.; MüKoHGB/Fleischer Rn. 134; Staub/Schäfer Rn. 211; MüKoBGB/Ruhwinkel BGB § 311b Rn. 40; Westermann/Wertenbruch PersGesR-HdB/Tröger Rn. I 137.

[57] RG 23.2.1907, RGZ 65, 227 (241); 29.1.1924, RGZ 108, 60 (62); BGH 11.11.1983, BGHZ 89, 41 (44 f., 46 f.) = NJW 1984, 973; MüKoBGB/Ruhwinkel BGB § 311b Rn. 16; Grüneberg/Grüneberg BGB § 311b Rn. 5; Erman/Martens BGB § 398 Rn. 8; Staub/Schäfer Rn. 213.

[58] Donau MDR 1956, 532; Ertl DNotZ 1976, 68 (79 ff.); Köbl DNotZ 1983, 207 (213 f.); Lieder, Die rechtsgeschäftliche Sukzession, 2015, 347.

[59] Ebenroth/Boujong/Wertenbruch Rn. 76; MüKoHGB/Fleischer Rn. 174; Staub/Schäfer Rn. 210.

[60] BGH 13.2.1996, NJW 1996, 1279 (1280); 2.10.1997, NJW 1998, 376 f.; Westermann/Wertenbruch PersGesR-HdB/Tröger Rn. I 129a.

[61] BGH 13.2.1996, NJW 1996, 1279 (1280); 2.10.1997, NJW 1998, 376 f.; 31.1.1983, BGHZ 86, 367 (369 ff.) = NJW 1983, 1110; OLG Düsseldorf 14.12.2006, NZG 2007, 271.

[62] BGH 10.4.1978, NJW 1978, 2505; 31.1.1983, BGHZ 86, 367 (369 ff.) = NJW 1983, 1110; 2.10.1997, NJW 1998, 376 f.; BFH 23.11.2011, NJW-RR 2012, 265 Rn. 19.

[63] RG 4.6.1932, RGZ 136, 402 (405); MüKoBGB/Ruhwinkel BGB § 311b Rn. 17; Staub/Schäfer Rn. 211; Westermann/Wertenbruch PersGesR-HdB/Tröger Rn. I 137.

[64] BGH 5.11.1982, BGHZ 85, 245 (251) = NJW 1983, 566 f.; 7.10.1994, BGHZ 127, 168 (175) = NJW 1994, 3346 (3347); MüKoBGB/Ruhwinkel BGB § 311b Rn. 22.

[65] BGH 8.11.1968, DNotZ 1969, 350; 17.3.1978, NJW 1978, 1577; MüKoHGB/Fleischer Rn. 176; MüKoBGB/Ruhwinkel BGB § 311b Rn. 84.

tung in Betracht.[66] Ist das Rechtsgeschäft nach § 125 S. 1 BGB **formnichtig,** betrifft dies zunächst nur die Veräußerungs- und Erwerbsverpflichtung als solche; der Einfluss auf den Gesellschaftsvertrag bemisst sich nach § 139 BGB.[67] Nach Vollzug der Gesellschaft greifen jedenfalls die Regeln über die **fehlerhafte Gesellschaft** (→ Rn. 142 ff.) ein.[68]

21 Der notariellen Beurkundung bedarf die **unentgeltliche Zuwendung** einer Beteiligung nach **§ 518 Abs. 1 S. 1 BGB,** wenn hierbei ein Anteil am Gesellschaftsvermögen ohne eigene Einlagepflicht erworben wird.[69] Die bloße Einräumung einer Gesellschafterbeteiligung, bevor Gesellschaftsvermögen geschaffen worden ist, begründet wegen der Haftung des Gesellschafters und seiner Tätigkeitspflicht noch keine Schenkung (anders für Kommanditanteil).[70] In der Regel wird die Formnichtigkeit durch den Abschluss des Gesellschaftsvertrags oder die Abtretung des Anteils geheilt.[71]

22 **Weitere Formvorschriften** ergeben sich aus § 15 Abs. 4 S. 1 GmbHG bei Übertragung eines GmbH-Geschäftsanteils[72] (nebst im Gesellschaftsvertrag vereinbarter Abtretung des Übertragungsanspruchs[73] und Heilungsmöglichkeit nach § 15 Abs. 4 S. 2 GmbHG), aus § 311b Abs. 3 BGB bei Übertragung eines gesamten Vermögens oder eines Vermögensbruchteils[74] und aus § 1031 ZPO bei Vereinbarung von Schiedsklauseln,[75] entgegen dem BGH[76] aber nicht aus § 1410 BGB bei Gütergemeinschaft.[77] Ein vereinbarter Formzwang führt nach § 127 BGB und gem. § 154 Abs. 2 BGB im Zweifel zur Nichtigkeit bzw. zum Nichtzustandekommen des Vertrags.[78] Nach Vollzug der Gesellschaft (→ Rn. 145) ist davon auszugehen, dass das Formerfordernis einvernehmlich aufgehoben worden ist.[79]

23 **dd) Genehmigung.** Soll ein **Minderjähriger** durch Abschluss des Vertrags oder Beitritt Gesellschafter werden, bedarf es der Vertretung durch den gesetzlichen Vertreter und der Genehmigung durch das Familiengericht (§ 1852 Nr. 1 und Nr. 2 BGB, § 1643 Abs. 1 BGB).[80] Sind die gesetzlichen Vertreter selbst Gesellschafter, ist wegen § 181 BGB ein Ergänzungspfleger erforderlich (§ 1824 BGB, § 1629 Abs. 2 BGB, § 1809 BGB).[81] Familiengerichtliche Genehmigung und Ergänzungspflegschaft sind auch notwendig, wenn der Minderjährige lediglich **Kommanditist** werden soll. Gleiches gilt, wenn die Übertragung des Kommanditanteils von der Zustimmung aller Gesellschafter abhängt und an der Gesellschaft noch weitere Kinder der vertretungsberechtigten Eltern beteiligt sind.[82] Vergleichbare Fragen stellen sich zudem bei der Beteiligung Minderjähriger an einer Family-Office-KG.[83]

---

[66] BGH 1.6.1967, WM 1967, 951 (952) zur Umdeutung einer Vereinbarung „zum Eigentum" in Vereinbarung „dem Werte nach".

[67] BGH 20.6.1980, NJW 1981, 222; 16.11.1981, NJW 1982, 877 (879); 27.10.1982, NJW 1983, 565; 29.6.1960, BGHZ 45, 376 (377 ff.) = NJW 1966, 1747; MüKoHGB/Fleischer Rn. 177.

[68] BGH 9.2.1971, BB 1970, 897; 8.4.1976, DB 1976, 2106; Westermann/Wertenbruch PersGesR-HdB/Tröger Rn. I 131.

[69] BGH 2.7.1990, BGHZ 112, 40 (44 ff.) = NJW 1990, 2616; MüKoHGB/Fleischer Rn. 179 f.; U. Huber Vermögensanteil, Kapitalanteil und Gesellschaftsanteil, 1970, 202 ff.; auf die gewollte Vermögensmehrung abstellend Hopt/Roth Rn. 47; diff. Henssler/Strohn/Henssler Rn. 104.

[70] BGH 25.1.1965, WM 1965, 359; 13.6.1977, LM § 142 Nr. 20 = WM 1977, 862 (864); 26.3.1981, NJW 1981, 1956; 2.7.1990, BGHZ 112, 40 (44 ff.) = NJW 1990, 2616; 6.3.2002, ZEV 2002, 427 (428); krit. MüKoBGB/J. Koch BGB § 516 Rn. 90 ff.; **aA** OLG Schleswig 27.3.2012, NZG 2012, 1423: Schenkung von GbR-Anteil an vermögensverwaltender Familiengesellschaft zur Umgehung des Pflichtteilsrechts.

[71] BGH 2.7.1990, BGHZ 112, 40 (46) = NJW 1990, 2616 (2618); Staub/Schäfer Rn. 214.

[72] Hierzu BGH 5.11.1979, BGHZ 75, 352 (354) = NJW 1980, 1100.

[73] BGH 5.11.1979, BGHZ 75, 352 = NJW 1980, 1100; Ebenroth/Boujong/Wertenbruch Rn. 85; Lutter/Hommelhoff/Bayer GmbHG § 15 Rn. 55; MüKoGmbHG/Reichert/Weller GmbHG § 15 Rn. 45; **aA** Scholz/Seibt GmbHG § 15 Rn. 94.

[74] Hierzu MüKoHGB/Fleischer Rn. 178; Klaus J. Müller NZG 2007, 201 ff.

[75] Hierzu Ebenroth/Boujong/Wertenbruch Rn. 88; MüKoHGB/Fleischer Rn. 187 f. mwN.

[76] BGH 10.7.1975, BGHZ 65, 79 (81) = NJW 1975, 1774 f.; zust. Grüneberg/Brudermüller BGB § 1416 Rn. 1; Ebenroth/Boujong/Wertenbruch Rn. 86.

[77] MüKoHGB/Fleischer Rn. 184; MüKoBGB/Schäfer BGB § 705 Rn. 82; Flume BGB AT I 1 § 4 IV (65 ff.); Reuter/Kunath JuS 1977, 381.

[78] MüKoHGB/Fleischer Rn. 186; Staub/Schäfer Rn. 217.

[79] BGH 30.9.1992, BGHZ 119, 283 (291 f.) = NJW 1993, 64 (65 f.); 27.1.1997, NJW-RR 1997, 669 (670).

[80] Zur Genehmigungserteilung durch das Familiengericht vgl. etwa OLG Nürnberg 23.12.2019, NZG 2020, 745; OLG Schleswig 27.1.2020, NZG 2020, 593 Rn. 31 ff.; Baßler/Frese NZG 2023, 1302 ff.

[81] Für die Beteiligung nur eines gesetzlichen Vertreters vgl. Thress/Beermann RFamU 2024, 57 ff.; Kollmeyer/Meyer ZEV 2025, 355 (356 ff.); Meier-Wehrsdorfer FS Hügel, 2026, 399 (409 ff.), jeweils in Auseinandersetzung mit BGH 24.3.2021, NJW 2021, 1875; OLG Köln 16.9.2022, NJW 2022, 3514.

[82] OLG Oldenburg 18.3.2019, NZG 2019, 503 m. abl. Anm. Wachter BB 2019, 1171.

[83] Dazu ausf. Langheld DB 2020, 1609 ff.

24 Die nach früherem Recht in teleologischer Reduktion der Genehmigungstatbestände mit der obergerichtlichen Rspr.[84] zu befürwortende **Ausnahme,** wenn der Minderjährige den Kommanditanteil im Wege der unentgeltlichen Übertragung erwirbt, die Hafteinlage voll einbezahlt ist und auch sonst keine persönliche Haftung nach § 176 droht, kommt auf der Grundlage des neuen Betreuungs- und Vormundschaftsrechts **nicht länger in Betracht.** Namentlich die Parallele zum GmbH-Anteilserwerb, für welchen der BGH[85] früher eine Genehmigungspflicht verneint hat, scheidet aus, weil nach § 1852 Nr. 1 BGB nunmehr sowohl die Übertragung von Personen- wie auch von Kapitalgesellschaftsanteilen genehmigungspflichtig ist.[86] Demgegenüber hat der Genehmigungstatbestand des **§ 1854 Nr. 4 BGB** im gesellschaftsrechtlichen Kontext keinen Anwendungsbereich mehr, soweit es ausschließlich um eine mit dem Vorgang verbundene mittelbare persönliche Haftung des Minderjährigen geht.[87]

24a **Genehmigungsfrei** ist und bleibt allerdings der Beitritt zu einer reinen **Vermögensverwaltungs**gesellschaft, weil diese nicht den Betrieb eines Erwerbsgeschäfts bezweckt.[88] Das gilt namentlich für die Verwaltung der von den Gesellschaftern selbst genutzten Immobilie als Gesellschaftszweck.[89] Auch die **Änderung** des Gesellschaftsvertrags bedarf nach zutreffender hM keiner erneuten Genehmigung des Familiengerichts.[90] Gleiches gilt – entgegen der früher hM[91] – für die Veräußerung eines zum Vermögen der OHG gehörenden **Grundstücks,** soweit der Gesellschaft neben den Eltern auch das Kind angehört, weil nicht der Minderjährige, sondern die rechtsfähige OHG über das Grundstück verfügt (vgl. § 1643 Abs. 1 BGB, § 1850 Nr. 1 BGB).[92] Soweit die früher hM darauf verwies, dass das Grundstück in Gesamthandseigentum der Gesellschafter und damit auch des Minderjährigen stand, ist dieser Argumentation durch die Abkehr vom Gesamthandsprinzip im Personengesellschaftsrecht (vgl. § 713 BGB; → Rn. 35) der Boden entzogen.

25 **Genehmigungspflichtig** sind der **Beitritt** zu einer Gesellschaft,[93] der **Anteilserwerb,**[94] das rechtsgeschäftliche **Ausscheiden**[95] und die **Umwandlung** der Beteiligung eines Kommanditisten in die eines persönlich haftenden Gesellschafters oder die Erhöhung der Haftsumme.[96] Zur Haftungsbeschränkung bei Minderjährigen s. § 1629a BGB. Bei **Ehegatten** ist § 1365 BGB zu beachten.[97]

26 **b) Gemeinsamer Zweck. aa) Allgemeines.** Der gemeinsam verfolgte überindividuelle Verbandszweck (s. Kommentierungen zu § 705 BGB) besteht bei der OHG in dem Betrieb eines

[84] OLG Brandenburg 16.7.2019, NZG 2020, 597 Rn. 14 ff.; OLG Köln 26.3.2018, NZG 2018, 1187 Rn. 9; OLG Bremen 16.6.2008, NZG 2008, 750; OLG Jena 22.3.2013, ZEV 2013, 521 für vermögensverwaltende KG; OLG München 6.11.2008, NZG 2009, 104 für KG, die das Familienheim der Gesellschafter verwaltet, mAnm Grunsky ZEV 2008, 610 f.; Werner GmbHR 2008, 1266; Maier-Reimer/Marx NJW 2005, 3025 ff.: die mit der Gesellschafterstellung verbundenen Pflichten seien nur Beschränkungen der erworbenen Rechtsposition. Die Veräußerung von Grundstücken der vermögensverwaltenden Familienpersonengesellschaft unter Beteiligung von Minderjährigen unterliegt dann aber der familiengerichtlichen Genehmigung nach § 1643 Abs. 1 BGB, § 1850 Nr. 1 BGB; OLG Nürnberg 4.10.2012, NJW 2013, 82 Rn. 20 ff.; Bayer/Lieder HaGesR Rn. 466; J. W. Flume FamRZ 2016, 277 (282); für kautelarjuristische Hinweise vgl. Woinar NotBZ 2020, 87 ff.; Münch FamRZ 2020, 1916 (1919 f.); diff. Kaulbach Jura 2020, 641 ff.; **aA** OLG Schleswig 27.1.2020, NZG 2020, 593 Rn. 14 ff.; OLG Oldenburg 17.7.2019, NZG 2019, 1059 Rn. 11 f. m. abl. Anm. Wachter GmbHR 2019, 1122 ff.; OLG Frankfurt 27.5.2008, NZG 2008, 749.

[85] BGH 20.2.1989, NJW 1989, 1926.

[86] So auch Bialluch-von Allwörden NZG 2022, 791 (795); Thress/Beermann RFamU 2024, 57 (60 f.); Meier-Wehrsdorfer FS Hügel, 2026399 (414 ff.).

[87] DNotI, DNotI-Report 2023, 185 (186); Kollmeyer/Meyer ZEV 2025, 438 (440); Werner ZEV 2021, 618 (621).

[88] OLG Brandenburg 16.7.2019, NZG 2020, 597 Rn. 22; OLG Dresden 25.4.2018, NZG 2018, 1108 Rn. 10; dazu ausf. van de Loo/Strnad ZEV 2018, 617 ff.; zum neuen Recht Bialluch-von Allwörden NZG 2022, 791 (795); Baßler/Frese NZG 2023, 1302 (1306 f.); Meier-Wehrsdorfer FS Hügel, 2026, 399 (414 ff.).

[89] OLG Brandenburg 16.7.2019, NZG 2020, 597 Rn. 22 aE; OLG München 6.11.2008, NZG 2009, 104 (105).

[90] BGH 20.9.1962, BGHZ 38, 26 = NJW 1962, 2344 (2345); Hopt/Roth Rn. 40; Ebenroth/Boujong/Wertenbruch Rn. 146; MüKoHGB/Fleischer Rn. 234; MüKoBGB/Schäfer BGB § 705 Rn. 74; Baßler/Frese NZG 2023, 1302 (1305 f.); Kollmeyer/Meyer ZEV 2025, 438 (440); diff. Otte/Hollmann RFamU 2024, 51 (56); **aA** MüKoBGB/Kroll-Ludwigs BGB § 1852 Rn. 26; Kölmel RNotZ 2010, 1 (21).

[91] OLG Nürnberg 4.10.2012, WM 2013, 1479 (1480) = NJW 2013, 82.

[92] So auch MüKoBGB/Schäfer BGB § 705 Rn. 74; **aA** Grüneberg/Götz BGB § 1850 Rn. 2; Hopt/Roth Rn. 40.

[93] Staub/Schäfer Rn. 128; MüKoHGB/Fleischer Rn. 193; Heymann/Emmerich Rn. 45.

[94] BGH 20.9.1962, BGHZ 38, 26 (27) = NJW 1962, 2344 f.; Staub/Schäfer Rn. 330.

[95] BGH 30.4.1955, BGHZ 17, 160 = NJW 1955, 1067; 26.1.1961, NJW 1961, 724 (725); RGHMW/Haas Rn. 43.

[96] BGH 7.10.1991, NJW 1992, 300 (301); Heymann/Emmerich Rn. 46.

[97] Dazu näher MüKoHGB/Fleischer Rn. 195; MHdB GesR I/Möhrle § 47 Rn. 80 ff.

Handelsgewerbes. Der gemeinsame Zweck ist von dem **Unternehmensgegenstand** im Sinne eines konkreten Tätigkeitsbereichs zu unterscheiden. Gewinn- und Verlustbeteiligung aller Gesellschafter ist nicht erforderlich,[98] der Vertragsschluss kann aber steuerrechtlich dazu führen, dass der insofern von dem Gesellschafterrisiko ausgeschlossene Gesellschafter nicht als Mitunternehmer iSd § 15 Abs. 1 S. 1 Nr. 2 EStG anzusehen ist.[99]

27 **bb) Handelsgewerbe.** Handelsgewerbe ist nach § 1 Abs. 2 **jeder Gewerbebetrieb,** es sei denn, dass das Unternehmen nach Art und Umfang einen in kaufmännischer Weise eingerichteten Gewerbebetrieb nicht erfordert (zu Kleingewerbetreibenden → § 1 Rn. 48 ff.). Der Begriff des Gewerbes ist im HGB nicht gesetzlich definiert,[100] sondern von der Rspr. entwickelt worden. Hiernach ist ein Gewerbe eine planmäßige, auf Dauer angelegte, selbstständige Tätigkeit, welche auf eine wirtschaftliche Tätigkeit am Markt ausgerichtet, aber nicht freiberuflicher, wissenschaftlicher oder künstlerischer Art ist[101] (→ § 1 Rn. 10 ff.; zur Land- und Forstwirtschaft → § 107 Rn. 10). Bei Mischbetrieben kommt es darauf an, wo der Schwerpunkt liegt (→ § 1 Rn. 46). Zu beurteilen ist die konkrete Tätigkeit, sodass ein Zusammenschluss von Ingenieuren gewerbetypisch sein kann.[102] Die bloße **Verwaltung eigenen Vermögens** ist nicht gewerblich (→ § 107 Rn. 8; → § 1 Rn. 22 ff.). Vermögensverwaltende Gesellschaften können aber ebenso wie **kleingewerbliche** und **freiberufliche** Gesellschaften, soweit das anwendbare Berufsrecht diese Möglichkeit Freiberuflern eröffnet, durch Eintragung in das Handelsregister zur OHG werden.

28 Aufgrund der zunehmenden Verbreitung nicht gewinn-, aber einnahmeorientierter Unternehmen des sog. Dritten Sektors, insbesondere auf dem Gebiet der freien Wohlfahrtspflege, die nach §§ 51 ff. AO als gemeinnützig anerkannt sind und weitgehend wie ihre gewerblichen Konkurrenten auf dem Markt auftreten (→ § 1 Rn. 33), geht das Schrifttum zurecht davon aus, dass **Gewinnerzielungsabsicht** für die Kaufmannseigenschaft **nicht erforderlich** ist. Ausreichend ist eine auf laufende Einnahmen gerichtete Tätigkeit.[103] Für Personengesellschaften spielt diese Abgrenzung eine geringe Rolle, weil die steuerliche Gemeinnützigkeit voraussetzt, dass das Unternehmen als Körperschaft organisiert ist. Bei der **ARGE** zur gemeinsamen Durchführung von Bauprojekten geht die neuere Rspr. der OLG davon aus, dass sie bereits gewerblich tätig ist, wenn sie nach außen in Erscheinung tritt, auf eine gewisse Dauer ausgerichtet ist und nicht nur der internen Koordinierung der beteiligten Bauunternehmen dient (→ § 1 Rn. 21).[104] Liegen die Voraussetzungen eines Gewerbes vor, kann der Rechtsverkehr aufgrund der **Beweislastverteilung** des § 1 Abs. 2 davon ausgehen, dass es sich um ein Handelsgewerbe handelt (→ § 1 Rn. 60).

29 **c) Gemeinschaftliche Firma.** Das Vorliegen einer gemeinschaftlichen Firma ist kein selbstständiges Begriffsmerkmal der OHG.[105] Erforderlich ist lediglich, dass die Gesellschafter nach außen durch das Auftreten unter gemeinsamer Firma deutlich machen, für die OHG zu handeln. Es geht also um die Abgrenzung zur Innengesellschaft wie etwa der stillen Gesellschaft (→ § 230 Rn. 26).[106] Die abweichende Gegenauffassung, die ein Auftreten der OHG unter einer **eigenen Firma** einfordert,[107] gelangt in der praktischen Anwendung regelmäßig zu keinen abweichenden Ergebnissen, da es nach dieser Auffassung ebenso wenig wie nach der hM materiellrechtlich darauf ankommt, ob

[98] BGH 6.4.1987, NJW 1987, 3124 (3125); Staub/Schäfer Rn. 20; Heymann/Emmerich Rn. 28; Westermann/Wertenbruch PersGesR-HdB/Tröger Rn. I 124a; Flume BGB AT I 1 § 3 II (39 ff.).

[99] Einzelheiten zur Rspr. des BFH s. Schmidt/Wacker EStG § 15 Rn. 284 ff.

[100] Begr. RegE, BT-Drs. 13/8444, 24.

[101] BGH 7.7.1960, BGHZ 33, 321 (324) = NJW 1961, 725 (726); 2.7.1985, BGHZ 95, 155 (157 f.) = NJW 1985, 2063 mwN; OLG Düsseldorf 6.6.2003, NJW-RR 2003, 1120 f.; Koch PersGesR/Koch/Harnos Rn. 6.

[102] OLG Zweibrücken 30.8.2012, NZG 2013, 105 m. zust. Anm. Wachter EWiR § 1 HGB 1/13, 319.

[103] So etwa MüKoHGB/K. Schmidt/Fleischer § 1 Rn. 32; Staub/Schäfer Rn. 23; Heymann/Emmerich § 1 Rn. 21; KKD/Kindler § 1 Rn. 10; Canaris HandelsR § 2 Rn. 14; Westermann/Wertenbruch PersGesR-HdB/Tröger Rn. I 123; die Frage ist in der Begr. zum HRRefG (BT-Drs. 13/8444, 24) offengeblieben.

[104] KG 22.8.2001, BauR 2001, 1790; OLG Dresden 20.11.2001, NZG 2003, 124; OLG Frankfurt 10.12.2004, OLGR 2005, 257; LG Frankfurt a.M. 23.4.2012, BauR 2012, 1289; Wertenbruch NZG 2006, 408; anders noch die Rspr. vor dem HRRefG 1998: BGH 15.10.1973, BGHZ 61, 338 (344 ff.) = NJW 1974, 451; 17.3.1975, BGHZ 64, 122 = NJW 1975, 1121; 8.11.1978, BGHZ 72, 267 (271) = NJW 1979, 308; 24.1.1983, BGHZ 86, 300 (307) = NJW 1986, 300; 8.7.1991, NJW-RR 1991, 1381 f.; 24.4.1990, NJW 1992, 41 f.; 22.9.1993, NJW-RR 1993, 1443 f.; 15.7.1997, NJW 1997, 2754. In seinem Urteil vom 29.1.2001, BGHZ 146, 341 = NJW 2001, 1056 knüpft der BGH zwar stillschweigend an die bisherige Rspr. an, dem BGH ging es aber ersichtlich um die Grundsatzfrage, ob die GbR – im Fall des BGH die ARGE „Weißes Ross" – rechts- und parteifähig ist. Die Einordnung der ARGE als OHG hat der BGH nicht erörtert.

[105] MüKoHGB/Fleischer Rn. 59 f. mwN; Hopt/Roth Rn. 5.

[106] MüKoHGB/Fleischer Rn. 59 mwN; Hopt/Roth Rn. 5; KKD/Kindler Rn. 11.

[107] Ebenroth/Boujong/Wertenbruch Rn. 49 f.

die Firma firmenrechtlich zulässig ist.[108] Dies ist lediglich im Eintragungsverfahren zu beachten (→ § 106 Rn. 16).

30 **d) Unbeschränkte Haftung der Gesellschafter.** Die unbeschränkte persönliche Haftung der Gesellschafter ist aufgrund des Rechtsformzwangs (→ Rn. 12) Folge des Bestehens einer OHG, nicht ein zwischen den Gesellschaftern zu vereinbarendes Merkmal.[109] Haben die Gesellschafter umgekehrt wirksam die persönliche Haftung eines Gesellschafters oder mehrerer Gesellschafter beschränkt, liegt nach der **Negativabgrenzung** in § 105 Abs. 1 eine KG (→ § 161 Rn. 3) oder eine Kapitalgesellschaft (GmbH, AG) vor. Die Beweislast für eine wirksame Haftungsbeschränkung trägt der Gesellschafter, der sich darauf beruft.[110]

31 **4. Entstehung der OHG.** Im Innenverhältnis entsteht die OHG mit dem Abschluss des Gesellschaftsvertrags (→ Rn. 14, → Rn. 96 ff.). Nach außen gilt § 123 (→ § 123 Rn. 1 ff.).

IV. Rechtsfähigkeit der OHG (Abs. 2)

32 **1. Rechtsfähige Personengesellschaft.** Bei der OHG handelt es sich um eine rechtsfähige Personengesellschaft iSd § 14 Abs. 2 BGB (vgl. weiter § 1059a Abs. 2 BGB; § 11 InsO),[111] aber um **keine juristische Person,** wie etwa die GmbH oder AG. Der Unterschied liegt darin, dass die Personengesellschaften zur Entstehung keiner Eintragung in ein Register bedürfen. Für juristische Personen ist hingegen kennzeichnend, dass sie nur dann wirksam errichtet werden können, wenn zwingende Normativbestimmungen vollständig erfüllt sind, die für juristische Personen nach den gesetzlichen Regelungen konstitutiv sind, und deren Vollzug mit der Eintragung in das Register dokumentiert ist.[112]

33 Auch wenn sich die rechtsfähigen Personengesellschaften durch eine Verselbstständigung als Zuordnungssubjekte des Gesellschaftsvermögens von den Gesellschaftern als Mitglieder der Gesellschaft auszeichnen, sind die **personengesellschaftsrechtlichen Charakteristika** doch auch weiterhin klar erkennbar. Das gilt namentlich für die unbeschränkte Gesellschafterhaftung (§§ 126 ff.), den Grundsatz der Selbstorganschaft (§ 116; zur Kritik → § 116 Rn. 26 ff.), das Erwerbsverbot für eigene Anteile (§ 105 Abs. 3 iVm § 711 Abs. 1 S. 2 BGB), die Regelung zur An- und Abwachsung des Gesellschaftsanteils (§ 105 Abs. 3 iVm § 712 BGB) sowie die Unzulässigkeit von Einpersonen-Personengesellschaften (vgl. § 105 Abs. 3 iVm § 712a Abs. 1 BGB).[113]

34 Dessen ungeachtet verfügen die juristischen Personen und die rechtsfähigen Personengesellschaften prinzipiell über eine vergleichbare Fähigkeit, Träger von Rechten und Pflichten zu sein. Deshalb sollte in Bezug auf die rechtsfähigen Personengesellschaften auch nicht länger von Teilrechtsfähigkeit gesprochen werden. Vielmehr kommt ihnen nach zutreffender Auffassung **uneingeschränkte Rechtsfähigkeit** zu;[114] sie sind ebenso Rechtssubjekte und Rechtspersönlichkeiten wie die natürliche oder die juristische Person.[115]

35 **2. Gesellschaftsvermögen. a) Allgemeines.** Das Gesellschaftsvermögen ist streng von dem Vermögen der einzelnen Gesellschafter zu trennen. Träger des Gesellschaftsvermögens ist die OHG (vgl. § 713 BGB iVm § 105 Abs. 3). Verfügungsgewalt über das **Gesellschaftsvermögen** hat nur die Gesellschaft selbst.[116] Den Gesellschaftern steht hingegen keine Beteiligungsquote entsprechend dem Bruchteil des Gesellschaftsvermögens zu, wohl aber können die Gesellschafter über ihren Gesellschaftsanteil weitgehend frei verfügen (→ Rn. 121 ff.). Der Gesellschaftsanteil ist die Gesamtheit der Rechte und Pflichten aus dem Gesellschaftsverhältnis zwischen Gesellschafter und Gesellschaft. Nicht vom Gesellschaftsvermögen umfasst sind der Gesellschaft überlassene Gegenstände, welche im Eigentum der Gesellschafter stehen.

36 Zum Gesellschaftsvermögen gehören alle Vermögensrechte wie Eigentum, Besitz und gewerbliche Schutzrechte. Auch **Ansprüche der Gesellschaft** gehören zum Gesellschaftsvermögen und können

---

108 Schlegelberger/K. Schmidt Rn. 40 ff.; Staub/Schäfer Rn. 33 ff.; vgl. noch MüKoHGB/Fleischer Rn. 59 ff.

109 BGH 27.9.1999, BGHZ 142, 315 (318 ff.); 29.1.2001, BGHZ 146, 341 (358); Koch PersGesR/Koch/Harnos Rn. 15.

110 BGH 23.11.1978, NJW 1979, 1705 (1706); KKD/Kindler Rn. 12; vgl. noch MüKoHGB/Fleischer Rn. 63 f.

111 Zur historischen Entwicklung ausf. Daragan RFamU 2025, 211 ff.

112 Zum Normativsystem näher Lieder in Bayer/Habersack, Aktienrecht im Wandel, Bd. 1, 2007, Kap. 10 Rn. 14.

113 Vgl. auch Fleischer DStR 2021, 430 (433).

114 Koch PersGesR/Koch/Harnos Rn. 18.

115 Vgl. auch Bauermeister/Grobe ZGR 2022, 733 (742 ff., 772 ff.).

116 Staub/Schäfer Rn. 57; Hopt/Roth Rn. 16.

abgetreten werden.[117] Die Verfügung über das Gesellschaftsvermögen richtet sich nach den Vorschriften über die Vertretung der Gesellschaft nach § 124.

37 **b) Erwerb.** Die Gesellschaft kann auf verschiedene Art und Weise Gesellschaftsvermögen erwerben. Gängig ist dabei der Erwerb aufgrund der Gesellschaft angehöriger Rechte, durch Einlagen und Beiträge der Gesellschafter und auch durch Rechtsansprüche. Die Gesamtheit der Vermögensrechte bezieht sich dabei nicht nur auf das Privatrecht, sondern auch auf öffentlichrechtliche Vermögensrechte wie Entschädigungsansprüche.[118] Im Einzelnen zu dem Erwerb von Gesellschaftsvermögen → Rn. 38 ff.

38 **3. Rechte der Gesellschaft. a) Vertrag.** Die Gesellschaft kann aus vertraglichen Beziehungen berechtigt oder verpflichtet werden. Das erfordert zunächst, dass ein vertretungsberechtigter Gesellschafter oder sonstiger Bevollmächtigter die Gesellschaft wirksam vertreten hat. Dabei wird die OHG Trägerin der dadurch begründeten Rechte und Pflichten. Folglich entsteht ein **Vertragsverhältnis** ausschließlich gegenüber der Gesellschaft.

39 **b) Gesetz.** Bei gesetzlichen Schuldverhältnissen kann die Gesellschaft Gläubiger und Schuldner sein. Dabei kommen insbesondere Ansprüche aus Bereicherungsrecht, Deliktsrecht und Unterlassungsansprüche in Betracht. Unter anderem besitzt die OHG zivilrechtlichen Ehrenschutz durch §§ 823 f. BGB. Solche Schadensersatzansprüche stehen der Gesellschaft nur dann zu, wenn das Gesellschaftsvermögen betroffen ist.[119] Gegen Rufschädigungen steht der Gesellschaft die **Unterlassungsklage** offen.

40 Die Gesellschaft hat gem. § 12 BGB Anspruch auf Schutz der von ihr gewählten Firmenbezeichnung.[120] Auch kann die Gesellschaft gem. § 7 Nr. 3 MarkenG Inhaberin einer **Marke** sein. Bezüglich des Urheberrechtes gilt, dass sie zwar nicht Urheber iSd § 7 UrhG sein, wohl aber Nutzungsrechte erwerben kann.[121] Es ist der Gesellschaft möglich, **Immaterialgüter** wie Lizenzen zu erwerben und Inhaberin von Gebrauchs- und Geschmacksmustern sowie Patenten zu sein.[122]

41 **c) Erbrecht.** Eine Erbschaft zugunsten der Gesellschaft ist möglich.[123] Bei Tod des Erblassers geht der Nachlass unmittelbar auf die Gesellschaft über und braucht nicht erst den Umweg über die Gesellschafter zu nehmen. Dasselbe gilt auch für ein **Vermächtnis,** durch das die Gesellschaft bedacht wird und einen schuldrechtlichen Anspruch gegen die Erben erwirbt.

42 **d) Dingliche Rechte, Besitz.** Aus dem klaren Wortlaut und der daraus folgenden Konsequenz des Abs. 2 ergibt sich zwangsläufig die **Grundbuchfähigkeit** der Gesellschaft. Dabei genügt es, wenn die Gesellschaft in das Grundbuch eingetragen wird, ohne dass es der Eintragung der Gesellschafter bedarf.[124] Daneben ist die Fähigkeit der Gesellschaft, **Besitzerin** zu sein, in der Rspr. anerkannt.[125] Heute folgt die Eigenschaft als mittelbare Besitzerin (Vermieterin, Verpächterin) zwanglos aus der Rechtsfähigkeit nach § 105 Abs. 2 und Abs. 3 iVm § 713 BGB.[126] Umgekehrt setzt die Eigenschaft als Mieter oder Pächter voraus, dass der rechtsfähigen Personengesellschaft auch die Eigenschaft als unmittelbare Besitzerin zukommt. Nach Aufgabe des Gesamthandsprinzips liegt es auch fern, die Gesellschafter als Gesamthandsbesitzer anzusehen, die nach früher hM die tatsächliche Sachherrschaft ausüben. Die Organwalter sind nicht Besitzdiener der OHG; vielmehr findet – ebenso wie bei juristischen Personen[127] – eine unmittelbare Besitzzurechnung an die Gesellschaft statt. Die OHG übt den Besitz regelmäßig durch ihre Organe aus **(Organbesitz).**[128] Allerdings muss die Gesellschaft nicht zwingend unmittelbare Besitzerin sein; eine der OHG gehörende Sache kann sich stattdessen auch in der tatsächlichen Sachherrschaft eines Gesellschafters befinden.[129] Behält ein

[117] MüKoHGB/Fleischer Rn. 74.
[118] Hopt/Roth Rn. 20 ff.
[119] MüKoHGB/Fleischer Rn. 72 mwN.
[120] BGH 6.7.1954, NJW 1954, 1681.
[121] MüKoHGB/Fleischer Rn. 70.
[122] MüKoHGB/Fleischer Rn. 70 mwN.
[123] BGH 7.12.1988, NJW 1989, 2495; Ebenroth/Boujong/Wertenbruch Rn. 263.
[124] Ebenroth/Boujong/Wertenbruch Rn. 244; Tavakoli/Fehrenbacher DB 2007, 382 f.
[125] BGH 27.10.1971, NJW 1972, 43.
[126] Wertenbruch ZPG 2025, 1 Rn. 3.
[127] Vgl. BGH 31.3.1971, BGHZ 56, 73 (77) = NJW 1971, 1358; BGH 27.10.1971, BGHZ 57, 166 (168) = NJW 1972, 43; BGH 16.10.2003, BGHZ 156, 310 (316 f.) = NJW 2004, 217; MHLS/Lieder GmbHG § 13 Rn. 26; Brand, Der Organbesitz, 2015, 47 ff., 71 ff., 95 ff.
[128] *Dazu ausf.* Wertenbruch ZPG 2025, 1 Rn. 12 ff.; vgl. weiter Erman/Lieder BGB § 713 Rn. 9; Staub/Schäfer Rn. 322.
[129] Erman/Lieder BGB § 713 Rn. 9; Wertenbruch ZPG 2025, 1 Rn. 17.

ausscheidender Gesellschafter eine Sache in seiner Gewalt oder ändert die Willensrichtung und besitzt fortan für sich selbst, dann begeht er – vorbehaltlich der Einwilligung vertretungsberechtigter Gesellschafter – verbotene Eigenmacht nach § 858 BGB.[130] Die OHG ist weiterhin nach § 935 BGB gegen einen redlichen Erwerb sowie durch dingliche (§ 985 BGB, §§ 987 ff. BGB) und deliktische (§ 823 Abs. 1 BGB) Ansprüche geschützt.[131] Keine Anwendung findet § 857 BGB beim Tod des geschäftsführenden Gesellschafters, wohl aber in sinngemäßer Anwendung zugunsten der OHG bei Gesellschaftssachen, die sich in der Privatsphäre eines verstorbenen Gesellschafters befinden.[132]

e) Strafrecht. Die OHG wird durch das Strafrecht geschützt. In Betracht kommen dabei Beleidigungsdelikte[133] und vor allem der Untreuetatbestand.[134] Bei den Beleidigungsdelikten sind insbesondere §§ 186, 187 StGB einschlägig, § 185 StGB findet wegen dessen Regelungsbegrenzung auf natürliche Personen keine Anwendung.[135] Strafanträge können durch einen vertretungsberechtigten Gesellschafter im Namen der Gesellschaft gestellt werden.[136] Eine OHG kann als solche nicht strafrechtlich belangt werden, aber deren Organe gem. § 14 Abs. 1 Nr. 2 StGB. Nach § 30 OWiG kann gegen eine Personenvereinigung eine Geldbuße verhängt werden. Eine Bestrafung aufgrund von § 16 UWG ist nicht möglich.[137] 43

f) Öffentliches Recht. Die OHG ist Trägerin von Grundrechten und daher befugt, Verfassungsbeschwerde zu erheben.[138] Auch kann sie als Beteiligte gem. § 11 Nr. 2 VwVfG an einem Verwaltungsverfahren teilnehmen und Adressatin polizeilicher Anordnungen sein.[139] 44

g) Steuerrecht. Die Einkommensteuer knüpft gem. § 1 EStG an natürliche Personen an; eine solche ist die OHG ebenso wie die KG jedoch nicht. Allerdings sind die Gesellschafter gem. § 15 Abs. 1 Nr. 2 EStG aus ihren Gewerbeeinkünften steuerpflichtig. Da die OHG keine juristische Person gem. § 1 KStG ist (→ Rn. 11), ist sie nicht körperschaftsteuerpflichtig. Sie ist jedoch selbst umsatz- und gewerbesteuerpflichtig (§ 1 Abs. 1 UStG, § 5 Abs. 1 S. 3 GewStG). 45

h) Versicherungsrecht. Eine Personengesellschaft kann Versicherungsnehmerin sein.[140] Dafür muss die Personengesellschaft ein Sacherhaltungs- oder ein Sachersatzinteresse haben. Das Sachersatzinteresse berücksichtigt dabei die Interessen Dritter, die darauf ausgerichtet sind, nicht wegen ihrer Haftung gegenüber dem Eigentümer Vermögensnachteile zu erleiden. Das Sacherhaltungsinteresse schützt hingegen das Interesse des Eigentümers an dem Substanzwert eines versicherten Gegenstandes. 46

i) Sonstige Rechtsverhältnisse. Die Gesellschaft kann Mitglied einer privatrechtlichen Vereinigung sein. Daher kann sie Aktionärin, GmbH-Gesellschafterin, Gesellschafterin einer anderen Personengesellschaft oder Mitglied eines Vereins ohne Rechtspersönlichkeit sein.[141] Nicht anwendbar sind jedoch § 18 GmbHG und § 69 AktG.[142] Als Gesellschafterin einer **registrierten Personengesellschaft** (OHG, KG, GbR, PartG) kommt die OHG nach § 105 Abs. 3 iVm § 707a Abs. 1 S. 2 BGB aber nur in Betracht, wenn sie im Handelsregister eingetragen ist (→ § 106 Rn. 28). Die OHG kann auch Vollmachten empfangen, jedoch aufgrund der Konsequenz des § 52 Abs. 2 keine Prokura. Sie kann Testamentsvollstreckerin[143] und Verwalterin einer Wohnungseigentümergesellschaft[144] sein. 47

Ansprüche aus dem Gesellschaftsverhältnis können der Gesellschaft ebenfalls zustehen, da es sich hierbei nicht nur um Ansprüche zwischen den Gesellschaftern handelt.[145] Solche Ansprüche, wie die Einlageverpflichtung, sind damit vom Gesellschaftsvermögen mit umfasst. 48

---

[130] MüKoBGB/Schäfer BGB § 713 Rn. 29; Soergel/Hadding/Kießling BGB § 718 Rn. 19; Erman/Lieder BGB § 713 Rn. 9; Wertenbruch ZPG 2025, 1 Rn. 21.

[131] MüKoBGB/Schäfer BGB § 705 Rn. 30; Soergel/Hadding/Kießling BGB § 718 Rn. 19; Erman/Lieder BGB § 713 Rn. 9 aE; Wertenbruch ZPG 2025, 1 Rn. 22, 30 ff.

[132] Dazu näher Wertenbruch ZPG 2025, 1 Rn. 31.

[133] So bereits schon BGH 8.1.1954, NJW 1954, 1412 f.

[134] BGH 17.3.1987, NJW 1987, 2008; für eine strafrechtsdogmatische Rekonfiguration ausf. Rönnau/Saathoff ZPG 2024, 401 ff.

[135] Hopt/Roth Rn. 68.

[136] BGH 8.1.1954, NJW 1954, 1412 f.; Hopt/Roth Rn. 68.

[137] MüKoHGB/Fleischer Rn. 91; Hopt/Roth Rn. 69.

[138] BVerfG 29.7.1959, BVerfGE 10, 89 (99) = NJW 1959, 1675.

[139] Hopt/Roth Rn. 67.

[140] BGH 5.3.2008, BGHZ 175, 374 Rn. 6 = VersR 2008, 634.

[141] MüKoHGB/Fleischer Rn. 76 mwN.

[142] Hopt/Roth Rn. 62.

[143] Staub/Schäfer Rn. 70; MüKoHGB/Fleischer Rn. 88; Hopt/Roth Rn. 62.

[144] Staub/Schäfer Rn. 70; Ebenroth/Boujong/Wertenbruch Rn. 267.

[145] MüKoHGB/Fleischer Rn. 73.

49 **4. Haftung der Gesellschaft. a) Vertragliche Haftung.** Gesellschaftsschulden treffen die OHG, weil sie gem. § 105 Abs. 2 selbst Trägerin der Gesellschaftsverbindlichkeiten ist. Solche Schulden können unter anderem durch Rechtsgeschäft begründet werden, wobei bei vertraglichen Pflichtverletzungen eine Haftung nach allgemeinen Grundsätzen stattfindet. Findet eine wirksame Vertretung nach außen statt, trifft sie die Vertragserfüllungspflicht. Bei schuldhaftem Handeln der Gesellschafter im Rahmen der Gesellschaftsverbindlichkeiten und für jeden Nichtgesellschafter, dem in der OHG wesensmäßige Funktionen eigenverantwortlich zugewiesen sind, ist § 31 BGB analog heranzuziehen.[146] Ein Mitverschulden ihrer Vertreter muss sich die Gesellschaft über § 254 BGB zurechnen lassen.[147] Ebenfalls kann die OHG nach § 105 Abs. 2 **vertragsähnlich haften.** Es kann auch eine Haftung des Mittelverwendungskontrolleurs für die Verletzung von Handlungs- und Aufklärungspflichten (Vertrag mit Schutzwirkung zugunsten der Anleger) bestehen, wenn er entgegen seinen Verpflichtungen aus dem Mittelverwendungskontrollvertrag kein Treuhandkonto des Treuhänders einrichtet, sondern seine Kontrollaufgaben über ein von ihm errichtetes Konto abwickelt, dessen Inhaber nicht er, sondern die Fondsgesellschaft ist, und er den Treuhänder hierüber auch nicht unterrichtet.[148]

50 **b) Gesetzliche Haftung.** Eine Haftung kraft Gesetzes erfolgt, wenn die diesbezüglichen Voraussetzungen erfüllt sind.[149] Auch kann die Gesellschaft zur Beseitigung von Störungen verpflichtet werden und verpflichtet sein, Verkehrssicherungspflichten einzuhalten.[150] Für **unerlaubte Handlungen** von Verrichtungsgehilfen ist § 831 BGB anwendbar.[151] Für geschäftsführende Gesellschafter und andere verfassungsmäßig berufene Vertreter haftet die OHG analog § 31 BGB. Dies gilt so auch für die Gefährdungshaftung.[152] Ebenso können Pflichten aus öffentlich-rechtlichen Verhältnissen entstehen, wie zB Ordnungs- und Konzessionspflichten.[153] Ein Kommanditist, der zugleich Geschäftsführer der Komplementärgesellschaft ist, ist nicht Unternehmer iSd § 104 SGB VII.[154]

51 **5. OHG im Prozess. a) Gesellschafts- und Gesellschafterprozess.** Es ist im Prozess streng zwischen Gesellschaftern und Gesellschaft zu unterscheiden, denn sie stellen **verschiedene Prozessparteien** dar. Diese Trennung zeigt sich bereits daran, dass die Gesellschaft Trägerin des Gesellschaftsvermögens ist und die Gesellschafter Träger ihres Privatvermögens sind. Daher ist klarzustellen, gegen wen die Klage gerichtet wird. Der Übergang vom Gesellschafts- zum Gesellschafterprozess ist ein gewillkürter Parteiwechsel.[155] Kann dies nicht ermittelt werden, muss im Wege der Auslegung darüber entschieden werden.[156] Wird eine Klage sowohl gegen die Gesellschaft als auch gegen die Gesellschafter erhoben, sind diese einfache Streitgenossen.[157] Keinen Einfluss hat der Wechsel der Gesellschafter während des Prozesses.[158]

52 Da eine strikte Trennung zwischen Gesellschafter und Gesellschaft vorgenommen wird, können diese gegeneinander und **untereinander prozessieren.** Dies ist unter anderem dann der Fall, wenn es um die Durchsetzung von Drittbeziehungen, um Sozialansprüche oder um die Auslegung von Gesellschaftsverträgen geht.[159] Die Geltendmachung von Sozialansprüchen von Gesellschaftern setzt voraus, dass die Gesellschaft zur Klageerhebung aufgefordert hat, um der Subsidiarität der Sozialansprüche gegenüber der Vertretungsorganisation gerecht zu werden. Es handelt sich diesbezüglich um Ansprüche der Gesellschaft, deren Durchsetzung sich nach den Organisationsregeln der Gesellschaft richtet. Die Gesellschaft muss das Verlangen des Gesellschafters ablehnen oder eine gesetzte Frist verstreichen lassen. Auch können die Gesellschafter untereinander prozessieren, wenn es zB um Rechtsstreitigkeiten über Grundlagengeschäften geht.[160]

53 Kommt es während des Prozesses zur **Vollbeendigung** der Gesellschaft, führt dies nicht zum Eintritt der Gesellschafter in den Prozess.[161] Die Vollbeendigung führt zum Erlöschen der Gesellschaft

146 Hopt/Roth Rn. 54.
147 BGH 3.3.1977, NJW 1977, 1148; KKD/Kindler § 124 Rn. 7.
148 BGH 16.11.2017, BKR 2018, 117.
149 Hopt/Roth Rn. 54.
150 Hopt/Roth Rn. 54.
151 Staub/Schäfer Rn. 64; Hopt/Roth Rn. 54.
152 Hopt/Roth Rn. 54.
153 Staub/Schäfer Rn. 71; MüKoHGB/Fleischer Rn. 80.
154 BGH 19.9.2017, ZIP 2017, 2196 = NZG 2017, 1306 Rn. 2.
155 MüKoHGB/Fleischer Rn. 110; Staub/Habersack § 129 Rn. 20; Hopt/Roth Rn. 72; Ebenroth/Boujong/Wertenbruch Rn. 309.
156 BGH 13.7.1989, WM 1989, 1746.
157 BGH 13.7.1970, NJW 1970, 1740.
158 Ebenroth/Boujong/Wertenbruch Rn. 325.
159 EBJS/Hillmann, 4. Aufl. 2020, § 124 Rn. 15.
160 Hopt/Roth Rn. 72.
161 BGH 13.2.1974, BGHZ 62, 131 = NJW 1974, 750; vgl. nur MüKoHGB/Fleischer Rn. 114; Staub/Habersack § 129 Rn. 19.

sowie zum Verlust der Parteifähigkeit und, wenn im Handelsregister eingetragen, auch zur Unzulässigkeit der Klage.[162] Wird dies nicht von den Liquidatoren im Handelsregister angezeigt, gelten die Grundsätze des § 15 Abs. 1 entsprechend. Dem Kläger steht es jedoch frei, mangels Vermögen durch die Liquidation den Rechtsstreit in der Hauptsache für erledigt zu erklären.[163] Die Gesellschafter treten als **Gesamtnachfolger** nach Vollbeendigung der Gesellschaft nur dann in den Prozess ein, wenn alle Gesellschafter bis auf einen wegfallen oder eine Verschmelzung stattfindet.[164] Bei einer Umwandlung der Gesellschaft ist hingegen lediglich das Rubrum zu berichtigen.[165]

b) Zivilprozess. aa) Partei- und Prozessfähigkeit. Die Gesellschaft ist gem. § 105 Abs. 2 rechts- und nach § 50 ZPO **parteifähig.**[166] Daher kann sie selbstständig vor Gericht klagen und verklagt werden. Die OHG ist keine natürliche Person gem. §§ 51, 52 ZPO und demzufolge auch **nicht prozessfähig;** sie muss sich durch ihre organschaftlichen Vertreter vor Gericht vertreten lassen und nicht durch die Gesamtheit der Gesellschafter.[167] Die organschaftlichen Vertreter sind im Prozess den gesetzlichen Vertretern gem. §§ 56, 57 ZPO gleichzustellen. Daher sind sämtliche Mängel eines Vertreters von Amts wegen zu überprüfen. Erfolgt eine Klage des einzig vertretungsberechtigten Gesellschafters, so ist gem. § 57 Abs. 1 ZPO ein besonderer Vertreter durch den Vorsitzenden des Prozessgerichts zu benennen. Die Gesellschafter sind im Gesellschaftsprozess **Partei;** daher erfolgt die Beweisaufnahme durch Parteivernehmung gem. §§ 445 ff. ZPO.[168] Nicht vertretungsberechtigte Gesellschafter werden hingegen als Zeugen vernommen.[169] Zur Wissenszurechnung → § 124 Rn. 12 f. 54

bb) Prozessablauf. (1) Klageschrift. Die Klageschrift muss die Gesellschaft als **Aktiv- bzw. Passivpartei** gem. § 253 Abs. 2 Nr. 1 ZPO und die organschaftlichen Vertreter gem. § 253 Abs. 4 ZPO, § 130 Abs. 1 Nr. 1 ZPO benennen. Grundsätzlich wird die Gesellschaft durch die Firma benannt. Erfolgt dies unzureichend oder unterbleibt dies, kann die richtige Parteibezeichnung im Wege der Auslegung ermittelt werden.[170] 55

Der **Gerichtsstand** der Gesellschaft bestimmt sich gem. § 17 ZPO und ist der Ort, an dem sie ihren eingetragenen Sitz hat (→ § 106 Rn. 17 ff.). Bei Schiedsgerichtsvereinbarungen gelten die §§ 1029 ff. ZPO. Da die Vorschriften des Handelskaufs auf die Gesellschaft anwendbar sind (→ Rn. 1) und die Gesellschaft auch Kaufmann kraft Gesetzes ist, ist § 95 GVG bei dem Vorliegen von **Handelssachen** (wie Handelsgeschäften) einschlägig. Für Klagen der Gesellschafter untereinander und Klagen gegen die Gesellschaft ist ebenfalls der im Handelsregister eingetragene Sitz gem. § 22 ZPO maßgeblich. 56

(2) Prozesshandlungen. Die Prozesshandlungen nehmen die organschaftlichen Vertreter der Gesellschaft wahr und nicht sämtliche Gesellschafter. Dabei bestimmt sich der Umfang und die Ausübung der Vertretungsmacht nach § 124. Für gesamtvertretungsberechtigte Gesellschafter gilt, dass diese vorbehaltlich einer Genehmigung oder Ermächtigung nur gemeinsam handeln können. Eine Prozessvollmacht wird durch die vertretungsberechtigten Gesellschafter erteilt. 57

(3) Zustellung. Die Zustellung der Klage muss an die gesetzlichen Vertreter der Gesellschaft erfolgen (§ 170 Abs. 1 S. 1 ZPO). Es reicht aus, wenn die Zustellung gem. § 170 Abs. 3 ZPO, § 124 Abs. 6, Abs. 3 S. 2 an einen vertretungsberechtigten Gesellschafter erfolgt. 58

cc) Prozesskostenhilfe. Können die Kosten im Prozess weder von der Gesellschaft noch von den Gesellschaftern aufgebracht werden und würde die Unterlassung der Rechtsverfolgung oder Rechtsverteidigung allgemeinen Interessen zuwiderlaufen, hat die Gesellschaft gem. § 116 S. 1 Nr. 2 ZPO Anrecht auf Prozesskostenhilfe.[171] Maßgeblich ist dabei, wer **wirtschaftlich Beteiligter** ist. Dies sind all diejenigen, denen der Rechtsstreit am Ende nutzen soll.[172] Dazu gehören auch Kom- 59

---

[162] Ebenroth/Boujong/Wertenbruch Rn. 308.

[163] Ebenroth/Boujong/Wertenbruch Rn. 308.

[164] MüKoHGB/Fleischer Rn. 114.

[165] K. Schmidt FS Henckel, 1995, 749 (766); Zöller/Greger ZPO § 239 Rn. 6.

[166] BGH 13.7.1970, NJW 1970, 1740; MüKoHGB/Fleischer Rn. 97; Ebenroth/Boujong/Wertenbruch Rn. 287; Hopt/Roth Rn. 72, 15; KKD/Kindler § 124 Rn. 9a.

[167] Ebenroth/Boujong/Wertenbruch Rn. 288.

[168] Hopt/Roth Rn. 74.

[169] Ebenroth/Boujong/Wertenbruch Rn. 332 mwN.

[170] MüKoHGB/Fleischer Rn. 103; Ebenroth/Boujong/Wertenbruch Rn. 300.

[171] MüKoHGB/Fleischer Rn. 104; Staub/Habersack § 129 Rn. 15; vgl. zu einer als GbR geführten Rechtsanwaltssozietät auch BGH NJW 2011, 1595.

[172] BGH 5.5.1977, NJW 1977, 2317.

manditisten und stille Gesellschafter.[173] Das Tatbestandsmerkmal der allgemeinen Interessen ist immer dann erfüllt, wenn ohne die Durchführung des Rechtsstreits die Gesellschaft gehindert wäre, der Allgemeinheit dienende Aufgaben wahrzunehmen, ferner auch, wenn eine Vielzahl von Arbeitsplätzen durch das Nichtführen des Prozesses gefährdet wäre oder eine größere Zahl von Gläubigern geschädigt werden würde.[174] Die Beschränkung durch das Tatbestandsmerkmal der allgemeinen Interessen verstößt nicht gegen die Verfassung, allerdings bedarf es einer verfassungskonformen Auslegung.[175]

60 **dd) Kosten.** Die Entscheidung über die Kosten trifft nur die Gesellschaft, da sie parteifähiges Rechtssubjekt ist. Kostenentscheidungen und die Kostenfestsetzung nach §§ 104 ff. ZPO wirken damit nur gegen die Gesellschaft, wobei eine Haftung der Gesellschafter gem. § 126 möglich ist, diese Haftung jedoch nur klageweise geltend gemacht werden kann.[176] Eine Kostenfestsetzung auch gegen die Gesellschafter gem. § 11 RVG ist nur dann zulässig, wenn die Gesellschafter zugleich im eigenen Namen handeln,[177] denn § 11 RVG knüpft die Gebührenfestsetzung an den Auftraggeber an.

61 **ee) Materielle Rechtskraft.** Das Urteil wirkt ausschließlich im Verhältnis der Prozessparteien. Im Gesellschaftsprozess erwächst die materielle Rechtskraft daher im Verhältnis zwischen der Gesellschaft und dem Prozessgegner. Das Urteil kann jedoch nach den Grundsätzen des § 128 gegen die Gesellschafter persönlich Wirkung entfalten, sofern diese nach § 126 in Anspruch genommen werden können.

62 **6. Zwangsvollstreckung und Insolvenz.** Zur Zwangsvollstreckung in das Vermögen der OHG ist nach § 129 Abs. 1 ein gegen die Gesellschaft gerichteter Vollstreckungstitel erforderlich (→ § 129 Rn. 2). Aus einem gegen die Gesellschaft gerichteten Vollstreckungstitel findet nach § 129 Abs. 2 die Zwangsvollstreckung gegen die Gesellschafter nicht statt (→ § 129 Rn. 6). Zur Insolvenz der OHG → Rn. 174, → § 129 Rn. 5.

V. Verweisung auf das Recht der GbR (Abs. 3)

63 Im Zuge der Reform des Personengesellschaftsrechts durch das MoPeG ist aus der Rechtsgrundverweisung des geltenden Rechts eine **Rechtsanalogie** geworden, die den Strukturunterschieden der beiden Verbandsformen besser gerecht wird.[178] Durch die Übernahme zahlreicher Regelungen aus dem OHG- in das BGB-Gesellschaftsrecht hat sich auch die praktische Bedeutung der Verweisung erhöht (→ Rn. 7 ff.).

64 **1. Anwendbare Vorschriften.** Abs. 3 des § 105 verweist subsidiär auf das Recht der GbR nach §§ 705 ff. BGB. Anwendbar sind insbesondere § 705 Abs. 1 BGB (→ Rn. 11), § 706 BGB (→ § 106 Rn. 17), § 709 BGB (→ Rn. 113; → § 109 Rn. 81), § 710 BGB (→ Rn. 114), § 711 BGB (→ Rn. 121 ff.), § 711a BGB (→ § 108 Rn. 9), § 712 BGB (→ Rn. 118 f.), § 712a BGB (→ Rn. 120), § 713 BGB (→ Rn. 11, 35), § 715a BGB (→ § 116 Rn. 88 ff.), § 715b BGB (→ Rn. 102), § 716 BGB (→ § 119 Rn. 3) und § 717 BGB (→ Rn. 9).

65 **2. Nicht anwendbare Vorschriften.** Die übrigen Vorschriften sind durch speziellere Normen des OHG-Rechts ersetzt: § 106 statt §§ 707–707d BGB; § 108 statt § 708 BGB, § 116 statt § 715 BGB, §§ 121, 122 statt § 718 BGB, §§ 123, 124 statt §§ 719, 720 BGB, §§ 126–129 statt §§ 721–724 BGB, §§ 130–151 statt §§ 723–739 BGB. Auch § 705 Abs. 2 und Abs. 3 finden keine Anwendung, weil die beiden Abs. zum einen die beiden Rechtsformvarianten der GbR regeln, die im OHG-Recht keine Entsprechung finden, und zum anderen die Vermutung für das Vorliegen der rechtsfähigen Variante regeln.[179]

VI. Gesellschafterstellung

66 **1. Gesellschafter der OHG. a) Keine Einpersonengesellschaft.** Eine Personengesellschaft setzt nach § 705 BGB voraus, dass mindestens zwei Gesellschafter den Gesellschaftsvertrag schließen

173 MüKoHGB/Fleischer Rn. 104; Staub/Habersack § 129 Rn. 15, jeweils mwN.
174 Staub/Habersack § 129 Rn. 15 mwN.
175 BVerfG 3.7.1973, NJW 1979, 229; EBJS/Hillmann, 4. Aufl. 2020, § 124 Rn. 22.
176 MüKoHGB/Fleischer Rn. 105; EBJS/Hillmann, 4. Aufl. 2020, § 124 Rn. 24.
177 EBJS/Hillmann, 4. Aufl. 2020, § 124 Rn. 24 mwN.
178 Begr. RegE, BT-Drs. 19/27635, 257 f.
179 Dazu ausf. Escher-Weingart WM 2024, 1541 Rn. 9 f.

und auch mindestens zwei Gesellschafter in der Gesellschaft verbleiben.[180] Scheidet die vorletzte Person aus oder werden alle Personengesellschaftsanteile auf einen Gesellschafter oder einen Dritten übertragen, erlischt die Gesellschaft liquidationslos und das Gesellschaftsvermögen geht im Wege der **Gesamtnachfolge** auf den Verbliebenen über.[181] Das ordnet § 712a Abs. 1 BGB, der über die Verweisung des § 105 Abs. 3 zur Anwendung gelangt, nun ausdrücklich an, folgte aber schon bisher sowohl aus der Sozietätsstruktur der Personengesellschaft als auch e contrario aus der abweichenden Rechtslage bei AG (§ 2 AktG) und GmbH (§ 1 GmbHG). Gegenteiliges kann auch nicht aus § 134 S. 3 abgeleitet werden; die Vorschrift enthält gerade keine Regelung für die Rechtsfolgen der Ausschließungsklage.[182] Zudem fehlt es an einem – für GmbH und AG bestehenden – praktischen Bedürfnis für den dauerhaften (→ Rn. 120) Fortbestand eingliedriger Personengesellschaften.[183] Daher besteht letztlich auch kein legislatorischer Handlungsbedarf, eine Einpersonengründung zu ermöglichen.[184] Mittels Gesamtnachfolge geht auch die WEG-Verwalterstellung auf den letztverbleibenden Gesellschafter über; der Nachweis kann im Grundbuchverfahren mittels Notarbescheinigung geführt werden.[185]

Ausnahmen sind de lege lata anerkannt und zugelassen, soweit trotz des Zusammentreffens der Anteile in einer Hand eine unterschiedliche Zuordnung geboten ist.[186] In Parallele zur Konfusion von Forderungsrechten und zur Konsolidation beschränkter (dinglicher) Rechte mit dem Vollrecht des belasteten Gegenstands ist hier im Grunde eine wertende Betrachtung anhand von Zweckmäßigkeitserwägungen angezeigt.[187] In dogmatischer Hinsicht bestehen in diesen Sondersituationen mehrere Anteile, die einem Gesellschafter zugeordnet sind. Das ist anzunehmen, wenn ein Gesellschafter den anderen beerbt und hierfür **Testamentsvollstreckung**[188] oder **Nachlassverwaltung oder -insolvenz**[189] angeordnet ist. Eine getrennte Zuordnung von Gesellschaftsanteilen ist mit der zutreffenden hM auch im Fall der Belastung eines Gesellschaftsanteils mit einem **Pfandrecht** oder **Nießbrauch** anzunehmen.[190] Pfandgläubiger und Nießbraucher können sich auf ein besonderes Kontinu- 67

---

[180] BGH 10.7.1975, BGHZ 65, 79 (82 f.) = NJW 1975, 1774 (1775); OLG Hamm 8.6.1999, NJW-RR 2000, 482; 24.11.2011, NZG 2012, 20 Rn. 22; Hopt/Roth Rn. 32; Flume BGB AT I 1 § 7 III (99); Staub/Schäfer Rn. 111; RGHMW/Haas Rn. 6; Fett/Brand NZG 1999, 45; K. Schmidt GesR § 8 IV 2b; Westermann/Wertenbruch PersGesR-HdB/Tröger Rn. I 151; Siebert, Einmann-Personengesellschaften, 2005, 129 ff.; **aA** Raiser AcP 194 (1994), 495 (509 f.); Weimar ZIP 1997, 1769 ff.; Priester DB 1998, 55 ff.; Baumann BB 1998, 225 ff.

[181] BGH 10.5.1978, BGHZ 71, 296 (300) = NJW 1978, 1525; 19.2.1990, NJW-RR 1990, 798; 10.12.1990, BGHZ 113, 132 (133); 16.12.1999, NZG 2000, 474 m. krit. Anm. Eckardt NZG 2000, 449 ff. mwN; 15.3.2004, ZIP 2004, 1047; 5.5.2008, BeckRS 2008, 11777; OLG Schleswig 2.12.2005, ZIP 2006, 233; OLG München 22.7.2008, NZG 2008, 780; HessVGH 3.3.2010, ZIP 2010, 880; KG 30.11.2018, NZG 2019, 143 Rn. 8; **aA** OLG Celle 29.5.2012, NZG 2012, 738: Fortbestehen als Liquidationsgesellschaft; Th. Schmidt, Einmann-Personengesellschaften, 1998, S. 55 ff., 70 ff. mwN.

[182] Zur Argumentation iE Fett/Brand NZG 1999, 45 (47 f.).

[183] Bayer/Lieder HaGesR Rn. 434; Lieder/Hoffmann NZG 2016, 287 (292).

[184] Schäfer Gutachten 71. DJT, Bd. I, 2016, E 46; Schäfer ZIP-Beil. 22/2016, 63 (64); **aA** Baumann BB 1998, 225 (231); Weimar ZIP 1997, 1769 (1771 ff.); auf der Grundlage des MoPeG (→ Rn. 168 ff.) sympathisierend Bachmann NZG 2020, 612 (615); Schall ZIP 2020, 1443 (1447).

[185] DNotI, DNotI-Report 2024, 60 (62) unter Hinweis auf BGH 2.7.2021, ZWE 2021, 410 mAnm Lieder; ebenso Hügel/Elzer WEG § 26 Rn. 35; BeckOK WEG/Hogenschurz, 61. Ed. 1.7.2025, WEG § 12 Rn. 35.1; Schöner/Stöber GrundbuchR Rn. 2935a; Serr ZWE 2016, 307 (312); **aA** noch BayObLG 6.2.1987, BayObLGZ 1987, 54 (57) = MDR 1987, 588; OLG Köln 9.2.2006, NZM 2006, 591 (592); Grüneberg/Wicke WEG § 26 Rn. 27.

[186] OLG Schleswig 2.12.2005, ZIP 2006, 233; MüKoHGB/Fleischer Rn. 33; Ulmer ZHR 167 (2003), 103 (114 f.); zur Einpersonengesamthand ausf. v. Bary AcP 220 (2020), 343 ff.

[187] Zum Bürgerlichen Recht eingehend Lieder, Die rechtsgeschäftliche Sukzession, 2015, S. 577 ff., 580 ff.

[188] BGH 14.5.1986, BGHZ 98, 48 (57) = NJW 1986, 2431; 10.1.1996, NJW 1996, 1284 (1286) (Erbrechtssenat) unter Auseinandersetzung mit der Rspr. des Gesellschaftsrechtssenats in BGH 11.4.1957, BGHZ 24, 106 (113) = NJW 1957, 1026 und BGH 3.7.1989, BGHZ 108, 187 (199) = NJW 1989, 3152; OLG Hamm 30.3.2007, ZIP 2007, 1233; MüKoHGB/Fleischer Rn. 34; MüKoBGB/Schäfer BGB § 705 Rn. 182; K. Schmidt GesR § 45 I 2b, V 8; Söring, Die Zulässigkeit der Mehrfachbeteiligung an einer Personengesellschaft, 1997, S. 78 ff., 136 f., 138 f.; Lüttge NJW 1994, 5 (8); Esch BB 1993, 664 (665 f., 668); Esch BB 1996, 1621 (1625 f.); Priester DB 1998, 55 (58 ff.); zu Funktionsweise und Gestaltungsmöglichkeiten v. Proff DStR 2018, 415 ff.; Kämper notar 2018, 125 ff.

[189] OLG Hamm 2.3.1998, ZEV 1999, 234 (236); Staub/Schäfer Rn. 113; MüKoHGB/Fleischer Rn. 34; Priester DB 1998, 55 (58 ff.); offengelassen von BGH 10.12.1990, BGHZ 113, 132 (137) = NJW 1991, 844 (845).

[190] LG Hamburg 13.6.2005, NZG 2005, 926 (927); Staub/Schäfer Rn. 113; MüKoHGB/Fleischer Rn. 35; Kanzleiter DNotZ 1999, 442; Ulmer ZHR 167 (2003), 103 (114); offengelassen von OLG Schleswig 2.12.2005, ZIP 2006, 615; **aA** OLG Düsseldorf 14.9.1998, NJW-RR 1999, 619 (620); Ebenroth/Boujong/Wertenbruch Rn. 74, 90, 95.

itätsinteresse[191] für ihre dinglichen Rechtspositionen am Gesellschaftsanteil berufen. Ihre dinglich geschützte Rechtsstellung darf sich durch die Anteilsvereinigung nicht verschlechtern.[192] Ein entsprechendes besonderes Kontinuitätsinteresse wird man mit der vordringenden Auffassung auch für die **offene Treuhand** am Gesellschaftsanteil bejahen müssen.[193] Für ein **Anteilsvermächtnis** ist wegen § 2175 BGB ebenso zu entscheiden.[194]

68 Anderes gilt nach zutreffender Auffassung für die Anordnung der **Vorerbschaft.**[195] Hier bleibt es bei dem Grundsatz der Gesamtnachfolge. Zwar ließe sich auch hier auf ein berechtigtes Erwerbsinteresse des Nacherben verweisen. Für eine Ausnahme ist aber im Ergebnis kein Raum, weil seine Rechtsstellung nach Maßgabe der §§ 2139, 2143 BGB durch ein Wiederaufleben erloschener Rechtsverhältnisse bewerkstelligt wird. Diese gesetzgeberische Wertung der Vorerbschaft ist auch im Personengesellschaftsrecht ernst zu nehmen. Danach muss die Gesellschaft bei Eintritt des Nacherbfalls mit dem Nacherben wieder neu errichtet werden. Eines darüber hinausgehenden Schutzes bedarf es weder im Interesse des Nacherben noch im Interesse der Gesellschaftsgläubiger.

69 **b) Einheitlichkeit des Gesellschaftsanteils.** Die Mitgliedschaft des Gesellschafters in der Personengesellschaft ist **unteilbar**[196] und kann nur **einheitlich ausgeübt** werden, etwa in Bezug auf das Stimmrecht.[197] Auch wenn das Dogma der Unteilbarkeit heute nicht länger unbestritten vorherrscht,[198] entspricht es doch der vertragsrechtlichen Grundlage und der Sozietätsstruktur, welche die Personengesellschaft von den Körperschaften unterscheiden.[199] Erwirbt ein Gesellschafter einen Anteil hinzu, vereinigen sie sich zu einem einheitlichen Anteil.[200] Dabei findet eine **Anwachsung** statt, wie sie in § 712 BGB einen normativen Niederschlag gefunden hat.[201] Dabei geht ein Kommanditanteil in einem bestehenden Komplementäranteil auf.[202] Zur Haftung der übrigbleibenden **Kommanditisten** nach Wegfall des letzten Komplementärs → § 161 Rn. 12.[203] Aus dem Dogma der Einheitlichkeit des Geschäftsanteils sowie dem im Personengesellschaftsrecht geltenden Vertragsprinzip folgt weiterhin, dass die Personengesellschaft **eigene Anteile** an sich selbst nicht erwerben kann.[204] Hierbei sollte es auch de lege ferenda bleiben.[205] Nun sieht § 711 Abs. 1 S. 2 BGB, der nach § 105 Abs. 3 auch für die OHG gilt, ausdrücklich vor, dass die Gesellschaft eigene Anteile nicht erwerben kann.

---

[191] Dazu allg. Lieder, Die rechtsgeschäftliche Sukzession, 2015, 577 ff.

[192] Rechtskonstruktive Überlegungen zum Parallelfall der Konfusion bei Lieder, Die rechtsgeschäftliche Sukzession, 2015, S. 578.

[193] KKD/Kindler Rn. 14; MüKoHGB/Fleischer Rn. 34; Staub/Schäfer Rn. 113; Ulmer ZHR 167 (2003), 103 (114 f.); **aA** Ebenroth/Boujong/Wertenbruch Rn. 85.

[194] MüKoHGB/Fleischer Rn. 34; Staub/Schäfer Rn. 113; allg. Lieder, Die rechtsgeschäftliche Sukzession, 2015, S. 579 f.; **aA** Ulmer ZHR 167 (2003), 103 (115).

[195] Staub/Schäfer Rn. 114; Ebenroth/Boujong/Wertenbruch Rn. 88; Flume BGB AT I 1 § 7 III (99 ff.); Ulmer ZHR 167 (2003), 103 (115); **aA** MüKoBGB/Schäfer BGB § 705 Rn. 65; MüKoHGB/Fleischer Rn. 35; RGHMW/Haas Rn. 147; Baur/Grunsky ZHR 133 (1970), 209 (217 ff., 228); Söring, Die Zulässigkeit der Mehrfachbeteiligung an einer Personengesellschaft, 1997, S. 106 ff. – BGH 14.5.1986, BGHZ 98, 48 (57 f.) ist nicht aussagekräftig in dieser Hinsicht, weil auch Testamentsvollstreckung angeordnet war.

[196] Zu diesem Strukturprinzip des Personengesellschaftsrechts vgl. Ulmer ZHR 167 (2003), 103 ff.

[197] BGH 11.4.1957, BGHZ 24, 106 (108) = NJW 1957, 1026 (1027); 20.4.1972, BGHZ 58, 316 (318) = NJW 1972, 1755 (1756); 10.6.1963, WM 1963, 989; 22.5.1989, NJW-RR 1989, 1259; Staub/Schäfer Rn. 113; MüKoHGB/Fleischer Rn. 290 ff.; Westermann/Wertenbruch PersGesR-HdB/Tröger Rn. I 152b; Sieveking FS Schippel, 1996, 505 ff.; Wiedemann FS Zöllner, 1998, 635 (639 ff.); Ulmer ZHR 167 (2003), 103 ff.

[198] Kritik etwa bei Esch BB 1993, 664 ff.; Lamprecht, Die Zulässigkeit der mehrfachen Beteiligung an einer Personengesellschaft, 2002; Pfister, Einmann-Personengesellschaft, 1999; diff. Bippus AcP 195 (1995), 13 (21 ff.); Priester DB 1998, 55 ff.; Th. Schmidt, Einmann-Personengesellschaften, 1998; Wiedemann FS Zöllner, 1998, 635 (639 ff.).

[199] IdS auch MüKoHGB/Fleischer Rn. 291.

[200] BGH 10.6.1963, WM 1963, 989; OLG Schleswig 2.12.2005, ZIP 2006, 233; OLG Jena 31.8.2011, NZG 2011, 1301; Flume BGB AT I 1 § 7 III (99); MüKoHGB/Fleischer Rn. 292; Wertenbruch, Die Haftung von Gesellschaften und Gesellschaftsanteilen in der Zwangsvollstreckung, 2000, S. 521.

[201] Zur Anwachsung als Gestaltungsmodell vgl. v. Proff DStR 2016, 2227 ff.; zu grenzüberschreitenden Sachverhalten Hoger/Lieder ZHR 180 (2016), 613 ff.; Recktenwald NZG 2023, 539 ff.

[202] BGH 1.6.1987, BGHZ 101, 123 (129 f.) = NJW 1987, 3184 (3186); BayObLG 29.1.2003, ZIP 2003, 1443 f.; OLG Jena 31.8.2011, NZG 2011, 1301; Staub/Schäfer Rn. 113; MüKoHGB/Fleischer Rn. 292; **aA** Priester DB 1998, 55 (59 f.).

[203] Vgl. auch BGH 5.5.2008, BeckRS 2008, 11777 zur Haftung nach § 25 Abs. 1 S. 1 HGB.

[204] Ganz hM, vgl. nur Hopt/Roth Rn. 29; MüKoHGB/Fleischer Rn. 285; K. Schmidt ZIP 2014, 493 ff.; Staub/Schäfer Rn. 113; **aA** Priester ZIP 2014, 245 (246).

[205] Ebenso Schäfer Verh. 71. DJT, Bd. I, 2016, E 47; Schäfer ZIP-Beil. 22/2016, 63 (64); auf der Grundlage des MoPeG (→ Rn. 168 ff.) sympathisierend Bachmann NZG 2020, 612 (615); Schall ZIP 2020, 1443 (1447).

70 Anerkannte **Ausnahmen** bestehen – in Parallele zur Einpersonengesellschaft (→ Rn. 67) – bei Testamentsvollstreckung, Nachlassverwaltung oder -insolvenz, mit Nießbrauch und Pfandrecht belasteten Anteilen, bei der offenen Treuhand und dem Anteilsvermächtnis, nicht aber bei Vorerbschaft. Die **Dauertestamentsvollstreckung** an einem Kommanditanteil (→ § 177 Rn. 15) ist anders als bei dem Anteil eines persönlich haftenden Gesellschafters zulässig.[206]

71 **c) Gesellschafterfähigkeit. aa) Natürliche Personen.** Gesellschafter einer Personengesellschaft kann jede natürliche Person sein. Nicht oder beschränkt Geschäftsfähige bedürfen bei Gründung der Gesellschaft oder für den Beitritt der Vertretung durch ihre gesetzlichen Vertreter (zur **familiengerichtlichen Genehmigung** → Rn. 23). Sind die Vertreter selbst an der Gesellschaft beteiligt, ist nach § 1809 BGB ein **Ergänzungspfleger** notwendig, weil die Mitgliedschaft in einer Personengesellschaft nach § 1629 Abs. 2 S. 1 BGB, § 1824 BGB, § 181 BGB nicht lediglich rechtlich vorteilhaft ist.[207] Das gilt nunmehr auch, wenn beim schenkweisen Erwerb einer Kommanditeinlage die gezahlte Einlage übernommen wird (→ Rn. 23).

72 **bb) Juristische Personen.** Gesellschafter einer OHG und KG kann jede juristische Person des Privatrechts[208] und des öffentlichen Rechts[209] werden, auch ein rechtsfähiger Ideal- oder Wirtschaftsverein.[210] Ein **Verein ohne Rechtspersönlichkeit** nach § 54 Abs. 1 BGB kann ebenfalls Gesellschafter der OHG oder KG sein.[211] Für den nicht eingetragenen **wirtschaftlichen Verein** folgt die Rechts- und Beteiligungsfähigkeit aus der Verweisung auf das Personengesellschaftsrecht in § 54 Abs. 1 S. 2 BGB. Für den nicht eingetragenen **Idealverein** gehen die Materialien[212] davon aus, dass der Verein Verbindlichkeiten begründen kann, für die seine Mitglieder nicht persönlich haften. Berechtigte Gläubigerinteressen werden durch die Haftung des Vereinsvermögens und die Handelndenhaftung nach § 54 Abs. 2 BGB geschützt. Nach der Wertung des § 47 Abs. 1 GBO sind **sämtliche Vereinsmitglieder** in das Handelsregister einzutragen.[213] Denn dem Verein ohne Rechtspersönlichkeit fehlt es an jeglicher Publizität in puncto Existenz, Mitgliederbestand und Satzung.[214] Eine Ausnahme von der Eintragung sämtlicher Mitglieder ist bei **Parteien** und **Gewerkschaften** bereits aus verfassungsrechtlichen Gründen (arg. e Art. 21, 9 Abs. 3 GG) angezeigt, will man solche Vereine nicht vom Handels- und Grundstücksverkehr ausschließen. Für andere mitgliederstarke Gesellschaften ist eine vergleichbar weitgehende Ausnahme von den Erfordernissen an die Publizität des Handelsregisters und des Rechtsverkehrs nicht zu rechtfertigen. Das gilt beispielsweise für kommunale Schadensausgleiche.[215] Wegen der rechtlichen Bedenken unterliegenden Vertretungsberechtigung des Vereins ohne Rechtspersönlichkeit und der umständlichen Eintragung aller Mitglieder wird meist ein **Treuhänder** für den Verein Gesellschafter.[216]

73 Eine **Stiftung** kann innerhalb der Stiftung & Co. KG auch[217] die Komplementärstellung einnehmen. Die hiermit verbundenen stiftungsrechtlichen Probleme hat der Reformgesetzgeber des BGB-

[206] BGH 3.7.1989, BGHZ 108, 187 (191 ff.) = NJW 1989, 3152 (3154); 14.2.2012, NZG 2012, 385; 13.5.2014, NZG 2014, 945 zur GmbH m. zust. Anm. Priester EWiR 2014, 613 und Heckschen/Strnad NZG 2014, 1201; zu Funktionsweise und Gestaltungsmöglichkeiten v. Proff DStR 2018, 415 ff.

[207] BGH 10.2.1977, BGHZ 68, 225 (231 f.) = NJW 1977, 1339 (1341); Schlegelberger/Martens § 161 Rn. 53; Heymann/Emmerich Rn. 42.

[208] MüKoHGB/Fleischer Rn. 264; Staub/Schäfer Rn. 135 ff.; Heymann/Emmerich Rn. 43; Hopt/Roth Rn. 42; Westermann/Wertenbruch PersGesR-HdB/Tröger Rn. I 149; Flume BGB AT I 1 § 4 IV (63).

[209] RG 1.4.1940, RGZ 163, 142 (149); Ebenroth/Boujong/Wertenbruch Rn. 358; MüKoHGB/Fleischer Rn. 272; RGHMW/Haas Rn. 83; Staub/Schäfer Rn. 140; Westermann/Wertenbruch PersGesR-HdB/Tröger Rn. 149d.

[210] MüKoHGB/Fleischer Rn. 268 mwN.

[211] So schon bisher Hopt/Roth Rn. 42; Westermann/Wertenbruch PersGesR-HdB/Tröger Rn. I 150f; MüKoHGB/Fleischer Rn. 269 mwN.

[212] Begr. RegE, BT-Drs. 19/27635, 124; vgl. noch BeckOK BGB/Schöpflin, 75. Ed. 1.8.2028, BGB § 54 Rn. 62; Grunewald npoR 2020, 279 (280).

[213] Nach früherem Recht ebenso Westermann/Wertenbruch PersGesR-HdB/Tröger Rn. I 150g; anders bei Großvereinen MüKoHGB/Fleischer Rn. 269; wie hier zur Eintragung in das Grundbuch Lieder in Herrler/Hertel/Kesseler, Aktuelles Immobilienrecht 2023, 2023, S. 261 (269 f.); ebenso Böhringer NotBZ 2022, 161 (164 f.); Waldner RNotZ 2023, 450 (451 f.). abw. Staudinger/Schwennicke, 2023, § 54 Rn. 107; Bachmann NJW 2025, 1369 Rn. 35 ff.; Enneking/Wöffen NZG 2023, 308 (311 ff.); Schöpflin ZStV 2024, 95 (99): Voreintragungsobliegenheit analog § 47 Abs. 2 GBO; wieder anders OLG Frankfurt 10.10.2024, NZG 2025, 515 Rn. 23 ff.; Grüneberg/Ellenberger § 54 Rn. 8; Erman/Westermann/Anzinger § 54 Rn. 7a; Schäfer Neues PersGesR/Wertenbruch § 13 Rn. 14 ff.: Eintragung nur mit Vereinsnamen und ohne Mitglieder zulässig.

[214] Vgl. (in Bezug auf § 47 Abs. 2 GBO aF) BGH 21.1.2016, NZG 2016, 666 Rn. 16.

[215] Vgl. (in Bezug auf § 47 Abs. 2 GBO aF) BGH 21.1.2016, NZG 2016, 666 Rn. 21 f.

[216] MüKoHGB/Fleischer Rn. 269 mwN.

[217] Kommanditistenstellung ist unstr.; vgl. nur Ebenroth/Boujong/Wertenbruch Rn. 357; RGHMW/Haas Rn. 83; MüKoHGB/Fleischer Rn. 270.

Stiftungsrechts von 2002 nicht gelten lassen.[218] Auch werdende juristische Personen können als **Vorgesellschaften** an der OHG/KG beteiligt sein.[219] Das Gleiche gilt für eine **aufgelöste** juristische Person.[220]

74 **Ausländische** juristische Personen können Gesellschafter werden, wenn sie nach dem Personalstatut ihres Gründungsstaates rechtsfähig sind und Gesellschafter einer anderen Personengesellschaft sein können (zu erforderlichen Nachweisen für die Eintragung s. §§ 13d–13g).[221] Das gilt nicht nur für **EU-Auslandsgesellschaften,** sondern auch für Gesellschaften, die nach dem Recht eines **Drittstaates** wirksam errichtet worden sind. Namentlich eine schweizerische AG kann sich an deutschen Personenhandelsgesellschaften beteiligen, ohne dass hierfür eine besondere Anerkennung nötig ist.[222] Nach dogmatisch zweifelhafter Auffassung des OLG Bremen[223] kann die deutsche Zweigniederlassung einer ausländischen juristischen Person unter ihrer Firma als Kommanditistin im Handelsregister eingetragen werden.

75 **cc) Rechtsfähige Personengesellschaften und Gesamthandsgemeinschaften.** Rechtsfähige Personengesellschaften wie die **OHG,** die **KG** (gesetzlich anerkannt in § 125 Abs. 1 S. 3, § 172 Abs. 5 S. 2),[224] die **EWIV**[225] und die **Partnerschaftsgesellschaft**[226] können selbst Gesellschafter von OHG und KG sein. Nach Anerkennung der Rechtsfähigkeit der **Außen-GbR** durch den BGH[227] und das MoPeG (vgl. §§ 705 Abs. 2, 713 BGB) ist die früher hM[228] überholt, die GbR könne nicht Kommanditistin[229] oder Komplementärin einer KG werden. Nach Maßgabe des § 707a Abs. 1 S. 2 BGB, der über die Verweisung des § 105 Abs. 3, auch für die OHG und KG gilt, soll eine rechtsfähige Personengesellschaft aber nur dann in das Gesellschafts- bzw. Handelsregister eingetragen werden, wenn sie im **Gesellschafts- bzw. Handelsregister eingetragen** ist.

76 Innen-GbR (vgl. § 740 BGB), HGB-**Innengesellschaften,** wie die stille Gesellschaft (→ § 230 Rn. 26), und Bruchteilsgemeinschaften können nicht als solche Mitglieder einer Personengesellschaft werden, sondern nur deren Mitglieder,[230] oder die Innengesellschaften wandeln sich durch ein nach außen gerichtetes Auftreten zur Außengesellschaft.[231] Die **Erbengemeinschaft** (zur Erbfolge in einen Gesellschaftsanteil s. § 139) und die **Gütergemeinschaft** sind Gesamthandsgemeinschaften, die im Gegensatz zur Außen-GbR nicht rechtsfähig sind.[232] Sie können daher nicht Gesellschafter einer werbenden Personengesellschaft sein, sondern wiederum nur deren Mitglieder.[233]

77 **2. Rechte am Gesellschaftsanteil. a) Treuhand. aa) Formen und Begründung.** Anteile an Personengesellschaften können treuhänderisch gehalten werden.[234] In diesem Zusammenhang

---

[218] Zum Hintergrund MüKoHGB/Fleischer Rn. 270.

[219] BGH 9.3.1981, BGHZ 80, 129 (132) = NJW 1981, 1373 (1374); 12.11.1984, NJW 1985, 736 (737); Staub/Schäfer Rn. 136.

[220] BGH 8.10.1979, BGHZ 75, 178 (181 f.) = NJW 1980, 233; RGHMW/Haas Rn. 86; teilweise abw. Schlegelberger/K. Schmidt Rn. 60: automatische Auflösung auch der OHG (KG) bei Auflösung der einzigen geschäfts- und vertretungsberechtigten Gesellschafterin; MüKoHGB/Fleischer Rn. 273.

[221] BayObLG 21.3.1986, NJW 1986, 3029; OLG Saarbrücken 21.4.1989, NJW 1990, 647, jeweils zu ausländischen Gesellschaften; OLG Frankfurt 28.7.2006, NZG 2006, 830 f. mwN; OLG Dresden 21.5.2007, NZG 2008, 265; MüKoHGB/Fleischer Rn. 271; RGHMW/Haas Rn. 84; KKD/Kindler Rn. 17; Schön ZHR 187 (2023), 123 (141 f.); **aA** AG Bad Oeynhausen 15.3.2005, GmbHR 2005, 692 wegen unzulässiger Vermischung verschiedener nationaler Rechtsnormen bei GmbH & Co. KG.

[222] OLG Saarbrücken 21.4.1989, NJW 1990, 647; vgl. weiter RG 16.12.1913, RGZ 83, 367; Staudinger/Renner, 2024, IntGesR Rn. 476 ff., 167; MüKoBGB/Kindler IntGesR Rn. 524 f. ff.

[223] OLG Bremen 18.12.2012, NZG 2013, 144 m. zust. Anm. Wachter EWiR § 13e HGB 1/13, 151.

[224] Heute allgM, vgl. BGH 6.10.1992, BGHZ 119, 346 (356) = NJW 1993, 1265 (1267); MüKoHGB/Fleischer Rn. 274 ff.; Staub/Schäfer Rn. 137.

[225] Schlegelberger/Fleischer Rn. 233; RGHMW/Haas Rn. 88; Hopt/Roth Rn. 42; KKD/Kindler Rn. 18.

[226] KKD/Kindler Rn. 18.

[227] BGH 29.1.2001, BGHZ 146, 341 = NJW 2001, 1056.

[228] BGH 12.12.1966, BGHZ 46, 291 (296) = NJW 1967, 826; 7.7.1986, WM 1986, 1280; 19.2.1990, NJW-RR 1990, 798 (799).

[229] Anerkannt durch BGH 16.7.2001, BGHZ 148, 291 (297) = ZIP 2001, 1713 (1714).

[230] Schlegelberger/K. Schmidt Rn. 79.

[231] Ebenroth/Boujong/Wertenbruch Rn. 371.

[232] Zur Erbengemeinschaft BGH 11.9.2002, NJW 2002, 3389 (3391); LG Berlin 8.7.2003, ZEV 2004, 428; Staudinger/Löhnig, 2016, BGB § 2032 Rn. 4; MüKoBGB/Gergen BGB § 2032 Rn. 12; zum Unterschied zwischen Gesellschaft und den anderen Gesamthandsgemeinschaften vgl. auch K. Schmidt AcP 209 (2009), 181 (197 ff.); **aA** Flume BGB AT I 1 § 4 II (59) Fn. 3; Grunewald AcP 197 (1997), 305 ff.; Ann, Die Erbengemeinschaft, 2001, 394 ff.; Eberl-Borges, Die Erbauseinandersetzung, 2000, S. 30 ff.

[233] Zur Erbengemeinschaft BGH 10.2.1977, BGHZ 68, 225 (237) = NJW 1977, 1339 (1342); zur Gütergemeinschaft BayObLG 22.1.2003, ZIP 2003, 480; Staub/Schäfer Rn. 141 f.; Hopt/Roth Rn. 43.

[234] Zu den Beteiligungsmodellen iE Zeising DZWIR 2016, 551 (552 ff.).

unterscheidet man nach der **Interessenlage des Treuhänders** die uneigennützige (Verwaltungs-)Treuhand von der eigennützigen (Sicherungs-)Treuhand.[235] Treuhänderische Personengesellschaftsanteile werden typischerweise auf Grundlage einer Verwaltungstreuhand gehalten, bei welcher der Treuhänder die Rechte nur nach Maßgabe des Treugebers im Rahmen des zwischen den Parteien geschlossenen Treuhandvertrags ausüben darf.[236] Treuhandverhältnisse sind häufig bei Publikumspersonengesellschaften anzutreffen, bei welchen vielfach einer GmbH die Rolle des Treuhänders zugewiesen ist. Sie können durch Anteilsübertragung vom Treugeber (oder Dritten) auf den Treuhänder (Übertragungstreuhand) oder mittels vertraglicher Abrede zwischen dem Gesellschafter (und künftigen Treuhänder) und dem Treugeber (Vereinbarungstreuhand) **begründet** werden.[237] In beiden Fällen bedarf es der Zustimmung der Mitgesellschafter.[238]

bb) Charakteristika. Für die **fiduziarische Anteilsübertragung** ist charakteristisch, dass der Treuhänder im Außenverhältnis das Vollrecht und damit eine über den Zweck der Treuhandabrede hinausgehende Rechtsposition erwirbt, während er im Innenverhältnis gegenüber dem Treugeber auf einen enger gezogenen Vertragszweck beschränkt ist. Aus **gesellschaftsrechtlicher** Perspektive ist dem Treuhänder demnach die volle Gesellschafterstellung eingeräumt (Trennungsgrundsatz),[239] während er aus **schuldrechtlicher** Perspektive gegenüber seinem Treugeber an den jeweiligen Vertragszweck und dessen Weisungen gebunden ist, zudem einem Veräußerungsverbot unterliegt und sich bei Pflichtverletzungen nach § 280 Abs. 1 BGB schadensersatzpflichtig machen kann.[240] 78

cc) Rechtsstellung der Beteiligten. Aus der Gesellschafterstellung des Treuhänders folgt, dass den hinter dem Treuhänder stehenden Treugeber keine **Haftung** analog §§ 126, 127 unmittelbar gegenüber den Gesellschaftsgläubigern trifft, und zwar selbst dann nicht, wenn ihm im Innenverhältnis eine gesellschafterähnliche Stellung eingeräumt wurde.[241] Dies gilt uneingeschränkt für die verdeckte Treuhand;[242] für die offene Treuhand gilt dies gleichermaßen, wenn im Gesellschaftsvertrag nichts anderes geregelt ist.[243] Zudem ist es der Treuhänder, der in der Gesellschaft Beschlüsse fasst und ggf. angreift und die OHG/KG im Außenverhältnis vertritt. Auch wenn er hiermit gegen Bindungen im Innenverhältnis verstößt, sind die **Verfügungen** des Treuhänders im Außenverhältnis wirksam.[244] Eine Grenze ziehen nach zutreffender Auffassung die Lehre vom Missbrauch der Vertretungsmacht und die Grundsätze der Kollusion.[245] In Betracht kommt eine **Drittschadensliquidation** des anspruchsberechtigten Treuhänders wegen eines wirtschaftlich den Treugeber treffenden Schadens.[246] 79

Ein Treuhandkommanditist, der bereits vor Beitritt getäuschter Anleger auch eigene unmittelbare Anteile an der Gesellschaft hält, **haftet** jedoch gem. § 280 BGB, § 311 Abs. 2 BGB, § 278 BGB für eine **Verletzung der Aufklärungspflicht** durch einen Gründungsgesellschafter als Verhandlungsge- 80

---

[235] Dazu näher BeckOGK/Lieder, 1.9.2025, BGB § 398 Rn. 208.

[236] MüKoHGB/K. Schmidt Vor § 230 Rn. 36; Zeising DZWIR 2016, 551 (556).

[237] Vgl. auch BeckOGK/Lieder, 1.9.2025, BGB § 398 Rn. 205.

[238] Hopt/Roth Rn. 45; MüKoHGB/K. Schmidt Vor § 230 Rn. 53 f. (unter Hinweis auf RG 23.12.1938, RGZ 159, 272 [282] zur GmbH); **aA** Staub/Schäfer Rn. 149.

[239] OLG Jena 26.4.2006, NZG 2007, 460; Hopt/Roth Rn. 87.

[240] Zum Ganzen Armbrüster, Die treuhänderische Beteiligung an Gesellschaften, 2001; MüKoHGB/K. Schmidt Vor § 230 Rn. 34 ff.

[241] BGH 11.11.2008, BGHZ 178, 271 = NZG 2009, 57 mAnm Podewils BB 2009, 464; 12.2.2009, NZG 2009, 380; 21.4.2009, NZG 2009, 779; 20.7.2010, ZIP 2010, 1590 Rn. 25; 22.3.2011, NZG 2011, 588 Rn. 10 zur Falk-Gruppe mAnm Lieder WuB II F. § 171 HGB 1.11; 19.7.2011, NZG 2011, 1023 Rn. 36 mAnm Wertenbruch EWiR § 128 HGB 3/11, 749: nur gegenüber dem Grundbuch wurde Treuhand vereinbart; 24.7.2012, NZG 2012, 1024 Rn. 21; Hopt/Roth Rn. 90; MüKoHGB/Fleischer Rn. 505; Klaus-R. Wagner NZG 2009, 213; Schürnbrand ZGR 2014, 256 (271 f.); Zeising DZWIR 2016, 551 (561 f.); **aA** Kindler ZIP 2009, 1146: Haftung als Scheingesellschafter; dagegen BGH 11.11.2008, BGHZ 178, 271 Rn. 23 = NJW-RR 2009, 254; ebenfalls **aA** Pfeifle/Heigl WM 2008, 1485; Schlick WM 2014, 581 (590); weitere Fundamentalkritik bei Kindler FS K. Schmidt, Bd. I, 2019, 641 ff.

[242] Zu Begriff und Wesen der verdeckten Treuhand näher Zeising DZWIR 2016, 551 (557).

[243] BGH 11.11.2008, BGHZ 178, 271 = NJW-RR 2009, 254 (255); OLG Frankfurt 25.6.2009, NZG 2010, 383; OLG München 26.3.2008, BeckRS 2008, 7251; **aA** Schäfer ZHR 177 (2013), 619 (634 ff.).

[244] Hopt/Roth Rn. 89; MüKoHGB/K. Schmidt Vor § 230 Rn. 69; Henssler/Strohn/Henssler Rn. 177; Erman/Lieder BGB § 705 Rn. 27; MüKoBGB/Schäfer BGB § 705 Rn. 90.

[245] Staub/Schäfer Rn. 148; MüKoBGB/Schäfer BGB § 705 Rn. 90; Hopt/Roth Rn. 89; MüKoHGB/K. Schmidt Vor § 230 Rn. 69; Erman/Lieder BGB § 705 Rn. 27; Klöckner BB 2009, 1313 (1316); enger – nur §§ 138, 826, 823 Abs. 2 BGB iVm § 266 StGB – BGH 4.4.1968, BB 1968, 560 = NJW 1968, 1471 mAnm Kötz; 4.11.1976, WM 1977, 525 (527); **aA** Ebenroth/Boujong/Wertenbruch Rn. 387.

[246] BGH 12.11.1966, NJW 1967, 930 (931); KG 28.9.2007, WM 2008, 852.

hilfen.[247] Der mit einem **eigenen Kapitalanteil** beteiligte Treuhandkommanditist haftet nicht nur gegenüber nach ihm eintretenden Treugebern, sondern auch gegenüber neu beitretenden Direktkommanditisten, mit denen er (und die anderen Gesellschafter) den Aufnahmevertrag schließt.[248] Auf die Höhe der Kapitaleinlage des Altgesellschafters kommt es ebenso wenig an wie auf die Anzahl der weiteren Gesellschafter.[249] Fungiert der Treuhandkommanditist nur als Beteiligungsverwalter oder als Einzahlungstreuhänder, dann ist er nicht verpflichtet, den Anlegern ein zutreffendes Bild über das Beteiligungsobjekt zu vermitteln.[250] Bei einer Publikumsgesellschaft ist eine Haftung auch insofern ausgeschlossen, als sie einen Altgesellschafter betrifft, der **rein kapitalistisch** als Anleger beigetreten ist (→ § 161 Rn. 130 ff., → § 161 Rn. 143).[251]

81 **dd) Qualifizierte Treuhand.** Darüber hinaus kann allerdings zwischen den Beteiligten vereinbart werden, dass die Treugeber (Anleger) im Innenverhältnis wie Gesellschafter **(Quasi-Gesellschafter)** zu behandeln sind (qualifizierte oder atypische Treuhand).[252] Dies ist wegen der weitgehenden Vertragsfreiheit im Innenverhältnis bereits der Fall, wenn die mittelbare Beteiligung erst noch zu werbender Anleger im Gesellschaftsvertrag von vornherein vorgesehen ist und im Hinblick darauf bestimmte gesellschaftliche Rechte und Pflichten der Anleger im Gesellschaftsvertrag geregelt sind.[253] Bei einer geschlossenen Publikumsinvestment-KG folgt die Stellung als „Quasi-Gesellschafter" bereits aus § 152 Abs. 1 S. 3 KAGB (→ § 161 Rn. 216), ohne dabei eine volle materielle Gesellschafterstellung zu gewähren.[254] In allen diesen Fällen bleibt es im Grundsatz dabei, dass die Quasi-Gesellschafter **keine Haftung** analog § 126 im Außenverhältnis trifft (→ Rn. 79).[255] Die Haftung scheidet mangels Gesellschafterstellung aus. Denkbare Haftungsgründe sind aber Rechtsschein, Haftungsdurchgriff und Delikt.[256] Allerdings steht im Fall der qualifizierten Treuhand der Gesellschaft unmittelbar der gegen den Treugeber gerichtete Anspruch auf **Einlageleistung** zu (→ § 171 Rn. 79).[257]

82 Kraft vertraglicher Abrede können Treugebern **Weisungs-, Kontroll- und Stimmrechte**[258] ebenso übertragen werden wie das Recht zur Nichtigkeitsfeststellung von Gesellschafterbeschlüssen.[259] Insofern trifft den Treugeber auch die gesellschaftsvertragliche **Treuepflicht** mit ihren Komponenten Rücksichtnahme und Förderung.[260] Zugleich können sie von der Gesellschaft nach § 105 Abs. 3 iVm § 716 BGB **Aufwendungsersatz** verlangen, wenn sie ohne Verpflichtung im Innenver-

---

[247] BGH 9.7.2013, NZG 2013, 980 m. zust. Anm. Just EWiR § 311 BGB 1/13, 647; vgl. auch LG Hamburg 17.11.2014, BeckRS 2015, 08514.

[248] BGH 9.5.2017, NJW 2017, 3001 Rn. 11, 13; 17.4.2018, NZG 2018, 902 Rn. 17.

[249] BGH 17.4.2018, NZG 2018, 902 Rn. 16, 21.

[250] BGH 9.5.2017, NJW 2017, 3001 Rn. 10; 17.4.2018, NZG 2018, 902 Rn. 17.

[251] BGH 9.7.2013, NZG 2013, 980 Rn. 28; 21.6.2016, NZG 2016, 986 Rn. 12; 9.5.2017, NZG 2017, 858 Rn. 15; 9.5.2017, NJW 2017, 3001 Rn. 16; 17.4.2018, NZG 2018, 902 Rn. 19.

[252] BGH 13.5.1953, BGHZ 10, 44 (49 f.) = NJW 1953, 1548 (1549); 30.3.1987, ZIP 1987, 912 (913); 2.7.2001, BGHZ 148, 201 (205) = NJW 2001, 2718 (2719); 23.7.2003, ZIP 2003, 1702 (1703) = NJW 2003, 915; 13.7.2006, ZIP 2006, 1631 Rn. 10; 11.11.2008, BGHZ 178, 271 = NZG 2009, 57 Rn. 20; 21.4.2009, NZG 2009, 779; 11.10.2011, NZG 2011, 1432 Rn. 16 ff. auch zur Frage der revisionsrechtlich zulässigen Auslegung des Gesellschaftsvertrags; 18.9.2012, ZIP 2012, 2291 Rn. 11, zur Auslegung ZIP 2012, 2291 Rn. 17 ff.; 5.2.2013, NJW 2013, 2190 Rn. 22; 16.12.2014, NZG 2015, 269 Rn. 13 f.; 29.9.2015, NZG 2015, 1353 Rn. 10 ff.; Ebenroth/Boujong/Wertenbruch Rn. 192; Tebben ZGR 2001, 586 ff.; Zeising DZWIR 2016, 551 (558 ff.), auch zur Frage der dogmatischen Zulässigkeit; krit. Foerster, Die Zuordnung der Mitgliedschaft, 2018, S. 144 ff.

[253] BGH 11.10.2011, NZG 2011, 1432 Rn. 16 ff. m. zust. Anm. Wertenbruch EWiR § 735 BGB 1/12, 79; BGH 30.1.2018, NZG 2018, 539 Rn. 19.

[254] WBA/Paul KAGB § 152 Rn. 6; Staub/Casper § 161 Rn. 49; Wertenbruch NZG 2016, 401 (403); Wertenbruch NZG 2017, 81 (83); Wiedemann NZG 2013, 1041 (1045 f.).

[255] Vgl. nur BGH 16.12.2014, NZG 2015, 269 Rn. 20 aE; Wertenbruch NZG 2016, 401 (403); Zeising DZWIR 2016, 551 (561 f.); **aA** Kindler FS K. Schmidt, Bd. I, 2019, 641 ff.; offenbar ebenso Foerster, Die Zuordnung der Mitgliedschaft, 2018, 62 ff., 241, 378 ff.

[256] Hopt/Roth Rn. 89.

[257] Vgl. BGH 11.10.2011, NZG 2011, 1432 Rn. 16 f.; 18.9.2012, NZG 2012, 1342 Rn. 13; 18.9.2012, NZG 2012, 1345 Rn. 11; 30.1.2018, NZG 2018, 539 Rn. 18.

[258] Speziell zum Stimmrecht BGH 5.2.2013, BGHZ 196, 131 Rn. 15 ff. = NZG 2013, 379; 5.2.2013, ZIP 2013, 619 Rn. 17 ff. = BeckRS 2013, 04841; zust. BeckOK HGB/Klimke, 47. Ed. 1.7.2025, Rn. 120; Wertenbruch NZG 2017, 81 (83 ff.); abl. noch Wertenbruch NZG 2013, 285.

[259] Zusammenfassend Hopt/Roth Rn. 90; KKD/Kindler Rn. 21; aus der Rspr. vgl. exemplarisch BGH 13.5.1953, BGHZ 10, 44 (47); 28.1.1980, BGHZ 76, 127 (131); OLG München 5.9.2008, NZG 2008, 864 (865).

[260] Vgl. BGH 16.12.2014, NZG 2015, 269 Rn. 20; 29.9.2015, NZG 2015, 1353 Rn. 22; Hopt/Roth Rn. 90; ähnlich Armbrüster, Die treuhänderische Beteiligung an Gesellschaften, 2001, S. 341, 355 ff.; Tebben ZGR 2001, 586 (610).

hältnis eine Gesellschaftsverbindlichkeit getilgt haben.[261] Erhalten sie von der Gesellschaft keinen Aufwendungsersatz, können sie einen **Ausgleichsanspruch analog § 426 BGB** gegen die übrigen Treugeber geltend machen, die sich nicht an der Tilgung von Gesellschaftsverbindlichkeiten zur Verwirklichung eines Sanierungskonzepts beteiligt haben. Die übrigen Treugeber können sich nach § 242 BGB nicht darauf berufen, dass eine unmittelbare Haftung im Außenverhältnis ausgeschlossen ist.[262] Es gelten die Wertungen aus „Sanieren oder Ausscheiden".[263]

Im Rahmen der qualifizierten Treuhand kommen auch die Grundsätze der **fehlerhaften Gesellschaft** (→ Rn. 142 ff.) zur Anwendung mit der Folge, dass sich der Treugeber nur mit Wirkung ex nunc von einem fehlerhaften Beitrittsvertrag lösen kann.[264] Ist er zum Beitritt durch Täuschung oder Drohung bestimmt worden, steht ihm ein außerordentliches **Kündigungsrecht** zu (→ Rn. 156). Dies führt zu den regulären Rechtsfolgen nach §§ 135 ff.[265] 83

ee) Freistellungsanspruch. Allerdings hat der Treuhänder gegenüber dem Treugeber einen **Regressanspruch auf Freistellung** (§ 257 BGB) bzw. **Aufwendungsersatz** (§ 675 Abs. 1 BGB, § 670 BGB), dessen Höhe sich nach der (drohenden) Außenhaftung des Treuhänders nach §§ 126 ff. bemisst.[266] Daneben können aufgrund der Treuhandvereinbarung vertragliche Regressansprüche bestehen.[267] Dementsprechend können die Beteiligten auch einen Aufwendungsersatzanspruch nach § 105 Abs. 3 iVm § 716 BGB vereinbaren (→ Rn. 82). Das ist anzunehmen, wenn ein Treugeber als Quasi-Gesellschafter im Innenverhältnis einem unmittelbaren Gesellschafter gleichgestellt sein soll.[268] Zudem hat der Treugeber bei **Kündigung** des Treuhandverhältnisses dem Treuhänder nach §§ 675, 670 BGB den Auseinandersetzungsfehlbetrag zu erstatten.[269] 84

Der Freistellungs- bzw. Aufwendungsersatzanspruch ist nach § 398 BGB an die Gesellschaftsgläubiger **abtretbar** und führt damit mittelbar zu einer Haftung der Treugeber, ohne dass dem der Einwand der Treuwidrigkeit aus § 242 BGB entgegengehalten werden kann.[270] Die Abtretung kann wegen § 399 Alt. 1 BGB nur die Freistellung von den Ansprüchen des Gläubigers aus der Außenhaftung nach § 126 erfassen und könnte gem. § 139 BGB insgesamt nichtig sein, weil ein Freistellungsanspruch wirksam nur an den Gläubiger des Anspruchs, von dem freigestellt werden soll, abgetreten werden kann.[271] Es ist daher sorgfältig zu unterscheiden zwischen den Freistellungsansprüchen gegenüber Ansprüchen von verschiedenen Gläubigern und Ansprüchen der Gesellschaft selbst (→ Rn. 82). 85

Freistellungsansprüche verjähren mit der dreijährigen Frist des § 195 BGB. Die **Verjährungsfrist des Freistellungsanspruchs** beginnt gem. § 199 Abs. 1 Nr. 1 BGB nicht mit dem Schluss des Jahres, in dem der Freistellungsanspruch fällig geworden ist, sondern erst mit dem Schluss des Jahres, 86

---

[261] BGH 29.9.2015, NZG 2015, 1353 Rn. 15; Lubberich DNotZ 2016, 416 (419); Wertenbruch NZG 2016, 401 (404); Kindler FS K. Schmidt, Bd. I, 2019, 641 (646); **aA** Mock ZIP 2016, 497 (500), stattdessen für einen Rückgriff nach GoA und Bereicherungsrecht, Mock ZIP 2016, 497 (503).

[262] BGH 29.9.2015, NZG 2015, 1353 Rn. 21 ff. m. zust. Anm. Priester EWiR 2016, 39 (40); Lubberich DNotZ 2016, 416 (419); Wertenbruch NZG 2016, 401 (405 ff.); **aA** Mock ZIP 2016, 497 (500 ff.); abl. mit Blick auf den Gesamtschuldnerausgleich bei Teilleistungen Altmeppen NJW 2016, 1761 ff. Der auf den konkreten Einzelfall bezogene Einwand von Altmeppen NJW 2016, 1761 ff. erscheint überzeugend; vgl. auch MüKoBGB/Heinemeyer BGB § 426 Rn. 23; insgesamt krit. Kindler FS K. Schmidt, Bd. I, 2019, 641 (648 ff.).

[263] BGH 29.9.2015, NZG 2015, 1353 Rn. 23 unter Hinweis auf BGH 5.2.2013, BGHZ 196, 131 Rn. 21 = NJW 2013, 2190; abl. zur sachlichen Übertragbarkeit des dortigen Regelungsgedankens Mock ZIP 2016, 497 (501); Kindler FS K. Schmidt, Bd. I, 2019, 641 (651 f.).

[264] BGH 20.1.2015, NJW 2015, 1169 Rn. 11.

[265] BGH 20.1.2015, NJW 2015, 1169 Rn. 11.

[266] Vgl. BGH 22.3.2011, BeckRS 2011, 09694 Rn. 19; 22.3.2011, BeckRS 2011, 09690 Rn. 12; Stumpf BB 2011, 1807 (1810); Tebben VGR 16 (2010), 161 (169 f.); **aA** bei fehlender Vereinbarung RGHMW/Haas § 128 Rn. 4a; Mock ZIP 2016, 497 (499).

[267] BGH 28.1.1980, BGHZ 76, 127 (130 ff.) = NJW 1980, 1163 (1164); 5.5.2010, BGHZ 185, 310 Rn. 11 mwN = NJW 2010, 2197; 11.10.2011, NZG 2011, 1432 Rn. 35; 22.3.2011, NZG 2011, 588 zur Falk-Gruppe, mAnm Lieder WuB II F. § 171 HGB 1.11 und mAnm Stöber NZG 2011, 738 ff.; 18.10.2012, ZIP 2012, 2246 Rn. 16; 18.10.2012, ZIP 2012, 2250.

[268] BGH 29.9.2015, NZG 2015, 1353 Rn. 16 unter Hinweis auf BGH NJW-RR 2002, 455; zust. Kindler FS K. Schmidt, *Bd. I, 2019*, 641 (646); **aA** Mock ZIP 2016, 497 (500).

[269] OLG Naumburg 12.6.2013, BeckRS 2013, 22621 m. zust. Anm. Stari/Beuster DStR 2014, 271.

[270] BGH 12.3.1993, NJW 1993, 2232 (2233); 5.5.2010, NJW 2010, 2197; 11.10.2011, NZG 2011, 1432; vgl. auch 11.11.2008, BGHZ 178, 271 = NJW-RR 2009, 254 (255 f.); 22.3.2011, NZG 2011, 588 mAnm Lieder WuB II F. § 171 HGB 1.11; 11.10.2011, NZG 2011, 1432 Rn. 33 ff.; zur Haftung im Rahmen von Schiffsfonds Paul/Richter DB 2010, 2153 ff.; **aA** noch OLG München 26.3.2008, BeckRS 2008, 7251; 16.9.2009, ZIP 2010, 182.

[271] BGH 5.5.2010, BGHZ 185, 310 Rn. 12 = NJW 2010, 2197; 21.3.2011, ZIP 2011, 906 Rn. 14 mwN; 11.10.2011, NZG 2011, 1432 Rn. 33; 18.10.2012, ZIP 2012, 2246 Rn. 18.

in dem die Drittforderung fällig wird, von der zu befreien ist.[272] Anderes soll nach Auffassung des BGH gelten, wenn sich der **Befreiungsanspruch** vor Fälligkeit der Drittforderung bereits **in** einen **Zahlungsanspruch umgewandelt** hat. Das gelte insbesondere dann, wenn die Inanspruchnahme des Befreiungsgläubigers durch den Drittgläubiger mit Sicherheit zu erwarten ist und zudem feststeht, dass auf Mittel des Befreiungsschuldners für die Erfüllung der Drittforderung zugegriffen werden müsse.[273] Diese Begründung vermag allein die (Rück-)Ausnahme von der differenzierten Rspr. zur Verjährung von Befreiungsansprüchen zu tragen, nicht aber den (materiellrechtlichen) Übergang vom Freistellungs- zum Zahlungsanspruch. Gegen diesen spricht nicht nur der Grundgedanken des § 257 S. 1 BGB, der dem Befreiungsschuldner selbst die Entscheidung überlässt, auf welche Weise er den Befreiungsgläubiger von der Verbindlichkeit entlastet, sondern dafür sprechen auch ganz erhebliche Abgrenzungsschwierigkeiten, die ein hohes Maß an Rechtsunsicherheit in die Abwicklung von Freistellungsansprüchen hineintragen.[274]

87 Gegenüber dem Zahlungsanspruch des Gesellschaftsgläubigers kann der Treugeber **nicht** nach § 404 BGB mit Schadensersatzansprüchen gegen den Treuhänder **aufrechnen,** weil dies dem Prinzip der persönlichen Haftung in der Personengesellschaft widerspricht.[275] Dem Konzept der „wirtschaftlichen Außenhaftung" ist zuzustimmen, weil es die von den Parteien privatautonom gewählte treuhänderische Beteiligung an der Gesellschaft ernst nimmt (keine Außenhaftung), aber aus der ebenfalls zumeist aus steuerlichen Gründen gewählten schuldrechtlichen wirtschaftlichen Gleichstellung der Treugeber (Verlustzurechnung) konsequent eine rechtliche Innenhaftung herleitet.[276]

88 **ff) Auskunftsanspruch.** Auch **im Innenverhältnis unter den Treugebern** besteht an sich keine gesellschaftsvertragliche Verbundenheit. Es stellt sich daher die Frage, ob die Treugeber vom Treuhänder zur Durchsetzung ihrer Ansprüche nach § 716 BGB iVm § 105 Abs. 3 **Auskunft über die Identität der anderen Treugeber** verlangen können. Der BGH bejaht diese Frage jedenfalls dann, wenn zwischen den Treugebern eine **Innen-GbR** begründet worden ist.[277] Das Gleiche gilt, wenn die Treugeber im Innenverhältnis jeweils Gesellschaftern der KG gleichgestellt sind.[278] Die Kenntnis der Identität der Mitgesellschafter einer Personengesellschaft ist zur Durchsetzung von Rechten gegen diese erforderlich und resultiert aus der zwischen den Gesellschaftern bestehenden schuldrechtlichen Sonderverbindung des Gesellschaftsverhältnisses. Diese Position hat sich der Gesetzgeber des MoPeG mit § 166 Abs. 1 S. 2 zu Eigen gemacht.[279]

88a Für **datenschutzrechtliche Bedenken** ist vor diesem Hintergrund kein Raum.[280] Das gilt auch nach Inkrafttreten der DS-GVO, insbesondere stehen Art. 5 DS-GVO und Art. 6 DS-GVO einem Auskunftsanspruch nicht entgegen.[281] Das gilt ungeachtet der in eine andere Richtung weisenden

[272] BGH 5.5.2010, NJW 2010, 2197 m. abl. Anm. Rutschmann NZG 2010, 776; 22.3.2011, NZG 2011, 588 Rn. 23 zur Falk-Gruppe m. zust. Anm. Lieder WuB II F. § 171 HGB 1.11 und Stöber NZG 2011, 738 ff.; BGH 19.10.2017, NJW 2018, 1873 Rn. 21 mAnm Lieder WuB 2018, 107 ff.; OLG Karlsruhe 30.6.2009, NZG 2010, 151 m. zust. Anm. Jagersberger NZG 2010, 136 ff. und m. abl. Anm. Rutschmann DStR 2010, 555 ff.; OLG Stuttgart 18.3.2010, NZG 2010, 716.

[273] BGH 19.10.2017, NJW 2018, 1873 Rn. 22 mAnm Lieder WuB 2018, 107 ff.

[274] Dazu ausf. Lieder WuB 2018, 107 (109 f.).

[275] BGH 22.3.2011, NZG 2011, 588 Rn. 29 mAnm Lieder WuB II F. § 171 HGB 1.11; 24.7.2012, BGHZ 194, 180 Rn. 32 = NZG 2012, 1024 für OHG m. zust. Anm. K. Schmidt JuS 2013, 355; 18.10.2012, ZIP 2012, 2246 Rn. 23 ff.; Parallelentscheidung 18.10.2012, ZIP 2012, 2250; mit anderer Begr. Wertenbruch EWiR 2012, 599; OLG Stuttgart 18.3.2010, NZG 2010, 716; Schürnbrand ZGR 2014, 256 (272); Stöber NZG 2011, 738 (741); Stumpf BB 2011, 1429 (1433); **aA** Zeising DZWIR 2016, 551 (564 ff.).

[276] MüKoHGB/K. Schmidt Vor § 230 Rn. 59; Stöber NZG 2011, 738 (741); Wertenbruch NZG 2013, 285 (287 f.); Schäfer ZHR 177 (2013), 619 (624 ff.); krit. Klöhn VGR 18 (2012), 143 (145 ff.).

[277] BGH 21.9.2009, DStR 2010, 65 zu § 716 BGB; 11.1.2011, NJW 2011, 921 Rn. 11; 19.11.2019, NZG 2020, 381 Rn. 13; zur Innen-GbR in solchen Fällen näher und krit. Zeising DZWIR 2016, 551 (555 f.).

[278] BGH 5.2.2013, NZG 2013, 379 Rn. 11 ff. m. zust. Anm. Vosberg/Klawa EWiR § 716 BGB 2/13, 345 und Armbrüster EWiR § 716 BGB 1/13, 202 sowie Altmeppen ZIP 2013, 576; 16.12.2014, NZG 2015, 269 Rn. 13; 24.10.2023, NZG 2024, 249 Rn. 23; 22.1.2025, NZG 2025, 699 Rn. 9; OLG Stuttgart 10.10.2012, BeckRS 2013, 04352; OLG München 18.5.2011, NZG 2011, 1941 Rn. 36 ff.; 18.5.2011, BeckRS 2011, 14625; 5.2.2015, ZIP 2015, 523; 4.7.2018, NZG 2019, 577 Rn. 12; 16.1.2019, NZG 2019, 540 Rn. 20; LG Aachen 25.1.2011, BeckRS 2011, 8953; LG Bremen 13.12.2012, NZG 2013, 781; LG Dortmund 13.2.2015, BeckRS 2015, 04890; K. Schmidt NZG 2011, 361 (364); **aA** Altmeppen ZIP 2011, 326 ff.; Armbrüster EWiR § 716 BGB 2/11, 415; Markwardt BB 2011, 643 ff.; Nast NZG 2020, 826 f.; Wolfer NZG 2011, 854 ff.

[279] BGH 22.1.2025, NZG 2025, 699 Rn. 12; Sachtleber/Wollenschläger NZG 2024, 1553 Rn. 23.

[280] Priester ZIP 2011, 697 ff.; Wertenbruch EWiR § 716 BGB 1/11, 183; Paul GWR 2011, 225 ff.; **aA** Hoeren ZIP 2010, 2436 (2438 f.); *Holler* ZIP 2010, 2429 (2431 ff.).

[281] *BGH 19.11.2019*, NZG 2020, 381 Rn. 26 ff.; 24.10.2023, NZG 2024, 249 Rn. 11 ff.; OLG München 4.7.2018, NZG 2019, 577 Rn. 25 ff.; 16.1.2019, NZG 2019, 540 Rn. 27 ff.; **aA** Nast NZG 2020, 826 (827).

EuGH-Entscheidung vom 12.9.2024,[282] deren Sachverhalt nicht recht klar wird.[283] Zudem wird es vielfach erforderlich sein, dass die Gesellschafter mit ihren Mitgesellschaftern unmittelbaren Kontakt aufnehmen, sodass Art. 6 Abs. 1 UAbs. 1 lit. b DS-GVO häufig erfüllt sein wird, namentlich wenn sich die Gesellschafter über ihr Abstimmungsverhalten verständigen wollen oder die Auskunft für die Ausübung anderweitiger Mitgliedschaftsrechte erforderlich ist.[284] Anderes gilt, wenn es einer direkten Kommunikation nicht bedarf, wenn etwa lediglich ein Kaufangebot weitergeleitet werden soll.[285] Weil die Kenntnis der Mitgesellschafter für die Durchführung des Gesellschaftsvertrags und die Erreichung des Gesellschaftszwecks existenziell ist, kann ein Recht auf Anonymität wegen Verstoßes gegen vertragsrechtliche Grundprinzipien nicht wirksam vereinbart und das Auskunftsrecht weder durch Gesellschaftsvertrag noch Treuhandvertrag ausgeschlossen werden (→ § 108 Rn. 46).[286]

Verlangt werden kann die **Angabe von Namen und Anschrift** der anderen mittelbar und unmittelbar beteiligten Anleger,[287] ebenso die Beteiligungshöhen,[288] nicht aber deren E-Mail-Adressen.[289] Verpflichtet sind die Gesellschaft und die geschäftsführenden Gesellschafter[290] sowie die Treuhandkommanditisten.[291] **88b**

Nicht entschieden hat der BGH bislang über Gestaltungen, in denen die Treugeber **nur** über einen **Treuhandvertrag** mit der Publikumsgesellschaft verbunden sind, ohne einem Gesellschafter gleichgestellt zu sein.[292] Eine Literaturauffassung gewährt daher der privatautonomen Gestaltung zwischen dem Treugeber und dem Treuhänder den Vorrang gegenüber dem Informationsinteresse der anderen Treugeber.[293] Hiergegen spricht indes, dass selbst in der GmbH die anderen Gesellschafter einen Auskunftsanspruch auf Kundgabe der Identität des Treugebers haben[294] und damit jeder Treugeber seinen Treuhänder-Gesellschafter anweisen könnte, diese Informationsansprüche zu verfolgen. Zudem ist der Treugeber aufgrund der Treuhandabrede nach §§ 675, 670 BGB vom Erfolg oder Misserfolg der Gesellschaft im Ergebnis wirtschaftlich genauso betroffen, als ob er (Voll-)Gesellschafter wäre.[295] Dies rechtfertigt auch bei einem einfachen Treuhandverhältnis entsprechende Auskunftsansprüche. Gleichermaßen kann sich ein solcher Auskunftsanspruch auch aus einem Innengesellschaftsverhältnis ergeben, dass neben dem Kommanditgesellschaftsverhältnis von Treuhandkommanditisten existiert.[296] **89**

Die Auskunft ist begrenzt durch das Verbot unzulässiger Rechtsausübung (§ 242 BGB) und das Schikaneverbot gem. § 226 BGB.[297] Diese **Grenze** ist erreicht, wenn ein gering beteiligter Treugeber allein aus Gründen der Mandantenwerbung durch seinen Prozessvertreter der Gesellschaft beigetreten ist und Auskunft über 4.900 Mitgesellschafter begehrt.[298] Die Gefahr einer rechtswidrigen Nutzung der erlangten Daten durch den Prozessbevollmächtigten des Anlegers schließt einen Auskunftsanspruch nur bei **kollusivem Zusammenwirken** mit dem Anleger aus.[299] Ein rechtsmissbräuchliches **90**

[282] EuGH 12.9.2024, NZG 2024, 1575; krit. Sachtleber/Wollenschläger NZG 2024, 1553 ff.; vgl. weiter Schwind/Schwind NJW 2024, 3624 ff.; Foerster ZPG 2025, 241 Rn. 11 ff.

[283] Dazu ausf. BGH 22.1.2025, NZG 2025, 699 Rn. 13 ff.

[284] Vgl. BGH 22.1.2025, NZG 2025, 699 Rn. 19.

[285] BGH 22.1.2025, NZG 2025, 699 Rn. 20; Sachtleber/Wollenschläger NZG 2024, 1553 Rn. 22.

[286] Vgl. BGH 21.9.2009, NJW 2010, 439 Rn. 10, 13; 11.1.2011, NZG 2011, 276 Rn. 20; 5.2.2013, NZG 2013, 379 Rn. 24 ff., 38 ff.; 16.12.2014, NZG 2015, 269 Rn. 23; 22.1.2025, NZG 2025, 699 Rn. 9; krit. Altmeppen NZG 2012, 1321 (1327); Armbrüster FS Kanzleiter, 2010, 31 (40); MüKoBGB/Schäfer BGB § 716 Rn. 12b f.

[287] BGH 5.2.2013, NZG 2013, 379; 16.12.2014, NZG 2015, 269 Rn. 9; 19.11.2019, NZG 2020, 381 Rn. 20; 22.1.2025, NZG 2025, 699 Rn. 10.

[288] BGH 22.1.2025, NZG 2025, 699 Rn. 10; OLG Stuttgart 10.10.2012, BeckRS 2013, 04352; OLG München 18.5.2011, NZG 2011, 861 Rn. 41, 47; 16.1.2019, NZG 2019, 540 Rn. 23.

[289] LG Bremen 13.12.2012, NZG 2013, 781 Rn. 3.

[290] BGH 5.2.2013, NZG 2013, 379 Rn. 47 ff.; OLG Stuttgart 10.10.2012, BeckRS 2013, 04352.

[291] Vgl. BGH 16.12.2014, NZG 2015, 269 Rn. 23; 22.1.2025, NZG 2025, 699 Rn. 9 aE; OLG Stuttgart 10.12.2012, BeckRS 2013, 04352; **aA** OLG München 18.5.2011, NZG 2011, 861 Rn. 50 f.

[292] BGH 5.2.2013, NZG 2013 Rn. 37; zum Meinungsstand Armbrüster FS Kanzleiter, 2010, 31 (49 ff.).

[293] Altmeppen ZIP 2013, 576; Asmus/Markwardt ZIP 2012, 1581 (1590).

[294] BGH 5.2.2013, NZG 2013, 379 Rn. 28 mwN.

[295] BGH 5.2.2013, NZG 2013, 379 Rn. 21.

[296] OLG München 25.4.2024, NZG 2024, 1557 Rn. 42 ff.

[297] BGH 11.1.2011, NJW 2011, 921 Rn. 22; 5.2.2013, NZG 2013, 379 Rn. 12; 16.12.2014, NZG 2015, 269 Rn. 11, 26; 22.1.2025, NZG 2025, 699 Rn. 9; OLG München 4.7.2018, NZG 2019, 577 Rn. 30; 16.1.2019, NZG 2019, 540 Rn. 21.

[298] AG München 7.5.2014, WM 2014, 2051; ebenso OLG Bamberg 20.1.2014, WM 2014, 1174 bei 5.100 Mitanlegern und geringer Beteiligung; anders aber BGH 23.4.2013, NZG 2013, 789 für 75.000 Mitglieder eines Versicherungsvereins auf Gegenseitigkeit.

[299] BGH 19.11.2019, NZG 2020, 381 Rn. 24.

Verhalten des Anwalts allein ist durch berufs- und datenschutzrechtliche Rechtsbehelfe zu unterbinden. Von der Kostenübernahme durch den Prozessbevollmächtigten eines Anlegers kann nicht ohne Weiteres auf ein kollusives Zusammenwirken geschlossen werden.[300] Es ist auch nicht rechtsmissbräuchlich, die Auskunft nur deshalb zu verlangen, um den Mitgesellschaftern daraufhin ein **Kaufangebot** für ihre Beteiligung zu unterbreiten.[301] Ebenso wenig genügt eine bloß abstrakte Missbrauchsgefahr.[302]

91 **gg) Verstoß gegen RBerG und RDG.** Die umfassende vertragliche Regelung der schuldrechtlichen Rechtsbeziehungen zwischen Treugeber und Treuhänder sieht der BGH wegen Verstoßes gegen Art. 1 § 1 **Rechtsberatungsgesetz** (RBerG) nach § 134 BGB als nichtig an, wenn dem Treuhänder über die Befugnis zur treuhänderischen Verwaltung des Gesellschaftsanteils hinaus[303] zugleich umfassende Vertretungsmacht durch den Treugeber eingeräumt wird. Die Vertretungsbefugnis kann notwendig sein für die Finanzierung der Treuhandbeteiligung mittels Darlehens, um Sicherheiten (Schuldbeitritt/Sicherungsabtretung)[304] zulasten des Treugebers der Fondsgesellschaft zu bestellen,[305] um den Treuhänder von seiner Außenhaftung zulasten der Treugeber zu befreien[306] oder durch eine Auffanggesellschaft Regressansprüche der Gesellschafter untereinander nach § 426 BGB einzuziehen.[307] Daran hat sich unter der Geltung der ab dem 1.7.2007 geltenden, gelockerten §§ 3, 2 Abs. 2 S. 1 **RDG** nichts geändert.[308] Gleichwohl können sich die Anleger-Treugeber in der Regel nur für die Zukunft von der Gesellschaftsbeteiligung lösen, wenn die Regeln über die fehlerhafte Gesellschaft anwendbar sind (→ Rn. 142 ff.).[309] Gegenüber Dritten, zB darlehensgebenden Banken, kann sich der Gesellschafter ebenfalls nicht auf die Unwirksamkeit berufen.[310]

92 **hh) Abtretungsmodell.** Bei dem sog. Abtretungsmodell sieht der Treuhandvertrag vor, dass der Treuhänder im Fall der Insolvenz der Gesellschaft seine Gesellschafterstellung an die Treugeber überträgt. Selbst wenn die hierzu eingeräumte Vollmacht gegen das RDG verstößt (→ Rn. 91), ist die Anteilsübertragung für die Vergangenheit nach den Regeln über die fehlerhafte Gesellschaft als wirksam anzusehen (→ Rn. 142 ff.), sodass die Anleger-Treugeber gem. §§ 126 ff. haften.[311]

93 **ii) Auflösung.** Aufgrund der Gesellschafterstellung der Treugeber kann die Gesellschaft nach **Auflösung** durch ihre Liquidatoren (→ § 145 Rn. 4 ff.) von ihnen nach §§ 143 ff. Ausgleich im Verhältnis ihrer Kapitalkonten fordern, soweit der eingeforderte Betrag für die Zwecke der Auflösung benötigt wird.[312] Mit dieser Einschränkung kann der Anspruch neben den an die Gesellschaftsgläubiger abgetretenen Ansprüchen auf Freistellung von den Gläubigerforderungen (→ Rn. 86 f.) geltend gemacht werden.[313] Ein Anspruch auf Ausgleich nach § 149 steht der Gesellschaft auch zu, wenn der Treugeber von seinem Widerrufsrecht nach § 312 BGB (→ Rn. 151) Gebrauch macht.[314]

---

[300] OLG Stuttgart 10.10.2012, BeckRS 2013, 4352 Rn. 154; **aA** OLG München 4.7.2019, NZG 2019, 577 Rn. 38 ff.

[301] BGH 24.10.2023, NZG 2024, 249 Rn. 11 f., 16; 22.1.2025, NZG 2025, 699 Rn. 10 aE; OLG München 16.1.2019, NZG 2019, 540 Rn. 23 ff.

[302] BGH 16.12.2014, NZG 2015, 269 Rn. 11, 26; OLG München 25.4.2024, NZG 2024, 1557 Rn. 47.

[303] Kein Verstoß, wenn sich die Vollmacht auf gesellschaftsrechtliche Belange und die wirtschaftliche Beratung beschränkt: BGH 11.10.2011, NZG 2012, 78 Rn. 14 ff.; 22.3.2011, NZG 2011, 588 Rn. 12 zur Falk-Gruppe, mAnm Lieder WuB II F. § 171 HGB 1.11.

[304] Vgl. BGH 11.11.2008, BGHZ 178, 271 = NZG 2009, 57; 21.4.2009, NZG 2009, 779.

[305] BGH 16.12.2002, BGHZ 153, 214 (218) = NJW 2003, 1252 (1253); 14.6.2004, BGHZ 159, 294 (299) = NJW 2004, 2736 (2738); 26.2.2008, NJW 2008, 1585; 23.9.2008, BeckRS 2008, 22079; 29.7.2008, NJW 2008, 3357; 20.7.2010, NZG 2010, 991 (994), jeweils mwN; KG 6.1.2009, BKR 2009, 340; zur Diskussion Altmeppen ZIP 2006, 1 ff. mwN.

[306] BGH 20.7.2010, NZG 2010, 991 Rn. 31.

[307] BGH 12.4.2011, NZG 2011, 672 Rn. 13 ff.

[308] BGH 11.6.2013, BeckRS 2013, 13519 zu einer Auffanggesellschaft; Stöber NZG 2011, 738 (739 f.); **aA** Stumpf BB 2012, 1429 (1431 f.): frühere Rspr. gelte nur noch eingeschränkt.

[309] BGH 2.7.2001, BGHZ 148, 201 (207) = NJW 2001, 2718 (2720); 16.12.2002, BGHZ 153, 214 (221) = NJW 2003, 1252 (1254); 21.7.2003, BGHZ 156, 46 (52) = NJW 2003, 2821 (2823); 27.6.2006, WM 2006, 1523; 20.7.2010, NZG 2010, 991 Rn. 35.

[310] OLG Karlsruhe 30.3.2011, ZIP 2011, 905 Rn. 32 mwN.

[311] BGH 20.7.2010, NZG 2010, 991 mAnm Stöber NZG 2011, 738 ff.

[312] BGH 11.10.2011, NZG 2011, 1432 Rn. 35 f. m. zust. Anm. Wertenbruch EWiR § 735 BGB 1/12, 79. Zum Einwand, der Betrag werde nicht benötigt, vgl. auch BGH 3.7.1978, WM 1978, 898 (899).

[313] BGH 11.10.2011, NZG 2011, 1432 Rn. 34 f. m. zust. Anm. Wertenbruch EWiR § 735 BGB 1/12, 79; **aA** noch Vorinstanz OLG München 16.9.2009, ZIP 2010, 182.

[314] OLG Naumburg 12.6.2013, BeckRS 2013, 22621.

94 **b) Nießbrauch.** Die Bestellung eines Nießbrauchs nach § 1068 BGB an einem Gesellschaftsanteil der OHG oder KG ist unter **Zustimmung** aller Gesellschafter zulässig.[315] Der Nießbraucher erhält ein umfassendes dingliches Nutzungsrecht an dem Anteil, wird aber nicht Gesellschafter.[316] Wegen seiner umfassenden Verwaltungsrechte ist der Nießbraucher im Handelsregister **eintragungsfähig** (→ § 106 Rn. 27).[317]

95 **c) Unterbeteiligung.** Die Unterbeteiligung (→ § 230 Rn. 122 ff.) ist die vertraglich eingeräumte Mitberechtigung einer oder mehrerer Personen an den Vermögensrechten aus dem Anteil eines Gesellschafters an der Gesellschaft. Sie begründet eine Beteiligung am Gewinn, je nach vertraglicher Gestaltung auch am Wertzuwachs und am Verlust: Es handelt sich um eine **Innen-GbR,** auf die vorbehaltlich anderweitiger vertraglicher Vereinbarungen die Vorschriften über die stille Gesellschaft nach den §§ 230 ff. entsprechend anzuwenden sind.[318] Die Unterbeteiligung wird unter anderem als Instrument der vorweggenommenen Erbfolge eingesetzt, da ihre Schenkung unter Lebenden aufschiebend bedingt durch den Tod des Hauptgesellschafters durch den Abschluss des Gesellschaftsvertrags noch zu Lebzeiten vollzogen werden kann (§ 2301 Abs. 2 BGB, § 518 Abs. 2 BGB) und damit nicht in den pflichtteilbelasteten Nachlass fällt. Dies gilt nach der Rspr. des BGH aber nur, wenn der Beschenkte mit der Beteiligung an der Innengesellschaft nicht nur vermögensrechtliche Ansprüche (die nach dem BGH nur schuldrechtlicher Natur sind), sondern auch mitgliedschaftliche Rechte wie Stimm-,[319] Verwaltungs- und Kontrollrechte erhält. Nur dann habe der Beschenkte bereits eine dingliche Mitberechtigung zu Lebezeiten erlangt.[320] Zudem dient sie der steuerlichen Optimierung der Unternehmensnachfolge.[321]

96 **3. Die Mitgliedschaft. a) Rechtsnatur.** Die Mitgliedschaft in der Personengesellschaft bezeichnet die Gesamtheit der gesellschaftsrechtlichen Rechte und Pflichten der Gesellschafter untereinander und zur Gesellschaft.[322] Sie ist zugleich als subjektives Recht der Gesellschafter und als sonstiges Recht iSd § 823 Abs. 1 BGB gegenüber jedermann vor unerlaubten Handlungen geschützt.[323]

97 **b) Arten der Mitgliedschaftsrechte.** Die Rechte aus der Mitgliedschaft lassen sich unterteilen in **Mitverwaltungsrechte** (Recht zur Geschäftsführung und Vertretung, Stimm- und Informationsrechte) und in **Vermögensrechte** (Gewinnanspruch, Entnahmerechte und Liquidationsguthaben). Zum **Abspaltungsverbot,** der **Treuepflicht** und dem **Gleichbehandlungsgrundsatz** → § 108 Rn. 19 ff., → § 108 Rn. 29 ff. und → § 108 Rn. 41.

98 **c) Haftungsmaßstab.** Für Pflichtverstöße der Gesellschafter gegenüber der Gesellschaft und den Mitgesellschaftern gelten nach ersatzloser **Streichung des § 708 BGB aF** im Grundsatz die allgemeinen Sorgfaltsanforderungen nach § 276, die freilich verkehrskreisbezogen zu bestimmen sind.[324] Eine

[315] BGH 20.4.1972, BGHZ 58, 316 (318 f.) = NJW 1972, 1755 f.; 12.12.1974, LM § 109 Nr. 12 = BB 1975, 295; 9.11.1998, NJW 1999, 571 (572); U. Huber, Vermögensanteil, Kapitalanteil und Gesellschaftsanteil, 1970, 413 ff.; Staub/Schäfer Rn. 155; Heymann/Emmerich Rn. 70; Hopt/Roth Rn. 100; Schön ZHR 158 (1994), 229 (236 ff.).

[316] BGH 20.4.1972, BGHZ 58, 316 (320) = NJW 1972, 1755 f.; OLG München 8.8.2016, DStR 2016, 2000 Rn. 12; zum Ganzen Hepp-Schwab, Die Mitgliedschaft des Personengesellschafters und der Nießbrauch an seinem Gesellschaftsanteil, 1998; Wälzholz DStR 2010, 1786 ff.; K. Schmidt GesR § 61 II 3; Schön ZHR 158 (1994), 229.

[317] OLG Oldenburg 9.3.2015, NZG 2015, 643; OLG Stuttgart 28.1.2013, NZG 2013, 432 mwN zum Meinungsstand und m. zust. Anm. Wachter EWiR § 106 HGB 1/13, 413; LG Aachen 6.4.2009, NZG 2009, 1157; 28.4.2003, RNotZ 2001, 155; LG Köln 12.5.2000, RNotZ 2001, 155; **aA** OLG München 8.8.2016, DStR 2016, 2000 = GmbHR 2016, 1267 m. abl. Anm. Wächter; OLG Köln 7.10.2019, NZG 2020, 64 Rn. 5; Lazarets/Becker NotBZ 2020, 289 (291 f.); Wertenbruch NZG 2020, 641 ff.

[318] MüKoBGB/Schäfer BGB Vor § 705 Rn. 92 mwN; ausf. Banck, Die Unterbeteiligung als Gestaltungsinstrument der Unternehmensnachfolge, 2016, S. 39 und passim.

[319] Speziell zum Stimmrecht des Unterbeteiligten Wertenbruch NZG 2017, 81 (87 f.).

[320] BGH 29.11.2011, NZG 2012, 222 Rn. 22 ff. – Siegfried Unseld-Stiftung – mwN unter Berufung auf MüKoHGB/K. Schmidt § 230 Rn. 224, 103; K. Schmidt DB 2002, 829; ebenso BFH 16.1.2008, BFHE 220, 513 (515 f.) = NJW-RR 2008, 986; Banck, Die Unterbeteiligung als Gestaltungsinstrument der Unternehmensnachfolge, 2016, 88 f.; weitergehend Joost EWiR § 2301 BGB 1/12, 343; Tebben, Unterbeteiligung und Treuhand an Gesellschaftsanteilen, 2000, S. 225 ff.; krit. zur Pflichtteilsumgehung Röthel npoR 2012, 67 ff.; Westermann JZ 2012, 1007 (1009).

[321] Kühne/Rehm NZG 2013, 561; Strnad ZEV 2012, 394.

[322] K. Schmidt GesR § 19 I 3; Staub/Schäfer Rn. 244 ff.; MüKoHGB/Fleischer Rn. 286.

[323] BGH 12.3.1990, BGHZ 110, 323 (327 f., 334) = NJW 1990, 2877 – Verein; Habersack, Die Mitgliedschaft – subjektives und sonstiges Recht, 1996, S. 113 ff.; Lieder ZfPW 2016, 205 (211); MüKoHGB/Fleischer Rn. 288; Wiedemann FS Goette, 2011, 617 ff.

[324] Dazu näher MüKoBGB/Grundmann BGB § 276 Rn. 57 f.; BeckOK BGB/Lorenz, 75. Ed. 1.8.2025, BGB § 276 Rn. 20.

generelle Haftungsprivilegierung analog §§ 31a, 31b BGB bzw. analog §§ 521, 599, 690 BGB kommt jedenfalls nicht in Betracht.[325] Davon abgesehen können sich die Gesellschafter – auch stillschweigend – auf einen **Haftungsausschluss** verständigen,[326] für dessen Annahme indes große Zurückhaltung angezeigt ist, um sich nicht in die Nähe einer Willensfiktion zu begeben.[327] Das gilt für **vertragliche** wie für **deliktische Ansprüche.**

99 **d) Rechtsstreitigkeiten aus dem Gesellschaftsverhältnis. aa) Rechtsverhältnisse.** Für **Klagen** aus dem Gesellschaftsverhältnis unter den Gesellschaftern sind nur die Gesellschafter Parteien eines Rechtsstreits;[328] abweichende Vereinbarungen sind aber zulässig. Mehrere Gesellschafter sind nicht notwendige Streitgenossen nach § 62 ZPO, auch wenn die Entscheidung materiellrechtlich nur einheitlich für oder gegen sie erfolgen kann.[329] Die gesetzlich geregelten Gestaltungsklagen nach § 116 Abs. 5, § 124 Abs. 5, § 134 und § 139 sind ebenfalls unter den Gesellschaftern auszutragen. Hier besteht notwendige Streitgenossenschaft der Gesellschafter.[330] Ein mit Wirkung unter den Gesellschaftern ergangenes Urteil ist auch für die Gesellschaft bindend.[331]

100 Nur zwischen dem Gesellschafter und der Gesellschaft sind Streitigkeiten über Leistungsansprüche aus dem Gesellschaftsverhältnis **(Sozialansprüche und Sozialverpflichtungen)** auszutragen.[332] Zu den Sozialansprüchen gegen Gesellschafter gehören die Einlageleistung, Ansprüche auf Unterlassung von Wettbewerb und Schadensersatzansprüche aus der Verletzung der Treuepflicht. Zu den Sozialverpflichtungen der Gesellschaft gehören Ansprüche auf Beteiligung am Gewinn und an einem Liquidationserlös oder die Erstattung von Aufwendungsersatz. Für diese Ansprüche haben die Mitgesellschafter nicht einzustehen (→ § 126 Rn. 20).[333] Eine Ausnahme gilt, wenn der Gesellschafter nach § 126 von einem Gesellschaftsgläubiger in Anspruch genommen wurde und die Gesellschaft nicht zur Zahlung in der Lage oder bereit ist, für den Befreiungsanspruch gegen die Mitgesellschafter.[334] Auch der Feststellungsstreit über die Wirksamkeit von Gesellschafterbeschlüssen wird zwischen den Gesellschaftern ausgetragen, wenn gesellschaftsvertraglich das Anfechtungsmodell nach §§ 110 ff. zugunsten des nach früherem Recht geltenden Feststellungsmodells abbedungen wurde (→ § 111 Rn. 1 ff.). In diesen Beziehungen kann ein einzelner Gesellschafter mittels **actio pro socio** (zur Gesellschafterklage → Rn. 102 ff.) den Anspruch der Gesellschaft gegen die Gesellschafter geltend machen.

101 Für Ansprüche aus **Drittgeschäften** sind ausschließlich die geschäftsführenden Gesellschafter zuständig. Hierzu zählen schuldrechtliche Rechtsgeschäfte, die der Gesellschafter wie ein Dritter mit der Gesellschaft eingeht, etwa aus Kauf, Miete, Darlehen oder Dienstverhältnis. Die schuldrechtlichen Beziehungen zwischen Gesellschaft und Gesellschafter unterliegen zwar im Grundsatz auch hier der **gesellschaftsrechtlichen Treuepflicht.** Dies führt aber – entgegen der früher hM[335] – nicht dazu, dass sich der Gesellschafter zunächst an die Gesellschaft wenden muss, bevor er nach § 126 auf die Mitgesellschafter zugreift **(keine Subsidiarität).**[336] Allerdings kann sich aus dem **Gleichbehandlungsgrundsatz** das Verbot der einseitigen Begünstigung eines Gesellschafters ergeben.[337] Zudem muss sich der Gesellschafter nach zutreffender hM seinen Anteil abziehen lassen.[338]

[325] MüKoBGB/Schäfer BGB § 715 Rn. 30; Habersack/Lüdeking RFamU 2022, 3 (7); Schirrmacher ZHR 186 (2022), 250 (260 ff.).

[326] Begr. RegE, BT-Drs. 19/27635, 140.

[327] Vgl. Habersack/Lüdeking RFamU 2022, 3 (7); Schirrmacher ZHR 186 (2022), 250 (256).

[328] BGH 5.6.1967, BGHZ 48, 175 (176 f.) = NJW 1967, 2159; 13.7.1981, BGHZ 81, 263 (264 f.) = NJW 1981, 2565; 2.5.1983, WM 1983, 785; 30.4.1984, BGHZ 91, 132 (133) = NJW 1984, 2104; 11.12.1989, NJW-RR 1990, 474 = WM 1990, 675 (676); 9.11.1998, ZIP 1999, 68; 24.3.2003, NJW-RR 2003, 820; 8.3.2004, NJW 2004, 958; 20.6.2005, NZG 2005, 1552; 4.7.2005, NZG 2005, 753 = NJW-RR 2005, 1347; Wertenbruch NZG 2006, 408 (412).

[329] BGH 15.6.1959, BGHZ 30, 195 (197 f.) = NJW 1959, 1683 (1684); 9.11.1998, ZIP 1999, 68 (69) unter III.1., vgl. aber auch III.2. und die dort zitierte Entscheidung BGH 29.3.1996, WM 1996, 772 (776 f.); MüKoHGB/Fleischer Rn. 307; Hopt/Roth § 109 Rn. 73.

[330] BGH 15.6.1959, BGHZ 30, 195 (197 f.) = NJW 1959, 1683 (1684); Flume BGB AT I 1 § 10 I (129); Westermann/Wertenbruch PersGesR-HdB/Wertenbruch Rn. I 430.

[331] BGH 5.6.1967, WM 1990, 309 f.; Westermann/Wertenbruch PersGesR-HdB/Wertenbruch Rn. I 433.

[332] Staub/Schäfer Rn. 247 f.; Westermann/Wertenbruch PersGesR-HdB/Wertenbruch Rn. I 422.

[333] BGH 2.7.1962, BGHZ 37, 299 = NZG 2002, 394; 18.1.2010, NZG 2010, 383.

[334] BGH 18.1.2010, NZG 2010, 383.

[335] Vgl. OLG Köln 28.12.2012, NZG 2014, 179 (182); K. Schmidt GesR § 49 I 2 b; Windbichler/Bachmann GesR § 14 Rn. 29.

[336] BGH 8.10.2013, NZG 2013, 1334; Bayer/Lieder HaGesR Rn. 679.

[337] Vgl. Wiedemann WM-Sonderbeil. 7/1992, 10 f.

[338] BGH 10.11.1969, WM 1970, 280 (281) = BB 1970, 320; 1.12.1982, NJW 1983, 749; 18.3.2002, NZG 2002, 519; OLG Karlsruhe 24.1.2001, NZG 2001, 748 (749); diff. Wolffskeel v. Reichenberg NZG 2017, 45 (48 ff.).

bb) Gesellschafterklage (actio pro socio). Im Grundsatz sind die geschäftsführenden Gesellschafter zur Durchsetzung von Sozialansprüchen berufen. Verweigern sie indes die Rechtsdurchsetzung, ist jeder Gesellschafter nach § 105 Abs. 3 iVm § 715b Abs. 1 BGB[339] berechtigt, einen auf dem Gesellschaftsverhältnis beruhenden Anspruch der GbR gegen einen anderen Gesellschafter **(Sozialansprüche)** im eigenen Namen durchzusetzen, wenn der zuständige geschäftsführungs- und vertretungsbefugte Gesellschafter dies pflichtwidrig unterlässt **(Subsidiarität)**.[340] Ansprüche gegen **Dritte** werden nur dann erfasst, wenn der Dritte am pflichtwidrigen Unterlassen der Anspruchsverfolgung mitgewirkt hat oder es zumindest kannte, wobei das pflichtwidrige Handeln gerade dazu geführt haben muss, dass die geschäftsführungs- und vertretungsbefugten Gesellschafter die Anspruchsverfolgung unterließen.[341] 102

Aus rechtsdogmatischer Perspektive begründet § 715b BGB eine **gesetzliche Einziehungs- und Prozessführungsbefugnis** und entscheidet damit die leidige Streitfrage nach der Rechtsnatur der actio pro socio.[342] Im überindividuellen Interesse an Rechtssicherheit sowie in Übereinstimmung mit § 148 Abs. 5 S. 1 AktG ordnet § 715b Abs. 4 BGB an, das ein vom Gesellschafter über den Anspruch erstrittenes Urteil für und gegen die Gesellschaft wirkt. Diese **Rechtskrafterstreckung** steht und fällt mit den **Unterrichtungspflichten** nach § 715b Abs. 3 BGB, die dem berechtigten Partizipationsinteresse der OHG zu diesen bestimmt sind. Danach hat der klagende Gesellschafter die Gesellschaft unverzüglich über die Klageerhebung sowie die Lage des Rechtsstreits in Kenntnis zu setzen und hiervon auch das Gericht zu informieren. Umgekehrt hat das Gericht auf eine unverzügliche Unterrichtung der Gesellschaft hinzuwirken.[343] 103

Nach ihrer Grundausrichtung kommt der Gesellschafterklage eine **minderheitsschützende Funktion** zu,[344] die sich auch darin manifestiert, dass die Klagebefugnis nach § 715b Abs. 2 BGB prinzipiell satzungsfest ausgestaltet ist (→ § 108 Rn. 46). Darüber hinaus kann zur Anspruchsverfolgung analog § 147 Abs. 1 S. 1 AktG, § 46 Nr. 8 GmbHG ein **besonderer Vertreter** bestellt werden.[345] Auch die **Notgeschäftsführungsbefugnis** nach § 105 Abs. 3 iVm § 715a BGB (→ § 116 Rn. 88) wird durch das Einzelklagerecht nicht ausgeschlossen.[346] 104

Beispielsfälle der einklagbaren Sozialansprüche sind der Anspruch auf Beitragsleistung,[347] Ansprüche auf Rückgewähr unerlaubter Entnahmen nach § 812 Abs. 1 S. 1 Alt. 1 BGB,[348] Schadensersatzansprüche wegen pflichtwidriger Geschäftsführung (→ Rn. 100),[349] Ansprüche wegen der Verletzung von Wettbewerbsverboten,[350] Auskunftsansprüche,[351] Ansprüche wegen Verletzung der Treuepflicht[352] und Ansprüche aus unerlaubter Handlung.[353] 105

4. Beitrags- und Einlagepflichten. Durch den Gesellschaftsvertrag verpflichtet sich der Gesellschafter, den Gesellschaftszweck durch Beiträge zu fördern. Dies kann durch die Erbringung von Einlagen, die Nutzungsüberlassung von Wirtschaftsgütern oder die Erbringung von Diensten geschehen. Soweit Geld, Sachen oder andere Gegenstände dabei in das Eigentum der Gesellschaft übergehen, spricht man von Einlagen.[354] Die früher uneinheitliche Terminologie (vgl. §§ 706 f. BGB aF, § 718 Abs. 1 BGB aF, § 733 Abs. 2 BGB aF) ist durch das MoPeG bereinigt worden.[355] 106

---

339 S. die Erläuterungen bei Erman/Lieder BGB § 715b Rn. 1 ff.

340 Zur Subsidiarität näher Begr. RegE, BT-Drs. 19/27635, 176; zT krit. Lieder ZGR Sonderheft 23 (2021), 169 (201).

341 Zust. Lieder ZGR Sonderheft 23 (2021), 169 (200); Schall ZIP 2020, 1443 (1450); krit. Fleischer ZGR Sonderheft 23 (2021), 1 (26).

342 Zur früheren Rechtslage → 7. Aufl. 2021, Rn. 70 ff.

343 Dazu ausf. Lieder ZGR Sonderheft 23 (2021), 169 (202 f.).

344 Vgl. Begr. RegE, BT-Drs. 19/27635, 154; BeckOK BGB/Schöne, 75. Ed. 1.8.2025, § 715b Rn. 1; Berger ZZP 135 (2022), 407 f.; Schäfer ZHR 187 (2023), 78 (79).

345 Vgl. Begr. RegE, BT-Drs. 19/27635, 175.

346 Vgl. Begr. RegE, BT-Drs. 19/27635, 175.

347 AllgM, s. etwa Hopt/Roth Rn. 72.

348 BGH 26.4.2010, DStR 2010, 1346.

349 BGH 2.7.1973, NJW 1973, 2198 f.; 13.5.1985, NJW 1985, 2830 (2831); OLG Stuttgart 11.3.2009, NZG 2009, 1303.

350 BGH 5.12.1983, BGHZ 89, 162 (172) = NJW 1984, 1351 (1353).

351 BGH 1.12.1969, WM 1970, 249; 22.2.1971, WM 1971, 723 (725).

352 BGH 22.2.1971, WM 1971, 723.

353 BGH 17.6.1953, BGHZ 10, 91 (101 f.) = NJW 1953, 1217.

354 Wiedemann WM-Sonderbeil. 7/1992, 14; K. Schmidt GesR § 20 II 1; Westermann/Wertenbruch PersGesR-HdB/Wertenbruch Rn. I 376; Bork ZHR 154 (1990), 205 (206 f.).

355 Vgl. Begr. RegE, BT-Drs. 19/27635, 141; Erman/Lieder BGB § 709 Rn. 2; Reichert, Sacheinlagen in das Gesellschaftsvermögen von Personengesellschaften, 2024, S. 21.

107 **a) Beiträge.** Wegen der unbeschränkten persönlichen Haftung des Komplementärs (zum Kommanditisten → § 171 Rn. 35 ff.) sind die Gesellschafter weitgehend frei, welche Art der Leistung sie als Beiträge vereinbaren, in Betracht kommt jedes erlaubte Tun oder Unterlassen, das den Gesellschaftszweck fördert. Beispiele sind Barzahlung, Gewährung eines Darlehens (zur Kombination von Darlehensgewährung und Einzahlung, sog. „gesplittete Einlage", → § 171 Rn. 76 ff.), die Verpflichtung zum Vertragsschluss mit der Gesellschaft, **Sachen,**[356] Forderungen, Sachgesamtheiten, Beteiligungen an anderen Gesellschaften, Nutzungsüberlassungen, immaterielle Wirtschaftsgüter, Namensrechte,[357] Know-how und ein Geschäftswert.[358] Dabei können auch Gegenstände eingelegt werden, die nicht bilanzierungsfähig sind.[359]

108 Auch **Dienstleistungen** der Gesellschafter **(Arbeitsgesellschafter),**[360] etwa die Übernahme der Geschäftsführung, sind taugliche Beiträge.[361] Allerdings ist die Einbringung von Dienstleistungen als Sacheinlage analog § 27 Abs. 2 AktG ausgeschlossen;[362] in Betracht kommt nur, dass der Geschäftsführer seinen Anspruch auf das vereinbarte Gehalt stehen lässt und mit dem Anspruch der Gesellschaft auf Bareinlage verrechnet.[363] Vielfach wird es sich bei Arbeitsgesellschaftern – in Ermangelung der Einlagefähigkeit von Dienstleistungsversprechen – um **Gesellschafter ohne Kapitalanteil** handeln, was ohne weiteres zulässig ist.[364] In der Praxis ist dieser Realtypus bei Familiengesellschaften vielfach anzutreffen, wenn ein Familienfremder zwar die Geschäftsführung übernehmen, aber nicht am Gesellschaftsvermögen beteiligt werden soll.[365] Ohne Kapitalanteil partizipieren Arbeitsgesellschafter nicht an der Vorabdividende (→ § 120 Rn. 48) und haben auch kein Entnahmerecht (→ § 122 Rn. 1 ff.), müssen aber dennoch Verluste nach Köpfen mittragen (→ § 120 Rn. 51). In der Liquidation erhalten sie hingegen keinen Ersatz für geleistete Dienste; vielmehr adressiert die Schlussbilanz das Verhältnis der Kapitalanteile (→ § 148 Rn. 24).[366] Gleichberechtigt sind Arbeitsgesellschafter kapitalgebenden Mitgesellschaftern gegenüber aber, soweit es um die Ausübung von Mitverwaltungsrechten geht, die allen Gesellschaftern im gleichen Umfang zustehen. Demgegenüber richtet sich die Stimmkraft nach § 105 Abs. 3 iVm § 709 Abs. 3 BGB vorrangig nach den vereinbarten Beteiligungsverhältnissen, nachrangig nach dem Verhältnis der vereinbarten Werte der Beiträge und nur, wenn Vereinbarungen vollends fehlen, nach Köpfen. Im Gesellschaftsvertrag kann außerdem vorgesehen sein, dass dem Arbeitsgesellschafter für die künftig zu leistenden Dienste ein **Entgelt** auf das Kapitalkonto **als Einlage** gutgeschrieben wird.[367]

109 Die **Verjährung** des Einlagenanspruchs richtet sich nach §§ 195, 199 BGB.[368] In der Feststellung von Jahresabschlüssen, die den Anspruch aufnehmen, kann zwar ein Anerkenntnis des verpflichteten Gesellschafters liegen, sodass die Verjährung gem. § 212 Abs. 1 Nr. 1 BGB neu beginnt. Das gilt aber nur, wenn der betroffene Gesellschafter an der Feststellung des Jahresabschlusses mitgewirkt hat.[369]

---

[356] Dazu monografisch Reichert, Sacheinlagen in das Gesellschaftsvermögen von Personengesellschaften, 2024.

[357] BGH 15.5.2000, BGHZ 144, 290 (294) = NJW 2000, 2356 (2357) zum Recht eines Sportartikelherstellers aus Sponsorenvertrag zur Verwertung der Namen und Logos von Sportvereinen; LG Köln 26.2.1959, GmbHR 1959, 133 (134) – Einbringung einer OHG; K. Schmidt GesR § 20 II 2a; Westermann/Wertenbruch PersGesR-HdB/Wertenbruch Rn. I 380 ff.; Bork ZHR 154 (1990), 205 ff.

[358] RG 17.9.1935, JW 1936, 42 zum Fabrikationsverfahren; KG 28.12.1913, KGJ 45, 175 zur Einbringung einer patentierten Erfindung als Sacheinlage in eine GmbH; für Know-how auch Staub/Schäfer Rn. 18.

[359] Dazu näher Reichert, Sacheinlagen in das Gesellschaftsvermögen von Personengesellschaften, 2024, S. 20.

[360] Dazu ausf. Fleischer/Pendl WM 2017, 881 ff.; aus historisch-vergleichender Perspektive nochmals Fleischer JZ 2019, 53 (59 ff.).

[361] BGH 15.5.2000, BGHZ 144, 290 (294) = NJW 2000, 2356 (2357) zum Recht eines Sportartikelherstellers aus Sponsorenvertrag zur Verwertung der Namen und Logos von Sportvereinen; Bork ZHR 154 (1990), 205 ff.

[362] Vgl. K. Schmidt GesR § 20 II 3a bb; Fleischer/Pendl WM 2017, 881 (883).

[363] Vgl. Westermann/Wertenbruch PersGesR-HdB/Wertenbruch Rn. I 390; K. Schmidt GesR § 20 II 3a bb; Fleischer/Pendl WM 2017, 881 (883).

[364] Vgl. BGH 6.4.1987, NJW 1987, 3124; 4.11.2014, NZG 2015, 321 Rn. 8 mAnm Lieder/Scholz WuB 2015, 238; OLG Frankfurt 20.9.2012, NZG 2013, 338; Hopt/Roth § 120 Rn. 23; Bayer/Lieder HaGesR Rn. 435 aE; K. Schmidt GesR § 47 III 1b; U. Huber Vermögensanteil, Kapitalanteil und Gesellschaftsanteil, 1970, 289 ff.; Wertenbruch, Die Haftung von Gesellschaften und Gesellschaftsanteilen in der Zwangsvollstreckung, 2000, S. 514; Fleischer/Pendl WM 2017, 881 (883).

[365] Vgl. Westermann/Wertenbruch PersGesR-HdB/Wertenbruch Rn. I 379; U. Huber, Vermögensanteil, Kapitalanteil und Gesellschaftsanteil, 1970, 289 ff.; Fleischer/Pendl WM 2017, 881 (883).

[366] Zum Ganzen Fleischer/Pendl WM 2017, 881 (884 f.) mit rechtspolitischen Vorschlägen in WM 2017, 881 (888 ff.).

[367] Fleischer/Pendl WM 2017, 881 (883).

[368] BGH 1.3.2010, ZIP 2010, 1341 Rn. 9; MüKoHGB/Fleischer Rn. 330; K. Schmidt NZG 2009, 361 (363).

[369] BGH 1.3.2010, ZIP 2010, 1341; Schulze-Osterloh FS Westermann, 2008, 1487 (1499); **aA** K. Schmidt NZG 2009, 361 (363 f.).

b) Einbringung vermögenswerter Leistungen. Bei der Einbringung vermögenswerter Leistungen zu Eigentum **(quoad dominium)** wird der Gegenstand an die Gesellschaft übereignet, abgetreten oder in sonstiger Weise übertragen. Rechtsfolge ist, dass die Gefahr des zufälligen Untergangs des Gegenstandes auf die Gesellschaft übergeht (→ Rn. 141)[370] und der Gegenstand beim Ausscheiden des Gesellschafters und in der Liquidation nicht als solcher herausverlangt werden kann (→ § 148 Rn. 13). **110**

Die Einbringung dem Werte nach **(quoad sortem)** führt hingegen dazu, dass der Gesellschafter nach außen Eigentümer bleibt, die Gesellschaft aber im Innenverhältnis die Lasten trägt und die Nutzungen ziehen darf. Der Gesellschafter bleibt deshalb befugt, die Sache zu veräußern.[371] Der Gesellschaft kommen auch Wertsteigerungen zu Gute ebenso wie sie Wertminderungen hinzunehmen hat, aber im Fall des Ausscheidens und der Liquidation hat der Gesellschafter einen Rückgabeanspruch (→ § 148 Rn. 13). **111**

Bei der Einbringung zur Nutzung **(quoad usum)** überlässt der Gesellschafter der Gesellschaft einen Gegenstand ähnlich wie bei der Leihe zur Nutzung. Dementsprechend bleibt die Sachgefahr beim Gesellschafter, ihn treffen Wertminderungen und -steigerungen, bei Liquidation und Ausscheiden hat der Gesellschafter einen Rückgabeanspruch. Über die Verteilung der Lasten der Sache entscheidet der Gesellschaftsvertrag.[372] **112**

Soweit die Gesellschafter nichts Abweichendes vereinbart haben, sind sie nach § 709 Abs. 2 BGB, § 105 Abs. 3 **im Zweifel zu gleichen Beiträgen** verpflichtet. Im Innenverhältnis sind die Gesellschafter in der **Bewertung** ihrer Einlagen weitgehend frei.[373] Der Beitrag kann auch durch einen **Dritten** gem. § 267 Abs. 1 BGB geleistet werden. Leistet aber ein Mitgesellschafter den Beitrag für einen anderen, fehlt es an einer echten Leistungserbringung, wenn der Mitgesellschafter für die Einlageleistung ein Darlehen aufnimmt, das durch das Gesellschaftsvermögen gesichert wird.[374] Wenn der Gesellschafter eine Gesellschaftsverbindlichkeit erfüllt, erwirbt er nach § 105 Abs. 3 iVm § 716 Abs. 1 (→ § 119 Rn. 4) einen Aufwendungsersatzanspruch gegenüber der Gesellschaft. Mit diesem Anspruch kann er gegen die Einlageforderung der Gesellschaft **aufrechnen.**[375] Ohne eine besondere Vereinbarung und ohne Aufrechnung wird allein durch die Zahlung der Gesellschaftsverbindlichkeit die Einlageschuld nicht erfüllt (→ § 171 Rn. 9, → § 171 Rn. 21, → § 171 Rn. 39, → § 171 Rn. 41, → § 171 Rn. 47 ff.). **113**

c) Vereinbarung von Nachschüssen. Gemäß § 105 Abs. 3 iVm § 710 BGB sind die Gesellschafter grundsätzlich vor der Auflösung der Gesellschaft (→ § 138 Rn. 1 ff.) **nicht zur Zahlung von Nachschüssen verpflichtet,** auch nicht, um Verluste auszugleichen.[376] Als Vorschrift des Innenrechts ist § 710 BGB abdingbar;[377] für die Begründung einer Nachschussverpflichtung durch Mehrheitsbeschluss gelten allerdings die unter → § 109 Rn. 54 ff., → § 109 Rn. 66 ff. bezeichneten Besonderheiten. Davon abgesehen ist das aus § 710 BGB fließende Zustimmungsrecht als solches **unverzichtbar,**[378] was § 127 Abs. 3 S. 4 KAGB unterstreicht und im Übrigen aus seinem individualschützenden Charakter folgt. **114**

Von der **nachträglichen Begründung einer Nachschusspflicht** gegen den Willen des Gesellschafters zu unterscheiden ist die Begründung von Beitragsleistungen bereits im Gesellschaftsvertrag, die lediglich der Höhe nach anfangs noch nicht feststehen. Diese Gestaltung liegt etwa vor, wenn sich die Gesellschafter im Gesellschaftsvertrag keine der Höhe nach festgelegten Beiträge versprochen haben, sondern sich verpflichtet haben, entsprechend ihrer Beteiligung das zur Erreichung des Gesellschaftszwecks Erforderliche beizutragen.[379] Ebenso wenig liegt eine nachträgliche Vereinbarung einer **115**

---

370 K. Schmidt GesR § 20 III 3b; Staub/Schäfer Rn. 267; Westermann/Wertenbruch PersGesR-HdB/Wertenbruch Rn. I 382.

371 BGH 25.3.1965, WM 1965, 744 (745); 15.6.2009, DStR 2009, 2015.

372 Vgl. BGH 2.6.1986, WM 1986, 1109 f.; vgl. hierzu Westermann/Wertenbruch PersGesR-HdB/Wertenbruch Rn. I 383.

373 Hopt/Roth § 108 Rn. 9;Hopt/Roth § 120 Rn. 17.

374 Vgl. BGH 21.5.1973, LM BGB § 706 Nr. 1.

375 Vgl. BGH 30.4.1984, NJW 1984, 2290 (2291); OLG München 16.6.2016, BeckRS 2016, 11119; Westermann/Wertenbruch PersGesR-HdB/Wertenbruch Rn. I 386; zur Zulässigkeit der Aufrechnung und ihren Grenzen vgl. MHdB GesR I/v. Falkenhausen/Schneider § 60 Rn. 47 ff.

376 AllgM, vgl. etwa Staub/Schäfer § 119 Rn. 33; Westermann/Wertenbruch PersGesR-HdB/Wertenbruch Rn. I 397.

377 BGH 4.7.2005, WM 2005, 1608 (1609); 23.1.2006, NZG 2006, 306 (307); 23.1.2006, NZG 2006, 379; Westermann/Wertenbruch PersGesR-HdB/Wertenbruch Rn. I 397; Wertenbruch NZG 2006, 408 (410); **aA** MüKoBGB/Schäfer BGB § 707 Rn. 2.

378 Erman/Lieder BGB § 710 Rn. 1; MüKoBGB/Schäfer BGB § 710 Rn. 3; Armbrüster ZGR 2009, 1 (8 ff.); **abw.** offenbar BeckOK BGB/Schöne, 75. Ed. 1.8.2025, § 710 Rn. 5 ff.

379 BGH 2.7.1979, NJW 1980, 339 (340); 4.7.2005, ZIP 2005, 1455 (1456); 23.1.2006, ZIP 2006, 754 (755) mAnm Schäfer EWiR 2006, 301; 23.1.2006, ZIP 2006, 562 (563); 19.3.2007, ZIP 2007, 812 (813) = ZfIR 2007, 579 mAnm Jungmann; 5.11.2007, NZG 2008, 65 (66).

Beitragspflicht vor, wenn sich die Gesellschafter zur Zahlung einer betragsmäßig feststehenden Einlage sowie zur Erbringung laufender Beiträge verpflichtet haben **(sog. gespaltene Beitragspflicht).**[380] In derartigen Fällen ist es Sache der Geschäftsführer, die Einforderung der Beiträge zu verlangen; eines Gesellschafterbeschlusses bedarf es hierfür nicht, weil die Verpflichtung bereits begründet worden ist.[381]

116 Weil die Leistung von Beiträgen das individuelle Mitgliedschaftsrecht des Gesellschafters in besonderer Weise berührt (→ § 109 Rn. 71), ist aber auch in diesen Fällen erforderlich, dass die weitere Beitragspflicht aus dem Gesellschaftsvertrag eindeutig hervorgeht[382] und dass die **Höhe der Beträge bestimmt** oder zumindest **in objektiv bestimmbarer Weise ausgestaltet ist.**[383] An diesen Vorgaben hat auch die Aufgabe des Bestimmtheitsgrundsatzes durch den BGH nichts geändert (→ § 109 Rn. 56 ff.); in rechtsdogmatischer Hinsicht geht es nicht um die Bestimmtheit einer Mehrheitsklausel (in Bezug auf den Beschlussgegenstand), sondern um die Bestimmtheit der Zustimmungserklärung zum Eingriff in die individuelle Rechtsstellung des Gesellschafters. Diesen Anforderungen entspricht eine Klausel nicht, in der die anteilige Verpflichtung der Gesellschafter auf den Fall beschränkt wird, dass der erwirtschaftete Überschuss nicht zur Begleichung von Zins- und Tilgungsverpflichtungen ausreicht.[384] Die objektive Bestimmung kann aber in der Beitrittserklärung des Gesellschafters getroffen werden, in der eine Höchstsumme angegeben ist.[385]

117 Nur in **Ausnahmefällen** können die Gesellschafter aus der **Treuepflicht** (→ § 108 Rn. 33, → § 108 Rn. 36) verpflichtet sein, einer nachträglichen Beitragserhöhung **zuzustimmen.**[386] Hierzu reicht es nicht aus, dass das Unternehmen sanierungsbedürftig ist und der Gesellschafter zur Leistung in der Lage wäre.[387] Das gilt auch, wenn die Gesellschaft andernfalls scheitert und die Gesellschafter nach §§ 126, 136, 149 mit Zahlungspflichten belastet wären. Denn die Liquidation führt nur zum anteiligen Ausgleich der bestehenden Verbindlichkeiten, während eine Fortführung die Gefahr weiterer Verluste birgt.[388] Die Treuepflicht kann es aber gebieten, dass die **nicht nachschussbereiten Gesellschafter** ihrem **Ausscheiden** aus der Gesellschaft **zustimmen,** wenn ihre Ausgleichsansprüche bei Ausscheiden nicht höher sind als dasjenige, was sie im Falle der sofortigen Liquidation zu zahlen hätten.[389] Diese Folge kann aber durch eine ausdrückliche gesellschaftsvertragliche Regelung ausgeschlossen werden.[390] Im Fall der Auflösung der Gesellschaft gelten nach § 149 andere Maßstäbe (→ § 109 Rn. 61).[391]

[380] BGH 7.11.1960, WM 1961, 32 (34); 23.1.2006, ZIP 2006, 754 (755) mAnm Schäfer EWiR 2006, 301; 5.11.2007, NZG 2008, 65 (66); Armbrüster ZGR 2009, 1 (6).

[381] BGH 19.3.2007, ZIP 2007, 812 (813) = ZfIR 2007, 579 mAnm Jungmann; 5.11.2007, NZG 2008, 65 (66); MüKoBGB/Schäfer BGB § 707 Rn. 4; Wertenbruch NZG 2006, 408 (410).

[382] BGH 12.4.1996, BGHZ 132, 263 (268) = NJW 1996, 1678; 27.9.1982, NJW 1983, 164; 23.1.2006, ZIP 2006, 754 (755) mAnm Schäfer EWiR 2006, 301; 19.3.2007, ZIP 2007, 812 (813) = ZfIR 2007, 579 mAnm Jungmann; 5.11.2007, NZG 2008, 65 (66); Wertenbruch DStR 2007, 1680.

[383] BGH 19.3.2007, NZG 2007, 382 (384) = ZfIR 2007, 579 mAnm Jungmann; 5.11.2007, NZG 2008, 65 (66); 2.7.2009, NZG 2009, 1143 Rn. 11 – Mietpool als GbR; OLG Stuttgart 31.3.2010, DB 2010, 1058 (1060); OLG München 12.12.2013, NZG 2014, 818 (819); MüKoBGB/Schäfer BGB § 707 Rn. 3 f.; vgl. ausf. Armbrüster ZGR 2009, 1 ff.

[384] BGH 21.5.2007, NZG 2007, 620; 5.11.2007, NZG 2008, 65 (66).

[385] BGH 19.3.2007, ZIP 2007, 812 (813) = ZfIR 2007, 579 mAnm Jungmann; 5.11.2007, NZG 2008, 65 (66); 3.12.2007, NZG 2008, 335.

[386] BGH 4.7.2005, WM 2005, 1608 (1610); 5.3.2007, NZG 2007, 381; 19.3.2007, NZG 2007, 382; 26.3.2007, NZG 2007, 582; 2.7.2009, NZG 2009, 1143 Rn. 11; Westermann/Wertenbruch PersGesR-HdB/Wertenbruch Rn. I 398; zust. Armbrüster ZGR 2009, 1 (20 ff.) mwN.

[387] OLG Celle 17.8.2005, WM 2006, 30 (31) = WuB II E. § 707 BGB 1.06 mAnm Stöber; Hopt/Roth § 108 Rn. 12; K. Schmidt GesR § 5 IV 5b; MüKoBGB/Schäfer BGB § 707 Rn. 1; Wertenbruch NZG 2006, 408 (410).

[388] BGH 26.7.2007, NZG 2007, 582 (583); 25.5.2009, ZIP 2009, 1373; 2.7.2009, NZG 2009, 1143 mwN; 19.10.2009, BGHZ 183, 1 = NJW 2010, 65 – Sanieren oder Ausscheiden, mAnm Armbrüster EWiR 2009, 739; OLG Düsseldorf 22.8.2007, BeckRS 2007, 17840; OLG Stuttgart 31.3.2010, DB 2010, 1058; Hopt/Roth § 108 Rn. 12.

[389] BGH 19.10.2009, BGHZ 183, 1 = NJW 2010, 65 – Sanieren oder Ausscheiden, mAnm Armbrüster EWiR 2009, 739; BGH 9.6.2015, BeckRS 2015, 16478 Rn. 23; 9.6.2015, NZG 2015, 995 Rn. 22; Ebenroth/Boujong/Wertenbruch Rn. 125 f.; Staudinger/Looschelders/Olzen, 2015, BGB § 242 Rn. 1006; Bacina/Redeker DB 2010, 996 ff.; Bitter ZGR 2010, 147 (166 f.); Dorka/Derwald NZG 2010, 694 ff.; Holler ZIP 2010, 1678 ff.; Lieder in Bayer/Koch, Aktuelles GmbH-Recht, 2011, 142 (146 ff.); K. Schmidt JZ 2010, 125; Stupp DB 2010, 489 ff.; Westermann DZWIR 2010, 265; **aA** Armbrüster ZGR 2009, 1 (23 f.); Schöne ZIP 2015, 501; Schöne GmbHR 2015, 337.

[390] BGH 25.1.2011, NJW 2011, 1667 Rn. 20 ff. mAnm St. Schneider NZG 2011, 575 ff.; Lieder in Bayer/Koch, *Aktuelles GmbH-Recht*, 2011, 142 (149 f.); vgl. auch BGH 19.11.2013, NZG 2014, 385 zur Treuwidrigkeit einer Sanierung allein durch einige Gesellschafter in neu gegründeter Gesellschaft.

[391] BGH 15.11.2011, NZG 2012, 397 (399).

5. Gesellschafterwechsel. a) Beitritt. Der Beitritt zu einer Personengesellschaft stellt eine Vertragsänderung dar und bedarf daher der Zustimmung aller Gesellschafter.[392] Für den Aufnahmevertrag gelten die für den Abschluss des Gesellschaftsvertrags ausgeführten Voraussetzungen (→ Rn. 13 ff.). Ist an der Gesellschaft ein Minderjähriger beteiligt (→ Rn. 23), ist der Beitritt eines Volljährigen nicht erneut genehmigungspflichtig.[393] Durch den Beitritt erhält der Gesellschafter durch Anwachsung nach § 105 Abs. 3 iVm § 712 Abs. 2 BGB einen Wertanteil am Gesellschaftsvermögen,[394] während bei den Altgesellschaftern gleichzeitig eine „Abwachsung" eintritt.[395] Zulässig ist aber auch eine Gesellschafterstellung ohne einen Kapitalanteil und ohne Einlagepflicht, wenn die Gesellschafter dies wirksam vereinbart haben.[396] Diese Gestaltung wird aus haftungsrechtlichen und steuerlichen Gründen häufig bei der GmbH & Co. KG gewählt.[397] Zur Besonderheit bei der KG → § 161 Rn. 29, bei der Publikums-KG → § 161 Rn. 143 ff. Die Aufnahme neuer Gesellschafter kann Inhalt eines Mehrheitsbeschlusses sein (→ § 109 Rn. 63).[398] Zur Eintrittsklausel → § 131 Rn. 31 ff. 118

b) Austritt. Der Gesellschafter scheidet aus der Gesellschaft aus nach Ablauf einer vereinbarten Frist, aus den Gründen des § 130 (→ § 130 Rn. 1 ff.) oder des Gesellschaftsvertrags,[399] nach Ausschließung gem. § 134 (→ § 134 Rn. 1 ff.) und aufgrund einer Austrittsvereinbarung. Aus der Treuepflicht kann sich die Verpflichtung zum Abschluss einer solchen Austrittsvereinbarung ergeben (→ Rn. 117, → Rn. 136).[400] Der Austritt eines Minderjährigen bedarf der Genehmigung nach § 1852 Nr. 1, 2 BGB, nicht aber der Austritt eines voll Geschäftsfähigen unter Verbleib des Minderjährigen in der Gesellschaft.[401] Den verbleibenden Gesellschaftern wächst der Anteil des Austretenden nach § 105 Abs. 3 iVm § 712 Abs. 1 BGB zu;[402] der Austretende erlangt einen Abfindungsanspruch nach § 135, der sich ausschließlich gegen die Gesellschaft richtet. Daneben ist – jedenfalls bei Fortbestand der Gesellschaft und unbeschadet vertraglicher Sonderregelungen – kein gegen die verbleibenden Gesellschafter gerichteter Ausgleichsanspruch anzuerkennen.[403] Zur Höhe des Anspruchs und zu vertraglichen Vereinbarungen hierüber → § 135 Rn. 5 ff. 119

Scheidet der **vorletzte Gesellschafter** aus einer Personengesellschaft aus, erlischt diese ohne Liquidation und das Gesellschaftsvermögen geht im Wege der Gesamtnachfolge auf den verbleibenden Gesellschafter über (§ 105 Abs. 3 iVm § 712a Abs. 1 BGB), der nach § 105 Abs. 3 iVm § 712a Abs. 2 – aufgrund der entsprechenden Anwendung des § 712a Abs. 2 BGB sollten §§ 135 ff. angewendet werden – dem ausscheidenden Gesellschafter eine Abfindung zu leisten hat.[404] Anderweitige vertragliche Vereinbarungen (→ § 135 Rn. 5 ff.) sind zulässig.[405] Ansprüche der Gesellschaft gegen den übernehmenden Gesellschafter gehen infolge von Konfusion entschädigungslos unter, wenn die Parteien keine anderweitige Vereinbarung getroffen haben.[406] 120

c) Übertragung der Mitgliedschaft. aa) Konstruktion. Seitdem die Mitgliedschaft in der Personengesellschaft als subjektives Recht anerkannt ist, bedarf es zum Gesellschafterwechsel nicht mehr der Kombination des Austritts eines Gesellschafters mit dem Eintritt eines neuen Gesellschaf- 121

---

[392] BGH 6.2.1958, BGHZ 26, 330 (333) = NJW 1958, 668 (669); 17.11.1975, WM 1976, 15 f.; Heymann/Hoffmann/Bartlitz § 109 Rn. 42; MüKoHGB/Fleischer Rn. 544 f.; Westermann/Wertenbruch PersGesR-HdB/Noack Rn. I 1022.

[393] BGH 20.9.1962, BGHZ 38, 26 = NJW 1962, 2344; krit. Westermann/Wertenbruch PersGesR-HdB/Noack Rn. I 1075; **aA** MüKoBGB/Kroll-Ludwigs BGB § 1852 Rn. 26.

[394] Zu „Anwachsungsmodellen" als Alternative zur Umwandlung sowie zu steuerlichen Folgen s. Ropohl/Freck GmbHR 2009, 1076 ff.; zur grenzüberschreitenden Anwachsung Hoger/Lieder ZHR 180 (2016), 613 ff.; Recktenwald NZG 2023, 539 ff.

[395] Zur Dogmatik der An- und Abwachsung vgl. K. Schmidt GesR § 45 II 5; MüKoBGB/Schäfer BGB § 718 Rn. 6 ff.

[396] Vgl. OLG Frankfurt 20.9.2012, NZG 2013, 338; Bayer/Lieder HaGesR Rn. 435 aE; K. Schmidt GesR § 47 III 1b; U. Huber, Vermögensanteil, Kapitalanteil und Gesellschaftsanteil, 1970, S. 290; Wertenbruch, Die Haftung von Gesellschaften und Gesellschaftsanteilen in der Zwangsvollstreckung, 2000, S. 514.

[397] Weitemeyer FS Kreutz, 2010, 905 ff.

[398] Heymann/Hoffmann/Bartlitz § 109 Rn. 43; Westermann/Wertenbruch PersGesR-HdB/Noack Rn. I 1073; Neumann ZIP 2017, 1141 (11436).

[399] Begr. RegE zur Neufassung des § 131 durch das HRRefG, BT-Drs. 13/8444, 65 f.; Westermann/Wertenbruch PersGesR-HdB/Noack Rn. I 1023.

[400] BGH 26.1.1961, NJW 1961, 724 f.

[401] BGH 26.1.1961, NJW 1961, 724 f.

[402] Dazu ausf. K. Schmidt FS U. Huber, 2006, 969 ff.

[403] BGH 12.7.2016, BeckRS 2016, 14689.

[404] BGH 13.7.1967, BGHZ 48, 203 (206); 14.11.1988, NJW 1989, 1030; vgl. auch BT-Drs. 13/8444, 66.

[405] Ebenroth/Boujong/Wertenbruch Rn. 272.

[406] OLG Brandenburg 30.3.2007, DB 2007, 1130 (1131).

ters.[407] Dieser **kombinierte Aus- und Eintritt** ist zwar noch immer zulässig, aber meistens impraktikabel. Vielmehr entspricht es regelmäßig der Interessenlage der Transaktionsparteien, dass der Gesellschaftsanteil identitätswahrend im Wege einer Sukzession vom Veräußerer auf den Erwerber übertragen wird.[408] Davon geht nun auch § 711 Abs. 1 S. 1 BGB aus, der nach § 105 Abs. 3 entsprechend anwendbar ist.

122 Die rechtsgeschäftliche Übertragung erfolgt durch **Abtretung des Anteils** nach §§ 398, 413 BGB mit Zustimmung der übrigen Gesellschafter (→ Rn. 123), also durch Verfügung zwischen dem ausscheidenden und dem eintretenden Gesellschafter.[409] Mit der Übertragung eines Gesellschaftsanteils geht die Mitgliedschaft als solche, dh mit allen Rechten und Pflichten des bisherigen Gesellschafters aus dem Gesellschaftsvertrag auf den Erwerber über, wenn nichts anderes vereinbart ist. Davon umfasst sind auch bereits entstandene Sozialansprüche, etwa aus einer Tätigkeitsvergütung für die Vergangenheit.[410] Der neue Gesellschafter tritt als Nachfolger in die Gesellschafterstellung des alten ein. Schuldrechtlich können der Anteilszession ein Kauf, eine Schenkung oder andere Rechtsverhältnisse zugrunde liegen. Damit nicht aus einem Rechtsschein die Haftung des **Kommanditisten** wiederauflebt, ist im Fall der Übertragung eines Kommanditanteils ein **Nachfolgevermerk** im Handelsregister einzutragen (→ § 162 Rn. 23 f.; → § 172 Rn. 29; → § 173 Rn. 21).

123 **bb) Zustimmung.** Die Übertragung der Mitgliedschaft durch Verfügung zwischen dem alten und dem neuen Gesellschafter setzt nach § 105 Abs. 3 iVm § 711 Abs. 1 S. 1 BGB die Zustimmung der anderen Gesellschafter voraus.[411] Das rechtsdogmatische Fundament dieses Zustimmungsrechts ist – entgegen der hM[412] – nicht der höchstpersönliche Charakter der Mitgliedschaft, sondern das Prinzip der **negativen Kontrahentenwahlfreiheit,** wonach keinem Personengesellschafter gegen seinen Willen ein neuer Mitgesellschafter aufgedrängt werden kann.[413] Zustimmungsbedürftig ist nur die Verfügung, nicht das zugrunde liegende Schuldverhältnis.[414]

124 Der Gesellschaftsvertrag kann die Anteilsübertragung durch die Zulassung von **Mehrheitsbeschlüssen** erleichtern.[415] Diese Klauseln müssen nach ausdrücklicher Rechtsprechungsänderung des BGH[416] nicht länger den formalen Anforderungen des Bestimmtheitsgrundsatzes entsprechen (→ § 109 Rn. 49 ff.).[417] Eine einfache Mehrheitsklausel reicht völlig aus. Allerdings ist bei der Formulierung Vorsicht geboten. Spricht die Klausel etwa davon, dass die Mehrheit über sämtliche „Änderungen des Gesellschaftsvertrags" entscheide, ist die Anwendbarkeit auf die Anteilsübertragung zweifelhaft,[418] weil es sich in technischer Hinsicht gerade um keine Vertragsänderung, sondern um eine rechtsgeschäftliche Nachfolge in den Gesellschaftsanteil handelt. Allerdings kann eine Auslegung der Klausel im Einzelfall ergeben, dass die Gesellschafter auch den Gesellschafterwechsel als Vertragsänderung eingestuft wissen wollten.[419]

125 Im Übrigen zählt das aus der Mehrheitsklausel folgende – konkrete – Zustimmungsrecht jedenfalls nicht zu den **individuellen Rechten** des Gesellschafters, das seine zwingende Zustimmung in

---

[407] So noch BGH 8.11.1965, BGHZ 44, 229 (231) = NJW 1966, 499; 18.11.1974, NJW 1975, 166 (167); Westermann/Wertenbruch PersGesR-HdB/Noack Rn. I 1026, 1028 mwN.

[408] Zum Ganzen ausf. Lieder ZfPW 2016, 205 ff.

[409] StRspr des BGH, vgl. zB 29.6.1981, BGHZ 81, 82 (84) = NJW 1981, 2747; 14.5.1986, BGHZ 98, 48 (50) = NJW 1986, 2431; OLG Stuttgart 31.10.2012, DStR 2013, 1138 Rn. 19; MüKoHGB/Fleischer Rn. 557, 560; Staub/Schäfer Rn. 324; Westermann/Wertenbruch PersGesR-HdB/Noack Rn. I 1142; Reiff/Nannt DStR 2009, 2376 ff.; Lieder ZfPW 2016, 205 (211).

[410] OLG Brandenburg 30.3.2007, DB 2007, 1130 (1131); Hopt/Roth Rn. 125.

[411] AllgM, vgl. etwa BGH 30.6.1980, BGHZ 77, 392 (394) = NJW 1980, 2708; K. Schmidt GesR § 45 III 2b; Westermann/Wertenbruch PersGesR-HdB/Noack Rn. I 1143.

[412] OLG Hamm 19.6.2023, NZG 2024, 443 Rn. 37; Staudinger/Habermeier, 2003, BGB § 719 Rn. 8; MüKoBGB/Schäfer, 8. Aufl. 2018, BGB § 719 Rn. 27; Erman/Westermann, 16. Aufl. 2020, BGB § 719 Rn. 8; **aA** Soergel/Hadding/Kießling BGB § 719 Rn. 13 f.

[413] Lieder ZfPW 2016, 205 (212 f.); Lieder/Scholz ZIP 2015, 1705 (1709); allg. Lieder, Die rechtsgeschäftliche Sukzession, 2015, S. 231 ff.; vgl. noch Reiff/Nannt DStR 2009, 2376 (2378).

[414] BGH 14.10.1957, WM 1958, 49; OLG Hamm 19.6.2023, NZG 2024, 443 Rn. 37; Hopt/Roth Rn. 126; Ebenroth/Boujong/Wertenbruch Rn. 506; MüKoHGB/Fleischer Rn. 560; Heymann/Hoffmann/Bartlitz § 109 Rn. 49; Westermann/Wertenbruch PersGesR-HdB/Noack Rn. I 1145; Neumann ZIP 2016, 1753.

[415] OLG Hamm 19.6.2023, NZG 2024, 443 Rn. 37; Ebenroth/Boujong/Wertenbruch Rn. 523; Staub/Schäfer Rn. 331.

[416] BGH 21.10.2014, BGHZ 203, 77 = NJW 2015, 859.

[417] Speziell dazu Lieder ZfPW 2016, 205 (214 f.).

[418] Vgl. BGH 21.10.2014, BGHZ 203, 77 Rn. 26 ff. = NJW 2015, 859; ferner Staudinger/Habermeier, 2003, BGB § 719 Rn. 8; Wertenbruch DB 2014, 2875 (2878 f.); vgl. aber auch Schäfer ZIP 2015, 1313.

[419] Dazu näher Lieder ZfPW 2016, 205 (214 f.).

jedem konkreten Einzelfall der Anteilsübertragung erforderlich macht.[420] Nur die Schaffung einer Mehrheitsklausel greift in das individuelle „Vetorecht" des Gesellschafters ein, soweit erstmals vom Einstimmigkeitsprinzip abgewichen wird **(materielle Beschlusskontrolle).**[421] Gleiches gilt für die Aufhebung eines analog § 35 BGB dem Gesellschafter zugewiesenen Sonderrechts.[422] Allerdings kann die Erteilung oder Verweigerung der Zustimmung gegen die gesellschaftsrechtliche **Treuepflicht** verstoßen.[423] Aber selbst bei einer Zustimmungsverweigerung gegenüber dem Minderheitsgesellschafter überwiegt regelmäßig das Interesse der Mehrheit am unveränderten Fortbestand des Gesellschafterkreises – in Abhängigkeit von Rechtsform, Realtypik und Zweck der Gesellschaft – das berechtigte Interesse des Veräußerers.[424] Umgekehrt führt ein Verstoß gegen die Treuepflicht zur Unwirksamkeit der Anteilsübertragung, wenn die Aufnahme des Erwerbers unzumutbar ist, weil gegen ihn ein Ausschließungsgrund bestehen würde.[425]

Davon abgesehen kann die **Übertragung eingeschränkt** werden, etwa indem der Gesellschafterkreis auf Familienangehörige oÄ beschränkt wird.[426] Die Übertragbarkeit kann durch Vereinbarung mit den Mitgesellschaftern sogar **vollständig aufgehoben** werden, da es sich um kein unverzichtbares Recht iSd § 137 S. 1 BGB handelt; § 399 Alt. 2 BGB, § 413 BGB gehen als leges speciales vor.[427] Allerdings setzt die Aufhebung der Übertragbarkeit eine ausdrückliche Zustimmung des betroffenen Gesellschafters voraus, weil hierdurch in ein individuelles Gesellschafterrecht eingegriffen wird. Die Auslegung wird regelmäßig ergeben, dass für den Fall der Kündigung und Abfindung eines Gesellschafters dieser nicht vor Ende der Kündigungsfrist einen anderen Anteil hinzuerwerben und daher trotz Zahlung der Abfindung für den alten Anteil nicht Gesellschafter bleiben kann.[428] Auf die Zustimmung der Gesellschafter sind die §§ 182 ff. BGB anwendbar.[429] Bis zur Zustimmung aller Mitgesellschafter ist die Verfügung **schwebend unwirksam.**[430] Verweigert auch nur ein Gesellschafter die Zustimmung, wird die Verfügung endgültig unwirksam.[431] Ist der Widerruf nicht ausgeschlossen[432] oder liegt ein wichtiger Grund vor,[433] ist die Zustimmung frei widerruflich. Ein **Anspruch auf Zustimmung,** es sei denn, es liegt ein wichtiger Ablehnungsgrund vor, kann auch vertraglich eingeräumt werden.[434] Wenn der Gesellschaftsvertrag dies vorsieht oder die Gesellschafter zustimmen, ist auch die **anteilige Übertragung** eines Mitgliedschaftsanteils nach den Regeln der Vollübertragung zulässig.[435] Die gesellschaftsvertragliche Regelung bzw. Gesellschafterzustimmung muss sich aber explizit auf eine Teilabtretung beziehen respektive auf den Umstand, dass infolge der Anteilsübertragung eine weitere Person in die Gesellschaft aufgenommen wird. Dies ist von der bloßen Zustimmung zur Übertragung des Gesellschaftsanteils nicht gedeckt.[436] Dem steht auch die Neuregelung durch das MoPeG nicht entgegen.[437] **126**

Die Entscheidungsbefugnis über die Zustimmung kann auch auf einen geschäftsführenden Gesellschafter, einen Beirat oder einen externen Geschäftsbesorger **delegiert** werden.[438] In der Praxis **127**

420 Vgl. Lieder ZfPW 2016, 205 (216); Schäfer ZIP 2015, 1313; Seidel/Wolf BB 2015, 2563 (2566); wohl auch Goette/Goette DStR 2016, 74 (80); Hennerkes/Binz BB 1983, 713 (717).

421 Lieder ZfPW 2016, 205 (216) unter Hinweis auf das GmbH-Recht, vgl. nur OLG Düsseldorf 27.2.1964, GmbHR 1964, 250; OLG Stuttgart 12.5.1999, NZG 2000, 159 (165); Altmeppen GmbHG § 15 Rn. 98; MüKoGmbHG/Reichert/Weller GmbHG § 15 Rn. 398.

422 Dazu näher Lieder ZfPW 2016, 205 (216 f.).

423 Vgl. BGH 21.10.2014, BGHZ 203, 77 Rn. 34 = NJW 2015, 859; Lieder ZfPW 2016, 205 (217 ff.); Schäfer ZIP 2015, 1313; Weber ZfPW 2015, 123 (128).

424 Zum Ganzen Lieder ZfPW 2016, 205 (217 f.).

425 BGH 14.12.1981, WM 1982, 234 (235); Ebenroth/Boujong/Wertenbruch Rn. 180.

426 Staub/Schäfer Rn. 331; Heymann/Hoffmann/Bartlitz § 109 Rn. 50; ausf. zur Vinkulierung in Familiengesellschaften Binz/Mayer NZG 2012, 201 ff.

427 Dazu und zum Folgenden Lieder ZfPW 2016, 205 (220 f.).

428 BGH 22.5.1989, NJW-RR 1989, 1259; OLG München 24.9.2003, NJW-RR 2004, 334; Wertenbruch NZG 2006, 408 (417).

429 Umfassend zur Anteilsübertragung Reiff/Nannt DStR 2009, 2376 ff.; Lieder ZfPW 2016, 205 ff.

430 BGH 28.4.1954, BGHZ 13, 179 (185 f.) = NJW 1954, 1155 f.; 15.6.1964, WM 1964, 878 (879); Westermann/Wertenbruch PersGesR-HdB/Noack Rn. I 1145.

431 Heymann/Hoffmann/Bartlitz § 109 Rn. 55.

432 BGH 30.6.1980, BGHZ 77, 392 (396) = NJW 1980, 2708 (2709); 19.2.1990, NJW-RR 1990, 798 (799 f.).

433 BGH 12.5.1969, WM 1969, 1009 f.

434 OLG Bremen 7.6.2007, NZG 2008, 225.

435 Vgl. BGH 11.4.1957, BGHZ 24, 106 (114 f.) = NJW 1957, 1026; Staub/Schäfer Rn. 331; Heymann/Hoffmann/Bartlitz § 109 Rn. 52.

436 Ebenroth/Boujong/Wertenbruch Rn. 523; MüKoHGB/Fleischer Rn. 574; Staub/Schäfer Rn. 331; Heymann/Hoffmann/Bartlitz § 109 Rn. 52.

437 Zweifelnd aber Schall ZIP 2020, 1443 (1449).

438 Vgl. BGH 14.10.1957, WM 1958, 49 f.; OLG München 28.7.2008, NZG 2009, 25 (26); MüKoHGB/Fleischer Rn. 563; Neumann ZIP 2016, 1753 (1755).

werden im Rahmen der Delegation weitere Entscheidungskriterien für die Erteilung oder Verweigerung der Zustimmung festgelegt. Das ist im Interesse einer voraussehbaren Entscheidung zulässig.[439] Die **Versagungsgründe** im Gesellschaftsvertrag sind regelmäßig als abschließend zu verstehen, sodass bei Abwesenheit eines solchen ein klagbarer Anspruch des Gesellschafters auf Zustimmung besteht.[440] Kann **„aus wichtigem Grund"** die Zustimmung verweigert werden, besteht eine grundsätzliche Zustimmungspflicht, die nur im Ausnahmefall zu verneinen ist.[441] Dafür ist der Delegierte darlegungs- und beweispflichtig.[442] Die mit einer Übertragung auf einen beschränkt haftenden Gesellschafter einhergehende Verschlechterung der „Haftungsmasse" für Gläubiger und die korrespondierende Erhöhung des Haftungsrisikos für die Mitgesellschafter stellt nicht per se einen „wichtigen Grund" dar, kann aber nach einer Gesamtabwägung der beteiligten Interessen nach sämtlichen Umständen des konkreten Einzelfalls zu bejahen sein.[443]

128 **cc) Form.** Anteilsübertragung und Verpflichtungsgeschäft sind **formlos** wirksam. Das gilt auch, wenn zum Gesellschaftsvermögen Grundstücke[444] oder GmbH-Anteile[445] gehören, weil nicht über diese Gegenstände, sondern nur über den Gesamthandsanteil verfügt wird.[446] **Ausnahmen** kommen nach zweifelhafter Literaturauffassung in Betracht, wenn sich das Gesellschaftsvermögen auf das Halten von Grund- oder Beteiligungsvermögen beschränkt.[447] Ob die unentgeltliche Übertragung eines Gesellschaftsanteils in der Personengesellschaft **Schenkung** mit den Folgen der Formbedürftigkeit nach § 518 BGB und von Pflichtteilsergänzungsansprüchen ist, ist für die KG zu bejahen,[448] für die Übertragung eines Anteils eines persönlich haftenden Gesellschafters wegen des Haftungsrisikos mangels Unentgeltlichkeit zu verneinen.[449] Verfügungen unter Beteiligung von **Minderjährigen** bedürfen der Genehmigung nach § 1852 Nr. 1, 2 BGB (→ Rn. 23). Das gilt auch dann, wenn der Minderjährige bereits an der Gesellschaft beteiligt ist.[450] Zur Notwendigkeit, die Rechtsnachfolge durch öffentliche Urkunden zur Eintragung im Handelsregister nachzuweisen, → § 106 Rn. 10 ff.

129 **dd) Rechtsfolgen.** Der Gesellschafterwechsel lässt die Identität der Gesellschaft unberührt, selbst wenn **alle** Gesellschafter ihre **Anteile** übertragen. Dies beruht auf der Rechtsfähigkeit der Gesellschaft[451] und gilt daher nach inzwischen hM auch für die Außen-GbR.[452] Der Erwerber erlangt durch Sukzession die identische mitgliedschaftliche Position des Veräußerers[453] und damit im Zweifel bereits entstandene Ansprüche aus der Mitgliedschaft,[454] aber nicht aus dessen Position als Drittgläubiger (→ Rn. 121).[455] Der Erwerber erlangt die Rechte und Pflichten, wie sie im Gesellschaftsvertrag ihre Ausformung erfahren haben, es sei denn, der Gesellschaftsvertrag selbst trifft abweichende Regelungen für den Fall der Anteilsübertragung oder Ausnahmen ergeben sich aus den Umständen.[456] Nur über selbstständig abtretbare Rechte nach § 711a S. 2 BGB (→ § 108 Rn. 21) können

---

[439] Vgl. Neumann ZIP 2016, 1753 (1755).

[440] BGH 14.11.1960, BB 1961, 347; OLG Bremen 7.6.2007, NZG 2008, 225 (226); Henssler/Strohn/Henssler Rn. 131; Neumann ZIP 2016, 1753 (1755).

[441] OLG Bremen 7.6.2007, NZG 2008, 225 (226).

[442] Vgl. BGH 14.11.1960, BB 1961, 347; MüKoHGB/Fleischer Rn. 563; Staub/Schäfer Rn. 331; Neumann ZIP 2016, 1753 (1755).

[443] Dazu ausf. Neumann ZIP 2016, 1753 (1755 ff.).

[444] BGH 31.1.1983, BGHZ 86, 367 (369 f.) = NJW 1983, 1110; Westermann/Wertenbruch PersGesR-HdB/Noack Rn. I 1166.

[445] K. Schmidt GesR § 45 III 3a; Staub/Schäfer Rn. 336 f.; Heymann/Hoffmann/Bartlitz § 109 Rn. 51; Westermann/Wertenbruch PersGesR-HdB/Noack Rn. I 1166.

[446] Ebenroth/Boujong/Wertenbruch Rn. 277.

[447] Staub/Schäfer Rn. 337.

[448] BGH 2.7.1990, NJW 1990, 2616; 6.3.2002, ZEV 2002, 427 (428); OLG Frankfurt 15.4.1996, NJW-RR 1996, 1123 (1124).

[449] BGH 11.5.1959, NJW 1959, 1433; 25.1.1965, WM 1965, 359; **aA** für vermögensverwaltende GbR OLG Schleswig 27.3.2012, MittBayNot 2013, 59 mAnm Evers ZEV 2013, 66.

[450] DNotI, DNotI-Report 2023, 185 (186); Kollmeyer/Meyer ZEV 2025, 438 (440).

[451] BGH 8.11.1965, BGHZ 44, 229; K. Schmidt GesR § 45 II 4; Wertenbruch, Die Haftung von Gesellschaften und Gesellschaftsanteilen in der Zwangsvollstreckung, 2000, 218.

[452] BGH 3.11.2015, NZG 2016, 221 Rn. 27 mAnm Armbrüster EWiR 2016, 133 (134); vgl. zum Einfluss des Gesellschafterwechsels auf Mietverhältnisse Weitemeyer ZMR 2004, 153.

[453] BGH 29.6.1981, BGHZ 81, 82 (84) = NJW 1981, 2747; MüKoHGB/Fleischer Rn. 569; Staub/Schäfer Rn. 337; Heymann/Hoffmann/Bartlitz § 109 Rn. 56; Westermann/Wertenbruch PersGesR-HdB/Noack Rn. I 1168.

[454] BGH 25.4.1966, BGHZ 45, 221 (222 f.) = NJW 1966, 1307; 7.12.1972, NJW 1973, 328 (329); 5.5.1986, WM 1986, 1314 (1315); Staub/Schäfer Rn. 343 ff.; Westermann/Wertenbruch PersGesR-HdB/Noack Rn. I 1169.

[455] BGH 23.2.1978, BB 1978, 630.

[456] OLG Düsseldorf 2.2.2018, BeckRS 2018, 1178 Rn. 68.

die Parteien frei verfügen,[457] während nicht abspaltbare Rechte wie die Mitverwaltungsrechte (→ § 108 Rn. 19) dem jeweiligen Gesellschafter zustehen. Nach der Abtretung entstehende Ansprüche werden in der Person des Erwerbers begründet. Häufig werden Vereinbarungen getroffen, die die Geltung auf den Beginn eines neuen Geschäftsjahrs legen.[458] Ob die gegen den Veräußerer begründeten **Sozialansprüche** schuldbefreiend auf den Erwerber übergehen,[459] oder nur dann, wenn die Mitgesellschafter dem ausdrücklich zustimmen,[460] hat der BGH in einer neueren Entscheidung offengelassen.[461] Die Mitgesellschafter hätten dem schuldbefreienden Übergang der Sozialverbindlichkeiten im Gesellschaftsvertrag zugestimmt.[462] Diese Auslegung ist jedoch sehr weitgehend, war im Gesellschaftsvertrag doch nur bestimmt, dass der Erwerber in alle Rechte und Pflichten seines Rechtsvorgängers eintritt.[463]

6. Verpfändung und Pfändung. Der Gesellschafter kann seine Mitgliedschaft nach §§ 1273, 1274 Abs. 2 BGB **verpfänden,** wenn dies im Gesellschaftsvertrag oder durch Zustimmung der Mitgesellschafter zugelassen ist,[464] sonst ist nur die nach § 1280 BGB anzuzeigende Verpfändung der nach § 711a S. 2 BGB übertragbaren Einzelansprüche zulässig.[465] Die Verpfändung der Mitgliedschaft ist formfrei möglich; auch § 1280 BGB greift nicht ein.[466] Das Pfandrecht umfasst die gesamte Mitgliedschaft mit Ausnahme der Mitverwaltungsrechte.[467] Nicht erfasst ist indes das Eigentum an den Gegenständen des Gesellschaftsvermögens, sodass über das Eigentum weiterhin verfügt werden kann.[468] Nach Eintritt der Pfandreife kann der Pfandgläubiger gem. § 1277 BGB, § 857 ZPO[469] vor nachfolgenden Gläubigern die Zwangsvollstreckung in den Anteil betreiben. Will er außer auf die laufenden Ansprüche aus der Mitgliedschaft auf das Liquidationsguthaben zugreifen, muss er den Anteil **pfänden** und nach § 133 **kündigen** (→ § 133 Rn. 1 ff.).[470] 130

VII. Gesellschaftsvertrag

1. Rechtsnatur. Der Gesellschaftsvertrag ist ein **gegenseitiger Schuldvertrag** der Gesellschafter untereinander.[471] Er ist jedoch nicht auf den Austausch sich gegenüberstehender Leistungen, sondern auf die Verfolgung eines gemeinsamen Zwecks gerichtet.[472] Zugleich ist er ein **Organisationsvertrag,** der einen rechtsfähigen Verband begründet.[473] Als ältester, überlieferter OHG-Vertrag gilt der 131

[457] BGH 25.4.1966, BGHZ 45, 221 (222 f.) = NJW 1966, 1307; OLG Stuttgart 31.12.2012, DStR 2013, 1138 Rn. 24 ff.; Wertenbruch, Die Haftung von Gesellschaften und Gesellschaftsanteilen in der Zwangsvollstreckung, 2000, 510.

[458] BGH 30.6.2004, ZIP 2004, 1551 zu § 29 GmbHG; Einzelheiten bei Rödder/Hötzel/Müller-Thuns, Unternehmenskauf, Unternehmensverkauf, 2003, § 7 Rn. 50.

[459] Dafür BGH 25.4.1966, BGHZ 45, 221 (222 f.) = NJW 1966, 1307.

[460] So Flume BGB AT I 1 § 17 III (353); MüKoBGB/Schäfer BGB § 719 Rn. 44; Staudinger/Habermeier, 2003, BGB § 719 Rn. 16; Reiff/Nannt DStR 2009, 2376 (2381 ff.).

[461] BGH 9.2.2009, NZG 2009, 501.

[462] BGH 9.2.2009, NZG 2009, 501.

[463] Zu Recht krit. daher Reiff/Nannt DStR 2009, 2376 (2381 ff.).

[464] BGH 14.1.2010, ZIP 2010, 335 mAnm Gattringer ZInsO 2010, 802 lässt die Frage offen, ob hierzu bereits die Zustimmung zur Übertragung der Mitgliedschaft ausreicht; Roth ZGR 2000, 187 (209); Staub/Schäfer Rn. 318; Heymann/Hoffmann/Bartlitz § 109 Rn. 49; MüKoHGB/Fleischer Rn. 537; Westermann/Wertenbruch PersGesR-HdB/Wertenbruch Rn. I 685.

[465] Heymann/Freitag § 135 Rn. 4; Staub/Schäfer Rn. 318; Gattringer ZInsO 2010, 802.

[466] Staub/Schäfer Rn. 318; MüKoHGB/Fleischer Rn. 538; Westermann/Wertenbruch PersGesR-HdB/Wertenbruch Rn. I 688.

[467] BGH 8.12.1971, WM 1972, 81; MüKoBGB/Schäfer BGB § 719 Rn. 55; Wertenbruch, Die Haftung von Gesellschaften und Gesellschaftsanteilen in der Zwangsvollstreckung, 2000, 487 ff., 525; Westermann/Wertenbruch PersGesR-HdB/Wertenbruch Rn. I 670, 691a; Roth ZGR 2000, 187 (210); Staub/Schäfer Rn. 318; MüKoHGB/Fleischer Rn. 540.

[468] MüKoBGB/Schäfer BGB § 719 Rn. 56; MüKoHGB/Fleischer Rn. 541; Westermann/Wertenbruch PersGesR-HdB/Wertenbruch Rn. I 694.

[469] Vgl. Begr. RegE, BT-Drs. 19/27635, 203.

[470] MüKoHGB/Fleischer Rn. 543; Wertenbruch, Die Haftung von Gesellschaften und Gesellschaftsanteilen in der Zwangsvollstreckung, 2000, 504 ff.

[471] So die stRspr, RG 29.4.1911, RGZ 76, 276 (279); 9.4.1920, RGZ 98, 303 (305); 5.4.1935, RGZ 147, 340 (341 f.); BGH 29.1.1951, NJW 1951, 308; Hüttemann, Leistungsstörungen bei Personengesellschaften, 1998, 5 ff.; Huber, Leistungsstörungen, Bd. II, Handbuch des Schuldrechts in Einzeldarstellungen, Bd. 9, 1999, 487; Westermann/Wertenbruch PersGesR-HdB/Tröger Rn. I 101; Wertenbruch ZIP 2007, 798.

[472] Hüttemann, Leistungsstörungen bei Personengesellschaften, 1998, 5 ff.; Westermann/Wertenbruch PersGesR-HdB/Tröger Rn. I 101.

[473] BGH 2.7.1990, BGHZ 112, 40 (45) = NJW 1990, 2616 (2618) – Gemeinschaftsverhältnis; Flume BGB AT I 1 § 1 III (4, 61); Staub/Schäfer Rn. 179; Heymann/Emmerich Rn. 3 f.; K. Schmidt GesR § 59 I 2c; J. Koch GesR § 4, 2; zur Bedeutung organisationsrechtlicher Elemente Wiedemann ZGR 1996, 286 ff.

Gesellschaftsvertrag der Fugger aus dem Jahre 1494.[474] Der Gesellschaftsvertrag der Personenhandelsgesellschaften muss – anders als Satzungen der Kapitalgesellschaften – **nicht** zum Handelsregister **eingereicht** werden.[475] Das muss sich auch in Umsetzung der DigiRL II[476] nicht ändern.[477]

132 **2. Behandlung des Gesellschaftsvertrags. a) Auslegung.** Im Grundsatz ist der Gesellschaftsvertrag gem. §§ 133, 157 BGB nach dem Wortlaut und dem **subjektiven Willen** der Gesellschafter auszulegen, so wie er in dem Vertrag Ausdruck gefunden hat.[478] Das gilt namentlich für Personengesellschaften, die durch ihre personalistische Struktur geprägt sind.[479] Es gilt die Regel *falsa demonstratio non nocet*.[480] Als Dauerschuldverhältnis ist es für die Auslegung des Vertrags entscheidend, wie einzelne Vertragsbestimmungen über eine längere Zeit hinweg praktiziert worden sind.[481] Bei größeren, auf Mitgliederwechsel angelegten Familienpersonengesellschaften[482] und bei Publikumspersonengesellschaften (→ § 161 Rn. 138 f.) ist der Vertrag aus Verkehrsschutzgründen (neu eintretende Gesellschafter, Interessen Dritter, korporative Struktur, Vielzahl nicht miteinander persönlich verbundener Gesellschafter) **objektiv auszulegen,** was auch das Revisionsgericht vornehmen kann.[483] Die Auslegung erfolgt nach Wortlaut, Zusammenhang und Zweck des Gesellschaftsvertrags aus der Perspektive eines verständigen Publikumspersonengesellschafters.[484] Zudem folgt daraus trotz der Bereichsausnahme des § 310 Abs. 4 BGB eine sinngemäße Anwendung der Regeln zu AGB,[485] namentlich dem Rechtsgedanken des § 305c Abs. 2 BGB.[486] Für schriftliche Gesellschaftsverträge gilt die Vermutung der Richtigkeit und Vollständigkeit der Urkunde.[487] Zudem verlangt der BGH, dass sich nicht unmittelbar aus dem Gesetz folgende Pflichten von einer Publikumsgesellschaft beitretenden Gesellschaftern unmissverständlich aus dem Text des Gesellschaftsvertrags ergeben müssen.[488] Gleichwohl können außerhalb der Urkunde liegende Umstände für die Auslegung herangezogen werden. Die – schon für sich zweifelhafte[489] – **Andeutungstheorie**[490] gilt selbst für formbedürftige (→ Rn. 19 ff.) Gesellschaftsverträge **nicht.**[491] Die Grundsätze der ergänzenden Vertragsauslegung (§ 157 BGB) finden Anwendung.[492] Anders als im Kapitalgesellschaftsrecht[493] können allseitige

[474] Fleischer FS Bergmann, 2018, 183 ff.

[475] MüKoHGB/Fleischer Rn. 167.

[476] RL (EU) 2025/25 des Europäischen Parlaments und des Rates vom 19.12.2023 zur Änderung der Richtlinien 2009/102/EG und (EU) 2017/1132 zur Ausweitung und Optimierung des Einsatzes digitaler Werkzeuge und Verfahren im Gesellschaftsrecht (ABl. L, 2025/25, 10.1.2025).

[477] Zur unsteten Entwicklung in diesem Punkt Tassius ZPG 2024, 325 Rn. 4; vgl. weiter Markworth ZPG 2023, 462; Markworth ZPG 2024, 100; Tassius ZPG 2023, 361 (363); J. Schmidt NZG 2023, 593 (595); Zwirlein-Forschner NZG 2023, 863 (869); **aA** Denninger GmbHR 2023, 482 Rn. 6; eine Offenlegungspflicht de lege ferenda befürwortend Lieder NJW 2024, 2065 (2068); erwägend auch Schön ZHR 189 (2025), 1 (11); dagegen Schäfer ZPG 2024, Heft 12, Editorial.

[478] AllgM, vgl. etwa BGH 27.1.1975, WM 1975, 662; 23.2.1956, BGHZ 20, 109 (110) = NJW 1956, 665; MHdB GesR I/Schücking § 1 Rn. 11; MüKoHGB/Fleischer Rn. 197 f.; Grunewald ZGR 1995, 68.

[479] OLG Hamm 19.6.2023, NZG 2024, 443 Rn. 30; Hopt/Roth Rn. 115; MüKoHGB/Fleischer Rn. 199.

[480] BGH 29.3.1996, NJW 1996, 1678 (1679).

[481] MHdB GesR I/Schücking § 1 Rn. 11; MüKoHGB/Fleischer Rn. 198; Staub/Schäfer Rn. 180; Heymann/Emmerich Rn. 21; vgl. auch BGH 11.3.1989, NJW-RR 1989, 993 (994).

[482] BGH 22.5.1989, NJW-RR 1989, 1259 (1260).

[483] BGH 30.4.1979, NJW 1979, 2102; 19.3.2007, ZIP 2007, 812 Rn. 18; 11.1.2011, ZIP 2011, 322 Rn. 12; 1.3.2011, NZG 2011, 551 Rn. 8; 5.7.2011, NZG 2011, 1140 Rn. 14; 19.7.2011, WM 2011, 1851 Rn. 10; 12.3.2013, NZG 2013, 738 Rn. 14; 16.2.2016, NJW-RR 2016, 550 Rn. 12 f.; 6.3.2018, NJW-RR 2018, 665 Rn. 16; 11.9.2018, NZG 2018, 1226 Rn. 17; OLG Frankfurt 7.11.2012, BeckRS 2013, 22592; OLG Hamm 19.6.2023, NZG 2024, 443 Rn. 30; Hopt/Roth Anh. § 179 Rn. 10; Grunewald ZGR 1995, 68 (89); zum Ganzen eingehend und diff. Fleischer DB 2013, 1466 ff.

[484] Vgl. BGH 16.2.2016, NJW-RR 2016, 550 Rn. 12; 6.3.2018, NJW-RR 2018, 665 Rn. 17.

[485] BGH 12.3.2013, NJW 2013, 2278 Rn. 14; 8.10.2013, NZG 2013, 1334 Rn. 19 ff.; 20.5.2014, DNotZ 2014, 865 Rn. 14; 16.2.2016, NZG 2016, 424 Rn. 14.

[486] Vgl. BGH 12.3.2013, NJW 2013, 2278 Rn. 14; 16.2.2016, NZG 2016, 424 Rn. 14; 7.11.2017, MittBayNot 2018, 171 Rn. 6.

[487] Vgl. MüKoBGB/Einsele BGB § 125 Rn. 36 f.

[488] Vgl. BGH 12.3.2013, NJW 2013, 2278 Rn. 14; 16.2.2016, NZG 2016, 424 Rn. 15; 27.6.2016, BeckRS 2016, 17631 Rn. 9; 7.11.2017, MittBayNot 2018, 171 Rn. 6.

[489] MüKoBGB/Busche BGB § 133 Rn. 60; Muscheler, Erbrecht, 2010, Rn. 1841, 1856, 1964; Brox/Walker, Erbrecht, 30. Aufl. 2024, § 16 Rn. 4a; Foerste DNotZ 1993, 84; Berneith, Die Konversion, 2016, 64 ff.

[490] Vgl. nur BGH 24.10.1979, NJW 1980, 1276 (1277); 22.4.2010, NJW 2011, 218 (219); MüKoBGB/Leipold BGB § 2084 Rn. 14; Jauernig/Stürner BGB § 2084 Rn. 4.

[491] Ebenroth/Boujong/Wertenbruch Rn. 158.

[492] BGH 20.9.1993, BGHZ 123, 281 (285 f.) = NJW 1993, 3193 (3194); 23.11.1978, NJW 1979, 1705 (1706); MüKoHGB/Fleischer Rn. 226, 211; Hopt/Roth Rn. 115.

[493] Lieder in Aktuelle Entwicklungen im deutschen, österreichischen und schweizerischen Gesellschafts- und Kapitalmarktrecht 2012, 2013, 231 (252).

schuldrechtliche **Nebenabreden** für die Interpretation des Gesellschafterwillens von Bedeutung sein.[494] Gleiches gilt für eine **Familienverfassung.**[495]

133 **b) Vertragsänderung.** Die Vertragsänderung bedarf der gleichen Voraussetzungen wie der ursprüngliche Vertragsschluss (→ Rn. 14 ff.). Änderungen können auch **konkludent** erfolgen,[496] vor allem durch langjährige einvernehmliche Übung der Gesellschafter.[497] Solche einverständlichen Übungen der Beteiligten sind im Rahmen der Auslegung zu berücksichtigen.[498] Eine einfache vertragliche **Schriftformklausel** wird hierdurch mit geändert.[499] Anderes gilt bei einer qualifizierten Schriftformklausel, die selbst nur durch eine schriftliche Vereinbarung aufgehoben werden kann.[500] Gleichwohl können die Gesellschafter einvernehmlich den Vertrag **durchbrechen,** dies wirkt dann aber nur für den Einzelfall.[501] Ein vertragsdurchbrechender Gesellschafterbeschluss bedarf im Grundsatz nach § 109 Abs. 1 der Einstimmigkeit. Bei Bestehen einer Mehrheitsklausel ist durch Auslegung zu ermitteln, ob sie auch vertragsdurchbrechende Beschlüsse erfasst. Soweit sie auch vertragsändernde Beschlüsse umfasst, wird das regelmäßig anzunehmen sein. Stets sind allerdings die Grenzen der materiellen Beschlusskontrolle (→ § 109 Rn. 65 ff.) zu berücksichtigen.[502] Die Rechtsfolgen eines Verstoßes gegen das Schriftformerfordernis können im Gesellschaftsvertrag konkretisiert werden.[503]

134 Um Streitigkeiten unter den Gesellschaftern zu vermeiden, empfiehlt sich in regelmäßigen Abständen eine **Aktualisierung und Konsolidierung des Gesellschaftsvertrags.**[504] Änderungs- und Anpassungsbedarf kann sich aus einer Änderung des Gesellschafterkreises (→ Rn. 118 ff.), der Gesellschafterkonten (→ § 120 Rn. 60 ff.) und Gesellschafterdarlehen (→ § 116 Rn. 19), aus technischem Fortschritt oder der Konzernstruktur (→ Rn. 192) ergeben. Zu denken ist aber auch an Gesetzes- und Rechtsprechungsänderungen, wie zB die Auswirkungen von BGHZ 203, 77 zum Bestimmtheitsgrundsatz und zur Kernbereichslehre bei Mehrheitsbeschlüssen (→ § 109 Rn. 67), aber auch die Rspr. zu Einziehungs- und Abfindungsregelungen (→ § 135 Rn. 45).

135 Die Beachtung von **Formvorschriften** richtet sich nach den Regeln über den Abschluss des Vertrags (→ Rn. 19 ff.), wenn im Zeitpunkt der Vertragsänderung die Formbedürftigkeit besteht.[505] Spätere Vertragsänderungen bedürfen grundsätzlich keiner familiengerichtlichen Genehmigung (→ Rn. 23) mehr.[506] Eine Ermächtigung zur Vertragsänderung durch **Mehrheitsklausel** bedarf keiner besonderen Anforderungen.[507] Aus der Vertragsklausel muss sich nur – notfalls durch Auslegung – entnehmen lassen, dass auch Änderungen des Gesellschaftsvertrags erfasst sind (→ Rn. 124). Allerdings findet – quasi auf zweiter Stufe – eine materielle Kontrolle statt (→ § 109 Rn. 65 ff.).

136 **c) Vertragsanpassung. aa) Inhalt.** Aus der gesellschaftlichen **Treuepflicht** (→ § 108 Rn. 29 ff.) kann sich unter Abwägung der Belange der Gesellschaft und der Gesellschafter die Pflicht zur Vertragsanpassung ergeben.[508] Voraussetzung ist, dass die Änderung objektiv im Interesse der

---

[494] MüKoHGB/Fleischer Rn. 197.

[495] Fleischer ZIP 2016, 1509 (1517 f.).

[496] MüKoHGB/Fleischer Rn. 228; KKD/Kindler Rn. 7, 40; RGHMW/Haas Rn. 42; Heymann/Emmerich Rn. 22; Westermann/Wertenbruch PersGesR-HdB/Tröger Rn. I 124; Wertenbruch NZG 2005, 665 (666); Wertenbruch NZG 2006, 408 ff.; Roesener NJW 2016, 2214 (2217).

[497] BGH 21.2.1978, BGHZ 70, 331 (332) = NJW 1978, 1001; 29.3.1996, BGHZ 132, 263 (271) = NJW 1996, 1678 (1680); OLG Zweibrücken 5.2.2007, OLGR 2007, 322; Wertenbruch NZG 2005, 665 (666); anders bei Publikumsgesellschaften BGH 5.2.1990, NJW 1990, 2684 (2685); Wertenbruch NZG 2006, 408 (410).

[498] BGH 18.4.2005, NZG 2005, 625.

[499] BGH 29.3.1996, BGHZ 132, 263 (270) = NJW 1996, 1678 (1680); LG Mainz 22.11.2005, BeckRS 2006, 1404; Westermann Rn. I 151.

[500] BGH 2.6.1976, BGHZ 66, 378 – Vereinbarung unter Kaufleuten; BFH 31.7.1991, BFHE 165, 256 – GmbH-Geschäftsführervertrag; BAG 24.6.2003, NJW 2003, 3725 – Arbeitsvertrag.

[501] BGH 7.2.1972, NJW 1972, 623 f.; Ebenroth/Boujong/Wertenbruch Rn. 172; Leinekugel/Reif NZG 2024, 1110 Rn. 1.

[502] Zum Ganzen ausf. Leinekugel/Reif NZG 2024, 1110 ff.

[503] Roesener NJW 2016, 2214 (2217); vgl. noch MüKoBGB/Schäfer BGB § 705 Rn. 50 f.

[504] Dazu ausf. Roesener NJW 2016, 2214 ff.

[505] BayObLG 20.11.1986, BB 1987, 711 (712 f.); MüKoHGB/Fleischer Rn. 231; Westermann/Wertenbruch PersGesR-HdB/Tröger Rn. I 127.

[506] BGH 30.4.1955, BGHZ 17, 160 (163) = NJW 1955, 1067; 26.1.1961, NJW 1961, 724 f.; 20.9.1962, BGHZ 38, 26 (28) = NJW 1962, 2344; 7.10.1991, NJW 1992, 300 (301); MüKoHGB/Fleischer Rn. 234, 192; Heymann/Emmerich Rn. 46; Westermann/Wertenbruch PersGesR-HdB/Tröger Rn. I 132a.

[507] Zur Aufgabe des Bestimmtheitsgrundsatzes vgl. BGH 21.10.2014, BGHZ 203, 77 = NJW 2015, 859.

[508] Zum Verhältnis zur Störung der Geschäftsgrundlage (§ 313 BGB) Baier, Die Lehre vom Wegfall der Geschäftsgrundlage im Recht der Personengesellschaften, 2001, 144 ff.; Baier NZG 2004, 356 (359 f.); MüKoHGB/Fleischer Rn. 235.

Gesellschaft geboten und für den Gesellschafter zumutbar ist.[509] Die Verpflichtung zur Leistung von **Nachschüssen** besteht hiernach grundsätzlich aber nicht, weil selbst bei Sanierungsbedürftigkeit der Gesellschaft kein Gesellschafter verpflichtet ist, außer dem bestehenden Verlustrisiko die Gefahr weiterer Verluste durch die fortgeführte Geschäftstätigkeit einzugehen. Es kann aber eine Pflicht zum **Ausscheiden** der nicht sanierungsbereiten Gesellschafter bestehen (→ Rn. 116 f.). **Beispiele** für eine Pflicht zur Vertragsänderung sind Zustimmungspflichten zum Austritt eines Gesellschafters,[510] zur Erhöhung des Kommanditkapitals,[511] zur Heraufsetzung einer Tätigkeitsvergütung,[512] zur Herabsetzung einer Festverzinsung,[513] zu Nachfolgeregelungen[514] und zu Einschränkungen der Informationsrechte eines Gesellschafters.[515]

137 **bb) Durchführung.** Aus der Treuepflicht folgt die Verpflichtung des Gesellschafters, einer notwendigen Vertragsanpassung zuzustimmen. Die Zustimmung wird mittels **Leistungsklage** auf Abgabe einer Willenserklärung erzwungen und nach § 894 ZPO mit Rechtskraft des Urteils ersetzt.[516] In Einzelfällen wurde ohne den Umweg über eine Klage die treuwidrig verweigerte Zustimmung als ersetzt angesehen.[517] Für eine Sanierungsentscheidung in einer Publikumsgesellschaft hat der BGH inzwischen auch die nicht zustimmenden Gesellschafter an einen entsprechenden Beschluss durch die gesellschaftliche Treuepflicht für gebunden gehalten.[518]

138 **d) Leistungsstörungen. aa) Grundsatz.** Die Vorschriften des allgemeinen Schuldrechts (§§ 280 ff., 320 ff. BGB) sind auf den Gesellschaftsvertrag als gegenseitigen Vertrag (→ Rn. 140) nur anwendbar, soweit nicht Besonderheiten des Gesellschaftsrechts entgegenstehen. Ist die Gesellschaft bereits in Vollzug gesetzt, gehen gesellschaftsrechtliche Prinzipien dem allgemeinen Leistungsstörungsrecht vor (→ Rn. 142 ff.). Einzelne Vorschriften des allgemeinen Schuldrechts finden jedoch Anwendung, soweit nicht die Durchführung der Gesellschaft als Ganzes betroffen ist.

139 **bb) §§ 275, 280, 281, 286 BGB.** Grundsätzlich anwendbar sind zunächst die Vorschriften über die Nicht-, Schlecht- oder Späterfüllung.[519] Ist dem Gesellschafter die Leistung des vereinbarten Beitrags anfänglich oder nachträglich **unmöglich** geworden, ist er von der Leistungspflicht nach § 275 Abs. 1 BGB befreit.[520] Für die Anwendung des § 275 Abs. 2 BGB sind die gesellschaftsrechtlichen Wertungen der Treuepflicht heranzuziehen.[521] Hat er die Unmöglichkeit zu vertreten (→ Rn. 98), haftet er nach § 280 Abs. 1 und 3 BGB, § 283 BGB bzw. § 311a Abs. 2 BGB auf **Schadensersatz.**[522] Befindet er sich in **Verzug,** schuldet er den Ersatz des Verzugsschadens (§ 286 BGB) und Verzugszinsen (§ 288 BGB).[523] Die Verletzung von **Nebenleistungspflichten** wird nach § 280 Abs. 1 BGB, § 241 Abs. 2 BGB sowie – in Bezug auf das gesamte Vertragsverhältnis – nach

[509] BGH 26.1.1961, NJW 1961, 724 f.; 25.9.1986, BGHZ 98, 276 (279) = NJW 1987, 189 (190), stRspr; Westermann/Wertenbruch PersGesR-HdB/Westermann Rn. I 533; vgl. auch Zöllner, Die Anpassung von Personengesellschaftsverträgen an veränderte Umstände, 1979, 25 ff. mit Ausführungen zur Geschäftsgrundlagenanpassung 53 ff.; MüKoHGB/Fleischer Rn. 236.

[510] BGH 26.1.1961, NJW 1961, 724 f.; 28.4.1975, BGHZ 64, 253 (257) = NJW 1975, 1410 (1411); vgl. auch zum Ausscheiden eines Gesellschafters, der an der Fortsetzung der Gesellschaft nicht interessiert ist, BGH 21.10.1985, NJW-RR 1986, 256 f.; → Rn. 57.

[511] Grunewald FS Großfeld, 1999, 319 ff.

[512] BGH 10.6.1965, BGHZ 44, 40; 4.10.2004, ZIP 2004, 2282 (2283).

[513] BGH 5.11.1984, NJW 1985, 974 f.

[514] BGH 18.3.1974, NJW 1974, 1656 f. mAnm Reuter; 20.10.1986, NJW 1987, 952 f.; 8.11.2004, NJW-RR 2005, 263.

[515] BGH 10.10.1994, NJW 1995, 194 (195).

[516] BGH 25.9.1986, BGHZ 98, 276 (279) = NJW 1987, 189 (190); Staub/Schäfer Rn. 230; MüKoHGB/Fleischer Rn. 242; RGHMW/Haas Rn. 45; Westermann/Wertenbruch PersGesR-HdB/Westermann Rn. I 535.

[517] BGH 5.11.1984, NJW 1985, 974 f.; 29.9.1986, NJW-RR 1987, 285 = WM 1986, 1556 (1557); OLG München 26.4.1991, DStR 1992, 1102 (1103); Brandes WM 1990, 1221 (1222); Westermann/Wertenbruch PersGesR-HdB/Westermann Rn. I 535; Heymann/Hoffmann/Bartlitz § 119 Rn. 19; nach Schlegelberger/Martens § 119 Rn. 48 und Staub/Schäfer Rn. 230 ist die abl. Stimmabgabe des zustimmungspflichtigen Gesellschafters nur bei Abstimmungen über Maßnahmen der Geschäftsführung unbeachtlich.

[518] BGH 19.10.2009, BGHZ 183, 1 = NJW 2010, 65 – Sanieren oder Ausscheiden mAnm Armbrüster EWiR 2009, 739; Dorka/Derwald NZG 2010, 694 ff.; Bacina/Redeker DB 2010, 996 ff.; krit. Holler ZIP 2010, 1678 ff.; K. Schmidt JZ 2010, 125; Stupp DB 2010, 489 ff.; Westermann DZWIR 2010, 265; zust. Bitter ZGR 2010, 147 (166 f.); **aA** noch Armbrüster ZGR 2009, 1 (23 f.).

[519] MüKoHGB/Fleischer Rn. 331 ff. mwN.

[520] MüKoHGB/Fleischer Rn. 336 mwN.

[521] Ebenroth/Boujong/Wertenbruch Rn. 158.

[522] MüKoHGB/Fleischer Rn. 336 f. mwN.

[523] MüKoHGB/Fleischer Rn. 336 f. mwN.

§ 280 Abs. 1 und 3 BGB, § 282 BGB sanktioniert.[524] Ein Anspruch auf Schadensersatz **statt der Leistung** nach § 280 Abs. 1 und 3 BGB, § 281 BGB kommt wegen des Vorrangs der gesellschaftsrechtlichen Instrumente zur Vertragsaufhebung allerdings nur in Betracht, soweit Ersatz nach der Differenzhypothese begehrt wird.[525]

cc) §§ 320 ff. BGB. Bei in Vollzug gesetzten Gesellschaften sind die Vorschriften der §§ 320 ff. BGB über die Aufhebung gegenseitiger Verträge nicht anwendbar, weil sie auf Austauschverträge zugeschnitten sind und daher auf den Gesellschaftsvertrag als Organisationsverhältnis nicht passen.[526] Deshalb findet die **Einrede des nicht erfüllten Vertrags** bei der nicht erbrachten Einlageleistung keine Anwendung.[527] Eine Ausnahme gilt nach zutreffender hM bei der Zweipersonengesellschaft.[528] Auch die Vorschriften über den **Rücktritt** vom gegenseitigen Vertrag bei Unmöglichkeit oder Verzug nach §§ 323 ff. BGB finden aus diesem Grund auf den Gesellschaftsvertrag als solchen keine Anwendung.[529] Das Gesellschaftsrecht entscheidet nach den Maßstäben des Gesellschaftsvertrags, der ergänzenden Vertragsauslegung, der Vertragsanpassung aus der Treuepflicht oder der Anwendung des § 139 (Auflösung; → § 139 Rn. 9 ff.) oder des § 134 (Ausschließung; → § 134 Rn. 18 ff.) über die Rechtsfolgen. Ist die Leistung einer **Sacheinlage unmöglich,** kommt nach den Umständen des Einzelfalles die Leistung eines Ersatzgegenstandes, eines Wertersatzes in Geld oder die Herabsetzung der Gewinnbeteiligung in Betracht.[530] 140

dd) Sach- und Rechtsmängel der Einlageleistung. Weist der Gegenstand der Einlage einen Sach- oder Rechtsmangel auf, sind die §§ 434 ff. BGB entsprechend anzuwenden.[531] In der Praxis wird die Einlageleistung meist durch den Abschluss eines separaten Einbringungsvertrags ersetzt, auf den die §§ 434 ff. BGB direkt anzuwenden sind.[532] Welchen Einfluss in diesem Fall Mängel des Einlagegegenstandes auf das Gesellschaftsverhältnis haben, beurteilt sich nach Gesellschaftsrecht. 141

3. Fehlerhafte Gesellschaft. a) Grundlagen. Gesellschaften, die im Rechtsverkehr aufgetreten sind, begründen eine Faktizität, die dazu führt, dass bei einer vorhandenen, aber fehlerhaften Gesellschaftsgründung oder des Gesellschaftsbeitritts nur eine Auflösung für die Zukunft, nicht aber die Rückabwicklung in Betracht kommt.[533] Diese Lehre von der fehlerhaften Gesellschaft ist zu unterscheiden von Fällen der bloßen Teilnichtigkeit des Gesellschaftsvertrags (→ Rn. 17) und der Scheingesellschaft (→ Rn. 171 ff.). Die Lehre geht auf die Rspr. des RG[534] zurück, gehört zum „gesicherten Bestandteil des Gesellschaftsrechts“[535] und wird heute als verbandsformübergreifendes Rechtsinstitut anerkannt.[536] Sie zielt in der Sache darauf ab, **Abwicklungsschwierigkeiten zu vermeiden,** die mit einer rückwirkenden Nichtigkeit des Gesellschaftsvertrags verbunden sind, und schützt so zugleich berechtigte Interessen des Rechtsverkehrs auf den Bestand gesellschaftsrechtlicher Strukturen.[537] Die Rückabwicklung erfolgt daher nicht nach den §§ 812 ff. BGB, sondern nach den gesellschaftsrechtlichen Auseinandersetzungsvorschriften (§§ 143 ff.). Hierdurch wird ein Ausgleich geschaffen zwischen den Interessen der (anderen) Mitglieder am **Bestand der Gesellschaft** und der Gläubiger an der **Erhaltung der Haftungsmasse** einerseits und andererseits den Interessen ausscheidungswilliger Gesellschafter, sich auf die Fehlerhaftigkeit der Gesellschaftsgründung oder des Beitritts berufen zu können. Denn der Ausfall eines Gesellschafters kann zu einer höheren finanziellen Belastung der verbleibenden führen, mit der diese weder gerechnet haben noch rechnen mussten. 142

---

[524] MüKoHGB/Fleischer Rn. 336 f. mwN.

[525] Staub/Schäfer Rn. 187.

[526] MüKoHGB/Fleischer Rn. 338 mwN; Ebenroth/Boujong/Wertenbruch Rn. 216.

[527] MüKoHGB/Fleischer Rn. 338 mwN; Ebenroth/Boujong/Wertenbruch Rn. 214.

[528] Staub/Schäfer Rn. 187; Heymann/Emmerich Rn. 7; KKD/Kindler Rn. 40; MHdB GesR I/Möhrle § 47 Rn. 51; A. Hueck OHG § 6 II 3b; Bayer/Lieder HaGesR Rn. 689; **aA** BGH 16.2.1967, WM 1967, 419 (420); Ebenroth/Boujong/Wertenbruch Rn. 225; MüKoHGB/Fleischer Rn. 338; Staudinger/Habermeier, 2003, BGB § 706 Rn. 16; → 4. Aufl. 2015, Rn. 75 (Weitemeyer).

[529] MüKoHGB/Fleischer Rn. 338; Ebenroth/Boujong/Wertenbruch Rn. 217.

[530] Ebenroth/Boujong/Wertenbruch Rn. 217.

[531] Soergel/Huber BGB § 445 aF Rn. 10; Westermann/Wertenbruch PersGesR-HdB/Wertenbruch Rn. I 395; Hüttemann in Dauner-Lieb/Konzen/Schmidt, Das neue Schuldrecht in der Praxis, 2002, 693 f.; **aA** MüKoHGB/Fleischer Rn. 341.

[532] Westermann/Wertenbruch PersGesR-HdB/Wertenbruch Rn. I 396; Wertenbruch NZG 2001, 306 ff.; K. Schmidt GesR § 20 III 1c; **aA** OLG München 28.7.2000, NZG 2000, 1124.

[533] Flume BGB AT I 1 § 2 III (16 f.); K Schmidt GesR § 6.

[534] RG 16.5.1904, RGZ 57, 292 (297 f.) zur Anfechtung wegen arglistiger Täuschung beim Beitritt zur Genossenschaft; vgl. weiter Fleischer/Thoma FS Canaris, Bd. I, 2017, 841 ff.

[535] BGH 29.6.1970, BGHZ 55, 5 (8) zur stillen Gesellschaft.

[536] Für rechtsvergleichende Hinweise vgl. Fleischer/Thoma FS Canaris, Bd. I, 2017, 841 (847 ff.).

[537] Vgl. nur Bayer/Lieder HaGesR Rn. 799 mwN.

Hinzu kommt, dass die rückwirkende Vernichtung der Mitgliedschaft im Hinblick auf die zwischenzeitlich geschaffenen Rechtstatsachen, etwa aufgrund der unter Mitwirkung des fehlerhaft beigetretenen Gesellschafters gefassten Beschlüsse, zu Schwierigkeiten führt, auf welche die schuldrechtlichen Rückabwicklungs- und Nichtigkeitsvorschriften nicht zugeschnitten sind.[538]

143 **b) Tatbestandsvoraussetzungen. aa) Vorliegen von Willenserklärungen.** Eine fehlerhafte Gesellschaft setzt voraus, dass überhaupt, wenn auch fehlerhafte, auf den Abschluss eines Gesellschaftsvertrags oder auf den Beitritt zu einer Gesellschaft (→ Rn. 13) gerichtete Willenserklärungen der Parteien vorliegen **(voluntatives Element).**[539] Fehlt es selbst hieran, kann es sich um eine Scheingesellschaft handeln (→ Rn. 171 ff.). Voraussetzung ist deshalb auch, dass ein Gesellschafter beim Beitritt überhaupt **wirksam vertreten** wurde und ihm die Willenserklärung daher zurechenbar ist, andernfalls kann dieser nur Scheingesellschafter (→ Rn. 172) sein.[540] Etwas anderes gilt nur, wenn die übrigen Gesellschafter die Erklärung für wirksam gehalten haben, weil sie etwa davon ausgegangen sind, der Mitgesellschafter sei wirksam vertreten worden und seine Zustimmung liege vor,[541] oder wenn der Vertreter zwar ohne Vollmacht gehandelt hat, der Abschluss des Gesellschaftsvertrags aber vom Auftrag des Gesellschafters umfasst war und damit auf seinen Willen zurückzuführen ist.[542] Davon kann aber keine Rede sein, wenn der Vertreter eine unwirksame Generalvollmacht missbraucht hat und eigenmächtig und im Rahmen eines Insichgeschäfts mit sich selbst gehandelt hat.[543]

144 **bb) Gründe der Fehlerhaftigkeit.** Die Gründe, die zur Fehlerhaftigkeit des Gesellschaftsvertrages führen können, ergeben sich aus den allgemeinen bürgerlichrechtlichen Regeln über die Unwirksamkeit von Rechtsgeschäften. Dazu gehören die Anfechtungstatbestände wegen **Irrtums,**[544] arglistiger **Täuschung** oder **Drohung** (§§ 119, 123 BGB),[545] **Dissens** (§ 154 BGB),[546] die Vereinbarung einer auflösenden **Bedingung** (§ 158 Abs. 2 BGB),[547] **Formmangel**[548] sowie der Verstoß gegen ein gesetzliches **Verbot** (§ 134 BGB) oder gegen die **guten Sitten** (§ 138 BGB).[549] Auch bei einem **verdeckten Dissens** kommen die Regeln über die fehlerhafte Gesellschaft in Betracht, wenn der übereinstimmende Wille der Gesellschafter feststellbar ist, auf der Grundlage des Gesellschaftsrechts tätig zu werden.[550] Weiterhin führt das anfängliche Fehlen der **Geschäftsgrundlage** nach § 313 BGB zur Anwendung der Regeln über die fehlerhafte Gesellschaft,[551] ebenso wie der nachträgliche Wegfall der Geschäftsgrundlage.[552] Wenn nur einzelne Vertragsbestandteile betroffen sind, ist der Vertrag anzupassen (§ 313 Abs. 1 BGB).[553] Die anfängliche **Unmöglichkeit** der Erreichung des

---

538 BGH 2.7.2001, BGHZ 148, 201 (207) = NJW 2001, 2718; Goette DStR 1996, 266 (267).

539 BGH 29.6.1970, BGHZ 55, 5 (8 f.) = NJW 1971, 375 (376); 10.12.1973, BGHZ 62, 20 (26 f.) = NJW 1974, 498 (501); 25.3.1974, BGHZ 62, 234 (241) = NJW 1974, 1201 (1202); 14.10.1991, NJW 1992, 1501 (1502); 21.3.2005, NJW 2005, 1784 (1785); vgl. weiter den Sachverhalt in BGH 14.1.2002, NJW 2002, 1340; Hopt/Roth Rn. 132 f.; MüKoHGB/Fleischer Rn. 591; Staub/Schäfer Rn. 364; RGHMW/Haas Rn. 68 ff.; Heymann/Emmerich Rn. 78 ff.; Wertenbruch NZG 2006, 408 (421).

540 BGH 18.10.1962, WM 1962, 1353 (1354); 12.10.1987, WM 1988, 414 (416 f.); 14.10.1991, NJW 1992, 1501 (1502); 16.12.2002, BGHZ 153, 214 (221) = NJW 2003, 1252; 1.6.2010, DStR 2010, 1530; 13.9.2011, NZG 2011, 1225 Rn. 12; Heymann/Emmerich Rn. 78; MüKoHGB/Fleischer Rn. 591; KKD/Kindler Rn. 27; Wertenbruch NZG 2006, 408 (421); ähnlich Bayer/Lieder HaGesR Rn. 815; abw. Klimke NZG 2012, 1361 ff.

541 BGH 12.10.1987, WM 1988, 414 (416 f.); 14.10.1991, WM 1992, 490 (492); 1.6.2010, DStR 2010, 1530; 13.9.2011, NZG 2011, 1225 Rn. 12.

542 BGH 16.12.2002, BGHZ 153, 214 (221 f.); 21.3.2005, NJW 2005, 1784 (1786); 1.6.2010, DStR 2010, 1530; 13.9.2011, NZG 2011, 1225 Rn. 12.

543 BGH 13.9.2011, NZG 2011, 1225 Rn. 12.

544 Michalski Rn. 92; Westermann/Wertenbruch PersGesR-HdB/Tröger Rn. I 217b.

545 BGH 19.12.1974, BGHZ 63, 338 (344) = NJW 1975, 1022 (1024); 19.10.2011, NJW 2011, 263; 7.6.2006, NJW 2006, 2839; OLG München 25.10.2012, BeckRS 2012, 22132; Staub/Schäfer Rn. 377; Westermann/Wertenbruch PersGesR-HdB/Tröger Rn. I 217b.

546 BGH 21.2.1992, NJW 1992, 1501 (1502); MHdB GesR I/Miras § 100 Rn. 46; Westermann/Wertenbruch PersGesR-HdB/Tröger Rn. I 217a; abw. Schäfer, Die Lehre vom fehlerhaften Verband, 2002, 215 ff.

547 Goette DStR 1996, 266 (269).

548 BGH 29.6.1992, NJW 1992, 2696 (2697 f.); 14.10.1991, NJW 1992, 1501 (1502); Staub/Schäfer Rn. 368; Westermann/Wertenbruch PersGesR-HdB/Tröger Rn. I 217; Hopt/Roth Rn. 137; Schäfer, Die Lehre vom fehlerhaften Verband, 2002, 208 ff.; anders aber beim Beitritt BGH 12.10.1987, NJW 1988, 1321 (1323); Heymann/Emmerich Rn. 78.

549 Goette DStR 1996, 266 (269).

550 BGH 14.10.1991, NJW 1992, 1501 (1502).

551 BGH 10.12.1973, BGHZ 62, 20 (26 ff.) = NJW 1974, 498 f.; Hopt/Roth Rn. 137.

552 *BGH 13.5.1953*, BGHZ 10, 44 (51) = NJW 1953, 1548; 23.1.1967, NJW 1967, 1081 (1082); Hopt/Roth Rn. 137; Heymann/Emmerich Rn. 75; **aA** MüKoHGB/Fleischer Rn. 593.

553 BGH 18.3.1974, NJW 1974, 1656 (1657).

Gesellschaftszwecks ist bereits nach § 311a Abs. 1 BGB kein Nichtigkeitsgrund mehr.[554] Nach zutreffender hM finden auf den Beitritt zu einem geschlossenen Immobilienfonds in Form einer GbR, OHG oder KG, zu dem ein **Verbraucher** außerhalb von Geschäftsräumen bestimmt worden ist, die §§ 312b, 355 ff., 357 BGB Anwendung.[555]

145 **cc) Vollzug der Gesellschaft.** Die Gesellschafter müssen die Gesellschaft in Vollzug gesetzt haben,[556] andernfalls finden die allgemeinen Folgen der Nichtigkeit Anwendung. Vollzug bedeutet Durchführung des Gesellschaftsvertrags oder Aufnahme des Geschäftsbetriebs.[557] Das ist der Fall, wenn die Gesellschaft durch den Abschluss von Rechtsgeschäften mit Dritten ihre Geschäfte begonnen hat,[558] selbst bei reinen Vorbereitungshandlungen.[559] Handlungen ohne Außenwirkung reichen aus, wenn die Gesellschafter Leistungen erbracht[560] oder Beschlüsse gefasst[561] haben.

146 Die **bloße Eintragung** in das Handelsregister reicht allein noch **nicht aus,**[562] indiziert aber den Vollzug[563] und ist in der Regel auch mit der Aufnahme von Außenbeziehungen verbunden.[564] Dass die Eintragung nicht mit dem Vollzug gleichzusetzen ist, ergibt sich auch nicht aus § 107.[565] Denn zum einen beschränkt sich der Anwendungsbereich der Vorschrift nur auf einen kleinen Ausschnitt von Gesellschaften und ist daher schwerlich verallgemeinerbar. Zum anderen liegt der tiefe Zweck des Vollzugserfordernisses darin, in teleologischer Hinsicht solche Fallgestaltungen abzuschichten, in welchen Rückabwicklungsschwierigkeiten zu gewärtigen und schutzwerte Interesse im Innen- oder Außenverhältnis berührt sind. Dies ist bei einer bloßen Eintragung ohne weitere Ausführungshandlungen nicht der Fall.

147 Diese Maßnahmen im Innenverhältnis reichen auch aus, um bei einer **Innengesellschaft** wie der eingliedrigen stillen Gesellschaft die Regeln über die fehlerhafte Gesellschaft anwenden zu können.[566] Der Kaufmann kann aber aus c.i.c. verpflichtet sein, den stillen Gesellschafter im Wege des Schadensersatzes so zu stellen, als ob er nie Gesellschafter geworden wäre, sodass die Einlage in voller Höhe zurückzuzahlen ist. Dieser Anspruch ist aus Gründen der Gleichbehandlung aller Anleger bei einer

---

[554] Ebenroth/Boujong/Wertenbruch Rn. 214.

[555] EuGH (Erste Kammer) 15.4.2010, NJW 2010, 1511 mAnm Schäfer DStR 2010, 1138 ff.; Goette DStR 2010, 881; Westermann DZWIR 2010, 265; Kindler/Libbertz NZG 2010, 603; Habersack ZIP 2010, 775; BGH 17.9.1996, BGHZ 133, 254 (261 f.) = ZIP 1996, 1940; 2.7.2001, BGHZ 148, 201 (203) = NJW 2001, 2718; 18.10.2004, NJW-RR 2005, 180; 29.11.2004, NJW-RR 2005, 627; 18.4.2005, NJW-RR 2005, 1217; 5.5.2008, NZG 2008, 460; 12.7.2010, NZG 2010, 990; OLG Naumburg 12.6.2013, BeckRS 2013, 22621; Althammer BKR 2003, 280 (281); Louven BB 2001, 1806 (1807); Armbrüster ZIP 2006, 406 (407 ff.); Renner DStR 2001, 1988; Staudinger/Thüsing, 2012, BGB § 312 Rn. 9, 27; Erman/Koch BGB § 312 Rn. 12; Grüneberg/Grüneberg BGB § 312 Rn. 4; MüKoBGB/Wendehorst BGB § 312 Rn. 17; **aA** noch Habersack ZIP 2001, 327 (328); Habersack ZIP 2001, 353 (356); Wagner NZG 2000, 169 (171); Edelmann DB 2001, 2434 (2435 f.); Krohn/C. Schäfer WM 2000, 112 (122 f.).

[556] AllgM, vgl. etwa BGH 21.3.2005, NJW 2005, 1784 (1785); Goette DStR 1996, 266 (268); Westermann/Wertenbruch PersGesR-HdB/Tröger Rn. I 218; Wertenbruch NJW 2005, 2823 (2824); Wertenbruch NZG 2006, 408 (421).

[557] BGH 11.11.1991, BGHZ 116, 37 (40) = NJW 1992, 505; 14.10.1991, NJW 1992, 1501 (1502); K. Schmidt GesR § 6 III 1; Erman/Lieder BGB § 705 Rn. 79; Westermann/Wertenbruch PersGesR-HdB/Tröger Rn. I 218; Schäfer, Die Lehre vom fehlerhaften Verband, 2002, 160 f.

[558] BGH 24.10.1951, BGHZ 3, 285 (288) = NJW 1952, 97; allgM im Schrifttum, vgl. etwa Heymann/Emmerich Rn. 79; Westermann/Wertenbruch PersGesR-HdB/Tröger Rn. I 218.

[559] BGH 12.5.1954, BGHZ 13, 320 (321) = NJW 1954, 1562; 21.3.2005, NJW 2005, 1784 (1785); MüKoHGB/Fleischer Rn. 595; Wertenbruch NZG 2006, 408 (421).

[560] BGH 12.5.1954, BGHZ 13, 320 (321) = NJW 1954, 1562; 11.11.1991, BGHZ 116, 37 (40) = NJW 1992, 505; Goette DStR 1996, 266 (268); Wiedemann WM-Sonderbeil. 8/1990, 26; MüKoHGB/Fleischer Rn. 595; **aA** Staub/Schäfer Rn. 371.

[561] RGHMW/Haas Rn. 66; Heymann/Emmerich Rn. 80; MüKoHGB/Fleischer Rn. 595 f.

[562] Goette DStR 1996, 266 (268); Staub/Schäfer Rn. 371; Schlegelberger/K. Schmidt Rn. 209; Heymann/Emmerich Rn. 80; RGHMW/Haas Rn. 66; **aA** Wiedemann WM-Sonderbeil. 8/1990, 26; Hopt/Roth Rn. 139; KKD/Kindler Rn. 27; MüKoHGB/Fleischer Rn. 595.

[563] Schlegelberger/K. Schmidt Rn. 209; Staub/Schäfer Rn. 371.

[564] So zutr. Goette DStR 1996, 266 (268).

[565] So aber KKD/Kindler Rn. 27.

[566] BGH 29.11.1952, BGHZ 8, 157 (166 ff.) = NJW 1953, 818; 29.6.1970, BGHZ 55, 5 (7) = NJW 1971, 375 (376); 25.3.1974, BGHZ 62, 234 (237) = NJW 1974, 1201; 19.7.2004, ZIP 2004, 1706; 29.11.2004, NJW-RR 2005, 627; 21.3.2005, ZIP 2005, 753; 26.9.2005, ZIP 2005, 2060 (2062); 18.7.2013, NZG 2013, 1187 Rn. 26; Blaurock/Blaurock § 11 Rn. 12 ff.; Erman/Lieder BGB § 705 Rn. 73; **aA** Schäfer, Die Lehre vom fehlerhaften Verband, 2002, 143 ff.; Wertenbruch NJW 2005, 2823; NZG 2006, 408 (421); diff. zwischen typischen und atypischen stillen Gesellschaften MüKoHGB/K. Schmidt § 230 Rn. 131 ff.; K. Schmidt GesR § 6 II 3d.

mehrgliedrigen stillen Gesellschaft nur zu gewähren, soweit er die gleichmäßige Befriedigung der anderen stillen Gesellschafter nicht gefährdet[567] (→ § 230 Rn. 70 ff.).[568]

148 **dd) Ausnahmen.** In Ausnahmefällen ist die Anwendung der Grundsätze über die fehlerhafte Gesellschaft bzw. den fehlerhaften Beitritt ausgeschlossen, weil die Nichtanwendung der allgemeinen Regeln über Anfechtung und Nichtigkeit zu Ergebnissen führen würde, die mit höherrangigen rechtlich geschützten **Interessen der Allgemeinheit** nicht vereinbar sind oder den nach der Rechtsordnung gebotenen Schutz **bestimmter Personengruppen** verfehlen.[569] Über die konkrete Reichweite dieser Ausnahmen herrscht Streit. Im Interesse eines effektiven Verkehrsschutzes und der uneingeschränkten Funktionsfähigkeit der Gesellschaft sind **Ausnahmefälle** nur dann anzuerkennen, wenn grundlegende Wertungsentscheidungen der Rechtsordnung entgegenstehen.[570]

149 Daher verneint die Rspr.[571] im Einklang mit der Lit.[572] einen höherrangigen Schutzzweck mit Recht, wenn der Gesellschafter aufgrund einer **arglistigen Täuschung** zu dem Gesellschaftsbeitritt veranlasst worden ist. Der arglistig getäuschte Gesellschafter kann die Unwirksamkeit seines Beitritts nur mit Wirkung ex nunc geltend machen. Eine andere Sichtweise würde nicht nur die Gläubigerinteressen vernachlässigen, sondern auch diejenigen der übrigen Gesellschafter. Gerade bei Publikumsgesellschaften kommt es vor, dass diese Personen unter ähnlichen Bedingungen beigetreten und daher im Ausgangspunkt nicht weniger schutzwürdig sind als der anfechtende Gesellschafter. Soweit diese nach den einschlägigen Regelungen die Anfechtung nicht mehr erklären können, müssten sie nicht nur die Folgen ihres eigenen, von einer fehlerhaften Willensbildung beeinflussten Beitritts tragen, sondern auch noch die auf den widerrufenden Gesellschafter entfallenden Lasten. Sie sind einem Wettlauf des Austritts ausgesetzt, da sich durch den rückwirkenden Wegfall einiger Gesellschafter die von den Einlagen der verbleibenden Gesellschafter abzuschreibenden Verluste und der Umfang eventuell zu leistender Nachschüsse im Falle der Überschuldung erhöhen (aber → Rn. 100).[573]

150 Im Ausgangspunkt ist man sich darüber einig, dass dem **Minderjährigenschutz** aufgrund seines überragenden Stellenwerts (§§ 104, 105, 107 BGB) der grundsätzliche Vorrang gegenüber dem Gläubigerschutz gebührt. Umgekehrt ist anerkannt, dass die Beteiligung des Minderjährigen der Anwendbarkeit der Lehre vom fehlerhaften Verband nicht grundsätzlich entgegensteht. Welche Auswirkungen sich aber nun konkret aus der Beteiligung des Minderjährigen ergeben, ist sehr umstritten. Während die **hM** davon ausgeht, dass der Minderjährige **kein Gesellschafter** wird,[574] plädiert die **vorzugswürdige Gegenauffassung** dafür, den Minderjährigen zwar als Gesellschafter zu behandeln, ihn aber von sämtlichen Haftungsansprüchen und allen übrigen **Rechtsnachteilen freizuhalten.**[575] Diese Auffassung verwirklicht den gesetzlich intendierten Minderjährigenschutz auf besonders effektive Weise, da es für seine berechtigten Interessen ausreicht, dass der Minderjährige allein von Rechtsnachteilen freigehalten wird (arg. e § 107 BGB). Die hM schießt über das Schutzziel hinaus, wenn sie ihm von vornherein keine Gesellschafterstellung einräumt. Damit nimmt sie ihm zugleich auch die mit der Mitgliedschaft verbundenen Vorteile, wie zB den gesellschaftsvertraglichen

---

567 BGH 19.11.2013, BGHZ 199, 104 Rn. 29 = NZG 2013, 1422; 29.7.2014, BeckRS 2014, 17217; iE ebenso auf der Grundlage der Annahme einer „Innen-KG" K. Schmidt ZIP 2014, 1457.

568 BGH 19.7.2004, ZIP 2004, 1706; 29.11.2004, NJW-RR 2005, 627; 21.3.2005, ZIP 2005, 753.

569 BGH 25.3.1974, BGHZ 62, 234 (241); 24.9.1979, BGHZ 75, 214 (217 f.); 20.3.1986, BGHZ 97, 243 (250); 17.2.1992, NJW 1992, 1503 (1504); 21.3.2005, NJW 2005, 1784 (1785); 18.7.2013, NZG 2013, 1187 Rn. 14.

570 Für eine restriktive Handhabung auch Bayer/Lieder HaGesR Rn. 807; K. Schmidt AcP 186 (1986), 421 (444 ff., 449 ff.); zum fehlerhaften Bestellungsverhältnis Bayer/Lieder NZG 2012, 1 (3); Lieder ZHR 178 (2014), 282 (316).

571 BGH 6.2.1958, BGHZ 26, 330 (335); 8.11.1965, BGHZ 44, 235 (236); 19.12.1974, BGHZ 63, 338 (344 ff.); 13.3.1975, BB 1975, 758 (759); 9.2.1976, NJW 1976, 894; 16.11.1981, NJW 1982, 877 (897); 2.7.2001, BGHZ 148, 201 (207); 14.6.2004, BGHZ 159, 280 (291); 5.5.2008, NZG 2008, 460 – FRIZ I = DStR 2008, 1100 mAnm Goette; zust. Wagner NZG 2008, 447; Kindler/Libbertz DStR 2008, 1335; bestätigt durch Folgeentscheidung BGH 12.7.2010, NZG 2010, 990 – FRIZ II; ebenso bereits RG 16.5.1904, RGZ 57, 292 (297 f.); **aA** noch BGH 12.5.1954, BGHZ 13, 320 (323); 29.6.1970, BGHZ 55, 5 (8 f.) für Sondervorteil eines Gesellschafters.

572 Flume BGB AT I 1 § 2 III (23 ff.); Staub/Schäfer Rn. 377; Schlegelberger/K. Schmidt Rn. 212; Wiedemann WM-Sonderbeil. 8/1990, 26 f.; Soergel/Hadding/Kießling BGB § 705 Rn. 83.

573 BGH 5.5.2008, NZG 2008, 460 – FRIZ I; bestätigt durch Folgeentscheidung 12.7.2010, NZG 2010, 990 – FRIZ II; 18.7.2013, NZG 2013, 1887 Rn. 23 ff.

574 BGH 30.4.1955, BGHZ 17, 160 (165 ff.) = NJW 1955, 1067 (1069); 30.9.1982, NJW 1983, 748; 17.2.1992, NJW 1992, 1503 (1504); Hopt/Roth Rn. 141; Goette DStR 1996, 266 (270); Heymann/Emmerich Rn. 86; RGHMW/Haas Rn. 69; KKD/Kindler Rn. 29.

575 K. Schmidt GesR § 6 III 3 c cc; MüKoHGB/Fleischer Rn. 600; Bayer/Lieder HaGesR Rn. 811; zur fehlerhaften Organbestellung Bayer/Lieder NZG 2012, 1 (4); Lieder ZHR 178 (2014), 282 (317).

Gewinnanspruch. Um dies zu vermeiden ist auch in Kauf zu nehmen, dass dem beschränkt Geschäftsfähigen im Ergebnis eine „hinkende" Gesellschafterstellung eignet.[576]

Widerruft der Verbraucher-Gesellschafter nach §§ 312b, 355 ff., 357 BGB seine außerhalb von Geschäftsräumen abgegebene Beitrittserklärung, führt dies an sich zur Anwendung der Grundsätze der fehlerhaften Gesellschaft mit der Folge, dass der widerrufende Gesellschafter lediglich Anspruch auf sein Abfindungs- oder Auseinandersetzungsguthaben hat und nicht Rückzahlung der gesamten Einlage fordern kann (→ Rn. 163, → Rn. 165). Diese Rechtsfolge steht im Konflikt zu der inzwischen außer Kraft getretenen RL 85/577/EWG des Rates vom 20.12.1985 betreffend den **Verbraucherschutz** im Falle von außerhalb von Geschäftsräumen geschlossenen Verträgen **(Haustürgeschäfte-RL),** wenn eine negative Abfindungsbilanz besteht. Nach Art. 5 Abs. 2 RL 85/577/EWG aF bewirkt die Anzeige des Rücktritts von den eingegangenen Verpflichtungen, dass der Verbraucher aus allen aus dem widerrufenen Vertrag erwachsenden Verpflichtungen entlassen ist. Dies war nach der früheren Rspr. des EuGH so auszulegen, dass der Wegfall der Verpflichtungen des Verbrauchers sowohl für ihn als auch für seinen Vertragspartner eine Wiederherstellung des ursprünglichen Zustands bedeutet.[577] Der BGH hat die Frage dem **EuGH** daher zur Vorabentscheidung vorgelegt.[578] Der Senat hielt die Anwendung der Grundsätze der fehlerhaften Gesellschaft wegen der Spezialität des Gesellschaftsrechts auch im Falle des Widerrufs auf der Grundlage der RL für geboten, weil diese Grundsätze ihrerseits verbraucherschützenden Charakter hätten. Die Interessen der Mitgesellschafter, die häufig ebenfalls Verbraucher seien, wären durch die Widerrufsregeln nachteilig betroffen. Erhielte der ausscheidende Gesellschafter einen höheren Betrag ausbezahlt als das auf seine Beteiligung entfallende Abfindungs- oder Auseinandersetzungsguthaben, würde das Gesellschaftsvermögen zum Nachteil der verbleibenden Gesellschafter verringert und ein Wettlauf der Gesellschafter einsetzen.[579] Der EuGH hat sich dem überzeugend begründeten Vorlagebeschluss des BGH angeschlossen.[580] Der BGH entscheidet inzwischen in stRspr in diesem Sinne.[581] Danach scheidet eine Rückabwicklung des Beitritts aus; der Gesellschafter kann allein das Auseinandersetzungsguthaben beanspruchen, wie es sich mit Wirksamwerden des Widerspruchs ex nunc darstellt. Zudem bleibt er zur Zahlung rückständiger, noch außenstehender Einlageleistungen verpflichtet.[582] Diese Konsequenz hat auch der EuGH auf den Vorlagebeschluss hin ausdrücklich gebilligt.[583] 151

Sehr umstritten ist weiterhin, ob zumindest für Verstöße gegen **§§ 134, 138 BGB** eine Ausnahme angezeigt ist. Die hierfür plädierende **hM** spricht sich für eine Rückabwicklung nach den allgemeinen Vorschriften aus, sodass §§ 812 ff. BGB einschließlich § 817 BGB zur Anwendung gelangen sollen.[584] Gleiches gilt nach hM für Gesellschaften, deren Zweck gegen ein Kartellverbot[585] verstößt. Die **vorzugswürdige Gegenauffassung** gelangt hingegen auch in diesen Fällen zur Abwicklung ex nunc.[586] Denn Gesellschaftsgläubiger und andere Dritte können die Unwirksamkeit des Gesellschaftsvertrags auch in diesen Fällen gerade nicht erkennen. Stattdessen streiten die allgemeinen Wertungen der Lehre vom fehlerhaften Verband (Vermeidung von Rückabwick- 152

576 Krit. insofern MüKoBGB/Schäfer BGB § 705 Rn. 337; Schürnbrand, Organschaft im Recht der privaten Verbände, 2007, 280.

577 EuGH 25.10.2005, ZIP 2005, 1959 Rn. 88, 92 – Schulte.

578 BGH 5.5.2008, NZG 2008, 460.

579 BGH 5.5.2008, NZG 2008, 460; Lenenbach WM 2004, 501 (503); Krohn/C. Schäfer WM 2000, 112 (118); Louven BB 2001, 1807 (1809); M. Schwab ZGR 2004, 861 (862); Armbrüster, Gesellschaftsrecht und Verbraucherschutz – Zum Widerruf von Fondsbeteiligungen, 1, 26 ff.

580 EuGH 15.4.2010 (Erste Kammer), NJW 2010, 1511 mAnm Schäfer DStR 2010, 1138 ff.; Goette DStR 2010, 881; Westermann DZWIR 2010, 265; Kindler/Libbertz NZG 2010, 603; Habersack ZIP 2010, 775.

581 BGH 12.7.2010, NZG 2010, 990; 30.1.2018, NZG 2018, 539 Rn. 52.

582 BGH 30.1.2018, NZG 2018, 539 Rn. 52 ff. unter Hinweis auf BGH 15.5.2000, NZG 2000, 832 (833); 5.5.2008, NZG 2008, 460 Rn. 9; 6.11.2012, BeckRS 2012, 24615 Rn. 37; zust. Burmeister DB 2018, 1135.

583 EuGH 15.4.2010 (Erste Kammer), NJW 2010, 1511 Rn. 50.

584 BGH 29.6.1970, BGHZ 55, 5 (9); 25.3.1974, BGHZ 62, 234 (241); 24.9.1979, BGHZ 75, 214 (217); 16.12.2002, BGHZ 153, 214 (222); 21.3.2005, NJW 2005, 1784 (1785); Windbichler/Bachmann GesR § 12 Rn. 17; Theurer BB 2013, 137 ff.; Wessels ZIP 2014, 101 ff.; Wessels ZIP 2014, 857 ff. (mit Replik K. Schmidt ZIP 2014, 863 ff.).

585 BGH 13.11.1990, ZIP 1991, 402 – Nassauische Landeszeitung; 4.3.2008, WuW/E DE-R 2361 = NZG 2009, 182; auch für Außengesellschaften 4.3.2008, WuW/E DE-R 2361, 2362 Rn. 16; zust. Theurer BB 2013, 137 ff.; OLG Düsseldorf 15.7.2013, NZKart 2013, 377; **aA** OLG Hamm 27.5.1986, NJW-RR 1986, 1487; 7.7.1987, WuW/E OLG 4033; Roth FS Hopt, 2010, 2881 ff. mwN.

586 K. Schmidt GesR § 6 III 3c; Palzer ZGR 2012, 631 ff.; Westermann/Wertenbruch PersGesR-HdB/Tröger Rn. I 224a f.; Wertenbruch, Die Rechtsfolgen der Doppelkontrolle von Gemeinschaftsunternehmen nach dem GWB, 55 ff.; Schäfer Die Lehre vom fehlerhaften Verband, 2002, 264 ff.; Schwintowski NJW 1988, 937; Wertenbruch NJW 2005, 2823 (2826); Bayer/Lieder HaGesR Rn. 812; ausf. Lieder FS K. Schmidt, Bd. I, 2019, 815 (822 ff.).

lungsschwierigkeiten, Verkehrsschutz und Funktionsfähigkeit der Gesellschaft) für deren Anwendung.[587] So wird insbesondere sichergestellt, dass im Rahmen der Sanktionierung von Kartellverstößen ein wirksamer Rechtsträger als Haftungsadressat besteht. Auch bei den §§ 134, 138 BGB entspricht es der funktionalen Betrachtung, dass die individuellen Interessen der Beteiligten, die durch die Nichtigkeitsfolge geschützt sind, im Rahmen einer typisierten Gesamtabwägung hinter dem überindividuellen Verkehrsinteresse (im Außenverhältnis) sowie der Funktions- und Handlungsfähigkeit der Gesellschaft und ihrer Organe (im Innenverhältnis) dem Grunde nach zurücktreten müssen.[588] Schließlich spricht für die Anwendung der Lehre auf § 138 BGB die wertungsmäßige Parallele zu deren Anwendung bei arglistiger Täuschung (→ Rn. 149) und bei einem betrügerischen Verhalten von Gesellschaftern.[589]

153 Keine Ausnahme besteht hingegen bei geschlossenen Immobilienfonds, wenn die Vertretung bei Vertragsschluss gegen das **Rechtsberatungsgesetz** bzw. das Rechtsdienstleistungsgesetz verstoßen hat. Die Nichtigkeit des Treuhandvertrags erfasst nicht den Gesellschaftsvertrag. Nicht die Gesellschaft selbst ist auf die nach § 1 RBerG verbotene Besorgung fremder Rechtsangelegenheiten gerichtet und daher ihr Vertrag nach § 134 BGB nichtig, sondern lediglich die Vollmachtserteilung für den Beitritt zur Immobiliengesellschaft (→ Rn. 91).[590] Gleiches gilt für Verstöße gegen § 3 RDG. Auch bei einer Kapitalanlagegesellschaft, die ein sittenwidriges Schneeballsystem betreibt, ist nicht bereits das vereinbarte Kapitalanlagesystem, sondern die tatsächlich betriebene Anlage nach dem **Schneeballsystem** (Ausschüttung der Gelder der jeweils neu hinzutretenden Gesellschafter an die Altgesellschafter) sittenwidrig. Daher greifen die Grundsätze der fehlerhaften Gesellschaft ein und der getäuschte Anleger hat lediglich einen Anspruch auf Auszahlung seines aktuellen Auseinandersetzungsguthabens.[591]

154 **c) Rechtsfolgen. aa) Grundsatz.** Nach ihrem Vollzug (→ Rn. 145) ist die fehlerhafte Gesellschaft bis zur Auflösung nach innen und außen als wirksam zu behandeln.[592] Die Gesellschafter haften nach §§ 126, 127, 171 ff.[593] Sie können im Innenverhältnis wirksame Beschlüsse fassen und im Außenverhältnis wirksame Verträge abschließen und Vollmachten erteilen.[594] Der **Gesellschaftsvertrag** ist grundsätzlich maßgeblich für die Rechte und Pflichten der Gesellschafter. Anwendung findet auch die gesellschaftsrechtliche Treuepflicht (→ § 108 Rn. 30); für vertragswidriges Verhalten haften Gesellschafter nach den allgemeinen Grundsätzen (→ Rn. 159; → § 116 Rn. 46).[595] Eine **Einschränkung** besteht allerdings für **einzelne fehlerhafte Vertragsklauseln,** deren Unwirksamkeit den Bestand der OHG als solche nicht in Frage stellt.[596] Unanwendbar bleiben demnach einzelne Bestimmungen des Gesellschaftsvertrags, die gegen ein gesetzliches Verbot (§ 134 BGB),[597] die guten Sitten (§ 138 BGB) oder Formvorschriften (vgl. § 311b Abs. 1 S. 1 BGB)[598] verstoßen. Ebenso wenig kann sich ein Gesellschafter auf eine durch arglistige Täuschung oder widerrechtliche Drohung erreichte, ihn besonders begünstigende Gewinnverteilungsabrede berufen (→ Rn. 157).[599]

155 Die Gesellschafter können den Mangel nur für die Zukunft und nur im Rahmen der gesellschaftsrechtlichen Instrumente geltend machen. In Betracht kommt die **Auflösungsklage** nach § 139 oder die **Ausschließungsklage** nach § 134. Die Fehlerhaftigkeit des Gesellschaftsverhältnisses ist in der

---

587 Vgl. noch BGH 27.1.2015, GmbHR 2015, 532 ff.; K. Schmidt GmbHR 2015, 505 (508).

588 Lieder FS K. Schmidt, Bd. I, 2019, 815 (823).

589 Zum letzten Fall vgl. BGH 29.6.1970, NJW 1971, 375 (377); zur Übertragung der Wertungen näher Lieder FS K. Schmidt, Bd. I, 2019, 815 (824).

590 BGH 16.12.2002, BGHZ 153, 214 (221) = NJW 2003, 1252; 20.7.2010, BeckRS 2010, 18 811.

591 BGH 18.7.2013, NZG 2013, 1187 Rn. 15 ff. m. zust. Anm. Müller EWiR § 134 InsO 3/13, 587.

592 AllgM, vgl. etwa BGH 18.1.1988, NJW 1988, 1324; 21.3.2005, NJW 2005, 1784 (1785); Westermann/Wertenbruch PersGesR-HdB/Tröger Rn. I 219; Schäfer, Die Lehre vom fehlerhaften Verband, 2002, 201; Wertenbruch NZG 2006, 408 (421).

593 Vgl. BGH 8.11.1965, BGHZ 44, 235 (236 f.) = NJW 1966, 107; 30.9.1982, NJW 1983, 748; Wiedemann WM-Sonderbeil. 8/1990, 27; Schäfer Die Lehre vom fehlerhaften Verband, 2002, 76 ff.; Westermann/Wertenbruch PersGesR-HdB/Tröger Rn. I 219; gegen Haftung aus § 130 Heymann/Emmerich Rn. 103.

594 Vgl. MüKoHGB/Fleischer Rn. 608 f.; Staub/Schäfer Rn. 384; NK-HGB/Heidel Rn. 216; Henssler/Strohn/Henssler Rn. 158 f.; MHdB GesR I/Miras § 100 Rn. 66.

595 BGH 29.11.2004, NJW-RR 2005, 627 (628); Heymann/Emmerich Rn. 90; Staub/Schäfer Rn. 384; MüKoHGB/Fleischer Rn. 610.

596 Vgl. BGH 30.3.1967, BGHZ 47, 293 (301) = NJW 1967, 1961; MüKoBGB/Schäfer BGB § 705 Rn. 344; BeckOK HGB/Klimke, 47. Ed. 1.7.2025, Rn. 330.

597 BGH 22.5.1958, WM 1958, 1105 (1107).

598 BGH 28.3.1977, WM 1977, 783 (784).

599 BGH 30.3.1967, BGHZ 47, 293 (301 f.) = NJW 1967, 1961; BGH 10.7.1975, BGHZ 65, 79 (85) = NJW 1975, 1774; Staub/Schäfer Rn. 385; Heymann/Emmerich Rn. 91.

Regel ein wichtiger Grund iSd Vorschriften.[600] Die Ausschließungsklage ist dann die richtige Rechtsfolge, wenn der Mangel nur einen Gesellschafter betrifft.[601] Bei Ausschließung aus einer zweigliedrigen Gesellschaft fällt das Vermögen ohne Liquidation durch Anwachsung dem verbleibenden Gesellschafter zu (→ Rn. 120). Die Geltendmachung der Unwirksamkeit kann wie alle Gesellschafterrechte durch die Treuepflicht eingeschränkt sein.[602]

Lässt der Gesellschaftsvertrag dies in Abweichung zu §§ 139, 134 zu (→ § 140 Rn. 23; → § 134 156 Rn. 37 ff.), kann die Auflösung der Gesellschaft auch durch privatrechtsgestaltende **Kündigung** (vgl. § 130 Abs. 1 Nr. 2) geltend gemacht werden.[603] Im Fall der arglistigen Täuschung oder widerrechtlichen Drohung hilft die Rspr. mit ergänzender Vertragsauslegung, aus der sich ein Kündigungsrecht ergibt, wenn es nicht zumutbar ist, die Rechtskraft des Urteils abzuwarten.[604] Die Fristen der §§ 121, 124 BGB sind zu beachten.[605] Der Kündigende muss aber deutlich machen, dass er die Bindung an die Gesellschaft und die Mitgesellschafter jedenfalls ex nunc beseitigen will.[606] Dabei muss sich der Gesellschafter auch auf den Mangel des Gesellschaftsvertrags stützen und kann einen Kündigungsgrund nicht allein auf die Nichterteilung von Auskünften stützen.[607] Der Gesellschafter hat nach Kündigung einen nach den gesellschaftsvertraglichen Regelungen zu berechnenden **Abfindungsanspruch.**[608] Zugleich bleibt der Gesellschafter zur Zahlung rückständiger, noch ausstehender Einlageleistungen verpflichtet (→ Rn. 154).[609] Dieser Anspruch auf die offene Einlage setzt nach allgemeinen Grundsätzen allerdings voraus, dass dies zu Abwicklungszwecken oder zur Durchführung des Innenausgleichs unter den Gesellschaftern notwendig ist.[610]

bb) Auseinandersetzung. Nach der Auflösung der Gesellschaft richtet sich die Auseinanderset- 157 zung nach den vertraglichen Regelungen und den dispositiven §§ 143 ff.[611] Wirkt sich die Drohung oder Täuschung jedoch auf die Verteilung von Gewinn oder Liquidationsüberschüssen aus, ist insofern der gesetzlichen Regelung oder der ergänzenden Vertragsauslegung der Vorzug zu geben (→ Rn. 154).[612] Grundsätzlich hat daher jeder Gesellschafter seine Einlage zurückzuerhalten.

cc) Schadensersatz. In der **stillen Gesellschaft** können die Gesellschafter nach Auffassung des 158 BGH untereinander, insbesondere bei einem durch arglistige Täuschung durch einen Mitgesellschafter veranlassten Beitritt, einen Anspruch auf Schadensersatz aus c.i.c. (§ 280 Abs. 1 BGB, § 311 Abs. 2 BGB, § 241 Abs. 2 BGB), der Verletzung der gesellschaftsrechtlichen Treuepflicht (§ 280 Abs. 1 BGB) oder § 826 BGB haben.[613] Der Anspruch kann sich unter den Voraussetzungen der § 280 Abs. 1 BGB, § 311 Abs. 2, 3 BGB im Wege der **Dritthaftung** auch gegen einen Vertreter oder Repräsentanten der Gesellschaft persönlich richten.[614] Ein **Schaden** liegt insbesondere dann

---

600 BGH 24.10.1951, BGHZ 3, 285 (290 ff.) = NJW 1952, 97; 30.3.1967, BGHZ 47, 293 (300 ff.) = NJW 1967, 1961; Hopt/Roth Rn. 145; MüKoHGB/Fleischer Rn. 611; Staub/Schäfer Rn. 386; Westermann/Wertenbruch PersGesR-HdB/Tröger Rn. I 220.

601 Staub/Schäfer Rn. 386; Heymann/Emmerich Rn. 92; MüKoHGB/Fleischer Rn. 612.

602 BGH 18.1.1988, NJW 1988, 1324 (1325); Wiedemann WM-Sonderbeil. 8/1990, 28.

603 BGH 30.3.1967, BGHZ 47, 293 (300 ff.) = NJW 1967, 1961; Schlegelberger/K. Schmidt Rn. 219; Staub/Schäfer Rn. 386; RGHMW/Haas Rn. 71; Heymann/Emmerich Rn. 92.

604 BGH 30.3.1967, BGHZ 47, 293 (300 ff.) = NJW 1967, 1961; 19.11.2013, BGHZ 199, 104 Rn. 12 = NZG 2013, 1422; 20.1.2015, NJW 2015, 1169 Rn. 11; Hopt/Roth Rn. 145; Staub/Schäfer Rn. 386; Westermann/Wertenbruch PersGesR-HdB/Tröger Rn. I 220a; Bedenken unter dem Gesichtspunkt der Rechtssicherheit bei MüKoHGB/Fleischer Rn. 612.

605 Hopt/Roth Rn. 145 aE; Hueck OHG § 7 III 1b; Heymann/Emmerich Rn. 92.

606 BGH 19.12.1974, BGHZ 63, 338 (344 f.) = NJW 1975, 1022; 16.12.2002, BGHZ 153, 214 (223) = NJW 2003, 1252; 19.11.2013, NZG 2013, 1422 Rn. 32; 29.7.2014, BeckRS 2014, 17217 Rn. 10.

607 BGH 23.7.2013, NZG 2013, 1060 Rn. 23.

608 BGH 20.1.2015, NJW 2015, 1169 Rn. 11; 3.7.2013, ZIP 2013, 1761 Rn. 23 mwN; 19.11.2013, BGHZ 199, 104 Rn. 28 = NZG 2013, 1422; Staub/Schäfer Rn. 398; Ebenroth/Boujong/Wertenbruch Rn. 605.

609 Für den Widerruf nach §§ 312, 355 BGB aF BGH 30.1.2018, NZG 2018, 539 Rn. 52 ff. unter Hinweis auf BGH 15.5.2000, NZG 2000, 832 (833); 5.5.2008, NZG 2008, 460 Rn. 9; 6.11.2012, BeckRS 2012, 24615 Rn. 37.

610 Exemplarisch BGH 30.1.2018, NZG 2018, 539 Rn. 56 ff. (im Fall verneint).

611 Hopt/Roth Rn. 147; Heymann/Emmerich Rn. 94; Staub/Schäfer Rn. 387; Westermann/Wertenbruch PersGesR-HdB/Tröger Rn. I 221.

612 BGH 30.3.1967, BGHZ 47, 293 (300 ff.) = NJW 1967, 1961; 10.7.1975, BGHZ 65, 79 (85) = NJW 1975, 1774 (1776); Hopt/Roth Rn. 147; Heymann/Emmerich Rn. 91.

613 BGH 24.5.1993, NJW 1993, 2107; 21.3.2005, NJW 2005, 1784 (1786 ff.) mwN; Hopt/Roth Rn. 146; Wertenbruch NZG 2006, 408 (421).

614 BGH 19.7.2004, ZIP 2004, 1706; 29.11.2004, ZIP 2005, 254 (256); 21.3.2005, ZIP 2005, 763; Westermann/Wertenbruch PersGesR-HdB/Tröger Rn. I 219; Wertenbruch NJW 2005, 2823 (2824); Wertenbruch NZG 2006, 408 ff.; vgl. zum Anspruch des stillen Gesellschafters gegen eine Gesellschaft BGH 21.3.2005, NZG 2005, 467 (469); Wertenbruch NJW 2005, 2823 (2824 f.).

vor, wenn die Einlage aufgrund von Verlusten der Gesellschaft nicht oder nicht vollständig zurückgezahlt werden kann.[615]

159 Die Grundsätze der fehlerhaften Gesellschaft schließen zwar eine Rückabwicklung des Gesellschaftsverhältnisses ex tunc aus, sodass der Gesellschafter auf einen etwaigen **Abfindungsanspruch ex nunc** verwiesen ist (→ Rn. 156). Soweit gegen die Gesellschaft, gegen Gründungsgesellschafter, Initiatoren der Gesellschaft oder sonstige Verantwortliche Schadensersatzansprüche nach den Grundsätzen der Prospekthaftung und des Verschuldens bei Vertragsschluss, § 280 Abs. 1 BGB, § 311 Abs. 2 BGB, § 241 Abs. 2 BGB iVm § 31 BGB und § 278 BGB wegen arglistiger Täuschung beim Beitritt zur Gesellschaft bestehen,[616] führen diese im Ergebnis doch wieder zu einer **Rückabwicklung ex tunc.** Zur Auflösung des Konkurrenzverhältnisses geht der BGH bei Anlagegesellschaften in Form von jeweils **zweigliedrigen stillen Gesellschaften** zwischen dem Anleger und dem Inhaber des Handelsgewerbes davon aus, dass der Schadensersatzanspruch nicht nach den Grundsätzen der fehlerhaften Gesellschaft beschränkt ist.[617] Bei dem Beitritt zu einer **mehrgliedrigen stillen Gesellschaft** sind die Grundsätze über die fehlerhafte Gesellschaft mit der Maßgabe anzuwenden, dass der Gesellschafter von der Gesellschaft nicht im Wege des Schadensersatzes wegen eines vorvertraglichen Aufklärungsverschuldens die Rückabwicklung seiner Beteiligung durch Rückgewähr seiner Einlage Zug um Zug gegen Übertragung seiner Rechte aus der stillen Beteiligung verlangen kann (→ § 230 Rn. 70 ff.).[618] Die Täuschung durch einen **Verhandlungsgehilfen** wird gem. § 278 BGB anderen Altgesellschaftern zugerechnet, aber nicht den bloßen Treuhandanlegern.[619] Zur Haftung in Treuhandverhältnissen im Übrigen → Rn. 49 ff.

160 Entgegen einer Schrifttumsauffassung[620] ist diese Rechtsprechungslinie **nicht verallgemeinerungsfähig** (→ Rn. 169 aE).[621] Der BGH betont selbst, dass die Anerkennung von Schadensersatzansprüchen „aus den Besonderheiten der stillen Gesellschaft" resultiert.[622] Zu diesen Besonderheiten zählt, dass die stille Gesellschaft kein gemeinschaftliches Vermögen bildet.[623] Weiter spielen Aspekte des Gläubigerschutzes für die stille Gesellschaft keine Rolle.

161 **d) Erweiterter Anwendungsbereich. aa) Fehlerhafte Vertragsänderungen.** Auch eine spätere Vertragsänderung kann an Rechtsmängeln leiden. Die wichtigsten sind der fehlerhafte Beitritt, Austritt und die fehlerhafte Anteilsübertragung (→ Rn. 164 f). Bei anderen fehlerhaften Vertragsänderungen wie einer **Inhaltsänderung** sind die Regeln über die fehlerhafte Gesellschaft nur anzuwenden, wenn hierfür ein Bedürfnis besteht.[624] Das ist der Fall, wenn die Änderungen die Verbandsverfassung betreffen und weitergehende Wirkungen entfalten können, etwa Änderungen der Geschäftsführungsbefugnis oder der Hafteinlagen bei der KG.[625] Gleiches gilt für eine durch unwirksamen Gesellschafterbeschluss erfolgte Erhöhung der Kapitalbeteiligung.[626] Ist nur das Innenverhältnis ohne weitere Folgen betroffen, etwa bei Änderungen der Abrede über die Gewinnverteilung, so bedarf es der Aufrechterhaltung für die Vergangenheit nicht. Die Vertragsänderung ist unwirksam mit der Folge der Rückabwicklung über die §§ 812 ff. BGB, falls nicht die ergänzende Vertragsauslegung eingreift.[627]

---

[615] BGH 19.7.2004, ZIP 2004, 1706; 29.11.2004, ZIP 2005, 254 (256); 21.3.2005, ZIP 2005, 763; Westermann/Wertenbruch PersGesR-HdB/Tröger Rn. I 219; Wertenbruch NJW 2005, 2823 (2825); Wertenbruch NZG 2006, 408 ff.

[616] BGH 19.7.2004, ZIP 2004, 1706 (1707 f.); 19.11.2013, BGHZ 199, 104 Rn. 14 f. = NZG 2013, 1422.

[617] BGH 19.7.2004, ZIP 2004, 1706 (1707 f.); 19.11.2013, BGHZ 199, 104 Rn. 15 = NZG 2013, 1422.

[618] BGH 19.11.2013, BGHZ 199, 104 Rn. 16 ff., 24 f. = NZG 2013, 1422 mwN zum Meinungsstand im Schrifttum.

[619] BGH 9.7.2013, NZG 2013, 980 Rn. 26 ff. m. zust. Anm. Just EWiR § 311 BGB 1/13, 647.

[620] Bälz FS Raiser, 2005, 615 (620 ff., 643 ff.); Gehrlein WM 2004, 1489 (1493 ff.); im Grundsatz auch BeckOK HGB/Klimke, 47. Ed. 1.7.2025, Rn. 337 f.; Hopt/Roth Rn. 146.

[621] Konzen FS Westermann, 2008, 1133 (1152 f.); Schäfer ZHR 170 (2006), 373 (382 ff.); Wälzholz DStR 2003, 1533 (1535); Westermann/Wertenbruch PersGesR-HdB/Tröger Rn. I 219; Westermann VGR 14 (2008), 145 (164 ff.); ausf. Lieder FS K. Schmidt, Bd. I, 2019, 815 (828 ff.).

[622] BGH 19.7.2004, NZG 2004, 961 (962); in der Sache ebenso BGH 19.11.2013, BGHZ 199, 104 Rn. 14 = NZG 2013, 1422; vgl. noch Gehrlein WM 2004, 1489 (1493).

[623] BGH 19.7.2004, NZG 2004, 961 (962); BGH 19.11.2013, BGHZ 199, 104 Rn. 15 = NZG 2013, 1422; Bayer/Riedel NJW 2003, 2567 (2571); Geibel BB 2005, 1009 (1015).

[624] BGH 10.12.1973, BGHZ 62, 20 (26 ff.) = NJW 1974, 498.

[625] BGH 14.4.1967, NJW 1969, 1483; 10.12.1973, BGHZ 62, 20 (26 ff.) = NJW 1974, 498; Staub/Schäfer Rn. 388; MüKoBGB/Schäfer BGB § 705 Rn. 361 ff.; MüKoHGB/Fleischer Rn. 618.

[626] OLG Hamburg 4.9.2018, NZG 2019, 303 Rn. 4; Hopt/Roth Rn. 148.

[627] Ebenroth/Boujong/Wertenbruch Rn. 624.

Auch bei der fehlerhaften **Auflösung** bedarf es nicht der Regeln über die fehlerhafte Gesellschaft.[628] Da die Auflösung nicht mit der Vollbeendigung zusammenfällt, können die Gesellschafter ohne Weiteres die Gesellschaft ins werbende Stadium zurückversetzen und bereits vorgenommene Liquidationsmaßnahmen rückgängig machen.[629] Steuerrechtlich kann die Auflösung zur Betriebsveräußerung oder -aufgabe nach § 16 EStG und damit zur Versteuerung stiller Reserven führen. Dies ist jedoch kein Grund für die Anwendung der Grundsätze über die fehlerhafte Gesellschaft, weil sich die steuerrechtliche Einordnung nach der wirtschaftlichen Betrachtung und nicht nach der zivilrechtlichen Qualifikation richtet und im Falle der Fortführung eine bloße Betriebsunterbrechung angenommen werden kann.[630] 162

bb) Fehlerhafter Beitritt. Der fehlerhafte Beitritt steht der fehlerhaften Gesellschaftsgründung gleich[631] und dürfte in der Praxis der häufiger auftretende Fall sein. Der Beitritt ist in Vollzug gesetzt, wenn der Beitretende Beiträge geleistet hat und (oder) die Gesellschaft in neuer Zusammensetzung Maßnahmen der Geschäftsführung vorgenommen hat.[632] Die Rechtsfolge der fehlerhaften Gesellschaft im Fall des Beitritts besteht darin, dass die Gesellschafterstellung nur für die Zukunft aus wichtigem Grund gekündigt werden kann.[633] Der Gesellschafter hat also die Einlage zu leisten und kann diese auch nicht nach §§ 812 ff. BGB zurückverlangen, sondern hat nur einen Anspruch auf das Auseinandersetzungsguthaben bzw. muss seinen Anteil am Verlust tragen.[634] Der fehlerhaft eingetretene Gesellschafter haftet nach §§ 126, 127.[635] 163

cc) Fehlerhafter Austritt. Die Regeln über die fehlerhafte Gesellschaft sind auch auf einen fehlerhaften Austritt, meist in Form der einseitigen Hinauskündigung, anzuwenden.[636] Der Austritt ist **vollzogen,** wenn die Beteiligung des Ausscheidenden durch gemeinsame Handlungen den anderen Gesellschaftern zugeordnet worden ist, etwa durch Umbuchung,[637] oder wenn weitere Rechtshandlungen ohne den fehlerhaft Ausgetretenen vorgenommen worden sind. Lediglich die unwirksame einseitige Hinauskündigung allein stellt noch keinen Vollzug dar, der nicht ohne Weiteres zurückgenommen werden könnte.[638] Das Gleiche gilt für unwirksame Abreden über den Abfindungsanspruch.[639] 164

Ist der Gesellschafter fehlerhaft ausgeschieden, wächst sein Anteil den anderen Gesellschaftern zu und er erhält einen Abfindungsanspruch.[640] Er hat aber einen **Anspruch auf Wiederaufnahme** in die Gesellschaft.[641] Ob ein fehlerhaft ausgeschiedener **nicht voll geschäftsfähiger Gesellschafter** (→ Rn. 150) weiterhin Gesellschafter bleibt und seinen laufenden Gewinnanspruch behält, ist 165

---

[628] MüKoHGB/Fleischer Rn. 618; K. Schmidt GesR § 6 IV 6; Westermann/Wertenbruch PersGesR-HdB/Tröger Rn. I 222h; Schäfer Die Lehre vom fehlerhaften Verband, 2002, 401 f.; Staub/Schäfer Rn. 392; **aA** Ebenroth/Boujong/Wertenbruch Rn. 640.

[629] K. Schmidt GesR § 6 IV 6.

[630] Einzelheiten bei Schmidt/Wacker EStG § 16 Rn. 181.

[631] StRspr, BGH 6.2.1958, BGHZ 26, 330 (334 ff.); 19.12.1974, BGHZ 63, 338 (344); 18.1.1988, NJW 1988, 1324; 14.10.1991, NJW 1992, 1501 (1502); 2.7.2001, BGHZ 148, 201 (207); 16.12.2002, BGHZ 153, 214 (221); 21.7.2003, BGHZ 156, 46 = NJW 2003, 2821; 5.5.2008, ZIP 2008, 1018; 12.7.2010, BGHZ 186, 167 = NJW 2010, 3096 – FRIZ II; 18.7.2013, NZG 2013, 1887 Rn. 25; 19.11.2013, BGHZ 199, 107 = NZG 2013, 1422; 11.5.2016, NZG 2016, 828 Rn. 22.

[632] BGH 14.10.1991, NJW 1992, 1501 (1502); 11.5.2016, NZG 2016, 828 Rn. 22.

[633] BGH 18.7.2013, NJW 2014, 305 Rn. 13; 11.5.2016, NZG 2016, 828 Rn. 22.

[634] BGH 14.12.1972, NJW 1973, 1604; 15.5.2000, NJW 2000, 2586; 5.5.2008, ZIP 2008, 1018; Staub/Schäfer Rn. 386.

[635] Vgl. BGH 8.11.1965, BGHZ 44, 235 (236 f.) = NJW 1966, 107; Schäfer Die Lehre vom fehlerhaften Verband, 2002, 310 ff.; Wiedemann WM-Sonderbeil. 8/1990, 27; vgl. ferner BGH 19.12.1974, BGHZ 63, 338 (344) = NJW 1975, 1022 (1024).

[636] BGH 14.4.1969, NJW 1969, 1483; 13.3.1975, WM 1975, 512 (513 f.); 18.1.1988, NJW 1988, 1324 f.; 17.2.1992, NJW 1992, 1503 (1504); 13.1.2003, NJW-RR 2003, 533; RGHMW/Haas Rn. 74; Heymann/Emmerich Rn. 98; Westermann/Wertenbruch PersGesR-HdB/Tröger Rn. I 222b; Wertenbruch NZG 2006, 408 (421).

[637] Schlegelberger/K. Schmidt Rn. 221; RGHMW/Haas Rn. 74.

[638] Hopt/Roth Rn. 152; Schlegelberger/K. Schmidt Rn. 221; ausf. W. Müller FS Maier-Reimer, 2010, 497 (503 f.).

[639] BGH 24.5.1993, BGHZ 123, 281 (285 f.) = NJW 1993, 3193 (3194); 9.6.1994, BGHZ 126, 226 (242 f.) = NJW 1994, 2536 (2540); 20.9.1993, NJW 1993, 2101 (2102); vgl. dazu auch Stöber/Rafiqpoor GmbHR 2003, 872 (877 ff.); Staub/Schäfer Rn. 398; diff. Westermann/Wertenbruch PersGesR-HdB/Tröger Rn. I 222c.

[640] BGH 14.4.1969, NJW 1969, 1483; 13.3.1975, WM 1975, 512 (513 f.) = LM GmbHG § 15 Nr. 12; Staub/Schäfer Rn. 398; Westermann/Wertenbruch PersGesR-HdB/Tröger Rn. I 222c.

[641] BGH 14.4.1969, NJW 1969, 1483; 13.3.1975, WM 1975, 512 (513 f.) = LM GmbHG § 15 Nr. 12; Staub/Schäfer Rn. 398; Heymann/Emmerich Rn. 98; ausf. und unter Hinweis auf § 275 Abs. 3 BGB einschr. W. Müller FS Maier-Reimer, 2010, 497 (505).

umstritten.[642] Folgt man der in → Rn. 150 entwickelten Argumentation, dann ist die Streitfrage einmal mehr zugunsten der übergeordneten Regelungsanliegen der Lehre vom fehlerhaften Verband (Vermeidung von Rückabwicklungsschwierigkeiten, Gewährleistung von Bestands- und Verkehrsschutz) zu entscheiden und dabei mit dem Minderjährigenschutz zu versöhnen. Insbesondere ist der Minderjährige von sämtlichen Rechtsnachteilen freizuhalten – mehr aber auch nicht. Dementsprechend finden die Grundsätze der fehlerhaften Gesellschaft auch hier Anwendung mit der Folge, dass der Minderjährige wirksam aus der Gesellschaft ausgeschieden ist und von einer persönlichen Haftung freigehalten wird. Umgekehrt kann er freilich auch keine Vorteile mehr aus der Gesellschafterstellung ziehen, insbesondere keine Gewinnansprüche geltend machen. Das ist aber zum einen mit Blick auf Erwägungen des Verkehrsschutzes und der Funktionsfähigkeit der Gesellschaft hinzunehmen. Zum anderen erscheint dies aber auch vor dem tatsächlichen Hintergrund gerechtfertigt, dass der Minderjährige keine Tätigkeit mehr für die Gesellschaft entfaltet. Seine berechtigten Interessen werden im Übrigen durch den Anspruch auf Wiederaufnahme in die Gesellschaft hinreichend gewährleistet.

166 **dd) Fehlerhafte Anteilsübertragung.** Ob auch auf den fehlerhaften Gesellschafterwechsel die Regeln über die fehlerhafte Gesellschaft anzuwenden sind, ist noch immer **sehr umstritten.** Während die Rspr. im Personengesellschaftsrecht[643] in Übereinstimmung mit einem Großteil des Schrifttums[644] die Anwendung befürwortet, spricht sich der wohl überwiegende Teil des Schrifttums – unter Hinweis auf die BGH-Rspr. zum GmbH-Recht[645] – gegen deren Anwendung aus.[646] Für den seltenen Fall des kombinierten Aus- und Eintritts mit Zustimmung der anderen Gesellschafter (→ Rn. 121 ff.) ist die Anwendung der Lehre einhellig anerkannt.[647]

167 Auch auf die fehlerhafte Anteilsübertragung sind richtigerweise die **Grundsätze** des fehlerhaften Verbandes **anzuwenden.**[648] Zum einen sind die Grundsätze nach ihrer Wertung passgenau auf den fehlerhaften Gesellschafterwechsel zu übertragen. Dies gewährleistet nicht nur die **Funktions- und Handlungsfähigkeit** der Gesellschaft und vermeidet allfällige Rückabwicklungsschwierigkeiten, sondern leistet zugleich einen nicht gering zu schätzenden Beitrag zur Institutionenbildung im Gesellschaftsrecht.[649] Für die Anwendung der Grundsätze über die fehlerhafte Gesellschaft besteht ein **Bedürfnis,** weil sich sowohl die Gesellschaft als auch der Rechtsverkehr ebenso wie bei dem fehlerhaften Beitritt wegen der Teilnahme an Beschlüssen und der Vertretung im Rechtsverkehr darauf verlassen müssen, dass ein Neugesellschafter bis zu seinem Ausscheiden wirksam Gesellschafter ist.[650] In rechtsdogmatischer Hinsicht zeichnet sich auch die Anteilsübertragung durch eine Doppelnatur (→ Rn. 121) aus; sie beschränkt sich nicht auf das zwischen Veräußerer und Erwerber geschlossene Verfügungsgeschäft, sondern befördert den Nachfolger zugleich in die vertragliche und korporative Rechtsstellung des Altgesellschafters. Die hiermit verbundene Veränderung des innergesellschaftlichen Organisationsverhältnisses bildet die Grundlage für die Anwendung der Lehre. Zum anderen ist ein **vergleichbares Schutzniveau** allein mittels Anwendung der allgemeinen Vertrauens- und Rechtsscheinhaftung (vgl. §§ 413, 407, 409 BGB; § 15 Abs. 3, § 106 Abs. 6, § 141, § 173) **nicht erreichbar,** da dies einerseits zu nur relativ wirksamen Gesellschaftsverhältnissen führen kann[651] und außerdem ein Wahlrecht der Beteiligten beinhaltet, ob sie sich auf den Vertrauensschutz

[642] Dafür BGH 17.2.1992, NJW 1992, 1503 (1504); Hopt/Roth Rn. 152; Ebenroth/Boujong/Wertenbruch Rn. 635 ff.; Biddermann, Der minderjährige Gesellschafter, 1965, 112; Gursky, Das fehlerhafte Ausscheiden eines Gesellschafters aus einer Personengesellschaft, 1969, 148 ff.; **dagegen** Staub/Schäfer Rn. 399; Westermann/Wertenbruch PersGesR-HdB/Tröger Rn. I 222g; Lieder ZfPW 2016, 205 (226 f.).

[643] BGH 4.2.1968, WM 1968, 892 (893); 18.1.1988, NJW 1988, 1321 (1324 f.); 20.7.2010, BGHZ 186, 253 Rn. 40 ff. = NZG 2010, 991; KG 20.1.2011, BeckRS 2011, 04832.

[644] KKD/Kindler Rn. 64; Grüneberg/Sprau BGB § 705 Rn. 19; Grüneberg/Sprau BGB § 719 Rn. 7; Ebenroth/Boujong/Wertenbruch Rn. 625; Grunewald/Müller GesR § 1 Rn. 176; Wiedemann GesR II § 2 V 5b; Däubler BB 1966, 1292 (1295); Konzen ZHR 145 (1981), 29 (61 ff.); Grothe FS Säcker, 2011, 345 (346 ff.).

[645] BGH 17.1.2007, NJW 2007, 1058 Rn. 19.

[646] Balz/Ilina BB 2006, 2764; Hopt/Roth Rn. 151; MüKoHGB/Fleischer Rn. 619 f.; Staub/Schäfer Rn. 400; Heymann/Emmerich Rn. 100; RGHMW/Haas Rn. 78; diff. Westermann/Wertenbruch PersGesR-HdB/Tröger Rn. I 223a.

[647] Vgl. nur Staub/Schäfer Rn. 400; Westermann/Wertenbruch PersGesR-HdB/Tröger Rn. I 223a.

[648] Zum Folgenden bereits ausf. Lieder ZfPW 2016, 205 (222 ff.); Lieder FS K. Schmidt, Bd. I, 2019, 815 (817 ff.).

[649] Zu dieser Forderung im Zusammenhang mit der Anwendung der Lehre vom fehlerhaften Bestellungsverhältnis auf die Wahl von Aufsichtsratsmitgliedern Lieder ZHR 178 (2014), 282 (285, 290 ff.) gegen BGHZ 196, 195; vgl. weiter Bayer/Lieder NZG 2012, 1 (3).

[650] BGH (XI. Senat in Abstimmung mit dem II. Senat) 20.7.2010, NZG 2010, 991 Rn. 38 ff. mwN zur abl. Literaturansicht; Ebenroth/Boujong/Wertenbruch Rn. 625; Konzen ZHR 145 (1981), 29 (61 ff.); KKD/Kindler Rn. 64.

[651] Vgl. Grunewald GesR § 1 Rn. 179; zu den Folgen in einem anderen Zusammenhang Lieder, Die rechtsgeschäftliche Sukzession, 2015, 176 f., 192 f.

berufen wollen oder nicht.[652] Und schließlich ist auch die Rspr. zum **GmbH-Recht** nicht auf den Gesellschafterwechsel in der Personengesellschaft übertragbar, weil es hier an einer § 16 Abs. 1 S. 1 GmbHG entsprechenden Legitimationsvorschrift fehlt, die dort für die Anwendung der Lehre vom fehlerhaften Verband schlichtweg keinen Raum lässt.[653] Entgegen OLG Karlsruhe[654] gelten diese Erwägungen nicht nur für Rechtsmängel des Verfügungsgeschäfts, sondern auch für Fehler des zugrunde liegenden **Verpflichtungsgeschäfts.** Die Interesselage ist in beiden Fällen dieselbe, sodass auch gleichermaßen die Lehre vom fehlerhaften Verband zur Anwendung gelangt. Auch eine Sonderbehandlung ausschließlich des Rechtsverhältnisses zwischen Veräußerer und Erwerber[655] ist aus rechtsdogmatischen und praktischen Erwägungen heraus abzulehnen.[656]

Rechtsfolge der fehlerhaften Anteilsübertragung ist zunächst, dass bis zur Geltendmachung des Wirksamkeitsmangels das fehlerhafte Übertragungsgeschäft und die unter Beteiligung des Erwerbers vorgenommenen Maßnahmen **als vorläufig wirksam** zu behandeln sind.[657] Bis zur Rückübertragung der Anteile (→ Rn. 169) ist der Veräußerer kein Gesellschafter.[658] Allein der Erwerber kann gesellschaftliche Rechte ausüben, an Beschlüssen mitwirken und die Gesellschaft im Rechtsverkehr vertreten. Umgekehrt trifft den Erwerber die persönliche Haftung für Gesellschaftsverbindlichkeiten. Zwischenzeitlich erfolgte Gewinnausschüttungen und Zahlungen von Auseinandersetzungsguthaben sind als Leistungen an den berechtigten Erwerber zulässig und können nicht nach Bereicherungsrecht herausverlangt werden. Die Lehre von der fehlerhaften Gesellschaft bildet den Rechtsgrund zum Behaltendürfen. **168**

Aufgrund der Fehlerhaftigkeit der Anteilsübertragung besteht ein **schuldrechtlicher Anspruch auf Rückabwicklung** der Anteilsübertragung;[659] der Gesellschaftsanteil fällt nicht automatisch (und auch nicht rückwirkend) an den Veräußerer zurück. Weil der Erwerber in die Organisationsstruktur aufgenommen worden ist, muss er nun im Rahmen eines geordneten Verfahrens wieder aus der innergesellschaftlichen Organisationsstruktur herausgelöst werden. Ein automatischer Rückfall würde sich zu den Regelungszielen der Lehre von der fehlerhaften Gesellschaft in Widerspruch setzen. Zugleich wird durch Anerkennung eines schuldrechtlichen Rückgewähranspruchs Streit darüber vermieden, ob der Veräußerer nun tatsächlich wieder Gesellschafter ist. Bestätigt wird dieses Ergebnis mit Blick auf die Rechtsfolgen einer fehlerhaften Gesellschaftsgründung (→ Rn. 154) sowie des fehlerhaften Beitritts (→ Rn. 155, → Rn. 163) und Austritts (→ Rn. 164), die ebenfalls nach einem geordneten Restitutionsverfahren ablaufen. Davon abgesehen bestehen **keine konkurrierenden Schadensersatzansprüche,** weil sich deren Anerkennung mit den Wertungen der Lehre vom fehlerhaften Verband nicht in Einklang bringen lassen.[660] Die abweichende Rspr. zur stillen Gesellschaft (→ Rn. 158 f.) beruht auf dem Umstand, dass diese kein gemeinschaftliches Vermögen bildet,[661] und kann daher nicht verallgemeinert werden.[662] **169**

ee) Fehlerhafte Umwandlung. Nach dem **Umwandlungsgesetz** durch Eintragung in das jeweilige Register vollzogene Umwandlungen genießen eine umfassende Bestandskraft nach § 20 Abs. 2 UmwG, § 131 Abs. 2 UmwG, § 202 Abs. 3 UmwG.[663] Erfolgt die **Umwandlung ex lege** nach dem Mechanismus des § 105 Abs. 1 iVm § 1 Abs. 2, gilt stets die jeweilige Rechtslage. Für die **170**

[652] Vgl. nur Bayer/Lieder HaGesR Rn. 801; Lieder ZfPW 2016, 205 (224 f.); Schürnbrand, Organschaft im Recht der privaten Verbände, 2007, 270.

[653] Vgl. BGH 20.7.2010, BGHZ 186, 253 Rn. 44 = NZG 2010, 991; Grothe FS Säcker, 2011, 345 (349); Lieder ZfPW 2016, 205 (225).

[654] OLG Karlsruhe 5.2.2016, NZG 2016, 507 (508) m. abl. Anm. Wardenbach GWR 2016, 166.

[655] Vgl. OLG Karlsruhe 5.2.2016, NZG 2016, 507 (508); K. Schmidt AcP 186 (1986), 421 ff.; Schäfer, Die Lehre vom fehlerhaften Verband, 2002, 137 ff.

[656] Dazu ausf. Lieder FS K. Schmidt, Bd. I, 2019, 815 (827).

[657] Vgl. Lieder ZfPW 2016, 205 (228).

[658] Dazu und zum Folgenden Lieder FS K. Schmidt, Bd. I, 2019, 815 (826).

[659] Vgl. BGH 13.3.1975, WM 1975, 512 (515); 29.6.1987, NJW-RR 1987, 1439; 18.1.1988, NJW 1988, 1324 (1325); 22.1.1990, NJW 1990, 1915; Lieder ZfPW 2016, 205 (228); MHdB GesR I/Schweizer § 101 Rn. 67; MHdB GesR II/Schweizer § 96 Rn. 47; ausf. Lieder FS K. Schmidt, Bd. I, 2019, 815 (825 f.).

[660] BGH 13.3.1975, WM 1975, 512 (514); 27.6.2000, NJW 2000, 3558 (3559); ausf. Lieder FS K. Schmidt, Bd. I, 2019, 815 (827 ff.).

[661] BGH 19.7.2004, NZG 2004, 961 (962); BGH 19.11.2013, BGHZ 199, 104 Rn. 15 = NZG 2013, 1422; Bayer/Riedel NJW 2003, 2567 (2571); Geibel BB 2005, 1009 (1015).

[662] Dazu ausf. Lieder FS K. Schmidt, Bd. I, 2019, 815 (828 ff.); vgl. weiter Westermann/Wertenbruch PersGesR-HdB/Tröger Rn. I 219; Westermann VGR 14 (2008), 145 (164 ff.); Schäfer ZHR 170 (2006), 373 (382 ff.); Wälzholz DStR 2003, 1533 (1535); Konzen FS Westermann, 2008, 1133 (1152 f.); **aA** Gehrlein WM 2004, 1489 (1493 ff.); Bälz FS Raiser, 2005, 615 (620 ff., 643 ff.); im Grundsatz auch BeckOK HGB/Klimke, 47. Ed. 1.7.2025, Rn. 338; Hopt/Roth Rn. 146.

[663] Dazu eingehend Lieder, Die rechtsgeschäftliche Sukzession, 2015, 744 ff.

Anwendung der Grundsätze der fehlerhaften Gesellschaft ist kein Raum.[664] Die Lehre findet aber dann Anwendung, wenn eine fehlerhafte Gesellschafts- oder Anteilsumwandlung vollzogen worden ist, sei es, durch eine fehlerhafter Verwandlung eines Komplementärs in einen Kommanditisten oder umgekehrt, sei es, durch Umwandlung eines OHG- zu einem Kommanditanteil.

171 **4. Scheingesellschaft. a) Voraussetzungen.** Treten mehrere Personen als OHG oder KG auf, obwohl sie ein Gesellschaftsverhältnis nicht eingehen wollten, besteht eine Scheingesellschaft. Liegen Willenserklärungen mit Rechtsbindungswillen vor, handelt es sich hingegen um eine wirksam gegründete (→ Rn. 13 ff.) oder eine fehlerhafte Gesellschaft (→ Rn. 142 ff.). Eine Scheingesellschaft liegt zB vor, wenn eine Person nur bei der Gewerbeanmeldung als Gesellschafter auftritt, um jemand anderem eine Tätigkeit trotz dessen fehlendem Meistertitel zu ermöglichen.[665] Um eine Schein-OHG oder -KG handelt es sich auch, wenn eine GbR als solche auftritt, ohne die Voraussetzungen der § 105 Abs. 1, § 1 Abs. 2 zu erfüllen und ohne nach § 107 in das Handelsregister eingetragen zu sein.

172 **b) Rechtsfolgen.** Im **Innenverhältnis** fehlt es entweder an einer Gesellschaft oder es liegt eine GbR statt einer Handelsgesellschaft vor. Die Rechtsbeziehungen im Innenverhältnis richten sich dann im ersten Fall nach den §§ 985, 812 ff. BGB[666] und im zweiten Fall nach den §§ 705 ff. BGB.[667] Im **Außenverhältnis** haften die Scheingesellschafter nach den Regeln der Rechtsscheinhaftung (→ § 15 Rn. 54 ff.). Das bedeutet, sie können analog § 126 persönlich in Anspruch genommen werden, wenn sie zurechenbar den Rechtsschein der Gesellschafterstellung in einer Scheingesellschaft gesetzt haben und der Gläubiger auf den Rechtsschein vertraut hat.[668] Das ist etwa der Fall, wenn sie nach ihrem Ausscheiden aus der Gesellschaft weiterhin als Gesellschafter auftreten.[669] Ein Rechtsschein wird hingegen nicht gesetzt, wenn sich der Scheingesellschafter gegenüber dem Gläubiger rein passiv verhalten hat.[670] Auch setzt die Haftung für den gesetzten Rechtsschein voraus, dass der Scheingesellschafter im Zeitpunkt der Entstehung des Anspruchs etwa durch anwaltliche Pflichtverletzung noch Scheingesellschafter gewesen ist.[671] Ebenfalls reicht die Erteilung einer Generalvollmacht allein nicht aus, die der Bevollmächtigte missbraucht, wobei aber das Handeln des Vertreters dem Vertretenen zugerechnet werden kann.[672] Hiervon ist wiederum eine Ausnahme zu machen, wenn der Geschäftspartner davon ausgehen müsste, getäuscht worden zu sein.[673] Die Scheingesellschaft selbst kann nicht in Anspruch genommen werden, wenn gar keine Gesellschaft vorliegt, sondern nur die Gesellschafter unter den genannten Voraussetzungen.[674] Liegt als wahrer Rechtsträger eine GbR vor, kann gegen diese vorgegangen werden.[675] Die Rechtsfigur der Scheingesellschaft greift nicht zu Gunsten der Gesellschaft ein, wie zB in einem Aktivprozess der Gesellschaft.[676]

173 **c) Scheingesellschafter.** Tritt jemand als Gesellschafter einer existierenden Gesellschaft auf, **ohne Gesellschafter zu sein,** kommen die Grundsätze der Rechtsscheinhaftung ebenfalls zur Anwendung.[677] Voraussetzung ist wiederum, dass der Gesellschafter zurechenbar den Rechtsschein einer Gesellschafterstellung erweckt hat, etwa durch Namensnennung auf dem Briefkopf.[678] Die

[664] MüKoHGB/Fleischer Rn. 622 f.; Henssler/Strohn/Henssler Rn. 135; Hopt/Roth Rn. 153.

[665] BFH 9.5.2006, BStBl. II 2007, 600.

[666] BGH27.5.1953, NJW 1953, 1220; Staub/Schäfer Rn. 403.

[667] Ebenroth/Boujong/Wertenbruch Rn. 371.

[668] BGH 25.6.1973, BGHZ 61, 59 (64 f.) für Scheinkommanditist; 26.11.1979, NJW 1980, 784 (785); 24.6.1991, WM 1991, 1505 (1506); 8.7.1996, WM 1996, 1630 (1631); 1.6.2010, DStR 2010, 1530; 31.7.2012, NJW 2012, 3368 zur Schein-GbR; Staub/Schäfer Rn. 409; RGHMW/Haas Rn. 80; KKD/Kindler Rn. 34; G. Roth DB 2007, 616 ff.

[669] BGH 17.1.2012, NZG 2012, 221 Rn. 20 mwN – GbR.

[670] BFH 9.5.2008, BStBl. II 2007, 600 für Haftung für Steuerschulden nach § 191 AO iVm § 128.

[671] LG Bonn 13.4.2010, DStR 2010, 1648 Rn. 42; insofern offenlassend OLG Köln 6.4.2011, BeckRS 2011, 8572.

[672] BGH 1.6.2010, DStR 2010, 1530.

[673] BGH 1.6.2010, DStR 2010, 1530.

[674] Ebenroth/Boujong/Wertenbruch Rn. 646; Wertenbruch, Die Haftung von Gesellschaften und Gesellschaftsanteilen in der Zwangsvollstreckung, 2000, 300, 305 ff. Zur Rechtsscheinhaftung des Geschäftsführers einer UG bei falscher Firmierung analog § 179 BGB s. BGH 12.6.2012, NJW 2012, 989; krit. dazu Lieder FS DNotI, 2018, 503 (524 ff.): beschränkte Innenhaftung.

[675] Ebenroth/Boujong/Wertenbruch Rn. 649; Wertenbruch, Die Haftung von Gesellschaften und Gesellschaftsanteilen in der Zwangsvollstreckung, 2000, 305 ff.

[676] OLG Hamm 24.11.2011, NZG 2012, 20 Rn. 23.

[677] G. Roth DB 2007, 616 ff.

[678] BGH 10.3.1988, NJW-RR 1988, 1299; 17.10.1989, NJW 1990, 827 (829); 8.7.1999, NJW 1999, 3040 (3041); 29.1.2001, BGHZ 146, 341 (359) = NZG 2001, 311; 3.5.2007, ZIP 2007, 1460; 17.1.2012, NZG 2012, 221 Rn. 20 mwN – GbR.

durch den BGH entwickelten Besonderheiten der Haftung der Scheingesellschafter einer Freiberufler-GbR (Beschränkung der Rechtsscheinhaftung auf anwaltstypische Tätigkeiten)[679] sind für die GbR nach deren Anerkennung als rechtsfähige Außengesellschaft überholt.[680] Neben dem Scheingesellschafter kann der wahre Unternehmensträger nach den Grundsätzen des unternehmensbezogenen Rechtsgeschäfts haften.[681] Für Altverbindlichkeiten wird nicht analog § 127 HGB gehaftet,[682] es sei denn, der Vertragspartner hat im Vertrauen auf die scheinbare Gesellschafterstellung Folgedispositionen getätigt.[683] Im Fall der **Eintragung** des Gesellschafters in das Handelsregister gilt § 15. Die Einschaltung eines **Treuhänders** oder Strohmanns gehört nicht hierher, wenn die Beteiligten dessen Gesellschafterstellung tatsächlich gewollt haben.[684] Auch der hinter dem Treuhänder stehende Treugeber haftet nicht analog §§ 126, 127, selbst wenn er im Innenverhältnis eine gesellschafterähnliche Stellung innehat (→ Rn. 79). Die Haftung als Scheingesellschafter kommt aber in Betracht, wenn jemand als persönlich haftender Gesellschafter einer OHG oder KG auftritt, obwohl er nicht[685] oder nicht persönlich haftender Gesellschafter, sondern Kommanditist ist.[686]

VIII. Die OHG in der Insolvenz

Schrifttum: Marotzke, Gesellschafterhaftung und Verwalterrisiko bei Masseverbindlichkeiten einer insolventen Personengesellschaft, DB 2013, 621 und DB 2013, 681; K. Schmidt, Gesellschaftsrecht und Insolvenzrecht im ESUG-Entwurf, BB 2011, 1603; Wertenbruch, Die Personengesellschaft im Vergleich zur AG und GmbH im Insolvenzplanverfahren, ZIP 2013, 1693.

1. Grundlagen. Die Gesellschaft ist nach § 11 Abs. 2 Nr. 1 InsO insolvenzfähig. Zwischen Gesellschafts- und Privatvermögen der Gesellschafter ist auch im Rahmen der Insolvenz streng zu unterscheiden. Insolvenzmasse iSd § 35 InsO ist das Gesellschaftsvermögen. Die persönliche Haftung der Gesellschafter nach § 126 für die vor Eröffnung des Insolvenzverfahrens begründeten Altverbindlichkeiten bleibt in der Insolvenz der Gesellschaft bestehen. Führt die Geltendmachung der persönlichen Haftung zur Privatinsolvenz des Gesellschafters oder wird dieser unabhängig von seiner Beteiligung an der Gesellschaft insolvent, scheidet er nach § 130 Abs. 1 Nr. 3 aus der Gesellschaft aus, soweit nichts anderes gesellschaftsvertraglich vereinbart worden ist. 174

2. Insolvenz der Gesellschaft. a) Insolvenzvoraussetzungen. Die OHG ist als rechtsfähige Personengesellschaft selbst Schuldnerin im Insolvenzverfahren.[687] Insolvenzfähig ist auch die fehlerhafte, aber wirksam in Vollzug gesetzte OHG, jedoch nicht die Scheingesellschaft.[688] Die Insolvenz der OHG führt zu deren Auflösung (§ 138 Abs. 1 Nr. 2), aber wie allgemein geltend, nicht zu deren Vollbeendigung (→ § 143 Rn. 9 ff.). Dementsprechend bleibt die OHG auch im Stadium der Auflösung insolvenzfähig. Die Insolvenzfähigkeit endet erst mit Vollbeendigung oder Übernahme des gesamten Vermögens durch einen Gesellschafter.[689] Für typische Personengesellschaften sind **Insolvenzgründe** nur die Zahlungsunfähigkeit (§ 17 InsO) und die drohende Zahlungsunfähigkeit (§ 18 InsO). Antragsberechtigt ist neben den Insolvenzgläubigern jeder persönlich haftende Gesellschafter und jeder Abwickler (§ 15 InsO). Wird der Antrag nicht von allen Gesellschaftern gemeinsam gestellt, ist der Insolvenzgrund glaubhaft zu machen (§ 15 Abs. 2 InsO). Im Fall drohender Zahlungsunfähigkeit müssen die geschäftsführenden Gesellschafter oder alle persönlich haftenden Gesellschafter oder Vertreter mit Vertretungsmacht den **Antrag** stellen (§ 18 Abs. 3 InsO). Zur Notwendigkeit eines Gesellschafterbeschlusses → § 116 Rn. 69. Falls kein persönlich haftender Gesellschafter eine 175

[679] Hierzu E. Wittenstein, Die Verantwortlichkeit von BGB-Gesellschaftern für Verschulden ihrer Mitgesellschafter, 1995; G. Roth DB 2007, 616 ff.

[680] K. Schmidt NJW 2003, 1897 (1902); Lux NJW 2008, 2309 ff.; Wischmeyer/Honisch NJW 2014, 881 (884); Bayer/Lieder HaGesR Rn. 826; **aA** BGH 16.4.2008, NJW 2008, 2330; umfassende Darstellung bei Heyers DStR 2013, 813.

[681] BGH 31.7.2012, NJW 2012, 3368; Bayer/Lieder HaGesR Rn. 822; **aA** Bartels/Wagner ZGR 2013, 482 (486 ff.); Heyers DStR 2013, 813 (815 f.).

[682] OLG Saarbrücken 22.12.2005, NJW 2006, 2862; Hopt/Roth § 127 Rn. 7; RGHMW/Haas Rn. 81; G. Roth DB 2007, 616 (617, 620); **aA** Lepczyk NJW 2006, 3391; C. Schäfer DStR 2003, 1078 (1082, 1084).

[683] G. Roth DB 2007, 616 (617 f.).

[684] Staub/Schäfer Rn. 406.

[685] BGH 11.3.1955, BGHZ 17, 13 (15) = NJW 1955, 985 f. mit Ausführungen zur Beendigung der Rechtsscheinwirkung und zur Beweislast für das Vertrauen auf den Rechtsschein beim Geschäftsabschluss.

[686] Vgl. BGH 8.5.1978, BGHZ 71, 354 (356 f.) = NJW 1978, 2030; 8.5.1972, NJW 1972, 1418 (1419); 6.10.1977, LM ZPO § 546 Nr. 87 = WM 1977, 1405 (1406 f.); zu den Voraussetzungen einer Vertrauenshaftung G. Roth DB 2007, 616 (617 f.).

[687] Hopt/Roth § Rn. 77; MüKoHGB/Fleischer Rn. 115; anders noch BGH 16.2.1961, BGHZ 34, 297.

[688] Hopt/Roth § Rn. 77.

[689] Hopt/Roth § Rn. 77.

natürliche Person ist, also im Fall der typischen GmbH & Co. KG, ist Insolvenzgrund auch die Überschuldung (§ 19 Abs. 3 InsO). Bei der atypischen OHG oder KG ohne natürliche Personen als unbeschränkt haftende Gesellschafter oder bei entsprechenden mehrstöckigen Gesellschaftskonstruktionen besteht nach § 15a InsO eine schadensersatz- und strafbewehrte Pflicht zur Stellung eines Antrags auf Eröffnung des Insolvenzverfahrens bei Zahlungsunfähigkeit und Überschuldung (→ § 116 Rn. 68 f.).

176 **b) Insolvenzverfahren.** Die Insolvenzeröffnung führt zur Auflösung der Gesellschaft (§ 138 Abs. 1 Nr. 2). Die **Insolvenzmasse** ist das Gesellschaftsvermögen. Hierzu gehört auch die Firma, die aber nur mit Zustimmung durch die Namensträger veräußert werden darf (→ § 17 Rn. 24). **Insolvenzgläubiger** iSd §§ 38, 39 InsO sind die Gläubiger der Gesellschaft, nicht aber Gläubiger, die ausschließlich Forderungen gegen einen oder alle Gesellschafter besitzen.[690] Die Gesellschafter selbst sind nur insoweit Insolvenzgläubiger, als sie echte Drittforderungen gegen die Gesellschaft geltend machen sowie mit bestimmten Sozialansprüchen wie dem Aufwendungsersatzanspruch nach § 105 Abs. 3 iVm § 716 BGB. Denn hätte der Gesellschafter die Gläubigerforderung nicht beglichen, für die er den Aufwendungsersatz erhält, hätte der Gläubiger am Insolvenzverfahren teilnehmen müssen.[691] Der Anspruch des Gesellschafters auf Rückzahlung der Einlage ist keine Insolvenzforderung, ebenso nicht ein Anspruch auf Rückzahlung eines Darlehens, soweit es den Charakter von Eigenkapital hat (§ 199 S. 2 InsO). Zuständig für die Verwaltung der Gesellschaft ist mit Verfahrenseröffnung ausschließlich der Insolvenzverwalter (§ 80 InsO). Die Geschäftsführung und Vertretung der Gesellschaft obliegt ihm allein. Weitere Formen der Sanierung eines Unternehmens sind die **Eigenverwaltung** durch die Gesellschaftsorgane und das **Insolvenzplanverfahren** (→ § 108 Rn. 24, → § 108 Rn. 36).[692]

177 **c) Haftung der Gesellschafter.** Die persönliche Haftung der Gesellschafter für die vor Insolvenzeröffnung begründeten **Altverbindlichkeiten** nach § 126 bleibt von der Insolvenz der Gesellschaft unberührt und hat in dieser ihren eigentlichen wirtschaftlichen Sinn. Jedoch ist es nach **§ 93 InsO** allein Sache des Insolvenzverwalters, die persönliche Haftung gegen die Gesellschafter auf Zahlung in die Masse geltend zu machen, um einen Wettlauf der Gläubiger zu vermeiden (→ § 126 Rn. 64 ff.). Ein anhängiger Rechtsstreit zwischen einem Gesellschaftsgläubiger und einem Gesellschafter wird nach § 17 Abs. 1 S. 1 AnfG unterbrochen.[693] Die Einziehung durch den Insolvenzverwalter bezieht sich nur auf die akzessorische Gesellschafterhaftung, nicht auf gesetzliche Ansprüche gegen den Gesellschafter etwa aus §§ 34, 69 AO oder aus persönlichen Verpflichtungen wie Bürgschaften oder dinglichen Rechten, welche die Gläubiger weiterhin gegen den Gesellschafter persönlich durchsetzen können.[694] Für die von dem Verwalter nach Verfahrenseröffnung begründeten **Masseverbindlichkeiten** gem. § 55 Abs. 1 Nr. 1 Alt. 1 InsO haften die Gesellschafter nicht persönlich.[695] Gegenüber der hierfür von K. Schmidt entwickelten Begründung, § 126 sei teleologisch zu reduzieren, weil nicht die Gesellschafter diese Schuld begründet haben,[696] geht der BGH bereits aus insolvenzrechtlichen Gründen davon aus, dass sich die Haftung für nach Verfahrenseröffnung begründete Masseverbindlichkeiten ebenso wie bei natürlichen Personen als Schuldner auf die Insolvenzmasse beschränkt.[697] Auch für die Kosten des Insolvenzverfahrens über das Vermögen der Gesellschaft nach § 54 InsO haften die Gesellschafter nicht.[698] Im Rahmen eines **Insolvenzplans** nach §§ 217 ff. InsO kann die Haftung der Gesellschafter begrenzt werden (→ § 126 Rn. 70 f.).

178 Anders als in der Regel bei der OHG werden die beschränkt haftenden **Kommanditisten** nicht zwangsläufig neben der Gesellschaft insolvent werden. Soweit Kommanditisten nach § 171 Abs. 1 ihre Hafteinlage nicht oder nicht vollständig erbracht haben oder sie ihnen zurückgezahlt wurde (§ 172 Abs. 4), ist es ebenfalls Sache des Insolvenzverwalters, die hierdurch bestehende persönliche Haftung gegenüber Gesellschaftsgläubigern als Zahlung in die Masse geltend zu machen (§ 171 Abs. 2). Da die Vorschrift ebenso wie § 93 InsO bezüglich der persönlich haftenden Gesellschafter

[690] Hopt/Roth Rn. 77.

[691] MüKoHGB/Drescher § 126 Rn. 81.

[692] Zur Rechtsstellung der Gesellschaftsorgane im Insolvenzplanverfahren nach dem ESUG vgl. K. Schmidt BB 2011, 1603 (1606 ff.); zur GmbH & Co. KG K. Schmidt FS Binz, 2014, 624 ff.; zum Insolvenzverfahren MüKoHGB/Sander Anh. § 152 Rn. 78 ff.; Wertenbruch NZG 2013, 1693 ff.

[693] BGH 20.11.2008, ZIP 2009, 47 f.; vgl. auch BGH 12.7.2012, NJW-RR 2012, 1391 Rn. 3 ff. zur Unzulässigkeit einer neg. Feststellungsklage des Gesellschafters in Bezug auf seine persönliche Haftung.

[694] BGH 4.7.2002, BGHZ 151, 245 = NJW 2002, 2718 mwN zum Meinungsstand; **aA** Bork NZI 2002, 362 (366); Kesseler ZInsO 2002, 549 (554).

[695] BGH 24.9.2009, NJW 2010, 69.

[696] K. Schmidt ZHR 152 (1988), 105 (115 ff.).

[697] BGH 24.9.2009, NJW 2010, 69 (70) mwN; Marotzke DB 2013, 681 ff.

[698] BGH 24.9.2009, NJW 2010, 69 (71) mwN zum Meinungsstand.

einen Gläubigerwettlauf um die Verwertung der Haftung der Kommanditisten vermeiden soll, wird wie bei der OHG (→ § 126 Rn. 64 ff.) analog § 17 AnfG ein Rechtsstreit zwischen dem Gläubiger und dem Kommanditisten unterbrochen, sodass der Insolvenzverwalter ihn aufnehmen kann.[699] § 172 Abs. 2 bewirkt keinen Forderungsübergang, sondern die Gläubiger verlieren die Berechtigung, vom Kommanditisten Leistung zu fordern.[700] Der Kommanditist kann nur noch mit befreiender Wirkung an den Insolvenzverwalter leisten.[701] Dies gilt auch für Erfüllungssurrogate wie die an die Gesellschaftsgläubiger abgetretenen Freistellungsansprüche gegen die Anleger-Treugeber.[702] Zu Einzelheiten auch zu ausgeschiedenen Kommanditisten → § 171 Rn. 66 f. Die Einziehung einer noch ausstehenden Hafteinlage obliegt bereits nach § 80 InsO dem Insolvenzverwalter.[703] Zur Konkurrenz zwischen der Geltendmachung der Einlageschuld und des Gläubigeranspruchs → § 171 Rn. 57 f.

d) Insolvenz des Gesellschafters. Die Insolvenz des Gesellschafters führt ohne eine abwei- 179
chende vertragliche Vereinbarung gem. § 130 Abs. 1 Nr. 3 zu seinem Ausscheiden aus der Gesellschaft. Ist der insolvente Gesellschafter der vorletzte Gesellschafter, etwa bei einer GmbH & Co. KG der einzige Kommanditist, führt das Ausscheiden zur liquidationslosen Vollbeendigung der KG unter Gesamtnachfolge des verbleibenden Gesellschafters (→ § 130 Rn. 5). Wird zeitgleich das Insolvenzverfahren über das Vermögen der Gesellschaft und über das des Gesellschafters durchgeführt, müssen die Vermögensmassen streng unterschieden werden (→ § 126 Rn. 73).[704]

IX. Internationales Personengesellschaftsrecht

Schrifttum: Barthel, Die Niederlassungsfreiheit der Gesellschaften nach EuGH „Cartesio" – die Suche nach dem Gleichgewicht zwischen Wettbewerb im Binnenmarkt und nationalstaatlicher Regelungsautonomie, EWS 2010, 316; Baschnagel/Hilser, Grenzüberschreitende Umwandlungen von Personengesellschaften: Zulässigkeit, Formen und praktische Gestaltung, ZPG 2023, 449; Baschnagel/Hilser, Grenzüberschreitende Umwandlungen von Personengesellschaften nach dem MoPeG und dem UmRUG – aktuelle Entwicklungen sowie rechtspolitische und rechtsdogmatische Perspektiven, ZPG 2024, 81; Behrens, Das Internationale Gesellschaftsrecht nach dem Überseering-Urteil des EuGH und den Schlussanträgen zu Inspire Art, IPRax 2003, 193; Bungert/Wansleben, Die grenzüberschreitende Verschmelzung auf Personengesellschaften ist Wirklichkeit, DB 2019, 49; Cramer, Von der Limited in die Personengesellschaft – Der Referentenentwurf des vierten Gesetzes zur Änderung des UmwG, DStR 2018, 2435; Ehinger, Auswirkungen des MoMiG auf die Praxis der GmbH & Co. KG, BB 2006, 2701; Fedke, Verwaltungssitz und Rechtsfähigkeit inländischer Personengesellschaften bei Auslandsbezug, ZIP 2019, 799; Hoffmann, Die grenzüberschreitende Verschmelzung auf eine deutsche Personenhandelsgesellschaft, NZG 2019, 1208; Hoger/Lieder, Die grenzüberschreitende Anwachsung, ZHR 180 (2016), 613; Hoppe/Seitz, Die englische Limited nach dem Brexit: Zur künftigen Anerkennung in Deutschland und Umwandlung durch grenzüberschreitende Verschmelzung, DB 2020, 434; Jaschinski/Wentz, Folgen eines harten Brexit für Gesellschaften britischen Rechts mir Verwaltungssitz in Deutschland – Eine Analyse mit Blick auf das Vierte Gesetz zur Änderung des UmwG –, WM 2019, 438; Kiem, Erwartungen der Praxis an eine künftige EU-Sitzverlegungsrichtlinie, ZHR 180 (2016), 289; Klett, Das Vierte Gesetz zur Änderung des Umwandlungsgesetzes: Neues bei grenzüberschreitenden Verschmelzungen mit und ohne Brexit, NZG 2019, 292; Koch, Freie Sitzwahl für Personenhandelsgesellschaften, ZHR 173 (2009), 101; Lieder/Bialluch, Brexit-Prophylaxe durch das 4. UmwG-ÄndG: Zum deutschen Vorstoß im Recht der grenzüberschreitenden Verschmelzung, NJW 2019, 805; Lieder/Bialluch, Europäisches Unternehmensrecht in der aktuellen Rechtsprechung des EuGH, GPR 2019, 286; Lieder/Kliebisch, Nichts Neues im Internationalen Gesellschaftsrecht: Anwendbarkeit der Sitztheorie auf Gesellschaften aus Drittstaaten?, BB 2009, 338; Luy, Grenzüberschreitende Umwandlungen und Brexit, DNotZ 2019, 484; Paefgen, „Polbud": Niederlassungsfreiheit als Sitzspaltungsfreiheit – Teil I –, WM 2019, 981; Paefgen, „Polbud": Niederlassungsfreiheit als Sitzspaltungsfreiheit – Teil II –, WM 2019, 1029; Punte/Klemens, Gesellschaftsrechtlicher Brexit: Viertes Gesetz zur Änderung des Umwandlungsgesetzes, GWR 2019, 41; Reidt/Gläßner, Der grenzüberschreitende Formwechsel unter Beteiligung von Personengesellschaften – Entsprechende Anwendung der §§ 333 ff. iVm §§ 190 ff., 214 ff. UmwG und Überlegungen de lege ferenda –, ZPG 2024, 121; W.-H. Roth, Internationalprivatrechtliche Aspekte der Personengesellschaft, ZGR 2014, 168; Schaper, Selektion und Kombination von Gesellschaftsformen im institutionellen Wettbewerb, 2012; C. Schneider, Internationales Gesellschaftsrecht vor der Kodifizierung, BB 2008, 566; Schnittker/Benecke, Wegzug und Zuzug von Personengesellschaften, FR 2010, 565; Schön, Die Personengesellschaft im europäischen Gesellschaftsrecht, ZHR 187 (2023), 123; Schröder, Neue Umwandlungsmöglichkeiten – Notausgang für die Limited mit Verwaltungssitz in Deutschland?, BB 2018, 2755; Stiegler, Grenzüberschreitende Mobilität von Personengesellschaften, ZGR 2017, 312; Stiegler, 4. UmwÄndG – Brexit und Verschmelzung auf Personengesellschaften: Way to go oder halbherziger Kompromiss?, ZIP 2018, 2351; Stiegler,

[699] OLG Dresden 23.4.2012, MDR 2012, 875; MüKoHGB/Drescher § 126 Rn. 72.
[700] MüKoHGB/Grüneberg § 171 Rn. 90.
[701] Hopt/Roth § 171 Rn. 12.
[702] Westermann/Wertenbruch PersGesR-HdB/Wertenbruch Rn. I 3152a.
[703] MüKoHGB/Grüneberg § 171 Rn. 80.
[704] Zur Doppelinsolvenz BGH 9.10.2008, BGHZ 178, 171 = NJW 2009, 225.

Hereinformwechsel in eine Kommanditgesellschaft, NZG 2020, 979; Stork, Die geplante Kodifizierung des Internationalen Gesellschaftsrechts, GewArch 2008, 240; Teichmann, Gesellschaftsrecht im System der Europäischen Niederlassungsfreiheit, ZGR 2011, 639; Trautrims, Das Kollisionsrecht der Personengesellschaften, 2009; Wagner/Timm, Der Referentenentwurf eines Gesetzes zum Internationalen Privatrecht der Gesellschaften, Vereine und juristischen Personen, IPRax 2008, 81; Wettich, Umwandlung vom Brexit betroffener britischer Limited mit Verwaltungssitz in Deutschland, Wpg. 2018, 1590; Zwirlein, Minimalinvasive Maximallösung für pseudoenglische Kapitalgesellschaften – Der Referentenentwurf eines Vierten Gesetzes zur Änderung des Umwandlungsgesetzes –, ZGR 2018, 900.

180 **1. Bestimmung des Personalstatuts.** Das internationale Gesellschaftsrecht der Personengesellschaften ist nicht gesetzlich geregelt. Der BGH hat für Kapital- und Personengesellschaften in der Vergangenheit in stRspr die **Sitztheorie** vertreten, nach der sich das **Personalstatut der Gesellschaft,** also das anzuwendende Gesellschaftsrecht, nach dem Ort des tatsächlichen Verwaltungssitzes bestimmt.[705] Der EuGH wertete diese Sichtweise für juristische Personen als Verstoß gegen die europäische Niederlassungsfreiheit (Art. 49, 54 AEUV), weil eine einmal wirksam gegründete Gesellschaft ihren tatsächlichen Verwaltungssitz nicht frei bestimmen kann.[706] In der Folge gehen inzwischen auch der BGH[707] und die hM im Schrifttum[708] in EU/EWR-Fällen von der Geltung der **Gründungstheorie**[709] aus, nach der sich das Personalstatut der Gesellschaft nach dem Recht des Landes bestimmt, in dem die Gesellschaft ihren statutarischen Gründungssitz hat. Da die Niederlassungsfreiheit auch für Personenhandelsgesellschaften gilt (vgl. Art. 54 Abs. 2 AEUV)[710] und diese ebenso wie Kapitalgesellschaften rechtsfähig sind, spricht nichts dagegen, diese Auffassung auf sie zu übertragen.[711] Der Gesetzgeber hat sich diese Ansicht durch Art. 3 **MoMiG** mit Wirkung vom 1.11.2008 in Form der §§ 13 ff., §§ 106 f. aF zu Eigen gemacht, wonach bei der Eintragung im Handelsregister jeweils eine inländische Geschäftsanschrift anzugeben war.[712] Insgesamt sprach schon bisher für eine ungehinderte Sitzverlegung auch der Personengesellschaften, dass der Gesetzgeber des MoMiG mit § 4a GmbHG und § 5 AktG[713] sich gegen die Einmauerung deutscher Gesellschaften entschieden hatte. Für eine unterschiedliche Behandlung von Kapital- und Personengesellschaften war angesichts der unterschiedslosen Geltung der europäischen Niederlassungsfreiheit folglich kein Raum.[714] Diese Position hat das **MoPeG** inzwischen übernommen und mit § 706 S. 2 BGB iVm § 105 Abs. 3 klargestellt, dass registrierte Personengesellschaften einen im Inland belegenen Vertragssitz bestimmen können, der vom Verwaltungssitz, also von dem Ort, an dem die Geschäfte der Gesellschaft geführt werden, abweicht. Zudem verlangt § 106 Abs. 2 Nr. 1 lit. c, dass sich die Geschäftsanschrift der Gesellschaft in einem EU-Mitgliedstaat befinden muss (→ § 106 Rn. 8). Die Gründungstheorie wird auch angewandt, wenn die im Ausland gegründete Gesellschaft von Beginn an im Inland tätig wird und hier ihren Verwaltungssitz hat **(Scheinauslandsgesellschaft).**[715] Für

[705] BGH 30.1.1970, BGHZ 53, 181 (183) = NJW 1970, 998 f.; 5.11.1980, BGHZ 78, 318 (334) = NJW 1981, 522 (525); 21.3.1986, BGHZ 97, 269 (271) = NJW 1986, 2194 f.; 21.11.1996, BGHZ 134, 116 (118) = NJW 1997, 657 (658); 1.7.2002, BGHZ 151, 204 (206 ff.) = NJW 2002, 3539; vgl. noch BayObLG 26.8.1998, NZG 1998, 936.

[706] EuGH 5.11.2002, NJW 2002, 3614 – Überseering; 30.9.2003, NJW 2003, 3331 – Inspire Art; vgl. auch EuGH 11.3.2004, Slg. 2004, I-2431 = NJW 2004, 2439 – Hughes de Lasteyrie du Saillant.

[707] BGH 13.3.2003, BGHZ 154, 185 (189 f.) = NJW 2003, 1461; 14.3.2004, NJW 2005, 1648; 19.9.2005, BGHZ 164, 148 (151) = NJW 2005, 1648 (1649); 5.2.2007, NJW 2007, 1529 (1530); 11.1.2011, ZIP 2011, 328 Rn. 16.

[708] Vgl. etwa Grüneberg/Thorn EGBGB Anh. Art. 12 Rn. 6; Hopt/Roth Einl. v. § 105 Rn. 29; MüKoBGB/Kindler IntGesR Rn. 110; Forsthoff in Hirte/Bücker, Grenzüberschreitende Gesellschaften, 2. Aufl. 2006, § 2 Rn. 4, 37; Eidenmüller JZ 2003, 526 (528 f.); Rehm JZ 2005, 304 f.; Wertenbruch NZG 2003, 618 ff.; Zimmer ZHR 168 (2004), 355 (359 ff.); krit. aber die bei Drygala EuZW 2013, 569 Fn. 4 genannten Autoren mit Darstellung des Meinungsstands.

[709] Zur Reichweite einer durch Europarecht erzwungenen Gründungstheorie und deren zulässigen Einschränkung durch den Gesetzgeber Teichmann ZGR 2011, 639 (677 ff.).

[710] Vgl. EuGH 16.12.2008, Slg. 2008, I-9641 Rn. 112 = NJW 2009, 569 – Cartesio (KG); W.-H. Roth ZGR 2014, 168 (175 ff., 183 ff.); Schön ZHR 187 (2023), 123 (127 ff., 131 ff.); Baschnagel/Hilser ZPG 2023, 449.

[711] Hopt/Roth Einl. v. § 105 Rn. 29; Ebenroth/Boujong/Wertenbruch Rn. 375; MüKoHGB/Fleischer, 5. Aufl. 2022, § 106 Rn. 30; Spahlinger/Wegen, Internationales Gesellschaftsrecht in der Praxis, 2005, Rn. 111; Wertenbruch NZG 2003, 618 ff.; Hoger/Lieder ZHR 180 (2016), 613 (620 ff.); **aA** Leible/Hoffmann RIW 2002, 933; offengelassen durch BGH 25.5.2009, NZG 2009, 1106 (jedenfalls rechtsfähige Liquidationsgesellschaft); verneinend für Typenkombinationen von in- und ausländischen Rechtsformen Klöhn/Schaper ZIP 2013, 49 ff.

[712] Begr. RegE, BT-Drs. 16/6140, 49; zust. Fedke ZIP 2019, 799 (802).

[713] Zur Bedeutung der Vorschriften in diesem Kontext ausf. W.-H. Roth ZGR 2014, 168 (186 ff.).

[714] Hoger/Lieder ZHR 180 (2016), 613 (621 f.).

[715] OLG Zweibrücken 26.3.2003, NZG 2003, 537; LG Trier 3.4.2003, NZG 2003, 778; LG Bielefeld 8.7.2004, GmbHR 2005, 98 (99); Grüneberg/Thorn EGBGB Anh. Art. 12 Rn. 6.

Gesellschaften aus Vertragsstaaten des EWR sowie für die USA wendet der BGH die Gründungstheorie inzwischen ebenfalls an.[716]

Für **Drittstaaten** wie die Schweiz oder Singapur hält die noch immer vorherrschende Auffassung an der Sitztheorie fest, da eine Änderung der Rechtslage aus Gründen der Rechtssicherheit Sache des Gesetzgebers sei.[717] Diese Auffassung ist mit einer vordringenden Auffassung in der Lit.[718] abzulehnen und für die einheitliche Geltung einer modifizierten Gründungstheorie für Drittstaaten zu votieren. Nach dem Übergang von der Sitz- zur (modifizierten) Gründungstheorie für EU/EWR-Staaten hat die Sitztheorie den Großteil ihres Wertes als wissenschaftliches Dogma eingebüßt. Die hier befürwortete – einheitliche – Anknüpfung formuliert eine tragfähige, in sich widerspruchsfreie Kollisionsnorm, welche die mit der von der hM befürworteten gespaltenen Anknüpfung verbundenen Nachteile vermeidet und für ein höheres Maß an Rechtssicherheit und Rechtsklarheit sorgt. Zugleich wird eine Statutenverdoppelung vermieden, die nach hM zur Anwendung unterschiedlicher Personalstatuten im Wegzugs- und Zuzugsstaat führt.[719] Das von der Bundesregierung geplante **Gesetz** zum Internationalen Privatrecht der Gesellschaften, Vereine und juristischen Personen,[720] das die Gründungstheorie auch auf Drittstaaten ausdehnen sollte,[721] ist niemals in Kraft getreten. Die **Richtlinie** zur Verbesserung der grenzüberschreitenden Mobilität von Gesellschaften[722] ist inzwischen durch das UmRUG[723] in nationales Recht umgesetzt worden, hat die Personengesellschaften aus ihrem Anwendungsbereich aber weitgehend ausgeklammert. Hier besteht nach wie vor legislatorischer Handlungsbedarf. 181

2. Im Einzelnen anwendbares Recht. Das für interne gesellschaftsrechtliche Vorgänge sowie für die Haftung der Gesellschafter und der Geschäftsführer anzuwendende Recht beruht unter der Geltung der Gründungstheorie (→ Rn. 180) auf dem **Recht des Gründungsstaats.**[724] Hierzu gehört die Gründung, die Rechtsfähigkeit und über die lex fori die Partei- und Prozessfähigkeit,[725] die Geschäftsführung und Vertretung[726] und die Haftung der Gesellschafter[727] sowie das Erlöschen der Gesellschaft.[728] Die **insolvenzrechtliche Haftung,** auch nach § 64 GmbHG, richtet sich gem. Art. 4 Abs. 1 EuInsVO nach dem Ort, an dem das Insolvenzverfahren eröffnet wird.[729] Wird die ausländische Kapitalgesellschaft im Ausland gelöscht, besteht die Rest- oder Spaltgesellschaft als 182

---

[716] Für Vertragsstaaten des EWR-Abkommens (Liechtenstein) BGH 19.9.2005, BGHZ 164, 148 = NJW 2005, 3351 f.; für USA gem. deutsch-amerikanischem Freundschaftsvertrag BGH 29.1.2003, BGHZ 153, 353 = NJW 2003, 1607; 5.7.2004, NZG 2004, 1001; **aA** OLG Hamburg 30.3.2007, NZG 2007, 597 für Isle of Man.

[717] BGH 27.10.2008, BGHZ 178, 192 = NJW 2009, 289 – Trabrennbahn (schweizerische AG); 8.10.2009, ZIP 2009, 2385 – Singapur-Limited; 15.3.2010, ZIP 2010, 1003 Rn. 15 – Schweizer Verein; ebenso noch → 4. Aufl. 2015, Rn. 105 aE (Weitemeyer).

[718] Hopt/Roth Einl. § 105 Rn. 29; Bartels ZHR 176 (2012), 412 (414 ff.); Behrens IPRax 2003, 193 (205 f.); Eidenmüller ZIP 2002, 2233 (2244); Lieder/Kliebisch BB 2009, 338 ff.; W.-H. Roth ZGR 2014, 168 (190 ff.); Trautrims, Das Kollisionsrecht der Personengesellschaften, 2009, 144 ff.; aus der obergerichtlichen Rspr. vgl. OLG Hamm 26.5.2006, ZIP 2006, 1822 wegen der Einheit der Rechtsordnung.

[719] Vgl. zum Zuzug Bartels ZHR 176 (2012), 412 ff.; Lutter/Bayer/Schmidt EuropUnternehmensR § 6 Rn. 1 f.; W.-H. Roth ZGR 2014, 168 (202); ausf. Weller FS Goette, 2011, 583 ff.

[720] RefE vom 7.1.2008, abrufbar unter www.bmj.bund.de; hierzu Wagner/Timm IPRax 2008, 81 ff.; Schneider BB 2008, 566 ff.

[721] Krit. Stork GewA 2008, 240 ff.

[722] RL (EU) 2019/2121 des Europäischen Parlaments und des Rates vom 27.11.2019 zur Änderung der RL 2017/1132/(EU) in Bezug auf grenzüberschreitende Umwandlungen, Verschmelzungen und Spaltungen, ABl. EU 2019 L 321, 1; dazu etwa Stelmaszczyk GmbHR 2020, 61 ff.

[723] Gesetz zur Umsetzung der Umwandlungsrichtlinie und zur Änderung weiterer Gesetze vom 22.2.2023, BGBl. 2023 I Nr. 51.

[724] MüKoBGB/Kindler IntGesR Rn. 489 ff.; Spahlinger/Wegen, Internationales Gesellschaftsrecht in der Praxis, 2005, Rn. 261; Staudinger/Renner, 2024, IntGesR Rn. 15 ff., 490 ff.; Michalski NZG 1998, 762 (763); allerdings erzwingt die Niederlassungsfreiheit nicht gesetzliche Ausnahmen etwa zum Schutz von Arbeitnehmern oder Verbrauchern, hierzu Teichmann ZGR 2011, 639 (677 ff.).

[725] Zur actio pro socio Mock RabelsZ 72 (2008), 264 ff.

[726] BGH 13.3.2003, NJW 2003, 1461; 19.9.2005, NJW 2005, 1648 (1649); OLG München 17.8.2005, DB 2005, 1955; LG Freiburg 22.7.2004, NJW-RR 2004, 1686; Spahlinger/Wegen, Internationales Gesellschaftsrecht in der Praxis, 2005, Rn. 288 ff.

[727] BGH 14.3.2005, NJW 2005, 1648 (1649); Spahlinger/Wegen, Internationales Gesellschaftsrecht in der Praxis, 2005, Rn. 324 ff.; Grüneberg/Thorn EGBGB Anh. Art. 12 Rn. 18; Staudinger/Renner, 2024, IntGesR Rn. 15, 529 ff.; Michalski NZG 1998, 762 (763 f.), jeweils mwN.

[728] OLG Celle 29.5.2012, NZG 2012, 738 Rn. 7; AG Duisburg 14.10.2003, NZG 2003, 1167; Grüneberg/Thorn EGBGB Anh. Art. 12 Rn. 20.

[729] EuGH 10.12.2015, NJW 2016, 223; BGH 2.12.2014, NZG 2015, 101; 15.3.2016, NZI 2016, 461; dazu Kindler EuZW 2016, 136; Mankowski NZG 2016, 281; Ringe JZ 2016, 573; Schall ZIP 2016, 289; Scholz ZEuP 2016, 963; Wansleben EWS 2016, 72.

Personengesellschaft in Deutschland fort, wenn sie hier ihren Geschäftssitz und noch Vermögen hat.[730] Einpersonengesellschaften werden als Einzelunternehmen des früheren Gesellschafters behandelt.[731] Für Verträge, welche die Gesellschaft mit Sitz in Deutschland schließt, gilt nach Art. 4 Abs. 2 Rom I-VO das Recht des Staates, in dem die Hauptverwaltung derjenigen Gesellschaft liegt, welche die vertragscharakteristische Leistung erbringt. Für die durch die in Deutschland agierende Gesellschaft getätigten Geschäfte gilt folglich deutsches Recht. Die Parteien haben es nach Art. 3 Rom I-VO in der Hand, eine anderweitige Rechtswahl zu treffen, soweit es sich nicht um Verträge mit Verbrauchern handelt (Art. 6 Rom I-VO). Zu Einzelheiten → Einl. Rn. 65 ff.

183 **3. Bedeutung für Zuzugsfälle.** Aus der europarechtlich begründeten Geltung der Gründungstheorie (→ Rn. 180) folgt, dass Deutschland im Fall des Zuzugs ausländischer Personengesellschaften die **Rechtsfähigkeit** der Gesellschaft nach deren Gründungsrecht **anzuerkennen** hat, sowie die Geltung des gesamten Gesellschaftsstatuts (→ Rn. 182).[732] Während die vorzugswürdige Gegenauffassung auch in Drittstaatenfällen für eine einheitliche Anknüpfung nach der Gründungstheorie plädiert, bleibt es nach hM bei der Anwendung der Sitztheorie (→ Rn. 181). Hiernach wird die ausländische Personengesellschaft, wenn sie ihren Verwaltungssitz nach Deutschland verlegt, nach dem deutschen Recht in eine GbR, OHG oder KG umqualifiziert, behält aber ihrer Rechtsfähigkeit.[733] Die Rechtsfolge ist naturgemäß weniger gravierend als beim Zuzug einer Kapitalgesellschaft aus einem Drittland, die das Privileg der Haftungsbefreiung verliert,[734] gleichwohl bereitet die Statutenverdoppelung nicht unerhebliche Folgeprobleme (→ Rn. 181).[735]

184 **4. Bedeutung für Wegzugsfälle.** Nach **traditioneller Auffassung** führt die Verlegung der Geschäftsführung einer deutschen Personengesellschaft in das Ausland zur Auflösung und Abwicklung unter Aufrechterhaltung der Rechtsfähigkeit als Liquidationsgesellschaft nach §§ 143 ff.[736] Für Kapitalgesellschaften hat der Gesetzgeber mit dem MoMiG vom 23.10.2008 (BGBl. 2008 I 2026) mit den § 5 AktG, § 4a GmbHG die Möglichkeit geschaffen, den tatsächlichen Verwaltungssitz unabhängig vom Satzungssitz zu nehmen und zwar auch dann, wenn die gesamte unternehmerische Tätigkeit im Ausland durchgeführt wird, damit deutsche Konzernmütter ihre Tochtergesellschaften im Ausland in vertrauten Rechtsformen organisieren können.[737] Hingegen wurde Personenhandelsgesellschaften von der bisher hM[738] die freie Wahl des Satzungssitzes unabhängig vom Verwaltungssitz verwehrt.

185 Da die **europäische Niederlassungsfreiheit** (Art. 49, 54 AEUV) auch den Wegzug von Personengesellschaften schützt (vgl. Art. 54 Abs. 2 AEUV), soweit das aufnehmende Land dies zulässt, ist diese Sichtweise als eine nicht zu rechtfertigende Beschränkung der Niederlassungsfreiheit zu qualifizieren (→ Rn. 180).[739] Denn nach der Rspr. des EuGH kann ein Staat zwar für eine nach seinem Recht gegründete Kapital- und Personengesellschaft anordnen, dass sie ihren tatsächlichen Verwaltungssitz im Inland hat und ihr insoweit Beschränkungen bei der Verlegung des Verwaltungssitzes auferlegen (Geschöpftheorie). Nach Auffassung des EuGH ist aber jedenfalls sicherzustellen, dass

---

[730] OLG Düsseldorf 10.5.2010, NZG 2010, 1226; OLG Celle 29.5.2012, NZG 2012, 738 m. zust. Anm. J. Schubert EWiR § 128 HGB 2/12, 665; OLG Hamm 11.4.2014, NZG 2014, 703.

[731] OLG Hamm 11.4.2014, NZG 2014, 703.

[732] Hopt/Roth Einl. v. § 105 Rn. 29; MüKoHGB/Fleischer Vor § 105 Rn. 365; Grüneberg/Thorn EGBGB Anh. Art. 12 Rn. 14 f.; Schnittker/Benecke FR 2010, 565 (570); Spahlinger/Wegen, Internationales Gesellschaftsrecht in der Praxis, 2005, Rn. 111; Westermann/Wertenbruch PersGesR-HdB/Paefgen Rn. I 4875; Wertenbruch NZG 2003, 618 ff.; W.-H. Roth ZGR 2014, 168 (203); Schön ZHR 187 (2023), 123 (142 ff.); **aA** Leible/Hoffmann RIW 2002, 933.

[733] Schnittker/Benecke FR 2010, 565 (569).

[734] BGH 27.10.2008, BGHZ 178, 192 = NJW 2009, 289 – Trabrennbahn.

[735] Vgl. W.-H. Roth ZGR 2014, 168 (202).

[736] Offengelassen durch BGH 25.5.2009, NZG 2009, 1106 (jedenfalls rechtsfähige Liquidationsgesellschaft); ausf. Diskussion bei J. Koch ZHR 173 (2009), 101 ff.; Schaper, Selektion und Kombination von Gesellschaftsformen im institutionellen Wettbewerb, 2012, 106 ff.; Trautrims, Das Kollisionsrecht der Personengesellschaften, 2009.

[737] Befr. RegE MoMiG, BT-Drs. 16/6140, 29.

[738] BGH 27.5.1957, WM 1957, 999 (1000); 19.12.1968, WM 1969, 293 (294); Ehinger BB 2006, 2701; Heymann/Emmerich § 106 Rn. 13; Staub/Hüffer, 4. Aufl. 1995, Vor § 13 Rn. 22; KKD/Kindler § 106 Rn. 2; MüKoHGB/Krafka, 4. Aufl. 2016, § 13 Rn. 27; Schlegelberger/Martens § 106 Rn. 12 f.; Hueck, Das Recht der OHG, 1971, 103 f.; Krafka RegisterR, 11. Aufl. 2019, Rn. 607.

[739] J. Koch ZHR 173 (2009), 101 ff.; Henssler/Strohn/Henssler Rn. 203; Staub/Schäfer § 106 Rn. 15; Beitzke, Juristische Personen im Internationalprivatrecht und Fremdenrecht, 1938, 105 f.; Grasmann, System des Internationalen Gesellschaftsrechts, 1970, Rn. 1169 ff.; Grothe, Die „ausländische Kapitalgesellschaft & Co. KG", 1989, 37 ff.; John, Die organisierte Rechtsperson, 1977, 146; Trost, Faktische Sitzverlegung unter Sitz- und Gründungstheorie im Vergleich, 2003, 19 Fn. 3; Walden, Das Kollisionsrecht der Personengesellschaften im deutschen, europäischen und US-amerikanischen Recht, 2001, 128 ff.; Fingerhuth/Rumpf IPRax 2008, 90 (93 f.); Pluskat WM 2004, 601 (609).

eine Gesellschaft ihren Verwaltungssitz unter Umwandlung ihrer Rechtsform in eine neue Rechtsform des Zuzugsstaats verlegt (grenzüberschreitender Formwechsel), also gerade nicht aufgelöst wird.[740] Dann muss die Gewährleistung der europäischen Niederlassungsfreiheit aber auch die Konstellation umfassen, dass der tatsächliche Verwaltungssitz ohne Rechtsformwechsel verlegt wird.[741] Gleiches gilt in konsequenter Fortschreibung der in → Rn. 181 entwickelten Argumentationslinie für die Sitzverlegung in **Drittstaaten.**[742] Diese Kritik hat das **MoPeG** aufgenommen und gewährleistet den registrierten Personengesellschaften auf Grundlage des § 706 BGB iVm § 105 Abs. 3 die freie **Wahl des Verwaltungssitzes** und damit Sitzspaltungsfreiheit (→ § 106 Rn. 19).

5. Grenzüberschreitende Umwandlung und identitätswahrende Sitzverlegung. Verlegt 186
eine Gesellschaft sowohl den tatsächlichen Verwaltungssitz als auch den Satzungssitz über die Grenze, gebietet die Niederlassungsfreiheit es nicht, dass sie ihre Rechtsform nach der nationalen Rechtsordnung behält.[743] In der Entscheidung Cartesio hatte der EuGH die **Umwandlung in eine Rechtsform des Aufnahmestaats** jedoch obiter dictum für geboten gehalten, *wenn* dies nach dem Recht des Aufnahmestaats möglich sei.[744] Dass daher der Zuzugsstaat die grenzüberschreitende **identitätswahrende Sitzverlegung** nicht zwangsläufig zulassen muss, davon ging das OLG Nürnberg für den Fall der Sitzverlegung einer luxemburgischen Kapitalgesellschaft nach Deutschland aus.[745] Nach der Gegenauffassung gebietet es die Niederlassungsfreiheit, den Zuzug von Gesellschaften aus anderen Mitgliedstaaten der EU unter Wahrung ihrer Rechtspersönlichkeit und unter Umwandlung in eine entsprechende Rechtsform des Zuzugsstaats in analoger Anwendung des UmwG zu ermöglichen.[746] In der Rechtssache Vale sah der EuGH das völlige Fehlen der Möglichkeit zu einer grenzüberschreitenden Umwandlung in den Aufnahmestaat hinein (Gründung einer Kapitalgesellschaft ungarischen Rechts durch eine natürliche Person und eine zugleich den Satzungssitz verlegende italienische Kapitalgesellschaft) als Verletzung der Niederlassungsfreiheit an, räumte aber zugleich ein, dass hierfür einschränkende Regelungen etwa zum Gläubiger- und Arbeitnehmerschutz getroffen werden dürfen und die Voraussetzungen des nationalen Umwandlungsrechts einzuhalten seien.[747] Dem hat sich das OLG Nürnberg angeschlossen.[748] Die Entscheidung verursacht für die Praxis eine erhebliche Rechtsunsicherheit, da das nationale Umwandlungsrecht für die Sitzverlegung gerade keine Voraussetzungen formuliert.[749]

Für die identitätswahrende Sitzverlegung von **Personengesellschaften** bedarf es der Anwendung 187
des UmwG nicht, da sich der Formwechsel von Personengesellschaften im Grundsatz ohne formelle Voraussetzungen und außerhalb des Handelsregisters vollzieht, soweit die Voraussetzungen der jeweiligen Rechtsformen nur der Sache nach vorliegen (→ Rn. 12).[750] Die Niederlassungsfreiheit gebietet es, dass Mitgliedstaaten zuziehende Personengesellschaften mit der Rechtsform ihres Gründungsstaats anerkennen, soweit dieser Staat die identitätswahrende Sitzverlegung ins Ausland gestattet. Ist dies nicht der Fall oder vereinbaren die Gesellschafter den Formwechsel in eine Personengesellschaftsform des Zuzugsstaats, dann führt die Sitzverlegung nach allgemeinen Grundsätzen zum Formwechsel in eine GbR oder OHG in Abhängigkeit davon, ob die Gesellschaft ein Handelsgewerbe betreibt oder

[740] EuGH 16.12.2008, Slg. 2008, I-9641 Rn. 112 = NJW 2009, 569 – Cartesio (obiter dictum); hierzu Barthel EWS 2010, 316 (327); Teichmann ZIP 2009, 393 (402); W.-H. Roth ZGR 2014, 168 (205); vgl. auch EuGH 12.7.2012, NZG 2012, 871 Rn. 28 – Vale.

[741] EuGH 29.11.2011, DStR 2011, 2334 Rn. 27 – National Grid Indus, zur zulässigen Abschlussbesteuerung der stillen Reserven.

[742] Ebenso Schnittker/Benecke FR 2010, 565 (567); W.-H. Roth ZGR 2014, 168 (207); **aA** Henssler/Strohn/Henssler Rn. 208; ebenso noch → 4. Aufl. 2015, Rn. 105 aE (Weitemeyer).

[743] EuGH 16.12.2008, Slg. 2008, I-9641 Rn. 112 = NJW 2009, 569 – Cartesio.

[744] EuGH 16.12.2008, Slg. 2008, I-9641 Rn. 112 = NJW 2009, 569 – Cartesio.

[745] OLG Nürnberg 13.2.2012, ZIP 2012, 572 Rn. 42 m. abl. Anm. Drygala EWiR § 190 UmwG 1/12, 263; Leible/Hoffmann BB 2009, 58 (60).

[746] So Herrler DNotZ 2009, 484 (490 f.); Otte/Rietschel GmbHR 2009, 983 (984 f.); Teichmann/Ptak RIW 2010, 817 (819); Zimmer/Naendrup NJW 2009, 545 (548).

[747] EuGH 12.7.2012, NZG 2012, 871 Rn. 40 – Vale, mAnm Ulrich GmbHR 2012, R217 sowie mAnm Mörsdorf/Jopen ZIP 2012, 1398 ff.

[748] OLG Nürnberg 19.6.2013, NZG 2014, 349 (350) m. krit. Anm. Neye sowie Schaper ZIP 2014, 810 ff.

[749] Entsprechende Anwendung der Vorschriften über die grenzüberschreitende Verschmelzung und der formwechselnden Umwandlung nach §§ 190 ff. UmwG analog: OLG Nürnberg 13.2.2012, ZIP 2012, 572 Rn. 63 ff.; 19.6.2013, NZG 2014, 349 (350 ff.); Kindler EuZW 2012, 888; Stiegler KSzW 2014, 107 ff.; krit. Schön ZGR 2013, 333 ff.; vgl. noch Kiem ZHR 180 (2016), 289 (291 ff.) zu einer künftigen EU-Sitzverlegungs-RL.

[750] OLG Oldenburg 30.6.2020, BeckRS 2020, 14441 Rn. 7; Schnittker/Benecke FR 2010, 565 (570); Baschnagel/Hilser ZPG 2023, 449 (454 f.); Hilser, Grenzüberschreitende Rechtsformwechsel in der Europäischen Union, 2022, S. 320 ff.; **aA** Stiegler NZG 2020, 979 (980 f.); Knaier DNotZ 2021, 153 (155 ff.); Schön ZHR 187 (2023), 123 (153 ff.); Hornberger, Rechtsformwahrende Sitzverlegung, Verschmelzung und Formwechsel von Personengesellschaften innerhalb der EU, 2020, S. 225; diff. Reidt/Gläßner ZPG 2024, 121 (129).

nicht.[751] Durch den Statutenwechsel kann insbesondere eine Änderung der Regelungen über die Vertretungsmacht (§ 124) eintreten. Fraglich ist, ob sich Kommanditisten mangels Eintragung ihrer Haftsumme im Handelsregister auf ihre Haftungsbeschränkung berufen können. Dies ist abzulehnen, da die nationalen Regelungen zum Gläubigerschutz weiter Anwendung finden.[752] Das damit verbundene Haftungsrisiko lässt sich aber dadurch beseitigen, dass die Sitzverlegung unter die aufschiebende Bedingung der Eintragung der Haftungsbeschränkung in das Handelsregister gestellt wird.[753] Seit Polbud ist anerkannt, dass von der Niederlassungsfreiheit auch der Formwechsel in die Rechtsform eines anderen Mitgliedstaats gedeckt ist, selbst wenn es zu **keiner Verlegung des tatsächlichen Verwaltungssitzes** kommt.[754] Denn bei der gebotenen wirtschaftlichen Betrachtung ist es ohne Belang, ob die Trennung von Satzungs- und Verwaltungssatz durch eine Verlegung des Verwaltungssitzes oder durch eine isolierte Verlegung des Satzungssitzes herbeigeführt wird. Im Sinne der Geschöpftheorie ist es aber auch weiterhin erforderlich, dass das Recht des Zielstaats es ausreichen lässt, dass die Gesellschaft bloß ihren Satzungssitz in seinem Territorium hat.[755]

188 **6. Gerichtsstand.** Gemäß Art. 4 Abs. 1 Brüssel Ia-VO sind Personen, die ihren Wohnsitz im Hoheitsgebiet eines Mitgliedstaates haben, ohne Rücksicht auf ihre Staatsangehörigkeit grundsätzlich vor den Gerichten dieses Mitgliedstaates zu verklagen. Für Gesellschaften gem. Art. 63 Abs. 1 Brüssel Ia-VO ist ihr satzungsmäßiger Sitz, ihre Hauptverwaltung oder ihre Hauptniederlassung entscheidend. Weichen satzungsmäßiger Sitz und Hauptverwaltung voneinander ab, hat der Kläger ein Wahlrecht. Eine Ausnahme besteht nach Art. 24 Nr. 2 Brüssel Ia-VO für bestimmte gesellschaftsinterne Streitigkeiten wie Klagen, die die Gültigkeit, die Nichtigkeit oder die Auflösung einer Gesellschaft oder die Gültigkeit der Beschlüsse ihrer Organe zum Gegenstand haben. Für diese Fälle sind die Gerichte des Mitgliedstaates ausschließlich zuständig, in dessen Hoheitsgebiet die Gesellschaft ihren Sitz hat. Bei der Entscheidung hierüber wendet das Gericht die Vorschriften seines eigenen IPR an.[756] Hiermit sollen die Zuständigkeiten über diese Rechtsstreitigkeiten an einem Ort festgelegt werden, um widersprechende Entscheidungen zu vermeiden und dem Gericht des Sitzstaates die Zuständigkeit zuzuweisen, das am besten in der Lage ist, über Rechtsstreitigkeiten unter der Geltung seines eigenen Rechts zu entscheiden.[757] Unter der Geltung der Niederlassungsfreiheit (→ Rn. 180) bestimmt sich der Sitz einer EU/EWR-Gesellschaft nach der Gründungstheorie und deshalb nach dem **Satzungssitz,**[758] sodass – vorbehaltlich des Brexit – für eine in England gegründete Limited als Komplementärin einer deutschen KG mit alleiniger Geschäftstätigkeit in Deutschland die englischen Gerichte zuständig sind.[759] Gemäß Art. 7 Nr. 1 Brüssel Ia-VO gilt dies auch für gesellschaftsrechtliche Klagen, die nicht den Bestand der Gesellschaft betreffen, sich aber unmittelbar aus dem Gesellschaftsvertrag ergeben. Dem ausländischen Gerichtsstand lässt sich nicht durch eine im Gesellschaftsvertrag schriftlich (vgl. Art. 25 Abs. 1 lit. a Brüssel Ia-VO) getroffene Gerichtsstandsvereinbarung entgehen, da die Zuständigkeit nach Art. 24 Nr. 2 Brüssel Ia-VO eine ausschließliche ist (Art. 25 Abs. 4 Brüssel Ia-VO).[760] Dies gilt auch für **„Scheinauslandsgesellschaften“.**[761] Soweit deutsche Gerichte ausländisches Gesellschaftsrecht anzuwenden haben, muss nach § 293 ZPO die klagende Partei das anzuwendende Sachrecht vortragen und beweisen.

189 **7. Hereinverschmelzung von Kapitalgesellschaften auf Personengesellschaften.** Bisher konnten nach Maßgabe der §§ 122a ff. UmwG aF nur deutsche und EU/EWR-ausländische Kapitalgesellschaften grenzüberschreitend miteinander verschmolzen werden.[762] Personengesellschaften

[751] OLG Oldenburg 30.6.2020, BeckRS 2020, 14441 Rn. 9; krit. Stiegler NZG 2020, 979 (981).

[752] EuGH 12.7.2012, NZG 2012, 871 Rn. 40 – Vale, mAnm Ulrich GmbHR 2012, R217 sowie mAnm Mörsdorf/Jopen ZIP 2012, 1398 ff.

[753] OLG Oldenburg 30.6.2020, BeckRS 2020, 14441 Rn. 11.

[754] EuGH 25.10.2017, NJW 2017, 3639 Rn. 32 ff. – Polbud; dazu Bayer/Schmidt ZIP 2017, 2225 ff.; Lieder/Bialluch GPR 2019, 286 f.; Paefgen WM 2019, 981 ff.; Paefgen WM 2019, 1029 ff.

[755] Bayer/Schmidt BB 2018, 2562; Lieder/Bialluch GPR 2019, 286; implizit auch EuGH 25.10.2017, NJW 2017, 3639 Ls. 1 und 2 – Polbud.

[756] BGH 12.7.2011, BGHZ 190, 242 Rn. 12 = NJW 2011, 3372; Altmeppen/Wilhelm DB 2004, 1083 (1087).

[757] EuGH 12.5.2011, ZIP 2011, 1071 Rn. 36 ff. – BVG/JPMorgan; BGH 12.7.2011, BGHZ 190, 242 Rn. 13 = NJW 2011, 3372.

[758] Vgl. BGH 14.11.2017, NJW-RR 2018, 290 Rn. 17 mAnm Rüdiger GmbHR 2018, 375 f.; Werner GmbHR 2018, 372; Paefgen FS E. Vetter, 2019, 527 (537 f.).

[759] BGH 12.7.2011, BGHZ 190, 242 Rn. 25 ff. = NJW 2011, 3372 mwN sowie zur Ausnahme, wenn der Herkunftsstaat der Sitztheorie folgt, Rn. 29 f.

[760] *BGH 12.7.2011, BGHZ 190,* 242 Rn. 32 = NJW 2011, 3372.

[761] BGH 12.7.2011, BGHZ 190, 242 Rn. 19 ff. = NJW 2011, 3372.

[762] Vgl. nur MHdB GesR VIII/Lieder § 5 Rn. 14.

waren vom Anwendungsbereich dieser Vorschriften nicht erfasst; eine grenzüberschreitende Verschmelzung war aber schon bisher auf Grundlage der Sevic-Entscheidung[763] zulässig.[764] Mit dem am 1.1.2019 in Kraft getretenen Vierten Gesetz zur Änderung des UmwG vom 19.12.2018 (BGBl. 2018 I 2694)[765] ist **deutschen Personenhandelsgesellschaften** iSd § 3 Abs. 1 Nr. 1 UmwG mit in der Regel nicht mehr als 500 Arbeitnehmern[766] die gesetzliche Möglichkeit eröffnet worden, sich an einer grenzüberschreitenden Verschmelzung **als übernehmende oder neue Gesellschaften** zu beteiligen (§ 122b Abs. 1 Nr. 2 UmwG aF). Die Begrenzung der Arbeitnehmerzahl sollte eine Umgehung der Mitbestimmungsvorschriften nach dem DrittelbG verhindern, sodass sich die Beteiligten nicht für eine mitbestimmungsfreie GmbH & Co. KG als Zielrechtsform entscheiden können, wenn die Wahl einer GmbH zur Anwendung des DrittelbG führen würde.[767] Diese Umwandlungsmöglichkeit ist im Zuge des UmRUG (→ Rn. 181) inhaltsgleich als § 306 Abs. 1 Nr. 2 UmwG in das reformierte Recht der grenzüberschreitenden Verschmelzung überführt worden.

Nur **EU/EWR-ausländische Kapitalgesellschaften** können sich an einer grenzüberscheitenden Hereinverschmelzung als übertragende, übernehmende oder neue Gesellschaften beteiligen (§ 306 Abs. 1 Nr. 1 UmwG). **Ausländische Personengesellschaften,** wie zB LLP irischer Provenienz, scheiden hingegen als beteiligte Rechtsträger aus.[768] Sachgründe für diese Beschränkung des sachlichen Anwendungsbereichs sind – zumal mit Blick auf die Rspr. des EuGH – nicht ersichtlich. Eine Erstreckung auf ausländische Personengesellschaften ist daher aus rechtspolitischer Perspektive wünschenswert. Diese sollte in rechtssystematischer Hinsicht im Kontext der §§ 305 ff. UmwG erfolgen, nicht etwa durch Änderung des PartGG.[769] De lege lata besteht für solche Gesellschaften die Möglichkeit, eine grenzüberschreitende Verschmelzung nach den **Sevic-Grundsätzen** in analoger Anwendung der §§ 2 ff., 39 ff., 305 ff. UmwG[770] oder eine **grenzüberschreitende Anwachsung**[771] durchzuführen.[772] In Betracht kommen außerdem ein **Asset Deal**[773] und ein **grenzüberschreitender Formwechsel.**[774] 190

Im **Verschmelzungsplan** ist für den Fall einer grenzüberschreitenden Verschmelzung auf eine Personengesellschaft nach § 307 Abs. 2 Nr. 15 UmwG für jeden Anteilseigner eines übertragenden Rechtsträgers zu bestimmen, ob er in der übernehmenden oder neuen Personenhandelsgesellschaft die **Rechtsstellung eines Komplementärs oder Kommanditisten** erhalten soll. Soll eine GmbH oder UG & Co. KG als Zielrechtsträger beteiligt sein, kann eine solche Rechtsform schon zuvor gegründet und dann eine Verschmelzung **zur Aufnahme** durchgeführt werden. Bei einer Verschmelzung zur **Neugründung** kann die GmbH oder UG bereits in einen übertragenden Rechtsträger aufgenommen werden und erhält im Wege der Verschmelzung die Rechtsstellung eines persönlich haftenden Gesellschafters. Mit der zutreffenden hM ist es außerdem zulässig, dass außenstehende Dritte mit der Verschmelzung in den Zielrechtsträger neu **eintreten.**[775] Zudem ist die **Einlage** der Gesellschafter festzusetzen. 191

---

[763] EuGH 13.12.2005, NZG 2006, 112.

[764] Lutter/Bayer UmwG Einl. I Rn. 45; Lutter/Drygala UmwG § 1 Rn. 10 ff.; MHdB GesR VIII/Lieder § 5 Rn. 15; Kallmeyer/Marsch-Barner/Wilk UmwG Vor § 122a Rn. 10; Lieder/Bialluch NotBZ 2017, 209 (210); Stiegler ZGR 2017, 312 (345 ff.).

[765] Dazu Bungert/Wansleben DB 2019, 49; Hoffmann NZG 2019, 1208; Hoppe/Seitz DB 2019, 434; Jaschinski/Wentz WM 2019, 438; Klett NZG 2019, 292; Lieder/Bialluch NJW 2019, 805; Luy DNotZ 2019, 484 ff.; Punte/Klemens GWR 2019, 41 ff.; zum Entwurf Brandi/Schmidt DB 2018, 2417; Cramer DStR 2018, 2435; DAV NZG 2018, 1223; Schröder BB 2018, 2755; Stiegler ZIP 2018, 2351; Wettich Wpg 2018, 1590; Zwirlein ZGR 2018, 900.

[766] Zum Arbeitnehmerbegriff ausf. Hoffmann NZG 2019, 1208 (1211 f.).

[767] Vgl. Begr. RegE, BT-Drs. 19/5463, 10.

[768] **AA** unter Hinweis auf den Anwendungsvorrang des Unionsrechts, namentlich der europäischen Niederlassungsfreiheit, Hoffmann NZG 2019, 1208 (1212 ff., 1216).

[769] So aber offenbar BReg., BT-Drs. 19/3465, 2.

[770] BeckOGK/Drinhausen/Keinath, 15.1.2023, UmwG § 1 Rn. 45; Lutter/Bayer UmwG Einl. I Rn. 45; Lutter/Drygala UmwG § 1 Rn. 35; MHdB GesR VIII/Lieder § 5 Rn. 15; Kallmeyer/Marsch-Barner/Wilk UmwG Vor § 122a Rn. 12; Lieder/Bialluch NotBZ 2017, 209 (210); Stiegler ZGR 2017, 312 (317).

[771] Dazu ausf. Hoger/Lieder ZHR 180 (2016), 613 (619 ff.); Lieder/Bialluch NotBZ 2017, 209 (214 f.); Süß ZIP 2018, 1277 (1279); Zwirlein ZGR 2018, 900 (916 f.); speziell zur Hinausanwachsung Recktenwald NZG 2023, 539 ff.

[772] Zu den Handlungsmöglichkeiten im Allgemeinen Cramer DStR 2018, 2435 (2436 f.); Klett NZG 2019, 292 (296 f.); Wettich Wpg 2018, 1590 (1591 f.).

[773] Dazu MHdB GesR VIII/Lieder § 5 Rn. 25; Hoger/Lieder ZHR 180 (2016), 613 (652); Lieder/Bialluch NotBZ 2017, 209 (215).

[774] Dazu MHdB GesR VIII/Lieder § 5 Rn. 18 ff.; Lieder/Bialluch NotBZ 2017, 209 (210 ff.).

[775] Lutter/H. Schmidt UmwG § 40 Rn. 14; SSL/Ihrig UmwG § 40 Rn. 19 f.; iErg auch Kölner Komm UmwG/Dauner-Lieb/Tettinger UmwG § 40 Rn. 30; Kallmeyer/Kocher UmwG § 40 Rn. 13; Priester DB 1997, 560 (561); ausf. Lieder/Bialluch NJW 2019, 805 (807); **aA** Widmann/Mayer/Vossius UmwG § 40 Rn. 3.1.

X. Konzernrecht der Personengesellschaften

Schrifttum: Altmeppen, Zum Vorstandsdoppelmandat in einer beherrschten AG & Co. KG, ZIP 2008, 437; Armbrüster, Grundlagen und Reichweite von Wettbewerbsverboten im Personengesellschaftsrecht, ZIP 1997, 261; Cahn, Das Wettbewerbsverbot des Vorstands in der AG & Co. KG, Konzern 2007, 716; Dettke, Gewinnthesaurierung und Minderheitenschutz in der Personengesellschaft als Konzernobergesellschaft, 2017; Emmerich, Das Konzernrecht der Personengesellschaften, FS Stimpel, 1985, 743; Haar, Unternehmensfinanzierung in der Personengesellschaft zwischen Kernbereich und Mehrheitsmacht, NZG 2007, 601; Lieder, Die Existenzvernichtungshaftung als verbandsübergreifende Durchgriffshaftung, FS Pannen, 2017, 439; Priester, Gewinnthesaurierung im Konzern, ZHR 176 (2012), 268; Priester, Betriebsführungsverträge im Personengesellschaftsrecht, ZIP 2020, 1685; Reuter, Neuere Rechtsprechung zum Personengesellschaftsrecht, JZ 1986, 16; Schießl, Die beherrschte Personengesellschaft, 1985; Schneider, Konzernbildung, Konzernleitung und Verlustausgleich im Konzern der Personengesellschaften, ZGR 1980, 511; Schneider, Die Auskunfts- und Kontrollrechte des Gesellschafters in der verbundenen Personengesellschaft, BB 1975, 1353; Schöning/Steininger, Beherrschungsverträge mit einer Personengesellschaft als beherrschtem Konzernunternehmen, NZG 2019, 890; Stehle, Gesellschafterschutz gegen fremdunternehmerischen Einfluss in der Personenhandelsgesellschaft, 1986; Wertenbruch, Beschlussfassung in Personengesellschaft und KG-Konzern, ZIP 2007, 798.

192 **1. Grundlagen.** Nach der Grundkonzeption des HGB sind OHG und KG als eigenständige Gesellschaftsformen gedacht. In der Praxis sind freilich nicht selten Konzernstrukturen anzutreffen. Dabei formen zwei oder mehr rechtlich selbstständige Gesellschaften eine **wirtschaftliche Einheit,** die – abgesehen von der Legaldefinition des § 18 AktG – als Konzern bezeichnet wird. Nicht die Unternehmensgruppe, sondern nur die einzelnen konzernangehörigen Gesellschaften haben die Fähigkeit, Rechte und Pflichten zu erwerben.

193 Das tradierte Grundproblem des Konzernrechts beruht auf der Machtposition des herrschenden Unternehmens, das aufgrund seiner rechtlichen und (oder) faktischen Einflussmöglichkeiten die Interessen des beherrschten Unternehmens beeinträchtigen kann. Aufgrund der rechtlichen Selbstständigkeit der gruppenangehörigen Gesellschaften droht ein Konflikt zwischen den Interessen des beherrschten Unternehmens (und deren Minderheitsgesellschafter, Gläubiger und Arbeitnehmer) und der herrschenden Gesellschafter bzw. der Unternehmensgruppe als solcher. Dieser Interessenwiderstreit begründet den **„Konzernkonflikt"**.

194 Das im Jahre 1965 erstmals in §§ 291 ff. AktG kodifizierte Konzernrecht zielte darauf ab, diesen „Konzernkonflikt" durch die Schaffung von **Schutzvorschriften** im Interesse der Minderheitsgesellschafter und Gläubiger des beherrschten Unternehmens zu entschärfen. Dieser Schutzzweck spielte die entscheidende Rolle für das Verständnis des Konzernrechts in der Vergangenheit, als man die Unternehmensgruppe vor allem als Bedrohung für schutzwertige Interessen der Beteiligten betrachtete. In der modernen Diskussion tritt die **Organisationsfunktion** des Konzernrechts mehr und mehr in den Vordergrund. Ganz konkret geht es darum, dass das Konzernrecht die maßgeblichen Rahmenbedingungen für die Begründung von Konzernverhältnissen und die Leitung der Unternehmensgruppe gewährleistet. Von dieser Dichotomie der Schutz- und Organisationsfunktion des Konzernrechts ist auch die aktuelle Diskussion über die Zukunft des (europäischen) Konzernrechts geprägt.[776]

195 Der Aktiengesetzgeber hat in §§ 15 ff., 291 ff. AktG Regelungen für den Aktienkonzern geschaffen. Für den GmbH-Konzern und das Konzernrecht der Personengesellschaften fehlt es weitgehend an **gesetzlichen Vorgaben.** Zumindest finden die Vorschriften über die Konzernrechnungslegung (§§ 290 ff. HGB) grundsätzlich auch auf Personengesellschaften Anwendung. Im Übrigen sind die Grundstrukturen des im AktG fixierten Konzernrechts anwendbar. Dies gilt namentlich für den Unternehmensbegriff, die Definitionen der Abhängigkeit und des Konzerns (§§ 17 f. AktG), die Unterscheidung zwischen Vertragskonzern und faktischem Konzern (§§ 304 ff., 311 ff. AktG) und die Unterteilung in verschiedene Unternehmensverträge (§§ 291 f. AktG). Praktische Anwendungsbeispiele sind die vertragliche oder faktische Beherrschung einer AG durch eine KG (§§ 17, 308 ff., 311 ff. AktG), die Beteiligung einer OHG oder KG an einer AG (§§ 20–22 AktG) oder die Einbeziehung der OHG unter der einheitlichen Leitung einer inländischen AG oder KGaA in die Konzernrechnungslegung (§§ 290 ff.).[777]

196 **2. Vertragskonzern.** Die **Zulässigkeit** der vertraglichen Beherrschung von Personengesellschaften ist sehr umstritten. Nach früher verbreiteter Ansicht war der Abschluss eines Gewinnabführungs- und Beherrschungsvertrags durch eine Personengesellschaft als beherrschtes Unternehmen unzulässig, weil dies mit einer unbeschränkten persönlichen Haftung der Gesellschafter als unvereinbar

[776] Vgl. nur Hommelhoff ZGR 2012, 535 (537 ff.); Teichmann ECFR 2015, 202 (209 ff.); Teichmann AG 2013, 184 (189 ff.); Weller/Bauer ZEuP 2015, 6 (9, 20 ff.).

[777] Hopt/Roth Rn. 157.

angesehen wurde.[778] Auch folge die Unzulässigkeit eines **Gewinnabführungsvertrags** daraus, dass dem Verband dann die Gewinnerzielungsabsicht und damit die Kaufmannseigenschaft fehle.[779] In der Praxis kann diese Frage offen bleiben; Gewinnabführungsverträge spielen aus steuerrechtlichen Gründen keine Rolle, weil die hierdurch angestrebte Verlagerung des zu versteuernden Gewinns auf die Muttergesellschaft durch die Organschaft nur bei Kapitalgesellschaften nach §§ 14, 17 KStG vorgesehen ist. Der BGH geht von der Zulässigkeit eines schuldrechtlichen **Beherrschungsvertrags**[780] aus, verlangt aber zugleich die Interessen der Beteiligten durch eine Verlustübernahme des herrschenden Unternehmens und einen Freistellungsanspruch des persönlich haftenden Gesellschafters gegen das herrschende Unternehmen zu sichern.[781] Mit der im Vordringen begriffenen – zutreffenden – Literaturauffassung ist der Abschluss von Beherrschungsverträgen auch ohne diese zusätzlichen Voraussetzungen als **zulässig** anzusehen.[782] Die Interessen der außenstehenden (unbeschränkt persönlich)[783] haftenden Gesellschafter sind hinreichend dadurch geschützt, dass sie jedenfalls der Änderung des Gesellschaftszwecks, der fortan auf eine dienende Tätigkeit der beherrschten Personengesellschaft gerichtet ist,[784] zustimmen müssen (→ Rn. 29). In diesem Zusammenhang können sie vom herrschenden Unternehmen auch die Zusage verlangen, sie von etwaigen Haftungsansprüchen freizustellen. Darüber hinaus unterliegt das herrschende Unternehmen der Verlustausgleichspflicht analog §§ 302 f. AktG.[785]

Als Grundlagengeschäft[786] setzt der Abschluss eines Beherrschungsvertrags die **Zustimmung** 197
aller Gesellschafter – bei Bestehen einer gesellschaftsvertraglichen Mehrheitsklausel analog § 293 Abs. 1 S. 2 AktG von mindestens drei Vierteln[787] – voraus[788] und bedarf zudem analog § 293 Abs. 3 AktG grundsätzlich der **Schriftform**[789] und der deklaratorischen **Eintragung** in das Handelsregister der beherrschten Personengesellschaft;[790] keiner Eintragung bedürfen andere Unternehmensverträge iSd § 292 AktG, wie zB Betriebspachtverträge.[791] Der Beherrschungsvertrag erlaubt entsprechend § 308 Abs. 1 S. 2 AktG **nachteilige Weisungen,** aber nur in den Grenzen, die dem herrschenden Unternehmen aus dem Verbandszweck der abhängigen Personengesellschaft gezogen sind und orientiert an den Grundsätzen ordnungsgemäßer Konzerngeschäftsführung unter Geltung der business judgment rule (→ § 116 Rn. 43).[792] Unzulässig sind existenzgefährdende oder -vernichtende Eingriffe und die Ausplünderung der Gesellschaft.[793] Die **Kündigung** des Unternehmensvertrags ist aus wichtigem Grund jederzeit analog § 297 Abs. 1 AktG durch Gestaltungsklage möglich.[794]

3. Faktischer Konzern. a) Voraussetzungen. Das über eine Personengesellschaft **herrschende** 198
Unternehmen iSd Konzernrechts (§ 15 AktG) kann jede juristische oder natürliche Person oder Personengesellschaft sein, die auch außerhalb der beherrschten Gesellschaft unternehmerische Inte-

---

[778] U. H. Schneider ZGR 1980, 511.

[779] NK-HGB/Schall Anh. KonzernR Rn. 80.

[780] Zur Einordnung des Gesellschaftsvertrags als Beherrschungsvertrag vgl. Ebenroth/Boujong/Nagel Anh. § 105 Rn. 45 ff. mwN; zum Gleichordnungskonzern Ebenroth/Boujong/Nagel Anh. § 105 Rn. 79 f. mwN.

[781] BGH 5.2.1979, NJW 1980, 231 – Gervais; Staub/Schäfer Anh. § 105 Rn. 61.

[782] MüKoHGB/Mülbert KonzernR Rn. 171 ff.; K. Schmidt GesR § 43 III 4b; Westermann/Wertenbruch PersGesR-HdB/Tröger Rn. I 4084; Bälz AG 1992, 277 (288); Schöning/Steininger NZG 2019, 890 (891 ff.).

[783] Noch weniger Bedenken bestehen, wenn keine natürlichen Personen als Gesellschafter in der abhängigen Personengesellschaft beteiligt sind; BayObLG 10.12.1992, NJW 1993, 1804 f. – BSW.

[784] MüKoHGB/Mülbert KonzernR Rn. 143, 154, 157; Schöning/Steininger NZG 2019, 890 (892).

[785] Hopt/Roth Rn. 158 aE; Ebenroth/Boujong/Nagel Anh. § 105 Rn. 54; Heymann/Emmerich Anh. § 105 Rn. 16; diff. NK-HGB/Schall Anh. KonzernR Rn. 150.

[786] Vgl. OLG Hamburg 25.7.2005, AG 2006, 48 (50 f.); Staub/Schäfer § 116 Rn. 23; MüKoHGB/Mülbert KonzernR Rn. 165; Westermann/Wertenbruch PersGesR-HdB/Tröger Rn. I 4085.

[787] Schöning/Steininger NZG 2019, 890 (893).

[788] MüKoHGB/Mülbert KonzernR Rn. 165; Westermann/Wertenbruch PersGesR-HdB/Tröger Rn. I 4085; Staub/Schäfer Anh. § 105 Rn. 59; Westermann ZIP 2007, 2289 (2296); NK-HGB/Schall Anh. KonzernR Rn. 86; Schöning/Steininger NZG 2019, 890 (893).

[789] Emmerich/Habersack KonzernR § 34 Rn. 19; Schöning/Steininger NZG 2019, 890 (894); **aA** Ebenroth/Boujong/Nagel Anh. § 105 Rn. 52 mwN.

[790] Hopt/Roth Rn. 159; NK-HGB/Schall Anh. KonzernR Rn. 86; Staub/Schäfer Anh. § 105 Rn. 61; Ebenroth/Boujong/Nagel Anh. § 105 Rn. 52; Schöning/Steininger NZG 2019, 890 (894); diff. K. Schmidt GesR § 43 III 4a; **aA** MüKoHGB/Mülbert KonzernR Rn. 169; RGHMW/Haas Rn. 179; iErg ebenfalls abl. OLG München 8.2.2011, ZIP 2011, 526 mAnm Wachter BB 2011, 724; Cranshaw JurisPR-HaGesR 3/2011 Anm. 2; wieder **anders** Staub/Schäfer Anh. § 105 Rn. 61: Eintragung des Konzernierungsbeschlusses.

[791] OLG Köln 23.10.2019, FGPrax 2019, 265 (266); zust. Wachter EWiR 2020, 169 (170); **aA** Priester ZIP 2020, 1685 (1687 ff.).

[792] Hopt/Roth Rn. 159; NK-HGB/Schall Anh. KonzernR Rn. 100 mwN.

[793] Hopt/Roth Rn. 159.

[794] Hopt/Roth Rn. 159.

ressen verfolgt,[795] etwa ein alleingeschäftsführender Gesellschafter, der zugleich **Unternehmer** außerhalb der Gesellschaft ist. Die GmbH & Co. KG führt deshalb nicht zu einem konzernrechtlichen Tatbestand, solange sich die Komplementär-GmbH, der sie beherrschende Gesellschafter oder die Kommanditisten bei der Einheits-GmbH & Co. KG (→ § 161 Rn. 82) ohne anderweitige Unternehmertätigkeit auf ihre Rolle als Komplementär oder Kommanditist der KG beschränken.[796]

199 Die **Abhängigkeitsvermutung** des § 17 Abs. 2 AktG bei in Mehrheitsbesitz stehenden Unternehmen (§ 16 AktG) gilt bei beherrschten Personengesellschaften nicht.[797] Bei Personengesellschaften kann die bloße Mehrheitsbeteiligung nur zusammen mit einer entsprechenden Gestaltung des Gesellschaftsvertrags eine Abhängigkeit begründen, wenn entgegen § 116 Abs. 2 in allen wichtigen Fragen der Geschäftspolitik Mehrheitsbeschlüsse zulässig sind und nicht nach Köpfen, sondern nach Kapitalanteilen abgestimmt wird sowie das Widerspruchsrecht der übrigen Geschäftsführer nach § 116 Abs. 3 S. 3 abbedungen wird. Grundlage der Abhängigkeit ist also in erster Linie der **Gesellschaftsvertrag.**[798]

200 Ist die abhängige Personengesellschaft mit dem herrschenden Unternehmen unter dessen einheitlicher Leitung zusammengefasst, bilden sie gem. § 18 Abs. 1 S. 1 AktG einen Konzern.[799] Die einheitliche Leitung folgt noch nicht allein aus der Wahrnehmung der Komplementärstellung durch eine GmbH bei der GmbH & Co. KG.[800] Die **Konzernvermutung** des § 18 Abs. 1 S. 2 AktG gilt hingegen, denn bei dem Vorliegen eines Beherrschungsvertrags kann von einer Konzernierung ausgegangen werden, selbst wenn alle Gesellschafter dem Beherrschungsvertrag zustimmen müssen (→ Rn. 197).[801] Anwendbar ist mit der hM außerdem die widerlegliche Vermutungsregel des § 18 Abs. 1 S. 3 AktG, wonach von einem abhängigen Unternehmen vermutet wird, dass es mit dem herrschenden Unternehmen einen Konzern bildet.[802]

201 Zur **Begründung der Abhängigkeit einer Personengesellschaft** kann es durch einen mehrheitlichen Anteilserwerb eines Konkurrenten oder ohne Berührung des Gesellschaftsvertrags durch die Beteiligung des geschäftsführungsbefugten persönlich haftenden Gesellschafters oder Mehrheitsgesellschafters an einem Konkurrenzunternehmen kommen.[803] Die **einfache Abhängigkeit** iSd § 17 AktG – anderes gilt für die Konzernierung nach § 18 AktG (→ Rn. 192) – bedarf keines Gesellschafterbeschlusses, soweit ein solcher nicht schon nach allgemeinem Gesellschaftsrecht notwendig ist, etwa weil ein neuer Gesellschafter hinzutritt.[804]

202 Häufig wird im Zusammenhang mit der Begründung einer faktischen Abhängigkeit der Tatbestand des **Wettbewerbsverbots** nach § 117 eingreifen, sodass eine Befreiung durch Beschluss aller Gesellschafter notwendig ist (→ § 117 Rn. 34). Soweit hierfür Mehrheitsbeschlüsse zugelassen sind, sind diese nach der Rspr. unter dem Gesichtspunkt der Verletzung der **Treuepflicht** zu kontrollieren und grundsätzlich rechtswidrig, falls sie nicht durch sachliche Gründe im Interesse der abhängigen Gesellschaft gerechtfertigt sind, etwa bei der Befreiung vom Wettbewerbsverbot im Interesse künftiger Leitungs- und Wettbewerbsfähigkeit der Gesellschaft.[805] Das herrschende Unternehmen muss die Personengesellschaft zudem auf Grund der Treuepflicht von sich aus vom Eintritt der Abhängigkeit (§ 17 AktG, nicht erst § 18 Abs. 1 AktG) unterrichten, damit diese ihrer Pflicht zur **Unterrichtung der außenstehenden Gesellschafter** von der Abhängigkeitslage nachkommen kann.[806] Falls sich

[795] BGH 13.10.1977, BGHZ 69, 334 (335 ff.) = NJW 1978, 104 – VEBA/Gelsenberg; 17.3.1997, BGHZ 135, 107 (113) = NJW 1997, 1855 (1856) – VW/Land Niedersachsen; Ebenroth/Boujong/Nagel Anh. § 105 Rn. 1 f.

[796] BSG 27.9.1994, AG 1995, 279 (282); Ebenroth/Boujong/Nagel Anh. § 105 Rn. 13 mwN; MüKoHGB/Mülbert KonzernR Rn. 53 ff.; anders in Fällen der Betriebsaufspaltung, BAG 8.9.1998, ZIP 1999, 723; Henssler ZGR 2000, 479.

[797] Ebenroth/Boujong/Nagel Anh. § 105 Rn. 17 mwN; Brügel/Tillkorn GmbHR 2013, 459 ff.

[798] Ebenroth/Boujong/Nagel Anh. § 105 Rn. 17; MüKoHGB/Mülbert KonzernR Rn. 59, jeweils mwN; **aA** NK-HGB/Schall Anh. KonzernR Rn. 45.

[799] Ebenroth/Boujong/Nagel Anh. § 105 Rn. 15 mwN.

[800] **AA** OLG Celle 30.8.1979, BB 1979, 1577 (1578).

[801] BGH 5.12.1983, BGHZ 89, 167 = NJW 1984, 1351 – Heumann/Ogilvy; OLG München 11.5.2004, NZG 2004, 781 (782); Hopt/Roth Rn. 160; NK-HGB/Schall Anh. KonzernR Rn. 51; Staub/Schäfer Anh. § 105 Rn. 68 mwN; Ebenroth/Boujong/Nagel Anh. § 105 Rn. 18.

[802] Ebenroth/Boujong/Nagel Anh. § 105 Rn. 19 mwN; MüKoHGB/Mülbert KonzernR Rn. 66 mwN.

[803] Zur Begründung der Beherrschung bei unterschiedlichen vertraglichen Gestaltungen der Geschäftsführung vgl. NK-HGB/Schall Anh. KonzernR Rn. 29 ff.

[804] NK-HGB/Schall Anh. KonzernR Rn. 93; Staub/Schäfer Anh. § 105 Rn. 39; **aA** bereits bei einfacher Abhängigkeit Hirte Kapitalgesellschaftsrecht Rn. 8, 48.

[805] BGH 16.2.1981, BGHZ 80, 74 = NJW 1981, 1512 – Süßen, zur personalistischen GmbH; vgl. auch 5.12.1983, BGHZ 89, 162 = NJW 1984, 1351 – Heumann/Ogilvy, zum Wettbewerbsverbot des die KG beherrschenden Kommandit-Gesellschafters; Ebenroth/Boujong/Nagel Anh. § 105 Rn. 27 mwN.

[806] NK-HGB/Schall Anh. KonzernR Rn. 93 f.; MüKoHGB/Mülbert KonzernR Rn. 232.

die Abhängigkeit bereits aus dem Gesellschaftsvertrag ergibt, der einem Gesellschafter eine beherrschende Stellung einräumt, geht man mit dem Rechtsgedanken des § 117 Abs. 2 davon aus, dass die anderen Gesellschafter in die Abhängigkeit einwilligen.[807]

Die Begründung der **Konzernabhängigkeit** der Personengesellschaft (§ 18 Abs. 1 AktG) ist zwar nicht aus allgemeinen Überlegungen heraus verboten (Selbstorganschaft, Verbandssouveränität, Verbot der Selbstentmündigung, Haftungsgefahr),[808] stellt jedoch ein Grundlagengeschäft dar und ist daher ohne vorherige **Zustimmung aller Gesellschafter** nach § 109 Abs. 3 unzulässig, wenn im Gesellschaftsvertrag nichts anderes bestimmt ist. Allgemein gehaltene **Abhängigkeits- und Konzernierungsklauseln** im Gesellschaftsvertrag sind zwar vor dem Hintergrund des inzwischen aufgegebenen Bestimmtheitsgebots unbedenklich (→ § 109 Rn. 58 ff.). Da die Konzernierung allerdings die individuelle Rechtsstellung des Gesellschafters tangiert und zudem die Gefahr einer Zweckänderung der beherrschten Gesellschaften besteht (statt eigener Gewinnerzielungsabsicht Agieren im Konzerninteresse), kann nach dem Rechtsgedanken des § 33 BGB auf eine konkrete Zustimmung aller Gesellschafter nicht verzichtet werden (→ § 109 Rn. 68 ff.).[809] Aus § 705 BGB, § 280 Abs. 1 BGB, § 249 Abs. 1 BGB folgt bei Unwirksamkeit der Konzernierung ein Anspruch auf Rückgängigmachung der Konzernabhängigkeit. Der Anspruch kann durch einzelne Gesellschafter im Wege der actio pro socio geltend gemacht werden.[810] 203

b) Rechtsfolgen. Die Belange der konzernierten Personengesellschaften werden primär durch die Geltung der **gesellschaftsrechtlichen Treuebindung** geschützt. Eine Nachteilszufügung ist wegen der grundsätzlichen Weisungsmöglichkeiten durch den herrschenden Gesellschafter entgegen § 76 AktG zwar technisch möglich,[811] sie muss aber vor dem Maßstab der zwischen den konzernverbundenen Gesellschaften geltenden Treuepflicht Bestand haben. Hiernach ist dem Mehrheitsgesellschafter jede Schädigung anderer Gesellschafter untersagt, etwa durch Einführung einer Konzernumlage ohne entsprechenden Gegenwert gegenüber der konzernabhängigen KG und ihrer Tochtergesellschaft.[812] Andernfalls haftet das herrschende Unternehmen der abhängigen Personengesellschaft nach § 280 Abs. 1 BGB für den entstandenen Schaden. Weiter haftet der Geschäftsführer der Komplementär-GmbH der KG wegen Sorgfaltspflichtverletzung unmittelbar, da seine Haftung nach § 43 Abs. 2 GmbHG drittschützend wirkt.[813] Ein **Nachteilsausgleich** analog § 311 AktG ist wegen der abweichenden Organisationsstruktur und des Haftungssystems **abzulehnen.**[814] Für diese Privilegierung zugunsten der herrschenden Gesellschaft im Aktienkonzern[815] ist im Personengesellschaftsrecht kein Raum. Im Grunde bleibt für einen faktischen Konzern daher nur wenig Raum, in dem lockere Formen der Koordinierung ohne die Möglichkeit einer Schädigung vorgenommen werden. Die Mitgesellschafter können mit der **actio pro socio** bei schädlichen Eingriffen Schadensersatz nach § 280 Abs. 1 BGB an die Gesellschaft verlangen. Anders als in der Gervais-Entscheidung des BGH[816] greift bei einfacher Abhängigkeit keine umfassende **Beweislastumkehr** ein.[817] 204

Darüber hinaus kommt der früheren Rechtsfigur des **qualifiziert faktischen Konzerns** heute – auch und gerade im Konzernrecht der Personengesellschaft – keine eigenständige Bedeutung mehr zu. Ein qualifizierter faktischer Konzern lag nach früher hM vor, wenn das Eigeninteresse der abhängigen Gesellschaft infolge eines von dem herrschenden Unternehmen sachlich umfassend und zeitlich andauernd ausgeübten Einflusses nachhaltig in der Weise beeinträchtigt wird, dass ein nach § 311 AktG vorgesehener Einzelausgleich der Nachteile nicht mehr möglich bzw. nicht ausreichend ist. In diesen Fällen sollte ein Anspruch auf umfassenden Verlustausgleich analog §§ 302 f. AktG bestehen.[818] Inzwischen hat die Rspr. des BGH zum GmbH-Recht die Rechtsfigur vor allem 205

[807] Ebenroth/Boujong/Nagel Anh. § 105 Rn. 23.
[808] Ebenroth/Boujong/Nagel Anh. § 105 Rn. 40 mwN.
[809] Zum bisherigen Recht vgl. Staub/Schäfer Anh. § 105 Rn. 59; K. Schmidt GesR § 43 III 3a; **aA** – nur außergewöhnliches Geschäft – MüKoHGB/Mülbert KonzernR Rn. 59; Emmerich/Habersack KonzernR § 34 III 1.
[810] Ebenroth/Boujong/Nagel Anh. § 105 Rn. 51 mwN.
[811] NK-HGB/Schall Anh. KonzernR Rn. 97 mwN.
[812] BGH 5.6.1975, BGHZ 65, 15 = NJW 1976, 191 – ITT; 12.11.1979, BGHZ 75, 328 = NJW 1980, 589; Ebenroth/Boujong/Nagel Anh. § 105 Rn. 31 mwN; NK-HGB/Schall Anh. KonzernR Rn. 97 mwN.
[813] BGH 12.11.1979, BGHZ 75, 328 = NJW 1980, 589; 25.2.2002, GmbHR 2002, 588; KG 24.2.2011, NZG 2011, 429.
[814] NK-HGB/Schall Anh. KonzernR Rn. 79.
[815] Zur Einordnung als Privileg vgl. Emmerich/Habersack/Habersack AktG § 311 Rn. 2; Teichmann ZGR 2014, 45 (64).
[816] BGH 5.2.1979, NJW 1980, 231 bei Beherrschungsvertrag.
[817] Ebenroth/Boujong/Nagel Anh. § 105 Rn. 34 mwN.
[818] Staub/Schäfer Anh. § 105 Rn. 74, demgegenüber je nach Verbandszweck (typisch oder dienend) diff. MüKoHGB/Mülbert KonzernR Rn. 182.

wegen der schwierigen Abgrenzung zwischen einfacher und qualifizierter faktischer Konzernierung aufgegeben.[819] Die Rechtsfigur passt dann erst recht nicht mehr für die abhängige Personengesellschaft.[820]

206 An die Stelle des qualifiziert faktischen Konzerns ist die Haftung wegen existenzvernichtenden Eingriffs getreten.[821] Nach zutreffender Auffassung findet die **Existenzvernichtungshaftung** nicht nur im GmbH-Recht Anwendung, sondern gleichermaßen im Aktien- und Vereinsrecht.[822] Aufgrund ihres universellen Ansatzes und verbandsübergreifenden Charakters sprechen gute Gründe dafür, die Rechtsfigur auch in das Personengesellschaftsrecht zu übertragen.[823] Nach ihrem zentralen Rechtsgedanken sanktioniert die Existenzvernichtungshaftung **unredliche Risikoverlagerungen** zulasten der Gläubiger der abhängigen (Personen-)Gesellschaft. Insbesondere wenn die Gläubigerschutzinstrumente des geschriebenen Rechts zum Schutz der Gesellschaftsgläubiger nicht hinreichen, ist die durch gesellschaftsrechtliche Gestaltungen entstandene Schutzlücke durch Anwendung des Haftungsinstituts zu schließen. Das ist für Personengesellschaften ohne persönlich haftende natürliche Personen und namentlich **Kapitalgesellschaften & Co. KG** von besonderer Bedeutung. Aber auch wo eine persönliche Haftung in Betracht kommt, aber zum Schutz der Gesellschaftsgläubiger nicht ausreicht, ist die Rechtsfigur anwendbar, wenn durch Maßnahmen des herrschenden Unternehmens im Wege unvertretbarer Risikoabwälzung die Zahlungsunfähigkeit des kontrollierten Unternehmens herbeigeführt wird. Das gilt auch und gerade, wenn die einzelnen Eingriffe der Obergesellschaft nicht verifiziert oder quantifiziert werden können und daher einem Ausgleich nach § 280 Abs. 1 BGB wegen Verletzung der Treuepflicht (→ Rn. 158 f.) nicht zugänglich sind. Nach dem Konzept der Rspr. (im GmbH-Recht) handelt es sich um einen Innenhaftungsanspruch zwischen den Unternehmen auf der Grundlage des § 826 BGB.[824] Die zutreffende Gegenauffassung befürwortet einen Haftungsdurchgriff, mit dessen Hilfe die Gesellschaftsgläubiger des abhängigen Unternehmens ohne Umweg auf das herrschende Unternehmen zugreifen können.[825]

207 Aus der Treuepflicht folgt zudem die **Informationspflicht** des herrschenden Unternehmens, die Mitgesellschafter bei drohenden Interessenkonflikten und schon vor Eintritt schädigender Einwirkungen zu unterrichten, damit diese ihr Widerspruchsrecht rechtzeitig wahrnehmen können (→ § 116 Rn. 2, 110 ff.). Zudem bestehen im Nachhinein die Informationsrechte der § 717 BGB iVm § 105 Abs. 3 (→ § 116 Rn. 3, 139 ff.) und § 166 (→ § 166 Rn. 6 ff.). Einschränkende Vereinbarungen unterliegen der Grenze des § 717 Abs. 1 S. 3 BGB iVm § 105 Abs. 3, wobei bei Unternehmensverbindungen die Norm nicht erst bei der konkreten Gefahr der unredlichen Geschäftsführung, sondern immer wegen der aus der mangelnden Transparenz resultierenden abstrakten Gefahr unabdingbar ist.[826] Hinzu kommen die Widerspruchs- und Mitspracherechte nach § 116 Abs. 2 S. 1 Hs. 2, Abs. 3 S. 3, § 164. Nach hM sind sämtliche Geschäfte mit dem herrschenden Unternehmen außergewöhnliche Geschäfte iSd § 116 Abs. 2 S. 1 Hs. 2.[827] Hinzu kommen die Gestaltungsklagen nach §§ 116 Abs. 5, 124 Abs. 5.[828] In gravierenden Fällen bestehen Auflösungs- und Ausschließungs-

---

[819] BGH 17.9.2001, BGHZ 149, 10 = NJW 2001, 3622 – Bremer Vulkan; krit. K. Schmidt GesR § 43 III 4.

[820] Im Ergebnis auch Emmerich/Habersack KonzernR § 34 III 1b; **aA** K. Schmidt GesR § 43 III 4.

[821] Zunächst konzipiert als Durchgriffshaftung BGH 17.9.2001, BGHZ 149, 10; 25.2.2002, BGHZ 150, 61; 24.6.2002, BGHZ 151, 181 (186 ff.) = NJW 2002, 3024; später als Anwendungsfall des § 826 BGB (als Innenhaftung) BGH 16.7.2007, BGHZ 173, 246 = NJW 2007, 2689; 28.4.2008, BGHZ 176, 204 = NJW 2008, 2437; 9.2.2009, BGHZ 179, 344 = NJW 2009, 2127; 23.4.2012, BGHZ 193, 96 = NZG 2012, 667; 15.9.2014, GmbHR 2015, 644; 6.11.2018, BGHZ 220, 179 = NJW 2019, 589; dazu ausf. Lieder/Bialluch ZGR 2019, 760 (772 ff.).

[822] Dazu ausf. Lieder FS Pannen, 2017, 439 (451 ff.).

[823] Für eine Haftung aus § 826 BGB Westermann/Wertenbruch PersGesR-HdB/Tröger Rn. I 4077a; zur Durchgriffshaftung speziell für die PartG mbB Lieder FS Pannen, 2017, 439 (457 ff.); vgl. weiter Hofmann NJW 1969, 577 (582); Eberl-Borges WM 2003, 105 (114 f.); Staudinger/Oechsler, 2021, BGB § 826 Rn. 327 ff.

[824] BGH 16.7.2007, BGHZ 173, 246 = NJW 2007, 2689; 28.4.2008, BGHZ 176, 204 = NJW 2008, 2437; 9.2.2009, BGHZ 179, 344 = NJW 2009, 2127; 23.4.2012, BGHZ 193, 96 = NZG 2012, 667; 15.9.2014, GmbHR 2015, 644; 6.11.2018, BGHZ 220, 179 Rn. 26 = NJW 2019, 589; dazu ausf. Lieder/Bialluch ZGR 2019, 760 (772 ff.).

[825] Scholz/Bitter GmbHG § 13 Rn. 157 ff.; Lutter/Hommelhoff/Bayer GmbHG § 13 Rn. 46; Bayer/Lieder HaGesR Rn. 664; Lieder DZWIR 2008, 145 (147 f.); Lieder FS Pannen, 2017, 439 (445 ff.); MHLS/Lieder GmbHG § 13 Rn. 434 ff.; Waclawik NZI 2009, 291 (296).

[826] Ebenroth/Boujong/Nagel Anh. § 105 Rn. 35 mwN; NK-HGB/Schall Anh. KonzernR Rn. 101 mwN; Staub/Schäfer Anh. § 105 Rn. 49.

[827] NK-HGB/Schall Anh. KonzernR Rn. 95 mwN; Reuter ZHR 146 (1982), 1 (6); Staub/Schäfer Anh. § 105 Rn. 45; zB Zusammenlegung des Einkaufs von Ober- und Untergesellschaft, BGH 9.5.1972, BB 1973, 212.

[828] Vgl. iE Staub/Schäfer Anh. § 105 Rn. 45 ff.; zur fristlosen ungeschriebenen Austrittskündigung vgl. NK-HGB/Schall Anh. KonzernR Rn. 102 mwN.

rechte nach §§ 134, 139. Diese Grundsätze gelten entsprechend für nur **mittelbar** herrschende Unternehmen in mehrstufigen Konzernen oder bei einer Zwischenholding.[829]

Den **Gläubigern** der abhängigen Personengesellschaft haftet das herrschende Unternehmen nach § 126, wenn es persönlich haftender Gesellschafter ist. Ein **deliktischer Haftungsdurchgriff** auf die Gesellschafter des herrschenden Unternehmens, etwa einer GmbH, kommt bei existenzvernichtenden Eingriffen auf der Grundlage des § 826 BGB in Betracht.[830] Auf den Kommanditisten kann bei bloßer Vermögenslosigkeit des Komplementärs und starker Stellung des Kommanditisten nach der Rspr. im sog. Rektor-Fall aus Gründen der Rechtssicherheit nicht zurückgegriffen werden.[831] Die mittelbar gläubigerschützende **Verlustausgleichspflicht** der Muttergesellschaft analog § 302 AktG gegenüber der Tochterpersonengesellschaft greift bei einem einfachen Abhängigkeitsverhältnis ebenfalls nicht ein.[832] Im **Gleichordnungskonzern** iSd § 18 Abs. 2 AktG und bei **sternförmiger GmbH & Co. KG** mit einer GmbH als herrschendem Unternehmen über mehrere KG kommt ein horizontaler Durchgriff analog § 670 BGB und ausnahmsweise als Verlustgemeinschaft entsprechend § 735 BGB in Betracht.[833] 208

4. Personengesellschaften als Obergesellschaft. Personengesellschaften können wie Kapitalgesellschaften an Unternehmensverbindungen beteiligt sein. Dann gelten die allgemeinen Bestimmungen der §§ 15 ff. AktG. Wenn eine Personengesellschaft als herrschendes Unternehmen mit einer AG oder einer KGaA einen Beherrschungs- und Gewinnabführungsvertrag abschließt oder sich durch einen anderen Unternehmensvertrag iSd § 292 AktG mit einer solchen Gesellschaft verbindet, sind auch die §§ 291 ff. AktG über verbundene Unternehmen unmittelbar anwendbar. Originär gewerblich tätige Personengesellschaften sind geeignete Organträger einer ertragsteuerlichen Organschaft.[834] 209

Als herrschendes **Unternehmen** ist jede juristische oder natürliche Person anzusehen, die nicht nur in der Gesellschaft, sondern auch außerhalb derselben unternehmerische Interessen verfolgt.[835] Wegen der Rechtsformunabhängigkeit kommen auch Einzelpersonen in Betracht.[836] Die bloße Einschaltung einer Zwischenholding führt noch nicht zur Unternehmereigenschaft.[837] Herrschende Personengesellschaften finden sich in Form von **Holdinggesellschaften,** vor allem in der Rechtsform der GmbH & Co. KG oder im Rahmen der Betriebsaufspaltung.[838] Außer einer anderweitigen Beteiligung ist nach ganz hM keine besondere unternehmerische Aktivität des herrschenden Unternehmens erforderlich, da bereits die Möglichkeit des Interessenkonflikts die „Konzerngefahr" begründet.[839] Allerdings muss in dem anderen Beteiligungsunternehmen die Möglichkeit unternehmerischer Einflussnahme bestehen, sodass grundsätzlich eine Beherrschung iSd § 17 AktG vorliegen muss.[840] Beispiel ist eine **sternförmige GmbH & Co. KG** mit Verwaltung mehrerer KG.[841] Die Beteiligten an einer typischen **beteiligungsidentischen GmbH & Co. KG** hingegen, einschließlich der **Einpersonen-GmbH & Co. KG** sowie der **Einheits-GmbH & Co. KG,** sind mangels anderweitiger Verfolgung unternehmerischer Interessen außerhalb dieses wirtschaftlich einheitlichen Unternehmens kein herrschendes Unternehmen.[842] 210

Der Schutz durch das Konzernrecht dient bei Personengesellschaften vorrangig der beherrschten Personengesellschaft (→ Rn. 194). Eines Konzernschutzes bedarf die herrschende Personengesellschaft weit weniger als die herrschende Kapitalgesellschaft. Während es dort um den Schutz der Aktionäre der Obergesellschaft durch ungeschriebene Mitwirkungsbefugnisse der Hauptversammlung geht (Holz- 211

[829] IE BGH 5.6.1975, BGHZ 65, 15 = NJW 1976, 191 – ITT; Ebenroth/Boujong/Nagel Anh. § 105 Rn. 77 mwN; MüKoHGB/Mülbert KonzernR Rn. 224 ff.; Staub/Schäfer Anh. § 105 Rn. 51.

[830] Näher NK-HGB/Schall Anh. KonzernR Rn. 103; MüKoHGB/Mülbert KonzernR Rn. 263; Staub/Schäfer Anh. § 105 Rn. 56.

[831] Vgl. BGH 17.3.1966, BGHZ 45, 204 (207) = NJW 1966, 1309 – Rektor; Ebenroth/Boujong/Nagel Anh. § 105 Rn. 39 mwN; NK-HGB/Schall Anh. KonzernR Rn. 103.

[832] Staub/Schäfer Anh. § 105 Rn. 71; **aA** Emmerich/Habersack KonzernR § 34 II 3, III 2.

[833] K. Schmidt FS Wiedemann, 2002, 1199 (1218 ff.).

[834] Für Einzelheiten s. Bäuml FR 2013, 1121 ff.

[835] BGH 13.10.1977, BGHZ 69, 334 – VEBA/Gelsenberg; 17.3.1997, BGHZ 135, 107 (113) = NJW 1997, 1855 – VW/Land Niedersachsen.

[836] BGH 5.12.1985, BGHZ 96, 330 – Autokran; NK-HGB/Schall Anh. KonzernR Rn. 12.

[837] BGH 5.6.1975, BGHZ 65, 16 = NJW 1976, 191 – ITT; 18.6.2001, BGHZ 148, 123 = NJW 2001, 2973 – MLP; BeckOGK/Schall, 1.10.2024, AktG § 15 Rn. 39.

[838] Vgl. BAG 8.9.1998, ZIP 1999, 723; iE NK-HGB/Schall Anh. KonzernR Rn. 14 mwN.

[839] BGH 18.6.2001, BGHZ 148, 123 = NJW 2001, 2973 – MLP; NK-HGB/Schall Anh. KonzernR Rn. 13 mwN auf den Streitstand.

[840] BGH 18.6.2001, BGHZ 148, 123 = NJW 2001, 2973 – MLP; NK-HGB/Schall Anh. KonzernR Rn. 13 mwN auf den Streitstand; **aA** BeckOGK/Schall, 1.10.2024, AktG § 15 Rn. 27.

[841] NK-HGB/Schall Anh. KonzernR Rn. 20.

[842] NK-HGB/Schall Anh. KonzernR Rn. 16 ff. mwN.

müller/Gelatine-Doktrin),[843] haben die Gesellschafter der herrschenden Personengesellschaft, auch soweit sie von der Geschäftsführung ausgeschlossen sind, **Widerspruchs-, Mitsprache- und Informationsrechte** (§ 116 Abs. 2 S. 1 Hs. 2, Abs. 3 S. 3; § 164; § 717 BGB iVm § 105 Abs. 3, § 166). Dies betrifft Geschäftsführungsmaßnahmen im Hinblick auf Tochtergesellschaften (bei Begründung der Konzernierung) ebenso wie Mitspracherechte bei außergewöhnlichen Geschäften der Tochtergesellschaft (→ § 116 Rn. 11 ff., → § 116 Rn. 83 f.).[844] In bestimmten Fällen kann sogar ein einstimmig zu beschließendes Grundlagengeschäft vorliegen (→ § 109 Rn. 18 f.).[845] Rechtsschutz besteht durch die vorbeugende Unterlassungsklage der Mitgesellschafter (→ § 116 Rn. 99) und durch die Abberufung nach § 116 Abs. 5, § 124 Abs. 5. Das Kontrollrecht des von der Geschäftsführung ausgeschlossenen Gesellschafters nach § 717 BGB iVm § 105 Abs. 3, § 166 erstreckt sich auch auf Angelegenheiten der Gesellschaft als Obergesellschaft der ihr verbundenen Unternehmen.[846]

212 Die **Bildung stiller Reserven** (→ § 120 Rn. 27 f.) durch Thesaurierung der Gewinne der beherrschten Gesellschaft liegt nicht im pflichtgemäßen Ermessen des Geschäftsführungsorgans der Mutter,[847] sondern bedarf mit der hM als außergewöhnliches Geschäft nach § 116 Abs. 2 S. 1 Hs. 2 der grundsätzlich erforderlichen Zustimmung aller Gesellschafter der herrschenden Gesellschaft.[848] Die Gesellschafter können im Einzelfall aufgrund Treuepflicht zur Zustimmung verpflichtet sein.[849]

§ 106 Anmeldung zum Handelsregister; Statuswechsel

(1) Die Gesellschaft ist bei dem Gericht, in dessen Bezirk sie ihren Sitz hat, zur Eintragung in das Handelsregister anzumelden.

(2) Die Anmeldung muss enthalten:
1. folgende Angaben zur Gesellschaft:
a) die Firma,
b) den Sitz und
c) die Geschäftsanschrift in einem Mitgliedstaat der Europäischen Union;
2. folgende Angaben zu jedem Gesellschafter:
a) wenn der Gesellschafter eine natürliche Person ist: dessen Namen, Vornamen, Geburtsdatum und Wohnort;
b) wenn der Gesellschafter eine juristische Person oder rechtsfähige Personengesellschaft ist: deren Firma oder Namen, Rechtsform, Sitz und, soweit gesetzlich vorgesehen, zuständiges Register und Registernummer;
3. die Angabe der Vertretungsbefugnis der Gesellschafter;
4. die Versicherung, dass die Gesellschaft nicht bereits im Gesellschafts- oder im Partnerschaftsregister eingetragen ist.

(3) Ist die Gesellschaft bereits im Gesellschafts- oder im Partnerschaftsregister eingetragen, hat die Anmeldung im Wege eines Statuswechsels dort zu erfolgen.

(4) [1]Das Gericht soll eine Gesellschaft, die bereits im Gesellschafts- oder im Partnerschaftsregister eingetragen ist, in das Handelsregister nur eintragen, wenn
1. der Statuswechsel zu dem anderen Register nach Absatz 3 angemeldet wurde,
2. der Statuswechselvermerk in das andere Register eingetragen wurde und
3. das für die Führung des anderen Registers zuständige Gericht das Verfahren an das für die Führung des Handelsregisters zuständige Gericht abgegeben hat.
[2]§ 707c Absatz 2 des Bürgerlichen Gesetzbuchs ist entsprechend anzuwenden. [3]Absatz 2 bleibt im Übrigen unberührt.

---

[843] Vgl. BGH 25.2.1982, BGHZ 83, 122 = NJW 1982, 1703 – Holzmüller, zu § 119 Abs. 2 AktG; 26.4.2004, BGHZ 159, 30 = NJW 2004, 1860 – Gelatine.

[844] Vgl. BGH 25.2.1982, BGHZ 83, 122 (136 ff.) = NJW 1982, 1703 – Holzmüller; Ebenroth/Boujong/Nagel Anh. § 105 Rn. 91 mwN; Emmerich/Habersack KonzernR § 35 I.

[845] Hopt/Roth Rn. 163; einschr. MüKoHGB/Mülbert KonzernR Rn. 82.

[846] BGH 20.6.1983, WM 1983, 911; Erstreckung auf Unterlagen jedenfalls einer 100%igen Tochtergesellschaft BGH 8.7.1957, BGHZ 25, 118 = NJW 1957, 1555.

[847] So aber noch → 4. Aufl. 2015, Rn. 125 (Weitemeyer); grds. ebenso Priester DStR 2007, 31; diff. nach den Verhältnissen bei der Muttergesellschaften Priester ZHR 176 (2012), 268 (282 f.); offenlassend BGH 15.1.2007, ZIP 2007, 479 – Otto.

[848] OLG Hamburg 9.8.2005, ZIP 2006, 895 – Vorinstanz Otto; MüKoHGB/Mülbert KonzernR Rn. 104; Haar NZG 2007, 601; Wertenbruch ZIP 2007, 798; Holler DB 2008, 2067; Priester DStR 2008, 1391; diff. Dettke, Gewinnthesaurierung und Minderheitenschutz in der Personengesellschaft als Konzernobergesellschaft, 2017, 358 ff.

[849] Hopt/Roth Rn. 163; vgl. noch Hopt FS Odersky, 1996, 799 (808).

(5) [1]Die Eintragung der Gesellschaft hat im Fall des Absatzes 4 die Angabe des für die Führung des Gesellschafts- oder des Partnerschaftsregisters zuständigen Gerichts, den Namen und die Registernummer, unter der die Gesellschaft bislang eingetragen ist, zu enthalten. [2]Das Gericht teilt dem Gericht, das das Verfahren abgegeben hat, von Amts wegen den Tag der Eintragung der Gesellschaft in das Handelsregister und die neue Registernummer mit. [3]Die Ablehnung der Eintragung teilt das Gericht von Amts wegen dem Gericht, das das Verfahren abgegeben hat, mit, sobald die Entscheidung rechtskräftig geworden ist.

(6) Wird die Firma der Gesellschaft geändert, der Sitz der Gesellschaft an einen anderen Ort verlegt, die Geschäftsanschrift geändert, scheidet ein Gesellschafter aus oder tritt ein neuer Gesellschafter ein oder ändert sich die Vertretungsbefugnis eines Gesellschafters, ist dies ebenfalls zur Eintragung in das Handelsregister anzumelden.

(7) [1]Anmeldungen sind vorbehaltlich der Sätze 2 und 3 von sämtlichen Gesellschaftern zu bewirken. [2]Scheidet ein Gesellschafter durch Tod aus, kann die Anmeldung ohne Mitwirkung der Erben erfolgen, sofern einer solchen Mitwirkung besondere Hindernisse entgegenstehen. [3]Ändert sich nur die Geschäftsanschrift der Gesellschaft, ist die Anmeldung von der Gesellschaft zu bewirken.

Schrifttum: Bayer, Gesellschafterliste: Einreichungspflichtige Veränderungen der Beteiligungsverhältnisse, GmbHR 2012, 1; Bergmann, Die BGB-Gesellschaft als persönlich haftender Gesellschafter in oHG und KG, ZIP 2003, 2231; Fedke, Verwaltungssitz und Rechtsfähigkeit inländischer Personengesellschaften bei Auslandsbezug, ZIP 2019, 799; Gustavus, Die Vollmacht zu Handelsregisteranmeldungen bei Personengesellschaften und Gesellschaften mit beschränkter Haftung, GmbHR 1978, 219; Heckschen, Der so genannte „Mauracher Entwurf" – ein positiver Schritt zur Reform des Personengesellschaftsrechts, NZG 2020, 761; Heinze, Die Gesellschaft bürgerlichen Rechts als Komplementärin bei der Kommanditgesellschaft auf Aktien. Ein Beitrag insbesondere zu Fragen der Handelsregisterpublizität, DNotZ 2012, 426; Herchen/Haack, Auswirkungen der Aktienrechtsnovelle 2012 auf Handelsregisteranmeldungen von Personengesellschaften, GmbHR 2012, 508; Hoffmann/Horn, Die Neuordnung des internationalen Personengesellschaftsrechts, RabelsZ 86 (2022), 65; Jungmann, Sitz und allgemeiner Gerichtsstand von Kapital- und Personengesellschaften, NJW 2025, 2510; Koch, Freie Sitzwahl für Personengesellschaften, ZHR 173 (2009), 101; Krause/Schnabelrauch, Neue registergerichtliche Hindernisse in der steuerlichen Nachfolgepraxis?, DStR 2025, 533; Lazarets/Becker, Zur Eintragungsfähigkeit des Nießbrauchs an einem Kommanditanteil im Handelsregister, NotBZ 2020, 289; Leitzen, Die Personengesellschaft mit Verwaltungssitz im Ausland, FS Heidinger, 2023, S. 277; Lieberknecht, Der Sitz der GbR nach § 706 BGB nF: Auswirkungen des MoPeG auf die Gerichtsstände im Zivilprozess- und Insolvenzrecht, NZG 2023, 1247; Lieder, Der Statuswechsel zwischen Personengesellschaften, GmbHR 2024, 897; Lieder/Hilser, Das Internationale Personengesellschaftsrecht des MoPeG, ZHR 185 (2021), 471; Meier, Die Erstanmeldung einer Personengesellschaft mittels Generalvollmacht: Zugleich Besprechung von OLG Karlsruhe Beschl. v. 13.1.2025 – 1 W 14/24 (Wx), NZG 2025, 744, NZG 2025, 1022; Noack/Göbel, Die eingetragene Personengesellschaft zwischen Rechtsformwahl und Rechtsformzwang, GmbHR 2021, 569; Otte-Gräbener, Umfassende Modernisierung des Personengesellschaftsrechts – Entwurf der Expertenkommission, BB 2020, 1295; Melchior, Sitz und inländische Geschäftsanschrift: Anmeldung und neues Kostenrecht, GmbHR 2013, 853; Nentwig, Die Kommanditgesellschaft mit einem ausländischen Komplementär – zulässig oder zwingender Auflösungsgrund?, GmbHR 2015, 1145; Paefgen, Der Sitz der Personengesellschaft (§ 106 Abs. 2 Nr. 2 HGB), FS E. Vetter, 2019, 527; Paefgen, „Polbud": Niederlassungsfreiheit als Sitzspaltungsfreiheit – Teil I –, WM 2019, 981; Paefgen, „Polbud": Niederlassungsfreiheit als Sitzspaltungsfreiheit – Teil II –, WM 2019, 1029; Paefgen, Der Sitz der Gesellschaft bürgerlichen Rechts – de lege lata und de lege ferenda, FS Aderhold, 2021, 305; Paefgen, § 706 BGB idF des MoPeG – Zuviel des „Däuens", FS Heckschen, 2024, S. 521; Rawert/Endres, Anmeldepflichten beim Kommanditistenwechsel durch Spaltung, ZIP 2016, 1609; Schäfer, Vorsorgevollmachten im Personengesellschaftsrecht, ZHR 175 (2011), 557; Schwacha, Registrierungserfordernis bei Sitzspaltung der Personengesellschaft nach dem MoPeG: Kein Verstoß gegen die Niederlassungsfreiheit, GmbHR 2024, 125; Servatius, Zur Eintragung organschaftlicher Vertretungsmacht ins Handelsregister, NZG 2002, 456; Staake, Eintragung einer Vor-GmbH als Komplementärin – Alles anders nach dem MoPeG?, RFamU 2024, 503; Tassius, Neue Vorschriften zur Gründung und Registrierung von Personenhandelsgesellschaften? Neuer Richtlinienvorschlag der EU-Kommission für digitalen Fortschritt im (Personen-)Gesellschaftsrecht, ZPG 2023, 361; Tassius, Kaum Neuerungen bei der Gründung und Registrierung von OHG und KG durch die Digitalisierungsrichtlinie 2.0, ZPG 2024, 325; Wertenbruch, Die Rechtsprechung zum Personengesellschaftsrecht in den Jahren 2003 bis 2005, NZG 2006, 408; Wertenbruch, Handelsregistereintragung des Nießbrauchs am Kommanditanteil?, NZG 2020, 641; Wertenbruch, Sitz, Gesellschaftsstatut und nationale sowie internationale Gerichtsstände der Personengesellschaft nach MoPeG, NZG 2023, 1343; Wertenbruch/Alm, Der Statuswechsel zwischen Personengesellschaften nach MoPeG, ZPG 2023, 201; Wicke, Registerfähigkeit der Vor-GmbH und doppelte Registerpublizität, FS NN, 2026.

Übersicht

I. Allgemeines

1 **1. Überblick.** Die Vorschrift regelt die Anmeldung der OHG zum Handelsregister sowie den Statuswechsel in eine Personenhandelsgesellschaft. **Abs. 1** regelt die Anmeldepflicht und die Zuständigkeit des Gerichts. **Abs. 2** enthält die Pflichtangaben der Anmeldung in Bezug auf die Gesellschaft, die Gesellschafter, deren Vertretungsbefugnis sowie die Versicherung, dass die Gesellschaft nicht bereits im Gesellschafts- oder Partnerschaftsregister eingetragen ist. Der Statuswechsel in die Personenhandelsgesellschaft ist in **Abs. 3–5** in Anlehnung an § 707c BGB geregelt. **Abs. 6** übernimmt § 107 aF und § 143 Abs. 2 aF. Die Anmeldung ist nach **Abs. 7** – in Übereinstimmung mit § 108 aF und § 143 Abs. 3 aF – grundsätzlich durch sämtliche Gesellschafter zu bewirken.

2 Die Vorschrift **ergänzt** die allgemeinen, auch für Handelsgesellschaften maßgeblichen (§ 6 Abs. 1) Vorschriften der §§ 29, 31. Sie erfassen die besonders **für Handelsgesellschaften wichtigen Tatsachen** und Rechtsänderungen, wie Inhaberschaft, Gesellschafterwechsel, Beginn der Gesellschaft, Anmeldepflicht und Vertretungsberechtigung. Nach § 161 Abs. 2 ist die Vorschrift auch auf die KG anwendbar mit Modifikationen in §§ 162, 175. Daneben sind die weiteren Vorschriften über die Handelsregistereintragungen der § 141, § 142 Abs. 3, §§ 147, 150 und die allgemeinen Vorschriften der §§ 8–16, 18–24, 31 f., 53 zu beachten.

3 **2. Normzweck.** Die in § 106 normierte Anmeldepflicht umfasst diejenigen Tatsachen und Rechtsverhältnisse der Handelsgesellschaften, an denen der Rechtsverkehr ein **berechtigtes Informationsinteresse** hat.[1] Die Kenntnis von Firma, Sitz und Geschäftsanschrift[2] ist erforderlich, wenn der Rechtsverkehr Forderungen gegenüber der Gesellschaft geltend machen will. Die Kenntnis der hinter der Gesellschaft stehenden persönlich haftenden Gesellschafter und deren Vertretungsmacht

[1] Vgl. BGH 23.1.2024, FGPrax 2024, 109 Rn. 25 ff.; Staub/Schäfer Rn. 1; Ebenroth/Boujong/Born Rn. 2; BeckOGK/Sanders, 15.4.2025, Rn. 4.

[2] Begr. RegE MoMiG, BT-Drs. 16/6140, 49.

benötigt der Rechtsverkehr, um die persönliche Haftung der Gesellschafter durchzusetzen.[3] Die Kenntnis der Gesellschafter ist maßgeblich für die Bonität der Gesellschaft und für die Einflussnahme auf deren Schicksal.[4] Wegen seines Schutzzwecks ist § 106 zwingend.

3. Bedeutung. Die Bedeutung des § 106 für den Rechtsverkehr ist hoch. Insbesondere seit der Einführung elektronischer Handelsregister durch das EHUG mWv 1.1.2007 gewährleistet die Anmeldung der Kaufleute und Handelsgesellschaften die aktuelle und umfassende Information des nationalen wie auch des internationalen Rechtsverkehrs. Vor allem die Einfügung des § 106 Abs. 2 Nr. 4 aF (= § 106 Abs. 2 Nr. 3), wonach in jedem Fall die Vertretungsbefugnis der Gesellschafter anzumelden ist, auch wenn diese vom gesetzlichen Regelfall (→ § 124 Rn. 20) nicht abweicht, soll die Übersichtlichkeit der Handelsregisterinformationen auch und gerade für den ausländischen Rechtsverkehr erleichtern (→ Rn. 6). 4

4. Entwicklung. Die §§ 106–108 aF waren aus den Art. 86–88 ADHGB im Wesentlichen unverändert übernommen worden. Durch Art. 3 **HRRefG** ist im Jahre 1998 § 106 Abs. 2 Nr. 1 geändert worden, indem die nicht mehr aussagekräftige Angabe des Standes der Gesellschafter durch deren Geburtsdatum ersetzt worden ist.[5] Im Zuge der Reform des Kaufmanns- und Firmenrechts durch das HRRefG hat sich außerdem der Anwendungsbereich des § 106 mittelbar geändert, indem auch kleingewerbliche und vermögensverwaltende Gesellschaften im Handelsregister angemeldet werden können. Art. 38 EGHGB sah Übergangsvorschriften bis zum 31.3.2002 vor. 5

Abs. 2 Nr. 4 aF war durch Art. 1 **ERJuKoG**[6] mWv 15.12.2001 angefügt worden. Auch für den Fall, dass die Vertretungsmacht von der gesetzlichen Regel des § 124 (→ § 124 Rn. 20) nicht abweicht, ist in jedem Fall die Angabe der Vertretungsmacht im Handelsregister erforderlich. Damit sollte die Übersichtlichkeit des elektronisch leichter verfügbaren Handelsregisters auch für den ausländischen Rechtsverkehr erhöht werden.[7] Art. 52 EGHGB sieht eine Übergangsvorschrift vor, nach der die regelmäßige Vertretungsmacht nur nachträglich angemeldet werden muss, wenn für andere Gesellschafter eine vom Gesetz abweichende Vertretungsmacht nach dem 15.12.2001 angemeldet wird. Um Verwirrung zu vermeiden, kann das Registergericht auch von Amts wegen eine dem Regelfall entsprechende Vertretungsmacht eintragen (Art. 52 S. 2 EGHGB).[8] Diesem Zweck entsprechend sind auch freiwillige Anmeldungen zulässig.[9] 6

Der frühere § 106 Abs. 2 Nr. 3 ist mWv 1.9.2004 durch Art. 12 **1. JuMoG** vom 24.8.2004 (BGBl. 2004 I 2198) aufgehoben worden. Daher braucht der Zeitpunkt, mit welchem die Gesellschaft begonnen hat, nicht mehr eingetragen zu werden. Da dieser Zeitpunkt nach § 123 Abs. 2 bereits vor der Eintragung liegen kann und nicht ohne weiteres feststellbar ist, sollte das Handelsregister mit dieser Tatsache nicht überfrachtet werden.[10] 7

Durch Art. 3 **MoMiG** ist mWv 1.11.2008 § 106 Abs. 2 Nr. 2 aF um den Zusatz ergänzt worden, dass auch die inländische Geschäftsadresse anzumelden ist. Damit sollte insbesondere bei in Deutschland tätigen, im Ausland gegründeten und nach Geltung der Gründungstheorie (→ § 105 Rn. 180) im Inland nach dem ausländischen Personalstatut anzuerkennenden Gesellschaften gewährleistet werden, dass eine Geschäftsadresse im Inland bekannt ist.[11] Art. 64 EGHGB sieht eine **Übergangsvorschrift** vor, nach der ab 1.11.2008 jede neue anzumeldende Gesellschaft die inländische Geschäftsadresse anzugeben hat sowie jede Gesellschaft, die seit dem 1.11.2008 eine Änderung anzumelden hat. Das ist etwa der Fall, wenn sie bereits vor dem 1.11.2008 entgegen § 24 Abs. 2 S. 1 HRV ihre Anschrift nicht mitgeteilt hat oder sich die Anschrift geändert hat.[12] Spätestens bis 31.3.2009 sind die inländischen Geschäftsadressen mitzuteilen. Das Registergericht trägt diese ab diesem Zeitpunkt zugleich kostenfrei von Amts wegen ein, wenn sie ihr nach § 24 Abs. 2 und 3 HRV mitgeteilt worden ist. 8

Seine aktuelle Fassung hat § 106 durch das **MoPeG** mWv 1.1.2024 erhalten. In diesem Zuge sind die Pflichtangaben nach Abs. 2 neu geordnet und ergänzt worden. Das betrifft namentlich die 9

---

[3] BGH 23.1.2024, FGPrax 2024, 109 Rn. 27; Ebenroth/Boujong/Born Rn. 32; MüKoHGB/Fleischer Rn. 3; BeckOGK/Sanders, 15.4.2025, Rn. 56.
[4] BGH 23.1.2024, FGPrax 2024, 109 Rn. 27.
[5] Begr. RegE, BT-Drs. 13/8444, 64.
[6] Gesetz über elektronische Register und Justizkosten für Telekommunikation vom 10.12.2001 (BGBl. 2001 I 3422).
[7] Begr. RegE, BT-Drs. 14/6855, 19.
[8] Begr. RegE, BT-Drs. 14/6855, 21.
[9] MüKoHGB/Fleischer Rn. 4.
[10] Begr. RegE, BT-Drs. 15/3482, 25; vgl. auch Ries BB 2005, 790 (792).
[11] Begr. RegE, BT-Drs. 16/6140, 49.
[12] OLG München 28.1.2009, NZG 2009, 304 für GmbH nach § 3 Abs. 1 S. 2 EGGmbHG.

Angaben zu **Gesellschaftern,** die selbst eine juristische Person oder rechtsfähige Personengesellschaft sind. Neben Name oder Firma sind nach § 106 Abs. 2 Nr. 2 lit. b auch Rechtsform, Sitz und – bei registrierten Gesellschaften – auch das zuständige Register und die Registernummer anzugeben. Zudem muss die nach § 106 Abs. 2 Nr. 1 lit. c anzugebende **Geschäftsanschrift** der Gesellschaft nicht länger im Inland belegen sein; sie kann sich auch in einem EU-Mitgliedstaat befinden. Aufgrund der Ausschließlichkeit der Register muss vor Eintragung der Gesellschaft in das Handelsregister nach § 106 Abs. 2 Nr. 4 **versichert** werden, dass die Gesellschaft nicht bereits im Gesellschafts- oder Partnerschaftsregister eingetragen ist. Weiterhin wurde nach § 106 Abs. 3–5 der **Statuswechsel** in die Personenhandelsgesellschaft geregelt. § 106 Abs. 6 übernimmt § 107 aF und § 143 Abs. 2 aF; § 106 Abs. 7 übernimmt § 108 aF und § 143 Abs. 3 aF.

II. Anmeldung der Gesellschaft (Abs. 1)

10 **1. Anmeldepflicht.** Nach Abs. 1 „ist" die Gesellschaft anzumelden; es besteht eine Anmeldepflicht.[13] Die Vorschrift ist öffentlichrechtlicher Natur.[14] Verpflichtet sind nach § 106 Abs. 7 (→ Rn. 67 ff.) alle Gesellschafter. Die Anmeldepflicht kann nach § 14 mittels Festsetzung von Zwangsgeld gegen jeden Gesellschafter durchgesetzt werden. Aus dem Gesellschaftsverhältnis sind die Gesellschafter zudem privatrechtlich untereinander verpflichtet (auch nachvertraglich),[15] an der Anmeldung mitzuwirken (→ Rn. 74 f.).

11 **2. Zeitdauer. a) Beginn.** Die Pflicht zur Anmeldung nach § 106 entsteht bei einer Gesellschaft, deren Tätigkeit auf ein **kaufmännisches Handelsgewerbe** gerichtet ist, mit dem Zeitpunkt der Geschäftsaufnahme nach § 123 Abs. 1 S. 2.[16] Das ist der Zeitpunkt, in dem die Gesellschaft nach außen spätestens entsteht. Die Anmeldung ist unverzüglich nach der Geschäftsaufnahme vorzunehmen.[17] Die Gesellschaft kann freiwillig auch schon vor Geschäftsaufnahme eingetragen werden, sofern sie durch Abschluss des Gesellschaftsvertrags wenigstens schon entstanden ist (→ § 105 Rn. 14).[18] In diesem Fall ist sie auch nach außen gem. § 123 Abs. 1 S. 1 im Zeitpunkt der Eintragung in das Handelsregister wirksam. Dies bietet sich vor allem bei der KG an, um die Haftung nach § 176 Abs. 1 auszuschließen. Da die **fehlerhafte Gesellschaft,** der fehlerhafte Ein- und Austritt von Gesellschaftern und die fehlerhafte Anteilsübertragung nach deren Invollzugsetzung bis zur Geltendmachung der Fehlerhaftigkeit wie wirksame Vorgänge zu behandeln sind (→ § 105 Rn. 154), bestehen in diesen Fällen auch die Eintragungspflichten der § 106 Abs. 1 und Abs. 7.[19]

12 Handelt es sich um ein **kleingewerbliches** Unternehmen oder eine **vermögensverwaltende** Personengesellschaft iSd § 107 Abs. 1 S. 1, liegt eine GbR vor, die durch Ausübung der Eintragungsoption zur Handelsgesellschaft werden kann (→ § 107 Rn. 5). Gleiches gilt nach § 107 Abs. 1 S. 2 für eine **freiberuflichen** Zwecken dienende Gesellschaft, soweit das anwendbare Berufsrecht die Eintragung zulässt (→ § 107 Rn. 13). Vor der Eintragung besteht daher auch keine Pflicht zur Anmeldung nach § 106 Abs. 1. Aus dem Gesellschaftsvertrag kann sich aber eine schuldrechtliche Pflicht ergeben, die fakultative Eintragung zu betreiben.[20] Voraussetzung für diese Anmeldung ist das Vorliegen eines wirksamen Gesellschaftsvertrags sowie der Voraussetzungen des § 107 Abs. 1 (→ § 107 Rn. 5 ff.).

13 **b) Ende.** Die öffentlichrechtliche (→ Rn. 10) Anmeldepflicht besteht während der ganzen Dauer der Gesellschaft fort, solange die Anmeldung nicht ordnungsgemäß bewirkt ist.[21] Sie kann zwar infolge **Erledigung** der einzutragenden Tatsachen entfallen. Hierbei muss sich aber die anzumeldende Tatsache insgesamt erledigt haben.[22] Die Anmeldepflicht endet daher erst mit der **Vollbeendigung** der Gesellschaft oder der **Umwandlung** in eine andere Gesellschaftsform, nicht bereits mit

[13] Hopt/Roth Rn. 1; Ebenroth/Boujong/Born Rn. 2; Staub/Schäfer Rn. 1, 5; RGHMW/Haas/Wöstmann Rn. 3; BeckOGK/Sanders, 15.4.2025, Rn. 11.

[14] KG 20.1.2011, juris-Rn. 27 = GWR 2011, 164 mAnm Schraudner; BeckOGK/Sanders, 15.4.2025, Rn. 11.

[15] KG 20.1.2011, juris-Rn. 27 = GWR 2011, 164 mAnm Schraudner; Koch PersGesR/Koch/Harnos Rn. 6.

[16] BeckOGK/Sanders, 15.4.2025, Rn. 14; MüKoHGB/Fleischer Rn. 10; Staub/Schäfer Rn. 7; Hopt/Roth Rn. 5; KKD/Kindler Rn. 2.

[17] Ebenroth/Boujong/Born Rn. 14.

[18] MüKoHGB/Fleischer Rn. 10; Staub/Schäfer Rn. 7; Heymann/Emmerich Rn. 4; RGHMW/Haas/Wöstmann Rn. 3; BeckOGK/Sanders, 15.4.2025, Rn. 17.

[19] KG 20.1.2011, juris-Rn. 24 = GWR 2011, 164 mAnm Schraudner.

[20] MüKoHGB/Fleischer Rn. 12.

[21] KG 20.1.2011, juris-Rn. 27 = GWR 2011, 164 mAnm Schraudner; Hopt/Roth Rn. 5; Staub/Schäfer Rn. 9.

[22] Staub/Schäfer Rn. 6.

der bloßen **Auflösung der Gesellschaft.**[23] Fehlt es an der Eintragung, ist diese wegen der Nachhaftungsbegrenzung des § 151 nachzuholen, damit anschließend gem. § 141 die Auflösung eingetragen werden kann.[24] Aus dem gleichen Grund endet die öffentlichrechtliche Anmeldepflicht nicht durch **Ausscheiden eines Gesellschafters** (→ Rn. 78).[25] Dies gilt auch für die parallel dazu unter den Gesellschaftern bestehende gegenwärtige und nachvertragliche Verpflichtung (→ Rn. 10), an der Eintragung und an Änderungen (§ 106 Abs. 6) mitzuwirken.[26] Aufgrund der während des Bestehens der Gesellschaft fortbestehenden (öffentlichrechtlichen) Anmeldepflicht kann die **Verjährung** des (privatrechtlichen) Anspruchs erst nach der Vollbeendigung der Gesellschaft beginnen.[27] Auch eine **Verwirkung** nach § 242 BGB ist kaum denkbar, weil dieser das öffentlich-rechtliche Interesse an zutreffenden Eintragungen im Handelsregister entgegensteht.[28]

3. Verfahren. a) Allgemeines. Das Verfahren der Eintragung richtet sich nach den §§ 8 ff. iVm der HRV. Die Anmeldung kann bis zur Eintragung jederzeit ohne Angabe von Gründen von jedem Gesellschafter widerrufen werden, indem der **Antrag zurückgenommen** wird (→ § 12 Rn. 9).[29] Das Registergericht kann die Eintragung aber nach § 14 erzwingen, wenn eine Anmeldepflicht besteht (→ Rn. 10).[30] 14

b) Zuständigkeit. Örtlich zuständig ist nach § 106 Abs. 1 das Registergericht, in dessen Bezirk die Gesellschaft ihren **Sitz** (→ Rn. 17) hat. Das Gericht des Sitzes ist mit Ausnahme von Sonderregelungen, etwa §§ 13 ff. für die Zweigniederlassung, ausschließlich zuständig. Deshalb muss eine Handelsgesellschaft ein erworbenes Handelsgeschäft, das sie unter der bisherigen Firma fortführen will, nur beim Gericht ihres eigenen Sitzes anmelden.[31] Zu Zweigniederlassungen vgl. §§ 13–13g, zur Sitzverlegung § 13h. Sachlich zuständig sind nach § 8 iVm § 376 FamFG die **Amtsgerichte.** Funktionell ist nach § 3 Nr. 2 lit. d RPflG der **Rechtspfleger** zuständig. 15

III. Inhalt der Anmeldung (Abs. 2)

1. Angaben über die Gesellschaft. a) Firma. Die Gesellschaft ist mit ihrer Firma einzutragen. Die Berechtigung zur Führung eines Firmennamens ergibt sich aus den §§ 19, 22, 24. Die Firma muss auch tatsächlich verwandt werden.[32] 16

b) Sitz. Der Sitz der Gesellschaft ist nach § 706 S. 1 BGB iVm § 105 Abs. 3 – vorbehaltlich einer abweichenden Regelung im Gesellschaftsvertrag (→ Rn. 19) – der Ort, von dem aus tatsächlich die Geschäfte geleitet werden und an dem sich der Schwerpunkt der unternehmerischen Betätigung befindet.[33] Nach zutreffender Auffassung verlangt auch Art. 14a lit. c GesR-RL in Form der RL (EU) 2025/25 keine zwingende Vereinbarung eines Vertragssitzes.[34] Entscheidend ist der **Ort der tatsächlichen Hauptverwaltung im Sinne der Leitung und Geschäftsführung,** nicht der Produktionsstätten oder der Hilfstätigkeiten der Verwaltung (etwa Auslagerung der Buchführung nach Indien).[35] Wird die Gesellschaft von mehreren Orten aus geleitet, ist Sitz der Ort der Hauptverwaltung.[36] Bei der abhängigen Gesellschaft ist entscheidend, an welchem Ort die Weisungen des herrschenden Unternehmens ausgeführt werden.[37] Der Sitz wird mit dem Ort der inländischen politi- 17

[23] AllgM, vgl. etwa MüKoHGB/Fleischer Rn. 14.

[24] MüKoHGB/Fleischer Rn. 13; Staub/Schäfer Rn. 9; Heymann/Emmerich Rn. 5.

[25] KG 20.1.2011, juris-Rn. 27 = GWR 2011, 164 mAnm Schraudner.

[26] KG 20.1.2011, juris-Rn. 27 = GWR 2011, 164 mAnm Schraudner.

[27] KG 20.1.2011, juris-Rn. 27 = GWR 2011, 164 mAnm Schraudner unter Berufung auf BGH 17.2.2010, BGHZ 184, 253 Rn. 17 = NJW 2010, 1292 für die Unverjährbarkeit des Mängelbeseitigungsanspruchs während des Bestehens des Mietverhältnisses.

[28] KG 20.1.2011, juris-Rn. 28 = GWR 2011, 164 mAnm Schraudner.

[29] BeckOGK/Sanders, 15.4.2025, Rn. 19; Staub/Schäfer Rn. 80; Herchen/Haack GmbHR 2012, 508 (509) mwN.

[30] BayObLG 9.11.1989, DB 1990, 168; MüKoHGB/Fleischer Rn. 16.

[31] BayObLG 1.10.1970, BGHZ 1970, 235 (238) = NJW 1971, 147; MüKoHGB/Fleischer Rn. 15; Heymann/Emmerich Rn. 7.

[32] Ebenroth/Boujong/Born Rn. 23; Koch PersGesR/Koch/Harnos Rn. 8.

[33] BGH 27.5.1957, WM 1957, 999 (1000); 9.1.1969, LM Nr. 1; Hopt/Roth Rn. 7; MüKoHGB/Fleischer Rn. 23; Paefgen FS Heckschen, 2024, 521 (529 f.); Staub/Schäfer Rn. 14 f.; offengelassen von KG 7.2.2012, ZIP 2012, 980 Rn. 10 f.

[34] **AA** Tassius ZPG 2024, 325 Rn. 6.

[35] KG 7.2.2012, ZIP 2012, 980 Rn. 10; Hopt/Roth Rn. 7; Fedke ZIP 2020, 799 (802 f.); Paefgen FS E. Vetter, 2019, 527 (528).

[36] Zum Ganzen BGH 27.5.1957, WM 1957, 999 (1000); 9.1.1969, LM Nr. 1; MüKoHGB/Fleischer Rn. 23; Heymann/Emmerich Rn. 7; RGHMW/Haas/Wöstmann Rn. 7.

[37] Vgl. Staudinger/Renner, 2025, IntGesR Rn. 459; Paefgen FS E. Vetter, 2019, 527 (528).

schen Gemeinde bezeichnet.[38] Einer weiteren Konkretisierung durch Angabe eines bestimmten Gemeinde- oder Stadtteils bedarf es nicht; sie ist allerdings unschädlich.[39] Ein **Doppelsitz** ist nach traditioneller Sichtweise nicht möglich; die Gesellschaft hat sich zwischen Haupt- und Zweigniederlassung nach den §§ 13 ff. zu entscheiden.[40] In der **Liquidation** ist eine Sitzverlegung nur zulässig, wenn der Liquidationszweck dies erfordert.[41] Der Firmensitz hat **Bedeutung** für die Zuständigkeit des Registergerichts (→ Rn. 15) und für den allgemeinen Gerichtsstand nach § 17 Abs. 1 ZPO.[42]

18 Ob auch Personenhandelsgesellschaften – in Übereinstimmung mit AG (§ 5 AktG) und GmbH (§ 4a GmbHG) – ihren **Sitz unabhängig vom Ort der Hauptverwaltung** wählen können, war lange Zeit sehr umstritten.[43] Mit Blick auf die durch das MoMiG bewerkstelligte Entkopplung von Verwaltungs- und Satzungssitz bei Kapitalgesellschaften war schon nach bisheriger Rechtslage eine deutlich strengere Handhabung für Personengesellschaften schwerlich zu rechtfertigen. Das galt umso mehr mit Blick auf das hohe Maß an Gestaltungsfreiheit, das Personengesellschaften nach dem gesetzlichen Regelungssystem der §§ 105 ff. zuteilwird.[44]

19 Im Zuge der Reform des Personengesellschaftsrechts durch das **MoPeG** (→ § 105 Rn. 6 ff.) ist den registrierten Personengesellschaften nun die **freie Sitzwahl** sowie **Sitzspaltungsfreiheit** gewährleistet worden. Bei eingetragenen Gesellschaften kann der Verwaltungssitz (→ Rn. 17) nach § 706 S. 2 BGB iVm § 105 Abs. 3 von dem Ort im Inland abweichen, den die Gesellschafter als Sitz im Gesellschaftsvertrag vereinbart haben **(Vertragssitz).** Die Zulassung der Sitzspaltungsfreiheit[45] ist uneingeschränkt zu begrüßen,[46] weil sie deutschen Personengesellschaften ermöglicht, die Geschäftstätigkeit nach ihren Bedürfnissen an einem beliebigen Ort im **Inland oder Ausland** zu entfalten. Bei einem Verwaltungssitz im Ausland steht den Gesellschaftern also die bekannte deutsche Rechtsform zur Verfügung. Das schafft für die Beteiligten und den Rechtsverkehr im Allgemeinen ein höheres Maß an Rechtssicherheit. Zudem steht die Neuregelung im Einklang mit der Rechtslage bei der AG (§ 5 AktG) und GmbH (§ 4a GmbHG)[47] und erlaubt eine einheitliche Behandlung einer Auslandsgesellschaft & Co. KG.[48] Aus rechtssystematischer Perspektive beansprucht das Prinzip der freien Sitzwahl inzwischen verbandsformübergreifende Geltung und ist zugleich als allgemeine Lehre des Verbandsrechts anzuerkennen.[49] Voraussetzung ist jeweils eine in einem EU-Mitgliedstaat befindliche Geschäftsanschrift (→ Rn. 24). Schließlich bestehen auch keine unionsrechtlichen Bedenken gegen die Sitzspaltungsfreiheit.[50] Freilich ist die Sitzwahlfreiheit nicht auf EU-/EWG-Staaten beschränkt, sondern umfasst auch Drittstaaten.

20 Die Verlegung des Verwaltungssitzes ist auf Grundlage des § 706 BGB uneingeschränkt zulässig in einen **EU-Mitgliedstaat**[51] und **EWG-Mitgliedstaat**[52] sowie in einen **Drittstaat,** der der **Grün-**

[38] RG 27.10.1904, RGZ 59, 106; Melchior GmbHR 2013, 853 (857).

[39] Dazu ausf. Jungmann NJW 2025, 2510 Rn. 7 ff.

[40] Heymann/Emmerich Rn. 7; RGHMW/Haas/Wöstmann Rn. 7; Hopt/Roth Rn. 8; **aA** Staub/Schäfer Rn. 17; NK-HGB/Heidel Rn. 9 unter Bezug auf MüKoHGB/Fleischer Rn. 25: ausnahmsweise bei berechtigtem Interesse zulässig.

[41] BGH 9.1.1969, LM Nr. 1.

[42] Dazu näher und weiterführend zu den internationalen Gerichtsständen Wertenbruch NZG 2023, 1343 (1348 ff.); Lieberknecht NZG 2023, 1247 (1248 ff.); Jungmann NJW 2025, 2510 Rn. 11 ff.

[43] Dafür Staub/Koch § 13 Rn. 44 f.; Koch ZHR 173 (2009), 101 ff.; Staub/Schäfer Rn. 14 f.; NK-HGB/Heidel Rn. 7; Fedke ZIP 2020, 799 (802); Nentwig GmbHR 2015, 1145 (1146); Zimmer/Naendrup NJW 2009, 545 (548); Trautrims, Das Kollisionsrecht der Personengesellschaften, 2009, 182 f.; Marsch-Barner FS Haarmann, 2015, 118 (141); Paefgen FS E. Vetter, 2019, 527 (533 f.); de lege ferenda auch Stiegler ZGR 2017, 312 (317 ff., 322 ff.); **dagegen** OLG Schleswig 14.11.2011, GmbHR 2012, 800 (802); KG 16.4.2012, ZIP 2012, 1668 (1669); Melchior GmbHR 2013, 853 (856).

[44] Zust. Paefgen FS E. Vetter, 2019, 527 (535).

[45] Zum Begriff Paefgen WM 2019, 1029 (1030 f.); Paefgen FS E. Vetter, 2019, 527 ff.; vgl. noch Schall ZIP 2020, 1443 (1448).

[46] Dazu ausf. Lieder/Hilser ZHR 185 (2021), 471 (482 f.); vgl. noch Heckschen NZG 2020, 761 (763); Hoffmann/Horn RabelsZ 86 (2022), 65 (67); Jungmann NJW 2025, 2510 Rn. 4; Lieberknecht NZG 2023, 1247; Otte-Gräbener BB 2020, 1295 (1296); Paefgen FS Aderhold, 2021, 305 (316 f., 322 f.).

[47] Vgl. auch Begr. RegE, BT-Drs. 19/27635, 142.

[48] Heckschen AnwBl. Online 2020, 470 (472); Lieder/Hilser ZHR 185 (2021), 471 (482); Stiegler Jura 2023, 64 (70).

[49] Vgl. Lieder/Hilser ZHR 185 (2021), 471 (476); Jungmann NJW 2025, 2510 Rn. 4; Wertenbruch NZG 2023, 1343.

[50] MüKoBGB/Kindler IntGesR Rn. 111; Lieder/Hilser ZHR 185 (2021), 471 (483); Schall ZIP 2020, 1443 (1448); Weller IPRax 2009, 202 (207 f.); **aA** W.-H. Roth ZGR 2014, 168 (190 ff.); Paefgen FS Aderhold, 2021, 305 (325 f.).

[51] Vgl. EuGH 9.3.1999, Slg. 1999, I-1459 Rn. 23 ff. = NJW 2000, 499; 30.9.2003, Slg. 2003, I-10155 Rn. 100 f., 104 f. = NJW 2009, 569.

[52] Vgl. BGH 19.9.2005, GmbHR 2005, 1483 = NJW 2005, 3351.

dungstheorie folgt, wie zB die USA.[53] Folgt man mit der hM unter Billigung des EuGH[54] in Wegzugsfällen der (modifizierten) Sitztheorie, führt eine solche Verwaltungssitzverlegung gleichwohl zu einem Statutenwechsel,[55] und zwar ungeachtet dessen, ob der Immigrationsstaat EU/EWG-Mitgliedstaat oder Drittstaat ist.[56] Ohne § 706 BGB wäre die wegziehende Gesellschaft aufgelöst und zu liquidieren.[57] Der sachrechtliche Gehalt der Vorschrift dispensiert zulässigerweise von dieser Rechtsfolge.[58] Wird eine Personengesellschaft mit Verwaltungssitz im Ausland errichtet und erst später durch Eintragung in das Handelsregister dem deutschen Recht unterstellt, erfolgt in diesem Zeitpunkt ein Statuswechsel, der keine Rückwirkung auf die Auslandsgründung zeitigt, sondern konstitutiv wirkt.[59]

Anderes gilt auf Grundlage eines rein sachrechtlichen Verständnisses für die Verwaltungssitzverlegung in einen **Drittstaat,** der der **Sitztheorie** anhängt. Eine Auflösung und Liquidation der deutschen Personengesellschaft kann nur durch eine Interpretation des § 706 BGB als **verdeckte Kollisionsnorm** vermieden werden.[60] Nur diese Lesart wird dem Regelungsziel der Vorschrift vollauf gerecht, das darin besteht, die mit der Sitztheorie verbundenen Hemmnisse für die grenzüberschreitende Mobilität deutscher Personengesellschaften effektiv zu beseitigen. 21

Keine Auswirkungen zeitigt § 706 BGB auf die **Verlegung des Verwaltungssitzes** einer ausländischen (Personen-)Gesellschaft **nach Deutschland.** Denn der sachliche Anwendungsbereich der Vorschrift beschränkt sich auf das Schicksal der wegziehenden – deutschen – Personengesellschaft. Für zuziehende – ausländische – Personengesellschaften trifft die Vorschrift keine Regelung. Stattdessen bleibt es bei der Anwendung der allgemeinen Grundsätze des Gesellschaftskollisionsrechts (→ § 105 Rn. 183).[61] 22

Stets **unzulässig** ist eine **Verlegung des Vertragssitzes** unter Beibehaltung der Rechtsform als deutsche Personengesellschaft ins Ausland, weil der Vertragssitz nach § 706 S. 2 BGB im Inland belegen sein muss.[62] Ein entsprechender Verlegungsbeschluss ist nichtig, weil andernfalls die Durchsetzung deutschen Gesellschaftsrechts durch Behörden und Gerichte vereitelt oder zumindest erschwert würde. Eine gleichwohl erfolgte Eintragung ist von Amts wegen zu löschen.[63] Zulässig ist allerdings eine Satzungssitzverlegung in Form eines **grenzüberschreitenden** – isolierten – **Formwechsels,** der zur Umwandlung der deutschen Personenhandelsgesellschaft in eine Rechtsform ausländischen Rechts führt (→ § 105 Rn. 186 ff.). 23

c) Geschäftsanschrift in der EU. Anzumelden ist weiterhin die Anschrift der Gesellschaft, die in einem EU-Mitgliedstaat belegen sein muss und vom tatsächlichen Ort der Hauptversammlung abweichen kann. Die Adresse setzt sich zusammen aus Straße, Hausnummer, Postleitzahl und Ort und soll sicherstellen, dass Gläubiger dem Register eine Geschäftsanschrift entnehmen können, die eine zuverlässige **Zustellung an die Gesellschaft** ermöglicht.[64] Das ändert freilich nichts daran, dass die Zustellung nach § 170 ZPO nicht an die Gesellschaft als solche, sondern an die gesetzlichen Vertreter zu erfolgen hat, wobei zur Passivvertretung nach § 124 Abs. 6 im Grundsatz jeder Gesellschafter berufen ist (→ § 124 Rn. 94). Zumindest kommt aber eine Ersatzzustellung nach §§ 178 ff. ZPO in den inländischen Geschäftsräumen der OHG in Betracht. Bestehen keine Geschäftsräume in der EU, taugt auch der Wohnsitz eines Gesellschafters als Geschäftsanschrift.[65] Nach Erlass der 24

[53] Vgl. BGH 29.1.2003, BGHZ 153, 353 = NJW 2003, 1607.
[54] EuGH 27.9.1988, IPRax 1989, 354 = NJW 1989, 2186.
[55] MüKoBGB/Kindler IntGesR Rn. 842.
[56] MüKoGmbHG/Weller GmbHG Einl. Rn. 414; Lieder/Hilser ZHR 185 (2021), 471 (484).
[57] Vgl. Lutter BB 2003, 7 (10); Schön ZGR 2003, 333 (355).
[58] BeckOGK/Lieder, 1.8.2025, GmbHG § 1 Rn. 558.
[59] Dazu näher Leitzen FS Heidinger, 2023, 277 (282 f.).
[60] Dazu ausf. Lieder/Hilser ZHR 185 (2021), 471 (490 ff.); ebenso Fleischer BB 2021, 386 (388); Hoffmann/Horn RabelsZ 86 (2022), 65 (67 f.); Schall ZIP 2020, 1443 (1448 f.); Schön ZHR 187 (2023), 123 (137); Stiegler Jura 2023, 64 (70); Wertenbruch NZG 2023, 1343 (1346); Baschnagel/Hilser ZPG 2024, 81 Rn. 8; Hilser, Grenzüberschreitende Rechtsformwechsel in der Europäischen Union, 2022, 292 ff.; Leitzen FS Heidinger, 2023, 277 (280); Paefgen FS Heckschen, 2024, 521 (531 f.); **aA** Heckschen NZG 2020, 761 (763 f.); Heckschen/Nolting BB 2020, 2256 (2257); Kindler ZfPW 2022, 409 (414 f.); Noack BB 2021, 643 (644 f.).
[61] Lieder/Hilser ZHR 185 (2021), 471 (495 f.); Hoffmann/Horn RabelsZ 86 (2022), 65 (71 ff., 75); Schön ZHR 187 (2023), 123 (143); Wertenbruch NZG 2023, 1343 (1346 f.); ebenso Koch PersGesR/Koch/Harnos BGB § 706 Rn. 9; Servatius BGB § 706 Rn. 13; Paefgen FS Heckschen, 2024, 521 (531 f.).
[62] BeckOGK/Sanders, 15.4.2025, Rn. 23.1; MüKoBGB/Schäfer BGB § 706 Rn. 11; Lieder/Hilser ZHR 185 (2021), 471 (496 ff.); Paefgen FS E. Vetter, 2019, 527 (536 f.); Hoffmann/Horn RabelsZ 86 (2022), 65 (79 f.).
[63] Paefgen FS E. Vetter, 2019, 527 (537); allg. MüKoFamFG/Krafka FamFG § 395 Rn. 11; Prütting/Helms/Holzer FamFG § 395 Rn. 2, 9; Haußleiter/Schemmann FamFG § 395 Rn. 7, 12.
[64] Begr. RegE, BT-Drs. 19/27635, 129.
[65] Begr. RegE, BT-Drs. 19/27635, 129.

Zustellungs-VO[66] ist inzwischen ein fast vergleichbares Schutzniveau bei Zustellungen im EU-Ausland erreicht,[67] sodass nicht länger eine inländische Geschäftsanschrift notwendig erscheint; sie kann vielmehr auch in einem EU-Mitgliedstaat liegen.[68] Da die Zustellungs-VO im EWR nicht gilt, genügt eine dort belegene Anschrift nicht.[69] Für entsprechende Änderungen gilt § 106 Abs. 6 (→ Rn. 48 ff.).

25 **2. Angaben über die Gesellschafter. a) Allgemeines.** Gemäß Abs. 2 Nr. 2 müssen die Namen, Vornamen, Geburtsdaten und Wohnorte aller Gesellschafter angemeldet werden. Die Vorschrift ist zwingend (→ Rn. 3), sodass die Vereinbarung der Gesellschafter, einer von ihnen solle nicht angemeldet werden und nicht nach außen in Erscheinung treten, nach § 134 BGB unwirksam ist.[70] Möglich ist in solchen Fällen nur die Stellung als stiller Gesellschafter (§ 230), die treuhänderische Beteiligung (→ § 105 Rn. 77 ff.) oder die Unterbeteiligung an einem Gesellschaftsanteil (→ Rn. 27; → § 105 Rn. 95; → § 230 Rn. 23, → § 230 Rn. 34, → § 230 Rn. 122 ff.).

26 **b) Natürliche Personen.** Ist der Gesellschafter eine natürliche Person, ist der bürgerliche Name anzugeben. Das ist der **Familienname** in der sich aus dem Personenstandsregister ergebenden Form.[71] Bei den **Vornamen** ist die Angabe des Rufnamens ausreichend, wenn keine Verwechselungsgefahr mit anderen Personen gleichen Familiennamens und Wohnorts besteht.[72] Auch **Doktortitel** sind kraft Gewohnheitsrechts eintragungsfähig.[73] Betreibt ein Gesellschafter am Sitz der Gesellschaft noch ein einzelkaufmännisches Unternehmen, ist dessen Firma wegen der Verwechselungsgefahr nach § 22 nicht mit anzugeben.[74] Künstlernamen und Pseudonyme sind jedenfalls dann ausreichend, wenn sie in Personenstandsurkunden oder Ausweisdokumenten vermerkt sind und im Rechtsverkehr Geltung genießen.[75] Die Angabe des **Geburtsdatums** dient der Identifizierung der Gesellschafter, um bei Namensgleichheit weitgehend Verwechslungen auszuschließen,[76] sowie der Feststellung der Volljährigkeit durch das Registergericht (zur Gesellschafterstellung Minderjähriger → § 105 Rn. 23) sowie der Information des Rechtsverkehrs im Hinblick auf die beschränkte Haftung Minderjähriger nach § 1629a BGB. Der **Wohnort** ist der Ort, an dem der Gesellschafter seinen tatsächlichen dauernden Aufenthalt hat. Seine Angabe dient vor allem bei weit verbreiteten Namen neben dem Geburtsdatum der örtlichen Eingrenzung des Personenkreises und damit der Identifizierung des Gesellschafters.[77] Davon zu unterscheiden ist der Wohnsitz nach §§ 7 ff. BGB[78] und die Adresse, also zusätzlich Straße und Hausnummer, die nicht eingetragen werden.[79] Diese Angaben sind aber in den nach § 12 erforderlichen Beglaubigungsvermerk des beglaubigenden Notars aufzunehmen. Die Gesellschafter haben **keinen Anspruch** aus Art. 17 Abs. 1 DS-GVO **auf Löschung** des Geburtsdatums und des Wohnorts im Handelsregister.[80] Auch haben die Gesellschafter in Bezug auf diese Daten keinen Anspruch auf Einschränkung der Verarbeitung aus Art. 18 Abs. 1 lit. d, Art. 21 Abs. 1 DS-GVO.[81]

27 Grundsätzlich werden in das Handelsregister nur die Tatsachen und Rechtsverhältnisse eingetragen, deren Eintragung gesetzlich vorgesehen ist. Wegen der Funktion des Handelsregisters, diejenigen Umstände zu verlautbaren, die für den Rechtsverkehr von wesentlicher Bedeutung sind, sind darüber hinausgehende Eintragungen nur zulässig, wenn ein erhebliches Bedürfnis des Rechtsverkehrs an

---

[66] VO (EU) 2020/1784, ABl. 2020 L 405, 40; früher VO (EU) 1393/2007, ABl. 2007 L 324, 79.

[67] Vgl. EuGH 19.12.2012, NJW 2013, 443 Rn. 41.

[68] Begr. RegE, BT-Drs. 19/27635, 129 f.

[69] Begr. RegE, BT-Drs. 19/27635, 130.

[70] BGH 13.5.1953, BGHZ 10, 44 (48) = NJW 1953, 1548; MüKoHGB/Fleischer Rn. 30.

[71] Zur Eintragungsfähigkeit von Künstlernamen und Pseudonymen vgl. OLG Frankfurt 18.11.2002, NJW 2003, 364 betr. Partnerschaftsgesellschaft.

[72] MüKoHGB/Fleischer Rn. 31; Staub/Schäfer Rn. 20.

[73] BGH 4.4.2017, NZG 2017, 734 Rn. 10, 21 ff. zum Partnerschaftsregister.

[74] Staub/Schäfer Rn. 20; **aA** BayObLG 16.2.1973, BB 1973, 397; RGHMW/Haas/Wöstmann Rn. 11; Hopt/Roth Rn. 11; MüKoHGB/Fleischer Rn. 31 mwN.

[75] Vgl. OLG Frankfurt 18.11.2002, NJW 2003, 364 f. zur PartG; MüKoHGB/Fleischer Rn. 31; Koch PersGesR/Koch/Harnos Rn. 11; Henssler/Strohn/Steitz Rn. 17.

[76] Begr. RegE, BT-Drs. 13/8444, 84; BGH 23.1.2024, FGPrax 2024, 109 Rn. 42; Ebenroth/Boujong/Born Rn. 34; MüKoHGB/Fleischer Rn. 32.

[77] BGH 23.1.2024, FGPrax 2024, 109 Rn. 43; RGHMW/Haas/Wöstmann Rn. 11; Weichert ZGI 2023, 11 (16); vgl. auch MüKoHGB/Fleischer Rn. 33; **aA** Wachter GmbHR 2023, 593 (596).

[78] BGH 23.1.2024, FGPrax 2024, 109 Rn. 44; RGHMW/Haas/Wöstmann Rn. 11; Koch PersGesR/Koch/Harnos Rn. 11.

[79] Ebenroth/Boujong/Born Rn. 34.

[80] BGH 23.1.2024, FGPrax 2024, 109 Rn. 12 ff.

[81] BGH 23.1.2024, FGPrax 2024, 109 Rn. 73 ff.

der Information besteht.[82] Auf dieser Grundlage sind **Mitberechtigte** an einem Gesellschaftsanteil grundsätzlich nicht einzutragen. Dies betrifft die **Unterbeteiligung.**[83] Das Gleiche gilt umgekehrt, wenn ein Gesellschafter den Anteil als **Treuhänder** hält. Weil nur dieser Gesellschafter ist und als solcher haftet, wird der Treuhänder ohne einen entsprechenden Vermerk als Gesellschafter eingetragen.[84] Wegen der umfassenden Befugnisse eines **Nießbrauchers** an einem Gesellschaftsanteil und seiner möglichen Haftung wird die Eintragungsfähigkeit des Nießbrauchs am Gesellschaftsanteil hingegen bejaht (→ § 105 Rn. 94).[85] Da die Testamentsvollstreckung zumindest an einem Kommanditanteil zulässig ist (→ § 105 Rn. 67) und bei der **Dauertestamentsvollstreckung** gem. § 2209 BGB nur der Testamentsvollstrecker nach §§ 2205, 2211 BGB befugt ist, die Rechte und Pflichten der Erben hinsichtlich des Kommanditanteils auszuüben und über das Zustimmungsrecht nach § 164 S. 2 iVm § 116 Abs. 2 S. 1 Hs. 2 bei Handlungen, die über den gewöhnlichen Geschäftsverkehr hinausgehen (→ § 164 Rn. 10 ff.), auch ein Einfluss auf die Geschäftsführung besteht, hat der Rechtsverkehr auch hier ein Interesse an dieser Information, sodass Eintragungsfähigkeit besteht (→ § 177 Rn. 15).[86] Eine ungeborene Leibesfrucht kann vor der Geburt nicht in das Handelsregister eingetragen werden.[87]

c) Personengesellschaften. Bei Personengesellschaften sind die Firma oder der Name sowie Rechtsform und Sitz anzugeben, nicht aber die gesetzlichen Vertreter[88] und die Gesellschafter der Handelsgesellschaft selbst.[89] Etwas anderes gilt, wenn eine OHG das Geschäft eines Einzelkaufmanns erwirbt und unter dessen ursprünglicher Firma fortführt.[90] In diesem Fall sind die Gesellschafter der beteiligten OHG selbst einzutragen.[91] Soweit gesetzlich vorgesehen ist ferner das zuständige Register und die zugehörige Registernummer einzutragen. Deutsche Personengesellschaften können nur dann als Gesellschafter eingetragen werden, wenn sie zuvor selbst in das zuständige Register eingetragen worden sind (§ 707a Abs. 1 S. 2 BGB; ggf. iVm § 105 Abs. 3). **OHG** und **KG** müssen folglich in das Handelsregister, die GbR muss nach § 707 Abs. 1 BGB in das Gesellschaftsregister eingetragen und auf diese Weise zur **eGbR** werden. Die Gegenauffassung, die eine vorherige Eintragung für OHG und KG für entbehrlich hält,[92] ist abzulehnen.[93] Denn die von § 707a Abs. 1 S. 2 BGB adressierten Publizitätsdefizite können sich nicht nur bei der GbR als Gesellschafterin ergeben, sondern auch bei den Personenhandelsgesellschaften, wenn sie – entgegen §§ 106 Abs. 1, 161 Abs. 2 – nicht in das Handelsregister eingetragen sind. 28

d) Juristische Personen. Bei juristischen Personen, die Handelsgesellschaften sind, ist deren **Firma** einzutragen. Bei anderen juristischen Personen wie einem eingetragenen Verein oder einer Stiftung ist deren **Name** einzutragen. Fehlt es an einem öffentlichen Register, wie zB bei öffentlichrechtlichen Anstalten, altrechtlichen Vereinigungen oder Realgemeinden, sind weitere Angaben zur Identifizierung erforderlich.[94] Die gesetzlichen Vertreter der juristischen Person sind nicht einzutragen.[95] Dies 29

[82] BGH 28.2.1983, BGHZ 87, 59 (62) = NJW 1983, 1676 (1677); 30.1.1992, ZIP 1992, 395 (397); 10.11.1997, ZIP 1998, 152; 14.2.2012, NZG 2012, 385 Rn. 16.

[83] MüKoHGB/Fleischer Rn. 39; Staub/Schäfer Rn. 22.

[84] Ebenroth/Boujong/Born Rn. 42.

[85] OLG Oldenburg 9.3.2015, NZG 2015, 643; OLG Stuttgart 28.1.2013, NZG 2013, 432; zust. Wachter EWiR § 106 HGB 1/13, 413; LG Aachen 6.4.2009, NZG 2009, 1157; LG Oldenburg 8.4.2008, DNotI-Report 2008, 166; Staudinger/Heinze, 2021, BGB Anh. §§ 1068, 1069 Rn. 92; MüKoBGB/Pohlmann BGB § 1068 Rn. 87; **aA** OLG München 8.8.2016, DStR 2016, 2000; OLG Köln 7.10.2019, NZG 2020, 64 Rn. 5; Hopt/Roth § 105 Rn. 100; Lazarets/Becker NotBZ 2020, 289 (291 f.); Wertenbruch NZG 2020, 641 ff.

[86] BGH 14.2.2012, NZG 2012, 385 Rn. 18 ff.; ebenso bereits die Lit., vgl. MüKoHGB/Grüneberg § 177 Rn. 38 mwN; offengelassen noch von BGH 3.7.1989, BGHZ 108, 187 (190) = NJW 1989, 3152 (3153); **aA** RG 26.3.1931, RGZ 132, 138.

[87] OLG Celle 30.1.2018, NZG 2018, 303 Rn. 9 ff.

[88] MüKoHGB/Fleischer Rn. 35; **aA** für ausländische juristische Personen BayObLG 21.3.1986, NJW 1986, 3029 (3032); Staub/Schäfer Rn. 21.

[89] Staub/Schäfer Rn. 21; MüKoHGB/Fleischer Rn. 35; RRGHMW/Haas/Wöstmann Rn. 12; Hopt/Roth Rn. 13; **aA** LG Essen 9.2.1962, BB 1962, 388 (389).

[90] BayObLG 1.10.1970, BayObLGZ 1970, 235 (237) = NJW 1971, 147; MüKoHGB/Fleischer Rn. 35; RGHMW/Haas/Wöstmann Rn. 12.

[91] BayObLG 1.10.1970, BayObLGZ 1970, 235 (237) = NJW 1971, 147.

[92] BeckOK HGB/Beyer, 47. Ed. 1.7.2025, § 161 Rn. 63; Alm ZPG 2024, 421 (422); Ante ZIP 2024, 2983; Fröhleke/Seidel GmbHR 2024, 1090 (1091); Mosch NZG 2025, 22 (23 f.); Staake RFamU 2024, 503.

[93] Zust. Wicke FS Reichert, 2026, unter 5.

[94] Staub/Schäfer Rn. 21.

[95] Ebenroth/Boujong/Born Rn. 38; Staub/Schäfer Rn. 21; KKD/Kindler Rn. 2; Hesselmann Rpfleger 1958, 369; **aA** BayObLG 21.3.1986, NJW 1986, 3029 (3032) für die Vertreter einer ausländischen juristischen Person als Komplementär unter Hinweis auf § 33 analog; diese Rspr. dürfte im Hinblick auf die überwiegend anerkannte Komplementärfähigkeit ausländischer juristischer Personen bei der KG (→ Rn. 20) überholt sein.

gilt – entgegen einer obergerichtlichen Entscheidung[96] – auch für die **Vor-GmbH** als Gesellschafterin einer OHG oder KG.[97] Sie ist mit dem Zusatz „i. G." oder „i. Gr." in das Handelsregister einzutragen, wenn sie persönlich haftende Gesellschafterin ist. Der Zusatz ist nach Eintragung der GmbH zu löschen.[98] Anstelle des Wohnorts ist bei juristischen Personen der satzungsmäßige Sitz einzutragen.[99] Die Gegenauffassung, die vor der Eintragung der Personenhandelsgesellschaft die Eintragung der GmbH verlangt,[100] ist abzulehnen.[101] Sie kann insbesondere nicht auf das Voreintragungserfordernis nach § 105 Abs. 3 iVm § 707a Abs. 1 S. 2 BGB verweisen, weil der Gesetzgeber des MoPeG ausweislich der Materialien für die Vor-GmbH an der bisherigen Rechtslage festhalten wollte.[102] Davon abgesehen wird die Effizienz des Eintragungsverfahrens bei der GmbH & Co. KG beeinträchtigt, wenn zunächst die Eintragung der Komplementär-GmbH abgewartet werden muss.[103]

30 Der **Verein ohne Rechtspersönlichkeit** kann nach hM ebenfalls Gesellschafter einer OHG oder KG sein (→ § 105 Rn. 72). Ein nicht eingetragener Wirtschaftsverein muss sich zuvor als GbR oder OHG in das Gesellschafts- oder Handelsregister eintragen lassen. Der nicht eingetragene Idealverein kann analog § 47 Abs. 1 GBO gemeinsam mit allen Vereinsmitgliedern in das Handelsregister der OHG/KG eingetragen werden. Ausnahmen gelten für Parteien und Gewerkschaften (→ § 105 Rn. 72).

31 **e) Ausländische Gesellschaften.** Ausländische juristische Personen und Personengesellschaften sind nach zutreffender und inzwischen hM als Gesellschafter einer OHG oder KG zuzulassen (→ § 105 Rn. 74). Das gilt sowohl für **EU-Auslandsgesellschaften** als auch für in **Drittstaaten** gegründete und dort domizilierte Rechtsträger, soweit sie nach ihrem Gründungsrecht die Fähigkeit zur Beteiligung an einer (deutschen) Personengesellschaft besitzen. Zur genauen Identifizierung wird zum Teil verlangt, dass zusätzlich alle nach §§ 13e, 13f erforderlichen Angaben gemacht werden und der nach § 12 erforderliche Nachweis der organschaftlichen Vertretungsmacht erbracht wird.[104] Der Gesetzgeber hat allerdings diese Angaben für die Gesellschafter der OHG oder KG nicht für erforderlich erachtet, sondern verlangt nur, dass die in der EU belegene Geschäftsanschrift der Gesellschaft (→ Rn. 24) selbst anzugeben ist. Daher kann man für ausländische juristische Personen und Personengesellschaften keine über § 106 Abs. 2 Nr. 2 hinausgehenden Angaben verlangen.[105]

32 **3. Vertretungsmacht der Gesellschafter.** Seit der Änderung des Abs. 2 Nr. 3 durch Art. 1 ERJuKoG mWv 15.12.2001 (→ Rn. 6) ist auch für den Fall, dass die Vertretungsmacht von der gesetzlichen Regel des § 124 (→ § 124 Rn. 20) nicht abweicht, die Angabe der **Vertretungsmacht** im Handelsregister erforderlich. Damit soll die Übersichtlichkeit des elektronisch leichter verfügbaren Handelsregisters auch für den internationalen Rechtsverkehr erhöht werden.[106] Für ausländische Gesellschaften ergibt sich die Rechtslage nach deren Personalstatut (→ § 105 Rn. 180).[107] **Nicht** anzugeben sind **Ermächtigungen** nach § 124 Abs. 2 S. 2 (→ § 124 Rn. 28 ff.)[108] oder rechtsgeschäftliche **Generalvollmachten.**[109] Ebenfalls nicht anzugeben ist, dass der Kommanditist zwingend nach § 170 von der Vertretungsmacht ausgeschlossen ist, sowie eine ihm eventuell rechtsgeschäftlich

[96] OLG Brandenburg 10.7.2024, ZIP 2024, 2825 = NZG 2024, 1567.

[97] BeckOGK/Sanders, 15.4.2025, Rn. 28; MüKoHGB/Fleischer Rn. 37.

[98] BGH 12.11.1984, WM 1985, 165 (166); Hopt/Hopt Anh. § 161 Rn. 13; Ebenroth/Boujong/Born Rn. 38.

[99] Ebenroth/Boujong/Born Rn. 38.

[100] OLG Brandenburg 10.7.2024, ZIP 2024, 2825; zust. BeckOK GmbHG/Miras, 65. Ed. 1.8.2025, GmbHG § 5a Rn. 8f; Schildhauer NZG 2024, 1568; Schulteis GWR 2024, 404.

[101] MüKoHGB/Krafka § 8 Rn. 63; BeckOK HGB/Beyer, 47. Ed. 1.7.2025, § 161 Rn. 63; Alm ZPG 2024, 421; Ante ZIP 2024, 2983; Fröhleke/Seidel GmbHR 2024, 1090 (1091); Grunewald ZIP 2024, 2973 (2974); Krause/Schnabelrauch DStR 2025, 533 (534); Mosch NZG 2025, 22 (23 f.); Seulen/Timpanidis DB 2025, 106 (107); Staake RFamU 2024, 503; Wicke FS Reichert, 2026, unter 3; → § 162 Rn. 27.

[102] Dezidiert Begr. RegE, BT-Drs. 19/27635, 130 f. unter Hinweis auf BGH 12.11.1984, WM 1985, 165: „Was die inländische Vor-Kapitalgesellschaft anbelangt, ist im Anschluss an die geltende Rechtslage davon auszugehen, dass sie selbst unter ihrer Firma mit dem Zusatz ‚i.G.' eingetragen wird."

[103] Dazu näher Wicke FS Reichert, 2026, unter 3.

[104] OLG Dresden 21.5.2007, NZG 2008, 265; OLG Schleswig 1.2.2012, GmbHR 2012, 799 Rn. 11 mAnm Leonhard jurisPR-HaGesR 6/2012 Anm. 3; MüKoHGB/Fleischer Rn. 38; Staub/Schäfer Rn. 21.

[105] So bereits LG Berlin 27.2.2007, GmbHR 2008, 431 m. zust. Anm. Melchior/Rudolph; NK-HGB/Heidel Rn. 28; **aA** MüKoHGB/Fleischer Rn. 38; Staub/Schäfer Rn. 21; Staub/Koch § 8 Rn. 76.

[106] Begr. RegE, BT-Drs. 14/6855, 19.

[107] Vgl. OLG Karlsruhe 29.6.2010, GmbHR 2011, 1324 (1326) m. krit. Anm. Anhäusser zu den Anforderungen iE; zum geringen Beweiswert ausländischer Gesellschafterlisten vgl. Sandrock RIW 2011, 1 ff.

[108] *Hopt/Roth* Rn. 16; KKD/Kindler Rn. 2; **aA** Servatius NZG 2002, 456 (458) hinsichtlich „Artermächtigung".

[109] OLG Hamburg 4.12.2008, NZG 2009, 957.

erteilte Vollmacht.[110] Seit der Gesetzesänderung durch das ERJuKoG gehört auch die Angabe der Befreiung vom Verbot des **Selbstkontrahierens** nach § 181 BGB zur Pflichtangabe.[111] Wird eine deutsche KG durch eine ausländische Gesellschaft als Komplementärin vertreten, sind zum Schutz des Rechtsverkehrs auch deren Vertretungsverhältnisse einzutragen.[112]

4. Versicherung fehlender Voreintragung. Die Gesellschafter müssen nach Abs. 2 Nr. 4 in der Anmeldung ferner erklären, dass die Gesellschaft nicht bereits im Gesellschafts- oder im Partnerschaftsregister eingetragen ist. Hintergrund sind die in § 707 Abs. 1 BGB und § 1 PartGG vorgesehenen Eintragungsmöglichkeiten für kleingewerbliche, vermögensverwaltende und freiberufliche Gesellschaften. Um eine Irreführung des Rechtsverkehrs zu vermeiden, darf ein und dieselbe Gesellschaft nicht in mehrere Register eingetragen werden **(Vermeidung von Doppeleintragungen).**[113] Zugleich werden die Bestimmungen über den Statuswechsel abgesichert, der nur mittels Anmeldung bei demjenigen Register in Gang gesetzt werden kann, in welchem die Gesellschaft bereits eingetragen ist (vgl. noch § 707c BGB, § 107, § 4 Abs. 4 PartGG).[114] Die Versicherung hat keinen höchstpersönlichen Charakter und ist auch nicht strafbewehrt. Daher kann sie auch von einem Vertreter abgegeben werden.[115] 33

5. Weitere Angaben. a) HRV. Die auf § 387 FamFG basierende Handelsregisterverordnung (HRV) sah in § 24 Abs. 2 HRV vor, dass bei der Anmeldung die Lage der **Geschäftsräume,** dh die Geschäftsanschrift, anzugeben ist und eine diesbezügliche Änderung dem Registergericht unverzüglich mitzuteilen ist. Diese Regelung ist durch die Pflicht zur Eintragung der inländischen Geschäftsadresse für Handelsgesellschaften obsolet geworden und nach § 24 Abs. 2 S. 2 HRV für Handelsgesellschaften daher nicht mehr anzuwenden. Nach § 24 Abs. 4 HRV ist darauf hinzuwirken, dass bei Anmeldungen auch der **Unternehmensgegenstand** anzugeben ist, sofern er sich nicht aus der Firma ergibt. Die Angabe ist nach § 34 HRV bekannt zu machen, aber nicht einzutragen (§ 40 Nr. 2 lit. b HRV).[116] 34

b) Weitere eintragungsfähige Tatsachen. Grundsätzlich soll das Handelsregister eine schnelle Orientierung über die Rechtsverhältnisse der Gesellschaft ermöglichen und daher nur die eintragungspflichtigen Tatsachen enthalten.[117] Über diesen Rahmen hinaus sind klärende Eintragungen nur zulässig, wenn dafür ein erhebliches Bedürfnis des Rechtsverkehrs besteht.[118] Dies wurde anerkannt für die **Dauertestamentsvollstreckung** an einem Kommanditanteil (→ Rn. 27), einen **Fortsetzungsbeschluss** nach Auflösung der Gesellschaft,[119] für den Abschluss eines **Unternehmensvertrags,**[120] für einen klarstellenden Vermerk über einen **Gesellschafterwechsel** durch Gesamtnachfolge oder **Anteilsübertragung** (→ § 105 Rn. 122).[121] Liegt einer dieser Fälle vor, dann ist es auch nur konsequent, die Gesellschafter zur Eintragung zu verpflichten.[122] 35

c) Nicht eintragungsfähige Tatsachen. Alle anderen Tatsachen sind weder anzumelden noch einzutragen. Hierzu gehören insbesondere Umstände, die das **Innenverhältnis** der Gesellschafter untereinander betreffen,[123] aber auch **rechtsgeschäftliche** Vertretungsverhältnisse.[124] Weiter zu nennen sind **Rechte Dritter** an einem Gesellschafteranteil (→ Rn. 27), die fehlende **Geschäftsfähig-** 36

---

[110] OLG Frankfurt 26.9.2005, NZG 2006, 262 (263).

[111] Begr. RegE, BT-Drs. 14/6855, 19; Ebenroth/Boujong/Born Rn. 46; Koch PersGesR/Koch/Harnos Rn. 13.

[112] BayObLG 21.3.1986, GmbHR 1986, 305 (309); LG Chemnitz 3.8.2006, GmbHR 2007, 263 (264 f.); LG Stade 6.9.2007, GmbHR 2007, 1160; **aA** LG Berlin 27.2.2007, GmbHR 2008, 431 (433); offengelassen von OLG Hamburg 4.12.2008, NZG 2009, 957 (959).

[113] Vgl. MüKoBGB/Schäfer BGB § 707 Rn. 19; Schäfer Neues PersGesR/Hermanns § 2 Rn. 9.

[114] Begr. RegE, BT-Drs. 19/27635, 131.

[115] MüKoBGB/Schäfer BGB § 707 Rn. 19; Schäfer Neues PersGesR/Hermanns § 2 Rn. 10.

[116] S. auch BayObLG 21.3.1986, GmbH 1986, 305 (309).

[117] MüKoHGB/Fleischer Rn. 45.

[118] BGH 28.2.1983, BGHZ 87, 59 (62) = NJW 1983, 1676 (1677); 24.10.1988, BGHZ 105, 324 (343 f.) = NJW 1989, 295 (299); 30.1.1992, ZIP 1992, 395 (397); 10.11.1997, ZIP 1998, 152; 14.2.2012, NZG 2012, 385 Rn. 16; OLG Hamburg 4.12.2008, NZG 2009, 957; MüKoHGB/Fleischer Rn. 45; Staub/Schäfer Rn. 11.

[119] MüKoHGB/Fleischer Rn. 48; Staub/Schäfer Rn. 11.

[120] Ebenroth/Boujong/Born Rn. 55.

[121] RG 30.9.1944, WM 1964, 1130 (1131); BGH 29.6.1981, BGHZ 81, 82 (86) = NJW 1981, 2747; 19.9.2005, NZG 2006, 15; MüKoHGB/Fleischer Rn. 47; RGHMW/Haas/Wöstmann Rn. 58.

[122] Staub/Schäfer Rn. 11; MüKoHGB/Fleischer Rn. 47; Ebenroth/Boujong/Born Rn. 55; **aA** noch → 4. Aufl. 2015, Rn. 28 (Weitemeyer).

[123] MüKoHGB/Fleischer Rn. 46; Staub/Schäfer Rn. 12; RGHMW/Haas/Wöstmann Rn. 62.

[124] OLG Hamburg 4.12.2008, NZG 2009, 957.

keit eines Gesellschafters,[125] die **güterrechtlichen** Verhältnisse der Gesellschafter,[126] die **Testamentsvollstreckung** bei der OHG,[127] die **Vertreter** von Gesellschaftern (→ Rn. 32), der **Unternehmensgegenstand,**[128] die **Einzahlung** der Geschäfts- und Kapitalanteile der Gesellschafter,[129] Details der Einlagenleistung[130] und weitere Regelungen des Innenverhältnisses.[131]

IV. Eintragungsverfahren

37 **1. Prüfung durch das Registergericht.** Die Prüfung der Anmeldeunterlagen durch das Registergericht ist keine bloß formale, sondern eine **inhaltliche Kontrolle**[132] und entspricht damit den Vorgaben des Art. 10 Abs. 3 GesR-RL idF der RL (EU) 2025/25.[133] Die Überprüfung bezieht sich nur auf die **Plausibilität,** Schlüssigkeit und Glaubhaftigkeit der anzumeldenden Tatsachen. Eine genauere Prüfung ist nur erforderlich, wenn sich Anhaltspunkte für eine sachliche Unrichtigkeit oder das Fehlen notwendiger Angaben ergeben.[134] Der Registerrichter darf dann nach § 26 FamFG von Amts wegen Ermittlungen vornehmen und von den Beteiligten weitere Aufklärung verlangen. Gemäß § 23 S. 2 HRV iVm § 380 Abs. 2 FamFG kann er nur noch in Zweifelsfragen zur Firma ein Gutachten der IHK einholen. Dieser abgestufte Prüfungsmaßstab wirkt einer drohenden Überlastung der Registergerichte entgegen[135] und steht gleichermaßen mit Art. 10 Abs. 3 GesR-RL im Einklang, der zur Prüfungsintensität keine Vorgaben macht.[136]

38 **2. Eintragung, Bekanntmachung.** Liegen die Voraussetzungen vor, wird die OHG oder KG mit den sie betreffenden eintragungsfähigen Tatsachen in Abteilung A des Handelsregisters eingetragen (§ 3 Abs. 2 HRV, §§ 40 ff. HRV). Nach § 10 Abs. 1 werden Eintragungen (Ausnahme: § 162 Abs. 2) durch die erstmalige Abrufbarkeit über das nach § 9 Abs. 1 bestimmte elektronische Informations- und Kommunikationssystem bekannt gegeben. Zur **Amtslöschung** falscher Eintragungen → § 8 Rn. 148 ff.; zur Löschung vermögensloser Gesellschaften → § 8 Rn. 157 ff.

V. Statuswechsel

39 **1. Grundlagen.** Die in Abs. 3–5 normierten Vorschriften über den Statuswechsel tragen dem Umstand Rechnung, dass sich das MoPeG gegen ein Einheits- und für ein gesondertes Gesellschaftsregister entschieden hat.[137] In Abhängigkeit von den wirtschaftlichen Verhältnissen der Gesellschaft und den unternehmerischen Vorstellungen der Gesellschafter verlangt der **Wechsel vom Gesellschafts- oder Partnerschafts- zum Handelsregister** (und umgekehrt) nach verfahrensrechtlichen Vorkehrungen. Vor diesem Hintergrund regelt das Statusverfahren den registerrechtlichen Vollzug eines solchen Wechsels, der sich außerhalb des UmwG vollzieht. Nach Maßgabe des § 707c Abs. 1 BGB ist der Statuswechsel definiert als „(d)ie Anmeldung zur Eintragung einer bereits in einem Register eingetragenen Gesellschaft unter einer anderen Rechtsform einer rechtsfähigen Personengesellschaft in ein anderes Register". Es handelt sich um ein **rein verfahrens- und registerrechtliches Institut.**[138] Das soll Doppeleintragungen[139] vermeiden sowie das Vertrauen des Rechtsverkehrs in die Richtigkeit und Vollständigkeit der Registerlage schützen.[140]

40 Der verfahrensrechtliche Statuswechsel ist streng vom **materiellrechtlichen Rechtsformwechsel** innerhalb der Personengesellschaften zu unterscheiden, der sich nach den allgemeinen Prinzipien

---

[125] Ebenroth/Boujong/Born Rn. 54; Heymann/Emmerich Rn. 10; Staub/Schäfer Rn. 19; Adams, Geschäftsunfähigkeit und Betreuung in Personengesellschaften, 2016, 276 ff.

[126] Schlegelberger/Martens Rn. 21; Staub/Schäfer Rn. 19.

[127] BGH 3.7.1989, BGHZ 108, 187 (195) = NJW 1989, 3152; KG 4.7.1995, WM 1995, 1890 (1891); Staub/Schäfer Rn. 19; **aA** Plank ZEV 1998, 325 ff.

[128] KG 3.5.1934, JW 1934, 1730; Hopt/Roth Rn. 2; s. aber §§ 24, 34 HRV für die Anmeldung und Bek., hierzu Staub/Schäfer Rn. 27.

[129] KG 30.7.1936, JW 1936, 2933.

[130] BGH 29.6.1981, BGHZ 81, 82 (87) = NJW 1981, 2747.

[131] Zum Ganzen Schlegelberger/Martens Rn. 21.

[132] Vgl. MüKoHGB/Fleischer Rn. 49; RGHMW/Haas/Wöstmann Rn. 19; Krafka RegisterR Rn. 154, 619.

[133] Tassius ZPG 2024, 325 Rn. 13; vgl. weiter Tassius ZPG 2023, 361 (366 f.).

[134] BGH 4.7.1977, NJW 1977, 1879 (1880); BayObLG 3.3.1988, WM 1988, 710 (711).

[135] Vgl. BGH 21.6.2011, NZG 2011, 907 Rn. 10; Ebenroth/Boujong/Born Rn. 140.

[136] Tassius ZPG 2024, 325 Rn. 13 aE; vgl. weiter Tassius ZPG 2023, 361 (366 f.).

[137] Dazu und zum Folgenden ausf. Lieder GmbHR 2024, 897 Rn. 1 ff.

[138] Heckschen/Freier MoPeG/Heckschen/Weitbrecht § 5 Rn. 12; Lieder GmbHR 2024, 897 Rn. 4.

[139] Zu den rechtlichen Konsequenzen ausf. Kiehnle NZG 2023, 1060 ff.

[140] Begr. RegE, BT-Drs. 19/27635, 137.

des Personengesellschaftsrechts vollzieht,[141] namentlich nach dem Numerus-clausus-Prinzip und dem Prinzip des Rechtsformzwangs (→ § 105 Rn. 12). In diesem Sinne ist der Statuswechsel (und der ihm zugrunde liegende Rechtsformwechsel) auch vom **Formwechsel nach dem UmwG** abzugrenzen, der unter Beteiligung von Personengesellschaften nur in die GmbH, AG, KGaA und eG sowie von der GmbH, AG und KGaA in die Personengesellschaft zulässig ist (vgl. §§ 214 Abs. 1, 225a, 228 Abs. 1 UmwG).[142] Aufgrund der unterschiedlichen Zielrichtung von Statuswechsel und Formwechsel nach dem UmwG sollte – entgegen einer Literaturauffassung[143] – die Bezeichnung „Rechtsformwechsel" nicht als Oberbegriff für beide Vorgänge verwendet werden.[144] Während der Statuswechsel nicht zwingend mit einer Änderung der Rechtsform verbunden ist (→ Rn. 41), geht ein Formwechsel nach UmwG stets mit einer Umgestaltung der Verbandsform einher.

Bei dem Statuswechsel kann es sich um eine deklaratorische oder eine konstitutive Maßnahme handeln. Nur **deklaratorische** Bedeutung hat der Statuswechsel, wenn das ursprünglich als eGbR eingetragene Kleingewerbe inzwischen die Grenze der § 105 Abs. 1, § 1 Abs. 2 überschritten hat und in Wirklichkeit eine OHG ist. Der Statuswechsel vom Gesellschafts- zum Handelsregister vollzieht den bereits zuvor eingetretenen Formwechsel nur nach. Die zugehörige Entscheidung der Gesellschafter ist in diesem Fall als Geschäftsführungsmaßnahme iSd. § 116 Abs. 1 zu qualifizieren.[145] **41**

Konstitutive Wirkung zeitigt der Statuswechsel, wenn die kleingewerbliche eGbR die Eintragung in das Handelsregister anstrebt und erst mit der Eintragung nach § 107 Abs. 1 S. 1 OHG wird. Der konstitutive Statuswechsel ist als **Grundlagenänderung** anzusehen und bedarf nach § 109 Abs. 3 grundsätzlich der Zustimmung aller Gesellschafter.[146] Haben sich die Gesellschafter insofern auf eine **Mehrheitsentscheidung** verständigt,[147] bedarf die Änderung analog § 217 Abs. 1 S. 3 UmwG wenigstens einer Dreiviertelmehrheit.[148] Die Gegenauffassung[149] mag auf die Unterschiede von Statuswechsel und Formwechsel nach dem UmwG verweisen. Das steht einer analogen Anwendung des § 217 Abs. 1 S. 3 UmwG allerdings nicht entgegen. Vielmehr erscheint der konstitutive Statuswechsel mit der Auflösung einer werbenden Gesellschaft und der Fortsetzung einer Liquidationsgesellschaft vergleichbar, die ebenfalls mit qualifizierter Mehrheit zu beschließen sind (vgl. § 140, § 142 Abs. 2). In der Sache geht es um einen verbesserten Schutz der Minderheitsgesellschafter. Aufgrund der mitgliedschaftlichen Treuepflicht können Gesellschafter zur Zustimmung verpflichtet sein.[150] Das Registergericht hat im Falle eines konstitutiven Statuswechsels auch das Vorliegen des erforderlichen Gesellschafterbeschlusses zu **prüfen.**[151] Umgekehrt ist ein **Statuswechsel entbehrlich,** wenn der materielle Rechtsformwechsel keines Registerwechsels bedarf, wie zB der Übergang von der OHG zur KG durch Änderung des Gesellschaftsvertrags oder Gesellschafterkreises.[152] **41a**

2. Anmeldung. Die Anmeldung der Personenhandelsgesellschaft erfolgt gem. § 106 Abs. 3 im Wege eines Statuswechsels beim Gesellschafts- oder Partnerschaftsregister, wenn die Gesellschaft bereits in einem dieser Register eingetragen ist.[153] **Zuständig** ist das Registergericht der eingetragenen Gesellschaft, dh, das Amtsgericht (vgl. § 707b Nr. 2 BGB, § 8 HGB, § 376 Abs. 2 FamFG, § 23a Abs. 1 S. 1 Nr. 2 GVG), in dessen Bezirk die Gesellschaft ihren Vertragssitz hat.[154] Erfolgt die Anmeldung bei einem unzuständigen Gericht, wird dieses sich nach § 3 Abs. 1 S. 1 FamFG durch **42**

---

[141] Vgl. Koch PersGesR/Koch/Harnos BGB § 707c Rn. 3; Heckschen/Freier MoPeG/Heckschen/Weitbrecht § 5 Rn. 12 ff.; Lieder GmbHR 2024, 897 Rn. 6; Noack/Göbel GmbHR 2021, 569 Rn. 1.

[142] Dazu ausf. Lieder NotBZ 2024, 361 ff.

[143] Wertenbruch/Alm ZPG 2023, 201 (202).

[144] Lieder GmbHR 2024, 897 Rn. 8.

[145] Vgl. Heckschen/Freier MoPeG/Heckschen/Weitbrecht § 5 Rn. 21, 27; Servatius BGB § 707c Rn. 6; Lieder GmbHR 2024, 897 Rn. 21.

[146] Für ein Formulierungsbeispiel vgl. Heckschen/Freier MoPeG/Heckschen/Weitbrecht § 5 Rn. 40; s. ferner MüKoHGB/Fleischer Rn. 64; Ebenroth/Boujong/Born Rn. 56; Staub/Schäfer Rn. 40.

[147] Dazu ausf. Lieder GmbHR 2024, 897 Rn. 22 ff.

[148] Dazu ausf. Lieder GmbHR 2024, 897 Rn. 26 ff.; vgl. weiter Ebenroth/Boujong/Born Rn. 56; MüKoHGB/Fleischer Rn. 64; MüKoBGB/Schäfer BGB § 707c Rn. 3.

[149] Heckschen/Freier MoPeG/Heckschen/Weitbrecht § 5 Rn. 32 f.; Servatius BGB § 707c Rn. 3.

[150] Dazu näher Lieder GmbHR 2024, 897 Rn. 21; vgl. noch Servatius BGB § 707c Rn. 6.

[151] Erman/Lieder BGB § 707c Rn. 3; MüKoBGB/Schäfer BGB § 707c Rn. 3; Servatius BGB § 707c Rn. 5; **aA** Heckschen/Freier MoPeG/Heckschen/Weitbrecht § 5 Rn. 70 ff.: Vorlage nach § 26 FamFG bei Zweifeln an Ordnungsmäßigkeit des Statuswechselbeschlusses.

[152] Koch PersGesR/Koch/Harnos BGB § 707c Rn. 3; Lieder GmbHR 2024, 897 Rn. 6; Wertenbruch/Alm ZPG 2023, 201 (205).

[153] Für Anmeldungsmuster vgl. Schäfer/Hermanns Personengesellschaftsrecht § 2 Rn. 26; Westermann/Wertenbruch PersGesR-HdB/Heckschen/Knaier Rn. I 229l; Böhringer/Melchior NotBZ 2022, 361 (363).

[154] Dazu ausf. Wertenbruch/Alm ZPG 2023, 201 (202 f.).

Beschluss für unzuständig erklären und das Verfahren an das zuständige Gericht verweisen.[155] Anders als nach § 198 Abs. 2 S. 2 UmwG bedarf es keiner (weiteren) Anmeldung beim Zielregister.[156]

42a Die Anmeldung richtet sich im Übrigen nach **§ 106 Abs. 2 und Abs. 7** (→ Rn. 16 ff., → Rn. 67 ff.). Der Statuswechsel ist – entgegen einer Literaturauffassung[157] – auch dann durch alle Gesellschafter anzumelden, wenn die zugrunde liegende materiellrechtliche Maßnahme des Rechtsformwechsels auf einem Mehrheitsbeschluss beruht.[158] In der Sache ist die Anmeldung darauf gerichtet, dass die Gesellschaft unter neuer Rechtsform im Zielregister fortgesetzt wird.[159] Zu diesem Zweck muss sie alle Angaben enthalten, die für die Eintragung im Zielregister erforderlich sind.[160] Im Zuge der Anmeldung des Statuswechsels können noch **weitere eintragungspflichtige Änderungen** der Gesellschaft angemeldet werden, namentlich Änderungen des Gesellschafterkreises (→ Rn. 48).[161]

42b Die Anmeldevorschrift des § 106 Abs. 3 findet hingegen **keine Anwendung,** wenn es an einer Eintragung der GbR in das Gesellschaftsregister fehlt. In diesem Fall findet kein Statuswechsel iSd § 707c Abs. 1 BGB statt. Vielmehr vollzieht sich der Rechtsformwechsel auf Grundlage der Anmeldung zur Eintragung in das Handelsregister nach Maßgabe des § 106 Abs. 1 (→ Rn. 10 ff.).[162]

43 **3. Abgabeverfahren.** Im Ausgangsregister wird nach § 707c Abs. 2 BGB iVm § 106 Abs. 4 S. 2 ein **Statuswechselvermerk** eingetragen, dh, diejenige Rechtsform, in der die Gesellschaft in dem anderen Register fortgesetzt wird, also als OHG oder KG.[163] Zuvor **prüft** das Ausgangsregister, ob die Anmeldung des Statuswechsels (→ Rn. 42 f.) ordnungsgemäß erfolgt und die Gesellschaft im Ausgangsregister eingetragen ist und sich nicht in der Liquidation befindet, da sie andernfalls nicht als werbende Gesellschaft anderer Rechtsform fortgesetzt werden kann.[164] Anderes gilt nur für den Fall, dass die Gesellschafter den Auflösungsgrund beseitigen und die Fortsetzung der Gesellschaft beschließen.[165] Zudem ist zu prüfen, ob die im Gesellschafts- oder Partnerschaftsregister eingetragene eGbR oder PartG dort verbleiben muss, weil sie kein Handelsgewerbe betreibt und auch eine Eintragung nach § 107 Abs. 1 nicht in Betracht kommt, was eine Eintragung in das Handelsregister und somit einen Statuswechsel ausschließt.[166]

44 Der Statuswechselvermerk hat nach § 707c Abs. 2 S. 2 BGB iVm § 106 Abs. 4 S. 2 zugleich darauf hinzuweisen, dass die Eintragung erst mit der Eintragung der Personenhandelsgesellschaft im Handelsregister wirksam wird **(Vorläufigkeitsvermerk).** Seiner Eintragung bedarf es nur dann nicht, wenn die Eintragung im Ausgangs- und Zielregister am gleichen Tag erfolgt. Der Rechtsverkehr kann in diesem Fall davon ausgehen, dass mit der Eintragung auch der Statuswechsel stattgefunden hat.[167] Danach gibt das Ausgangsregister das Verfahren an das Zielregister (Handelsregister) ab (§ 707c Abs. 2 S. 3 BGB). Sobald die OHG oder KG in das Handelsregister eingetragen ist, wird im Ausgangsregister das Eintragungsdatum nachgetragen (§ 707c Abs. 2 S. 4 BGB). Lehnt das Zielregister die Eintragung ab oder wird die Anmeldung zurückgenommen, wird der Statuswechselvermerk von Amts wegen gelöscht (§ 707c Abs. 2 S. 5 BGB). Eines Vorläufigkeitsvermerks bedarf es nicht, wenn die Eintragungen im Ausgangs- und Zielregister am gleichen Tag erfolgen; der Rechtsverkehr kann dann davon ausgehen, dass mit der Eintragung auch der Statuswechsel stattgefunden hat.[168] Eine inhaltliche Prüfung des Ausgangsregisters ist hingegen nicht vorgesehen, weil dies in den Verantwortlichkeitsbereich des Zielregisters (Gesellschaftsregisters) fällt.

45 **4. Zielregisterverfahren. a) Prüfung durch Zielregistergericht.** Das Zielregister (Handelsregister) **prüft** nach § 106 Abs. 4 S. 1 die **Eintragungsvoraussetzungen** für den Statuswechsel

[155] Koch PersGesR/Koch/Harnos BGB § 707c Rn. 5; Lieder GmbHR 2024, 897 Rn. 9; Wertenbruch/Alm ZPG 2023, 201 (206); **abw.** Servatius BGB § 707c Rn. 8.
[156] Begr. RegE, BT-Drs. 19/27635, 137; dazu näher Lieder GmbHR 2024, 897 Rn. 11.
[157] Servatius BGB § 707c Rn. 10; vgl. noch DAV NZG 2020, 1133 Rn. 81.
[158] Dazu ausf. Lieder GmbHR 2024, 897 Rn. 10; vgl. auch Wertenbruch/Alm ZPG 2023, 201 (206).
[159] Noack/Göbel GmbHR 2021, 569 Rn. 16 ff.
[160] Koch PersGesR/Koch/Harnos BGB § 707c Rn. 6 aE; Lieder GmbHR 2024, 897 Rn. 11; Wertenbruch/Alm ZPG 2023, 201 (206).
[161] Begr. RegE, BT-Drs. 19/27635, 157; Noack/Göbel GmbHR 2021, 569 Rn. 19.
[162] Vgl. MüKoHGB/Fleischer Rn. 69; Wertenbruch/Alm ZPG 2023, 201 (203).
[163] S. die Formulierungsvorschläge bei Noack/Göbel GmbHR 2021, 569 Rn. 26 f.
[164] Erman/Lieder BGB § 707c Rn. 6; Koch PersGesR/Koch/Harnos BGB § 707c Rn. 3; Westermann/Wertenbruch PersGesR-HdB/Heckschen/Knaier Rn. I 229o; Noack/Göbel GmbHR 2021, 569 Rn. 20 f.; Wertenbruch/Alm ZPG 2023, 201 (206).
[165] Zur GbR ausf. Lieder GmbHR 2024, 897 Rn. 14 ff.
[166] Noack/Göbel GmbHR 2021, 569 Rn. 22.
[167] Begr. RegE, BT-Drs. 19/27635, 137.
[168] Begr. RegE, BT-Drs. 19/27635, 137.

nach § 106 Abs. 3 und § 106 Abs. 4 S. 2 iVm § 707c Abs. 2 BGB. Das betrifft im Einzelnen (1.) die Anmeldung des Statuswechsels beim Ausgangsregister, (2.) die dortige Eintragung des Statuswechselvermerks und (3.) die Abgabe des Verfahrens an das Zielregister. Zudem ist die **Eintragungsfähigkeit der statuswechselnden Gesellschaft** nach allgemeinen Grundsätzen durch das aufnehmende Register zu prüfen (§ 106 Abs. 4 S. 3 iVm § 106 Abs. 2; → Rn. 16 ff.).[169] Die Verweisung ist insofern teleologisch zu reduzieren, als die Versicherung über eine fehlende Voreintragung ohne Belang ist.[170] Darüber hinaus muss der Grundsatz der Firmenunterscheidbarkeit beachtet werden (§ 30 Abs. 1).[171] Beim Statuswechsel in eine OHG ist namentlich zu prüfen, ob ein Handelsgewerbe (§ 105 Abs. 1, § 1 Abs. 2) betrieben wird oder die Voraussetzungen des § 107 Abs. 1 erfüllt sind.[172] Soweit die Eintragung in das Handelsregister aufgrund der Öffnungsklausel nach § 107 Abs. 1 S. 2 (→ § 107 Rn. 13) erfolgen soll, ist auch die berufsrechtliche Zulässigkeit der betreffenden Freiberufler-Personengesellschaft zu prüfen.[173] Die Prüfung erstreckt sich bei einem konstitutiven Statuswechsel außerdem auf den notwendigen Gesellschafterbeschluss (→ Rn. 41a).[174] Die Formulierung als Soll-Vorschrift stellt klar, dass ein Verstoß die Wirksamkeit der Eintragung nicht beeinträchtigt.[175] Allerdings kommt ein Amtshaftungsanspruch gegen die Trägerkörperschaft des handelnden Registergerichts in Betracht.[176]

b) Eintragungsinhalt und Mitteilungen. Mit der Eintragung in das Zielregister wird der Statuswechsel vollzogen.[177] Bei einem konstitutiven Statuswechsel ändert sich infolge der Eintragung die Rechtsform (→ Rn. 41a). Nach § 106 Abs. 5 S. 1 hat die Eintragung der Handelsgesellschaft die Angabe des **Ausgangsregistergerichts,** die bisherige **Firma** oder den bisherigen **Namen** und die bisherige **Registernummer** zu enthalten.[178] Das soll die Identität der Gesellschaft aus den Eintragungen nachvollziehbar machen, namentlich für den Fall, dass sich Name/Firma und die Vertretungsverhältnisse im Zuge des Statuswechsels ändern (→ Rn. 48).[179] Das Zielregister teilt dem Ausgangsregister von Amts wegen den Tag der Eintragung der Gesellschaft in das Handelsregister und die neue Registernummer mit (§ 106 Abs. 5 S. 2), das daraufhin den Vorläufigkeitsvermerk löschen kann.[180] Eine solche Mitteilung erscheint als reine Förmelei und ist daher entbehrlich, wenn für beide Eintragungen derselbe Rechtspfleger zuständig ist.[181] Daraufhin kann das Ausgangsregister den Abschluss des Statuswechsels kenntlich machen und das alte Registerblatt schließen (§ 707c Abs. 2 S. 4 BGB iVm § 106 Abs. 4 S. 2). Sobald umgekehrt eine ablehnende Entscheidung rechtskräftig geworden ist, teilt das Zielregister dem Ausgangsregister von Amts wegen die Ablehnung der Eintragung mit (§ 106 Abs. 5 S. 3), wie zB wenn die Eintragung der Freiberufler-OHG an der mangelnden Öffnung des Berufsrechts nach § 107 Abs. 1 S. 2 scheitert. Schließlich ist der Statuswechsel- und Vorläufigkeitsvermerk im Ausgangsregister von Amts wegen zu löschen (§ 707c Abs. 2 S. 5 BGB iVm § 106 Abs. 4 S. 2). Dieser Löschungstatbestand ist spezieller als die Amtslöschung nach § 395 FamFG.[182] 46

5. Rechtsfolgen. In rechtsdogmatischer Hinsicht gilt für den Statuswechsel das **Identitätsprinzip.**[183] Der Rechtsträger bleibt trotz des Wechsels der Registereintragung und womöglich auch der Rechtsform identisch; wirkt die Eintragung konstitutiv, ändert sich lediglich die Verbandsform. Die 46a

[169] Vgl. Begr. RegE, BT-Drs. 19/27635, 138; Koch PersGesR/Koch/Harnos BGB § 707c Rn. 9; Westermann/Wertenbruch PersGesR-Hdb/Heckschen/Knaier Rn. I 229r; Lieder GmbHR 2024, 897 Rn. 19.

[170] Heckschen/Freier MoPeG/Heckschen/Weitbrecht § 5 Rn. 58; Lieder GmbHR 2024, 897 Rn. 20; Noack/Göbel GmbHR 2021, 569 Rn. 30; **aA** MüKoBGB/Schäfer BGB § 707c Rn. 6.

[171] Näher Noack/Göbel GmbHR 2021, 569 Rn. 31.

[172] Zust. MüKoHGB/Fleischer Rn. 77.

[173] Heckschen/Freier MoPeG/Heckschen/Weitbrecht § 5 Rn. 69; Lieder GmbHR 2024, 897 Rn. 19; Wertenbruch/Alm ZPG 2023, 201 (207).

[174] MüKoHGB/Fleischer Rn. 77; Staub/Schäfer Rn. 47.

[175] Noack/Göbel GmbHR 2021, 569 Rn. 29.

[176] Koch PersGesR/Koch/Harnos BGB § 707c Rn. 14 aE; Holzer ZNotP 2020, 239 (244); Lieder GmbHR 2024, 897 Rn. 20 aE.

[177] Vgl. Koch PersGesR/Koch/Harnos BGB § 707c Rn. 9; Heidel/Schmidt BGB § 707c Rn. 15; Lieder GmbHR 2024, 897 Rn. 30; Wertenbruch/Alm ZPG 2023, 201 (207).

[178] S. den Formulierungsvorschlag von Noack/Göbel GmbHR 2021, 569 Rn. 34.

[179] Vgl. Begr. RegE, BT-Drs. 19/27635, 138.

[180] S. den Formulierungsvorschlag von Noack/Göbel GmbHR 2021, 569 Rn. 37 f.

[181] Vgl. Koch PersGesR/Koch/Harnos BGB § 707c Rn. 17 aE; Westermann/Wertenbruch PersGesR-HdB/Heckschen/Knaier Rn. I 229t; Lieder GmbHR 2024, 897 Rn. 31.

[182] Koch PersGesR/Koch/Harnos BGB § 707c Rn. 11; Holzer ZNotP 2020, 239 (244); Lieder GmbHR 2024, 897 Rn. 32.

[183] Dazu und zum Folgenden ausf. Lieder GmbHR 2024, 897 Rn. 33 ff.; vgl. auch MüKoHGB/Fleischer Rn. 63; Wertenbruch/Alm ZPG 2023, 201 (202).

Rechtsverhältnisse zu Dritten und auch der Gesellschafterkreis ändert sich durch den Statuswechsel grundsätzlich nicht. Eine Vermögensübertragung findet nicht statt, sodass namentlich § 566 BGB keine Anwendung findet.[184] Auf Grundlage privatautonomer Gestaltungsfreiheit können sich die Gesellschafter nach allgemeinen Grundsätzen aber auf einen **Gesellschafterwechsel** verständigen, etwa bei einem Wechsel einer eGbR oder PartG in eine KG eine Komplementär-GmbH als persönlich haftende Gesellschafterin aufzunehmen, während alle übrigen Gesellschafter zu Kommanditisten werden.[185] Der Beitritt kann unter die aufschiebende Bedingung der Registereintragung gestellt werden. Auch anderweitige Änderungen des Gesellschaftsvertrags im Zuge des Statuswechsels sind zulässig und müssen nach Abs. 6 zur Eintragung in das Zielregister angemeldet werden.[186] **Rechtsstreitigkeiten** werden aufgrund der Identität des Rechtsträgers schlicht fortgesetzt, und zwar ohne Unterbrechung iSd. § 239 ZPO oder Rechtsnachfolge iSd. § 265 ZPO; auch einer Klageänderung bedarf es nicht.[187] Lediglich eine Berichtigung des Rubrums ist erforderlich.[188] Der notwendige Nachweis kann durch Vorlage des Auszugs aus dem Zielregister geführt werden.[189] Auch kann nach § 750 ZPO ohne Weiteres gegen die im Zielregister eingetragene Gesellschaft vollstreckt werden.[190]

47 **6. Statuswechsel in die KG.** Besonderheiten gelten für den Wechsel in die KG. Das betrifft in formeller Hinsicht den Inhalt der Anmeldung, die bereits Angaben zu den Kommanditisten und deren Haftsummen enthalten muss.[191] Verändert sich die Rechtsstellung eines Gesellschafters im Zuge des Statuswechsels dergestalt, dass er nun als Kommanditist fungiert, findet nach § 707c Abs. 5 S. 1 BGB auf die **Haftung für Altverbindlichkeiten** § 728b BGB entsprechende Anwendung. Dies führt zu einer Beschränkung der unbeschränkten persönlichen Haftung nach §§ 721 ff. BGB für vor dem Statuswechsel begründete Verbindlichkeiten nach Ablauf von fünf Jahren nach Wirksamwerden des Statuswechsels. Das gilt auch für den Fall, dass er als Gesellschafter oder in einem der GbR als Gesellschafter angehörendem Unternehmen geschäftsführend tätig wird (§ 707c Abs. 5 S. 2 BGB).[192] Aus rechtspolitischer Perspektive ist die Nachhaftungsbegrenzung zu begrüßen, weil sie dem Interesse von Rechtssicherheit und Rechtsfrieden dient und der Gefahr einer Endloshaftung entgegenwirkt.[193] Unberührt bleibt nach § 707c Abs. 5 S. 3 seine **Haftung als Kommanditist.**

47a Davon abgesehen haftet der (spätere) Kommanditist für Verbindlichkeiten, die nach der Umwandlung der Rechtsstellung, aber **vor der Eintragung als Kommanditist** entstehen, nach Maßgabe des § 15 Abs. 1.[194] Voraussetzung ist allerdings, dass es sich um eine **Ist-KG** handelt, die ein Handelsgewerbe betreibt. Führt erst die Eintragung zur Entstehung einer KG **(Kann-KG),** dann besteht vor Eintragung noch keine KG. Die persönliche Haftung der Gesellschafter folgt stattdessen aus den Regeln, die für die bisherige Rechtsform gelten (vgl. §§ 721 ff. BGB, §§ 126 ff., § 8 PartGG).

VI. Anzumeldende Änderungen (Abs. 6)

48 **1. Grundlagen.** Nach Abs. 6 sind bestimmte spätere **Änderungen der Gesellschaftsverhältnisse** ebenfalls in das Handelsregister einzutragen. Das betrifft die Änderung der Firma, des Sitzes der Gesellschaft oder der Geschäftsanschrift, der Vertretungsmacht der Gesellschafter sowie den Eintritt neuer und das Ausscheiden bisheriger Gesellschafter. Der Vorschrift gehen die §§ 29, 31 vor. § 31 verpflichtet für den Fall des Inhaberwechsels einer Firma zur Anmeldung. Diese für Einzelkaufleute geltende Vorschrift gilt nach § 6 Abs. 1 auch für Personengesellschaften, sofern nicht Sondervorschriften eingreifen. Von dem nach § 31 anmeldepflichtigen **Inhaberwechsel** unterscheidet sich der **Gesellschafterwechsel** iSd § 106 Abs. 6 insofern, als er die Unternehmensträgerschaft der OHG nicht berührt.[195] Weitere Anmeldepflichten bei nachträglichen Veränderungen ursprünglich anmeldepflichtiger Tatsachen finden sich in §§ 141, 147, 150 sowie in § 198 UmwG.

---

[184] Lieder GmbHR 2024, 897 Rn. 33; Wertenbruch/Alm ZPG 2023, 201 (202).

[185] Begr. RegE, BT-Drs. 19/27635, 137.

[186] Vgl. Koch PersGesR/Koch/Harnos BGB § 707c Rn. 11; BeckOGK/Krafka, 1.7.2025, BGB § 707c Rn. 12; Lieder GmbHR 2024, 897 Rn. 34.

[187] Dazu ausf. Lieder GmbHR 2024, 897 Rn. 35; vgl. auch Wertenbruch/Alm ZPG 2023, 201 (202).

[188] So auch MüKoHGB/Fleischer Rn. 63 aE.

[189] Lieder GmbHR 2024, 897 Rn. 35; Wertenbruch/Alm ZPG 2023, 201 (202).

[190] Wertenbruch/Alm ZPG 2023, 201 (202); Lieder GmbHR 2024, 897 Rn. 35 aE.

[191] Lieder GmbHR 2024, 897 Rn. 40; Wertenbruch/Alm ZPG 2023, 201 (208).

[192] Dazu näher Lieder GmbHR 2024, 897 Rn. 43; Wertenbruch/Alm ZPG 2023, 201 (208).

[193] Lieder GmbHR 2024, 897 Rn. 41; positiv auch MüKoBGB/Schäfer BGB § 707c Rn. 14; krit. aber Servatius BGB § 707c Rn. 15.

[194] Begr. RegE, DT-Drs. 19/27635, 139; BeckOGK/Krafka, 1.7.2025, BGB § 707c Rn. 24; Lieder GmbHR 2024, 897 Rn. 42; iErg ebenso Koch PersGesR/Koch/Harnos BGB § 707c Rn. 20; **abw.** – für § 176 Abs. 1 – Servatius BGB § 707c Rn. 15.

[195] BayObLG 19.12.1989, BayObLGZ 1989, 474 (477) = NJW-RR 1990, 868 (869); Staub/Schäfer Rn. 57.

Ebenso wie die allgemeine Anmeldepflicht nach § 106 Abs. 1 dient § 106 Abs. 6 dem **Schutz des Rechtsverkehrs** und soll die **Aktualität des Handelsregisters** gewährleisten. Die Vorschrift ist daher ebenso wie die des § 106 Abs. 1 öffentlich-rechtlicher und **zwingender** Natur[196] und hat eine erhebliche formale Bedeutung. Ihre Einhaltung kann nach § 14 erzwungen werden. 49

Abs. 6 geht zurück auf Art. 87 ADHGB und wurde durch Art. 1 Gesetz über elektronische Register und Justizkosten für Telekommunikation **(ERJuKoG)** vom 10.12.2001 (BGBl. 2001 I 3422) mWv 15.12.2001 geändert. Ebenso wie bei der erstmaligen Anmeldung nach § 106 Abs. 2 Nr. 3 (→ Rn. 32) ist auch bei jeder späteren Änderung der Vertretungsmacht eines Gesellschafters, auch für den Fall, dass sie von der gesetzlichen Regel des § 124 (→ § 124 Rn. 20) nicht abweicht, die Anmeldung erforderlich. Damit soll die Übersichtlichkeit des elektronisch leichter verfügbaren Handelsregisters auch für den ausländischen Rechtsverkehr erhöht werden.[197] 50

Durch **Art. 3 MoMiG** ist die Regelung um den Zusatz ergänzt worden, dass auch die Änderung der Geschäftsadresse anzumelden ist. Die Vorschrift steht in Zusammenhang mit der Einfügung der Geschäftsadresse in § 106 Abs. 2 (→ Rn. 8). Die bloße Änderung der Geschäftsadresse ist seit der **Aktienrechtsnovelle von 2016** vom 22.12.2015 (BGBl. 2015 I 2565) mWv 31.12.2015 nicht mehr durch alle Gesellschafter zur Eintragung anzumelden (→ Rn. 69). 51

Im Zuge der Umsetzung der **RL (EU) 2025/25**[198] hat der deutsche Gesetzgeber nach Maßgabe des Art. 15 Abs. 2 lit. a GesR-RL dafür zu sorgen, dass die offenlegungspflichtigen Informationen innerhalb von **15 Arbeitstagen** ab dem Tag, an dem die Änderung vorgenommen worden ist, zur Eintragung in das Handelsregister angemeldet werden. Diese Vorgabe kann entweder durch eine Modifikation des § 106 Abs. 6 oder durch eine allgemeine Regelung im Kontext der §§ 12, 14 in deutsches Recht transformiert werden.[199] Erfasst werden von den unionsrechtlichen Vorgaben allerdings nur **deklaratorische Eintragungen.** Soweit die Eintragung konstitutiv wirkt, findet die Fristregelung keine Anwendung. Das betrifft namentlich eine Verlegung des Vertragssitzes unter Beibehaltung des Verwaltungssitzes, die erst mit der Eintragung wirksam wird (→ Rn. 54). Für die Interpretation des Begriffs „Arbeitstag" ist zu berücksichtigen, dass der Samstag – anders als bei einem „Werktag" (vgl. § 193 BGB) – bei der Fristberechnung nicht zu berücksichtigen ist.[200] 51a

2. Anmeldepflicht. a) Beginn und Ende. Anzumelden sind alle in § 106 Abs. 6 genannten Tatsachen, die bereits eingetreten sind oder bis zur Eintragung eintreten werden. **Vorsorglich** müssen künftige Änderungen nicht angemeldet werden.[201] Zulässig ist allerdings die Verknüpfung der einzutragenden Tatsache mit einer aufschiebenden Bedingung,[202] wie zB in dem praktisch häufigen Fall des Kommanditistenbeitritts (→ § 176 Rn. 37). Die Vorschrift findet auch noch im **Liquidationsstadium** der Gesellschaft Anwendung.[203] 52

b) Inhalt. aa) Firmenänderung. Zur Änderung der Firma gehören Änderungen der ganzen Firma, des Firmenkerns oder der Bestandteile der Firma.[204] Die Zulässigkeit einer Änderung der Firma beurteilt sich nach den allgemeinen Vorschriften (§§ 17 ff.). Zur Prüfungspflicht des Registergerichts gehört auch die Prüfung der Zulässigkeit der Firmenänderung nach diesen Vorschriften (→ Rn. 37). Wird hingegen die Veränderung anderweitiger Tatsachen zur Eintragung angemeldet, kann deren Eintragung nicht wegen der Verwendung einer unrichtigen Firma abgelehnt werden. Hiergegen kann das Registergericht separat nach § 37 sowie § 392 FamFG oder § 395 FamFG einschreiten.[205] Um eine bei der Gesellschaft einzutragende Firmenänderung handelt es sich nicht, wenn nur die Firma einer Gesellschafterin geändert wird.[206] Hier hat eine Berichtigung entsprechend § 17 HRV zu erfolgen.[207] 53

---

196 Ebenroth/Boujong/Born Rn. 4.

197 Begr. RegE, BT-Drs. 14/6855, 19.

198 RL (EU) 2025/25 des Europäischen Parlaments und des Rates vom 19.12.2023 zur Änderung der Richtlinien 2009/102/EG und (EU) 2017/1132 zur Ausweitung und Optimierung des Einsatzes digitaler Werkzeuge und Verfahren im Gesellschaftsrecht, ABl. L, 2025/25, 10.1.2025.

199 Dazu näher Tassius ZPG 2024, 325 Rn. 16.

200 Vgl. MüKoBGB/Grothe BGB § 193 Rn. 2 f.

201 BayObLG 21.5.1970, NJW 1970, 1796; MüKoHGB/Fleischer Rn. 104; Staub/Schäfer Rn. 52; Koch/Koch/Harnos Rn. 24.

202 BGH 28.10.1981, BGHZ 82, 209 (212); RGHMW/Haas/Wöstmann Rn. 28; MüKoHGB/Fleischer Rn. 104; Staub/Schäfer Rn. 52; Koch PersGesR/Koch/Harnos Rn. 24.

203 Staub/Schäfer Rn. 63; Heymann/Emmerich § 107 Rn. 3; MüKoHGB/Fleischer Rn. 105.

204 MüKoHGB/Fleischer Rn. 88; Staub/Schäfer Rn. 53.

205 BGH 4.7.1977, NJW 1977, 1879 (1880); BayObLG 3.3.1988, WM 1988, 710 (711).

206 OLG Celle 18.9.2012, DNotZ 2013, 304.

207 OLG Hamm 26.10.2010, NZG 2010, 631; OLG Celle 18.9.2012, DNotZ 2013, 304; vgl. noch Hopt/Roth Rn. 27.

54 **bb) Sitzverlegung.** Zu einer Sitzverlegung kann es sowohl durch Änderungen des Schwerpunkts der unternehmerischen Betätigung kommen oder durch eine gesellschaftsvertragliche Änderung des Satzungssitzes unter Beibehaltung des Verwaltungssitzes (→ Rn. 19). Im ersten Fall hat die Eintragung der Sitzänderung deklaratorische Bedeutung,[208] im zweiten Fall wirkt sie konstitutiv.[209] Das Verfahren richtet sich nach § 13h. In der **Liquidation** ist eine Sitzverlegung nur zulässig, wenn der Liquidationszweck dies erfordert (→ Rn. 17). Nach der inzwischen geltenden **Gründungstheorie** führt eine Verlegung des Sitzes aus dem EU-Ausland sowie der Wegzug in das EU-Ausland nicht mehr zu einem Wechsel des Personalstatuts oder zu der Auflösung der Gesellschaft (→ Rn. 20, → § 105 Rn. 180). Gleiches gilt auch für Sitzverlegung unter Beteiligung von Drittstaaten (→ Rn. 20, → § 105 Rn. 181).

55 Wird bei einer Personenhandelsgesellschaft die Sitzverlegung angemeldet, steht es im Ermessen des Gerichts des bisherigen Sitzes, ob es Anmeldungen, die gleichzeitig mit der Sitzverlegung oder vorher bei ihm eingegangen und noch nicht erledigt sind, noch vornimmt, oder ob es diese dem Gericht des neuen Sitzes zur Erledigung zuleitet. Die im **Verfahren** der Bestimmung des örtlich zuständigen Gerichts nachprüfbare Ermessensentscheidung ist regelmäßig dann nicht zu beanstanden, wenn die anderen Anmeldungen bei Anmeldung der Sitzverlegung noch nicht erledigungsreif waren. Mit der Abgabe der anderen Anmeldungen an das Gericht des neuen Sitzes wird für das Gericht des neuen Sitzes eine örtliche Zuständigkeit auch für diese anderen Anmeldungen begründet.[210]

56 **cc) Geschäftsanschrift.** Die Anmeldung einer geänderten Geschäftsanschrift soll gewährleisten, dass diese auch nach einer Verlegung bekannt ist.[211] Die Vorschrift unterscheidet nicht, ob es sich um eine im Inland oder im Ausland gegründete Gesellschaft handelt. Damit ist für alle, auch im **Inland** gegründeten Gesellschaften, festgelegt, dass neben der Sitzänderung (→ Rn. 17) auch die Änderung der Geschäftsanschrift anzumelden ist, die innerhalb der EU liegen muss.[212] Die Änderung der Geschäftsanschrift vollzieht sich unabhängig von einem Beschluss der Gesellschafter rein faktisch.[213] Die Anmeldepflicht besteht auch bei einem **Umzug** innerhalb derselben politischen Gemeinde.[214] Sie besteht auch bei Eröffnung des **Insolvenzverfahrens** fort.[215] Bei Umzug in eine andere Gemeinde liegt gleichzeitig eine Sitzverlegung vor (→ Rn. 17).

57 **dd) Eintritt und Austritt eines neuen Gesellschafters. (1) Grundsatz.** Anmeldepflichtig sind der Eintritt und das Ausscheiden eines Gesellschafters. Die Rechtsgrundlage für den Eintritt des neuen Gesellschafters und das Ausscheiden eines bisherigen Gesellschafters ist unerheblich, sodass alle Fälle des Beitritts und des Ausscheidens (erfasst sind alle Ausscheidensgründe des § 130 Abs. 1 und Abs. 2), des Eintritts bei gleichzeitigem Austritt eines anderen Gesellschafters und der Übertragung des Gesellschaftsanteils erfasst werden.[216] Beim Anteilswechsel des **Kommanditisten** wird ein Rechtsnachfolgevermerk eingetragen (→ § 171 Rn. 54),[217] der bei der Übertragung eines OHG- oder Komplementäranteils ebenfalls eintragungsfähig ist.[218] Der Beitritt und das Ausscheiden kann auch auf erbrechtlicher, umwandlungsrechtlicher oder sonstiger **Gesamtnachfolge** beruhen.[219] Auch ein **fehlerhafter** Gesellschafterwechsel ist bis zur Geltendmachung der Fehlerhaftigkeit einzutragen (→ Rn. 11).[220]

58 **(2) Gesellschaft als Gesellschafter.** Der Eintritt eines Gesellschafters wird nur in das Handelsregister der OHG oder KG eingetragen, in die der Gesellschafter eintritt, nicht in das Register einer anderen Gesellschaft, deren Gesellschafterin die unmittelbar betroffene Gesellschaft ist.[221] Das gilt

[208] BGH 27.5.1957, WM 1957, 999 (1000); KG 22.10.1996, NJW-RR 1997, 868; MüKoHGB/Fleischer Rn. 91.
[209] Vgl. insofern Staub/Schäfer Rn. 54.
[210] KG 22.10.1996, NJW-RR 1997, 868.
[211] Begr. RegE, BT-Drs. 16/6140, 49.
[212] Begr. RegE, BT-Drs. 16/6140, 49; OLG Frankfurt 12.9.2011, NZG 2012, 585; OLG Schleswig 14.11.2011, NZG 2012, 775.
[213] Melchior GmbHR 2013, 853 (859).
[214] Krafka RegisterR Rn. 341.
[215] OLG Hamburg 27.1.2011, GmbHR 2011, 828; KG 26.4.2012, GmbHR 2012, 1007 beide zur GmbH.
[216] KG 20.1.2011, GWR 2011, 164; OLG Köln 1.12.2013, NZG 2013, 754 Rn. 5; MüKoHGB/Fleischer Rn. 96, 99; Staub/Schäfer Rn. 56 f.
[217] Zu den nach § 12 erforderlichen Unterlagen → § 12 Rn. 1 ff.; Heinze NZG 2011, 647 ff.
[218] Vgl. MüKoHGB/Fleischer Rn. 99; vgl. zur Übertragung eines Kommanditanteils noch OLG Köln 4.2.2004, NZG 2004, 416.
[219] BGH 3.7.1989, BGHZ 108, 187 (189 f.) = NJW 1989, 3152; Staub/Schäfer Rn. 57; RGHMW/Haas/Wöstmann Rn. 33; Heymann/Emmerich § 107 Rn. 7; Rawert/Endres ZIP 2016, 1609 (1610).
[220] KG 20.1.2011, GWR 2011, 164.
[221] MüKoHGB/Fleischer Rn. 98; Staub/Schäfer Rn. 57.

nach dem MoPeG auch für die Außen-GbR. Sie kann nach § 707a Abs. 1 S. 2 BGB iVm § 105 Abs. 3 nur dann Gesellschafterin einer Personenhandelsgesellschaft sein, wenn sie sich zuvor in das Gesellschaftsregister hat eintragen lassen (→ § 105 Rn. 75).

(3) Umwandlung der Beteiligung; Anteilsübernahme. Nach hM umfasst die Anmeldepflicht auch die **Umwandlung** der Stellung eines persönlich haftenden Gesellschafters in die eines Kommanditisten und umgekehrt.[222] Wegen der Einheitlichkeit der Mitgliedschaft kann ein persönlich haftender Gesellschafter nicht ohne Umwandlung einen Kommanditanteil hinzuerwerben (→ § 105 Rn. 69). **Übernimmt** ein Gesellschafter hingegen einen weiteren – gleichartigen – **Gesellschaftsanteil** bleibt seine originäre Gesellschafterstellung hiervon unberührt;[223] es gilt der Grundsatz der Einheitlichkeit und Unteilbarkeit der Mitgliedschaft (→ § 105 Rn. 69). Übernimmt ein Dritter alle Anteile und geht das Gesellschaftsvermögen daher im Wege der Gesamtnachfolge auf ihn über (→ § 105 Rn. 66 ff.), dann ist das Ausscheiden der bisherigen Gesellschafter und der Vermögensübergang auf den Dritten anzumelden und einzutragen.[224] 59

(4) Umwandlungen. Umwandlungen nach dem UmwG sind ebenfalls zur Eintragung in das Handelsregister anzumelden; das gilt für Verschmelzung gem. §§ 16, 17 UmwG, für die Spaltung nach §§ 129, 125 Abs. 1 S. 1 UmwG, §§ 16, 17 UmwG und für den Formwechsel gem. §§ 198, 199 UmwG. Die identitätswahrende Umwandlung einer OHG in eine KG oder umgekehrt durch Ein- oder Austritt von Kommanditisten oder durch vertragliche Umwandlung der Beteiligung vollziehen sich nach § 106 Abs. 6,[225] sodass zugleich der Beitritt eines Gesellschafters, die Umwandlung der Beteiligung eines Gesellschafters oder die Umwandlung der Gesellschaft selbst anzumelden sind.[226] 60

(5) Zwischeneintragung beim Gesellschafterwechsel. Ist bei einem Gesellschafterwechsel der Vorgänger des neuen Gesellschafters noch nicht in dem Handelsregister eingetragen gewesen, so kann der Rechtsnachfolger erst nach Zwischeneintragung seines Vorgängers in das Handelsregister eingetragen werden.[227] Das Gleiche gilt, wenn ein Gesellschafter vor der Eintragung der Gesellschaft bereits wieder ausgeschieden ist.[228] Zum Nachweis der Rechtsnachfolge ist für Anmeldungen zum Handelsregister die Vorlage eines Erbscheins erforderlich.[229] Bei öffentlich beurkundeten Verfügungen von Todes wegen reicht bei deren Eindeutigkeit in der Regel analog § 35 Abs. 1 S. 2 GBO deren Vorlage und die des Eröffnungsprotokolls.[230] 61

ee) Vertretungsmacht der Gesellschafter. Auch soweit die Vertretungsmacht von der gesetzlichen Regel des § 124 (→ § 124 Rn. 20) nicht abweicht, ist die Angabe der Vertretungsmacht im Handelsregister erforderlich. Erfasst sind alle Veränderungen der Vertretungsmacht der Gesellschafter, unabhängig davon, ob es sich um die abstrakte Vertretungsmacht oder die Vertretungsbefugnis bestimmter Gesellschafter handelt.[231] Bei der KG ist auch die Einräumung organschaftlicher Vertretungsmacht an Dritte erfasst, namentlich die Bestellung von (Fremd-)Geschäftsführern der Komplementär-GmbH oder UG.[232] **Nicht anzugeben**[233] und damit auch nicht bei Änderungen anzumelden sind **Ermächtigungen** nach § 124 Abs. 2 S. 2 (→ § 124 Rn. 28 ff.). Ebenfalls nicht anzugeben ist eine dem Kommanditisten eventuell rechtsgeschäftlich erteilte **Vollmacht**[234] und damit auch nicht die Änderung dieser Tatsache. Seit der Gesetzesänderung durch das ERJuKoG gehört auch die Angabe der Befreiung vom Verbot des **Selbstkontrahierens** nach § 181 BGB zur Pflichtangabe[235] und dementsprechend Veränderungen im Hinblick hierauf (→ Rn. 32). 62

---

[222] BayObLG 3.3.1988, WM 1988, 710 (711); Staub/Schäfer Rn. 58; RGHMW/Haas/Wöstmann Rn. 35; Hopt/Roth Rn. 25; **aA** BayObLG 21.5.1970, NJW 1970, 1796.

[223] Vgl. BGH 19.6.1963, BB 1963, 1076 (1077); BayObLG 10.12.1982, WM 1983, 279 (281); KG 30.7.1936, JW 1936, 2933; MüKoHGB/Fleischer Rn. 100; RGHMW/Haas/Wöstmann Rn. 39.

[224] KG 30.11.2018, NZG 2019, 143.

[225] Vgl. Lutter/Hoger UmwG § 190 Rn. 13.

[226] Staub/Schäfer Rn. 60.

[227] KG 20.1.2011, GWR 2011, 164 mwN; OLG Hamm 7.1.1993, DB 1993, 876.

[228] OLG Oldenburg 20.3.1987, DB 1987, 1527 f.

[229] OLG Hamm 12.12.1985, Rpfleger 1986, 139 (140); OLG Frankfurt 30.8.1993, Rpfleger 1994, 67 (68); KG 30.5.2000, NZG 2000, 1167; OLG Köln 9.9.2004, NZG 2005, 37 (38).

[230] KG 30.5.2000, NZG 2000, 1167 (1168) obiter; 5.10.2006, NZG 2007, 101; MüKoHGB/Fleischer Rn. 130; vgl. allg. zum Erbschaftsnachweis BGH 7.6.2005, NJW 2005, 2779.

[231] Beispiele bei Busch Rpfleger 2003, 329 (332 f.).

[232] BGH 21.7.2020, BeckRS 2020, 19263 Rn. 18 ff. m. zust. Anm. Lieder/Karpp EWiR 2020, 581 f.

[233] Hopt/Roth § 106 Rn. 16; KKD/Kindler § 106 Rn. 2; **aA** Servatius NZG 2002, 456 (458).

[234] OLG Frankfurt 26.9.2005, NZG 2006, 262 (263); OLG Hamburg 4.12.2008, NZG 2009, 957.

[235] Begr. RegE, BT-Drs. 14/6855, 19; Ebenroth/Boujong/Born § 106 Rn. 46.

63 **c) Verfahren.** Die Form der Anmeldung ist in § 12 geregelt. Zuständig ist nach § 106 Abs. 1 das **Registergericht** am Sitz der Gesellschaft (→ Rn. 15). **Anmeldepflichtig** sind alle Gesellschafter (§ 106 Abs. 7). Für die Änderung der **inländischen Geschäftsanschrift** besteht die Erleichterung, dass nur die vertretungsberechtigten Gesellschafter die Änderung anzumelden haben (→ Rn. 84). Zur **Löschung** → Rn. 38. **Beschwerdebefugt** im Anmeldungsverfahren sind nach § 383 FamFG alle zur Anmeldung berufenen Gesellschafter, aber auch der einzelne Gesellschafter, wenn dessen Recht beeinträchtigt ist.[236]

64 **3. Nicht anmeldepflichtige Änderungen.** Keine Anmeldepflicht besteht bei Änderungen der in § 106 Abs. 2 Nr. 2 lit. a bei der Erstanmeldung erforderlichen Angaben der **Personalien der Gesellschafter** wie Name, Vorname und Wohnort. Sie sind aber aus Klarstellungsgründen eintragungsfähig.[237] Entgegen § 106 Abs. 7 genügen hier aber die Anmeldung durch den betroffenen Gesellschafter und der Nachweis durch öffentliche Urkunden.[238]

65 Bei einer **Geschlechtsumwandlung** kommt auf Antrag analog § 21 Abs. 1 HRV eine Änderung des Vornamens durch Umschreibung auf ein neues Registerblatt in Betracht.[239] Mit Blick auf die berechtigten Interessen des Rechtsverkehrs und die Integrität des Handelsregisters ist eine vollständige – rückwirkende – Tilgung des bisherigen Namens unzulässig; der ursprünglich geführte Vorname muss auch weiterhin aus dem Handelsregister erkennbar sein.[240] Ein entsprechender Löschungsanspruch ergibt sich auch nicht aus § 5 TSG. Stattdessen wiegen Aspekte unionsrechtlicher Registerpublizität höher[241] und vermögen sich im Ergebnis auch gegen verfassungsrechtliche Bedenken durchzusetzen.[242]

66 Nach § 17 HRV können daneben Schreibversehen oder ähnliche **offenbare Unrichtigkeiten** in einer Eintragung korrigiert werden. Die Vorschrift wird entsprechend auf die nachträgliche Änderung tatsächlicher Umstände der Eintragung angewandt.[243] Handelt es sich etwa um die Berichtigung der Firma einer **Komplementär-GmbH,** kann das Registergericht entsprechend § 34 GBO selbst die Mitteilung prüfen, wenn sie bei diesem Gericht eingetragen ist.[244] Wird der Unternehmensgegenstand angemeldet (→ Rn. 34), so hat das Registergericht auch auf die Eintragung einer Änderung des **Unternehmensgegenstandes** hinzuwirken.[245]

VII. Anmeldung durch alle Gesellschafter (Abs. 7)

67 **1. Grundlagen.** Nach § 106 Abs. 7 S. 1 haben **alle Gesellschafter** einer OHG und über § 161 Abs. 2 die einer KG die nach § 106 Abs. 1 und Abs. 6 erforderlichen Anmeldungen vorzunehmen. **Erleichterungen** gelten nach § 106 Abs. 7 S. 2 und S. 3 für die Mitwirkung der Erben nach Ausscheiden eines Gesellschafters durch Tod (→ Rn. 82) sowie für die Änderung der Geschäftsanschrift (→ Rn. 84).

68 Die Mitwirkungspflicht sämtlicher Gesellschafter soll gewährleisten, dass die angemeldeten Tatsachen der **Wahrheit** entsprechen.[246] Zugleich kann allen Gesellschaftern der **Rechtsschein** nach § 15 Abs. 3 zugerechnet werden, wenn sie an der Anmeldung beteiligt waren.[247] Sofern die Gesellschafter nach § 107 Abs. 1 durch fakultative Eintragung in das Handelsregister die Rechtsform der OHG oder KG begründen, soll die Mitwirkungspflicht allen Gesellschaftern die **Tragweite** der

---

[236] OLG Hamm 26.1.2010, NZG 2010, 631; enger OLG Schleswig 20.1.2010, NZG 2010, 957 (958).

[237] OLG Frankfurt 30.9.2014, NZG 2015, 710 Rn. 14; Brandner FS Kellermann, 1991, 37 (49); MüKoHGB/Fleischer Rn. 106; Hopt/Roth Rn. 27; RGHMW/Haas/Wöstmann Rn. 40; **aA** Schlegelberger/Martens § 107 Rn. 11.

[238] AllgM: OLG Frankfurt 30.9.2014, NZG 2015, 710 Rn. 17; MüKoHGB/Fleischer Rn. 106; Ebenroth/Boujong/Born Rn. 101; zu den Anforderungen an den Inhalt der Vollmacht vgl. KG 1.3.2005, NZG 2005, 626.

[239] OLG Schleswig 17.4.2014, NZG 2014, 831 (833); MüKoHGB/Fleischer Rn. 107; Lutter/Hommelhoff/Bayer GmbHG § 8 Rn. 3; ausdrücklich offengelassen von BGH 3.2.2015, NJW 2015, 2116 Rn. 26.

[240] BGH 3.2.2015, NJW 2015, 2116 Rn. 8 ff.; zust. Lutter/Hommelhoff/Bayer GmbHG § 8 Rn. 3; Kleefass EWiR 2015, 533 (534); J. Schmidt GmbHR 2015, R209 (R210); Westermann/Wertenbruch PersGesR-HdB/Wertenbruch Rn. I 174c.

[241] Dazu ausf. Lutter/Bayer/Schmidt EuropUnternehmensR § 19 Rn. 13 ff.

[242] Lutter/Hommelhoff/Bayer GmbHG § 8 Rn. 3; J. Schmidt GmbHR 2015, R209 (R210).

[243] OLG Hamm 26.1.2010, NZG 2010, 631; Hopt/Roth Rn. 27.

[244] OLG Hamm 26.1.2010, NZG 2010, 631; OLG Celle 18.9.2012, DNotZ 2013, 304 sowie zu den dahingehenden Rechtsschutzmöglichkeiten der Gesellschafter.

[245] MüKoHGB/Fleischer Rn. 108.

[246] BGH 21.7.2020, BeckRS 2020, 19263 Rn. 20 m. zust. Anm. Lieder/Karpp EWiR 2020, 581 f.; Ebenroth/Boujong/Born Rn. 104.

[247] BGH 21.7.2020, BeckRS 2020, 19263 Rn. 20 m. zust. Anm. Lieder/Karpp EWiR 2020, 581 f.; MüKoHGB/Fleischer Rn. 110; Staub/Schäfer Rn. 64.

Entscheidung vor Augen führen.[248] Der formalen Ordnungsfunktion des Handelsregisters entspricht die hohe **Bedeutung** der Regelung (→ Rn. 4).

Die durch Art. 3 Aktienrechtsnovelle 2016 vom 22.12.2015 (BGBl. 2015 I 2565) mWv 31.12.2015 verankerte **Ausnahme** von dem Grundsatz, dass Anmeldungen von sämtlichen Gesellschaftern zu bewirken sind, soweit sich nur die **Geschäftsanschrift** ändert, dient der Vereinfachung des Anmeldeverfahrens; eine Anmeldung durch sämtliche Gesellschafter sieht der Reformgesetzgeber mit Recht als unverhältnismäßig an.[249] Die durch das MoPeG hinzugefügte Erleichterung beim **Ausscheiden durch Tod** zielt darauf ab, eine möglichst baldige Beschränkung der Nachlasshaftung für nach dem Todesfall begründete Gesellschaftsverbindlichkeiten zu gewährleisten, wenn zwar der Tod des Gesellschafters zweifelsfrei feststeht, nicht aber dessen Erben oder deren Erreichbarkeit.[250] 69

2. Entwicklung. Der frühere § 108 Abs. 2 wurde durch **Art. 1 EHUG** mWv 1.1.2007 aufgehoben. Hiernach war den vertretungsberechtigten Gesellschaftern auferlegt worden, ihre Namensunterschrift unter Angabe der Firma zur Aufbewahrung beim Registergericht zu zeichnen. Das Erfordernis einer Unterschriftsprobe wurde aufgegeben, weil man selbst bei einer gescannten Unterschrift im elektronischen Register keine ausreichende Echtheitsprüfung vornehmen könne, schließlich komme es hierfür auch auf die Druckpunkte an. Zudem berge die Online-Präsentation eingescannter Unterschriften ein Missbrauchsrisiko.[251] 70

Durch Art. 3 **Aktienrechtsnovelle 2016** (→ Rn. 51) ist die Norm dahingehend ergänzt worden, dass die Mitwirkung sämtlicher Gesellschafter nicht erforderlich ist, wenn sich nur die – damals noch inländische – **Geschäftsadresse** ändert. Hintergrund war, dass im Rahmen des MoMiG (BGBl. 2008 I 2026) die Anmeldepflicht bei Änderungen der inländischen Geschäftsanschrift in § 107 aF eingefügt (→ Rn. 8), dabei aber übersehen wurde, dass dann nach § 108 aF sämtliche Gesellschafter zur Anmeldung verpflichtet sind. Anders als bei den anderen in § 107 anmeldepflichtigen Rechtsänderungen handelt es sich bei der Änderung der inländischen Geschäftsanschrift indes um kein grundlegendes Geschäft, sodass die Anmeldung durch alle Gesellschafter aus Gründen des Minderheitenschutzes nicht erforderlich ist. Dementsprechend kann nun nach § 106 Abs. 7 S. 3 zur Erleichterung der Anmeldung auf die Mitwirkung einer Vielzahl von Gesellschaftern, etwa bei Publikumspersonengesellschaften, verzichtet werden; stattdessen reicht die Anmeldung durch die vertretungsberechtigten Gesellschafter aus.[252] 71

Das **MoPeG** hat § 108 aF in Form des § 106 Abs. 7 übernommen und zugleich die weitere Erleichterung des § 106 Abs. 7 S. 2 hinzugefügt, wonach beim **Ausscheiden** eines Gesellschafters **durch Tod** die Anmeldung ohne Mitwirkung der – womöglich unbekannten oder unerreichbaren – Erben erfolgen kann, soweit einer solchen Mitwirkung besondere Hindernisse entgegenstehen. 72

3. Anmeldepflicht. a) Öffentlich-rechtliche Pflicht. Die Anmeldepflicht trifft jeden einzelnen Gesellschafter gegenüber dem Registergericht. Sie ist öffentlich-rechtlicher Natur und zwingendes Recht (→ Rn. 10). Sie kann nach § 14 iVm § 388 FamFG mit Zwangsmitteln gegen den säumigen Gesellschafter persönlich[253] durchgesetzt werden. Die Gesellschaft kann jedoch Rechtsmittel gegen die Zwangsgeldfestsetzung gegen den Gesellschafter einlegen.[254] Handelt es sich bei dem säumigen Gesellschafter seinerseits um eine juristische Person oder eine Personengesellschaft, richtet sich das Ordnungsverfahren gegen deren gesetzliche Vertreter.[255] 73

b) Verpflichtung aus dem Gesellschaftsverhältnis. Aus dem Gesellschaftsverhältnis sind auch die Gesellschafter untereinander verpflichtet, bei der Anmeldung mitzuwirken.[256] Der Anspruch steht nicht der Gesellschaft, sondern nur den **Gesellschaftern** zu und kann von diesen im Wege der Klage verfolgt werden.[257] Der in Anspruch genommene Gesellschafter kann sich nicht mit einem Zurückbehaltungsrecht gegenüber den anderen Gesellschaftern verteidigen, sondern nur mit den 74

---

[248] Koch/Koch/Harnos Rn. 26; MüKoHGB/Fleischer Rn. 110; KKD/Kindler § 108 Rn. 1.

[249] Begr. RegE, BT-Drs. 18/4349, 34.

[250] Begr. RegE, BT-Drs. 19/27635, 132.

[251] Begr. RegE, BT-Drs. 16/960, 47, 48.

[252] Begr. RegE, BT-Drs. 18/4349, 34; zum RegE der Aktienrechtsnovelle 2012, BT-Drs. 17/8989, 23 s. Herchen/Haack GmbHR *2012*, 508 ff.

[253] MüKoHGB/Fleischer Rn. 113; Staub/Schäfer Rn. 69.

[254] BGH 11.7.1957, BGHZ 25, 154 (157) = NJW 1957, 1558; BayObLG 12.11.1987, BB 1988, 88 (89); Koch PersGesR/Koch/Harnos Rn. 27.

[255] BayObLG 20.6.1974, DB 1974, 1521; MüKoHGB/Fleischer Rn. 113; RGHMW/Haas/Wöstmann Rn. 43.

[256] BGH 15.6.1959, BGHZ 30, 195 (197 f.) = NJW 1959, 1683 (1684); 2.5.1983, WM 1983, 785 (786); 17.12.2001, NJW-RR 2002, 538 (539).

[257] BGH 15.6.1959, BGHZ 30, 195 = NJW 1959, 1683; Ebenroth/Boujong/Born Rn. 20.

gegenüber der öffentlich-rechtlichen Verpflichtung zulässigen **Einwendungen,** die Voraussetzungen der § 106 lägen nicht vor.[258] Aus der Beteiligung im Anmeldungsverfahren folgt in **materiellrechtlicher Hinsicht** eine widerlegliche Vermutung für die Billigung der Erklärung, die in der Anmeldung gegenüber dem Registergericht abgegeben wird.[259]

75 Eine Klausel im Gesellschaftsvertrag einer Publikums-KG, nach der die Gesellschafter nach ihrer Wahl die Anmeldung unterzeichnen oder dem Geschäftsführer eine nur aus wichtigem Grund widerrufliche **Anmeldevollmacht** erteilen müssen, ist wirksam.[260]

76 **c) Inhalt der Anmeldung.** Anzumelden sind die in § 106 genannten **anmeldepflichtigen Tatsachen** einschließlich der **Änderungen** nach § 106 Abs. 6.[261] Die Mitwirkung sämtlicher Gesellschafter ist heute nicht mehr erforderlich, wenn sich nur die **Geschäftsadresse** ändert (→ Rn. 8, → Rn. 84). Auch die im Übrigen gesetzlich vorgeschriebenen Anmeldepflichten sind jeweils durch die vertretungsberechtigten Gesellschafter vorzunehmen. Allerdings existieren weitere **Spezialvorschriften,** etwa § 141 Abs. 1, § 142 Abs. 3, § 147 Abs. 1, nach welchen die Mitwirkung aller Gesellschafter vorgeschrieben ist.

77 **d) Verfahren.** In rechtsdogmatischer Hinsicht ist die Anmeldung als **Verfahrenshandlung,** nicht als privatrechtlich-materielles Rechtsgeschäft einzuordnen.[262] Daraus folgt, dass § 181 BGB unanwendbar ist und die Anmeldung nicht mit Wirkung ex tunc angefochten, sondern allenfalls zurückgenommen werden kann.[263] **Zuständig** ist nach § 106 Abs. 1 das Registergericht am Sitz der Gesellschaft (→ Rn. 15). Die **Form** der Anmeldung bestimmt sich nach § 12 Abs. 1. Gleichzeitige Abgabe aller Erklärungen ist nicht notwendig.[264] Weitere Urkunden müssen nicht vorgelegt werden.[265] Eine Ausnahme gilt für die erforderlichen, in öffentlich beglaubigter Form vorliegenden Urkunden wie die familiengerichtliche Genehmigung (→ § 105 Rn. 23). Gegen den die Eintragung ablehnenden Beschluss des Registergerichts ist nach § 382 FamFG die **Beschwerde** statthaft. Soweit zur Eintragung alle Gesellschafter verpflichtet sind, sind sie auch beschwerdeberechtigt.[266] Daher ist die Beschwerde durch nur einen Teil der Gesellschafter unzulässig.[267] Ebenso unzulässig ist eine Beschwerde durch die Gesellschaft selbst.[268]

78 **4. Anmeldepflichtige Personen. a) Gesellschafter.** Verpflichtet sind **alle Gesellschafter** der OHG oder KG, also auch die Kommanditisten,[269] nicht etwa nur die Gesellschafter in vertretungsberechtigter Zahl. Überhaupt ist unbeachtlich, ob die Gesellschafter vertretungs- und (oder) geschäftsführungsbefugt sind oder nicht. Entscheidend ist die Gesellschafterstellung zum **Zeitpunkt** des Eintritts des anmeldepflichtigen Ereignisses. Die Anmeldepflicht kann daher auch ehemalige Gesellschafter treffen, wenn etwa nachträglich die Gründung der Gesellschaft eingetragen werden soll, um das Ausscheiden einzelner Gesellschafter oder die Auflösung der Gesellschaft im Hinblick auf die Nachhaftungsbegrenzung der §§ 137, 151 eintragen zu können. Die öffentlich-rechtliche Anmeldepflicht (→ Rn. 10) besteht während der ganzen Dauer der Gesellschaft fort, solange die Anmeldung

---

[258] BGH 10.12.1973, NJW 1974, 498 (499); MüKoHGB/Fleischer Rn. 114; RGHMW/Haas/Wöstmann Rn. 47; teilweise abw. Hopt/Roth Rn. 35.

[259] Vgl. BGH 13.5.1985, WM 1985, 1229; 17.9.1984, WM 1984, 1605 (1606); 17.12.1973, WM 1974, 177 (179); 25.9.1972, WM 1972, 1368 (1369); MüKoHGB/Fleischer Rn. 117; Hopt/Roth Rn. 35; Ebenroth/Boujong/Born Rn. 21; Staub/Schäfer Rn. 64; RGHMW/Haas/Wöstmann Rn. 48.

[260] BGH 7.7.2006, NJW 2006, 2854.

[261] MüKoHGB/Fleischer Rn. 119; Staub/Schäfer Rn. 72; Heymann/Emmerich § 108 Rn. 1; RGHMW/Haas/Wöstmann Rn. 44.

[262] BayObLG 9.11.1989, DB 1990, 168 (169); 28.3.1977, DB 1977, 1085; 21.5.1970, BayObLGZ 1970, 133 (134); MüKoHGB/Fleischer Rn. 118; RGHMW/Haas/Wöstmann Rn. 45; Staub/Schäfer Rn. 71; Ebenroth/Boujong/Born Rn. 118.

[263] Zur Umdeutung vgl. BayObLG 9.11.1989, DB 1990, 168 (169); MüKoHGB/Fleischer Rn. 118.

[264] AllgM, vgl. etwa MüKoHGB/Fleischer Rn. 120; Staub/Schäfer Rn. 70; Koch PersGesR/Koch/Harnos Rn. 27.

[265] BayObLG 28.3.1977, DB 1977, 1085; 4.4.1978, Rpfleger 1978, 254 (255); Heymann/Emmerich § 108 Rn. 9; RGHMW/Haas/Wöstmann Rn. 43.

[266] BGH 21.7.2020, BeckRS 2020, 19263 Rn. 23 m. zust. Anm. Lieder/Karpp EWiR 2020, 581 f.; OLG Schleswig 1.2.2012, NJW-RR 2012, 1063 Rn. 8; OLG Köln 1.2.2013, NZG 2013, 754 Rn. 5.

[267] OLG Dresden 21.5.2007, NZG 2008, 265 Rn. 28; offengelassen durch OLG Köln 1.2.2013, NZG 2013, 754 Rn. 5.

[268] BGH 21.7.2020, BeckRS 2020, 19263 Rn. 23 m. zust. Anm. Lieder/Karpp EWiR 2020, 581 f.

[269] BGH 21.7.2020, BeckRS 2020, 19263 Rn. 30 m. zust. Anm. Lieder/Karpp EWiR 2020, 581 f.; OLG Schleswig 14.11.2011, NZG 2012, 775 Rn. 28; KG 7.2.2012, NZG 2012, 1346; OLG Stuttgart 31.10.2012, DStR 2013, 1138 Rn. 20; OLG Köln 1.2.2013, NZG 2013, 754 Rn. 5; OLG München 17.10.2016, DB 2016, 2954 (2955).

nicht ordnungsgemäß bewirkt ist.[270] Auch die parallel dazu unter den Gesellschaftern bestehende gegenwärtige und nachvertragliche Verpflichtung, an der Eintragung und an Änderungen mitzuwirken, bleibt im gleichen Umfang bestehen.[271] Der Beitretende muss daher bei der Anmeldung seines **Beitritts,** der Austretende bei der Anmeldung seines **Ausscheidens** mitwirken.[272] Bei der Anmeldung der Übertragung eines Gesellschaftsanteils (→ Rn. 35) sind alle Gesellschafter einschließlich des eintretenden und des ausscheidenden Gesellschafters anmeldepflichtig.[273]

Ist der Gesellschafter eine **Personengesellschaft** oder eine **juristische Person,** müssen nicht ihrerseits alle Gesellschafter oder auch nur alle Vertreter der Gesellschaft mitwirken. Ausreichend ist eine wirksame Stellvertretung durch die vertretungsberechtigten Gesellschafter oder Organmitglieder.[274] Der nach § 12 erforderliche Nachweis dieser organschaftlichen Vertretungsmacht entfällt bei im Handelsregister eingetragenen Vertretern (→ § 12 Rn. 48). Für ausländische Gesellschaften stellt die Praxis aber strengere Bedingungen auf (→ § 12 Rn. 29 ff.).[275] 79

Für nicht voll geschäftsfähige Gesellschafter handeln ihre **gesetzlichen Vertreter.** § 112 BGB umfasst aber auch die Anmeldung. Das Verbot des **Insichgeschäfts** nach § 181 BGB findet keine Anwendung, weil es sich nicht um eine Willenserklärung im Rahmen eines privatrechtlichen Rechtsgeschäfts handelt, sondern um eine verfahrensrechtliche Erklärung (→ Rn. 10).[276] Nur wenn der Erklärende bei solchen amtsempfangsbedürftigen Willenserklärungen in der Sache selbst Erklärungsempfänger ist, gilt die Vorschrift analog.[277] Das ist hier nicht der Fall. Ist ein Gesellschafter insolvent, handelt sein Insolvenzverwalter (§ 146 Abs. 3). 80

b) Erben, Testamentsvollstrecker. Stirbt der Gesellschafter, sind **im Grundsatz alle Erben** nach § 1922 BGB verpflichtet, an allen den Erblasser betreffenden und noch nicht erfüllten Alt-Anmeldungen mitzuwirken. Da es sich um eine persönliche Pflicht handelt, sind auch die Erben erfasst, die nicht mittels Sondernachfolge in die Gesellschaft einrücken (→ § 139 Rn. 3).[278] Die durch den Erbfall ausgelösten Anmeldepflichten, das Ausscheiden des Erblassers und der Eintritt der Erben, haben ebenfalls alle Erben unabhängig von der Gesellschafterstellung zu erfüllen.[279] 81

Von diesem Grundsatz macht § 106 Abs. 7 S. 2 in Bezug auf die Anmeldung des Ausscheidens eines Gesellschafters durch Tod eine **Ausnahme,** sofern einer Mitwirkung der Erben **besondere Hindernisse** entgegenstehen (→ Rn. 72). Dem Registergericht wird es nach pflichtgemäßem Ermessen erlaubt, auf die Mitwirkung derjenigen Erben zu verzichten, die unbekannt oder nicht erreichbar sind.[280] Eine Rückausnahme gilt aber wiederum für den Fall, dass die Gesellschaft mit allen Erben fortgeführt wird, weil es – aufgrund der persönlichen Haftung aller Gesellschafter – an einem dringenden Interesse an der Eintragung des Ausscheidens fehlt.[281] 82

Bei zulässiger **Dauertestamentsvollstreckung** (→ Rn. 27) ist der Testamentsvollstrecker im Rahmen seiner Zuständigkeit zur Anmeldung verpflichtet.[282] Dem Gesellschafter wird nur ein Recht auf Anhörung durch das Registergericht zugestanden.[283] Das gilt jedoch nicht, wenn dem Testamentsvollstrecker im Gegensatz zur Dauer- oder Verwaltungsvollstreckung nach § 2204 BGB nur die **Abwicklung des Nachlasses** obliegt.[284] 83

---

[270] KG 20.1.2011, juris-Rn. 27 = GWR 2011, 164 mAnm Schraudner; Hopt/Roth Rn. 5; Staub/Schäfer Rn. 9.

[271] KG 20.1.2011, juris-Rn. 27 = GWR 2011, 164 mAnm Schraudner.

[272] BayObLG 28.3.1977, DB 1977, 1085; OLG Schleswig 1.2.2012, NJW-RR 2012, 1063 Rn. 8; OLG Köln 1.2.2013, NZG 2013, 754 Rn. 5; MüKoHGB/Fleischer Rn. 123; Staub/Schäfer Rn. 73; Heymann/Emmerich § 108 Rn. 6.

[273] OLG Schleswig 20.1.2010, NZG 2010, 957 (958); 1.2.2012, GmbHR 2012, 799; Hopt/Roth Rn. 28.

[274] OLG Celle 27.3.2012, NZG 2012, 667 m. zust. Anm. Garbe § 162 HGB 1/12, 667; MüKoHGB/Fleischer Rn. 133; Staub/Schäfer Rn. 75.

[275] OLG Dresden 21.5.2007, NZG 2008, 265; OLG Schleswig 1.2.2012, GmbHR 2012, 799 mAnm Leonhard jurisPR-HaGesR 6/2012 Anm. 3.

[276] BayObLG 28.3.1977, DB 1977, 1085; OLG Frankfurt 16.4.2013, ZIP 2013, 2058 Rn. 23; MüKoHGB/Fleischer Rn. 118, 134; Staub/Schäfer Rn. 75; Heymann/Emmerich § 108 Rn. 8.

[277] BGH 27.2.1980, BGHZ 77, 7 (8) = NJW 1980, 1577.

[278] Ebenroth/Boujong/Born Rn. 110.

[279] BayObLG 10.12.1978, DB 1979, 86; OLG Hamm 12.12.1985, Rpfleger 1986, 139 (140); 20.2.1989, WM 1989, 830 (831); Staub/Schäfer Rn. 78; MüKoHGB/Fleischer Rn. 124; Heymann/Emmerich § 108 Rn. 6.

[280] Begr. RegE, BT-Drs. 19/27635, 131.

[281] Begr. RegE, BT-Drs. 19/27635, 132.

[282] BGH 3.7.1989, BGHZ 108, 187 (190) = NJW 1989, 3152.

[283] Ebenroth/Boujong/Born Rn. 111; vgl. weiter OLG Frankfurt 15.4.2019, BeckRS 2019, 29889 juris-Rn. 37 ff. zum Kommanditistenwechsel.

[284] KG 7.3.1991, NJW-RR 1991, 835; OLG München 7.7.2009, NZG 2009, 1234; OLG Hamm 7.12.2010, NZG 2011, 437.

84 **c) Geschäftsanschrift.** Nach § 106 Abs. 7 S. 3 ist für die Anmeldung der Änderung der Geschäftsanschrift nicht länger die Mitwirkung aller Gesellschafter notwendig (→ Rn. 71). Nach allgemeinen Grundsätzen ist die Anmeldung durch die **vertretungsberechtigten Gesellschafter oder Liquidatoren** in jeweils vertretungsberechtigter Zahl ausreichend, die die Anmeldung im Namen der OHG vornehmen.[285] Dogmatischer Hintergrund ist, dass es sich nur um eine einfache Geschäftsführungsmaßnahme handelt. Eine rasche und einfache Anmeldung liegt im wahlverstandenen Interesse der Gläubiger an einer ungehinderten Erreichbarkeit der GbR.[286]

85 **d) Bevollmächtigte.** Da die Mitwirkung aller Gesellschafter vor allem bei Publikumsgesellschaften schwierig zu bewerkstelligen sein kann, arbeitet die Praxis mit Vollmachten. Die Gesellschafter können sich nach § 12 Abs. 1 S. 3 iVm § 10 Abs. 2 FamFG durch einen mit **öffentlich beglaubigter Vollmacht** ausgestatteten Bevollmächtigten vertreten lassen.[287] Dies kann auch einer der Gesellschafter sein, da § 181 BGB nicht gilt (→ Rn. 80). Die Vollmacht ist grundsätzlich bis zur Vornahme der Anmeldung gegenüber dem Bevollmächtigten **widerruflich.** Auch der **Notar** kann zur Vertretung bevollmächtigt werden. In diesem Fall hat das Registergericht neben den Eintragungsvoraussetzungen auch die Vollmacht zu prüfen. Es kann aber keine Erklärung darüber verlangen, dass die Vollmacht nicht zwischenzeitlich widerrufen worden ist.[288]

86 Eine für einen Kommanditisten oder persönlich haftenden Gesellschafter erteilte **Generalvollmacht,** die sich auf alle persönlichen und vermögensrechtlichen Angelegenheiten bezieht, gilt auch als **Vorsorgevollmacht** zur Vornahme von Anmeldungen gegenüber dem Handelsregister, wenn sie sofort wirksam und nach außen unbeschränkt ist.[289] Dabei müssen Handelsregistereintragungen nicht ausdrücklich genannt werden.[290] Eine von einer **juristischen Person** erteilte Untervollmacht kann die Vollbeendigung der juristischen Person überdauern.[291]

87 Nach zutreffender hM können sich die Gesellschafter auch verpflichten, zur Anmeldung einer bestimmten Tatsache eine **unwiderrufliche Vollmacht** zu erteilen.[292] Sie ist in jedem Fall aus wichtigem Grund widerruflich.[293] Ob und unter welchen Voraussetzungen eine **Generalvollmacht** erteilt werden kann, ist sehr umstritten. Während die im Gesellschaftsvertrag enthaltene Generalvollmacht zum Teil generell als unzulässig angesehen wird,[294] hält sie die hM jedenfalls dann für zulässig, wenn der erfasste Vorgang nach seiner Art näher präzisiert ist,[295] es sei denn, für eine unbeschränkte Generalvollmacht besteht ein besonderes praktisches Bedürfnis, wie zB bei Publikumsgesellschaften,[296] bei der Aufnahme neuer Gesellschafter oder beim Gesellschafterwechsel;[297] demgegenüber soll eine Erteilung bei einer Erhöhung der Haftsumme oder einem Wechsel des Komplementärs ausscheiden.[298] Richtigerweise ist eine Generalvollmacht **ohne Einschränkungen zuzulassen.**[299] Nach den Wertungen des Bürgerlichen Rechts und mangels gesetzlicher Beschränkungen in § 12 Abs. 1 S. 3 ist die Vollmachterteilung im Grundsatz schrankenlos zulässig; Ausnahmen bedürfen einer besonderen Rechtfertigung, die aber selbst bei der Generalvollmacht mit Blick auf das Formerfordernis für die Bevollmächtigung nicht ersichtlich ist.[300] Wird die Vollmacht nun in elektronisch notariell

---

[285] Begr. RegE, BT-Drs. 18/4349, 34; AG Berlin-Charlottenburg 6.10.2017, BeckRS 2017, 131004 Rn. 1; MüKoHGB/Fleischer Rn. 129.

[286] Begr. RegE, BT-Drs. 19/27635, 132.

[287] AllgM, vgl. etwa MüKoHGB/Fleischer Rn. 134; zu den Anforderungen an den Inhalt der Vollmacht vgl. KG 1.3.2005, NZG 2005, 626, sowie BGH 2.12.1991, BGHZ 116, 190 = NJW 1992, 975 bei zivilrechtlicher oder strafbewehrter Verantwortlichkeit des Erklärenden.

[288] OLG München 17.10.2016, DB 2016, 2954 (2955).

[289] Vgl. auch Schaub ZEV 2014, 672 (673).

[290] OLG Frankfurt 16.4.2013, ZIP 2013, 2058 Rn. 15, 18 m. zust. Anm. Wachter EWiR 2014, 9; OLG Karlsruhe 13.8.2013, GmbHR 2014, 205; **aA** – zu Unrecht – OLG Karlsruhe 13.1.2025, NZG 2025, 744; dagegen dezidiert Meier NZG 2025, 1022 ff.

[291] OLG Frankfurt 27.2.2014, NZG 2014, 909 Rn. 31 mwN.

[292] Ebenroth/Boujong/Born Rn. 114; MüKoHGB/Fleischer Rn. 134; NK-HGB/Heidel Rn. 114; Staub/Schäfer Rn. 76; offengelassen von BGH 9.5.2005, NZG 2005, 722 (725) für Publikumspersonengesellschaft.

[293] BGH 9.5.2005, NZG 2005, 722 (725); 17.7.2006, NJW 2006, 703.

[294] Vgl. LG Berlin 9.10.1974, BB 1975, 250 (251); im Grundsatz verneinend Staub/Schäfer Rn. 77.

[295] OLG Frankfurt 23.3.1973, OLGZ 1973, 270 (271); BayObLG 9.5.1977, BayObLGZ 1977, 130 (132); KG 20.6.1975, OLGZ 1976, 29 (31 f.); Heymann/Emmerich § 108 Rn. 11.

[296] BGH 17.7.2006, NJW 2006, 703; Herchen/Haack GmbHR 2012, 508 (509); → 4. Aufl. 2015, Rn. 13 (Weitemeyer).

[297] Staub/Schäfer Rn. 77; Schlegelberger/Martens § 108 Rn. 13; Gustavus GmbHR 1978, 219 (221).

[298] KG 20.6.1975, OLGZ 1976, 29 (32); Gustavus GmbHR 1978, 219 (221 f.); vgl. noch Staub/Schäfer Rn. 77.

[299] Wie hier auch MüKoHGB/Fleischer Rn. 135; offenbar auch OLG Karlsruhe 13.8.2013, ZEV 2014, 671 m. zust. Anm. Schaub; **aA** noch → 4. Aufl. 2015, Rn. 13 (Weitemeyer).

[300] So auch MüKoHGB/Fleischer Rn. 135.

beglaubigter Form erteilt, ist zugleich auch der Normzweck des § 106 Abs. 7 erfüllt, wonach von der Anmeldung durch sämtliche Gesellschafter eine besondere Richtigkeitsgewähr für die Eintragung ausgeht (→ Rn. 68). Im Übrigen bestehen auch keine Bedenken dagegen, eine Generalvollmacht ohne Zustimmung der anderen Gesellschafter zu erteilen.[301]

Ein **Prokurist** kann ohne zusätzliche Vollmacht im Rahmen des § 49 Abs. 1 keine Anmeldungen **88** zum Handelsregister vornehmen, soweit dies die Grundlagen des „eigenen" Handelsgeschäfts betrifft (→ § 49 Rn. 12).[302] Anderes gilt nach zutreffender Auffassung für die bloße Änderung der inländischen Geschäftsanschrift (→ Rn. 84).[303] Hierbei handelt es sich im Gegensatz zu den übrigen Tatsachen nach § 106 Abs. 7 um kein Grundlagengeschäft. Zudem sind Anmeldungen, die er für ein anderes Unternehmen in Ausübung der Gesellschafterrechte an diesem Unternehmen vornimmt, von § 49 Abs. 1 gedeckt, etwa hinsichtlich der Firma einer Tochtergesellschaft (→ § 49 Rn. 12).[304] Eine **aufschiebend bedingte Vollmacht** kann für den Tod des Vollmachtgebers erklärt werden (→ § 12 Rn. 37).[305]

e) Umwandlungen. Bei der **Verschmelzung** müssen wiederum sämtliche Gesellschafter die **89** Anmeldung des Anteilsübergangs anmelden. Es gelten die Grundsätze für den rechtsgeschäftlichen Gesellschafterwechsel entsprechend (→ Rn. 48). Für einen durch **Spaltung** bewirkten Kommanditistenwechsel wird im Schrifttum neuerdings eine **teleologische Reduktion** des § 106 Abs. 7 S. 1 vorgeschlagen und zwar dahingehend, dass allein der durch Spaltung ausscheidende Kommanditist zur Anmeldung verpflichtet sei, nicht hingegen alle in der KG verbleibenden Gesellschafter.[306] Dem ist **nicht zu folgen.** Zum einen besteht für eine teleologische Reduktion schon deshalb keine Notwendigkeit, weil die Anmeldepflicht der Gesellschafter jedenfalls im Klagewege durchgesetzt werden kann; zudem kann ein Zwangsgeldverfahren nach § 14 HGB durchgeführt werden (→ Rn. 10). Das gilt nicht nur für personalistische, sondern auch für Publikumsgesellschaften, die ohnehin in der Praxis vielfach Treuhandkonstruktionen wählen. Jedenfalls ist für mitgliederstarke Gesellschaften keine Ausnahme vorgesehen. Zum anderen kann auch der Hinweis darauf nicht verfangen, es gehe bei einem Kommanditistenwechsel durch Spaltung lediglich um eine Berichtigung des Registers. Denn dies gilt für die Verschmelzung und den Erbfall (→ Rn. 81) gleichermaßen. In allen diesen Konstellationen bedarf es keiner Zustimmung der übrigen Gesellschafter für den Anteilsübergang. Zuzugeben ist freilich, dass die Normzwecke des § 106 Abs. 7 S. 1 weniger stark tangiert sind als in anderen Fallgestaltungen. Nichtsdestoweniger vermag die Anmeldung durch alle Gesellschafter – abgesehen von den Registereintragungen nach Umwandlungsrecht – auch bei der Spaltung zu einer höheren Richtigkeitsgewähr beizutragen.

§ 107 Kleingewerbliche, vermögensverwaltende oder freiberufliche Gesellschaft; Statuswechsel

(1) ¹Eine Gesellschaft, deren Gewerbebetrieb nicht schon nach § 1 Absatz 2 Handelsgewerbe ist oder die nur eigenes Vermögen verwaltet, ist offene Handelsgesellschaft, wenn die Firma des Unternehmens in das Handelsregister eingetragen ist. ²Dies gilt auch für eine Gesellschaft, deren Zweck die gemeinsame Ausübung Freier Berufe durch ihre Gesellschafter ist, soweit das anwendbare Berufsrecht die Eintragung zulässt.

(2) ¹Die Gesellschaft ist berechtigt, aber nicht verpflichtet, die Eintragung nach den für die Eintragung einer offenen Handelsgesellschaft geltenden Vorschriften herbeizuführen. ²Ist die Eintragung erfolgt, ist eine Fortsetzung als Gesellschaft bürgerlichen Rechts nur im Wege eines Statuswechsels zulässig.

(3) ¹Wird eine offene Handelsgesellschaft zur Eintragung in das Gesellschaftsregister angemeldet, trägt das Gericht ihre Fortsetzung als Gesellschaft bürgerlichen Rechts ein, sofern nicht die Voraussetzung des § 1 Absatz 2 eingetreten ist. ²Im Übrigen findet § 707c Absatz 2 Satz 2 bis 5 des Bürgerlichen Gesetzbuchs entsprechende Anwendung.

Schrifttum: Arens, Eintragungsfähigkeit von Steuerberatungs- und Wirtschaftsprüfungs-GmbH & Co. KG im Handelsregister, DStR 2011, 1825; Autenrieth, Handelsrechtliche und steuerrechtliche Überlegungen zur

[301] Wachter GmbHR 2014, 206 (208); **aA** Schäfer ZHR 175 (2011), 557 (567 ff.); → 4. Aufl. 2015, Rn. 13 (Weitemeyer).

[302] BGH 2.12.1991, BGHZ 116, 190; OLG Karlsruhe 7.8.2014, ZIP 2014, 2181.

[303] KG 20.9.2014, NZG 2014, 150 m. zust. Anm. Kunkel jurisPR-HaGesR 9/2014 Anm. 3 zur GmbH; **aA** OLG Karlsruhe 7.8.2014, ZIP 2014, 2181.

[304] BGH 1.12.1991, BGHZ 116, 190 (193) = NJW 1992, 975.

[305] OLG Schleswig 20.1.2010, NZG 2010, 957 (959); Heymann/Förster § 12 Rn. 18.

[306] Rawert/Endres ZIP 2016, 1609 ff.

Wirtschaftsprüfungs- und Steuerberatungs-GmbH & Co. KG, WPg 2014, 139; Grunewald, Die Partnerschaftsgesellschaft mit beschränkter Berufshaftung – sinnvolle Ergänzung des PartGG oder systemwidrige Privilegierung einiger Weniger?, ZIP 2012, 1115; Heckschen, Der so genannte „Mauracher Entwurf" – ein positiver Schritt zur Reform des Personengesellschaftsrechts, NZG 2020, 761; Henssler, Personengesellschaften mit beschränkter Haftung – Reformbedarf und Gestaltungsmöglichkeiten, FS K. Schmidt, Bd. I, 2019, 449; Henssler/Markworth, Anforderungen an eine Freiberufler-GmbH & Co. KG, NZG 2015, 1; Hüttemann/Meinert, Zur handelsrechtlichen Buchführungspflicht des Kaufmanns kraft Eintragung, BB 2007, 1436; Kamps/Wollweber, Formen der Berufsausübung für Steuerberater – Sozietät, GmbH & Co. KG, Bürogemeinschaft und Kooperation, DStR 2009, 926; Kaya/Amelunxen, Die (zahn)ärztliche Berufsausübung im Rahmen von Personenhandelsgesellschaften nach Inkrafttreten des MoPeG, ZPG 2023, 457; Kilian, Die Neuregelung der interprofessionellen Berufsausübung für Rechtsanwälte, Steuerberater und Patentanwälte, NJW 2022, 2577; Kilian/Staude, Handelsgesellschaften als Träger einer Anwaltskanzlei – gesetzgeberisches Glasperlenspiel oder nachfragebasierte Normsetzung?, ZPG 2024, 12; Lieder/Frehse/Kilian, Fünf Jahre PartG mbB – Die Verbandsform für Anwälte, NJW 2018, 2175; Lieder/Hoffmann, Die PartG mbB – Rechtstatsachen und Rechtsprobleme, NJW 2015, 897; Lieder/Hoffmann, Rechtstatsachen-Update zur PartG mbB, NZG 2016, 287; Lieder/Hoffmann, Rechtstatsachen zur Partnerschaftsgesellschaft mit und ohne beschränkte Berufshaftung, NZG 2017, 325; Lieder/Hoffmann, Die PartG mbB als nunmehr dominierende Partnerschaftsgesellschaftsform, NZG 2020, 721; Lück, Die GmbH & Co. KG als Berufsausübungsgesellschaft für Rechtsanwälte, 2024; Noack/Göbel, Die eingetragene Personengesellschaft zwischen Rechtsformwahl und Rechtsformzwang, GmbHR 2021, 569; Otte-Gräbener, Reform des Personengesellschaftsrechts, FS Seibert, 2019, 613; Otte-Gräbener, Umfassende Modernisierung der Personengesellschaftsrechts – Entwurf der Expertenkommission, BB 2020, 1295; Potsch, Haftungsrisiken von Steuerberatungs- und Wirtschaftsprüfungsgesellschaften in der Rechtsform der GmbH & Co. KG, NZG 2012, 329; E. Schaefer, Das Handelsrechtsreformgesetz nach dem Abschluß des parlamentarischen Verfahrens, DB 1998, 1269; Schäfer, Grundzüge des neuen Personengesellschaftsrechts nach dem Mauracher Entwurf, ZIP 2020, 1149; Schlitt, Die Auswirkungen des Handelsrechtsreformgesetzes auf die Gestaltung von GmbH & Co. KG-Verträgen, NZG 1998, 580; K. Schmidt, Das Handelsrechtsreformgesetz, NJW 1998, 2161; K. Schmidt, HGB-Reform und gesellschaftsrechtliche Gestaltungspraxis, DB 1998, 61; K. Schmidt, Plädoyer für die freiberufliche (GmbH & Co.-)Kommanditgesellschaft – Siebente WPO-Novelle und achtes Steuerberatungsänderungsgesetz: gesellschaftsrechtlich immer noch rückständig! –, DB 2009, 271; K. Schmidt, Gesetzgebung und Rechtsfortbildung im Recht der GmbH und der Personengesellschaften – Zur Aufgabenteilung zwischen Gesetzgebung, Justiz und Wissenschaft –, JZ 2009, 10; K. Schmidt, Grundlagenungewissheit der Gesetzgebung oder der Rechtsfortbildung im Gesellschaftsrecht? Rechtsfähigkeit und Rechtspersönlichkeit als Beispiele, FS Beuthien, 2009, 211; K. Schmidt, Personengesellschaften als Formkaufleute – Betrachtungen und 14 Thesen für ein praxisgerechtes Verständnis des § 105 Abs. 2 HGB, FS Kreutz, 2010, 837; K. Schmidt, Die Anwalts-GmbH & Co. KG: Kraftprobe des Berufsrechts oder des § 105 Abs. 2 HGB?, DB 2011, 2477; K. Schmidt, Neuregelung des Rechts der Personengesellschaften? – Vorüberlegungen für eine konsistente Reform –, ZHR 177 (2013), 712; K. Schmidt, Handelsregistereintragung einer Steuerberatungs-(GmbH & Co.-) KG, oder: § 105 Abs. 2 HGB – Leidensgeschichte einer Öffnungsklausel, ZIP 2014, 2226; Schmitt, Der Entwurf eines Handelsrechtsreformgesetzes, WiB 1997, 1113; Schollmeyer, Der Mauracher Entwurf, ZGR Sonderheft 23 (2021), 29; Schön, Die vermögensverwaltende Personenhandelsgesellschaft – Ein Kind der HGB-Reform –, DB 1998, 1169; Tersteegen, Fehlende Eintragungsfähigkeit einer Freiberufler-GmbH & Co. KG ins Handelsregister am Beispiel der Steuerberatungs- bzw. Wirtschaftsprüfungs-GmbH & Co. KG, NZG 2010, 651; Uwer, Die Öffnung der Personenhandelsgesellschaft für Freiberufler in berufsrechtlicher Perspektive, ZGR Sonderheft 23 (2021), 87; Wertenbruch, Die Öffnung der KG und GmbH & Co. KG für die Freien Berufe in der Reform des Personengesellschaftsrechts, NZG 2019, 1081.

Übersicht

I. Allgemeines

1 Die Vorschrift regelt kleingewerbliche, vermögensverwaltende und freiberufliche Gesellschaften sowie – in Ergänzung des § 106 Abs. 3–5 – den Statuswechsel. **Abs. 1 S. 1** gestattet den Gesellschaftern einer **kleingewerblichen oder vermögensverwaltenden GbR** die identitätswahrende Umwandlung zur OHG durch Eintragung in das Handelsregister.[1] Die Vorschrift wurde – in Form

[1] Zust. BeckOGK/Sanders, 15.4.2025, Rn. 2.

des § 105 Abs. 2 aF – durch das HRRefG geschaffen und soll diesen beiden Formen der GbR durch freiwillige konstitutive Eintragung in das Handelsregister die Erlangung der **Rechtsform der OHG ermöglichen.** Durch das MoPeG ist **Abs. 1 S. 2** neu geschaffen worden, wonach eine Gesellschaft auch dann als OHG eingetragen werden kann, wenn ihr Zweck auf die gemeinsame Ausübung **Freier Berufe** (vgl. § 1 Abs. 2 PartGG) durch die Gesellschafter gerichtet ist, soweit das anwendbare Berufsrecht die Eintragung zulässt.[2]

Abs. 2 S. 1 stellt klar, dass die **Eintragung** in den Fällen des Abs. 1 **fakultativ** ist. Die Gesellschaften sind ausschließlich berechtigt, aber nicht verpflichtet, sich als OHG oder KG in das Handelsregister eintragen zu lassen. Nach erfolgter Handelsregistereintragung kommt – anders als nach altem Recht – eine Löschung der Eintragung nicht mehr in Betracht. Im Interesse der Gewährleistung nahtloser Registerpublizität kommt eine Fortsetzung der Handelsgesellschaft als GbR nur im Wege des **Statuswechsels** in Betracht **(Abs. 2 S. 2).** Voraussetzung für den Registerwechsel ist nach **Abs. 3,** dass die Voraussetzungen des § 1 Abs. 2 gerade nicht vorliegen, die Gesellschaft also nicht nach § 105 Abs. 1 kraft Gesetzes als OHG anzusehen ist (→ § 105 Rn. 27 f.; → § 106 Rn. 41a). Im Übrigen findet allgemeines Statuswechselrecht Anwendung (**Abs. 3 S. 2** iVm § 707c Abs. 2 S. 2–5 BGB). 2

Rechtliche Bedeutung hat dies vor allem deshalb, weil durch die Verweisung in § 161 Abs. 2 auf § 105 Abs. 2 der GbR die Rechtsform der KG mit der Möglichkeit der Haftungsbeschränkung für die Kommanditisten zur Verfügung steht.[3] Im Unterschied zur konstitutiven Eintragung eines Kannkaufmanns nach § 2, der aber ein Gewerbe betreiben muss, ermöglicht § 107 Abs. 1 auch rein vermögensverwaltenden, nicht gewerblichen sowie – unter Geltung des berufsrechtlichen Vorbehalts – freiberuflichen Gesellschaften die Eintragung in das Handelsregister. Damit sollte für die **vermögensverwaltenden** Gesellschaften als Alternative zur Gründung einer GmbH die Errichtung einer KG ermöglicht werden. Eine entsprechende Regelung für Einzelpersonen zu schaffen hielt man nicht für erforderlich, weil diese nicht in wirtschaftlich bedeutendem Umfang Vermögen verwalteten.[4] **Freiberuflern** wird es erlaubt, sich in Form einer GmbH & Co. KG zu organisieren, um ihnen eine im Vergleich zur haftungsprivilegierten PartG mbB nach § 8 Abs. 4 PartGG noch hinausgehende Haftungsbeschränkung für sämtliche Gesellschaftsverbindlichkeiten zu ermöglichen. Mit Blick auf die Gründungs- und laufenden Kosten, die Publizitätspflichten für GmbH & Co. KG nach § 264a iVm § 325 sowie die steuerrechtlichen Implikationen, namentlich der Gewerbe- und Einkommensteuer,[5] kann sich dennoch die Wahl einer PartG mbB als vorzugswürdig erweisen, sodass der Reformgesetzgeber gut daran getan hat, an dieser Rechtsform festzuhalten.[6] 3

Achillesferse des § 107 Abs. 1 S. 2 ist der **berufsrechtliche Vorbehalt.**[7] Ohne Frage muss der Bundesgesetzgeber die verfassungsrechtlich verbürgten Gesetzgebungskompetenzen der Länder respektieren. Aus rechtspolitischer Perspektive kann es indes schwerlich überzeugen, innerhalb derselben Berufsgruppe einmal eine haftungsbeschränkte Organisationsform zur Verfügung zu stellen, sie in anderen Bundesländern aber zu verbieten. Soweit das Berufsrecht Ländersache ist, droht diesen Freiberuflern ein föderaler Flickenteppich,[8] der sich nicht nur auf die Zulassung oder den Ausschluss bezieht, sondern auch zu unterschiedlichen Versicherungssummen und Haftungshöchstwerten führen kann, wie wir sie aus der landesrechtlichen Ausgestaltung der PartG mbB für Architekten und Beratende Ingenieure kennen.[9] 4

II. Kleingewerbliche und vermögensverwaltende Gesellschaft

1. OHG kraft Eintragung. Die Eintragungsoption nach § 107 Abs. 1 S. 1 gestattet den Gesellschaftern einer **kleingewerblichen** oder vermögensverwaltenden GbR die identitätswahrende Umwandlung zur OHG durch Eintragung in das Handelsregister. Die Wahl ist **freiwillig;** dies folgt 5

---

[2] Berechtigte Kritik an der Formulierung bei Uwer ZGR Sonderheft 23 (2021), 87 (90).

[3] Zust. BeckOGK/Sanders, 15.4.2025, Rn. 2.

[4] Begr. RegE, BT-Drs. 13/8444, 40 f.

[5] Dazu näher Begr. RegE, BT-Drs. 19/27635, 110; Schäfer Neues PersGesR/Wertenbruch § 10 Rn. 15 ff.

[6] Vgl. Lieder/Hoffmann NZG 2020, 721 (726); Schäfer ZIP 2020, 1149 (1153 f.); Schollmeyer ZGR Sonderheft 23 (2021), 29 (36 f.); Wertenbruch NZG 2019, 1081 (1090); MüKoHGB/Fleischer Rn. 26 ff.; Henssler/Strohn/Henssler Rn. 27; Lieder/Hilser in Fleischer, Rechtsformneuschöpfungen im in- und ausländischen Gesellschaftsrecht, 2024, S. 239 (268); s. ferner die Befragung bei Kilian/Staude ZPG 2024, 12 ff.

[7] Dazu und zum Folgenden bereits Lieder/Hoffmann NZG 2020, 721 (726); krit. auch Heckschen NZG 2020, 761 (766); Otte-Gräbener BB 2020, 1295 (1298); Schäfer ZIP 2020, 1149 (1154 f.); die Regelung in diesem Punkt verteidigend indes Uwer ZGR Sonderheft 23 (2021), 87 (92 f.).

[8] Vgl. auch Henssler/Strohn/Henssler Rn. 23; MüKoHGB/Fleischer Rn. 24.

[9] S. die Übersicht bei Lieder/Hoffmann NZG 2017, 325 (333).

aus § 107 Abs. 2 S. 1.[10] Die Vorschrift soll beiden Formen von GbR durch freiwillige konstitutive Eintragung in das Handelsregister die Erlangung der Rechtsform der OHG erlauben. Die praktische Bedeutung besteht darin, dass den Beteiligten mit der Verweisung in § 161 Abs. 2 die Wahl der KG und damit eine Möglichkeit der Haftungsbeschränkung offensteht. Zugleich wird der Anwendungsbereich der erbschaftsteuerlichen Vergünstigung des § 13a ErbStG eröffnet.[11] Die Eintragung erfolgt unter Beachtung der **Pflichtangaben** nach § 106 Abs. 2 (→ § 106 Rn. 16 ff.). Ist die Gesellschaft auf freiwilliger Grundlage einmal eingetragen, müssen **Änderungen** dieser Angaben nach § 106 Abs. 6 zwingend zur Eintragung in das Handelsregister angemeldet werden (→ § 106 Rn. 48). Das erfolgt nach Maßgabe des § 106 Abs. 7 regelmäßig **durch alle Gesellschafter** (→ § 106 Rn. 67).[12]

6 Im Gegensatz zur konstitutiven Eintragung eines einzelnen Kannkaufmanns nach § 2 (→ § 2 Rn. 5) ermöglicht § 107 Abs. 1 S. 1 auch **rein vermögensverwaltenden** und damit nicht gewerblichen Gesellschaften die Eintragung in das Handelsregister. Scheidet aus einer kleingewerblichen OHG/KG der vorletzte Gesellschafter aus, kann der Verbleibende nach § 2 das Unternehmen als Kaufmann fortführen (→ § 2 Rn. 5). Bei der Vermögensverwaltungsgesellschaft ist dies nicht möglich.[13] Der Gesetzgeber hielt nämlich die Übertragung der Regelung auf vermögensverwaltende Einzelpersonen nicht für notwendig, weil diese keine wirtschaftlich bedeutenden Vermögen verwalten (→ Rn. 3).

7 **2. Vermögensverwaltende Gesellschaft. a) Umfang der Vermögensverwaltung.** Die Verwaltung eigenen Vermögens setzt nach dem erklärten Willen des HGB-Reformgesetzgebers eine **nicht völlig unbedeutende** und wirtschaftlich über den alltäglichen privaten Bereich hinausreichende Betätigung voraus.[14] Auch wenn diese Ausrichtung keinen unmittelbaren Niederschlag im Gesetzeswortlaut gefunden hat, orientiert sich hieran mit Recht die hM. Sie gibt eine überzeugende – vermittelnde – Linie vor, während die Auffassung, welche die Verwaltung eines weitgehend konstanten Gesellschaftsvermögens verlangt,[15] deutlich zu kurz greift und die Auffassung, die jeden nicht verbotenen und nicht gewerblichen Zweck ausreichen lässt,[16] deutlich über die Intention des § 107 Abs. 1 S. 1 hinausschießt. Aber auch wenn man sich an der hM orientiert, ist schwerlich einzusehen, weshalb es Eheleuten verwehrt sein soll, das **gemeinsame Eigenheim** als OHG oder KG zu verwalten.[17] Zu den vermögensverwaltenden Gesellschaften zählen weiterhin **Immobilienverwaltungsgesellschaften,** Objekt- und Besitzgesellschaften, Holdinggesellschaften,[18] Fonds- und Poolgesellschaften sowie Komplementär-Personengesellschaften in der sog. doppelstöckigen GmbH & Co. KG.[19]

8 **b) Eigene Vermögensverwaltung.** Soweit eine Verwaltung fremden, nicht im Gesamthandsvermögen befindlichen Vermögens vorgenommen wird, betätigt sich die Gesellschaft bereits originär gewerblich[20] und benötigt bei Bankgeschäften unter Umständen eine Erlaubnis nach dem KWG. Aber auch wenn sich die Anleger formal zu einer Gesellschaft zusammenschließen, bleibt es bei der genehmigungspflichtigen Verwaltung von Vermögen „für andere", wenn es um die Zusammenführung einer unbestimmten Vielzahl von Anlegern geht, die ohne weitergehende Verbindung untereinander Finanzdienstleistungen der Gesellschaft entgegennehmen.[21]

9 **c) Ausschließlichkeit der Vermögensverwaltung.** Die Eintragungsoption nach § 107 Abs. 1 S. 1 erfasst nur reine Vermögensverwaltungsgesellschaften und nicht Unternehmen, die *neben* der Verwaltung von Vermögen **andere nicht gewerbliche,** etwa freiberufliche, künstlerische oder wis-

---

[10] Koch PersGesR/Markworth Rn. 5; vgl. zum alten Recht noch Begr. RegE, BT-Drs. 13/8444, 63; Westermann/Wertenbruch PersGesR-HdB/Tröger Rn. I 116.

[11] BFH 4.2.2009, BStBl. II 2009, 600.

[12] So auch BeckOGK/Sanders, 15.4.2025, Rn. 19.

[13] OLG München 22.7.2008, NZG 2008, 780; **aA** BayObLG 10.3.2000, NZG 2000, 1067.

[14] Begr. RegE, BT-Drs. 13/8444, 41.

[15] Schön DB 1998, 1169 (1173 ff.).

[16] K. Schmidt FS Kreutz, 2010, 837 (838 ff.); K. Schmidt DB 2009, 271 (273); MHdB GesR I/Möhrle § 76 Rn. 61; Kamps/Wollweber DStR 2009, 926 (928).

[17] So aber Staub/Schäfer Rn. 8; Westermann/Wertenbruch PersGesR-HdB/Tröger Rn. I 117c; Schmitt WiB 1997, 1113 (1116); **aA** wie hier OLG München 6.11.2008, NZG 2008, 749 mAnm Werner; Hopt/Roth Rn. 4; Ebenroth/Boujong/Wertenbruch Rn. 14; K. Schmidt DB 2011, 2477 (2479).

[18] Begr. RegE, BT-Drs. 13/8444, 40.

[19] Hopt/Roth Rn. 4; MüKoHGB/Fleischer Rn. 13; Westermann/Wertenbruch PersGesR-HdB/Tröger Rn. I 117a; Koch/Markworth Rn. 20; K. Schmidt NJW 1998, 2161 (2164); K. Schmidt DB 1998, 61 f.; Schön *DB 1998, 1169*; Schlitt NZG 1998, 580 (581).

[20] Hopt/Roth Rn. 4; Koch/Markworth Rn. 21.

[21] BVerwG 24.10.2010, ZIP 2010, 1170 Rn. 24 – GbR.

senschaftliche, Tätigkeiten schwerpunktmäßig ausüben.[22] Letztere können nur auf Grundlage des § 107 Abs. 1 S. 2 zur Eintragung in das Handelsregister berechtigt sein (→ Rn. 13). Dieser Unterschied entspricht dem Wortlaut und der Gesetzesbegründung, die für vermögensverwaltende Gesellschaften darin bestand, dass häufig nicht sicher war, ob zB durch Grundstücksverwaltung und -handel bereits Gewerblichkeit vorlag (→ § 1 Rn. 24).[23] Die abweichende Gegenauffassung, die jede nicht gewerbliche Gesellschaft im Sinne eines Auffangtatbestandes als vermögensverwaltend ansieht (→ Rn. 7),[24] würde zwar jegliche Abgrenzung zwischen den Tätigkeiten einer Handelsgesellschaft entfallen lassen,[25] tritt aber in Widerspruch zur klaren Intention des Reformgesetzgebers.[26] Das hat die durch das MoPeG eingeführte gesetzliche Trennung innerhalb von § 107 Abs. 1 S. 1 und S. 2 nochmals unterstrichen.

3. Land- und Forstwirtschaft. Betriebe der Land- und Forstwirtschaft sind als solche keine Handelsgewerbe und können nach § 107 Abs. 1 keine OHG oder KG bilden. Dies folgt aus § 3 Abs. 1. Wenn ein solcher Betrieb aber nach § 3 Abs. 2 einen nach Art und Umfang in kaufmännischer Weise eingerichteten Geschäftsbetrieb erfordert (→ § 3 Rn. 17 ff.), kann er in das Handelsregister eingetragen werden. Eine land- und forstwirtschaftliche GbR kann dadurch bereits nach § 105 Abs. 1 als OHG oder KG organisiert sein. Auf § 107 Abs. 1 kommt es dafür nicht an.[27] Die Besonderheit der Eintragung eines land- und forstwirtschaftlichen Betriebs nach § 3 Abs. 2 gegenüber § 107 Abs. 1 und § 1 Abs. 2 besteht darin, dass diese Wahl bindend ist, weil die Löschungsmöglichkeit des § 2 S. 3 gem. § 3 Abs. 2 nicht besteht (→ § 3 Rn. 22, → § 3 Rn. 26), sondern nur bei einer Eintragung des kleingewerblichen land- und forstwirtschaftlichen Betriebs nach § 2 (→ § 3 Rn. 26). 10

4. Absinken auf Kleingewerbe oder Vermögensverwaltung nach Eintragung. Die Vorschrift des § 107 Abs. 1 S. 1 bewirkt, dass die Gesellschaft, solange sie im Handelsregister eingetragen ist, OHG oder KG bleibt, auch wenn ihre Tätigkeit zwar zunächst ein Handelsgewerbe umfasste, später aber auf einen kleingewerblichen Betrieb herabsinkt. Das Gleiche gilt, wenn von dem ursprünglichen Betrieb eines Handelsgewerbes nur noch eine Vermögensverwaltung übriggeblieben ist. Dies kann aber nach § 16 Abs. 3 EStG zu einer Betriebsaufgabe des gewerblichen Betriebs und damit zu einer Versteuerung eines Veräußerungsgewinns unter Aufdeckung der stillen Reserven führen.[28] 11

Da § 107 Abs. 2 S. 1 nur einen Antrag voraussetzt, aber nicht erklärt werden muss, auf welche Rechtsgrundlage die Eintragung der OHG gestützt wird, reicht auch der Antrag auf eine lediglich deklaratorische Handelsregistereintragung aus, um nach dem Herabsinken auf eine kleingewerbliche oder rein vermögensverwaltende Gesellschaft im Handelsregister zu verbleiben (→ § 2 Rn. 22).[29] Die von der Gegenauffassung vorgeschlagene Vorgehensweise, nach der die Gesellschafter analog § 107 Abs. 2 S. 1 einer an sich erforderlichen Amtslöschung widersprechen müssen, wirkt arg gekünstelt.[30] 12

III. Freiberufliche Gesellschaft

Seit dem MoPeG können sich auch Freiberufler nach § 107 Abs. 1 S. 2 der Personenhandelsgesellschaft bedienen, sich namentlich in Form einer GmbH & Co. KG organisieren, soweit das anwendbare Berufsrecht die Eintragung zulässt. Die Gesellschafter können die Gesellschaft nach § 107 Abs. 2 13

[22] Westermann/Wertenbruch PersGesR-HdB/Tröger Rn. I 117b; Schön DB 1998, 1169 (1174); E. Schaefer DB 1998, 1269 (1273 f.); **aA** K. Schmidt DB 1998, 61 (62); K. Schmidt NJW 1998, 2161 (2165); K. Schmidt ZIP 2014, 2226.

[23] Begr. RegE, BT-Drs. 13/8444, 40 f.

[24] K. Schmidt DB 2011, 2477 (2478 ff.).

[25] K. Schmidt DB 2011, 2477 (2478 Fn. 3).

[26] BGH 15.7.2014, NZG 2014, 1179 Rn. 9; Senat für Anwaltssachen 18.7.2011, NJW 2011, 3036 Rn. 11; Potsch NZG 2012, 329 (330); Henssler/Strohn/Henssler Rn. 18; MüKoHGB/Fleischer Rn. 14; Tersteegen NZG 2010, 651 (652 f.) mwN; **aA** K. Schmidt JZ 2009, 10 (14); K. Schmidt DB 2009, 271 ff.; K. Schmidt FS Kreutz, 2010, 837 ff.; K. Schmidt FS Beuthien, 2009, 211 (227), K. Schmidt ZHR 177 (2013), 712 (728); Arens DStR 2011, 1825 (1826).

[27] Wie hier Westermann/Wertenbruch PersGesR-HdB/Tröger Rn. I 115; **aA** BeckOK HGB/Klimke, 47. Ed. 1.7.2025, Rn. 4; Staub/Schäfer Rn. 5; MüKoHGB/Fleischer Rn. 8; Koch PersGesR/Markworth Rn. 19.

[28] Schmidt/Wacker EStG § 16 Rn. 176; BFH 3.4.2001, BFH/NV 2001, 1383; 14.3.2006, BStBl. II 2006, 591.

[29] Vgl. Begr. RegE, BT-Drs. 13/8444, 63 f.; Westermann/Wertenbruch PersGesR-HdB/Tröger Rn. I 111a; Hopt/Roth Rn. 15; Hopt/Merkt § 2 Rn. 6.

[30] So aber Begr. RegE, BT-Drs. 13/8444, 64; Schmitt WiB 1997, 1113 (1117); wie hier iErg MüKoHGB/Fleischer Rn. 7; zu den Folgen für die Buchführungspflicht Hüttemann/Meinert BB 2007, 1436 (1437).

S. 1 eintragen lassen, sind hierzu aber **nicht verpflichtet** (→ Rn. 9). Entscheiden sie sich für die Eintragung der Gesellschaft zeitigt dies konstitutive Wirkung.[31]

14 **1. Entwicklungsgeschichte.** Nach § 49 Abs. 2 StBerG aF könnte eine OHG oder KG seit 1975 als **Steuerberatungsgesellschaft** anerkannt werden, wenn sie wegen ihrer Treuhandtätigkeit als Handelsgesellschaft in das Handelsregister eingetragen war. Das 8. Steuerberatungsgesetz vom 8.4.2008 (BGBl. 2008 I 666) erlaubte berufsrechtlich auch die Rechtsform der GmbH & Co. KG für Steuerberatungsgesellschaften, da persönlich haftender Gesellschafter nach § 50 Abs. 1 S. 3 StBerG aF – gleiches gilt nach § 28 Abs. 1 S. 2 WPO für Wirtschaftsprüfer – auch eine GmbH sein darf. Darüber hinaus hat der II. Zivilsenat des BGH entschieden, dass Steuerberatungsgesellschaften mit Blick auf § 49 Abs. 2 StBerG aF mit dem Gesellschaftszweck „geschäftsmäßige Hilfeleistung in Steuersachen einschließlich der Treuhandtätigkeit" in Form einer KG eingetragen werden konnten – und zwar selbst dann, wenn die Treuhandtätigkeit nur von untergeordneter Bedeutung ist.[32] Gleiches galt mit Blick auf die Argumentation des BGH wegen § 27 Abs. 2 WPO aF auch für **Wirtschaftsprüfungsgesellschaften.**[33]

15 **Rechtsanwälte** konnten für ihre freiberufliche Tätigkeit bis zur Reform durch das MoPeG keine (GmbH & Co.) KG wählen.[34] In der rechtspolitischen Diskussion wurde vorgeschlagen, das Gesetz in der Weise zu ändern, dass OHG und KG auch ihnen oder gar allen Unternehmern iSd § 14 BGB offenstehen.[35] Denkbar wäre es auch gewesen, dass das jeweilige Berufsrecht[36] als lex specialis eine nach traditioneller Sichtweise freiberufliche Tätigkeit wegen geänderter Umstände als gewerblich einordnet, sodass das HGB dem zu folgen hätte.[37] Vorzugswürdig erschien es hingegen, die **Ungleichbehandlung** von Gewerbetreibenden und Freiberuflern durch eine ganzheitliche Lösung zu beseitigen und das Personengesellschaftsrecht von Grunde auf neu zu ordnen.[38]

16 Nachdem sich zunächst der 71. DJT gegen eine **grundlegende Reform des Personengesellschaftsrechts** ausgesprochen hatte,[39] stand das Thema nach den Äußerungen im Koalitionsvertrag vom 14.3.2018[40] wieder auf der rechtspolitischen Agenda. Der Gesetzgeber hätte nun die **Dichotomie von Gewerbetreibenden und Freiberuflern beseitigen** und beiden Gruppen eine rechtssichere Möglichkeit eröffnen können, auch in Form der Personengesellschaft die Haftung auf das Gesellschaftsvermögen zu beschränken, freilich flankiert durch Vorschriften für einen angemessenen Gläubigerschutz.[41] Die Reform des Personengesellschaftsrechts hat bekanntlich einen anderen Weg eingeschlagen.[42]

17 **2. Freie Berufe.** Auf Grundlage des § 107 Abs. 1 S. 2 bleibt die grundlegende Unterscheidung von Gewerbetreibenden und Freiberuflern erhalten. Allerdings wird den Angehörigen Freier Berufe der Weg in die Handelsgesellschaft eröffnet, soweit das anwendbare Berufsrecht eine Eintragung als OHG oder KG zulässt. Der Begriff der Freien Berufe nimmt Maß an der **Legaldefinition des § 1**

---

[31] Begr. RegE, BT-Drs. 19/27635, 223 f.

[32] BGH 15.7.2014, NZG 2014, 1179 Rn. 10 ff.; zust. Armbrüster EWiR 2014, 705; Henssler/Markworth NZG 2015, 1; zuvor bereits Autenrieth WPg 2014, 139; **aA** OLG Dresden 6.12.2012, NZG 2013, 873.

[33] Vgl. BGH 15.7.2014, NZG 2014, 1179 Rn. 13 ff.

[34] BGH (Senat für Anwaltssachen) 18.7.2011, NJW 2011, 3036 Rn. 11 m. zust. Anm. Keller EWiR § 59c BRAO 2/11, 705; Verfassungsbeschwerde als unzulässig verworfen von BVerfG 6.12.2011, NJW 2012, 993; vgl. weiter Staub/Schäfer Rn. 10; Lieder/Hoffmann NJW 2015, 897 (902); monografisch zur Entwicklung Lück, Die GmbH & Co. KG als Berufsausübungsgesellschaft für Rechtsanwälte, 2024.

[35] Grunewald ZIP 2012, 1115 (1117).

[36] Zum Berufsrecht als in dieser Frage eigentlich berufener Rechtsmaterie K. Schmidt DB 2011, 2477. Zur Verfassungswidrigkeit der berufsrechtlichen Regelungen zum Zusammenschluss von Rechtsanwälten und Patentanwälten BVerfG 14.1.2014, NJW 2014, 613 = NZG 2014, 258 m. zust. Anm. Henssler EWiR 2014, 203 und Kämmerer DStR 2014, 669.

[37] Für eine Öffnung der (GmbH & Co.) KG für Freiberufler Beck AnwBl. 2015, 380 (387); Wertenbruch NZG 2019, 1081 ff.; für eine Angleichung der PartG mbB an die LLP und ihre Fortentwicklung zu einer neuen haftungsbeschränkten Personengesellschaft (PartG mbH) Otte-Gräbener FS Seibert, 2019, 613 (622 ff.).

[38] Dazu bereits Lieder/Hoffmann NZG 2016, 287 (294); 2017, 325 (332 f.); 2020, 721 (725); s. etwa das Konzept von Henssler Verh. 71. DJT, Bd. II/1, 2017, O 96; Henssler FS K. Schmidt, Bd. I, 2019, 449 ff.; gegen eine tiefgreifende Umgestaltung indes Schäfer Verh. 71. DJT, Bd. I, 2016, E 37.

[39] Beschluss 3 „Die Trennung zwischen (handels-)gewerblichen Personengesellschaften und nicht gewerblichen, ua freiberuflichen Personengesellschaften sollte aufgegeben werden" wurde mit 25:25:0 Stimmen abgelehnt.

[40] Koalitionsvertrag vom 14.3.2018, 129: „Wir werden das Personengesellschaftsrecht reformieren und an die Anforderungen eines modernen, vielfältigen Wirtschaftslebens anpassen; wir werden eine Expertenkommission einsetzen, die gesetzliche Vorschläge für eine grundlegende Reform erarbeitet."

[41] So schon Lieder/Frehse/Kilian NJW 2018, 2175 (2179).

[42] S. Vorarbeiten bei Wertenbruch NZG 2019, 1081 ff.

Abs. 2 PartGG[43] und kann im Übrigen auf das **negative Tatbestandsmerkmal des Gewerbes** zurückgreifen (→ § 1 Rn. 35 ff.). Ohne Belang ist hingegen, ob die Personengesellschaft der Gewerbesteuerpflicht unterfällt.[44]

3. Berufsrechtlicher Vorbehalt. Die Eintragung einer freiberuflichen OHG oder KG hängt davon ab, dass das Berufsrecht eine entsprechende Öffnungsklausel zugunsten von Personenhandelsgesellschaften enthält.[45] Ist das nicht der Fall, kann eine Gesellschaft nicht in das Handelsregister eingetragen werden. Eine freiberufliche Personengesellschaft bleibt – vorbehaltlich einer Eintragung im Partnerschaftsregister – **ohne berufsrechtliche Zulassung GbR.** Diese Voraussetzung ist durch das Registergericht im Rahmen des Eintragungsverfahrens auch zu prüfen.[46] Das Registergericht kann sich dabei auf die Auskünfte von besonders qualifizierten Stellen, wie zB Berufskammer, verlassen.[47] Soweit die Materialien davon sprechen, dass berufsrechtliche Voraussetzungen nicht von den Registergerichten, sondern von den für das Berufsrecht zuständigen Stellen zu prüfen sind, beziehen sie sich ersichtlich auf besondere, von der PartG abweichende berufsrechtliche Gestattungen, wie zB Vorgaben für die Kapitalbeteiligung von Personen, die nicht Berufsträger sind, mit denen die fachliche Unabhängigkeit der Berufsausübung gesichert werden soll.[48] 18

Berufsrechtliche Öffnungsklauseln sind durch das Gesetz zur **Neuregelung des Berufsrechts** der anwaltlichen und steuerberatenden Berufsausübungsgesellschaften sowie zur Änderung weiterer Vorschriften im Bereich der rechtsberatenden Berufe vom 7.7.2021 (BGBl. 2021 I 2363) geschaffen worden.[49] Das gilt für **Rechtsanwälte** nach § 59b Abs. 2 Nr. 1 BRAO, für **Steuerberater** nach § 49 Abs. 2 Nr. 1 StBerG und für **Wirtschaftsprüfer** nach § 27 WPO. Auf Grundlage der neuen Vorschriften bedarf es – anders als früher (→ Rn. 14 ff.) – keines Rückgriffs auf eine Treuhandtätigkeit von Steuerberatungs- und Wirtschaftsprüfungsgesellschaften.[50] Spezielle berufsrechtliche Voraussetzungen für anwaltliche OHG, KG und GmbH & Co. KG ergeben sich aus § 59b, § 59c, § 59i BRAO.[51] Zu den Vor- und Nachteilen im Vergleich zur PartG mbB → Rn. 3. Demgegenüber kann im Übrigen auf eine berufsrechtliche Öffnungsklausel nicht verzichtet werden.[52] Hieran **fehlt** es allerdings für **ärztliche** und zahnärztliche **Zusammenschlüsse.** 19

IV. Statuswechsel

Nach früherem Recht konnten die Gesellschafter nach § 2 S. 3 die Eintragung der Gesellschaft aus dem Handelsregister löschen lassen, wenn die Voraussetzung des Betriebs eines Handelsgewerbes nicht mehr vorlag, weil die Gesellschaft auf ein kleingewerbliches Niveau herabgesunken war oder nur noch eigenes Vermögen verwaltete.[53] Im Interesse einer ununterbrochenen Registerpublizität sieht § 107 Abs. 2 S. 2 nunmehr vor, dass eine **Fortsetzung** der ursprünglich im Handelsregister eingetragenen Gesellschaft **als GbR** nur im Wege eines Statuswechsels in Betracht kommt. Damit wird gewährleistet, dass die einmal registrierte Gesellschaft nicht ohne weiteres aus dem Register verschwinden kann. Wer sich freiwillig als OHG oder KG hat eintragen lassen, kann die damit geschaffene Transparenz nicht mehr abstreifen.[54] 20

Die Anmeldung[55] der OHG zur Eintragung in das Gesellschaftsregister kann nach § 107 Abs. 3 S. 1 nur dann erfolgen, wenn die Voraussetzungen des § 1 Abs. 2 nicht vorliegen, die Gesellschaft also gerade **kein Handelsgewerbe** betreibt. Denn andernfalls sind die Gesellschafter nach § 106 Abs. 1 verpflichtet, die Handelsgesellschaft zur Eintragung in das Handelsregister anzumelden respektive eingetragen zu bleiben (zum Rechtsformzwang → § 105 Rn. 12; → § 106 Rn. 10). Das Aus- 21

---

[43] Darauf verweisend Begr. RegE, BT-Drs. 19/27635, 224.
[44] Dazu ausf. Wertenbruch ZIP 2021, 1194 ff.; vgl. weiter Ebenroth/Boujong/Wertenbruch Rn. 24; MüKoHGB/Fleischer Rn. 20.
[45] Dazu ausf. Koch/Markworth Rn. 25 ff.
[46] So jetzt auch BeckOGK/Sanders, 15.4.2025, Rn. 12.
[47] Koch PersGesR/Markworth Rn. 32; BeckOGK/Sanders, 15.4.2025, Rn. 12.
[48] Vgl. Begr. RegE, BT-Drs. 19/27635, 110, 224; s. ferner Schäfer Neues PersGesR/Wertenbruch § 10 Rn. 11; NK-HGB/Heidel Rn. 27, 8; BeckOGK/Sanders, 15.4.2025, Rn. 12; MüKoHGB/Fleischer Rn. 25.
[49] Dazu Kilian NJW 2022, 2577.
[50] Näher Schäfer Neues PersGesR/Wertenbruch § 10 Rn. 22.
[51] Dazu ausf. Schäfer Neues PersGesR/Wertenbruch § 10 Rn. 25 ff.; Nolting ZPG 2023, 176 ff.; vgl. weiter Koch PersGesR/Markworth Rn. 30; MüKoHGB/Fleischer Rn. 23.
[52] So aber Gummert ZPG 2023, Editorial Heft 3; wie hier Kaya/Amelunxen ZPG 2023, 457 (459 f.).
[53] Vgl. dazu Begr. RegE, BT-Drs. 13/8444, 64; Westermann/Wertenbruch PersGesR-HdB/Tröger Rn. I 111a; E. Schaefer DB 1998, 1269 (1270).
[54] Begr. RegE, BT-Drs. 19/27635, 225; Koch PersGesR/Markworth Rn. 40.
[55] Für ein Muster vgl. Heckschen/Freier MoPeG/Heckschen/Weitbrecht § 5 Rn. 81.

gangsregistergericht hat demnach die Voraussetzungen des § 1 Abs. 2 zu prüfen und bei deren Vorliegen die Eintragung gem. § 382 Abs. 3 FamFG abzulehnen.[56]

22 Das **Statuswechselverfahren** richtet sich im Übrigen nach den allgemeinen Grundsätzen, wie sie in § 707c Abs. 2 S. 2 bis S. 5 BGB niedergelegt sind, worauf § 107 Abs. 3 S. 2 verweist. Die Ausführung zum Statuswechsel vom Gesellschafts- in das Handelsregister (→ § 106 Rn. 39 ff.) gelten für den hiesigen – umgekehrten – Fall des Wechsels vom Handels- in das Gesellschaftsregister sinngemäß. Gleiches gilt für den Wechsel unter Beteiligung des Partnerschaftsregisters nach § 4 Abs. 4 PartGG iVm § 107 Abs. 3.[57]

23 Wird das Verfahren ordnungsgemäß durchlaufen, wandelt sich die Gesellschaft **identitätswahrend** in eine GbR um,[58] wodurch die Rechtsverhältnisse unverändert bleiben, außer dass die Gesellschaft ihre Kaufmannseigenschaft verliert (→ § 2 Rn. 28). Der Antrag setzt einen Beschluss der Gesellschafter voraus, der als Strukturmaßnahme grundsätzlich der Einstimmigkeit bedarf (→ § 116 Rn. 87).[59]

Zweiter Titel. Rechtsverhältnis der Gesellschafter untereinander

§ 108 Gestaltungsfreiheit

Von den Vorschriften dieses Titels kann durch den Gesellschaftsvertrag abgewichen werden, soweit im Gesetz nichts anderes bestimmt ist.

Schrifttum: Altmeppen, Kernbereichslehre, Bestimmtheitsgrundsatz und Vertragsfreiheit in der Personengesellschaft, NJW 2015, 2065; Coester-Waltjen, Die Inhaltskontrolle von Verträgen außerhalb des AGBG, AcP 190 (1990), 1; Dembski, Gesellschaftliche Treubindungen von Nichtmitgliedern, insbesondere nachmitgliedschaftliche Treupflichten, 2009; Escher-Weingart, Die Treuepflicht zur Zustimmung zum eigenen Rauswurf, WM 2016, 1569; Fleischer, Annäherungen an den Mauracher Entwurf für ein Gesetz zur Modernisierung des Personengesellschaftsrechts, ZGR Sonderheft 23 (2021), 1; Fleischer, Idiosynkrasien im deutschen Personengesellschaftsrecht: Allmähliche Erosion oder erfolgreiche Exportschlager?, NZG 2020, 601; Fleischer/Harzmeier, Zur Abdingbarkeit der Treuepflichten bei Personengesellschaft und GmbH, NZG 2015, 1289; Fleischer/Mock, Gesellschaftsverträge und Satzungen im Wandel der Zeit, NZG 2020, 161; Fleischer/Schneider, Zulässigkeit und Grenzen von Shoot-Out-Klauseln im Personengesellschafts- und GmbH-Recht, DB 2010, 2713; Flume, Die Problematik der Zustimmungspflicht des Gesellschafters einer Personengesellschaft zu Gesellschafterbeschlüssen und zur Änderung des Gesellschaftsvertrages, FS Rittner, 1991, 119; Goette/Goette, Mehrheitsklauseln im Personengesellschaftsrecht, DStR 2016, 74; Graf/Bisle, Der „Governance Kodex für Familienunternehmen": Kein Ersatz für „maßgeschneiderte" Gesellschaftsverträge, DStR 2010, 2409; Haunschild, Abdingbarkeit der Treuepflicht im Gesellschaftsrecht, 2018; Heckschen/Bachmann, Mehrheitsklauseln bei Personengesellschaften, NZG 2015, 531; Hellgardt, Abdingbarkeit der gesellschaftsrechtlichen Treuepflicht, FS Hopt, 2010, 765; Hermanns, Übertragung von Mitgliedschaftsrechten an Dritte – Gestaltungsmöglichkeiten und -grenzen, ZIP 2005, 2284; Holler, Sanierung aus wichtigem Grund – Neues zur mehrheitlichen Vertragsänderung und Beschlusskontrolle in (Publikums-)Personengesellschaften, ZIP 2010, 1678; Klöhn, Minderheitenschutz im Personengesellschaftsrecht – Rechtsökonomische Grundlagen und Perspektiven, AcP 216 (2016), 281; Lieder, Geschäftsführung und Vertretung im modernisierten Personengesellschaftsrecht, ZGR Sonderheft 23 (2021), 169; Lieder, Öffnungs- und Mehrheitsklauseln im Wohnungseigentums- und Gesellschaftsrecht, notar 2016, 283; Lieder, The Duty of Loyalty in German Company Law, Revue Trimestrielle de Droit Financier (RTDF) 3/2014, 33; Lieder/Hilser in Fleischer/Koch/Schmolke, Gesellschaftsrecht im Spiegel großer Debatten, 2024, § 13; Lutter, Treuepflicht und ihre Anwendungsprobleme, ZHR 162 (1998), 164; Mann, Abdingbarkeit und Gegenstand der gesellschaftsrechtlichen Treuepflicht, 2018; Merkt, Anmerkungen zur Treuepflicht der Kleinaktionäre, FS Bergmann, 2018, 509; Osterloh-Konrad, Die Selbstorganschaft in der Personengesellschaft – Wesenszug oder Anachronismus?, ZGR 2019, 271; Paefgen, „Media-Saturn": Beschlussfreiheit, unternehmerisches Ermessen, Gesellschaftsinteresse und Treuebindung, ZIP 2016, 2293; Priester, Drittbindung des Stimmrechts und Satzungsautonomie, FS Werner, 1984, 657; Reichert, Die Treubindung der Aktionärsmehrheit in Sanierungsfällen, NZG 2018, 134; Reichert, Die Treuepflicht bei der Abstimmung über Geschäftsführungsmaßnahmen in personalistisch strukturierten Gesellschaften, FS K. Schmidt, Bd. II, 2019, 229; Reuter, Gesellschaftsrecht oder Unternehmensverfassungsrecht?, FS Merle, 2010, 309; Reuter, Privatrechtliche Schranken der Perpetuierung von Unternehmen. Ein Beitrag zum Problem der Gestaltungsfreiheit im Recht der Unternehmensformen, 1973; Röttger, Die Kernbereichslehre im Recht der Personenhandelsgesellschaften, 1989; Schäfer, Insolvenzplan als Lösungsmittel für Mehrheits-/Minderheitskonflikte? – Lehren aus dem Fall Suhrkamp, ZIP 2013, 2237; Schäfer, Unzulässige Umgestaltung von Gesellschaftsanteilen im Insolvenzplan, ZIP 2014, 2417;

[56] Begr. RegE, BT-Drs. 19/27635, 225; Koch PersGesR/Markworth Rn. 49.

[57] Dazu näher Noack/Göbel GmbHR 2021, 569 (573).

[58] Ebenroth/Boujong/Wertenbruch Rn. 54; Koch PersGesR/Markworth Rn. 52; vgl. zum alten Recht Begr. RegE, BT-Drs. 13/8444, 64; BGH 14.1.2016, NZG 2016, 517 Rn. 17; KKD/Kindler § 105 Rn. 55; Ebenroth/Boujong/Wertenbruch Rn. 53.

[59] Hopt/Roth § 107 Rn. 15; MüKoHGB/Fleischer Rn. 30; Koch PersGesR/Markworth Rn. 46; Schlitt NZG 1998, 580 (581).

Schäfer, Der Bestimmtheitsgrundsatz ist (wirklich) Rechtsgeschichte, NZG 2014, 1401; Schäfer, Gibt es noch einen Schutz des Kernbereichs der Mitgliedschaft?, ZIP 2015, 1313; Schaper, Russian-Roulette: Möglichkeiten und Grenzen von Beendigungsklauseln in Gesellschaftsverträgen – Zugleich Besprechung von OLG Nürnberg, Urteil vom 20.12.2013 – 12 U 49/13, DB 2014 S. 709 –, DB 2014, 821; Schiffer, Mehrheitsentscheidungen in den Personengesellschaften – Ende der Kernbereichslehre?, BB 2015, 584; K. Schmidt, Mehrheitsbeschlüsse in Personengesellschaften, ZGR 2008, 1; Schmolke, „Shoot out"-Klauseln und Verpflichtung des Vorstands zur Amtsniederlegung, ZIP 2014, 897; St. Schneider, Gesellschafter-Stimmpflichten bei Sanierungen, 2014; Schön, Der Nießbrauch am Gesellschaftsanteil, ZHR 158 (1994), 229; Seidel/Wolf, Minderheitenschutz in der Gesellschaft – Bedeutung der Kernbereichslehre in der neueren BGH-Rechtsprechung, BB 2015, 2563; Teichmann, Gestaltungsfreiheit in Gesellschaftsverträgen, 1970; Thole, Treuepflicht-Torpedo? Die gesellschaftsrechtliche Treuepflicht im Insolvenzverfahren, ZIP 2013, 1937; Wertenbruch, Die Personengesellschaft im Vergleich zur AG und GmbH im Insolvenzplanverfahren, ZIP 2013, 1693; Wertenbruch, Abschied von Bestimmtheitsgrundsatz und Kernbereichslehre im Beschlussanfechtungssystem der Personengesellschaft, DB 2014, 2875; Wertenbruch, Selbstorganschaft und gesetzliche Vertretung bei der Personengesellschaft nach MoPeG, FS Henssler, 2023, 1319; Westermann, Vertraglich geregeltes oder treupflichtgemäßes Ausscheiden aus einer sanierungsbedürftigen Personengesellschaft, NZG 2016, 9; Wiedemann, Treuebindungen und Sachlichkeitsgebot, WM 2009, 1; Wilhelm, Dritterstreckung im Gesellschaftsrecht – Zur Anwendung der allgemeinen mitglied- und organschaftlichen Verhaltensbindungen auf Außenstehende unter besonderer Berücksichtigung ausgewählter Corporate Governance-Probleme, 2017; Zöllner, Die Anpassung von Personengesellschaftsverträgen an veränderte Umstände, 1979.

Übersicht

I. Allgemeines

1. Überblick. Die Vorschrift bestimmt, dass im Innenverhältnis der Gesellschafter untereinander vorrangig der Gesellschaftsvertrag gilt.[1] Die gesetzlichen Bestimmungen über das Innenrecht der OHG und über § 161 Abs. 2 der KG in den §§ 109–122 finden nur insoweit Anwendung, als der Gesellschaftsvertrag hierzu nicht eine andere Regelung vorsieht. Gesetzliche Ausnahmen sind nur für Informationsrechte (§ 717 Abs. 1 S. 3 BGB iVm § 105 Abs. 3) und die Auflösung der Gesellschaft aus wichtigem Grund (§ 131 Abs. 5) vorgesehen. 1

2. Normzweck. Die Vorschrift verankert den Grundsatz der **Privatautonomie,** der das gesamte Zivilrecht durchzieht (vgl. § 311 BGB), und gewährleistet hiermit Gestaltungsfreiheit im Innenrecht der Personengesellschaften.[2] Anders als in den Regelungen über die Rechtsbeziehungen der Gesellschaft zu Dritten nach den §§ 123 ff. und auch abweichend vom Recht der Kapitalgesellschaften und der Genossenschaft ist diese Vertragsfreiheit der Gesellschafter charakteristisch für die Personengesellschaften. 2

3. Bedeutung. Die große Bedeutung der Privatautonomie im Personengesellschaftsrecht ergibt sich daraus, dass sie den Gesellschaftern die eigenverantwortliche Regelung ihrer Rechtsverhältnisse weitgehend selbst überlässt und daher wegen der großen **Flexibilität** der Personengesellschaft und ihren steuerlichen Vorteilen[3] zu der weiten Verbreitung der Personenhandelsgesellschaften und ihren *Kombinationsformen,* insbesondere der GmbH & Co. KG (→ § 161 Rn. 70 ff.), beiträgt. 3

4. Entwicklung. Die Vorschrift geht auf Art. 90 ADHGB zurück.[4] Auf der Grundlage der Vertragsfreiheit haben sich Sonderformen der Personengesellschaften entwickelt, die von dem Leit- 4

[1] Zur Bedeutung von Gesellschaftsverträgen als eigener Forschungsgegenstand und zum Primat des Gesellschaftsvertrags instruktiv Fleischer/Mock NZG 2020, 161 ff.

[2] Vgl. auch Heymann/Hoffmann/Bartlitz § 109 Rn. 1 ff.

[3] Weitemeyer FS Kreutz, 2010, 905 ff.

[4] Materialien: Begr. Kommissionsentwurf, 69; E I § 98, D I, 82, E II § 107, D II, 81 f.

bild des historischen Gesetzgebers als Arbeits- und Haftungsgemeinschaft von Kaufleuten erheblich abweichen, wie zB Publikumspersonengesellschaften, geschlossene Immobilienfonds und Schiffsfonds. Aber auch **Familiengesellschaften** profitieren von der großen Flexibilität und Gestaltungsfreiheit des Personengesellschaftsrechts.[5]

5 Während bei den Kapitalgesellschaften mehr (AG) oder weniger (GmbH) ausgeprägte **Mitgliederschutzvorschriften** existieren, fehlt es hieran indes bei den Personengesellschaften. Berechtigte Gesellschafterinteressen werden allgemein durch den Grundsatz der **Einstimmigkeit** von Gesellschafterbeschlüssen geschützt.[6] Davon abgesehen entwickelte sich ein richterrechtliches Sonderrecht für Publikumspersonengesellschaften (→ § 161 Rn. 128 ff.). Aber auch der Gestaltungsfreiheit bei dem Grundtypus entsprechenden OHG oder KG sind **Grenzen** gesetzt (→ Rn. 10 ff.).

6 In näherer Zukunft ist nicht damit zu rechnen, dass sich an diesen Prinzipien etwas grundsätzlich ändern wird. Zwar diskutierte der **71. Deutsche Juristentag 2016** in Essen im Zusammenhang mit seinem Generalthema „Empfiehlt sich eine grundlegende Reform des Personengesellschaftsrechts?" auch über das **richtige Maß an Gestaltungsfreiheit.** Weder Gutachter[7] noch Referenten[8] plädierten indes für eine grundlegende Abkehr vom aktuell bestehenden Regelungssystem. Dem ist beizupflichten. Namentlich für Einpersonengründungen (→ § 105 Rn. 66 ff.) und den Erwerb eigener Anteile (→ § 105 Rn. 69) fehlt es – abgesehen von den hiermit verbundenen dogmatischen Verwerfungen – an einer praktischen Notwendigkeit.

7 Das hat sich auch durch das **MoPeG** (→ § 105 Rn. 6 ff.), das die Vorschrift inhaltlich unverändert von § 109 aF in § 108 verschoben hat, in der Sache nicht geändert. Hinzu gekommen sind allerdings die Gestaltungsgrenzen für die **Klagefrist** einer Beschlussmängelklage nach § 112 Abs. 1 S. 2 (→ § 112 Rn. 7) und für die **Notgeschäftsführungsbefugnis** nach § 105 Abs. 3 iVm § 715a S. 2 BGB (→ § 116 Rn. 88 ff.).

II. Grundsatz der Vertragsfreiheit

8 **1. Gesellschaftsvertrag.** Maßgeblich für die Rechtsbeziehungen der Gesellschafter untereinander ist der Gesellschaftsvertrag im Sinne der Verfassung der Gesellschaft (→ § 105 Rn. 13 ff.). Über den Wortlaut des § 108 hinaus regelt der Gesellschaftsvertrag auch das Verhältnis der Gesellschafter zur Gesellschaft,[9] das durch den historischen Gesetzgeber als solches noch nicht identifiziert worden war.[10] Die **Auslegung des Vertrags** einschließlich der ergänzenden Vertragsauslegung hat Vorrang vor dem dispositiven Gesetzesrecht.[11] Da die in Vollzug gesetzte fehlerhafte Gesellschaft bis zu ihrer Beendigung als wirksam behandelt wird (→ § 105 Rn. 154 ff.), bildet auch bei ihr der Gesellschaftsvertrag die maßgebende Grundlage.[12] Die Vertragsfreiheit im Innenverhältnis ermöglicht es, den verschiedenen Typen von Personenhandelsgesellschaften durch Vertragsgestaltung gerecht zu werden.[13]

9 **2. Dispositives Gesetzesrecht.** Die Vorschrift nimmt Bezug auf das dispositive Gesetzesrecht der §§ 109–122. Darüber hinaus sind auch die Regeln über das Ausscheiden von Gesellschaftern und die Auflösung der Gesellschaft (→ § 130 Rn. 3 ff.; → § 138 Rn. 5 ff.) und die Liquidation dispositiv, soweit sie nicht dem Gläubigerschutz dienen (→ § 134 Rn. 39; → § 144 Rn. 5; → § 146 Rn. 4; → § 148 Rn. 9; → § 148 Rn. 2).[14] Über die Verweisung des § 105 Abs. 3 sind die Vorschriften der §§ 705 ff. BGB zum Teil anwendbar, von denen einige grundlegende Strukturregelungen, wie zB § 711a S. 1 BGB, zwingend sind (→ § 105 Rn. 64).

III. Grenzen der Privatautonomie

10 **1. Grundlagen.** Ebenso wie die Privatautonomie im Zivilrecht[15] ist auch die Vertragsfreiheit im Gesellschaftsrecht **nicht schrankenlos** gewährleistet. Denn keine Freiheit gilt ohne Grenzen; Frei-

[5] Speziell hierzu Lieder in Vogt/Fleischer/Kalss, Recht der Familiengesellschaft, 2017, 27 (33).
[6] K. Schmidt ZGR 2008, 1 ff.
[7] Schäfer Verh. 71. DJT, 2016, E 1 ff.; Schäfer ZIP-Beil. 22/2016, 63 (64 ff.).
[8] Roßkopf Verh. 71. DJT, Bd. II/1, 2017, O 11 f.; für eine moderate Erweiterung der Gestaltungsfreiheit Wicke Verh. 71. DJT, Bd. II/1, 2017, O 31 ff.
[9] Hopt/Roth Rn. 1; MüKoHGB/Enzinger Rn. 2.
[10] Flume ZHR 136 (1972), 177.
[11] Staub/Schäfer Rn. 7 f.
[12] MüKoHGB/Enzinger Rn. 2; diff. BGH 26.9.1966, NJW 1967, 36 (39); 30.4.1955, BGHZ 17, 167.
[13] Vgl. etwa den Governance Kodex für Familienunternehmen, www.kodex-fuer-familienunternehmen.de; krit. hierzu Graf/Bisle DStR 2010, 2409 ff.
[14] MüKoHGB/Enzinger Rn. 3.
[15] Dazu ausf. Lieder, Die rechtsgeschäftliche Sukzession, 2015, 149 ff.

heit setzt auch immer Bindung voraus.[16] Hier stellt sich die klassische Frage nach der Reichweite und den **Schranken der Gestaltungsfreiheit im Gesellschaftsrecht.**[17] In der Sache geht es um einen angemessenen Ausgleich zwischen der Gewährleistung der Funktionsfähigkeit von Personenverbänden und der Handlungsfähigkeit der Mitgliedermehrheit auf der einen Seite und dem Individual- und Minderheitsschutz der Gesellschafter auf der anderen Seite. Wird in schutzwürdige Rechte und Interessen der Gesellschafter durch Vertragsklauseln oder Beschlüsse (→ Rn. 43) eingegriffen, sind sie unwirksam.

In der zurückliegenden Diskussion haben Versuche breiten Raum eingenommen, die über eine **Typengesetzlichkeit der Gesellschaftsformen** ein System gestaltungsfester Regeln zu entwickeln suchten.[18] Heute gelten diese Versuche mit Blick auf die mangelnde Präzisierung der entwickelten Vorgaben und der hieraus resultierenden großen Rechtsunsicherheit als **gescheitert.**[19] Vielmehr werden die Grenzen der jeweiligen Rechtsform durch die zwingenden Regeln bestimmt. Innerhalb des dispositiven Gesetzesrechts sind abweichende Gestaltungen grundsätzlich erlaubt. Nur wenige allgemeine Rechtsprinzipien lassen sich aus dem normativen Umfeld und den fundamentalen Wertungen des Personengesellschaftsrechts ableiten, die inzwischen als **Strukturmerkmale** von der ganz hM anerkannt sind. Hierzu zählen etwa das Prinzip der Selbstorganschaft bei Personengesellschaften (→ Rn. 24) oder das Abspaltungsverbot bei der Mitgliedschaft (→ Rn. 19 ff.).[20] Auf dem Gebiet der **Beschlusskontrolle** wird die Gestaltungsfreiheit insbesondere durch einen materiellen Minderheitenschutz[21] begrenzt (→ § 109 Rn. 56 ff.). An diesen Strukturprinzipien hat das **MoPeG** keine wesentlichen Änderungen vorgenommen.[22] 11

2. Allgemeine privatrechtliche Schranken. a) Grenzen. Die Grenzen des **gesetzlichen Verbots** (§ 134 BGB)[23] und der **Sittenwidrigkeit** (§ 138 BGB) gelten auch im Gesellschaftsrecht. Die Beurteilung der Sittenwidrigkeit erfordert eine Gesamtwürdigung unter Einbeziehung aller relevanten Umstände zur Zeit des Vertragsschlusses.[24] Nach Vertragsschluss kommt flankierend eine **Ausübungskontrolle** bei einzelnen Klauseln in Betracht (→ § 135 Rn. 44).[25] Sie greifen sowohl, wenn der gesamte Gesellschaftsvertrag nichtig ist, zB wegen eines Verstoßes gegen das Kartellverbot des § 1 GWB (→ § 117 Rn. 41),[26] als auch wenn einzelne Vertragsklauseln, etwa ein Wettbewerbsverbot (§ 117),[27] gegen das GWB verstoßen. Der gesamte Gesellschaftsvertrag kann wegen Verfolgung eines **sittenwidrigen Zwecks** oder eines grundsätzlichen Verstoßes gegen die rechtsethischen Überzeugungen der Rechtsgemeinschaft nichtig sein, etwa bei der einseitigen Übervorteilung eines oder mehrerer Gesellschafter.[28] 12

Einzelne Klauseln sind sittenwidrig, wenn sie den Gesellschafter durch ein voraussetzungsloses Ausschließungsrecht rechtlos stellen, ihn knebelnden Bedingungen unterwerfen,[29] ihn gegen sei- 13

[16] Vgl. (in einem anderen Zusammenhang) Picker JZ 2003, 540 (544); Lieder, Die rechtsgeschäftliche Sukzession, 2015, 100.

[17] Vgl. nur A. Teichmann, Gestaltungsfreiheit in Gesellschaftsverträgen, 1970; Westermann, Vertragsfreiheit und Typengesetzlichkeit im Recht der Personengesellschaft, 1970; Lutter/Wiedemann, Gestaltungsfreiheit im Gesellschaftsrecht, 1998; Hey, Freie Gestaltung von Gesellschaftsverträgen und ihre Schranken, 2004; Schmolke, Grenzen der Selbstbindung im Privatrecht, 2014, 523 ff.; zum schweizerischen Recht Häusermann, Gestaltungsfreiheit im Recht der Publikumsgesellschaft, 2015.

[18] Flume BGB AT I 1 § 13 (189 ff.); Reuter, Privatrechtliche Schranken der Perpetuierung von Unternehmen, 1973; Reuter AcP 181 (1981), 1; Reuter GmbHR 1981, 129; Teichmann, Gestaltungsfreiheit in Gesellschaftsverträgen, 1970, 123 ff.; Westermann, Vertragsfreiheit und Typengesetzlichkeit im Recht der Personengesellschaften, 1970; Westermann AcP 175 (1975), 375; Staub/Schäfer Rn. 20; Zöllner, Die Schranken mitgliedschaftlicher Stimmrechtsmacht bei den privaten Personenverbänden, 1963, 97 f., 287 ff.

[19] Dazu ausf. Lieder/Hilser in Fleischer/Koch/Schmolke, Gesellschaftsrecht im Spiegel großer Debatten, 2024, § 13 Rn. 1 ff.; vgl. weiter Hopt/Roth Rn. 3; Heymann/Hoffmann/Bartlitz § 109 Rn. 4; K. Schmidt GesR § 5 III 1c.

[20] K. Schmidt GesR § 5 II 1b, § 5 III 3b.

[21] Zur Bedeutung des Minderheitenschutzes als Leitgedanke der Beschränkung der Privatautonomie in der Rspr. des BGH Westermann FG 50 Jahre BGH, Bd. II, 2000, 245 ff., 248.

[22] Hippeli DZWIR 2020, 386 (389); Kruse DStR 2021, 2412 (2414); Lieder ZGR Sonderheft 23 (2021), 169 (181); Noack NZG 2020, 581 (582); **aA** BeckOK BGB/Schöne, 75. Ed. 1.8.2025, BGB § 708 Rn. 11 ff.

[23] BGH 25.3.1974, BGHZ 62, 234 (240) = NJW 1974, 1201 – Verstoß gegen Rechtsberatungsgesetz; 24.9.1979, BGHZ 75, 214 (217) = NJW 1980, 638.

[24] BGH 4.6.2013, NZG 2013, 984.

[25] Fleischer/Schneider DB 2010, 2713 (2718) mwN.

[26] BGH 4.3.2008, WuW/E DE-R 2361–2363 zu einem Gemeinschaftsunternehmen.

[27] OLG Düsseldorf 15.8.2007, WuW/E DE-R 2166–2171.

[28] BGH 5.12.1974, WM 1975, 325 (327); OLG Schleswig 13.6.2002, ZIP 2002, 1244 (1245 f.); vgl. auch Kuhn WM 1975, 718 (723) mwN; MüKoBGB/Schäfer BGB § 705 Rn. 137.

[29] So etwa BGH 12.7.1965, BGHZ 44, 158 (161) = NJW 1965, 2147 (Ausschluss sämtlicher Verwaltungsrechte eines Gesellschafters der OHG trotz Fortbestehens der persönlichen Haftung).

nen Willen aus der Gesellschaft hinausdrängen (**Hinauskündigungsklauseln,** → § 134 Rn. 45 ff.),[30] sein Abfindungsrecht über Gebühr einschränken oder eine übermäßige Ausgleichspflicht festlegen[31] (→ § 135 Rn. 37 ff.). Im Grundsatz nicht zu beanstanden sind **Russian-Roulette-Klauseln** (Shoot-Out-Klauseln) in zweigliedrigen Gesellschaften des Inhalts, dass jeder Teil berechtigt ist, dem jeweils anderen Teil seine Gesellschaftsbeteiligung unter Nennung eines bestimmten Preises zum Ankauf anzubieten, und dass der Angebotsempfänger verpflichtet ist, bei Nichtannahme dieses Angebots seine Gesellschaftsbeteiligung an den Anbietenden unverzüglich zum gleichen Kaufpreis zu verkaufen und abzutreten (→ § 134 Rn. 45).[32] Gleiches gilt für **andere Beendigungsklauseln,** wie zB Blind-Bid-Klauseln und Texan-Shoot-Out-Klauseln.[33] Das mit diesen Klauseln verbundene Missbrauchspotenzial ist im Rahmen einer an den Grundsätzen von Treu und Glauben iVm der gesellschaftsrechtlichen Treuepflicht orientierten **Ausübungskontrolle** zu sanktionieren.[34]

14 In all diesen Fällen der Beeinträchtigung der Gesellschafterstellung (im Gegensatz zu Eingriffen in die anderweitige Rechtsstellung der Gesellschafter oder zur Nichtigkeit des Gesellschaftszwecks allgemein) sind die hiermit verbundenen Eingriffe in die individuelle Rechtsstellung des Gesellschafters nach der allgemeinen Nichtigkeitsbestimmung des § 138 Abs. 1 BGB zu sanktionieren. Eines Rückgriffs auf die Rechtsfigur der **Kernbereichslehre** bedarf es weder an dieser Stelle (→ Rn. 46) noch im Rahmen der materiellen Beschlusskontrolle bei der Willensbildung auf Grundlage von Mehrheitsklauseln (→ § 109 Rn. 54 ff.). Grundsätzlich geht der Wille der Gesellschafter dahin, dass bei einer unwirksamen Klausel entgegen § 139 BGB der **Gesamtvertrag** aufrechterhalten werden soll (→ § 105 Rn. 17).[35] Andernfalls greifen die Regeln über die **fehlerhafte Gesellschaft** ein (→ § 105 Rn. 142 ff.).

15 **b) Inhaltskontrolle.** Wegen des Ausnahmecharakters der Grenze der Sittenwidrigkeit nach § 138 BGB ist die Vorschrift keine geeignete Grundlage für eine **allgemeine Inhaltskontrolle von Gesellschaftsverträgen.**[36] Die Regeln der §§ 305 ff. BGB über Vertragsgestaltung durch **AGB** sind nach § 310 Abs. 4 BGB auf Gesellschaftsverträge nicht anwendbar.[37] Dies gilt allerdings nicht für Vereinbarungen, die innerhalb oder außerhalb des Gesellschaftsvertrags Rechtsbeziehungen zum Inhalt haben, die von dem gesellschaftsrechtlichen Verhältnis zu trennen sind. Dies betrifft etwa Dienst- oder Darlehensverträge der Gesellschafter gegenüber der Gesellschaft außerhalb des Gesellschaftsverhältnisses.[38] Dies gilt nach Auffassung der obergerichtlichen Rspr. aus Gründen des Verbraucherschutzes ebenso für gesellschaftsrechtliche Beteiligungen, die allein zum Zwecke der Vermögensanlage durch Privatpersonen getätigt werden.[39]

16 Bei der **Publikumspersonengesellschaft,** deren Gesellschaftsvertrag durch die Gründungsgesellschafter konzipiert wird, und bei der die später eintretenden Gesellschafter regelmäßig keinen Einfluss auf den Vertrag nehmen können, findet eine allgemeine **Inhaltskontrolle auf der Grundlage von §§ 157, 242 BGB** ähnlich wie bei AGB statt, da deren Vertrag formularvertraglich vorformuliert ist

---

[30] BGH 20.1.1977, BGHZ 68, 212 = NJW 1977, 1292; 13.7.1981, BGHZ 81, 263 = NJW 1981, 2565; 9.7.1990, BGHZ 112, 103 = NJW 1990, 2622; 19.9.2005, BGHZ 164, 107 = NJW 2005, 3644 – Mitarbeitermodell; 19.9.2005, BGHZ 164, 98 = NJW 2005, 3641 – Managermodell; dazu Lieder DZWIR 2006, 63 ff.; 19.3.2007, NJW-RR 2007, 913; 7.5.2007, NJW 2007, 1256; OLG München 13.5.2020, NZG 2020, 903 Rn. 51 ff.

[31] Im Ergebnis aber abgelehnt BGH 4.6.2013, NZG 2013, 984.

[32] OLG Nürnberg 20.12.2013, NZG 2014, 222; zust. Lieder WuB II A. § 84 AktG 1.14; Schaper DB 2014, 821; Schmolke ZIP 2014, 897; ebenso bereits Fleischer/Schneider DB 2010, 2713 ff.

[33] Vgl. dazu Lieder WuB II A. § 84 AktG 1.14; Wedemann, Gesellschafterkonflikte in geschlossenen Kapitalgesellschaften, 2013, 495 f.

[34] Vgl. Fleischer/Schneider DB 2010, 2713 (2718); Lieder WuB II A. § 84 AktG 1.14; Schaper DB 2014, 821 (824); Schmolke ZIP 2014, 897 (901).

[35] BGH 10.11.1951, BGHZ 3, 324 (357) = NJW 1952, 178; 14.5.1956, BGHZ 20, 363 (364) = NJW 1956, 1198; 15.12.1969, NJW 1970, 468.

[36] Coester-Waltjen AcP 190 (1990), 1 (8); vgl. auch BGH 10.10.1994, BGHZ 127, 176 = NJW 1995, 192 – stille Gesellschaft; unzutr. Lockowandt, Stimmrechtsbeschränkungen im Recht der Personengesellschaften, Kernbereichslehre und Stimmrechtsausschluss, 1996, 148.

[37] BGH 8.2.1988, BGHZ 103, 219 = NJW 1988, 1729; 5.10.1992, BGHZ 119, 305 = NJW 1993, 57; 10.10.1994, BGHZ 127, 176 = NJW 1995, 192; offengelassen von BGH 27.11.2000, NJW 2001, 1270; Ebenroth/Boujong/Born Rn. 70.

[38] BGH 11.1.1991, WM 1992, 99 (100); Brandes WM 1994, 569; MüKoHGB/Enzinger Rn. 14; s. auch OLG Düsseldorf 19.6.2007, NJW 2008, 1451 zum Verein.

[39] So KG 17.9.1997, WM 1999, 731 (733); OLG Oldenburg 20.5.1999, NZG 1999, 896 (897); OLG Frankfurt 4.2.2004, NJW-RR 2004, 991 (992); OLG Hamm 9.3.2011, BeckRS 2011, 7064; ebenso Grüneberg/Grüneberg BGB § 310 Rn. 49; **aA** Drygala ZIP 1997, 968 (970); offenlassend BGH 27.11.2000, NJW 2001, 1270 (1271).

(→ § 161 Rn. 147 ff.).[40] Hieraus folgt in Anlehnung an **§ 305c Abs. 2 BGB,** dass Zweifel bei der Vertragsauslegung zu Lasten des Verwenders gehen.[41] Für die bloß kapitalistisch ausgestaltete OHG oder KG ist eine solche Inhaltskontrolle nicht vorzunehmen, weil in diesem Fall der Gesellschaftsvertrag unter den Gesellschaftern ausgehandelt wird.[42]

3. Gesellschaftsrechtliche Schranken. Neben den (weitmaschigen) zivilrechtlichen Schranken sind eine ganze Reihe von gesellschaftsrechtlichen Grenzen entwickelt worden. Diese Grenzen bedürfen in jedem Fall einer **normativen Rückbindung** an das geschriebene Recht oder an die den Vorschriften zugrunde liegenden – ungeschriebenen – Grundwertungen des allgemeinen Verbandsrechts. Auf dieser Grundlage lässt sich ein bunter Strauß – vielfach verbandsformübergreifender – **allgemeiner Prinzipien des Gesellschaftsrechts** identifizieren, die der Gestaltungsfreiheit der Gesellschafter(-mehrheit) Grenzen setzt. Das gilt zunächst für die Ausgestaltung des Gesellschaftsvertrags, aber im übertragenen Sinne letztlich auch für die Inhaltskontrolle von (auf der Grundlage von Mehrheitsklauseln gefassten) Gesellschafterbeschlüssen. Im Mittelpunkt steht ein angemessener Ausgleich zwischen der Funktions- und Handlungsfähigkeit der Gesellschaft und dem berechtigten Schutzinteresse der Minderheit **(Minderheitsschutz).** Neben der Bindung an den **Verbandszweck**[43] sind die folgenden Gestaltungsschranken zu berücksichtigen. 17

a) Informationsrecht. § 717 Abs. 1 S. 3 BGB iVm § 105 Abs. 3 statuiert ein zwingendes Informations- und Kontrollrecht der von der Geschäftsführung ausgeschlossenen Gesellschafter, selbst wenn diese Rechte vertraglich ausgeschlossen wurden, soweit dies zur Wahrnehmung eigener Mitgliedschaftsrechte erforderlich ist, insbesondere, wenn Grund zur Annahme unredlicher Geschäftsführung besteht. 18

b) Abspaltungsverbot. Gemäß § 711a S. 1 BGB iVm § 105 Abs. 3 sind die Ansprüche der Gesellschafter aus dem Gesellschaftsverhältnis nicht ohne den Gesellschaftsanteil übertragbar. Das dient der Funktions- und Handlungsfähigkeit der Gesellschaft; einzelne Verwaltungsrechte sollen nicht auf unterschiedliche Personen verteilt werden, um die innergesellschaftliche Willensbildung unnötig zu verkomplizieren.[44] Die Vorschrift ist zwingend.[45] Sie bedeutet, dass die aus dem Gesellschaftsverhältnis entspringenden **Verwaltungsrechte,** etwa das Stimmrecht, das Geschäftsführungsrecht einschließlich des Widerspruchsrechts, das Informations- und Kontrollrecht, das Kündigungsrecht, die actio pro socio und das Recht auf Mitwirkung bei der Liquidation, nicht von der Mitgliedschaft gelöst und selbstständig übertragen werden können.[46] Das Abspaltungsverbot betrifft auch das Recht zur Einsichtnahme in Geschäftsunterlagen.[47] Verboten sind hiernach auch ähnliche Absprachen wie die unwiderrufliche Bevollmächtigung[48] und die Einräumung eines eigenen Stimmrechts an einen Nichtgesellschafter.[49] 19

Verwaltungsrechte können aber Mitgesellschaftern oder Dritten **zur Ausübung** überlassen werden, wenn dies vertraglich vorgesehen ist oder alle Gesellschafter zustimmen.[50] Eine unwirksame Vollübertragung kann nach § 140 BGB in eine Übertragung zur Ausübung umgedeutet werden.[51] 20

---

[40] BGH 14.4.1975, BGHZ 64, 238 (241) = NJW 1975, 1318; 27.11.2000, NJW 2001, 1270 (1271); 13.9.2004, ZIP 2004, 2095 (2097 f.); 13.12.2011, ZIP 2012, 117 Rn. 50; 23.4.2012, ZIP 2012, 1342 Rn. 32; 12.3.2013, ZIP 2013, 1222 Rn. 14; 1.7.2014, BeckRS 2014, 16416 Rn. 17; 16.2.2016, NZG 2016, 424 Rn. 14.

[41] BGH 13.9.2004, ZIP 2004, 2095 (2097 f.); 12.3.2013, BB 2013, 1809 Rn. 14; 8.10.2013, NZG 2013, 1334 Rn. 19 ff.; 1.7.2014, BeckRS 2014, 16416 Rn. 17; 16.2.2016, NZG 2016, 424 Rn. 14.

[42] Coester-Waltjen AcP 190 (1990), 1 (8); Staub/Schäfer Rn. 37; diff. Heymann/Hoffmann/Bartlitz § 109 Rn. 6.

[43] Speziell zum letzten Punkt MüKoHGB/Enzinger Rn. 41; Staub/Schäfer § 109 Rn. 53; K. Schmidt GesR § 21 II 3 b.

[44] Aus zessionsrechtlicher Perspektive des § 399 Alt. 1 BGB vgl. BeckOGK/Lieder, 1.8.2024, BGB § 399 Rn. 67.

[45] BGH 10.11.1951, BGHZ 3, 354 (357) = NJW 1952, 178; 14.5.1956, BGHZ 20, 363 (364) = NJW 1956, 1198; 15.12.1969, NJW 1970, 468; OLG Stuttgart 31.10.2012, DStR 2013, 1138 Rn. 24; Staub/Schäfer Rn. 22.

[46] BGH 10.11.1951, BGHZ 3, 354 (357) = NJW 1952, 178; OLG Stuttgart 31.10.2012, DStR 2013, 1138.

[47] OLG Hamm 24.5.2006, NZG 2006, 823.

[48] So für das Stimmrecht BGH 10.11.1951, BGHZ 3, 354 (359) = NJW 1952, 178; 14.5.1956, BGHZ 20, 363 (365); Teichmann, Gestaltungsfreiheit in Gesellschaftsverträgen, 1970, 225; MüKoHGB/Enzinger Rn. 23.

[49] Ebenroth/Boujong/Born Rn. 22; abl. auch BGH 16.11.1981, NJW 1982, 877 (878); Priester FS Werner, 1984, 657 (664); Schlegelberger/Martens Rn. 14; RGHMW/Haas/Mohamed Rn. 14; Staub/Schäfer Rn. 23; MüKoHGB/Enzinger Rn. 23; **aA** BGH 22.2.1960, NJW 1960, 963.

[50] BGH 10.11.1951, BGHZ 3, 354 (357) = NJW 1952, 178; Hermanns ZIP 2005, 2284 (2288); Westermann, Vertragsfreiheit und Typengesetzlichkeit im Recht der Personengesellschaften, 1970, 398 ff.; Koch PersGesR/Könen BGB § 711a Rn. 8; MüKoHGB/Enzinger Rn. 23; Staub/Schäfer Rn. 24 mwN.

[51] BGH 14.5.1956, BGHZ 20, 363 (366 ff.) = NJW 1956, 1198.

Das Verbot des Insichgeschäfts nach § 181 BGB steht Geschäftsführungsmaßnahmen nicht entgegen, wohl aber Änderungen des Gesellschaftsvertrags.[52]

21 Ausgenommen vom Abspaltungsverbot sind nach § 711a S. 2 BGB iVm § 105 Abs. 3 **vermögensrechtliche Ansprüche,** soweit sie vor der Auseinandersetzung zum Gegenstand selbstständiger Rechte gemacht werden können, etwa die einem Gesellschafter aus der Geschäftsführung zustehenden Ansprüche (→ § 119 Rn. 4 ff.) oder der Anteil am Gewinn oder an dem Auseinandersetzungsguthaben.[53] Dazu gehören auch Ansprüche aus einem Darlehenskonto gegenüber der Gesellschaft, nicht aber das (Eigen-)Kapitalkonto (zu den Kontenmodellen → § 120 Rn. 60 ff.).[54] Der Gewinnanspruch kann nach der Feststellung der Bilanz selbstständig abgetreten, verpfändet[55] oder mit einem Nießbrauch belastet werden.[56] Der Abfindungs- oder Auseinandersetzungsanspruch kann belastet und antizipiert übertragen werden. Ob der Übernehmer tatsächlich das Gewinnbezugsrecht erhalten hat, bestimmt sich grundsätzlich nach seinem Kapitalanteil, und zwar für die übliche gesellschaftsvertragliche Ausgestaltung nach dem (festen) Kapitalkonto I, während die übrigen Kapitalkonten typischerweise keine Mitgliedschaftsrechte abbilden.[57] Haben die Vertragsparteien den Rückbehalt eines Kapitalkontos vereinbart, dann ist im Wege der **Auslegung** zu ermitteln, welche Rechte und Pflichten übergehen sollten.[58]

22 Nicht erfasst vom Abspaltungsverbot ist die **Übertragung der Mitgliedschaft** auf einen Treuhänder, die Belastung mit einem Nießbrauch oder die Anordnung der Testamentsvollstreckung. Da die Begünstigten aus diesen Rechtsverhältnissen eine Berechtigung an dem Gesellschaftsanteil erlangen, können mit Zustimmung der anderen Gesellschafter den Berechtigten, also **Treugebern,**[59] **Nießbrauchern**[60] und **Testamentsvollstreckern,**[61] Mitverwaltungsrechte eingeräumt werden.[62]

23 **c) Kündigung aus wichtigem Grund.** Nach § 139 Abs. 3 und § 132 Abs. 6 kann das Recht, die Gesellschaft bei Vorliegen eines wichtigen Grundes zu kündigen oder aus ihr auszuscheiden, nicht ausgeschlossen oder eingeschränkt werden, etwa durch Abfindungsklauseln (→ § 132 Rn. 21 ff.; → § 139 Rn. 21 ff.). Im Übrigen ist beispielsweise die Bindung eines Anlagegesellschafters für 31 Jahre wegen seiner persönlichen Haftung eine unzulässige Kündigungsbeschränkung.[63]

24 **d) Selbstorganschaft.** Die organschaftliche, also den Regeln des Gesellschaftsrechts unterliegende, Geschäftsführungs- und Vertretungsbefugnis ist im Gegensatz zur schuldrechtlichen Übertragung der Geschäftsführung durch ein Dienstverhältnis und zur Einräumung rechtsgeschäftlicher Vollmacht oder Prokura **de lege lata** den persönlich haftenden Gesellschaftern von OHG und KG vorbehalten (→ § 116 Rn. 26 ff.; → § 124 Rn. 15 ff.). Da allein diese Gesellschafter nach § 126 unbeschränkt persönlich für die Schulden der Gesellschaft haften, geht die traditionelle Auffassung davon aus, dass sie auch die Geschicke der Gesellschaft bestimmen müssen. Dieser Gleichlauf von Herrschaft und Haftung ist geeignet, eine Selbstentmachtung der Haftenden zu verhindern.[64] Zugleich entfaltet der Grundsatz der Selbstorganschaft disziplinierende Wirkung, soweit er sicherstellt, dass die Handelnden mit Blick auf die drohende Haftungssanktion eine besondere Sorgfalt bei der Geschäftsführung und Vertretung an den Tag legen.[65] Die **Beteiligung Dritter,** etwa in einem Beirat, ist nur dann zulässig, wenn die Gesellschafter die Letztverantwor-

[52] BGH 18.9.1975, BGHZ 65, 93 (95 f., 99 f.) = NJW 1976, 49; BFH 18.10.1989, BStBl. II 1990, 68; RGHMW/Haas/Mohamed Rn. 14.

[53] BGH 25.4.1966, BGHZ 45, 221 = NJW 1966, 1307; BFH 1.3.2018, NZG 2018, 918 Rn. 34; OLG Stuttgart 31.10.2012, DStR 2013, 1138 Rn. 24.

[54] OLG Köln 11.1.2000, NZG 2000, 979 Rn. 50; OLG Stuttgart 31.10.2012, DStR 2013, 1138 Rn. 25 ff.; Huber ZGR 1988, 1 (85).

[55] BGH 14.1.2010, ZInsO 2010, 327 mAnm Gattringer 802 ff.

[56] BGH 23.2.1981, WM 1981, 648.

[57] Vgl. BFH 29.7.2015, BFHE 251, 422 Rn. 23 ff. = BeckRS 2016, 94150; 4.2.2016, BFHE 253, 95 Rn. 24 ff. = BeckRS 2016, 94409; 1.3.2018, NZG 2018, 918 Rn. 35.

[58] BFH 1.3.2018, NZG 2018, 918 Rn. 36.

[59] BGH 23.6.2003, NJW-RR 2003, 1392 (1393).

[60] BGH 9.11.1998, NJW 1999, 571 (572); Schön ZHR 158 (1994), 229 (251 ff.).

[61] BGH 3.7.1989, BGHZ 108, 187 (199) = NJW 1989, 3152; 10.1.1996, NJW 1996, 1284 (1285 f.); 12.1.1998, NJW 1998, 1313 (1314).

[62] MüKoHGB/Enzinger Rn. 23; Staub/Schäfer Rn. 25; Schön ZHR 158 (1994), 229 (251 ff.); Wiedemann GesR II § 3 III 2c aa; Koch PersGesR/Könen BGB § 711a Rn. 10.

[63] BGH 22.5.2012, NZG 2012, 903 Rn. 13 ff.

[64] MüKoHGB/Enzinger Rn. 31; Wiedemann WM-Sonderbeil. 8/1990, 20; Hüffer ZHR 151 (1987), 396 (408); Westermann/Wertenbruch PersGesR-HdB/Wertenbruch Rn. I 236c; Koch PersGesR/Könen BGB § 708 Rn. 115.

[65] Vgl. dazu K. Schmidt GesR § 14 II 2 e; MüKoHGB/Enzinger Rn. 31.

tung behalten.[66] Die Übertragung der rechtsgeschäftlichen Geschäftsführungsbefugnis auf einen externen Dienstleister ist zulässig und unterliegt auch nicht den Einschränkungen durch das frühere RBerG bzw. heutige RDG.[67]

De lege ferenda sprechen gute Gründe für die **Abschaffung** der Lehre von der Selbstorganschaft.[68] Der Druck auf diese Rechtsfigur wächst durch die avisierte Reform des Personengesellschaftsrechts (→ § 105 Rn. 6 ff.) weiter. Erstens taugt das Gesamthandsprinzip nach seiner Abschaffung (vgl. § 713 BGB)[69] nicht länger als dogmatische Grundlage.[70] Zweitens müssen Liquidatoren keine Gesellschafter sein (vgl. § 736 Abs. 4 S. 1 BGB, § 144 Abs. 4). Drittens erlaubt Art. 19 EWIV-VO die fremdorganschaftliche Organisation einer deutschen EWIV.[71] Viertens wird in der Praxis die GmbH & Co. KG gerade deshalb gewählt, weil sie faktisch eine Fremdorganschaft ermöglicht.[72] Fünftens belegt ein rechtsvergleichender Blick nach Frankreich und in die Schweiz,[73] dass dem Prinzip der Selbstorganschaft für Personengesellschaften keine wesensprägende Bedeutung in diesem Sinne zukommt, dass ein Regelsetzer nicht (zukünftig) davon abgehen könnte. 25

Deshalb sollte die Schranke der Selbstorganschaft mittels einer gesetzlichen Regelung überwunden und umgekehrt **Fremdorganschaft** im Personengesellschaftsrecht **zugelassen** werden.[74] Zur Wahrung berechtigter Gesellschafterinteressen sollten die persönlich haftenden Gesellschafter jederzeit in der Lage sein, die den Dritten zugewiesenen Organbefugnisse ohne Vorliegen eines wichtigen Grundes wieder an sich zu ziehen.[75] Zudem sollte – parallel zu § 93 AktG, § 43 GmbHG – eine besondere Haftungsvorschrift für (Fremd-)Geschäftsführer geschaffen werden. Ein weitergehender Paternalismus ist angesichts des hohen Stellenwerts der Gestaltungsfreiheit im Personengesellschaftsrecht (→ Rn. 2 ff.) nicht angezeigt. 26

Die Kritik de lege ferenda hat im Zuge des **MoPeG keine Änderungen** der lex lata nach sich gezogen.[76] Vielmehr ist § 116 Abs. 1 – in Übereinstimmung mit § 715 Abs. 1 BGB – die Wertung zu entnehmen, dass die Geschäftsführung auch weiterhin in der Hand der Gesellschafter zu liegen hat. Es bleibt also de lege lata dabei, dass die organschaftliche Geschäftsführungs- und Vertretungsbefugnis – im Gegensatz zur schuldrechtlichen Übertragung der Geschäftsführung durch ein Dienstverhältnis und zur Einräumung rechtsgeschäftlicher Vollmacht – den persönlich haftenden Gesellschaftern vorbehalten ist (→ § 116 Rn. 26). 27

e) Verbandssouveränität. Neben der Selbstorganschaft schützt der Grundsatz der Verbandssouveränität die Gesellschafter vor einer zu starken Einflussnahme von außen im Hinblick auf den Gesellschaftsvertrag. Dieser darf nur durch die Gesellschafter geändert werden[77] und Außenstehenden keine Entscheidungs- oder Zustimmungsbefugnisse hierzu einräumen. In rechtsdogmatischer Hinsicht basiert die Verbandssouveränität im Personengesellschaftsrecht auf dem **Einigungsprinzip,** das seinerseits wiederum auf dem systemprägenden Grundsatz der Privatautonomie fußt.[78] Da die Gesellschafter den Gesellschaftsvertrag abgeschlossen haben, ist es nur konsequent, ihnen gleichermaßen die Änderungsbefugnis zu überantworten. Das deckt sich mit den zivilrechtlichen Grundsätzen 28

---

[66] BGH 16.11.1981, NJW 1982, 877; 22.3.1982, NJW 1982, 2495; Staub/Schäfer Rn. 29; Wiedemann GesR II § 4 II 2b bb; zur Beteiligung von Beiräten Voormann, Der Beirat im Gesellschaftsrecht, 2. Aufl. 1990, 112 ff.; zur Geschäftsführung durch Treuhänder bei Publikumsgesellschaften Ulmer ZIP 2005, 1341 (1343 f.); Altmeppen ZIP 2006, 1 (3 f.); Staub/Schäfer Rn. 31.

[67] BGH 18.7.2006, NZG 2006, 745; 17.10.2006, NZG 2007, 140 mwN; **aA** BGH 2.12.2003, NZG 2004, 279 mwN.

[68] Dazu ausf. Osterloh-Konrad ZGR 2019, 271 ff.; Lieder ZGR Sonderheft 23 (2021), 169 (179 ff.); Fleischer ZGR Sonderheft 23 (2021), 1 (23 f.); Scholz NZG 2020, 1044 ff.; **aA** Wertenbruch GmbHR 2021, 1 Rn. 6.

[69] Vgl. Begr. RegE, BT-Drs. 19/27635, 167; s. ferner Bachmann NZG 2020, 612 (615 f.); Fleischer DB 2020, 1107 (1110); offenlassend Schäfer ZIP 2020, 1149 (1150 f.).

[70] Vgl. auch Bachmann NZG 2020, 612 (615).

[71] Vgl. Blaurock ZEuP 1998, 460 (465); Fleischer ZHR 174 (2010), 385 (412 f.); Fleischer NZG 2020, 601 (610).

[72] Zu den Vorzügen der GmbH & Co. KG näher Lieder in Vogt/Fleischer/Kalss, Recht der Familiengesellschaften, 2017, 27 (51 f.).

[73] Dazu ausf. Fleischer NZG 2020, 601 (605); Osterloh-Konrad ZGR 2019, 271 (282 ff.).

[74] Dazu ausf. Lieder ZGR Sonderheft 23 (2021), 169 (180 f.); iErg ebenso Fleischer ZGR Sonderheft 23 (2021), 1 (23 f.).

[75] Weitergehend sogar für Publikumsgesellschaften BGH 16.11.1981, NJW 1982, 877; 22.3.1982, NJW 1982, 2495.

[76] Vgl. Begr. RegE, BT-Drs. 19/27635, 150; MüKoBGB/Schäfer BGB § 715 Rn. 12; Wertenbruch FS Henssler, 2023, 1319 (1320 ff.); **aA** BeckOK BGB/Schöne, 75. Ed. 1.8.2025, BGB § 715 Rn. 8 ff.: Fremdorganschaft zulässig.

[77] BGH 11.7.1960, BGHZ 33, 105 (109) = NJW 1960, 1997; Koch PersGesR/Könen BGB § 708 Rn. 114.

[78] Dazu allg. Lieder, Die rechtsgeschäftliche Sukzession, 2015, 231 ff.

für Vertragsänderungen, die gleichermaßen die Rechtsstellung aller Beteiligten berühren. Die Verbandssouveränität stellt vor diesem Hintergrund sicher, dass außenstehende Dritte effektiv von einer unbefugten Einwirkung auf die Gesellschaftsgrundlagen ausgeschlossen sind. Das verhindert zugleich eine Selbstentmündigung der Gesellschafter.[79] Vor diesem Hintergrund unbedenklich und daher **zulässig** sind die Einräumung von Kontrollrechten an Dritte[80] oder eines Stimmrechts neben den übrigen Gesellschaftern.[81] Aus wichtigem Grund können diese Rechte jederzeit wieder entzogen werden.[82]

29 **f) Treuepflicht. aa) Grundlagen.** Die gesellschaftsrechtliche Treuepflicht ist als umfassende Pflicht der Gesellschafter rechtsformübergreifend anerkannt.[83] Da sie in der Gesellschafterstellung selbst wurzelt, bedarf die Treubindung keiner besonderen – gesellschaftsvertraglichen – Begründung.[84] Ihre rechtliche **Fundierung** findet die Treuepflicht sowohl in der Förderpflicht des § 705 BGB (iVm § 105 Abs. 3) als auch in dem Rechtsgedanken von Treu und Glauben,[85] auch wenn sie sich rechtsdogmatisch seit langem zu einem allgemeinen Institut des Gesellschaftsrechts entwickelt hat. Sachlich besteht sie sowohl im Verhältnis der Gesellschafter untereinander als auch im Verhältnis zur Gesellschaft.[86] Von dieser **mitgliedschaftlichen** ist die **organschaftliche Treuepflicht** der geschäftsführenden Gesellschafter (→ § 116 Rn. 40, → § 116 Rn. 46) in rechtsdogmatischer Hinsicht zu unterscheiden, auch wenn gemeinsame Wurzeln ausgemacht werden können.[87] Insgesamt ist die mitgliedschaftliche Treuepflicht mit Blick auf die Eigeninteressen der Gesellschafter indes weniger intensiv als die organschaftliche Treuepflicht, welche die Geschäftsführer im (fremden) Interesse der Gesellschaft wahrnehmen.[88] Neben der gesellschaftsrechtlichen Treuepflicht besteht für ein eigenständiges, minderheitsschützendes **Institut der Verhältnismäßigkeit**[89] kein Bedürfnis. Seine Vorgaben an die Ausgestaltung des Gesellschaftsvertrags bzw. die Beschlussfassung aufgrund einer Mehrheitsklausel gehen über die Gewährleistungen der Treuebindung nicht hinaus, sondern sind als unselbstständiger Bestandteil der hiesigen Abwägungsentscheidung zur Anwendung zu bringen.

30 In personeller Hinsicht unterliegt zunächst **jeder Gesellschafter** der Treuepflicht, und zwar nicht nur der Mehrheitsgesellschafter, sondern – mit Blick auf das verbreitete Einstimmigkeitserfordernis – auch Minderheitsgesellschafter.[90] Darüber hinaus erfasst die Treuebindung auch **mittelbare Gesellschafter.**[91] Entgegen der hM sind auch **vor-**[92] **und nachmitgliedschaftliche**[93] Treuepflichten anzuerkennen, soweit gesellschaftsrechtlich vermittelte Einflussnahmemöglichkeiten auf die Gesellschaft und ihre Gesellschafter bestehen. Der **Inhalt** der Treuepflicht bemisst sich nach der realen

---

79 Staub/Schäfer Rn. 27; MüKoHGB/Enzinger Rn. 27; Grunewald GS U. Hübner, 2012, 485.

80 MüKoHGB/Enzinger Rn. 30; Staub/Schäfer Rn. 29.

81 BGH 22.2.1960, NJW 1960, 963 (964); MüKoHGB/Enzinger Rn. 30.

82 BGH 17.10.1983, WM 1984, 29; MüKoHGB/Enzinger Rn. 30; Flume BGB AT I 1 § 14 VII; zur Begr. solcher Rechte in der GmbH-Satzung Ulmer FS W. Werner, 1984, 911 (921); vgl. weiter Teubner ZGR 1986, 565 (568).

83 BGH 15.6.1959, BGHZ 30, 195 (201) = NJW 1959, 1683; 28.4.1975, BGHZ 64, 253 (257) = WM 1975, 774; 25.9.1986, BGHZ 98, 276 (278) = NJW 1987, 189 – zur GmbH; 20.3.1995, BGHZ 129, 136 (142) = NJW 1995, 1739 zur AG; Heymann/Hoffmann/Bartlitz § 109 Rn. 11; Henze ZHR 162 (1998), 186; Lutter ZHR 162 (1998), 164 (167 f.); vgl. auch Michalski NZG 1998, 460 f.; Wiedemann WM-Sonderbeil. 7/1992, 17 ff.; Wiedemann GesR II § 3 II 3.

84 BGH 9.6.2015, NJW 2015, 2882 Rn. 23; Fleischer/Harzmeier NZG 2015, 1289 (1290).

85 Für die GmbH ähnlich Bork/Schäfer/Weller/Lieberknecht GmbHG § 13 Rn. 7; Weller Liber amicorum M. Winter, 2011, 755 (763).

86 BGH 20.3.1995, BGHZ 129, 136 (142) = NJW 1995, 1739 zur AG; zur Einteilung Hellgardt FS Hopt, 2010, 765 mwN.

87 Zum Ganzen ausf. Lieder RTDF 3/2014, 33 ff.

88 Zur GmbH: Lutter/Hommelhoff/Bayer GmbHG § 14 Rn. 29 ff.; NSH/Beurskens GmbHG § 13 Rn. 59 ff.; Fleischer WM 2003, 1045 (1047).

89 Staub/Schäfer § 109 Rn. 63; Schäfer ZGR 2013, 237 (266 ff.); Schlegelberger/Martens § 119 Rn. 31; MüKoHGB/Enzinger § 109 Rn. 96.

90 Vgl. nur BGH 19.10.2009, BGHZ 183, 1 Rn. 23; MüKoHGB/Fleischer § 105 Rn. 360.

91 OLG Stuttgart 18.3.2006, ZIP 2006, 2031 Ls.: Treuhandbeteiligter an Publikums-OHG; Wilhelm, Dritterstreckung im Gesellschaftsrecht, 2017, 275 ff.

92 Vgl. Weber, Vorvertragliche Treuebindungen: Begründung, Reichweite und Vorauswirkungen gesellschaftsrechtlicher Treuepflichten, 1999, 226 ff., 234 ff.; Wilhelm, Dritterstreckung im Gesellschaftsrecht, 2017, 287 ff.

93 Dazu ausf. Dembski, Gesellschaftsrechtliche Treuebindungen von Nichtmitgliedern, insbesondere nachmitgliedschaftliche Treuepflichten, 2009; Wilhelm, Dritterstreckung im Gesellschaftsrecht, 2017, 260 ff.; vgl. weiter OLG Naumburg BeckRS 2022, 22573 Rn. 22; Hopt/Roth Rn. 24; Heymann/Hoffmann/Bartlitz § 109 Rn. 20; Staub/Schäfer § 130 Rn. 40.

Struktur der jeweiligen Gesellschaft.[94] Je enger die personalistische Bindung, desto stärker die Treuepflicht. Aber auch in der Publikumsgesellschaft ist heute deren Geltung durchweg anerkannt.[95] Des weiteren ist die Treuebindung durch **zwei Wirkrichtungen** gekennzeichnet: Zum einen hat der Gesellschafter auf die gesellschaftsbezogenen Interessen der Gesellschaft und seiner Mitgesellschafter Rücksicht zu nehmen **(Rücksichtnahmegebot),**[96] zum anderen hat er die mitgliedschaftlichen Belange der Gesellschaft zu fördern **(Fördergebot).**[97] Insofern begründet die Treuepflicht Handlungs- und Unterlassungspflichten. Sie kann auch unmittelbar dazu führen, dass Gesellschafterbeschlüsse, insbesondere Mehrheitsbeschlüsse[98] oder Vertragsklauseln unwirksam sind (zur prozessualen Geltendmachung → § 110 Rn. 12, 31).[99] Stets ist dabei zu beachten, dass die Treuepflicht zur Vertragsfreiheit der Gesellschafter in einem Spannungsverhältnis steht.[100]

Umstritten ist die Frage der **Abdingbarkeit** der Treuepflicht, die von der hM zumindest für 31
einzelne Ausprägungen der Treuepflicht bejaht wird.[101] Richtigerweise ist die Treuepflicht **generell abdingbar,** soweit ihre Gewährleistungen über die bereits benannten gesetzlichen Verbote hinausgehen; den Gesellschaftern verbleibt mit § 138 Abs. 1 BGB, § 242 BGB in jedem Fall ein hinreichender Mindestschutz.[102] Die Abbedingung erfolgt in formaler Hinsicht durch einen allseitigen Gesellschafterbeschluss oder eine einstimmige Änderung des Gesellschaftsvertrags, wobei eine abstrakte Formulierung ausreicht.[103]

bb) Beispiele. Die **Treuepflicht begrenzt** umfassend die Ausübung von Gesellschafterrechten, 32
so etwa auch die Ausübung von Ansatz- oder Bewertungswahlrechten in der Bilanz.[104] Die Gesellschafter sind verpflichtet, ihre Mitverwaltungs- und Kontrollrechte unter Berücksichtigung der Interessen der Gesellschaft und der Mitgesellschafter auszuüben.[105] Daher darf ein Gesellschafter nicht einen Geschäftsführungsbeschluss an die Verfolgung eigener Gewinnausschüttungsverlangen knüpfen oder diffamierende Äußerungen über die Geschäftsführer tätigen.[106]

Die Treuepflicht kann ausnahmsweise zur **Zustimmung** zu außergewöhnlichen Maßnahmen 33
nach § 116 Abs. 2 S. 1 Hs. 2,[107] zu einem Wechsel im Gesellschafterbestand,[108] zur Aufnahme eines neuen persönlich haftenden Gesellschafters[109] oder zur anderweitigen **Änderung des Gesellschaftsvertrags** verpflichten.[110] Die Änderung muss im Interesse des Fortbestandes der Gesellschaft unter Berücksichtigung der in ihr geschaffenen Werte oder zur Vermeidung erheblicher Verluste objektiv unabweisbar erforderlich und den Gesellschaftern mit Blick auf ihre berechtigten Interessen zumutbar sein.[111] Zweck und Interesse der Gesellschaft müssen gerade die in Rede stehende Maß-

---

[94] Heymann/Hoffmann/Bartlitz § 109 Rn. 14; Henze ZHR 162 (1998), 186.

[95] BGH 19.11.1984, NJW 1985, 972 (973); 5.11.1984, NJW 1985, 974 f.; MüKoHGB/Fleischer § 105 Rn. 370.

[96] BGH 5.6.1975, BGHZ 65, 15 (19) = NJW 1976, 191; 1.2.1988, BGHZ 103, 184 (195) = NJW 1988, 1579; vgl. auch BGH 29.3.1996, BGHZ 132, 263 (273 f.) = NJW 1996, 1678.

[97] Lutter ZHR 162 (1998), 164 (177).

[98] BGH 15.7.2007, BGHZ 170, 283 = NJW 2007, 1685; 24.11.2008, BGHZ 179, 13 = NJW 2009, 669.

[99] BGH 24.5.1993, MittBayNot 1994, 157.

[100] Zur GmbH: MüKoGmbHG/Merkt GmbHG § 13 Rn. 94; Wilhelm FS U. Huber, 2006, 1019 (1028 ff.).

[101] Vgl. Armbrüster ZGR 2014, 333 (350 f.); Fleischer ZGR 2016, 36 (80 ff.); Fleischer/Harzmeier NZG 2015, 1089 (1090); Kumpan, Der Interessenkonflikt im deutschen Privatrecht, 2014, 135 ff.; Schmolke, Grenzen der Selbstbindung im Privatrecht, 2014, 668; Heymann/Hoffmann/Bartlitz § 109 Rn. 16.

[102] Hellgardt FS Hopt, 2010, 765 (784 ff.); Klöhn AcP 216 (2016), 281 (317 f.); monografisch Haunschild, Abdingbarkeit der Treuepflicht im Gesellschaftsrecht, 2018; Mann, Abdingbarkeit und Gegenstand der gesellschaftsrechtlichen Treuepflicht, 2018, 187 ff.; Doralt, Langzeitverträge, 2018, 280 ff., 284 ff.; zur GmbH ausf. MHLS/Lieder GmbHG § 13 Rn. 152 ff.; vgl. weiter Weber, Privatautonomie und Außeneinfluss, 2000, 271; zur AG Waclawik DB 2005, 1151 (1153).

[103] Mann, Abdingbarkeit und Gegenstand der gesellschaftsrechtlichen Treuepflicht, 2018, 196 f.; (zur GmbH) MHLS/Lieder GmbHG § 13 Rn. 154.

[104] BGH 29.3.1996, BGHZ 132, 263 (273) = NJW 1996, 1678.

[105] Vgl. zur Treuepflicht des Minderheitsaktionärs BGH 20.3.1995, BGHZ 129, 136 (142 ff.) = NJW 1995, 1739.

[106] LG Frankfurt a.M. 13.11.2013, NZG 2013, 1427. – Suhrkamp.

[107] *BGH 2.7.1973, WM 1973, 1291 (1294)* – insoweit nicht in NJW 1973, 2198 abgedruckt; Heymann/Hoffmann/Bartlitz § 109 Rn. 15.

[108] BGH 20.10.1986, NJW 1987, 952 (953).

[109] BGH 28.5.1979, WM 1979, 1058 (1059).

[110] BGH 20.10.1986, NJW 1987, 952 (953); 10.10.1994, NJW 1995, 194 (195) mwN; zur GmbH BGH 25.9.1986, BGHZ 98, 276 (279 ff.) = NJW 1987, 189; Henze ZHR 162 (1998), 186 (191 f.); vgl. auch MüKoBGB/Schäfer BGB § 705 Rn. 283 ff. mwN; Heymann/Hoffmann/Bartlitz § 109 Rn. 15; Koch PersGesR/Koch/Harnos BGB § 705 Rn. 62.

[111] Vgl. nur BGH 20.10.1986, NJW 1987, 952 (953) mwN.

nahme zwingend gebieten und der Gesellschafter muss seine Zustimmung ohne vertretbaren Grund verweigern.[112] Der Gesellschafter unterliegt im Hinblick auf seine **Stimmabgabe** keiner Rechtfertigungspflicht. Er kann – vorbehaltlich einer bestehenden Zustimmungspflicht – eine von der Geschäftsführung vorgeschlagene Maßnahme auch aus sachwidrigen und unverständlichen Motiven verweigern.[113] Eine Grenze ist erst dort zu ziehen, wo die angestrebte Stimmabgabe objektiv zwingend geboten und daher keine andere Stimmabgabe denkbar ist.[114] Zweckmäßigkeit der Stimmabgabe und Rationalität der Beweggründe unterliegen nicht der gerichtlichen Prüfung.[115]

34 Es kann die Pflicht bestehen, an der **Ablösung** eines ungeeigneten Geschäftsführers mitzuwirken[116] oder die Berufung eines solchen Geschäftsführers zu unterlassen.[117] Bei Vorliegen eines Ausschließungsgrundes besteht die Pflicht, an der **Ausschließungsklage** gegen einen Gesellschafter mitzuwirken.[118] Die Ausschließung eines Gesellschafters stellt grundsätzlich das letzte Mittel (ultima ratio) dar, wenn keine anderen zumutbaren Maßnahmen mehr möglich sind (→ § 134 Rn. 6 ff.).[119] Zustimmungspflichten sind weiterhin anzuerkennen in Bezug auf einen **Auflösungsbeschluss,** soweit die Gesellschaft dauerhaft unrentabel ist und (oder) die Erreichung des Gesellschaftszwecks offensichtlich unmöglich geworden ist,[120] sowie für die Anpassung des **Gesellschaftszwecks** an veränderte Umstände, wenn das Bestandsinteresse der Gesellschaft nicht auf andere Weise gesichert werden kann.[121]

35 Umgekehrt kann eine Pflicht zur Mitwirkung an der **Fortsetzung einer aufgelösten Gesellschaft** bestehen, wenn die Gesellschaft fortsetzungswürdig ist und dem Einzelnen die Fortsetzung oder das Ausscheiden aus der Gesellschaft zumutbar ist.[122] Eine Pflicht zur Fortsetzung um jeden Preis besteht freilich nicht.[123] Im Falle der Befriedigung eines nach § 133 kündigenden Privatgläubigers kann ein **Wiederaufnahmeanspruch** des gekündigten Gesellschafters bestehen.[124] Besteht ein solcher Wiederaufnahmeanspruch, steht er einer Feststellung des Ausscheidens des gekündigten Gesellschafters nach Treu und Glauben gem. § 242 (dolo agit) entgegen.[125]

36 Es kann die Pflicht zur Vornahme von **Sanierungsmaßnahmen** bestehen.[126] Ob das durch das ESUG (BGBl. 2011 I 2582, ber. 2800) erleichterte **Insolvenzplanverfahren** (§§ 217 ff. InsO) die gesellschafterliche Treuepflicht mit dem Inhalt, einen Minderheitsgesellschafter nicht zu entmachten, partiell außer Kraft setzt,[127] oder auch während eines Insolvenzverfahrens die Treuepflicht der Gesellschafter missbräuchlichen insolvenzrechtlichen Maßnahmen entgegensteht,[128] ist mit Blick auf den Suhrkamp-Fall noch immer sehr umstritten. Auch wenn das ESUG darauf abzielte, das Störpotenzial der Gesellschafterbeteiligung zurückzudrängen, verlangt es nach seinem Zweck

[112] BGH 12.4.2016, NZG 2016, 781 Rn. 13; OLG München 23.6.2016, GmbHR 2016, 925 (926).

[113] BGH 12.4.2016, NZG 2016, 781 Rn. 14 f.; OLG München 23.6.2016, GmbHR 2016, 925 (926); einschr. Reichert FS K. Schmidt, Bd. II, 2019, 229 (240 ff.).

[114] BGH 12.4.2016, NZG 2016, 781 Rn. 15; Paefgen ZIP 2016, 2293 (2295).

[115] BGH 12.4.2016, NZG 2016, 781 Rn. 19; vgl. dazu ausf. Merkt FS Bergmann, 2018, 509 (526 f.); Reichert FS K. Schmidt, Bd. II, 2019, 229 (239 f.); Paefgen ZIP 2016, 2293 (2296 ff.), der die Verbindung zur Business Judgment Rule herstellt (→ § 116 Rn. 43).

[116] BGH 9.11.1987, BGHZ 102, 172 (176) = NJW 1988, 969; 19.11.1990, NJW 1991, 846.

[117] BGH 19.11.1990, NJW 1991, 846 (Wiederbestellung eines GmbH-Geschäftsführers, der aus wichtigem Grund abberufen worden war).

[118] BGH 28.4.1975, BGHZ 64, 253 (256 ff.) = NJW 1975, 1410; 18.10.1976, BGHZ 68, 81 (82) = NJW 1977, 1013.

[119] BGH 15.9.1997, NJW 1998, 146 (147); 12.12.1994, NJW 1995, 597; OLG Stuttgart 27.8.2008, DStR 2009, 651.

[120] BGH 17.12.1959, NJW 1960, 434; OLG Köln 6.5.2021, AG 2021, 608, 610 = WuB 2022, 155 mAnm Weinmann = NZG 2021, 1217.

[121] MüKoBGB/Schäfer BGB § 705 Rn. 284; Lettl AcP 202 (2002), 3 (16 ff.).

[122] Vgl. RG 18.5.1942, RGZ 169, 153 (157 f.); BGH 15.6.1959, BGHZ 30, 195 (201 f.); 21.10.1985, NJW-RR 1986, 256; Staub/Schäfer § 105 Rn. 282.

[123] Vgl. BGH 20.3.1968, BB 1968, 850.

[124] BGH 12.7.2022, ZIP 2022, 1695 Rn. 16 = NZG 2022, 1440.

[125] BGH 12.7.2022, ZIP 2022, 1695 Rn. 17 = NZG 2022, 1440.

[126] BGH 17.12.1959, NJW 1960, 434 (435); 5.11.1984, NJW 1985, 974 (975); 20.3.1995, BGHZ 129, 136 (151 ff.) = NJW 1995, 1739 zur Treuepflicht unter Aktionären; vgl. auch Heymann/Hoffmann/Bartlitz § 109 Rn. 15; Lutter ZHR 162 (1998), 164 (170).

[127] So OLG Frankfurt 1.10.2013, NZG 2013, 1388 m. zust. Anm. Bähr/Schwartz EWiR InsO § 225a 2/13, 754; Eidenmüller NJW 2014, 17 (18); Haas NZG 2012, 961 (965); Meyer DB 2015, 538 (539); Seibt/Bulgrin ZIP 2017, 353 (358 f.); Thole ZIP 2013, 1937 (1939 ff.); ebenso noch → 4. Aufl. 2015, Rn. 22 (Weitemeyer).

[128] So LG Frankfurt a.M. 10.9.2013, ZIP 2013, 1831; 13.8.2013, ZIP 2013, 1720 (1723 ff.); Uhlenbruck/*Hirte InsO § 225a Rn. 41*; Fölsing BB 2013, 2964; Schäfer ZIP 2013, 2237 ff.; Schäfer ZIP 2014, 2417 (2418) mwN; Westermann NZG 2015, 134 (138); Priester FS Kübler, 2015, 557 (564 f.); vgl. auch Wertenbruch ZIP 2013, 1693 ff.

keinen vollständigen Ausschluss der Treuebindung. Stattdessen gilt auch im Sanierungsverfahren nach zutreffender Auffassung der Treuepflichtgedanke in einem **maßvollen Umfang.**[129] Verdrängt wird die Treuepflicht allerdings im Einzelfall, wenn zur Gläubigerbefriedigung eine Sanierung dringend geboten ist oder sonstige Wertungen des Insolvenzrechts, namentlich das Obstruktionsverbot nach § 245 InsO, entgegenstehen. Davon abgesehen darf ein Gesellschafter durch Einklagen einer Forderung auf Gewinnausschüttung selbst die Insolvenz herbeiführen, wenn das Verhältnis der Gesellschafter zerrüttet ist.[130]

Grundsätzlich besteht keine Pflicht, durch die Zahlung von **Nachschüssen** die Insolvenz der Gesellschaft abzuwenden, weil durch die dadurch ermöglichte Geschäftsfortführung weitere Verlustrisiken für die Gesellschafter entstehen können.[131] Jedoch kann ein Beschluss wirksam sein, durch den nicht sanierungswillige Gesellschafter zum Austritt aus der Gesellschaft gezwungen werden (→ § 105 Rn. 117). Diese für Publikumsgesellschaften entwickelte Zustimmungspflicht zu einem Mehrheitsbeschluss mit der Alternative **„Sanieren oder Ausscheiden“**[132] unter Abwägung der Interessen der Gesellschaft und des Gesellschafters gilt auch für die GbR,[133] die stille Gesellschaft[134] und – sinngemäß – für die GmbH.[135] Dafür muss allerdings eine Mehrheit der Gesellschafter die Sanierung anstreben.[136] Die ablehnende Gegenauffassung[137] liefe auf eine Diktatur der Minderheit gegen die Mehrheit hinaus, die sich mit den Prinzipien des Gesellschaftsrechts schwerlich in Einklang bringen lässt. 37

Der **Gesellschaftsvertrag** kann aber auch eindeutig vorsehen, dass die nicht an der Kapitalerhöhung teilhabenden Gesellschafter in der Gesellschaft verbleiben und eine Verringerung ihrer Beteiligung hinzunehmen haben.[138] Dann handelt der Gesellschafter nicht treuwidrig, wenn er in der Gesellschaft verbleibt, da es auf die durch den Gesellschaftsvertrag vermittelte „Erwartungshaltung“ ankommt.[139] Unwirksame Nachschussklauseln schließen die Zustimmungspflicht aufgrund der Treuepflicht aber gerade nicht aus.[140] Zudem kann der Gesellschafterbeschluss in Form einer Bedingung vorsehen, dass die Sanierung und ein etwaiges Ausscheiden aus der Gesellschaft von weiteren Voraussetzungen abhängig sind, wie zB vom Erhalt des für die Sanierung notwendigen Kapitalbedarfs bis zu einem konkreten Zeitpunkt.[141] 38

Treuwidrig ist aber eine **„ausbootende“ Sanierung** einer Immobilien-Personengesellschaft durch Gründung einer neuen Gesellschaft durch einseitige Sanierungsvereinbarung nur einiger Gesellschafter mit dem Darlehensgeber.[142] Umgekehrt ist es nicht treuwidrig, wenn gewinnunabhängige **Ausschüttungen** an Kommanditisten, die zur Rückzahlung der Einlage führen (→ § 172 Rn. 18), zurückgefordert werden, soweit die Belastung gleichmäßig erfolgt und zur Finanzierung der Gesellschaft notwendig ist.[143] Das **Wettbewerbsverbot** und das Verbot, **Geschäftschancen** der Gesellschaft unrechtmäßig an sich zu ziehen, sind ebenfalls Ausfluss der Treuepflicht (→ § 117 Rn. 3, → § 117 Rn. 26). 39

---

[129] Für eine eingeschränkte Geltung auch H.-F. Müller DB 2014, 41 (45); Spliedt ZInsO 2013, 2155 (2157 f.); in diesem Sinne wird man auch K. Schmidt ZIP 2018, 853 (854 f.) verstehen müssen.

[130] LG Berlin 16.6.2014, NZG 2014, 1303.

[131] BGH 4.7.2005, NZG 2005, 753 (754) = NJW-RR 2005, 1347; 23.1.2006, NZG 2006, 306 (308) = NJW-RR 2006, 827; 5.3.2007, NZG 2007, 381 = NJW-RR 2007, 757.

[132] BGH 19.10.2009, BGHZ 183, 1 Rn. 23 = NJW 2010, 65 – Sanieren oder Ausscheiden, mAnm Holler ZIP 2010, 1678 ff.; dem folgend OLG Stuttgart 13.12.2016, BeckRS 2016, 115456 = GWR 2017, 160 mAnm Bröcker; im Grds. auch KG 6.12.2016, BeckRS 2016, 128031 = GWR 2018, 6 mAnm Sauset/Köneke; monografisch St. Schneider, Gesellschafter-Stimmpflichten bei Sanierungen, 2014.

[133] BGH 25.1.2011, NZG 2011, 510; 9.6.2015, NZG 2015, 995; OLG Stuttgart 11.7.2013, NZG 2013, 1061 Rn. 39.

[134] Dazu ausf. mit Blick auf unterschiedliche Realtypen der stillen Gesellschaft Mock ZInsO 2017, 140 ff.

[135] Dazu eingehend MüKoGmbHG/Lieder GmbHG § 55 Rn. 43 ff.; Lieder in Bayer/Koch, Aktuelles GmbH-Recht, 2013, 142 (144 ff.).

[136] Merkt FS Bergmann, 2018, 509 (525 f.).

[137] Reichert NZG 2018, 134 (139 f.); MHdB GesR IV/Rieckers § 17 Rn. 29.

[138] Zum Ganzen mit Formulierungsvorschlägen Wicke MittBayNot 2017, 125 (128 f.).

[139] BGH 25.1.2011, NJW 2011, 1667 Rn. 21 – Abgrenzung zu BGH 19.10.2009, BGHZ 183, 1 (10 ff.) = NZG 2009, 1347 – Sanieren oder Ausscheiden, m. zust. Anm. Schneider NZG 2011, 575 ff.; 9.6.2015, NZG 2015, 995.

[140] BGH 9.6.2015, NZG 2015, 995 Rn. 23; dazu etwa Westermann NZG 2016, 9; OLG Düsseldorf 27.6.2014, ZIP 2014, 2183 Rn. 71; **aA** OLG München 12.12.2013, NZG 2014, 818 Rn. 49; krit. auch Escher-Weingart WM 2016, 1569 (1570 ff.).

[141] BGH 6.3.2018, NJW-RR 2018, 665 Rn. 18 ff. mAnm Kleefass EWiR 2018, 325 f.

[142] BGH 19.11.2013, NJW 2014, 1107.

[143] OLG Hamm 9.3.2011, BeckRS 2011, 7064 zu Schiffsfonds, durch BGH 12.3.2013, BB 2013, 1809 aber mangels vertraglicher Rückzahlungsverpflichtung aufgehoben.

40 **cc) Rechtsfolge.** Die Verletzung einer aus der Treuepflicht resultierenden Unterlassungspflicht kann **Schadensersatzansprüche** nach § 280 Abs. 1 BGB begründen.[144] Sie kann auch unmittelbar dazu führen, dass **Gesellschafterbeschlüsse** unwirksam sind.[145] Sind nur einzelne **Stimmabgaben** treupflichtwidrig, sind nur diese unwirksam und nicht mitzuzählen.[146] Umgekehrt sind nicht erteilte zustimmende Erklärungen der Gesellschafter als erteilt anzusehen, wenn die Treuepflicht eine **Zustimmung** gebietet.[147] Darüber hinaus kann einem Gesellschafter die Geschäftsführungs- oder Vertretungsbefugnis oder nach § 134 die Gesellschafterstellung entzogen werden. Weitere Rechtsfolgen können in dem Austrittsrecht der anderen Gesellschafter bestehen oder in der Auflösung der Gesellschaft.[148]

41 **g) Gleichbehandlungsgrundsatz.** Der verbandsformübergreifende Grundsatz der Gleichbehandlung aller Gesellschafter findet eine normative Verankerung etwa in § 709 Abs. 2, Abs. 3 S. 3 sowie in § 53a AktG und ist inzwischen gewohnheitsrechtlich anerkannt.[149] Rechtsdogmatische **Grundlage** ist die gesellschaftsrechtliche Treuepflichtbindung.[150] Verboten ist danach die sachlich nicht gerechtfertigte Ungleichbehandlung von Gesellschaftern. Sachlich gerechtfertigte Ungleichbehandlungen können sich etwa daraus ergeben, dass ein Gesellschafter höhere Beiträge zahlt,[151] eine geschuldete Leistung nicht teilbar oder für die Gesellschaft weniger brauchbar ist.[152] Zudem kann eine unterschiedliche Steuerpflicht der Gesellschafter eine unterschiedliche Ausgestaltung des Entnahmerechts sachlich rechtfertigen.[153] Zulässig ist eine Ungleichbehandlung auch infolge der Zustimmung der betroffenen Gesellschafter im Einzelfall.[154] Der Gleichbehandlungsgrundsatz erfordert insbesondere, die Gesellschafter im Hinblick auf die Einforderung rückständiger Einlagen[155] oder anderer Beiträge sowie von Nachschüssen,[156] auf die Gewinnverteilung und das Entnahmerecht[157] und auf die Veränderungen von Kapitalanteilen[158] gleich zu behandeln. Zudem gilt der allgemeine gesellschaftsrechtliche Gleichbehandlungsgrundsatz auch für die Teilnahme von Gesellschaftern an der Beschlussfassung (→ § 109 Rn. 38).[159] Verstößt ein **Beschluss** gegen den Grundsatz der Gleichbehandlung, ist er **anfechtbar** (→ § 110 Rn. 28).[160] Darüber hinaus stellt die Ungleichbehandlung eine Verletzung der Treuepflicht dar, die zum **Schadensersatz** berechtigt. Nur in Ausnahmefällen besteht der Anspruch auf Einräumung der ungleich verteilten Vorteile an die anderen Gesellschafter oder auf Aufteilung des Vorteils.[161]

42 **h) Bestimmtheitsgrundsatz.** Die frühere Rspr. suchte die Minderheit durch den sog. Bestimmtheitsgrundsatz zu schützen.[162] Dabei bezogen sich der Anwendungsbereich und die Schutz-

[144] RG 6.2.1917, RGZ 89, 398 (400); BGH 19.11.2013, NJW 2014, 1107; Koch PersGesR/Koch/Harnos BGB § 705 Rn. 64.

[145] BGH 24.5.1993, MittBayNot 1994, 157; 15.7.2007, BGHZ 170, 283 = NJW 2007, 1685; 24.11.2008, BGHZ 179, 13 = NJW 2009, 669; Koch PersGesR/Koch/Harnos BGB § 705 Rn. 64; MüKoBGB/Schäfer BGB § 705 Rn. 291 mwN.

[146] BGH 19.11.1990, NJW 1991, 846.

[147] Vgl. BGH 12.4.2016, NZG 2016, 781 Rn. 17; 5.11.1984, NJW 1985, 974; Hopt/Roth Rn. 28.

[148] Hopt/Roth Rn. 28; RGHMW/Haas/Mohamed Rn. 33.

[149] BGH 18.12.1954, BGHZ 16, 59 (70); 14.5.1956, BGHZ 20, 363 (369) = NJW 1956, 1198; Zöllner, Die Schranken mitgliedschaftlicher Stimmrechtsmacht bei den privatrechtlichen Personenverbänden, 1963, 301 ff.; MüKoHGB/Enzinger Rn. 35; MüKoBGB/Schäfer BGB § 705 Rn. 297; Koch PersGesR/Könen BGB § 708 Rn. 26; Wiedemann WM 2009, 1 ff.

[150] Für das GmbH-Recht vgl. Scholz/Seibt GmbHG § 14 Rn. 51 ff.; Verse, Der Gleichbehandlungsgrundsatz im Recht der Kapitalgesellschaft, 2006, 87 ff.; abl. Raiser ZHR 111 (1948), 75 (84); NSH/Beurskens GmbHG § 13 Rn. 76 ff.

[151] BGH 16.12.1991, BGHZ 116, 359 (373) = NJW 1992, 892 zur GmbH.

[152] Vgl. Heymann/Hoffmann/Bartlitz § 109 Rn. 24.

[153] Vgl. Staub/Schäfer § 105 Rn. 295; Heymann/Hoffmann/Bartlitz § 109 Rn. 24 aE; vgl. weiter BGH 2.6.1977, WM 1977, 1022 (1025).

[154] Dazu näher Heymann/Hoffmann/Bartlitz § 109 Rn. 25 f.

[155] OLG Hamm 9.3.2011, BeckRS 2011, 7064 zu Schiffsfonds.

[156] BGH 18.12.1954, BGHZ 16, 59 (70) = NJW 1955, 384; 14.5.1956, BGHZ 20, 363 (369 f.) = NJW 1956, 1198; Heymann/Hoffmann/Bartlitz § 109 Rn. 23.

[157] BGH 2.6.1977, WM 1977, 1022.

[158] BGH 30.9.1974, WM 1974, 1151 (1153).

[159] Vgl. BGH 4.6.2013, NZG 2013, 984 Rn. 25; OLG Frankfurt 22.3.2018, NZG 2018, 740 Rn. 45.

[160] Ebenroth/Boujong/Born Rn. 68; MüKoHGB/Enzinger Rn. 37.

[161] Vgl. nur BGH 7.7.1970, NJW 1970, 1917 (1919) zur eingetragenen Genossenschaft; s. ferner Heymann/Hoffmann/Bartlitz § 109 Rn. 27; MüKoHGB/Enzinger Rn. 37 aE.

[162] RG 23.11.1917, RGZ 91, 166 (168) zur Nachschusspflicht; 15.10.1926, RGZ 393, 395 zur Art der Auseinandersetzung als Grundlagengeschäft; 15.5.1936, RGZ 151, 321 (327) zur Nachschusspflicht; 13.4.1940, RGZ 163, 385 (391) zur Erhöhung der Kapitaleinlagen; BGH 11.12.1952, BGHZ 8, 35 (41 ff.) zur Fortsetzung nach Auflösung; 13.7.1967, BGHZ 48, 251 (253 ff.) zur Fortsetzung nach Kündigung; 10.5.1976, BB 1976, 948 zur Änderung des Gewinnverteilungsschlüssels und zur Bildung offener Rücklagen außerhalb notwendiger Rücklagen; 15.6.1987, NJW 1988, 411 zur Verminderung des Mehrheitserfordernisses.

richtung dieses Grundsatzes auf Gesellschafterbeschlüsse, die auf der Grundlage von Mehrheitsklauseln gefasst werden. Mit den Grenzen einer privatautonomen Gestaltung der Gesellschaftsverhältnisse steht der Bestimmtheitsgrundsatz in keinem unmittelbaren Zusammenhang. Daher erfolgt die Darstellung erst bei der Behandlung von Mehrheitsklauseln (→ § 109 Rn. 57 ff.).

i) Kernbereichsschutz. Neben den allgemeinen zivilrechtlichen und spezifisch gesellschaftsrechtlichen Schranken anerkennt die hM im Schrifttum als weitere Grenze den Kernbereichsschutz.[163] In der Sache geht es zumeist um eine Inhaltskontrolle von auf der Grundlage von Mehrheitsklauseln gefassten Gesellschafterbeschlüssen. Dort liegt der Hauptanwendungsbereich (→ § 109 Rn. 68). Allerdings hat der BGH in jüngeren Entscheidungen auch Regelungen unmittelbar im Gesellschaftsvertrag anhand der Kernbereichslehre überprüft. Zum „unverzichtbaren Kernbereich der Gesellschafterrechte in Personengesellschaften" zählt er namentlich das Recht, **Auskunft** über die Namen und Anschriften der Gesellschafter untereinander zu verlangen.[164] Auch eine Ausschlussfrist von 2 Wochen für die **Geltendmachung von Beschlussmängeln** ist nach Auffassung des BGH nichtig, da eine derart knapp bemessene Frist „das unverzichtbare und unentziehbare Recht eines Gesellschafters (beeinträchtige), rechtswidrige Beschlüsse der Gesellschafterversammlung gerichtlich angreifen zu können".[165] Auch das **Austrittsrecht des Gesellschafters** aus wichtigem Grund zählt der BGH „als Grundprinzip des Verbandsrechts zu den zwingenden, unverzichtbaren Mitgliedschaftsrechten".[166] 43

Nach der ausdrücklichen Aufgabe des Bestimmtheitsgrundsatzes (→ Rn. 42; → § 109 Rn. 59) ist das Schicksal der Kernbereichslehre heute ungewiss. Zwar ist der II. Zivilsenat des **BGH** zum Begriff des Kernbereichsschutzes auf Distanz gegangen,[167] aufgegeben hat er die Rechtsfigur indes nicht explizit.[168] Vielmehr hat der Senat die Gefahr gesehen, dass in der obergerichtlichen Rspr. nach einem Eingriff in den Kernbereich nicht mehr weitergeprüft werde.[169] Dementsprechend umstritten ist die Frage, ob die Kernbereichslehre nun der Vergangenheit angehört[170] oder ob es eine – über die Treuepflicht (→ Rn. 29) hinausgehende – materielle Inhaltskontrolle geben muss.[171] 44

Richtigerweise versteht sich die Rechtsprechungsänderung als primär **terminologische Neuausrichtung.**[172] Das ist im Ergebnis zu begrüßen, weil es hilft, in der Vergangenheit zum Vorschein gekommene Missverständnisse zu vermeiden. Das gilt umso mehr, als der Begriff vom Kernbereich der Mitgliedschaft für sich genommen keinen eigenständigen Erkenntniswert hat. Daher lassen sich auch keine konkreten Rechtsfolgen aus der Kernbereichslehre deduzieren. Grenzen der Gestaltungsfreiheit bedürfen stattdessen der **Rückbindung an das geschriebene Gesetzesrecht** und die zugrunde liegenden Wertungen. Für jeden Einzelfall sind diese Schranken anhand der anerkannten Instrumente der juristischen Methodik konkret zu begründen.[173] Der Begriff des Kernbereichs ist daher allenfalls geeignet für eine sprachlich verkürzte Bezeichnung der kunstgerecht aus dem gesetzlichen Gesamtsystem gewonnenen Gestaltungsschranken.[174] Anders als nach tradierter Lesart der Kernbereichslehre sind diese Schranken aber nicht abstrakt-generell, sondern nach einer **einzelfallgeleiteten Anwendung** der Rechtsvorschriften und ungeschriebenen gesellschaftsrechtlichen Struktur- und Wertungsprinzipien zu bestimmen. Dabei sind sämtliche Umstände des Einzelfalls in 45

---

[163] Vgl. Ebenroth/Boujong/Born Rn. 35 ff.; Staub/Schäfer Rn. 32; zur GbR MüKoBGB/Schäfer BGB § 714 Rn. 50 ff.; Staudinger/Habermeier, 2003, BGB § 705 Rn. 14; Soergel/Hadding/Kießling BGB § 705 Rn. 33; inzwischen zurückhaltender MüKoHGB/Enzinger Rn. 42.

[164] BGH 11.1.2011, NJW 2011, 921 Rn. 20.

[165] BGH 13.2.1995, NJW 1995, 1218 (1219).

[166] BGH 16.12.1991, BGHZ 116, 359 (369); vgl. weiter K. Schmidt GesR § 16 III 3a.

[167] BGH 21.10.2014, BGHZ 203, 77 Rn. 19 = NJW 2015, 859; vgl. zuvor bereits BGH 15.1.2007, BGHZ 170, 283 Rn. 9.

[168] Dazu und zum Folgenden in quasi-offiziöser Interpretation Bergmann im Diskussionsbericht bei Scholz VGR 21 (2015), 67.

[169] Vgl. weiter auch die Kritik an der Handhabung der früheren Rechtsprechungsvorgaben durch die Instanzgerichte bei Goette/Goette DStR 2016, 74.

[170] Dafür Altmeppen NJW 2015, 2065; Priester NZG 2015, 529; Priester EWiR 2015, 71; Ulmer ZIP 2015, 657 (658 f.); Wertenbruch DB 2014, 2875 (2876 ff.); **aA** Goette/Goette DStR 2016, 74 (80); Heckschen/Bachmann NZG 2015, 531 (537); Schäfer NZG 2014, 1401 (1404); Schäfer ZIP 2015, 1313 (1314 f.); Schiffer BB 2015, 584 (585); Seidel/Wolf BB 2015, 2563 (2564); Weber ZfPW 2015, 123 (126 f.).

[171] Dafür Goette/Goette DStR 2016, 74 (80); Priester NZG 2015, 529 ff.; Schäfer ZIP 2015, 1313 (1315 f.); Seidel/Wolf BB 2015, 2563 ff.; Ulmer ZIP 2015, 657 (658 ff.); **aA** Wertenbruch DB 2014, 2875 (2876 ff.): nur Treuepflicht.

[172] Vgl. Bayer/Lieder HaGesR Rn. 719; Lieder notar 2016, 283 (291); Ulmer ZIP 2015, 657 (659); Heymann/Hoffmann/Bartlitz § 109 Rn. 9; in der Sache ebenso Ebenroth/Boujong/Born Rn. 36.

[173] Vgl. zur Annexkompetenz Fleischer/Wedemann GmbHR 2010, 449 (456); Lieder NZG 2015, 569 f.

[174] Dazu und zum Folgenden ausf. Lieder notar 2016, 283 (291); vgl. weiter K. Schmidt im Diskussionsbericht bei Scholz VGR 21 (2015), 67 (69 f.).

die Betrachtung einzubeziehen, namentlich die Gesellschaftsform, Realtypik und der Gesellschaftszweck sowie die Schutzwürdigkeit und Schutzbedürftigkeit des Gesellschafters.[175]

46 Nach der Wertung des § 132 Abs. 6 kann der Einzelne zB nicht auf sein **Kündigungsrecht aus wichtigem Grund**[176] und bestimmte **Informationsrechte** (vgl. § 717 Abs. 1 S. 3 BGB iVm § 105 Abs. 3)[177] verzichten. Unwirksam nach § 138 Abs. 1 BGB sind gleichermaßen ein vollständiger und dauerhafter Ausschluss des **Teilnahmerechts** in der Gesellschafterversammlung[178] einschließlich Rede- und Antragsrecht[179] und des Rechts auf **Anfechtung rechtswidriger Beschlüsse,**[180] soweit die Ausschlüsse nicht nach den Umständen des konkreten Einzelfalls durch sachliche Gründe gerechtfertigt sind. Liegen keine besonderen Umstände vor, führen solche Ausschlüsse zu einer Selbstentmündigung der Gesellschafter in Parallele zu Hinauskündigungsklauseln (→ Rn. 13; → § 139 Rn. 21; → § 134 Rn. 46), die vor dem Erfordernis eines rechtsethischen Minimums (§ 138 Abs. 1 BGB) keinen Bestand haben können. Denn andernfalls wäre der Gesellschafter der Willkürherrschaft der Mehrheit schutzlos ausgeliefert. Auf das ihm zugebilligte Recht auf konstruktive Opposition kann der Gesellschafter nicht verzichten. Nach § 715b Abs. 2 BGB iVm § 105 Abs. 3 kann auch die **actio pro socio** nicht vollständig ausgeschlossen werden (→ § 105 Rn. 102 ff.).[181] Unverzichtbar ist zudem das Recht auf **Kenntnis der** Identität der **Mitgesellschafter** (→ § 105 Rn. 88),[182] wie sich zugleich aus § 166 Abs. 2 ergibt.[183]

47 Demgegenüber kann der Gesellschafter – mit seiner Zustimmung – wirksam auf die **Übertragbarkeit** des Gesellschaftsanteils (vgl. § 399 Alt. 2 BGB, § 413 BGB),[184] auf das Gewinnrecht,[185] das Recht auf Beteiligung am Liquidationserlös,[186] das Geschäftsführungsrecht[187] und auf sein **Stimmrecht** in der Gesellschafterversammlung verzichten.[188] Gleiches gilt für dem Gesellschafter zugewiesene Sonderrechte, wie zB ein Recht zur Mitarbeit.[189] Soweit es allerdings um Beschlussgegenstände geht, über die nur mit seiner individuellen Zustimmung beschlossen werden kann, entfaltet die Entscheidung gegenüber dem mitwirkungspflichtigen Gesellschafter ihre Wirkung nur, wenn er auch konkret zugestimmt hat (→ § 109 Rn. 46).[190]

---

175 Vgl. auch Ebenroth/Boujong/Born Rn. 36.

176 Vgl. MüKoHGB/Enzinger Rn. 25; Ebenroth/Boujong/Born Rn. 39; Lieder notar 2016, 283 (291); Wertenbruch DB 2014, 2875 (2880); zuvor bereits BGH 7.12.1972, NJW 1973, 1602 (1602); Schlegelberger/Martens § 119 Rn. 25.

177 Vgl. Ebenroth/Boujong/Born Rn. 39; MüKoHGB/Liebscher § 110 Rn. 36; KKD/Kindler § 109 Rn. 5; Lieder notar 2016, 283 (291); Schiffer BB 2015, 584 (585); Wertenbruch DB 2014, 2875 (2880); zuvor bereits K. Schmidt GesR § 16 III 3a.

178 Vgl. MüKoHGB/Liebscher § 110 Rn. 36; Ebenroth/Boujong/Born Rn. 37 f.; KKD/Kindler § 109 Rn. 5; Heymann/Hoffmann/Bartlitz § 109 Rn. 9; Koch PersGesR/Könen BGB § 708 Rn. 113; Lieder notar 2016, 283 (291); zuvor bereits Staub/Schäfer § 109 Rn. 50; K. Schmidt GesR § 16 III 3a; Wiedemann GesR I § 7 II 1 (366 f.).

179 Ebenroth/Boujong/Born Rn. 37; Heymann/Hoffmann/Bartlitz § 109 Rn. 9; Koch PersGesR/Könen BGB § 708 Rn. 113.

180 Vgl. KKD/Kindler § 109 Rn. 5; MüKoHGB/Liebscher § 110 Rn. 36; Lieder notar 2016, 283 (291); zuvor bereits BGH 14.7.1954, BGHZ 14, 264 (273); 21.3.1988, WM 1988, 753 (755); 13.2.1995, NJW 1995, 1218 (1219); K. Schmidt GesR § 16 III 3a (471).

181 MüKoHGB/Enzinger Rn. 24; KKD/Kindler Rn. 5; zuvor bereits Schlegelberger/Martens § 119 Rn. 25; Staub/Schäfer § 109 Rn. 50; Wiedemann GesR I § 8 IV 1c aa (460).

182 Vgl. BGH 11.1.2011, NJW 2011, 921 Rn. 20; 5.2.2013, BGHZ 196, 131 Rn. 12 = NJW 2013, 2190; 16.12.2014, NZG 2015, 269 Rn. 23; 22.1.2025, NZG 2025, 699 Rn. 9; Ebenroth/Boujong/Born Rn. 17; Heymann/Hoffmann/Bartlitz Rn. 9.

183 Vgl. BGH 22.1.2025, NZG 2025, 699 Rn. 12; Sachtleber/Wollenschläger NZG 2024, 1553 Rn. 23.

184 Dazu eingehend Lieder ZfPW 2016, 205 (219 ff.).

185 Vgl. BGH 29.3.1996, BGHZ 132, 263 (268) = NJW 1996, 1678; 15.1.2007, BGHZ 170, 283 Rn. 14 = NJW 2007, 1685; Ebenroth/Boujong/Born Rn. 42; KKD/Kindler Rn. 5; **aA** Heymann/Hoffmann/Bartlitz Rn. 9.

186 Vgl. BGH 10.10.1994, NJW 1995, 194 (195); Ebenroth/Boujong/Born Rn. 42; KKD/Kindler Rn. 5; **aA** Heymann/Hoffmann/Bartlitz Rn. 9.

187 Ebenroth/Boujong/Born Rn. 42; KKD/Kindler Rn. 5.

188 MüKoHGB/Enzinger § 109 Rn. 20; zuvor bereits Staub/Schäfer § 109 Rn. 77; Röttger, Die Kernbereichslehre im Recht der Personenhandelsgesellschaften, 1989, 122 ff.; für Kommanditisten auch BGH 14.5.1956, BGHZ 20, 363 (364 ff.); für Komplementär-GmbH einer personenidentischen GmbH & Co. KG BGH 24.5.1993, DB 1993, 1664; ebenso Hopt/Roth § 109 Rn. 36; Henssler/Strohn/Oswald HGB § 109 Rn. 67; Staudinger/Habermeier, 2003, BGB § 709 Rn. 23; Wertenbruch DB 2014, 2875 (2880); für die GmbH ausf. Priester GmbHR 2013, 225 (228 f.); **aA** KKD/Kindler Rn. 5; Heymann/Hoffmann/Bartlitz Rn. 9.

189 Vgl. BGH 4.10.2004, NJW-RR 2005, 39 (40 f.); KKD/Kindler Rn. 5.

190 BGH 19.11.1984, NJW 1985, 972 (973); 5.11.1984, NJW 1985, 974 (974), wenngleich das Gericht den Beschlüssen jeweils unter Hinweis auf das Eingreifen der Treuepflicht Wirksamkeit attestierte; Staub/Schäfer § 109 Rn. 77; K. Schmidt GesR § 16 III 3b, c.

§ 109 Beschlussfassung

(1) Die Beschlüsse der Gesellschafter werden in Versammlungen gefasst.

(2) [1]Die Versammlung kann durch jeden Gesellschafter einberufen werden. [2]Die Einberufung erfolgt durch formlose Einladung der anderen Gesellschafter unter Ankündigung des Zwecks der Versammlung in angemessener Frist.

(3) Gesellschafterbeschlüsse bedürfen der Zustimmung aller stimmberechtigten Gesellschafter.

(4) Hat nach dem Gesellschaftsvertrag die Mehrheit der Stimmen zu entscheiden, ist die Gesellschafterversammlung beschlussfähig, wenn die anwesenden Gesellschafter oder ihre Vertreter ohne Rücksicht auf ihre Stimmberechtigung die für die Beschlussfassung erforderlichen Stimmen haben.

Schrifttum: Adams, Geschäftsunfähigkeit und Betreuung in Personengesellschaften, 2016; Altmeppen, Kernbereichslehre, Bestimmtheitsgrundsatz und Vertragsfreiheit in der Personengesellschaft, NJW 2015, 2065; Altmeppen, Was ist der Kernbereich der Mitgliedschaft in der Personengesellschaft, VGR 21 (2015), 55; Baumann/Wagner, Schiedsfähigkeit I, II oder III – Ob Ihr Recht habt oder nicht, sagt Euch der BGH – Zur Schiedsfähigkeit von Beschlussmängelstreitigkeiten in Personengesellschaften, BB 2017, 1993; Bayer/Hoffmann/Lieder, Übertragung des gesamten Gesellschaftsvermögens nach § 179a AktG, AG 2017, 717; Bayer/Möller, Beschlussmängelklagen de lege lata und de lege ferenda, NZG 2018, 801; Beuthien, Müssen Sonderrechte unentziehbar sein? Zum Begriff, Zweck und Schutz gesellschaftsrechtlicher Vorrechte, ZGR 2014, 24; Blath, Das Mehrheitsprinzip im GmbH-Recht – Grundlegendes und Gestaltungsfragen, RNotZ 2017, 218; Böttcher, Gesellschaftsvertragliche Mehrheitsklauseln und Stimmverbote bei Personengesellschaften in der aktuellen BGH-Rechtsprechung, NZG 2019, 61; Borris, Die „Schiedsfähigkeit" von Beschlussmängelstreitigkeiten in der Personengesellschaft, NZG 2017, 761; Borris, Zum Stimmverbot des GbR-Gesellschafters, NZG 2023, 558; Degistirici/Ioannidis, Das durch das MoPeG reformierte Beschlussverfahren und Beschlussmängelrecht der Personenhandelsgesellschaften, BB 2023, 2698; Drescher, Beschlussmängelrecht, ZGR Sonderheft 23 (2021), 115; Findeisen, Mehrheitserfordernisse und Treuepflichten in geschlossenen Fonds bei angestrebter Veräußerung des Fondsvermögens, BB 2018, 585; B. Fischer, Der Bestimmtheitsgrundsatz im Personengesellschaftsrecht, Diss. 2018; Fleischer/Pendl, Der Arbeitsgesellschafter im Personengesellschaftsrecht, WM 2017, 881; Flume, Die Problematik der Zustimmungspflicht des Gesellschafters einer Personengesellschaft zu Gesellschafterbeschlüssen und Änderungen des Gesellschaftsvertrags, FS Rittner, 1991, 119; Johannes W. Flume, Ein Beitrag zur Zusammenführung von Beschlussdogmatik und Minderjährigenrecht, NZG 2014, 17; Gaul, Rechtsschutzmöglichkeiten bei fehlerhafter Entlastung in der KG – ein Beitrag zum Beschlussmängelrecht bei Personengesellschaften, DStR 2009, 804; Goette/Goette, Mehrheitsklauseln im Personengesellschaftsrecht, DStR 2016, 74; Habersack, Personengesellschaftsrechtliche Beschlussmängelstreitigkeiten vor Schiedsgerichten, FS Graf-Schlicker, 2018, 37; Hase, Schiedsgerichtsbarkeit im Gesellschaftsrecht: Optimierungsspielräume für die DIS-ERGeS, BB 2011, 1993; Heckschen/Bachmann, Mehrheitsklauseln bei Personengesellschaften, NZG 2015, 531; Heckschen/Strnad, Lehren aus der COVID-19-Pandemie für die Gestaltung von Gesellschaftsverträgen, GmbHR 2020, 807; Heinrich, Schiedsfähigkeit III – Richtungswechsel des BGH bei Beschlussmängelstreitigkeiten in Personengesellschaften, ZIP 2018, 411; Hennerkes/Binz, Abschied vom Bestimmtheitsgrundsatz zur Zulässigkeit von Mehrheitsbeschlüssen bei Personengesellschaften, BB 1983, 713; Herchen, Beschlussmängel im GmbH- und Personengesellschaftsrecht, VGR 22 (2016), 83; Heskamp, Schiedsvereinbarungen in Gesellschaftsverträgen, RNotZ 2012, 415; Hoffmann-Becking, Gibt es ein allgemeines Verfahrensrecht für Gremien?, NZG 2022, 99; Holle, Der privatrechtliche Beschluss: Funktionsvoraussetzungen, Tatbestand, Fehlerfolgen, 2024; Holler, Sanierung aus wichtigem Grund – Neues zur mehrheitlichen Vertragsänderung und Beschlusskontrolle in (Publikums-)Personengesellschaften, ZIP 2010, 1678; Kleindiek, Mehrheitsentscheidungen in der Personengesellschaft: Formelle und materielle Legitimation, GmbHR 2017, 674; Klein-Wiele, Der Poolvertrag im Familienunternehmen, NZG 2018, 1401; Klöckner, Wirksamkeit der Stimmabgabe eines Treuhänders in der Publikums-Gesellschaft, BB 2009, 1313; Klöhn, Minderheitenschutz im Personengesellschaftsrecht – Rechtsökonomische Grundlagen und Perspektiven, AcP 216 (2016), 281; Krieger, Mehrheitsbeschlüsse im Aktionärspool, FS Hommelhoff, 2012, 593; Leitzen, Die analoge Anwendung von § 179a AktG auf Gesellschafter mit beschränkter Haftung und Personengesellschaften in der Praxis, NZG 2012, 491; Liebscher, Gesellschaftsvertraglicher Gestaltungsbedarf aufgrund des neuen personengesellschaftsrechtlichen Beschlussmängelrechts, ZIP 2023, 2441; Liebscher/Rickelt, Beschlussverfahren und Beschlussmängelrecht nach dem MoPeG, ZPG 2023, 441; Lieder, Schuldrechtliche Nebenabreden im deutschen Gesellschaftsrecht, in Fleischer/Kalss/Vogt, Aktuelle Entwicklungen im deutschen, österreichischen und schweizerischen Gesellschafts- und Kapitalmarktrecht 2012, 2013, 231; Lieder, Die rechtsgeschäftliche Nachfolge in Gesellschaftsanteile – Grundsatzfragen und aktuelle Probleme der Verfügung über Anteile an Personengesellschaften, ZfPW 2016, 205; Lieder, Öffnungs- und Mehrheitsklauseln im Wohnungseigentums- und Gesellschaftsrecht, notar 2016, 283; Lieder, Reform des gesellschaftsrechtlichen Beschlussmängelrechts: Eine Nachlese zum 72. Deutschen Juristentag 2018 in Leipzig, NZG 2018, 1321; Lieder, Mehrheitsbeschlüsse in Stimmrechtskonsortien, FS Krieger, 2020, 555; Lieder, Die Bindungswirkung von Stimmerklärungen – Eine verbandsformübergreifende Betrachtung, FS Reichert, 2026; Löffler, Der Kernbereich der Mitgliedschaft als Schranke für Mehrheitsbeschlüsse bei Personengesellschaften, NJW 1989, 2656; Martens, Bestimmtheitsgrundsatz und Mehrheitskompetenzen im Recht der Personengesellschaften, DB 1973, 413; Mecke, Von der Personen- zur Kapitalgesellschaft: Vertragsändernde Mehrheitsbeschlüsse in der OHG und KG am Beispiel der Umwandlung, ZHR 153 (1989), 35; Neuhöfer, Beschlussfassung bei Personengesellschaften – Status quo, MoPeG und Vertragsgestaltung, MittBayNot 2023, 566; Neumann, Der unfreiwillige Austausch der Komplementärgesellschaft einer Publikumskommanditgesellschaft, ZIP 2017, 1141; Noack, Fehlerhafte Beschlüsse in Gesellschaften und Vereinen, 1989; M. Noack, Adieu „Feststellungsmodell", bonjour „Anfechtungsmodell" – über den Systemwechsel im Beschlussmängelrecht der Personengesellschaften, ZIP 2020, 1382; Nolting, Neue Anforderungen an Schiedsklauseln zwischen Personengesellschaftern – „Schiedsfähigkeit III", ZIP 2017, 1641; Otte, Beschlussmängelstreitigkeiten in Personengesellschaften nach dem Mauracher Entwurf für ein Gesetz zur Modernisierung des Personengesellschaftsrechts, ZIP 2020, 1743; Otte/Hollmann, Beschlussfassung in Gesellschaften mit minderjährigen Gesellschaftern, RFamU 2024, 51; Otto, Anforderungen an die Schiedsvereinbarung für gesellschaftsrechtliche Beschlussmängelstreitigkeiten, ZGR 2019, 1082; Priester, Jahresabschlussfeststellung bei Personengesellschaften – Grundlagengeschäft? – Mehrheitsregeln – Thesaurierung im Konzern, DStR 2007, 28; Priester, Grundsatzfragen des Rechts der Personengesellschaften im Spiegel der Otto-Entscheidung des BGH, DStR 2008, 1386; Priester, Der Stimmrechtspool – Schnittstelle von Kapital- und Personengesellschaftsrecht, FS Reuter, 2010, 1139; Priester, Gewinnverwendung durch Mehrheitsentscheid bei Personengesellschaften, FS Schneider, 2011, 985; Priester, Mehrheitserfordernisse bei Änderung von Mehrheitsklauseln, NZG 2013, 321; Priester, Eine Lanze für die Kernbereichslehre – Zwischenruf, NZG 2015, 529; v. Proff, Der handlungsunfähige Unternehmer – Vorsorgebedarf und Gestaltungsangebote bei Personengesellschaften, DStR 2020, 1380; Risse/Höfling, Leitplankentheorie statt Bestimmtheitsgrundsatz und Kernbereichslehre – Zur richterlichen Kontrolle von Gesellschafterbeschlüssen in Personengesellschaften, NZG 2017, 1131; Sackmann, Anforderungen an Schiedsvereinbarungen für Beschlussmängelklagen im Personengesellschaftsrecht, NZG 2016, 1041; Schäfer, Vom Einstimmigkeitsprinzip zum treupflichtgetragenen Mehrheitsentscheid im Personengesellschaftsrecht, ZGR 2013, 237; Schäfer, Der Bestimmtheitsgrundsatz ist (wirklich) Rechtsgeschichte, NZG 2014, 1401; Schäfer, Gibt es noch einen Schutz des Kernbereichs der Mitgliedschaft?, ZIP 2015, 1313; Schäfer, Neue Impulse für den Minderheitenschutz gegen Mehrheitsbeschlüsse FS Bergmann, 2018, 617; Schäfer, Beschlussfassung und Beschlussanfechtung in der Personenhandelsgesellschaft nach dem MoPeG-RegE, ZIP 2021, 1527; Schäfer, Ausgewählte Probleme des neuen Personengesellschaftsrechts (mit Schwerpunkt bei der Beschlussanfechtung), ZPG 2023, 281; Schiffer, Mehrheitsentscheidungen in der Personengesellschaft – Ende der Kernbereichslehre?, BB 2015, 584; Schlüter, „Schiedsfähigkeit III" – Ein Schritt in Richtung eines neuen Rechts der Beschlussmängelstreitigkeiten?, DZWIR 2018, 251; K. Schmidt, Die Beschlussanfechtungsklage bei Vereinen und Personengesellschaften, FS Stimpel, 1985, 217; K. Schmidt, Rechtsschutz des Minderheitsgesellschafters gegen rechtswidrige ablehnende Beschlüsse, NJW 1986, 2018; K. Schmidt, Mehrheitsregelungen in GmbH & Co.-Verträgen, ZHR 158 (1994), 205; K. Schmidt, Beschlusskontrolle in Personengesellschaften, ZGR 2008, 1; K. Schmidt, Schutzgemeinschaftsvertrag II: ein gesellschaftsvertragsrechtliches Lehrstück über Stimmrechtskonsortien, ZIP 2009, 737; K. Schmidt, Schiedsklausel in Personengesellschaftsverträgen, NZG 2018, 121; K. Schmidt, Gesetzliche Stimmverbote im künftigen Recht der Personengesellschaften?, FS Grunewald, 2021, 1029; Schmitz-Herscheidt, Gesellschafterbeschlüsse der Personenhandelsgesellschaften nach MoPeG, ZIP 2024, 2061; St. Schneider, Der Stimmbindungsvertrag, 2017; Scholz, Die Versammlungsleitung in der Personengesellschaft, FS Spellenberg, 2010, 51; Scholz, Beschlussmängelstreitigkeiten in Personengesellschaften, WM 2006, 897; Schwedt/Lilja/Schaper, Schiedsfähigkeit von Beschlussmängelstreitigkeiten: Die neuen Ergänzenden Regeln für gesellschaftsrechtliche Streitigkeiten der DIS, NZG 2009, 1281; Seidel/Wolf, Minderheitenschutz in der Gesellschaft – Bedeutung der Kernbereichslehre in der neueren BGH-Rechtsprechung, BB 2015, 2563; B. Staudinger, Minderheitsschutz im Personengesellschaftsrecht: Kernbereichslehre und Bestimmtheitsgrundsatz – überflüssige Minderheitsschutzinstrumente oder notwendige Korrektive der Privatautonomie?, 2020; Temming, Vom Bestimmtheitsgrundsatz im Personengesellschaftsrecht: Eine Betrachtung im Lichte des AGB-Rechts der §§ 305 ff. BGB, ZIP 2020, 1373; Ulmer, Gesellschafterbeschlüsse in Personengesellschaften – Zur Bindung der Gesellschafter an ihre Stimmabgabe, FS Niederländer, 1991, 415; Ulmer, Mehrheitsbeschlüsse in Personengesellschaften: definitiver Abschied vom Bestimmtheitsgrundsatz, ZIP 2015, 657; J. Weber, Gesamtvermögensgeschäft und Gesellschafterbeschluss: Eine Studie des § 179a AktG am Beispiel von Grundstücksgeschäften, DNotZ 2018, 96; Weitemeyer, Der Bestimmtheitsgrundsatz im Recht der Personengesellschaften, FS Kreutz, 2010, 905; Werner, Zu den Wirksamkeitsvoraussetzungen an einen Gesellschafterbeschluss über eine Nachschussverpflichtung bei einer Personengesellschaft, GmbHR 2007, 536; Wertenbruch, Beschlussfassung in Personengesellschaft und KG-Konzern, ZIP 2007, 798; Wertenbruch, Begründung von Nachschusspflichten in der Personengesellschaft, DStR 2007, 1680; Wertenbruch, Status und Haftung des Treugebers bei der Personengesellschafts-Treuhand, NZG 2013, 285; Wertenbruch, Quorumsänderung und zweistufige Beschlusskontrolle ohne Bestimmtheitsgrundsatz, NZG 2013, 641; Wertenbruch, Abschied von Bestimmtheitsgrundsatz und Kernbereichslehre im Beschlussanfechtungssystem der Personengesellschaft, DB 2014, 2875; Wertenbruch, Virtuelle Gesellschafterversammlung der GmbH nach DiREG und der Personengesellschaft nach MoPeG, GmbHR 2023, 157; Westermann, Geschäftsführung im Personengesellschafts-Konzern, ZIP 2007, 2289; Wicke, Mehrheitsentscheidungen in Personengesellschaften, MittBayNot 2017, 125; Witte/Hafner, Schiedsfähigkeit von Beschlussmängelstreitigkeiten, DStR 2009, 2052; Zimmermann, Schiedsfähigkeit von Beschlussmängelstreitigkeiten in Personengesellschaften – unter Zuhilfenahme einer vergleichenden Betrachtung zur Schiedsfähigkeit von Beschlussmängelstreitigkeiten in Kapitalgesellschaften, 2020; Zöllner, Schranken mitgliedschaftlicher Stimmrechtsmacht bei den privatrechtlichen Personenverbänden, 1963; Zöllner, Die Anpassung von Personengesellschaftsverträgen an veränderte Umstände, 1979.

Übersicht

I. Allgemeines

1. Überblick. Die durch das MoPeG neu eingefügte Vorschrift regelt die gesellschaftsinterne Willensbildung und Entscheidungsfindung durch Gesellschafterbeschluss und grenzt damit die Grundlagengeschäfte der Handelsgesellschaft von der in § 116 geregelten Geschäftsführung ab.[1] Zu diesem Zweck bestimmt **Abs. 1,** dass Gesellschafterbeschlüsse in **Versammlungen** gefasst werden. **Abs. 2** regelt die **Einberufung** dieser Gesellschafterversammlungen. In Übernahme der gesetzlichen Grundregel des § 119 Abs. 1 muss ein – nach dem Gesetz oder dem Gesellschaftsvertrag erforderlicher – Beschluss der Gesellschafter nach **Abs. 3 einstimmig** ergehen. **Abs. 4** regelt die **Beschlussfähigkeit** der Gesellschafterversammlung bei zulässigen Mehrheitsbeschlüssen, und zwar dahingehend, dass die anwesenden Gesellschafter oder ihre Vertreter ohne Rücksicht auf ihre Stimmberechtigung die für die Beschlussfassung erforderlichen Stimmen haben. 1

2. Normzweck. Die Vorschrift regelt **Teile des Beschlussverfahrens** als Grundlage für das neue Beschlussmängelrecht der Personenhandelsgesellschaft nach § 110–115. Die Regelungen zur Versammlungsgebundenheit der Beschlussfassung, zur Einberufung und zur Beschlussfähigkeit zielen darauf ab, eine rechtssichere und bestandskräftige Beschlussfassung zu gewährleisten.[2] Diesem Anliegen dient zugleich das Erfordernis der Bekanntgabe nach § 112 Abs. 2 (→ § 112 Rn. 4). Das Erfordernis der rechtzeitigen Einberufung schützt das Teilnahmerecht der Gesellschafter und ermöglicht den Gesellschaftern eine angemessene Vorbereitung der Stimmrechtsausübung.[3] Davon abgesehen geht die Vorschrift unverändert von der Vorstellung einer personalistisch strukturierten Arbeits- und Haftungsgemeinschaft in der OHG aus. **Einstimmigkeitsprinzip** und **gleiche Stimmmacht** bei Vereinbarung von Mehrheitsbeschlüssen beruhen auf dem Grundsatz der Gleichbehandlung der Gesellschafter[4] und dem Schutz vor einer Selbstentmachtung der Gesellschafter[5] vor dem Hintergrund des Gleichlaufs von Herrschaft und Haftung.[6] Daher ist die am gleichen Stimmgewicht geäußerte – rechtspolitische – Kritik[7] trotz einer vielfach abweichenden Kautelarpraxis zurückzuweisen. Die nach § 109 zulässige und von § 119 Abs. 2 vorausgesetzte **Mehrheitsentscheidung** dient dem Zweck, flexiblere und praktikablere Entscheidungsprozesse zu ermöglichen.[8] Hieraus entspringt das grundsätzliche Spannungsverhältnis zwischen der Gewährleistung der Funktionsfähigkeit des 2

[1] Vgl. Begr. RegE, BT-Drs. 19/27635, 225.
[2] Vgl. Begr. RegE, BT-Drs. 19/27635, 225 unter Hinweis auf Drescher ZGR Sonderheft 23 (2021), 116 (123); Schäfer FS K. Schmidt, 2019, 323 (329).
[3] Vgl. Begr. RegE, BT-Drs. 19/27635, 226; BeckOGK/Böttcher/Otte/Dietlein, 1.3.2025, Rn. 34.
[4] Schlegelberger/Martens § 119 Rn. 1 f.; Heymann/Hoffmann/Bartlitz § 119 Rn. 1.
[5] Schlegelberger/Martens § 119 Rn. 1 f.; KKD/Kindler § 119 Rn. 1 iVm KKD/Kindler § 109 Rn. 2.
[6] Lutz Prot., 1858, 198, 200; Schlegelberger/Martens § 119 Rn. 2; MüKoHGB/Enzinger Rn. 3.
[7] Fleischer/Pendl WM 2017, 881 (890).
[8] Lutz Prot., 1858, 198 ff.; Schlegelberger/Martens § 119 Rn. 1; Heymann/Hoffmann/Bartlitz § 119 Rn. 1.

Personenverbandes und der Handlungsfähigkeit der Gesellschaftermehrheit auf der einen Seite und dem besonderen Interesse an einem effektiven Individual- und Minderheitsschutz der Gesellschafter auf der anderen Seite.[9] Davon abgesehen steht die Vorschrift zur Disposition der Gesellschafter.[10]

3 **3. Entwicklung.** Die Vorläuferbestimmung des Art. 103 ADHGB enthielt lediglich einzelne Bestimmungen zur internen Willensbildung in bestimmten Fällen, etwa zu ungewöhnlichen Geschäften oder zur Bestellung eines Prokuristen. Die Vorschrift des § 119 aF regelte die Willensbildung in einer allgemeinen Vorschrift, sagte aber nichts darüber aus, in welchen Fällen eine Beschlussfassung der Gesellschafter erforderlich ist.[11] Daran hat sich auch nach Übernahme des Regelungsgehalts in § 109 durch das **MoPeG** nichts geändert. Allerdings haben zumindest Teile des Beschlussverfahrens eine Regelung erfahren.

II. Gesellschafterversammlung

4 **1. Grundlagen.** Nach der systematischen Neuordnung und der klaren dogmatischen Trennung von Geschäftsführung nach § 116 (durch die geschäftsführungsberechtigten Gesellschafter) und Beschlussfassung nach § 109 (durch sämtliche Gesellschafter) kann heute nicht mehr zweifelhaft sein, dass es sich bei der Gesellschafterversammlung – worauf auch Abs. 4 hindeutet – um ein (obligatorisches) **Gesellschaftsorgan** der Personengesellschaft handelt.[12]

5 Zulässig ist eine Beschlussfassung in **Präsenz- und virtuellen Versammlungen,** wie zB in Form einer Telefon- oder Videokonferenz.[13] Ebenso können Gesellschafter durch elektronische Kommunikationsmittel an der Abstimmung teilnehmen.[14] Aus Gründen der Rechtssicherheit und Rechtsklarheit können und sollten gesellschaftsvertragliche Regelungen über das Abstimmungsverfahren getroffen werden, namentlich zur Einberufungsbefugnis, Form und Frist der Ladung und zu den Minderheitsrechten, soweit den einzelnen Gesellschaftern die Teilnahme an der Versammlung nicht in unzumutbarer Weise erschwert wird.[15] Soweit in der Gesellschaft **virtuelle Versammlungen** bisher abgelehnt worden sind oder der einvernehmlichen Zulassung aller Gesellschafter bedurften, wird diese **Übung** auch unter Geltung des neuen Rechts maßgeblich sein.[16] Existiert keine solche Übung und fehlt es auch im Übrigen an Anhaltspunkten, die für einen Ausschluss virtueller Versammlungen sprechen, dann stehen physische und virtuelle Versammlungen gleichberechtigt nebeneinander.[17] Eine analoge Anwendung der erhöhten Anforderungen nach § 48 Abs. 1 S. 2 GmbHG scheidet – ungeachtet einer überzeugenden Begründung[18] – mit Blick auf die Materialien[19] aus.[20] Im Übrigen sind auch an eine **physische Zusammenkunft** mit Blick auf deren Art und Weise, wie zB auf einem Gesellschafterausflug, keine erweiterten Anforderungen zu stellen, soweit die Gesellschafter auf der Einladung ersehen können, dass – zumindest auch – über Gesellschaftsangelegenheiten entschieden werden soll oder aber alle Gesellschafter bei der Beschlussfassung einvernehmlich zusammenwirken.[21]

5a Die Gesellschafter können sich zudem auf die Zulässigkeit von **anderen Formen der Willensbildung** – auch mündlich – verständigen, wie zB in Form eines Umlaufverfahrens, sei es schriftlich oder in Textform.[22] Für eine solche Vereinbarung bedarf es – vorbehaltlich einer empfehlenswerten

[9] Dazu näher Lieder notar 2016, 283.

[10] Vgl. Begr. RegE, BT-Drs. 19/27635, 226.

[11] Lutz Prot., 1858, 197; Ebenroth/Boujong/Freitag Rn. 1.

[12] So auch BeckOGK/Böttcher/Otte/Dietlein, 1.3.2025, Rn. 4, 14; vgl. weiter Begr. RegE, BT-Drs. 19/27635, 225-227, 237.

[13] Begr. RegE, BT-Drs. 19/27635, 226; RGHMW/Haas/Mohamed Rn. 7; Koch/Holle Rn. 6; Liebscher/Rickelt ZPG 2023, 441 (443); Schmitz-Herscheidt ZIP 2024, 2061.

[14] Dazu ausf. Böffel/Schramm WM 2020, 2004 (2006 ff.); vgl. weiter Heckschen/Strnad GmbHR 2020, 807 (808).

[15] Ebenroth/Boujong/Freitag Rn. 17; Heckschen/Strnad GmbHR 2020, 807 (808); Liebscher ZIP 2023, 2441 (2443).

[16] BeckOGK/Böttcher/Otte/Dietlein, 1.3.2025, Rn. 18 ff.; Heckschen GmbHR 2023, 105 (106 f.).

[17] Ebenso Koch PersGesR/Holle Rn. 6; krit. zur Funktionsäquivalenz von Präsenz- und virtuellen Versammlung ausf. Heckschen GmbHR 2023, 105 Rn. 14, 22 ff.; Heckschen/Hilser ZIP 2022, 670 (674 f.); Schäfer ZPG 2023, 281 (283).

[18] Vgl. Bochmann NZG 2022, 531 (534 f.).

[19] Begr. RegE, BT-Drs. 19/27635, 226.

[20] BeckOGK/Böttcher/Otte/Dietlein, 1.3.2025, Rn. 22; Wertenbruch GmbHR 2023, 157 (165).

[21] Koch PersGesR/Holle Rn. 7; zurückhaltend, iErg aber ebenso Schäfer Neues PersGesR/Grunewald § 5 Rn. 28.

[22] Begr. RegE, BT-Drs. 19/27635, 226; vgl. weiter Ebenroth/Boujong/Freitag § 119 Rn. 45; Koch/Holle Rn. 8; Heckschen/Strnad GmbHR 2020, 807 (808); Schäfer Neues PersGesR/Grunewald § 5 Rn. 29; Hoffmann-Becking NZG 2022, 99 (102); Liebscher ZIP 2023, 2441 (2443); Liebscher/Rickelt ZPG 2023, 441 (443); Schäfer ZIP 2021, 1527 (1528 f.); Schmitz-Herscheidt ZIP 2024, 2061 (2062).

Regelung im Gesellschaftsvertrag – Einstimmigkeit, weil den Gesellschaftern in diesem Falle kein Rede- und Fragerecht zusteht.[23] Bei einem Minderjährigen muss der gesetzliche Vertreter sein Einverständnis geben.[24] Die Gesellschafter können sich einvernehmlich auch auf einen Briefwechsel,[25] E-Mails oder Einzelbesprechungen verständigen. Auch **konkludente** Beschlussfassungen sind zulässig; sie können etwa in der gemeinsamen Anmeldung bestimmter Tatsachen zum Handelsregister liegen.[26] Davon abgesehen kann in Form einer einstimmig beschlossenen Ermächtigung auch vorgesehen werden, dass über die von der Öffnungsklausel erfassten Gegenstände durch Mehrheitsbeschluss im Umlaufverfahren entschieden werden kann.[27]

2. Einberufung. a) Berechtigung und Pflicht. Die Versammlung kann nach § 109 Abs. 2 S. 1 durch **jeden geschäftsführungsbefugten Gesellschafter** einberufen werden. Jeder **nicht einberufungsberechtigte Gesellschafter** kann analog § 50 Abs. 1 GmbHG die Berufung einer Gesellschafterversammlung verlangen, und zwar – mit Blick auf die persönliche Gesellschafterhaftung – ungeachtet der Höhe der Beteiligung.[28] Bleibt das Einberufungsverlangen erfolglos, kann der Gesellschafter analog § 50 Abs. 3 GmbHG die Versammlung selbst einberufen.[29] Eines **wichtigen Grundes** bedarf es – entgegen einer verbreiteten Literaturauffassung[30] – dafür **nicht.**[31] Beschränkt der Gesellschaftsvertrag dieses ergänzende Einberufungsrecht, steht jedem Gesellschafter jedenfalls analog § 717 Abs. 1 S. 3 BGB iVm § 105 Abs. 3 – in Übereinstimmung mit dem bisherigen Recht[32] – die Befugnis zur Einberufung einer Gesellschafterversammlung aus wichtigem Grund zu.[33] Dieses Recht kann nicht ausgeschlossen werden.[34] Gleiches gilt im Grundsatz für das Recht der Gesellschafter, **Anträge** zu stellen und **Auskünfte** zu verlangen.[35] Umgekehrt kann auch jedem oder einzelnen Gesellschaftern oder einem fakultativen Gesellschaftsorgan (Aufsichtsrat, Beirat) das Einberufungsrecht eingeräumt werden.[36] Eine Einberufung ist **entbehrlich,** wenn alle Gesellschafter darauf verzichten.[37] Eine **Pflicht** zur Einberufung kann sich aus dem Gesetz (vgl. § 116 Abs. 2 S. 1 Hs. 2, § 118 Abs. 2, § 121, § 138 Abs. 1 Nr. 4, § 142 Abs. 1, § 144 Abs. 4) oder aus dem Gesellschaftsvertrag ergeben.[38] **Adressat** der Einberufung sind sämtliche, auch die vom Stimmrecht ausgeschlossenen Gesellschafter, weil auch letztere in der Lage sein müssen, zu den Beschlussvorschlägen Stellung zu nehmen.[39] 6

b) Form. Nach Maßgabe des § 109 Abs. 2 S. 2 erfolgt die Einberufung durch formlose Einladung der anderen Gesellschafter unter Ankündigung des Zwecks der Versammlung in angemessener Frist. Formlos bedeutet, dass die Einberufung schriftlich, in Textform oder mündlich auf jede denkbare Art übermittelt werden kann; § 51 Abs. 1 S. 1 GmbHG findet keine analoge Anwendung.[40] Ist der Gesellschafter in der Geschäftsfähigkeit beschränkt, muss die Ladung nach § 131 Abs. 1, Abs. 2 BGB dem gesetzlichen Vertreter zugehen.[41] 7

---

[23] Henssler/Strohn/Oswald Rn. 14; RGHMW/Haas/Mohamed Rn. 7a; Koch PersGesR/Holle Rn. 8; Liebscher ZIP 2023, 2441 (2443); Schmitz-Herscheidt ZIP 2024, 2061 (2062).

[24] Otte/Hollmann RFamU 2024, 51 (52).

[25] Düringer/Hachenburg/Flechtheim § 119 Rn. 4.

[26] Vgl. RG 16.2.1924, RGZ 108, 78; Heymann/Hoffmann/Bartlitz § 119 Rn. 4; RGHMW/Haas/Mohamed Rn. 7; Schmitz-Herscheidt ZIP 2024, 2061.

[27] Koch PersGesR/Holle Rn. 8; vgl. weiter Schäfer ZIP 2021, 1527 (1528).

[28] BeckOGK/Böttcher/Otte/Dietlein, 1.3.2025, Rn. 42; Schmitz-Herscheidt ZIP 2024, 2061; **aA** Liebscher/Rickelt ZPG 2023, 441 (443); vgl. noch Schäfer Neues PersGesR/Grunewald § 5 Rn. 30.

[29] BeckOGK/Böttcher/Otte/Dietlein, 1.3.2025, Rn. 44; vgl. noch Schäfer Neues PersGesR/Grunewald § 5 Rn. 30.

[30] Henssler/Strohn/Oswald Rn. 23; Koch PersGesR/Holle Rn. 10; Ebenroth/Boujong/Freitag Rn. 19; Degistirici/Ioannidis BB 2023, 2698 (2700); Liebscher/Rickelt ZPG 2023, 441 (443); vgl. noch RGHMW/Haas/Mohamed Rn. 12.

[31] Schmitz-Herscheidt ZIP 2024, 2061 f.

[32] BGH 9.11.1987, BGHZ 102, 172 (175) = NJW 1988, 969; 30.3.1998, NJW 1998, 1946 (1947); OLG Köln 13.2.1987, ZIP 1987, 1120 (1122); Heymann/Hoffmann/Bartlitz § 119 Rn. 10; MüKoHGB/Enzinger Rn. 58.

[33] Vgl. Begr. RegE, BT-Drs. 19/27635, 226; s. ferner Koch PersGesR/Holle Rn. 10 aE.

[34] Staub/Schäfer Rn. 19; Schlegelberger/Martens § 119 Rn. 6; Heymann/Hoffmann/Bartlitz § 119 Rn. 10; Schmitz-Herscheidt ZIP 2024, 2061 (2062).

[35] MüKoHGB/Enzinger Rn. 67; Schlegelberger/Martens § 119 Rn. 5a; vgl. weiter U. H. Schneider AG 1979, 57 (68); Scholz FS Spellenberg, 2010, 51 (60).

[36] BeckOGK/Böttcher/Otte/Dietlein, 1.3.2025, Rn. 47 f.

[37] BeckOGK/Böttcher/Otte/Dietlein, 1.3.2025, Rn. 35.

[38] BeckOGK/Böttcher/Otte/Dietlein, 1.3.2025, Rn. 50.

[39] Vgl. BGH 17.1.2023, NZG 2023, 564 Rn. 30; Koch PersGesR/Holle Rn. 14.

[40] Dazu näher BeckOGK/Böttcher/Otte/Dietlein, 1.3.2025, Rn. 61 f.

[41] Dazu näher Otte/Hollmann RFamU 2024, 51 f.

8 **c) Tagesordnung.** Notwendiger Bestandteil ist danach zunächst eine hinreichend detaillierte Tagesordnung. Sie muss so beschaffen sein, dass sich den Gesellschaftern der Zweck der Versammlung erschließt.[42] Konkrete oder ausformulierte Beschlussanträge müssen nicht übermittelt werden, da sie sich regelmäßig erst aus der Versammlung ergeben.[43] Bei komplexen und weittragenden Beschlussgegenständen, wie zB Änderungen des Gesellschaftsvertrags bedarf es einer Darstellung des wesentlichen Beschlussinhalts.[44] Eine Ergänzung der Tagesordnung ist analog § 51 Abs. 4 GmbHG unter Wahrung der Mindestfrist von drei Tagen zulässig.[45]

9 **d) Frist.** Die Frist hängt maßgeblich von der Komplexität der zu treffenden Entscheidungen ab und soll den Gesellschaftern genügend Zeit zur Vorbereitung geben.[46] In Ermangelung einer gesellschaftsvertraglichen Regelung gilt die Wochenfrist analog § 51 Abs. 1 S. 2 GmbHG.[47] Die Notwendigkeit einer längeren Frist kann sich aus der Geltung der verbandsrechtlichen Treuepflicht ergeben, wie zB bei komplexen Beschlussgegenständen oder einer bekannten Abwesenheit von Gesellschaftern.[48]

10 **e) Ort und Zeitpunkt.** Ort und Zeitpunkt der Versammlung müssen so beschaffen sein, dass sie allen Gesellschaftern eine Teilnahme ermöglichen und eine Überrumpelung ausschließen.[49] Das ist etwa dann nicht der Fall, wenn das Betreten der Versammlungsräume für einen Gesellschafter unzumutbar ist.[50] Ein vom Sitz der Gesellschaft abweichender Versammlungsort darf nicht willkürlich, schikanös oder den Gesellschaftern in sonstiger Weise unzumutbar sein.[51] Das ist etwa dann nicht der Fall, wenn die Gesellschafter einen vom Sitz der Gesellschaft abweichenden Ort besser erreichen können.[52] Die geschäftsführenden Gesellschafter entscheiden gleichermaßen darüber, ob eine physische oder eine virtuelle Gesellschafterversammlung stattfindet (→ Rn. 5).[53] Insbesondere bei personalistischen Gesellschaften bestehen keine Bedenken dagegen, dass Versammlungen auch an Sonn- und Feiertagen stattfinden, soweit allen Gesellschaftern die Teilnahme ermöglicht wird.[54]

11 **f) Mängel.** Ein Mangel der Einberufung führt regelmäßig zur **Anfechtbarkeit** des Gesellschafterbeschlusses,[55] kann ausnahmsweise aber auch die Nichtigkeit nach sich ziehen (→ § 110 Rn. 21 ff.). Eine Ausnahme von der Anfechtbarkeit gilt, wenn der Beschluss nicht auf dem Einberufungsmangel beruht oder wenn **alle Gesellschafter** an der Abstimmung teilgenommen und einem Beschlussgegenstand **zugestimmt** haben.[56]

12 **3. Beschlussfähigkeit.** Die Regelung eines Quorums für die Beschlussfähigkeit dient der Verhinderung von Zufalls- und Überraschungsentscheidungen, gerade wenn es sich um Gesellschaften mit einer größeren Mitgliederzahl handelt. Zugleich stellt das Quorum ein Minimum an gesellschaftsinterner Öffentlichkeit her und dient zugleich als Legitimationselement der Beschlussfassung.[57] Der

[42] Ebenroth/Boujong/Freitag Rn. 20; Koch PersGesR/Holle Rn. 11; Liebscher/Rickelt ZPG 2023, 441 (443); Schmitz-Herscheidt ZIP 2024, 2061 (2062).

[43] BeckOGK/Böttcher/Otte/Dietlein, 1.3.2025, Rn. 64; Liebscher/Rickelt ZPG 2023, 441 (443).

[44] Koch PersGesR/Holle Rn. 11 aE; vgl. weiter Ebenroth/Boujong/Freitag Rn. 20; MüKoHGB/Enzinger Rn. 63.

[45] BeckOGK/Böttcher/Otte/Dietlein, 1.3.2025, Rn. 65; Liebscher/Rickelt ZPG 2023, 441 (443); Schmitz-Herscheidt ZIP 2024, 2061 (2062).

[46] Vgl. Begr. RegE, BT-Drs. 19/27635, 226; Koch PersGesR/Holle Rn. 12; s. ferner BGH 14.11.1994, NJW 1995, 1353 (1355 f.).

[47] BeckOGK/Böttcher/Otte/Dietlein, 1.3.2025, Rn. 52; Liebscher/Rickelt ZPG 2023, 441 (444); Schmitz-Herscheidt ZIP 2024, 2061 (2062).

[48] Ebenroth/Boujong/Freitag Rn. 20; Koch PersGesR/Holle Rn. 12; RGHMW/Haas/Mohamed Rn. 13; BeckOGK/Böttcher/Otte/Dietlein, 1.3.2025, Rn. 53; Schmitz-Herscheidt ZIP 2024, 2061 (2062).

[49] Zum Ganzen Begr. RegE, BT-Drs. 19/27635, 226; vgl. weiter BGH 24.3.2016, NZG 2016, 552 Rn. 21; Degistirici/Ioannidis BB 2023, 2698 (2700).

[50] BGH 24.3.2016, NZG 2016, 552 Rn. 25; OLG Hamm 19.6.2023, NZG 2023, 1690 Rn. 47, 49.

[51] OLG Hamm 19.6.2023, NZG 2023, 1690 Rn. 49; Liebscher/Rickelt ZPG 2023, 441 (443); Schmitz-Herscheidt ZIP 2024, 2061 (2062).

[52] BGH 28.1.1985, AG 1985, 188 = BeckRS 2009, 10067 Rn. 9; OLG Hamm 19.6.2023, NZG 2023, 1690 Rn. 48.

[53] BeckOGK/Böttcher/Otte/Dietlein, 1.3.2025, Rn. 24; **aA** Liebscher/Rickelt ZPG 2023, 441 (443); Wertenbruch GmbHR 2023, 157 (166 f.): Primat der Präsenzversammlung.

[54] Degistirici/Ioannidis BB 2023, 2698 (2700).

[55] Vgl. BGH 14.11.1994, NJW 1995, 1353 (1356); Schäfer Neues PersGesR/Grunewald § 5 Rn. 31.

[56] Dazu näher Koch PersGesR/Holle Rn. 16; BeckOGK/Böttcher/Otte/Dietlein, 1.3.2025, Rn. 66; Schäfer Neues PersGesR/Grunewald § 5 Rn. 31; Grunewald FS Hager, 2021, 371 (373); vgl. weiter BGH 19.1.2009, NZG 2009, 385 Rn. 2.

[57] Vgl. Begr. RegE, BT-Drs. 19/27635, 227; BeckOGK/Böttcher/Otte/Dietlein, 1.3.2025, Rn. 73; Koch PersGesR/Holle Rn. 19.

Gesellschaftsvertrag kann etwa eine Regelung vorsehen, wonach bei Nichterreichen eines bestimmten Quorums eine weitere Versammlung unter erleichterten Bedingungen stattzufinden hat.[58] Für eine Regelung im Gesellschaftsvertrag spricht nicht zuletzt, dass die § 109 Abs. 4 gemeinhin als missglückt angesehen wird.[59]

In Ermangelung einer gesellschaftsvertraglichen Regelung ist die Gesellschafterversammlung nach § 109 Abs. 4 beschlussfähig, wenn die anwesenden Gesellschafter oder ihre Vertreter ohne Rücksicht auf ihre Stimmberechtigung die für die Beschlussfassung erforderlichen Stimmen haben. Aus den Materialien[60] geht hervor, dass die Regelung nur den Anwendungsfall erfasst, dass es nach der gesellschaftsvertraglichen Mehrheitsklausel auf die **Stimmenmehrheit aller Gesellschafter** ankommt. In diesem Fall muss die Mehrheit an der Gesellschafterversammlung teilnehmen. Kommt es nach dem Gesellschaftsvertrag hingegen auf die **Mehrheit der abgegebenen Stimmen** an, genügt für die Beschlussfähigkeit die Teilnahme auch nur eines einzigen Gesellschafters.[61] Für die Beschlussfähigkeit spielt die Stimmberechtigung keine Rolle.[62] Ein absolutes Teilnahmequorum ist daher auch dann erfüllt, wenn ein Gesellschafter ohne Stimmberechtigung an der späteren Abstimmung nicht teilnehmen darf. Soweit ein Gesellschafter die Beschlussfassung der Gesellschafterversammlung sucht, durch sein Fernbleiben zu **boykottieren** oder anderweitige sachfremde Zwecke durchzusetzen, handelt dieses Mitglied treuwidrig und kann den Beschluss nicht unter Hinweis auf die fehlende Beschlussfähigkeit wegen Verstoßes gegen § 242 BGB nicht mittels Beschlussmängelklage angreifen.[63] 12a

III. Gesellschafterbeschluss

1. Rechtsnatur. Nach zutreffender, heute ganz hM ist der Beschluss ein mehrseitiges **Rechtsgeschäft eigener Art,** welches auf den Stimmabgaben der einzelnen Gesellschafter beruht.[64] Die Versuche, für Beschlüsse ein Sonderrecht gegenüber den Grundsätzen der allgemeinen Rechtsgeschäftslehre zu entwickeln[65] bzw. vertragsändernde Beschlüsse einem vertragsrechtlichen Verständnis zu unterwerfen,[66] haben sich mit Recht nicht durchgesetzt. Vielmehr überzeugt der rechtsgeschäftliche Ansatz der hM, weil es den Gesellschaftern im Rahmen der Beschlussfassung primär darum geht, ihre Rechtsverhältnisse untereinander und zur Gesellschaft zu gestalten.[67] Diese dogmatische Verortung führt indes nicht zu einer uneingeschränkten Anwendung der §§ 104 ff. BGB. Deren Anwendung auf Gesellschafterbeschlüsse wird durch die besonderen **Wertungen des Personengesellschaftsrechts** überlagert, was sich insbesondere an der Behandlung von Beschlussmängeln zeigt (→ § 110 Rn. 1 ff.). 13

2. Beschlussgegenstand. Nach Abs. 3 bedürfen die von den Gesellschaftern einer Personenhandelsgesellschaft zu fassenden Beschlüsse der Zustimmung **aller** zur Mitwirkung bei der Beschlussfas- 14

[58] Dazu näher BeckOGK/Böttcher/Otte/Dietlein, 1.3.2025, Rn. 73 f. mit Formulierungsvorschlag; vgl. weiter Liebscher ZIP 2023, 2441 (2443); Liebscher/Rickelt ZPG 2023, 441 (445); Schmitz-Herscheidt ZIP 2024, 2061 (2064).

[59] BeckOGK/Böttcher/Otte/Dietlein, 1.3.2025, Rn. 76; Liebscher ZIP 2023, 2441 (2443); Liebscher/Rickelt ZPG 2023, 441 (444); Neuhöfer MittBayNot 2023, 566 (570); Schäfer ZIP 2021, 1527 (1529); Schäfer ZPG 2023, 281 (284); K. Schmidt ZHR 185 (2021), 16 (35).

[60] Begr. RegE, BT-Drs. 19/27635, 227.

[61] BeckOGK/Böttcher/Otte/Dietlein, 1.3.2025, Rn. 76; Ebenroth/Boujong/Freitag Rn. 28; ähnlich Koch PersGesR/Holle Rn. 22; Schäfer ZIP 2021, 1527 (1529): konkludente Abbedingung des § 109 Abs. 4 HGB; **aA** Schäfer Neues PersGesR/Grunewald § 5 Rn. 35; Liebscher/Rickelt ZPG 2023, 441 (445); Schmitz-Herscheidt ZIP 2024, 2061 (2064): im Vertrag festgelegte Mehrheitsquote erforderlich.

[62] Begr. RegE, BT-Drs. 19/27635, 227; Koch PersGesR/Holle Rn. 20.

[63] Vgl. OLG Hamburg 9.11.1990, NJW-RR 1991, 673 (674); KG 5.7.2016, NJW-RR 2016, 1320 Rn. 22; LG Münster 24.1.2018, BeckRS 2018, 1217 Rn. 24 f.; BeckOGK/Böttcher/Otte/Dietlein, 1.3.2025, Rn. 75; Koch PersGesR/Holle Rn. 20; Schmitz-Herscheidt ZIP 2024, 2061 (2064); **abw.** Bayer/Rauch DB 2021, 2609 (2613).

[64] Vgl. OLG Jena 10.8.2016, BeckRS 2016, 16921 Rn. 49; Staudinger/Bork, 2025, BGB Vor §§ 145 ff. Rn. 6 mwN; Hüffer ZGR 2002, 833 (834); Lindemann, Die Beschlußfassung in der Einmann-GmbH, 1996, 38 f. mwN; K. Schmidt GesR *§ 15 I 2a* mwN; Noack, Fehlerhafte Beschlüsse in Gesellschaften und Vereinen, 1989, 15 ff.; Zöllner, Die Schranken mitgliedschaftlicher Stimmrechtsmacht bei den privatrechtlichen Personenverbänden, 1963, 10 mwN.

[65] RG 4.12.1928, RGZ 122, 367 (369); v. Gierke, Genossenschaftstheorie, 1887, 565 ff.; vgl. neuerdings Holle, Der privatrechtliche Beschluss, 2024, 83 ff.: Beschluss als im Feststellungswege final bewirkter Rechtsakt; ebenso Koch PersGesR/Holle § 714 BGB Rn. 21 ff.

[66] Vgl. Heymann/Hoffmann/Bartlitz § 119 Rn. 3; Staub/Schäfer Rn. 20; Mülbert/Gramse WM 2002, 2085 (2086); Ulmer FS Niederländer, 1991, 414 (424 ff.).

[67] So auch MüKoHGB/Enzinger Rn. 12.

sung berufenen **Gesellschafter.** Wer zur Mitwirkung „berufen" ist, regelt die Norm nicht, sondern ergibt sich aus einzelnen Spezialregelungen und den allgemeinen Lehren des Gesellschaftsrechts.

15 **a) Geschäftsführungsangelegenheiten.** Zur Mitwirkung berufen sind bei Geschäften der **laufenden Geschäftsführung** nach § 116 Abs. 1 S. 1 die geschäftsführenden Gesellschafter. Soweit nichts anderes vereinbart ist, ist bei diesen Geschäften jeder geschäftsführende Gesellschafter allein zu handeln berechtigt (§ 116 Abs. 3 S. 1). Die anderen Geschäftsführer haben lediglich das Widerspruchsrecht des § 116 Abs. 3 S. 3. Selbst im Fall der vertraglich vereinbarten Gesamtgeschäftsführung kann ein einzelner Geschäftsführer nach § 116 Abs. 4 bei Gefahr im Verzug allein handeln. In diesem Bereich dürfen Kommanditisten daher nicht an Beschlüssen mitwirken.[68]

16 Der Beschlussfassung durch alle Gesellschafter unterliegen in Abgrenzung zu Geschäften der laufenden Geschäftsführung die darüber hinausgehenden Geschäfte. Dabei unterscheidet man zwischen den noch zur Geschäftsführung gehörenden **außergewöhnlichen Geschäftsführungsmaßnahmen iSd § 116 Abs. 2 S. 1 Hs. 2** (→ § 116 Rn. 82 ff.)[69] und den **Grundlagengeschäften** (→ Rn. 18 ff.; → § 116 Rn. 13 ff.). Die außergewöhnlichen Maßnahmen, die aber noch zur Geschäftsführung zu rechnen sind, bedürfen nach § 116 Abs. 2 S. 1 Hs. 2 eines Beschlusses sämtlicher Gesellschafter, wobei abweichende Regelungen möglich sind (→ § 116 Rn. 164 ff.).

17 **b) Beschlüsse über Klageerhebung und Rechtsverfolgung.** Eines Gesellschafterbeschlusses bedürfen weiterhin die Entscheidungen über die Klageerhebung und die Rechtsverfolgung. Das gilt namentlich für die **Entziehung der Geschäftsführungsbefugnis** (§ 116 Abs. 5) und der Vertretungsmacht (§ 124 Abs. 5), die Erhebung einer **Ausschließungsklage** nach § 134, die Verfolgung der Rechte aus einer Verletzung des **Wettbewerbsverbots** nach § 118 Abs. 2 und nach § 144 Abs. 5 die Abberufung als **Liquidator.**

18 **c) Grundlagengeschäfte.** Nicht in § 116, sondern nur von § 109 erfasst sind Beschlüsse über **andere Gegenstände** als die Geschäftsführung. Hierfür lautet nach § 109 Abs. 3 der Grundsatz, dass derartigen Beschlüssen **alle Gesellschafter** zustimmen müssen. Wie § 109 Abs. 4 belegt, handelt es sich bei § 109 Abs. 3 jedoch um dispositives Recht. Durch den Gesellschaftsvertrag kann das **Mehrheitsprinzip** eingeführt werden.[70] Zur Abgrenzung zwischen außergewöhnlichen Geschäftsführungsmaßnahmen und Grundlagengeschäften → § 116 Rn. 18.

19 Unter Grundlagengeschäften versteht die hM **Vertragsänderungen** sowie Gesellschafterbeschlüsse, die in ähnlicher Weise die Grundlagen der Gesellschaft berühren oder in Rechtspositionen der Gesellschafter eingreifen.[71] Beispiele sind die Billigung von Entnahmen[72] oder die Wahl des Abschlussprüfers.[73] Die fakultative Stellung eines Insolvenzantrags wegen drohender Zahlungsunfähigkeit nach § 18 InsO bedarf trotz des Wechsels von der werbenden zur potentiell aufgelösten Gesellschaft keines vorherigen Gesellschafterbeschlusses, da der Geschäftsführer unter Umständen auch persönlich haftet (→ § 116 Rn. 69). Auch gesellschaftsvertraglich kann ein Gesellschafterbeschluss vorgeschrieben werden (→ Rn. 56 ff.).[74]

20 **Gesetzlich geregelte Fälle** von Grundlagenentscheidungen sind die **Auflösung** nach § 138,[75] die Bestellung der **Liquidatoren** nach § 144 Abs. 4, die Entschließung über die **Bilanzfeststellung**[76] und die **Gewinnverwendung** sowie die ihr vorgehenden **Bilanzierungsentscheidungen**[77] nach § 120 (→ § 120 Rn. 30). Hinzu kommt die Entscheidung über die Einwilligung in ein konkurrierendes Verhalten eines Gesellschafters nach § 117 Abs. 1 (→ § 117 Rn. 33 ff.).

21 **3. Stimmrecht. a) Grundlagen.** Das Stimmrecht gehört zu den wesentlichen Befugnissen des Gesellschafters und dient der Verfolgung der eigenen Interessen wie auch der gemeinsamen Zweckverfolgung. Vorgelagert ist das **Recht der Teilnahme** an den der Abstimmung vorangehenden Erörterungen. Mit Blick auf die Förderpflicht nach § 105 Abs. 3 iVm § 705 Abs. 1 BGB sowie die

---

[68] OLG Stuttgart 25.2.2009, ZIP 2010, 131.

[69] Zur Abgrenzung MüKoHGB/Fleischer § 116 Rn. 139 f. mwN; K. Schmidt GesR § 47 V 1c (1392).

[70] BGH 15.11.1982, BGHZ 85, 350 (354) = NJW 1983, 1056.

[71] BGH 15.1.2007, BGHZ 170, 283 = NJW 2007, 1865 – Otto; Staub/Schäfer Rn. 25; krit. Zu einer begrifflichen Einordnung MüKoHGB/Enzinger Rn. 31.

[72] Westermann/Wertenbruch PersGesR-HdB/Westermann Rn. I 475.

[73] BGH 24.3.1980, BGHZ 76, 338 (342 f.) = NJW 1980, 1689.

[74] Staub/Schäfer Rn. 24.; MüKoHGB/Enzinger Rn. .

[75] Vgl. näher KKD/Kindler § 131 Rn. 3.

[76] BGH 9.11.1998, NJW 1999, 571 zur GbR; 15.1.2007, BGHZ 170, 283 = NJW 2007, 1865 – Otto.

[77] BGH 29.3.1996, BGHZ 132, 263 (267) = NJW 1996, 1678 zur KG; vgl. ferner 24.3.1980, BGHZ 76, 338 (342) = NJW 1980, 1689.

mitgliedschaftliche Treuepflicht sind die Gesellschafter im Grundsatz auch zur Teilnahme an der Gesellschafterversammlung sowie zur persönlichen Stimmrechtsausübung **verpflichtet.**[78]

Aus rechtsdogmatischer Perspektive sind die von den einzelnen Gesellschaftern gegenüber den Mitgesellschaftern (→ Rn. 51) abzugebenden Einzelstimmen **empfangsbedürftige Willenserklärungen.** Sie unterliegen den allgemeinen Regeln über Rechtsgeschäfte,[79] sodass sie nichtig sein oder angefochten werden können, dem Adressaten zugehen müssen, der Auslegung (§§ 133, 157 BGB) zugänglich sind[80] und unter eine Bedingung gestellt werden können.[81] Die Einzelstimme ist nicht selbst Rechtsgeschäft, weil sie die mit der Stimmabgabe intendierte Rechtswirkung nicht allein herbeiführen kann, sondern ähnlich wie Angebot und Annahme beim Vertrag nur zusammen mit anderen Willenserklärungen.[82] 22

Umstritten ist, ob die einmal abgegebene Stimme frei **widerrufen** werden kann.[83] Von Bedeutung ist diese Rechtsfrage vor allem bei gestreckten Abstimmungen, wie zB Umlaufverfahren. Sie stellt sich aber verbandsformübergreifend und auch für sämtliche Abstimmungsmodalitäten gleichermaßen.[84] Mit Grundsatzurteil vom 22.10.2024 hat sich der II. Zivilsenat des **BGH** zur **grundsätzlichen Bindungswirkung** der Stimmerklärung bekannt.[85] Als empfangsbedürftige Willenserklärung werde sie im Zeitpunkt des Zugangs wirksam, soweit nicht dem Adressaten (→ Rn. 6) zuvor oder gleichzeitig ein Widerruf zugehe (vgl. § 130 Abs. 1 BGB).[86] Die Bindung an die Stimmabgabe richte sich vorrangig nach dem Gesellschaftsvertrag, nach für den Abstimmungsvorgang getroffenen Vereinbarungen sowie dem geäußerten Bindungswillen des Gesellschafters. 23

Auch wenn sich der BGH weigert, die allgemeinen Vorschriften der **§§ 145 ff. BGB** im Wege der Analogiebildung auf die Stimmerklärung zur Anwendung zu bringen,[87] bildet die Rechtsgeschäftslehre nichtsdestoweniger die **dogmatische Grundlage** für die grundsätzliche Bindungswirkung.[88] In der Sache dient die Bindungswirkung der Willenserklärung nach § 145 Hs. 1 BGB dem individuellen Vertrauensinteresse des Erklärungsempfängers[89] sowie dem überindividuellen Interesse an der Sicherheit und Leichtigkeit des redlichen Rechts- und Handelsverkehrs.[90] Gleiches gilt für die Stimmabgabe bei der Fassung von Gesellschafterbeschlüssen, die in besonderem Maße auf Sicherheit, Leichtigkeit und Beständigkeit angewiesen sind. Die Gesellschaft wie auch die Mitgesellschafter haben ein veritables Interesse daran, auf den Bestand der einmal in einem bestimmten Sinne abgegebenen Stimme vertrauen zu dürfen. Das **überindividuelle Verbandsinteresse** als auch das **individuelle Vertrauensinteresse der Mitgesellschafter** verlangen nach einer grundsätzlichen Bindungswirkung der Stimmerklärung. 23a

In Parallele zur Begrenzung der Bindungswirkung eines Vertragsangebots[91] ist der Gesellschafter an die wirksam gewordene Stimmerklärung analog § 313 Abs. 1 BGB in **extremen Ausnahmefällen** nicht gebunden und kann seine Stimmabgabe **widerrufen,** wenn sich zwischen deren Zugang und dem Zustandekommen des Gesellschafterbeschlusses die maßgeblichen Umstände in unvorher- 23b

---

[78] Vgl. LG Darmstadt 4.3.2024, NZG 2024, 978 Rn. 49; Ebenroth/Boujong/Freitag Rn. 57.

[79] BGH 14.7.1954, BGHZ 14, 264 (267); 29.5.1967, BGHZ 48, 163 (173); 18.9.1975, BGHZ 65, 93 (97 f.); 22.10.2024, NZG 2025, 69 Rn. 15; Ebenroth/Boujong/Freitag Rn. 9 mwN.

[80] OLG Jena 10.8.2016, BeckRS 2016, 16921 Rn. 49; vgl. noch BGH 21.10.2014, NZG 2014, 1296 Rn. 15.

[81] RG 13.4.1940, RGZ 163, 385 (393 f.); Ebenroth/Boujong/Freitag § 119 Rn. 49.

[82] Lindemann, Die Beschlußfassung in der Einmann-GmbH, 1996, 38 mwN; K. Schmidt GesR § 15 I 2b.

[83] Dafür RG 13.4.1940, RGZ 163, 385 (392 f.); Ebenroth/Boujong/Freitag Rn. 34; Heymann/Hoffmann/Bartlitz § 119 Rn. 6; dagegen Hopt/Roth Rn. 7; Koch PersGesR/Holle BGB § 714 Rn. 57; Möller, Beschlussfassung im Recht der Personen- und Kapitalgesellschaften, 2021, S. 48 ff.; Wiedemann GesR II § 4 I 4b; für Widerruf aus wichtigem Grund MüKoHGB/Enzinger Rn. 18; KKD/Kindler § 119 Rn. 13; diff. zwischen Grundlagengeschäften und Geschäftsführungsmaßnahmen Staub/Schäfer Rn. 36; Staudinger/Habermeier, 2003, BGB § 709 Rn. 19; Ulmer FS Niederländer, 1991, 415 (422 f., 433); offenlassend BGH 19.2.1990, NJW-RR 1990, 798.

[84] Dazu ausf. Lieder FS Reichert, 2026.

[85] BGH 22.10.2024, NZG 2025, 69 Ls.

[86] BGH 22.10.2024, NZG 2025, 69 Rn. 15.

[87] BGH 22.10.2024, NZG 2025, 69 Rn. 45 ff., insbes. Rn. 51: Ausschluss der freien Widerruflichkeit folge „aus der Funktion der Stimmabgabe als Bestandteil der kollektiven Willensbildung und dem gemeinsamen Verbandsinteresse an einer möglichst raschen und rechtssicheren Bildung des Organwillens".

[88] Dazu und zum Folgenden ausf. Lieder FS Reichert, 2026, unter IV; eingehend zur dinglichen Einigung bereits Lieder, Die rechtsgeschäftliche Sukzession, 2015, 256 ff.

[89] Vgl. MüKoBGB/Busche BGB § 145 Rn. 2; Neuner BGB AT § 37 Rn. 12.

[90] Zur engen Verbindung der historisch-teleologischen Erwägungen im Handels- und Zivilrecht s. HKK BGB/Oestmann BGB §§ 145–156 Rn. 10; die Bedeutung der Bindungswirkung für den Rechtsverkehr betonend auch Staudinger/Bork, 2025, BGB § 145 Rn. 20; MüKoBGB/Busche BGB § 145 Rn. 2.

[91] Vgl. OLG Düsseldorf 10.10.1990, OLGZ 1991, 88 (90); Erman/Armbrüster BGB § 145 Rn. 16a; Staudinger/Bork, 2025, BGB § 145 Rn. 22; MüKoBGB/Busche BGB § 145 Rn. 29; J. Schmidt, Der Vertragsschluss, 2013, S. 355; **aA** BeckOGK/Möslein, 1.5.2019, BGB § 145 Rn. 119 aE.

sehbarer Weise so gravierend geändert haben, dass ein Festhalten an der Stimmerklärung unter Berücksichtigung der berechtigten Verbandsinteressen unzumutbar ist.[92] Änderungen in den individuellen wirtschaftlichen oder persönlichen Verhältnissen des Gesellschafters reichen dafür nicht aus.[93] Stattdessen muss sich die objektive Grundlage der Beschlussfassung in rechtlicher und (oder) tatsächlicher Hinsicht gravierend und in einer für die Gesellschafter nicht vorhersehbaren Weise geändert haben. Daran sind sehr hohe Anforderungen zu stellen.

23c Der Gesellschafter kann nach § 145 letzter Hs. die Bindung an die zugegangene Stimme ausschließen, was regelmäßig als **Widerrufsvorbehalt** zu verstehen ist.[94] Zudem können und sollten in den **Gesellschaftsvertrag** hinreichend bestimmte Regelungen zur Bindungswirkung der Stimmerklärungen aufgenommen werden.[95] In der Sache empfiehlt es sich regelmäßig, die Widerruflichkeit einer zugegangenen Stimmerklärung generell auszuschließen.[96] In Ermangelung entgegenstehender Regelungen erlischt die Stimmerklärung nach den Regelungen der §§ 146, 147 BGB.[97] Maßgeblicher **Erlöschenszeitpunkt** ist bei der Präsenzversammlung das Versammlungsende. In gestreckten Verfahren erlischt die Stimmerklärung, wenn das Zustandekommen eines Beschlusses unter regelmäßigen Umständen nicht mehr erwartet werden darf.[98]

24 Die kollektive Willensbildung durch Beschluss weist die Besonderheit auf, dass durch die gültige Beschlussfassung der Wille der Gesellschafter zugleich **rechtsverbindlich festgelegt** wird.[99] Der Beschluss ist damit das Ergebnis eines besonderen Verfahrens zur Willensbildung in organisierten Verbänden, der im Gegensatz zu der Willensbildung außerhalb dieses formalisierten Verfahrens eine Bindung unter den Beteiligten auslöst. Dadurch wird eine Rechtslage geschaffen, auf die sich die Beteiligten berufen können, und damit eine Rechtsfolge gesetzt. Daher hat auch jeder Gesellschafter ein Feststellungsinteresse hinsichtlich der Wirksamkeit der Beschlüsse unabhängig von ihrer konkreten Rechtswirkung.[100]

25 **b) Rechtsinhaber. aa) Gesellschafter.** Das Stimmrecht steht dem Gesellschafter zu, und zwar nur während der Dauer seiner **Mitgliedschaft.** Die Stimmabgabe für einen **minderjährigen** Gesellschafter erfolgt durch die Eltern als gesetzliche Vertreter,[101] es sei denn, die Stimmabgabe ist für den Minderjährigen lediglich rechtlich vorteilhaft iSd § 107 BGB oder als neutrale Maßnahme zu qualifizieren,[102] oder bei familiengerichtlicher Genehmigung nach § 112 BGB durch den Minderjährigen selbst.[103] Fehlt es an einer Einwilligung des gesetzlichen Vertreters, ist die Stimmabgabe nach § 111 BGB unwirksam. Auf den gefassten Beschluss wirkt sich dies nur aus, wenn die Stimme für das Zustandekommen des Beschlusses kausal war.[104] Wirken **geschäftsunfähige** Gesellschafter an der Beschlussfassung bei Geltung des Einstimmigkeitsprinzips oder des Mehrheitsprinzips mit, kommt der Gesellschafterbeschluss nicht wirksam zustande.[105] Das hieraus resultierende Problem der Handlungsunfähigkeit der Gesellschaft kann einerseits durch einen Ausschluss des betroffenen Gesellschafters aus der Gesellschaft selbst oder von seinem Stimmrecht[106] sowie andererseits durch die Bestellung eines **Betreuers** gelöst werden.[107] Gegen die Vertretung des Geschäftsunfähigen durch einen Betreuer sind weder im Hinblick auf das Abspaltungsverbot (→ Rn. 26)[108] noch mit Blick auf eine

---

[92] Dazu und zum Folgenden ausf. Lieder FS Reichert, 2026, unter V.; vgl. auch Wertenbruch GmbHR 2025, 136 (137 f.).

[93] So auch MüKoHGB/Enzinger Rn. 18 aE; Werner jM 2025, 43 (49); Wertenbruch GmbHR 2025, 136 (137).

[94] Dazu ausf. Lieder FS Reichert, 2026, unter V.4.; **abw.** Holle JZ 2025, 420 (423).

[95] Dazu ausf. Lieder FS Reichert, 2026, unter VII.; vgl. weiter Ebenroth/Boujong/Freitag Rn. 33; Tomat GmbH-StB 2025, 44 (46).

[96] Lieder FS Reichert, 2026, unter VII.; Ante RFamU 2025, 93 (95).

[97] Im Ergebnis auch Ulmer FS Niederländer, 1991, 415 (423 ff.).

[98] Holle JZ 2025, 420 (424).

[99] Baltzer, Der Beschluß als rechtstechnisches Mittel organschaftlicher Funktion im Privatrecht, 1965, 177; Lindemann, Die Beschlußfassung in der Einmann-GmbH, 1996, 38 f.; K. Schmidt GesR § 15 I 2a.

[100] Vgl. BGH 9.4.2013, NZG 2013, 664 Rn. 9 f.

[101] Zur Vertretung im Detail einschließlich zu Stimmverboten aufseiten des gesetzlichen Vertreters sowie zur Bestellung eines Ergänzungspflegers ausf. Otte/Hollmann RFamU 2024, 51 (53 ff.).

[102] Für Einzelheiten vgl. Otte/Hollmann RFamU 2024, 51 (52 f.).

[103] BGH 21.6.1965, BGHZ 44, 98 (100 f.) = NJW 1965, 1961 zum Gebrechlichkeitspfleger nach § 1910 BGB aF; zum Ganzen J. W. Flume NZG 2014, 1711.

[104] Otte/Hollmann RFamU 2024, 51 (53).

[105] Dazu ausf. Adams, Geschäftsunfähigkeit und Betreuung in Personengesellschaften, 2016, 60 ff.

[106] Dazu näher Adams, Geschäftsunfähigkeit und Betreuung in Personengesellschaften, 2016, 101 ff., 115 ff.

[107] Zu den Voraussetzungen iE und zum konkreten Verfahren Adams, Geschäftsunfähigkeit und Betreuung in Personengesellschaften, 2016, 104 ff.

[108] Dazu ausf. Adams, Geschäftsunfähigkeit und Betreuung in Personengesellschaften, 2016, 123 ff.

mögliche Doppelzuständigkeit des Betreuten und des Betreuers Bedenken[109] zu erheben. Zudem kann dem nicht geschäftsfähigen – geschäftsführenden – Gesellschafter nach § 116 Abs. 5, § 124 Abs. 5 die Geschäftsführungsbefugnis (→ § 116 Rn. 145) und die Vertretungsbefugnis (→ § 124 Rn. 80) entzogen werden.[110]

bb) Übertragung. Das Stimmrecht als wesentliche Ausprägung der Mitgliedschaft kann von dieser nicht getrennt und auf Dritte übertragen werden. Dies verbietet das **Abspaltungsverbot** des § 711a S. 1 BGB (→ § 108 Rn. 19 ff.).[111] Verboten sind auch vergleichbare Gestaltungen wie eine unwiderrufliche **Stimmrechtsvollmacht** mit Stimmverzicht des Vollmachtgebers[112] oder mit der Abrede, von dem Stimmrecht nur mit Erlaubnis des Bevollmächtigten Gebrauch zu machen.[113] Entgegen einer vereinzelt gebliebenen Entscheidung des VII. Zivilsenats des BGH[114] kann einem **Dritten** auch nicht ein originäres zusätzliches Stimmrecht eingeräumt werden.[115] 26

cc) Ausübung durch Dritte. Von der Übertragung des Stimmrechts zu unterscheiden ist die Ausübung des Stimmrechts durch Dritte. Nicht voll geschäftsfähige Gesellschafter können sich durch ihre gesetzlichen Vertreter vertreten lassen.[116] Rechtsgeschäftlich kann einem Mitgesellschafter und ausnahmsweise auch einem Dritten,[117] etwa im Rahmen einer **Vorsorgevollmacht,**[118] Stimmrechtsvollmacht eingeräumt werden und dieser damit zum **besonderen Vertreter** bestellt werden, wenn der Gesellschafter daran gehindert ist, sich an der Abstimmung zu beteiligen. Voraussetzung ist, dass der Gesellschaftsvertrag dies vorsieht, die anderen Gesellschafter dem im Einzelfall zustimmen oder aufgrund einer unvorhergesehenen Verhinderung des Gesellschafters eine Zustimmungspflicht besteht.[119] Auch Vertreter der rechtswahrenden Berufe oder Wirtschaftsprüfer und Steuerberater können ohne entsprechende Zustimmung Gesellschafter nicht vertreten.[120] Die Stimmrechtsausübung durch einen nicht zulässigen **gewillkürten Vertreter** führt als formaler Verstoß zur Nichtigkeit des Beschlusses.[121] 27

Ist ein Mitgesellschafter Stimmvertreter, hat er das **Verbot des Selbstkontrahierens nach § 181 BGB** zu beachten. Dies gilt jedenfalls, wenn es um eine Änderung des Gesellschaftsvertrags geht[122] oder um die Bestellung des Stimmvertreters zum geschäftsführenden Gesellschafter.[123] Bei Beschlussgegenständen, die der gemeinsamen, gleichgerichteten Interessenwahrung im Rahmen von Geschäftsführungsmaßnahmen dienen, fehlt es hingegen typischerweise an einem von § 181 BGB erfassten Interessenkonflikt, sodass die Norm nicht angewandt wird.[124] Es handelt sich um einen Fall der teleologischen Reduktion des § 181 BGB. Generell oder im Einzelfall kann auch Befreiung vom Verbot des § 181 BGB erteilt werden.[125] 28

Ist an dem Gesellschaftsanteil ein **Nießbrauch** bestellt (→ § 105 Rn. 94), kann grundsätzlich auch der Nießbraucher die Gesellschaftsrechte ausüben.[126] Wo die Grenze der Zuständigkeit zwischen 29

---

[109] Dazu näher Adams, Geschäftsunfähigkeit und Betreuung in Personengesellschaften, 2016, 156 ff.

[110] Für Einzelheiten vgl. Adams, Geschäftsunfähigkeit und Betreuung in Personengesellschaften, 2016, 209 ff.

[111] BGH 10.11.1951, BGHZ 3, 354 (357) = NJW 1952, 178; 14.5.1956, BGHZ 20, 363 (364) = NJW 1956, 1198; 22.1.1962, BGHZ 36, 292 (293) = NJW 1962, 738; 25.2.1965, BGHZ 43, 261 (267) = NJW 1965, 1378; 15.12.1969, NJW 1970, 468; Flume BGB AT I 1 § 14 IV (220 f.); Staub/Schäfer Rn. 64.; Hopt/Roth § 119 Rn. 19; Heymann/Hoffmann/Bartlitz § 119 Rn. 17; MüKoHGB/Enzinger Rn. 21.

[112] BGH 10.11.1951, BGHZ 3, 354 (357) = NJW 1952, 178; vgl. auch BGH 13.11.1995, DStR 1996, 387 mAnm Goette 389: auf zehn Jahre erteilte Stimmrechtsvollmacht, die nur aus wichtigem Grund widerrufen werden kann.

[113] BGH 14.5.1956, BGHZ 20, 363 (364) = NJW 1956, 1198.

[114] BGH 22.2.1960, NJW 1960, 963.

[115] Ebenroth/Boujong/Freitag § 119 Rn. 33; Flume BGB AT I 1 § 14 VII (236); MüKoBGB/Schäfer BGB § 711a Rn. 10 mwN; **aA** Hueck OHG § 11 III 1, Fn. 25a (168).

[116] BGH 21.6.1965, BGHZ 44, 98 (100 f.) = NJW 1965, 1961; MüKoHGB/Enzinger Rn. 22.

[117] BGH 1.12.1969, NJW 1970, 706; Schlegelberger/Martens § 119 Rn. 34; Hueck OHG § 11 II 3 (165 f.).

[118] Vgl. Jocher notar 2014, 3 ff.; v. Proff DStR 2020, 1380 (1384 f.).

[119] BGH 1.12.1969, NJW 1970, 706; 4.10.2004, NZG 2005, 33; OLG München 7.3.2012, BeckRS 2012, 5719; LG Darmstadt 4.3.2024, NZG 2024, 978 Rn. 51.

[120] LG Darmstadt 4.3.2024, NZG 2024, 978 Rn. 56; **aA** MüKoHGB/Enzinger Rn. 22.

[121] OLG München 7.3.2012, BeckRS 2012, 5719 Rn. 15; LG Darmstadt 4.3.2024, NZG 2024, 978 Rn. 58; *vgl. auch Hopt/Roth § 119 Rn. 21, 31.*

[122] BGH 18.9.1975, BGHZ 65, 93 (97) = NJW 1976, 49.

[123] BGH 24.9.1990, BGHZ 112, 339 (341) = NJW 1991, 691; vgl. auch BGH 9.12.1968, BGHZ 51, 209 (215 f.) = NJW 1969, 841: Wahl des Testamentsvollstreckers zum Geschäftsführer.

[124] BGH 18.9.1975, BGHZ 65, 93 (97 f.) = NJW 1976, 49; Blasche Jura 2011, 359 (363).

[125] BGH 24.11.1975, BGHZ 66, 82 (86) = NJW 1976, 958; 24.9.1990, BGHZ 112, 339 (343) = NJW 1991, 691.

[126] Wiedemann, Die Übertragung und Vererbung von Mitgliedschaftsrechten bei Handelsgesellschaften, 1965, 408 ff.; Flume BGB AT I 1 § 17 VI (359 ff.); Schön ZHR 158 (1994), 229 ff. (260 ff.).

Gesellschafter und Nießbraucher zu ziehen ist, ist noch nicht völlig geklärt. Jedenfalls bleibt der Gesellschafter für Grundlagengeschäfte allein stimmberechtigt.[127]

30 Unterliegt der Gesellschaftsanteil der **Testamentsvollstreckung** (→ § 131 Rn. 49 ff.), müssen die übrigen Gesellschafter dem zustimmen.[128] Grundsätzlich übt der Testamentsvollstrecker das Stimmrecht für den oder die Erben aus.[129] Ausgenommen sind jedoch Beschlussgegenstände, die zu einer persönlichen Verpflichtung des Erben führen.[130] Unterliegt der Testamentsvollstrecker einem Stimmverbot (→ Rn. 32), ist der Erbe stimmberechtigt.[131]

31 Hält ein **Treuhänder** den Gesellschaftsanteil für einen anderen, ist nur der Treuhänder Gesellschafter und hat dementsprechend auch das Stimmrecht (→ § 105 Rn. 79 f.). Werden dem hinter dem Treuhänder stehenden Treugeber, wie bei Publikumspersonengesellschaften üblich, ebenfalls Teilnahmerechte an der Gesellschafterversammlung eingeräumt, dann gelten – soweit der Treuhänder sein Stimmrecht mittelbar für den Treugeber wahrnimmt – für eine **weisungswidrige Stimmabgabe** die allgemeinen Grundsätze des Missbrauchs der Vertretungsmacht und der Kollusion.[132]

32 **c) Einschränkungen. aa) Gesetzliche Grenzen.** Grundsätzlich hat jeder Gesellschafter das Recht, an den die Gesellschaft betreffenden Beschlüssen mitzuwirken. Ein **Stimmverbot** ist gleichwohl möglich. Dies betrifft die gesetzlich geregelten Fälle der § 118 Abs. 2, § 116 Abs. 5, § 124 Abs. 5 und § 134, bei denen das Gesetz den in eigenen Angelegenheiten betroffenen Gesellschafter von der Abstimmung ausschließt, weil er sonst zum Richter in eigener Sache würde.[133] Diese Regelungen sind Ausdruck eines allgemeinen rechtsformübergreifenden Prinzips des Verbandsrechts, das auch in den § 47 Abs. 4 GmbHG, § 136 Abs. 1 AktG, § 43 Abs. 6 GenG und § 34 BGB niedergelegt ist.[134]

33 Auf der Grundlage einer **Gesamtanalogie** wird in weiteren, gesetzlich nicht ausdrücklich erfassten Fällen ein Stimmverbot bejaht, wenn nach typisierender Betrachtung die Gefahr besteht, der betreffende Gesellschafter werde sich bei dem Abstimmungsgegenstand von seinem **Sonderinteresse** leiten lassen.[135] Zur **Einberufung** der Gesellschafterversammlung bleibt der vom Stimmverbot betroffene Gesellschafter aber befugt.[136] Gleiches gilt für das Teilnahme-, Rede- und Antragsrecht.[137] Auch sämtliche **Verfahrenserfordernisse** sind gegenüber dem nicht stimmberechtigten Gesellschafter zu berücksichtigen, der im Falle der Missachtung die Beschlussfassung angreifen kann.[138] Gleichermaßen stehen dem nicht stimmberechtigten Gesellschafter die unverzichtbaren Informations-, Kontroll- und Anfechtungsrechte zu.[139] Auch bei konkludenter Beschlussfassung ist der nicht stimmberechtigte Gesellschafter an der Willensbildung zu beteiligen.[140]

34 **Beispiele** für Stimmverbote sind die Befreiung von einer Verbindlichkeit oder die Erteilung von Entlastung,[141] die Verfolgung von Ersatzansprüchen gegen den Gesellschafter[142] oder die Einleitung

---

[127] BGH 9.11.1998, NJW 1999, 571 – GbR; MüKoHGB/Enzinger Rn. 22; vgl. Goette in Anm. zu BGH 22.1.1996, DStR 1996, 713; vgl. auch BFH 16.12.2009, GmbHR 2010, 499 zur Frage der Mitunternehmerstellung des den Nießbrauch bestellenden Kommanditisten, wenn er nur nach Absprache mit dem Nießbraucher über Grundlagengeschäfte entscheiden darf.

[128] BGH 14.5.1986, BGHZ 98, 48 ff. (55 f.) = NJW 1986, 2431; 3.7.1989, BGHZ 108, 187 ff. (191) = NJW 1989, 3152; MüKoHGB/Enzinger Rn. 22.

[129] BGH 13.5.2014, NZG 2014, 945 Rn. 22 mwN.

[130] BGH 3.7.1989, BGHZ 108, 187 ff. (196 ff.) = NJW 1989, 3152.

[131] BGH 13.5.2014, NZG 2014, 945 Rn. 23 mwN.

[132] Vgl. OLG Frankfurt 9.11.1976, BB 1976, 1626; MüKoHGB/K. Schmidt Vor § 230 Rn. 63, 69; weitergehend Klöckner BB 2009, 1313 (1316 f.).

[133] BGH 11.9.2018, NZG 2018, 1226 Rn. 26; 20.1.1986, BGHZ 97, 28 (33) mwN = NJW 1986, 2051 zu § 47 Abs. 4 GmbHG; Staub/Schäfer Rn. 75.

[134] Zöllner, Die Schranken mitgliedschaftlicher Stimmrechtsmacht bei den privatrechtlichen Personenverbänden, 1963, 146 ff.; MüKoBGB/Leuschner BGB § 34 Rn. 1; Staub/Schäfer Rn. 75; MüKoHGB/Enzinger Rn. 33 ff.

[135] BGH 7.2.2012, NZG 2012, 625 mwN; Düringer/Hachenburg/Flechtheim § 119 Rn. 2; Staub/Schäfer Rn. 75; MüKoHGB/Enzinger Rn. 34; Hueck OHG § 11 III 2 (172); Schlegelberger/Martens § 119 Rn. 39; Westermann/Wertenbruch PersGesR-HdB/Westermann Rn. I 509 f.

[136] BGH 13.5.2014, NZG 2014, 945 Rn. 24 mwN zum Testamentsvollstrecker.

[137] Hopt/Roth § 119 Rn. 9; MüKoHGB/Enzinger Rn. 33.

[138] Vgl. BGH 17.1.2023, NZG 2023, 564 Rn. 28; Borries NZG 2023, 558 (561).

[139] Vgl. BGHZ 14, 264 (270 f.); Erman/Lieder BGB § 714 Rn. 14; MüKoBGB/Schäfer BGB § 714 Rn. 23.

[140] BGH 17.1.2023, NZG 2023, 564 Rn. 29 ff.; Borries NZG 2023, 558 (560 f.).

[141] BGH 21.4.1986, BGHZ 97, 382 (384) = NJW 1986, 2250; 11.9.2018, NZG 2018, 1226 Rn. 26; Staub/Schäfer Rn. 75.

[142] BGH 20.1.1986, BGHZ 97, 28 (33 f.) = NJW 1986, 2051; dazu K. Schmidt NJW 1986, 2018 ff.; BGH 4.11.1982, WM 1983, 60; 13.5.2014, NZG 2014, 945 Rn. 23; 11.9.2018, NZG 2018, 1226 Rn. 26; MüKoHGB/Enzinger Rn. 36.

oder Erledigung eines Rechtsstreits gegen ihn,[143] die Kündigung eines Vertrages, wenn der Beschluss darauf abzielt, das Verhalten des Gesellschafters zu missbilligen[144] sowie bei Verfehlungen eines Geschäftsführers, die der Gesellschafter gemeinsam mit diesem begangen haben soll.[145] Geht es um die Verfolgung von Ansprüchen gegen einen Gesellschafter einer an einer Tochtergesellschaft beteiligten anderen (Mutter-)Gesellschaft, ist diese Gesellschaft nur von der Beschlussfassung ausgeschlossen, wenn der betroffene Gesellschafter die Muttergesellschaft beherrscht.[146] Insgesamt bedarf es in persönlicher Hinsicht einer **wirtschaftlichen Betrachtung,** die einem Gesellschafter auch dann ein Stimmverbot auferlegt, wenn sich der schwerwiegende Interessenkonflikt aus der Beziehung zu einer Gesellschaft ergibt, an welcher er unmittelbar oder mittelbar nahezu alle Anteile hält.[147] Ein Stimmverbot erstreckt sich nicht ohne weiteres auf den Ehegatten des Gesellschafters oder andere nahestehende Personen.[148]

Nach hM[149] gehört hierher auch die Entscheidung darüber, ob die Gesellschaft ein **Rechtsgeschäft mit dem Gesellschafter** abschließen soll, während die Gegenauffassung lediglich im Einzelfall eine treuwidrige Stimmabgabe annimmt.[150] Die hM ist abzulehnen, da bei der Vornahme von Rechtsgeschäften nicht per se ein so erheblicher abstrakter Interessenkonflikt besteht, der es gerechtfertigt erscheinen ließe, analog § 47 Abs. 4 GmbHG, § 34 BGB den Gesellschafter einem generellen Stimmverbot zu unterwerfen. Berechtigte Gesellschafterinteressen werden im Rahmen der materiellen Beschlusskontrolle anhand der gesellschaftsrechtlichen Treuepflicht (→ Rn. 65; → § 108 Rn. 29 ff.) hinreichend gewahrt. 35

Ein **Stimmverbot** kann hingegen **nicht generell** bei allen Beschlüssen angenommen werden, bei denen es um die Rechtsstellung und die Interessen betroffener Gesellschafter geht, weil die Wahrnehmung eigener Interessen gerade zum gesellschaftsrechtlichen Mitwirkungsrecht gehört.[151] Beispiele hierfür sind generell Änderungen des Gesellschaftsvertrags, die Einsetzung als geschäftsführender Gesellschafter oder die Beendigung der Gesellschafterstellung, sofern diese nicht auf einem wichtigen Grund beruht, sowie die Einforderung von Beiträgen oder Wahlen.[152] Bei diesen Beschlussgegenständen ist die einzelne Stimmabgabe jeweils nur anhand der gesellschaftsrechtlichen Treuepflicht zu prüfen, die bei einem Stimmrechtsmissbrauch zur Unwirksamkeit der Stimmabgabe führt.[153] 36

Auch bei **Interessenkonflikten** gilt grundsätzlich kein Stimmverbot.[154] Stattdessen hat hier eine inhaltliche Überprüfung im Rahmen der materiellen Beschlusskontrolle anhand der mitgliedschaftlichen Treuepflicht zu erfolgen.[155] Ist das Ausmaß des Interessenkonflikts für mehrere Gesellschafter identisch, unterliegen entweder alle Gesellschafter dem Stimmrechtsverbot oder keiner. Das gilt insbesondere für den Fall gemeinsam begangener Verfehlungen.[156] Sind von der gleichen Angelegen- 37

---

[143] BGH 16.12.1991, BGHZ 116, 353 = NJW 1992, 977; 9.5.1974, WM 1974, 834 f.; 28.1.1980, NJW 1980, 1527; 11.9.2018, NZG 2018, 1226 Rn. 26; Hopt/Roth Rn. 8; MüKoHGB/Enzinger Rn. 36.

[144] BGH 17.1.2023, NZG 2023, 564 Rn. 24 f.

[145] BGH 20.1.1986, BGHZ 97, 28 (34) = NJW 1986, 2051; 27.4.2009, ZIP 2009, 1158 Rn. 30; 4.5.2009, ZIP 2009, 2195 Rn. 11; 7.2.2012, NZG 2012, 625 Rn. 19.

[146] BGH 4.5.2009, ZIP 2009, 2194; 13.12.2004, ZIP 2005, 117 (118) zur GmbH; 7.2.2012, NZG 2012, 625 Rn. 17 zur GbR.

[147] BGH 17.1.2023, NZG 2023, 564 Rn. 28; dazu Borries NZG 2023, 558 (560); vgl. weiter Spils ad Wilken RFamU 2023, 555 (557 f.).

[148] BGH 11.9.2018, NZG 2018, 1226 Rn. 27; Böttcher NZG 2019, 61 (63).

[149] RG 3.5.1932, RGZ 136, 236 (245) – GbR; OLG Hamburg 29.10.1999, DB 2000, 314; KG 18.12.2008, BeckRS 2009, 25683; OLG Hamm 30.1.2008, OLGR 2008, 453 (454); OLG München 18.7.2018, ZIP 2018, 1630 (1631); Staub/Schäfer Rn. 75; Hopt/Roth Rn. 31; Schäfer ZGR 2014, 731 (736); BeckOK HGB/Klimke, 47. Ed. 1.7.2025, Rn. 23; diff. Borries NZG 2023, 558 (562 f.).

[150] Hueck OHG § 11 III 2 (170); MüKoHGB/Enzinger Rn. 37; Westermann/Wertenbruch PersGesR-HdB/Westermann Rn. I 511.

[151] BGH 29.9.1955, BGHZ 18, 205 (210) = NJW 1955, 1716 – Pensionsanspruch; 9.12.1968, BGHZ 51, 209 (215 f.) = NJW 1969, 841 – Anstellungsvertrag; 22.9.1969, BGHZ 52, 316 (320) = NJW 1970, 33 – Bestellung zum Liquidator; 29.5.1967, BGHZ 48, 163 (166 f.) = NJW 1967, 1963 – Genehmigung für Geschäftsanteilsabtretung; 9.7.1990, NJW 1991, 172 – GmbH: Einforderung der Resteinlage; 24.1.1974, LM GmbHG § 47 Nr. 21 – Nachfolgeregelung eines ausscheidenden Gesellschafters; allg. BGH 11.9.2018, NZG 2018, 1226 Rn. 26 aE; 17.1.2023, NZG 2023, 564 Rn. 26; K. Schmidt FS Grunewald, 2021, 1029 (1031, 1036 f.).

[152] *Ebenroth/Boujong/Freitag Rn. 51.*

[153] Hopt/Roth § 119 Rn. 11; MüKoHGB/Enzinger Rn. 37.

[154] BGH 11.9.2018, NZG 2018, 1226 Rn. 26 aE; OLG Frankfurt 22.3.2018, NZG 2018, 740 Rn. 42; Ebenroth/Boujong/Freitag Rn. 51; K. Schmidt FS Grunewald, 2021, 1029 (1031, 1036 f.); für den Verein BeckOK BGB/Schöpflin, 75. Ed. 1.8.2025, BGB § 34 Rn. 3; **aA** Hopt/Roth Rn. 31.

[155] BGH 11.9.2018, NZG 2018, 1226 Rn. 35; Borries NZG 2023, 558 (559).

[156] Vgl. BGH 4.5.2009, NZG 2009, 1309 Rn. 11; 27.4.2009, NJW 2009, 2300 Rn. 30; 22.1.2010, NZM 2010, 408 Rn. 8; OLG Frankfurt 22.3.2018, NZG 2018, 740 Rn. 44; Ebenroth/Boujong/Freitag Rn. 47, 49; Hügel/Elzer WEG § 18 Rn. 21.

heit mehrere Gesellschafter betroffen, kann nicht eine beliebige Gesellschaftermehrheit ihre gleichgerichteten Interessen gegen jeweils nur einen beliebigen Gesellschafter durchsetzen.[157] Vielmehr müssen alle Gesellschafter sich über ein solches Recht auseinandersetzen und auch an der Abstimmung teilnehmen können.[158] Das entspricht letztlich auch dem allgemeinen gesellschaftsrechtlichen Gleichbehandlungsgrundsatz, wonach auch bei Abstimmungen willkürliche Ungleichbehandlungen zu vermeiden sind (→ § 108 Rn. 41).[159]

38 **bb) Vertragliche Einschränkungen und Erweiterungen.** Ein aus Gründen der eigenen Betroffenheit bestehendes gesetzliches Stimmverbot kann **nicht abbedungen** werden.[160] Dies betrifft etwa die Mitwirkung an einem Entlastungsbeschluss[161] oder an einem Beschluss über die Einleitung eines Rechtsstreits gegen den Gesellschafter.[162] Umstritten ist, ob das **Stimmrecht** über die gesetzlich bestimmten Fälle hinaus **vertraglich ausgeschlossen** werden kann.[163] Für den Kommanditisten[164] und für den Gesellschafter einer GmbH[165] hat die Rspr. dies zugelassen. Letztlich gelten die gleichen Grenzen der Mehrheitsmacht wie bei der Frage der Zulässigkeit von Mehrheitsklauseln, sodass beide Fragen parallel entschieden werden sollten (→ Rn. 54 ff.).[166]

39 **d) Stimmbindungen.** Die Gesellschafter können untereinander Stimmbindungsvereinbarungen abschließen. Diese sind grundsätzlich in den Grenzen der **bürgerlichrechtlichen und personengesellschaftsrechtlichen Grundsätze,** den Grenzen von Stimmverboten und Stimmpflichten sowie unter Beachtung der Treuepflicht zulässig.[167] Stimmbindungsabreden unterliegen als schuldrechtliche Nebenabreden genuin bürgerlichrechtlichen Regeln und Prinzipien.[168] Das gilt für die Reichweite der vertraglichen Bindung ebenso wie für die (mangelnde) Bindungswirkung für Sondernachfolger. **Dritten** kann durch einen Stimmbindungsvertrag nach zutreffender hM im Grundsatz kein Einfluss auf die gesellschaftsrechtlichen Entscheidungen eingeräumt werden.[169] Ausnahmen gelten aber bei der mit Zustimmung der Mitgesellschafter begründeten Treuhand, bei Unterbeteiligung und Nießbrauch (→ § 105 Rn. 77 ff.).[170]

40 Die **gerichtliche Durchsetzung** richtet sich nach allgemeinen zivilprozessualen Grundsätzen. Dementsprechend wird die wirksame Verpflichtung nach § 894 ZPO vollstreckt.[171] Da die Realisierung meist zu spät kommt, ist die Sanktionierung durch Schadensersatzansprüche und häufig durch die Vereinbarung von Vertragsstrafen abgesichert. **Einstweiliger Rechtsschutz** wird dagegen regelmäßig nicht zur Verfügung stehen, weil eine Rechtsdurchsetzung typischerweise mit dem Verbot der Vorwegnahme der Hauptsache konfligieren wird.[172] Eine unter Verstoß gegen den Stimmbindungsvertrag abgegebene Stimme ist gleichwohl wirksam.[173] Der daraufhin zustande gekommene Beschluss ist nach zutreffender Auffassung auch **nicht anfechtbar,** und zwar selbst dann, wenn es

---

157 Vgl. (zur GmbHG) Altmeppen GmbHG § 47 Rn. 93.

158 OLG Frankfurt 22.3.2018, NZG 2018, 740 Rn. 44.

159 Vgl. BGH 4.6.2013, NZG 2013, 984 Rn. 25; OLG Frankfurt 22.3.2018, NZG 2018, 740 Rn. 45; Ebenroth/Boujong/Freitag Rn. 51; MüKoBGB/Schäfer BGB § 705 Rn. 297.

160 Hopt/Roth Rn. 35.

161 BGH 12.6.1989, BGHZ 108, 21 (26 f.) = NJW 1989, 2694; 28.2.1994, DStR 1994, 869.

162 BGH 28.1.1980, NJW 1980, 1527; 16.12.1991, BGHZ 116, 353 = NJW 1992, 977.

163 Dafür Hopt/Roth Rn. 36; Staub/Schäfer Rn. 77.; offengelassen von BGH 24.5.1993, NJW 1993, 2100; einschr. Ebenroth/Boujong/Freitag Rn. 53.

164 BGH 14.5.1956, BGHZ 20, 363 = NJW 1956, 1198; vgl. auch BGH 12.12.1966, BGHZ 46, 291 = NJW 1967, 826.

165 BGH 24.5.1993, NJW 1993, 2100.

166 Hopt/Roth Rn. 36; Staub/Schäfer Rn. 77.

167 BGH 29.5.1967, BGHZ 48, 163 (167 f.) = NJW 1967, 1963; Staub/Schäfer Rn. 81 ff.; Hopt/Roth Rn. 40; Schlegelberger/Martens § 119 Rn. 49; Westermann/Wertenbruch PersGesR-HdB/Westermann Rn. I 500 ff.

168 Dazu und zum Folgenden eingehend Lieder in Fleischer/Kalss/Vogt, Aktuelle Entwicklungen im deutschen, österreichischen und schweizerischen Gesellschafts- und Kapitalmarktrecht 2012, 2013, 231 (236 ff.).

169 MüKoHGB/Enzinger Rn. 41; Ebenroth/Boujong/Freitag Rn. 77; Flume BGB AT I 1 § 14 IV (220 f.); Hopt/Roth Rn. 41; Staub/Schäfer Rn. 83; Heymann/Hoffmann/Bartlitz § 119 Rn. 27; **aA** – auf Treuepflichten abstellend – Schlegelberger/Martens § 119 Rn. 50; RGHMW/Haas Rn. 68; Zöllner ZHR 155 (1991), 168 (180 f.); diff. Westermann/Wertenbruch PersGesR-HdB/Westermann Rn. I 503 ff.

170 Ebenroth/Boujong/Freitag Rn. 77; Hopt/Roth Rn. 41; Staub/Schäfer Rn. 83; Heymann/Hoffmann/Bartlitz § 119 Rn. 27 aE.

171 BGH 29.5.1967, BGHZ 48, 163 (169 ff.) = NJW 1967, 1963; Staub/Schäfer Rn. 81.

172 MüKoHGB/Enzinger Rn. 43; Schlegelberger/Martens § 119 Rn. 51; Staub/Schäfer Rn. 81.

173 RG 19.6.1923, RGZ 107, 67 (79); BGH 14.5.1973, NJW 1973, 1606; Hopt/Roth Rn. 75; MüKoHGB/Enzinger Rn. 42; K. Schmidt GesR § 21 II 4b aa.

sich um eine zwischen allen Gesellschaftern geschlossene Vereinbarung handelt.[174] Die korporative Ebene des Gesellschaftsvertrags und die schuldrechtliche Ebene der Stimmbindungsabrede sind aus Gründen der Rechtssicherheit streng voneinander zu trennen.[175]

Eine Stimmbindung ergibt sich auch aus der Vereinbarung einer gemeinsamen **Gruppenvertretung** mehrerer Gesellschafter, meist der Kommanditisten, zur einheitlichen Stimmabgabe (Stimmrechtspool; → § 164 Rn. 25 ff.). Die in der Gruppe vertretenen Gesellschafter bilden eine GbR,[176] die ihren Gruppenwillen nach Maßgabe des § 714 BGB einstimmig bilden müssen.[177] Allerdings ist gem. § 708 BGB auch eine **Mehrheitsklausel** zulässig.[178] Der formalen Kontrolle von Mehrheitsentscheidungen (→ Rn. 54 ff.) ist hierbei auch dann Genüge getan, wenn die einfache Mehrheit ausdrücklich für Beschlussgegenstände gelten soll, die im **Beteiligungsunternehmen** (Haupt- oder Vertragsgesellschaft) einer größeren Mehrheit bedürfen.[179] Davon abgesehen bedürfen qualifizierte Mehrheitsbeschlüsse in der Beteiligungsgesellschaft (vgl. nur § 179 Abs. 2 S. 2 AktG, § 179a Abs. 1 S. 2 AktG, § 182 Abs. 1 S. 2 AktG, § 186 Abs. 3 S. 2 und S. 3 AktG) auf Konsortialebene – entgegen einer abweichenden Literaturauffassung[180] – **keiner sachlichen Rechtfertigung.**[181] Sie können sich aber – bei Hinzutreten besonderer Umstände – nach personengesellschaftsrechtlichen Grundsätzen als treuwidrig erweisen. Das gilt namentlich für den Fall, dass den Konsorten keine angemessene Vorbereitungszeit für die Fassung des Stimmbindungsbeschlusses eingeräumt wird.[182] 41

Insgesamt gilt im Verhältnis von Konsortialbeschluss und Beschlussfassung im Beteiligungsunternehmen das **Trennungs- und Abstraktionsprinzip.**[183] Beschlussmängel der beiden Regelungssysteme lassen die Wirksamkeit des jeweils anderen Gesellschafterbeschlusses unberührt.[184] Das gilt – entgegen einer Literaturmeinung[185] – auch für omnilaterale Stimmbindungsverträge.[186] In der Konsequenz sind auch vertragswidrig abgegebene Stimmen grundsätzlich gültig.[187] Gleichermaßen wirksam sind umgekehrt auf einem unwirksamen Stimmbindungsvertrag beruhende Stimmen.[188] Wirksamkeitsvoraussetzungen und Wirksamkeitsschranken im Recht der Beteiligungsgesellschaft sind nicht auf die Beschlussfassung im Stimmrechtskonsortium zu übertragen[189] und umgekehrt.[190] Allein die **gesellschaftsrechtliche Treuepflicht** (→ § 108 Rn. 29 ff.) fungiert als Scharnier zwischen beiden Beschlussebenen, bestimmt sich inhaltlich aber ausschließlich nach dem Regelungssystem der betreffenden Verbandsform. 42

---

[174] Vgl. MüKoHGB/Enzinger Rn. 42; ausf. Lieder in Fleischer/Kalss/Vogt, Aktuelle Entwicklungen im deutschen, österreichischen und schweizerischen Gesellschafts- und Kapitalmarktrecht 2012, 2013, 231 (250 ff.); vgl. noch OLG Stuttgart 7.2.2001, BB 2001, 794 (797); **aA** OLG Hamm 12.4.2000, GmbHR 2000, 673 (674); vgl. weiter BGH 20.1.1983, NJW 1983, 1910 (1911); 27.10.1986, NJW 1987, 1890 (1892); 22.9.2010, NJW 2010, 3718; OLG Karlsruhe 30.12.1998, OLGR 1999, 358 (359); OLG Saarbrücken 24.11.2004, GmbHR 2005, 546 (548).

[175] Dazu ausf. Lieder in Fleischer/Kalss/Vogt, Aktuelle Entwicklungen im deutschen, österreichischen und schweizerischen Gesellschafts- und Kapitalmarktrecht 2012, 2013, 231 (248).

[176] BGH 13.6.1994, BGHZ 126, 226 (234) = NJW 1994, 2536 – Schutzgemeinschaftsvertrag I; 24.11.2008, BGHZ 179, 13 = NJW 2009, 669 – Schutzgemeinschaftsvertrag II, zu demselben Schutzgemeinschaftsvertrag; OLG Hamm 3.8.2009, GWR 2009, 345.

[177] BGH 4.10.2004, NZG 2005, 33 mwN zum Streitstand; bestätigt durch 24.11.2008, BGHZ 179, 13 = NJW 2009, 669 – Schutzgemeinschaftsvertrag II; **aA** K. Schmidt ZIP 2009, 737 (741 f.) zur Anwendung von § 745 Abs. 3 BGB.

[178] BGH 24.11.2008, BGHZ 179, 13 = NJW 2009, 669 – Schutzgemeinschaftsvertrag II.

[179] BGH 24.11.2008, BGHZ 179, 13 Rn. 20 = NJW 2009, 669 – Schutzgemeinschaftsvertrag II mAnm K. Schmidt ZIP 2009, 737; König BB 2009, 458; Wertenbruch NZG 2009, 645; Götz EWiR 2009, 173.

[180] Schäfer ZGR 2009, 768 (791); offenbar ebenso Priester FS Reuter, 2010, 1139 (1151).

[181] Krieger FS Hommelhoff, 2012, 593 (602 f.); Lieder FS Krieger, 2020, 555 (568 f.); St. Schneider, Der Stimmbindungsvertrag, 2017, 262 f.; ohne Begr. auch Koch AktG § 133 Rn. 28a; Klein-Wiele NZG 2018, 1401 (1404).

[182] So auch Krieger FS Hommelhoff, 2012, 593 (603 f.); Lieder FS Krieger, 2020, 555 (569 f.); St. Schneider, Der Stimmbindungsvertrag, 2017, 260 f.; Klein-Wiele NZG 2018, 1401 (1404).

[183] Dazu ausf. Lieder FS Krieger, 2020, 555 (563 ff.).

[184] Lieder FS Krieger, 2020, 555 (564); St. Schneider, Der Stimmbindungsvertrag, 2017, 90 ff.

[185] Klein-Wiele NZG 2018, 1401 (1404); K. Schmidt ZIP 2009, 737 (743); Söntgerath, Vermittelte Mehrheit, 2010, 520 ff.; Priester FS Reuter, 2010, 1139 (1152).

[186] Krieger FS Hommelhoff, 2012, 593 (597 f.); Lieder FS Krieger, 2020, 555 (564); St. Schneider, Der Stimmbindungsvertrag, 2017, 82 ff.

[187] RG 10.1.1928, RGZ 119, 386 (388 f.); Heymann/Hoffmann/Bartlitz § 119 Rn. 26; König ZGR 2005, 417 (425); Priester FS Reuter, 2010, 1139 (1140); Zöllner FS Ulmer, 2003, 725 (742).

[188] Lieder FS Krieger, 2020, 555 (564).

[189] **AA** Schäfer ZGR 2009, 768 (780); Klein-Wiele NZG 2018, 1401 (1403 f.); offenbar ebenso Priester FS Reuter, 2010, 1139 (1150).

[190] Dazu ausf. Lieder FS Krieger, 2020, 555 (572 f.).

43 **Zustimmungspflichtige Beschlussgegenstände** (→ Rn. 71) in der Beteiligungsgesellschaft werden zwar grundsätzlich von einer einfachen Mehrheitsklausel erfasst.[191] Ohne individuelle Zustimmung der betreffenden Gesellschafter erweist sich ein Konsortialbeschluss aber regelmäßig als treuwidrig.[192] Nach allgemeinen Auslegungsgrundsätzen (§§ 133, 157 BGB) ist zu ermitteln, ob die Mehrheitsklausel neben einem regulären Hauptversammlungsbeschluss auch **Sonderbeschlüsse** von einer Maßnahme in besonderer Weise betroffener Gesellschafter erfasst (vgl. § 141 Abs. 3 AktG, § 296 Abs. 2 AktG, § 297 Abs. 2 AktG).[193] Das ist bei nicht allseitigen Stimmbindungsverträgen im Zweifel abzulehnen. Andernfalls findet eine materielle Beschlusskontrolle am Maßstab der gesellschaftsrechtlichen Treuepflicht statt.

44 Die materielle **Beschlusskontrolle im Beteiligungsunternehmen** bestimmt sich ausschließlich nach den Grundsätzen dieser Verbandsform[194] und knüpft allein an die dortige Stimmabgabe an.[195] Trotz wirksamer Stimmbindung kann die Ausübung des Stimmrechts aber jedenfalls gegen die gesellschaftsrechtliche Treuepflicht verstoßen, in deren Gesamtabwägung aber auch Umstände aus dem Vorfeld der Stimmabgabe berücksichtigt werden können.

45 **e) Stimmpflicht.** Aus der Beitragspflicht als Ausprägung der allgemeinen Treuepflicht folgt die Pflicht, im Wege der Stimmabgabe an der Willensbildung in der Gesellschaft **mitzuwirken.**[196] Daraus folgt jedoch nicht, auch nicht für Angelegenheiten der Geschäftsführung, eine Stimmpflicht in der Weise, dass **Stimmenthaltungen** verboten sind. Etwas anderes gilt nur, wenn aufgrund der Treuepflicht eine Pflicht zu einem bestimmten Abstimmungsverhalten in den Angelegenheiten der Geschäftsführung besteht, dann gilt eine Ablehnung ebenso wie die Stimmenthaltung als unwirksam (→ § 116 Rn. 93, → § 116 Rn. 87).[197]

46 Eine **Zustimmungspflicht** besteht bei Grundlagenentscheidungen[198] wie einer Vertragsänderung aufgrund der gesellschaftsrechtlichen Treuepflicht (→ § 108 Rn. 29 ff.) nur unter den engen Voraussetzungen, dass die Vertragsänderung dem Gesellschafter zuzumuten ist und mit Rücksicht auf das bestehende Gesellschaftsverhältnis oder die bestehenden Rechtsverhältnisse der Gesellschafter untereinander dringend erforderlich ist.[199] Entscheidend ist, dass die bestehende Rechtslage – ohne die beabsichtigte Änderung – der Treuepflicht widerspricht und daher auch der seine Zustimmung verweigernde Gesellschafter durch dieses Verhalten einen Treuepflichtverstoß begeht.[200]

47 **Beispiele** sind die Zustimmung zur Kündigung eines Lizenzvertrags durch die Gesellschaft,[201] zur Änderung der Organisation der Geschäftsführung,[202] zur Verlängerung der Dauer der Gesellschaft,[203] zur Unternehmensveräußerung mit Auflösung der Gesellschaft,[204] zu einem freiwilligen Ausscheiden aus der Gesellschaft,[205] zur Ausschließung eines Gesellschafters,[206] zur Verweigerung von Entlastung (→ § 116 Rn. 58 ff.),[207] zu einer Gesellschafternachfolge,[208] zu der Änderung der

---

[191] **AA** Krieger FS Hommelhoff, 2012, 593 (601); dem folgend Kleine-Wiele NZG 2018, 1401 (1404); St. Schneider, Der Stimmbindungsvertrag, 2017, 254; iErg ebenso MHdB GesR I/Weipert § 34 Rn. 38, 43.

[192] Dazu ausf. Lieder FS Krieger, 2020, 555 (566 f.).

[193] Dazu und zum Folgenden ausf. Lieder FS Krieger, 2020, 555 (570 f.); **aA** Krieger FS Hommelhoff, 2012, 593 (606); Kleine-Wiele NZG 2018, 1401 (1404): einfache Mehrheitsklausel reicht nicht aus.

[194] Vgl. auch MHdB GesR I/Weipert § 34 Rn. 29.

[195] Dazu und zum Folgenden ausf. Lieder FS Krieger, 2020, 555 (573 f.); iErg ebenso Schäfer ZGR 2009, 768 (778); K. Schmidt ZIP 2009, 737 (740); Priester FS Reuter, 2010, 1139 (1150); Krieger FS Hommelhoff, 2012, 593 (600).

[196] OLG Frankfurt 23.5.2019, BeckRS 2019, 16088 Rn. 51; Staub/Schäfer Rn. 66; Hopt/Roth Rn. 29.

[197] BGH 12.12.1959, NJW 1960, 434; Notwendigkeit einer Klage auf Zustimmung – BGH 12.10.1959, NJW 1960, 91; anders BGH 25.5.1992, DStR 1992, 1102 f.; Ebenroth/Boujong/Freitag Rn. 69.

[198] Schlegelberger/Martens § 119 Rn. 47; Ebenroth/Boujong/Freitag Rn. 69.

[199] BGH 24.4.1954, LM § 105 Nr. 8; 26.1.1961, NJW 1961, 724; 5.3.1964, LM § 105 Nr. 19; 10.6.1965, BGHZ 44, 40 (41 f.) = NJW 1965, 1960; 7.12.1972, NJW 1973, 1602; 18.3.1974, NJW 1974, 1656 f.; 28.4.1975, BGHZ 64, 253 (257) = NJW 1975, 1410; 28.5.1979, WM 1979, 1058 (1059 f.); 21.10.1985, NJW-RR 1986, 256; 29.9.1986, WM 1986, 1556; 20.10.1986, NJW 1987, 952 (954); 25.9.1989, BGHZ 98, 276 (279) = NJW 1987, 189; Ebenroth/Boujong/Freitag Rn. 70; enger MüKoHGB/Enzinger Rn. 28.

[200] Vgl. BGH 17.12.2001, WM 2002, 957; OLG Hamm 14.6.1999, NZG 2000, 252 (253); OLG München 20.10.2003, NJW-RR 2004, 192 (193).

[201] BGH 12.10.1959, NJW 1960, 91.

[202] BGH 29.9.1986, WM 1986, 1556; 25.5.1992, DStR 1992, 1102 f.

[203] BGH 7.12.1972, NJW 1973, 1602.

[204] BGH 26.1.1961, NJW 1961, 724; 21.10.1985, LM § 105 Nr. 55.

[205] BGH 26.1.1961, NJW 1961, 724; 21.10.1985, LM § 105 Nr. 55.

[206] BGH 28.4.1975, BGHZ 64, 253 (258) = NJW 1975, 1410; 18.10.1976, BGHZ 68, 81 f. = NJW 1977, 2013; 3.2.1997, NJW-RR 1997, 925.

[207] OLG Frankfurt 23.5.2019, BeckRS 2019, 16088 Rn. 52.

[208] BGH 20.10.1986, NJW 1987, 952; dazu Weipert ZGR 1990, 142 ff.

Nachfolgeregelung für den Fall der Ehescheidung,[209] zur vorübergehenden Stimmrechtsausübung durch einen Bevollmächtigten,[210] zu der vorübergehenden Aufnahme eines persönlich haftenden Gesellschafters in die KG, um die Auflösung der Gesellschaft zu vermeiden,[211] zu der Anpassung der Tätigkeitsvergütung[212] und der Erhöhung der Vorausvergütung.[213] Für **Publikumspersonengesellschaften** ist eine Zustimmungspflicht weiter angenommen worden für eine Änderung des Gesellschaftsvertrags[214] und für den Verzicht auf eine Verzinsung der Kapitalanlagen.[215]

Keine Zustimmungspflicht wurde angenommen für die Übernahme der Geschäftsführung in einem konzessionierten Altmetallhandel,[216] für Sanierungsmaßnahmen wie Nachschüsse, da kein Gesellschafter zu neuen Vermögensopfern gezwungen werden kann.[217] Jedoch können die abweichenden Gesellschafter aus der Treuepflicht verpflichtet sein, einem Beschluss zuzustimmen, wonach sie mangels Teilnahme an der „Kapitalerhöhung" ausscheiden, sofern der Auseinandersetzungsfehlbetrag, den sie leisten müssen, niedriger als im Fall der sofortigen Liquidation ist (**Sanieren oder Ausscheiden;** → § 108 Rn. 37).[218] 48

4. Form. Wird vertraglich eine **Schriftform** für Beschlüsse vereinbart, gelten die §§ 125 ff. BGB. Nach § 127 BGB können bei vereinbarter Schriftform die Stimmen auch mit gesonderten Schriftstücken, also etwa durch Briefwechsel, abgegeben werden. Schriftlich sind auch Erklärungen per Telegramm, per Telefax oder Fernschreiben. Nach § 126 Abs. 3 BGB kann die elektronische Form, § 126a BGB, die Schriftform ersetzen, gem. §§ 126b, 127 BGB die Textform vereinbart werden.[219] Für die schriftliche Sitzungsniederschrift reicht es aus, wenn der Beschluss hierin aufgenommen, vom Versammlungsleiter unterschrieben und den anderen Gesellschaftern zugeleitet wird.[220] Für die Erklärung eines einzelnen Gesellschafters bedarf es aber der schriftlichen Form, hier reicht die Protokollierung seiner Erklärung nicht aus.[221] Die Nichtbeachtung der vereinbarten Schriftform hat nach der Rspr. in der Regel entgegen der Auslegungsregel des § 125 S. 2 BGB nicht die Unwirksamkeit des Rechtsgeschäfts zur Folge,[222] soweit die Gesellschafter den Formverzicht erkennbar wollten.[223] Anders ist hingegen zu entscheiden, wenn notarielle Beurkundung vorgeschrieben ist,[224] weil hier noch der Beratungsfunktion Genüge getan werden muss.[225] 49

5. Modalitäten der Beschlussfassung. Die weiteren Modalitäten der Beschlussfassung können vertraglich genauer geregelt werden. Hiernach kann der Ablauf der Gesellschafterversammlung mit Einberufung und Ladung, dem Verfahrensablauf und der Behandlung von Beschlussmängeln geregelt werden. Die Gesellschafter sind in der **Gestaltung** relativ **frei,** solange nur die individuelle Rechtsstellung des Gesellschafters unangetastet bleibt.[226] So besteht das Recht auf Teilnahme am Willensbildungsprozess und an der Mitgliederversammlung auch dann, wenn ein Stimmverbot besteht.[227] Beachtet werden muss der Gleichbehandlungsgrundsatz,[228] und es muss bei komplexen Entscheidungen eine angemessene Ladungsfrist vorgesehen werden,[229] anders nur bei Versammlungen über 50

---

[209] BGH 18.3.1974, NJW 1974, 1656.
[210] BGH 1.12.1969, NJW 1970, 706.
[211] BGH 28.5.1979, WM 1979, 1058.
[212] BGH 10.6.1965, BGHZ 44, 40 = NJW 1965, 1960; 7.2.1974, WM 1974, 372; 15.6.1978, WM 1978, 1230; 3.7.1978, WM 1978, 1232.
[213] BGH 29.9.1986, NJW-RR 1987, 285; KG 26.3.2009, BeckRS 2009, 25559.
[214] BGH 19.11.1984, NJW 1985, 972.
[215] BGH 5.11.1984, NJW 1985, 974.
[216] BGH 24.4.1954, LM § 105 Nr. 8.
[217] BGH 23.1.2006, NZG 2006, 379; 5.3.2007, NZG 2007, 381; 19.10.2009, BGHZ 183, 1 (10 ff.) = NZG 2009, 1347 – Sanieren oder Ausscheiden, mAnm K. Schmidt JZ 2010, 125; Westermann NZG 2010, 321.
[218] BGH 19.10.2009, BGHZ 183, 1 (10 ff.) = NZG 2009, 1347 – Sanieren oder Ausscheiden, mAnm K. Schmidt JZ 2010, 125; Westermann NZG 2010, 321.
[219] Zur Ladung per E-Mail BGH 13.2.2006, NZG 2006, 349.
[220] Ebenroth/Boujong/Freitag § 119 Rn. 60; BGH 24.11.1975, BGHZ 66, 82 (86 f.) für Publikumsgesellschaft.
[221] Ebenroth/Boujong/Freitag § 119 Rn. 60; BGH 24.11.1975, BGHZ 66, 82 (86 f.).
[222] BGH 5.2.1968, BGHZ 49, 364 f.; 7.2.1972, BGHZ 58, 115 (118); 2.3.1978, BGHZ 71, 162 (164); 5.2.1990, NJW 1990, 2684; Ebenroth/Boujong/Freitag Rn. 38; Hopt/Roth Rn. 9; Staub/Schäfer Rn. 32.
[223] Staub/Schäfer Rn. 32; **aA** MüKoHGB/Enzinger Rn. 56.
[224] RG 4.12.1928, RGZ 122, 367 (369); Hopt/Roth Rn. 9; MüKoHGB/Enzinger Rn. 56.
[225] Ebenroth/Boujong/Freitag Rn. 38.
[226] Einzelheiten s. MüKoHGB/Enzinger Rn. 53 ff.
[227] BGH 28.1.1985, WM 1985, 567 zur GmbH.
[228] BGH 10.10.1994, NJW 1995, 194.
[229] BGH 14.11.1994, NJW 1995, 1353 (1355 f.) zur Publikumsgesellschaft; 20.6.1994, LM BGB § 705 Nr. 61; 30.3.1987, BGHZ 100, 264 (266).

allgemeine Themen.[230] Im Übrigen kann am GmbH-Recht (vgl. §§ 47 ff. GmbHG) Maß genommen werden.[231] Zur **Einberufung** und **Tagesordnung** → Rn. 6, → Rn. 8.

51 Werden die Stimmen unter Anwesenden abgegeben, kommt der Beschluss mit der Abgabe der letzten Stimme zustande. **Adressaten,** denen gegenüber die Willenserklärungen zugehen müssen (→ Rn. 22), sind die jeweiligen **Mitgesellschafter.**[232] Von diesem Grundsatz ist allerdings dann eine Ausnahme zu machen, wenn an der jeweiligen Beschlussfassung nicht alle Gesellschafter mitzuwirken haben oder von der Abstimmung ausgeschlossen sind. In diesem Fall muss die Stimme jeweils nur den übrigen an der Abstimmung zu Recht mitwirkenden Gesellschaftern zugehen.[233] Bei schriftlicher Abstimmung kommt der Beschluss durch die letzte Unterschrift auf dem Schriftstück und die Kundgabe an die anderen – stimmberechtigten – Gesellschafter zustande.[234] Auch im Umlaufverfahren sind die anderen Gesellschafter Adressaten,[235] sodass auch hier der Beschluss erst mit der letzten Unterschrift und der Kundgabe etwa per Kopie an alle Gesellschafter zustande kommt.[236] Sinnvollerweise sollte kraft Gesellschaftsvertrags oder ad hoc einer der Gesellschafter oder ein Dritter, etwa ein zur Verschwiegenheit verpflichteter Rechtsanwalt, zum **Empfangsberechtigten** der einzelnen Stimmen benannt werden.[237]

52 Der Beschluss wird ohne weitere förmliche **Beschlussfeststellung**[238] mit dem Zugang der letzten Stimme bei ihm wirksam.[239] Aus Gründen der Rechtssicherheit empfiehlt sich aber eine förmliche Feststellung, die durch einen kraft Gesellschaftsvertrags oder Mehrheitsbeschlusses eingesetzten **Versammlungsleiter** erfolgen kann.[240] Nach zutreffender hM verfügt der Versammlungsleiter auch ohne explizite Zuweisung über die Kompetenz zur Beschlussfeststellung.[241] Weitere Aufgaben des Versammlungsleiters sind die Durchführung der Versammlung; er hat namentlich die Anträge zur Abstimmung zu stellen und damit eine förmliche Beschlussfassung herbeizuführen.[242] Zudem ist er zu Ordnungsmaßnahmen befugt, führt die Rednerliste und erteilt das Wort.[243] Zu beachten ist ferner, dass die **Frist** zur Erhebung einer Anfechtungsklage nach § 112 Abs. 2 zu laufen beginnt, wenn der Beschluss dem anfechtungsbefugten Gesellschafter bekanntgegeben worden ist (→ § 112 Rn. 87).

IV. Mehrheitsentscheidungen

53 **1. Grundsatz der Einstimmigkeit.** Nach den gesetzlichen Regelungen ist grundsätzlich eine einstimmige Beschlussfassung vorgesehen, da das Gesetz von der OHG als personalistisch strukturierter Arbeits- und Haftungsgemeinschaft ausgeht. Soweit alle Gesellschafter einverstanden sind, können Beschlüsse auch dergestalt gefasst werden, dass einzelne Gesellschafter erst im Nachgang dem Beschluss zustimmen.[244] Um eine **Blockade** durch Einzelne zu vermeiden, kann die Mehrheit die Minderheit auf Zustimmung verklagen, wenn die Verweigerung der Zustimmung treuwidrig ist. Handelt es sich um Angelegenheiten der Geschäftsführung, ist der Gesellschafter bei einem treuwidrigen Abstimmungsverhalten auch ohne seine Zustimmung an den der Treuepflicht entsprechenden Beschlussinhalt gebunden (→ § 116 Rn. 8).

54 **2. Zulässigkeit von Mehrheitsentscheidungen.** Schon der historische Gesetzgeber hat erkannt, dass der unbedingte Zwang zur Einstimmigkeit die Handlungs- und **Funktionsfähigkeit**

[230] BGH 21.6.1999, DStR 1999, 1366 zur GmbH.

[231] BeckOK HGB/Klimke, 47. Ed. 1.7.2025, Rn. 47 ff.; Ebenroth/Boujong/Freitag Rn. 19 ff.; MüKoHGB/Enzinger Rn. 53; Herchen VGR 22 (2016), 83 (99).

[232] RG 13.4.1940, RGZ 163, 385 (391); Ebenroth/Boujong/Freitag Rn. 31.

[233] BeckOK HGB/Klimke, 47. Ed. 1.7.2025, Rn. 9; Ebenroth/Boujong/Freitag Rn. 31; Lieder ZIP 2025, 244.

[234] Ebenroth/Boujong/Freitag Rn. 31.

[235] BeckOK HGB/Klimke, 47. Ed. 1.7.2025, Rn. 11.

[236] Ebenroth/Boujong/Freitag Rn. 31.

[237] BGH 27.6.1957, WM 1957, 1128 (1130); vgl. weiter Ebenroth/Boujong/Freitag Rn. 32; Neuhöfer MittBayNot 2023, 566 (567).

[238] BGH 1.12.1954, BGHZ 15, 324 (329); Ebenroth/Boujong/Freitag Rn. 40; vgl. noch Begr. RegE, BT-Drs. 19/27635, 227.

[239] Ebenroth/Boujong/Freitag Rn. 40.

[240] Zum Versammlungsleiter ausf. Ernst FS K. Schmidt, Bd. I, 2019, 261 (265 ff.); Hoffmann-Becking NZG 2022, 99 (100 f.); Altmeppen NZG 2022, 1563 (1565 f.).

[241] BeckOGK/Böttcher/Otte/Dietlein, 1.3.2025, § 110 Rn. 71; Liebscher/Rickelt ZPG 2023, 441 (445 f.); Otte RFamU 2023, 306 (308); **abw.** Nolting NJW 2022, 113 (117).

[242] MüKoBGB/Schäfer BGB § 714 Rn. 33.

[243] Dazu näher Hoffmann-Becking NZG 2022, 99 (101).

[244] Schäfer Neues PersGesR/Grunewald § 5 Rn. 33; Liebscher/Rickelt ZPG 2023, 441 (444); vgl. weiter RGHMW/Haas/Mohamed Rn. 7 f.; krit. Schäfer ZIP 2021, 1527 (1529).

der Gesellschaft beeinträchtigen kann.[245] § 119 Abs. 2 geht daher davon aus, dass auch Mehrheitsentscheidungen gesellschaftsvertraglich vereinbart werden können. Entgegen einer Auffassung im Schrifttum[246] setzt eine solche Regelung nicht voraus, dass im Gesellschaftsvertrag außerdem angemessene Verfahrensregeln niedergelegt werden.[247] Stattdessen gelten die allgemeinen Grundsätze.

3. Schranken. a) Problemstellung. Wenn bei Personengesellschaften, insbesondere mit einer größeren Anzahl von Gesellschaftern, als Ausnahme vom Grundsatz der Einstimmigkeit Mehrheitsentscheidungen der Gesellschafter vereinbart sind, stellt sich die Frage, wie der einzelne Gesellschafter vor unvorhergesehenen oder unzumutbaren Beschlüssen geschützt werden kann, ohne dass zugleich die Handlungsfähigkeit der Gesellschaft durch Verharren auf dem Erfordernis der Einstimmigkeit eingeschränkt wird. Diese Grundsatzfrage gehört in den Kontext des übergeordneten Makrothemas der Reichweite und Schranken der Gestaltungsfähigkeit im Gesellschaftsrecht (→ § 108 Rn. 8 ff.). Wie dieses **Spannungsverhältnis zwischen der Handlungsfähigkeit der Gesellschaft** auf Grundlage des Mehrheitsvotums **und** dem berechtigten Interesse an einem effektiven **Individual- und Minderheitsschutz der Gesellschafter** zu einem angemessenen Ausgleich zu bringen ist, ist seit langem umstritten.[248] 55

b) Formelle Legitimationsgrundlage. aa) Bestimmtheitsgrundsatz. Die Rspr. hatte für den Problemkreis den sog. **Bestimmtheitsgrundsatz** entwickelt.[249] Danach deckte eine nicht spezifizierte allgemeine Mehrheitsklausel im Gesellschaftsvertrag nur Beschlüsse der laufenden Geschäftsführung und außergewöhnliche Geschäftsführungsmaßnahmen nach § 116 Abs. 2 S. 1 Hs. 2 (→ § 116 Rn. 82 ff.). Sollten auch Vertragsänderungen und andere Grundlagengeschäfte der Mehrheitsentscheidung unterworfen sein, musste dies aus dem Vertrag eindeutig hervorgehen.[250] Andernfalls – so die herkömmliche Argumentation – könne der Gesellschafter die Tragweite einer antizipierten Zustimmung im Hinblick auf grundlegende Beschlüsse vorab nicht erfassen. 56

bb) Kritik. Die **Kautelarjurisprudenz** reagierte auf diese Rspr. mit umfangreichen Katalogen für in Frage kommende Beschlussgegenstände, für die das Mehrheitsprinzip gelten sollte.[251] Dies führte dazu, dass der durch den Bestimmtheitsgrundsatz beabsichtigte Schutz nur noch formaler Natur war.[252] Wenn eine Mehrheitsklausel den formellen Anforderungen mangels Aufnahme in den Katalog aber im Einzelfall nicht entspricht und Einstimmigkeit nicht zu erreichen ist, kann dies die Funktionsfähigkeit der Gesellschaft empfindlich beeinträchtigen. Gerade die umfassende Aufzählung von möglichen Mehrheitsentscheidungen kann eine überschießende Wirkung haben, weil notwendige, aber in der Aufzählung nicht enthaltene Gegenstände dann fast automatisch im Umkehrschluss nicht von der Mehrheitsklausel gedeckt sind.[253] Zudem wurde darauf aufmerksam gemacht, dass der Bestimmtheitsgrundsatz zum Individualschutz dann nicht tauge, wenn ein eingreifender Beschlussgegenstand ausdrücklich aufgeführt ist.[254] 57

cc) Rückbau und Aufgabe des Bestimmtheitsgrundsatzes. In der Entscheidung vom 15.1.2007[255] über eine zur **Otto**-Gruppe gehörende GmbH & Co. KG hat der BGH die Gelegenheit ergriffen, auf die Kritik einzugehen, und das Konzept einer **zweistufigen Beschlusskontrolle** in der Personengesellschaft entwickelt. Danach verlangt der II. Zivilsenat nicht länger eine enumerative Aufzählung sämtlicher erfasster Beschlussgegenstände, sondern anerkennt auch eine durch Auslegung gewonnene Ermächtigungsgrundlage für Mehrheitsbeschlüsse. Ein vorläufiges Ende hat die Diskus- 58

[245] Lutz Prot., 1858, 198 ff.

[246] MHdB GesR I/Weipert § 57 Rn. 88.

[247] Herchen VGR 22 (2016), 83 (98 f.).

[248] Dazu und zum Folgenden bereits Lieder notar 2016, 283.

[249] RG 23.11.1917, RGZ 91, 166 (168) zur Nachschusspflicht; 15.10.1926, RGZ 114, 393, 395 zur Art der Auseinandersetzung als Grundlagengeschäft; 15.5.1936, RGZ 151, 321 (327) zur Nachschusspflicht; 13.4.1940, RGZ 163, 385 (391) zur Erhöhung der Kapitaleinlagen; BGH 11.12.1952, BGHZ 8, 35 (41 ff.) zur Fortsetzung nach Auflösung; 13.7.1967, BGHZ 48, 251 (253 ff.) zur Fortsetzung nach Kündigung; 10.5.1976, BB 1976, 948 zur Änderung des Gewinnverteilungsschlüssels und zur Bildung offener Rücklagen; 15.6.1987, NJW 1988, 411 zur Verminderung des Mehrheitserfordernisses.

[250] BGH 15.11.1982, BGHZ 85, 350 (355 f.) = NJW 1983, 1056; Martens DB 1973, 413 (414); Wiedemann GesR I § 8 I 2 (410).

[251] Krit. gegen die katalogmäßige Erfassung K. Schmidt ZHR 158 (1994), 205 (218 ff.); zusammenfassend Temming ZIP 2020, 1373 (1377 f.).

[252] Staub/Schäfer Rn. 44; Priester EWiR § 119 HGB 1/95, 1995, 73 f.

[253] K. Schmidt GesR § 16 II 2d (456); Grunewald GesR § 2 Rn. 30 iVm Grunewald GesR § 1 Rn. 86 f.

[254] MüKoHGB/Enzinger Rn. 91; Hennerkes/Binz BB 1983, 713 ff.; Hüffer ZHR 151 (1987), 396 (407); Mecke ZHR 153 (1989), 35 (43); Staub/Schäfer Rn. 44; K. Schmidt GesR § 16 II 2c, 455.

[255] BGH 15.1.2007, BGHZ 170, 283 = NJW 2007, 1685 – Otto.

sion über den Bestimmtheitsgrundsatz nun durch das Grundsatzurteil vom 21.10.2014[256] erfahren, mit welchem der BGH den **Bestimmtheitsgrundsatz endgültig aufgegeben** hat. Danach deckt auch eine allgemeine Mehrheitsklausel sowohl gewöhnliche als auch ungewöhnliche Beschlussgegenstände und Grundlagengeschäfte ab.[257] Damit ist auf der ersten Stufe des höchstrichterlichen Zwei-Stufen-Konzepts eine lediglich formale Prüfung dahingehend vorzunehmen, ob die vertragliche Mehrheitsklausel den konkreten Gegenstand des mit (einfacher oder qualifizierter) Mehrheit gefassten Gesellschafterbeschlusses erfasst.

59 **dd) Stellungnahme.** Mit der ganz hM[258] im Schrifttum ist die **Abkehr vom Bestimmtheitsgrundsatz** nachdrücklich **zu begrüßen.**[259] Die umfassenden Auflistungen von Beschlussgegenständen waren weder in funktioneller Hinsicht in der Lage, einen substantiellen Minderheitsschutz zu gewährleisten, noch war das mit dem Bestimmtheitsgrundsatz geschaffene Sonderrecht ein rechtsdogmatisch überzeugendes Konzept. Der vom II. Zivilsenat vorgenommene Rückbau der Beschlusskontrolle führt damit auch den Minderheitsschutz auf die Grundprinzipien des Bürgerlichen Rechts[260] und die Wertungen des allgemeinen Gesellschaftsrechts zurück.

60 Von der Bestimmtheit der Mehrheitsklausel zu unterscheiden ist die Bestimmtheit einer **antizipierten Zustimmung** zu einem – nach dem modernen Konzept der materiellen Beschlusskontrolle zustimmungspflichtigen Beschlussgegenstand (→ Rn. 71). Dort geht es um die Legitimation für einen Eingriff der Gesellschaftermehrheit in ein – nach bisheriger Terminologie – mehrheitsfestes, relativ unentziehbares, individuelles Gesellschafterrecht, während der hergebrachte, hier abgelehnte Bestimmtheitsgrundsatz einen institutionellen Minderheitsschutz gewährleisten wollte, dieses Ziel aber nicht zu erreichen vermochte.

61 **ee) Folgerungen. Inhaltlich** kann sich die Mehrheitsbefugnis damit aus jeder denkbaren Vereinbarung der Gesellschafter ergeben.[261] Auch weiterhin können die Beschlussgegenstände katalogartig aufgezählt werden. Das ist aber nicht länger notwendig. Stattdessen können sie sich auch aus einfachen oder interpretationsfähigen Mehrheitsklauseln ergeben und in letzter Konsequenz auch auf einer stillschweigenden Vereinbarung beruhen.[262] Zudem erfasst die Mehrheitsklausel – in Ermangelung abweichender Regelungen – nicht nur einfache Geschäftsführungsmaßnahmen, sondern auch außergewöhnliche Geschäfte iSd § 116 Abs. 2 S. 1 Hs. 2 (→ § 116 Rn. 82 ff.).[263] Gleiches gilt nach zutreffender Auffassung auch für Grundlagenentscheidungen und Vertragsänderungen.[264] Selbst Änderungen des Gesellschaftszwecks, wie zB die Auflösung der Gesellschaft, sind von einer allgemeinen Mehrheitsklausel erfasst.[265] Allerdings bedarf es nach materiellen Grundsätzen der Zustimmung aller Gesellschafter (→ Rn. 73). Vorsicht ist gleichwohl bei der **Formulierung** der Mehrheitsklausel geboten. So kann eine Klausel, die „Änderungen des Gesellschaftsvertrags" der Mehrheitsentscheidung unterstellt, nicht ohne weiteres dahingehend ausgelegt werden, dass auch die rechtsgeschäftliche Nachfolge in den Gesellschaftsanteil hiervon umfasst ist. Wie auch im Übrigen kommt es hier

---

[256] BGH 21.10.2014, BGHZ 203, 77 = NJW 2015, 859; dem folgend OLG Düsseldorf 23.11.2017, NZG 2018, 297 Rn. 28.

[257] BGH 21.10.2014, BGHZ 203, 77 Rn. 9, 13 f. = NJW 2015, 859; vgl. weiter BGH 11.9.2018, NZG 2018, 1226 Rn. 17.

[258] MüKoHGB/Enzinger Rn. 92; RGHMW/Haas/Mohamed Rn. 33; Ebenroth/Boujong/Freitag Rn. 82; KKD/Kindler § 119 Rn. 11; Goette/Goette DStR 2016, 74 ff.; Heckschen/Bachmann NZG 2015, 531 (537); Priester EWiR 2015, 71 f.; Schäfer NZG 2014, 1401 ff.; Schäfer ZIP 2015, 1313; Schäfer FS Bergmann, 2018, 617 (618 f.); Seidel/Wolf BB 2015, 2563 (2564); Ulmer ZIP 2015, 657 ff.; Weber ZfPW 2015, 123 (124); Wertenbruch DB 2014, 2875 (2876 f.); krit. aber Altmeppen NJW 2015, 2065 ff.; relativierend Altmeppen VGR 21 (2015), 55 (60 ff.); gegen die Abkehr vom Bestimmtheitsgrundsatz Henssler/Strohn/Finckh § 119 Rn. 38 ff., 45; Dettke, Gewinnthesaurierung und Minderheitenschutz in der Personengesellschaft als Konzernobergesellschaft, 2017, 79 f.; B. Fischer, Der Bestimmtheitsgrundsatz im Personengesellschaftsrecht, Diss. 2018, passim, 133 ff.; für eine Herleitung aus dem Transparenzgebot des § 307 Abs. 1 S. 2 BGB bzw. § 242 BGB Temming ZIP 2020, 1373 (1379 ff.).

[259] Dazu und zum Folgenden bereits Lieder notar 2016, 283 (290); Lieder ZfPW 2016, 205 (214 f.).

[260] Vgl. auch Altmeppen VGR 21 (2015), 55 (59).

[261] Dazu und zum Folgenden bereits Lieder notar 2016, 283 (290); Lieder ZfPW 2016, 205 (214 f.).

[262] Vgl. BGH 21.10.2014, BGHZ 203, 77 Rn. 14 = NJW 2015, 859 unter Hinweis auf K. Schmidt ZIP 2009, 737 (738).

[263] BGH 11.9.2018, NZG 2018, 1226 Rn. 17; Böttcher NZG 2019, 61 (62).

[264] BGH 13.10.2020, NZG 2020, 1384 Rn. 11; OLG Karlsruhe 27.4.2022, BeckRS 2022, 12238 Rn. 52 ff., insbes. 61; Henssler/Strohn/Oswald Rn. 42; Goette/Goette DStR 2016, 74 (77); Caliebe bei Otte VGR 22 (2016), 129 (130); Borries NZG 2021, 194 (195); Schmitz-Herscheidt ZIP 2024, 2061 (2063); **aA** Schäfer FS Bergmann, 2018, 617 (619 f.).

[265] Vgl. Heymann/Hoffmann/Bartlitz § 119 Rn. 34; Caliebe bei Otte VGR 22 (2016), 129 (130); **aA** Schäfer FS Bergmann, 2018, 617 (620).

entscheidend auf die **Auslegung der Mehrheitsklausel** nach Maßgabe der §§ 133, 157 BGB an (→ § 105 Rn. 132).[266] Steht die Klausel unter dem Vorbehalt abweichender gesetzlicher Bestimmungen, ist sie – mit dem BGH[267] – dahingehend auszulegen, dass die Mehrheitsklausel dem dispositiven Gesetzesrecht vorgeht. Den Gesellschaftern steht es frei, aus der grundsätzlich geltenden Mehrheitsklausel bestimmte, besonders bedeutende Entscheidungen auszuklammern und stattdessen Einstimmigkeit vorzusehen.[268] Im Gesellschaftsvertrag können die Gesellschafter ein abgestuftes Mehrheitssystem umsetzen und Regelbeispiele mit den zugehörigen Mehrheitserfordernissen niederlegen.[269] Zudem können Sonder- und Vetorechte, Mehrfachstimmrechte und Stimmrechtsbeschränkungen ausdrücklich geregelt werden.[270]

Ein **Beispiel** für diese Auslegung bietet die Otto-Entscheidung des BGH über eine jährlich wiederkehrende **Bilanzfeststellung.** Da die Bilanzfeststellung nicht den Gesellschaftsvertrag ändert und zudem jährlich vorzunehmen ist, sieht der BGH in Abkehr zu einer früheren Entscheidung[271] hierin ein „gewöhnliches Grundlagengeschäft", das von der Mehrheitsklausel im konkreten Fall gedeckt war, da nicht einmal für Änderungen des Gesellschaftsvertrags Einstimmigkeit erforderlich war.[272] Für diese Auslegung sprach auch, dass eine vorherige vertragliche Festlegung über die Art und Weise der Bilanzfeststellung angesichts einer Vielzahl von Bilanzierungswahlrechten, die sich je nach Rechtslage mal für, mal gegen bestimmte Gesellschafter auswirken können, nicht möglich ist.[273] Als weiteres Beispiel kann eine mehrheitlich beschlossene Änderung einer vertraglichen **Schiedsgerichtsklausel** bei einer Freiberuflersozietät dienen. Es handelt sich nicht um eine vollkommen unvorhergesehene Änderung des Gesellschaftsvertrags, da dort eine Schiedsgerichtsklausel bereits vorgesehen war.[274] Auch die Feststellung der **Auseinandersetzungsbilanz** in einer Publikumsgesellschaft war nach der konkreten Vertragsauslegung mit einfacher Mehrheit zu beschließen.[275] 62

Auch die **Aufnahme neuer Gesellschafter** kann auf gesellschaftsvertraglicher Grundlage mit Mehrheitsbeschluss erfolgen.[276] Wenn die Satzung für die Aufnahme eines Kommanditisten Einstimmigkeit erfordert, ist dies erst recht für die **Aufnahme eines Komplementärs** erforderlich, selbst wenn im Übrigen sogar Satzungsänderungen mit einfacher Mehrheit erfolgen können.[277] Wenn der Gesellschaftsvertrag für die Genehmigung bestimmter Geschäftsführungsmaßnahmen eine Mehrheitsentscheidung vorsieht, ergibt die Auslegung, dass auch die nachträgliche Genehmigung einer satzungswidrigen Maßnahme durch einfache Gesellschaftermehrheit erfolgen kann.[278] Die Zustimmung der Gesellschaft zur **Abtretung eines Kommanditanteils** ist mehrheitlich zu beschließen, auch wenn nach dem Gesellschaftsvertrag Änderungen des Gesellschaftsvertrags einstimmig vorzunehmen sind, weil sich die Anteilsübertragung ohne materielle Änderung des Gesellschaftsvertrags vollzieht (→ § 105 Rn. 124), wenn sich dem Gesellschaftsvertrag auch im Übrigen keine entgegenstehenden Bestimmungen entnehmen lassen.[279] 63

Die Geltung eines Rechtssatzes des Inhalts, dass Sonderregelungen, die bei Geltung des Mehrheitsprinzips für einzelne Beschlussgegenstände Einstimmigkeit oder ein höheres Quorum voraussetzen, nur unter Einhaltung dieses Quorums abgeändert oder aufgehoben werden können, hat der BGH offengelassen;[280] im Zweifel ist von der Geltung dieser Regel auszugehen. Die Zulässigkeit einer 64

[266] Zust. BeckOK HGB/Klimke, 47. Ed. 1.7.2025, Rn. 76.

[267] BGH 11.9.2018, NZG 2018, 1226 Rn. 19 ff. zur Publikumsgesellschaft; verallgemeinernd Scharf/v. Girsewald DB 2018, 2556; Otte GWR 2018, 429; **aA** offenbar Mock BB 2018, 2644.

[268] Vgl. Risse/Höfling NZG 2017, 1131 (1134).

[269] Heckschen/Bachmann NZG 2015, 531 (536); Wertenbruch DB 2014, 2875 (2877); Wicke MittBayNot 2017, 125 (127).

[270] Heckschen/Bachmann NZG 2015, 531 (536); Wicke MittBayNot 2017, 125 (127).

[271] BGH 29.3.1996, BGHZ 132, 263 (268) = NJW 1996, 1678; anders jedoch früher BGH 28.1.1991, WM 1991, 509.

[272] BGH 15.1.2007, BGHZ 170, 283 = NJW 2007, 1685 – Otto; best. durch BGH 7.7.2008, DStR 2009, 1544; ebenso bereits BFH 7.11.2000, BFHE 193, 542: mit dieser Auslegung eines Gesellschaftsvertrags sind auch minderjährige Kommanditisten noch als Mitunternehmer anzusehen.

[273] BGH 15.1.2007, BGHZ 170, 283 = NJW 2007, 1685 – Otto; 7.7.2008, DStR 2008, 1544; OLG Stuttgart 27.8.2008, DStR 2009, 651.

[274] OLG München 25.4.2007, NJOZ 2007, 5929 (5932); vgl. hierzu und zur Bedeutung von Schiedsvereinbarungen in Gesellschaftsverträgen Heskamp RNotZ 2012, 415 (423 f.).

[275] BGH 15.11.2011, NJW 2012, 1439 Rn. 17 ff. m. zust. Anm. Schäfer EWiR § 735 BGB 2/12, 237; Parallelentscheidung 15.11.2011, NZG 2012, 397 Rn. 24 m. zust. Anm. Schodder EWiR § 735 BGB 3/12, 239.

[276] Neumann ZIP 2017, 1141 (1146).

[277] OLG Celle 4.5.2011, ZIP 2011, 2407.

[278] OLG München 3.12.2008, NZG 2009, 340.

[279] BGH 21.10.2014, NZG 2014, 1296 Rn. 25 ff.

[280] BGH 13.3.1980, BGHZ 76, 191 (195) für AG; 16.10.2012, NZG 2013, 57 Rn. 27; 16.10.2012, NZG 2013, 63 Rn. 16; dafür MüKoBGB/Schäfer BGB § 709 Rn. 82.

Mehrheitsentscheidung aufgrund einer allgemeinen Mehrheitsklausel folge daraus, dass die besondere Voraussetzung der qualifizierten Mehrheitsklausel bei ihrer Aufhebung noch nicht vorlag (Vereinigung von 75 % aller Stimmen auf fünf oder weniger Gesellschafter).[281] Damit versagt der BGH jedoch einen Schutz gegenüber **vorwirkenden Mehrheitsbeschlüssen,** was – zumindest in dem Fall einer personalistisch strukturierten Gesellschaft anders als in dem durch den BGH entschiedenen Fall einer Publikumspersonengesellschaft – abzulehnen und durch eine Zustimmungspflicht zur Vertragsänderung (→ Rn. 46) im Einzelfall zu ersetzen ist.[282]

65 **c) Materielle Beschlusskontrolle. aa) Allgemeine Anforderungen.** Im Rahmen der materiellen Beschlusskontrolle ist die von der Gesellschaftermehrheit getroffene Entscheidung zunächst anhand der allgemeinen privatrechtlichen Schranken zu überprüfen. Der Beschluss darf namentlich nicht gegen ein **gesetzliches Verbot** (§ 134 BGB) und die **guten Sitten** (§ 138 BGB) verstoßen (→ § 108 Rn. 12). Darüber hinaus darf der Beschluss nicht gegen **zwingendes Gesellschaftsrecht,** wie zB § 717 Abs. 1 S. 3 BGB iVm § 105 Abs. 3 (→ § 116 Rn. 71) oder § 139 Abs. 2 (→ § 139 Rn. 2) verstoßen. Zu beachten sind weiterhin das **Abspaltungsverbot** (→ § 108 Rn. 19 ff.), das Gebot der **Selbstorganschaft** (→ § 108 Rn. 24 ff.) und der **Verbandssouveränität** (→ § 108 Rn. 28) sowie die gesellschaftsrechtliche **Treuepflicht** (→ § 108 Rn. 29 ff.), das **Gleichbehandlungsgebot** (→ § 108 Rn. 41) und die Bindung an den **Verbandszweck** (→ § 108 Rn. 17).

66 Als weiteres **Beispiel** sei hier die Vereinbarung eines über § 117 hinausgehenden **Wettbewerbsverbots** genannt. Eine vertragliche oder durch Mehrheitsbeschluss eingeführte Wettbewerbsbeschränkung kann gegen § 138 Abs. 1 BGB verstoßen, wenn sie über die schützenswerten Interessen der begünstigten Gesellschaft hinausgeht und der Verpflichtete dadurch in seiner durch Art. 12 GG geschützten Freiheit, sich außerhalb der Gesellschaft beruflich zu betätigen, übermäßig eingeschränkt wird.[283] Derartige gegen zwingendes Recht verstoßende Mehrheitsbeschlüsse unterfallen ebenfalls der inhaltlichen Beschlusskontrolle auf der Grundlage des zwingenden Rechts und der Treuepflicht.[284]

67 **bb) Kernbereichslehre.** Das zweistufige Konzept der BGH-Rspr. war lange Zeit geprägt durch die materielle Inhaltskontrolle des auf Grundlage einer Mehrheitsklausel gefassten Gesellschafterbeschlusses am Maßstab der **Kernbereichslehre** (→ 4. Aufl. 2015, Rn. 34, 39 ff.), die neben die allgemeinen bürgerlichrechtlichen Grundsätze und gesellschaftsrechtlichen Regelungen trat. Nach zutreffender Auffassung sollte auf den **Begriff** der Kernbereichslehre **verzichtet** werden. Jedenfalls sind keine Schranken der Beschlussfassung anzuerkennen, die sich nicht an das **geschriebene Gesetzesrecht** und die **zugrunde liegenden Wertungen rückbinden** lassen. Für jeden Einzelfall sind diese Schranken anhand der anerkannten Instrumente der juristischen Methodik konkret zu begründen; aus dem Begriff des Kernbereichs der Mitgliedschaftsrechte können keine konkreten Rechtsfolgen deduziert werden (→ § 108 Rn. 43 ff.).[285]

68 **cc) Inhaltskontrolle. (1)** Auch nach BGHZ 203, 77 ist eine **materielle Beschlusskontrolle** von Mehrheitsentscheidungen **unverzichtbar.**[286] Abzulehnen ist insbesondere die vereinzelt geblie-

---

[281] BGH 16.10.2012, NZG 2013, 57 Rn. 27; 16.10.2012, NZG 2013, 63 Rn. 16 m. zust. Anm. Wertenbruch NZG 2013, 641 ff.; Wahl/Mann EWiR § 709 BGB 2/13, 241; Schöpflin WuB II F. § 161 HGB 1.13.

[282] So Priester NZG 2013, 321 ff.; Wackerbarth EWiR § 709 BGB 1/13, 108.

[283] BGH 26.3.1984, BGHZ 91, 1 (5) = NJW 1984, 2366; 3.5.1988, BGHZ 104, 246 (251 f.) = NJW 1988, 2737; 29.10.1990, WM 1990, 2121 (2122).

[284] Klarstellung durch BGH 24.11.2008, BGHZ 179, 13 Rn. 17 = NJW 2009, 669 – Schutzgemeinschaftsvertrag II.

[285] Dazu und zum Folgenden ausf. Lieder notar 2016, 283 (291); in diesem Zusammenhang nahestehend B. Staudinger, Minderheitsschutz im Personengesellschaftsrecht, 2020, S. 94 ff., 105 ff.; vgl. weiter Kleindiek GmbHR 2017, 674 (676 f.); K. Schmidt im Diskussionsbericht bei Scholz VGR 21 (2015), 67 (69 f.). Auch heute sprechen noch vom Kernbereich bzw. von der Kernbereichslehre zB MüKoHGB/Enzinger Rn. 89 ff.; Hopt/Roth Rn. 51 ff.; NK-HGB/Psaroudakis § 119 Rn. 11 ff.; KKD/Kindler § 119 Rn. 12; für eine Beibehaltung auch Dettke, Gewinnthesaurierung und Minderheitenschutz in der Personengesellschaft als Konzernobergesellschaft, 2017, S. 107 ff.; abl. Hingegen Roßkopf Verh. 71. DJT, Bd. II/1, 2017, O 11 (O 16); ebenso zur Parallelproblematik im Wohnungseigentumsrecht BeckOK WEG/Müller, 61. Ed. 1.7.2025, WEG § 10 Rn. 202; BeckOGK/Falkner, 1.6.2022, WEG § 10 Rn. 12; Hügel/Elzer WEG § 10 Rn. 118, 151.

[286] Mit Unterschieden im Detail MüKoHGB/Enzinger Rn. 95; KKD/Kindler § 119 Rn. 11; Goette/Goette DStR 2016, 74 (80); Kleindiek GmbHR 2017, 674 (675 f., 678 f.); Lieder notar 2016, 283 (291); Priester NZG 2015, 529 ff.; Schäfer ZIP 2015, 1313 (1315 f.); Schäfer FS Bergmann, 2018, 617 (622 ff.); Seidel/Wolf BB 2015, 2563 ff.; Ulmer ZIP 2015, 657 (658 ff.); iErg nahestehend Wicke MittBayNot 2017, 125 (126): Berücksichtigung von vormals unter dem Begriff der Kernbereichslehre erörterten Erwägungen im Rahmen der Treuepflicht; ähnlich B. Staudinger, Minderheitsschutz im Personengesellschaftsrecht, 2020, S. 164 ff., 194 ff.: Inhaltskontrolle anhand eines im Gesellschaftsinteresse liegenden sachlichen Grundes und nach dem Verhältnismäßigkeitskriterium; abw. Konzept bei Risse/Höfling NZG 2017, 1131 (1133 ff.): „Leitplankentheorie"; abw. Auch Dettke, Gewinnthesaurierung und Minderheitenschutz in der Personengesellschaft als Konzernobergesellschaft, 2017, S. 128 ff.: „Vier-Stufen-Konzept".

bene Auffassung, die auf Mehrheitsklauseln ergangene Beschlüsse ausschließlich am Maßstab der gesellschaftsrechtlichen Treuepflicht messen will.[287] Denn der Verzicht auf alle weiteren Schranken wäre mit einem substanziellen Rückbau der Beschlusskontrolle verbunden, der sich nachteilig auf den Schutz berechtigter Individual- und Minderheitsinteressen auswirken würde. Stattdessen ist auf die Rechtsvorschriften und Wertungen des Gesellschaftsrechts zurückzugreifen, die im Rahmen einer **allgemeinen Inhaltskontrolle nach §§ 134, 138, 242 BGB** – aufgeladen mit den Wertungen des Gesellschaftsrechts – im Einzelfall zur Unwirksamkeit des Beschlusses führen können.[288]

(2) In Anlehnung an das bisherige Konzept der hM ist im Rahmen der materiellen Beschlusskontrolle eine **Dreiteilung** vorzunehmen:[289] (1.) Indisponible Beschlussgegenstände sind einer privatautonomen Regelung schlichtweg entzogen. (2.) Zustimmungspflichtige Beschlussgegenstände bedürfen der Zustimmung des nachteilig betroffenen Gesellschafters. (3.) Mehrheitsfähige Beschlussgegenstände sind am Maßstab der Treuepflicht und des Gleichbehandlungsgrundsatzes zu messen. Welche dieser Fallgruppen einschlägig ist, bestimmt sich – anders als nach tradierter Lesart der Kernbereichslehre – nicht abstrakt-generell, sondern nach einer **einzelfallgeleiteten Anwendung der Rechtsvorschriften** und ungeschriebenen gesellschaftsrechtlichen Struktur- und Wertungsprinzipien. Dabei sind sämtliche Umstände des konkreten Einzelfalls in die Betrachtung einzubeziehen, namentlich die Gesellschaftsform, Realtypik und der Gesellschaftszweck sowie die Schutzwürdigkeit und Schutzbedürftigkeit des Gesellschafters. 69

(3) Zu den **indisponiblen Beschlussgegenständen** gehören zB der Ausschluss des **Kündigungsrechts** aus wichtigem Grund, bestimmte **Informationsrechte** (§ 717 Abs. 1 S. 3 BGB iVm § 105 Abs. 3, § 166 Abs. 1), der dauerhafte und vollständige Ausschluss des **Teilnahmerechts** in der Gesellschafterversammlung und des Rechts auf **Anfechtung** rechtswidriger Beschlüsse und auf Erhebung einer actio pro socio (→ § 105 Rn. 102 ff.), soweit diese Beschränkungen nicht nach den konkreten Umständen des Einzelfalls durch besondere Umstände gerechtfertigt sind (→ § 108 Rn. 46).[290] Werden Beschlüsse über solche indisponiblen Gegenstände gefasst, sind sie nichtig.[291] **Nicht indisponibel,** sondern verzichtbar sind das Recht des Gesellschafters auf **Übertragung** des Gesellschaftsanteils und sein **Stimmrecht** in der Gesellschafterversammlung (→ § 108 Rn. 47).[292] 70

(4) Zu den **mitwirkungspflichtigen Beschlussgegenständen** zählen namentlich die **Beitragsvermehrung** (vgl. § 710 BGB, § 26 Abs. 1 GmbHG, § 28 GmbHG). Die von den Gesellschaftern geschuldeten Beiträge können nur mit ihrem Einverständnis erhöht werden.[293] Dieses kann unter besonderen Voraussetzungen auch antizipiert im Gesellschaftsvertrag erteilt werden (→ Rn. 77). Von der Nachschusspflicht ist das **Recht zur Übernahme weiterer Beiträge** zu unterscheiden. Die dieser – einer Kapitalerhöhung vergleichbaren – Maßnahme innewohnende Gefahr einer Verwässerung der Beteiligungsquote rechtfertigt nach zutreffender Auffassung kein Zustimmungserfordernis.[294] Anderes gilt, wenn das Beteiligungsrecht einzelner Gesellschafter ausgeschlossen oder einzelne Gesellschafter zum Ausschluss anderer Gesellschafter besonders ermächtigt werden.[295] Eine Zustimmung ist auch dann entbehrlich, wenn nur die Zahlungsmodalitäten oder die Fälligkeitsregelung für eine bestehende, nur gestundete Pflichteinlage geändert wird, wie zB wenn die zunächst nur anteilige Einzahlungspflicht nun durch Änderung des Gesellschaftsvertrags um einen weiteren Teil erhöht wird.[296] 71

Auch die Aufhebung des **Vetorechts** des Gesellschafters bei der Anteilsübertragung ist nur mit der Zustimmung des Gesellschafters wirksam,[297] weil dem Gesellschafter aufgrund einer für den 72

---

[287] So aber Ebenroth/Boujong/Freitag Rn. 83; Wertenbruch DB 2014, 2875 (2876 ff.); offenbar auch Escher-Weingart WM 2016, 1569 (1570).

[288] So bereits Lieder notar 2016, 283.

[289] Dazu und zum Folgenden Lieder notar 2016, 283 (291 ff.); in der Sache ähnlich MüKoHGB/Enzinger Rn. 96 ff.; Staub/Schäfer Rn. 63; Ebenroth/Boujong/Freitag Rn. 82 f.

[290] Vgl. BeckOK HGB/Klimke, 47. Ed. 1.7.2025, Rn. 86; MüKoHGB/Enzinger Rn. 90; Blath RNotZ 2017, 218 (220); Neumann ZIP 2017, 1141 (1143).

[291] Zur GmbH MüKoGmbHG/Harbarth GmbHG § 53 Rn. 102; Blath RNotZ 2017, 218 (220).

[292] Vgl. (zum Stimmrecht) BeckOGK/Böttcher/Otte/Dietlein, 1.3.2025, Rn. 115; Wertenbruch NZG 2022, 939 (942); **aA** BeckOK HGB/Klimke, 47. Ed. 1.7.2025, Rn. 95.

[293] BGH 21.10.2014, BGHZ 203, 77 Rn. 10, 17; Goette/Goette DStR 2016, 74 (81 f.); Lieder notar 2016, 283; Schiffer BB 2015, 584 (586); Wicke MittBayNot 2017, 125 (127 ff.); iErg auch Wertenbruch DB 2014, 2875 (2877 f.), wenn auch auf der Grundlage eines anderen Ansatzes.

[294] Staub/Schäfer Rn. 52; MüKoHGB/Enzinger Rn. 97; Schlegelberger/Martens § 119 Rn. 27.

[295] MüKoHGB/Enzinger Rn. 97; Löffler NJW 1989, 2656 (2659).

[296] OLG München 12.10.2016, ZIP 2017, 679 = BeckRS 2016, 18659.

[297] Dazu und zum Folgenden schon ausf. Lieder ZfPW 2016, 205 (216 f.); Lieder notar 2016, 283; ebenso – zur nachträglichen Aufhebung der Vinkulierung im GmbH-Recht – OLG Düsseldorf 27.2.1964, GmbHR 1964, 250; OLG Stuttgart 12.5.1999, NZG 2000, 159 (165); Lutter/Hommelhoff/Bayer GmbHG § 15 Rn. 74; MüKoGmbHG/Weller/Reichert GmbHG § 15 Rn. 399.

Gesellschafterwechsel neu geschaffenen Mehrheitsklausel künftig auch gegen seinen Willen eine andere Person als neuer Gesellschafter aufgezwungen werden kann. Das individuelle Mitwirkungserfordernis beruht letztlich auf dem Prinzip der negativen Kontrahentenwahlfreiheit der Gesellschafter, das wiederum auf den systemprägenden Grundsatz der Privatautonomie zurückzuführen ist.[298] Auch die **Übertragbarkeit der Mitgliedschaft** kann nur mit der Zustimmung des betroffenen Gesellschafters **aufgehoben** werden (Vinkulierung).[299] Das folgt aus dem die Verfügungsbefugnis umfassenden Schutz der Privatnützigkeit des Eigentums nach Art. 14 Abs. 1 GG sowie dem Grundsatz der Sukzessionsfreiheit.[300]

73 Zudem kann dem Gesellschafter – ohne wichtigen Grund[301] oder seine Zustimmung – auch nicht die gesamte **Gesellschafterstellung entzogen** werden.[302] Auch das **Stimmrecht,**[303] das **Informationsrecht** (außerhalb § 717 Abs. 1 S. 3 BGB iVm § 105 Abs. 3),[304] das **Gewinnbezugsrecht,**[305] das Recht auf einen **Liquidationserlös,**[306] das Recht auf Bestellung eines Liquidators[307] sowie das Recht auf **Geschäftsführung**[308] und **Vertretung**[309] kann Gesellschaftern ohne ihre Zustimmung oder wichtigen Grund nicht dauerhaft entzogen werden. Gleiches gilt für eine Änderung des **Gesellschaftszwecks**[310] sowie analog § 35 BGB für Vorzugs- oder **Sonderrechte** einzelner Mitglieder.[311] Allerdings begründet die namentliche Bezeichnung eines Gesellschafters im Gesellschaftsvertrag noch nicht per se ein solches Sonderrecht, einziger und alleiniger persönlich haftender Gesellschafter zu sein.[312] Nicht nur die Entziehung, sondern auch die **Beeinträchtigung** dieser mitgliedschaftlichen Rechte können einer Zustimmung des betroffenen Gesellschafters bedürfen, wie zB bei einer Vertragsänderung, die zukünftige Entziehungen der Geschäftsführungs- und Vertretungsbefugnisse erleichtern soll.[313]

74 **Nicht erfasst** ist hingegen die Befugnis zur **Feststellung des Jahresabschlusses**[314] und der **Auseinandersetzungsbilanz.**[315] Gleiches wird man auch für die Bildung von **Rücklagen** anneh-

[298] Dazu iE Lieder ZfPW 2016, 203 (212 f.); Lieder notar 2016, 283.

[299] Dazu und zum Folgenden schon ausf. Lieder ZfPW 2016, 205 (219 f.); Lieder notar 2016, 283; vgl. noch Wiedemann GesR II § 5 II 1 c; ebenso – zur nachträglichen Vinkulierung von GmbH-Anteilen – OLG München 23.1.2008, GmbHR 2008, 541 (542); Lutter/Hommelhoff/Bayer GmbHG § 15 Rn. 73; HCL/Löbbe GmbHG § 15 Rn. 228; Blath RNotZ 2017, 218 (220).

[300] Speziell zum letzten Aspekt s. grdl. Lieder, Die rechtsgeschäftliche Sukzession, 2015, 83 ff.

[301] MüKoHGB/Enzinger Rn. 97; K. Schmidt GesR § 16 III 3b aa; **aA** MüKoBGB/Reuter, 5. Aufl. 2012, BGB § 35 Rn. 10 für den Verein.

[302] BGH 19.10.2009, BGHZ 183, 1 Rn. 16; Goette/Goette DStR 2016, 74 (81); Lieder notar 2016, 283 (292); vgl. weiter K. Schmidt GesR § 16 III 3 c.

[303] MüKoHGB/Enzinger 90 Rn. 72; Neumann ZIP 2017, 1141 (1143); Blath RNotZ 2017, 218 (220); Schäfer FS Bergmann, 2018, 617 (624); zuvor bereits BGH 29.3.1996, DNotZ 1997, 577 (580); Staudinger/Habermeier, 2003, BGB § 705 Rn. 34; MüKoBGB/Schäfer BGB § 705 Rn. 188; Soergel/Hadding/Kießling BGB § 705 Rn. 47; **aA** BeckOK HGB/Klimke, 47. Ed. 1.7.2025, Rn. 87.

[304] MüKoHGB/Enzinger Rn. 90; zuvor bereits BGH 10.10.1994, NJW 1995, 192 (194); K. Schmidt GesR § 16 III 3b bb.

[305] MüKoHGB/Enzinger Rn. 90; Lieder notar 2016, 283 (292); Blath RNotZ 2017, 218 (220); Neumann ZIP 2017, 1141 (1143); Schäfer FS Bergmann, 2018, 617 (624); zuvor bereits BGH 15.1.2007, BGHZ 170, 283 (288 ff.); MüKoBGB/Schäfer BGB § 705 Rn. 189; Soergel/Hadding/Kießling BGB § 705 Rn. 47; Staudinger/Habermeier, 2003, BGB § 705 Rn. 35; BeckOK HGB/Klimke, 47. Ed. 1.7.2025, Rn. 93.

[306] Vgl. OLG Karlsruhe 27.4.2022, BeckRS 2022, 12238 Rn. 117; MüKoHGB/Enzinger Rn. 90; Staub/Schäfer Rn. 51; BeckOK HGB/Klimke, 47. Ed. 1.7.2025, Rn. 93; Blath RNotZ 2017, 218 (220); Neumann ZIP 2017, 1141 (1143).

[307] OLG Karlsruhe 27.4.2022, BeckRS 2022, 12238 Rn. 139 ff.

[308] BGH 13.10.2020, NZG 2020, 1384 Rn. 16 mAnm Lieder WuB 2021, 14 (17); OLG Karlsruhe 27.4.2022, BeckRS 2022, 12238 Rn. 117; BeckOK HGB/Klimke, 47. Ed. 1.7.2025, Rn. 93; Neumann ZIP 2017, 1141 (1143); Borries NZG 2021, 194 (196); Schäfer FS Bergmann, 2018, 617 (624); vgl. noch Staub/Schäfer Rn. 51.

[309] OLG München 26.4.1991, DStR 1992, 1102 (1103); BeckOK HGB/Klimke, 47. Ed. 1.7.2025, Rn. 93; Karrer NZG 2009, 932 (933) zur Bestellung eines besonderen Vertreters zur Geltendmachung von Ansprüchen gegen den geschäftsführenden Gesellschafter.

[310] BeckOK HGB/Klimke, 47. Ed. 1.7.2025, Rn. 96; Staub/Schäfer Rn. 53; Löffler NJW 1989, 2656 (2659).

[311] Blath RNotZ 2017, 218 (221); Neumann ZIP 2017, 1141 (1143); vgl. weiter K. Schmidt GesR § 16 III 3b aa; diff. Mit der Möglichkeit der Einräumung entziehbarer Sonderrechte Beuthien ZGR 2014, 24 ff.

[312] BGH 25.10.2016, NJW 2017, 1467 Rn. 34; Neumann ZIP 2017, 1141 (1145).

[313] BGH 13.10.2020, NZG 2020, 1384 Rn. 20 mAnm Lieder WuB 2021, 14 (17); Borries NZG 2021, 194 (196 f.).

[314] Vgl. BGH 15.1.2007, BGHZ 170, 283 Rn. 14 = NJW 2007, 1685; BeckOK HGB/Klimke, 47. Ed. 1.7.2025, Rn. 94; **aA** noch BGH 29.3.1996, BGHZ 132, 263 (266) = NJW 1996, 1678.

[315] Vgl. BGH 15.11.2011, BGHZ 191, 293 Rn. 20 = NJW 2012, 1439; BeckOK HGB/Klimke, 47. Ed. 1.7.2025, Rn. 94.

men müssen.[316] Auch die **Verlängerung** der Gesellschaft[317] und die **Aufnahme neuer Mitglieder**[318] kann kraft Mehrheitsbeschluss erfolgen, ohne dass es außerdem noch eines wichtigen Grundes oder der Zustimmung sämtlicher Mitglieder bedürfte. Auch eine bestimmte Sperrminorität vermittelt kein Sonderrecht, sondern kann mit der jeweils vertraglich festgeschriebenen Mehrheit abgeändert werden.[319]

Auch bei schlichten Vertragsänderungen ist durch **Gesamtabwägung** der beteiligten Interessen anhand aller Umstände des konkreten Einzelfalls zu prüfen, ob die Interessen der Minderheit in unzumutbarer Weise durch den Mehrheitsbeschluss unter Berücksichtigung der gesetzlichen Wertungen beeinträchtigt sind.[320] Von besonderer Bedeutung ist das insbesondere für **Publikumsgesellschaften.** Während es in der typisch ausgestalteten Personengesellschaft ausreicht, etwa bei der **Abberufung des Geschäftsführers** eine nachträgliche Beschlusskontrolle vorzunehmen und zu fragen, ob die sich weigernden Gesellschafter entweder vom Stimmrecht ausgeschlossen sind oder es die Treuepflicht gebietet, dass sie der Kündigung eines untragbaren Geschäftsführers zustimmen, ist dies für Publikumspersonengesellschaften mit einer Vielzahl von Gesellschaftern zu umständlich. Entsprechende **Einstimmigkeitsklauseln** sind deshalb nach § 242 BGB nichtig.[321] Überhaupt wird bei Publikumspersonengesellschaften der Einstimmigkeitsgrundsatz regelmäßig durch das Mehrheitsprinzip ersetzt.[322] So war die Feststellung der Auseinandersetzungsbilanz in einer Publikumsgesellschaft nach der Vertragsauslegung mit einfacher Mehrheit zu beschließen.[323] Gleiches gilt auch für den Austausch eines Komplementärs in einer Publikumsgesellschaft, der sich zweistufig vollzieht, indem (1.) gesellschaftsvertraglich die Möglichkeit zur jederzeitigen und grundlosen Abberufung geschaffen und dann (2.) ein neuer Komplementär in die Gesellschaft aufgenommen wird.[324] **75**

Die früher hM hielt eine **Veräußerung wesentlicher Unternehmensteile,**[325] zB wenn in einem geschlossenen Immobilienfonds mehrheitlich beschlossen wird, das Grundstück, dessen Erwerb und Verwaltung den einzigen Gesellschaftszweck der Gesellschaft darstellte, zu veräußern, für kernbereichsrelevant.[326] Für die Auslegung bedeutsam war, dass lediglich eine einfache Mehrheit als erforderliches Quorum vereinbart war. Das Gleiche wurde für den Beschluss einer nach Kapitalanteilen bestimmten Mehrheit der Gesellschafter eines geschlossenen Immobilienfonds angenommen, der die für die Übertragung wesentlicher Anteile auf eine andere Gesellschaft vorgesehene Einstimmigkeit mehrheitlich ändern wollte.[327] Mit Blick auf die Wertungen des Personengesellschaftsrechts ist diese Position indes **schwerlich haltbar.**[328] Zum einen findet § 179a AktG keine analoge Anwendung auf Personengesellschaften; die Veräußerung (nahezu) des gesamten Vermögens stellt lediglich eine außergewöhnliche Maßnahmen iSd § 116 Abs. 2 S. 1 Hs. 1 dar (→ § 116 Rn. 17). Zum anderen müssen einer Auflösung – bei Vorliegen einer Mehrheitsklausel – nicht sämtliche Gesellschafter, sondern nur eine qualifizierte Mehrheit zustimmen. Bei der Veräußerung eines geringeren Teils des Gesellschaftervermögens kann im Ergebnis nichts anderes gelten. Denkbar ist freilich, dass selbst ein mit qualifizierter Mehrheit gefasster Beschluss als treuwidrige Ausnutzung der Mehrheitsmacht einzustufen ist. Es empfiehlt sich daher klarzustellen, dass auch ein solcher Veräußerungsvorgang von der (qualifizierten) Mehrheitsklausel gedeckt ist.[329] **76**

Die **Zustimmung** des Betroffenen kann im Rahmen der Beschlussfassung **ad hoc** oder zu einem früheren Zeitpunkt **antizipiert** erteilt werden.[330] In rechtsdogmatischer Hinsicht handelt es sich nicht um die Zustimmung bei der Beschlussfassung, sondern um eine Zustimmung zu dem Beschluss **77**

[316] **AA** Staub/Schäfer Rn. 52, § 120 Rn. 28 ff.; offenlassend BGH 15.1.2007, BGHZ 170, 283 Rn. 14 = NJW 2007, 1685; BeckOK HGB/Klimke, 47. Ed. 1.7.2025, Rn. 944.

[317] **AA** BeckOK HGB/Klimke, 47. Ed. 1.7.2025, § 119 Rn. 96.

[318] **AA** für personalistische Gesellschaften Staub/Schäfer Rn. 52; BeckOK HGB/Klimke, 47. Ed. 1.7.2025, Rn. 96; Schäfer FS Bergmann, 2018, 617 (625).

[319] Schäfer FS Bergmann, 2018, 617 (620 f.).

[320] Dazu näher Goette/Goette DStR 2016, 74 (80); vgl. noch Lieder notar 2016, 283 (292).

[321] BGH 9.11.1987, BGHZ 102, 172 = NJW 1988, 969.

[322] BGH 16.10.2012, NZG 2013, 57 Rn. 26; **aA** aber 16.10.2012, NZG 2013, 63 Rn. 14.

[323] BGH 15.11.2011, NJW 2012, 1439 Rn. 19 m. zust. Anm. Schäfer EWiR § 735 BGB 2/12, 238; 19.7.2011, WM 2011, 1851 Rn. 12 m. zust. Anm. Tröger WuB II J. § 709 BGB 1.12.

[324] Dazu ausf. Neumann ZIP 2017, 1141 (1145 ff.).

[325] Vgl. OLG Stuttgart 14.5.2003, DStR 2004, 469 zur KGaA mwN.

[326] OLG Hamm 24.5.2007, FGPrax 2007, 258 (260).

[327] OLG Nürnberg 26.3.2008, BeckRS 2008, 9157.

[328] So auch J. Weber DNotZ 2018, 96 (126 f.); **aA** OLG Köln 4.9.2012, BeckRS 2015, 10785.

[329] J. Weber DNotZ 2018, 96 (127).

[330] Für die Zulässigkeit der antizipierten Erteilung vgl. Hopt/Roth Rn. 51; RGHMW/Haas Rn. 37; MüKoBGB/Schäfer BGB § 709 Rn. 92; Lieder notar 2016, 283 (292); Schäfer FS Bergmann, 2018, 617 (627 f.); **aA** MüKoHGB/Enzinger Rn. 91.

selbst, die vor, während oder nach der eigentlichen Beschlussfassung – in Ermangelung besonderer Vorschriften zudem formfrei – gegenüber der Gesellschaft erklärt werden kann.[331] Regelmäßig ist die im Rahmen der Beschlussfassung abgegebene Ja-Stimme aber zugleich als Zustimmung zum Beschluss als solchen zu werten.[332] Zur Rechtsfolge einer fehlenden Zustimmung → § 116 Rn. 97 ff.

78 Für eine **antizipierte Zustimmung** reicht eine einfache Mehrheitsklausel nicht aus. Vielmehr muss sich die Zustimmung auf den konkreten Beschlussgegenstand beziehen. Die Zustimmung muss weiterhin das konkrete Ausmaß und ihre Reichweite eindeutig erkennen lassen.[333] So muss zB die antizipierte Zustimmung zu einer **Beitragsvermehrung** eine Obergrenze enthalten, bis zu welchem konkreten Betrag die Beitragspflicht erweitert werden darf.[334] Etwas anderes gilt außerhalb des Bereichs des § 710 BGB bei Auflösung der Gesellschaft.[335] Der Beschluss ist andernfalls gegenüber dem nicht zustimmenden Gesellschafter unwirksam.[336] Die Gestaltungsfreiheit der Gesellschaft ist insofern eingeschränkt.

79 Eine Zustimmung ist im Einzelfall **entbehrlich,** wenn der Betroffene aufgrund seiner gesellschaftsrechtlichen **Treuepflicht** zur Mitwirkung verpflichtet ist. Das ist nach den allgemeinen Grundsätzen (→ § 108 Rn. 33) anzunehmen, wenn eine Zustimmung zur Erreichung des Verbandszwecks geeignet und erforderlich ist und auch schutzwerte Interessen des Gesellschafters nicht in unzumutbarer Weise beeinträchtigt werden.[337] Aus Praktikabilitätsgründen braucht der bestehende Zustimmungsanspruch nicht mittels Leistungsklage durchgesetzt zu werden. Vielmehr findet er im Rahmen der materiellen Beschlusskontrolle entsprechende Berücksichtigung, so wie es bereits in der Leitentscheidung „Sanieren oder Ausscheiden" vom BGH anerkannt worden ist.[338]

80 **(5)** Handelt es sich weder um einen indisponiblen noch um einen zustimmungspflichtigen Beschlussgegenstand, kann eine **Mehrheitsentscheidung** nach allgemeinen Grundsätzen ergehen (→ Rn. 54). Inhaltlich muss sie freilich der gesellschaftsrechtlichen **Treuepflicht**[339] und dem **Gleichbehandlungsgrundsatz** entsprechen.[340] Das gilt zB für die **Übertragung eines Gesellschaftsanteils** auf Grundlage einer Mehrheitsklausel.[341] In diesen Fällen haben die überstimmten Gesellschafter den **Nachweis** zu führen, dass die Mehrheitsentscheidung treuwidrig oder sonst gesetzeswidrig war.[342] Ein Treupflichtverstoß kommt insbesondere in Betracht, wenn die Mehrheit ihre Stimmrechtsmacht zur Erlangung eines nicht gerechtfertigten Sondervorteils ausnutzt.[343] Freilich steht es den Gesellschaftern mit Blick auf ihren Gestaltungsspielraum frei, abweichende Regelungen zu treffen und auch für solche Entscheidungen namentlich Einstimmigkeit zu fordern.

81 **4. Bestimmung der Mehrheit.** Soweit die Mehrheitsklausel keine Vorgaben macht, genügt zur Beschlussfassung im Grundsatz die **einfache Stimmenmehrheit.** Allerdings bestehen noch einige –

---

[331] Blath RNotZ 2017, 218 (220).

[332] Blath RNotZ 2017, 218 (220 f.).

[333] Mit Formulierungsbeispiel Schäfer FS Bergmann, 2018, 617 (628); iErg ebenso RGHMW/Haas Rn. 37; vgl. weiter Temming ZIP 2020, 1373 (1381): gesellschaftsrechtliches Transparenzgebot; ferner Altmeppen NJW 2015, 2065 (2071); K. Schmidt ZIP 2009, 737 (739 ff.); K. Schmidt ZGR 2008, 1 (16 f.); Reuter FS K. Schmidt, 2009, 1357 (1368).

[334] BGH 15.1.2007, BGHZ 170, 283 Rn. 9; 21.10.2014, BGHZ 203, 77 Rn. 10, 17 = NJW 2015, 859; 5.3.2007, NZG 2007, 381 Rn. 14; 26.3.2007, NZG 2007, 582 Rn. 10; 9.2.2009, NZG 2009, 501 Rn. 14; 13.3.2013, NZG 2013, 738 Rn. 27; Heckschen/Bachmann NZG 2015, 531 (535 f.); Lieder notar 2016, 283 (292 f.).

[335] BGH 11.10.2011, NZG 2011, 1432 Rn. 40; 15.11.2011, NJW 2012, 1439 Rn. 17 ff. m. zust. Anm. Schäfer EWiR § 735 BGB 2/12, 237.

[336] BGH 5.3.2007, NZG 2007, 381 m. zust. Anm. Werner GmbHR 2007, 536 und Gehrlein BB 2007, 1019; 26.3.2007, NZG 2007, 582; 19.10.2009, BGHZ 183, 1 Rn. 12 = NJW 2010, 65 – Sanieren oder Ausscheiden; 21.10.2014, NZG 2014, 1296 Rn. 17.

[337] Vgl. noch BGH 13.10.2020, NZG 2020, 1384 Rn. 21 mAnm Lieder WuB 2021, 14 (18); Borries NZG 2021, 194 (197 f.).

[338] BGH 19.10.2009, BGHZ 183, 1 Rn. 23; 12.4.2016, NJW 2016, 2739 Rn. 13 ff.; diff. Schäfer FS Bergmann, 2018, 617 (633 f.).

[339] Zur Berücksichtigung der Treuepflicht im Rahmen der materiellen Beschlusskontrolle BGH 21.10.2014, BGHZ 203, 77 Rn. 34; 11.9.2018 NZG 2018, 1226 Rn. 35 ff.; Lieder notar 2016, 283 (293); Lieder ZfPW 2016, 205 (217); Schäfer ZIP 2015, 1313; Weber ZfPW 2015, 123 (128); Blath RNotZ 2017, 218 (223); Böttcher NZG 2019, 61 (62).

[340] Für die Berücksichtigung auch des Gleichbehandlungsgebots Lieder notar 2016, 283 (293); Blath RNotZ 2017, 218 (222 f.); Kleindiek GmbHR 2017, 674 (675).

[341] Dazu ausf. Lieder ZfPW 2015, 205 (216 ff.); Lieder notar 2016, 283 (293); in der Sache ebenso oder ähnlich Goette/Goette DStR 2016, 74 (80); Schäfer ZIP 2015, 1313; Seidel/Wolf BB 2015, 2563 (2566).

[342] BGH 15.1.2007, BGHZ 170, 283 = NJW 2007, 1685; 24.11.2008, BGHZ 179, 13 Rn. 17 = NJW 2009, 669 – Schutzgemeinschaftsvertrag II.

[343] BGH 11.9.2018, NZG 2018, 1226 Rn. 37; Böttcher NZG 2019, 61 (62).

vorrangige – Spezialvorschriften, die eine qualifizierte Mehrheit verlangen (vgl. § 140, § 142 Abs. 2, § 148 Abs. 1 S. 2, § 39c Abs. 2 S. 2 UmwG).[344] Die Stimmkraft bestimmt sich – abweichend von § 119 Abs. 2 aF – nicht länger im Grundsatz nach Köpfen, sondern anhand der abgestuften Regelungen des § 709 Abs. 3 BGB iVm § 105 Abs. 3 primär nach den **vereinbarten Beteiligungsverhältnissen.**[345] In Ermangelung einer solchen Vereinbarung richtet sich die Stimmkraft nach dem Verhältnis der vereinbarten Werte der Beiträge. Sind auch solche nicht vereinbart, dann hat jeder Gesellschafter ohne Rücksicht auf den Wert seines Beitrags die gleiche Stimmkraft. Nicht erschienene, an der Abstimmung nicht teilnehmende oder sich der Stimme enthaltende Mitglieder werden als Gegenstimmen gewertet.[346] Vom Stimmrecht ausgeschlossene Mitglieder werden für die Mehrheitsberechnung nicht mitgezählt,[347] anders jedoch für die Ermittlung einer vertraglichen Beschlussfähigkeit.[348]

Abweichende Regelungen können grundsätzlich in den Grenzen des § 138 BGB getroffen werden. Die Berechnung der Stimmen kann nach Kapitalanteilen erfolgen, einem Gesellschafter kann eine höhere Stimmenzahl oder ein mehrfaches Stimmrecht für alle oder bestimmte Beschlussgegenstände zugeordnet werden. Möglich sind auch Kombinationen von Stimmen jeweils pro Kopf und zusätzlich entsprechend der Höhe des Kapitalanteils. Es kann vereinbart werden, dass eine Mindestzahl von Gesellschaftern an dem Beschluss beteiligt sein muss, damit er zustande kommt.[349] Stellt der Vertrag auf ein bestimmtes Quorum der „anwesenden“ Gesellschafter ab, so sind dies bei schriftlicher Beschlussfassung sämtliche teilnehmende Gesellschafter, Stimmenthaltungen sind daher mitzuzählen und gelten als Neinstimmen.[350] **82**

§ 110 Anfechtbarkeit und Nichtigkeit von Gesellschafterbeschlüssen

(1) Ein Beschluss der Gesellschafter kann wegen Verletzung von Rechtsvorschriften durch Klage auf Nichtigerklärung angefochten werden (Anfechtungsklage).

(2) [1]Ein Gesellschafterbeschluss ist von Anfang an nichtig, wenn er
1. durch seinen Inhalt Rechtsvorschriften verletzt, auf deren Einhaltung die Gesellschafter nicht verzichten können, oder
2. nach einer Anfechtungsklage durch Urteil rechtskräftig für nichtig erklärt worden ist.
[2]Die Nichtigkeit eines Beschlusses der Gesellschafter kann auch auf andere Weise als durch Klage auf Feststellung der Nichtigkeit (Nichtigkeitsklage) geltend gemacht werden.

Schrifttum: Bachmann, Zum Entwurf eines Gesetzes zur Modernisierung des Personengesellschaftsrechts (MoPeG), NZG 2020, 612; Baumann/Wagner, Schiedsfähigkeit I, II oder III – Ob Ihr Recht habt oder nicht, sagt Euch der BGH, BB 2017, 1993; Bayer/Möller, Beschlussmängelklagen de lege lata und de lege ferenda, NZG 2018, 801; Bayer/Rauch, Beschlussmängel im neuen Recht der Personengesellschaften nach dem MoPeG, DB 2021, 2609; Böffel/Schramm, Digitales Verbandsleben im Personengesellschaftsrecht: Beschlussmängelrecht bei virtuellen Gesellschafterversammlungen, WM 2020, 2402; Borris, Die „Schiedsfähigkeit“ von Beschlussmängelstreitigkeiten in der Personengesellschaft, NZG 2017, 761; Borris/Schenk-Busch, BGH zur Rechtswirksamkeit von Schiedsvereinbarungen in Personengesellschaftsverträgen: „Schiedsfähigkeit IV“, NZG 2022, 259; Bresgen, Das Beschlussmängelrecht der Personengesellschaften nach dem Gesetz zur Modernisierung des Personengesellschaftsrechts, 2025; Bryant/Hagmann, Gesellschaftsrechtliche Streitigkeiten in Deutschland und der Schweiz – Anforderungen an Schiedsverfahren und Umsetzung durch die ergänzenden institutionellen Schiedsordnungen, SchiedsVZ 2023, 332; Claußen/Pieronczyk, Das Beschlussmängelrecht in der eingetragenen Gesellschaft bürgerlichen Rechts, NZG 2021, 620; Degistirici/Ioannidis, Das durch das MoPeG reformierte Beschlussverfahren und Beschlussmängelrecht der Personenhandelsgesellschaften, BB 2023, 2698; Drescher, Fehlen und Wegfall des Rechtsschutzbedürfnisses für eine Beschlussmängelklage, FS Stilz, 2014, 125; Drescher, Beschlussmängelrecht, ZGR Sonderheft 23 (2021), 115; Elsing, Das MoPeG und die Schiedsfähigkeitsrechtsprechung des BGH, FS Heckschen, 2024, 181; Ernst, Zu einigen Fragen des Abstimmungsdesigns im Privatrecht: Stimmverbot – Blockabstimmung – Stichentscheid – Substraktionsmethode, FS K. Schmidt, Bd. I, 2019, 261; Fehrenbach, Das Beschlussmängelrecht der Personengesellschaft nach dem Mauracher Entwurf, WM 2020, 2049; Fehrmann/Leclerc/Schirrmacher, Das neue Beschlussmängelrecht der §§ 110 ff. HGB, GmbHR 2024, 57; Fleischer, Ein Rundflug über das OHG-Recht im Regierungsentwurf eines Gesetzes zur Modernisierung des Personengesellschaftsrechts, BB

[344] Dazu ausf. Drescher ZGR Sonderheft 23 (2021), 115 (120 f.).
[345] Ebenroth/Boujong/Freitag Rn. 78; Schmitz-Herscheidt ZIP 2024, 2061 (2063).
[346] BGH 30.3.1998, NJW 1998, 1946; Ebenroth/Boujong/Freitag Rn. 85; Staub/Schäfer Rn. 60.
[347] Ebenroth/Boujong/Freitag Rn. 84.
[348] OLG Hamm 30.1.2008, OLGR 2008, 453; RGHMW/Haas/Mohamed Rn. 21; Ebenroth/Boujong/Freitag Rn. 84 f.; Schmitz-Herscheidt ZIP 2024, 2061 (2063); **aA** Grüneberg/Retzlaff BGB § 714 Rn. 11.
[349] BGH 19.7.2011, NZG 2011, 1142: konkret 10 % bei Publikumsgesellschaft.
[350] BGH 19.7.2011, NZG 2011, 1142 Rn. 12 m. zust. Anm. Schodder EWiR § 709 BGB 1/12, 13, Tröger WuB II J. § 709 BGB 1.12 und Giedinghagen/Rulf EWiR § 709 BGB 2/12, 15.

2021, 386; Fleischer, Annäherungen an den Mauracher Entwurf für ein Gesetz zur Modernisierung des Personengesellschaftsrechts, ZGR Sonderheft 23 (2021), 1; Gaul, Rechtsschutzmöglichkeiten bei fehlerhafter Entlastung in der KG – ein Beitrag zum Beschlussmängelrecht bei Personengesellschaften, DStR 2009, 804; Glienke/Hohm, Die Schiedsfähigkeits-Rechtsprechung des BGH – Eine (Never) Ending Story?, SchiedsVZ 2022, 189; Grunewald, Die Auswirkungen der geplanten Neuregelung für Beschlussfassung und Beschlussmängel bei Personenhandelsgesellschaften auf die Gesellschaft bürgerlichen Rechts, die Partnerschaftsgesellschaft und den Verein, FS Hager, 2021, 371; Guntermann, Das Beschlussmängelrecht in der GmbH nach dem MoPeG, GmbHR 2024, 397; Habersack, Modernisierung des Personengesellschaftsrechts – aber wie?, ZGR 2020, 539; Harbarth, Verfahrensbezogene Beschlussmängel in der Personengesellschaft, FS Grunewald, 2021, 311; v. Hase, Schiedsgerichtsbarkeit im Gesellschaftsrecht: Optimierungsspielräume für die DIS-ERGeS, BB 2011, 1993; Hauschild/Böttcher, Schiedsvereinbarungen in Gesellschaftsverträgen, DNotZ 2012, 577; Heckschen/Nolting, Das MoPeG ist verkündet – Verbesserungen am Gesetz noch auf der Zielgeraden, BB 2021, 2946; Heinrich, Präzisierung der BGH-Rechtsprechung zu Schiedsvereinbarungen für Beschlussmängelstreitigkeiten in Personengesellschaften, DB 2022, 446; Heinrich, Schiedsfähigkeit III – Richtungswechsel des BGH bei Beschlussmängelstreitigkeiten in Personengesellschaften, ZIP 2018, 411; Herchen, Beschlussmängel im GmbH- und Personengesellschaftsrecht, VGR 22 (2016), 83; Hilbig, Schiedsvereinbarungen über GmbH-Beschlussmängelstreitigkeiten – Zugleich Anmerkung zu BGH, Urt. v. 6.4.2009, Az. II ZR 255/08 „Schiedsfähigkeit II", SchiedsVZ 2009, 247; Hoffmann/Köster, Beschlussfeststellung und Anfechtungsklageerfordernis im GmbH-Recht, GmbHR 2003, 1327; Holle, Der privatrechtliche Beschluss: Funktionsvoraussetzungen, Tatbestand und Fehlerfolgen, 2024; Jobst, Schiedsgerichtliche Beilegung von Beschlussmängelstreitigkeiten in Personengesellschaften nach dem MoPeG, ZIP 2022, 884; Knorr, Die Beschlussfeststellung als Abgrenzungskriterium zwischen Anfechtungsklage und allgemeiner Feststellungsklage, GmbHR 2022, 563; Koch, Nichtigkeit oder Anfechtbarkeit?, ZHR 182 (2018), 378; Liebscher, Gesellschaftsvertraglicher Gestaltungsbedarf aufgrund des neuen personengesellschaftsrechtlichen Beschlussmängelrechts, ZIP 2023, 2441; Liebscher/Günthner, Die Schiedsfähigkeit von im Feststellungsstreit auszutragenden Beschlussmängelstreitigkeiten im Lichte des MoPeG, ZIP 2022, 713; Liebscher/Rickelt, Beschlussverfahren und Beschlussmängelrecht nach dem MoPeG, ZPG 2023, 441; Liebscher/Rickelt, Prozessuale Geltendmachung von Beschlussmängeln nach MoPeG, ZPG 2024, 41; Lieder, Reform des gesellschaftsrechtlichen Beschlussmängelrechts, NZG 2018, 1321; Lieder, Modernisierung des Personengesellschaftsrechts, ZRP 2021, 34; Lieder, Die allgemeine Feststellungsklage im Recht der Personenhandelsgesellschaft, ZPG 2024, Heft 2, Editorial; Lieder, Beschlussmängelrecht der Personenhandelsgesellschaften – Ausgewählte Probleme, FS Paefgen, 2025, 307; Lieder/Hilser, Die Reform des Personengesellschaftsrechts, NotBZ 2021, 401; Löbbe, Das Beschlussmängelrecht der Personenhandelsgesellschaften nach dem MoPeG-Regierungsentwurf – ein Überblick, FS Heidel, 2021, 575; Menkel, Die Feststellungsklage und die §§ 110 ff. HGB, NZG 2024, 1113; Meyer/Schwiete, Totgesagte leben länger – ein Plädoyer für das „Feststellungsmodell" als Gestaltungsoption im Beschlussmängelrecht, NZG 2022, 1035; Mock, Schiedsvereinbarungen für Beschlussmängelstreitigkeiten bei Personengesellschaften im bisherigen und neuen Recht – Zugleich Besprechung von BGH v. 23.9.2021 – I ZB 13/21, SchiedsVZ 2022, 56; Neumayer/Zeyher, MoPeG und gesellschaftsrechtliche Prozessführung, NZG 2022, 1707; Nietsch, Schiedsfähigkeit von Beschlussmängelstreitigkeiten in der GmbH, ZIP 2009, 2269; Noack, Adieu „Feststellungsmodell", bonjour „Anfechtungsmodell" – über den Systemwechsel im Beschlussmängelrecht der Personengesellschaften, ZIP 2020, 1382; Noack, Lösungsansätze zur Bewältigung negativer Kostenverteilungseffekte bei Beschlussmängelstreitigkeiten nach dem MoPeG, ZIP 2023, 1169; Noack, Dreierlei zur neuen Anfechtungsklage bei den Personenhandelsgesellschaften, FS Paefgen, 2025, 369; Nolting, Neue Anforderungen an Schiedsklauseln zwischen Personengesellschaften – „Schiedsfähigkeit III", ZIP 2017, 1641; Nolting, Anfechtungsklage gegen Beschlüsse im Personengesellschaftsrecht und deren Fixierung, NJW 2022, 113; Nolting, Konsequenzen der BGH-Rechtsprechung zur „Schiedsfähigkeit" von Beschlussmängelklagen im Personengesellschaftsrecht, NZG 2022, 1286; Otte, Beschlussmängelstreitigkeiten in Personengesellschaften nach dem Mauracher Entwurf für ein Gesetz zur Modernisierung des Personengesellschaftsrechts, ZIP 2020, 1743; Otte/Weiler, Schiedsfähigkeit von Beschlussmängelstreitigkeiten in Personengesellschaften nach dem MoPeG, NZG 2025, 969; Otto, Anforderungen an die Schiedsvereinbarung für gesellschaftsrechtliche Beschlussmängelstreitigkeiten, ZGR 2019, 1082; Pieronczyk, Folgen des Rechtsformwechsels zwischen GbR und oHG für Beschlussmängelklagen nach dem MoPeG, ZIP 2022, 1033; Pieronczyk, Beschlussmängelstreit im Verein – Neue Impulse (und Probleme) durch das MoPeG?, ZIP 2024, 1304; Pieronczyk, Die privatautonome Vereinbarung der §§ 110–115 HGB durch GbR und PartG, ZGR 2025, 494; Preuß, Das Beschlussmängelrecht nach dem MoPeG aus prozessrechtlicher Sicht, FS Gehrlein, 2022, 469; Reichert, Beschlussmängel im Recht der Personengesellschaften de lege ferenda, FS Seibert 2019, 701; Reichert/Groh, Die Schiedsbarkeit von Beschlussmängelstreitigkeiten: Der „Vierteiler" des BGH und seine Auswirkungen auf die Gestaltungspraxis nach Inkrafttreten des MoPeG, ZPG 2023, 121; Römermann, Gesellschafterbeschluss: Anforderungen an die Schiedsfähigkeit von Beschlussmängelstreitigkeiten, GmbHR 2017, 759; Sackmann, Anforderungen an Schiedsvereinbarungen für Beschlussmängelklagen im Personengesellschaftsrecht, NZG 2016, 1041; C. Schäfer, Grundzüge eines Beschlussmängelrechts für die Personengesellschaft, FS K. Schmidt, Bd. II, 2019, 323; Schäfer, Beschlussfassung und Beschlussanfechtung in der Personengesellschaft nach dem MoPeG-RegE, ZIP 2021, 1527; Schirrmacher/Breuninger, Stimmverbote und Folgen fehlerhafter Beschlüsse in der Personengesellschaft, RFamU 2023, 257; Schlüter, „Schiedsfähigkeit III" – Ein Schritt in Richtung eines neuen Rechts der Beschlussmängelstreitigkeiten?, DZWIR 2018, 251; Schlüter, Nichtigkeit von gesellschaftsrechtlichen Schiedsklauseln über Beschlussmängelstreitigkeiten, DZWIR 2022, 605; K. Schmidt, Die Beschlussanfechtungsklage bei Vereinen und Personengesellschaften, FS Stimpel 1985, 217; K. Schmidt, Die Personengesellschaft als Juristentagsthema, ZHR 180 (2016), 411; K. Schmidt, Schiedsklauseln in Personengesellschaftsverträgen, NZG 2018, 121; K. Schmidt, Ein neues Zuhause für das Recht der Personengesellschaften, ZHR 185 (2021), 16; K. Schmidt, Beschlussmängel und Beschlussmängelstreitigkeiten nach der Modernisierung des Personengesellschaftsrechts, ZHR 187 (2023), 107; U. Schmidt, Verfahrensrechtliche Konsequenzen des MoPeG – Erkenntnisverfahren, Zwangsvollstreckung, freiwillige Gerichtsbarkeit, ZPG 2023, 81; Schmitz-Herscheidt, Gesellschafterbeschlüsse der Personenhandelsgesellschaften nach MoPeG, ZIP 2024, 2061; Schneider, Testamentsvollstreckung beim Kommanditanteil – Ein Überblick über Voraussetzungen und Wirkungen, NJW 2015, 1142; Schollmeyer, Reform des Personengesellschaftsrechts, VGR 26 (2021), 15; Schwedt/Lilja/Schaper, Schiedsfähigkeit von Beschlussmängelstreitigkeiten: Die neuen Ergänzenden Regeln für gesellschaftsrechtliche Streitigkeit der DIS, NZG 2009, 1281; Tröger, Gesetzgebung im Recht der Personengesellschaften, JZ 2016, 834; Tröger/Happ, Unzulängliche Institutionenbildung im Beschlussmängelrecht der Personengesellschaft, NZG 2021, 133; Tröger/Happ, Beschlussmängelrecht nach dem MoPeG: Bestandsaufnahme, Kritik und Fortentwicklung, ZIP 2021, 2059; Versin, Zur Schiedsfähigkeit von GmbH-Beschlussmängelstreitigkeiten, GmbHR 2015, 969; Wertenbruch, Die fristwahrende „demnächst"-Zustellung der Anfechtungsklage nach §§ 246 Abs. 1 AktG, 167 ZPO, FS Heidel, 2021, 751; Wertenbruch, Rechtskraft erga omnes (§ 113 VI HGB) und gerichtliche Hinweispflicht (§ 113 III 3 HGB) beim Beschlussmängelstreit der OHG, KG, GbR und PartG, NZG 2024, 419; Witte/Hafner, Schiedsfähigkeit von Beschlussmängelstreitigkeiten im Recht der GmbH am Maßstab der neuen BGH-Rechtsprechung und ihre Auswirkungen, DStR 2009, 2052; Wörner/Ebel, Wechselspiel der Beschlussmängelregime in den Personengesellschaften und der GmbH, NZG 2021, 963.

Übersicht

I. Allgemeines

1. Überblick. Die Vorschrift ist durch das MoPeG neu eingefügt worden und regelt als Spitzenvorschrift des Beschlussmängelrechts der Personenhandelsgesellschaften die Anfechtbarkeit und Nichtigkeit von Gesellschafterbeschlüssen. Das neue Beschlussmängelrecht der §§ 110–115 kodifiziert erstmals für **Personenhandelsgesellschaften** das **Anfechtungsmodell,** das als gesetzlicher Regelfall das Feststellungsmodell des bisherigen Rechts (→ 7. Aufl. 2021, § 119 Rn. 67 ff.) ablöst.[1] Den Gesellschaftern steht es indes frei, sich gesellschaftsvertraglich auf eine abweichende Regelung zu verständigen, wie zB die Geltung des tradierten Feststellungsmodells (→ Rn. 32).[2] 1

Die Vorschrift differenziert inhaltlich zwischen anfechtbaren und nichtigen Gesellschafterbeschlüssen. Nur **anfechtbare Beschlüsse** iSd Abs. 1 sind zunächst wirksam und verlieren ihre Wirksamkeit und Bindungswirkung nur durch ein rechtskräftiges Gestaltungsurteil aufgrund einer erfolgreichen **Anfechtungsklage.** Bei den in Abs. 2 genannten **besonders schwerwiegenden Mängeln** bedarf es keiner Anfechtungsklage. Stattdessen sind Beschlüsse, deren Inhalt Rechtsvorschriften verletzt, auf deren Einhaltung die Gesellschafter nicht verzichten können, von vornherein nichtig und entfalten keine Wirkung. Mittels **Nichtigkeitsklage** kann die Nichtigkeit eines Gesellschafterbeschlusses gerichtlich festgestellt werden. Aber auch ohne Erhebung einer Nichtigkeitsklage kann sich jeder Gesellschafter, aber auch jeder Dritte auf die Nichtigkeit des Beschlusses berufen (Abs. 2 S. 2). 2

2. Normzweck. Bei dem Recht, die Wirksamkeit von Gesellschafterbeschlüssen anzugreifen, namentlich beim Anfechtungsrecht, handelt es sich um ein unverzichtbares Gesellschafterrecht,[3] dessen Entziehung oder Einschränkung als **indisponibler Beschlussgegenstand** in der hiesigen Dogmatik der materiellen Beschlusskontrolle erscheint (→ § 109 Rn. 70). Das Anfechtungsrecht soll es dem Gesellschafter im individuellen Interesse ermöglichen, einen gesetz-, vertrags- oder treuwidrigen Gesellschafterbeschluss zu verhindern. Das vermeidet eine persönliche Bindung an 3

---

[1] Dazu ausf. M. Noack ZIP 2020, 1382 ff.; krit. Drescher ZGR Sonderheft 23 (2021), 115 (123 ff.); aus der Diskussion im Vorfeld vgl. noch Reichert FS Seibert, 2019, 701 ff.; Schäfer FS K. Schmidt, Bd. II, 2019, 323 ff.

[2] Zur Bedeutung der Feststellungsklage ausf. Drescher ZGR Sonderheft 23 (2021), 115 (127 f.).

[3] Vgl. Begr. RegE, BT-Drs. 19/27635, 111; BGH 14.7.1954, NJW 1954, 1563, 21.3.1988, NJW 1988, 1844 (1845); BeckOGK/Otte/Dietlein, 1.3.2025, Rn. 13.

einen anfechtbaren Gesellschafterbeschluss und dient zugleich dem – überindividuellen – Interesse der Gesellschaft, rechtskonforme Entscheidungen zu treffen und nicht durch anfechtbare Beschlüsse einen Schaden zu erleiden. Reflexartig werden hierdurch zugleich die übrigen Gesellschafter sowie künftige Gesellschafter vor einer Umsetzung rechtswidriger Beschlüsse geschützt.[4] Im Übrigen liegt es im Interesse der Rechtssicherheit und Rechtsklarheit, dass Beschlüsse nur ausnahmsweise nichtig sind und regelmäßig – vorbehaltlich einer Anfechtung – (zunächst) wirksam bleiben.[5]

4 Beim Anfechtungsrecht handelt es sich weiterhin um ein **Gestaltungsrecht,** das den festgestellten und damit vorläufig wirksamen Gesellschafterbeschluss zu Fall bringt. Mit dem rechtskräftig stattgebenden Urteil wird der Beschluss mit Wirkung ex tunc und erga omnes für nichtig erklärt (vgl. § 110 Abs. 2 S. 1 Nr. 2, § 113 Abs. 6). Bis zu diesem Zeitpunkt ist eine Klagerücknahme nach § 263 Abs. 3 S. 1 ZPO möglich. Wird die Klage vor rechtskräftiger Entscheidung zurückgenommen oder während der Anfechtungsfrist keine Anfechtungsklage erhoben, dann wird der rechtswidrige Gesellschafterbeschluss bestandskräftig, soweit kein Nichtigkeitsgrund eingreift.[6] Die Bestandskraft macht den Beschluss weder rechtmäßig noch führt sie zur Heilung. Vielmehr kann ein Gesellschafter auf Grundlage der mitgliedschaftlichen Treuepflicht gegen seine Mitgesellschafter einen Anspruch auf Rückgängigmachung des rechtswidrigen, bestandskräftigen Beschlusses haben.[7] Im Übrigen ist ein rechtmäßiger Beschluss nach allgemeinen Grundsätzen wirksam (→ § 109 Rn. 13 ff.) und bestandskräftig, ohne dass es auf Feststellung oder den Ablauf der Anfechtungsfrist ankäme.[8]

5 **3. Entwicklung.** Das bisherige Recht der Personenhandelsgesellschaften enthielt – ebenso wie das BGB-Gesellschaftsrecht – kein Beschlussmängelrecht.[9] Hintergrund ist die prinzipielle Geltung des **Einstimmigkeitsprinzips** (→ § 109 Rn. 53). Die Notwendigkeit der grundsätzlichen Mitwirkung aller Gesellschafter lässt ein eigenständiges Beschlussmängelregime entbehrlich erscheinen. Das änderte sich indes mit der praktischen Verbreitung des **Mehrheitsprinzips,** das ein selbstständiges Verfahren zur Kontrolle der inhaltlichen und verfahrensmäßigen Wirksamkeit von Gesellschafterbeschlüssen erforderlich erscheinen ließ.[10] In Ermangelung eines besonderen Regelungssystems führten Beschlussmängel bisher zur unterschiedslosen Nichtigkeit des Gesellschafterbeschlusses, die mittels Feststellungsklage verifiziert werden könnte. Praktischer Nachteil dieses **Feststellungsmodells** war die mangelnde Befristung der Klagemöglichkeit, die mit einem erheblichen Maß an Rechtsunsicherheit für die Gesellschaft und die Gesellschafter verbunden war. Zudem mangelte es an einer tauglichen Differenzierung zwischen unterschiedlichen Beschlussmängeln anhand deren Schwere.[11] Auch erwies sich die Gestaltungswirkung des Urteils der allgemeinen Feststellungsklage als unbefriedigend.[12]

6 Vor diesem Hintergrund ist vielfach die Kodifizierung eines Beschlussmängelrechts für Personengesellschaften gefordert worden.[13] Sowohl der 71. als auch der 72. DJT votierte für eine entsprechende Neuregelung.[14] Der MoPeG-Gesetzgeber griff den Faden auf und normierte das **Anfechtungsmodell als gesetzliches Beschlussmängelregime** aufbauend auf das formalisierte Beschlussverfahren nach § 109 im Rahmen der §§ 110–115. Das ist aus rechtspolitischer Perspektive zu begrüßen,[15] auch wenn die Beschränkung auf Personenhandelsgesellschaften und eine damit spiegelbildlich verbundene Ausnahme für GbR und PartG nicht zu überzeugen vermag (→ Rn. 9). Für die OHG und KG bedeutet die Neuregelung ein deutliches **Mehr an Rechtssicherheit,** weil die Gesellschafter nach einem festgestellten (→ Rn. 12) Beschluss zumindest vorläufig von dessen

---

[4] Vgl. BeckOGK/Otte/Dietlein, 1.3.2025, Rn. 14; MüKoHGB/Liebscher Rn. 7.
[5] Vgl. Begr. RegE, BT-Drs. 19/27635, 3; Ebenroth/Boujong/Drescher Rn. 1; MüKoHGB/Liebscher Rn. 6; Koch PersGesR/Holle Rn. 2 f.; BeckOK/Klimke, 47. Ed. 1.7.2025, Rn. 4; RGHMW/Mock Rn. 2b.
[6] BeckOGK/Otte/Dietlein, 1.3.2025, Rn. 16.
[7] Vgl. KG 21.10.2021, NZG 2022, 409 Rn. 33 f.
[8] BeckOGK/Otte/Dietlein, 1.3.2025, Rn. 17.
[9] Zur Entwicklung ausf. BeckOGK/Otte/Dietlein, 1.3.2025, Rn. 23 ff.
[10] Vgl. auch BeckOGK/Otte/Dietlein, 1.3.2025, Rn. 6 ff.
[11] Begr. RegE, BT-Drs. 19/27635, 227 unter Hinweis auf K. Schmidt FS Stimpel, 1985, 217 (242).
[12] Begr. RegE, BT-Drs. 19/27635, 227 unter Hinweis auf Bayer/Möller NZG 2018, 802 (808); Lieder NZG 2018, 1321 (1329).
[13] Vgl. nur K. Schmidt ZHR 180 (2016), 411 (416); Tröger JZ 2016, 834 (841); Roßkopf Verh. 71. DJT, Bd. II/1, 2017, O 11 ff., insbes. O 20 f.; J. Koch Verh. 72. DJT, Bd. I, 2018, F 74 f.; Löbbe Verh. 72. DJT, Bd. II/1, 2019, O 11 (O 25); Bayer/Möller NZG 2018, 801 (808); J. Koch ZHR 182 (2018), 378 (403 ff.); Herchen VGR 22 (2016), 83 (118 ff.); Lieder NZG 2018, 1321 (1328 ff.); **aA** Schäfer Verh. 71. DJT, Bd. I, 2016, E 109 f.; Heidel Verh. 72. DJT, Bd. II/1, 2019, O 37 (O 76); einschr. Schäfer Der Konzern 2018, 413 (417 f.).
[14] Beschluss 19, Verh. 71. DJT, Bd. II/2, 2017, O 222; Beschluss 14, Verh. 72. DJT, Bd. II/1, 2018, O 28.
[15] Krit. hingegen Noack FS Paefgen, 2025, 369 (370 f.).

Wirksamkeit und Verbindlichkeit ausgehen dürfen.[16] Mit Ablauf der Anfechtungsfrist kann die Wirksamkeit eines anfechtbaren Beschlusses nicht mehr in Zweifel gezogen werden, wenn er nicht mittels Anfechtungsklage angegriffen worden ist; es tritt **Bestandskraft** ein.[17] Demgegenüber bleibt der Beschluss rechtswidrig, wenn es an einer **Feststellung** durch den Versammlungsleiter fehlt. Richtige Klageart ist die Feststellungsklage, für die keine Frist existiert. Allerdings kann nach allgemeinen Grundsätzen Verwirkung eintreten.[18]

4. Anwendungsbereich. a) Sachlicher Anwendungsbereich. Die im OHG-Recht normierten §§ 110–115 finden über die Verweisungsnorm des § 161 Abs. 2 auf die **KG entsprechende Anwendung,** namentlich auf Publikumskommanditgesellschaften.[19] Bei der GmbH & Co. KG empfiehlt es sich, durch kautelarjuristische Vorkehrungen die Beschlussmängelrechte der KG und der GmbH anzugleichen, namentlich die Anfechtungsfristen aufeinander abzustimmen.[20] 7

Zudem setzen die §§ 110 ff. grundsätzlich einen Beschluss der Gesellschafterversammlung (→ § 109 Rn. 1) voraus. Soweit Beschlusskompetenzen der Versammlung auf **andere Gesellschaftsorgane** übertragen worden sind, wie zB einen Beirat, Gesellschafterausschuss oder ein anderes Kontrollgremium (→ § 116 Rn. 29), findet das Beschlussmängelrecht auch auf solche Organbeschlüsse entsprechende Anwendung.[21] Berechtigte Gesellschafterinteressen werden nicht beeinträchtigt, weil die Anfechtungsfrist nach § 112 Abs. 2 erst mit Bekanntgabe des Beschlussergebnisses gegenüber den Gesellschaftern zu laufen beginnt. Wiederum empfiehlt sich eine nähere Ausgestaltung durch den Gesellschaftsvertrag. 8

Keine Anwendung findet das moderne Beschlussmängelrecht ferner, wenn die rechtliche Unsicherheit **keinen Bezug zu einem Gesellschafterbeschluss** aufweist. Das gilt namentlich, wenn der personelle Bestand der Gesellschaft zweifelhaft ist, was mittels allgemeiner Feststellungsklage zu verifizieren ist.[22] Bei Streitigkeiten über den Inhalt des Gesellschaftsvertrags ist zu unterscheiden:[23] Der ursprüngliche Gesellschaftsvertrag ist ebenfalls mittels allgemeiner Feststellungsklage gerichtlich zu überprüfen. Eine spätere im Beschlusswege erfolgte Änderung unterliegt bei der OHG und KG – vorbehaltlich einer abweichenden Regelung – den §§ 110 ff. HGB. 8a

Aus dem Gang des Gesetzgebungsverfahrens zum MoPeG folgt mit hinreichender Deutlichkeit, dass das neue Beschlussmängelrecht de lege lata – in Ermangelung einer abweichenden Regelung durch den Gesellschaftsvertrag – auf die **GbR** und die **PartG keine Anwendung** findet. Gleiches gilt auch für die stille Gesellschaft.[24] Auch die Grundsätze der Scheingesellschaft finden im Rahmen der §§ 110 ff. keine Anwendung, sodass die Gesellschafter auch nicht auf Grundlage des Anfechtungsmodells vorgehen können, wenn sie materiellrechtlich als GbR oder PartG organisiert sind, aber vorgeben eine OHG oder KG zu sein.[25] Nachdem der Mauracher Entwurf ursprünglich beabsichtigt hatte, das Beschlussmängelrecht aller Personengesellschaften in Anlehnung an das aktienrechtliche Regelungsmodell der §§ 241 ff. AktG zu kodifizieren, wurden die Vorschriften – infolge massiver Kritik des Schrifttums[26] – bewusst auf die Personenhandelsgesellschaften beschränkt. Dass auf nicht kaufmännische Gesellschaften weiterhin das **Feststellungsmodell** zur Anwendung gelangt, ist aus rechtspolitischer Perspektive zu kritisieren,[27] muss vom Rechtsanwender aber akzeptiert werden. 9

[16] Vgl. BGH 2.7.2019, NJW 2019, 3155 Rn. 31; s. ferner RGHMW/Mock Rn. 2b.

[17] Vgl. BGH 3.5.1999, NZG 1999, 722 (723); 11.2.2008, NZG 2008, 317 Rn. 26; 24.3.2016, NZG 2016, 552 Rn. 30; BeckOGK/Otte/Dietlein, 1.3.2025, Rn. 10 f., 18.

[18] BGH 11.12.1989, NJW-RR 1990, 474; 7.6.1999, NJW 1999, 3113; OLG Nürnberg 30.1.2013, NZG 2013, 256.

[19] Vgl. Begr. RegE, BT-Drs. 19/27635, 227.

[20] Vgl. BeckOGK/Otte/Dietlein, 1.3.2025, Rn. 49; K. Schmidt ZHR 185 (2021), 16 (36).

[21] Vgl. BGH 25.2.1965, NJW 1965, 1378 (1379); OLG Düsseldorf 10.3.1982, ZIP 1982, 694 (695) = NJW 1982, 2200; OLG Düsseldorf 1.7.2011, GmbHR 2012, 1363 (1364) = BeckRS 2012, 23381; BeckOGK/Otte/Dietlein, 1.3.2025, Rn. 87; **aA** Ebenroth/Boujong/Drescher Rn. 2 aE; offenlassend RGHMW/Mock Rn. 5.

[22] Dazu ausf. Menkel NZG 2024, 1113 Rn. 2 ff.

[23] Dazu und zum Folgenden näher Menkel NZG 2024, 1113 Rn. 22 ff.

[24] Dazu näher Ebenroth/Boujong/Drescher Rn. 3; MüKoHGB/Liebscher Vor § 110 Rn. 51; vgl. weiter RGHMW/Mock Rn. 5.

[25] BeckOGK/Otte/Dietlein, 1.3.2025, Rn. 51; Fehrmann/Leclerc/Schirrmacher GmbHR 2024, 57 Rn. 3; Liebscher/Rickelt ZPG 2024, 41 Rn. 10; Pieronczyk ZIP 2022, 1033 (1043); Schmitz-Herscheidt ZIP 2024, 2061 (2070); **aA** Ebenroth/Boujong/Drescher Rn. 6; U. Schmidt ZPG 2023, 81 (87).

[26] Drescher ZGR Sonderheft 23 (2021), 115 (126); Fehrenbach WM 2020, 2049 (2052); Fleischer ZGR Sonderheft 23 (2021), 1 (15); Fleischer BB 2021, 386 (389); Habersack ZGR 2020, 539 (560); Schollmeyer VGR 26 (2021), 15 (26).

[27] Bayer/Rauch DB 2021, 2609 (2611); Claußen/Pieronczyk NZG 2021, 620 (627); Lieder ZRP 2021, 34 (35); K. Schmidt ZHR 187 (2023), 107 (114 f.); Tröger/Happ NZG 2021, 133 (137); **aA** Löbbe FS Heidel, 2021, 575 (593 ff.).

Insbesondere ist eine analoge Anwendung der §§ 110 ff. auf GbR und PartG abzulehnen.[28] Für die Übertragung des handelsrechtlichen Regelungskomplexes fehlt es in rechtsmethodischer Hinsicht bereits an einer planwidrigen Regelungslücke, weil sich der Reformgesetzgeber ganz bewusst gegen eine Kodifizierung des Anfechtungsmodells im Kontext der §§ 705 ff. BGB entschieden hat.[29] Das entspricht im Ergebnis der bisher hM, die eine Übernahme des kapitalgesellschaftsrechtlichen Beschlussmängelrechts verneinte.[30] Besonderheiten gelten bei einem zwischenzeitlichen **Wechsel der Rechtsform** von der GbR zur OHG (und umgekehrt).[31] Die damit verbundenen praktischen Probleme lassen sich durch eine Eintragung der Gesellschaft in das Handelsregister oder aber durch eine gesellschaftsvertragliche Regelung minimieren. Soweit beides nicht erfolgt ist und die Verbandsform unsicher ist, sollten vorsichtshalber eine Feststellungs- und eine Anfechtungsklage erhoben werden, um jedenfalls den Eintritt von Bestandskraft (→ Rn. 18) zu verhindern.[32]

10 Während eine Übertragung der §§ 110 ff. ins **Aktienrecht** mit Blick auf die §§ 241 ff. AktG ausscheidet, ist eine behutsame Übertragung auf die **GmbH** durchaus in Erwägung zu ziehen, wo es an einem kodifizierten Beschlussmängelrecht bisher fehlt.[33] Das gilt namentlich für die Nichtigkeitsregelung des § 110 Abs. 2 S. 1 Nr. 1,[34] die dreimonatige Anfechtungsfrist,[35] während die Anfechtungsbefugnis in der GmbH nur den in der Gesellschafterliste eingetragenen Gesellschaftern zusteht.[36] Die Eintragung in der Gesellschafterliste ist auch für die Adressaten der Beschlussbekanntgabe maßgeblich.[37] Auch eine Heilung analog § 242 AktG ist bei der GmbH weiterhin möglich.[38] Im Sinne einer effektiven Streitvermeidung im Zusammenhang mit der Beschlussfassung von GmbH-Gesellschafterversammlungen sollten die Gesellschafter die Einzelheiten des GmbH-Beschlussmängelrechts gesellschaftsvertraglich regeln. Davon abgesehen bleibt die Kodifizierung des GmbH-Beschlussmängelrechts ein rechtspolitisches Desiderat.[39]

11 Im **Vereinsrecht** ist zu differenzieren. Wirtschaftliche Vereine ohne Rechtspersönlichkeit unterliegen nach § 54 Abs. 1 S. 2 BGB dem Personengesellschaftsrecht. Betreiben sie ein Handelsgewerbe, sind sie als OHG anzusehen und unterliegen dementsprechend den §§ 110 ff. Betreiben sie kein Handelsgewerbe oder handelt es sich um Idealvereine ohne Rechtspersönlichkeit, bleibt es – in Fortschreibung der bisherigen Grundsätze[40] – bei der Geltung des Feststellungsmodells.[41] Für alle weiteren Anwendungsfälle gilt ein vereinsspezifisches Feststellungsmodell.[42] Es empfiehlt sich wiederum eine satzungsmäßige Regelung des Beschlussmängelregimes.[43]

---

[28] BeckOK BGB/Schöne, 75. Ed. 1.8.2025, BGB § 714 Rn. 35; MüKoBGB/Schäfer BGB § 714 Rn. 6 f., 68; RGHMW/Mock Rn. 4; BeckOGK/Otte/Dietlein, 1.3.2025, Rn. 50; MüKoHGB/Liebscher Vor § 110 Rn. 52 f.; Schäfer Neues PersGesR/Grunewald § 5 Rn. 40; Schäfer Neues PersGesR/Liebscher § 5 Rn. 69; Fehrmann/Leclerc/Schirrmacher GmbHR 2024, 57 Rn. 2; Liebscher/Rickelt ZPG 2024, 41 Rn. 6; Lieder/Hilser NotBZ 2021, 401 (407 f.); Grunewald FS Hager, 2021, 371 (375); **aA** K. Schmidt ZHR 187 (2023), 107 (117); Tröger/Happ ZIP 2021, 2059 (2069 f.); für eGbR Claußen/Pieronczyk NZG 2021, 620 (628).

[29] Vgl. Begr. RegE, BT-Drs. 19/27635, 228; Schollmeyer VGR 26 (2021), 15 (26).

[30] BGH 7.6.1999, NJW 1999, 3113 mAnm Casper BB 1999, 1837 und mAnm Brandes NZG 1999, 936; OLG Nürnberg 30.1.2013, NZG 2013, 256 Rn. 165 ff.; Wiedemann GesR I § 8 IV 2; Gaul DStR 2009, 804 ff.

[31] Dazu ausf. Pieronczyk ZIP 2022, 1033 (1036 ff.); vgl. weiter Ebenroth/Boujong/Drescher Rn. 6 f.

[32] Vgl. BeckOGK/Otte/Dietlein, 1.3.2025, Rn. 51; s. ferner Schmitz-Herscheidt ZIP 2024, 2061 (2070).

[33] Progressiv Wörner/Ebel NZG 2021, 963 ff.; (zum Mauracher Entwurf) Bachmann NZG 2020, 612 (613); in diese Richtung auch Ebenroth/Boujong/Drescher Rn. 9; Schmitz-Herscheidt ZIP 2024, 2061 (2072); zurückhaltend Bayer/Rauch DB 2021, 2609 (2617); diff. Schäfer Neues PersGesR/Liebscher § 5 Rn. 174 ff.; Kaulbach ZHR 186 (2022), 729 (746 ff.); Liebscher/Rickelt ZPG 2024, 41 Rn. 61 ff.; K. Schmidt ZHR 187 (2023), 107 (117).

[34] Vgl. MüKoHGB/Liebscher Vor § 110 Rn. 65; Guntermann GmbHR 2024, 397 Rn. 26 f.; Liebscher/Rickelt ZPG 2024, 41 Rn. 62; Wertenbruch GmbHR 2024, 930 f.

[35] Ebenroth/Boujong/Drescher Rn. 9; MüKoHGB/Liebscher Vor § 110 Rn. 66; Ebel/Wörner NZG 2021, 963 (967); Guntermann GmbHR 2024, 397 Rn. 31 ff.; Liebscher/Rickelt ZPG 2024, 41 Rn. 63; Neumayer/Zeyher NZG 2022, 1707 (1712); Schmitz-Herscheidt ZIP 2024, 2061 (2072); Wertenbruch GmbHR 2024, 930 (931); Löbbe FS Heidel, 2021, 575 (597); vermittelnd Schäfer Neues PersGesR/Liebscher § 5 Rn. 190.

[36] Vgl. BGH 20.11.2018, NJW 2019, 993 Rn. 20; 26.1.2021, NZG 2021, 831 Rn. 41; BeckOGK/Otte/Dietlein, 1.3.2025, Rn. 54; Schmitz-Herscheidt ZIP 2024, 2061 (2073).

[37] Guntermann GmbHR 2024, 397 Rn. 35; Schmitz-Herscheidt ZIP 2024, 2061 (2073).

[38] Schmitz-Herscheidt ZIP 2024, 2061 (2073).

[39] Dazu ausf. Koch Verh. 72. DJT, Bd. I, 2018, F70 ff.; vgl. weiter BeckOGK/Lieder, 1.1.2025, GmbHG § 1 Rn. 804 ff.; Lieder NZG 2018, 1321 (1328 ff.); Harbarth/Friedrichson GmbHR 2018, 1174 (1179); Guntermann GmbHR 2024, 397 Rn. 38 ff.; Otte NZG 2024, 657; Benz, Symbiotische Gesellschaftsrechtsentwicklung, 2024, S. 259 f.

[40] BGH 2.7.2007, NZG 2007, 826 Rn. 36.

[41] Dazu näher BeckOGK/Otte/Dietlein, 1.3.2025, Rn. 56 ff.; Pieronczyk ZIP 2024, 1304 ff.

[42] Dazu ausf. Pieronczyk ZIP 2024, 1304 (1308 ff.).

[43] Für Einzelheiten vgl. Pieronczyk ZIP 2024, 1304 (1312 f.).

b) Zeitlicher Anwendungsbereich. In zeitlicher Hinsicht finden die §§ 110 ff. seit dem **1.1.2024** – in Ermangelung einer Übergangsregelung (→ § 105 Rn. 7) – **uneingeschränkte Anwendung.** Das gilt jedenfalls, soweit der Gesellschaftsvertrag zum Beschlussmängelrecht keine Regelung enthält.[44] Soweit der Gesellschaftsvertrag abweichende Regelungen trifft, die sich am Anfechtungsmodell orientieren, gelten diese Vorschriften nach § 108 fort. Lücken sind durch Anwendung der dispositiven §§ 110 ff. zu füllen. Verletzen die gesellschaftsvertraglichen Regelungen zwingendes Recht, wie zB die Mindestdauer der Klagefrist, findet dispositives Gesetzesrecht Anwendung – hier: § 112 Abs. 1 S. 1; eine geltungserhaltende Reduktion auf die Monatsfrist nach § 112 Abs. 1 S. 2 scheidet aus (→ § 112 Rn. 7). Ausdrückliche Regelungen zum Feststellungsmodell führen unter Geltung des neuen Rechts zur Abweichung von den §§ 110 ff., sodass vorrangig die bisherigen gesellschaftsvertraglichen Regelungen zur Anwendung gelangen.[45] Erscheint zweifelhaft, ob der Gesellschaftsvertrag dem Anfechtungs- oder Feststellungsmodell folgt, sind im Zweifel die §§ 110 ff. anwendbar.[46] Eine nach dem 1.1.2024 erhobene **Klage** braucht nicht umgestellt zu werden. Auf vor dem 1.1.2024 gefasste **Beschlüsse** findet noch das bisherige Beschlussmängelrecht Anwendung.[47] 11a

II. Anfechtbarkeit von Gesellschafterbeschlüssen

1. Beschlussfeststellung. Grundvoraussetzung für die Anfechtbarkeit eines Gesellschafterbeschlusses ist dessen Feststellung,[48] auch wenn Letztere kein Wirksamkeitserfordernis ist.[49] Erst die Feststellung führt zur vorläufigen Verbindlichkeit des Gesellschafterbeschlusses, die mit der Anfechtungsklage angegriffen werden kann, aber auch muss, um dem Beschluss die vorläufige Wirkung wieder zu nehmen.[50] **Fehlt** es an der **Beschlussfeststellung,** kann der Gesellschafter lediglich mit der allgemeinen Feststellungsklage nach § 256 ZPO vorgehen, um die Nichtigkeit des rechtswidrigen Beschlusses verifizieren zu lassen (→ § 115 Rn. 3).[51] 12

Das Beschlussergebnis ist festgestellt, wenn durch einen ordnungsgemäß bestimmten oder einvernehmlich agierenden Versammlungsleiter eine **förmliche Verkündung des Beschlussinhalts** erfolgt ist.[52] Ohne förmliche Feststellung reicht es im Einzelfall aus, dass die Gesellschafter übereinstimmend von einem bestimmten Beschlussergebnis ausgehen.[53] Dieses kann sich namentlich aus einer einvernehmlichen Protokollierung der angegriffenen Beschlussfassung oder der allseitigen Unterzeichnung des Protokolls ergeben.[54] Im Übrigen muss die Feststellung auch nicht in der 13

[44] Mock NJW 2023, 3537 Rn. 11.

[45] Mock NJW 2023, 3537 Rn. 13.

[46] Schäfer Neues PersGesR/Liebscher § 5 Rn. 153; RGHMW/Mock Rn. 45; Liebscher/Rickelt ZPG 2024, 41 Rn. 9; Mock NJW 2023, 3537 Rn. 14; Pieronczyk ZIP 2022, 1033 (1037).

[47] Vgl. Begr. RegE, BT-Drs. 19/27635, 228; BGH 16.7.2024, NZG 2024, 1222 Rn. 13; 10.12.2024, NZG 2025, 402 Rn. 32; OLG Schleswig 5.6.2024, NZG 2024, 1027 Rn. 21; LG Hannover 14.9.2023, ZPG 2024, 271 Rn. 18; Staub/Schäfer Rn. 4; RGHMW/Mock Rn. 2a; NK-HGB/Vossler Rn. 11; MüKoHGB/Liebscher Vor § 110 Rn. 38 f.; Drescher ZPG 2024, Heft 5, Editorial; Liebscher/Rickelt ZPG 2024, 41 Rn. 9; Mock NJW 2023, 3537 Rn. 15.

[48] Vgl. Begr. RegE, BT-Drs. 19/27635, 226, 231, 236; BGH 24.3.2016, NZG 2016, 552 Rn. 32; Ebenroth/Boujong/Drescher Rn. 14; BeckOGK/Otte/Dietlein, 1.3.2025, Rn. 66; Nolting NJW 2022, 113 (115); Otte ZIP 2021, 2162 (2167 f.); Fehrmann/Leclerc/Schirrmacher GmbHR 2024, 57 Rn. 12; Noack FS Paefgen, 2025, 369 (372 f.); **aA** RGHMW/Mock Rn. 10; Bayer/Rauch DB 2021, 2609 (2615); Wörner/Ebel NZG 2021, 963 (969); Preuß FS Gehrlein, 2022, 469 (475).

[49] Vgl. Begr. RegE, BT-Drs. 19/27635, 111; Ebenroth/Boujong/Drescher Rn. 16; Fehrmann/Leclerc/Schirrmacher GmbHR 2024, 57 Rn. 8; Knorr GmbHR 2022, 563 Rn. 5 f.; Nolting NJW 2022, 113 Rn. 20; Schäfer ZIP 2021, 1527 (1532).

[50] Vgl. BGH 11.2.2008, NZG 2008, 317 Rn. 22; 24.3.2016, NZG 2016, 552 Rn. 32; 2.7.2019, BGHZ 222, 323 Rn. 31 = NJW 2019, 3155; BeckOGK/Otte/Dietlein, 1.3.2025, Rn. 66.

[51] Vgl. Begr. RegE, BT-Drs. 19/27635, 231; Ebenroth/Boujong/Drescher Rn. 15; Schäfer Neues PersGesR/Liebscher § 5 Rn. 110; U. Schmidt ZPG 2023, 81 (83); Noack FS Paefgen, 2025, 369 (372); s. ferner BGH 21.3.1988, BGHZ 104, 66 (68) = NJW 1988, 1844; 11.2.2008, NZG 2008, 317 Rn. 22; 24.3.2016, NZG 2016, 552 Rn. 32.

[52] Vgl. BGH 11.2.2008, NZG 2008, 317 Rn. 24; OLG Stuttgart 13.4.1994, GmbHR 1995, 228 (229) = NJW-RR 1994, 881; Lutter/Hommelhoff/Bayer GmbHG Anh. § 47 Rn. 38; MüKoGmbHG/Wertenbruch GmbHG Anh. § 47 Rn. 262.

[53] Ebenroth/Boujong/Drescher Rn. 22; Altmeppen NZG 2022, 1563 (1566); Bayer/Rauch DB 2021, 2609 (2615); Nolting NJW 2022, 113 Rn. 24; iErg auch Knorr GmbHR 2022, 563 Rn. 32 f.; vgl. OLG München 14.8.2014, GmbHR 2015, 84 (85) = NZG 2015, 66; OLG Stuttgart 10.2.2014, GmbHR 2015, 431; Lutter/Hommelhoff/Bayer GmbHG Anh. § 47 Rn. 38; iErg auch BGH 11.2.2008, NZG 2008, 317 Rn. 25.

[54] Vgl. BGH 11.2.2008, NZG 2008, 317 Rn. 24 f.; BGH 24.3.2016, GmbHR 2016, 587 Rn. 33; Lutter/Hommelhoff/Bayer GmbHG Anh. § 47 Rn. 38; Bayer/Rauch DB 2021, 2609 (2615); Liebscher/Rickelt ZPG 2023, 441 (445); Nolting NJW 2022, 113 (116).

Versammlung erfolgen, sondern kann dieser auch nachfolgen.[55] Demgegenüber genügt es nicht, wenn lediglich die abgegebenen Stimmen protokolliert werden.[56] Auch die Bekanntgabe nach § 112 Abs. 2 (→ § 112 Rn. 8 ff.) bewirkt keine Feststellung.[57] Ebenso wenig ist Beschluss festgestellt, wenn lediglich eine Mehrheit der Gesellschafter einvernehmlich an der Feststellung teilnimmt.[58] Bei **notariell beurkundeten Beschlüssen** muss der Notar über das Beschlussergebnis eigene Feststellungen getroffen und diese beurkundet haben.[59] Unzureichend ist es demgegenüber, dass der Notar nur die unterschiedlichen Sichtweisen der Gesellschafter über den Beschlussinhalt beurkundet.[60] Im schriftlichen Verfahren bedarf es gleichermaßen einer Feststellung und Mitteilung respektive Verkündigung des Beschlussergebnisses durch einen Abstimmungsleiter.[61] Um Streitigkeiten über eine taugliche Beschlussfeststellung zu vermeiden, sollten im Gesellschaftsvertrag klare Regelungen über die Versammlungsleitung und die Feststellung von Gesellschafterbeschlüssen getroffen werden.[62]

14 Dem **Versammlungsleiter** können die Gesellschafter die Beschlussfeststellungskompetenz nach zutreffender Auffassung aber nicht nur im Gesellschaftsvertrag oder durch einvernehmlichen Gesellschafterbeschluss, sondern auch durch Mehrheitsbeschluss zuweisen.[63] Eine konkludente Bestimmung kann sich ergeben, wenn eine Person faktisch ohne Widerspruch eines Gesellschafters die Versammlung leitet.[64] Bei der Beschlussfeststellung selbst besitzt der Versammlungsleiter **kein Ermessen.**[65] Im Grundsatz darf der Versammlungsleiter von der Wirksamkeit der abgegebenen Stimmen ausgehen und nur bei einem bestehenden **Stimmverbot** oder einem offensichtlichen Wirksamkeitsmangel die vom Gesellschafter abgegebene Stimme nicht werten.[66]

15 Demgegenüber ist die Feststellung durch den Versammlungsleiter auch dann maßgeblich, wenn sie **inhaltlich unzutreffend** ist, weil etwa ein Beschluss des dokumentierten Inhalts nicht gefasst worden ist oder versehentlich ein anderer Beschluss protokolliert wurde. Erfolgt keine einvernehmliche Korrektur der Feststellung durch die Gesellschafter, muss der Beschluss mittels Anfechtungsklage angegriffen werden.[67] Besteht Streit über die Wirksamkeit der Bestellung des Versammlungsleiters oder agieren **konkurrierende Versammlungsleiter,** dann ist diejenige Beschlussfeststellung maßgeblich, die der rechtmäßig bestellte Versammlungsleiter vorgenommen hat. Die Gesellschafter tun regelmäßig gut daran, die ihnen missfallenden Beschlüsse anzufechten und vorsorglich eine allgemeine Feststellungsklage nach § 256 ZPO zu erheben.[68]

16 Auch gegen **ablehnende Beschlüsse** findet grundsätzlich die Anfechtung statt. Allerdings wird einer isoliert erhobenen Anfechtungsklage regelmäßig das erforderliche Rechtsschutzinteresse fehlen.[69] Mittel der Wahl ist stattdessen die Verbindung der Anfechtungsklage mit einer positiven Beschlussfeststellungsklage nach § 115 (→ § 115 Rn. 1). In Ermangelung einer gerichtlichen Geltendmachung wird auch der ablehnende Beschluss bestandskräftig; über den gleichen Beschlussinhalt können die Gesellschafter aber später zustimmend entscheiden.[70]

---

[55] Ebenroth/Boujong/Drescher Rn. 17; Knorr GmbHR 2022, 563 Rn. 36 f.

[56] Vgl. OLG Stuttgart 10.2.2014, GmbHR 2015, 431; Lutter/Hommelhoff/Bayer GmbHG Anh. § 47 Rn. 38; ausf. Hoffmann/Köster GmbHR 2003, 1327 ff.

[57] Ebenroth/Boujong/Drescher Rn. 14; Liebscher/Rickelt ZPG 2023, 441 (445); Nolting NJW 2022, 113 (114 f.).

[58] Staub/Schäfer § 112 Rn. 14; BeckOGK/Otte/Dietlein, 1.3.2025, Rn. 71 f.; Ebenroth/Boujong/Drescher Rn. 23; Nolting NJW 2022, 113 Rn. 26; **aA** Altmeppen ZIP 2021, 213 (215); Altmeppen NZG 2022, 1563 (1566); Knorr GmbHR 2022, 563 Rn. 51.

[59] Vgl. BayObLG 7.11.1991, GmbHR 1992, 41 (42) = DNotZ 1992, 533; NSH/Noack GmbHG Anh. § 47 Rn. 120a; Wicke GmbHG Anh. § 47 Rn. 12.

[60] Lutter/Hommelhoff/Bayer GmbHG Anh. § 47 Rn. 38; Ebenroth/Boujong/Drescher Rn. 21; NSH/Noack GmbHG Anh. § 47 Rn. 120a; vgl. noch OLG Stuttgart 13.4.1994, GmbHR 1995, 228 (229) = NJW-RR 1994, 811.

[61] Vgl. BGH 25.10.2016, NJW 2017, 1467 Rn. 19; BeckOGK/Otte/Dietlein, 1.3.2025, Rn. 76.

[62] Dazu mit Formulierungsvorschlägen s. Knorr GmbHR 2022, 563 Rn. 64 ff.; vgl. weiter MüKoHGB/Liebscher Rn. 18; Fehrmann/Leclerc/Schirrmacher GmbHR 2024, 57 Rn. 18 ff.

[63] Vgl. Ebenroth/Boujong/Drescher Rn. 19; BeckOGK/Otte/Dietlein, 1.3.2025, Rn. 74 f.; Bayer/Rauch DB 2021, 2609 (2615); Knorr GmbHR 2022, 563 Rn. 20; (zur GmbH) OLG Brandenburg 5.1.2017, GmbHR 2017, 408 Rn. 54; wohl auch BGH 11.2.2008, NZG 2008, 317 Rn. 24; **aA** Nolting NJW 2022, 113 Rn. 31; (zur GmbH) KG 12.10.2015, NZG 2016, 384 (385).

[64] Vgl. OLG Stuttgart 20.11.2012, GmbHR 2013, 472 (476) = NZG 2013, 618; Ebenroth/Boujong/Drescher Rn. 19; Szerkus GmbHR 2023, 53 (55); dagegen offenbar Noack FS Paefgen, 2025, 369 (372).

[65] BeckOGK/Otte/Dietlein, 1.3.2025, Rn. 73; Ernst FS K. Schmidt, Bd. I, 2019, 261 (265).

[66] Vgl. auch BeckOGK/Otte/Dietlein, 1.3.2025, Rn. 73.

[67] Vgl. Ebenroth/Boujong/Drescher Rn. 18; BeckOGK/Otte/Dietlein, 1.3.2025, Rn. 82.

[68] Vgl. BeckOGK/Otte/Dietlein, 1.3.2025, Rn. 81.

[69] Vgl. Begr. RegE, BT-Drs. 19/27635, 236.

[70] Vgl. BGH 15.5.1972, GmbHR 1972, 224 (225) = BeckRS 1972, 31123048; BeckOGK/Otte/Dietlein, 1.3.2025, Rn. 85.

Eine Anfechtbarkeit setzt weiter voraus, dass überhaupt ein Gesellschafterbeschluss gefasst worden ist. Das ist nicht der Fall, wenn ein Beschlussantrag schlicht übergangen worden ist,[71] sowie im Falle von **Nichtbeschlüssen** bzw. **Scheinbeschlüssen.** Hierbei handelt es sich um sehr seltene Fallgestaltungen, in denen der Beschluss der Gesellschaft unter keinem denkbaren Gesichtspunkt zugerechnet werden kann.[72] In Betracht kommt eine Beschlussfassung durch vollkommen Unbeteiligte, also Nichtgesellschafter, oder durch ein nicht existierendes oder offensichtlich unzuständiges Gremium, nicht aber bei bloßen Kompetenzkonflikten.[73] Anfechtbar sind hingegen Beschlüsse, die vom Versammlungsleiter fehlerhaft festgestellt worden sind[74] oder die unter Verletzung des Teilnahmerechts von Gesellschaftern zustande gekommen sind (→ Rn. 24). 17

2. Abgrenzung von Anfechtbarkeit und Nichtigkeit. a) Grundlagen. Das Gesetz unterscheidet nach § 110 Nichtigkeits- und Anfechtungsgründe. Ein Beschlussmangel führt im ersten Zugriff entweder zur Nichtigkeit oder zur Anfechtbarkeit des Gesellschafterbeschlusses. Der **nichtige Gesellschafterbeschluss** ist nach Abs. 2 S. 1 Nr. 1 von Anfang an unwirksam, entfaltet keine Bindungswirkung und wird – von extremen Ausnahmefällen abgesehen – **nicht bestandskräftig.** Die Nichtigkeit braucht nicht im Rahmen eines gesonderten Verfahrens festgestellt zu werden. Stattdessen kann sich jeder Beteiligte, und zwar auch Nichtgesellschafter, auf die Nichtigkeit des Gesellschafterbeschlusses berufen (Abs. 2 S. 2), die im Rahmen anderweitiger Streitverfahren verifiziert werden kann.[75] Die Erhebung einer Nichtigkeitsklage nach § 114 ist optional. Demgegenüber muss der **anfechtbare Gesellschafterbeschluss** vom Gesellschafter mit Hilfe der fristgebundenen Anfechtungsklage nach Abs. 1 angegriffen werden, um den Eintritt von Bestandskraft zu verhindern. Erst nach rechtskräftiger Entscheidung wird ein rechtswidriger Gesellschafterbeschluss mit Wirkung ex tunc[76] nach Abs. 2 S. 1 Nr. 2 für nichtig erklärt. 18

Während des Laufs der Anfechtungsfrist nach § 112 Abs. 1 haben die **Geschäftsführer** im Rahmen einer Interessenabwägung zwischen dem Aufschubinteresse des klagenden Gesellschafters einerseits und dem Vollzugsinteresse der Gesellschaft und der zustimmenden Gesellschaftermehrheit andererseits zu entscheiden, ob sie den anfechtbaren **Beschluss ausführen** oder zunächst den Ablauf der **Anfechtungsfrist abwarten.**[77] Zu berücksichtigen sind insbesondere Erfolgswahrscheinlichkeiten der Beschlussmängelklage.[78] Das gilt gleichermaßen während eines anhängigen Anfechtungsverfahrens. Ist die Anfechtungsfrist ohne Klageerhebung verstrichen, steht einer Beschlussausführung regelmäßig nichts im Wege,[79] es sei denn, der Geschäftsführer muss von einem schweren Rechtsverstoß durch den Beschluss ausgehen. Ist der Beschluss rechtskräftig für nichtig erklärt, hat eine Ausführung zu unterbleiben.[80] Gleiches gilt für nichtige Beschlüsse.[81] 18a

Dabei kann sich die **Rechtswidrigkeit** des Gesellschafterbeschlusses sowohl aus der Verletzung einer Rechtsvorschrift und von ungeschriebenen Grundsätzen des Verbandsrechts ergeben als auch aus einem Verstoß gegen den Gesellschaftsvertrag.[82] Nach dem gesetzlichen Konzept des § 110 ist die Regelfolge eines Beschlussmangels die **Anfechtbarkeit,** während **Nichtigkeitsgründe** die Ausnahme bilden und nur dann anzunehmen sind, wenn es sich um besonders schwerwiegende Fehler handelt und der Gesellschafter als besonders schutzwürdig erscheint. 19

Erfasst werden gleichermaßen Verfahrens- und Inhaltsmängel von Gesellschafterbeschlüssen, wobei auch **Verfahrensmängel** regelmäßig nur zur Anfechtbarkeit führen.[83] Bei **Inhaltsmängeln** ist mit Blick auf Beschlussgegenstände und die Gestaltungsgrenzen des Personengesellschaftsrechts zwischen Anfechtungs- und Nichtigkeitsklage zu differenzieren.[84] 20

---

[71] Vgl. BeckOGK/Otte/Dietlein, 1.3.2025, Rn. 86.

[72] Vgl. BGH 16.12.1953, BGHZ 11, 231 (236) = NJW 1954, 385; BeckOGK/Otte/Dietlein, 1.3.2025, Rn. 77; zu eng Koch/Holle Rn. 28 f.

[73] Vgl. BeckOGK/Otte/Dietlein, 1.3.2025, Rn. 77; abw. offenbar Koch PersGesR/Holle Rn. 29.

[74] Vgl. BeckOGK/Otte/Dietlein, 1.3.2025, Rn. 78.

[75] Begr. RegE, BT-Drs. 19/27635, 271; BeckOGK/Otte/Dietlein, 1.3.2025, Rn. 89; Schäfer Neues PersGesR/Grunewald § 5 Rn. 51.

[76] BeckOGK/Otte/Dietlein, 1.3.2025, Rn. 89; Schäfer Neues PersGesR/Grunewald § 5 Rn. 53.

[77] Vgl. MüKoHGB/Liebscher Rn. 28; RGHMW/Mock Rn. 22; **abw.** Ebenroth/Boujong/Drescher Rn. 44; Schäfer Neues PersGesR/Grunewald § 5 Rn. 54: stets Abwarten der Anfechtungsfrist.

[78] MüKoHGB/Liebscher Rn. 28; vgl. auch Staub/Schäfer Rn. 27 f.

[79] Vgl. Staub/Schäfer Rn. 28.

[80] Zum Ganzen RGHMW/Mock Rn. 22.

[81] Relativierend hingegen RGHMW/Mock Rn. 38.

[82] Begr. RegE, BT-Drs. 19/27635, 228; **abw.** Koch/Holle Rn. 9: sämtliche Vereinbarungen der Gesellschafter; RGHMW/Mock Rn. 14, 17: allseitige Gesellschaftervereinbarungen.

[83] Dazu näher Begr. RegE, BT-Drs. 19/27635, 265 f.

[84] Dazu ausf. Drescher ZGR Sonderheft 23 (2021), 115 (129 ff.).

21 **b) Verfahrensmängel. aa) Nichtigkeit.** Sehr umstritten ist im Ausgangspunkt, ob Verfahrensmängel stets nur zur Anfechtbarkeit führen[85] (oder im Einzelfall unbeachtlich sind; → Rn. 26) oder ausnahmsweise auch die Nichtigkeit des Gesellschafterbeschlusses nach sich ziehen können.[86] Zwar deutet der Wortlaut des Abs. 2 S. 1 Nr. 1 („durch seinen Inhalt") darauf hin, dass nur Inhalts- und keine Verfahrensfehler die Nichtigkeitsfolge nach sich ziehen können. Diese restriktive Interpretation findet in den Materialien indes keine Stütze und muss zugunsten einer analogen Anwendung der Nichtigkeitsregeln auf Verfahrensfehler weichen, die sich auf **prozedurale Schutzvorschriften** beziehen, auf deren Einhaltung der Gesellschafter iSd Abs. 2 S. 1 Nr. 1 **nicht verzichten kann.**[87] Das gilt namentlich für das Teilnahmerecht und das Rederecht in der Gesellschafterversammlung sowie das Informationsrecht aus wichtigem Grund nach § 717 Abs. 1 S. 3 BGB iVm § 105 Abs. 3.[88] Mangelt es an einer wirksamen Ladung des Gesellschafters oder wird ihm die Teilnahme an der Gesellschafterversammlung in sonstiger Weise unmöglich gemacht, ist der gefasste Gesellschafterbeschluss nichtig.[89] Das hat der BGH kürzlich für die Einberufung der Gesellschafter durch einen Unbefugten bestätigt.[90]

22 In der **Regierungsbegründung** heißt es unter anderem, „dass Verfahrensmängel im Regelfall nur zur Anfechtbarkeit eines Beschlusses führen".[91] Das lässt ausreichend Interpretationsspielraum, um besonders schwerwiegende Verfahrensverstöße mit der Nichtigkeitsfolge zu sanktionieren. Zudem stellen die Entwurfsverfasser die Regelfolge der Anfechtbarkeit in den Kontext der geringen Formstrenge des personengesellschaftsrechtlichen Beschlussverfahrens im Vergleich zum Aktienrecht.[92] Teilnahme-, Rede- und Informationsrecht gehören indes zu den unverzichtbaren Gesellschafterrechten respektive indisponiblen Beschlussgegenständen und dürfen den Gesellschaftern auch nicht in Form einer faktischen Nichtbeachtung entzogen werden. Die Unterschiede der Beschlussverfahren und deren Formerfordernisse sind in Bezug auf diese Mitgliedschaftsrechte ohne Belang. Mit Blick auf die grundlegenden Struktur- und Wertungsprinzipien des Verbandsrechts ist es **schwerlich hinzunehmen,** dass unter Verstoß gegen elementare Gesellschafterrechte gefasste Beschlüsse **vorläufig wirksam und verbindlich** sein sollen und nur im Rahmen eines Anfechtungsverfahrens rückwirkend beseitigt werden können.[93] In der Zwischenzeit kann es aufgrund von Mehrheitsbeschlüssen über Grundlagenentscheidungen bereits zu irreversiblen Änderungen des Unternehmens gekommen sein.

23 **bb) Anfechtbarkeit.** In Adaption der zum Kapitalgesellschaftsrecht vertretenen **Relevanztheorie**[94] führen Verfahrensmängel, die nicht mit der Nichtigkeitsfolge sanktioniert werden (→ Rn. 22), nur dann zur Anfechtbarkeit des Gesellschafterbeschlusses, wenn der Verfahrensfehler die Meinungsbildung oder die Stimmrechtsausübung zu beeinflussen geeignet war.[95] Für die mangelnde Relevanz des Verfahrensverstoßes ist die Gesellschaft darlegungs- und beweisbelastet.[96]

24 In diesem Sinne relevant ist namentlich eine Verletzung des **Teilnahmerechts,**[97] soweit diese nicht bereits zur Nichtigkeit führt (→ Rn. 21). Das kommt auch in Betracht, wenn ein beschränkt

[85] So Staub/Schäfer Rn. 10; Koch PersGesR/Holle Rn. 16; Ebenroth/Boujong/Drescher Rn. 33; MüKoHGB/Liebscher Rn. 41; Bayer/Rauch DB 2021, 2609 (2614); Böffel/Schramm WM 2020, 2402 (2410); Fehrmann/Leclerc/Schirrmacher GmbHR 2024, 57 Rn. 26; Liebscher/Rickelt ZPG 2023, 441 (447 f.); Schirrmacher/Breuninger RFamU 2023, 257 (260 f.); Wörner/Ebel NZG 2021, 963 (965); Harbarth FS Grunewald, 2021, 311 (319); jetzt auch Schäfer ZPG 2023, 281 (284 f.); tendenziell auch Schmitz-Herscheidt ZIP 2024, 2061 (2064 f.).

[86] So RGHMW/Mock Rn. 29, 32; BeckOGK/Otte/Dietlein, 1.3.2025, Rn. 94 f.; Schäfer Neues PersGesR/Grunewald § 5 Rn. 42; Bresgen, Das Beschlussmängelrecht der Personengesellschaften, 2025, S. 140 ff.; Preuß FS Gehrlein, 2022, 469 (474); Noack FS Paefgen, 2025, 369 (373 ff.); früher auch Schäfer ZIP 2021, 1527 (1531).

[87] Dazu und zum Folgenden ausf. Lieder FS Paefgen, 2025, 307 (315 ff.).

[88] Vgl. BeckOGK/Otte/Dietlein, 1.3.2025, Rn. 94; Otte ZIP 2020, 1743 (1746).

[89] BeckOGK/Otte/Dietlein, 1.3.2025, Rn. 94 f.; Schäfer Neues PersGesR/Grunewald § 5 Rn. 42; Otte/Hollmann RFamU 2024, 51; Schäfer ZIP 2021, 1527 (1531); **aA** Bayer/Rauch DB 2021, 2609 (2614); Wörner/Ebel NZG 2021, 963 (965).

[90] BGH 16.7.2024, NZG 2024, 1367; krit. Schäfer ZPG 2025, 11 ff.

[91] Begr. RegE, BT-Drs. 19/27635, 228.

[92] Begr. RegE, BT-Drs. 19/27635, 228; vgl. noch dort S. 228 f.: Der weiteren Entwicklung der Rechtsprechung könne weiterhin die Frage überlassen bleiben, „ob bei besonders gewichtigen Einberufungsmängeln, die das Teilnahmerecht des Gesellschafters tangieren, anstelle der Anfechtbarkeit die Nichtigkeit oder Unwirksamkeit des Beschlusses in Betracht kommt".

[93] Vgl. den Hinweis auf die Anfechtungsklage und den Beginn des Fristlaufs erst mit Bekanntgabe nach § 112 Abs. 2 bei Begr. RegE, BT-Drs. 19/27635, 229; Bayer/Rauch DB 2021, 2609 (2614).

[94] BGH 12.11.2001, NJW 2002, 1128 (1129); 18.10.2004, NZG 2005, 77 (79).

[95] RGHMW/Mock Rn. 12; Koch PersGesR/Holle Rn. 13 ff.; BeckOGK/Otte/Dietlein, 1.3.2025, Rn. 97; Schäfer Neues PersGesR/Grunewald § 5 Rn. 49; Bayer/Rauch DB 2021, 2609 (2614); Liebscher/Rickelt ZPG 2023, 441 (448); Wörner/Ebel NZG 2021, 963 (970); für eine Orientierung am Kriterium des Schutzzwecks Ebenroth/Boujong/Drescher Rn. 26; Schäfer ZIP 2021, 1527 (1531).

[96] Vgl. BGH 30.3.1987, NJW 1987, 2580 (2582); BeckOGK/Otte/Dietlein, 1.3.2025, Rn. 97; RGHMW/Mock Rn. 12 aE; Bayer/Rauch DB 2021, 2609 (2614); Liebscher/Rickelt ZPG 2023, 441 (448).

[97] Vgl. OLG Hamm 7.3.2018, NZG 2018, 868 (869); BeckOGK/Otte/Dietlein, 1.3.2025, Rn. 98.

geschäftsfähiger Gesellschafter nicht ordnungsgemäß in der Versammlung vertreten ist.[98] Auf die Stimmberechtigung kommt es dafür nicht an (→ § 109 Rn. 21). Soweit der Gesellschafter zur Wahrnehmung seiner Mitgliedschaftsrechte in der Gesellschafterversammlung auf einen **fachlichen Beistand** angewiesen ist, ihm dessen Hinzuziehung indes verweigert wird,[99] ist der Gesellschafterbeschluss anfechtbar.[100] Irrelevant ist hingegen regelmäßig die Teilnahme unberechtigter Dritter, soweit sich ihre Anwesenheit nicht auf das Abstimmungsverhalten der berechtigten Teilnehmer oder – infolge einer unberechtigten Stimmabgabe – auf das Abstimmungsergebnis ausgewirkt hat.[101]

Zur Anfechtung berechtigen zudem Verstöße gegen eine angemessene **Ladungsfrist** nach § 109 Abs. 2 S. 2 (→ § 109 Rn. 7) oder einer solchen Frist nach dem Gesellschaftsvertrag.[102] Das wird man nur dann anders sehen können, wenn sich der Gesellschafter – trotz Rechtsverstoßes – ordnungsgemäß auf die Versammlung vorbereiten konnte und hieran teilgenommen hat.[103] Irrelevant sind hingegen Verstöße gegen die **Form der Ladung** (Einschreiben, Brief, E-Mail).[104] Soweit eine Verletzung des **Informationsrechts** nicht zur Nichtigkeit führt (→ Rn. 31), ist sie analog § 243 Abs. 4 S. 1 AktG relevant, wenn ein objektiv urteilender Gesellschafter die Erteilung der Information als wesentliche Voraussetzung für die sachgerechte Wahrnehmung seiner Teilnahme- und Mitgliedschaftsrechte angesehen hätte.[105] Dabei trifft die Gesellschafter aber zugleich eine Holschuld, die bei geschäftsführenden Gesellschaftern besonders stark ausgeprägt ist.[106] 25

Anderweitige Verletzungen von Regelungen über das **Beschlussverfahren,** wie zB die Wahl des Versammlungsleiters, sind regelmäßig irrelevant.[107] Was eine fehlerhafte Protokollierung angeht, richtet sich die Anfechtbarkeit danach, ob mit der Protokollierung zugleich die Beschlussfeststellung verbunden ist; gegen ein fehlerhaft festgestelltes Beschlussergebnis können sich die Gesellschafter mittels Anfechtungsklage zur Wehr setzen (→ Rn. 17).[108] Anderweitige **Formfehler** führen im Regelfall ebenso wenig zur Anfechtbarkeit.[109] Eine Ausnahme gilt lediglich für Zustimmungsbeschlüsse zu Umwandlungsmaßnahmen, die nach § 13 Abs. 3 UmwG der notariellen Beurkundung bedürfen. 26

c) Inhaltsmängel. Inhaltsfehler führen nach Abs. 2 S. 1 Nr. 1 zur **Nichtigkeit** des Gesellschafterbeschlusses, wenn gegen Rechtsvorschriften verstoßen wird, auf deren Einhaltung die Gesellschafter nicht verzichten können. In diesem Sinne unverzichtbar sind Vorschriften, die **schutzwürdigen Gläubigerinteressen** oder berechtigten Belangen Dritter[110] zu dienen bestimmt oder im Übrigen einer Beschlussfassung durch die Gesellschafter von vornherein entzogen sind;[111] das betrifft die Kategorie der **indisponiblen Beschlussgegenstände** (→ § 109 Rn. 70). Soweit kein vollständiger Entzug eines unverzichtbaren mitgliedschaftlichen Rechts in Rede steht, sondern lediglich eine Beeinträchtigung, ist durch Abwägung anhand sämtlicher Umstände des konkreten Einzelfalls zu entscheiden, ob die Nichtigkeitssanktion angemessen erscheint.[112] Die Nichtigkeit von Beschlüssen zur Feststellung des **Jahresabschlusses** bestimmt sich analog § 256 AktG.[113] 27

---

[98] RGHMW/Mock Rn. 15.

[99] Zur diesbezüglichen Berechtigung vgl. BGH 27.4.2009, NJW 2009, 2300 Rn. 17 (2301); OLG Dresden 25.8.2016, NZG 2016, 1225 (1227).

[100] BeckOGK/Otte/Dietlein, 1.3.2025, Rn. 102.

[101] Vgl. OLG Stuttgart 27.6.2018, BeckRS 2018, 21664 Rn. 101; OLG Brandenburg 29.7.1998, NJW-RR 1999, 543 (546); Staub/Schäfer Rn. 16; RGHMW/Mock Rn. 15 f.; Ebenroth/Boujong/Drescher Rn. 26a; **aA** BeckOGK/Otte/Dietlein, 1.3.2025, Rn. 104.

[102] BeckOGK/Otte/Dietlein, 1.3.2025, Rn. 100.

[103] Vgl. auch BGH 11.3.2014, NZG 2014, 621 Rn. 13; Ebenroth/Boujong/Drescher Rn. 26a.

[104] Vgl. OLG Stuttgart 27.6.2018, BeckRS 2018, 21664 Rn. 93 ff.; BeckOGK/Otte/Dietlein, 1.3.2025, Rn. 99; Ebenroth/Boujong/Drescher Rn. 26a.

[105] Staub/Schäfer Rn. 19 f.; Ebenroth/Boujong/Drescher Rn. 26a; BeckOGK/Otte/Dietlein, 1.3.2025, Rn. 101; Schäfer Neues PersGesR/Grunewald § 5 Rn. 49.

[106] Vgl. BGH 10.10.2017, NJW 2018, 52 Rn. 77; BeckOGK/Otte/Dietlein, 1.3.2025, Rn. 101 aE.

[107] Vgl. BGH 20.11.2018, NJW 2019, 993 Rn. 62; Ebenroth/Boujong/Drescher Rn. 26a; BeckOGK/Otte/Dietlein, 1.3.2025, Rn. 103.

[108] Offenbar abl. BeckOGK/Otte/Dietlein, 1.3.2025, Rn. 103.

[109] Dazu Ebenroth/Boujong/Drescher Rn. 35; Staub/Schäfer Rn. 21; vgl. weiter Schäfer Neues PersGesR/Grunewald § 5 Rn. 43; Wörner/*Ebel* NZG 2021, 963 (966).

[110] Vgl. auch Koch PersGesR/Holle Rn. 20; RGHMW/Mock Rn. 31; Schäfer Neues PersGesR/Grunewald § 5 Rn. 45; Liebscher/Rickelt ZPG 2023, 441 (447).

[111] Vgl. Begr. RegE, BT-Drs. 19/27635, 229: „Zwingend sind diese Vorschriften im Allgemeinen deshalb, weil sie die schutzwürdigen Belange der Gesellschaftsgläubiger oder den unverzichtbaren Kernbereich der Mitgliedschaft jedes Gesellschafters tangieren … (absolut unentziehbare Rechte)."

[112] So oder ähnlich RGHMW/Mock Rn. 30; Schäfer Neues PersGesR/Grunewald § 5 Rn. 43; Löbbe FS Heidel, 2021, 575 (586); vgl. noch Liebscher/Rickelt ZPG 2023, 441 (447).

[113] Ebenroth/Boujong/Drescher Rn. 32; Staub/Schäfer Rn. 30; Schäfer ZIP 2021, 1527 (1531).

27a Nichtig ist analog § 241 Nr. 4 AktG zudem ein Beschluss, der durch seinen Inhalt gegen die **guten Sitten** verstößt.[114] Maßgeblich ist, dass der Beschluss als solcher gegen die guten Sitten verstößt.[115] Ergibt sich ein Sittenverstoß nicht aus dem Inhalt, sondern lediglich aus den Umständen des Zustandekommens oder der Motivation, dann ist der Beschluss lediglich anfechtbar,[116] wie zB bei auf Gläubigerbenachteiligung gerichteten Beschlüssen.[117]

27b Bei **zustimmungspflichtigen Beschlussgegenständen** (→ § 109 Rn. 71) hängt die Wirksamkeit von der Zustimmung des betreffenden Gesellschafters ab.[118] Fehlt es an der Zustimmung, ist der Beschluss nach Auffassung der Rspr. schwebend unwirksam.[119] Dies kann mittels Nichtigkeitsklage geltend gemacht werden, die konkludent zu erkennen gibt, dass der klagende Gesellschafter seine Zustimmung verweigert, woraufhin der Beschluss endgültig unwirksam wird.[120]

28 Zieht der Inhaltsfehler keine Nichtigkeitsfolge nach sich, ist der Beschluss nach Abs. 1 **anfechtbar.** Unbeachtliche Inhaltsmängel sind dem Gesetz fremd.[121] Erfasst sind Verstöße gegen das Gesetz und den Gesellschaftsvertrag einschließlich der allgemeinen verbandsrechtlichen Struktur- und Wertungsprinzipien (→ § 109 Rn. 69). Allerdings ist zu bedenken, dass die Gesellschafter die gesellschaftsvertraglichen Bestimmungen mit vertragsändernder Mehrheit auch durch Gesellschafterbeschluss ad hoc abändern können.[122] Zur Anfechtbarkeit führen namentlich Verletzungen des verbandsrechtlichen **Gleichbehandlungsgebots** und der mitgliedschaftlichen **Treuepflicht.**[123]

29 Zulässig ist eine **Teilanfechtung** des Gesellschafterbeschlusses, wenn der Beschluss teilbar ist und die Gesellschafter den Gesamtbeschluss auch ohne den angefochtenen Teil gefasst hätten.[124] Die Teilbarkeit des Beschlusses setzt regelmäßig voraus, dass sich der Gesamtbeschluss ohne weiteres in Einzelbeschlüsse zerlegen lässt, über die auch jeweils separat durch die Gesellschafter hätte abgestimmt werden können. Anderes gilt, wenn die Gesellschafter bewusst eine einheitliche Entscheidung über den zusammengefassten Beschlussgegenstand treffen wollten.[125]

29a **d) Bestätigung.** Zwar erscheint die Fassung eines **Bestätigungsbeschlusses** analog § 244 AktG – in Parallele zur GmbH[126] – nicht von vornherein ausgeschlossen.[127] Allerdings kommt der Bestätigung bei Personengesellschaften deutlich geringere Bedeutung zu, weil diese Gesellschaften Beschlüsse regelmäßig mit erheblich weniger Aufwand fassen können.[128] In jedem Fall können

[114] Begr. RegE, BT-Drs. 19/27635, 229; iErg ebenso unter Hinweis auf § 138 BGB RGHMW/Mock Rn. 33; Schäfer Neues PersGesR/Grunewald § 5 Rn. 43; Schäfer ZIP 2021, 1527 (1531); Degistirici/Ioannidis BB 2023, 2698 (2701); Schmitz-Herscheidt ZIP 2024, 2061 (2064).

[115] Vgl. BGH 8.12.1954, BGHZ 15, 382 (384) = NJW 1955, 221; 16.12.1991, BGHZ 116, 359 (374 f.) = NJW 1992, 892; 6.12.2022, NJW 2023, 1220 Rn. 29; Staub/Schäfer Rn. 23; Bresgen, Das Beschlussmängelrecht der Personengesellschaften, 2025, S. 151.

[116] Vgl. BGH 1.6.1987, BGHZ 101, 113 (116) = NJW 1987, 2514; 16.12.1991, BGHZ 116, 359 (374 f.) = NJW 1992, 892; 6.12.2022, NJW 2023, 1220 Rn. 29; Bresgen, Das Beschlussmängelrecht der Personengesellschaften, 2025, S. 151.

[117] Ebenroth/Boujong/Drescher Rn. 30.

[118] Vgl. auch Begr. RegE, BT-Drs. 19/27635, 229 f.

[119] Vgl. Ebenroth/Boujong/Drescher Rn. 39; Schäfer Neues PersGesR/Grunewald § 5 Rn. 46; M. Noack ZIP 2020, 1382 (1384); zum Problem zuvor bereits Koch ZHR 182 (2018), 378 (405 f.); Schäfer FS K. Schmidt, Bd. II, 2019, 323 (330); **aA** Otte ZIP 2020, 1743 (1746): nachträgliche konkludente Zustimmung mangels Erhebung einer Anfechtungsklage.

[120] Vgl. Begr. RegE, BT-Drs. 19/27635, 236 f.; MüKoHGB/Liebscher § 114 Rn. 9; Koch PersGesR/Holle § 114 Rn. 18; M. Noack ZIP 2020, 1382 (1384); **aA** Ebenroth/Boujong/Drescher Rn. 40; Drescher ZGR Sonderheft 23 (2021), 115 (128 f.); Bayer/Rauch DB 2021, 2609 (2915); Fehrmann/Leclerc/Schirrmacher GmbHR 2024, 57 Rn. 28; Liebscher/Rickelt ZPG 2023, 441 (448); Schmitz-Herscheidt ZIP 2024, 2061 (2065); Preuß FS Gehrlein, 2022, 469 (480): allgemeine Feststellungsklage; **abw.** RGHMW/Mock Rn. 18: Anfechtbarkeit bei Verstoß gegen Mehrbelastungsverbot.

[121] Koch PersGesR/Holle Rn. 15; BeckOGK/Otte/Dietlein, 1.3.2025, Rn. 109; Schäfer Neues PersGesR/Grunewald § 5 Rn. 50.

[122] Dazu näher Staub/Schäfer Rn. 24.

[123] Begr. RegE, BT-Drs. 19/27635, 229; Staub/Schäfer Rn. 11; näher Bresgen, Das Beschlussmängelrecht der Personengesellschaften, 2025, S. 179 ff.

[124] Vgl. BGH 15.11.1993, NJW 1994, 520 (523); 19.5.2015, NZG 2015, 867 Rn. 30; RGHMW/Mock Rn. 19; BeckOGK/Otte/Dietlein, 1.3.2025, Rn. 110.

[125] Vgl. BeckOGK/Otte/Dietlein, 1.3.2025, Rn. 111.

[126] Vgl. BeckOGK/Lieder, 1.1.2025, GmbHG § 1 Rn. 472; MüKoGmbHG/Fleischer GmbHG Einl. Rn. 179.

[127] Zust. Ebenroth/Boujong/Drescher Rn. 46; MüKoHGB/Liebscher Rn. 57; Bresgen, Das Beschlussmängelrecht der Personengesellschaften, 2025, S. 202; **aA** RGHMW/Mock Rn. 23; Wörner/Ebel NZG 2021, 963 (969); Fehrmann/Leclerc/Schirrmacher GmbHR 2024, 57 Rn. 32; Schmitz-Herscheidt ZIP 2024, 2061 (2066 f.); offenbar auch Schäfer Neues PersGesR/Grunewald § 5 Rn. 56 f.; offenlassend Kaulbach ZHR 186 (2022), 729 (755).

[128] Vgl. auch Wörner/Ebel NZG 2021, 963 (969); Bresgen, Das Beschlussmängelrecht der Personengesellschaften, 2025, 202.

die Gesellschafter die Beschlussfassung – unter Vermeidung von Anfechtungsgründen – schlicht wiederholen.

3. Gestaltungswirkung. Das stattgebende Anfechtungsurteil wirkt nicht nur für und gegen alle Gesellschafter nach § 113 Abs. 6 Rechtskraft (→ § 113 Rn. 33), sondern gestaltet nach Abs. 2 S. 1 Nr. 2 zugleich für und gegenüber jedermann die geltende Rechtslage um: Der vorläufig verbindliche und bestandskräftige Gesellschafterbeschluss wird **endgültig unwirksam,** und zwar **mit Wirkung ex tunc.** Die Rechtsfolge tritt ein, wenn das Urteil in formeller Rechtskraft erwächst, also nicht mehr mit Rechtsmitteln angegriffen werden kann.[129] Von einer Flexibilisierung der Nichtigkeitsfolge hat der MoPeG-Gesetzgeber abgesehen;[130] im Rahmen einer grundlegenden Reform des Beschlussmängelrechts sollte sie – freilich eingedenk der personengesellschaftsrechtsspezifischen Besonderheiten – in Betracht gezogen werden.[131] Fehlt es an einer Umsetzung des Beschlusses, hat es dabei zu bewenden. Nach Umsetzung ist der Beschluss **rückgängig** zu machen. Ist das unmöglich, kommt ein Ersatzanspruch des klagenden Gesellschafters gegen die Gesellschaftermehrheit oder den Versammlungsleiter in Betracht.[132] Entfällt nachträglich die Geschäftsführungs- oder Vertretungsbefugnis sind die von den Geschäftsführern vorgenommenen Handlungen auf der Grundlage der **Lehre vom fehlerhaften Bestellungsverhältnis** als wirksam zu behandeln.[133] Das gilt – entgegen der höchstrichterlichen Rspr.[134] – auch für die fehlerhafte Bestellung von Beirats- und Aufsichtsratsmitgliedern.[135] 30

III. Nichtigkeit von Gesellschafterbeschlüssen

Ein **festgestellter** (→ Rn. 12) Beschluss der Gesellschafterversammlung ist nach Abs. 2 S. 1 Nr. 1 nichtig, wenn er Rechtsvorschriften verletzt, auf deren Einhaltung der Gesellschafter nicht verzichten kann. Dabei kann es sich sowohl um besonders gravierende Inhalts- wie auch Verfahrensverstöße (→ Rn. 21 ff.) handeln. **Ohne Feststellung** kann ein rechtswidriger Gesellschafterbeschluss keine vorläufige Verbindlichkeit entfalten und unterliegt deshalb auch nicht der Anfechtbarkeit (→ Rn. 12). Stattdessen können Beschlussmängel mittels einfacher Feststellungsklage nach § 256 ZPO verifiziert werden. **Nichtige Beschlüsse** entfalten nach Abs. 2 S. 2 **keine Wirkung,** und zwar unabhängig davon, ob die Nichtigkeit im Klagewege geltend gemacht worden ist oder nicht. So kann etwa ein Gesellschafter, der aufgrund eines nichtigen Beschlusses auf Zahlung in Anspruch genommen wird, die Zahlung unter Hinweis auf den Nichtigkeitsgrund verweigern.[136] Zudem können sich geschäftsführende Gesellschafter weigern, an der Umsetzung eines nichtigen Gesellschafterbeschlusses mitzuwirken.[137] 31

IV. Abweichende Vereinbarungen

Den Gesellschaftern steht es frei, den **gesamten Regelungskomplex** der §§ 110 ff. **abzubedingen** und am herkömmlichen Feststellungsmodell festzuhalten.[138] Die ablehnende Gegenauffassung[139] verkennt, dass der § 108 bewusst den gesamten Bereich über das Rechtsverhältnis der Gesellschafter untereinander und der Gesellschafter zur Gesellschaft zur Disposition des Gesellschaftsvertrags stellen wollte.[140] In der Sache geht es ausschließlich um die Frage, wie die Gesellschafter mit der Rechtswid- 32

[129] Ebenroth/Boujong/Drescher Rn. 37.

[130] Begr. RegE, BT-Drs. 19/27635, 229; zust. Koch PersGesR/Holle Rn. 27; Schäfer ZIP 2021, 1527 (1531); Preuß FS Gehrlein, 2022, 469 (473).

[131] Dazu ausf. Lieder NZG 2018, 1321 (1328 ff.).

[132] Dazu näher BeckOGK/Otte/Dietlein, 1.3.2025, Rn. 126 ff.

[133] Vgl. BeckOGK/Otte/Dietlein, 1.3.2025, Rn. 127; Bayer/Lieder NZG 2012, 1 (5); s. ferner Holle, Der privatrechtliche Beschluss, 2024, 381 ff.

[134] BGH 19.2.2013, BGHZ 196, 195 Rn. 17 = NZG 2013, 456.

[135] Vgl. MüKoAktG/Habersack AktG § 101 Rn. 70; K. Schmidt/Lutter/Drygala AktG § 101 Rn. 37 ff.; Lieder ZHR 178 (2014), 282 (290 ff.).

[136] Begr. RegE, BT-Drs. 19/27635, 230.

[137] BeckOGK/Otte/Dietlein, 1.3.2025, Rn. 147.

[138] Koch/Holle Rn. 5; RGHMW/Mock Rn. 45; MüKoHGB/Liebscher Vor § 110 Rn. 68 ff., 80 ff.; Schäfer Neues PersGesR/Liebscher § 5 Rn. 151 ff.; Bayer/Rauch DB 2021, 2609 (2617); Degistirici/Ioannidis BB 2023, 2698 (2700); Fehrmann/Leclerc/Schirrmacher GmbHR 2024, 57 Rn. 5; Liebscher/Rickelt ZPG 2024, 41 Rn. 48; Lieder/Hilser NotBZ 2021, 401 (407); Meyer/Schwiete NZG 2022, 1035 (1037, 1040); Schäfer ZIP 2021, 1527 (1531); K. Schmidt ZHR 187 (2023), 107 (116); Schmitz-Herscheidt ZIP 2024, 2061 (2070 f.). – Zu Vor- und Nachteilen von Anfechtungs- und Feststellungsmodell mit Gestaltungsempfehlungen ausf. Meyer/Schwiete NZG 2022, 1035 (1037 ff.).

[139] BeckOGK/Otte/Dietlein, 1.3.2025, Rn. 189.

[140] Begr. RegE, BT-Drs. 19/27635, 225 nimmt auf die §§ 110 bis 115 ausdrücklich Bezug.

rigkeit von Gesellschafterbeschlüssen im Innenverhältnis umgehen wollen. Entschließen sie sich für die Geltung des Feststellungsmodells, dann kehren sie schlicht zur Anwendung bürgerlichrechtlicher Grundsätze zurück, wie sie seit jeher für Beschlüsse von Personengesellschaften galten. Für die Geltung des Feststellungsmodells reicht es aus, wenn im Gesellschaftsvertrag bestimmt ist, dass sämtliche Beschlussstreitigkeiten durch Erhebung einer allgemeinen Feststellungsklage gegen die widersprechenden Gesellschafter ausgetragen werden.[141] Soweit der Gesellschaftsvertrag – auch ein vor dem 1.1.2024 abgeschlossener Vertrag – **keine ausdrückliche Regelung** zum Beschlussmängelregime enthält, gelten uneingeschränkt die §§ 110 ff.[142] Allerdings bleiben vor dem 1.1.2024 anhängig gewordene Feststellungsklagen auch ohne Umstellung auf die Gesellschaft statthaft.[143] Gerade mit Blick auf die Probleme beim Übergang zwischen den Personengesellschaften (→ Rn. 9) empfiehlt sich eine gesellschaftsvertragliche Regelung.[144]

33 Enthält ein **Altvertrag** einzelne Regelungen zur **Modifikation des Beschlussmängelrechts,** dann sind diese Bestimmungen auf Grundlage des § 108 auch unter Geltung der §§ 110 ff. zu beachten und mit dem modernisierten Regime zu versöhnen.[145] Das bedeutet für eine gesellschaftsvertraglich vereinbarte **Frist,** dass sie an die Stelle der Anfechtungsfrist des § 112 Abs. 1 S. 1 tritt, nicht aber, dass die Gesellschafter es – ungeachtet der §§ 110 ff. – auch künftig bei der Anwendung des Feststellungsmodells bewenden lassen wollten.[146] Schreibt der Altvertrag hingegen die Geltung des Feststellungsmodells ausdrücklich fest, deutet dies im Zweifel auf den Willen der Gesellschafter hin, auch unter Geltung der §§ 110 ff. an dieser Richtungsentscheidung festzuhalten. Das gilt namentlich für den Fall, dass die Gesellschafter die Gesetzesänderung bereits antizipiert haben.[147] Ergibt sich vor diesem Hintergrund die Notwendigkeit, den Gesellschaftsvertrag an die neue Rechtslage anzupassen, dann kann die Gesellschafter nach allgemeinen Grundsätzen eine **Zustimmungspflicht** auf Grundlage der mitgliedschaftlichen Treuepflicht treffen (→ § 108 Rn. 33), was namentlich in Bezug auf Schiedsklauseln anerkannt ist (→ Rn. 36).[148]

34 Sind im Altvertrag darüber hinausgehende, **an das Anfechtungsmodell angelehnte Regelungen** getroffen worden, finden diese Bestimmungen im Grundsatz auch weiterhin Anwendung und werden durch die §§ 110 ff. ergänzt. Gesellschaftsvertragliche Bestimmungen müssen allerdings dort zurücktreten, wo sie gegen **zwingende Vorschriften** verstoßen. Anzunehmen ist das namentlich für § 110 Abs. 2 S. 1 Nr. 1,[149] §§ 111, 113 Abs. 1, Abs. 4 S. 2 und Abs. 5 sowie § 113 Abs. 3, soweit dem Anfechtungsurteil eine Wirkung erga omnes zukommen soll.[150] Über die Geltung des § 112 Abs. 3 können die Gesellschafter hingegen disponieren. Die Festlegung einer Frist ohne Regelung von Hemmungstatbeständen schließt eine ergänzende Anwendung des § 112 Abs. 3 allerdings nicht aus.[151] Gesellschaftsvertragliche **Verweisungen auf die §§ 241 ff. AktG** oder das Beschlussmängelregime der GmbH bleiben vom Inkrafttreten der §§ 110 ff. unberührt.[152]

V. Schiedsfähigkeit

35 Streitigkeiten über Beschlussmängel im Personengesellschaftsrecht sind bei Geltung des **Feststellungsmodells** grundsätzlich **schiedsfähig.**[153] Findet das Anfechtungsmodell, namentlich auf Grundlage der §§ 110 ff. Anwendung, gelten nach zutreffender Auffassung die zum GmbH-Recht[154] entwi-

[141] Koch PersGesR/Holle Rn. 5; Schäfer ZIP 2021, 1527 (1533); vgl. weiter Schäfer Neues PersGesR/Liebscher § 5 Rn. 152 f.

[142] Vgl. RGHMW/Mock Rn. 45; BeckOGK/Otte/Dietlein, 1.3.2025, Rn. 190; Schäfer Neues PersGesR/Liebscher § 5 Rn. 151; Bayer/Rauch DB 2021, 2609 (2617); Liebscher ZIP 2023, 2441 (2444); Meyer/Schwiete NZG 2022, 1035 (1037).

[143] Vgl. Begr. RegE, BT-Drs. 19/27635, 228; Schäfer Neues PersGesR/Liebscher § 5 Rn. 151.

[144] Bayer/Rauch DB 2021, 2609 (2617); Liebscher ZIP 2023, 2441 (2444 f.).

[145] Vgl. BeckOGK/Otte/Dietlein, 1.3.2025, Rn. 184; Schäfer Neues PersGesR/Liebscher § 5 Rn. 151 ff.; Bayer/Rauch DB 2021, 2609 (2617).

[146] BeckOGK/Otte/Dietlein, 1.3.2025, Rn. 185; Bayer/Rauch DB 2021, 2609 (2617).

[147] Schäfer Neues PersGesR/Liebscher § 5 Rn. 153.

[148] Vgl. auch Schäfer Neues PersGesR/Liebscher § 5 Rn. 154.

[149] Dazu näher MüKoHGB/Liebscher Rn. 51.

[150] BeckOGK/Otte/Dietlein, 1.3.2025, Rn. 186.

[151] Dazu näher BeckOGK/Otte/Dietlein, 1.3.2025, Rn. 187.

[152] So auch BeckOGK/Otte/Dietlein, 1.3.2025, Rn. 188.

[153] OLG Hamm 29.4.1992, DB 1992, 2180; Löwe in Mehrbrey, Gesellschaftsrechtliche Streitigkeiten, 2. Aufl. 2015, § 34 Rn. 52; Reichert GmbH & Co. KG/Salger, § 44 Rn. 52; Sackmann NZG 2016, 1041 (1043); Schwedt/Lilja/Schaper NZG 2009, 1281 (1285); Witte/Hafner DStR 2009, 2052; besonders klar K. Schmidt NZG 2018, 121 (123); Otto ZGR 2019, 1082 (1108 f.); monografisch Zimmermann, Schiedsfähigkeit von Beschlussmängelstreitigkeiten in Personengesellschaften, 2020.

[154] BGH 6.4.2009, BGHZ 180, 221.

ckelten Grundsätze auch für Personengesellschaften.[155] Denn in diesem Fall ist sicherzustellen, dass die Gestaltungswirkung erga omnes nach § 113 Abs. 6 auch im Schiedsverfahren auf einer legitimen Grundlage fußt. Die Drittwirkung von Schiedssprüchen macht es notwendig, dass alle Gesellschaftsorgane und jeder Gesellschafter von der Einleitung und dem Verlauf des Schiedsverfahrens informiert wird und sich als Nebenintervenient daran beteiligen kann. Zudem müssen alle Gesellschafter an Auswahl und Bestellung der Schiedsrichter mitwirken können oder die Auswahl muss durch eine neutrale Stelle erfolgen. Sind auf einer Seite des Rechtsstreits mehrere Gesellschafter beteiligt, kann nach Mehrheitsprinzip entschieden werden. Außerdem sind sämtliche Beschlussmängelklagen, die denselben Klagegegenstand betreffen, bei demselben Schiedsgericht zu konzentrieren, um divergierende Entscheidungen zu vermeiden (vgl. § 246 Abs. 3 AktG).[156] Die konkrete Formulierung kann sich an den von der Deutschen Institution für Schiedsgerichtsbarkeit (DIS) entworfenen „Ergänzenden Regeln für gesellschaftsrechtliche Streitigkeiten" (DIS-ERGeS)[157] orientieren.[158] Eine solche Schiedsklausel kann in den Gesellschaftsvertrag aufgenommen oder zwischen allen Gesellschaftern individualvertraglich vereinbart werden.[159] Aber auch ohne ausdrücklichen Verweis auf die DIS-ERGeS finden diese Regelungen Anwendung, soweit die Schiedsklausel anordnet, dass ein Schiedsgericht nach der DIS-Schiedsgerichtsordnung abschließend über eine Streitigkeit entscheidet.[160] Diese Anforderungen sind auch für den Fall zu beachten, dass mangels Beschlussfeststellung eine **allgemeine Feststellungsklage** nach § 256 ZPO erhoben wird, weil auf diese die §§ 110 ff. weitgehend entsprechende Anwendung finden, sodass die Interessenlage der Gesellschafter derjenigen bei Geltung des Anfechtungsmodells im Wesentlichen entspricht.[161] Mit Blick auf die noch immer bestehenden Unsicherheiten in diesem Kontext ist den Gesellschaftern eine ausdrückliche gesellschaftsvertragliche Regelung des Beschlussmängelsystems und der zugehörigen Schiedsklausel nahezulegen.[162]

Genügen die gesellschaftsvertraglichen Schiedsklauseln diesen **Anforderungen** bisher **nicht,** kommt eine ergänzende Auslegung grundsätzlich nicht in Betracht.[163] Stattdessen bedarf es einer Abänderung und **Anpassung** der Schiedsklauseln an die Mindesterfordernisse des Anfechtungsmodells. Mit Blick auf die Bedeutung solcher Schiedsklauseln für die Gesellschaften wird sich aus der gesellschaftsrechtlichen Treuepflicht regelmäßig eine **Verpflichtung** aller Gesellschafter ergeben, an der Anpassung des Gesellschaftsvertrags mitzuwirken und für eine wirksame Schiedsvereinbarung zu sorgen.[164] 36

Diese **Mindestanforderungen** sollten nach zwischenzeitlicher Auffassung des I. Zivilsenats des **BGH** auf alle Beschlussmängelstreitigkeiten in Personengesellschaften **anwendbar** sein.[165] Das schloss offenbar auch die Geltung des **Feststellungsmodells** ein. Insofern ist die **Position der Rspr.** – in Übereinstimmung mit einem Großteil des Schrifttums[166] – hingegen **abzuleh-** 37

[155] BeckOGK/Otte/Dietlein, 1.3.2025, Rn. 195; Borris/Schenk-Busch NZG 2022, 259 (262); Glienke/Hohm SchiedsVZ 2022, 189 (197 f.); Heinrich DB 2022, 446 (449); Jobst ZIP 2022, 884 (888); Liebscher/Günthner ZIP 2022, 713 (719 f.); Meyer/Schwiete NZG 2022, 1035 (1038 f.); Mock SchiedsVZ 2022, 56 (59); Otte/Weiler NZG 2025, 969 Rn. 8; Reichert/Groh ZPG 2023, 121 (130); Schmitz-Herscheidt ZIP 2024, 2061 (2072); Elsing FS Heckschen, 2024, S. 181 (192 ff.); so bereits zuvor bei gesellschaftsvertraglicher Wahl des Anfechtungsmodells Lieder NZG 2018, 1321 (1330); vgl. weiter Baumann/Wagner BB 2017, 1993 (1997); Borris NZG 2017, 761 (766 f.); Hauschild/Böttcher DNotZ 2012, 577 (587 f.); Sackmann NZG 2016, 1041 (1044 f.); vgl. weiter MHdB GesR VII/Benedict/Gehle/Schmidt § 146 Rn. 41; v. Hase BB 2011, 1993 (1996); Zimmermann, Schiedsfähigkeit von Beschlussmängelstreitigkeiten in Personengesellschaften, 2020, 241 ff., 250, 262 f., 277 f., **aA** Nolting ZIP 2017, 1641 (1645 f.); Otto ZGR 2019, 1082 (1112 ff.).

[156] BGH 6.9.2009, BGHZ 180, 221 Rn. 20 = NZG 2009, 620; 6.4.2017, NZG 2017, 657 Rn. 25.

[157] Abrufbar unter https://www.disarb.org/werkzeuge-und-tools/dis-regeln (12.8.2025); dazu ausf. Bryant/Hagmann SchiedsVZ 2023, 332 (335 ff.).

[158] Baumann/Wagner BB 2017, 1993 (1997); Garbe GWR 2017, 222.

[159] Römermann GmbHR 2009, 710 (711); Römermann GmbHR 2017, 759 (762).

[160] BayObLG 10.10.2022, SchiedsVZ 2023, 100 Rn. 56.

[161] Im Ergebnis auch BeckOGK/Otte/Dietlein, 1.3.2025, Rn. 195; Lörcher/Otte FS Thümmel, 2020, 515 (518).

[162] Dazu ausf. Liebscher ZIP 2023, 2441 (2449 f.).

[163] Vgl. BGH 6.4.2009, BGHZ 180, 221 Rn. 36 f. = NJW 2009, 1962; BeckOGK/Otte/Dietlein, 1.3.2025, Rn. 197; Hauschild/Böttcher DNotZ 2012, 577 (586); Hilbig SchiedsVZ 2009, 247 (250); Nietsch ZIP 2009, 2269 (2277); krit. Versin GmbHR 2015, 969 (974).

[164] BeckOGK/Otte/Dietlein, 1.3.2025, Rn. 201; vgl. weiter Lutter/Hommelhoff/Bayer GmbHG Anh. § 47 Rn. 98; MüKoGmbHG/Wertenbruch GmbHG Anh. § 47 Rn. 496; Römermann GmbHR 2017, 759 (762).

[165] BGH 6.4.2017, NZG 2017, 657 Rn. 26; dem folgend im Grundsatz J. Schmidt Verh. 72. DJT, Bd. II/1, 2019, O101 (O104); Heymann/Hoffmann/Bartlitz Rn. 15; BeckOK/Klimke, 47. Ed. 1.7.2025, Rn. 45; auf der Basis seines abweichenden Konzepts iErg zust. K. Schmidt NZG 2018, 121 (125 f.).

[166] Baumann/Wagner BB 2017, 1993 ff.; Borris NZG 2017, 761 ff.; Nolting ZIP 2017, 1641 ff.; Otto ZGR 2019, 1082 (1107 ff.); Habersack FS Graf-Schlicker, 2018, 37 (42 ff.); krit. auch Heinrich ZIP 2018, 411 ff.; Schlüter DZWIR 2018, 251 ff.; Zimmermann, Schiedsfähigkeit von Beschlussmängelstreitigkeiten in Personengesellschaften, 2020, 243 ff.

nen.[167] Anfechtungs- und Feststellungsmodell unterscheiden sich grundlegend. Soweit nicht das Anfechtungsmodell gilt, erfolgt die Geltendmachung von Beschlussmängeln durch Erhebung einer Feststellungsklage gegen alle übrigen Gesellschafter (→ § 115 Rn. 9). Das von den Mindestanforderungen an die Schiedsvereinbarung adressierte Problem der Legitimation drittwirkender Schiedssprüche stellt sich in diesem Fall gerade nicht. Dementsprechend schießt es auch deutlich über das Ziel hinaus, besagte Mindesterfordernisse bei der Geltung des Anfechtungsmodells zu fordern. Verfehlt ist auch die Annahme der Nichtigkeit einer in diesem Sinne unzureichenden Schiedsvereinbarung nach § 138 Abs. 1 BGB. Um eine Verletzung rechtlichen Gehörs (Art. 103 Abs. 1 GG), die zur Nichtigkeit nach § 138 Abs. 1 BGB führen würde, zu vermeiden, müssen die Schiedsverfahrensparteien und alle Personengesellschafter, gegen die der Schiedsspruch Rechtskraft wirkt, allerdings an der **Benennung der Schiedsrichter** mitwirken können.[168] Mit einer **Nachfolgeentscheidung** hat der I. Zivilsenat im Sinne der hiesigen Kritik seine zu weit geratene Aussage inzwischen **eingeschränkt** und klargestellt, dass die Mindestanforderungen des Anfechtungsmodells auf Personengesellschaften nur zur Anwendung gelangen, wenn im Gesellschaftsvertrag vorgesehen ist, dass die Beschlussmängelklage nicht gegen die Gesellschafter, sondern gegen die Gesellschaft zu richten ist.[169] Damit steht nun fest, dass die Mindestanforderungen bei gesellschaftsvertraglicher Geltung des Feststellungsmodells **keine Anwendung** finden. Das Feststellungsmodell weist mit Blick auf die erleichterten Anforderungen an Schiedsklauseln gegenüber dem Anfechtungsmodell einen gewissen Vorzug auf.[170]

§ 111 Anfechtungsbefugnis; Rechtsschutzbedürfnis

(1) Anfechtungsbefugt ist jeder Gesellschafter, der oder dessen Rechtsvorgänger im Zeitpunkt der Beschlussfassung der Gesellschaft angehört hat.

(2) Ein Verlust der Mitgliedschaft nach dem Zeitpunkt der Beschlussfassung lässt das Rechtsschutzbedürfnis des Rechtsvorgängers unberührt, wenn er ein berechtigtes Interesse an der Führung des Rechtsstreits hat.

Übersicht

I. Allgemeines

1 **1. Überblick.** Die durch das MoPeG neu eingefügte Vorschrift regelt die **Anfechtungsbefugnis** sowie das **Rechtsschutzbedürfnis** als Sachentscheidungsvoraussetzungen einer Anfechtungsklage. Sie steht in enger Verbindung mit § 110 (Anfechtbarkeit) sowie § 112 (Anfechtungsfrist) und § 113 (Anfechtungsklage). Zur Anfechtung befugt ist nach **Abs. 1** jeder Gesellschafter, der entweder selbst im Zeitpunkt der Beschlussfassung der Gesellschaft angehört hat oder dem an der Beschlussfassung beteiligten Gesellschafter in die Mitgliedschaft nachgefolgt ist. Das Rechtsschutzbedürfnis des beteiligten Gesellschafters besteht nach **Abs. 2** auch im Ausscheidensfall fort, soweit der Ausgeschiedene an der Prozessführung ein berechtigtes Interesse hat.

2 **2. Normzweck. Abs. 1** etabliert die Anfechtungsbefugnis als **Mitgliedschaftsrecht**[1] und schließt damit zugleich unbeteiligte Dritte (Nichtgesellschafter) grundsätzlich von der Geltendma-

[167] Dazu und zum Folgenden bereits Lieder NZG 2018, 1321 (1330 f.).

[168] Baumann/Wagner BB 2017, 1993 (1996); Borris NZG 2017, 761 (764); Heinrich ZIP 2018, 411 (413 f.); Nolting ZIP 2017, 1641 (1644); Otto ZGR 2019, 1082 (1110 f.); Zimmermann, Schiedsfähigkeit von Beschlussmängelstreitigkeiten in Personengesellschaften, 2020, 270 ff.

[169] BGH 23.9.2021, ZIP 2022, 125 = NJW-RR 2022, 261; dazu Baumann/Wagner BB 2022, 963; Borris/Schenk-Busch NZG 2022, 259; Heinrich DB 2022, 446; Jobst ZIP 2022, 884; Liebscher/Günthner ZIP 2022, 713 (715 ff.); Mock SchiedsVZ 2022, 56; Mülbert/Schneider MittBayNot 2022, 385 ff.; Nolting NZG 2022, 1286; Schlüter DZWIR 2022, 605; vgl. weiter Liebscher/Rickelt ZPG 2024, 41 Rn. 53 ff.; Otte/Weiler NZG 2025, 969 Rn. 9.

[170] Dazu ausf. Liebscher ZIP 2023, 2441 (2449 f.).

[1] Begr. RegE, BT-Drs. 19/27635, 230; Koch PersGesR/Holle Rn. 1; Noack ZIP 2020, 1382 (1385).

chung von zur Anfechtung führenden Beschlussmängeln aus.[2] Ein § 245 Nr. 4 und 5 AktG entsprechendes Anfechtungsrecht der Geschäftsführung ist mit Blick auf das Prinzip der Selbstorganschaft (→ § 116 Rn. 26) entbehrlich.[3] Andere Gesellschaftsorgane, wie zB ein Beirat, können allenfalls mit einer allgemeinen Feststellungsklage nach § 256 ZPO vorgehen.[4] **Abs. 2** dient dem allgemeinen Interesse an **Rechtssicherheit**[5] und Rechtsklarheit und gewährleistet dem Gesellschafter auch für den Fall, dass seine Gesellschafterstellung vor Klageerhebung endet, eine effektive Befugnis, um die Rechtmäßigkeit eines Gesellschafterbeschlusses verifizieren zu können. Eine **abweichende Regelung** der Anfechtungsbefugnis ist zulässig, darf sich aber nicht in Konflikt setzen mit dem unentziehbaren Mitgliedschaftsrecht, sich gegen rechtswidrige Beschlüsse gerichtlich zur Wehr setzen zu können (→ § 109 Rn. 70).[6] Erweiterungen der Klagebefugnis, etwa die Erstreckung auf fakultative Gesellschaftsorgane, ist hingegen zulässig.[7]

II. Anfechtungsbefugnis

1. Gesellschafter. Die Befugnis, einen zur Anfechtung berechtigenden Beschlussfehler mittels Anfechtungsklage geltend zu machen, wurzelt in der **Mitgliedschaft** (→ § 105 Rn. 96; → Rn. 2). Es ist daher zum einen konsequent, dass das Anfechtungsrecht grundsätzlich dem Gesellschafter vorbehalten ist. Zum anderen ist es folgerichtig, dass – abgesehen von der Gesellschafterstellung – keine individuelle Betroffenheit, keine Stimmberechtigung und auch kein bestimmter Umfang der Beteiligung vorausgesetzt wird.[8] Dementsprechend kann auch die Komplementär-GmbH einer **GmbH & Co. KG** einen KG-Beschluss anfechten, wenn sie keinen Kapitalanteil hält.[9] Ist nur die Komplementär-GmbH vertretungsbefugt, wird die KG nach § 113 Abs. 2 S. 2 durch sämtliche Kommanditisten vertreten (→ § 113 Rn. 16). Darüber hinaus ist – mit Blick auf die geringeren formalen Anforderungen bei Personengesellschaften – ohne Belang, ob der Gesellschafter an der Abstimmung teilgenommen und einen Widerspruch gegen die Beschlussfassung erklärt hat.[10] Allerdings verstößt eine Anfechtung gegen das Verbot widersprüchlichen Verhaltens (venire contra factum proprium) als Fallgruppe des Grundsatzes von Treu und Glauben nach § 242 BGB, wenn ein Gesellschafter zu einem Beschlussgegenstand seine Zustimmung erteilt, obwohl er von dem **Anfechtungsgrund wusste.**[11] 3

Maßgeblich ist, dass der Anfechtungskläger **in materiellrechtlichem Sinne** Gesellschafter ist. Handelt es sich bei dem Gesellschafter wiederum um eine Gesellschaft, kann diese – vertreten durch das zuständige Geschäftsführungsorgan – Beschlüsse anfechten; nicht aber der individuelle Gesellschafter oder die geschäftsführenden Gesellschafter aus eigener Machtvollkommenheit.[12] Beschränkt geschäftsfähige Gesellschafter können anfechten, müssen hierbei aber wirksam durch ihre gesetzlichen Vertreter repräsentiert sein.[13] Außenstehende Dritte sind zur Anfechtung nicht berechtigt.[14] Ebenso wenig kann die Gesellschaft – etwa vertreten durch die vertretungsberechtigten Gesellschafter – Beschlüsse anfechten.[15] Bei einem bestehenden Treuhandverhältnis ist dementsprechend nur der **Treuhänder,** nicht (auch) der Treugeber anfechtungsbefugt.[16] Der Testamentsvollstrecker ist anfechtungsbefugt, wenn er zur Wahrnehmung von Gesellschafterrechten berechtigt ist (→ § 105 Rn. 67).[17] Die Anfechtungsbefugnis ist als mitgliedschaftliches Recht nach § 711a S. 1 4

---

[2] Vgl. RGHMW/Mock Rn. 2a; MüKoHGB/Liebscher Rn. 6.

[3] MüKoHGB/Liebscher Rn. 8; BeckOGK/Otte/Dietlein, 1.3.2025, Rn. 2; Kaulbach ZHR 186 (2022), 729 (757).

[4] Vgl. BeckOGK/Otte/Dietlein, 1.3.2025, Rn. 2.

[5] Vgl. Begr. RegE, BT-Drs. 19/27635, 230.

[6] So auch Staub/Schäfer Rn. 2; RGHMW/Mock Rn. 19; MüKoHGB/Liebscher Rn. 37.

[7] MüKoHGB/Liebscher Rn. 36; Ebenroth/Boujong/Drescher Rn. 11; Staub/Schäfer Rn. 2 aE.

[8] Vgl. Staub/Schäfer Rn. 1; RGHMW/Mock Rn. 3; BeckOGK/Otte/Dietlein, 1.3.2025, Rn. 5, 21.

[9] Ebenroth/Boujong/Drescher Rn. 4; BeckOGK/Otte/Dietlein, 1.3.2025, Rn. 18.

[10] Vgl. Begr. RegE, BT-Drs. 19/27635, 230.

[11] Vgl. BGH 21.6.2010, NJW-RR 2010, 1339 Rn. 38; Staub/Schäfer Rn. 3; Koch PersGesR/Holle Rn. 4; RGHMW/Mock Rn. 4; Ebenroth/Boujong/Drescher Rn. 5; BeckOGK/Otte/Dietlein, 1.3.2025, Rn. 4; Schäfer Neues PersGesR/Liebscher § 5 Rn. 77 aE; Bayer/Rauch DB 2021, 2609 (2615).

[12] MüKoHGB/Liebscher Rn. 9; Ebenroth/Boujong/Drescher Rn. 2; RGHMW/Mock Rn. 3; BeckOGK/Otte/Dietlein, 1.3.2025, Rn. 18.

[13] Vgl. auch RGHMW/Mock Rn. 8.

[14] RGHMW/Mock Rn. 7; Schäfer Neues PersGesR/Liebscher § 5 Rn. 80; Schäfer FS K. Schmidt, Bd. II, 2019, 323 (328).

[15] Vgl. auch RGHMW/Mock Rn. 9.

[16] Vgl. BGH 26.6.2018, NJW 2018, 3014 Rn. 20; Ebenroth/Boujong/Drescher Rn. 6; RGHMW/Mock Rn. 3; BeckOGK/Otte/Dietlein, 1.3.2025, Rn. 16; Koch/Holle Rn. 2.

[17] Vgl. BeckOGK/Otte/Dietlein, 1.3.2025, Rn. 22; Schneider NJW 2015, 1142 (1144).

BGB iVm § 105 Abs. 3 **nicht** selbstständig **übertragbar** (→ § 108 Rn. 19). Allerdings kann ein Dritter bei Vorliegen eines eigenen Interesses, wie zB bei einem Nießbraucher, im Rahmen einer **gewillkürten Prozessstandschaft** zur Erhebung einer Anfechtungsklage ermächtigt werden.[18]

5 Die **Eintragung** des Gesellschafters **im Handelsregister** ist ohne Belang, vermag weder das Anfechtungsrecht für sich zu begründen noch lässt eine unterlassene Eintragung die Anfechtungsbefugnis entfallen.[19] Denn die Eintragung von Personengesellschaftern in das Handelsregister entfaltet – anders als die Eintragung von GmbH-Gesellschaftern in die Gesellschafterliste nach § 16 Abs. 1 GmbHG – lediglich deklaratorische Wirkung. Dabei ist zu berücksichtigen, dass ein durch den Versammlungsleiter festgestellter **Ausschluss des Gesellschafters** auf Grundlage eines Gesellschafterbeschlusses zunächst als wirksam und verbindlich zu behandeln ist und dem Gesellschafter grundsätzlich die Anfechtungsbefugnis nimmt.[20] Im Rechtsstreit über den Ausschluss ist der ausgeschlossene Gesellschafter freilich anfechtungsbefugt, weil es gerade um die Prüfung der Rechtmäßigkeit des Ausschlusses geht.[21] Im Übrigen führt das **Fehlen der Anfechtungsbefugnis** zur Klageabweisung als unbegründet, weil es sich um ein materielles Klageerfordernis handelt.[22] Darlegungs- und beweispflichtig für die Anfechtungsbefugnis ist der klagende Gesellschafter.[23]

6 **2. Rechtsnachfolger.** Neben dem am Beschluss beteiligten Gesellschafter ist nach Abs. 1 auch der Rechtsnachfolger anfechtungsberechtigt. Folgen dem ursprünglichen Gesellschafter mehrere Personen nach, steht jedem Nachfolger die Anfechtungsbefugnis einzeln zu.[24] Mangels einer Beschränkung des Gesetzeswortlauts sind von Abs. 1 **sowohl Einzel- als auch Gesamtnachfolger** erfasst.[25] Ohne Belang ist darüber hinaus, ob es sich um eine rechtsgeschäftliche oder gesetzliche Nachfolge handelt. Praxisrelevante Beispiele sind die rechtsgeschäftliche Übertragung der Mitgliedschaft, die gesetzliche Gesamtnachfolge im Erbfall – im Fall angeordneter Nacherbschaft sind Vor- und Nacherbe Nachfolger iSd § 111 Abs. 1[26] – und die rechtsgeschäftliche Gesamtnachfolge bei Verschmelzung und Spaltung nach UmwG. Treten mehrere Personen die Nachfolge hat, sind alle anfechtungsbefugt.[27] Demgegenüber steht die Anfechtungsbefugnis keinem nach der Beschlussfassung neu beigetretenen Gesellschafter zu.[28] Gleiches gilt für einen Nachfolger des Nachfolgers, der selbst an der Beschlussfassung nicht beteiligt war.[29]

7 Die **Anfechtungsfrist** des § 112 Abs. 1 gilt auch für den Rechtsnachfolger. Ist die Frist abgelaufen, bevor die Nachfolge eintritt, scheidet eine eigenständige Anfechtung durch den Nachfolger aus. Erfolgt die Nachfolge zu einem früheren Zeitpunkt, muss vor dem Ablauf der Anfechtungsfrist angefochten werden.[30] Soweit der **Vorgänger bereits Anfechtungsklage erhoben** hat, kann er den Rechtsstreit auch nach seinem Ausscheiden nach Abs. 2 fortführen, falls er ein berechtigtes Interesse hat. Tritt der Nachfolgetatbestand noch **vor Klageerhebung** ein, entscheidet die erste Klageerhebung darüber, wer den Rechtsstreit führt. Der zweiten Klage steht der Einwand der Rechtshängigkeit nach § 261 Abs. 3 Nr. 1 ZPO entgegen.[31] Davon abgesehen kommt im Fall einer **Singularsukzession** ein gewillkürter Klägerwechsel analog § 263 ZPO in Betracht, infolge dessen der Nachfolger das Verfahren in fristgewahrtem Zustand übernimmt.[32] Gleiches gilt für den Fall der **Abspaltung** oder **Ausgliederung** der Mitgliedschaft, weil in diesem Fall der übertragende Rechtsträger bestehen bleibt.[33] Demgegenüber finden in Fällen der **Verschmelzung** und der **Auf-**

[18] Vgl. BGH 27.11.2020, ZWE 2021, 229 Rn. 10; BeckOGK/Otte/Dietlein, 1.3.2025, Rn. 17; Koch PersGesR/Holle Rn. 2.

[19] Koch PersGesR/Holle Rn. 2; RGHMW/Mock Rn. 3; BeckOGK/Otte/Dietlein, 1.3.2025, Rn. 11.

[20] BeckOGK/Otte/Dietlein, 1.3.2025, Rn. 13.

[21] Vgl. auch Begr. RegE, BT-Drs. 19/27635, 230.

[22] Vgl. BGH 15.6.1992, NJW-RR 1992, 1388 (1389); MüKoHGB/Liebscher Rn. 2; BeckOGK/Otte/Dietlein, 1.3.2025, Rn. 11; RGHMW/Mock Rn. 13; Preuß FS Gehrlein, 2022, 469 (472); **aA** Scholz/K. Schmidt/Bochmann GmbHG § 45 Rn. 127.

[23] RGHMW/Mock Rn. 11.

[24] BeckOGK/Otte/Dietlein, 1.3.2025, Rn. 14.

[25] Zum Begriff und zur Phänomenologie der Nachfolge ausf. Lieder, Die rechtsgeschäftliche Sukzession, 2015, 20 ff., 33 ff.

[26] Koch/Holle Rn. 5; BeckOGK/Otte/Dietlein, 1.3.2025, Rn. 14.

[27] BeckOGK/Otte/Dietlein, 1.3.2025, Rn. 14; Koch PersGesR/Holle Rn. 5.

[28] Begr. RegE, BT-Drs. 19/27635, 230.

[29] Koch/Holle Rn. 5; vgl. auch Bayer/Rauch DB 2021, 2609 (2615).

[30] Vgl. BeckOGK/Otte/Dietlein, 1.3.2025, Rn. 15.

[31] Ebenroth/Boujong/Drescher Rn. 10; Neumayer/Zeyher NZG 2022, 1707 (1711).

[32] BeckOGK/Otte/Dietlein, 1.3.2025, Rn. 15.

[33] Dazu ausf. Lieder, Die rechtsgeschäftliche Sukzession, 2015, 850 ff.; zusammenfassend Lutter/Lieder UmwG § 131 Rn. 132; **aA** offenbar BeckOGK/Otte/Dietlein, 1.3.2025, Rn. 15.

spaltung obligatorische Parteiwechsel statt, gefolgt von einer Verfahrensunterbrechung analog § 239 ZPO.[34]

III. Rechtsschutzbedürfnis

1. Allgemeine Anforderungen. Die Erhebung einer Anfechtungsklage hängt **nicht** vom Vorliegen eines **besonderen Rechtsschutzinteresses** ab. Vielmehr liegt in der mit der Anfechtung verbundenen Behauptung, es handele sich um einen rechtswidrigen Beschluss, das allgemeine Rechtsschutzbedürfnis des Anfechtungsklägers.[35] 8

Das Rechtsschutzinteresse kann nur **ausnahmsweise** aufgrund besonderer Umstände **entfallen.** 9
Das gilt namentlich, wenn der klagende Gesellschafter im Zeitpunkt der Beschlussfassung verpflichtet war, seine Mitgliedschaft auf einen Mitgesellschafter zu übertragen.[36] Weitere Beispiele sind die Aufhebung des angegriffenen Gesellschafterbeschlusses, seine Ersetzung durch einen unstreitig rechtmäßigen neuen Beschluss,[37] die einvernehmliche Erklärung über dessen Gegenstandslosigkeit oder das Entfallen der Beschlussfolgen, wie zB infolge der Amtsbeendigung bei einem angegriffenen Bestellungsakt.[38] Anderes gilt für ausscheidende Beirats- oder Aufsichtsratsmitglieder, soweit es für die Wirksamkeit einer Beschlussfassung im Kontrollgremium auf die Wirksamkeit der Bestellung bei der Stimmabgabe des betreffenden Gremienmitglieds ankommt.[39] Soweit das Rechtsschutzbedürfnis während des Verfahrens entfällt, kann der Kläger zur Vermeidung der Kostenlast die Klage **für erledigt erklären.**[40]

2. Verlust der Gesellschafterstellung. Nach Abs. 2 besteht das allgemeine Rechtsschutzinteresse auch nach Ausscheiden des Gesellschafters fort, soweit er an der Führung des Rechtsstreits ein berechtigtes Interesse hat. **In zeitlicher Hinsicht** greift Abs. 2 nicht nur beim Ausscheiden zwischen Beschlussfassung und Rechtshängigkeit der Anfechtungsklage ein, sondern auch bei Ausscheiden nach Rechtshängigkeit[41] sowie in der Rechtsmittelinstanz.[42] Das **berechtigte Interesse** besteht, wenn sich der betreffende Gesellschafterbeschluss auf die Werthaltigkeit des Gesellschaftsanteils oder die Höhe der Abfindung des Ausgeschiedenen auswirkt.[43] In diesem Fall sind Vorgänger und Nachfolger (→ Rn. 6) berechtigt, den Rechtsstreit zu führen. Das Zusammenwirken der beiden Anfechtungsberechtigten bestimmt sich nach allgemeinem Zivilprozessrecht.[44] In Ermangelung eines berechtigten Interesses entfällt das allgemeine Rechtsschutzbedürfnis des Ausgeschiedenen (→ Rn. 9). 10

IV. Missbrauch des Anfechtungsrechts

Missbraucht ein Gesellschafter sein Anfechtungsrecht, ist die Klage als **unbegründet** abzuweisen.[45] Das ist namentlich anzunehmen, wenn er eine Anfechtungsklage mit dem primären Ziel erhebt, sich das Anfechtungsrecht **abkaufen** zu lassen.[46] Zwar ist der Einsatz von Rechtsbehelfen als solches nicht zu beanstanden. Werden Gesellschafterrechte, wie die Anfechtungsbefugnis, allerdings wahrgenommen, um die Gesellschaft zu schädigen, indem der Kläger einen sachlich **nicht gerechtfertigten Sondervorteil** erstrebt, dann sind sie auf ein rechtswidriges Ziel gerichtet und verstoßen gegen den Grundsatz von Treu und Glauben und zugleich gegen die gesellschaftsrechtliche Treuepflicht.[47] 11

[34] Ausf. Lieder, Die rechtsgeschäftliche Sukzession, 2015, 847 ff.; iErg auch BeckOGK/Otte/Dietlein, 1.3.2025, Rn. 15.
[35] Vgl. BGH 20.11.2018, BGHZ 220, 207 Rn. 21 = NZG 2019, 269 Rn. 21; 27.4.2009, NJW 2009, 2300 Rn. 13; BeckOGK/Otte/Dietlein, 1.3.2025, § 110 Rn. 120.
[36] Vgl. OLG Celle 22.1.2014, GmbHR 2014, 370 (371 f.) = ZIP 2014, 1529; **abw.** BeckOGK/Otte/Dietlein, 1.3.2025, § 110 Rn. 121: Übertragungspflicht muss unstreitig oder rechtskräftig festgestellt sein.
[37] Vgl. BGH 27.9.1956, BGHZ 21, 354 (356) = NJW 1956, 1753; OLG Saarbrücken 17.1.2001, NZG 2001, 415.
[38] Vgl. OLG Saarbrücken 17.1.2001, NZG 2001, 415; BeckOGK/Otte/Dietlein, 1.3.2025, § 110 Rn. 122.
[39] Vgl. BGH 19.2.2013, BGHZ 196, 195 Rn. 16 = NZG 2013, 456 Rn. 16; BeckOGK/Otte/Dietlein, 1.3.2025, § 110 Rn. 122.
[40] BeckOGK/Otte/Dietlein, 1.3.2025, § 110 Rn. 122.
[41] Vgl. Begr. RegE, BT-Drs. 19/27635, 230; RGHMW/Mock Rn. 16.
[42] So auch RGHMW/Mock Rn. 17.
[43] Begr. RegE, BT-Drs. 19/27635, 230.
[44] Dazu näher Staub/Schäfer Rn. 5; Neumayer/Zeyher NZG 2022, 1707 (1711).
[45] Vgl. BGH NJW-RR 1992, 1388 (1389); BeckOGK/Otte/Dietlein, 1.3.2025, § 110 Rn. 123.
[46] BGHZ 107, 296 (311); NJW-RR 1990, 350 (353); NJW 1992, 569 (571); NJW-RR 2007, 1409 Rn. 20.
[47] Vgl. MüKoBGB/Schubert BGB § 242 Rn. 276.

12 In **subjektiver Hinsicht** kann auf das eigennützige Anstreben eines nicht gerechtfertigten Sondervorteils aus Indizien geschlossen werden.[48] Im Rahmen einer umfassenden Gesamtwürdigung sind alle relevanten Umstände in die Betrachtung einzubeziehen. Als **Indizien** für die Schaffung eines Lästigkeitswerts, den sich der Aktionär von der Gesellschaft respektive den übrigen Gesellschaftern abkaufen lassen will, kommen dessen Verhalten vor der Klage bei etwaigen Vergleichsverhandlungen oder in einem anderen Verfahren in Betracht.[49]

§ 112 Klagefrist

(1) [1]Die Anfechtungsklage ist innerhalb von drei Monaten zu erheben. [2]Eine Vereinbarung im Gesellschaftsvertrag, welche eine kürzere Frist als einen Monat vorsieht, ist unwirksam.

(2) Die Frist beginnt mit dem Tag, an dem der Beschluss dem anfechtungsbefugten Gesellschafter bekanntgegeben worden ist.

(3) [1]Für die Dauer von Vergleichsverhandlungen über den Gegenstand des Beschlusses oder die ihm zugrundeliegenden Umstände zwischen dem anfechtungsbefugten Gesellschafter und der Gesellschaft wird die Klagefrist gehemmt. [2]Die für die Verjährung geltenden §§ 203 und 209 des Bürgerlichen Gesetzbuchs sind mit der Maßgabe entsprechend anzuwenden, dass die Klagefrist frühestens einen Monat nach dem Scheitern der Vergleichsverhandlungen endet.

Übersicht

I. Allgemeines

1 **1. Überblick.** Die durch das MoPeG neu eingefügte Vorschrift regelt die Frist der **Anfechtungsklage.** Sie beträgt nach **Abs. 1** im Regelfall **drei Monate,** kann aber gesellschaftsvertraglich auf einen Monat verkürzt werden. Die Frist beginnt nach **Abs. 2** mit **Bekanntgabe** des Gesellschafterbeschlusses an den anfechtungsberechtigten Gesellschafter. Sie ist nach **Abs. 3 gehemmt,** solange Vergleichsverhandlungen geführt werden. Zudem finden die allgemeinen Hemmungsvorschriften der §§ 203, 209 BGB mit der Maßgabe entsprechende Anwendung, dass das Fristende frühestens einen Monat nach Scheitern der Vergleichsverhandlungen endet.

2 Die Regelung ist aus rechtssystematischer Perspektive in den Kontext der Anfechtungsklage eingebettet und steht in untrennbarem Zusammenhang mit §§ 110, 111 und § 113. Für die **Nichtigkeitsklage** nach § 114 ist die Vorschrift ohne Belang. Die **allgemeine Feststellungsklage** nach § 256 ZPO ist hingegen im Regelfall innerhalb der Anfechtungsfrist zu erheben, soweit keine entgegenstehenden Tatsachen das für die Verwirkung erforderliche Umstandsmoment auszuschließen geeignet sind.[1]

3 **2. Normzweck.** Die Anfechtungsfrist nach **Abs. 1** zielt als integraler Bestandteil des Anfechtungsmodells auf die Gewährleistung von **Rechtssicherheit** und **Bestandskraft** von Gesellschafterbeschlüssen.[2] Denn nach Fristablauf kann ein zur Anfechtung berechtigender Beschlussmangel nicht mehr geltend gemacht werden. Die Gesellschaft, Mitgesellschafter und Dritte können sich darauf verlassen, dass die Wirksamkeit und Verbindlichkeit eines Gesellschafterbeschlusses nach diesem Zeitpunkt nicht mehr in Zweifel gezogen werden kann. Die gegenüber § 246 Abs. 1 AktG verlängerte Frist von drei Monaten bringt das überindividuelle Interesse nach Rechtssicherheit mit dem individuellen Interesse der klageberechtigten Gesellschafter nach hinreichender Bedenkzeit zu einem ange-

[48] Vgl. OLG Frankfurt AG 2009, 200 (203); Koch AktG § 245 Rn. 28; Martens/Martens AG 2009, 173 (175 f.).

[49] Vgl. BGH NJW-RR 1991, 358 (360); OLG Stuttgart AG 2003, 165 (166).

[1] Vgl. Begr. RegE, BT-Drs. 19/27635, 236; BeckOGK/Otte/Dietlein, 1.3.2025, Rn. 6.

[2] Vgl. Begr. RegE, BT-Drs. 19/27635, 230; RGHMW/Mock Rn. 2a; MüKoHGB/Liebscher Rn. 3; BeckOK/Klimke, 47. Ed. 1.7.2025, Rn. 1; BeckOGK/Otte/Dietlein, 1.3.2025, Rn. 2.

messenen Ausgleich.[3] Zugleich haben die Beteiligten mehr Zeit, um eine einvernehmliche Lösung des Konflikts herbeizuführen.

Dem **Interesse anfechtungsberechtigter Gesellschafter** dient auch **Abs. 2,** wonach die Frist nicht bereits mit der Beschlussfassung als solcher, sondern erst nach Bekanntgabe des Beschlussergebnisses an den jeweiligen Gesellschafter zu laufen beginnt. Diese Bestimmung trägt zugleich dem Umstand Rechnung, dass es an einem formalisierten Verfahren der Beschlussfassung ungeachtet § 109 weitgehend mangelt und dasselbe durch den Gesellschaftsvertrag zudem sehr unterschiedlich ausgestaltet sein kann.[4] Auch wenn diese Überlegungen aus rechtspolitischer Perspektive für sich durchaus zutreffend sind, sollte der Gesetzgeber bei einer Reform des personengesellschaftsrechtlichen Beschlussmängelrechts eine kenntnisunabhängige Höchstfrist festschreiben, etwa in Anlehnung an § 242 Abs. 2 AktG drei Jahre, um das Anfechtungsrisiko und daraus resultierende Unsicherheiten zu beseitigen, ohne auf die Grundsätze der Verwirkung (→ Rn. 7) angewiesen zu sein.[5] 4

Gleichermaßen im Gesellschafterinteresse steht **Abs. 3,** der die mit den Fristregelungen verbundenen Härten abzumildern[6] und Vergleichsverhandlungen – dem allgemeinen Verjährungsrecht entsprechend – zu privilegieren sucht. Dass dafür ein besonderer Regelungsbedarf besteht, erklärt sich vor dem Hintergrund der dogmatischen Einordnung der Klagefrist als materielle Ausschlussfrist, auf welche die Verjährungsregeln keine unmittelbare Anwendung finden.[7] Aus dieser Rechtsnatur folgt zugleich, dass die Klage auch dann abzuweisen ist, wenn sich die Gesellschaft nicht auf den Fristablauf beruft.[8] Zudem haben die Personengesellschafter im Vergleich zur AG typischerweise ein höheres Interesse an einer vergleichsweisen Streitbeilegung.[9] 5

II. Anfechtungsfrist

Die reguläre Anfechtungsfrist beträgt nach Abs. 1 S. 1 – abweichend von § 246 Abs. 1 AktG – **drei Monate** (zum Normzweck → Rn. 3 ff.). Aus dogmatischer Perspektive besitzt die Frist einen **materiellrechtlichen Charakter.** Das hat zur Folge, dass eine Fristverlängerung nach § 224 ZPO[10] und eine Wiedereinsetzung in den vorherigen Stand nach §§ 233 ff. ZPO[11] ausscheiden und die verfristete Klage nicht als unzulässig, sondern als unbegründet abzuweisen ist.[12] 6

Die nach Abs. 1 S. 2 ausdrücklich zulässige Verkürzung der Anfechtungsfrist auf einen Monat belegt den im Grundsatz **dispositiven Charakter** der Dreimonatsfrist.[13] Eine kürzere Frist als einen Monat ist allerdings unzulässig. Das gilt namentlich für eine Frist von vier Wochen.[14] Wird die gesetzliche Mindestfrist unterschritten gilt dispositives Gesetzesrecht, also eine Frist von drei Monaten; eine geltungserhaltende Reduktion scheidet aus.[15] Demgegenüber existiert **keine gesetzliche Höchstfrist** (→ Rn. 4).[16] Allerdings kann die Frist nach allgemeinen Grundsätzen verwirkt werden.[17] Soweit sich die Gesellschafter aber auf eine bestimmte Frist gesellschaftsvertraglich verständigen, wird man annehmen müssen, dass sie diese selbst gewählte Frist im Grundsatz auch ausschöpfen dürfen.[18] Im Übrigen steht es den Gesellschaftern frei, über den Beginn und die Hemmung der Anfechtungsfrist im Gesellschaftsvertrag oder auch ad hoc abweichende Regelungen zu treffen.[19] 7

---

[3] Vgl. Begr. RegE, BT-Drs. 19/27635, 231; Ebenroth/Boujong/Drescher Rn. 1; MüKoHGB/Liebscher Rn. 4.

[4] Vgl. auch Begr. RegE, BT-Drs. 19/27635, 231.

[5] Dazu ausf. Harbarth FS Grunewald, 2021, 311 (321 ff.); ebenso RGHMW/Mock Rn. 10.

[6] Vgl. Begr. RegE, BT-Drs. 19/27635, 231.

[7] Vgl. Begr. RegE, BT-Drs. 19/27635, 231.

[8] Vgl. auch Koch PersGesR/Holle Rn. 4.

[9] Vgl. Koch PersGesR/Holle Rn. 16; krit. hingegen Otte ZIP 2020, 1743 (1748).

[10] Begr. RegE, BT-Drs. 19/27635, 230 f.; Staub/Schäfer Rn. 1; RGHMW/Mock Rn. 6.

[11] Vgl. RGZ 123, 204 (207); LG München I NZG 2009, 226 (227); RGHMW/Mock Rn. 6; Schäfer Neues PersGesR/Liebscher § 5 Rn. 81 aE.

[12] Vgl. BGH NJW 1998, 3344 (3345); BeckOK/Klimke, 47. Ed. 1.7.2025, Rn. 2; NK-HGB/Vossler Rn. 3; MüKoHGB/Liebscher Rn. 2; Schäfer Neues PersGesR/Liebscher § 5 Rn. 81.

[13] Zur Zweckmäßigkeit einer Fristverkürzung näher Koch/Holle Rn. 10.

[14] Vgl. BGH 21.3.1988, NJW 1988, 1844 (1845).

[15] Vgl. auch RGHMW/Mock Rn. 8; Liebscher/Rickelt ZPG 2024, 41 Rn. 18; Mock NJW 2023, 3537 Rn. 12.

[16] Vgl. MüKoHGB/Liebscher Rn. 49; Ebenroth/Boujong/Drescher Rn. 19; BeckOGK/Otte/Dietlein, 1.3.2025, Rn. 7.

[17] Vgl. BGH 11.12.1989, NJW-RR 1990, 474; 24.9.1990, BGHZ 112, 339 (344) = NJW 1991, 691; 7.6.1999, NJW 1999, 3113; Brandes NZG 1999, 936; Bayer/Möller NZG 2018, 801 (807); Herchen VGR 22 (2016), 83 (111); zust. MüKoHGB/Liebscher Rn. 49 aE.

[18] Zust. MüKoHGB/Liebscher Rn. 49; einschr. indes BeckOGK/Otte/Dietlein, 1.3.2025, Rn. 12.

[19] Vgl. Koch PersGesR/Holle Rn. 2; BeckOGK/Otte/Dietlein, 1.3.2025, Rn. 9.

Nach der Beschlussfassung kann die Frist unter Mitwirkung sämtlicher Gesellschafter individualvertraglich verlängert werden.[20] Eine vorrangige Spezialvorschrift enthält **§ 14 Abs. 1 UmwG** für Zustimmungsbeschlüsse zu Umwandlungsmaßnahmen.[21] Darlegungs- und beweisbelastet für die Einhaltung der Klagefrist ist der klagende Gesellschafter.[22]

III. Fristlauf

8 **1. Bekanntgabe.** Die Anfechtungsfrist beginnt nach Abs. 2 mit der Bekanntgabe an den individuellen Gesellschafter zu laufen. Sie bedarf **keiner besonderen Form,** kann also auch mündlich oder in Textform erfolgen, sollte zur Streitvermeidung aber sorgfältig dokumentiert werden.[23] Entscheidend ist der Zugang des festgestellten Beschlussinhalts nach § 130 Abs. 1 BGB bei dem anfechtungsbefugten Gesellschafter.[24] Bei einem beschränkt geschäftsfähigen Gesellschafter muss die Erklärung – außerhalb des Bereichs von § 112 BGB – dem gesetzlichen Vertreter zugehen. Auch im Übrigen ist Stellvertretung bei der Bekanntgabe zulässig.[25] Der Zeitpunkt der Bekanntgabe kann bei verschiedenen Gesellschaftern durchaus variieren.[26] Vor diesem Hintergrund empfiehlt sich eine Formalisierung der Beschlussfassung und -bekanntgabe im Gesellschaftsvertrag (→ § 109 Rn. 52).[27]

8a Der Beschluss muss zudem **inhaltlich zutreffend** bekanntgegeben werden; ein falscher Beschlussinhalt vermag den Fristlauf nicht in Gang zu setzen.[28] Überhaupt setzt eine ordnungsgemäße Bekanntgabe voraus, dass der – an der Versammlung nicht teilnehmende – Gesellschafter von dem **konkreten Beschlussinhalt** Kenntnis erlangt,[29] um auf dieser wohlinformierten Grundlage entscheiden zu können, ob er sich gegen den Gesellschafterbeschluss gerichtlich zur Wehr setzen möchte.

8b Zudem setzt die Bekanntgabe voraus, dass sie der Gesellschaft **zugerechnet** werden kann,[30] was bei einer Bekanntgabe durch den Versammlungsleiter oder die vertretungsberechtigten Gesellschafter anzunehmen ist. Die Gesellschaft kann sich allerdings auch anderer Erklärungsvertreter, wie zB eines Rechtsanwalts, bedienen. Eine anderweitige Kenntniserlangung, die nicht auf einer zurechenbaren Veranlassung durch die Gesellschaft beruht, steht der Bekanntgabe nicht gleich, lässt nach längerer Zeit aber Verwirkung eintreten.[31] Umgekehrt kann sich die Gesellschaft auf eine formal erfolgte Bekanntgabe wegen Verstoßes gegen die **gesellschaftsrechtliche Treuepflicht** nicht berufen, wenn sie den Gesellschafter mit unlauteren Mitteln von der Klageerhebung abzuhalten sucht, wie zB durch Nötigung oder Erpressung; analog § 124 Abs. 2 S. 1 Alt. 2 BGB beginnt die Frist nach Beendigung der Zwangslage zu laufen.[32]

9 Im praktischen Regelfall der Beschlussfassung in einer Gesellschafterversammlung nach § 109 Abs. 1 erfolgt die Bekanntgabe des Beschlussergebnisses am Ende des Beschlussverfahrens – namentlich im Rahmen der Beschlussfeststellung – gegenüber den physisch oder elektronisch **anwesenden** sowie den ordnungsgemäß **vertretenen** Gesellschaftern. Den **abwesenden** Gesellschaftern wird das Beschlussergebnis regelmäßig durch Übermittlung des Protokolls bekanntgegeben.[33] Dementsprechend steht die Feststellung des Beschlusses der Bekanntgabe iSd § 112 Abs. 2 nicht notwendig gleich.[34]

---

[20] BeckOGK/Otte/Dietlein, 1.3.2025, Rn. 11; Ebenroth/Boujong/Drescher Rn. 20.

[21] Dazu näher Degistirici/Ioannidis BB 2023, 2698 (2703).

[22] Dazu näher Ebenroth/Boujong/Drescher Rn. 18; U. Schmidt ZPG 2023, 81 (86).

[23] Koch/Holle Rn. 12; BeckOGK/Otte/Dietlein, 1.3.2025, Rn. 21.

[24] Begr. RegE, BT-Drs. 19/27635, 231; Ebenroth/Boujong/Drescher Rn. 7; RGHMW/Mock Rn. 11; Koch/Holle Rn. 12; Schäfer Neues PersGesR/Liebscher § 5 Rn. 84; Fehrmann/Leclerc/Schirrmacher GmbHR 2024, 57 Rn. 50; Liebscher/Rickelt ZPG 2024, 41 Rn. 20.

[25] Dazu näher Billerbeck NJW-Spezial 2025, 207 (208).

[26] BeckOGK/Otte/Dietlein, 1.3.2025, Rn. 15; BeckOK HGB/Klimke, 47. Ed. 1.7.2025, Rn. 9; RGHMW/Mock Rn. 11; MüKoHGB/Liebscher Rn. 18; Schäfer Neues PersGesR/Liebscher § 5 Rn. 84; Fehrmann/Leclerc/Schirrmacher GmbHR 2024, 57 Rn. 50 (66); Pieronczyk ZIP 2022, 1033 (1038).

[27] Vgl. auch RGHMW/Mock Rn. 11; Schäfer Neues PersGesR/Liebscher § 5 Rn. 84; Noack DB 2020, 2618 (2622); Schäfer ZIP 2021, 1527 (1532).

[28] RGHMW/Mock Rn. 13; Heckschen/Nolting BB 2021, 2946 (2948); Preuß FS Gehrlein, 2022, 469 (475).

[29] MüKoHGB/Liebscher Rn. 21; RGHMW/Mock Rn. 13; NK-HGB/Vossler Rn. 4; BeckOK/Klimke, 47. Ed. 1.7.2025, Rn. 8; Bayer/Rauch DB 2021, 2609 (2616); Fehrmann/Leclerc/Schirrmacher GmbHR 2024, 57 Rn. 50; Neumeyer/Zeyher NZG 2022, 1707 (1712).

[30] Vgl. auch Ebenroth/Boujong/Drescher Rn. 5; U. Schmidt ZPG 2023, 81 (85).

[31] Koch PersGesR/Holle Rn. 2; BeckOGK/Otte/Dietlein, 1.3.2025, Rn. 22; MüKoHGB/Liebscher Rn. 17; **aA** RGHMW/Mock Rn. 14; krit. auch Tröger/Happ ZIP 2021, 2059 (2066).

[32] Vgl. Ebenroth/Boujong/Drescher Rn. 4; BeckOGK/Otte/Dietlein, 1.3.2025, Rn. 20; Koch PersGesR/Holle Rn. 12 aE; RGHMW/Mock Rn. 15; Bayer/Rauch DB 2021, 2609 (2616).

[33] BeckOGK/Otte/Dietlein, 1.3.2025, Rn. 15; Koch PersGesR/Holle Rn. 12.

[34] Dazu näher Koch PersGesR/Holle Rn. 11.

Wenn es nach der Beschlussfassung zu einem **Gesellschafterwechsel** kommt, ist der Beschluss dem **aktuellen Gesellschafter** bekanntzugeben. Ist die Bekanntgabe in der Gesellschafterversammlung erfolgt und wird der Gesellschaftsanteil danach übertragen, dann übernimmt der Nachfolger die Mitgliedschaft in der Gestalt, wie sie sich in der Person seines Vorgängers darstellte. Es bedarf also keiner erneuten Bekanntgabe gegenüber dem Nachfolger.[35] War der Vorgänger bei der Beschlussfassung hingegen abwesend und findet vor der Bekanntgabe an ihn der Gesellschafterwechsel statt, dann bedarf es einer Bekanntgabe an den Nachfolger. Der gute Glaube an eine fortbestehende Gesellschaftereigenschaft im Verhältnis zur Gesellschaft wird weder nach § 15 Abs. 1 (→ § 15 Rn. 13) noch nach allgemeinen Rechtsscheingesichtspunkten geschützt. Es entspricht gerade dem Regelungsziel des Abs. 2, dass der rechtswidrige Gesellschafterbeschluss nur dann Bestandskraft erlangt, wenn alle aktuellen Gesellschafter vom Beschlussergebnis, dh von dem konkreten Inhalt des Gesellschafterbeschlusses, Kenntnis erlangt und damit die Möglichkeit hatten, dessen Rechtmäßigkeit überprüfen zu können. Vor diesem Hintergrund wird es schwerlich hinzunehmen sein, dass bei **unklarer Erbfolge** oder **praktischer Unerreichbarkeit** das Beschlussprotokoll an die letzte bekannte Anschrift des – inzwischen verstorbenen – Gesellschafters versandt wird.[36] Erfolgt die Nachfolge bereits vor der Beschlussfassung, ist der Nachfolger nach § 111 Abs. 1 anfechtungsbefugt und der Beschluss ist ihm gegenüber bekanntzumachen.[37] 10

Die mit der Bekanntgabe verbundenen Unwägbarkeiten können durch eine geeignete **Gestaltung des Gesellschaftsvertrags** abgemildert werden.[38] Namentlich können sich die Gesellschafter darauf verständigen, den Fristbeginn an die Beschlussfassung zu knüpfen.[39] Ebenso können sich die Gesellschafter auf Zugangserleichterungen verständigen, wie zB die Veröffentlichung des Beschlussinhalts über moderne Informationsmedien, etwa über die Internetseite oder einen Newsletter des Unternehmens.[40] **Unzulässig** ist indes eine Anlehnung an § 246 Abs. 1 AktG, wonach die Frist einen Monat nach Beschlussfassung beträgt. Denn die Mindestfrist von einem Monat nach Abs. 1 S. 2 beginnt erst mit Bekanntgabe; für abwesende Gesellschafter bedeutet das eine unzulässige Fristverkürzung.[41] Ebenso unzulässig ist die Anknüpfung an einen vor der Beschlussfassung liegenden Zeitpunkt.[42] 11

2. Fristende. Auf den Fristlauf finden die allgemeinen Bestimmungen des Bürgerlichen Rechts Anwendung, namentlich **§ 187 Abs. 1 BGB, §§ 188, 193 BGB,** weil es sich bei der Anfechtungsfrist um eine materiellrechtliche Ausschlussfrist handelt (→ Rn. 6).[43] Die Frist beginnt am Tag nach der Bekanntgabe zu laufen und endet regulär an dem Tag, der drei Monate später nach seiner Zahl dem Bekanntgabetag entspricht (vgl. § 188 Abs. 2 BGB). Davon abgesehen verlängert sich die Frist bis zum nächsten Werktag, wenn das reguläre Fristende auf einen **Samstag, Sonntag** oder **Feiertag** fällt.[44] Landesspezifische Feiertage bestimmen sich nach dem Sitz der Gesellschaft, der über die örtliche Zuständigkeit des Landgerichts entscheidet, bei welchem die Anfechtungsklage zu erheben ist (→ § 113 Rn. 11).[45] 12

Die Erhebung einer **ordentlichen Klage** nach § 253 Abs. 1 ZPO wahrt die Anfechtungsfrist. Zu diesem Zweck muss die Klageschrift der beklagten Gesellschaft fristgemäß zugestellt werden. Eine erst verspätet zugestellte Schrift wahrt die Anfechtungsfrist nach § 167 ZPO, wenn die Klageschrift rechtzeitig bei Gericht eingegangen und die **Zustellung** an die Gesellschaft **demnächst** erfolgt 13

[35] BeckOGK/Otte/Dietlein, 1.3.2025, Rn. 17; iErg ebenso RGHMW/Mock Rn. 11a; Koch PersGesR/Holle Rn. 14.

[36] So aber BeckOGK/Otte/Dietlein, 1.3.2025, Rn. 18; MüKoHGB/Liebscher Rn. 24 aE; vgl. noch RGHMW/Mock Rn. 11a.

[37] Vgl. MüKoHGB/Liebscher Rn. 23; Ebenroth/Boujong/Drescher Rn. 4; Koch PersGesR/Holle Rn. 14; **abw.** offenbar BeckOGK/Otte/Dietlein, 1.3.2025, Rn. 17.

[38] Vgl. auch MüKoHGB/Liebscher Rn. 18; Ebenroth/Boujong/Drescher Rn. 20; Koch PersGesR/Holle Rn. 15; RGHMW/Mock Rn. 16; Hopt/Roth Rn. 3, 6; **aA** Staub/Schäfer Rn. 17.

[39] Vgl. BGH 15.6.1998, NJW 1998, 3344; OLG Dresden 15.11.1999, NZG 2000, 429 (430); OLG Hamm 14.2.2000, NJW-RR 2001, 108 (109); krit. aus rechtspraktischen Erwägungen heraus MüKoHGB/Liebscher Rn. 18.

[40] Vgl. Begr. RegE, BT-Drs. 19/27635, 231; Koch PersGesR/Holle Rn. 15; Schäfer Neues PersGesR/Liebscher § 5 Rn. 84.

[41] Dazu näher BeckOGK/Otte/Dietlein, 1.3.2025, Rn. 23 f.; ebenso Koch PersGesR/Holle Rn. 15 aE; Fehrmann/Leclerc/Schirrmacher GmbHR 2024, 57 Rn. 49; **aA** Ebenroth/Boujong/Drescher Rn. 19; Schmitz-Herscheidt ZIP 2024, 2061 (2067 f.).

[42] MüKoHGB/Liebscher Rn. 48; Ebenroth/Boujong/Drescher Rn. 19.

[43] So auch BeckOGK/Otte/Dietlein, 1.3.2025, Rn. 25; vgl. weiter Ebenroth/Boujong/Drescher Rn. 11; Koch PersGesR/Holle Rn. 13; RGHMW/Mock Rn. 16a.

[44] BeckOGK/Otte/Dietlein, 1.3.2025, Rn. 27.

[45] Vgl. BGH 10.1.2012, NJW-RR 2012, 254 Rn. 1.

ist.[46] Das gilt grundsätzlich auch dann, wenn die Anfechtungsklage bei einem **unzuständigen Gericht** eingereicht wird, weil die Gesellschaft und die Mitgesellschafter von den Zweifeln an der Rechtmäßigkeit des Beschlusses erfahren. Eine Ausnahme gilt allerdings für den Fall, dass die Zustellung aufgrund der Unzuständigkeit des Gerichts nicht mehr als demnächst iSd § 167 ZPO angesehen werden kann.[47] Fristwahrend wirkt auch die Antragstellung zur Gewährung von **Prozesskostenhilfe,** weil der Gesellschaft und den Mitgesellschaftern damit deutlich vor Augen geführt wird, dass der Antragsteller die Rechtmäßigkeit des Gesellschafterbeschlusses in Zweifel zieht und Bestandskraft bis auf Weiteres nicht eintreten kann.[48]

13a Im Übrigen müssen die Anfechtungsgründe bereits in der Klageschrift in ihrem wesentlichen Kern angelegt sein; ein **Nachschieben von Anfechtungsgründen** ist grundsätzlich ausgeschlossen.[49] Zulässig ist lediglich eine Konkretisierung der in der Klageschrift zumindest dem Grunde nach bezeichneten Gründen. Diese dürfen später aber weder ausgetauscht, noch dürfen gänzlich neue Mängel später geltend gemacht werden. Letztere sind entweder nach § 296 ZPO präkludiert oder müssen wegen Verstoßes gegen die mitgliedschaftliche Treuepflicht außer Betracht bleiben.[50]

14 **3. Hemmung.** Nach Abs. 3 ist der Lauf der Anfechtungsfrist für die Dauer von Vergleichsverhandlungen gehemmt. Die Verhandlungen können sich entweder auf den Gegenstand des Gesellschafterbeschlusses oder die ihm zugrunde liegenden Umstände beziehen. Sie sind also nicht auf den Gegenstand eines künftigen Rechtsstreits beschränkt. Ausreichend ist stattdessen eine gewisse Sachnähe zwischen Beschluss- und **Verhandlungsgegenstand.**[51] Hemmung tritt etwa auch dann ein, wenn nach einem Ausschließungsbeschluss über das einvernehmliche Ausscheiden des betreffenden Gesellschafters verhandelt wird.[52] Im Zusammenhang mit einer Entziehung der Geschäftsführungs- oder Vertretungsbefugnis kann mit hemmender Wirkung auch über vollständige Auseinandersetzung der Gesellschafter untereinander verhandelt werden.[53]

15 Hemmung tritt stets nur **konkret-individuell** zwischen dem anfechtungsbefugten – an den Vergleichsverhandlungen beteiligten – Gesellschafter und der Gesellschaft ein, nicht aber abstrakt-generell in Bezug auf alle Gesellschafter.[54] Freilich sind die Verhandlungen, die organschaftliche oder rechtsgeschäftliche Vertreter führen, der jeweiligen Partei zuzurechnen.[55] Bei der OHG genügt aufseiten der Gesellschaft grundsätzlich das Handeln eines geschäftsführungs- und vertretungsbefugten Gesellschafters, ohne dass es zuvor eines die Vergleichsverhandlungen legitimierenden Gesellschafterbeschlusses bedarf.[56] Inhaltlich bedarf es eines Meinungsaustausches zwischen den Beteiligten, soweit nicht eine Partei das Aufhebungs- oder Abänderungsbegehren eindeutig und sofort zurückweist.[57] Auf die Ablaufhemmung kann sich der anfechtungswillige Gesellschafter nach § 242 BGB allerdings nicht berufen, wenn aus taktischen Erwägungen heraus zur Verlängerung der Klagefrist bloße Scheinverhandlungen führt.[58]

16 Verweigert eine Partei die Fortsetzung der Vergleichsverhandlungen, dann **endet** die Hemmung nach Abs. 3 S. 2 iVm § 203 S. 1 BGB mit der Maßgabe, dass die Klagefrist frühestens einen Monat

---

[46] Dazu näher Wertenbruch FS Heidel, 2021, 751 ff.; vgl. weiter MüKoHGB/Liebscher Rn. 31; Ebenroth/Boujong/Drescher Rn. 12; BeckOGK/Otte/Dietlein, 1.3.2025, Rn. 30; Koch PersGesR/Holle Rn. 5; U. Schmidt ZPG 2023, 81 (85).

[47] BeckOGK/Otte/Dietlein, 1.3.2025, Rn. 31; Ebenroth/Boujong/Drescher Rn. 14; U. Schmidt ZPG 2023, 81 (86).

[48] Vgl. Staub/Schäfer Rn. 8; MüKoHGB/Liebscher Rn. 33; Ebenroth/Boujong/Drescher Rn. 13; BeckOGK/Otte/Dietlein, 1.3.2025, Rn. 29; (zur GmbHG) Lutter/Hommelhoff/Bayer GmbHG Anh. § 47 Rn. 68; Noack/Servatius/Haas/Noack GmbHG Anh. § 47 Rn. 151; offenlassend Koch PersGesR/Holle Rn. 7; eher abl. NK-HGB/Vossler Rn. 7.

[49] Vgl. BGH 9.11.1992, NJW 1993, 400 (404); Koch PersGesR/Holle Rn. 8; BeckOGK/Otte/Dietlein, 1.3.2025, Rn. 32; MüKoHGB/Liebscher Rn. 3 aE, 34 ff.; NK-HGB/Vossler Rn. 8; Fehrmann/Leclerc/Schirrmacher GmbHR 2024, 57 Rn. 48 (66); Pieronczyk ZIP 2022, 1033 (1038); (zur GmbH) Lutter/Hommelhoff/Bayer GmbHG Anh. § 47 Rn. 68; **aA** BeckOK/Klimke, 47. Ed. 1.7.2025, Rn. 14 ff.; (zur GmbH) Noack/Servatius/Haas/Noack GmbHG Anh. § 47 Rn. 157.

[50] Vgl. MüKoHGB/Liebscher Rn. 37; BeckOK/Klimke, 47. Ed. 1.7.2025, Rn. 17; Neumayer/Zeyher NZG 2022, 1707 (1712).

[51] Koch/Holle Rn. 21; BeckOGK/Otte/Dietlein, 1.3.2025, Rn. 47; MüKoHGB/Liebscher Rn. 41 ff.; Schäfer Neues PersGesR/Liebscher § 5 Rn. 86.

[52] Begr. RegE, BT-Drs. 19/27635, 232.

[53] BeckOGK/Otte/Dietlein, 1.3.2025, Rn. 48.

[54] Vgl. MüKoHGB/Liebscher Rn. 42; BeckOK/Klimke, 47. Ed. 1.7.2025, Rn. 26; RGHMW/Mock Rn. 20.

[55] Vgl. Begr. RegE, BT-Drs. 19/27635, 232; MüKoHGB/Liebscher Rn. 42; Koch PersGesR/Holle Rn. 22.

[56] BeckOGK/Otte/Dietlein, 1.3.2025, Rn. 46; **aA** Begr. RegE, BT-Drs. 19/27635, 232.

[57] Begr. RegE, BT-Drs. 19/27635, 231 f.; BGH 21.6.2018, NJW-RR 2018, 1150 Rn. 10.

[58] MüKoHGB/Liebscher Rn. 45; Fehrmann/Leclerc/Schirrmacher GmbHR 2024, 57 Rn. 54.

nach diesem Zeitpunkt abläuft. Namentlich der Gesellschafter soll vor einem allzu unerwarteten Hemmungsende geschützt und ihm zugleich eine hinreichende Bedenkzeit eingeräumt werden, ob er nach dem Scheitern der Verhandlungen nun den Rechtsweg beschreiten will.[59] Rechtliche Bedeutung kommt der Ablaufhemmung nur zu, wenn bis zum Fristende weniger als ein Monat verbleibt. Ist der Restzeitraum länger bemessen, findet die Vorschrift keine Anwendung, insbesondere wird die verbleibende Frist nicht verkürzt.[60] Der konkrete **Hemmungszeitraum** bestimmt sich nach § 209 BGB. Die Tage, an denen die Hemmung eingetreten ist und an welchem sie beendet worden ist, zählen zur Hemmungszeit, die sich an den letzten Tag der regulären Anfechtungsfrist anschließt.[61] Ein **Rechtsnachfolger** (→ § 111 Rn. 6) profitiert von der Hemmung, die in der Person des Vorgängers eingetreten ist. Eine Fortdauer der Hemmungswirkungen setzt allerdings in der Person des Nachfolgers die notwendigen Verhandlungen mit der Gesellschaft voraus.[62]

Die Hemmung der Anfechtungsfrist kann kraft Gesellschaftsvertrags einer **abweichenden Ausgestaltung** unterworfen werden.[63] Die Gesellschafter können sich in diesem Sinne darauf verständigen, überhaupt keine Hemmung zu akzeptieren oder den Beginn an besondere Voraussetzungen zu knüpfen, wie zB ein förmliches Schlichtungsverfahren.[64] Umgekehrt können sich die Beteiligten auf privatautonomer Grundlage auch darauf verständigen, dass – gleichsam außerhalb des Regelungsbereichs des § 112 Abs. 3 – der Ablauf der Anfechtungsfrist ruhen oder gehemmt sein soll.[65] 17

§ 113 Anfechtungsklage

(1) Zuständig für die Anfechtungsklage ist ausschließlich das Landgericht, in dessen Bezirk die Gesellschaft ihren Sitz hat.

(2) [1]Die Klage ist gegen die Gesellschaft zu richten. [2]Ist außer dem Kläger kein Gesellschafter zur Vertretung der Gesellschaft befugt, wird die Gesellschaft von den anderen Gesellschaftern gemeinsam vertreten.

(3) [1]Die Gesellschaft hat die Gesellschafter unverzüglich über die Erhebung der Klage und die Lage des Rechtsstreits zu unterrichten. [2]Ferner hat sie das Gericht über die erfolgte Unterrichtung in Kenntnis zu setzen. [3]Das Gericht hat auf eine unverzügliche Unterrichtung der Gesellschafter hinzuwirken.

(4) [1]Die mündliche Verhandlung soll nicht vor Ablauf der Klagefrist stattfinden. [2]Mehrere Anfechtungsprozesse sind zur gleichzeitigen Verhandlung und Entscheidung zu verbinden.

(5) Den Streitwert bestimmt das Gericht unter Berücksichtigung aller Umstände des Einzelfalls, insbesondere der Bedeutung der Sache für die Parteien, nach billigem Ermessen.

(6) Soweit der Gesellschafterbeschluss durch rechtskräftiges Urteil für nichtig erklärt worden ist, wirkt das Urteil für und gegen alle Gesellschafter, auch wenn sie nicht Partei sind.

Übersicht

[59] Vgl. Begr. RegE, BT-Drs. 19/27635, 232.

[60] Ebenroth/Boujong/Drescher Rn. 16; Schäfer Neues PersGesR/Liebscher § 5 Rn. 87.

[61] Dazu näher mit Rechenbeispiel BeckOGK/Otte/Dietlein, 1.3.2025, Rn. 52 f.; vgl. weiter Koch PersGesR/Holle Rn. 25.

[62] Vgl. BGH 1.7.2014, VersR 2014, 1226 Rn. 25 = MDR 2014, 1201 Rn. 25; MüKoHGB/Liebscher Rn. 42 aE; Koch PersGesR/Holle Rn. 17; Fehrmann/Leclerc/Schirrmacher GmbHR 2024, 57 Rn. 53.

[63] Koch PersGesR/Holle Rn. 17; Ebenroth/Boujong/Drescher Rn. 20; RGHMW/Mock Rn. 28; MüKoHGB/Liebscher Rn. 51; **aA** Staub/Schäfer Rn. 17.

[64] BeckOGK/Otte/Dietlein, 1.3.2025, Rn. 54; Koch PersGesR/Holle Rn. 17; Ebenroth/Boujong/Drescher Rn. 20; MüKoHGB/Liebscher Rn. 51.

[65] RGHMW/Mock Rn. 28; Koch PersGesR/Holle Rn. 17; Otte ZIP 2021, 2162; (2167); **aA** BeckOGK/Otte/Dietlein, 1.3.2025, Rn. 34.

I. Allgemeines

1 **1. Überblick.** Die durch das MoPeG neu eingefügte Vorschrift enthält die maßgeblichen verfahrensrechtlichen Bestimmungen der Anfechtungsklage. **Abs. 1** erklärt das Landgericht, in dessen Bezirk die Gesellschaft ihren Sitz (→ § 106 Rn. 17) hat, für ausschließlich **zuständig. Klagegegnerin** ist nach **Abs. 2** die Gesellschaft, die grundsätzlich von einem vertretungsbefugten Gesellschafter **vertreten** wird. Handelt es sich beim einzigen vertretungsbefugten Gesellschafter um den Kläger, wie zB bei der Komplementär-GmbH einer GmbH & Co. KG, erfolgt die Vertretung gemeinschaftlich durch die übrigen Gesellschafter (Kommanditisten). Nach **Abs. 3** trifft die beklagte Gesellschaft **Informationspflichten** gegenüber den Gesellschaftern. Die **mündliche Verhandlung** soll nach **Abs. 4** nicht vor Ablauf der Klagefrist stattfinden und mehrere Anfechtungsprozesse verbunden werden. Den **Streitwert** bestimmt das Gericht gem. Abs. 5 nach billigem Ermessen. Das klagestattgebende, zur Nichtigerklärung des Gesellschafterbeschlusses führende Urteil **wirkt** nach **Abs. 6** – ungeachtet ihrer Prozessbeteiligung – für und gegen alle Gesellschafter.

2 **2. Normzweck.** Die ausschließliche Zuweisung der Anfechtungsklage nach **Abs. 1** an das Landgericht, in dessen Bezirk die Gesellschaft ihren Sitz hat, dient der **Prozessökonomie,** soweit die Vorschrift dazu führt, dass Anfechtungsklagen, die etwa von mehreren Gesellschaftern gegen die Gesellschafterbeschlüsse einer bestimmten Gesellschaft erhoben werden, bei demselben Gericht anhängig gemacht werden müssen und auf dieser Grundlage zur gemeinsamen Verhandlung und Entscheidung verbunden werden können. Zugleich werden divergierende Entscheidungen vermieden und es wird verhindert, dass mehrere angerufene Gerichte mit dem Fortgang des Verfahrens von den Prozessergebnissen eines anderen Gerichts abhängig sind. Besondere Anforderungen an die Koordination von an unterschiedlichen Gerichten anhängigen Verfahren sind aufgrund der durch Abs. 1 gewährleisteten Verfahrenskonzentration entbehrlich.[1]

3 Die Passivlegitimation der Gesellschafter nach **Abs. 2 S. 1** trägt aus rechtsdogmatischer Perspektive dem Umstand Rechnung, dass die Beschlussfassung der Gesellschafterversammlung als **Willensakt** der Gesellschaft als solche **zuzurechnen** ist.[2] Die besondere Vertretungsregelung nach **Abs. 2 S. 2** stellt sicher, dass die Gesellschaft im Rahmen einer Auseinandersetzung mit dem einzigen vertretungsbefugten Gesellschafter und der daraus resultierenden Vertretungslosigkeit **effektiven Rechtsschutz** genießt.[3]

4 Die Unterrichtungspflicht nach **Abs. 3** steht in untrennbarer Verbindung zur Rechtskraftwirkung des stattgebenden Anfechtungsurteils und dient dem **Schutz berechtigter Gesellschafterinteressen.** Da die Entscheidung erga omnes wirkt, müssen sämtliche Gesellschafter auch die prozessuale Möglichkeit erhalten, sich als streitgenössische Nebenintervenienten am Verfahren zu beteiligen.[4] Das dient zugleich rechtsstaatlichen Erwägungen[5] und gewährt dem Gesellschafter rechtliches Gehör.[6]

---

[1] Vgl. Begr. RegE, BT-Drs. 19/27635, 232; MüKoHGB/Liebscher Rn. 5; Staub/Schäfer Rn. 3; Koch/Holle Rn. 3; Ebenroth/Boujong/Drescher Rn. 5; BeckOK HGB/Klimke, 47. Ed. 1.7.2025, Rn. 1; RGHMW/Mock Rn. 3; Nolting NJW 2022, 113 (114).

[2] Begr. RegE, BT-Drs. 19/27635, 233; Staub/Schäfer Rn. 4.

[3] Vgl. Begr. RegE, BT-Drs. 19/27635, 233; MüKoHGB/Liebscher Rn. 44; BeckOK HGB/Klimke, 47. Ed. 1.7.2025, Rn. 14; Ebenroth/Boujong/Drescher Rn. 15; Koch/Holle Rn. 23; Hopt/Roth Rn. 4; NK-HGB/Vossler Rn. 5; Fehrmann/Leclerc/Schirrmacher GmbHR 2024, 57 Rn. 39.

[4] Begr. RegE, BT-Drs. 19/27635, 233; Staub/Schäfer Rn. 5; MüKoHGB/Liebscher Rn. 51 f.; BeckOK HGB/Klimke, 47. Ed. 1.7.2025, Rn. 33; RGHMW/Mock Rn. 25; NK-HGB/Vossler Rn. 6; Wertenbruch NZG 2024, 419 Rn. 1.

[5] BeckOGK/Otte/Dietlein, 1.3.2025, Rn. 29.

[6] Dazu ausf. Wertenbruch NZG 2024, 419 Rn. 1, 6.

Dass die mündliche Verhandlung nach **Abs. 4** nicht vor dem Ablauf der Klagefrist stattfinden und mehrere Anfechtungsprozesse miteinander verbunden werden sollen, dient der **Prozessökonomie,** insbesondere sollen divergierende Entscheidungen mit Blick auf die weitgehenden Gestaltungs- und Rechtskraftwirkungen des Anfechtungsurteils vermieden werden.[7] 5

Die nach **Abs. 5** von den allgemeinen Bestimmungen nach § 48 Abs. 1 S. 1 GKG, § 3 ZPO abweichende Bemessung des Streitwerts trägt dem Umstand Rechnung, dass die **Bedeutung der Nichtigerklärung** des Gesellschafterbeschlusses nicht lediglich im Interesse des klagenden Gesellschafters liegt, sondern auch für die übrigen Gesellschafter und die Gesellschaft selbst von Relevanz sein kann.[8] 6

Die von **Abs. 6** angeordnete umfassende Rechtskraftwirkung des stattgebenden Anfechtungsurteils dient dem überindividuellen Interesse an der **Rechtssicherheit** und Rechtsklarheit.[9] Die erga-omnes-Wirkung der Nichtigerklärung des Gesellschafterbeschlusses gewährleistet, dass der Beschluss für und gegen sämtliche Gesellschafter Rechtskraft wirkt. Die hiervon aus dogmatischer Perspektive abzuschichtende Gestaltungswirkung nach § 110 Abs. 2 S. 1 Nr. 2 führt eine Änderung der materiellen Rechtslage herbei, indem der Gesellschafterbeschluss für und gegen jedermann seine (vorläufige) Verbindlichkeit und Bestandskraft verliert.[10] 7

3. Abgrenzung. Nach ihrer Stoßrichtung zielt die **Anfechtungsklage** nach § 113 darauf ab, einen rechtswidrigen Gesellschafterbeschluss, der nach der Feststellung durch den Versammlungsleiter vorläufig wirksam und verbindlich ist, im Wege eines rechtsförmigen Verfahrens zu Fall zu bringen **(Kassationswirkung).** Geht es dem Kläger nicht nur darum, einen rechtswidrigen Beschluss zu vernichten, sondern soll darüber hinaus ein anderer Beschlussinhalt festgestellt werden, ist die Anfechtungsklage mit einer **positiven Beschlussfeststellungsklage** nach § 115 zu verbinden. Fehlt es an einer Beschlussfeststellung (→ § 110 Rn. 12), kommt ausschließlich die **allgemeine Feststellungsklage** nach § 256 ZPO als Angriffsmittel in Betracht (für Einzelheiten → § 115 Rn. 9 ff.). 8

Nicht die Anfechtungs-, sondern die **Nichtigkeitsklage** nach § 114 ist das Mittel der Wahl, wenn der Gesellschafterbeschluss an einem so schwerwiegenden Fehler leidet, dass er – trotz Feststellung – von vornherein keine Rechtswirkungen zeitigt, weil er an einem Nichtigkeitsgrund leidet (→ § 110 Rn. 31). Ein maßgeblicher Unterschied zur Anfechtungsklage besteht darin, dass die Nichtigkeitsklage nicht auf die Änderung des Rechtszustands gerichtet ist, sondern lediglich die bestehende Nichtigkeit des Gesellschafterbeschlusses verifiziert. 9

Da sowohl die Anfechtungs- als auch die Nichtigkeitsklage darauf gerichtet ist, die Nichtigkeit des Gesellschafterbeschlusses mit Wirkung für und gegen jedermann gerichtlich zu klären, haben beide Klagearten auch **denselben Streitgegenstand,** soweit sie gegen denselben Gesellschafterbeschluss gerichtet sind.[11] Der Nichtigkeitsantrag umfasst daher auch einen Anfechtungsantrag und umgekehrt.[12] Der Übergang von der Anfechtungs- zur Nichtigkeitsklage und umgekehrt, stellt **keine Klageänderung** dar.[13] Es bedarf daher auch nicht der Erhebung sowohl einer Nichtigkeits- als auch einer Anfechtungsklage in Form eines Haupt- und eines Eventualantrags.[14] Soweit solche Anträge gleichwohl gestellt sind, ist das Gericht hieran nicht gebunden und kann bei erhobener Nichtigkeitsklage den Beschluss für nichtig erklären, wenn Anfechtungsgründe vorliegen und die Anfechtungsklage auch im Übrigen statthaft ist.[15] Dringt der Kläger mit dem geltend gemachten Anfechtungs- 9a

---

[7] Begr. RegE, BT-Drs. 19/27635, 234; MüKoHGB/Liebscher Rn. 77; Staub/Schäfer Rn. 6; Tröger/Happ ZIP 2021, 2059 (2064); Wertenbruch NZG 2024, 419 Rn. 37.

[8] Begr. RegE, BT-Drs. 19/27635, 234 f.

[9] Vgl. Begr. RegE, BT-Drs. 19/27635, 235; Staub/Schäfer Rn. 7; MüKoHGB/Liebscher Rn. 88; BeckOK HGB/Klimke, 47. Ed. 1.7.2025, Rn. 58.

[10] Dazu näher Begr. RegE, BT-Drs. 19/27635, 235.

[11] Staub/Schäfer Rn. 16; Koch PersGesR/Holle Rn. 12; Ebenroth/Boujong/Drescher Rn. 35; BeckOGK/Otte/Dietlein, 1.3.2025, § 110 Rn. 114; Bayer/Rauch DB 2021, 2609 (2616); Preuß FS Gehrlein, 2022, 469 (477 f.); vgl. weiter BGH 17.2.1997, BGHZ 134, 364 (366) = NJW 1997, 1510 (1511); 20.11.2018, BGHZ 220, 207 Rn. 68 = NJW 2019, 993; 1.3.1999, NJW 1999, 1638; 10.7.2012, NZG 2012, 1222 Rn. 9; **aA** noch RG 24.9.1942, RGZ 170, 83 (87 f.); BGH 23.5.1960, BGHZ 32, 318 (322) = NJW 1960, 1447 (1448); 27.10.1951, NJW 1952, 98 (99).

[12] Vgl. BGH 17.2.1997, BGHZ 134, 364 (366) = NJW 1997, 1510 (1511); 20.11.2018, NZG 2019, 269 Rn. 68; 26.1.2021, NZG 2021, 831 Rn. 21; Ebenroth/Boujong/Drescher Rn. 35; BeckOGK/Otte/Dietlein, 1.3.2025, § 110 Rn. 62, 114; Koch PersGesR/Holle Rn. 12.

[13] Staub/Schäfer Rn. 16; Koch PersGesR/Holle Rn. 12; Ebenroth/Boujong/Drescher Rn. 35; Preuß FS Gehrlein, 2022, 469 (478).

[14] Ebenroth/Boujong/Drescher Rn. 35; Preuß FS Gehrlein, 2022, 469 (478); vgl. weiter Henze ZIP 2002, 97 f.; Hüffer ZGR 2001, 833 (854).

[15] Vgl. KK-AktG/Noack/Zetzsche, 3. Aufl. 2018, AktG Vor § 241 Rn. 40.

grund durch, nicht aber mit dem Nichtigkeitsgrund, erfolgt **keine Teilabweisung.**[16] Ebenso wenig zulässig ist ein Teilurteil über einen Nichtigkeits- oder Anfechtungsgrund.[17] Dementsprechend kann im Zweifel offenbleiben, ob der maßgebliche Beschlussmangel zur Anfechtbarkeit oder Nichtigkeit führt, soweit nur feststeht, dass der Beschluss jedenfalls entweder anfechtbar oder nichtig ist.[18] Scheitert der Kläger allerdings mit einer Anfechtungsklage, ist auch eine Nichtigkeitsklage aufgrund des einheitlichen Streitgegenstands nicht mehr statthaft.[19]

10 **4. Anwendungsbereich.** Die Vorschrift zielt primär auf die **Anfechtungsklage,** gilt in ihren wesentlichen Grundzügen aber auch für die **Nichtigkeitsklage** (vgl. § 114 S. 1 iVm § 113) sowie für die **positive Beschlussfeststellungsklage** (vgl. § 115 S. 2 iVm § 113). Zudem können einzelne Bestimmungen im Wege der Analogiebildung auf die **allgemeine Feststellungsklage** nach § 256 ZPO sowie im Verfahren des **einstweiligen Rechtsschutzes** (→ Rn. 40) zur Anwendung gelangen.[20]

II. Zuständigkeit

11 **1. Sachliche und örtliche Zuständigkeit.** Für die Anfechtungsklage ist das **Landgericht,** in dessen **Bezirk** die beklagte Gesellschaft ihren **Sitz** hat, in sachlicher und örtlicher Hinsicht ausschließlich zuständig. Abs. 1 geht sowohl §§ 23, 71 GVG als auch Sonderzuständigkeiten, wie zB § 266 Abs. 1 Nr. 3 FamFG, vor.[21] Dementsprechend wahrt eine fälschlicherweise beim Amtsgericht eingereichte Klage die Klagefrist nicht.[22] Wird vor einem örtlich unzuständigen Landgericht geklagt, kommt es für die Fristwahrung darauf an, dass der Verweisungsantrag vor Ablauf der Klagefrist gestellt wird.[23] Eine **Zuständigkeitskonzentration** bei einzelnen Landgerichten nach dem Vorbild des § 246 Abs. 3 S. 3 iVm § 148 Abs. 2 S. 3 AktG ist **nicht vorgesehen** und kann auch nicht im Wege der Analogiebildung in § 113 Abs. 1 hineingelesen werden.[24] Die Ausschließlichkeit der Zuständigkeit verhindert nach § 40 Abs. 2 S. 1 Nr. 2 ZPO gesellschafts- und individualvertragliche **Vereinbarungen** über einen anderen Gerichtsstand; ein rügeloses Verhandeln ist nach § 40 Abs. 2 S. 2 ZPO ebenso unbeachtlich.[25] In Betracht kommt allein eine Sitzverlegung,[26] die nach Eintritt der Rechtshängigkeit auf die Zuständigkeit des Gerichts indes ohne Belang ist.[27] Die internationale Zuständigkeit bestimmt sich auf Grundlage des Art. 24 Nr. 2 Brüssel Ia-VO.[28]

12 Für die Bestimmung des **Sitzes** der Gesellschaft gelten die allgemeinen Grundsätze. Primär ist nach § 706 S. 2 BGB iVm § 105 Abs. 3 an den gesellschaftsvertraglich vereinbarten Gesellschaftssitz anzuknüpfen. Andernfalls ist der Verwaltungssitz nach § 706 S. 1 BGB iVm § 105 Abs. 3 maßgeblich.[29] Für Einzelheiten → § 106 Rn. 17.

13 **2. Kammer für Handelssachen.** Eine ausschließliche Zuständigkeit der **Kammer für Handelssachen** ist – anders als nach § 246 Abs. 3 S. 2 AktG – nicht vorgesehen. Der Kläger kann allerdings nach § 95 Abs. 1 Nr. 4 lit. a GVG iVm § 96 Abs. 1 GVG die Verhandlung des Rechtsstreits vor der Kammer für Handelssachen beantragen.[30] Wird eine weitere Klage bei der Zivilkammer

---

[16] Vgl. BeckOGK/Drescher, 1.6.2025, AktG § 241 Rn. 58; Henze ZIP 2002, 97 ff.

[17] Vgl. BGH 1.3.1999, NJW 1999, 1638; Koch/Holle Rn. 12; Ebenroth/Boujong/Drescher Rn. 35.

[18] Vgl. BGH 11.7.2023, NZG 2023, 1219 Rn. 17 f.

[19] Vgl. BGH 17.2.1997, BGHZ 134, 364 (367) = NJW 1997, 1510; 20.11.2018, BGHZ 220, 207 Rn. 68 = NZG 2019, 269 Rn. 68.

[20] So auch BeckOGK/Otte/Dietlein, 1.3.2025, Rn. 4 f.

[21] BeckOGK/Otte/Dietlein, 1.3.2025, Rn. 6.

[22] Vgl. Begr. RegE, BT-Drs. 19/27635, 232; LG Hannover 29.5.1992, ZIP 1992, 1236 (1238); MüKoHGB/Liebscher Rn. 20; Ebenroth/Boujong/Drescher Rn. 9; Koch PersGesR/Holle Rn. 18; Hopt/Roth Rn. 2.

[23] MüKoHGB/Liebscher Rn. 25.

[24] Dazu ausf. BeckOGK/Otte/Dietlein, 1.3.2025, Rn. 15 ff.

[25] Koch PersGesR/Holle Rn. 18; RGHMW/Mock Rn. 4; Ebenroth/Boujong/Drescher Rn. 9; MüKoHGB/Liebscher Rn. 24; Schäfer Neues PersGesR/Liebscher § 5 Rn. 100; U. Schmidt ZPG 2023, 81 (84).

[26] Dazu näher BeckOGK/Otte/Dietlein, 1.3.2025, Rn. 9.

[27] Ebenroth/Boujong/Drescher Rn. 8 aE.

[28] RGHMW/Mock Rn. 6.

[29] Vgl. Begr. RegE, BT-Drs. 19/27635, 232; MüKoHGB/Liebscher Rn. 23; Ebenroth/Boujong/Drescher Rn. 8; Koch PersGesR/Holle Rn. 20; Hopt/Roth Rn. 2; NK-HGB/Vossler Rn. 2; U. Schmidt ZPG 2023, 81 (84).

[30] *Vgl. KG 20.7.2017, NZG 2017,* 1385 Rn. 7; BeckOGK/Otte/Dietlein, 1.3.2025, Rn. 18; RGHMW/Mock Rn. 5; Koch PersGesR/Holle Rn. 19; Ebenroth/Boujong/Drescher Rn. 10; Schäfer Neues PersGesR/Liebscher § 5 Rn. 101; Neumayer/Zeyher NZG 2022, 1707 (1712); U. Schmidt ZPG 2023, 81 (85).

erhoben, kann diese darauf hinwirken, dass ein Verweisungsantrag nach § 98 Abs. 1 S. 1 GVG an die Kammer für Handelssachen gestellt wird, um die Verfahren nach Abs. 4 S. 2 dort zu verbinden.[31]

III. Parteien

1. Kläger. Die Anfechtungsbefugnis ergibt sich aus § 111 (→ § 111 Rn. 3 ff.). Soweit **mehrere Gesellschafter** klagen, ist jeder Gesellschafter für sich Prozesspartei.[32] Prozessual sind sie wegen § 113 Abs. 6 als notwendige Streitgenossen verbunden, soweit sich ihre – auch sukzessive erhobenen – Anfechtungsklagen gegen denselben Gesellschafterbeschluss richten.[33] Lediglich im Innenverhältnis kann eine nicht rechtsfähige GbR iSd. § 740 BGB bestehen. Eine Außen-GbR als Klägerin setzte voraus, dass die jeweiligen Gesellschaftsanteile von ihr gehalten werden. Wird über das Vermögen des klagenden Gesellschafters das Insolvenzverfahren eröffnet, kommt es nach § 240 ZPO zu einer Unterbrechung des Anfechtungsverfahrens.[34] 13a

2. Passivlegitimation. a) Gesellschaft. Die Anfechtungsklage ist nach Abs. 2 S. 1 gegen die Gesellschaft zu richten. Werden gleichwohl die Gesellschafter als Beklagte bezeichnet und ergibt sich auch nicht durch Auslegung, dass in Wahrheit die Gesellschaft verklagt werden soll, dann handelt es sich um eine gegen die Gesellschafter gerichtete Klage.[35] Richtet sich die Klage ausschließlich gegen die **Gesellschafter,** tritt keine Fristwahrung nach § 112 ein.[36] Werden Gesellschaft und Gesellschafter gemeinsam verklagt, fehlt es der gegen die Gesellschafter gerichteten Klage an dem erforderlichen Rechtsschutzbedürfnis (→ § 111 Rn. 8).[37] 14

Nach **Auflösung** der Gesellschaft ist die Klage gegen die Gesellschaft „in Liquidation" zu richten.[38] Wird die Beklagte einer **Umwandlungsmaßnahme** unterzogen, richtet sich die Klage auch weiterhin gegen den Rechtsträger, soweit er fortbesteht, wie zB im Fall des übernehmenden Rechtsträgers bei einer Verschmelzung zur Aufnahme, beim Formwechsel nach UmwG sowie bei einem – dem Statuswechsel (→ § 106 Rn. 39 ff.) zugrunde liegenden – Rechtsformwechsel nach personengesellschaftsrechtlichen Grundsätzen (→ § 105 Rn. 12).[39] Im Falle der Aufspaltung richtet sich die Klage gegen sämtliche neuen Rechtsträger als notwendige Streitgenossen.[40] Wird über das Vermögen der Gesellschaft das **Insolvenzverfahren** eröffnet, richtet sich die Klage gegen den Insolvenzverwalter, soweit die Klage Auswirkungen auf die Insolvenzmasse zeitigt;[41] andernfalls bleibt die Gesellschaft passivlegitimiert.[42] 14a

Gegen die Gesellschaft zu richten sind die **Nichtigkeitsklage** nach § 114 sowie die allgemeine **Feststellungsklage** nach § 256 ZPO (→ § 115 Rn. 10). Das versteht sich für den letztgenannten Fall nicht von selbst, zumal die Feststellungsklage nach früherem Recht grundsätzlich gegen die übrigen Gesellschafter zu richten war. Dieser Position treten die Materialien entgegen und verweisen darauf, dass die Willensbildung im Rahmen der Gesellschafterversammlung auch ohne förmliche Beschlussfeststellung der Gesellschaft als solcher zuzurechnen sei, weil es sich bei der Gesellschafterversammlung um ein Gesellschaftsorgan handele.[43] 15

b) Vertretungsbefugnis. Im Verfahren wird die Gesellschaft nach allgemeinen Grundsätzen durch **vertretungsbefugte Gesellschafter** vertreten. Zustellung genügt nach § 170 Abs. 3 ZPO 16

---

[31] Dazu näher BeckOGK/Otte/Dietlein, 1.3.2025, Rn. 8; vgl. auch Koch PersGesR/Holle Rn. 19.

[32] Dazu und zum Folgenden näher RGHMW/Mock Rn. 16.

[33] Staub/Schäfer Rn. 11; MüKoHGB/Liebscher Rn. 114; Koch PersGesR/Holle Rn. 3; BeckOK HGB/Klimke, 47. Ed. 1.7.2025, Rn. 21; RGHMW/Mock Rn. 16; Ebenroth/Boujong/Drescher Rn. 11; Bayer/Rauch DB 2021, 2609 (2616).

[34] Vgl. BGH 24.10.2017, NZG 2018, 32 Rn. 15; Ebenroth/Boujong/Drescher Rn. 12.

[35] Vgl. BGH 13.1.2023, BeckRS 2023, 2204 Rn. 23; Ebenroth/Boujong/Drescher Rn. 13.

[36] BeckOGK/Otte/Dietlein, 1.3.2025, Rn. 20.

[37] MüKoHGB/Liebscher Rn. 31; Koch PersGesR/Holle Rn. 21; BeckOGK/Otte/Dietlein, 1.3.2025, Rn. 21.

[38] Vgl. BGH 10.3.1960, BGHZ 32, 114 (117) = NJW 1960, 1006; 14.12.1961, BGHZ 36, 207 (208) = NJW 1962, 538; Staub/Schäfer Rn. 13; Ebenroth/Boujong/Drescher Rn. 14; MüKoHGB/Liebscher Rn. 36.

[39] Ebenroth/Boujong/Drescher Rn. 14; MüKoHGB/Liebscher Rn. 40 ff.; vgl. auch Lieder, Die rechtsgeschäftliche Sukzession, 2015, 849 f.

[40] Ebenroth/Boujong/Drescher Rn. 14; vgl. auch Meyer JR 2007, 133 (135); Lieder, Die rechtsgeschäftliche Sukzession, 2015, 850.

[41] Vgl. BGH 10.3.1960, BGHZ 32, 114 (117) = NJW 1960, 1006; 21.11.2005, NJW-RR 2006, 471; 19.7.2011, BGHZ 190, 291 Rn. 9 = NZG 2011, 1147; zur Masserelevanz s. ferner BGH 21.4.2020, BGHZ 225, 198 Rn. 28 = ZIP 2020, 1064; 21.4.2020, AG 2020, 540 Rn. 23 = ZIP 2020, 739.

[42] Vgl. BGH 10.3.1960, BGHZ 32, 114 (117) = NJW 1960, 1006; Ebenroth/Boujong/Drescher Rn. 14; MüKoHGB/Liebscher Rn. 37 f.; Staub/Schäfer Rn. 13.

[43] Begr. RegE, BT-Drs. 19/27635, 236.

an einen vertretungsberechtigten Gesellschafter.[44] Handelt es sich beim Kläger um den einzigen vertretungsberechtigten Gesellschafter, wird die Gesellschaft nach Abs. 2 S. 2 durch **alle übrigen Gesellschafter** vertreten. Zählt der Anfechtungskläger zum Kreis der ausschließlich gesamtvertretungsberechtigten Gesellschafter und kann die Gesellschaft ohne den Anfechtungskläger nach allgemeinen Grundsätzen daher nicht wirksam vertreten werden, sind die übrigen gesamtvertretungsberechtigten Gesellschafter analog Abs. 2 S. 2 zur Vertretung der Gesellschaft berechtigt.[45] Die im Schrifttum vorgeschlagene analoge Anwendung des § 116 Abs. 4[46] erscheint nicht zielführend, weil die Vorschrift allein die Geschäftsführungsbefugnis betrifft und das Notgeschäftsführungsrecht im Bereich der Vertretung nach § 124 gerade keine Entsprechung findet (→ § 116 Rn. 88).

17 Davon abgesehen können die Gesellschafter analog § 46 Nr. 8 GmbHG zum Zweck der Prozessführung einen **besonderen Vertreter** bestellen[47] oder einen vorhandenen Beirat ermächtigen.[48] Der dafür notwendige Gesellschafterbeschluss ist mit der gesellschaftsvertraglich erforderlichen Mehrheit zu fassen, wobei dem Anfechtungskläger die Stimmberechtigung fehlt.[49] Soweit die Prozessführung weder danach noch nach Abs. 2 S. 2 gewährleistet werden kann, kommt die Bestellung eines **Prozessvertreters** nach § 57 Abs. 1 ZPO in Betracht.[50] Schließlich kann ein Gesellschafter aufseiten der Gesellschafter dem Verfahren auch **beitreten** und für diese den Prozess führen.[51]

IV. Unterrichtungspflicht

18 **1. Inhalt und Umfang.** Die Gesellschaft ist nach Abs. 3 verpflichtet, die Gesellschafter unverzüglich sowohl über die Erhebung der Anfechtungsklage als auch über die Lage des Rechtsstreits zu unterrichten. Innerhalb der Gesellschaft obliegt die Unterrichtungspflicht den **geschäftsführungsbefugten Gesellschaftern** in vertretungsberechtigter Zahl.[52] Das gilt auch dann, wenn es sich bei dem einzigen Geschäftsführer um den – von der Prozessvertretung ausgeschlossenen (→ Rn. 16) – Anfechtungskläger handelt.[53] Dessen ungeachtet sind allerdings sämtliche Gesellschafter zur Unterrichtung berechtigt, da es sich um eine Maßnahme der Vertretung nach außen handelt.[54] **Adressaten** der Unterrichtung sind **alle Gesellschafter,** und zwar unabhängig davon, ob sie an der Beschlussfassung teilgenommen haben oder stimmberechtigt waren (→ § 109 Rn. 51).[55]

19 Die Gesellschafter sind unverzüglich, also nach § 121 Abs. 1 S. 1 BGB **ohne schuldhaftes Zögern,** von der Klageerhebung zu unterrichten.[56] Die Frist beginnt mit Erhebung der Klage, also mit deren Zustellung an die Gesellschaft nach § 253 Abs. 1 ZPO (→ § 112 Rn. 13), zu laufen.[57] Davon abgesehen kann in die Klageschrift analog § 246 Abs. 3 S. 5 AktG allerdings schon vor Zustellung bei Gericht Einsicht genommen werden.[58] Soweit bereits vor Zustellung eine Information erfolgt, ist diese nach Zustellung zu ergänzen.[59] Einer besonderen **Form** bedarf die Unterrichtung **nicht,** sodass sie schriftlich, aber auch in Textform oder mündlich erfolgen kann.[60] Gleichwohl

---

44 Ebenroth/Boujong/Drescher Rn. 15; U. Schmidt ZPG 2023, 81 (84).

45 Zust. Ebenroth/Boujong/Drescher Rn. 15 aE; offenlassend MüKoHGB/Liebscher Rn. 46.

46 Dafür BeckOGK/Otte/Dietlein, 1.3.2025, Rn. 25; Koch PersGesR/Holle Rn. 24.

47 Begr. RegE, BT-Drs. 19/27635, 233; MüKoHGB/Liebscher Rn. 45; Koch PersGesR/Holle Rn. 23; RGHMW/Mock Rn. 11.

48 Staub/Schäfer Rn. 14; Ebenroth/Boujong/Drescher Rn. 16; MüKoHGB/Liebscher Rn. 45; Schäfer Neues PersGesR/Liebscher § 5 Rn. 92; U. Schmidt ZPG 2023, 81 (84).

49 Koch PersGesR/Holle Rn. 23; BeckOGK/Otte/Dietlein, 1.3.2025, Rn. 25.

50 Begr. RegE, BT-Drs. 19/27635, 233; ebenso BeckOGK/Otte/Dietlein, 1.3.2025, Rn. 26; Schäfer Neues PersGesR/Liebscher § 5 Rn. 92; Liebscher/Rickelt ZPG 2024, 41 Rn. 27; Neumayer/Zeyher NZG 2022, 1707 (1711); Noack ZIP 2020, 1382 (1385); U. Schmidt ZPG 2023, 81 (84); krit. Ebenroth/Boujong/Drescher Rn. 16; zweifelnd auch Staub/Schäfer Rn. 14 aE.

51 MüKoHGB/Liebscher Rn. 45 aE; Ebenroth/Boujong/Drescher Rn. 16; BeckOGK/Otte/Dietlein, 1.3.2025, Rn. 26.

52 Begr. RegE, BT-Drs. 19/27635, 233; krit. Ebenroth/Boujong/Drescher Rn. 22; vgl. noch Wertenbruch NZG 2024, 419 Rn. 7.

53 Koch/Holle Rn. 26; BeckOGK/Otte/Dietlein, 1.3.2025, Rn. 34.

54 MüKoHGB/Liebscher Rn. 54 aE; BeckOGK/Otte/Dietlein, 1.3.2025, Rn. 34; Wertenbruch NZG 2024, 419 Rn. 7; iErg auch Ebenroth/Boujong/Drescher Rn. 22; **aA** Hopt/Roth Rn. 5.

55 RGHMW/Mock Rn. 25; BeckOGK/Otte/Dietlein, 1.3.2025, Rn. 35; Koch PersGesR/Holle Rn. 26 aE; MüKoHGB/Liebscher Rn. 58.

56 Dazu näher Wertenbruch NZG 2024, 419 Rn. 9.

57 Vgl. Begr. RegE, BT-Drs. 19/27635, 233.

58 Koch PersGesR/Holle Rn. 27; BeckOGK/Otte/Dietlein, 1.3.2025, Rn. 36; MüKoHGB/Liebscher Rn. 57.

59 Ebenroth/Boujong/Drescher Rn. 23.

60 Zust. Ebenroth/Boujong/Drescher Rn. 23; MüKoHGB/Liebscher Rn. 56.

erscheint es zum Zweck der Dokumentation ratsam, jedenfalls die Textform zu wahren.[61] Die Unterrichtungspflicht wird obsolet, wenn die Gesellschafter schon aus anderer Quelle über den Rechtsstreit informiert sind.[62] Dieser Umstand ist von der Gesellschaft zu beweisen. Soweit mehrere Anfechtungsklagen unabhängig voneinander erhoben werden, sind auch die Kläger über die jeweils anderen Klagen zu unterrichten.[63]

Die Unterrichtung über die **Klageerhebung** hat sich auf den angegriffenen Gesellschafterbeschluss, den Anfechtungskläger, das angerufene Gericht nebst Aktenzeichen sowie zu einem anberaumten Termin zu beziehen.[64] Konkrete Anträge brauchen nicht genannt zu werden; ebenso wenig müssen sich die Geschäftsführer zu den Erfolgsaussichten einlassen.[65] Es genügt stattdessen, wenn über die zentralen Gesichtspunkte des Rechtsstreit informiert wird.[66] Freilich ist es unschädlich und aus Praktikabilitätsgründen empfehlenswert, den Gesellschaftern schlicht die gesamte Klageschrift zugänglich zu machen.[67] Auf Grundlage der Unterrichtung soll der Gesellschafter entscheiden können, ob er dem Rechtsstreit als Nebenintervenient beitreten möchte (→ Rn. 4).[68] 20

Über die **Lage des Verfahrens** hat die Gesellschaft ein weiteres Mal zu informieren, wenn sich wesentliche Änderungen der prozessualen Situation ergeben haben, wie zB eine Änderung des Streitgegenstands oder eine Klageerweiterung.[69] Daneben bestehen die allgemeinen **Einsichtsrechte** nach § 717 Abs. 1 BGB iVm § 105 Abs. 3 für persönlich haftende, nicht geschäftsführungsbefugte Gesellschafter und nach § 166 Abs. 1 S. 2 für Kommanditisten, die sich auf die Prozessunterlagen der Gesellschaft beziehen.[70] 21

2. Implikationen. Die Unterrichtung ermöglicht es dem **Gesellschafter,** sich als streitgenössischer **Nebenintervenient** am Verfahren zu beteiligen (→ Rn. 4). Er kann frei darüber entscheiden, ob er dem Anfechtungskläger oder der Gesellschaft beitritt. Eine Frist ist für den Beitritt – anders als nach § 246 Abs. 4 S. 2 AktG – nicht vorgesehen.[71] Allerdings ist der Nebenintervenient stets an die bisherigen Prozessergebnisse gebunden.[72] Demgegenüber können sich **Dritte** nur dann als Nebenintervenienten am Prozess beteiligen, wenn sie ein rechtliches Interesse am Ausgang des Verfahrens haben, wie zB wenn sie als Partei eines Unternehmens- oder Umwandlungsvertrags, deren Zustimmungsbeschluss angefochten ist, mit einem Regressrisiko belastet sind, oder aber wenn ihre persönliche Rechtsstellung als besonderer Vertreter vom Beschluss berührt ist.[73] 22

Wird **gegen** die **Unterrichtungspflicht verstoßen,** sind die übrigen Gesellschafter nicht an die bisherigen Prozessergebnisse gebunden. Sie können **Wiedereinsetzung** in den vorherigen Stand beantragen.[74] Entgegen einer abweichenden Auffassung[75] gilt die Jahresfrist des § 234 Abs. 3 ZPO auch in diesem Zusammenhang.[76] Zudem kann ihnen der Ablauf von Rechtsbehelfs- und Rechtsmittelfristen nicht zum Nachteil gereichen.[77] Hatte der verspätet beigetretene Nebenintervenient bisher keine Möglichkeit, seine Sichtweise dem Gericht näherzubringen, kommt nach § 156 Abs. 2 Nr. 1 ZPO die **Wiedereröffnung** der mündlichen Verhandlung in Betracht.[78] 23

---

[61] MüKoHGB/Liebscher Rn. 56; BeckOGK/Otte/Dietlein, 1.3.2025, Rn. 37; Koch PersGesR/Holle Rn. 27.

[62] Dazu und zum Folgenden RGHMW/Mock Rn. 33.

[63] Ebenroth/Boujong/Drescher Rn. 25.

[64] Begr. RegE, BT-Drs. 19/27635, 233.

[65] Begr. RegE, BT-Drs. 19/27635, 233.

[66] Ebenroth/Boujong/Drescher Rn. 23; RGHMW/Mock Rn. 32; **aA** Schäfer Neues PersGesR/Liebscher § 5 Rn. 97.

[67] BeckOGK/Otte/Dietlein, 1.3.2025, Rn. 39; Koch PersGesR/Holle Rn. 28.

[68] Zum Beitritt ausf. Ebenroth/Boujong/Drescher Rn. 31 ff.; zur Nebenintervention nach Urteilserlass ausf. Wertenbruch NZG 2024, 419 Rn. 20 ff.

[69] Vgl. Begr. RegE, BT-Drs. 19/27635, 233.

[70] Koch PersGesR/Holle Rn. 28; BeckOGK/Otte/Dietlein, 1.3.2025, Rn. 40.

[71] Vgl. Begr. RegE, BT-Drs. 19/27635, 234; BeckOGK/Otte/Dietlein, 1.3.2025, Rn. 31; Koch PersGesR/Holle Rn. 5.

[72] MüKoHGB/Liebscher Rn. 52; Ebenroth/Boujong/Drescher Rn. 58; Koch PersGesR/Holle Rn. 42; BeckOK HGB/Klimke, 47. Ed. 1.7.2025, Rn. 58; NK-HGB/Vossler Rn. 10.

[73] Koch PersGesR/Holle Rn. 5, der sich zugleich für eine Unterrichtungspflicht nach § 113 Abs. 3 ausspricht; vgl. Koch PersGesR/Holle Rn. 31.

[74] Begr. RegE, BT-Drs. 19/27635, 234; MüKoHGB/Liebscher Rn. 60; RGHMW/Mock Rn. 37; Wertenbruch NZG 2024, 419 Rn. 17 ff.

[75] Wertenbruch NZG 2024, 419 Rn. 25.

[76] MüKoHGB/Liebscher Rn. 60.

[77] MüKoHGB/Liebscher Rn. 59; BeckOGK/Otte/Dietlein, 1.3.2025, Rn. 41; Koch PersGesR/Holle Rn. 32.

[78] Begr. RegE, BT-Drs. 19/27635, 234.

24 Darüber hinaus ist umstritten, ob die mangelnde Unterrichtung der umfassenden **Rechtskraftwirkung** nach Abs. 6 entgegensteht. Während dies vereinzelt im Interesse des übergangenen Gesellschafters angenommen wird,[79] spricht sich die zutreffende Gegenauffassung für eine Bindungswirkung aus,[80] die allenfalls auf Grundlage einer **Nichtigkeitsklage** analog § 579 Abs. 1 Nr. 4 ZPO nachträglich beseitigt werden kann.[81] Für die umfassende Rechtskraftwirkung spricht das mit der Übernahme des Anfechtungsmodells in das Personengesellschaftsrecht verfolgte Gesamtregelungsziel, im überindividuellen Interesse für Rechtssicherheit und Rechtsklarheit zu sorgen. Das individuelle Partizipationsinteresse muss dahinter grundsätzlich zurücktreten, zumal der übergangene Gesellschafter grundsätzlich davon ausgehen kann, dass die beteiligten Prozessparteien den Rechtsstreit frei von Interessenkonflikten vorantreiben werden. Umgekehrt wird durch die umfassende Rechtskraftwirkung sichergestellt, dass ein Gesellschafter die erga-omnes-Wirkung des Urteils durch die bloße Behauptung einer unterbliebenen Unterrichtung nicht zu Fall bringen kann.[82] Das entspricht im Ergebnis auch der Rechtslage im Aktienrecht, wenn die Klageerhebung – entgegen § 246 Abs. 4 AktG – nicht in den Gesellschaftsblättern bekanntgemacht worden ist.[83] Nur wenn er belegen kann, dass dies nicht der Fall war und die konkreten Umstände denjenigen einer nicht ordnungsgemäßen Vertretung nach § 579 Abs. 1 Nr. 4 ZPO entsprechen, kommt ausnahmsweise die Erhebung einer Nichtigkeitsklage in Betracht. Bei schuldhaft unterlassener Unterrichtung kann der Übergangene nach § 280 Abs. 1 BGB von der Gesellschaft[84] **Schadensersatz** in Form von Naturalrestitution nach § 249 Abs. 1 BGB verlangen.[85] Dieser Anspruch ist in der Sache auf Rückgängigmachung des streitgegenständlichen Beschlusses gerichtet.[86] Nur wenn eine Restitution ausscheidet, ist nach § 251 Abs. 1 BGB Schadensersatz in Geld geschuldet,[87] namentlich in Form höherer Rechtsverfolgungskosten.[88]

25 **3. Beteiligung des Gerichts.** Nach Unterrichtung der Gesellschafter hat die Gesellschaft das zuständige Gericht (→ Rn. 11) über die erfolgte Unterrichtung nach Abs. 3 S. 2 in Kenntnis zu setzen, damit es seine **Kontroll- und Reservefunktion** nach Abs. 3 S. 3 sachgerecht auszuüben vermag.[89] Daran sind keine besonderen Anforderungen zu stellen; ausreichend ist die an das Gericht gerichtete Erklärung, die Gesellschafter nach Maßgabe des § 113 Abs. 3 S. 1 unterrichtet zu haben.[90]

25a Dessen ungeachtet hat das Gericht nach Abs. 3 S. 3 eigenständig auf die **unverzügliche Unterrichtung der Gesellschafter hinzuwirken,** um deren Recht auf gerichtliches Gehör zu gewährleisten.[91] In diesem Zusammenhang darf sich das Gericht im Grundsatz auf die Erklärung der Gesellschaft, sie habe alle Gesellschafter ordnungsgemäß unterrichtet, verlassen. Legen hingegen konkrete Anhaltspunkte den Verdacht nahe, dass die Unterrichtung nicht ordnungsgemäß erfolgt ist, kann sich das Gericht von der Gesellschaft aussagekräftige Unterlagen vorlegen lassen, die den hinreichenden Nachweis einer ordnungsgemäßen Unterrichtung erbringen. Das Gericht verfügt allerdings über keine Zwangsmittel, um die Vorlage von Nachweisen durchsetzen zu können; insbesondere sind die Voraussetzungen der Urkundenvorlegung nach § 142 Abs. 1 ZPO nicht erfüllt.[92] Es kann allerdings in letzter Konsequenz verpflichtet sein, beim Einwohnermeldeamt nachzufragen.[93] Kommen die Gesellschafter ihrer Unterrichtungspflicht nicht ordnungsgemäß nach, hat das Gericht

---

79 Heckschen/Nolting BB 2020, 2256 (2258).

80 BeckOGK/Otte/Dietlein, 1.3.2025, Rn. 42; Schäfer Neues PersGesR/Liebscher § 5 Rn. 98; Ebenroth/Boujong/Drescher Rn. 26; Koch PersGesR/Holle Rn. 33 aE; MüKoHGB/Liebscher Rn. 65; Wertenbruch NZG 2024, 419 Rn. 18; ausf. Lieder FS Paefgen, 2025, 307 (313 ff.).

81 BeckOGK/Otte/Dietlein, 1.3.2025, Rn. 42; MüKoHGB/Liebscher Rn. 66; **aA** Ebenroth/Boujong/Drescher Rn. 26.

82 Wertenbruch NZG 2024, 419 Rn. 18; Lieder FS Paefgen, 2025, 307 (313).

83 Vgl. MüKoAktG/Schäfer AktG § 246 Rn. 79; KK-AktG/Noack/Zetzsche § 246 Rn. 241.

84 So auch Begr. RegE, BT-Drs. 19/27635, 234; MüKoHGB/Liebscher Rn. 61; BeckOK HGB/Klimke, 47. Ed. 1.7.2025, Rn. 39; abweichend BeckOGK/Otte/Dietlein, 1.3.2025, Rn. 43: geschäftsführende Gesellschafter; ebenso offenbar Ebenroth/Boujong/Drescher Rn. 26; Schäfer Neues PersGesR/Liebscher § 5 Rn. 98; U. Schmidt ZPG 2023, 81 (84, 86).

85 Dazu näher MüKoHGB/Liebscher Rn. 61 ff.; Wertenbruch NZG 2024, 419 Rn. 30 f.

86 Zust. Ebenroth/Boujong/Drescher Rn. 26; MüKoHGB/Liebscher Rn. 62.

87 Dazu ausf. Lieder FS Paefgen, 2025, 307 (314 f.).

88 MüKoHGB/Liebscher Rn. 61; Wertenbruch NZG 2024, 419 Rn. 30; **abw.** Ebenroth/Boujong/Drescher Rn. 26: materieller Schaden kaum vorstellbar.

89 RGHMW/Mock Rn. 39; Koch PersGesR/Holle Rn. 29; MüKoHGB/Liebscher Rn. 67.

90 Vgl. auch Begr. RegE, BT-Drs. 19/27635, 234; Koch PersGesR/Holle Rn. 29 aE.

91 BeckOGK/Otte/Dietlein, 1.3.2025, Rn. 44.

92 Dazu näher Ebenroth/Boujong/Drescher Rn. 29; vgl. auch Liebscher/Rickelt ZPG 2024, 41 Rn. 31.

93 Schmitz-Herscheidt ZIP 2024, 2061 (2068); Wertenbruch NZG 2024, 419 Rn. 16; **aA** BeckOGK/Otte/Dietlein, 1.3.2025, Rn. 45.

die Gesellschafter selbst zu unterrichten, etwa durch Zustellung der Klageschrift an die noch nicht unterrichteten Gesellschafter.[94] Die Unterrichtung ist allerdings keine Sachurteilsvoraussetzung.[95]

V. Gerichtliches Verfahren

1. Mündliche Verhandlung. Die mündliche Verhandlung soll nach Abs. 4 S. 1 frühestens am Tag nach Ablauf der Klagefrist (→ § 112 Rn. 6) stattfinden. Das Gericht kann allerdings von diesem Grundsatz abweichen, um einen längeren Verfahrensstillstand zu vermeiden, der bei besonders frühzeitig erhobenen Anfechtungsklagen und Vergleichsgesprächen in Betracht kommt.[96] Ein Verstoß gegen diese **Soll-Vorschrift** bleibt indes sanktionslos. Zudem kann das Gericht vor Fristlauf über die Verbindung mehrerer Anfechtungsklagen nach Abs. 4 S. 2 entscheiden.[97] Soweit durch spätere Anfechtungsklagen neue Aspekte zu berücksichtigen sind, kommt eine Wiedereröffnung der mündlichen Verhandlung nach § 156 Abs. 1, Abs. 2 Nr. 1 ZPO in Betracht.[98] 26

2. Prozessverbindung. Aufgrund der umfassenden Gestaltungs- und Rechtskraftwirkung eines stattgebenden Anfechtungsurteils müssen alle gegen einen **bestimmten Gesellschafterbeschluss** gerichteten Anfechtungsverfahren zur gemeinschaftlichen Verhandlung und Entscheidung verbunden werden, um divergierende Entscheidung effektiv zu vermeiden. Anders als bei § 147 ZPO besteht in diesem Kontext kein Ermessen des Gerichts.[99] Das gilt auch dann, wenn sich die – gegen denselben Beschluss gerichteten – Anfechtungsklagen nur teilweise überschneiden; auf die konkreten Anfechtungsgründe kommt es nicht an.[100] Keine Verbindungspflicht besteht bei mehreren Anfechtungsklagen, die sich gegen **unterschiedliche Beschlüsse** richten. In Betracht kommt allerdings eine Verbindung nach § 147 ZPO.[101] Sind Anfechtungsklagen gegen denselben Gesellschafterbeschluss zum Teil bei der Zivilkammer, zum Teil bei der Kammer für Handelssachen anhängig gemacht worden, ist auf eine Verbindung bei der Kammer für Handelssachen hinzuwirken (→ Rn. 13).[102] Die Kläger sind notwendige Streitgenossen iSd § 62 ZPO.[103] 27

VI. Streitwert

1. Anwendungsbereich. Die Streitwertregelung des Abs. 5 ist sowohl für den **Gebühren-** als auch für den **Rechtsmittelstreitwert** maßgeblich.[104] Zur Anwendung gelangt die Vorschrift auf die **Anfechtungsklage,** die **Nichtigkeitsklage** sowie die mit der Anfechtungsklage verbundene **positive Beschlussfeststellungsklage.**[105] Ihre Geltung für die **einfache Feststellungsklage** nach § 256 ZPO ist umstritten. Die ablehnende Auffassung verweist namentlich darauf, dass das Feststellungsurteil keine umfassende Rechtskraftwirkung entfalte und es daher allein auf das klägerische Interesse ankomme.[106] Geht man indes mit der hier vertretenen Auffassung davon aus, dass auch einfache Feststellungsurteile erga omnes wirken (→ § 115 Rn. 12), dann liegt es nahe, Abs. 5 auch 28

---

[94] Zum Ganzen Begr. RegE, BT-Drs. 19/27635, 234; dem folgend RGHMW/Mock Rn. 41; Koch PersGesR/Holle Rn. 30; Schäfer Neues PersGesR/Liebscher § 5 Rn. 98; Schmitz-Herscheidt ZIP 2024, 2061 (2068); Wertenbruch NZG 2024, 419 Rn. 15; zT abweichend BeckOGK/Otte/Dietlein, 1.3.2025, Rn. 45: keine selbstständige Unterrichtung der Gesellschafter durch das Gericht; zurückhaltend auch MüKoHGB/Liebscher Rn. 72; Liebscher/Rickelt ZPG 2024, 41 Rn. 32.

[95] Ebenroth/Boujong/Drescher Rn. 30; Schäfer Neues PersGesR/Liebscher § 5 Rn. 98; **aA** Heckschen/Nolting BB 2020, 2256 (2258).

[96] Vgl. Begr. RegE, BT-Drs. 19/27635, 234; MüKoHGB/Liebscher Rn. 79; BeckOK HGB/Klimke, 47. Ed. 1.7.2025, Rn. 46; Koch PersGesR/Holle Rn. 35; RGHMW/Mock Rn. 43; NK-HGB/Vossler Rn. 7; Tröger/Happ ZIP 2021, 2059 (2064); **aA** Hopt/Roth Rn. 6: kein Ermessen.

[97] Vgl. Begr. RegE, BT-Drs. 19/27635, 234.

[98] Begr. RegE, BT-Drs. 19/27635, 234; MüKoHGB/Liebscher Rn. 80; Koch PersGesR/Holle Rn. 35; BeckOK HGB/Klimke, 47. Ed. 1.7.2025, Rn. 46; RGHMW/Mock Rn. 44.

[99] Begr. RegE, BT-Drs. 19/27635, 234.

[100] MüKoHGB/Liebscher Rn. 82; Koch PersGesR/Holle Rn. 36; Ebenroth/Boujong/Drescher Rn. 39; BeckOK HGB/Klimke, 47. Ed. 1.7.2025, Rn. 48 ff.; Hopt/Roth Rn. 7; NK-HGB/Vossler Rn. 7.

[101] BeckOGK/Otte/Dietlein, 1.3.2025, Rn. 51; Ebenroth/Boujong/Drescher Rn. 39; Koch PersGesR/Holle Rn. 36.

[102] Dazu ausf. BeckOGK/Otte/Dietlein, 1.3.2025, Rn. 52; vgl. weiter Koch PersGesR/Holle Rn. 37.

[103] Ebenroth/Boujong/Drescher Rn. 40; U. Schmidt ZPG 2023, 81 (86); vgl. weiter BGH 5.4.1993, BGHZ 122, 211 (240) = NJW 1993, 1976; 8.2.2011, NZG 2011, 506 Rn. 15; 22.3.2011, BGHZ 189, 32 Rn. 13 = NZG 2011, 669.

[104] BeckOGK/Otte/Dietlein, 1.3.2025, Rn. 53.

[105] Begr. RegE, BT-Drs. 19/27635, 235; MüKoHGB/Liebscher Rn. 84.

[106] BeckOGK/Otte/Dietlein, 1.3.2025, Rn. 55; MüKoHGB/Liebscher Rn. 84.

in diesem Kontext zur Anwendung zu bringen.[107] Für die Kostenerstattung gelten die allgemeinen Grundsätze.[108]

29 **2. Streitwertbemessung.** Im Rahmen des billigen Ermessens, wonach das Gericht den Streitwert zu bestimmen hat, kommt es nicht ausschließlich auf das klägerische Interesse an, den angegriffenen Gesellschafterbeschluss zu vernichten. Stattdessen kommt es auf **sämtliche Umstände des konkreten Einzelfalls,** namentlich die **Bedeutung der Sache für die Parteien** an. Vor allem die beklagte Gesellschaft kann ein gesteigertes Interesse daran haben, dass der Beschluss Bestand hat. Dieser Wert kann deutlich über die Bedeutung für den klagenden Gesellschafter hinausgehen, der an der Gesellschaft typischerweise nur zu einem Bruchteil beteiligt ist.[109]

30 Maßgeblich ist eine **wirtschaftliche Betrachtung** der Konsequenzen des Bestands respektive der Vernichtung des Beschlusses für die Gesellschaft und die Gesamtheit der Gesellschafter.[110] Ohne Belang ist der Grund der Anfechtbarkeit, das Ausmaß der Fehlerhaftigkeit oder die Anzahl der erhobenen Beschlussmängelklagen.[111] Ist der Beschluss maßgeblich für eine Investitionsmaßnahme, kommt es auf deren Volumen an. Bei einem Dauerschuldverhältnis ist eine etwaige Kündigungsmöglichkeit zu berücksichtigen. Im Übrigen kann an §§ 41, 42 GKG Maß genommen werden.[112]

31 Der objektive Verkehrswert der Beteiligung des klagenden Gesellschafter bildet für einen **Ausschließungsbeschluss** den zutreffenden Ansatzpunkt, und zwar abhängig von der – niedrigeren geschuldeten – Abfindung,[113] lässt sich aber schwerlich als generelle Obergrenze begreifen,[114] zumal der Abs. 5 gerade die Bedeutung für beide Parteien betont. Bei der **Entziehung der Geschäftsführungs- und (oder) Vertretungsbefugnis** ist nicht nur auf das Interesse des klagenden Gesellschafters abzustellen, sondern auch auf das Lösungsinteresse der Gesellschaft.[115] In der Vergangenheit haben Gerichte Streitwerte zwischen 10.000 und 50.000 Euro angesetzt.[116] Erfolgt gleichzeitig die Kündigung des Anstellungsverhältnisses, ist nach § 42 Abs. 1 S. 1 GKG iVm § 9 Abs. 1 ZPO das Dreifache der Jahresvergütung als Gebührenstreitwert und das 3,5-Fache als Zuständigkeitsstreitwert maßgeblich.[117] Soweit der Beschluss **Ersatzansprüche** gegen den Gesellschafter betrifft, ist deren Wert anzusetzen.[118] Gleiches gilt für die Entlastung, soweit diese mit einem Verzicht auf Ersatzansprüche verbunden ist.[119] Geht es um Zustimmungsbeschlüsse zur Übertragung des Gesellschaftsanteils, ist ein Bruchteil des Anteilswerts anzusetzen.[120] Soweit ein **Dauerschuldverhältnis** betroffen ist, kommt es maßgeblich auf dessen Laufzeit an.[121] Weitere Einzelheiten sind der Kasuistik zu § 247 AktG zu entnehmen.[122]

32 Richtet sich die Klage gegen **mehrere Gesellschafterbeschlüsse,** ist grundsätzlich für jeden einzelnen ein separater Streitwert zu ermitteln; danach erfolgt die Addition zu einem Gesamtstreitwert. Nur wenn sich mehrere Beschlüsse durch eine besondere Sachnähe auszeichnen, ist der höchste nach dem Rechtsgedanken des § 45 Abs. 1 S. 3 GKG als allein maßgeblich anzusetzen.[123] Bei mehreren Klägern oder nach Beitritt von Nebenintervenienten erfolgt wegen des identischen Streitgegen-

---

[107] Zust. Ebenroth/Boujong/Drescher Rn. 51; vgl. weiter BGH 21.6.2011, NZG 2011, 997: Anwendung des § 247 AktG auf Publikums-KG; OLG Hamm 11.5.2022, NZG 2022, 1019 Rn. 14 f.; **aA** nach früherem Recht BGH 21.2.2002, NJW-RR 2002, 823; KG 11.12.2008, BeckRS 2009, 4406.

[108] Dazu ausf. Noack ZIP 2023, 1169 ff.; vgl. weiter MüKoHGB/Liebscher Rn. 48 ff.; RGHMW/Mock Rn. 9.

[109] Vgl. Begr. RegE, BT-Drs. 19/27635, 235.

[110] Vgl. BGH 21.6.2011, NZG 2011, 997; BeckOGK/Otte/Dietlein, 1.3.2025, Rn. 57.

[111] Vgl. BGH 11.7.1994, NJW-RR 1995, 225 (226); 30.4.2001, NJW 2001, 2638 (2639).

[112] BeckOGK/Otte/Dietlein, 1.3.2025, Rn. 58; Ebenroth/Boujong/Drescher Rn. 53; vgl. weiter BGH 17.7.2006, DStR 2006, 1900 (1901); 8.12.2008, NZG 2009, 518 (519); 2.3.2009, GmbHR 2009, 995 = DStR 2009, 1656 (1657); **aA** noch BGH 28.11.1955, BGHZ 19, 172 (173) = NJW 1956, 182.

[113] Vgl. BGH 30.4.2001, NJW 2001, 2638 (2639); 8.12.2008, NZG 2009, 518 Rn. 2; 4.11.2014, NZG 2015, 321 Rn. 7; 12.11.2019, BeckRS 2019, 31898 Rn. 4.

[114] So aber BeckOGK/Otte/Dietlein, 1.3.2025, Rn. 59.

[115] Vgl. BGH 28.5.1990, NJW-RR 1990, 1123 (1124); 4.11.2014, NZG 2015, 321 Rn. 7.

[116] Vgl. Koch/Holle Rn. 41; BeckOGK/Otte/Dietlein, 1.3.2025, Rn. 61.

[117] Vgl. BGH 9.6.2005, NJW-RR 2006, 213 (214); 21.5.2013, BeckRS 2013, 10083 Rn. 2; 12.4.2016, NZG 2016, 868.

[118] Ebenroth/Boujong/Drescher Rn. 54.

[119] Ebenroth/Boujong/Drescher Rn. 54.

[120] Vgl. OLG München 18.12.2007, GmbHR 2008, 1267: 25%; Ebenroth/Boujong/Drescher Rn. 54 aE.

[121] Koch PersGesR/Holle Rn. 41; BeckOGK/Otte/Dietlein, 1.3.2025, Rn. 58.

[122] Begr. RegE, BT-Drs. 19/27635, 235 verweist insofern auf BGH 5.7.1999, NZG 1999, 999; 21.6.2011, AG 2011, 823 = NZG 2011, 997.

[123] Vgl. BGH 21.5.2013, BeckRS 2013, 10083 Rn. 2; 12.4.2016, BeckRS 2016, 9763 Rn. 2; Ebenroth/Boujong/Drescher Rn. 53; Koch PersGesR/Holle Rn. 40; BeckOGK/Otte/Dietlein, 1.3.2025, Rn. 56.

stands keine Addition.[124] Im Verfahren der **einstweiligen Verfügung** (→ Rn. 40) ist grundsätzlich ein Drittel des regulären Streitwerts anzusetzen, außer das Verfahren führt zu einer länger andauernden Wirkung, was einen entsprechend höheren Wert zu rechtfertigen vermag.[125]

VII. Rechtskraft

1. Stattgebendes Urteil. Die durch Abs. 6 **auf sämtliche Gesellschafter erstreckte Rechtskraft** eines stattgebenden Anfechtungsurteils schließt es aus, dass ein (anderer) Gesellschafter erneut mittels Anfechtungsklage gegen denselben Beschluss vorgeht. Auch eine positive Beschlussfeststellungsklage scheidet aus. Die Rechtskraft erstreckt sich auch auf den **Vorgänger,** der nach § 111 Abs. 2 die Klage fortführt,[126] sowie den erst nach Beschlussfassung der Gesellschaft **Beitretenden.**[127] Außenstehende **Dritte** partizipieren nicht an der Rechtskrafterstreckung, wohl aber an der umfassenden Gestaltungswirkung nach § 110 Abs. 2 S. 1 Nr. 2, die sie mittels einfacher Feststellungsklage verifizieren lassen können.[128] 33

2. Abweisendes Urteil. Demgegenüber kommt einem klageabweisenden Anfechtungsurteil nach dem insoweit klaren Wortlaut des Abs. 6 **keine umfassende Rechtskraftwirkung** zu.[129] Die Entscheidung wirkt folglich nur zwischen den am konkreten Rechtsstreit beteiligten Parteien, also dem Anfechtungskläger, der beklagten Gesellschaft und etwaigen Nebenintervenienten. Eine erneute Anfechtungsklage eines anderen Gesellschafters wäre zwar nicht unzulässig, in aller Regel aber wegen § 112 verfristet. 34

VIII. Prozesshandlungen

Für Prozesshandlungen der Parteien gelten im Ausgangspunkt die allgemeinen zivilprozessualen Grundsätze. Eine maßgebliche Einschränkung resultiert allerdings aus dem Umstand, dass die Prozessparteien **in materiellrechtlicher Hinsicht** daran **gehindert** sind, über den Gesellschafterbeschluss dergestalt **zu disponieren,** dass ein stattgebendes Urteil Rechtskraftwirkung für und gegen alle Gesellschafter zeitigt.[130] Die eine Dispositionsbefugnis befürwortende Gegenauffassung[131] verstößt gegen die innergesellschaftliche Kompetenzordnung, die eine Änderung oder Beseitigung des angegriffenen Gesellschafterbeschlusses ausschließlich der Gesellschafterversammlung zuweist. Die grundsätzliche Zuständigkeitsverteilung und der damit verbundene Schutz der (Minderheits-)Gesellschafter darf nicht durch prozessuale Gestaltungen außer Kraft gesetzt werden. 35

Es liegt in der Konsequenz der mangelnden Dispositionsbefugnis der Prozessparteien, dass sämtliche Prozesshandlungen nach allgemeinen Grundsätzen als **zulässig** angesehen werden können, die den materiellrechtlichen Bestand des Gesellschafterbeschlusses nicht berühren. Das gilt namentlich für die **Rücknahme** der Anfechtungsklage nach § 269 ZPO, den **Verzicht** auf den Klageanspruch nach § 306 ZPO, das **Zugestehen** nachteiliger Tatsachen iSd § 288 ZPO sowie den Erlass eines **Versäumnisurteils** gegen den Kläger nach § 330 ZPO. Die Gesellschaft kann die zu diesem Zweck notwendigen Prozesserklärungen abgeben, wie zB eine Zustimmung oder den Antrag auf Klageabweisung.[132] Zulässig ist ferner ein **Kostenausgleich** bei Klagerücknahme im Kontext des § 269 Abs. 3 S. 2 ZPO,[133] nicht aber die Gewährung eines vom Kläger verlangten, sachlich nicht gerechtfertigten Sondervorteils (zum Missbrauch des Anfechtungsrechts → § 111 Rn. 11 f.). 36

[124] Vgl. BGH 30.4.2001, NJW 2001, 2638 (2639); Ebenroth/Boujong/Drescher Rn. 53; BeckOGK/Otte/Dietlein, 1.3.2025, Rn. 57.

[125] Vgl. OLG Brandenburg 26.11.2018, BeckRS 2018, 30510; OLG Schleswig 3.2.2014, NJW-RR 2014, 1342 (1343); Koch PersGesR/Holle Rn. 41 aE; BeckOGK/Otte/Dietlein, 1.3.2025, Rn. 63.

[126] BeckOGK/Otte/Dietlein, 1.3.2025, Rn. 68; Koch PersGesR/Holle Rn. 44.

[127] Koch PersGesR/Holle Rn. 44; BeckOGK/Otte/Dietlein, 1.3.2025, Rn. 69.

[128] BeckOGK/Otte/Dietlein, 1.3.2025, Rn. 69; MüKoHGB/Liebscher Rn. 91; Ebenroth/Boujong/Drescher Rn. 60; Koch PersGesR/Holle Rn. 42; NK-HGB/Vossler Rn. 10.

[129] Vgl. auch Begr. RegE, BT-Drs. 19/27635, 235; MüKoHGB/Liebscher Rn. 90; Ebenroth/Boujong/Drescher Rn. 57; BeckOK HGB/Klimke, 47. Ed. 1.7.2025, Rn. 60; NK-HGB/Vossler Rn. 10; krit. BeckOGK/Otte/Dietlein, 1.3.2025, Rn. 70; Koch PersGesR/Holle Rn. 43.

[130] Vgl. MüKoGmbHG/Wertenbruch GmbHG Anh. § 47 Rn. 433 f.; HCL/Raiser/Schäfer GmbHG Anh. § 47 Rn. 227; Scholz/K. Schmidt/Bochmann GmbHG § 45 Rn. 274; MHLS/Römermann GmbHG Anh. § 47 Rn. 521.

[131] BeckOGK/Otte/Dietlein, 1.3.2025, § 110 Rn. 134 ff.; vgl. weiter Altmeppen GmbHG Anh. § 47 Rn. 120 ff.

[132] Vgl. MHLS/Römermann GmbHG Anh. § 47 Rn. 523; Scholz/K. Schmidt/Bochmann GmbHG § 45 Rn. 274; HCL/Raiser/Schäfer GmbHG Anh. § 47 Rn. 228; MüKoGmbHG/Wertenbruch GmbHG Anh. § 47 Rn. 411.

[133] Vgl. HCL/Raiser/Schäfer GmbHG Anh. § 47 Rn. 228; Ebenroth/Boujong/Drescher Rn. 43.

37 **Unzulässig** sind hingegen Prozesshandlungen, die – ohne gerichtliche Entscheidung – auf die Änderung oder Beseitigung des angefochtenen Beschlusses gerichtet sind. Das gilt namentlich für einen **Vergleich,** der den Gesellschafterbeschluss **für nichtig erklärt.**[134] Zwar kann die Gesellschafterversammlung über den Beschluss disponieren, aber keinen Prozessvergleich schließen, da sie am Verfahren nicht beteiligt ist.[135] In Betracht kommt allerdings ein Beitritt sämtlicher Gesellschafter, die im Rahmen eines Prozessvergleichs den Beschluss abändern oder beseitigen können.[136] Zudem kann der angegriffene Beschluss durch die Gesellschafterversammlung außerhalb des Verfahrens aufgehoben und der Rechtsstreit daraufhin für erledigt erklärt werden (→ Rn. 39). Davon abgesehen sind **vergleichsweise zulässig** auch eine Rücknahme der Anfechtungsklage oder ein entsprechender Verzicht.[137]

38 Die prozessualen Besonderheiten treten bei einem **Geständnis** nach § 288 ZPO, einem **Anerkenntnis** nach § 307 ZPO[138] sowie einem **Versäumnisurteil** aufseiten der Gesellschaft stärker in den Vordergrund.[139] Das zeigt sich mit besonderer Deutlichkeit für das gegen die Gesellschaft erlassene Versäumnisurteil, das aus prozessualen Gründen – ungeachtet der Dispositionsbefugnis – ergeht, wenn die beklagte Prozesspartei im Termin nicht ordnungsgemäß vertreten ist oder den Klagevortrag nicht substantiiert bestreitet.[140] Darüber hinaus zeitigen selbst zu Unrecht erlassene Versäumnis- und Anerkenntnisurteile gestaltende Wirkung.[141] Berechtigte Interessen der übrigen Gesellschafter können dadurch gesichert werden, dass sie dem Rechtsstreit als streitgenössische Nebenintervenienten (→ Rn. 4, 22) aufseiten der Gesellschaft beitreten und dem Anerkenntnis widersprechen.[142]

39 Wird die ursprünglich zulässige und begründete Anfechtungsklage während des Verfahrens unzulässig oder unbegründet, dann kommt als prozessuale Reaktionsmöglichkeit eine **Erledigterklärung** durch den Kläger in Betracht.[143] Beispiele sind eine zwischenzeitliche Aufhebung des angegriffenen Gesellschafterbeschlusses oder die Erklärung der Gesellschaft, aus dem Beschluss keine Rechte mehr herleiten zu wollen, das Ausscheiden des durch Beschluss ausgeschlossenen Gesellschafters, ein Verlust der Beschlusswirkungen durch Zeitablauf oder ein Verlust des Rechtsschutzbedürfnisses (→ § 111 Rn. 9).[144] Erklärt der Kläger die Anfechtungsklage daraufhin für erledigt und stimmt die Gesellschaft zu, entscheidet das Gericht nach § 91a ZPO nur noch über die **Verfahrenskosten.** Widerspricht die Gesellschaft der Erledigung, richtet sich das Klagebegehren fortan auf die **Feststellung,** dass sich der Rechtsstreit tatsächlich erledigt hat.[145] Nach Erledigterklärung scheidet jedenfalls die Nichtigerklärung des angegriffenen Beschlusses aus, sodass der Gesellschafterbeschluss **endgültig verbindlich** und bestandskräftig wird.[146]

IX. Einstweiliger Rechtsschutz

40 Wegen der Dauer von Anfechtungsverfahren in der Hauptsache kommt dem einstweiligen Rechtsschutz zur vorläufigen Regelung der Verhältnisse der Prozessparteien bei Beschlussmängelstreitigkei-

[134] Vgl. MüKoHGB/Liebscher Rn. 121; Lutter/Hommelhoff/Bayer GmbHG Anh. § 47 Rn. 85; NSH/Noack GmbHG Anh. § 47 Rn. 192; HCL/Raiser/Schäfer GmbHG Anh. § 47 Rn. 229; MHLS/Römermann GmbHG Anh. § 47 Rn. 523; **aA** BeckOGK/Otte/Dietlein, 1.3.2025, § 110 Rn. 136; Ebenroth/Boujong/Drescher Rn. 44; Altmeppen GmbHG Anh. § 47 Rn. 120 ff.

[135] Vgl. HCL/Raiser/Schäfer GmbHG Anh. § 47 Rn. 229; NSH/Noack GmbHG Anh. § 47 Rn. 192; Scholz/K. Schmidt/Bochmann GmbHG § 45 Rn. 274.

[136] Vgl. NSH/Noack GmbHG Anh. § 47 Rn. 192; HCL/Raiser/Schäfer GmbHG Anh. § 47 Rn. 229; Scholz/K. Schmidt/Bochmann GmbHG § 45 Rn. 274.

[137] Vgl. HCL/Raiser/Schäfer GmbHG Anh. § 47 Rn. 229 aE.

[138] Dazu näher Ebenroth/Boujong/Drescher Rn. 45.

[139] Für Zulässigkeit BeckOGK/Otte/Dietlein, 1.3.2025, § 110 Rn. 134 ff.; Ebenroth/Boujong/Drescher Rn. 44 f.; RGHMW/Mock Rn. 55; vgl. weiter NSH/Noack GmbHG Anh. § 47 Rn. 192; Scholz/K. Schmidt/Bochmann GmbHG § 45 Rn. 275; HCL/Raiser/Schäfer GmbHG Anh. § 47 Rn. 230; Bork ZIP 1992, 1205 ff.; Emde ZIP 1998, 1475 ff.; **aA** MüKoHGB/Liebscher Rn. 121; Koch PersGesR/Holle Rn. 15; BeckOK HGB/Klimke, 47. Ed. 1.7.2025, Rn. 30 ff.; Neumayer/Zeyher NZG 2022, 1707 (1709); vgl. weiter MHLS/Römermann GmbHG Anh. § 47 Rn. 525.

[140] Vgl. Altmeppen GmbHG Anh. § 47 Rn. 121; Lutter/Hommelhoff/Bayer GmbHG Anh. § 47 Rn. 85.

[141] Vgl. BGH 13.3.1975, NJW 1975, 1273; Lutter/Hommelhoff/Bayer GmbHG Anh. § 47 Rn. 85; HCL/Raiser/Schäfer GmbHG Anh. § 47 Rn. 230.

[142] Vgl. BGH 12.7.1993, GmbHR 1993, 579 (580) = NJW-RR 1993, 1253 (1254); OLG München 27.3.1996, NJW-RR 1997, 988 (989); Lutter/Hommelhoff/Bayer GmbHG Anh. § 47 Rn. 85.

[143] Vgl. BGH 8.2.2011, NZG 2011, 506 Rn. 19; OLG Frankfurt 22.7.2008, ZIP 2008, 2286 (2288) = AG 2009, 168; Ebenroth/Boujong/Drescher Rn. 43.

[144] Zum Ganzen BeckOGK/Otte/Dietlein, 1.3.2025, § 110 Rn. 141.

[145] BeckOGK/Otte/Dietlein, 1.3.2025, § 110 Rn. 142.

[146] BeckOGK/Otte/Dietlein, 1.3.2025, § 110 Rn. 143.

ten **erhebliche Bedeutung** zu.[147] Praktische **Beispiele** betreffen namentlich die Abberufung und den Ausschluss von geschäftsführenden Gesellschaftern,[148] die Bestellung von Beirats- und Aufsichtsratsmitgliedern,[149] der Entzug der Geschäftsführungs- und der Vertretungsbefugnis eines Gesellschafters,[150] das Verbot – nach dem Entzug – für die Gesellschaft aufzutreten,[151] die Ausführung bestimmter Gesellschafterbeschlüsse,[152] die Hinzuziehung eines Beraters,[153] Verlegung einer Gesellschafterversammlung[154] und die Beschlussfassung über die Gewinnverwendung.[155]

1. Vorwegnahme der Hauptsache. Für die Gewährung einstweiligen Rechtsschutzes ist das Verbot der Vorwegnahme der Hauptsache zu berücksichtigen.[156] Diese ungeschriebene Voraussetzung fließt aus dem **vorläufigen Charakter der einstweiligen Verfügung.**[157] Danach dürfen Rechtsverhältnisse zwischen den Beteiligten im Verfahren des einstweiligen Rechtsschutzes nur vorläufig, dh bis zur abschließenden Klärung in der Hauptsache, geregelt werden, ohne dass vollendete Tatsachen geschaffen werden.[158] Von zentraler Bedeutung ist hierbei die **Reversibilität der begehrten Anordnung.**[159] Gerade die Ausführung oder Unterlassung gesellschaftsrechtlicher Maßnahmen, namentlich von Gesellschafterbeschlüssen, lässt sich vielfach nicht mehr rückgängig machen, sodass an den Erlass einstweiliger Verfügungen tendenziell hohe Anforderungen zu stellen sind.[160] 41

Unbedenklich ist die Gewährung vorläufigen Rechtsschutzes allerdings, wenn ohne die vorläufige Sicherung die **Existenz** des Antragstellers **gefährdet** ist oder ein **endgültiger Rechtsverlust** droht.[161] Ist also die Entscheidung im Hauptsacheverfahren nicht geeignet, einen in der Zwischenzeit womöglich eintretenden Rechtsverlust zu revidieren, ist die beantragte Unterlassungsverfügung schon mit Blick auf die Gewährleistung effektiven Rechtsschutzes auf Grundlage des allgemeinen Justizgewährungsanspruchs zu erlassen. Unter diesen Voraussetzungen ist der streitige materiellrechtliche Anspruch effektiv zu sichern, selbst wenn hierdurch für die Dauer ihrer vorläufigen Anordnung faktisch das Rechtsschutzziel des Hauptsacheverfahrens verwirklicht wird.[162] In diesem Fall bildet das Verbot der Vorwegnahme der Hauptsache demnach keine unüberwindliche Hürde für eine einstweilige Sicherungsverfügung. 42

2. Vorrang des einstweiligen Rechtsschutzes auf Vollzugsebene. Allerdings ginge es zu weit, einem Gesellschafter bereits von der **Stimmabgabe** mittels einstweiliger Verfügung auszuschließen, wenn zum einen die Rechtslage nicht eindeutig ist und zum anderen die berechtigten Interessen des Betroffenen durch eine nachträgliche Anfechtungsklage oder eine nachgelagerte einstweilige Anordnung hinreichend gewahrt werden können.[163] Demgegenüber kann die gegen eine zulässige **Stimmbindung** verstoßende Stimmabgabe mittels einstweiliger Verfügung vorgegangen 43

---

[147] Dazu ausf. Ebenroth/Boujong/Drescher Rn. 84 ff.; Otte NJW 2023, 1089; vgl. weiter Liebscher/Alles ZIP 2015, 1 ff.; Leuering FS Bergmann, 2018, 457 ff.

[148] Vgl. OLG Karlsruhe 23.12.1965, GmbHR 1967, 214 (215); OLG Köln 14.7.1976, BB 1977, 464 (465); OLG Frankfurt 18.3.1992, GmbHR 1993, 161 = NJW-RR 1993, 546 (547); ThürOLG 4.12.2001, NZG 2002, 89.

[149] Vgl. OLG Koblenz 25.10.1990, GmbHR 1991, 21 (22) = NJW 1991, 1119.

[150] Vgl. OLG Koblenz 27.2.1986, GmbHR 1986, 428 (429) = NJW 1986, 1692 (1693).

[151] Vgl. ThürOLG 8.1.2014, GmbHR 2014, 706 = NZG 2014, 391.

[152] Vgl. OLG Nürnberg 4.5.1993, GmbHR 1993, 588 (589).

[153] Vgl. BGH 27.4.2009, NJW 2009, 2300 Rn. 17; OLG Düsseldorf 25.7.2001, GmbHR 2002, 67 = BeckRS 2001, 30469912; OLG Dresden 25.8.2016, NZG 2016, 1225.

[154] Vgl. OLG Frankfurt 15.12.1981, GmbHR 1982, 237 = BeckRS 1981, 1625; OLG Koblenz 25.10.1990, GmbHR 1991, 21 (22) = NJW 1991, 1119; LG München ZIP 2020, 1241 (1242) = GWR 2020, 344; **aA** OLG Hamburg 28.6.1991, NJW 1992, 186 (187).

[155] Vgl. OLG Düsseldorf 18.5.2005, NZG 2005, 633 (634).

[156] Dazu und zum Folgenden bereits Lieder/Becker GmbHR 2019, 505 (508 f.).

[157] OLG Dresden 16.11.2000, NJW 2001, 1433 (1434); Liebscher/Alles ZIP 2015, 1 (9).

[158] Musielak/Voit/Braun ZPO § 938 Rn. 4; Liebscher/Alles ZIP 2015, 1 (9); Mertins JuS 2009, 911 (912).

[159] Lieder GmbHR 2016, 271 (272); Mertins JuS 2009, 911 (912).

[160] Liebscher/Alles ZIP 2015, 1 (9); Lieder GmbHR 2016, 271 (272).

[161] KG 1.4.2010, ZIP 2010, 2047 (2051) = GWR 2010, 295; Anders/Gehle/Becker ZPO § 940 Rn. 9; *Thomas/Putzo/Seiler* ZPO § 940 Rn. 6; Zöller/Vollkommer ZPO § 940 Rn. 6; Lieder GmbHR 2016, 271 (272).

[162] OLG München 20.7.1998, GmbHR 1999, 718 (719) = NZG 1999, 407; MüKoZPO/Drescher ZPO § 938 Rn. 9 ff.; Kleindiek GmbHR 2017, 815 (820); Nietsch GmbHR 2006, 393 (396); vgl. weiter OLG Düsseldorf 18.5.2005, NZG 2005, 633 (634); Lutter/Hommelhoff/Bayer GmbHG Anh. § 47 Rn. 90, die indes explizit auf Art. 19 Abs. 4 GG rekurrieren.

[163] Vgl. OLG Stuttgart 20.2.1987, NJW 1987, 2449; OLG Stuttgart 18.2.1997, GmbHR 1997, 312 (313) = BeckRS 2008, 6172; OLG Koblenz 25.10.1990, GmbHR 1991, 21 (22) = NJW 1991, 1119; OLG Jena 4.12.2001, NZG 2002, 89 (90).

und diese untersagt werden (→ § 109 Rn. 39 f.).[164] Zugleich kann ausnahmsweise affirmative Stimmabgabe durch einstweilige Verfügung angeordnet werden.[165]

44 Insgesamt genießt der einstweilige Rechtsschutz auf **Vollzugsebene** den **Vorrang,** um namentlich zu verhindern, dass die Wirkungen eines Beschlusses eintreten, oder zu erreichen, dass ein bereits gestellter Antrag zurückgenommen wird.[166] Eine einstweilige Untersagung der Beschlussfassung kommt nur ganz ausnahmsweise in Betracht, wenn eine Aussetzung des Vollzugs entweder unmöglich oder zur Gewährung effektiven Rechtsschutzes nicht ausreichend ist. Das gilt auch und gerade für die Ausschließung eines Gesellschafters oder die Entziehung der Geschäftsführungs- und Vertretungsbefugnis.[167]

45 Zudem würde die Hauptsache in unzulässiger Weise vorweggenommen, wenn ein Gesellschaftsbeschluss mittels einstweiliger Verfügung **für nichtig erklärt** würde,[168] und zwar auch dann nicht, wenn das nur vorläufig erfolgen soll.[169]

46 **3. Prozessuale Anforderungen.** Jeder Gesellschafter, der oder dessen Vorgänger im Zeitpunkt der Beschlussfassung der Gesellschaft angehörte, kommt als Verfügungskläger in Betracht. Die **Gesellschaft** ist im Verfahren des einstweiligen Rechtsschutzes auch dann **passivlegitimiert,** wenn Gesellschafterbeschlüsse nicht durch die geschäftsführenden Gesellschafter, sondern durch bevollmächtigte Vertreter umgesetzt werden sollen.[170] Soll hingegen einem Gesellschafter untersagt werden, seine Gesellschafterrechte auszuüben oder als Geschäftsführer tätig zu werden, ist die einstweilige Verfügung gegen den Gesellschafter selbst zu richten.[171]

§ 114 Nichtigkeitsklage

[1]Erhebt ein Gesellschafter Nichtigkeitsklage gegen die Gesellschaft, sind die §§ 111 und 113 entsprechend anzuwenden. [2]Mehrere Nichtigkeits- und Anfechtungsprozesse sind zur gemeinsamen Verhandlung und Entscheidung zu verbinden.

Übersicht

I. Allgemeines

1 **1. Überblick.** Die durch das MoPeG neu eingefügte Vorschrift regelt die Nichtigkeitsklage. Zu diesem Zweck verweist **S. 1** auf die für die Anfechtungsklage maßgeblichen §§ 111, 113. Die Regelung über die Klagefrist (§ 112) wird nicht in Bezug genommen, weil nichtige Beschlüsse nach § 110 Abs. 2 S. 1 Nr. 1 von vornherein keine Rechtswirkungen zeitigen und daher im Grundsatz unbefristet mit der Nichtigkeitsklage angegriffen werden können (zur Verwirkung → Rn. 9). In Parallele

[164] Vgl. OLG Koblenz 27.2.1986, GmbHR 1986, 428 (429) = NJW 1986, 1692 (1693); MüKoGmbHG/Wertenbruch GmbHG Anh. § 47 Rn. 459; Lutter/Hommelhoff/Bayer GmbHG Anh. § 47 Rn. 92.

[165] Vgl. OLG Hamburg 28.6.1991, GmbHR 1991, 467 (468) = NJW 1992, 186; Lutter/Hommelhoff/Bayer GmbHG Anh. § 47 Rn. 92.

[166] Vgl. BVerfG 13.10.2004, BB 2005, 1585 f. = BeckRS 2004, 25519; OLG Hamm 6.7.1992, GmbHR 1993, 163; OLG München 13.9.2006, AG 2007, 335 (336) = NZG 2007, 152 (153 f.); Lutter/Hommelhoff/Bayer GmbHG Anh. § 47 Rn. 91; NSH/Noack GmbHG Anh. § 47 Rn. 215; Leuering FS Bergmann, 2018, 457 (462 ff.).

[167] Vgl. Lutter/Hommelhoff/Bayer GmbHG Anh. § 47 Rn. 91.

[168] BeckOGK/Otte/Dietlein, 1.3.2025, § 110 Rn. 152.

[169] Vgl. OLG Celle 9.10.1989, NJW 1990, 582 (583).

[170] Vgl. OLG Nürnberg 4.5.1993, GmbHR 1993, 589; OLG Saarbrücken 9.5.2006, GmbHR 2006, 987 (988) = BeckRS 2006, 6574; BeckOGK/Otte/Dietlein, 1.3.2025, Rn. 5 aE; Lieder GmbHR 2016, 189 (191); Schmitz-Herscheidt ZIP 2024, 2061 (2067).

[171] Vgl. OLG Saarbrücken 9.5.2006, GmbHR 2006, 987 (988) = BeckRS 2006, 6574; OLG Hamm 7.10.1992, GmbHR 1993, 743 (745) = BeckRS 2010, 18847.

zu § 113 Abs. 4 S. 2 verlangt **S. 2,** dass mehrere Nichtigkeits- und Anfechtungsverfahren zur gemeinsamen Verhandlung und Entscheidung verbunden werden.

2. Normzweck. Mit der Nichtigkeitsklage nach **S. 1** können Gesellschafter rechtsverbindlich feststellen lassen, dass ein Gesellschafterbeschluss von Anfang an keine Rechtswirkungen zeitigt und weder die Gesellschafter noch außenstehende Dritte daran gebunden sind (vgl. auch § 110 Abs. 2 S. 2). Das dient nicht nur dem individuellen Interesse der klageberechtigten Gesellschafter, sondern zugleich dem überindividuellen Interesse der Rechtssicherheit und Rechtsklarheit.[1] Meinungsverschiedenheiten über die Wirksamkeit von Gesellschafterbeschlüssen können durch Erhebung einer Nichtigkeitsklage ausgeräumt werden.[2] In diesem Sinne kennzeichnet die Nichtigkeitsklage eine **Doppelnatur:** Soweit sie einerseits die Nichtigkeit als bereits bestehenden Rechtszustand lediglich feststellt, ist sie Feststellungsklage. Soweit diese Feststellung nach S. 1 iVm § 113 Abs. 6 erga omnes wirkt, trägt sie Charakterzüge einer Gestaltungsklage.[3] Die Verpflichtung zur Prozessverbindung nach **S. 2** trägt dem Umstand Rechnung, dass Anfechtungs- und Nichtigkeitsverfahren sich regelmäßig auf denselben Streitgegenstand beziehen[4] und durch die Verbindung divergierende Entscheidungen vermieden werden können.[5] 2

3. Anwendungsbereich. Die Vorschrift bezieht sich ausschließlich auf die Feststellung der Nichtigkeit eines zuvor vom Versammlungsleiter **festgestellten** (→ § 110 Rn. 13) Gesellschafterbeschlusses.[6] In diesem Fall fehlt einer isolierten Feststellungsklage gegen die übrigen oder einzelne Gesellschafter das Rechtsschutzinteresse.[7] Demgegenüber ist die **allgemeine Feststellungsklage** nach § 256 ZPO das Mittel der Wahl, wenn sich die Gesellschafter darüber streiten, ob überhaupt ein Beschluss gefasst worden ist oder welchen Inhalt der Beschluss hat.[8] Soweit ein Gesellschafter Nichtigkeitsgründe geltend macht, steht ihm ausschließlich die Nichtigkeitsklage zur Verfügung; die allgemeine Feststellungsklage ist hingegen ausgeschlossen.[9] Im Übrigen kann sich jedermann nach § 110 Abs. 2 S. 2 auf die Nichtigkeit des Beschlusses berufen und sich namentlich gegen eine Inanspruchnahme zur Rechtsverteidigung auf die mangelnde Rechtswirkung des Beschlusses berufen.[10] 3

Nach der anderen Seite ist die Nichtigkeitsklage von der **Anfechtungsklage** dergestalt abzugrenzen, dass erstere nur bei Vorliegen eines besonders schwerwiegenden Beschlussmangels iSd § 110 Abs. 2 S. 1 Nr. 1 in Betracht kommt (zur Abgrenzung → § 110 Rn. 18 ff.). Da sich der Streitgegenstand der Anfechtungs- und der Nichtigkeitsklage decken, ist in der Nichtigkeitsklage stets auch eine Anfechtungsklage enthalten und die gerichtliche Prüfung erstreckt sich unterschiedslos auf **Nichtigkeits- und Anfechtungsgründe** (→ § 113 Rn. 9a).[11] Lediglich die Anfechtungsfrist setzt der Geltendmachung von Anfechtungsgründen im Rahmen eines formal mittels Nichtigkeitsklage initiierten Rechtsstreits Grenzen.[12] 4

II. Anforderungen der Nichtigkeitsklage

1. Klagebefugnis und Rechtsschutzbedürfnis. Aufgrund der Verweisung des S. 1 auf § 111 muss die Nichtigkeitsklage durch einen **Gesellschafter** erhoben werden, der selbst oder dessen Vorgänger im Zeitpunkt der Beschlussfassung der Gesellschaft angehört hat (→ § 111 Rn. 3, 6). Maßgeblich ist die Anfechtungsbefugnis. Soweit eine zunächst außenstehender Dritter die Befugnis während des Verfahrens erlangt, finden die besonderen Voraussetzungen der Nichtigkeitsklage fortan Anwendung.[13] Außenstehenden Dritten ist die Erhebung einer Nichtigkeitsklage verwehrt. Sie kön- 5

[1] Vgl. MüKoHGB/Liebscher Rn. 3; Koch/Holle Rn. 2; RGHMW/Mock Rn. 2a.
[2] BeckOGK/Otte/Dietlein, 1.3.2025, Rn. 2.
[3] So auch BeckOGK/Otte/Dietlein, 1.3.2025, Rn. 3; K. Schmidt ZHR 187 (2023), 107 (118); **aA** Ebenroth/Boujong/Drescher Rn. 9; Preuß FS Gehrlein, 2022, 469 (477).
[4] Begr. RegE, BT-Drs. 19/27635, 235.
[5] Hopt/Roth Rn. 2; MüKoHGB/Liebscher Rn. 29; BeckOK HGB/Klimke, 47. Ed. 1.7.2025, Rn. 9; NK-HGB/Vossler Rn. 3; Bayer/Rauch DB 2021, 2609 (2616); Neumayer/Zeyher NZG 2022, 1707 (1713).
[6] Begr. RegE, BT-Drs. 19/27635, 226; BeckOK HGB/Klimke, 47. Ed. 1.7.2025, Rn. 2; MüKoHGB/Liebscher Rn. 41.
[7] Koch PersGesR/Holle Rn. 3; BeckOGK/Otte/Dietlein, 1.3.2025, Rn. 4; vgl. weiter BGH 23.2.1978, NJW 1978, 1325 (1326); OLG Hamburg 31.5.1995, ZIP 1995, 1513 (1514 f.) = NJW-RR 1996, 1065; OLG Koblenz 17.11.2005, NZG 2006, 270 (271).
[8] Begr. RegE, BT-Drs. 19/27635, 236; MüKoHGB/Liebscher Rn. 8; Koch/Holle Rn. 18.
[9] Vgl. BGH 23.2.1978, BGHZ 70, 384 (388) = NJW 1978, 1325; Koch PersGesR/Holle Rn. 3; Schäfer ZIP 2021, 1527 (1532).
[10] Vgl. auch MüKoHGB/Liebscher Rn. 32; Koch/Holle Rn. 3.
[11] Vgl. BGH 20.11.2018, NJW 2019, 993 Rn. 68; BeckOGK/Otte/Dietlein, 1.3.2025, Rn. 6.
[12] Vgl. MüKoHGB/Liebscher Rn. 4; Fehrmann/Leclerc/Schirrmacher GmbHR 2024, 57 Rn. 57.
[13] Vgl. OLG Stuttgart 10.1.2001, NZG 2001, 277 (278); Koch PersGesR/Holle Rn. 5.

nen die Nichtigkeit nach § 110 Abs. 2 S. 2 – bei Bestehen eines Feststellungsinteresses – mittels einer allgemeinen Feststellungsklage nach § 256 ZPO geltend machen.[14] Das **Rechtsschutzbedürfnis** ist der Nichtigkeitsklage immanent (→ § 111 Rn. 8).[15] Es besteht auch nach Ausscheiden des Gesellschafters fort, wenn er ein berechtigtes Interesse an der weiteren Führung des Rechtsstreits hat.

6 **2. Weitere Verfahrenserfordernisse.** Die Bezugnahme des § 113 erklärt das Landgericht für ausschließlich **zuständig,** in dessen Bezirk die Gesellschaft ihren Sitz hat (→ § 113 Rn. 11). Sollte auf Grundlage des § 110 Abs. 2 S. 2 die Nichtigkeit im Rahmen eines anderen Gerichtsverfahrens eine Rolle spielen, wird dieser Spruchkörper sein Verfahren nach § 148 ZPO aussetzen und die Entscheidung über die Nichtigkeitsklage abwarten müssen.[16] **Passivlegitimiert** ist die Gesellschaft (→ § 113 Rn. 14). Keine Besonderheiten gelten ferner für die **Unterrichtungspflicht** nach § 113 Abs. 3 (→ § 113 Rn. 18 ff.) und die **mündliche Verhandlung** nach § 113 Abs. 4 S. 1 (→ § 113 Rn. 26) Die Verweisung auf die **Prozessverbindung** nach § 113 Abs. 4 S. 2 (→ § 113 Rn. 27) ist zumindest missverständlich, da § 114 S. 2 eine spezielle Regelung für die Verbindung von Nichtigkeits- und Anfechtungsprozessen enthält (→ § 114 Rn. 10).[17]

7 **3. Streitwert.** Bei der Nichtigkeitsklage gilt im Ausgangspunkt nach S. 1 für die Bestimmung des Streitwerts § 113 Abs. 5 (→ § 113 Rn. 28 ff.). Werden die Anfechtungs- und die Nichtigkeitsklage miteinander verbunden, führt dies nach § 45 Abs. 1 S. 3 GKG zu **keiner Streitwerterhöhung,** weil sich beide Klagen auf denselben streitgegenständlichen Gesellschafterbeschluss beziehen, auf dessen Bedeutung es im Rahmen des § 113 Abs. 5 ankommt.[18] Ohne Belang ist zudem die Anzahl und das Gewicht der Anfechtungs- und Nichtigkeitsgründe.[19]

8 **4. Rechtskraft.** Die **stattgebende** Entscheidung über die Nichtigkeitsklage wirkt nach § 113 Abs. 6 Rechtskraft für und gegen sämtliche Gesellschafter (→ § 113 Rn. 33). Zudem geht das klagestattgebende Nichtigkeitsurteil jeder Entscheidung eines anderen Gerichts vor, dass auf Grundlage des § 110 Abs. 2 S. 2 in sonstiger Weise – im Rahmen einer Inzidentprüfung – mit der etwaigen Nichtigkeit des Gesellschafterbeschlusses befasst ist.[20] In Parallele zur Anfechtungsklage (→ § 113 Rn. 34) wirkt eine **klageabweisende** Entscheidung nur zwischen dem am Rechtsstreit unmittelbar Beteiligten.[21]

9 **5. Verwirkung.** Die Nichtigkeitsklage unterliegt – anders als die Anfechtungsklage nach § 112 – **keiner Befristung,**[22] sondern lediglich der Verwirkung.[23] Daran sind allerdings mit Blick auf die Wertungen der Nichtigkeitsgründe besonders hohe Anforderungen zu stellen.[24] Um die Sanktionierung von Verstößen gegen im öffentlichen Interessen liegenden Rechtsvorschriften sicherzustellen, **scheidet** auch eine **gesellschaftsvertragliche Fristenregelung** – mit der zutreffenden Auffassung[25] – **aus.**

9a Die **Gegenauffassung** verweist auf das Primat der Gestaltungsfreiheit, die Wertung des § 14 Abs. 1 UmwG, die organisatorischen Unterschiede zum Aktienrecht sowie die bisherige BGH-Rspr.,[26] vermag damit allerdings **nicht zu überzeugen.**[27] Denn die Gestaltungsfreiheit der Gesell-

[14] BeckOGK/Otte/Dietlein, 1.3.2025, Rn. 10; MüKoHGB/Liebscher Rn. 13; vgl. weiter BGH 13.10.2008, NZG 2008, 912 Rn. 11.

[15] So auch MüKoHGB/Liebscher Rn. 12; Ebenroth/Boujong/Drescher Rn. 2; Koch PersGesR/Holle Rn. 10.

[16] BeckOGK/Otte/Dietlein, 1.3.2025, Rn. 12; MüKoHGB/Liebscher Rn. 17; Koch PersGesR/Holle Rn. 11.

[17] Vgl. auch Koch PersGesR/Holle Rn. 14.

[18] BeckOGK/Otte/Dietlein, 1.3.2025, Rn. 17; Koch PersGesR/Holle Rn. 15.

[19] Vgl. BGH 11.7.1994, NJW-RR 1995, 225 (226).

[20] Begr. RegE, BT-Drs. 19/27635, 235; Ebenroth/Boujong/Drescher Rn. 9; Koch PersGesR/Holle Rn. 16; MüKoHGB/Liebscher Rn. 23; vgl. weiter BeckOGK/Otte/Dietlein, 1.3.2025, Rn. 19.

[21] MüKoHGB/Liebscher Rn. 24; Koch PersGesR/Holle Rn. 16; Ebenroth/Boujong/Drescher Rn. 9 aE; **aA** BeckOGK/Otte/Dietlein, 1.3.2025, Rn. 20.

[22] Begr. RegE, BT-Drs. 19/27635, 235; Staub/Schäfer Rn. 1; MüKoHGB/Liebscher Rn. 26; BeckOK HGB/Klimke, 47. Ed. 1.7.2025, Rn. 8; Schäfer ZIP 2021, 1527 (1530 f.).

[23] Vgl. BGH 29.10.1956, BGHZ 22, 101 (105 f.) = NJW 1956, 1873; BeckOGK/Otte/Dietlein, 1.3.2025, Rn. 23; MüKoHGB/Liebscher Rn. 27; Ebenroth/Boujong/Drescher Rn. 5; RGHMW/Mock Rn. 5.

[24] MüKoHGB/Liebscher Rn. 27; BeckOGK/Otte/Dietlein, 1.3.2025, Rn. 23.

[25] Koch/Holle Rn. 2; BeckOGK/Otte/Dietlein, 1.3.2025, Rn. 22; in diese Richtung auch Schmitz-Herscheidt ZIP 2024, 2061 (2065).

[26] Ebenroth/Boujong/Drescher Rn. 4, Ebenroth/Boujong/Drescher § 110 Rn. 49; MüKoHGB/Liebscher Rn. 35; Liebscher ZIP 2023, 2441 (2445 f.); Liebscher/Rickelt ZPG 2024, 41 Rn. 38; Schäfer ZPG 2023, 281 (286), zT unter Hinweis auf BGH 21.6.2011, NJW 2011, 2648 Rn. 15; 1.3.2011, NZG 2011, 544 Rn. 19, 21; 13.2.1995, NJW 1995, 1218 f.

[27] Dazu und zum Folgenden ausf. Lieder FS Paefgen, 2025, 307 (317 ff.).

schafter stößt bei den von § 110 Abs. 2 S. 1 Nr. 1 adressierten – indisponiblen – Beschlussgegenständen (→ § 110 Rn. 22) an eine unüberwindliche Grenze. Können die Gesellschafter auf diese unentziehbaren Mitgliedschaftsrechte aus eigener Machtvollkommenheit nicht verzichten, dann können sie auch nicht an einer gesellschaftsvertraglichen Regelung mitwirken, die im Ergebnis dazu führt, dass gegen diese Gesellschafterrechte verstoßende Beschlüsse nicht mittels Nichtigkeitsklage angegriffen werden können.

Aus **§ 14 Abs. 1 UmwG,** der auch für die Nichtigkeitsklage gegen Umwandlungsbeschlüsse gilt, folgt nichts anderes, weil es sich dabei um eine umwandlungsrechtliche Spezialvorschrift handelt, die nicht nur unabhängig von der Rechtsform des Unternehmensträgers gilt, sondern auch für alle wesentlichen Klagearten und damit auch für die Nichtigkeitsklage, aber eben nur, soweit sie gegen Umwandlungsbeschlüsse gerichtet ist.[28] Auch auf die **bisherige Rspr.** kann sich die Gegenauffassung nicht berufen, weil dem früheren Personengesellschaftsrecht die Differenzierung zwischen anfechtbaren und nichtigen Beschlüssen fremd war und sämtliche Mängel zur Nichtigkeit von Gesellschafterbeschlüssen führten. Insbesondere hat auch die frühere BGH-Rspr. die Befristung nicht auf unverzichtbare Gesellschafterrechte angewendet. 9b

III. Prozessverbindung

Mehrere Anfechtungs- und Nichtigkeitsprozesse sind nach S. 2 zur gemeinsamen Verhandlung und Entscheidung zu verbinden. Das gilt auch für den Fall, dass die Nichtigkeitsklage erst nach Terminierung der mündlichen Verhandlung für die Anfechtungsklage erfolgt. Wenn allerdings schon die mündliche Verhandlung im Anfechtungsprozess stattgefunden hat und die Sache zur Entscheidung reif ist, überwiegt das Interesse des Klägers am zeitnahen Erlass des Anfechtungsurteils.[29] Ebenso ausgeschlossen ist die Verbindung in der Berufungsinstanz.[30] 10

IV. Heilung nichtiger Beschlüsse

Eine § 242 Abs. 2 AktG entsprechende Heilungsvorschrift ist dem Personengesellschaftsrecht **fremd,** weil die Registereintragung keine konstitutive Wirkung zeigt und es daher für eine Heilung an einem tauglichen Anknüpfungspunkt fehlt.[31] Aus demselben Grund kommt auch keine Analogiebildung zu § 242 Abs. 2 AktG in Betracht. Nachträgliche Wirksamkeit kann lediglich ein Beschluss erlangen, dem es an der Zustimmung eines Gesellschafters fehlt, weil es sich um einen **mitwirkungsbedürftigen Beschlussgegenstand** handelt (→ § 109 Rn. 44). Mit der Genehmigung des betroffenen Gesellschafters wird der Beschlussmangel geheilt und der Gesellschafterbeschluss nachträglich wirksam. 11

Nach der Wertung des § 110 Abs. 2 S. 1 Nr. 1 können sich die Gesellschafter über die Nichtigkeitsfolge aus eigener Machtvollkommenheit **nicht hinwegsetzen,** wenn der Nichtigkeitsgrund gerade darauf beruht, dass ein Gesellschafter auf den – durch Beschluss beeinträchtigten – Schutz seines Mitgliedschaftsrechts nicht verzichten kann.[32] Dabei muss es auch bleiben, wenn der Gesellschafterbeschluss mit nur deklaratorischer Wirkung in das Handelsregister **eingetragen** wird.[33] Denn der mit der Heilungsvorschrift des § 242 Abs. 2 AktG intendierte Schutz der Rechtssicherheit ist gerade für solche Beschlüsse konzipiert worden, die wegen ihrer Bedeutung in das Handelsregister eingetragen werden müssen.[34] Solche Beschlüsse existieren im Personengesellschaftsrecht indes nicht. Zudem fehlt es an der Möglichkeit, gesetzwidrige Zustände im Wege der Amtslöschung zu beseitigen, wenn dies im öffentlichen Interesse erforderlich erscheint.[35] Zumindest eine **Bestätigung** des Gesellschafterbeschlusses analog § 244 AktG kommt in Betracht (→ § 110 Rn. 29a). 12

---

[28] Vgl. OLG Düsseldorf 22.6.2017, AG 2017, 900 (901); Lutter/Decher UmwG § 14 Rn. 6; Semler/Stengel/Leonard/Gehling UmwG § 14 Rn. 17; Kallmeyer/Oppenhoff UmwG § 14 Rn. 6.

[29] BeckOGK/Otte/Dietlein, 1.3.2025, Rn. 27; **abw.** Koch/Holle Rn. 17.

[30] Dazu näher BeckOGK/Otte/Dietlein, 1.3.2025, Rn. 28.

[31] Staub/Schäfer Rn. 36; MüKoHGB/Liebscher Rn. 42; Koch PersGesR/Holle Rn. 2; RGHMW/Mock Rn. 42; BeckOGK/Otte/Dietlein, 1.3.2025, Rn. 33; Schäfer Neues PersGesR/Grunewald § 5 Rn. 55; Fehrmann/Leclerc/Schirrmacher GmbHR 2024, 57 Rn. 33; Liebscher/Rickelt ZPG 2023, 441 (448); Schmitz-Herscheidt ZIP 2024, 2061 (2065); Bresgen, Das Beschlussmängelrecht der Personengesellschaften, 2025, S. 201 f.

[32] BeckOGK/Otte/Dietlein, 1.3.2025, Rn. 34.

[33] BeckOGK/Otte/Dietlein, 1.3.2025, Rn. 35.

[34] BGH 15.12.1986, BGHZ 99, 211 (217) = NJW 1987, 902; 19.6.2000, BGHZ 144, 365 (367) = NJW 2000, 2819.

[35] Vgl. BGHZ 144, 365 (368) = NJW 2000, 2819.

§ 115 Verbindung von Anfechtungs- und Feststellungsklage

[1]Wendet sich ein Gesellschafter gegen einen Beschluss, mit dem ein Beschlussvorschlag abgelehnt wurde, kann er seinen Antrag auf Nichtigerklärung des ablehnenden Beschlusses mit dem Antrag verbinden, dass ein Beschluss festgestellt wird, der bei Annahme des Beschlussvorschlags rechtmäßig gefasst worden wäre. [2]Auf die Feststellungsklage finden die für die Anfechtungsklage geltenden Vorschriften entsprechende Anwendung.

Übersicht

I. Allgemeines

1 **1. Überblick.** Die durch das MoPeG neu eingefügte Vorschrift regelt die Verbindung einer Anfechtungs- mit einer Feststellungsklage. Gemeint ist – wie sich aus **S. 1** ergibt – eine **positive Beschlussfeststellungsklage,** mit welcher der Gesellschafterbeschluss (positiv) festgestellt werden soll, der bei Annahme des Beschlussvorschlags rechtmäßig gefasst worden wäre. Diese Klageverbindung ist das Mittel der Wahl, wenn die Ablehnung eines bestimmten Beschlussantrags förmlich festgestellt worden ist. Auf diese Feststellungsklage finden nach **S. 2** die Bestimmungen über die Anfechtungsklage entsprechende Anwendung. Weist der abgelehnte Beschluss einen Nichtigkeitsgrund auf, kommt auch die Kombination einer **Nichtigkeits- und einer positiven Beschlussfeststellungsklage** in Betracht, auf welche analog S. 2 die Regelungen über die Nichtigkeitsklage nach § 114 entsprechende Anwendung finden, die freilich wiederum weitgehend auf die Bestimmungen zur Anfechtungsklage verweisen.[1]

2 **2. Normzweck.** Wird ein bestimmter Beschlussantrag abgelehnt, kann der Gesellschafter durch Erhebung einer Anfechtungsklage zwar verhindern, dass der Beschluss mit Ablauf der Anfechtungsfrist bestandskräftig und damit endgültig verbindlich wird. Über diese kassatorische Wirkung geht die Anfechtungsklage indes nicht hinaus. Erst die (positive) Feststellungsklage ermöglicht dem Gesellschafter sein eigentliches **Ziel** zu erreichen, und zwar die Feststellung des Gesellschafterbeschlusses mit dem **erstrebten Inhalt des Beschlussantrags.** Der Rechtsbehelf trägt dem Umstand Rechnung, dass die Feststellung des Versammlungsleiters zunächst verbindlich ist. Durch die gerichtliche Entscheidung über den Beschlussantrag wird die Feststellungsmacht des Versammlungsleiters in rechtsstaatskonformer Weise begrenzt.[2] Umgekehrt kann der Kläger sein Ziel aber auch nur dann erreichen, wenn er die beiden Klagen miteinander verbindet; einer isolierten Anfechtungsklage fehlt das Rechtsschutzinteresse.[3]

II. Positive Beschlussfeststellungsklage

3 **1. Festgestellter Gesellschafterbeschluss.** Im Ausgangspunkt muss zunächst eine **Abstimmung** über den Beschlussantrag stattgefunden haben.[4] Ist dies nicht erfolgt, kommt weder eine positive Beschluss- noch eine allgemeine Feststellungsklage in Betracht. Stattdessen muss der Beschlussantrag erneut zur Abstimmung gestellt werden.[5] Ist eine Abstimmung erfolgt, muss der **Beschlussantrag abgelehnt** und diese Ablehnung vom Versammlungsleiter **festgestellt** worden

[1] Vgl. Koch PersGesR/Holle Rn. 12; BeckOGK/Otte/Dietlein, 1.3.2025, Rn. 17; MüKoHGB/Liebscher Rn. 16; RGHMW/Mock Rn. 5.

[2] Vgl. auch Staub/Schäfer Rn. 1; MüKoHGB/Liebscher Rn. 5; BeckOGK/Otte/Dietlein, 1.3.2025, Rn. 3.

[3] Vgl. Begr. RegE, BT-Drs. 19/27635, 236; BGH 13.3.1980, BGHZ 76, 191 (197 ff.) = NJW 1980, 1465 (1467 f.); 26.10.1983, BGHZ 88, 320 (329 ff.) = NJW 1984, 489 (491 f.); Ebenroth/Boujong/Drescher Rn. 2; BeckOK HGB/Klimke, 47. Ed.1.7.2025, Rn. 6.1; RGHMW/Mock Rn. 4; MüKoHGB/Liebscher Rn. 10; Staub/Schäfer Rn. 4.

[4] Vgl. BGH 4.5.2009, NZG 2009, 1307 Rn. 15; 4.5.2009, NZG 2009, 1309 Rn. 6.

[5] BeckOGK/Otte/Dietlein, 1.3.2025, Rn. 6.

sein (→ § 110 Rn. 12).[6] Ohne Feststellung ist die allgemeine Feststellungsklage nach § 256 ZPO zu erheben.[7]

4 Die Verbindung von Anfechtungs- und Beschlussfeststellungsklage ist auch dann zulässig und geboten, wenn bei der Abstimmung nicht nur der vom Gesellschafter gestellte Beschlussantrag abgelehnt, sondern zugleich noch ein **konkurrierender Beschlussvorschlag** angenommen und festgestellt worden ist. In diesem Fall richtet sich die Anfechtungsklage auf Kassation des konkurrierenden Beschlussantrags und die positive Beschlussfeststellungsklage auf Feststellung des zunächst abgelehnten Beschlussantrags des Gesellschafters.[8]

5 **2. Prozessuale Anforderungen.** Obgleich es sich bei der positiven Beschlussfeststellungsklage aus rechtsdogmatischer Perspektive um eine Feststellungsklage nach § 256 ZPO handelt,[9] ordnet S. 2 die entsprechende Anwendung der **Vorschriften über die Anfechtungsklage** an. Dementsprechend kann zunächst im Grundsatz auf die Erläuterung der §§ 111, 112, 113 Bezug genommen werden. Das dort Gesagte gilt prinzipiell auch für die positive Beschlussfeststellungsklage.

6 In Bezug auf die Klagebefugnis bleibt es dabei, dass jeder Gesellschafter **klagebefugt** ist, nicht nur derjenige, dessen Beschlussantrag abgelehnt worden ist.[10] Das **Rechtsschutzinteresse** ist grundsätzlich gegeben. Allerdings fehlt es für eine isolierte Anfechtungsklage, wenn keine positive Beschlussfeststellungsklage mit ihr verbunden wird, weil andernfalls der Kläger sein prozessuales Ziel nicht erreichen kann, das in der Geltung des wahren Beschlussergebnisses besteht.[11] Gleiches gilt für die isolierte Erhebung einer positiven Beschlussfeststellungsklage ohne die kassatorische Anfechtungsklage.[12] Das Gericht wird im Rahmen des § 139 Abs. 1 ZPO auf eine sachgerechte Antragstellung hinwirken.[13]

6a Die Geltung der **Klagefrist** trägt dem Umstand Rechnung, dass Anfechtungs- und Beschlussfeststellungsklage eine prozessuale Einheit bilden und zusammen erhoben werden müssen (→ Rn. 1).[14] Es kann daher nicht genügen, wenn zunächst die Anfechtungsklage fristgerecht erhoben wird, während die positive Beschlussfeststellungsklage erst nach Fristablauf als ergänzender Antrag hinzutritt.[15] Keine Anwendung findet die Klagefrist, wenn eine **Nichtigkeitsklage** mit der positiven Beschlussfeststellungsklage verbunden wird (→ Rn. 6).[16] Die Kombination der beiden Klagen führt stets zu einer Klagehäufung iSd § 260 ZPO.[17] Da sie allerdings auf ein einheitliches Klageziel gerichtet sind, wirkt die Kombination regelmäßig nicht streitwerterhöhend.[18]

7 Das stattgebende Feststellungsurteil wirkt nach § 113 Abs. 6 **Rechtskraft** für und gegen alle Gesellschafter (→ § 113 Rn. 33).[19] Das Gericht stellt verbindlich fest, dass der Gesellschafterbeschluss mit dem Inhalt des ursprünglich abgelehnten Beschlussantrags gefasst worden ist.[20] Diese Wirkung beschränkt sich nicht nur auf Gesellschafter, sondern erfasst auch Dritte und wirkt auf den Zeitpunkt der Beschlussfassung zurück.[21] Nach Eintritt der Rechtskraft kann diese Entscheidung nicht mehr angegriffen werden.[22] Etwaige Anfechtungsgründe des positiv festzustellenden Beschlusses können

---

[6] Vgl. MüKoHGB/Liebscher Rn. 10; Koch PersGesR/Holle Rn. 23; BeckOK HGB/Klimke, 47. Ed.1.7.2025, Rn. 5; NK-HGB/Vossler Rn. 2.

[7] Vgl. BGH 13.11.1995, GmbHR 1996, 47 (48) = DStR 1996, 387.

[8] Vgl. BGH 13.1.2003, NZG 2003, 284 (285); BeckOGK/Otte/Dietlein, 1.3.2025, Rn. 8.

[9] BeckOK HGB/Klimke, 47. Ed. 1.7.2025, Rn. 1; BeckOGK/Otte/Dietlein, 1.3.2025, Rn. 9; MüKoHGB/Liebscher Rn. 2; Schäfer Neues PersGesR/Liebscher § 5 Rn. 61, 109.

[10] Begr. RegE, BT-Drs. 19/27635, 236; MüKoHGB/Liebscher Rn. 18; Koch PersGesR/Holle Rn. 13.

[11] Koch PersGesR/Holle Rn. 9; Degistirici/Ioannidis BB 2023, 2698 (2703); vgl. weiter Drescher FS Stilz, 2014, 125 (127 f.).

[12] Koch PersGesR/Holle Rn. 9; Degistirici/Ioannidis BB 2023, 2698 (2703); vgl. weiter Drescher FS Stilz, 2014, 125 (127 f.).

[13] Zum Ganzen Koch PersGesR/Holle Rn. 9; vgl. weiter Drescher FS Stilz, 2014, 125 (128).

[14] Begr. RegE, BT-Drs. 19/27635, 236; Hopt/Roth Rn. 4; MüKoHGB/Liebscher Rn. 20; Koch PersGesR/Holle Rn. 14.

[15] Begr. RegE, BT-Drs. 19/27635, 236; Ebenroth/Boujong/Drescher Rn. 4; BeckOK HGB/Klimke, 47. Ed. 1.7.2025, Rn. 9; NK-HGB/Vossler Rn. 3; MüKoHGB/Liebscher Rn. 21; BeckOGK/Otte/Dietlein, 1.3.2025, Rn. 11; **aA** Koch PersGesR/Holle Rn. 14; Fehrmann/Leclerc/Schirrmacher GmbHR 2024, 57 Rn. 62.

[16] BeckOGK/Otte/Dietlein, 1.3.2025, Rn. 17; Koch PersGesR/Holle Rn. 14; MüKoHGB/Liebscher Rn. 22.

[17] MüKoHGB/Liebscher Rn. 12; BeckOK HGB/Klimke, 47. Ed. 1.7.2025, Rn. 6; Koch PersGesR/Holle Rn. 11 aE.

[18] Koch PersGesR/Holle Rn. 19; MüKoHGB/Liebscher Rn. 27.

[19] Vgl. Begr. RegE, BT-Drs. 19/27635, 235.

[20] BeckOGK/Otte/Dietlein, 1.3.2025, Rn. 13 aE.

[21] Koch PersGesR/Holle Rn. 20.

[22] Vgl. BGH 13.3.1980, NJW 1980, 1465 (1467).

nur im Rahmen der verbundenen Anfechtungs- und Feststellungsklage geltend gemacht werden, und zwar nicht durch die Gesellschaft, sondern ausschließlich durch einen am Verfahren als Nebenintervenient beteiligten Gesellschafter.[23] Auf klageabweisende Urteile findet § 113 Abs. 6 – wie üblich (→ § 113 Rn. 34) – auch bei der positiven Beschlussfeststellungsklage keine Anwendung.[24]

8 **3. Begründetheit.** Die Feststellungsklage ist begründet, wenn der **Beschlussantrag** tatsächlich mit der erforderlichen Mehrheit **angenommen** worden ist. Die fehlerhafte Feststellung durch den Versammlungsleiter kann daher rühren, dass die Stimmberechtigung verkannt und die Stimmkraft fehlerhaft bestimmt worden ist.[25] Verstößt eine ablehnende Stimmabgabe gegen die mitgliedschaftliche Treuepflicht, ist die Stimme als Zustimmung zu werten.[26] Es bedarf im letzteren Fall keiner zusätzlichen Leistungsklage.[27]

III. Allgemeine Feststellungsklage

9 **1. Voraussetzungen.** Nach dem Regelungskonzept der §§ 110 ff. gehen die Anfechtungs- und Nichtigkeitsklage – zuweilen verbunden mit der positiven Beschlussfeststellungsklage – der allgemeinen Feststellungsklage nach § 256 ZPO vor. Letztere ist daher unzulässig, wenn ein Gesellschafter gegen einen vom Versammlungsleiter festgestellten Gesellschafterbeschluss vorgehen will. **Fehlt** es hingegen an einer **Beschlussfeststellung**[28] oder ist diese streitig oder aber macht ein außenstehender Dritter die Unwirksamkeit des Gesellschafterbeschlusses geltend (→ § 114 Rn. 5), dann ist die allgemeine Feststellungsklage das Mittel der Wahl.[29] Gleichwohl tritt der MoPeG-Gesetzgeber in diesen Fallgestaltungen für einen Gleichlauf der von einem Gesellschafter erhobenen allgemeinen Feststellungsklage mit der Anfechtungs-, Nichtigkeits- und positive Beschlussfeststellungsklage ein.[30]

10 **2. Prozessuale Anforderungen.** Nach den Materialien ist die allgemeine Feststellungsklage nach § 256 ZPO – ebenso wie Anfechtungs-, Nichtigkeits- und positive Beschlussfeststellungsklage – analog § 113 Abs. 2 S. 1 **gegen die Gesellschaft** zu richten.[31] Gegen Mitgesellschafter kann sich die Klage nur dann richten, wenn die Gesellschafter dies vereinbart haben; ohne entsprechende Vereinbarung kommt eine Klage gegen die Mitgesellschafter nicht in Betracht.[32] **Zuständiges Gericht** ist analog § 113 Abs. 1 das Landgericht, in dessen Gerichtsbezirk die Gesellschaft ihren Sitz hat (→ § 113 Rn. 11).[33] Umgekehrt können die Gesellschafter ausnahmsweise bestimmte Gesellschafter auf die Feststellung verklagen, dass ein wirksamer Beschluss zustande gekommen ist.[34]

---

[23] Vgl. OLG Köln 14.6.2018, BeckRS 2018, 17085; BeckOGK/Otte/Dietlein, 1.3.2025, Rn. 14; ausf. Koch PersGesR/Holle Rn. 21.

[24] Koch PersGesR/Holle Rn. 20; **aA** Ebenroth/Boujong/Drescher Rn. 4.

[25] Vgl. BeckOGK/Otte/Dietlein, 1.3.2025, Rn. 16.

[26] Vgl. BGH 5.11.1984, NJW 1985, 974; 19.10.2009, NJW 2010, 65 Rn. 17.

[27] So auch Koch PersGesR/Holle Rn. 22; MüKoHGB/Liebscher Rn. 13 aE; Fehrmann/Leclerc/Schirrmacher GmbHR 2024, 57 Rn. 63; vgl. weiter BGH 5.11.1984, NJW 1985, 974; 19.10.2009, NJW 2010, 65 Rn. 17.

[28] Vgl. BGH 24.3.2016, NZG 2016, 552 Rn. 32; BeckOGK/Otte/Dietlein, 1.3.2025, Rn. 22; Schäfer Neues PersGesR/Liebscher § 5 Rn. 108, 110; Bayer/Rauch DB 2021, 2609 (2615); Noack ZIP 2020, 1382 (1388); Löbbe FS Heidel, 2021, 575 (588 f.).

[29] Vgl. Begr. RegE, BT-Drs. 19/27635, 236 f.; MüKoHGB/Liebscher Rn. 4; RGHMW/Mock Rn. 6; Hopt/Roth Rn. 1; NK-HGB/Vossler Rn. 4.

[30] Begr. RegE, BT-Drs. 19/27635, 236; zust. Staub/Schäfer Rn. 3; Bayer/Rauch DB 2021, 2609 (2615); Fehrmann/Leclerc/Schirrmacher GmbHR 2024, 57 Rn. 65; Liebscher/Rickelt ZPG 2024, 41 Rn. 43; Lieder ZPG 2024, Heft 2, Editorial; Schäfer ZIP 2021, 1527 (1532); Bresgen, Das Beschlussmängelrecht der Personengesellschaften, 2025, S. 226 ff.; krit., iErg aber ebenso Schmitz-Herscheidt ZIP 2024, 2061 (2069); abl. BeckOGK/Otte/Dietlein, 1.3.2025, Rn. 28; Otte RFamU 2023, 306 (311).

[31] Begr. RegE, BT-Drs. 19/27635, 236; zust. Staub/Schäfer Rn. 10; RGHMW/Mock Rn. 7; Ebenroth/Boujong/Drescher § 113 Rn. 66; MüKoHGB/Liebscher Rn. 44; Bayer/Rauch DB 2021, 2609 (2616); Fehrmann/Leclerc/Schirrmacher GmbHR 2024, 57 Rn. 65; Liebscher/Rickelt ZPG 2024, 41 Rn. 43; Schäfer ZIP 2021, 1527 (1532); U. Schmidt ZPG 2023, 81 (86); Schmitz-Herscheidt ZIP 2024, 2061 (2068); Bresgen, Das Beschlussmängelrecht der Personengesellschaften, 2025, S. 227; Preuß FS Gehrlein, 2022, 469 (482); **abw.** BeckOGK/Otte/Dietlein, 1.3.2025, Rn. 25: Klageerhebung gegen Gesellschaft und Mitgesellschafter.

[32] Dazu näher Ebenroth/Boujong/Drescher § 113 Rn. 67 f.; iErg ebenso Schmitz-Herscheidt ZIP 2024, 2061 (2068).

[33] Begr. RegE, BT-Drs. 19/27635, 236; zust. Staub/Schäfer Rn. 13; Ebenroth/Boujong/Drescher § 113 Rn. 71; RGHMW/Mock Rn. 7; MüKoHGB/Liebscher Rn. 46; Schäfer Neues PersGesR/Liebscher § 5 Rn. 114; Fehrmann/Leclerc/Schirrmacher GmbHR 2024, 57 Rn. 65; Schmitz-Herscheidt ZIP 2024, 2061 (2068); Bresgen, Das Beschlussmängelrecht der Personengesellschaften, 2025, 227; **aA** BeckOGK/Otte/Dietlein, 1.3.2025, Rn. 32: Geltung der allgemeinen ZPO-Vorschriften.

[34] Vgl. BeckOGK/Otte/Dietlein, 1.3.2025, Rn. 26.

Das **Feststellungsinteresse** folgt typischerweise aus einer Meinungsverschiedenheit der Gesellschafter untereinander über die Wirksamkeit oder den Inhalt des Gesellschafterbeschlusses, um die hieraus resultierende Rechtsunsicherheit zu vermeiden.[35] Davon abgesehen besteht das Feststellungsinteresse, soweit durch den Beschluss der (mitgliedschaftliche) Rechtskreis des Gesellschafters geschmälert oder sein Pflichtenkreis erweitert wird.[36] Im Übrigen besteht für eine analoge Anwendung des § 111 kein Bedürfnis.[37] **11**

Die Materialien gehen weiterhin davon aus, dass auch das einer allgemeinen Feststellungsklage nach § 256 ZPO stattgebende Urteil in Bezug auf einen Gesellschafterbeschluss analog § 113 Abs. 6 für und gegen alle Gesellschafter **Rechtskraft** wirkt, soweit alle Gesellschafter ein berechtigtes Interesse daran haben, dass eine in Bezug auf die Wirksamkeit oder den Inhalt eines Gesellschafterbeschlusses bestehende Unsicherheit beseitigt wird.[38] Die **Gegenauffassung,** nach der ein solches Feststellungsurteil nur inter partes wirkt,[39] ist **abzulehnen.**[40] Denn die rechtspolitisch überzeugende Rechtskrafterstreckung in Form der spezifisch verbandsrechtlichen Adaption der allgemeinen Feststellungsklage ist mit Blick auf die Gesetzesmaterialien in rechtsmethodischer Hinsicht ohne Weiteres begründbar. Gerade wenn sich zu einer bestimmten Rechtsfrage im Gesetzestext keine ausdrücklichen Hinweise finden, darf der originäre Gesetzgebungsplan nicht gänzlich unberücksichtigt bleiben.[41] **12**

Eine umfassende Rechtskraftwirkung ist aber nur gerechtfertigt, wenn analog § 113 Abs. 3 alle Gesellschafter über die Klageerhebung unterrichtet werden. Daher finden die **Unterrichtungspflichten** auf die allgemeine Feststellungsklage in diesem Fall analoge Anwendung.[42] Es erscheint konsequent, in einem solchen Fall auch die Regelung über die Streitwertbestimmung nach § 113 Abs. 5 entsprechend anzuwenden.[43] Der Wechsel von einer Anfechtungs- oder Nichtigkeitsklage zur Feststellungsklage ist **keine Klageänderung,** wenn sich die Klagen auf denselben Gesellschafterbeschluss beziehen.[44] Gleiches gilt nach § 264 Nr. 2 ZPO für eine zunächst gegen die Mitgesellschafter gerichtete Klage, die in Bezug auf denselben Beschluss nun gegen die Gesellschaft gerichtet wird.[45] **Mehrere Klagen** sind analog § 114 S. 2 zu verbinden.[46] **12a**

Keine analoge Anwendung findet hingegen die **Klagefrist** nach § 112, weil es an einer Feststellung des Beschlussergebnisses mangelt, keine Bekanntgabe nach § 112 Abs. 2 erfolgt und gerade darüber gestritten wird, ob überhaupt ein Beschluss gefasst worden ist oder welchen Inhalt der Beschluss hat.[47] Der Kläger kann sein Recht zur Erhebung einer allgemeinen Feststellungsklage nach **13**

---

[35] Vgl. BGH NZG 2016, 552 Rn. 32; OLG München NJW-RR 1990, 804 (805); Koch PersGesR/Holle Rn. 43; BeckOK HGB/Klimke, 47. Ed. 1.7.2025, Rn. 14; RGHMW/Mock Rn. 3, 8; MüKoHGB/Liebscher Rn. 39; Schäfer Neues PersGesR/Liebscher § 5 Rn. 112.

[36] Schäfer Neues PersGesR/Liebscher § 5 Rn. 112.

[37] MüKoHGB/Liebscher Rn. 42; BeckOK HGB/Klimke, 47. Ed. 1.7.2025, Rn. 17.

[38] Begr. RegE, BT-Drs. 19/27635, 236; ebenso Staub/Schäfer Rn. 18; Ebenroth/Boujong/Drescher § 113 Rn. 83; BeckOK HGB/Klimke, 47. Ed. 1.7.2025, Rn. 19; MüKoHGB/Liebscher Rn. 43; Schäfer Neues PersGesR/Liebscher § 5 Rn. 114; Bayer/Rauch DB 2021, 2609 (2616); Heckschen/Nolting BB 2020, 2256 (2259); Liebscher/Rickelt ZPG 2024, 41 Rn. 43; Schmitz-Herscheidt ZIP 2024, 2061 (2068 f.); ausf. Lieder ZPG 2024, Heft 2 Editorial; Bresgen, Das Beschlussmängelrecht der Personengesellschaften, 2025, S. 227; zur GmbH BGH 24.3.2016, NZG 2016, 552 Rn. 32; OLG München 27.3.1996, GmbHR 1996, 451 (452); NSH/Noack GmbHG Anh. § 47 Rn. 182.

[39] BeckOGK/Otte/Dietlein, 1.3.2025, Rn. 28: „gesetzgeberisches Wishful Thinking"; Koch PersGesR/Holle Rn. 39; zur GmbH BGH 25.11.2002, NZG 2003, 127 (129); Altmeppen GmbHG Anh. § 47 Rn. 149; HCL/Raiser/Schäfer GmbHG Anh. § 47 Rn. 259; zweifelnd U. Schmidt ZPG 2023, 81 (86).

[40] Dazu und zum Folgenden bereits Lieder ZPG 2024, Heft 2 Editorial; iErg ebenso Fehrmann/Leclerc/Schirrmacher GmbHR 2024, 57 Rn. 67.

[41] Vgl. Rüther/Fischer/Birk Rechtstheorie Rn. 734 ff., 799; Fleischer AcP 211 (2011), 317 (332 f.); Canaris FS Medicus, 1999, S. 25 (55); **aA** BVerfG 17.5.1960, BVerfGE 11, 126 (130 f.) = NJW 1960, 1563 (1564).

[42] BeckOK HGB/Klimke, 47. Ed. 1.7.2025, Rn. 19; Staub/Schäfer Rn. 15; Ebenroth/Boujong/Drescher Rn. 76; MüKoHGB/Liebscher Rn. 45; Schäfer Neues PersGesR/Liebscher § 5 Rn. 114; Liebscher/Rickelt ZPG 2024, 41 Rn. 43; Fehrmann/Leclerc/Schirrmacher GmbHR 2024, 57 Rn. 67; Schmitz-Herscheidt ZIP 2024, 2061 (2068); Bresgen, Das Beschlussmängelrecht der Personengesellschaften, 2025, S. 227; **aA** BeckOGK/Otte/Dietlein, 1.3.2025, Rn. 28; Koch PersGesR/Holle Rn. 45.

[43] Zust. MüKoHGB/Liebscher Rn. 49; BeckOK HGB/Klimke, 47. Ed. 1.7.2025, Rn. 19; **aA** Koch PersGesR/Holle Rn. 46.

[44] Vgl. Staub/Schäfer Rn. 16; Ebenroth/Boujong/Drescher Rn. 77; Pieronczyk ZIP 2022, 1033 (1037).

[45] Zum Ganzen näher Ebenroth/Boujong/Drescher Rn. 79; Staub/Schäfer Rn. 16; Pieronczyk ZIP 2022, 1033 (1037).

[46] Dazu ausf. Ebenroth/Boujong/Drescher Rn. 80 ff.; vgl. weiter Staub/Schäfer Rn. 17; MüKoHGB/Liebscher Rn. 47; BeckOK HGB/Klimke, 47. Ed. 1.7.2025, Rn. 19; **aA** BeckOGK/Otte/Dietlein, 1.3.2025, Rn. 28; Koch PersGesR/Holle Rn. 44.

[47] Vgl. Begr. RegE, BT-Drs. 19/27635, 236; Staub/Schäfer Rn. 14; MüKoHGB/Liebscher Rn. 50; Koch PersGesR/Holle Rn. 42; BeckOK HGB/Klimke, 47. Ed. 1.7.2025, Rn. 16; NK-HGB/Vossler Rn. 5; Bresgen, Das Beschlussmängelrecht der Personengesellschaften, 2025, S. 228.

§ 256 ZPO allerdings **verwirken;** der Dreimonatsfrist nach § 112 kommt dabei eine Leitbildfunktion zu.[48] Freilich gilt wie üblich für Zustimmungsbeschlüsse zu Umwandlungsmaßnahmen nach **§ 14 Abs. 1 UmwG** eine Klagefrist von einem Monat.[49]

§ 116 Geschäftsführungsbefugnis

(1) Zur Führung der Geschäfte der Gesellschaft sind alle Gesellschafter berechtigt und verpflichtet.

(2) [1]Die Befugnis zur Geschäftsführung erstreckt sich auf alle Geschäfte, die der gewöhnliche Betrieb des Handelsgewerbes der Gesellschaft mit sich bringt; zur Vornahme von Geschäften, die darüber hinausgehen, ist ein Beschluss aller Gesellschafter erforderlich. [2]Zur Bestellung eines Prokuristen bedarf es der Zustimmung aller geschäftsführungsbefugten Gesellschafter, es sei denn, dass mit dem Aufschub Gefahr für die Gesellschaft oder das Gesellschaftsvermögen verbunden ist. [3]Der Widerruf der Prokura kann von jedem der zur Erteilung oder zur Mitwirkung bei der Erteilung befugten Gesellschafter erfolgen.

(3) [1]Die Geschäftsführung steht vorbehaltlich des Absatzes 4 allen Gesellschaftern in der Art zu, dass jeder von ihnen allein zu handeln berechtigt ist. [2]Das gilt im Zweifel entsprechend, wenn nach dem Gesellschaftsvertrag die Geschäftsführung mehreren Gesellschaftern zusteht. [3]Widerspricht ein geschäftsführungsbefugter Gesellschafter der Vornahme des Geschäfts, muss dieses unterbleiben.

(4) Steht nach dem Gesellschaftsvertrag die Geschäftsführung allen oder mehreren Gesellschaftern in der Art zu, dass sie nur gemeinsam zu handeln berechtigt sind, bedarf es für jedes Geschäft der Zustimmung aller geschäftsführungsbefugten Gesellschafter, es sei denn, dass mit dem Aufschub Gefahr für die Gesellschaft oder das Gesellschaftsvermögen verbunden ist.

(5) [1]Die Befugnis zur Geschäftsführung kann einem Gesellschafter auf Antrag der anderen Gesellschafter ganz oder teilweise durch gerichtliche Entscheidung entzogen werden, wenn ein wichtiger Grund vorliegt. [2]Ein wichtiger Grund ist insbesondere eine grobe Pflichtverletzung des Gesellschafters oder die Unfähigkeit des Gesellschafters zur ordnungsgemäßen Geschäftsführung.

(6) [1]Der Gesellschafter kann seinerseits die Geschäftsführung ganz oder teilweise kündigen, wenn ein wichtiger Grund vorliegt. [2]§ 671 Absatz 2 und 3 des Bürgerlichen Gesetzbuchs ist entsprechend anzuwenden.

Schrifttum: Arnold/Schansker, Die Zweiwochenfrist des § 626 II BGB bei der außerordentlichen Kündigung vertretungsberechtigter Organmitglieder, NZG 2013, 1172; Bachmann/Habighorst, Gesamtvermögensgeschäfte in der Publikums-KG – Zugleich Besprechung von BGH Urt. v. 8.7.2025 – II ZR 137/23, ZPG 2025, 401; Bergmann, Das Notgeschäftsführungsrecht analog § 744 Abs. 2 BGB, WM 2019, 189; Borsche, Die Entlastung im Recht der Personengesellschaften, 1988; Dauner-Lieb, Unternehmerische Tätigkeit zwischen Kontrolle und Kreativität, FS Röhricht, 2005, 83; Eiling, Grenzen der Tätigkeit des Syndikus-Steuerberaters als Steuerberater im Konzern, DStR 2014, 388; Emde, Die Klage der Kommanditisten auf Rücknahme kompetenzwidrig vorgenommener Geschäftsführungsmaßnahmen, WM 1996, 1205; Fleischer, Geschäftsleiterhaftung in der Personengesellschaft: Vom vertragsrechtlichen zum organschaftlichen Modell, NZG 2024, 1639; Gaul, Rechtsschutzmöglichkeiten bei fehlerhafter Entlastung in der KG – ein Beitrag zum Beschlussmängelrecht bei Personengesellschaften, DStR 2009, 804; v. Gerkan, Gesellschafterbeschlüsse, Ausübung des Stimmrechts und einstweiliger Rechtsschutz, ZGR 1985, 167; Grunewald, Durchsetzung von Ersatzansprüchen durch besondere Vertreter in Personengesellschaften, Liber amicorum M. Winter, 2011, 167; Grunewald, Kann eine juristische Person/eine Personengesellschaft Mitglied eines Beirats sein?, FS Heidel, 2021, 49; Habersack/Lüdeking, Die Haftung des Gesellschafters nach Aufhebung des § 708 BGB durch das MoPeG, RFamU 2022, 3; Helm/Wagner, Fremdgeschäftsführung und -vertretung bei Personenhandelsgesellschaften, BB 1979, 225; Hippeli, Das Widerspruchsrecht der Mitgeschäftsführer im Personengesellschaftsrecht, Jura 2017, 1192; Hopt, Zur Abberufung des GmbH-Geschäftsführers bei der GmbH & Co., insbesondere bei der Publikumskommanditgesellschaft, ZGR 1979, 1; Huber, Betriebsführungsverträge zwischen selbstständigen Unternehmen, ZHR 142 (1978), 1; A. Hueck, Inwieweit besteht eine gesellschaftliche Pflicht des Gesellschafters einer Handelsgesellschaft zur Zustimmung zu Gesellschafterbeschlüssen?, ZGR 1972, 237; Jerger, Zur Möglichkeit unternehmerischer Betätigung in Form einer ausländischen Kapitalgesellschaft & Co. KG mit Verwaltungssitz im Ausland, ZfIR 2012, 582; Jocher, Die Vorsorgevollmacht des Unternehmers, notar 2014, 3; Karrer, Bestellung und Rechtsstellung des besonderen Vertreters im Recht der Personengesellschaften, NZG 2009, 932; Klöhn, Geschäftsleiterhaftung und unternehmensinterner Rechtsrat – Wie unabhängig sind Unternehmensju-

[48] Begr. RegE, BT-Drs. 19/27635, 236; Pieronczyk ZIP 2022, 1033 (1036); **aA** Ebenroth/Boujong/Drescher Rn. 73; krit. auch Bresgen, Das Beschlussmängelrecht der Personengesellschaften, 2025, S. 228.

[49] So auch Staub/Schäfer Rn. 14 aE.

risten?, DB 2013, 1535; Koch, Nachhaltigkeit im Personengesellschaftsrecht, ZPG 2023, 321; Konzen, Der besondere Vertreter in Kapital- und Personengesellschaften, FS Hommelhoff, 2012, 565; Kust, Zur Sorgfaltspflicht und Verantwortlichkeit eines ordentlichen und gewissenhaften Geschäftsleiters, WM 1980, 758; Lettl, Die Anpassung von Personengesellschaftsverträgen (GbR, OHG) aufgrund von Zustimmungspflichten der Gesellschafter, AcP 202 (2002), 3; Leuering, Das Widerspruchsrecht der GmbH-Geschäftsführer untereinander, FS Seibert, 2019, 543; Lieder, Annexkompetenzen der Gesellschafterversammlung, NZG 2015, 569; Lieder, Geschäftsführung und Vertretung im modernisierten Personengesellschaftsrecht, ZGR Sonderheft 23 (2021), 169; Lindacher, Schiedsgerichtliche Kompetenz zur vorläufigen Entziehung der Geschäftsführungs- und Vertretungsbefugnis bei Personengesellschaften, ZGR 1979, 201; Löffler, Betriebsführungsverträge mit Personengesellschaftern, NJW 1983, 2920; Lunk, Rechtliche und taktische Erwägungen bei Kündigung und Abberufung des GmbH-Geschäftsführers, ZIP 1999, 1777; Lutter, Theorie der Mitgliedschaft, AcP 180 (1980), 84; Meier, Verfügung über das gesamte Vermögen bei Personengesellschaften, DNotZ 2020, 246; Meier, Grundlagen- und grundlegende Geschäfte – eine Neubetrachtung eines alten Instituts, FS Heidinger, 2023, 333; Merle, Die Verbindung von Zustimmungs- und Ausschlußklage bei den Personenhandelsgesellschaften, ZGR 1979, 78; Meyer, Neues und altes zur Beschlussfassung im Recht der Personengesellschaften: Zugleich Besprechung von BGH, Urteil v. 8.7.2025 – II ZR 137/23, NZG 2025, 1421, NZG 2026, 21; Mühlhaus/Wenzel, Organstellung und Haftung des GmbH-Geschäftsführers in der GmbH & Co. KG. Insbesondere vor dem Hintergrund des BGH-Urteils vom 18.6.2013 (II ZR 86/11), GmbH-StB 2014, 87; Müller/Rautmann, Die Aussetzung der Insolvenzantragspflicht für die Flutopfer, DStR 2013, 1551; Nietsch, Geschäftsführerhaftung bei der GmbH & Co. KG, GmbHR 2014, 348; Neumann, Der unfreiwillige Austausch der Komplementärgesellschaft einer Publikumskommanditgesellschaft, ZIP 2017, 1141; Podewils, Die Geschäftsführerhaftung in der Personengesellschaft, BB 2014, 2632; Priester, Jahresabschlussfeststellung bei Personengesellschaften, DStR 2007, 28; Priester, Grundsatzfragen des Rechts der Personengesellschaften im Spiegel der Otto-Entscheidung des BGH, DStR 2008, 1386; Priester, Gewinnthesaurierung im Konzern, ZHR 176 (2012), 268; Priester, Betriebsführungsverträge im Personengesellschaftsrecht, ZIP 2020, 1685; v. Proff, Der handlungsunfähige Unternehmer – Vorsorgebedarf und Gestaltungsangebote bei Personengesellschaften, DStR 2020, 1380; Raue, Die ordnungsgemäße Verwaltung eines GmbH-Anteils durch eine Erbengemeinschaft, GmbHR 2015, 121; Redeke, Zu den Organpflichten bei bestandsgefährdenden Risiken, ZIP 2010, 159; Reichert/Winter, Die „Abberufung" und Ausschließung des geschäftsführenden Gesellschafters der Publikums-Personengesellschaft, BB 1988, 981; Reuter, Gesellschaftsrecht oder Unternehmensverfassungsrecht?, FS Merle, 2010, 309; Ruter/Thümmel, Beiräte im mittelständischen Familienunternehmen, 2. Aufl. 2009; Schäfer, Vorsorgevollmachten im Personengesellschaftsrecht, ZHR 175 (2011), 557; Schirrmacher, Notgeschäftsführung in der Personengesellschaft, NJW 2018, 3348; Schirrmacher, Der Haftungsmaßstab in der Personengesellschaft nach dem MoPeG, ZHR 186 (2022), 250; K. Schmidt, Entlastung, Entlastungsrecht und Entlastungsklage des Geschäftsführers einer GmbH – Versuch einer Neuorientierung, ZGR 1978, 425; K. Schmidt, „Kündigung der Geschäftsführung und Vertretung" durch den Personengesellschafter, DB 1988, 2241; K. Schmidt, Mehrseitige Gestaltungsprozesse bei Personengesellschaften, 1992; Schmolke, Die Abberufung des Vorstandsmitglieds auf Verdacht, AG 2014, 377; Schulze-Osterloh, Das Grundlagengeschäft zwischen Geschäftsführungsmaßnahme und Änderung des Gesellschaftsvertrages, FS Hadding, 2004, 637; Semler, Einstweilige Verfügung bei Gesellschafterauseinandersetzungen, BB 1979, 1533; Stahl, Vigilantibus non dormientibus iura subveniunt oder: sieben Ratschläge für einen guten Gesellschaftsvertrag, FS Binz, 2014, 691; Strnad, Was gilt für Unterbeteiligungen nach der Suhrkamp-Entscheidung des BGH?, ZEV 2012, 394; Tschöpe/Wortmann, Der wichtige Grund bei Abberufungen und außerordentlichen Kündigungen von geschäftsführenden Organvertretern, NZG 2009, 161; Ulmer, Gestaltungsklagen im Personengesellschaftsrecht und notwendige Streitgenossenschaft, FS Geßler, 1971, 269; Voormann, Der Beirat im Gesellschaftsrecht, 2. Aufl. 1990; Wackerbarth, Der Entzug mitgliedschaftlicher Mitarbeitsrechte eines Gesellschafters in der Personengesellschaft und Folgen für die Vergütung, NZG 2008, 281; Weitemeyer, Die Entlastung im Aktienrecht – neueste Entwicklungen in Gesetzgebung und Rechtsprechung, ZGR 2005, 280; Werner, Der Beirat als Instrument der Unternehmensnachfolge, ZEV 2010, 619; Werra, Zum Stand der Diskussion um die Selbstorganschaft, 1991; Wertenbruch, Gesellschafterbeschluss für Insolvenzantrag bei drohender Zahlungsunfähigkeit?, DB 2013, 1592; Wertenbruch, Geschäftsführungsbezogene Gesellschafterbeschlüsse in KG und GmbH & Co. KG, NZG 2016, 1081; Weygand, Der Widerspruch des geschäftsführenden Gesellschafters bei einer offenen Handelsgesellschaft (Kommanditgesellschaft) nach § 115 HGB, AcP 158 (1959/60), 150.

Übersicht

I. Allgemeines

1 **1. Überblick.** Die Vorschrift regelt die Geschäftsführungsbefugnis und fasst §§ 114–117 aF zusammen. Zugleich **grenzt** die Vorschrift die Geschäftsführung durch im Grundsatz einzelgeschäftsführungsbefugte Gesellschafter nach der einen Seite von der in § 109 geregelten **Beschlussfassung** aller Gesellschafter in der Gesellschafterversammlung **ab.** Nach der anderen Seite ist die Geschäftsführungsbefugnis im Innenverhältnis von der **Vertretungsbefugnis** im Außenverhältnis abzugrenzen, die nach § 124 rechtssystematisch und regelungstechnisch von der Geschäftsführungsbefugnis entkoppelt ist.

2 Im Einzelnen weist **Abs. 1** das Recht und die Pflicht zur Geschäftsführung allen Gesellschaftern gleichermaßen zu. Damit verbunden ist ein unverändertes Bekenntnis des positiven Rechts zum Prinzip der **Selbstorganschaft** (→ Rn. 27). Die Geschäftsführungsbefugnis erstreckt sich nach **Abs. 2** inhaltlich auf sämtliche Geschäfte, welche die Teilnahme der OHG am Rechtsverkehr gewöhnlich mit sich bringt. Eines allseitigen Gesellschafterbeschlusses iSd § 109 bedürfen die darüber hinausgehenden Geschäfte. Besonderheiten gelten für die Erteilung und den Widerruf einer Prokura.

Abs. 3 normiert – im Gegensatz zur GbR (vgl. § 715 Abs. 3 BGB: Gesamtgeschäftsführungsbefugnis) – den Grundsatz der Einzelgeschäftsführung. Zugleich besitzt jeder andere geschäftsführende Gesellschafter ein Widerspruchsrecht, bei dessen Ausübung das Geschäft zu unterbleiben hat. Ordnet der Gesellschaftsvertrag Gesamtgeschäftsführungsbefugnis an, dann bedarf es nach **Abs. 4** für die Vornahme des Geschäfts der Zustimmung aller geschäftsführungsbefugten Gesellschafter, es sei denn, eine zeitliche Verzögerung gefährdet die Gesellschaft oder das Gesellschaftsvermögen. Durch gerichtliche Entscheidung kann die Geschäftsführungsbefugnis aus wichtigem Grund, namentlich aufgrund einer groben Pflichtverletzung oder bei Unfähigkeit zur Geschäftsführung, nach **Abs. 5** ganz oder teilweise entzogen werden. Bei Vorliegen eines wichtigen Grundes ist umgekehrt auch der Gesellschafter nach **Abs. 6** berechtigt, die Geschäftsführung ganz oder teilweise zu kündigen. Für das Bestehen dieser organschaftlichen Geschäftsführungsbefugnis sind **weitere Vereinbarungen** wie ein Anstellungsvertrag **nicht erforderlich.** Dienst- und arbeitsrechtliche Vorschriften haben für die organschaftliche Geschäftsführung keine Bedeutung.[1]

Über die Verweisung des § 105 Abs. 3 finden die Vorschriften über die **Notgeschäftsführung** nach § 715a BGB (→ Rn. 22), die **Gesellschafterklage** nach § 715b BGB (→ § 105 Rn. 102 ff.), die **Gesellschafterrechte** nach § 716 BGB (→ § 119 Rn. 4 f.) sowie die **Informationsrechte** und **Informationspflichten** nach § 717 BGB (→ Rn. 139) entsprechende Anwendung. Im Rahmen der **Liquidation** gilt § 146. Zur Geltung bei der **KG** → § 164 Rn. 15 f. 3

2. Normzweck. Nach dem gesetzlichen Leitbild der OHG als Haftungs- und Arbeitsgemeinschaft sollen alle Gesellschafter nach Abs. 1 in gleicher Weise zur Ausübung der Organbefugnisse berechtigt und verpflichtet sein.[2] Die Gesellschafter sind **geborene Geschäftsführer.** Ihre Befugnis entspringt der Mitgliedschaft und wird nicht besonders verliehen.[3] 4

Da alle Gesellschafter nach § 128 für die Verbindlichkeiten der Gesellschaft persönlich einstehen müssen, begrenzt Abs. 2 den Umfang der Geschäftsführungsbefugnis der Gesellschafter auf weniger risikoreiche **gewöhnliche** Geschäftsführungsmaßnahmen.[4] Umgekehrt gewährleistet die Zustimmung aller Gesellschafter zu **außergewöhnlichen** Geschäften, dass das von der Gesellschaft betriebene Unternehmen nicht ohne ihr Zutun seinen Charakter ändert und zugleich die Haftungsrisiken begrenzt werden.[5] Die Sonderregelung zur **Prokura** hat den Zweck sicherzustellen, dass die Geschäftsführungsbefugnis des Prokuristen von dem Vertrauen eines jeden geschäftsführenden Gesellschafters getragen ist.[6] 5

Die Einräumung von **Einzelgeschäftsführungsbefugnis** nach Abs. 3 ist erforderlich, weil die Geschäftsführung einer Personenhandelsgesellschaft im Gegensatz zu der einer GbR im Rechtsverkehr eine **größere Flexibilität**[7] und Bewegungsfreiheit bei der wirtschaftlichen Entscheidungsfindung[8] benötigt. Wegen der unbeschränkten persönlichen Haftung aller Gesellschafter wird die Entscheidungsmacht der einzelgeschäftsführungsbefugten Geschäftsführer in Abs. 3 S. 3 durch das Widerspruchsrecht der anderen Geschäftsführer begrenzt.[9] 6

Durch die Verweisung der Gesellschafter auf den Klageweg, für den Fall, dass sie einen geschäftsführenden Gesellschafter nach Abs. 5 abberufen wollen, soll der **geschäftsführende Gesellschafter** vor einer willkürlichen Abberufung **geschützt** werden, da er dieser Tätigkeit in der Regel hauptberuflich und unter Einsatz persönlichen Risikos nachgeht.[10] Zum anderen schützt die gerichtliche Entscheidung die Gesellschaft, weil sie **Rechtssicherheit** darüber schafft, wer die Geschäfte der Gesellschaft führen darf.[11] Schließlich bewahrt das Recht zur Abberufung die Gesellschaft und die anderen Gesellschafter davor, dass ein pflichtvergessener Geschäftsführer der Gesellschaft Schaden zufügt.[12] Die zentralen Erfordernisse – gerichtliches Verfahren und wichtiger Grund – gewährleisten, dass der Entzug der Geschäftsführungsbefugnis mit Blick auf die Bedeutung dieses Rechts und die 7

---

[1] RG 10.10.1933, RGZ 142, 13 (18); MüKoHGB/Fleischer Rn. 20; Heymann/Hoffmann/Bartlitz § 114 Rn. 6.
[2] MüKoHGB/Fleischer Rn. 19; Schlegelberger/Martens § 114 Rn. 1.
[3] RG 10.10.1933, RGZ 142, 13 (18); MüKoHGB/Fleischer Rn. 20; K. Schmidt GesR § 47 V 1a.
[4] MüKoHGB/Fleischer Rn. 137; Schlegelberger/Martens Rn. 2.
[5] MüKoHGB/Fleischer Rn. 137.
[6] MüKoHGB/Fleischer Rn. 136.
[7] Schlegelberger/Martens § 115 Rn. 1; Staub/Schäfer Rn. 139; MHdB GesR I/v. Ditfurth § 53 Rn. 34; Ebenroth/Boujong/Drescher § 116 Rn. 4.
[8] Vgl. NK-HGB/Psaroudakis Rn. 16; Weygand AcP 158 (1959), 150 (151); Hippeli Jura 2017, 1192 (1193 f.).
[9] Vgl. Schlegelberger/Martens § 115 Rn. 1; KKD/Kindler § 115 Rn. 1.
[10] Zum Schutzbedürfnis eingehend Hueck OHG § 10 VII 1.
[11] Staub/Schäfer Rn. 151; Schlegelberger/Martens § 117 Rn. 2; krit. Wiedemann GesR II § 8 II 2d, 694 f.
[12] GroßkommHGB/Fischer § 117 Anm. 3.

persönliche Haftungssanktion **ultima ratio** bleibt.[13] Zudem sollen die übrigen Gesellschafter aufgrund der Einzelgeschäftsführungsbefugnis die Klagelast für die Abberufung eines Geschäftsführers treffen.[14]

8 **3. Entwicklung.** Die Regelungen des § 116 gehen auf Art. 99–104 **ADHGB** zurück und sind seit Inkrafttreten des HGB in Form der §§ 114–117 aF bis zum MoPeG unverändert geblieben. Die im Zuge des **HRRefG 1998** erfolgte Ausweitung des Kreises der Kaufleute, die eine OHG gründen können, sowie die Zulässigkeit rein vermögensverwaltender OHG und KG (→ § 107 Rn. 7 ff.) hat den Anwendungsbereich der Norm mittelbar erweitert. Gleiches gilt für die beschränkte Öffnung für Freiberufler durch das **MoPeG** (→ § 107 Rn. 13 ff.). Dieses Reformgesetz hat die §§ 114–117 aF in Form des § 116 zusammengeführt.

9 Im Einzelnen ist der Regelungsgehalt des **§ 114 Abs. 1 aF** in § 116 Abs. 1 überführt worden, ohne dass sich inhaltliche Änderungen ergeben. **§ 114 Abs. 2 aF** ist weggefallen, weil sich von selbst versteht, dass die übrigen Gesellschafter von der Geschäftsführung ausgeschlossen sind, wenn die Geschäftsführung gesellschaftsvertraglich einem oder mehreren Gesellschaftern übertragen ist.[15] Der Regelungsgehalt des **§ 115 Abs. 1 aF** ist der Sache nach in § 116 Abs. 3 überführt worden. **§ 115 Abs. 2 aF** kehrt als § 116 Abs. 4 wieder, ohne dass damit eine sachliche Änderung bezweckt ist. Die Bestimmungen des **§ 116 aF** sind in § 116 Abs. 2 übernommen worden. **§ 117 aF** findet als § 116 Abs. 5 einen neuen Regelungsstandort. Der heutige § 116 Abs. 6 entspricht **§ 712 Abs. 2 BGB aF** iVm § 105 Abs. 3.

10 Das Festhalten am gerichtlichen Verfahren zur Entziehung der Geschäftsführungsbefugnis ist **kritikwürdig.** Der Gesetzgeber hat im Zuge der Neuregelung die Gelegenheit verpasst, – in Parallele zu § 715 Abs. 5 BGB – auf das besondere Verfahrenserfordernis der Entziehung durch Gestaltungsklage zu verzichten und stattdessen eine **Entziehung kraft Gesellschafterbeschlusses** vorzusehen.[16] Der redliche Rechtsverkehr ist aufgrund der Publizitätswirkungen des Handelsregisters (§ 15) hinreichend geschützt. Die Rechtsstellung des Gesellschafters und seine geschäftliche Reputation sind bei einem Gesellschafterbeschluss – anstelle eines gerichtlichen Verfahrens – nicht stärker beeinträchtigt. Zudem wird ein pflichtvergessener Gesellschafter durch eine unmittelbar wirkende Entziehung kraft Gesellschafterbeschlusses effektiver davon abgehalten, der Gesellschaft und den persönlich haftenden Gesellschaftern Schaden zuzufügen. Das gilt umso mehr, als sich zunehmend die Erkenntnis durchsetzt, dass die verfahrensrechtlichen Voraussetzungen der Gestaltungsklage unverhältnismäßig hoch sind[17] und zu prozessualen Verwicklungen führen,[18] die das gerichtliche Verfahren umständlich[19] erscheinen und ein Schattendasein[20] führen lassen.

II. Geschäftsführungsbefugnis

11 **1. Begriff.** Die Geschäftsführung umfasst alle **rechtsgeschäftlichen und tatsächlichen Handlungen** der Gesellschafter, die dem Gesellschaftszweck dienen und **nicht** die **Grundlagen** der Gesellschaft berühren.[21] Zur Geschäftsführung gehören gewöhnliche wie außergewöhnliche Maßnahmen (→ Rn. 13).[22] Beispiele sind alle wirtschaftlichen Tätigkeiten im Geschäftskreis des von der Gesellschaft betriebenen Unternehmens wie die Organisation des Personals, die Buchführung, die Aufstellung des Jahresabschlusses,[23] die Verwaltung des Vermögens, die Geltendmachung von Forderungen der Gesellschaft[24] und die Ausübung des Organbesitzes an den im Vermögen der Gesellschaft befindlichen Sachen.[25] Auch höchstpersönliche Tätigkeiten etwa als Erfinder können Teil der Geschäftsführung

[13] BGH 25.4.1983, NJW 1984, 173 (174); zu § 140 BGH 12.6.1975, DB 1975, 1886 (1888); Schlegelberger/Martens § 117 Rn. 8, 20; MüKoHGB/Fleischer Rn. 270.
[14] Begr. RegE, BT-Drs. 19/27635, 237.
[15] Vgl. Begr. RegE, BT-Drs. 19/27635, 172, 276.
[16] Dazu und zum Folgenden ausf. Lieder ZGR Sonderheft 23 (2021), 169 (194 ff.).
[17] Dezidiert Wiedemann GesR II § 8 II 2d.
[18] Zum Problem monografisch K. Schmidt, Mehrseitige Gestaltungsprozesse bei Personengesellschaften, 1992; vgl. weiter Roth FS Großfeld, 1999, 915 (917 ff.).
[19] Vgl. NK-HGB/Psaroudakis Rn. 26; Heymann/Hoffmann/Bartlitz § 127 Rn. 10.
[20] Vgl. MüKoHGB/K. Schmidt/Drescher, 4. Aufl. 2016, § 127 Rn. 1 aE.
[21] MüKoHGB/Fleischer Rn. 2; Staub/Schäfer Rn. 19; Schlegelberger/Martens § 114 Rn. 4; Heymann/Hoffmann/Bartlitz § 114 Rn. 2.
[22] BGH 10.10.1994, BGHZ 127, 176 = NJW 1995, 192.
[23] BGH 24.3.1980, BGHZ 76, 338 (342) = NJW 1980, 1689; 29.3.1996, BGHZ 132, 263 = NJW 1996, 1678; 15.1.2007, BGHZ 170, 283 = NJW 2007, 1685 – Otto.
[24] BGH 2.7.1973, NJW 1973, 2198.
[25] BGH 24.1.1983, BGHZ 86, 300 (307) = NJW 1983, 1114; 26.1.1983, BGHZ 86, 340 (343) = NJW 1983, 1123 zur GbR.

sein.[26] Die Geltendmachung eines vermögensrechtlichen Anspruchs gegen einen Mitgesellschafter gehört ebenfalls zu den Maßnahmen der Geschäftsführung, selbst wenn der Anspruch aus der Verletzung gesellschaftsrechtlicher Pflichten folgt.[27] Geschäftsführung ist auch die Ausführung von Beschlüssen, und zwar selbst dann, wenn die Grundlagen der Gesellschaft berührt sind.[28]

2. Abgrenzung. a) Vertretung. Von der in den § 116 geregelten Geschäftsführung ist die in § 124 geregelte Vertretungsbefugnis zu unterscheiden. Die Vorschriften über die Geschäftsführung treffen Regelungen über die Befugnis der Gesellschafter zur Führung der Geschäfte im **Innenverhältnis,** während die Vertretungsvorschriften eine Aussage darüber treffen, ob das Vertreterhandeln im **Außenverhältnis** rechtlich wirksam ist.[29] Die einzelne Handlung in der Rechtswirklichkeit kann jedoch beide Elemente enthalten, deren Wirksamkeit und Zulässigkeit unterschiedlich zu beurteilen sein kann.[30] So ist jede Vertretungshandlung immer auch Geschäftsführung, aber nicht jede Geschäftsführungsmaßnahme ist auch zugleich Vertretung, etwa wenn der Jahresabschluss erstellt wird. 12

b) Grundlagengeschäfte. aa) Allgemeines. Der Beschlussfassung durch alle Gesellschafter unterliegen in Abgrenzung zu Geschäften der laufenden Geschäftsführung die darüber hinausgehenden Geschäfte. Dabei unterscheidet man zwischen den noch zur Geschäftsführung gehörenden außergewöhnlichen Geschäftsführungsmaßnahmen[31] (§ 116 Abs. 2 S. 1 Hs. 2) und den § 109 unterfallenden **Grundlagengeschäften.** Zu den Grundlagengeschäften zählen alle **Änderungen des Gesellschaftsvertrags** sowie Gesellschafterbeschlüsse, die in ähnlicher Weise die Grundlagen der Gesellschaft berühren oder in **Rechtspositionen der Gesellschafter** eingreifen,[32] wie zB die Aufnahme und Ausschließung von Gesellschaftern, die Organisation der Geschäftsführung durch Verleihung und Entziehung der Geschäftsführungs- und Vertretungsbefugnis,[33] die Vergütung des Geschäftsführers,[34] die Erhöhung und Herabsetzung von Beiträgen,[35] die Wahl der Abschlussprüfer,[36] der Erlass von Ersatzansprüchen wegen pflichtwidriger Geschäftsführung[37] sowie die Auflösung und Liquidation der Gesellschaft.[38] 13

Allerdings sollte bei der Abgrenzung von Grundlagen- und ungewöhnlichen Geschäften nicht nur abstrakt auf die Maßnahme fokussiert, sondern es sollten auch die **Besonderheiten der konkreten Gesellschaft** sowie die **Ausgestaltung des Gesellschaftsvertrags** in den Blick genommen werden.[39] Es erscheint ratsam, dass die Gesellschafter von der Option Gebrauch machen, kraft Gesellschaftsvertrags festzuschreiben, welche Geschäfte zustimmungspflichtig und welche zustimmungsfrei sein sollten.[40] Umgekehrt erscheint es hingegen zu restriktiv, wenn der Begriff der Grundlagengeschäfte auf solche Maßnahmen beschränkt wird, die – in Ermangelung einer abweichenden Regelung – auch im Außenverhältnis nur von den Gesellschaftern vorgenommen werden können, wie zB die Aufnahme neuer Mitglieder.[41] Stattdessen kann die **organschaftliche Vertretungsmacht** auch Grundlagengeschäfte umfassen, wie zB beim Abschluss von Unternehmensverträgen (→ Rn. 15). 13a

bb) Gewöhnliche Grundlagengeschäfte. Dem vom BGH in der Otto-Entscheidung geprägten Begriff des **„gewöhnlichen Grundlagengeschäfts“** kommt für die Abgrenzung von Geschäftsführungsmaßnahmen keine eigenständige Bedeutung zu; er ist daher im Ergebnis verzichtbar. In der Sache handelt es sich um reguläre Grundlagengeschäfte, die in die Zuständigkeit aller Gesellschafter 14

---

[26] Hopt/Roth Rn. 2; Schlegelberger/Martens § 114 Rn. 9.

[27] BGH 12.6.1997, WM 1997, 1431; OLG Stuttgart 11.3.2009, NZG 2009, 1303 (1305); Schlegelberger/Martens § 114 Rn. 41.

[28] MüKoHGB/Fleischer Rn. 5; MHdB GesR I/v. Ditfurth § 53 Rn. 8.

[29] Hopt/Roth Rn. 1; Hueck OHG § 10 I 2.

[30] Ebenroth/Boujong/Drescher Rn. 9; MüKoHGB/Fleischer Rn. 14.

[31] MüKoHGB/Fleischer Rn. 142 ff. mwN; K. Schmidt GesR § 47 V 1c (1392).

[32] BGH 15.1.2007, BGHZ 170, 283 = NJW 2007, 1685 – Otto.

[33] BGH 19.4.2016, NZG 2016, 826 Rn. 27; OLG Stuttgart 11.3.2009, NZG 2009, 1303 (1304); MüKoHGB/Fleischer Rn. 5; Hopt/Roth Rn. 3; Meier FS Heidinger, 2023, 333 (342).

[34] Anm. Goette zu BGH 14.6.1993, DStR 1993, 1229; MüKoHGB/Fleischer Rn. 5; Priester FS Korn, 2005, 377 (384).

[35] RG 15.5.1936, RGZ 151, 321 (327); BGH 20.11.2012, BeckRS 2013, 1864 Rn. 25; MüKoHGB/Fleischer Rn. 5; Hopt/Roth Rn. 3; Meier FS Heidinger, 2023, 333 (342).

[36] BGH 24.3.1980, NJW 1980, 1689 (1690); OLG Hamm 4.5.1999, DStR 1999, 1824; MüKoHGB/Fleischer Rn. 6; Schulze-Osterloh FS Hadding, 2004, 637 (648 f.).

[37] BGH 13.5.1985, NJW 1985, 2830.

[38] RG 20.13.1939, RGZ 162, 370 (374).

[39] So auch Hopt/Roth Rn. 3; Meier DNotZ 2020, 246 (254); Meier FS Heidinger, 2023, 333 (339); vgl. weiter Weber DNotZ 2018, 96 (115 f.).

[40] Dazu näher Meier FS Heidinger, 2023, 333 (339 f.).

[41] So aber Meier FS Heidinger, 2023, 333 (340).

und nicht nur der Geschäftsführer fallen.[42] Ein Beispiel ist die jährlich wiederkehrende **Bilanzfeststellung,** die ein (bilanzrechtliches) Grundlagengeschäft darstellt, weil sie die Gewinnverteilung an die Gesellschafter vorzeichnet, die selbst ebenfalls zu den Grundlagengeschäften zählt.[43] Da sie aber nicht den Gesellschaftsvertrag ändert und jährlich vorzunehmen ist, sieht der BGH in Abkehr zu einer früheren Entscheidung[44] hierin ein „gewöhnliches Grundlagengeschäft". Anderes gilt indes für die Entscheidung über die **Ergebnisverwendung,** insbesondere die Bildung offener Rücklagen.[45] Sie können – mangels Eingriff in die individuelle Rechtsposition des Gesellschafters – nicht dem Grundlagenbereich zugeschlagen werden. Der dem Gesellschafter zugewiesene Anteil verändert sich durch die Thesaurierung nicht; ihm verbleibt die Wertsteigerung seiner Beteiligung. Zudem unterliegt die Entscheidung im GmbH-Recht der einfachen Mehrheit, was als übergeordnete Wertung auch für das Personengesellschaftsrecht überzeugt.[46] Der BGH hat die Frage zuletzt offengelassen.[47] Die Änderung einer **vertraglichen Schiedsgerichtsklausel** bei einer Freiberuflersozietät ist hingegen Grundlagengeschäft.[48] Die Bedeutung dieser Unterscheidung innerhalb der Grundlagengeschäfte für die Auslegung von Mehrheitsklauseln ist entfallen, weil der BGH den früher vorherrschenden Bestimmtheitsgrundsatz mit Recht aufgegeben hat (→ § 109 Rn. 56 ff.).[49]

15 **cc) Struktur- und Organisationsentscheidungen.** Zu den Grundlagengeschäften gehören auch grundlegende Struktur- und Organisationsentscheidungen, selbst wenn sie nicht den Gesellschaftsvertrag ändern.[50] Hierunter fallen der Abschluss von Unternehmensverträgen,[51] die Ausgliederung wesentlicher Unternehmensteile,[52] die Begründung eines Konzernverhältnisses mit einem abhängigen Unternehmen im Sinne einer Konzernierung[53] und die Begründung der Abhängigkeit von einem anderen Unternehmen[54] sowie die Aufnahme eines atypischen stillen Gesellschafters.[55]

16 **dd) Gesamtvermögensgeschäfte.** Die Grundlagen der Gesellschaft werden hingegen **nicht berührt** durch die Veräußerung des von der Gesellschaft betriebenen gesamten oder nahezu gesamten Handelsgeschäfts (zur Veräußerung von zentralen Vermögensgegenständen → Rn. 81, → Rn. 83).[56] Stattdessen handelt es sich um ein ungewöhnliches Geschäfts iSd Abs. 2 S. 1 Hs. 2.[57] Das entzieht der analogen Anwendung des § 179a AktG die Grundlage.[58] Dies wird man auch bei **Publikumspersonengesellschaften** kaum anders sehen können, sofern sich die Gesellschafter – wenn auch auf Grundlage einer Mehrheitsentscheidung – an der Entscheidungsfindung über außergewöhnliche

[42] BGH 15.1.2007, BGHZ 170, 283 = NJW 2007, 1685 – Otto; im Anschluss an Priester DStR 2007, 28 f.; Priester FS Hadding, 2004, 607 (611); K. Schmidt ZGR 1999, 601 (606).

[43] So auch Meier FS Heidinger, 2023, 333 (342).

[44] BGH 29.3.1996, BGHZ 132, 263 (268) = NJW 1996, 1678; anders früher BGH 28.1.1991, NJW 1991, 1890.

[45] Priester DStR 2007, 28 (31); Priester DStR 2008, 1386 (1391); K. Schmidt ZGR 2008, 1 (22); **aA** BGH 29.3.1996, BGHZ 132, 263 (268) = NJW 1996, 1678; Staub/Schäfer § 121 Rn. 11 f.; Binz/Mayer DB 2007, 1739 (1742); Wertenbruch ZIP 2007, 798 (801); offenlassend BGH 15.1.2007, BGHZ 170, 283 = NJW 2007, 1685 – Otto.

[46] Vgl. nur Priester DStR 2007, 28 (31).

[47] BGH 15.1.2007, BGHZ 170, 283 = NJW 2007, 1685 – Otto; für Grundlagenbeschluss noch BGH 29.3.1996, BGHZ 132, 263 (268) = NJW 1996, 1678; Staub/Schäfer § 121 Rn. 11 f.; Binz/Mayer DB 2007, 1739 (1742); Wertenbruch ZIP 2007, 798 (801); **aA** Priester DStR 2007, 28 (31); Priester DStR 2008, 1386 (1391); K. Schmidt ZGR 2008, 1 (22).

[48] OLG München 25.4.2007, OLGR 2007, 681 (683).

[49] BGH 21.10.2014, BGHZ 203, 77.

[50] MüKoHGB/Fleischer Rn. 148; Priester DStR 2007, 28 (29); K. Schmidt FS Röhricht, 2005, 511 (524); **aA** Meier FS Heidinger, 2023, 333 (343).

[51] Schlegelberger/Martens § 114 Rn. 7; Hopt/Roth Rn. 3; Schulze-Osterloh FS Hadding, 2004, 637 (646 f.); s. auch OLG Hamburg 29.10.1999, NZG 2000, 421; **aA** Meier FS Heidinger, 2023, 333 (343).

[52] Vgl. BGH 25.2.1982, BGHZ 83, 122 (126 ff.) = NJW 1982, 1703 – Holzmüller; BGH 26.4.2004, BGHZ 159, 30 (41 ff.) = NJW 2004, 1860 – Gelatine; BVerfG 7.9.2011, ZIP 2011, 2094 (2096); dazu Priester AG 2011, 654 ff.

[53] Hopt/Roth Rn. 3; MHdB GesR II/Scheel § 7 Rn. 5; vgl. auch Staub/Schäfer Rn. 19.

[54] Hopt/Roth Rn. 3; Staub/Schäfer Anh. § 105 Rn. 39 mwN; **aA** K. Schmidt GesR § 43 III 3a.

[55] Staub/Schäfer Rn. 23 mwN; vgl. BGH 26.10.1978, WM 1979, 71 (72) zur Wirksamkeit der Kündigung einer stillen Gesellschaft durch die Komplementär-GmbH einer GmbH & Co. KG; **aA** Meier FS Heidinger, 2023, 333 (344).

[56] So aber noch BGH 9.1.1995, NJW 1995, 596; RG 20.12.1939, RGZ 162, 370 (372); OLG Hamm 4.7.2019, BeckRS 2019, 17205 Rn. 138; RGHMW/Haas/Mohamed Rn. 9.

[57] So auch Eschwey MittBayNot 2018, 299 (311 f.); Meier DNotZ 2020, 246 (254 ff.); Meier FS Heidinger, 2023, 333 (337 ff.); Bergmann FS E. Vetter, 2019, 79 (87); vgl. noch Wentz WM 2022, 2262 (2266 f.).

[58] BGH 15.2.2022, BGHZ 232, 375 Rn. 23 ff. = NJW 2022, 1878; anders noch BGH 9.1.1995, NJW 1995, 596.

Geschäfte regulär beteiligen können; entsprechen deren Entscheidungsrechte eher denen eines Aktionärs, liegt eine analoge Anwendung des § 179a AktG nahe.[59] Allerdings hat der BGH kürzlich der dergestalt differenzierenden Auffassung eine Absage erteilt und eine Analogiebildung für die Personengesellschaften generell ausgeschlossen.[60]

ee) Außergewöhnlichen Maßnahmen. Die **außergewöhnlichen Maßnahmen,** die aber noch zur Geschäftsführung zu rechnen sind, etwa der Umbau eines einzelnen Ladenlokals oder die Verteilung von Spenden über das alltägliche Maß hinaus,[61] bedürfen nach § 116 Abs. 2 S. 1 Hs. 2 eines **Beschlusses durch sämtliche Gesellschafter.** Auch gem. § 109 Abs. 3 lautet der Grundsatz, dass derartigen Beschlüssen alle Gesellschafter zustimmen müssen. Wie die §§ 108, 109 Abs. 4 zeigen, handelt es sich bei § 109 Abs. 3 um dispositives Recht. Durch den Gesellschaftsvertrag kann daher auch das Mehrheitsprinzip eingeführt werden.[62] Die Stimmkraft bestimmt sich nach § 709 Abs. 3 BGB iVm § 105 Abs. 3. 17

Die **Abgrenzung** zwischen Geschäftsführungsmaßnahmen und anderen Beschlussgegenständen ist trotz gleicher gesetzlicher Ausgangslage wichtig.[63] Zum einen unterstehen die nicht geschäftsführenden Gesellschafter bei der Frage, ob sie einer außergewöhnlichen Maßnahme der Geschäftsführung zustimmen, einer engeren Pflichtenbindung als bei den Grundlagengeschäften, wo nur die gesellschaftsrechtliche Treuepflicht begrenzend wirkt.[64] Zum anderen kann § 116 Abs. 2 vollständig abbedungen werden (→ Rn. 164 ff.),[65] während Grundlagengeschäfte den Grenzen der Mehrheitsmacht unterliegen (→ § 109 Rn. 54 ff.). Treffen außergewöhnliche und Grundlagenentscheidungen zusammen, sind die Maßnahmen jeweils für sich rechtlich zu behandeln.[66] 18

c) Tätigkeiten ohne Bezug zum Gesellschaftszweck. Geschäftsführungsfremde Tätigkeiten sind solche, die aus dem Bereich des Gesellschaftszwecks herausfallen, etwa indem es sich um private Tätigkeiten, um solche auf der Grundlage eines eigenständigen Drittgeschäfts wie ein Dienst-, Kauf-, Mietvertrag oder ein Darlehen oder einen verselbstständigten Gesellschafterbeitrag handelt.[67] 19

3. Verteilung der Geschäftsführungsbefugnis. a) Grundsatz. Gesetzlicher Grundsatz ist nach § 116 Abs. 1, Abs. 3 die **Einzelgeschäftsführung aller Gesellschafter.** Das bedeutet, alle Gesellschafter sind nicht nur berechtigt, sondern auch verpflichtet zur Geschäftsführung. 20

b) Ausschluss von der Geschäftsführung. Die Regelungen über die Geschäftsführung sind **dispositiv** (zu den Grenzen → Rn. 23 ff.). Überträgt der Gesellschaftsvertrag die Geschäftsführung einem Gesellschafter oder mehreren Gesellschaftern, dann sind die übrigen Gesellschafter von der Geschäftsführung ausgeschlossen. Gleiches gilt, wenn einem Geschäftsführer einzelne Bereiche der Geschäftsführung zugewiesen sind. In diesen Bereichen sind die anderen Gesellschafter dann von der Geschäftsführung ausgeschlossen.[68] 21

Die von der Geschäftsführung **ausgeschlossenen Gesellschafter** können im Innenverhältnis nach Maßgabe der § 715a BGB iVm § 105 Abs. 3 Maßnahmen der Notgeschäftsführung treffen,[69] jedoch nicht wirksam im Außenverhältnis handeln (→ Rn. 12).[70] Veranlassen die von der Geschäftsführung ausgeschlossenen Gesellschafter die Geschäftsführer zu einem Pflichtverstoß, können neben diesen auch die von der Geschäftsführung ausgeschlossenen Gesellschafter schadensersatzpflichtig sein.[71] Auch im Rahmen einer Notgeschäftsführung können sie sich schadensersatzpflichtig machen, wenn sie pflichtwidrig handeln.[72] 22

[59] Offenlassend BGH 15.2.2022, BGHZ 232, 375 Rn. 36 = NJW 2022, 1878; tendenziell für eine Analogie Tröger WuB 2022, 247 (250); Witt ZGR 2022, 893 (909); **aA** Ebbinghaus/Metzen NZG 2022, 697 (701); Keller/Schümmer DB 2022, 1625 (1628 ff.).

[60] BGH 8.7.2025, NZG 2025, 1421 Rn. 35 ff. m. abl. Anm. Tröger = ZPG 2026, Heft 3 m. abl. Anm. Lieder; abl. auch Bachmann/Habighorst ZPG 2025, 401 ff.; dem BGH zustimmend hingegen Mayer/Bauer GmbHR 2025, 1199 (1201); Meyer NZG 2026, 21 Rn. 14 ff.; Otte BB 2025, 2643 f.; Wentz WuB 2025, 488 (493).

[61] Beispiel bei K. Schmidt Non Profit Law Yearbook 2001, 2002, 116 ff.

[62] BGH 15.11.1982, BGHZ 85, 350 (354) = NJW 1983, 1056.

[63] Speziell zur Bedeutung für die Vertragsgestaltung Stahl FS Binz, 2014, 691 (692 f.).

[64] Vgl. MüKoHGB/Fleischer Rn. 184 f., 188.

[65] RG 27.1.1940, RGZ 163, 35 (37) zum Widerruf einer Prokura; MüKoHGB/Fleischer Rn. 141; Staub/Schäfer Rn. 228; Schlegelberger/Martens § 116 Rn. 35 f.

[66] Meier FS Heidinger, 2023, 333 (344).

[67] MüKoHGB/Fleischer Rn. 16 f.; Schlegelberger/Martens § 114 Rn. 9.

[68] BGH 25.4.1983, NJW 1984, 173 (174); Schlegelberger/Martens § 114 Rn. 49 mwN.

[69] Vgl. zum bisherigen Recht BGH 4.5.1955, BGHZ 17, 181 (183) = NJW 1955, 1027.

[70] BGH 4.5.1955, BGHZ 17, 181 (184 f.) = NJW 1955, 1027.

[71] BGH 5.6.1975, BGHZ 65, 15 (19) = NJW 1976, 191 mAnm Ulmer; 12.11.1979, BGHZ 75, 321 (328) = NJW 1980, 589; 5.12.1983, BGHZ 89, 162 (168) = NJW 1984, 1351.

[72] Ebenroth/Boujong/Drescher Rn. 14.

23 **c) Weitere mögliche Vereinbarungen.** Neben dem vertraglichen Ausschluss von der Geschäftsführungsbefugnis sind zahlreiche weitere Varianten zulässig und in der Praxis anzutreffen. Die Grenze bilden die materielle Inhaltskontrolle (→ § 108 Rn. 12 ff.; → § 109 Rn. 65 ff.), das Abspaltungsverbot (→ Rn. 24 f.) sowie der Grundsatz der Selbstorganschaft (→ Rn. 26 ff.).

24 **aa) Abspaltungsverbot.** Das Recht zur Geschäftsführung kann **nicht separat,** dh unabhängig vom Gesellschaftsanteil, auf einen anderen, sei dieser auch Gesellschafter, **übertragen** werden (→ § 108 Rn. 19 ff.). Zulässig ist jedoch die Übertragung der Geschäftsführung auf einen anderen nicht in Vertretung des Übertragenden, sondern **zur Ausübung** (→ Rn. 27).[73] Dies muss im Gesellschaftsvertrag vorgesehen sein, sonst bedarf es eines Beschlusses der Gesellschafter. Unter Abwägung der Interessen des Gesellschafters, etwa bei längerer Abwesenheit oder Krankheit,[74] können die anderen Gesellschafter zur Zustimmung verpflichtet sein, wenn die Ausübung durch den anderen zumutbar ist, etwa durch einen anderen Gesellschafter oder vertrauenswürdige Dritte.[75]

25 Die Vereinbarung einer **Vertreterklausel** ist bei der OHG – ebenso wie bei der KG (→ § 164 Rn. 25 ff.) – im Grundsatz **zulässig.**[76] Hierbei handelt es sich um die Verpflichtung, dass sich bestimmte Gruppen von Gesellschaftern in der Gesellschafterversammlung durch einen gemeinsamen Vertreter vertreten lassen müssen. Nach zutreffender Auffassung kann nicht nur ein Gesellschafter, sondern auch ein Dritter als besonderer Vertreter bestellt werden, wenn dies der Gesellschaftsvertrag oder ein einhelliger Beschluss zulässt.[77] Der Vertreter ist an die gesellschaftsrechtliche Treuepflicht gebunden[78] und hat im Zweifel einheitlich abzustimmen.[79] Stets können die Gesellschafter den gemeinsamen Vertreter aus wichtigem Grund **abberufen.**[80]

26 **bb) Grundsatz der Selbstorganschaft.** Die **organschaftliche,** also den Regeln des Gesellschaftsrechts unterliegende, Geschäftsführungs- und Vertretungsbefugnis ist, im Gegensatz zur **schuldrechtlichen** Übertragung der Geschäftsführung durch ein Dienstverhältnis und zur Einräumung rechtsgeschäftlicher Vollmacht oder Prokura, den **persönlich haftenden Gesellschaftern** von OHG und KG vorbehalten.[81] Da allein diese Gesellschafter nach § 126 unbeschränkt persönlich für die Schulden der Gesellschaft haften, sollen sie auch die Geschicke der Gesellschaft bestimmen. Dieser Gleichlauf von Herrschaft und Haftung verbietet nach traditioneller Sichtweise eine Selbstentmachtung der Haftenden (→ § 108 Rn. 24).[82] **De lege lata** kann Dritten keine ausschließliche Geschäftsführungsbefugnis eingeräumt werden.[83] **De lege ferenda** sollte – ungeachtet der insoweit ablehnenden Haltung des MoPeG-Gesetzgebers – auch Fremdorganschaft zugelassen werden (→ § 108 Rn. 26).

27 Die **Überlassung der Geschäftsführungsbefugnis zur Ausübung an einen Dritten** auf Grundlage eines Dienstleistungsvertrags ist jedoch zulässig, solange nur die organschaftliche Geschäftsführung so geregelt ist, dass auch Gesellschafter allein bestimmen können. Unter dieser Voraussetzung ist nach zutreffender hM selbst der **Ausschluss sämtlicher Gesellschafter** von der Geschäftsführung zulässig, wobei den Gesellschaftern stets das Recht verbleibt, anstelle des Ausübungsberechtigten selbst über die Geschäftsführung zu entscheiden und die Entscheidungsbefugnis jederzeit wieder an sich zu ziehen.[84] Zudem muss die Überlassung zur Ausübung so gestaltet sein, dass sie nicht einer Übertragung gleichkommt, wie etwa im Fall einer unwiderruflichen rechtsge-

---

[73] Zust. Heymann/Hoffmann/Bartlitz § 114 Rn. 9 aE.

[74] Ebenroth/Boujong/Drescher Rn. 20.

[75] BGH 1.12.1969, NJW 1970, 706.

[76] MüKoHGB/Enzinger § 109 Rn. 73; Staub/Schäfer § 109 Rn. 73; K. Schmidt ZHR 146 (1982), 525 (530); Noack, Gesellschaftervereinbarungen bei Kapitalgesellschaften, 1994, S. 75 ff.; offengelassen von BGH 12.12.1966, BGHZ 46, 291 (297) = NJW 1967, 826; **aA** noch → 4. Aufl. 2015, Rn. 15 (Weitemeyer).

[77] Hopt/Roth § 163 Rn. 10; MüKoHGB/Enzinger § 109 Rn. 75; **aA** – nur Gesellschafter – Staub/Schäfer § 109 Rn. 73.

[78] MüKoHGB/Enzinger § 109 Rn. 75.

[79] Hopt/Roth § 163 Rn. 10; MüKoHGB/Enzinger § 109 Rn. 75; vgl. noch BGH 12.12.1966, BGHZ 46, 291 (294).

[80] Ebenso Hopt/Roth Rn. 52.

[81] BGH 6.2.1958, BGHZ 26, 330 (333) = NJW 1958, 668; 11.7.1960, BGHZ 33, 105 (108) = NJW 1960, 1997; 25.5.1964, BGHZ 41, 367 (369) = NJW 1964, 1624; 9.12.1968, BGHZ 51, 198 = NJW 1969, 507; 22.1.1962, BGHZ 36, 292 (293) = NJW 1962, 738.

[82] RG 12.2.1929, RGZ 123, 289 (299); MüKoHGB/Fleischer Rn. 25 ff.; Staub/Schäfer Rn. 14; Hueck OHG § 20 V 1a.

[83] Vgl. BGH 10.11.1951, BGHZ 3, 354 (356 ff.); 14.5.1956, BGHZ 20, 363 (364 ff.); 16.11.1981, NJW 1982, 877 (878); 10.9.1993, NJW-RR 1994, 98; MüKoHGB/Fleischer Rn. 26; Staub/Schäfer Rn. 82; KKD/Kindler § 114 Rn. 5.

[84] Schlegelberger/Martens § 114 Rn. 54; RGHMW/Haas/Mohamed Rn. 26; Heymann/Hoffmann/Bartlitz § 114 Rn. 24 f.; vgl. noch BGH 20.9.1993, WM 1994, 237 (238).

schäftlichen Vollmacht und bei Verzicht auf die eigene Rechtsausübung.[85] Unter diesen Voraussetzungen kann auch ein Vertreter im Fall der Geschäftsunfähigkeit etwa infolge Demenz im Rahmen von **Vorsorgevollmachten** bestellt werden.[86]

Weitere Beispiele sind der Abschluss von **Management-** und **Betriebsführungsverträgen.**[87] 28
Für zulässig erachtet die Rspr. solche Verträge, wenn den Gesellschaftern gegenüber dem Dritten ein weitgehendes Weisungsrecht zusteht und ein Recht zur ordentlichen und zur außerordentlichen Kündigung aus wichtigem Grund vereinbart ist.[88] Den nicht von der Geschäftsführung ausgeschlossenen Gesellschaftern stehen gegenüber dem Dienstleister **Weisungsbefugnisse** zu.[89] Die Gesellschafter treffen auch bei der Übertragung der Geschäftsführung auf einen Dienstleister Aufsichtspflichten, denen sie durch ihre Informations-, Kontroll- und Weisungsrechte nachkommen können. Sie haften daher zumindest für ein Auswahl- und Aufsichtsverschulden.[90] Ist der externe Dienstleister eine juristische Person, können die persönlich haftenden Gesellschafter hierdurch ihre Geschäftsführerhaftung gleichwohl erheblich begrenzen. Die umfassende Übertragung der Geschäftsführung und Vertretung mit Beratungsaufgaben auf Dritte kann wegen Verstoßes gegen das RBerG bzw. das RDG gem. § 134 BGB unwirksam sein (→ § 105 Rn. 91).[91]

cc) Beiräte. Die weitere Beteiligung Dritter, etwa in einem **Beirat,**[92] ist ebenfalls nur dann 29
zulässig, wenn die Gesellschafter die **Letztverantwortung** tragen, etwa indem sie Beschlüsse des Beirats korrigieren können.[93] Übertragen werden kann auch die Beratung, Schlichtung, Kontrolle[94] und Zustimmung zu Maßnahmen der Geschäftsführung[95] sowie Vorschläge für die Regelung der Unternehmensnachfolge.[96] Sind nur Gesellschafter Mitglieder des Beirats, können ihnen ohne weiteres **Geschäftsführungsmaßnahmen** übertragen werden. Dritte als Beiratsmitglieder können auf der Grundlage des Gesellschaftsvertrags berufen und dann auch abberufen werden.[97] Wegen der unbeschränkten persönlichen Haftung der Gesellschafter können diese von den anderen Gesellschaftern auf Grundlage der Treuepflicht verlangen, an der Abberufung von Beiratsmitgliedern aus wichtigem Grund mitzuwirken. Die Änderung des Gesellschaftsvertrags und andere **Grundlagenentscheidungen** können dem Beirat nicht kraft verdrängender,[98] wohl aber kraft konkurrierender Ermächtigung übertragen werden.[99] Der Grundsatz der Verbandssouveränität wird nicht tangiert, weil die Gesellschafter uneingeschränkt in der Lage sind, etwaige Vertragsänderungen wieder rückgängig zu machen, Beiratsmitglieder abzuberufen oder den Beirat ganz abzuschaffen.[100] Die zuletzt genannten Befugnisse dürfen den Gesellschaftern keinesfalls entzogen oder eingeschränkt werden.[101] Unter diesen Voraussetzungen lässt sich in Personengesellschaften auch eine **Board-Struktur** etablieren.[102]

---

[85] BGH 10.11.1951, BGHZ 3, 354 (359) = NJW 1952, 178; 16.11.1981, NJW 1982, 877 (878); 22.3.1982, NJW 1982, 2495; 20.9.1993, NJW-RR 1994, 98 = WM 1994, 237; 15.2.2005, WM 2005, 1698 (1700); Staub/Schäfer Rn. 14, 36; **aA** Schlegelberger/Martens § 114 Rn. 13, der ein Tätigwerden des Vertreters, der nicht selbst Geschäftsführer ist, nur bei Zustimmung der Gesellschafter für zulässig hält.

[86] Umfassend hierzu Schäfer ZHR 175 (2011), 557 f.; zur Vorsorgevollmacht vgl. weiter v. Proff DStR 2020, 1380 (1384 ff.); Hölscher ZErb 2020, 269 ff.

[87] Hierzu BGH 5.10.1981, NJW 1982, 1817; 16.11.1981, NJW 1982, 877 (878); näher Priester ZIP 2020, 1685 (1686).

[88] BGH 16.11.1981, NJW 1982, 877 (878); 22.3.1982, NJW 1982, 2495; 5.10.1981, NJW 1982, 1817 (1818).

[89] Ebenso Heymann/Hoffmann/Bartlitz § 114 Rn. 26; so wohl BGH 20.9.1993, NJW-RR 1994, 98 = WM 1994, 237 (238); vgl. auch BGH 11.2.1980, BGHZ 76, 160 (164 f.) = NJW 1980, 1463 (1464).

[90] Schlegelberger/Martens § 114 Rn. 12, 53.

[91] Vgl. BGH 15.2.2005, WM 2005, 1698 (1700); 18.7.2006, WM 2006, 1673 (1674 f.); 12.4.2011, NJW 2011, 2581 Rn. 10 f.; Altmeppen ZIP 2006, 1; Habersack BB 2005, 1695; Schimansky WM 2005, 2209; Ulmer ZIP 2005, 1341.

[92] Zur Einrichtung von Beiräten auf Grundlage einer Öffnungsklausel ausf. Westermann FS Grunewald, 2021, 1299 ff.

[93] BGH 19.11.1984, NJW 1985, 972 (973); ähnlich Heymann/Hoffmann/Bartlitz § 114 Rn. 30.

[94] BGH 22.10.1984, NJW 1985, 1900.

[95] BGH 22.2.1960, NJW 1960, 963 (964).

[96] Werner ZEV 2010, 619 ff.

[97] BGH 4.7.1977, BGHZ 69, 207 (208) = NJW 1977, 2311; 22.10.1984, NJW 1985, 1900; 1.12.1969, WM 1970, 249.

[98] So aber MüKoHGB/Grunewald § 161 Rn. 172; Reuter FS Steindorff, 1990, 1130 (1139); MHdB GesR II/Mutter § 8 Rn. 32.

[99] Vgl. BGH 19.11.1984, NJW 1985, 972 (973); Staub/Schäfer § 108 Rn. 48; **aA** Staub/Casper § 163 Rn. 26; Wälzholz DStR 2003, 511 (513 f.).

[100] Vgl. MüKoHGB/Grunewald § 161 Rn. 172; MHdB GesR II/Mutter § 8 Rn. 32.

[101] Vgl. MüKoHGB/Grunewald § 161 Rn. 172; Sanders NZG 2017, 961 (963).

[102] Dazu ausf. Meyer GmbHR 2022, 400 Rn. 33 ff.; vgl. weiter BeckOGK/Scholl, 15.5.2025, Rn. 90.

30 Was die **Zusammensetzung** des Beirats angeht, können geschäftsführende Gesellschafter – entgegen der hM[103] – einem Beirat auch dann angehören, wenn er vorwiegend die Geschäftsführung zu überwachen hat.[104] Können die Gesellschafter ganz auf die Schaffung eines Beirats verzichten, erscheint es auch unschädlich, wenn dessen Überwachungseffektivität durch die Anwesenheit geschäftsführender Gesellschafter vermindert wird. Interessenkonflikte sind durch Stimmverbote aufzulösen.[105] Im Übrigen bestehen keine durchgreifenden Bedenken dagegen, auch **juristische Personen** als Beiratsmitglieder zu bestellen, die bei der internen Willensbildung durch ihr Vertretungsorgan handeln.[106] Denn anders als bei Kapitalgesellschaften (vgl. § 76 Abs. 3 S. 1 AktG, § 100 Abs. 1 S. 1 AktG, § 6 Abs. 2 S. 1 GmbHG, § 52 Abs. 1 GmbHG, § 9 Abs. 2 S. 1 und S. 2 GenG) finden sich im Personengesellschaftsrecht keine Inhabilitätsvorschriften. Dafür bedarf es keiner besonderen Regelung im Gesellschaftsvertrag,[107] der freilich die Bestellungsfähigkeit juristischer Personen ausschließen kann. In Ermangelung beschränkender Regelungen (vgl. § 76 Abs. 3 S. 1 AktG, § 100 Abs. 1 S. 1 AktG, § 6 Abs. 2 S. 1 GmbHG, § 52 Abs. 1 GmbHG) können – in Parallele zum Vereinsrecht[108] – auch **beschränkt Geschäftsfähige** zu Beiratsmitgliedern bestellt werden, sofern die gesetzlichen Vertreter zustimmen und ggf. eine Zustimmung des Familiengerichts nach § 112 BGB vorliegt.[109]

31 Sieht der Gesellschaftsvertrag keine besonderen Regelungen vor, **wählen** die **Gesellschafter** die Beiratsmitglieder, und zwar – entgegen der hM, die einfache Mehrheit genügen lässt[110] – nach § 109 Abs. 3 mittels **einstimmigen** Beschlusses.[111] Eine allgemeine Mehrheitsklausel im Gesellschaftsvertrag gilt im Zweifel auch für die Bestellung von Beiratsmitgliedern.[112] Gleiches gilt für die **Abberufung.** Ohne Mehrheitsklausel ist der Abberufungsbeschluss – entgegen der hM, die wiederum für einfache Mehrheit plädiert[113] – einstimmig zu fassen.[114]

32 Die innere Willensbildung vollzieht sich durch **Beschlussfassung,** wobei die einfache Mehrheit der anwesenden Beiratsmitglieder genügt.[115] Bei Interessenkollisionen gelten die allgemeinen Grundsätze der § 34 BGB, § 47 Abs. 4 GmbHG, § 136 Abs. 1 AktG auch für Beiratsmitglieder.[116] Überschreitet der Beirat seine Befugnisse, sind derartige Beschlüsse unwirksam, vorbehaltlich der Billigung durch die Gesellschafter.[117] Innerhalb seiner Befugnisse getroffene Beschlüsse sind hingegen wirksam und für die Mitglieder des Beirats[118] und die Gesellschafter verbindlich.[119] Die Mitglieder des Beirats **haften** gegenüber der Gesellschaft auf der Grundlage einer Gesamtanalogie zu den Vorschriften über die organschaftliche Verantwortlichkeit (vgl. §§ 43, 52 Abs. 1 GmbHG, §§ 93, 116 AktG, §§ 34, 41 GenG).[120] Sie haben die Sorgfalt eines ordentlichen und gewissenhaften Geschäftsleiters zu erfüllen.[121] Für die **Beweislast** kann in analoger Anwendung auf die aktienrechtlichen Grundsätze der

[103] Staub/Schäfer § 108 Rn. 52; MHdB GesR II/Mutter § 8 Rn. 55; Großfeld/Brondics AG 1987, 292 (308).
[104] Reichert GmbH & Co. KG/Reichert/Ullrich § 19 Rn. 100; Reichert FS Maier-Reimer, 2010, 543 (551); Sudhoff GmbHR 1967, 158 (162).
[105] So auch Reichert GmbH & Co. KG/Reichert/Ullrich § 19 Rn. 100.
[106] OLG Stuttgart 15.7.2020, BeckRS 2020, 16964 Rn. 29 ff.; MHdB GesR II/Mutter § 8 Rn. 53; Reichert GmbH & Co. KG/Reichert/Ullrich § 19 Rn. 99; Grunewald FS Heidel, 2021, 49 (54).
[107] So auch MHdB GesR II/Mutter § 8 Rn. 53; **aA** Reichert GmbH & Co. KG/Reichert/Ullrich § 19 Rn. 99; einschr. Grunewald FS Heidel, 2021, 49 (55); offenlassend OLG Stuttgart 15.7.2020, BeckRS 2020, 16964 Rn. 32.
[108] Erman/Westermann BGB § 27 Rn. 3; MüKoBGB/Leuschner BGB § 27 Rn. 6; Grüneberg/Ellenberger BGB § 26 Rn. 5; Staudinger/Schwennicke, 2019, BGB § 26 Rn. 36.
[109] **AA** MHdB GesR II/Mutter § 8 Rn. 52; Reichert GmbH & Co. KG/Reichert/Ullrich § 19 Rn. 99.
[110] Hopt/Roth § 163 Rn. 13; KKD/Kindler § 114 Rn. 4c; MüKoHGB/Enzinger § 109 Rn. 77; Staub/Schäfer § 108 Rn. 52.
[111] Reichert GmbH & Co. KG/Reichert/Ullrich § 19 Rn. 107, 109; Ruter/Thümmel Beiräte/Thümmel Rn. 272; Voormann, Der Beirat im Gesellschaftsrecht, 2. Aufl. 1990, 230.
[112] MHdB GesR II/Mutter § 8 Rn. 58.
[113] KKD/Kindler § 114 Rn. 4c; MüKoHGB/Enzinger § 109 Rn. 77; Staub/Schäfer § 108 Rn. 53.
[114] Heymann/Borges § 161 Rn. 248; Heymann/Hoffmann/Bartlitz § 114 Rn. 31; Reichert GmbH & Co. KG/Reichert/Ullrich § 19 Rn. 114 iVm 107, 109.
[115] Vgl. Hopt/Roth § 163 Rn. 14; Reichert GmbH & Co. KG/Reichert/Ullrich § 19 Rn. 128; Ruter/Thümmel Beiräte/Thümmel Rn. 293; **aA** MHdB GesR II/Mutter § 8 Rn. 69 für personalistische Beiräte.
[116] Reichert GmbH & Co. KG/Reichert/Ullrich § 19 Rn. 128; MHdB GesR II/Mutter § 8 Rn. 69.
[117] Vgl. OLG Karlsruhe 30.12.1997, GmbHR 1998, 645 (646); BGH 2.2.1961, BB 1961, 304.
[118] BGH 23.3.1992, NJW 1992, 1890 (1891).
[119] BGH 1.12.1969, WM 1970, 249 (251).
[120] Vgl. BGH 22.10.1979, AG 1980, 109 (111) zur Publikums-KG; Reichert GmbH & Co. KG/Reichert/Ullrich § 19 Rn. 140; Ruter/Thümmel Beiräte/Thümmel Rn. 320; Voormann, Der Beirat im Gesellschaftsrecht, 2. Aufl. 1990, 189 f.; Bayer FS U. H. Schneider, 2011, 75 (81); **aA** – nur bei funktionaler Vergleichbarkeit zum Aufsichtsrat – MHdB GesR II/Mutter § 8 Rn. 88 ff.; Rinze NJW 1992, 2790 (2792 f.); Mertens FS Stimpel, 1985, 417 (418 f.); abw. auch noch → 6. Aufl. 2019, Rn. 22.
[121] BGH 4.7.1977, BGHZ 69, 207 (209 f.) = NJW 1977, 2311; 22.10.1979, WM 1979, 1425 (1426 f.).

§§ 116, 93 Abs. 2 AktG zurückgegriffen werden.[122] Treffen sie unternehmerische Entscheidungen, können sie sich analog § 93 Abs. 1 S. 2 AktG auf die für den Vorstand einer AG verankerte Business Judgment Rule berufen (→ Rn. 43). Organschaftliche Haftungsansprüche **verjähren** analog § 52 Abs. 4 GmbHG, § 93 Abs. 6 AktG innerhalb von fünf Jahren.[123]

III. Rechtsstellung der Geschäftsführer

1. Gesellschafterstellung. Die Rechtsstellung als geschäftsführender Gesellschafter folgt unmittelbar aus der **Mitgliedschaft** (→ Rn. 2, → Rn. 20). Dementsprechend folgt die Geschäftsführungsbefugnis regelmäßig auch der Mitgliedschaft. Diese Befugnis kann der Gesellschafter **weisungsunabhängig** ausüben;[124] § 665 BGB findet keine Anwendung.[125] Geschäftsführungsmaßnahmen können daher regelmäßig nicht mittels Gesellschafterklage (actio pro socio) nach § 715b BGB iVm § 105 Abs. 3 erzwungen werden.[126] Pflichtverstöße werden über Schadensersatzansprüche sanktioniert.[127] 33

Stirbt ein Geschäftsführer und wird der **Erbe** – entgegen § 130 Abs. 1 Nr. 1 – persönlich haftender Gesellschafter (→ § 131 Rn. 6 ff.), ist im Zweifel der Erbe im gleichen Umfang zur Geschäftsführung befugt, wenn der Gesellschaftsvertrag hierfür keine abweichenden Regelungen vorsieht.[128] Eine unmittelbare Nachfolge kann scheitern, wenn dem Verstorbenen die Geschäftsführungsbefugnis **höchstpersönlich** übertragen worden war.[129] Allerdings kann sich durch Auslegung der entsprechenden Vereinbarung[130] oder aus dem Gleichbehandlungsgebot[131] die Pflicht zur Einräumung der Geschäftsführungsbefugnis ergeben. 34

Minderjährige bedürfen außer bei genereller Ermächtigung und Genehmigung durch das Familiengericht gem. § 112 BGB der Zustimmung ihrer gesetzlichen Vertreter bei rechtsgeschäftlichem Handeln für die Gesellschaft. Nimmt der gesetzliche Vertreter die Geschäftsführung unmittelbar als Vertreter des Minderjährigen selbst vor, bedarf er hierzu keiner Ermächtigung durch den Gesellschaftsvertrag, da er auch die Grundlagengeschäfte in Vertretung übernehmen darf.[132] Der Gesellschaftsvertrag kann aber Vorsorge treffen, etwa indem Minderjährige erst mit Eintritt der Volljährigkeit Geschäftsführer werden können.[133] 35

Sind **juristische Personen** Gesellschafter, etwa bei der GmbH & Co. KG, handeln für diese deren geschäftsführenden Organe.[134] Der Geschäftsführer einer Komplementär-GmbH haftet der Gesellschaft (KG) wiederum aus § 43 Abs. 2 GmbHG unmittelbar persönlich für Pflichtverletzungen im Rahmen der Geschäftsführung der KG,[135] und zwar unabhängig vom Bestehen eines Anstellungsvertrags (→ § 161 Rn. 107 ff.).[136] 36

2. Pflichten der Geschäftsführer. a) Rechtsgrundlage. Das Recht und die Pflicht zur Geschäftsführung folgen unmittelbar aus der Gesellschafterstellung.[137] Der Abschluss eines **Dienst-** 37

---

[122] BGH 4.7.1977, BGHZ 69, 207 (213 f.) = NJW 1977, 2311; 22.10.1979, WM 1979, 1425 (1428).

[123] BGH 7.3.1983, BGHZ 87, 84 (87 f.) = NJW 1983, 1675 zur Publikums-KG; Voormann, Der Beirat im Gesellschaftsrecht, 2. Aufl. 1990, 197 ff.; Bayer FS U. H. Schneider, 2011, 75 (82).

[124] BGH 11.2.1980, BGHZ 76, 160 (164 f.); RGHMW/Haas/Mohamed Rn. 31; MüKoHGB/Fleischer Rn. 52.

[125] Vgl. Schlegelberger/Martens § 114 Rn. 18; MüKoHGB/Fleischer Rn. 52; MHdB GesR I/v. Ditfurth § 53 Rn. 20.

[126] BGH 11.2.1980, BGHZ 76, 160 (164 f.); Schlegelberger/Martens § 114 Rn. 18; MüKoHGB/Fleischer Rn. 53; **aA** Grunewald, Die Gesellschafterklage in der Personengesellschaft und der GmbH, 1990, 29 ff.

[127] BGH 27.6.1957, BGHZ 25, 47 (49 f.); BGH 11.2.1980, BGHZ 76, 160 (164 ff.); MüKoHGB/Fleischer Rn. 53.

[128] BGH 6.11.1958, NJW 1959, 192; MüKoHGB/Fleischer Rn. 48; Schlegelberger/Martens § 114 Rn. 14.

[129] BGH 6.11.1958, NJW 1959, 192; MHdB GesR I/v. Ditfurth § 53 Rn. 16; Staub/Schäfer Rn. 33; MüKoHGB/Fleischer Rn. 48; Schlegelberger/Martens § 114 Rn. 14.

[130] MHdB GesR I/v. Ditfurth § 53 Rn. 16; MüKoHGB/Fleischer Rn. 48; Schlegelberger/Martens § 114 Rn. 14.

[131] MüKoHGB/Fleischer Rn. 48; Schlegelberger/Martens § 114 Rn. 14.

[132] RG 12.2.1929, RGZ 123, 289 (299); Hopt/Roth Rn. 4; MüKoHGB/Fleischer Rn. 50; Staub/Schäfer Rn. 25, 39 f.; Staub/Habersack § 124 Rn. 30; **aA** Schlegelberger/Martens § 114 Rn. 13.

[133] Für eine dahingehende ergänzende Vertragsauslegung MüKoHGB/K. Schmidt/Drescher § 124 Rn. 28; Staub/Schäfer Rn. 35.

[134] AllgM, RG 12.2.1929, RGZ 123, 289 (299); Hopt/Roth Rn. 4; MüKoHGB/Fleischer Rn. 51.

[135] BGH 18.6.2013, NZG 2013, 1021 Rn. 15 mwN.

[136] BGH 18.6.2013, NZG 2013, 1021 Rn. 18 m. zust. Anm. Mühlhaus/Wenzel GmbH-StB 2014, 87; **aA** Nietsch GmbHR 2014, 348 ff.

[137] RG 10.10.1933, RGZ 142, 13 (18); ebenso für den Fall der Leistungsstörungen BGH 4.3.1976, BB 1976, 526; zT abw. BGH 5.2.1963, NJW 1963, 1051; ebenso Heymann/Hoffmann/Bartlitz § 114 Rn. 6.

vertrags ist nicht erforderlich.[138] Wird er hingegen abgeschlossen, bestimmt er in Verbindung mit den §§ 611 ff. BGB das Rechtsverhältnis zwischen Gesellschaft und geschäftsführendem Gesellschafter.[139] Ist das Dienstverhältnis unwirksam, hat der Gesellschafter aber mit Wissen und Wollen der Gesellschaft seine Tätigkeit auf dieser Grundlage aufgenommen, steht ihm nach den Grundsätzen des **fehlerhaften Anstellungsverhältnisses**[140] die versprochene und nicht nur eine angemessene (→ Rn. 72 ff.) Vergütung zu.[141]

38 **b) Persönliche Rechtsausübung.** Der geschäftsführende Gesellschafter muss die Geschäftsführung persönlich wahrnehmen. Er kann sich nicht durch einen anderen, auch **nicht** durch einen Mitgesellschafter, organschaftlich **vertreten** lassen (→ Rn. 26 ff.).[142] Mitarbeiter oder Dritte können allerdings als **Hilfspersonen** eingeschaltet werden.[143] In der Regel handelt es sich bei der Einschaltung der Dritten im Verhältnis zur Gesellschaft um Angestellte oder selbstständige Hilfspersonen, für welche die Gesellschaft nach § 278 BGB einzustehen hat, aber nicht der Gesellschafter. Die geschäftsführenden Gesellschafter tragen allerdings eine Gesamtverantwortung für die Geschäftsführung durch Dritte (→ Rn. 27 ff.).[144]

39 **c) Umfang.** Die Geschäftsführungsbefugnis umfasst den gesamten Tätigkeitsbereich der Gesellschaft. Hierdurch ergibt sich eine „Generalpflicht" der Geschäftsführer, alle Pflichten im Tätigkeitsbereich der Gesellschaft zu erfüllen, etwa aus dem Kartell- oder Umweltrecht **(Legalitätspflicht).**[145] In diesem Kontext haben die Geschäftsführer auch die innergesellschaftliche Kompetenzordnung zu beachten und insbesondere Kompetenzüberschreitungen zu unterlassen, Zustimmungserfordernisse der Mitgeschäftsführer (§ 116 Abs. 4) und Mitgesellschafter (§ 116 Abs. 3) zu achten und sich nicht über Widersprüche der Mitgeschäftsführer (§ 116 Abs. 3 S. 3) hinwegzusetzen.[146]

39a Durch den Gesellschaftsvertrag können einzelnen Gesellschaftern besondere Tätigkeitsbereiche zugewiesen werden. Sie sind dann nur befugt, in diesem Bereich zu handeln. Eine intern unter den geschäftsführenden Gesellschaftern vorgenommene **Aufgabenverteilung** hat diese Wirkung aber nicht, insbesondere befreit eine solche Vereinbarung die Geschäftsführer nicht von der **Gesamtverantwortung** für alle Bereiche.[147] Stattdessen bewirkt eine organinterne Arbeitsteilung eine horizontale Überwachungspflicht.[148] Eine Beschränkung der Geschäftsführungsbefugnis ist auch im Übrigen nur durch Gesellschaftsvertrag oder durch Entziehung der Geschäftsführerbefugnis nach § 116 Abs. 5 zulässig. Ohne eine solche Grundlage sind Weisungen, auch nicht durch Mehrheitsbeschluss der anderen geschäftsführenden oder der nicht geschäftsführenden Gesellschafter möglich.[149] Ein Gesellschafter kann daher nicht im Wege der Gestaltungsklage **(actio pro socio)** nach § 715b BGB iVm § 105 Abs. 3 (→ § 105 Rn. 102 ff.) einzelne Maßnahmen der Geschäftsführung durchsetzen.[150]

40 **d) Sorgfaltsmaßstab.** Die Geschäftsführung ist im **Interesse der Gesellschaft** in strikter Bindung an den Gesellschaftszweck zu gestalten; eigene Interessen haben außen vor zu bleiben.[151] Daher schränkt die gesellschaftliche **Treuepflicht** die Entscheidungsfreiheit des Geschäftsführers ein (→ § 108 Rn. 29 ff.). Zudem ist die gesellschaftsvertraglich festgelegte Organisationsordnung zu beachten.[152] Im Übrigen haben sich die Geschäftsführer am **Renditeinteresse der Gesellschaft** zu

[138] RG 10.10.1933, RGZ 142, 13 (18).
[139] Ebenroth/Boujong/Drescher Rn. 95.
[140] Dazu näher Lieder NZG 2015, 569 (573 f.).
[141] So zur AG BGH 6.4.1964, BGHZ 41, 282 (287 f.) = NJW 1964, 1367; zur GmbH & Co. KG BGH 16.1.1995, NJW 1995, 1158 (1159); Ebenroth/Boujong/Drescher Rn. 95.
[142] RG 12.2.1929, RGZ 123, 289 (299).
[143] Schlegelberger/Martens § 114 Rn. 12.
[144] Hopt/Roth Rn. 10; Schlegelberger/Martens § 114 Rn. 12.
[145] MüKoHGB/Fleischer Rn. 81 ff.; Schlegelberger/Martens § 114 Rn. 29; Fleischer NZG 2024, 1639 Rn. 18 ff.; vgl. weiter BGH 15.10.1996, BGHZ 133, 370 (375) = NJW 1997, 130 (131); 10.7.2012, BGHZ 194, 26 Rn. 22 = NZG 2012, 992 (994); **aA** Meier/Wick WM 2017, 1338 (1345).
[146] Vgl. BGH 11.1.1988, NJW-RR 1988, 995 (996); 4.11.1996, NJW 1997, 314; 10.12.2001, NJW-RR 2002, 540 (541); BeckOK HGB/Klimke, 47. Ed. 1.7.2025, Rn. 75; Staub/Schäfer Rn. 66; Fleischer NZG 2024, 1639 Rn. 19.
[147] BGH 1.3.1993, WM 1994, 1030 (1032); RG 3.2.1920, RGZ 98, 100.
[148] Vgl. BGH 6.11.2018, BGHZ 220, 162 Rn. 19 = NZG 2019, 225; Fleischer NZG 2024, 1639 Rn. 25.
[149] BGH 11.2.1980, BGHZ 76, 160 (164 f.) = NJW 1980, 1463 (1464); vgl. weiter BGH 26.4.2004, BGHZ 159, 30 (37 f.) = NJW 2004, 1860.
[150] BGH 11.2.1980, BGHZ 76, 160 (164 f.) = NJW 1980, 1463 (1464).
[151] BGH 24.1.1972, NJW 1972, 862; 23.9.1985, NJW 1986, 584 (585); 16.3.2017, NZG 2017, 627 Rn. 20; vgl. näher Schlegelberger/Martens § 114 Rn. 15 ff.; Fleischer NZG 2024, 1639 Rn. 12 ff.
[152] BGH 25.4.1983, NJW 1984, 173 (174); 4.11.1996, NJW 1997, 314; vgl. auch 3.2.1997, NJW-RR 1997, 925 (Handeln gegen im Gesellschaftsvertrag vorgesehenes Wettbewerbsverbot).

orientieren und nach einer dauerhaften Gewinnmaximierung zu streben. Ohne eine entsprechende Willensentschließung der Gesellschafter in Form des Gesellschaftsvertrags oder eines Gesellschafterbeschlusses, dürfen die Geschäftsführer keine **nachhaltigkeitsbezogenen Maßnahmen** ergreifen, die zulasten der Renditeinteressen gehen.[153] Soweit gemeinnütziges Verhalten im Unternehmensinteresse liegt, kann eine Ermessensentscheidung zugunsten gemeinnütziger Belange getroffen werden. Auch positive Reputationseffekte können dafür sorgen, dass nachhaltigkeitsbezogene Maßnahmen im Unternehmensinteresse gerechtfertigt erscheinen. Umgekehrt besteht jedenfalls keine Pflicht zur Wohltätigkeit.

Für eine schuldhafte **Verletzung der Geschäftsführungspflichten** haftet der Gesellschafter infolge der ersatzlosen Streichung des § 708 BGB aF nach den allgemeinen Grundsätzen gem. § 276 BGB (→ § 105 Rn. 98).[154] Die für Gelegenheitsgesellschaften angezeigte verkehrskreisbezogene Bestimmung des Sorgfaltsmaßstabs,[155] die nicht selten zu einer gewissen Haftungserleichterung führen wird, scheidet bei unternehmenstragenden Gesellschaften in aller Regel aus.[156] Ebenso wenig kommt eine generelle Haftungsprivilegierung analog §§ 31a, 31b BGB bzw. analog §§ 521, 599, 690 BGB in Betracht.[157] Davon abgesehen können sich die Gesellschafter – auch stillschweigend – auf einen **Haftungsausschluss** verständigen,[158] für dessen Annahme indes große Zurückhaltung angezeigt ist, um nicht in die Nähe einer Willensfiktion zu geraten.[159] 41

Ebenso wie im Kapitalgesellschaftsrecht müssen die geschäftsführenden Gesellschafter von Personengesellschaften auf die Einhaltung der rechtlichen Vorschriften innerhalb des Unternehmens achten und die **Compliance-Pflichten** erfüllen.[160] Das schließt die Beachtung von Vorschriften ein, die auf ein nachhaltiges Wirtschaften von Personengesellschaften abzielen, wie zB die Vorgaben des LkSG.[161] Rechtsgrundlage für diese Verpflichtung ist die Sorgfaltspflicht der geschäftsführenden Gesellschafter.[162] Im Grundsatz gelten die im Aktienrecht[163] entwickelten Prinzipien auch für die Geschäftsleiter in Personengesellschaften, allerdings sind hier auch die Größe, Branche, Kapitalbasis und Arbeitnehmerzahl zu berücksichtigen.[164] 42

Innerhalb ihrer Befugnis haben die Geschäftsführer einen unternehmerischen Ermessensspielraum, der durch die in § 93 Abs. 1 S. 2 AktG für den Vorstand einer AG ausdrücklich aufgenommenen **Business Judgment Rule** ausgestaltet ist.[165] Die Vorschrift ist in analoger Anwendung auch auf die Geschäftsleiter von Personengesellschaften zu übertragen, da der Gesetzgeber die Norm nicht auf die AG beschränkt wissen wollte[166] und der Grundgedanke der Vorschrift, die Bereitschaft zur Eingehung vertretbarer Risiken zu stärken und Rückschaufehler (hindsight bias) im Rahmen einer nachträglichen gerichtlichen Kontrolle zu vermeiden, auf jeden Geschäftsleiter zutrifft.[167] Bei der Business Judgment Rule handelt es sich folglich um ein verbandsformübergreifendes Rechtsinstitut.[168] Für Einzelheiten sei auf die aktienrechtlichen Kommentierungen verwiesen.[169] 43

---

[153] Dazu und zum Folgenden Koch ZPG 2023, 321 (326 ff.); ähnlich Fleischer NZG 2024, 1639 Rn. 14 f.

[154] **Abw.** – für Anknüpfung an § 93 Abs. 1 AktG, § 43 Abs. 1 GmbHG – Staub/Schäfer Rn. 68; Fleischer NZG 2024, 1639 Rn. 11; Schirrmacher ZHR 186 (2022), 250 (255, 288).

[155] MüKoBGB/Schäfer BGB § 715 Rn. 30; Fleischer/Danninger NZG 2016, 481 (490 f.); Habersack/Lüdeking RFamU 2022, 3 (8).

[156] MüKoBGB/Schäfer BGB § 715 Rn. 30.

[157] MüKoBGB/Schäfer BGB § 715 Rn. 30; Habersack/Lüdeking RFamU 2022, 3 (7); Schirrmacher ZHR 186 (2022), 250 (260 ff.).

[158] Begr. RegE, BT-Drs. 19/27635, 140.

[159] Vgl. Habersack/Lüdeking RFamU 2022, 3 (7); Schirrmacher ZHR 186 (2022), 250 (256).

[160] Dazu näher Fleischer NZG 2024, 1639 Rn. 27 f.

[161] Vgl. Koch ZPG 2023, 321 (326).

[162] MHdB GesR VII/Balke § 111 Rn. 6; Merkt ZIP 2014, 1705 (1707 f., 1714); Bachmann VGR 13 (2007), 65 (92); Jenne, Die Überprüfung und Zertifizierung von Compliance-Management-Systemen, 2017, 65 f.

[163] Hölters/Weber/Hölters AktG § 93 Rn. 91 ff.; MüKoAktG/Spindler AktG § 93 Rn. 89 ff.; Koch AktG § 93 Rn. 6 ff.

[164] Vgl. Staub/Schäfer Rn. 64; Ebenroth/Boujong/Drescher Rn. 99; MüKoHGB/Fleischer Rn. 66; Jenne, Die Überprüfung und Zertifizierung von Compliance-Management-Systemen, 2017, S. 65.

[165] Heymann/Hoffmann/Bartlitz § 114 Rn. 15; BeckOK HGB/Klimke, 47. Ed. 1.7.2025, Rn. 72; Ebenroth/Boujong/Drescher Rn. 99; Staub/Schäfer Rn. 46; Paefgen ZIP 2016, 2293 (2296); Habersack/Lüdeking RFamU 2022, 3 (8 f.); Fleischer NZG 2024, 1639 Rn. 23; **aA** Jungmann FS K. Schmidt, 2009, 831 (846); zurückhaltend auch Schirrmacher ZHR 186 (2022), 250 (265 ff.).

[166] Begr. RegE, BT-Drs. 15/5092, 12.

[167] Podewils BB 2014, 2632 (2633).

[168] Paefgen ZIP 2016, 2293 (2296); Fleischer NZG 2024, 1639 Rn. 23; S. Fischer, Die Business Judgment Rule als typübergreifendes Institut, 2018, 223 f.

[169] S. etwa Koch AktG § 93 Rn. 8 ff.; BeckOGK/Fleischer, 1.6.2025, AktG § 93 Rn. 9 f., 79 ff.; MüKoAktG/Spindler AktG § 93 Rn. 22 ff.; Henssler/Strohn/Dauner-Lieb AktG § 93 Rn. 17 ff.

44 Jedenfalls bei Verletzung der **innergesellschaftlichen Kompetenzordnung,** namentlich bei Überschreitung der Geschäftsführungsbefugnis (→ Rn. 39), scheidet eine Haftungsprivilegierung regelmäßig aus.[170] Bei **zweifelhafter Rechtslage** hat sich der Gesellschafter über das Ausmaß und mögliche Folgen eines rechtswidrigen Handelns der Gesellschaft zu vergewissern.[171] Zu diesem Zweck kann er auf externen Rat vertrauen, muss diesen allerdings einer Plausibilitätsprüfung unterziehen. Eine Delegation dieser Pflicht auf einen nachgeordneten Mitarbeiter ist zwar zulässig, entbindet den Geschäftsführer aber nicht von den allgemeinen Anleitungs-, Informations- und Überwachungspflichten.[172]

45 **e) Weitere Pflichten.** Innerhalb der Pflicht zur ordnungsgemäßen Geschäftsführung lassen sich vielfache Einzelpflichten ausmachen. Hierzu gehört die Pflicht, **Geschäftschancen** der Gesellschaft nicht für sich oder andere, sondern nur für die Gesellschaft zu nutzen (→ § 117 Rn. 28 f.).[173] Die geschäftsführenden Gesellschafter sind verpflichtet, den anderen Gesellschaftern regelmäßig **Auskunft** über ihre Geschäftsführung zu erteilen sowie nach Beendigung der Geschäftsführung **Rechenschaft** abzulegen (§ 717 Abs. 2 BGB iVm § 105 Abs. 3).[174] Das gilt auch nach Beendigung der Geschäftsführungsbefugnis.[175] Weiterhin ist der Geschäftsführer nach § 716 Abs. 3 BGB iVm § 105 Abs. 3 zur **Herausgabe** des aus der Ausführung seiner Tätigkeit Erlangten verpflichtet. Von Bedeutung ist die Pflicht insbesondere für Sonderprovisionen und Schmiergelder, die er in seiner Eigenschaft als Geschäftsführer vereinnahmt hat.[176]

46 **f) Haftung. aa) Pflichtenkreise.** Verletzt der geschäftsführende Gesellschafter eine Pflicht, dann haftet er der Gesellschaft im Innenverhältnis nach § 280 Abs. 1 BGB.[177] Dabei ist es zunächst ohne Belang, ob er die **Legalitätspflicht** (→ Rn. 39), **Sorgfaltspflicht** (→ Rn. 40) oder **Treuepflicht** (→ Rn. 40) verletzt. Allerdings kommt dem Geschäftsführer nur bei einer Sorgfaltspflichtverletzung die Haftungsprivilegierung der **Business Judgment Rule** (→ Rn. 43) zugute, soweit es sich um eine unternehmerische Entscheidung handelt. Auf Treuepflichtverletzungen und die Verletzung gesetzlicher Vorgaben (Verstoß gegen die Legalitätspflicht) findet die Haftungsbeschränkung analog § 93 Abs. 1 S. 2 AktG nach einhelliger Auffassung keine Anwendung.[178]

47 Da der geschäftsführende Gesellschafter der Personenhandelsgesellschaft – anders als der Vorstand der AG (§ 76 AktG) – bei **ungewöhnlichen Geschäftsführungsmaßnahmen** keine Einzelgeschäftsführungsbefugnis hat (→ Rn. 82 ff.), muss er bei diesen, häufig besonders risikoreichen Geschäften, eine Entscheidung aller Gesellschafter herbeiführen. Aus der Verletzung dieser Pflicht kann sich dann bereits ein Schadensersatzanspruch wegen **Kompetenzüberschreitung** ergeben (→ Rn. 41). Weitere Kompetenzverstöße liegen zB in dem Übergehen eines gesellschaftsvertraglich vorgesehenen **Zustimmungserfordernisses** der Mitgesellschafter,[179] Handeln entgegen dem **Widerspruch** eines Mitgesellschafters nach § 116 Abs. 3 S. 3 (→ Rn. 119 ff.) und in der – vom Gesellschaftsvertrag nicht gedeckten – Übertragung einzelner Zuständigkeiten auf Mitarbeiter der Gesellschaft.[180]

48 Das RG hatte auf die schuldhafte Überschreitung der Geschäftsführungsbefugnis noch die Regeln über die **Geschäftsführung ohne Auftrag** nach §§ 677 ff. BGB angewandt.[181] Diese Sichtweise ist zu Recht überholt, weil die Überschreitung der Geschäftsführungsbefugnis am Vorliegen eines

[170] MüKoBGB/Schäfer BGB § 715 Rn. 30; Habersack/Lüdeking RFamU 2022, 3 (8 f.); Schirrmacher ZHR 186 (2022), 250 (276 ff.).

[171] OLG Köln 15.10.2020, NZG 2021, 26 Rn. 25; Verse ZGR 2017, 174 (176 ff.); Fleischer NZG 2024, 1639 Rn. 21.

[172] Vgl. OLG Köln 15.10.2020, NZG 2021, 26 Rn. 23; Fleischer NZG 2024, 1639 Rn. 26.

[173] BGH 23.9.1985, NJW 1986, 584 (585); 8.5.1989, NJW 1989, 2687 f.; Schlegelberger/Martens § 114 Rn. 30; Podewils BB 2014, 2632 f.

[174] Brandes WM 1994, 569 (576); MüKoHGB/Fleischer Rn. 62; zum Informationsanspruch des Kommanditisten BGH 23.3.1992, NJW 1992, 1890 (1891 f.).

[175] OLG Hamm 15.6.2000, NZG 2001, 73 (74).

[176] RG 27.4.1920, RGZ 99, 31 (32 ff.); 30.5.1940, RGZ 164, 98 (102 f.); MüKoHGB/Fleischer Rn. 65; Heymann/Hoffmann/Bartlitz § 114 Rn. 10.

[177] Dazu eingehend Podewils BB 2014, 2632 ff.; vgl. weiter Hopt/Roth Rn. 15; Staub/Schäfer Rn. 59; Windbichler/Bachmann GesR § 8 Rn. 113; offenlassend Ebenroth/Boujong/Drescher Rn. 101: allgemeine Grundsätze; **abw.** Fleischer NZG 2024, 1639 Rn. 9 f.: Gesamtanalogie zu § 5 Abs. 2 EWIVAG, § 93 Abs. 2 AktG, § 43 Abs. 2 GmbHG, § 34 Abs. 2 GenG.

[178] Zur AG vgl. GroßkommAktG/Hopt/Roth AktG § 93 Rn. 73; Koch AktG § 93 Rn. 35 f.; Fleischer FS Wiedemann, 2002, 827 (843 f.).

[179] BGH 4.11.1996, NJW 1997, 314.

[180] Heymann/Hoffmann/Bartlitz § 114 Rn. 15.

[181] RG 22.10.1938, RGZ 158, 302 (312 f.).

Geschäftsführerhandelns nichts ändert, nur eben, dass dieses Handeln pflichtwidrig war.[182] Die schuldhafte Überschreitung der Geschäftsführungsbefugnis begründet bereits die Pflichtverletzung. Eine weitere pflichtwidrige Ausführungshandlung bei Durchführung der Geschäftsführungsmaßnahme ist nicht erforderlich.[183] Es kann aber an der Kausalität der Kompetenzüberschreitung für einen Schaden fehlen (→ Rn. 52).[184] Als Beispiel für einen **Treuepflichtverstoß** sei hier die Entnahme von Geld aus der Gesellschaftskasse angeführt.[185]

Der Geschäftsführer verstößt gegen seine **Sorgfaltspflicht,** wenn er die in der betreffenden Branche anerkannten Erkenntnisse und Erfahrungssätze missachtet[186] oder die Mitarbeiter der Gesellschaft mangelhaft überwacht.[187] Weiter zu nennen ist die Vereinbarung eines überhöhten Kaufpreises zu Lasten der Gesellschaft.[188] In derartigen Fällen kann der Geschäftsführer die Haftungserleichterung durch die Business Judgment Rule häufig deswegen nicht in Anspruch nehmen, weil dies eine sorgfältige Ermittlung der Entscheidungsgrundlagen voraussetzt, bei der die Vor- und Nachteile der alternativen Handlungen sorgfältig abgeschätzt werden müssen.[189] 49

bb) Rechtswidrigkeit. Das Verhalten ist nicht rechtswidrig, wenn die Gesellschafter **vorher** der Maßnahme **zustimmen,** etwa weil der geschäftsführende Gesellschafter die Frage der Gesellschafterversammlung vorgelegt hat.[190] Die **nachträgliche Billigung** des Verhaltens kann eine Entlastung oder einen Verzicht darstellen (→ Rn. 58). Eine solche Billigung kann auch stillschweigend erklärt werden, indem etwa die anderen Gesellschafter die Ausschüttung aus eigenmächtigen Veräußerungen entgegennehmen.[191] Soweit die Billigung durch einen Rechtsvorgänger erfolgte, kann der Gesellschafterklage (actio pro socio) nach § 715b BGB iVm § 105 Abs. 3 (→ § 105 Rn. 102 ff.) des klagenden Gesellschafters der Einwand aus § 242 BGB entgegenstehen.[192] 50

cc) Verschulden. Der Schadensersatz setzt ein schuldhaftes Verhalten des Geschäftsführers voraus. Der Verschuldensmaßstab richtet sich nach ersatzloser Streichung des **§ 708 BGB aF** nach den allgemeinen Grundsätzen des § 276 BGB (→ § 105 Rn. 98; → Rn. 41).[193] Eine Haftungserleichterung nach den Grundsätzen der eingeschränkten Arbeitnehmerhaftung kommt für organschaftliche Geschäftsführer nicht in Betracht.[194] Allerdings ist es nicht von vornherein ausgeschlossen, im Anschluss an die hM im Aktienrecht eine **Haftungsreduzierung bei existenzgefährdenden Haftungsgefahren** aus der organschaftlichen Fürsorgepflicht abzuleiten.[195] Kein Verschulden liegt etwa vor, wenn der Geschäftsführer erkrankt oder aus anderen Gründen an der Wahrnehmung seiner Pflichten gehindert ist, die Verhinderung nicht zu vertreten hat und für eine ausreichende Vertretung gesorgt hat.[196] Die Gesellschafter können sich privatautonom im Innenverhältnis auf eine Haftungsprivilegierung verständen, solange sie nicht vorsätzliches Handeln ausklammern wollen (§ 276 Abs. 3 BGB).[197] 51

---

[182] BGH 11.1.1988, NJW-RR 1988, 995; str.; Staub/Schäfer Rn. 67 f.

[183] BGH 11.1.1988, WM 1988, 968 (970); 4.11.1996, NJW 1997, 314 mAnm Goette DStR 1997, 81; KG 8.3.2007, BeckRS 2007, 9357, insoweit bestätigt durch BGH 2.6.2008, NJW-RR 2008, 1252 mAnm Goette DStR 2008, 1600.; **aA** Schlegelberger/Martens § 114 Rn. 37 mwN; Staub/Schäfer Rn. 67 f.; vgl. auch Martens ZHR 147 (1983), 377 (397 ff.).

[184] BGH 2.6.2008, NJW-RR 2008, 1252; 4.11.1996, NJW 1997, 314 mAnm Goette DStR 1997, 81 (82).

[185] BGH 20.3.1972, WM 1972, 1121.

[186] BGH 3.12.2001, WM 2002, 220 (221) = BKR 2002, 168 zur Genossenschaft.

[187] Vgl. schon RG 21.11.1883, RGZ 13, 61 (65); Schlegelberger/Martens § 114 Rn. 11, 32; MüKoHGB/Fleischer Rn. 55 f.; Podewils BB 2014, 2632.

[188] BGH 23.9.1985, NJW 1986, 584 (585); 17.5.1988, NJW 1989, 26 (27) zur Vereinbarung eines überhöhten Kaufpreises durch den Komplementär zum Nachteil der KG; 8.5.1989, NJW 1989, 2687 f.

[189] BGH 14.7.2008, NJW 2008, 3361 zur GmbH.

[190] BGH 7.4.2003, WM 2003, 1018 (1019) = NJW-RR 2003, 895 zu § 43 Abs. 2 GmbHG; Ebenroth/Boujong/Drescher Rn. 105; Fleischer NZG 2024, 1639 Rn. 45; vgl. auch RGHMW/Haas/Mohamed Rn. 45.

[191] BGH 2.6.2008, NZG 2008, 622 mAnm Goette DStR 2008, 1600; Fleischer NZG 2024, 1639 Rn. 45.

[192] Vgl. BGH 2.6.2008, NZG 2008, 622 mAnm Goette DStR 2008, 1600.

[193] Vgl. BGH 4.11.1996, NJW 1997, 314 mAnm Goette DStR 1997, 81; Ebenroth/Boujong/Drescher Rn. 106; Fleischer NZG 2024, 1639 Rn. 34.

[194] BGH 27.2.1975, WM 1975, 467 (469); Heymann/Hoffmann/Bartlitz § 114 Rn. 16; RGHMW/Haas/Mohamed Rn. 47; Schlegelberger/Martens § 114 Rn. 35 mwN; Ebenroth/Boujong/Drescher Rn. 106; Fleischer NZG 2024, 1639 Rn. 34; **aA** Canaris RdA 1966, 41 (45 ff.); abw. Zum Vereinsrecht BGH 13.12.2004, NJW 2005, 981.

[195] Für Details s. Koch AktG § 93 Rn. 97 ff.; GroßkommAktG/Hopt/Roth AktG § 93 Rn. 398 ff.; Bayer/Scholz NZG 2014, 926 ff.; monografisch Scholz, Die existenzvernichtende Haftung von Vorstandsmitgliedern in der Aktiengesellschaft, 2014.

[196] Näher Schlegelberger/Martens § 114 Rn. 20; zust. Fleischer NZG 2024, 1639 Rn. 35.

[197] Dazu näher Fleischer NZG 2024, 1639 Rn. 36.

52 **dd) Schaden.** Ersetzt wird der Schaden, der durch die Pflichtverletzung verursacht worden ist. Maßgebend für den Umfang des Schadens sind die §§ 249 ff. BGB. Der Ersatzanspruch ist daher nach dem Grundsatz der Naturalrestitution gem. § 249 Abs. 1 S. 1 BGB zunächst auf Herstellung des Zustands gerichtet, der bestehen würde, wenn die Pflichtverletzung nicht erfolgt wäre. Vielfach kann auf dieser Grundlage die **Rückgängigmachung der pflichtwidrigen Handlung** gefordert werden.[198] Kommt dies aus rechtlichen oder tatsächlichen Gründen nicht in Betracht, schuldet der Geschäftsführer regelmäßig Ersatz in Geld (vgl. § 251 Abs. 1 BGB). Ersatzfähig ist weiterhin der entgangene Gewinn gem. § 252 BGB. Der Einwand des **pflichtgemäßen Alternativverhaltens** lässt den Schaden entfallen.[199] Dem Geschäftsführer ist es nicht verwehrt darzulegen und zu beweisen, dass das eigenmächtige Vorgehen nicht zu einem Schaden geführt hat, etwa wenn bei eigenmächtigen Grundstücksveräußerungen höhere Preise als die tatsächlich erzielten im Zeitpunkt des Verkaufs nicht realisierbar waren.[200] Mehrere Geschäftsführer haften gesamtschuldnerisch.[201]

53 **ee) Beweislast.** Gemäß § 280 Abs. 1 S. 2 BGB trägt die **Gesellschaft** die Darlegungs- und Beweislast dafür, dass ein Schaden eingetreten ist, der durch das pflichtwidrige Verhalten des geschäftsführenden Gesellschafters verursacht worden ist. § 287 ZPO findet insbesondere auf die Frage des Schadensumfangs und des Ursachenzusammenhangs Anwendung.[202] Der **Geschäftsführer** muss darlegen und beweisen, dass sein Verhalten rechtmäßig und nicht verschuldet war.[203] Es gelten die zu § 93 Abs. 2 AktG entwickelten Grundsätze.[204] Hierzu gehört auch der Nachweis, dass er den Rahmen des unternehmerischen Ermessens (→ Rn. 43) eingehalten hat.[205] Den Einwand des pflichtgemäßen Alternativverhaltens muss der Geschäftsführer ebenfalls beweisen.[206]

54 **ff) Verjährung und Durchsetzung der Ansprüche.** Die Ersatzansprüche verjähren nach der regelmäßigen Frist der **§§ 195, 199 BGB** innerhalb von drei Jahren nach Anspruchsentstehung und Kenntniserlangung von den anspruchsbegründenden Umständen.[207] Die Geltendmachung des Schadensersatzanspruchs gegen den geschäftsführenden Gesellschafter gehört zur **Geschäftsführung durch die übrigen Gesellschafter.** Wegen der großen Bedeutung für die Beziehungen der Gesellschafter untereinander ist Voraussetzung, dass alle Gesellschafter hierüber nach § 116 Abs. 2 S. 1 Hs. 2 einen Beschluss fassen.[208] Der in Anspruch genommene Gesellschafter hat hierbei kein Stimmrecht.[209]

55 **Mehrheitsentscheidungen,** auch wenn es sich um ungewöhnliche Geschäftsführungsmaßnahmen iSd § 116 Abs. 2 S. 1 Hs. 2 handelt, sind nach den allgemeinen Grundsätzen (→ § 109 Rn. 53 ff.) zulässig.[210] Insbesondere berührt die Geltendmachung von Ansprüchen gegen einen Gesellschafter nicht die individuelle Rechtsstellung der anderen Gesellschafter. Die individuelle Rechtsstellung des betroffenen Gesellschafters ist ebenfalls nicht betroffen, weil es nicht zum Bestand der Mitgliedschaft gehört, wegen berechtigter Ansprüche nicht in Anspruch genommen zu werden.

---

[198] Ebenroth/Boujong/Drescher Rn. 101; Emde WM 1996, 1205 (1208); Fleischer NZG 2024, 1639 Rn. 37.

[199] Vgl. BGH 10.7.2018, NZG 2018, 1189 Rn. 40, 42 ff.; Fleischer DB 2018, 2619 (2623); Holle/Mörsdorf NJW 2018, 3555 (3556 f.); Schilha/Theusinger AG 2019, 26 (27); Wilsing/v. d. Linden NZG 2018, 1416 (1417); v. Gerkan/Haas ZHR 154 (1990), 39 (48 f.).

[200] BGH 2.6.2008, NZG 2008, 622 mAnm Goette DStR 2008, 1600; krit. Staub/Schäfer Rn. 67 f.

[201] Vgl. BGH 4.11.1982, WM 1983, 60 (62); Fleischer NZG 2024, 1639 Rn. 49.

[202] BGH 13.1.1954, BB 1954, 143; 8.7.1985, NJW 1986, 54 f. zur GmbH; 8.5.1989, NJW 1989, 2687 f. (2688); 4.11.2002, BGHZ 152, 280 (283 f., 287) = NJW 2003, 358 zur GmbH.

[203] BGH 8.7.1985, NJW 1986, 54 f. zur GmbH; 4.11.2002, BGHZ 152, 280 (283 f., 287) = NJW 2003, 358 zur GmbH; ebenso für die Haftung eines herrschenden Gesellschafters, der im Rahmen eines Beherrschungsvertrages mit einer KG das Unternehmen der abhängigen Gesellschaft in das eigene Unternehmen eingliedert BGH 5.2.1979, NJW 1980, 231 (232); Schlegelberger/Martens § 114 Rn. 38.

[204] Vgl. OLG Celle 21.12.2011, BeckRS 2014, 14751; OLG Hamm 4.8.2010, BeckRS 2010, 21824; MüKoHGB/Fleischer Rn. 105; Staub/Schäfer § 114 Rn. 64; ausf. Fleischer NZG 2024, 1639 Rn. 42 ff.

[205] Zur Publikums-KG OLG München 21.3.2013, NZG 2013, 742 (743); allg. MüKoHGB/Fleischer Rn. 105; vgl. weiter BGH 4.11.2002, BGHZ 152, 280 (283 f., 284) = NJW 2003, 358 zur GmbH.

[206] BGH 4.11.2002, BGHZ 152, 280 (283 f., 284) = NJW 2003, 358 zur GmbH; RGHMW/Haas/Mohamed Rn. 56.

[207] Henssler/Strohn/Oswald Rn. 39; Staub/Schäfer Rn. 74; **abw.** Fleischer NZG 2024, 1639 Rn. 51: objektive Verjährungsfrist von fünf Jahren analog § 5 Abs. 3 EWIVAG, § 93 Abs. 6 AktG, § 43 Abs. 4 GmbHG, § 34 Abs. 6 GenG.

[208] BGH 4.11.1982, WM 1983, 60; 12.6.1997, WM 1997, 1431; OLG Stuttgart 11.3.2009, NZG 2009, 1303 (1305); Schlegelberger/Martens § 114 Rn. 41.

[209] BGH 9.5.1974, NJW 1974, 1555; OLG Stuttgart 11.3.2009, NZG 2009, 1303 (1305); MüKoHGB/Fleischer Rn. 115; Schlegelberger/Martens § 114 Rn. 41.

[210] OLG Stuttgart 11.3.2009, NZG 2009, 1303 (1305); Hopt/Roth Rn. 17; Staub/Schäfer Rn. 73; **aA** Schlegelberger/Martens § 114 Rn. 41.

56 Haben die anderen Gesellschafter den Beschluss zur Geltendmachung nicht getroffen, kann der Anspruch durch einen einzelnen Gesellschafter im Wege der Gesellschafterklage **(actio pro socio)** nach § 715b BGB iVm § 105 Abs. 3 (→ § 105 Rn. 102 ff.) verfolgt werden. Die Klagebefugnis des Gesellschafters ist in diesem Fall anders als nach § 46 Nr. 8 GmbHG bei der GmbH nicht von einem Beschluss der Gesellschafter abhängig.[211]

57 Analog § 46 Nr. 8 Hs. 2 GmbHG, § 147 Abs. 2 S. 1 AktG können die Gesellschafter bei der Durchsetzung von Ersatzansprüchen gegen geschäftsführende Gesellschafter auch **besondere Vertreter** bestellen, etwa Beiräte der Gesellschaft.[212] Voraussetzung ist, dass die Vertretung durch einen persönlich haftenden Gesellschafter wegen Interessenkollision oÄ ausgeschlossen ist und die Gesellschafter die Bestellung mit hinreichender Mehrheit beschließen, wobei den betroffenen Gesellschafter ein Stimmverbot treffen kann (→ § 109 Rn. 32).[213] Da der besondere Vertreter keine dauerhafte, organschaftliche Vertretungsbefugnis wahrnimmt, sondern im Gesellschaftsinteresse einen Ersatzanspruch durchsetzt, bedeutet auch die Berufung eines Nichtgesellschafters keinen Verstoß gegen den Grundsatz der Selbstorganschaft.[214]

58 **g) Entlastung, Erlass.** Die Gesellschafter können die pflichtwidrige Handlung des geschäftsführenden Gesellschafters nachträglich billigen und ihm **Entlastung** erteilen. Die Entlastung ist die einseitige verbindliche Billigung der Amtsführung des Geschäftsführers für die Dauer der Entlastungsperiode. Zugleich liegt hierin auch die Kundgabe von Vertrauen für die künftige Verwaltung der Geschäftsführung.[215] Anders als dies § 120 Abs. 2 S. 2 AktG für die AG ausschließt, hat der Entlastungsbeschluss im Personengesellschaftsrecht zugleich die Wirkung, dass wegen der Umstände, welche die Gesellschafter bei der Entlastung kannten oder die ihnen hätten bekannt sein müssen,[216] die Geltendmachung eines Schadensersatz- oder anderen Anspruchs wegen widersprüchlichen Verhaltens nach § 242 BGB ausgeschlossen ist.[217] Die Gesellschafter müssen sich ggf. die Kenntnis eines Beirats analog § 166 BGB zurechnen lassen.[218] Diese **Ausschlusswirkung** umfasst allerdings nicht diejenigen Ansprüche, die aus der Bilanz oder der sonstigen Rechnungslegung der Gesellschaft nicht ersichtlich sind[219] oder die auf sonstige Rechtsbeziehungen zwischen den Beteiligten außerhalb der Gesellschaft zurückgehen.[220] Erfasst sind auch Ansprüche auf Herausgabe einer ungerechtfertigten Bereicherung, wenn die Bereicherung auf Maßnahmen der Geschäftsführung beruht.[221]

59 Hiervon zu unterscheiden ist der **Erlass** oder Verzicht, der nach § 397 BGB einen zweiseitigen Vertrag mit dem geschäftsführenden Gesellschafter voraussetzt.[222] Anerkannt ist darüber hinaus die **Generalbereinigung,** die im Gegensatz zur Entlastung den Verzicht auf alle Ansprüche umfasst,[223] während nach erteilter Entlastung nur die bekannten und erkennbaren Ansprüche ausgeschlossen sind (→ Rn. 58). Auch ein **Vergleich** nach § 779 BGB ist zulässig.

60 Für die **Entscheidung über die Entlastung** – ebenso für Erlass, Generalbereinigung und Vergleich – sind alle Gesellschafter zuständig.[224] Sie befinden hierüber durch Beschluss, der konkludent spätestens in der gemeinsamen Feststellung der Bilanz (→ § 120 Rn. 25) durch Unterzeichnung

---

[211] BGH 27.6.1957, BGHZ 25, 47 = NJW 1957, 1358 entgegen RG 1.4.1943, RGZ 171, 51; 2.6.2008, NZG 2008, 622 mAnm Goette DStR 2008, 1600; OLG München 3.12.2008, NZG 2009, 340; MüKoHGB/Fleischer Rn. 115; Ebenroth/Boujong/Wertenbruch § 105 Rn. 387; Gaul DStR 2009, 804 (808); Staub/Schäfer § 114 Rn. 59.

[212] BGH 7.6.2010, WM 2010, 2311 (2312) im Anschluss an Karrer NZG 2008, 206 ff.; Hopt/Roth § 105 Rn. 73.

[213] BGH 7.6.2010, WM 2010, 2311 (2312) mwN.

[214] BGH 7.6.2010, WM 2010, 2311 (2313) im Anschluss an Karrer NZG 2008, 206 (210); krit. Reuter FS Merle, 2010, 309.

[215] HM, vgl. statt aller BGH 20.6.1983, WM 1983, 910 (912); 20.5.1985, BGHZ 94, 324 (326) = NJW 1986, 129; 14.11.1994, NJW 1995, 1353 (1356).

[216] BGH 20.6.1983, WM 1983, 910 (912); 2.1.1987, WM 1987, 725 = NJW-RR 1987, 869; OLG Köln 19.1.2017, BeckRS 2017, 104188 Rn. 36; Heymann/Hoffmann/Bartlitz § 114 Rn. 22.

[217] Vgl. K. Schmidt ZGR 1978, 425 (432 ff.); Weitemeyer ZGR 2005, 280 (287 ff.) mwN; **aA** (nur Beweislastumkehr) Beuthien GmbHR 2014, 682 (693).

[218] OLG Köln 19.1.2017, BeckRS 2017, 104188 Rn. 41 ff.

[219] *BGH 22.9.2020, NZG 2020, 1343 Rn. 25;* BGH 21.4.1986, BGHZ 97, 382 (384 ff.) = NJW 1986, 2250; 14.11.1994, NJW 1995, 1353 (1356); 3.12.2001, NZG 2002, 195 zur Genossenschaft; 21.3.2005, WM 2005, 933 (935) zur Genossenschaft.

[220] BGH 2.4.1987, WM 1987, 725 (727) = NJW-RR 1987, 869.

[221] BGH 21.4.1986, BGHZ 97, 382 (386) = NJW 1986, 2250.

[222] MüKoHGB/Fleischer Rn. 109; K. Schmidt GesR § 14 VI 4; Podewils BB 2014, 2632 (2634 f.).

[223] BGH 21.4.1986, BGHZ 97, 382 (384) = NJW 1986, 2250; 7.4.2003, WM 2003, 1018 (1019 f.) = NJW-RR 2003, 895 zu § 43 Abs. 2 GmbHG; dazu eingehend Lieder NZG 2015, 569 (574 f.).

[224] Hopt/Roth Rn. 17; Staub/Schäfer § 114 Rn. 73.

liegt.[225] Der zum Ersatz verpflichtete Gesellschafter ist nicht stimmberechtigt.[226] Ein **Mehrheitsbeschluss** ist nach den allgemeinen Grundsätzen der Inhaltskontrolle (→ § 109 Rn. 68 ff.) zulässig.[227] Hierdurch wird die individuelle Rechtsstellung der anderen Gesellschafter nicht berührt. Auch die individuelle Rechtsstellung des betroffenen Gesellschafters ist nicht berührt, weil es nicht zum Bestand der Mitgliedschaft gehört, wegen berechtigter Ansprüche nicht in Anspruch genommen zu werden.

61 Die Entscheidung über die Entlastung steht im **pflichtgemäßen Ermessen** der Gesellschafter.[228] Der Entlastungsbeschluss kann aber wegen Verstoßes gegen die gesellschaftsrechtliche **Treuepflicht** rechtswidrig und damit nichtig sein, wenn er aus sachwidrigen Gründen, etwa allein wegen verwandtschaftlicher Nähebeziehung, gefasst worden ist.[229] Gleiches gilt bei schweren Gesetzes- oder Satzungsverletzungen und **groben Pflichtverletzungen** des Geschäftsführers[230] sowie bei einem Missbrauch der Mehrheitsmacht, namentlich bei einem kollusiven Zusammenwirken von Mehrheit und Geschäftsführer.[231] Für die Beurteilung einer schweren Pflichtverletzung ist nach der Gesamtwürdigung aller Umstände auch maßgeblich, von welcher Bedeutung und Höhe der Schaden für die Gesellschaft war und in welcher wirtschaftlichen Lage sie sich befand. Befindet sich das Unternehmen in der Krise oder in der Nähe der Insolvenz, kommt ein Verzicht auf Ersatzansprüche gegen Geschäftsführer schwerlich in Betracht. Anders liegen die Dinge in einer prosperierenden Gesellschaft.[232] Aber auch in diesem Fall ist eine Entlastung treuwidrig, wenn die Gesellschafter verpflichtet wären, die Geltendmachung von Ersatzansprüchen zu beschließen.[233] Das ist regelmäßig anzunehmen, wenn dem Geschäftsführer gravierende Pflichtverletzungen vorzuwerfen sind und der Gesellschaft ein erheblicher Schaden entstanden ist.[234] Die Treuwidrigkeit ist im Wege der **Anfechtungsklage** nach § 113 geltend zu machen (→ § 113 Rn. 1 ff.). Wer sich auf eine solche Ausnahme beruft, ist für die maßgeblichen Umstände darlegungs- und beweispflichtig.[235]

62 Ein **Anspruch** des geschäftsführenden Gesellschafters auf Entlastung besteht grundsätzlich **nicht.**[236] Hier ist der Linie des BGH[237] zu AG und GmbH zu folgen. Ebenso wie bei den Kapitalgesellschaften enthält die Entlastung auch im Personengesellschaftsrecht neben der Wirkung, dass bekannte oder erkennbare Ansprüche nicht mehr geltend gemacht werden können, zugleich die Billigung der vergangenen Geschäftsführung und den Ausspruch von Vertrauen für die Zukunft, die nicht justiziabel sind.[238] Will der Gesellschafter Rechtssicherheit, kann er **negative Feststellungsklage** nach § 256 ZPO (ggf iVm § 115) darauf erheben, dass Ansprüche gegen ihn nicht bestehen.[239] Nach hM ist die Feststellungsklage bereits zulässig, wenn die Entlastung verweigert wird; nicht erforderlich ist, dass sich die Gesellschaft des Bestehens von Ansprüchen berühmt,[240] auch wenn dies häufig zusammentreffen mag. Umgekehrt kann der Entlastungsbeschluss durch einzelne Gesellschafter angefochten werden, wenn der Beschluss zu Unrecht ergangen ist.[241]

63 **h) Insolvenzantragspflicht.** Der Geschäftsführer einer atypischen OHG oder KG, bei der keine natürliche Person unbeschränkt persönlich haftet, ist nach § 15a Abs. 1 S. 2 und Abs. 2 InsO verpflichtet, innerhalb von drei Wochen nach Eintritt der Insolvenzreife den Antrag auf Eröffnung des Insolvenzverfahrens zu stellen. Aus § 15b Abs. 1 InsO folgt ein ergänzendes Zahlungsverbot.

---

[225] Hopt/Roth Rn. 16; vgl. zur Anfechtbarkeit eines Entlastungsbeschlusses wegen sittenwidriger Schädigung BGH 7.4.2003, WM 2003, 1018 (1020) zur GmbH.

[226] MüKoHGB/Fleischer Rn. 115; Schlegelberger/Martens § 114 Rn. 41.

[227] KG 19.10.1990, BeckRS 2013, 2285; LG Frankfurt a.M. 26.1.2018, BeckRS 2018, 1168 Rn. 31; Hopt/Roth Rn. 17; Staub/Schäfer § 114 Rn. 73; **aA** Schlegelberger/Martens § 114 Rn. 41.

[228] OLG Frankfurt 23.5.2018, GmbHR 2019, 940 (944) = BeckRS 2019, 16088; LG Frankfurt a.M. 26.1.2018, BeckRS 2018, 1168 Rn. 21; (zur GmbH) Lutter/Hommelhoff/Bayer GmbHG § 46 Rn. 27.

[229] Vgl. OLG Düsseldorf 8.3.2001, NZG 2001, 991 (995) für GmbH; Grunewald NZG 2000, 1137.

[230] Vgl. OLG Frankfurt 23.5.2018, GmbHR 2019, 940 (944) = BeckRS 2019, 16088; OLG München 22.7.2015, BeckRS 2015, 12951; Scholz/K. Schmidt GmbHG § 46 Rn. 99.

[231] Vgl. BGH 22.9.2020, NZG 2020, 1343 Rn. 49; BGH 10.2.1977, GmbHR 1977, 129 (130 f.); LG Frankfurt a.M. 26.1.2018, BeckRS 2018, 1168 Rn. 21.

[232] Vgl. OLG Köln 26.3.1999, NZG 1999, 1228 (1229); LG Frankfurt a.M. 26.1.2018, BeckRS 2018, 1168 Rn. 23.

[233] Vgl. OLG Frankfurt 23.5.2018, GmbHR 2019, 940 (945) = BeckRS 2019, 16088.

[234] Vgl. OLG Frankfurt 23.5.2018, GmbHR 2019, 940 (945) = BeckRS 2019, 16088.

[235] Vgl. BGH 22.9.2020, NZG 2020, 1343 Rn. 47; BeckOGK/Scholl, 15.5.2025, Rn. 169.

[236] Ebenso Hopt/Roth Rn. 16; **aA** Schlegelberger/Martens § 114 Rn. 43 f. mwN; MüKoHGB/Fleischer Rn. 109 .

[237] BGH 20.5.1985, BGHZ 94, 325 (328 ff.) = NJW 1986, 129.

[238] Ebenroth/Boujong/Drescher Rn. 113.

[239] BGH 20.5.1985, BGHZ 94, 325 (328 ff.) = NJW 1986, 129 zur GmbH.

[240] K. Schmidt ZGR 1978, 425 (443 f.); Weitemeyer ZGR 2005, 280 (306) mwN.

[241] KG 19.10.1990, DStR 1991, 1355 zur KG.

aa) Erfasste Rechtsformen. Nach § 15a Abs. 1 S. 3 InsO sind neben den in S. 1 genannten Vertretern von juristischen Personen die organschaftlichen Vertreter einer „rechtsfähigen Personengesellschaft, bei der kein persönlich haftender Gesellschafter eine natürliche Person ist", verpflichtet, im Fall der Zahlungsunfähigkeit oder der Überschuldung der Gesellschaft einen Antrag auf Eröffnung des Insolvenzverfahrens zu stellen. Erfasst sind rechtsfähige **Personengesellschaften** iSd § 14 Abs. 2 BGB, die nach herrschender Doktrin, der sich der Gesetzgeber anschließt, keine juristischen Personen sind (→ § 105 Rn. 11).[242] Es handelt sich neben der OHG und KG um die Außen-GbR (§ 705 Abs. 2 BGB), die EWIV und entsprechende ausländische Gesellschaften.[243] Bei ihnen besteht zum Schutz der Gläubiger die Pflicht, rechtzeitig die Insolvenzeröffnung zu beantragen, wenn alle unbeschränkt haftenden Gesellschafter keine natürlichen, sondern juristische Personen oder wiederum rechtsfähige Personengesellschaften sind. Hierdurch wird insbesondere die **GmbH & Co. KG** in die Antragspflicht für juristische Personen einbezogen, ebenso eine **OHG** oder **GbR** – namentlich eine GmbH & Co. eGbR – ohne natürliche Personen als Gesellschafter.[244] In allen diesen Fällen ist die Gleichstellung mit juristischen Personen gerechtfertigt, weil keine natürliche Person mit der Gefahr ihrer persönlichen Haftung die Gewähr bietet, dass die Gesellschaft nicht auf Kosten der Gläubiger wirtschaftet. Nach der Rückausnahme des § 15a Abs. 1 S. 3 Hs. 2 InsO besteht daher konsequenterweise keine Insolvenzantragspflicht, wenn wenigstens ein persönlich haftender Gesellschafter einer solchen Obergesellschaft ohne Rechtspersönlichkeit eine natürliche Person ist, weil hier letztlich eine persönlich haftende natürliche Person hinter der Gesellschaft steht. Ein Beispiel für die Rückausnahme ist etwa eine OHG, bestehend aus einer GmbH und einer natürlichen Person als Komplementärin einer KG.[245] 64

bb) Adressaten der Norm. Persönlich verpflichtet, in den Fällen des § 15a Abs. 1 S. 3 InsO den Insolvenzantrag zu stellen, sind die organschaftlichen Vertreter der zur Vertretung der Personengesellschaft ermächtigten **Gesellschafter** oder die Liquidatoren nach § 144. Hierzu gehören der **Geschäftsführer** einer Komplementär-GmbH (§ 35 GmbHG) und bei anderen juristischen Personen als persönlich haftende Gesellschafter einer Personengesellschaft die **Vorstandsmitglieder** einer AG (§ 78 AktG) oder Genossenschaft (§§ 24–26 GenG) oder der **persönlich haftende Gesellschafter der KGaA** (§ 278 Abs. 2 AktG, § 124). Zur Antragstellung kann das Organ auch noch nach Beendigung der Organstellung verpflichtet sein.[246] Bei Ressortverteilung auf mehrere Organmitglieder verbleibt es grundsätzlich bei der Gesamtverantwortlichkeit aller Organmitglieder.[247] Das Vorhandensein einer ausreichenden Insolvenzmasse ist grundsätzlich unerheblich.[248] **Faktische Geschäftsführer** trifft die Insolvenzantragspflicht[249] ebenso wie einen nur formellen **Strohmann-Geschäftsführer.**[250] 65

Sind die nach § 15a Abs. 1 S. 3 InsO in die Pflicht genommenen Vertretungsorgane der vertretungsberechtigten Gesellschafter wiederum juristische Personen, in denen die persönlich in die Pflicht genommenen organschaftlichen Vertreter selbst keine natürlichen Personen sind, wird nach § 15a Abs. 2 InsO ein **Durchgriff auf die dahinter stehenden Mitglieder von deren Vertretungsorganen** angeordnet. Dies stellt sicher, dass die Insolvenzantragspflicht mit der daraus folgenden persönlichen Haftung (→ Rn. 64) und der Strafbarkeit nach § 15a Abs. 4 und 5 InsO nicht ins Leere geht. Damit werden alle Formen von zwei- oder mehrstöckigen Gesellschaftskonstruktionen erfasst,[251] etwa eine OHG & Co. KG, bei der die Komplementär-OHG aus zwei OHG besteht, deren Gesellschafter nur GmbH sind.[252] In diesem Fall haften die Geschäftsführer der GmbH für die Insolvenzantragspflicht der OHG & Co. KG. Das Gesetz zur weiteren Erleichterung der Sanierung von Unter- 66

---

[242] Vgl. Beuthien JZ 2011, 124 (125); Reuter AcP 207 (2007), 673 (677); Weller FS Roth, 2011, 880 (886); **aA** Raiser AcP 199 (1999), 104 (140).

[243] Für Auslandsgesellschaften s. zum Ersatzanspruch aus § 64 S. 1 GmbHG aF (= § 15b InsO) EuGH 10.12.2015, NJW 2016, 223; BGH 15.3.2016, NZI 2016, 461; zur Insolvenzantragspflicht vgl. Uhlenbruck/Hirte InsO § 15a Rn. 6 ff.; MüKoInsO/Klöhn InsO § 15a Rn. 47 ff.; Nerlich/Römermann/Mönning InsO § 15a Rn. 19; Lieder DZWIR 2005, 399 (405 f.).

[244] Vgl. Uhlenbruck/Hirte InsO § 15a Rn. 9; MüKoInsO/Klöhn InsO § 15a Rn. 47 ff., 96; Henssler/Strohn/Arnold InsO § 15a Rn. 3.

[245] *Braun/Erbe InsO § 15a Rn. 23.*

[246] Braun/Erbe InsO § 15a Rn. 12.

[247] BGH 1.3.1993, NJW 1994, 2149 (2150); Uhlenbruck/Hirte InsO § 15a Rn. 7; Braun/Erbe InsO § 15a Rn. 11.

[248] Braun/Erbe InsO § 15a Rn. 12; vgl. aber BGH 29.9.2008, NZI 2009, 71.

[249] Braun/Erbe InsO § 15a Rn. 13.

[250] LG Hildesheim 9.10.2010, BeckRS 2011, 4833.

[251] BT-Drs. 7/3441, 47.

[252] Braun/Erbe InsO § 15a Rn. 24.

nehmen (ESUG) vom 7.12.2011 (BGBl. 2011 I 2582) hat mit der Ergänzung „persönlich haftender" Gesellschafter in § 15a Abs. 2 InsO klargestellt, dass die Pflicht zur Stellung eines Insolvenzantrags nur entfällt, wenn bei einer solchen Konstruktion eine natürliche Person persönlich haftet. Es reicht daher nicht aus, wenn eine natürliche Person lediglich beschränkt haftender Gesellschafter ist, etwa als Kommanditist einer KG.[253]

67 § 15a Abs. 3 InsO erweitert die Antragspflicht darüber hinaus auf die **Gesellschafter** einer juristischen Person bei **Führungslosigkeit,** dh wenn sie gem. § 10 Abs. 2 S. 2 InsO und § 35 Abs. 1 S. 2 GmbHG ohne organschaftlichen Vertreter ist. Der Grund ist unerheblich, ob wegen Abberufung, Todesfall oder Verlust der Organfähigkeit.[254] Hiermit sollte der gängigen Praxis der **„Firmenbestattungen"** entgegengewirkt werden.[255] Ein bloß unbekannter Aufenthalt des Geschäftsführers gehört aber nicht dazu.[256] Von dieser Erweiterung sind auch die Fallgruppen des § 15 Abs. 1 S. 3 InsO erfasst, etwa wenn der Geschäftsführer der Komplementär-GmbH abberufen worden ist. Dann müssen die Gesellschafter der Komplementär-GmbH den Antrag stellen.

68 **cc) Zahlungsunfähigkeit oder Überschuldung.** Die Antragspflicht setzt den objektiven Eintritt der Zahlungsunfähigkeit (§ 17 InsO) oder der Überschuldung (§ 19 InsO)[257] voraus. Die **Zahlungsunfähigkeit** kann mittels der betriebswirtschaftlichen und der wirtschaftskriminalistischen Methode ermittelt werden.[258] Zulasten des Geschäftsführers geht die Rspr. aber von Vermutungen aus. So ist von Zahlungseinstellung auszugehen, wenn fällige Verbindlichkeiten bestanden, die bis zur Verfahrenseröffnung nicht mehr beglichen worden sind.[259] Liegt eine Zahlungseinstellung vor, wird wiederum gem. § 17 Abs. 2 S. 2 InsO gesetzlich vermutet, dass Zahlungsunfähigkeit vorliegt. Der Geschäftsführer kann in diesem Fall beweisen, dass bloße Zahlungsunwilligkeit vorlag, weil er die Verbindlichkeiten nicht für begründet hielt.[260] Bloße Zahlungsstockungen und ganz geringfügige Liquiditätslücken führen aber nicht zur Zahlungsunfähigkeit.[261]

69 Die Insolvenzantragspflicht besteht nicht bereits bei **drohender Zahlungsunfähigkeit gem. § 18 InsO.** Ist der Geschäftsführer eine natürliche Person, bedarf es zur Stellung des Antrags nach § 18 InsO keines vorherigen Gesellschafterbeschlusses, da es auch um seine persönliche Haftung geht.[262] Bei der **GmbH & Co. KG** gelten hingegen die Grundsätze für Gesellschaften ohne persönlich haftende natürliche Personen, sodass hier ein Gesellschafterbeschluss notwendig ist.[263] Der Beschluss ist im Außenverhältnis aber keine Voraussetzung für die Antragstellung oder Verfahrenseröffnung.[264] Zwar kann ein Antrag rechtsmissbräuchlich und daher unwirksam sein. Dies ist aber durch das Insolvenzgericht zu klären.[265]

70 **dd) Zeitlicher Anwendungsbereich, Verschulden.** Der Insolvenzantrag ist **ohne schuldhaftes Zögern** sofort nach dem objektiven Eintritt des Insolvenzgrundes zu stellen, spätestens aber **drei Wochen** nach seinem Eintritt, § 15a Abs. 1 S. 2 InsO. Damit sollen Beweisschwierigkeiten über die Frage der Schuld minimiert werden.[266] Nicht schuldhaft kann es sein, wenn das Vertretungsorgan zuwartet, um eine Sanierung zu ermöglichen. Ist diese aber endgültig gescheitert, ist der Antrag auch vor Ablauf der Dreiwochenfrist zu stellen.[267] Der Insolvenzantrag muss den Anforderungen des § 13 InsO entsprechen.[268] Verfügt der Geschäftsführer nicht über ausreichend persönliche Kenntnisse, muss er sich bei Anzeichen einer Krise unverzüglich unter „umfassender Darstellung der

---

253 RegE ESUG, BT-Drs. 17/5712, 23 f.
254 Fallgruppen bei Poertzgen ZInsO 2007, 574 (576).
255 Schmahl NZI 2008, 6 (7).
256 AG Hamburg 27.11.2008, NJW 2009, 304; so auch Begr. RegE MoMiG, BT-Drs. 16/6140, 55.
257 Zum früheren, aktuellen und zukünftigen Überschuldungsbegriff vgl. Bitter/Hommerich/Reiß ZIP 2012, 1201 ff.
258 BGH 21.8.2013, NZG 2013, 1347.
259 BGH 24.1.2012, ZIP 2012, 723 Rn. 13 mwN.
260 BGH 27.3.2012, ZIP 2012, 1174 Rn. 25; 15.3.2012, ZIP 2012, 735 Rn. 18.
261 BGH 21.8.2013 Strafsenat, NZG 2013, 1347 (1348); 24.5.2005, NZI 2005, 547; vgl. auch BGH 26.2.2013, GmbHR 2013, 482.
262 Wertenbruch DB 2013, 1591 ff.
263 LG Frankfurt 13.8.2013, NZG 2013, 1064 (1067) – Suhrkamp, im Anschluss an Wertenbruch DB 2013, 1592 (1595) sowie OLG München 21.3.2013, NZG 2013, 742 (743); AG Mannheim 21.2.2014, NZI 2014, 412 m. zust. Anm. Smid jurisPR-InsR 12/2014 Anm. 5; K. Schmidt FS Binz, 2014, 624 (629).
264 LG Frankfurt 13.8.2013, NZG 2013, 1064 (1067) – Suhrkamp; AG Mannheim 21.2.2014, NZI 2014, 412 m. zust. Anm. Smid jurisPR-InsR 12/2014 Anm. 5.
265 OLG Frankfurt 1.10.2013, NZG 2013, 1388 (1391) – Suhrkamp.
266 Zum Fristbeginn ausf. Uhlenbruck/Hirte InsO § 15a Rn. 14 ff.
267 BGH 9.7.1979, NJW 1979, 1823 (1827).
268 Zu Einzelheiten s. Braun/Erbe InsO § 15a Rn. 19.

Verhältnisse der Gesellschaft und Offenlegung der erforderlichen Unterlagen von einer unabhängigen, für die zu klärenden Fragestellungen fachlich qualifizierten Person beraten lassen".[269] Einer von mehreren Geschäftsführern kann sich der Antragspflicht nicht durch **Delegation** der Aufgaben an einen anderen Geschäftsführer entlasten, es bestehen Überwachungs- und Einschreitenspflichten.[270]

ee) Rechtsfolgen. Neben der in § 15a Abs. 4 und 5 InsO geregelten **Strafbarkeit** der antragsverpflichteten Vertretungsorgane und der Strafbarkeit wegen Bankrott (§ 283 StGB), Untreue (§ 266 StGB) oder Betrugs (§ 263 StGB) haften diese nach § 15b InsO auf **Ersatz** gegenüber der Gesellschaft wegen masseschmälernder Zahlung bei Insolvenzreife.[271] § 15a InsO ist ein Schutzgesetz zugunsten der Gesellschaftsgläubiger iSd § 823 Abs. 2 BGB. In Verbindung mit § 823 Abs. 2 BGB haften sie zudem gegenüber den **Altgläubigern** auf Ersatz ihres **Quotenschadens** und gegenüber den **Neugläubigern** in voller Höhe auf den **Vertrauensschaden.**[272] Das umfasst alle Schäden, die dem Neugläubiger durch das Eingehen von Rechtsbeziehungen mit der insolvenzreifen Gesellschaft entstanden sind.[273] Dazu gehört zB, dass für fehlerhafte Bauleistungen nicht mehr ausreichend Ersatz geleistet werden kann.[274] Ein Erfüllungsschaden wird jedoch nur ausnahmsweise ersetzt.[275] Ein Vermieter, der dem Mieter vor Insolvenzreife Räume überlassen hat, ist regelmäßig Altgläubiger, weil und wenn er sich bei Insolvenzreife nicht von dem Mietvertrag hätte lösen können.[276] Auch der **ausgeschiedene Geschäftsführer** haftet grundsätzlich für Neugläubigerschäden, die erst nach seinem Ausscheiden aus rechtsgeschäftlichem Handeln entstanden sind, wenn die durch seine Amtspflichtverletzung geschaffene verschleppungsbedingte Gefahrenlage im Zeitpunkt der Schadensentstehung noch fortbesteht.[277] Die Ansprüche **verjähren** nach den allgemein geltenden Vorschriften der §§ 195 ff. BGB.[278] 71

3. Rechte der Geschäftsführer, insbesondere Vergütungsanspruch. a) Grundlage. Die persönlich haftenden Gesellschafter sind zur Geschäftsführung verpflichtet. Daher steht ihnen für den daraus erwachsenen Aufwand **kein Anspruch** gegen die Gesellschaft nach § 716 Abs. 1 BGB iVm § 105 Abs. 3 zu, da die Geschäftsführung nicht freiwillig erfolgt.[279] Fehlt es auch an einer **dienstvertraglichen Verpflichtung,** hat der Gesellschafter auch keinen Vergütungsanspruch aus § 612 Abs. 1 BGB. Nach der Vorstellung des Gesetzgebers kann der Gesellschafter der Gesellschaft Beiträge jeder Art ohne eine besondere Gegenleistung erbringen. Diese liegt vielmehr in dem dadurch ermöglichten und ggf. erhöhten **Gewinn** und ist mit diesem abgegolten.[280] Dementsprechend ist eine Tätigkeitsvergütung ohne schuldrechtliche Grundlage als **Gewinnvoraus** einzuordnen,[281] dessen Schicksal sich gerade nicht nach Dienstvertragsrecht bestimmt.[282] 72

b) Vereinbarung. Das Entstehen eines selbstständigen Vergütungsanspruchs setzt daher eine Vereinbarung im **Gesellschaftsvertrag** voraus oder einen **Beschluss** der Gesellschafter.[283] Zuständig sind alle Gesellschafter.[284] Zudem kann die Gesellschaft mit dem geschäftsführenden Gesellschafter einen **Dienstvertrag** nach den §§ 611 ff. BGB schließen. Auch hierfür sind alle Gesellschafter zuständig.[285] Die Vergütung kann in einer entsprechenden Erhöhung des **Gewinnanteils** bestehen 73

---

[269] BGH 27.3.2012, ZIP 2012, 1174 Ls., Rn. 16 zur GmbH; BAG 20.3.2014, NZG 2014, 1022 Rn. 28; vgl. Klöhn DB 2013, 1535 ff. zur Entlastung durch Rechtsrat von Syndikus-Anwälten der In-House-Rechtsabteilung.

[270] OLG Koblenz 28.12.2010, NZG 2011, 300.

[271] Zur Neuregelung des § 15b InsO ausf. Lieder/Wagner ZGR 2021, 495.

[272] Dazu eingehend Fritsche/Lieder DZWIR 2004, 93 ff.; zur Haftung gegenüber außervertraglichen Neugläubigern ausf. Bayer/Lieder WM 2006, 1 ff.

[273] BGH 6.6.1994, BGHZ 126, 181 = GmbHR 1994, 539; 27.4.2009, GmbHR 2009, 817.

[274] BGH 14.5.2012, ZIP 2012, 1455.

[275] OLG Düsseldorf 6.13.2013, MDR 2013, 1196 Rn. 15 mwN.

[276] BGH 22.10.2013, NJW 2014, 698 Rn. 8 ff. mwN.

[277] BGH 23.7.2024, NZI 2024, 840 Rn. 79 ff.; 8.7.2025, BeckRS ZPG 2025, 340 m. zust. Anm. Lieder.

[278] BGH 15.3.2011, NJW 2011, 2427.

[279] Ebenroth/Boujong/Drescher Rn. 116.

[280] BGH 21.5.1955, BGHZ 17, 299 (301) = NJW 1955, 1227; 10.6.1965, BGHZ 44, 40 (41 f.) = NJW 1965, 1960; KG 26.3.2009, BeckRS 2009, 25559; OLG Brandenburg 30.3.2007, DB 2007, 1130.

[281] Im Ergebnis ebenso KKD/Kindler § 114 Rn. 7; MüKoHGB/Fleischer Rn. 124; Staub/Schäfer Rn. 57; MHdB GesR I/v. Ditfurth § 53 Rn. 74; vgl. noch BGH 10.6.1965, BGHZ 44, 40 (41); OLG Koblenz 20.9.1979, BB 1980, 855 (857).

[282] BGH 10.6.1965, BGHZ 44, 40 (41); MüKoHGB/Fleischer Rn. 124; Staub/Schäfer Rn. 57; MHdB GesR I/v. Ditfurth § 53 Rn. 74; **aA** Hüttemann, Leistungsstörungen bei Personengesellschaften, 1998, 343 ff.

[283] BGH 21.5.1955, BGHZ 17, 299 (301) = NJW 1955, 1227; 10.6.1965, BGHZ 44, 40 (41 f.) = NJW 1965, 1960; Schlegelberger/Martens § 114 Rn. 22 mwN.

[284] BGH 6.7.1967, WM 1967, 1099.

[285] Ebenroth/Boujong/Drescher Rn. 117.

oder als gewinnabhängige oder gewinnunabhängige regelmäßige Zahlung vereinbart werden.[286] Wird eine feste Vergütung vereinbart, handelt es sich um eine gewinnunabhängige Vergütung, wenn sie auf der Grundlage eines Dienstvertrags vereinbart wurde. Als Teil der gesellschaftsvertraglichen Abrede ist sie hingegen nur im Zweifel gewinnunabhängig.[287] Konsequenz einer gesellschaftsvertraglichen im Gegensatz zu einer dienstvertraglichen Regelung ist es, dass die Ansprüche auf die Vergütung bei einer Übertragung der Gesellschafterstellung auf den **Nachfolger** übergehen, sofern nichts anderes vereinbart wird.[288]

74 **c) Konkludente Vereinbarungen.** Auch konkludente Vereinbarungen sind möglich. Dafür reicht es aber grundsätzlich nicht aus, wenn einer der Gesellschafter eine über das normale Maß hinausgehende Tätigkeit übernimmt, die besondere Fähigkeiten erfordert.[289] Da die Gesellschafter grundsätzlich sämtliche Beitragsleistungen ohne eine besondere Gegenleistung erbringen können, kann sich eine konkludente Vereinbarung einer Vergütungspflicht nur aus einer **Auslegung** unter Berücksichtigung aller Umstände des konkreten Einzelfalles ergeben (Beiträge der anderen Gesellschafter, Berechnung des Gewinnanteils, Regelung des Entnahmerechts, Angewiesenheit für die persönliche Lebensführung).[290] Soweit die besorgten Tätigkeiten nicht zur gewöhnlichen Geschäftsführung gehören, kann ein konkludenter Dienst- oder Werkvertrag zustande kommen, der einen Vergütungsanspruch nach § 612 Abs. 1 BGB, § 632 Abs. 1 BGB begründet.[291] Zudem kann sich aus der gesellschaftsrechtlichen Treuepflichtbindung[292] eine gesonderte Vergütung ergeben, wenn der Geschäftsführer nicht nur vorübergehend und mit dem Einverständnis seiner Mitgesellschafter wegen veränderter Umstände erhebliche Mehrleistungen erbringt,[293] wie zB wenn die Arbeitsleistung eines anderen Gesellschafters ausfällt.[294]

75 **d) Anpassung.** Die Anpassung der Vergütung bedarf grundsätzlich ebenso wie ihre Begründung der **Zustimmung** aller Gesellschafter und ist **Vertragsänderung.**[295] Eine Pflicht zur Zustimmung aus der Treuepflicht besteht grundsätzlich nicht. Eine **Zustimmungspflicht** kann sich aber ergeben, wenn sie unter Abwägung aller Interessen der Gesellschaft erforderlich ist, etwa um einen verdienten Geschäftsführer zum Verbleib in der Gesellschaft zu bewegen.[296] Eine Anpassungspflicht kann sich weiterhin aus der zugrunde liegenden Vereinbarung ergeben, etwa wenn eine jeweils angemessene Vergütung zu zahlen ist.[297] Es gilt dann das Bestimmungsrecht nach § 315 Abs. 1 BGB. Eine wiederholte Vertragsanpassung in der Vergangenheit kann eine Pflicht zur Anpassung für die Zukunft begründen.[298]

76 **e) Herabsetzung der Vergütung.** Es kann auch eine Herabsetzung der Vergütung vereinbart werden. Neben einer einvernehmlichen Herabsetzung kann die Vereinbarung auch antizipiert in dem Gesellschaftsvertrag liegen, etwa indem jeweils angemessene Vergütungen geschuldet werden.[299] Nach den Grundsätzen der **Störung der Geschäftsgrundlage** gem. § 313 BGB kommt eine Herabsetzung in Betracht, wenn sich die Tätigkeit des Geschäftsführers erheblich verringert hat. Demgegenüber soll § 87 Abs. 2 AktG nach dem erklärten Willen des Aktiengesetzgebers[300] keine

---

[286] Zu Ausgestaltung und Inhalt von Vergütungsansprüchen näher Ganßmüller, Das Steuerentnahmerecht der Gesellschafter der OHG und KG, 1986, 4 ff.; Hueck OHG § 17 II 3.

[287] Schlegelberger/Martens § 114 Rn. 24; MüKoHGB/Fleischer Rn. 125 f.

[288] OLG Brandenburg 30.3.2007, DB 2007, 1130.

[289] So aber BGH 21.5.1955, BGHZ 17, 299 (301) = NJW 1955, 1227; RG 4.3.1943, RGZ 170, 392 (396); OLG Koblenz 14.2.1986, NJW-RR 1987, 24; KG 4.5.1992, GmbHR 1993, 818 (820).

[290] BGH 10.6.1965, BGHZ 44, 40 (41 f.) = NJW 1965, 1960; 3.7.1978, WM 1978, 1232 (1233); MüKoHGB/Fleischer Rn. 120; RGHMW/Haas/Mohamed Rn. 57; Schlegelberger/Martens § 114 Rn. 22 f.; Heymann/Hoffmann/Bartlitz § 110 Rn. 28.

[291] Fleischer/Pendl WM 2017, 881 (889); Krause, Mitarbeit in Unternehmen, 2002, 486.

[292] Fleischer/Pendl WM 2017, 881 (889); Krause, Mitarbeit in Unternehmen, 2002, 504 f.; abweichende dogmatische Grundlage etwa Schlegelberger/Martens § 114 Rn. 23: Wegfall der Geschäftsgrundlage (§ 313 BGB) neben ergänzender Vertragsauslegung.

[293] Fleischer/Pendl WM 2017, 881 (889).

[294] Hueck OHG § 10 VII 10; Fleischer/Pendl WM 2017, 881 (889).

[295] BGH 12.12.1966, BGHZ 46, 291 = NJW 1967, 826.

[296] BGH 10.6.1965, BGHZ 44, 40 (42) = NJW 1965, 1960; 7.2.1974, WM 1974, 375 (376); 15.6.1978, WM 1978, 1230 (1231); 3.7.1978, WM 1978, 1232 (1233); Schlegelberger/Martens § 114 Rn. 23, 25 mwN; krit. und hins. der Anpassung der Geschäftsführervergütung großzügiger Zöllner, Die Anpassung von Personengesellschaftsverträgen an veränderte Umstände, 1979, S. 57 ff.; Ebenroth/Boujong/Drescher Rn. 119.

[297] BGH 4.7.1977, WM 1977, 1140.

[298] MüKoHGB/Fleischer Rn. 127; Schlegelberger/Martens § 114 Rn. 25.

[299] Ebenroth/Boujong/Drescher Rn. 120.

[300] BT-Drs. 16/13433, 10.

(entsprechende) Anwendung auf die GmbH[301] und Personengesellschaften finden. Tatsächlich wird man mit einer an der Treuepflicht orientierten Verpflichtung der Gesellschafter regelmäßig zu interessengerechteren Ergebnissen gelangen. Bei einer erheblichen Verschlechterung der finanziellen Situation der Gesellschaft kann eine **Zustimmungspflicht** zur Herabsetzung bestehen.[302]

f) Verhinderung. Ist der Geschäftsführer an der Übernahme der Geschäftsführung verhindert, steht ihm grundsätzlich auch **kein Vergütungsanspruch** zu.[303] Ist die Verhinderung nur vorübergehender Natur und von ihm nicht zu vertreten **(Krankheit)** oder üblich **(Urlaub)**, besteht der Vergütungsanspruch fort. Dies folgt aus § 616 BGB oder – ohne Abschluss eines Dienstvertrags – aus der gesellschaftsrechtlichen Treuepflicht.[304] Hat ein Dritter die Verhinderung des Geschäftsführers schuldhaft verursacht, bleibt er nach den Grundsätzen der Vorteilsausgleichung zur Zahlung eines Dienstausfalls an diesen verpflichtet, selbst wenn die Vergütung weitergezahlt wird. Der Anspruch ist analog § 255 BGB an die Gesellschaft abzutreten.[305] Dies gilt auch bei Zahlung einer gewinnabhängigen Vergütung.[306] 77

IV. Umfang der Geschäftsführungsbefugnis

1. Grundlagen. Der Umfang der Geschäftsführungsbefugnis umfasst nach der gesetzlichen Grundregel des § 116 Abs. 2 S. 1 Hs. 1 nur die Geschäfte, die der gewöhnliche Geschäftsbetrieb mit sich bringt. Darüber hinausgehende Maßnahmen der Geschäftsführung bedürfen eines Beschlusses sämtlicher Gesellschafter (Hs. 2). Hiervon zu unterscheiden sind **Grundlagengeschäfte** (zur Abgrenzung → Rn. 18). Hierunter fallen alle Vertragsänderungen sowie Gesellschafterbeschlüsse, die in ähnlicher Weise die Grundlagen der Gesellschaft berühren oder in die individuelle Rechtsstellung der Gesellschafter eingreifen (→ Rn. 13).[307] Auch diese Maßnahmen bedürfen nach § 109 Abs. 3 der Zustimmung aller Gesellschafter. 78

2. Gewöhnliche Geschäfte. a) Definition. Gewöhnliche Geschäfte sind solche Maßnahmen, die bei einem Handelsgewerbe, wie es die **konkrete Gesellschaft** betreibt, normalerweise getätigt werden. Entscheidend ist also nicht, welche Geschäfte ein von der Gesellschaft betriebenes Handelsgewerbe im Vergleich zu anderen Unternehmen normalerweise mit sich bringt, sondern was nach Art und Umfang des konkreten Handelsgewerbes üblich ist.[308] Dies folgt aus der Verwendung des bestimmten Artikels „gewöhnliche Betrieb *des* Handelsgewerbes". Kriterien für die Üblichkeit sind die Regelungen des **Gesellschaftsvertrags,** die Art und der Umfang des **Handelsgewerbes,** die **bisherige Praxis** in der Gesellschaft und die Art, Größe, Bedeutung und das **Risiko des Geschäfts** für den Betrieb.[309] Keine Rolle spielt hingegen die Eilbedürftigkeit; Gefahr im Verzug ist – anders als § 116 Abs. 2 S. 3, Abs. 4 Hs. 2 – für § 116 Abs. 2 ohne Belang.[310] Soweit ein Geschäft ab und zu im Geschäftsablauf vorkommt, ist es üblich.[311] Die allgemeine Übung in anderen Handelsbetrieben ist heranzuziehen, wenn es an konkreten Anhaltspunkten fehlt.[312] **Im Zweifel** handelt es sich mit Blick auf die Effektivität der Geschäftsleitung in der OHG sowie der Systematik des § 116 Abs. 2 um ein **gewöhnliches Geschäft.**[313] 79

---

[301] Dort sehr str.; vgl. für eine analoge Anwendung OLG Köln 6.11.2007, NZG 2008, 637; zumindest für eine modifizierte Anwendung Henssler/Strohn/Oetker § 35 GmbHG Rn. 131 ff.; dagegen MüKoGmbHG/Jaeger/Steinbrück GmbHG § 35 Rn. 342; Scholz/Schneider/Hohenstatt GmbHG § 35 Rn. 371.

[302] Heymann/Hoffmann/Bartlitz § 110 Rn. 30; vgl.vMüKoHGB/Fleischer Rn. 131; weitere Einzelheiten bei Schlegelberger/Martens § 114 Rn. 26.

[303] BGH 13.5.1953, BGHZ 10, 44 (53) = NJW 1953, 1548; vgl. auch Heymann/Hoffmann/Bartlitz § 114 Rn. 13.

[304] Vgl. näher hierzu Schlegelberger/Martens § 114 Rn. 57; s. ferner OLG Koblenz 20.9.1979, BB 1980, 855 (857); Heymann/Hoffmann/Bartlitz § 114 Rn. 13.

[305] BGH 14.10.1969, NJW 1970, 95 (96).

[306] Str., so Schlegelberger/Martens § 114 Rn. 28 mwN; Ebenroth/Boujong/Drescher Rn. 122.

[307] BGH 15.1.2007, BGHZ 170, 283 = NJW 2007, 1685 mwN – Otto.

[308] BGH 13.1.1954, BB 1954, 143; Schlegelberger/Martens Rn. 4 mwN; für eine großzügige Betrachtungsweise MüKoHGB/Fleischer Rn. 136, 154.

[309] Vgl. RG 20.10.1938, RGZ 158, 302 (308); BGH 13.1.1954, BB 1954, 143; 24.3.1969, WM 1969, 688 (690); 11.2.1980, BGHZ 76, 160 (162 f.); OLG Köln 16.2.1994, NJW-RR 1995, 547 (548); OLG Hamm 28.10.2015, BeckRS 2016, 03150; 19.11.2019, BeckRS 2018, 31292 Rn. 42; 18.5.2020, NZG 2020, 828 Rn. 32; MüKoHGB/Fleischer Rn. 136, 147; Schlegelberger/Martens Rn. 4; Raue GmbHR 2015, 121 (125).

[310] MüKoHGB/Fleischer Rn. 153; Schlegelberger/Martens Rn. 13; Staub/Schäfer Rn. 96.

[311] Ebenroth/Boujong/Drescher Rn. 35.

[312] BGH 13.1.1954, BB 1954, 143.

[313] Im Ergebnis ebenso BGH 13.1.1954, BB 1954, 143; Hopt/Roth Rn. 19; Heymann/Hoffmann/Bartlitz Rn. 3.

80 **b) Beispiele.** Die Einordnung als gewöhnliches oder außergewöhnliches Geschäft richtet sich immer nach den Umständen der einzelnen Handelsgesellschaft.[314] Die genannten Beispiele sind daher nicht immer verallgemeinerungsfähig, sondern können nur einen Eindruck von der Abgrenzung in Einzelfällen geben. Als gewöhnliche Geschäfte kommen in Betracht zB Verträge mit **Architekten** und Bauunternehmen,[315] die Verlagerung von **Warenbeständen** bei drohenden Gefahren,[316] die Einholung von **Auskünften** über die Kreditwürdigkeit von Geschäftspartnern,[317] die **Rückforderung** von Ausschüttungen[318] und die Stellung von **Sicherheiten** bei einer Betriebsaufspaltung durch die Besitzgesellschaft für Kredite, die der Betriebsgesellschaft gewährt werden.[319] Hinzu kommen noch alltägliche Maßnahmen der Forschung und Entwicklung, Produktion und Marketing, Finanzierung und Vermögensverwaltung, Abschluss laufender Arbeits-, Dienst-, Bank- und Versicherungsverträge.[320]

81 Je nach Zuschnitt der konkreten Gesellschaft kann auch die Gründung oder Auflösung von **Zweigniederlassungen** oder die **Veräußerung** von Vermögensgegenständen, die keinen ungewöhnlichen Wert aufweisen, zu den gewöhnlichen Geschäften gehören.[321] Zu den gewöhnlichen Geschäften wurde auch die **Klageerhebung** gegen einen Gesellschafter wegen eines mit ihm geschlossenen Drittgeschäfts gerechnet[322] sowie die Geltendmachung von Sozialansprüchen gegen ihn (→ § 126 Rn. 20).[323] Die Erteilung der **Prokura** ist nach dem Grundgedanken des Abs. 2 S. 2 eine normale Maßnahme der Geschäftsführung. Je nach den Umständen des Einzelfalles kann sie jedoch auch eine außergewöhnliche Geschäftsführungsmaßnahme sein; in diesem Fall ist nach Abs. 2 S. 1 Hs. 2 die Zustimmung aller Gesellschafter erforderlich.[324]

82 **3. Außergewöhnliche Geschäfte. a) Definition.** Ungewöhnlich sind Geschäfte, die über die für gewöhnliche Maßnahmen genannten Kriterien (→ Rn. 79) hinausgehen und daher nur **ausnahmsweise vorkommen.**[325] In Abkehr von Art. 103 Abs. 1 ADHGB sind Geschäfte, die von dem Gesellschaftszweck nicht mehr umfasst sind, nicht als außergewöhnliche Maßnahmen der Geschäftsführung, sondern als Vertragsänderungen und daher als von § 116 nicht mehr umfasste **Grundlagengeschäfte** einzuordnen.[326]

83 **b) Beispiele.** Als außergewöhnliches Geschäft kommen zB in Betracht die **langfristige Bindung** von Betriebsmitteln und **Kreditgeschäfte** von besonderer Tragweite und Risikoneigung (Klumpenrisiko),[327] Abschluss langfristiger Lieferverträge,[328] Verpflichtung zur Übertragung des **gesamten Vermögens** (→ Rn. 16),[329] Veräußerung zentraler Vermögensgegenstände (Kronjuwelen),[330] Erteilung einer Generalvollmacht oder einer langlaufenden Handlungsvollmacht,[331] die Neuausrichtung der

---

[314] BGH 24.7.2012, ZIP 2013, 366 Rn. 3; LG Berlin 10.12.2012, DStR 2013, 1195 (1197).
[315] BGH 11.2.1980, BGHZ 76, 160 (162 f.) = NJW 1980, 1463 (1464).
[316] BGH 13.1.1954, BB 1954, 143.
[317] RG 21.4.1888, RGZ 20, 190 (194).
[318] OLG Hamm, 4.2.2015, BeckRS 2015, 20091; 22.6.2015, BeckRS 2015, 14129; dazu Czaplinski/Knodel GWR 2015, 362.
[319] RG 22.10.1938, RGZ 158, 302 (308 ff.).
[320] Vgl. noch MüKoHGB/Fleischer Rn. 154; Staub/Schäfer Rn. 88.
[321] Schlegelberger/Martens Rn. 10.
[322] BGH 12.6.1997, WM 1997, 1431; zum abw. Fall einer Klage gegen den geschäftsführenden Gesellschafter auf Schadensersatz wegen schuldhafter Verletzung von Geschäftsführerpflichten → Rn. 8.
[323] OLG Hamm 20.6.2011, BeckRS 2011, 17849; 28.8.2013, BeckRS 2013, 16349.
[324] Hopt/Roth Rn. 26; Heymann/Hoffmann/Bartlitz Rn. 12.
[325] BGH 13.1.1954, BB 1954, 143; 11.2.1980, BGHZ 76, 160 (162 f.) = NJW 1980, 1463 (1464); OLG Hamm 28.10.2015, ZIP 2016, 1071 (1074); 4.7.2019, BeckRS 2019, 17205 Rn. 142; 19.11.2019, BeckRS 2018, 31292 Rn. 42; 18.5.2020, NZG 2020, 828 Rn. 32; Wertenbruch NZG 2016, 1081 (1082); vgl. iE MüKoHGB/Fleischer Rn. 150 f., 163 ff.
[326] Heymann/Hoffmann/Bartlitz Rn. 5; vgl. MüKoHGB/Fleischer Rn. 139; Staub/Schäfer Rn. 87; Ebenroth/Boujong/Drescher Rn. 36; Hippeli Jura 2017, 1192 (1193); **aA** RG 22.10.1938, RGZ 158, 302 (308); GroßkommHGB/Fischer Anm. 2a.
[327] RGHMW/Haas/Mohamed Rn. 72; Schlegelberger/Martens Rn. 11; MüKoHGB/Fleischer Rn. 156.
[328] Vgl. BGH 25.2.1991, NJW 1991, 1681 (1682); GK-HGB/Ensthaler Rn. 4 ff.; Hippeli Jura 2017, 1192 (1193).
[329] BGH 15.2.2022, BGHZ 232, 375 Rn. 28 ff. = NJW 2022, 1878: keine analoge Anwendung des § 179a AktG auf gesetzestypische KG; ebenso für die Publikums-KG BGH 8.7.2025, NZG 2025, 1421 Rn. 35 ff. m. abl. Anm. Tröger = ZPG 2026, Heft 3 m. abl. Anm. Lieder; abl. auch Bachmann/Habighorst ZPG 2025, 401 ff.; dem BGH folgend aber Mayer/Bauer GmbHR 2025, 1199 (1201); Meyer NZG 2026, 21 Rn. 14 ff.; Otte BB 2025, 2643 f.; Wentz WuB 2025, 488 (493).
[330] Vgl. KG 8.3.2007, BeckRS 2007, 09357; bestätigt durch BGH 2.6.2008, NZG 2008, 622; vgl. weiter Schlegelberger/Martens Rn. 10; MüKoHGB/Fleischer Rn. 155.
[331] GroßkommHGB/Fischer Anm. 2a; MüKoHGB/Fleischer Rn. 158.

Geschäftspolitik infolge eines Wechsels des Handelsvertragspartners,[332] **Erweiterungsinvestitionen,** die über den bisherigen Geschäftsbetrieb hinausgehen,[333] betriebswirtschaftliche Organisationsmaßnahmen, wie zB Restrukturierungsmaßnahmen,[334] Errichtung neuer Produktionsstätten oder von Zweigniederlassungen (→ Rn. 81),[335] oder ungewöhnlich umfangreiche **Baumaßnahmen,**[336] etwa der Umbau des einzigen Ladenlokals, während dies bei einer Gesellschaft mit einer Vielzahl von Ladenlokalen, die turnusmäßig renoviert werden, nicht der Fall ist. Gleiches gilt für den **Einkauf von Filmen** durch eine Fernsehgesellschaft für mehrere hundert Millionen DM[337] und Maßnahmen, die die Gefahr einer erheblichen **Interessenkollision** zwischen dem Geschäftsführer und der Gesellschaft mit sich bringen,[338] wie zB wenn der Mitgesellschafter für einen Auftrag, der normalerweise durch externe Personen durchgeführt wird, eine gesonderte Vergütung zulasten der Gesellschaft erhalten soll,[339] sowie **Klagen** gegen einen Gesellschafter auf Schadensersatz wegen schuldhafter Verletzung der Geschäftsführungspflichten,[340] die Bestellung eines **besonderen Vertreters** analog § 46 Nr. 8 GmbHG, § 147 Abs. 2 AktG (→ Rn. 57),[341] die Verteilung von **Spenden** über das alltägliche Maß hinaus[342] sowie die **Kündigung** des Beratervertrags eines Gründungsgesellschafters und langjährigen Geschäftsführers.[343]

c) Konzernmaßnahmen. Auch die Beurteilung von Maßnahmen der Konzernbildung richtet sich ganz nach den Umständen des Einzelfalles. So können die **Ausgliederung** von Unternehmensfunktionen auf selbstständige Tochtergesellschaften, der **Erwerb von Tochtergesellschaften** oder Maßnahmen innerhalb von Tochtergesellschaften unter Umständen als außergewöhnliche Maßnahmen der Geschäftsführung zu qualifizieren sein (zum Konzernrecht der Personengesellschaft → § 105 Rn. 192 ff.).[344] 84

Ungewöhnliche Geschäfte für die Tochtergesellschaft sind nicht zwangsläufig ungewöhnlich auf der Ebene der **Muttergesellschaft,** sodass sie dort nicht der Zustimmung aller Gesellschafter bedürfen, sondern grundsätzlich nur auf der Ebene der Tochter, wo die Gesellschafterrechte der Muttergesellschaft durch den oder die Geschäftsführer der Mutter ausgeübt werden. Entscheidend für die Einordnung als außergewöhnlich auf der Ebene der Mutter sind die Art der Verflechtung und die **Bedeutung des Geschäfts** für die Obergesellschaft.[345] In einem solchen Fall ist auch die Zustimmung aller Gesellschafter der Obergesellschaft erforderlich. Die Bildung von **Willkürreserven** bei der Untergesellschaft mit der Folge geringerer Gewinnausschüttungen bei der Muttergesellschaft ist mit der zutreffenden hM als außergewöhnliches Geschäft iSd § 116 Abs. 2 S. 1 Hs. 2 einzuordnen (→ § 105 Rn. 212). 85

4. Beweislast. Die Darlegungs- und Beweislast für die Frage, ob es sich um ein gewöhnliches oder außergewöhnliches Geschäft handelt, trägt derjenige, der sich hierauf beruft. Dies ist etwa für die Frage der Kompetenzüberschreitung durch den geschäftsführenden Gesellschafter und hieraus resultierender Schadensersatzansprüche die Gesellschaft, nicht der geschäftsführende Gesellschafter.[346] 86

V. Zustimmung aller Gesellschafter

1. Zustimmungserfordernis. a) Grundlagen. Liegt eine außergewöhnliche Geschäftsführungsmaßnahme iSd Abs. 2 S. 1 Hs. 2 vor (→ Rn. 82 f.), bedarf die Maßnahme der Zustimmung 87

332 Begr. RegE, BT-Drs. 19/27635, 151.
333 MüKoHGB/Fleischer Rn. 163; weitergehend Schlegelberger/Martens Rn. 11: jede Erweiterungsmaßnahme.
334 MüKoHGB/Fleischer Rn. 158; Deubert/Lewe BB 2018, 874 (876).
335 Vgl. BGH 25.2.1991, NJW 1991, 1681 (1682); NK-HGB/Psaroudakis Rn. 11; GK-HGB/Ensthaler Rn. 4 ff.; Hippeli Jura 2017, 1192 (1193).
336 Heymann/Hoffmann/Bartlitz Rn. 6.
337 OLG Koblenz 9.8.1990, NJW-RR 1991, 487 (489).
338 BGH 8.5.1972, WM 1973, 170 (171) = NJW 1973, 465 Ls.; vgl. auch OLG Köln 16.2.1994, NJW-RR 1995, 547 (549); MüKoHGB/Fleischer Rn. 161; vorsichtiger (und im konkreten Fall abl.) BGH 11.2.1980, BGHZ 76, 160 (163).
339 OLG Hamm 18.5.2020, NZG 2020, 828 Rn. 33 ff.
340 BGH 4.11.1982, WM 1983, 60; 12.6.1997, WM 1997, 1431; 7.6.2010, WM 2010, 2311 Rn. 17; RG 1.4.1943, RGZ 171, 51 (54); OLG Stuttgart 11.3.2009, NZG 2009, 1303 (1305); OLG Hamm 19.11.2019, BeckRS *2018, 31292* Rn. 43.
341 BGH 7.6.2010, NZG 2010, 1381 Rn. 17; zust. MüKoHGB/Fleischer Rn. 161; Reiff/Röck LMK 2011, 312786.
342 Beispiel bei K. Schmidt Non Profit Law Yearbook 2001, 2002, 116 ff.
343 OLG München 3.2.2011, BeckRS 2011, 4044.
344 Vgl. auch Heymann/Hoffmann/Bartlitz Rn. 7; Staub/Schäfer Rn. 86.
345 Vgl. etwa BGH 8.5.1972, WM 1973, 170 (172) = NJW 1973, 465 Ls.; Emde WM 1996, 1205; Schlegelberger/Martens Rn. 7 ff.; Heymann/Hoffmann/Bartlitz Rn. 7.
346 Baumgärtel/Wittmann Bd. 4, HGB, 1. Aufl. 1988, Rn. 1; RGHMW/Haas/Mohamed Rn. 56.

durch alle Gesellschafter, nicht nur der geschäftsführenden. Erforderlich ist also ein einstimmiger Beschluss. Da die Regelung **dispositiv** ist,[347] kann im Gesellschaftsvertrag auch eine **Mehrheitsentscheidung** vereinbart[348] oder die Regel ganz abbedungen werden, indem nur die geschäftsführenden Gesellschafter zustimmen müssen.[349] Dies wird dadurch bestätigt, dass der BGH in der Otto-Entscheidung[350] sogar gewöhnliche Grundlagengeschäfte einer nur allgemein gehaltenen Mehrheitsklausel unterworfen hat.[351] Die Zustimmung zu außergewöhnlichen Geschäftsführungsmaßnahmen ist anders als bei Abs. 4 Hs. 2 auch erforderlich, wenn Gefahr im Verzug besteht. Bei einer länger andauernden Gefahrensituation können Maßnahmen zur Gefahrenabwehr aber auch schon wieder zu gewöhnlicher Geschäftsführung werden.[352]

88 **b) Notgeschäftsführungsrecht.** Nach Maßgabe des § 715a BGB iVm § 105 Abs. 3 steht jedem Gesellschafter, auch den nicht geschäftsführenden, das **Notgeschäftsführungsrecht** zu, wenn mit einem Aufschub Gefahr für die Gesellschaft oder das Gesellschaftsvermögen verbunden ist.[353] Das kann auch für die Erhebung einer Beschlussmängelklage der Fall sein,[354] wobei eine kurze Anfechtungsfrist – etwa nach § 112 Abs. 1 S. 2 – für sich nicht zur Begründung einer Gefahr für die Gesellschaft ausreicht.[355] Davon abgesehen steht das Notgeschäftsführungsrecht nur bei einer **Gefahr** für die Interessen der Gesellschaft zur Verfügung, nicht aber zur Wahrnehmung eigener Interessen eines Gesellschafters.[356] Ohne das sofortige Handeln eines – unbefugten – Gesellschafters muss der Gesellschaft bei **objektiver Betrachtung ex post** ein Schaden drohen, bei dem es sich auch um entgangenen Gewinn handeln kann.[357] Schätzt der Gesellschafter die Gefahrenlage ex ante falsch ein, kommen die Regelungen über die GoA zur Anwendung.[358]

89 Zudem scheidet eine Notgeschäftsführung aus, wenn der Gesellschafter in der Lage ist, die Gefahr durch Inanspruchnahme seiner Mitgesellschafter abzuwenden **(Subsidiarität).**[359] Gleiches gilt – in Parallele zu Abs. 4 Hs. 2 (→ Rn. 79) –, wenn die geschäftsführungsbefugten Gesellschafter ein Tätigwerden verweigern. In diesem Fall muss der Gesellschafter im Klagewege gegen die geschäftsführungsbefugten Gesellschafter vorgehen.[360] Nur wenn dies aufgrund der Eilbedürftigkeit zur Abwendung des drohenden Schadens ausscheidet, greift das Notgeschäftsführungsrecht ein.[361] Umgekehrt verliert er sein Notrecht, wenn er eine zeitnahe Inanspruchnahme unterlässt, und zwar selbst dann, wenn ein Anspruch der Gesellschaft gegen einen Dritten andernfalls zu verjähren droht.[362]

90 Im Übrigen steht der Wahrnehmung der Notgeschäftsführungsbefugnis weder eine nach Abs. 4 verweigerte Zustimmung noch ein Widerspruch nach Abs. 3 S. 3 entgegen. Allerdings darf eine konkrete gesellschaftsvertragliche Vereinbarung, etwa die Gesamtgeschäftsführungsbefugnis mehrerer Gesellschafter, nicht durch das Notrecht unterlaufen werden.[363] Dementsprechend setzt § 715a S. 1 BGB voraus, dass **alle geschäftsführungsbefugten Gesellschafter verhindert** sein müssen. Sind

---

[347] BGH 7.6.2010, WM 2010, 2311 Rn. 17; 24.7.2012, ZIP 2013, 366 Rn. 3.

[348] BGH 11.9.2018, NZG 2018, 1226 Rn. 17; Heymann/Hoffmann/Bartlitz Rn. 8; Böttcher NZG 2019, 61 (62).

[349] BGH 24.11.2008, BGHZ 179, 13 Rn. 13 ff. = NJW 2009, 669; 7.6.2010, NZG 2010, 1381; OLG Stuttgart 11.3.2009, NZG 2009, 1303 (1306); MüKoHGB/Enzinger § 109 Rn. 78; Heymann/Hoffmann/Bartlitz § 119 Rn. 29.

[350] BGH 15.1.2007, BGHZ 170, 283 = NJW 2007, 1685 – Otto.

[351] OLG Stuttgart 11.3.2009, NZG 2009, 1303 (1306).

[352] BGH 13.1.1954, BB 1954, 143.

[353] Vgl. zum bisherigen Recht RGHMW/Haas/Mohamed Rn. 85; Hopt/Roth Rn. 25; MüKoHGB/Fleischer Rn. 187; Henssler/Strohn/Oswald Rn. 77; Bergmann WM 2019, 189 (191, 192 ff.); **aA** MüKoBGB/K. Schmidt BGB §§ 744, 745 Rn. 50; Erman/Aderhold BGB § 744 Rn. 9; Koch PersGesR/Könen BGB § 715a Rn. 8.

[354] BGH 26.6.2018, ZIP 2018, 1492 Rn. 24 = BeckRS 2018, 16252; vgl. noch (zu § 2038 Abs. 1 S. 2 BGB) BGH 12.6.1989, BGHZ 108, 21 (30 f.) = NJW-RR 1991, 1255.

[355] BGH 26.6.2018, ZIP 2018, 1492 Rn. 26 = BeckRS 2018, 16252.

[356] Vgl. BGH 10.1.1963, BGHZ 39, 14 (20) = NJW 1963, 641; BGH 26.6.2018, ZIP 2018, 1492 Rn. 25 = BeckRS 2018, 16252.

[357] Begr. RegE, BT-Drs. 19/27635, 153.

[358] Begr. RegE, BT-Drs. 19/27635, 154.

[359] Vgl. BGH 10.1.1963, BGHZ 39, 14 (20 f.) = NJW 1963, 641; BGH 26.6.2018, ZIP 2018, 1492 Rn. 27 f. = BeckRS 2018, 16252; Bergmann WM 2019, 189 (194 f.).

[360] Bergmann WM 2019, 189 (195).

[361] Vgl. BGH 10.1.1963, BGHZ 39, 14 (17 f.) = NJW 1963, 641; 26.6.2018, ZIP 2018, 1492 Rn. 27 = BeckRS 2018, 16252; Bergmann WM 2019, 189 (195).

[362] Vgl. BGH 10.1.1963, BGHZ 39, 14 (20 f.) = NJW 1963, 641; Bergmann WM 2019, 189 (195); Bork/Oepen ZGR 2001, 515 (547).

[363] Begr. RegE, BT-Drs. 19/27635, 153.

nur einzelne von ihnen zur Geschäftsführung nicht in der Lage, greift vorrangig die Notgeschäftsführungsbefugnis (gesamt-)geschäftsführungsbefugter Gesellschafter nach Abs. 4 Hs. 2 ein.[364] Vor diesem Hintergrund ist der handlungswillige Gesellschafter verpflichtet, sich nach Kräften darum zu bemühen, rechtzeitig die erforderliche Zustimmung eines geschäftsführungsbefugten Gesellschafters zu erlangen (→ Rn. 92).

Die **Rechtsfolge** des § 715a BGB iVm § 105 Abs. 3 beschränkt sich entsprechend seiner systematischen Stellung auf das **Innenverhältnis.** Das Tätigwerden eines nicht geschäftsführungsbefugten Gesellschafters wird ausnahmsweise legitimiert. Der Handelnde verstößt nicht gegen die gesetzliche Kompetenzordnung. Eine Vertretungsbefugnis im Außenverhältnis folgt daraus gerade nicht.[365] Der Notgeschäftsführer wird nach außen entweder im eigenen Namen tätig und selbst Vertragspartei des anderen Teils, oder aber er schließt den Vertrag als falsus procurator für die GbR. Die vertretungsberechtigten Gesellschafter können das Geschäft dann entweder im Namen der GbR genehmigen oder der Notgeschäftsführer haftet nach § 179 BGB. Ist der Notgeschäftsführer im Innenverhältnis legitimiert, hat er gegen die vertretungsberechtigten Gesellschafter aus der gesellschaftsrechtlichen Treuepflicht regelmäßig einen Anspruch auf Erteilung der Genehmigung nach § 177 BGB.[366] Wird der Notgeschäftsführer in Anspruch genommen oder erleidet er infolge der Geschäftsführung Verluste, dann kommt ein Ersatzanspruch nach § 716 Abs. 1 BGB iVm § 105 Abs. 3 in Betracht.[367] 91

2. Zustimmungsbeschluss. a) Zuständigkeit. Für die Beschlussfassung über die Zustimmung sind nach Abs. 2 S. 1 Hs. 2 alle Gesellschafter zuständig. Da es sich um eine Maßnahme der Geschäftsführung handelt, unterliegt die Zustimmung denselben Bindungen aus der **gesellschaftsrechtlichen Treuepflicht**[368] und der Pflicht zur **ordnungsgemäßen Geschäftsführung** wie die Geschäftsführung bezüglich der geplanten Maßnahme selbst. Dabei unterliegt die Entscheidung aber auch dem unternehmerischen Ermessen in Bezug auf die Zweckmäßigkeit einer Geschäftsführungsmaßnahme. Die Zweckmäßigkeit der Zustimmung oder der Ablehnung der geplanten Maßnahme unterliegt nur einer eingeschränkten gerichtlichen Ermessensüberprüfung.[369] In dem Rahmen kann der Gesellschafter auch eigene Interessen verfolgen, soweit dies nicht mit dem Wohl des Unternehmens kollidiert.[370] 92

b) Mitwirkungspflicht. Die Gesellschafter dürfen der Gesellschafterversammlung nicht grundlos fernbleiben.[371] Wiederholt sich dies, kann das **Stimmrecht verwirkt** werden.[372] Umstritten ist, ob eine Stimmenthaltung grundsätzlich pflichtwidrig ist, sofern der Beschluss einstimmig gefasst werden muss.[373] Hier ist zu unterscheiden. Die Zustimmungsentscheidung muss als Maßnahme der Geschäftsführung von jedem Gesellschafter ordnungsgemäß vorbereitet werden. Ein Gesellschafter darf sich daher nicht deswegen der Stimme enthalten, weil er nicht sachkundig ist.[374] Im Übrigen kann ein Verbot der Enthaltung nur angenommen werden, wenn im Einzelfall auch eine positive Zustimmungspflicht besteht (→ Rn. 94). Ist das nicht der Fall, ist die Stimmenthaltung als Minus zur Versagung der Zustimmung das mildere Mittel und auch im Hinblick auf das Ziel des Beschlusses, Klarheit über die Geschäftsführungsbefugnis herbeizuführen, zulässig.[375] 93

c) Zustimmungspflicht. Die gesellschaftsrechtliche Treuepflicht und die Pflicht zur ordnungsgemäßen Geschäftsführung können in Ausnahmefällen eine Zustimmungspflicht der anderen Gesellschafter zu der außergewöhnlichen Geschäftsführungsmaßnahme begründen, wenn die Maßnahme im Interesse der Gesellschaft notwendig ist.[376] Verweigert oder verzögert ein Gesellschafter im Fall der Zustimmungspflicht die Mitwirkung, kann er auf Zustimmung verklagt werden (→ Rn. 97) oder auf Schadensersatz in Anspruch genommen werden.[377] 94

---

[364] Begr. RegE, BT-Drs. 19/27635, 153.

[365] Dazu und zum Folgenden Begr. RegE, BT-Drs. 19/27635, 154; Koch PersGesR/Könen BGB § 715a Rn. 12.

[366] MüKoBGB/Schäfer BGB § 715a Rn. 6.

[367] Begr. RegE, BT-Drs. 19/27635, 154.

[368] BGH 11.9.2018, NZG 2018, 1226 Rn. 35.

[369] Schlegelberger/Martens Rn. 14; vgl. weiter BGH 8.7.1985, NJW 1986, 844.

[370] BGH 19.4.1971, NJW 1971, 1613; 8.7.1985, NJW 1986, 844; MüKoHGB/Fleischer Rn. 184.

[371] A. Hueck ZGR 1972, 237 (240 ff.); Schlegelberger/Martens Rn. 13.

[372] So für das Recht, die Zustimmung aus Zweckmäßigkeitsgründen zu versagen, BGH 24.1.1972, NJW 1972, 862 (864).

[373] A. Hueck ZGR 1972, 237 (241), sofern ein Beschluss einstimmig gefasst werden muss.

[374] Schlegelberger/Martens Rn. 18.

[375] Ebenroth/Boujong/Drescher Rn. 45; MüKoHGB/Fleischer Rn. 179; Schlegelberger/Martens Rn. 18.

[376] BGH 24.1.1972, NJW 1972, 862 (863); 2.7.1973, WM 1973, 1291 (1294) – insoweit nicht abgedruckt in NJW 1973, 2198; Ebenroth/Boujong/Drescher Rn. 44.

[377] Ebenroth/Boujong/Drescher Rn. 46; Schlegelberger/Martens Rn. 16.

95 **d) Ablehnungspflicht.** Umgekehrt besteht die Pflicht zur Ablehnung der geplanten außergewöhnlichen Geschäftsführungsmaßnahme, wenn die Gesellschafter erkennen, dass der Gesellschaft durch diese Maßnahme Schäden drohen.[378] Ist der Grund für die Ablehnung nicht bekannt oder offensichtlich, ist die Ablehnung zu begründen (→ Rn. 116).[379]

96 **3. Rechtsfolgen. a) Vorliegen einer Zustimmung.** Liegt ein wirksamer Zustimmungsbeschluss vor, sind die geschäftsführenden Gesellschafter hieran **gebunden.**[380] Unter Zustimmung sind sowohl die vorherige Einwilligung wie auch die nachträgliche Genehmigung zu verstehen.[381] Im Zeitpunkt einer vorherigen Zustimmung muss das zustimmungsbedürftige Rechtsgeschäft noch nicht in allen Einzelheiten feststehen.[382] Nach wirksamer Zustimmung sind die geschäftsführenden Gesellschafter gehalten, die beschlossene Maßnahme mitsamt etwaiger beschlossener Modalitäten durchzuführen, es sei denn, zwischenzeitlich ist eine substanzielle Änderung der Umstände eingetreten (vgl. § 665 BGB).[383] Zugleich liegt hierin die Ermächtigung zur Geschäftsführung, sodass die Geschäftsführer nicht pflichtwidrig handeln und nicht auf Schadensersatz haften, wenn sie die Maßnahme durchführen. Eine **Haftung** kann sich lediglich ergeben, wenn wesentliche Informationen vor dem Zustimmungsbeschluss vorenthalten worden waren.[384] Der Beschluss ist auch für die zustimmenden Gesellschafter bindend, sodass diese ihre Zustimmung nur aus wichtigem Grund widerrufen können (→ Rn. 118). Stellen sich die Zustimmung und die geplante Maßnahme im Nachhinein als gesellschaftswidrig heraus, kann es die Treuepflicht erfordern, an der Aufhebung des Beschlusses mitzuwirken.[385]

97 **b) Fehlen einer Zustimmung. aa) Bei Zustimmungspflicht.** Wurde die Zustimmung grundlos verweigert und war die Ablehnung pflichtwidrig, weil eine Zustimmungspflicht besteht, ist die fehlende Zustimmung **unbeachtlich.** Die geschäftsführenden Gesellschafter haben gleichwohl die Geschäftsführungsbefugnis für die geplante Maßnahme.[386] Will man das Risiko nicht eingehen, ohne Geschäftsführungsbefugnis zu handeln, kann die Gesellschaft, vertreten durch die geschäftsführenden Gesellschafter, oder können alle Gesellschafter im Wege der Gesellschafterklage (actio pro socio) nach § 715b BGB iVm § 105 Abs. 3 (→ § 105 Rn. 102 ff.) von dem sich weigernden Gesellschafter die Zustimmung klageweise verlangen.[387] Das Erfordernis einer gemeinsamen Vertretung nach außen bleibt hiervon aber grundsätzlich unberührt (→ Rn. 130).

98 **bb) Ohne Zustimmungspflicht.** Lag die Ablehnung der geplanten außergewöhnlichen Maßnahme innerhalb des unternehmerischen Ermessens und war daher nicht pflichtwidrig, begründet sie ein **Ausführungsverbot.** Ausnahmsweise kann der Geschäftsführer die Maßnahme durchführen, wenn sie unerlässlich ist und auf einen grundsätzlich noch möglichen, aber noch ausstehenden Beschluss nicht gewartet werden kann.[388] Fehlt die Geschäftsführungsbefugnis im Innenverhältnis wegen der Ablehnung der Maßnahme, führt dies allein nicht zum Fehlen der **Vertretungsmacht,** sondern nur unter den Voraussetzungen der Grundsätze des Missbrauchs der Vertretungsmacht und bei kollusivem Zusammenwirken (→ § 124 Rn. 69 ff.; → Rn. 120). Verstößt der geschäftsführende Gesellschafter gegen die Unterlassungspflicht, haftet er auf **Schadensersatz.**[389] Der Geschäftsführer kann aber darlegen, dass durch seine Geschäftstätigkeit kein Schaden entstanden ist (→ Rn. 52).[390]

99 Einen vorbeugenden **Unterlassungsanspruch** gegen den geschäftsführenden Gesellschafter, der von den anderen Gesellschaftern klageweise geltend gemacht werden kann, hat der BGH für Maßnahmen der gewöhnlichen Geschäftstätigkeit verneint. Ob dies für außergewöhnliche, zustimmungsbedürftige Maßnahmen der Geschäftsführung ebenso gilt, hat er mangels Entscheidungserheblichkeit offengelassen.[391] Die vorgebrachte Begründung, die Unterlassungsklage greife in die Eigenverant-

---

[378] Ebenroth/Boujong/Drescher Rn. 44; näher hierzu Schlegelberger/Martens Rn. 17; enger MüKoHGB/Fleischer Rn. 40.
[379] BGH 24.1.1972, NJW 1972, 862 (863).
[380] BGH 11.9.2018, NZG 2018, 1226 Rn. 32, 38.
[381] BGH 24.7.2012, ZIP 2012, 366 Rn. 4.
[382] BGH 24.7.2012, ZIP 2012, 366 Rn. 4; hieraus eine Pflicht zur Geltung eines Bestimmtheitsgebots für Gesellschafterbeschlüsse ableitend Nodoushani EWiR § 116 HGB 1/13, 206.
[383] Dazu näher Schlegelberger/Martens Rn. 19; vgl. weiter MüKoHGB/Fleischer Rn. 183; Staub/Schäfer Rn. 97.
[384] Ebenroth/Boujong/Drescher Rn. 47; Schlegelberger/Martens Rn. 20.
[385] Schlegelberger/Martens Rn. 19 aE.
[386] Ebenroth/Boujong/Drescher Rn. 46; Schlegelberger/Martens Rn. 16.
[387] Ebenroth/Boujong/Drescher Rn. 46; Heymann/Hoffmann/Bartlitz Rn. 8.
[388] Ebenroth/Boujong/Drescher Rn. 48.
[389] BGH 4.11.1996, NJW 1997, 314.
[390] BGH 2.6.2008, NZG 2008, 622; krit. Staub/Schäfer Rn. 67 f.
[391] BGH 11.2.1980, BGHZ 76, 160 (164) = NJW 1980, 1463 (1464).

wortlichkeit des Geschäftsführers ein und gefährde das Funktionieren der Gesellschaft, passt für außergewöhnliche Geschäftsführungsmaßnahmen nicht, weil dort die Befugnis zur Geschäftsführung gerade allen Gesellschaftern gemeinschaftlich zusteht. Für das Kapitalgesellschaftsrecht wurde ein derartiger Anspruch durch den BGH bereits bejaht.[392] Gleiches muss auch für das Personengesellschaftsrecht gelten.[393] Hiermit wird die gesetzliche Kompetenzordnung abgesichert und – da Zweckmäßigkeitserwägungen in diesem Zusammenhang keine Rolle spielen – den Geschäftsführern auch ihr unternehmerischer Entscheidungsspielraum gewahrt. Unterlassung kann allerdings nur in Bezug auf eine **konkrete Handlung** gefordert werden. Denn wenn eine ganze Gruppe von Geschäften erfasst würde, handelte es sich nicht mehr um das Verbot der Vornahme außergewöhnlicher Geschäfte nach § 116 Abs. 2 S. 1 Hs. 2, sondern um eine Änderung der Geschäftsführungsbefugnis, die der vertraglichen Grundlage bedarf.[394]

VI. Erteilung und Widerruf der Prokura

1. Grundlagen. Der Prokurist genießt nach § 49 eine weitreichende Vertretungsmacht. Dafür benötigt er das Vertrauen der Gesellschafter, das die Regelung des Abs. 2 S. 2 und S. 3 sicherstellt.[395] Selbst wenn Einzelgeschäftsführungsbefugnis besteht, muss die Erteilung einer Prokura durch alle geschäftsführenden Gesellschafter erfolgen. Umgekehrt kann selbst bei Gesamtgeschäftsführungsbefugnis jeder einzelne Gesellschafter die Prokura entziehen. Da die Regelung wegen der besonders weiten Reichweite der Prokura besteht, ist sie auf die Erteilung **anderer Vollmachten** wie der Handlungsvollmacht **nicht übertragbar.**[396] Die Regelung ist **dispositiv.**[397] 100

2. Erteilung der Prokura. a) Zuständigkeit. Zuständig für die Erteilung der Prokura sind nach Abs. 2 S. 2 **alle geschäftsführenden Gesellschafter,** selbst wenn im Übrigen Einzelgeschäftsführungsbefugnis vereinbart worden ist. Die Prokuraerteilung kann sich jedoch auch als **außergewöhnliche Geschäftsführungsmaßnahme** darstellen; in diesem Fall ist bereits nach Abs. 2 S. 1 Hs. 2 die Zustimmung aller Gesellschafter erforderlich.[398] Ist ein **Minderjähriger** Gesellschafter, bedarf die Erteilung durch den geschäftsführenden Gesellschafter nicht der familiengerichtlichen Genehmigung nach § 1852 Nr. 3 BGB, § 1643 Abs. 1 BGB, weil der Prokurist nur die Gesellschaft und nicht den Minderjährigen vertritt.[399] 101

b) Gefahr im Verzug. Nach Abs. 2 S. 2 Hs. 2 kann bei Gefahr im Verzug **jeder geschäftsführungsbefugte Gesellschafter** ohne das besondere Erfordernis der Gesamtgeschäftsführung nach Abs. 2 S. 2 Hs. 1 einen Prokuristen bestellen. Dies setzt voraus, dass ohne die Prokuraerteilung der Gesellschaft oder dem Gesellschaftsvermögen ein ernsthafter Schaden droht.[400] Handelt es sich bei der Erteilung der Prokura um ein **außergewöhnliches Geschäft** nach Abs. 2 S. 1 Hs. 2, greift die Zuständigkeitsregel bei Gefahr im Verzug nicht ein (→ Rn. 101). 102

Streitig ist, ob die **Zustimmung** der anderen Gesellschafter unverzüglich **nachgeholt** werden muss[401] oder ob es ausreicht, dass diese informiert werden und daraufhin von ihrem Widerrufsrecht nach Abs. 2 S. 3 Gebrauch machen können.[402] Die von Abs. 2 S. 2 Hs. 2 adressierte Notlage kann nur dadurch sicher beseitigt werden, dass die durch einen Gesellschafter erteilte Prokura auch unmittelbar wirksam wird. Das Erfordernis einer Zustimmung als zusätzliches Wirksamkeitskriterium entwertet die Notkompetenz. Die berechtigten Interessen der übrigen Gesellschafter werden durch die Möglichkeit des jederzeitigen Widerrufs der Prokura effektiv gewahrt. 103

c) Außenwirkung. Zu unterscheiden von dem Geschäftsführungsbeschluss über die Erteilung der Prokura als besondere Vertretungsbefugnis für die Gesellschaft ist die wirksame **Erteilung** der Prokura im Außenverhältnis gegenüber künftigen Prokuristen. Diese kann wirksam von dem oder 104

---

[392] BGH 25.2.1982, BGHZ 83, 122 (133 ff.) = NJW 1982, 1703 – Holzmüller; 10.10.2005, WM 2005, 2388 (2390) = NJW 2006, 374 zur AG.

[393] Ebenroth/Boujong/Drescher Rn. 50; Lutter AcP 180 (1980), 84 (139 f.); Hopt/Roth Rn. 22; MüKoHGB/Fleischer Rn. 189; Emde WM 1996, 1205 ff.

[394] BGH 11.2.1980, BGHZ 76, 160 (164) = NJW 1980, 1463 (1464).

[395] Schlegelberger/Martens Rn. 24.

[396] Ebenroth/Boujong/Drescher Rn. 52; Staub/Schäfer Rn. 109.

[397] BGH 2.7.1973, WM 1973, 1291 (1293 f.) = NJW 1973, 2198 (2199).

[398] Hopt/Roth Rn. 26; Heymann/Hoffmann/Bartlitz Rn. 12; RGHMW/Haas/Mohamed Rn. 86; Schlegelberger/Martens Rn. 25.

[399] BGH 20.9.1962, BGHZ 38, 26 (30) = NJW 1962, 2344; vgl. auch BGH 29.6.1970, NJW 1971, 375 (376) zur stillen Gesellschaft.

[400] Ebenroth/Boujong/Drescher Rn. 55; Hopt/Roth Rn. 26; Heymann/Hoffmann/Bartlitz Rn. 14.

[401] So Hopt/Roth Rn. 26; → 4. Aufl. 2015, Rn. 21 (Weitemeyer).

[402] So zu Recht Ebenroth/Boujong/Drescher Rn. 55; Schlegelberger/Martens Rn. 29 mwN.

den geschäftsführenden Gesellschaftern mit der ihnen zustehenden Vertretungsmacht gem. § 124 Abs. 4 erfolgen.[403] Liegt sie vor, muss das Registergericht die Prokura eintragen.[404] Das gilt grundsätzlich auch dann, wenn es im Innenverhältnis an der Zustimmung der übrigen Gesellschafter fehlt.[405] Im Interesse eines effektiven Verkehrsschutzes muss es bei der grundsätzlichen Trennung und Abstraktion von Innen- und Außenverhältnis bleiben. Das gilt umso mehr, als die Eintragung als Grundlage für die positive Publizitätswirkung des § 15 Abs. 2 später von Bedeutung ist. Eine Ausnahme ist mit der zutreffenden hM aus Praktikabilitätsgründen zu machen, wenn die Prokura bereits zuvor einmal wirksam entzogen worden und keine Lösung dieses Konflikts in Sicht ist.[406]

105 **d) Anstellungsvertrag.** Auch der Abschluss des **Anstellungsvertrags** mit dem Prokuristen unterliegt der Vertretung nach § 124. Im Innenverhältnis zu den Gesellschaftern wird aber bei einem engen wirtschaftlichen und rechtlichen Zusammenhang zwischen der Erteilung der Prokura und dem Abschluss des Anstellungsvertrags angenommen, dass sich die Regelung des Abs. 2 S. 2 auch auf den Anstellungsvertrag bezieht.[407]

106 **3. Widerruf der Prokura.** Für den Widerruf der Prokura ist **jeder Geschäftsführer** zuständig, selbst wenn im Übrigen Gesamtgeschäftsführung vereinbart ist. Die Wirksamkeit nach außen richtet sich demgegenüber nach dem Vertretungsrecht (§ 124). Die gesellschaftsrechtliche **Treuepflicht** kann es jedoch erfordern, dass die vertretungsberechtigten Gesellschafter den Entzug der Prokura nach außen wirksam vornehmen.[408] Kann der im Innenverhältnis nach Abs. 2 S. 3 berechtigte Gesellschafter auch nach außen die Prokura wirksam widerrufen, weil er Vertretungsmacht hat, können die übrigen Gesellschafter, wenn sie hierfür ebenfalls Vertretungsmacht haben, diesem wiederum Prokura erteilen[409] oder den widerrufenden Gesellschafter auf Wiederbestellung des Prokuristen auf der Grundlage der gesellschaftsrechtlichen Treuepflicht verklagen.[410] In diesem Fall kann das Registergericht die Eintragung verweigern, wenn die Kompetenzwidrigkeit offensichtlich ist und mit einem alsbaldigen Widerruf durch die anderen Geschäftsführer zu rechnen ist.[411]

107 **4. Modifizierungen der Prokura.** Für eine **Erweiterung** der Prokura gilt Abs. 2 S. 2 entsprechend.[412] Auf die **Beschränkung** kommt mit der zutreffenden hM[413] Abs. 2 S. 3 zur Anwendung, sodass ein einzelner geschäftsführender Gesellschafter die Prokura im Rahmen des gesetzlich normierten Umfangs beschränken kann. Die von der Gegenauffassung[414] geforderte Anwendung der Regeln über die Prokuraerteilung ist abzulehnen, weil die Einschränkung der einmal wirksam erteilten Prokura im Vergleich zum vollständigen Widerruf nicht als aliud, sondern als minus erscheint und daher zulässigerweise nach den Widerrufsregeln erfolgen kann. Dass hiermit eine beträchtliche Rechtsunsicherheit entsteht,[415] ist nicht ersichtlich. Mit Blick auf die Vertrauensstellung des Prokuristen entspricht die Gewährleistung einer Beschränkung durch **jeden Gesellschafter** vielmehr dem Normzweck des Abs. 2 S. 3.

VII. Einzelgeschäftsführungsbefugnis mit Widerspruchsrecht

108 **1. Einzelgeschäftsführungsbefugnis. a) Grundlagen.** Sofern die Gesellschafter keine abweichenden Vereinbarungen getroffen haben, geht Abs. 3 als Regelfall von der Einzelgeschäftsführungsbefugnis jedes geschäftsführenden Gesellschafters aus. Der Umfang der Zuständigkeit umfasst nach Abs. 2 den gesamten Geschäftsbereich der Gesellschaft in Abgrenzung zu den die **Grundlagen** der Gesellschaft umfassenden Maßnahmen (→ Rn. 13 ff.). Liegt eine **außergewöhnliche Geschäftsführungsmaßnahme** vor, müssen auch die anderen Gesellschafter nach § 116 Abs. 2 Hs. 1 S. 2

---

[403] BGH 14.2.1974, BGHZ 62, 166 (169) = NJW 1974, 1194; Hopt/Roth Rn. 26.
[404] BGH 14.2.1974, BGHZ 62, 166 (169) = NJW 1974, 1194; RG 22.12.1931, RGZ 134, 303 (307).
[405] Staub/Schäfer Rn. 107; Düringer/Hachenburg/Flechtheim Rn. 4; missverständlich MüKoHGB/Fleischer Rn. 194.
[406] Hopt/Roth Rn. 9; MüKoHGB/Fleischer Rn. 194; Schlegelberger/Martens Rn. 27.
[407] Ebenroth/Boujong/Drescher Rn. 54; Hueck OHG § 10 II 4; RGHMW/Haas/Mohamed Rn. 86; Schlegelberger/Martens Rn. 27.
[408] Heymann/Hoffmann/Bartlitz Rn. 16.
[409] RG 26.5.1880, RGZ 2, 30 (35).
[410] RG 27.1.1940, RGZ 163, 35 (38 f.).
[411] Hopt/Roth Rn. 27; Heymann/Hoffmann/Bartlitz Rn. 13; Schlegelberger/Martens Rn. 27.
[412] Ebenroth/Boujong/Drescher Rn. 59; allgM, vgl. nur Hopt/Roth Rn. 28; MüKoHGB/Fleischer Rn. 198.
[413] Ebenroth/Boujong/Drescher Rn. 59; Hopt/Roth Rn. 28; MüKoHGB/Fleischer Rn. 202; Staub/Schäfer Rn. 115; iE auch Schlegelberger/Martens Rn. 32.
[414] So GroßkommHGB/Fischer Anm. 13; → 4. Aufl. 2015, Rn. 24 (Weitemeyer).
[415] So → 4. Aufl. 2015, Rn. 24 (Weitemeyer).

zustimmen. Ohne diese Voraussetzungen unterliegt ein geschäftsführender Gesellschafter keinem Weisungsrecht und keinem Zustimmungsvorbehalt der Mitgesellschafter.[416]

b) Ressortaufteilung. Die Einzelgeschäftsführung erstreckt sich auf den gesamten Tätigkeitsbereich der Gesellschaft. Es kann jedoch eine Aufteilung von Ressorts auf einzelne Geschäftsführer vorgesehen werden. Diese Aufteilung kann bereits durch den **Gesellschaftsvertrag** oder durch einen **vertragsändernden Beschluss** vorgenommen werden. In diesem Fall wird die Auslegung der Vereinbarung im Zweifel ergeben, dass es sich um eine Einschränkung der Geschäftsführungsbefugnis der einzelnen Gesellschafter handeln soll. Jeder Gesellschafter ist dann nur für seinen Bereich verantwortlich und zuständig und kann daher nur in diesem Geschäftsbereich sein Widerspruchsrecht nach Abs. 3 S. 3 ausüben.[417] Sinnvoll kann es auch sein, das Widerspruchsrecht der geschäftsführenden Gesellschafter bei grundsätzlich bestehender Einzelgeschäftsführung auf außergewöhnliche Geschäfte zu beschränken oder es in diesem Bereich zum Zustimmungsvorbehalt zu verstärken. Auch bei einer zulässigen Geschäftsverteilung bleibt es bei der grundsätzlichen Gesamtverantwortung der geschäftsführenden Gesellschafter, die sich in gegenseitigen **Überwachungspflichten** manifestiert.[418] Für allgemeine Grundsatzfragen bezüglich der Geschäftsführung bleiben aber alle geschäftsführenden Gesellschafter verantwortlich und zuständig. Hierbei handelt es sich dann um eine Gesamtgeschäftsführung, weil nach der Vereinbarung gerade nicht jeder Gesellschafter für den gesamten Geschäftsbereich allein verantwortlich sein soll.[419] Vereinbaren die geschäftsführenden Gesellschafter hingegen **intern** eine Aufteilung der Zuständigkeitsbereiche, beseitigt dies die Verantwortung (→ Rn. 39) und die Zuständigkeit aller geschäftsführenden Gesellschafter für den gesamten Geschäftsbereich nicht. Die geschäftsführenden Gesellschafter bleiben in diesem Fall für alle Ressorts berechtigt, Widerspruch nach Abs. 3 S. 3 zu erheben.[420] **109**

2. Widerspruchsrecht. a) Grundlagen. Abs. 3 S. 3 gewährt den anderen geschäftsführenden Gesellschaftern ein Widerspruchsrecht. Widerspricht ein einzelgeschäftsführungsbefugter Gesellschafter einer Maßnahme eines anderen geschäftsführungsbefugten Gesellschafters, muss diese **unterbleiben.** Das Gesetz geht von der Gleichberechtigung sämtlicher Geschäftsführer aus. Können sich nicht alle Geschäftsführer über die Durchführung einer Maßnahme einigen, soll diese unterbleiben.[421] **110**

b) Zuständigkeit. Das Widerspruchsrecht steht nur den zur Geschäftsführung befugten Gesellschaftern zu. Das Widerspruchsrecht reicht so weit wie die Geschäftsführung des Widersprechenden, weil der Widerspruch selbst ein **Akt der Geschäftsführung** ist.[422] Ist einem Gesellschafter gesellschaftsvertraglich ein bestimmtes **Ressort** zugeteilt (→ Rn. 109), darf er daher nur innerhalb dieses Ressorts widersprechen.[423] Anders ist es, wenn die Ressortaufteilung nur auf interner Absprache unter den geschäftsführenden Gesellschaftern beruht (→ Rn. 109), weil es dann bei der Zuständigkeit für den gesamten Geschäftsführungsbereich verbleibt. Haben mehrere Gesellschafter **gemeinsam** Gesamtgeschäftsführungsbefugnis, können sie einer Maßnahme nur gemeinsam widersprechen.[424] **111**

Durch den Gesellschaftsvertrag kann das Widerspruchsrecht – anders als die Geschäftsführungsbefugnis selbst (→ Rn. 26) – auch auf **Dritte** oder einen **Beirat** übertragen werden.[425] Die ablehnende Gegenauffassung[426] beruft sich auf den Grundsatz der Selbstorganschaft, übersieht dabei aber, dass dieses personengesellschaftsrechtliche Prinzip nur verhindern will, dass sich die persönlich haftenden Gesellschafter nicht selbst entmachten, indem der Gleichlauf zwischen Herrschaft und Haftung aufgehoben wird. Das ist bei der Ausübung des Widerspruchsrechts indes nicht zu befürchten. **112**

---

[416] BGH 11.2.1980, BGHZ 76, 160 (164) = NJW 1980, 1463 (1464).

[417] Staub/Schäfer Rn. 123; MüKoHGB/Fleischer Rn. 139., 149; Schlegelberger/Martens § 115 Rn. 3 f. mwN.

[418] Ebenroth/Boujong/Drescher Rn. 97; MüKoHGB/Fleischer Rn. 169; Linnertz, Die Delegation durch den Vorstand einer Aktiengesellschaft, 2020, 168.

[419] Schlegelberger/Martens § 115 Rn. 4.

[420] RG 10.2.1914, RGZ 84, 136 (138); Hueck OHG § 10 II 2; Schlegelberger/Martens § 115 Rn. 3.

[421] BGH 8.7.1985, NJW 1986, 844.

[422] MüKoHGB/Fleischer Rn. 148; Leuering FS Seibert, 2019, 543 (550).

[423] Ebenroth/Boujong/Drescher Rn. 64; MüKoHGB/Fleischer Rn. 149; Leuering FS Seibert, 2019, 543 (550).

[424] Heymann/Hoffmann/Bartlitz § 115 Rn. 4; MüKoHGB/Fleischer Rn. 148; Schlegelberger/Martens § 115 Rn. 5; Leuering FS Seibert, 2019, 543 (550).

[425] BGH 13.5.1953, BGHZ 10, 44 (49 f.) = NJW 1953, 1548; 22.2.1960, NJW 1960, 963 (964); Schlegelberger/Martens § 115 Rn. 30; Hueck OHG § 10 III 3.

[426] BeckOK HGB/Klimke, 47. Ed. 1.7.2025, Rn. 63; Staub/Schäfer Rn. 243; Hopt/Roth Rn. 57; MüKoHGB/Fleischer Rn. 249; Heymann/Hoffmann/Bartlitz § 115 Rn. 4.

Denn zum einen ist die Wirkung des Widerspruchs auf das Innenverhältnis beschränkt; ein im Außenverhältnis durch die geschäftsführenden Gesellschafter geschlossenes Geschäft ist wirksam (→ Rn. 120). Zum anderen wird das Widerspruchsrecht namentlich durch die Geltung der gesellschaftsrechtlichen Treuepflicht beschränkt; im Falle eines Pflichtverstoßes ist der Widerspruch im Grundsatz unbeachtlich (→ Rn. 117). Darüber hinaus kann den Dritten oder dem Beirat die Widerspruchsbefugnis durch satzungsändernden Beschluss jederzeit wieder entzogen werden.

113 **c) Umfang.** Das Widerspruchsrecht erstreckt sich auf alle **Maßnahmen der Geschäftsführung.** Es besteht daher nicht bei Grundlagengeschäften (→ Rn. 13 ff.) oder bei der individuellen Ausübung von Gesellschafterrechten wie dem Stimmrecht, dem Einsichtsrecht oder der Gesellschafterklage (actio pro socio) nach § 715b BGB iVm § 105 Abs. 3 (→ § 105 Rn. 102 ff.).[427] Widersprochen werden kann immer nur einem **konkreten Geschäft,** nicht der gesamten Geschäftsführung durch einen Gesellschafter.[428] Dies kann auch nicht dadurch umgangen werden, dass systematisch jeder Geschäftsführungsmaßnahme eines Gesellschafters widersprochen wird. Dies käme nämlich einer Abberufung eines Geschäftsführers gleich, die sich nach Abs. 6 richtet. Andererseits darf sich der Widerspruch auch gegen strategische Gesamtentscheidungen richten, die dann alle hieraus folgenden Einzelmaßnahmen erfasst. Entscheidend ist, dass dem Geschäftsführer abgesehen von dem Bereich, gegen den sich der Widerspruch richtet, ein nennenswerter Bereich eigenverantwortlicher Geschäftsführung bleibt.[429]

114 **d) Verfahren.** Der Widerspruch kann nach hM nur **vor** der **Durchführung** der Maßnahme erklärt werden.[430] Nach anderer Ansicht kommt es darauf an, ob die Maßnahme noch ohne Schaden für die Gesellschaft rückgängig gemacht werden kann.[431] Dies ist jedoch ein unsicherer Anhaltspunkt, sodass der hM der Vorzug zu geben ist. In diesem Zusammenhang sind ökonomisch irrelevante **Vorbereitungsmaßnahmen** unbeachtlich.[432] Auch wenn die Maßnahme noch nicht vollständig beendet ist, scheidet ein Widerspruch aus, wenn ein Abbruch für die Gesellschaft mit erheblichen Schäden verbunden wäre.[433] Bloße Vorbereitungshandlungen sind rückgängig zu machen. Darüber hinaus besteht hingegen keine Pflicht, den Status quo ante wiederherzustellen,[434] es sei denn, der Geschäftsführer hat die vorherige Unterrichtung unterlassen oder sich über den erkennbar entgegengesetzten Willen eines anderen Gesellschafters hinweggesetzt.[435]

115 Voraussetzung für die rechtzeitige Ausübung des Widerspruchsrechts ist daher die Information der anderen geschäftsführenden Gesellschafter. Diese **Unterrichtungspflicht** erfasst jedenfalls wichtige und folgenreiche Maßnahmen,[436] während in Fällen von eher untergeordnetem Interesse, in denen ein Informationsinteresse der anderen Geschäftsführer nicht anzunehmen ist, eine Vorabinformation unterbleiben kann.[437] Eine Kenntnisnahme der anderen geschäftsführenden Gesellschafter ist auch erforderlich, wenn zu erwarten ist, dass ein Gesellschafter Widerspruch nach Abs. 1 Hs. 2 erheben wird.[438] Ist es wahrscheinlich, dass der Geschäftsführer die Zustimmung der anderen Gesellschafter nicht erhalten wird, hat die Geschäftsführungsmaßnahme zu unterbleiben. Ein Beispiel ist etwa die Kündigung des Sohnes eines Mitgesellschafters.[439] Auf die vorherige Information kann entsprechend Abs. 4 Hs. 2 bei **Gefahr im Verzug** verzichtet werden.[440] Allerdings entfällt auch bei

[427] MüKoHGB/Fleischer Rn. 220; Schlegelberger/Martens § 115 Rn. 6.

[428] Vgl. RG 10.2.1914, RGZ 84, 136 (139); BGH 10.12.2001, NJW-RR 2002, 540 (542); Heymann/Hoffmann/Bartlitz § 115 Rn. 6; NK-HGB/Psaroudakis Rn. 17; RGHMW/Haas/Mohamed Rn. 103; MüKoHGB/Fleischer Rn. 223; Hippeli Jura 2017, 1192 (1194); Leuering FS Seibert, 2019, 543 (553).

[429] RG 10.2.1914, RGZ 84, 136 (139); MüKoHGB/Fleischer Rn. 223; vgl. näher Schlegelberger/Martens § 115 Rn. 7.

[430] BGH 11.1.1988, NJW-RR 1988, 995 (996); Heymann/Hoffmann/Bartlitz § 115 Rn. 9; MüKoHGB/Fleischer Rn. 231; Hueck OHG § 10 III 4; diff. Schlegelberger/Martens § 115 Rn. 8; Koch PersGesR/Könen Rn. 26.

[431] Schlegelberger/Martens § 115 Rn. 8; Ebenroth/Boujong/Drescher Rn. 69.

[432] Vgl. MüKoHGB/Fleischer Rn. 231; Staub/Schäfer Rn. 132.

[433] Schlegelberger/Martens § 115 Rn. 8; Staub/Schäfer Rn. 132.

[434] MüKoHGB/Fleischer Rn. 234; Hueck OHG § 10 III 4 Fn. 40; Schlegelberger/Martens § 115 Rn. 8, 18.

[435] Vgl. RGHMW/Haas/Mohamed Rn. 110; Staub/Schäfer Rn. 132; MüKoHGB/Fleischer Rn. 234; MHdB GesR I/v. Ditfurth § 53 Rn. 47.

[436] BGH 5.12.1983, NJW 1984, 1461 (1462) für GmbH.

[437] Heymann/Hoffmann/Bartlitz § 115 Rn. 11; NK-HGB/Psaroudakis Rn. 18; RGHMW/Haas/Mohamed Rn. 106.

[438] Hopt/Roth § 115 Rn. 29.

[439] BGH 19.4.1971, NJW 1971, 1613 Ls. = WM 1971, 819.

[440] BGH 19.4.1971, NJW 1971, 1613 Ls. = WM 1971, 819; Heymann/Hoffmann/Bartlitz § 115 Rn. 11; Schlegelberger/Martens § 115 Rn. 10.

Gefahr im Verzug nicht das Widerspruchsrecht, wenn der Widersprechende gleichwohl auf anderem Wege rechtzeitig von der Maßnahme erfahren hat.[441]

e) Wirksamkeit. Der Widerspruch erfolgt durch **empfangsbedürftige Willenserklärung** gegenüber dem geschäftsführenden Gesellschafter.[442] Er kann **formlos** erfolgen.[443] Ist mit dem Widerspruch nicht zu rechnen gewesen, sind die Gründe nicht offensichtlich oder verlangt der betroffene Gesellschafter dies, ist er **zu begründen.**[444] Die Rechtsfolgen einer **fehlenden Begründung** sind umstritten. Während die einen den Widerspruch als unwirksam ansehen,[445] hält die Gegenauffassung den Widerspruch grundsätzlich für wirksam.[446] Der Widerspruch kann seine Funktion, den einzelnen Geschäftsführern eine gleichmäßige Einflussnahme auf die Geschicke der Gesellschaft zu gewährleisten,[447] nur erfüllen, wenn nicht bereits Begründungsmängel oder eine fehlende Begründung zu seiner Unwirksamkeit führen. Die übrigen Gesellschafter sind bei einer unbegründeten Widerspruchserteilung auch nicht schutzlos gestellt, weil der treuwidrig Widersprechende sich einer Haftungssanktion[448] und in letzter Konsequenz auch der Entziehung der Geschäftsführungsbefugnis (§ 116 Abs. 5) und der Ausschließung aus der Gesellschaft (§ 134) gegenübersieht.[449] Zudem besteht ein Anscheinsbeweis dafür, dass der unbegründet eingelegte Widerspruch pflichtwidrig erfolgte.[450] 116

In Ausnahmefällen kann der Widerspruch **inhaltlich unwirksam** sein. Da der Widerspruch selbst eine Maßnahme der Geschäftsführung ist, ist seine Erklärung durch das pflichtgemäße Ermessen der ordentlichen Geschäftsführung eingeschränkt. Wo kein Ermessen der Gesellschaft und (oder) des Geschäftsführers besteht, kann auch kein Widerspruchsrecht ausgeübt werden, die Maßnahme hat dann zu erfolgen.[451] Das Widerspruchrecht wird pflichtwidrig ausgeübt und ist daher unwirksam, wenn die Ausübung des Widerspruchs einen Verstoß des Widersprechenden gegen die **gesellschaftsrechtliche Treuepflicht** und damit zugleich das Gesellschaftsinteresse darstellen würde.[452] Da das Widerspruchsrecht ebenso wie die Geschäftsführungsmaßnahme selbst einem gewissen unternehmerischen Ermessen unterliegt,[453] die Möglichkeit zum Widerspruch aber die Gleichwertigkeit aller geschäftsführender Gesellschafter sichern soll (→ Rn. 5), ist der Widerspruch nur unbeachtlich, wenn die beabsichtigte Maßnahme ersichtlich im Interesse der Gesellschaft erforderlich ist[454] oder auf der anderen Seite der Widerspruch aus eigennützigen Gründen unter Verstoß gegen die gesellschaftsrechtliche Treuepflicht einschließlich Gesellschaftsinteresse vorgenommen wird.[455] Unzulässig ist außerdem der Widerspruch gegen ein **Unterlassen,** weil er im Ergebnis auf eine Weisung hinausliefe, die geschäftsführungsbefugten Gesellschafter an Weisungen indes nicht gebunden sind.[456] 117

Von der Ausübung des Widerspruchsrechts ausgeschlossen ist ein Gesellschafter, wenn er einem **Stimmverbot** unterliegt (→ § 109 Rn. 39 ff.), etwa wenn gegen den widersprechenden Gesellschafter Ansprüche verfolgt werden.[457] Dass der Widersprechende selbst persönlich involviert ist, reicht allein noch nicht aus, um das Widerspruchsrecht auszuschließen.[458] Ein **Widerspruch gegen** 118

[441] RG 10.10.1924, RGZ 109, 56 (60).
[442] Heymann/Hoffmann/Bartlitz § 115 Rn. 8; Ebenroth/Boujong/Drescher Rn. 72; MüKoHGB/Fleischer Rn. 225; Leuering FS Seibert, 2019, 543 (554).
[443] RG 10.10.1924, RGZ 109, 56 (58 f.).
[444] BGH 24.1.1972, NJW 1972, 862 (863); Heymann/Hoffmann/Bartlitz § 115 Rn. 8; Schlegelberger/Martens § 115 Rn. 11.
[445] RGHMW/Haas/Mohamed Rn. 109; Schlegelberger/Martens § 115 Rn. 11; noch → 4. Aufl. 2015, Rn. 10 (Weitemeyer).
[446] Staub/Schäfer Rn. 131; MüKoHGB/Fleischer Rn. 230; Hueck OHG § 10 III 4; Hippeli Jura 2017, 1192 (1195); iErg wohl auch Westermann NZG 2015, 649 (653).
[447] MüKoHGB/Fleischer Rn. 215; MüKoBGB/Schäfer BGB § 711 Rn. 1.
[448] Staub/Schäfer Rn. 131; MüKoHGB/Fleischer Rn. 230; Hueck OHG § 10 III 4.
[449] Hueck OHG § 10 III 4 Fn. 8; MüKoHGB/Fleischer Rn. 230.
[450] MüKoHGB/Fleischer Rn. 230; Hueck OHG § 10 III 4 Fn. 8.
[451] BGH 28.11.1955, WM 1956, 29 (30); 9.5.1974, NJW 1974, 1555; Heymann/Hoffmann/Bartlitz § 115 Rn. 13; MüKoHGB/Fleischer Rn. 246.
[452] BGH 28.11.1955, WM 1956, 29 (30); 8.7.1985, NJW 1986, 844.
[453] BGH 8.7.1985, NJW 1986, 844; 11.1.1988, NJW-RR 1988, 995 (996); MüKoHGB/Fleischer Rn. 243; Schlegelberger/Martens § 115 Rn. 14 f.
[454] Schlegelberger/Martens § 115 Rn. 15; Ebenroth/Boujong/Drescher Rn. 77; vgl. noch Koch PersGesR/Könen Rn. 25.
[455] BGH 28.11.1955, WM 1956, 29 (30); 8.7.1985, NJW 1986, 844; 11.1.1988, NJW-RR 1988, 995 (996); Staub/Schäfer Rn. 120; Westermann NZG 2015, 649 (653).
[456] Vgl. MüKoHGB/Fleischer Rn. 221; MHdB GesR I/v. Ditfurth § 53 Rn. 40.
[457] BGH 9.5.1974, NJW 1974, 1555; 7.6.2010, WM 2010, 2311 Rn. 17; OLG Stuttgart 11.3.2009, NZG 2009, 1303 (1305); Schlegelberger/Martens § 115 Rn. 9.
[458] BGH 19.4.1971, NJW 1971, 1613 Ls. = WM 1971, 819.

den **Widerspruch** eines anderen geschäftsführenden Gesellschafters scheidet aus, weil das Gesetz von der gleichen Wertigkeit aller Stimmen ausgeht (→ Rn. 110).[459] Hat ein Gesellschafter einer Maßnahme bereits ausdrücklich oder konkludent **zugestimmt,** darf er nur widersprechen, wenn er hierfür, etwa weil sich die Sachlage geändert hat, einen wichtigen Grund hat.[460] Der Widerspruch ist hingegen frei widerrufbar.[461] In diesem Fall kann die Maßnahme wie geplant realisiert werden.[462] Wer die Unwirksamkeit des Widerspruchs behauptet, hat dies zu **beweisen.**[463]

119 **f) Rechtsfolgen. aa) Widerspruch.** Ist ein wirksamer (→ Rn. 116) Widerspruch erfolgt, muss die Maßnahme der Geschäftsführung **unterbleiben.** Handelt der Geschäftsführer dennoch, liegt hierin ein Verstoß gegen die Kompetenzverteilung; die Maßnahme ist nicht von der Befugnis zur Geschäftsführung gedeckt und kann daher **Schadensersatzansprüche** begründen (→ Rn. 46 ff.).[464] Die übrigen geschäftsführenden Gesellschafter können das Geschäft rückabwickeln, ohne den vorher pflichtwidrig Handelnden zu informieren, weil auch dessen Widerspruch pflichtwidrig wäre (→ Rn. 116).[465]

120 Der Widerspruch ist eine Maßnahme der Geschäftsführung und entfaltet daher ebenso wie andere Geschäftsführungsmaßnahmen nur **interne Wirkung** und berührt nicht die Vertretungsmacht (§ 124 Abs. 4 S. 2).[466] Gegenüber dritten Geschäftspartnern können aber die Grundsätze des **Missbrauchs der Vertretungsmacht**[467] und der Einwand des kollusiven Zusammenwirkens[468] eingreifen (→ § 124 Rn. 69 ff.). Außenwirkung hat der Widerspruch in teleologischer Reduktion des § 124 Abs. 4 S. 2 ebenfalls, wenn Geschäftspartner ein Gesellschafter ist, dem gegenüber die unbeschränkte Vertretungsmacht nicht greift (→ § 124 Rn. 67).[469] Dass der widersprechende Gesellschafter aufgrund seiner Einzelvertretungsbefugnis die Maßnahme, der widersprochen wurde, selbst wirksam nach außen rückgängig machen könnte, rechtfertigt keine allgemeine Außenwirkung des Widerspruchsrechts. Damit würden nämlich Vereinbarungen über die Einzelvertretungsbefugnis bei der GbR[470] sowie die gesetzliche Anordnung der Einzelvertretungsbefugnis bei der OHG und KG nach § 124 obsolet.

121 **bb) Fehlen eines Widerspruchs.** Erfolgt vor der Durchführung einer Geschäftsführungsmaßnahme kein Widerspruch, handelt der Geschäftsführer zulässigerweise im Rahmen seiner Befugnis. Anders ist dies nur, wenn es an einer erforderlichen **Vorabinformation** (→ Rn. 115) fehlte. In diesem Fall liegt eine Verletzung der gesellschaftsrechtlichen Treuepflicht vor, die nach § 280 Abs. 1 BGB zum **Schadensersatz** und gesellschaftsrechtlich zur **Rückgängigmachung** der Maßnahme verpflichten kann, sofern dies möglich ist (→ Rn. 52).[471]

122 Auf der anderen Seite kann es eine **Pflicht** der anderen geschäftsführenden Gesellschafter zur Ausübung des Widerspruchsrechts geben. Dies ist der Fall, wenn eine bevorstehende Maßnahme erkennbar dem Gesellschaftsinteresse widerspricht und für die Gesellschaft offensichtlich nachteilig ist.[472] Unter Umständen kann eine Nachforschungspflicht der anderen Geschäftsführer bestehen, wenn das bisherige Informationssystem unzureichend war oder Anlass zum Nachfragen besteht.[473]

---

[459] BGH 19.4.1971, NJW 1971, 1613 Ls. = WM 1971, 819; BeckOK HGB/Klimke, 47. Ed. 1.7.2025, Rn. 50; Leuering FS Seibert, 2019, 543 (553).

[460] Hopt/Roth § 115 Rn. 30.

[461] Heymann/Hoffmann/Bartlitz § 115 Rn. 10; Schlegelberger/Martens § 115 Rn. 17.

[462] MüKoHGB/Fleischer Rn. 227; Leuering FS Seibert, 2019, 543 (554).

[463] Hopt/Roth § 115 Rn. 31; Baumgärtel/Wittmann Bd. 4, HGB, 1. Aufl. 1988, Rn. 1.

[464] Ebenroth/Boujong/Drescher Rn. 79; Koch PersGesR/Könen Rn. 27.

[465] BGH 19.4.1971, NJW 1971, 1613 Ls. = WM 1971, 820; MüKoHGB/Fleischer Rn. 239.

[466] BGH 6.2.1958, BGHZ 26, 330 (332 f.) = NJW 1958, 668; 19.6.2008, NZG 2008, 588 zur GbR; Staub/Schäfer Rn. 135; Heymann/Hoffmann/Bartlitz § 115 Rn. 15; Hippeli Jura 2017, 1192 (1196); Leuering FS Seibert, 2019, 543 (555).

[467] BGH 10.3.1955, BGHZ 16, 394 (398) = NJW 1955, 825; 9.5.1974, NJW 1974, 1555; 19.6.2008, NJW-RR 2008, 1484 Rn. 43; MüKoHGB/Fleischer Rn. 236; Heymann/Hoffmann/Bartlitz § 115 Rn. 15; dazu eingehend Lieder JuS 2014, 681 (682 ff.); Hippeli Jura 2017, 1192 (1196).

[468] Dazu ausf. Lieder JuS 2014, 681 (685 f.); vgl. noch Hippeli Jura 2017, 1192 (1196).

[469] BGH 20.9.1962, BGHZ 38, 26 (34) = NJW 1962, 2344; 5.4.1973, NJW 1973, 1278 Ls. = WM 1973, 637 (638); 9.5.1974, NJW 1974, 1555; OLG Stuttgart 11.3.2009, NZG 2009, 1303 (1305); Ebenroth/Boujong/Drescher Rn. 81; Hippeli Jura 2017, 1192 (1196).

[470] Hierzu BGH 19.6.2008, NZG 2008, 588.

[471] BGH 19.4.1971, NJW 1971, 1613 Ls. = WM 1971, 819; 5.12.1983, NJW 1984, 1461 f.; Emde WM 1996, 1205 ff.; MüKoHGB/Fleischer Rn. 234; **aA** Gogos, Die Geschäftsführung der OHG, 1953, 45: nur Schadensersatzpflicht.

[472] MüKoHGB/Fleischer Rn. 245; RGHMW/Haas/Mohamed Rn. 108; Schlegelberger/Martens § 115 Rn. 13; Staub/Schäfer Rn. 128.

[473] Schlegelberger/Martens § 115 Rn. 13; Ebenroth/Boujong/Drescher Rn. 75.

In diesen Fällen handelt auch der nicht widersprechende Gesellschafter pflichtwidrig und kann sich schadensersatzpflichtig machen.

g) Rechtsmittel. Die Wirksamkeit des Widerspruchs oder der beabsichtigten Maßnahme kann im Wege der **Feststellungsklage** geklärt werden. Zuständig zur Klageerhebung sind die geschäftsführenden Gesellschafter.[474] Auch **Unterlassungsklage** kann erhoben werden und der widersprechende Mitgesellschafter kann im Wege der einstweiligen Verfügung vorgehen.[475] 123

VIII. Gesamtgeschäftsführungsbefugnis

1. Abweichende Regelungen. Abweichend von Abs. 3 kann der Gesellschaftsvertrag nach Abs. 4 Gesamtgeschäftsführung aller geschäftsführenden Gesellschafter vorsehen oder zwischen einigen von ihnen. Weitere Vereinbarungen sind möglich. Dazu gehört etwa die Kombination von Einzelgeschäftsführung einzelner Gesellschafter und Gesamtgeschäftsführungsbefugnis anderer Gesellschafter. Es kann auch unterschieden werden nach verschiedenen Geschäftsbereichen.[476] Geschäftsführung und Vertretung können unterschiedlich ausgestaltet sein (→ Rn. 12). 124

2. Erforderliche Zustimmung. a) Zuständigkeit. Besteht Gesamtgeschäftsführungsbefugnis, bedarf die Vornahme jeder Einzelmaßnahme der **Zustimmung aller gesamtgeschäftsführungsbefugten Gesellschafter.** Im Zweifel ist nach Abs. 4 die Zustimmung aller Gesellschafter erforderlich.[477] Die Zustimmung ist vor der Durchführung der Maßnahme einzuholen und begründet daher eine vorherige Konsultationspflicht.[478] Eine Ausnahme besteht bei Gefahr im Verzug (→ Rn. 131). Bei **außergewöhnlichen Geschäftsführungsmaßnahmen** (→ Rn. 82 ff.) ist darüber hinaus ein Beschluss aller, auch der nicht geschäftsführungsbefugten Gesellschafter erforderlich. 125

b) Umfang. Die Zustimmung kann sowohl für konkrete **Einzelmaßnahmen** als auch für eine Reihe oder eine **Gattung** von Geschäften erteilt werden.[479] Wird die Zustimmung hingegen für eine zu pauschale Gruppe von Geschäften erteilt, ist dies nicht zulässig; es fehlt dann an der Zustimmung, weil dadurch die Gesamtgeschäftsführung unterlaufen würde.[480] 126

c) Verfahren. Die Zustimmung kann sowohl vor der Maßnahme erklärt werden als auch im Nachhinein. Die Zustimmung kann nur aus wichtigem Grund widerrufen werden.[481] Ein **Widerruf** ist auch zulässig, wenn die Zustimmung nach pflichtgemäßem Ermessen zu verweigern gewesen wäre.[482] Wenn hierdurch Schaden von der Gesellschaft abgewendet werden kann, besteht eine Pflicht zum Widerruf der Zustimmung.[483] Wird die Zustimmung widerrufen, muss die Maßnahme unterbleiben und bereits umgesetzte Vorbereitungsmaßnahmen müssen, sofern möglich, rückgängig gemacht werden.[484] 127

d) Wirksamkeit. Die Zustimmung erfolgt durch **empfangsbedürftige Willenserklärung** gegenüber dem geschäftsführenden Gesellschafter. Sie kann **formlos** erfolgen.[485] Wie beim Widerspruch muss der die Zustimmung verweigernde Gesellschafter diese Entscheidung **begründen.** Fehlt es hieran, ist die Verweigerung der Zustimmung auch hier nach zutreffender Auffassung nicht unwirksam (→ Rn. 116).[486] 128

Nur in Ausnahmefällen kann die Zustimmung oder die Verweigerung der Zustimmung **inhaltlich unwirksam** sein. Da die Zustimmung ebenso wie der Widerspruch nach Abs. 3 S. 3 selbst eine 129

---

[474] BGH 8.7.1985, NJW 1986, 844; Heymann/Hoffmann/Bartlitz § 115 Rn. 14; Schlegelberger/Martens § 115 Rn. 19.

[475] OLG Hamm 24.6.1992, NJW 1993, 801 (802); MüKoHGB/Fleischer Rn. 248; Hippeli Jura 2017, 1192 (1195).

[476] Schlegelberger/Martens § 115 Rn. 22.

[477] Heymann/Hoffmann/Bartlitz § 115 Rn. 18.

[478] Heymann/Hoffmann/Bartlitz § 115 Rn. 14, 20.

[479] Heymann/Hoffmann/Bartlitz § 115 Rn. 19; RGHMW/Haas/Mohamed Rn. 121; enger Schlegelberger/Martens § 115 Rn. 24; Staub/Schäfer Rn. 145.

[480] BGH 12.12.1960, BGHZ 34, 27 (30 f.) = NJW 1961, 506 zur Gesamtvertretungsbefugnis bei der GmbH; Staub/Schäfer Rn. 145.

[481] MüKoHGB/Fleischer Rn. 262; Schlegelberger/Martens § 115 Rn. 27; Ebenroth/Boujong/Drescher Rn. 85; weniger streng, aber iErg nahestehend Staub/Schäfer Rn. 146; Heymann/Hoffmann/Bartlitz § 115 Rn. 19.

[482] Ebenroth/Boujong/Drescher Rn. 85; MüKoHGB/Fleischer Rn. 262; Schlegelberger/Martens § 115 Rn. 27.

[483] Vgl. Heymann/Hoffmann/Bartlitz § 115 Rn. 20.

[484] Schlegelberger/Martens § 115 Rn. 27.

[485] Ebenroth/Boujong/Drescher Rn. 85.

[486] MüKoHGB/Fleischer Rn. 259; **aA** Staub/Schäfer Rn. 143.

Maßnahme der Geschäftsführung ist, ist ihre Ausübung durch das pflichtgemäße Ermessen der ordentlichen Geschäftsführung eingeschränkt. Wo kein Ermessen der Gesellschaft und (oder) des Geschäftsführers besteht, besteht eine Pflicht zur Zustimmung oder die Zustimmung ist unwirksam. Eine **Zustimmungspflicht** besteht, wenn die Maßnahme im Gesellschaftsinteresse erforderlich ist oder ein Fall des § 715a BGB iVm § 105 Abs. 3 vorliegt (→ Rn. 88).[487] Die Mitgeschäftsführer müssen den seine Zustimmung verweigernden Geschäftsführer erst im Wege der Leistungsklage über § 894 ZPO auf Zustimmung verklagen.[488] Ohne die erteilte oder durch Klage erzwungene Zustimmung darf der Geschäftsführer im Außenverhältnis gleichwohl nicht allein handeln, auch wenn die Verweigerung der Zustimmung pflichtwidrig ist.[489] Eine Ausnahme besteht bei **Publikumspersonengesellschaften,** soweit es um die Erhaltung der Funktionsfähigkeit der Gesellschaft geht (→ § 161 Rn. 128 ff.), und dann, wenn die Maßnahme im Interesse der Gesellschaft **dringend geboten** ist und den Geschäftsführern insoweit kein Ermessen zusteht.[490] Widerspricht die Geschäftsführungsmaßnahme dem Gesellschaftsinteresse, muss die Zustimmung verweigert werden.[491] In beiden Fällen sind **Schadensersatzansprüche** wegen Treuepflichtverletzung denkbar.

130 **e) Rechtsfolgen.** Fehlt die Zustimmung, muss die Maßnahme der Geschäftsführung **unterbleiben.** Handelt der Geschäftsführer dennoch, liegt hierin ein Verstoß gegen die Kompetenzverteilung, die Maßnahme ist nicht von der Befugnis zur Geschäftsführung gedeckt und kann daher zu **Schadensersatzansprüchen** führen (→ Rn. 33 ff.). Hatten die Mitgeschäftsführer Kenntnis von der Planung der Maßnahme und haben dieser nicht widersprochen, können sie sich nicht auf die fehlende Zustimmung berufen.[492] Ein Gesellschafter kann das Recht zur Zustimmung **verwirken,** wenn er grundsätzlich jede Mitwirkung an der Geschäftsführung ablehnt, weil sonst die Gesellschaft blockiert werden könnte.[493] Die fehlende Zustimmung hat nur interne Wirkung und berührt nicht die Vertretungsmacht. Gegenüber dritten Geschäftspartnern können aber die Grundsätze des **Missbrauchs der Vertretungsmacht** und der Einwand des kollusiven Zusammenwirkens eingreifen (→ § 124 Rn. 69 f.; → Rn. 129). Außenwirkung hat der Widerspruch ebenfalls, wenn Geschäftspartner ein Gesellschafter ist, dem gegenüber die unbeschränkte Vertretungsmacht nicht greift.[494]

131 **3. Gefahr im Verzug.** Bei Gefahr im Verzug können auch gesamtgeschäftsführungsbefugte Gesellschafter ohne die Zustimmung der anderen Geschäftsführer handeln. Die Ausnahme setzt voraus, dass ohne die Geschäftsführungsmaßnahme eine Gefahr für die Gesellschaft oder das Gesellschaftsvermögen besteht, die bereits durch das bloße Zuwarten auf die Zustimmung ausgelöst worden wäre.[495] Der Schaden kann auch in einem entgangenen Gewinn bestehen.[496] Der handelnde Gesellschafter hat sich aber nach Kräften zu bemühen, rechtzeitig die erforderliche Zustimmung der anderen Geschäftsführer zu erlangen.[497] Wenn dies erfolgt und auch nur ein gesamtvertretungsberechtigter Gesellschafter widerspricht, kann sich kein anderer Gesellschafter auf das Notgeschäftsführungsrecht berufen.[498] Auch bei Gefahr im Verzug kann das **Vertretergeschäft** nach außen unwirksam sein, wenn hierfür Gesamtvertretung erforderlich ist; Gefahr im Verzug legitimiert nur im Innenverhältnis.[499] Die Vorschrift ist auf außergewöhnliche Geschäftsführungsmaßnahmen nach § 116 Abs. 2 S. 1 Hs. 2 nicht analog anwendbar.[500] Zur Rechtsfolge → Rn. 130.

IX. Entziehung

132 **1. Voraussetzungen. a) Abgrenzung.** In Abgrenzung zum Entzug der Geschäftsführungsbefugnis kann der Gesellschafter auch von sich aus die Geschäftsführung **niederlegen,** wenn der

[487] BGH 12.10.1959, NJW 1960, 91; 24.1.1972, NJW 1972, 862 (863); 9.6.1982, NJW 1983, 1192 (1193), jeweils zu § 709 BGB aF; 2.10.1981, NJW 1982, 641 zu § 626 BGB.
[488] BGH 12.10.1959, NJW 1960, 91; 29.9.1986, WM 1986, 1556.
[489] BGH 12.10.1956, NJW 1960, 91; 29.9.1986, WM 1986, 1556; 19.6.2008, NZG 2008, 588 zur GbR; **aA** Ebenroth/Boujong/Drescher Rn. 88; Staub/Schäfer Rn. 143; Heymann/Hoffmann/Bartlitz § 115 Rn. 21.
[490] BGH 29.9.1986, WM 1986, 1556; 19.6.2008, NZG 2008, 588 zur GbR.
[491] Ebenroth/Boujong/Drescher Rn. 87.
[492] Ebenroth/Boujong/Drescher Rn. 89.
[493] BGH 24.1.1972, NJW 1972, 862; MüKoHGB/Fleischer Rn. 260.
[494] BGH 20.9.1962, BGHZ 38, 26 (34) = NJW 1962, 2344; 5.4.1973, NJW 1973, 1278 Ls. = WM 1973, 637 (638); 9.5.1974, NJW 1974, 1555; OLG Stuttgart 11.3.2009, NZG 2009, 1303 (1305).
[495] BGH 4.5.1955, BGHZ 17, 181 (185 f.) = NJW 1955, 1027.
[496] MüKoHGB/Fleischer Rn. 264; Staub/Schäfer Rn. 148; MHdB GesR I/v. Ditfurth § 53 Rn. 59; **aA** für Verstreichenlassen einer Geschäftschance Bergmann WM 2019, 189 (192).
[497] MüKoHGB/Fleischer Rn. 264; Schlegelberger/Martens § 115 Rn. 28; Bergmann WM 2019, 189 (192).
[498] Hueck oHG § 10 II 7; Bergmann WM 2019, 189 (192).
[499] BGH 25.5.1964, BGHZ 41, 367 (369); MüKoHGB/Fleischer Rn. 266; Bergmann WM 2019, 189 (192).
[500] Schlegelberger/Martens § 115 Rn. 28; Ebenroth/Boujong/Drescher Rn. 91; Heymann/Hoffmann/Bartlitz § 115 Rn. 22.

Gesellschaftsvertrag dies vorsieht oder die anderen Gesellschafter einverstanden sind.[501] Nach Abs. 6 kann er bei Vorliegen eines wichtigen Grundes die Tätigkeit **kündigen** (→ Rn. 162).

b) Geschäftsführer. aa) Definition. Das gerichtliche Entziehungsverfahren gilt für jede Form der organschaftlichen Geschäftsführung in einer Personenhandelsgesellschaft, also in der **OHG** und über § 161 Abs. 2 in der **KG** einschließlich der **GmbH & Co. KG,** und zwar ohne Rücksicht darauf, ob die Geschäftsführung abweichend von den gesetzlichen Grundregeln vertraglich geregelt worden ist.[502] Soweit dem Kommanditisten in Abweichung von § 164 die Geschäftsführungsbefugnis übertragen worden ist, handelt es sich um eine echte organschaftliche Geschäftsführungsbefugnis (→ § 164 Rn. 40), sodass sich auch in diesem Fall die Entziehung nach Abs. 5 richtet, dh es ist zur Entziehung ein wichtiger Grund erforderlich.[503] **133**

Auch der **einzige** geschäftsführende Gesellschafter unterfällt der Vorschrift.[504] Das betrifft auch die Komplementär-GmbH bei der GmbH & Co. KG,[505] während sich der Entzug der Geschäftsführungsbefugnis des GmbH-Geschäftsführers nach § 38 GmbHG richtet.[506] Sein Verhalten muss sich die GmbH aber nach § 31 BGB zurechnen lassen, sodass in der Person des Geschäftsführers der GmbH als Geschäftsführerin der KG ein wichtiger Grund für den Widerruf ihrer Geschäftsführungsbefugnis begründet sein kann.[507] **134**

bb) Andere Fälle. Keine Anwendung findet die Vorschrift auf die **rechtsgeschäftlich erteilte** Geschäftsführungsbefugnis an **Dritte,** etwa die Erteilung von Prokura oder auf der Grundlage eines Dienstvertrags in der Form des Geschäftsbesorgungsvertrags. Die Wirksamkeit einer Kündigung des Vertrags richtet sich nach den hierfür geltenden Regelungen. Die Kündigung können die geschäftsführenden Gesellschafter durchführen. Sollte es sich um ein außergewöhnliches Geschäft handeln, ist hierfür grundsätzlich nach Abs. 2 S. 1 Hs. 2 ein Beschluss aller Gesellschafter erforderlich. Eines Entziehungsverfahrens gerichtlicher Art bedarf es hierfür auch in analoger Anwendung nicht.[508] Zuständig für Klagen hiergegen sind die Arbeitsgerichte.[509] **135**

Das gerichtliche Entziehungsverfahren erfasst jede Art **organschaftlicher** Geschäftsführungsbefugnis in der Personenhandelsgesellschaft. Unerheblich ist, ob die Geschäftsführungsbefugnis im gesetzlichen Umfang besteht oder durch den Gesellschaftsvertrag erweitert oder eingeschränkt worden ist.[510] Nach Abs. 5 richtet sich weiterhin die Entziehung der kraft Gesellschaftsvertrags oder Gesellschafterbeschlusses übertragenen Geschäftsführungsbefugnisse.[511] Gleiches gilt für besondere Geschäftsführungsbefugnisse, wie zB **Weisungs- und Vetorechte,**[512] oder das Mitwirkungsrecht eines Gesellschafters im **Beirat;**[513] nicht aber für in den Beirat gewählte Gesellschaftsfremde (→ Rn. 171).[514] **136**

Zulässig ist eine **vollständige,** aber auch eine nur **teilweise** Entziehung der Geschäftsführungsbefugnis, die sich im Vergleich zu einem vollständigen Vollzug als milderes Mittel darstellen kann (→ Rn. 146). Namentlich kann dem Gesellschafter seine Einzelgeschäftsführungsbefugnis dergestalt entzogen werden, dass er fortan nur noch gesamtgeschäftsführungsbefugt ist. Die Gesellschafter können zudem eine **gegenständliche** Beschränkung der Geschäftsführungsbefugnis beschließen, wie zB auf die Produktion, den Einkauf oder Vertrieb des von der Gesellschaft getragenen Unterneh- **137**

---

[501] Dazu iE MüKoHGB/Fleischer Rn. 356 ff.; Schlegelberger/Martens § 117 Rn. 56; Staub/Schäfer Rn. 225 f.

[502] RG 28.4.1925, RGZ 110, 418 (421); OLG Köln 14.7.1976, BB 1977, 464 (465).

[503] RG 28.4.1925, RGZ 110, 418 (420 f.); BGH 27.6.1955, BGHZ 17, 392 (395) = NJW 1955, 1394; 17.12.1973, WM 1974, 177 (178); 4.10.2004, NZG 2005, 33; Wackerbarth NZG 2008, 281. – Das Erfordernis einer Klage hat die Rspr. allerdings zuletzt offengelassen, BGH 4.10.2004, NZG 2005, 33 (34); für die Anwendung von § 117 aF Wackerbarth NZG 2008, 281 (282).

[504] BGH 11.7.1960, BGHZ 33, 105 (107) = NJW 1960, 1997; 9.12.1968, BGHZ 51, 198 (201 f.) = NJW 1969, 507; 25.4.1983, NJW 1984, 173.

[505] BGH 25.4.1983, NJW 1984, 173; RGHMW/Haas/Mohamed Rn. 126.

[506] Ebenroth/Boujong/Drescher Rn. 124; Hopt ZGR 1979, 1 (9).

[507] BGH 25.4.1983, NJW 1984, 173 mwN; 18.10.1976, WM 1977, 500 (502) (insoweit nicht abgedruckt in BGHZ 68, 81 = NJW 1977, 1013); 25.4.1983, NJW 1984, 173.

[508] BGH 22.1.1962, BGHZ 36, 292 (294) = NJW 1962, 738; Schlegelberger/Martens § 117 Rn. 5.

[509] HessLAG 19.1.2007, NZA-RR 2007, 262.

[510] RG 28.4.1925, RGZ 110, 418 (420 f.); OLG Köln 14.7.1976, BB 1977, 464 (465); Schlegelberger/Martens § 117 Rn. 4.

[511] Zu § 140: BGH 6.7.1961, BGHZ 35, 272 (284); MüKoHGB/Fleischer Rn. 276; Schlegelberger/Martens § 117 Rn. 14.

[512] Vgl. OLG Köln 14.7.1976, BB 1977, 464 (465); Hopt/Roth Rn. 37; RGHMW/Haas/Mohamed Rn. 127; MüKoHGB/Fleischer Rn. 277.

[513] MüKoHGB/Fleischer Rn. 278.

[514] Zur Abberufung in diesem Fall näher Voormann, Der Beirat im Gesellschaftsrecht, 2. Aufl. 1990, 133 ff.

mens.[515] Die früher vertretene Gegenauffassung[516] ist nach dem MoPeG obsolet. Gleichermaßen kommt eine **temporäre** Entziehung in Betracht.[517]

138 Nicht geregelt in Abs. 5 ist der **Entzug der Vertretungsmacht,** der sich nach § 124 Abs. 5 richtet. In der Regel ist ein gerichtlicher Antrag auf Entziehung der Geschäftsführungsbefugnis nach § 116 Abs. 5 so auszulegen, dass zugleich die Vertretungsmacht nach § 124 Abs. 5 entzogen werden soll.[518] Dies gilt umgekehrt auch für den Antrag auf Entziehung der Vertretungsmacht, der zugleich den Antrag enthält, auch die Geschäftsführungsbefugnis zu entziehen.[519]

139 Eine analoge Anwendung auf den **Entzug sonstiger Mitverwaltungsrechte** scheidet nach hM zu Recht aus.[520] Für das Informationsrecht des § 717 Abs. 1 BGB iVm § 105 Abs. 3 folgt dies bereits aus § 717 Abs. 1 S. 3 BGB iVm § 105 Abs. 3. Die anderen Mitwirkungs-, Kontroll- und Informationsrechte sind Ausfluss der individuellen Rechtsstellung des Gesellschafters und können in Abhängigkeit von den Umständen des konkreten Einzelfalls nicht oder jedenfalls nicht dauerhaft entzogen werden. Es gelten die allgemeinen Grundsätze der **Gestaltungsfreiheit im Personengesellschaftsrecht** (→ § 108 Rn. 2) sowie der materiellen Inhaltskontrolle von Gesellschafterbeschlüssen auf Grundlage von Mehrheitsklauseln (→ § 109 Rn. 69). Die Vorschrift des § 116 Abs. 5 passt deshalb nicht, weil diese Rechte dem Interesse des einzelnen Gesellschafters dienen (Individual- und Minderheitsschutz) und nicht der Geschäftsführung der Gesellschaft.[521] Gleiches gilt im Ergebnis für die Notgeschäftsführungsbefugnis nach § 715a BGB iVm § 105 Abs. 3 (→ Rn. 88).[522]

140 **c) Wichtiger Grund. aa) Definition.** Materielle Voraussetzung für den Entzug der Geschäftsführungsbefugnis ist das Vorliegen eines wichtigen Grundes. Abs. 6 S. 2 nennt mit der groben Pflichtverletzung und der Unfähigkeit zur Geschäftsführung zwei Beispielsfälle. Allgemein liegt ein wichtiger Grund vor, wenn der betroffene Gesellschafter durch seine Geschäftsführung das **Vertrauensverhältnis** zwischen den Gesellschaftern **nachhaltig zerstört** hat und unter Berücksichtigung der Interessen des Geschäftsführers und der Gesellschaft die **weitere Geschäftsführung** durch ihn **nicht mehr zuzumuten** ist.[523] Dabei ist ein strenger Maßstab anzulegen, vergleichbar dem bei § 124 Abs. 5, § 134 und § 139 (→ § 124 Rn. 8; → § 134 Rn. 6 ff.; → § 139 Rn. 5 f.).[524] Entscheidend ist eine Gesamtabwägung aller Umstände des Einzelfalles, insbesondere des Verhaltens des Betroffenen und der anderen Gesellschafter, der beeinträchtigten Interessen[525] unter Berücksichtigung langjähriger Verdienste des Betroffenen, familiärer Bindungen[526] und die Konsequenzen für seine berufliche Zukunft.[527]

141 Der wichtige Grund muss gerade auf die **Geschäftsführung** durch den Gesellschafter zurückgehen, nicht auf sein sonstiges Verhalten als Gesellschafter oder im Rahmen einer Drittbeziehung. Außerhalb der Geschäftsführung liegende Gründe, etwa im Bereich der **privaten Lebensführung,** können aber durchaus auf die Geschäftsführung durchschlagen,[528] etwa eine Spiel- oder Alkoholsucht oder ein erhebliches strafbares Verhalten auch gegenüber Dritten. Das gilt etwa bei der Schädigung des Vermögens einer anderen Gesellschaft.[529] Ein **Verschulden** des Geschäftsführers ist nicht unbedingt erforderlich, wie das Beispiel der Unfähigkeit zur Geschäftsführung zeigt.[530] Stattdessen ist stets eine substanzielle Gefährdung zentraler **Belange der Gesellschaft** erforderlich, die ein Scheitern der Verwirklichung des Gesellschaftszwecks als naheliegend erscheinen lassen muss.[531]

---

[515] Vgl. Begr. RegE, BT-Drs. 19/27635, 152.

[516] RG Warn Rspr 1913 Nr. 51; Soergel/Hadding/Kießling BGB § 712 Rn. 4: keine Beschränkung zulässig, außer im Gesellschaftsvertrag zugelassen.

[517] BeckOK BGB/Schöne, 75. Ed. 1.8.2025, BGB § 715 Rn. 27.

[518] BGH 9.12.1968, RGZ 51, 198 (199) = NJW 1969, 507.

[519] Ebenroth/Boujong/Drescher Rn. 128; MüKoHGB/Fleischer Rn. 281.

[520] Ebenroth/Boujong/Drescher Rn. 127; Heymann/Hoffmann/Bartlitz § 117 Rn. 4; MüKoHGB/Fleischer Rn. 277; **aA** OLG Köln 14.7.1976, BB 1977, 464 (465); diff. Hopt/Roth § 117 Rn. 37.

[521] Ebenroth/Boujong/Drescher Rn. 127; Schlegelberger/Martens § 117 Rn. 6.

[522] BGH 4.5.1955, BGHZ 17, 181 (183); MüKoHGB/Fleischer Rn. 279.

[523] BGH 25.4.1983, NJW 1984, 173 (174); 9.11.1987, BGHZ 102, 172 (176 ff.) = NJW 1988, 969; 11.2.2008, NZG 2008, 298 zur GbR; vgl. auch zur AG und GmbH Tschöpe/Wortmann NZG 2009, 161.

[524] Ebenroth/Boujong/Drescher Rn. 129; Heymann/Hoffmann/Bartlitz § 117 Rn. 6, 7.

[525] BGH 25.4.1983, NJW 1984, 173 (174); 13.2.1995, NJW 1995, 1358 (1359); 15.9.1997, NJW 1998, 146 (147); 31.3.2003, WM 2003, 1084 (1085) zu § 737 BGB.

[526] BGH 9.12.1968, BGHZ 51, 204 (206); 15.9.1997, NJW 1998, 146 (147).

[527] BGH 19.12.1951, JZ 1952, 276 (277); 18.10.1976, WM 1977, 500 (502) – insoweit in BGHZ 68, 81 = NJW 1977, 1013 nicht abgedruckt; Schlegelberger/Martens § 117 Rn. 20.

[528] RG 27.6.1940, RGZ 164, 257 (260 f.) zu § 61 GmbHG (Vorliegen eines wichtigen Grundes, wenn persönliche Spannungen zu wirtschaftlichen Nachteilen führen); Schlegelberger/Martens § 117 Rn. 16.

[529] BGH 11.2.2008, NZG 2008, 298 zur GbR; 9.4.2013, NZG 2013, 615 Rn. 19 zur GmbH.

[530] Ebenroth/Boujong/Drescher Rn. 129.

[531] MüKoHGB/Fleischer Rn. 306; großzügiger Staub/Schäfer Rn. 178.

bb) Grobe Pflichtverletzung. (1) Definition. Ein wichtiger Grund zur Entziehung der Geschäftsführungsbefugnis liegt in einer groben Pflichtverletzung. Voraussetzung ist angesichts der Schwere der Maßnahme ein **schuldhaftes** Verhalten des Geschäftsführers von einigem Gewicht.[532] Je größer der Schuldvorwurf ist, desto geringer muss die Pflichtverletzung wiegen.[533] Auch im Rahmen der einzelfallgeleiteten Ausfüllung des Regelbeispiels ist eine **Gesamtabwägung** vorzunehmen, innerhalb welcher das Verschulden als ein maßgebliches Kriterium zu berücksichtigen ist. Beharrt der Geschäftsführer etwa hartnäckig auf einem Fehlverhalten, muss dieses nicht ein so großes Gewicht haben wie bei einem einzelnen Pflichtverstoß.[534] Besteht keine Wiederholungsgefahr, kann ein wichtiger Grund ganz entfallen.[535] 142

(2) Beispiele. Eine grobe Pflichtverletzung liegt beispielsweise vor, wenn der Geschäftsführer gegen die gesellschaftsvertragliche **Organisationsordnung** verstößt[536] oder die **Mitwirkungsrechte** der anderen Gesellschafter hartnäckig missachtet.[537] Eine Pflichtverletzung ist auch die Weigerung, an der Geschäftsführung **mitzuwirken**[538] oder die sonstige **Blockierung** der Geschäftsführung der Gesellschaft durch Erhebung ungerechtfertigter **Widersprüche** oder treuwidrige Verweigerung der erforderlichen **Zustimmung.**[539] Weitere Beispiele sind eine **unredliche Geschäftsführung,** Verstoß gegen **Buchführungs- und Rechnungslegungspflichten,**[540] kartellrechtliche Vorschriften,[541] **finanzielle Unregelmäßigkeiten,** wie zB unrechtmäßige Privatausgaben,[542] die Weiterleitung streng vertraulicher Informationen[543] und der **eigenmächtige** Abschluss ungewöhnlicher Kreditverträge[544] sowie generell die Verfolgung eigener Interessen unter Missachtung des Wohls der Gesellschaft, etwa durch missbräuchliche Ausnutzung von **Erwerbschancen** der Gesellschaft zum eigenen Vorteil[545] und Verstöße gegen ein **Wettbewerbsverbot**[546] sowie **Straftaten** wie Untreue und Unterschlagung zu Lasten der Gesellschaft,[547] der Abschluss dubioser Beraterverträge mit Kommunalpolitikern zulasten der Gesellschaft[548] oder auch eines anderen Unternehmens.[549] Erfasst werden auch schwere **Beleidigungen** oder **Tätlichkeiten** gegen andere Gesellschafter.[550] Anders kann es bei der Verletzung von Steuer- und Strafvorschriften aussehen, wenn die übrigen – nun auf Entziehung klagenden – Gesellschafter die Maßnahmen zunächst gebilligt oder gar angeregt haben.[551] Auch wenn sie das Verhalten bei einem Gesellschafter billigen, können sie es 143

[532] BGH 25.4.1983, NJW 1984, 173: kein wichtiger Grund im Fall eines entschuldbaren Irrtums; MüKoHGB/Fleischer Rn. 315; Heymann/Hoffmann/Bartlitz § 117 Rn. 8; Schlegelberger/Martens § 117 Rn. 17; **aA** NK-HGB/Psaroudakis Rn. 23.

[533] BGH 18.10.1976, WM 1977, 500 (502) – insoweit nicht in BGHZ 68, 81 = NJW 1977, 1013; Heymann/Hoffmann/Bartlitz § 117 Rn. 8.

[534] BGH 25.4.1983, NJW 1984, 173 (174).

[535] BGH 31.3.2003, WM 2003, 1084 (1086) zu § 737 BGB; 25.2.1991, NJW 1991, 1681 (1682): Einzelverstöße gegen die Zuständigkeit der Gesellschafterversammlung nicht ohne weiteres ausreichend, anders aber, wenn sie Teilakte einer geplanten Neuorientierung der Geschäftspolitik der Gesellschaft darstellen.

[536] BGH 25.4.1983, NJW 1984, 173 f.; 25.2.1991, NJW 1991, 1681 (1682); 9.4.2013, NZG 2013, 615 Rn. 22 zur Kündigung des Anstellungsvertrags in der GmbH aus wichtigem Grund.

[537] BGH 25.4.1983, NJW 1984, 173 f.

[538] BGH 24.1.1972, NJW 1972, 862 (863).

[539] Schlegelberger/Martens § 117 Rn. 18.

[540] OLG Köln 19.12.2013, BeckRS 2014, 01271; vgl. weiter OLG Nürnberg 27.3.1958, WM 1958, 710 (713); OLG Stuttgart 21.9.1961, DB 1961, 1644.

[541] OLG Köln 19.12.2013, BeckRS 2014, 01271; MüKoHGB/Fleischer Rn. 326.

[542] BGH 11.2.2008, NJW-RR 2008, 704 (705): bejaht sogar für andere Gesellschaft; vgl. weiter OLG Köln 19.12.2013, BeckRS 2014, 01271.

[543] OLG Hamm 18.9.2019, BeckRS 2019, 25244 Rn. 47.

[544] BGH 28.10.2002, NJW 2003, 431: kein wichtiger Grund, wenn Geschäftsführer sich offen ausgewiesene Spesen erstatten lässt, welche die Gesellschaft nicht für erstattungsfähig hält.

[545] BGH 19.11.1990, NJW 1991, 846 (847); 13.2.1995, NJW 1995, 1358 (1359).

[546] BGH 3.2.1997, NJW-RR 1997, 925 f. zu § 140 aF; 3.11.1997, NJW 1998, 1225 (1226): kein Verstoß gegen § 112 und damit kein Ausschluss aus der Gesellschaft aus wichtigem Grund, wenn der Gesellschafter einer KG, der einen von ihm gepachteten Gegenstand der Gesellschaft unterverpachtet und die Differenz zwischen der von ihm gezahlten Pacht und der vereinnahmten Unterpacht für sich behält.

[547] BGH 14.6.1999, NJW 1999, 2820 (2821); OLG Nürnberg 27.3.1958, WM 1958, 710 (713) zu § 140 aF; Reichert/Winter BB 1988, 981 (988); vgl. weiter BGH 3.2.1997, NJW-RR 1997, 925 f. zu § 140 aF.

[548] BGH 9.4.2013, NZG 2013, 615 Rn. 21 zur Kündigung des Anstellungsvertrags eines Geschäftsführers einer GmbH aus wichtigem Grund.

[549] BGH 11.2.2008, NZG 2008, 298 zur GbR.

[550] Vgl. zu verunglimpfenden öffentlichen Vorwürfen gegen den Vertreter der Mehrheitsgesellschafterin einer GmbH BGH 15.6.1998, NJW 1998, 3274 (3276); 15.9.1997, NJW 1998, 146 (147): Vorwürfe nicht ausreichend, die sich als durch Tatsachen gestützte Meinungsäußerungen darstellen.

[551] BGH 17.12.1959, BGHZ 31, 295 (306 f.).

nicht zum Anlass für die Erhebung einer Entziehungsklage gegenüber einem anderen nehmen.[552] Im Einzelfall kann auch ein berechtigter **Verdacht** eines unredlichen Verhaltens ausreichen.[553]

144 Liegt ein schwerwiegendes **Zerwürfnis** unter den Gesellschaftern vor, rechtfertigt dies den Entzug der Geschäftsführungsbefugnis nicht nur, wenn dies durch den Betroffenen schuldhaft verursacht worden ist und einen nachhaltigen schädlichen Einfluss auf das Gesellschaftsverhältnis hat. Diese Einschränkung hat die Rspr. lediglich für den weitergehenden Eingriff in die Gesellschafterrechte der Ausschließungs- und Auflösungsklage (§§ 134, 139) aufgestellt.[554] Vielmehr wird man sich an Entscheidungen über die Abberufung von Geschäftsführern aus dem GmbH-Recht zu orientieren haben. Hiernach kommt auch eine Abberufung aller Geschäftsführer wegen eines Zerwürfnisses unter ihnen in Betracht, wenn eine Zusammenarbeit zwischen ihnen nicht mehr möglich ist.[555] Da auch bei § 116 Abs. 5 das Funktionieren der Geschäftsleitung im Vordergrund steht (→ Rn. 7), reicht es aus, wenn der geschäftsführende Gesellschafter hierzu nur mit beigetragen hat.

145 **cc) Unfähigkeit zur Geschäftsführung.** Das zweite Legalbeispiel ist die Unfähigkeit zur Geschäftsführung. Im Gegensatz zur Pflichtverletzung ist **kein Verschulden** des Geschäftsführers erforderlich, sondern allein die objektiv fehlende Eignung zur Übernahme der Geschäftsführung.[556] Ursachen können sein hohes **Alter,**[557] eine lange **Abwesenheit,**[558] eine dauerhafte **Verhinderung,**[559] eine dauerhafte schwere **Erkrankung,**[560] Verlust der Geschäftsfähigkeit[561] oder generell **fehlende Ausbildung** oder Weiterbildung zur Erfüllung der erforderlichen technischen oder kaufmännischen **Fähigkeiten.**[562]

146 **dd) Einschränkung des Entziehungsrechts.** Der Entzug der Geschäftsführungsbefugnis steht unter dem Vorbehalt des **Verhältnismäßigkeitsgrundsatzes.**[563] Erweist sich ein weniger einschneidendes Mittel als ebenso geeignet, der durch den wichtigen Grund eingetretenen Situation Herr zu werden, ist der Entzug der Geschäftsführungsbefugnis ausgeschlossen.[564] In Betracht kommt etwa die Umwandlung der Einzelgeschäftsführung in eine Gesamtgeschäftsführung oder eine Einschränkung in sachlicher, räumlicher oder zeitlicher Hinsicht.[565] Es handelt sich dann um eine **Teilentziehung** der Geschäftsführung, die den gleichen Verfahrensgrundsätzen unterliegt wie die vollständige Entziehung, aber eines eigenständigen Antrags bedarf (→ Rn. 152).[566]

147 **ee) Beweislast.** Die Darlegungs- und Beweislast für das Vorliegen eines wichtigen Grundes tragen die Gesellschafter, die die Entziehungsklage erheben.[567]

148 **2. Verfahren. a) Klageart.** Der Entzug der Geschäftsführungsbefugnis erfolgt auf der Grundlage einer **Gestaltungsklage** der übrigen Gesellschafter durch Urteil.

149 **b) Aktivlegitimation. aa) Alle Gesellschafter.** Voraussetzung für die Zulässigkeit der Klage ist, dass alle Gesellschafter, auch die nicht zur Geschäftsführung befugten, außer dem betroffenen Gesellschafter Klage erheben.[568] Es handelt sich hierbei nicht um eine Geschäftsführungsmaßnahme,

---

[552] BGH 3.11.1997, NJW 1998, 1225 (1227) zu § 140.

[553] BGH 17.12.1959, BGHZ 31, 295 (304 ff.); ausf. zur AG Schmolke AG 2014, 377 ff.

[554] BGH 12.12.1994, NJW 1995, 597; 15.9.1997, NJW 1998, 146 (147).

[555] BGH 24.2.1992, ZIP 1992, 760 (761); 12.1.2009, NZG 2009, 386 zur GmbH.

[556] BGH 19.12.1951, JZ 1952, 276; Schlegelberger/Martens § 117 Rn. 19.

[557] BGH 19.12.1951, JZ 1952, 276.

[558] Heymann/Hoffmann/Bartlitz § 117 Rn. 7.

[559] Vgl. zur Übernahme eines politischen Mandats als Auflösungsgrund iSd § 133 BGH 2.5.1985, BGHZ 94, 248 (250 ff.) = NJW 1985, 2635.

[560] BGH 19.12.1951, JZ 1952, 276.

[561] Erman/Lieder BGB § 715 Rn. 45; MüKoBGB/Schäfer BGB § 715 Rn. 75; Staake/Weber ZIP 2021, 611 (613 f.).

[562] Ebenroth/Boujong/Drescher Rn. 134; Heymann/Hoffmann/Bartlitz § 117 Rn. 7; Schlegelberger/Martens § 117 Rn. 19.

[563] Zur Tragweite und zu den Grenzen dieses Prinzips monografisch Klein-Wiele, Verhältnismäßigkeit und ultima ratio handelsrechtlicher Gestaltungsklagen, 2016.

[564] AllgM, vgl. BGH 9.12.1968, BGHZ 51, 198 (203) = NJW 1969, 507; 18.10.1976, BGHZ 68, 81 (86) = NJW 1977, 1013; 25.4.1983, NJW 1984, 173 (174); 31.3.2003, WM 2003, 1084 (1085); Schlegelberger/Martens § 117 Rn. 8 ff.

[565] BGH 31.3.2003, WM 2003, 1084 (1085); Hopt/Roth Rn. 39; Schlegelberger/Martens § 117 Rn. 9.

[566] Zur Teileinziehung eingehend MüKoHGB/Fleischer Rn. 287 ff.; Staub/Schäfer Rn. 162 ff.; Schlegelberger/Martens § 117 Rn. 9 ff.; Lukes JR 1960, 41 (43 ff.); aus der Rspr. BGH 10.12.2001, WM 2002, 342 (343); restriktiv aber Lettl AcP 202 (2002), 3 (19 f.).

[567] Ebenroth/Boujong/Drescher Rn. 131.

[568] BGH 28.4.1975, BGHZ 64, 253 (255) = NJW 1975, 1410; 18.10.1976, BGHZ 68, 81 (82) = NJW 1977, 1013 zu § 140 aF; abweichend M. Schwab, Das Prozessrecht gesellschaftsinterner Streitigkeiten, 2005, 196 ff.: auch die Gesellschaft, zu § 140 aF.

sondern ein **Grundlagengeschäft,** sodass auch bei Gefahr im Verzug alle Gesellschafter mitwirken müssen.[569]

Hingegen muss es in einer **Publikumspersonengesellschaft** möglich sein, einen Geschäftsführer aus wichtigem Grund durch Mehrheitsentscheidung abzuberufen,[570] weil sich kaum jemals Einstimmigkeit unter einer großen Vielzahl von Gesellschaftern erzielen lässt. Während es in der typisch ausgestalteten Personengesellschaft ausreicht, eine nachträgliche Beschlusskontrolle vorzunehmen und zu fragen, ob die sich weigernden Gesellschafter entweder vom Stimmrecht ausgeschlossen sind oder es die Treuepflicht gebietet, dass sie der Kündigung eines untragbaren Geschäftsführers zustimmen, ist dies für Publikumspersonengesellschaften mit Blick auf eine reibungslose Geschäftsführung schlichtweg nicht praktikabel. Entsprechende Einstimmigkeitsklauseln können deshalb nach § 242 BGB nichtig sein;[571] ein Beschluss über die Kündigung des Gesellschafter-Geschäftsführers ist ohne weiteres von einer einfachen Mehrheitsklausel umfasst (→ § 109 Rn. 76). Abs. 5 findet keine Anwendung.[572] 150

bb) Mitwirkungspflicht. Nach heute hM wird zu Recht eine Mitwirkungspflicht der Gesellschafter an der Klageerhebung bejaht, wenn der Entzug der Geschäftsführungsbefugnis im Interesse der Gesellschaft auf Grund der **gesellschaftsrechtlichen Treuepflicht** erforderlich und geboten sowie den Gesellschaftern unter Berücksichtigung ihrer individuellen Belange zumutbar ist.[573] Das aufgrund einer **Leistungsklage** erwirkte Urteil gegen den auf Zustimmung verklagten Gesellschafter ersetzt nach § 894 ZPO die Mitwirkung an der Entziehungsklage.[574] Für diese Klage ist nicht die Mitwirkung aller übrigen Gesellschafter erforderlich, sondern sie kann durch den einzelnen Gesellschafter in Verfolgung seines Individualrechts im Wege der Gesellschafterklage (actio pro socio) nach § 715b BGB iVm § 105 Abs. 3 (→ § 105 Rn. 102 ff.) geltend gemacht werden.[575] Beide Klagen können nach hM aus Gründen der Prozessökonomie **miteinander verbunden** werden.[576] Sie sind abzuweisen, wenn das Vorliegen eines wichtigen Grundes oder die Mitwirkungspflicht verneint werden.[577] Das Problem der unterschiedlichen Rechtsmittel in beiden Prozessen lässt sich analog §§ 280, 304 ZPO durch die auflösend bedingte Unwirksamkeit des Gestaltungsurteils bei Abweisung der Mitwirkungsklage lösen.[578] 151

c) Verfahren. aa) Antrag. Die Entziehungsklage ist gegen den Geschäftsführer zu richten mit dem Antrag, die Geschäftsführungsbefugnis zu entziehen.[579] In der Regel liegt hierin zugleich der Antrag auf Entziehung der Vertretungsmacht nach § 124 Abs. 5 (→ Rn. 138). Dies sollte gleichwohl aus Gründen der Klarheit ausdrücklich beantragt werden. 152

bb) Gerichtsstand. Der Gerichtsstand für die Entziehungsklage ist nach § 12 ZPO der Gerichtsstand des beklagten Gesellschafters, also nach § 13 ZPO der Wohnsitz oder nach § 17 ZPO der Gesellschaftssitz, wenn Geschäftsführer zB eine GmbH ist. Daneben ist nach § 22 ZPO der Sitz der Gesellschaft, um deren Geschäftsführung es geht, ebenfalls Gerichtsstand. 153

cc) Klagefrist. Eine Frist zur Erhebung der Klage ist grundsätzlich nicht vorgesehen. Liegt ein wichtiger Grund vor und wird dennoch nicht in angemessener Frist auf Entziehung der Geschäftsführungsbefugnis geklagt, begründet dies ein Indiz gegen die Unzumutbarkeit der weite- 154

---

[569] BGH 18.10.1976, BGHZ 68, 81 (84) = NJW 1977, 1013; 25.4.1983, NJW 1984, 173; 28.6.1993, NJW-RR 1993, 1123; MüKoHGB/Fleischer Rn. 327; Schlegelberger/Martens § 117 Rn. 23.

[570] MüKoHGB/Fleischer Rn. 273; Ebenroth/Boujong/Drescher Rn. 125; Neumann ZIP 2017, 1141 (1142).

[571] BGH 9.11.1987, BGHZ 102, 172 (178 f.) = NJW 1988, 969; Hopt/Roth Rn. 58.

[572] Schlegelberger/Martens § 117 Rn. 3; Staub/Schäfer Rn. 153; MüKoHGB/Fleischer Rn. 273.

[573] BGH 28.4.1975, BGHZ 64, 253 (257 ff.) = NJW 1975, 1410; 18.10.1976, BGHZ 68, 81 (82) = NJW 1977, 1013; 25.4.1983, NJW 1984, 173 (174); 9.11.1987, BGHZ 102, 172 (176) = NJW 1988, 969; Hopt/Roth Rn. 40; Ebenroth/Boujong/Drescher Rn. 138; MüKoHGB/Fleischer Rn. 330; RGHMW/Haas/Mohamed Rn. 142; **aA** noch Hueck OHG § 10 VII 4; Kollhosser FS Westermann, 1974, 284 f.

[574] BGH 28.4.1975, BGHZ 64, 253 (257, 259) = NJW 1975, 1410; 18.10.1976, BGHZ 68, 81 (82 f.) = NJW 1977, 1013 zu § 140 aF; 25.4.1983, NJW 1984, 173.

[575] BGH 28.4.1975, BGHZ 64, 253 (256) = NJW 1975, 1410 zu § 140 aF; Ebenroth/Boujong/Drescher Rn. 138.

[576] *BGH 18.10.1976*, BGHZ 68, 81 (83 ff.) = NJW 1977, 1013 zu § 140 aF; 25.4.1983, NJW 1984, 173; MüKoHGB/Fleischer Rn. 331; Staub/Schäfer Rn. 202; **aA** Ulmer FS Geßler, 1971, 281 f.: zumindest im Wege des Teilurteils; wN bei Schlegelberger/Martens § 117 Rn. 27; abw. auch K. Schmidt, Mehrseitige Gestaltungsprozesse bei Personengesellschaften, 1992, 76 ff., 90 ff., 107 ff.

[577] BGH 18.10.1976, BGHZ 68, 81 (84) = NJW 1977, 1013 zu § 140 aF; Heymann/Hoffmann/Bartlitz § 117 Rn. 12.

[578] Merle ZGR 1979, 78 ff.; Schlegelberger/Martens § 117 Rn. 28; Ebenroth/Boujong/Drescher Rn. 139; **aA** Westermann/Wertenbruch PersGesR-HdB/Wertenbruch Rn. I 300c.

[579] Ebenroth/Boujong/Drescher Rn. 140.

ren Geschäftsführung[580] oder kann zur Verwirkung führen.[581] Dies gilt jedoch nur bei abgeschlossenen, nicht bei fortlaufenden Pflichtverstößen. Die Klage ist nur bis zur Auflösung der Gesellschaft begründet.[582]

155 **dd) Streitgenossenschaft.** Da alle nicht betroffenen Gesellschafter bei der Klage mitwirken müssen (→ Rn. 151), sind sie notwendige Streitgenossen nach § 62 ZPO.[583] Nimmt ein Gesellschafter am Prozess nicht teil, muss die Klage wegen **fehlender Aktivlegitimation** als unbegründet zurückgewiesen werden.[584] Weisen die anderen Gesellschafter nach, dass der nicht beteiligte Gesellschafter sie zur Klageerhebung ermächtigt hat, ist die Aktivlegitimation gegeben, da ein Fall der **gewillkürten Prozessstandschaft** vorliegt.[585]

156 **ee) Klageverbindung.** Eine Klageverbindung ist möglich, wenn **mehreren Gesellschaftern** die Geschäftsführungsbefugnis entzogen werden soll. Gleichwohl muss die Klage von allen übrigen Gesellschaftern erhoben werden.[586] Die Entziehungsgründe müssen nicht unbedingt identisch sein oder sachlich zusammenhängen,[587] prozessökonomisch ist dies gleichwohl, weil sich solch ein Zusammenhang auch im Laufe des Verfahrens ergeben kann. Dieses Vorgehen kann jedoch risikoreich sein, weil die Klage insgesamt abgewiesen wird, wenn nur bei einem Beklagten ein Entziehungsgrund fehlt, weil dann nicht mehr alle übrigen Gesellschafter Klage erheben.[588] Der auf Entzug der Geschäftsführung in Anspruch genommene Gesellschafter kann im Wege der **Widerklage** nach § 133 die Auflösung der Gesellschaft verlangen.[589] Mit der Klage nach § 116 Abs. 5 kann hilfsweise der Antrag auf Ausschließung des betroffenen Gesellschafters nach § 134 und auf Auflösung der Gesellschaft nach § 134[590] oder auf Umorganisation der Gesellschaft[591] **verbunden** werden.

157 **d) Entscheidung durch das Gericht. aa) Urteil.** Die Entziehung der Geschäftsführung erfolgt durch Gestaltungsurteil, dessen Wirkung mit der Rechtskraft ohne weitere Umsetzungsakte eintritt. Liegen die Voraussetzungen des § 116 Abs. 5 vor, muss das Gericht der Klage stattgeben.[592] Sind weniger einschneidende Rechtsfolgen gleich geeignet und zumutbar, hat das Gericht nur insoweit zu entscheiden (→ Rn. 146), der weitergehende Antrag ist unbegründet. Da es sich nicht um ein im Entziehungsantrag bereits enthaltenes Minus handelt, müssen die klagenden Gesellschafter die **mildere Maßnahme** hilfsweise, notfalls auf Hinweis des Gerichts nach § 139 ZPO beantragen, sonst wird die Klage insgesamt abgewiesen.[593]

158 **bb) Einstweilige Verfügung.** Gemäß §§ 935, 940 ZPO kann die Geschäftsführungsbefugnis auch durch einstweilige Verfügung entzogen werden.[594] Es kann im Eilverfahren auch beantragt werden, die Geschäftsführungsmaßnahmen vorläufig nicht mehr wahrzunehmen oder eine nach

---

[580] Ebenroth/Boujong/Drescher Rn. 141.

[581] BGH 1.3.1999, NJW 1999, 2268; 7.6.1999, NJW 1999, 3113; Ebenroth/Boujong/Drescher Rn. 141; Schlegelberger/Martens § 117 Rn. 32.

[582] Ebenroth/Boujong/Drescher Rn. 141; Schlegelberger/Martens § 117 Rn. 33.

[583] BGH 15.6.1959, BGHZ 30, 195 (197) = NJW 1959, 1683.

[584] BGH 15.6.1959, BGHZ 30, 195 (197) = NJW 1959, 1683.

[585] BGH 18.10.1976, BGHZ 68, 81 (83) = NJW 1977, 1013; 15.9.1997, NJW 1998, 146 zu §§ 133, 140 aF; RGHMW/Haas/Mohamed Rn. 139; Staub/Schäfer Rn. 199; **aA** Ulmer FS Geßler, 1971, 279; Reichert/Winter BB 1988, 981.

[586] BGH 28.4.1975, BGHZ 64, 253 (255) = NJW 1975, 1410; 18.10.1976, BGHZ 68, 81 (83 f.) = NJW 1977, 1013 zu § 140 aF.

[587] Heymann/Hoffmann/Bartlitz § 117 Rn. 13; RGHMW/Haas/Mohamed Rn. 144; Schlegelberger/Martens § 117 Rn. 30; Ebenroth/Boujong/Drescher Rn. 143; **aA** Hueck OHG § 10 VII 4; Fischer NJW 1959, 1057 (1059).

[588] BGH 28.4.1975, BGHZ 64, 253 (255) = NJW 1975, 1410 zu § 140 aF; Heymann/Hoffmann/Bartlitz § 117 Rn. 13; Schlegelberger/Martens § 117 Rn. 31.

[589] Hueck OHG § 10 VII 9; Schlegelberger/Martens § 117 Rn. 34; **aA** Fischer NJW 1959, 1057 (1063); Staub/Schäfer Rn. 208.

[590] RGHMW/Haas/Mohamed Rn. 145; Schlegelberger/Martens § 117 Rn. 34.

[591] BGH 9.12.1968, BGHZ 51, 198 (201 f.) = NJW 1969, 507; MüKoHGB/Fleischer Rn. 285., 334; Schlegelberger/Martens § 117 Rn. 45.

[592] RG 23.11.1928, RGZ 122, 312 (314) zu §§ 133, 140 aF; MüKoHGB/Fleischer Rn. 2.

[593] BGH 10.12.2001, WM 2002, 342 (343) = NJW-RR 2002, 540; Hopt/Roth Rn. 39; Heymann/Hoffmann/Bartlitz § 117 Rn. 17; MüKoHGB/Fleischer Rn. 288; Schlegelberger/Martens § 117 Rn. 12 f.; **aA** zB Hueck OHG § 10 VII 8.

[594] BGH 11.7.1960, BGHZ 33, 105 (107) = NJW 1960, 1997; 20.12.1982, BGHZ 86, 177 (180) = NJW 1983, 938 f.

§ 116 Abs. 5 erforderliche Zustimmung zu erteilen.[595] Im Rahmen der Eilentscheidung können alle notwendigen Anordnungen getroffen werden, etwa die vorübergehende Betrauung der Geschäftsführung durch einen Dritten.[596] Der betroffene Gesellschafter kann seinerseits einen Eilantrag stellen.[597]

cc) Schiedsgericht. Als abweichende Vereinbarung zu § 116 Abs. 5 können sich die Gesellschafter einer schiedsgerichtlichen Entscheidung unterwerfen. Die Rechtsfolgen treten nach zutreffender Auffassung bereits **mit Zugang der Entscheidung** (§ 1055 ZPO),[598] nicht erst gem. §§ 1060 ff. ZPO durch Vollstreckbarkeitserklärung ein.[599] Das entspricht der mit § 1055 ZPO intendierten Gleichstellung des Schiedsspruchs mit dem Urteil eines staatlichen Gerichts. Dieser Normzweck des § 1055 ZPO würde unterlaufen, bedürfte es selbst für die Gestaltungswirkung nach § 116 Abs. 5 einer vorherigen Vollstreckungserklärung nach § 1066 ZPO. Nach § 1041 Abs. 1 ZPO kann das Schiedsgericht auch **einstweilige Maßnahmen** anordnen.[600] 159

3. Rechtsfolgen. a) Entzug der Geschäftsführungsbefugnis. Mit Rechtskraft des Urteils hat der betroffene Gesellschafter nur noch die Rechtsstellung eines von der Geschäftsführung ausgeschlossenen Gesellschafters. War der Gesellschafter auf der Grundlage eines Dienstverhältnisses tätig, rechtfertigt der wichtige Grund iSd § 116 Abs. 5 auch die **fristlose Kündigung** nach § 626 BGB[601] innerhalb der Zweiwochenfrist des § 626 Abs. 2 BGB.[602] Je nach den Umständen des Einzelfalles kann die Auslegung des Anstellungsverhältnisses ergeben, dass dessen Beendigung an die Beendigung der Geschäftsführungsbefugnis **gekoppelt** ist.[603] Damit erlischt ein vereinbarter **Vergütungsanspruch.**[604] Bestand dieser allerdings in einer besonderen Gewinnverteilungsabrede oder in der gleichmäßigen Verteilung des Gewinns auf mehrere geschäftsführende Gesellschafter, ist zugleich die Änderung des Gesellschaftsvertrags, notfalls ebenfalls durch Klageerhebung, notwendig.[605] 160

b) Einfluss auf die Geschäftsführung im Übrigen. Fällt durch das Gestaltungsurteil einer von zwei **Gesamtgeschäftsführern** weg, wird eine vertragliche Neuordnung der Geschäftsführung notwendig. In diesem Fall erstarkt die Geschäftsführung des übrig gebliebenen Geschäftsführers nicht automatisch zur Einzelgeschäftsführung, weil die alleinige Geschäftsführung durch einen von ihnen bei Vereinbarung von Gesamtgeschäftsführung gerade nicht gewollt war.[606] Die Entziehungsklage ist aber auch in dem Fall möglich, dass beide Geschäftsführer die alleinigen Gesellschafter sind oder neben dem geschäftsführenden Gesellschafter nur noch ein anderer nicht geschäftsführender Gesellschafter vorhanden ist. Dann tritt als gesetzliche Grundregel die Allzuständigkeit aller Gesellschafter ein, eine anderweitige Lösung für die Geschäftsführung zu finden.[607] Die Aussicht, die Gesellschaft sonst auflösen zu müssen, kann auch zwei zerstrittene Gesellschafter zu einer Einigung bewegen. Alle Gesellschafter sind aufgrund der gesellschaftlichen Treuepflicht gehalten, an einer anderweitigen Regelung mitzuwirken.[608] Kommt eine Neuordnung gleichwohl nicht zustande, kann jeder Gesellschafter nach § 134 die Ausschließung des sich weigernden Gesellschafters oder nach § 139 die Auflösung der Gesellschaft verlangen. 161

---

[595] Vgl. v. Gerkan/Haas ZGR 1985, 167 (179 ff.); Semler BB 1979, 1533 (1534).

[596] BGH 11.7.1960, BGHZ 33, 105 (108 ff.) = NJW 1960, 1997.

[597] OLG Köln 14.7.1976, BB 1977, 464 (465); v. Gerkan/Haas ZGR 1985, 167 (177); zur GmbH Lunk ZIP 1999, 1777 (1786).

[598] Ebenroth/Boujong/Drescher Rn. 149; MüKoHGB/Fleischer Rn. 355; Staub/Schäfer Rn. 247; Lindacher ZGR 1979, 201 (209); Vollmer BB 1985, 1774 (1775 ff.).

[599] So aber noch → 4. Aufl. 2015, Rn. 26 (Weitemeyer); Hopt/Roth Rn. 42; Schlegelberger/Martens § 117 Rn. 40; K. Schmidt ZGR 1988, 523 (536).

[600] Ebenroth/Boujong/Drescher Rn. 149; Kreindler/Mahlich NJW 1998, 563 (567); Anders/Gehle/Hartmann ZPO § 1041 Rn. 1; **aA** vor der Neuregelung des schiedsgerichtlichen Verfahrens BGH 22.5.1957, WM 1957, 932 (934); Schlegelberger/Martens § 117 Rn. 40.

[601] Ebenroth/Boujong/Drescher Rn. 150.

[602] Hierzu BGH 9.4.2013, NZG 2013, 615; Arnold/Schansker NZG 2013, 1172 ff.

[603] BGH 29.5.1989, NJW 1989, 2683 f.

[604] Zur Vergütung während des Prozesses Wackerbarth NZG 2008, 281 (283).

[605] Fischer NJW 1959, 1057 (1063); Schlegelberger/Martens § 117 Rn. 42; Hopt/Roth Rn. 43.

[606] BGH 25.5.1964, BGHZ 41, 367 (368 f.) = NJW 1964, 1624; Heymann/Hoffmann/Bartlitz § 117 Rn. 19; Schlegelberger/Martens § 117 Rn. 44.

[607] BGH 11.7.1960, BGHZ 33, 105 (108) = NJW 1960, 1997 zu § 127 aF; 9.12.1968, BGHZ 51, 198 (201 f.) = NJW 1969, 507; vgl. auch Schlegelberger/Martens § 117 Rn. 48.

[608] BGH 9.12.1968, BGHZ 51, 198 (202) = NJW 1969, 507; OLG Koblenz 14.12.1956, MDR 1957, 295 (296); Fischer NJW 1959, 1057 (1062); Hopt/Roth Rn. 44; Heymann/Hoffmann/Bartlitz § 117 Rn. 19; RGHMW/Haas/Mohamed Rn. 150.

X. Kündigung

162 Der geschäftsführende Gesellschafter kann die Geschäftsführung aus wichtigem Grund gem. Abs. 6 kündigen. Dies gilt bei vertraglicher, aber auch bei der organschaftlichen Geschäftsführung.[609] Ein **wichtiger Grund** liegt im Allgemeinen vor, wenn dem Gesellschafter die fortwährende Geschäftsführung in der konkreten Gestaltung nicht zugemutet werden kann.[610] Das kann etwa dann der Fall sein, wenn unter den Gesellschaftern über die Geschäftsführung ein tiefgreifendes Zerwürfnis eingetreten ist oder dringende persönliche Umstände vorliegen.[611] Die Kündigung muss gegenüber allen Mitgesellschaftern **erklärt** werden, da sie den Gesellschaftsvertrag ändert.[612]

163 Kündigt der geschäftsführende Gesellschafter, ohne einen wichtigen Kündigungsgrund zu haben und ohne dass ein vereinbartes **ordentliches Kündigungsrecht** besteht, ist die Kündigung unwirksam und kann Schadensersatzpflichten wegen der Verletzung der Pflicht zur Geschäftsführung auslösen.[613] Zugleich kann die Kündigung für einen Mitgesellschafter einen wichtigen Grund zur Kündigung seiner Gesellschafterstellung nach § 132 darstellen.[614] Das Verbot der Kündigung zur Unzeit (Abs. 6 S. 2 iVm § 671 Abs. 2 BGB) schränkt das Kündigungsrecht etwa dann ein, wenn die Gesellschafter nicht rechtzeitig genug die Geschäftsführung anderweitig organisieren können.[615] Die übrigen Rechtsfolgen der Kündigung für die Geschäftsführungsbefugnisse der Mitgesellschafter sind ebenso zu bestimmen wie bei der Entziehung (→ Rn. 160 ff.).[616] Der Gesellschaftsvertrag kann die Kündigung erleichtern, aber **nicht erschweren** (Abs. 6 S. 2 iVm § 671 Abs. 3 BGB).

XI. Abweichende Regelungen

164 Die Vorschrift ist **dispositiv.**[617] So können Gesellschafter von der Geschäftsführung ausgeschlossen werden oder die Stellung als Geschäftsführer kann modifiziert werden. Ein **Beirat** oder sonstige Kontroll- oder Beratungsgremien können eingerichtet werden. Die Geschäftsführer können ermächtigt werden, Grundlagengeschäfte durchzuführen,[618] etwa die Aufnahme neuer Gesellschafter.[619] Die **Grenze** bilden die materielle Inhaltskontrolle von Mehrheitsentscheidungen (→ § 109 Rn. 68 ff.), das Abspaltungsverbot (→ Rn. 24 f.) sowie der Grundsatz der Selbstorganschaft (→ Rn. 26 ff.).

165 Der Umfang der Geschäftsführungsbefugnis nach **Abs. 2** kann abweichend vom Gesetz enger oder weiter geregelt werden. Das Zustimmungserfordernis nach **Abs. 2 S. 1 Hs. 2** kann beschränkt, etwa auf bestimmte Arten außergewöhnlicher Geschäfte, oder erweitert werden. Sieht der Gesellschaftsvertrag für die Zustimmung eine **Mehrheitsentscheidung** vor, kann auch die nachträgliche Genehmigung mehrheitlich erteilt werden.[620]

166 Auch **Abs. 2 S. 2 und S. 3** ist **abdingbar.**[621] So kann das Widerrufsrecht nach Abs. 2 S. 3 eingeschränkt werden, etwa indem alle oder ein bestimmter Prokurist nur mit Zustimmung aller oder bestimmter Gesellschafter abberufen werden können bzw. kann. Hierin liegt keine Umgehung des § 52 Abs. 1, weil die abweichende Regel allein die innergesellschaftliche Zuständigkeit, aber nicht den Widerruf der Prokura nach außen abändert.[622] Möglich ist auch die Vereinbarung des Widerrufs nur durch alle geschäftsführenden Gesellschafter gemeinsam[623] oder das Verbot des Widerrufs gegen den Willen eines einzelnen Geschäftsführers, der hingegen allein widerrufen kann.[624]

167 Darüber hinaus können **Gesamtgeschäftsführung** und **Einzelgeschäftsführung kombiniert** werden, indem einer Gruppe von Gesellschaftern Gesamtgeschäftsführung und einer anderen Gruppe

---

609 K. Schmidt DB 1988, 2241 f.; Hopt/Roth Rn. 45; Schlegelberger/Martens § 117 Rn. 56.
610 Erman/Lieder BGB § 715 Rn. 54; MüKoBGB/Schäfer BGB § 715 Rn. 90.
611 Ebenroth/Boujong/Drescher Rn. 162; Schlegelberger/Martens Rn. § 117 Rn. 57.
612 Erman/Lieder BGB § 715 Rn. 55.
613 Ebenroth/Boujong/Drescher Rn. 162.
614 Erman/Lieder BGB § 715 Rn. 53; MüKoBGB/Schäfer BGB § 715 Rn. 89.
615 Ebenroth/Boujong/Drescher Rn. 162.
616 Vgl. Erman/Lieder BGB § 715 Rn. 56; MüKoBGB/Schäfer BGB § 715 Rn. 93.
617 Vgl. BGH 7.6.2010, WM 2010, 2311 Rn. 17; OLG Hamm 20.6.2011, BeckRS 2011, 17849; 18.5.2020, NZG 2020, 828 Rn. 25; OLG München 3.2.2011, BeckRS 2011, 4044; Hopt/Roth Rn. 46; MüKoHGB/Fleischer Rn. 280.
618 BGH 10.12.2001, WM 2002, 342 (344) = NJW-RR 2002, 540; RG 10.10.1924, RGZ 109, 56 (60 f.).
619 BGH 14.11.1977, NJW 1978, 1000; 11.2.1980, BGHZ 76, 160 (164) = NJW 1980, 1463 (1464).
620 BGH 7.6.2010, NZG 2010, 1381 Rn. 17; 24.7.2012, ZIP 2013, 366 Rn. 3; OLG München 3.12.2008, NZG 2009, 340; vgl. weiter Hopt/Roth Rn. 46.
621 RG 26.5.1880, RGZ 2, 30 (35) zur Vorgängernorm des ADHGB; 27.1.1940, RGZ 163, 35 (37); BGH 2.7.1973, WM 1973, 1291 (1293 f.) = NJW 1973, 2198 (2199).
622 RG 27.1.1940, RGZ 163, 35 (37).
623 BGH 2.7.1973, WM 1973, 1291 (1293 f.) = NJW 1973, 2198 (2199).
624 RG 26.5.1880, RGZ 2, 30 (35) zur Vorgängernorm des ADHGB.

Einzelgeschäftsführung erteilt wird. Zulässig ist auch die Zuweisung der Geschäftsführungsbefugnis nach Arten von Geschäften und Ressorts, jeweils unter Ausschluss der anderen Gesellschafter für diesen Bereich.

In Betracht kommt auch die Bindung einzelner Gesellschafter an die Zustimmung von Prokuristen oder Dritten als sog. **unechte Gesamtgeschäftsführung.**[625] Diese Gestaltung ist nur zulässig, wenn daneben mindestens einem Gesellschafter die Geschäftsführung ohne Bindung an Nichtgesellschafter verbleibt, da sonst der Grundsatz der Selbstorganschaft verletzt würde (→ Rn. 26 ff.). Denkbar ist etwa die Einzelgeschäftsführung eines Gesellschafters kombiniert mit der Gesamtgeschäftsführung eines anderen, der entweder mit dem einzelgeschäftsführungsbefugten Gesellschafter zusammen handeln muss oder mit einem gesellschaftsfremden Dritten. **168**

Auch das Widerspruchsrecht kann abweichend von Abs. 3 S. 3 geregelt werden. Es kann **ausgeschlossen** oder auf bestimmte Arten oder einen bestimmten Umfang von Geschäften beschränkt werden. Es kann auch vereinbart werden, dass das Widerspruchsrecht nur gemeinsam durch alle oder mehrere geschäftsführende Gesellschafter ausgeübt werden darf. Umgekehrt kann auch einem nichtgeschäftsführenden Gesellschafter das Widerspruchsrecht zugesprochen werden.[626] Der Widerspruch kann einem **Mehrheitsbeschluss** unterworfen werden.[627] Dem Grundsatz der Selbstorganschaft steht nicht entgegen, einem Dritten ein Widerspruchsrecht einzuräumen.[628] Sinnvoll kann es darüber hinaus sein, im Gesellschaftsvertrag zu regeln, dass ein Widerspruch zu begründen ist und unter welchen Voraussetzungen ein Widerspruch beachtlich oder unbeachtlich sein soll.[629] Auf diese Weise können gerichtliche Auseinandersetzungen (→ Rn. 123) weitgehend vermieden werden. **169**

Die Gesellschafter können schließlich Erleichterungen wie Erschwerungen des **Entzugs der Geschäftsführungsbefugnis** nach Abs. 5 vereinbaren. Es kann eine Erweiterung der Abberufungsgründe oder ein Verzicht auf eine Begründung vereinbart werden.[630] Allerdings gebietet es die **Treuepflicht,** dass die Abberufung nicht willkürlich erfolgen darf.[631] Die Anforderungen an einen sachlichen Grund sind allerdings nicht zu hoch anzusetzen.[632] Ein **völliger Ausschluss** des Entziehungsrechts ist zulässig,[633] soweit zumindest die Ausschließung des Gesellschafters oder die Auflösungsklage noch möglich ist.[634] Steht diese Option hingegen nicht zur Verfügung, kann die Berufung auf den Ausschluss des Abs. 5 ausnahmsweise wegen Verstoßes gegen die Treupflicht unwirksam sein.[635] **170**

Die Entziehung der Geschäftsführungsbefugnis kann durch einen zusätzlichen Gesellschafterbeschluss oder durch die Vorprüfung durch einen Schiedsgutachter oder einen Beirat **erschwert** werden.[636] Auf einen aus gesellschaftsfremden Dritten bestehenden **Beirat** kann die Entscheidungsbefugnis hingegen nicht gänzlich übertragen werden, da dies gegen das Abspaltungsverbot verstößt (→ § 108 Rn. 19).[637] **171**

Erleichterungen in verfahrensrechtlicher Hinsicht können und sollten[638] darin bestehen, dass das Klageerfordernis abbedungen wird und ein Beschluss der Gesellschafter iSd § 715 Abs. 5 BGB an die Stelle der Gestaltungsklage tritt.[639] Der betroffene Gesellschafter ist mit seinem **Stimmrecht** ausgeschlossen (→ § 109 Rn. 33).[640] Treuwidrig abgegebene Stimmen sind regelmäßig unwirksam **172**

---

[625] Hopt/Roth Rn. 57; Schlegelberger/Martens § 115 Rn. 22, 30.

[626] BeckOK HGB/Klimke, 47. Ed. 1.7.2025, Rn. 63.

[627] Schlegelberger/Martens § 115 Rn. 30.

[628] BGH 22.2.1960, NJW 1960, 963 bezüglich des Stimmrechts; Schlegelberger/Martens § 115 Rn. 30; Hueck OHG § 10 III 3; **aA** MüKoHGB/Fleischer Rn. 249; Staub/Schäfer Rn. 243; Hopt/Roth Rn. 57.

[629] Hippeli Jura 2017, 1192 (1195).

[630] BGH 23.10.1972, NJW 1973, 750 (751); 20.12.1982, BGHZ 86, 177 (180) = NJW 1983, 938 f.; 3.11.1997, NJW 1998, 1225; OLG Köln 30.8.2007, GmbH-Stpr. 2008, 32; vgl. auch RGHMW/Haas/Mohamed Rn. 153; Schlegelberger/Martens § 117 Rn. 53.

[631] Zust. Heymann/Hoffmann/Bartlitz § 117 Rn. 22 aE.

[632] Heymann/Hoffmann/Bartlitz § 117 Rn. 22; MüKoHGB/Fleischer Rn. 350; vgl. Hopt/Roth Rn. 59.

[633] MüKoHGB/Fleischer Rn. 347; mit Ausnahme von Publikumsgesellschaften Staub/Schäfer Rn. 17; einschr. noch → 4. Aufl. 2015, Rn. 29 (Weitemeyer).

[634] So Fischer NJW 1959, 1057 (1060 f.); Hueck OHG § 10 VII 11a; MüKoHGB/Fleischer Rn. 347; Staub/Schäfer Rn. 17.

[635] Schlegelberger/Martens § 117 Rn. 51.

[636] Hopt/Roth Rn. 58.

[637] Ebenroth/Boujong/Drescher Rn. 161; Schlegelberger/Martens § 117 Rn. 54; **aA** MüKoHGB/Fleischer Rn. 352.

[638] Nachdrückliche Empfehlung bei Otte ZIP 2021, 2162 (2166).

[639] AllgM, BGH 17.12.1959, BGHZ 31, 295 (298 ff.) = NJW 1960, 625 zu § 140; 20.12.1982, BGHZ 86, 177 (180) = NJW 1983, 938 f.; 5.6.1989, BGHZ 107, 351 (356) = NJW 1989, 2681 zu § 140; 3.2.1997, NJW-RR 1997, 925 f. zu § 140; 3.11.1997, NJW 1998, 1225; OLG Köln 30.8.2007, GmbH-Stpr. 2008, 32; Hopt/Roth Rn. 59.

[640] BGH 9.11.1987, BGHZ 102, 172 (176) = NJW 1988, 969 – GbR.

(→ § 109 Rn. 37). Die Geschäftsführungsbefugnis erlischt mit dem wirksamen Gesellschafterbeschluss. Der Betroffene kann **Anfechtungsklage** erheben, um den Beschluss für nichtig erklären zu lassen.[641] Auf diesen Rechtsweg kann nicht wirksam verzichtet werden.[642] Es kann aber auch das Einstimmigkeitserfordernis durch einen **Mehrheitsbeschluss** ersetzt werden, der die überstimmten Gesellschafter verpflichtet, an der Klage mitzuwirken.[643] Kann der Geschäftsführer laut Vertrag ohne das Bestehen eines wichtigen Grundes abberufen werden,[644] darf er hierbei mitstimmen.[645]

§ 117 Wettbewerbsverbot

(1) Ein Gesellschafter darf ohne Einwilligung der anderen Gesellschafter weder in dem Handelszweig der Gesellschaft Geschäfte machen noch an einer anderen gleichartigen Gesellschaft als persönlich haftender Gesellschafter teilnehmen.

(2) Die Einwilligung zur Teilnahme an einer anderen Gesellschaft gilt als erteilt, wenn den anderen Gesellschaftern bei Eingehung der Gesellschaft bekannt ist, dass der Gesellschafter an einer anderen Gesellschaft als persönlich haftender Gesellschafter teilnimmt, und gleichwohl die Aufgabe dieser Beteiligung nicht ausdrücklich vereinbart wird.

Schrifttum: Armbrüster, Grundlagen und Reichweite von Wettbewerbsverboten im Personengesellschaftsrecht, ZIP 1997, 261; Fleischer, Gelöste und ungelöste Probleme der gesellschaftsrechtlichen Geschäftschancenlehre, NZG 2003, 985; Fleischer, Die Geschäftschancenlehre im Recht der BGB-Gesellschaft, NZG 2013, 361; Gerigk, Nachvertragliche Wettbewerbsverbote mit geschäftsführenden Organmitgliedern und Gesellschaftern, 2014; Grigoleit, Wettbewerbsverbot und Vorstandsdoppelmandat in der AG & Co. KG, ZGR 2010, 662; Hellgardt, Abdingbarkeit der gesellschaftsrechtlichen Treuepflicht, FS Hopt, 2010, 765; Henze, Kein ungeschriebenes Wettbewerbsverbot für herrschende Unternehmen gegenüber abhängigen Gesellschaften?, ZHR 175 (2011), 1; Hoffmann-Becking, Das Wettbewerbsverbot des Geschäftsleiters der Kapitalgesellschaft & Co., ZHR 175 (2011), 597; Kaya, Die Anwendung der Geschäftschancenlehre auf die Gesellschaft bürgerlichen Rechts. Zugleich eine Besprechung des BGH-Urteils vom 4.12.2012, II ZR 159/10, DStR 2013, 1088; Keßler, Wettbewerbsbeschränkende Abreden in Gesellschaftsverträgen im Lichte von § 1 GWB und Art. 81 EGV – eine methodische und rechtsdogmatische Betrachtung, WRP 2009, 1208; Kübler, Erwerbschancen und Organpflichten, FS Werner, 1984, 437; Kübler/Waltermann, Geschäftschancen der Kommanditgesellschaft, ZGR 1991, 162; Lieder, Personelle Reichweite des mietrechtlichen Konkurrenzschutzes – Zurechnungsdurchgriff bei Personengesellschaften, Kapitalgesellschaften und Kapitalverwaltungsgesellschaften, AcP 218 (2018), 109; Löffler, Zur Reichweite des gesetzlichen Wettbewerbsverbots in der Kommanditgesellschaft, NJW 1986, 223; Lutter, Theorie der Mitgliedschaft, AcP 180 (1980), 84; Polley, Wettbewerbsverbot und Geschäftschancenlehre, 1993; Roesener, Reichweite vertraglicher Wettbewerbsverbote – Bindung auch von Gesellschaftern?, GmbHR 2014, 513; Röhricht, Das Wettbewerbsverbot des Gesellschafters und des Geschäftsführers, Wpg. 1992, 766; Salfeld, Wettbewerbsverbote im Gesellschaftsrecht, 1987; Stimpel, Die Rechtsprechung des Bundesgerichtshofes zur Innenhaftung des herrschenden Unternehmens im GmbH-Konzern, AG 1986, 117; Weisser, Corporate Opportunities, 1991; Weller, Wettbewerbsverbote und ihre Drittwirkung in der Kapitalgesellschaft & Co. KG, ZHR 175 (2011), 110; Wiedemann/Hirte, Die Konkretisierung der Pflichten des herrschenden Unternehmens, ZGR 1986, 163.

Übersicht

[641] Vgl. zum bisherigen Recht BGH 9.11.1987, BGHZ 102, 172 (179) = NJW 1988, 969; 3.2.1997, NJW-RR 1997, 925; **aA** Heymann/Hoffmann/Bartlitz § 117 Rn. 23: Feststellungsklage; **aA** Hopt/Roth Rn. 59: Wirksamkeit mit Mitteilung an den betroffenen Gesellschafter.

[642] BGH 17.12.1959, BGHZ 31, 295 (298 f.) zu § 140 = NJW 1960, 625.

[643] Heymann/Hoffmann/Bartlitz § 117 Rn. 23; RGHMW/Haas/Mohamed Rn. 154; vgl. auch BGH 9.11.1987, BGHZ 102, 172 (176) – GbR = NJW 1988, 969.

[644] Zur Zulässigkeit BGH 13.10.2020, NZG 2020, 1384 Rn. 19.

[645] BGH 9.12.1986, BGHZ 51, 209; OLG Köln 30.8.2007, GmbH-Stpr. 2008, 32; MüKoHGB/Enzinger § 109 Rn. 36.

I. Allgemeines

1 **1. Überblick.** Die Vorschrift regelt in Abs. 1 ein dispositives **gesetzliches Wettbewerbsverbot,** das die positive Förderpflicht aus § 705 BGB ergänzt. Verboten ist hiernach die Geschäftstätigkeit im Handelszweig der Gesellschaft und die Beteiligung als persönlich haftender Gesellschafter an einer in einem gleichartigen Handelszweig tätigen Gesellschaft. Weitere Wettbewerbsverbote können sich aus Vereinbarungen oder anderen Erwägungen ergeben (→ Rn. 42). Abs. 2 regelt eine besondere Form der **Einwilligung zum Wettbewerbshandeln** eines Gesellschafters, wenn den anderen Gesellschaftern bekannt ist, dass der betreffende Gesellschafter an einer anderen Gesellschaft als persönlich haftender Gesellschafter beteiligt ist und die Aufgabe dieser Beteiligung nicht vereinbart worden ist. Die Vorschrift geht auf Art. 96 ADHGB zurück und ist im Zuge des MoPeG ohne inhaltliche Änderungen von § 112 aF nach § 117 verschoben worden. Für den **Kommanditisten** gilt die Vorschrift nach § 165 an sich nicht; Wettbewerbsverbote können sich für ihn aber aus anderen Erwägungen ergeben (→ Rn. 8, → Rn. 10; → § 165 Rn. 9 ff.).

2 **2. Normzweck.** Das Wettbewerbsverbot in Abs. 1 verpflichtet den Gesellschafter, Wettbewerb zulasten der Gesellschaft zu unterlassen, um die auf Grund seiner Gesellschafterstellung erlangten **Informationen** und seinen **Einfluss** in der Gesellschaft nicht Dritten zugutekommen zu lassen.[1] Hingegen soll die Norm nicht auch den Einsatz der Arbeitskraft des Gesellschafters für die Gesellschaft sichern.[2] Zwar ist dies der Normzweck der ähnlichen Vorschriften in § 60 (→ § 60 Rn. 1 ff.) sowie § 88 AktG;[3] auch hat der Gesetzgeber die Vorgängervorschrift des § 60 zum Vorbild für § 112 aF (= § 117) genommen.[4] Jedoch schuldet der persönlich haftende Gesellschafter der OHG oder KG anders als der Handlungsgehilfe oder der Vorstand der AG nicht unter allen Umständen den vollen Einsatz seiner Arbeitskraft. Ist dies jedoch vereinbart, reicht als Sanktion die Schadensersatzpflicht nach allgemeinen Regeln aus.[5]

3 **3. Bedeutung.** Die dispositive Vorschrift ist Ausfluss der allgemeinen **gesellschaftsrechtlichen Treuepflicht**[6] in Form einer auf das Interesse der Gesellschaft gerichteten Unterlassungspflicht[7] und beinhaltet insofern einen über die OHG hinausgehenden **verbandsformübergreifenden Rechtsgedanken,** der sich auch auf andere Gesellschaftsformen übertragen lässt.[8] Daher können die Gesell-

---

[1] BGH 12.5.1998, ZIP 1998, 1159 (1161); 14.7.1997, NJW 1997, 3089; 5.12.1983, BGHZ 89, 162 (166) = NJW 1984, 1351; Staub/Schäfer Rn. 1; Hueck OHG § 13 II 1 (196); Hopt/Roth Rn. 1; Heymann/Hoffmann/Bartlitz § 112 Rn. 3; Koch PersGesR/Könen Rn. 1; Schlegelberger/Martens § 112 Rn. 2; MüKoHGB/Fleischer Rn. 2; anders akzentuierend, nämlich auf den Gesellschafter als „Unternehmensleiter" abstellend Wiedemann/Hirte ZGR 1986, 163 (166 f.).

[2] Düringer/Hachenburg/Flechtheim § 112 Rn. 1; Hopt/Roth Rn. 1; Staub/Schäfer Rn. 2 mwN; Westermann/Wertenbruch PersGesR-HdB/Wertenbruch Rn. I 446; MüKoHGB/Fleischer Rn. 3; Armbrüster ZIP 1997, 261 f.; **aA** von ihrem Verständnis als „amtsbezogene" Norm Wiedemann/Hirte ZGR 1986, 163 (166 f.).

[3] Koch AktG § 88 Rn. 1; BGH 17.2.1997, DStR 1997, 1053; 2.4.2001, DStR 2001, 949.

[4] Begr. RegE 72; Denkschrift 84.

[5] So schon Puchelt, Comm. Zum ADHGB, 1874, ADHGB Art. 96 Anm. 5; Schlegelberger/Martens § 114 Rn. 19 f.; vgl. ferner BGH 3.2.1997, NJW-RR 1997, 925; RG 10.10.1933, RGZ 142, 13 (18); Ebenroth/Boujong/Sander Rn. 2.

[6] BGH 5.12.1983, BGHZ 89, 162 (166) = NJW 1984, 135; BGH 16.3.2017, NZG 2017, 627 Rn. 19; OLG Köln 1.10.2008, NZG 2009, 306; Hopt/Roth Rn. 1.

[7] Vgl. Lutter AcP 180 (1980), 84 (110): „mitgliedschaftliche Förderpflicht/Unterlassungs- und Loyalitätspflicht".

[8] K. Schmidt GesR § 20 V 1b; Armbrüster ZIP 1997, 261; zur Analogielösung bei unternehmenstragenden BGB-Gesellschaften, MüKoHGB/Fleischer Rn. 12.

schafter je nach Lage des Einzelfalles ein über den zu engen Wortlaut des § 117 hinausgehendes Wettbewerbsverbot treffen (→ Rn. 14, → Rn. 18).

II. Wettbewerbsverbot (Abs. 1)

4 **1. Anspruchsinhaber.** Inhaberin des Unterlassungsanspruchs ist die **Gesellschaft;** der Anspruch ist grundsätzlich durch die geschäftsführenden Gesellschafter geltend zu machen. Da es sich um einen Sozialanspruch handelt, kann er im Wege der **actio pro socio** von den anderen Gesellschaftern verfolgt werden (→ § 105 Rn. 102 ff.).

5 **2. Inhalt des Verbots. a) Geschäfte in demselben Handelszweig.** Das Gesetz verbietet in der ersten Variante dem Gesellschafter in demselben Handelszweig der Gesellschaft Geschäfte zu machen. Der Handelszweig der Gesellschaft bestimmt sich im Ausgangspunkt nach dem vereinbarten **Unternehmensgegenstand,** kann aber durch die konkrete Betätigung der Gesellschaft enger oder weiter gefasst werden.[9] Bei einer sehr weiten Formulierung des Unternehmensgegenstandes kann auch das Wettbewerbsverbot sehr umfassend sein, wenn die Gesellschaft zwar tatsächlich noch nicht in allen genannten Gebieten tätig wird, die weite Formulierung aber bewusst gewählt worden ist, um die künftige Entwicklung der Gesellschaft in diese Richtung zu ermöglichen.[10] Darüber hinaus kann die Gesellschaft jederzeit einen der im Gesellschaftsvertrag vereinbarten Handelszweige aufgreifen, auch wenn sie dort bislang noch nicht tätig geworden ist, und dementsprechend eine Konkurrenztätigkeit untersagen.[11]

6 Die Tätigkeiten des Gesellschafters im gleichen Handelszweig der Gesellschaft fallen unter das Wettbewerbsverbot, wenn er in diesem Gebiet **Geschäfte macht.** Hierunter fallen alle Tätigkeiten, bei denen der Gesellschafter zu Erwerbszwecken handelt.[12] Gleiches gilt für den Vollzug bereits von der Gesellschaft abgeschlossener Verträge, wenn der Gesellschafter sie für eigene Rechnung abwickelt (Geschäftschancenlehre; → Rn. 26). Im Übrigen kommt es nicht darauf an, ob der Gesellschafter im eigenen oder fremden Namen oder auf eigene oder fremde Rechnung handelt.[13] Beispiele sind geschäftliche Tätigkeiten als Handelsvertreter,[14] Makler, Kommissionär, Treuhänder, Beteiligter an einer anderen Gesellschaft,[15] Vertretungsorgan einer Kapitalgesellschaft[16] oder als Beirat[17] oder Angestellter eines anderen Unternehmens.[18]

7 Nicht erfasst sind hingegen **Nachfragetätigkeiten** zur Deckung des allgemeinen Lebensbedarfs[19] oder die reine **Vermögensanlage,**[20] es sei denn, er handelt mit dem gleichen Vermögen, wie zB eine Wohnungsgesellschaft, der er als Gesellschafter angehört.[21] Eine derartige Vermögensanlage ist auch die rein kapitalistische Beteiligung an einer Gesellschaft.[22]

8 **b) Persönlich haftender Gesellschafter an gleichartiger Handelsgesellschaft.** Ebenso wie bei der ersten Variante sind geschäftsführende wie vergleichbare nicht geschäftsführende Gesellschafter verpflichtet (→ Rn. 10). Auch hier kommt es für die Reichweite des Wettbewerbsverbots **nicht** auf die **formale Position** als persönlich haftender Gesellschafter der anderen Gesellschaft an.[23]

---

[9] Sehr weite Annahme des Handelszweigs, die auch zukünftige Entwicklungen mit einbezieht, durch BGH 21.2.1978, BGHZ 70, 331 (333) = NJW 1978, 1001; vgl. auch OLG Köln 19.10.2018, NZG 2019, 582 Rn. 38; krit. Ebenroth/Boujong/Sander Rn. 10 f.; Schlegelberger/Martens § 112 Rn. 16.

[10] Ebenroth/Boujong/Sander Rn. 11; Staub/Schäfer Rn. 15; Koch PersGesR/Könen Rn. 9; enger aber Röhricht WPg 1992, 766 (769).

[11] BGH 5.12.1983, BGHZ 89, 162 (170) = NJW 1984, 135; 21.2.1978, BGHZ 70, 331 (333) = NJW 1978, 1001; 27.6.1957, WM 1957, 1128; Ebenroth/Boujong/Sander Rn. 11.

[12] Düringer/Hachenburg/Flechtheim § 112 Rn. 4; Staub/Schäfer Rn. 20; Hueck OHG § 13 II 3 (196).

[13] AllgM, s. nur Hueck OHG § 13 II 3 (197); Düringer/Hachenburg/Flechtheim § 112 Rn. 4; Staub/Schäfer Rn. 22; Schlegelberger/Martens § 112 Rn. 10.

[14] BGH 22.6.1972, WM 1972, 1229.

[15] BGH 5.12.1983, BGHZ 89, 162 = NJW 1984, 1351; 6.12.1962, BGHZ 38, 306 = NJW 1963, 646.

[16] BGH 21.2.1978, BGHZ 70, 331 (333) = NJW 1978, 1001.

[17] OLG München 10.6.2010, DStR 2010, 1999 für Gesellschafter-Geschäftsführer einer GmbH.

[18] Schlegelberger/Martens § 112 Rn. 10; GroßkommHGB/Fischer § 112 Rn. 5a; Heymann/Hoffmann/Bartlitz § 112 Rn. 14; Westermann/Wertenbruch PersGesR-HdB/Wertenbruch Rn. I 450 mit zutr. Hinweis auf die Notwendigkeit eines lückenlosen Schutzes der Gesellschaft.

[19] AllgM, vgl. Düringer/Hachenburg/Flechtheim § 112 Rn. 4; Staub/Schäfer Rn. 21; Schlegelberger/Martens § 112 Rn. 9.

[20] Lutz, Protokolle zum ADHGB, 1861, 987 f.; Düringer/Hachenburg/Flechtheim § 112 Rn. 4; Hueck OHG § 13 II 3a (196); Staub/Schäfer Rn. 21.

[21] Ebenroth/Boujong/Sander Rn. 13; Staub/Schäfer Rn. 21; zu § 88 AktG vgl. BGH 17.2.1997, DStR 1997, 1053; 2.4.2001, DStR 2001, 949.

[22] OLG Köln 10.1.2008, NZG 2009, 306 (308).

[23] So aber Heymann/Hoffmann/Bartlitz § 112 Rn. 19.

Umfasst ist daher auch ein gem. § 165 von § 117 ausgenommener **Kommanditist**[24] oder ein **stiller Gesellschafter,**[25] der vertraglich ähnlich weitgehende Rechte auf sich vereinigt wie ein persönlich haftender Gesellschafter. Umgekehrt unterfällt ein **Komplementär,** dem vertraglich nur die Rechte eines Kommanditisten zustehen, nur der allgemeinen Treuepflicht und nicht den §§ 117, 118.[26] Dasselbe gilt für rein kapitalistische Beteiligungen als typischer **Kommanditist,** als typischer **stiller Gesellschafter,** als **Aktionär** oder als **Gesellschafter einer GmbH.**[27] Hat der Gesellschafter als Gesellschafter einer Kapitalgesellschaft Leitungsmacht, kann der Fall der ersten Variante des § 117 Abs. 1 eingreifen (→ Rn. 7).[28]

Verboten ist die Beteiligung an einer **gleichartigen Gesellschaft.** Dabei ist inhaltlich die Betätigung der Gesellschaft in demselben Handelszweig wie die den Anspruch geltend machende Gesellschaft zu verstehen.[29] Liegt diese Konkurrenzsituation vor, ist die Rechtsform der Gesellschaft (OHG, KG, KGaA) unerheblich.[30] 9

3. Anspruchsgegner. a) Gesellschafter. Verpflichtet ist **jeder** Gesellschafter. Die Gesellschaft kann nicht nur nach § 118 (→ § 118 Rn. 1 ff.) Schadensersatz verlangen,[31] sondern bereits nach § 117 auf Unterlassung klagen.[32] Der Anspruch richtet sich gegen geschäftsführende wie gegen nicht geschäftsführende Gesellschafter.[33] Denn auch die Letztgenannten haben über ihre Informations- und Kontrollrechte nach § 118 sowie aufgrund der Beschlussfassung über ungewöhnliche Maßnahmen nach § 116 Abs. 2 S. 1 Hs. 2 ausreichend Einblick in die Gesellschaft, um dies durch Tätigkeiten in Konkurrenz zur Gesellschaft ausnutzen zu können.[34] Das Gleiche gilt für einen gem. § 165 von § 117 an sich ausgenommenen **Kommanditisten**[35] (→ § 165 Rn. 12 ff.) oder einen **stillen Gesellschafter,**[36] der vertraglich ähnlich weitgehende Rechte erhält wie ein persönlich haftender Gesellschafter, wenn er wie ein **Komplementär** bestimmenden Einfluss auf die Geschicke der KG nehmen kann.[37] Danach dürfen die betroffenen Gesellschafter nur mit Dispens der übrigen Gesellschafter als Leitungsorgan einer anderen gleichartigen Gesellschaft tätig werden.[38] Auch eine **andere Gesellschaft** als persönlich haftende Gesellschafterin der OHG oder KG unterfällt dem Wettbewerbsverbot,[39] allerdings nicht das Organ der betroffenen Gesellschaften selbst (→ Rn. 13). 10

Ein Wettbewerbsverbot kann sich in **Konzernverhältnissen** auch auf andere Konzerngesellschaften und beherrschende Gesellschafter erstrecken (→ § 105 Rn. 157).[40] Für das gesetzliche Wettbe- 11

[24] BGH 5.12.1983, BGHZ 89, 162 (166) = NJW 1984, 1351; 8.5.1989, NJW 1989, 2687; BFH 23.3.1995, BFHE 177, 408; Staub/Schäfer Rn. 9; MüKoHGB/Fleischer Rn. 14; Schlegelberger/Martens § 112 Rn. 3, 11; Hopt/Roth Rn. 2 iVm § 165 Rn. 3; Löffler NJW 1986, 223 (227 f.); anders akzentuierend Kardaras, Das Wettbewerbsverbot in den Personalgesellschaften, 1967, 33 ff.

[25] Schlegelberger/Martens § 112 Rn. 11; **aA** Lutz, Protokolle zum ADHGB, 1861, 988.

[26] BGH 6.12.1962, BGHZ 38, 306 (313 f.) = NJW 1963, 646; Schlegelberger/Martens § 112 Rn. 11; Staub/Schäfer Rn. 7, 24; MüKoHGB/Fleischer Rn. 51.

[27] Ebenroth/Boujong/Sander Rn. 15.

[28] Staub/Schäfer Rn. 25; zur GmbH vgl. BGH 5.12.1983, BGHZ 89, 162 = NJW 1984, 1351 – Werbeagentur zur GmbH; 9.3.1987, GmbHR 1987, 302 (303); LG Erfurt 19.4.2012, IR 2012, 209 Rn. 22 im konkreten Fall verneint.

[29] BGH 23.9.1985, NJW 1986, 584 (585); 16.3.2017, NZG 2017, 627 Rn. 20; Armbrüster ZIP 1997, 261 (262) mwN; MüKoHGB/Fleischer Rn. 37, 42; Staub/Schäfer Rn. 17; Heymann/Hoffmann/Bartlitz § 112 Rn. 20.

[30] Schlegelberger/Martens § 112 Rn. 11.

[31] In diese Richtung noch BGH 27.6.1957, WM 1957, 1128; anderer Lösungsansatz – Treuepflichtverletzung – aber BGH 23.9.1985, NJW 1986, 584 f.

[32] Ebenroth/Boujong/Sander Rn. 43; Staub/Schäfer Rn. 38.

[33] BGH 5.12.1983, BGHZ 89, 162 (165) = NJW 1984, 3151; Düringer/Hachenburg/Flechtheim § 112 Rn. 2; Staub/Schäfer Rn. 1; Hopt/Roth Rn. 2; Schlegelberger/Martens § 112 Rn. 3; Westermann/Wertenbruch PersGesR-HdB/Wertenbruch Rn. I 447; MüKoHGB/Fleischer Rn. 14; Ebenroth/Boujong/Sander Rn. 4.

[34] Ebenroth/Boujong/Sander Rn. 4.

[35] BGH 5.12.1983, BGHZ 89, 162 (166) = NJW 1984, 1351 – Heumann/Ogilvy; 8.5.1989, NJW 1989, 2687; 4.12.2001, DStR 2002, 1495 (1496); 9.3.2009, BGHZ 180, 105 Rn. 9 mwN = NZG 2009, 744 – Gruner & Jahr AG & Co. KG; OLG Köln 10.1.2008, NZG 2009, 306; Staub/Schäfer Rn. 9; MüKoHGB/Fleischer Rn. 17; Schlegelberger/Martens § 112 Rn. 3, 11; Heymann/Hoffmann/Bartlitz § 112 Rn. 9; Hopt/Roth Rn. 2 iVm § 165 Rn. 3; Löffler NJW 1986, 223 (227 f.).

[36] Schlegelberger/Martens § 112 Rn. 11; **aA** Lutz, Protokolle zum ADHGB, 1861, 988.

[37] Abgelehnt bei Beteiligung von einem Drittel vom OLG Frankfurt 17.3.2009, NZG 2009, 903 (905).

[38] BGH 9.3.2009, BGHZ 180, 105 Rn. 9 = NZG 2009, 744 – Gruner + Jahr AG & Co. KG; Ebenroth/Boujong/Sander Rn. 25 ff. mwN.

[39] BGH 9.3.2009, BGHZ 180, 105 (106) = NZG 2009, 744 – Gruner + Jahr AG & Co. KG; Riegger BB 1983, 90; Schlegelberger/Martens § 112 Rn. 3; Löffler NJW 1986, 223 (227 f.).

[40] BGH 5.12.1983, BGHZ 89, 162 = NJW 1984, 1351; dazu Brandes LM Nr. 4; mit anderer Begr.: gegen Herleitung aus der Treuepflicht aber zB Schießl, Die beherrschte Personengesellschaft, 1985, 98 f.; MüKoHGB/

werbsverbot geltend im Grundsatz die zum vertraglichen Wettbewerbsverbot entwickelten Grundsätze für einen **Zurechnungsdurchgriff wegen des Verbots widersprüchlichen Verhaltens** (§ 242) entsprechend (→ Rn. 21 ff.). Daneben können spezifisch konzernrechtliche Institute zur Anwendung kommen, namentlich die Haftung wegen existenzvernichtenden Eingriffs (→ § 105 Rn. 161) und wegen Verstoßes gegen die gesellschaftsrechtliche Treuepflicht (→ § 105 Rn. 159).

12 **b) Dritte.** Nichtgesellschafter können analog § 117 dem Wettbewerbsverbot unterliegen, sofern dies nach dem Normzweck notwendig ist. Das ist der Fall, wenn ein Dritter als **Treugeber, Unterbeteiligter** oder **Nießbraucher** in ähnlicher Weise auf schuldrechtlicher Grundlage Einblicke in die Geschicke der Gesellschaft erhält.[41]

13 **c) Vertreter.** Handelt für den Gesellschafter ein Vertreter, unterliegt dieser grundsätzlich **keinem** gesellschaftsrechtlichen **Wettbewerbsverbot** nach § 117.[42] Er kann aber aus allgemeinen Anspruchsgrundlagen schadensersatzpflichtig sein.[43] Die Mitgesellschafter können gegen eine derartige Vertretung einschreiten.[44] Der Gesellschafter hat für das Verhalten seines Vertreters nach den Grundsätzen des mitgliedschaftlichen Wettbewerbsverbots der §§ 117, 118 nur einzustehen, wenn der Vertreter im Interesse des Gesellschafters in dem Konkurrenzgeschäftszweig tätig wird.[45] In den übrigen Fällen reicht es aus, wenn die Gesellschaft den Vertreter selbst in Anspruch nimmt und von dem vertretenen Gesellschafter verlangen kann, einen anderen Vertreter zu bestellen.[46]

13a Ist der persönlich haftende Gesellschafter eine GmbH, unterliegt deren **Geschäftsführer** wegen der Schutzpflichtwirkung seines Anstellungsvertrags mit der GmbH zu Gunsten der KG auch einem Wettbewerbsverbot zugunsten der Gesellschaft (→ § 165 Rn. 20).[47] Anders soll dies bei einer **Komplementär-AG** sein, weil dort der Anstellungsvertrag mit dem Vorstand keine Schutzwirkungen zugunsten der KG entfaltet.[48] Jedenfalls besteht in der AG wegen der Zuständigkeit des Aufsichtsrats nach § 88 Abs. 1 S. 2 AktG für die Befreiung vom Wettbewerbsverbot kein Recht der übrigen Gesellschafter der AG & Co. KG auf eine Mitwirkung bei der Bestellung eines Vorstands der Komplementär-AG als Vorstand der Mehrheitskommanditistin (AG) mit derselben Person **(Vorstandsdoppelmandat).**[49] Im Übrigen begründen Wettbewerbsverstöße einer GmbH ebenso wie nach **UWG** keine persönliche Haftung ihres Geschäftsführers, wenn er nicht durch positives Tun oder pflichtwidriges Unterlassen hieran beteiligt war.[50]

14 **4. Räumliche Geltung des Wettbewerbsverbots.** Nach dem Zweck der Norm, die Gesellschaft vor Konkurrenz zu schützen, ist sie einschränkend dahin auszulegen, dass sie nur ein Tätigwerden auf **Märkten** erfasst, die sich auch **räumlich decken** oder überschneiden.[51] Erfasst die Gesellschaft erst nachträglich einen neuen räumlichen Markt, auf dem ein Gesellschafter bereits tätig ist, greift nicht § 117 ein, sondern die allgemeine Treuepflicht kann eine flexible Lösung gebieten (→ Rn. 5).[52]

Fleischer Rn. 19 f.; krit. Ferner Stehle, Gesellschafterschutz gegen fremdunternehmerischen Einfluss in der Personenhandelsgesellschaft, 1986, 76 ff.; Stimpel AG 1986, 117 (118 f.); Paschke AG 1988, 196 (203); Staub/Schäfer Anh. § 105 Rn. 35: „Zurechnungsdurchgriff"; ähnlich wohl auch Wiedemann/Hirte ZGR 1986, 163 (165 f.); Schlegelberger/Martens § 112 Rn. 5: „Tochtergesellschaft als mittelbar(es) Geschäftsführungsorgan der Muttergesellschaft"; Löffler NJW 1986, 223 ff.; Emmerich FS Stimpel, 1985, 743 (748 f.): „faktische Beeinflussung der Geschäftsführung"; Reuter JZ 1986, 16 (20).

[41] Ebenroth/Boujong/Sander Rn. 5.

[42] AllgM, Schlegelberger/Martens § 112 Rn. 3; Staub/Schäfer Rn. 10; Hueck OHG § 13 II 2 (196); Westermann/Wertenbruch PersGesR-HdB/Wertenbruch Rn. I 448.

[43] Hueck OHG § 13 II 2 (196); Schlegelberger/Martens § 112 Rn. 3.

[44] Staub/Schäfer Rn. 10; Schlegelberger/Martens § 112 Rn. 3; MüKoHGB/Fleischer Rn. 23.

[45] Ebenroth/Boujong/Sander Rn. 7; Schlegelberger/Martens § 112 Rn. 2; wohl auch Hueck OHG § 13 II 2 (196); **aA** Staub/Schäfer Rn. 10; Hopt/Roth Rn. 2; MüKoHGB/Fleischer Rn. 23.

[46] Ebenroth/Boujong/Sander Rn. 7.

[47] OLG Köln 10.1.2008, NZG 2009, 306; OLG Koblenz 20.12.2007, NZG 2008, 423 zum vertraglichen Wettbewerbsverbot.

[48] OLG Hamburg 29.6.2007, NZG 2008, 224 mAnm Altmeppen ZIP 2008, 437 und m. abl. Anm. Cahn Konzern 2007, 716; offengelassen von BGH 9.3.2009, BGHZ 180, 105 = NZG 2009, 744 – Gruner + Jahr AG & Co. KG.

[49] BGH 9.3.2009, BGHZ 180, 105 Rn. 10 ff. mwN = NZG 2009, 744 – Gruner + Jahr AG & Co. KG mwN; zust. Goette DStR 2009, 2602; Böttcher/Kautzsch NZG 2009, 819; Otte NZG 2011, 1013 ff.; Grigoleit ZGR 2010, 662 ff.; Hopt/Roth Rn. 2; Ebenroth/Boujong/Sander Rn. 8; **aA** Cahn Konzern 2007, 716 (718); Henze ZHR 175 (2011), 1 ff.; Hoffmann-Becking ZHR 175 (2011), 597 ff.: analoge Anwendung von § 112; Weller ZHR 175 (2011), 110 (137 ff.): Schutzpflichten des Anstellungsvertrags zugunsten der KG.

[50] Dazu BGH 18.6.2014, ZIP 2014, 1475 Rn. 14 ff. mwN.

[51] Staub/Schäfer Rn. 19; Schlegelberger/Martens § 112 Rn. 17; MüKoHGB/Fleischer Rn. 52; RGHMW/Haas/Mohamed Rn. 13; Heymann/Hoffmann/Bartlitz § 112 Rn. 17.

[52] Schlegelberger/Martens § 112 Rn. 17; MüKoHGB/Fleischer Rn. 54.

5. Dauer des Wettbewerbsverbots. Das Wettbewerbsverbot wirkt grundsätzlich so lange, wie die Gesellschaft besteht und der Gesellschafter Mitglied ist,[53] selbst in der **Liquidation.**[54] Mit voranschreitender Liquidation kann allerdings eine Verengung der wirtschaftlichen Tätigkeit der Gesellschaft verbunden sein, was dem Gesellschafter einen größeren Freiraum für eigenständige Betätigung eröffnet.[55] Ist die Konkurrenztätigkeit zeitlich schon vor der Gesellschaftsgründung aufgenommen worden, wirkt das Wettbewerbsverbot noch nicht.[56] 15

Nach **Ausscheiden des Gesellschafters** aus der Gesellschaft unterfällt er nicht mehr den §§ 117, 118, sondern nur aus anderen Rechtsgründen einem **nachvertraglichen Wettbewerbsverbot** (→ Rn. 18 ff.). Jedoch ist ein Gesellschafter nach seinem Austritt bis zum fristgerechten Verlust seiner Gesellschafterstellung durch Abtretung seines Anteils an ein Wettbewerbsverbot, sich räumlich unbeschränkt im Tätigkeitsbereich der Gesellschaft nicht zu betätigen, nicht mehr gebunden, da er auch seine Mitspracherechte nur noch eingeschränkt geltend machen darf.[57] Während seines Verbleibs in der Gesellschaft sind allerdings auch vorbereitende Wettbewerbshandlungen erfasst, sofern sie nach außen gerichtet sind und sich nicht nur in reinen Hilfstätigkeiten wie dem Anmieten von Geschäftsräumen erschöpfen.[58] 16

6. Rechtsfolgen. Die Rechtsfolgen eines Verstoßes gegen § 117 sind in **§ 118** geregelt. Gegen künftige Verletzungen des Wettbewerbsverbots kann die Gesellschaft aber auch mit der Unterlassungsklage vorgehen.[59] 17

III. (Nach-)Vertragliches Wettbewerbsverbot

Nach dem Ausscheiden des Gesellschafters aus der Gesellschaft gilt § 117 nicht mehr und es kommen auch nicht die Rechtsfolgen der §§ 117, 118 zur Anwendung.[60] Gleichwohl können die Gesellschafter Anlass haben, einem ausscheidenden Gesellschafter die Ausnutzung von Kenntnissen, Know-how, Adressdatenbanken uÄ zu verbieten. Dies geschieht typischerweise auf **vertraglicher Grundlage.** Ausnahmsweise ist ein nachvertragliches Wettbewerbsverbot konkludent durch eine besonders hohe Abfindung verabredet[61] oder ergibt sich aus der Art des Ausscheidens.[62] 18

An den **räumlichen Geltungsbereich** und die **Dauer** des für die Zeit nach dem Ausscheiden vereinbarten Wettbewerbsverbots sind jedoch im Hinblick auf die **Berufsfreiheit** des Gesellschafters nach Art. 12 GG hohe Anforderungen zu stellen. Diese Vereinbarungen sind nach § 138 Abs. 1 BGB sittenwidrig, wenn sie nicht gegenständlich, räumlich und zeitlich begrenzt sind, da dem Gesellschafter sonst die Aufnahme einer neuen Berufstätigkeit verwehrt wäre.[63] Maßgeblich ist eine grundsätzliche **Abwägung** der tangierten Rechtspositionen des Ausgeschiedenen an einer freien wirtschaftlichen Betätigung und der Gesellschaft sowie der verbleibenden Gesellschafter an der Verhinderung einer unredlichen Ausnutzung von gesellschaftsinternen Know-how und Kenntnissen.[64] Als angemessene zeitliche Frist haben sich **zwei Jahre** herausgestellt. Wird diese Frist überschritten 19

---

[53] Schlegelberger/Martens § 112 Rn. 7; RGHMW/Haas/Mohamed Rn. 7; Hopt/Roth Rn. 3; Koch PersGesR/Könen Rn. 18; MüKoHGB/Fleischer Rn. 25; Westermann/Wertenbruch PersGesR-HdB/Wertenbruch Rn. I 453.

[54] BGH 16.3.1961, WM 1961, 629 (631); nicht auf § 112, sondern auf Treuepflichtbindungen abstellend BGH 11.1.1971, NJW 1971, 802; RG 14.9.1938, JW 1938, 3180 (3185) mAnm Boesebeck; Hueck OHG § 13 II 8 (204) iVm Hueck OHG § 32 II 2 (482 f.); Schlegelberger/Martens § 112 Rn. 8; Staub/Schäfer Rn. 11 f. mwN; MüKoHGB/Fleischer Rn. 27; Westermann/Wertenbruch PersGesR-HdB/Wertenbruch Rn. I 453a.

[55] BGH 16.3.1961, WM 1961, 629 (631); 11.1.1971, NJW 1971, 802; Schlegelberger/Martens § 112 Rn. 8; Hopt/Roth § 112 Rn. 3; Ebenroth/Boujong/Sander Rn. 19; MüKoHGB/Fleischer Rn. 27; Staub/Schäfer Rn. 12; Heymann/Hoffmann/Bartlitz § 112 Rn. 12; iErg ähnlich auf Grundlage der Treuepflicht RGHMW/Haas/Mohamed Rn. 7.

[56] BGH 3.1.1997, NJW 1998, 1225; MüKoHGB/Fleischer Rn. 26; Heymann/Hoffmann/Bartlitz § 112 Rn. 12 aE.

[57] Für GmbH BGH 30.11.2009, NZG 2010, 270 (271) mAnm Wilsing/Ogorek NZG 2010, 379.

[58] Zur GmbH BGH 19.6.1995, DStR 1995, 1359; zur Freiberuflersozietät BGH 8.2.2000, DStR 2000, 1021; vgl. weiter Heymann/Hoffmann/Bartlitz § 112 Rn. 10.

[59] BGH 21.2.1978, BGHZ 70, 331 = NJW 1978, 1001; 22.6.1972, WM 1972, 1229.

[60] Staub/Schäfer Rn. 13; Schlegelberger/Martens § 112 Rn. 7; MüKoHGB/Fleischer Rn. 31.

[61] RG 23.10.1913, JW 1914, 142 (143) zu § 339 BGB; 27.3.1917, RGZ 90, 98 (100) zur GmbH; Hueck OHG § 13 II 8 (204); Staub/Schäfer Rn. 13; Schlegelberger/Martens § 112 Rn. 7; Heymann/Hoffmann/Bartlitz § 112 Rn. 11; MüKoHGB/Fleischer Rn. 32.

[62] RG 27.3.1977, RGZ 90, 98 (100) zur GmbH.

[63] Für GbR BGH 14.7.1997, NJW 1997, 3089 mwN; für GmbH BGH 30.11.2009, NZG 2010, 270; OLG Stuttgart 15.3.2017, BeckRS 2017, 105546 Rn. 106; 21.3.2019, BeckRS 2019, 8992 Rn. 31; vgl. ferner BGH 13.3.1979, NJW 1979, 1605; 12.5.1998, ZIP 1998, 1159.

[64] Ebenroth/Boujong/Sander Rn. 23; MüKoHGB/Fleischer Rn. 34 f.

und liegt kein weiterer Verstoß gegen die guten Sitten vor,[65] beschränkt die Rspr. die Unwirksamkeit entgegen § 139 BGB im Sinne einer geltungserhaltenden Reduktion auf das zulässige Maß von zwei Jahren.[66] Unwirksam ist ein Wettbewerbsverbot auch dann, wenn der Minderheitsgesellschafter sein Anstellungsverhältnis als leitender Mitarbeiter wirksam beendet hat und deshalb keine Gefahr mehr bestand, dass er die Gesellschaft von innen aushöhlen und infolge der verbliebenen Gesellschafterstellung ihrer wirtschaftlichen Existenzgrundlage berauben könnte.[67] Ein nachvertragliches Wettbewerbsverbot kommt nur in Betracht, wenn und soweit es notwendig ist, um einen Vertragspartner vor einer illoyalen Verwertung der Erfolge seiner Arbeit durch den anderen Vertragspartner zu schützen.[68]

20 Ist (Alt-)Gesellschafter keine natürliche Person, sondern wiederum eine **Gesellschaft,** erstreckt sich das vertragliche Wettbewerbsverbot im Grundsatz nicht auf die Gesellschafter.[69] Im Wege der **ergänzenden Vertragsauslegung** nach §§ 133, 157 BGB kann sich ausnahmsweise ergeben, dass nach sämtlichen Umständen des konkreten Einzelfalls **ausnahmsweise auch die Gesellschafter** von dem Wettbewerbsverbot erfasst sein sollen. Zu prüfen ist, ob nach dem konkreten Wortlaut und den Vorstellungen der Vertragsparteien im Einzelfall auch ein Dritter (Gesellschafter) in den Anwendungsbereich des Wettbewerbsverbots einbezogen sein sollte.[70]

21 Zudem kann die Berufung auf die formelle Verschiedenheit der vertraglich unmittelbar verpflichteten Gesellschaft und deren Gesellschafter wegen des **Verbots widersprüchlichen Verhaltens** nach den Grundsätzen von Treu und Glauben (§ 242 BGB) ausgeschlossen sein.[71] Die Feststellung eines missbräuchlichen Verhaltens hängt primär von den Umständen des konkreten Einzelfalls ab und ist nur bei Erfüllung hoher Anforderungen zu bejahen, und zwar wenn ohne eine Erstreckung das zwischen den Parteien vereinbarte Wettbewerbsverbot durch ein entgegengesetztes Verhalten des Gesellschafters entwertet würde. Das nimmt die hM für die personalistisch strukturierte GmbH an, soweit es sich um einen maßgeblich am Stammkapital oder an den Verhandlungen des Verbots beteiligten Gesellschafter handelt.[72] Mit Blick auf das gesellschaftsrechtliche Trennungsprinzip sollten etwas **strengere Maßstäbe an** einen solchen **Zurechnungsdurchgriff** auf die hinter einer Gesellschaft stehenden Personen angelegt werden.

22 Bei **Personengesellschaften** ist daher nicht jeder persönlich haftende Gesellschafter an die von der Gesellschaft vereinbarte Konkurrenzschutzklausel gebunden.[73] Das hat der BGH in einer jüngeren Entscheidung zur Unterlassungspflicht einer GbR unmissverständlich ausgesprochen.[74] Ein Zurechnungsdurchgriff kommt vielmehr nur dann in Betracht, wenn sich (nahezu) alle Gesellschafter durch Verwendung einer anderen – mit dem ersten Rechtsträger wirtschaftlich identischen – Organisationsform (Gesellschaft, Miteigentum) der Erfüllung der durch den ursprünglichen Rechtsträger begründeten Verpflichtung entziehen.

23 Bei **Kapitalgesellschaften** kommt eine Zurechnung in Betracht, wenn (1.) weitgehende wirtschaftliche Identität zwischen der vertraglich verpflichteten Gesellschaft und der wettbewerbswidrig handelnden Person oder Personengruppe besteht, (2.) diese Person oder Personengruppe maßgeblichen Einfluss auf die vertraglich gebundene Gesellschaft nehmen kann und (3.) das Regelungsziel der vertraglich vereinbarten Konkurrenzschutzklausel durch das Handeln dieser Person oder Personengruppe vereitelt würde.[75] Diese Kriterien sind regelmäßig erfüllt bei einer Einpersonen-Kapitalgesellschaft,[76] einer durch einen Mehrheitsgesellschafter[77] oder vertraglich beherrschten Tochterge-

[65] BGH 13.3.1979, NJW 1979, 1605; für GbR BGH 14.7.1997, NJW 1997, 3089 mwN; 12.5.1998, ZIP 1998, 1159.

[66] BGH 14.7.1997, NJW 1997, 3089 mwN; 17.11.1997, DStR 1997, 2038 mAnm Goette; 8.5.2000, DStR 2000, 1021 mAnm Goette; 18.7.2005, DStR 2005, 1657; teilweise weitergehend Traub WRP 1994, 802 (806); Melullis WRP 1994, 686 (691 f.); Hirte ZHR 154 (1990), 443 (459 f.); Gerigk, Nachvertragliche Wettbewerbsverbote, 2014, 25 ff. mit analoger Anwendung der §§ 74 ff.

[67] OLG Stuttgart 21.3.2019, BeckRS 2019, 8992 Rn. 32 ff. m. zust. Anm. Lieder/Bialluch EWiR 2019, 493 f.

[68] OLG Stuttgart 21.3.2019, BeckRS 2019, 8992 Rn. 35.

[69] Dazu und zum Folgenden ausf. Roesener GmbHR 2014, 513 ff.

[70] Allg. Lieder AcP 218 (2018), 109 (118).

[71] Dazu und zum Folgenden allg. Lieder AcP 218 (2018), 109 (118).

[72] Vgl. BGH 7.6.1972, BGHZ 59, 64 (67 f.); 5.12.1983, BGHZ 89, 162 (165 ff.); Lutter/Hommelhoff/Bayer GmbHG § 14 Rn. 39.

[73] Dazu und zum Folgenden – auch zur abweichenden hM im Mietrecht – Lieder AcP 218 (2018), 109 (122 ff.).

[74] BGH 20.6.2013, NZG 2013, 1095; dazu näher Lieder AcP 218 (2018), 109 (124 f.).

[75] Dazu und zum Folgenden (zum Mietrecht) ausf. Lieder AcP 218 (2018), 109 (126 ff.).

[76] Vgl. BGH 30.11.2004, NZG 2005, 274.

[77] Vgl. BGH 5.12.1983, BGHZ 89, 162 = NJW 1984, 1351; OLG Stuttgart 15.3.2017, BeckRS 2017, 105546 Rn. 102.

sellschaft[78] sowie bei einer (nahezu) identischen Zusammensetzung des Gesellschafterkreises verschiedener Rechtsträger.[79] Mangels beherrschenden Einflusses scheidet eine Zurechnung hingegen aus bei einem von der Geschäftsführung ausgeschlossenen Minderheitskommanditisten[80] und bei einem rein kapitalistisch minderheitsbeteiligten Gesellschafter-Geschäftsführer, der keinen beherrschenden, unternehmerischen Einfluss ausüben kann.[81]

Nach Maßgabe der zum Kapitalgesellschaftsrecht formulierten – engen – Voraussetzungen kommt 24 auf Grundlage einer Einzelfallbetrachtung ein Zurechnungsdurchgriff im Verhältnis der **Kapitalverwaltungsgesellschaft** zum **Sondervermögen** und den Sondervermögen untereinander in Betracht.[82] In die Gesamtbetrachtung einzubeziehen sind namentlich die Organisationsstruktur der Kapitalverwaltungsgesellschaft und der Sondervermögen, die Zusammensetzung des Anlegerkreises, der Einfluss eines etwaigen Anlegerausschusses und die konkreten Anlagebedingungen. Eine Zurechnung kommt regelmäßig in Betracht, wenn Gemeinschaftskonten und Gemeinschaftsdepots für die Kapitalverwaltungsgesellschaft und die Sondervermögen geführt werden. In Abhängigkeit vom konkreten Einzelfall ist eine Zurechnung denkbar, wenn sich maßgebliche Anleger oder Fondsleitungen inhaltlich abstimmen oder aber, wenn die funktionell-personelle Trennung missachtet wird. Diese Grundsätze gelten sinngemäß für die von Investment-AG und Investment-KG verwalteten Teilgesellschaftsvermögen.[83]

Hingegen reicht ein **persönliches Näheverhältnis,** wie zB die Eigenschaft als Ehegatte, für sich 25 nicht aus.[84] Nur für den Fall, dass ein Ehegatte (oder ein anderer Verwandter oder Freund) als Strohmann oder Strohfrau agiert, kommt eine Zurechnung in Betracht. Maßgeblich ist, ob die Person nach außen hin den Anschein erweckt, allein verantwortlich im eigenen Namen und auf eigene Rechnung zu handeln, im Innenverhältnis tatsächlich aber nur auf fremde Rechnung tätig wird und daher insgesamt nur vorgeschoben worden ist. Im Übrigen kommt aus der Treuebindung zumindest eine im **Innenverhältnis** zwischen Gesellschaft und Gesellschafter bestehende Verpflichtung in Betracht, Wettbewerb zu unterlassen.

IV. Geschäftschancenlehre

1. Grundlage. Die Geschäftschancenlehre ist ein zentraler Anwendungsfall der gesellschaftsrecht- 26 lichen **Treuepflicht** (→ § 108 Rn. 32 ff., 39) und statuiert die mitgliedschaftliche Pflicht der Gesellschafter, Geschäftschancen nicht zum Nachteil der Gesellschaft auf eigene Rechnung auszunutzen, sondern der Gesellschaft das Verwertungsrecht an Geschäftschancen zu belassen.[85] Die aus dem angloamerikanischen Rechtskreis stammende Lehre ist **verbandsformübergreifender Natur** und daher auch auf den geschäftsführenden Gesellschafter einer **GbR** anwendbar, wenn diese eine „Erwerbsgesellschaft" oder „unternehmenstragende" Gesellschaft darstellt oder gewerblich tätig ist.[86]

Das **Verhältnis zum Wettbewerbsverbot** ist noch nicht abschließend geklärt.[87] Das Verbot, 27 Geschäftschancen der Gesellschaft wahrzunehmen, ist in seinen Voraussetzungen teils weiter, teils enger als das Wettbewerbsverbot und deckt sich zum Teil mit diesem.[88] Nach zutreffender Auffassung handelt es sich daher bei Wettbewerbsverbot und Geschäftschancenlehre um **zwei selbstständige, voneinander unabhängige Rechtsfiguren.**[89] Einerseits setzt der Verstoß gegen ein Wettbewerbs-

[78] Vgl. OLG Karlsruhe 7.4.1989, NJW-RR 1990, 1234 (1235).

[79] Vgl. BGH 5.10.1995, NJW 1995, 3311.

[80] So auch Roesener GmbHR 2014, 513 (516).

[81] OLG Stuttgart 15.3.2017, BeckRS 2017, 105546 Rn. 102.

[82] Dazu und zum Folgenden (zum Mietrecht) ausf. Lieder AcP 218 (2018), 109 (139 f.).

[83] Dazu und zum Folgenden (zum Mietrecht) ausf. Lieder AcP 218 (2018), 109 (140 f.).

[84] Dazu und zum Folgenden (zum Mietrecht) vgl. OLG Hamm 9.3.1990, NJW-RR 1990, 1236 (1237); Lieder AcP 218 (2018), 109 (121 f.).

[85] Aus der Rspr. exemplarisch BGH 4.12.2012, NZG 2013, 216 Rn. 21; 16.3.2017, NZG 2017, 627 Rn. 20; monografisch Polley, Wettbewerbsverbot und Geschäftschancenlehre, 1993; Weisser, Corporate Opportunities, 1991.

[86] BGH 4.12.2012, NZG 2013, 216 Rn. 20 mwN; zust. Kaya DStR 2013, 1088 (1092); zutreffende Ausdehnung auf alle treuhänderischen Tätigkeiten Fleischer NZG 2013, 361 (366).

[87] Goette DStR 1998, 1137 (1139); Kübler FS Werner, 1984, 437 (438); Reinhardt, Interessenkonflikte bei der privaten Wahrnehmung von Geschäftschancen im US-amerikanischen und deutschen Gesellschaftsrecht, 1994, S. 120; Timm GmbHR 1981, 177; Weisser, Corporate Opportunities, 1991, S. 147: Wettbewerbsverbot als Unterfall der Geschäftschancenlehre; andererseits Kübler/Waltermann ZGR 1991, 162 (173 ff.); Polley, Wettbewerbsverbote und Geschäftschancenlehre, 1993, S. 181 ff.

[88] Für Kommanditisten OLG Köln 10.1.2008, NZG 2009, 306 (308) m. zust. Anm. Krause BB 2008, 802 und Paefgen EWiR 2008, 405.

[89] Vgl. BGH 4.12.2012, NZG 2013, 216 Rn. 20; OLG Köln 10.1.2008, NZG 2009, 306 (307 ff.); OLG Stuttgart 21.3.2019, BeckRS 2019, 8992 Rn. 40 m. zust. Anm. Lieder/Bialluch EWiR 2019, 493; OLG München 19.11.2022, NZG 2022, 553 Rn. 39 ff.; Fleischer NZG 2013, 361 (363).

verbot nicht notwendig eine Geschäftschance voraus. Andererseits zielt die Geschäftschancenlehre nicht primär darauf ab, eine Konkurrenztätigkeit des Gesellschafters zu verhindern, sondern auf die Verhinderung der Ausnutzung einer konkreten Geschäftschance, und zwar unabhängig davon, ob der personelle, räumliche und zeitliche Anwendungsbereich des Wettbewerbsverbots eröffnet ist.

28 **2. Geschäftschancen.** Ein Gesellschafter darf keine Geschäfte an sich ziehen oder Dritten, wie zB nahestehenden Personen oder beherrschten Gesellschaften,[90] zuweisen, die nach dem Gesellschaftszweck und den konkreten Umständen[91] in den tatsächlichen **Geschäftsbereich der Gesellschaft** fallen **oder** dieser aufgrund bestimmter konkreter Umstände bereits **zugeordnet** sind.[92] Das ist der Fall, wenn die Gesellschaft als erste mit dem Geschäft in Berührung gekommen ist und der Geschäftsführer die näheren Umstände erfahren hat,[93] bereits ein Vertrag geschlossen[94] oder unterschriftsreif vorbereitet worden ist,[95] Vertragsverhandlungen vom Geschäftsleiter für die Gesellschaft laufen[96] oder dem Geschäftsleiter ein Angebot nur mit Rücksicht auf seine Stellung angetragen worden ist.[97] Gleiches gilt, wenn ein Gesellschafter, der wie ein Geschäftsführer in die Leitung der Gesellschaft eingebunden ist, in dieser Funktion eine **Erfindung** macht; dann kann er nach dem Umständen des konkreten Einzelfalls zur (entschädigungslosen) Andienung verpflichtet sein, wenn die Leitungsfunktion auch den technischen Bereich betraf, die Erfindung zum Geschäftsgegenstand gehörte und sie überwiegend auf Mitteln, Erfahrungen und Vorarbeiten der Gesellschaft beruhte.[98] Auch genügt es, wenn die Gesellschaft bereits einen Beschluss gefasst hat, die Geschäftschance wahrzunehmen,[99] oder ihr Interesse an derartigen Geschäften bekundet hat.[100]

29 Darüber hinaus gebühren der Gesellschaft aber auch alle Geschäftschancen in ihren tatsächlich wahrgenommenen sowie angrenzenden **Tätigkeitsbereichen.**[101] Dies gilt auch, wenn die Information über die Geschäftschance an den Geschäftsleiter im privaten Umfeld herangetragen worden ist.[102] Unerheblich ist es, ob die Gesellschaft selbst genügend Finanzmittel hätte, um das Geschäft durchzuführen.[103] Außerdem gebühren der Gesellschaft die während der Tätigkeit des Geschäftsleiters angebahnten Geschäftschancen, die dieser nach Beendigung seiner Organstellung wahrnimmt.[104] Davon abzugrenzen ist allgemein während der Organstellung erworbenes Wissen, das der Organwalter nach seinem Ausscheiden für sich nutzbar machen darf.[105]

30 **3. Keine Geschäftschancen der Gesellschaft.** Nicht der Gesellschaft zugeordnet sind hingegen Chancen, die der Gesellschafter bereits **vor der Gründung** der Gesellschaft im eigenen

[90] Vgl. OLG Stuttgart 21.3.2019, BeckRS 2019, 8992 Rn. 42.

[91] BGH 4.12.2012, NZG 2013, 216 Rn. 24.

[92] BGH 4.12.2012, NZG 2013, 216 Rn. 21; 16.3.2017, NZG 2017, 627 Rn. 20; BeckOK HGB/Klimke, 47. Ed. 1.7.2025, Rn. 32.

[93] Für OHG BGH 23.9.1985, NJW 1986, 584 (585); für Kommanditisten BGH 8.5.1989, NJW 1989, 2687 (2688); für GmbH KG 16.3.2010, GmbHR 2010, 869; OLG Stuttgart 21.3.2019, BeckRS 2019, 8992 Rn. 41; für GbR BGH 4.12.2012, NZG 2013, 216 Rn. 26 ff.; Fleischer NZG 2003, 985 f.

[94] BGH 16.3.2017, NZG 2017, 627 Rn. 22; Fleischer NZG 2003, 985 (986).

[95] BGH 16.3.2017, NZG 2017, 627 Rn. 22; OLG Stuttgart 21.3.2019, BeckRS 2019, 8992 Rn. 41; für Handelsgehilfen BAG 2.2.1968, BB 1968, 504; Fleischer NZG 2003, 985 (986).

[96] BGH 4.12.2012, NZG 2013, 216 Rn. 26; 16.3.2017, NZG 2017, 627 Rn. 22; für Kommanditisten BGH 8.5.1989, NJW 1989, 2687 (2688); für GmbH KG 16.3.2010, GmbHR 2010, 869; Fleischer NZG 2003, 985 (986).

[97] BGH 8.5.1967, WM 1967, 679; 10.2.1977, GmbHR 1977, 129 (130); 16.3.2017, NZG 2017, 627 Rn. 22; OLG Stuttgart 21.3.2019, BeckRS 2019, 8992 Rn. 41; Fleischer NZG 2003, 985 (986).

[98] OLG Frankfurt 13.4.2017, GRUR-RR 2017, 294.

[99] BGH 8.5.1989, NJW 1989, 2687 (2688); Fleischer NZG 2003, 985 (986).

[100] Vgl. den Sachverhalt in BGH 24.11.1975, WM 1976, 77; Fleischer NZG 2003, 985 (986).

[101] BGH 16.3.2017, NZG 2017, 627 Rn. 22; vgl. weiter OLG München 10.6.2010, DStR 2010, 1999 zur Beiratstätigkeit eines Steuerberaters in einer anderen Gesellschaft; Fleischer NZG 2003, 985 (987); BGH 8.5.1989, NJW 1989, 2687; s. auch BGH 8.5.1967, WM 1967, 679; Röhricht WPg 1992, 767 (770); Weisser, Corporate Opportunities, 1991, 150 ff.; Merkt ZHR 159 (1995), 423 (441 f.); Polley, Wettbewerbsverbote und Geschäftschancenlehre, 1993, 137; Reinhardt, Interessenkonflikte bei der privaten Wahrnehmung von Geschäftschancen im US-amerikanischen und deutschen Gesellschaftsrecht, 1994, 121.

[102] Für OHG BGH 23.9.1985, NJW 1986, 584 (585); für GmbH OLG Frankfurt 13.5.1997, GmbHR 1998, 376 (378); OLG Stuttgart 21.3.2019, BeckRS 2019, 8992 Rn. 41; für GbR BGH 4.12.2012, NZG 2013, 216 Rn. 27; großzügiger bei rein privater Kenntniserlangung Fleischer NZG 2003, 985 (989).

[103] Für OHG BGH 23.9.1985, NJW 1986, 584 (585); für GbR BGH 4.12.2012, NZG 2013, 216 Rn. 27; Fleischer NZG 2003, 985 (988); BeckOK HGB/Klimke, 47. Ed. 1.7.2025, Rn. 32.

[104] Für GmbH BGH 23.9.1985, NJW 1986, 585; KG 16.3.2010, GmbHR 2010, 869; Fleischer NZG 2003, 985 (986); BGH 3.11.1997, NJW 1998, 1225 (1226).

[105] Für AG OLG Frankfurt 5.11.1999, NZG 2000, 738 (740); Fleischer NZG 2003, 985 (992).

Namen akquiriert hat,[106] oder solche, die zwar nach dem weiten formalen Gesellschaftszweck, aber nicht nach ihrer konkreten Betätigung in den Tätigkeitsbereich der Gesellschaft fallen.[107] Weiterhin scheiden Fälle aus, in denen die **Wahrnehmung** der Geschäftschance für die Gesellschaft von vornherein **ausgeschlossen ist,**[108] etwa weil der Vertragspartner mit der Gesellschaft keine Geschäfte machen will[109] oder gesetzliche Vorschriften einer Ausnutzung entgegenstehen. Gleiches gilt, wenn die **Gesellschafterversammlung** ohne Treupflichtverstoß **beschließt,** die Chance nicht wahrzunehmen. Ist ein Bauprojekt in Leistungsphasen eingeteilt, dann ist jede Phase bei der Beurteilung der darin erwachsenden Geschäftschancen und deren Zuordnung getrennt zu bewerten. Insbesondere besteht kein Automatismus dahingehend, das alle künftigen Chancen oder auch nur die jeweils nächste Chance automatisch dem in der ersten Projektphase Beauftragten zugewiesen ist.[110]

4. Anspruchsgegner. Verpflichtet aus der organschaftlichen Treuepflicht sind **geschäftsführende Gesellschafter** einer GmbH,[111] einer OHG oder KG, auch wenn es sich um einen Kommanditisten handelt, sofern er nur in seiner Gesellschaftereigenschaft von der Geschäftschance erfahren hat.[112] Ein **nicht geschäftsführender** Gesellschafter ist nur bei einer beherrschenden Stellung erfasst, die es ihm erlaubt, auf die Geschäftsführung Einfluss zu nehmen.[113] Grundsätzlich sind nur aktuelle Gesellschafter erfasst; aus der nachwirkenden Treuepflicht (→ § 108 Rn. 30) kann sich allerdings ergeben, dass der Gesellschafter auch nach dem Ausscheiden auf die Wahrnehmung von Gesellschaftschancen verzichten muss.[114] 31

5. Rechtsfolgen. Verletzt der Geschäftsleiter die Pflicht, die Geschäftschancen der Gesellschaft zu belassen, kann er auf **Unterlassung** sowie auf **Schadensersatz** in Anspruch genommen werden. Die Gesellschaft hat zu beweisen, dass sie das Geschäft ausgeführt hätte, wenn der Geschäftsleiter in ihrem Interesse gehandelt hätte. Jedoch kommt ihr hierfür die Beweiserleichterung des § 287 ZPO zur Hilfe.[115] Den konkreten Schaden braucht die Gesellschaft aber nicht nachzuweisen. Vielmehr kann analog § 118 Abs. 1 die Abführung der gezogenen Vorteile verlangt werden.[116] Die Verletzung dieser Treuepflicht kann auch zur **Ausschließung** aus der Gesellschaft führen. Diese Ansprüche unterliegen nicht analog § 118 Abs. 3 der kurzen Verjährung von drei Monaten bzw. fünf Jahren, da sie über die Pflichtverletzung gegen das Wettbewerbsverbot des § 117 hinausgehen und sich auf eine Verletzung der Treuepflicht gründen (→ § 118 Rn. 24 f.).[117] Die Rechtsfolgen des Schadensersatzanspruchs richten sich nach den §§ 249 ff. BGB, sodass die Gesellschaft ein durch den Geschäftsführer erworbenes Grundstück im Wege der Naturalrestitution herausverlangen kann.[118] Dieser Anspruch ist von der Durchsetzungssperre nach § 143 (→ § 143 Rn. 24 f.) nicht gesperrt, sondern nur ein Anspruch auf Wert- oder Schadensersatz in Geld gem. § 250 BGB. Spiegelbildlich kann der Geschäftsführer seine Aufwendungen der Herausgabe in Natur unbeschadet der Durchsetzungssperre entgegenhalten.[119] Im Steuerrecht kann die Ausnutzung einer Geschäftschance der Gesellschaft durch den Gesellschafter zur Entnahme und damit zur Gewinnrealisierung[120] oder bei der Kapitalgesellschaft zur Aufdeckung verdeckter Gewinnausschüttungen führen.[121] 32

---

[106] BGH 3.11.1997, NJW 1998, 1225 (1226); vgl. auch BFH 20.8.2008, BFH/NV 2009, 49; Fleischer NZG 2003, 985 (986).

[107] Fleischer NZG 2003, 985 (987) mwN; Kübler/Waltermann ZGR 1991, 162 (170); Schießl GmbHR 1988, 53 (54); **aA** Salfeld, Wettbewerbsverbote im Gesellschaftsrecht, 1987, 45 (46).

[108] Dazu und zum Folgenden (für die GmbH) MüKoGmbHG/Merkt GmbHG § 13 Rn. 289; Rowedder/Pentz/Pentz GmbHG § 13 Rn. 91; Streck GmbHR 2005, 1157 (1164).

[109] OLG Stuttgart 21.3.2019, BeckRS 2019, 8992 Rn. 41.

[110] Vgl. OLG Stuttgart 21.3.2019, BeckRS 2019, 8992 Rn. 44 ff. m. zust. Anm. Lieder/Bialluch EWiR 2019, 493 (494).

[111] BGH 23.9.1985, NJW 1986, 584 f.

[112] BGH 8.5.1989, NJW 1989, 2687.

[113] OLG Karlsruhe 10.1.2006, DStZ 2006, 459 verneinend bei 5%-Beteiligung an GmbH; **aA** Staub/Schäfer Rn. 23; BeckOK HGB/Klimke, 47. Ed. 1.7.2025, Rn. 33.

[114] OLG Naumburg 24.3.2022, BeckRS 2022, 22573 Rn. 22.

[115] Für Kommanditisten BGH 8.5.1989, NJW 1989, 2687 (2688).

[116] Zur GmbH: Altmeppen GmbHG § 13 Rn. 45; MHLS/Lieder GmbHG § 13 Rn. 220.

[117] BGH 11.1.1971, NJW 1971, 802; 22.6.1972, WM 1972, 1229 f.; 4.12.2012, NZG 2013, 216 Rn. 33 ff.; **aA** für GmbH & Co. KG OLG Köln 10.1.2008, NZG 2009, 306 m. zust. Anm. Krause BB 2008, 802 und Paefgen/Esposito EWiR 2008, 405.

[118] BGH 4.12.2012, NZG 2013, 216 Rn. 45.

[119] BGH 4.12.2012, NZG 2013, 216 Rn. 45 m. zust. Anm. Kießling WuB II J § 705 BGB 2.13.

[120] BFH 15.3.2005, BStBl. 2005 S. 817.

[121] BFH 9.7.2003, BFHE 203, 17; 17.12.2003, BFH INV 2004, 819.

V. Einwilligung

33 **1. Grundlage.** Das in § 117 Abs. 1 statuierte Wettbewerbsverbot ist als **Verbot mit Erlaubnisvorbehalt** ausgestaltet. Die Gesellschafter können daher ausdrücklich oder konkludent von dem Verbot befreien oder das Verbot modifizieren (→ Rn. 36 f.).

34 **2. Einwilligung nach Abs. 1. a) Gesellschafterbeschluss.** Die Einwilligung muss von allen – auch den nicht geschäftsführenden – Gesellschaftern erteilt werden, weil ein Verstoß gegen das Wettbewerbsverbot die Interessen sämtlicher Gesellschafter berührt. Die Einwilligung kann unstreitig mittels **Gesellschafterbeschlusses** erteilt werden.[122] Der Beschluss muss im Grundsatz einstimmig ergehen, kann aber auch auf Grundlage einer **Mehrheitsklausel** gefasst werden (→ § 109 Rn. 54 ff.),[123] die prinzipiell auch einer materiellen Beschlusskontrolle standhalten wird, weil die individuelle Rechtsstellung der einzelnen Gesellschafter durch die Einwilligung nicht tangiert ist. Allerdings bedarf es mit Blick auf die Bedeutung für die Interessen der Gesellschaft und Mitgesellschafter der **sachlichen Rechtfertigung** für die Einschränkung des Wettbewerbsverbots; sie muss im Interesse der Gesellschaft liegen.[124] Der begünstigte Gesellschafter unterliegt in diesem Fall einem Stimmverbot.[125]

35 **b) Zustimmungserklärungen.** Umstritten ist darüber hinaus, ob eine Erteilung auch mittels einzelner einseitig empfangsbedürftiger **Willenserklärungen** iSd §§ 182 ff. BGB erfolgen kann.[126] Zunächst ist festzuhalten, dass sich die Unterschiede in der Konstruktion nur dann auswirken, wenn man bei der Lösung über einzelne Willenserklärungen einen Widerruf der Gesellschafter zulässt.[127] Dies ist richtigerweise aber zu verneinen, und zwar zum einen aus Gründen des Schutzes des betroffenen Gesellschafters und zum anderen aus allgemeinen zivilrechtlichen Erwägungen.[128] Davon abgesehen ist kein sachlicher Grund ersichtlich, weshalb die Gesellschafter auf eine Beschlussfassung verwiesen sein sollten. Der das Personengesellschaftsrecht weitgehend beherrschende Grundsatz der Formfreiheit (→ § 105 Rn. 19) lässt auch bei der Erteilung der Einwilligung eine einfache Willenserklärung genügen. Die Gesellschafter mit einem **Beschlusserfordernis** zu belasten, ist nicht nur impraktikabel, sondern mit Blick auf die berechtigten Schutzinteressen der (zustimmenden Mit-)Gesellschafter eine reine Förmelei und daher **abzulehnen.**

36 **c) Form.** Die Einwilligung kann ausdrücklich oder konkludent erfolgen; einer besonderen Form bedarf es hierzu nicht.[129] Auch **konkludente Einwilligungen** sind zulässig, sodass es eine Frage der Auslegung ist, ob in der widerspruchslosen Hinnahme der Konkurrenztätigkeit bereits eine Einwilligung liegt. Dies ist nicht bereits bei einer einmaligen Hinnahme der Fall,[130] sondern bemisst sich nach sämtlichen Umständen des konkreten Einzelfalls. Kriterien sind die Kenntnis aller Gesellschafter, die Dauer der Hinnahme, ob die Wettbewerbssituation von Beginn an bestanden hat (arg. e § 117 Abs. 2)[131] oder durch Eintritt infolge eines Todesfalles erst später entsteht.[132] Eine konkludente Genehmigung kann auch darin liegen, dass die Gesellschafter den nach § 118 Abs. 2 erforderlichen Beschluss zur Geltendmachung von Folgeansprüchen ausdrücklich ablehnen.[133] Für das Vorliegen einer konkludenten Einwilligung trägt der Begünstigte die **Beweislast.**[134] Die Gesellschafter können die Einwilligung im Voraus erteilen – auch bereits im Gesellschaftsvertrag[135] – oder nachträglich

---

[122] Vgl. nur MüKoHGB/Fleischer Rn. 57.

[123] So auch → 4. Aufl. 2015, Rn. 24 (Weitemeyer); **aA** Ebenroth/Boujong/Sander Rn. 26.

[124] BGH 16.2.1981, BGHZ 80, 69 (74) zur GmbH; Hopt/Roth Rn. 13; Staub/Schäfer Rn. 31; Ebenroth/Boujong/Sander Rn. 42; RGHMW/Haas/Mohamed Rn. 23; MüKoHGB/Fleischer Rn. 98.

[125] BGH 16.2.1981, BGHZ 80, 69 (71) zur GmbH; RGHMW/Haas/Mohamed Rn. 23; Staub/Schäfer Rn. 31; MüKoHGB/Fleischer Rn. 98.

[126] Dafür Staub/Schäfer Rn. 26; Hopt/Roth Rn. 9; MüKoHGB/Fleischer Rn. 57 BeckOK HGB/Klimke, 47. Ed. 1.7.2025, Rn. 24; **aA** noch → 4. Aufl. 2015, Rn. 24 (Weitemeyer); Kardaras, Das Wettbewerbsverbot in den Personalgesellschaften, 1967, 66, 68 f.; offenlassend Ebenroth/Boujong/Sander Rn. 26.

[127] Schlegelberger/Martens § 112 Rn. 19.

[128] Zum letzten Punkt ausf. (in Bezug auf dingliche Willenserklärungen) Lieder, Die rechtsgeschäftliche Sukzession, 2015, 243 ff.

[129] Düringer/Hachenburg/Flechtheim § 112 Rn. 8; Schlegelberger/Martens § 112 Rn. 21; Staub/Schäfer Rn. 27; Heymann/Hoffmann/Bartlitz § 112 Rn. 21 f.; MüKoHGB/Fleischer Rn. 60.

[130] Vgl. MüKoHGB/Fleischer Rn. 60; **aA** Löffler NJW 1986, 223 (229).

[131] BGH 6.12.1962, BGHZ 38, 306 = NJW 1963, 646; Schlegelberger/Martens § 112 Rn. 21.

[132] Ebenroth/Boujong/Sander Rn. 29.

[133] Ebenroth/Boujong/Sander Rn. 30.

[134] MüKoHGB/Fleischer Rn. 60; Staub/Schäfer Rn. 27.

[135] Vgl. MüKoHGB/Fleischer Rn. 56.

genehmigen.[136] In der nachträglichen Erteilung wird regelmäßig zugleich ein Verzicht auf die Sanktionsmöglichkeiten des Verstoßes zu sehen sein.[137]

d) Inhalt. Die Gesellschafter können in einzelne Konkurrenztätigkeiten einwilligen oder sie zeitlich oder räumlich begrenzen. Sie können die Einwilligung unter bestimmten Bedingungen oder mit einem Widerrufsvorbehalt erteilen.[138] Ist der **Widerruf** nicht vorbehalten, können die Gesellschafter nur **aus wichtigem Grund** widerrufen (arg. e § 314 BGB).[139] Die Gesellschafter können zur Mitwirkung an einem Widerruf aufgrund Treuepflicht verpflichtet sein. Einer Unterscheidung zwischen einer generellen Befreiung vom Wettbewerbsverbot und einer nur punktuell wirkenden Einwilligung bedarf es nicht.[140] 37

3. Fiktion der Einwilligung nach Abs. 2. a) Sonderfall. Nach Abs. 2 wird die Erteilung der Einwilligung in die Konkurrenztätigkeit unwiderleglich[141] vermutet, wenn der Gesellschafter diese Tätigkeit schon vor der Gesellschaftsgründung aufgenommen hatte und kein ausdrücklicher Vorbehalt hiergegen vereinbart wird. Diese Fiktion betrifft nur den **Sonderfall der Gründung** der Gesellschaft sowie die Teilnahme an einer anderen Gesellschaft. In anderen, vergleichbaren Fällen kommt keine Analogie,[142] sondern nur eine konkludente Genehmigung in Betracht (→ Rn. 36). 38

b) Voraussetzungen. Voraussetzungen für das Eingreifen der Sondernorm sind, dass (1.) der Gesellschafter eine Stellung als persönlich haftender Gesellschafter in einer anderen OHG, KG oder KGaA innehat und (2.) die Mitgesellschafter hiervon Kenntnis haben. Erforderlich ist **positive Kenntnis aller Gesellschafter.**[143] Die **Aufnahme eines neuen Gesellschafters** fällt ebenfalls unter die Vorschrift, wenn sämtliche aufnehmenden Gesellschafter diese Kenntnis haben.[144] 39

c) Ausschluss der Genehmigungsfiktion. Die Gesellschafter können die unwiderlegliche Vermutung der Einwilligung durch ausdrückliche **abweichende Vereinbarung** gegenstandslos machen. Konkludente Erklärungen reichen hierfür nicht aus, ein bestimmter Wortlaut ist aber auch nicht erforderlich.[145] Ist die Konkurrenztätigkeit bei der Gründung der Gesellschaft ausdrücklich erlaubt worden, gilt dies auch, wenn später neue Gesellschafter hinzutreten. 40

VI. Verhältnis zum Kartell- und Wettbewerbsrecht

Das Wettbewerbsverbot des § 117 ist mit dem Kartellverbot des **§ 1 GWB** sowie **Art. 101 AEUV** (bei binnenmarktrelevanten Sachverhalten)[146] gesetzlich nicht abgestimmt. Sofern das Wettbewerbsverbot zu einer spürbaren Marktbeeinflussung[147] führt, ist es an sich nach § 1 GWB verboten. Im Sinne einer **praktischen Konkordanz**[148] sind im jeweiligen Einzelfall die Vorschriften in ein sinnvolles Verhältnis zu bringen.[149] Danach ist für die **typische Personengesellschaft** anerkannt, dass sich § 117 als angemessene Regelung des Konflikts gegenüber § 1 GWB durchsetzt.[150] Etwas anderes gilt, wenn der Zusammenschluss in der Gesellschaft nur erfolgt, um das Kartellverbot zu umgehen.[151] Hingegen geht § 1 GWB vor, wenn die **kapitalistische Beteili-** 41

[136] Düringer/Hachenburg/Flechtheim § 112 Rn. 8; Schlegelberger/Martens Rn. 21.
[137] MüKoHGB/Fleischer Rn. 61; Staub/Schäfer Rn. 28.
[138] MüKoHGB/Fleischer Rn. 58; RGHMW/Haas/Mohamed Rn. 16.
[139] Hopt/Roth Rn. 9; MüKoHGB/Fleischer Rn. 58; Staub/Schäfer Rn. 26; **aA** – kein Widerruf ohne Vorbehalt – A. Hueck OHG § 13 II 4; Kardaras, Das Wettbewerbsverbot in den Personalgesellschaften, 1967, S. 75 f.
[140] Ebenroth/Boujong/Sander Rn. 28; **aA** Staub/Schäfer Rn. 32.
[141] Ebenroth/Boujong/Sander Rn. 31; Westermann/Wertenbruch PersGesR-HdB/Wertenbruch Rn. I 456.
[142] Hueck OHG § 13 II 4 (199); Schlegelberger/Martens § 112 Rn. 23; Hopt/Roth Rn. 10 f.; Westermann/Wertenbruch PersGesR-HdB/Wertenbruch Rn. I 456a, 456b; Staub/Schäfer Rn. 30; MüKoHGB/Fleischer Rn. 64.
[143] Ebenroth/Boujong/Sander Rn. 32.
[144] So wohl auch Staub/Schäfer Rn. 29: „rechtsgeschäftliche Aufnahme".
[145] Staub/Schäfer Rn. 29; Schlegelberger/Martens § 112 Rn. 22.
[146] Hierzu Keßler WRP 2009, 1208 ff.; Roth FS Hopt, 2010, 2881 ff.
[147] *Hierzu BGH 19.3.1993*, NJW 1994, 384 (386) mwN; MüKoHGB/Fleischer Rn. 86.
[148] So Staub/Schäfer § 117 Rn. 41.
[149] BGH 6.12.1962, BGHZ 38, 306 = NJW 1963, 646; 21.2.1978, BGHZ 70, 331 = NJW 1978, 1001; 1.12.1984, BGHSt 30, 270 = NJW 1982, 938; 5.12.1983, BGHZ 89, 262 (269) = NJW 1984, 1351; für GmbH 3.5.1988, BGHZ 104, 246 = NJW 1988, 2737; 19.3.1993, NJW 1994, 384; für Subunternehmervertrag 12.5.1998, ZIP 1988, 1159; Schlegelberger/Martens § 112 Rn. 31; Staub/Schäfer Rn. 40 ff.
[150] BGH 6.12.1962, BGHZ 38, 306 = NJW 1963, 646; 21.2.1978, BGHZ 70, 331 = NJW 1978, 1001; 19.3.1993, NJW 1994, 384.
[151] BGH 3.5.1988, BGHZ 104, 246 = NJW 1988, 2737; 1.12.1981, BGHSt 30, 270 = NJW 1982, 938.

gung der Gesellschafter in der Gesellschaft im Vordergrund steht.[152] Für die dazwischen liegenden Fälle ist § 1 GWB anwendbar, wenn das betreffende **vertragliche Wettbewerbsverbot** über die für den Schutz der Gesellschaft erforderliche Wettbewerbseinschränkung hinausgeht.[153] Die vertragliche Beschränkung ist dann nach § 1 GWB nichtig, soweit nicht ein anerkennenswerter Teil aufrechtzuerhalten ist. Ist die vertragliche Regelung nichtig, greift § 117 ein. Soweit der **Kommanditist** über maßgeblichen Einfluss auf die Geschäftsführung verfügt, stellt ein vertragliches Wettbewerbsverbot jedenfalls keine unzulässige Wettbewerbsbeschränkung dar.[154] Je nach den Umständen des Einzelfalls gilt dies auch für einen von der Geschäftsführung **ausgeschlossenen Gesellschafter,** der wegen seiner besonderen Einblicke in die Geschäftstätigkeit vertraglich von einer Konkurrenztätigkeit ausgeschlossen werden soll.[155] Inzwischen hat der Kartellsenat des BGH allgemein festgestellt, dass auch ein nicht geschäftsführender Gesellschafter einem vertraglichen Wettbewerbsverbot unterliegen kann, wenn er nur in der Lage ist, strategisch wichtige Entscheidungen zu blockieren.[156] Schon dann könne der Gesellschafter die Gesellschaft zu Gunsten eines Konkurrenzunternehmens schädigen. Wettbewerbsverstöße nach **UWG** wegen unlauterer Wettbewerbshandlungen bleiben von § 117 unberührt.

VII. Abweichende Vereinbarungen

42 Die Vorschrift ist **dispositiv.** In den Grenzen der Art. 12 GG, § 138 BGB, § 1 GWB und Art. 101 AEUV können die Gesellschafter weitergehende Wettbewerbsverbote vereinbaren (→ Rn. 18) oder das gesetzliche Verbot einschränken oder in Ausnahmefällen aufheben. Vereinbarungen können auch im Hinblick auf die Modalitäten der Einwilligung geregelt werden. **Mehrheitsklauseln** zur Einwilligung in die Wettbewerbstätigkeit unterliegen weder dem Bestimmtheitsgrundsatz (→ § 108 Rn. 42; → § 109 Rn. 55 ff.) noch der materiellen Beschlusskontrolle (→ § 109 Rn. 66 ff.);[157] in Betracht kommt nach allgemeinen Grundsätzen freilich ein Verstoß gegen die gesellschaftsrechtliche **Treuepflicht.**[158] Eine Satzungsänderung zur Umgehung des Wettbewerbsverbots durch den Mehrheitsgesellschafter ist daher treuwidrig.[159]

§ 118 Verletzung des Wettbewerbsverbots

(1) [1]Verletzt ein Gesellschafter die ihm nach § 117 obliegende Verpflichtung, kann die Gesellschaft Schadensersatz fordern. [2]Sie kann stattdessen von dem Gesellschafter verlangen, dass er die für eigene Rechnung gemachten Geschäfte als für Rechnung der Gesellschaft eingegangen gelten lasse und die aus Geschäften für fremde Rechnung bezogene Vergütung herausgebe oder seinen Anspruch auf die Vergütung abtrete.

(2) Über die Geltendmachung dieser Ansprüche beschließen die anderen Gesellschafter.

(3) [1]Die Ansprüche nach Absatz 1 verjähren in drei Monaten von dem Zeitpunkt an, in welchem die anderen Gesellschafter von dem Abschluss des Geschäfts oder von der Teilnahme des Gesellschafters an der anderen Gesellschaft Kenntnis erlangt haben oder ohne grobe Fahrlässigkeit erlangen mussten. [2]Sie verjähren ohne Rücksicht auf diese Kenntnis oder grob fahrlässige Unkenntnis in fünf Jahren von ihrer Entstehung an.

(4) Das Recht der anderen Gesellschafter, den betreffenden Gesellschafter auszuschließen oder die Auflösung der Gesellschaft zu verlangen, wird durch diese Vorschriften nicht berührt.

Schrifttum: Fleischer, Die Geschäftschancenlehre im Recht der BGB-Gesellschaft. Von der corporate opportunities zur partnership opportunities doctrine, NZG 2013, 361; Kardaras, Das Wettbewerbsverbot in den Personalgesellschaften, 1967.

---

[152] BGH 6.12.1962, BGHZ 38, 306 (314 ff.) = NJW 1963, 646.

[153] BGH 19.10.1993, NJW 1994, 384 (385); Ebenroth/Boujong/Sander Rn. 40 mwN; Schlegelberger/Martens § 112 Rn. 36.

[154] BGH 3.5.1988, BGHZ 104, 246 (251 ff.) = NJW 1988, 2737 – Neuform-Artikel.

[155] MüKoHGB/Fleischer Rn. 93; Staub/Schäfer Rn. 47; Wiedemann GesR I § 13 II 1b (734 f.); **aA** wohl Schlegelberger/Martens § 112 Rn. 34.

[156] BGH 23.6.2009, NZG 2010, 76 (77) – Gratiszeitung Hallo; **aA** OLG Frankfurt 17.3.2009, NZG 2009, 903; noch offengelassen bei BGH 3.5.1988, BGHZ 104, 246 (251 ff.) = NJW 1988, 2737 – Neuform-Artikel.

[157] **AA** → 4. Aufl. 2015, Rn. 30 (Weitemeyer).

[158] Ebenroth/Boujong/Sander § 118 Rn. 40.

[159] Zur GmbH, bei welcher § 113 analog gilt, BGH 11.1.2011, BeckRS 2011, 2766 – Nichtzulassungsbeschluss; mit anderer Begr.: Stimmverbot des Mehrheitsgesellschafters OLG Bamberg 11.12.2009, NZG 2010, 385.

Übersicht

I. Allgemeines

1 **1. Überblick.** Die Vorschrift des § 118 regelt die **Rechtsfolgen eines Verstoßes gegen das Wettbewerbsverbot** des § 117. Dazu gehört nach **Abs. 1** der Anspruch auf Schadensersatz und das Eintrittsrecht in die Geschäfte des Gesellschafters. Nach **Abs. 2** bedarf es zur Geltendmachung der Ansprüche eines Gesellschafterbeschlusses ohne Mitwirkung des Betroffenen. **Abs. 3** regelt die kurze Verjährung dieser Ansprüche in drei Monaten seit Kenntniserlangung oder dem Vorliegen von grob fahrlässiger Unkenntnis. Unabhängig von einer Kenntnis verjähren sie innerhalb von fünf Jahren nach ihrer Entstehung. In **Abs. 4** wird klargestellt, dass weitere Sanktionen wie die Ausschließung des betreffenden Gesellschafters oder die Auflösung der Gesellschaft nicht ausgeschlossen sind.

2 **2. Normzweck.** Die Vorschrift schafft in Abs. 1 mit dem Anspruch auf Schadensersatz und dem Eintrittsrecht zwei alternative Ansprüche der Gesellschaft bei Verletzung des Wettbewerbsverbots, welche die Folgen der Zuwiderhandlung beseitigen oder mildern sollen. Die alternative Gewährung von Schadensersatz und Eintrittsrecht **erleichtert** die **Rechtsdurchsetzung** und den **Beweis** eines Schadens.[1] Zugleich wird durch die Möglichkeit zum Schadensersatz und zur Gewinnabschöpfung durch das Eintrittsrecht der Anreiz zu wettbewerbsschädigendem Verhalten vermindert **(präventive Schutzfunktion).**[2] Die Einschränkungen der Geltendmachung der Ansprüche nach Abs. 2 und Abs. 3 bezwecken eine Befriedung der Gesellschaft **(Befriedungsfunktion),** indem alle Gesellschafter außer dem Betroffenen der Rechtsverfolgung zustimmen müssen und die Ansprüche rasch verjähren.[3]

3 **3. Entwicklung.** Die Vorschrift geht zurück auf Art. 97 ADHGB. Die **Verjährungsvorschrift** des Abs. 3 wurde durch Art. 9 Nr. 3 des Gesetzes zur Anpassung von Verjährungsvorschriften an das Gesetz zur Modernisierung des Schuldrechts vom 9.12.2004 (BGBl. 2004 I 3214) an das auch im allgemeinen Verjährungsrecht nach § 199 BGB erforderliche Fehlen von grober Fahrlässigkeit für den Beginn der kurzen Verjährungsfrist angepasst. Art. 229 §§ 6, 12 EGBGB regelt die Übergangsvorschriften. Durch das MoPeG ist die Vorschrift von § 113 aF nach § 118 verschoben worden, ohne dass sich hieraus inhaltliche Änderungen ergeben hätten.

---

1 Staub/Schäfer Rn. 1; Ebenroth/Boujong/Sander Rn. 11.
2 BGH 6.12.1962, BGHZ 38, 306 (309) = NJW 1963, 646; Staub/Schäfer Rn. 1.
3 MüKoHGB/Fleischer Rn. 2; Schlegelberger/Martens § 113 Rn. 1.

II. Schadensersatz und Eintrittsrecht (Abs. 1)

4 **1. Grundlagen. a) Allgemeines.** Die Rechtsfolgen des § 118 gelten nur für die Verletzung des Wettbewerbsverbots des § 117 (aber → Rn. 29 f.).[4] Vertraglich vereinbarte Wettbewerbsverbote können jedoch auf die Rechtsfolgen des § 118 verweisen (→ Rn. 35).[5] Beide Ansprüche, Schadensersatz wie Eintrittsrecht, wirken nur **gesellschaftsintern.**[6] Ein mit dem Dritten wettbewerbswidrig abgeschlossenes Geschäft ist also nicht nach § 134 BGB nichtig und der Dritte kann nicht Schadensersatz verlangen, außer es liegen die Voraussetzungen des § 826 BGB oder des UWG[7] vor.

5 **b) Konkurrenz von Schadensersatz und Eintrittsrecht.** Umstritten ist, in welchem Verhältnis der Schadensersatz und das Eintrittsrecht zueinanderstehen. Nach dem Wortlaut der Vorschrift („stattdessen") hat die Gesellschaft ein Wahlrecht, ob sie Schadensersatz oder Gewinnabschöpfung durch das Eintrittsrecht verlangt. Die Rechte schließen sich gegenseitig aus.[8] Die Voraussetzungen für den Schadensersatzanspruch müssen nicht vorliegen, um das Eintrittsrecht geltend machen zu können.[9] Fraglich ist jedoch, ob es sich um eine Ersetzungsbefugnis (feststehende Schuld mit Ersetzungsbefugnis des Schuldners)[10] oder um ein Wahlrecht des Schuldners nach § 262 BGB[11] handelt. Nach beiden Ansichten hätte der Schuldner die Wahl, welche von beiden Leistungen er erbringt. Nach heute hM handelt es sich um eine **elektive Konkurrenz,** bei welcher der Gesellschaft als Gläubigerin mehrere alternative Rechte zustehen.[12] Denn nach dem Sinn der Vorschrift, der Gesellschaft einen Ausgleich für den Wettbewerbsverstoß zu gewähren, ist es ausgeschlossen, dass der Gesellschafter selbst bei Verzug iSd § 264 BGB die Wahl trifft.[13] Daher besteht keine **Bindung** an die einmal getroffene Wahl nach § 263 BGB. Ob die Gesellschaft nach einem Beschluss darüber, welches Recht sie verfolgen will, daran gebunden bleibt, bestimmt sich wie immer im Fall der elektiven Konkurrenz nach Sinn und Zweck der zugrundeliegenden Vorschriften, hier also des § 118.[14] Nach einer im Schrifttum vertretenen Ansicht soll die Gesellschaft nur an die Wahl des Eintrittsrechts gebunden sein, könne aber etwa im Prozess, wenn sich herausstellt, dass die Voraussetzungen eines Schadensersatzes nicht beweisbar sind, vom Schadensersatz zum Eintrittsrecht übergehen.[15] Die Befriedungsfunktion der Vorschrift spricht hingegen dafür, von einer endgültigen Wahl auszugehen, wie es die hM annimmt.[16] Die Streitfrage ist praktisch nicht sehr relevant, weil die Geltendmachung von Schadensersatz die ebenfalls kurze Verjährungsfrist für das Eintrittsrecht nicht unterbricht.[17]

6 **c) Auskunftsrecht.** Zur Vorbereitung der Entscheidung, ob die Gesellschaft gegen den Gesellschafter vorgehen und welche Rechte sie geltend machen will, steht ihr aus dem gesellschaftsrechtlichen Treuepflichtverhältnis ein Auskunfts- und Einsichtnahmerecht[18] zu, das nicht den Beschränkungen des Abs. 2 unterliegt.[19]

7 **2. Schadensersatz. a) Grundtatbestand.** Der Schadensersatzanspruch nach § 118 Abs. 1 setzt voraus, dass der Grundtatbestand des § 117 erfüllt ist. Fehlt es daran, weil der Gesellschafter zwar

---

[4] Ebenroth/Boujong/Sander Rn. 4; Staub/Schäfer Rn. 4.
[5] Staub/Schäfer Rn. 4.
[6] BGH 5.12.1983, BGHZ 89, 162 (171) = NJW 1984, 1351; Schlegelberger/Martens § 113 Rn. 4; Staub/Schäfer Rn. 7, 17; vgl. weiter MüKoHGB/Fleischer Rn. 2.
[7] Staub/Schäfer Rn. 7.
[8] Unstr., Schlegelberger/Martens § 113 Rn. 19.
[9] BGH 6.12.1962, BGHZ 38, 306 (309) = NJW 1963, 646; Staub/Schäfer Rn. 16; Schlegelberger/Martens § 113 Rn. 4; MüKoHGB/Fleischer Rn. 10.
[10] Düringer/Hachenburg/Flechtheim § 113 Anm. 6; GroßkommHGB/Fischer § 113 Rn. 4; Barella DB 1953, 861.
[11] Weimar JW 1943, 1709.
[12] BeckOK HGB/Klimke, 47. Ed. 1.7.2025, Rn. 14; Koch PersGesR/Könen Rn. 13; Staub/Schäfer Rn. 9; Schlegelberger/Martens § 113 Rn. 20; Hopt/Roth Rn. 8.
[13] MüKoHGB/Fleischer Rn. 30.
[14] In diese Richtung Ebenroth/Boujong/Sander Rn. 6; MüKoHGB/Fleischer Rn. 30; wohl auch Schlegelberger/Martens § 113 Rn. 20.
[15] Staub/Schäfer Rn. 10; Hopt/Roth Rn. 8.
[16] Vgl. Heymann/Hoffmann/Bartlitz § 113 Rn. 8; Schlegelberger/Martens § 113 Rn. 20; Hueck OHG § 13 II 6 (204); diff. nach dem Verhalten des in Anspruch genommenen Westermann/Wertenbruch PersGesR-HdB/Wertenbruch Rn. I 463; **aA,** nach der die Gesellschafter nachträglich noch vom Schadensersatz auf das Eintrittsrecht übergehen können, MüKoHGB/Fleischer Rn. 31.
[17] Schlegelberger/Martens § 113 Rn. 20.
[18] OLG Hamburg 9.11.1907, OLGR 16, 90 f.; zu §§ 60 f. RG 15.5.1928, JW 1928, 2092 f. mAnm Titze; KG 19.1.1921, OLGR 41, 197.
[19] Ebenroth/Boujong/Sander Rn. 21.

etwa im Namen der Gesellschaft Geschäfte geschlossen hat, sich hierfür aber eine **Provision** von dem Geschäftspartner hat versprechen lassen, kommt über § 105 Abs. 3 eine Herausgabe nach § 716 Abs. 3 BGB in Betracht[20] sowie ein Schadensersatzanspruch wegen Verletzung der Treuepflicht nach § 280 Abs. 1 BGB.

b) Verschulden. Obwohl im Wortlaut der Norm nicht genannt, ist es nach allgemeiner Ansicht aufgrund der auch sonst geltenden Prinzipien des Schadensersatzrechts erforderlich, dass der Gesellschafter den Verstoß gegen das Wettbewerbsverbot zu vertreten hat. Das setzt schuldhaftes Handeln nach **§ 276 BGB** voraus oder die Zurechnung des Verhaltens eines Erfüllungsgehilfen nach **§ 278 BGB.**[21] Der Gesellschafter hat zu **beweisen,** dass kein Verschulden vorliegt (§ 280 Abs. 1 S. 2 BGB).[22] 8

c) Schaden. Den Eintritt eines Schadens hat die Gesellschaft darzulegen und zu beweisen. Ein Schaden liegt vor, wenn die Gesellschaft das Konkurrenzgeschäft selbst hätte abwickeln können.[23] Der Schaden besteht dann in dem **entgangenen Gewinn** (§ 252 BGB). Darüber hinaus kann ein Schaden dadurch eintreten, dass weitere Kunden abspringen, sich das Konkurrenzgeschäft schlecht auf das Image der Gesellschaft auswirkt, sich die Umsatz- und Ertragssituation verschlechtert oder allgemein eine Störung des Geschäftsbetriebs hervorgerufen wird.[24] Zur Beweiserleichterung kann § 287 ZPO herangezogen werden.[25] Der Gesellschafter ist in voller Höhe zum Ersatz verpflichtet; es findet **keine Kürzung** um die intern auf ihn entfallende Quote statt, weil es sich um einen Anspruch der Gesellschaft selbst handelt,[26] sodass er über seinen Gewinnanspruch oder seinen Anspruch auf das Auseinandersetzungsguthaben an dem Betrag partizipiert. Auch um seine Aufwendungen ist der Schadensersatz nicht zu kürzen, jedoch kann der Schaden niedriger ausfallen, wenn die Gesellschaft diese Aufwendungen sowieso gehabt hätte.[27] 9

3. Eintrittsrecht. a) Dogmatik. Das zweite Recht des § 118 Abs. 1 besteht darin, dass die Gesellschaft von dem Gesellschafter fordern kann, „dass er die für eigene Rechnung gemachten Geschäfte als für Rechnung der Gesellschaft eingegangen gelten lasse" und die daraus resultierende Vergütung herausgibt oder den Anspruch hierauf an die Gesellschaft abtritt. Der Begriff „Eintrittsrecht" ist irreführend, weil die Gesellschaft nicht Geschäftspartner des Dritten wird, sondern lediglich den **Anspruch auf Herausgabe** des erzielten Gewinns erhält.[28] Etwas anderes gilt, wenn der Gesellschafter seine Ansprüche gegen den Dritten abtritt und der Dritte sich mit einer Schuldübernahme durch die Gesellschaft einverstanden erklärt,[29] etwa weil das Geschäft noch nicht abgewickelt worden ist. 10

b) Verschulden und kein Schaden. Das Eintrittsrecht setzt ebenso wie der Anspruch auf Schadensersatz **Verschulden** des Gesellschafters voraus (→ Rn. 8).[30] Das Eintrittsrecht soll eine Gewinnabschöpfung ermöglichen, auch wenn die Voraussetzungen für den Eintritt eines **Schadens** und (oder) eines entgangenen Gewinns **nicht vorliegen** oder bewiesen werden können.[31] Es kommt daher nicht darauf an, ob die Gesellschaft das wettbewerbswidrige Geschäft selbst hätte abschließen oder durchführen können.[32] 11

---

[20] Vgl. RG 14.5.1915, RGZ 82, 10; 27.4.1920, RGZ 99, 31.

[21] AllgM, Düringer/Hachenburg/Flechtheim § 113 Rn. 1; Hueck OHG § 13 II 5 (199); Staub/Schäfer Rn. 1, 13; Schlegelberger/Martens § 113 Rn. 3; Heymann/Hoffmann/Bartlitz § 113 Rn. 4.

[22] Staub/Schäfer Rn. 13; Westermann/Wertenbruch PersGesR-HdB/Wertenbruch Rn. I 461; vgl. noch allg. MüKoBGB/Ernst BGB § 280 Rn. 39.

[23] RG 17.11.1916, RGZ 89, 99 (104); Düringer/Hachenburg/Flechtheim § 113 Rn. 2; Staub/Schäfer Rn. 14; Heymann/Hoffmann/Bartlitz § 113 Rn. 5.

[24] LG Verden 11.3.2019, BeckRS 2019, 3479 Rn. 48; Düringer/Hachenburg/Flechtheim § 113 Rn. 2; Schlegelberger/Martens § 113 Rn. 3; Staub/Schäfer § 113 Rn. 14.

[25] BGH 8.5.1989, NJW 1989, 2687 (2688).

[26] Vgl. zu der ähnlichen Frage beim Eintrittsrecht Lutz, Protokolle zum ADHGB, 1861, 186 f.

[27] Ebenroth/Boujong/Sander Rn. 9; Westermann/Wertenbruch PersGesR-HdB/Wertenbruch Rn. I 461a; vgl. MüKoHGB/Fleischer Rn. 11.

[28] BGH 5.12.1983, BGHZ 89, 162 (171) = NJW 1984, 1353; MüKoHGB/Fleischer Rn. 12; vgl. auch Westermann/Wertenbruch PersGesR-HdB/Wertenbruch Rn. I 462.

[29] Düringer/Hachenburg/Flechtheim § 113 Rn. 3; Staub/Schäfer Rn. 19.

[30] Ebenroth/Boujong/Sander Rn. 11; Heymann/Hoffmann/Bartlitz § 113 Rn. 6.

[31] BGH 6.12.1962, BGHZ 38, 306 (309) = NJW 1963, 646; OLG Köln 10.1.2008, NZG 2009, 306 (308); Düringer/Hachenburg/Flechtheim § 113 Rn. 3; Staub/Schäfer Rn. 1; Schlegelberger/Martens § 113 Rn. 4; MüKoHGB/Fleischer Rn. 13.

[32] RG 19.12.1924, RGZ 109, 355 (356 f.); BGH 6.12.1962, BGHZ 38, 306 (309) = NJW 1963, 646; BeckOK HGB/Klimke, 47. Ed. 1.7.2025, Rn. 6; Düringer/Hachenburg/Flechtheim § 113 Rn. 3; Staub/Schäfer Rn. 17; Schlegelberger/Martens § 113 Rn. 8; vgl. weiter MüKoHGB/Fleischer Rn. 13; vgl. zu § 61 auch RG 27.5.1910, RGZ 73, 423 (425).

12 **c) Geschäft.** Das Eintrittsrecht besteht sowohl in dem Fall, dass der Gesellschafter verbotene Konkurrenzgeschäfte iSd § 117 getätigt hat, als auch dann, wenn er eine verbotene Beteiligung an einer vergleichbaren Gesellschaft eingegangen ist (→ § 117 Rn. 6 ff.).[33] Der früher vertretenen Auffassung, im letztgenannten Fall sei lediglich ein Schadensersatzanspruch gegeben,[34] ist nicht zu folgen. Das Eintrittsrecht bezweckt, der Gesellschaft aus Gründen des Ersatzes der Nachteile ebenso wie aus Präventivgründen die Abschöpfung eines Gewinns zu ermöglichen, auch wenn sich die Voraussetzungen eines Schadensersatzanspruchs nicht beweisen lassen. Dieser Gesichtspunkt hat bei der möglicherweise ja stärker in die Rechte der Gesellschaft eingreifenden permanenten Konkurrenzsituation durch die Beteiligung an einer vergleichbaren Gesellschaft ebenso seine Berechtigung. Aus diesem Grund müssen die beiden Arten von Wettbewerbsverstößen nicht randscharf voneinander abgegrenzt werden, zB bei einer Vergütung für eine beratende Tätigkeit im Beirat eines Konkurrenzunternehmens.[35] Unter Umständen ist der Umfang des Eintrittsrechts im Fall der wettbewerbswidrigen Beteiligung schwierig zu bestimmen (→ Rn. 16).

13 **d) Rechtsfolgen des Eintrittsrechts. aa) Bei Geschäftemachen.** Mit der Wahl des Eintrittsrechts durch die Gesellschaft (→ Rn. 5) entstehen keine Rechtsbeziehungen zwischen der Gesellschaft und dem dritten Geschäftspartner (→ Rn. 10). Hat der **Gesellschafter** das Geschäft **im eigenen Namen** und für eigene Rechnung getätigt, bleibt er **nach außen Geschäftspartner.** Tätigt er das Geschäft aber nun für Rechnung der Gesellschaft, dann muss er sich im Innenverhältnis wie ein Auftragnehmer der Gesellschaft behandeln lassen.[36] Er hat nach § 118 Abs. 1 S. 2 die Vergütung herauszugeben oder den Vergütungsanspruch abzutreten. Er hat das Geschäft nach den Weisungen der Gesellschaft auszuführen und ist rechenschafts- und auch im Übrigen, in Bezug auf Unterlagen, Kundendaten, Know-how, herausgabepflichtig.[37]

14 Für seine **Aufwendungen** und Verluste kann er nach §§ 667, 670 BGB Ersatz verlangen.[38] Treten **Verluste** ein, können sich weitergehende Schadensersatzansprüche daraus ergeben, dass der Gesellschafter das Geschäft nicht sachgerecht im Interesse der Gesellschaft durchgeführt hat.[39] Von welchem Geschäft ein **Gewinn** herauszugeben ist, bestimmt sich nach einer wirtschaftlichen Betrachtungsweise.[40] Handelt es sich hiernach um ein einheitliches Geschäft, kann das Eintrittsrecht nur insgesamt ausgeübt werden. Sind mehrere Teile einer Leistungsbeziehung trennbar, kann das Eintrittsrecht auch isoliert, etwa nur für die gewinnträchtigen Teile, ausgeübt werden.[41]

15 Hat der Gesellschafter das Geschäft als Geschäftsführer oder Gesellschafter einer anderen Gesellschaft für **fremde Rechnung** ausgeführt, muss er die von dort bezogene Vergütung herausgeben.[42] Der Anspruch ist aber auf den Anteil beschränkt, der im Verhältnis zu den verbotswidrig getätigten Geschäften steht.[43]

16 **bb) Bei Beteiligung.** Das Gleiche gilt für den Wettbewerbsverstoß, der darin liegt, dass der Gesellschafter sich an einer ähnlichen Gesellschaft beteiligt hat. Die Gesellschaft kann nicht an seiner Stelle in die Beteiligung oder in die von der anderen Gesellschaft abgeschlossenen Geschäfte eintreten.[44] Die Rechtsfolgen beschränken sich auch hier auf die Herausgabe der **Vergütung,** die dem Gesellschafter von der anderen Gesellschaft zu zahlen ist, sowie auf den dort bestehenden **Gewinnanteil.**[45] Wird der Gewinn in der anderen Gesellschaft nach einem Gewinnverwendungsbe-

---

[33] BGH 6.12.1962, BGHZ 38, 306 (309 f.) = NJW 1963, 646; 5.12.1983, BGHZ 89, 162 (171) = NJW 1984, 1353; OLG Köln 10.1.2008, NZG 2009, 306 (308); Heymann/Hoffmann/Bartlitz § 113 Rn. 7; Staub/Schäfer Rn. 20; Schlegelberger/Martens § 113 Rn. 8 f.; MüKoHGB/Fleischer Rn. 14 f.; Hopt/Roth Rn. 3; Kardaras, Das Wettbewerbsverbot in den Personalgesellschaften, 1967, S. 111 ff.

[34] Vgl. Hueck OHG § 13 II 5 mwN zur früher hM.

[35] Vgl. den Sachverhalt im Fall OLG München 10.6.2010, DStR 2010, 1999 – Gesellschafter-Geschäftsführer einer GmbH.

[36] Ebenroth/Boujong/Sander Rn. 14.

[37] Staub/Schäfer Rn. 18; vgl. MüKoHGB/Fleischer Rn. 19.

[38] Düringer/Hachenburg/Flechtheim § 113 Rn. 3; Staub/Schäfer Rn. 21; **aA** GroßkommHGB/Fischer § 113 Rn. 5: Aufwendungsersatz nur über § 687 Abs. 2 BGB, § 684 S. 1 BGB nach Bereicherungsrecht.

[39] Ebenroth/Boujong/Sander Rn. 15.

[40] Vgl. zu §§ 60, 61 RG 25.10.1910, JW 1911, 57 Nr. 59; Schlegelberger/Martens § 113 Rn. 6; Düringer/Hachenburg/Flechtheim § 113 Rn. 3.

[41] Ebenroth/Boujong/Sander Rn. 17; vgl. Düringer/Hachenburg/Flechtheim § 113 Rn. 3; Hueck OHG § 13 II 5 (202 f.); Schlegelberger/Martens § 113 Rn. 6.

[42] Ebenroth/Boujong/Sander Rn. 16; Staub/Schäfer Rn. 19 f.

[43] Schlegelberger/Martens Rn. 10; zum Aufwendungsersatz des Gesellschafters Staub/Schäfer § 113 Rn. 21.

[44] BGH 6.12.1962, BGHZ 38, 306 (310) = NJW 1963, 646; Kardaras, Das Wettbewerbsverbot in den Personalgesellschaften, 1967, 115 ff.; Ebenroth/Boujong/Sander Rn. 18.

[45] Ebenroth/Boujong/Sander Rn. 19; MüKoHGB/Fleischer Rn. 27.

schluss nicht ausgezahlt, sondern einbehalten, kann die Gesellschaft nicht Auszahlung oder Abtretung des Gewinnanteils verlangen, sondern nur das Auseinandersetzungsguthaben nach dem – erzwungenen (→ Rn. 29) – Ausscheiden aus dieser Gesellschaft.[46] Ist die Konkurrenzgesellschaft auch noch auf anderen Gebieten tätig geworden, die nicht in dem Handelszweig der Gesellschaft liegen, ist der Anspruch auf Herausgabe des dort erzielten Gewinnanteils nach zutreffender Auffassung[47] entsprechend **aufzuteilen.** Auch wenn die Berechnung dieses Anteils schwierig ist, hätte eine völlige Gewinnabschöpfung – wie sie die Gegenauffassung[48] gewährt – Strafcharakter und ist vom Ausgleichszweck des § 118 nicht erfasst.

III. Geltendmachung der Ansprüche (Abs. 2)

1. Zweck. Die Geltendmachung der Ansprüche aus Abs. 1 setzt einen **Beschluss** der übrigen 17
Gesellschafter voraus. Damit sollen alle von dem Wettbewerbsverstoß betroffenen Gesellschafter entscheiden, ob es im Interesse der Gesellschaft liegt, gegen einen Gesellschafter vorzugehen und damit die Zusammenarbeit der Gesellschafter zu gefährden.[49]

2. Beschluss. a) Inhalt. Die Gesellschafter müssen beschließen, ob überhaupt[50] und mit welchem 18
Anspruch gegen den Gesellschafter vorgegangen werden soll. Darunter fällt auch die Entscheidung, die Rechte aus §§ 117, 118 nicht geltend zu machen, sondern es bei einer Abmahnung oÄ zu belassen. Die Gesellschafter können schlicht beschließen, nicht gegen das wettbewerbswidrige Verhalten vorzugehen, auf die Geltendmachung von Ansprüchen hieraus zu verzichten oder das Verhalten zu genehmigen. Die Genehmigung kann je nach Auslegung auch für die Zukunft wirken und entsprechende Konkurrenzgeschäfte erlauben.[51] Auch die Geltendmachung von Schadensersatzansprüchen erfordert einen Beschluss.[52]

b) Interesse der Gesellschaft. Die Entscheidung hat sich an dem Interesse der Gesellschaft, 19
nicht dem der einzelnen Gesellschafter auszurichten.[53] Entscheidend sind der finanzielle Vorteil, die Auswirkungen auf die weitere Zusammenarbeit und der Ansehensverlust für die Gesellschaft.[54] Aufgrund der Treuepflicht kann ein Gesellschafter zur Zustimmung verpflichtet sein,[55] was angesichts der kurzen Verjährung aber nur mit Schadensersatz oder dessen Ausschluss aus der Gesellschaft zu sanktionieren ist.[56]

c) Form. Einer besonderen Form bedarf der Beschluss nicht. Er kann auch in der klageweisen 20
Geltendmachung der Ansprüche durch alle übrigen Gesellschafter,[57] in der gemeinsamen Beauftragung eines Rechtsanwalts[58] oder auch in einem beredten Schweigen auf ausdrücklichen Antrag hin[59] liegen.

d) Verfahren. Den Beschluss haben die geschäftsführenden Gesellschafter dem betroffenen 21
Gesellschafter zu **verkünden** und **auszuführen.**[60] Der Anspruch kann auch im Wege der **actio pro socio** von einem einzelnen Gesellschafter unter deren Voraussetzungen (→ § 105 Rn. 102 ff.) verfolgt werden.[61] Mit der Kundgabe ist das Wahlrecht erloschen (→ Rn. 5).

---

[46] Ebenroth/Boujong/Sander Rn. 20, MüKoHGB/Fleischer Rn. 28.

[47] Ebenroth/Boujong/Sander Rn. 20; Schlegelberger/Martens § 113 Rn. 9; Kardaras, Das Wettbewerbsverbot in den Personalgesellschaften, 1967, 116; Westermann/Wertenbruch PersGesR-HdB/Wertenbruch Rn. I 462a.

[48] Hopt/Roth Rn. 3; Staub/Schäfer Rn. 20; tendenziell auch BGH 6.12.1962, BGHZ 38, 306 (310 f.); 5.12.1983, BGHZ 89, 162 (171 f.).

[49] Ebenroth/Boujong/Sander Rn. 29; vgl. Staub/Schäfer Rn. 28.

[50] Vgl. BGH 27.6.1957, WM 1957, 1128 (1130); 16.2.1989, BGHZ 80, 69 (76) = NJW 1981, 1512; Staub/Schäfer Rn. 31; MüKoHGB/Fleischer Rn. 36.

[51] Ebenroth/Boujong/Sander Rn. 30.

[52] Ebenroth/Boujong/Sander Rn. 30; Hueck OHG § 13 II 6 (203); Staub/Schäfer Rn. 28; Schlegelberger/Martens § 113 Rn. 23; Hopt/Roth Rn. 7; RGHMW/Haas/Mohamed Rn. 18.

[53] AllgM, Staub/Schäfer Rn. 27; KKD/Kindler § 113 Rn. 4; Ebenroth/Boujong/Sander Rn. 31.

[54] Ebenroth/Boujong/Sander Rn. 31.

[55] Vgl. BGH 3.2.1997, NJW-RR 1997, 925; Schlegelberger/Martens § 119 Rn. 45 mwN; Zöllner, Die Schranken mitgliedschaftlicher Stimmrechtsmacht bei den privatrechtlichen Personenverbänden, 1963, S. 353 ff.; iErg ebenso Flume BGB AT I 1 § 15 IV (278 ff.).

[56] So auch Schlegelberger/Martens § 113 Rn. 22; MüKoHGB/Fleischer Rn. 38.

[57] BGH 5.12.1983, BGHZ 89, 162 (173) = NJW 1984, 1353; 27.6.1957, WM 1957, 1128 (1130).

[58] Staub/Schäfer Rn. 29.

[59] BGH 27.6.1957, WM 1957, 1128 (1130).

[60] Ebenroth/Boujong/Sander Rn. 37; Koch PersGesR/Könen Rn. 20.

[61] AllgM, vgl. nur Hueck OHG § 13 II 6 (204); KKD/Kindler § 113 Rn. 4.

22 **3. Sonderfälle.** Erforderlich ist ein Beschluss, wenn einer der in § 118 Abs. 1 genannten Ansprüche gewählt werden soll. Auch in der **Liquidation** bedarf es eines Gesellschafterbeschlusses.[62] In der **Insolvenz** ist der Insolvenzverwalter zuständig.[63] Auch wenn der Gesellschafter, der den Wettbewerbsverstoß begangen hat, bereits aus der Gesellschaft **ausgeschieden** ist, ist ein Gesellschafterbeschluss erforderlich, weil auch die dann noch bestehende Gefahr der Rufschädigung für die Gesellschaft ins Kalkül zu ziehen ist.[64] Die Gegenauffassung[65] will in diesen Fällen auf einen Beschluss verzichten und verkennt hierbei, dass es nicht ausschließlich um die Vermeidung interner Streitigkeiten geht, sondern um die Wahrung des Gesellschaftswohls insgesamt. Für eine teleologische Reduktion des Beschlusserfordernisses ist daher kein Raum. Anders liegen die Dinge, wenn es um die Geltendmachung von nicht in § 118 Abs. 1 genannten Ansprüchen geht. Stützt die Gesellschaft weitere **Ansprüche auf andere Grundlagen** wie § 826 BGB oder die Verletzung der Treuepflicht, bedarf es keines Beschlusses hierüber, weil die Vorschrift des § 118 im Gegensatz etwa zu § 46 Nr. 8 GmbHG nur bestimmte Einzelfälle erfasst.[66]

IV. Verjährung (Abs. 3)

23 **1. Grundlagen.** Die in Abs. 1 genannten Ansprüche unterliegen der kurzen Verjährungsfrist von drei Monaten ab Kenntnis oder Kennenmüssen bzw. von fünf Jahren (→ Rn. 26 f.). Dies dient ebenso wie das Erfordernis eines Gesellschafterbeschlusses dem Rechtsfrieden in der Gesellschaft **(Befriedungsfunktion).**[67]

24 **2. Erfasste Ansprüche.** Neben den in Abs. 1 genannten Ansprüchen gilt die kurze Verjährungsfrist nach hM **nicht** für den **Unterlassungsanspruch.**[68] Denn nach seinem Normzweck (→ Rn. 2) erfasst § 118 nur die vermögensrechtlichen Folgen des Wettbewerbsverstoßes. Zudem würde die Anwendung der kurzen Frist bei dauerhaften Verletzungen des Wettbewerbsverbots zu praktischen Schwierigkeiten führen.[69] Stattdessen ist es nur konsequent, die Anwendung des § 118 für Unterlassungsansprüche vollends auszuschließen (zu Abs. 2 → Rn. 30).

25 Gleiches gilt für **deliktische** Ansprüche (→ Rn. 34),[70] Ansprüche aus Verletzung der **Treuepflicht** (→ Rn. 33),[71] angemaßter **Eigengeschäftsführung** (→ Rn. 32)[72] und die **Vertragsstrafe** (→ Rn. 31).[73] Das wird man – aufgrund der unterschiedlichen Stoßrichtung von Wettbewerbsverbot und **Geschäftschancenlehre** (→ § 117 Rn. 26 ff.) – entgegen OLG Köln[74] auch dann annehmen müssen, wenn sich die Treuepflichtverletzung wegen der verbotenen Übernahme der Geschäftschancen der Gesellschaft in dem Wettbewerbsverstoß erschöpft (→ § 117 Rn. 27).[75]

26 **3. Frist. a) Fristlauf.** Die kurze Frist von **drei Monaten** beginnt mit der Kenntnis von dem Wettbewerbsverstoß durch alle Gesellschafter.[76] Erforderlich ist nicht die Kenntnis aller Umstände, sondern nur der Art und des Umfangs des Konkurrenzgeschäfts.[77] Schädlich ist seit 2004 auch eine grob fahrlässige Unkenntnis (→ Rn. 3). Spätestens seit dieser Gesetzesänderung ist es zweifelhaft, wenn für den Fristbeginn gefordert wird, dass die Gesellschafter auch über die dem Gesellschafter

[62] Ebenroth/Boujong/Sander Rn. 39; vgl. weiter Hueck OHG § 32 II 2 (482 f.); Schlegelberger/Martens § 113 Rn. 25.

[63] Schlegelberger/Martens § 113 Rn. 25; Staub/Schäfer Rn. 33; Hueck OHG § 13 II 6 Fn. 3; MüKoHGB/Fleischer Rn. 46; Heymann/Hoffmann/Bartlitz § 113 Rn. 23 aE; vgl. zu § 46 Nr. 8 GmbHG UHL/Hüffer/Schürnbrand GmbHG § 46 Rn. 100 ff.

[64] BGH 20.11.1958, BGHZ 28, 355 für § 46 Nr. 8 GmbHG.

[65] BeckOK HGB/Klimke, 47. Ed. 1.7.2025, Rn. 20.

[66] Ebenroth/Boujong/Sander Rn. 33; Schlegelberger/Martens § 113 Rn. 18; RGHMW/Haas/Mohamed Rn. 14; Staub/Schäfer Rn. 5; Hopt/Roth Rn. 9.

[67] Vgl. Staub/Schäfer Rn. 1; MüKoHGB/Fleischer Rn. 47.

[68] RG 1.5.1906, RGZ 63, 252 (255) zu § 61 Abs. 2; MüKoHGB/Fleischer Rn. 48, 60; Heymann/Hoffmann/Bartlitz § 113 Rn. 25; wohl auch Ebenroth/Boujong/Sander Rn. 41; **aA** Staub/Schäfer Rn. 5, 38.

[69] Dazu näher Schlegelberger/Martens Rn. 15; RGHMW/Haas/Mohamed Rn. 7, 25a.

[70] BGH 22.6.1972, WM 1972, 1229 (1230); Hopt/Roth Rn. 10; Staub/Schäfer Rn. 13, 36; Ebenroth/Boujong/Sander Rn. 41.

[71] BGH 22.6.1972, WM 1972, 1229 (1230); vgl. dazu Stimpel ZGR 1973, 73 (78 f.); Heymann/Hoffmann/Bartlitz § 113 Rn. 25; Ebenroth/Boujong/Sander Rn. 41.

[72] Ebenroth/Boujong/Sander Rn. 41.

[73] Ebenroth/Boujong/Sander Rn. 41.

[74] OLG Köln 10.1.2008, NZG 2009, 306 (308).

[75] **AA** Hopt/Roth Rn. 10.

[76] OLG München 10.6.2010, DStR 2010, 1999; vgl. allg. zur Verjährung von Ansprüchen gegen geschäftsführende Gesellschafter BGH 15.3.2011, NZG 2011, 628.

[77] Staub/Schäfer Rn. 38.

zufließenden Vorteile informiert sein müssen.[78] Jedenfalls wird man verlangen müssen, dass sie alles Erforderliche tun, um diese Informationen zu erhalten. Die Kenntnis oder die grob fahrlässige Unkenntnis nur der geschäftsführenden oder nur einiger Gesellschafter reicht nicht aus.[79] Der betroffene Gesellschafter kann durch entsprechende Information aller den Fristbeginn in Gang setzen.[80]

Die **Frist von fünf Jahren** beginnt unabhängig von der Kenntnis durch die Gesellschafter mit dem Entstehen iSd § 200 BGB der betreffenden Ansprüche aus Abs. 1. Für den Schadensersatzanspruch bedeutet dies, dass ein Schaden dem Grunde nach entstanden sein muss.[81] Bei einzelnen Teilakten, die in unterschiedlichen Etappen Schäden entstehen lassen, setzt jeder Teilakt eine neue Frist in Gang.[82] Das Eintrittsrecht[83] sowie der Unterlassungsanspruch[84] sind entstanden, wenn dem Wettbewerbsverbot des § 117 zuwider gehandelt worden ist und ein Schaden oder ein abzuschöpfendes Geschäft entstanden sind. 27

b) Fristwahrung. Die Frist wird gewahrt, wenn die Gesellschafter innerhalb von drei Monaten bzw. fünf Jahren einen **Beschluss** herbeiführen und Maßnahmen zur **Hemmung** oder **Neubeginn** der Verjährung gem. §§ 203 ff. BGB ergreifen oder Gründe der Hemmung eingreifen. Nach § 203 BGB ist der Fristablauf insbesondere gehemmt, wenn zwischen Gesellschaft und Gesellschafter über die Ansprüche verhandelt wird.[85] 28

V. Weitere Rechte (Abs. 4)

1. Ausschließung, Auflösung und weitere Rechte. Nach Abs. 4 wird ausdrücklich klargestellt, dass das weitere Recht der Gesellschafter, bei Vorliegen eines Wettbewerbsverstoßes den betreffenden Gesellschafter nach § 134 aus der Gesellschaft ausschließen oder die Auflösung der Gesellschaft nach § 139 verlangen zu können, durch die besonders geregelten Rechte auf Schadensersatz und Eintritt in die Geschäftsbeziehung nicht ausgeschlossen ist. Die Nennung dieses Gestaltungsrechts ist **nicht abschließend,** sodass weitere Gestaltungsrechte geltend gemacht werden können, ohne dass hierfür die Einschränkungen in Abs. 2 und 3 eingreifen. Dazu gehören die **Entziehung** der Geschäftsführungsbefugnis oder der Vertretungsmacht.[86] 29

2. Unterlassung. Das Recht, Unterlassung des wettbewerbswidrigen Verhaltens zu verlangen, ist weder in § 117 noch in § 118 geregelt. Nach allgemeiner Meinung ist der Anspruch auf Unterlassung durch § 118 nicht ausgeschlossen.[87] Die Gesellschaft kann von dem Gesellschafter daher verlangen, dass er die verbotenen Geschäfte unterlässt sowie aus der wettbewerbswidrigen Beteiligung ausscheidet.[88] Eines Beschlusses nach Abs. 2 bedarf es für die Geltendmachung des Unterlassungsanspruchs nicht. Eine Geltendmachung des Anspruchs ist auch im Wege der actio pro socio (→ § 105 Rn. 102 ff.) möglich.[89] Jedoch entfällt der Anspruch, wenn die Gesellschafter mit der erforderlichen Mehrheit der Konkurrenztätigkeit zugestimmt haben.[90] Der Anspruch verjährt nach allgemeinen Grundsätzen (→ Rn. 24, → Rn. 27). 30

3. Vertragsstrafe. Die Parteien können darüber hinaus bei Verstößen gegen Wettbewerbsverbote eine Vertragsstrafe vereinbaren. Dabei sollte geregelt werden, ob die Strafe entgegen § 340 Abs. 1 31

[78] So aber OLG München 10.6.2010, DStR 2010, 1999.
[79] Düringer/Hachenburg/Flechtheim § 113 Rn. 7; Staub/Schäfer Rn. 38; Schlegelberger/Martens § 113 Rn. 29; Hopt/Roth Rn. 10; Westermann/Wertenbruch PersGesR-HdB/Wertenbruch Rn. I 466; MüKoHGB/Fleischer Rn. 50.
[80] Schlegelberger/Martens § 113 Rn. 29; Staub/Schäfer Rn. 34.
[81] BGH 23.3.1987, BGHZ 100, 228 (231 f.) = NJW 1987, 1887.
[82] **AA** Ebenroth/Boujong/Sander Rn. 44; RGHMW/Haas/Mohamed Rn. 25; Schlegelberger/Martens § 113 Rn. 31; KKD/Kindler § 113 Rn. 4.
[83] Staub/Schäfer Rn. 37.
[84] RG 1.5.1906, RGZ 63, 252 (255 f.).
[85] Staub/Schäfer Rn. 34.
[86] Ebenroth/Boujong/Sander Rn. 46.
[87] BGH 21.2.1978, BGHZ 70, 331 = NJW 1978, 1001; 22.6.1972, WM 1972, 1229; RG 1.5.1906, RGZ 63, 252 (254) zu § 61; 27.5.1910, RGZ 73, 423 (426) zu § 61; Hueck OHG § 13 II 5 (199); Koch PersGesR/Könen Rn. 17; Düringer/Hachenburg/Flechtheim § 113 Rn. 4; Schlegelberger/Martens § 113 Rn. 14 f.; Staub/Schäfer Rn. 38; MüKoHGB/Fleischer Rn. 60; Heymann/Hoffmann/Bartlitz § 113 Rn. 1.
[88] Ebenroth/Boujong/Sander Rn. 34; Hueck OHG § 13 II 5 (199); Staub/Schäfer Rn. 5.
[89] MüKoHGB/Fleischer Rn. 59; Hopt/Roth Rn. 4; Heymann/Hoffmann/Bartlitz § 113 Rn. 22; **aA** offenbar Ebenroth/Boujong/Sander Rn. 34.
[90] Ebenroth/Boujong/Sander Rn. 34; Staub/Schäfer Rn. 36; Staub/Schäfer § 117 Rn. 38 f. mwN.

BGB die Ansprüche aus §§ 117, 118 unberührt lässt.[91] Ist dies der Fall, wird die Vertragsstrafe – vorbehaltlich einer abweichenden Regelung – lediglich nach § 340 Abs. 2 S. 2 BGB auf den geschuldeten Schadensersatz angerechnet.[92]

32 **4. GoA.** Für Schadensersatzansprüche enthält § 118 eine abschließende Sonderregelung,[93] sodass ein Anspruch aus § 687 Abs. 2 BGB, § 679 BGB ausgeschlossen ist. Eine Pflicht auf Herausgabe des Surrogats bei angemaßter Eigengeschäftsführung nach § 687 Abs. 2 BGB, § 681 BGB, § 667 BGB besteht aber, wenn das Geschäft bereits der Gesellschaft so zugeordnet war, dass es sich für den Gesellschafter um ein fremdes Geschäft handelte.[94]

33 **5. Verletzung der Treuepflicht.** Abschließenden Charakter hat § 118 aber nur, wenn der Tatbestand des § 117 verletzt ist und keine darüber hinausgehenden Ansprüche entstanden sind. Solche Ansprüche bejaht der BGH in dem Fall, dass der Gesellschafter bereits für die Gesellschaft geplante oder abgeschlossene Geschäfte an sich zieht und damit eine Treuepflichtverletzung begeht (**Geschäftschancenlehre;** → § 117 Rn. 26 ff.). Ob auch für diese Fälle die kurze Verjährungsfrist des Abs. 3 eingreift, ist noch nicht abschließend geklärt.[95] Der BGH hat die kurze Verjährungsfrist jedenfalls bei Ansprüchen wegen der Übernahme der Geschäftschancen mit Recht nicht angewandt.[96]

34 **6. Deliktsrechtliche Ansprüche.** Auch gegenüber deliktsrechtlichen Schadensersatzansprüchen ist § 118 abschließend.[97] Die Norm ist kein Verbotsgesetz iSd § 823 Abs. 2 BGB.[98] Geht der Verstoß jedoch über § 117 hinaus und ist § 826 BGB erfüllt, kommt die Heranziehung dieser Anspruchsgrundlage in Betracht.[99]

VI. Abweichende Regelungen

35 Die Vorschrift ist **dispositiv.**[100] Die Parteien können die Vorschrift ganz oder teilweise abbedingen oder weitere Rechte der Gesellschaft einführen, wie zB eine Vertragsstrafe (→ Rn. 31). Einschränkungen gelten allerdings wegen § 202 BGB für die **Verjährungsvorschrift** (§ 118 Abs. 3).[101] Die Rechtsfolgen des § 118 gelten nur für die Verletzung des Wettbewerbsverbots des § 117.[102] **Vertragliche Wettbewerbsverbote** können auf die Rechtsfolgen des § 118 jedoch verweisen.[103] Wird das Wettbewerbsverbot in § 117 nur modifiziert, wird die Auslegung regelmäßig ergeben, dass die Rechtsfolgen des § 118 auch hierfür gelten sollen.[104] Vertragliche Wettbewerbsverbote haben die Grenzen der § 138 BGB und § 1 GWB zu beachten.

§ 119 Verzinsungspflicht

(1) Schuldet die Gesellschaft nach Maßgabe von § 716 Absatz 4 Satz 2 des Bürgerlichen Gesetzbuchs dem Gesellschafter die Verzinsung von Aufwendungen und Verlusten, richtet sich deren Höhe nach § 352 Absatz 2.

---

[91] RG 31.3.1909, RGZ 70, 439 (441 f.) mwN; vgl. ferner RG 23.1.1926, RGZ 112, 361 (366); Schlegelberger/Martens § 113 Rn. 34; Staub/Schäfer Rn. 25; MüKoBGB/Gottwald § 340 Rn. 1; MüKoHGB/Fleischer Rn. 64. Nach BGH 27.11.1974, BGHZ 63, 256 (260) = NJW 1975, 163 kann eine Vertragsstrafe nicht durch AGB vereinbart werden, dies dürfte aber nach § 310 Abs. 4 BGB nicht für Gesellschaftsverträge gelten.

[92] Ebenroth/Boujong/Sander Rn. 24.

[93] Staub/Schäfer Rn. 6; iErg ebenso Schlegelberger/Martens § 113 Rn. 16; RGHMW/Haas/Mohamed Rn. 13; MüKoHGB/Fleischer Rn. 61.

[94] Für GmbH BGH 12.6.1989, NJW-RR 1989, 1255 mwN; weniger eng dagegen Staub/Schäfer Rn. 6; Schlegelberger/Martens § 113 Rn. 16; RGHMW/Haas/Mohamed Rn. 13.

[95] Dafür OLG Köln 10.1.2008, NZG 2009, 306 (308); **aA** BGH 11.1.1971, NJW 1971, 802; 22.6.1972, WM 1972, 1229 f.

[96] BGH 4.12.2012, NZG 2013, 216 Rn. 35; vgl. zuvor bereits BGH 22.6.1972, WM 1972, 1229 (1230) = NJW 1972, 1860 Ls.

[97] Ebenroth/Boujong/Sander Rn. 27; Staub/Schäfer Rn. 6.

[98] Ebenroth/Boujong/Sander Rn. 27; vgl. Schlegelberger/Martens § 113 Rn. 18.

[99] BGH 12.6.1989, NJW-RR 1989, 1255 mwN; Ebenroth/Boujong/Sander Rn. 27; zur Frage, ob Abs. 2 und 3 anwendbar sind, verneinend Schlegelberger/Martens § 113 Rn. 18; RGHMW/Haas/Mohamed Rn. 6.

[100] AllgM, vgl. nur Schlegelberger/Martens Rn. 33; Staub/Schäfer Rn. 24; Koch PersGesR/Könen Rn. 4.

[101] Vgl. Staub/Schäfer Rn. 4; MüKoHGB/Fleischer Rn. 66.

[102] Schlegelberger/Martens Rn. 2; Staub/Schäfer Rn. 5 iVm § 117 Rn. 38 f.; MüKoHGB/Fleischer Rn. 8; Kardaras, Das Wettbewerbsverbot in den Personalgesellschaften, 1967, S. 95.

[103] Staub/Schäfer Rn. 24.

[104] Staub/Schäfer Rn. 4; Schlegelberger/Martens Rn. 2; RGHMW/Haas/Mohamed Rn. 3.

(2) [1]Ein Gesellschafter, der der Gesellschaft liquide Geldmittel dadurch vorenthält, dass er seinen vereinbarten Beitrag nicht zur rechten Zeit einzahlt oder eingenommenes Geld der Gesellschaft nicht zur rechten Zeit an die Gesellschaftskasse abliefert oder unbefugt Geld aus der Gesellschaftskasse für sich entnimmt, hat der Gesellschaft Zinsen von dem Tag an zu entrichten, an welchem die Zahlung oder die Ablieferung hätte geschehen sollen oder die Herausnahme des Geldes erfolgt ist. [2]Die Geltendmachung eines weiteren Schadens ist nicht ausgeschlossen.

Übersicht

I. Allgemeines

1. Überblick. Die Norm ordnet die Verzinsung der Ansprüche der Gesellschaft gegen den Gesellschafter auf Zahlung von Aufwendungsersatz, der Einlage, Ablieferung von Einnahmen und Rückzahlung unbefugter Entnahmen an. Auf das Vorliegen von Verzug oder Rechtshängigkeit kommt es nicht an. Der Zinssatz beträgt nach § 352 Abs. 2 5%. Soll ein höherer Zins gezahlt werden, muss dies vereinbart werden oder eine eigenständige andere Anspruchsnorm dies vorsehen. 1

2. Normzweck. Das Gesetz geht auch an anderen Stellen (§ 353, § 354 Abs. 2) davon aus, dass Kaufleute ihre Liquidität gewinnbringend anlegen. In Verbindung mit § 352 besteht daher für die Nutzung des Kapitals der Gesellschaft eine gesetzliche Mindestverzinsung von 5%. Die Vorschrift entlastet hiermit die vertraglichen Vereinbarungen im Gesellschaftsvertrag. Meist wird aber die Verzinsungspflicht umfassend im Vertrag geregelt. Dass in Abs. 1 unmittelbar auf § 352 Abs. 2 in Form einer Rechtsfolgenverweisung Bezug genommen wird, gewährleistet die Anwendung des höheren Zinssatzes unabhängig davon, ob der Gesellschaftsvertrag für die Beteiligten ein Handelsgeschäft iSd § 352 Abs. 1 darstellt.[1] 2

3. Entwicklung. Die Vorschrift geht zurück auf Art. 95 ADHGB. Bis zum **MoPeG** fand sich **Abs. 1** in § 110 Abs. 2 aF. Nun nimmt Abs. 1 Bezug auf die Verzinsungspflicht des § 716 Abs. 4 S. 2 BGB, für welche der Zinssatz des § 352 Abs. 2 gilt. Die übrigen Voraussetzungen und Rechtsfolgen des Aufwendungsersatzes ergeben sich aus § 716 BGB, der über die Verweisung des § 105 Abs. 3 auf die Handelsgesellschaften entsprechende Anwendung findet. **Abs. 2** fasst die bisher in § 111 Abs. 1 und 2 aF normierten Bestimmungen inhaltlich unverändert zusammen. 3

II. Aufwendungsersatz (Abs. 1)

1. Anspruch auf Aufwendungsersatz. Nach Maßgabe des § 716 Abs. 1 BGB, der über die Verweisung des § 105 Abs. 3 auch für die OHG gilt, ist die Gesellschaft **ersatzpflichtig,** wenn ein Gesellschafter zum Zwecke der Geschäftsbesorgung Aufwendungen macht, die er den Umständen *nach für erforderlich* halten darf, oder wenn er unmittelbar infolge der Geschäftsbesorgung Verluste erleidet. Der Gesellschafter muss objektiv im Geschäftskreis der OHG tätig sein und in subjektiver Hinsicht für sie handeln. Für erforderlich halten darf der Gesellschafter **Aufwendungen** nach einem subjektiv-objektiven Maßstab, wenn ein sorgfältig prüfender Gesellschafter vernünftigerweise von deren Erforderlichkeit überzeugt sein durfte.[2] **Verluste** sind ersatzpflichtig, wenn sie mit der Tätigkeit des Gesellschafters für die OHG einen objektiv erkennbaren, engen Zusammenhang aufweisen, es 4

[1] Begr. RegE, BT-Drs. 19/27635, 238.
[2] Vgl. Begr. RegE, BT-Drs. 19/27635, 157.

sich also um einen tätigkeitsspezifischen Schaden handelt.[3] Auf Verlangen des Gesellschafters hat die Gesellschaft für die erforderlichen Aufwendungen – nicht hingegen für Verluste[4] – einen **Vorschuss** zu leisten (§ 716 Abs. 2 BGB).

5 **2. Verzinsung von Aufwendungen und Verlusten.** Nach Maßgabe des § 716 Abs. 4 S. 1 BGB iVm § 105 Abs. 3 besteht eine Verzinsungspflicht für Geld, das der **Gesellschafter** für sich verwendet, obgleich er es der Gesellschaft herauszugeben hat. Verzinsungsbeginn ist der Zeitpunkt der Verwendung der Geldmittel. Diese unwiderlegliche Vermutung entbindet die Gesellschaft von der Darlegungs- und Beweislast für einen Zinsschaden oder vom Gesellschafter tatsächlich gezogene Zinsen.[5] Daneben können weitere Zinsansprüche gegeben sein, wie namentlich wegen Schuldnerverzugs nach § 280 Abs. 1 und Abs. 2 BGB, § 286 Abs. 1 S. 1 BGB, § 288 Abs. 1 BGB.[6]

6 Im Gegenzug hat die **Gesellschaft** ersatzfähige **Aufwendungen** und **Verluste** vom Zeitpunkt der Aufwendung an zu verzinsen (§ 716 Abs. 4 S. 2 BGB iVm § 105 Abs. 3). Inhaltlich erstreckt sich die Verzinsungspflicht auf **alle Formen von Aufwendungen und Verlusten.**[7] Die **Zinshöhe** beträgt nach Abs. 1 iVm § 352 Abs. 2 – abweichend von § 246 BGB – **fünf Prozent,** ohne dass es darauf ankommt, ob das Geschäft ein Handelsgeschäft ist.[8] Die Frist beginnt in dem Zeitpunkt, in dem die Aufwendung getätigt worden oder der Verlust eingetreten ist.[9]

III. Einlagen, Einnahmen, Entnahmen (Abs. 2 S. 1)

7 **1. Anspruchsinhaber.** Inhaberin des Anspruchs ist die **Gesellschaft.** Da es sich um einen Sozialanspruch handelt, kann er im Wege der Gestaltungsklage **(actio pro socio)** nach § 715b BGB iVm § 105 Abs. 3 von den anderen Gesellschaftern verfolgt werden (→ § 105 Rn. 102 ff.).[10]

8 **2. Geldleistung.** Die Vorschrift setzt voraus, dass der Gesellschafter eine Geldleistung schuldet. Der Begriff ist weder im BGB[11] noch im HGB definiert. Nach dem Zweck der Norm, eine Gegenleistung für die Nutzung des Kapitals der Gesellschaft zu schaffen, fallen hierunter alle liquiden Mittel. Dazu zählen inländisches oder ausländisches Bargeld, fällige Schecks oder Wechsel und kurzfristig in Geld umsetzbare Wertpapiere und ähnliche Gegenstände.[12] Abzugrenzen sind diese Leistungen von Sachen, Dienstleistungen und immateriellen Gegenständen, die der Gesellschafter schuldet oder unbefugt entnommen hat.[13]

9 **3. Einzelfälle. a) Grundlagen.** Die Vorschrift umfasst drei Fälle einer Verzinsungspflicht. Dazu gehört die verzögerte Bareinlage, die verzögerte Rückzahlung eingenommenen Geldes und die unbefugte Entnahme von Geld aus der Gesellschaftskasse. Die Aufzählung ist **enumerativ** und **nicht** auf alle Geldleistungen **zu erweitern,** die der Gesellschafter der Gesellschaft schuldet.[14] Im Gegensatz zu anderen Beiträgen sind die in Abs. 2 genannten Geldleistungspflichten nach Höhe und Fälligkeit konkret bestimmbar.[15] Bereits für die Ausgangsvorschrift in Art. 95 ADHGB war eine Erweiterung abgelehnt worden.[16] Hierzu besteht auch aus heutiger Sicht kein Bedürfnis, da es den Gesellschaftern frei steht, weitergehende Zinspflichten zu vereinbaren (→ Rn. 22).

10 **b) Ausstehende Einlage.** Erster Fall der Verzinsungspflicht ist die ausstehende Einlage, die in Geld oder geldähnlichen Leistungen (→ Rn. 8) bestehen muss. Darunter kann daher auch die

[3] Vgl. Begr. RegE, BT-Drs. 19/27635, 158.
[4] Vgl. Begr. RegE, BT-Drs. 19/27635, 158.
[5] Vgl. Begr. RegE, BT-Drs. 19/27635, 158.
[6] Vgl. Begr. RegE, BT-Drs. 19/27635, 159 f.; BGH 15.9.2005, NJW 2005, 3709 (3710).
[7] BeckOK HGB/Klimke, 47. Ed. 1.7.2025, Rn. 4; Ebenroth/Boujong/Sander Rn. 3; Erman/Lieder BGB § 716 Rn. 28; Koch PersGesR/Könen Rn. 5; RGHMW/Haas/Mohamed Rn. 29a; Staub/Schäfer Rn. 2.
[8] BeckOK HGB/Klimke, 47. Ed. 1.7.2025, Rn. 4; Ebenroth/Boujong/Sander Rn. 3; Koch/Könen Rn. 5; MüKoHGB/Fleischer Rn. 3; RGHMW/Haas/Mohamed Rn. 29; Staub/Schäfer Rn. 1.
[9] BeckOK HGB/Klimke, 47. Ed. 1.7.2025, Rn. 4; Erman/Lieder BGB § 716 Rn. 28; Koch PersGesR/Könen Rn. 5; MüKoHGB/Fleischer Rn. 5; Staub/Schäfer Rn. 1.
[10] Ebenroth/Boujong/Sander Rn. 4; MüKoHGB/Fleischer Rn. 13.
[11] Vgl. allg. MüKoBGB/Grundmann BGB §§ 244, 245 Rn. 1 ff.
[12] AllgM, vgl. Düringer/Hachenburg/Flechtheim § 111 Rn. 4; MüKoHGB/Fleischer Rn. 14; Staub/Schäfer Rn. 37 f.; Schlegelberger/Martens § 111 Rn. 6.
[13] Vgl. zB der Einsatz von Personal und Gerätschaften für einen privaten Hausbau in BGH 2.6.1997, DStR 1997, 1338 – GmbH-Geschäftsführer; Schlegelberger/Martens § 111 Rn. 5; Staub/Schäfer Rn. 37 f., 47; MüKoHGB/Fleischer Rn. 15.
[14] Hueck OHG § 14 III; Staub/Schäfer Rn. 37; Koch PersGesR/Könen Rn. 6; Ebenroth/Boujong/Sander Rn. 2; RGHMW/Haas/Mohamed Rn. 34; **aA** Schlegelberger/Martens § 111 Rn. 1 f.
[15] MüKoHGB/Langhein, 4. Aufl. 2016, § 111 Rn. 2.
[16] Lutz Protokolle zum ADHGB, 1858, 182.

Verpflichtung zur Gewährung eines Darlehens an die Gesellschaft fallen.[17] Nicht erfasst sind Geldleistungspflichten auf der Grundlage von Drittgeschäften wie Kauf,[18] Miete, Pacht oder Dienstleistungen.[19] Hat der Gesellschafter seine Einlage erbracht, wurde diese aber verbotenerweise wieder zurückgezahlt, sodass die Einlagepflicht wieder auflebt, ist der Fall ebenfalls umfasst[20] und fällt unter die dritte Variante (→ Rn. 15). Andere Gegenstände als Geldleistungen (→ Rn. 8) fallen nicht unter die Vorschrift. Das gilt auch, wenn statt der Sacheinlage als vertraglich vereinbarter oder nach Leistungsstörungsrecht entstandener Sekundäranspruch ein Ersatzanspruch in Geld geschuldet wird.[21] Dieser Anspruch ist wiederum nicht ohne weiteres konkret bezifferbar (→ Rn. 21).

c) Nicht rechtzeitig abgeliefertes Geld. Die Verpflichtung zur Ablieferung eingenommener Gelder an die Gesellschaft beruht auf § 716 Abs. 3 BGB iVm § 105 Abs. 3 oder bei unbefugter Entgegennahme auf §§ 684, 677, 681 BGB.[22] Unerheblich ist, ob die Entgegennahme des Geldes befugt oder unbefugt war.[23] Nach dem Wortlaut der Vorschrift hat der Gesellschafter Geldmittel empfangen, die er in die Gesellschaftskasse einzahlen muss. Ebenso wie in der dritten Variante (→ Rn. 14) ist der Begriff der „Kasse“ nicht wortwörtlich zu nehmen. Er ist nach dem Zweck der Norm (→ Rn. 2, → Rn. 8) weit auszulegen und umfasst **alle liquiden Mittel,**[24] so wie es nun auch ausdrücklich im Wortlaut des Abs. 2 verankert ist. 11

Abzuliefern sind daher auch **Schecks, Wechsel** und sofort einlösbare **Wertpapiere,** auch wenn der Gesellschafter diese Mittel für sich einlöst, sowie Geldzahlungen, die auf das Privatkonto des Gesellschafters eingehen,[25] oder wenn der Gesellschafter eigene Schulden vom Bankkonto der Gesellschaft erfüllt.[26] Umgekehrt kann der Gesellschafter seine Ablieferungspflicht auch durch die Auffüllung dieser liquiden Mittel der Gesellschaft erfüllen und damit die Verzinsungspflicht entfallen lassen, zB durch Einzahlung auf ein Gesellschaftskonto, durch Begleichung einer Gesellschaftsschuld bei einem Dritten oder durch Aufrechnung mit einem Anspruch aus § 716 Abs. 1 BGB iVm § 105 Abs. 3.[27] Nicht ausreichend ist es, wenn nur intern der abzuliefernde Betrag auf dem bei der Gesellschaft geführten Privatkonto gebucht wird, da darin nur eine Kreditgewährung zu sehen ist.[28] 12

Die Ablieferung muss **rechtzeitig** erfolgen. Der Zeitpunkt der Ablieferung bestimmt sich nach den Vereinbarungen der Parteien (→ Rn. 17). Fehlt es hieran, kann § 122 BGB herangezogen werden, der für die unverzügliche Erfüllung darauf abstellt, dass es an einem schuldhaften Zögern fehlt.[29] So wird der Gesellschafter das Geld nicht an Sonn- und Feiertagen abliefern müssen und auch nach den Umständen nicht während einer Geschäftsreise.[30] 13

d) Unbefugte Entnahme. aa) Entnahme. Eine unbefugte Entnahme aus der Gesellschaftskasse (→ Rn. 11) führt ebenfalls zur Verzinsungspflicht. Der Gesellschafter muss die Mittel für sich entnommen haben. Erforderlich ist dabei lediglich, dass er sie nicht für Belange der Gesellschaft verwendet hat.[31] Der zu verzinsende Rückzahlungsanspruch wird von der Vorschrift vorausgesetzt und ergibt sich aus dem Gesellschaftsvertrag,[32] aus angemaßter Eigengeschäftsführung, Delikt oder ungerechtfertigter Bereicherung.[33] Zahlt die Gesellschaft im Ergebnis vom Gesellschafter zu tragende **Kapitalertragsteuer** auf seine Gewinnanteile, liegt eine Entnahme iS der Vorschrift vor,[34] die allerdings vertraglich auch gestattet sein kann. Entnahme ist wie bei der zweiten Variante als Entzug 14

[17] Ebenroth/Boujong/Sander Rn. 7.
[18] BGH 27.6.1988, NJW 1989, 166 f.
[19] BGH 15.6.1991, NJW 1991, 2894 (2896) für Dienstleistung gegenüber GmbH.
[20] Staub/Schäfer Rn. 41; Schlegelberger/Martens § 111 Rn. 10; RGHMW/Haas/Mohamed Rn. 38; MüKoHGB/Fleischer Rn. 24; KKD/Kindler § 111 Rn. 1.
[21] Vgl. Staub/Schäfer Rn. 41, 47; **aA** Schlegelberger/Martens § 111 Rn. 1, 5.
[22] HM, vgl. Ebenroth/Boujong/Sander Rn. 11; Staub/Schäfer Rn. 44; Heymann/Hoffmann/Bartlitz § 111 Rn. 5; **aA** – gesellschaftsvertragliche Grundlage – Schlegelberger/Martens § 111 Rn. 11, 17.
[23] Ebenroth/Boujong/Sander Rn. 11.
[24] Vgl. zum bisherigen Recht BGH 26.3.1990, WM 1990, 1960; 30.5.1994, NJW-RR 1994, 996 zur GbR; 27.3.1995, NJW 1995, 1960 zur Vergütung für GmbH-Geschäftsführer.
[25] Ebenroth/Boujong/Sander Rn. 12; iErg ebenso als Entnahme Staub/Schäfer Rn. 46.
[26] Ebenroth/Boujong/Sander Rn. 6.
[27] Ebenroth/Boujong/Sander Rn. 12; vgl. Staub/Schäfer Rn. 45.
[28] Ebenroth/Boujong/Sander Rn. 12; vgl. Düringer/Hachenburg/Flechtheim § 111 Rn. 3; Schlegelberger/Martens § 111 Rn. 12.
[29] Heymann/Hoffmann/Bartlitz § 111 Rn. 5 aE; MüKoHGB/Fleischer Rn. 25.
[30] Ebenroth/Boujong/Sander Rn. 13; Staub/Schäfer Rn. 45; Schlegelberger/Martens § 111 Rn. 12; iErg ähnlich MüKoHGB/Fleischer Rn. 16.
[31] Ebenroth/Boujong/Sander Rn. 20.
[32] Schlegelberger/Martens § 111 Rn. 17.
[33] Ebenroth/Boujong/Sander Rn. 14.
[34] BGH 30.1.1995, ZIP 1995, 462 (464); 16.4.2013, NZG 2013, 703 Rn. 14.

liquider Mittel zu verstehen, also die Entnahme von Bargeld, das Abheben oder Überweisen von Buchgeld vom Konto der Gesellschaft.[35] Das gilt erst recht, wenn der Gesellschafter hierdurch den Schuldensaldo des Gesellschaftskontos erhöht.[36]

15 Hat der Gesellschafter seine **Einlage** erbracht, wurde diese aber verbotenerweise wieder **zurückgezahlt,** sodass die Einlagepflicht wieder auflebt, ist der Fall ebenfalls umfasst[37] und fällt unter die dritte Variante. In diesem Zusammenhang ist umstritten, ob die Verzinsungspflicht erst mit Aufforderung der Gesellschaft gegenüber dem Gesellschafter zur Rückzahlung eintritt. Das wird zum Teil generell – mit Ausnahme unbefugter Entnahmen –,[38] zum Teil für den Gesellschafter angenommen, der die Mittel gutgläubig empfangen hat;[39] im Allgemeinen indes abgelehnt, wenn er bösgläubig war.[40] Nach zutreffender Auffassung kommt es weder auf die Rückforderung[41] noch auf subjektive Merkmale in der Person des Gesellschafters an, vielmehr gelten die **allgemeinen Grundsätze.** Für beide Differenzierungskriterien fehlt es an Anhaltspunkten in der Vorschrift. Stattdessen spricht der Normzweck – eine vertragliche Vereinbarung entbehrlich zu machen und zudem dem Umstand Rechnung zu tragen, dass Kaufleute regelmäßig in der Lage sind, ihr Kapital gewinnbringend anzulegen (→ Rn. 2) – dafür, § 119 als Mindestverzinsung aufzufassen.[42] Den Beteiligten steht es frei, abweichende Regelungen im Gesellschaftsvertrag zu treffen (→ Rn. 22). Zudem können den Bösgläubigen noch weitergehende Sanktionen nach Abs. 2 S. 2 treffen (→ Rn. 21).

16 **bb) Unbefugt.** Die Entnahme ist unbefugt, wenn sie weder durch den Gesellschaftsvertrag, einen Beschluss der Gesellschafter, die Zustimmung des rechtmäßig handelnden Geschäftsführers noch durch das Gesetz erlaubt ist.[43] Darüber hinaus entfällt eine Zinspflicht auch dann, wenn dem Gesellschafter ein eigener **Anspruch gegen die Gesellschaft** in der Höhe des entnommenen Betrags zusteht, und zwar unabhängig davon, ob er zur eigenmächtigen Befriedigung befugt ist oder § 181 BGB entgegensteht. Eine Verzinsung wäre bei sich gegenüberstehenden Ansprüchen wertungswidersprüchlich.[44]

17 **4. Dauer der Verzinsung.** Die Verzinsung **beginnt** mit der **Fälligkeit** des Anspruchs der Gesellschaft. Die Fälligkeit bemisst sich nach den vertraglichen Vereinbarungen, hilfsweise nach § 271 BGB. Der auf Erstattung einer unberechtigten Entnahme gerichtete Anspruch der Gesellschaft wird mit der Herausnahme des Geldes aus der Gesellschaftskasse[45] bzw. mit dem Entstehen des Steueranrechnungsanspruchs bei Zahlung der Kapitalertragsteuer durch die Gesellschaft fällig.[46] Ist der Gesellschafter ausnahmsweise, etwa aus dem **Gleichbehandlungsgrundsatz** (→ § 108 Rn. 41), berechtigt, seine Einlage zurückzuhalten, entfällt die Verzinsungspflicht. Auch **Gläubigerverzug** der Gesellschaft nach § 301 BGB schließt sie aus.[47] Die Zinspflicht **endet,** wenn der Gesellschafter seine Zahlungs- oder Rückzahlungspflicht **erfüllt** hat.

18 **5. Zinshöhe.** Die Höhe des Zinses beträgt – vorbehaltlich abweichender gesellschaftsvertraglicher Regelungen – nach § 352 Abs. 2 **5 %.**[48] Bei der Entrichtung kann der Gesellschafter keinen Gewinnanteil auf die Zinsen in Abzug bringen; sie sind in voller Höhe an die Gesellschaft zu leisten.[49]

19 **6. Anspruchsgegner.** Verpflichtet ist der **Gesellschafter** unter der Voraussetzung, dass eine der drei Varianten des Abs. 2 erfüllt ist. Der Anspruch kann sich gegen den geschäftsführenden Gesellschafter wie gegen nicht geschäftsführende Gesellschafter richten.[50]

---

[35] Ebenroth/Boujong/Sander Rn. 15.
[36] Ebenroth/Boujong/Sander Rn. 16.
[37] Vgl. Staub/Schäfer Rn. 41; Schlegelberger/Martens § 111 Rn. 10; RGHMW/Haas/Mohamed Rn. 38; MüKoHGB/Fleischer Rn. 24; KKD/Kindler § 111 Rn. 1.
[38] So Staub/Schäfer Rn. 42 iVm Staub/Schäfer Rn. 41; Heymann/Hoffmann/Bartlitz § 111 Rn. 4.
[39] Schlegelberger/Martens § 111 Rn. 7; RGHMW/Haas/Mohamed Rn. 38.
[40] AllgM, vgl. nur MüKoHGB/Fleischer Rn. 20; Ebenroth/Boujong/Sander Rn. 23.
[41] Zust. BeckOK HGB/Klimke, 47. Ed. 1.7.2025, Rn. 17.
[42] Ebenroth/Boujong/Sander Rn. 23.
[43] AllgM, vgl. zB Düringer/Hachenburg/Flechtheim § 111 Rn. 4; Schlegelberger/Martens § 111 Rn. 14; Staub/Schäfer Rn. 48; MüKoHGB/Fleischer Rn. 36.
[44] AllgM vgl. Ebenroth/Boujong/Sander Rn. 18; Staub/Schäfer Rn. 48 iVm Rn. 13; Düringer/Hachenburg/Flechtheim § 111 Rn. 4; Schlegelberger/Martens § 111 Rn. 14.
[45] BGH 16.4.2013, NZG 2013, 703 Rn. 19; Ebenroth/Boujong/Sander Rn. 25.
[46] BGH 30.1.1995, ZIP 1995, 462 (464); 16.4.2013, NZG 2013, 703 Rn. 19.
[47] Staub/Schäfer Rn. 38; MüKoHGB/Fleischer Rn. 18.
[48] Ebenroth/Boujong/Sander Rn. 26; MüKoHGB/Fleischer Rn. 19; Staub/Schäfer Rn. 40.
[49] Schlegelberger/Martens § 111 Rn. 8; Ebenroth/Boujong/Sander Rn. 26; MüKoHGB/Fleischer Rn. 19.
[50] Ebenroth/Boujong/Sander Rn. 4.

7. Darlegungs- und Beweislast. Die **Gesellschaft** muss darlegen, dass der Gesellschafter Beträge aus der Gesellschaftskasse entnommen oder er aus seiner Tätigkeit Mittel für die Gesellschaft eingenommen hat. Der **Gesellschafter** muss vortragen, dass er zur Entnahme befugt war[51] oder dass ein fälliger Gegenanspruch bestanden hat (→ Rn. 16).[52] 20

IV. Weitere Schadensersatzansprüche (Abs. 2 S. 2)

Nach Abs. 2 S. 2 der Vorschrift ist durch die Mindestverzinsungspflicht die Geltendmachung eines weitergehenden **Schadens** nicht ausgeschlossen. In Betracht kommen Ansprüche aus Leistungsstörung, Auftrag, Geschäftsführung ohne Auftrag, Deliktsrecht und Bereicherungsrecht.[53] Soweit solche Ansprüche bestehen, ist der Zinsanspruch hierauf anzurechnen.[54] Weitere Konsequenzen können darin liegen, dass dem betreffenden Gesellschafter die Geschäftsführungsbefugnis oder Vertretungsmacht entzogen wird und Ausschließungs- oder Auflösungsklage erhoben wird. 21

V. Abweichende Vereinbarungen

Die Vorschrift ist **dispositiv** (vgl. § 108), sodass im Gesellschaftsvertrag strengere oder mildere Voraussetzungen vereinbart werden können. Auch darüber hinausgehende Sanktionen, wie zB eine Vertragsstrafe oder eine Ausschließung des Gesellschafters, können vereinbart werden.[55] 22

§ 120 Ermittlung von Gewinn- und Verlustanteilen

(1) [1]Die geschäftsführungsbefugten Gesellschafter sind gegenüber der Gesellschaft zur Aufstellung des Jahresabschlusses (§ 242 Absatz 3) verpflichtet. [2]Sie haben dabei für jeden Gesellschafter nach Maßgabe von § 709 Absatz 3 des Bürgerlichen Gesetzbuchs den Anteil am Gewinn oder Verlust zu ermitteln.

(2) Der einem Gesellschafter zukommende Gewinn wird dem Kapitalanteil des Gesellschafters zugeschrieben; der auf einen Gesellschafter entfallende Verlust wird davon abgeschrieben.

Schrifttum: Binz/Mayer, Bilanzierungsentscheidungen und Jahresabschlussfeststellung bei Personenhandelsgesellschaften, DB 2007, 1739; Blezinger, Gewinnverteilung bei Personengesellschaften, 2018; Bormann/Hellberg, Ausgewählte Probleme der Gewinnverteilung in der Personengesellschaft, DB 1997, 2415; v. Falkenhausen, Die Führung von Gesellschafterkonten – Ein erlaubnispflichtiges Bankgeschäft?, VGR 19 (2013), 105; Fleischer/Pendl, Der Arbeitsgesellschafter im Personengesellschaftsrecht, WM 2017, 881; Flume, Die Gewinnverteilung in Personengesellschaften nach Gesellschaftsrecht und Steuerrecht, DB 1973, 786; Goerdeler, Auswirkungen des Bilanzrichtliniengesetzes auf Personengesellschaften, FS Fleck, 1988, 53; Grunewald, Gewinnfeststellung und Gewinnverwendung in GmbH und KG, ZIP 2023, 885; Hopt, Bilanz, Reservenbildung und Gewinnausschüttung bei der OHG und KG, FS Odersky, 1996, 799; Horn, Gesellschafterkonten der Personengesellschaften, BuW 2001, 624; Huber, Vermögensanteil, Kapitalanteil und Gesellschaftsanteil, 1970; Huber, Gesellschafterkonten in der Personengesellschaft, ZGR 1988, 1; Kempelmann/Scholz, „Special allocations" als Gestaltungsalternative der Gewinn- und Verlustverteilung in Personengesellschaften, DStR 2019, 630; Kersten/Feldgen, Steuerliche Implikationen der Kapitalkonten bei Personengesellschaften, FR 2013, 197; Könen, Die Spaltung des Kapitalanteils durch das MoPeG und das gesellschaftsrechtliche Bilanzinnenrecht der Personenverbände, RFamU 2023, 220; von der Laage, Die Ausschüttungssperre des § 268 Abs. 8 HGB nach dem Bilanzrechtsmodernisierungsgesetz, WM 2012, 1322; Mellwig, Rechnungslegungszwecke und Kapitalkonten bei Personengesellschaften, BB 1979, 1409; Mock, Auf- und Feststellung von Unternehmens- und Rechnungsabschlüssen im neuen Personengesellschaftsrecht, GmbHR 2023, 1066; Mock, Alte Gesellschaftsverträge im neuen Recht des MoPeG, NJW 2023, 3537; Muth, Die Bilanzfeststellung bei Personenhandelsgesellschaften, 1986; Muth, Übertragbarkeit und Pfändbarkeit des Kapitalentnahmeanspruchs von Personenhandelsgesellschaften, DB 1986, 1761; Oppenländer, Zivilrechtliche Aspekte der Gesellschafterkonten der OHG und KG, DStR 1999, 939; Pauli, Das Eigenkapital der Personengesellschaften, 1990; Plassmann, Darlehenskonto statt zweitem Kapitalkonto, BB 1978, 413; Priester, Stille Reserven und offene Rücklagen bei Personengesellschaften, FS Quack, 1991, 373; Priester, Feststellung des Jahresabschlusses bei der Personenhandelsgesellschaft, FS Hadding, 2004, 607; Priester, Vergütungen an Komplementäre, FS Korn, 2005, 377; Priester, Jahresabschlussfeststellung bei Personengesellschaften, DStR 2007, 28; Priester, Grundsatzfragen im Recht der Personengesellschaften im Spiegel der Otto-Entscheidung des BGH, DStR 2008, 1386; Priester, Ausschüttungen aus der Liquidität bei der KG, DStR 2013, 1786; Rückle, Jahresabschlussaufstellung und -feststellung bei Personengesellschaften, FS Beisse, 1997, 433; K. Schmidt, Zur Gesellschafterhaftung in der „Innen-KG" – Bemerkungen zur typisch-atypi-

[51] Für GbR BGH 30.5.1994, NJW-RR 1994, 996; 8.11.1999, DStR 2000, 34 mAnm Goette.
[52] Ebenroth/Boujong/Sander Rn. 19.
[53] MüKoHGB/Fleischer Rn. 41; Koch PersGesR/Könen Rn. 16; Staub/Schäfer Rn. 50 f.
[54] Ebenroth/Boujong/Sander Rn. 27.
[55] MüKoHGB/Fleischer Rn. 44.

schen Gesellschaft, NZG 2009, 361; Schön, Bilanzkompetenzen und Ausschüttungsrechte in der Personengesellschaft, FS Beisse, 1997, 471; Schopp, Kapitalkonten und Gesellschafterdarlehen in den Abschlüssen von Personenhandelsgesellschaften, BB 1987, 581; Schulze-Osterloh, Aufstellung und Feststellung des handelsrechtlichen Jahresabschlusses der Kommanditgesellschaft, BB 1995, 2519; Schulze-Osterloh, Die Rechnungslegung der Einzelkaufleute und Personenhandelsgesellschaften nach dem Bilanzrichtlinien-Gesetz, ZHR 150 (1986), 403; Schulze-Osterloh, Erneuter Beginn der Verjährung von Ansprüchen gegen Gesellschafter durch Feststellung des Jahresabschlusses, FS Westermann, 2008, 1487; Selle, Gewinnverteilung bei der OHG, DB 1993, 2040; Sieker, Zur Bilanzierung von Beteiligungen an Personenhandelsgesellschaften im Jahresabschluß der Kapitalgesellschaft, ZIP 1990, 1455; Sieker, Gesellschafterkonten bei der Personengesellschaft, NotBZ 2017, 293; Sieveking, Keine Mehrfachbeteiligung an Personengesellschaften, FS Schippel, 1996, 505; Ulmer, Die Mitwirkung des Kommanditisten an der Bilanzierung der KG, FS Hefermehl, 1976, 207; Ulmer, Gewinnanspruch und Thesaurierung in OHG und KG, FS Lutter, 2000, 935; von der Laage, Die Ausschüttungssperre des § 268 Abs. 8 HGB nach dem Bilanzrechtsmodernisierungsgesetz – Systematik der Sperre, ihre Anwendung auf Personenhandelsgesellschaften iSd § 264a HGB sowie Rechtsfolgen eines Verstoßes –, WM 2012, 1322; Wahlers/Orlikowski-Wolf, Feststellung des Jahresabschlusses und Gewinnverwendungsentscheidungen im Personengesellschaftsrecht, ZIP 2012, 1161; Wertenbruch, Die Pfändung von „überziehbaren" Gesellschafterkonten und Entnahmerechten bei Personengesellschaften, FS Gerhardt, 2004, 1077; Wertenbruch, Gewinnausschüttung und Entnahmepraxis in der Personengesellschaft, NZG 2005, 665; Wertenbruch, Negative Kapitalkonten und Bürgschaften finanziell überforderter Gesellschafter, NZG 2013, 1321; Wiedemann, Gedanken zur Vermögensordnung der Personengesellschaft, FS Odersky, 1996, 925; Wiedemann, Rechte und Pflichten des Personengesellschafters, WM-Sonderbeil. 7/1992, 1; Wiesner, Privat- und Darlehnskonten bei Personenhandelsgesellschaften und Bankaufsichtsrecht, FS Hoffmann-Becking, 2013, 1397; Zwirner, Reform des HGB durch das BilRUG – mehr als nur eine Rechnungslegungsreform, DStR 2015, 375.

Übersicht

I. Allgemeines

1 **1. Überblick.** Die dispositive Vorschrift des **Abs. 1 S. 1** legt fest, dass die geschäftsführungsbefugten Gesellschafter der OHG und über § 161 Abs. 2 der KG (zu den Kommanditisten → § 169 Rn. 2) gegenüber der Gesellschaft zur Aufstellung des Jahresabschlusses nach § 242 Abs. 3 verpflichtet sind. Auf dieser Grundlage haben sie den Gewinn oder Verlust des Jahres zu ermitteln und nach **Abs. 1 S. 2** für jeden Gesellschafter seinen Anteil daran nach Maßgabe des § 709 Abs. 3 BGB zu berechnen. **Abs. 2** regelt den Einfluss der Beteiligung der Gesellschafter am Geschäftsergebnis für deren Kapitalanteile. Nach der dort aufgestellten Grundregel wird ein Gewinnanteil dem Kapitalanteil zugeschrieben, ein Verlust wird dem Kapitalanteil abgeschrieben. Das Kapitalkonto ist wiederum Grundlage für die Berechnung des Gewinnanteils nach § 122.

2. Normzweck. Die Vorschrift bildet zusammen mit den §§ 121, 122 sowie den §§ 242 ff. die Grundlage für die **Ergebnisermittlung und -verwendung** in der Personengesellschaft. Da die gesetzlichen Regelungen weitgehend abdingbar sind (→ Rn. 76; → § 122 Rn. 14 ff.), kommt der Vorschrift vor allem die Bedeutung einer gesetzlichen Auffangnorm[1] bei Fehlen abweichender Vereinbarungen und eines normativen Leitbildes[2] im Hinblick auf die Grenzen privatautonomer Gestaltungen zu. Zugleich sichern sie – in Ermangelung abweichender Regelungen – das Gesellschaftsvermögen gegen eigenmächtige Zugriffe der Gesellschafter ab und verweisen diese auf einen privatautonomen Aushandlungsprozess innerhalb der Gesellschaft. Im Übrigen gehen die §§ 120 ff. in ihrer Gesamtheit von einer Teilhabe der Gesellschafter an den Verbandsgewinnen aus, nachdem die Gesellschafterversammlung über die Feststellung des Jahresabschlusses und die Gewinnverwendung entschieden hat.[3] 2

3. Entwicklung. Die Vorschrift beruht auf der Vorgängernorm des Art. 107 ADHGB[4] und besteht seit 1897 unverändert. Durch die nach § 6 und § 238 bestehende Bilanzierungspflicht für OHG und KG gelten die Bilanzierungsregeln der §§ 238 ff. Hiernach sind seit dem auf der **europäischen Bilanzrichtlinie,** der **Konzernbilanzrichtlinie** und der **Prüferbefähigungsrichtlinie** beruhenden **Bilanzrichtliniengesetz** vom 19.12.1985 (BGBl. 1985 I 2355)[5] die Vorschriften der §§ 242 ff., §§ 246 ff. zu berücksichtigen. Im Zuge dessen ist der Begriff „Bilanz" durch „Jahresabschluss" ersetzt worden, ohne dass dies im Wortlaut des § 120 aF Ausdruck gefunden hätte. Diese Änderung hat später erst das MoPeG (→ Rn. 11) nachvollzogen. 3

Das **KapCoRiLG** vom 24.2.2000 (BGBl. 2000 I 154) schuf für OHG und KG, die keine natürliche Person oder Personengesellschaft mit natürlichen Personen als persönlich haftende Gesellschafter aufweisen, in § 264a Abs. 1 weitere Pflichten, indem diese Gesellschaften den Vorschriften über die Kapitalgesellschaften unterworfen worden sind. Hierzu gehören Auswirkungen auf den Eigenkapitalausweis, die Pflicht zur Aufstellung eines Anhangs und eines Lageberichts sowie die obligatorische Abschlussprüfung. 4

Die Änderungen der Bilanzierungsvorschriften der §§ 242 ff. waren durch europäische Richtlinien vorgegeben. Die **Bilanz-RL** sah zwar nur die zwingende Umsetzung der dortigen Vorgaben für Kapitalgesellschaften vor. Der nationale Gesetzgeber nutzte jedoch die Gelegenheit zu einer für alle Kaufleute verbindlichen Regelung der Bilanzierung in den §§ 242 ff. Eine solche weitergehende Umsetzung ließ die Richtlinie zu. Sie hat auch Auswirkungen auf den überschießenden Teil. Zum einen sind die überschießenden Regelungen zwar nicht unmittelbar einer **richtlinienkonformen Auslegung** zugänglich. Allerdings kann die Auslegung nach nationalem Recht zu dem Ergebnis führen, dass die Vorschriften einheitlich im Geiste der Richtlinie auszulegen sind.[6] Ist in diesem Sinne eine einheitliche Auslegung geboten, dann kann auch Vorlageberechtigung bzw. Vorlagepflicht zum EuGH bestehen (Art. 267 Abs. 2 und 3 AEUV), wenn die Richtlinie für die Interpretation der überschießenden Regelung von Belang ist.[7] 5

Das **Bilanzrechtsreformgesetz** (BilReG) vom 4.12.2004 (BGBl. 2004 I 3166) hat zur obligatorischen Einführung der internationalen Rechnungslegungsstandards der International Financial Reporting Standards (IFRS) auf der Grundlage der europäischen IAS-VO für Konzernabschlüsse geführt. Die Vorschriften der §§ 246 ff. sind hiernach auf Personengesellschaften nur anwendbar, wenn die Voraussetzungen des § 264a erfüllt sind (→ Rn. 4). Für Personengesellschaften haben die Regeln daher noch keine umfassende Bedeutung (→ Rn. 23 f.). 6

Das **Bilanzrechtsmodernisierungsgesetz** (BilMoG) vom 25.5.2009 (BGBl. 2009 I 1102) dient neben der Umsetzung der Abschlussprüfer-RL[8] und der Änderungs-RL[9] der Deregulierung und der Annäherung der Regelungen des Jahresabschlusses an die IFRS. Der RegE des BilMoG vom 30.7.2008[10] sah noch vor, Einzelkaufleute von der handelsrechtlichen Buchführungspflicht zu 7

---

[1] Ebenroth/Boujong/Bochmann Rn. 6.

[2] MüKoHGB/Pöschke Rn. 15 aE; Schlegelberger/Martens Rn. 1; Ebenroth/Boujong/Bochmann Rn. 6.

[3] Koch PersGesR/Könen Rn. 1.

[4] Zutr. Heymann/Hoffmann/Bartlitz Rn. 2; unrichtig MüKoHGB/Pöschke Rn. 4; Ebenroth/Boujong/Bochmann Rn. 2, die auf Art. 108 ADHGB verweisen.

[5] Zur Auswirkung des Bilanzrichtliniengesetzes auf die Personenhandelsgesellschaften s. ua Goerdeler FS Fleck, 1988, 53 ff.; Schulze-Osterloh ZHR 150 (1986), 403 ff.

[6] Lutter/Bayer/Schmidt EuropUnternehmensR § 3 Rn. 65; Lutter GS Heinze, 2005, 571 (575 ff.); Höpfner/Rüthers AcP 209 (2009), 1 (29 f.).

[7] Lutter/Bayer/Schmidt EuropUnternehmensR § 3 Rn. 66; Lutter GS Heinze, 2005, 571 (582 ff.); Höpfner/Rüthers AcP 209 (2009), 1 (30); **aA** Habersack/Verse EuropGesR § 3 Rn. 79.

[8] RL 2006/43/EG vom 17.5.2006, ABl. EG 2006 L 157, 87.

[9] RL 2006/46/EG vom 14.5.2006, ABl. EG 2006 L 224, 1.

[10] BT-Drs. 16/10067.

befreien, wenn ihr Umsatz 500.000 Euro und ihr Gewinn 50.000 Euro an zwei aufeinander folgenden Geschäftsjahren nicht überschreiten. Die Übertragung der Regelung auf Personenhandelsgesellschaften wurde nach Protesten aus der Wissenschaft[11] sinnvollerweise nicht weiter verfolgt, weil hier die Bilanz auch Grundlage der Gewinnverteilung ist.[12]

8 Durch das **Bilanzrichtlinie-Umsetzungsgesetz** (BilRUG) vom 17.7.2015 (BGBl. 2015 I 1245) haben sich für Personen(handels)gesellschaften keine substanziellen Änderungen in der Rechnungslegung ergeben. Selbst einige im Referentenentwurf noch vorgesehene Änderungen sind nicht gesetzlich umgesetzt worden.[13] Kurz erwähnt seien an dieser Stelle noch die Reform der Aufsicht über die Abschlussprüfer durch das **APAReG** vom 31.3.2016 (BGBl. 2016 I 518)[14] und die Reform über die Abschlussprüfung selbst durch das **AReG** vom 10.5.2016 (BGBl. 2016 I 1142).[15] Die jüngste Änderung brachte erhöhte Anforderungen an **Corporate Social Responsibility** von bestimmten großen Unternehmen, die nun auf Grundlage des CSR-RL-UG vom 11.4.2017 (BGBl. 2017 I 802) über wesentliche nichtfinanzielle Belange zu berichten haben.[16]

9 Durch das **MoPeG** ist die Vorschrift modifiziert worden.[17] Das betrifft zum einen die Anknüpfung von **Abs. 1 S. 1** an den Jahresabschlusses nach § 242 Abs. 3, nicht länger an die Bilanz.[18] Zum anderen findet über die Verweisung des **Abs. 1 S. 2** die allgemeine Vorschrift des § 709 Abs. 3 BGB entsprechende Anwendung. Danach bestimmt sich der – feste – Anteil am Gewinn und Verlust – in Ermangelung einer abweichenden Vereinbarung über die Beteiligungsverhältnisse – nach dem Verhältnis des vereinbarten Wertes der Beiträge. Sind keine Beiträge bedungen, hat jeder Gesellschafter einen gleichen Anteil am Gewinn und Verlust. **Abs. 2** ist um die Regelung zu Entnahmen erleichtert worden, weil das gesetzliche Entnahmerecht nach § 122 ersatzlos entfallen ist.

10 Während den geschäftsführenden Gesellschaftern nach § 120 (→ Rn. 14) die Aufstellung des Jahresabschlusses obliegt, entscheiden die Gesellschafter nach Maßgabe des § 121 durch Beschluss über die **Feststellung des** gesamten **Jahresabschlusses** einschließlich Bilanz und Gewinn- und Verlustrechnung (zu den Wirkungen der Feststellung → § 121 Rn. 2 ff.). Die neugefassten §§ 120 ff. sind neben § 709 Abs. 3 BGB zugleich Ausdruck der stringent durchgeführten Trennung von Gesellschafts- und Gesellschaftervermögen im modernisierten Personengesellschaftsrecht.[19] In Ermangelung einer Überleitungsvorschrift sind die Neuregelungen erst für Abschlüsse von Geschäftsjahren relevant, die ab dem 1.1.2024 beginnen.[20]

II. Ermittlung des Ergebnisses (Abs. 1 S. 1)

11 **1. Jahresabschluss. a) Definition.** Die gesetzliche Vorschrift des § 120 Abs. 1 aF legte der Ergebnisermittlung die Bilanz zugrunde. Seit der Änderung des § 242 Abs. 3 durch das Bilanzrichtliniengesetz (→ Rn. 5) umfasst die Pflicht zur Aufstellung des Jahresabschlusses des Kaufmanns neben der **Bilanz** die **Gewinn- und Verlustrechnung.** Ihre Aufstellung entsprach jedoch bereits vor der Gesetzesänderung den in § 238 aufgestellten Grundsätzen ordnungsgemäßer Buchführung, sodass auch die gesellschaftsrechtliche Pflicht zur Bilanzerstellung in § 120 Abs. 1 aF schon immer den gesamten Jahresabschluss mit Bilanz und Gewinn- und Verlustrechnung umfasste.[21] Das ist durch die Änderung des Wortlauts in der neuen Fassung des § 120 Abs. 1 S. 1 durch das MoPeG nun klargestellt worden. Anhang und Lagebericht müssen nur die in § 264a Abs. 1 genannten Personengesellschaften aufstellen (→ Rn. 6).

12 **b) Pflicht zur Aufstellung. aa) Allgemeines.** § 120 Abs. 1 S. 1 verpflichtet die geschäftsführenden Gesellschafter zur Aufstellung der Bilanz. Diese **gesellschaftsrechtliche Pflicht** besteht selbstständig neben der **öffentlichrechtlichen Pflicht aus § 242.** Die Zielrichtung dieser Pflichten ist jeweils unterschiedlich. Die Regelungen beeinflussen sich aber gegenseitig. Die Buchführungs- und

[11] Kersting BB 2008, 790.
[12] Begr. RegE, BT-Drs. 16/10067, 47.
[13] Vgl. nur Zwirner DStR 2015, 375 (376); Zwirner DStR 2015, 1640 (1641).
[14] Dazu Schüppen NZG 2016, 247 ff.
[15] Dazu Blöink/Woodtli Konzern 2016, 75 ff.; Meyer/Mattheus DB 2016, 695 ff.; Petersen/Zwirner/Boecker DStR 2016, 984 ff.; Quick DB 2016, 1205 ff.; Schüppen NZG 2016, 247 ff.
[16] Dazu Böcking/Althoff Konzern 2017, 246 ff.; Haaker DB 2017, 922 ff.; Hecker/Bröcker AG 2017, 761 ff.; Hennrichs/Pöschke NZG 2017, 121 ff.; Lanfermann BB 2017, 747 ff.; Meeh-Bunse/Hermeling/Schomaker DStR 2017, 1127 ff.; Scheid/Müller DStR 2017, 2240 ff.; Schmotz/Schmidt DB 2017, 2877 ff.; Velte DB 2017, 2813 ff.
[17] Umfangreiche Vorüberlegungen bei Blezinger, Gewinnverteilung bei Personengesellschaften, 2018, S. 293 ff.
[18] Dazu näher Begr. RegE, BT-Drs. 19/27635, 239.
[19] Koch PersGesR/Könen Rn. 1; Könen RFamU 2023, 220.
[20] RGHMW/Mock Rn. 3.
[21] Vgl. nur Schulze-Osterloh ZHR 150 (1986), 403 (409 f.).

Bilanzierungsvorschriften der §§ 238 ff. dienen den Interessen der Geschäftspartner, Gläubiger und Arbeitnehmer der Gesellschaft, zugleich aber auch dem Inhaber des Unternehmens.[22] Die gesellschaftsrechtliche Bilanzierungspflicht dient im Innenverhältnis zu den Gesellschaftern der **Ermittlung des Ergebnisses** der Geschäftstätigkeit der Gesellschaft, um auf dieser Grundlage die Gewinnanteile und die **Ausschüttungsansprüche der Gesellschafter zu berechnen.**[23] Soweit es die verbindlichen Grenzen der §§ 238 ff. zulassen, sind die Gesellschafter aus der **Treuepflicht** verpflichtet, auf die Belange der Gesellschaft und der Mitgesellschafter Rücksicht zu nehmen.[24] Verstoßen die Gesellschafter bei der Aufstellung der Bilanz gegen die zwingenden Vorschriften der §§ 242 ff., wird der Jahresabschluss fehlerhaft und die Gesellschafter sind auch gesellschaftsrechtlich verpflichtet, die Bilanz im Rahmen des handels- und steuerrechtlich Zulässigen zu berichtigen.[25] Unterlassen die Geschäftsführer die Aufstellung des Jahresabschlusses, so ist diese Pflichtverletzung analog § 31 BGB der Gesellschaft zuzurechnen und begründet einen **Ersatzanspruch** der Gesellschafter gegen die Gesellschaft, soweit sich dadurch die Realisierung ihrer Gewinnansprüche nach § 122 verzögert.[26]

bb) Bedeutung des Steuerrechts. Nach dem **Grundsatz der Maßgeblichkeit** in § 5 Abs. 1 S. 1 EStG bestimmen die in der Handelsbilanz vorgenommenen Ansatz- und Bewertungswahlrechte auch den für die Einkommensteuer der Gesellschafter (§ 15 Abs. 1 S. 1 Nr. 2 EStG) und die Gewerbesteuer der Gesellschaft (§ 2 GewStG) maßgeblichen Gewinn.[27] In den §§ 5 ff. EStG werden allerdings zum Teil engere Grenzen als in den §§ 238 ff. gezogen. Zudem ist der Maßgeblichkeitsgrundsatz nur eingeschränkt anwendbar, indem die Wahlrechte zugunsten einer angemessenen Gewinnbesteuerung eingeengt werden **(eingeschränkte Maßgeblichkeit).** Aktivierungswahlrechte müssen ausgeübt, Passivierungswahlrechte dürfen nicht ausgeübt werden, damit sich der Kaufmann nicht künstlich ärmer rechnet als er ist.[28] Die Regelung über die **umgekehrte Maßgeblichkeit** nach § 5 Abs. 1 S. 2 EStG, wonach die Inanspruchnahme steuerlicher Wahlrechte die entsprechende handelsrechtliche Bilanzierung voraussetzte und die gewährleisten sollte, dass steuerliche Subventionen auch im Unternehmen verbleiben, ist mit dem BilMoG (→ Rn. 7) abgeschafft worden.[29] Die gesellschaftsrechtliche Pflicht zur Rechnungslegung umfasst auch die Verpflichtung, so zu bilanzieren, dass die steuerrechtlichen Folgen für die Gesellschafter beachtet werden.[30] Darüber hinaus kann die handelsrechtliche Bilanzierung nach Maßgabe der Steuerbilanz vertraglich vereinbart werden (→ Rn. 76). 13

cc) Zuständigkeit. Zur **Aufstellung** des Jahresabschlusses sind nach Abs. 1 S. 1 die **geschäftsführungsbefugten Gesellschafter** verpflichtet.[31] Hiervon zu unterscheiden ist die Zuständigkeit für die **Bilanzfeststellung,** über welche die Gesellschafter durch Beschluss entscheiden (→ § 121 Rn. 5). Daher führt auch die nach § 245 S. 2 erforderliche Unterzeichnung des Jahresabschlusses durch alle, auch durch die nicht geschäftsführenden Gesellschafter, nicht zur Zuständigkeit aller Gesellschafter zu seiner Aufstellung.[32] Zur Aufstellung gehört die nach § 247 gegliederte Zusammenfassung der Zahlen aus der laufenden Buchführung einschließlich der ergänzenden Abschlussbuchungen sowie des Inventars (§§ 238, 240). Getrennt auszuweisen sind das Anlage- und das Umlaufvermögen, das Eigenkapital, die Verbindlichkeiten und die Rechnungsabgrenzungsposten.[33] Die in den §§ 238 ff. vorgesehenen bilanziellen Ansatz- und Bewertungswahlrechte sind unter Beachtung der steuerrechtlichen Folgen (→ Rn. 13) nach pflichtgemäßem **Ermessen** auszuüben.[34] Die Aufstellung als solche endet mit der Vorlage eines unterschriftsreifen Entwurfs des Jahresabschlusses.[35] 14

---

[22] Zum Gesellschafter-, Gläubiger- und Anlegerschutz im europäischen Bilanzrecht Schön ZGR 2000, 706.

[23] Vgl. Koch PersGesR/Könen Rn. 6; Grunewald ZIP 2023, 885.

[24] MüKoHGB/Pöschke Rn. 18.

[25] Staub/Schäfer Rn. 10, § 121 Rn. 9 f.; Schlegelberger/Martens Rn. 6; Heymann/Hoffmann/Bartlitz Rn. 11.

[26] Koch PersGesR/Könen Rn. 5; Grunewald ZIP 2023, 885 (886).

[27] Zur steuerrechtlichen und steuerplanerischen Einordnung von Gesellschafterkonten monografisch Frühwacht, Die Gesellschafterkonten der Personenhandelsgesellschaft, 2025.

[28] Grdl. BFH GrS 3.2.1969, BStBl. II 1969 S. 291; stRspr, s. etwa BFH 20.1.2002, BStBl. II 2002 S. 688.

[29] Begr. RegE, BT-Drs. 16/10067, 35, 99.

[30] MüKoHGB/Pöschke Rn. 19.

[31] BGH 15.1.2007, BGHZ 170, 283 = NJW 2007, 1685 – Otto; 3.11.1975, WM 1975, 1261 f.; 27.9.1979, WM 1979, 1330; 24.3.1980, BGHZ 76, 338 (342) = NJW 1980, 1689; 29.3.1996, BGHZ 132, 263 = NJW 1996, 1678; Heymann/Hoffmann/Bartlitz Rn. 12; Staub/Schäfer Rn. 16; MüKoHGB/Pöschke Rn. 53; Michalski Rn. 4; Goerdeler FS Fleck, 1988, 53 (68).

[32] BGH 3.11.1975, WM 1975, 1261 (1262); MüKoHGB/Pöschke Rn. 53; **aA** BeBiKo/Störk/Lewe § 238 Rn. 57; BeBiKo/Störk/Schellhorn § 245 Rn. 2; KPW/Pfitzer/Oser § 238 Rn. 6.

[33] Vgl. MüKoHGB/Pöschke Rn. 52; Michalski Rn. 2.

[34] RGHMW/Mock Rn. 11; Koch PersGesR/Könen Rn. 7; Staub/Schäfer Rn. 17, 21 ff.; Priester FS Quack, 1991, 373 (381 ff.); Ulmer FS Hefermehl, 1976, 207 (218 ff.).

[35] BGH 27.9.1979, BB 1980, 121 (122); Schlegelberger/Martens Rn. 2; Heymann/Hoffmann/Bartlitz Rn. 15; Priester FS Quack, 1991, 373 (379).

15 **dd) Gesamtzuständigkeit.** Nach § 116 Abs. 3 besteht eine Gesamtzuständigkeit aller geschäftsführungsbefugten Gesellschafter, sodass jeder von ihnen zur Bilanzerstellung berechtigt und verpflichtet ist.[36] Bei interner Aufgabenverteilung hat der für das Rechnungswesen zuständige Gesellschafter den Abschluss aufzustellen und den anderen zur Stellungnahme vorzulegen.[37] Die nach § 116 Abs. 3 S. 3 bestehende **Widerspruchsbefugnis** der anderen geschäftsführenden Gesellschafter ist eingeschränkt, weil die Gesellschaft anders als bei anderen Maßnahmen der Geschäftsführung zur Aufstellung des Jahresabschlusses in zeitnaher Frist nach öffentlichem Recht verpflichtet ist. Der Widerspruch kann sich daher nicht gegen die Aufstellung als Ganzes richten, sondern muss konkrete Ansätze betreffen.[38] Inhaltlich muss der Widerspruch sachlich begründet sein und den Interessen der Gesellschaft entsprechen.[39] Das bedeutet, der Widerspruch ist nur beachtlich, wenn er sich auf reine Zweckmäßigkeitserwägungen bei der Ausübung von Ermessensentscheidungen oder Wahlrechten bezieht.[40] Ist der Widerspruch in diesem engen Rahmen beachtlich, muss gem. § 116 Abs. 3 S. 3 die Maßnahme unterbleiben. Wegen der Pflicht zur Aufstellung des Jahresabschlusses müssen sich die geschäftsführenden Gesellschafter auf der Grundlage der gesellschaftsrechtlichen Treuepflicht auf eine einvernehmliche Lösung einigen. Die von der Geschäftsführung ausgeschlossenen Gesellschafter sind auch in diesem Fall nicht zuständig, weil dies den Wertungen des § 116 Abs. 3 zuwiderlaufen würde.[41] Abweichende Regelungen, insbesondere **Mehrheitsentscheidungen,** sind zulässig.[42]

16 Kommt dennoch keine Einigung zustande, können die dissentierenden geschäftsführenden Gesellschafter gegen alle anderen Gesellschafter **Feststellungsklage** erheben.[43] Das Feststellungsinteresse entfällt, wenn vor der gerichtlichen Entscheidung der aufgestellte Jahresabschluss von allen oder bei zulässigem Mehrheitsbeschluss von einer Mehrheit der Gesellschafter festgestellt wird.[44]

17 Die **nicht geschäftsführenden Gesellschafter** können im Rahmen der Aufstellung des Jahresabschlusses, die allein den geschäftsführenden Gesellschaftern obliegt, nicht widersprechen. Sie können ihre abweichende Meinung im Rahmen der Feststellung des Abschlusses (→ § 121 Rn. 2 ff.) geltend machen. Soweit die geschäftsführenden Gesellschafter die bilanziellen Entscheidungen im Rahmen des pflichtgemäßen Ermessens (→ Rn. 14) getroffen haben, sind die anderen Gesellschafter auch im Rahmen der Bilanzfeststellung hieran gebunden.[45] Keine Bindung besteht, wenn diese Grenzen überschritten worden sind oder die Aufstellung des Jahresabschlusses die Entscheidung über die Verwendung des Jahresergebnisses vorweggenommen hat.[46]

18 Unerheblich ist, ob die zuständigen Gesellschafter zur Aufstellung des Jahresabschlusses die nötige fachliche **Kompetenz** haben. Gegebenenfalls muss der Gesellschafter sachverständige Mitarbeiter oder externe Expertise von Steuerberatern und Wirtschaftsprüfern hinzuziehen.[47] Die für die Ansatz- und Bewertungswahlrechte erforderlichen Ermessensentscheidungen hat der Gesellschafter allerdings selbst zu treffen,[48] ggf. auf Vorschlag der Mitarbeiter.

19 **ee) Inhalt der Pflicht.** Zum Inhalt der Pflicht gehört die Aufstellung des Jahresabschlusses nach den Vorschriften der §§ 238 ff. Die Grundsätze ordnungsgemäßer Buchführung sind nach § 243 Abs. 1 zu beachten, ebenso die Grundsätze der Ansatz- und Bewertungswahlrechte der §§ 246 ff., §§ 257 ff.[49] Der Abschluss muss in deutscher Sprache aufgestellt werden (§ 244). Nicht mehr zur Aufstellung, sondern zur Feststellung des Abschlusses gehört die Unterzeichnung durch alle Gesell-

---

[36] Koch PersGesR/Könen Rn. 9; Staub/Schäfer Rn. 16; MüKoHGB/Pöschke Rn. 54; Ebenroth/Boujong/Bochmann Rn. 13.

[37] MHdB GesR I/Sangen-Emden § 92 Rn. 58.

[38] Heymann/Hoffmann/Bartlitz Rn. 14; Ebenroth/Boujong/Bochmann Rn. 21; MüKoHGB/Pöschke Rn. 58.

[39] MüKoHGB/Pöschke Rn. 58; Ebenroth/Boujong/Bochmann Rn. 21; **aA** – kein Widerspruchsrecht wegen Gesamtzuständigkeit – Staub/Schäfer Rn. 16.

[40] BGH 8.7.1985, NJW 1986, 844; 11.1.1988, WM 1988, 968 (970). Vgl. auch Flume BGB AT I 1 § 15 II 2 (267); MüKoHGB/Pöschke Rn. 58; Ebenroth/Boujong/Bochmann Rn. 21.

[41] Ulmer FS Hefermehl, 1976, 207 (219); Hueck OHG § 10 V 3 (138).

[42] BGH 11.1.1988, WM 1988, 968 (969).

[43] BGH 17.12.1973, WM 1974, 177 (178 f.); 27.9.1979, WM 1979, 1330 f.; Heymann/Hoffmann/Bartlitz Rn. 14; Michalski Rn. 4; RGHMW/Mock Rn. 11; Ebenroth/Boujong/Bochmann Rn. 22.

[44] Schlegelberger/Martens Rn. 2; MüKoHGB/Pöschke Rn. 58.

[45] Schlegelberger/Martens Rn. 3; MüKoHGB/Pöschke Rn. 59.

[46] BGH 29.3.1996, BGHZ 132, 263 (273) = NJW 1996, 1678; Ebenroth/Boujong/Bochmann Rn. 19.

[47] BGH 3.7.1961, WM 1961, 886 (887); Heymann/Hoffmann/Bartlitz Rn. 12; Michalski Rn. 4; Staub/Schäfer Rn. 16; Priester FS Quack, 1991, 373 (381 ff.); MüKoHGB/Pöschke Rn. 55; RGHMW/Mock Rn. 6; Ebenroth/Boujong/Bochmann Rn. 14; Mock GmbHR 2023, 1066 Rn. 4.

[48] Ebenroth/Boujong/Bochmann Rn. 14; MüKoHGB/Pöschke Rn. 55; Staub/Schäfer Rn. 16.

[49] Staub/Schäfer Rn. 8.

schafter nach § 245 S. 2 (→ Rn. 14). Die Gesellschaft muss nach § 257 die dort aufgezählten Unterlagen aufbewahren. Anders als nach § 264 für Kapitalgesellschaften ist für die Aufstellung des Jahresabschlusses einer Personengesellschaft keine **Frist** geregelt. Nach § 243 Abs. 3 hat dies innerhalb der einem ordnungsgemäßen Geschäftsgang entsprechenden Zeit zu erfolgen. Wegen des Informationsbedürfnisses der Gesellschafter muss die Aufstellung möglichst zeitnah erfolgen, dies wird man etwa bei drei bis sechs Monaten nach dem Ablauf des betreffenden Geschäftsjahres annehmen können.[50] Entscheidend sind aber die Umstände des Einzelfalles.[51]

Zur ordnungsgemäßen Aufstellung gehört auch die zutreffende Buchung des **Eigenkapitals** der Gesellschaft (§ 247 Abs. 1). Haben sich die Gesellschafter zur Leistung von Einlagen verpflichtet, was sie anders als bei der Kapitalgesellschaft nicht müssen, besteht zwar eine Pflicht zur Leistung der Einlage aus dem Gesellschaftsverhältnis. Da es anders als bei Kapitalgesellschaften aber kein gezeichnetes Kapital gibt, soll die **ausstehende Einlage** – anders als nach § 272 Abs. 1 S. 2 bei der Kapitalgesellschaft – bei Personengesellschaften zunächst nicht gebucht werden, sondern erst dann, wenn die Einlage in die Verfügungsmacht der Gesellschaft übergeht.[52] Aus Gründen der umfassenden Information durch den Jahresabschluss will eine vermittelnde Auffassung aber ausnahmsweise anders verfahren, wenn die Gesellschafter feste Kapitalkonten vereinbart haben und hierauf Einlagen ausstehen.[53] Nach zutreffender Auffassung gebietet der **Grundsatz der Vollständigkeit des Abschlusses** hingegen, alle ausstehenden Einlagen auszuweisen.[54] Der Unterschied zur Kapitalgesellschaft besteht lediglich darin, dass keine gesetzliche Verpflichtung zur Leistung bestimmter Mindesteinlagen besteht. 20

In der **Bewertung** der Einlagen sind die Gesellschafter grundsätzlich frei, soweit es die Bemessung der Kapitalanteile der Gesellschafter untereinander betrifft.[55] In der Bilanz dürfen die Wirtschaftsgüter, die als Einlage geleistet worden sind, nur nach den Maßstäben der §§ 252, 253, 255 bewertet werden.[56] Zudem dürfen nur solche Einlagen bilanziert werden, die selbstständig **bilanzierungsfähig** sind. Bei **Dienstleistungen** ist dies erst dann der Fall, wenn sie erbracht worden sind.[57] Bilanztechnisch ist der Unterscheidung zwischen Innen- und Außenverhältnis dadurch Rechnung zu tragen, dass Umbuchungen auf dem Kapitalkonto erfolgen.[58] Die **Unterbewertung** von Einlagen entgegen den §§ 252, 253, 255 ist wegen des auch insofern bestehenden Informationsbedürfnisses des Rechtsverkehrs nicht zulässig.[59] Trotz der unbeschränkten persönlichen Haftung aller Gesellschafter der OHG besteht ein Bedürfnis der Geschäftspartner, die Vermögenslage der Gesellschaft richtig einschätzen zu können. Ob nämlich persönliches Vermögen des haftenden Gesellschafters in schuldendeckender Höhe besteht, wird er kaum verlässlich erfahren können. 21

ff) Verletzung der Pflicht. Bei Verletzung der Pflicht zur Aufstellung des Jahresabschlusses kann sich der Gesellschafter schadensersatzpflichtig machen (→ § 116 Rn. 46 ff.),[60] können die anderen Gesellschafter ihn nach § 116 Abs. 5 abberufen oder ihn – als ultima ratio – aus der Gesellschaft nach § 134 ausschließen.[61] Die anderen Gesellschafter können im Wege der Gestaltungsklage **(actio pro socio)** nach § 715b BGB iVm § 105 Abs. 3 (→ § 105 Rn. 102 ff.) die Pflicht zur Aufstellung durchsetzen.[62] 22

2. Weitere Pflichten. a) Abschlussprüfung. Eine Pflicht zur Abschlussprüfung besteht nur für Kapitalgesellschaften (§ 316 Abs. 1 S. 1), für Personengesellschaften nur unter den Voraussetzungen der § 6 PublG, § 264a Abs. 1 und § 340k (Kreditinstitute). Vertraglich können die Gesellschafter einer 23

---

[50] Ebenroth/Boujong/Bochmann Rn. 17; Henssler/Strohn/Finckh Rn. 20.

[51] Zu Einzelheiten vgl. Hopt/Merkt § 243 Rn. 11 ff.; Staub/Schäfer Rn. 14; Staub/Pöschke § 243 Rn. 34.

[52] Im Grundsatz früher EBJS/Ehricke, 4. Aufl. 2020, Rn. 23.

[53] Pauli, Das Eigenkapital der Personengesellschaften, 1990, 104; Mellwig BB 1979, 1409 (1413); Huber ZGR 1988, 1 (49 ff.).

[54] MüKoHGB/Pöschke Rn. 36; Staub/Schäfer Rn. 22; Schlegelberger/Martens Rn. 19; Mellwig BB 1979, 1409 (1413); Huber ZGR 1988, 1 (48 f.).

[55] BGH 21.4.1955, BGHZ 17, 130; 24.11.1958, BB 1959, 92; 5.12.1974, WM 1975, 325 (327); Hopt/Roth Rn. 17; Schlegelberger/Martens Rn. 20; MüKoHGB/Pöschke Rn. 41.

[56] BGH 21.4.1955, BGHZ 17, 130 (134) = NJW 1955, 1025; MüKoHGB/Pöschke Rn. 41; Pauli, Das Eigenkapital der Personengesellschaften, 1990, 71 f.; Michalski Rn. 12; Heymann/Hoffmann/Bartlitz Rn. 19; *Schulze-Osterloh BB 1995, 2519 (2521)*; Staub/Schäfer Rn. 23.

[57] BeBiKo/Schubert/Waubke § 247 Rn. 172; Huber, Vermögensanteil, Kapitalanteil und Gesellschaftsanteil, 1970, 195 ff.

[58] Pauli, Das Eigenkapital der Personengesellschaften, 1990, 72; Huber ZGR 1988, 1 (18).

[59] Ebenroth/Boujong/Bochmann Rn. 35; Staub/Schäfer Rn. 23.

[60] BGH 3.7.1961, WM 1961, 886 (887); MüKoHGB/Pöschke Rn. 56; Heymann/Hoffmann/Bartlitz Rn. 12.

[61] Mit Unterschieden im Detail Ebenroth/Boujong/Bochmann Rn. 20; MüKoHGB/Pöschke Rn. 56.

[62] RGHMW/Mock Rn. 7; Ebenroth/Boujong/Bochmann Rn. 19; Heymann/Hoffmann/Bartlitz Rn. 12; Schlegelberger/Martens Rn. 2; Michalski Rn. 4; Mock GmbHR 2023, 1066 Rn. 4.

Personengesellschaft darüber hinaus eine Abschlussprüfung vereinbaren[63] oder durch einstimmigen Beschluss vorsehen.[64] Auch einzelnen oder einer Gruppe von Gesellschaftern kann das Recht eingeräumt werden, eine Prüfung zu verlangen. Die Wahl des Abschlussprüfers obliegt bei Fehlen von genaueren Vereinbarungen einem einstimmigen Gesellschafterbeschluss.[65]

24 **b) Publizität.** Zur Publizität des Jahresabschlusses durch Einreichung beim Handelsregister und Bekanntmachung sind ebenfalls nur Kapitalgesellschaften verpflichtet oder Personengesellschaften nach § 9 PublG und § 264a.

25 **c) Unterzeichnung.** Gemäß § 245 S. 2 sind alle persönlich haftenden Gesellschafter verpflichtet, den Jahresabschluss mit Datumsangabe zu unterschreiben. Dabei handelt es sich um eine öffentlich-rechtliche Pflicht, die von der Feststellung des Jahresabschlusses als gesellschaftsinterner Beschluss (→ § 121 Rn. 2) zu unterscheiden ist. Regelmäßig werden die Unterschriften aber zugleich die Zustimmung zur Feststellung des Jahresabschlusses dokumentieren.[66] Stellvertretung bei der Unterschrift ist nicht zulässig,[67] da an die Aufstellung der Bilanz auch strafrechtliche Folgen geknüpft sein können.

26 **3. Ergebnisverwendung. a) Grundlagen.** Von der Gewinnermittlung ist die Entscheidung über die **Gewinn- oder Ergebnisverwendung** zu unterscheiden. Die Gesellschafter können beschließen, einen Teil des Gewinns nicht auszuschütten, sondern als offene Rücklage im Unternehmen zu belassen. Insgesamt können sie sich ausdrücklich oder konkludent auf privatautonomer Grundlage über die Ergebnisverteilung verständigen.[68] Die Voraussetzungen hierfür sind im Personengesellschaftsrecht nicht gesetzlich geregelt, sondern ergeben sich aus den allgemeinen Grundsätzen wie der gesellschaftsrechtlichen Treuepflicht und den formellen Anforderungen an Gesellschafterbeschlüsse. Eines solchen Gewinnverwendungsbeschlusses bedarf es nur dann, wenn nicht der gesamte Gewinn an die Gesellschafter ausgeschüttet werden soll.[69] Halten die Gesellschafter hingegen am Prinzip der Vollausschüttung nach § 122 S. 1 fest (→ § 122 Rn. 1), bedarf es keines weiteren Gesellschafterbeschlusses.

27 **b) Abgrenzung.** Die Abgrenzung zwischen Ergebnisermittlung und -verwendung ist im Bereich der Bildung offener Rücklagen unproblematisch. Allerdings können bereits Bilanzierungsentscheidungen über Ansatz- und Bewertungswahlrechte Einfluss auf den auszuweisenden Gewinn haben, sodass sich die Frage nach der Abgrenzung stellt.[70] Der BGH grenzt nach **materiellen Kriterien** ab und fragt danach, ob es sich in der Sache um Ergebnisverwendung handelt.[71] Hierzu zählten neben der Bildung offener Rücklagen die Bildung von Ermessensreserven nach § 253 Abs. 4 aF, die Bildung von Aufwandsrückstellungen nach § 249 Abs. 1 S. 3, Abs. 2 aF und die Ausnutzung von steuerrechtlichen Wahlrechten.[72] Nach den Änderungen durch das BilMoG (→ Rn. 7) sind die Bewertungswahlrechte weitgehend beseitigt worden, sodass sich die Bedeutung dieser Frage verringert hat (vgl. etwa noch § 253 Abs. 3 S. 4 zu Finanzanlagen).

28 In der Sache betrifft die Abgrenzung zwischen Ergebnisermittlung und Ergebnisverwendung indes weniger materielle als kompetenzielle Gesichtspunkte. Zu folgen ist daher der Literaturauffassung, die maßgeblich auf den **Sachzusammenhang** zwischen der Geschäftsführungskompetenz und der bilanziellen Behandlung abstellt. Zur Ergebnisermittlung gehört danach die Ausübung von Wahlrechten, die Geschäftsvorfälle betreffen, die der Geschäftsführungsbefugnis der Gesellschafter unterfallen.[73] Das gilt namentlich für Abschreibungen auf Finanzanlagen nach § 253 Abs. 3 S. 4 sowie die

---

[63] Goerdeler FS Fleck, 1988, 53 (65 ff.).

[64] Ebenroth/Boujong/Bochmann Rn. 15; MüKoHGB/Pöschke Rn. 22.

[65] BGH 24.3.1980, BGHZ 76, 338 (342) = DB 1980, 1116 (1117); dazu Schulze-Osterloh BB 1980, 1402 ff.; vgl. weiter Ebenroth/Boujong/Bochmann Rn. 37; MHdB GesR I/Sangen-Emden § 92 Rn. 71.

[66] Schlegelberger/Martens Rn. 9; MüKoHGB/Pöschke Rn. 24; Heymann/Hoffmann/Bartlitz Rn. 30; vgl. auch BGH 9.11.1998, NJW 1999, 571 (572).

[67] BGH 12.7.1965, BGHZ 44, 158 (160); MüKoHGB/Pöschke Rn. 24.

[68] Ebenroth/Boujong/Bochmann Rn. 41; Servatius BGB § 709 Rn. 23 f.; Wertenbruch JZ 2023, 78 (85); Wertenbruch NZG 2022, 939 (941 f.).

[69] Vgl. Begr. RegE, BT-Drs. 19/27635, 240; Mock GmbHR 2023, 1066 (1069); Mock NJW 2023, 3537 Rn. 17.

[70] Staub/Schäfer Rn. 30 ff.

[71] BGH 29.3.1996, BGHZ 132, 263 (272 ff.) = NJW 1996, 1678; Schulze-Osterloh BB 1995, 2519 ff.; Hopt FS Odersky, 1996, 799 (812 f.); Binz/Sorg DB 1996, 969 (970 ff.); Rückle FS Beisse, 1997, 433 (435 ff.); Hoffmann/Sauter DStR 1996, 967 (969); krit. Staub/Schäfer Rn. 31 ff.; Ulmer FS Lutter, 2000, 941 ff.; Schön FS Beisse, 1997, 471 ff.

[72] Staub/Schäfer Rn. 21.

[73] Schön FS Beisse, 1997, 471 (478 ff.); Staub/Schäfer Rn. 37; MüKoHGB/Pöschke § 121 Rn. 23 ff.

Bemessung der Herstellungskosten nach § 255 Abs. 2 S. 3. Die Bildung einer offenen Rücklage im Jahresabschluss ist hingegen – als derzeit einzige Maßnahme – der Gewinnverwendung zuzurechnen.[74]

Abzulehnen ist hingegen die abweichende Schrifttumsauffassung, die **sämtliche Wahlrechte** als Teil der Ergebnisermittlung ansieht.[75] Zuzugeben ist zwar, dass mit der hier vertretenen Position Ungenauigkeiten im Einzelfall verbunden sind. Umgekehrt erweist sich die Gegenauffassung indes als zu undifferenziert, um ein angemessenes Maß an Individual- und Minderheitenschutz im Rahmen der Ergebnisverwendung zu gewährleisten. Sie ist daher **abzulehnen.** In jedem Fall empfiehlt sich eine eindeutige Regelung im Gesellschaftsvertrag, die etwa eine Offenlegung und Information über die Ausübung von Bilanzwahlrechten vorsieht und ab einem bestimmten Größenvolumen eine Gesellschafterentscheidung hierüber erforderlich macht. 29

c) Zuständigkeit. Die Entscheidung über die Verwendung des Bilanzgewinns treffen alle Gesellschafter, nicht nur die geschäftsführenden. Es handelt sich um ein nicht von § 116 erfasstes **Grundlagengeschäft** (→ § 109 Rn. 18 ff., → § 116 Rn. 13 ff.).[76] Entscheidend für die Frage, ob auch eine mit der Feststellung des Jahresabschlusses einhergehende Mehrheitsentscheidung über die Ergebnisverwendung zulässig ist, ist nach der neuen Konzeption des BGH zur formellen Beschlusskontrolle (→ § 109 Rn. 58 ff.) die **Auslegung des Gesellschaftsvertrags.** Ein Anhaltspunkt für die Zulässigkeit einer Mehrheitsentscheidung kann es sein, dass für Vertragsänderungen allgemein eine bestimmte Mehrheit vorgesehen ist und mit demselben Quorum über die Gewinnverwendung entschieden werden kann.[77] Wenn nach den vertraglichen Bestimmungen hiernach eine Übertragung der Zuständigkeit von allen Gesellschaftern auf eine Gesellschaftermehrheit zulässig ist, weil die Grenzen der Thesaurierung bestimmt genug im Gesellschaftsvertrag festgelegt worden sind, kann die Entscheidung über die Thesaurierung einstimmig sogar einem **geschäftsführenden Gesellschafter** überlassen werden.[78] 30

d) Inhaltskontrolle. Der Beschluss über die Verwendung des Bilanzergebnisses, insbesondere durch die **Bildung von** gesetzlich bei Personengesellschaften nicht vorgeschriebenen **offenen Rücklagen** schmälert den Gewinnanteil und berührt daher die individuelle Rechtsstellung des Gesellschafters.[79] Aus diesem Grund ist der Beschluss hierüber inhaltlich jedenfalls an der Treuepflicht zu messen (→ § 109 Rn. 65 ff.).[80] Hingegen sind Beschlüsse über die **vollständige Ausschüttung** des Gewinns grundsätzlich zulässig.[81] Auch wenn die Gesellschaft ein gewisses Arbeitskapital benötigt, ist ein bestimmtes Kapital der Personengesellschaften nicht vorgeschrieben. Allerdings haben die Gesellschafter gesellschaftsvertragliche Beschränkungen sowie die Insolvenzantragsgründe der §§ 15 ff. InsO zu beachten (→ § 116 Rn. 63 ff.).[82] 31

III. Ergebnisermittlung für jeden Gesellschafter (Abs. 1 S. 2)

1. Grundlagen. Im Rahmen der Aufstellung des Jahresabschlusses sind die geschäftsführenden Gesellschafter nach Abs. 1 S. 2 verpflichtet, den auf jeden Gesellschafter entfallenden Anteil am **Gewinn oder Verlust** der Gesellschaft zu berechnen. In diesem Sinne wird die gesellschaftsrechtliche Pflicht zur Abschlusserstellung (→ Rn. 12) um eine verbandsrechtliche Pflicht zur Ergebnisermittlung für jeden Gesellschafter ergänzt.[83] 32

2. Gewinnanteil. a) Maßstab des § 709 Abs. 3 BGB. Der Anteil an Gewinn und Verlust richtet sich gem. Abs. 1 S. 2 iVm § 709 Abs. 3 BGB vorrangig nach den **vereinbarten Beteiligungsverhältnissen.** Maßgeblich ist danach die Anteilsquote im Sinne einer Rechnungsziffer, die sich auf den „(Buch-)Wert der wirtschaftlichen Beteiligung" am Gesellschaftsvermögen bezieht und vielfach als Kapitalanteil bezeichnet wird.[84] Allerdings können auch gesellschaftsvertragliche Beteiligungsverhältnisse vom Kapitalanteil iSd Abs. 2 abweichen. Bei der Ausgestaltung sind die 33

[74] Staub/Schäfer Rn. 36; MüKoHGB/Pöschke § 121 Rn. 29; vgl. noch BGH 29.3.1996, BGHZ 132, 263 (275) = NJW 1996, 1678; 15.1.2007, BGHZ 170, 283 Rn. 15.
[75] Ebenroth/Boujong/Bochmann Rn. 68.
[76] BGH 15.1.2007, BGHZ 170, 283 = NJW 2007, 1685 – Otto.
[77] *Hopt/Roth* Rn. 10.
[78] OLG Stuttgart 13.6.2007, DB 2007, 2587 (2589); bestätigt durch BGH 7.7.2008, DStR 2009, 1544.
[79] Vgl. Ebenroth/Boujong/Bochmann Rn. 62.
[80] Müther DB 1986, 1761 (1762 ff.); Winnefeld DB 1977, 897 (898 ff.); Wertenbruch FS Gerhardt, 2004, 1077 (1087); iErg ebenso Ebenroth/Boujong/Bochmann Rn. 68.
[81] Ebenroth/Boujong/Bochmann Rn. 65; enger Schlegelberger/Martens Rn. 24.
[82] Ebenroth/Boujong/Bochmann Rn. 65.
[83] Begr. RegE, BT-Drs. 19/27635, 239.
[84] Begr. RegE, BT-Drs. 19/27635, 142 f.; krit. insofern Könen RFamU 2023, 220 (223).

Gesellschafter grundsätzlich frei und gerade nicht an die Beitrags- oder Einlageverhältnisse gebunden.[85] Sie können sich für die Anknüpfung an einen festen oder einen variablen Kapitalanteil entscheiden.[86] Haben sie sich im Gesellschaftsvertrag auf **feste Kapitalkonten** verständigt, richtet sich die Gewinn- und Verlustverteilung im Zweifel nach diesem Verhältnis iSd § 709 Abs. 3 S. 1 BGB.[87] Ist einem Gesellschafter kein Kapitalanteil zugewiesen, partizipiert er im Grundsatz auch nicht am Gewinn.[88]

34 Fehlt es an einer Vereinbarung über die Beteiligungsverhältnisse, sind nach § 709 Abs. 3 S. 2 BGB in zweiter Linie die vereinbarten Werte der zu leistenden Beiträge **(Beitragsquote)** maßgeblich. Eine Anknüpfung an die Beitragsquote setzt stets eine vorherige Bewertung der zu leistenden Beiträge voraus, die von den Gesellschaftern zu besorgen ist und sich nicht an den objektiven Beitragswerten orientieren muss.[89] Im Rahmen der **Auslegung** sind sämtliche Umstände des konkreten Einzelfalls zu berücksichtigen. Soweit sich alle Gesellschafter gleichermaßen an Geschäftsführung und Vertretung beteiligen, kann eine gleichmäßige Beteiligung beabsichtigt sein.[90] Eine stillschweigend vereinbarte Beitragsquote kann sich ergeben, wenn es signifikante Wertunterschiede gibt.[91] Gleichermaßen können auffällige Wertunterschiede zu einer ergänzenden Vertragsauslegung oder einem Anspruch auf Vertragsanpassung führen.[92]

35 Nur subsidiär gilt nach § 709 Abs. 3 S. 3 BGB das **Kopfprinzip.** Jeder Gesellschafter hat also ohne Rücksicht auf den Wert seines Beitrags den gleichen Anteil am Gewinn und Verlust. Vor diesem Hintergrund erhalten auch Gesellschafter mit negativem Kapitalanteil iSd § 120 Abs. 2 oder solche, die ihre Einlage bisher nicht erbracht haben, am Jahresgewinn einen gleichberechtigten Anteil.[93] Die Gesellschaft kann mit einem Anspruch auf Zahlung der rückständigen Einlage gegen den Gewinnanspruch **aufrechnen.**[94]

36 Dessen ungeachtet sind nach § 108 auch alle weiteren **abweichenden Vereinbarungen** grundsätzlich zulässig, wie zB eine Geschäftsführervergütung in Form eines festen oder flexiblen Gewinnvoraus, ein garantierter Mindestgewinn,[95] eine differenzierte Gestaltung der Gewinn- und Verlustbeteiligung oder der Ausschluss der Gewinn- oder Verlustbeteiligung für einzelne Gesellschafter.[96]

37 **b) Einschränkungen.** Nach umstrittener Auffassung soll der Gewinnanspruch eingeschränkt sein, wenn der Gesellschafter unter Verstoß gegen die **Treuepflicht** die Gesellschaft geschädigt hat und dies negative Auswirkungen auf den erwirtschafteten Gewinn hatte.[97] Hingegen kann es rechtskonstruktiv immer nur darum gehen, ob die Gesellschaft aufgrund eines schädigenden Verhaltens einen **Schadensersatzanspruch** nach § 280 Abs. 1 BGB gegen den Gesellschafter hat, mit dem sie gegen den Anspruch des Gesellschafters auf den Gewinn aufrechnen kann. Ist dies der Fall, wird der Gewinnanspruch durch die Aufrechnung gekürzt. Ob eine Treuepflicht des Gesellschafters zur Gesellschaft[98] oder nur unter den Gesellschaftern besteht,[99] ist daher nicht entscheidend, solange nur Schadensersatzansprüche der Gesellschaft selbst bestehen.[100]

38 **3. Verluste. a) Vorliegen von Verlusten.** Auch ein eingetretener Verlust ist nach Maßgabe des § 709 Abs. 3 BGB zu verteilen (→ Rn. 33 ff.). Ein Verlust liegt auch vor, wenn sich dieser aus der Vereinbarung und Zahlung von festen Leistungen (Vergütungen, Zinsen) an Gesellschafter ergibt, die handelsrechtlich als Aufwand zu buchen sind.[101]

---

[85] Vgl. MüKoBGB/Schäfer BGB § 709 Rn. 28.
[86] Zust. MüKoHGB/Pöschke Rn. 74; vgl. weiter Liebscher ZIP 2023, 2225 (2227).
[87] Ebenroth/Boujong/Bochmann Rn. 41; MüKoHGB/Pöschke Rn. 74; Koch PersGesR/Könen BGB § 709 Rn. 23.
[88] Staub/Schäfer Rn. 42; MüKoHGB/Pöschke Rn. 74.
[89] Vgl. Begr. RegE, BT-Drs. 19/27635, 143; MüKoBGB/Schäfer BGB § 709 Rn. 29; MüKoHGB/Pöschke Rn. 75; Ebenroth/Boujong/Bochmann Rn. 49.
[90] MüKoHGB/Pöschke Rn. 75; Ebenroth/Boujong/Bochmann Rn. 50; Könen RFamU 2023, 220 (222).
[91] Begr. RegE, BT-Drs. 19/27635, 143.
[92] MüKoBGB/Schäfer BGB § 709 Rn. 30; MüKoHGB/Pöschke Rn. 75 aE.
[93] MüKoHGB/Pöschke Rn. 76; Ebenroth/Boujong/Bochmann Rn. 51.
[94] Vgl. Schlegelberger/Martens § 121 Rn. 5; Ebenroth/Boujong/Bochmann Rn. 51 aE; MüKoHGB/Pöschke Rn. 76 aE.
[95] Vgl. BGH 26.6.1989, WM 1989, 1850, 1851.
[96] MüKoBGB/Schäfer BGB § 709 Rn. 32.
[97] Schlegelberger/Martens § 121 Rn. 5; **aA** MüKoHGB/Pöschke Rn. 69.
[98] So MüKoHGB/Pöschke § 121 Rn. 22.
[99] So noch EBJS/Ehricke, 4. Aufl. 2020, § 121 Rn. 11.
[100] MüKoHGB/Pöschke Rn. 69.
[101] Staub/Schäfer Rn. 44; Schlegelberger/Martens § 121 Rn. 9; MüKoHGB/Pöschke Rn. 78.

b) Rechtsfolge. Ohne weitere Vereinbarung führen Verluste während des Bestehens der Gesellschaft anders als bei der Liquidation und der Insolvenz nicht zur Nachschusspflicht (§ 710 BGB).[102] Der Verlust wird lediglich entsprechend der Ausgestaltung der Kapitalkonten als variabel oder fest (→ Rn. 61 ff.) gebucht, aber nicht geltend gemacht. Eine **freiwillige Auffüllung** des Kapitalkontos bei dessen Minderung durch Verluste ist nicht möglich, weil dies eine Erhöhung der Einlage darstellt und daher eine Änderung des Gesellschaftsvertrags voraussetzt.[103] Entsprechende Zahlungen werden dem Privatkonto des Gesellschafters gutgeschrieben.[104] 39

c) Einfluss des Kapitalanteils. Ob die Höhe des Kapitalanteils Einfluss auf die Verteilung des Verlustes hat, hängt maßgeblich von der Ausgestaltung des Gesellschaftsvertrags ab. Das gilt auch, wenn ein **negativer Kapitalanteil** vorliegt oder der Gesellschafter **ohne Kapitalanteil** beteiligt ist.[105] Die Auslegung kann ergeben, dass der Gesellschafter in diesem Fall intern keine Verluste tragen soll.[106] Nach außen gegenüber den Gläubigern hat dies keine Auswirkungen auf dessen persönliche Haftung (§ 126 S. 2), sodass diese Gestaltung regelmäßig auch die Mitunternehmerschaft des betroffenen Gesellschafters gem. § 15 Abs. 1 S. 1 Nr. 2 S. 1 EStG nicht entfallen lässt.[107] 40

4. Abweichende Regelungen. a) Grundlagen. Die allgemeinen Schranken der gesellschaftsvertraglichen Gestaltung müssen beachtet werden. Die Regelungen dürfen nicht in sittenwidriger Weise (§ 138 BGB) das Mitgliedschaftsrecht des Gesellschafters beschränken oder gegen gesetzliche Verbote (§ 134 BGB) verstoßen. Zudem gehören Fragen der vermögensrechtlichen Beteiligung zu den **zustimmungspflichtigen Geschäften** im Sinne der materiellen Beschlusskontrolle von Mehrheitsentscheidungen (→ § 109 Rn. 65 ff.).[108] Soll die Zustimmung nicht ad hoc, sondern bereits antizipiert erteilt werden, muss sie in der Weise bestimmt sein, dass Art und Umfang des Eingriffs in den Gewinn- und Verlustverteilungsschlüssel erkennbar sind.[109] **Konkludente Änderungen** der Gewinn- und Verlustverteilungsregeln sind zwar grundsätzlich zulässig,[110] eine bloße abweichende Übung ist aber noch nicht ohne Weiteres als dauerhaft gewollte Vertragsänderung zu sehen.[111] Eine gesellschaftsvertragliche Schriftformklausel spricht gegen eine konkludente Änderung.[112] Soweit der Gesellschaftsvertrag keine Regelung enthält, ist stets auch eine Beschlussfassung der Gesellschafter zur Gewinnverteilung ad hoc möglich, namentlich im Zusammenhang mit der Feststellung des Jahresabschlusses.[113] 41

In Ausnahmefällen kann sich aus der Treuepflicht eine **Zustimmungspflicht** zu vertraglichen Änderungen der Gewinnverteilungsabrede ergeben (→ § 108 Rn. 33). Dies kann der Fall sein, wenn sich die Beteiligungsverhältnisse entscheidend geändert haben und deshalb der gesetzliche oder der vertraglich vereinbarte Gewinnverteilungsschlüssel nicht mehr angemessen ist.[114] Soweit sich indes keine Änderungen ergeben haben, besteht auch kein Anlass, die originäre gesellschaftsvertragliche Gewinnverteilung unter Hinweis auf die Treuepflicht korrigieren zu wollen.[115] 42

b) Vorabdividende. Der Gesellschaftsvertrag kann eine Vorabdividende auf die Kapitalanteile vorsehen.[116] Es kann etwa – wie nach früherem Recht – eine Kombination von Vorabdividende auf den Kapitalanteil und Pro-Kopf-Verteilung des Restes vereinbart werden, aber auch, dass der gesamte Kapitalanteil gewinnunabhängig **fest verzinst** wird.[117] In diesen Fällen kann die Auslegung 43

[102] Heymann/Hoffmann/Bartlitz § 121 Rn. 12; MüKoHGB/Pöschke Rn. 80; Hopt/Roth Rn. 25; Michalski § 121 Rn. 5.
[103] Zu möglichen Ausnahmen BGH 23.1.2006, NJW-RR 2006, 829.
[104] Hopt/Roth Rn. 25; Heymann/Hoffmann/Bartlitz § 121 Rn. 12.
[105] MüKoHGB/Pöschke Rn. 79.
[106] Ebenroth/Boujong/Bochmann Rn. 64.
[107] Brandis/Heuermann/Bode, 179. EL 2025, EStG § 15 Rn. 259.
[108] Dazu ausf. Ebenroth/Boujong/Bochmann Rn. 55 ff.; vgl. noch Heymann/Hoffmann/Bartlitz § 121 Rn. 8.
[109] BGH 15.1.2007, BGHZ 170, 283 = NJW 2007, 1685 – Otto; Westermann/Wertenbruch PersGesR-HdB/Stöber Rn. I 631.
[110] MüKoHGB/Pöschke Rn. 85.
[111] BGH 18.4.2005, NZG 2005, 625; dazu Wertenbruch NZG 2005, 665 (666); restriktiv auch MüKoHGB/Pöschke Rn. 85; Heymann/Hoffmann/Bartlitz § 121 Rn. 8; Ebenroth/Boujong/Bochmann Rn. 57; vgl. noch OLG Zweibrücken 5.2.2007, OLGR 2007, 322.
[112] BGH 18.4.2005, NZG 2005, 625; Ebenroth/Boujong/Bochmann Rn. 54; Wertenbruch NZG 2005, 665 (667).
[113] MüKoHGB/Pöschke Rn. 81 aE; Schüppen FS Wacker, 2025, 83 (87).
[114] Schlegelberger/Martens § 121 Rn. 10; Heymann/Hoffmann/Bartlitz § 121 Rn. 8.
[115] Kempelmann/Scholz DStR 2019, 630 (632).
[116] Staub/Schäfer Rn. 52; Heymann/Hoffmann/Bartlitz § 121 Rn. 8; Schlegelberger/Martens § 121 Rn. 10; MüKoHGB/Pöschke Rn. 91 ff.
[117] Schlegelberger/Martens § 121 Rn. 10.

ergeben, dass es sich um einen als Aufwand zu buchenden Posten in der Bilanz handelt, sodass nur der übersteigende Jahresüberschuss oder ein dadurch ausgelöster Verlust entsprechend der gesetzlichen oder vertraglichen Regelung auf die anderen Gesellschafter verteilt wird.[118]

44 Zulässig, aber nicht unproblematisch, ist die Vereinbarung von **festen Beträgen** als Kapitalverzinsung. Betrifft dies nur einen Gesellschafter und reicht der Gewinn für die Verteilung auf weitere Gesellschafter nicht mehr aus, erhält nur dieser Gesellschafter eine Gewinnverteilung. Ist diese Regelung für mehrere Gesellschafter vorgesehen, wird man davon ausgehen müssen, dass im Fall nicht ausreichender Gewinne eine anteilige Kürzung vorzunehmen ist.[119] Es kann aber auch vorgesehen werden, dass eine feste Zahlung als Vergütung für bestimmte Leistungen anzusehen ist mit der Folge, dass nur der darüber hinausgehende Jahresüberschuss auf die Gesellschafter zu verteilen ist oder alle einen Verlust zu tragen haben.[120]

45 Ein **Vorabgewinn** kann auch in Höhe eines festen Prozentsatzes am Gewinn bestimmten Gesellschaftern, etwa den persönlich haftenden, **vor den anderen Gesellschaftern** gewährt werden. Wird er für die Übernahme der persönlichen Haftung und nicht als Tätigkeitsvergütung gezahlt, entfällt der Anspruch auch nicht bei Krankheit des Gesellschafters.[121] Allenfalls kann die Treuepflicht eine Zustimmung zur Vertragsänderung gebieten.[122] Waren alle Gesellschafter in gleichem Maße geschäftsführend tätig und haben hierfür nur ihren Gewinnanteil erhalten, kann es die gesellschaftsrechtliche Treuepflicht gebieten, dass ein altersbedingt aus der Geschäftsführung ausscheidender Gesellschafter der Einführung eines echten Vorabgewinns für die Tätigen zustimmt.[123]

46 Freilich können sich die Gesellschafter auch darauf verständigen, in Übereinstimmung mit § 121 Abs. 1 aF einen Mindestgewinnanspruch in Höhe von **4 % des eingezahlten Kapitals** festzuschreiben. Dabei handelt es sich dann nicht um einen Zinsanspruch,[124] sodass sich die Höhe der Zinsen auf dem Kapitalmarkt nicht auf diesen Anspruch auswirkt, etwa im Wege der Störung der Geschäftsgrundlage, wenn höhere oder niedrigere Renditen auf dem entsprechenden Markt für Unternehmensanleihen erzielt werden.[125]

47 Reicht der Gewinn für die „Mindestverzinsung" des eingesetzten Kapitals nicht aus, ist der Prozentsatz entsprechend **zu kürzen.**[126] Ist zwar ausreichend Gewinn erzielt worden, haben die Gesellschafter aber beschlossen (→ Rn. 59), diesen nicht zur Auszahlung vorzusehen, sondern ihn in eine **offene Rücklage** einzustellen, wird dieser Betrag im Hinblick auf die Vorabdividende wie ein vorhandener Gewinn behandelt. Das bedeutet, dass die auf jeden Gesellschafter zu verbuchenden Rücklagenanteile im gleichen Verhältnis zu bemessen sind, dh es ist ein Vorzugsrücklagenanteil in Höhe von 4 % seines Kapitalanteils oder entsprechend weniger zu gewähren.[127] Wird die Rücklage später aufgelöst und wird der Betrag nicht zur Begleichung von Verlusten oder zur Finanzierung von Investitionen verwandt, steht dann jedem Gesellschafter der Betrag in Höhe der Vorabdividende persönlich zu. Dies ist erforderlich, damit die Gewinnverteilung entsprechend der Kapitalanteile nicht durch die Rücklagenbildung umgangen wird. Wird nur ein Teil des Gewinns in die Rücklage eingestellt, kann wahlweise auch die Vorabdividende in voller Höhe ausgezahlt werden.

48 Bemessungsgrundlage für die Vorabdividende ist bei Anlehnung an die bisherige Rechtslage nach § 121 Abs. 2 aF der berechnete Kapitalanteil. Hat der Gesellschafter **keinen Kapitalanteil** an der Gesellschaft (→ Rn. 70) oder ist dieser **negativ** (→ Rn. 63), steht ihm **keine Vorabdividende** zu.[128] Es besteht auch kein Anspruch auf Nachholung, wenn im nächsten Jahr oder in den folgenden Jahren der Kapitalanteil wieder aufgefüllt wird.[129]

49 Grundlage der Berechnung der Vorabdividende nach § 121 Abs. 1 aF ist der Kapitalanteil, und zwar mit dem **Stand des Kapitalkontos zu Beginn des Jahres,** für das die Dividende berechnet

---

[118] KKD/Kindler § 121 Rn. 2 f.; MüKoHGB/Pöschke Rn. 91 ff.

[119] MüKoHGB/Pöschke Rn. 92.

[120] Gaßmüller DB 1967, 1531 (1534); v. Godin JR 1948, 61 (63); Muth, Die Bilanzfeststellung bei Personenhandelsgesellschaften, 1986, 202 ff.; Muth DB 1986, 1761 (1764); Winnefeld DB 1977, 897 (900); Heymann/Hoffmann/Bartlitz § 121 Rn. 5; Wertenbruch FS Gerhardt, 2004, 1077 (1086 f.).

[121] OLG München 12.1.2001, NZG 2001, 793.

[122] OLG München 12.1.2001, NZG 2001, 793.

[123] KG 26.3.2009, BeckRS 2009, 25559.

[124] RG 23.10.1907, RGZ 67, 13 (19); Schlegelberger/Martens § 121 Rn. 2; Heymann/Hoffmann/Bartlitz § 121 Rn. 6.

[125] EBJS/Ehricke, 4. Aufl. 2020, § 121 Rn. 8.

[126] Heymann/Hoffmann/Bartlitz § 121 Rn. 4; Schlegelberger/Martens § 121 Rn. 2.

[127] Schlegelberger/Martens § 121 Rn. 2; Huber ZGR 1988, 1 (91 f.).

[128] Heymann/Hoffmann/Bartlitz § 121 Rn. 4; MüKoHGB/Pöschke Rn. 88.

[129] Schlegelberger/Martens § 121 Rn. 3.

wird.[130] Die bisherige Regelung des § 121 Abs. 2 aF ging von einer genauen zeitanteiligen Berechnung des jeweils maßgebenden Kapitalanteils aus.

Unterjährige Einlagen und Entnahmen werden bei einer entsprechenden vertraglichen Vereinbarung daher zeitanteilig berücksichtigt. Berücksichtigt werden nur solche Einlagen und Entnahmen, zu denen der Gesellschafter nach dem Gesellschaftsvertrag befugt ist, damit er nicht unbefugterweise auf die Höhe seines Gewinnanteils Einfluss nehmen kann.[131] Berücksichtigt werden nur Einlagen und Entnahmen, also nicht Leistungen auf der Grundlage von Drittgeschäften (zur Abgrenzung → Rn. 72).[132] **50**

c) Verlust. Die Gesellschafter können vereinbaren, dass die Gesellschafter einen negativen Kapitalanteil zu verzinsen haben. Darin ist eine Verlustverteilungsabrede unter Modifizierung der Verlustverteilung nach Köpfen zu sehen.[133] **51**

d) Gewinn- und Verlustbeteiligung. Die vertragliche Gestaltung der Verteilung der Gewinne und der Verluste muss sich nicht entsprechen. Die Beteiligung an **Verlusten** unter den Gesellschaftern kann abweichend geregelt werden. Anknüpfungspunkt kann eine Kombination der Berechnung nach dem Kapitalanteil oder nach Personen sein. Die Gesellschafter können auch eine unterschiedliche Verlusttragung vereinbaren, immer unter Beachtung des gesellschaftsrechtlichen Gleichbehandlungsgrundsatzes (→ § 108 Rn. 41). Soll ein Gesellschafter gar keinen Verlust tragen, betrifft dies nur die interne Ausgleichspflicht und nicht die persönliche Haftung nach außen (§ 126 S. 2).[134] Die Abrede kann etwa nur für die Zeit während des Bestehens der Gesellschaft getroffen werden oder auch den Fall des Ausscheidens des Gesellschafters aus der Gesellschaft oder die Auseinandersetzung umfassen.[135] **52**

Der **Gewinnverteilungsmaßstab** kann geändert werden, indem für besondere Gesellschafter wie Geschäftsführer oder Gründer andere Maßstäbe vereinbart werden. So wie einzelne Gesellschafter ohne Kapitalanteil an der OHG beteiligt sein können (→ Rn. 70), können sie nach heute hM auch von jedem Gewinnanspruch ausgeschlossen werden.[136] Entgegen der früheren Auffassung, die hierin eine unzulässige societas leonina sah, ist diese Gestaltung wegen der möglichen Vielgestaltigkeit des Personengesellschaftsrechts unter bestimmten Voraussetzungen heute anerkannt. So können die Gesellschafter aus uneigennützigen Motiven an der Gesellschaft beteiligt sein,[137] solange sie nur eine Förderpflicht trifft.[138] Möglich ist auch, dass ein Gesellschafter ohne Gewinnbeteiligung zunächst nur zur Erprobung beteiligt wird.[139] Darüber hinaus ist es gesellschaftsrechtlich unbedenklich, einzelnen Gesellschaftern – den US-amerikanischen „special allocations" entsprechend – bestimmte Einkünfte, Verluste und Abschreibungen gesondert zuzuweisen.[140] **53**

IV. Berechnung des Kapitalanteils (Abs. 2)

1. Grundlagen. Grundlage der Berechnung des auf jeden Gesellschafter entfallenden Anteils am Gewinn oder Verlust der Gesellschaft ist der im vorhergehenden Jahresabschluss festgestellte und ebenfalls gem. § 120 Abs. 2 berechnete Kapitalanteil. **54**

2. Kapitalanteil. a) Begriff. Der Begriff des Kapitalanteils ist im Gesellschaftsrecht des HGB nicht definiert. Nach § 247 Abs. 1 ist der Kapitalanteil der auf den einzelnen Gesellschafter entfallende – variable – Anteil am Eigenkapital der Gesellschaft.[141] Nach § 120 Abs. 2 berechnet sich der Kapitalanteil aus der Differenz zwischen den Einlagen und Gewinnanteilen zu den Verlustanteilen. **55**

---

[130] Heymann/Hoffmann/Bartlitz § 121 Rn. 5; Schlegelberger/Martens § 121 Rn. 4; vgl. MüKoHGB/PöschkeRn. 88.

[131] Schlegelberger/Martens § 121 Rn. 4; MüKoHGB/Pöschke Rn. 88.

[132] MüKoHGB/Pöschke Rn. 113; Schlegelberger/Martens § 121 Rn. 4.

[133] Schlegelberger/Martens § 121 Rn. 12; Hueck OHG § 17 III 2.

[134] Wiedemann, Die Übertragung und Vererbung von Mitgliedschaftsrechten bei Handelsgesellschaften, 1965, S. 295.

[135] Staub/Schäfer, 5. Aufl. 2010, § 121 Rn. 20.

[136] Ebenroth/Boujong/Bochmann Rn. 65; BeckOK HGB/Klimke, 47. Ed. 1.7.2025, Rn. 10; Kempelmann/Scholz DStR 2019, 630 (632).

[137] Schlegelberger/Martens § 121 Rn. 13.

[138] Wiedemann, Die Übertragung und Vererbung von Mitgliedschaftsrechten bei Handelsgesellschaften, 1965, S. 296.

[139] Zust. Blezinger, Gewinnverteilung bei Personengesellschaften, 2018, S. 125.

[140] Dazu ausf. Kempelmann/Scholz DStR 2019, 630 ff., dort auch zu den steuerrechtlichen Implikationen; speziell gegen diese Schothöfer DStR 2019, 1472 f.

[141] Ebenroth/Boujong/Bochmann Rn. 67 aE; Schäfer Neues PersGesR/Hennrichs § 11 Rn. 24; Staake RFamU 2022, 111 (113); Staub/Schäfer Rn. 62; Hopt/Roth Rn. 12 f.; Flume BGB AT I 1 § 11 II 1 (147).

56 **b) Rechtsnatur.** Nach heute einhelliger Auffassung handelt es sich bei dem in Abs. 2 genannten Kapitalanteil um eine **bloße Rechnungsziffer** in der Bilanz, die den gegenwärtigen Stand der Einlage des Gesellschafters angibt, wie er nach den Methoden der kaufmännischen Buchführung und Bilanzierung errechnet wird.[142] Der Kapitalanteil ist kein subjektives Recht, über den daher nicht verfügt und der nicht verpfändet werden kann.[143] Er ist nicht mit dem wahren Vermögenswert der Beteiligung (→ Rn. 57) identisch und stellt auch keine Forderung gegen die Gesellschaft dar. Für die Bestimmung des Streitwerts einer Ausschließungsklage ist nicht der Kapitalanteil, sondern der wahre Wert der Beteiligung entscheidend.[144] Die Umbuchung eines Kapitalanteils oder eines Teils hiervon in der Bilanz dient lediglich der Dokumentation der Übertragung eines Gesellschaftsanteils (→ Rn. 57), die als Änderung des Gesellschaftsvertrags grundsätzlich der Mitwirkung aller Gesellschafter bedarf (→ § 109 Rn. 55 ff.).[145]

57 **c) Gesellschaftsanteil.** Vom rechnerischen Kapitalanteil ist der Gesellschaftsanteil als die Zusammenfassung aller mitgliedschaftlichen Rechte und Pflichten zu unterscheiden. Der Begriff des „Vermögensanteils" bezeichnet die daraus resultierenden vermögensrechtlichen Rechte des Gesellschafters einschließlich seines Anteils am Gesellschaftsvermögen.[146] Häufig wird dieser Vermögensanteil als Kapitalanteil bezeichnet, was unschädlich ist. Was jeweils gemeint ist, muss durch Auslegung ermittelt werden.[147]

58 **d) Einheitlichkeit der Mitgliedschaft.** Aus dem Grundsatz der Einheitlichkeit der Mitgliedschaft folgt, dass sowohl der Vermögensanteil (→ Rn. 57) als auch der Kapitalanteil nur einheitlich sein können. Jeder Gesellschafter hat nur eine einheitliche vermögensrechtliche Beteiligung und einen Kapitalanteil als rechnerische Bilanzgröße.[148] Nur soweit für die Mitgliedschaft allgemein Ausnahmen gelten (→ § 105 Rn. 70), ist dies auch rechnerisch in der Bilanz nachzuvollziehen. Davon zu unterscheiden ist die Untergliederung eines einheitlichen Kapitalanteils in der Bilanz in verschiedene Kapitalkonten (→ Rn. 66 ff.).

59 **3. Berechnung des Kapitalanteils.** Abs. 2 regelt die Berechnung des Kapitalanteils auf der Grundlage des vorherigen Kapitalanteils, der Einlagen sowie der Anteile am Gewinn und Verlust. Soweit allerdings ein Teil des Gewinns nicht ausgeschüttet werden soll, sondern im Unternehmen verbleiben und in späteren Jahren zu Investitionszwecken, als Puffer für Verluste oder zur späteren Gewinnausschüttung zur Verfügung stehen soll, vermindern solche offenen Rücklagen nicht den zu verteilenden Gewinn für die Gesellschafter.

60 **4. Gesellschafterkonten. a) Grundlagen.** Die Kapitalanteile der Gesellschafter werden in Buchführung und Bilanz in Konten festgehalten.[149] Daran hat sich durch das MoPeG nichts geändert.[150] Die Konten zeigen die Beteiligung des Gesellschafters an dem gesamten Buchvermögen der Gesellschaft. Sie werden auf der Passivseite der Bilanz ausgewiesen. In der Praxis haben sich verschiedene Gestaltungen herausgebildet. Entscheidend für die rechtliche Behandlung der Konten ist nicht ihre Bezeichnung, sondern das, was die Parteien hierbei ausdrücklich oder konkludent vereinbart

---

[142] RG 28.12.1923, RGZ 117, 238 (242); BGH 20.4.1972, BGHZ 58, 316 (318) = NJW 1972, 1755; 10.2.1977, BGHZ 68, 225 (227 f.) = NJW 1977, 1339; 1.6.1987, BGHZ 101, 123 (126) = NJW 1987, 3184; grdl. Huber, Vermögensanteil, Kapitalanteil und Gesellschaftsanteil, 1970, S. 228; Huber ZGR 1988, 1 (4); K. Schmidt GesR § 47 III 2; Pauli, Das Eigenkapital der Personengesellschaften, 1990, S. 41 f.; MüKoHGB/Pöschke Rn. 102; Heymann/Hoffmann/Bartlitz Rn. 34 mwN; Sieker NotBZ 2017, 293 (297); vgl. auch A. Hueck OHG § 16 V 1 (229); zu den unterschiedlichen Definitionsversuchen Staub/Schäfer Rn. 63 f.; Schlegelberger/Martens Rn. 25.

[143] BGH 3.5.1999, NJW 1999, 2438; BFH 1.3.2018, NZG 2018, 918 Rn. 36; Hopt/Roth Rn. 13; Staub/Schäfer Rn. 63; MüKoHGB/Pöschke Rn. 105; Wertenbruch NZG 2013, 1321 (1322 f.).

[144] BGH 4.11.2014, NZG 2015, 321 mAnm Lieder/Scholz WuB 2015, 238 ff.

[145] Schlegelberger/Martens Rn. 27; MüKoHGB/Pöschke Rn. 105; Huber, Vermögensanteil, Kapitalanteil und Gesellschaftsanteil, 1970, S. 230 ff.

[146] Schlegelberger/Martens Rn. 26; Heymann/Hoffmann/Bartlitz Rn. 35; MüKoHGB/Pöschke Rn. 102.

[147] Ebenroth/Boujong/Bochmann Rn. 71.

[148] **AA** Esch BB 1993, 664; Lüttge NJW 1994, 5; Priester DB 1998, 55 (58 ff.); MüKoHGB/Pöschke Rn. 102 ff.; Ebenroth/Boujong/Bochmann Rn. 72.

[149] S. den Überblick bei Kersten/Feldgen FR 2013, 197 ff.; monografisch Blezinger, Gewinnverteilung bei Personengesellschaften, 2018, S. 42 ff.; Frühwacht, Die Gesellschafterkonten der Personenhandelsgesellschaften, 2025, 38 ff., 45 ff.

[150] Schäfer Neues PersGesR/Hennrichs § 11 Rn. 35 ff.; Otte ZIP 2021, 2162 (2166); abweichend Könen RFamU 2023, 220 (223), der von einer Aufspaltung des Kapitalanteils in eine feste und eine variable Teilkomponente ausgeht; dazu Ebenroth/Boujong/Bochmann Rn. 77; Schäfer Neues PersGesR/Hennrichs § 11 Rn. 63.

haben. Da die vermögensmäßige Beteiligung und ihre Verbuchung das Innenverhältnis zwischen den Gesellschaftern betrifft, besteht weitgehende Vertragsfreiheit (→ Rn. 76).[151]

b) Variabler Kapitalanteil. aa) Grundlagen und Bedeutung. Die Vorschrift des Abs. 2 geht von einem variablen Kapitalanteil aus.[152] Danach werden dem Anteil nach Abschluss des Rechnungsjahres, dh nach Feststellung des Jahresabschlusses, die dem jeweiligen Gesellschafter zustehenden Gewinnanteile und etwaige Einlagen gutgeschrieben, auf ihn entfallende Verluste abgeschrieben (vgl. auch § 264c Abs. 2 S. 3).[153] Der so errechnete Kapitalanteil ist die Grundlage für die Verteilung eines Liquidationsgewinns (vgl. § 148 Abs. 8).[154] Je nach vertraglicher Gestaltung ist der Kapitalanteil auch maßgebend für die **Geltendmachung anderer Mitgliedschaftsrechte** wie des Stimmrechts. Liegt ein negatives Kapitalkonto (→ Rn. 63) vor, können zumindest die Vermögensrechte nicht geltend gemacht werden. Regelmäßig wird es dem Willen der Gesellschafter entsprechen, dass ein Gewinnanspruch nur besteht, wenn das Kapitalkonto positiv ist. Ob der Gesellschafter das Konto durch Einlagen oder das Stehenlassen von Gewinnen auffüllt, ist ohne eine besondere vertragliche Gestaltung unerheblich.[155] 61

bb) Wert. Der **Ausgangswert** für den Kapitalanteil bestimmt sich nach dem objektiven Verkehrswert der eingelegten Gegenstände oder ggf. hiervon abweichenden Vereinbarungen im Gesellschaftsvertrag.[156] Bei den Einbringungswerten in der Bilanz sind die Wertansätze der §§ 253–255 zu beachten. 62

cc) Negatives Kapitalkonto. Durch die Verbuchung von Verlustanteilen oder Entnahmen kann der Kapitalanteil negativ werden.[157] Gemäß § 268 Abs. 3 wird das negative Kapitalkonto als „nicht durch Eigenkapital gedeckter Fehlbetrag" auf der Passivseite der Bilanz gebucht.[158] Hierdurch wird nur die vermögensmäßige Beteiligung ausgedrückt, aber **keine Forderung** der Gesellschaft gegen den Gesellschafter.[159] Dies folgt daraus, dass die Gesellschafter grundsätzlich nach § 710 BGB auch bei Verlusten bis zur Auflösung der Gesellschaft zu Nachschüssen nicht verpflichtet sind. Im Hinblick auf Entnahmen ist die vertragliche Regelung entscheidend. Selbst bei Ausscheiden des Gesellschafters oder Liquidation der Gesellschaft ist die Höhe des Kapitalkontos nicht zwangsläufig maßgebend für daraus erwachsende Forderungen der Gesellschaft, weil das Kapitalkonto auf Buchwerten basiert, und diese nicht entscheidend sein müssen. Dies gilt auch in der **Insolvenz.**[160] Zudem führt das negative Kapitalkonto nicht automatisch zur Überschuldung der Gesellschaft iSd § 19 InsO, da hierfür die Aufstellung einer Liquidationsbilanz zu Fortführungs- oder Liquidationswerten unter Auflösung der stillen Reserven maßgebend ist.[161] 63

dd) Liquidation. Wird die Gesellschaft liquidiert, sind die Gesellschafter untereinander zum Ausgleich ihrer negativen Kapitalkonten nach Maßgabe der durch das Kapitalkonto vorgegebenen Verteilungs- und Verlustausgleichsquote verpflichtet (→ § 148 Rn. 44).[162] 64

c) Fester Kapitalanteil. In der Praxis werden meist feste Kapitalanteile verabredet, kombiniert mit weiteren variablen Konten.[163] Dies hat den Vorteil, dass die hierauf aufbauenden Stimm- und Vermögensrechte nicht ständig variieren.[164] Das gilt auch für die Rechtslage nach MoPeG.[165] 65

---

[151] BGH 18.4.2005, NZG 2005, 625 mAnm Wertenbruch NZG 2005, 665 (666 f.); 12.3.2013, NZG 2013, 738 Rn. 19; 16.2.2016, NZG 2016, 424 Rn. 26; MüKoHGB/Pöschke Rn. 118; Staub/Schäfer Rn. 66 ff.; Huber ZGR 1988, 1 (42 ff.).

[152] Vgl. Koch PersGesR/Könen Rn. 17; Ebenroth/Boujong/Bochmann Rn. 78; Schäfer Neues PersGesR/Hennrichs § 11 Rn. 7.

[153] Vgl. auch Begr. RegE, BT-Drs. 19/27635, 239.

[154] Vgl. Staub/Schäfer Rn. 63; Huber ZGR 1988, 1 (6); Sieker NotBZ 2017, 293 (297).

[155] **AA** Heymann/Hoffmann/Bartlitz Rn. 38.

[156] Hopt/Roth Rn. 15; Staub/Schäfer Rn. 70.

[157] Vgl. Huber, Vermögensanteil, Kapitalanteil und Gesellschaftsanteil, 1970, S. 263 ff.; Schlegelberger/Martens Rn. 29; Hopt/Roth Rn. 22; Staub/Schäfer Rn. 73.

[158] Huber ZGR 1988, 1 (4); Huber, Vermögensanteil, Kapitalanteil und Gesellschaftsanteil, 1970, S. 283; Schlegelberger/Martens Rn. 29.

[159] MüKoHGB/Pöschke Rn. 106 f.; Staub/Schäfer Rn. 73; Wertenbruch NZG 2013, 1321 (1322); vgl. noch BGH 10.2.1977, BGHZ 68, 225 (227 f.) = NJW 1977, 1339 (1340); 3.5.1999, NJW 1999, 2438.

[160] BGH 28.11.1957, BGHZ 26, 126 = NJW 1958, 299; Hueck OHG § 26 IV (384 f.).

[161] K. Schmidt ZGR 1998, 633 (652 ff.); Nerlich/Römermann/Mönning InsO § 19 Rn. 23 ff.

[162] BGH 28.11.1957, BGHZ 26, 126 = NJW 1958, 299; KG 24.1.2006, BeckRS 2006, 2756; Heymann/Hoffmann/Bartlitz Rn. 38; MüKoHGB/Pöschke Rn. 109; Schlegelberger/Martens Rn. 29; Wertenbruch NZG 2013, 1321 (1322).

[163] Heymann/Hoffmann/Bartlitz Rn. 40; Hopt/Roth Rn. 15; Schlegelberger/Martens Rn. 31; Staub/Schäfer Rn. 78 ff.; Plassmann BB 1978, 413; Flume BGB AT I 1 § 11 II 2 (150 ff.); U. Huber Vermögensanteil, Kapitalanteil und Gesellschaftsanteil, 1970, S. 236 ff.

[164] BGH 10.4.1972, BGHZ 58, 376 = NJW 1972, 1755 (1756); Hopt/Roth Rn. 15; MüKoHGB/Pöschke Rn. 118; Schlegelberger/Martens Rn. 31.

[165] Otte ZIP 2021, 2162 (2166).

66 **aa) Kapitalkonto I.** Dementsprechend wird der Kapitalanteil bestimmt durch einen festen Betrag, der sich je nach vertraglicher Gestaltung etwa nach der Höhe der ursprünglichen Einlage bemisst. Wird der Kapitalanteil im Gesellschaftsvertrag durch eine Quote festgelegt, muss eine jährliche Abschlussbuchung vorgenommen werden, die den quotalen Anteil des Gesellschafters an dem maßgebenden Gesellschaftsvermögen festlegt.[166] Dieser Betrag wird in der Bilanz als **Kapitalkonto I** bezeichnet. Eine Erhöhung oder Herabsetzung des Kapitalkontos bei Vereinbarung von festen Kapitalanteilen ist nur durch eine Änderung des Gesellschaftsvertrags oder zulässigen Mehrheitsbeschluss (→ § 109 Rn. 1) möglich.[167]

67 **bb) Kapitalkonto II.** Daneben muss in diesen Fällen ein variables, häufig sog. **Kapitalkonto II** geführt werden, auf dem die in Abs. 2 genannten Einflussfaktoren gebucht werden (Gewinn- und Verlustanteil sowie Einlagen).[168] Entscheidend für die rechtliche Behandlung der dort festgehaltenen Vermögenswerte ist das tatsächlich Gewollte, nicht etwa eine fälschliche Bezeichnung als Gewinn-, Privat- oder Darlehenskonto.[169] Ein reines Privatkonto erfasst demgegenüber die eigenständigen Forderungsrechte zwischen Gesellschaft und Gesellschafter (→ Rn. 71).

68 Die **Verrechnung** von Gewinnen und Verlusten ist daher nur auf dem Kapitalkonto II und nicht im Hinblick auf das Privatkonto möglich.[170] Eine **Umbuchung** von dem Kapitalkonto II auf das Kapitalkonto I setzt eine Änderung des Gesellschaftsvertrags voraus.[171]

69 **cc) Einheitlicher Kapitalanteil.** Beide Konten zeigen nur die Aufspaltung des einheitlichen Kapitalanteils in der Berechnung für die Zwecke der Bestimmung der Vermögensrechte und – je nach Vereinbarung – der sonstigen Mitverwaltungsrechte auf. In der Sache handelt es sich aber um einen einheitlichen Kapitalanteil, der erst in der Addition oder Subtraktion das gesamte Eigenkapitalkonto des Gesellschafters zeigt.[172] Aus diesem Grund liegt ein nach dem Gesellschaftsvertrag unter Umständen[173] auszugleichender **negativer Kapitalanteil** nur dann vor, wenn die Summe beider Konten negativ ist.[174] Das nach **§ 15a EStG** maßgebende negative Kapitalkonto des Kommanditisten bemisst sich nach der Summe aller Kapitalkonten des Gesellschafters, die nach der gesellschaftsvertraglichen Gestaltung Eigenkapital ausweisen und nicht Forderungen oder Verbindlichkeiten des Gesellschafters gegenüber der Gesellschaft sind (→ Rn. 71). Dies sind in der Regel alle Konten, mit denen Verluste verrechnet werden, also ebenfalls unter Einbezug des Kapitalkontos II.[175]

70 **d) Beteiligung ohne Kapitalanteil.** Gesellschaftsrechtlich zulässig ist auch eine Beteiligung ohne Kapitalanteil (→ § 105 Rn. 118).[176] Diese Gestaltung findet sich insbesondere in Familiengesellschaften bei der Beteiligung familienfremder Dritter, etwa eines Geschäftsführers, oder bei der GmbH & Co. KG für die Beteiligung der Komplementär-GmbH.[177] Ohne Kapitalbeteiligung besteht kein Anspruch auf Liquidationserlös.[178] Auf seine persönliche Haftung gegenüber den Gesellschaftsgläubigern nach § 126 hat dies keinen Einfluss.[179]

---

[166] Hopt/Roth Rn. 16.

[167] MüKoHGB/Pöschke Rn. 120; Plassmann BB 1978, 413 (414 f.); Heymann/Hoffmann/Bartlitz Rn. 45; KKD/Kindler Rn. 9.

[168] Koch PersGesR/Könen Rn. 17.

[169] BGH 20.4.1972, BGHZ 58, 316 = NJW 1972, 1755; 12.12.1974, BB 1975, 295; 27.9.1982, WM 1982, 1311 = NJW 1983, 154; 12.3.2013, NZG 2013, 738 Rn. 20; 1.7.2014, BeckRS 2014, 16416 Rn. 22; Hopt/Roth Rn. 19.

[170] BGH 27.5.1982, JZ 1983, 70; Hopt/Roth Rn. 19; Huber ZGR 1988, 1 (58 f.); MüKoHGB/Pöschke Rn. 123.

[171] Ebenroth/Boujong/Bochmann Rn. 85.

[172] OLG Stuttgart 31.10.2012, DStR 2013, 1138 Rn. 27; Ebenroth/Boujong/Bochmann Rn. 87; Schlegelberger/Martens Rn. 33; Staub/Schäfer Rn. 79; Heymann/Hoffmann/Bartlitz Rn. 45.

[173] Wenn § 710 BGB abbedungen wird.

[174] BGH 27.9.1982, NJW 1983, 164; Ebenroth/Boujong/Bochmann Rn. 87; Staub/Schäfer Rn. 81; Wiedemann FS Odersky, 1996, 925 (933 f.).

[175] Schmidt/Wacker EStG § 15a Rn. 87 mwN.

[176] Statt aller Hopt/Roth Rn. 23; MüKoHGB/Pöschke Rn. 110; Staub/Schäfer Rn. 87; Ebenroth/Boujong/Bochmann Rn. 80; Heymann/Hoffmann/Bartlitz Rn. 39.

[177] Vgl. BGH 4.11.2014, NZG 2015, 321 Rn. 8 f. mAnm Lieder/Scholz WuB 2015, 238 ff. mit prozessualen Folgeüberlegungen; vgl. weiter Huber, Vermögensanteil, Kapitalanteil und Gesellschaftsanteil, 1970, 289 ff.; Staub/Schäfer Rn. 86 ff.; MüKoHGB/Pöschke Rn. 111; Heymann/Hoffmann/Bartlitz Rn. 39.

[178] MüKoHGB/Pöschke Rn. 111; Schlegelberger/Martens Rn. 30; Ebenroth/Boujong/Bochmann Rn. 80.

[179] OLG Frankfurt 20.9.2012, NZG 2013, 338; Ebenroth/Boujong/Bochmann Rn. 80; Lieder/Scholz WuB 2015, 238 (240).

e) Privatkonto. Das Privatkonto, teilweise auch bezeichnet als **Darlehenskonto** oder **Sonderkonto,** stellt ein reines Forderungskonto zwischen Gesellschaft und Gesellschafter dar.[180] Entscheidend für die rechtliche Einordnung ist auch hier die Auslegung der gesellschaftsvertraglichen Vereinbarung.[181] In der Regel werden auf dem Privatkonto die zwischen dem Gesellschafter und der Gesellschaft bestehenden Forderungen gebucht, die auf einem gegenüber dem haftenden Eigenkapital eigenständigen Rechtsgrund beruhen.[182] Dabei kann es sich um Ansprüche des Gesellschafters auf Gehalt, Aufwendungsersatz, Darlehen, Zinsen[183] und Vorschüsse handeln sowie auf den Gewinn, soweit er bilanzmäßig festgestellt worden ist und nach dem Gewinnverwendungsbeschluss nicht in die Rücklagen eingestellt werden soll. Mögliche Ansprüche der Gesellschaft sind solche auf rückständige Einlagen oder Rückzahlung unzulässiger Entnahmen.[184] Eine Verzinsung kann vereinbart werden.[185] Die hier gebuchten Forderungen sind in der Regel auch auf Dritte übertragbar und pfändbar.[186] Die durch das Privatkonto repräsentierte Rechtsposition ist kein Bestandteil des Mitgliedschaftsrechts und auch nicht unzertrennlich mit ihm verbunden.[187] Bei einer Übertragung des Gesellschaftsanteils ist im Wege der Auslegung nach §§ 133, 157 BGB zu entscheiden, ob auch die dem Privatkonto zugrunde liegende Forderung auf den Erwerber übertragen werden soll. Soweit Darlehens- und Privatkonten kein Eigenkapital darstellen (→ Rn. 73), können sie zu einem nach § 1 Abs. 1 S. 2 Nr. 1 KWG erlaubnispflichtigen Bankgeschäft führen.[188] 71

f) Abgrenzungen. Ob Ansprüche aus **Drittgeschäften** wie Dienst-, Miet- oder Pachtverhältnissen auf dem Privatkonto zu buchen sind, richtet sich danach, ob das Privatkonto bestimmten gesellschaftsvertraglichen Restriktionen unterworfen sein soll. In diesem Fall ist regelmäßig davon auszugehen, dass die Drittbeziehungen hiervon nicht erfasst sein sollen und daher nicht auf dem Privatkonto zu buchen sind.[189] Entsprechende Regelungen sind zu empfehlen.[190] 72

Auf der anderen Seite ist das Privatkonto vom **Kapitalkonto** abzugrenzen. Die Buchung auf dem Privatkonto zeigt regelmäßig an, dass die Gesellschafter die dort gebuchten Beträge als grundsätzlich entnahmefähigen Gewinn einordnen. Entscheidend ist aber auch hier nicht die bloße Bezeichnung der Konten, sondern was die Gesellschafter nach dem Ergebnis der Auslegung des Gesellschaftsvertrags gewollt haben.[191] Das entscheidende Kriterium für die Einordnung als (Eigen-)Kapitalkonto ist, ob das Kapital der **Verlustdeckung** dient, während das Forderungskonto unabhängig von der Entstehung von Verlusten geltend gemacht werden kann.[192] So ist das Kapitalkonto in der Regel erst bei Ausscheiden des Gesellschafters oder der Liquidation der Gesellschaft aufzulösen.[193] Lediglich Indizien für ein Forderungskonto sind die Vereinbarung einer festen Verzinsung, die Zulässigkeit der Kündigung der gebuchten Beträge und die fehlende Anknüpfung von gesellschaftsrechtlichen 73

---

[180] OLG Stuttgart 31.10.2012, DStR 2013, 1138 Rn. 27; Hopt/Roth Rn. 20; Staub/Schäfer Rn. 70; Ley DStR 2003, 957 (960 ff.); MüKoHGB/Pöschke Rn. 114; Koch PersGesR/Könen Rn. 20; **aA** Schüppen FS Wacker, 2025, 83 (87).

[181] Hopt/Roth Rn. 20; Schlegelberger/Martens Rn. 34.

[182] Schlegelberger/Martens Rn. 34; Staub/Schäfer Rn. 82.

[183] Soweit die Beträge auf dem betreffenden Konto zu Recht gebucht worden sind, BGH 19.12.1977, WM 1978, 300.

[184] Hopt/Roth Rn. 20; Heymann/Hoffmann/Bartlitz Rn. 42; **aA** Hueck OHG § 16 V 3 (239 f.).

[185] Ebenroth/Boujong/Bochmann Rn. 91.

[186] OLG Köln 11.1.2000, ZIP 2000, 1726 (1729); Schlegelberger/Martens Rn. 38; MüKoHGB/Pöschke Rn. 116.

[187] In diese Richtung aber OLG Schleswig 8.12.2021, GmbHR 2022, 981 (985 f.) = RNotZ 2023, 41 (48 f.); krit. Bochmann EWiR 2023, 234 (235 f.).

[188] Vgl. BGH 19.3.2013, BGHZ 197, 1 = NZG 2013, 582 mAnm Wenzel NZG 2013, 814 ff. zu stehengelassenen Winzergeldern einer Genossenschaft; zur Personengesellschaft Wiesner FS Hoffmann-Becking, 2013, 1397 ff.; v. Falkenhausen VGR 19 (2013), 105; Werner StBW 2014, 804 ff.

[189] Ebenroth/Boujong/Bochmann Rn. 89; Schlegelberger/Martens Rn. 35; Huber ZGR 1988, 1 (81 f.); s. aber Heymann/Hoffmann/Bartlitz Rn. 41, die alle Drittgeschäfte für auf dem Privatkonto buchbar halten.

[190] Staub/Schäfer Rn. 84.

[191] Schlegelberger/Martens Rn. 36; Staub/Schäfer Rn. 69; zu Grenzfällen s. Schlegelberger/Martens Rn. 37; Huber, Vermögensanteil, Kapitalanteil und Gesellschaftsanteil, 1970, S. 250 f.; Huber ZGR 1988, 1 (72).

[192] BFH 26.6.2007, BStBl. II 2008, 103 mwN; 16.10.2008, BFHE 223, 149 = BStBl. II 2009, 272 Rn. 61 ff.; OLG Stuttgart 31.10.2012, DStR 2013, 1138 Rn. 32; OLG Zweibrücken 5.2.2007, OLGR 2007, 322; MüKoHGB/Pöschke Rn. 35; Staub/Schäfer Rn. 69; Oppenheimer DStR 1999, 939 (942, 943).

[193] Grdl. Huber, Vermögensanteil, Kapitalanteil und Gesellschaftsanteil, 1970, S. 244 ff.; Huber ZGR 1988, 1 (65 ff.); ebenso Ebenroth/Boujong/Bochmann Rn. 94; Schlegelberger/Martens Rn. 36; Staub/Schäfer Rn. 69; Kübler DB 1972, 942 (943); Plassmann BB 1978, 413 (418); Schopp BB 1987, 581 (587); Wiedemann FS Odersky, 1996, 925 (935); vgl. BGH 27.9.1982, WM 1982, 1311 (1312) = NJW 1983, 164; 23.2.1978, NJW 1978, 1053.

Mitverwaltungsrechten an die dort gebuchten Beträge.[194] Eine Falschbuchung hat grundsätzlich keinen Einfluss auf die rechtliche Behandlung, außer dieser liegt eine einvernehmliche Änderung der rechtlichen Einordnung durch die Gesellschafter zugrunde, etwa die Umwandlung eines Darlehens in eine Einlage.[195]

74 **g) Weitere Kontenbezeichnungen.** In der Praxis finden sich weitere Kontenbezeichnungen für das Verhältnis zwischen Gesellschaft und Gesellschafter. Entscheidend ist auch hier die rechtliche Einordnung als Kapital- oder Privatkonto (→ Rn. 72 f.) und nicht die Bezeichnung. Ein **Verlustsonderkonto** etwa erfasst die den Gesellschaftern zuzuordnenden Verluste gesondert und ergibt erst in der Summe mit dem Kapitalkonto I und II den Kapitalanteil des Gesellschafters.[196] Ein **Rücklagenkonto** kann dazu dienen, neben dem festen Kapitalkonto I diejenigen Gewinnanteile dem Gesellschafter zuzuordnen, die nicht oder nicht sofort ausgezahlt werden sollen.[197] Es handelt sich um die bilanzrechtliche Offenlegung der Gewinnverwendungsabrede (→ Rn. 26 f.). Es kann vereinbart werden, die Rücklagen für bestimmte Investitionen oder Steuerzahlungen zu verwenden und damit aufzulösen.[198]

75 Ein **Darlehenskonto** wird gebildet, wenn die Gesellschafter der Gesellschaft Darlehen zur Verfügung stellen, etwa in Form von stehengelassenen Gewinnen, oder die Gesellschaft dem Gesellschafter ein Darlehen gewährt. Diese Beträge können aus Gründen der Übersichtlichkeit von dem sonstigen Privatkonto getrennt gebucht werden, etwa zur Unterscheidung der längerfristigen und der fälligen gegenseitigen Ansprüche.[199] Ein Darlehenskonto, das durch die Buchung von entnahmefähigen Gewinnen eine echte Forderung gegenüber der Gesellschaft abbildet, ist von einem Konto zu unterscheiden, auf dem rückzahlbare gewinnunabhängige Ausschüttungen gebucht werden, die eine Forderung der Gesellschaft begründen.[200]

V. Abweichende Regelungen

76 Die Vorschrift des § 120 ist **dispositiv.**[201] In Gesellschaftsverträgen finden sich im Rahmen des nach §§ 242 ff. Zulässigen häufig abweichende Vereinbarungen.[202] Hierzu gehören etwa Klauseln, die Bewertungsfragen klären sollen. Insbesondere die Regelung des Abs. 2 über die Zu- und Abschreibung von Gewinn und Verlust, die zu variablen Konten führt, wird nicht selten abbedungen (→ Rn. 65 ff.).

§ 121 Feststellung des Jahresabschlusses

Über die Feststellung des Jahresabschlusses entscheiden die Gesellschafter durch Beschluss.

Schrifttum: Grunewald, Gewinnfeststellung und Gewinnverwendung in GmbH und KG, ZIP 2023, 885; Huber, Das Auskunftsrecht des Kommanditisten, ZGR 1982, 539; Mock, Auf- und Feststellung von Unternehmens- und Rechnungsabschlüssen im neuen Personengesellschaftsrecht, GmbHR 2023, 1066; W. Müller, Bilanzfeststellung als Schuldanerkenntnis, GS M. Wolf, 2011, 281; Priester, Stille Reserven und offene Rücklagen bei Personengesellschaften – Zur Bedeutung von § 253 Abs. 4 HGB, FS Quack, 1991, 373; Priester, Feststellung des Jahresabschlusses bei der Personengesellschaft – Gesellschaftervereinbarung oder Organbeschluß? –, FS Hadding, 2004, 607; Schäfer, Welche Änderungen bringt das neue Personengesellschaftsrecht?, WPg 2021, 981; Schulze-Osterloh, Erneuter Beginn der Verjährung von Ansprüchen gegen Gesellschafter durch Feststellung des Jahresabschlusses, FS Westermann, 2008, 1487; Wertenbruch, Beschlussfassung in Personengesellschaft und KG-Konzern,

---

[194] Heymann/Hoffmann/Bartlitz Rn. 42; BGH 21.5.1952, BB 1952, 478.

[195] BGH 20.4.1972, BGHZ 58, 316 (318 f.) = NJW 1972, 1755; Heymann/Hoffmann/Bartlitz Rn. 43; MüKoHGB/Pöschke Rn. 117; Hopt/Roth Rn. 21; Hefermehl FS H. Westermann, 1974, 223 (238 ff.).

[196] Westermann/Wertenbruch PersGesR-HdB/Sassenrath Rn. I 589g; MüKoHGB/Pöschke Rn. 124; Huber ZGR 1988, 1 (86 f.); Huber, Vermögensanteil, Kapitalanteil und Gesellschaftsanteil, 1970, S. 247 ff.; Oppenländer DStR 1999, 939 (941).

[197] MüKoHGB/Pöschke Rn. 124; Huber ZGR 1988, 1 (89 ff.); vgl. aber Huber GS Knobbe-Keuk, 1997, 203 (209).

[198] Ebenroth/Boujong/Bochmann Rn. 96.

[199] MüKoHGB/Pöschke Rn. 125; Schlegelberger/Martens Rn. 35.

[200] BGH 12.3.2013, NZG 2013, 738 Rn. 21 f. zur KG; Parallelentscheidung 12.3.2013, BB 2013, 1809 Rn. 18 f.; zust. Priester DStR 2013, 1786 ff.

[201] Vgl. BGH 12.7.1965, BGHZ 44, 158 (160) = WM 1965, 1021; 3.11.1975, MDR 1976, 123 f.; Schlegelberger/Martens Rn. 1; Michalski Rn. 1; Heymann/Hoffmann/Bartlitz Rn. 1; MüKoHGB/Pöschke Rn. 15; Ebenroth/Boujong/Bochmann Rn. 5.

[202] Dazu näher Staub/Schäfer Rn. 45 ff.; MüKoHGB/Pöschke Rn. 88 ff., 118 ff., MüKoHGB/Pöschke § 122 Rn. 55 ff.; vgl. noch Ebenroth/Boujong/Bochmann Rn. 5.

ZIP 2007, 798; Wertenbruch, Ansprüche des Kommanditisten auf Einberufung der Gesellschafterversammlung und Ergänzung der Tagesordnung, NZG 2018, 1121.

Übersicht

I. Allgemeines

Die Vorschrift ist durch das MoPeG neu eingefügt worden und weist der Gesellschafterversammlung die Kompetenz zu, über die Feststellung des Jahresabschlusses zu beschließen. Demgegenüber obliegt die Aufstellung des Jahresabschlusses nach § 120 Abs. 1 S. 1 den geschäftsführungsbefugten Gesellschaftern (→ § 120 Rn. 14), während im Grundsatz sämtliche Gesellschafter über die Ergebnisverwendung entscheiden (→ § 120 Rn. 30). Der Regelungsinhalt entspricht der geltenden Rechtslage.[1] 1

II. Feststellung des Jahresabschlusses

1. Rechtsnatur und Bindungswirkung. a) Innenverhältnis. Von der Aufstellung des Jahresabschlusses nach § 120 Abs. 1 S. 1 ist die Feststellung nach § 121 zu unterscheiden. Hierunter ist die **konstitutive Billigung des Jahresabschlusses** durch sämtliche Gesellschafter zu verstehen. Umstritten ist die **Rechtsnatur** der Bilanzfeststellung, insbesondere ob und wie sich die Gesellschafter nach der Feststellung auf unrichtige oder fehlende Bilanzansätze berufen können. Früher wurde zum Teil angenommen, bei der Feststellung der Bilanz handele es sich um ein abstraktes Schuldanerkenntnis iSd § 781 BGB.[2] Nach der heute hM begründet der Beschluss hingegen einen kausalen Feststellungsvertrag (deklaratorisches Schuldanerkenntnis) eigener Art zwischen allen Gesellschaftern, der die Bilanzwerte als Grundlage der Gewinnverteilung verbindlich festlegt.[3] Beide Auffassungen beruhen auf einem vertraglichen Verständnis der Feststellung des Jahresabschlusses und sind daher abzulehnen. Dass die Gesellschafter sich schuldrechtlich auf die Bilanzansätze einigen und als Vertragspartner auftreten, entspricht typischerweise nicht dem Willen der Gesellschafter, die bei der Beschlussfassung primär als Organ der Gesellschaft tätig werden. Daher ist der im Vordringen begriffenen Auffassung zu folgen, welche die Bilanzfeststellung als **Organbeschluss** einordnet.[4] 2

Die Feststellung des Jahresabschlusses durch die Gesellschafter stellt auf Grundlage der hier vertretenen Auffassung grundsätzlich **kein Anerkenntnis** nach § 212 Abs. 1 Nr. 1 BGB dar.[5] Anderes kann aber gelten, wenn der betroffene Gesellschafter an der Feststellung mitgewirkt und zugestimmt hat (→ Rn. 5).[6] 3

---

[1] Begr. RegE, BT-Drs. 19/27635, 240 verweist auf BGH 29.3.1996, BGHZ 132, 263 (266) = NJW 1996, 1678; BGH 15.1.2007, BGHZ 170, 283 Rn. 6 = NJW 2007, 1685.

[2] BGH 11.1.1960, WM 1960, 187; OLG Karlsruhe 2.12.1994, DB 1995, 264; Hueck OHG § 17 I 4.

[3] RG 20.3.1901, RGZ 48, 77 (82); BGH 3.11.1975, WM 1975, 1261; 29.3.1996, BGHZ 132, 263 (267) = NJW 1996, 1678; 2.3.2009, NZG 2009, 659 zur GmbH; 1.3.2010, ZIP 2010, 1341; KG 3.7.1998, NZG 1999, 23 mAnm Zeidler; 24.1.2006, BeckRS 2006, 2756; Heymann/Hoffmann/Bartlitz § 120 Rn. 28; Staub/Schäfer § 121 Rn. 6; Schlegelberger/Martens § 120 Rn. 5; Michalski § 120 Rn. 5; Schulze-Osterloh BB 1980, 1402 (1404); K. Schmidt NZG 2009, 361 (364); und noch → 4. Aufl. 2015, Rn. 24 (Weitemeyer); offenlassend OLG Düsseldorf 26.11.1993, NJW-RR 1994, 1455 (1458).

[4] Ebenroth/Boujong/Bochmann Rn. 4; Hopt/Roth § 164 Rn. 3; MüKoHGB/Pöschke Rn. 8; Koch PersGesR/Könen Rn. 6; Priester FS Hadding, 2004, 607 (609 ff.); MüKoBGB/Habersack BGB § 781 Rn. 22; Soergel/Hadding/Kießling BGB § 721 Rn. 5; Schulze-Osterloh FS Westermann, 2008, 1487 (1491 f.); Schäfer Neues PersGesR/Hennrichs § 11 Rn. 50; iErg auch W. Müller GS M. Wolf, 2011, 281 (287 ff.).

[5] MüKoHGB/Pöschke Rn. 11; Schulze-Osterloh FS Westermann, 2008, 1487 (1499 ff.); **aA** BGH 1.3.2010, ZIP 2010, 1341 Rn. 12; KG 3.7.1998, NZG 1999, 23 mAnm Zeidler; 24.1.2006, BeckRS 2006, 2756; K. Schmidt NZG 2009, 361 (364); und noch → 4. Aufl. 2015, Rn. 24a (Weitemeyer).

[6] Vgl. BGH 1.3.2010, ZIP 2010, 1341; MüKoHGB/Pöschke Rn. 11; Schulze-Osterloh FS Westermann, 2008, 1487 (1499); **aA** K. Schmidt NZG 2009, 361 (364).

4 **b) Außenverhältnis.** Die Bindungswirkung der Bilanzfeststellung betrifft nur die Gesellschaft und die Gesellschafter, **nicht aber Dritte** wie Gläubiger, Arbeitnehmer (§ 106 Abs. 2 BetrVG) oder die Finanzbehörden (§ 60 Abs. 1 EStDV).[7] **Steuerrechtlich** wird die Zulässigkeit der Voraussetzungen der Bilanzänderung oder Bilanzberichtigung von § 4 Abs. 2 EStG begrenzt. Gegenüber sonstigen am Gewinn der Gesellschaft interessierten Dritten wie etwa einem stillen Gesellschafter oder partiarischen Gläubiger besteht ebenfalls keine Bindungswirkung.[8] Vertraglich kann der Dritte nur ausnahmsweise aber an die Feststellungswirkung des Beschlusses gebunden werden, auch konkludent durch einen kausalen Anerkennungsvertrag, etwa indem er nach Einsicht in den Jahresabschluss seinen Gewinnanspruch auf der Grundlage des dort festgestellten Ergebnisses geltend macht.[9] Die Bindung des Zessionars eines Gewinnanspruchs ergibt sich aus § 404 BGB.[10]

5 **2. Zuständigkeit.** Die jährlich wiederkehrende Bilanzfeststellung gehört nicht zu den Geschäftsführungsmaßnahmen der Gesellschafter. Es handelt sich um ein **Grundlagengeschäft,** an dem alle Gesellschafter mitwirken müssen, weil es die Gewinnverteilung an die Gesellschafter vorzeichnet. Das stellt § 121 nun ausdrücklich klar. Die Bezeichnung als „gewöhnliches Grundlagengeschäft" durch den BGH[11] hat keine eigenständige Bedeutung (→ § 116 Rn. 14). Eine Mehrheitsentscheidung ist jedenfalls möglich,[12] ohne dass in die individuelle Rechtsstellung der nicht beteiligten Gesellschafter eingegriffen wird.[13] Darüber hinaus ist die Übertragung der Zuständigkeit auf den geschäftsführenden Gesellschafter[14] oder einen Beirat,[15] Aufsichtsrat oder Gesellschafterausschuss zulässig.[16]

6 **3. Form.** Der Feststellungsbeschluss ist im Rahmen des § 109 formlos gültig und kann vorbehaltlich anderweitiger Bestimmungen im Gesellschaftsvertrag (→ § 109 Rn. 49) auch konkludent erfolgen.[17]

7 **4. Frist.** Für die Feststellung des Jahresabschlusses, die ihren formalen Ausdruck in den nach § 245 S. 2 erforderlichen Unterschriften aller Gesellschafter findet, ist ebenso wie für die Aufstellung (→ § 120 Rn. 19) keine Frist vorgeschrieben. Mit den Materialien erscheint analog § 42a Abs. 2 GmbHG im Regelfall eine Frist von acht Monaten, bei kleinen Gesellschaften iSd § 267 Abs. 1 von elf Monaten als angemessen.[18]

8 **5. Reichweite.** Der Feststellungsbeschluss bezieht sich auf den gesamten Jahresabschluss. Neben der Bilanz ist auch die Gewinn- und Verlustrechnung ausdrücklich erfasst.[19] Neben dem Jahresergebnis werden durch die Feststellung auch die maßgeblichen Bilanzansätze sowie deren Bewertung unstreitig gestellt.[20]

9 **6. Wirksamkeit des Beschlusses. a) Formelle Mängel.** Der Feststellungsbeschluss kann unter allgemeinen formellen Beschlussmängeln leiden (→ § 110 Rn. 12 ff.).[21]

10 **b) Inhaltliche Richtigkeit.** Der Beschluss ist seinem Inhalt nach fehlerhaft, wenn der Jahresabschluss in Einzelheiten oder insgesamt unrichtig ist, gegen Bestimmungen des Gesellschaftsvertrags verstößt oder die Ausübung von Ermessensentscheidungen fehlerhaft ist,[22] etwa weil sie gegen die

---

[7] MüKoHGB/Pöschke Rn. 12.
[8] Staub/Schäfer Rn. 3.
[9] Schlegelberger/Martens § 120 Rn. 7; MüKoHGB/Pöschke Rn. 12; Staub/Schäfer Rn. 3.
[10] Schlegelberger/Martens § 120 Rn. 7; MüKoHGB/Pöschke Rn. 12.
[11] BGH 15.1.2007, BGHZ 170, 283 = NJW 2007, 1685 – Otto; 7.7.2008, DStR 2009, 1544.
[12] BGH 15.1.2007, BGHZ 170, 283 = NJW 2007, 1685 – Otto.
[13] Staub/Schäfer Rn. 4; MüKoHGB/Pöschke Rn. 14; Ebenroth/Boujong/Bochmann Rn. 6 f.; Schäfer Neues PersGesR/Henrichs § 11 Rn. 49; zumindest missverständlich Koch PersGesR/Könen Rn. 9.
[14] BGH 7.7.2008, DStR 2009, 1544; MüKoHGB/Grunewald § 167 Rn. 11.
[15] BGH 29.3.1996, BGHZ 132, 263 = NJW 1996, 1678.
[16] MüKoHGB/Pöschke Rn. 14 aE; Ebenroth/Boujong/Bochmann § 120 Rn. 14 aE; Staub/Schäfer § 120 Rn. 16; MHdB GesR I/Sangen-Emden § 92 Rn. 59; **aA** offenbar Koch PersGesR/Könen Rn. 1, 5; vgl. noch Grunewald ZIP 2023, 885 (886).
[17] BGH 3.11.1975, WM 1975, 1261; OLG Düsseldorf 26.11.1993, NJW-RR 1994, 1455 (1458); Schlegelberger/Martens § 120 Rn. 9; KKD/Kindler § 120 Rn. 4; MüKoHGB/Pöschke Rn. 15; RGHMW/Mock Rn. 6; Koch/Könen Rn. 8; Henssler/Strohn/Oswald Rn. 9.
[18] Begr. RegE, BT-Drs. 19/27635, 240 unter Hinweis auf Wertenbruch NZG 2018, 1121 (1124); vgl. weiter MüKoHGB/Pöschke Rn. 15 aE; Hopt/Roth Rn. 3; RGHMW/Mock Rn. 9; Henssler/Strohn/Oswald Rn. 10.
[19] Ebenroth/Boujong/Bochmann Rn. 7; Schlegelberger/Martens § 120 Rn. 4; Heymann/Hoffmann/Bartlitz § 120 Rn. 11; Hopt/Roth § 120 Rn. 2; KKD/Kindler § 120 Rn. 3.
[20] Begr. RegE, BT-Drs. 19/27635, 240 unter Hinweis auf Staub/Schäfer Rn. 1, 3.
[21] MüKoHGB/Pöschke Rn. 20.
[22] Ebenroth/Boujong/Bochmann Rn. 7; Staub/Schäfer Rn. 7; Schlegelberger/Martens § 120 Rn. 8; Hueck OHG § 17 I 4 (243).

gesellschaftsrechtliche **Treuepflicht** verstößt.[23] Treuwidrig ist etwa die Nichtberücksichtigung von Ansprüchen der Gesellschaft auf Gewinnausschüttungen von Tochtergesellschaften, wenn hierdurch dem Gesellschafter erhebliche Gewinne vorenthalten werden. Das setzt aber die Aktivierbarkeit dieser Ansprüche und damit einen entsprechenden Gewinnverwendungsbeschluss in der Tochtergesellschaft voraus (→ § 105 Rn. 212).[24]

Davon abgesehen folgen aus der Rechtsnatur des Feststellungsbeschlusses als Organbeschluss (→ Rn. 2) **keine** substanziellen **Einschränkungen** bei der Geltendmachung von Beschlussmängeln. Der Beschluss hat grundsätzlich keine Bindungswirkung im Hinblick auf das Bestehen oder Nichtbestehen von Forderungen oder Verbindlichkeiten im Verhältnis zu den Gesellschaftern.[25] Dies kann sich nur im Einzelfall ergeben, wenn etwa ein Gesellschafter die fehlende Aufnahme seines Anspruchs gegen die Gesellschaft in der Passivseite der Bilanz gebilligt hat.[26] Im Übrigen sind **Ermessensentscheidungen** Teil der Geschäftsführungsbefugnis der den Jahresabschluss aufstellenden geschäftsführenden Gesellschafter und daher durch die anderen Gesellschafter nur auf der Grundlage der Treuepflicht (→ § 116 Rn. 40) angreifbar.[27] Dies gilt jedoch nicht, soweit die Aufstellung des Jahresabschlusses die Verwendung des Ergebnisses vorwegnimmt (→ § 120 Rn. 26). 11

c) Informationspflichten. Genauere Informationen in **Lagebericht und Anhang** müssen nur die in § 264a genannten Personengesellschaften erteilen. Gesellschaftsrechtlich besteht jedoch die Pflicht der geschäftsführenden Gesellschafter, den anderen Gesellschaftern gem. § 717 Abs. 2 BGB, § 105 Abs. 3 alle Informationen zur Verfügung zu stellen, die diese zur Beurteilung des Jahresabschlusses benötigen und die anderweitig nur unzureichend oder in unzumutbarer Weise beschafft werden können.[28] Hierzu gehören die angewandten Bilanzierungsmethoden, Hinweise zur Abweichung in der Bilanzkontinuität, auf außerordentliche Aufwendungen und Erträge sowie die bewusste Bildung stiller Reserven.[29] Der Anspruch ist von individuellen Auskunftsansprüchen einzelner Gesellschafter nach § 717 Abs. 1 BGB iVm § 105 Abs. 3 zu unterscheiden und mittels der Gesellschafterklage **(actio pro socio)** nach § 715b BGB iVm § 105 Abs. 3 (→ § 105 Rn. 102 ff.) geltend zu machen.[30] 12

d) Rechtsfolge. Der Beschluss ist **anfechtbar,** wenn er unter formellen oder materiellen Fehlern leidet, und muss auf Grundlage des durch das MoPeG verankerten Anfechtungsmodells nach §§ 110 ff. angefochten werden, soweit keine abweichenden Vereinbarungen getroffen worden sind (→ § 110 Rn. 32). Im Nachgang einer erfolgreichen Anfechtungsklage müssen die geschäftsführenden Gesellschafter den Jahresabschluss, ggf. berichtigt, erneut vorlegen.[31] Nach zutreffender Auffassung findet § 256 AktG auf die OHG und KG entsprechende Anwendung, soweit gegen öffentlich-rechtliche Dokumentationspflichten und andere unverzichtbare Rechtsvorschriften verstoßen wird.[32] 13

7. Zwangsweise Durchsetzung. Soweit die erforderliche Einstimmigkeit oder Mehrheitsentscheidung (→ Rn. 5) nicht zustande kommt, können die Gesellschafter gegen die widerstrebenden oder untätigen Gesellschafter **Leistungsklage** auf Zustimmung zum Feststellungsbeschluss oder Klage auf Feststellung einzelner Bilanzposten erheben.[33] Ein Gesellschafter kann umgekehrt auch Klage gegen einen mehrheitlich zustande gekommenen Feststellungsbeschluss erheben (→ Rn. 13). 14

---

[23] Ebenroth/Boujong/Bochmann Rn. 7; Grunewald ZIP 2023, 885 (887).

[24] BGH 15.1.2007, BGHZ 170, 283 = NJW 2007, 1685 – Otto, die Frage, ob ein entsprechender Gewinnverwendungsbeschluss in der Tochtergesellschaft erzwungen werden kann, offenlassend; vgl. auch MüKoHGB/Mülbert Anh. § 229 Rn. 101; Wertenbruch ZIP 2007, 798 (803); Westermann/Wertenbruch PersGes-HdB/Tröger Rn. 4017 f.; dagegen Ebenroth/Boujong/Bochmann Rn. 8.

[25] OLG Köln 11.1.2000, ZIP 2000, 1726 (1728); MüKoHGB/Pöschke Rn. 11.

[26] MüKoHGB/Pöschke Rn. 11.

[27] Staub/Schäfer Rn. 7; Schlegelberger/Martens § 120 Rn. 8; A. Hueck OHG § 17 I 4 (243); **aA** MüKoHGB/Pöschke Rn. 13, 23 ff.; Schäfer Neues PersGesR/Hennrichs § 11 Rn. 56.

[28] BGH 23.3.1992, NJW 1992, 1890 (1891); Priester FS Quack, 1991, 373 (384); MüKoHGB/Pöschke Rn. 17 f.; Hommelhoff ZIP 1983, 383 (392).

[29] MüKoHGB/Pöschke Rn. 18.

[30] *In diese Richtung* BGH 23.3.1992, NJW 1992, 1890 (1892); Heymann/Hoffmann/Bartlitz § 118 Rn. 6; Huber ZGR 1982, 539 (547).

[31] MüKoHGB/Pöschke Rn. 22.

[32] So auch Ebenroth/Boujong/Bochmann Rn. 31; MüKoHGB/Pöschke Rn. 21; Schäfer Neues PersGesR/Hennrichs § 11 Rn. 73; Schäfer WPg 2021, 981 (988); Grunewald ZIP 2023, 885 (888); zum alten Recht bereits OLG München 19.7.2018, NZG 2018, 1188; Schlegelberger/Martens § 120 Rn. 6; **aA** RGHMW/Mock Rn. 11; Mock GmbHR 2023, 1066 Rn. 26.

[33] BGH 27.9.1979, WM 1979, 1330; Ebenroth/Boujong/Bochmann Rn. 10; Staub/Schäfer Rn. 9; MüKoHGB/Pöschke Rn. 16; RGHMW/Mock Rn. 14; Mock GmbHR 2023, 1066 (1071).

§ 122 Gewinnauszahlung

[1]Jeder Gesellschafter hat aufgrund des festgestellten Jahresabschlusses Anspruch auf Auszahlung seines ermittelten Gewinnanteils. [2]Der Anspruch kann nicht geltend gemacht werden, soweit die Auszahlung zum offenbaren Schaden der Gesellschaft gereicht oder der Gesellschafter seinen vereinbarten Beitrag trotz Fälligkeit nicht geleistet hat.

Schrifttum: Balz, Entnahme fiktiver Steuern bei der Personenhandelsgesellschaft, DB 1988, 1305; Barz, Die vertragliche Entnahmeregelung bei OHG und KG, FS Knur, 1972, 25; Bauschatz, Rechtsschutzmöglichkeiten bei Feststellung des Jahresabschlusses einer KG, NZG 2002, 759; Crezelius, Gesamthandelsbilanz und Körperschaftsteuersystem, FS Claussen, 1997, 621; Dettke, Gewinnthesaurierung und Minderheitenschutz in der Personengesellschaft als Konzernobergesellschaft, 2017; Ernst, Das Entnahmerecht der Gesellschafter von Personalhandelsgesellschaften und das Steuerrecht, BB 1961, 377; Ganßmüller, Das Steuerentnahmerecht der Gesellschafter der OHG und KG, 1986; Grunewald, Gewinnfeststellung und Gewinnverwendung in GmbH und KG, ZIP 2023, 885; Hopt, Bilanz, Reservenbildung und Gewinnausschüttung bei der OHG und KG, FS Odersky, 1996, 799; Könen, Die Spaltung des Kapitalanteils durch das MoPeG und das gesellschaftsrechtliche Bilanzinnenrecht der Personenverbände, RFamU 2023, 220; Loritz, Ausschüttungen in Verlustjahren bei geschlossenen Fonds, NZG 2008, 887; Lüdtke-Handjery, Zum Entnahmerecht der Personengesellschafter für Erbschaftssteuern, DB 1975, 433; Mock, Auf- und Feststellung von Unternehmens- und Rechnungsabschlüssen im neuen Personengesellschaftsrecht, GmbHR 2023, 1066; Muth, Die Bilanzfeststellung bei Personenhandelsgesellschaften, 1986; Paefgen, Die Gewinnverwendung in der GmbH & Co. KG und ihrer Unternehmensgruppe nach „Otto", FS Schneider, 2011, 929; Pöschke, Liquiditätsausschüttungen in einer Publikums-KG und die Folgen – der nächste Akt, NZG 2018, 454; Pöschke/Steenbreker, Gewinnunabhängige Auszahlungen an Kommanditisten, NZG 2016, 841; Priester, Ausschüttungen aus der Liquidität bei der KG, DStR 2013, 1786; Priester, Gewinnverwendung durch Mehrheitsentscheid bei Personengesellschaften, FS Schneider, 2011, 985; Priester, Feststellung des Jahresabschlusses bei der Personengesellschaft – Gesellschaftervereinbarung oder Organbeschluß? –, FS Hadding, 2004, 607; Priester, Stille Reserven und offene Rücklagen bei Personengesellschaften – Zur Bedeutung von § 253 Abs. 4 HGB, FS Quack, 1991, 373; Schäfer, Welche Änderungen bringt das neue Personengesellschaftsrecht?, WPg 2021, 919; Schäfer, Rechtliche Einordnung ausgeschütteter Liquiditätsüberschüsse in der Publikums-KG, NZG 2016, 543; Schön, Bilanzkompetenzen und Ausschüttungsrechte in der Personengesellschaft, FS Beisse, 1997, 471; Selle, Gewinnverteilung bei der OHG – Eine ökonomisch gerechte Regelung?, DB 1993, 2040; Sieker, Zur Bilanzierung von Beteiligungen an Personenhandelsgesellschaften im Jahresabschluß der Kapitalgesellschaft, ZIP 1990, 1455; Wahlers/Orlikowski-Wolf, Feststellung des Jahresabschlusses und Gewinnverwendungsentscheidungen im Personengesellschaftsrecht, ZIP 2012, 1161; Wälzholz, Aktuelle Gestaltungsprobleme des Nießbrauchs am Anteil an einer Personengesellschaft, DStR 2010, 1786.

Übersicht

I. Allgemeines

1 Die durch das MoPeG neu eingefügte Vorschrift regelt im Zusammenhang mit §§ 120 f. den Anspruch des Gesellschafters auf Auszahlung des in der Gesellschaft erwirtschafteten Gewinns. Die Regelung ersetzt das Entnahmerecht nach § 122 aF, das sich in der Vergangenheit als wenig praxistauglich erwiesen hat.[1] In der Sache gewährt **S. 1** jedem Gesellschafter aufgrund des festgestellten Jahresabschlusses einen **Anspruch auf Gewinnauszahlung.** Der Anspruch bezieht sich auf den gesamten dem Gesellschafter zustehenden Gewinn und normiert insofern – in Übereinstimmung mit § 122 aF[2] – einen **Vollausschüttungsanspruch.**[3]

2 Nach der **Beschränkung** des **S. 2** kann der Anspruch indes nicht geltend gemacht werden, soweit die Auszahlung zum offenbaren Schaden der Gesellschaft gereicht oder der Gesellschafter seinen

[1] Dazu näher Begr. RegE, BT-Drs. 19/27635, 240.
[2] BGH 29.3.1996, BGHZ 132, 263 (276) = NJW 1996, 1678; OLG Karlsruhe 28.2.2003, DB 2003, 935.
[3] Begr. RegE, BT-Drs. 19/27635, 240: Prinzip der Vollausschüttung; MüKoHGB/Pöschke Rn. 1.

vereinbarten Beitrag trotz Fälligkeit nicht geleistet hat. Das dient dem **Interesse der Gesellschaft** an einer ausreichenden Kapitaldecke.[4] Die auf die rückständige Beitragsleistung bezogene Einschränkung zielt darauf ab, den Gesellschafter zur ordnungsgemäßen Leistung der vereinbarten Beiträge zu bewegen.[5] Schließlich impliziert S. 2, dass einseitig keine gewinnunabhängigen Entnahmen getätigt werden können; einer ausdrücklichen Regelung in Form des § 122 Abs. 2 aF bedarf es aus diesem Grunde nicht.[6]

Über die Verweisungsnorm des § 161 Abs. 2 finden die Regelungen des § 122 auch auf Komplementäre entsprechende Anwendung. Für Kommanditisten resultieren allerdings aus § 169 Besonderheiten (→ § 169 Rn. 2). 2a

II. Gewinn

1. Begriff. Die Vorschrift setzt den Begriff des Gewinns und Verlusts auf der Grundlage des Jahresabschlusses voraus (→ § 120 Rn. 11 ff.). Maßgebend ist also der Gewinn, wie er sich aus der Bilanz als **Bilanzgewinn** ergibt.[7] Zum Gewinn gehört auch derjenige Teil des Bilanzgewinns, der auf der Grundlage eines Gewinnverwendungsbeschlusses (→ § 120 Rn. 26 ff.) nicht ausbezahlt, sondern erfolgswirksam verwendet oder den offenen Rücklagen zugeführt werden soll.[8] 3

2. Sonstige Zahlungsansprüche. Vom Gewinn sind diejenigen Leistungen an Gesellschafter zu unterscheiden, die unabhängig von dem Bilanzgewinn als echter Gesellschaftsaufwand, etwa als Geschäftsführergehalt oder Darlehenszinsen, dem Gesellschafter gezahlt werden. Ob diese und ähnliche Beträge als Vorabgewinn oder als Aufwand einzuordnen sind, ist eine Frage der Auslegung, etwa ob die Vergütung auch in Verlustjahren gezahlt werden soll.[9] Als Darlehen verschleierte unberechtigte Gewinnauszahlungen sind zu korrigieren.[10] **Gesellschaftsrechtlich** sind die Gesellschafter in ihrer Vereinbarung weitgehend frei. **Handelsbilanzrechtlich** muss es sich aber um eine Gegenleistung für eine tatsächlich erbrachte Leistung handeln, damit die Buchung zutreffend ist. 4

Steuerrechtlich wirken sich derartige Vereinbarungen nicht aus, weil nach § 15 Abs. 1 S. 1 Nr. 2 S. 1 EStG neben dem Gewinnanteil auch die Vergütungen, die ein Gesellschafter von der Gesellschaft für seine Tätigkeit im Dienste der Gesellschaft, für die Hingabe von Darlehen oder für die Überlassung von Wirtschaftsgütern bezogen hat, zu seinen Einkünften aus der gewerblichen und nach § 18 Abs. 4 S. 2 EStG aus der freiberuflichen Mitunternehmerschaft zählen. Sie werden auf der zweiten Stufe der Gewinnermittlung dem Gewinn der Personengesellschaft zur Neutralisation des vorher gebuchten Aufwands wieder hinzugerechnet und nur bei dem betreffenden Gesellschafter der Einkommensteuer unterworfen.[11] Diese Gewinnbestandteile unterliegen auch der Gewerbesteuer auf der Ebene der Gesellschaft (§ 2 Abs. 1 S. 1 GewStG). 5

III. Anspruch auf den Jahresgewinn

1. Grundlage. Der Anspruch auf den Jahresgewinn der Gesellschaft nach S. 1 hat seine Grundlage in der gesellschaftsvertraglichen Vereinbarung und ist ein bedeutsamer Teil der Mitgliedschaft.[12] Hierbei handelt es sich um einen unselbstständigen Teil der Mitgliedschaft als **Gewinnstammrecht.**[13] Soll es gegenüber der gesetzlichen Regelung des S. 1 eingeschränkt oder ausgeschlossen werden oder sind Mehrheitsentscheidungen hierüber vereinbart, sind die allgemeinen Schranken der Mitgliedschaft (→ § 108 Rn. 17 ff.; → § 109 Rn. 55 ff.) zu beachten. Das Gewinnstammrecht unterliegt dem Abspaltungsverbot des § 711a S. 1 BGB und kann daher auch nicht mit Zustimmung der anderen Gesellschafter eigenständig übertragen, verpfändet und auch nicht gepfändet werden (→ § 108 Rn. 19).[14] Abtretbar ist nur der konkrete Gewinnanspruch (→ Rn. 9). 6

---

[4] Vgl. zum früheren Recht Heymann/Hoffmann/Bartlitz Rn. 14; KKD/Kindler Rn. 1; Schlegelberger/Martens Rn. 1; Staub/Schäfer Rn. 18.

[5] Begr. RegE, BT-Drs. 19/27635, 240.

[6] Begr. RegE, BT-Drs. 19/27635, 240.

[7] Schlegelberger/Martens § 121 Rn. 9; Staub/Schäfer § 120 Rn. 40; Hopt/Roth Rn. 2; zur Gewinnverteilung bei der OHG aus ökonomischer Sicht Selle DB 1993, 2040 ff.; MüKoHGB/Pöschke § 120 Rn. 65.

[8] Staub/Schäfer § 120 Rn. 40.

[9] Zur Auslegung vgl. etwa OLG Hamm 27.4.2009, BeckRS 2009, 25474 (KG); Ebenroth/Boujong/Bochmann § 120 Rn. 42; Staub/Schäfer § 120 Rn. 41, 44, 53 f. ordnet die Vergütung für Geschäftsführung als Teil des Gewinns ein.

[10] OLG Koblenz 19.4.2010, MDR 2010, 1003.

[11] Schmidt/Wacker EStG § 15 Rn. 400 f.

[12] Schlegelberger/Martens § 121 Rn. 1; MüKoHGB/Pöschke § 120 Rn. 62.

[13] Schlegelberger/Martens § 121 Rn. 6; MüKoHGB/Pöschke § 120 Rn. 68.

[14] Ebenroth/Boujong/Bochmann § 120 Rn. 47.

7 **2. Gewinnanspruch. a) Entstehung.** Vom Gewinnstammrecht ist der konkrete Anspruch auf den Jahresgewinn eines bestimmten Jahres zu unterscheiden. Der Anspruch entsteht mit der **Feststellung** (→ § 121 Rn. 2 ff.) des Jahresabschlusses.[15] Eines weiteren Beschlusses der Gesellschafter bedarf es hierfür nicht (→ § 120 Rn. 26).[16] Mit der Feststellung des Jahresabschlusses ist der Gewinnanspruch nach § 271 Abs. 1 BGB im Zweifel sofort fällig.[17] Allerdings kann sich aus dem Gesellschaftsvertrag ergeben, dass Fälligkeit erst mit der Geltendmachung durch den berechtigten Gesellschafter eintreten soll.[18] Hiernach beginnt eine etwa vereinbarte **Verzinsung.** Dieser Zeitpunkt kennzeichnet auch den Beginn der nach §§ 195, 199 BGB bestehenden **Verjährungsfrist** von regelmäßig drei Jahren.[19]

8 Anders als beim Entnahmerecht nach § 122 aF bedarf es zur Entstehung des Gewinnanspruchs **keiner Geltendmachung** durch den Gesellschafter.[20] Der Gesellschafter ist sogleich mit Feststellung des Jahresabschlusses nach S. 1 Inhaber einer entsprechenden Forderung. Deshalb unterliegt der Gewinnanspruch – anders als der Entnahmeanspruch nach § 122 aF[21] – auch keiner Präklusion, soweit er nicht bis zur Feststellung des folgenden Jahresabschlusses geltend gemacht wird. Stehen gelassene und nicht ausgezahlte Gewinnanteile bewirken allerdings keine automatische Umwandlung in Eigenkapital. Stattdessen sind sie mit der zutreffenden Auffassung als Auszahlungsansprüche im folgenden Jahresabschluss zu passivieren.[22] Der darin liegenden Einlagenerhöhung muss der betreffende Gesellschafter zustimmen.[23] Der Anspruch ist eine **Sozialverbindlichkeit** der Gesellschaft gegenüber dem Gesellschafter.[24] Für diesen Anspruch gelten die hierfür gemachten Einschränkungen (→ § 126 Rn. 20), sodass die anderen Gesellschafter während des Bestehens der Gesellschaft für den Anspruch nicht nach § 126 haften.[25]

9 **b) Übertragbarkeit.** Der Anspruch auf den konkreten Gewinnanteil ist nach § 711a S. 2 BGB übertragbar, anders als das Stammrecht (→ Rn. 6 f.). Der Gewinnanspruch ist daher unter den Einschränkungen des Gesellschaftsvertrags und des § 122 abtretbar,[26] verpfändbar[27] und pfändbar.[28] Dies gilt auch für Ansprüche auf den zukünftigen Gewinnanteil.[29] Die Verpfändung des Gewinnbezugsrechts setzt nach § 1280 BGB die Anzeige an die Gesellschaft voraus.[30] Soweit der Gewinnanspruch vor der Abtretung bereits eine selbstständige, bestimmbare Rechtsposition darstellt, entsteht der Anspruch bei antizipierter Zession für den Regelfall in der Person des Zessionars und ist daher

---

[15] BGH 6.4.1981, BGHZ 80, 357 (358) = NJW 1981, 1074; LG Hamburg 11.2.1998, EWiR 1998, 1137 f. mAnm Koch/Ahrendt; Heymann/Hoffmann/Bartlitz § 121 Rn. 9; MüKoHGB/Pöschke Rn. 14; Hopt/Roth Rn. 2; Schlegelberger/Martens § 121 Rn. 6.

[16] LG Frankfurt a.M. 20.3.2013, NZG 2013, 1222 (1224); Ebenroth/Boujong/Bochmann § 120 Rn. 43; MüKoHGB/Pöschke § 122 Rn. 14; Schlegelberger/Martens § 121 Rn. 6; Staub/Schäfer § 120 Rn. 38; NK-HGB/Psaroudakis Rn. 1.

[17] MüKoHGB/Pöschke Rn. 18; Ebenroth/Boujong/Bochmann Rn. 16; Schäfer Neues PersGesR/Hennrichs § 11 Rn. 17; Sieker ZIP 1990, 1455 (1457); vgl. weiter Henssler/Strohn/Oswald Rn. 11; Staake RFamU 2022, 111 (116); **aA** Begr. RegE, BT-Drs. 19/27635, 240; RGHMW/Mock Rn. 5; Koch PersGesR/Könen Rn. 2; Könen RFamU 2023, 220 (224).

[18] Abweichend – keine Anhaltspunkte im Gesellschaftsvertrag für Einschränkung notwendig haltend – Koch PersGesR/Könen Rn. 4, 8; Hopt/Roth Rn. 2; RGHMW/Mock Rn. 5; Staub/Schäfer Rn. 6; Schüppen FS Wacker, 2025, 83 (88).

[19] Hopt/Roth Rn. 3; Mock GmbHR 2023, 1066 (1069); vgl. auch MüKoHGB/Pöschke Rn. 21; krit. Ebenroth/Boujong/Bochmann Rn. 18.

[20] MüKoHGB/Pöschke Rn. 14; Henssler/Strohn/Oswald Rn. 10; Schäfer Neues PersGesR/Hennrichs § 11 Rn. 34; Schäfer WPg 2021, 981 (984 f.); zur terminologischen Abgrenzung von Gewinnauszahlungsanspruch und Entnahme vgl. noch MüKoHGB/Pöschke Rn. 13; Ebenroth/Boujong/Bochmann Rn. 5; Schüppen FS Wacker, 2025, 83 (88).

[21] Schlegelberger/Martens § 121 Rn. 6; Ebenroth/Boujong/Freitag § 119 Rn. 35 ff.

[22] RGHMW/Mock Rn. 11; Mock GmbHR 2023, 1066 Rn. 8; Schäfer Neues PersGesR/Hennrichs § 11 Rn. 44, 61 f.; **aA** Schäfer WPg 2021, 981 (984).

[23] Vgl. Schäfer Neues PersGesR/Hennrichs § 11 Rn. 18; Schäfer WPg 2021, 981 (984 f.).

[24] BGH 29.3.1996, NJW 1996, 1678; Heymann/Hoffmann/Bartlitz § 121 Rn. 11; MüKoHGB/Pöschke Rn. 19.

[25] BGH 29.3.1996, NJW 1996, 1678; Heymann/Hoffmann/Bartlitz § 121 Rn. 11; Staub/Schäfer Rn. 6; MüKoHGB/Pöschke § 121 Rn. 12.

[26] BeckOGK/Lieder, 1.8.2024, BGB § 399 Rn. 67; Koch PersGesR/Könen Rn. 5.

[27] BGH 14.1.2010, NZG 2010, 356 (358) mAnm Gattringer ZInsO 2010, 802.

[28] Ebenroth/Boujong/Bochmann § 120 Rn. 45.

[29] BGH 14.1.2010, NZG 2010, 356 (358) mAnm Gattringer ZInsO 2010, 802; Hopt/Roth Rn. 4; Heymann/Hoffmann/Bartlitz § 121 Rn. 10; Schlegelberger/Martens § 121 Rn. 6; MüKoHGB/Pöschke Rn. 19; Ebenroth/Boujong/Bochmann Rn. 46.

[30] BGH 14.1.2010, NZG 2010, 356 (358) mAnm Gattringer ZInsO 2010, 802.

von etwaigen Pfändungen beim Zedenten nicht erfasst.[31] Der Zessionar erhält hierdurch aber keine Gesellschafterstellung.[32] Zur Feststellung des Jahresabschlusses bleibt der Zedent verpflichtet. Er kann sich lediglich gegenüber dem Zessionar schadensersatzpflichtig machen, wenn er mangels Mitwirkung an der Feststellung des Jahresabschlusses das Entstehen des Anspruchs vereitelt.[33] Das Gleiche gilt, wenn der Zedent den Gesellschaftsanteil vor der Entstehung (→ Rn. 7) des zukünftigen Anspruchs abtritt oder der Gesellschaftsvertrag einschränkend abgeändert wird.[34] Eine solche Abtretung oder eine Änderung des Gesellschaftsvertrags wirken nach § 404 BGB auch für und gegen den Zessionar. Entsprechendes gilt für den Pfand- und den Pfändungsgläubiger.[35] Der Nießbraucher hat nur Anspruch auf den entnahmefähigen Gewinn.[36]

c) Übertragbarkeit. Mit und gegen den Anspruch auf Gewinnauszahlung kommt eine Aufrechnung nach §§ 387 ff. BGB in Betracht.[37] Namentlich kann die Gesellschaft die Aufrechnung erklären, wenn der Gesellschafter seine fällige Einlageforderung bisher nicht beglichen hat. Das gilt selbst dann, wenn ihr ein Leistungsverweigerungsrecht gem. § 122 S. 2 zusteht. Eine etwaige Aufrechnung des Gesellschafters scheitert in diesem Fall hingegen an § 390 BGB.[38] 9a

IV. Einschränkungen

1. Gesellschaftsschädliche Gewinnauszahlung. Durch die Auszahlungssperre wegen offenbaren Schadens nach S. 2 soll die Gesellschaft vor einem zu starken Abfluss von finanziellen Mitteln geschützt werden.[39] Es handelt sich um ein **vorübergehendes Leistungsverweigerungsrecht** der Gesellschaft,[40] das nur solange besteht, wie deren finanzielle Lage die Einschränkung erfordert.[41] Dafür darlegungs- und beweispflichtig ist die Gesellschaft.[42] Maßgeblicher Zeitpunkt ist das Begehren der Auszahlung.[43] Die Beschränkung bezieht sich jedoch nur auf die Auszahlung und damit den Entzug der Mittel aus dem Gesellschaftsvermögen. Der Betrag wird daher gleichwohl dem Kapitalkonto des Gesellschafters gutgeschrieben.[44] 10

Das Leistungsverweigerungsrecht greift ein, wenn durch die Auszahlung ein **offenbarer Schaden** entstehen würde, etwa weil die Gesellschaft durch die Auszahlung in einem Ausmaß **Liquidität** verlieren würde, sodass die Fortführung der Gesellschaft ernsthaft bedroht wäre.[45] Das bloße Entgehen von Gewinnchancen reicht hierfür aber nicht aus.[46] Dem Gewinnauszahlungsanspruch vorgelagert ist die **Bilanzierungsentscheidung** zur Thesaurierung durch Rückstellungen (→ § 120 Rn. 26 ff.). Auch über Ergebnisverwendung durch Bildung freier Rücklagen, was den Gewinnanspruch einschränkt, sind **Mehrheitsentscheidungen** zulässig (→ § 109 Rn. 54; → § 120 Rn. 30). Vor der Leistungsverweigerung gegenüber dem Gesellschafter müssen andere noch offene Ansprüche durchgesetzt werden, etwa auf Schadensersatz gegenüber dem geschäftsführenden Gesellschafter.[47] Eine Abwägung mit dem Interesse des Gesellschafters auf Auszahlung des Geldes ist nicht vorzuneh- 11

---

[31] Vgl. BGH 25.5.1987, JZ 1987, 880; Staub/Schäfer § 122 Rn. 8; Ebenroth/Boujong/Bochmann Rn. 46; Flume BGB AT I 1 § 11 III (160); Flume BGB AT I 1 § 17 III (354); Hueck OHG § 17 IV 2 (254); Wiedemann, Die Übertragung und Vererbung von Mitgliedschaftsrechten bei Handelsgesellschaften, 1965, 299 ff., 301; allg. BeckOGK/Lieder, 1.8.2024, BGB § 398 Rn. 168 ff.

[32] Heymann/Hoffmann/Bartlitz § 121 Rn. 10; Ebenroth/Boujong/Bochmann § 120 Rn. 46.

[33] MüKoHGB/Pöschke Rn. 26; Staub/Schäfer Rn. 7; Heymann/Hoffmann/Bartlitz § 121 Rn. 10.

[34] MüKoHGB/Pöschke Rn. 25 f.; Staub/Schäfer Rn. 8; Heymann/Hoffmann/Bartlitz § 121 Rn. 10.

[35] Hopt/Roth Rn. 3.

[36] MüKoHGB/Pöschke Rn. 26; Frank MittBayNot 2010, 96 (100); Wälzholz DStR 2010, 1786 (1789).

[37] Henssler/Strohn/Oswald Rn. 15; Staub/Schäfer Rn. 6; Ebenroth/Boujong/Bochmann Rn. 11; MüKoHGB/Pöschke Rn. 27.

[38] MüKoHGB/Pöschke Rn. 27; Ebenroth/Boujong/Bochmann Rn. 11.

[39] Staub/Schäfer Rn. 10; MüKoHGB/Pöschke Rn. 33; Ebenroth/Boujong/Bochmann Rn. 24.

[40] Begr. RegE, BT-Drs. 19/27635, 240; MüKoHGB/Pöschke Rn. 33; Ebenroth/Boujong/Bochmann Rn. 24; **aA** Könen RFamU 2023, 220 (226): Einwendung, keine Einrede.

[41] Ebenroth/Boujong/Bochmann Rn. 24; MüKoHGB/Pöschke Rn. 33; Staub/Schäfer Rn. 10; Schlegelberger/Martens Rn. 17; Rn. 9; Michalski Rn. 9; Heymann/Hoffmann/Bartlitz Rn. 19.

[42] Henssler/Strohn/Oswald Rn. 34; Ebenroth/Boujong/Bochmann Rn. 28; MüKoHGB/Pöschke Rn. 34.

[43] MüKoHGB/Pöschke Rn. 36; Henssler/Strohn/Oswald Rn. 25; Schlegelberger/Martens Rn. 16.

[44] Schlegelberger/Martens Rn. 17; Ebenroth/Boujong/Bochmann Rn. 24.

[45] BGH 29.3.1996, BGHZ 132, 263 = NJW 1996, 1681; OLG Nürnberg 30.1.2013, NZG 2013, 256 (257) zur KG; Staub/Schäfer Rn. 12; MüKoHGB/Pöschke Rn. 35 ff.; Schlegelberger/Martens Rn. 16; Michalski Rn. 7; GK-HGB/Ensthaler Rn. 2; Hopt/Roth Rn. 8.

[46] Ebenroth/Boujong/Bochmann Rn. 27; wohl auch Staub/Schäfer Rn. 12 m. Fn. 50; Hopt/Roth Rn. 8; **aA** Hueck OHG § 17 III 3 (250); Heymann/Hoffmann/Bartlitz Rn. 19.

[47] Staub/Schäfer Rn. 12; MüKoHGB/Pöschke Rn. 39; Ebenroth/Boujong/Bochmann Rn. 27.

men, weil hierfür der gewinnunabhängige Anspruch auf die Kapitalrendite dient.[48] Die zum Entnahmerecht des § 122 aF anerkannte Ausnahme auf der Grundlage der Treuepflicht, wenn der Gesellschafter auf die Mittel dringend angewiesen ist und sie insbesondere zur Zahlung der ihn persönlich treffenden Einkommensteuer benötigt,[49] lässt sich nicht ohne weiteres auf den Gewinnanspruch übertragen, weil sich die gesetzliche Wertung des § 122 deutlich vom gewinnunabhängigen Entnahmerecht und dessen teleologischen Grundlagen entfernt hat.[50] **Offenbar** ist die Entstehung eines Schadens, wenn ein sachkundiger Dritter ex ante den Schaden ohne weiteres hätte erkennen können.[51] Zur Zuständigkeit für derartige Entscheidungen → § 120 Rn. 30.

12 Gegenüber den anderen Gesellschaftern ist der **Gleichbehandlungsgrundsatz** zu beachten (→ § 108 Rn. 41), sodass die Gewinnauszahlungen aller Gesellschafter gleichmäßig und anteilig zu kürzen sind.[52] Ist noch nicht abzusehen, ob alle Gesellschafter ihre Gewinnansprüche geltend machen und würden die liquiden Mittel der Gesellschaft in diesem Fall nicht ausreichen, muss der geschäftsführende Gesellschafter sich dahingehend mit den anderen Gesellschaftern verständigen oder die Auszahlung nur unter Vorbehalt vornehmen.[53] Hat er **ohne Vorbehalt ausgezahlt,** besteht allerdings nach § 813 Abs. 1 BGB kein Rückforderungsrecht, weil die Einrede nur eine vorübergehende ist, die von § 813 Abs. 1 BGB nicht erfasst wird.[54] In besonderen Fällen kann allerdings die Treuepflicht Grundlage einer alsbaldigen Rückzahlung sein,[55] obwohl dies materiell wie eine nach § 710 BGB grundsätzlich nicht bestehende Nachschusspflicht wirkt. Solange jedoch noch ein enger Zusammenhang mit der vorherigen Auszahlung besteht, spricht nichts gegen eine Rückforderung.[56] Hinzu tritt ein Schadensersatzanspruch gegen den geschäftsführenden Gesellschafter.[57]

13 **2. Nichtleistung vereinbarter Beiträge.** Die Einschränkung des Gewinnanspruchs, soweit der Gesellschafter seinen vereinbarten Beitrag trotz Fälligkeit nicht geleistet hat, zielt darauf ab, den Gesellschafter zur ordnungsgemäßen Beitragsleistung zu bewegen.[58] Zugleich erscheint es als widersprüchliches Verhalten, der Gesellschaft zwar die geschuldeten Beiträge vorzuenthalten, aber gleichwohl die Zahlung des Gewinnanteils einzufordern. Nur soweit der Gewinn den rückständigen Betrag **übersteigt,** kann der Gewinnanspruch geltend gemacht werden.[59] Im Fall einer geschuldeten Bareinlage, kann die Gesellschaft auch **aufrechnen.**[60] Für eine etwaige Rückforderung gilt in → Rn. 12 Gesagte entsprechend.

13a **Tatbestandlich** sind alle im Gesellschaftsvertrag vereinbarten Einlagen erfasst.[61] Ihre Fälligkeit bestimmt sich ebenfalls nach dem Gesellschaftsvertrag oder – in Ermangelung einer Regelung – nach den allgemeinen Grundsätzen.[62] Ist die Einlageforderung verjährt, kommt § 215 BGB zur Anwendung.[63]

V. Abweichende Regelungen

14 **1. Grundsatz.** Die Regelung ist insgesamt dispositiv. Die Gesellschafter können sie erweitern oder einschränken, um den Bedürfnissen der Praxis gerecht zu werden.[64] Ein gesetzliches Mindestka-

[48] Staub/Schäfer Rn. 13; MüKoHGB/Pöschke Rn. 40.

[49] Entscheidung des Einzelfalles: BGH 29.3.1996, BGHZ 132, 263 = NJW 1996, 1678; OLG Karlsruhe 28.2.2003, NZG 2003, 429; Hopt/Roth Rn. 13; Staub/Schäfer Rn. 13; Schlegelberger/Martens Rn. 11; Heymann/Hoffmann/Bartlitz Rn. 22; MüKoHGB/Pöschke Rn. 40; Priester FS Quack, 1991, 373 (394); Balz DB 1988, 1305; Ernst BB 1961, 377; Großfeld NJW 1986, 955 (958); Hopt FS Odersky, 1996, 799 (804 f.).

[50] Vgl. noch MüKoHGB/Pöschke Rn. 47; Staub/Schäfer Rn. 15; Henssler/Strohn/Oswald Rn. 29.

[51] Schlegelberger/Martens Rn. 16; MüKoHGB/Pöschke Rn. 39; Staub/Schäfer Rn. 12; Schön FS Beisse, 1997, 471 (477 f.); vgl. auch RG 9.2.1938, RGZ 147, 58 (63).

[52] Staub/Schäfer Rn. 11; Schlegelberger/Martens Rn. 17; Heymann/Hoffmann/Bartlitz Rn. 20; Hopt/Roth Rn. 8.

[53] Staub/Schäfer Rn. 11; Schlegelberger/Martens Rn. 17; MüKoHGB/Pöschke Rn. 37.

[54] RG 24.11.1932, RGZ 139, 17 (21); BGH 30.5.1963, NJW 1963, 1869 f.; allg. MüKoBGB/Schwab BGB § 813 Rn. 6; Staudinger/S. Lorenz, 2007, BGB § 813 Rn. 6.

[55] MüKoHGB/Pöschke Rn. 38; **aA** Ebenroth/Boujong/Bochmann Rn. 25; Schlegelberger/Martens Rn. 17.

[56] So bereits → 4. Aufl. 2015, Rn. 32 (Weitemeyer).

[57] Ebenroth/Boujong/Bochmann Rn. 25; Staub/Schäfer Rn. 11; MüKoHGB/Pöschke Rn. 38; etwas anders Schlegelberger/Martens Rn. 17, der einen Schadensersatzanspruch der benachteiligten Gesellschafter befürwortet.

[58] Begr. RegE, BT-Drs. 19/27635, 240.

[59] Begr. RegE, BT-Drs. 19/27635, 240; MüKoHGB/Pöschke Rn. 42; Ebenroth/Boujong/Bochmann Rn. 29; Henssler/Strohn/Oswald Rn. 33; Staub/Schäfer Rn. 14.

[60] Ebenroth/Boujong/Bochmann Rn. 29; MüKoHGB/Pöschke Rn. 42.

[61] MüKoHGB/Pöschke Rn. 43; Henssler/Strohn/Oswald Rn. 30; vgl. weiter Schäfer Neues PersGesR/Hennrichs § 11 Rn. 10 ff.

[62] RGHMW/Mock Rn. 18; MüKoHGB/Pöschke Rn. 43.

[63] Henssler/Strohn/Oswald Rn. 32; MüKoHGB/Pöschke Rn. 43.

[64] BGH 9.5.1974, NJW 1974, 1555; speziell zum MoPeG Otte ZIP 2021, 2162 (2166).

pital ist bei der OHG oder KG nicht erforderlich, sodass es kein zwingendes Verbot der Kapitalrückzahlung gibt.[65]

2. Einschränkungen. Zulässig ist die Vereinbarung, dass neben einer gewissen Mindestrendite weitergehende Gewinnansprüche eingeschränkt werden, um die Eigenkapitalbildung durch Thesaurierung zu verbessern.[66] Es kann auch vereinbart werden, dass Vorentnahmen vorab auszugleichen bzw. aufzufüllen sind.[67] Diese Vereinbarungen müssen der gegenseitigen **Treuepflicht** in der Gesellschaft gerecht werden. Das Interesse der Gesellschafter auf angemessene Gewinnbeteiligung ist gegen das Interesse der Gesellschaft auf Erhalt ihrer Kapitalausstattung abzuwägen (→ § 120 Rn. 30 f.).[68] 15

3. Erweiterungen. Auch Erweiterungen des Gewinnrechts, namentlich durch Vereinbarung von Gewinn- und Kapitalentnahmerechten, wie sie in § 122 aF vorgesehen waren (→ Rn. 11), sind möglich. Das **Kapitalentnahmerecht** ist im Gegensatz zum Gewinnentnahmerecht gewinnunabhängig ausgestaltet.[69] Das **Gewinnentnahmerecht** setzt die Feststellung einer Bilanz mit einem positiven Jahresergebnis voraus. Für Einzelheiten → 7. Aufl. 2021, § 122 Rn. 3 ff. 16

In der Praxis findet sich häufig die Klausel, dass die Gesellschafter jedenfalls ein Entnahmerecht in Höhe der **Einkommensteuer** haben, die sie wegen ihres Gewinnanteils an der OHG persönlich tragen müssen.[70] Ohne vertragliche Vereinbarung gibt es nach zutreffender hM ein derartiges **Steuerentnahmerecht** nicht.[71] Auch eine Entnahme zur Deckung der die Gesellschafter persönlich treffenden **Erbschaft- und Schenkungsteuer** ist nur auf der Grundlage einer Vereinbarung zulässig.[72] Sinnvoll sind dahingehende Regelungen, weil das Finanzamt mit nachteiligen Folgen für die anderen Gesellschafter nach § 133 in den Anteil des Erben vollstrecken kann, wenn dieser als Sondernachfolger des Gesellschafters die Erbschaft- und Schenkungsteuer nicht aufbringen kann.[73] 17

Eine Tätigkeitsvergütung kann auch als Kapitalentnahmerecht ausgestaltet sein, sodass sie gewinnunabhängig gezahlt wird, aber eine spätere Verpflichtung zur Auffüllung der Kapitalanteile besteht.[74] Zulässig ist weiterhin eine Ausschüttung **aus der Liquidität,** also unabhängig von der Gewinnerzielung,[75] sowie Vorschüsse auf künftige Gewinne.[76] In Abhängigkeit von der gesellschaftsvertraglichen Ausgestaltung kann sich im Einzelfall ein gesellschaftsvertraglicher oder schuldrechtlicher Rückzahlungsanspruch ergeben.[77] Demgegenüber ist eine zulässige Entnahme vom Kapitalanteil abzuschreiben.[78] 18

4. Zuständigkeit. Gesellschaftsvertraglich kann die Gewinn- oder Entnahmeregelung einem **Mehrheitsbeschluss** der Gesellschafter unterworfen werden,[79] der allerdings der zweistufigen Beschlusskontrolle (→ § 109 Rn. 55 ff.) standhalten muss.[80] Auf formeller Ebene wird die Gewinnthesaurierung bereits von einer **einfachen Mehrheitsklausel** erfasst, ohne dass es einer ausdrücklichen Bezeichnung dieses Beschlussgegenstands bedürfte.[81] Auf materieller Ebene handelt es sich 19

---

[65] Ebenroth/Boujong/Bochmann Rn. 34.

[66] Vgl. auch Koch PersGesR/Könen Rn. 3; Grunewald ZIP 2023, 885 (886 ff., 890).

[67] Ebenroth/Boujong/Bochmann Rn. 44.

[68] BGH 29.3.1996, BGHZ 132, 263 = NJW 1996, 1678 (1681); OLG Hamm 14.6.1999, NZG 2000, 252.

[69] Schlegelberger/Martens Rn. 5.

[70] Für Einzelheiten s. Ebenroth/Boujong/Bochmann Rn. 37 ff.

[71] Vgl. nach früherem Recht BGH 29.3.1996, BGHZ 132, 263 = NJW 1996, 1678 (1682); offenlassend 16.4.2013, NZG 2013, 703 Rn. 14 mwN; wie hier zum neuen Recht Ebenroth/Boujong/Bochmann Rn. 37 mit Hinweisen auf den Streitstand; tendenziell auch RGHMW/Mock Rn. 27; **aA** MüKoHGB/Pöschke Rn. 71; Staub/Schäfer Rn. 26.

[72] Vgl. nur Staub/Schäfer Rn. 30; MüKoHGB/Pöschke Rn. 72; s. zudem BGH 26.3.1990, ZIP 1990, 1327 (1328); Barz FS Knur, 1972, 33.

[73] So Staub/Schäfer Rn. 30; vgl. auch Lüdtke-Handjery DB 1975, 433 (434 f.).

[74] OLG Hamm 27.4.2009, BeckRS 2009, 25474.

[75] BGH 21.1.1982, NJW 1982, 2065; 12.3.2013, NZG 2013, 738 Rn. 26; Priester DStR 2013, 1786 ff.

[76] Schäfer Neues PersGesR/Hennrichs § 11 Rn. 22.

[77] Zurückhaltend BGH 16.2.2016, NZG 2016, 424 Rn. 10 f.; 10.10.2017, NZG 2018, 100 Rn. 43; dazu näher Pöschke/Steebreker NZG 2016, 841 ff.; Pöschke NZG 2018, 454 f.; Schäfer NZG 2016, 543.

[78] Schäfer Neues PersGesR/Hennrichs § 11 Rn. 22.

[79] BGH 29.3.1996, BGHZ 132, 263 (275 f.) = NJW 1996, 1678; s. aber auch BGH 10.5.1976, BB 1976, 948 (949) mAnm Ulmer; **aA** BGH 21.1.1982, NJW 1982, 2065.

[80] Vgl. ebenso Schlegelberger/Martens Rn. 21; Hopt/Roth Rn. 15; s. zudem auch Schön FS Beisse, 1997, 471 (482 ff.).

[81] BGH 15.1.2007, BGHZ 170, 283 Rn. 9 = NJW 2007, 1685 – Otto; 24.11.2008, BGHZ 179, 13 Rn. 16 = NJW 2009, 669; 21.10.2014, BGHZ 203, 77 Rn. 25 = NJW 2015, 859; **aA** Dettke, Gewinnthesaurierung und Minderheitenschutz in der Personengesellschaft als Konzernobergesellschaft, 2017, S. 225 f.

nach zutreffender Auffassung[82] indes um **kein zustimmungspflichtiges Geschäft,** da nicht der Anteil der Gesellschafter am Gewinn, sondern nur die unmittelbare Verfügung über den Gewinnanteil berührt wird; die Wertsteigerung seiner Beteiligung bleibt dem Gesellschafter erhalten. Auch ein Verstoß gegen das Verbot der Beitragsmehrung liegt nicht vor.[83] Der Mehrheitsbeschluss ist stattdessen an der gesellschaftsrechtlichen Treuepflicht zu messen.[84] Durch Mehrheitsbeschluss unentziehbar ist hingegen ein gewinnunabhängiger Anspruch des Gesellschafters, der bereits entstanden ist.[85]

Dritter Titel. Rechtsverhältnis der Gesellschafter zu Dritten

§ 123 Entstehung der Gesellschaft im Verhältnis zu Dritten

(1) [1]Im Verhältnis zu Dritten entsteht die Gesellschaft, sobald sie im Handelsregister eingetragen ist. [2]Dessen ungeachtet entsteht die Gesellschaft schon dann, wenn sie mit Zustimmung sämtlicher Gesellschafter am Rechtsverkehr teilnimmt, soweit sich aus § 107 Absatz 1 nichts anderes ergibt.

(2) Eine Vereinbarung, dass die Gesellschaft erst zu einem späteren Zeitpunkt entstehen soll, ist Dritten gegenüber unwirksam.

Schrifttum: Deutschmann, Die Bedeutung des § 123 HGB nF für die Entstehung von Personenhandelsgesellschaften und deren Erwerb der Kaufmannseigenschaft, NZG 2023, 1635; Escher-Weingart, Zwischen Skylla und Charybdis: die Erosion des § 1 HGB oder wenn der Gesetzgeber sich nicht entscheiden kann, WM 2024, 1541; Freitag, Die Rechtsfähigkeit der nicht eingetragenen Personengesellschaft nach dem MoPeG – Ansätze zur Korrektur eines verfehlten gesetzgeberischen Konzepts, ZGR 2025, 595; Grünwald, Rechtsfolgen des Erwerbs bzw. Verlusts der Vollkaufmannseigenschaft bei Personengesellschaften, GesRZ 1993, 132; Kneisel, Rechtsscheinhaftung im BGB und HGB – mehr Schein als Sein, JA 2010, 337; Lindacher, Die Scheinhandelsgesellschaft im Prozeß und in der Zwangsvollstreckung, ZZP 96 (1983), 486.

Übersicht

I. Allgemeines

1 **1. Anwendungsbereich, Normzweck.** Die Vorschrift gilt für die OHG und über § 161 Abs. 2 gleichermaßen auch für die **KG.**[1] Auf die EWIV und die Partnerschaftsgesellschaft ist § 123 nicht anwendbar, da diese ihre Rechtsfähigkeit durch eine Registereintragung gem. Art. 1 Abs. 2 EWIV-VO bzw. § 7 Abs. 1 PartGG erlangen.[2] Die Vorschriften der §§ 123 ff. regeln das Verhältnis der Gesellschaft (§§ 123–125) und der Gesellschafter (§§ 126–129) zu Dritten, das sog. **Außenverhältnis,**[3] insbesondere ab dem Zeitpunkt in dem die OHG im Verhältnis zu Dritten entsteht

---

[82] MüKoHGB/Pöschke Rn. 63; K. Schmidt ZGR 2008, 1 (21 f.); **aA** Wahlers/Orlikowski-Wolf ZIP 2012, 1161 (1164 f.); Wertenbruch ZIP 2007, 798 (800 f.); Paefgen FS Schneider, 2011, 929; Dettke, Gewinnthesaurierung und Minderheitenschutz in der Personengesellschaft als Konzernobergesellschaft, 2017, S. 226 ff.

[83] MüKoHGB/Pöschke Rn. 63; Priester FS Schneider, 2011, 985 (992 f.).

[84] KKD/Kindler Rn. 4; MüKoHGB/Pöschke Rn. 64.

[85] MüKoHGB/Pöschke Rn. 65.

[1] Statt vieler s. Habersack/Schäfer/Habersack Rn. 1; BeckOGK/Henssler, 15.10.2025, Rn. 14.

[2] Statt vieler s. Habersack/Schäfer/Habersack Rn. 1.

[3] Statt vieler s. BeckOGK/Henssler, 15.10.2025, Rn. 2.

(→ Rn. 11 ff.). Dritte iSd §§ 123 ff. können auch die Gesellschafter selbst sein, zB wenn sie der Gesellschaft ein Darlehen gewähren.[4]

In der Fassung des **MoPeG** übernimmt Abs. 1 S. 1 (→ Rn. 8 ff.) in der Sache den bis zum 31.12.2023 geltenden § 123 Abs. 1 aF. Die Regelung in Abs. 1 S. 2 (→ Rn. 11 ff.) entspricht derjenigen des § 123 Abs. 2 aF mit der Klarstellung, dass – abweichend von § 123 Abs. 2 aF – sämtliche Gesellschafter der Teilnahme an dem Rechtsverkehr zugestimmt haben müssen. Abs. 2 (→ Rn. 16 ff.) entspricht inhaltlich dem bis zum 31.12.2023 geltenden § 123 Abs. 3 aF. 2

2. Entstehung der OHG. a) Gesellschaftsvertrag. Die Entstehung der OHG setzt gem. § 105 Abs. 1 einen Gesellschaftsvertrags voraus (→ § 105 Rn. 131 ff.). Für dessen Zustandekommen gelten die allgemeinen Grundsätze. Im Verhältnis der Gesellschafter untereinander gelten die §§ 106 ff. bereits ab Vertragsschluss und damit unabhängig von den Voraussetzungen des § 123 Abs. 1 S. 1 (→ Rn. 8 ff.) und S. 2 (→ Rn. 11 ff.) für die Entstehung der Gesellschaft im Außenverhältnis.[5] Gleichwohl fallen der Abschluss des Gesellschaftsvertrags und der Beginn der Geschäftstätigkeit iSd Abs. 1 S. 2 (→ Rn. 11 ff.) nicht selten zeitlich zusammen. 3

b) Rechtsträger. Seit dem Inkrafttreten des MoPeG ist im Personengesellschaftsrecht zwischen der Binnen- und der Außenrechtsfähigkeit zu unterscheiden.[6] Im **Binnenverhältnis** wird die OHG – ebenso wie die rechtsfähige GbR iSd § 705 Abs. 2 Alt. 1 BGB – mit dem Abschluss des Gesellschaftsvertrags (→ Rn. 3) rechtsfähig, und zwar unabhängig von den Voraussetzungen des Abs. 1 S. 1 (→ Rn. 8 ff.) und S. 2 (→ Rn. 11 ff.).[7] Diese interpersonelle Rechtsfähigkeit umfasst insbesondere die Sozialansprüche auf Einlagenleistung.[8] Erwirbt die OHG vor Eintragung in das Handelsregister ein Grundstück als Einlage, kann sie mit dem Zusatz **„OHG in Gründung"** in das Grundbuch eingetragen werden.[9] Im Unterschied dazu entsteht die OHG im **Außenverhältnis** zu Dritten erst, sobald sie in das Handelsregister eingetragen ist (Abs. 1 S. 1) oder – bereits zuvor – mit Zustimmung sämtlicher Gesellschafter am Rechtsverkehr teilnimmt (Abs. 1 S. 2). Erst ab diesem Zeitpunkt sind die Vorschriften der §§ 124 ff. kraft Gesetzes anwendbar. Zuvor finden die §§ 124 ff. im Verhältnis zu Dritten nur ausnahmsweise Anwendung, nämlich wenn und soweit dies vertraglich vereinbart wird. Ihre subjektiven Rechte kann die OHG ebenfalls erst nach ihrer Entstehung im Außenverhältnis geltend machen, zB den Schutz ihrer Firma.[10] 4

3. Kaufmannseigenschaft. Die OHG ist **grds. kein Formkaufmann iSd § 6 Abs. 2,** da ihr Zweck auf den Betrieb eines Handelsgewerbes gerichtet ist. Ausnahmen gelten für die kleingewerblichen, vermögensverwaltenden und freiberuflichen Gesellschaften, die durch die konstitutive Eintragung gem. § 107 Abs. 1 S. 1 oder 2 zur OHG und damit zu einem Formkaufmann werden (→ § 6 Rn. 21). Eine OHG, die kein Formkaufmann iSd § 6 Abs. 2 ist, erlangt die Eigenschaft einer **Handelsgesellschaft iSd § 6 Abs. 1** jedenfalls in dem Zeitpunkt, in dem sie im Verhältnis zu Dritten entsteht, nämlich mit der deklaratorischen Eintragung in das Handelsregister (Abs. 1 S. 1; → § 6 Rn. 4).[11] Dies gilt auch dann, wenn die Gesellschaft nicht sogleich, sondern erst später am Rechtsverkehr teilnimmt.[12] Einer eingetragenen OHG kann nämlich gem. § 5 nicht entgegengesetzt werden, dass das unter der Firma betriebene Gewerbe kein Handelsgewerbe sei. Zulässig ist einzig der Einwand, dass überhaupt kein Gewerbe betrieben wird (→ § 5 Rn. 10). Ohne Eintragung in das Handelsregister ist die durch Gesellschaftsvertrag gegründete OHG nur dann Kaufmann, wenn sie ein Handelsgewerbe iSd § 1 (→ § 1 Rn. 48 ff.) betreibt (→ § 1 Rn. 63 ff.).[13] In Anbetracht der Tatsache, dass der **Betrieb eines Handelsgewerbes** eine erkennbar nach außen und auf den Abschluss von entgeltlichen Rechtsgeschäften gerichtete Tätigkeit voraussetzt (→ § 1 Rn. 19), wird die Kaufmannseigenschaft nicht selten in dem Zeitpunkt erlangt, in dem die Gesellschaft mit Zustimmung sämtlicher Gesellschafter am Rechtsverkehr teilnimmt und dadurch gem. Abs. 1 S. 2 im Verhältnis zu Dritten entsteht (→ Rn. 11 ff.).[14] 5

---

[4] KKD/Kindler Rn. 1.

[5] Hopt/Roth Rn. 18.

[6] Begr. RegE MoPeG, BT-Drs. 19/27635, 161 f.; Staub/Habersack Rn. 26. Krit. bis ablehnend Deutschmann NZG 2023, 1635 (1636 f.); Freitag ZGR 2025, 595 (607 ff.); BeckOGK/Geibel, 1.8.2025, BGB § 705 Rn. 261; Erman/Lieder BGB § 719 Rn. 2; Verse/Tassius FS Grunewald, 2021, 1159 (1170 f.).

[7] Deutschmann NZG 2023, 1635 (1636); wohl auch Ebenroth/Boujong/M. Noack Rn. 11.

[8] Wertenbruch ZPG 2023, 1, 5; MüKoBGB/Schäfer BGB § 705 Rn. 6.

[9] BGH 26.4.2004, BB 2004, 1357 f. = NZG 2004, 663; BayObLG 24.5.1985, WM 1985, 1398 = NJW-RR 1986, 30; zur Grundbuchvormerkung einer Handelsgesellschaft in Gründung v. Gerkan EWiR 1985, 977 f.

[10] Hopt/Roth Rn. 19.

[11] Deutschmann NZG 2023, 1635 (1639).

[12] Hopt/Roth Rn. 3.

[13] Deutschmann NZG 2023, 1635 (1637).

[14] Grds. abw. Escher-Weingart WM 2024, 1541 Rn. 16 ff.

6 Solange eine OHG als solche **in das Handelsregister eingetragen** ist, kann ihr gem. § 5 nicht entgegengesetzt werden, dass das unter der Firma betriebene Gewerbe kein Handelsgewerbe sei. Ist die Eintragung nicht konstitutiv (§ 107 Abs. 1 S. 1, 2), die Gesellschaft also Formkaufmann gemäß § 6 Abs. 2 (→ Rn. 5), sondern deklaratorisch, wird die OHG nur dann zu einer GbR, wenn überhaupt kein Gewerbe mehr betrieben wird (→ § 5 Rn. 10).[15] Nach Ansicht des BGH soll dies auch bei einer lediglich vorübergehenden Einstellung der Tätigkeit gelten.[16] In der Literatur überwiegt hingegen die Ansicht, dass die bloß vorübergehende Einstellung des Betriebs noch nicht dazu führt, dass aus der OHG eine GbR wird.[17] Bei einer Eintragung als OHG bleibt die Kaufmannseigenschaft der Handelsgesellschaft bis zu deren Löschung im Handelsregister bestehen. Für den Fortbestand der OHG bis zu ihrer Vollbeendigung spricht zudem, dass sie auch im Falle der Auseinandersetzung, insbesondere der Liquidation, bis zu ihrer Vollbeendigung bestehen bleibt, selbst wenn das von ihr betriebene Unternehmen im Rahmen des Liquidationsverfahrens eingestellt worden ist (→ § 143 Rn. 10).[18] Eine OHG, die **nicht in das Handelsregister eingetragen** ist, genießt den Schutz des § 5 nicht. Sie wird daher zu einer GbR, sobald der Geschäftsbetrieb keinen in kaufmännischer Weise eingerichteten Geschäftsbetrieb (→ § 1 Rn. 50 ff.) mehr erfordert.

7 **4. Eintritt neuer Gesellschafter.** Auf den Eintritt neuer Gesellschafter ist Abs. 1 S. 1, 2 **nicht anwendbar,** auch nicht entsprechend.[19] Anderes ergibt sich nicht aus § 176 Abs. 2.[20] Somit ist auch die Meinung abzulehnen, die Eintragung des neuen Gesellschafters könne durch seine Zustimmung zur Fortführung der Geschäfte (auch) auf seine Rechnung ersetzt werden, wie es eine entsprechende Anwendung von Abs. 1 S. 2 implizieren würde.[21] Der Beitritt ist unabhängig von der Eintragung im Handelsregister oder der Zustimmung zu der Fortführung der Geschäfte im Zeitpunkt des Abschlusses des Beitrittsvertrags wirksam.

II. Eintragung (Abs. 1 S. 1)

8 **1. Eintragung in das Handelsregister.** Die Gesellschaft ist gem. § 106 Abs. 1, 7 S. 1 von sämtlichen Gesellschaftern bei dem Gericht, in dessen Bezirk sie ihren Sitz hat, zur Eintragung in das Handelsregister anzumelden (→ § 106 Rn. 10 ff.). Die Eintragung markiert gem. Abs. 1 S. 1 den Zeitpunkt, zu dem die Gesellschaft im Verhältnis zu Dritten **spätestens** entsteht.[22] Wird der gem. § 105 Abs. 1 erforderliche Gesellschaftszweck (→ § 105 Rn. 26 ff.) verwirklicht, also ein in kaufmännischer Weise eingerichtetes Gewerbe iSd § 1 (→ § 1 Rn. 48 ff.) betrieben, hat die Eintragung lediglich **deklaratorischen Charakter.**[23] Abs. 1 S. 1 dient daher der Rechtssicherheit und schützt den Rechtsverkehr, ist aber keine Vertrauensschutzvorschrift im engeren Sinne.[24] Konstitutiven Charakter hat die Eintragung in das Handelsregister für kleingewerbliche, vermögensverwaltende und freiberufliche Gesellschaften (§ 107 Abs. 1 S. 1, 2; → § 107 Rn. 5 ff.) sowie für land- und forstwirtschaftliche Betriebe (§ 2 S. 1 iVm § 3 Abs. 2; → § 3 Rn. 17 ff.), die eine OHG errichten wollen.[25]

9 Den Zeitpunkt der Entstehung bestimmt die **Eintragung,** und zwar ohne Rücksicht auf die Anmeldung (§ 106 Abs. 1, 7 S. 1; → § 106 Rn. 10 ff.) und die Bekanntmachung der Eintragung (→ § 106 Rn. 38).[26] Letztere ist nur bei Anwendung von § 15 Abs. 2 von Bedeutung (→ § 15 Rn. 31 ff.).

10 **2. Fortführung eines Unternehmens.** Bei der Fortführung einer OHG oder KG bedarf es keiner Eintragung, da die Änderung nicht die Kaufmannseigenschaft, sondern nur den Inhaber betrifft.[27] Erfolgt die Übernahme eines eingetragenen Unternehmens durch Kauf oder Einbringung, wird das Unternehmen auch dann zur Handelsgesellschaft, wenn die Gesellschaft selbst nicht eingetra-

[15] BGH 19.5.1960, BGHZ 32, 307 (312) = NJW 1960, 1664; MüKoHGB/Drescher Rn. 5 mwN.
[16] BGH 19.5.1960, BGHZ 32, 307 = NJW 1960, 1664.
[17] So auch MüKoHGB/Drescher Rn. 5; Staub/Habersack Rn. 10; Ebenroth/Boujong/M. Noack Rn. 14.
[18] MüKoHGB/Drescher Rn. 5; Grünwald GesRZ 1993, 132 ff.
[19] MüKoHGB/Drescher Rn. 8; BeckOGK/Henssler, 15.10.2025, Rn. 17; **aA** BeckOK HGB/Klimke, 49. Ed. 1.10.2025, Rn. 5; Hopt/Roth Rn. 4.
[20] MüKoHGB/Drescher Rn. 8; **aA** Hopt/Roth Rn. 4.
[21] So aber Hopt/Roth Rn. 4.
[22] BeckOGK/Henssler, 15.10.2025, Rn. 24.
[23] BGH 13.7.1972, BGHZ 59, 179 (183) = NJW 1972, 1660; BeckOGK/Henssler, 15.10.2025, Rn. 21.
[24] MüKoHGB/Drescher Rn. 9; BeckOK HGB/Klimke, 49. Ed. 1.10.2025, Rn. 7.
[25] BeckOGK/Henssler, 15.10.2025, Rn. 21.
[26] BeckOGK/Henssler, 15.10.2025, Rn. 23; Ebenroth/Boujong/M. Noack Rn. 23.
[27] BGH 13.7.1972, NJW 1972, 1660.

gen ist.[28] Erfolgt die Übernahme durch einen Formkaufmann iSd § 6 (zB die Kapitalgesellschaften GmbH und AG), muss dessen Kaufmannseigenschaft beachtet werden, welche auch unabhängig von der Frage gilt, ob ein Handelsgewerbe betrieben wird (§ 3 Abs. 1 AktG, § 13 Abs. 3 GmbHG). Dabei wird die übernehmende Gesellschaft nur dann selbst Kaufmann, wenn der übernehmende Formkaufmann ein Handelsgewerbe betreibt. Gelöst wird diese Frage durch die Entstehung mit Geschäftsaufnahme (Abs. 1 S. 2; → Rn. 11 ff.),[29] wonach die **Übernahme des Unternehmens** einen Geschäftsbeginn darstellt mit der Folge, dass die Gesellschaft zu einer Handelsgesellschaft wird.

III. Geschäftsbeginn (Abs. 1 S. 2)

1. Grundlegendes. Die Gesellschaft kann bereits vor der Eintragung der OHG in das Handelsregister im Verhältnis zu Dritten entstehen, nämlich gem. Abs. 1 S. 2 dadurch, dass sie mit Zustimmung sämtlicher Gesellschafter als solche am Rechtsverkehr teilnimmt. Hierfür ist es erforderlich, aber auch ausreichend, dass der Betrieb auf ein Handelsgewerbe ausgelegt ist. Das Gewerbe, das nach Art und Umfang einen in kaufmännischer Weise eingerichteten Geschäftsbetrieb erfordert, muss nicht bereits gegenwärtig als ein solches Gewerbe betrieben werden (→ § 1 Rn. 10 ff., → § 1 Rn. 50 ff.). Ausreichend ist vielmehr, dass der Betrieb auf ein Handelsgewerbe ausgerichtet ist. Der bloße Wille der Gesellschafter genügt hierfür nicht.[30] Es müssen zuverlässige Anhaltspunkte dafür vorliegen, dass das Unternehmen sich zu einem kaufmännisch eingerichteten Gewerbebetrieb entwickelt.[31] Bei kleingewerblichen, vermögensverwaltenden und freiberuflichen Gesellschaften (→ § 107 Rn. 5 ff.) sowie bei land- oder forstwirtschaftlichen Betrieben findet Abs. 1 S. 2 keine Anwendung, da diese Gesellschaften gem. § 107 Abs. 1 S. 1 bzw. § 3 Abs. 2 iVm § 2 S. 1 (→ § 3 Rn. 17 ff.) erst durch die Eintragung in das Handelsregister zu einer OHG werden. 11

2. Teilnahme am Rechtsverkehr. Die Teilnahme am Rechtsverkehr gem. Abs. 1 S. 2 setzt ein rechtsgeschäftliches Handeln im Namen der Gesellschaft voraus. Das Auftreten für die Gesellschaft muss sich zumindest aus den Begleitumständen ergeben.[32] Dazu genügt stets rechtswirksames Handeln unter ihrer Firma.[33] Erfolgt kein Handeln im Namen der Firma, muss nach § 164 Abs. 2 BGB auch bei Rechtsgeschäften für Rechnung der Gesellschaft von einem Eigengeschäft ausgegangen werden.[34] 12

3. Zustimmung sämtlicher Gesellschafter. Die Teilnahme am Rechtsverkehr (→ Rn. 12) genügt alleine nicht für die Entstehung der OHG im Verhältnis zu Dritten. Sie muss mit der Zustimmung sämtlicher Gesellschafter erfolgen.[35] Diese Voraussetzung beruht auf einer Empfehlung des 71. DJT, den zu § 123 Abs. 2 aF geführten Streitstand auszuräumen, ob es für die Entstehung der Gesellschaft im Verhältnis zu Dritten genügt, dass ein Gesellschafter ohne oder gegen den Willen der übrigen Gesellschafter für die Gesellschaft nach außen hin tätig wird.[36] Die Zustimmung ist keine rechtsgeschäftsähnliche Handlung,[37] sondern eine **Willenserklärung.**[38] Sie kann sowohl ausdrücklich als auch stillschweigend erfolgen.[39] Abhängig von den Umständen des Einzelfalls erscheint es sogar möglich, die den Gesellschaftsvertrag konstituierende Willenserklärung zugleich als Zustimmung auszulegen.[40] Aufgrund der systematischen Trennung zwischen dem Abschluss des Gesellschaftsvertrags einerseits und der Zustimmung zum Geschäftsbeginn andererseits ist allerdings Zurückhaltung geboten. Einzelvertretung nach § 124 Abs. 1 (→ § 124 Rn. 15 ff.) gilt hierbei noch nicht.[41] Sie gilt erst für die entstandene Gesellschaft. Auch ist Abs. 1 S. 2 nicht einschlägig, wenn ein Gesellschafter mit Zustimmung der übrigen Gesellschafter ein Geschäft im eigenen Namen 13

---

[28] BGH 13.7.1972, NJW 1972, 1660; MüKoHGB/Drescher Rn. 10; Staub/Habersack Rn. 18.
[29] Heymann/Hoffmann/Bartlitz Rn. 13; Hopt/Roth Rn. 6; iErg auch MüKoHGB/Drescher Rn. 10.
[30] Ebenroth/Boujong/M. Noack Rn. 26.
[31] BGH 17.6.1953, BGHZ 10, 91 (96) = NJW 1953, 1217 (1218); 26.4.2004, NZG 2004, 663.
[32] Ebenroth/Boujong/M. Noack Rn. 30.
[33] Staub/Habersack Rn. 19; BeckOGK/Henssler, 15.10.2025, Rn. 37.
[34] BeckOGK/Henssler, 15.10.2025, Rn. 37; Ebenroth/Boujong/M. Noack Rn. 30.
[35] Krit. im Grundsätzlichen Deutschmann NZG 2023, 1635 (1638 f.); Escher-Weingart WM 2024, 1541 ff.
[36] Zum Streitstand s. MüKoHGB/Drescher Rn. 14; Staub/Habersack Rn. 24; Heymann/Hoffmann/Bartlitz Rn. 17; Ebenroth/Boujong/M. Noack Rn. 31; Hopt/Roth Rn. 12.
[37] So aber Ebenroth/Boujong/M. Noack Rn. 31.
[38] Begr. RegE MoPeG, BT-Drs. 19/27635, 161; Escher-Weingart WM 2024, 1541 Rn. 13 f.
[39] ROHG 13.2.1874, ROHGE 12, 406 (410); Ebenroth/Boujong/M. Noack Rn. 31.
[40] BeckOK HGB/Klimke, 49. Ed. 1.10.2025, Rn. 20; s. auch BeckOK BGB/Schöne, 76. Ed. 1.11.2025, BGB § 719 Rn. 5; Henssler/Strohn/Servatius Rn. 3; abl. Freitag ZGR 2025, 595, 605.
[41] Hopt/Roth Rn. 12.

tätigt.[42] Bei eigenmächtigem Handeln gelten entweder die Grundsätze über den Missbrauch der Vertretungsmacht oder – wenn der Vertreter ohne Vertretungsmacht agiert – die §§ 177 ff. BGB.

14 **4. Geschäftsbeginn.** Der Geschäftsbeginn erfordert die Aufnahme der Tätigkeit der Gesellschaft zur Verwirklichung des Gesellschaftszwecks (→ § 105 Rn. 26 ff.). Maßgeblich ist der gemeinsame Zweck zum Zeitpunkt der tatsächlichen Aufnahme der geschäftlichen Tätigkeit; die Angabe eines abweichenden Zeitpunkts in dem Gesellschaftsvertrag ist unerheblich.[43] Der Begriff der Geschäftsaufnahme ist **weit zu verstehen.**[44] Er umfasst nicht nur den Betrieb des eigentlichen Handelsgewerbes, sondern auch vorbereitende Rechtsgeschäfte (→ § 343 Rn. 18) und rechtsgeschäftsähnliche Handlungen im Außenverhältnis (→ § 343 Rn. 4).[45] Die Aufnahme der Geschäfte kann daher zB durch die Einstellung von Personal, die Anmietung von Geschäftsräumen und die Eröffnung eines Bankkontos erfolgen.[46] Von dem Begriff des Geschäftsbeginns sind ferner öffentliche Bekanntmachungen durch Mitteilung an gesellschaftsfremde Dritte umfasst.

15 **5. Darlegungs- und Beweislast.** Die Darlegungs- und Beweislast trifft diejenigen, die sich auf den Geschäftsbeginn und damit auf die Entstehung der Gesellschaft im Außenverhältnis berufen.[47] Die Entstehung der Gesellschaft im Außenverhältnis knüpft an die kaufmännische Einrichtung des Gewerbebetriebs an (→ § 1 Rn. 50 ff.). Dabei trägt der Kaufmann im Streitfall die Beweislast dafür, dass er nur ein Kleingewerbe betreibt.[48]

IV. Unabdingbarkeit (Abs. 2)

16 Die Regelungen in Abs. 1 S. 1 (→ Rn. 8 ff.) und Abs. 1 S. 2 (→ Rn. 11 ff.) zu der Geltung des verkehrsschützenden Außenrechts stehen gem. Abs. 2 nicht zur Disposition der Gesellschafter. Insbesondere können die Gesellschafter nicht vereinbaren, dass die Gesellschaft im Verhältnis zu Dritten früher oder später als mit der Eintragung in das Handelsregister oder dem Geschäftsbeginn entsteht. Gleichwohl getroffene abweichende Vereinbarungen sind Dritten gegenüber **unwirksam.** Schuldrechtliche Abreden, die das Innenverhältnis der Gesellschaft betreffen, sind jedoch nicht von Abs. 2 umfasst.[49]

17 Sind sich mehrere, aber nicht sämtliche Gesellschafter über die Teilnahme am Rechtsverkehr einig, kann – abhängig von den Umständen des Einzelfalls – eine **Scheingesellschaft** entstehen, für deren scheinbare Verbindlichkeiten die vermeintlichen Gesellschafter nach allgemeinen Rechtsscheingrundsätzen haften (→ Rn. 18). Unter der zweiten Voraussetzung („am Rechtsverkehr teilnimmt") ist der rechtsgeschäftliche Verkehr mit gesellschaftsfremden Dritten zu verstehen. Es genügen vorbereitende Geschäfte (zB Einrichtung eines Bankkontos im Namen der Gesellschaft; → Rn. 14). Davon zu unterscheiden ist der rechtsgeschäftliche Verkehr innerhalb des Gesellschafterkreises bei Gründung sowie während des Bestehens der Gesellschaft, der für beide Erscheinungsformen der GbR (Außen- und Innengesellschaft) ohnehin unerlässlich ist. Daraus folgt, dass eine GbR, die zum Zwecke der Teilnahme am Rechtsverkehr gegründet wurde, Sozialansprüche (zB ausstehende Beiträge) bereits vor dem in Abs. 1 S. 2 genannten Zeitpunkt (→ Rn. 11 ff.) selbst gegen den säumigen Gesellschafter geltend machen kann. Ist die GbR erst einmal in das Gesellschaftsregister eingetragen, wird nach Abs. 1 S. 1 der gemeinsame Wille zur Teilnahme am Rechtsverkehr unwiderleglich vermutet.

18 Mit der Anmeldung der Gesellschaft zur Eintragung in das Handelsregister, die von sämtlichen Gesellschaftern zu bewirken ist (§ 106 Abs. 7 S. 1), spricht zwar eine Vermutung für den auf die Teilnahme am Rechtsverkehr gerichteten gemeinsamen Willen der Gesellschafter. Diese schließt es aber nicht aus, dass die Entstehung im Außenverhältnis im Einzelfall (zB bei der Anmeldung durch einen Bevollmächtigten) von den Gesellschaftern noch nicht gewollt war. In diesem Fall muss der Rechtsverkehr sich unabhängig von Vertrauensschutzerwägungen auf die im Handelsregister verlautbarte Existenz der Gesellschaft als Rechtssubjekt verlassen können. Bei Drittgeschäften eines Gesellschafters mit der Gesellschaft außerhalb des Gesellschaftsverhältnisses kann dieser sich nicht auf die Unabdingbarkeit des Abs. 2 berufen, wenn das Geschäft mit den Abreden der Gesellschafter unvereinbar ist.[50]

[42] Hopt/Roth Rn. 9.
[43] MüKoHGB/Drescher Rn. 12.
[44] Statt vieler s. BeckOGK/Henssler, 15.10.2025, Rn. 32.
[45] BGH 19.2.1990, NJW-RR 1990, 798 = WM 1990, 586; MüKoHGB/Drescher Rn. 12; BeckOK HGB/Klimke, 49. Ed. 1.10.2025, Rn. 14; Hopt/Roth Rn. 10.
[46] BGH 26.4.2004, NZG 2004, 663.
[47] BeckOGK/Henssler, 15.10.2025, Rn. 40; Ebenroth/Boujong/M. Noack Rn. 33.
[48] Ebenroth/Boujong/M. Noack Rn. 33.
[49] MüKoHGB/Drescher Rn. 16; BeckOGK/Henssler, 15.10.2025, Rn. 10, 44.
[50] MüKoHGB/Drescher Rn. 16.

V. Schein-Handelsgesellschaft

1. Rechtsscheintatbestände. Im Zusammenhang mit § 123 stehen Fälle der **sog. Schein-Handelsgesellschaft.** Eine solche Gesellschaft liegt vor, wenn lediglich eine GbR besteht, die nach außen aber als OHG oder KG in Erscheinung tritt. Eine solche Scheingesellschaft ist – im Gegensatz zu einer fehlerhaften Gesellschaft (→ § 105 Rn. 142 ff.) – **keine wirkliche Gesellschaft.** Es ist lediglich eine Haftung aus den Rechtsscheingrundsätzen des Handelsrechts denkbar. Die Unterscheidung hat ihre praktische Bedeutung durch die Erstreckung der akzessorischen Gesellschafterhaftung auf die Außen-GbR[51] und deren Überführung in die §§ 721–721b BGB durch das MoPeG eingebüßt. Ansonsten gilt für die Schein-Handelsgesellschaft das Gleiche wie für den Kaufmann kraft Rechtsscheins.[52] Für die Haftung eines Franchise-Gebers für den Franchise-Nehmer müssen neben dem Umstand, dass innerhalb des Franchise-Verhältnisses Marken und Schutzrechte genutzt werden, noch weitere Umstände hinzutreten.[53] 19

2. Rechtsträgerschaft einer GbR. Die GbR ist gem. § 705 Abs. 2 Alt. 2 BGB ein Rechtsträger, sofern sie nach dem gemeinsamen Willen der Gesellschafter am Rechtsverkehr teilnimmt. Sie ist damit Trägerin von Rechten und Pflichten. Dabei richtet das Innenrecht der Gesellschaft sich zunächst nach dem Gesellschaftsvertrag. Die Eigenschaft einer GbR als Rechtsträger impliziert die Grundbuchfähigkeit der Gesellschaft. Diese begrenzt § 47 Abs. 2 GBO jedoch auf Gesellschaften, die in das Gesellschaftsregister eingetragen sind. Zu Einzelheiten, einschließlich der Übergangsregelung (Art. 229 § 21 Abs. 1 EGBGB), s. Begr. RegE MoPeG, BT-Drs. 19/27635, 206 f. 20

3. Eintragung einer GbR. Da bereits vor Eintragung in das Handelsregister (→ Rn. 19) oder bei Verlust der Kaufmannseigenschaft eine GbR besteht, findet durch die dann erfolgende Eintragung (Abs. 1 S. 1; → Rn. 8 ff.) ein **Formwechsel** zur OHG oder KG kraft **formwechselnder Umwandlung** zwingenden Rechts statt.[54] Die Umwandlung führt jedoch zu keiner Veränderung der Identität des Rechtsträgers.[55] Zu der Entstehung der Gesellschaft im Innen- und Außenverhältnis → Rn. 3 ff. 21

§ 124 Vertretung der Gesellschaft

(1) Zur Vertretung der Gesellschaft ist jeder Gesellschafter befugt, wenn er nicht durch den Gesellschaftsvertrag von der Vertretung ausgeschlossen ist.

(2) [1]Im Gesellschaftsvertrag kann vereinbart werden, dass alle oder mehrere Gesellschafter nur gemeinsam zur Vertretung der Gesellschaft befugt sein sollen. [2]Die zur Gesamtvertretung befugten Gesellschafter können einzelne von ihnen zur Vornahme bestimmter Geschäfte oder bestimmter Arten von Geschäften ermächtigen.

(3) [1]Im Gesellschaftsvertrag kann vereinbart werden, dass die Gesellschafter, sofern nicht mehrere zusammen handeln, nur gemeinsam mit einem Prokuristen zur Vertretung der Gesellschaft berechtigt sein sollen. [2]Absatz 2 Satz 2 und Absatz 6 sind in diesem Fall entsprechend anzuwenden.

(4) [1]Die Vertretungsbefugnis der Gesellschafter erstreckt sich auf alle Geschäfte der Gesellschaft einschließlich der Veräußerung und Belastung von Grundstücken sowie der Erteilung und des Widerrufs einer Prokura. [2]Eine Beschränkung des Umfangs der Vertretungsbefugnis ist Dritten gegenüber unwirksam. [3]Dies gilt insbesondere für die Beschränkung, dass sich die Vertretung nur auf bestimmte Geschäfte oder Arten von Geschäften erstreckt oder dass sie nur unter gewissen Umständen oder für eine gewisse Zeit oder an einzelnen Orten stattfinden soll. [4]Hinsichtlich der Beschränkung auf den Betrieb einer von mehreren Niederlassungen der Gesellschaft ist § 50 Absatz 3 entsprechend anzuwenden.

(5) Die Vertretungsbefugnis kann einem Gesellschafter in entsprechender Anwendung von § 116 Absatz 5 ganz oder teilweise entzogen werden, sofern im Gesellschaftsvertrag nichts anderes vereinbart ist.

(6) Ist der Gesellschaft gegenüber eine Willenserklärung abzugeben, genügt die Abgabe gegenüber einem vertretungsbefugten Gesellschafter.

---

[51] BGH 29.1.2001, BGHZ 146, 341 = NJW 2001, 1056; 18.2.2002, NJW 2002, 1207 f.; OLG Hamm 7.5.2007, BeckRS 2008, 5779; Elsing BB 2003, 909 ff.; Habersack BB 2001, 477 ff.

[52] BGH 14.5.1979, BB 1979, 1060 f. = BeckRS 1979, 31114463; OLG Düsseldorf 23.7.1999, NJW-RR 2000, 332 f.; 18.11.1998, DB 1999, 89 f. = NJW-RR 1999, 615; Lindacher ZZP 96 (1983), 486 ff.

[53] BGH 18.12.2007, NJW 2008, 1214.

[54] MüKoHGB/Drescher Rn. 17; Ebenroth/Boujong/M. Noack Rn. 13.

[55] BeckOGK/Henssler, 15.10.2025, Rn. 27; Ebenroth/Boujong/M. Noack Rn. 13.

Schrifttum: Beuthien, Gibt es eine organschaftliche Stellvertretung?, NJW 1999, 1142; Blath, Die Vertretung der Gesellschaft durch den Vertreter des Vertreters. Ein Beitrag zur Vollmacht des organschaftlichen Vertreters und zur Vertretung der GmbH & Co. KG, ZPG 2023, 167; Kort, Vertretung der Gesellschafter in Komplementär-GmbH-Gesellschafterversammlung (hier: Geschäftsführerkündigung) durch (Mit-)Geschäftsführer bei Einheits-GmbH, EWiR 2007, 689; Leo/John, Missbrauch der Vertretungsmacht statt § 179a AktG analog – ein Fortschritt für die M&A-Praxis?, NZG 2022, 1383; Markworth, § 179a AktG analog bei Gesamtvermögensgeschäften der KG, ZPG 2023, 136; K. Schmidt, „Kündigung der Geschäftsführung und Vertretung" durch den Personengesellschafter, DB 1988, 2241; Scholz, Delegierte Vertretungsmacht und Geschäfte mit organschaftlichen Vertretern – Zu Reichweite und Funktion von § 181 BGB im Kontext der organschaftlichen Vertretung, ZfPW 2023, 157; Spranger, Zum Umfang der organschaftlichen Vertretungsmacht gem. § 126 HGB bei der Veräußerung von Grundstücken, ZfIR 2011, 234; Wertenbruch, Die Vertretung der Personengesellschaft nach MoPeG, GmbHR 2024, 1.

Übersicht

I. Allgemeines

Die Vorschrift des § 125 Abs. 1 aF ist durch Art. 51 Nr. 3 MoPeG iVm Art. 137 S. 1 **MoPeG** mWv 1.1.2024 in Abs. 1 (→ Rn. 15 ff.) überführt worden. Abs. 2 S. 1 und S. 2 (→ Rn. 20 ff.) entsprechen inhaltlich dem bis zum 31.12.2023 geltenden § 125 Abs. 2 S. 1 und 2 aF. § 125 Abs. 2 S. 3 aF wurde unverändert in Abs. 6 übernommen (→ Rn. 94). Schließlich findet § 125 Abs. 3 aF sich inhaltlich unverändert in Abs. 3 wieder (→ Rn. 34 ff.). Die Regelung des Abs. 4 entspricht den bisherigen Inhalten des § 126 Abs. 1–3 aF (→ Rn. 61 ff.), während Abs. 5 die Regelung des § 127 HGB aF fortführt (→ Rn. 72 ff.). 1

1. Normzweck. Die Vorschrift beschäftigt sich mit dem Außenverhältnis der Gesellschaft, und zwar mit der Vertretung der Gesellschaft im Verhältnis zu Dritten. Von der Vertretung der Gesellschaft ist die Geschäftsführungsbefugnis im Innenverhältnis nach den §§ 116 ff. zu unterscheiden, obgleich Vertretungsgeschäfte stets auch Geschäftsführungsmaßnahmen sind.[1] Die gleichwohl gebotene rechtliche Unterscheidung erlangt Bedeutung, wenn eine Handlung im Innenverhältnis pflichtwidrig, im Außenverhältnis jedoch wirksam ist. Die Abs. 1–6 bestimmen im Einzelnen, wer von den einzelnen Gesellschaftern Vertretungsmacht hat. Außerdem werden die möglichen Formen der Vertretung im Außenverhältnis näher geregelt, nämlich in Abs. 1 und 6 die Einzelvertretung (→ Rn. 15 ff., → Rn. 94), in Abs. 2 die echte Gesamtvertretung (→ Rn. 20 ff.) und in Abs. 3 die unechte Gesamtvertretung (→ Rn. 34 ff.). Der Umfang der Vertretungsmacht wird durch Abs. 4 vorgegeben (→ Rn. 61 ff.). Die Entziehung der Vertretungsmacht ist in Abs. 5 geregelt (→ Rn. 72 ff.). 2

2. Anwendungsbereich. Die Abs. 1–6 gelten nicht nur für die OHG, sondern entsprechend auch für die persönlich haftenden Gesellschafter einer **KG** (§ 161 Abs. 2) und – mit Ausnahme von Abs. 3 – für die Partner einer Partnerschaft (§ 7 Abs. 2 PartGG). Für die Vertretung der rechtsfähigen GbR iSd § 705 Abs. 2 Alt. 1 BGB gilt ausschließlich § 720 BGB, wonach – im Gegensatz zu Abs. 1 (→ Rn. 15 ff.) – grundsätzlich Gesamtvertretungsmacht besteht (§ 720 Abs. 1 BGB).[2] Für die Vertretung der EWIV existiert mit Art. 20 EWIV-VO eine eigenständige Regelung. 3

II. Organschaftliche Vertretung

1. Organschaftliche Vertretungsmacht. Die Vertretungsmacht der Gesellschafter gem. Abs. 1–6 ist eine organschaftliche Vertretungsbefugnis.[3] Dadurch sind die vertretenden Gesellschafter – wie die gesetzlichen Vertreter einer juristischen Person – Organe der Gesellschaft. Die Gesellschafter müssen daher im Namen der Gesellschaft handeln und zudem vertretungsberechtigt sein.[4] Die organschaftliche Vertretungsmacht ist höchstpersönlich (→ Rn. 7) und daher als solche **nicht übertragbar.**[5] Sie eröffnet der rechtsfähigen Gesellschaft die Möglichkeit, wirksam am Rechtsverkehr teilzunehmen. 4

Die Regelung der Vertretungsbefugnis in Abs. 1–6 ergänzt die bürgerlich-rechtlichen Vorschriften über die Vertretung nach **§§ 164 ff. BGB.**[6] Die von den vertretungsbefugten Gesellschaftern im Namen der Gesellschaft abgegebenen Willenserklärungen wirken gem. § 164 Abs. 1 S. 1 BGB unmittelbar für und gegen die Gesellschaft; die Gesellschafter werden nicht Partei dieser Rechtsgeschäfte. Das Handeln für die Gesellschaft muss nicht ausdrücklich erfolgen. Gemäß § 164 Abs. 1 S. 2 genügt es, dass das Handeln für die Gesellschaft sich aus den Umständen ergibt. Bei Handeln eines nicht zur Vertretung berechtigten Gesellschafters gelten die **§§ 177 ff. BGB.** Auch die Grundsätze der 5

[1] Ebenroth/Boujong/M. Noack Rn. 68.
[2] Zu dieser Divergenz s. Wertenbruch GmbHR 2024, 1 Rn. 6.
[3] BGH 11.7.1960, NJW 1960, 1997; MüKoHGB/Drescher Rn. 9; Hopt/Roth Rn. 3; Wertenbruch GmbHR 2024, 1 Rn. 1; s. auch Beuthien NJW 1999, 1142 ff.; Blath ZPG 2023, 167 (168) zu § 124 Abs. 1 aF.
[4] MüKoHGB/Drescher Rn. 9 f.
[5] MüKoHGB/Drescher Rn. 14; Hopt/Roth Rn. 7.
[6] MüKoHGB/Drescher Rn. 7, 9; Staub/Habersack Rn. 4; Ebenroth/Boujong/M. Noack Rn. 10.

Anscheinsvollmacht sind entsprechend heranzuziehen, wenn die Gesellschaft den Anschein hervorruft oder aufrechterhält, ein nicht zur Vertretung berechtigter Gesellschafter habe Vertretungsmacht.[7] Der Geschäftsgegner darf zudem auf die Publizität des Handelsregisters (§ 15 Abs. 2 iVm § 106 Abs. 2 Nr. 3, Abs. 6; → Rn. 94) vertrauen.

6 Die Vertretung kann grundsätzlich kraft Gesetzes erfolgen. Zu nennen ist insoweit die Vertretung der Gesellschaft durch die vertretungsberechtigten Gesellschafter im **Prozess** (§ 51 Abs. 1 ZPO), die als Partei und nicht als Zeugen auftreten.[8]

7 **2. Selbstorganschaft. a) Grundsatz.** Der Grundsatz der Vertretung ist die Einzelvertretungsbefugnis eines jeden Gesellschafters (Abs. 1; → Rn. 15 ff.). Die Vertretungsbefugnis ist nicht nur ein Recht, sondern auch eine mitgliedschaftliche Pflicht der Gesellschafter. Wie alle Rechte oder Pflichten der Gesellschafter ist die Vertretungsbefugnis untrennbar mit der Mitgliedschaft in der Gesellschaft verbunden. Die Vertretung durch die vertretungsbefugten Gesellschafter beruht auf dem Grundsatz der Selbstorganschaft.[9] Aus diesem folgt, dass die Vertretungsbefugnis an die Stellung eines Gesellschafters gebunden ist und Dritte nur zusammen mit einem Gesellschafter an der organschaftlichen Vertretung der Gesellschaft mitwirken können (Abs. 3 S. 1; → Rn. 34 ff.). Mit anderen Worten, grundsätzlich können nicht alle Gesellschafter von der Geschäftsführung und Vertretung ausgeschlossen werden.[10] Zu der Ausnahme → Rn. 9. Daher ist es zB bei einer KG nicht möglich, den einzigen persönlich haftenden Gesellschafter (§ 126 S. 1 iVm § 161 Abs. 2) bei der Vertretung an die Mitwirkung eines Prokuristen zu binden.[11]

8 **b) Bevollmächtigte.** Die Gesellschaft kann nicht nur durch die vertretungsbefugten Gesellschafter, sondern auch durch Bevollmächtigte vertreten werden. In Betracht kommen insbesondere Prokuristen (§§ 48 ff.), Handlungsbevollmächtigte (§ 54) und andere rechtsgeschäftlich bestellte Vertreter wie Generalbevollmächtigte.[12] Die Vollmacht wird durch die Gesellschaft, vertreten durch einen vertretungsbefugten Gesellschafter oder im Rahmen vorhandener Vertretungsmacht durch einen Prokuristen oder einen anderen Bevollmächtigten der Gesellschaft, erteilt. Die Vollmacht ist grundsätzlich **jederzeit widerruflich.**[13] Für die Bevollmächtigten gelten die Grundsätze der Selbstorganschaft (→ Rn. 7) nicht.[14] In besonderen Fällen besteht eine Zustimmungspflicht zu der Erteilung weitreichender Vollmachten durch die Gesellschafter; dies ua dann, wenn es zu einem längeren Ausfall oder der Verhinderung eines vertretungsberechtigten Gesellschafters kommt.[15] Bevollmächtigt werden können auch Gesellschafter, die von der organschaftlichen Vertretungsbefugnis ausgeschlossen sind. Die Erteilung einer solchen Vollmacht kann allerdings nicht durch den Gesellschaftsvertrag erfolgen.

9 **c) Ausnahmen.** Der Grundsatz der Selbstorganschaft (→ Rn. 7) erfährt eine Ausnahme im Rahmen der **Liquidation** der Gesellschaft (§§ 143 ff.). In diesem Stadium können auch Nichtgesellschafter zu Liquidatoren bestellt werden, denn die Gesellschafter sind nicht länger durch den gemeinsamen Zweck der Gesellschaft miteinander verbunden, sondern verfolgen mitunter unterschiedliche Zwecke, die von den vorangegangen uU stark abweichen.[16]

10 **3. Keine Bestellung eines Notvertreters.** Die Bestellung eines Notvertreters ist nicht möglich.[17] Die Vorschrift des **§ 29 BGB** ist weder direkt noch entsprechend anwendbar.[18] Es besteht kein Bedürfnis für eine Notvertretung, da der Grundsatz der Selbstorganschaft (→ Rn. 7) die Handlungsfähigkeit der werbenden Gesellschaft sicherstellt. Die Vorschrift des § 145 Abs. 1 S. 1 gilt nach Sinn und Zweck sowie dem Wortlaut nicht außerhalb des Liquidationsstadiums. Ist die Gesellschaft im Rahmen eines Prozesses gegen den einzigen vertretungsbefugten Gesellschafter ohne einen Vertreter, kann gem. **§ 57 Abs. 1 ZPO** ein besonderer Vertreter (sog. Prozesspfleger) bestellt werden.[19]

---

[7] MüKoHGB/Drescher Rn. 9 mwN.

[8] MüKoHGB/Drescher Rn. 10 mwN.

[9] MüKoHGB/Drescher Rn. 11; Ebenroth/Boujong/M. Noack Rn. 15.

[10] BGH 25.11.1985, WM 1986, 315; 11.7.1960, NJW 1960, 1997; MüKoHGB/Drescher Rn. 12; Staub/Habersack Rn. 6; Ebenroth/Boujong/M. Noack Rn. 15.

[11] BGH 6.2.1958, BGHZ 26, 330 = NJW 1958, 668.

[12] Hopt/Roth Rn. 10.

[13] Staub/Habersack Rn. 7.

[14] MüKoHGB/Drescher Rn. 16.

[15] Hopt/Roth Rn. 10.

[16] BGH 11.7.1960, NJW 1960, 1997; Ebenroth/Boujong/M. Noack Rn. 17.

[17] MüKoHGB/Drescher Rn. 13; Staub/Habersack Rn. 12; Ebenroth/Boujong/M. Noack Rn. 18; Hopt/Roth Rn. 16.

[18] **AA** Hopt/Roth Rn. 16: Notbestellung nach § 29 BGB.

[19] MüKoHGB/Drescher Rn. 13; Staub/Habersack Rn. 12; Ebenroth/Boujong/M. Noack Rn. 19.

4. Zurechnung von Verhalten und Wissen. a) Verhalten. Für zum Schadensersatz verpflichtende Handlungen – seien es Pflichtverletzungen im Rahmen von gesetzlichen oder vertraglichen Schuldverhältnissen, seien es unerlaubte Handlungen – hat die Gesellschaft in entsprechender Anwendung von **§ 31 BGB** einzustehen. Dies gilt auch dann, wenn der handelnde Gesellschafter seine Geschäftsführungs- und Vertretungskompetenzen schuldhaft überschritten hat.[20] Für Erfüllungsgehilfen gilt § 278 S. 1 Alt. 2 BGB. 11

b) Wissen. Der vertretenen Gesellschaft ist in entsprechender Anwendung von **§ 166 Abs. 1 BGB** und **Abs. 6** (→ Rn. 94) in erster Linie das Wissen bzw. die Kenntnis und das Kennenmüssen derjenigen Bevollmächtigten zuzurechnen, die an dem konkreten Rechtsgeschäft beteiligt sind.[21] Die entsprechende Anwendung von § 166 Abs. 1 BGB stößt bereits dann an ihre Grenzen, wenn bei Einzelvertretungsbefugnis nur eines Gesellschafters das rechtlich relevante Wissen nur bei diesem vorhanden ist und der OHG auch dann zugerechnet werden soll, wenn dieser an dem konkreten Rechtsgeschäft nicht beteiligt ist.[22] Einer **GmbH & Co. KG** wird das Wissen des Geschäftsführers der Komplementär-GmbH in zwei Schritten zugerechnet, nämlich durch die Zurechnung an die GmbH und von dort an die KG.[23] 12

In Ergänzung zu der entsprechenden Anwendung von **§ 166 Abs. 1 BGB** und **§ 124 Abs. 6** (→ Rn. 12) gelten für das Wissens der an dem konkreten Rechtsgeschäft nicht beteiligten organschaftlichen Vertreter (→ Rn. 12) die zum Verbandsrecht entwickelten Organisationspflichten entsprechend.[24] Danach ist der Gesellschaft das Wissen der Gesellschafter zuzurechnen, wenn diese nach den organisatorischen Vereinbarungen innerhalb der Gesellschaft dazu berufen sind, bestimmte Aufgaben in eigener Verantwortung zu übernehmen und über deren Kenntnisstand der Gesellschaft oder den Mitgesellschaftern Auskunft zu erteilen.[25] 13

5. Klagen gegen Mitgesellschafter. Die Vertretungsbefugnis der Gesellschafter, namens der Gesellschaft Klage gegen einen anderen Gesellschafter auf Schadensersatz wegen der Verletzung von Geschäftsführungspflichten zu erheben, wird durch den Umfang der Geschäftsführungsbefugnis beschränkt.[26] Da es sich um eine außergewöhnliche Maßnahme der Geschäftsführung handelt, bedarf die Klageerhebung gem. § 116 Abs. 2 S. 1 Hs. 2 eines Beschlusses der Gesellschafter (→ § 116 Rn. 83), bei der KG auch der Zustimmung der Kommanditisten (→ § 164 Rn. 10). Der in Anspruch genommene Gesellschafter kann die Klage nicht seinerseits namens der Gesellschaft zurücknehmen. 14

III. Einzelvertretungsbefugnis aller Gesellschafter (Abs. 1)

1. Einzelvertretung. Zur Vertretung der Gesellschaft ist gem. Abs. 1 grundsätzlich jeder Gesellschafter befugt. Diese sog. Einzelvertretungsbefugnis bedeutet, dass jeder Gesellschafter ohne die Mitwirkung der übrigen Gesellschafter Vertretungsmacht besitzt. Dies gilt nicht nur für unbeschränkt geschäftsfähige natürliche Personen, sondern auch für geschäftsunfähige und in der Geschäftsfähigkeit beschränkte natürliche Personen sowie für juristische Personen und andere Personenvereinigungen als Gesellschafter. Durch die Einzelvertretungsbefugnis unterscheidet die OHG als Personenhandelsgesellschaft sich von der rechtsfähigen GbR iSd § 705 Abs. 2 Alt. 1 BGB – für diese ordnet § 720 Abs. 1 BGB grundsätzlich Gesamtvertretung an – und den Kapitalgesellschaften (§ 78 Abs. 2 S. 1 AktG, § 35 Abs. 2 S. 1 GmbHG). 15

Widersprechen die Erklärungen der Gesellschafter sich in einer Angelegenheit, gilt grundsätzlich die erste Erklärung, wenn sie unwiderruflich war, ansonsten die letzte. Erfolgt eine gleichzeitige Abgabe, heben sie sich gegenseitig auf.[27] Der Zustand der Gleichzeitigkeit liegt vor, wenn der 16

---

[20] MüKoHGB/Drescher Rn. 19; Staub/Habersack Rn. 18; Hopt/Roth Rn. 4.

[21] BGH 1.3.1984, NJW 1984, 1953; Hopt/Roth Rn. 5.

[22] Ebenroth/Boujong/M. Noack Rn. 30; **aA** – Anwendung von § 166 BGB – KKD/Kindler § 125 Rn. 8 iVm KKD/Kindler Rn. 6; BeckOK HGB/Klimke, 49. Ed. 1.10.2025, Rn. 104 f.; Hopt/Roth Rn. 5; MüKoBGB/Schubert BGB § 166 Rn. 9.

[23] *MüKoHGB/Drescher* Rn. 20; Staub/Habersack Rn. 21; Ebenroth/Boujong/M. Noack Rn. 29.

[24] MüKoHGB/Drescher Rn. 20; Staub/Habersack Rn. 20, jeweils mwN; **aA** (Anwendung von § 166 BGB) KKD/Kindler § 125 Rn. 8 iVm KKD/Kindler Rn. 6; BeckOK HGB/Klimke, 49. Ed. 1.10.2025, Rn. 104 f.; Hopt/Roth Rn. 5; MüKoBGB/Schubert BGB § 166 Rn. 9.

[25] Staub/Habersack Rn. 26; BeckOK HGB/Klimke, 49. Ed. 1.10.2025, § 125 Rn. 55; Ebenroth/Boujong/M. Noack Rn. 30.

[26] OLG Stuttgart 11.3.2009, NZG 2009, 1303.

[27] MüKoHGB/Drescher Rn. 32; Staub/Habersack Rn. 18; Ebenroth/Boujong/M. Noack Rn. 14; Hopt/Roth Rn. 11.

Empfänger zu keinem Zeitpunkt auf den Bestand der ersten Erklärung vertrauen durfte. Es gilt also, die Gleichzeitigkeit aus der Sicht des Empfängers zu bewerten; dessen Wahrnehmung entscheidet.[28]

17 Durch den Gesellschaftsvertrag können einzelne Gesellschafter oder alle bis auf einen Gesellschafter (→ Rn. 7) gem. Abs. 1 von der **Aktivvertretung** ausgeschlossen werden. Für die **Passivvertretung** gilt gem. Abs. 6 stets Einzelvertretung (→ Rn. 94).[29] Daher geht eine der Gesellschaft gegenüber abzugebende Willenserklärung bereits dann zu, wenn sie einem zur Mitwirkung an der Vertretung befugten Gesellschafter gegenüber abgegeben wird.

18 Soweit **öffentlich-rechtliche Verhaltenspflichten** an die gesetzlichen Vertreter adressiert sind, ist jeder Gesellschafter auch dann verpflichtet, wenn die Aufgabe gesellschafsintern an einen anderen übertragen wurde.[30]

19 **2. Ausschluss der Vertretung.** Gemäß Abs. 1 können einzelne Gesellschafter oder alle bis auf einen Gesellschafter (→ Rn. 7) durch den Gesellschaftsvertrag von der Vertretung ausgeschlossen werden (→ Rn. 46 ff.). Das Ob und der Umfang des Ausschlusses sind durch Auslegung des Gesellschaftsvertrag nach den Grundsätzen der §§ 133, 157 BGB zu bestimmen.[31] Unzulässig ist ein partieller, befristeter oder bedingter Ausschluss der Vertretung.[32] Bei der KG sind Kommanditisten kraft Gesetzes durch § 170 von der organschaftlichen Vertretung ausgeschlossen (→ § 170 Rn. 1 ff.).

IV. Gesamtvertretung durch mehrere Gesellschafter (Abs. 2)

20 **1. Grundsatz (Abs. 2 S. 1). a) Gesamtvertretung.** In dem Gesellschaftsvertrag kann gem. Abs. 2 S. 1 – abweichend von der Einzelvertretungsbefugnis gem. Abs. 1 (→ Rn. 15 ff.) – vereinbart werden, dass alle oder mehrere Gesellschafter nur gemeinsam zur Vertretung der Gesellschaft befugt sein sollen. Durch eine solche Regelung sind die Gesellschafter auf die Mitwirkung anderer Gesellschafter angewiesen (sog. echte Gesamtvertretung). Haben die Gesellschafter sich in dem Gesellschaftsvertrag gegen die Einzelvertretungsbefugnis entschieden, schlägt aber die dort gewählte Vertretungskonstellation fehl, weil zB einer von zwei gesamtvertretungsbefugten Gesellschaftern aus der Gesellschaft ausgeschieden ist, besteht im Zweifel Gesamtvertretung aller Gesellschafter.[33]

21 **b) Zurechnung von Wissen.** Die Vereinbarung echter Gesamtvertretung gem. Abs. 2 S. 1 (→ Rn. 20) hat nicht zur Folge, dass alle zur Vertretung befugten Gesellschafter den rechtlich relevanten Umstand kennen müssen. Es genügt vielmehr, dass einer von ihnen Kenntnis von dem maßgeblichen Umstand hat oder diesen kennen muss.[34]

22 **c) Eintragung in das Handelsregister.** Im Unterschied zu der bis zum 14.12.2001 geltenden Rechtslage (§ 125 Abs. 4 aF, aufgehoben durch Art. 1 Nr. 7 ERJuKoG iVm Art. 17 S. 2 ERJuKoG, BGBl. 2001 I 3422) ist nicht nur jede Abweichung von der gesetzlichen Einzelvertretungsbefugnis zur Eintragung in das Handelsregister anzumelden, sondern – wie sich aus § 106 Abs. 2 Nr. 3 (→ § 106 Rn. 32) und § 106 Abs. 6 Fall 6 (→ § 106 Rn. 62) ergibt – jede Regelung der Vertretungsbefugnis, einschließlich der gesetzlichen Einzelvertretungsbefugnis (→ Rn. 15),[35] sowie jede Änderung.[36]

23 **2. Gestaltungsmöglichkeiten.** Für die echte Gesamtvertretung eröffnet Abs. 2 S. 1 den Gesellschaftern zwei Gestaltungsvarianten, nämlich die Vertretung durch alle Gesellschafter (Alt. 1) und die Vertretung durch mehrere Gesellschafter (Alt. 2). Zulässig sind auch Gestaltungen, bei denen bestimmte Gesellschafter Einzelvertretungsbefugnis erhalten, während andere bei der Ausübung ihrer Vertretungsbefugnis an deren Mitwirkung gebunden sind (sog. **halbseitige Gesamtvertretung**).[37] Daneben sind beliebige Paarungen und Kopplungen zwischen Einzel- und Gesamtvertretung denkbar. So kann eine Kopplung auch auf bestimmte andere Gesellschafter im Zuge der Gesamtvertretung erfolgen und für andere Gesellschafter wiederum Einzelvertretung vorgesehen werden.

24 **Nicht möglich** ist es, die Gesamtvertretung gegenständlich auf bestimmte Arten von Geschäften zu beschränken.[38] Eine Regelung in dem Gesellschaftsvertrag, die entgegen diesem Grundsatz eine

[28] MüKoHGB/Drescher Rn. 32.
[29] Staub/Habersack Rn. 54; Ebenroth/Boujong/M. Noack Rn. 113.
[30] Hopt/Roth Rn. 12.
[31] Staub/Habersack Rn. 33; Hopt/Roth Rn. 13.
[32] Staub/Habersack Rn. 32.
[33] BGH 11.7.1960, NJW 1960, 1997; MüKoHGB/Drescher Rn. 34; Staub/Habersack Rn. 18; Ebenroth/Boujong/M. Noack Rn. 46; Hopt/Roth Rn. 14.
[34] Statt vieler s. MüKoHGB/Drescher Rn. 20 mwN.
[35] Wertenbruch GmbHR 2024, 1 Rn. 10.
[36] Ebenroth/Boujong/M. Noack Rn. 61; Hoeren/Pfaff MMR 2007, 207 (208 ff.).
[37] BGH 14.2.1974, BGHZ 62, 166 = NJW 1974, 1194.
[38] MüKoHGB/Drescher Rn. 39; Staub/Habersack Rn. 40; Ebenroth/Boujong/M. Noack Rn. 42.

solche Beschränkung im Außenverhältnis anordnen soll, ist Dritten gegenüber gem. Abs. 4 S. 2, 3 (→ Rn. 67) unwirksam. Im Zweifel sind die Grenzen der Gesamtvertretungsbefugnis durch Auslegung des Gesellschaftsvertrags zu ermitteln.

3. Ausübung der Gesamtvertretungsmacht. a) Zusammenwirken. Die gesamtvertretungsbefugten Gesellschafter müssen bei der Abgabe von Willenserklärungen im Namen der Gesellschaft nach den in dem Gesellschaftsvertrag festgelegten Regelungen (→ Rn. 23) zusammenwirken.[39] Gleichzeitiges Handeln ist dafür nicht erforderlich.[40] Jedoch muss die für das Rechtsgeschäft vorgeschriebene Form eingehalten werden. Willensmängel, Kenntnis und Kennenmüssen von einem der Gesellschafter wirken dabei für und gegen die Gesellschaft (→ Rn. 21). 25

Die Rechtsfolgen bei dem Wegfall eines gesamtvertretungsbefugten Gesellschafters ergeben sich primär aus dem Gesellschaftsvertrag.[41] Dessen Auslegung ergibt in der Regel, dass keine Einzelvertretungsbefugnis zugunsten der übrigen Gesellschafter entsteht. Stattdessen kommt es grundsätzlich zu einer Gesamtvertretung mit einem anderen Gesellschafter, sofern dies möglich ist.[42] Anderes gilt ausnahmsweise bei einer KG, wenn bei dem Ausscheiden eines von zwei vertretungsberechtigten Gesellschaftern neben den Kommanditisten nur noch ein persönlich haftender Gesellschafter verbleibt. Dieser erhält dann zwangsläufig Einzelvertretungsbefugnis.[43] Aufgrund des Grundsatzes der Selbstorganschaft (→ Rn. 7) darf es in keinem Fall zu einer Handlungsunfähigkeit der Gesellschaft kommen. Es muss stets gewährleistet sein, dass eine organschaftliche Vertretung durch einen persönlich haftenden Gesellschafter stattfindet, ohne dass dieser auf die Mitwirkung eines Kommanditisten oder Nichtgesellschafters angewiesen ist.[44] Verklagt die Gesellschaft einen vertretungsbefugten Gesellschafter, ist dieser aus Rechtsgründen von der Vertretung der Gesellschaft ausgeschlossen. Die Vertretung erfolgt dann durch die übrigen Gesellschafter. 26

b) Ermächtigung und Genehmigung. Unter Geltung der echten Gesamtvertretung ist es möglich, dass ein Gesellschafter den anderen zum Handeln ermächtigt oder dessen Handeln gem. § 177 Abs. 1 BGB genehmigt. Bis zu der Genehmigung durch den anderen Gesellschafter ist das Rechtsgeschäft schwebend unwirksam. Die Genehmigung ist formlos möglich, und zwar gem. § 182 Abs. 2 BGB auch bei formbedürftigen Rechtsgeschäften.[45] Die Haftung eines Gesamtvertreters, der sich als Einzelvertretungsbefugter geriert, bestimmt sich nach § 179 BGB.[46] 27

4. Ermächtigung einzelner Gesamtvertreter (Abs. 2 S. 2). a) Allgemeines. Die zur Gesamtvertretung befugten Gesellschafter können einzelne von ihnen gem. Abs. 2 S. 2 zur (Allein-)Vornahme bestimmter Geschäfte oder bestimmter Arten von Geschäften ermächtigen, nicht jedoch den Umfang der Vertretungsmacht (Abs. 4; → Rn. 61 ff.) im Allgemeinen erweitern.[47] Durch die Ermächtigung kann der Ermächtigte die Gesellschaft für die von der Ermächtigung umfassten Geschäfte oder Arten von Geschäften wirksam alleine vertreten. Der Umfang der Ermächtigung ist im Zweifel durch Auslegung gem. §§ 133, 157 BGB zu ermitteln. Die Ermächtigung ist nicht gem. § 106 Abs. 6 Fall 6 (→ § 106 Rn. 62) zur Eintragung in das Handelsregister anzumelden; sie ist keine eintragungsfähige Tatsache. 28

b) Rechtsnatur. Die Ermächtigung gem. Abs. 2 S. 2 ist eine **einseitige Willenserklärung,** die jedem Gesamtvertreter grundsätzlich zusteht. Häufig geht der Ermächtigung ein Beschluss im Innenverhältnis voraus. Jedoch kann eine Ermächtigung im Innenverhältnis auch vertragswidrig sein. Dies ist zB der Fall, wenn die Gesamtvertretungsregelungen umgangen und durch die Ermächtigung gegenstandslos werden.[48] Dem Ermächtigungsempfänger steht es dabei weder frei, die Erklärung anzunehmen, noch diese abzulehnen. 29

Die Ermächtigung einzelner Gesamtvertreter gem. Abs. 2 S. 2 bewirkt eine **Erweiterung der organschaftlichen Gesamtvertretungsbefugnis.**[49] Die Ermächtigung ist nämlich weder eine einfache Vollmacht noch eine Handlungsvollmacht, sondern führt dazu, dass der Ermächtigte partiell organschaftlich einzelvertretungsbefugt ist. Hingegen kann die Ermächtigung keine Ausübungser- 30

[39] Ebenroth/Boujong/M. Noack Rn. 43.
[40] Staub/Habersack Rn. 41; Ebenroth/Boujong/M. Noack Rn. 43; Hopt/Roth Rn. 17.
[41] Ebenroth/Boujong/M. Noack Rn. 45.
[42] *BGH 25.5.1964, BGHZ 41, 367* = NJW 1964, 1624.
[43] BGH 9.12.1968, NJW 1969, 506; MüKoHGB/Drescher Rn. 55; Staub/Habersack Rn. 43.
[44] MüKoHGB/Drescher Rn. 54 f.; Ebenroth/Boujong/M. Noack Rn. 45.
[45] Hopt/Roth Rn. 17.
[46] MüKoHGB/Drescher Rn. 35.
[47] Heymann/Hoffmann/Bartlitz § 125 Rn. 39; Hopt/Roth Rn. 18.
[48] MüKoHGB/Drescher Rn. 40.
[49] BGH 6.3.1975, NJW 1975, 1117; Ebenroth/Boujong/M. Noack Rn. 50; KKD/Kinder § 125 Rn. 5; **aA** (Ausübungsermächtigung) MüKoHGB/Drescher Rn. 41; Wertenbruch GmbHR 2024, 1 Rn. 19.

mächtigung darstellen, bei welcher der ermächtigte Gesamtvertreter zur Ausübung der gemeinschaftlichen Vertretungsmacht derart berechtigt wird, dass er allein statt mit den anderen Gesamtvertretern gemeinsam im Namen der Gesellschaft handeln kann.[50] Diese Ansicht führt nicht notwendig zu anderen Ergebnissen, da die Möglichkeit der Ermächtigung einzelner Gesamtvertreter stets besteht.

31 **c) Widerruf.** Die Ermächtigung kann **jederzeit** ohne einen wichtigen Grund und ohne Angabe von Gründen durch den Ermächtigenden oder andere zur organschaftlichen Vertretung befugte Gesellschafter **widerrufen** werden.[51]

32 **d) Verbot des Selbstkontrahierens.** Will ein gesamtvertretungsbefugter Gesellschafter im Namen der Gesellschaft mit sich im eigenen Namen ein Rechtsgeschäft vornehmen, erlangt die Frage Bedeutung, ob **§ 181 BGB** durch eine Ermächtigung nach Abs. 2 S. 2 vermieden bzw. umgangen werden kann. Die Vorschrift des § 181 BGB schützt den Vertretenen vor der abstrakten Gefahr, die sich aus dem Interessenkonflikt als gleichzeitiger Erklärender und Empfänger von Willenserklärung ergeben kann.[52] Sie soll nach der **Rspr.** nicht anwendbar sein, wenn von mehreren vertretungsbefugten Gesellschaftern derjenige, der mit der Gesellschaft das Rechtsgeschäft vornehmen will, einen anderen zur Alleinvertretung ermächtigt und dieser das Rechtsgeschäft im Namen der Gesellschaft abschließt.[53] Diese Ansicht stützt sich darauf, dass es an einer Personenidentität bei Abschluss des Vertrags fehlt und dem Ermächtigten nicht nur eine Untervollmacht, sondern in Erweiterung der organschaftlichen Vertretungsbefugnis (→ Rn. 30) eine organschaftliche Einzelvertretungsbefugnis zusteht. Aus dieser könne der Ermächtigte in selbstständiger und alleiniger Verantwortung handeln, weshalb der Interessenkonflikt des § 181 BGB bereits im Ansatz verhindert sei. Die **Gegenansicht**[54] argumentiert, dass der ermächtigte Gesamtvertreter seine Vertretungsbefugnis von dem ermächtigenden Gesellschafter ableitet und daher den gleichen Beschränkungen unterliegen soll wie dieser.

33 Ein **Verstoß** gegen das Verbot des Selbstkontrahierens (→ Rn. 32) führt – abweichend vom Wortlaut des § 181 BGB – nur zu einer schwebenden Unwirksamkeit des Rechtsgeschäfts, die in entsprechender Anwendung von § 177 Abs. 1 BGB durch eine Genehmigung beendet werden kann.[55]

V. Unechte Gesamtvertretung (Abs. 3)

34 **1. Allgemeines.** Wenn keine Einzelvertretungsbefugnis gem. Abs. 1 besteht, kann in dem Gesellschaftsvertrag gem. Abs. 3 S. 1 vereinbart werden, dass die Gesellschafter, sofern nicht mehrere zusammen handeln, nur gemeinsam mit einem Prokuristen zur Vertretung berechtigt sind. Während bei der echten Gesamtvertretung gem. Abs. 2 S. 1 (→ Rn. 20) nur organschaftliche Vertreter zusammen agieren können, bindet Abs. 3 S. 1 – vergleichbare Regelungen finden sich in § 78 Abs. 3 S. 1 AktG und § 25 Abs. 2 S. 1 GenG – die organschaftliche Vertretungsbefugnis von einem oder mehreren Gesellschaftern an die Mitwirkung eines oder mehrerer Prokuristen. Zu einzelnen Ausgestaltungen der unechten Gesamtvertretung, die auch als gemischte Gesamtvertretung bezeichnet wird, → Rn. 37 ff.

35 **2. Unterscheidung von Varianten der Gesamtprokura.** Die unechte Gesamtvertretung gem. Abs. 3 S. 1 ist von zwei Gestaltungsvarianten der Prokura zu unterscheiden, nämlich von der **echten Gesamtprokura** gem. § 48 Abs. 2 (→ § 48 Rn. 47 ff.), bei der nur Prokuristen gemeinsam agieren können, und von der **unechten Gesamtprokura,** wonach der Prokurist – abweichend von § 48 Abs. 2 – nur gemeinsam mit einem Nicht-Prokuristen (zB einem Gesellschafter) handeln kann (→ § 48 Rn. 59 ff.). Letztere unterscheidet sich von der unechten Gesamtvertretung gem. Abs. 3 S. 1 vor allem dadurch, dass der Umfang der Vertretungsmacht durch die Vorschriften über die Prokura bestimmt wird (§§ 49, 50; → § 49 Rn. 2 ff.),[56] während bei der unechten Gesamtvertretung die organschaftliche Vertretungsbefugnis den Umfang bestimmt (→ Rn. 44). Ob eine unechte

[50] So aber MüKoHGB/Drescher Rn. 41; Staub/Habersack Rn. 46.
[51] Ebenroth/Boujong/M. Noack Rn. 53; Hopt/Roth Rn. 18.
[52] MüKoBGB/Schubert BGB § 181 Rn. 1 ff.
[53] BGH 6.3.1975, BGHZ 64, 72 = NJW 1975, 1117; 8.10.1991, NJW 1992, 618; für die GbR s. BGH 25.11.1985, NJW-RR 1986, 778; für die Ltd. & Co. KG s. OLG Frankfurt 28.7.2006, GmbHR 2006, 1156 (1157 f.) = NZG 2006, 830; wohl zust. Grüneberg/Ellenberger BGB § 181 Rn. 12; Hopt/Roth Rn. 18; MüKoBGB/Schubert BGB § 181 Rn. 22; Werner GmbHR 2006, 1158 f.; dagegen Wertenbruch GmbHR 2024, 1 Rn. 19.
[54] Staub/Habersack Rn. 51.
[55] Ebenroth/Boujong/M. Noack Rn. 56.
[56] BGH 6.11.1986, BGHZ 99, 76 (78) = NJW 1987, 841; 14.2.1974, BGHZ 62, 166 (170) = NJW 1974, 1194.

Gesamtprokura oder eine unechte Gesamtvertretung vorliegt, ist im Einzelfall durch Auslegung des Gesellschaftsvertrags bzw. der Erteilung der Prokura (→ § 48 Rn. 8 ff.) zu ermitteln.[57] Dabei ist auch die Eintragung in das Handelsregister (§ 53 Abs. 1 S. 1, 2; → § 53 Rn. 3 ff.; § 106 Abs. 2 Nr. 3, → § 106 Rn. 32) zu berücksichtigen.

3. Gestaltungsvarianten. Bei der Vereinbarung einer unechten Gesamtvertretung gem. Abs. 3 S. 1 können die Gesellschafter aus einer Vielzahl verschiedener Gestaltungsvarianten wählen. In Betracht kommen allseitige oder halbseitige Bindungen. Eine halbseitige unechte Gesamtvertretung liegt zB vor, wenn nur alle oder einzelne gesamtvertretungsbefugte Gesellschafter an die Mitwirkung des Prokuristen gebunden sind, nicht aber der Prokurist an die Mitwirkung eines Gesellschafters. Eine beidseitige unechte Gesamtvertretung liegt hingegen vor, wenn ein gesamtvertretungsbefugter Gesellschafter und ein Prokurist auf die Mitwirkung des jeweils anderen angewiesen sind. In der **Praxis** sind insbesondere Gestaltungen verbreitet, bei denen die Gesellschaft durch zumindest zwei Gesellschafter vertreten wird oder ein Prokurist gemeinsam mit einem Gesellschafter die Gesellschaft vertritt.[58] 36

a) Gesetzeswortlaut. Abs. 3 S. 1 lässt es ausdrücklich zu, einen gesamtvertretungsbefugten Gesellschafter durch gesellschaftsvertraglicher Vereinbarung an die Mitwirkung eines Prokuristen zu binden. Dadurch wird die Handlungsmöglichkeit des Gesellschafters insofern erweitert,[59] als er nicht nur gemeinsam mit einem oder mehreren anderen Gesellschaftern (Abs. 2 S. 1; → Rn. 20 ff.), sondern auch gemeinsam mit einem Prokuristen zur Vertretung der Gesellschaft befugt ist. Gleiches gilt – eine entsprechende Regelung in der Satzung vorausgesetzt – für die gemeinschaftlich vertretungsbefugten Vorstandsmitglieder einer AG (§ 78 Abs. 3 S. 1 AktG) und einer Genossenschaft (§ 25 Abs. 2 S. 1 GenG). Die unechte Gesamtvertretung ist nach allgM auch bei gemeinschaftlich handelnden GmbH-Geschäftsführern (§ 35 Abs. 2 S. 1 GmbHG) zulässig, obwohl das GmbHG keine Abs. 3 S. 1, § 78 Abs. 3 S. 1 AktG und § 25 Abs. 2 S. 1 GenG vergleichbare Regelung enthält.[60] Diese Regelungslücke ist mithilfe einer Gesamtanalogie zu Abs. 3 S. 1, § 78 Abs. 3 S. 1 AktG und § 25 Abs. 2 S. 1 GenG zu schließen. 37

b) Allseitige unechte Gesamtvertretung. Der Wortlaut des Abs. 3 S. 1 (→ Rn. 37) – Gleiches gilt für § 78 Abs. 3 S. 1 AktG und § 25 Abs. 2 S. 1 GenG – erwähnt nur die Bindung des Gesellschafters an die Mitwirkung eines Prokuristen und lässt daher **sowohl eine allseitige als auch eine halbseitige Bindung** des gesamtvertretungsbefugten Gesellschafters zu. Einer allseitigen unechten Gesamtvertretung steht § 50 Abs. 1, 2 nicht entgegen. Die Vorschrift betrifft lediglich die Begrenzung des sachlichen Umfangs der gesetzlich geregelten Vertretungsmacht (hins. Zeit, Ort, Umstände oder Art des Geschäfts). Eine persönliche Bindung des Prokuristen an die Mitwirkung einer anderen Person bei der Ausübung der Vollmacht berührt den Umfang der zulässigen Vertretungsgeschäfte nicht. Zudem erlaubt § 48 Abs. 2 grundsätzlich eine solche persönliche Bindung des Prokuristen an die Mitwirkung einer anderen Person, auch wenn die Regelung sich auf das Zusammenwirken mit einem anderen Prokuristen beschränkt. Für die Zulässigkeit einer solchen Bindung sprechen auch Abs. 3 S. 1, § 78 Abs. 3 S. 1 AktG und § 25 Abs. 2 S. 1 GenG.[61] Zudem dient die Bindung des Prokuristen an einen gesamtvertretungsbefugten Gesellschafter demselben Zweck wie die Gesamtprokura. Der Prokurist soll bei der Ausübung seiner Vertretungsmacht einer Kontrolle unterworfen sein. Wenn bereits ein gesamtvertretungsbefugter Gesellschafter einer solchen Bindung unterliegen kann und zudem die Gesamtprokura gem. § 48 Abs. 2 möglich ist, muss auch die wechselseitige Bindung eines Prokuristen und eines gesamtvertretungsbefugten Gesellschafters zulässig sein.[62] Dem steht auch der mit der Prokura verbundene Verkehrsschutz nicht entgegen. Die unechte Gesamtvertretung ist gem. § 106 Abs. 2 Nr. 3 (→ § 106 Rn. 32) – ebenso wie bei der AG (§ 39 Abs. 1 S. 3 AktG), der Genossenschaft (§ 12 Abs. 2 Nr. 4 GenG) und der GmbH (§ 10 Abs. 1 S. 2 GmbHG) – zu der Eintragung in das Handelsregister anzumelden. Zudem bedürfen nach § 53 Abs. 1 alle Abweichungen von der Einzelprokura der Eintragung ins Handelsregister (→ § 53 Rn. 3). Die Erkennbarkeit der Vertretungsverhältnisse ist somit sichergestellt. 38

c) Halbseitige unechte Gesamtvertretung. Auch eine halbseitige unechte Gesamtvertretung dergestalt, dass nur die gesamtvertretungsbefugten Gesellschafter bei der Vertretung der Gesellschaft 39

[57] Canaris HandelsR § 12 IV 2.
[58] Ebenroth/Boujong/M. Noack Rn. 58.
[59] BGH 6.2.1958, BGHZ 26, 330 (332 f.) = NJW 1958, 668; Ebenroth/Boujong/M. Noack Rn. 57.
[60] Statt vieler s. BGH 6.11.1986, BGHZ 99, 76 (78) = NJW 1987, 841; 14.2.1974 BGHZ 62, 166 (170) = NJW 1974, 1194; 31.3.1954, BGHZ 13, 61 (64) = NJW 1954, 1158; Altmeppen GmbHG § 35 Rn. 70 ff.
[61] BGH 6.11.1986, BGHZ 99, 76 (78) = NJW 1987, 841; Canaris HandelsR § 12 IV 2a.
[62] Canaris HandelsR § 12 IV 2a; Ebenroth/Boujong/Weber § 48 Rn. 44.

auf die Mitwirkung eines Prokuristen angewiesen sind, sofern nicht mehrere Gesellschafter zusammen handeln, ist zulässig.[63] Abs. 3 S. 1 – ebenso § 78 Abs. 3 S. 1 AktG und § 25 Abs. 2 S. 1 GenG – regelt eine solche Bindung der Gesellschafter ausdrücklich. Dem steht nicht entgegen, dass der Prokurist auch alleinvertretungsberechtigt ist und die zusätzliche unechte Gesamtvertretung für ihn keine weitergehenden Vertretungsmöglichkeiten begründet (Argument der Funktionslosigkeit). Hiergegen ist ebenso wie bei der halbseitigen echten Gesamtprokura einzuwenden, dass die Regelung in dem Gesellschaftsvertrag zumindest den Gesellschaftern zusätzliche Handlungsmöglichkeiten eröffnet, da sie ansonsten nur zusammen mit einem oder mehreren anderen Gesellschaftern handeln könnten.

40 Die **Prokura** kann stets dergestalt erteilt werden, dass der Prokurist berechtigt ist, die Gesellschaft mit einem gesamt- oder alleinvertretungsbefugten Gesellschafter zu vertreten.[64] Dies stellt jedoch keinen Fall des Abs. 3 S. 1 dar, da die Vertretungsbefugnis einzelner oder mehrerer Gesellschafter nicht eingeschränkt wird. Einzig der Handlungsspielraum des Prokuristen wird erweitert. Dasselbe gilt für die Handlungsvollmacht.[65]

41 **4. Begrenzung der Gestaltungsmöglichkeiten.** Die durch Abs. 3 S. 1 eröffnete Möglichkeit, eine unechte Gesamtvertretung in dem Gesellschaftsvertrag zu regeln, wird insbesondere durch den **Grundsatz der Selbstorganschaft** begrenzt. Daher ist eine unechte Gesamtvertretung nicht möglich, wenn keine alternative Vertretung der Gesellschaft ohne Mitwirkung eines Prokuristen gewährleistet ist, sei es durch einen alleinvertretungsbefugten Gesellschafter oder durch mehrere einzelvertretungsbefugte Gesellschafter, sei es durch mehrere gesamtvertretungsbefugte Gesellschafter.[66] Außerdem kann der einzige alleinvertretungsbefugte Gesellschafter nicht an die Mitwirkung eines Prokuristen gebunden werden (→ Rn. 7).[67]

42 Ist einer von zwei Gesellschaftern einzelvertretungsbefugt, kann für den anderen Gesellschafter in dem Gesellschaftsvertrag eine gemischte Gesamtvertretung dergestalt vereinbart werden, dass dieser nur gemeinsam mit dem anderen Gesellschafter oder einem Prokuristen zur Vertretung der Gesellschaft befugt ist. Eine Ausgestaltung der Gesamtvertretung dahingehend, dass die unechte Gesamtvertretung exklusiv ist, der Gesellschafter also nur gemeinsam mit einem Prokuristen handeln darf, ist hingegen unzulässig.[68]

43 Die Vertretungsmacht eines **Handlungsbevollmächtigten** kann dergestalt begrenzt werden, dass er nur gemeinsam mit einem Gesellschafter zur Vertretung der Gesellschaft befugt ist. Die umgekehrte Gestaltung, nämlich die Bindung eines Gesellschafters an die Mitwirkung eines Handlungsbevollmächtigten ist hingegen unzulässig, da dies zu einer zu weiten Einschränkung der Vertretungsbefugnis des Gesellschafters führen würde.

44 **5. Umfang.** Der Umfang der unechten Gesamtvertretung richtet sich trotz der Mitwirkung eines oder mehrerer Prokuristen und des begrenzten Umfangs der Prokura (§ 49 Abs. 1, 2; → § 49 Rn. 2 ff.) nach dem Umfang der organschaftlichen Vertretungsbefugnis des Gesellschafters gem. Abs. 4 (→ Rn. 61 ff.).[69]

45 **6. Ermächtigung und Passivvertretung (Abs. 3 S. 2).** Gemäß Abs. 3 S. 2 sind Abs. 2 S. 2 (→ Rn. 28 ff.) und Abs. 6 (→ Rn. 94) auf die unechte Gesamtvertretung entsprechend anzuwenden. Die entsprechende Anwendung von **Abs. 2 S. 2** hat zur Folge, dass die zur Gesamtvertretung befugten Personen – nicht nur die in Abs. 2 S. 2 genannten Gesellschafter, sondern auch die Prokuristen – einzelne von ihnen zur Vornahme bestimmter Geschäfte oder bestimmter Arten von Geschäften ermächtigen können. Die entsprechende Anwendung von **Abs. 6** bedeutet, dass jede nach Abs. 3 S. 1 gesamtvertretungsbefugte Person einzeln zur Passivvertretung der Gesellschaft befugt ist.

VI. Ausschluss der Vertretungsbefugnis

46 **1. Gesellschaftsvertrag. a) Vereinbarungen.** Die organschaftliche Vertretungsbefugnis beruht in erster Linie auf dem Gesetz – konkret Abs. 1 – und ist daher eine gesetzliche Vertretung.[70] Die

[63] BGH 6.11.1986, BGHZ 99, 76 (78) = NJW 1987, 841; 14.2.1974, BGHZ 62, 166 (170) = NJW 1974, 1194; Lüdtke-Handjery DB 1973, 2502 (2503); Ebenroth/Boujong/Weber § 48 Rn. 47.
[64] BGH 6.11.1986, NJW 1987, 841.
[65] Hopt/Roth Rn. 25.
[66] Hopt/Roth Rn. 20; Wertenbruch GmbHR 2024, 1 Rn. 26.
[67] BGH 6.2.1958, BGHZ 26, 330 = NJW 1958, 668.
[68] BGH 6.11.1986, BGHZ 99, 76 = NJW 1987, 841; BGH 6.2.1958, BGHZ 26, 333 = NJW 1958, 668; Hopt/Roth Rn. 21; Wertenbruch GmbHR 2024, 1 Rn. 26.
[69] BGH 14.2.1974, NJW 1974, 1194; MüKoHGB/Drescher Rn. 53; Staub/Habersack Rn. 61; Ebenroth/Boujong/M. Noack Rn. 60; Wertenbruch GmbHR 2024, 1 Rn. 28.
[70] MüKoHGB/Drescher Rn. 9.

kraft Gesetzes bestehende Einzelvertretungsbefugnis (→ Rn. 15 ff.) kann jedoch gem. Abs. 2 S. 1 (→ Rn. 20 ff.) und Abs. 3 S. 1 (→ Rn. 34 ff.) durch eine Regelung in dem Gesellschaftsvertrag um eine echte oder unechte Gesamtvertretung ergänzt oder ersetzt werden. Gemäß Abs. 1 kann in dem Gesellschaftsvertrag auch vereinbart werden – sei es bei der Errichtung der Gesellschaft, sei es durch eine Änderung des Gesellschaftsvertrags –, dass ein Gesellschafter von der Vertretung der Gesellschaft ausgeschlossen sein soll. Aufgrund des Grundsatzes der **Selbstorganschaft** können allerdings nicht alle, sondern nur einzelne Gesellschafter ausgeschlossen werden (→ Rn. 7).

b) Auslegung. Der Ausschluss eines oder mehrerer Gesellschafter von der Vertretung der Gesellschaft setzt keine ausdrückliche Regelung in dem Gesellschaftsvertrag voraus. Es genügt, dass der Ausschluss sich aus einer Auslegung des Gesellschaftsvertrags gem. §§ 133, 157 BGB ergibt. Im Einzelfall können Gesellschafter zB bereits dann von der Vertretung der Gesellschaft ausgeschlossen sein, wenn in dem Gesellschaftsvertrag bestimmte andere Gesellschafter mit Vertretungsmacht ausgestattet werden.[71] Dasselbe gilt, wenn einzelne Gesellschafter im Gesellschaftsvertrag als „firmierend" oder „zeichnend" bezeichnet werden.[72] Bei der Auslegung ist nicht an dem Wortlaut der vertraglichen Regelungen zu haften, da rechtliche Laien bei der Vertragsgestaltung häufig nicht eindeutig zwischen den Bezeichnungen „Geschäftsführung im Innenverhältnis" und „Vertretung im Außenverhältnis" unterscheiden.[73] Daher kann ein Gesellschaftsvertrag zB dahingehend auszulegen sein, dass unter der Bezeichnung des Geschäftsführers auch die Vertretung verstanden werden soll und dadurch Gesellschafter von der Vertretung ausgeschlossen werden sollen, die nicht als „Geschäftsführer" bezeichnet werden. 47

Keine organschaftliche Vertretung liegt vor, wenn die Vertretung nicht auf dem Gesellschaftsvertrag, sondern ausschließlich auf einem **Geschäftsführervertrag** beruht und der Geschäftsführer in dem Gesellschaftsvertrag nicht namentlich genannt ist.[74] 48

c) Reichweite. Eine Beschränkung der organschaftlichen Vertretungsbefugnis auf bestimmte Geschäfte oder Arten von Geschäften ist Dritten gegenüber gem. Abs. 4 S. 2, 3 unwirksam (→ Rn. 67). Es besteht nur die Möglichkeit, einzelne von mehreren gesamtvertretungsbefugten Gesellschaftern gem. Abs. 2 S. 2 ggf. iVm Abs. 3 S. 2 zur Vornahme bestimmter Geschäfte oder bestimmter Arten von Geschäften zu ermächtigen (→ Rn. 28 ff., → Rn. 45). Einem von der organschaftlichen Vertretung der Gesellschaft ausgeschlossenen Gesellschafter kann jedoch Prokura (§ 48 Abs. 1; → § 48 Rn. 8 ff.), Handlungsvollmacht (§ 54; → § 54 Rn. 9 ff.) oder eine andere rechtsgeschäftliche Vertretungsmacht erteilt werden. 49

2. Gesellschafter ohne Vertretungsmacht. a) Rechtsstellung. Ein Gesellschafter, der durch den Gesellschaftsvertrag von der Vertretung der Gesellschaft ausgeschlossen ist und dem keine Vollmacht erteilt wurde – weder Prokura noch Handlungsvollmacht noch eine bürgerlich-rechtliche Vollmacht –, kann die Gesellschaft nicht vertreten. Er handelt als Vertreter ohne Vertretungsmacht mit der Folge, dass das im Namen der Gesellschaft vorgenommene Rechtsgeschäft gem. § 177 Abs. 1 BGB grundsätzlich schwebend unwirksam ist. Eine Notvertretungsmacht kommt weder nach den Grundsätzen des § 744 Abs. 2 BGB noch in entsprechender Anwendung der Vorschrift in Betracht.[75] Daher kann der Wegfall des einzigen vertretungsbefugten Gesellschafters ausnahmsweise sogar zur Auflösung der Gesellschaft führen. In der Regel kann der Gesellschaftsvertrag aber ausgelegt werden, und zwar dahingehend, dass die Vertretungsbefugnis der übrigen Gesellschafter – meist in Form einer echten Gesamtvertretung (→ Rn. 26) – wiederaufleben soll.[76] 50

b) Aufhebung des Ausschlusses. Den Ausschluss einzelner Gesellschafter von der Vertretung der Gesellschaft können die Gesellschafter **jederzeit** durch eine Änderung des Gesellschaftsvertrags aufheben, und zwar auch stillschweigend, wenn keine gesetzlichen oder gewillkürten Formerfordernisse entgegenstehen.[77] Die bloße Duldung der Vertretung eines ausgeschlossenen Gesellschafters durch die vertretungsbefugten Gesellschafter führt im Zweifel lediglich zu einer rechtsgeschäftlichen Bevollmächtigung, nicht jedoch zu der stillschweigenden Aufhebung des vertraglichen Ausschlusses von der Vertretung der Gesellschaft.[78] Erfolgt die Duldung über einen längeren Zeitraum, ist von einer Duldungsvollmacht auszugehen.[79] 51

---

[71] MüKoHGB/Drescher Rn. 22; Hopt/Roth Rn. 13.
[72] MüKoHGB/Drescher Rn. 22; Staub/Habersack Rn. 33; Hopt/Roth Rn. 13.
[73] MüKoHGB/Drescher Rn. 22; Ebenroth/Boujong/M. Noack Rn. 35.
[74] LAG Hessen 19.1.2007, NZA-RR 2007, 262.
[75] BGH 4.5.1955, NJW 1955, 1027; Ebenroth/Boujong/M. Noack Rn. 18 f.; Hopt/Roth Rn. 16.
[76] MüKoHGB/Drescher Rn. 55 f.
[77] MüKoHGB/Drescher Rn. 24; Ebenroth/Boujong/M. Noack Rn. 38.
[78] MüKoHGB/Drescher Rn. 24; Staub/Habersack Rn. 35; Ebenroth/Boujong/M. Noack Rn. 38.
[79] MüKoHGB/Drescher Rn. 24.

52 **3. Erlöschen der Vertretungsbefugnis. a) Entziehung.** Die Vertretungsbefugnis kann durch gesellschaftsvertragliche Regelungen oder durch Entziehung bei Vorliegen eines wichtigen Grundes gem. Abs. 5 iVm § 116 Abs. 5 (→ Rn. 72 ff.) erlöschen. Daneben besteht die Möglichkeit, die Vertretungsbefugnis einvernehmlich zu beenden.[80]

53 **b) Kündigung.** Die Beendigung der Vertretungsmacht infolge der Kündigung durch den Gesellschafter ist umstritten (→ Rn. 92).

54 **4. Gerichtliche Feststellung der Vertretungsmacht.** Uneinigkeit zwischen den Gesellschaftern über das Bestehen der organschaftlichen Vertretungsbefugnis können die Gesellschafter mithilfe einer Feststellungsklage gem. § 256 ZPO klären lassen.[81] Die Gesellschaft ist in einem solchen Fall weder aktiv- noch passivlegitimiert, sodass eine Klage der Gesellschaft bereits als unzulässig abzuweisen ist. Geht es bei dem Streit hingegen nicht um die organschaftliche Vertretungsbefugnis, sondern um eine Vollmacht, ist die Gesellschaft aktiv- oder passivlegitimiert.[82] Bei einer Klage des Gesellschafters gegen einen Dritten auf Feststellung der organschaftlichen oder rechtsgeschäftlichen Vertretungsmacht ist diese als unzulässig abzuweisen, da es bereits an einem berechtigten Feststellungsinteresse fehlt.[83]

VII. Gesetzlich vertretene Gesellschafter

55 **1. Geschäftsunfähige und beschränkt geschäftsfähige Gesellschafter.** Sind vertretungsbefugte Gesellschafter geschäftsunfähig (§ 104 BGB) oder in der Geschäftsfähigkeit beschränkt (§ 106 BGB, § 1825 BGB), schadet dies grundsätzlich nicht.[84] Sie können ihre organschaftliche Vertretungsbefugnis lediglich nicht selbst ausüben; es bedarf der Mitwirkung des gesetzlichen Vertreters. Die Vorschrift des § 165 BGB ist auf die organschaftliche Vertretungsbefugnis – im Gegensatz zu einer Vollmacht (→ Rn. 56) – nicht anwendbar.[85] Bei beschränkt geschäftsfähigen Gesellschaftern ist vor allem **§ 112 BGB** ggf. iVm § 1825 Abs. 1 S. 3 BGB zu beachten. Danach kann der in seiner Geschäftsfähigkeit beschränkte Gesellschafter mit Zustimmung seines gesetzlichen Vertreters und des Familien- bzw. Betreuungsgerichtes ein Erwerbsgeschäft selbstständig betreiben. Dabei gilt er für solche Rechtsgeschäfte grundsätzlich als unbeschränkt geschäftsfähig, welche der Geschäftsbetrieb mit sich bringt (§ 112 Abs. 1 S. 1 BGB ggf. iVm § 1825 Abs. 1 S. 3 BGB), es sei denn, es bedarf gem. § 112 Abs. 1 S. 2 BGB ggf. iVm § 1825 Abs. 1 S. 3 BGB der Zustimmung des Familien- bzw. Betreuungsgerichts. Abgesehen von § 112 BGB können beschränkt geschäftsfähige Gesellschafter die Gesellschaft nicht alleine wirksam vertreten. Es bedarf stets des Zutuns und Handelns ihrer gesetzlichen Vertreter, welche nicht an die §§ 1641, 1643, 1798 Abs. 3, 1850–1854 BGB gebunden sind.[86]

56 Es ist möglich, für die Fälle der Geschäftsunfähigkeit und der beschränkten Geschäftsfähigkeit von Gesellschaftern (→ Rn. 55) Regelungen in den **Gesellschaftsvertrag** aufzunehmen, zB die Vertretungsbefugnis an die unbeschränkte Geschäftsfähigkeit zu knüpfen. Ein in der Geschäftsfähigkeit beschränkter Gesellschafter kann jedoch bevollmächtigt werden, was zur Anwendung des § 165 BGB führt.[87]

57 Handelt ein geschäftsunfähiger oder in der Geschäftsfähigkeit beschränkter vertretungsbefugter Gesellschafter für die Gesellschaft, indem er eine wegen fehlender Geschäftsfähigkeit nichtige (§ 105 Abs. 1 BGB) oder zunächst schwebend unwirksame Erklärung abgibt (§ 108 Abs. 1 BGB ggf. iVm § 1825 Abs. 1 S. 3 BGB), kann der Geschäftspartner sich **nicht auf § 15 Abs. 1** berufen. Diese Vorschrift schützt nämlich nur das Vertrauen auf den Bestand der Vertretungsmacht und nicht auf die Geschäftsfähigkeit des Gesellschafters. Das führt dazu, dass die Gesellschaft aus einem solchen Vertretergeschäft weder berechtigt noch verpflichtet wird, es sei denn, die Grundsätze der Rechtsscheinhaftung sind einschlägig. Danach soll die Gesellschaft sich nicht auf die Beschränkung der Geschäftsfähigkeit oder Geschäftsunfähigkeit berufen können, wenn die anderen Gesellschafter davon Kenntnis hatten und bei dem Rechtsgeschäft nicht interveniert haben.[88]

---

80 MüKoHGB/Drescher Rn. 29.
81 BGH 26.10.1978, NJW 1979, 871; Ebenroth/Boujong/M. Noack Rn. 39.
82 Staub/Habersack Rn. 37.
83 Staub/Habersack Rn. 37.
84 MüKoHGB/Drescher Rn. 25; Staub/Habersack Rn. 29; Ebenroth/Boujong/M. Noack Rn. 24.
85 Statt vieler s. Staub/Habersack Rn. 29.
86 MüKoHGB/Drescher Rn. 25; Ebenroth/Boujong/M. Noack Rn. 24.
87 MüKoHGB/Drescher Rn. 26.
88 Ebenroth/Boujong/M. Noack Rn. 26.

2. Organschaftlich vertretene Gesellschafter. Ist der vertretungsbefugte Gesellschafter keine natürliche Person, sondern eine juristische Person oder eine rechtsfähige Personengesellschaft, wird die organschaftliche Vertretungsbefugnis durch die Vertretungsorgane bzw. vertretungsbefugten Gesellschafter der Gesellschafter-Gesellschaft ausgeübt.[89] 58

Bei einer **GmbH & Co. KG** entscheiden die Geschäftsführer der Komplementär-GmbH über das organschaftliche Anstellungsverhältnis eines Geschäftsführers, wenn die KG Alleingesellschafterin der Komplementär-GmbH ist (sog. Einheitsgesellschaft) und dadurch die der KG zustehenden Rechte in der Gesellschaftsversammlung die organschaftlichen Vertreter der GmbH wahrnehmen.[90] 59

Auf Grundlage der Rspr.[91] ergibt sich in den Fällen der formwechselnden **Umwandlung einer GmbH** (§ 191 Abs. 1 Nr. 2 UmwG iVm § 3 Abs. 1 Nr. 2 UmwG) in eine eingetragene Personengesellschaft (§ 191 Abs. 2 Nr. 1 UmwG), dass diese Umwandlung zwar zum Untergang der Organstellung des GmbH-Geschäftsführers führt, nicht aber zum Erlöschen seines Anstellungsvertrags mit der Gesellschaft. Ist die Personengesellschaft eine GmbH & Co. KG, entscheiden nicht die Gesellschafter der KG über die Kündigung des Anstellungsvertrags, sondern aufgrund einer Annex-Kompetenz zu § 46 Nr. 5 GmbHG die Gesellschafter der Komplementär-GmbH.[92] 60

VIII. Umfang der Vertretungsmacht (Abs. 4)

1. Normzweck. Die Regelung des Abs. 4 dient der **Verkehrssicherheit,**[93] insbesondere dem Schutz derjenigen, die mit der Gesellschaft in Rechtsbeziehungen treten. Es soll Dritten nicht zugemutet werden, umfangreiche Nachforschungen über die Vertretungsmacht des Geschäftspartners anzustellen.[94] Die Vorschrift gilt unmittelbar für die **OHG** sowie entsprechend für die **KG** (§ 161 Abs. 2) und die **Partnerschaft** (§ 7 Abs. 2 PartGG). Sie regelt den Umfang der organschaftlichen Vertretungsbefugnis. Aus dem Sinn und Zweck des Abs. 4 S. 2 ergibt sich, dass die Vertretungsbefugnis grundsätzlich unbeschränkt und unbeschränkbar ist. Daher ist zwischen der Berechtigung im Innenverhältnis und der Vertretungsbefugnis im Außenverhältnis zu unterscheiden. 61

2. Überblick. Die Vertretungsbefugnis umfasst sämtliche Geschäfte, gerichtliche und außergerichtliche Rechtshandlungen, die für die Gesellschaft wahrgenommen werden, einschließlich der Veräußerung und Belastung von Grundstücken sowie der Erteilung und des Widerrufs einer Prokura (→ Rn. 63 ff.). Eine Beschränkung ist Dritten gegenüber unwirksam (Abs. 4 S. 2; → Rn. 67). Eine Ausnahme bildet Abs. 4 S. 4 für den Betrieb einer Niederlassung (→ Rn. 68). Daher kann der Umfang der Vertretungsbefugnis im Außenverhältnis von dem Umfang der Geschäftsführungsbefugnis im Innenverhältnis abweichen. Soll der Anstellungsvertrag zwischen der **GmbH & Co. KG** und dem Geschäftsführer der Komplementär-GmbH durch Erklärungen des Geschäftsführers im eigenen Namen und nach § 181 Fall 1 BGB im Namen der GmbH als der gesetzlichen Vertreterin der KG verlängert werden, ist eine Zustimmung der Gesellschafterversammlung der KG nicht erforderlich.[95] 62

3. Gesetzlicher Umfang (Abs. 4 S. 1). a) Grundsatz der Unbeschränkbarkeit. Die organschaftliche Vertretungsbefugnis der Gesellschafter umfasst alle Geschäfte der Gesellschaft, einschließlich der Veräußerung und Belastung von Grundstücken sowie der Erteilung und des Widerrufs einer Prokura. Die Vertretungsbefugnis der Gesellschafter geht damit über die der Prokura hinaus, gilt also nicht nur für die Geschäfte, die der gewöhnliche Betrieb eines Gewerbes mit sich bringt (§ 49 Abs. 1).[96] Der Umfang der Vertretungsbefugnis ist gesetzlich vorgeschrieben und damit **zwingend.**[97] Lediglich bei einer Zweigstelle des Unternehmens kann die Vertretungsbefugnis auch Dritten gegenüber beschränkt werden (Abs. 4 S. 4 iVm § 50 Abs. 3 S. 1; → Rn. 68). 63

b) Umfang bei Rechtsgeschäften. Die organschaftliche Vertretungsbefugnis der Gesellschafter umfasst nach dem Wortlaut von Abs. 4 S. 1 – im Unterschied zu § 126 Abs. 1 aF – alle Geschäfte „der Gesellschaft". Diese Formulierung darf – im Vergleich mit § 126 Abs. 1 aF – nicht im Sinne einer Einschränkung dahingehend verstanden werden, dass die Vertretungsbefugnis nur Geschäfte umfasst, die für die **konkrete** Gesellschaft gewöhnlich sind oder ihrem Gesellschaftszweck unterfal- 64

---

[89] BGH 16.7.2007, NZG 2007, 751.

[90] BGH 16.7.2007, NZG 2007, 751; Gehrlein BB 2007, 1915; Kort EWiR 2007, 689; Werner GmbHR 2007, 1035.

[91] BGH 8.1.2007, NJW-RR 2007, 1632.

[92] Statt vieler s. MüKoGmbHG/Liebscher GmbHG § 46 Rn. 138 ff. mwN.

[93] Markworth ZPG 2023, 136 (137) zu § 126 Abs. 2 aF.

[94] BGH 20.9.1962, NJW 1962, 2344.

[95] BGH 19.4.2016, NZG 2016, 826.

[96] MüKoHGB/Drescher Rn. 62; Staub/Habersack Rn. 64; Ebenroth/Boujong/M. Noack Rn. 15.

[97] BGH 20.9.1962, NJW 1962, 2344; wohl auch Blath ZPG 2023, 167 (168) jeweils zu § 126 aF.

len. Im Gegenteil, da ausweislich der Begr. RegE MoPeG keine Änderung gegenüber der bis zum 31.12.2023 geltenden Rechtslage beabsichtigt war,[98] ist die Neufassung inhaltsgleich dahingehend auszulegen, dass sie sowohl Geschäfte umfasst, die der Betrieb eines Handelsgewerbes gewöhnlich oder im Einzelfall mit sich bringt (→ Rn. 63), zB die Übernahme fremder Verbindlichkeiten und nachteilige Rechtsgeschäfte (zB Schenkungen und Parteispenden),[99] als auch Geschäfte, die mit dem Gesellschaftszweck konfligieren.[100] Der Schutz des Rechtsverkehrs ist dabei so hoch anzusehen, dass die Norm selbst das **Minderjährigenrecht** teilweise **verdrängt.** Ein minderjähriger Gesellschafter kann die OHG ohne Rücksicht auf die Beschränkungen der §§ 1850–1854 BGB vertreten (→ Rn. 55).[101] Die Vertretungsbefugnis des Gesellschafters umfasst den Abschluss und die Kündigung von **Arbeitsverhältnissen,** die Erteilung und den Widerruf einer **Prokura** sowie sämtliche **Grundstücksgeschäfte.**[102] Auch die Erteilung von Weisungen aufgrund des Arbeitsverhältnisses gegenüber Arbeitnehmern fällt unter den Umfang der Vertretungsmacht.

65 **c) Grundlagengeschäfte.** Die Vertretungsbefugnis der Gesellschafter schließt Geschäfte, bei denen die inneren Verhältnisse der Gesellschaft betroffen sind (sog. Grundlagengeschäfte), nicht ein.[103] Als Grundlagengeschäfte gelten alle Änderungen des Gesellschaftsvertrags, insbesondere Änderungen des Gesellschaftszwecks (zu unterscheiden vom Gegenstand der Gesellschaft), der Geschäftsführungsverhältnisse (zu unterscheiden von der Prokura; → Rn. 64) sowie die Aufnahme von neuen Gesellschaftern. Entsprechendes gilt für die Liquidation der Gesellschaft, die Änderung der Firma und den Abschluss eines Unternehmensvertrags nach §§ 291 ff. AktG.[104] Umfasst ist dagegen die Aufnahme stiller Gesellschafter, da diese nicht wesentlich in die Innenverhältnisse eingreifen können.[105] Die Befugnis, neue Gesellschafter aufzunehmen, kann den Gesellschaftern jedoch in dem Gesellschaftsvertrag erteilt werden.[106]

66 **d) Insichgeschäfte.** Eine weitere Grenze der organschaftlichen Vertretungsbefugnis ist § 181 BGB. Die Vorschrift gilt auch für die organschaftliche Vertretungsbefugnis.[107] Ein gesamtvertretungsbefugter Gesellschafter kann jedoch ein Geschäft mit der Gesellschaft vornehmen, wenn ein anderer vertretungsbefugter Gesellschafter das Geschäft seitens der Gesellschaft vornehmen kann. Bei Gesamtvertretung ist eine Ermächtigung des zweiten gesamtvertretungsbefugten Gesellschafters gem. Abs. 2 S. 2 (→ Rn. 28 f.) erforderlich;[108] andernfalls muss das Geschäft in entsprechender Anwendung von § 177 Abs. 1 BGB durch beide Gesellschafter genehmigt werden. Dem Kontrollgedanken wird dadurch faktisch in gleicher Weise Rechnung getragen, wie bei einer erteilten Ermächtigung. Wird das Insichgeschäft nicht genehmigt, ist es nach §§ 812 ff. BGB rückabzuwickeln. Dem Kondiktionsanspruch kann § 814 BGB zwar entgegenstehen; tut dies regelmäßig aber deshalb nicht, weil ein Kaufmann sich der Folgen eines Insichgeschäfts bewusst sein muss.[109] Das Verbot des Insichgeschäfts kann durch Gesellschaftsvertrag oder Gesellschafterbeschluss abbedungen werden.[110]

67 **4. Beschränkungen (Abs. 4 S. 2–4). a) Grundsatz (Abs. 4 S. 2, 3), Rechtsgeschäfte mit Gesellschaftern.** Die organschaftliche Vertretungsbefugnis der Gesellschafter ist grundsätzlich unbeschränkbar (→ Rn. 63). Dieser Grundsatz greift allerdings nicht bei Rechtsgeschäften mit einem Gesellschafter. Normzweck des Abs. 4 ist der Schutz Dritter im geschäftlichen Verkehr mit der Gesellschaft (→ Rn. 61), insbesondere weil diese die Verhältnisse in der Gesellschaft regelmäßig nicht näher kennen. Der Rechtsverkehr soll sich darauf verlassen können, dass der im Namen der Gesellschaft handelnde Gesellschafter zu dem konkreten Geschäft befugt ist.[111] Dieser Grundsatz dient der unkomplizierten Abwicklung im Handelsverkehr. Die Gesellschafter bedürfen dieses Vertrauensschutzes jedoch nicht. Überschreitet der Gesellschafter in diesem Fall also die im Innenverhältnis – sei es in dem Gesellschaftsvertrag, sei es durch Gesellschafterbeschluss – festgelegte Vertretungs-

---

98 Begr. RegE MoPeG, BT-Drs. 19/27635, 241.
99 MüKoHGB/Drescher Rn. 63.
100 Hopt/Roth Rn. 27.
101 RG 30.9.1929, RGZ 125, 380 f.; Hopt/Roth Rn. 27.
102 BGH 15.2.2022, BGHZ 232, 375 = NJW 2022, 1878.
103 BGH 26.10.1978, WM 1979, 71 = BeckRS 1978, 31114308; MüKoHGB/Drescher Rn. 67; Staub/Habersack Rn. 71 ff.; Ebenroth/Boujong/M. Noack Rn. 20.
104 Ebenroth/Boujong/M. Noack Rn. 69 f.
105 BGH 6.3.1975, NJW 1975, 1117; MüKoHGB/Drescher Rn. 68.
106 BGH 18.10.1962, WM 1962, 1353.
107 BGH 6.10.1960, BGHZ 33, 189 (190) = NJW 1960, 2285; Scholz ZfPW 2023, 157 (160).
108 BGH 8.10.1991, NJW 1992, 618; Scholz ZfPW 2023, 157 (161).
109 BGH 25.1.1973, WM 1973, 294.
110 BGH 7.2.1972, BGHZ 58, 115 = NJW 1972, 623; MüKoHGB/Drescher Rn. 72.
111 MüKoHGB/Drescher Rn. 73.

befugnis, handelt er als Vertreter ohne Vertretungsmacht.[112] Die Unbeschränkbarkeit soll Dritte schützen, nicht den wissenden Gesellschafter.[113]

b) Beschränkung auf einzelne Niederlassung (Abs. 4 S. 4). Die Möglichkeit der Beschränkung der Vertretungsbefugnis auf eine Niederlassung ergibt sich aus Abs. 4 S. 4 iVm § 50 Abs. 3 S. 1. Erforderlich ist danach die **Verschiedenheit der Firmen,** wobei ein Filialzusatz genügt. Er bietet dem Rechtsverkehr die Möglichkeit, die Filialen oder Niederlassungen zu unterscheiden. Die Beschränkung ist zur Eintragung in das **Handelsregister der Hauptniederlassung** anzumelden. Ein Zusatz beim Registergericht der Zweigniederlassung ist entbehrlich.[114] 68

5. Missbrauch der Vertretungsmacht. a) Grundsätzliches. Beachtet ein vertretungsbefugter Gesellschafter eine ausschließlich der Gesellschaft und den übrigen Gesellschaftern gegenüber bestehende Beschränkung seiner Vertretungsbefugnis nicht (sog. Missbrauch der Vertretungsmacht), sind die von ihm im Namen der Gesellschaft getätigten Geschäfte mit Dritten grundsätzlich gleichwohl wirksam.[115] Abs. 4 S. 2, 3 dient dem Ziel der Professionalität und Schnelligkeit im Handelsverkehr (→ Rn. 67). Dem stünde eine Nachforschungspflicht, ob der organschaftliche Vertreter tatsächlich für das konkrete Rechtsgeschäft vertretungsbefugt ist, entgegen.[116] Daher können Dritte sich gegenüber der Gesellschaft grundsätzlich auf die Unbeschränkbarkeit der organschaftlichen Vertretungsbefugnis berufen.[117] 69

b) Fehlende Schutzwürdigkeit des Geschäftspartners. Dritte können sich lediglich ausnahmsweise nicht auf die Unbeschränkbarkeit der organschaftlichen Vertretungsbefugnis berufen, wenn Sie im Einzelfall **nicht schutzwürdig** sind.[118] Dies ist insbesondere gegeben, wenn dem Geschäftspartner sich aufgrund besonderer Umstände aufdrängen muss, dass der Gesellschafter seine Befugnisse im Innenverhältnis überschreitet.[119] Bloße fahrlässige Unkenntnis schadet dem Dritten nicht. Schädlich ist hingegen **grobe Fahrlässigkeit,** wie zB das Ignorieren von grob gesellschaftsschädigendem Verhalten durch den Gesellschafter. Dies stellt allerdings kein eigenes Erfordernis dar.[120] 70

Ist der Dritte bei einem Missbrauch der Vertretungsmacht nicht schutzwürdig (→ Rn. 70), ist das getätigte Rechtsgeschäft grundsätzlich gem. § 177 Abs. 1 BGB **schwebend unwirksam;**[121] es kann von der Gesellschaft genehmigt werden. Außerdem verbietet § 242 BGB dem Dritten die Ausübung der Rechte aus einem Geschäft unter Missbrauch der Vertretungsmacht, es sei denn, der Vertretene hat die ihm zumutbare Kontrolle des Vertreters unterlassen und der Missbrauch wurde erst aufgrund dieser Tatsache ermöglicht. In diesem Fall legt § 254 BGB es nahe, die Folgen des Geschäfts nach dem beiderseitigen Verschulden zu beurteilen.[122] Nach aA ist das Mitverschulden der vertretenen Gesellschaft über Schadensersatzansprüche gem. § 280 Abs. 1 BGB iVm § 311 Abs. 2 BGB, § 241 Abs. 2 BGB und unerlaubter Handlung zu bewerten.[123] Liegt ein kollusives Zusammenwirken des Dritten mit dem Vertreter der Gesellschaft vor, ist das Geschäft ausnahmsweise gem. § 138 Abs. 1 BGB sittenwidrig und damit nichtig.[124] In diesem Fall bestehen Schadensersatzansprüche wegen vorsätzlicher sittenwidriger Schädigung gem. § 826 BGB.[125] 71

IX. Entziehung der Vertretungsmacht (Abs. 5)

1. Normzweck. Abs. 5 regelt nicht nur die umfassende Entziehung der Vertretungsbefugnis, und zwar jeder der in Abs. 1–3 (→ Rn. 15 ff., → Rn. 20 ff., → Rn. 34 ff.) beschriebenen Arten, son- 72

---

[112] BGH 20.9.1962, NJW 1962, 2344; Staub/Habersack Rn. 93 f.

[113] MüKoHGB/Drescher Rn. 74; Lorenzen ZPG 2023, 219 (227); Wertenbruch GmbHR 2024, 1 Rn. 17. Bei einer lediglich 20 %-Beteiligung an einer Komplementär-GmbH ist nicht von einer Gleichstellung mit einem Gesellschafter auszugehen, s. OLG Frankfurt 1.6.2010, BeckRS 2010, 18591.

[114] BGH 21.3.1988, NJW 1988, 1840.

[115] Ebenroth/Boujong/M. Noack Rn. 82; Hopt/Roth Rn. 31.

[116] Ebenroth/Boujong/M. Noack Rn. 82; Hopt/Roth Rn. 31.

[117] Ebenroth/Boujong/M. Noack Rn. 82.

[118] Ebenroth/Boujong/M. Noack Rn. 82.

[119] BGH 30.11.1995, NJW 1996, 589 f.

[120] Heute hM, s. MüKoHGB/Drescher Rn. 79; Ebenroth/Boujong/M. Noack Rn. 83; **aA** die frühere Rspr., zB BGH 25.3.1968, BGHZ 50, 112 = NJW 1968, 1379.

[121] Wertenbruch GmbHR 2024, 1 Rn. 15 mwN.

[122] BGH 25.3.1968, BGHZ 50, 112 = NJW 1968, 1379.

[123] Staub/Habersack Rn. 92.

[124] Statt vieler Wertenbruch GmbHR 2024, 1 Rn. 14 mwN.

[125] BGH 30.11.1995, NJW 1996, 589.

dern auch deren **Beschränkung** in Gestalt einer teilweisen Entziehung (→ Rn. 75).[126] Der Begriff der **Entziehung** impliziert die Unfreiwilligkeit des Aktes. Sie erfordert in entsprechender Anwendung von § 116 Abs. 5 einen wichtigen Grund (→ § 116 Rn. 140 ff.). Liegt ein solcher vor, kann die Vertretungsbefugnis einseitig durch Gestaltungsklage – oder nach den entsprechenden Regelungen im Gesellschaftsvertrag – durch **Gesellschafterbeschluss** der anderen Gesellschafter (bei der KG auch der Kommanditisten) entzogen werden (→ Rn. 89). Die gleichzeitige Entziehung der Geschäftsführungs- und Vertretungsbefugnis gem. § 116 Abs. 5 ggf. iVm Abs. 5 kann in Form einer objektiven Klagehäufung gem. § 260 ZPO erfolgen.[127]

73 **2. Anwendungsbereich.** Abs. 5 gilt sowohl für die OHG als auch entsprechend für die **KG** (§ 161 Abs. 2) und die **Partnerschaft** (§ 7 Abs. 3 PartGG). Für die **GbR** gilt ausschließlich § 715 Abs. 5 BGB.

74 Gegenstand der Entziehung ist (nur) die **organschaftliche Vertretungsbefugnis** der Gesellschafter. Dadurch werden die individuellen Rechte des Gesellschafters hinsichtlich des Außenverhältnisses in Form der Vertretung beschränkt. Der Anwendungsbereich beschränkt sich dabei nicht nur auf die Einzel- und echte Gesamtvertretungsbefugnis (Abs. 1, 2; → Rn. 15 ff., → Rn. 20 ff.), sondern umfasst auch die unechte Gesamtvertretungsbefugnis (Abs. 3; → Rn. 34 ff.) sowie die beschränkte Vertretungsbefugnis für eine Niederlassung (Abs. 4 S. 4; → Rn. 68). Keine Anwendung findet die Vorschrift auf die Prokura (§§ 48 ff.; → Rn. 78), und zwar unabhängig von der gesellschaftsvertraglichen Regelung.[128] Die Entziehung der Vertretungsbefugnis ist auch gegenüber dem einzigen vertretungsbefugten Gesellschafter möglich;[129] die Rechtsfolge besteht in der Gesamtvertretungsmacht aller Gesellschafter.[130]

75 **3. Arten der Entziehung. a) Möglichkeit der teilweisen Entziehung.** Die Möglichkeit einer teilweisen Entziehung der Vertretungsbefugnis wurde unter Geltung von § 127 aF unter Hinweis auf den Wortlaut zT abgelehnt.[131] Im Anschluss an die Rechtsprechung und die überwiegende Ansicht im Schrifttum[132] hat sie jedoch durch das MoPeG Eingang in den Wortlaut des Abs. 5 gefunden. Denkbar ist eine zeitliche Beschränkung der Vertretungsbefugnis, zB bei Minderjährigkeit[133] oder Krankheit.

76 **b) Einzelvertretung.** Wird dem einzigen geschäftsführenden Gesellschafter die Einzelvertretungsbefugnis entzogen, tritt an deren Stelle die **Gesamtvertretung** aller Gesellschafter.[134] Eine Entziehung der Vertretungsbefugnis des einzigen persönlich haftenden Gesellschafters einer KG ist – im Gegensatz zur Geschäftsführungsbefugnis – nicht möglich.[135] Ein Kommanditist, der abweichend von § 170 vertretungsberechtigt ist, hat keine organschaftliche, sondern eine rechtsgeschäftliche Vertretungsmacht (→ § 170 Rn. 8). Vertretungsberechtigte Dritte unterfallen nicht dem Anwendungsbereich des Abs. 5 (→ Rn. 74).

77 **c) Gesamtvertretung.** Eine Entziehung der Vertretungsbefugnis bei mehreren geschäftsführungsbefugten Gesellschaftern ist jederzeit möglich, selbst dann, wenn bisher nur Gesamtvertretung vereinbart war oder die anderen Gesellschafter von der Vertretung ausgeschlossen sind.[136] Eine Beschränkung der Vertretungsbefugnis auf eine Art der **Gesamtvertretung** ist zulässig.[137] Besteht bereits eine echte oder unechte Gesamtvertretung, wird nur demjenigen Gesellschafter die Gesamtvertretungsbefugnis entzogen, in dessen Person der wichtige Grund eingetreten ist. In diesen Fällen

[126] BGH 10.12.2001, NJW-RR 2002, 540; MüKoHGB/Drescher Rn. 87; Staub/Habersack § 127 Rn. 11; KKD/Kindler § 127 Rn. 3; **aA** Fischer NJW 1959, 1058 ff.; Lukes JR 1960, 43 ff.

[127] BGH 9.12.1968, BGHZ 51, 198 = NJW 1969, 507; MüKoHGB/Drescher Rn. 84.

[128] MüKoHGB/Drescher Rn. 85; Staub/Habersack Rn. 101.

[129] MüKoHGB/Drescher Rn. 83; Staub/Habersack Rn. 102; Ebenroth/Boujong/M. Noack Rn. 91; Hopt/Roth Rn. 39.

[130] Hopt/Roth Rn. 39.

[131] Fischer NJW 1959, 1058 f.; Lukes JR 1960, 43 (44 f.).

[132] BGH 9.12.1968, BGHZ 51, 198 = NJW 1969, 507; Ebenroth/Boujong/M. Noack Rn. 97 mwN; Hopt/Roth Rn. 44.

[133] MüKoHGB/Drescher Rn. 87.

[134] BGH 11.7.1960, BGHZ 33, 105 = NJW 1960, 1997 f; MüKoHGB/Drescher Rn. 83; Staub/Habersack Rn. 102; Hopt/Roth Rn. 39; Wertenbruch GmbHR 2024, 1 Rn. 23.

[135] BGH 9.12.1968, BGHZ 51, 198 = NJW 1969, 507; 25.5.1964, BGHZ 41, 367 = NJW 1964, 1624; Hopt/Roth Rn. 40.

[136] BGH 11.7.1960, BGHZ 33, 105 = NJW 1960, 1997; Staub/Habersack Rn. 104; Ebenroth/Boujong/M. Noack Rn. 91.

[137] BGH 10.12.2001, NJW-RR 2002, 540; MüKoHGB/Drescher Rn. 87; Staub/Habersack Rn. 106; Hopt/Roth Rn. 44.

besteht die Rechtsfolge in der Regel darin, dass alle Gesellschafter Gesamtvertretungsbefugnis erlangen.[138] Hat die Gesellschaft allerdings nur zwei Gesellschafter, so dass eine Gesamtvertretungsmacht keinen Sinn ergäbe, erhält der einzig verbleibende Gesellschafter Alleinvertretungsbefugnis.[139]

d) Sonstige Einzelfragen. Die Entziehung der Vertretungsbefugnis ohne wichtigen Grund kann im Gesellschaftsvertrag geregelt werden; diese Gestaltung unterfällt aber nicht dem Anwendungsbereich des Abs. 5, sondern dem gesellschaftsvertraglichen Bereich.[140] Keine Rolle im Zusammenhang mit Abs. 5 spielt die **Prokura,** da diese jederzeit widerrufen werden kann (§ 52 Abs. 1; → § 52 Rn. 3 ff.). Dabei wird der Widerruf direkt durch die Gesellschaft erklärt. Die Vorschrift des Abs. 5 wird nicht von Abs. 2 berührt.[141] 78

4. Voraussetzungen. a) Grundlagen. Die organschaftliche Vertretungsbefugnis (→ Rn. 74) kann einem Gesellschafter gem. Abs. 5 in entsprechender Anwendung von § 116 Abs. 5, dh bei Vorliegen eines **wichtigen Grundes** (→ Rn. 80 f., → § 116 Rn. 140 ff.) vollständig oder teilweise entzogen werden, es sei denn, der Gesellschaftsvertrag enthält eine abweichende Vereinbarung. Der wichtige Grund wird in § 116 Abs. 5 S. 2 durch die nicht abschließenden Regelbeispiele einer groben Pflichtverletzung und der Unfähigkeit zur ordnungsgemäßen Vertretung konkretisiert. Stets muss der wichtige Grund iS dieser Vorschrift in der Person des Gesellschafters liegen. 79

b) Wichtiger Grund. Ein wichtiger Grund liegt vor, wenn das **Vertrauensverhältnis** der Gesellschafter nachhaltig durch die Ausübung der Vertretungsbefugnis zerstört worden ist und den einzelnen Gesellschaftern nicht mehr länger zugemutet werden kann, die Vertretungsbefugnis bei diesem Gesellschafter zu belassen.[142] Das Gesetz nennt in Abs. 5 iVm § 116 Abs. 5 als wichtige Gründe die grobe Pflichtverletzung und die Unfähigkeit zur ordnungsgemäßen Vertretung der Gesellschaft. Der wichtige Grund kann auch auf ein in der Vergangenheit liegendes Verhalten gestützt werden, dessen Auswirkungen andauern oder sich erst in Zukunft zeigen werden.[143] Der Gesellschafter handelt grob pflichtwidrig, wenn durch sein Verhalten die Belange der Gesellschaft beeinträchtigt und die anderen Gesellschafter übergangen werden.[144] Dies ist zB anzunehmen, wenn der Gesellschafter die übrigen Gesellschafter über eine Zahlung aus dem Gesellschaftsvermögen bewusst falsch unterrichtet.[145] Der wichtige Grund erfordert jedoch **kein Verschulden** des Gesellschafters; es genügt, dass ihm das Verhalten oder der Zustand zugerechnet werden kann.[146] Bei der Zurechnung ist insbesondere das Verhalten des betroffenen Gesellschafters,[147] aber auch der Mitgesellschafter,[148] zu beachten. Unfähig zur ordnungsgemäßen Vertretung ist der Gesellschafter zB bei mangelnder fachlicher Eignung. Gleiches gilt, wenn nachhaltig zu befürchten ist, dass der Gesellschafter zB wegen Krankheit zukünftig zur ordnungsgemäßen Vertretung nicht (mehr) fähig sein wird.[149] Der Begriff des wichtigen Grundes kann durch den **Gesellschaftsvertrag** konkretisiert, allerdings nicht auf bestimmte Gründe beschränkt werden.[150] 80

c) Interessenabwägung. Bei der gebotenen Interessenabwägung ist der Grundsatz der **Verhältnismäßigkeit** zu beachten, weshalb stets eine geeignete, zumutbare und angemessene Lösung gefunden werden muss. Der Grundsatz, das mildeste und zumutbarste unter allen geeigneten Mitteln zu finden, kann zur Teilentziehung (→ Rn. 75) oder zu einer zeitlichen Beschränkung führen. Denkbar ist auch, dass der Gesellschafter in die Stellung eines Kommanditisten rückt.[151] In der Interessenabwägung sind insbesondere das Verschulden und die Zurechnung des Verhaltens der einzelnen Gesellschafter zu berücksichtigen. 81

5. Verfahren. a) Klage und Klageantrag. aa) Klageart. In entsprechender Anwendung von § 116 Abs. 5 S. 1 erfolgt die Entziehung der Vertretungsbefugnis grundsätzlich durch eine **Gestal-** 82

---

[138] Staub/Habersack Rn. 104; Ebenroth/Boujong/M. Noack Rn. 92.
[139] BGH 25.5.1964, NJW 1964, 1625; MüKoHGB/Drescher Rn. 55; Ebenroth/Boujong/M. Noack Rn. 92.
[140] MüKoHGB/Drescher Rn. 96.
[141] Ebenroth/Boujong/M. Noack Rn. 90; Hopt/Roth Rn. 42; **aA** wohl KKD/Kindler § 127 Rn. 1, 2, 4.
[142] BGH 25.4.1983, NJW 1984, 173; MüKoHGB/Drescher Rn. 89; Ebenroth/Boujong/M. Noack Rn. 96.
[143] MüKoHGB/Drescher Rn. 90.
[144] Ebenroth/Boujong/M. Noack Rn. 96.
[145] OLG Hamm 27.8.2025, NZG 2025, 1545 Rn. 62.
[146] MüKoHGB/Drescher Rn. 91 mwN.
[147] Hopt/Roth Rn. 43 iVm Hopt/Roth § 116 Rn. 39.
[148] So bereits schon BGH 19.12.1951, JZ 1952, 276 = BeckRS 1951, 31202622.
[149] BGH 25.4.1983, NJW 1984, 173; Ebenroth/Boujong/M. Noack Rn. 96.
[150] MüKoHGB/Drescher Rn. 94 f.; Heymann/Hoffmann/Bartlitz § 127 Rn. 10; Ebenroth/Boujong/M. Noack Rn. 96; Hopt/Roth Rn. 48.
[151] Näher zu der Problematik K. Schmidt GesR § 48 II 4b.

tungsklage (→ § 116 Rn. 148), gerichtet auf Änderung des Gesellschaftsvertrags durch Richterspruch (sog. Entziehungsklage). Diese Klage kann mit der Klage auf Entziehung der Geschäftsführungsbefugnis nach § 116 Abs. 5 S. 1 gem. § 260 ZPO verbunden werden (→ Rn. 72), was aus Gründen der **Prozessökonomie** anzuraten ist.[152] Ein Antrag, der sich dem Wortlaut nach nur auf die Entziehung der Geschäftsführungsbefugnis bezieht, ist dahingehend auszulegen, dass sowohl die Geschäftsführungsbefugnis als auch die Vertretungsmacht entzogen werden soll.[153] Die **Gestaltungsurteile** zu beiden Klagen können jedoch unterschiedlich ausfallen. Kläger sind bei einer Mehrpersonengesellschaft die Gesamtheit der übrigen Gesellschafter als **notwendige Streitgenossen aus materiellen Gründen** (§ 62 Abs. 1 Alt. 2 ZPO).[154] Diese sind aufgrund der gesellschaftlichen Treuepflicht bei Vorliegen eines wichtigen Grundes verpflichtet, an der Klage mitzuwirken.[155] Verweigert ein Gesellschafter seine Mitwirkung, kann er gerichtlich auf Zustimmung verklagt werden.[156] Die anderen Gesellschafter können dann für ihn im Wege der **gewillkürten Prozessstandschaft** klagen.[157] Bei einem beschränkt geschäftsfähigen Kläger bedarf es keiner familiengerichtlichen Genehmigung.[158]

83 Der Klageantrag kann auf vollständige oder teilweise Entziehung, zeitweilige Entziehung (→ Rn. 75) oder Entziehung der Alleinvertretungsbefugnis lauten. Die Klage kann auch zu der **Ausschließungsklage** (§ 134 S. 1; → § 134 Rn. 28 ff.) in ein Eventualverhältnis gestellt werden.[159] Das Aufdrängen einer qualitativ anderen als der begehrten Umgestaltung ist nicht zulässig.[160] Das Verfahren ist eine Handelssache iSd § 95 Abs. 1 Nr. 4 lit. a GVG. Zuständig ist das Gericht am Sitz der Gesellschaft (§ 22 ZPO) oder am allgemeinen Gerichtsstand des Beklagten.

84 **bb) Beklagter.** Beklagter ist der Gesellschafter, dem die Vertretungsbefugnis entzogen werden soll. In Prozessen, in denen mehreren Gesellschaftern die Vertretungsbefugnis entzogen werden soll, können diese nur gemeinsam verklagt werden. Die Entziehungsgründe können dabei auch unabhängig voneinander verwirklicht sein, sie müssen also weder zusammenhängen noch identisch sein.[161]

85 **b) Entziehungswirkung.** Die Vertretungsbefugnis des beklagten Gesellschafters (→ Rn. 84) endet mit dem Eintritt der Rechtskraft (§ 705 ZPO) des Gestaltungsurteils (→ Rn. 82).[162] Das Urteil entfaltet Wirkung für die Gesellschafter untereinander sowie für Dritte.[163] Die übrigen persönlich haftenden Gesellschafter werden in den Fällen der Entziehung des einzigen vertretungsbefugten Gesellschafters zu Gesamtvertretern (→ Rn. 76). Die Entziehung der Vertretungsbefugnis ist gem. § 106 Abs. 6 Fall 6 zur Eintragung in das **Handelsregister** anzumelden (→ § 106 Rn. 62). Hierfür genügt es, dass – abweichend von § 106 Abs. 7 S. 1 – alle übrigen Gesellschafter an der Anmeldung mitwirken. Erfolgt die Entziehung ohne Prozess aufgrund des Gesellschaftsvertrags (→ Rn. 89), müssen hingegen alle Gesellschafter dies beim Handelsregister anmelden.[164] Nicht zur Anmeldung befugt ist hingegen der prozessbevollmächtigte Gesellschafter. Das rechtskräftige Urteil darf der Registerrichter nicht inhaltlich prüfen. Die Eintragung wirkt redlichen Dritten gegenüber nach Maßgabe von § 15.

86 **c) Vorläufiger Rechtsschutz.** Vorläufiger Rechtsschutz kommt in Gestalt einer einstweiligen Verfügung nach § 940 ZPO in Betracht, und zwar in Gestalt einer Untersagungsverfügung oder einer einstweiligen Entziehung der Vertretungsbefugnis. Zulässig ist der Erlass einer solchen einstweiligen Verfügung aber nur, wenn dadurch wesentliche Nachteile verhindert werden sollen.[165] Der Antrag auf Erlass einstweilige Verfügung ist grundsätzlich von allen Gesellschaftern zu stellen, es sei denn, ein Gesellschafter ist tatsächlich verhindert.[166] Erfolgt im Wege des einstweiligen Rechtsschutzes

[152] Ebenroth/Boujong/M. Noack Rn. 100.
[153] BGH 9.12.1968, BGHZ 51, 198 = NJW 1969, 507; Hopt/Roth Rn. 45.
[154] OLG Hamm 27.8.2025, NZG 2025, 1545 Rn. 51; MüKoHGB/Drescher Rn. 98 mwN.
[155] Ebenroth/Boujong/M. Noack Rn. 100.
[156] MüKoHGB/Drescher Rn. 98; Staub/Habersack Rn. 112; Ebenroth/Boujong/M. Noack Rn. 100; Hopt/Roth Rn. 45.
[157] MüKoHGB/Drescher Rn. 98; Staub/Habersack Rn. 112; Ebenroth/Boujong/M. Noack Rn. 100.
[158] BGH 20.9.1962, BGHZ 38, 26 = NJW 1962, 2344; MüKoHGB/Drescher Rn. 98.
[159] MüKoHGB/Drescher Rn. 101.
[160] MüKoHGB/Drescher Rn. 101; Staub/Habersack Rn. 108; Ebenroth/Boujong/M. Noack Rn. 99.
[161] MüKoHGB/Drescher Rn. 99.
[162] OLG Hamm 27.8.2025, NZG 2025, 1545 Rn. 51.
[163] OLG Hamm 27.8.2025, NZG 2025, 1545 Rn. 51.
[164] Hopt/Roth Rn. 47.
[165] Staub/Habersack Rn. 115.
[166] MüKoHGB/Drescher Rn. 110; Staub/Habersack Rn. 115.

eine vorläufige Entziehung der Vertretungsbefugnis, führt dies zur Gesamtvertretung der übrigen Gesellschafter (→ Rn. 76), sofern keine andere Regelung im Gesellschaftsvertrag getroffen wurde.[167] Ergänzend kann die einstweilige Verfügung anordnen, dass die Gesellschaft – neben den persönlich haftenden Gesellschaftern – von einem Kommanditisten und oder einem Dritten vertreten wird, ohne dass der Grundsatz der Selbstorganschaft entgegensteht.[168]

d) Schiedsvereinbarungen. Die Entscheidung über die Entziehung der Vertretungsbefugnis kann durch eine gesellschaftsvertragliche Vereinbarung einem Schiedsgericht übertragen werden, da es sich um eine vermögensrechtliche Streitigkeit iSv § 1030 Abs. 1 S. 1 ZPO handelt.[169] Das Schiedsgericht kann einstweilige Anordnungen treffen (§ 1041 ZPO).[170] Dabei besteht ein Wahlrecht bezüglich einer Schiedsabrede und der Einleitung eines einstweiligen Rechtsschutzverfahrens vor den staatlichen Gerichten.[171] Die von einem Schiedsgericht ausgesprochene Entziehung der Vertretungsbefugnis wird abweichend von einem gerichtlichen Gestaltungsurteil (→ Rn. 85) erst wirksam, wenn und sobald sie in das Handelsregister eingetragen wird. 87

e) Publikumsgesellschaften. Publikumsgesellschaften kann es nicht zugemutet werden, dass alle Gesellschafter als Kläger in einer notwendigen Streitgenossenschaft (§ 62 ZPO) auftreten. Dies wäre mit dem Sinn und Zweck des Abs. 5 nicht vereinbar. Daher soll die Entziehung durch **Mehrheitsbeschluss** möglich sein, sofern der Gesellschaftsvertrag dies bestimmt (→ Rn. 89).[172] Ausreichend für die Entziehung ist die einfache Mehrheit, wobei eine der einfachen Mehrheit entgegenstehende Vertragsklausel unwirksam ist.[173] Zusätzlich ist ein Einberufungsrecht der Kommanditisten durch die analoge Anwendung des § 50 GmbHG möglich, wenn der Gesellschaftsvertrag vorsieht, dass nur die geschäftsführungsbefugten Gesellschafter eine Gesellschafterversammlung einberufen können.[174] 88

6. Gesellschaftsvertrag. a) Abweichende Regelungen. Wegen der **dispositiven Natur** von Abs. 5 ist es grundsätzlich möglich, in dem Gesellschaftsvertrag abweichende Reglungen zu den Voraussetzungen sowie zu dem Verfahren zu treffen.[175] Bestehen bleiben muss allerdings die Möglichkeit, die Vertretungsbefugnis aus wichtigem Grund zu entziehen. Zulässig ist zB die Bestimmung, dass für die Entziehung ein Beschluss der Gesellschafter genügt;[176] bei Publikumsgesellschaften stellt diese Gestaltung den Regelfall dar (→ Rn. 88). Aufgrund des Verbots des Richtens in eigener Sache ist der betroffene Gesellschafter nicht stimmberechtigt.[177] Bei dieser Gestaltung endet die Vertretungsbefugnis des betroffenen Gesellschafters mit der Bekanntgabe des Beschlussergebnisses.[178] Die Zuständigkeit für die Anmeldung der Entziehung zur Eintragung in das Handelsregister kann nicht abweichend von § 106 Abs. 7 S. 1 (→ Rn. 85) geregelt werden, zB durch Prozessbevollmächtigung der Kläger.[179] 89

b) Einzelne Gestaltungen. In dem Gesellschaftsvertrag kann ua das Tatbestandsmerkmal des wichtigen Grundes konkretisiert werden (→ Rn. 80). Außerdem kann das Erfordernis eines wichtigen Grundes dahingehend abgesenkt werden (→ Rn. 78), dass die Entziehung im Ermessen der Gesellschafter steht. Dabei soll es sich aber um eine an Abs. 1–3 orientierte Vertragsregelung handeln.[180] Dem Gesellschafter ist allerdings die Möglichkeit einzuräumen, seine Mitgliedschaft in die eines Kommanditisten umzuwandeln, sofern ihm die Vertretungsbefugnis kraft Gesellschaftsvertrags ohne wichtigen Grund entzogen wird. Ansonsten kommt ein Verstoß gegen die gesellschaftsrechtliche Treuepflicht in Betracht.[181] 90

---

[167] Ebenroth/Boujong/M. Noack Rn. 101.
[168] BGH 11.7.1960, BGHZ 33, 105 (109 f.) = NJW 1960, 1997; MüKoHGB/Drescher Rn. 109; Staub/Habersack Rn. 114.
[169] BGH 29.3.1996, NJW 1996, 1753 (1754); Staub/Habersack Rn. 114; Ebenroth/Boujong/M. Noack Rn. 102.
[170] Zu der Rechtslage vor dem 1.1.1998 s. insbes. BGH 27.6.1957, ZZP 71 (1957), 426.
[171] Ebenroth/Boujong/M. Noack Rn. 102.
[172] Hopt/Roth Rn. 49.
[173] MüKoHGB/Drescher Rn. 114; Ebenroth/Boujong/M. Noack Rn. 111.
[174] MüKoHGB/Drescher Rn. 114 mwN.
[175] Ebenroth/Boujong/M. Noack Rn. 109 f.
[176] Ebenroth/Boujong/M. Noack Rn. 109 f.
[177] Wertenbruch GmbHR 2024, 1 Rn. 29.
[178] MüKoHGB/Drescher Rn. 105; Otte NJW 2023, 1089 Rn. 17.
[179] Hopt/Roth Rn. 49.
[180] MüKoHGB/Drescher Rn. 96.
[181] Zu der Frage einer entsprechenden Anwendung von § 127 aF auf die Abberufung eines Gesellschafter-Geschäftsführers einer GmbH s. Kreklau GmbHR 2007, 365 (368) mwN.

91 Die Gesellschafter können in dem Gesellschaftsvertrag regeln, ob und inwiefern dem betroffenen Gesellschafter spezielle Rechte oder Möglichkeiten zustehen sollen.[182] Zulässig sind zB einengende Umschreibungen und verfahrensmäßige Anforderungen, um die Entziehung der Vertretungsbefugnis zu erschweren.[183]

92 **7. Kündigung durch den Gesellschafter.** Abs. 5 enthält keine Regelung bezüglich der Kündigung der Vertretungsbefugnis durch den Gesellschafter. Der teilweise zu § 127 aF vertretenen Ansicht, dass § 712 Abs. 2 BGB aF (seit 1.1.2024 § 715 Abs. 6 BGB) entsprechende Anwendung finden soll,[184] steht entgegen, dass der Gesetzgeber des MoPeG das Problem erkannt hat, weshalb keine planwidrige Gesetzeslücke vorliegt. Kündigt der Gesellschafter allerdings gem. § 105 Abs. 3 iVm § 715 Abs. 6 BGB seine Geschäftsführung aus wichtigem Grund, erlischt dadurch grundsätzlich auch seine Vertretungsbefugnis.[185] Denn obwohl das Innen- von dem Außenverhältnis zu unterscheiden ist, entspricht es in der Regel dem Willen der Gesellschafter, dass Geschäftsführung und Vertretung nur gemeinsam nebeneinander bestehen sollen.[186] Mit anderen Worten, in diesen Fällen beruht die Änderung der Vertretungsbefugnis nicht auf einem etwaigen Niederlegungsrecht des Gesellschafters, sondern auf dem Willen aller Gesellschafter.[187] Außerdem haben die Gesellschafter die Möglichkeit, den Gesellschaftsvertrag bezüglich der Vertretungs- und Geschäftsführungsbefugnis zu ändern.[188]

93 **8. Österreichisches Recht.** In Österreich regelt § 127 UGB die Entziehung der Vertretungsbefugnis eines Gesellschafters auf Antrag der übrigen Gesellschafter durch gerichtliche Entscheidung. Die Vorschrift entspricht im Wesentlichen Abs. 5.

X. Passivvertretung (Abs. 6)

94 Abs. 6 regelt die Frage der passiven Vertretung der Gesellschaft, insbesondere für den Fall der Gesamtvertretung, zwingend. Sie kann damit nicht durch den Gesellschaftsvertrag ausgeschlossen werden, wohl aber sind bestimmte Vereinbarungen mit Geschäftspartnern zulässig.[189] Danach genügt die Abgabe einer Willenserklärung, die der Gesellschaft gegenüber abzugeben ist, gegenüber einem zur Mitwirkung der Vertretung befugten Gesellschafter. Die Passivvertretung obliegt jedem zur Gesamtvertretung berechtigten Gesellschafter; dadurch gilt eine Willenserklärung bereits dann als der Gesellschaft zugegangen, wenn sie in den Machtbereich der Gesellschaft gelangt ist und nur einer der Gesamtvertreter von ihrem Inhalt Kenntnis erlangen kann.[190] Nicht umfasst von der Passivvertretung ist die Annahme von Angeboten gegenüber der Gesellschaft.[191] Jedoch gilt dies nicht bei kaufmännischen Bestätigungsschreiben (→ § 346 Rn. 38 ff.), da der schweigende Empfänger keine Willenserklärung abgibt, sondern seine Zustimmung aufgrund eines Handelsbrauchs der gesetzlichen Regelung unterstellt wird (→ § 346 Rn. 55).[192]

§ 125 Angaben auf Geschäftsbriefen

(1) [1]Auf allen Geschäftsbriefen der Gesellschaft gleichviel welcher Form, die an einen bestimmten Empfänger gerichtet werden, müssen die Firma und der Sitz der Gesellschaft, das Registergericht und die Nummer, unter der die Gesellschaft in das Handelsregister eingetragen ist, angegeben werden. [2]Bei einer Gesellschaft, bei der kein Gesellschafter eine natürliche Person ist, sind auf den Geschäftsbriefen der Gesellschaft ferner die Firmen oder Namen der Gesellschafter anzugeben sowie für die Gesellschafter die nach § 35a des Gesetzes betreffend die Gesellschaften mit beschränkter Haftung oder § 80 des Aktiengesetzes für Geschäftsbriefe vorgeschriebenen Angaben zu machen. [3]Die Angaben nach Satz 2 sind nicht erforderlich, wenn zu den Gesellschaftern der Gesellschaft eine rechtsfä-

[182] Bei MüKoHGB/Drescher Rn. 97 heißt es dazu, der Gesellschaftsvertrag kann Vorsorge treffen und dem betroffenen Gesellschafter etwa das Recht einräumen, seine Beteiligung in eine Kommanditistenbeteiligung umzuwandeln.
[183] BGH 3.11.1997, NJW 1998, 1225; Hopt/Roth Rn. 48.
[184] Heymann/Hoffmann/Bartlitz § 127 Rn. 11.
[185] Hopt/Roth Rn. 41.
[186] Ebenroth/Boujong/M. Noack Rn. 112.
[187] MüKoHGB/Drescher Rn. 31 mwN.
[188] Ebenroth/Boujong/M. Noack Rn. 112.
[189] MüKoHGB/Drescher Rn. 59.
[190] Staub/Habersack Rn. 121.
[191] MüKoHGB/Drescher Rn. 58; Ebenroth/Boujong/M. Noack Rn. 114; Hopt/Roth Rn. 50.
[192] Statt vieler s. MüKoHGB/Drescher Rn. 58 mwN.

hige Personengesellschaft gehört, bei der mindestens ein persönlich haftender Gesellschafter eine natürliche Person ist.

(2) [1]Für Vordrucke und Bestellscheine ist § 37a Absatz 2 und 3 entsprechend anzuwenden. [2]Für Zwangsgelder gegen die zur Vertretung der Gesellschaft befugten Gesellschafter oder deren organschaftliche Vertreter und die Liquidatoren ist § 37a Absatz 4 entsprechend anzuwenden.

Schrifttum: Hoeren/Pfaff, Pflichtangaben im elektronischen Geschäftsverkehr aus juristischer und technischer Sicht, MMR 2007, 207; Leuering/Rubel, Pflichtangaben in E-Mails: Der Link ins Internet als Alternative, NJW-Spezial 2008, 47.

Übersicht

I. Allgemeines

Die Vorschrift verpflichtet die OHG und weitere Gesellschaften (→ Rn. 4) zum **Schutz des Rechtsverkehrs,** bestimmte Angaben (→ Rn. 8 ff.) auf alle Geschäftsbriefe (→ Rn. 5 ff.) der Gesellschaft aufzunehmen. Auf diese Weise soll gewährleistet werden, dass der Geschäftsverkehr die erforderlichen Mindestangaben ohne Einsichtnahme in das Handelsregister (§ 9 Abs. 1 S. 1; → § 9 Rn. 2 ff.) zur Kenntnis nehmen kann. Aufgrund dieses Normzwecks ist § 125 zwingendes Recht.[1] 1

Der Regelungsgehalt der Vorschrift geht auf **Art. 4 Publizitäts-RL 1968** (RL 68/151/EWG vom 9.3.1968) zurück. Die **GmbH-Novelle** vom 4.7.1980 (BGBl. 1980 I 836, 841) fügte § 125a aF und § 177a aF ein. Die GmbH & Co. KG ist hierbei mit Blick auf den Zweck der Norm in den Angabepflichten den Kapitalgesellschaften gleichgestellt. Seit dem **HRRefG** galt § 125a HGB aF für alle Personenhandelsgesellschaften.[2] 2

Das **MoPeG** hat § 125a Abs. 1 aF mWv 1.1.2024 (Art. 51 Nr. 3 iVm Art. 137 S. 1 MoPeG) inhaltlich weitgehend unverändert in Abs. 1 überführt. Der bedeutsamste Unterschied besteht darin, dass auf Geschäftsbriefen anstelle der Rechtsform die **„Firma"**, einschließlich des Rechtsformzusatzes, angegeben werden muss. Nach § 19 Abs. 2 ist der Rechtsformzusatz („eine Bezeichnung enthalten, welche die Haftungsbeschränkung kennzeichnet") Bestandteil der Bezeichnung der Firma. Er gehört deshalb auch in die nach Abs. 1 S. 1 vorgeschriebenen Angaben.[3] Die Regelung des § 125a Abs. 2 aF wurde – aufgeteilt in zwei Sätze – in Abs. 2 übernommen. 3

II. Verpflichtete Gesellschaften

Die Pflicht nach Abs. 1 gilt nicht nur für die OHG, sondern gem. § 161 Abs. 2 auch entsprechend für die **KG,** allerdings mit den Modifikationen des § 177a (→ Rn. 10). Für die **Partnerschaftsgesellschaft** gelten gem. § 7 Abs. 3 PartGG nur Abs. 1 S. 1 und Abs. 2 entsprechend. Für den **Einzelkaufmann** gilt § 37a Abs. 1. 4

III. Angaben auf Geschäftsbriefen (Abs. 1)

1. Geschäftsbrief. Der Begriff des Geschäftsbriefs ist aufgrund des Zusatzes „gleichviel welcher Form" weit auszulegen. Erfasst werden alle Äußerungen der Gesellschaft, die im geschäftlichen Verkehr und in ihrem Namen getätigt werden. Die **Art der Verschriftung** ist unerheblich. Als Geschäftsbriefe gelten ua Postkarten, E-Mails, auch automatisch generierte, und Telefaxe. Ferner sind Auftragsbestäti- 5

---

[1] Ebenroth/Boujong/M. Noack Rn. 1 f.

[2] Ebenroth/Boujong/M. Noack Rn. 3 f.

[3] MüKoHGB/Drescher Rn. 9; BeckOK HGB/Klimke, 49. Ed. 1.10.2025, Rn. 20 f.; s. auch Heymann/Hoffmann/Bartlitz § 125a Rn. 10 zu § 125a aF.

gungen, Rechnungen, Quittungen und Lieferscheine Geschäftsbriefe iSd Abs. 1 S. 1.[4] Ungeklärt ist, ob auch SMS und Chatprotokolle den Charakter des Geschäftsbriefs erfüllen. Dafür spricht deren Speicherfähigkeit. Zu der Erfüllung der Pflicht nach Abs. 1 im elektronischen Geschäftsverkehr → Rn. 16. Nicht unter den Begriff des Geschäftsbriefs fallen mündliche Äußerungen.[5]

6 Die Mindestangaben nach Abs. 1 (→ Rn. 8 ff.) sind nicht in sämtliche Geschäftsbriefe (→ Rn. 5) aufzunehmen, sondern nur in solche, die an einen bestimmten **Empfänger** gerichtet werden. Keine Geschäftsbriefe sind daher Internetseiten oder allgemeine Rundschreiben, auch wenn sie abstrakt personalisiert sind (zB „alle Neukunden").[6]

7 Abs. 1 S. 1 enthält keine ausdrücklichen Mindestanforderungen an den Inhalt eines Geschäftsbriefs (→ Rn. 5). Aus dem Normzweck, nämlich dem Geschäftsverkehr den Zugang zu bestimmten Informationen über die Gesellschaft ohne Einsichtnahme in das Handelsregister zu ermöglichen (→ Rn. 1), ergibt sich aber, dass Geschäftsbriefe nur solche Schriftstücke (→ Rn. 5) sind, die eine **rechtsgeschäftserhebliche Mitteilung** im weitesten Sinne enthalten.[7] Fehlt es daran, wird nicht selten auch der Empfänger (→ Rn. 6) unzureichend bestimmt sein.

8 **2. Erforderliche Mindestangaben. a) Angaben nach Abs. 1 S. 1.** Auf allen Geschäftsbriefen (→ Rn. 5 ff.) der Gesellschaft (→ Rn. 4), die an einen bestimmten Empfänger (→ Rn. 6) gerichtet werden, müssen die Firma (§ 17 Abs. 1; → § 17 Rn. 1 ff.), der Sitz der Gesellschaft (§ 106 Abs. 2 Nr. 1 lit. b; → § 106 Rn. 17 ff.), das Registergericht und die Nummer, unter der die Gesellschaft in das Handelsregister eingetragen ist, angegeben werden. Die Angabe der Firma umfasst auch den gem. § 19 Abs. 1 Nr. 2 bzw. Nr. 3 erforderlichen Rechtsformzusatz. **Zweigstellen** einer Gesellschaft müssen stets den Ort der Zweigstelle sowie die in Abs. 1 S. 1 genannten Informationen zu der Gesellschaft angeben.

9 **b) Weitere Angaben nach Abs. 1 S. 2.** Bei einer Gesellschaft, bei der kein Gesellschafter eine natürlich Person ist (zB GmbH & Co. OHG), sind auf den Geschäftsbriefen neben den gem. Abs. 1 S. 1 erforderlichen Angaben (→ Rn. 8) gem. **Abs. 1 S. 2 grundsätzlich** weitere Angaben erforderlich, nämlich die Firmen oder die Namen der Gesellschafter. Für Gesellschafter in der Rechtsform einer **GmbH, AG oder KGaA** sind außerdem die gem. § 35a GmbHG bzw. des § 80 AktG ggf. iVm § 278 Abs. 3 AktG erforderlichen Angaben aufzunehmen, nämlich die Rechtsform, der Gesellschaftssitz, das Registergericht, die Registernummer und alle Geschäftsführer bzw. Vorstandsmitglieder sowie der Aufsichtsratsvorsitzende. Die Vorgaben des Abs. 1 S. 2 gelten für **Vereine** und **Stiftungen** entsprechend.[8]

10 Bei einer KG gilt Abs. 1 S. 2 nicht nur, wenn kein Gesellschafter eine natürliche Person ist, sondern gem. **§ 177a S. 1** bereits dann, wenn kein persönlich haftender Gesellschafter eine natürliche Person ist (→ § 177a Rn. 1), also zB bei einer **GmbH & Co. KG.** Dementsprechend ergänzt § 177a S. 2, dass die gem. Abs. 1 S. 2 erforderlichen zusätzlichen Angaben nicht für sämtliche Gesellschafter aufzunehmen sind, die keine natürlichen Personen sind, sondern nur für die persönlich haftenden Gesellschafter (→ § 177a Rn. 7, 9).

11 **c) Entbehrlichkeit der weiteren Angaben nach Abs. 1 S. 3.** Die zusätzlichen Angaben nach Abs. 1 S. 2 (→ Rn. 9 f.) sind gem. Abs. 1 S. 3 ausnahmsweise entbehrlich, wenn zu den Gesellschaftern eine rechtsfähige Personengesellschaft gehört, bei der mindestens ein persönlich haftender Gesellschafter eine natürliche Person ist. Rechtsfähige Personengesellschaften iSd Vorschrift sind neben der OHG die rechtsfähige GbR iSd § 705 Abs. 2 Alt. 1 und die KG. Für die Entbehrlichkeit der Angaben nach Abs. 1 S. 2 ist es erforderlich, aber auch ausreichend, dass zumindest eine natürliche Person als persönlich haftender Gesellschafter beteiligt ist.[9]

IV. Vordrucke und Bestellscheine (Abs. 2 S. 1)

12 **Vordrucke** sind – abhängig von ihrer Gestaltung im Einzelfall – Geschäftsbriefe (→ Rn. 5 ff.). Sie müssen daher grundsätzlich die gem. Abs. 1 S. 1 (→ Rn. 8) und ggf. S. 2 (→ Rn. 9 f.) erforderlichen Angaben enthalten. Diese Angaben sind gem. Abs. 2 S. 1 iVm **§ 37a Abs. 2** ausnahmsweise entbehrlich, wenn die Vordrucke im Rahmen einer bestehenden Geschäftsverbindung ergehen. Der Begriff der bestehenden Geschäftsverbindung ist weit auszulegen; einer besonders intensiven Geschäftsbeziehung bedarf es nicht.

[4] MüKoHGB/Drescher Rn. 5.
[5] Hopt/Roth Rn. 7; Hopt/Merkt § 37a Rn. 4.
[6] MüKoHGB/Drescher Rn. 5; Hopt/Roth Rn. 7.
[7] MüKoHGB/Drescher Rn. 6; Ebenroth/Boujong/Reuschle § 37a Rn. 4.
[8] MüKoHGB/Drescher Rn. 11.
[9] MüKoHGB/Drescher Rn. 4.

Bestellscheine gelten gem. Abs. 2 S. 1 iVm § 37a Abs. 3 S. 1 als Geschäftsbriefe (→ Rn. 5 ff.). Daher müssen sie die gem. Abs. 1 S. 1 (→ Rn. 8) und ggf. S. 2 (→ Rn. 9 f.) erforderlichen Angaben enthalten. Im Unterschied zu Vordrucken (→ Rn. 12) gilt dies e contrario Abs. 2 S. 1 iVm § 37a Abs. 3 S. 2 auch dann, wenn sie im Rahmen einer bestehenden Geschäftsverbindung verwendet werden. 13

V. Rechtsfolgen

1. Zwangsgeld (Abs. 2 S. 2). Kommt die verpflichtete Gesellschaft (→ Rn. 4) ihrer Pflicht nach Abs. 1 S. 1 (→ Rn. 8) oder S. 2 (→ Rn. 9 f.) nicht nach, kann das Registergericht sie gem. Abs. 2 S. 2 iVm § 37a Abs. 4 durch Festsetzung von Zwangsgeld hierzu anhalten (→ § 37a Rn. 9). Gemäß Abs. 2 S. 2 iVm § 37a Abs. 4 S. 2, § 14 S. 2 darf das einzelne Zwangsgeld den Betrag von 5.000 Euro nicht übersteigen. Es ist stets gegen die natürliche Person (den Liquidator) festzusetzen. 14

2. Privatrechtliche Folgen. Ein Verstoß gegen die Pflicht nach Abs. 1 S. 1 (→ Rn. 8) oder S. 2 (→ Rn. 9 f.) kann zur **Anfechtung** gem. § 119 Abs. 2 BGB berechtigen, wenn das Nichtwissen über die verschwiegenen Tatsachen bei vernünftiger Würdigung dazu geführt hätte, dass der Erklärende das Rechtsgeschäft nicht vorgenommen hätte. Bei arglistiger Täuschung gilt außerdem § 123 BGB. Ist ein Vermögensschaden entstanden, kommt ein **Schadensersatzanspruch** nach § 280 Abs. 1 BGB ggf. iVm § 311 Abs. 2 BGB, § 241 Abs. 2 BGB (culpa in contrahendo) in Betracht. Außerdem kann ein Schadensersatzanspruch nach § 823 Abs. 2 BGB bestehen, da die Pflichten nach Abs. 1 Schutzgesetze iSd Vorschrift sind.[10] Auch eine Rechtsscheinhaftung kommt in Betracht.[11] Eine Vertrauenshaftung ist dagegen abzulehnen.[12] Zu weiteren Folgen → § 37a Rn. 9 ff. 15

VI. Elektronischer Rechtsverkehr

Die Pflicht nach Abs. 1 besteht nicht nur für herkömmliche Geschäftsbriefe, sondern im Grundsatz auch für elektronische Geschäftsbriefe, wie zB **E-Mails** und **SMS** (→ Rn. 5). In der Lit. ist einzig umstritten, ob die gem. Abs. 1 erforderlichen Angaben (→ Rn. 8 ff.) in den elektronischen Geschäftsbrief selbst aufgenommen werden müssen oder ob ein **Link zu diesen Angaben** genügt.[13] Für letzteres wird insbesondere die Rspr. des BGH angeführt, wonach auch AGB durch eine Verlinkung als einbezogen gelten, solange der Link funktioniert und deutlich erkennbar ist.[14] Zusätzlich besteht für die Gesellschaft die Möglichkeit, die erforderlichen Angaben für jeden Geschäftspartner stets aktualisiert einsehbar zu machen. Auf der anderen Seite wird als problematisch angesehen, dass ein auf Papier ausgedruckter Link nicht selbst die erforderlichen Angaben enthält, da er nur online zu den notwendigen Angaben führt. Da im elektronischen Geschäftsverkehr jedoch bewusst von den Anforderungen der klassischen Schriftform abgewichen wird, können diese Bedenken zurückstehen. Daher muss die Pflicht nach Abs. 1 **sinngemäß** dahingehend ausgelegt werden, dass der **elektronische Geschäftsbrief** und die unter dem **Link** abrufbaren Angaben eine **Einheit** bilden mit der Folge, dass ein ausreichend gekennzeichneter und funktionierender Link für die Erfüllung der Pflicht nach Abs. 1 genügt, wenn die Angaben **an der verlinkten Stelle vollständig abrufbar sind.** 16

§ 126 Persönliche Haftung der Gesellschafter

[1]Die Gesellschafter haften für die Verbindlichkeiten der Gesellschaft den Gläubigern als Gesamtschuldner persönlich. [2]Eine entgegenstehende Vereinbarung ist Dritten gegenüber unwirksam.

Schrifttum: Altmeppen, Die akzessorische Haftung der Gesellschafter einer Personengesellschaft für einen „Drittanspruch" ihres Mitgesellschafters, NJW 2009, 2241; Eckart/Fest, Die entsprechende Anwendung des § 28 HGB auf die Entstehung einer Gesellschaft bürgerlichen Rechts als Konsequenz aus der Rechtsprechung des Bundesgerichtshofs, WM 2007, 196; Gottschalk, Anleger können für Liquidationsverluste ihres Fonds haften, NZG 2012, 461; Klein, Rechtsfähigkeit und Haftung, ZWE 2006, 58; Meyer, Haftung von Verbandsmitgliedern für Delikte anderer?, WM 2007, 2364; Könen, Gesellschafter-Exithaftung im Personenverband –

---

[10] MüKoHGB/Drescher Rn. 17; Ebenroth/Boujong/M. Noack Rn. 14; BeckOK HGB/Klimke, 49. Ed. 1.10.2025, Rn. 21; Hopt/Roth Rn. 11; Hopt/Merkt § 37a Rn. 8; **aA** – bloße Ordnungsvorschrift – MüKoHGB/Krebs § 37a Rn. 12 zu § 37a.

[11] BGH 24.6.1991, NJW 1991, 2627; Ebenroth/Boujong/M. Noack Rn. 14; Hopt/Roth Rn. 11.

[12] MüKoHGB/Drescher Rn. 18.

[13] Leuering/Rubel NJW-Spezial 2008, 47 f.

[14] BGH 14.6.2006, NJW 2006, 2976.

Einstandspflicht gemäß § 128 HGB als liquidationsbezogene Ausfallhaftung, Habil. Köln 2021; Rahlmeyer/Sommer, Das Haftungsrisiko von Scheinpartnern, VersR 2008, 180; Rutschmann, Treuhänder in GbR/OHG-Publikumsgesellschaften – Zur Außenhaftungsfreistellung und ihrer Verjährung, DStR 2010, 555; Sanders/Berisha, Der persönlich haftende Gesellschafter. Herkunft – Ratio – Zukunft, NZG 2020, 1290; K. Schmidt, Echte und unechte Quotenhaftung von Personengesellschaftern, NJW 2011, 2001; Scholz, Das Prozessrecht der akzessorischen Gesellschafterhaftung: Offene Fragen und zweifelhafte Gewissheiten, ZZP 2023, 221; Wertenbruch, Begründung von Nachschusspflichten in der Personengesellschaft, DStR 2007, 1680; Wertenbruch, Persönliche Gesellschafterhaftung und Rückgriff bei der Personengesellschaft nach dem MoPeG, ZPG 2023, 1.

Übersicht

I. Allgemeines

Die Vorschrift übernimmt die Regelungen des § 128 HGB aF unverändert. Sie regelt zusammen mit den §§ 127–129 das **Haftungsregime der OHG.** Die Vorschriften waren Vorbild für die im Zuge des MoPeG eingefügten §§ 721–721b BGB nF. Trotz der Regelung des § 105 Abs. 3, wonach auf die OHG die Vorschriften des BGB über die GbR entsprechende Anwendung finden, soweit in den §§ 105–160 nichts anderes vorgeschrieben ist, hielt der Gesetzgeber eine eigenständige Vorschrift im Recht der OHG für erforderlich, da die §§ 105 Abs. 1, 161 Abs. 1 HGB von der Existenz persönlich haftender Gesellschafter bei der OHG und KG ausgehen.[1] 1

Die persönliche Haftung der Gesellschafter ist im Verhältnis zu der Haftung der Gesellschaft **akzessorischer Natur,** dh sie ist bzgl. der Entstehung (→ Rn. 17 ff.), des Inhalts (→ Rn. 26 ff.), der Durchsetzung und des Fortbestands von der Gesellschaftsverbindlichkeit abhängig. Daraus folgt, dass die Gesellschafterhaftung grundsätzlich (zu der Ausnahme → Rn. 16) weder gegenständlich noch summenmäßig begrenzt ist. Abgesehen von der Möglichkeit, eine Haftungsbeschränkung mit dem Gesellschaftsgläubiger individuell zu vereinbaren (→ Rn. 24), besteht für eine generelle Haftungsbeschränkung durch Eintragung in das Handelsregister kein Raum. Der OHG fehlt es an Regelungen betreffend die Kapitalaufbringung und Kapitalerhaltung, die eine beschränkte Haftung rechtfertigen würden. Ein unabweisbares Bedürfnis für eine generelle Haftungsbeschränkung vermochten die Verfasser des MoPeG nicht zu erkennen, da seit dem Inkrafttreten des MoMiG am 1.11.2009 mit der Unternehmergesellschaft (haftungsbeschränkt) (§ 5a GmbHG) eine kostengünstige Rechtsformvariante ohne persönliche Gesellschafterhaftung (§ 13 Abs. 2 GmbHG) zur Verfügung steht. 2

Gemäß S. 1 haften neben der Gesellschaft auch die Gesellschafter als Gesamtschuldner persönlich für die Gesellschaftsschulden. Die OHG ist gem. § 105 Abs. 2 zwar selbstständige Trägerin von Rechten und Pflichten (→ § 105 Rn. 32 ff.). Für ihre Verbindlichkeiten haften neben der Gesellschaft aber auch die Gesellschafter akzessorisch. Daraus folgt, dass die Gesellschafter **persönlich, unbeschränkt** (→ Rn. 4), **unmittelbar,** dh nicht im Sinne einer bloßen Nachschusspflicht gegenüber der Gesellschaft, **primär** (→ Rn. 6) und auf die gesamte Verbindlichkeit haften.[2] Die Haftung aus S. 1 kann Dritten gegenüber grundsätzlich nicht beschränkt werden (S. 2; → Rn. 22 f.). Aus dem Innenverhältnis kann sich jedoch – eine entsprechende Vereinbarung vorausgesetzt – eine Ausgleichsverpflichtung der Gesellschaft gegenüber den Gesellschaftern ergeben (→ Rn. 36 f., → Rn. 43). Die Haftung der persönlich haftenden Gesellschafter ist ein Hauptmerkmal der OHG. Sie prägt deren Kreditfähigkeit,[3] da im Gegensatz zu den Kapitalgesellschaften keine Einlage im Interesse der Gesellschaftsgläubiger geleistet werden muss und keine Regelungen zur Erhaltung des Gesellschaftsvermögens existieren. Dies macht die persönliche Haftung der Gesellschafter notwendig und führt in der Regel dazu, dass die Gesellschafter im Außenverhältnis ähnlich einem ordentlichen Kaufmann haften. 3

II. Haftungscharakter

1. Unbeschränkte Haftung. Die Haftung nach S. 1 ist unbeschränkt, dh sie kann weder gegenständlich beschränkt noch summenmäßig begrenzt werden. Die gesetzliche Haftung ist an die Mitgliedschaft in der OHG gebunden (→ Rn. 18). Der Haftungsumfang ergibt sich aus dem jeweiligen Rechtsgeschäft der Gesellschaft und daher aus der Gesellschaftsverbindlichkeit (→ Rn. 19 ff.).[4] Die Haftung besteht unmittelbar gegenüber den Gesellschaftsgläubigern und wirkt daher nicht als eine Art Nachschusspflicht gegenüber der Gesellschaft.[5] Auch ein Treugeber, der sich unmittelbar an der Hauptgesellschaft beteiligt, haftet unmittelbar nach den Grundsätzen des S. 1. Ein Treugeber, der nicht selbst Gesellschafter einer Personengesellschaft wird, hat nicht nach außen zu haften.[6] Prozessual ist § 22 ZPO auf Ansprüche des Treuhandgesellschafters gegen den Treugeber, welche die Freistellung 4

---

[1] Begr. MoPeG, BT-Drs. 19/27635, 242; Wertenbruch ZPG 2023, 1 Rn. 2.
[2] Statt vieler s. Hopt/Roth Rn. 1.
[3] Zuletzt BGH 7.4.2003, NJW 2003, 1803.
[4] MüKoHGB/Drescher Rn. 16.
[5] Abram MDR 2006, 7; Laule WuB II J § 707 BGB 2.07; Ebenroth/Boujong/M. Noack Rn. 21; Wagner WM 2006, 1273; Wertenbruch DStR 2007, 1680.
[6] BGH 11.11.2008, BGHZ 178, 271 = NZG 2009, 57; 21.4.2009, NZG 2009, 779 = ZIP 2009, 1266.

von der Haftung gem. S. 1 zum Gegenstand haben, nicht anwendbar.[7] Eine Beschränkung der Haftung ist grundsätzlich nicht zulässig (S. 2), es sei denn die Haftungsbegrenzung erfolgt durch eine Absprache mit den Gesellschaftsgläubigern (→ Rn. 22 f.).

5 **2. Akzessorische Haftung.** Die Haftung des Gesellschafters gem. S. 1 ist akzessorisch. Dies bedeutet zum einen, dass sie mit dem Bestand der Gesellschaftsschuld steht und fällt. Das Erlöschen der Gesellschaftsschuld führt daher auch zum Erlöschen der Gesellschafterschuld nach S. 1. Zum anderen ist der Inhalt des Haftungsanspruchs von dem Umfang der Verbindlichkeit der Gesellschaft abhängig; die Ansprüche unterliegen zB der gleichen Verjährung.[8] Da der Gesellschafter dasselbe schuldet wie die Gesellschaft, betreffen Änderungen der Gesellschaftsschuld mittelbar auch die Gesellschafterschuld. Ein Anspruch auf Erfüllung gegen die Gesellschaft kann sich daher auch in einen Schadensersatzanspruch umwandeln und den Gesellschafter wie die Gesellschaft haften lassen.[9] Lautet eine Vereinbarung zwischen der Gesellschaft und dem Gesellschaftsgläubiger darauf, dass die Gesellschaftsschuld erlassen wird, die Gesellschafterhaftung aber fortbestehen soll, ist diese grundsätzlich nicht zulässig.[10] Eine Ausnahme gilt nur, wenn der Gesellschafter dem Fortbestand der Haftung zugestimmt hat.[11]

6 **3. Primäre Haftung.** Die Haftung der Gesellschafter ist primär, dh der Gesellschafter kann die Gesellschaftsgläubiger bei Inanspruchnahme nicht auf das Gesellschaftsvermögen verweisen.[12] Macht ein Gesellschafter hingegen sog. Drittansprüche gegen die Gesellschaft geltend, also solche, die auf einem besonderen, neben dem Gesellschaftsverhältnis bestehenden Vertrag beruhen, ergibt sich bereits aus der gesellschaftsrechtlichen **Treuepflicht,** dass er die übrigen Gesellschafter nicht in Anspruch nehmen kann, solange er von der Gesellschaft eine hinreichende Befriedigung seiner Verbindlichkeiten erwarten kann.[13] Letzteres ist nicht nur bei einer Erfüllungsverweigerung anzunehmen,[14] sondern auch dann, wenn die Vollstreckung in das Vermögen der Gesellschaft keinen Erfolg verspricht. Ist die Gesellschaft in der Lage, die Forderung zu befriedigen, begründet dies eine Einrede des in Anspruch genommenen Gesellschafters. Diese Einrede geht gem. § 404 BGB dem Gesellschafter nicht durch Abtretung des gegen die Gesellschaft oder Dritten gerichteten Anspruchs verloren.[15]

7 **4. Gesamtschuldnerische Haftung. a) Unter den Gesellschaftern.** Die Gesellschafter sind Gesamtschuldner iSd **§§ 421 ff. BGB.**[16] Als solche haften sie solidarisch für die Verbindlichkeiten der Gesellschaft. Dabei kann der Gesellschaftsgläubiger von jedem Gesellschafter die Erfüllung der ganzen Verbindlichkeit verlangen. Im Innenverhältnis können dabei bestimmte Regelungen bezüglich der Verteilung der Lasten zwischen den Gesellschaftern vereinbart werden. Fehlen solche, gilt § 426 Abs. 1 und 2 BGB bezüglich der Ausgleichspflicht zwischen den gesamtschuldnerischen Gesellschaftern. Bei Inanspruchnahme eines Gesellschafters werden die anderen Gesellschafter nach § 422 BGB von ihrer Haftung für die Gesellschaftsverbindlichkeit frei. Die gesamtschuldnerische Gesellschafterhaftung besteht auch dann, wenn der Gläubiger selbst Gesellschafter ist.[17] Dabei unterliegt der Drittanspruch des Gesellschafters keiner Durchsetzungssperre.[18]

8 **b) Zwischen Gesellschaft und Gesellschaftern.** Werden in einem Prozess Gesellschaft und Gesellschafter einer OHG verurteilt, ist die Formulierung „wie Gesamtschuldner" in den Tenor aufzunehmen.[19] Diese Formulierung bringt zum Ausdruck, dass die Gesellschafter gem. S. 1 akzessorisch haften und im Verhältnis der Gesellschaft zu den Gesellschaftern mangels Gleichstufigkeit kein

[7] KG 28.1.2010, NJW-Spezial 2010, 273.
[8] BGH 12.1.2010, NZG 2010, 264.
[9] BGH 13.7.1967, NJW 1967, 2203; Loose EFG 2007, 1847; Ebenroth/Boujong/M. Noack Rn. 27.
[10] BGH 20.4.1967, NJW 1967, 2155; MüKoHGB/Drescher Rn. 18; Ebenroth/Boujong/M. Noack Rn. 23.
[11] BGH 26.5.1975, WM 1975, 974.
[12] MüKoHGB/Drescher Rn. 21.
[13] **AA** Wertenbruch ZPG 2023, 1 Rn. 29; s. auch OLG Hamm 17.6.2024, NZG 2024, 1315 Rn. 60; LG Essen 14.7.2023, BeckRS 2023, 50188 Rn. 35, jeweils zu § 128 S. 1 aF.
[14] BGH 17.12.2002, NZG 2002, 232 (233).
[15] Staub/Habersack Rn. 26; Ebenroth/Boujong/M. Noack Rn. 23.
[16] MüKoHGB/Drescher Rn. 19; Ebenroth/Boujong/M. Noack Rn. 24; Hopt/Roth Rn. 21.
[17] BGH 1.12.1982, NJW 1983, 749; 3.4.2006, DB 2006, 1150; Staub/Habersack Rn. 25; Ebenroth/Boujong/M. Noack Rn. 24.
[18] BGH 3.4.2006, NZG 2006, 459.
[19] BAG 27.8.2025, BeckRS 2025, 32844 Rn. 31; OLG Dresden 30.12.2024, NJW 2025, 518 Rn. 12; OLG München 4.2.1998, NJW-RR 1998, 935; Scholz ZZP 2023, 221 (223).

Gesamtschuldverhältnis besteht.[20] Die §§ 421 ff. BGB sind grundsätzlich nicht anwendbar. Es ist im Einzelfall jedoch zu prüfen, ob der Rechtsgedanke der §§ 421 ff. BGB ausnahmsweise Anwendung findet.[21] Gemäß § 128 stehen den Gesellschaftern bestimmte Einreden und Einwendungen der Gesellschaft zu, wie zB die Aufrechnung (→ § 128 Rn. 10 ff.). Die Erfüllung durch die Gesellschaft bewirkt, dass die Gesellschafterschuld ebenfalls erlischt. Lehnt die Gesellschaft hingegen die Erfüllung einer Verbindlichkeit ab, haften dem Gesellschaftsgläubiger aufgrund der Nichterfüllung – vorbehaltlich der Einwendung des § 137 Abs. 1 S. 1 (→ § 137 Rn. 4 ff.) – auch die ausgeschiedenen Gesellschafter.[22] Die Regelungen des Gläubigerverzugs (§§ 293 ff. BGB) kommen nicht nur der Gesellschaft, sondern gem. § 128 Abs. 1 (→ § 128 Rn. 3 ff.) auch den Gesellschaftern zugute.[23]

III. Anwendungsbereich

1. OHG, KG, KGaA. Die Vorschrift gilt für die OHG sowie gem. § 161 Abs. 2 entsprechend für die **KG,** allerdings nur für die persönlich haftenden Gesellschafter (sog. Komplementäre). Die Kommanditisten haften nur nach Maßgabe der §§ 171–176. Wird die KG infolge des Todes des einzigen persönlich haftenden Gesellschafters aufgelöst, haften die Kommanditisten ausnahmsweise nach S. 1 unbeschränkt, wenn sie die Abwicklung der aufgelösten KG nicht nachhaltig betreiben, insbesondere die werbende Geschäftstätigkeit fortsetzen, und die KG daher kraft Gesetzes zu einer OHG wird (→ § 138 Rn. 17). Gemäß § 278 Abs. 2 AktG gilt § 126 außerdem für die persönlich haftenden Gesellschafter einer **KGaA.** Schließlich ist die Vorschrift auf **drittstaatliche Kapitalgesellschaften** mit einem inländischen Verwaltungssitz, seit dem 1.2.2020 insbesondere die britische Ltd., anzuwenden, wenn die Gesellschaft weder notariell gegründet noch in das Handelsregister eingetragen ist und aufgrund ihrer Tätigkeit nicht als rechtsfähige GbR iSd § 705 Abs. 2 Alt. 1 BGB, sondern als OHG behandelt wird.[24] 9

2. Partnerschaft und EWIV. Für die Haftung bei einer Partnerschaft bestimmt **§ 8 Abs. 1 S. 1 PartGG** entsprechend S. 1, dass für Verbindlichkeiten der Partnerschaft den Gläubigern neben dem Vermögen der Partnerschaft die Partner als Gesamtschuldner haften. Ergänzend dazu ordnet § 8 Abs. 1 S. 2 PartGG die entsprechende Anwendung der §§ 721a, 721b BGB an. Außerdem beschränkt **§ 8 Abs. 2 PartGG** die Haftung auf diejenigen Gesellschafter, die mit dem entsprechenden Auftrag befasst waren, es sei denn, es handelt sich um Bearbeitungsbeiträge von untergeordneter Bedeutung. Ist in den Berufsfeldern der Partnerschaftsgesellschaft der Abschluss einer Berufshaftpflichtversicherung vorgeschrieben, kann durch **§ 8 Abs. 3 PartGG** die Haftung auf einen Höchstbetrag begrenzt werden. Eine sinngemäße Anwendung von § 721 S. 2 BGB soll in den Fällen erfolgen, in denen das PartGG eine Haftungsbeschränkung nicht zulässt.[25] 10

Bei der **EWIV** haften die Gesellschafter unbeschränkt und gesamtschuldnerisch nach Art. 24 Abs. 1 S. 1 EWIV-VO, gem. Art. 24 Abs. 2 EWIV-VO aber nur **subsidiär.** Daraus folgt, dass der Gesellschaftsgläubiger zunächst die EWIV zur Zahlung aufzufordern hat und erst nach einer gewissen Zeit die persönlich haftenden Gesellschafter in Anspruch nehmen kann. Soweit Art. 24 Abs. 1 S. 2 EWIV-VO für die Folgen der Haftung auf die innerstaatlichen Regelungen verweist, gelten neben den §§ 249 ff. BGB auch die §§ 721–722 BGB. 11

3. GbR. Die Gesellschafter der rechtsfähigen GbR iSd § 705 Abs. 2 Alt. 1 BGB haften nach dem Vorbild des S. 1 gem. § 721 S. 1 BGB für die Verbindlichkeiten der Gesellschaft auch persönlich mit ihrem gesamten Privatvermögen. Ein Ausschluss oder eine **Beschränkung** dieser Haftung im Gesellschaftsvertrag ist Dritten gegenüber nach § 721 S. 2 BGB unwirksam. In Betracht kommt einzig eine ausdrückliche individualvertragliche Vereinbarung mit dem Gläubiger.[26] Die bloße Bezeichnung der GbR als eine solche „mit beschränkter Haftung" genügt für einen Ausschluss der persönlichen Haftung der Gesellschafter nicht.[27] Von der Haftung nach § 721 S. 1 BGB können **geschlossene Immobilienfonds als Publikums-Personengesellschaften** ausgeschlossen wer- 12

[20] Statt vieler s. OLG Dresden 18.9.2025, NZG 2026, 453 Rn. 28; 30.12.2024, NJW 2025, 518 Rn. 12; MüKoHGB/Drescher Rn. 20; Ebenroth/Boujong/M. Noack Rn. 25; Hopt/Roth Rn. 19; Scholz ZZP 2023, 221.

[21] Hopt/Roth Rn. 19.

[22] BGH 13.7.1967, BGHZ 48, 203 = NJW 1967, 2203 zum Konkurs.

[23] Staub/Habersack Rn. 23.

[24] FG Hessen 21.10.2024, BeckRS 2024, 29838 Rn. 16; krit. LG Berlin II 18.2.2025, BeckRS 2025, 8009 Rn. 188 ff.

[25] MüKoHGB/Drescher Rn. 4.

[26] BGH 21.1.2002, NJW 2002, 1642.

[27] BGH 27.9.1999, BGHZ 142, 315 = NJW 1999, 3483.

den, da es sich hierbei um reine Kapitalanlagegesellschaften handelt.[28] Das gilt auch dann, wenn ein Verstoß gegen das RDG vorliegt. Ein eintretender Gesellschafter muss gem. § 721a S. 1 BGB grundsätzlich auch für die schon vor seinem Eintritt in die Gesellschaft entstandenen Gesellschaftsschulden persönlich einstehen.[29]

13 **4. Eigenhaftung der Gesellschafter.** Die Haftung aufgrund einer Gesellschaftsverbindlichkeit ist von der Eigenhaftung der Gesellschafter abzugrenzen. Eine solche kann sich unmittelbar aus dem Gesetz oder aus einem Vertrag ergeben. Neben deliktischen Ansprüchen aus § 823 Abs. 2 BGB, zB iVm den Regelungen zur **Insolvenzverschleppung** nach § 15a Abs. 1–3 InsO, können Ansprüche aus § 280 Abs. 1 BGB iVm §§ 311 Abs. 2 BGB, § 241 Abs. 2 BGB (culpa in contrahendo) sowie aus bestimmten Sicherheitsabreden bestehen.[30] So kann der Gesellschafter als Bürge der Gesellschaft (→ Rn. 14) und auch eigenhaftend für Steuerschulden der Gesellschaft nach § 69 S. 1 iVm § 34 AO verantwortlich sein.[31] Die Eigenhaftung des Gesellschafters besteht grundsätzlich gegenüber einem Gläubiger, aber auch gegenüber der Gesellschaft und den Mitgesellschaftern.

14 Die Gesellschafter können für Gesellschaftsschulden bürgen. Die **Bürgschaft** kann der Gesellschafter auch vor seinem Eintritt in die Gesellschaft übernommen haben. In diesen Fällen tritt die Haftung aus der Bürgschaft neben die Gesellschafterhaftung,[32] unterliegt aber weder der zeitlichen Begrenzung durch § 137 Abs. 1 (→ § 137 Rn. 4 ff.) noch der Sonderverjährung nach § 151 Abs. 1 (→ § 151 Rn. 3 ff.). Die Befreiungsmöglichkeit gem. § 254 Abs. 2 S. 1 InsO durch Bestätigung des Insolvenzplans besteht nicht. Zu Einzelheiten der Gesellschafterbürgschaft → Rn. 74 ff.

15 **5. Rechtsscheinhaftung.** Tritt jemand wie ein persönlich haftender Gesellschafter nach außen auf, obgleich er diese Stellung nicht innehat (sog. **Scheingesellschafter**), muss er sich nach den Grundsätzen der Rechtsscheinhaftung wie ein solcher behandeln lassen.[33] Dies gilt auch gegenüber dem Finanzamt, wenn dieses nach Treu und Glauben auf den gesetzten Rechtsschein vertrauen durfte. Rein passives Verhalten genügt zur Setzung eines solchen Rechtsscheins allerdings nicht.[34] In Betracht kommt eine Rechtsscheinhaftung gem. S. 1 insbesondere dann, wenn durch das Auftreten der Gesellschaft der Anschein erweckt wird, es bestehe eine OHG oder KG (sog. **Scheingesellschaft**). Eine Kombination von Scheingesellschaft und Scheingesellschafter kann ebenfalls eine Haftung nach S. 1 begründen.[35] Eine Rechtsscheinhaftung kann sich ua aus § 15 Abs. 1 ergeben (→ § 15 Rn. 13 ff.). Auch in den Fällen, in denen ein persönlich haftender Gesellschafter die Stellung eines Kommanditisten einnimmt und dies eingetragen und bekanntgegeben ist, kann sich eine Haftung wegen Rechtsscheins ergeben, wenn er gleichwohl nach außen den Eindruck erweckt, persönlich zu haften und über seine tatsächlich existierende Stellung in der Gesellschaft nicht aufgeklärt hat.[36] Eine Haftung nach S. 1 besteht außerdem dann, wenn die GmbH & Co. KG im Rechtsverkehr **ohne den Zusatz GmbH & Co.** auftritt, weil dadurch der Anschein erweckt wird, mindestens eine natürliche Person hafte dem Gesellschaftsgläubiger unbeschränkt.[37] Die Rechtsscheinhaftung endet, sobald der Dritte von der tatsächlichen Sachlage Kenntnis erlangt oder das Fortbestehen des Rechtsscheins infolge Zeitablaufs zweifelhaft wird und dem Dritten die Nachprüfung zumutbar ist, nicht jedoch bereits dann, wenn der Gesellschafter sein widersprüchliches Verhalten aufgibt. Dabei trifft den Geschäftsgegner die Darlegungs- und **Beweislast,** dass der Anschein durch nichtöffentliche Erklärungen entstanden ist und er dadurch zum Abschluss des Geschäfts veranlasst wurde.

16 **6. Quotale Haftung.** Bei notleidenden geschlossenen Immobilienfonds in der Form von Publikumsgesellschaften (rechtsfähige GbR, OHG) kann ausnahmsweise eine nur quotale Haftung der Gesellschafter bestehen, wenn dies entsprechend vereinbart wurde. Allerdings hat der BGH in zwei richtungsweisenden Entscheidungen vom 8.2.2011 festgestellt, dass bei der Vereinbarung einer quotalen Haftung der Gesellschafter Leistungen aus dem Gesellschaftsvermögen die Haftung der Gesell-

[28] BGH 26.7.2022, NJW-RR 2022, 1708; 21.1.2002, NJW 2002, 1642; MüKoHGB/Drescher Rn. 15; Häublein EWiR 2007, 105. Zu Nachschusspflichten bei notleidenden geschlossenen GbR-Immobilienfonds s. Wagner WM 2006, 1273. Zu Fragen der Anlegerhaftung und dem Verbleib der Grundschuld in Fällen notleidender geschlossener Immobilienfonds s. Barchewitz MDR 2007, 1176.

[29] KG 11.11.2008, NZG 2009, 299.

[30] Ebenroth/Boujong/M. Noack Rn. 8.

[31] MüKoHGB/Drescher Rn. 6.

[32] BGH 22.5.1986, NJW 1986, 2308.

[33] MüKoHGB/Drescher Rn. 5; Möritz StudZR 2007, 595; Ebenroth/Boujong/M. Noack Rn. 9; Hopt/Roth Rn. 5 ff. Zu der Haftung des Scheingesellschafters einer GbR für deren Steuerschulden Jäger HFR 2006, 1068.

[34] BFH 9.5.2006, BFHE 213, 194 = DStR 2006, 1649.

[35] So bereits BGH 11.3.1955, BGHZ 17, 13 = NJW 1955, 985.

[36] BGH 29.1.2001, NJW 2001, 1056.

[37] BGH 8.5.1978, NJW 1973, 2030; Ebenroth/Boujong/M. Noack Rn. 11.

schafter nicht automatisch vermindern. Ob die Erlöse aus der Verwertung des Gesellschaftsvermögens anteilig die Haftung jedes Gesellschafters mindern, hänge von den zwischen den Parteien getroffenen Vereinbarungen ab. Die quotale Haftung sei kein gesetzlich geregeltes Haftungskonzept, so dass die Vertragsparteien in der Gestaltung frei seien. Da in den entschiedenen Fällen die Verträge keine Anrechnung der Erlöse vorsahen, verminderten die Einnahmen aus der Grundstücksverwertung den Umfang der persönlichen Haftung der Gesellschafter nicht.[38]

IV. Haftungsvoraussetzungen

1. Gesellschaft. Die persönliche Haftung der Gesellschafter gem. S. 1 setzt grundsätzlich eine tatsächlich existente OHG, KG oder KGaA voraus (→ Rn. 9).[39] Alternativ genügt eine Scheingesellschaft (→ Rn. 15)[40] oder eine fehlerhafte Gesellschaft.[41] Auch bei einer **aufgelösten Gesellschaft** haftet der Gesellschafter für alle Verbindlichkeiten, also auch für Neuverbindlichkeiten nach der Auflösung, es sei denn, dass sie sich im Insolvenzverfahren befindet.[42] Bei einem **Formwechsel** der OHG (§ 190 Abs. 1 UmwG, § 191 Abs. 1 Nr. 1 UmwG) in eine Kapitalgesellschaft (§ 191 Abs. 2 Nr. 2 UmwG iVm § 3 Abs. 2 UmwG) haften die Gesellschafter nicht für die nach dem Formwechsel begründeten Verbindlichkeiten. Eine Haftung besteht nur für solche Verbindlichkeiten, die vorher entstanden waren. 17

2. Gesellschafterstellung. Die Haftung gem. S. 1 trifft alle persönlich haftenden Gesellschafter, die eine Gesellschafterstellung bei Haftungsbegründung innehaben.[43] Die einmal begründete Haftung erlischt weder durch das Ausscheiden aus der Gesellschaft (→ Rn. 48 ff.) – vielmehr tritt gem. § 137 Abs. 1 S. 1 lediglich eine zeitliche Begrenzung der Nachhaftung ein (→ § 137 Rn. 4 ff.) – noch durch den Wechsel in die Rolle eines Kommanditisten. Die Erben eines Gesellschafters (§ 130 Abs. 1 Nr. 1; → § 130 Rn. 3 ff.), die weder aus der Gesellschaft ausscheiden noch in die Stellung eines Kommanditisten wechseln (§ 131 Abs. 1–4; → § 131 Rn. 4), können ihre Haftung für Altverbindlichkeiten gem. §§ 1975 ff. BGB beschränken (→ § 131 Rn. 85). Gemäß S. 1 haften auch minderjährige Gesellschafter. Ihre Haftung ist unter Umständen gem. § 1629a Abs. 1 BGB beschränkt (→ Rn. 23). Gesellschafter, die nachträglich in die Gesellschaft eintreten, haften nach § 127 S. 1 auch für die vor ihrem Eintritt begründeten Verbindlichkeiten der Gesellschaft (→ § 127 Rn. 3 ff.). Bereits ausgeschiedene Gesellschafter haften hingegen nicht nach S. 1 für Neuverbindlichkeiten. 18

3. Gesellschaftsverbindlichkeiten. a) Arten. Die Haftung gem. S. 1 umfasst alle Verbindlichkeiten der Gesellschaft (→ Rn. 9) unabhängig von deren **Rechtsgrund,**[44] also auch öffentlich-rechtliche Beitragsschulden.[45] So können die Gesellschafter zB aus Vertrag, unerlaubter Handlung, Gefährdungshaftung, Eigentümer-Besitzer-Verhältnis oder ungerechtfertigter Bereicherung haften.[46] Unter S. 1 fallen auch sog. **Drittansprüche** der Gesellschafter gegen die Gesellschaft, dh Verbindlichkeiten, die auf einem besonderen, neben dem Gesellschaftsverhältnis bestehenden Vertrag beruhen, den die Gesellschaft in gleicher Weise mit einem Dritten eingehen könnte.[47] Zu Sozialverbindlichkeiten → Rn. 20. Dienstvertragliche Verpflichtungen gegenüber Arbeitnehmern stellen eine Gesellschaftsverbindlichkeit dar und können eine Haftung der Gesellschafter nach S. 1 begründen.[48] Es kommt nicht darauf an, ob die Verbindlichkeit eine Geldschuld darstellt (→ Rn. 26). Zudem wird jede Art von Gläubigern geschützt, unabhängig davon, ob ein Haftungsvertrauen vorliegt. 19

b) Sozialverbindlichkeiten. Sozialverbindlichkeiten sind auf dem Gesellschaftsverhältnis beruhende Forderungen eines Gesellschafters gegen die Gesellschaft.[49] Sie sind **grundsätzlich** keine Gesellschaftsverbindlichkeiten iSd S. 1,[50] solange die Gesellschaft besteht. Dies gilt sogar dann, wenn 20

[38] BGH 8.2.2011, NZG 2011, 580; 8.2.2011, NZG 2011, 583; dazu Lutz GWR 2011, 249; Priester DStR 2011, 1278; K. Schmidt NJW 2011, 2001; Westermann NZG 2011, 1041.

[39] Statt vieler s. Stabel JuS 2024, 111 (112).

[40] BeckOGK/Markworth, 1.12.2025, Rn. 48; Ebenroth/Boujong/M. Noack Rn. 9.

[41] MüKoHGB/Drescher Rn. 7; Staub/Habersack Rn. 7; BeckOGK/Markworth, 1.12.2025, Rn. 27.

[42] MüKoHGB/Drescher Rn. 7.

[43] Statt vieler s. BeckOGK/Markworth, 1.12.2025, Rn. 60, 65; Stabel JuS 2024, 111 (112).

[44] Statt vieler s. BeckOGK/Markworth, 1.12.2025, Rn. 52.

[45] BSG 28.6.2022, BSGE 134, 215 Rn. 12 = BeckRS 2022, 20673; LSG Hamburg 31.1.2024, BeckRS 2024, 3717 Rn. 42 jeweils zu § 128 aF.

[46] OLG Köln 4.7.2006, ZMR 2006, 862; Barnert EWiR 2007, 53.

[47] Wertenbruch ZPG 2023, 1 Rn. 29; s. auch OLG Hamm 17.6.2024, NZG 2024, 1315 Rn. 60; LG Essen 14.7.2023, BeckRS 2023, 50188, jeweils zu § 128 S. 1 aF.

[48] BGH 19.5.1983, NJW 1983, 2256 (2940).

[49] Statt vieler s. Ebenroth/Boujong/M. Noack Rn. 15.

[50] Statt vieler s. BeckOGK/Markworth, 1.12.2025, Rn. 59.

der Gesellschafter aus dem Gesellschaftsvermögen keine Befriedigung seiner Forderungen erlangen kann.[51] Die Nichtanwendung von S. 1 beruht darauf, dass die Gesellschafter nicht mit einer Verpflichtung belastet werden sollen, die bei wirtschaftlicher Betrachtung einer Erhöhung der Beiträge gleicht. Die Regelung des § 710 BGB iVm § 105 Abs. 3 wäre ansonsten weitgehend gegenstandslos. **Ausnahmsweise** haben die Gesellschafter dennoch nach S. 1 für Sozialverbindlichkeiten einzustehen, wenn ein Gesellschafter von einem Gesellschaftsgläubiger aufgrund einer Gesellschaftsverbindlichkeit in Anspruch genommen wird und die Gesellschaftsverbindlichkeit tilgt. Der sich daraus ergebende Anspruch aus § 716 Abs. 1 BGB iVm § 105 Abs. 3 stellt insofern eine Ausnahme dar. Bei dem Ausscheiden eines Gesellschafters haben die übrigen Gesellschafter auch gem. S. 1 für seine Abfindungsansprüche einzustehen.[52]

21 **c) Verbindlichkeiten gegenüber den Gesellschaftern.** Forderungen der Gesellschafter aus Drittgeschäften sind Gesellschaftsverbindlichkeiten, für welche die Gesellschafter gem. S. 1 persönlich haften.[53] Dabei ist zwischen den Leistungen des Gesellschafters im Rahmen seiner Beitragspflicht und seiner Einlagenpflicht zu unterscheiden. Der Anwendung des S. 1 steht es dabei nicht entgegen, dass im Gesellschaftsvertrag bestimmte Beitragsverpflichtungen, wie Vermietung, Verpachtung oder Lieferung an die Gesellschaft durch den Gesellschafter aufgrund von gesonderten Verträgen geregelt sind.[54] Denn der Rechtsgrund für die Beitragsverpflichtung liegt nicht in dem Gesellschaftsverhältnis, sondern in dem zur Erfüllung der Beitragsverpflichtung geschlossenen Vertrag, wie es auch mit Dritten möglich wäre. Die gesellschaftsrechtliche **Treuepflicht** führt dazu, dass dem Gesellschafter zu raten ist, zuerst die Gesellschaft und nicht die übrigen Gesellschafter in Anspruch zu nehmen.[55] Dabei muss er sich seinen eigenen Verlustanteil anrechnen lassen.[56] Die Inanspruchnahme der Gesellschafter kann allerdings auch durch Vereinbarung ausgeschlossen werden.[57] Bei Schulden **anderer Art als Geldschulden** (→ Rn. 28 ff.) kann der Gesellschafter nicht nur die Gesellschaft, sondern unter Umständen auch die Gesellschafter persönlich in Anspruch nehmen.[58]

22 **4. Haftungsdauer.** Die Haftung der Gesellschafter gem. S. 1 unterliegt keiner eigenständigen Verjährung. Sie ist akzessorisch (→ Rn. 2), ihre Durchsetzbarkeit daher an die der Gesellschaftsverbindlichkeit geknüpft. Dem Gesellschafter stehen gem. § 128 Abs. 1 dieselben Einreden wie der Gesellschaft zu (→ § 128 Rn. 3 ff.). Die Gesellschaft kann auf die Einrede der Verjährung (§ 214 Abs. 1 BGB) verzichten. Durch Klageerhebung gegen die Gesellschaft wird die Verjährung gehemmt (§ 204 Abs. 1 Nr. 1 BGB). Bei Auflösung der Gesellschaft verjährt der Haftungsanspruch gem. **§ 151 Abs. 1** (→ § 151 Rn. 3 ff.). Scheidet ein Gesellschafter aus der fortbestehenden Gesellschaft aus, ist seine Nachhaftung gem. **§ 137 Abs. 1** begrenzt (→ § 137 Rn. 4 ff.).

23 **5. Minderjährige.** Auch minderjährige Gesellschafter unterliegen grundsätzlich der Haftung für Gesellschaftsverbindlichkeiten gem. S. 1. Das folgt daraus, dass es sich um eine gesetzliche Haftung handelt (→ Rn. 19), die nur an das Bestehen einer Gesellschaftsverbindlichkeit geknüpft ist.[59] Die Vorschrift des § 1629a Abs. 1 BGB steht der persönlichen Haftung eines minderjährigen Gesellschafters nicht per se entgegen.[60] Zum einen spricht das Gesetz insofern nur von einer Haftung für Verbindlichkeiten, die durch die Eltern oder sonstige vertretungsberechtigte Gesellschafter begründet wurden. Zum anderen ergibt dies sich jedenfalls für das Betreiben eines selbstständigen Erwerbsgeschäfts aus § 1629a Abs. 2 BGB, soweit der Gesellschafter dafür nach § 112 Abs. 1 S. 1 BGB ermächtigt ist. Insofern findet § 1629a Abs. 1 BGB keine Anwendung und der Minderjährige haftet unbeschränkt. Für eine Haftungsbeschränkung besteht in solchen Fällen keine Notwendigkeit.[61] Für alle anderen Fälle – mit Ausnahme der Verbindlichkeiten aus Rechtsgeschäften zur Befriedigung seiner persönlichen Bedürfnisse (§ 1629a Abs. 2 Alt. 2 BGB) – gilt jedoch

[51] BGH 10.4.1989, NJW-RR 1989, 1056; Ebenroth/Boujong/M. Noack Rn. 15.
[52] Staub/Habersack Rn. 12; Hopt/Roth Rn. 23; s. auch BGH 18.5.2021, NJW 2021, 2647 Rn. 18; 12.7.2016, NZG 2016, 1025 Rn. 9; 17.5.2011, NJW 2011, 2355 Rn. 12; 11.10.1971, WM 1971, 1451 = BeckRS 1971, 31120969; AG Mannheim 14.11.2023, BeckRS 2023, 35752 Rn. 51, jeweils zu § 128 S. 1 aF.
[53] Statt vieler s. MüKoHGB/Drescher Rn. 12; Staub/Habersack Rn. 13; Ebenroth/Boujong/M. Noack Rn. 13; Hopt/Roth Rn. 2, 24.
[54] MüKoHGB/Drescher Rn. 12; Staub/Habersack Rn. 13.
[55] **AA** MüKoHGB/Drescher Rn. 12; Ebenroth/Boujong/M. Noack Rn. 14.
[56] Hopt/Roth Rn. 24.
[57] Hopt/Roth Rn. 24.
[58] Brömmelmeyer NZG 2006, 529; Reischl/Keller EWiR 2008, 19; Hopt/Roth Rn. 22.
[59] MüKoHGB/Drescher Rn. 42.
[60] Statt vieler s. MüKoHGB/Drescher Rn. 42 ff. mwN.
[61] MüKoBGB/Huber BGB § 1629a Rn. 27.

§ 1629a Abs. 1 BGB. Dies führt dazu, dass der Minderjährige vor Erlangen der Volljährigkeit unbeschränkt haftet.

6. Unabdingbarkeit (S. 2). Vereinbarungen unter den Gesellschafter,[62] insbesondere solche in dem Gesellschaftsvertrag, welche der persönlichen Haftung gem. S. 1 entgegenstehen, sind gem. S. 2 **Dritten gegenüber** unwirksam (zum Innenverhältnis → Rn. 25). Eine Beschränkung durch Vereinbarung zwischen dem Gesellschafter und dem Gesellschaftsgläubiger ist hingegen zulässig.[63] Erforderlich ist eine individualvertragliche Vereinbarung. Eine Bestimmung in AGB genügt grundsätzlich nicht, da es sich um eine überraschende Klausel iSv § 305c Abs. 1 BGB handelt. Einzig bei geschlossenen Immobilienfonds ist ein Haftungsausschluss in AGB zulässig.[64] 24

Erfolgt eine Vereinbarung zwischen den Gesellschaftern mit dem Ziel des Haftungsausschlusses, ist sie zwar nach außen hin gegenstandslos, kann aber im **Innenverhältnis** Wirkung entfalten. So kann zB vereinbart werden, dass ein Gesellschafter von den Verlusten gegenüber der Gesellschaft und den Gesellschaftern freigestellt werden soll.[65] 25

V. Haftungsinhalt

1. Grundsatz. Die OHG – Gleiches gilt für die KG (§ 105 Abs. 2 iVm § 161 Abs. 2) und die KGaA (§ 278 Abs. 1 AktG) – ist gem. § 105 Abs. 2 selbstständige Trägerin von Rechten und Pflichten. Die Gesellschafter haften nach S. 1 akzessorisch (→ Rn. 5) für die Gesellschaftsverbindlichkeiten (→ Rn. 19 ff.). Ungeklärt ist der Haftungsinhalt, insbesondere dann, wenn es sich nicht um eine Geldschuld handelt (→ Rn. 28 ff.). Teilweise wird vertreten, der Gesellschafter hafte nur auf Geld bzw. auf Schadensersatz in Geld (sog. **Haftungstheorie).**[66] Jedoch spricht der Grundsatz der Akzessorietät für die in der Rspr. und Lit. vorherrschende **Erfüllungstheorie.** Insbesondere wird diese dem Gläubigerschutz und der Kreditwürdigkeit der OHG eher gerecht.[67] Danach schulden die Gesellschafter **grundsätzlich** dasselbe wie die Gesellschaft selbst, dh die Haftungsverbindlichkeit und die Gesellschaftsverbindlichkeit sind inhaltsgleich. Dies entspricht in der Regel auch den Interessen der Gesellschaftsgläubiger und der Gesellschaft sowie der Handhabung im Rechtsverkehr, da in diesem Fall die Gesellschaft und die Gesellschafter nicht auf unterschiedliche Leistungserbringung verklagt werden müssen. Der Sinn und Zweck der persönlichen Haftung gebietet jedoch Ausnahmen von der Erfüllungstheorie, nämlich wenn die Interessen des Gesellschafters an seiner Privatsphäre ungenügend berücksichtigt werden. Liegt die Erbringung der Leistung jedoch innerhalb seines Pflichtenkreises, ist dies bei einer Abwägung im Einzelfall zwischen den Interessen des Gesellschafters und des Gläubigers zuungunsten des Gesellschafters zu berücksichtigen.[68] 26

Grundsätzlich kann die Gesellschaft mit ihren Gläubigern bestimmte **Vereinbarungen bezüglich des Haftungsinhalts** treffen. Die Auslegung eines solchen Vertrags kann ergeben, dass die Gesellschaft verpflichtet ist, die Leistung durch ihre Gesellschafter an den Gläubiger zu erbringen. Ob die Leistung wirklich durch die Gesellschafter persönlich vollzogen wird, ist unerheblich. In Verfahren vor den Amtsgerichten gestattet es § 510b ZPO, den Schuldner zur Leistung zu verurteilen und ihn anschließend nach Ablauf einer angemessenen Frist auf Zahlung einer vom Gericht festzusetzenden Entschädigung zu verklagen.[69] In Verfahren vor den Landgerichten gilt ausschließlich § 259 ZPO. 27

2. Einzelfälle. a) Geldschulden. Bei Geldschulden schulden die Gesellschafter ebenso wie die Gesellschaft die Zahlung eines bestimmten Geldbetrags. Die Zwangsvollstreckung erfolgt nach den §§ 802a ff. ZPO. 28

b) Vertretbare Handlungen. Vertretbare Handlungen werden von der Gesellschaft und den Gesellschaftern gleichermaßen geschuldet. Dem Gläubiger steht die Möglichkeit der Leistungsklage offen.[70] Die Vollstreckung vollzieht sich nach § 887 ZPO. Verkauft die Gesellschaft eine mangelhafte Sache an einen Dritten, kann dieser gem. S. 1 iVm § 439 Abs. 1 Alt. 1 BGB auch von den Gesellschaftern die Beseitigung des Mangels verlangen.[71] 29

---

[62] OVG Berlin-Brandenburg 27.1.2011, BeckRS 2011, 46672.

[63] AllgM, jüngst FG Münster, 3.7.2024, DStRE 2025, 262 Rn. 52 zu § 128 aF.

[64] BGH 21.1.2002, NJW 2002, 1642.

[65] MüKoHGB/Drescher Rn. 13.

[66] Statt vieler s. Wieland HandelsR I, 1921, § 53d I 3.

[67] BGH 14.2.1957, NJW 1957, 871; 11.12.1978, NJW 1979, 1361; 22.3.1988, NJW 1988, 1976; 1.4.1987, NJW 1987, 2367 (2369); MüKoHGB/Drescher Rn. 25; Ebenroth/Boujong/M. Noack Rn. 26; Hopt/Roth Rn. 8; Wertenbruch ZPG 2023, 1 Rn. 3.

[68] Ebenroth/Boujong/M. Noack Rn. 26.

[69] MüKoHGB/Drescher Rn. 25.

[70] Hopt/Roth Rn. 15.

[71] Staub/Habersack Rn. 35; Ebenroth/Boujong/M. Noack Rn. 30.

30 **c) Unvertretbare Handlungen.** Auf Grundlage von S. 1 kann ein Gesellschafter nicht zu einer unvertretbaren Handlung, dh zu einer Handlung, die durch einen Dritten nicht vorgenommen werden kann, verurteilt werden.[72] **Geschäftsführende Gesellschafter** können daher zB nicht zu einer von der Gesellschaft geschuldeten Rechnungslegung verurteilt werden.[73] Die Leistungserbringung durch den Gesellschafter ist inhaltlich nicht gleichzusetzen mit der Leistung durch die Gesellschaft, und zwar auch dann nicht, wenn der geschäftsführende Gesellschafter als Organ der Gesellschaft handelt. Letztendlich schuldet allein die Gesellschaft diese Handlung. Wird diese Handlung durch den geschäftsführenden Gesellschafter erbracht, hat gleichwohl nur die Gesellschaft durch diesen gehandelt.[74]

31 **d) Herausgabe oder Lieferung.** Verklagt ein Gesellschaftsgläubiger die Gesellschaft auf Herausgabe oder Lieferung einer vertretbaren oder auch unvertretbaren Sache, erhält er einen Titel gegen die Gesellschaft und gegen die Gesellschafter. Dies gilt auch dann, wenn der Gesellschafter bereits aus der Gesellschaft ausgeschieden ist.[75] Die Vollstreckung erfolgt nach den §§ 883 ff. ZPO, und zwar grundsätzlich gegenüber der Gesellschaft. Gegenüber den Gesellschaftern kann das Urteil die Grundlage für einen Schadensersatzanspruch nach § 280 Abs. 1, 3 BGB, § 281 Abs. 1 BGB bilden.

32 **e) Unterlassungs- und Duldungspflichten.** Unterlassungs- und Duldungsverpflichtungen der Gesellschaft werden grundsätzlich durch Ordnungsgeld gem. § 890 ZPO erzwungen. Der Gesellschafter kann selbst nicht unmittelbar für eine Verpflichtung der Gesellschaft in Anspruch genommen werden. Seine Haftung nach S. 1 ist grundsätzlich auf das Interesse des Gläubigers beschränkt.[76] Aus den Grundsätzen von Treu und Glauben (§ 242 BGB) kann sich ausnahmsweise ergeben, dass der Gesellschafter dennoch zur Unterlassung oder Duldung herangezogen werden kann.[77] Dies soll zB bei der Einhaltung von **Wettbewerbsverboten** gelten, da die Erbringung der Leistung auch zu den gesellschaftlichen Pflichten des Gesellschafters gehören kann und in diesem Fall die Gesellschafter das Gleiche schulden wie die Gesellschaft. Dem wird entgegengehalten, dass S. 1 auf ein Wettbewerbsverbot nicht anwendbar sei.[78] Dies wird damit begründet, dass ein qualitativer Unterschied zwischen dem Wettbewerbsverbot der Gesellschaft und Wettbewerbsverbot der Gesellschafter bestehe. Es liege keine inhaltsgleiche Schuld vor.

33 Eine originäre Unterlassungsverpflichtung der Gesellschafter kann sich ua aus den §§ 823 ff. BGB, § 831 BGB oder § 1004 BGB ergeben. Die Vorschriften des **UWG** sind hingegen nur gegenüber der Gesellschaft und nicht gegenüber den Gesellschaftern anwendbar. Dies hat Auswirkungen auf die Auslegung des Tatbestandsmerkmals „Wer" in § 8 Abs. 1 S. 1 UWG, § 9 Abs. 1 UWG und § 10 Abs. 1 UWG.[79] Die OHG – Gleiches gilt für die KG und die KGaA – ist selbst Unternehmensinhaber iSd **§ 8 Abs. 2 UWG** und nicht die Gesellschafter.[80] Die Gesellschaft kann zugunsten des Gläubigers eine Verpflichtung zur Einwirkung auf die Gesellschafter eingehen, um diese zu dem Unterlassen einer Handlung zu veranlassen. Eine Abtretung der Unterlassungsansprüche der Gesellschaft gegen die Gesellschafter an einen Gesellschaftsgläubiger kann daraus aber nicht abgeleitet werden,[81] da diese regelmäßig auf dem Gesellschaftsverhältnis beruhen und von dem sog. Abspaltungsverbot (§ 711a S. 1 BGB iVm § 105 Abs. 3) umfasst werden.

34 **f) Abgabe von Willenserklärungen.** Zu der Abgabe einer von der Gesellschaft geschuldeten Willenserklärung ist nur die Gesellschaft verpflichtet.[82] Eine Haftung der Gesellschafter ist für den Gesellschaftsgläubiger sinnlos, da bereits durch die **Rechtskraft des Urteils** die Willenserklärung der Gesellschaft gem. § 894 S. 1 ZPO als abgegeben gilt.[83] Teilweise wird eine Ausnahme befürwortet, wenn die Erklärung zur Ausführung einer Leistung gehört, die nur der Gesellschafter erfüllen

---

[72] MüKoHGB/Drescher Rn. 29; Hopt/Roth Rn. 15.

[73] MüKoHGB/Drescher Rn. 29; Staub/Habersack Rn. 36; Ebenroth/Boujong/M. Noack Rn. 31; **aA** noch BGH 14.2.1957, NJW 1957, 871.

[74] MüKoHGB/Drescher Rn. 29.

[75] BGH 1.4.1987, NJW 1987, 2367; Ebenroth/Boujong/M. Noack Rn. 29.

[76] MüKoHGB/Drescher Rn. 30; Ebenroth/Boujong/M. Noack Rn. 33.

[77] BGH 7.6.1972, NJW 1972, 1421; 9.11.1972, WM 1974, 253; Ebenroth/Boujong/M. Noack Rn. 33; Hopt/Roth Rn. 16 f.

[78] MüKoHGB/Drescher Rn. 30; Staub/Habersack Rn. 39.

[79] S. dazu zB Boesche, Wettbewerbsrecht, 5. Aufl. 2016, Rn. 70 ff.

[80] OLG Oldenburg 15.3.2007, OLGR 2007, 652 f. = BeckRS 2007, 08839 zur KG; zur Verantwortung der Gesellschaft nach § 8 Abs. 2 UWG bei einer Unternehmensübernahme s. BGH 26.4.2007, BGHZ 172, 165 = NJW 2007, 2764; zur vergleichbaren Rechtslage bei einer AG s. OLG Hamburg 11.7.2007, AG 2007, 868 f.

[81] Staub/Habersack Rn. 40.

[82] Statt vieler s. BeckOGK/Markworth, 1.12.2025, Rn. 117.

[83] MüKoHGB/Drescher Rn. 31; Klimke ZGR 2006, 540.

kann, dennoch aber von der Gesellschaft geschuldet wird.[84] Problematisch ist daran jedoch, dass die übrigen Gesellschafter nicht auf diese Leistung verklagt werden können, da nur einer sie erfüllen kann. Es handelt sich daher um eine eigene Schuld des Gesellschafters, die unabhängig von der akzessorischen Haftung nach S. 1 besteht.[85]

3. Umgehung und Durchgriff. Umgehungen der Haftung sind nicht unzulässig. Der Gesellschaftsgläubiger kann gegen die Gesellschafter vorgehen, sofern diese eine Unterlassungspflicht der Gesellschaft umgehen. Dies gilt auch bei Bildung einer weiteren Gesellschaft durch die Gesellschafter.[86] Im Falle der Vermögensvermischung kann es zu einer **Durchgriffshaftung** in der Insolvenz eines GmbH-Gesellschafters kommen und damit auch zur analogen Anwendung von S. 1.[87] 35

VI. Regress und Freistellung

1. Regress gegenüber der Gesellschaft. a) Ansprüche. Die Gesellschafter können, sofern sie von einem Gesellschaftsgläubiger nach S. 1 in Anspruch genommen worden sind, gem. **§ 716 Abs. 1 BGB iVm § 105 Abs. 3** Aufwendungsersatz verlangen (→ Rn. 37). Ein solcher Anspruch steht jedem Gesellschafter zu, der einen Anspruch eines Gesellschaftsgläubigers befriedigt. Unerheblich ist dabei, ob der Gesellschafter zur Zahlung verpflichtet war. Die konkurrierende Anwendung von **§ 426 Abs. 1, 2 BGB** scheidet bereits deshalb aus, weil zwischen dem Gesellschafter und der Gesellschaft keine Gesamtschuld besteht (→ Rn. 8). Eine entsprechende Anwendung von **§ 670 BGB** ist mangels einer planwidrigen Regelungslücke unzulässig, da mit dem Aufwendungsersatzanspruch gem. § 716 Abs. 1 BGB iVm § 105 Abs. 3 eine abschließende Sonderregelung besteht.[88] Aus demselben scheidet auch eine entsprechende Anwendung von **§ 774 Abs. 1 S. 1 BGB** aus.[89] Die gegenteilige Ansicht hätte zur Folge, dass die sich aus der Treupflicht ergebenden Einschränkungen, die ausschließlich den gesellschaftsrechtlichen Regressanspruch gem. § 716 Abs. 1 BGB iVm § 105 Abs. 3 betreffen, umgangen werden könnten.[90] 36

b) Voraussetzungen. Der Regressanspruch nach § 716 Abs. 1 BGB iVm § 105 Abs. 3 setzt nicht nur den Bestand einer Gesellschaftsverbindlichkeit voraus, sondern auch, dass der Gesellschafter die erbrachte Leistung an den Gläubiger für **erforderlich** halten durfte.[91] Bei einer Inanspruchnahme des Gesellschafters kann dieser alle Einwendungen und Einreden der Gesellschaft geltend machen (§ 128 Abs. 1; → § 128 Rn. 3 ff.). Die Gesellschaftsverbindlichkeit ist dabei spätestens durch Klage eines Gesellschaftsgläubigers und das rechtskräftige Urteil als tatsächlich bestehend und unbestreitbar anzusehen.[92] Wer gegenüber einem Gesellschaftsgläubiger trotz eigener Zweifel zahlt, leistet auf eigenes Risiko. 37

2. Regress gegenüber den Mitgesellschaftern. Die Gesellschafter haften den Gläubigern gem. S. 1 als Gesamtschuldner und einander ohne entsprechende Anordnung nach den Grundsätzen des **§ 426 Abs. 1, 2 BGB.**[93] Soweit der Gesellschaftsvertrag keine eigenständige Regelung zu dem Umfang des Regresses enthält, wird dieser durch die Anteile an Gewinn und Verlust der Gesellschaft (§ 709 Abs. 3 S. 1 BGB iVm § 105 Abs. 3) bestimmt.[94] Dies hat zur Folge, dass der regressnehmende Gesellschafter sich seinen Verlustanteil unmittelbar anrechnen lassen muss.[95] In dieser Haftung kann keine versteckte Nachschusspflicht erkannt werden; ein Verstoß gegen § 710 S. 1 BGB iVm § 105 Abs. 3 liegt daher nicht vor. Für eine entsprechende Anwendung von § 774 Abs. 1 S. 1 BGB besteht 38

---

[84] Hopt/Roth Rn. 18.

[85] MüKoHGB/Drescher Rn. 31.

[86] Hopt/Roth Rn. 12.

[87] BGH 14.11.2005, NJW 2006, 1345; Bayer/Lieder WM 2006, 999; Bork KTS 2006, 39; Jacob GmbHR 2007, 796; Keil DZWiR 2006, 372; Philipp/Weber DB 2006, 142; Schaefer/Steinmetz WM 2007, 2265; Weller DStR 2007, 116.

[88] Wertenbruch ZPG 2023, 1 Rn. 20.

[89] Wertenbruch ZPG 2023, 1 Rn. 23 mwN.

[90] MüKoHGB/Drescher Rn. 32; Ebenroth/Boujong/M. Noack Rn. 49; Wertenbruch ZPG 2023, 1 Rn. 24; **aA** Staub/Habersack Rn. 43; KKD/Kindler §§ 128, 129 Rn. 9.

[91] Staub/Habersack Rn. 44; **aA** MüKoHGB/Drescher Rn. 33.

[92] MüKoHGB/Drescher § 128 Rn. 14 mwN.

[93] BGH 17.12.2001, NZG 2002, 232; MüKoHGB/Drescher Rn. 35; Staub/Habersack Rn. 47; KKD/Kindler §§ 128, 129 Rn. 10; Ebenroth/Boujong/M. Noack Rn. 51; Hopt/Roth Rn. 27. Zu der gesamtschuldnerischen Haftung bei einer viermonatigen Zustellverzögerung durch einen Gerichtsfehler, die noch als „demnächst" gilt, da die Anwaltspflicht bei Benennung eines Prozessbevollmächtigten in der Klageschrift verletzt wurde, s. BGH 12.9.2019, NZM 2019, 950.

[94] Wertenbruch ZPG 2023, 1 Rn. 27.

[95] BGH 2.7.1962, BGHZ 37, 299 (302 f.) = NJW 1962, 1863; Wertenbruch ZPG 2023, 1 Rn. 27 mwN.

neben § 426 Abs. 2 BGB kein Bedarf.[96] Der regressnehmende Gesellschafter ist aufgrund seiner **Treuepflicht** zunächst gehalten, Befriedigung bei der Gesellschaft zu suchen (→ Rn. 6). Erst wenn der Aufwendungsersatzanspruch gegen die Gesellschaft (→ Rn. 36) erfolglos geblieben ist, kann er die übrigen Gesellschafter in Anspruch nehmen. Dabei reicht es allerdings aus, dass der Gesellschafter die Gesellschaft zur Zahlung auffordert und diese der Verpflichtung nicht nachkommt.[97] Es genügt auch, dass die Gesellschaft die nötigen Mittel nicht aufbringen kann. Nicht erforderlich ist in diesem Fall, dass die Zwangsvollstreckung in das Gesellschaftsvermögen erfolglos versucht wird.[98]

39 **3. Regress bei ausgeschiedenen Gesellschaftern. a) Regressnahme.** Regressschuldner sind neben der Gesellschaft auch ausgeschiedene Gesellschafter. Bei ihrem Regress darf ihr Verlustanteil nach § 136 (→ § 136 Rn. 1 f.) bei der Abfindung berücksichtigt werden.[99] Die ausgeschiedenen Gesellschafter kann jedoch infolge der Abtretung ihres Gesellschaftsanteils eine Ausgleichspflicht gegenüber einem Mitgesellschafter treffen, der eine Gesellschaftsschuld beglichen und selbst keinen Abfindungsanspruch erlangt hat.[100]

40 **b) Regressansprüche. aa) Gegenüber der Gesellschaft.** Einem ausgeschiedenen Gesellschafter, der eine Gesellschaftsverbindlichkeit berichtigt hat, steht nach überwiegender Ansicht kein Regressanspruch gem. § 716 Abs. 1 BGB iVm § 105 Abs. 3 zu.[101] Das Gesellschaftsverhältnis ist beendet. Schon aus diesem Grund bleibt kein Raum für diese Vorschriften. Der ausgeschiedene Gesellschafter ist jedoch nicht schutzlos. Ihm verbleibt die Möglichkeit, über die Fortsetzung des Anspruchs aus § 135 Abs. 1 S. 1 einen Regressanspruch geltend zu machen.[102] Nach aA soll dies nach § 670 BGB möglich sein.[103] Im Ergebnis lässt sich ein Regressanspruch des ausgeschiedenen Gesellschafters gegen die Gesellschaft bejahen. Dadurch kann der Gesellschafter in vollem Umfang die Erstattung der von ihm erbrachten Zahlungen verlangen, wobei er gleichzeitig nicht länger an das Gesellschaftsverhältnis gebunden ist. Daher steht ihm das Recht aus § 426 Abs. 2 BGB (→ Rn. 38) entsprechend zu. Die bezahlte Forderung geht somit samt Sicherheiten über.[104] In dem Umfang, in dem der Gesellschafter Befreiung von der Zahlung verlangen könnte, kann er Regress von der Gesellschaft verlangen.

41 **bb) Gegenüber den Gesellschaftern.** Dem ausgeschiedenen Gesellschafter steht es zu, die verbliebenen Gesellschafter neben der Gesellschaft in Anspruch zu nehmen.[105] Deren Haftung ist jedoch **subsidiär;** vorrangig ist also die Gesellschaft in Anspruch zu nehmen (→ Rn. 38) mit dem Versuch einer Befriedigung aus ihrem Gesellschaftsvermögen. Die verbliebenen Gesellschafter haften dem ausgeschiedenen Gesellschafter nicht nach S. 1,[106] sondern als **Gesamtschuldner.** Da der ausgeschiedene Gesellschafter vollständig entlastet werden soll,[107] liegt hier keine Teilschuld wie im herkömmlichen Innenregress vor.[108] Unterschiedlich wird die Frage der Erstattungsansprüche gelöst. Vereinzelt wird vertreten, § 670 BGB anstelle von § 716 Abs. 1 BGB iVm § 105 Abs. 3 anzuwenden.[109] Letztlich wird § 670 BGB abzulehnen sein, da der ausgeschiedene Gesellschafter auf eine eigene (Haftungs-)Schuld zahlt.[110]

42 **4. Freistellungsansprüche. a) Unter den Gesellschaftern.** Freistellungsansprüche bestehen im Verhältnis der Gesellschafter untereinander nur, wenn die Gesellschaft nicht leisten kann, sich keine Erholung aufzeigt und eine Inanspruchnahme droht. Es folgt bereits aus der gesellschaftlichen Treuepflicht, dass die Haftung lediglich subsidiär besteht. Voraussetzung ist daher, dass von der Gesellschaft keine Freistellung zu erwarten ist.[111] Der Gesellschafter darf dabei den Gläubiger noch nicht befriedigt haben. Die Mitgesellschafter schulden insofern nur Freistellung von gemeinsamen Verbindlichkeiten, soweit sie im **Innenverhältnis** zum Ausgleich verpflichtet sind (→ Rn. 38).

---

[96] **AA** Staub/Habersack Rn. 48 mwN.
[97] BGH 17.12.2001, NJW-RR 2002, 455.
[98] BGH 2.7.1979, NJW 1980, 339; Ebenroth/Boujong/M. Noack Rn. 54.
[99] MüKoHGB/Drescher Rn. 35; Ebenroth/Boujong/M. Noack Rn. 56 jeweils mwN.
[100] BGH 25.3.1991, NJW 1981, 1095; Staub/Habersack Rn. 51; Ebenroth/Boujong/M. Noack Rn. 56.
[101] Statt vieler s. BGH 9.5.1963, NJW 1963, 1873; Ebenroth/Boujong/M. Noack Rn. 50; Hopt/Roth Rn. 36.
[102] MüKoHGB/Drescher § 137 Rn. 85.
[103] Hopt/Roth Rn. 36.
[104] Ebenroth/Boujong/M. Noack Rn. 50; Hopt/Roth Rn. 36.
[105] Ebenroth/Boujong/M. Noack Rn. 55.
[106] MüKoHGB/Drescher § 137 Rn. 86.
[107] Statt vieler s. Ebenroth/Boujong/M. Noack Rn. 55; Hopt/Roth Rn. 36.
[108] So aber Staub/Habersack Rn. 50.
[109] Hopt/Roth Rn. 36.
[110] MüKoHGB/Drescher § 137 Rn. 86.
[111] Ebenroth/Boujong/M. Noack Rn. 58.

b) Gegenüber der Gesellschaft. Die Gesellschafter können primär von der Gesellschaft im Innenverhältnis Freistellung verlangen, insbesondere wenn die Inanspruchnahme des Gesellschafters droht.[112] Dabei besteht keine Verpflichtung des Gesellschafters, den Gesellschaftsgläubiger zu befriedigen und anschließend auf die Befriedigung seiner Regressforderungen (→ Rn. 36) zu warten. 43

c) Ausgeschiedener Gesellschafter. Ausgeschiedene Gesellschafter können im Innenverhältnis gem. § 135 Abs. 1 S. 1 Befreiung von den Altverbindlichkeiten verlangen. Dieser Anspruch richtet sich gegen die Gesellschaft und nicht gegen die Mitgesellschafter.[113] Ist der Gesellschafter weiterhin Mitglied der Gesellschaft, zB durch Umwandlung seines Status in den eines Kommanditisten, ist § 135 Abs. 1 S. 1 hingegen nicht anwendbar. 44

d) Eintretender Gesellschafter. Neue Gesellschafter haften mit ihren gesamten Vermögen für die vor ihrem Eintritt begangenen Pflichtverletzungen anderer Gesellschafter.[114] Eine intern vereinbarte Haftungsfreistellung entfaltet keine Wirkung gegenüber dem Gesellschaftsgläubiger. Insofern handelt es sich um einen Fall des § 127 S. 2 (→ § 127 Rn. 10 f.). 45

5. Auflösung der Gesellschaft. Regressansprüche der Gesellschafter (→ Rn. 36 ff.) werden nach der Auflösung der Gesellschaft lediglich zu Rechnungsposten mit der Folge, dass die einzelnen Gesellschafter ihre Regressansprüche grundsätzlich nicht mehr selbstständig gegen die Gesellschaft oder die Mitgesellschafter geltend machen können.[115] Ausnahmsweise können Ausgleichsansprüche zwischen den Mitgesellschaftern noch im Abwicklungsstadium geltend gemacht werden, nämlich wenn bereits vorher feststand, dass der Gesellschafter einen bestimmten Betrag verlangen kann.[116] 46

6. Abweichende Vereinbarungen. S. 2 (→ Rn. 24 f.) findet keine Anwendung auf Regressansprüche (→ Rn. 36 ff.) und Freistellungsansprüche (→ Rn. 42 ff.), da diese lediglich das Innenverhältnis betreffen und S. 2 sich hierauf bereits aufgrund des Wortlauts („Dritten gegenüber") nicht bezieht. Daher sind abweichende Vereinbarungen grundsätzlich möglich. Es können zB Befreiungs-, Verlustausgleichs- und Verlustdeckungszusagen getroffen werden. 47

VII. Haftung ausgeschiedener Gesellschafter

1. Forthaftung nach Ausscheiden. a) Grundsatz. Das Ausscheiden eines Gesellschafters führt nicht unmittelbar dazu, dass er von seiner Haftung nach S. 1 befreit wird.[117] Der persönlich haftende Gesellschafter hat weiterhin für die Verbindlichkeiten einzustehen, die während seiner Zugehörigkeit zu der Gesellschaft entstanden sind und deren Rechtsgrund noch vor dem Ausscheiden gelegt wurde (sog. **Altverbindlichkeiten**).[118] Beendet wird einzig der haftungsbegründende Status, nämlich die Mitgliedschaft, allerdings ohne das Erlöschen der bestehenden Haftungsansprüche. Für Verbindlichkeiten, die hingegen erst nach dem Ausscheiden des Gesellschafters entstehen (sog. **Neuverbindlichkeiten**), haftet der ausgeschiedene Gesellschafter gem. S. 1 nicht, es sei denn, dass eine Haftung aus Rechtsscheinsgesichtspunkten (→ Rn. 15), insbesondere gem. § 15 Abs. 1 (→ § 15 Rn. 13 ff.), gerechtfertigt ist. Sinn und Zweck der Haftung auch ausgeschiedener Gesellschafter ist die Sicherung der Kreditwürdigkeit der OHG.[119] Von der Gesellschaft kann der ausgeschiedene Gesellschafter gem. § 135 Abs. 1 S. 1 die Freistellung von diesen Haftungsverbindlichkeiten verlangen (→ Rn. 44). Für Sozialansprüche besteht eine solche Haftung jedoch nicht.[120] 48

Die Haftung des ausgeschiedenen Gesellschafters für sog. Altverbindlichkeiten (→ Rn. 48) wird durch das Gesetz zeitlich beschränkt. Gemäß **§ 137 Abs. 1** kann es nach Ablauf von fünf Jahren seit dem Ausscheiden zum Ausschluss der Haftung kommen (sog. **Enthaftung**). Zu Einzelheiten → § 137 Rn. 4 ff. Es steht der Haftung des ausgeschiedenen Gesellschafters nicht entgegen, dass die Gesellschaft nach dem Ausscheiden aufgelöst und beendigt wird.[121] 49

b) Ausscheiden. Das Tatbestandsmerkmal des Ausscheidens setzt voraus, dass die Mitgliedschaft des Gesellschafters erloschen ist. Das Ausscheiden beruht meist auf einer Kündigung (§§ 130 Abs. 1 50

---

[112] MüKoHGB/Drescher Rn. 36; Ebenroth/Boujong/M. Noack Rn. 57.
[113] LG Heidelberg 6.11.2019, BeckRS 2019, 34295; MüKoHGB/Drescher § 137 Rn. 84.
[114] BGH 5.11.1993, NJW 1994, 257.
[115] AllgM, MüKoHGB/Drescher Rn. 39; Staub/Habersack Rn. 52; Ebenroth/Boujong/M. Noack Rn. 60; s. auch BGH 3.4.2006, NZG 2006, 459; AG Mannheim 14.11.2023, BeckRS 2023, 35752 Rn. 51, jeweils zu § 128 S. 1 aF.
[116] Ebenroth/Boujong/M. Noack Rn. 60 mwN.
[117] Statt vieler s. MüKoHGB/Drescher Rn. 41; Ebenroth/Boujong/M. Noack Rn. 34; Hopt/Roth Rn. 28.
[118] Bestätigt durch OLG Hamm 30.6.2017, ZIP 2018, 837.
[119] Ebenroth/Boujong/M. Noack Rn. 34.
[120] BGH 18.1.2010, NZG 2010, 383.
[121] Staub/Habersack Rn. 55; Voigt NJW 2007, 3786.

Nr. 2, 132; → § 132 Rn. 3 ff.), kann vertraglich aber auf alle in § 130 Abs. 1 genannten Gründe erstreckt werden. Bei der Kündigung ist jedoch die Kündigungsfrist maßgeblich (§ 130 Abs. 3, → § 130 Rn. 16). Weiterhin kann der Gesellschafter nach § 134 S. 1 auch von der Gesellschaft ausgeschlossen werden. Ebenso kann das Ausscheiden von vertraglich geregelten Gründen abhängig gemacht werden. Um der Rechtsscheinhaftung nach § 15 Abs. 1 (→ Rn. 15, → § 15 Rn. 13 ff.) zu entgehen, ist das Ausscheiden bzw. der Ausschluss des Gesellschafters gem. § 106 Abs. 6 Fall 4 zur Eintragung in das Handelsregister anzumelden (→ § 106 Rn. 57 ff.).

51 Infolge der **Übertragung eines Gesellschaftsanteils** gem. § 398 S. 1 BGB iVm § 413 BGB und § 711 Abs. 1 S. 1 BGB iVm § 105 Abs. 3 wird der veräußernde Gesellschafter haftungsrechtlich wie ein ausgeschiedener Gesellschafter behandelt.[122] Dasselbe gilt auch für die Umwandlung der Stellung eines persönlich haftenden Gesellschafters in die eines **Kommanditisten.** Dieser haftet ebenso für sog. Altverbindlichkeiten wie ein ausgeschiedener Komplementär (→ Rn. 50).[123] In solchen Fällen ist die Begrenzung nach § 137 Abs. 1 und 2 für die im Zeitpunkt der Eintragung der Änderung im Handelsregister für die bis dato begründeten Verbindlichkeiten nach § 137 Abs. 3 entsprechend anwendbar.[124] Die Haftung als Kommanditist gem. § 171 Abs. 1 bleibt davon unberührt. Die formwechselnde **Umwandlung** der Gesellschaft in eine Gesellschaft ohne unbeschränkte Gesellschafterhaftung (zB eine GmbH) wird dem Ausscheiden des Gesellschafters gem. § 224 UmwG nahezu gleichgestellt und lässt den persönlich haftenden Gesellschafter auch weiterhin nach den Grundsätzen des S. 1 für die Verbindlichkeiten haften, die bereits vor dem Formwechsel entstanden sind.[125] Dasselbe gilt für die **Verschmelzung** der OHG mit einer aufnehmenden GmbH.[126] In § 224 Abs. 2-5 UmwG findet sich eine mit § 137 vergleichbare Enthaftung nach einem Zeitraum von fünf Jahren.

52 **c) Auflösung.** Bei Auflösung der Gesellschaft unterstellt § 151 Abs. 1 die gem. S. 1 begründeten Haftungsansprüche einer Sonderverjährung von fünf Jahren (→ § 151 Rn. 3 ff.). Wird die Auflösung der Gesellschaft entgegen § 141 Abs. 1 S. 1 nicht zur Eintragung in das Handelsregister angemeldet (→ § 141 Rn. 5 ff.) oder ist die Eintragung noch nicht erfolgt, kann der Gläubiger sich darauf berufen mit der Folge, dass § 151 keine Anwendung findet.[127] Ist in dem Gesellschaftsvertrag die Fortführung der Gesellschaft auch bei Ausscheiden des Komplementärs vereinbart, wird die Gesellschaft als OHG fortgeführt, so dass die ehemaligen Kommanditisten dann uneingeschränkt für die Verbindlichkeiten haften.[128]

53 **2. Alt- und Neuverbindlichkeiten. a) Maßgeblicher Zeitpunkt für die Unterscheidung.** Maßgebliches Kriterium für die Unterscheidung zwischen Alt- und Neuverbindlichkeit und damit für die Haftung ausgeschiedener Gesellschafter (→ Rn. 48 ff.) ist der Zeitpunkt, zu dem das Ausscheiden bzw. der Ausschluss wirksam geworden ist. Haben die Gesellschafter sich über das Ausscheiden einvernehmlich geeinigt, ist dies der Zeitpunkt, an dem auch der letzte Gesellschafter zugestimmt hat.[129] Bei einer Übertragung des Gesellschaftsanteils gem. § 398 S. 1 BGB iVm § 413 BGB und § 711 Abs. 1 S. 1 BGB iVm § 105 Abs. 3 ist der Zeitpunkt maßgeblich, an dem die Abtretung vollzogen ist. Bei einer gerichtlichen Ausschließung des Gesellschafters (§ 130 Abs. 1 Nr. 5 iVm § 134 S. 1) kommt es darauf an, wann das Urteil rechtskräftig geworden ist (§ 130 Abs. 3 Fall 3; → § 130 Rn. 16). Bei dem Ausschluss durch Gesellschafterbeschluss (§ 130 Abs. 2; → § 130 Rn. 15) kommt es hingegen auf den Zugang des Beschlusses bei dem betroffenen Gesellschafter an. Das Datum der Eintragung in das Handelsregister ist nicht maßgeblich (→ Rn. 50), es sei denn, es handelt sich um eine formwechselnde Umwandlung der Gesellschaft. In diesem Fall ist nach § 224 Abs. 3 S. 1 UmwG der Zeitpunkt maßgeblich, an dem die neue Rechtsform in das Handelsregister eingetragen wurde.

54 **b) Rechtsgeschäftliche Verbindlichkeiten.** Ausgeschiedene Gesellschafter haften grundsätzlich für vertragliche Ansprüche, wenn der Vertrag **vor ihrem Ausscheiden** (→ Rn. 53) zustande gekommen ist.[130] Auf die Fälligkeit der Leistung kommt es grundsätzlich nicht an. Daher sind vor dem Ausscheiden des Gesellschafters geschlossene Kaufverträge auch dann Altverbindlichkeiten, wenn die Kaufsache erst nach dem Ausscheiden geliefert wird. Es muss sich dabei auch nicht um

---

[122] MüKoHGB/Drescher § 137 Rn. 23; Staub/Habersack Rn. 56; Ebenroth/Boujong/M. Noack Rn. 37.
[123] MüKoHGB/Drescher § 137 Rn. 11; Ebenroth/Boujong/M. Noack Rn. 38.
[124] MüKoHGB/Drescher § 137 Rn. 1 f.
[125] Ebenroth/Boujong/M. Noack Rn. 39.
[126] OLG Köln 18.7.2001, ZIP 2001, 2044; Staub/Habersack Rn. 58.
[127] Staub/Habersack Rn. 52.
[128] OLG Rostock 3.9.2009, BB 2009, 947 = BeckRS 2009, 27261.
[129] MüKoHGB/Drescher § 137 Rn. 25; Staub/Habersack Rn. 60.
[130] Kesseler NZJ 2008, 42; Ebenroth/Boujong/M. Noack Rn. 42.

einen längerfristigen Liefervertrag handeln. Bei Forderungen aus einem Werkvertrag, der vor dem Ausscheiden geschlossen wurde, haftet der Gesellschafter nicht erst mit Erfüllung des Werkvertrags, sondern bereits ab dessen Abschluss. Der Gesellschafter haftet selbst dann für rechtsgeschäftliche Verbindlichkeiten nach seinem Ausscheiden aus der Gesellschaft, wenn es sich lediglich um Teilleistungsverträge handelt.[131] Wird der Vertrag aufgrund einer **aufschiebenden Bedingung** erst mit deren Eintritt wirksam, haftet der Gesellschaft auch dann gem. S. 1, wenn die Bedingung erst nach seinem Ausscheiden eintritt. Darlehensverträge müssen ihren Rechtsgrund ebenfalls zu einem Zeitpunkt vor Ausschluss des Gesellschafters haben. Die Abgabe der Willenserklärung zum Vertragsschluss reicht jedoch nicht aus, da es in der Sphäre des Gläubigers liegt, ob es trotz Ausscheidens des Gesellschafters zu einer Haftung kommen soll.[132]

c) Dauerschuldverhältnisse. Bei Dauerschuldverhältnissen ist auf den Zeitpunkt des Vertragsabschlusses abzustellen.[133] Da die Rechtsgrundlage bereits in dem Vertrag angelegt ist, entstehen aus dem (Alt-)Vertrag laufend neue Verbindlichkeiten.[134] Es kommt daher auf den Zeitpunkt der Rechtsgrundlage der einzelnen Verträge und nicht auf die Fälligkeit der Zahlungen oder den Zeitpunkt der Lieferung an. Hinsichtlich eines Mietvertrags gilt jede Mietforderung als Altverbindlichkeit, sofern die Rechtsgrundlage (Mietvertrag) vor dem Ausscheiden des Gesellschafters begründet wurde. Gleiches gilt für Leasingverträge und Arbeitsverträge,[135] Energie- und Wasserlieferungsverträge[136] sowie die betriebliche Altersversorgung.[137] Hat ein ausgeschiedener Gesellschafter sich während seiner Mitgliedschaft der Gesellschaft gegenüber verpflichtet, die Tilgung von Altforderungen in monatlichen Raten vorzunehmen, beginnt die Verjährungsfrist mit jeder Zahlung neu. Dabei kann der Abbuchung Anerkenntniswirkung gem. § 212 Abs. 1 Nr. 1 BGB zukommen, sofern die Einziehungsermächtigung nicht widerrufen wird.[138] 55

d) Vertragsänderungen und Vertragserweiterungen. Wird ein Vertrag zwischen der Gesellschaft und einem Gläubiger, für dessen Verbindlichkeiten der ausgeschiedene Gesellschafter gem. S. 1 haftet, nach dem Ausscheiden des Gesellschafters geändert, werden die betroffenen Verbindlichkeiten dadurch grundsätzlich nicht zu Neuverbindlichkeiten, da der Rechtscharakter des Vertrags dadurch nicht notwendig eine Änderung erfährt. Sofern jedoch der Rechtscharakter durch Erweiterung der Haftung verändert wird, folgt daraus auch eine Neuverbindlichkeit. Dies ist zB der Fall, wenn die Zinsen im Vertrag erhöht werden[139] oder ein Mietvertrag verlängert wird. Verlängert der Mietvertrag sich mangels Kündigung jedoch bereits während der Mitgliedschaft des Gesellschafters, stellt dies eine Altverbindlichkeit dar, für die der Gesellschafter haftet. Sonstige Vertragsverlängerungen werden hingegen grundsätzlich nicht mehr von der Nachhaftung des ausgeschiedenen Gesellschafters umfasst.[140] 56

Ein **Vergleich** iSd § 779 BGB, den die Gesellschaft nach dem Ausscheiden eines Gesellschafters (→ Rn. 53) mit einem Gläubiger zur Beilegung einer Streitigkeit über eine potentielle Verbindlichkeit der Gesellschaft schließt, wirkt nicht zulasten des ausgeschiedenen Gesellschafters. Zugunsten des Gesellschafters kann ein solcher Vertrag hingegen wirken. Bloße Änderungen der Gesellschaftsverbindlichkeit berühren die Haftung des Gesellschafters hingegen nicht. Er haftet nur für die Verbindlichkeiten, die im Zeitpunkt seines Ausscheidens bestanden haben.[141] Die bloße **Stundung** von Altverbindlichkeiten verwandelt diese nicht in Neuverbindlichkeiten. Dies gilt jedoch nicht für die Fälle der Wechselprolongation nach Ausscheiden des Gesellschafters; hierbei entstehen in der Regel Neuverbindlichkeiten.[142] Ist die Gesellschaft oder der Vertragspartner bereits vor dem Ausscheiden des Gesellschafters durch Rahmen- oder Vorverträge gebunden, liegt eine Altverbindlichkeit vor.[143] 57

[131] Staub/Habersack Rn. 64.

[132] Staub/Habersack Rn. 63; **aA** MüKoHGB/Drescher § 137 Rn. 28.

[133] Statt vieler s. BeckOGK/Markworth, 1.12.2025, Rn. 133; s. auch LAG Hessen 13.12.2024, NZG 2025, 551 Rn. 36 zu § 128 S. 1 aF.

[134] BGH 19.5.1983, NJW 1983, 2943; 12.12.2005, NJW 2006, 765; MüKoHGB/Drescher § 137 Rn. 28; Ebenroth/Boujong/M. Noack Rn. 43.

[135] BGH 8.10.1984, NJW 1985, 1899 für Leasing und BAG 19.5.2004, BAGE 110, 372 = NJW 2004, 3287.

[136] BGH 12.12.2005, NJW 2006, 765.

[137] *BGH 19.5.1983, NJW 1983, 2940.*

[138] OLG Brandenburg 11.7.2007, BeckRS 2008, 9631.

[139] BeckOGK/Markworth, 1.12.2025, Rn. 132, 141.

[140] Heymann/Hoffmann/Bartlitz § 128 Rn. 65; BeckOK HGB/Klimke, 49. Ed. 1.10.2025, Rn. 21; restriktiver Hopt/Roth Rn. 30.

[141] MüKoHGB/Drescher § 137 Rn. 31; Staub/Habersack Rn. 62; Hertel WuB IV A § 779 BGB 1.06.

[142] Ebenroth/Boujong/M. Noack Rn. 47; Hopt/Roth Rn. 30; **aA** MüKoHGB/Drescher § 137 Rn. 31; Staub/Habersack Rn. 67.

[143] MüKoHGB/Drescher § 137 Rn. 33; Ebenroth/Boujong/M. Noack Rn. 47.

58 **e) Gesetzliche Schuldverhältnisse.** Für die Unterscheidung zwischen Alt- und Neuverbindlichkeiten kommt es bei Ansprüchen aus gesetzlichen Schuldverhältnissen darauf an, ob das entscheidende Tatbestandsmerkmal des gesetzlichen Tatbestandes vor dem Ausscheiden des Gesellschafters (→ Rn. 53) verwirklicht wurde.[144] Bei einer **unerlaubten Handlung** liegt daher eine Altverbindlichkeit vor, wenn bereits bei Ausscheiden des Gesellschafters die Verletzungshandlung vollendet war.[145] Auf den Eintritt der Rechtsgutverletzung und des Schadens kommt es hingegen nicht an. Bei Ansprüchen aus **ungerechtfertigter Bereicherung** ist zwischen Nichtleistungs- und Leistungskondiktionen zu unterscheiden. Während bei Leistungskondiktionen auf das Vorliegen eines Rechtsgrunds abgestellt werden kann, ist bei Nichtleistungskondiktionen die Eingriffshandlung entscheidend.[146] Nach der Rspr. des BGH haftet ein Gesellschafter, der nach dem Abschluss des die Zahlungspflicht begründenden Vertrags, aber vor der versehentlichen Doppelzahlung aus der Gesellschaft ausgeschieden ist, nicht für die Bereicherungsschuld der Gesellschaft, wenn die Doppelzahlung in dem ursprünglichen Vertrag nicht angelegt war.[147] Bei einer **Geschäftsführung ohne Auftrag** ist die Führung des Geschäfts maßgeblich.[148]

59 **f) Kontokorrent.** Für eine laufende Rechnung (Kontokorrent) haftet der Gesellschafter in Höhe des Saldos bei seinem Ausscheiden aus der Gesellschaft (→ Rn. 53), jedoch nicht über den niedrigsten später gezogenen Zwischensaldo hinaus.[149] Daraus folgt eine doppelte Begrenzung der Haftung des ausgeschiedenen Gesellschafters, wobei es hinsichtlich des Kontokorrents zu einer Abweichung von den sonstigen gesellschaftsrechtlichen Grundsätzen kommt.[150]

60 **3. Haftungsfolgen.** Die persönliche Haftung ausgeschiedener Gesellschafter für Altverbindlichkeiten (→ Rn. 53 ff.) ist der Höhe nach unbeschränkt. Dem Gesellschafter stehen jedoch Einreden und Einwendungen nach Maßgabe des § 128 zu. Für Neuverbindlichkeiten haftet der ausgeschiedene Gesellschafter grundsätzlich nicht, es sei denn, das Handelsregister setzt gem. § 15 Abs. 1 einen Rechtsschein für den Fortbestand seiner Mitgliedschaft (→ Rn. 15, → § 15 Rn. 13 ff.). Danach kann auch der bereits ausgeschiedene Gesellschafter für Neuverbindlichkeiten haften (→ Rn. 48).

61 **4. Verzicht und Verwirkung.** Der Gläubiger kann auf die Inanspruchnahme eines ausgeschiedenen Gesellschafters verzichten. Erforderlich hierfür ist eine Vereinbarung mit dem Gesellschaftsgläubiger. Möglich sind auch sonstige Haftungsvereinbarungen oder Vereinbarungen zwischen der Gesellschaft und dem Gesellschaftsgläubiger zugunsten von Gesellschaftern. Solche Vereinbarungen können auch stillschweigend getroffen werden, in der Regel aber nur, wenn sich aus den Umständen ergibt, dass der Gläubiger an der Haftung des ausgeschiedenen Gesellschafters nicht länger festhalten will.[151]

VIII. Insolvenzverfahren

62 **1. Insolvenzrechtsfähigkeit der Gesellschaft.** Die OHG ist insolvenzrechtsfähig (§ 11 Abs. 2 Nr. 1 InsO) und daher taugliche Schuldnerin in einem Insolvenzverfahren.[152] Sie ist Schuldnerin sowohl der Insolvenzverbindlichkeiten iSv § 38 InsO als auch der Masseverbindlichkeiten iSv §§ 53 f. InsO. Das Gesellschaftsvermögen stellt die Insolvenzmasse gem. § 35 InsO dar.

63 **2. Persönliche Haftung der Gesellschafter. a) Grundsatz.** Die persönliche Haftung der Gesellschafter gem. S. 1 besteht bei Eröffnung des Insolvenzverfahrens über das Vermögen der Gesellschaft fort. Ihr Umfang ist aber teleologisch zu reduzieren, und zwar um nach der Eröffnung des Insolvenzverfahrens durch den Insolvenzverwalter begründete Verbindlichkeiten der Gesellschaft (→ Rn. 68 f.). Ein Gesellschaftsgläubiger, der seine Forderung in der Insolvenz der Gesellschaft angemeldet hat, kann auf die Haftung des Gesellschafters für seine Forderung gegen die Gesellschaft verzichten. Der Insolvenzverwalter ist an einen solchen Verzicht gebunden.[153]

---

144 MüKoHGB/Drescher § 137 Rn. 35; Ebenroth/Boujong/M. Noack Rn. 48.

145 Statt vieler s. BeckOGK/Markworth, 1.12.2025, Rn. 138.

146 Staub/Habersack Rn. 69; BeckOGK/Markworth, 1.12.2025, Rn. 139.

147 BGH 17.1.2012, NZG 2012, 221.

148 BGH 25.11.1985, NJW 1986, 1690; MüKoHGB/Drescher § 137 Rn. 35; Staub/Habersack Rn. 69; BeckOGK/Markworth, 1.12.2025, Rn. 138.

149 BGH 25.11.1985, WM 1986, 447 = NJW-RR 1986, 834; 2.11.1973, NJW 1974, 100; 9.12.1971, WM 1972, 283 = BeckRS 1971, 31122903; 28.6.1968, NJW 1968, 2100; MüKoHGB/Drescher § 137 Rn. 34; Ebenroth/Boujong/M. Noack Rn. 45; Hopt/Roth Rn. 30.

150 Daher krit. Staub/Habersack Rn. 66.

151 Hopt/Roth Rn. 38.

152 MüKoHGB/Drescher Rn. 52.

153 MüKoInsO/Gehrlein InsO § 93 Rn. 15.

b) Wirkungen des § 93 InsO. Von der Vorschrift des § 93 InsO gehen zwei Wirkungen aus, nämlich die Sperr- und die Ermächtigungswirkung.[154] Die **Sperrwirkung** besteht darin, dass die Gläubiger nicht mehr gegen persönlich haftende Gesellschafter vorgehen und diese nicht mehr befreiend an den Gläubiger der Gesellschaft leisten können.[155] Auf diese Weise wird die Gleichbehandlung aller Gläubiger sichergestellt. Die **Ermächtigungswirkung** verleiht dem Insolvenzverwalter über das Vermögen der Gesellschaft die treuhänderisch gebundene Befugnis, die Forderungen der Gesellschaftsgläubiger gegen die Gesellschaft gebündelt einzuziehen.[156] Diese Befugnis umfasst nicht nur die zur Tabelle festgestellten Insolvenzforderungen, sondern auch die angemeldeten, aber bestrittenen und deswegen nicht zur Tabelle festgestellten Insolvenzforderungen.[157] Die prozessuale Fortsetzung dieser Befugnis ist eine gesetzliche Prozessstandschaft.[158] Den rechtlichen Charakter der Gesellschaftsverbindlichkeit lässt § 93 InsO ebenso unberührt wie die Zuständigkeit des Gerichts. 64

c) Persönliche Haftung der Gesellschafter. Die Sperr- und Ermächtigungswirkung des § 93 InsO (→ Rn. 64) gilt nur für die persönliche Haftung der **Gesellschafter.** Sie sind allerdings nicht auf die gegenwärtigen Gesellschafter beschränkt, sondern gelten auch im Verhältnis zu den bereits ausgeschiedenen Gesellschaftern.[159] Die Gesellschaft muss nicht notwendig noch bestehen, wenn das Insolvenzverfahren eröffnet ist. Die Haftung des Gesellschafters kann sich auch auf den daraus entstandenen Rechtsnachfolger erstrecken. 65

In gegenständlicher Hinsicht sind Sperr- und Ermächtigungswirkung des § 93 InsO (→ Rn. 64) auf die akzessorische Gesellschafterhaftung nach S. 1 beschränkt.[160] Die Ausdehnung der Gläubigergleichbehandlung auf die persönliche Gesellschafterhaftung soll dabei der Gläubigergesamtheit und nicht einem speziellen Gläubiger zugutekommen.[161] Dies dient der Vermeidung eines Wettlaufs der Gesellschaftsgläubiger um die Abschöpfung der Haftungssumme und der gleichmäßigen Befriedigung aller Gesellschaftsgläubiger. 66

Keine Anwendung findet § 93 InsO auf die Haftung aufgrund von **Bürgschaften** (→ Rn. 74 ff.), **Garantien, Schuldübernahmen** oder anderer bürgschaftsähnlicher Rechtsgeschäfte.[162] Dies liegt daran, dass die Bürgschaft nicht anders zu behandeln ist als ein dingliches Recht, mit dem der Gesellschafter bestimmte Forderungen eines Gesellschaftsgläubigers sichert. Daran kann der Insolvenzverwalter aber nicht anknüpfen, so dass er diese den Gesellschaftsgläubigern zu überlassen hat. 67

d) Teleologische Reduktion. Der Umfang der der persönlichen Haftung der Gesellschafter in der Insolvenz ist durch eine teleologische Reduktion von S. 1 zu beschränken.[163] Ursächlich hierfür ist, dass der Gesellschafter in dem Regelinsolvenzverfahren mit dem Übergang der Verwaltungs- und Verfügungsbefugnis auf den Insolvenzverwalter (§ 80 Abs. 1 InsO) die Möglichkeit verliert, Einfluss auf die weitere Entwicklung der Gesellschaft zu nehmen. Die Verwaltung durch den Insolvenzverwalter hat zudem vorrangig im Interesse der Gesellschaftsgläubiger und nicht in dem der Gesellschafter zu erfolgen. Daher weist die Stellung des Gesellschafters nach der Eröffnung des Regelinsolvenzverfahrens eine gewisse Ähnlichkeit mit derjenigen eines aus der Gesellschaft ausgeschiedenen Gesellschafters auf, der ebenfalls keinen weiteren Einfluss auf die Gesellschaft nehmen und nicht von den Gegenleistungen oder sonstigen Erträgen profitieren kann.[164] Aufgrund der teleologischen Reduktion von S. 1 haften die Gesellschafter nicht für die nach Eröffnung des Insolvenzverfahrens durch den Insolvenzverwalter begründeten Verbindlichkeiten der Gesellschaft (sog. **Neuverbindlichkeiten**), auf deren Entstehung sie keinen Einfluss mehr nehmen konnten und die nicht in ihrem, sondern 68

[154] BGH 21.11.2023, BGHZ 239, 37 Rn. 14 = NZG 2024, 67; MüKoHGB/Drescher Rn. 72 ff.; MüKoInsO/Gehrlein InsO § 93 Rn. 13 ff.; grdl. K. Schmidt, Einlage und Haftung des Kommanditisten, 1977, S. 124 ff.

[155] Statt vieler s. BGH 21.11.2023, BGHZ 239, 37 Rn. 14 = NZG 2024, 67; BGH 17.12.2015, BGHZ 208, 227 Rn. 10 = NJW 2016, 1592; OLG Stuttgart 4.7.2023, NZG 2023, 1272 Rn. 8 jeweils zu § 128 S. 1 aF.

[156] BGH 21.11.2023, BGHZ 239, 37 Rn. 14 = NZG 2024, 67; BGH 17.12.2015, BGHZ 208, 227 Rn. 10 = NJW 2016, 1592; BGH 9.10.2006, DZWiR 2007, 199 = ZIP 2007, 79.

[157] Statt vieler s. BGH 21.11.2023, BGHZ 239, 37 Rn. 16 = NZG 2024, 67; BGH 17.12.2015, BGHZ 208, 227 Rn. 16 = NJW 2016, 1592.

[158] LG Berlin II 18.2.2025, BeckRS 2025, 8009 Rn. 54.

[159] MüKoInsO/Gehrlein InsO § 93 Rn. 14 mwN.

[160] BGH 4.7.2002, NJW 2002, 2718.

[161] MüKoHGB/Drescher Rn. 69; MüKoInsO/Gehrlein InsO § 93 Rn. 1; Ebenroth/Boujong/M. Noack Rn. 81.

[162] OLG Brandenburg 29.3.2023, NZG 2023, 1380 Rn. 27 zu § 128 S. 1 aF.

[163] BGH 21.11.2023, BGHZ 239, 37 Rn. 36 = NZG 2024, 67.

[164] BGH 21.11.2023, BGHZ 239, 37 Rn. 37 = NZG 2024, 67.

im Gläubigerinteresse eingegangen wurden.[165] Sie werden aus der Insolvenzmasse der Gesellschaft beglichen.[166]

69 Unberührt von der teleologischen Reduktion bleiben Verbindlichkeiten, die vor der Eröffnung des Insolvenzverfahrens begründet worden sind (sog. **Altverbindlichkeiten**). Für diese besteht die persönliche Haftung der Gesellschafter gem. S. 1 fort.[167] Diese Haftung umfasst sowohl die **Insolvenzforderungen** als auch die **Masseschulden** aus der Erfüllung gegenseitiger Verträge. Kündigt der Insolvenzverwalter einen Vertrag, haftet der Gesellschafter somit auch nicht mehr auf Erfüllung, möglicherweise jedoch auf Schadensersatz.[168] Bei Dauerschuldverhältnissen, wie zB Miet-, Arbeits- und Dienstverträgen, haftet der Gesellschafter für die rückständigen Verpflichtungen, sofern die Verträge vor Eröffnung des Insolvenzverfahrens begründet worden sind.[169] Zu den Altverbindlichkeiten zählen regelmäßig auch die **Gerichtskosten** des Insolvenzverfahrens (§ 54 Nr. 1 InsO) sowie die Vergütung und die **Auslagen des Insolvenzverwalters** (§ 54 Nr. 2 Fall 2 InsO).[170] Jedenfalls die Gerichtskosten sind bereits bei der Eröffnung des Insolvenzverfahrens angelegt, weil die Gesellschafter Einfluss auf die Entstehung des für die Eröffnung des Insolvenzverfahrens erforderlichen Eröffnungsgrunds haben.[171]

70 **3. Insolvenzplan.** Die Haftung der Gesellschafter kann durch einen der Gesellschaft vorgelegten, beschlossenen und bestätigten Insolvenzplan (§§ 217 ff. InsO) begrenzt werden. Diese befreiende Wirkung zugunsten der Gesellschafter tritt nicht nur gegenüber dem Gesellschaftsgläubiger, sondern auch gegenüber einem regressnehmenden Sicherungsgeber ein.[172] Der Haftungsumfang der Gesellschafter wird dadurch begrenzt, dass die Befriedigung des Insolvenzgläubigers eine Befreiung des Schuldners über eine bestimmte **restliche Verbindlichkeit** nach sich zieht. In gegenständlicher Hinsicht umfasst diese Befreiung jedoch nur die persönliche Haftung des Gesellschafters nach S. 1, nicht hingegen die Haftung aus Personal- und Realsicherheiten.[173] Bei letzteren erfolgt eine Haftung über den Insolvenzplan hinaus auf die volle Befriedigung des Gläubigers. Ein Rückgriff des persönlich haftenden Gesellschafters ist jedoch möglich, wenn die Sicherheit durch Gesellschafterbeschluss oder mit Einverständnis aller Gesellschafter gewährt wurde.[174]

71 Die Befreiung von den restlichen Verbindlichkeiten bei Vorliegen eines Insolvenzplans soll nicht nur den während des Insolvenzverfahrens vorhandenen Gesellschaftern zugutekommen, sondern auch den bereits zuvor **ausgeschiedenen Gesellschaftern.**[175] Eine Schlechterstellung der ausgeschiedenen Gesellschafter gegenüber den noch vorhandenen Gesellschaftern erscheint – entgegen der Rspr.[176] – nicht tragbar.

72 **4. Drittansprüche des Gesellschafters.** Haben die Gesellschafter Drittansprüche gegen die Gesellschaft, können diese auch in einem Insolvenzverfahren geltend gemacht werden. Diese Ansprüche umfassen auch den Regressanspruch des Gesellschafters gem. § 716 Abs. 1 BGB iVm § 105 Abs. 3 (→ Rn. 36 f.). Dabei handelt es sich um keine Benachteiligung der übrigen Gesellschaftsgläubiger, da die Insolvenzmasse dadurch nicht geschmälert wird. Denn wäre der Gesellschaftsgläubiger nicht befriedigt worden, hätte er anstelle des Gesellschafters mit seiner Forderung an dem Insolvenzverfahren teilgenommen.[177] Grundsätzlich müssen die Gesellschafter aber gem. S. 1 für die Forderungen eines Gesellschafters aus Drittgeschäften bis zur Höhe des auf ihn entfallenden Verlustanteils haften.

73 **5. Insolvenz eines Gesellschafters.** Erfolgt die Insolvenz der Gesellschaft und eines Gesellschafters zur gleichen Zeit, gilt es deren Vermögensmassen zu unterscheiden. Dabei muss der Insolvenzver-

[165] BGH 21.11.2023, BGHZ 239, 37 Rn. 37 = NZG 2024, 67; BGH 15.12.2020, BGHZ 228, 28 Rn. 29 = NZG 2021, 505 jeweils zu § 128 S. 1 aF.

[166] MüKoHGB/Drescher Rn. 57; MüKoInsO/Gehrlein InsO § 93 Rn. 9; Ebenroth/Boujong/M. Noack Rn. 78.

[167] BGH 21.11.2023, BGHZ 239, 37 Rn. 36 = NZG 2024, 67; BGH 15.12.2020, BGHZ 228, 28 Rn. 36 f. = NZG 2021, 505; BGH 11.1.2022, NZG 2022, 406 Rn. 17, jeweils zu § 128 S. 1 aF.

[168] MüKoHGB/Drescher Rn. 62.

[169] Staub/Habersack Rn. 72; Ebenroth/Boujong/M. Noack Rn. 77.

[170] BGH 21.11.2023, BGHZ 239, 37 Rn. 34, 39 mwN = NZG 2024, 67; **aA** BGH 24.9.2009, NZI 2009, 841 jeweils zu § 128 S. 1 aF.

[171] BGH 21.11.2023, BGHZ 239, 37 Rn. 40 = NZG 2024, 67 zu § 128 S. 1 aF.

[172] MüKoHGB/Drescher Rn. 78.

[173] MüKoHGB/Drescher Rn. 78; Ebenroth/Boujong/M. Noack Rn. 87.

[174] BGH 9.3.1987, NJW 1987, 1893; MüKoHGB/Drescher Rn. 78; Staub/Habersack Rn. 80; Ebenroth/Boujong/M. Noack Rn. 88.

[175] MüKoHGB/Drescher Rn. 79; Staub/Habersack Rn. 74; Hopt/Roth Rn. 46, jeweils mwN.

[176] BGH 25.5.1970, NJW 1970, 1921.

[177] MüKoHGB/Drescher Rn. 81; MüKoInsO/Gehrlein InsO § 93 Rn. 13; Staub/Habersack Rn. 75; Ebenroth/Boujong/M. Noack Rn. 88.

walter die Gesellschaftsschulden, die er einziehen möchte, in dem Insolvenzverfahren des Gesellschafters in voller Höhe bei jedem Verfahren einzeln geltend machen bzw. anmelden.[178] Da dies mitunter zu Interessenkollisionen führt, darf nicht derselbe Insolvenzverwalter für die Abwicklung der Gesellschafts- und der Gesellschafterinsolvenz bestellt werden.

IX. Gesellschafterbürgschaft

1. Bedeutung und Inhalt. a) Grundsatz. Die persönlich haftenden Gesellschafter können Bürgschaften und andere Sicherheiten zugunsten der Gesellschaft übernehmen. So kann sich zB aus den AGB eines Kreditinstituts ein Pfandrecht ergeben, wobei die Ansprüche des Kreditinstituts durch das Pfandrecht an dem Konto der Komplementär-GmbH auch Ansprüche gegen die GmbH sichern.[179] Die Haftung aufgrund des Sicherungsmittels steht dabei unmittelbar **neben der gesetzlichen Haftung** gem. S. 1. Praktische Bedeutung erlangt die Bürgschaft eines persönlich haftenden Gesellschafters insbesondere im Rahmen der Insolvenz, nämlich wegen der Folgen des § 93 InsO (→ Rn. 66) und der Bestimmungen im Rahmen eines Insolvenzplans. Die Haftung eines Bürgen kann durch den Insolvenzplan nicht verringert werden (→ Rn. 70 f.). Das selbstständige Nebeneinander von Bürgschaft und gesetzlicher Haftung führt zu gewissen Vorteilen zugunsten der Gesellschaftsgläubiger, da zB die Befreiung für Verbindlichkeiten im Insolvenzplan die Haftung des Bürgen weitgehend unberührt lässt. 74

b) Umfang und Voraussetzungen. Der Umfang und die Voraussetzungen einer Bürgschaft ergeben sich aus den §§ 765 ff. BGB. Daher ist grundsätzlich das Bestehen eines Schuldverhältnisses zwischen dem Gesellschaftsgläubiger und der Gesellschaft erforderlich. Aufgrund der Akzessorietät der Bürgschaft führt ein Erlass der Hauptforderung ipso iure zu einer Befreiung des Gesellschafters von seiner Bürgschaft. 75

2. Form. Die Bürgschaft kann bei einem persönlich haftenden Gesellschafter wegen der Kaufmannseigenschaft der OHG – Gleiches gilt für die KG – grundsätzlich **formfrei** gem. **§ 350** erfolgen. Da ein Kommanditist nicht die Kaufmannseigenschaft hat, gilt die Formfreiheit für ihn nicht.[180] Aufgrund der Rechtsfähigkeit der OHG (§ 105 Abs. 2) erscheint es jedoch überzeugender, dass das Merkmal der Kaufmannseigenschaft weder auf die Kommanditisten noch auf die persönlich haftenden Gesellschafter ausstrahlt.[181] 76

Die **Sittenwidrigkeit** einer Bürgschaft, die den Bürgen finanziell überfordert (§ 138 Abs. 1 BGB), ist in modifizierter Form und mit geringerem Schutz auch bei einer Gesellschafterbürgschaft möglich. Dies lässt sich damit begründen, dass der Gesellschafter oftmals ein eigenes Interesse daran hat, Bürge zu werden. Ein Gesellschafter, der die Beteiligung ohne nennenswertes Eigeninteresse hält und unter Druck zu einer Bürgschaft veranlasst wird, ist hingegen wie ein privater Dritter nach den allgemeinen Grundsätzen geschützt.[182] 77

3. Regressansprüche. a) Gegenüber den Gesellschaftern. Der Regressanspruch des bürgenden Gesellschafters gegen seine Mitgesellschafter aufgrund einer Bürgschaft stellt **keinen Drittanspruch** dar. Daher haften die Mitgesellschafter nicht gesamtschuldnerisch, sondern nur anteilig.[183] Eine Haftung über die Grundsätze des S. 1 hinaus gegenüber dem Bürgen-Gesellschafter ist daher nicht möglich. Haben sich mehrere Gesellschafter zu einer Bürgschaft verpflichtet, haften die übrigen daher auch nur nach ihren Beteiligungsquoten.[184] In diesen Fällen kann jedoch die gesellschaftliche Treuepflicht es gebieten, dass zunächst die Gesellschaft in Anspruch zu nehmen ist. Verbürgt sich nicht nur ein Gesellschafter, sondern auch ein Dritter für eine Gesellschaftsschuld, soll letzterer nicht nur die Gesellschaft, sondern auch die Gesellschafter gem. S. 1 in Anspruch nehmen können.[185] 78

b) Gegenüber der Gesellschaft. Der Regressanspruch gegen die Gesellschaft bestimmt sich bei einer Bürgschaft nach den individuellen Absprachen zwischen der Gesellschaft und dem bürgenden Gesellschafter. In Betracht kommt zB eine Vereinbarung des Inhalts, dass die Bürgschaft als eine Art Nachschuss behandelt wird, für die dem Gesellschafter keine Regressansprüche gegen die Gesellschaft 79

---

178 Ebenroth/Boujong/M. Noack Rn. 91.
179 BGH 13.3.2007, NJW-RR 2007, 982.
180 BGH 7.7.1980, NJW 1982, 569.
181 MüKoHGB/Drescher Rn. 85; Staub/Habersack Rn. 81.
182 BGH 28.5.2002, NJW 2002, 2634; MüKoHGB/Drescher Rn. 86.
183 MüKoHGB/Drescher Rn. 90; Staub/Habersack Rn. 82.
184 Ebenroth/Boujong/M. Noack Rn. 64.
185 Hopt/Roth Rn. 7; Weber/Bulach EWiR 2007, 617.

zustehen.[186] Der Gesellschafter kann aber, sofern keine abweichende Vereinbarung getroffen wurde, die Gesellschaft gem. § 774 Abs. 1 BGB in Regress nehmen.

80 **4. Ausscheiden eines Gesellschafters.** Das Ausscheiden des bürgenden Gesellschafters aus der OHG führt grundsätzlich nicht zum Erlöschen seiner Gesellschafterbürgschaft.[187] Anderes gilt zB, wenn eine diesbezügliche Vereinbarung mit dem Gesellschaftsgläubiger getroffen wurde. Möglich ist es aber auch, den Bürgschaftsvertrag in diesem Sinne auszulegen. Bei bestimmten Arten von Bürgschaften, wie zB bei einer Bürgschaft auf unbestimmte Zeit oder einer Kontokorrentbürgschaft, steht es dem Gesellschafter nach den Grundsätzen von Treu und Glauben (§ 242 BGB) zu, die Bürgschaft bei Eintritt eines wichtigen Grundes zu kündigen.[188] Ein solcher kann zB in dem Ausscheiden des Gesellschafters aus der Gesellschaft bestehen. Bei der gebotenen Abwägung sind auch die berechtigten Interessen des Gläubigers zu berücksichtigen, was zu einer angemessenen Kündigungsfrist führen kann.[189]

81 Dem Gesellschafter stehen nicht nur die Rückgriffsmöglichkeiten gegen seine Mitgesellschafter zu (→ Rn. 78); er kann von diesen gem. § 135 Abs. 1 S. 1 auch die Befreiung von der Bürgschaftsschuld verlangen (→ § 135 Rn. 4).[190]

X. Prozess

82 **1. Gesellschafts- und Gesellschafterprozess.** Prozessual ist zwischen der Klage gegen den Gesellschafter (sog. Gesellschafterprozess) und gegen die Gesellschaft (sog. Gesellschaftsprozess) zu unterscheiden. Die Möglichkeit einer **gleichzeitigen Klage** gegen die Gesellschaft und die Gesellschafter entfällt dadurch aber nicht. Die beklagten Gesellschafter sind einfache Streitgenossen nach § 59 ZPO.[191] Dasselbe gilt auch für das Verhältnis der Gesellschaft und den nach S. 1 in Anspruch genommenen Gesellschafter. Einer Klage nur gegen die Gesellschaft können die Gesellschafter als einfache Nebenintervenienten nach den §§ 66 ff. ZPO beitreten. Der Übergang von dem Gesellschaftsprozess zu einem Gesellschafterprozess oder umgekehrt stellt einen gewillkürten Parteiwechsel dar.[192]

83 Der **Gerichtsstand** ist für die Gesellschaft und die Gesellschafter selbstständig zu prüfen. Eine mit der Gesellschaft getroffene Gerichtsstandsvereinbarung gem. § 38 ZPO wirkt im Zweifel auch gegen den persönlich haftenden Gesellschafter.[193] Ergeht ein Leistungsurteil gegen die Gesellschaft und die Gesellschafter, werden sie in Anbetracht der Tatsache, dass die Gesellschafter gem. S. 1 akzessorisch haften, also keine Gesamtschuldner sind, lediglich „wie" Gesamtschuldner verurteilt.[194] Für die Kosten gilt § 100 Abs. 4 ZPO.

84 **2. Schiedsvereinbarungen.** Eine mit der Gesellschaft geschlossene Schiedsvereinbarung bindet nicht nur die Gesellschaft, sondern auch die persönlich haftenden Gesellschafter.[195] Dies gilt für Passiv- und Aktivprozesse gleichermaßen; dadurch soll verhindert werden, dass die Gerichtswege aufgespalten werden und die Vorteile eines schiedsgerichtlichen Verfahrens verloren gehen.[196]

85 **3. Prozesswirkungen. a) Gegenüber der Gesellschaft.** Der Gesellschafter kann sich auf ein Urteil zugunsten der Gesellschaft berufen. Umgekehrt entfaltet ein gegen die Gesellschaft ergangenes Urteil auch Wirkung zulasten des Gesellschafters und kann ihm damit die Möglichkeit seiner Einwendungen nehmen. Da ein ausgeschiedener Gesellschafter nicht mehr an dem Prozess teilnehmen kann, entfaltet ein Urteil für ihn keine Wirkung. Dies gilt aber nicht für denjenigen Gesellschafter, der weiterhin in der Gesellschaft verbleibt, wie zB der persönlich haftende Gesellschafter, der zum Kommanditisten und Geschäftsführer der Komplementär-GmbH wird.[197]

86 **b) Gegenüber dem Gesellschafter.** Ein gegen den Gesellschafter ergangenes Urteil kann Rückgriffsansprüche gegen die Gesellschaft auslösen, hat jedoch keine unmittelbare Wirkung gegenüber der Gesellschaft.

---

[186] MüKoHGB/Drescher Rn. 89; Ebenroth/Boujong/M. Noack Rn. 63 f.
[187] BGH 18.5.1995, NJW 1995, 2553; Ebenroth/Boujong/M. Noack Rn. 65.
[188] MüKoHGB/Drescher Rn. 92; Ebenroth/Boujong/M. Noack Rn. 65.
[189] Bieder MDR 2007, 1049.
[190] MüKoHGB/Drescher Rn. 93; Staub/Habersack Rn. 83; Ebenroth/Boujong/M. Noack Rn. 65.
[191] Statt vieler s. Scholz ZZP 2023, 221 (222).
[192] Ebenroth/Boujong/M. Noack Rn. 66.
[193] MüKoHGB/Drescher Rn. 23.
[194] MüKoHGB/Drescher Rn. 24; Ebenroth/Boujong/M. Noack Rn. 66.
[195] BGH 12.11.1990, NJW-RR 1991, 423; Ebenroth/Boujong/M. Noack Rn. 69; KKD/Kindler §§ 128, 129 Rn. 6; Müller/Keilmann SchiedsVZ 2007, 113; Hopt/Roth Rn. 40.
[196] Ebenroth/Boujong/M. Noack Rn. 69.
[197] Ebenroth/Boujong/M. Noack Rn. 71 mwN.

4. Zwangsvollstreckung. Für die Zwangsvollstreckung in das Gesellschaftsvermögen benötigt der Gesellschaftsgläubiger gem. § 129 Abs. 1 einen gegen die Gesellschaft gerichteten Titel (→ § 129 Rn. 2 ff.). Für die Vollstreckung in das Privatvermögen eines Gesellschafters bedarf es hingegen eines Titels gegen den Gesellschafter persönlich (→ § 129 Rn. 6 f.). 87

XI. Österreichisches Recht

In Österreich existiert mit § 128 UGB eine § 126 inhaltlich entsprechende Vorschrift. 88

§ 127 Haftung des eintretenden Gesellschafters

[1]Wer in eine bestehende Gesellschaft eintritt, haftet gleich den anderen Gesellschaftern nach Maßgabe der §§ 126 und 128 für die vor seinem Eintritt begründeten Verbindlichkeiten der Gesellschaft. [2]Eine entgegenstehende Vereinbarung ist Dritten gegenüber unwirksam.

Schrifttum: Gerlach, Die Haftungsordnung der §§ 25, 28, 130 HGB, 1976; Honsell/Harrer, Die Haftung für Altschulden nach §§ 28, 130 HGB bei arglistiger Täuschung, ZIP 1983, 259; Schollmeyer, Neuerungen und Kontinuitäten bei der Gesellschafterhaftung nach dem MoPeG, DNotZ 2021, 889; Wertenbruch, Persönliche Gesellschafterhaftung und Rückgriff bei der Personengesellschaft nach dem MoPeG, ZPG 2023, 1.

Übersicht

I. Allgemeines

Die im Zuge des **MoPeG** mit Wirkung vom 1.1.2024 (Art. 51 Nr. 3 iVm Art. 137 S. 1 MoPeG) neu gefasste Vorschrift übernimmt den bis zum 31.12.2023 geltenden § 130 aF ohne inhaltliche Änderung.

1. Normzweck. Die Vorschrift regelt die Haftung bei einem in die Gesellschaft (→ Rn. 2) eintretenden Gesellschafter (→ Rn. 4 f.). Dieser soll – wie die Altgesellschafter – für alle Gesellschaftsverbindlichkeiten, einschließlich der bis dahin begründeten, haften. Daher ergänzt S. 1 die auf dem Akzessorietätsprinzip beruhende Regelung des § 126 S. 1 (→ § 126 Rn. 5)[1] dahingehend, dass der eintretende Gesellschafter nicht nur für die nach seinem Eintritt begründeten (Neu-)Verbindlichkeiten, sondern auch für die vor seinem Eintritt begründeten (Alt-)Verbindlichkeiten persönlich haftet. Diese Haftung kompensiert den Einfluss, den der eintretende Gesellschafter auf das Gesellschaftsvermögen gewinnt, und wirkt einer Ausbeutung der Gesellschaftsgläubiger durch Vermögensverlagerungen, durch nachträgliche Veränderung der Risikostruktur der Gesellschaft oder durch eine exzessive Erhöhung der Schuldenlast entgegen.[2] Eine der Haftung nach S. 1 entgegenstehende Vereinbarung ist Dritten gegenüber gem. S. 2 unwirksam (→ Rn. 10). 1

2. Geltungsbereich. Die Vorschrift gilt für die persönlich haftenden Gesellschafter einer **OHG,** einer **KGaA** (§ 278 Abs. 2 AktG) sowie gem. § 161 Abs. 2 entsprechend für die persönlich haftenden Gesellschafter einer KG (sog. Komplementäre), und zwar auch bei fehlerhaften Gesellschaften und fehlerhaften Beitritten (→ Rn. 5),[3] nicht hingegen bei einem bloß scheinbaren Eintritt.[4] Für die Kommanditisten, die in eine KG eintreten, gilt ausschließlich § 173 als lex specialis.[5] Bei der **Partner-** 2

[1] MüKoHGB/Drescher Rn. 1; BeckOGK/Markworth, 1.12.2025, Rn. 1; Hopt/Roth Rn. 1 mwN.
[2] Begr. RegE MoPeG, BT-Drs. 19/27635, 166; Wertenbruch ZPG 2023, 1 Rn. 34 jeweils zu § 721a S. 1 BGB.
[3] Statt vieler s. Ebenroth/Boujong/M. Noack Rn. 4, 7; BeckOGK/Markworth, 1.12.2025, Rn. 15.
[4] Hopt/Roth Rn. 5.
[5] Statt vieler s. BeckOGK/Markworth, 1.12.2025, Rn. 11; Wertenbruch ZPG 2023, 1 Rn. 35.

schaft ist seit dem 1.1.2024 über die Verweisung des § 8 Abs. 1 S. 2 PartGG nicht mehr § 127, sondern § 721a BGB nF entsprechend anzuwenden. Bei der **rechtsfähigen GbR** iSd § 705 Abs. 2 Alt. 1 BGB ist mit dem Inkrafttreten des MoPeG die Regelungslücke entfallen, die eine entsprechende Anwendung von § 130 aF (seit 1.1.2024: § 127; → Rn. 1) gebot.[6] Seither gilt die inhaltsgleiche Regelung des § 721a BGB nF.[7]

II. Voraussetzungen

3 **1. Existenz einer Gesellschaft.** Für die Anwendung von S. 1 muss bereits eine Gesellschaft (→ Rn. 2) existieren. Es genügt nicht, dass die Gesellschaft erst durch den Beitritt der Gesellschafter entsteht; dies ist ein Fall des § 28 (→ § 28 Rn. 6 ff.).[8] In diesem Fall kann gem. § 28 Abs. 2 eine Haftungsbeschränkung Dritten gegenüber erfolgen, wenn diese im Handelsregister eingetragen und bekanntgemacht oder dem Dritten durch einen Gesellschafter mitgeteilt wird. Wird der Betrieb eines Handelsgewerbes aufgegeben, haftet der Gesellschafter dennoch.[9]

4 **2. Gesellschaftseintritt.** Der neue Gesellschafter muss in die Gesellschaft eingetreten sein. Dieses Tatbestandsmerkmal ist weit auszulegen,[10] so dass alle Fälle erfasst werden, in denen ein unbeschränkt haftender Gesellschafter in die Gesellschaft eintritt.[11] Umfasst ist daher nicht nur der Eintritt durch Aufnahmevertrag gem. § 712 Abs. 2 BGB iVm § 105 Abs. 3 (→ Rn. 5), sondern auch der rechtsgeschäftliche Anteilserwerb durch Einzelrechtsnachfolge (§ 398 S. 1 BGB iVm § 413 BGB und § 711 Abs. 1 S. 1 BGB iVm § 105 Abs. 3) sowie durch Gesamtrechtsnachfolge (zB im Wege der Erbschaft gem. § 1922 Abs. 1 BGB),[12] wobei bei der Erbschaft auf die Vorschrift des § 131 zu achten ist. Darüber hinaus unterfällt auch die **Umwandlung** der bestehenden Gesellschafterstellung eines Kommanditisten oder eines stillen Gesellschafters in die Stellung eines persönlich haftenden Gesellschafters S. 1.[13]

5 Die Wirksamkeit des Aufnahmevertrags (→ Rn. 4) ist keine Voraussetzung von S. 1. Die Vorschrift ist auch bei einem **fehlerhaften Beitritt** anwendbar.[14] Bei nur scheinbarem Eintritt in eine Gesellschaft findet S. 1 keine Anwendung. Möglich ist jedoch eine Rechtsscheinhaftung.[15] Die Lehre von der fehlerhaften Gesellschaft ist allerdings nicht anwendbar, wenn es um die Übertragung von Gesellschafteranteilen geht.[16]

6 Die **Änderung der Firma** der Gesellschaft (→ Rn. 2) anlässlich des Eintritts eines neuen persönlich haftenden Gesellschafters kann die Haftung gem. S. 1 nicht verhindern oder umgehen.[17] Denn auch bei einer Änderung der Firma bleibt dieselbe Gesellschaft Trägerin des Gesellschaftsvermögens.

7 **3. Vollzug.** Der Eintritt muss nach außen vollzogen worden sein, und zwar in Anlehnung an § 123 Abs. 1 entweder durch Eintragung des Eintretenden in das Handelsregister (§ 106 Abs. 6 Fall 5; → § 106 Rn. 57) oder durch die Fortsetzung der Geschäfte mit seiner Zustimmung.[18]

III. Rechtsfolgen

8 **1. Haftung für Altverbindlichkeiten (S. 1).** Die Rechtsfolge von S. 1 besteht darin, dass der Eintretende gleich den anderen Gesellschaftern nach Maßgabe der §§ 126, 128 für die vor seinem Eintritt (→ Rn. 4 f.) begründeten Verbindlichkeiten (sog. Altverbindlichkeiten) haftet,[19] also unbeschränkt und akzessorisch. Erforderlich, aber auch ausreichend ist, dass der Rechtsgrund der Verbindlichkeit vor dem Eintritt gelegt wurde. Wirkung entfaltet die Haftung gem. S. 1 erst mit dem Vollzug

[6] BGH 7.4.2003, NJW 2003, 1803; MüKoHGB/Drescher Rn. 5; Ebenroth/Boujong/M. Noack Rn. 3. Aus der älteren, eine Analogie verneinenden Rspr. s. BGH 30.4.1979, NJW 1979, 1821; **aA** Canaris ZGR 2004, 69 (114 ff.).

[7] Statt vieler s. BeckOGK/Markworth, 1.12.2025, Rn. 13.

[8] Statt vieler s. BeckOGK/Markworth, 1.12.2025, Rn. 25.

[9] BGH 8.10.1981, NJW 1982, 45 (46); Staub/Habersack Rn. 3.

[10] Statt vieler s. BeckOGK/Markworth, 1.12.2025, Rn. 27.

[11] Abram DZWiR 2006, 168; MüKoHGB/Drescher Rn. 13; Hoger DB 2006, 153; Keil BGH Report 2006, 306; Segna NJW 2006, 1566.

[12] Staub/Habersack Rn. 9; BeckOGK/Markworth, 1.12.2025, Rn. 27; Ebenroth/Boujong/M. Noack Rn. 11; Hopt/Roth Rn. 4.

[13] BeckOK HGB/Klimke, 49. Ed. 1.10.2025, Rn. 11; Ebenroth/Boujong/M. Noack Rn. 12.

[14] MüKoHGB/Drescher Rn. 15.

[15] Hopt/Roth Rn. 5.

[16] MüKoHGB/Drescher Rn. 15; Staub/Habersack Rn. 9.

[17] MüKoHGB/Drescher Rn. 16; Ebenroth/Boujong/M. Noack Rn. 13.

[18] Hopt/Roth Rn. 6.

[19] Statt vieler s. BeckOGK/Markworth, 1.12.2025, Rn. 39.

des Beitritts (→ Rn. 7) und nicht bereits mit dem Abschluss eines Aufnahmevertrags.[20] Unerheblich ist nicht nur, ob der Gesellschafter Einfluss auf die Rechtsgeschäfte und die daraus resultierenden Verbindlichkeiten hatte, sondern – abweichend von der Rechtsprechung vor Inkrafttreten des MoPeG[21] – auch, ob er die Altverbindlichkeiten bei seinem Eintritt kannte oder kennen musste.

2. Haftungsbeschränkung. Die Haftung nach S. 1 kann lediglich der Erbe nach Maßgabe des § 131 beschränken (→ § 131 Rn. 84 ff.).[22] Ansonsten ist die Haftung nach S. 1 Dritten gegenüber unbeschränkt und nur durch individuelle Vereinbarung mit dem Gesellschaftsgläubiger beschränkbar (→ Rn. 10). **9**

IV. Haftungsbefreiende Vereinbarungen

1. Außenverhältnis (S. 2). Die Haftung nach S. 1 steht nicht zur Disposition der Gesellschafter. Daher ist eine abweichende Vereinbarung zwischen eintretenden und bisherigen Gesellschaftern gem. S. 2 Dritten gegenüber unwirksam. Möglich ist hingegen ein zwischen dem Gesellschaftsgläubiger und dem neuen Gesellschafter oder der Gesellschaft vereinbarter Haftungsausschluss. Nicht ausreichend hierfür ist die bloße Mitteilung gegenüber den Gläubigern, dass ein neuer Gesellschafter eingetreten ist. **10**

2. Innenverhältnis. Eine Freistellung im Innenverhältnis ist möglich. Durch eine entsprechende Vereinbarung des eintretenden Gesellschafters mit den bisherigen Gesellschaftern wird der eintretende Gesellschafter von bestimmten, in der Vereinbarung zu bezeichnenden Altverbindlichkeiten befreit. Dies kann auch durch eine Vereinbarung der Gesellschaft vor dem Eintritt des neuen Gesellschafters mit bestimmten Gläubigern geklärt werden.[23] **11**

V. Verfahrensrechtliche Besonderheiten

Bei Eintritt eines Gesellschafters während eines Haftungsprozesses gegen die Gesellschaft oder die Altgesellschafter wird dieser nicht kraft Gesetzes Prozesspartei. Es bedarf einer Klageerweiterung.[24] Jedoch wirkt die **materielle Rechtskraft** eines gegen die Gesellschaft ergangenen Urteils auch gegen den neuen Gesellschafter, und zwar sogar dann, wenn er zum Zeitpunkt des Urteils noch gar nicht beigetreten war.[25] Ein gegen die Gesellschaft vor seinem Eintritt erstrittener Titel kann nicht auf ihn umgeschrieben werden (§ 729 ZPO).[26] Im Falle eines Erben sind die **§§ 239 ff. ZPO** zu beachten. **12**

VI. Österreichisches Recht

In Österreich existiert mit § 130 UGB eine § 127 entsprechende Vorschrift. **13**

§ 128 Einwendungen und Einreden des Gesellschafters

(1) Wird ein Gesellschafter wegen einer Verbindlichkeit der Gesellschaft in Anspruch genommen, kann er Einwendungen und Einreden, die nicht in seiner Person begründet sind, insoweit geltend machen, als sie von der Gesellschaft erhoben werden können.

(2) Der Gesellschafter kann die Befriedigung des Gläubigers verweigern, solange der Gesellschaft in Ansehung der Verbindlichkeit das Recht zur Anfechtung oder Aufrechnung oder ein anderes Gestaltungsrecht, dessen Ausübung die Gesellschaft ihrerseits zur Leistungsverweigerung berechtigen würde, zusteht.

Schrifttum: Brandes, Verjährung von Gesellschafts- und Gesellschafterschuld im Recht der Personenhandelsgesellschaften, FS Stimpel, 1985, 105; Bülow, Einrede der Aufrechenbarkeit für Personengesellschafter, Bürgen und Hauptgesellschaft im Eingliederungskonzern, ZGR 1988, 192; Primaczenko, Die Einrede der Aufrechenbarkeit in § 770 Abs. 2 BGB und § 129 Abs. 3 HGB, JA 2007, 173; Schlüter, Die Einrede der Aufrechenbarkeit des OHG-Gesellschafters und des Bürgen, FS H. Westermann, 1974, 509; Wertenbruch, Persönliche Gesellschafterhaftung und Rückgriff bei der Personengesellschaft nach MoPeG, ZPG 2024, 1.

---

[20] Ebenroth/Boujong/M. Noack Rn. 14.

[21] BGH 7.4.2003, BGHZ 154, 370 = NJW 2003, 1803; 12.12.2005, NJW 2006, 765, jeweils für die (teil-)rechtsfähige (Außen-)GbR.

[22] BGH 6.7.1981, NJW 1982, 45.

[23] MüKoHGB/Drescher Rn. 22.

[24] Statt vieler s. BeckOGK/Markworth, 1.12.2025, Rn. 43.

[25] Ebenroth/Boujong/M. Noack Rn. 16.

[26] MüKoHGB/Drescher Rn. 23; Staub/Habersack Rn. 14.

Übersicht

I. Allgemeines

1 **1. Normzweck.** Als Konsequenz aus der akzessorischen Haftung nach § 126 S. 1 (→ § 126 Rn. 17 ff.) und § 127 S. 1 (→ § 127 Rn. 3 ff.) soll der Gesellschafter gem. Abs. 1 und 2 die Einwendungen und Einreden der Gesellschaft neben seinen eigenen geltend machen können. Dadurch soll der Gesellschaftsgläubiger bei der Inanspruchnahme des Gesellschafters nicht besserstehen als bei der Inanspruchnahme der Gesellschaft. Daher dienen Abs. 1 und 2 dem **Schutz** der Gesellschafter vor einer ungerechtfertigten Inanspruchnahme wegen einer Gesellschaftsschuld.[1] Andererseits wirkt die Entkräftung der von Abs. 1 und 2 erfassten Einwendungen und Einreden auch gegen den Gesellschafter.[2] Abs. 1 (→ Rn. 3 ff.) **präkludiert** die Einwendungen des Gesellschafters, dh er kann diese nur geltend machen, wenn die Gesellschaft die Einwendungen und Einreden noch erheben kann. Abs. 2 (→ Rn. 8 ff.) begründet ein Leistungsverweigerungsrecht des Gesellschafters bei Gestaltungsrechten der Gesellschaft. Übt die Gesellschaft ihre Gestaltungsrechte aus, kann der Gesellschafter sich nach Abs. 1 auf die Folgen berufen, die auch für die Gesellschaft gelten.[3] Einwendungen, die dem Gesellschafter ohnehin gegen den Gläubiger zustehen (sog. persönliche Einwendungen), unterfallen § 128 nicht, da er diese stets selbst geltend machen kann (→ Rn. 6 f.).[4]

2 **2. Geltungsbereich.** Die Regelungen des Abs. 1 (→ Rn. 3 ff.) und Abs. 2 (→ Rn. 8 ff.) gelten für die persönlich haftenden Gesellschafter einer **OHG** sowie einer **KGaA** (§ 278 Abs. 2 AktG) und gem. § 161 Abs. 2 entsprechend für die persönlich haftenden Gesellschafter einer **KG.** Außerdem ist auch nach dem Inkrafttreten des MoPeG am 1.1.2024 eine entsprechende Anwendung auf die **Außenhaftung der Kommanditisten** geboten.[5] Der Kommanditist kann dabei das Zahlungsbegehren eines Gesellschaftsgläubigers verweigern, wenn der Gläubiger gegenüber der Gesellschaft zugesichert hat, die Forderung nicht ernsthaft einzufordern.[6] Für die rechtsfähige GbR iSd § 705 Abs. 2 Alt. 1 BGB existiert mit § 721b BGB eine inhaltsgleiche Vorschrift. Diese ist auf die persönliche Haftung der Partner einer **Partnerschaft** gem. § 8 Abs. 1 S. 2 PartGG entsprechend anzuwenden. Bei einer **EWIV** findet § 128 gem. § 1 Hs. 1 EWIVAG entsprechende Anwendung.

II. Einwendungen (Abs. 1)

3 **1. Grundsatz.** Abs. 1 gilt für Einwendungen und Einreden jeder Art, dh für rechtsvernichtende, rechtshindernde und rechtshemmende,[7] zB Unmöglichkeit (§§ 275, 326 BGB), Erfüllung (§ 362 BGB), Erlass (§ 397 BGB), Vergleich (§ 779 BGB), Einwand der unzulässigen Rechtsausübung (§ 242 BGB) und die Einreden der Verjährung (§ 214 Abs. 1 BGB; → Rn. 4) und der Bereicherung (§ 821 BGB), Zurückbehaltungsrechte, Verwirkung, Stundung oder Minderung (§ 437 Nr. 2 BGB, § 441 BGB bzw. § 634 Nr. 3 BGB, § 638 BGB). Dem Gesellschaftsgläubiger soll der Erlass unter Vorbehalt

[1] Ebenroth/Boujong/M. Noack Rn. 1.
[2] Hopt/Roth Rn. 1.
[3] Hopt/Roth Rn. 9.
[4] Statt vieler s. Wertenbruch ZPG 2024, 1 Rn. 10.
[5] MüKoHGB/Drescher Rn. 3; BeckOGK/Markworth, 1.12.2025, Rn. 2; s. auch OLG Stuttgart 2.8.2019, BeckRS 2019, 24109 zur Kommanditistenhaftung (Rückforderung nicht durch Vermögenseinlagen gedeckter Ausschüttungen durch Insolvenzverwalter).
[6] LG Frankfurt a.M. 27.7.2016, ZIP 2016, 1584.
[7] Statt vieler s. BeckOGK/Markworth, 1.12.2025, Rn. 14 f.; Wertenbruch ZPG 2024, 1 Rn. 10.

der persönlichen Inanspruchnahme des Gesellschafters nur mit dessen Zustimmung möglich sein; anderenfalls würde er dem Gesellschafter seine Einwendungen und Einreden nehmen.[8] Nicht erfasst sind hingegen Einreden, die keine materiell-rechtlichen Auswirkungen haben, sondern lediglich **prozessrechtliche Rechtsfolgen** auslösen.[9] Ebenso wenig werden **Gestaltungsrechte** von Abs. 1 erfasst, soweit sie noch nicht von der Gesellschaft ausgeübt worden sind, da deren Ausübung grundsätzlich nur der Gesellschaft zusteht.[10] Insoweit kommt lediglich die sog. Einrede der Gestaltbarkeit gem. Abs. 2 in Betracht (→ Rn. 8 ff.).

2. Einwendungen der Gesellschaft. a) Verjährung. Dem Gesellschafter steht es offen, sich auf die allgemeinen Verjährungsregeln bezüglich der Verjährung der Gesellschaftsschuld zu berufen.[11] Eine eigenständige Verjährung ist der persönlichen Haftung der Gesellschafter aufgrund der Akzessorietät ihrer Haftung (→ § 126 Rn. 5) fremd. Erst mit Auflösung der Gesellschaft kann im Zuge des § 151 Abs. 1 eine Begrenzung der Haftung des Gesellschafters auf fünf Jahre erfolgen (→ § 151 Rn. 3 ff.). Bei Ausscheiden des Gesellschafters aus der Gesellschaft gilt § 137. Führt eine Handlung zur **Hemmung** der Verjährung (§§ 203–211 BGB) oder löst sie deren **Neubeginn** (§ 212 BGB) gegenüber der Gesellschaft aus, wirkt diese grundsätzlich auch gegen den Gesellschafter, wenn er der Gesellschaft zu dem Zeitpunkt angehört.[12] Erfolgt eine Hemmungshandlung gegenüber dem Gesellschafter, gilt diese nicht auch für die Gesellschaft; die Gesellschaftsschuld kann dessen ungeachtet verjähren.[13] 4

b) Urteilswirkung. Bei einer rechtskräftigen Verurteilung der Gesellschaft gelten die Grundsätze des **§ 201 S. 1 BGB** und des **§ 197 Abs. 1 Nr. 3 BGB** mit der Folge einer 30-jährigen Verjährungsfrist.[14] Wird hingegen der Gesellschafter rechtskräftig verurteilt, kann er sich nicht mehr auf eine rechtskräftige Klageabweisung zugunsten der Gesellschaft berufen,[15] so dass die Grenzen des **§ 767 Abs. 2 ZPO** bezüglich seiner Einwendungen und derjenigen der Gesellschaft anzuwenden sind.[16] Ein kollusives Zusammenwirken von Gesellschaftsgläubiger und Gesellschaft zum Nachteil des betroffenen Gesellschafters eröffnet diesem allerdings die Möglichkeit, Einwendungen der Gesellschaft geltend zu machen.[17] Im Übrigen gilt dieser Grundsatz auch, wenn die Gesellschaft aufgrund von **§ 826 BGB** gegen das gegen sie ergangene Urteil vorgehen kann.[18] Bei einer rechtskräftigen Verurteilung des Gesellschafters kann dieser noch die danach entstandenen Einwendungen der Gesellschaft geltend machen, sofern diese sich nicht auf die Verjährung der Forderung beziehen.[19] 5

3. Einwendungen des Gesellschafters. a) Grundsatz. Dem Gesellschafter stehen sämtliche seiner persönlichen Einwendungen zu. Der Gesellschaftsgläubiger muss den Gesellschafter verklagen, sofern er diese Einwendungen ausräumen möchte. In Betracht kommt zB die Vereinbarung mit dem Gesellschaftsgläubiger, dieser solle zunächst andere Gesellschafter in Anspruch nehmen.[20] Möglich sind auch individuelle Vereinbarungen zwischen dem Gläubiger und dem Gesellschafter bezüglich einer **Stundung** oder einer Entlassung aus der akzessorischen Haftung nach § 126 S. 1 oder § 127 S. 1.[21] Bei einem Urteil, das gegen die Gesellschaft ergangen ist, muss der Gesellschafter die Rechtskraft gegen sich gelten lassen; er kann aber freilich als streitgenössischer Nebenintervenient in den Rechtsstreit zwischen dem Gesellschaftsgläubiger und der Gesellschaft eintreten (→ § 126 Rn. 82).[22] 6

b) Ausgeschiedene Gesellschafter. Für ausgeschiedene Gesellschafter gelten im Grundsatz dieselben Regelungen wie für die in der Gesellschaft verbliebenen Gesellschafter, dh sie können neben 7

---

[8] Hopt/Roth Rn. 3.

[9] MüKoHGB/Drescher Rn. 6; BeckOGK/Markworth, 1.12.2025, Rn. 16; Ebenroth/Boujong/M. Noack Rn. 10 f.

[10] MüKoHGB/Drescher Rn. 7.

[11] MüKoHGB/Drescher Rn. 7; Staub/Habersack Rn. 8; Ebenroth/Boujong/M. Noack Rn. 8 f.; Hopt/Roth Rn. 2; s. auch Drescher ZPG 2023, 52 (56) zu § 129 Abs. 1 aF.

[12] MüKoHGB/Drescher Rn. 8; Hopt/Roth Rn. 2; s. auch BGH 12.1.2010, ZIP 2010, 319; 22.3.1988, NJW 1988, 1976; 9.7.1998, NJW 1998, 2972; Drescher ZPG 2023, 52 (56); Heymann/Hoffmann/Bartlitz § 129 Rn. 5, jeweils zu § 129 Abs. 1 aF.

[13] MüKoHGB/Drescher Rn. 10; Ebenroth/Boujong/M. Noack Rn. 6 f.; Wertenbruch ZPG 2024, 1 Rn. 10; offengelassen von BGH 22.3.1988, BGHZ 104, 76 (80 ff.) = NJW 1988, 1976.

[14] BGH 9.7.1998, NJW 1998, 2972; MüKoHGB/Drescher Rn. 11; Ebenroth/Boujong/M. Noack Rn. 10 f.

[15] MüKoHGB/Drescher Rn. 12.

[16] MüKoHGB/Drescher Rn. 12.

[17] BGH 11.12.1995, NJW 1996, 658; Ebenroth/Boujong/M. Noack Rn. 10 f.

[18] MüKoHGB/Drescher Rn. 14.

[19] Hopt/Roth Rn. 8.

[20] Hopt/Roth Rn. 6.

[21] Hopt/Roth Rn. 6.

[22] Statt vieler s. Zöller/Althammer ZPO § 69 Rn. 2.

ihren persönlichen Einwendungen (→ Rn. 6) auch die der Gesellschaft zustehenden Einwendungen und Einreden geltend machen. Die ausgeschiedenen Gesellschafter brauchen sich jedoch solche Rechtshandlungen nicht zurechnen zu lassen, die sich auf Erklärungen und Maßnahmen der Gesellschaft oder gegenüber der Gesellschaft beziehen, welche die Haftungsintensität bestärken.[23] Bei den bereits ausgeschiedenen Gesellschaftern sind vor allem die Grenzen der **§§ 137, 151** zu beachten. Gegen sie wirkt die Klage gegen die Gesellschaft und die daraus resultierende **rechtskräftige Verurteilung der Gesellschaft** jedoch nicht, da sie nicht mehr ihre Interessen im Prozess wahrnehmen können.[24] Dies gilt allerdings nur für die Gesellschafter, die bereits vor Prozessbeginn ausgeschieden sind. Umgekehrt wirkt die Abweisung der Klage gegen die Gesellschaft auch zugunsten der ausgeschiedenen Gesellschafter.[25] Diese Grundsätze gelten jedoch nur für die Gesellschafter, die tatsächlich aus der Gesellschaft ausgeschieden sind, ihren Gesellschaftsanteil als persönlich haftender Gesellschafter also nicht in eine Kommanditistenbeteiligung umgewandelt haben.

III. Einrede der Gestaltbarkeit (Abs. 2)

8 **1. Anfechtung.** Die Regelung des Abs. 2 erklärt sich daraus, dass die Gesellschafter das Anfechtungsrecht der Gesellschaft nicht ausüben können, da die Anfechtungsbefugnis ausschließlich der Gesellschaft zusteht. Nach Abs. 2 können aber alle Gesellschafter sich zum eigenen Schutz auf die Anfechtbarkeit des maßgeblichen Rechtsgeschäfts durch die Gesellschaft berufen. Begrenzt wird das Anfechtungsrecht durch die Anfechtungsfrist gem. § 121 oder – bei einer arglistigen Täuschung oder widerrechtlichen Drohung iSd § 123 Abs. 1 – gem. § 124 BGB sowie die Bestätigung des anfechtbaren Rechtsgeschäfts gem. § 144 BGB.[26] Zwar erlischt bei wirksamer Anfechtung auch die akzessorische Haftung des Gesellschafters nach § 126 S. 1 oder § 127 S. 1; möglich ist jedoch eine Haftung auf den Vertrauensschaden nach § 122 Abs. 1 BGB.[27]

9 Dem einzelnen Gesellschafter steht im Fall der Anfechtungsmöglichkeit durch die Gesellschaft (→ Rn. 8) ein Leistungsverweigerungsrecht in Gestalt einer **aufschiebenden Einrede** zu.

10 **2. Aufrechnung. a) Normentwicklung.** Die bis zum 31.12.2023 geltende Vorgängerregelung des § 129 Abs. 3 aF war missverständlich formuliert. Der Wortlaut („… solange sich der Gläubiger durch Aufrechnung gegen eine fällige Forderung der Gesellschaft befriedigen kann.“) legte es nahe, es komme wie bei § 770 Abs. 2 BGB ausschließlich auf die Aufrechnungsmöglichkeit des Gläubigers an. Diese unglückliche Formulierung beruhte auf einem redaktionellen Versehen,[28] da der Gesetzgeber im 19. Jahrhundert das HGB dem BGB entlehnt und dabei die unterschiedlichen Zwecke der Vorschriften verkannt hat. Die bereits unter Geltung von § 129 Abs. 3 aF anerkannte berichtigende Auslegung[29] hat im Zuge des **MoPeG** mWv 1.1.2024 Einzug in den Wortlaut von Abs. 2 („… solange der Gesellschaft … das Recht zur Anfechtung oder Aufrechnung … zusteht.“) gefunden.

11 **b) Aufrechnungsmöglichkeit der Gesellschaft.** Für die aufschiebende Einrede nach Abs. 2 Fall 2 muss eine Aufrechnungsmöglichkeit der Gesellschaft nach Maßgabe der §§ 387 ff. BGB bestehen.[30] Ist eine Aufrechnung durch den Gläubiger (→ Rn. 13) oder die Gesellschaft bereits erfolgt, gelten § 389 BGB und Abs. 1 (→ Rn. 3 ff.).

12 **c) Aufrechnungsmöglichkeit des Gesellschafters.** Eine persönliche Forderung des Gesellschafters gegen den Gesellschaftsgläubiger und eine Gesellschaftsschuld können nach Maßgabe der §§ 387 ff. BGB aufgerechnet werden.[31] Abs. 2 gilt für solche Situationen nicht.[32]

13 **d) Aufrechnungsmöglichkeit des Gesellschaftsgläubigers.** Bei einer Aufrechnungsmöglichkeit einzig auf Seiten des Gesellschaftsgläubigers steht dem Gesellschafter kein Leistungsverweigerungsrecht nach Abs. 2 zu.[33] Der Gesellschafter ist der Haftung gem. § 126 S. 1 und § 127 S. 1

[23] Statt vieler s. MüKoHGB/Drescher Rn. 17 mwN.

[24] MüKoHGB/Drescher Rn. 18; Staub/Habersack Rn. 15; Ebenroth/Boujong/M. Noack Rn. 12; Hopt/Roth Rn. 7, § 126 Rn. 43; Wertenbruch ZPG 2024, 1 Rn. 14. Dies gilt auch für einen Kommanditisten und für einen von der Gesellschaft ausgeschlossenen geschäftsführenden Gesellschafter, s. Klimke ZGR 2006, 540 (552); BeckOK HGB/Klimke, 49. Ed. 1.10.2025, Rn. 12.

[25] BGH 16.2.2023, BeckRS 2023, 6376; MüKoHGB/Drescher Rn. 18; Staub/Habersack Rn. 15.

[26] Ausf. zur Bestätigung eines anfechtbaren Rechtsgeschäfts zB Boesche FS Georgiades, 2005, 113 ff.

[27] Ebenroth/Boujong/M. Noack Rn. 20.

[28] Primaczenko JA 2007, 173 (175).

[29] BGH 14.12.1964, NJW 1965, 627.

[30] BGH 14.12.1964, NJW 1965, 627; MüKoHGB/Drescher Rn. 26; Ebenroth/Boujong/M. Noack Rn. 22.

[31] MüKoHGB/Drescher Rn. 27; Primaczenko JA 2007, 173 (175); Hopt/Roth Rn. 14.

[32] BeckOGK/Markworth, 1.12.2025, Rn. 59.

[33] BGH 14.12.1964, NJW 1965, 627; MüKoHGB/Drescher Rn. 25; Ebenroth/Boujong/M. Noack Rn. 22; Primaczenko JA 2007, 173 (175); Hopt/Roth Rn. 13.

ausgesetzt. Wird der Gläubiger von dem Gesellschafter in Anspruch genommen, kann er mit der Haftungsforderung gem. § 126 S. 1 oder § 127 S. 1 aufrechnen.[34]

e) Erhebung der Einrede. Die Erhebung der Einrede durch den Gesellschafter führt zur **Abweisung** der Klage als unbegründet.[35] Das gilt auch dann, wenn dem Gesellschaftsgläubiger keine Aufrechnungsmöglichkeit zusteht (→ Rn. 13), sondern nur der Gesellschaft (→ Rn. 11). Dieser ist dadurch jedoch nicht schutzlos. Ihm steht es nämlich frei, die Gesellschaft auf Abgabe einer Aufrechnungserklärung zu verklagen. Mit Rechtskraft des Urteils gegen die Gesellschaft kann der Gesellschafter die Einrede der Aufrechenbarkeit nicht mehr erheben.[36] 14

3. Andere Gestaltungsrechte. Die Einreden nach § 129 Abs. 2, 3 aF waren dem Wortlaut nach auf zwei Gestaltungsrechte der Gesellschaft beschränkt, nämlich die Anfechtung und die Aufrechnung. Gleichwohl bestand Einigkeit darüber, dass die Regelungen auf einem allgemeinen Rechtsgedanken beruhten, der im Wege der Analogie dahingehend verallgemeinert wurde, dass die Gesellschafter die Befriedigung des Gläubigers auch bei anderen Gestaltungsrechten der Gesellschaft verweigern konnten,[37] zB bei einem Rücktritt von einem Kauf- oder Werkvertrag nach §§ 323, 326 Abs. 5 BGB ggf. iVm § 437 Nr. 2 BGB bzw. § 634 Nr. 3 BGB. Die Erweiterung hat im Zuge des MoPeG mWv 1.1.2024 mit der Formulierung „oder ein anderes Gestaltungsrecht, dessen Ausübung die Gesellschaft ihrerseits zur Leistungsverweigerung berechtigen würde," ohne inhaltliche Änderung Eingang in den Text von Abs. 2 gefunden.[38] 15

IV. Österreichisches Recht

In Österreich enthält § 129 Abs. 1, 2 UGB dem deutschen Recht entsprechende Regelungen. 16

§ 129 Zwangsvollstreckung gegen die Gesellschaft oder gegen ihre Gesellschafter

(1) Zur Zwangsvollstreckung in das Vermögen der Gesellschaft ist ein gegen die Gesellschaft gerichteter Vollstreckungstitel erforderlich.

(2) Aus einem gegen die Gesellschaft gerichteten Vollstreckungstitel findet die Zwangsvollstreckung gegen die Gesellschafter nicht statt.

Schrifttum: Markgraf/Kießling, Gesellschaften als Parteien im Zivilprozess, JuS 2010, 312; K. Schmidt, Das Prozeßverhältnis bei Umstrukturierung, Auflösung und Konkurs einer Handelsgesellschaft, FS W. Henckel, 1995, 749; Wertenbruch, Persönliche Gesellschafterhaftung und Rückgriff bei der Personengesellschaft nach MoPeG, ZPG 2024, 1.

I. Allgemeines

Bis zum Inkrafttreten des MoPeG am 1.1.2024 ergab sich aus § 124 Abs. 1 aF, dass die OHG – Gleiches galt gem. § 161 Abs. 2 aF für die KG – Träger von Rechten und Pflichten sein kann und daher als solche am Rechtsverkehr teilnimmt. Diese Regelung ist durch das MoPeG in **§ 105 Abs. 2** ggf. iVm § 161 Abs. 2 überführt worden. Die bis zum 31.12.2023 geltende Regelung des § 124 Abs. 2 aF findet sich nunmehr inhaltsgleich in Abs. 1 (→ Rn. 2 ff.). Darin wird klargestellt, dass es zur Zwangsvollstreckung in das Vermögen der Gesellschaft eines Titels gegen die Gesellschaft bedarf. Ergänzend dazu bestimmt Abs. 2, dass die Zwangsvollstreckung gegen die Gesellschafter nicht aus einem gegen die Gesellschaft gerichteten Vollstreckungstitel stattfinden darf (→ Rn. 6 f.). 1

II. Zwangsvollstreckung (Abs. 1)

1. Zwangsvollstreckung mittels Vollstreckungstitels. a) Gesellschaftsvermögen. Für die Zwangsvollstreckung in das Vermögen der OHG bedarf es gem. Abs. 1 eines Vollstreckungstitels gegen die Gesellschaft. Ein Vollstreckungstitel gegen die Gesellschafter genügt nicht. Eine darauf gründende Zwangsvollstreckung in das Vermögen der Gesellschaft gibt der Gesellschaft die Möglichkeit einer Drittwiderspruchsklage gem. § 771 Abs. 1 ZPO. Ein Vollstreckungstitel genügt auch dann 2

[34] KKD/Kindler §§ 128, 129 Rn. 9.
[35] MüKoHGB/Drescher Rn. 26; BeckOGK/Markworth, 1.12.2025, Rn. 60.
[36] MüKoHGB/Drescher Rn. 26; Staub/Habersack § 129 Rn. 23; Ebenroth/Boujong/M. Noack Rn. 22.
[37] Statt vieler s. Ebenroth/Boujong/M. Noack Rn. 23 mwN.
[38] Statt vieler s. BeckOGK/Markworth, 1.12.2025, Rn. 57; s. auch Begr. RegE MoPeG, BT-Drs. 19/27635, 168 zu § 721b Abs. 2 BGB-E.

nicht den Anforderungen des Abs. 1, wenn er ausschließlich gegen die geschäftsführenden Gesellschafter gerichtet ist.

3 **b) Besondere Rechtsverhältnisse.** Bei einer rechtsfähigen **GbR** iSd § 705 Abs. 2 Alt. 1 BGB bedarf es zur Zwangsvollstreckung in das Gesellschaftsvermögen gem. § 722 Abs. 1 BGB eines Vollstreckungstitels gegen die Gesellschaft. Wird die GbR durch einen Statuswechsel zur OHG (§ 106 Abs. 3, 4; → § 106 Rn. 39 ff.), soll § 727 ZPO entsprechend gelten.[1]

4 Bei der **Vollbeendigung** und den damit einhergehenden Rechtsfolgen ist wie folgt zu unterscheiden: (1) Findet sich ein Gesamtrechtsnachfolger, ist § 727 ZPO auf diesen anzuwenden. (2) Erfolgt die Vollbeendigung ohne Rechtsnachfolger, wird der gegen die Gesellschaft gerichtete Titel gegenstandslos, ohne dass eine Übertragung nach § 727 ZPO möglich ist.[2] Die Auflösung der Gesellschaft hindert die Vollstreckung nicht.

5 **2. Insolvenz und Restrukturierung.** Die OHG ist gem. **§ 11 Abs. 2 Nr. 1 InsO** insolvenz- und damit gem. **§ 30 Abs. 1 S. 1 StaRUG** restrukturierungsfähig. Ihre Insolvenzmasse beschränkt sich auf das Gesellschaftsvermögen. Die Gesellschaft ist bei ihrer Insolvenz selbst Schuldnerin[3] und nicht die Gesellschafter.[4] Insolvenzgläubiger iSd § 38 InsO sind die Gläubiger der Gesellschaft. Vor diesem Hintergrund ist – wie bei Gesellschafts- und Gesellschafterprozessen (→ § 126 Rn. 82 ff.) – zwischen der Insolvenz der Gesellschaft und der Gesellschafter zu unterscheiden. Die Insolvenz der Gesellschaft führt gem. § 138 Abs. 1 Nr. 2 zur Auflösung der Gesellschaft. Die Insolvenz eines Gesellschafters hat dessen Ausscheiden gem. § 130 Abs. 1 Nr. 3 zur Folge, sofern der Gesellschaftsvertrag für diesen Fall nicht die Auflösung der Gesellschaft vorsieht. Das gilt selbst dann, wenn gleichzeitig über das Vermögen der OHG das Insolvenzverfahren eröffnet wird. Antragsbefugt sind die Insolvenzgläubiger und die persönlich haftenden Gesellschafter. Wird der Antrag nicht von allen Gesellschaftern gemeinsam gestellt, gilt § 15 Abs. 2 InsO.

III. Keine Zwangsvollstreckung gegen die Gesellschafter (Abs. 2)

6 Für die Zwangsvollstreckung in das Vermögen der Gesellschaft ist gem. Abs. 1 ein gegen die Gesellschaft gerichteter Vollstreckungstitel notwendig. Abs. 2 bestimmt für die Fälle, in denen die Zwangsvollstreckung in das **Privatvermögen eines Gesellschafters** erfolgen soll, dass hierfür ein gegen die Gesellschafter erwirkter Titel erforderlich ist. Maßgeblich ist also grundsätzlich, gegen wen der Vollstreckungstitel erwirkt wurde. Diese Differenzierung ist ausnahmsweise unerheblich, wenn lediglich ein Gesellschafter verbleibt und das Gesellschaftsvermögen auf diesen übergeht.[5] Eine Umschreibung des Vollstreckungstitels gegen die Gesellschaft auf den Gesellschafter gem. § 727 ZPO ist nicht möglich.[6] Auch eine Vollstreckung ohne Titel gegen den Gesellschafter als Schuldner ist unzulässig.[7]

7 Dem Gesellschafter steht bei einem Titel gegen die Gesellschaft die Möglichkeit der **Drittwiderspruchsklage** gem. § 771 Abs. 1 ZPO zu, wenn die Pfändung seine Gegenstände betrifft. Eine solche Drittwiderspruchsklage ist in der Regel jedoch nach den Grundsätzen von Treu und Glauben (§ 242 BGB) unzulässig, wenn der Gesellschafter nach § 126 S. 1 haftet, die Zwangsvollstreckung gegen die Gesellschaft erfolgt, eine Gesellschaftsverbindlichkeit betrifft und dabei ein Gegenstand des Gesellschafters gepfändet wird.[8]

Vierter Titel. Ausscheiden eines Gesellschafters

§ 130 Gründe für das Ausscheiden; Zeitpunkt des Ausscheidens

(1) Folgende Gründe führen zum Ausscheiden eines Gesellschafters aus der Gesellschaft, sofern der Gesellschaftsvertrag für diese Fälle nicht die Auflösung der Gesellschaft vorsieht:

---

[1] MüKoHGB/Drescher Rn. 5. Gegen die Anwendung der §§ 727 ff. ZPO aufgrund der Vereitelung von persönlichen Einwendungen gem. § 129 Hopt/Roth Rn. 2.

[2] MüKoHGB/Drescher Rn. 7.

[3] MüKoHGB/Drescher Rn. 8; Staub/Habersack Rn. 26; BeckOK HGB/Klimke, 49. Ed. 1.10.2025, Rn. 6; Ebenroth/Boujong/M. Noack § 126 Rn. 74; Hopt/Roth Rn. 3; aA (persönlich haftende Gesellschafter) BGH 16.2.1961, BGHZ 34, 293 = NJW 1961, 1022 zur KO.

[4] So noch BGH 16.2.1961, NJW 1961, 1022.

[5] MüKoHGB/Drescher Rn. 9; Ebenroth/Boujong/M. Noack Rn. 6.

[6] Ebenroth/Boujong/M. Noack Rn. 6; Wertenbruch ZPG 2024, 1 Rn. 19.

[7] Hopt/Roth Rn. 5.

[8] BGH 16.10.2003, NJW 2004, 217; MüKoHGB/Drescher Rn. 10; Ebenroth/Boujong/M. Noack Rn. 7.

1. Tod des Gesellschafters;
2. Kündigung der Mitgliedschaft durch den Gesellschafter;
3. Eröffnung des Insolvenzverfahrens über das Vermögen des Gesellschafters;
4. Kündigung der Mitgliedschaft durch einen Privatgläubiger des Gesellschafters;
5. gerichtliche Entscheidung über Ausschließungsklage.

(2) Im Gesellschaftsvertrag können weitere Gründe für das Ausscheiden eines Gesellschafters vereinbart werden.

(3) Der Gesellschafter scheidet mit Eintritt des ihn betreffenden Ausscheidensgrundes aus, im Fall der Kündigung der Mitgliedschaft aber nicht vor Ablauf der Kündigungsfrist und im Fall der gerichtlichen Entscheidung über die Ausschließungsklage nicht vor Rechtskraft des stattgebenden Urteils.

Schrifttum: Bork/Jacoby, Das Ausscheiden des einzigen Komplementärs nach § 131 Abs. 3 HGB, ZGR 2005, 611; Hermanns, Harmonisierung von Gesellschaftsvertrag und letztwilliger Verfügung, ErbR 2008, 69; K. Schmidt, „Anwachsung": Was ist das, und … gibt es das noch?, FS Huber, 2006, 969; K. Schmidt, Nachlassinsolvenzverfahren und Personengesellschaft, FS Uhlenbruck, 2000, 655; Ulmer/Schäfer, Die Zugriffsmöglichkeiten der Nachlaß- und Privatgläubiger auf den durch Sondervererbung übergegangenen Anteil an einer Personengesellschaft, ZHR 160 (1996), 413; Wiedemann, Die Personenunabhängigkeit der Personengesellschaft, GS Lüderitz, 2000, 839.

Übersicht

I. Allgemeines

1 Durch das MoPeG wurden die Regelungen zum Ausscheiden von Gesellschaftern und zur Auflösung der Gesellschaft neu strukturiert. Während der fünfte Titel die Auflösung der Gesellschaft betrifft, regelt der vierte Titel das **Ausscheiden** eines Gesellschafters. § 130 enthält in Abs. 1 die Gründe, die nach dem Gesetz zum Ausscheiden eines Gesellschafters führen, wenn nicht für diesen Fall im Gesellschaftsvertrag die Auflösung vorgesehen ist. Abs. 2 stellt klar, dass im Gesellschaftsvertrag weitere Gründe für das Ausscheiden vorgesehen werden können. Abs. 3 regelt den Zeitpunkt des Ausscheidens. Scheidet ein Gesellschafter aus, so ist er gem. § 135 Abs. 1 S. 1 von der Haftung für die Verbindlichkeiten der Gesellschaft zu befreien. Ihm ist nach dieser Norm ferner eine dem Wert seines Anteils angemessene Abfindung zu zahlen. Zur Auflösung der Gesellschaft kommt es durch das Ausscheiden nicht.

II. Anwendungsbereich

2 § 130 gilt für die **OHG** und die **KG,** für die allerdings in § 177 eine Sonderregel zu § 130 Abs. 1 Nr. 1 und in § 179 eine Sonderregel zu § 130 Abs. 1 Nr. 3 besteht.[1]

III. Gründe für das Ausscheiden

3 **1. Tod eines Gesellschafters.** Der Tod eines Gesellschafters führt mangels abweichender vertraglicher Vereinbarung dazu, dass der Verstorbene ausscheidet und die Gesellschaft mit den übrigen Gesellschaftern fortgesetzt wird. Der Anteil des verstorbenen Gesellschafters wächst den verbleibenden Gesellschaftern nach § 712 Abs. 1 BGB zu, die Erben des verstorbenen Gesellschafters treten nicht in die Gesellschaft ein. Ihnen steht lediglich der Abfindungsanspruch als Bestandteil des Nach-

[1] Henssler/Strohn/Klöhn Rn. 4; Schlegelberger/K. Schmidt § 131 Rn. 4.

lasses zu.[2] Gesellschaftsvertraglich kann eine **Nachfolgeklausel** vereinbart werden, die die Folgen des Todes eines Gesellschafters abweichend regelt (→ § 131 Rn. 6 ff.). Ein Bedürfnis hierfür tritt vor allem bei Familienpersonengesellschaften auf, bei denen die Erben oft ein Interesse an einer Beteiligung an der Gesellschaft haben. Die Fortsetzung mit den Erben hat außerdem für die Gesellschaft den Vorteil, dass sie nicht durch Abfindungsforderungen belastet wird.[3]

4 Zur Auflösung der Gesellschaft kommt es, wenn der verstorbenen Gesellschafter der einzige Komplementär einer KG war (→ § 138 Rn. 17 mwN). Der Tod des einzigen Komplementärs zieht sogar das liquidationslose Erlöschen der KG nach sich, wenn nur noch ein Kommanditist übrig bleibt (→ § 138 Rn. 3, → § 138 Rn. 17 mwN). In diesem Fall stellt sich die Frage, ob die unbeschränkte **Haftung des ehemaligen Kommanditisten** vermieden werden kann. Anders als in der Konstellation des § 134 S. 3 geht es hier um Fälle, in denen es ohne das Zutun des Kommanditisten zum liquidationslosen Erlöschen der Gesellschaft kommt. Der BGH hat in einem Fall, in dem der einzige Kommanditist einer Gesellschaft deren einzigen Komplementär beerbte, auf den willensunabhängigen Erwerb der Alleininhaberstellung hingewiesen und § 27 angewandt.[4] Danach haftet der ehemalige Kommanditist unbeschränkt, wenn er das Handelsgeschäft fortführt und die Fortführung nicht innerhalb von drei Monaten nach Kenntnis von der Erbfolge einstellt. Wenn es nicht zu einer Haftung nach § 27 kommt, haftet der frühere Kommanditist nach Auffassung des BGH nicht unbeschränkt mit seinem ganzen Vermögen, sondern lediglich mit dem ihm zugefallenen Gesellschaftsvermögen.[5]

5 Nach einer in der Lit. überwiegend vertretenen Ansicht wird die Vollbeendigung einer als Gesellschafterin beteiligten Gesellschaft dem Tod eines Gesellschafters gleichgestellt.[6] Die Rspr. aus der Zeit vor dem HRRefG 1998 hatte zwar nicht die Auflösung der Gesellschafter-Gesellschaft, wohl aber ihre Vollbeendigung als Auflösungsgrund iSd § 131 Nr. 4 in der damaligen Fassung angesehen.[7] In der Instanzrechtsprechung wurde die Vollbeendigung nach Änderung des § 131 aF bereits als Grund für das Ausscheiden der Gesellschafter-Gesellschaft anerkannt.[8] Ein Teil der Lit. folgt dieser Auffassung mit überzeugender Argumentation nicht: Die **Vollbeendigung der Gesellschafter-Gesellschaft** setze die Abwicklung ihres Vermögens voraus. Im Zeitpunkt der Vollbeendigung dürfe sich also kein Anteil mehr im Vermögen der Gesellschafter-Gesellschaft befinden, weshalb sich die Frage des Ausscheidens zu diesem Zeitpunkt nicht stelle.[9] Eine Analogie zu Abs. 3 Nr. 1 – jetzt § 130 Abs. 1 Nr. 1 – komme allenfalls beim liquidationslosen Erlöschen der Gesellschafter-Gesellschaft in Betracht. Auch diese Analogie wird von den Autoren der abweichenden Literaturansicht abgelehnt, allerdings mit unterschiedlicher Begründung. Nach einer Ansicht passt der auf natürliche Personen bezogene Ausscheidensgrund des Todes nicht auf die Fälle des liquidationslosen Erlöschens einer Gesellschafter-Gesellschaft. Die Lösung sei vielmehr im Wege der ergänzenden Auslegung des Gesellschaftsvertrages zu suchen. Daraus würde sich ein Ausscheiden der Gesellschafter-Gesellschaft im Zweifel spätestens zu dem Zeitpunkt ergeben, zu dem ihre Auflösung unumkehrbar geworden ist.[10] Nach anderer Ansicht ist – ggf. auch ohne Nachfolgeklausel – von der Übertragbarkeit des Anteils auszugehen, sodass es nicht zu einem Ausscheiden kommt. Das Interesse der übrigen Gesellschafter, keinen unerwünschten Mitgesellschafter aufgedrängt zu bekommen, könnte durch ein Auflösungs- oder Ausschließungsrecht nach den §§ 133, 140 aF – heute §§ 134, 139 – gewahrt werden.[11] Dagegen ist jedoch einzuwenden, dass diese Lösung zwar bei einer entsprechenden Nachfolgeregelung der vertraglichen Vereinbarung und den darin ausgedrückten Interessen der Gesellschafter entspricht, nicht aber bei fehlender Nachfolgeregelung. Im nicht durch eine Nachfolgeklausel geregelten Fall des liquidationslosen Erlöschens der Gesellschafter-Gesellschaft ist daher eine Analogie zu Abs. 1 Nr. 1 vorzuziehen. Das gilt auch für den Fall des liquidationslosen Erlöschens durch Verschmelzung

---

[2] BeckOGK/Michel, 1.3.2025, Rn. 12; Hermanns ErbR 2008, 69; Ebenroth/Boujong/Lorz Rn. 10; Henssler/Strohn/Klöhn Rn. 11, 30 f.

[3] MHdB GesR I/Schulte § 104 Rn. 7.

[4] BGH 10.12.1990, BGHZ 113, 132 (134 f.) = NJW 1991, 844 (845).

[5] BGH 10.12.1990, BGHZ 113, 132 (138) = NJW 1991, 844 (846); s. auch BGH 15.3.2004, NZG 2004, 611 = DB 2004, 1258 (1259). Von der Möglichkeit des Kommanditisten, seine Haftung auf das Gesellschaftsvermögen zu beschränken, spricht OLG Hamm 30.3.2007, ZIP 2007, 1233 (1238) = NZI 2007, 584 (587 f.). Vgl. auch Eckardt NZG 2000, 449 (455).

[6] Schlitt NZG 1998, 580 (584); Hopt/Roth Rn. 10; MHdB GesR I/Schulte § 104 Rn. 8.

[7] BGH 12.7.1982, BGHZ 84, 379 (380 f.) = NJW 1982, 2821; 8.10.1979, BGHZ 75, 178 (181 f.) = NJW 1980, 233; OLG Hamburg 13.3.1987, NJW 1987, 1896 (1897).

[8] OLG Hamm 30.3.2007, ZIP 2007, 1233 (1236 f.) = NZI 2007, 584 (586 f.); vgl. zu den Erwägungen des Gesetzgebers BT-Drs. 13/8444, 66.

[9] MüKoHGB/Fleischer Rn. 17; Staub/Schäfer Rn. 10.

[10] MüKoHGB/Fleischer Rn. 18; K. Schmidt GesR § 50 II 2.

[11] Staub/Schäfer Rn. 10.

auf einen übernehmenden Rechtsträger nach § 20 UmwG oder infolge Aufspaltung nach § 131 UmwG.[12] Dagegen findet Abs. 1 Nr. 1 bei einem Formwechsel der Gesellschafter-Gesellschaft keine Anwendung.

Streitig ist, ob bei Auflösung einer KG wegen des Todes des letzten Komplementärs seine Erben mangels anderweitiger Regelung im Gesellschaftsvertrag Mitglied der Liquidationsgesellschaft werden, § 130 Abs. 1 also teleologisch reduziert wird. Mit der hM ist das zu verneinen.[13] Es besteht keine verdeckte Gesetzeslücke, die eine teleologische Reduktion der Norm gestatten würde, sodass es bei der vom Gesetz vorgesehenen Rechtsfolge des Ausscheidens bleibt. 6

2. Kündigung eines Gesellschafters. Die ordentliche Kündigung eines Gesellschafters bewirkt sein Ausscheiden aus der Gesellschaft und die Fortsetzung der Gesellschaft unter den übrigen Gesellschaftern. Abs. 1 Nr. 2 begründet selbst kein Kündigungsrecht, sondern regelt nur die Rechtsfolge einer wirksamen Kündigung. Eine außerordentliche Kündigung ist gesetzlich nicht vorgesehen, stattdessen stellt das HGB in den §§ 134, 139 die Ausschließungs- und die Auflösungsklage zur Verfügung. Wenn die Auflösungsklage durch ein außerordentliches Kündigungsrecht ersetzt wurde (→ § 139 Rn. 23), ist Abs. 1 Nr. 2 mangels abweichender Regelung der Kündigungsfolgen anwendbar. 7

Im Fall des Abs. 1 Nr. 2 scheidet der kündigende Gesellschafter nach Abs. 3 mit Ablauf der Kündigungsfrist aus. Wenn der Gesellschaftsvertrag eine Kündigung aus wichtigem Grund vorsieht, bewirkt der Zugang der Kündigungserklärung an die Mitgesellschafter das Ausscheiden des Kündigenden. 8

3. Insolvenz eines Gesellschafters. Ein Gesellschafter, über dessen Vermögen das Insolvenzverfahren eröffnet wird, scheidet aus der Gesellschaft aus. Da Abs. 1 abweichende vertragliche Regelungen gestattet, können die Gesellschafter stattdessen die Auflösung der Gesellschaft vereinbaren. Dagegen ist eine Vereinbarung unzulässig, nach der die Gesellschaft mit dem insolventen Gesellschafter fortgesetzt wird, da sonst der Gesellschaftsanteil nicht für die Verwertung zur Verfügung stünde.[14] 9

Für den Zeitpunkt des Ausscheidens ist die **Eröffnung des Insolvenzverfahrens** maßgeblich. Wird die Eröffnung mangels Masse abgelehnt, so scheidet der Gesellschafter nicht aus. Dasselbe gilt, wenn nur vorläufige Maßnahmen nach § 21 InsO angeordnet werden.[15] Den Abfindungsanspruch des ausgeschiedenen Gesellschafters macht der Insolvenzverwalter geltend. Da der Abfindungsanspruch im Grunde bereits vor Insolvenzeröffnung entstanden ist, kann die Gesellschaft mit Gegenansprüchen ungeachtet des § 96 Nr. 1 InsO aufrechnen.[16] 10

Ob Abs. 1 Nr. 3 auf Fälle der **Nachlassinsolvenz** anzuwenden ist, ist umstritten. Zu § 131 Nr. 5 in der Fassung vor dem HRRefG 1998 hat der BGH eine Gleichstellung abgelehnt. Übertragen auf die heutige Rechtslage lautete die Argumentation, dass der Gesellschaftsanteil von der Nachlassinsolvenz nicht erfasst werde und auch eine Analogie zu § 131 Nr. 5 in der Fassung vor dem HRRefG 1998 nicht gerechtfertigt sei. Zwar könne der insolvente Gesellschafter mangels Vermögen den Gesellschaftsanteil nicht halten, das könne aber im Fall der Nachlassinsolvenz anders sein. Der Gesellschafter-Erbe sei unter Umständen in der Lage, unter Einsatz seines Privatvermögens den Anteil aus der Insolvenzmasse auszulösen. Der Insolvenzverwalter könne erforderlichenfalls analog § 135 aF – heute § 133 – die Gesellschaft kündigen, sodass die Interessen der Nachlassgläubiger gewahrt blieben.[17] Ein Teil der Lit. verneint dementsprechend ein Ausscheiden des Gesellschafter-Erben bei Eröffnung des Nachlassinsolvenzverfahrens.[18] Nach anderer Ansicht scheidet der Gesellschafter-Erbe bei Eröffnung des Nachlassinsolvenzverfahrens aus.[19] Einige Vertreter dieser Auffassung gestehen 11

[12] Hopt/Roth Rn. 11; Lutter/Grunewald § 20 Rn. 19; s. auch RGHMW/Haas Rn. 12 f.; **aA** Ebenroth/Boujong/Lorz Rn. 13; Staub/Schäfer Rn. 13, die die Interessen der Mitgesellschafter durch das Ausschließungsrecht nach § 140 schützen wollen.

[13] Bork/Jacoby ZGR 2005, 611 (647, 649); Ebenroth/Boujong/Lorz Rn. 11; MüKoHGB/Fleischer § 138 Rn. 55; **aA** Frey/v. Bredow ZIP 1998, 1621 (1622 ff.).

[14] Schlitt NZG 1998, 580 (584); MHdB GesR I/Schulte § 104 Rn. 24; **aA** für den Fall des Ausscheidens eines Kommanditisten Voigt NZG 2007, 695; Markgraf/Remuta NZG 2014, 81 (82 ff.); dagegen krit. Göcke NZG 2009, 211.

[15] *NK-HGB/Heidel* Rn. 27 f.; Staub/Schäfer Rn. 22; **aA** für den Fall der Ablehnung der Eröffnung des Insolvenzverfahrens mangels Masse MüKoHGB/Fleischer Rn. 29.

[16] MHdB GesR I/Schulte § 104 Rn. 24.

[17] BGH 30.4.1984, BGHZ 91, 132 (138) = NJW 1984, 2104 (2105).

[18] Ebenroth/Boujong/Lorz Rn. 20; MHdB GesR I/Schulte/Hushahn § 104 Rn. 26; Staub/Schäfer Rn. 23. Noch zur alten Rechtslage Flume NJW 1988, 161 (162); Stodolkowitz FS Kellermann, 1991, 439 (454); Ulmer/Schäfer ZHR 160 (1996), 413 (438).

[19] K. Schmidt FS Uhlenbruck, 2000, 655 (665 ff.); Hopt/Roth Rn. 13; MüKoHGB/Fleischer Rn. 26; RGHMW/Haas Rn. 23.

dem Gesellschafter-Erben jedoch das Recht zu, von den Mitgesellschaftern den Verbleib in der Gesellschaft fordern zu können, wenn er den Anteil durch Zahlung aus seinem Privatvermögen aus der Nachlassinsolvenz auslöst.[20] Für die zuletzt genannte Auffassung spricht die Einordnung des Gesellschaftsanteils als Nachlassgegenstand (→ § 131 Rn. 6), wodurch er zum Verwaltungsgegenstand in der Nachlassinsolvenz wird.[21] Der entscheidende Unterschied der Nachlassinsolvenz gegenüber der Insolvenz des Gesellschafters liegt jedoch darin, dass der Gesellschafter-Erbe möglicherweise den Gesellschaftsanteil auslösen kann. Dann würde der Anteil im Interesse der Nachlassinsolvenzgläubiger verwertet und dem Sinn des Abs. 1 Nr. 3 ohne Ausscheiden des Gesellschafter-Erben Genüge getan. Löst der Erbe den Anteil nicht aus, so kann der Insolvenzverwalter analog § 133 vorgehen.

12 Den Streit darüber, ob bei einer GmbH & Co. KG die insolvente Komplementär-GmbH nach Abs. 1 Nr. 3 ausscheidet, wenn über das Vermögen der KG ebenfalls das Insolvenzverfahren eröffnet wurde **(Simultaninsolvenz),**[22] hat der Gesetzgeber mit dem MoPeG beigelegt. Gemäß § 179 S. 1 Nr. 1 findet Abs. 1 Nr. 3 in diesem Fall keine Anwendung. Dasselbe gilt nach § 179 S. 1 Nr. 2, wenn die Voraussetzungen für die Eröffnung des Insolvenzverfahrens über das Vermögen der Kommanditgesellschaft erfüllt sind und ein Antrag auf die Eröffnung des Insolvenzverfahrens gestellt ist. Wird in diesem Fall der Antrag mangels Masse abgewiesen, treten gem. § 179 S. 1 die Wirkungen des Abs. 1 Nr. 3 mit dem Eintritt der Rechtskraft der Abweisungsentscheidung ein.

13 **4. Kündigung durch einen Privatgläubiger.** Das Kündigungsrecht des Privatgläubigers eines Gesellschafters ist in § 133 geregelt. Wie im Fall des Abs. 1 Nr. 2 regelt Abs. 1 Nr. 4 nur die Rechtsfolgen einer anderweitig eingeräumten Kündigung. Infolge der Kündigung scheidet der betroffenen Gesellschafter aus der Gesellschaft aus, der Privatgläubiger erhält so die Möglichkeit, sich aus dem Abfindungsanspruch des Schuldner-Gesellschafters zu befriedigen (→ § 133 Rn. 12 f.).

14 **5. Gerichtliche Entscheidung über Ausschließungsklage.** § 134 sieht die Möglichkeit einer Ausschließungsklage vor, wenn in der Person eines Gesellschafters ein wichtiger Grund eintritt. Abs. 1 Nr. 5 regelt das Ausscheiden des betroffenen Gesellschafters mit der gerichtlichen (klagestattgebenden) Entscheidung über die Ausschließungsklage.

15 **6. Gesellschaftsvertraglich vereinbarte Gründe.** Nach Abs. 2 können die in Abs. 1 genannten Gründe durch gesellschaftsvertragliche Vereinbarungen ergänzt werden. Da das Ausscheiden sich automatisch mit Eintritt des vereinbarten Ereignisses vollzieht, muss der vereinbarte Grund für das Ausscheiden **hinreichend bestimmt** sein.[23] Da eine Vereinbarung über das Ausscheiden, die an Gründe im Verhalten oder in der Person der Gesellschafter anknüpft, ähnliche Wirkungen wie eine Hinauskündigungsklausel entfalten kann, sind die Zulässigkeitsschranken, die für Ausschlussklauseln entwickelt wurden, auch hier zu beachten (→ § 134 Rn. 45 ff.).[24] Dafür spricht auch, dass der Gesetzgeber des HRRefG im Jahre 1998 zu § 131 Abs. 3 Nr. 5 aF ausdrücklich erklärt hat, er wolle die Ausschließung von Gesellschaftern durch vertragliche Vereinbarung oder Beschluss materiell nicht erleichtern.[25]

IV. Zeitpunkt des Ausscheidens

16 Den Zeitpunkt des Ausscheidens regelt **Abs. 3.** Maßgeblich ist der Eintritt des den Gesellschafter betreffenden Ausscheidensgrundes. Im Fall der Kündigung scheidet der Gesellschafter nicht vor Ablauf der Kündigungsfrist aus, im Fall der erfolgreichen die Ausschließungsklage nicht vor Rechtskraft des stattgebenden Urteils.

V. Rechtsfolgen des Ausscheidens

17 **1. Anwendbare Vorschriften.** Die Rechtsfolgen des Ausscheidens eines Gesellschafters richten sich nach § 712 Abs. 1 BGB und den §§ 135, 136. § 135 gestattet ausdrücklich abweichende Vereinbarungen. Auch § 136 ist als abdingbar anzusehen.[26]

---

[20] Hopt/Roth Rn. 13.

[21] MüKoHGB/Fleischer Rn. 26.

[22] S. zur Diskussion vor dem Inkrafttreten des MoPeG Oetker/Kamanabrou, 7. Aufl. 2021, § 131 Rn. 32.

[23] Wiedemann GS Lüderitz, 2000, 839 (847); BeckOGK/Michel, 1.2.2025, Rn. 41; MüKoHGB/Fleischer Rn. 42.

[24] Hopt/Roth Rn. 15; Ebenroth/Boujong/Lorz Rn. 25; Staub/Schäfer Rn. 31; **aA** MüKoHGB/Fleischer Rn. 43; ferner MHdB GesR I/Schulte § 104 Rn. 31, der das Erfordernis des sachlichen Grundes durch das der Bestimmtheit ersetzt sieht.

[25] Begr. RegE, BT-Drs. 13/8444, 66.

[26] S. zu § 739 BGB aF BeckOGK-BGB/Koch, 1.1.2023, § 739 Rn. 2.

2. Beendigung der Mitgliedschaft, Fortsetzung der Gesellschaft. Mit dem Ausscheiden aus der Gesellschaft endet die Mitgliedschaft des betroffenen Gesellschafters. Sämtliche Gesellschafterrechte und -pflichten entfallen. Den Gesellschafter können allerdings noch nachvertragliche Treupflichten treffen. Die Gesellschaft wird unter den übrigen Gesellschaftern fortgesetzt. Das Ausscheiden des Gesellschafters führt allerdings zur Auflösung der Gesellschaft, wenn der einzige Komplementär einer KG ausscheidet (→ § 138 Rn. 17) oder die Auflösung vertraglich vorgesehen ist. Die Gesellschaft erlischt, wenn nach dem Ausscheiden eines oder mehrerer Gesellschafter nur noch ein Gesellschafter übrig ist (→ § 138 Rn. 3). 18

3. Anwachsung des Anteils am Gesellschaftsvermögen. Der Anteil des ausscheidenden Gesellschafters am Gesellschaftsvermögen wächst den übrigen Gesellschaftern nach § 712 Abs. 1 BGB automatisch zu. Die Anteile der Mitgesellschafter erhöhen sich entsprechend ihrer bisherigen Beteiligung, ohne dass es dafür eines gesonderten Übertragungsaktes bedürfte.[27] Die jüngere Lit. sieht in der Anwachsung keine Rechtsänderung hinsichtlich des Gesellschaftsvermögens. Das Gesellschaftsvermögen stehe nicht den Gesellschaftern, sondern der Gesellschaft zu. Die Zuordnung des Vermögens zur Gesellschaft ändere sich durch das Ausscheiden nicht.[28] 19

Die Anwachsung kann zwar gesellschaftsvertraglich nicht ausgeschlossen werden. Mit einer in der Lit. vertretenen Ansicht ist jedoch die Möglichkeit anzuerkennen, die Anwachsung vertraglich insofern abweichend zu regeln, dass der Anteil nur einzelnen Gesellschaftern anwächst.[29] Die Unabdingbarkeit des § 712 Abs. 1 BGB steht dem nicht entgegen. Nicht dispositiv ist lediglich der in der Norm enthaltene Grundsatz, dass das Ausscheiden keine Übertragung von Gesellschaftsvermögen bewirkt. Eine **Vereinbarung über die Anwachsungsfolgen** beeinträchtigt dieses Prinzip nicht.[30] 20

Keine Anwachsung nach § 712 Abs. 1 BGB, sondern ein Vermögensübergang im Wege der Gesamtrechtsnachfolge findet statt, wenn die Gesellschaft liquidationslos erlischt, weil nur noch ein Gesellschafter übrig bleibt.[31] 21

4. Rückgabe von Gegenständen. Der Ausgeschiedene kann Rückgabe der Gegenstände verlangen, die er der Gesellschaft zur Nutzung überlassen hat. Auf eine entsprechende gesetzliche Regelung hat der Gesetzgeber mit dem MoPeG verzichtet. Der Rückgabeanspruch verstehe sich nach der zugrundeliegenden Vereinbarung von selbst. Dasselbe gelte für die gesetzliche Klarstellung des § 732 S. 2 BGB aF, dass mangels Verschuldens bei Untergang oder Verschlechterung des überlassenen Gegenstands ein Schadensersatzanspruch ausscheidet.[32] Der Gesellschafter kann aus der gesellschaftsrechtlichen Treuepflicht verpflichtet sein, der Gesellschaft dringend benötigte Sachen gegen ein Nutzungsentgelt zu überlassen.[33] 22

Gegenstände, die der Gesellschafter an die Gesellschaft übereignet hat, sind nicht zurückzugeben. Hier greift mangels abweichender Vereinbarungen § 736d Abs. 5 BGB. Zurückzugeben sind dagegen Gegenstände, die **lediglich „dem Wert nach" eingebracht** wurden. Der Wert des Gegenstands wird dabei der Gesellschaft dadurch erhalten, dass er als Negativposten bei der Berechnung des Abfindungsanspruchs angesetzt wird. Wertveränderungen gehen zu Gunsten oder zu Lasten der Gesellschaft.[34] 23

Unter Umständen kann die Gesellschaft dem Rückgabeanspruch ein **Zurückbehaltungsrecht** entgegenhalten. Das kommt vor allem mit Blick auf Ansprüche der Gesellschaft aus § 136 in Betracht. Dabei hat der BGH angesichts der Schwierigkeiten bei der Aufstellung von Auseinandersetzungsbilanzen erwogen, ein Zurückbehaltungsrecht bereits dann anzuerkennen, wenn Anhaltspunkte bestehen, die mit großer Wahrscheinlichkeit darauf schließen lassen, dass der Gesellschafter im Endergebnis etwas nachzuzahlen hat. Dann muss aber die Gesellschaft unverzüglich die Abschichtungsbilanz erstellen, um dem Zurückbehaltungsrecht eine gesicherte Grundlage zu geben.[35] 24

---

[27] BeckOGK/Michel, 1.3.2025, Rn. 53; KKD/Kindler § 131 Rn. 9; NK-BGB/Hanke § 738 Rn. 5; RGHMW/Haas § 135 Rn. 4.

[28] K. Schmidt FS Huber, 2006, 969 (980); MüKoHGB/Fleischer Rn. 53 f.; Staub/Schäfer Rn. 41.

[29] Ebenroth/Boujong/Lorz Rn. 31; MüKoHGB/Fleischer Rn. 56; **aA** OLG Hamm 6.3.1985, Rpfleger 1985, 289.

[30] MHdB GesR I/Schulte § 38 Rn. 3.

[31] Hopt/Roth Rn. 20; MüKoHGB/Fleischer Rn. 50; offen Ebenroth/Boujong/Lorz Rn. 32.

[32] Begr. RegE, BT-Drs. 19/27635, 175.

[33] BeckOK HGB/Lehmann-Richter, 47. Ed. 1.7.2025, Rn. 60; KKD/Kindler § 131 Rn. 9.

[34] Reinhardt DStR 1991, 588 (589); Berninger, Die Societas Quoad Sortem, 1994, 136 ff., 140, 141; MüKoHGB/Fleischer Rn. 59; Staub/Schäfer Rn. 42; **aA** BFH 20.1.1988, BFHE 152, 261; Grziwotz DStR 1992, 1365 (1366).

[35] BGH 29.6.1981, NJW 1981, 2802 = DB 1981, 1975.

25 **5. Schuldbefreiung und Haftung für Fehlbetrag.** Die Ansprüche des ausscheidenden Gesellschafters auf Schuldbefreiung und Zahlung einer Abfindung regelt § 135 (→ § 135). Seine Haftung für Fehlbeträge normiert § 136 (→ § 136).

§ 131 Fortsetzung mit dem Erben; Ausscheiden des Erben

(1) Geht der Anteil eines verstorbenen Gesellschafters auf dessen Erben über, so kann jeder Erbe gegenüber den anderen Gesellschaftern antragen, dass ihm die Stellung eines Kommanditisten eingeräumt und der auf ihn entfallende Anteil des Erblassers als seine Kommanditeinlage anerkannt wird.

(2) Nehmen die anderen Gesellschafter einen Antrag nach Absatz 1 nicht an, ist der Erbe befugt, seine Mitgliedschaft in der Gesellschaft ohne Einhaltung einer Kündigungsfrist zu kündigen.

(3) [1]Die Rechte nach den Absätzen 1 bis 2 können von dem Erben nur innerhalb von drei Monaten nach dem Zeitpunkt, zu dem er von dem Anfall der Erbschaft Kenntnis erlangt hat, geltend gemacht werden. [2]Auf den Lauf der Frist ist § 210 des Bürgerlichen Gesetzbuchs entsprechend anzuwenden. [3]Ist bei Ablauf der drei Monate das Recht zur Ausschlagung der Erbschaft noch nicht verloren, endet die Frist nicht vor dem Ablauf der Ausschlagungsfrist.

(4) Scheidet innerhalb der Frist des Absatzes 3 der Erbe aus der Gesellschaft aus oder wird innerhalb der Frist die Gesellschaft aufgelöst oder dem Erben die Stellung eines Kommanditisten eingeräumt, so haftet er für die bis dahin entstandenen Gesellschaftsverbindlichkeiten nur nach Maßgabe der Vorschriften des bürgerlichen Rechts, welche die Haftung des Erben für die Nachlassverbindlichkeiten betreffen.

(5) [1]Der Gesellschaftsvertrag kann die Anwendung der Vorschriften der Absätze 1 bis 4 nicht ausschließen. [2]Jedoch kann für den Fall, dass der Erbe sein Verbleiben in der Gesellschaft von der Einräumung der Stellung eines Kommanditisten abhängig macht, sein Gewinnanteil anders als der des Erblassers bestimmt werden.

Schrifttum: Carlé, Die Fortsetzungs- und die einfache Nachfolgeklausel bei Personen-(handels-)gesellschaften in der Vertragspraxis, ErbStB 2009, 228; Carlé, Die qualifizierte Nachfolgeklausel bei Personen-(handels-)gesellschaften in der Vertragspraxis, ErbStB 2009, 287; Carlé, Die Teilnachfolge-, die Eintritts- und die Übernahmeklausel in der Beratungspraxis, ErbStB 2009, 358; Emmerich, Die Haftung des Gesellschaftererben nach § 139 HGB, ZHR 150 (1986), 193; Faust, Die Testamentsvollstreckung am Anteil eines persönlich haftenden Gesellschafters, DB 2002, 189; Götzenberger, Konsequenzen des neuen Erbschaftssteuer- und Bewertungsrechts bei Ausscheiden eines Gesellschafters aus einer Personen- oder Kapitalgesellschaft, BB 2009, 131; Kick, Die Haftung des Erben eines Personenhandelsgesellschafters, 1997; Krumm, Gesellschaftsvertragliche Abfindungsklauseln und erbschaftsteuerliche Schenkungsfiktion, NJW 2010, 187; Langner, Vor- und Nacherbschaft an Personengesellschaftsanteilen, 1999; Mohr, Abfindung an ausscheidende Gesellschafter, GmbH-StB 2010, 73; Muscheler, Die Haftungsordnung der Testamentsvollstreckung, 1994; Paschke, Nacherbenschutz in der Vorerben-Personengesellschaft, ZIP 1985, 129; Riedel, Gesellschaftsvertragliche Nachfolgeregelungen im Lichte der neuen Erbschaftssteuer, ZErb 2009, 2; Säcker, Gesellschaftsvertragliche und erbrechtliche Nachfolge in Gesamthandsmitgliedschaften, 1970; K. Schmidt, Kommanditisteneinlage und Haftsumme des Gesellschaftererben, ZGR 1989, 445; Tielmann, Die Vor- und Nacherbschaft als langfristige erbrechtliche Nachfolgeregelung eines persönlich haftenden Gesellschafters, 2001; Timmann, Vor- und Nacherbschaft innerhalb der zweigliedrigen OHG oder KG, 2000; Wiedemann, Die Übertragung und Vererbung von Mitgliedschaftsrechten bei Handelsgesellschaften, 1965; Windel, Über die Modi der Nachfolge in das Vermögen einer natürlichen Person beim Todesfall, 1998.

Übersicht

I. Allgemeines

1. Gestaltungsbedarf beim Tod eines Gesellschafters. Der Tod eines OHG-Gesellschafters oder eines Komplementärs einer KG führt nach § 130 Abs. 1 Nr. 1 zum Ausscheiden des Verstorbenen. Die Gesellschaft wird unter den übrigen Gesellschaftern fortgesetzt, die Erben erhalten als Nachlassbestandteil lediglich einen Abfindungsanspruch (→ § 130 Rn. 3). Diese gesetzliche Regelung der Folgen des Todes eines Gesellschafters stellt gegenüber der Rechtslage vor dem 1.7.1998 insofern einer Verbesserung dar, als der Tod eines Gesellschafters nicht mehr zur Auflösung der Gesellschaft führt. Die durch das HRRefG im Jahre 1998 geschaffene Fortsetzungssituation ist aber **in vielen Fällen** insoweit **nicht interessengerecht,** als die Erben des Verstorbenen nicht in die fortbestehende Gesellschaft eintreten. 1

2. Überblick über die Gestaltungsmöglichkeiten. Die Gesellschafter können abweichend von dieser gesetzlichen Regelung vorsehen, dass die Gesellschaft mit ihren Erben, mit einem Teil ihrer Erben oder mit anderen Personen fortgesetzt wird. Dazu müssen sie eine einfache oder qualifizierte Nachfolgeklausel (sog. **erbrechtliche Nachfolgeklauseln**), eine **rechtsgeschäftliche Nachfolgeklausel** oder eine **Eintrittsklausel** vereinbaren. Einfache Nachfolgeklauseln sollen die Fortsetzung der Gesellschaft mit allen Erben des verstorbenen Gesellschafters ermöglichen. Die so geschaffene Rechtslage entspricht der Regelung, die § 177 für den Anteil eines verstorbenen Kommanditisten vorsieht. Qualifizierte Nachfolgeklauseln erfassen nur einzelne Miterben einer Erbengemeinschaft. Rechtsgeschäftliche Nachfolgeklauseln und Eintrittsklauseln sollen eine Nachfolgeregelung außerhalb des Erbrechts gestatten. 2

Nachfolgeklauseln, die die Fortsetzung der Gesellschaft mit allen oder mit einzelnen Erben des verstorbenen Gesellschafters vorsehen, bewirken für sich allein den Eintritt des oder der Erben nicht. Solche Nachfolgeklauseln sorgen lediglich dafür, dass der Gesellschaftsanteil abweichend von § 130 Abs. 1 Nr. 1 vererblich gestellt wird. Die einzelnen Gesellschafter müssen zusätzlich dafür sorgen, ihre **Angelegenheiten erbrechtlich entsprechend zu regeln.** Dabei gibt die gesellschaftsvertragliche Abrede den Rahmen vor, innerhalb dessen erbrechtlich die Nachfolge gestaltet werden kann. Das Gesellschaftsrecht hat im Konfliktfall den Vorrang vor dem Erbrecht.[1] Ohne entsprechende Vereinbarung unter den Gesellschaftern kann ein Erbe nicht unmittelbar Nachfolger in den Gesellschaftsanteil des Verstorbenen werden.[2] Allerdings greift eine gesellschaftsvertraglich vorgesehene Nachfolgerege- 3

[1] Ebenroth/Boujong/Lorz Rn. 5; MHdB GesR I/Schäfer/Merkle § 41 Rn. 8.
[2] BGH 13.5.1985, NJW-RR 1986, 28 (29 f.) = WM 1985, 1229 (1230).

lung nicht, wenn der verstorbene Gesellschafter keine entsprechenden erbrechtlichen Anordnungen getroffen hat.[3]

4 **3. Überblick über den Inhalt des § 131.** § 131 greift ein, wenn der Gesellschaftsvertrag eine erbrechtliche Nachfolgeklausel enthält. Erforderlich ist also eine **einfache oder qualifizierte Nachfolgeklausel,** rechtsgeschäftliche Nachfolgeklauseln fallen ebenso wenig in seinen Anwendungsbereich wie Eintrittsklauseln.[4] Der Erbe, der aufgrund einer solchen Nachfolgeklausel und der entsprechenden erbrechtlichen Regelung zum Nachfolger des Verstorbenen berufen ist, hat nach § 131 Abs. 1 ein **Wahlrecht.** Er kann, wenn er die unbeschränkte Haftung scheut, seinen Verbleib in der Gesellschaft davon abhängig machen, dass er die Stellung eines Kommanditisten erhält. Für den Erben hat diese Regelung den Vorteil, dass er die Erbschaft nicht gänzlich auszuschlagen braucht, nur weil er nicht zum persönlich haftenden Gesellschafter werden will. Da eine Teilannahme oder -ausschlagung nach § 1950 S. 2 BGB nicht möglich ist, wäre ohne die Regelung des § 131 die gänzliche Ausschlagung die einzige Möglichkeit, der persönlichen Haftung als Gesellschafter zu entgehen.[5] Auch Wettbewerbsverbote und Geschäftsführungspflichten können den Erben bewegen, die Stellung als Kommanditist anzustreben.[6]

5 § 131 Abs. 1 gibt dem Erben aber keinen Anspruch darauf, die Rechtsstellung eines Kommanditisten eingeräumt zu bekommen. Die übrigen Gesellschafter können einen entsprechenden Antrag mangels anderweitiger Vereinbarung ablehnen. Der Erbe kann dann nach Abs. 2 aus der Gesellschaft ausscheiden. Wenn der Erbe innerhalb der Frist des Abs. 3 die Stellung als Kommanditist erlangt oder aus der Gesellschaft ausscheidet, ist seine **Haftung** für die Altschulden der Gesellschaft nach Abs. 4 **beschränkt.**

II. Einfache Nachfolgeklauseln

6 **1. Allgemeines.** Die einfache Nachfolgeklausel **stellt den Gesellschaftsanteil** des OHG-Gesellschafters oder des Komplementärs einer KG **vererblich** und greift damit die für den Kommanditanteil nach § 177 geltende Regelung auf. Die Nachfolgeklausel bewirkt, dass die Erben des verstorbenen Gesellschafters kraft Erbrechts in die Gesellschaft eintreten. Es bedarf dazu keiner Erklärung oder gar Zustimmung durch die übrigen Gesellschafter.[7] Es handelt sich nicht um eine rechtsgeschäftliche Verfügung über den Anteil. Der Anteil geht vielmehr erbrechtlich über, er wird **Nachlassbestandteil.**[8]

7 **2. Sondererbfolge.** Wenn der verstorbene Gesellschafter mehrere Erben hat, geht der Gesellschaftsanteil im Wege der **Sondererbfolge** auf sie über.[9] Da die Erbengemeinschaft nicht Mitglied einer werbenden Personengesellschaft sein kann,[10] liegt die Lösung in einer Singularsukzession der einzelnen Erben, wobei die Höhe der Beteiligung sich nach der Erbquote richtet.[11] An die Stelle des ungeteilten Anfalls des Anteils an die Erbengemeinschaft tritt eine unmittelbare Aufspaltung des Anteils. Es vollzieht sich kraft Gesetzes eine Teilerbauseinandersetzung.[12] Diese Sondererbfolge hindert nach inzwischen hM die Einordnung der Mitgliedschaft als Nachlassbestandteil nicht.[13]

8 Nicht erforderlich ist eine solche Sonderzuordnung des Gesellschaftsanteils in den Fällen, in denen der verstorbene Gesellschafter nur von einer Person beerbt wird.[14] Zwar hat der BGH mit Blick auf

[3] Staub/Schäfer Rn. 8. Vgl. BGH 10.2.1977, BGHZ 68, 225 (235) = NJW 1977, 1339 (1342). Vgl. auch MHdB GesR I/Schäfer/Merkle § 41 Rn. 8.

[4] Hopt/Roth Rn. 6; Ebenroth/Boujong/Lorz Rn. 4; RGHMW/Haas Rn. 37.

[5] NK-HGB/Koch-Sembdner Rn. 2; MüKoHGB/Fleischer Rn. 14 f.; Staub/Schäfer Rn. 1.

[6] MüKoHGB/Fleischer Rn. 14; Staub/Schäfer Rn. 1.

[7] Ebenroth/Boujong/Lorz Rn. 7; Heymann/Freitag § 139 Rn. 1, 8. Vgl. BGH 21.12.1970, BGHZ 55, 267 (269) = NJW 1971, 1268.

[8] BGH 14.5.1986, BGHZ 98, 48 (52) = NJW 1986, 2431 (2432).

[9] BGH 3.7.1989, BGHZ 108, 187 (192) = NJW 1989, 3152 (3153); 10.2.1977, BGHZ 68, 225 (237) = NJW 1977, 1339 (1342); MüKoHGB/Fleischer Rn. 33; MHdB GesR I/Schäfer/Merkle § 42 Rn. 53.

[10] BGH 10.2.1977, BGHZ 68, 225 (237) = NJW 1977, 1339 (1342); Heymann/Freitag § 139 Rn. 10; Henssler/Strohn/Klöhn Rn. 19; K. Schmidt GesR § 45 V 4a; **aA** Börner AcP 166 (1966), 426 ff.; Kruse FS Laufke, 1972, 179 (184 ff.); Grunewald/Müller GesR § 1 Rn. 160 f.

[11] BGH 23.9.2002, DB 2002, 2526 (2527) = BeckRS 2002, 8813; 14.5.1986, BGHZ 98, 48 (50) = NJW 1986, 2431 (2432); 10.2.1977, BGHZ 68, 225 (237 f.) = NJW 1977, 1339 (1342); Ebenroth/Boujong/Lorz Rn. 10; Heymann/Freitag § 139 Rn. 10.

[12] Ebenroth/Boujong/Lorz Rn. 10; MüKoHGB/Fleischer Rn. 33; Staub/Schäfer Rn. 45.

[13] BGH 12.1.1998, NJW 1998, 1313 f. = NZG 1998, 221; Ebenroth/Boujong/Lorz § 139 Rn. 11; MüKoHGB/Fleischer Rn. 32, jeweils mwN.

[14] Ebenroth/Boujong/Lorz Rn. 13; MüKoHGB/Fleischer Rn. 35; Staub/Schäfer Rn. 44. Vgl. BGH 14.5.1986, BGHZ 98, 48 (51) = NJW 1986, 2431 (2432).

Nachlassverwaltung und Testamentsvollstreckung entschieden, dass es auch im Fall eines **Alleinerben** zur Sonderrechtsnachfolge kommt.[15] Zu Recht wird jedoch eingewandt, dass es der Sondererbfolge bei Alleinerbschaft nicht bedarf.[16]

3. Erbenstellung. Die einfache Nachfolgeklausel erfasst alle Personen, die Erben des verstorbenen Gesellschafters geworden sind. Ob die Erben gesetzliche Erben sind oder ihre Erbenstellung durch einen Gestaltungsakt erhalten haben, ist irrelevant.[17] Die Nachfolgeklausel erstreckt sich auch auf den Ersatzerben nach § 2096 BGB und – nach Eintritt des Nacherbfalls – auf den Nacherben iSd § 2100 BGB.[18] Dagegen wird der **Scheinerbe** nicht zum Gesellschafter.[19] Allerdings muss der wahre Erbe unter Umständen Rechtshandlungen des Scheinerben gegen sich gelten lassen. Dabei kommt es darauf an, ob der Scheinerbe einen Erbschein vorgelegt hat oder nicht. Wenn der Scheinerbe einen Erbschein vorlegt, können die übrigen Gesellschafter sich nach § 2367 BGB dem wahren Erben gegenüber hins. bereits erfolgter Leistungen und rechtsgeschäftlicher Vereinbarungen auf den öffentlichen Glauben des Erbscheins berufen.[20] 9

Ein **minderjähriger Erbe** wird infolge einer einfachen Nachfolgeklausel Gesellschafter, ohne dass es einer Genehmigung durch das Familiengericht bedarf. Das folgt aus dem automatischen Eintritt in die Gesellschafterstellung. Bei dieser Art und Weise des Eintritts handelt es sich weder um einen Fall des § 1852 Nr. 2 BGB noch um die rechtsgeschäftliche Übernahme der Haftung für fremde Verbindlichkeiten iSd § 1854 Nr. 4 BGB.[21] 10

Der Minderjährige kann nach **§ 1629a Abs. 1 BGB** mit Eintritt der Volljährigkeit die Beschränkung der Haftung auf das in diesem Zeitpunkt vorhandene Vermögen geltend machen. Zur Kündigung der Gesellschaft durch den volljährig gewordenen Gesellschafter → § 132 Rn. 18 f. Eine Erweiterung des Wahlrechts des § 131 auf den Zeitpunkt des Eintritts der Volljährigkeit eines minderjährigen Nachfolgers ist nicht erfolgt.[22] 11

4. Nicht dinglich wirkende Gestaltung. Wenn der verstorbene Gesellschafter seinen Anteil nicht seinen Erben, sondern einem **Vermächtnisnehmer** hinterlassen hat, kann dieser auch bei Vorliegen einer Nachfolgeklausel nicht unmittelbar in die Gesellschaft eintreten, da es ihm an der Erbenstellung fehlt. Der Vermächtnisnehmer kann von den Erben lediglich nach § 2174 BGB die Übertragung des Anteils verlangen. Die Übertragung des Anteils bedarf der Zustimmung aller Mitgesellschafter, wenn sie nicht im Gesellschaftsvertrag unter geringeren Anforderungen zugelassen ist.[23] Wenn kein Ablehnungsgrund besteht, sind die Mitgesellschafter verpflichtet, die Zustimmung zu erteilen.[24] Außerdem kann eine einfache Nachfolgeklausel unter Umständen dahingehend ausgelegt werden, dass sie eine vorweggenommene Zustimmung der Mitgesellschafter zur Übertragung des Anteils auf den Vermächtnisnehmer enthält, denn immerhin hätte der verstorbene Gesellschafter den Vermächtnisnehmer auch als Alleinerben einsetzen können.[25] 12

Eine **Teilungsanordnung** nach § 2048 BGB entfaltet ebenfalls keine dingliche Wirkung. Der Gesellschaftsanteil geht nicht automatisch auf den vom Erblasser bestimmten Erben über, sondern muss auf diesen übertragen werden. Das ergibt sich aus der Reichweite der Teilungsanordnung, die nur das Verhältnis der Erben untereinander bestimmt, sich aber nicht auf das Gesellschaftsverhältnis auswirkt. Will der Erblasser bei einfacher Nachfolgeklausel den direkten Übergang des Anteils erreichen, so muss er den gewünschten Nachfolger als Alleinerben einsetzen.[26] Hat er lediglich eine 13

---

[15] BGH 30.4.1984, BGHZ 91, 132 (137) = NJW 1984, 2104 (2105); bestätigt in 12.1.1998, NJW 1998, 1313 (1314) = NZG 1998, 221.

[16] Ebenroth/Boujong/Lorz Rn. 13; MüKoHGB/Fleischer Rn. 35; Staub/Schäfer Rn. 44.

[17] BeckOK HGB/Lehmann-Richter, 47. Ed. 1.7.2025, Rn. 6.

[18] Göbel DNotZ 1979, 133 (144); Ebenroth/Boujong/Lorz Rn. 8; Staub/Schäfer Rn. 33.

[19] Ebenroth/Boujong/Lorz Rn. 8; MüKoHGB/Fleischer Rn. 69; Staub/Schäfer Rn. 41; **aA** Konzen ZHR 145 (1982), 29 (61 ff.); Roloff, Der Scheinerbe eines Personengesellschafters, 1969, 23 ff.

[20] S. näher Staub/Schäfer Rn. 42 f.

[21] BGH 25.9.1972, BB 1972, 1474 (1475) = BeckRS 1972, 31121567; 21.12.1970, BGHZ 55, 267 (269) = NJW 1971, 1268; Reimann DNotzZ 1999, 179 (194); Hopt/Roth Rn. 12; BeckOGK/Müller/Godron, 1.1.2024, Rn. 82; NK-HGB/Koch-Sembdner Rn. 7.

[22] S. zu einem entsprechenden Vorschlag Wolf AcP 187 (1987), 319 (339). S. auch Reimann DNotZ 1999, 179 (207 f.).

[23] Ebenroth/Boujong/Lorz Rn. 16; MüKoHGB/Fleischer Rn. 38.

[24] MüKoHGB/Fleischer Rn. 38; MHdB GesR I/Schäfer/Merkle § 109 Rn. 10, § 42 Rn. 26.

[25] Ebenroth/Boujong/Lorz Rn. 16; MüKoHGB/Fleischer Rn. 38.

[26] Göbel DNotZ 1979, 133 (144 f.); Ebenroth/Boujong/Lorz Rn. 17; MüKoHGB/Fleischer Rn. 38; **aA** Priester DNotZ 1977, 558 (561); MHdB GesR I/Schäfer/Merkle § 109 Rn. 20 f., § 42 Rn. 25; wohl auch Wiedemann, Die Übertragung und Vererbung von Mitgliedschaftsrechten bei Handelsgesellschaften, 1965, 220.

Teilungsanordnung getroffen, gelten für die Übertragung des Anteils die Ausführungen zu Zustimmungsfragen in → Rn. 12 entsprechend.

14 **5. Rechtsfolgen des Eintritts.** Wenn ein Erbe kraft Nachfolgeklausel und korrespondierender erbrechtlicher Stellung in die Gesellschaft eintritt, gelten für ihn die für den Vorgänger geltenden Befugnisse zur **Geschäftsführung** und **Vertretung,** wenn diese Rechte nicht in besonderer Weise an die Person des Verstorbenen geknüpft waren. Um die Reichweite der entsprechenden gesellschaftsvertraglichen Regelungen zu ermitteln, ist der Vertrag auszulegen.[27] Aus der Perspektive der übrigen Gesellschafter kann sich die damit eventuell verbundene Zersplitterung von Mitgliedschaftsrechten als hinderlich für die Beschlussfassung darstellen. Dem kann gesellschaftsvertraglich in gewissen Grenzen durch eine **Vertreterklausel** entgegengewirkt werden, die die eintretenden Gesellschafter verpflichtet, ihre Rechte durch einen gemeinsamen Vertreter auszuüben. Diese Klausel darf allerdings nicht in den Kernbereich der Mitgliedschaft der betroffenen Gesellschafter eingreifen.[28] Für die Praxis ergibt sich eine weitere Unsicherheit daraus, dass der BGH die Frage der Zulässigkeit von Vertreterklauseln bisher nur für Klauseln entschieden hat, die sich auf Kommanditisten bezogen. Ob eine solche Klausel auch gegenüber persönlich haftenden Gesellschaftern zulässig ist, hat das Gericht offengelassen.[29]

15 Bei einer einfachen Nachfolgeklausel entstehen keine **Abfindungsansprüche** von Erben gegen die Gesellschaft, da die Erben ja sämtlich zur Nachfolge berufen sind. Nachfolgende Erben können sich aber **Pflichtteilsansprüchen** von Personen ausgesetzt sehen, die von der Erbfolge ausgeschlossen wurden. Bei der Bewertung des Nachlasses zur Berechnung des Pflichtteils im Rahmen des § 2311 BGB ist grundsätzlich der Verkehrswert des Gesellschaftsanteils anzusetzen.[30] Daraus ergeben sich dann Probleme, wenn der Gesellschaftsvertrag eine Abfindungsvereinbarung vorsieht, aus der sich ein Abfindungsanspruch ergibt, der unter dem Verkehrswert liegt (zu Abfindungsklauseln → § 135 Rn. 22 ff.). Der Erbe könnte sich dann dem Pflichtteilsanspruch unter Berücksichtigung des Verkehrswerts des Anteils ausgesetzt sehen, obwohl er selbst bei Ausscheiden aus der Gesellschaft nur nach einem geringeren Wert abgefunden wird. Umgekehrt wird der Pflichtteilsberechtigte nicht wie gesetzlich vorgesehen am vollen Wert des Nachlasses beteiligt, wenn sein Anspruch unter Berücksichtigung der Abfindungsklausel ermittelt wird.[31] Aus den zahlreichen Lösungsvorschlägen[32] hat sich eine hM herauskristallisiert, die zwar grundsätzlich vom Verkehrswert des Gesellschaftsanteils ausgeht, von diesem aber Abschläge zulässt, um so den objektiv geringeren Wert des Anteils zu berücksichtigen.[33] Für diese Auffassung spricht auch, dass sie sich in Einklang mit der Rspr. des BGH zur Bewertung von Vermögen im Rahmen des Zugewinnausgleichs (§ 1376 BGB) befindet.[34] Ein Teil der Lit. schlägt aber zu Recht eine Einschränkung dieser Auffassung vor, wenn der Erbe innerhalb der Frist des Abs. 3 aus der Gesellschaft ausscheidet. In diesen Fällen ist der Zusammenhang zwischen Erbschaftsanfall, Ausscheiden und Wertberechnung für die Abfindung sowie für den Pflichtteilsanspruch zu eng, als dass verschiedene Werte zugrundegelegt werden könnten.[35]

III. Qualifizierte Nachfolgeklauseln

16 **1. Allgemeines.** Die qualifizierte Nachfolgeklausel stellt ebenso wie die einfache Nachfolgeklausel den Gesellschaftsanteil vererblich. Allerdings wird der Erblasser durch die in der Klausel enthalte-

[27] BGH 25.5.1964, BGHZ 41, 367 (368) = NJW 1964, 1624; 6.11.1958, NJW 1959, 192; Wiedemann, Die Übertragung und Vererbung von Mitgliedschaftsrechten bei Handelsgesellschaften, 1965, 73 ff.

[28] BGH 6.10.1992, BGHZ 119, 346 (354 f.) = NJW 1993, 1265 (1266 f.); K. Schmidt ZHR 146 (1982), 525 (533 f.); Ebenroth/Boujong/Lorz Rn. 18; MHdB GesR I/Schäfer/Merkle § 106 Rn. 26, § 42 Rn. 101.

[29] BGH 12.12.1966, BGHZ 46, 291 (297) = NJW 1967, 826 (827). Gegen die Zulässigkeit einer solchen Beschränkung der Rechte persönlich haftender Gesellschafter MüKoBGB/Gergen BGB § 2032 Rn. 78.

[30] Heckelmann, Abfindungsklauseln in Gesellschaftsverträgen, 1973, 199; Ebenroth/Boujong/Lorz Rn. 9; MüKoBGB/Lange BGB § 2311 Rn. 58.

[31] MüKoBGB/Lange BGB § 2311 Rn. 60.

[32] Ausf. zu den unterschiedlichen Ansichten MüKoBGB/Lange BGB § 2311 Rn. 60; Staub/Schäfer Rn. 159 ff.

[33] Ebenroth/Boujong/Lorz Rn. 9; MHdB GesR I/Schäfer/Merkle § 111 Rn. 17, § 44 Rn. 25; Staub/Schäfer Rn. 162. Gegen Abschläge Heinrich/Brunk DB 1973, 1003 (1005); Zimmermann BB 1969, 965 (967 ff.); Hopt/Roth Rn. 13. Für die Wertermittlung auf der Grundlage des Abfindungswerts Sudhoff DB 1968, 648 (652); Huber, Vermögensanteil, Kapitalanteil und Gesellschaftsanteil an Personengesellschaften des Handelsrechts, 1970, 347; Wiedemann, Die Übertragung und Vererbung von Mitgliedschaftsrechten bei Handelsgesellschaften, 1965, 218.

[34] Dazu BGH 1.10.1986, NJW 1987, 321 (322) = DNotZ 1987, 30 (304); 10.10.1979, BGHZ 75, 195 (201 f.) = NJW 1980, 229 (230 f.).

[35] Eiselt NJW 1981, 2447 (2449); Ulmer ZGR 1972, 324 (342 f.); Ebenroth/Boujong/Lorz Rn. 9; MHdB GesR I/Schäfer/Merkle § 111 Rn. 17, § 44 Rn. 25.

nen Vorgaben in der Bestimmung seines Nachfolgers beschränkt. Die qualifizierte Nachfolgeklausel ermöglicht den Übergang des Gesellschaftsanteils an **einen oder einzelne Erben,** ggf. vorhandene Miterben, die die Klausel nicht erfasst, werden ausgegrenzt. Die qualifizierte Nachfolgeklausel kann die begünstigungsfähigen Personen namentlich benennen oder personenunabhängig Anforderungen an Eigenschaften (wie zB das Alter), Qualifikation oÄ stellen.[36] Wie die Auswahl des Personenkreises erfolgt, hängt von den mit der Klausel verfolgten Zwecken ab. So kann zB das Interesse der Gesellschafter, die Beteiligung in der Familie zu halten, durch eine entsprechende Beschränkung gewahrt werden. Im Vordergrund kann aber auch das Interesse der Gesellschaft stehen, eine Vervielfältigung der Anteile zu vermeiden, dann geht es vor allem um eine zahlenmäßige Beschränkung. Die Klausel muss aber jedenfalls so bestimmt sein, dass im Erbfall feststeht, wer zum Nachfolger berufen ist.[37]

Die Nachfolgeklausel kann für den Erbfall eine **Umwandlung** des Gesellschaftsanteils in einen Kommanditanteil vorsehen. In diesem Fall wird der zur Nachfolge Berufene im Erbfall unmittelbar zum Kommanditisten, Erklärungen seinerseits oder der übrigen Gesellschafter sind nicht erforderlich.[38] Dabei kann der Gesellschaftsvertrag für mehrere zur Nachfolge berufene Erben unterschiedliche Beteiligungen in der Art vorsehen, dass einige Erben in die Komplementärstellung einrücken, andere zu Kommanditisten werden.[39] Wenn der Erblasser nicht festlegt, welcher seiner Erben als Komplementär eintreten soll, werden nicht etwa alle Erben zu Kommanditisten. Vielmehr können dann die Erben bestimmen, wer von ihnen als persönlich haftender Gesellschafter eintreten soll.[40] 17

2. Sonderzuordnung des Anteils. Wie bei der einfachen Nachfolgeklausel kann nur derjenige durch die qualifizierte Nachfolgeklausel im Fall des Todes des Erblassers unmittelbar den Gesellschaftsanteil erwerben, der Erbe ist. Ist eine Person in der Klausel ausdrücklich benannt, die nicht Erbe ist, so kann der Gesellschaftsanteil nicht erbrechtlich übergehen (zu der dann erforderlichen ergänzenden Auslegung → Rn. 25). Ist der zur Nachfolge Berufene nicht Alleinerbe, so fällt dennoch ihm der Gesellschaftsanteil direkt und in voller Höhe zu. Sind einzelne Miterben zur Nachfolge berufen, gilt Entsprechendes. Auf die quotale Beteiligung am sonstigen Nachlass kommt es für den Übergang des Gesellschaftsanteils nicht an, der Anteil geht vielmehr im Weg der **Sondererbfolge** auf den oder die Begünstigten über.[41] Dass dem zur Nachfolge berufenen Erben vom Gesamtnachlass nicht mehr zusteht als seiner Erbquote entspricht, hindert nicht, ihm einen über diese Quote hinausgehenden Teil des Gesellschaftsanteils zuzusprechen.[42] Zum Vermächtnisnehmer → Rn. 12. 18

Möglich ist allerdings auch eine **kombinierte Nachfolge- und Fortsetzungsklausel,** nach der der im Sinne der Klausel zur Nachfolge Qualifizierte den Gesellschaftsanteil nur zu dem Teil erhält, der seiner Erbquote entspricht. Der Rest wächst den übrigen Gesellschaftern an, die dann die Miterben abzufinden haben.[43] 19

Wenn in der Nachfolgeklausel eine bestimmte Person benannt ist, die im Zeitpunkt des Erbfalls bereits verstorben ist, kann möglicherweise ein **Ersatzerbe** zum Nachfolger berufen sein. Ob das der Fall ist, ist durch Auslegung des Gesellschaftsvertrags zu klären.[44] Die Vermutungsregeln der §§ 2068, 2069 BGB greifen in diesem Fall aber nicht.[45] 20

3. Ansprüche weichender Erben. Diejenigen Erben, die aufgrund der qualifizierten Nachfolgeklausel nicht zu Nachfolgern des verstorbenen Gesellschafters berufen sind, haben gegen die Gesellschaft **keine Abfindungsansprüche,** da eine oder mehrere Personen den Anteil in voller Höhe erwerben.[46] Eine Ausnahme gilt nur in dem in → Rn. 19 erwähnten Fall der kombinierten 21

---

[36] BeckHdB PersGes/Landsittel § 11 Rn. 73; Henssler/Strohn/Klöhn Rn. 26; MHdB GesR I/Schäfer/Merkle § 109 Rn. 15, § 42 Rn. 32; Staub/Schäfer Rn. 26 f. S. zur Frage der diskriminierungsfreien Gestaltung dieser Klauseln Foerster AcP 213 (2013), 173. Zur Interpretation einer Klausel, nach der Kinder nachfolgeberechtigt sind, OLG Stuttgart 14.11.2012, BeckRS 2012, 24029.

[37] NK-HGB/Koch-Sembdner Rn. 12; MüKoHGB/Fleischer Rn. 41; Hueck OHG § 28 II 2c.

[38] MHdB GesR I/Schäfer/Merkle § 109 Rn. 18, § 42 Rn. 38; Staub/Schäfer Rn. 30.

[39] Hopt/Roth Rn. 15; MHdB GesR I/Schäfer/Merkle § 109 Rn. 18, § 42 Rn. 40; Staub/Schäfer § 139 Rn. 30.

[40] BGH 23.6.1966, WM 1966, 1035 = BeckRS 1966, 31168789.

[41] BGH 10.2.1977, BGHZ 68, 225 (237 f.) = NJW 1977, 1339 (1342 f.); Ebenroth/Boujong/Lorz Rn. 19; RGHMW/Haas Rn. 12 f.; Staub/Schäfer Rn. 47.

[42] BGH 10.2.1977, BGHZ 68, 225 (237 f.) = NJW 1977, 1339 (1342); Göbel DNotZ 1979, 133 (138).

[43] Flume FS Schilling, 1973, 23 (38); Hopt/Roth Rn. 16; Ebenroth/Boujong/Lorz Rn. 20.

[44] BGH 10.2.1977, BGHZ 68, 225 (235) = NJW 1977, 1339 (1342); MHdB GesR I/Schäfer/Merkle § 109 Rn. 15, § 42 Rn. 31; Staub/Schäfer Rn. 29.

[45] Ebenroth/Boujong/Lorz Rn. 21; Staub/Schäfer Rn. 29.

[46] Michalski DB-Beil. Nr. 5/1980, 1, 20; Flume FS Schilling, 1973, 23 (37); MüKoHGB/Fleischer Rn. 46; Staub/Schäfer Rn. 153; K. Schmidt GesR § 45 V 5c.

Nachfolge- und Fortsetzungsklausel für den Teil des Anteils, der den übrigen Gesellschaftern zuwächst.[47]

22 Den weichenden Erben können aber **Ausgleichsansprüche** gegen den oder die im Sinne der Nachfolgeklausel **qualifizierten Erben** zustehen. Maßgeblich ist, ob der Wert des Gesellschaftsanteils den Betrag übersteigt, der dem zum Nachfolger berufenen Erben nach seiner Erbquote zusteht.[48] Die Herleitung dieses Ausgleichsanspruchs ist allerdings umstritten. Während sich der BGH in einer älteren Entscheidung auf § 242 BGB berufen hat,[49] spricht sich ein Teil der Lit. für eine entsprechende Anwendung des § 1978 BGB[50] oder der §§ 2050 ff. BGB[51] aus. Andere Autoren verweisen zu Recht darauf, dass die qualifizierte Nachfolgeklausel wie eine gesetzliche Teilauseinandersetzung wirkt (→ Rn. 7), weshalb der Ausgleich nach den Grundsätzen über die Auseinandersetzung vorzunehmen ist.[52]

23 Der Erblasser kann die Frage des Ausgleichs abweichend regeln oder auch die Ausgleichspflicht durch eine entsprechende letztwillige Verfügung festschreiben. So bleibt es gegenüber der Rechtslage ohne gesonderte erbrechtliche Regelung bei der Ausgleichspflicht, wenn der Erblasser lediglich eine **Teilungsanordnung** iSd § 2048 BGB trifft und der zur Nachfolge berufene Erbe mit dem Gesellschaftsanteil mehr vom Nachlass erhält als ihm nach seiner Erbquote zusteht. Wenn nichts anderes geregelt ist, ist – wie bei der Berechnung von Pflichtteilsansprüchen (→ Rn. 15) – für die Auseinandersetzung der Verkehrswert des Anteils zugrunde zu legen und das Ergebnis bei Vorliegen einer gesellschaftsvertraglichen Abfindungsklausel ggf. durch Abschläge zu korrigieren.[53] Um die Abfindungspflicht und die mit ihr verbundenen finanziellen Lasten für den zur Nachfolge berufenen Erben zu vermeiden, die weichenden Miterben aber am Wert des Anteils zu beteiligen, kann der Erblasser letztwillig verfügen, dass die weichenden Erben eine Unterbeteiligung am Anteil erhalten sollen.[54]

24 Die **Ausgleichspflicht entfällt,** wenn der Erblasser dem zur Nachfolge berufenen Erben den Gesellschaftsanteil im Wege des Vorausvermächtnisses (§ 2150 BGB) zukommen lässt.[55] Die Berufung zum Nachfolger für sich genommen ist aber im Zweifel nicht als Ausschluss der Ausgleichspflicht zu deuten, da aus ihr für die Verteilung des Nachlasses insgesamt nichts folgt.[56]

25 **4. Folgen nicht kongruenter erbrechtlicher Gestaltung.** Die durch die qualifizierte Nachfolgeklausel vorgesehene Gestaltung der Nachfolge droht zu scheitern, wenn die nach ihr qualifizierte Person nicht Erbe des verstorbenen Gesellschafters ist. In einem solchen Fall ist zu prüfen, ob nicht im Wege der **ergänzenden Auslegung** die Nachfolgeklausel als **Eintrittsrecht** (→ Rn. 31 ff.) zugunsten des qualifizierten Nichterben zu verstehen ist.[57] Voraussetzung ist eine Vertragslücke, die durch Auslegung zu ermitteln ist. Eine Vertragslücke liegt nahe, wenn die Gesellschafter eine Nachfolgeklausel vereinbart haben, diese aber leer läuft. Ob im Einzelfall tatsächlich eine Lücke vorliegt, hängt vom Zweck der Nachfolgeklausel ab. Dient sie in erster Linie dem Interesse der einzelnen Gesellschafter, den Gesellschaftsanteil in der Familie zu halten, spricht bei nicht kongruenter erbrechtlicher Gestaltung weniger für eine ergänzende Auslegung, als wenn die Nachfolgeklausel auch oder sogar gerade dazu dient, die Fortsetzung der Gesellschaft unter Ausschluss der Erben des Verstorbenen wegen der damit verbundenen Abfindungsansprüche zu vermeiden.

26 Sinnvoll ist die ergänzende Auslegung in Richtung einer Eintrittsklausel für den Begünstigten letztlich nur, wenn der Eintrittsberechtigte auf erbrechtlichem Wege den **Wert des Anteils** erhält.

---

[47] MHdB GesR I/Schäfer/Merkle § 111 Rn. 8.

[48] BGH 10.2.1977, BGHZ 68, 225 (238) = NJW 1977, 1339 (1343); 22.11.1956, BGHZ 22, 186 (197) = NJW 1957, 180 (181); BeckOGK/Müller/Godron, 1.1.2024, Rn. 186 ff.; Ebenroth/Boujong/Lorz Rn. 23; MüKoHGB/Fleischer Rn. 48 f.

[49] BGH 22.11.1956, BGHZ 22, 186 (197) = NJW 1957, 180 (181).

[50] Staub/Schäfer Rn. 153 f.; Ulmer BB 1977, 805 (807).

[51] Tiedau NJW 1980, 2446 (2448 f., 2450); Flume FS Schilling, 1973, 23 (42 ff.); RGHMW/Haas Rn. 12; Brox/Walker, Erbrecht, 30. Aufl. 2024, § 45 Rn. 23.

[52] Rüthers AcP 168 (1968), 263 (281); Ebenroth/Boujong/Lorz Rn. 23; MüKoBGB/Gergen BGB § 2032 Rn. 81; K. Schmidt GesR § 45 V 5c; s. auch Windel, Über die Modi der Nachfolge in das Vermögen einer natürlichen Person beim Todesfall, 1998, 272 f.

[53] Ebenroth/Boujong/Lorz Rn. 24; MHdB GesR I/Schäfer/Merkle § 111 Rn. 18, 44 Rn. 31.

[54] Rüthers AcP 168 (1968), 263 (281 ff.); Ebenroth/Boujong/Lorz Rn. 26; MüKoHGB/Fleischer Rn. 49.

[55] Michalski DB-Beil. Nr. 5/1980, 1, 21; Ebenroth/Boujong/Lorz Rn. 24; MüKoHGB/Fleischer Rn. 49; MüKoBGB/Schäfer BGB § 711 Rn. 65. Krit. zu einer Lösung über ein Vorausvermächtnis Windel, Über die Modi der Nachfolge in das Vermögen einer natürlichen Person beim Todesfall, 1998, 309.

[56] MüKoHGB/Fleischer Rn. 49; MüKoBGB/Schäfer BGB § 711 Rn. 65; Staub/Schäfer Rn. 154.

[57] BGH 25.5.1987, NJW-RR 1987, 989 = DNotZ 1988, 46 (47); 29.9.1977, NJW 1978, 264 = WM 1977, 1323 (1324); Michalski DB-Beil. Nr. 5/1980, 1, 15; Ebenroth/Boujong/Lorz Rn. 6; MüKoHGB/Fleischer Rn. 50; Staub/Schäfer Rn. 22 (Umdeutung).

Andernfalls wäre er verpflichtet, die Erben abzufinden (→ Rn. 38). Ob der Eintrittsberechtigte den Wert des Anteils erhalten hat, ist wiederum eine Frage der Auslegung der letztwilligen Verfügung.[58]

IV. Rechtsgeschäftliche Nachfolgeklauseln

1. Anteilsübertragung außerhalb des Erbrechts. Rechtsgeschäftliche Nachfolgeklauseln sollen die Übertragung des Anteils mit dem Erbfall außerhalb des Erbrechts bewirken. Solche Regelungen werden grundsätzlich für zulässig gehalten,[59] unterliegen allerdings den nachfolgend erörterten Beschränkungen. Der rechtsgeschäftliche Anteilsübergang ist nur möglich, wenn der **Nachfolger an der Vereinbarung beteiligt** ist.[60] Die rechtsgeschäftliche Nachfolgeklausel enthält eine Verfügung zugunsten eines Dritten. Auf Verfügungen ist nach Ansicht des BGH § 328 BGB nicht anwendbar,[61] sodass sich bereits aus der begünstigenden Regelung die Notwendigkeit der Beteiligung ergibt. Selbst wenn man dieser Auffassung nicht folgt, ist die Mitwirkung des Nachfolgers erforderlich, da es sich bei der rechtsgeschäftlichen Nachfolgeregelung zugleich um einen **Vertrag zu Lasten Dritter** handelt, denn die Mitgliedschaft zieht gesellschaftsrechtliche Pflichten nach sich.[62] 27

Wirkt der vorgesehene Nachfolger an der Übertragung des Anteils mit, so liegt in der rechtsgeschäftlichen Nachfolgeklausel eine **aufschiebend bedingte Verfügung unter Lebenden** auf den Todesfall.[63] In der Lit. wird vereinzelt auch von einer auf den Tod des Verfügenden befristeten, zugleich durch das Überleben des Nachfolgers aufschiebend bedingten Vereinbarung gesprochen.[64] Der Tod des Verfügenden ist jedoch durch das Erfordernis des Überlebens des Nachfolgers bereits Bestandteil der Bedingung.[65] § 2301 Abs. 1 BGB ist bei der rechtsgeschäftlichen Nachfolgeklausel nicht zu beachten, die Schenkung des Anteils ist durch seine aufschiebend bedingte Übertragung bereits vollzogen.[66] Wenn der Nachfolger Gesellschafter ist, kann die Vereinbarung im Gesellschaftsvertrag erfolgen. Dann haben nicht nur die übrigen Gesellschafter mit der Nachfolgeklausel ihre Zustimmung zur Übertragung des Anteils erteilt, sondern es ist automatisch auch der Nachfolger beteiligt. Aufwändiger ist eine entsprechende Abrede im Gesellschaftsvertrag, wenn der Nachfolger kein Gesellschafter ist, da er dann für diese Angelegenheit am Vertragsschluss zu beteiligen oder seine Zustimmung anderweitig einzuholen ist. Deshalb ist jedenfalls in diesen Fällen eine separate Vereinbarung über die Übertragung unter Zustimmung der übrigen Gesellschafter vorzuziehen.[67] 28

2. Scheitern der rechtsgeschäftlichen Nachfolge. Wenn die rechtsgeschäftliche Nachfolgeklausel scheitert, weil der gewünschte Nachfolger nicht mitgewirkt hat und die Mitwirkung nicht rechtzeitig nachgeholt wurde, kann sie unter Umständen in eine Eintrittsklausel umgedeutet werden. Wenn der Begünstigte Erbe des Verstorbenen ist, kann die Klausel auch als Nachfolgeklausel verstanden werden.[68] Bei Auslegungszweifeln ist im Zweifel von einer erbrechtlichen Nachfolgeklausel auszugehen,[69] die Parteien müssen den Willen zu einer rechtsgeschäftlichen Nachfolgeklausel daher deutlich äußern.[70] 29

---

[58] BGH 29.9.1977, NJW 1978, 264 (265) = WM 1977, 1323 (1324); Ebenroth/Boujong/Lorz Rn. 6.

[59] BGH 10.2.1977, BGHZ 68, 225 (237) = NJW 1977, 1339 (1341); 11.5.1959, NJW 1959, 1433 = WM 1959, 719 (720 f.); BeckOGK/Müller/Godron, 1.1.2024, Rn. 193 ff.

[60] BGH 10.2.1977, BGHZ 68, 225 (237) = NJW 1977, 1339 (1341); Göbel DNotZ 1979, 133 (135); BeckOGK/Müller/Gordon, 1.1.2024, Rn. 194; MüKoHGB/Fleischer Rn. 52 f.; MHdB GesR I/Schäfer/Merkle § 109 Rn. 19, § 42 Rn. 44; Staub/Schäfer Rn. 14; **aA** Säcker, Gesellschaftsvertragliche und erbrechtliche Nachfolge in Gesamthandsmitgliedschaften, 1970, 49 ff., 63 f.

[61] BGH 8.7.1993, NJW 1993, 2617 = DNotZ 1995, 494; 17.4.1986, NJW-RR 1986, 848; **aA** Kaduk FS Larenz, 1983, 303 (312 ff.); Säcker, Gesellschaftsvertragliche und erbrechtliche Nachfolge in Gesamthandsmitgliedschaften, 1970, 44 ff.; Brox/Walker, Erbrecht, 30. Aufl. 2024, § 43 Rn. 33.

[62] Rüthers AcP 168 (1968), 263 (274); Ulmer BB 1977, 805 (806); Hopt/Roth Rn. 58; Henssler/Strohn/Klöhn Rn. 10; MüKoBGB/Schäfer BGB § 711 Rn. 68.

[63] Ebenroth/Boujong/Lorz Rn. 51; MüKoBGB/Schäfer BGB § 711 Rn. 69; MHdB GesR I/Schäfer/Merkle § 109 Rn. 19, § 42 Rn. 43. Vgl. auch BGH 25.5.1970, NJW 1970, 1638 (1639) = WM 1970, 1114 (1115).

[64] Ebenroth/Boujong/Lorz Rn. 51; Staub/Schäfer Rn. 14.

[65] Windel, Über die Modi der Nachfolge in das Vermögen einer natürlichen Person beim Todesfall, 1998, 345 f.

[66] MüKoHGB/Fleischer Rn. 54; MHdB GesR I/Schäfer/Merkle § 109 Rn. 19, § 42 Rn. 45.

[67] Ebenroth/Boujong/Lorz Rn. 51; s. auch Staub/Schäfer Rn. 14. Im Ergebnis auch MüKoHGB/Fleischer Rn. 53.

[68] BGH 10.2.1977, BGHZ 68, 225 (233) = NJW 1977, 1339 (1341); Ebenroth/Boujong/Lorz Rn. 54; MüKoBGB/Schäfer BGB § 711 Rn. 79; Staub/Schäfer Rn. 14.

[69] BGH 10.2.1977, BGHZ 68, 225 (233) = NJW 1977, 1339 (1341); Hopt/Roth Rn. 10; Michalski OHG-R § 139 Rn. 8; MüKoBGB/Schäfer BGB § 711 Rn. 78; Staub/Schäfer Rn. 14.

[70] Ebenroth/Boujong/Lorz Rn. 54.

30 **3. Erbrechtliche Ausgleichsansprüche.** Da bei einer funktionierenden rechtsgeschäftlichen Nachfolgeklausel der Gesellschaftsanteil außerhalb des Nachlasses auf den Nachfolger übergeht, kommen Abfindungsansprüche der Erben des Verstorbenen nicht in Betracht.[71] **Pflichtteilsberechtigte** können am Wert des Gesellschaftsanteils über die §§ 2325, 2329 BGB teilhaben. Der Pflichtteilsergänzungsanspruch richtet sich gegen den Erben, subsidiär kommen Ansprüche gegen den Beschenkten in Betracht.[72] In der Lit. werden von einigen Autoren **weitergehende Ausgleichsansprüche** nach § 2048 BGB oder den §§ 2050 ff. BGB befürwortet.[73] Dagegen wird jedoch zu Recht eingewandt, dass die mit dem Charakter der Anteilsübertragung als lebzeitige Verfügung nicht recht vereinbar ist.[74]

V. Eintrittsklauseln

31 **1. Inhalt und Rechtsnatur.** Aufgrund einer Eintrittsklausel wird der durch sie Begünstigte nicht unmittelbar Nachfolger des Verstorbenen. Die Eintrittsklausel begründet vielmehr nur einen **schuldrechtlichen Anspruch auf den Eintritt** in die Gesellschaft.[75] Die zugrunde liegende Abrede der Gesellschafter ist ein Vertrag zugunsten Dritter.[76] Die Eintrittsklausel enthält auch ohne ausdrückliche Vereinbarung stets ein Fortsetzungselement, da sie besagt, dass die Gesellschaft ohne Beteiligung der Erben des Verstorbenen fortgesetzt und dem durch die Klausel Begünstigten die Möglichkeit des Eintritts gegeben werden soll.[77]

32 Gegenüber einer erbrechtlichen Nachfolgeklausel bestehen grundlegende Unterschiede.[78] Mit der Eintrittsklausel ist ein Weg der Nachfolgegestaltung eröffnet, der **außerhalb des Erbrechts** verläuft. Auch kommt es nicht zum automatischen Eintritt des Begünstigten. § 131, der nur bei erbrechtlichen Nachfolgeklauseln anwendbar ist (→ Rn. 4), greift bei Eintrittklauseln nicht. Da § 2065 Abs. 2 BGB mangels erbrechtlicher Regelung der Nachfolge nicht anwendbar ist, kann die Bestimmung des Eintrittsberechtigten ohne Weiteres den Mitgesellschaftern oder Dritten überlassen werden. Größere Freiheiten in der Nachfolgegestaltung stehen hier also dem Risiko gegenüber, dass der Eintrittsberechtigte von seinem Recht keinen Gebrauch macht und sich die Gesellschaft Abfindungsansprüchen ausgesetzt sieht.[79]

33 Der Tod eines Gesellschafters führt in der **zweigliedrigen Gesellschaft** mangels Nachfolgeklausel zur automatischen Vollbeendigung der Gesellschaft (→ § 138 Rn. 3). Eine Eintrittsklausel kann in einem solchen Fall sinnvoll dahin ausgelegt werden, dass der einzige verbliebene Gesellschafter verpflichtet ist, mit dem Begünstigten eine neue Gesellschaft zu gründen, auf die das bisherige Gesellschaftsvermögen zu übertragen ist.[80]

34 **2. Eintritt des Begünstigten.** Wie der Berechtigte von seinem Eintrittsrecht Gebrauch machen kann, hängt von der Ausgestaltung der Eintrittsklausel ab. Die Gesellschafter können vorsehen, dass der Eintrittsberechtigte mit den überlebenden Gesellschaftern eine **vertragliche Vereinbarung über die Aufnahme** in die Gesellschaft treffen muss.[81] Der Eintrittsberechtigte muss dann unwillige Gesellschafter auf Abgabe der entsprechenden Willenserklärung verklagen, um seine Eintrittsrecht durchzusetzen.[82]

35 Dem Eintrittsberechtigten kann aber auch die Möglichkeit eingeräumt werden, durch **einseitige Erklärung** der Gesellschaft beizutreten. Eine solche Abrede kann als bindendes Vertragsangebot der übrigen Gesellschafter oder als Gestaltungsrecht verstanden werden.[83] Dann müssen die Bedingungen

[71] Staub/Schäfer Rn. 15.
[72] Ebenroth/Boujong/Lorz Rn. 52; Staub/Schäfer Rn. 15.
[73] Säcker, Gesellschaftsvertragliche und erbrechtliche Nachfolge in Gesamthandsmitgliedschaften, 1970, 94 ff.
[74] Marotzke AcP 184 (1984), 541 (562 ff.); Staub/Schäfer Rn. 15; s. auch Ebenroth/Boujong/Lorz Rn. 52.
[75] BeckHdB PersGes/Landsittel § 11 Rn. 113; MHdB GesR I/Schäfer/Merkle § 109 Rn. 31, § 42 Rn. 114; Henssler/Strohn/Klöhn Rn. 91; Staub/Schäfer Rn. 16.
[76] Hopt/Roth Rn. 50 f.; BeckOGK/Müller/Godron, 1.1.2024, Rn. 215; Ebenroth/Boujong/Lorz Rn. 37; Grunewald/Müller GesR § 1 Rn. 167.
[77] Ebenroth/Boujong/Lorz Rn. 37; MüKoHGB/Fleischer Rn. 55.
[78] Zum Folgenden Ebenroth/Boujong/Lorz Rn. 37, 41; MüKoBGB/Schäfer BGB § 71 Rn. 71 ff.; Staub/Schäfer Rn. 18.
[79] Ebenroth/Boujong/Lorz Rn. 40; MHdB GesR I/Schäfer/Merkle § 109 Rn. 31, § 42 Rn. 118.
[80] Ebenroth/Boujong/Lorz Rn. 39; MüKoBGB/Schäfer BGB § 711 Rn. 73.
[81] MüKoHGB/Fleischer Rn. 58; RGHMW/Haas Rn. 13.
[82] Staub/Schäfer Rn. 147.
[83] Huber, Vermögensanteil, Kapitalanteil und Gesellschaftsanteil an Personengesellschaften des Handelsrechts, 1970, 453 m. Fn. 3; Wiedemann, Die Übertragung und Vererbung von Mitgliedschaftsrechten bei Handelsgesellschaften, 1965, 163 (Auslegung als nur aus wichtigem Grund widerrufliches Angebot); MüKoHGB/Fleischer Rn. 58; MHdB GesR I/Schäfer/Merkle § 109 Rn. 31, § 42 Rn. 121; Staub/Schäfer Rn. 147.

des Beitritts, insbesondere die Ausgestaltung der Mitgliedschaft, bereits hinreichend bestimmt sein.[84] Sind die Bedingungen geklärt, sodass kein Spielraum besteht, der durch einen Aufnahmevertrag mit den übrigen Gesellschaftern auszufüllen ist, so genügt in der Regel die einseitige Eintrittserklärung des Begünstigten.[85]

Um Auslegungszweifel zu vermeiden, sollte die Ausübung des Beitrittsrechts möglichst eindeutig 36 geregelt werden. Das gilt auch für die Frist, innerhalb derer der Eintritt zu erklären ist. Fehlt insoweit eine Regelung in der Eintrittsklausel, hat der Begünstigte seine Entscheidung **binnen angemessener Frist** zu treffen.[86] Eine Eintrittspflicht können die Gesellschafter ohne Mitwirkung des Betroffenen nicht begründen, da es sich um einen Vertrag zu Lasten eines Dritten handeln würde.[87] Wenn der Begünstigte aufgrund letztwilliger Verfügung Erbe oder Vermächtnisnehmer des verstorbenen Gesellschafters ist, kann der Erblasser versuchen, durch Bedingungen oder Auflagen die Entscheidung des Begünstigten zu beeinflussen.[88]

Ist der Begünstigte **minderjährig,** kann er nur mit familiengerichtlicher Genehmigung in die 37 Gesellschaft eintreten (§ 1643 Abs. 1 BGB, § 1852 Nr. 2) BGB). Insofern ist die erbrechtliche Nachfolge eines Minderjährigen weniger aufwändig. Ist der gesetzliche Vertreter des Minderjährigen selbst Mitglied der Gesellschaft, ist aufgrund der Beschränkungen nach § 1629 Abs. 2 S. 1 BGB, § 1824 Abs. 1 Nr. 1 BGB die Bestellung eines Ergänzungspflegers erforderlich.

3. Einlage und Abfindung. Die Eintrittsklausel regelt die Nachfolge in den Gesellschaftsanteil 38 außerhalb des Erbrechts. Es bleibt daher ohne besondere anderweitige Regelung dabei, dass nach den allgemeinen Regeln mit dem Ausscheiden des Verstorbenen ein Abfindungsanspruch entsteht, der in den Nachlass fällt. Da die Gesellschaft durch diesen Abfindungsanspruch belastet ist, müsste der Eintretende zumindest in Höhe des Abfindungsbetrages eine Einlage leisten, um die Stellung des Verstorbenen einzunehmen.[89] Allerdings ist ein Eintrittsrecht in der Regel nur dann interessengerecht, wenn der Begünstigte den **Vermögenswert des Anteils** des verstorbenen Gesellschafters erhält.[90]

Die Zuwendung des Vermögenswerts kann entweder durch eine entsprechende **erbrechtliche** 39 **Regelung** oder durch einen Ausschluss des Abfindungsanspruchs und Befreiung des Eintretenden von der Einlagepflicht erreicht werden. Bei der erbrechtlichen Lösung erhält der Begünstigte durch letztwillige Verfügung den Abfindungsanspruch. Mit diesem kann dann seine Einlageverpflichtung verrechnet werden.[91] Die Zuwendung erfolgt durch Teilungsanordnung oder Vermächtnis.[92] Wenn der Abfindungsanspruch geringer ist als der Wert des Kapitalanteils, braucht der Begünstigte die Differenz nicht als Einlage zu leisten. Denn durch den Eintritt des Begünstigten soll die Gesellschaft lediglich nicht finanziell belastet werden.[93]

Eine andere Möglichkeit, dem Begünstigten den Vermögenswert des Anteils zuzuwenden bietet 40 die sog. **Treuhandlösung.** Bei dieser Gestaltung halten die überlebenden Gesellschafter den Anteil treuhänderisch für den Eintrittsberechtigten, dem der Anteil im Fall seines Eintritts übertragen wird. Zugleich werden Abfindungsansprüche der Erben ausgeschlossen.[94] Da der Eintritt des Begünstigten ungewiss ist und der Abfindungsausschluss nicht dazu dient, das Gesellschaftsvermögen zu mehren, ist der Ausschluss der Abfindung als durch die Nichtausübung des Eintrittsrechts auflösend bedingt anzusehen.[95] § 2301 BGB ist auf die Zuwendung des Erblassers an den Begünstigten nicht anwendbar, da die Norm im Valutaverhältnis eines Vertrags zugunsten Dritter nicht anwendbar ist.[96]

---

[84] BGH 29.9.1977, WM 1977, 1323 (1327) = NJW 1978, 264 (266); MüKoHGB/Fleischer Rn. 58; Staub/Schäfer Rn. 148.

[85] BGH 29.9.1977, WM 1977, 1323 (1327) = NJW 1978, 264 (266).

[86] BGH 25.5.1987, NJW-RR 1987, 989 (990) = DNotZ 1988, 46 (48); 29.9.1977, WM 1977, 1323 (1327) = NJW 1978, 264 (266); Heymann/Freitag § 139 Rn. 101; Staub/Schäfer Rn. 149.

[87] Wiedemann, Die Übertragung und Vererbung von Mitgliedschaftsrechten bei Handelsgesellschaften, 1965, 166; Hopt/Roth Rn. 52; MHdB GesR I/Schäfer/Merkle § 109 Rn. 31, § 42 Rn. 124.

[88] Wiedemann, Die Übertragung und Vererbung von Mitgliedschaftsrechten bei Handelsgesellschaften, 1965, 166 f.; Hopt/Roth Rn. 52; MüKoBGB/Schäfer BGB § 711 Rn. 73.

[89] Hopt/Roth Rn. 54; Heymann/Freitag § 139 Rn. 100; MüKoBGB/Schäfer BGB § 711 Rn. 76.

[90] BGH 29.9.1977, NJW 1978, 264 (265) = WM 1977, 1323 (1324 f.); Marotzke AcP 184 (1984), 541 (573); Ebenroth/Boujong/Lorz Rn. 41.

[91] Ebenroth/Boujong/Lorz Rn. 44; Staub/Schäfer Rn. 150; s. auch Hopt/Roth Rn. 55.

[92] *BGH 29.9.1977*, NJW 1978, 264 (265) = WM 1977, 1323 (1324 f.); Heymann/Freitag § 139 Rn. 100; MüKoHGB/Fleischer Rn. 61.

[93] Ebenroth/Boujong/Lorz Rn. 44; s. auch MüKoHGB/Fleischer Rn. 61.

[94] BGH 29.9.1977, NJW 1978, 264 (265) = WM 1977, 1323 (1324 f.); MHdB GesR I/Schäfer/Merkle § 109 Rn. 31, § 42 Rn. 126; Staub/Schäfer Rn. 151.

[95] Ebenroth/Boujong/Lorz Rn. 42; Staub/Schäfer Rn. 151.

[96] Ebenroth/Boujong/Lorz Rn. 43; Staub/Schäfer Rn. 151. Allg. zur Unanwendbarkeit des § 2301 BGB auf das Valutaverhältnis eines Vertrags zugunsten Dritter BGH 26.11.2003, BGHZ 157, 79 (82) = NJW 2004, 767 (768); 19.10.1983, NJW 1984, 480 (481).

41 **4. Erbrechtliche Ausgleichsansprüche.** Ob die nicht zur Nachfolge berufenen Erben vom Begünstigten Ausgleich für den Wert des Gesellschaftsanteils verlangen können, hängt von der Art und Weise der Übertragung des Vermögenswerts des Anteils auf den Begünstigten ab. Wenn ihm auf erbrechtlichem Wege der Abfindungsanspruch zugewandt wurde, entspricht die Ausgleichssituation der einer qualifizierten Nachfolgeklausel. Die von der Nachfolge ausgeschlossenen Erben haben gegen die Gesellschaft **keine Abfindungsansprüche,** da der Begünstigte den Anteil in voller Höhe erhält (→ Rn. 21). Für Ausgleichsansprüche gegen den Begünstigten kommt es darauf an, ob der Wert des Gesellschaftsanteils den Betrag übersteigt, der ihm nach seiner Erbquote zusteht und ob der Erblasser den Ausgleich in seiner letztwilligen Verfügung geregelt hat (→ Rn. 22 ff.).

42 Bei der sog. **Treuhandlösung** entsteht kein Abfindungsanspruch, der in den Nachlass fallen und dessen Wert unter den Erben ausgeglichen werden könnte. Die Situation entspricht der bei der rechtsgeschäftlichen Nachfolgeklausel. Hier kommen **Pflichtteilsergänzungsansprüche** gegen den Erben, subsidiär gegen den Begünstigten in Betracht, §§ 2325, 2329 BGB (→ Rn. 30).

VI. Vor- und Nacherbschaft

43 **1. Allgemeines.** Eine erbrechtliche Nachfolgeklausel erfasst mangels abweichender Regelung als Erben auch Vor- und Nacherben.[97] Vor- und Nacherbe müssen beide zu dem **zur Nachfolge berufenen Personenkreis** gehören. Das ist bei Vorliegen einer einfachen Nachfolgeklausel ebenso unproblematisch wie bei der Nachfolge in den nach § 177 ohnehin vererblichen Kommanditanteil.[98] Im Fall einer qualifizierten Nachfolgeklausel müssen sowohl der Vorerbe als auch der Nacherbe zur Nachfolge berufen sein.[99] Trifft das auf den Nacherben nicht zu, steht ihm beim Tod des Vorerben lediglich ein Abfindungsanspruch zu; die Gesellschaft wird unter den übrigen Gesellschaftern fortgesetzt.[100] Ist bereits der Vorerbe nicht zur Nachfolge berufen, scheitert die Nachfolge schon an diesem Punkt.[101]

44 **2. Stellung des Vorerben.** Wenn der Vorerbfall eintritt, wird der Vorerbe **Gesellschafter mit allen Rechten und Pflichten.** Wenn er der einzige Mitgesellschafter des Erblassers war, stellt sich die Frage, ob seine eigene und die ererbte Mitgliedschaft verschmelzen und die Gesellschaft erlischt. Ein Teil der Lit. geht in dieser Konstellation von der Selbständigkeit der Mitgliedschaften aus, sodass für die Dauer der Vorerbschaft eine „Einpersonen-OHG" entsteht.[102] Ein anderer Teil der Lit. nimmt an, dass die mit dem Tod des vorletzten Gesellschafters erloschene Gesellschaft mit Eintritt des Nacherbfalls wieder auflebt.[103] Die Rspr. ist zu dieser Frage nicht besonders aussagekräftig. Der BGH hat für den Fall der Testamentsvollstreckung entschieden, dass jedenfalls für das Rechtsverhältnis zwischen dem Vorerben und dem Testamentsvollstrecker die Gesellschaft trotz Vereinigung aller Gesellschaftsanteile in der Hand des Vorerben nicht als erloschen anzusehen ist.[104] In einer weiteren Entscheidung hat er eine Anwartschaft des Nacherben an dem Anteil anerkannt, der zunächst den Anteil des Vorerben erhöht.[105] Beide Urt. zeigen immerhin, dass der BGH eine getrennte Betrachtung der Anteile nicht grundsätzlich ausschließt. Zumindest für den Fall der Vor- und Nacherbschaft ist die Verwaltung getrennter Anteile durch einen Gesellschafter zuzulassen.[106]

45 Der Vorerbe ist während der Dauer der Vorerbschaft grundsätzlich unbeschränkt in der Ausübung der mit dem Anteil verbundenen Rechte.[107] Soweit er Verfügungsbeschränkungen unterliegt

[97] BGH 25.5.1977, BGHZ 69, 47 (50) = NJW 1977, 1540; GK-HGB/Ensthaler § 139 Rn. 22; MHdB GesR I/Schäfer/Merkle § 110 Rn. 7, § 43 Rn. 18.

[98] Ebenroth/Boujong/Lorz Rn. 56; MüKoHGB/Fleischer Rn. 63.

[99] MüKoHGB/Fleischer Rn. 63; Staub/Schäfer Rn. 39. Vgl. auch BGH 25.5.1987, NJW-RR 1987, 989 = DNotZ 1988, 46; 6.10.1980, BGHZ 78, 177 (181) = NJW 1981, 115.

[100] BGH 6.10.1980, BGHZ 78, 177 (181) = NJW 1981, 115 (nachträgliche Änderung der Nachfolgeklausel); Ebenroth/Boujong/Lorz Rn. 56; MüKoHGB/Fleischer Rn. 63.

[101] BGH 25.5.1987, NJW-RR 1987, 989 = DNotZ 1988, 46.

[102] Baur/Grunsky ZHR 133 (1970), 209 (222 ff.); Hopt/Roth § 130 Rn. 9; Ebenroth/Boujong/Lorz Rn. 57; MüKoHGB/Fleischer Rn. 64; s. auch Lüttge NJW 1994, 5 (9) m. Fn. 3.

[103] Stimpel FS Rowedder, 1994, 477 (481 f.); Langner, Vor- und Nacherbschaft an Personengesellschaftsanteilen, 1999, 211; Timmann, Vor- und Nacherbschaft innerhalb der zweigliedrigen OHG oder KG, 2000, 92 ff.; MüKoBGB/Schäfer BGB § 711 Rn. 89; s. auch Ebenroth/Boujong/Wertenbruch § 105 Rn. 88.

[104] BGH 14.5.1986, BGHZ 98, 48 (57) = NJW 1986, 2431 (2432).

[105] BGH 26.10.1983, NJW 1984, 362 (363).

[106] Unter Berufung auf den treuhandähnlichen Charakter der Vorerbschaft MüKoHGB/Fleischer § 105 Rn. 34 f.

[107] Hefermehl FS Westermann, 1974, 223 (230 f.); MHdB GesR I/Schäfer/Merkle § 110 Rn. 10, § 43 Rn. 19; Staub/Schäfer Rn. 81.

(→ Rn. 46), betrifft das die Gesellschaft nicht.[108] **Gewinne** stehen dem Vorerben zu, soweit sie Nutzungen iSd § 2111 Abs. 1 S. 1 BGB sind. Nutzungen iSd § 2111 Abs. 1 S. 1 BGB, §§ 100, 99 Abs. 2 BGB sind die entnahmefähigen Gewinne; nicht dagegen solche Gewinne, die die Kapitalbeteiligung erhöhen.[109]

Während die Gesellschaft ungeachtet der Stellung eines Mitgesellschafters als Vorerbe frei über ihr Vermögen verfügen kann, ist der Vorerbe gemäß den §§ 2113 ff. BGB in seiner **Verfügungsmacht beschränkt** (§ 2112 BGB). Hinsichtlich des Gesellschaftsanteils wird das Verbot der unentgeltlichen Verfügung aus § 2113 Abs. 2 S. 1 BGB relevant. Aufgrund dieser Vorschrift darf eine Übertragung des Anteils oder das anderweitige Ausscheiden aus der Gesellschaft nicht unentgeltlich erfolgen. Von einer (teilweise) unentgeltlichen Verfügung gehen Rspr. und Lit. aus, wenn das Entgelt objektiv keine **gleichwertige Gegenleistung** ist und der Vorerbe dies weiß oder er die Gegenleistung bei ordnungsgemäßer Verwaltung des Nachlasses nicht als vollwertige Entschädigung hätte ansehen dürfen.[110] Danach hat die Rspr. eine Leibrente, die auf die Lebenszeit des Vorerben begrenzt war, nicht als hinreichende Gegenleistung anerkannt, da sie nicht dem Nachlass zukam.[111] Unwirksam kann ferner das Ausscheiden gegen eine zu geringe Abfindung sein.[112] Dabei erkennt der BGH aber nicht nur eine Abfindung nach § 728 BGB als vollwertig an, sondern lässt auch Abfindungen aufgrund vertraglicher Vereinbarung als ausreichend zu, wenn die Abfindungsklausel dem Zweck dient, Streit über die Bewertungsmethoden zu vermeiden und trotzdem den Anteil des Ausscheidenden möglichst richtig zu erfassen. Ferner ist eine Abfindung nach Pauschalsätzen nicht zwingend als (teilweise) unentgeltlich einzuordnen, wenn ihre Anwendung im Einzelfall einer ordnungsgemäßen Verwaltung des Nachlasses nicht entgegensteht.[113] 46

Änderungen des Gesellschaftsvertrags unter Mitwirkung des Vorerben sind ebenfalls an § 2113 Abs. 2 S. 1 BGB zu messen. Wie im Fall des Ausscheidens des Vorerben kommt es darauf an, ob die Änderung als **ordnungsgemäße Verwaltung** angesehen werden kann.[114] Der Maßstab der gleichwertigen Gegenleistung passt für Vertragsänderungen nicht recht, weil für ungünstige Veränderungen der Mitgliedschaft in der Regel keine als solche erkennbare Gegenleistung fließt. Entscheidend ist, ob die Veränderung im Interesse der Gesellschaft geboten ist, der Erhaltung oder Stärkung des Unternehmens dient und so letztlich wirtschaftlich auch dem Anteil des Vorerben zugute kommt.[115] Da nicht immer ohne Weiteres zu beurteilen ist, ob und inwieweit eine Vertragsänderung dazu beiträgt, die Gesellschaft zu erhalten oder zu stärken, reicht es, wenn der Vorerbe davon überzeugt sein durfte, dass die Maßnahme eine ordnungsgemäße Verwaltung des Nachlasses darstellt.[116] Nach diesen Grundsätzen kann die Änderung einer Abfindungsklausel nach § 2113 Abs. 2 S. 1 BGB unwirksam sein, wenn sie aufgrund der Zusammensetzung der Gesellschaft voraussichtlich allein den Nacherben trifft. Eine gleichmäßige Regelung ist aber keine zwingende Voraussetzung für die Wirksamkeit der Änderung, wenn sie im soeben erläuterten Sinne interessengerecht ist.[117] Offen gelassen hat der BGH die Frage der Entgeltlichkeit einer Änderung des Gewinnverteilungsschlüssels, die auch den Veräußerungsgewinn erfasst.[118] Vom Einzelfall abhängig ist auch die Einordnung einer Sanierungsmaßnahme als entgeltlich oder unentgeltlich.[119] 47

Der Vorerbe kann das Wahlrecht des § 131 ausüben. Wenn er davon Gebrauch macht, ist sein Ausscheiden oder die Umwandlung des Anteils in einen Kommanditanteil für den Nacherben ver- 48

---

[108] BGH 25.5.1977, BGHZ 69, 47 (50) = NJW 1977, 1540; Paschke ZIP 1985, 129 (137); Hopt/Roth Rn. 20.

[109] BGH 21.11.1989, BGHZ 109, 214 (219 f.) = NJW 1990, 514 (515); 6.10.1980, BGHZ 78, 177 (188) = NJW 1981, 115 (117); Hefermehl FS Westermann, 1974, 223 (231 f.); Tielmann, Die Vor- und Nacherbschaft als langfristige erbrechtliche Nachfolgeregelung eines persönlich haftenden Gesellschafters, 2001, 90 ff.; Hopt/Roth Rn. 20; MHdB GesR I/Schäfer/Merkle § 110 Rn. 10, § 43 Rn. 20.

[110] BGH 23.11.1983, NJW 1984, 366 (367); 26.10.1983, NJW 1984, 362 (364); 2.10.1952, BGHZ 7, 274 (279) = NJW 1953, 219; Hopt/Roth Rn. 20; Ebenroth/Boujong/Lorz Rn. 59.

[111] BGH 25.5.1977, BGHZ 69, 47 (51 f.) = NJW 1977, 1540.

[112] BGH 26.10.1983, NJW 1984, 362 (364).

[113] BGH 26.10.1983, NJW 1984, 362 (364).

[114] BGH 9.3.1981, NJW 1981, 1560 (1561); 6.10.1980, BGHZ 78, 177 (182) = NJW 1981, 115 f.; Lutter *ZGR 1982, 108 (113 f.); Ebenroth/Boujong/Lorz* Rn. 60; krit. zu dieser Rspr. Paschke ZIP 1985, 129 (132 ff.); Tielmann, Die Vor- und Nacherbschaft als langfristige erbrechtliche Nachfolgeregelung eines persönlich haftenden Gesellschafters, 2001, 56 ff.

[115] BGH 9.3.1981, NJW 1981, 1560 (1562); 6.10.1980, BGHZ 78, 177 (182) = NJW 1981, 115 f.

[116] BGH 6.10.1980, BGHZ 78, 177 (182 f.) = NJW 1981, 115 (116.).

[117] BGH 6.10.1980, BGHZ 78, 177 (183) = NJW 1981, 115 f.; Ebenroth/Boujong/Lorz Rn. 60; MHdB GesR I/Schäfer/Merkle § 110 Rn. 10, § 43 Rn. 24; s. auch Paschke ZIP 1985, 129 (135).

[118] BGH 9.3.1981, NJW 1981, 1560 (1562).

[119] BGH 23.11.1983, NJW 1984, 366 (367).

bindlich.[120] Hat der Vorerbe das Wahlrecht des § 131 dagegen nicht genutzt, steht es im Nacherbfall dem Nacherben zu.[121]

VII. Testamentsvollstreckung, Nachlassverwaltung

49 **1. Arten der Testamentsvollstreckung.** Die Testamentsvollstreckung an Gesellschaftsanteilen wirft einige Fragen auf. Unproblematisch ist allerdings die reine **Abwicklungstestamentsvollstreckung** nach den §§ 2203 f. BGB. Sie kommt in Betracht, wenn die Gesellschaft durch den Tod des Erblassers aufgelöst wird. Die Testamentsvollstreckung erfasst dann sowohl die Beteiligung an der Abwicklungsgesellschaft als auch das Auseinandersetzungsguthaben.[122] Ferner ist eine Abwicklungstestamentsvollstreckung möglich, wenn der Erblasser mit dem Tod aus der Gesellschaft ausscheidet, sie bezieht sich dann auf den Abfindungsanspruch.[123] Dagegen kommt eine Testamentsvollstreckung bei einer Nachfolgeklausel nicht in Betracht. Die automatische Aufspaltung des Anteils (→ Rn. 7) macht eine Auseinandersetzung überflüssig.[124]

50 Umstritten ist die **Verwaltungstestamentsvollstreckung.** Einige Fragen aus der sich über Jahre erstreckenden Diskussion sind inzwischen geklärt. So hat der BGH die Verwaltungstestamentsvollstreckung am **Kommanditanteil** für zulässig erklärt (→ § 177 Rn. 15).[125] Auch die Nachlasszugehörigkeit des im Wege der Sondererbfolge ererbten Anteils ist inzwischen geklärt (→ Rn. 7 f.).[126] Bei einer Nachfolge über eine rechtsgeschäftliche Nachfolgeklausel oder eine Eintrittsklausel wird der Gesellschaftsanteil aber außerhalb des Erbrechts statt (→ Rn. 27, → Rn. 32), sodass in diesen Fällen die Testamentsvollstreckung den Anteil nicht erfasst. Schwierigkeiten wirft ua die Frage auf, ob das Auseinanderfallen der gesellschafts- und der erbrechtlichen Haftungsordnungen der Verwaltungstestamentsvollstreckung am **Anteil eines persönlich haftenden Gesellschafters** entgegensteht.

51 **2. Einwände gegen die Verwaltungstestamentsvollstreckung.** Der Testamentsvollstrecker kann nach § 2206 Abs. 1 S. 1 BGB den Erben nur mit dem Nachlass persönlich verpflichten, für das sonstige Vermögen des Erben kommt ihm keine Verpflichtungsbefugnis zu. Demgegenüber haftet der persönlich haftende Gesellschafter nach § 126 unbegrenzt. Die **mangelnde Deckung dieser Haftungssysteme** wird gegen die Zulässigkeit der Verwaltungstestamentsvollstreckung am Anteil eines persönlich haftenden Gesellschafters angeführt.[127]

52 Ein weiterer Einwand wird mit Blick auf die **Fremdbestimmung** erhoben, die bei einer Verwaltung durch einen Testamentsvollstrecker entstünde.[128] Im Zusammenhang damit wird ferner der Grundsatz der Selbstorganschaft gegen die Verwaltungstestamentsvollstreckung ins Feld geführt.[129]

53 **3. Gegenargumente und Stellungnahme.** Der Grundsatz der Selbstorganschaft steht einer Testamentsvollstreckung nicht entgegen. Der Testamentsvollstrecker steht bei Zustimmung der übrigen Gesellschafter einem Gesellschafter gleich.[130] Auch der Aspekt der Fremdbestimmung steht nach – zutreffender – überwiegender Auffassung der Verwaltungstestamentsvollstreckung nicht entgegen. Er lässt sich durch das Erfordernis der **Zustimmung der übrigen Gesellschafter** überwinden.[131] Die Zustimmung kann bereits im Gesellschaftsvertrag erklärt oder erst später aus Anlass des

[120] BGH 25.5.1977, BGHZ 69, 47 (52) = NJW 1977, 1540 (1541) für den Fall der Umwandlung des Anteils in einen Kommanditanteil; Göbel DNotZ 1979, 133 (146); Tielmann, Die Vor- und Nacherbschaft als langfristige erbrechtliche Nachfolgeregelung eines persönlich haftenden Gesellschafters, 2001, 156; Hopt/Roth Rn. 19; MüKoHGB/Fleischer Rn. 67.

[121] Göbel DNotZ 1979, 133 (146); Tielmann, Die Vor- und Nacherbschaft als langfristige erbrechtliche Nachfolgeregelung eines persönlich haftenden Gesellschafters, 2001, 154 ff.; Heymann/Freitag § 139 Rn. 38; MüKoHGB/Fleischer Rn. 67; Staub/Schäfer Rn. 86.

[122] Ebenroth/Boujong/Lorz Rn. 62; MüKoHGB/Fleischer Rn. 72; MHdB GesR I/Schäfer/Merkle § 110 Rn. 13.

[123] Ebenroth/Boujong/Lorz Rn. 63; MüKoHGB/Fleischer Rn. 72; MHdB GesR I/Schäfer/Merkle § 110 Rn. 13.

[124] Henssler/Strohn/Klöhn Rn. 79; Staub/Schäfer Rn. 57.

[125] BGH 3.7.1989, BGHZ 108, 187 (195 f.) = NJW 1989, 3152 (3154 f.).

[126] BGH 12.1.1998, NJW 1998, 1313 f. = NZG 1998, 221; Ebenroth/Boujong/Lorz Rn. 11; MüKoHGB/Fleischer Rn. 32, jeweils mwN.

[127] BGH 3.7.1989, BGHZ 108, 187 (195 f.) = NJW 1989, 3152 (3154); 11.4.1957, BGHZ 24, 106 (112 f.) = NJW 1957, 1026 (1027 f.); Hopt/Roth Rn. 21; Ebenroth/Boujong/Lorz Rn. 77; Michalski OHG-R § 139 Rn. 25; MüKoBGB/Schäfer BGB § 705 Rn. 118.

[128] Hehemann BB 1995, 1301 (1307 f.).

[129] Hehemann BB 1995, 1301 (1307).

[130] Ulmer NJW 1990, 73 (78); Staub/Schäfer Rn. 63; MüKoBGB/Zimmermann BGB § 2205 Rn. 37.

[131] Marotzke JZ 1986, 457 (460); zum Zustimmungserfordernis auch BGH 3.7.1989, BGHZ 108, 187 (191) = NJW 1989, 3152 (3153); 25.2.1985, NJW 1985, 1953 (1954); 10.2.1977, BGHZ 68, 225 (241) = NJW 1977, 1339 (1344); Ulmer NJW 1990, 73 (75); Ebenroth/Boujong/Lorz Rn. 68; GK-HGB/Ensthaler § 139 Rn. 27.

Erbfalls ad hoc erteilt werden.[132] Nach einer in der Lit. vertretenen Ansicht soll eine einfache Nachfolgeklausel ein Indiz für die Zustimmung zur Testamentsvollstreckung bieten.[133] Zu Recht verweist aber die Gegenansicht darauf, dass es insoweit um eine Auslegungsfrage geht, bei der die Umstände des konkreten Falles zu berücksichtigen sind.[134] Auch liegt in der Zustimmung zu einem bestimmten Testamentsvollstrecker nicht ohne weiteres die Zustimmung für einen Ersatztestamentsvollstrecker.[135]

Die unterschiedlichen **Haftungsregeln** des Gesellschafts- und des Erbrechts sollen nach Auffassung einiger Autoren der Verwaltungstestamentsvollstreckung ebenfalls nicht entgegenstehen.[136] Zum Teil heißt es, der Erbe sei durch § 131 hinreichend geschützt, die Mitgesellschafter durch das Zustimmungserfordernis.[137] Zum Teil wird die Unvereinbarkeit der Haftungsregeln bestritten. § 126 lasse keine Beschränkung der gewillkürten Gesellschafterhaftung zu, stehe aber einer gesetzlichen Haftungsbeschränkung nicht entgegen.[138] Gegen die zuerst genannte Argumentation spricht, dass der Erbe dann gezwungen wäre, von seinem Wahlrecht Gebrauch zu machen, wenn er dem Testamentsvollstrecker nicht vertraut.[139] Gegen das zweite Argument spricht, dass der Erbe nicht vor der Haftung für Verbindlichkeiten geschützt wäre, die andere Gesellschafter begründet haben. Eine unbeschränkte persönliche Haftung ohne Einflussmöglichkeit ist aber nicht zumutbar.[140] 54

4. Von der Verwaltungstestamentsvollstreckung erfasste Gegenstände. Obwohl die Anordnung einer Verwaltungstestamentsvollstreckung nicht dazu führen kann, dass der Testamentsvollstrecker den Anteil eines persönlich haftenden Gesellschafters in vollem Umfang verwaltet, ist sie doch auch für diesen Nachlassbestandteil nicht ohne Folgen. So sollen die mit dem Anteil verbundenen Vermögensrechte der Verwaltung durch den Testamentsvollstrecker unterfallen, also insbesondere das Recht auf das Auseinandersetzungsguthaben und die Gewinnansprüche.[141] Der BGH spricht insoweit von einer **Verwaltung „an der Außenseite"**.[142] Für Gewinnansprüche gilt das nach der Rspr. allerdings nicht uneingeschränkt. Weil die Gewinne der Personenhandelsgesellschaft im Laufe der Zeit zum Teil auch auf die verantwortliche Mitwirkung des Erben zurückgehen, sollen die laufenden Gewinne jedenfalls nach längerem erfolgreichen Einsatz für die Gesellschaft nicht völlig dem Nachlass, sondern zu einem angemessenen Anteil ausschließlich dem Erben zuzuordnen sein.[143] 55

Die Testamentsvollstreckung an der Außenseite des Anteils hat zur Folge, dass die vermögensrechtlichen Ansprüche nach § 2214 BGB dem Zugriff der Eigengläubiger des Erben entzogen sind. Auch kann der Erbe nach § 2211 Abs. 1 BGB nicht über den Gesellschaftsanteil verfügen.[144] Vielmehr liegt die **Verfügungsbefugnis** – einschließlich des Rechts zur außerordentlichen Kündigung – beim Testamentsvollstrecker.[145] Ein Teil der Lit. spricht dem Testamentsvollstrecker auch das Recht zur ordentlichen Kündigung zu,[146] während andere Autoren ihm das Recht zur ordentlichen Kündigung 56

---

[132] BGH 3.7.1989, BGHZ 108, 187 (191) = NJW 1989, 3152 (3153); Muscheler, Die Haftungsordnung der Testamentsvollstreckung, 1994, 474; Wiedemann, Die Übertragung und Vererbung von Mitgliedschaftsrechten bei Handelsgesellschaften, 1965, 336; RGHMW/Haas Rn. 32, Staub/Schäfer Rn. 61.

[133] Soergel/Damrau BGB § 2205 Rn. 30; Staub/Schäfer Rn. 61. BGH 10.2.1977, BGHZ 68, 225 (241) = NJW 1977, 1339 (1344) hat die Frage offengelassen.

[134] Muscheler, Die Haftungsordnung der Testamentsvollstreckung, 1994, 475; Ebenroth/Boujong/Lorz Rn. 68; s. auch Stimpel FS Brandner, 1996, 779 (781).

[135] OLG Stuttgart 12.10.1988, ZIP 1988, 1335 (1336 f.).

[136] Faust DB 2002, 189 (191 ff.); Muscheler, Die Haftungsordnung der Testamentsvollstreckung, 1994, 549 ff.; MüKoHGB/Fleischer Rn. 75; MüKoBGB/Zimmermann BGB § 2205 Rn. 36.

[137] Faust DB 2002, 189 (192, 194); MüKoHGB/Fleischer Rn. 75.

[138] Muscheler, Die Haftungsordnung der Testamentsvollstreckung, 1994, 549 ff.

[139] Staub/Schäfer Rn. 60; krit. auch Dörrie, Die Testamentsvollstreckung im Recht der Personenhandelsgesellschaften und der GmbH, 1994, 56.

[140] Staub/Schäfer Rn. 60.

[141] BGH 14.5.1986, BGHZ 98, 48 (56) = NJW 1986, 2431 (2433). Zur Nachlasszugehörigkeit dieser Vermögensrechte bereits BGH 30.4.1984, BGHZ 91, 132 (136) = NJW 1984, 2104 (2105).

[142] BGH 14.5.1986, BGHZ 98, 48 (57) = NJW 1986, 2431 (2433).

[143] BGH 14.5.1986, BGHZ 98, 48 (56) = NJW 1986, 2431 (2433); s. auch Schmitz ZGR 1988, 140 (154 f.); Staub/Schäfer Rn. 62; **aA** Muscheler, Die Haftungsordnung der Testamentsvollstreckung, 1994, 479 m. Fn. 3; Ebenroth/Boujong/Lorz Rn. 74; zweifelnd Marotzke AcP 187 (1987), 223 (233 f.).

[144] Dazu BGH 14.5.1986, BGHZ 98, 48 (57) = NJW 1986, 2431 (2433); Muscheler, Die Haftungsordnung der Testamentsvollstreckung, 1994, 479; Ebenroth/Boujong/Lorz Rn. 72 f.

[145] Dörrie, Die Testamentsvollstreckung im Recht der Personenhandelsgesellschaften und der GmbH, 1994, 132 ff.; Muscheler, Die Haftungsordnung der Testamentsvollstreckung, 1994, 479; Staub/Schäfer Rn. 62; **aA** Schmitz ZGR 1988, 140 (153 f.); Weidlich, Die Testamentsvollstreckung im Recht der Personengesellschaften, 1993, 104 ff.

[146] Ulmer NJW 1990, 73 (79); Dörrie, Die Testamentsvollstreckung im Recht der Personenhandelsgesellschaften und der GmbH, 1994, 132; Muscheler, Die Haftungsordnung der Testamentsvollstreckung, 1994, 479.

nicht einräumen wollen.[147] Der Teil der Lit., der das Recht zur ordentlichen Kündigung nicht beim Testamentsvollstrecker sieht, ist sich über die Kündbarkeit durch den Erben uneins.[148] Die Möglichkeit zur Kündigung aus wichtigem Grund bleibt ihm aber jedenfalls erhalten.[149]

57 **5. Ersatzkonstruktionen.** Eine umfassende Verwaltungstestamentsvollstreckung am Gesellschaftsanteil scheitert nach dem Vorstehenden an der nicht befriedigend aufzulösenden Haftungsfrage. Selbst wenn man dieses Hindernis nicht für unüberwindbar hält, ist die Testamentsvollstreckung nur mit der Zustimmung aller Gesellschafter möglich. Deshalb wurden Ersatzlösungen entwickelt, die allerdings ihrerseits Probleme mit sich bringen. Bei der **Treuhandlösung** überträgt der Erbe den Anteil auf den Testamentsvollstrecker, der ihn treuhänderisch in eigenem Namen aber für Rechnung des Erben verwaltet.[150] Bei der **Vollmachtlösung** nimmt der Testamentsvollstrecker als Bevollmächtigter des Erben die Gesellschafterrechte wahr.[151] Beide Konstruktionen bedürfen der Zustimmung der Mitgesellschafter,[152] sodass sie insoweit keinen Vorteil gegenüber einer Verwaltungstestamentsvollstreckung bieten, soweit diese im Übrigen zulässig ist (so beim Kommanditanteil). Erforderlich ist ferner eine Mitwirkung durch den Erben, die der Erblasser mit Hilfe einer Auflage oder Bedingung sicherstellen kann.[153]

58 Die Treuhandlösung ist darüber hinaus deshalb schwer umzusetzen, weil mit ihr für den Testamentsvollstrecker die **unbeschränkte persönliche Haftung** nach § 126 verbunden ist. Wenn der Testamentsvollstrecker zur Übernahme dieses Risikos nicht bereit ist, lässt sich diese Lösung nicht verwirklichen.[154] Die Vollmachtlösung ist mit **konstruktiven Problemen** verbunden. Der Erblasser kann die postmortal wirkende Bevollmächtigung des Testamentsvollstreckers nicht unwiderruflich ausgestalten.[155] Ob er den Erben wirksam verpflichten kann, eine unwiderrufliche Vollmacht an den Testamentsvollstrecker zu erteilen ist umstritten, nach zutreffender Ansicht aber abzulehnen. Der Erblasser könnte andernfalls die Haftung des Erben mit seinem Privatvermögen erzwingen, für das der Testamentsvollstrecker nach § 2206 Abs. 1 BGB keine Verpflichtungsbefugnis hat.[156]

59 Angesichts der mit einer Verwaltungstestamentsvollstreckung und den genannten Ersatzlösungen verbundenen Schwierigkeiten liegt es nahe, die Beteiligung im Todesfall in eine Kommanditbeteiligung **umzuwandeln,** die dann der Testamentsvollstreckung unterworfen werden kann.[157] Dabei kann dem Erben das Recht eingeräumt werden, nach Ablauf der Testamentsvollstreckung die Rückumwandlung der Beteiligung zu verlangen.[158]

60 **6. Nachlassverwaltung, Nachlassinsolvenz.** Eine Nachlassverwaltung am Gesellschaftsanteil ist zulässig. Sie erfasst allerdings nicht die persönlichen Mitgliedschaftsrechte der Erben, sondern lediglich die vermögensrechtlichen Ansprüche.[159] Dh, dass dem Nachlassverwalter das Wahlrecht aus § 131 nicht zusteht.[160] Die Kündigung der Gesellschaft ist ihm analog § 133 möglich (→ § 133 Rn. 4).[161] Unbeschränkt kann der Nachlassverwalter die Mitgliedschaftsrechte in einer Liquidationsgesellschaft ausüben.[162]

---

[147] Ebenroth/Boujong/Lorz Rn. 73; Staub/Schäfer Rn. 62.

[148] Für eine Kündigungsmöglichkeit Ebenroth/Boujong/Lorz Rn. 73; dagegen Staub/Schäfer Rn. 62.

[149] Marotzke JZ 1986, 457 (467); Ulmer NJW 1990, 73 (80); **aA** Dörrie, Die Testamentsvollstreckung im Recht der Personenhandelsgesellschaften und der GmbH, 1994, 133 f.

[150] HK-HGB/Stuhlfelner § 139 Rn. 12; Henssler/Strohn/Klöhn Rn. 83; MHdB GesR I/Schäfer/Merkle § 110 Rn. 14, § 43 Rn. 37.

[151] NK-HGB/Koch-Sembdner Rn. 20; MHdB GesR I/Schäfer/Merkle § 110 Rn. 14, § 43 Rn. 38.

[152] Ebenroth/Boujong/Lorz Rn. 78; Staub/Schäfer Rn. 66.

[153] Ebenroth/Boujong/Lorz Rn. 78; MüKoBGB/Schäfer BGB § 705 Rn. 122; MHdB GesR I/Schäfer/Merkle § 43 Rn. 38.

[154] Dörrie, Die Testamentsvollstreckung im Recht der Personenhandelsgesellschaften und der GmbH, 1994, 182; Ebenroth/Boujong/Lorz Rn. 79; MüKoBGB/Schäfer BGB § 705 Rn. 124; MHdB GesR I/Schäfer/Merkle § 110 Rn. 14, § 43 Rn. 38.

[155] MHdB GesR I/Klein/Lindemeier § 80 Rn. 42. S. auch RGHMW/Haas Rn. 30.

[156] Dörrie, Die Testamentsvollstreckung im Recht der Personenhandelsgesellschaften und der GmbH, 1994, 173 ff., 176; MüKoBGB/Schäfer BGB § 705 Rn. 122; MüKoBGB/Zimmermann BGB § 2205 Rn. 26; Staub/Schäfer Rn. 67; **aA** Ebenroth/Boujong/Lorz Rn. 80.

[157] Ebenroth/Boujong/Lorz Rn. 87; Staub/Schäfer Rn. 66.

[158] Ebenroth/Boujong/Lorz Rn. 87; MHdB GesR I/Schäfer/Merkle § 110 Rn. 14, § 43 Rn. 39.

[159] BGH 30.3.1967, BGHZ 47, 293 (296) = NJW 1967, 1961 (1962); NK-HGB/Koch-Sembdner Rn. 21.; HK-HGB/Stuhlfelner § 139 Rn. 13; MüKoHGB/Fleischer Rn. 89; RGHMW/Haas Rn. 34.

[160] MüKoHGB/Fleischer Rn. 89; MHdB GesR I/Schäfer/Merkle § 110 Rn. 17, § 43 Rn. 43; Staub/Schäfer Rn. 37.

[161] Henssler/Strohn/Klöhn Rn. 84; MüKoHGB/Fleischer Rn. 89; Staub/Schäfer Rn. 37.

[162] Ebenroth/Boujong/Lorz Rn. 92; MHdB GesR I/Schäfer/Merkle § 110 Rn. 17, § 43 Rn. 43; Staub/Schäfer Rn. 37; **aA** BayObLG 30.10.1990, NJW-RR 1991, 361 (362).

Die Nachlassinsolvenz führt nicht (analog) § 130 Abs. 1 Nr. 3 zum Ausscheiden des Erben (→ § 130 Rn. 11). Allerdings kann der Nachlassverwalter die Gesellschaft analog § 133 kündigen und auf diesem Weg auf den Vermögenswert der Beteiligung zugreifen (→ § 130 Rn. 11). 61

VIII. Das Wahlrecht des Erben nach § 131

1. Funktion. § 131 gibt dem aufgrund einer erbrechtlichen Nachfolgeklausel zum Nachfolger berufenen Erben die Möglichkeit, bei den Mitgesellschaftern die **Umwandlung** der Beteiligung in einen **Kommanditanteil** zu beantragen. Akzeptieren die Mitgesellschafter den Antrag, so kann der Erbe ohne das Risiko der unbeschränkten persönlichen Haftung in der Gesellschaft verbleiben. Lehnen sie den Antrag ab, kann der Erbe entscheiden, ob er doch als persönlich haftender Gesellschafter in der Gesellschaft verbleiben will oder ob er aus der Gesellschaft ausscheidet. Ohne die Regelung könnte der Erbe, der das Haftungsrisiko scheut, der unbeschränkten persönlichen Haftung nur entgehen, indem er die gesamte Erbschaft ausschlägt (§ 1950 S. 2 BGB). Den Interessen des Erben hinsichtlich eines von vornherein begrenzten Haftungsrisikos trägt Abs. 4 Rechnung, der eine **beschränkte Haftung** für Altschulden der Gesellschaft vorsieht, wenn der Erbe innerhalb der Frist des Abs. 3 die Stellung als Kommanditist erlangt oder aus der Gesellschaft ausscheidet. 62

2. Anwendungsbereich. § 131 gilt für die **OHG** und über § 161 Abs. 2 für die **KG,** wenn es um den Tod eines Komplementärs geht. Ob die Norm auf die (unternehmenstragende) **GbR** analog anzuwenden ist, ist umstritten.[163] Für eine Analogie spricht, dass die Haftung des Erben in der GbR der Haftung des Erben eines OHG-Gesellschafters inzwischen weitgehend entspricht.[164] Tritt der Erbfall in einer **aufgelösten Gesellschaft** ein, so steht dem Erben das Wahlrecht nach § 131 nicht zu, weil er in diesem Fall des Schutzes dieser Norm nicht bedarf. Der Erbe haftet für die Verbindlichkeiten dann ohnehin nur mit der Möglichkeit der Beschränkung nach § 131 Abs. 4.[165] 63

§ 131 ist nur anwendbar, wenn es um die erbrechtliche Nachfolge in den Anteil eines persönlich haftenden Gesellschafters geht. War der Erbe vor dem Erbfall an der Gesellschaft **bereits als Kommanditist beteiligt,** so steht ihm das Wahlrecht zu. Nach dem Grundsatz der Einheitlichkeit der Mitgliedschaft wird sein Anteil mit dem Erbfall zu einer einheitlichen Beteiligung als persönlich haftender Gesellschafter. Der Erbe kann (und muss) dann das Wahlrecht für seine gesamte Beteiligung ausüben.[166] 64

Die Norm soll dem Erben eine Alternative bieten, wenn er ohne das Wahlrecht vor der Entscheidung stünde, persönlich haftender Gesellschafter zu werden oder aus der Gesellschaft auszuscheiden. An dieser Entscheidungssituation fehlt es, wenn der Erbe **bereits vor dem Erbfall** als **persönlich haftender Gesellschafter** an der Gesellschaft beteiligt war. Das Wahlrecht steht dem Erben dann nicht zu, da er bereits nach § 126 persönlich haftete.[167] Der Erbe hat auch dann kein Wahlrecht, wenn bereits der Erblasser Kommanditist war oder die Beteiligung im Todesfall automatisch in einen Kommanditanteil umgewandelt wird.[168] Allerdings wird zu Recht eine analoge Anwendung des Abs. 4 befürwortet, wenn der Erblasser **nicht eingetragener Kommanditist** war. Die entpsr. Eintragung des Erben allein lässt die bis dahin nach § 176 begründete Haftung nicht entfallen.[169] Wird die Gesellschaft durch den Todesfall aufgelöst oder kommt es vor Ausübung des Wahlrechts zur Auflösung, steht dem Erben das Wahlrecht nicht zu.[170] Zum Erbfall in der aufgelösten Gesellschaft → Rn. 63. 65

Abs. 1 setzt voraus, dass der Erblasser mit einer Einlage an der Gesellschaft beteiligt ist. Auf den Erben eines Gesellschafters **ohne Kapitalanteil** ist § 131 daher nicht anwendbar. Allerdings besteht ein Bedürfnis, dem Erben ein Austrittsrecht zuzugestehen, sodass er seine Haftung beschränken kann. Dazu bietet sich eine Analogie zu den Abs. 2–4 an.[171] Allerdings wird eine Nachfolgeklausel nur selten auf einen einlagelosen Gesellschafter anwendbar sein.[172] 66

---

[163] Dagegen Hopt/Roth Rn. 8; Schröder ZGR 1978, 578 (599); dafür Mock NZG 2004, 118 (119 f.); SchäferNJW 2005, 3665 (3667 f.); Ebenroth/Boujong/Lorz Rn. 97; MüKoBGB/Schäfer BGB § 711 Rn. 66. MüKoHGB/Fleischer Rn. 93 verweist für die GbR auf § 724 BGB.

[164] Mock NZG 2004, 118 (120); Schäfer NJW 2005, 3665 (3667); Ebenroth/Boujong/Lorz Rn. 97.

[165] BGH 6.7.1981, NJW 1982, 45 (46); Hopt/Roth Rn. 8; Ebenroth/Boujong/Lorz Rn. 99, 131; **aA** MüKoHGB/Fleischer Rn. 94.

[166] BayObLG 29.1.2003, NZG 2003, 476 f. = DNotZ 2003, 456 f.; Ebenroth/Boujong/Lorz Rn. 98; MüKoHGB/Fleischer Rn. 98; RGHMW/Haas Rn. 39; **aA** Staub/Schäfer Rn. 70. Vgl. auch BGH 21.12.1970, BGHZ 55, 267 = NJW 1971, 1268.

[167] Hopt/Roth Rn. 8; Henssler/Strohn/Klöhn Rn. 36; RGHMW/Haas Rn. 39.

[168] Ebenroth/Boujong/Lorz Rn. 97, 99; Heymann/Freitag § 139 Rn. 42.

[169] MüKoHGB/Fleischer Rn. 97; Staub/Schäfer Rn. 77.

[170] Staub/Schäfer Rn. 75; **aA** MüKoHGB/Fleischer Rn. 94.

[171] Hopt/Roth Rn. 7; Ebenroth/Boujong/Lorz Rn. 100; RGHMW/Haas Rn. 40; Staub/Schäfer Rn. 76.

[172] MüKoHGB/Fleischer Rn. 96; Staub/Schäfer Rn. 76. Vgl. OLG Hamm 1.12.1998, NZG 1999, 344 (345) = NJW-RR 1999, 760.

67 Wenn in einer **Zweipersonengesellschaft** der überlebende Gesellschafter den verstorbenen Gesellschafter beerbt, ist § 131 nicht anwendbar. Die Gesellschaft erlischt in diesem Fall liquidationslos (→ § 138 Rn. 3).[173] War der Erbe **Kommanditist,** so stellt sich die Frage seiner Haftung nach dem Erbfall. Sie ist über eine analoge Anwendung des § 27 zu lösen (→ § 130 Rn. 4).[174] Der Erbe haftet danach persönlich für die Verbindlichkeiten der Gesellschaft, wenn er nicht innerhalb von drei Monaten den Geschäftsbetrieb einstellt, § 27 Abs. 2 S. 1 analog. Wenn er den Geschäftsbetrieb fristgemäß einstellt, haftet er allerdings noch mit dem gesamten Wert des Gesellschaftsvermögens.[175]

68 **3. Zur Wahl berechtigte Personen.** Das Wahlrecht des § 131 gilt nur für Erben, die zur Nachfolge in die Gesellschaft berufen sind, nicht dagegen für Personen, die aufgrund anderweitiger Gestaltung in die Gesellschaft eintreten können. Sind **mehrere Erben** nach § 131 berechtigt, das Wahlrecht auszuüben, steht es jedem Einzelnen als individuelles Recht zu. Die Erben können von ihrem Wahlrecht in unterschiedlicher Weise Gebrauch machen. Umgekehrt können die übrigen Gesellschafter die Anträge mehrerer Erben auf Umwandlung des Anteils in einen Kommanditanteil unterschiedlich behandeln.[176] Die ererbten Beteiligungen können sich dadurch ganz unterschiedlich entwickeln.

69 Das Wahlrecht steht dem Erben **persönlich** zu. Es kann von Testamentsvollstreckern, Nachlass- und Nachlassinsolvenzverwaltern nicht ausgeübt werden.[177] Ist der Erbe **minderjährig,** so nimmt sein gesetzlicher Vertreter für ihn das Wahlrecht wahr, ohne dass dazu eine familiengerichtliche Genehmigung erforderlich wäre.[178] Allerdings muss ein Ergänzungspfleger bestellt werden, wenn der gesetzliche Vertreter Mitgesellschafter ist.[179]

70 Wenn **Vor- und Nacherbschaft** angeordnet wurde, steht das Wahlrecht zunächst dem Vorerben zu. Übt der Vorerbe das Wahlrecht aus, so ist der Nacherbe an das Ergebnis gebunden.[180] Macht der Vorerbe von dem Wahlrecht keinen Gebrauch, so kann der Nacherbe es im Nacherbfall ausüben (→ Rn. 48).[181]

71 **4. Die Ausübung des Wahlrechts. a) Antrag des Erben.** Der Erbe, der die Umwandlung des ererbten Anteils in einen Kommanditanteil begehrt, muss an die übrigen Gesellschafter einen **formlosen Antrag** auf Umwandlung seiner Beteiligung stellen. Die Gesellschaft ist nicht der richtige Adressat der Erklärung.[182] Auch die Miterben gehören nicht zum Adressatenkreis.[183] Etwas anderes gilt nur, wenn sie bereits vorher Mitglieder der Gesellschaft waren,[184] dann sind sie allerdings auch nicht als Miterben, sondern als „übrige Gesellschafter" Adressaten der Erklärung. Der Erbe kann in Anlehnung an Abs. 1 ausführlich erklären, dass er den Verbleib in der Gesellschaft davon abhängig macht, dass ihm unter Belassung des bisherigen Gewinnanteils die Stellung eines Kommanditisten eingeräumt und der auf ihn fallende Teil der Einlage des Erblassers als seine Kommanditeinlage anerkannt wird. Verlangt der Erbe lediglich die Umwandlung nach § 131 oder die Einräumung der Kommanditistenstellung, so ist sein Antrag aber bestimmt genug.[185] Über Abs. 1 hinausgehende

---

173 Ebenroth/Boujong/Lorz Rn. 101; Henssler/Strohn/Klöhn Rn. 34; Staub/Schäfer Rn. 72.

174 BGH 10.12.1990, BGHZ 113, 132 (134 f.) = NJW 1991, 844 (845); Ebenroth/Boujong/Lorz Rn. 101; MüKoHGB/Fleischer Rn. 99.

175 BGH 10.12.1990, BGHZ 113, 132 (134) = NJW 1991, 844 (845, 846); Ebenroth/Boujong/Lorz Rn. 101;. S. auch BGH 15.3.2004, NZG 2004, 611 = DStR 2004, 1137 (1138).

176 BGH 21.12.1970, NJW 1971, 1268 f.; MüKoHGB/Fleischer Rn. 103; MHdB GesR I/Schäfer/Merkle § 109 Rn. 24, § 42 Rn. 67; Staub/Schäfer Rn. 79, 95.

177 Henssler/Strohn/Klöhn Rn. 37; MüKoHGB/Fleischer Rn. 102; Staub/Schäfer Rn. 80.

178 BGH 21.12.1970, BGHZ 55, 267 (269) = NJW 1971, 1268; Reimann DNotZ 1999, 176 (196); MHdB GesR I/Schäfer/Merkle § 109 Rn. 24, § 42 Rn. 66; Staub/Schäfer Rn. 80.

179 Ebenroth/Boujong/Lorz Rn. 104; Staub/Schäfer Rn. 80. Vgl. BGH 21.12.1970, BGHZ 55, 267 (270) = NJW 1971, 1268 (1269).

180 BGH 25.5.1977, BGHZ 69, 47 (52) = NJW 1977, 1540 (1541) für den Fall der Umwandlung des Anteils in einen Kommanditanteil; Göbel DNotZ 1979, 133 (146); Tielmann, Die Vor- und Nacherbschaft als langfristige erbrechtliche Nachfolgeregelung eines persönlich haftenden Gesellschafters, 2001, 156; BeckOK HGB/Lehmann-Richter, 47. Ed. 1.7.2025, Rn. 34; Staub/Schäfer Rn. 86.

181 Göbel DNotZ 1979, 133 (146); Tielmann, Die Vor- und Nacherbschaft als langfristige erbrechtliche Nachfolgeregelung eines persönlich haftenden Gesellschafters, 2001, 154 ff.; MüKoHGB/Fleischer Rn. 67; Staub/Schäfer Rn. 86.

182 BeckOK HGB/Lehmann-Richter, 47. Ed. 1.7.2025, Rn. 36; MHdB GesR I/Schäfer/Merkle § 109 Rn. 24.

183 BGH 21.12.1970, NJW 1971, 1268 (1269) = WM 1971, 556 (557); Hopt/Roth Rn. 37; MüKoHGB/Fleischer Rn. 106.

184 Hopt/Roth Rn. 37; Heymann/Freitag § 139 Rn. 60.

185 MüKoHGB/Fleischer Rn. 128; Staub/Schäfer Rn. 89.

Bedingungen darf der Antrag allerdings nicht enthalten, wenn der Antrag die weiteren Folgen des § 131 auslösen soll.[186]

b) Frist. Nach Abs. 3 S. 1 kann der Erbe den Antrag nur innerhalb einer Frist von drei Monaten nach dem Zeitpunkt stellen, zu dem er von dem Anfall der Erbschaft Kenntnis erlangt hat. Der Austritt aus der Gesellschaft nach Abs. 2 ist dem Erben ebenfalls nur innerhalb der **Dreimonatsfrist** möglich, sodass er den Antrag entsprechend früh stellen sollte, um sich bei Ablehnung das Ausscheiden offen zu halten.[187] Maßgeblich für den Fristbeginn ist die Kenntnis vom Anfall der Erbschaft. Wann der Erbe erfährt, dass zur Erbschaft ein Gesellschaftsanteil gehört, ist irrelevant.[188] Nach Abs. 3 S. 3 endet die Frist aber nicht vor Ablauf der Frist für die Ausschlagung der Erbschaft. 72

Abs. 3 S. 2 enthält ferner eine Sonderregelung für geschäftsunfähige oder in der Geschäftsfähigkeit beschränkte Erben, indem **§ 210 BGB** für **entsprechend anwendbar** erklärt wird. Wenn ein solcher Erbe ohne gesetzlichen Vertreter ist, endet die Frist nicht drei Monate nach Kenntnis vom Erbfall, sondern erst drei Monate nach Eintritt der unbeschränkten Geschäftsfähigkeit oder nach Wegfall des Mangels der Vertretung. Dabei fehlt eine gesetzliche Vertretung nicht nur in den Fällen, in denen der nicht (voll) geschäftsfähige Erbe überhaupt keinen Vertreter hat, sondern auch dann, wenn der gesetzliche Vertreter in dieser Angelegenheit an der Vertretung verhindert ist, zB nach § 181 BGB.[189] 73

Die **Frist** des Abs. 3 ist **gewahrt,** wenn der Anteil des Erben rechtzeitig in einen Kommanditanteil umgewandelt wurde, der Erbe rechtzeitig aus der Gesellschaft ausscheidet oder die Gesellschaft rechtzeitig aufgelöst wurde. Auf die Eintragung im Handelsregister kommt es für die Fristwahrung nicht an. 74

c) Annahme oder Ablehnung des Antrags. Die übrigen Gesellschafter können den Antrag annehmen oder ablehnen, der Erbe hat mangels abweichender gesellschaftsvertraglicher Regelung keinen Anspruch auf die Umwandlung seines Anteils.[190] Die Annahme ist auch **nach Ablauf der Dreimonatsfrist** noch möglich. Dann kommt der Erbe aber nicht in den Genuss des Haftungsprivilegs des Abs. 4.[191] Grundsätzlich ist eine einstimmige Entscheidung erforderlich, der Gesellschaftsvertrag kann aber einen Mehrheitsbeschluss zulassen.[192] Wenn die übrigen Gesellschafter den Antrag annehmen, ist ein Vertrag über die Umwandlung des Anteils in einen Kommanditanteil zustande gekommen, der Gesellschaftsvertrag wird entsprechend geändert.[193] 75

Anträge mehrerer Miterben können die übrigen Gesellschafter unterschiedlich behandeln (→ Rn. 68).[194] Ihnen steht eine **Überlegungsfrist** zu, die sofortige Erklärung iSd § 147 BGB kann der Erbe nicht verlangen.[195] Bei der Antwortfrist ist aber auf das Interesse des Erben Rücksicht zu nehmen, bei Ablehnung seines Antrags innerhalb der Frist des Abs. 3 aus der Gesellschaft auszuscheiden.[196] Nach Ablauf der angemessenen Antwortfrist endet die Bindung des Erben an seinen Antrag. Innerhalb dieser Frist müssen alle übrigen Gesellschafter die Annahme erklärt haben, sonst gilt der Antrag als abgelehnt.[197] 76

d) Umwandlung in Kommanditanteil. aa) Gewinn- und Verlustbeteiligung. Wenn die übrigen Gesellschafter den Antrag des Erben annehmen, wird er Kommanditist. Fällt dadurch der einzige Komplementär einer KG weg, wird die KG aufgelöst (→ § 138 Rn. 17). Die Rechte und Pflichten, die den Erblasser als persönlich haftenden Gesellschafter getroffen haben, entfallen mit der Umwandlung.[198] Die Gewinn- und Verlustbeteiligung ändert sich nach dem gesetzlichen Konzept 77

---

186 MHdB GesR I/Schäfer/Merkle § 109 Rn. 24, § 42 Rn. 67; Staub/Schäfer Rn. 89.

187 MHdB GesR I/Schäfer/Merkle § 109 Rn. 24, § 42 Rn. 68; Staub/Schäfer Rn. 92.

188 Wiedemann, Die Übertragung und Vererbung von Mitgliedschaftsrechten bei Handelsgesellschaften, 1965, 233; BeckOGK/Müller/Godron, 1.1.2024, Rn. 172; Ebenroth/Boujong/Lorz Rn. 112; MHdB GesR I/Schäfer/Merkle § 109 Rn. 24, § 42 Rn. 68.

189 BGH 21.12.1970 = NJW 1971, 1268 (1270) = WM 1971, 556 (557); MüKoHGB/Fleischer Rn. 130; Staub/Schäfer Rn. 91.

190 Ebenroth/Boujong/Lorz Rn. 96; Heymann/Freitag § 139 Rn. 62; MHdB GesR I/Schäfer/Merkle § 109 Rn. 24, § 42 Rn. 67.

191 Hopt/Roth Rn. 39; Staub/Schäfer Rn. 94.

192 Henssler/Strohn/Klöhn Rn. 43; MHdB GesR I/Schäfer/Merkle § 109 Rn. 24, § 42 Rn. 67; Hueck OHG § 28 III 2.

193 Hopt/Roth Rn. 39; MüKoHGB/Fleischer Rn. 105; RGHMW/Haas Rn. 44.

194 BGH 21.12.1970, NJW 1971, 1268 f. = WM 1971, 556 (557); MüKoHGB/Fleischer Rn. 103; MHdB GesR I/Schäfer/Merkle § 109 Rn. 24, § 42 Rn. 67.

195 MüKoHGB/Fleischer Rn. 107; Staub/Schäfer Rn. 95.

196 MHdB GesR I/Klein/Lindemeier § 79 Rn. 43; Staub/Schäfer Rn. 95.

197 Henssler/Strohn/Klöhn Rn. 44; MüKoHGB/Fleischer Rn. 107; **aA** Michalski OHG-R § 139 Rn. 46.

198 Ebenroth/Boujong/Lorz Rn. 106; MHdB GesR I/Schäfer/Merkle § 109 Rn. 24, § 42 Rn. 71.

nicht. Die Verlustbeteiligung ist allerdings durch § 167 begrenzt. Eine Änderung der Gewinn- und Verlustbeteiligung für den Fall der Umwandlung des Anteils kann im Gesellschaftsvertrag nach Abs. 5 S. 2 wirksam vereinbart werden. Ferner können die übrigen Gesellschafter die Umwandlung von der Zustimmung des Erben zu einer Änderung der Gewinnbeteiligung abhängig machen.[199] Änderungen der Gewinnbeteiligung wirken sich nach § 709 Abs. 3 BGB im Zweifel auf die Verlustbeteiligung aus und umgekehrt.

78 **bb) Kommanditeinlage.** Die Kommanditeinlage des Erben können die Gesellschafter einvernehmlich bestimmen. Fehlt es an einer solchen Abrede, so greift Abs. 1 ein, wonach der auf den Erben fallende Teil der Einlage des Erblassers als seine Kommanditeinlage anerkannt wird. Wie diese Regelung zu verstehen ist, ist allerdings stark umstritten. Die damit verbundene Unsicherheit legt eine gesellschaftsvertragliche oder zumindest nachträgliche **einvernehmliche Regelung** nahe, zu der es auch in der Praxis regelmäßig zu kommen scheint, da Rspr. zu dieser Frage kaum vorhanden ist.[200]

79 Die hM geht vom **Kapitalanteil** des Erblassers im Zeitpunkt des Erbfalls aus, zu dem ausstehende Einlagen und ungerechtfertigte Entnahmen hinzugerechnet werden.[201] Nach einer weiteren in der Lit. vertretenen Auffassung ist für die bedungene Einlage des Erben die **bedungene Einlage des Erblassers** maßgeblich. Wenn der Kapitalanteil des Erblassers die bedungene Einlage übersteigt, soll allerdings der Kommanditist nicht die Auszahlung des Überschusses verlangen können.[202] Die Ansichten führen zu unterschiedlichen Ergebnissen, wenn der Kapitalanteil des Erblassers aufgrund von Entnahmen oder Verlusten die bedungene Einlage unterschreitet.[203] In diesem Fall muss nach der zweiten Auffassung der Erbe zukünftige Gewinne nach § 169 Abs. 1 so lange stehen lassen, bis die ursprüngliche Einlage wieder aufgefüllt ist.[204] Da die bedungene Einlage des Erblassers nicht immer ohne Weiteres feststellbar ist und es sich häufig um eine zufällige Größe handelt,[205] ist der hM zu folgen.

80 **cc) Haftsumme.** Ferner ist zu klären, welcher Betrag als **Haftsumme** des Erben in das Handelsregister einzutragen ist. Nach hM bemisst sich die Haftsumme nach dem **Aktivsaldo des ererbten Kapitalkontos.**[206] Umstritten ist innerhalb der hM, ob ausstehende Einlagen[207] und unberechtigte Entnahmen[208] hinzuzurechnen sind. Dafür wird angeführt, dass der Erbe im Innenverhältnis für die ausstehende Einlage oder die unberechtigte Entnahme ohne die Möglichkeit der erbrechtlichen Haftungsbeschränkung haftet.[209] Das allein spricht aber nicht für eine unbeschränkte Außenhaftung. Da § 131 den Erben vor einer unbeschränkten Außenhaftung schützen soll, sind ausstehende Einlagen und unberechtigte Entnahmen bei der Bemessung der Haftsumme nicht zu berücksichtigen.[210] Einer anderen Auffassung zu Folge ist die **bedungene Einlage** als Haftsumme einzutragen.[211]

81 Schwierigkeiten bereitet nach dem Ansatz der hM der Fall des negativen Kapitalanteils. Ein **negativer Kapitalanteil** im Zeitpunkt des Erbfalls schließt das Wahlrecht des Erben nicht aus.[212] Die Pflichteinlage bleibt in einem solchen Fall negativ.[213] Die Haftsumme muss jedoch positiv sein,

---

[199] Staub/Schäfer Rn. 99.

[200] Ebenroth/Boujong/Lorz Rn. 106; Staub/Schäfer Rn. 101.

[201] Huber, Vermögensanteil, Kapitalanteil und Gesellschaftsanteil an Personengesellschaften des Handelsrechts, 1970, 433; Hopt/Roth Rn. 41; Ebenroth/Boujong/Lorz Rn. 107; Staub/Schäfer Rn. 103 ff., 105; Hueck OHG § 28 III 3.

[202] K. Schmidt ZGR 1989, 445 (459 ff.); MüKoHGB/Fleischer Rn. 119; ihm folgend Herfs DB 1991, 2121 (2122); Heymann/Freitag § 139 Rn. 66 RGHMW.

[203] Ebenroth/Boujong/Lorz Rn. 107; Staub/Schäfer Rn. 102.

[204] K. Schmidt ZGR 1989, 445 (462); MüKoHGB/Fleischer Rn. 119.

[205] Saßenrath BB 1990, 1209 (1212 f.); Ebenroth/Boujong/Lorz Rn. 107; Hueck OHG § 28 III 3.

[206] Sudhoff NJW 1958, 401 (403); Huber, Vermögensanteil, Kapitalanteil und Gesellschaftsanteil an Personengesellschaften des Handelsrechts, 1970, 433; Ebenroth/Boujong/Lorz Rn. 108; Heymann/Freitag § 139 Rn. 66.

[207] Befürwortend Sudhoff NJW 1958, 401 (404); Ebenroth/Boujong/Lorz Rn. 108; Heymann/Freitag § 139 Rn. 66; Hueck OHG § 28 III. 3; abl. Saßenrath, Die Umwandlung von Komplementär- in Kommanditbeteiligungen, 1988, 160 ff.; KKD/Kindler § 139 Rn. 9; Staub/Schäfer Rn. 108 f.

[208] Befürwortend Ebenroth/Boujong/Lorz Rn. 108; Hueck OHG § 28 III 3; abl. Staub/Schäfer Rn. 108 f.

[209] Emmerich ZHR 150 (1986), 193 (211); Ebenroth/Boujong/Lorz Rn. 108.

[210] Kick, Die Haftung des Erben eines Personenhandelsgesellschafters, 1997, 71 f.; Staub/Schäfer Rn. 108 f.

[211] K. Schmidt ZGR 1989, 445 (465, 472); MüKoHGB/Fleischer Rn. 121; RGHMW/Haas § 139 Rn. 37.

[212] BGH 21.12.1970, NJW 1971, 1268 (1269) = WM 1971, 556 (557); Hopt/Roth Rn. 42; Staub/Schäfer Rn. 110.

[213] Huber, Vermögensanteil, Kapitalanteil und Gesellschaftsanteil an Personengesellschaften des Handelsrechts, 1970, 434; Hopt/Roth Rn. 42; Ebenroth/Boujong/Lorz Rn. 109; MHdB GesR I/Schäfer/Merkle § 109 Rn. 24, § 42 Rn. 74.

weshalb sich die hM bei negativem Kapitalanteil mit einem symbolischen Wert von **1 Euro** behilft.[214] Nach abweichender Auffassung ist die bedungene Einlage der maßgebliche Wert.[215] Die Mitgesellschafter beeinträchtigt die Lösung der hM nicht unangemessen, da ihnen die Entscheidung darüber zusteht, ob der ererbte Anteil überhaupt in einen Kommanditanteil umgewandelt wird.[216]

e) Ausscheiden des Erben. Wenn die übrigen Gesellschafter den Umwandlungsantrag des Erben nicht annehmen, kann er als persönlich haftender Gesellschafter in der Gesellschaft verbleiben. Er kann aber auch nach Abs. 2, 3 innerhalb der Dreimonatsfrist ohne Einhaltung einer Kündigungsfrist aus der Gesellschaft ausscheiden. Die Erklärung muss den übrigen Gesellschaftern **fristgerecht** zugehen. Der Erbe kann sie mit dem Antrag verbinden. In diesem Fall scheidet er mit der Ablehnung oder nicht rechtzeitigen Annahme automatisch aus der Gesellschaft aus.[217] Für den minderjährigen Gesellschafter handelt der gesetzliche Vertreter, einer familiengerichtlichen Genehmigung bedarf es nicht.[218] 82

Wenn der Erbe ausscheidet, wird die Gesellschaft unter den übrigen Gesellschaftern **fortgesetzt,** der Erbe ist abzufinden.[219] Verbleibt nur ein Gesellschafter, nachdem die Erben ihr Wahlrecht ausgeübt haben, erlischt die Gesellschaft liquidationslos.[220] Verbleiben zwar mehrere Gesellschafter, die aber alle Kommanditisten sind, wird die KG aufgelöst (→ § 138 Rn. 17). 83

IX. Die Haftung des Erben

1. Überblick. Bei der Frage der Haftung des Erben sind verschiedene Aspekte zu berücksichtigen. In **zeitlicher Hinsicht** kommt es darauf an, ob er sich in der durch das Wahlrecht begründeten Schwebezeit befindet oder diese bereits beendet ist. Ferner spielt die **Art der Verbindlichkeit** eine Rolle. Insofern ist nach Altschulden, Zwischenneuschulden und echten Neuschulden zu unterscheiden. Altschulden sind vor dem Erbfall entstanden, Zwischenneuschulden in der Schwebezeit, echte Neuschulden ab der Entscheidung über die zukünftige Stellung des Erben in der Gesellschaft. Weiterhin ist nach der **erbrechtlichen** und der **gesellschaftsrechtlichen Haftung** zu unterscheiden und schließlich – nach Ablauf der Schwebezeit – nach der **Stellung des Erben** in der Gesellschaft.[221] 84

2. Haftung in der Schwebezeit. Während der Schwebezeit haftet der Erbe **erbrechtlich** unbeschränkt, aber mit der **Möglichkeit der Haftungsbeschränkung** auf den Nachlass. Auf den Entstehungszeitpunkt der Verbindlichkeit kommt es dabei nicht an.[222] Daneben tritt die **Gesellschafterhaftung** des Erben für Altschulden und Zwischenneuschulden, für die er aber vorläufig noch nicht mit seinem Privatvermögen haftet.[223] 85

3. Haftung als persönlich haftender Gesellschafter. Die **unbeschränkbare persönliche Haftung** nach den §§ 126, 127 trifft den Erben, wenn er von seinem Wahlrecht nicht fristgerecht Gebrauch macht oder bereits vor dem Erbfall persönlich haftender Gesellschafter war.[224] Daneben besteht die Erbenhaftung für **Nachlassverbindlichkeiten,** die die Altschulden und die Zwischenneuschulden umfasst. Insoweit ist die Haftung nach den §§ 1975 ff. BGB beschränkbar.[225] Wenn die Sondererbfolge in den Anteil sich als Teilung des Nachlasses darstellt, sollen die Miterben das Leistungsverweigerungsrecht des § 2059 Abs. 1 S. 1 BGB nicht ohne Weiteres verlieren. Die Lösung 86

---

[214] Sudhoff NJW 1958, 401 (404); Huber, Vermögensanteil, Kapitalanteil und Gesellschaftsanteil an Personengesellschaften des Handelsrechts, 1970, 435 f.; Hopt/Roth Rn. 42; Ebenroth/Boujong/Lorz Rn. 109; NK-HGB/Koch-Sembdner Rn. 27; Heymann/Freitag § 139 Rn. 66.

[215] MüKoHGB/Fleischer Rn. 121.

[216] Ebenroth/Boujong/Lorz Rn. 109; Staub/Schäfer Rn. 110.

[217] BeckOK HGB/Lehmann-Richter, 47. Ed. 1.7.2025, § 139 Rn. 31; MHdB GesR I/Schäfer/Merkle § 109 Rn. 24, § 42 Rn. 75; Staub/Schäfer Rn. 111.

[218] Reimann DNotZ 1999, 176 (196); MüKoHGB/Fleischer Rn. 128; MHdB GesR I/Schäfer/Merkle § 109 Rn. 24, § 42 Rn. 66.

[219] NK-HGB/Koch-Sembdner Rn. 29; Staub/Schäfer Rn. 113 f.

[220] Ebenroth/Boujong/Lorz Rn. 111; Staub/Schäfer Rn. 117.

[221] Emmerich *ZHR 150 (1986)*, 193 (195); Hopt/Roth Rn. 44; Ebenroth/Boujong/Lorz Rn. 116; Heymann/Freitag § 139 Rn. 87.

[222] Hopt/Roth Rn. 45; MüKoHGB/Fleischer Rn. 144.

[223] Hopt/Roth Rn. 45; Ebenroth/Boujong/Lorz Rn. 118; MüKoHGB/Fleischer Rn. 145; Staub/Schäfer Rn. 120.

[224] BeckOK HGB/Lehmann-Richter, 47. Ed. 1.7.2025, Rn. 57; MüKoHGB/Fleischer Rn. 147; Staub/Schäfer Rn. 122.

[225] Hopt/Roth Rn. 46; Ebenroth/Boujong/Lorz Rn. 120; MüKoHGB/Fleischer Rn. 148; Staub/Schäfer Rn. 123.

wird zum Teil in der Anwendung des § 2059 Abs. 1 S. 1 BGB,[226] zum Teil in einer Abweichung von § 2062 BGB[227] und zum Teil in einem internen Regressanspruch gesehen.[228]

87 **4. Haftung als Kommanditist.** Für die Alt- und die Zwischenneuschulden haftet der Erbe nach Umwandlung des Anteils in einen Kommanditanteil nach Abs. 4 unbeschränkt, aber beschränkbar. Das bedeutet nicht, dass er der gesellschaftsrechtlichen Haftung völlig entzogen ist. Vielmehr haftet er für Neuschulden nach den **§§ 171, 172** als Kommanditist.[229] Für die Altschulden und die Zwischenneuschulden ergibt sich die Kommanditistenhaftung aus **§ 173.**[230]

88 Die zuvor umstrittene Frage, ob der Erbe für Neuschulden, die bis zu seiner Eintragung als Kommanditist in das Handelsregister entstehen, nach **§ 176 Abs. 2 aF** haftet, wenn er der Fortführung der Geschäfte zugestimmt hat, hat sich durch das MoPeG erledigt. **§ 176 Abs. 2** greift in seiner aktuellen Fassung nur ein, wenn ein weiterer Gesellschafter als Kommanditist eintritt, was im Fall des Eintritts durch Erbfolge nicht der Fall ist (→ § 176 Rn. 45). Eine Haftung des Erben für Verbindlichkeiten, die nach der Umwandlung, aber vor der Eintragung begründet wurden, kann sich aber aus **§ 15 Abs. 1** ergeben, wenn die Eintragung unterbleibt. Zu Recht wird dabei für eine Schonfrist zugunsten des Erben plädiert, sodass er sich durch unverzügliches Betreiben der Eintragung der Haftung entziehen kann.[231] Gläubiger von Alt- oder Zwischenneuschulden können sich nicht auf § 15 berufen.[232]

89 **5. Haftung im Fall des Ausscheidens.** Wenn der Erbe innerhalb der Frist des Abs. 3 aus der Gesellschaft ausscheidet, haftet er nach Abs. 4 für Altschulden und Zwischenneuschulden lediglich erbrechtlich mit der **Möglichkeit zur Haftungsbeschränkung.** Für Neuschulden der Gesellschaft haftet er gar nicht.[233] Der Wegfall der gesellschaftsrechtlichen Haftung setzt kein Ausscheiden nach Abs. 2 voraus, sondern gilt für jeden Fall des Ausscheidens.[234]

90 **6. Haftung bei Auflösung der Gesellschaft.** Wenn die Gesellschaft innerhalb der Frist des Abs. 3 aufgelöst wird, haftet der Erbe nach Abs. 4 **unbeschränkt, aber beschränkbar.** Das gilt auch für Liquidationsschulden.[235] Etwas anderes gilt nur, wenn der Erbe vor der Auflösung die Stellung als persönlich haftender Gesellschafter gewählt hat, dann haftet er auch in der Liquidation unbeschränkbar.[236] Abs. 4 wird auch angewandt, wenn die Gesellschaft bereits durch den Tod des Gesellschafters aufgelöst wird.[237]

X. Abweichende Vereinbarungen

91 **1. Grundsatz.** Nach Abs. 5 ist das **Wahlrecht** des Erben **nicht abdingbar.** Damit sind auch solche gesellschaftsvertraglichen Regelungen unzulässig, die das Wahlrecht ungünstiger ausgestalten. So darf die Frist des Abs. 3 nicht verkürzt werden.[238] Ferner ist es nicht zulässig, ihm die Übernahme einer höheren Kommanditbeteiligung aufzuerlegen oder speziell für den Fall des Austritts nach Abs. 3 eine Abfindungsbeschränkung vorzusehen.[239] Dagegen gestattet Abs. 5 Hs. 2 ausdrücklich die Änderung des Gewinnanteils bei Umwandlung der Beteiligung. So kann dem beschränkten Risiko des Kommanditisten Rechnung getragen werden.[240]

92 **Zugunsten des Erben** kann die Wahlfrist verlängert werden, wobei die Regelung nur im Innenverhältnis Wirkung entfaltet.[241] Dem Erben kann ein Anspruch auf die Umwandlung eingeräumt werden (→ Rn. 93) oder auch ein Recht zum sofortigen Ausscheiden.[242]

---

[226] Staub/Schäfer Rn. 123.
[227] Ebenroth/Boujong/Lorz Rn. 121; MüKoBGB/Fest BGB § 2059 Rn. 8.
[228] Emmerich ZHR 150 (1986), 193 (209); MüKoHGB/Fleischer Rn. 150.
[229] Ebenroth/Boujong/Lorz Rn. 123; NK-HGB/Koch-Sembdner Rn. 36; MHdB GesR I/Schäfer/Merkle § 109 Rn. 24, § 42 Rn. 86.
[230] Kick, Die Haftung des Erben eines Personenhandelsgesellschafters, 1997, 73 f.; Hopt/Roth Rn. 47; Ebenroth/Boujong/Lorz Rn. 123; Heymann/Freitag § 139 Rn. 90.
[231] Emmerich ZHR 150 (1986), 193 (214 f.); Ebenroth/Boujong/Lorz Rn. 126; MüKoHGB/Fleischer Rn. 169; RGHMW/Haas Rn. 76.
[232] Emmerich ZHR 150 (1986), 193 (212); Ebenroth/Boujong/Lorz Rn. 126; RGHMW/Haas Rn. 77.
[233] NK-HGB/Koch-Sembdner Rn. 37; MüKoHGB/Fleischer Rn. 157.
[234] Hopt/Roth Rn. 48; Staub/Schäfer Rn. 125.
[235] Henssler/Strohn/Klöhn Rn. 77.
[236] Ebenroth/Boujong/Lorz Rn. 130; Staub/Schäfer Rn. 126.
[237] BGH 6.7.1981, NJW 1982, 45 (46); MüKoHGB/Fleischer Rn. 160.
[238] Ebenroth/Boujong/Lorz Rn. 133; MüKoHGB/Fleischer Rn. 133; Staub/Schäfer Rn. 138.
[239] Hopt/Roth Rn. 61; MüKoHGB/Fleischer Rn. 133; Staub/Schäfer Rn. 136, 138.
[240] Hopt/Roth Rn. 62; MüKoHGB/Fleischer Rn. 134.
[241] Hopt/Roth Rn. 63; Ebenroth/Boujong/Lorz Rn. 136.
[242] Heymann/Freitag § 139 Rn. 85; MüKoHGB/Fleischer Rn. 135.

2. Umwandlungsklauseln. Eine Nachfolgeklausel kann mit einer Umwandlungsklausel in der Form kombiniert werden, dass der zur Nachfolge berufene Erbe einen Anspruch auf die Umwandlung des Anteils in einen Kommanditanteil hat oder die Umwandlung automatisch erfolgt.[243] Der **Umwandlungsanspruch** wird sinnvollerweise mit der Möglichkeit verknüpft, die Umwandlung durch einseitige Erklärung herbeizuführen. Ansonsten bleibt dem Erben, der die persönliche Haftung nicht in Kauf nehmen will, nur der Austritt, wenn die Mitgesellschafter seinen Anspruch nicht innerhalb von drei Monaten erfüllen.[244] Bei einer Nachfolgeklausel mit **Umwandlungsautomatik** ist davon auszugehen, dass das Austrittsrecht nach Abs. 2 abbedungen ist.[245] Dabei sollten die Gesellschafter darauf achten, dass zumindest noch ein Komplementär in der Gesellschaft verbleibt, da diese ansonsten aufgelöst ist (→ § 138 Rn. 17). Um der Auflösung vorzubeugen, kann die Klausel mit einer Umwandlungsklausel für die Gesellschaft kombiniert werden, die zB die Aufnahme einer Komplementär-GmbH vorsehen kann.[246] 93

3. Letztwillige Verfügungen. Die Testierfreiheit des Erblassers wird durch Abs. 5 nicht beschränkt. Die Norm erfasst **nur gesellschaftsvertragliche Regelungen.** Zusätzliche Pflichten des Erben, die auf einer letztwilligen Verfügung beruhen, sind allein erbrechtlichen Grenzen unterworfen. Auf diesem Weg kann daher zB das Wahlrecht ausgeschlossen werden.[247] 94

§ 132 Kündigung der Mitgliedschaft durch den Gesellschafter

(1) Ist das Gesellschaftsverhältnis auf unbestimmte Zeit eingegangen, kann ein Gesellschafter seine Mitgliedschaft unter Einhaltung einer Frist von sechs Monaten zum Ablauf des Geschäftsjahres gegenüber der Gesellschaft kündigen.

(2) [1]Ist für das Gesellschaftsverhältnis eine Zeitdauer vereinbart, ist die Kündigung der Mitgliedschaft durch einen Gesellschafter vor dem Ablauf dieser Zeit zulässig, wenn ein wichtiger Grund vorliegt. [2]Ein wichtiger Grund liegt insbesondere vor, wenn ein anderer Gesellschafter eine ihm nach dem Gesellschaftsvertrag obliegende wesentliche Verpflichtung vorsätzlich oder grob fahrlässig verletzt hat oder wenn die Erfüllung einer solchen Verpflichtung unmöglich wird.

(3) Liegt ein wichtiger Grund im Sinne von Absatz 2 Satz 2 vor, so ist eine Kündigung der Mitgliedschaft durch einen Gesellschafter stets ohne Einhaltung einer Kündigungsfrist zulässig.

(4) [1]Ein Gesellschafter kann seine Mitgliedschaft auch kündigen, wenn er volljährig geworden ist. [2]Das Kündigungsrecht besteht nicht, wenn der Gesellschafter bezüglich des Gegenstands der Gesellschaft zum selbständigen Betrieb eines Erwerbsgeschäfts gemäß § 112 des Bürgerlichen Gesetzbuchs ermächtigt war oder der Zweck der Gesellschaft allein der Befriedigung seiner persönlichen Bedürfnisse diente. [3]Der volljährig Gewordene kann die Kündigung nur binnen drei Monaten von dem Zeitpunkt an erklären, in welchem er von seiner Gesellschafterstellung Kenntnis hatte oder haben musste.

(5) [1]Die Kündigung darf nicht zur Unzeit geschehen, es sei denn, dass ein wichtiger Grund für die unzeitige Kündigung vorliegt. [2]Kündigt ein Gesellschafter seine Mitgliedschaft dennoch ohne einen solchen Grund zur Unzeit, hat er der Gesellschaft den daraus entstehenden Schaden zu ersetzen.

(6) Eine Vereinbarung im Gesellschaftsvertrag, welche das Kündigungsrecht nach den Absätzen 2 und 4 ausschließt oder diesen Vorschriften zuwider beschränkt, ist unwirksam.

Schrifttum: Strothmann/Vieregge, Gesellschaft bürgerlichen Rechts und ordentliche Kündigung, FS Oppenhoff, 1985, 451; Ulmer, Kündigungsschranken im Handels- und Gesellschaftsrecht, FS Möhring, 1975, 295.

Übersicht

[243] Ausf. K. Schmidt BB 1989, 1702.
[244] Ebenroth/Boujong/Lorz Rn. 137; MüKoHGB/Fleischer Rn. 175 f.
[245] K. Schmidt BB 1989, 1702 (1705); NK-HGB/Koch-Sembdner Rn. 41; MüKoHGB/Fleischer Rn. 177.
[246] Ebenroth/Boujong/Lorz Rn. 138; MüKoHGB/Fleischer Rn. 177.
[247] Ebenroth/Boujong/Lorz Rn. 135; Heymann/Freitag § 139 Rn. 86; MüKoHGB/Fleischer Rn. 136.

I. Allgemeines

1 Die Norm regelt im Vergleich zu den Regelungen vor Inkrafttreten des MoPeG umfassend die Kündigung der Mitgliedschaft durch den Gesellschafter. Neu ist insbesondere das Recht zur außerordentlichen Kündigung bei wichtigem Grund. Eine entsprechende Regelung fehlte in § 132 aF. Das Kündigungsrecht wurde durch die Neufassung aber auch in weiteren Punkten detaillierter geregelt.

2 Das Gesetz differenziert zwischen Gesellschaften, deren **Zeitdauer bestimmt** ist, und solchen, die auf **unbestimmte Zeit** eingegangen werden. Bei Erstgenannten können Gesellschafter ihre Mitgliedschaft gem. Abs. 2 kündigen, wenn ein wichtiger Grund vorliegt. Unbefristete Gesellschaften können nach Abs. 1 ohne wichtigen Grund gekündigt werden. Diese ordentliche Kündigung ist an eine Kündigungsfrist und einen Kündigungstermin gebunden. Eine jederzeit und mit unmittelbarer Wirkung mögliche Kündigung führte nicht nur zum plötzlichen Ausscheiden des Gesellschafters, sondern auch nach § 135 Abs. 1 S. 1 zur sofortigen Fälligkeit seines Abfindungsanspruchs. Die ordentliche Kündigung kann, wie Abs. 6 zeigt, ausgeschlossen werden. Nach Abs. 3 ist eine Kündigung stets ohne Einhaltung einer Kündigungsfrist zulässig, wenn ein wichtiger Grund vorliegt.

II. Ordentliche Kündigung

3 **1. Gesellschaft auf unbestimmte Zeit.** Abs. 1 gilt ausschließlich und für sämtliche Personenhandelsgesellschaften, die auf unbestimmte Zeit eingegangen sind. Auf unbestimmte Zeit eingegangen ist eine Gesellschaft, deren Dauer weder zeitlich festgelegt noch von der Erreichung eines bestimmten Gesellschaftszwecks abhängig ist. Die Dauer bezieht sich dabei auf eine Mindest- nicht aber eine Höchstdauer der Gesellschaft.[1] Allein für Gesellschaften mit einer vereinbarten **Mindestdauer** ist die ordentliche Kündigung nach § 132 während der Mindestdauer ausgeschlossen. Die Höchstdauer ist Gegenstand des § 138 Abs. 1 Nr. 1 und führt bei ihrem Ablauf zur Auflösung der Gesellschaft (→ § 138 Rn. 5). Sofern die vereinbarte Höchstdauer nicht zugleich als Mindestdauer zu verstehen ist, kann auch eine auf eine bestimmte Höchstdauer eingegangene Gesellschaft zuvor nach Abs. 1 ordentlich gekündigt werden.[2] Ob eine Abrede über eine bestimmte Zeitspanne die Kündigung ausschließen (Mindestdauer) oder den Auflösungszeitpunkt festlegen soll (Höchstdauer), ist eine Frage der Auslegung.[3]

4 § 134 aF stellte eine Gesellschaft, die für die Lebenszeit eines Gesellschafters eingegangen ist oder nach dem Ablaufe der für ihre Dauer bestimmten Zeit stillschweigend fortgesetzt wird, einer auf unbestimmte Zeit eingegangenen Gesellschaft gleich. Diese Regelung hat der Gesetzgeber des MoPeG zu Recht als überflüssig angesehen,[4] der notwendige Schutz kann über § 138 BGB gewährleistet werden.

5 **2. Kündigungserklärung.** Die Kündigung ist eine einseitige, empfangsbedürftige Willenserklärung. Soweit der Gesellschaftsvertrag nichts anderes bestimmt, ist sie **gegenüber der Gesellschaft** zu erklären. Es genügt, wenn sie einem vertretungsberechtigten Gesellschafter zugeht.[5] Als Willenserklärung ist die Kündigung nach den §§ 119 ff. BGB anfechtbar. Eine Rücknahme setzt die Zustimmung aller anderen Gesellschafter voraus.[6]

6 Die Kündigung bedarf keiner **Form** und kann auch konkludent erfolgen. Etwas anderes gilt, wenn – wie zumeist – der Gesellschaftsvertrag die Einhaltung einer bestimmten Form verlangt. Ihre Nichteinhaltung führt dann nach § 125 S. 2 BGB im Zweifel zur Unwirksamkeit der Kündigung.

---

[1] BeckOGK/Michel, 1.3.2025, Rn. 6; Ebenroth/Boujong/Lorz Rn. 6; Heymann/Freitag Rn. 4.
[2] Staub/Schäfer Rn. 20.
[3] Staub/Schäfer Rn. 20.
[4] Begr. RegE, BT-Drs. 19/27635, 172, 244.
[5] Henssler/Strohn/Klöhn Rn. 9; NK-HGB/Heidel Rn. 10; **aA** Ebenroth/Boujong/Lorz Rn. 7.
[6] MüKoHGB/Fleischer Rn. 33.

Inhaltlich muss die Erklärung unmissverständlich zum Ausdruck bringen, aus der Gesellschaft ausscheiden zu wollen.[7] Die Verwendung des Begriffs „Kündigung" ist nicht erforderlich, bei hinreichender **Bestimmtheit** genügen vielmehr auch sonstige Erklärungen wie Rücktritt, Austritt[8] oder die Forderung nach Auszahlung des Auseinandersetzungsguthabens.[9] Auch die Klage auf Feststellung der Auflösung der Gesellschaft (§ 139) enthält in der Regel eine Kündigungserklärung.[10] Nicht ausreichend ist dagegen die Erhebung einer Übernahmeklage (§ 134 S. 3). Wegen der unterschiedlichen Rechtsfolgen enthält diese nicht zugleich eine Kündigung nach § 132.[11] 7

Als Gestaltungsrecht ist die Kündigungserklärung **grundsätzlich bedingungsfeindlich.** Die Erklärungsempfänger sollen nicht im Ungewissen über den durch die Willenserklärung des Berechtigten neu zu schaffenden Rechtszustand gelassen werden.[12] Diese Ungewissheit fehlt bei einer Rechtsbedingung oder einer vom Willen der Mitgesellschafter abhängigen Potestativbedingung. Die Verknüpfung mit einer solchen Bedingung ist zulässig.[13] 8

Die Kündigung kann auch durch einen Bevollmächtigten erfolgen. Bei einem minderjährigen Gesellschafter ist das Kündigungsrecht vom gesetzlichen Vertreter auszuüben; einer Genehmigung des Vormundschafts- oder Familiengerichts bedarf es in diesem Fall nicht.[14] 9

3. Kündigungsfrist und Kündigungstermin. Die Kündigungsfrist beträgt sechs Monate. Ihre Berechnung richtet sich nach den §§ 187 ff. BGB. Kündigungstermin ist das Ende des jeweiligen Geschäftsjahres. Fallen, wie zumeist, Geschäftsjahr und Kalenderjahr zusammen, muss die Kündigung sämtlichen Mitgesellschaftern daher spätestens am 30.6. zugegangen sein. Eine verspätet zugegangene Kündigung ist regelmäßig als eine Kündigung zum nächstmöglichen Kündigungstermin auszulegen. Scheidet eine Auslegung aus, kommt eine entsprechende **Umdeutung** nach § 140 BGB in Betracht.[15] Etwas anderes gilt, wenn es dem Kündigenden auf ein Ausscheiden gerade zu diesem Termin ankam. Dann kann eine Umdeutung nicht erfolgen und die Kündigung ist unwirksam.[16] Die übrigen Gesellschafter können eine verspätete Kündigung aber als rechtzeitig abgegeben akzeptieren. Darin wird regelmäßig eine konkludente Einigung zu erblicken sein, sodass der Gesellschafter zu dem in der Kündigung genannten Termin ausscheidet.[17] Ein bloßes Schweigen der Gesellschafter auf die verspätete Kündigung genügt jedoch nicht.[18] Ausnahmsweise kann sich aus der gesellschaftsrechtlichen Treuepflicht für die Mitgesellschafter die Pflicht ergeben, den Kündigenden auf die fehlende Rechtzeitigkeit hinzuweisen. Ein Verstoß hiergegen kann einen Anspruch des Gesellschafters auf Austritt zu dem in der verspäteten Kündigung genannten Zeitpunkt begründen.[19] 10

III. Kündigung aus wichtigem Grund

1. Begriff. Abs. 2 gewährt dem Gesellschafter in der auf bestimmte Zeit angelegten Gesellschaft ein Austrittsrecht, wenn ein wichtiger Grund vorliegt und nennt Beispiele. Die Formulierung entspricht der des § 133. Bei der Anwendung der Norm ist aber zu berücksichtigen, dass die Kündigung aus wichtigem Grund lediglich zum Ausscheiden des Gesellschafters führt, nicht dagegen zur Auflösung der Gesellschaft.[20] 11

2. Beispiele des Abs. 2 S. 2. Abs. 2 S. 2 benennt als wichtige Gründe zum einen die vorsätzliche oder grob fahrlässige Verletzung einer **wesentlichen Vertragspflicht** und das Unmöglichwerden einer solchen Verpflichtung. Abs. 2 S. 2 zeigt, dass eine Vertragspflicht wesentlich sein muss, damit die Störung zum wichtigen Grund für eine Auflösung werden kann.[21] Allerdings hat die Norm lediglich Beispielcharakter. Weder schließt sie die Einstufung anderer Umstände als wichtigen Grund 12

---

[7] OLG Schleswig 7.12.2000, NZG 2001, 404; Michalski OHG-R Rn. 3; Henssler/Strohn/Klöhn Rn. 10; Staub/Schäfer Rn. 6.
[8] Staub/Schäfer Rn. 6.
[9] BGH 11.1.1993, NJW 1993, 1002 = WM 1993, 460 (461); BeckOK HGB/Lehmann-Richter, 47. Ed. 1.7.2025, Rn. 10.
[10] BGH 3.7.1958, WM 1958, 1332 (1335); Ebenroth/Boujong/Lorz Rn. 8.
[11] So noch zu § 142 aF BGH 25.2.1953, BB 1953, 336 = BeckRS 1953, 31203709; Hopt/Roth Rn. 3.
[12] BGH 21.3.1986, BGHZ 97, 264 (267) = NJW 1986, 2245 (2246).
[13] MüKoHGB/Fleischer Rn. 30.
[14] Ebenroth/Boujong/Lorz Rn. 12.
[15] BeckOK HGB/Lehmann-Richter, 47. Ed. 1.7.2025, Rn. 11; HK-HGB/Stuhlfelner Rn. 4; Henssler/Strohn/Klöhn Rn. 12.
[16] Staub/Schäfer Rn. 15.
[17] Hopt/Roth Rn. 4; MüKoHGB/Fleischer Rn. 46.
[18] Hopt/Roth Rn. 4; Ebenroth/Boujong/Lorz Rn. 15.
[19] Staub/Schäfer Rn. 15.
[20] Begr. RegE, BT-Drs. 19/27635, 173, 244.
[21] Ebenroth/Boujong/Lorz Rn. 22; Schlegelberger/K. Schmidt § 133 Rn. 19.

aus, noch enthält sie Austrittsgründe in dem Sinne, dass eine Interessenabwägung entbehrlich wäre. Es ist nach den Umständen des Einzelfalls zu ermitteln, ob dem Gesellschafter im Verhältnis zu seinen Mitgesellschaftern die Fortsetzung des Gesellschaftsverhältnisses unzumutbar ist.[22] Dabei ist nicht allein die Perspektive des Austrittswilligen entscheidend. Zur berücksichtigen ist vielmehr auch, ob den Mitgesellschaftern zuzumuten ist, die Gesellschaft ohne ihn fortzusetzen oder aufzulösen.[23]

13 Die Verletzung einer wesentlichen Vertragspflicht kann zB vorliegen, wenn ein Gesellschafter geschuldete Einlagen verweigert.[24] Auch die Verletzung der allgemeinen Treuepflicht kann einen wichtigen Grund für die Auflösung darstellen.[25] Die Rspr. hat im Rahmen des § 133 aF ferner grobe Verstöße gegen Wettbewerbsverbote,[26] eine unzulängliche Buchführung[27] und die Finanzierung eigener Prozesse aus Mitteln der Gesellschaft[28] als wichtige Gründe in Betracht gezogen. Die Unmöglichkeit der Pflichterfüllung kann sich zB aus einer andauernden Krankheit,[29] dem Antritt einer Strafhaft[30] oder dem wirtschaftlichen Zusammenbruch[31] eines Gesellschafters ergeben.

14 **3. Weitere Beispiele.** Zu einer nachhaltigen Störung des Vertrauensverhältnisses können auch Beleidigungen von Mitgesellschaftern führen.[32] Aus Fehlverhalten im **privaten Bereich** kann sich ebenfalls ein wichtiger Grund ergeben. Bereits der schuldhaft begründete Verdacht einer Pflichtverletzung kann das Vertrauensverhältnis derart beeinträchtigen, dass ein wichtiger Grund gegeben ist.[33]

15 Wichtige Gründe können nicht nur durch das Verhalten eines Gesellschafters oder durch in seiner Person liegende Umstände begründet werden. **Gesellschaftsbezogene Gründe** können ebenfalls eine Auflösungsklage tragen. So können Zweckerreichung oder Unerreichbarkeit des Gesellschaftszwecks[34] sowie die dauerhafte Unrentabilität des Unternehmens einen Austritt tragen.[35] Zu Recht betont die Lit., dass vorübergehende Durststrecken hinzunehmen sind.[36]

16 Wie bereits erwähnt (→ Rn. 12) sind bei der Entscheidung über die Kündigung aus wichtigem Grund die Interessen der Mitgesellschafter zu berücksichtigen. Wenn dem Interesse des Austrittswilligen auf anderem Wege, insbesondere durch eine Vertragsänderung, entsprochen werden kann, steht ihm das Austrittsrecht daher nicht zu.[37]

17 **4. Kündigung ohne Einhaltung einer Frist.** Der wichtige Grund ermöglicht die Kündigung ohne Einhaltung einer Kündigungsfrist. Abs. 3 hält das ausdrücklich fest. Erfasst ist sowohl die im Gesellschaftsvertrag vereinbarte als auch die gesetzliche Kündigungsfrist.

IV. Kündigung bei Eintritt der Volljährigkeit

18 Vor der Neufassung des § 132 durch das MoPeG war streitig, ob ein zunächst noch minderjähriger Gesellschafter bei **Eintritt der Volljährigkeit** seine Mitgliedschaft kündigen kann oder ihm lediglich die Gestaltungsklage nach § 139 eröffnet ist. Diese Frage ist nun in Abs. 4 zugunsten eines Kündigungsrechts entschieden. Der inzwischen Volljährige muss in diesem Fall die Kündigung innerhalb von drei Monaten ab Kenntnis oder Kennenmüssen seiner Gesellschafterstellung erklären. Sein Kündigungsrecht ist ausgeschlossen, wenn er zur Gesellschaftszugehörigkeit nach § 112 BGB ermächtigt war oder der Gesellschaftszweck allein der Befriedigung seiner persönlichen Bedürfnisse dient.

19 Die Regelung ist vor dem Hintergrund des § 1629a BGB zu sehen. Diese Norm gibt dem volljährig Gewordenen die Einrede der Haftungsbeschränkung auf das bei Eintritt der Volljährigkeit vorhandene Vermögen. Nach § 1629a Abs. 4 S. 1 Hs. 1 BGB ist im Zweifel anzunehmen, dass eine aus einer Gesellschaftsmitgliedschaft stammende Verbindlichkeit nach dem Eintritt der Volljährigkeit

[22] MüKoHGB/Fleischer Rn. 51.
[23] MüKoHGB/Fleischer Rn. 61, 51.
[24] MüKoHGB/Fleischer Rn. 38.
[25] Hopt/Roth § 139 Rn. 7 f.
[26] BGH 3.2.1997, NJW-RR 1997, 925 (926) = DStR 1997, 1090 (1092).
[27] BGH 11.7.1966, NJW 1966, 2160 (2161).
[28] BGH 23.2.1981, BGHZ 80, 346 (350) = NJW 1981, 2302 (2303).
[29] RG 21.11.1922, RGZ 105, 376 (377).
[30] OGH 1.12.1949, NJW 1950, 184.
[31] Staub/Schäfer § 139 Rn. 33.
[32] BGH 8.7.1976, DB 1977, 87 (88) = BeckRS 1976, 00350.
[33] BGH 17.12.1959, BGHZ 31, 295 (304) = NJW 1960, 625 (627).
[34] BGH 12.5.1977, BGHZ 69, 160 (163) = NJW 1977, 2160 (2161); BeckHdB PersGes/Eberhard § 13 Rn. 43; Sudhoff Personengesellschaften/Masuch § 19 Rn. 29; **aA** für die Zweckerreichung MüKoHGB/Fleischer § 139 Rn. 22.
[35] Zur Auflösungsklage K. Schmidt GesR § 52 III 4b; MüKoHGB/Fleischer Rn. 61; vgl. BGH 17.12.1959, NJW 1960, 434.
[36] Ebenroth/Boujong/Lorz § 139 Rn. 21; Staub/Schäfer § 139 Rn. 33.
[37] MüKoHGB/Fleischer Rn. 62.

entstanden ist, wenn der volljährig Gewordene nicht innerhalb von drei Monaten nach Eintritt der Volljährigkeit die Kündigung der Gesellschaft erklärt hat.[38] Da es um die Beschränkung von Haftungsrisiken geht, hat der Betroffene kein Kündigungsrecht, wenn er Kommanditist ist und seine Einlage voll erbracht und nicht zurückgewährt wurde.[39]

V. Kündigung zur Unzeit

Abs. 5 regelt die Kündigung zur Unzeit. Vor Inkrafttreten des MoPeG galt gem. § 732 Abs. 2 BGB aF. Eine entsprechende Regelung enthält nun Abs. 5. Eine Kündigung darf nach Abs. 5 S. 1 nicht zur Unzeit erfolgen, wenn nicht ein wichtiger Grund für die unzeitige Kündigung vorliegt. Nach Abs. 5 S. 2 ist jedoch auch eine zur Unzeit ausgesprochene Kündigung grundsätzlich wirksam. Der Kündigende ist lediglich **schadensersatzpflichtig.**[40] Da nicht die Kündigung selbst, sondern nur deren Begleitumstände sanktioniert werden, ist allein der sich aus dem Zeitpunkt der Kündigung ergebende Schaden ersatzfähig.[41] 20

VI. Abweichende Vereinbarungen

Mit dem MoPeG wurde eine Regelung zur Abdingbarkeit der Kündigungsregelungen in das Gesetz aufgenommen. Gemäß Abs. 6 kann das Recht zur außerordentlichen Kündigung nach Abs. 2 weder ausgeschlossen noch beschränkt werden. S. zu Vereinbarungen über den wichtigen Grund (→ § 139 Rn. 21 f.). Dasselbe gilt für das Kündigungsrecht des volljährig Gewordenen nach Abs. 4. Vor der Regelung durch das MoPeG war § 723 Abs. 3 aF BGB anwendbar. Die aktuelle Regelung entspricht der des § 725 Abs. 6 BGB. Eine Änderung gegenüber der alten Rechtslage besteht darin, dass **nur das Recht zur außerordentlichen Kündigung zwingend** ausgestaltet ist, nicht dagegen das Recht zur ordentlichen Kündigung. Nur die zeitlich unbegrenzte Bindung ohne Kündigungsmöglichkeit begrenzt die persönliche Freiheit des Gesellschafters so stark, dass sie nicht wirksam vereinbart werden kann.[42] 21

1. Erleichterungen des Kündigungsrechts. Die Gesellschafter sind frei, die Kündigung bez. Termin und Frist zu erleichtern. Insbesondere können sie vereinbaren, dass einzelne oder alle Gesellschafter jederzeit und fristlos kündigen dürfen.[43] Abs. 5 ist aber auch dann zu beachten.[44] 22

2. Erschwerungen des Kündigungsrechts. Häufiger als Erleichterungen sehen Gesellschaftsverträge jedoch Erschwerungen des Kündigungsrechts vor. Sie dienen der Wahrung einer gemeinsamen Unternehmenstätigkeit, an welcher die Gesellschaft regelmäßig ein berechtigtes Interesse hat.[45] Der Gesellschaftsvertrag kann daher zulässigerweise eine **Verlängerung der Kündigungsfrist** etwa auf zwei Jahre vorsehen oder aber die ordentliche Kündig für eine bestimmte Zeitdauer oder bis zum Erreichen eines bestimmten Zwecks gänzlich ausschließen.[46] Eine ordentliche Kündigung kommt in diesen Fällen erst nach Ablauf der **Mindestfrist** in Betracht.[47] 23

Grenzen für den Ausschuss oder die Erschwerung der ordentlichen Kündigung können sich aus **§ 138 BGB** ergeben.[48] Das kommt insbesondere bei einer überlangen Bindung in Betracht. Unter Geltung des § 134 aF wurde eine Bindungsdauer von maximal 30 Jahren (= eine Generation) als absolute Obergrenze angesehen.[49] Bei Hinzutreten weiterer belastender Momente, etwa der Übernahme besonderer Gesellschaftspflichten, wurden jedoch auch kürzere Bindungsfristen als unwirksam eingestuft.[50] Dies galt insbesondere für Publikumsgesellschaften, da deren Gesellschafter regelmäßig 24

[38] MüKoBGB/Schäfer BGB § 725 Rn. 46 verweist angesichts der unterschiedlichen Regelungen zum Fristbeginn zu Recht auf Koordinationsbedarf.
[39] BeckOGK/Michel, 1.3.2025, Rn. 36; s. auch Begr. RegE, BT-Drs. 19/27635, 244.
[40] Hopt/Roth Rn. 8; MüKoHGB/Fleischer Rn. 47, 35.
[41] Strothmann/Vieregge FS Oppenhoff, 1985, 451 (464); BeckOGK/Michel, 1.3.2025, Rn. 40; Ebenroth/Boujong/Lorz Rn. 16.
[42] Begr. RegE, BT-Drs. 19/27635, 173.
[43] BeckOGK/Michel, 1.3.2025, Rn. 46; Ebenroth/Boujong/Lorz Rn. 17; Staub/Schäfer Rn. 45.
[44] Hopt/Roth Rn. 11.
[45] Staub/Schäfer Rn. 46.
[46] BGH 17.6.1953, BGHZ 10, 91 (98) = NJW 1953, 1217 (1218); 19.1.1967, LM § 339 Nr. 2 = WM 1967, 315 (316); Hopt/Roth Rn. 12; RGHMW/Haas Rn. 25 ff.
[47] Ebenroth/Boujong/Lorz Rn. 40; Staub/Schäfer Rn. 46.
[48] Begr. RegE, BT-Drs. 19/27635, 174, 245.
[49] BGH 19.1.1967, LM § 339 Nr. 2 = WM 1967, 315 (316); Heymann/Freitag Rn. 10; MüKoHGB/Fleischer Rn. 91; RGHMW/Haas Rn. 26; Staub/Schäfer Rn. 51.
[50] Hopt/Roth Rn. 17; Ebenroth/Boujong/Lorz Rn. 44; Staub/Schäfer Rn. 51.

keinen Einfluss auf die Gesellschafterzusammensetzung haben.[51] Bei der Beurteilung nach der aktuellen Rechtslage wird zu berücksichtigen sein, dass der Gesetzgeber bewusst darauf verzichtet hat, das Recht zur ordentlichen Kündigung zwingend auszugestalten.

25 **3. Modifikation der Kündigungsfolgen.** Schließlich ist es den Gesellschaftern möglich, die Wirkungen einer Kündigung abweichend von § 130 Abs. 1 zu bestimmen. So können sie vereinbaren, dass eine Kündigung nicht lediglich zum Austritt des Gesellschafters sondern zur **Auflösung der Gesellschaft** führt.[52] Im Zeitpunkt des Kündigungstermins verwandelt sich die Gesellschaft in eine Abwicklungsgesellschaft und ist nach den §§ 143 ff. abzuwickeln. Zulässig ist auch eine sog. Umwandlungsklausel, nach welcher das Kündigungsrecht durch einen Anspruch auf Umwandlung der Personen- in eine Kapitalgesellschaft ersetzt wird.[53] Entsprechendes gilt für die Vereinbarung einer Abtretungsklausel, wonach an die Stelle des Kündigungsrechts ein Anspruch auf Übernahme des Anteils durch die verbleibenden Mitgesellschafter gegen angemessene Entschädigung tritt.[54] Die Kündigungsfolgen können ferner durch abfindungsbegrenzende Klauseln modifiziert werden. Zu den hierbei bestehenden Grenzen → § 135 Rn. 27 ff. Die Kündigungsfolgen müssen nicht für sämtliche Gesellschafter gleichermaßen gelten, vielmehr sind bei Bestehen eines Sachgrundes auch für die einzelnen Gesellschafter unterschiedliche Regelungen möglich.[55]

26 **4. Rechtsfolgen.** Soweit der Gesellschaftsvertrag zulässigerweise das Kündigungsrecht oder seine Folgen modifiziert, wird die gesetzliche Regelung verdrängt und es gilt die vertragliche Abrede. Überschreitet die Vereinbarung hingegen den Rahmen zulässiger Kündigungsbeschränkungen, so ist die entsprechende Regelung wegen **Verstoßes gegen Abs. 6** nichtig. Im Übrigen bleibt der Gesellschaftsvertrag wirksam. § 139 BGB findet keine Anwendung.[56] Dasselbe gilt bei Nichtigkeit nach § 138 BGB. An die Stelle der unzulässigen Kündigungsvereinbarung kann unter Umständen im Wege der ergänzenden Vertragsauslegung eine noch zulässige Klausel treten, andernfalls findet das dispositive Recht Anwendung.[57] Das Verbot der geltungserhaltenden Reduktion steht dem nicht entgegen (vgl. § 310 Abs. 4 BGB).[58]

VII. Missbräuchliche Kündigung

27 Ausnahmsweise kann eine Kündigung missbräuchlich und damit unwirksam sein.[59] Das Fehlen eines Kündigungsgrundes begründet aber ebenso wenig einen Rechtsmissbrauch wie eine Kündigung zur Unzeit (Abs. 5) oder das Bestreben des Kündigenden, eine Fortsetzung der Gesellschaft unter für ihn günstigeren Bedingungen zu erreichen.[60] Die Rechtsmissbräuchlichkeit kann sich sowohl aus dem verfolgten **Zweck** als auch aus den **Begleitumständen** der Kündigung ergeben. Sie ist insbesondere zu bejahen bei einer Kündigung unter rücksichtsloser Verfolgung der Eigeninteressen unter Schädigung der Mitgesellschafter.[61] Gleiches gilt bei Ausübung der Kündigungserklärung in einer dem Ansehen der Gesellschafter oder der Gesellschaft abträglichen Art und Weise.[62] Rechtsmissbräuchlichkeit als Ausdruck widersprüchlichen Verhaltens kann im Einzelfall zu bejahen sein, wenn die Kündigung bereits in den ersten Jahren der Gesellschaft erfolgt[63] oder kurz nachdem der Kündigende seine Mitgesellschafter zur Erhöhung ihrer Einlage gebracht hat.[64] Eine missbräuchliche Kündigung wird in der Regel nur bei Schädigungsabsicht des Kündigenden anzunehmen sein.[65]

[51] Ebenroth/Boujong/Lorz Rn. 44; Staub/Schäfer Rn. 51.
[52] Henssler/Strohn/Klöhn Rn. 268; MüKoHGB/Fleischer Rn. 84.
[53] RG 22.10.1937, RGZ 156, 129 (136 f.); Ebenroth/Boujong/Lorz Rn. 43; MüKoHGB/Fleischer Rn. 86; **aA** Staub/Schäfer Rn. 48.
[54] Hopt/Roth Rn. 13; Staub/Schäfer Rn. 47; vgl. auch BGH 13.6.1994, BGHZ 126, 226 (238) = NJW 1994, 2536 (2537).
[55] Ebenroth/Boujong/Lorz Rn. 43; MüKoHGB/Fleischer Rn. 82; Staub/Schäfer Rn. 44.
[56] Hopt/Roth Rn. 18; NK-HGB/Heidel Rn. 66; **aA** Heymann/Freitag Rn. 11.
[57] BGH 13.6.1994, NJW 1994, 2886 (2887); NK-HGB/Heidel Rn. 24; Staub/Schäfer Rn. 43; Hopt/Roth Rn. 18.
[58] BGH 5.6.1989, BGHZ 107, 351 (358) = NJW 1989, 2681 (2682); Hopt/Roth Rn. 18; MüKoHGB/Fleischer Rn. 99; RGHMW/Haas Rn. 31.
[59] Ulmer FS Möhring, 1975, 295 (308 f.); HK-HGB/Stuhlfelner Rn. 5; Michalski OHG-R Rn. 5.
[60] BGH 28.2.1977, DB 1977, 1403 (1404) = BeckRS 1977, 00358; Ebenroth/Boujong/Lorz Rn. 18; MüKoHGB/Fleischer Rn. 35.
[61] BGH 1.2.1988, BGHZ 103, 185 (193 ff.) = NJW 1988, 1579 (1581) zur AG; 28.1.1980, BGHZ 353, 357 = NJW 1980, 1278 (1279) zur GmbH; NK-HGB/Heidel Rn. 43; MüKoHGB/Fleischer Rn. 35.
[62] Staub/Schäfer Rn. 18.
[63] BGH 20.12.1956, BGHZ 23, 10 (16) = NJW 1957, 461 (462).
[64] Staub/Schäfer Rn. 18.
[65] MüKoHGB/Fleischer Rn. 35.

Rechtsfolge einer missbräuchlichen Kündigung ist neben ihrer **Unwirksamkeit** ein **Schadensersatzanspruch** der Gesellschafter, gerichtet auf Ersatz des ihnen gerade durch die missbräuchliche Art und Weise der Kündigung entstandenen Schadens.[66]

VIII. Verzicht, Verwirkung, Verzeihung

So wie ein Gesellschafter auf das Auflösungsrecht nach § 139 verzichten kann (→ § 139 Rn. 12), 28
kann er auch auf das Recht zur außerordentlichen Kündigung verzichten. Eine Verwirkung ist ebenfalls möglich, wenn sich der Berechtigte über einen längeren Zeitraum hinweg so verhalten hat, dass sich der andere Teil darauf einrichten und darauf vertrauen durfte, mit der Ausübung des Rechts werde nicht mehr zu rechnen sein.

IX. Rechtsfolgen

Gemäß § 130 Abs. 1 Nr. 2 scheidet der kündigende Gesellschafter mit Ablauf der Kündigungsfrist 29
aus der Gesellschaft aus. Zu einer Auflösung mit anschließender Liquidation kommt es nur dann, wenn der Gesellschaftsvertrag dies bestimmt. Soweit es sich um eine Zweipersonengesellschaft handelt, führt die Kündigung eines Gesellschafters ohne Liquidationsverfahren zum Erlöschen der Gesellschaft; das Gesellschaftsvermögen fällt dem verbleibenden Gesellschafter zu.[67]

§ 133 Kündigung der Mitgliedschaft durch einen Privatgläubiger des Gesellschafters

Hat ein Privatgläubiger eines Gesellschafters, nachdem innerhalb der letzten sechs Monate eine Zwangsvollstreckung in das bewegliche Vermögen des Gesellschafters ohne Erfolg versucht wurde, aufgrund eines nicht bloß vorläufig vollstreckbaren Schuldtitels die Pfändung des Anteils des Gesellschafters an der Gesellschaft erwirkt, kann er dessen Mitgliedschaft gegenüber der Gesellschaft unter Einhaltung einer Frist von sechs Monaten zum Ablauf des Geschäftsjahrs kündigen.

Schrifttum: Huber, Der Ausschluß des Personengesellschafters ohne wichtigen Grund, ZGR 1980, 177; Roth, Pfändung und Verpfändung von Gesellschaftsanteilen, ZGR 2000, 187; Stodolkowitz, Nachlasszugehörigkeit von Personengesellschaftsanteilen, FS Kellermann, 1991, 439; Ulmer/Schäfer, Die Zugriffsmöglichkeiten der Nachlass- und Privatgläubiger auf den durch Sondervererbung übergegangenen Anteil an einer Personengesellschaft, ZHR 160 (1996), 413; Wössner, Die Pfändung des Gesellschaftsanteils bei den Personengesellschaften, 2000.

Übersicht

I. Allgemeines

1. Einführung. Eine Vollstreckung in das Gesellschaftsvermögen ist nach § 129 Abs. 1 nur den 1
Gläubigern der Gesellschaft möglich. Demgegenüber ist den Gläubigern eines einzelnen Gesellschafters der Zugriff auf das Gesellschaftsvermögen verwehrt. Zwar können sie dessen **Gesellschaftsanteil pfänden,** diese Vollstreckungsmöglichkeit allein wird jedoch in der Regel nicht zur Gläubigerbefriedigung führen. Denn die Pfändung des Gesellschaftsanteils bedeutet nicht, dass der Gläubiger nunmehr Gesellschafter wird.[1] Er kann sich lediglich dessen Gewinnansprüche oder das Auseinandersetzungsguthaben zur Einziehung überweisen lassen (§ 857 Abs. 1 ZPO, § 851 Abs. 1 ZPO, § 711a S. 2 BGB). Jedoch hat der Gläubiger keinen Einfluss auf Umfang und Ausschüttung eines Gesellschaftsge-

[66] RGHMW/Haas Rn. 22; Staub/Schäfer Rn. 18.
[67] MüKoHGB/Fleischer Rn. 38.
[1] Ebenroth/Boujong/Lorz Rn. 1; MüKoHGB/Fleischer Rn. 19; Staub/Schäfer Rn. 1; Thomas/Putzo/Seiler ZPO § 859 Rn. 3.

winns, und aus der Pfändung und Überweisung des Auseinandersetzungsguthabens ist eine Befriedigung erst mit Auflösung der Gesellschaft oder Ausscheiden des betreffenden Gesellschafters möglich (§ 148 Abs. 6).[2] Um dem Gläubiger dennoch einen originären Zugriff auf die vermögensrechtliche Substanz des Gesellschaftsanteils zu eröffnen, räumt ihm § 133 ein eigenes Recht zur Kündigung der Gesellschaft ein. Die **Kündigung** führt grundsätzlich nicht zur Auflösung und Auseinandersetzung der Gesellschaft, sondern allein zum Ausscheiden des Kündigenden gegen Gewährung einer **Abfindung.** Der Gläubiger eines Gesellschafters wird sich folgerichtig nach Wirksamwerden der Kündigung regelmäßig aus dem Abfindungsanspruch des Gesellschafters befriedigen.[3] Das zuvor am Gesellschaftsanteil bestehende Pfändungspfandrecht setzt sich am Abfindungsanspruch fort.[4]

2 **2. Anwendungsbereich.** Die Vorschrift gilt gleichermaßen für die OHG und die KG, wobei bei letzterer unerheblich ist, ob der Anteil eines Komplementärs oder Kommanditisten gepfändet wird.[5] Für die GbR findet nicht § 133, sondern § 726 BGB Anwendung. § 133 gilt ferner für eine bereits aufgelöste Gesellschaft.[6]

II. Voraussetzungen der Kündigung

3 **1. Privatgläubiger.** § 133 räumt das Kündigungsrecht allein dem Privatgläubiger eines Gesellschafters ein. Dessen Anspruch muss daher auf der Rechtsbeziehung zu einem Gesellschafter (= Schuldner) beruhen.[7] Ist nicht ein Gesellschafter, sondern die Gesellschaft selbst Schuldnerin des Gläubigers, so scheidet § 133 aus.[8] Der Gläubiger kann vielmehr schon nach § 129 Abs. 1 unmittelbar in das Gesellschaftsvermögen vollstrecken. Für Forderungen der **Gesellschafter untereinander** ist zu unterscheiden: Hat die Forderung des Mitgesellschafters ihre Grundlage im Gesellschaftsverhältnis, so ist er Gesellschaftsgläubiger und § 133 ist unanwendbar.[9] Steht seine Forderung indes in keinem Bezug zu dem Gesellschaftsverhältnis, so ist auch ein Mitgesellschafter Privatgläubiger iSd § 133.[10] Seiner Kündigung kann dann jedoch ausnahmsweise die gesellschaftsrechtliche Treuepflicht entgegenstehen.[11]

4 § 133 ist analog auf den Nachlassverwalter anwendbar, um zur Befriedigung der Nachlassgläubiger auf den Anteil am Gesellschaftsvermögen zugreifen zu können.[12] Gleiches gilt für den Nachlassinsolvenzverwalter.[13] Ferner steht auch dem Testamentsvollstrecker in entsprechender Anwendung des § 133 ein eigenes Kündigungsrecht zu.[14] In diesen Fällen sind darüber hinaus das Erwirken eines Titels sowie die Pfändung entbehrlich.[15] Anders als die Gläubiger eines Gesellschafters sind die genannten Amtsinhaber schon kraft der ihnen zukommenden Verwaltungsbefugnis zur Verwertung des Nachlasses befugt, sodass für sie im Rahmen des § 133 auf das Erfordernis von Titel und Pfändung verzichtet werden kann.[16]

5 **2. Vollstreckungstitel.** Der Privatgläubiger muss im Zeitpunkt der Kündigung einen **nicht nur vorläufig vollstreckbaren Schuldtitel** haben. Ein solcher ist jeder Vollstreckungstitel, gegen den kein ordentliches Rechtsmittel mehr besteht.[17] Dies sind neben rechtskräftigen Urteilen oder Vollstreckungsbescheiden auch vollstreckbare Urkunden, gerichtliche Vergleiche sowie der Auszug aus der Insolvenztabelle (§ 201 Abs. 2 InsO) oder aber bestandskräftige Verwaltungsakte, zB Steuerbe-

---

[2] Ebenroth/Boujong/Lorz Rn. 1; MüKoHGB/Fleischer Rn. 2; Staub/Schäfer Rn. 1.

[3] BeckOK HGB/Lehmann-Richter, 47. Ed. 1.7.2025, Rn. 1; Henssler/Strohn/Klöhn Rn. 1.

[4] Ebenroth/Boujong/Lorz Rn. 22; Heymann/Freitag § 135 Rn. 4; Staub/Schäfer Rn. 7.

[5] MüKoHGB/Fleischer Rn. 8.

[6] Hopt/Roth Rn. 2; BeckOGK/Michel, 1.3.2025, Rn. 6; **aA** Staub/Schäfer Rn. 2. MüKoHGB/Fleischer Rn. 9 lässt die Frage offen.

[7] BeckOK HGB/Lehmann-Richter, 47. Ed. 1.7.2025, Rn. 3; Henssler/Strohn/Klöhn Rn. 6.

[8] MüKoHGB/Fleischer Rn. 12; Staub/Schäfer Rn. 3; RGHMW/Haas Rn. 2; Hopt/Roth Rn. 4.

[9] BGH 16.2.1978, DB 1978, 1395 = BeckRS 1978, 31114146.

[10] BGH 25.11.1968, BGHZ 51, 84 (87) = NJW 1969, 505 (506); OLG München 16.1.1998, NJW-RR 1999, 472; Ebenroth/Boujong/Lorz Rn. 6; MüKoHGB/Fleischer Rn. 12; Staub/Schäfer Rn. 4.

[11] BGH 25.11.1968, BGHZ 51, 84 (87) = NJW 1969, 505 (506); 16.2.1978, DB 1978, 1395 = BeckRS 1978, 31114146; Hopt/Roth Rn. 4; GK-HGB/Ensthaler § 135 Rn. 3; MüKoHGB/Fleischer Rn. 12; RGHMW/Haas Rn. 2.

[12] Hopt/Roth Rn. 3; BeckOGK/Michel, 1.3.2025, Rn. 10; Ebenroth/Boujong/Lorz Rn. 7; MüKoHGB/Fleischer Rn. 11; RGHMW/Haas Rn. 3; Staub/Schäfer Rn. 6.

[13] Ebenroth/Boujong/Lorz Rn. 7; Staub/Schäfer Rn. 6.

[14] Hopt/Roth Rn. 3; Ebenroth/Boujong/Lorz Rn. 7; Staub/Schäfer Rn. 6.

[15] Stodolkowitz FS Kellermann, 1991, 439 (455); Ulmer/Schäfer ZHR 160 (1996), 413 (438); Ebenroth/Boujong/Lorz Rn. 7; Staub/Schäfer Rn. 6.

[16] Ebenroth/Boujong/Lorz Rn. 7; MüKoBGB/Schäfer BGB § 726 Rn. 5.

[17] Hopt/Roth Rn. 5; GK-HGB/Ensthaler § 135 Rn. 6; Heymann/Freitag § 135 Rn. 5; Staub/Schäfer Rn. 9.

scheide.[18] Nicht ausreichend sind demgegenüber lediglich vorläufig vollstreckbare Urteile und Kostenfestsetzungsbeschlüsse sowie Vollstreckungsbescheide, Arrestbefehle oder Vorbehaltsurteile.[19]

3. Erfolglose Zwangsvollstreckung. Ferner muss innerhalb der letzten sechs Monate vor der Pfändung erfolglos die Zwangsvollstreckung in das bewegliche Vermögen des Gesellschafters betrieben worden sein. Sie muss nicht zwingend vom Privatgläubiger selbst ausgegangen sein, vielmehr ist ausreichend, wenn sie von einem beliebigen Gläubiger angestrengt wurde.[20] Unerheblich ist, ob der zugrunde liegende Schuldtitel bereits rechtskräftig ist oder lediglich für vorläufig vollstreckbar erklärt wurde.[21] Erfolglos ist die Zwangsvollstreckung dann, wenn nicht genügend pfändbares bewegliches Vermögen vorhanden war.[22] Der Nachweis der Erfolglosigkeit wird durch das Pfändungsprotokoll des Gerichtsvollziehers geführt.[23] 6

Zwischen der erfolglosen Zwangsvollstreckung und der Pfändung dürfen höchstens **sechs Monate** liegen. Fristbeginn ist der Zeitpunkt der erfolglosen Pfändung; soweit sich die Erfolglosigkeit erst bei der Versteigerung zeigt, gilt dieser Zeitpunkt.[24] Fristende ist der Zeitpunkt der Zustellung des Pfändungsbeschlusses an die Gesellschaft.[25] 7

4. Pfändung und Überweisung. § 133 setzt die **Pfändung des Gesellschaftsanteils** voraus. Diese schließt den Anspruch auf das Auseinandersetzungsguthaben bzw. den Abfindungsanspruch mit ein.[26] Eine darüber hinausgehende **Überweisung des Gesellschaftsanteils** (§ 835 Abs. 1 ZPO) ist zwar möglich, jedoch keine Voraussetzung des Kündigungsrechts nach § 133.[27] Zu ihrer Wirksamkeit bedarf die Pfändung der Zustellung an die Gesellschaft; diese ist Drittschuldnerin iSd § 829 Abs. 3 ZPO, § 835 Abs. 3 ZPO. Die Zustellung erfolgt dabei durch Übergabe des Pfändungsbeschlusses an einen Geschäftsführer der Gesellschaft. 8

Die Wirkungen der Pfändung richten sich nach den allgemeinen Regeln, insbesondere dem **Prioritätsprinzip.** Eine der Pfändung nachfolgende Verfügung über den Anteil oder das Auseinandersetzungsguthaben kann das Pfändungspfandrecht nicht beeinträchtigen; die übergehende Forderung ist mit dem Pfändungspfandrecht belastet.[28] Für der Pfändung vorausgehende Verfügungen ist zu differenzieren: Soweit der Gesellschaftsanteil vor Wirksamwerden der Pfändung abgetreten wird, geht diese ins Leere.[29] Ist indes nicht der Gesellschaftsanteil selbst, sondern allein der künftige Auseinandersetzungs- oder Abfindungsanspruch Gegenstand der Vorausabtretung, so steht dies einer wirksamen Pfändung des Gesellschaftsanteils nicht entgegen.[30] Die sofort wirksame Pfändung des Gesellschaftsanteils hat insoweit Vorrang vor der Abtretung des erst künftigen Auseinandersetzungs- oder Abfindungsanspruchs.[31] 9

5. Reihenfolge. Entgegen dem Wortlaut des § 133 ist unerheblich, in welcher Reihenfolge die genannten Voraussetzungen verwirklicht werden; entscheidend ist allein ihr Vorliegen im Zeitpunkt der Kündigung.[32] 10

III. Kündigungserklärung

Sind die Tatbestandsmerkmale des § 133 verwirklicht, so kann der Gläubiger die Gesellschaft mit Sechsmonatsfrist zum Ende des Geschäftsjahrs kündigen. Die Kündigung ist **gegenüber der** 11

[18] Ebenroth/Boujong/Lorz Rn. 8; GK-HGB/Ensthaler § 135 Rn. 6; NK-HGB/Heidel § 135 Rn. 12.
[19] Hopt/Roth Rn. 5; Staub/Schäfer Rn. 9.
[20] Ebenroth/Boujong/Lorz Rn. 10; GK-HGB/Ensthaler § 135 Rn. 5; MüKoHGB/Fleischer Rn. 29; RGHMW/Haas § 135 Rn. 8; Staub/Schäfer Rn. 10.
[21] Hopt/Roth Rn. 6; Ebenroth/Boujong/Lorz Rn. 10; GK-HGB/Ensthaler § 135 Rn. 5; MüKoHGB/Fleischer Rn. 30.
[22] MüKoHGB/Fleischer Rn. 29.
[23] NK-HGB/Heidel Rn. 21; MüKoHGB/Fleischer Rn. 30; Staub/Schäfer Rn. 10.
[24] Ebenroth/Boujong/Lorz Rn. 11; MüKoHGB/Fleischer Rn. 31; Staub/Schäfer Rn. 11.
[25] MüKoHGB/Fleischer Rn. 31; Staub/Schäfer Rn. 11; offengelassen von BGH 25.5.2009, NZG 2009, 1106.
[26] Hopt/Roth Rn. 7; RGHMW/Haas Rn. 4; Staub/Schäfer Rn. 12.
[27] Ebenroth/Boujong/Lorz Rn. 12; RGHMW/Haas Rn. 4a; Staub/Schäfer Rn. 13.
[28] Ebenroth/Boujong/Lorz Rn. 15; MüKoHGB/Fleischer Rn. 23; RGHMW/Haas Rn. 5; Staub/Schäfer Rn. 14.
[29] Hopt/Roth Rn. 7; Ebenroth/Boujong/Lorz Rn. 15; RGHMW/Haas Rn. 5; Staub/Schäfer Rn. 14.
[30] BGH 16.5.1988, BGHZ 104, 351 (353) = NJW 1989, 458; 19.9.1983, BGHZ 88, 205 (207) = NJW 1984, 492 (493), jeweils zur GmbH; RGHMW/Haas Rn. 5; Staub/Schäfer Rn. 14; **aA** Marotzke ZIP 1988, 1509 ff.; zweifelnd MüKoHGB/Fleischer Rn. 24.
[31] MüKoHGB/Fleischer Rn. 24; Hopt/Roth Rn. 7.
[32] BGH 28.6.1982, NJW 1982, 2773; Roth ZGR 2000, 187 (206); Hopt/Roth Rn. 8; Ebenroth/Boujong/Lorz Rn. 16; GK-HGB/Ensthaler § 135 Rn. 9; MüKoHGB/Fleischer Rn. 32.

Gesellschaft zu erklären. Erforderlich ist der Zugang der Kündigung bei einem vertretungsberechtigten Gesellschafter[33] Etwas anderes gilt, soweit der Gesellschaftsvertrag ausdrücklich die Kündigung gegenüber der Gesellschaft oder einzelnen Gesellschaftern für ausreichend erklärt.[34] Liegen die Voraussetzungen des § 133 im Zeitpunkt der Kündigung noch nicht oder nicht mehr vor, so ist die Kündigung unwirksam.[35] Fallen demgegenüber die Kündigungsvoraussetzungen nach wirksamer Kündigungserklärung weg, so bleibt die einmal erklärte Kündigung wirksam.[36] Als Nachweis darüber, dass die Kündigungsvoraussetzungen vorliegen, können die Gesellschafter analog § 174 BGB einen Nachweis des Titels sowie des vergeblichen Vollstreckungsversuchs verlangen und bei Nichtvorlage die Kündigung zurückweisen.[37] Die Kündigungsfrist beträgt sechs Monate zum Ende des Geschäftsjahrs. Eine abweichende Kündigungsfrist, die der Gesellschaftsvertrag für eine Kündigung durch einen Gesellschafter vorsieht, gilt für den Privatgläubiger nicht.[38] Versäumt der Privatgläubiger die Kündigungsfrist, so erlischt sein Kündigungsrecht; im Unterschied zur Gesellschafterkündigung nach § 132 (→ § 132 Rn. 10) wirkt die Kündigung auch nicht für den nächstmöglichen Termin.[39]

IV. Rechtsfolgen

12 Mit Ablauf der Kündigungsfrist scheidet der Gesellschafter-Schuldner aus der Gesellschaft aus (§ 130 Abs. 1 Nr. 4). Das zuvor am Gesellschaftsanteil bestehende Pfändungspfandrecht setzt sich am Abfindungsanspruch fort.[40] In Höhe seiner titulierten Forderung ist der **Privatgläubiger** berechtigt, von der Gesellschaft **unmittelbar Zahlung der Abfindung an sich** zu verlangen.[41] Zur Durchsetzung seiner Forderung kann der Privatgläubiger nach den §§ 810, 242 BGB von der Gesellschaft Information und Vorlage der Geschäftsunterlagen sowie vom Gesellschafter-Schuldner nach § 836 Abs. 3 ZPO Auskunft verlangen.[42] Dessen gesellschaftsrechtliches Informationsrecht nach § 105 Abs. 3, § 717 Abs. 1 BGB steht dem Privatgläubiger hingegen nicht zu.[43] Soweit im Gesellschaftsvertrag Abfindungsbeschränkungen vereinbart sind, gelten diese grundsätzlich auch gegenüber dem Privatgläubiger; nichtig sind aber Vereinbarungen, welche speziell den kündigenden Privatgläubiger diskriminieren (→ § 135 Rn. 36).[44]

13 Wird der Privatgläubiger vor Ablauf der Kündigungsfrist befriedigt, so bleibt die Kündigung selbst zwar wirksam, die Erfüllung führt jedoch zum Erlöschen des Pfändungspfandrechts. Der Privatgläubiger kann daher auch nicht nach Ablauf der Kündigungsfrist Zahlung des Abfindungsanspruchs an sich verlangen. Wegen der Wirksamkeit der Kündigung müsste der Gesellschafter-Schuldner gleichwohl gem. § 130 Abs. 1 Nr. 4 aus der Gesellschaft ausscheiden. Aus Gründen der gesellschaftsrechtlichen Treuepflicht können die Mitgesellschafter jedoch zur Wiederaufnahme des Gesellschafter-Schuldners verpflichtet sein.[45]

V. Abweichende Vereinbarungen

14 **1. Erleichterungen des Kündigungsrechts.** Vereinbarungen zu Gunsten des Privatgläubigers sind ohne weiteres zulässig. So kann der Gesellschaftsvertrag abweichend von § 133 eine kürzere Frist oder einen anderen Termin für die Kündigung bestimmen.[46]

---

[33] Henssler/Strohn/Klöhn Rn. 21 RGHMW.

[34] Ebenroth/Boujong/Lorz Rn. 18; Heymann/Freitag § 135 Rn. 8; Staub/Schäfer Rn. 19.

[35] MüKoHGB/Fleischer Rn. 34.

[36] Ebenroth/Boujong/Lorz Rn. 20; MüKoHGB/Fleischer Rn. 34.

[37] Hopt/Roth Rn. 9; BeckOK HGB/Lehmann-Richter, 47. Ed. 1.7.2025, Rn. 12; MüKoHGB/Fleischer Rn. 37; RGHMW/Haas Rn. 9; Staub/Schäfer Rn. 19.

[38] NK-HGB/Heidel Rn. 29; MüKoHGB/K. Schmidt/Fleischer § 135 Rn. 26; RGHMW/Haas § 135 Rn. 10; Staub/Schäfer Rn. 20.

[39] Ebenroth/Boujong/Lorz Rn. 17; Staub/Schäfer Rn. 21.

[40] Ebenroth/Boujong/Lorz Rn. 22; Staub/Schäfer Rn. 22.

[41] Wössner, Die Pfändung des Gesellschaftsanteils bei den Personengesellschaften, 2000, 128; Ebenroth/Boujong/Lorz Rn. 22; MüKoHGB/Fleischer Rn. 44; Staub/Schäfer Rn. 22.

[42] MüKoHGB/Fleischer Rn. 44; RGHMW/Haas Rn. 11; weitergehend Roth ZGR 2000, 189 (208).

[43] BGH 5.12.1991, BGHZ 116, 222 (229) = NJW 1992, 830 (832); BeckOGK/Michel, 1.3.2025, Rn. 30.1; Ebenroth/Boujong/Lorz Rn. 24; MüKoHGB/Fleischer Rn. 44; RGHMW/Haas § 135 Rn. 11; **aA** Staub/Schäfer Rn. 25.

[44] Ebenroth/Boujong/Lorz Rn. 23; Heymann/Freitag § 135 Rn. 11; MüKoHGB/Fleischer Rn. 45; Staub/Schäfer Rn. 24.

[45] BGH 15.6.1959, BGHZ 30, 195 (201 f.) = NJW 1959, 1683 (1685); BGH 12.7.2022, NZG 2022, 1440 (1441) = ZIP 2022, 1695 (1696); Hopt/Roth Rn. 11; Ebenroth/Boujong/Lorz Rn. 25; MüKoHGB/Fleischer Rn. 40; RGHMW/Haas Rn. 12; Staub/Schäfer Rn. 32.

[46] BeckOGK/Michel, 1.3.2025, Rn. 35 f.; Henssler/Strohn/Klöhn Rn. 29; Staub/Schäfer Rn. 17.

2. Erschwerungen des Kündigungsrechts. Vereinbarungen zu Lasten des Privatgläubigers sind unzulässig. Dessen Kündigungsrecht kann grundsätzlich weder ausgeschlossen noch erschwert werden. 15

3. Modifikation der Kündigungsfolgen. Der Gesellschaftsvertrag kann aber zulässigerweise die gesetzlichen Kündigungsfolgen modifizieren. Insbesondere kann er vorsehen, dass die Kündigung nicht lediglich zum Ausscheiden des Gesellschafters, sondern zur **Auflösung** der Gesellschaft führt.[47] Die Liquidation kann dann gem. § 143 Abs. 2 S. 2 nur mit Zustimmung des Gläubigers unterbleiben. Da der Gläubiger nicht Gesellschafter wird, kann er jedoch im Übrigen im Liquidationsverfahren nur eingeschränkt mitwirken (vgl. § 145 Abs. 1 S. 1, Abs. 2 Nr. 4, § 148 Abs. 1).[48] Gesellschaft und Mitgesellschaftern steht darüber hinaus ein Ablösungsrecht nach § 268 BGB analog zu.[49] Mit Befriedigung des Gläubigers geht dessen Anteil entsprechend § 268 Abs. 3 BGB auf die Gesellschaft oder die Mitgesellschafter über; diese können damit ohne Beteiligung des Gläubigers nach § 143 Abs. 2 die Fortsetzung der Gesellschaft beschließen.[50] 16

§ 134 Gerichtliche Entscheidung über Ausschließungsklage

[1]Tritt in der Person eines Gesellschafters ein wichtiger Grund ein, kann auf Antrag der anderen Gesellschafter seine Ausschließung aus der Gesellschaft durch gerichtliche Entscheidung ausgesprochen werden, sofern im Gesellschaftsvertrag nichts anderes vereinbart ist. [2]Ein wichtiger Grund liegt insbesondere vor, wenn der Gesellschafter eine ihm nach dem Gesellschaftsvertrag obliegende wesentliche Verpflichtung vorsätzlich oder grob fahrlässig verletzt hat oder wenn ihm die Erfüllung einer solchen Verpflichtung unmöglich wird. [3]Der Klage steht nicht entgegen, dass nach der Ausschließung nur ein Gesellschafter verbleibt.

Schrifttum: Benecke, Inhaltskontrolle im Gesellschaftsrecht oder – „Hinauskündigung" und das Anstandsgefühl aller billig und gerecht Denkenden, ZIP 2005, 1437; Bunte, Ausschließung und Abfindung von Gesellschaftern einer Personengesellschaft, ZIP 1983, 8; Eckardt, Das Ausscheiden des Komplementärs aus der zweigliedrigen KG, NZG 2000, 449; Gehrlein, Ausschluss und Abfindung von Gesellschaftern, WM 2019, 1; Heinemann, Gesellschafter am seidenen Faden?, ZHR 155 (1991), 447; Hennerkes/Binz, Zur Ausschließbarkeit von Gesellschaftern einer Personengesellschaft nach freiem Ermessen, NJW 1983, 73; U. Huber, Der Ausschluss des Personengesellschafters ohne wichtigen Grund, ZGR 1980, 177; Krämer, Die gesellschaftsvertragliche „Ausschließung" aus der Personengesellschaft, NJW 1981, 2553; Kreutz, Hinauskündigungsklauseln im Recht der Personenhandelsgesellschaften, ZGR 1983, 109; Schilling, Zur Abfindung bei der Ausschließung ohne wichtigen Grund aus einer Personengesellschaft, ZGR 1979, 419; v. Stetten, Die Ausschließung von Mehrheitsgesellschaftern durch Minderheitsgesellschafter, GmbHR 1982, 105.

Übersicht

[47] Hopt/Roth Rn. 13; Ebenroth/Boujong/Lorz Rn. 28; MüKoHGB/Fleischer Rn. 45; Staub/Schäfer Rn. 26.
[48] Hopt/Roth Rn. 14.
[49] Hopt/Roth Rn. 13; Staub/Schäfer Rn. 30; offengelassen von BGH 21.4.1986, BGHZ 97, 392 (396) = NJW 1986, 1991 (1992); soweit es um die Ablösungsmöglichkeit der Gesellschafter geht, zweifelnd MüKoHGB/Fleischer Rn. 46.
[50] Hopt/Roth Rn. 13; Ebenroth/Boujong/Lorz Rn. 29; MüKoHGB/Fleischer Rn. 46.

I. Allgemeines

1 **1. Einführung.** Bei Vorliegen eines wichtigen Grundes kann die Gesellschaft nach § 139 aufgelöst werden. Für den Fall, dass der wichtige Grund in der Person eines Mitgesellschafters liegt, enthält § 134 eine Alternative: Anstatt die Auflösung der Gesellschaft zu betreiben, können die übrigen Gesellschafter den Ausschluss des Störers aus der Gesellschaft beantragen. **Zweck** der Norm ist es, den übrigen Gesellschaftern die Fortsetzung der Gesellschaft zu ermöglichen und so den im Unternehmen verkörperten Wert zu erhalten.[1]

2 Anders als bei der GbR, bei der nach § 727 BGB der Ausschluss des Störers durch Beschluss erfolgt, erfolgt die Ausschließung nach § 134 durch **Gestaltungsklage.** Die Klage muss von den übrigen Gesellschaftern gemeinschaftlich erhoben werden. Damit wird sichergestellt, dass die übrigen Gesellschafter tatsächlich einig darüber sind, die Gesellschaft ohne den Störer fortzuführen.[2]

3 Die Ausschließungsklage ist nach S. 3 auch in den Fällen möglich, in denen nach der Ausschließung nur noch ein Gesellschafter verbleibt. Das gilt nicht nur, wenn einer von zwei Gesellschaftern den anderen ausschließt, sondern erfasst auch Klagen eines Gesellschafters gegen alle anderen Gesellschafter einer Mehrpersonengesellschaft.[3]

4 **2. Anwendungsbereich.** § 134 gilt für die **OHG** und die **KG.** § 9 Abs. 1 PartGG verweist für die **Partnerschaftsgesellschaft** auf § 134. Die Ausschließung in der GbR richtet sich nach § 727 BGB. Auf fehlerhafte Gesellschaften findet § 134 ebenfalls Anwendung.[4] Von der Vorschrift werden ferner bereits aufgelöste Gesellschaften erfasst. Dabei ist allerdings über das Vorliegen eines wichtigen Grundes mit Blick auf die aufgelöste Gesellschaft zu entscheiden. Für die ordnungsgemäße Abwicklung wird es nur selten erforderlich sein, einen Gesellschafter auszuschließen.[5] Die Abberufung als Liquidator (§ 145 Abs. 1) wird in der Regel ein ausreichendes und zugleich milderes Mittel zur Lösung des Konflikts sein.

5 In der KG ist es möglich, nach § 134 den **einzigen Komplementär** auszuschließen.[6] Wenn nicht zeitgleich eine andere Person die Komplementärstellung übernimmt, führt dieser Ausschluss zur Auflösung der KG (→ § 138 Rn. 17).[7]

II. Wichtiger Grund

6 **1. Begriff.** § 134 verwendet ebenso wie § 139 den Begriff des wichtigen Grundes. Allerdings muss der wichtige Grund iSd § 134 zwingend in der Person des auszuschließenden Gesellschafters vorliegen. Während bei der Auflösungsklage nach § 139 zu klären ist, ob zumindest einem Teil der Gesellschafter die Fortsetzung der Gesellschaft unzumutbar ist, stellt sich im Fall des § 134 die Frage, ob den übrigen Gesellschaftern die **Fortsetzung der Gesellschaft mit dem Gesellschafter unzumutbar** ist, gegen den sich die Ausschließungsklage richtet.[8] Durch den Ausschluss muss also der Grund wegfallen, der die unveränderte Fortsetzung der Gesellschaft unzumutbar macht.[9]

7 Mit der Einbeziehung des Sonderfalls der **Übernahmeklage** in § 134 S. 3 ist geklärt, dass für die Übernahmeklage keine gewichtigeren Gründe vorliegen müssen als für die Ausschlussklage in einer Mehrpersonengesellschaft.[10] Allerdings ist es in der Zweipersonengesellschaft faktisch schwieriger, die Unzumutbarkeit der Fortsetzung gerade an der Person des einen Gesellschafters festzumachen und dem anderen gesellschaftstreues Verhalten zuzusprechen.[11]

8 **2. Gründe in der Person des Beklagten.** Ein Umstand in der Person des Beklagten muss den wichtigen Grund ergeben. Dabei kann sich ein wichtiger Grund für die Ausschließung aus dem

[1] BGH 9.7.1968, BGHZ 50, 307 (309) = NJW 1968, 1964 (1965).
[2] RG 11.12.1934, RGZ 146, 169 (173).
[3] Ebenroth/Boujong/Lorz Rn. 2.
[4] BeckOK HGB/Lehmann-Richter, 47. Ed. 1.7.2025, Rn. 6; Staub/Schäfer Rn. 4.
[5] Ebenroth/Boujong/Lorz Rn. 4; MüKoHGB/Fleischer Rn. 7.
[6] BGH 28.6.1993, NJW-RR 1993, 1123 = DStR 1993, 1598; MüKoHGB/Fleischer Rn. 5.
[7] BGH 14.5.1952, BGHZ 6, 113 (116) = NJW 1952, 875; Heymann/Freitag § 140 Rn. 5.
[8] BGH 17.12.1959, BGHZ 31, 295 (304 f.) = NJW 1960, 625 (627); Heymann/Freitag § 140 Rn. 8, MüKoHGB/Fleischer Rn. 11, 14.
[9] Ebenroth/Boujong/Lorz Rn. 5; NK-HGB/Heidel Rn. 12.
[10] Ebenroth/Boujong/Lorz Rn. 7; Hopt/Roth Rn. 3; MüKoHGB/Fleischer Rn. 103.
[11] MüKoHGB/Fleischer Rn. 103; Staub/Schäfer Rn. 21.

Verhalten des Beklagten oder aus **in seiner Person liegenden Umständen** ergeben.[12] Der geltend gemachte Grund muss Bedeutung für das Gesellschaftsverhältnis haben.[13] Störungen im privaten Bereich vermögen die Ausschließung nur zu begründen, wenn sie auf das Gesellschaftsverhältnis durchschlagen und die Fortsetzung der Gesellschaft mit dem Beklagten unzumutbar machen (→ Rn. 26, → § 132 Rn. 14).

3. Zurechnung. a) Eigenes Verhalten. Wenn es um ein Verhalten des Beklagten geht, aus dem sich ein wichtiger Grund für seinen Ausschluss ergeben soll, ist **Verschulden** weder notwendig, damit die Klage begründet ist, noch ist es ausreichend für den Erfolg der Klage.[14] Bei der Beurteilung, ob die Fortsetzung der Gesellschaft mit dem Beklagten den anderen Gesellschaftern zuzumuten ist, ist sein Verschulden aber zu berücksichtigen (→ § 139 Rn. 6). S. 2 verdeutlicht die mögliche Auswirkung des Verschuldens des Beklagten, indem es heißt, ein wichtiger Grund sei insbesondere vorhanden, wenn ein anderer Gesellschafter eine ihm nach dem Gesellschaftsvertrag obliegende wesentliche Verpflichtung vorsätzlich oder aus grober Fahrlässigkeit verletze. 9

b) Sonstige Zurechnungsfragen. Das Verhalten **gesetzlicher Vertreter** muss sich der Beklagte zurechnen lassen.[15] Das gilt auch für das Verhalten von **Organen juristischer Personen,** die an der Gesellschaft beteiligt sind.[16] Ob in diesen Fällen allerdings wirklich eine Ausschließung erforderlich ist oder nicht vielmehr der Austausch des Vertreters genügt, ist im Einzelfall zu klären.[17] Ein Ausschluss wegen des Verhaltens eines Familienangehörigen kommt nur in Betracht, wenn eine Beeinträchtigung der Gesellschaft nur durch den Ausschluss des Beklagten vermieden werden kann.[18] Kein Spielraum besteht bei Verfehlungen des Erblassers für einen Ausschluss des Erben. Die Störung in der Gesellschaft ist mit dem Tod des nicht ordnungsgemäß handelnden Gesellschafters beseitigt.[19] 10

Fehlverhalten eines **herrschenden Unternehmens** ist dem von diesem abhängigen Gesellschafter zuzurechnen.[20] Im Fall der **Treuhand** ist das Verhalten des Treugebers dem Treuhandgesellschafter dann zuzurechnen, wenn der Treugeber auf das Verhalten der Gesellschafter einwirken kann oder die Möglichkeit hat, die Beteiligung zurückzuerwerben.[21] 11

4. Schaden. Ein konkreter Schaden ist nicht erforderlich, um den Ausschluss des Beklagten zu rechtfertigen. Es reicht, wenn die weitere **Verfolgung des gemeinsamen Zwecks ernsthaft gefährdet** wird.[22] Wenn der Gesellschaft bereits ein Schaden entstanden ist, lässt sich ein wichtiger Grund für die Ausschließung allerdings leichter begründen.[23] 12

5. Verhältnismäßigkeitsprinzip. Wie bei § 139 (→ § 139 Rn. 7 f.) ist auch bei der Ausschlussklage nach § 134 das Verhältnismäßigkeitsprinzip zu beachten. Wenn ein **milderes Mittel** als der Ausschluss des Gesellschafters in Betracht kommt, um die Fortsetzung der Gesellschaft zumutbar zu machen, ist es nach dem Verhältnismäßigkeitsprinzip vorrangig vor dem Ausschluss des Betroffenen.[24] Als milderes Mittel kann dem betroffenen Gesellschafter zB die Vertretungsmacht oder die Geschäftsführungsbefugnis entzogen werden (§ 116 Abs. 5, § 124 Abs. 5).[25] Das mildere Mittel muss aber geeignet sein, die Störung in der Gesellschaft zu beheben, sodass die Fortsetzung der Gesellschaft in unveränderter Zusammensetzung wieder zumutbar ist. Auf diese Eignung hin muss die Alternative zum Ausschluss stets im Einzelfall überprüft werden. Für eine KG hat der BGH angedeutet, gravierende Verstöße gegen die gesellschaftsvertragliche Zuständigkeitsverteilung und gegen die Informationspflicht könnten nicht nur eine Entziehung der Geschäftsführungsbefugnis, sondern auch den Ausschluss des persönlich haftenden Gesellschafters rechtfertigen.[26] 13

[12] MüKoHGB/Fleischer Rn. 17.

[13] BGH 9.11.1972, NJW 1973, 92; zu § 142 aF BGH 30.11.1951, BGHZ 4, 108 (113 f.) = NJW 1952, 461.

[14] BGH 18.10.1976, BGHZ 68, 81 (84) = NJW 1977, 1013 (1014); 9.7.1952, LM § 140 Nr. 2 = BB 1952, 649.

[15] BeckOK HGB/Lehmann-Richter, 47. Ed. 1.7.2025, Rn. 34; MüKoHGB/Fleischer Rn. 20.

[16] BGH 18.10.1976, WM 1977, 500 (502) – insoweit in BGHZ 68, 81 nicht abgedruckt; Staub/Schäfer Rn. 7.

[17] MüKoHGB/Fleischer Rn. 20; Staub/Schäfer Rn. 7.

[18] OLG Saarbrücken 30.6.1989, NJW-RR 1989, 1512 (1513 f.).

[19] BGH 4.4.1951, BGHZ 1, 324 (330) = NJW 1951, 650 (651); Michalski OHG-R § 139 Rn. 6.

[20] Hopt/Roth Rn. 12; RGHMW/Haas Rn. 20.

[21] BGH 30.6.1980, BGHZ 77, 392 (396) = NJW 1980, 2708 (2709); 25.1.1960, BGHZ 32, 17 (31 ff.) = NJW 1960, 866.

[22] BeckOGK/Michel, 1.3.2025, Rn. 14; Ebenroth/Boujong/Lorz Rn. 12.

[23] BGH 9.7.1952, LM § 140 Nr. 2 = BB 1952, 649; Ebenroth/Boujong/Lorz Rn. 12.

[24] BGH 31.3.2003, DStR 2003, 1215 (1216) = NZG 2003, 625 (626) zu § 737 BGB; 26.10.1970, DB 1971, 140 = WM 1971, 20 (22).

[25] BGH 31.3.2003, DStR 2003, 1215 (1216) = NZG 2003, 625 (626) zu § 737 BGB; 26.10.1970, DB 1971, 140 = WM 1971, 20 (22).

[26] BGH 28.6.1993, NJW-RR 1993, 1123 (1125).

14 Neben Veränderungen bei der Vertretungs- oder Geschäftsführungsbefugnis kommen andere **zumutbare Änderungen des Gesellschaftsvertrags** als mildere Mittel in Betracht. Diskutiert werden hier vor allem die Umwandlung der Stellung als persönlich haftender Gesellschafter in die eines Kommanditisten oder stillen Gesellschafters[27] und die Übertragung des Gesellschaftsanteils auf einen Treuhänder.[28]

15 Die Suche nach einem milderen Mittel als Alternative zum Ausschluss ist in erster Linie Sache des Beklagten. Lassen sich die Kläger auf eine zumutbare Lösung nicht ein, so kann das zur Klageabweisung führen.[29] Andererseits kann es für die Kläger sinnvoll sein, selbst ein geeignetes Änderungsangebot zu machen. Wenn der Beklagte sich darauf einlässt, ist die Störung damit behoben. Akzeptiert der Beklagte den Vorschlag dagegen nicht, so spricht das bei Vorliegen eines wichtigen Grundes eher für die Notwendigkeit, den Beklagten auszuschließen.[30]

16 **6. Abwägungsgesichtspunkte.** Entsprechend dem Vorgehen bei § 139 ist bei der Ausschließungsklage im Zeitpunkt der letzten mündlichen Verhandlung zu prognostizieren, ob den Klägern die Fortsetzung der Gesellschaft mit den Beklagten unzumutbar ist. Dabei sind die Umstände des Einzelfalls umfassend zu würdigen.[31]

17 **a) Verantwortlichkeit der Beteiligten.** Wenn sich ein wichtiger Grund für die Ausschließung aus einem Verhalten des Beklagten ergeben soll, ist nicht nur dessen Fehlverhalten zu berücksichtigen, sondern auch zu bedenken, inwieweit die **übrigen Gesellschafter zu der Störung beigetragen** haben.[32] Wer sich ebenfalls gesellschaftswidrig verhalten hat, muss sich in der Regel eher einen Verstoß seines Mitgesellschafters gefallen lassen als jemand, der seine Gesellschaftspflichten treu und sorgfältig erfüllt hat.[33] Ist einem oder mehreren Mitgesellschaftern ein Fehlverhalten vorzuwerfen, so kommt es für die Begründetheit der Ausschließungsklage auf das Gewicht dieser Verfehlung an. Wenn einem oder mehreren Mitgesellschaftern ein Fehlverhalten anzulasten ist, das seinerseits einen wichtigen Grund für die Ausschließung begründet, kann der Beklagte selbst dann nicht ausgeschlossen werden, wenn ihm überwiegendes Verschulden an der Störung anzulasten ist.[34] Wenn dagegen das Verhalten auf der Klägerseite nicht so schwer wiegt, dass es einen Ausschlussgrund abgibt, kann der Beklagte, dessen Verhalten gravierender ist, ausgeschlossen werden.[35] Allerdings muss in diesem Fall das Zerwürfnis überwiegend vom Beklagten verschuldet sein, damit sein Ausschluss gerechtfertigt ist.[36]

18 Auf Seiten des Beklagten ist außerdem unabhängig vom Verhalten der Kläger zu bedenken, ob und inwieweit er sich **besonders für die Gesellschaft eingesetzt** hat. So hat der BGH zB berücksichtigt, dass ein Beklagter beim gemeinsamen Aufbau des Unternehmens Erhebliches geleistet hat.[37]

19 **b) Folgenbetrachtung.** Zu berücksichtigen sind die persönlichen und wirtschaftlichen Folgen, die den Beklagten im Fall des Ausschlusses treffen. So kann unter Umständen der Ausschluss eines älteren Gesellschafters von einer angemessenen Alterssicherung abhängen.[38] Auch hat der BGH in die Abwägung einbezogen, wie sich die berufliche Situation des Beklagten nach einem Ausschluss darstellen würde.[39] Eine Abfindung kann die Folgen des Ausschlusses mildern und ist deshalb eben-

[27] NK-HGB/Heidel Rn. 21; Henssler/Strohn/Klöhn Rn. 16; MüKoHGB/K. Schmidt/Fleischer MüKoHGB/Fleischer Rn. 23.

[28] NK-HGB/Heidel Rn. 21; Henssler/Strohn/Klöhn Rn. 16; Staub/Schäfer Rn. 16.

[29] BGH 27.10.1955, BGHZ 18, 350 (362 ff.) = NJW 1955, 1919 (1921); MüKoHGB/Fleischer Rn. 23.

[30] Ebenroth/Boujong/Lorz Rn. 24.

[31] BGH 30.11.1951, BGHZ 4, 108 (115) = NJW 1952, 461 (462) zu § 142 aF; 31.3.2003, NZG 2003, 625 (626) = DStR 2003, 1215 (1216) zu § 737 BGB; OLG Stuttgart 14.11.2012, BeckRS 2012, 24029; Ebenroth/Boujong/Lorz Rn. 15; Gehrlein WM 2019, 1.

[32] BGH 30.11.1951, BGHZ 4, 108 (111) = NJW 1952, 461 (462) zu § 142 aF; 31.3.2003, NZG 2003, 625 (626) = DStR 2003, 1215 (1216) zu § 737 BGB.

[33] BGH 30.11.1951, BGHZ 4, 108 (111) = NJW 1952, 461 (462) zu § 142 aF.

[34] BGH 31.3.2003, NZG 2003, 625 (627) = DStR 2003, 1215 (1217) für die GbR. BGH 17.2.1955, BGHZ 16, 317 (323) = NJW 1955, 667; 25.1.1960, BGHZ 32, 17 (35) = NJW 1960, 866 (869), jeweils zur GmbH. S. auch LG Frankfurt BB 2013, 2962 (2963).

[35] BGH 23.2.1981, BGHZ 80, 346 (351) = NJW 1981, 2302 (2303) für die GmbH. S. auch BGH 31.3.2003, NZG 2003, 625 (627) = DStR 2003, 1215 (1217) zu § 737 BGB.

[36] BGH 31.3.2003, NZG 2003, 625 (627) = DStR 2003, 1215 (1217) zu § 737 BGB; 6.10.1991, NJW-RR 1991, 1249 (1251) = DStR 1991, 1055 (1057) für die GmbH. Gegen eine engere Sichtweise (Ausschließung nur bei alleinigem oder hauptsächlichem Verschulden an der Zerrüttung möglich) ausdrücklich BGH 23.2.1981, BGHZ 80, 346 (348) = NJW 1981, 2302 (2303).

[37] BGH 30.11.1951, BGHZ 4, 108 (111) = NJW 1952, 461 (462).

[38] BGH 14.5.1952, BGHZ 6, 113 (118) = NJW 1952, 875 (876).

[39] BGH 31.3.2003, NZG 2003, 625 (626) = DStR 2003, 1215 (1216).

falls in die Abwägung einzubeziehen.[40] Zwar würdigt der BGH die Zulässigkeit des Ausschlusses und die Höhe der Abfindung unabhängig voneinander, sodass die Ausschließungsklage nicht deshalb abzuweisen ist, weil Bedenken gegen die Abfindungsklausel bestehen.[41] Ist aber eine angemessene Abfindung vorgesehen und der Anspruch auch realisierbar, so würden die Umstände nicht vollständig berücksichtigt, wenn diese Abfindung außer Betracht bliebe. Auch wenn sie keinen Einfluss auf die Frage hat, ob ein wichtiger Grund vorliegt, beeinflusst sie doch die Folgen des Ausschlusses.[42]

c) Gesellschaftsstruktur. Maßgeblich für die Entscheidung über den Ausschluss ist auch die Struktur der Gesellschaft. Bei **personalistischer Struktur** kann ein Fehlverhalten ein anderes Gewicht haben als bei einer **kapitalistisch strukturierten Gesellschaft.**[43] Auch die Stellung des Beklagten in der Gesellschaft spielt eine Rolle. So kann dem Verhalten eines Kommanditisten geringeres Gewicht zuzumessen sein als demselben Verhalten eines persönlich haftenden Gesellschafters.[44] Der BGH meint, im Verhältnis zu einem Kommanditisten könnten persönliche Spannungen und gesellschaftsbezogene Meinungsverschiedenheiten die Fortsetzung der Gesellschaft mit dem betroffenen Kommanditisten für die anderen Gesellschafter nur in besonders schwerwiegenden Fällen unzumutbar machen.[45] Ein Teil der Lit. betont, dass die Ausschließung von **Kommanditisten** aber nicht grundsätzlich strengeren Anforderungen unterliege als die von **Komplementären.**[46] Da beide Ansichten entscheidend darauf abstellen, wie stark das Verhalten die Gesellschaft stört, sind letztlich keine Unterschiede in der praktischen Beurteilung von Fällen zu erwarten. 20

Nicht ganz einheitlich ist das Meinungsbild bei der Frage, ob die **Anteilsgröße** im Abwägungsprozess eine Rolle spielt. Während ein Teil der Lit. die Ausschließung von Minderheitsgesellschaftern, die weniger als 25 % der Kapitalanteile halten, ablehnt,[47] will der überwiegende Teil der Lit. die Anteilsgröße nur insoweit berücksichtigen, als sie die Intensität der Störung und der Folgen des Ausschlusses beeinflussen kann.[48] Die Rspr. ist nur vereinzelt auf die Anteilsgröße eingegangen und verneint ihre Bedeutung grundsätzlich.[49] 21

7. Beispiele. Der wichtige Grund zur Ausschließung kann sich in erster Linie aus einer Pflichtverletzung des Beklagten ergeben. Daneben können die Unmöglichkeit der Pflichterfüllung und ausnahmsweise auch Gründe aus der Privatsphäre des Beklagten den Ausschluss rechtfertigen. 22

a) Pflichtverletzungen. Nach S. 2 liegt ein wichtiger Grund für den Ausschluss vor allem bei vorsätzlicher oder zumindest grob fahrlässiger Verletzung gesellschaftsvertraglicher Pflichten vor. Eigenmächtigkeiten in der Geschäftsführung,[50] Veruntreuungen und Unterschlagungen[51] sowie Verstöße gegen Konkurrenzverbote[52] zählen ebenso zu solchen Pflichtverletzungen wie die Weigerung, in der Gesellschaft mitzuarbeiten,[53] Beschimpfungen der Mitgesellschafter[54] und rufschädigende Äußerungen über Mitgesellschafter.[55] 23

Nicht ausreichend sind in der Regel Verstöße gegen Buchführungs- und Bilanzierungspflichten,[56] die Nichtteilnahme an Gesellschafterversammlungen[57] und bloße Kritik an der Geschäftsführung.[58] Allgemein kann die **Verletzung untergeordneter Pflichten** einen Ausschluss nicht rechtfertigen.[59] Auch bei der Nichterfüllung bedeutender Pflichten kommt ein Ausschluss nicht in Betracht, wenn 24

[40] MüKoHGB/Fleischer Rn. 26.
[41] BGH 5.6.1989, BGHZ 107, 351 (354) = NJW 1989, 2681; 7.5.1973, NJW 1973, 1606 (1607).
[42] MüKoHGB/Fleischer Rn. 26.
[43] Vgl. BGH 27.10.1955, BGHZ 18, 350 (360 f.) = NJW 1955, 1919 (1921); Ebenroth/Boujong/Lorz Rn. 18.
[44] BGH 3.7.1961, NJW 1961, 1767 (1768).
[45] BGH 15.9.1997, NJW 1998, 146 (147); 12.12.1994, NJW 1995, 597 = DB 1995, 923.
[46] Ebenroth/Boujong/Lorz Rn. 18; MüKoHGB/Fleischer Rn. 28.
[47] v. Stetten GmbHR 1982, 105 (107).
[48] Henssler/Strohn/Klöhn § 140 Rn. 25; MüKoHGB/Fleischer Rn. 29; Staub/Schäfer Rn. 13.
[49] BGH 9.12.1968, BGHZ 51, 204 (206) = NJW 1969, 793 (795); s. auch zu einem Sonderfall BGH 14.5.1952, BGHZ 6, 113 (117) = NJW 1952, 875 (sehr geringer Kapitalanteil des persönlich haftenden Gesellschafters, dessen Stellung als Geschäftsführer der eines leitenden Angestellten ähnelt).
[50] BGH 30.11.1951, BGHZ 4, 108 (121) = NJW 1952, 461 (462).
[51] BGH 14.6.1999, NZG 1999, 988 = NJW 1999, 2820 (2821).
[52] BGH 3.2.1997, NJW-RR 1997, 925 = DStR 1997, 1090 (1091 f.); OLG München 4.12.1998, NZG 1999, 591 (593) = DStR 2001, 495.
[53] BGH 12.1.1956, LM § 142 Nr. 6 = BB 1956, 221 zu § 142 aF.
[54] BGH 30.11.1951, BGHZ 4, 108 (118 f.) = NJW 1952, 461 (462).
[55] BGH 23.1.1967, BGHZ 46, 392 (396) = NJW 1967, 1081 (1083).
[56] MüKoHGB/Fleischer Rn. 46.
[57] OLG Hamm 25.11.1991, DB 1992, 673.
[58] Ebenroth/Boujong/Lorz Rn. 20.
[59] Ebenroth/Boujong/Lorz Rn. 20.

die Erfüllung der Pflicht zunächst gerichtlich geltend gemacht werden kann. So müssen die Mitgesellschafter zB einen Gesellschafter, der die geschuldete Einlage nicht erbringt, zunächst auf die Leistung der Einlage verklagen.[60]

25 **b) Unmöglichkeit der Pflichterfüllung.** Nach S. 2 kann ferner die Unmöglichkeit der Pflichterfüllung einen wichtigen Grund für den Ausschluss abgeben. Die Unmöglichkeit der Pflichterfüllung kann sich zB aus einer andauernden Krankheit[61] oder dem Antritt einer Strafhaft[62] ergeben.

26 **c) Verhalten im Privaten.** Störungen im Privatbereich, die sich nicht auf die Gesellschaft auswirken, vermögen einen wichtigen Grund für den Ausschluss nicht zu begründen. Anders stellt sich die Situation dar, wenn das private Verhalten die **Zusammenarbeit in der Gesellschaft beeinträchtigt.** So hat der BGH mit Blick auf ehebrecherische Beziehungen zu der Ehefrau eines Mitgesellschafters ausgeführt, Verfehlungen im persönlichen Lebensbereich könnten nur als gesellschaftswidrig bezeichnet werden, wenn sie sich unmittelbar gegen den persönlichen Lebensbereich des anderen Gesellschafters richten und daher eine schwere Verletzung der gebotenen Achtung des anderen Gesellschafters darstellen, oder wenn sie sich auch auf den geschäftlichen Bereich der Gesellschaft unmittelbar auswirken und zu einer feststellbaren Schädigung des Gesellschaftsunternehmens führen.[63] Persönliche Streitigkeiten unter den Gesellschaftern können ebenfalls einen Ausschluss nur begründen, wenn sie zu einem Zerwürfnis führen, das schädliche Auswirkungen auf die Gesellschaft hat. Nur in besonders schwerwiegenden Fällen kann sich hieraus ein Ausschlussgrund ergeben.[64]

27 **8. Verzicht, Verwirkung, Verzeihung.** Wie bei § 139 (→ § 139 Rn. 12) unterliegen die Ausschließungsgründe den Regeln über Verzicht, Verwirkung und Verzeihung. Obwohl das Gesetz keine Klagefrist enthält, ist nach der Rspr. des BGH der Wegfall des Ausschließungsgrundes zu vermuten, wenn die Mitgesellschafter in Kenntnis der maßgeblichen Umstände den Ausschluss des Betroffenen nicht betreiben.[65] Das gilt allerdings nur für solche Gründe, die auf einem einmaligen, abgeschlossenen Fehlverhalten beruhen.[66] Da bei § 134 alle übrigen Gesellschafter gemeinsam Klage erheben müssen, kommt es auch für die Beurteilung von Verzicht und Verwirkung darauf an, ob alle Mitgesellschafter verzichtet haben oder sich so verhalten haben, dass eine Verwirkung anzunehmen ist.[67]

III. Verfahren

28 **1. Klageart und Antrag.** Die Ausschließungsklage ist eine **Gestaltungsklage,** die am Wohnsitz des beklagten Gesellschafters oder am Sitz der Gesellschaft erhoben werden kann.[68] Es handelt sich um eine vermögensrechtliche Streitigkeit. Als Einwendung gegen eine Leistungsklage aus dem Gesellschaftsverhältnis kann der Ausschlussgrund nicht geltend gemacht werden.[69] Als Widerklage kann die Ausschließungsklage dagegen erhoben werden. Der Klageantrag ist auf Ausschließung des Beklagten zu richten.[70]

29 Die Ausschließungsklage hat einen anderen **Streitgegenstand** als die Auflösungsklage, sodass eine Umstellung des Antrags von dem einen Klagebegehren auf das andere eine Klageänderung darstellt.[71] Das Gericht kann nur bei Vorliegen entsprechender Anträge auf Auflösung oder Ausschließung erkennen. Sollte es also bei beantragter Ausschließung einen Auflösungsgrund für gegeben halten, kann ein entsprechendes Urteil nur ergehen, wenn der Antrag geändert wird, ansonsten ist die Klage abzuweisen.[72] Auflösung und Ausschließung können in Form von Haupt- und Hilfsantrag verbunden werden.[73]

---

[60] OLG Hamm 25.11.1991, DB 1992, 673 (674).

[61] RG 21.11.1922, RGZ 105, 376 (377).

[62] OGH 1.12.1949, NJW 1950, 184.

[63] BGH 30.11.1951, BGHZ 4, 108 (114) = NJW 1952, 461 (462) zu § 142 aF; s. auch 9.11.1972, NJW 1973, 92.

[64] BGH 15.9.1997, NJW 1998, 146 (147) = DStR 1997, 1817 (1819); 12.12.1994, NJW 1995, 597 = DB 1995, 923.

[65] BGH 28.6.1993, NJW-RR 1993, 1123 (1125) = DStR 1993, 1598 (1599); 11.7.1966, NJW 1966, 2160 (2161) zum Wegfall eines wichtigen Grundes für die Kündigung.

[66] BGH 28.6.1993, NJW-RR 1993, 1123 (1125) = DStR 1993, 1598 (1599); 11.7.1966, NJW 1966, 2160 (2161) zum Wegfall eines wichtigen Grundes für die Kündigung.

[67] Staub/Schäfer Rn. 18.

[68] NK-HGB/Heidel Rn. 31; MüKoHGB/Fleischer Rn. 73.

[69] Ebenroth/Boujong/Lorz Rn. 24.

[70] MüKoHGB/Fleischer Rn. 75.

[71] Hopt/Roth Rn. 21; MüKoHGB/Fleischer Rn. 90.

[72] Hopt/Roth Rn. 21.

[73] BeckOK HGB/Lehmann-Richter, 47. Ed. 1.7.2025, Rn. 40.

Der Ausschluss eines Gesellschafters kann nicht im Wege des einstweiligen Rechtsschutzes verfolgt werden.[74] Vorläufige Maßnahmen sind – dem Charakter des einstweiligen Rechtsschutzes entsprechend – möglich. So kann zB einem Gesellschafter einstweilig die Vertretungsbefugnis entzogen werden. Nach der Rspr. des BGH ist es darüber hinaus möglich, in einem solchen Fall einen Dritten als geschäftsführenden Vertreter einzusetzen.[75] 30

2. Kläger. Die Ausschließungsklage muss von **allen Gesellschaftern** erhoben werden, **deren Ausschluss nicht beantragt wird.**[76] Die Gesellschaft ist nicht Partei des Rechtsstreits.[77] Die klagenden Gesellschafter sind nach § 62 Abs. 1 Alt. 2 ZPO notwendige Streitgenossen.[78] Auf diesem Weg wird sichergestellt, dass es nur dann zum Ausschluss eines oder mehrerer Gesellschafter kommt, wenn die übrigen Gesellschafter die Gesellschaft ohne den Auszuschließenden fortsetzen wollen.[79] Die hM macht eine Ausnahme von der notwendigen Streitgenossenschaft, wenn der nicht klagende Gesellschafter verbindlich erklärt hat, dass er mit dem Klageziel einverstanden ist.[80] 31

Da die Klage von allen übrigen Gesellschaftern gemeinsam zu erheben ist, stellt sich die Frage, ob klagewillige Mitgesellschafter von klageunwilligen Mitgesellschaftern Mitwirkung am Ausschlussverfahren verlangen können. Eine solche **Mitwirkungspflicht** kann sich aus der gesellschafterlichen Treuepflicht ergeben.[81] Der BGH zieht zur Begründung eine Parallele zu der aus der Treuepflicht abgeleiteten Zustimmungspflicht des Gesellschafters zur Vertragsänderung. Auch der Ausschluss eines Gesellschafters stelle eine Vertragsänderung dar. Voraussetzung für die Zustimmungspflicht ist, dass die Änderung dem Gesellschafter zuzumuten und sie darüber hinaus mit Rücksicht auf das bestehende Gesellschaftsverhältnis oder die bestehenden Rechtsbeziehungen der Gesellschafter untereinander dringend erforderlich ist.[82] Wenn ein Ausschließungsgrund gegeben ist, wird regelmäßig auch die Mitwirkungspflicht zu bejahen sein.[83] Die Mitwirkung ist entbehrlich, wenn der klageunwillige Gesellschafter sich vorweg für den Fall des Erfolgs der Ausschließungsklage zum Ausscheiden aus der Gesellschaft verpflichtet hat.[84] 32

Wenn der klageunwillige Gesellschafter nicht zur Mitwirkung bereit ist, müssen die übrigen Gesellschafter ihn auf Zustimmung zur Ausschließungsklage verklagen, wenn sie diese erfolgreich betreiben wollen.[85] Mit rechtskräftigem Urteil gilt die Zustimmung als erteilt, § 894 ZPO. Die **Klage auf Zustimmung** kann mit der Ausschließungsklage verbunden werden.[86] Damit die Klagen erfolgreich sind, muss dann einerseits ein wichtiger Grund für die Ausschließung vorliegen und andererseits die Mitwirkungspflicht des klageunwilligen Gesellschafters bestehen. Fehlt es an einer dieser Voraussetzungen, sind beide Klagen abzuweisen.[87] Die Verbindung der Klagen kann zu Problemen führen, wenn gegen das Zustimmungsurteil erfolgreich Rechtsmittel eingelegt werden, während das Ausschließungsurteil in Rechtskraft erwächst. Der BGH verweist den Zustimmungsbeklagten auf die Möglichkeit, dem Auszuschließenden nach § 66 ZPO als Streithelfer beizutreten.[88] 33

3. Beklagte. Beklagter ist **der Gesellschafter, der ausgeschlossen werden soll.** Scheidet dieser Gesellschafter während des Verfahrens aus der Gesellschaft aus, erlischt der Ausschließungsanspruch und die Klage ist in der Hauptsache erledigt.[89] Wenn die übrigen Gesellschafter **mehrere Mitgesellschafter** ausschließen wollen, können sie die Klage gegen alle Betroffenen gleichzeitig erheben.[90] 34

---

[74] Hopt/Roth Rn. 21; MüKoHGB/Fleischer Rn. 93.

[75] BGH 11.7.1960, BGHZ 33, 105 (109) = NJW 1960, 1997 (1999).

[76] BeckOGK/Michel, 1.3.2025, Rn. 34; Henssler/Strohn/Klöhn Rn. 29; Michalski OHG-R § 140 Rn. 8; Staub/Schäfer Rn. 36; Hueck OHG § 29 I 2c; Sudhoff Personengesellschaften/Masuch § 17 Rn. 23.

[77] Ebenroth/Boujong/Lorz Rn. 28; Staub/Schäfer Rn. 36.

[78] BGH 25.10.2010, NZG 2011, 26 Rn. 30 = NJW-RR 2011, 115.

[79] Ebenroth/Boujong/Lorz Rn. 28.

[80] BGH 17.12.2001, NJW-RR 2002, 538 (539) = DStR 2002, 967 (968); 13.1.1958, NJW 1958, 418 (419); **aA** Ulmer FS Geßler, 1971, 269 (276 ff.); MüKoHGB/Fleischer Rn. 76, 82 f.

[81] BGH 18.10.1976, BGHZ 68, 81 (82) = NJW 1977, 1013; 28.4.1975, BGHZ 64, 253 (257) = NJW 1975, 1410 (1411); Ebenroth/Boujong/Lorz Rn. 30; vgl. auch BGH 3.2.1997, NJW-RR 1997, 925 (926) = DStR 1997, 1090 (1092); **aA** Hueck ZGR 1972, 237 (247); Kollhosser FS Westermann, 1974, 275 (284).

[82] BGH 28.4.1975, BGHZ 64, 253 (258) = NJW 1975, 1410 (1411).

[83] MüKoHGB/Fleischer Rn. 66; RGHMW/Haas Rn. 17.

[84] BGH 18.10.1976, BGHZ 68, 81 (83) = NJW 1977, 1013.

[85] BGH 3.2.1997, NJW-RR 1997, 925 = DStR 1997, 1090 (1091); Staub/Schäfer Rn. 40.

[86] BGH 18.10.1976, BGHZ 68, 81 (83) = NJW 1977, 1013; Ebenroth/Boujong/Lorz Rn. 31; RGHMW/Haas Rn. 18; **aA** P. Ulmer FS Geßler, 1971, 269 (281 f.); Pabst BB 1978, 892 (893 ff.).

[87] BGH 18.10.1976, BGHZ 68, 81 (84) = NJW 1977, 1013 (1014).

[88] BGH 18.10.1976, BGHZ 68, 81 (85) = NJW 1977, 1013 (1014).

[89] MüKoHGB/Fleischer Rn. 92; Staub/Schäfer Rn. 43.

[90] BeckOGK/Michel, 1.3.2025, Rn. 40; Ebenroth/Boujong/Lorz Rn. 32; Heymann/Freitag § 140 Rn. 13.

Die Beklagten sind dann notwendige Streitgenossen.[91] Die Klage gegen mehrere Mitgesellschafter zugleich ist auch dann möglich, wenn unterschiedliche Ausschlussgründe geltend gemacht werden.[92] Ist die Klage gegen einen von mehreren Beklagten unbegründet, so führt das nach hM zur Abweisung der Klage gegen sämtliche Beklagte, weil es dann an der Mitwirkung des nicht ausgeschlossenen Beklagten fehlt.[93] Wenn die Kläger diese Konsequenz vermeiden wollen, sollten sie die Gesellschafter, deren Ausschluss sie beantragen, zugleich jeweils hilfsweise auf Zustimmung zum Ausschluss der übrigen Beklagten verklagen. Das ist nur insoweit nicht erforderlich, als die Beklagten sich jeweils mit dem Ausschluss der übrigen Beklagten einverstanden erklärt haben.[94]

35 **4. Urteil und Folgen des Ausschlusses.** Das klagestattgebende Urteil ist ein Gestaltungsurteil, mit dessen Rechtskraft der beklagte Gesellschafter aus der Gesellschaft ausscheidet.[95] Der Anteil des ausgeschiedenen Gesellschafters wächst den verbleibenden Gesellschaftern zu, § 712 Abs. 1 BGB. Wird der einzige Komplementär einer KG ausgeschlossen, so führt das zur Auflösung der Gesellschaft, wenn niemand die Stellung als Komplementär übernimmt (→ Rn. 5). Das Gericht hat bei Vorliegen eines Ausschlussgrundes **kein Ermessen,** sondern muss den Ausschluss aussprechen.[96] Der ausgeschiedene Gesellschafter ist nach § 135 abzufinden (näher → § 135 Rn. 5 ff.).

36 Im Fall einer erfolgreichen **Übernahmeklage** nach § 134 S. 3 wird die Gesellschaft beendet, das Gesellschaftsvermögen geht auf den Übernahmekläger über.[97] Der Übergang erfolgt kraft Gesetzes im Wege der Gesamtrechtsnachfolge, dh ohne Liquidation nach den §§ 143 ff. und ohne Berücksichtigung von Formvorschriften.[98] Der Übernehmende haftet für die Verbindlichkeiten der Gesellschaft uneingeschränkt; auf die §§ 137, 151 kann er sich nicht berufen.[99] § 25 ist nicht anwendbar. Abgesehen davon, dass es an einem auf Übertragung gerichteten Erwerbsvorgang fehlt, führt die Gesamtrechtsnachfolge bereits zu einer ausreichenden Haftung des Übernehmers.[100] Übernimmt ein Kommanditist die Gesellschaft, trifft ihn ebenfalls die unbeschränkte Haftung.[101] Will er diese Rechtsfolge vermeiden, so muss er statt des Ausschlusses des Mitgesellschafters die Auflösung der Gesellschaft betreiben.

IV. Abweichende Vereinbarungen

37 § 134 ist – anders als § 139 – dispositiv.[102] Das bedeutet zum einen, dass das Ausschließungsrecht abbedungen werden kann. Zum anderen sind Abreden über das Verfahren und die Ausschließungsgründe möglich, die das Ausschließungsrecht nicht beseitigen, sondern modifizieren.

38 **1. Abdingbarkeit des Ausschließungsrechts.** Die vollständige Abdingbarkeit des Ausschließungsrechts ist auch nach der Reform durch das MoPeG nicht eindeutig geregelt. Der insoweit gegenüber § 140 aF veränderte Gesetzeswortlaut nachdem die Ausschließung durch gerichtliche Entscheidung ausgesprochen werden kann, „sofern im Gesellschaftsvertrag nichts anderes vereinbart ist", spricht für die vollständige Abdingbarkeit. In der Gesetzesbegründung wird allerdings nur angeführt, dass es den Gesellschaftern unbenommen sei, das Gestaltungsklageerfordernis für die Ausschließung eines Gesellschafters abzubedingen und den Gesellschafter durch Beschluss auszuschließen, was wegen des ersatzlosen Wegfalls des § 133 Abs. 3 Nr. 6 aF in § 134 klargestellt werden müsse.[103] Die Norm kann also auch so interpretiert werden, dass nur das Verfahren abweichend geregelt werden kann. Auf die zu § 140 aF geführte Diskussion, ob das Ausschließungsrechts nur

[91] Hopt/Roth Rn. 19; Henssler/Strohn/Klöhn Rn. 30; **aA** MüKoHGB/Fleischer Rn. 86.

[92] MüKoHGB/Fleischer Rn. 77; Staub/Schäfer Rn. 38.

[93] BGH 28.4.1975, BGHZ 64, 253 (255) = NJW 1975, 1410 (1410 f.); Staub/Schäfer Rn. 41, 38.

[94] Ebenroth/Boujong/Lorz Rn. 32; Staub/Schäfer Rn. 38.

[95] BeckOK HGB/Lehmann-Richter, 47. Ed. 1.7.2025, Rn. 50; Staub/Schäfer Rn. 44 f.; K. Schmidt GesR § 50 III 1a.

[96] Hopt/Roth Rn. 23; Hueck OHG § 29 I 2c β.

[97] Ebenroth/Boujong/Lorz Rn. 39; Staub/Schäfer Rn. 51; s. auch BGH 10.12.1990, BGHZ 113, 132 (133) = NJW 1991, 844; 9.7.1968, BGHZ 50, 307 (309) = NJW 1968, 1964 (1965).

[98] Ebenroth/Boujong/Lorz Rn. 39; MüKoHGB/Fleischer Rn. 105.

[99] BGH 13.7.1967, BGHZ 48, 203 (206) = NJW 1967, 2203 (2205); Ebenroth/Boujong/Lorz Rn. 40; Staub/Schäfer Rn. 51.

[100] Ebenroth/Boujong/Lorz Rn. 40; Staub/Schäfer Rn. 51; **aA** OLG München 24.4.1995, NJW-RR 1996, 228 (229); Dißars DStR 1996, 345 (348).

[101] S. BGH 16.12.1999, NZG 2000, 474 = NJW 2000, 1119; Eckardt NZG 2000, 449 (453); Staub/Schäfer Rn. 26; **aA** Buchner AcP 169 (1969), 483 (496); Ebenroth/Boujong/Lorz Rn. 42.

[102] BGH 15.9.1997, NJW 1998, 146 = DStR 1997, 1817 (1818); 13.7.1981, BGHZ 81, 263 (265 f.) = NJW 1981, 2565; 17.12.1959, BGHZ 31, 295 (298) = NJW 1960, 625 (626).

[103] Begr. RegE, BT-Drs. 19/27635, 245.

bei Vorliegen eines sachlichen Grundes ausgeschlossen werden kann, ist der Gesetzgeber nicht eingegangen.

Der BGH und ein Teil der Lit. haben bereits unter Geltung des § 140 aF gesellschaftsvertragliche Vereinbarungen über den Ausschluss des Ausschließungsrechts zugelassen.[104] Ein anderer Teil der Lit. wollte die Abbedingung des § 134 nur zulassen, wenn ein sachlicher Grund vorliegt.[105] Dieser Auffassung ist, auch wenn man § 134 in diesem Sinne für interpretationsfähig hält, nicht zu folgen. Da die Möglichkeit der Auflösung verbleibt, nimmt eine Abbedingung der Ausschließung den Gesellschaftern lediglich die Möglichkeit, die Gesellschaft im Störfall mit veränderter Besetzung fortzuführen. Eine solche Bindung sollte den Gesellschaftern ohne das Vorliegen besonderer Gründe als Ausdruck eines besonders **starken personalistischen Charakters** der Gesellschaft möglich sein.[106] Zu Recht schließen aber einige Autoren unabhängig vom Erfordernis eines sachlichen Grundes die Abbedingung des Ausschlussrechts in einer Publikumsgesellschaft aus.[107] 39

2. Vereinbarungen über das Verfahren. Als abändernde Vereinbarung zum Ausschlussverfahren kommt einer Abrede, wonach ein Gesellschafterbeschluss an die Stelle der Ausschließungsklage tritt, die größte Bedeutung zu. Eine solche gesellschaftsvertragliche Gestaltung ist zulässig. Das gilt auch dann, wenn mit dem **Ausschließungsbeschluss** nicht die Gesellschafterversammlung, sondern einzelne Gesellschafter betraut werden.[108] Der Gesellschaftsvertrag kann auch vorsehen, dass der Beschluss mehrheitlich gefasst wird.[109] Bei der Publikumsgesellschaft ist der Ausschluss durch **Mehrheitsbeschluss** auch ohne ausdrückliche Regelung im Gesellschaftsvertrag möglich.[110] 40

Eine Regelung über die Ausschließung durch Mehrheitsbeschluss ist von einer Klausel zu unterscheiden, nach der es bei der Gestaltungsklage bleibt, die Klage aber nur erhoben wird, wenn die Mehrheit der nicht betroffenen Gesellschafter für die Klageerhebung stimmt. Der Mehrheitsbeschluss bewirkt in diesem Fall, dass die überstimmten Gesellschafter zur Mitwirkung verpflichtet sind.[111] Die Überprüfung der Ausschließung kann auf ein Schiedsgericht übertragen werden.[112] 41

Wirksam wird die Ausschließung per Beschluss mit der **Mitteilung des Beschlusses** an den Betroffenen.[113] Den Beschluss kann er im Wege der Feststellungsklage gerichtlich überprüfen lassen.[114] Die Klage ist gegen die übrigen Gesellschafter, nicht gegen die Gesellschaft zu richten.[115] Allerdings kann im Gesellschaftsvertrag Abweichendes geregelt werden.[116] 42

Eine weitere Form der Ausschließung ist gegeben, wenn einem oder mehreren Gesellschaftern im Gesellschaftsvertrag die Möglichkeit eingeräumt wird, bei Vorliegen bestimmter Gründe das Geschäft mit allen Aktiva und Passiva zu übernehmen.[117] Wirksam wird die Ausschließung in diesem Fall mit Erklärung gegenüber dem vorletzten oder allen übrigen Gesellschaftern.[118] 43

3. Vereinbarungen über den wichtigen Grund. Im Gesellschaftsvertrag können bestimmte Gründe als **Ausschließungsgründe festgelegt oder ausgeschlossen** werden.[119] Die Vereinbarung kann also die Ausschließung erschweren oder erleichtern. Wenn Ausschließungsgründe festgelegt sind, reicht nach Ansicht eines Teils der Lit. allein ihr Vorliegen, um die Ausschließung zu begründen. Auf eine Abwägung kommt es dieser Auffassung nach nicht an.[120] Nach anderer Ansicht kommt es jedenfalls dann zu einer Interessenabwägung, wenn trotz der Vereinbarung über den wichtigen Grund 44

---

[104] BGH 9.12.1968, BGHZ 51, 204 (205) = NJW 1969, 793 (794) zu § 142 aF; BeckOGK/Michel, 1.3.2025, Rn. 59; Ebenroth/Boujong/Lorz Rn. 43.

[105] MüKoHGB/Fleischer Rn. 110.

[106] Staub/Schäfer Rn. 52.

[107] MüKoHGB/Fleischer Rn. 110; RGHMW/Haas Rn. 22; Staub/Schäfer Rn. 52.

[108] BGH 3.2.1997, NJW-RR 1997, 925 = DStR 1997, 1090 (1091); 17.12.1959, BGHZ 31, 295 (300 f.) = NJW 1960, 625 (626); Ebenroth/Boujong/Lorz Rn. 45; D. Jasper WiB 1997, 981 (982).

[109] MüKoHGB/Fleischer Rn. 112; RGHMW/Haas Rn. 29.

[110] Ebenroth/Boujong/Lorz Rn. 47; MüKoHGB/Fleischer Rn. 112.

[111] Ebenroth/Boujong/Lorz Rn. 46.

[112] Hopt/Roth Rn. 27; MüKoHGB/Fleischer Rn. 111; Staub/Schäfer Rn. 58.

[113] BGH 17.12.1959, BGHZ 31, 295 (301) = NJW 1960, 625 (627); 21.6.2011, NJW 2011, 2648 Rn. 15 = NZG 2011, 901; Staub/Schäfer Rn. 57; BeckHdB PersGes/Sauter § 10 Rn. 102.

[114] BGH 21.6.2011, NJW 2011, 2648 Rn. 15 = NZG 2011, 901; Staub/Schäfer Rn. 58.

[115] Vgl. BGH 11.12.1989, NJW-RR 1990, 474 = WM 1990, 675 (676); 6.11.1989, WM 1990, 309 = BB 1990, 371; 30.4.1984, BGHZ 91, 132 (133) = NJW 1984, 2104.

[116] Vgl. BGH 30.4.1984, BGHZ 91, 132 (133) = NJW 1984, 2104; 30.6.1966, WM 1966, 1036; Ebenroth/Boujong/Lorz Rn. 45.

[117] Ebenroth/Boujong/Lorz Rn. 48; Staub/Schäfer Rn. 68.

[118] Staub/Schäfer Rn. 68.

[119] BGH 9.12.1968, BGHZ 51, 204 (205) = NJW 1969, 793 (794); 8.7.1965, WM 1965, 1035 (1036) = BeckRS 1965, 00143; Hopt/Roth Rn. 25; Henssler/Strohn/Klöhn Rn. 46.

[120] Ebenroth/Boujong/Lorz Rn. 52.

eine Gestaltungsklage für die Ausschließung erforderlich ist.[121] Wie bei § 139 (→ § 139 Rn. 21) ist die Reichweite der Vereinbarung über den wichtigen Grund eine Frage der Auslegung des Gesellschaftsvertrags. Dabei kann das vorgesehene Ausschließungsverfahren Anhaltspunkte bieten. So spricht das Festhalten an der Gestaltungsklage für das Abwägungserfordernis.

45 **4. Ausschließung ohne wichtigen Grund.** Kontrovers diskutiert wird die Frage, ob die Gesellschafter wirksam vereinbaren können, dass ein Ausschluss aus der Gesellschaft ohne wichtigen Grund erfolgen kann. Während angesichts der Dispositivität des § 134 die Vertragsfreiheit für die Zulässigkeit solcher sog. **Hinauskündigungsklauseln** zu sprechen scheint, lässt das Interesse des Betroffenen Gesellschafters diese Beurteilung zweifelhaft erscheinen. Nach mehrfachem Meinungswechsel in der Rspr. hält der **BGH** seit dem Ende der 70er Jahre des vergangenen Jahrhunderts solche Klauseln **grundsätzlich** für **sittenwidrig** (§ 138 BGB) und damit unwirksam.[122] Der BGH will mit dieser Rspr. den von der Ausschließung bedrohten Gesellschafter schützen. Das freie Ausschlussrecht des anderen Teils könne von diesem als Disziplinierungsmittel wahrgenommen werden. Der von einer solchen Klausel erfasste Gesellschafter könne aus Sorge vor einem willkürlichen Ausschluss möglicherweise nicht frei von seinen Mitgliedschaftsrechten Gebrauch machen oder seinen Gesellschafterpflichten nachkommen, sondern sich den Vorstellungen der anderen Seite beugen.[123] In der Lit. ist in diesem Zusammenhang vom Damoklesschwert der Hinauskündigung die Rede.[124] Diese Bedenken seien deshalb besonders gewichtig, weil das Gesellschaftsverhältnis im Unterschied zum reinen Austauschvertrag auf ein gedeihliches Zusammenwirken der Gesellschafter zur Erreichung eines gemeinsamen Ziels angelegt ist.[125] Der BGH bewertet die Hinauskündigungsklausel nicht anders, wenn eine **angemessene Abfindung** für den Betroffenen vorgesehen ist, da diese den Druck nur mindern, nicht aber ausschließen könne.[126] Auch spielt es keine Rolle, ob der Gesellschaftsvertrag selbst die Hinauskündigungsregelung enthält oder sie in einer eigenständigen schuldrechtlichen Vereinbarung niedergelegt ist.[127] Allerdings ist seine Ablehnung nicht absolut. Wenn **besondere Umstände** vorliegen, die eine an keine Voraussetzungen geknüpfte Hinauskündigungsklausel rechtfertigen, soll diese ausnahmsweise zulässig sein.[128] Nicht vollständig geklärt ist, ob diese Grundsätze auf sog. **Russian-Roulette-Klauseln** Anwendung finden.[129] Das OLG Nürnberg hat diesen Gedanken angesprochen, hält Russian-Roulette-Klauseln aber nicht per se für unwirksam.[130] Nach zutreffender Auffassung sind solche Klauseln von vornherein mit Hinauskündigungsklauseln nicht zu vergleichen. Eine Übereinstimmung besteht nur insofern, als ein Gesellschafter das Verfahren, das zum Ausschluss einer der beiden Gesellschafter führen wird, einseitig einleiten kann. Es kann aber keiner der Gesellschafter bewirken, dass auf jeden Fall der andere Gesellschafter die Gesellschaft verlassen muss. Der Ausgang hängt vom Verhalten des Angebotsadressaten ab.[131]

46 Diese Rspr. des BGH ist in der **Lit.** teils zust., teils kritisch aufgenommen worden.[132] Der Hauptkritikpunkt liegt in der **Beschränkung der Vertragsfreiheit** der Gesellschafter. Die Kritiker sehen keinen Anlass, Vereinbarungen im Innenverhältnis der Gesellschafter derart zu kontrollieren.[133] Jedenfalls dann, wenn die Abfindung nicht unangemessen beschränkt sei, sei gegen einen Ausschluss ohne wichtigen

[121] Staub/Schäfer Rn. 56.

[122] BGH 7.5.2007, NZG 2007, 583 (584) = DStR 2007, 1216 (1217); 19.9.2005, BGHZ 164, 98 (101) = NZG 2005, 968 (969); 13.7.1981, BGHZ 81, 263 (267) = NJW 1981, 2565 f.; 20.1.1977, BGHZ 68, 212 (215) = NJW 1977, 1292 (1293) obiter dictum.

[123] BGH 7.5.2007, NZG 2007, 583 (584) = DStR 2007, 1216 (1217); 19.9.1988, BGHZ 105, 213 (217) = NJW 1989, 834 f.; 13.7.1981, BGHZ 81, 263 (267) = NJW 1981, 2565 (2566).

[124] Gehrlein WM 2019, 1 (2); Schilling ZGR 1979, 419 (426).

[125] BGH 19.9.1988, BGHZ 105, 213 (217) = NJW 1989, 834 (835).

[126] BGH 13.7.1981, BGHZ 81, 263 (268) = NJW 1981, 2565 (2566).

[127] BGH 19.9.2005, BGHZ 164, 98 (101) = NZG 2005, 968 (969); 9.7.1990, BGHZ 112, 103 (107) = NJW 1990, 2622.

[128] BGH 19.9.2005, BGHZ 164, 98 (102) = NZG 2005, 968 (969); 9.7.1990, BGHZ 112, 103 (108) = NJW 1990, 2622 (2623).

[129] OLG Nürnberg 20.12.2013, NZG 2014, 222 (224) = NJW-RR 2014, 418 (420).

[130] OLG Nürnberg 20.12.2013, NZG 2014, 222 (224) = NJW-RR 2014, 418 (420).

[131] Ebenroth/Boujong/Wertenbruch § 105 Rn. 496; Schroeder/Welpot NZG 2014, 609 (614 f.).

[132] Befürwortend Armbrüster ZGR 2014, 333 (356 ff.); Behr ZGR 1990, 370 (377 ff.); Heinemann ZHR 155 (1991), 447 (457 ff.); Ebenroth/Boujong/Lorz Rn. 53 ff.; HK-HGB/Stuhlfelner § 140 Rn. 8; MüKoHGB/Fleischer Rn. 124; RGHMW/Haas Rn. 24; Staub/Schäfer Rn. 62; Wiedemann GesR I § 7 III 2a cc; mit Einschränkungen Hennerkes/Binz NJW 1983, 73 (76 ff.); krit. Benecke ZIP 2005, 1437 (1439 ff.); Bunte ZIP 1983, 8 (15 ff.); Krämer NJW 1981, 2553 (2555); Kreutz ZGR 1983, 109 (113 ff.); H. Westermann FS Larenz, 1983, 723 (724); Verse DStR 2007, 1822 (1825 ff.); diff. nach Gesellschaftern minderen Rechts und anderen Gesellschaftern Flume BGB AT II § 10 III; Flume NJW 1979, 902 (904).

[133] Bunte ZIP 1983, 8 (15); Kreutz ZGR 1983, 109 (113); H. Westermann FS Larenz, 1983, 723 (725).

Grund nichts einzuwenden.[134] Für die Rspr. des BGH spricht jedoch, dass auch die Vertragsfreiheit Grenzen hat, die sich unter anderem aus dem Charakter der vertraglichen Bindung ergeben. Wenn einzelne Gesellschafter willkürlich ausgeschlossen werden können, wird die Position dieser Gesellschafter in der Gesellschaft gegenüber ihren Mitgesellschaftern derart geschwächt, dass das **Leitbild der Personengesellschaft** nicht mehr gewahrt wird. Durch eine solche Abrede wäre der Kernbereich der Mitgliedschaft der von der Klausel betroffenen Gesellschafter berührt.[135] Immerhin ermöglicht auch die Rspr. des BGH in besonders gelagerten Fällen einen Ausschluss ohne wichtigen Grund. Für die Auswirkungen dieser Rspr. in der Praxis ist letztlich die Reichweite dieser Ausnahme relevant.

Welche besonderen Umstände eine voraussetzungslose Hinauskündigungsklausel rechtfertigen, **47** lässt sich nach der Rspr. aufgrund des Einzelfallcharakters der anzustellenden Erwägungen nicht abschließend entscheiden.[136] In einem Fall, in dem der von der Hinauskündigungsklausel begünstigte Gesellschafter die Gesellschaft finanziert, dem anderen Gesellschafter aber die Leitung überlassen hatte, hat der BGH die Zulässigkeit der Klausel nicht ausgeschlossen. Entschieden hat er diesen Fall, in dem er die Stellung des auszuschließenden Gesellschafters mit der eines Treuhänders verglich, allerdings nicht, da der Sachverhalt noch der Aufklärung bedurfte.[137] Als nicht ausreichend hat der BGH den erbrechtlichen Erwerb des Anteils angesehen.[138] Ob das auch für den schenkweisen Anteilserwerb gilt, hat er offen gelassen.[139] Wenn eine voraussetzungslose Hinauskündigungsklausel nicht zulässig ist, kommt eine Umdeutung in eine Klausel, die einen Ausschluss bei Vorliegen eines wichtigen Grundes ermöglicht, in Betracht.[140]

§ 135 Ansprüche des ausgeschiedenen Gesellschafters

(1) [1]Sofern im Gesellschaftsvertrag nichts anderes vereinbart ist, ist die Gesellschaft verpflichtet, den ausgeschiedenen Gesellschafter von der Haftung für die Verbindlichkeiten der Gesellschaft zu befreien und ihm eine dem Wert seines Anteils angemessene Abfindung zu zahlen. [2]Sind Verbindlichkeiten der Gesellschaft noch nicht fällig, kann die Gesellschaft dem Ausgeschiedenen Sicherheit leisten, statt ihn von der Haftung nach § 126 zu befreien.

(2) Im Fall des § 134 ist für die Ermittlung des Abfindungsanspruchs die Vermögenslage der Gesellschaft in dem Zeitpunkt maßgebend, in welchem die Ausschließungsklage erhoben ist.

(3) Der Wert des Gesellschaftsanteils ist, soweit erforderlich, im Wege der Schätzung zu ermitteln.

Schrifttum: Boujong, Abfindungsklauseln nach dem Tod des Gesellschafters einer OHG und Pflichtteilsergänzungsansprüche, FS Ulmer, 2003, 41; Büttner, Flexible Grenzen der Durchsetzbarkeit von Abfindungsbeschränkungen in Personengesellschaftsverträgen, FS Nirk, 1992, 119; Dauner-Lieb, Abfindungsklauseln bei Personengesellschaften, ZHR 158 (1994), 271; Esskandari, Abfindungs- und Auseinandersetzungsansprüche bei Ausscheiden aus der GmbH & Co. KG sowie deren Geltendmachung, GmbHR 2008, 138; Fleischer/Bong, Gradmesser gesellschaftsvertraglicher Vertragsfreiheit: Abfindungsklauseln in Personengesellschaft und GmbH, WM 2017, 1957; Flume, Die Nachfolge in die Mitgliedschaft in einer Personengesellschaft beim Tode eines Gesellschafters, FS Schilling, 1973, 23; Gehrlein, Ausschluss und Abfindung von Gesellschaftern, WM 2019, 1; Heyn, Grenzen der Buchwertabfindung ausscheidender Gesellschafter von Personenhandelsgesellschaften, FS Schiedermair, 1976, 271; Huber, Vermögensanteil, Kapitalanteil und Gesellschaftsanteil an Personengesellschaften des Handelsrechts, 1970; Hüttemann/Meyer, Zur Abfindung ausscheidender Personengesellschafter nach dem MoPeG, ZIP 2022, 935; Kamanabrou, Abfindungsklauseln in Personengesellschaftsverträgen, FS Buchner, 2009, 401; Oppenheim, Abfindungsklauseln in Personengesellschaftsverträgen, 2011; Otte/Schwarzer, Die Verstümmelung des Abfindungsanspruchs ausscheidender Gesellschafter durch die Rechtsprechung des II. Zivilsenats – und wie man auf sie reagieren sollte, GmbHR 2021, 862; Piltz, Die Unternehmensbewertung in der Rechtsprechung, 3. Aufl. 1994; Rasner, Abfindungsklauseln bei Personengesellschaften, ZHR 158 (1994), 292; Sanfleber, Abfindungsklauseln in Gesellschaftsverträgen, 1990; Schilling, Zur Abfindung bei der Ausschließung ohne wichtigen Grund aus einer Personengesellschaft, ZGR 1979, 419; Schön, Buchwertabfindung im Personengesellschaftskonzern, ZHR 166 (2002), 585; Sigle, Gedanken zur Wirksamkeit von Abfindungsklauseln in Gesellschaftsverträgen, ZGR 1999, 659; Ulmer, Abfindungsklauseln in Personengesellschafts- und GmbH-Verträgen, FS Quack, 1991, 477; Ulmer, Wirksamkeitsschranken gesellschaftsvertraglicher Abfindungsklauseln, NJW 1979, 81; Ulmer/Schäfer, Die rechtliche Beurteilung vertraglicher Abfindungsbeschränkungen bei nachträglich eintretendem grobem Missverhältnis, ZGR 1995, 134.

---

[134] U. Huber ZGR 1980, 177 (210 f.); Esch NJW 1979, 1390 (1392); Hirtz BB 1981, 761 (764).
[135] MüKoHGB/Fleischer Rn. 124; Staub/Schäfer Rn. 62.
[136] BGH 9.7.1990, BGHZ 112, 103 (108) = NJW 1990, 2622 (2623).
[137] BGH 9.7.1990, BGHZ 112, 103 (109) = NJW 1990, 2622 (2623).
[138] BGH 13.7.1981, BGHZ 81, 263 (270) = NJW 1981, 2565 (2566 f.).
[139] BGH 9.7.1990, BGHZ 112, 103 (108) = NJW 1990, 2622 (2623).
[140] BGH 5.6.1989, BGHZ 107, 351 (258) = NJW 1989, 2681 f.

Übersicht

I. Allgemeines

1 Die Norm regelt den Anspruch des ausgeschiedenen Gesellschafters auf **Schuldbefreiung und angemessene Abfindung.** Vor der MoPeG-Reform ergaben sich diese Ansprüche aus § 105 Abs. 3 aF iVm § 738 BGB aF. Der Gesetzgeber entschied sich aus Gründen der Rechtsklarheit für eine ausdrückliche Regelung. Abs. 2 regelt den für die Auseinandersetzung maßgeblichen Zeitpunkt im Fall der Ausschließungsklage. Die Regelung enspricht § 140 Abs. 2 aF.

2 Während § 738 BGB aF den Abfindungsanspruch nach einem fiktiven Auseinandersetzungsanspruch ausrichtete, ist nach Abs. 1 S. 1 nun der **Wert des Anteils** maßgeblich. § 728 sieht eine entsprechende Regelung für die GbR vor.

3 Aus der Anwendung der §§ 738 ff. BGB aF aufgrund der Verweisung nach § 105 Abs. 3 aF ergab sich auch ein Anspruch des ausgeschiedenen Gesellschafters auf **Rückgabe von Gegenständen,** die er der Gesellschaft zur Nutzung überlassen hat. Eine entsprechende Regelung hält der Gesetzgeber inzwischen für überflüssig, weil sich die Rückgabpflicht nach der zugrundeliegenden Vereinbarung von selbst versteht.

II. Schuldbefreiung

4 Abs. 1 gibt dem ausscheidenden Gesellschafter einen Anspruch auf Befreiung von den gemeinschaftlichen Schulden. Gemeint sind diejenigen Verbindlichkeiten, für die der Gesellschafter nach § 126 persönlich haftet. An dieser Haftung im Außenverhältnis ändert sich durch das Ausscheiden des Gesellschafters für Altverbindlichkeiten nichts. Anspruchsgegnerin ist die Gesellschaft.[1] Sie kann den Gesellschafter durch **Tilgung** der Schuld oder durch Vereinbarung mit den Gläubigern über die **Entlassung** des Gesellschafters aus der Haftung von der Verbindlichkeit befreien.[2] Für noch nicht fällige Verbindlichkeiten kann die Gesellschaft nach § 135 Abs. 1 S. 2 statt der Befreiung Sicherheit leisten. Hat der Gesellschafter Sicherheiten für Verbindlichkeiten der Gesellschaft bestellt, kann er analog § 135 Abs. 1 S. 2 die Freigabe der Sicherheiten verlangen.[3] Die Gesellschaft kann gegenüber dem ausscheidenden Gesellschafter ein Zurückbehaltungsrecht geltend machen, wenn der Gesellschafter nach § 136 Ausgleich schuldet. Hier bietet es sich wie bei der Rückgabe von Gegenständen an, die hohe Wahrscheinlichkeit eines Ausgleichsanspruchs genügen zu lassen.[4] Der BGH verlangt allerdings die Vorlage einer ordnungsgemäßen Abschichtungsbilanz.[5]

III. Die Abfindung des ausscheidenden Gesellschafters

5 **1. Grundlagen.** Dem ausgeschiedenen Gesellschafter steht nach Abs. 1 S. 1 ein Abfindungsanspruch zu. Die Höhe bemisst sich nach dem Wert seines Anteils. Der Abfindungsanspruch ist gegen

[1] Hopt/Roth Rn. 7; BeckOGK/Michel, 1.3.2025, Rn. 6; Ebenroth/Boujong/Lorz Rn. 12.
[2] Henssler/Strohn/Kilian BGB § 728 Rn. 7; MHdB GesR I/Schulte § 105 Rn. 17.
[3] BGH 14.2.1974, NJW 1974, 899 = WM 1974, 308; Esskandari GmbHR 2008, 138 (140); RGHMW/Haas Rn. 5; Staub/Schäfer Rn. 5.
[4] So Ebenroth/Boujong/Lorz Rn. 13.
[5] BGH 14.2.1974, NJW 1974, 899 (900) = WM 1974, 308.

die Gesellschaft gerichtet.[6] Daneben haften die verbliebenen Gesellschafter nach den §§ 126, 171 f.[7] Diese Auffassung führt nicht zu einer unzulässigen Nachschusspflicht.[8] Allerdings kann der Ausscheidende aus der Treuepflicht verpflichtet sein, zunächst die Gesellschaft in Anspruch zu nehmen und sich an die Gesellschafter nur nachrangig zu halten.[9] Wird die Gesellschaft durch das Ausscheiden des Gesellschafters vollbeendigt, ist der übernehmende Gesellschafter Anspruchsgegner.[10]

Der Abfindungsanspruch entsteht mit dem Ausscheiden des Gesellschafters.[11] Der Zeitpunkt 6 seiner **Fälligkeit** ist umstritten. Ein Teil der Lit. stellt auf die Feststellung der Abschichtungsbilanz ab.[12] Diese Auffassung verlegt die Fälligkeit aber unnötig weit nach hinten, die Bestimmbarkeit des Anspruchs genügt zur Herbeiführung der Fälligkeit.[13] Nach einer anderen Ansicht ist der Abfindungsanspruch sofort fällig. Andernfalls hätte der ausgeschiedenen Gesellschafter nicht die Möglichkeit, die Gesellschaft in Verzug zu setzen und die Verzinsung der Abfindung zu bewirken.[14] Einer weiteren, vorzugswürdigen Auffassung nach ist der Zeitpunkt der Berechenbarkeit des Anspruchs maßgebend.[15]

Die Abfindung ist nach den allgemeinen Regeln aus dem Gesichtspunkt des Verzugs zu verzinsen, 7 wenn der ausgeschiedene Gesellschafter die Gesellschaft durch eine Mahnung in Verzug gesetzt hat (§ 286 BGB). Während der Zeit, die zur Wertermittlung erforderlich ist, gerät die Gesellschaft allerdings mangels Verschuldens nicht in Verzug.[16] Eine **Verzinsung** nach den §§ 252, 353 kommt nicht in Betracht, da der Abschluss des Gesellschaftsvertrags kein Handelsgeschäft ist.[17] Ein Teil der Lit. nimmt eine konkludente Verzinsungspflicht ab dem Zeitpunkt an, zu dem der ausscheidende Gesellschafter nicht mehr an Gewinn und Verlust der Gesellschaft beteiligt ist.[18] Von einer entsprechenden konkludenten Abrede pauschal auszugehen, ist jedoch nicht überzeugend.[19] Ratsam ist jedenfalls eine vertragliche Regelung über die Verzinsung.[20]

2. Gesamtberechnung. Der Abfindungsanspruch ist im Wege der Gesamtabrechnung zu ermit- 8 teln, in die die wechselseitigen Ansprüche einfließen. Die **Einzelansprüche,** die dem Abfindungsanspruch zugrunde liegen, können nicht selbständig geltend gemacht werden, sie werden zu bloßen Rechnungsposten.[21] Der BGH hat das für den Fall der Auflösung der Gesellschaft mit der Aufgabe der Auseinandersetzung begründet. Es sollten keine einzelnen Ansprüche geltend gemacht werden können, wenn offen ist, ob der Gesellschafter letztlich überhaupt einen Ausgleichsanspruch hat.[22] Diese Argumentation lässt sich auf den Fall des Ausscheidens eines Gesellschafters übertragen. Daraus ergibt sich, dass einzelne Ansprüche dann isoliert geltend gemacht werden können, wenn die Gefahr von Hin- und Herzahlungen während der Abwicklung des Ausscheidens nicht besteht. Davon geht der BGH unter anderem aus, wenn bereits feststeht, dass der Gesellschafter einen bestimmten Mindestbetrag verlangen kann oder es nur noch um die Verteilung des letzten Aktivpostens geht.[23]

[6] BGH 15.5.1972, WM 1972, 1399 (1400); BeckOGK/Michel, 1.3.2025, Rn. 20; MüKoBGB/Schäfer BGB § 728 Rn. 12.

[7] BGH 2.7.2001, NZG 2001, 936 (937) = NJW 2001, 2718 (2720); 11.10.1971, WM 1971, 1451 (1452) = BB 1971, 1530 f. zu § 128; MüKoHGB/Fleischer Rn. 29; RGHMW/Haas Rn. 7.

[8] Ebenroth/Boujong/Lorz Rn. 17; MüKoHGB/Fleischer Rn. 30; **aA** für die GbR OLG Frankfurt 7.1.2001, NZG 2001, 467 (469).

[9] Ebenroth/Boujong/Lorz Rn. 17; MüKoHGB/Fleischer Rn. 30; RGHMW/Haas Rn. 7.

[10] Vgl. BGH 8.1.1990, NJW 1990, 1171 = WM 1990, 435; MüKoHGB/Fleischer Rn. 30; MüKoBGB/Schäfer BGB § 728 Rn. 12.

[11] BGH 24.6.2002, NZG 2002, 1072 (1073) für eine Genossenschaft; 16.3.1998, NZG 1998, 500 (501) = NJW-RR 1998, 1488 (1489); MüKoBGB/Schäfer BGB § 728 Rn. 12.

[12] Hörstel NJW 1994, 2268 (2271); Heckelmann, Abfindungsklauseln in Gesellschaftsverträgen, 1973, 26 f.; Hueck OHG § 29 II 5a.

[13] BeckOGK/Michel, 1.3.2025, Rn. 27; MHdB GesR I/Schulte § 105 Rn. 45; Staub/Schäfer Rn. 11.

[14] Riegger, Die Rechtsfolgen des Ausscheidens eines Gesellschafters aus einer zweigliedrigen Personengesellschaft, 1969, 96; Ebenroth/Boujong/Lorz Rn. 19; Heymann/Freitag § 131 Rn. 85; MHdB GesR I/Schulte § 105 Rn. 45. S. auch Esskandari GmbHR 2008, 138 (140).

[15] MüKoHGB/Fleischer Rn. 32; RGHMW/Haas Rn. 12; Sudhoff Personengesellschaften/Masuch § 20 Rn. 12. S. auch Staub/Schäfer Rn. 11.

[16] Ebenroth/Boujong/Lorz Rn. 20; MHdB GesR I/Schulte § 105 Rn. 46.

[17] Hopt/Roth Rn. 13; Ebenroth/Boujong/Lorz Rn. 20.

[18] MüKoBGB/Schäfer BGB § 728 Rn. 19; Staub/Schäfer Rn. 12.

[19] Hopt/Roth Rn. 13; Ebenroth/Boujong/Lorz Rn. 20; MHdB GesR I/Schulte § 105 Rn. 46.

[20] Ebenroth/Boujong/Lorz Rn. 20; MHdB GesR I/Schulte § 105 Rn. 46.

[21] BGH 24.9.2001, DStR 2002, 228; 15.5.2000, NZG 2000, 832 (833) = NJW 2000, 2586 (2587); Esskandari GmbHR 2008, 138 (140); K. Schmidt DB 1983, 2401; Ebenroth/Boujong/Lorz Rn. 57; Michalski OHG-R § 131 Rn. 31, 39.

[22] BGH 25.3.1991, BGHZ 114, 138 (149) = NJW 1991, 3148 (3150).

[23] BGH 12.7.1999, NZG 1999, 987 = NJW 1999, 3557; 19.6.1995, NJW 1995, 2843 (2845) = DNotZ 1996, 804 (806); 25.10.1994, NJW 1995, 188 (189) = WM 1995, 109 (110).

9 **3. Unternehmensbewertung. a) Bewertungsmethode.** Die Abfindung richtet sich, wenn nichts anderes vereinbart ist (zu Abfindungsklauseln → Rn. 22 ff.), nach dem Wert des Anteils. Es ist eine „angemessene" Abfindung zu zahlen. Abs. 3 eröffnet die Möglichkeit der Schätzung. Obwohl die Norm an den Wert des Anteils anknüpft, bleibt die Bestimmung des Unternehmenswerts relevant, weil sich daraus in der Regel der Anteilswert ableitet.[24]

10 Der Gesetzgeber hat bewusst keine Bewertungsmethode vorgegeben. Die Rspr. hat bereits zu § 738 Abs. 1 BGB aF wiederholt erklärt, dass eine rechtliche Bindung an eine bestimmte Bewertungsmethode nicht gegeben ist.[25] Die Auswahl der Bewertungsmethode sieht der BGH zu Recht als Sache des Tatrichters.[26] Dagegen stuft ein Teil der Lit. die Auswahl der Bewertungsmethode als Rechtsfrage ein.[27] Da die Bewertungsmethode sich nach dem Bewertungsziel richten müsse, sei die Unterscheidung nach richtigen und falschen Bewertungsmethoden möglich.[28]

11 Zu § 738 Abs. 1 S. 1 BGB aF hatte sich die Auffassung durchgesetzt, dass der **Ertragswert** der fortgesetzten Gesellschaft die relevante Größe ist.[29] Dieser Ansatz ist beizubehalten. Der Liquidationswert, der dem Betrag entspricht, der sich bei einer Veräußerung der einzelnen Vermögensgegenstände nach Tilgung der Schulden ergeben würde,[30] stellt allerdings die Untergrenze dar, sodass er zum Tragen kommt, wenn er den Ertragswert übersteigt.[31] Der Substanzwert des Unternehmens, der sich nach dem Wert der Vermögensgegenstände bestimmt,[32] hat keine eigenständige Bedeutung, spielt aber eine Rolle bei der Ermittlung des Ertragswerts.[33]

12 Weitere Bewertungsmethoden, an die für die Berechnung des Abfindungsanspruchs angeknüpft werden könnte, sind die Mittelwert- und die Übergewinnmethode. Bei der Mittelwertmethode wird der Mittelwert aus Substanzwert und Ertragswert gebildet. Bei der Übergewinnmethode wird der sog. Geschäftswert zum Substanzwert hinzugerechnet. Der Geschäftswert oder good will beruht auf den Gewinnaussichten des Unternehmens. Diese Substanz- und Ertragswertmethode kombinierenden Bewertungsmodelle werden als nicht mehr fachgerecht bewertet.[34]

13 **b) Ermittlung des Ertragswerts.** Der Ertragswert eines Unternehmens ist die Summe aller zukünftigen Erträge des fortgeführten Unternehmens.[35] Der Unternehmenswert ergibt sich bei der Anwendung der Ertragswertmethode aus der Summe des Ertragswerts und des Barwerts des nicht betriebsnotwendigen Vermögens.[36] Bei der Wertberechnung geht es um eine Gesamtbewertung des Unternehmens.[37] Die zukünftigen Erträge werden ermittelt, indem der Überschuss der Erträge über die Aufwendungen bestimmt wird. Die Aufwendungen werden dabei den Gewinn- und Verlustrechnungen der vergangenen Jahre entnommen, wobei ein Rückblick auf die letzten drei bis fünf Jahre erfolgt.[38] Aus diesen Ertragsüberschüssen sind die Einzahlungsüberschüsse der Gesellschafter abzulei-

[24] Vgl. Begr. RegE, BT-Drs. 19/27635, 245, 176.

[25] BGH 24.5.1993, NJW 1993, 2101 (2103) = WM 1993, 1412 (1414); 16.12.1991, BGHZ 116, 359 (371) = NJW 1992, 892 (895).

[26] BGH 13.3.2006, NZG 2006, 425 (426) = NJW-RR 2006, 1270 (1271); 28.4.1977, WM 1977, 781 (782) = BeckRS 1977, 31115809. Im Rahmen des § 1376 BGB BGH 23.10.1985, NJW-RR 1986, 226 (228) = FamRZ 1986, 37 (39); 24.10.1990, NJW 1991, 1547 (1548) = FamRZ 1991, 43 (44). Zust. Hopt/Merkt Einl. vor § 1 Rn. 54; Ebenroth/Boujong/Lorz Rn. 25; MHdB GesR I/Schulte § 105 Rn. 22.

[27] Hüttemann ZHR 162 (1998), 563 ff.; Schulze-Osterloh ZGR 1986, 545 (562 f.).

[28] K. Schmidt GesR § 50 IV 1d.

[29] BGH 16.12.1991, BGHZ 116, 359 (371) = NJW 1992, 892 (895); 24.9.1984, NJW 1985, 192 (193) = DNotZ 1986, 31 (33); Ebenroth/Boujong/Lorz Rn. 21; GK-HGB/Ensthaler § 131 Rn. 43; Heymann/Freitag § 131 Rn. 87; Staub/Schäfer Rn. 20. Zu den Bewertungsstandards des IDW s. IDW (Hrsg.), WP Edition Bewertung und Transaktionsberatung 2018, A Tz. 130 ff.

[30] Piltz/Wissmann NJW 1985, 2673 (2674); IDW (Hrsg.), WP EditionBewertung und Transaktionsberatung 2018, A Tz. 158.

[31] Hüttemann ZHR 162 (1998), 563 (585); Piltz/Wissmann NJW 1985, 2673 (2674); IDW (Hrsg.), WP Edition Bewertung und Transaktionsberatung 2018, A Tz. 156; KKD/Kindler § 131 Rn. 11; MüKoHGB/Fleischer Rn. 63; MHdB GesR I/Schulte § 105 Rn. 25; offengelassen in BGH 13.3.2006, NZG 2006, 425 = NJW-RR 2006, 1270 (1271); 1.7.1982, NJW 1982, 2441.

[32] Hopt/Merkt Einl. vor § 1 Rn. 53; GK-HGB/Ensthaler § 131 Rn. 47.

[33] Ebenroth/Boujong/Lorz Rn. 22; Staub/Schäfer Rn. 22.

[34] Piltz/Wissmann NJW 1985, 2673 (2674); Großfeld, Recht der Unternehmensbewertung, 8. Aufl. 2016, Rn. 276 f.; Ebenroth/Boujong/Lorz Rn. 23; MüKoHGB/Fleischer Rn. 69.

[35] Schulze-Osterloh ZGR 1986, 545 (551); Piltz/Wissmann NJW 1985, 2673 (2674).

[36] IDW (Hrsg.), WP Edition Bewertung und Transaktionsberatung 2018, A Tz. 87; Ebenroth/Boujong/Lorz Rn. 27; MHdB GesR I/Schulte § 105 Rn. 34; Staub/Schäfer Rn. 23.

[37] MüKoHGB/Fleischer Rn. 47.

[38] Piltz/Wissmann NJW 1985, 2673 (2674) – drei bis sieben Jahre; Sudhoff ZGR 1972, 157 (162) – drei, fünf oder sieben Jahre; Piltz, Die Unternehmensbewertung in der Rechtsprechung, 3. Aufl. 1994, 144 f. – drei bis sieben Jahre; Heymann/Freitag Rn. 87; Staub/Schäfer Rn. 23.

ten.[39] Diese Überlegungen bieten die Basis für die Prognose zukünftiger Erträge. Die Prognose erfolgt, indem der gewichtete Durchschnitt der Erträge aus der Vergangenheit gebildet wird.[40] Was so als zukünftiger Erfolg ermittelt wurde, ist mit einem Kapitalzinsfuß auf den Stichtag abzuzinsen, damit sich der Barwert des Zukunftserfolgs ergibt.[41] Der **Kapitalisierungszinssatz** setzt sich aus einem Basiszinssatz und Zu- und Abschlägen zusammen. Als Basiszinssatz wird in der Regel der langfristige Durchschnitt der Umlaufrenditen für öffentliche Anleihen vor dem Bewertungsstichtag zugrunde gelegt.[42] Ein Risikozuschlag trägt dem Umstand Rechnung, dass die Investition in ein Unternehmen im Vergleich zu der durch den Basiszinssatz in Bezug genommenen verhältnismäßig sicheren Kapitalmarktinvestition riskanter ist.[43] Umgekehrt kommt unter Umständen ein Abschlag für das Inflationsrisiko in Betracht.[44]

In Konkurrenz zu dem Ertragswertverfahren tritt das **Discounted-Cash-Flow-Verfahren.** Mit dem Ertragswertverfahren gemeinsam hat diese Bewertungsmethode, dass der Barwert zukünftiger Überschüsse des betriebsnotwendigen Vermögens ermittelt wird.[45] Die Bewertung erfolgt aber nicht unter Berücksichtigung der Differenz zwischen Erträgen und Aufwendungen, sondern knüpft an den sog. Cash flow an.[46] 14

c) Bewertungsstichtag. Stichtag für die Bewertung des Unternehmens ist der Tag des Ausscheidens. Wenn nachträglich Erkenntnisse zur Verfügung stehen, die sich auf Ereignisse vor dem Stichtag beziehen, sind sie nach dem Aufhellungsprinzip korrigierend zu berücksichtigen. Spätere Ereignisse bleiben dagegen außer Betracht.[47] 15

Für den Fall der Ausschließungsklage regelt Abs. 2 den für die Auseinandersetzung maßgeblichen Stichtag abweichend. Es handelt sich um den Zeitpunkt der Klageerhebung, nicht den der Rechtskraft des Urteils. Dadurch soll vermieden werden, dass der Beklagte den Prozess verzögert, um den Zeitpunkt des Ausscheidens zu beeinflussen.[48] Wenn allerdings die die Ausschließung tragenden Gründe erst nachträglich in den Prozess eingeführt werden, kommt es auf den Zeitpunkt der Entstehung oder Geltendmachung dieser Gründe an.[49] 16

4. Die Abschichtungsbilanz. a) Grundlagen. Nach hM ist Grundlage der Abfindung eine Abschichtungsbilanz als Vermögensbilanz. Sie hat den Zweck, die wahre Vermögenslage der Gesellschaft am Abfindungstag darzustellen.[50] Bei der Abfindungsbilanz sind nach herkömmlicher Methode die Aktiva mit ihrem wahren Wert anzusetzen. Offene und stille Reserven sind aufzulösen, Überbewertungen zu korrigieren. Ebenfalls mit ihrem wahren Wert anzusetzen sind die Verbindlichkeiten. Übersteigt der tatsächliche Wert des Unternehmens die Summe der Einzelwerte, so ist zusätzlich der Geschäftswert zu berücksichtigen.[51] Der so ermittelte Wert des Gesellschaftsvermögens ist nach dem maßgeblichen Verteilungsschlüssel auf die Kapitalanteile der Gesellschafter umzulegen, woraus sich das Abfindungsguthaben ergibt.[52] 17

Dieses Vorgehen bei der Bilanzaufstellung wird mit Blick auf die Unternehmensbewertung im Wege der Ertragswertmethode zu Recht kritisch betrachtet. Es ist der Substanzwertmethode verhaf- 18

[39] Ebenroth/Boujong/Lorz Rn. 28; Staub/Schäfer Rn. 23.

[40] Piltz, Die Unternehmensbewertung in der Rechtsprechung, 3. Aufl. 1994, 19 f.; Ebenroth/Boujong/Lorz Rn. 30 mit Ausführungen zu genaueren Prognosemethoden.

[41] Ebenroth/Boujong/Lorz Rn. 35; MHdB GesR I/Schulte § 105 Rn. 35; Staub/Schäfer Rn. 23.

[42] Ebenroth/Boujong/Lorz Rn. 35; Staub/Schäfer Rn. 23, jeweils mwN.

[43] Piltz/Wissmann NJW 1985, 2673 (2679); Ulmer FS Quack, 1991, 477 (494 f.); Ebenroth/Boujong/Lorz Rn. 36; zum Risikozuschlag ausf. Großfeld, Recht der Unternehmensbewertung, 8. Aufl. 2016, Rn. 780 ff.

[44] Piltz, Die Unternehmensbewertung in der Rechtsprechung, 3. Aufl. 1994, 178 ff.; Ebenroth/Boujong/Lorz Rn. 38 mwN; MHdB GesR I/Schulte § 105 Rn. 35.

[45] Sieben FS Havermann, 1995, 713 (716); Ebenroth/Boujong/Lorz Rn. 44; Staub/Schäfer Rn. 24.

[46] Ausf. Ebenroth/Boujong/Lorz Rn. 44 ff. S. auch MüKoBGB/Schäfer BGB § 728 Rn. 33; MHdB GesR I/Schulte § 105 Rn. 37; Staub/Schäfer Rn. 24.

[47] BGH 17.11.1980, BB 1981, 1128 (1129) = BeckRS 1980, 31067975; Ebenroth/Boujong/Lorz Rn. 26 mwN; MHdB GesR I/Schulte § 105 Rn. 26; RGHMW/Haas Rn. 28. Gegen die Berücksichtigung späterer Erkenntnisse Piltz, Die Unternehmensbewertung in der Rechtsprechung, 3. Aufl. 1994, 118 f.

[48] NK-HGB/Heidel Rn. 50; Heymann/Freitag § 140 Rn. 16. Otte NZG 2011, 1365 (1366 f.) will die Norm analog anwenden, wenn der auszuschießende Gesellschafter während des Rechtsstreits ausscheidet und sich dieser dadurch erledigt.

[49] Ebenroth/Boujong/Lorz § 140 Rn. 36; RGHMW/Haas Rn. 29; **aA** Otte NZG 2011, 1365 (1367).

[50] BGH 16.12.1985, NJW-RR 1986, 454 (455) = DNotZ 1986, 566 (567); 20.12.1956, BGHZ 23, 17 (29) = BeckRS 1957, 103055; Hopt/Roth Rn. 9.

[51] Huber, Vermögensanteil, Kapitalanteil und Gesellschaftsanteil an Personengesellschaften des Handelsrechts, 1970, 319 ff.; Ebenroth/Boujong/Lorz Rn. 59; MHdB GesR I/Schulte § 105 Rn. 43.

[52] BGH 17.11.1955, BGHZ 19, 42 (47) = NJW 1956, 300 (302); 21.4.1955, BGHZ 17, 130 (133) = NJW 1955, 1025 (1027); Hopt/Roth Rn. 9; RGHMW/Haas Rn. 16.

tet.[53] Während ein Teil der Lit. eine Abschichtungsbilanz als Vermögensbilanz bei Anwendung der Ertragswertmethode deshalb generell für **entbehrlich** hält,[54] halten andere am Erfordernis der Abschichtungsbilanz fest.[55] Die Kritiker sehen den Umweg über die eigenständige Bewertung der Aktiva und Passiva in einer Vermögensbilanz als nicht erforderlich an. Der Abfindungsanspruch könne auch auf einfacherem Wege berechnet werden.[56] Dagegen wird vorgebracht, eine Schlussabrechnung sei weiterhin erforderlich, die Abschichtungsbilanz habe lediglich einen Funktionswandel erfahren, sei aber nicht entbehrlich geworden.[57] Zu verschiedenen Ergebnissen führen die unterschiedlichen Ansichten nicht.

19 **b) Aufstellung und Feststellung.** Die Abschichtungsbilanz ist von der Gesellschaft als Schuldnerin des Abfindungsanspruchs aufzustellen.[58] Nach der Rspr. richtet sich der Anspruch auf Aufstellung der Abschichtungsbilanz gegen diejenigen, die am ehesten zu seiner Erfüllung in der Lage sind. Das sind in der Regel die geschäftsführenden Gesellschafter.[59] Damit trennt die Rspr. aber nicht scharf genug zwischen dem Schuldner der Bilanz und denjenigen Personen, die im Innenverhältnis zu ihrer Aufstellung verpflichtet sind.[60] Eine Klage auf Aufstellung der Bilanz ist gegen die Gesellschaft zu richten.[61] Die Ansprüche auf Bilanzaufstellung und Zahlung der Abfindung können im Wege der Stufenklage miteinander verknüpft werden (§ 254 ZPO).[62] Zur Mitwirkung an der Bilanzaufstellung berechtigt sind alle Gesellschafter, einschließlich des ausgeschiedenen Gesellschafters. Die Gesellschafter dürfen dabei auf die Hilfe von Sachverständigen zurückgreifen.[63] Der ausgeschiedene Gesellschafter kann nach § 810 BGB Einsicht in die erforderlichen Unterlagen verlangen.[64]

20 Die Feststellung der Bilanz ist weder für die Entstehung noch für die Fälligkeit des Abfindungsanspruchs maßgeblich (→ Rn. 6).[65] Wenn es zu einer gemeinsamen Feststellung der Bilanz durch die verbliebenen und den ausgeschiedenen Gesellschafter kommt, liegt darin eine vertragliche Vereinbarung mit Bindungswirkung.[66]

21 **5. Prozessuale Durchsetzung des Anspruchs.** Der Gesellschafter kann den Abfindungsanspruch mit einer Zahlungsklage gegen die Gesellschaft gerichtlich geltend machen. Da die Aufstellung der Abschichtungsbilanz keine Fälligkeitsvoraussetzung ist, ist die Klageerhebung von der Aufstellung dieser Bilanz unabhängig. Klagegegner können aufgrund der §§ 128, 171 f. auch die verbliebenen Gesellschafter sein (→ Rn. 5). Da das Prinzip der Gesamtabrechnung zur Anwendung kommt, können Einzelansprüche nicht separat geltend gemacht werden. Das schließt aber nicht aus, dass bereits feststehende Mindestansprüche eingeklagt werden (→ Rn. 8). Ferner ist eine Klage auf Feststellung streitiger Einzelansprüche möglich.[67] Die Klage auf Aufstellung der Abschichtungsbilanz ist gegen die Gesellschaft zu richten (→ Rn. 19). Eine Klage auf Feststellung der Bilanz ist nicht möglich, der ausscheidende Gesellschafter kann statt dessen direkt eine Leistungsklage auf Zahlung des Abfindungsbetrages erheben.[68] Er kann den Anspruch auf Bilanzaufstellung mit dem Zahlungsanspruch in einer Stufenklage verbinden (→ Rn. 19).

IV. Abfindungsklauseln

22 **1. Grundlagen.** Die Gesellschafter können im Gesellschaftsvertrag Regelungen zur Höhe der Abfindung eines ausscheidenden Gesellschafters und zur Abwicklung des Anspruchs treffen. Bei

---

53 Ebenroth/Boujong/Lorz Rn. 60; MHdB GesR I/Schulte § 105 Rn. 43; Staub/Schäfer Rn. 22.

54 Schulze-Osterloh ZGR 1986, 545 (552); Oppenheim, Abfindungsklauseln in Personengesellschaftsverträgen, 2011, 48; Ebenroth/Boujong/Lorz Rn. 60; Heymann/Freitag Rn. 89; MHdB GesR I/Schulte § 105 Rn. 43.

55 Hopt/Roth Rn. 9; MüKoHGB/Fleischer Rn. 42; Staub/Schäfer Rn. 14.

56 Ebenroth/Boujong/Lorz Rn. 60; MHdB GesR I/Schulte § 105 Rn. 43.

57 MüKoHGB/Fleischer Rn. 42; Staub/Schäfer Rn. 14.

58 MüKoHGB/Fleischer Rn. 43; MHdB GesR I/Schulte § 105 Rn. 44; NK-BGB/Hanke § 738 Rn. 11.

59 BGH 1.6.1959, NJW 1959, 1491 = WM 1959, 856 (857); 27.9.1979, WM 1979, 1330 = DB 1979, 2480.

60 Staub/Schäfer Rn. 15.

61 Hopt/Roth Rn. 10; Ebenroth/Boujong/Lorz Rn. 62; MüKoHGB/Fleischer Rn. 43. Weiter RGHMW/Haas Rn. 19, der dem Ausgeschiedenen ein Wahlrecht hinsichtlich des Klagegegners zugesteht. S. auch BGH 22.9.2008, NJW 2009, 431 (432 f.) = NZG 2009, 136 (137).

62 BGH 16.5.1994, NJW-RR 1994, 1185 (1186); MHdB GesR I/Schulte § 105 Rn. 44.

63 Ebenroth/Boujong/Lorz Rn. 62.

64 BGH 17.4.1989, NJW 1989, 3272 (3273) = DNotZ 1991, 910 (912).

65 Ebenroth/Boujong/Lorz Rn. 63; Staub/Schäfer Rn. 16.

66 MüKoHGB/Fleischer Rn. 44; Staub/Schäfer Rn. 17.

67 BGH 4.6.1984, NJW 1985, 1898 = WM 1984, 1152.

68 Ebenroth/Boujong/Lorz Rn. 63.

dieser Gestaltung unterliegen sie den allgemeinen Grenzen. So kann zwingendes Recht einer bestimmten Klausel ebenso entgegenstehen wie der Einwand rechtsmissbräuchlicher Gestaltung.[69]

Abfindungsklauseln treten in ganz unterschiedlichen Varianten auf und können verschiedenen **Zwecken** dienen.[70] Abfindungsklauseln, die die Höhe der Abfindung und die Auszahlungsmodalitäten regeln, beschränken den Kapitalabfluss und sichern die Liquidität der Gesellschaft und damit ihren Bestand. Neben dieser Bestandssicherungsfunktion kommt Abfindungsklauseln eine Rationalisierungsfunktion zu, da sie die Berechnung der Abfindung erleichtern und so eine einfache und reibungslose Auseinandersetzung gewährleisten.[71] Je nach Gestaltung der Klausel kann es auch zu einer Disziplinierung der Gesellschafter kommen, die zu vertragsgemäßem Verhalten angehalten werden, um einen Ausschluss mit für sie ungünstigen Abfindungsfolgen zu vermeiden.[72] 23

2. Klauseltypen, insbesondere Buchwertklauseln. Abfindungsklauseln treten in zahlreichen Varianten auf, wobei es meist um folgende Regelungsgegenstände geht: die Berechnung der Abfindung, Begrenzung oder Ausschluss der Abfindung und die Modalitäten des Abfindungsanspruchs (zB Fälligkeit, Verzinsung).[73] Ferner finden sich Verfahrensregelungen und Klauseln, die verschiedene Bewertungsmethoden kombinieren.[74] 24

Hins. der Berechnung der Abfindung sind **Buchwertklauseln** weit verbreitet. Aufgrund einer Buchwertklausel ist die Höhe des Abfindungsanspruchs nach dem Buchwert des Kapitalanteils des ausgeschiedenen Gesellschafters zu bemessen.[75] Die Werte werden der Handels- oder Steuerbilanz entnommen. Dabei bleiben stille Reserven ebenso unberücksichtigt wie der Firmenwert. Die offenen Rücklagen und sonstigen Bilanzpositionen mit Rücklagencharakter sind dagegen in die Berechnung einzubeziehen.[76] Ob steuerrechtlich bedingte Sonderabschreibungen aufzulösen sind, ist umstritten.[77] Um diese und weitere mögliche Zweifelsfragen zu klären, sind eindeutige vertragliche Regelungen zu empfehlen.[78] 25

Anstelle reiner Buchwertklauseln finden sich auch Klauseln, nach denen der Buchwert abzüglich eines Abschlags zu zahlen ist. Ferner sind Klauseln gebräuchlich, die eine Abfindung zum Verkehrswert abzüglich eines bestimmten Prozentsatzes vorsehen. Abfindungsklauseln, nach denen der Substanzwert maßgeblich sein soll, werden ebenfalls verwendet.[79] 26

3. Grenzen der Gestaltungsfreiheit. a) Überblick. Abfindungsklauseln müssen sich in den Grenzen des zwingenden Rechts halten. Sie sind zwar grundsätzlich zulässig, können aber im Einzelfall die Grenzen des Zulässigen überschreiten und unwirksam sein.[80] Schranken können sich aus unterschiedlichen Gesichtspunkten ergeben.[81] So ist zunächst die Grenze der Sittenwidrigkeit zu beachten **(§ 138 BGB).** Die Sittenwidrigkeit einer Klausel kann sich aus einer Knebelung des ausscheidenden Gesellschafters ebenso wie aus einer Gläubigerbenachteiligung ergeben. Ferner kann eine Abfindungsklausel das **Kündigungsrecht** des Gesellschafters **übermäßig beschränken.** Aus den Aspekten des **Rechtsmissbrauchs** und der **Störung** oder des Wegfalls **der Geschäftsgrund-** 27

---

[69] Schön ZHR 166 (2002), 585 (589).

[70] Dauner-Lieb ZHR 158 (1994), 271 (273); Kort DStR 1995, 1961 f.; Rasner ZHR 158 (1994), 292 (294 f.); Oppenheim, Abfindungsklauseln in Personengesellschaftsverträgen, 2011, 49 f.; Ulmer FS Quack, 1991, 477 (478); Huber, Vermögensanteil, Kapitalanteil und Gesellschaftsanteil an Personengesellschaften des Handelsrechts, 1970, 324 f.; BeckOGK/Michel, 1.3.2025, Rn. 56; Staub/Schäfer Rn. 28.

[71] Notthoff DStR 1998, 210; Kort DStR 1995, 1961 f.; Heyn FS Schiedermair, 1976, 271 (272); Ulmer FS Quack, 1991, 477 (478); Heckelmann, Abfindungsklauseln in Gesellschaftsverträgen, 1973, 37 ff.; Sanfleber, Abfindungsklauseln in Gesellschaftsverträgen, 1990, 45 ff.; Ebenroth/Boujong/Lorz Rn. 70; MüKoHGB/Fleischer Rn. 102.

[72] Kort DStR 1995, 1961 (1962); Ebenroth/Boujong/Lorz Rn. 70; MüKoHGB/Fleischer Rn. 102.

[73] Notthoff DStR 1998, 210 ff.; Rasner ZHR 158 (1994), 292 (294 f.); Ulmer FS Quack, 1991, 477 (481 ff.); MüKoHGB/Fleischer Rn. 103; MHdB GesR I/Schulte § 106 Rn. 4; Staub/Schäfer Rn. 54 ff.

[74] MHdB GesR I/Schulte § 106 Rn. 4 f. mit weiteren Beispielen; zu kombinierten Abfindungsklauseln s. auch Sudhoff ZGR 1972, 157 (173 ff.).

[75] Ausf. MHdB GesR I/Schulte § 106 Rn. 7 ff.; NK-BGB/Hanke § 738 Rn. 24.

[76] BGH 29.5.1978, NJW 1979, 104 = WM 1978, 1044; Rasner NJW 1983, 2905 (2906); Ebenroth/Boujong/Lorz Rn. 71; GK-HGB/Ensthaler § 131 Rn. 58; RGHMW/Haas Rn. 38; **aA** hinsichtlich der offenen Rücklagen Sudhoff ZGR 1972, 157 (169).

[77] Bejahend Ebenroth/Boujong/Lorz Rn. 71; Schulze-Osterloh BB 1997, 1783 (1787 f.); abl. Hopt/Roth Rn. 33; MüKoBGB/Schäfer BGB § 728 Rn. 62.

[78] Ebenroth/Boujong/Lorz Rn. 71; MüKoHGB/Fleischer Rn. 105.

[79] Ebenroth/Boujong/Lorz Rn. 73; MHdB GesR I/Schulte § 106 Rn. 10 f., 20 ff.

[80] BGH 16.12.1991, BGHZ 116, 359 (368) = NJW 1992, 892 (894); MüKoHGB/Fleischer Rn. 118 ff.

[81] MüKoHGB/Fleischer Rn. 118 ff.; MüKoBGB/Schäfer BGB § 738 Rn. 44; MHdB GesR I/Schulte § 106 Rn. 25 ff., Staub/Schäfer Rn. 35. Einen Überblick über die Rspr. geben Hülsmann NJW 2002, 1673; Sigle ZGR 1999, 659 ff.

lage kann sich ebenfalls die Unanwendbarkeit einer Abfindungsklausel im Einzelfall ergeben. Vor dem Hintergrund dieses Instrumentariums sah der Gesetzgeber der MoPeG-Reform keinen Bedarf an weiteren gesetzlichen Regelungen und sah vom Vorrang einer Ausübungskontrolle vor der Wirksamkeitskontrolle ab.[82]

28 Seit 1993 bezieht der BGH die Inhaltskontrolle allein auf den Zeitpunkt des Vertragsschlusses. Eine ursprünglich wirksame Abfindungsklausel, die weder nach § 138 BGB zu beanstanden gewesen sei noch das Kündigungsrecht der Gesellschafter unzulässig beeinträchtigt habe, werde nicht durch nachträgliche Entwicklungen nichtig. Die Klausel sei vielmehr unter Umständen zu ergänzen.[83] Diese Klarstellung, die keine inhaltliche Änderung der Rspr. mit sich gebracht hat,[84] ist zu begrüßen, da ein Rechtsverstoß sinnvoll nur bezogen auf den Zeitpunkt des Vertragsschlusses festgestellt werden kann, nachträgliche Entwicklungen dagegen nur durch ergänzende Vertragsauslegung oder die Anpassung des Vertrags im Wege der Missbrauchskontrolle oder aufgrund einer Störung oder des Wegfalls der Geschäftsgrundlage berücksichtigt werden können.

29 **b) Abfindungsausschluss.** Eine vertragliche Regelung, die den vollständigen Ausschluss der Abfindung vorsieht, ist grundsätzlich sittenwidrig und damit **nichtig.**[85] Das gilt auch für den Fall, dass der Gesellschafter aufgrund eines wichtigen Grundes ausgeschlossen wurde.[86] Ausnahmen hat die Rspr. zum einen bei Gesellschaften mit rein ideeller Zwecksetzung anerkannt[87] – eine Fallgruppe, die bei Handelsgesellschaften unbeachtlich ist.[88] Zum anderen ist der Abfindungsausschluss zulässig, wenn er einen weichenden Gesellschafter-Erben zugunsten der überlebenden Gesellschafter trifft.[89] Das gilt auch, wenn die Gesellschaft nach dem Tod des Gesellschafters von einem Mitgesellschafter übernommen wird.[90] Die Formvorschrift des **§ 2301 Abs. 1 BGB** findet keine Anwendung. Die Begründung für dieses Ergebnis erfolgt allerdings nicht einheitlich. Wenn man die Abfindungsklausel als **Schenkung** einordnet, greift § 2301 Abs. 2 BGB ein, der bei Vollzug der Schenkung durch den Schenker die Anwendung der Vorschriften über Schenkungen unter Lebenden vorsieht. Mit der Vereinbarung erwerben die Mitgesellschafter unmittelbar eine Anwartschaft auf den Anteilswert des Verfügenden, die Schenkung ist damit vollzogen.[91] Formmängel der Schenkung unter Lebenden werden nach § 518 Abs. 2 BGB geheilt. Zum Teil wird die Abfindungsvereinbarung als **entgeltliches Rechtsgeschäft** eingestuft. Bei dieser Sichtweise handelt es sich bereits nicht um eine Schenkung iSd § 2301 Abs. 1 BGB, sodass die Formvorschrift ebenfalls keine Anwendung findet. Ein entgeltliches Rechtsgeschäft wird in der Abfindungsvereinbarung von Teilen der Lit. gesehen, wenn der Abfindungsausschluss beim Tod jedes Gesellschafters gilt. Es handele sich um ein aleatorisches Geschäft, da jeder die Chance habe, seinen Anteil im Fall des Todes eines Mitgesellschafters zu vergrößern, ebenso aber das Risiko trage, im Todesfall den eigenen Anteil ohne Abfindung zu verlieren.[92] Eine starke Gegenströmung in der Lit. lehnt die Einstufung als entgeltliche Verfügung ab.[93] Die Bewertung der Verfügung als entgeltlich oder unentgeltlich wirkt sich zwar für die Frage der Formbedürftigkeit nicht aus, spielt aber für die hier nicht zu behandelnde Gewährung von Pflichtteilsergänzungsansprüchen nach § 2325 BGB eine Rolle.

---

[82] Begr. RegE MoPeG, BT-Drs. 19/27635, 176, 245.

[83] BGH 20.9.1993, BGHZ 123, 281 (284) = NJW 1993, 3193.

[84] BGH 20.9.1993, BGHZ 123, 281 (284 f.) = NJW 1993, 3193.

[85] OLG Schleswig 23.2.2001, NZG 2001, 658 (659); BeckOGK/Michel, 1.3.2025, Rn. 61; GK-HGB/Ensthaler § 131 Rn. 57; Henssler/Strohn/Kilian BGB § 728 Rn. 14; Michalski OHG-R § 131 Rn. 62; MüKoBGB/Schäfer BGB § 728 Rn. 43.

[86] Engel NJW 1986, 345 (348); Hopt/Roth Rn. 25; MüKoHGB/Fleischer Rn. 133 f.; **aA** OLG Naumburg 23.9.1998, NZG 1999, 111 für den Fall des vom ausscheidenden Gesellschafter zu vertretenden wichtigen Grundes.

[87] BGH 2.6.1997, BGHZ 135, 387 (390) = NJW 1997, 2592 (2593).

[88] Ebenroth/Boujong/Lorz Rn. 78; Staub/Schäfer Rn. 36; s. aber MüKoHGB/Fleischer Rn. 137.

[89] BGH 22.11.1956, BGHZ 22, 186 (194 f.) = NJW 1957, 180 (181); Oppenheim, Abfindungsklauseln in Personengesellschaftsverträgen, 2011, 76; Boujong FS Ulmer, 2003, 41 (50); MHdB GesR I/Schulte § 106 Rn. 29; MüKoHGB/Fleischer Rn. 136; Staub/Schäfer Rn. 55.

[90] BGH 14.7.1971, WM 1971, 1338 (1340) = BeckRS 1971, 31081173.

[91] BGH 14.7.1971, WM 1971, 1338 (1339) = BeckRS 1971, 31081173.

[92] Hopt/Roth Rn. 24; K. Schmidt GesR § 45 V 3c; G. u. D. Reinicke NJW 1957, 561 (562). Nur darstellend Ebenroth/Boujong/Lorz Rn. 125. Vgl. BGH 22.11.1956, BGHZ 22, 186 (194) = NJW 1957, 180 (181). Die Frage der Entgeltlichkeit wurde offengelassen in BGH 14.7.1971, WM 1971, 1338 (1339) = BeckRS 1971, 31081173.

[93] Ulmer NJW 1979, 81 (84); Heckelmann, Abfindungsklauseln in Gesellschaftsverträgen, 1973, 77 ff., 84 f.; Huber, Vermögensanteil, Kapitalanteil und Gesellschaftsanteil an Personengesellschaften des Handelsrechts, 1970, 465 ff.; Flume FS Schilling, 1973, 65 f.

c) Abfindungsbeschränkung. aa) Gesellschafterbenachteiligung durch Buchwertklauseln. Die bereits erwähnten Buchwertklauseln (→ Rn. 25) führen gegenüber einer Berechnung der Abfindung nach dem Ertragswert häufig zu einer Beschränkung der Abfindung, ohne dass dieses Ergebnis aber zwingend ist.[94] Dennoch werden Buchwertklauseln grundsätzlich als zulässig angesehen.[95] Umstritten ist, ob und ggf. inwieweit vom Buchwert Abschläge gemacht werden können, ohne dass die Abfindungsklausel wegen Sittenwidrigkeit unwirksam ist. Eine Kürzung des Abfindungsanspruchs auf die **Hälfte des Buchwerts** ist nach der Rspr. grundsätzlich nicht mit § 138 Abs. 1 BGB vereinbar. Eine solche Regelung gewährleiste keine angemessene Abfindung für den ausscheidenden Gesellschafter. Der damit verbundene Eingriff in die Vermögensposition des Ausscheidenden weiche zu sehr vom gesetzlichen Leitbild des § 738 BGB aF ab.[96] Die Bewertung ändert sich durch den aktuellen § 135 nicht, da diese Norm ausdrücklich auf eine angemessene Abfindung zielt. Ob Abschläge in anderer Form zulässig sind, hat der BGH offen gelassen.[97] 30

Der BGH und der überwiegende Teil der Lit. differenzieren zu Recht nicht danach, wie der ausscheidende Gesellschafter seinen Anteil erworben hat. Insbesondere rechtfertigt der Erwerb durch Schenkung keinen Abfindungsausschluss.[98] Die abweichende Auffassung, die solche Gesellschafter als **Gesellschafter minderen Rechts** ansieht,[99] qualifiziert den Beschenkten ohne Grund zum Gesellschafter zweiter Klasse ab.[100] Die Schenkung betrifft allein das Innenverhältnis zwischen Schenker und Beschenktem, prägt aber nicht die Rechtsposition des Beschenkten gegenüber den Mitgesellschaftern.[101] Möglich ist nach der Rspr. des BGH allerdings die entschädigungslose Rückforderung eines geschenkten Anteils nach den §§ 530, 531 BGB.[102] 31

Unzulässig sind Buchwertklauseln, wenn der ausscheidende Gesellschafter ohne wichtigen Grund aus der Gesellschaft ausgeschlossen wurde. In diesen Fällen verlangt der BGH mangels besonderer Umstände eine Abfindung, die dem Wert des Anteils entspricht, um einem missbräuchlichen Ausschluss des Gesellschafters entgegenzuwirken.[103] Da ein **Ausschluss ohne wichtigen Grund** nur sehr eingeschränkt zulässig ist, kommt dieser Fallgruppe nur eine geringe Bedeutung zu.[104] Entsprechend der Argumentation zum Ausschluss ohne wichtigen Grund nimmt ein Teil der Lit. an, dass bei einem Ausscheiden aufgrund eines durch die Mitgesellschafter geschaffenen wichtigen Grundes die Abfindung dem Anteilswert entsprechen muss.[105] 32

bb) Unzulässige Kündigungserschwerung. Eine Abfindungsbeschränkung kann auch unter dem Gesichtspunkt der übermäßigen Erschwerung einer Kündigung unwirksam sein.[106] Als Anknüpfungspunkt kam § 723 Abs. 3 BGB aF in Betracht, der den Ausschluss oder die Beschränkung des Kündigungsrechts verbietet. Mit Blick auf den Sinn und Zweck dieser Norm ließ sich vertreten, dass auch faktische Kündigungsbeschränkungen nicht unbeachtet bleiben sollten. Methodisch ließ sich die Unwirksamkeit einer zu weitgehenden Abfindungsbeschränkung durch eine aus dem Umgehungsgedanken motivierte Analogie zu § 723 Abs. 3 BGB aF ableiten.[107] Ein Teil der Lit. greift 33

[94] BeckOGK/Michel, 1.3.2025, Rn. 64; Staub/Schäfer Rn. 33.

[95] BGH 17.12.2001, NZG 2002, 176 (177) = DNotZ 2002, 305 (307); 17.4.1989, NJW 1989, 3272 = DNotZ 1991, 910; MüKoBGB/Schäfer BGB § 728 Rn. 63; RGHMW/Haas Rn. 47.

[96] BGH 9.1.1989, NJW 1989, 2685 (2686) = DNotZ 1991, 906 (908) s. auch Oppenheim, Abfindungsklauseln in Personengesellschaftsverträgen, 2011, 54; Ulmer FS Quack, 1991, 477 (486); Ebenroth/Boujong/Lorz Rn. 76 RGHMW.

[97] BGH 9.1.1989, NJW 1989, 2685 (2686) = DNotZ 1991, 906 (908).

[98] BGH 9.1.1989, NJW 1989, 2685 (2686) = DNotZ 1991, 906 (908 f.); Schilling ZGR 1979, 419 (423, 426); Ulmer NJW 1979, 81 (84); MüKoHGB/Fleischer Rn. 140; Staub/Schäfer Rn. 51 f.

[99] Flume BGB AT II § 12 III; Flume NJW 1979, 902 (903) für ererbte Anteile bei entsprechender Gestaltung der Nachfolge.

[100] BGH 9.1.1989, NJW 1989, 2685 (2686) = DNotZ 1991, 906 (909); Huber ZGR 1980, 177 (205); Ulmer NJW 1979, 81 (84); Sanfleber, Abfindungsklauseln in Gesellschaftsverträgen, 1990, 146.

[101] BGH 9.1.1989, NJW 1989, 2685 (2686) = DNotZ 1991, 906 (909); MüKoHGB/Fleischer Rn. 140.

[102] BGH 2.7.1990, BGHZ 112, 40 (48) = NJW 1990, 2616 (2618).

[103] BGH 29.5.1978, NJW 1979, 104; zust. Schilling ZGR 1979, 419 (424); Ulmer NJW 1979, 81 (84); Huber ZGR 1980, 177 (203 ff.).

[104] Ebenroth/Boujong/Lorz Rn. 83.

[105] Vgl. BGH 23.10.1972, NJW 1973, 651; Ebenroth/Boujong/Lorz Rn. 84; MHdB GesR I/Schulte § 106 Rn. 30.

[106] Oppenheim, Abfindungsklauseln in Personengesellschaftsverträgen, 2011, 56 ff.; Hopt/Roth Rn. 26; Ebenroth/Boujong/Lorz Rn. 86.

[107] Zu § 723 Abs. 3 BGB aF Heyn FS Schiedermair, 1976, 271 (278); Kamanabrou FS Buchner, 2009, 401 (402 f.); MüKoBGB/Schäfer BGB § 728 Rn. 47. Von einer direkten Anwendung scheinen BGH 7.4.2008, WM 2008, 1023 (1026) = NZG 2008, 463 (465); 24.9.1984, NJW 1985, 192 (193) = DNotZ 1986, 31 (32) auszugehen, dagegen spricht BGH 20.9.1993, BGHZ 123, 281 (284 f.) = NJW 1993, 3193 von einer entsprechenden Anwendung der Norm in der älteren Rspr.

auch für diese Fallgruppe auf **§ 138 BGB** zurück. Zu abweichenden Ergebnissen führte das nicht. Mit Blick darauf, dass die Umgehungsargumentation bereits vor der MoPeG-Reform nicht der einzig gangbare Weg war und nun mit § 132 Abs. 6 eine Regelung zur Kündigung der Mitgliedschaft im HGB besteht, nach der nur das Recht zur außerordentlichen Kündigung unabdingbar ist, ist es sinnvoll, nicht mehr auf den Umgehungsgedanken abzustellen, sondern auf § 138 BGB abzustellen.

34 Der BGH hält Buchwertklauseln mit Blick auf § 723 Abs. 3 BGB aF für unwirksam, wenn sie infolge eines erheblichen **Missverhältnisses zwischen Buchwert und wirklichem Wert** die Freiheit des Gesellschafters, sich zu einer Kündigung zu entschließen, entgegen dem in dieser Norm enthaltenen Rechtsgedanken unvertretbar einengen.[108] Unter welchen Umständen ein solches Missverhältnis gegeben ist, lässt sich nach Auffassung des BGH nicht pauschal durch Prozentzahlen ausdrücken.[109] In der Lit. werden von einigen Autoren Grenzwerte vorgeschlagen,[110] andere sind gegenüber solchen Angaben kritisch.[111] Tatsächlich sind Faustformeln für Grenzwerte wenig hilfreich, da letztlich die gesamten Umstände des konkreten Falles in die Interessenabwägung einbezogen werden müssen.[112] Die vorgeschlagenen Grenzwerte mögen einen sinnvollen Durchschnittswert widerspiegeln, können aber keine Sicherheit für die Beurteilung des Einzelfalls bieten.[113] Obwohl es in der Praxis in der Regel um Buchwertklauseln geht, ist der Maßstab des § 723 Abs. 3 BGB aF auch an andere Abfindungsklauseln anzulegen. So hat der BGH eine Ertragswertklausel für unwirksam erklärt, die zu einer Abfindung unter dem Liquidationswert geführt hätte.[114]

35 Bei der Frage, ob die Kündigungsfreiheit des Ausscheidenden über Gebühr beschränkt ist, will der BGH unter anderem die Dauer der Mitgliedschaft des Ausgeschiedenen in der Gesellschaft und seinen Anteil am Aufbau und am Erfolg des Unternehmens berücksichtigen. Daneben spielt der Anlass des Ausscheidens eine Rolle. Einem Gesellschafter, der wegen eines in seiner Person liegenden wichtigen Grundes aus der Gesellschaft ausgeschlossen worden sei, könne unter Umständen eine weniger günstige Abfindungsvereinbarung zugemutet werden als einem Gesellschafter, der wegen eines von den anderen Gesellschaftern geschaffenen wichtigen Grundes ausgeschieden ist.[115]

36 **cc) Gläubigerbenachteiligung.** Neben den Interessen des ausscheidenden Gesellschafters sind auch die seiner Gläubiger zu berücksichtigen. Unter dem Aspekt der Gläubigerbenachteiligung sind daher Vereinbarungen nichtig, die bei Pfändung eines Geschäftsanteils dessen Einziehung gegen ein unter dem Verkehrswert liegendes Entgelt zulassen, diese Entschädigungsregelung aber nicht auch für den Fall der Ausschließung eines Gesellschafters aus wichtigem Grund vorsehen.[116] Ein Teil der Lit. sieht § 138 BGB als durch die Anfechtungsvorschriften der § 133 Abs. 1 InsO, § 3 Abs. 1 AnfG verdrängt an.[117] Dieser Vorrang kommt den genannten Anfechtungsvorschriften angesichts ihrer begrenzten **Schutzwirkung** (Anfechtungsfrist: zehn Jahre) jedoch nicht zu.[118] Beschränkt eine Abfindungsklausel die Abfindung nicht allein für den Fall des Gläubigerzugriffs und ist sie nicht aus anderen Gründen unwirksam, so muss der Gläubiger sie gegen sich gelten lassen.

37 **dd) Regelung der Auszahlungsmodalitäten.** Klauseln, die die Auszahlung der Abfindung regeln, unterliegen ebenfalls der Inhaltskontrolle. Hier geht es insbesondere um Fälligkeitsregelungen, Verzinsungsfragen, **Ratenzahlungsvereinbarungen** und zu gewährende Sicherheiten.[119] Solche Regelungen über die Auszahlungsmodalitäten sind grundsätzlich zulässig.[120] Sie müssen aber das

[108] Zu § 723 Abs. 3 BGB aF BGH 17.4.1989, NJW 1989, 3272 = DNotZ 1991, 910; 24.9.1984, NJW 1985, 192 (193) = DNotZ 1986, 31 (32). S. auch BGH 7.4.2008, DStR 2008, 1340 (1343) = WM 2008, 1312 (1316).

[109] BGH 24.5.1993, NJW 1993, 2101 (2102) = WM 1993, 1412 (1413).

[110] Erman FS Westermann, 1974, 75 (78 f.) – 50 % des Anteilswerts; ebenso Heyn FS Schiedermair, 1976, 271 (285 f.); Ulmer/Schäfer ZGR 1995, 134 (153) – zwei Drittel des Anteilswerts; ebenso MüKoBGB/Schäfer BGB § 728 Rn. 50.

[111] Rasner ZHR 158 (1994), 292 (303); Büttner FS Nirk, 1992, 119 (123); Hopt/Roth Rn. 26; Flume BGB AT II § 12 IV.

[112] BGH 24.5.1993, NJW 1993, 2101 (2102) = WM 1993, 1412 (1413).

[113] Kamanabrou FS Buchner, 2009, 401 (402 f.); vgl. Hopt/Roth Rn. 26.

[114] BGH 13.3.2006, NZG 2006, 425 = NJW-RR 2006, 1270 (1271).

[115] BGH 20.9.1993, BGHZ 123, 281 (287) = NJW 1993, 3193 (3194); 24.5.1993, NJW 1993, 2101 (2102) = WM 1993, 1412 (1413). S. dazu bereits Büttner FS Nirk, 1992, 119 (103 ff.). Vgl. auch Schilling ZGR 1979, 419 (429).

[116] BGH 19.6.2000, BGHZ 144, 365 (366 f.) = NJW 2000, 2819 (2820); 12.6.1975, BGHZ 65, 22 (27 f.) = NJW 1975, 1835 (1836 f.), jeweils zur GmbH; Rasner NJW 1983, 2905 (2910); MüKoBGB/Schäfer BGB § 728 Rn. 46; Hueck OHG § 24 II 4; K. Schmidt GesR § 50 IV 2c aa. Weitergehend Engel NJW 1986, 345 (347).

[117] Möhring FS Barz, 1974, 49 (63 ff.); Heckelmann, Abfindungsklauseln in Gesellschaftsverträgen, 1973, 116 f., jeweils zu AnfG und KO.

[118] Staub/Schäfer Rn. 38. S. auch Ulmer FS Quack, 1991, 477 (487 f.).

[119] MüKoHGB/Fleischer Rn. 49; Staub/Schäfer Rn. 57.

[120] BGH 9.1.1989, NJW 1989, 2685 (2686) = DNotZ 1991, 907 (909) für Ratenzahlungsvereinbarungen und hinausgeschobene Fälligkeitstermine.

Abfindungsinteresse des ausscheidenden Gesellschafters und das Interesse der Gesellschaft, durch die Abfindungszahlung nicht zu sehr belastet zu werden, zu einem angemessenen Ausgleich bringen. Eine unangemessene Regelung hat der BGH in einer Auszahlung über fünfzehn Jahre gesehen.[121] Die Lit. diskutiert Ratenzahlungsvereinbarungen bis zur Dauer von zehn Jahren. Während ein Teil der Lit. eine solche Streckung bei angemessener Verzinsung für zulässig erachtet,[122] wollen andere Autoren pauschal nur Auszahlungszeiträume von fünf Jahren zulassen.[123] Für Zeiträume zwischen fünf und zehn Jahren heißt es häufig, dass die Umstände des Einzelfalles maßgeblich seien.[124] Das OLG Dresden hat eine Klausel als sittenwidrig beurteilt, nach der die Abfindung in drei Raten nach fünf, acht und zehn Jahren ausgezahlt wurde und die Verzinsung auf maximal 8 % begrenzt war. Die langfristige Stundung erschwere dem Ausscheidenden eine eigene Existenzgründung und belaste ihn mit dem Risiko der Zahlungsfähigkeit der Gesellschaft.[125] Das Gericht ließ auch nicht unberücksichtigt, dass es sich insofern um einen Sonderfall handelte, als es um eine Klausel im Zusammenhang einer Umwandlung einer nach DDR-Recht gegründeten Produktionsgenossenschaft des Handwerks (PGH) in eine GmbH ging. Der gegenüber Auszahlungszeiträumen von mehr als fünf Jahren kritischen Lit. ist zuzustimmen. Zwar sind längere Auszahlungszeiträume nicht von vornherein als sittenwidrig einzustufen. Ihre erheblichen Auswirkungen auf die Interessen des ausscheidenden Gesellschafters machen es aber erforderlich, die Gesamtumstände abzuwägen und so im Einzelfall die Angemessenheit der Regelung positiv festzustellen.

ee) Zeitpunkt der Beurteilung. Ob eine Abfindungsklausel sittenwidrig ist oder das Kündigungsrecht des Gesellschafters über Gebühr beschränkt, ist bezogen auf den **Zeitpunkt des Vertragsschlusses** zu beurteilen.[126] Von seiner älteren Rspr., nach der auch ein nachträgliches Missverhältnis zwischen der Abfindungssumme und dem Anteilswert die Unwirksamkeit der Regelung begründen kann,[127] ist der BGH 1993 ausdrücklich abgerückt.[128] Wird eine wirksame Abfindungsklausel durch das Auseinanderfallen des wahren Anteilswerts und der vorgesehenen Abfindung unangemessen, so will der BGH soweit möglich mit Hilfe der ergänzenden Vertragsauslegung korrigierend eingreifen (→ Rn. 39 ff.).[129] Da die ergänzende Vertragsauslegung durch den Parteiwillen begrenzt ist, verweist die Lit. zusätzlich auf die Möglichkeit der Missbrauchskontrolle nach § 242 BGB (→ Rn. 42).[130] Einige Autoren geben der Missbrauchskontrolle den Vorzug vor der ergänzenden Vertragsauslegung, da sie an der für die ergänzende Vertragsauslegung erforderlichen Regelungslücke zweifeln.[131] 38

ff) Änderung der Verhältnisse. Wenn sich erst nach Vertragsschluss ein Missverhältnis zwischen Anteilswert und Abfindungsanspruch entwickelt, kann die Abfindungsklausel unter Umständen durch eine **ergänzende Vertragsauslegung** angepasst werden.[132] Der BGH hält die Abfindungsklausel bei solchen Veränderungen dann für unanwendbar, wenn dem ausscheidenden Gesellschafter das Festhalten an der Regelung unter Berücksichtigung der berechtigten Interessen der Mitgesellschafter nicht zugemutet werden kann.[133] Ob die Regelung zumutbar ist, soll vom Ausmaß des Missverhältnisses zwischen Anteilswert und Abfindung und außerdem von den gesamten Umständen des Einzelfalls abhängen. Zu berücksichtigen seien die Dauer der Mitgliedschaft des ausgeschiedenen Gesellschafters, sein Anteil am Aufbau und Erfolg des Unternehmens und der Anlass des Ausschei- 39

[121] BGH 9.1.1989, NJW 1989, 2685 (2686) = DNotZ 1991, 907 (909).

[122] Heckelmann, Abfindungsklauseln in Gesellschaftsverträgen, 1973, 147; Huber, Vermögensanteil, Kapitalanteil und Gesellschaftsanteil an Personengesellschaften des Handelsrechts, 1970, 330; Hopt/Roth Rn. 30.

[123] Ulmer FS Quack, 1991, 477 (487); Ebenroth/Boujong/Lorz Rn. 97; KKD/Kindler § 131 Rn. 19; MüKoBGB/Schäfer BGB § 728 Rn. 64.

[124] MüKoHGB/Fleischer Rn. 49; Staub/Schäfer Rn. 57.

[125] OLG Dresden 18.5.2000, NZG 2000, 1042 (1043) = DB 2000, 1220 (1221 f.).

[126] BGH 20.9.1993, BGHZ 123, 281 (284) = NJW 1993, 3193; Büttner FS Nirk, 1992, 119 (120); Dauner-Lieb ZHR 158 (1994), 271 (280); Ulmer/Schäfer ZGR 1995, 134 (136 ff., 140); MüKoHGB/Fleischer Rn. 119; MHdB GesR I/Schulte § 106 Rn. 24; Staub/Schäfer Rn. 39.

[127] BGH 17.4.1989, NJW 1989, 3272 = DNotZ 1991, 910 (911); 24.9.1984, NJW 1985, 192 (193) = DNotZ 1986, 31 (32).

[128] BGH 20.9.1993, BGHZ 123, 281 (284) = NJW 1993, 3193 (3195).

[129] BGH 13.6.1994, BGHZ 126, 226 (242) = NJW 1994, 2536 (2540); 20.9.1993, BGHZ 123, 281 (289) = NJW 1993, 3193. Zust. MüKoHGB/Fleischer Rn. 119; Schulze-Osterloh JZ 1993, 45 f.

[130] MüKoHGB/Fleischer Rn. 106, 127.

[131] Kort DStR 1995, 1961 (1966); Ulmer/Schäfer ZGR 1995, 145 f. (147 ff.); MHdB GesR I/Schulte § 10 Rn. 33; Staub/Schäfer Rn. 41.

[132] BGH 13.6.1994, BGHZ 126, 226 (242) = NJW 1994, 2536 (2540); 20.9.1993, BGHZ 123, 281 (284) = NJW 1993, 3193; MüKoHGB/Fleischer Rn. 125 f.; kritischer MüKoBGB/Schäfer BGB § 728 Rn. 52; Staub/Schäfer Rn. 47. Bei einer Buchwertklausel, die für alle Gesellschafter und alle Fälle einheitlich gilt, abl. Sudhoff ZGR 1972, 157 (169).

[133] BGH 13.6.1994, BGHZ 126, 226 (242) = NJW 1994, 2536 (2540).

dens.[134] In der Lit. wird diese umfassende Interessenabwägung kritisiert. Die Lückenfüllung solle am Inhalt des Gesellschaftsvertrags orientiert werden, persönliche Umstände seien dabei nicht zu berücksichtigen.[135] Ob diese Kritik der Rspr. gerecht wird, ist allerdings zweifelhaft. Der BGH verwendet die genannten Kriterien, um die Unzumutbarkeit der vereinbarten Regelung festzustellen. Wie die vertragliche Regelung zu ergänzen ist, erläutert er in beiden Urteilen an anderer Stelle. Dabei heißt es einmal, die Abfindungsbeschränkung sei so anzupassen, dass ein dem wirklichen oder mutmaßlichen Willen der Vertragsparteien entsprechender, beiden Teilen zumutbarer Interessenausgleich herbeigeführt wird.[136] Ein anderes Mal will der BGH die Abfindung unter Berücksichtigung der für die ergänzende Vertragsauslegung maßgebenden Umstände des Falles einschließlich der Vermögens- und Ertragsstruktur des Unternehmens festsetzen.[137] Beide Formulierungen lassen darauf schließen, dass der Maßstab für die Lückenfüllung den allgemeinen Anforderungen an eine ergänzende Vertragsauslegung entsprechen soll. Dass dabei die Umstände des Falles Rückschlüsse auf den Parteiwillen zulassen können und deshalb zu berücksichtigen sind, ist naheliegend.

40 Kritische Stimmen aus der Lit. verweisen außerdem darauf, dass der Parteiwille die Grenze der ergänzenden Vertragsauslegung bildet. Wenn ein klarer **Wille der Parteien** feststellbar sei, an der Abfindungsregelung auch bei nachträglich eintretenden Wertänderungen festzuhalten, könne dieser Parteiwille nicht durch eine ergänzende Vertragsauslegung überwunden werden. Von einem solchen Willen sei aber angesichts der Vereinbarung einer umfassenden Abfindungsklausel regelmäßig auszugehen.[138] Dieser Kritik ist zuzugeben, dass ein entsprechender Parteiwille der ergänzenden Vertragsauslegung tatsächlich entgegensteht. Wollten die Parteien genau das, was sie nicht dürfen, dann kann eine ergänzende Auslegung sich über diesen Willen nicht hinwegsetzen.[139] Es fehlt dann bereits an einer Vertragslücke. Es geht aber zu weit, den Parteien nur aufgrund der vereinbarten Abfindungsregelung für den Regelfall zu unterstellen, dass sie an dieser Vereinbarung auch für den Fall nachträglicher Veränderungen festhalten wollten. Ob die Parteien sich dazu Gedanken gemacht und einen Willen gebildet haben, ist vielmehr durch Auslegung zu ermitteln. Wenn sich dabei ergibt, dass dieser Fall nicht bedacht wurde, kann der Vertrag ergänzend ausgelegt werden.[140] Im Ergebnis ist der Kritik aus der Lit. aber zuzustimmen. Eine Auslegung des Vertrags dahingehend, ob die Abfindungsklausel auch bei erheblich veränderten Umständen gelten soll, wird häufig kein eindeutiges Ergebnis bringen. Ob und inwieweit die Vertragsparteien sich bei Abschluss des Gesellschaftsvertrags Gedanken über zukünftige Entwicklungen machen, ist in der Lit. umstritten.[141] Pauschale Aussagen darüber, was Gesellschafter sich wohl bei Vertragsschluss denken, sind nicht möglich. Daher ist die Frage zu stellen, ob es bei offenem Auslegungsergebnis zu einer ergänzenden Vertragsauslegung kommt. Das ist nicht der Fall, da Voraussetzung der ergänzenden Vertragsauslegung das Vorliegen einer Vertragslücke ist, die aber gerade nicht positiv festgestellt werden konnte. Für die in der Lit. vorgeschlagene Beweislastumkehr dahingehend, dass bei Unaufklärbarkeit des Parteiwillens eine Lücke anzunehmen ist,[142] besteht weder Raum noch Anlass.[143] Auch wenn der BGH erkennbar die ergänzende Auslegung favorisiert,[144] sollte die ergänzende Auslegung nicht anders als bei anderen Verträgen verstanden werden. Vielmehr greifen bei nicht aufklärbarem oder entgegenstehendem Parteiwillen normative Kontrollinstrumente ein.

41 Eine weitere Schwierigkeit der ergänzenden Vertragsauslegung darf nicht übersehen werden. Sie stößt dann an ihre Grenzen, wenn **mehrere Ersatzregelungen denkbar** sind und keine Anhaltspunkte dafür bestehen, welche der Gestaltungsmöglichkeiten die Parteien gewählt hätten.[145] Selbst

---

[134] BGH 20.9.1993, BGHZ 123, 281 (287) = NJW 1993, 3193 (3194); 24.5.1993, NJW 1993, 2101 (2102) = WM 1993, 1412 (1413); s. auch BGH 13.6.1994, BGHZ 126, 226 (242) = NJW 1994, 2536 (2540); Rasner ZHR 158 (1994), 292 (304 ff.); Büttner FS Nirk, 1992, 119 (128 ff.).

[135] Ulmer/Schäfer ZGR 1995, 134 (149 ff.); MüKoBGB/Schäfer BGB § 728 Rn. 52; Staub/Schäfer Rn. 47. S. auch Dauner-Lieb ZHR 158 (1994), 271 (285 f.).

[136] BGH 24.5.1993, NJW 1993, 2101 (2103) = WM 1993, 1412 (1414).

[137] BGH 20.9.1993, BGHZ 123, 281 (289) = NJW 1993, 3193 (3195).

[138] Ulmer/Schäfer ZGR 1995, 134 (141); MüKoBGB/Schäfer BGB § 728 Rn. 52; Staub/Schäfer Rn. 41. In diese Richtung, wenn auch zurückhaltender, Rasner ZHR 158 (1994), 292 (299).

[139] Dauner-Lieb ZHR 158 (1994), 271 (283); Sigle ZGR 1999, 659 (671).

[140] Dauner-Lieb ZHR 158 (1994), 271 (283). Offen für eine ergänzende Vertragsauslegung auch Fleischer/Bong WM 2017, 1957 (1965).

[141] Einerseits Schulze-Osterloh JZ 1993, 45 (46) – Parteien machen sich häufig keine Gedanken; andererseits Rasner ZHR 158 (1994), 292 (298) – was die Parteien sich vorgestellt haben, ist schwer festzustellen.

[142] Dauner-Lieb ZHR 158 (1994), 271 (284).

[143] Ulmer/Schäfer ZGR 1995, 134 (143); Kamanabrou FS Buchner, 2009, 401 (408).

[144] Darauf verweist zu Recht Dauner-Lieb ZHR 158 (1994), 271 (284).

[145] BGH 3.11.1999, BGHZ 143, 104 (121) = NJW 2000, 1110 (1114); 30.3.1990, BGHZ 111, 110 (116) = NJW 1990, 1723 (1725); 1.2.1984, BGHZ 90, 69 (80) = NJW 1984, 1177 (1179); MüKoBGB/Busche BGB § 157 Rn. 55.

wenn also eine Lücke im Gesellschaftsvertrag feststellbar ist, kann die ergänzende Auslegung daran scheitern, dass ein hypothetischer Parteiwille für eine bestimmte Ersatzregelung nicht zu erkennen ist. Da Abfindungsklauseln unterschiedliche Gestaltungsmechanismen, wie zB Regelungen zur Berechnung und zu den Auszahlungsmodalitäten der Abfindung, kombinieren können, werden häufig mehrere alternative Lösungen die unangemessene Klausel ersetzen können.

Kommt eine ergänzende Vertragsauslegung im Einzelfall nicht in Betracht, so bleibt der Weg der Ergebniskorrektur über die §§ 242, 313 BGB. **§ 242 BGB** soll unter dem Aspekt des Rechtsmissbrauchs zu einer Anpassung führen, wenn die Abfindungsklausel zwar bei Vertragsschluss nicht zu beanstanden war, im Zeitpunkt des Ausscheidens eines Gesellschafters aber nicht wirksam vereinbart werden könnte.[146] Hierbei handelt es sich um eine Ausübungskontrolle.[147] Nicht ganz einheitlich werden die Folgen des erfolgreichen Missbrauchseinwands beschrieben. Während nach einer Ansicht das gilt, was die Parteien bei Kenntnis der fehlenden Durchsetzbarkeit der Klausel vereinbart hätten,[148] kommt es nach anderer Ansicht nicht auf das an, was die Parteien vereinbart hätten, wenn sie die tatsächlich eingetretene Entwicklung vorhergesehen hätten. Vielmehr seien die Interessen der Gesellschaft und der Gesellschafter abzuwägen, wobei zu berücksichtigen sei, inwieweit das Festhalten an der ursprünglichen Abfindungsklausel dem ausscheidenden Gesellschafter zumutbar ist.[149] Der zuerst genannten Ansicht ist zuzustimmen. Die Missbrauchskontrolle wird ausgelöst durch ein im Einzelfall bestehendes Missverhältnis zwischen der vorgesehenen Abfindung und dem wahren Unternehmenswert. Missbräuchlich ist die Berufung auf die Abfindungsklausel nur, wenn ihre Anwendung dem ausscheidenden Gesellschafter nicht zumutbar ist. Das lässt sich zwar nur unter Berücksichtigung der Interessen der Gesellschaft und der Gesellschafter bestimmen. Dabei kommt es jedoch nicht auf die persönlichen Umstände des ausscheidenden Gesellschafters an, sondern auf eine typisierte Betrachtung der Interessen. Das zeigt sich auch daran, dass allein die persönlichen Umstände des Ausscheidenden den Missbrauchseinwand nicht zu begründen vermögen. 42

Ob darüber hinaus **§ 313 Abs. 1 BGB** Anwendung findet, ist umstritten. Ein Teil der Lit. nimmt eine Störung der Geschäftsgrundlage an, wenn seit Abschluss des Gesellschaftsvertrags eine erhebliche, unvorhersehbare Wertänderung eingetreten ist. Wenn die Abfindung dadurch wesentlich hinter dem anteiligen Verkehrswert des Unternehmens zurückbleibe und dem Ausscheidenden deshalb unzumutbar sei, trete an ihre Stelle im Wege ergänzender Vertragsauslegung eine angemessene Abfindung.[150] Dabei wenden einige Autoren § 242 BGB unter dem Rechtsmissbrauchsaspekt neben § 313 BGB an. § 242 BGB verbiete es den Mitgesellschaftern, sich auf eine unangemessene Abfindungsklausel zu berufen, § 313 BGB gewähre die Anpassung des Abfindungsanspruchs.[151] Ein Teil der Lit. folgt zwar den Argumenten für die Feststellung des Wegfalls der Geschäftsgrundlage, spricht sich aber vorrangig für eine Rechtsausübungskontrolle nach Treu und Glauben und der gesellschaftsrechtlichen Treuepflicht aus. Der Unterschied zur Anwendung des § 313 BGB liege im Maßstab für die Anpassung. Auf der Basis der Treuepflicht erfolge die Anpassung nicht rein interessenorientiert, sondern sei stärker am Willen der Beteiligten orientiert.[152] Gegenüber dem Instrument der ergänzenden Vertragsauslegung führt § 313 Abs. 1 BGB nur in den Fällen weiter, in denen die Gesellschafter die Veränderung nicht in ihre Überlegungen einbezogen haben, sich aber auch kein Anhaltspunkt für die ergänzende Auslegung des Gesellschaftsvertrags ergibt. Daher kann bei einer Störung der Geschäftsgrundlage nicht sinnvoll auf die ergänzende Vertragsauslegung verwiesen werden. Da in dieser Situation außerdem nach dem soeben Gesagten (→ Rn. 42) die Anpassung aufgrund des Rechtsmissbrauchseinwands möglich ist, kommt es letztlich auf die Anwendbarkeit des § 313 Abs. 1 BGB nicht an. 43

---

[146] Ulmer/Schäfer ZGR 1995, 134 (144 ff.); MüKoBGB/Schäfer BGB § 728 Rn. 53; Staub/Schäfer Rn. 48; Sudhoff Personengesellschaften/Masuch § 20 Rn. 21, jeweils unter Berufung auf BGH 30.6.1983, NJW 1983, 2692 f. = WM 1983, 951 (952) – sittenwidriger Ratenkredit; s. auch Kort DStR 1995, 1961 (1966); Fleischer/Bong WM 2017, 1957 (1965).

[147] Ulmer/Schäfer ZGR 1995, 134 (144); Sudhoff Personengesellschaften/Masuch § 20 Rn. 21; K. Schmidt GesR § 50 IV 2c ee.

[148] MüKoBGB/Schäfer BGB § 728 Rn. 53 – aufgrund ergänzender Vertragsauslegung; Kamanabrou FS Buchner, 2009, 401 (409); Staub/Schäfer Rn. 49 – jeweils ohne einen Rückgriff auf die ergänzende Vertragsauslegung.

[149] Kort DStR 1995, 1961 (1966).

[150] MüKoBGB/Schäfer BGB § 738 Rn. 54; Staub/Schäfer Rn. 50. S. auch Büttner FS Nirk, 1992, 119 (128 f.); Heyn FS Schiedermair, 1976, 271 (280 f.); Möhring FS Barz, 1974, 49 (58 f.); Ulmer FS Quack, 1991, 477 (489). Zurückhaltend gegenüber dem Institut der Änderung der Geschäftsgrundlage Rasner ZHR 158 (1994), 292 (299 f.).

[151] Heyn FS Schiedermair, 1976, 271 (280 f.); Möhring FS Barz, 1974, 49 (58 f.), jeweils zur Rechtslage vor Einführung des § 313 BGB.

[152] Kort DStR 1995, 1961 (1966) zur Rechtslage vor Einführung des § 313 BGB.

44 **gg) Ausübungskontrolle.** Der Einwand des Rechtsmissbrauchs nach § 242 BGB kann sich nicht nur bei veränderten Verhältnissen ergeben. Vielmehr kommt er auch zum Zuge, wenn aus anderen Gründen die Berufung auf die vereinbarte Abfindungsklausel gegen Treu und Glauben verstieße. Das ist zB der Fall, wenn eine Klausel die Gesellschaft vor Liquiditätsengpässen schützen soll, aufgrund der aktuellen Situation eine kurzfristige Auszahlung aber für die Gesellschaft unproblematisch ist.[153] Auch eine treuwidrige Manipulation der Abfindungshöhe bei einer Buchwertklausel stellt rechtsmissbräuchliches Verhalten dar.[154]

45 **d) Rechtsfolgen unzulässiger Gestaltung.** Der Verstoß gegen § 138 BGB führt zur Nichtigkeit der Abfindungsklausel. Die übrigen Vertragsklauseln werden davon nicht berührt, § 139 BGB findet keine Anwendung.[155] Der BGH hat hinsichtlich der ersatzweise geltenden Regelung nicht immer einheitlich entschieden. In einem Urteil hat er ausgeführt, an Stelle der nichtigen Abfindungsregelung seien die **gesetzlichen Vorschriften** anzuwenden, sodass der Ausscheidende auf der Grundlage der wirklichen Werte des Gesellschaftsunternehmens abzufinden ist.[156] In einem weiteren Fall hieß es lediglich, bei Unwirksamkeit der vertraglichen Regelung sei eine angemessene Abfindung zu zahlen, die unter Berücksichtigung der von den Beteiligten mit der Abfindungsregelung verfolgten Zwecke und der zwischenzeitlich eingetretenen Änderung der Verhältnisse, insbesondere der Ertrags- und Vermögenslage der Gesellschaft, zu erfolgen habe.[157] Einen Hinweis auf die Rechtsgrundlage für die angemessene Abfindung enthält dieses Urteil nicht. Zu berücksichtigen ist, dass es eine Klausel betraf, deren Unangemessenheit sich erst im Laufe der Zeit ergeben hat, sodass nach der jüngeren Rspr. des BGH keine Unwirksamkeit vorläge, sondern die Lösung im Wege der ergänzenden Vertragsauslegung zu suchen wäre.[158] In einem dritten Urteil hat der BGH ausdrücklich eine Lücke aufgrund der Unwirksamkeit der Abfindungsregelung festgestellt. Diese Lücke sei durch **ergänzende Vertragsauslegung** zu schließen. Dem Ausscheidenden sei eine angemessene Abfindung zuzusprechen.[159]

46 In dem zuletzt genannten Urteil hat sich der BGH auf die besondere Bedeutung der Vertragsfreiheit für das Verhältnis der Gesellschafter untereinander berufen, um den **Vorrang des objektivierten mutmaßlichen Parteiwillens** vor dem dispositiven Gesetzesrecht zu begründen.[160] Dabei stützt sich das Gericht auf eine andere Entscheidung, in der es diese Auffassung näher begründet hat. Das dispositive Gesetzesrecht der Personengesellschaft werde oftmals den geänderten wirtschaftlichen Verhältnissen nicht mehr gerecht, weshalb die Vertragspraxis es überwiegend durch eigenständige Regelungen ersetze. Eine Lückenfüllung durch das dispositive Recht würde daher häufig zu sachwidrigen Ergebnissen führen und dem mutmaßlichen Willen der Gesellschafter nicht entsprechen. Der Gesetzgeber habe den Gesellschaftern aber große Freiräume bei der Ausgestaltung ihres Innenverhältnisses eingeräumt. Wegen der besonderen Bedeutung der Vertragsfreiheit im Gesellschaftsrecht sei daher immer erst einmal auf der Grundlage des Gesellschaftsvertrages zu ermitteln, wie die Gesellschafter die Lücke geschlossen hätten, wenn sie sie bei Abschluss des Vertrages bedacht hätten. Bei diesen Überlegungen seien Treu und Glauben zu beachten.[161]

47 Dem BGH ist hinsichtlich des Vorrangs der ergänzenden Vertragauslegung vor dem dispositiven Recht in dem Maße zuzustimmen, wie er sich aus dem zuletzt genannten Urteil ergibt.[162] Abgesehen von der massiven vertraglichen Abweichung vom dispositiven Recht der Personengesellschaften ist der **ergänzenden Auslegung** allgemein der **Vorrang** vor der Anwendung dispositiven Rechts einzuräumen. Das ergibt sich aus der Privatautonomie, die für die größtmögliche Berücksichtigung des Parteiwillens spricht. Wenn sich aus dem Gesellschaftsvertrag oder anderen Quellen Anhaltspunkte dafür ergeben, wie die Gesellschafter die Lücke geschlossen hätten, wenn ihnen das Fehlen einer Regelung bewusst gewesen wäre, dann ist eine entsprechende Vertragsergänzung besser geeignet, das Vertragsverhältnis zu bestimmen, als die Anwendung dispositiven Rechts, das ja gerade

---

153 MüKoHGB/Fleischer Rn. 128.

154 Rasner NJW 1983, 2905 (2909); Ulmer FS Quack, 1991, 477 (489 f.); MHdB GesR I/Schulte § 10 Rn. 34.

155 Ulmer NJW 1979, 81 (85); MüKoBGB/Schäfer BGB § 728 Rn. 71.

156 BGH 29.5.1978, NJW 1979, 104.

157 BGH 16.12.1991, BGHZ 116, 359 (371) = NJW 1992, 892 (895).

158 S. dazu BGH 13.6.1994, BGHZ 126, 226 (242) = NJW 1994, 2536 (2540); 20.9.1993, BGHZ 123, 281 (284) = NJW 1993, 3193.

159 BGH 24.9.1984, NJW 1985, 192 (193) = DNotZ 1986, 31 (33).

160 BGH 24.9.1984, NJW 1985, 192 (193) = DNotZ 1986, 31 (33).

161 BGH 23.11.1978, NJW 1979, 1705 (1706).

162 Für die Berücksichtigung des Parteiwillens auch Engel NJW 1986, 345 (349); Erman FS Westermann, 1974, 75 (77 f.); RGHMW/Haas Rn. 55. Diff. MüKoBGB/Schäfer BGB § 728 Rn. 75 f. Für die Anwendung dispositiven Rechts Büttner FS Nirk, 1992, 119 (127); MHdB GesR I/Schulte § 106 Rn. 31.

abbedungen werden sollte.[163] Damit ist allerdings zugleich eine Grenze der ergänzenden Vertragsauslegung aufgezeigt: Fehlen Hinweise auf den Parteiwillen, so ist dispositives Gesetzesrecht anzuwenden. Der Unterschied zwischen einer ergänzenden Vertragsauslegung und der Anwendung dispositiven Rechts ist in diesen Fällen ohnehin nur gering, da mangels möglicher Rückschlüsse auf den Parteiwillen jedenfalls ein normativer Maßstab angelegt werden muss. Unter diesen Umständen ist es aber sinnvoll, der abstrakten gesetzgeberischen Interessenbewertung den Vorrang vor nicht an den Parteiwillen anknüpfenden Einzelfallerwägungen zu geben.[164] Dass die ergänzende Vertragsauslegung die Anwendung dispositiven Rechts nicht immer ausschließt, kommt auch in der zuletzt genannten Entscheidung des BGH zum Ausdruck. Dort heißt es, es sei immer erst einmal der Parteiwille zu erforschen.[165] Diese Formulierung öffnet andere Wege für den Fall, dass sich der Parteiwille nicht feststellen lässt. Soweit sich, wie häufig, einer unangemessenen Abfindungsklausel der Wille entnehmen lässt, dem Bestandsinteresse der Gesellschaft Vorrang vor dem Abfindungsinteresse der einzelnen Gesellschafter zu geben, ist daher eine ergänzende Vertragsauslegung vorzunehmen, die diesen Aspekt berücksichtigt.

Zu einer ergänzenden Vertragsauslegung kommt es auch in den Fällen, in denen die Klausel nach 48
§ 138 BGB nichtig ist. Ein Teil der Lit. wendet ein, dass in diesem Fall die Lücke durch dispositives Recht zu schließen ist, weil andernfalls der sittenwidrig Handelnde kein Risiko trüge.[166] Dieses Argument trägt jedoch nicht, da die Parteien ohne Weiteres die nichtige Klausel durch eine neue, zurückhaltendere Regelung ersetzen können. Da sie nicht gehindert werden können, die Abfindungsregelung im rechtlich zulässigen Rahmen nach ihren Wünschen zu gestalten, spricht nichts gegen eine ergänzende Auslegung. Stellt man dagegen auf den Schutz der durch die sittenwidrige Klausel benachteiligten Partei ab, so zwingt dieser Gedanke ebenfalls nicht dazu, von einer ergänzenden Vertragsauslegung abzusehen. Da diese sich nach dem hypothetischen Parteiwillen richtet, wird keiner Partei eine interessenwidrige Ersatzregelung aufgezwungen.[167]

Eine **salvatorische Klausel** eröffnet den Gesellschaftern insofern zusätzliche Möglichkeiten, als 49
sie spezielle Anpassungsmodi enthalten kann. So kann eine salvatorische Klausel Neuverhandlungen über die Abfindungsklausel vorsehen. Wenn das nicht der Fall ist und die salvatorische Klausel nur allgemein die Ersetzung der nichtigen Regelung verlangt, kommt eine richterliche Reduktion der Abfindungsklausel unter Beachtung des hypothetischen Parteiwillens in Betracht.[168] Die Parteien geben durch die salvatorische Klausel zu erkennen, dass sie den Gegenstand möglichst vertragsgerecht regeln wollen.

§ 136 Haftung des ausgeschiedenen Gesellschafters für Fehlbetrag

Reicht der Wert des Gesellschaftsvermögens zur Deckung der Verbindlichkeiten der Gesellschaft nicht aus, hat der ausgeschiedene Gesellschafter der Gesellschaft für den Fehlbetrag nach dem Verhältnis seines Anteils am Gewinn und Verlust aufzukommen.

I. Allgemeines

In § 136 ist seit der MoPeG-Reform die Haftung des augeschiedenen Gesellschafters für Fehlbe- 1
träge der Klarstellung halber geregelt. Zuvor ergab sich die Haftung aus § 105 Abs. 3 iVm § 739 BGB.

II. Haftung für Fehlbetrag

Wenn das Gesellschaftsvermögen nicht ausreicht, um die Gesellschaftsschulden und die Einlagen 2
zu decken, hat der ausscheidende Gesellschafter den Fehlbetrag nach § 136 zu erstatten. Ein entsprechender Zahlungsanspruch der Gesellschaft setzt voraus, dass die Gesamtberechnung zur Ermittlung des Abfindungsanspruchs ein Negativsaldo des Ausscheidenden ergibt. Ein Verstoß gegen das in § 710 BGB enthaltene Verbot der Nachschusspflicht liegt darin nicht. Diese Regelung gilt nur für die Zeit der Zugehörigkeit zur Gesellschaft.[1]

[163] Kamanabrou, Die Auslegung und Fortbildung des normativen Teils von Tarifverträgen, 1997, 197; Kamanabrou FS Buchner, 2009, 401 (405).
[164] Kamanabrou, Die Auslegung und Fortbildung des normativen Teils von Tarifverträgen, 1997, 198 ff.
[165] BGH 23.11.1978, NJW 1979, 1705 (1706).
[166] Büttner FS Nirk, 1992, 119 (127), auch für den Fall der unangemessenen Kündigungserschwernis; MüKoBGB/Schäfer BGB § 728 Rn. 76.
[167] Vgl. für überschießende Wettbewerbsverbote Kamanabrou ZGR 2002, 898 (922 f.).
[168] S. auch MüKoBGB/Schäfer BGB § 728 Rn. 75.
[1] BeckOGK/Michel, 15.7.2025, Rn. 4; Ebenroth/Boujong/Lorz § 135 Rn. 69; MHdB GesR I/Schulte § 105 Rn. 50.

§ 137 Nachhaftung des ausgeschiedenen Gesellschafters

(1) [1]Scheidet ein Gesellschafter aus der Gesellschaft aus, so haftet er für deren bis dahin begründete Verbindlichkeiten, wenn sie vor Ablauf von fünf Jahren nach seinem Ausscheiden fällig sind und

1. daraus Ansprüche gegen ihn in einer in § 197 Absatz 1 Nummer 3 bis 5 des Bürgerlichen Gesetzbuchs bezeichneten Art festgestellt sind oder

2. eine gerichtliche oder behördliche Vollstreckungshandlung vorgenommen oder beantragt wird; bei öffentlich-rechtlichen Verbindlichkeiten genügt der Erlass eines Verwaltungsakts.

[2]Ist die Verbindlichkeit auf Schadensersatz gerichtet, haftet der ausgeschiedene Gesellschafter nach Satz 1 nur, wenn auch die zum Schadensersatz führende Verletzung vertraglicher oder gesetzlicher Pflichten vor dem Ausscheiden des Gesellschafters eingetreten ist. [3]Die Frist beginnt, sobald der Gläubiger von dem Ausscheiden des Gesellschafters Kenntnis erlangt hat oder das Ausscheiden des Gesellschafters im Handelsregister eingetragen worden ist. [4]Die §§ 204, 206, 210, 211 und 212 Absatz 2 und 3 des Bürgerlichen Gesetzbuchs sind entsprechend anzuwenden.

(2) Einer Feststellung in einer in § 197 Absatz 1 Nummer 3 bis 5 des Bürgerlichen Gesetzbuchs bezeichneten Art bedarf es nicht, soweit der Gesellschafter den Anspruch schriftlich anerkannt hat.

(3) [1]Wird ein Gesellschafter Kommanditist, sind für die Begrenzung seiner Haftung für die im Zeitpunkt der Eintragung der Änderung in das Handelsregister begründeten Verbindlichkeiten die Absätze 1 und 2 entsprechend anzuwenden. [2]Dies gilt auch, wenn er in der Gesellschaft oder einem ihr als Gesellschafter angehörenden Unternehmen geschäftsführend tätig wird. [3]Seine Haftung als Kommanditist bleibt unberührt.

Schrifttum: Bormann, Nachhaftungsbegrenzung beim Wechsel von Voll- zum Teilhafter, NZG 2004, 751; Hardt, Nachhaftungsbegrenzungsgesetz und Deliktsrecht, ZIP 1999, 1541; Möller, Auswirkungen des VÄndG auf medizinische Versorgungszentren, MedR 2007, 263; Schlinker, Haftung für Beratungsfehler nach Umwandlung einer GbR in eine LLP, NJW 2011, 2091; Wertenbruch/Döring, Änderung der Gesellschafter – Nachhaftung durch das MoPeG gem. § 728b BGB n.F. und § 137 HGB n.F., GmbHR 2023, 649.

Übersicht

I. Allgemeines

1 **1. Normzweck.** Grundsätzlich haftet ein Gesellschafter auch weiterhin persönlich nach § 126 für die Gesellschaftsverbindlichkeiten während der Zeit seiner Zugehörigkeit. § 137 regelt die Begrenzung der Nachhaftung des ausgeschiedenen Gesellschafters.[1] Dies führt zu einem **Ausscheiden aller Ansprüche** gegen die Gesellschaft, die nach Ablauf von **fünf Jahren** seit dem Ausscheiden des Gesellschafters oder seit der Umwandlung des Unternehmens geltend gemacht werden.[2] § 137 zieht eine Parallele zu der für den Einzelkaufmann geltenden Bestimmung des § 26. Die Begrenzung ist notwendig, um einen ausreichenden Schutz gegen eine Endloshaftung zu garantieren, die ansonsten durch unverjährte Altverbindlichkeiten der Gesellschaft bestehen könnte. § 137 stellt eine **rechtsvernichtende Einwendung** dar.[3]

2 Die Vorschrift dient der Rechtssicherheit und einem angemessenen Ausgleich zwischen den Interessen des Gesellschafters an einer zeitlichen Begrenzung seiner Haftungsverpflichtung und

[1] BGH 3.7.2020, BeckRS 2020, 19740 zur Nachhaftung des Gesellschafters einer Eigentümer-GbR.
[2] Ebenroth/Boujong/Saam Rn. 1.
[3] MüKoHGB/Drescher § 160 Rn. 1; Staub/Habersack Rn. 1.

dem Interesse des Gläubigers an der Haftung des Gesellschafters für eine bereits existente Verbindlichkeit.

2. Entstehungsgeschichte. Durch das Gesetz zur zeitlichen Begrenzung der Nachhaftung von Gesellschaftern (Nachhaftungsbegrenzungsgesetz) vom 18.3.1994 (BGBl. 1994 I 560) wurde § 160 aF, dessen Inhalt in § 137 weitestgehend unverändert übernommen wurde, geschaffen. Dabei hat sich der Gesetzgeber für eine Lösung nach der **Enthaftungslösung** und gegen die auch von der Rspr. aufgegebene Kündigungslösung[4] entschieden.[5] Weiterhin wurde Abs. 3 S. 2 so gefasst, dass auch für geschäftsleitende Kommanditisten die Enthaftungswirkung eingreifen kann, obwohl dies von der Rspr. bis dahin anders gesehen wurde.[6] 3

II. Enthaftung (Abs. 1, 2)

1. Anwendungsbereich. a) Erfasste Gesellschaften. § 137 findet immer dann Anwendung, wenn ein OHG-Gesellschafter aus der Gesellschaft ausscheidet, wobei es nicht auf den Grund des Ausscheidens ankommt.[7] Gründe, die zum Ausscheiden eines Gesellschafters führen, finden sich in § 130 Abs. 1. Für die GbR findet § 728b BGB Anwendung. § 137 wird ebenso für die Komplementäre einer KG und KGaA[8] (§ 161 Abs. 2) angewendet. Keine besondere Regelung findet sich hingegen für die Haftung und Enthaftung eines ausgeschiedenen Kommanditisten; hierbei wird jedoch über § 161 Abs. 2 auch § 137 Abs. 1 und 2 angewendet.[9] Für die **Partnerschaftsgesellschaft** gilt die Vorschrift des § 10 Abs. 2 PartGG, welche auf § 137 verweist. Für die **Europäische Wirtschaftliche Interessenvereinigung** existiert eine eigene Enthaftungsregel in Art. 37 Abs. 1 EWIV-VO, wonach die Haftung eines ausgeschiedenen Gesellschafters fünf Jahre nach der Bekanntmachung seines Ausscheidens verjährt. Erfolgt eine Anteilsveräußerung durch den Gesellschafter, haftet der neue Gesellschafter für die Alt- und Neuverbindlichkeiten der Gesellschaft. Für den Anteilsveräußerer gilt dabei § 137 Abs. 1.[10] 4

b) Enthaftungsfrist. aa) Beginn, Dauer und Ende. Die Frist beginnt mit dem Tag nach der Eintragung des Ausscheidens des Gesellschafters oder, falls dieser Zeitpunkt früher liegt, mit Kenntnis des Gläubigers vom Ausscheiden. Die Frist endet nach fünf Jahren **mit Ablauf des Tages,** der dem Datum des Fristbeginns vorangeht (§§ 187, 188 BGB). Maßgeblich ist dabei das Handelsregister des für den Sitz zuständigen Gerichts. 5

bb) Hemmung und Neubeginn. § 137 Abs. 1 S. 4 zählt einzelne Bestimmungen des Verjährungsrechts des BGB auf und erklärt diese für entsprechend anwendbar. Dadurch kann eine Hemmung der fünfjährigen Ausschlussfrist durch Ergreifen von Maßnahmen der Rechtsverfolgung durch den Gläubiger (§ 204 BGB) oder durch höhere Gewalt (§ 206 BGB) erfolgen. Auch bei fehlender voller Geschäftsfähigkeit (§ 210 BGB) und in Nachlassfällen (§ 211 BGB) erfolgt eine Hemmung. Ein Neubeginn der Verjährung erfolgt durch Vornahme oder Beantragung einer behördlichen oder gerichtlichen Vollstreckungsmaßnahme gem. § 137 Abs. 1 S. 1 Nr. 2. Diese Variante nimmt auf den in § 212 Abs. 1 Nr. 2 BGB normierten Tatbestand Bezug. Daneben verweist § 137 Abs. 1 S. 4 auch auf die Vorschrift des § 212 Abs. 2, 3 BGB. Diese regelt den rückwirkenden Wegfall des erneuten Beginns der Verjährung bei einer Vollstreckungshandlung. Die entsprechende Anwendung der Verjährungsfristen nach § 137 Abs. 1 S. 4 erfasst – entgegen dem missverständlichen Wortlaut der Norm – allein die Frage der Geltendmachung innerhalb der Ausschlussfrist. Nicht gemeint ist das objektiv unverrückbare Erfordernis der Fälligkeit der Ansprüche binnen fünf Jahren[11] 6

2. Erfasste Ansprüche. a) Grundsatz. § 137 betrifft die persönliche Gesellschafterhaftung aus den Vorschriften der §§ 126, 127, 171 f., 173, 176. Es kann dabei nicht auf die Art der Gesellschaftsverbindlichkeit ankommen; somit sind alle Gesellschaftsverbindlichkeiten aus **Gesetz, Vertrag und sogar Delikt**[12] umfasst.[13] Das Haftungsprivileg kann einem Gesellschafter aber dann nicht zugespro- 7

[4] BGH 27.9.1999, BGHZ 78, 114 = NJW 2000, 208.
[5] Ebenroth/Boujong/Saam Rn. 3.
[6] BGH 22.9.1980, NJW 1981, 175; 19.5.1983, NJW 1983, 2256; BAG 28.11.1989, DB 1990, 938.
[7] Ebenroth/Boujong/Saam Rn. 5.
[8] Staub/Habersack Rn. 4.
[9] MüKoHGB/Drescher Rn. 10.
[10] Ebenroth/Boujong/Saam Rn. 5; MüKoHGB/Drescher Rn. 23; zu einer unwirksamen Freistellungsklausel in einem Kaufvertrag über einen Kommanditanteil an einer Fondsgesellschaft BGH 26.3.2019, NJW-RR 2019, 811.
[11] OLG Hamm 30.6.2017, ZIP 2018, 837 Rn. 39; dazu Göb/Nebel NZI 2018, 197.
[12] Gegen eine Haftung aus Delikt Hardt ZIP 1999, 1541.
[13] Ebenroth/Boujong/Saam Rn. 9 mwN; Bormann NZG 2004, 751.

chen werden, wenn der Gesellschafter dieses durch eine eigene Handlung selbst begangen hat. Nach § 137 Abs. 1 haftet ein Gesellschafter, der aus einer Handelsgesellschaft ausscheidet, für ihre bis dahin begründeten Verbindlichkeiten, sofern diese vor Ablauf der Enthaftungsfrist von fünf Jahren nach seinem Ausscheiden fällig werden und er daraus haften muss. Es werden somit nur Verbindlichkeiten erfasst, die eine Nachhaftung nach Ausscheiden des Gesellschafters begründen können (sog. **Altverbindlichkeiten**).[14]

8 Abs. 1 S. 2 enthält eine Sonderregel für Schadensersatzansprüche vor. Für **Verbindlichkeiten,** die auf **Schadensersatz** gerichtet sind, haftet der ausgeschiedene Gesellschafter nach Abs. 1 S. 1 nur, wenn auch die zum Schadensersatz führende Verletzung vertraglicher oder gesetzlicher Pflichten vor dem Ausscheiden des Gesellschafters eingetreten ist. Diese Regelung wurde auf Vorschlag des Ausschusses für Recht und Verbraucherschutz eingefügt. Sie stellt klar, dass der ausgeschiedene Gesellschafter nicht für Pflichtverletzungen haftet, die nach seinem Ausscheiden aufgetreten sind.[15]

9 **b) Andere Haftungsgründe.** Eine Haftung aufgrund einer Bürgschaft ist nicht erfasst, da Ansprüche, die auf der Verwirklichung eines eigenen Haftungstatbestands beruhen, den allgemeinen Regelungen des BGB unterfallen. Für Neuverbindlichkeiten haftet der ausscheidende Gesellschafter generell schon nicht.

10 **3. Feststellung des Anspruchs. a) Fälligkeit.** Der Eintritt der Enthaftung kann durch den Gläubiger dadurch abgewendet werden, dass der Anspruch vor Fristablauf festgestellt wird oder **Vollstreckungsmaßnahmen** vorgenommen oder beantragt werden. Ist die Forderung eine öffentlich-rechtliche, kann sie auch durch Verwaltungsakt geltend gemacht werden. Bei der gerichtlichen Durchsetzung des Anspruchs durch den Gläubiger sind in zeitlicher Hinsicht die Grundsätze des § 137 heranzuziehen. Bei einer öffentlich-rechtlichen Forderung sind allerdings die öffentlich-rechtlichen Vorschriften nicht ausgeschlossen (Zugang des Verwaltungsaktes).[16] Die Fälligkeit setzt voraus, dass der Gläubiger bereits vor Eintritt der Enthaftung die Leistung an sich verlangt. Der Eintritt der Enthaftung kann jedoch dann nicht geltend gemacht werden, wenn die Forderung erst nach Ablauf der Fünfjahresfrist fällig wird.[17]

11 **b) Feststellung.** Nach Abs. 1 S. 1 Nr. 1 wird zusätzlich verlangt, dass der Anspruch gegen den ausgeschiedenen Gesellschafter gem. § 197 Abs. 1 Nr. 3–5 BGB festgestellt werden muss. Die Feststellung dient dabei als anspruchserhaltende Maßnahme des Gesellschaftsgläubigers. § 197 Abs. 1 Nr. 3 BGB erfasst rechtskräftig festgestellte Ansprüche, § 197 Abs. 1 Nr. 4 BGB erfasst durch vollstreckbaren Vergleich oder vollstreckbare Urkunde titulierte Ansprüche und § 197 Abs. 1 Nr. 5 gilt für Ansprüche, die durch eine im Insolvenzverfahren erfolge Feststellung vollstreckbar geworden ist.

12 **c) Anerkenntnis.** Es muss eine der in Abs. 1 S. 1 genannten Feststellungen vorgenommen sein oder das schriftliche Anerkenntnis des Gesellschafters vorliegen (Abs. 2). Bei dem schriftlichen Anerkenntnis bedarf es keines Vertrags; ausreichend ist allein eine **einseitige Erklärung** des Gesellschafters, ohne dass der Gläubiger diese angenommen haben muss.[18] Schriftform setzt die Tatbestandsmerkmale der § 126 BGB oder § 126a BGB voraus. Damit liegen die Anforderungen höher als bei einem bloßen Anerkenntnis nach § 212 Abs. 1 BGB. Bezüglich des Zeitpunktes muss auch das Anerkenntnis spätestens bis zum Ablauf der Fünfjahresfrist erfolgen. Nicht erforderlich und auch nicht bezweckt ist aber damit die Abgabe eines Schuldanerkenntnisses nach § 780 BGB.

13 **4. Rechtsfolgen.** Falls der Gläubiger rechtzeitig eine Feststellung des Anspruchs erreicht oder den Anspruch geltend gemacht hat, läuft keine Haftungsbegrenzungsfrist. Das führt dazu, dass das allgemeine Verjährungsrecht anzuwenden ist. Wenn eine Feststellung der in § 197 Abs. 1 Nr. 3–5 BGB genannten Ansprüche erfolgt, gilt eine Verjährungsfrist von 30 Jahren.[19]

14 Die persönliche Haftung des ausgeschiedenen Gesellschafters erlischt mit **Ablauf der Fünfjahresfrist,** sofern keine anspruchserhaltenden Maßnahmen ergriffen wurden. Dadurch wird eine im Prozess von Amts wegen zu überprüfender **rechtsvernichtender Einwendung** begründet.[20] Dabei

[14] MüKoHGB/Drescher Rn. 24; OLG Hamburg 31.1.2020, BeckRS 2020, 5641 zur Außenhaftung eines Kommanditisten für Altverbindlichkeiten.
[15] Bericht RA, BT-Drs. 19/31105, 7, 9.
[16] Hopt/Roth Rn. 7.
[17] MüKoHGB/Drescher Rn. 55; Ebenroth/Boujong/Saam Rn. 14; Staub/Habersack Rn. 25.
[18] MüKoHGB/Drescher Rn. 60.
[19] Ebenroth/Boujong/Saam Rn. 21; Hopt/Roth Rn. 4.
[20] Ebenroth/Boujong/Saam Rn. 20; MüKoHGB/Drescher Rn. 64.

werden alle Ansprüche erfasst, die nicht rechtskräftig und vollstreckbar vor Fristablauf festgestellt oder vor Fristablauf begründet, aber bis dahin noch nicht fällig geworden sind.

III. Kommanditistenstellung (Abs. 3)

Abs. 3 erfasst die Fälle, in denen ein persönlich haftender Gesellschafter anstelle des ausgeschiedenen Gesellschafters in die beschränkte Stellung eines Kommanditisten tritt. Nach dem Wortlaut der Vorschrift soll die Ausschlussfrist nach Abs. 1 und 2 auch in einem solchen Fall greifen. Der Haftungsbegrenzung steht auch nicht entgegen, wenn der frühere Geschäftsinhaber in der Gesellschaft oder in einer der ihr angehörigen Unternehmen geschäftsführend tätig wird.[21] Entscheidend ist dabei nicht die Eintragung in das Handelsregister, denn diese wirkt nur deklaratorisch,[22] wobei eine Haftung unter **Vertrauensschutzgesichtspunkten** für die Zeit zwischen Anteilsumwandlung und Eintragung für dazwischen begründete Verbindlichkeiten erfolgen kann.[23] Eine Haftung als Kommanditist wird jedoch durch diese Vorschrift nicht berührt. 15

Für den Fristablauf gilt dasselbe wie für die Abs. 1, 2 (→ Rn. 5). Die Enthaftung erfasst die Verbindlichkeiten, die entweder nicht nach Fristablauf fällig oder fällig, aber nicht zum Gegenstand einer Vollstreckungshandlung oder der Feststellung einer Forderung gemacht wurden. 16

Die Enthaftung führt bei Abs. 3 zu einem Wegfall der unbeschränkten Haftung für Altverbindlichkeiten, nicht nur im Außenverhältnis, sondern auch für die Regresshaftung im Verhältnis zu persönlich haftenden Gesellschaftern. Eine Haftung als Kommanditist bleibt jedoch unberührt. 17

IV. Abdingbarkeit

Die Regelungen des § 137 sind nicht zwingend.[24] Abweichende Vereinbarungen können durch eine Vereinbarung zwischen dem Gläubiger und dem Gesellschafter erfolgen. Vereinbarungen bereits im **Gesellschaftsvertrag** oder zwischen der Gesellschaft und dem ausscheidenden Gesellschafter führen jedoch nicht zu einer Abweichung von den Grundsätzen des § 137. Durch die Vereinbarungen zwischen dem Gläubiger und dem Gesellschafter kann der Lauf der Enthaftung aufgehalten, verkürzt oder durch Verlängerung der Frist auch verschärft werden. Bei der Verkürzung der Nachhaftung muss der Gläubiger jedoch bei seinen Erklärungen die Nachhaftung gekannt haben oder einen Verzichtswillen erkennen lassen.[25] Die **Einhaltung der Schriftform** ist jedoch im Gegensatz zur Anerkenntnis nach Abs. 2 nicht zwingend notwendig.[26] 18

Fünfter Titel. Auflösung der Gesellschaft

§ 138 Auflösungsgründe

(1) Die Gesellschaft wird aufgelöst durch:

1. Ablauf der Zeit, für welche sie eingegangen wurde;
2. Eröffnung des Insolvenzverfahrens über das Vermögen der Gesellschaft;
3. gerichtliche Entscheidung über den Antrag auf Auflösung;
4. Auflösungsbeschluss.

(2) [1]Eine Gesellschaft, bei der kein persönlich haftender Gesellschafter eine natürliche Person ist, wird ferner aufgelöst:

1. mit der Rechtskraft des Beschlusses, durch den die Eröffnung des Insolvenzverfahrens mangels Masse abgelehnt worden ist;
2. durch die Löschung wegen Vermögenslosigkeit nach § 394 des Gesetzes über das Verfahren in Familiensachen und in den Angelegenheiten der freiwilligen Gerichtsbarkeit.

[2]Dies gilt nicht, wenn zu den persönlich haftenden Gesellschaftern eine andere rechtsfähige Personengesellschaft gehört, bei der mindestens ein persönlich haftender Gesellschafter eine natürliche Person ist.

(3) Im Gesellschaftsvertrag können weitere Auflösungsgründe vereinbart werden.

---

[21] Hopt/Roth Rn. 11.
[22] MüKoHGB/Drescher Rn. 70.
[23] MüKoHGB/Drescher Rn. 70.
[24] Ebenroth/Boujong/Saam Rn. 22; MüKoHGB/Drescher Rn. 66 ff.; Hopt/Roth Rn. 12; **aA** Staub/Habersack Rn. 7.
[25] So auch MüKoHGB/Drescher Rn. 68.
[26] Hopt/Roth Rn. 12; Ebenroth/Boujong/Saam Rn. 22; MüKoHGB/Drescher Rn. 67.

Übersicht

I. Allgemeines

1 **1. Überblick.** Der fünfte Titel regelt die **Auflösung** der Gesellschaft. § 138 enthält in Abs. 1 und 2 die Gründe, die nach dem Gesetz zur Auflösung der OHG führen. Dabei erfasst Abs. 2 nur solche Gesellschaften, bei denen kein persönlich haftender Gesellschafter eine natürliche Person ist. Abs. 3 stellt klar, dass im Gesellschaftsvertrag weitere Auslösungsgründe vorgesehen werden können.

2 **2. Grundbegriffe.** Im Fall der Auflösung wird die OHG in das Liquidationsstadium versetzt. Auflösung, Liquidation und Vollbeendigung sind voneinander zu unterscheiden.[1] Mit der **Auflösung** erlischt die Gesellschaft nicht. Vielmehr wird der Gesellschaftszweck dahingehend geändert, dass es sich nicht mehr um eine werbende Gesellschaft handelt, sondern die Abwicklung der Gesellschaft stattfindet. Die **Liquidation** (Abwicklung) nach den §§ 145 ff. ist das für die Abwicklung gesetzlich vorgesehene Verfahren für die Auseinandersetzung unter den Gesellschaftern. Diese Regelungen sind nach § 145 Abs. 1 gegenüber gesellschaftsvertraglich vereinbarten Auseinandersetzungsbestimmungen subsidiär. Die **Vollbeendigung** der Gesellschaft tritt nach abgeschlossener Liquidation ein.

3 In Ausnahmefällen erlischt die OHG **liquidationslos,** dh Auflösung und Vollbeendigung fallen zusammen. Eine automatische Vollbeendigung tritt unter anderem ein, wenn alle Gesellschafter bis auf einen wegfallen. Das kann durch Ausschluss der übrigen Gesellschafter, aber auch durch rechtsgeschäftlichen Erwerb der übrigen Gesellschaftsanteile erfolgen, ferner durch erbrechtlichen Erwerb der übrigen Anteile.[2] Auch bei einer Verschmelzung oder Spaltung nach dem UmwG kann es zum liquidationslosen Erlöschen kommen (näher → § 143 Rn. 17 ff.).[3] Das liquidationslose Erlöschen ist kein Fall des § 131. Die Aktiva und Passiva gehen im Wege der Gesamtrechtsnachfolge auf den verbleibenden Gesellschafter über.[4]

4 **3. Anwendungsbereich.** § 138 gilt für die **OHG** und die **KG.**[5] Die Norm erfasst fehlerhafte Gesellschaften ebenso wie bereits aufgelöste, aber noch nicht vollbeendete Gesellschaften.[6] Durch das MoPeG wurden nun auch im Recht der **GbR** in der Person des Gesellschafters liegende Auflösungsgründe in Ausscheidensgründe umgewandelt. Diesen Schritt hatte der Gesetzgeber im Recht der OHG bereits 1998 durch das HRRefG getan.

II. Die Auflösung der Gesellschaft

5 **1. Die Auflösungsgründe des Abs. 1. a) Zeitablauf.** Nach § 138 Abs. 1 Nr. 1 wird die OHG, die für eine bestimmte Zeit eingegangen wurde, mit Ablauf dieser Zeit aufgelöst. Für den Bestand der OHG muss also eine **Höchstdauer** vereinbart sein. Wenn es sich zugleich um eine Mindestfrist handelt, weil für die vereinbarte Zeit die Kündigung nach § 132 ausgeschlossen ist, hindert das die Anwendung des Abs. 1 Nr. 1 nicht. Die Norm ist aber nicht anwendbar, wenn es sich allein um eine Mindestfrist handelt. Dann ist die Gesellschaft auf unbestimmte Zeit geschlossen.[7] Ob eine – seltene – Vereinbarung über eine Höchstdauer vorliegt, ist durch Auslegung zu klären.[8]

---

[1] BayObLG 19.6.2001, NJW-RR 2002, 246 f. = NZG 2001, 889 (890); BeckHdB PersGes/Eberhard § 13 Rn. 48; Ebenroth/Boujong/Lorz Rn. 5; Schlegelberger/K. Schmidt § 131 Rn. 1; Sudhoff Personengesellschaften/Masuch § 19 Rn. 1.

[2] Ebenroth/Boujong/Lorz Rn. 6; Henssler/Strohn/Klöhn Rn. 3.

[3] Staub/Schäfer Rn. 5, § 130 Rn. 11; K. Schmidt GesR § 52 I 2a.

[4] BGH 12.6.2008, NVwZ-RR 2008, 674 (675); Bork/Jacoby ZGR 2005, 611 (627); MüKoHGB/Fleischer Rn. 7.

[5] Henssler/Strohn/Klöhn Rn. 1; Schlegelberger/K. Schmidt § 131 Rn. 4.

[6] BeckOK HGB/Lehmann-Richter, 47. Ed. 1.7.2025, Rn. 2; NK-HGB/Heidel Rn. 7.

[7] BeckOGK/Michel, 1.3.2025, Rn. 10; Staub/Schäfer Rn. 12; Hueck OHG § 23 II 1.

[8] Ebenroth/Boujong/Lorz Rn. 7; Michalski OHG-R Rn. 9; MüKoHGB/Fleischer Rn. 11.

Die Höchstdauer kann durch einen kalendermäßig bestimmten Endtermin festgelegt werden. Alternativ kann sie anhand eines bestimmten Ereignisses bestimmt werden, dessen Eintritt gewiss ist, ohne dass der Zeitpunkt des Eintritts schon feststeht.[9] Mit Erreichen des Termins oder Eintritt des maßgeblichen Ereignisses erfolgt die Auflösung ohne Weiteres, ein Gesellschafterbeschluss ist nicht erforderlich. 6

b) Insolvenz der Gesellschaft. Als zweiten Auflösungsgrund nennt § 138 Abs. 1 Nr. 2 die Eröffnung des Insolvenzverfahrens über das Vermögen der Gesellschaft. Das entscheidende Ereignis ist die **Eröffnung des Verfahrens,** nicht bereits die Antragstellung. In diesem Fall kommt es nach § 143 nicht zur Liquidation, vielmehr richtet sich das weitere Schicksal der Gesellschaft nach der InsO. Zur Fortsetzung nach Insolvenz → § 143 Rn. 4. 7

Die Insolvenzfähigkeit von Personenhandelsgesellschaften ergibt sich aus § 11 Abs. 2 Nr. 1 InsO. Als Gründe für die Eröffnung des Insolvenzverfahrens kommen die Zahlungsunfähigkeit (§ 17 InsO) und die drohende Zahlungsunfähigkeit (§ 18 InsO) in Betracht. Der Insolvenzgrund der Überschuldung kann nach § 19 Abs. 3 InsO nur eingreifen, wenn kein persönlich haftender Gesellschafter eine natürliche Person ist. 8

Da die Eröffnung des Insolvenzverfahrens die Auflösung bewirkt, kommt es nicht zur Auflösung der Gesellschaft, wenn die Eröffnung des Verfahrens nach § 26 Abs. 1 InsO mangels Masse abgelehnt wird. Davon macht § 138 Abs. 2 Nr. 1 eine Ausnahme, wenn in der Gesellschaft kein persönlich haftender Gesellschafter eine natürliche Person ist. In dieser Konstellation kommt es im Fall der Nichteröffnung des Insolvenzverfahrens mangels Masse in dem Moment zur Auflösung der Gesellschaft, in dem der Ablehnungsbeschluss rechtskräftig wird.[10] Davon macht wiederum § 138 Abs. 2 S. 2 für den Fall eine Ausnahme, dass zu mindestens einer der persönlich haftenden Gesellschafter eine natürliche Person gehört, die persönlich haftende Gesellschafterin ist. 9

c) Gerichtliche Entscheidung. Der Auflösungsgrund des § 138 Abs. 1 Nr. 3 bezieht sich auf die Auflösungsklage nach § 139 (→ § 139 Rn. 1 ff.). 10

d) Gesellschafterbeschluss. Zur Auflösung der Gesellschaft führt ferner ein entsprechender Beschluss der Gesellschafter. S. zur erforderlichen qualifizierten Mehrheit s. § 140. Die Zustimmung des Gesellschafters kann nicht fingiert werden, da den übrigen Gesellschaftern mit der Auflösungsklage nach § 139 ein Verfahren zur Erreichung ihres Ziels zur Verfügung steht.[11] Unter Umständen kann ein Gesellschafter aus der **Treuepflicht** verpflichtet sein, dem Auflösungsbeschluss zuzustimmen, so bei dauerhaft unrentabler Gesellschaft.[12] 11

Die Möglichkeit der Auflösung durch Beschluss kann nicht ausgeschlossen werden. Auch kann die Auflösung nicht von der Zustimmung eines Dritten abhängig gemacht werden.[13] Für die Auflösung genügt ein konkludenter Beschluss. Das Verhalten der Gesellschafter muss lediglich erkennen lassen, dass die Gesellschaft aufgelöst sein soll. Diesen Aussagegehalt kann zB ein Beschluss zur Einstellung oder Veräußerung des Unternehmens haben.[14] 12

Eine Besonderheit ergibt sich bei der Beteiligung **Minderjähriger.** Auf den Auflösungsbeschluss ist gem. § 1798 Abs. 2 S. 1 BGB § 1847 BGB anwendbar, sodass der Vormund den Beschluss dem Familiengericht anzeigen muss. Die Genehmigungspflicht, die § 1823 BGB aF vorsah, wurde zum 1.1.2023 abgeschafft. Da das Fehlen der Genehmigung die Wirksamkeit des Auflösungsbeschlusses nicht berührte,[15] wirkt sich die Änderung materiell betrachtet nicht aus. Der Auflösungsbeschluss bedarf der Zustimmung des Ehegatten des Gesellschafters, wenn dieser im gesetzlichen Güterstand der Zugewinngemeinschaft lebt und der Gesellschaftsanteil sein Gesamtvermögen iSd § 1365 BGB bildet.[16] 13

2. Die Auflösungsgründe des Abs. 2. Der in Abs. 2 Nr. 1 geregelte Fall der Masselosigkeit einer Gesellschaft, bei der keine natürliche Person persönlich haftender Gesellschafter ist, wurde bereits besprochen (→ Rn. 9). Abs. 2 Nr. 2 bestimmt darüber hinaus die Auflösung der Gesellschaft 14

---

[9] BeckHdB PersGes/Eberhard § 13 Rn. 22; BeckOGK/Michel, 1.3.2025, Rn. 9; Ebenroth/Boujong/Lorz Rn. 8; GK-HGB/Ensthaler § 131 Rn. 4; Sudhoff Personengesellschaften/Masuch § 19 Rn. 10.

[10] Ausf. zu diesem Auflösungsgrund MüKoHGB/Fleischer Rn. 39 ff.

[11] NK-HGB/Heidel Rn. 15; MüKoHGB/Fleischer Rn. 33; Staub/Schäfer § 140 Rn. 26.

[12] BGH 17.12.1959, NJW 1960, 434 = WM 1960, 105 (106).

[13] BeckHdB PersGes/Eberhard § 13 Rn. 23; Staub/Schäfer Rn. 25.

[14] Ebenroth/Boujong/Lorz Rn. 17; RGHMW/Haas Rn. 27; Hueck OHG § 23 II 2.

[15] Staub/Schäfer § 140 Rn. 27; Hueck OHG § 23 II 2.

[16] Beitzke DB 1961, 21 (24 f.); Wiedemann, Die Übertragung und Vererbung von Mitgliedschaftsrechten bei Handelsgesellschaften, 1965, 263; Ebenroth/Boujong/Lorz Rn. 16; HK-HGB/Stuhlfelner § 131 Rn. 3; MHdB GesR I//Knof/Mock § 113 Rn. 40.

für den Fall, dass es wegen Vermögenslosigkeit zu einer Löschung der Gesellschaft nach § 394 FamFG kommt.[17] Vermögenslos ist die Gesellschaft nicht nur, wenn keine Vermögensgegenstände mehr vorhanden sind, sondern bereits dann, wenn die vorhandenen Vermögensgegenstände keine taugliche Grundlage für die Gläubigerbefriedigung bieten.[18]

15 **3. Weitere Auflösungsgründe. a) Allgemeines.** Nach Auffassung des BGH sind in § 131 die Gründe für die Auflösung einer Gesellschaft erschöpfend aufgezählt.[19] In der Lit. hat sich demgegenüber zu Recht die Auffassung durchgesetzt, dass es außerhalb des Katalogs des § 131 Auflösungsgründe gibt. Abschließend ist § 131 nur insoweit, als ein Rückgriff auf **allgemeine bürgerlichrechtliche Auflösungsgründe** ausscheidet.[20] Daher wird die OHG oder KG nicht in Anwendung des § 726 BGB bei Zweckerreichung oder Unmöglichkeit der Erreichung des Gesellschaftszwecks aufgelöst.[21] Gegen den vollständig abschließenden Charakter des § 131 spricht unter anderem, dass die Norm die Fälle des liquidationslosen Erlöschens (→ Rn. 3) nicht erfasst. Ferner ist anerkannt, dass vertragliche Vereinbarungen über Auflösungsgründe in Ergänzung zu den gesetzlichen Auflösungsgründen zulässig sind.[22]

16 Ein Auflösungsgrund kann sich schließlich aus **öffentlich-rechtlichen Rechtsgrundlagen** ergeben, so zB aus § 38 Abs. 1 S. 2 KWG. Auch im Fall eines Vereinsverbots nach den §§ 3 ff. VereinsG kommt es zur Auflösung, § 3 Abs. 1 S. 1 aE VereinsG. Das GWB enthält dagegen keine Auflösungsgründe. Verfolgt die Gesellschaft einen Zweck, der gegen das Kartellverbot des § 1 GWB verstößt, so ist eine fehlerhafte Gesellschaft gegeben, die lediglich nach § 133 auflösbar ist.[23] Auch im Fall der Kontrolle eines Zusammenschlusses sieht § 41 Abs. 3 GWB nicht unmittelbar dessen Auflösung vor. Um so weniger ergibt sich aus dieser Vorschrift eine Grundlage für die Auflösung der Gesellschaft.[24]

17 **b) Wegfall des einzigen Komplementärs.** Bei Wegfall des einzigen Komplementärs einer KG ist nach allgM die KG aufgelöst,[25] die Gesellschaft ist als KG zu liquidieren.[26] Zum liquidationslosen Erlöschen kommt es, wenn nach dem Wegfall des Komplementärs **nur noch ein Kommanditist** übrig bleibt (→ Rn. 3).[27] Zu berücksichtigen ist, dass die aufgelöste KG automatisch zur OHG wird, wenn die Kommanditisten keinen neuen Komplementär aufnehmen oder die Liquidation nicht nachhaltig betreiben.[28] Zur Frage der teleologischen Reduktion des § 130 Abs. 1, wenn die Norm zum Ausscheiden des einzigen Komplementärs einer KG führt (→ § 130 Rn. 6).

18 **4. Vereinbarung weiterer Auflösungsgründe.** § 138 Abs. 3 ist eine Neuschöpfung des MoPeG. Die Regelung stellt klar, worüber zuvor bereits Einigkeit herrschte.[29] Über die gesetzlichen Auflösungsgründe hinaus können die Gesellschafter weitere Gründe vereinbaren, die zur Auflösung der Gesellschaft führen.

19 **5. Rechtsfolgen der Auflösung.** Durch die Auflösung wird die werbende Gesellschaft in eine Liquidationsgesellschaft umgewandelt. Die Identität der Gesellschaft bleibt erhalten, es ändert sich lediglich der Gesellschaftszweck, der mit der Auflösung auf die Abwicklung der Gesellschaft gerichtet ist. Die Auflösung verändert die Rechtsbeziehungen der Gesellschaft zu Dritten nicht. Im Innenverhältnis bleiben Geschäftsführungs- und Vertretungsbefugnisse unverändert.

---

[17] Ausf. dazu BeckOGK/Michel, 1.3.2025, 138 Rn. 47 ff.; MüKoHGB/Fleischer Rn. 43 ff.
[18] BeckOK HGB/Lehmann-Richter, 47. Ed. 1.7.2025, Rn. 15.
[19] BGH 25.11.1981, BGHZ 82, 323 (326) = NJW 1982, 875; 8.10.1979, BGHZ 75, 178 (179) = NJW 1980, 233; 14.12.1972, WM 1973, 863 (864) = NJW 1973, 1604.
[20] Heymann/Freitag § 131 Rn. 27; Staub/Schäfer Rn. 30 f.; Hueck OHG § 23 III 1a bis c.
[21] BeckHdB PersGes/Eberhard § 13 Rn. 43; BeckOGK/Michel, 1.3.2025, Rn. 59; Ebenroth/Boujong/Lorz Rn. 21; Staub/Schäfer Rn. 31; Grunewald/Müller GesR § 2 Rn. 57. S. ferner Begr. RegE MoPeG, BT-Drs. 19/27635, 246.
[22] Henssler/Strohn/Klöhn Rn. 12; RGHMW/Haas Rn. 34. S. zu sondergesetzlichen Auflösungsgründen Ebenroth/Boujong/Lorz Rn. 23.
[23] MüKoHGB/Fleischer Rn. 61; Staub/Schäfer Rn. 36.
[24] Staub/Schäfer Rn. 36.
[25] BGH 12.11.1952, BGHZ 8, 35 (37 f.) = NJW 1953, 102; 16.2.1978, DB 1978, 1395 = BeckRS 1978, 31114146; Wiedemann GS Lüderitz, 2000, 839 (854 f.); KKD/Kindler § 131 Rn. 8; MüKoHGB/Fleischer Rn. 54; RGHMW/Haas Rn. 33; Staub/Schäfer Rn. 32. Vgl. auch BGH 23.11.1978, NJW 1979, 1705 (1706) = GmbHR 1979, 138 (139).
[26] Bork/Jacoby ZGR 2005, 611 (614); Ebenroth/Boujong/Lorz Rn. 24; MüKoHGB/Fleischer Rn. 55.
[27] Ebenroth/Boujong/Lorz Rn. 24.
[28] BGH 23.11.1978, NJW 1979, 1705 (1706) = GmbHR 1979, 138 (139); LG Bonn 24.4.2018, NZG 2019, 275; Ebenroth/Boujong/Lorz Rn. 25; MüKoHGB/Fleischer Rn. 55.
[29] S. aus der Lit. vor der Einführung der Regelung Ebenroth/Boujong/Lorz Rn. 22; MüKoHGB/Fleischer Rn. 9.

§ 139 Auflösung durch gerichtliche Entscheidung

(1) [1]Auf Antrag eines Gesellschafters kann aus wichtigem Grund die Auflösung der Gesellschaft durch gerichtliche Entscheidung ausgesprochen werden, wenn ihm die Fortsetzung der Gesellschaft nicht zuzumuten ist. [2]Ein wichtiger Grund liegt insbesondere vor, wenn ein anderer Gesellschafter eine ihm nach dem Gesellschaftsvertrag obliegende wesentliche Verpflichtung vorsätzlich oder grob fahrlässig verletzt hat oder wenn die Erfüllung einer solchen Verpflichtung unmöglich wird.

(2) Eine Vereinbarung im Gesellschaftsvertrag, welche das Recht des Gesellschafters, die Auflösung der Gesellschaft aus wichtigem Grund zu verlangen, ausschließt oder Absatz 1 zuwider beschränkt, ist unwirksam.

Schrifttum: D. Jasper, BGH – Ersetzung der Ausschließungsklage nach § 140 HGB durch Gesellschafterbeschluss, WiB 1997, 981; U. Jasper, BGH – Ausschließung eines Kommanditisten bei persönlichem Streit der Gesellschafter, WiB 1995, 287; Kilian, Die Trennung vom „missliebigen Personengesellschafter" – Neue Ansätze in Sachen Ausschluss, Hinauskündigung und Kollektivaustritt?, WM 2006, 1567.

Übersicht

I. Allgemeines

1 § 139 regelt die Auflösung der Gesellschaft aus wichtigem Grund. Die Norm tritt neben § 132, der die Kündigung der Mitgliedschaft aus wichtigem Grund regelt. § 139 verlangt eine Entscheidung im Wege der **Auflösungsklage.** Der Vorschrift kommt nur geringe praktische Bedeutung zu, da die Rechtsfolge der Auflösung der Gesellschaft nur selten interessengerecht ist. Gebräuchlicher ist die **Ausschließungsklage** nach § 134.[1]

2 § 139 gilt für die **OHG** sowie – über § 161 Abs. 2 – für die **KG,** nicht aber für die GbR. § 139 gilt auch für fehlerhafte Gesellschaften. Die Fehlerhaftigkeit ist selbst ein wichtiger Grund für die Auflösung.[2]

3 Wenn die Gesellschaft bereits aufgelöst ist, kommt eine Auflösungsklage dennoch in Betracht, wenn der andere Auflösungstatbestand nicht unstreitig ist.[3]

4 Das **Rechtsschutzbedürfnis** für die Auflösungsklage fehlt, wenn die Gesellschafter nach dem Gesellschaftsvertrag die Gesellschaft jederzeit durch fristlose ordentliche oder außerordentliche Kündigung beenden können.[4]

II. Wichtiger Grund

5 **1. Begriff.** Das Erfordernis des wichtigen Grundes begrenzt die Möglichkeit der Auflösungsklage. Deshalb ist im Einzelfall zu klären, ob zumindest einem Teil der Gesellschafter eine **Fortsetzung der Gesellschaft unzumutbar** ist, weil das Vertrauensverhältnis zwischen den Gesellschaftern nachhaltig zerrüttet oder ein sinnvolles und gedeihliches Zusammenarbeiten in der Gesellschaft aus sonstigen Gründen nicht mehr möglich ist.[5] Ob für die Zukunft ein sinnvolles Zusammenwirken der Gesellschafter *nicht zu erwarten ist*, ist nach einer umfassenden Würdigung aller Umstände zu prognostizie-

[1] BeckOK HGB/Lehmann-Richter, 47. Ed. 1.7.2025, Rn. 4.
[2] BGH 24.10.1951, BGHZ 3, 285 (290 ff.) = NJW 1952, 97 (98).
[3] Heymann/Freitag § 133 Rn. 6; MüKoHGB/Fleischer Rn. 7.
[4] Hopt/Roth Rn. 3. Für die Kündigung aus wichtigem Grund BGH 17.12.1959, BGHZ 31, 295 (300) = NJW 1960, 625 (627); D. Jasper WiB 1997, 981 (982 f.).
[5] BGH 20.6.1958, NJW 1958, 1531 = BB 1958, 821; 30.11.1951, BGHZ 4, 108 (113) = NJW 1952, 461 (462); U. Jasper WiB 1995, 287 f.

ren; maßgeblicher Zeitpunkt ist der Schluss der letzten mündlichen Tatsachenverhandlung.[6] Die Gründe für die Auflösung der Gesellschaft müssen so schwerwiegend sein, dass es dem klagenden Gesellschafter nicht zuzumuten ist, im Wege der Kündigung vorzugehen.[7]

6 Die Auflösung der Gesellschaft vernichtet unter Umständen wirtschaftliche Werte. Dieser Aspekt ist bei der Abwägung zu berücksichtigen. Der BGH hat aber bereits früh entschieden, dass der Geschäftserfolg im Unternehmen für den Bestand der Gesellschaft nicht allein entscheidend sein kann. Wenn die **Vertrauensgrundlage zerstört** sei, stelle dieser Umstand ähnlich wie das Ausbleiben eines Geschäftserfolges den Fortbestand der gemeinsamen Arbeit in Frage.[8] Ein Teil der Lit. will den Aspekt der Unternehmenskontinuität stärker berücksichtigt wissen.[9] Im Übrigen sind nach der bisherigen Rspr. des BGH bei der **Interessenabwägung** unter anderem Zweck und Struktur der Gesellschaft, ihre Dauer, die Intensität der persönlichen Zusammenarbeit und der bis zur ordentlichen Beendigung des Gesellschaftsverhältnisses verbleibende Zeitraum zu berücksichtigen.[10] Hinzu kommt seit der Neufassung des Kündigungsrechts in § 132 die Möglichkeit der außerordentlichen Kündigung, die bei der Bewertung der Berechtigung einer Auflösungsklage zu berücksichtigen ist (→ Rn. 8). Ist das Verhalten eines Gesellschafters der Auslöser für die Klage, so ist ein wichtiger Grund nicht nur bei Verschulden des Betroffenen zu bejahen. Allerdings spielt die Frage des Verschuldens und ggf. des Verschuldensgrades bei der Abwägung eine Rolle.[11] Außerdem ist ein Fehlverhalten des Auflösungsklägers bei den Zumutbarkeitserwägungen zu berücksichtigen.[12]

7 **2. Verhältnismäßigkeitsprinzip.** Nach dem Verhältnismäßigkeitsprinzip kommt die Auflösung der Gesellschaft nur als äußerstes Mittel in Betracht. Vorrangig ist nach anderen Lösungen zu suchen, mit denen der Konflikt in weniger einschneidender Weise beigelegt werden kann.[13] Deshalb stehen sowohl die Zumutbarkeit einer ordentlichen Kündigung als auch eine Auflösung der Gesellschaft vermeidende, aber erfolgversprechende Maßnahmen der Annahme eines wichtigen Grundes entgegen. Als mögliche **weniger einschneidende Maßnahmen** hat der BGH zB den Ausschluss eines Gesellschafters von der Geschäftsführung oder eine Umwandlung der Gesellschaft in eine Kommanditgesellschaft oder eine stille Gesellschaft in Betracht gezogen.[14]

8 Der **Ausschluss** eines Gesellschafters kann ebenfalls ein milderes Mittel sein. Das gilt allerdings nur dann, wenn durch den Ausschluss die Fortsetzung der Gesellschaft wieder zumutbar wird. Auch müssen die übrigen Gesellschafter – vom auszuschließenden Gesellschafter abgesehen – mitwirken.[15] Auf die Möglichkeit der **Kündigung aus wichtigem Grund** kann der klagende Gesellschafter nur dann verwiesen werden, wenn ihm Austritt und Fortführung der Gesellschaft durch die Mitgesellschafter zumutbar sind.[16]

9 **3. Beispiele des § 139 Abs. 1 S. 2.** § 139 Abs. 1 S. 2 benennt als wichtige Gründe zum einen die vorsätzliche oder grob fahrlässige Verletzung einer **wesentlichen Vertragspflicht** und das Unmöglichwerden einer solchen Verpflichtung. Die Norm, die § 132 Abs. 2 S. 2 entspricht, zeigt, dass eine Vertragspflicht wesentlich sein muss, damit die Störung zum wichtigen Grund für eine Auflösung werden kann.[17] Sie hat aber lediglich Beispielcharakter. Weder schließt sie die Einstufung anderer Umstände als wichtigen Grund aus, noch enthält sie Auflösungsgründe in dem Sinne, dass eine Interessenabwägung entbehrlich wäre. Ob die Fortsetzung der Gesellschaft unzumutbar geworden ist, muss vielmehr auch im Fall des § 139 Abs. 1 S. 2 nach den Umständen des Einzelfalls ermittelt werden.[18] Zur Verletzung wesentlicher Vertragspflichten → § 132 Rn. 13.

10 **4. Weitere Beispiele.** Zu einer nachhaltigen Störung des Vertrauensverhältnisses können auch Beleidigungen von Mitgesellschaftern führen.[19] Aus Fehlverhalten im **privaten Bereich** kann sich

[6] BGH 15.9.1997, NJW 1998, 146 = DStR 1997, 1817 (1819).
[7] Hopt/Roth Rn. 5; KKD/Kindler § 133 Rn. 2; Grunewald/Müller GesR § 2 Rn. 60.
[8] BGH 30.11.1951, BGHZ 4, 108 (113) = NJW 1952, 461 (462).
[9] Ebenroth/Boujong/Lorz Rn. 10 f.; **aA** Staub/Schäfer Rn. 12.
[10] BGH 10.6.1996, NJW 1996, 2573 = DNotZ 1997, 588 (589).
[11] MüKoHGB/Fleischer Rn. 34.
[12] Vgl. BGH 30.11.1951, BGHZ 4, 108 (114) = NJW 1952, 461 (462).
[13] Vgl. BGH 29.1.1968, LM § 133 Nr. 6 = WM 1968, 430; BeckOK HGB/Lehmann-Richter, 47. Ed. 1.7.2025, Rn. 13; BeckOGK/Michel, 1.3.2025, Rn. 18; Sudhoff Personengesellschaften/Masuch § 19 Rn. 44; Hueck OHG § 29 I 2c.
[14] BGH 30.11.1951, BGHZ 4, 108 (112 f.) = NJW 1952, 461 (462).
[15] Staub/Schäfer Rn. 13; einschr. MüKoHGB/Fleischer Rn. 13: jedenfalls ein Teil der Mitgesellschafter.
[16] So vor Änderung des § 132 zu gesellschaftsvertraglichen Regelungen der außerordentlichen Kündigung Ebenroth/Boujong/Lorz Rn. 13; Schlegelberger/K. Schmidt § 133 Rn. 13.
[17] Ebenroth/Boujong/Lorz Rn. 17; Schlegelberger/K. Schmidt § 133 Rn. 19.
[18] Staub/Schäfer Rn. 18.
[19] BGH 8.7.1976, DB 1977, 87 (88) = BeckRS 1976, 00350.

ebenfalls ein wichtiger Grund ergeben. Hier kommt es darauf an, ob das Fehlverhalten sich gegen einen der Gesellschafter richtet oder schädigende Auswirkungen auf die Gesellschaft hat.[20] Bereits der schuldhaft begründete Verdacht einer Pflichtverletzung kann das Vertrauensverhältnis derart beeinträchtigen, dass ein wichtiger Grund gegeben ist.[21]

Wichtige Gründe können nicht nur durch das Verhalten eines Gesellschafters oder durch in seiner Person liegende Umstände begründet werden. **Gesellschaftsbezogene Gründe** können ebenfalls eine Auflösungsklage tragen. Die Fehlerhaftigkeit der Gesellschaft wurde hier als Auflösungsgrund bereits erwähnt (→ Rn. 2). Daneben können Zweckerreichung oder Unerreichbarkeit des Gesellschaftszwecks[22] sowie die dauerhafte Unrentabilität des Unternehmens die Auflösung begründen.[23] Zu Recht betont die Lit., dass vorübergehende Durststrecken hinzunehmen sind.[24] Wenn ein zunächst minderjähriger Gesellschafter volljährig wird, hat er seit der Reform des HGB durch das MoPeG gem. § 132 Abs. 4 ein Kündigungsrecht (→ § 132 Rn. 18), sodass darin kein wichtiger Grund für die Auflösung der Gesellschaft liegt. 11

5. Verzicht, Verwirkung, Verzeihung. Auf das Auflösungsrecht kann verzichtet werden, Abs. 2 hindert den Verzicht nicht.[25] Auch eine Verwirkung ist möglich, wenn sich der Berechtigte über einen längeren Zeitraum hinweg so verhalten hat, dass sich der andere Teil darauf einrichten und darauf vertrauen durfte, mit der Ausübung des Rechts werde nicht mehr zu rechnen sein.[26] Wird die Auflösungsklage trotz Kenntnis des wichtigen Grundes längere Zeit nicht erhoben, kann das dafür sprechen, dass der wichtige Grund für die Mitgesellschafter an Bedeutung verloren hat.[27] Der wichtige Grund kann durch die Fortsetzung der Gesellschaft trotz Kenntnis des Auflösungsgrundes entfallen.[28] 12

III. Auflösungsklage

1. Kläger. Bei der Auflösungsklage handelt es sich um eine Gestaltungsklage, bei der **jeder Gesellschafter** als Kläger auftreten kann. Klagen mehrere Gesellschafter, so sind sie notwendige Streitgenossen (§ 62 Abs. 1 ZPO).[29] Nicht klagebefugt ist der bereits ausgeschiedene Gesellschafter.[30] Wenn ein Gesellschafter während des Prozesses aus der Gesellschaft ausscheidet, wird seine Klage unbegründet.[31] Das gilt auch für den Fall der Anteilsübertragung, § 265 ZPO ist nicht anwendbar.[32] Verstirbt der Kläger während des Prozesses, so steht die Klagebefugnis den Erben zu.[33] Im Fall einer Treuhand hat nur der Treuhänder die Klagebefugnis, nicht der Treugeber. Ebenso wenig kann ein Nießbraucher erfolgreich die Auflösungsklage erheben.[34] 13

2. Beklagter. Zu verklagen sind die Mitgesellschafter, nicht die Gesellschaft.[35] Grundsätzlich sind **alle Mitgesellschafter** zu verklagen. Eine Ausnahme gilt für diejenigen Mitgesellschafter, die sich mit der Auflösung einverstanden erklärt haben.[36] Scheidet ein Beklagter während des Prozesses aus der Gesellschaft aus, so wird die Klage gegen ihn unzulässig. Anders als bei Ausscheiden des Klägers ist § 265 ZPO analog anzuwenden, wenn der Beklagte seinen Anteil veräußert hat.[37] 14

Vertraglich kann vereinbart werden, dass die Klage gegen die Gesellschaft zulässig ist. Für die Publikumsgesellschaft bejaht ein Teil der Lit. die Klagemöglichkeit gegen die Gesellschaft zu Recht auch ohne entsprechende gesellschaftsvertragliche Regelung.[38] 15

---

[20] BGH 9.11.1972, NJW 1973, 92; 30.11.1951, BGHZ 4, 108 (111) = NJW 1952, 461 (462).

[21] BGH 17.12.1959, BGHZ 31, 295 (304) = NJW 1960, 625 (627).

[22] BGH 12.5.1977, BGHZ 69, 160 (163) = NJW 1977, 2160 (2161); BeckHdB PersGes/Eberhard § 13 Rn. 43; Sudhoff Personengesellschaften/Masuch § 19 Rn. 29; **aA** für die Zweckerreichung MüKoHGB/Fleischer Rn. 22.

[23] K. Schmidt GesR § 52 III 4b; MüKoHGB/Fleischer Rn. 23; vgl. BGH 17.12.1959, NJW 1960, 434.

[24] Ebenroth/Boujong/Lorz Rn. 21; Staub/Schäfer Rn. 33.

[25] MüKoHGB/Fleischer Rn. 52.

[26] Vgl. BGH 11.7.1966, NJW 1966, 2160 (2161).

[27] BGH 28.6.1993, NJW-RR 1993, 1123 (1125).

[28] Vgl. BGH 11.7.1966, NJW 1966, 2160 (2161); OLG München 25.1.1999, NZG 1999, 590 (591).

[29] BGH 15.6.1959, BGHZ 30, 195 (197) = NJW 1959, 1683 (1684).

[30] BeckOGK/Michel, 1.3.2025 § 139 Rn. 77; Schlegelberger/K. Schmidt § 133 Rn. 44.

[31] RG 16.1.1917, RGZ 89, 333 (336).

[32] Henssler/Strohn/Klöhn Rn. 40; Staub/Schäfer Rn. 57.

[33] BGH 30.3.1967, BGHZ 47, 293 (296) = NJW 1967, 1961 (1962).

[34] Henssler/Strohn/Klöhn Rn. 40.

[35] MüKoHGB/Fleischer Rn. 60.

[36] BGH 13.1.1958, NJW 1958, 418 (419); s. auch BGH 17.12.2001, NJW-RR 2002, 538 (539); krit. MüKoHGB/Fleischer Rn. 60.

[37] Henssler/Strohn/Klöhn Rn. 41; krit. RGHMW/Haas Rn. 19.

[38] NK-HGB/Heidel Rn. 37; HK-HGB/Stuhlfelner § 133 Rn. 4.

16 **3. Verfahren und Urteil.** Der Kläger beantragt, die Gesellschaft für aufgelöst zu erklären.[39] Der Antrag kann im Wege der Klage oder der Widerklage gestellt werden.[40] Die Rspr. macht bei Klagen, die auf die Mitwirkung zur Eintragung der Gesellschaft in das Handelsregister gerichtet sind, von diesem Grundsatz eine Ausnahme.[41]

17 Die **Beweislast** für den Auflösungsgrund liegt beim Kläger.[42] Er kann die Auflösung der Gesellschaft nicht im Wege der einstweiligen Verfügung beantragen, denn dadurch würde ein endgültiger Zustand geschaffen. Möglich sind dagegen im einstweiligen Rechtsschutz Maßnahmen, die eine künftige Auflösungsentscheidung sichern. Dazu zählen zB der einstweilige Entzug der Geschäftsführungsbefugnis oder die Einsetzung eines Dritten als Verwalter.[43]

18 Wenn das Gericht einen wichtigen Grund bejaht, spricht es die Auflösung der Gesellschaft aus. Seine **gestaltende Wirkung** entfaltet das Urteil mit Eintritt der formellen Rechtskraft.[44] Obwohl das Gesetz die Formulierung „kann" benutzt, steht dem Gericht bei seiner Entscheidung kein Ermessen zu.[45] Im Fall der Auflösung kommt es zur Liquidation nach den §§ 143 ff. Hat einer der Gesellschafter die Auflösung der Gesellschaft schuldhaft veranlasst, kann er den Mitgesellschaftern schadensersatzpflichtig sein.[46]

IV. Abweichende Vereinbarungen

19 **1. Grundsatz.** Nach Abs. 2 sind Vereinbarungen nichtig, die das Recht des Gesellschafters, die Auflösung der Gesellschaft zu verlangen, ausschließen oder beschränken. Das bedeutet nicht, dass gesellschaftsvertragliche Vereinbarungen zur Auflösung gänzlich unzulässig sind. Abs. 2 schließt vielmehr **nur Erschwerungen** des Auflösungsrechts, nicht aber Erleichterungen aus.[47] Abs. 2 betrifft ferner nicht Abreden über die Geltendmachung bereits entstandener Auflösungsgründe, sondern ist allein auf zukunftsbezogene Regelungen beschränkt.[48]

20 Unzulässig sind nach Abs. 2 zB Abreden, die den Rechtsweg ausschließen, die Klage von der Mitwirkung Dritter abhängig machen oder vorsehen, dass im Fall der Klageabweisung strafähnlich der Kläger aus der Gesellschaft ausgeschlossen wird.[49] Nichtige Klauseln ziehen in der Regel nicht die Nichtigkeit des gesamten Gesellschaftsvertrags nach sich.[50]

21 **2. Vereinbarungen über den wichtigen Grund.** Zulässig sind Abreden, nach denen bestimmte Umstände zu wichtigen Gründen erklärt werden. Ohne weiteres zulässig sind Regelungen, wonach bestimmte Ereignisse stets einen wichtigen Grund iSd § 139 bilden sollen.[51] Ob damit bereits über die Auflösung entschieden ist oder ein wichtiger Grund lediglich indiziert werden soll, im Einzelfall aber noch zu prüfen ist, ist eine Frage der Auslegung des Gesellschaftsvertrags.[52]

22 Nicht ohne Weiteres unzulässig und nichtig sind Vereinbarungen, nach denen bestimmte Umstände **keinen Auflösungsgrund** darstellen. Eine solche Abrede schließt dann das Auflösungsrecht nicht aus und beschränkt es auch nicht unzulässig, wenn sie lediglich indizieren soll, dass die Gesellschafter für den genannten Fall nicht von der Unzumutbarkeit der Fortsetzung der Gesellschaft ausgehen.[53] Der Richter hat diese Einschätzung zwar bei der Interessenabwägung zu berücksichtigen. Im Lichte des Abs. 2 ausgelegt hindert die Klausel ihn aber nicht, anhand der vertraglich ausgeschlossenen Umstände doch eine Auflösung zu begründen, wenn die besonderen Umstände des Einzelfalls das rechtfertigen.[54]

23 **3. Verfahrensregelungen.** Verfahrensregelungen sind zulässig, wenn sie das Auflösungsrecht nicht erschweren. So kann eine Kündigung an Stelle der Auflösungsklage vorgesehen werden.[55]

[39] BeckOGK/Michel, 1.3.2025, Rn. 68; MüKoHGB/Fleischer Rn. 64.
[40] MüKoHGB/Fleischer Rn. 66.
[41] RG 5.1.1926, RGZ 112, 280 (282 f.).
[42] Henssler/Strohn/Klöhn Rn. 46; MüKoHGB/Fleischer Rn. 68.
[43] Staub/Schäfer Rn. 59.
[44] BeckHdB PersGes/Eberhard § 13 Rn. 42; Michalski OHG-R § 133 Rn. 20; RGHMW/Haas § 133 Rn. 20.
[45] Hopt/Roth Rn. 16.
[46] Ebenroth/Boujong/Lorz Rn. 36.
[47] BeckOK HGB/Lehmann-Richter, 47. Ed. 1.7.2025, Rn. 41; BeckOGK/Michel, 1.3.2025, Rn. 92; Grunewald/Müller GesR § 2 Rn. 64.
[48] Ebenroth/Boujong/Lorz Rn. 37; Schlegelberger/K. Schmidt § 133 Rn. 66.
[49] Hopt/Roth Rn. 20; krit. MüKoHGB/Fleischer Rn. 86.
[50] MüKoHGB/Fleischer Rn. 76.
[51] Ebenroth/Boujong/Lorz Rn. 40; Michalski OHG-R § 133 Rn. 25.
[52] MüKoHGB/Fleischer Rn. 81.
[53] Ebenroth/Boujong/Lorz Rn. 39; MüKoHGB/Fleischer Rn. 82.
[54] Ebenroth/Boujong/Lorz Rn. 39; MüKoHGB/Fleischer Rn. 82.
[55] BGH 17.12.1959, BGHZ 31, 295 (300) = NJW 1960, 625 (627).

Auch Schiedsklauseln sind gestattet.[56] Der Schiedsspruch löst die Gesellschaft allerdings erst auf, wenn er rechtskräftig für vollstreckbar erklärt wurde.[57] Ferner kann im Gesellschaftsvertrag die Gesellschaft als Klagegegner vereinbart werden.[58]

§ 140 Auflösungsbeschluss

Hat nach dem Gesellschaftsvertrag die Mehrheit der Stimmen zu entscheiden, muss ein Beschluss, der die Auflösung der Gesellschaft zum Gegenstand hat, mit einer Mehrheit von mindestens drei Viertel der abgegebenen Stimmen gefasst werden.

I. Allgemeines

Die Regelung des § 140 wurde durch das MoPeG neu eingeführt. Die Norm regelt die spezifischen Mehrheitserfordernisse für einen Beschluss der Gesellschafter über die Auflösung der Gesellschaft. Hintergrund der Regelung ist, dass sich mit dem Auflösungsbeschluss der Gesellschaftszweck wandelt.[1] Die werbende wird zur abzuwickelnden Gesellschaft. Darin liegt eine Vertragsänderung. Diese Vertragsänderung kann, wenn das gesellschaftsvertraglich vorgesehen ist, durch Mehrheitsbeschluss erfolgen. Allerdings ist nun aufgrund des § 140 eine qualifizierte Mehrheit erforderlich. Der Gesetzgeber sah aufgrund der Bedeutung des Vorgangs Bedarf für einen stärkeren Schutz der Gesellschafter.[2] 1

II. Qualifizierte Mehrheit

§ 140 regelt nicht selbst, dass die Auflösung durch Mehrheitsbeschluss möglich ist. Vielmehr muss die Möglichkeit, Entscheidungen per Mehrheit zu treffen, vertraglich vorgesehen sein. Wenn das der Fall ist, greift § 140, nach dem für den Auflösungsbeschluss eine qualifizierte Mehrheit von mindestens drei Viertel der abgegebenen Stimmen erforderlich ist. 2

Nicht nötig ist, dass die Auflösung ausdrücklich als von der Mehrheitsbeschlussabrede erfasst bezeichnet wird. Es ist auch nicht erforderlich, für diesen Fall die Dreiviertelmehrheit vertraglich festzuschreiben. Vielmehr ergibt sich bei Bestehen einer Mehrheitsklausel, dass an die Stelle der vereinbarten Mehrheit im Fall des Auflösungsbeschlusses eine qualifizierte Mehrheit von mindestens drei Viertel der abgegebenen Stimmen tritt.[3] 3

§ 141 Anmeldung der Auflösung

(1) [1]Die Auflösung der Gesellschaft ist von sämtlichen Gesellschaftern zur Eintragung in das Handelsregister anzumelden. [2]Dies gilt nicht in den Fällen der Eröffnung oder Ablehnung der Eröffnung des Insolvenzverfahrens über das Vermögen der Gesellschaft (§ 138 Absatz 1 Nummer 2 und § 138 Absatz 2 Satz 1 Nummer 1); dann hat das Gericht die Auflösung und ihren Grund von Amts wegen einzutragen. [3]Im Fall der Löschung der Gesellschaft (§ 138 Absatz 2 Satz 1 Nummer 2) entfällt die Eintragung der Auflösung.

(2) Ist aufgrund einer Vereinbarung im Gesellschaftsvertrag die Gesellschaft durch den Tod eines Gesellschafters aufgelöst, kann die Anmeldung der Auflösung der Gesellschaft ohne Mitwirkung der Erben erfolgen, sofern einer solchen Mitwirkung besondere Hindernisse entgegenstehen.

Schrifttum: Gustavus, Die Vollmacht zu Handelsregisteranmeldungen bei Personengesellschaften und Gesellschaften mit beschränkter Haftung, GmbHR 1978, 219.

I. Allgemeines

Der Regelungsgehalt des § 141 geht in zwei Richtungen. In Ergänzung insbesondere zu § 106 bestimmt er zum einen, **welche Tatsache** der Eintragung in das Handelsregister bedürfen. Zum anderen regelt die Vorschrift, **durch wen** die eintragungspflichtige Tatsache anzumelden ist. Das 1

[56] GK-HGB/Ensthaler § 133 Rn. 11.
[57] BayObLG 24.2.1984, WM 1984, 809 (810) = BB 1984, 746; **aA** Lindacher ZGR 1979, 201 (209).
[58] MüKoHGB/Fleischer Rn. 80.
[1] Begr. RegE, BT-Drs. 19/27635, 180, 246.
[2] Begr. RegE, BT-Drs. 19/27635, 180, 246.
[3] Begr. RegE, BT-Drs. 19/27635, 180, 246.

Eintragungsverfahren selbst sowie die Form der Anmeldung richten sich demgegenüber nach den allgemeinen Regeln der §§ 8 ff.

II. Eintragungspflichtige Tatsache

2 **1. Auflösung der Gesellschaft.** Anmeldepflichtig ist die Auflösung der Gesellschaft. Zu den einzelnen Auflösungstatbeständen → § 138 Rn. 5 ff. **Grundsätzlich** bedarf **jede Gesellschaftsauflösung** der Anmeldung zum Handelsregister;[1] auch die Auflösung einer irrigerweise nicht eingetragenen sowie einer fehlerhaften Gesellschaft. Eine Anmeldepflicht entfällt nach Abs. 1 S. 2 bei Gesellschaftsauflösung durch Insolvenz. In diesem Fall erfolgt die Eintragung schon von Amts wegen (Abs. 1 S. 2 Hs. 2). Nicht nur die Anmeldepflicht, sondern die Auflösungseintragung insgesamt erübrigt sich nach Abs. 1 S. 2 bei Löschung der Gesellschaft infolge Vermögenslosigkeit (§ 138 Abs. 2 S. 1 Nr. 2). Die Gesellschaft erlischt hier nach § 394 FamFG, § 143 Abs. 1 S. 2, sodass eine Eintragung der Auflösung entbehrlich ist. Nach zutr. Ansicht sind Anmeldung und Eintragung nicht verzichtbar, wenn die Gesellschafter noch vor Eintragung der Auflösung die Fortsetzung der Gesellschaft beschließen.[2] Der Grund der Auflösung ist bei der Anmeldung zwar zu Prüfzwecken anzugeben, er wird jedoch – abgesehen vom Fall des Abs. 1 S. 2 – nicht in das Register eingetragen.[3]

3 Erlischt die Gesellschaft liquidationslos, etwa weil ein Gesellschafter sämtliche Anteile erwirbt oder der letzte Mitgesellschafter ausscheidet, so fallen Auflösung und Erlöschen ausnahmsweise zusammen. Hier ist zum einen nach § 141 Abs. 1 die Auflösung der Gesellschaft anzumelden und einzutragen. Wird die Gesellschaft nicht fortgeführt, ist zum anderen nach § 31 auch das Erlöschen der Firma einzutragen.[4] Entschließt sich demgegenüber der verbliebene Gesellschafter zur **Fortführung der Gesellschaft,** so wird in der Praxis neben der Auflösung regelmäßig sowohl das Ausscheiden des letzten Mitgesellschafters als auch das Erlöschen der Firma eingetragen.[5] Gegen die Eintragung des Erlöschens der Firma spricht jedoch, dass die Gesellschaft in diesem Fall gerade nicht erlischt, sondern vom übernehmenden Gesellschafter fortgeführt wird. Daher ist die Fortführung der Gesellschaft als Inhaberänderung nach § 31 Abs. 1 zu behandeln und als solche eintragungspflichtig.[6]

4 **2. Ausscheiden eines Gesellschafters.** § 143 aF, der Vorläufer des § 141, regelte auch die Eintragungspflicht bei Ausscheiden eines Gesellschafters. Eine entsprechende Regelung enthält § 141 nicht, vielmehr ergibt sich die Notwendigkeit, das Ausscheiden eines Gesellschafters einzutragen, nun aus **§ 106 Abs. 6.** Dem Ausscheiden **gleichgestellt** sind die Fälle einer **Rechtsnachfolge in den Gesellschaftsanteil.**[7] Dies gilt gleichermaßen für die Rechtsnachfolge kraft Rechtsgeschäft und von Todes wegen. Zwar liegt in beiden Konstellationen weder ein Ausscheiden noch ein Eintritt des Nachfolgers im technischen Sinn vor, da der Anteil unmittelbar auf den jeweiligen Rechtnachfolger übergeht, registerrechtlich werden diese Fälle aber als Ausscheiden sowie als Eintritt des Nachfolgers iSd § 106 Abs. 6 behandelt.[8] Anmeldepflichtig ist ferner der Wechsel in eine andere Gesellschafterstellung (vom Komplementär zum Kommanditisten oder umgekehrt).[9] Als Anmeldung genügt die Mitteilung, dass ein namentlich bezeichneter Kommanditist (Komplementär) die Rechtsstellung eines Komplementärs (Kommanditisten) erlangt hat.[10]

III. Anmeldepflicht

5 **1. Anmeldepflichtige Personen.** Grundsätzlich ist die Anmeldung von **sämtlichen Gesellschaftern** vorzunehmen.[11] Bei Tod des Gesellschafters trifft die Anmeldepflicht aus § 106 Abs. 6

[1] MüKoHGB/Fleischer Rn. 4; Staub/Schäfer Rn. 2; Hueck OHG § 23 IV 1.

[2] Hopt/Roth Rn. 2; Ebenroth/Boujong/Lorz Rn. 4; MüKoHGB/Fleischer Rn. 6; **aA** BeckOK HGB/Lehmann-Richter, 47. Ed. 1.7.2025, Rn. 8; Staub/Schäfer Rn. 12.

[3] BGH 4.7.1977, NJW 1977, 1879; OLG Köln 28.8.1978, DNotZ 1979, 54; Ebenroth/Boujong/Lorz Rn. 12; MüKoHGB/Fleischer Rn. 4; Staub/Schäfer Rn. 22; Krafka/Krafka RegisterR Rn. 665.

[4] Heymann/Freitag § 143 Rn. 4; Staub/Schäfer Rn. 11.

[5] LG Duisburg 10.2.1998, Rpfleger 1998, 306; ferner BayObLG 26.3.1993, Rpfleger 1993, 495; OLG Düsseldorf 2.7.1997, DB 1997, 1710; MüKoHGB/Fleischer Rn. 12.

[6] Ebenroth/Boujong/Lorz Rn. 5; Heymann/Freitag § 143 Rn. 4; Staub/Schäfer Rn. 11; ferner OLG Hamm 2.5.1977, DB 1977, 1253.

[7] KG 12.11.2002, NZG 2003, 122; Heymann/Freitag § 143 Rn. 6; RGHMW/Mock Rn. 7.

[8] OLG Düsseldorf 26.5.1976, Rpfleger 1976, 364; Ebenroth/Boujong/Born § 106 Rn. 91; RGHMW/Mock Rn. 7.

[9] BayObLG 3.3.1988, NJW-RR 1988, 1307; 21.5.1970, BB 1970, 940; Ebenroth/Boujong/Born § 106 Rn. 95.

[10] BayObLG 21.5.1970, BB 1970, 940; Ebenroth/Boujong/Born § 106 Rn. 95.

[11] BayObLG 4.4.1978, DB 1978, 1832; 12.10.1978, DB 1979, 86; Ebenroth/Boujong/Lorz Rn. 6; Henssler/Strohn/Klöhn Rn. 4; MüKoHGB/Fleischer Rn. 13; RGHMW/Mock Rn. 8.

sämtliche Erben, unabhängig davon, ob sie als Nachfolger in die Gesellschaft einrücken oder nicht.[12] Dies gilt auch, wenn der Ausgeschiedene vor Eintragung seines Ausscheidens verstirbt.[13] Bei Ausschließung eines Gesellschafters oder **gerichtlicher Auflösung** der Gesellschaft (§§ 134, 139) ersetzt die rechtskräftige oder vollstreckbare Entscheidung des Prozessgerichts gem. § 16 Abs. 1 S. 1 die Anmeldung des ausgeschiedenen Gesellschafters.[14] Ist über das Vermögen eines Gesellschafters das Insolvenzverfahren eröffnet, so geht die Anmeldepflicht auf den **Insolvenzverwalter** über.[15] Demgegenüber verbleibt in den Fällen der §§ 133, 130 Abs. 1 Nr. 4 die Anmeldepflicht bei dem Gesellschafter und steht nicht dem kündigenden Privatgläubiger zu.[16]

Die Anmeldepflichtigen können sich nach allgemeinen Regeln vertreten lassen. Bei Publikumsgesellschaften sind die geschäftsführenden Gesellschafter regelmäßig auch ohne ausdrückliche Regelung dazu befugt, mit Wirkung für sämtliche Gesellschafter die Auflösung oder das Ausscheiden anzumelden.[17] Soweit eine Handelsgesellschaft Gesellschafter ist, kann nur deren organschaftliches Vertretungsorgan, nicht auch ihr Prokurist die Anmeldung vornehmen.[18] 6

Die Anmeldepflicht ist **öffentlich-rechtlicher Natur.**[19] Sie besteht dem Staat gegenüber. Kommen die anmeldepflichtigen Personen ihr nicht nach, kann das Registergericht die Vornahme nach § 14 erzwingen.[20] Daneben sind die Gesellschafter oder deren Erben aus dem Gesellschaftsvertrag auch privatrechtlich zur Mitwirkung an den erforderlichen Anmeldungen verpflichtet.[21] Jede anmeldepflichtige Person kann danach von den anderen die nötige Mitwirkung bei der Anmeldung verlangen. Als Individualanspruch steht der Anspruch nur den Gesellschaftern, nicht aber der Gesellschaft selbst zu.[22] Die gerichtliche Entscheidung ersetzt nach § 16 Abs. 1 S. 1 die Mitwirkung der anmeldepflichtigen Person, sodass zur Eintragung in das Handelsregister die Anmeldung durch die übrigen Verpflichteten genügt.[23] 7

2. Erleichterte Anmeldung (Abs. 2). Wenn für den Fall des Todes eines Gesellschafters im Gesellschaftsvertrag die Auflösung der Gesellschaft vorgesehen ist, geht die Mitwirkungspflicht des Verstorbenen auf sämtliche Erben über. Hiervon abw. erlaubt Abs. 2 unter zwei Voraussetzungen eine Eintragung unter **Verzicht auf die Mitwirkung der Erben.** Die Regelung bezweckt in erster Linie eine baldige Haftungsbeschränkung der Erben auf die bis zur Eintragung entstandenen Verbindlichkeiten der Gesellschaft.[24] Voraussetzung ist zunächst, dass die Gesellschaft durch den Tod des Gesellschafters aufgelöst wird. Zum anderen erfordert Abs. 2, dass der Mitwirkung der Erben an der Anmeldung besondere Hindernisse entgegenstehen. Ein solches besteht insbesondere dann, wenn die Erben nicht erreichbar sind, ist jedoch auch in den Fällen zu bejahen, in denen schon die Person des oder der Erben nicht in absehbarer Zeit festgestellt werden kann.[25] Zu beachten ist ferner, dass Abs. 2 nur die Erben von der Mitwirkung entbindet, bei denen die Voraussetzungen des Abs. 2 vorliegen. Die Anmeldepflicht der übrigen Erben sowie sämtlicher Mitgesellschafter bleibt hiervon unberührt.[26] 8

IV. Rechtsfolgen

1. Wirkung der Eintragung. Die Eintragung der Auflösung der Gesellschaft oder des Ausscheidens eines Gesellschafters hat lediglich **deklaratorische Bedeutung.**[27] Die allgemeinen Folgen von 9

[12] KG 5.10.2006, NJW-RR 2007, 692; BayObLG 22.12.1992, BB 1993, 385; KG 7.3.1991, NJW-RR 1991, 835; BayObLG 12.10.1978, DB 1979, 86; Ebenroth/Boujong/Lorz Rn. 8; RGHMW/Mock Rn. 8; Staub/Schäfer Rn. 15.

[13] Hopt/Roth Rn. 5; RGHMW/Mock Rn. 8.

[14] Hopt/Roth Rn. 5; MüKoHGB/Fleischer Rn. 16; Staub/Schäfer Rn. 14.

[15] BGH 24.11.1980, NJW 1981, 822; Hopt/Roth Rn. 5; Ebenroth/Boujong/Lorz Rn. 7; HK-HGB/Selder/Stuhlfelner § 143 Rn. 2; Michalski OHG-R § 143 Rn. 4; RGHMW/Mock Rn. 8.

[16] MüKoHGB/Fleischer Rn. 13; Staub/Schäfer Rn. 14.

[17] MüKoHGB/Fleischer Rn. 13; Staub/Schäfer Rn. 13.

[18] BayObLG 14.4.1982, WM 1982, 647; MüKoHGB/Fleischer Rn. 13; Staub/Schäfer Rn. 13.

[19] BayObLG 3.3.1988, NJW-RR 1988, 1307; Gustavus GmbHR 1978, 219 (221); Hopt/Roth Rn. 5; BeckOGK/Michel, 5.3.2025, Rn. 13; Heymann/Freitag § 143 Rn. 9; Staub/Schäfer Rn. 18.

[20] Henssler/Strohn/Klöhn Rn. 5; MüKoHGB/Fleischer Rn. 15; Staub/Schäfer Rn. 18.

[21] Hopt/Roth Rn. 6; Ebenroth/Boujong/Lorz Rn. 6; MüKoHGB/K. Schmidt/Fleischer § 143 Rn. 13; Staub/Schäfer Rn. 19.

[22] BGH 15.6.1959, BGHZ 30, 195 (197) = NJW 1959, 1683; MüKoHGB/Fleischer Rn. 15; Staub/Schäfer Rn. 20.

[23] Staub/Schäfer Rn. 20.

[24] MüKoHGB/Fleischer Rn. 17; Staub/Schäfer Rn. 15.

[25] NK-HGB/Heidel Rn. 18; MüKoHGB/Fleischer Rn. 19; RGHMW/Mock Rn. 13.

[26] Ebenroth/Boujong/Lorz Rn. 11; NK-HGB/Heidel Rn. 19; MüKoHGB/Fleischer Rn. 20.

[27] Hopt/Roth Rn. 7; MüKoHGB/Fleischer Rn. 22; RGHMW/Mock Rn. 12; Staub/Schäfer Rn. 24; Grunewald/Müller GesR § 2 Rn. 65; Hueck OHG § 23 IV. 3.

Auflösung und Ausscheiden treten ohne Rücksicht auf die Eintragung bereits mit Eintritt des jeweiligen Grundes ein.[28] Jedoch beginnt die Frist der Sonderverjährung (§ 151) sowie der Enthaftung (§ 137) erst mit Eintragung von Auflösung oder Ausscheiden.

10 **2. Fehlende Eintragung.** Eine fehlende Eintragung steht der Wirksamkeit von Auflösung und Ausscheiden nicht entgegen. Solange die Auflösung oder das Ausscheiden indes nicht eingetragen und bekanntgemacht sind, entfalten sie gem. § **15 Abs. 1** einem Dritten gegenüber nur dann Wirkung, wenn sie diesem positiv bekannt waren. Bis zur Eintragung und Bekanntmachung haftet daher auch ein ausgeschiedener Gesellschafter gem. § 126 für nach seinem Ausscheiden entstandene Neuverbindlichkeiten der Gesellschaft.[29] Umgekehrt hat der geschützte Dritte die Wahl, ob er sich nach § 15 Abs. 1 auf die fehlende Eintragung oder die tatsächliche Rechtslage beruft.[30]

§ 142 Fortsetzung der Gesellschaft

(1) Die Gesellschafter können nach Auflösung der Gesellschaft deren Fortsetzung beschließen, sobald der Auflösungsgrund beseitigt ist.

(2) Hat nach dem Gesellschaftsvertrag die Mehrheit der Stimmen zu entscheiden, muss der Beschluss über die Fortsetzung mit einer Mehrheit von mindestens drei Viertel der abgegebenen Stimmen gefasst werden.

(3) Die Fortsetzung ist von sämtlichen Gesellschaftern zur Eintragung in das Handelsregister anzumelden.

I. Allgemeines

1 § 144 aF, der Vorläufer dieser Norm, regelt die Fortsetzung der aufgelösten, aber noch nicht vollbeendeten Gesellschaft nur für den der Insolvenz der Gesellschaft. § 144 aF wurde aber als Ausdruck des allgemeinen Grundsatzes, dass mit **Beseitigung des materiellen Auflösungsgrundes** auch eine Fortsetzung der Gesellschaft möglich ist, gesehen.[1] Mit der Reform durch das MoPeG hat der Gesetzgeber dem Rechnung getragen und allgemein formuliert, dass die Fortsetzung beschlossen werden kann, wenn der Auflösungsgrund beseitigt ist.

II. Beseitigung des Auflösungsgrundes

2 Die Gesellschaft muss zunächst aufgelöst worden sein (§§ 138, 139). Zudem scheidet eine Fortsetzung aus, wenn die Gesellschaft bereits vollbeendet ist.[2] Wollen die Gesellschafter nach der Vollbeendigung den Gesellschaftszweck weiter verfolgen, so müssen sie die Gesellschaft neu errichten.[3]

3 Der **Auflösungsgrund** muss **beseitigt** sein. Das ist in den Fällen unproblematisch, in denen der Fortsetzungswille der Gesellschafter den Auflösungsgrund behebt, also im Fall der Auflösung durch Zeitablauf oder Auflösungsbeschluss. In diesen Fällen genügt ein Fortsetzungsbeschluss der Gesellschafter. In den Fällen, in denen ein gesetzlicher Auflösungsgrund gegeben ist, muss dieser Grund behoben werden, bevor eine Fortsetzung möglich ist. In der Gesetzesbegründung werden mehrere Beispiele genannt.[4] So bedarf eines neuen Gesellschaftszwecks, wenn der bisherige Zweck erreicht wurde oder unmöglich geworden ist. Wird das Insolvenzverfahren über das Vermögen der Gesellschaft eröffnet, muss das Verfahren zB eingestellt oder aufgehoben sein. Die Fortsetzung der Gesellschaft kollidiert dann nicht mit Interessen Dritter. Im Fall der Kündigung aus wichtigem Grund muss der Grund, der eine Fortsetzung der Gesellschaft unzumutbar macht, behoben sein. So ist der Gesellschafter, der die Auflösung durch Kündigung der Gesellschaft aus wichtigem Grund erwirkt hat, davor geschützt, die Gesellschaft mit den übrigen Gesellschaftern fortsetzen zu müssen.

III. Fortsetzungsbeschluss

4 Zur Fortsetzung der Gesellschaft ist ein **Beschluss** der Gesellschafter erforderlich. Soweit der Gesellschaftsvertrag nichts anderes bestimmt, bedarf der Beschluss gem. § 109 Abs. 3 der Einstimmig-

[28] MüKoHGB/Fleischer Rn. 22; Staub/Schäfer Rn. 24.
[29] Heymann/Freitag § 143 Rn. 7; RGHMW/Mock § 143 Rn. 12.
[30] Staub/Schäfer Rn. 25 f.

[1] Hopt/Roth Rn. 2; Ebenroth/Boujong/Lorz Rn. 1; GK-HGB/Ensthaler Rn. 1; MüKoHGB/Fleischer Rn. 2; Staub/Schäfer Rn. 1.
[2] BGH 7.10.1994, NJW 1995, 196 = ZIP 1994, 1685; Hopt/Roth Rn. 2; Ebenroth/Boujong/Lorz Rn. 3; Henssler/Strohn/Klöhn Rn. 3; MüKoHGB/Fleischer Rn. 4.
[3] MHdB GesR I/Knof/Mock § 113 Rn. 71; Staub/Schäfer Rn. 47; vgl. auch BGH 7.10.1994, NJW 1995, 196 = WM 1994, 2200.
[4] Begr. RegE, BT-Drs. 19/27635, 181, 247.

keit.[5] Für den Fall, dass im Gesellschaftsvertrag ein Mehrheitsbeschluss vorgesehen ist, sieht Abs. 2 vor, dass eine Mehrheit von drei Viertel der abgegebenen Stimmen erforderlich ist. Dieses Mehrheitserfordernis ist durch das MoPeG eingeführt worden. Der Gesetzgeber sah hier Bedarf, die Gesellschafter zu schützen, da die Fortsetzung eine Rückumwandlung des Gesellschaftszwecks von der abzuwickelnden zur werbenden Gesellschaft darstellt und damit eine Vertragsänderung ist. Schutzbedarf ergebe sich außerdem, weil mit der Fortsetzung der bereits entstandenen Anspruch auf das anteilige Liquidationsguthaben wieder entfalle.[6] Vor diesem Hintergrund ist das Mindestquorum als zwingendes Recht einzuordnen.[7]

5 Der Fortsetzungsbeschluss kann auch stillschweigend durch einvernehmliche Geschäftsfortführung gefasst sein.[8] Aus der gesellschaftsrechtlichen Treuepflicht kann sich **ausnahmsweise** eine **Zustimmungspflicht** zur Fortsetzung der Gesellschaft ergeben.[9]

IV. Rechtsfolgen

6 Durch den Fortsetzungsbeschluss wandelt sich die aufgelöste Gesellschaft ex nunc zurück in eine werbende Gesellschaft.[10] Die fortgesetzte ist mit der aufgelösten Gesellschaft identisch und haftet daher für die bestehenden Gesellschaftsverbindlichkeiten, einschließlich der Schulden aus dem Insolvenzplan.[11] Der Fortsetzungsbeschluss hat keine Auswirkungen auf Rechte Dritter, die in der Liquidationsphase durch Handlungen der Liquidatoren begründet wurden.[12] Im Innenverhältnis gelten die Regelungen des alten Gesellschaftsvertrags.[13] Die Befugnisse der Liquidatoren enden mit Wirksamkeit des Fortsetzungsbeschlusses.[14]

V. Eintragung in das Handelsregister (Abs. 3)

7 Ebenso wie die Auflösung der Gesellschaft (§ 141) ist auch deren Fortsetzung eine eintragungspflichtige Tatsache. Die Fortsetzung ist von sämtlichen Gesellschaftern zur Eintragung anzumelden. Die Folgen der (fehlenden) Eintragung der Fortsetzung entsprechen denen bei der Auflösung der Gesellschaft (→ § 141 Rn. 9 f.).[15]

Sechster Titel. Liquidation der Gesellschaft

§ 143 Notwendigkeit der Liquidation; anwendbare Vorschriften

(1) [1]Nach Auflösung der Gesellschaft findet die Liquidation statt, sofern nicht über das Vermögen der Gesellschaft das Insolvenzverfahren eröffnet ist. [2]Ist die Gesellschaft durch Löschung wegen Vermögenslosigkeit aufgelöst, findet eine Liquidation nur statt, wenn sich nach der Löschung herausstellt, dass noch Vermögen vorhanden ist, das der Verteilung unterliegt.

(2) [1]Die Gesellschafter können anstelle der Liquidation eine andere Art der Abwicklung vereinbaren. [2]Ist aufgrund einer Vereinbarung im Gesellschaftsvertrag die Gesellschaft durch die Kündigung eines Privatgläubigers eines Gesellschafters oder durch die Eröffnung des Insolvenzverfahrens über das Vermögen eines Gesellschafters aufgelöst, bedarf eine Vereinbarung über eine andere Art der Abwicklung der Zustimmung des Privatgläubigers oder des Insolvenzverwalters; ist im Insolvenzverfahren Eigenverwaltung angeordnet, tritt an die Stelle der Zustimmung des Insolvenzverwalters die Zustimmung des Schuldners.

(3) Die Liquidation erfolgt nach den folgenden Vorschriften dieses Titels, sofern sich nicht aus dem Gesellschaftsvertrag etwas anderes ergibt.

---

[5] BGH 2.7.2007, NZG 2007, 860 = DStR 2007, 2021 (2022); Ebenroth/Boujong/Lorz Rn. 7; MüKoHGB/Fleischer Rn. 14; RGHMW/Mock Rn. 9.

[6] Begr. RegE, BT-Drs. 19/27635, 181, 247.

[7] Ebenroth/Boujong/Lorz Rn. 7.

[8] NK-HGB/Heidel Rn. 12; MüKoHGB/Fleischer Rn. 13.

[9] Hopt/Roth § 138 Rn. 29; Gehrlein WM 2019, 1 (2 f.); MüKoHGB/Fleischer Rn. 15.

[10] Ebenroth/Boujong/Lorz Rn. 10; Hopt/Roth Rn. 30; Staub/Schäfer § 140 Rn. 19.

[11] RG 13.2.1892, RGZ 28, 130 (133); Ebenroth/Boujong/Lorz Rn. 10; MüKoHGB/Fleischer Rn. 19; Staub/Schäfer Rn. 21 f.

[12] Ebenroth/Boujong/Lorz Rn. 10; NK-HGB/Heidel Rn. 34; Staub/Schäfer § 140 Rn. 21.

[13] MHdB GesR I/Knof/Mock § 113 Rn. 74; Staub/Schäfer § 140 Rn. 19.

[14] MüKoHGB/Fleischer Rn. 20.

[15] Staub/Schäfer Rn. 24.

Schrifttum: Dellinger, Rechtsfähige Personengesellschaften in der Liquidation, Wien 2001; Ensthaler, Die Liquidation von Personengesellschaften, 1985; Hillers, Personengesellschaft und Liquidation, 1989; Paura, Liquidation und Liquidationspflichten, 1996; K. Schmidt, Die Handels-Personengesellschaft in Liquidation, ZHR 153 (1989), 270.

Übersicht

I. Allgemeines

1 § 143 bestimmt in Abs. 1, dass nach der Auflösung die Liquidation der Gesellschaft stattfindet, es sei denn, über das Vermögen der Gesellschaft wird das Insolvenzverfahren eröffnet. Die Auflösung beseitigt nicht die Gesellschaft als Rechtsträger, diese besteht vielmehr als Liquidationsgesellschaft bis zur Vollbeendigung fort. Das Verfahren ist in den §§ 144 ff. geregelt, wobei es den Gesellschaftern als „Herren der Liquidation" vorbehaltlich der Zustimmungserfordernisse des Abs. 2 freisteht, eine andere Art der Abwicklung zu vereinbaren. Dabei dient die Vorschrift des Abs. 2 dem Schutz des pfändenden Gläubigers oder der Gläubigergesamtheit davor, dass möglicherweise durch Vereinbarung einer anderen Art der Abwicklung (Abs. 2 S. 1) die Entstehung des Anspruchs auf das Auseinandersetzungsguthaben verhindert werden könnte, den sie im Wege der Pfändung nach § 133 oder als Teil der Insolvenzmasse erwerben könnten. Abs. 3 stellt klar, dass die Gesellschafter das Liquidationsverfahren eigenständig regeln können.

2 § 143 gilt unmittelbar für die **OHG,** über § 161 Abs. 2 auch für die aufgelöste **KG,** außerdem für die fehlerhafte Gesellschaft sowie für die Gesellschaft nach § 5. Ansonsten ist die Eintragung aber keine Voraussetzung für die Anwendung der §§ 143 ff.[1] Ferner gelten die Liquidationsvorschriften nach § 10 Abs. 1 PartGG für die **Partnerschaftsgesellschaft** und nach § 1 EWIVAG, Art. 35 EWIV-VO für die **Europäische Wirtschaftliche Interessenvereinigung,** wobei die Abwicklung nach § 10 Abs. 1 EWIVAG durch die Geschäftsführer erfolgt. Die GbR wird nach den §§ 735 ff. BGB abgewickelt.

II. Liquidation der Gesellschaft (Abs. 1)

3 **1. Begriff.** Die **Liquidation** ist als ein Verfahren zur **Abwicklung des Rechtsträgers** mit dem Ziel der Vollbeendigung zu verstehen.[2] In dessen Rahmen wird regelmäßig das Gesellschaftsvermögen liquidiert und es erfolgt die als Bestandteil der Liquidation anzusehende Auseinandersetzung unter den Gesellschaftern.[3]

4 **2. Voraussetzungen der Liquidation. a) Aufgelöste Gesellschaft.** Die Liquidation nach Abs. 1 setzt eine aufgelöste, aber **noch nicht vollbeendigte** und damit erloschene Gesellschaft voraus. Die Gesellschafter können die **Fortsetzung** der Gesellschaft beschließen und so den Auflösungsgrund beseitigen; die Gesellschaft wird dann in eine werbende umgewandelt.[4] Der Beschluss muss einstimmig gefasst werden (§ 109 Abs. 3), wenn nicht im Gesellschaftsvertrag mit hinreichender Bestimmtheit ein Mehrheitsbeschluss vorgesehen ist.[5]

---

[1] Staub/Habersack Vor § 143 Rn. 7.
[2] Vgl. Henssler/Strohn/Klöhn Rn. 3.
[3] MüKoHGB/v. Selle Rn. 9.
[4] Butzer Jura 1994, 628 (630); BeckOGK/Peschke, 15.5.2025, Rn. 31; Sudhoff Personengesellschaften/Masuch § 19 Rn. 88.
[5] BGH 2.7.2007, DStR 2007, 2021 (2022) = NZG 2007, 860.

Eine Liquidation unterbleibt ferner, wenn die Gesellschaft dadurch zum Erlöschen gebracht wird, dass ein Gesellschafter das Gesellschaftsvermögen im Wege der **Gesamtrechtsnachfolge** erwirbt. Gleiches gilt, wenn ein Dritter durch Übertragung aller Anteile auf ihn Gesamtrechtsnachfolger hinsichtlich des Gesellschaftsvermögens wird (→ Rn. 14 ff.).[6] Ob es sich in diesen Fällen um eine „andere Art der Abwicklung" iSd Abs. 2 S. 1 handelt, ist streitig.[7] 5

Die Liquidation setzt vorhandenes **Aktivvermögen** voraus. Verbindlichkeiten der Gesellschaft oder Sozialansprüche der ansonsten vermögenslosen Gesellschaft ziehen keine Liquidation nach sich.[8] 6

Bei Eröffnung des **Insolvenzverfahrens** über das Vermögen der Gesellschaft ist nach Abs. 1 sowohl für eine Abwicklung nach Maßgabe der §§ 144 ff. als auch für eine andere Art der Abwicklung kein Raum, für Verwaltung und Verwertung des Gesellschaftsvermögens gilt die InsO. 7

b) Löschung wegen Vermögenslosigkeit. Nach Abs. 1 S. 2 ist im Fall der von Amts wegen erfolgten Löschung der Gesellschaft wegen Vermögenslosigkeit nach **§ 394 FamFG** entsprechend den Regelungen in § 264 Abs. 2 AktG und § 66 Abs. 5 GmbHG eine Liquidation iSd Abs. 1 S. 1 nur vorgesehen, wenn noch verteilungsfähiges Vermögen vorliegt. Ansonsten ist die atypische OHG oder KG mit der Löschung aufgelöst und ohne Liquidation vollbeendigt, um ein weiteres Auftreten im Rechtsverkehr zu verhindern. 8

3. Rechtsfolgen der Auflösung. Mit der Auflösung der Gesellschaft tritt diese automatisch in das Liquidationsverfahren ein, unabhängig von dem Willen der Gesellschafter. 9

a) Liquidationsgesellschaft. Die Gesellschaft besteht als Liquidationsgesellschaft unter ihrer bisherigen, mit einem **Liquidationszusatz** zu versehenden Firma (§ 148 Abs. 2 S. 1) fort bis zur endgültigen Verteilung ihres Vermögens. Sie ist **mit der werbenden Gesellschaft identisch** und bleibt rechts- und parteifähige **Handelsgesellschaft** wie auch die Gesellschafter Kaufleute und die Geschäfte Handelsgeschäfte iSd §§ 343, 344 bleiben.[9] Mit Dritten bestehende Rechtsverhältnisse bestehen weiter. Die Geschäftsführungs- und Vertretungsbefugnisse der Gesellschafter erlöschen und werden von den Liquidatoren wahrgenommen (§ 146 Abs. 1), die nicht notwendig Gesellschafter sein müssen (→ § 144 Rn. 3 f.). Die Haftung der Gesellschafter bestimmt sich weiterhin nach den §§ 126, 171. 10

b) Liquidationszweck. Der Gesellschaftszweck besteht nicht mehr in dem Betrieb eines Handelsgewerbes, sondern ändert sich dahingehend, dass nun die vermögensmäßige Abwicklung der Gesellschaft und ihre Vollbeendigung angestrebt werden. Die **mitgliedschaftliche Treuepflicht** der Gesellschafter untereinander und im Verhältnis zur Gesellschaft besteht weiter, richtet sich aber in ihrem Inhalt und Umfang nach dem Liquidationszweck und wird mit fortschreitender Abwicklung schwächer, sodass zB ein Gesellschafter auch auf dem Gebiet der nun abzuwickelnden Gesellschaft wirtschaftlich tätig sein kann.[10] Auch das **Gleichbehandlungsgebot** ist im Liquidationsstadium weiter zu beachten. 11

c) Liquidationspflicht. Aus dem mit der Auflösung geänderten, auf Abwicklung und Vollbeendigung gerichteten Gesellschaftszweck folgt, dass die Gesellschafter im **Innenverhältnis** grundsätzlich verpflichtet sind, die Liquidation der Gesellschaft zu betreiben und zu fördern. Dieser Zweck schließt es aus, dass die Gesellschaft als werbende behandelt und das Unternehmen fortgeführt wird, wenn nicht die Gesellschafter wirksam die Fortsetzung beschließen. Bei Vorliegen eines **sachlichen Grundes** können die Gesellschafter jedoch die Liquidation unter **einstweiliger Fortführung** der werbenden Tätigkeit für eine absehbare Zeit aufschieben;[11] so kann zB ein günstigerer Zeitpunkt für die Unternehmensveräußerung erwartet werden oder den Gesellschaftern Zeit einzuräumen sein, um über eine etwaige Fortsetzung der Gesellschaft zu entscheiden. Eine Vereinbarung, mit der die Gesellschafter die Liquidation und eine andere Art der Abwicklung ausschließen, ist jedoch unwirksam, wobei mit Einverständnis aller Gesellschafter im Innenverhältnis zur Gesellschaft und den Gesellschaftern Haftungsfolgen wegen der Nichtdurchführung der Abwicklung nicht eintreten.[12] 12

Im **Außenverhältnis** ergeben sich bei Unterlassen der Liquidation Haftungsfolgen, wenn der Auflösungstatbestand dem Schutz von Gläubigerinteressen dient (wie insbesondere § 138 Abs. 2 13

[6] Ebenroth/Boujong/Saam Rn. 7.

[7] Dafür Hopt/Roth Rn. 15; MüKoHGB/v. Selle Rn. 33 ff.; abl. Staub/Habersack Rn. 7.

[8] Ebenroth/Boujong/Saam Rn. 8; Heymann/Peetz § 145 Rn. 4; **aA** GK-HGB/Ensthaler § 145 Rn. 1; NK-HGB/Anissimov Rn. 7; Staub/Habersack Rn. 9.

[9] Butzer Jura 1994, 628 (629); Ensthaler, Die Liquidation von Personengesellschaften, 1985, 90 f.; Hopt/Roth Rn. 6.

[10] BGH 11.1.1971, NJW 1971, 802 = WM 1971, 412.

[11] BGH 19.6.1995, NJW 1995, 2843 (2844) = ZIP 1995, 1412; 4.4.1951, BGHZ 1, 324 (329) = NJW 1951, 650; BeckOGK/Peschke, 15.5.2025, Rn. 49.

[12] BGH 4.4.1951, BGHZ 1, 324 (328) = NJW 1951, 650; Ebenroth/Boujong/Saam Rn. 13.

Nr. 1); bei unzulässiger Fortführung der Gesellschaft haften die als Liquidatoren handelnden Gesellschafter analog § 126 und Drittliquidatoren haften verschuldensabhängig für den Ausfall eines Gläubigers.[13] Zudem gelten die §§ 15a, 15b InsO.

III. Andere Art der Abwicklung (Abs. 2 S. 1)

14 Nach Abs. 2 S. 1 können die Gesellschafter, sofern nicht das Insolvenzverfahren über das Gesellschaftsvermögen eröffnet ist, eine andere Art der Abwicklung anstelle der gesetzlich vorgesehenen vereinbaren.

15 **1. Formen der Abwicklung.** Die „andere Art der Abwicklung" meint zum einen, dass die Gesellschafter die Gesellschaft **atypisch abwickeln,** also nicht im Wege der „Versilberung" und Zerschlagung des Gesellschaftsvermögens wie von den §§ 143 ff. vorgesehen, sondern zB durch die Veräußerung des Unternehmens im Ganzen.[14] Zum anderen fällt hierunter die Vollbeendigung der Gesellschaft ohne Liquidationsverfahren, zB durch Übertragung aller Anteile auf einen Gesellschafter, der im Wege der Gesamtrechtsnachfolge Einzelkaufmann wird.

16 **a) Atypische Liquidation.** Die Gesellschafter können abw. von der Liquidation durch Zerschlagung des Gesellschaftsvermögens die Gesellschaft abwickeln. In diesem Rahmen ist zB möglich: **Veräußerung des Unternehmens** aus der Liquidationsmasse an einen Gesellschafter oder einen Dritten als Einzelrechtsnachfolger (für die Firmenfortführung ist § 22 zu beachten);[15] **Naturalteilung** des Unternehmens und Übernahme von Unternehmensteilen durch Gesellschafter;[16] **Einbringung** des Unternehmens in eine von der Gesellschaft neu zu gründende Gesellschaft gegen Erwerb des Erlöses oder Übernahme von Anteilen an der neuen Gesellschaft, die schließlich an die Gesellschafter zu verteilen sind;[17] Übertragung des Vermögens auf einen **Treuhänder** im Zuge eines Insolvenzplanverfahrens.[18] Die **Entscheidung** über die Vornahme dieser Abwicklungsmaßnahmen fällt nach **Abs. 2 S. 1** in den Kompetenzbereich der **Gesellschafter,** sodass die Liquidatoren diese Geschäfte nicht ohne deren Einverständnis vornehmen dürfen.[19]

17 **b) Liquidationsloses Erlöschen.** Die Gesellschafter können die Gesellschaft als Rechtsträger auch ohne Liquidationsverfahren zum Erlöschen bringen. Zum liquidationslosen Erlöschen kommt es, wenn das Gesellschaftsvermögen auf einen Gesellschafter übertragen wird.[20] Gleichfalls möglich ist die **Verschmelzung** nach den §§ 2, 3 Abs. 3 UmwG, § 20 Abs. 1 Nr. 1 und 2 UmwG oder § 36 Abs. 1, Abs. 2 UmwG (§§ 39, 42 UmwG stehen nicht entgegen). Möglich ist auch eine **Spaltung** nach den §§ 123 ff. UmwG in der Form der **Aufspaltung** (§ 124 Abs. 2 UmwG, § 3 Abs. 3 UmwG) mit der Folge des liquidationslosen Erlöschens der aufgelösten Gesellschaft nach den § 131 Abs. 1 Nr. 2 UmwG, § 135 UmwG.

18 Findet dagegen ein **Formwechsel** nach den § 1 Abs. 1 Nr. 4 UmwG, § 191 Abs. 3 UmwG, §§ 191 ff. UmwG statt, ist § 214 Abs. 2 UmwG zu beachten und die Gesellschafter müssen die Abwicklung durchführen oder die **Fortsetzung des neuen Rechtsträgers beschließen,** da dieser mit dem aufgelösten Rechtsträger identisch, aber nicht liquidationslos erloschen ist (§ 202 Abs. 1 Nr. 1 UmwG).

19 Auch bei der Spaltung in der Form der **Abspaltung** (§ 123 Abs. 2 UmwG) und der **Ausgliederung** (§ 123 Abs. 3 UmwG) kommt es nicht zu einem liquidationslosen Erlöschen der aufgelösten Gesellschaft, sondern es muss für das Restvermögen (im Fall der Ausgliederung auch hinsichtlich der Anteile am aufnehmenden Rechtsträger, § 123 Abs. 3 UmwG) eine Abwicklung stattfinden.

20 **2. Voraussetzungen. a) Vereinbarung.** Erforderlich ist eine Vereinbarung der Gesellschafter. Die Wahl einer anderen Art der Abwicklung betrifft das mitgliedschaftliche Rechtsverhältnis der Gesellschafter untereinander und zur Gesellschaft, sodass eine solche Vereinbarung **Bestandteil des Gesellschaftsvertrages** ist.[21] Möglich ist eine solche Vereinbarung schon bei der Gründung der Gesellschaft oder später im Wege der Vertragsänderung, auch noch nach der Auflösung und auch,

[13] BGH 23.11.1978, NJW 1979, 1705 (1706) = DB 1979, 585; dazu Frey ZGR 1988, 281 (285); K. Schmidt ZHR 153 (1989), 270 (285); Paura, Liquidation und Liquidationspflichten, 1996, 50, 51, 55.

[14] Ebenroth/Boujong/Saam Rn. 26 ff.; MHdB GesR I/Knof/Mock § 114 Rn. 2.

[15] OLG Oldenburg 17.1.1955, WM 1955, 383 (384).

[16] Henssler/Strohn/Klöhn Rn. 16; RGHMW/Mock Rn. 14.

[17] Dellinger, Rechtsfähige Personengesellschaften in der Liquidation, 2001, 127; Ebenroth/Boujong/Saam Rn. 28.

[18] HK-HGB/Stuhlfelner § 145 Rn. 4; MüKoHGB/v. Selle Rn. 43.

[19] MüKoHGB/v. Selle Rn. 44.

[20] BeckOGK/Peschke, 15.5.2025, Rn. 72; Ebenroth/Boujong/Saam Rn. 26.

[21] Hopt/Roth Rn. 11; BeckOGK/Peschke, 15.5.2025, Rn. 82; Staub/Habersack Rn. 30.

wenn bereits mit der Liquidation nach den §§ 143 ff. begonnen wurde. Diese wird dann beendet. Grundsätzlich ist ein **einstimmiger Beschluss** erforderlich, wobei der Gesellschaftsvertrag einen Mehrheitsbeschluss zulassen kann, wenn die entsprechende Klausel sich auch auf Vertragsänderungen bezieht. Die Gesellschafter können dann mit Stimmenmehrheit die Art und Weise des Verfahrens der Abwicklung regeln; berührt ihre Vereinbarung den Kernbereich der Mitgliedschaft (etwa durch Eingriff in das mitgliedschaftliche Recht auf Beteiligung am Liquidationserlös), können sie diese wirksam nicht gegen den Willen der betroffenen Gesellschafter treffen.[22] Allgemein kann sich eine Zustimmungspflicht des Gesellschafters aus seiner Treuepflicht ergeben.[23]

b) Zustimmung des Familiengerichts. Eine vor Auflösung der Gesellschaft getroffene Vereinbarung, nach der im Rahmen der Liquidation das von der Gesellschaft betriebene Unternehmen als Ganzes an einen anderen Gesellschafter oder Dritten veräußert werden soll, bedarf nicht der gerichtlichen Genehmigung nach den **§ 1852 Nr. 1 lit. b BGB, § 1643 Abs. 1 BGB.**[24] Erforderlich ist die Genehmigung aber, wenn der nicht voll geschäftsfähige Gesellschafter selbst das Unternehmen erwirbt und entsprechend in dem Fall, dass er ein der Gesellschaft gehörendes Grundstück im Rahmen der Liquidation erwerben soll **(§ 1850 Nr. 5 BGB).**[25] 21

IV. Zustimmung des Privatgläubigers und Insolvenzverwalters (Abs. 2 S. 2)

1. Voraussetzungen der Zustimmungspflichtigkeit. Abs. 2 S. 2 bestimmt, dass **ausnahmsweise** Dritte bei der Vereinbarung über eine andere Art der Abwicklung zu beteiligen sind. Nach seinem **Wortlaut** ist eine Zustimmung des Privatgläubigers oder Insolvenzverwalters nur dann vorgesehen, wenn die Gesellschaft kraft Vereinbarung im Gesellschaftsvertrag **gerade durch die Kündigung oder die Eröffnung des Insolvenzverfahrens aufgelöst** wurde (entgegen § 130 Abs. 1 Nr. 3 und 4). Allerdings ist der Fall entsprechend zu behandeln, dass die Gesellschaft aus einem anderen Grund aufgelöst ist und danach die Pfändung des Auseinandersetzungsanspruchs oder die Eröffnung des Insolvenzverfahrens erfolgt.[26] Eine **Abtretung oder Pfändung des künftigen Auseinandersetzungsanspruchs** löst nicht die Zustimmungspflichtigkeit nach Abs. 2 S. 2 aus, vielmehr muss der Gläubiger dann als Rechtsnachfolger des Gesellschafters Vereinbarungen der Gesellschafter über das Verfahren der Auseinandersetzung gegen sich gelten lassen.[27] 22

Die Zustimmungspflicht kommt nur für Vereinbarungen in Betracht, die **nach** der Pfändung oder der Eröffnung des Insolvenzverfahrens getroffen werden. Für vorher getroffene Vereinbarungen gilt, dass die Gläubiger diese hinzunehmen haben, da die Verstrickung des Auseinandersetzungsanspruchs sie insofern nicht besser stellen kann als einen Gesellschafter.[28] Allerdings kann eine grundsätzlich hinzunehmende Vereinbarung nach **§ 138 BGB sittenwidrig** sein und das Zustimmungserfordernis nach Abs. 2 S. 2 auslösen, wenn sie **einseitig die Gläubiger benachteiligt.**[29] 23

2. Erklärung der Zustimmung. Die Zustimmung ist **gegenüber der Gesellschaft** zu erklären, die nach den § 146 Abs. 1 durch die Liquidatoren vertreten wird. Auf die Zustimmung nach Abs. 2 S. 2 ist **§ 182 BGB** anzuwenden, sodass bei nicht erteilter Zustimmung die Abwicklungsvereinbarung schwebend unwirksam ist.[30] Die Gläubiger oder der Insolvenzverwalter erteilen oder verweigern die Zustimmung nach pflichtgemäßem Ermessen, wobei zwar keine Bindung an die mitgliedschaftliche Treuepflicht, aber an die Grenzen der §§ 226, 242 BGB besteht.[31] 24

Die Zustimmung des Privatgläubigers nach Abs. 2 S. 2 macht die Mitwirkung des Schuldner-Gesellschafters an der Vertragsänderung (→ Rn. 20) nicht entbehrlich, was sich schon daraus ergibt, dass der Betrag des Auseinandersetzungsguthabens, der über die Forderung des Gläubigers hinausgeht, dem Gesellschafter zusteht.[32] Dagegen ist neben der Zustimmung des Insolvenzverwalters die des Gesellschafters nicht vorgesehen (vgl. § 144 Abs. 2). Im Fall der Eigenverwaltung nach § 270 InsO stimmt anstelle des Insolvenzverwalters der Schuldner zu (Abs. 2 S. 2 Hs. 2). 25

---

[22] BGH 10.10.1994, NJW 1995, 194 (195) = WM 1994, 2244.
[23] BGH 10.10.1994, NJW 1995, 194 (195) = WM 1994, 2244.
[24] MüKoHGB/v. Selle Rn. 49; **aA** Ebenroth/Boujong/Saam Rn. 21.
[25] BeckOK HGB/Lehmann-Richter, 47. Ed. 1.7.2025, Rn. 23; MüKoHGB/v. Selle Rn. 49.
[26] NK-HGB/Anissimov Rn. 24; Staub/Habersack Rn. 35.
[27] Ebenroth/Boujong/Saam Rn. 23.
[28] Butzer Jura 1994, 628 (631); Grziwotz DStR 1992, 1365 (1367); Westermann/Wertenbruch PersGesR-HdB/Könen/Wertenbruch § 43 Rn. I 1709a.
[29] RGHMW/Mock Rn. 17.
[30] Dellinger, Rechtsfähige Personengesellschaften in der Liquidation, 2001, 124; MüKoHGB/v. Selle Rn. 53.
[31] Henssler/Strohn/Klöhn Rn. 21; Staub/Habersack Rn. 39 f.
[32] Westermann/Wertenbruch PersGesR-HdB/Könen/Wertenbruch § 43 Rn. I 1709d; Hueck OHG § 31 IV 1.

26 **3. Rechtsfolgen des Abs. 2 S. 2.** Das in Abs. 2 S. 2 bestimmte Zustimmungserfordernis gilt hinsichtlich der **Vereinbarung** der Gesellschafter über eine andere Art der Abwicklung nach Abs. 1. Solange die Zustimmung nicht erteilt ist, ist die Vereinbarung einer anderen Art der Abwicklung schwebend unwirksam (→ Rn. 24). **Nicht berührt** wird davon die **Wirksamkeit von Abwicklungsmaßnahmen,** die die Liquidatoren in Vollzug einer entgegen Abs. 2 S. 2 zustande gekommenen Vereinbarung durchführen.[33] Deren Wirksamkeit richtet sich im Außenverhältnis nach der Vertretungsmacht gem. § 146 S. 1 (→ § 146 Rn. 10 ff.).

V. Abdingbarkeit

27 Zwingend ist die Statuierung einer Pflicht der Gesellschafter zur Abwicklung der aufgelösten Gesellschaft – anderweitige Vereinbarungen sind unwirksam (→ Rn. 12). Was die Art der Abwicklung angeht, können die Gesellschafter jedoch zwischen dem Liquidationsverfahren nach Abs. 1 und einer anderen Art der Auseinandersetzung nach Abs. 2 S. 1 wählen.

28 Mit der Reform durch das MoPeG hat der Gesetzgeber klargestellt, dass die Gesellschafter das Liquidationsverfahren eigenständig regeln können (Abs. 3). Gesellschaftsvertragliche Regelungen zur Liquidation gehen den gesetzlichen Vorschriften vor. Es bleibt der Klärung durch die Rspr. vorbehalten, ob das auch (uneingeschränkt) im Außenverhältnis gilt. Dabei hatte der Gesetzgeber insbesondere gläubigerschützenden Vorschriften wie zB § 148 Abs. 5 S. 1 im Blick.[34]

§ 144 Liquidatoren

(1) Zur Liquidation sind alle Gesellschafter berufen.

(2) Ist über das Vermögen eines Gesellschafters das Insolvenzverfahren eröffnet und ein Insolvenzverwalter bestellt worden, tritt dieser an die Stelle des Gesellschafters.

(3) Mehrere Erben eines Gesellschafters haben einen gemeinsamen Vertreter zu bestellen.

(4) Durch Vereinbarung im Gesellschaftsvertrag oder durch Beschluss der Gesellschafter können auch einzelne Gesellschafter oder andere Personen zu Liquidatoren berufen werden.

(5) Hat nach dem Gesellschaftsvertrag die Mehrheit der Stimmen zu entscheiden, gilt dies im Zweifel nicht für die Berufung und Abberufung eines Liquidators.

Übersicht

I. Allgemeines

1 Die Regelung des § 144 bezweckt die **Aufrechterhaltung der Handlungsfähigkeit der Gesellschaft** angesichts des Erlöschens der gesetzlichen oder vertraglichen Geschäftsführungs- und Vertretungsbefugnisse der Gesellschafter mit der Auflösung der Gesellschaft. Dazu übernehmen bis zur Vollbeendigung die Gesellschafter selbst (entsprechend der Regelung in den §§ 116, 124) oder von den Gesellschaftern ernannte Dritte als Liquidatoren die Geschäftsführung und Vertretung.

II. Die Regelungen in Abs. 1, 4 und 5

2 **1. Liquidatorenamt und Mitgliedschaft.** Die Tätigkeit als Liquidator nach den §§ 144 ff. ist als Pflichtrecht Bestandteil der Mitgliedschaft eines jeden Gesellschafters. Werden einzelne oder sämtliche Gesellschafter als Liquidatoren tätig, so wird damit das Prinzip der Selbstorganschaft auf-

[33] MüKoHGB/v. SelleRn. 53; Staub/Habersack Rn. 36.
[34] Begr. RegE, BT-Drs. 19/27635, 183, 247 unter Bezugnahme auf § 736d Abs. 4 BGB.

rechterhalten.[1] Personen, die Gesellschafter vertreten, wie zB der gesetzliche Vertreter eines nicht voll geschäftsfähigen Gesellschafters[2] und der gemeinsame Vertreter der Erbengemeinschaft nach Abs. 3 (→ Rn. 14 ff.),[3] üben die Liquidatorentätigkeit dementsprechend lediglich für den Vertretenen aus und sind nicht selbst Liquidatoren. Gleiches gilt für den Insolvenzverwalter im Fall der Gesellschafterinsolvenz (→ Rn. 13) sowie für den Testamentsvollstrecker und den Nachlassverwalter (→ Rn. 18).

2. Gekorene Liquidatoren. Nach Abs. 4 können die Gesellschafter durch Regelung im Gesell- 3
schaftsvertrag oder dessen nachträgliche Änderung oder durch grundsätzlich einstimmig zu fassenden Gesellschafterbeschluss die **Liquidatoren bestimmen.** Bereits zu § 146 aF wurde angenommen, dass ein gesellschaftsvertraglich vorgesehener Mehrheitsbeschluss sich auch auf die Liquidatorenstellung beziehen muss.[4] Abs. 5 enthält nun einen entsprechende Auslegungsregel. Wenn nach dem Vertrag die Liquidatoren nach Auflösung der Gesellschaft durch Beschluss bestimmt werden sollen, ist durch Auslegung zu ermitteln, ob die Gesellschaft bis zur Beschlussfassung keine Liquidatoren haben soll,[5] oder für diese Zeit der Grundsatz des Abs. 1 greift und sämtliche Gesellschafter Liquidatoren sind, wofür die Erhaltung der Handlungsfähigkeit der Gesellschaft sprechen kann.[6]

Abweichend von den §§ 116, 126 können auch Nichtgesellschafter – natürliche wie juristische 4
Personen und rechtsfähige Personengesellschaften – zu Liquidatoren berufen werden; aufgrund der im Liquidationsstadium unter Umständen gegenläufigen Gesellschafterinteressen ist **Fremdorganschaft möglich.**[7] Sind Gläubiger als Liquidatoren berufen, können sie sich bei Befreiung von den Beschränkungen des § 181 BGB aus dem Gesellschaftsvermögen selbst befriedigen.[8]

3. Geborene Liquidatoren. Bei Fehlen einer abweichenden Vereinbarung sind nach Abs. 1 5
sämtliche Gesellschafter als Liquidatoren berufen. Unerheblich sind die bisher in der werbenden Gesellschaft geltenden Geschäftsführungs- und Vertretungsbefugnisse;[9] eine frühere Entziehung dieser Befugnisse (§ 116 Abs. 5, § 124 Abs. 5) schadet nicht, selbst wenn dies zur Auflösung führte. In der KG sind auch die Kommanditisten taugliche Liquidatoren.[10] Bei juristischen Personen oder rechtsfähigen Personengesellschaften als Gesellschafter einer OHG oder KG wird das Amt durch ihre Organe oder Bevollmächtigten ausgeübt.[11] Es gilt § 146 Abs. 1.

4. Beginn und Ende des Liquidatorenamtes und Vergütung. Das Liquidatorenamt der 6
durch Gesellschaftsvertrag oder Gesellschafterbeschluss oder mangels solcher Regelung nach dem Grundsatz des Abs. 1 berufenen Gesellschafter beginnt mit der Auflösung der Gesellschaft und endet mit deren Vollbeendigung. Stellt sich nach Löschung der Firma im Handelsregister heraus, dass noch Vermögen der Gesellschaft vorhanden ist, bleiben die Gesellschafter weiter Liquidatoren; die gerichtliche Bestellung von Nachtragsliquidatoren analog § 273 Abs. 4 AktG kommt allein bei der Publikums-KG in Betracht.[12]

Die Verpflichtung zur Ausübung des Amtes folgt aus der Mitgliedschaft in der Gesellschaft, eine 7
besondere Übernahme ist nicht erforderlich.[13] Eine **Vergütung** können die Gesellschafter nur bei besonderer Vereinbarung durch Gesellschaftsvertrag oder Gesellschafterbeschluss verlangen oder wenn ihre Tätigkeit das üblicherweise Geleistete übersteigt.[14]

---

[1] Westermann/Wertenbruch PersGesR-HdB/Könen/Wertenbruch § 43 Rn. I 1711; MüKoHGB/v. Selle Rn. 2; Staub/Habersack Rn. 5.

[2] MüKoHGB/v. Selle Rn. 2, 4; **aA** Hopt/Roth Rn. 3.

[3] Ebenroth/Boujong/Saam Rn. 7; Staub/Habersack Rn. 10, 22.

[4] Ebenroth/Boujong/Saam Rn. 11 (Bestimmtheitsgrundsatz); Westermann/Wertenbruch PersGesR-HdB/Könen/Wertenbruch § 43 Rn. I 1716a; NK-HGB/Anissimov Rn. 10; Staub/Habersack Rn. 27.

[5] So Ebenroth/Boujong/Saam Rn. 11; Heymann/Peetz § 146 Rn. 8.

[6] MüKoHGB/v. Selle Rn. 12; Staub/Habersack Rn. 29.

[7] K. Schmidt ZHR 153 (1989), 270 (288); Ebenroth/Boujong/Saam Rn. 12; Staub/Habersack Rn. 6.

[8] Hopt/Roth Rn. 5; Heymann/Peetz § 146 Rn. 9.

[9] Michalski OHG-R § 146 Rn. 4; Staub/Habersack Rn. 8; Sudhoff Personengesellschaften/Masuch § 19 Rn. 57.

[10] BGH 24.9.1982, DB 1982, 2562 (2563) = BeckRS 2009, 03719; OLG Hamm 5.3.2003, NZG 2003, 627.

[11] Staub/Habersack Rn. 11.

[12] BayObLG 5.11.1992, NJW-RR 1993, 359 = DB 1993, 157; OLG Hamm 5.9.1996, NJW-RR 1997, 32 (33) = DB 1996, 2326 (2327); KG 20.4.2020, ZIP 2020, 1359 f.; s. ferner BGH 2.6.2003, DStR 2003, 1541 = ZIP 2003, 1338 (1339). Für eine Analogie auch bei der OHG Neumann NZG 2016, 1018 (1019 f.). Für einen besonders gelagerten Fall (Nachtragsliquidation einer OHG sehr lange Zeit nach der Löschung im Handelsregister) OLG Saarbrücken 18.7.2018, NZG 2018, 1185 (1186) = DNotZ 2018, 872 (875).

[13] Staub/Habersack Rn. 32; **aA** Ebenroth/Boujong/Saam Rn. 13; Heymann/Peetz § 146 Rn. 7.

[14] BGH 21.5.1955, BGHZ 17, 299 (301) = NJW 1955, 1227; 6.3.1967, WM 1967, 682 (684); BayObLG 21.9.1994, ZIP 1994, 1767 (1770) = DStR 1994, 1702; Westermann/Wertenbruch PersGesR-HdB/Könen/Wertenbruch § 43 Rn. I 1725.

8 Bei der Bestellung eines Dritten ist die Erklärung seines Einverständnisses erforderlich. Die Verpflichtung dazu und zur Ausübung der Liquidatorentätigkeit ergibt sich aus einem mit der Gesellschaft geschlossenen schuldrechtlichen Vertrag (meist nach den §§ 611, 675 BGB); zur Vergütung → § 144 Rn. 7.

9 Das Liquidatorenamt endet nicht nur bei Vollbeendigung der Gesellschaft, sondern auch durch Fortsetzung der Gesellschaft oder Zeitablauf,[15] nicht aber durch Übergang zu einer anderen Art der Abwicklung.[16] Die Amtsniederlegung führt ebenfalls zur Beendigung des Liquidatorenamts, ist Gesellschaftern aufgrund ihrer Treuepflicht aber nur gestattet, wenn ein wichtiger Grund vorliegt.[17] Stirbt der Liquidator, so treten seine Erben in seine Rechtsstellung ein, wenn er Gesellschafter war.[18] Auch die Abberufung, die die Liquidatorenrechte nicht lediglich beschränkt, beendet die Liquidatorenstellung (→ Rn. 10 ff.)

10 **5. Abberufung.** Die Abberufung von Liquidatoren erfordert gem. Abs. 5 grundsätzlich Einstimmigkeit. Nach § 145 Abs. 1 kann bei wichtigem Grund die Abberufung durch gerichtliche Entscheidung erfolgen. Die Art der Abberufung hängt nicht von der Art der Bestellung ab, dh es kann zB ein durch Gesellschafterbeschluss bestellter Liquidator gerichtlich abberufen werden.[19] Ist ein Insolvenzverwalter über das Vermögen eines Gesellschafters bestellt, richtet sich die Abberufung gegen den Gesellschafter als Liquidator; gleiches gilt im Fall des gemeinsamen Vertreters mehrerer Erben (Abs. 3), des Testamentsvollstreckers und des Nachlassverwalters.[20]

11 **Vertraglich** kann für die Abberufung als erschwerende Voraussetzung das Vorliegen eines wichtigen Grundes vorgesehen sein.[21] Die Abberufung durch Beschluss kann auch gänzlich ausgeschlossen werden.[22] Ein nach § 145 Abs. 1 gerichtlich bestellter Liquidator kann nicht gegen den Willen des Beteiligten abberufen werden, auf dessen Antrag die Bestellung erfolgte.[23] Ist der Abzuberufende Beteiligter, darf er mitstimmen, jedoch nicht bei Abberufung aus wichtigem Grund.[24] Ein vertraglich eingeräumtes Sonderrecht zur Betätigung als Liquidator kann gegen den Willen des Betroffenen nur aus wichtigem Grund entzogen werden.[25]

12 Mit der Abberufung **endet das Amt des Liquidators,** es erlöschen dessen organschaftliche Befugnisse. Rückwirkung hat die Abberufung nicht. Bei Abberufung durch Beschränkung der Liquidatorenrechte gelten mit Wirksamkeit der Abberufung die neuen Regeln zur Geschäftsführung und Vertretung. Die Beendigung des Dienst- oder Geschäftsbesorgungsvertrags mit der Gesellschaft erfolgt nach den jeweils maßgeblichen Grundsätzen des bürgerlichen Rechts.

III. Insolvenzverwalter (Abs. 2)

13 Nach Abs. 2 tritt im Fall der Gesellschafterinsolvenz der Insolvenzverwalter an die Stelle des ansonsten als Liquidator berufenen Gesellschafters. Er ist nicht selbst Liquidator, sondern übt im Rahmen der Verwaltung der Insolvenzmasse (§ 35, § 80 InsO) das Liquidatorenamt für den Gesellschafter aus.[26]

IV. Gemeinsamer Vertreter (Abs. 3)

14 **1. Gemeinsamer Vertreter der Miterben.** Wenn die Gesellschaft durch den Tod eines Gesellschafters aufgelöst ist und er mehrere Erben hat, geht seine Mitgliedschaft ungeteilt auf die Miterben über, denen die Verwaltung des Nachlasses nach § 2038 Abs. 1 S. 1 BGB gemeinschaftlich zusteht. Abs. 3 bestimmt daher für die Situation des Abs. 1, in der die Miterben gemeinschaftlich zu Liquida-

---

15 Henssler/Strohn Rn. 17.

16 MüKoHGB/v. Selle Rn. 12; **aA** BayObLG 30.12.1980, DB 1981, 518 (519) = ZIP 1981, 188.

17 Ebenroth/Boujong/Saam Rn. 20; NK-HGB/Anissimov Rn. 11; **aA** BeckOK HGB/Lehmann-Richter, 47. Ed. 1.7.2025, Rn. 18.

18 Henssler/Strohn Rn. 19.

19 Ebenroth/Boujong/Saam § 145 Rn. 3; Staub/Habersack § 147 Rn. 41.

20 MüKoHGB/v. Selle Rn. 7, 15, 31, 40; Staub/Habersack § 147 Rn. 42; **aA** Ebenroth/Boujong/Saam Rn. 16; Heymann/Peetz § 147 § 146 Rn. 2 f., 6; Hueck OHG § 32 IV 2b.

21 Ebenroth/Boujong/Saam Rn. 15.

22 Ebenroth/Boujong/Saam Rn. 15; Staub/Habersack § 147 Rn. 38.

23 Staub/Habersack § 147 Rn. 38; MüKoHGB/v. Selle Rn. 16.

24 Staub/Habersack § 147 Rn. 38; einschr. MüKoHGB/v. Selle Rn. 14; **aA** Westermann/Wertenbruch PersGesR-HdB/Könen/Wertenbruch § 43 Rn. I 1720.

25 Ebenroth/Boujong/Saam Rn. 16; Staub/Habersack Rn. 38.

26 BGH 24.11.1980 = NJW 1981, 822 = BB 1981, 200; MüKoHGB/v. Selle Rn. 7; Staub/Habersack Rn. 15, 17; **aA** Hopt/Roth Rn. 2; Westermann/Wertenbruch PersGesR-HdB/Könen/Wertenbruch § 43 Rn. I 1721; Heymann/Peetz § 146 Rn. 2; RGHMW/Mock Rn. 8.

toren berufen sind, die Bestellung eines gemeinsamen Vertreters durch die Miterben, der für sie das Liquidatorenamt ausübt. Dadurch soll eine Verzögerung der Liquidation durch die zumeist nicht einfache Willensbildung in der Erbengemeinschaft vermieden werden.[27] Die Mitgesellschafter können allerdings auch zulassen, dass die nach Abs. 1 gemeinschaftlich berufenen Miterben sämtlich als Liquidatoren tätig werden. Abs. 1 gilt auch für den Fall, dass nach Auflösung der Gesellschaft ein Gesellschafter stirbt und mehrere Erben hinterlässt.[28]

Die Bestellung des Vertreters erfolgt durch **Mehrheitsbeschluss der Miterben** nach den § 2038 Abs. 2 S. 1 BGB, § 745 Abs. 1 BGB; die einzelnen Miterben sind einander zur Mitwirkung verpflichtet. Als gemeinsamer Vertreter kommt ein Miterbe oder ein Dritter in Betracht; einer der anderen Liquidatoren kann wegen der Beschränkung des § 181 Var. 1 BGB nur einstimmig gewählt werden.[29] Die Bestellung ist während des gesamten Abwicklungsverfahrens jederzeit nachholbar.[30] 15

Der gemeinsame Vertreter übt das Liquidatorenamt lediglich für die Miterben aus; Liquidatoren sind die Miterben in Gemeinschaft.[31] Die Wahrnehmung der **übrigen mitgliedschaftlichen Befugnisse** steht weiterhin den Miterben zu, dh insbesondere das Stimmrecht bei Beschlussfassungen und das Antragsrecht nach § 145 Abs. 1.[32] 16

Unterlassen die Miterben die Bestellung des Vertreters, wird dadurch die Gesellschaft grundsätzlich nicht handlungsunfähig, da dann – wenn die Gesellschafter nicht ein gemeinsames Handeln durch die Miterben zulassen – die übrigen nach Abs. 1 berufenen Gesellschafter allein die Liquidation betreiben können.[33] Bei drohender Handlungsunfähigkeit kann ein Liquidator nach § 145 Abs. 1 bestellt werden. 17

2. Testamentsvollstreckung und Nachlassverwaltung. Der Testamentsvollstrecker ist nicht selbst Liquidator, sondern übt die Liquidatorenrechte für den Erben oder die Miterben nach den §§ 2205 ff. BGB aus; die Bestellung eines gemeinsamen Vertreters ist nicht erforderlich.[34] Gleiches gilt im Fall der Nachlassverwaltung (§§ 1975, 1985 BGB).[35] 18

§ 145 Gerichtliche Berufung und Abberufung von Liquidatoren

(1) ¹Auf Antrag eines Beteiligten kann aus wichtigem Grund ein Liquidator durch das Gericht, in dessen Bezirk die Gesellschaft ihren Sitz hat, berufen und abberufen werden. ²Eine Vereinbarung im Gesellschaftsvertrag, welche dieses Recht ausschließt, ist unwirksam.

(2) Beteiligte sind:
1. **jeder Gesellschafter (§ 144 Absatz 1),**
2. **der Insolvenzverwalter über das Vermögen des Gesellschafters (§ 144 Absatz 2),**
3. **der gemeinsame Vertreter (§ 144 Absatz 3) und**
4. **der Privatgläubiger des Gesellschafters, durch den die zur Auflösung der Gesellschaft führende Kündigung erfolgt ist (§ 143 Absatz 2 Satz 2).**

(3) ¹Gehört der Liquidator nicht zu den Gesellschaftern, hat er Anspruch auf Ersatz der erforderlichen Aufwendungen und auf Vergütung für seine Tätigkeit. ²Einigen sich der Liquidator und die Gesellschaft hierüber nicht, setzt das Gericht die Aufwendungen und die Vergütung fest. ³Gegen die Entscheidung ist die Beschwerde zulässig; die Rechtsbeschwerde ist ausgeschlossen. ⁴Aus der rechtskräftigen Entscheidung findet die Zwangsvollstreckung nach der Zivilprozessordnung statt.

Übersicht

[27] BeckOGK/Peschke, 15.5.2025 Rn. 33, 34; Ebenroth/Boujong/Saam Rn. 7.
[28] Heymann/Peetz § 146 Rn. 3; RGHMW/Mock Rn. 9; Staub/Habersack Rn. 19.
[29] Hopt/Roth Rn. 4; Ebenroth/Boujong/Saam Rn. 8; Heymann/Peetz § 146 Rn. 5.
[30] MüKoHGB/v. Selle Rn. 36; Staub/Habersack Rn. 24.
[31] NK-HGB/Anissimov Rn. 8; Henssler/Strohn/Klöhn Rn. 14; MüKoHGB/v. Selle Rn. 31; **aA** Hopt/Roth Rn. 3.
[32] Ebenroth/Boujong/Saam Rn. 8; Staub/Habersack Rn. 21; **aA** MüKoHGB/v. Selle Rn. 33.
[33] MüKoHGB/K. Schmidt § 146 Rn. 24; RGHMW/Mock Rn. 10.
[34] Heymann/Peetz § 146 Rn. 6; KKD/Kindler § 146 Rn. 4; MüKoHGB/v. Selle Rn. 40.
[35] KKD/Kindler § 146 Rn. 4; **aA** BayObLG 30.10.1990, DB 1991, 33; 4.2.1988, DB 1988, 853.

I. Allgemeines

1 § 145 regelt die gerichtliche Berufung und Abberufung von Liquidatoren aus wichtigem Grund. Abs. 1 schreibt diese Möglichzeit als zwingende Regelung fest, Abs. 2 regelt, wer die Beteiligten sind und Abs. 3 regelt den Aufwendungsersatz und die Vergütung für diejenigen Liquidatoren, die nicht Gesellschafter sind.

II. Wichtiger Grund

2 Ein wichtiger Grund für die **Ernennung** von Liquidatoren durch das Gericht liegt vor, wenn eine ordnungsgemäße und reibungslose Abwicklung durch die Gesellschafter oder von ihnen berufene Liquidatoren nicht zu erwarten und die bevorstehende oder eingetretene **Handlungsunfähigkeit der Gesellschaft** abzuwenden ist. Dies ist durch eine Abwägung festzustellen, in die einerseits die aus dem Abwicklungszweck folgenden Interessen der Gesellschaft einzubeziehen sind und andererseits die Interessen des Antragsstellers sowie der anderen Beteiligten, zB das Interesse des Privatgläubigers oder Insolvenzverwalters an einer zügigen vermögensmäßigen Auseinandersetzung der Gesellschafter. Ein wichtiger Grund kann vorliegen bei einem die Liquidation erschwerenden, feindseligen Verhältnis der Liquidatoren zueinander,[1] bei erheblichen Pflichtverstößen der Liquidatoren – zB das Unterlassen der Information der Gesellschafter über die Veräußerung des einzigen wesentlichen Vermögensgegenstandes der Gesellschaft – sowie bei begründeten Zweifeln an der Unparteilichkeit oder der Zuverlässigkeit und Redlichkeit des Liquidators,[2] schließlich bei Verhinderung eines Liquidators an der Durchführung der Liquidation aus rechtlichen oder tatsächlichen Gründen.[3]

3 Ein wichtiger Grund für die **Abberufung** ist gegeben, wenn die weitere Tätigkeit des Liquidators für die Gesellschaft oder einen Beteiligten unzumutbar ist, dh wenn die Durchführung der Abwicklung gefährdet oder die berechtigten Interessen der aufzulösenden Gesellschaft oder eines Beteiligten erheblich beeinträchtigt werden können, zB bei wesentlicher Pflichtverletzung, begründeten Zweifeln an Unparteilichkeit und Zuverlässigkeit des Liquidators, Gefahr eines Interessenwiderstreits zwischen Gesellschaft und Liquidator.[4]

III. Beteiligte

4 Abs. 2 regelt etwas umfassender als § 146 Abs. 2 S. 2 aF, wer antragsberechtigter Beteiligter ist. Zu diesem Personenkreis zählen die Gesellschafter, jeder Miterbe nach § 2038 Abs. 1 S. 2 Hs. 2 BGB, der Insolvenzverwalter, der gemeinsame Vertreter nach § 144 Abs. 3, der Testamentsvollstrecker sowie der Privatgläubiger, wenn er die Gesellschaft gekündigt (§ 133) oder nach Auflösung den Gesellschaftsanteil gepfändet hat. Kein Antragsrecht hat dagegen der Nachlassverwalter nach den §§ 1984 ff. BGB.[5] Der Antrag kann auf die Ernennung einer bestimmten Person als Liquidator mit bestimmten Befugnissen gerichtet sein, kann aber hinsichtlich Person und Zahl der Liquidatoren wie auch in Hinsicht auf die Ausgestaltung der Geschäftsführungs- und Vertretungsmacht unbestimmt sein. Über den Wortlaut der Norm hinaus kann die Erweiterung der Befugnisse bereits vorhandener Liquidatoren beantragt werden.[6]

IV. Zuständigkeit und Verfahren

5 Zuständig für die **Ernennung und Abberufung** der Liquidatoren ist nach den **§ 375 Nr. 1 FamFG, § 23a Abs. 1 Nr. 2, 2 Nr. 4 GVG iVm § 3 Nr. 2 lit. d RPflG, § 17 Nr. 2 lit. a RPflG** der **Rechtspfleger** bei dem Amtsgericht als Gericht der freiwilligen Gerichtsbarkeit. Das FamFG enthält keine Regelung zum rechtlichen Gehör in dieser Angelegenheit, da die Regelungen des allgemeinen Teils des FamFG insoweit ausreichend sind.[7] Es gilt der Amtsermittlungsgrundsatz (§ 26 FamFG).

5a Bei der **Ernennung** kann der Antrag kann hinsichtlich der zu ernennenden Person oder der Ausgestaltung der Geschäftsführungs- und Vertretungsbefugnisse unbestimmt sein; über einen

[1] KG 12.1.1999, NJW-RR 1999, 831 = NZG 1999, 437 zu § 147; BeckOK HGB/Lehmann-Richter, 47. Ed. 1.7.2025, Rn. 10.

[2] OLG Köln 29.5.1989, BB 1989, 1432; BayObLG 17.5.1978, WM 1978, 1164 (1165) = Rpfleger 1978, 378.

[3] RG 20.12.1939, RGZ 162, 370 (376).

[4] KG 12.1.1999, NJW-RR 1999, 831 = NZG 1999, 437; OLG Düsseldorf 22.7.1998, NJW-RR 1999, 37 = ZIP 1998, 1534; BayObLG 25.9.1997, NJW-RR 1998, 470 = BB 1997, 2397; OLG Köln 29.5.1989, BB 1989, 1432; BeckOGK/Peschke, 15.5.2025, Rn. 15; MüKoHGB/v. Selle Rn. 3.

[5] Ebenroth/Boujong/Saam Rn. 6; **aA** Staub/Habersack Rn. 18; MüKoHGB/v. Selle Rn. 7.

[6] MüKoHGB/v. Selle Rn. 1.

[7] Begr. RegE, BT-Drs. 16/6308, 289.

bestimmt gefassten Antrag darf das Gericht aber nicht hinausgehen. Das Gericht kann den Liquidator lediglich ernennen und Gesamt- oder Einzelgeschäftsführungs- und -vertretungsbefugnis festsetzen; sonstige Beschränkungen oder Weisungen kann es nicht erteilen. Die Entscheidung ergeht durch **Beschluss,** der mit der Beschwerde anfechtbar ist (§ 402 Abs. 1 FamFG). Beschwerdebefugt ist bei Ablehnung des Antrags der Antragssteller, gegen die Bestellung eines Liquidators jeder in seinen Rechten Beeinträchtigte (§ 59 Abs. 1 FamFG).

Der Ernannte ist – unabhängig, ob Gesellschafter oder Dritter – nicht zur Übernahme des Liquidatorenamtes verpflichtet. Sein Amt beginnt erst, wenn er die **Annahme** erklärt. Die Gesellschafter können dann den Ernannten abberufen und einen neuen Liquidator berufen. 6

Eine Spezialregelung für die gerichtliche Liquidatorenbestellung enthält § 38 Abs. 2 KWG, nach dessen S. 2 auf Antrag der BaFin das Registergericht die Abwickler zu bestellen hat. 7

Bei der **Abberufung** ist dem betroffenen Liquidator wie auch den Gesellschaftern rechtliches Gehör zu gewähren.[8] Gegen die Entscheidung haben der Antragsteller und der betroffene Liquidator das Recht zur Beschwerde nach den **§ 402 Abs. 1 FamFG, § 11 Abs. 1 RPflG,** außerdem jedenfalls der Gesellschafter, der zwar nicht den Abberufungsantrag gestellt, aber an der Bestellung des Liquidators mitgewirkt hat.[9] 8

Abberufung durch einstweilige Verfügung des Prozessgerichts ist neben dem Verfahren nach den § 375 Nr. 1 FamFG, § 376 FamFG nicht zulässig.[10] Nach § 49 FamFG sind aber vorläufige Maßnahmen des Registergerichts möglich, sodass auf diesem Weg dem Liquidator die Tätigkeit oder einzelne Handlungen untersagt werden können.[11] 9

V. Ersatz von Aufwendungen und Vergütung

Ein Gesellschafter hat grundsätzlich keinen Vergütungsanspruch (→ § 144 Rn. 7). Der Aufwendungs- und Vergütungsersatz für Liquidatoren, die nicht aus dem Kreis der Gesellschafter stammen, ist nun in Anlehnung an § 265 Abs. 4 AktG in Abs. 3 geregelt. 10

Die Höhe der zur ersetzenden Auslagen sowie der Vergütung bestimmt sich in erster Linie nach der Vereinbarung zwischen dem Liquidator und der Gesellschaft. Geling eine Einigung nicht, kommt es zur gerichtlichen Feststellung. Zuständig ist nach den **§ 375 Nr. 1 FamFG, § 23a Abs. 1 Nr. 2, 2 Nr. 4 GVG iVm § 3 Nr. 2 lit. d RPflG, § 17 Nr. 2 lit. a RPflG** der **Rechtspfleger** bei dem Amtsgericht als Gericht der freiwilligen Gerichtsbarkeit. Rechtsmittel ist die Beschwerde, für die die Monatsfrist des § 63 FamFG zu beachten ist. Die Rechtsbeschwerde ist ausgeschlossen. Nach Abs. 3 S. 4 ist der gerichtliche Festsetzungsbeschluss Vollstreckungstitel iSd § 794 Abs. 1 Nr. 3 ZPO. 11

§ 146 Geschäftsführungs- und Vertretungsbefugnis der Liquidatoren

(1) [1]Mit der Auflösung erlischt die einem Gesellschafter im Gesellschaftsvertrag übertragene Befugnis zur Geschäftsführung und Vertretung. [2]Diese Befugnis steht von der Auflösung an allen Liquidatoren gemeinsam zu.

(2) Die bisherige Befugnis eines Gesellschafters zur Geschäftsführung gilt gleichwohl zu seinen Gunsten als fortbestehend, bis er von der Auflösung der Gesellschaft Kenntnis erlangt hat oder die Auflösung kennen muss.

Übersicht

[8] Henssler/Strohn/Klöhn Rn. 3; MüKoHGB/v. Selle Rn. 9.

[9] OLG Düsseldorf 22.7.1998, NJW-RR 1999, 37 f. = ZIP 1998, 1534; BayObLG 4.2.1988, BB 1988, 791 = DB 1988, 853; Ebenroth/Boujong/Saam Rn. 7; weitergehend Staub/Habersack Rn. 12 ff.; **aA** OLG Hamm 30.8.1977, DB 1977, 2089 = Rpfleger 1977, 442.

[10] OLG Frankfurt 26.10.1988, NJW-RR 1989, 98 = ZIP 1989, 39; Hopt/Roth Rn. 9; **aA** (für die GmbH) OLG Frankfurt 31.7.1979, BB 1979, 1630 = GmbHR 1979, 229.

[11] MüKoHGB/v. Selle Rn. 13.

I. Allgemeines

1 § 146 Abs. 1 regelt die Geschäftsführungsbefugnis und die Vertretungsmacht der insofern als Organe der Gesellschaft handelnden Liquidatoren, denen nach der Auflösung der Gesellschaft diese Aufgaben übertragen sind. Entsprechende Befugnisse der Gesellschafter erlöschen. Abs. 2 der Norm schütz Gesellschafter, die vor der Auflösung zur Geschäftsführung berufen waren, vor den Risiken, die sich aus dem auflösungsbedingten Erlöschen ihrer Geschäftsführungsbefugnis ergeben.

2 Das in einer Liquidationsgesellschaft vorherrschende Geschäftsinteresse zielt nicht mehr auf den Betrieb eines Handelsgewerbes unter gemeinschaftlicher Firma, sondern auf die Versilberung und Auskehrung des Gesellschaftsvermögens.[1] Das Vertrauensverhältnis zwischen den Gesellschaftern wird außerdem oftmals in der Liquidationsphase beeinträchtigt sein.[2] Diesen veränderten Umständen trägt Abs. 1 Rechnung, indem die Norm für die Liquidation der Gesellschaft von der in den § 116 Abs. 1, 3 S. 1 und § 124 Abs. 1 und 2 geregelten flexibleren Einzelbefugnis abweicht und stattdessen **Gesamtgeschäftsführung** und **Gesamtvertretung** vorsieht.

II. Geschäftsführung

3 **1. Grundsatz.** Nach Abs. 1 S. 2 sind mehrere Liquidatoren nur gemeinsam handlungsbefugt, sodass jede Einzelmaßnahme der – zumindest stillschweigenden – Zustimmung sämtlicher Liquidatoren bedarf.[3] Ein gleichzeitiges Tätigwerden der Liquidatoren ist jedoch nicht erforderlich, da auch deren Einwilligung oder Genehmigung zu der von einem einzelnen Liquidator vorgenommenen Maßnahme ausreicht.[4] Die zur Durchführung der Gesamtgeschäftsführung erforderliche Zustimmung ist nicht dem Belieben des Liquidators überlassen. Vielmehr scheidet eine Verweigerung der Zustimmung aus, wenn die Zustimmung sachlich geboten erscheint.[5] Bei einem pflichtwidrigen Unterlassen der Zustimmung kann ein Liquidator auf Erteilung selbiger in Anspruch genommen werden, wobei die klagebefugte Gesellschaft durch die Gesellschafter vertreten wird.[6] In dem Fall, dass der nicht zustimmende Liquidator Gesellschafter ist, kann auch ein Mitgesellschafter die Klage als actio pro socio erheben.[7]

4 Die nur vorübergehende **Verhinderung** eines Liquidators hat nach hM nicht automatisch die Alleingeschäftsführungsbefugnis der Übrigen zur Folge.[8] Allerdings steht den nicht verhinderten Liquidatoren ein Recht zur Notgeschäftsführung zu, sofern ein sofortiges Handeln unausweichlich ist und die Mitwirkung der anderen Liquidatoren nicht rechtzeitig erfolgen kann; insoweit gilt § 116 Abs. 4 entsprechend.[9]

5 **2. Abweichende Bestimmungen.** Abweichend von der gesetzlichen Regel kann im Gesellschaftsvertrag oder durch Gesellschafterbeschluss auch für die Liquidationsgesellschaft die **Einzelgeschäftsführungsbefugnis** eines oder mehrerer Liquidatoren vereinbart werden. Möglich ist es auch, einzelnen Liquidatoren Einzelgeschäftsführungsbefugnis, anderen lediglich Gesamtgeschäftsführungsbefugnis zuzusprechen. Nach Auflösung der Gesellschaft kann zudem das nach den § 145 Abs. 1 für die Bestellung von Liquidatoren zuständige Gericht entscheiden, dass die von ihm ernannten Liquidatoren einzeln handeln können.[10]

6 **3. Kompetenzanmaßung.** Sofern die Zustimmung auch nur eines Liquidators fehlt, hat die Maßnahme zu unterbleiben, da dem Handelnden insofern die Geschäftsführungsbefugnis fehlt. Eine Kompetenzanmaßung kann eine **Schadensersatzpflicht** des Handelnden gegenüber der Gesellschaft zur Folge haben.[11] Bei Vorliegen der weiteren Voraussetzungen schuldhaften Handelns kann auch schon die nicht nach pflichtgemäßem (dh am Gesellschaftszweck orientierten) Ermessen getroffene Entscheidung über die Zustimmung zur Schadensersatzpflicht eines Liquidators führen.[12]

---

[1] Vgl. Staub/Habersack Rn. 1.
[2] KKD/Kindler § 150 Rn. 1.
[3] Staub/Habersack Rn. 6.
[4] GK-HGB/Ensthaler § 150 Rn. 1; Heymann/Peetz § 150 Rn. 2.
[5] NK-HGB/Anissimov Rn. 3; MüKoHGB/v. Selle Rn. 6.
[6] RGHMWHopt/Roth Rn. 5; Schlegelberger/K. Schmidt § 150 Rn. 5; Staub/Habersack Rn. 8; Hueck OHG § 32 IV 5d.
[7] HK-HGB/Stuhlfelner § 150 Rn. 1; Michalski OHG-R § 150 Rn. 2; Hopt/Roth § 150 Rn. 1; MHdB GesR I/Knof/Mock § 11 Rn. 24.
[8] Hopt/Roth Rn. 5; Ebenroth/Boujong/Saam Rn. 5; MüKoHGB/v. Selle Rn. 5.
[9] Heymann/Peetz § 150 Rn. 3; Henssler/Strohn/Klöhn Rn. 4; Staub/Habersack Rn. 9.
[10] Heymann/Peetz § 150 Rn. 4.
[11] Staub/Habersack Rn. 6.
[12] Staub/Habersack Rn. 7.

III. Vertretung

1. Grundsatz. Da die Liquidatoren nur gemeinschaftlich zur Vertretung der Abwicklungsgesellschaft berechtigt sind, setzt eine wirksame Vertretung die Abgabe einer Willenserklärung durch alle Liquidatoren im Namen der Gesellschaft voraus. Ein ohne die Zustimmung aller Liquidatoren vorgenommenes Rechtsgeschäft ist zunächst schwebend unwirksam. Insoweit finden die Vorschriften der §§ 177, 180 BGB Anwendung. 7

Auch bezüglich der Vertretung der Gesellschaft stellt sich die Frage, welche Folgen sich aus der **Verhinderung** eines Liquidators ergeben. So kann aus dem Fortfall eines Gesamtvertreters die Handlungsunfähigkeit der Gesellschaft erwachsen. Dennoch führt dies nicht dazu, dass nunmehr den verbleibenden Liquidatoren die Gesamt- oder aber jeweils Alleinvertretungsmacht zufällt.[13] Vielmehr obliegt es den Gesellschaftern, die übrig gebliebenen Liquidatoren zum Alleinhandeln zu ermächtigen oder für den Fall, dass dies nicht gelingt, die gerichtliche Bestellung eines Liquidators zu beantragen. Im Unterschied zur Notgeschäftsführung (→ Rn. 4) gibt es zudem auch keine sog. Noteinzelvertretungsmacht.[14] 8

2. Außergerichtliche Vertretung. Die Liquidatoren üben organschaftliche Vertretungsmacht anstelle der Gesellschafter aus, deren Vertretungsmacht (§ 124) mit der Auflösung erloschen ist. Den Gesellschaftern bleibt zur Einwirkung auf die Geschäftsführung und damit mittelbar auf den Gebrauch der Vertretungsmacht die Erteilung von **Weisungen** nach § 148 Abs. 1 oder die Abberufung. 9

Die **Vertretungsmacht** der Liquidatoren ist in ihrem Umfang **unbeschränkt;** der Wirksamkeit der von einem im Innenverhältnis pflichtwidrig handelnden Liquidator geschlossenen Geschäfte können lediglich die Grundsätze über den Missbrauch der Vertretungsmacht entgegenstehen.[15] 10

Die Liquidatoren können von den Beschränkungen des **§ 181 BGB** durch Vertrag oder Beschluss **befreit** werden (eintragungspflichtige Tatsache);[16] ob eine den vertretungsberechtigten Gesellschaftern im Gesellschaftsvertrag erteilte Befreiung für sie als Gesellschafter-Liquidatoren fortwirkt, ist durch Auslegung zu ermitteln.[17] Für die Genehmigung eines nach § 181 BGB schwebend unwirksamen Geschäfts gelten die **§§ 177 f., 180 BGB.**[18] 11

Die **Erteilung von Vollmachten** (einschließlich der Prokura) durch die die Gesellschaft vertretenden Liquidatoren ist möglich;[19] vor der Auflösung erteilte Vollmachten bestehen weiter, können aber nach § 168 BGB widerrufen werden.[20] 12

3. Gerichtliche Vertretung. Durch die Auflösung wird die Parteifähigkeit der Gesellschaft nicht beseitigt. Die Liquidatoren können anhängige, durch die Auflösung nicht unterbrochene Prozesse weiterführen und neue Prozesse einleiten. Die Grundsätze über den Missbrauch der Vertretungsmacht gelten bei der Prozessvertretung nicht. Nicht befugt sind die Liquidatoren zur Geltendmachung von Rechten, die den Gesellschaftern untereinander zustehen; möglich ist aber eine Feststellungsklage gegen einen Gesellschafter, der Rechte der Gesellschaft bestreitet oder einen Anspruch gegen sie behauptet.[21] Im Prozess werden die Liquidatoren als Partei, die Gesellschafter als Zeugen vernommen. 13

4. Abweichende Bestimmungen. Ebenso wie für die Geschäftsführungsbefugnis kann den Liquidatoren durch Gesellschaftsvertrag, durch Gesellschafterbeschluss sowie im Rahmen von § 145 durch das Gericht **Einzelvertretungsmacht** verliehen werden.[22] 14

5. Eintragungspflicht. Die Art der Vertretungsbefugnis muss nach § 147 Abs. 1 S. 1 stets, also nicht nur bei abweichenden Bestimmungen, ins Handelsregister eingetragen werden. Dies gilt jedoch nicht für abweichende Bestimmungen über die Geschäftsführungsbefugnis, denen es bereits an der Eintragungsfähigkeit mangelt.[23] 15

---

[13] OLG Hamm 5.3.2003, NZG 2003, 627 = OLGR 2003, 203 (204); Hopt/Roth Rn. 6; Ebenroth/Boujong/Saam Rn. 15; Heymann/Peetz § 150 Rn. 3; MüKoHGB/v. Selle Rn. 11; Staub/Habersack Rn. 15 f.

[14] Hopt/Roth Rn. 6.

[15] Westermann/Wertenbruch PersGesR-HdB/Könen/Wertenbruch § 43 Rn. I 1726b; NK-HGB/Anissimov Rn. 5; Michalski OHG-R § 149 Rn. 16; MüKoHGB/v. Selle Rn. 21.

[16] Ebenroth/Boujong/Saam Rn. 13; KKD/Kindler § 149 Rn. 6.

[17] Verneinend Ebenroth/Boujong/Saam Rn. 13; bejahend MüKoHGB/v. Selle Rn. 29.

[18] BGH 29.11.1993, NJW-RR 1994, 292 (293) = ZIP 1994, 129.

[19] NK-HGB/Anissimov Rn. 7; MüKoHGB/v. Selle Rn. 35; **aA** Grziwotz DStR 1992, 1365 (1367).

[20] MüKoHGB/v. Selle Rn. 35; hinsichtlich Prokura abl. RG 21.10.1909, RGZ 72, 119 (122).

[21] BGH 3.7.1978, WM 1978, 1232 (1233).

[22] BeckOK HGB/Lehmann-Richter, 47. Ed. 1.7.2025, Rn. 11; Hopt/Roth Rn. 8.

[23] Schlegelberger/K. Schmidt § 150 Rn. 14; Staub/Habersack Rn. 21.

IV. Schutz der Gesellschafter nach Abs. 2

16 Abs. 2 fingiert den Fortbestand der Geschäftsführungsbefugnis derjenigen Gesellschafter, die vor der Auflösung zur Geschäftsführung berufen waren und von der Auflösung weder wussten noch wissen mussten. Diese Regelung dient dem Schutz der vor der Auflösung geschäftsführungsbefugten Gesellschafter. Der Fortbestand der Vertretungsmacht wird nicht fingiert, im Außenverhältnis greift § 141 iVm § 15 Abs. 1.

§ 147 Anmeldung der Liquidatoren

(1) [1]Die Liquidatoren und ihre Vertretungsbefugnis sind von sämtlichen Gesellschaftern zur Eintragung in das Handelsregister anzumelden. [2]Das Gleiche gilt für jede Änderung in der Person des Liquidators oder in seiner Vertretungsbefugnis. [3]Wenn im Fall des Todes eines Gesellschafters anzunehmen ist, dass die Anmeldung den Tatsachen entspricht, kann die Eintragung erfolgen, auch ohne dass die Erben bei der Anmeldung mitwirken, sofern einer solchen Mitwirkung besondere Hindernisse entgegenstehen.

(2) Die Eintragung gerichtlich berufener Liquidatoren sowie die Eintragung der gerichtlichen Abberufung von Liquidatoren geschieht von Amts wegen.

I. Allgemeines

1 Die Vorschrift regelt – entsprechend der Regelung in § 106 für die werbende Gesellschaft – die Anmeldung der Liquidatoren und ihrer Vertretungsmacht zur Eintragung in das Handelsregister. Sie erfasst auch spätere Änderungen bei den Liquidatoren und ihrer Vertretungsmacht. Die **Eintragungen wirken deklaratorisch,** nicht konstitutiv.[1] Hinsichtlich der Folgen unterlassener oder falscher Eintragungen gilt § 15.

II. Die Anmeldung nach Abs. 1

2 **1. Anmeldepflichtige Tatsachen.** Nach Abs. 1 S. 1 sind die gesetzlichen oder durch Gesellschaftsvertrag oder Gesellschafterbeschluss bestimmten **Liquidatoren anzumelden,** der Insolvenzverwalter im Fall des § 144 Abs. 2, der Testamentsvollstrecker, der gemeinsame Vertreter mehrerer Erben (§ 146 Abs. 3) und bei gesetzlicher Vertretung eines Gesellschafter-Liquidators nach § 144 Abs. 1 der gesetzliche Vertreter. Anzumelden ist auch, wenn nach § 144 Abs. 1 sämtliche Gesellschafter Liquidatoren werden, obwohl sie als solche grundsätzlich bereits im Handelsregister eingetragen sind. Die **Vertretungsmacht** ist auch bei Übereinstimmung mit der Regelung des § 146 Abs. 1 anzumelden. Natürliche Personen werden mit Namen, Vornamen, Geburtsdatum und Wohnort, juristische Personen und Personenhandelsgesellschaften mit Firma und Sitz (wie § 106 Abs. 2 Nr. 1, 2) angemeldet. Abs. 1 S. 2 erfasst jede **Veränderung** der Person oder Vertretungsmacht eines Liquidators, also auch die Abberufung.[2]

3 Ist die Gesellschaft oder ihre Auflösung entgegen den §§ 106, 141 noch nicht eingetragen, so sind diese Anmeldungen mit der nach Abs. 1 zu verbinden.[3] Wird zugleich das Erlöschen der Firma angemeldet, bleibt es auch bei Abs. 1 S. 1.[4] Allerdings darf das Registergericht die Eintragung des Erlöschens der Firma nicht wegen der fehlenden Anmeldung der Liquidatoren ablehnen.[5]

4 **2. Anmeldepflichtige Personen.** Verpflichtet zur Anmeldung sind sämtliche Gesellschafter, der Insolvenzverwalter (§ 144 Abs. 2), der Testamentsvollstrecker, der gesetzliche Vertreter eines nicht voll geschäftsfähigen Gesellschafters, der organschaftliche Vertreter für eine juristische Person oder Personenhandelsgesellschaft. Nicht anmeldepflichtig sind der Privatgläubiger iSd § 133 und der gemeinsame Vertreter nach § 144 Abs. 3 – hier meldet der Schuldner-Gesellschafter oder melden die Erben an, wobei nach S. 3 bei besonderen Hindernissen die Anmeldung ohne Mitwirkung aller Erben erfolgen kann, etwa wenn sie schwer (oder un-)erreichbar sind.[6] Nicht zur Anmeldung verpflichtet sind die Liquidatoren, die keine Gesellschafter sind.[7]

---

[1] BeckOK HGB/Lehmann-Richter, 47. Ed. 1.7.2025, Rn. 2; Michalski OHG-R § 148 Rn. 2.

[2] Hopt/Roth Rn. 1; BeckOGK/Peschke, 15.5.2025, Rn. 10; NK-HGB/Anissimov Rn. 4.

[3] Heymann/Peetz § 148 Rn. 1; **aA** BayObLG 7.3.2001, NJW-RR 2001, 1482 = NZG 2001, 792.

[4] BayObLG 11.5.1982, BB 1982, 1749 = DB 1982, 2127 zur GmbH; Hopt/Roth Rn. 2; Ebenroth/Boujong/Saam Rn. 2.

[5] BayObLG 7.3.2001, NJW-RR 2001, 1482 = NZG 2001, 792; Westermann/Wertenbruch PersGesR-HdB/Können/Wertenbruch § 43 Rn. I 1723a.

[6] MüKoHGB/v. Selle Rn. 8; Staub/Habersack Rn. 10.

[7] Ebenroth/Boujong/Saam Rn. 3; MüKoHGB/v. Selle Rn. 7.

3. Zeitpunkt und Verfahren. Die Anmeldung muss unverzüglich nach Bestellung der Liquidatoren oder Eintritt einer Änderung bei dem Registergericht, in dessen Bezirk die Firma ihren Sitz hat (§ 106 Abs. 1), in öffentlich beglaubigter Form (§ 12 Abs. 1) erfolgen. Sie kann nach § 14 erzwungen werden. Streiten die Gesellschafter über die Wirksamkeit einer Ernennung oder Abberufung eines Liquidators oder über die Vertretungsmacht der Liquidatoren, so kann das Registergericht das Verfahren bis zur Entscheidung dieser Frage vor dem Prozessgericht aussetzen (§ 21 Abs. 1 FamFG) oder inzident entscheiden und die Gesellschafter zur dementsprechenden Anmeldung anhalten. Von Amts wegen kann es die Eintragung nicht vornehmen. 5

III. Die Eintragung nach Abs. 2

Bei gerichtlicher Bestellung oder Abberufung von Liquidatoren oder Änderung ihrer Befugnisse erfolgt die Eintragung dieser Tatsachen nach Abs. 2 von Amts wegen auf Ersuchen des Amtsgerichts, das die Verfügungen getroffen hat, an das Registergericht. Einer Anmeldung durch die Gesellschafter bedarf es nicht. 6

IV. Abdingbarkeit

Die öffentlich-rechtliche Anmeldepflicht der Gesellschafter nach Abs. 1 ist grundsätzlich zwingend; abweichende gesellschaftsvertragliche Regelungen sind daher lediglich als Bevollmächtigungsregelungen auszulegen. 7

§ 148 Rechtsstellung der Liquidatoren

(1) [1]Die Liquidatoren haben, auch wenn sie vom Gericht berufen sind, den Weisungen Folge zu leisten, welche die Beteiligten in Bezug auf die Geschäftsführung beschließen. [2]Hat nach dem Gesellschaftsvertrag die Mehrheit der Stimmen zu entscheiden, bedarf der Beschluss der Zustimmung der Beteiligten nach § 145 Absatz 2 Nummer 2 und 4.

(2) [1]Die Liquidatoren haben die laufenden Geschäfte zu beendigen, die Forderungen der Gesellschaft einzuziehen und das übrige Vermögen in Geld umzusetzen. [2]Zur Beendigung der laufenden Geschäfte können die Liquidatoren auch neue Geschäfte eingehen.

(3) [1]Die Liquidatoren haben bei Abgabe ihrer Unterschrift der Firma einen Liquidationszusatz beizufügen. [2]Dies gilt entsprechend für die Pflicht nach § 125.

(4) [1]Die Liquidatoren haben gegenüber den nach § 145 Absatz 2 Beteiligten zur Ermittlung des zu verteilenden Gesellschaftsvermögens bei Beginn und Beendigung der Liquidation eine Bilanz aufzustellen. [2]Die Pflichten zur Buchführung (§§ 238 bis 241a) und Jahresrechnungslegung (§§ 242 bis 256a) bleiben unberührt.

(5) [1]Aus dem Vermögen der Gesellschaft sind zunächst die Gläubiger der Gesellschaft zu befriedigen. [2]Ist eine Verbindlichkeit noch nicht fällig oder ist sie streitig, ist das zur Berichtigung der Verbindlichkeit Erforderliche zurückzubehalten.

(6) [1]Aus dem nach der Berichtigung der Verbindlichkeiten verbleibenden Gesellschaftsvermögen sind die geleisteten Beiträge zurückzuerstatten. [2]Für Beiträge, die nicht in Geld bestanden haben, ist der Wert zu ersetzen, den sie zur Zeit der Einbringung gehabt haben. [3]Für Beiträge, die in der Leistung von Diensten oder in der Überlassung der Benutzung eines Gegenstands bestanden haben, kann im Zweifel kein Ersatz verlangt werden.

(7) Das während der Liquidation entbehrliche Geld wird unter Berücksichtigung der den Gesellschaftern bei der Schlussverteilung zukommenden Beträge vorläufig verteilt.

(8) Das nach Berichtigung der Verbindlichkeiten und Rückerstattung der Beiträge verbleibende Vermögen der Gesellschaft ist unter den Gesellschaftern nach dem Verhältnis ihrer Kapitalanteile, wie sie sich aufgrund der Schlussbilanz im Sinne von Absatz 4 ergeben, *schließlich* zu verteilen.

Schrifttum: Arians, Sonderbilanzen, 1984; Dellinger, Rechtsfähige Personengesellschaften in der Liquidation, Wien 2001; Förster/Döring, Die Liquidationsbilanz, 4. Aufl. 2005; Grziwotz, Die Liquidation von Personengesellschaften, DStR 1992, 1265; Küting/Pfitzer/Weber, Handbuch der Rechnungslegung, 37. Aktualisierung 2022; Scherrer/Heni, Liquidations-Rechnungslegung, 3. Aufl. 2009; Scherrer/Heni, Externe Rechnungslegung bei Liquidation, DStR 1992, 797; K. Schmidt, Liquidationsbilanzen und Konkursbilanzen, 1989; K. Schmidt, Liquidationsergebnisse und Liquidationsrechnungslegung im Handels- und Steuerrecht, FS L. Schmidt, 1993, 227; Winkeljohann/Förschle/Deubert, Sonderbilanzen, 5. Aufl. 2016.

Übersicht

I. Allgemeines

1 § 148 regelt die Rechtsstellung der Liquidatoren. Die Norm fasst zusammen, was zuvor in den §§ 149, 152–155 aF geregelt war. Abs. 1 regelt die Bindugn der Liquidatoren an Weisungen der Gesellschafter. Abs. 3 bestimmt die Art und Weise der Unterschriftsleistung. Die übrigen Absätze der Norm befassen sich mit den Aufgaben der Liquidatoren.

II. Bindung an Weisungen (Abs. 1)

2 Abs. 1 macht deutlich, dass die Gesellschafter – in deren Interesse die Abwicklung durchgeführt wird – die **„Herren des Liquidationsverfahrens"** sind und statuiert daher, dass die Liquidatoren an formell und inhaltlich rechtmäßige Beschlüsse gebunden sind.

3 **1. Beschlussfassung.** Grundsätzlich ist für eine verbindliche Weisung ein **einstimmiger** (zu abweichenden Regelungen → Rn. 6) Beschluss der Beteiligten erforderlich; zustimmen müssen somit die Gesellschafter, der Privatgläubiger (§ 133) und der Insolvenzverwalter (§ 144 Abs. 2) sowie mehrere Erben in Gemeinschaft.[1] Eine entgegen der Treuepflicht verweigerte Zustimmung zu einem im Interesse der Gesellschaft notwendigen und den Beteiligten zumutbaren Beschluss kann unbeachtlich sein; der Liquidator muss diesen Umstand nach **pflichtgemäßem Ermessen** berücksichtigen und daher zumeist die Anordnung trotz fehlender Einstimmigkeit befolgen.[2]

4 **2. Inhalt.** Der Beschlussinhalt muss Fragen der **Geschäftsführung** betreffen. Die Liquidatoren können etwa angewiesen werden, einzelne rechtsgeschäftliche oder tatsächliche Maßnahmen vorzunehmen oder zu unterlassen, allgemeine Richtlinien für die Durchführung der Abwicklung zu befolgen, bestimmte Geschäfte nur mit Zustimmung der Beteiligten vorzunehmen oder auch ihre Vertretungsmacht in bestimmter Weise (nicht) auszuüben.[3] Den Liquidatoren können zudem Weisungen für **liquidationsfremde Geschäfte** erteilt werden, die ansonsten nicht in ihre Zuständigkeit fallen.[4] Gesetz- oder sittenwidrige Weisungen haben keine Bindungswirkung, ebenso wenig die

---

[1] BeckOK HGB/Lehmann-Richter, 47. Ed. 1.7.2025, Rn. 17; MüKoHGB/v. Selle Rn. 6.
[2] MüKoHGB/v. Selle Rn. 9; Staub/Habersack Rn. 20.
[3] Ebenroth/Boujong/Saam Rn. 11 f.
[4] MüKoHGB/v. Selle Rn. 11.

Weisung, die werbende Tätigkeit der Gesellschaft weiterzuführen, wenn die Auflösung Gläubigerinteressen dient und ein Fortsetzungsbeschluss fehlt.[5]

3. Bindung der Liquidatoren und Durchsetzung der Folgepflicht. Wirksame Weisungsbeschlüsse sind für Gesellschafter- und Dritt-Liquidatoren[6] verbindlich. Ist eine Weisung unwirksam – etwa wegen fehlender Einstimmigkeit – oder liegt für einen Bereich keine Weisung vor, bleibt es bei den allgemeinen Pflichten der Liquidatoren, sodass sie im Rahmen der danach gebotenen **Ermessensausübung** die Positionen der Beteiligten berücksichtigen oder ggf. einen Beschluss der Beteiligten herbeiführen müssen.[7] Kommt ein Liquidator seiner durch eine wirksame Weisung begründeten Folgepflicht nicht nach, macht er sich **schadensersatzpflichtig** und kann nach **§ 144 Abs. 5** abberufen werden. Die Verpflichtung zur Befolgung einer verbindlichen Weisung kann von der Gesellschaft im Wege der Klage durchgesetzt werden; den Gesellschaftern bleibt die **actio pro socio.** Bei nachträglicher Änderung der einer Weisung zugrunde liegenden Umstände darf ein Liquidator nach den Maßgaben des **§ 665 S. 1 und S. 2 BGB** von der Weisung abweichen.[8] 5

4. Mehrheitsbeschluss, Verzicht. Wie sich aus Abs. 1 S. 2 ergibt, kann im Gesellschaftsvertrag kann für die Erteilung von Weisungen ein **Mehrheitsbeschluss** vorgesehen sein. Um hinreichenden Drittschutz zu gewährleisten, bedarf in diesem Fall der Beschluss der Zustimmung der Beteiligten nach § 145 Abs. 2 Nr. 2 und 4. Möglich ist ein **Verzicht** auf das Weisungsrecht jedenfalls, wenn das Gesellschaftsvermögen einem Treuhänder zur Gläubigerbefriedigung überantwortet ist; ansonsten wird ein Verzicht persönlich haftender Gesellschafter wegen der §§ 128, 129 als bedenklich angesehen.[9] Wenn die Gesellschafter das Weisungsrecht wiedererlangen können, ist der Verzicht aber möglich.[10] 6

III. Geschäftskreis der Liquidatoren (Abs. 2)

Abs. 2 schreibt – ausgerichtet an dem Ziel der Liquidation – den Geschäftskreis der Liquidatoren fest. Sie haben die Pflicht, die Abwicklung der Gesellschaft nach den §§ 143 ff. unter Berücksichtigung der Interessen der Gesellschafter voranzutreiben, also das Gesellschaftsvermögen optimal zu verwerten. Diese Pflicht folgt für Gesellschafter-Liquidatoren aus der **Mitgliedschaft** in der Gesellschaft, für Dritte aus dem mit der Gesellschaft bestehenden **Dienstvertrag** (zur Vergütung → § 144 Rn. 7 f.). Die Geschäftsführungs- und Vertretungsbefugnis der Liquidatoren erstreckt sich nicht auf **Grundlagengeschäfte,** mithin nicht auf Maßnahmen, die das Rechtsverhältnis der Gesellschafter untereinander oder zur Gesellschaft betreffen und auf eine Änderung des Gesellschaftsvertrags gerichtet sind.[11] So fallen zB die Übertragung oder Änderung der Firma in die Zuständigkeit der Gesellschafter.[12] Allerdings ist die Änderung des Sitzes der Gesellschaft Aufgabe der Liquidatoren, wenn der Abwicklungszweck dies erfordert.[13] Den Gesellschaftern bleibt die Ausübung der mitgliedschaftlichen Befugnisse wie die Kontrollrechte des § 105 Abs. 3 iVm § 717 BGB und die Mitwirkung an Beschlüssen iSd § 148 Abs. 1. 7

1. Beendigung laufender und Eingehung neuer Geschäfte. Der Begriff des **Geschäfts** in Abs. 2 meint nicht nur noch nicht erfüllte Rechtsgeschäfte, sondern ist im Hinblick auf den Zweck der Liquidation weit zu verstehen und auf die **unternehmerische Tätigkeit** der aufgelösten Gesellschaft im Hinblick auf ihre Vollbeendigung insgesamt zu beziehen.[14] Wenn der Abwicklungszweck es erfordert (zB bei geplanter Veräußerung des Unternehmens), kann das Unternehmen nach pflichtgemäßem Ermessen der Liquidatoren zunächst fortgeführt werden.[15] Ansonsten haben die Liquidatoren insbesondere auf eine Beendigung der Rechtsbeziehungen der Gesellschaft hinzuwirken (ggf. vorzeitige Vertragsabwicklung, Kündigung von Dauerschuldverhältnissen) und anhängige Rechtsstreitigkeiten zu erledigen (durch Vergleich, Erledigungserklärung, Klagerücknahme).[16] 8

[5] Henssler/Strohn/Klöhn Rn. 5; Staub/Habersack Rn. 17.
[6] Ebenroth/Boujong/Saam Rn. 13.
[7] BGH 26.1.1959, WM 1959, 323 (324) = MDR 1959, 369; MüKoHGB/v. Selle Rn. 5.
[8] Ebenroth/Boujong/Saam Rn. 14; Henssler/Strohn/Klöhn Rn. 6.
[9] Ebenroth/Boujong/Saam Rn. 10.
[10] Ebenroth/Boujong/Saam Rn. 10; Staub/Habersack Rn. 24.
[11] NK-HGB/Anissimov Rn. 2; Staub/Habersack Rn. 16.
[12] Hopt/Roth Rn. 9; RGHMWNK-HGB/Anissimov Rn. 2.
[13] BGH 9.1.1969, WM 1969, 293 (294).
[14] MüKoHGB/v. Selle Rn. 10; Staub/Habersack Rn. 32; enger Heymann/Peetz § 149 Rn. 3 (noch nicht vollständig erfüllte Rechtsgeschäfte).
[15] RG 27.10.1909, RGZ 72, 236 (240); MüKoHGB/v. Selle Rn. 11; Hueck OHG § 32 V 1.
[16] NK-HGB/Anissimov Rn. 9; Staub/Habersack Rn. 31 f.

9 Abs. 2 S. 2 betrifft ebenfalls die Geschäftsführungsbefugnis der Liquidatoren. Der Begriff des Geschäfts ist hier wie in S. 1 weit zu verstehen.[17] Es gibt keine ihrer Art nach unzulässigen Geschäfte; die Eingehung neuer Geschäfte ist vielmehr – über den Wortlaut hinaus auch unabhängig von konkreten schwebenden Geschäften – zulässig, wenn dies **zur Erhaltung des Gesellschaftsvermögens geeignet** (nicht unbedingt notwendig) ist.[18] Daher ist zB zulässig: Anmietung von Räumen; Einstellung von Arbeitnehmern; Erwerb oder Belastung von Grundstücken; Führen neuer Aktivprozesse; Bürgschaftsübernahme.[19]

10 **2. Einziehung von Forderungen.** Die Liquidatoren haben Forderungen der Gesellschaft gegen Dritte und gegen Gesellschafter im Namen der Gesellschaft einzuziehen.

11 **a) Forderungen gegen Dritte.** Die Liquidatoren haben fällige Forderungen im Namen der Gesellschaft einzuklagen. Nicht fällige Forderungen sind grundsätzlich durch Kündigung oder Vertragsaufhebung fällig zu stellen, es sei denn, der Liquidationszweck gebietet etwas anderes (→ Rn. 8). Möglich sind auch Aufrechnung und Abtretung oder auch der Verzicht auf die Einziehung, wenn eine Befriedigung aussichtslos scheint. Forderungen aus Drittgeschäften mit Gesellschaftern sind wie Forderungen gegen Dritte einzuziehen, jedoch kann ein Gesellschafter die Leistung verweigern, wenn sie zur Durchführung der Abwicklung nicht benötigt wird (→ Rn. 12). Zur Berücksichtigung bei der Schlussabrechnung → Rn. 15.

12 **b) Forderungen gegen Gesellschafter.** Für ausstehende **Einlagen** der Gesellschafter gilt, dass sie nur eingefordert werden können, wenn und soweit die Leistung zur Durchführung der Liquidation, dh für die Tätigkeit der Gesellschaft im Rahmen des Liquidationszwecks oder für die Befriedigung der Gläubiger, erforderlich ist.[20] Soweit dem Gesellschafter der eingezogene Betrag nach Beendigung der Abwicklung zurückgezahlt werden müsste, ist eine Inanspruchnahme ausgeschlossen. Erforderlich in diesem Sinn ist auch die Einziehung rückständiger Einlagen zum **Ausgleich der Gesellschafter untereinander;** da durch das MoPeG der Ausgleich zwischen den Gesellschaftern eindeutig der Liquidation zugeordnet wurde.[21]

13 Die Einziehung geschuldeter **Sacheinlagen** ist möglich, wenn die Leistung für die Durchführung der Liquidation notwendig ist (→ Rn. 12); der Gesellschafter kann statt der Leistung in natura einen dem Sachwert entsprechenden Geldbetrag leisten.[22] Zur **Überlassung eines Gegenstands zur Nutzung** ist ein Gesellschafter nur noch verpflichtet, soweit dieser für Zwecke der Abwicklung benötigt wird.[23] Hinsichtlich überlassener Gegenstände besteht ein Herausgabeanspruch, jedoch kann die Gesellschaft ein Zurückbehaltungsrecht haben, wenn eine Nachschusspflicht des Gesellschafters anzunehmen ist.[24] Die mit der Auflösung in einen Wertersatzanspruch umgewandelte Pflicht zur **Einbringung dem Wert nach** besteht ebenfalls nur noch, wenn die Leistung erforderlich ist (→ Rn. 12).

14 Für die Notwendigkeit einer Beitragsleistung zur Durchführung der Liquidation besteht eine Vermutung, sodass der in Anspruch genommene Gesellschafter beweisbelastet dafür ist, dass die Leistung nicht erforderlich ist. Allerdings müssen die Liquidatoren, soweit es ihnen möglich ist, die Verhältnisse der Gesellschaft darlegen.[25]

15 Im Rahmen der **Schlussabrechnung** wird die nach diesen Maßgaben **nicht erfüllte Beitragsverpflichtung** des Gesellschafters berücksichtigt, sodass sich sein Auseinandersetzungsguthaben entsprechend um diesen Betrag vermindert. Die Liquidatoren sind nicht verpflichtet, die Gesellschafter entsprechend den jeweils geschuldeten Einlagebeträgen gleichmäßig zu belasten, Mehrleistungen werden in der Schlussabrechnung ausgeglichen.[26]

---

[17] MüKoHGB/v. Selle Rn. 15.

[18] BGH 26.1.1959, WM 1959, 323 (324) = MDR 1959, 369; RG 27.10.1909, RGZ 72, 236 (240).

[19] RG 30.9.1899, RGZ 44, 80 (83) – Grundstückserwerb; 4.2.1935, RGZ 146, 376 (378) – Bürgschaftsübernahme; MüKoHGB/v. Selle Rn. 16.

[20] BGH 5.11.1979, NJW 1980, 1522 (1523) = ZIP 1980, 192; 3.7.1978, NJW 1978, 2154 = BB 1978, 1133; 3.2.1977, WM 1977, 617 (618).

[21] S. zur Diskussion vor Inkrafttreten des MoPeG Staub/Habersack Rn. 41.

[22] Ebenroth/Boujong/Saam Rn. 22; Staub/Habersack Rn. 42.

[23] MüKoHGB/v. Selle Rn. 38; Staub/Habersack Rn. 43; **aA** BGH 29.6.1981, NJW 1981, 2802 = WM 1981, 1126 (allerdings mit dem Hinweis auf die Möglichkeit eines abweichenden Ergebnisses aufgrund der Treuepflicht); Ebenroth/Boujong/Hillmann § 149 Rn. 12.

[24] BGH 12.1.1998, NJW 1998, 1551 (1552) = WM 1998, 555; 29.6.1981, NJW 1981, 2802 = WM 1981, 1126.

[25] BGH 5.11.1979, NJW 1980, 1522 (1523) = ZIP 1980, 192; 3.7.1978, NJW 1978, 2154 = WM 1978, 898.

[26] BGH 5.11.1979, NJW 1980, 1522 (1524) = ZIP 1980, 192.

Schadensersatzansprüche und Ansprüche auf **Rückzahlung unberechtigter Gewinnauszahlungen** gegen die Gesellschafter können geltend gemacht werden, wenn die Leistung für die Zwecke der Abwicklung benötigt wird;[27] bei Nichterfüllung erfolgt eine Berücksichtigung in der Auseinandersetzungsrechnung. 16

3. Umsetzung des übrigen Vermögens in Geld. Die Liquidatoren haben vorbehaltlich bestimmter Weisungen der Gesellschafter (Abs. 1) nach **pflichtgemäßem Ermessen,** orientiert an einer bestmöglichen Verwertung des Gesellschaftsvermögens, über die einzelnen Maßnahmen zu entscheiden. In Betracht kommen der freihändige Verkauf oder die öffentliche Versteigerung (§ 383 Abs. 3 BGB) einzelner Vermögensgegenstände. Gegenstände, die der Gesellschaft von den Gesellschaftern zur Nutzung überlassen oder dem Wert nach eingebracht wurden, sind nicht zu verwerten, sondern zurückzugeben; im zweiten Fall ist dies in der Auseinandersetzungsrechnung mindernd zu berücksichtigen. Möglich ist auch die Veräußerung **des Unternehmens** im Ganzen (für die Übertragung der Firma ist die Zustimmung der Gesellschafter erforderlich),[28] wobei bei der Veräußerung an einen Gesellschafter diesem dadurch **kein Sondervorteil** verschafft werden darf. Zulässig ist auch die **Einbringung des Unternehmens** in eine andere Gesellschaft, wenn dies dem Liquidationszweck entspricht, dh wenn Anteile erworben werden, deren Veräußerung unschwer möglich und auch geplant ist (im Übrigen ist die Zustimmung der Gesellschafter erforderlich).[29] 17

IV. Zeichnung mit Liquidationszusatz (Abs. 3)

Abs. 3 bestimmt zwingend die **Art und Weise der Unterschriftsleistung** der Liquidatoren bei der Vertretung der Gesellschaft im schriftlichen Rechtsverkehr mit Dritten oder Gesellschaftern. Der Liquidationszusatz bewirkt, dass sich ein Geschäftsgegner bei fehlender Eintragung der Auflösung entgegen § 141 **nicht auf § 15 Abs. 1 berufen** kann. 18

1. Zeichnung der Liquidatoren. Die Liquidatoren haben die bisherige Firma, die sich durch die Auflösung nicht geändert hat, als Liquidationsfirma zu bezeichnen. Das geschieht durch Zusätze wie „in Liquidation", „in Abwicklung", „in Liqu." oder auch „i.L.". Der Zusatz wird nicht zum Bestandteil der Firma und ist nicht in das Handelsregister einzutragen.[30] Gemäß Abs. 3 S. 2 der Liquidationszusatz als Pflichtangabe auch auf Geschäftsbriefen anzuführen. Bei einer Kapitalgesellschaft und Co. OHG/KG gelten neben Abs. 3 die **§ 68 Abs. 2 GmbHG, § 269 Abs. 6 AktG.**[31] 19

2. Rechtsfolgen eines Verstoßes. Zeichnet der Liquidator ohne den Liquidationszusatz, macht dies das Rechtsgeschäft nicht unwirksam; die Gesellschaft wird bei Einhaltung des Offenkundigkeitsgrundsatzes wirksam vertreten. Abs. 3 ist eine **bloße Ordnungsvorschrift.** Dem Geschäftsgegner bleibt aber nach § 119 Abs. 2 (Auflösung als verkehrswesentliche Eigenschaft) oder § 123 BGB die Möglichkeit der **Anfechtung** des Rechtsgeschäfts.[32] Der Liquidator haftet aus den §§ 280, 311 BGB oder aus den § 823 Abs. 2 BGB, § 263 StGB (Abs. 3 ist Schutzgesetz)[33] oder aus § 826 BGB; der Gesellschaft ist die unerlaubte Handlung des Liquidators nach § 31 BGB zuzurechnen. 20

3. Abdingbarkeit. Abs. 3 ist zwingend. Die Gesellschafter können mit Wirkung im Innenverhältnis über Abs. 3 hinausgehende Bestimmungen treffen; auf das Außenverhältnis haben diese Vorschriften keinen Einfluss. 21

V. Bilanzierungspflicht (Abs. 4)

Abs. 4 bestimmt, dass die Liquidatoren bei Beginn und am Ende der Liquidation eine Bilanz aufzustellen haben, um das zu verteilende Vermögen ermitteln zu können. Eine OHG sowie eine KG (§ 161 Abs. 2) sind grundsätzlich schon nach den §§ 238, 242 ff. zur Rechnungslegung verpflichtet. Abs. 4 S. 2 stellt klar, dass diese Pflichten bestehen bleiben. Diese Frage war unter Geltung des § 154 aF umstritten. Abs. 4 findet bei jeglicher Form der Abwicklung einer Gesellschaft Anwendung, es sei denn diese erlischt liquidationslos (→ § 143 Rn. 17 ff.). In einem solchen Fall bleibt es bei der schlichten Auseinandersetzung der Gesellschafter untereinander.[34] 22

[27] BGH 9.12.1991, NJW-RR 1992, 543 (544) = WM 1992, 306; 30.11.1959, NJW 1960, 433 (434) = WM 1960, 47 (48).
[28] RG 14.9.1938, RGZ 158, 226 (228); BeckOK HGB/Lehmann-Richter, 47. Ed. 1.7.2025, Rn. 35.
[29] MüKoHGB/v. Selle Rn. 49; Staub/Habersack Rn. 52.
[30] RG 17.6.1892, RGZ 29, 66 (68); OLG Hamburg 13.7.1885, ZHR 35 (1889), 235; Staub/Habersack Rn. 54.
[31] Staub/Habersack Rn. 56.
[32] BeckOK HGB/Lehmann-Richter, 47. Ed. 1.7.2025, Rn. 40; RGHMW/Mock Rn. 20.
[33] Paura, Liquidation und Liquidationspflichten, 1996, 148; Staub/Habersack Rn. 58.
[34] Staub/Habersack Rn. 61.

23 **1. Externe und interne Rechnungslegung.** Aus der Klarstellung in Abs. 4 S. 2 ergibt sich, dass mit der zur alten Rechtslage von *K. Schmidt* begründeten Ansicht zwischen der **externen Rechnungslegung** der Handelsgesellschaft in der Liquidation und der **internen Liquidationsrechnungslegung** gegenüber den Beteiligten zu unterscheiden ist.[35] Die externe Rechnungslegung betrifft die Bilanzierung der Gesellschaft als Handelsgesellschaft, wohingegen die interne Rechnungslegung das Verhältnis der Liquidatoren zu den Beteiligten regelt.

24 **a) Externe Rechnungslegung.** Die in der Liquidation bestehende Gesellschaft ist mit der Gesellschaft vor Auflösung identisch (→ § 143 Rn. 10). Sie bleibt Handelsgesellschaft und unterfällt als Kauffrau der Pflicht zur Rechnungslegung nach den § 238, §§ 242 ff. Die externe Rechnungslegung folgt den allgemeinen Grundsätzen. Aufgrund der Verpflichtung zur kontinuierlichen Rechnungslegung bedarf es nach hM nach Auflösung der werbenden Gesellschaft **keiner Schlussbilanz.**[36] Die Verpflichtung zu einem Jahresabschluss gem. §§ 242 ff. bleibt davon unberührt.[37] Ähnliches gilt für die **Liquidationseröffnungsbilanz,** die im Rahmen der externen Rechnungslegung nach hM ebenso entbehrlich ist.[38] Anders liegt es hinsichtlich einer **Liquidationsschlussbilanz.** Diese ist nach den §§ 242 ff. zum Zeitpunkt der Vollbeendigung der Gesellschaft erforderlich. Sie legt das Ergebnis der Gesellschaft seit der letzten Jahresrechnungslegung nieder und bestimmt das unter die Gesellschafter zu verteilende Vermögen.[39] Sie ist von der in Abs. 4 S. 1 geregelten Liquidationsschlussrechnungslegung (→ Rn. 25) zu unterscheiden. An die in der Schlussbilanz dokumentierten Ergebnisse sind die Gesellschafter gebunden, sofern nicht ein anders lautender einstimmiger Gesellschafterbeschluss gefasst wird.[40]

25 **b) Interne Rechnungslegung.** Die interne Rechnungslegung ist der eigentliche Regelungsgehalt des Abs. 4.[41] Sie stellt die Grundlage für die Auseinandersetzung der Gesellschafter untereinander dar. Die Pflicht nach Abs. 4 S. 1 tritt insofern neben die der externen Rechnungslegung. Zunächst ist eine **Liquidationseröffnungsbilanz** aufzustellen. Diese stellt eine reine Vermögensermittlungsbilanz dar, in die sämtliche Vermögenswerte mit ihrem wirklichen Wert, der im Wege der Schätzung des Veräußerungswerts zu ermitteln ist, einzustellen sind.[42] Gleiches gilt für die **Liquidationsschlussrechnungslegung.** Es handelt sich dabei nicht um eine Rechnungslegung nach den § 238, §§ 242 ff., sondern um eine solche gem. § 259 BGB.[43] Ein Vergleich von Liquidationseröffnungsbilanz und Liquidationsschlussbilanz zeigt den wirtschaftlichen Erfolg des Liquidationsverfahrens. Das nach Abs. 8 zu verteilende Vermögen ergibt sich indes aus einem Vergleich der letzten regulären Bilanz mit der Liquidationsschlussrechnungslegung. Grundsätzlich verpflichtet Abs. 4 S. 1 zur Erstellung gesonderter Rechenwerke; die unterschiedlichen Bilanzen können jedoch in einem Rechenwerk vorgenommen werden, sofern dabei den jeweiligen Pflichten hinreichend Genüge getan wird.[44]

26 Ein Verstoß gegen die Pflicht zur internen Rechnungslegung kann **Schadensersatzansprüche** der Gesellschaft oder der Gesellschafter oder die Abberufung der Liquidatoren nach § 144 Abs. 5 begründen. Zudem können die Liquidatoren zur Aufstellung der Bilanzen verpflichtet werden.[45]

27 **2. Verfahrensvorschriften.** Die Gesellschafter sind weder im Rahmen einer Klage auf Erstellung der Liquidationsschlussbilanz noch bei einer Klage eines Mitgesellschafters auf Zustimmung zur Liquidationseröffnungsbilanz notwendige Streitgenossen iSd § 62 ZPO.[46]

28 **3. Abdingbarkeit.** Da Abs. 4 S. 1 allein für die interne Rechnungslegung Anwendung findet, besteht in diesem Bereich für die am Liquidationsverfahren Beteiligten die Möglichkeit, abweichende

[35] K. Schmidt, Liquidationsbilanzen und Konkursbilanzen, 1989, 58 ff.; Scherrer/Heni, Liquidationsrechnungslegung, 3. Aufl. 2009, 4 ff., 118 ff.; Hopt/Roth Rn. 14; BeckHdB PersGes/Eberhard § 13 Rn. 80 ff.; Staub/Habersack Rn. 64; K. Schmidt GesR § 52 IV 2c; Deubert/Förschle/Störk Sonderbilanzen/Deubert Rn. S 41.

[36] Ebenroth/Boujong/Saam Rn. 36; MüKoHGB/v. Selle Rn. 63, 68; Deubert/Förschle/Störk Sonderbilanzen/Deubert Rn. S 58; **aA** Henssler/Strohn/Klöhn Rn. 16.

[37] Schlegelberger/K. Schmidt Rn. 12, 17; Sudhoff Personengesellschaften/Masuch § 19 Rn. 54.

[38] BeckOGK/Heusel, 15.5.2025, Rn. 136; Ebenroth/Boujong/Saam Rn. 36; MüKoHGB/v. Selle Rn. 64; Deubert/Förschle/Störk Sonderbilanzen/Deubert Rn. S 55 f.; **aA** Henssler/Strohn/Klöhn § 154 Rn. 9; Scherrer/Heni DStR 1992, 797 (798); Staub/Habersack Rn. 68.

[39] Ebenroth/Boujong/Saam Rn. 35; MüKoHGB/v. Selle Rn. 65.

[40] Ebenroth/Boujong/Saam Rn. 35.

[41] Scherrer/Heni DStR 1992, 797; K. Schmidt, Liquidationsbilanzen und Konkursbilanzen, 1989, 63; Deubert/Förschle/Störk Sonderbilanzen/Deubert Rn. S 41.

[42] Ebenroth/Boujong/Saam Rn. 41; GK-HGB/Ensthaler § 154 Rn. 4; Heymann/Peetz § 154 Rn. 3.

[43] KKD/Kindler § 154 Rn. 5; MüKoHGB/v. Selle Rn. 79.

[44] Förster/Döring, Die Liquidationsbilanz, 4. Aufl. 2005, 2. Teil Rn. 47; MüKoHGB/v. Selle Rn. 65; Staub/Habersack Rn. 66, 70; Deubert/Förschle/Störk Sonderbilanzen/Deubert Rn. S 119, 155.

[45] Henssler/Strohn/Klöhn Rn. 15; Staub/Habersack Rn. 66.

[46] BGH 10.10.1983, WM 1983, 1279 (1280) = BeckRS 1983, 31071681; OLG München 30.3.2001, NGZ 2001, 959 (960).

Vereinbarungen zu treffen.[47] Die Pflicht zur externen Rechnungslegung ist demgegenüber nicht dispositiv.[48]

VI. Befriedigung der Gläubiger (Abs. 5)

Gegenstand des Abs. 5 ist die Befriedigung der Gläubiger. Zu befriedigende Gesellschaftsgläubiger sind Dritte und Gesellschafter. Abs. 5 S. 1 regelt diesbezüglich wiederum das Innenverhältnis der Liquidatoren zur Gesellschaft; für die Gläubiger folgt daraus kein Anspruch auf Befriedigung. Zur **Gleichbehandlung** der Gläubiger sind die Liquidatoren **nicht verpflichtet.**[49] 29

Die Liquidatoren haben mit der Sorgfalt ordentlicher Kaufleute Bestehen und Durchsetzbarkeit der Forderungen zu prüfen und über das Vorgehen bei der Befriedigung nach **pflichtgemäßem Ermessen** zu entscheiden. Für noch nicht fällige oder streitige Verbindlichkeiten ist nach Abs. 5 S. 2 eine Rückstellung zu bilden. Im Allgemeinen haben die Liquidatoren Einwendungen und Einreden der Gesellschaft zu erheben und über streitige Forderungen Prozesse zu führen. Der Liquidationszweck kann aber auch einen Einredeverzicht, die Anerkennung einer streitigen Forderung oder einen Vergleich nahe legen.[50] 30

Forderungen der Gesellschafter aus dem Gesellschaftsverhältnis sind unselbständige Rechnungsposten der Auseinandersetzungsrechnung und können von den Gesellschaftern nicht selbständig geltend gemacht werden. Anderes gilt nach der Rspr., wenn bereits vor Ende der Auseinandersetzung feststeht, dass der Gesellschafter einen bestimmten Betrag verlangen kann;[51] der Gesellschafter macht dann vielmehr den Anspruch aus Abs. 5 S. 1 geltend. Möglich ist zudem eine Feststellungsklage zur Feststellung bestrittener Einzelansprüche. **Forderungen aus Drittgeschäften** sind keine unselbständigen Rechnungsposten, ihrer Erfüllung kann allerdings § 242 BGB entgegengehalten werden.[52] 31

Es besteht keine Pflicht der Gesellschafter, vor Verteilung des Gesellschaftsvermögens die Befriedigung sämtlicher Gläubiger abzuwarten.[53] Deshalb können die Gesellschafter die Liquidatoren auch anweisen, die Verteilung des Gesellschaftsvermögens bereits vor Befriedigung der Gesellschaftsgläubiger vorzunehmen. Den nicht berücksichtigten Gläubigern erwächst auch nicht ein Schadensersatzanspruch, wenn die Liquidatoren das Gesellschaftsvermögen unter Verletzung von Abs. 5 S. 2 verteilen, da diese Regelung **kein Schutzgesetz iSv § 823 Abs. 2 BGB** ist.[54] Das ist dem Umstand geschuldet, dass es sich bei den Vorschriften über die Verteilung um reine Regelungen des Innenverhältnisses handelt, die eben nicht den Interessen der Gesellschaftsgläubiger dienen. 32

Den Gläubigern bleibt es jedoch unbenommen, die Bereicherungsansprüche der Gesellschaft gegen die Gesellschafter zu pfänden.[55] Dies ergibt freilich wegen § 126 nur dort Sinn, wo sich ein Bereicherungsanspruch nicht gegen einen unbeschränkt haftenden Gesellschafter richtet oder der Anspruch gegen den Gesellschafter bereits nach § 151 verjährt ist.[56] 33

VII. Rückerstattung geleisteter Beiträge (Abs. 6)

Nach Abs. 6 sind nach Berichtigung der Gesellschaftsverbindlichkeiten die geleisteten Beiträge ihrem Wert nach an die Gesellschafter zurückzuerstatten. Ausweislich der Regierungsbegründung ist diese Regelung nicht dahingehend zu verstehen, dass den Gesellschaftern ein durchsetzbarer Anspruch zusteht. Vielmehr handelt es sich um **Rechnungsposten,** die in die Kapitalkonten einzustellen sind. Im Detail regelt Abs. 6, dass für Beiträge, die nicht in Geld bestanden, Wertersatz zu leisten ist, der sich nach dem Wert bestimmt, den der eingebrachte Beitrag bei Einbringung hatte (Abs. 6 S. 2). Für geleistete Dienste oder die Überlassung eines Gegenstandes zur Nutzung kann – entsprechend der hM vor der Reform durch das MoPeG – nach Abs. 6 As. 3 im Zweifel kein Ersatz verlangt werden. Wie die Formulierung zeigt, sind abweichende Abreden möglich. 34

---

[47] MüKoHGB/v. Selle Rn. 75; Staub/Habersack Rn. 63.

[48] Ebenroth/Boujong/Saam Rn. 48.

[49] Ebenroth/Boujong/Saam Rn. 50; NK-HGB/Anissimov Rn. 25.

[50] Staub/Habersack Rn. 68.

[51] BGH 24.10.1994, NJW 1995, 188 (189) = ZIP 1994, 1846; 15.1.1988, BGHZ 103, 72 (77) = NJW 1988, 1375; OLG Hamm 12.5.2004, NZG 2004, 765 (766) = MDR 2005, 42; Messer FS Stimpel, 1985, 206 (209, 214).

[52] BGH 3.4.2006, NJW-RR 2006, 1268 (1270) = NZG 2006, 459; Hillers, Personengesellschaft und Liquidation, 1989, 153 (161); Ebenroth/Boujong/Saam Rn. 51; Westermann/Wertenbruch PersGesR-HdB/Könen/Wertenbruch § 43 Rn. I 1743.

[53] Staub/Habersack Rn. 92.

[54] Ebenroth/Boujong/Saam Rn. 79; MüKoHGB/v. Selle Rn. 137; Staub/Habersack Rn. 83; Hueck OHG § 32 VII 1; anders noch Schlegelberger/K. Schmidt § 155 Rn. 42.

[55] MüKoHGB/v. Selle Rn. 112.

[56] Staub/Habersack Rn. 103.

VIII. Vorläufige Verteilung (Abs. 7)

35 Abs. 7 ermöglicht eine vorläufige Verteilung des Vermögens der Gesellschaft, das für die Zwecke der Liquidation entbehrlich ist. Der Anspruch ist **auf Geld** und **gegen die Gesellschaft** gerichtet.[57] Die vorläufige Verteilung setzt voraus, dass sich die Liquidatoren bereits einen Überblick über das Gesellschaftsvermögen verschafft haben. Dafür ist allerdings nicht zwingend die Aufstellung einer besonderen Zwischenbilanz erforderlich, sofern sich die Liquidatoren auch auf andere Weise einen Überblick verschaffen können.[58]

36 Abs. 7 ist keine Schutzvorschrift zugunsten der Gesellschaftsgläubiger, sondern eine reine **Regelung des Innenverhältnisses.**[59] Die Regelungen über die Verteilung des Gesellschaftsvermögens können zudem bereits im Gesellschaftsvertrag abbedungen oder auch noch während des Liquidationsverfahrens durch Einigung der Gesellschafter abgeändert werden.[60]

37 **1. Entbehrlichkeit der Mittel.** Der Anspruch der Gesellschafter auf vorläufige Verteilung bezieht sich nur auf Mittel, die während der Liquidation entbehrlich sind. Diese Einschätzung obliegt den Liquidatoren nach **pflichtgemäßem Ermessen,** wobei sich allerdings das Ermessen lediglich auf die Einschätzung erstreckt, ob Mittel noch für weitere Maßnahmen der Liquidation oder zur Begleichung von Schulden eingesetzt werden müssen.[61] Dass die vorläufige Verteilung die Befriedigung der Gläubiger nicht vereiteln darf, ergibt sich bereits aus Abs. 5 S. 2. Der Gesetzgeber hat in Abs. 7 ferner klargestellt, dass die Vorabausschüttung unter Berücksichtigung der den Gesellschaftern bei der Schlussverteilung zukommenden Beträge zu erfolgen hat. Die Gesellschafter sollen bei der vorläufigen Verteilung nicht mehr erhalten, als sie bei der Schlussverteilung voraussichtlich zu beanspruchen haben. So soll ein **unnötiger Transfer** von Geldern zwischen der Gesellschaft und ihren Gesellschaftern möglichst vermieden werden.[62]

38 **2. Klagbarer Anspruch.** Da die Auszahlung entbehrlicher Mittel selbst nicht mehr im Ermessen oder im Belieben der Liquidatoren steht, sind diese verpflichtet, begründete Forderungen der Gesellschafter zu erfüllen.[63] Anderenfalls machen sich die Liquidatoren auch gegenüber der Gesellschaft – nicht jedoch unmittelbar gegenüber den Gesellschaftern – schadensersatzpflichtig.[64] Einzuklagen haben die Gesellschafter den Anspruch aus Abs. 7 gegenüber der Gesellschaft.[65] Die **Beweislast** für das Vorliegen der Voraussetzungen einer vorläufigen Verteilung trifft die Gesellschafter.[66]

39 **3. Verteilungsmaßstab.** Die vorläufige Verteilung erfolgt anhand des voraussichtlichen Verhältnisses der Kapitalanteile bei Schlussverteilung.[67] Dies verlangt den Liquidatoren ab, auch **zukünftige Entwicklungen** abzuschätzen. Eine Orientierung bieten ihnen zunächst die Kapitalanteile, wie sie sich nach der Eröffnungsbilanz ergeben; bei fortgeschrittenem Verfahren müssen sodann aber auch etwaige Zwischenbilanzen Berücksichtigung finden.[68] Wenn ein Gesellschafter von der Möglichkeit des Verzichts auf die vorläufige Auszahlung des ihm an sich zustehenden Betrages Gebrauch macht, ist der freiwerdende Betrag unter die anderen Gesellschafter zu verteilen. Dabei darf allerdings die Auszahlung den einem Gesellschafter bei Schlussverteilung voraussichtlich zustehenden Kapitalanteil nicht übersteigen.[69]

40 **4. Rückzahlungsanspruch.** Wird im Wege der vorläufigen Verteilung an einen Gesellschafter zu viel ausgezahlt, haben die Liquidatoren gegen den Empfänger der Leistung einen Anspruch auf Rückzahlung. Dieser Anspruch wird überwiegend allein mit dem gesetzlichen Vorbehalt einer nur vorläufigen Zahlung begründet,[70] kann richtigerweise aber auf § 812 BGB gestützt

---

[57] Hopt/Roth Rn. 21; GK-HGB/Ensthaler § 155 Rn. 1; Staub/Habersack Rn. 92.

[58] Ebenroth/Boujong/Saam Rn. 59; MüKoHGB/v. Selle Rn. 102; so wohl auch Hillers, Personengesellschaft und Liquidation, 1989, 336 f.

[59] MüKoHGB/v. Selle Rn. 109; Staub/Habersack Rn. 53.

[60] Ebenroth/Boujong/Saam Rn. 80.

[61] Hopt/Roth Rn. 21; GK-HGB/Ensthaler § 155 Rn. 3; MüKoHGB/v. Selle Rn. 101.

[62] RegE, BT-Drs. 19/27635, 250.

[63] Heymann/Peetz § 155 Rn. 6.

[64] Staub/Habersack Rn. 100; **aA** Schlegelberger/K. Schmidt § 155 Rn. 7, 9.

[65] Ebenroth/Boujong/Saam Rn. 64; Henssler/Strohn/Klöhn Rn. 41; 106; Staub/Habersack Rn. 100; **aA** anscheinend GK-HGB/Ensthaler § 155 Rn. 1.

[66] Westermann/Wertenbruch PersGesR-HdB/Könen/Wertenbruch § 43 Rn. I 1748b; NKHGB/Anissimov Rn. 29; Staub/Habersack Rn. 100.

[67] NK-HGB/Anissimov Rn. 29; RGHMW/Mock Rn. 38.

[68] Heymann/Peetz § 155 Rn. 7.

[69] Hillers, Personengesellschaft und Liquidation, 1989, 349; MüKoHGB/v. Selle Rn. 105; Staub/Habersack Rn. 99.

[70] Hopt/Roth Rn. 21; KKD/Kindler § 155 Rn. 3; Michalski OHG-R § 155 Rn. 8.

werden.[71] Gleichwohl werden regelmäßig beide Lösungswege zu gleichen Ergebnissen führen, da entsprechend § 820 BGB auch dem **bereicherungsrechtlichen Rückforderungsanspruch** nicht der Einwand der Entreicherung entgegengehalten werden kann, sofern eine Zahlung nur unter Vorbehalt gemacht oder angenommen worden ist.[72]

IX. Schlussverteilung (Abs. 8)

Nach vollständiger Befriedigung der Gläubiger erfolgt eine abschließende Verteilung des nach Schuldentilgung noch vorhandenen **Aktivvermögens** unter die Gesellschafter.[73] Das Vermögen der Gesellschaft ergibt sich aus der Summe der Kapitalanteile nach erfolgter Abwicklung.[74] Bleibt nach Befriedigung der Gläubiger **kein Restvermögen** bei der Gesellschaft übrig oder ergeben sich für die aufgelöste Gesellschaft sogar **ungedeckte Schulden,** entfällt eine Schlussverteilung nach Abs. 8. Die Aufgabe der Liquidatoren erschöpft sich dann in der Befriedigung der Gläubiger durch das zunächst noch vorhandene Vermögen.[75] 41

1. Verteilungsgegenstand. Soweit nicht anders vereinbart, können Gegenstände nicht einfach wie bei der GbR unter die Gesellschafter verteilt, sondern müssen zuvor versilbert werden. Dabei ist von den Liquidatoren die günstigste Art der Versilberung zu wählen, was unter anderem auch das Abwarten einer günstigeren Marktlage erforderlich machen kann.[76] In Betracht kommt sowohl der **freihändige Verkauf** als auch die private oder öffentliche **Versteigerung.**[77] Das versilberte Vermögen der Gesellschaft bildet sodann den Gegenstand der Verteilung.[78] 42

Gegenstände, die der Gesellschaft von einem Dritten oder von einem Gesellschafter lediglich **zur Benutzung überlassen** worden sind, müssen von den Liquidatoren herausgegeben werden, sobald der Liquidationszweck dies erlaubt.[79] Für eine während der Zeit der Überlassung eingetretene Wertminderung kann der Gesellschafter Ersatz verlangen, nicht jedoch allein schon für die Benutzung der überlassenen Gegenstände.[80] Die von den Gesellschaftern erbrachten **Einlagen** sind nicht zurückzuerstatten, sondern den Kapitalkonten der Gesellschafter gutzuschreiben.[81] Eine abweichende Vereinbarung ist aber möglich. 43

2. Verteilungsmaßstab. Die Schlussverteilung hat nach dem **Verhältnis der Kapitalanteile** der Gesellschafter zu erfolgen, wie sie sich aus der von den Liquidatoren aufgestellten Liquidationsschlussbilanz ergeben (Liquidationsanteile). Da die Aufstellung einer Schlussbilanz allerdings nicht materielle Anspruchsvoraussetzung ist, setzt der Anspruch auf Schlussverteilung diese nicht zwingend voraus.[82] Vielmehr steht es einem Gesellschafter frei, seinen Anteil selbst zu errechnen und überdies den errechneten Anspruch einzuklagen.[83] 44

3. Gesamtabrechnung. Nach ganz überwiegender Auffassung bedarf es zur Ermittlung der Kapitalanteile einer von den Liquidatoren vorzunehmenden Gesamtabrechnung.[84] Darin werden alle auf dem Geschäftsverhältnis beruhenden Ansprüche zwischen der Gesellschaft und den Gesellschaftern erfasst. 45

a) Unselbständige Rechnungsposten. Einmal festgestellte Ansprüche können nicht mehr selbständig durch Leistungsklage geltend gemacht werden, sondern haben in dieser Phase nur noch die Funktion von **Rechnungsposten.**[85] Dies gilt nicht, sofern ein Gesellschafter glaubhaft machen kann, dass ihm in jedem Fall nach der Schlussabrechnung ein Mindestbetrag zugesprochen werden 46

---

[71] Henssler/Strohn/Klöhn Rn. 43; Schlegelberger/K. Schmidt Rn. 13; Staub/Habersack Rn. 102; offengelassen durch Ebenroth/Boujong/Saam Rn. 66 und Hueck OHG § 32 VII 1.

[72] Vgl. dazu BGH 20.10.2005, NJW 2006, 286 (288) = WM 2005, 2333 (2335); 8.6.1988, NJW 1989, 161 (162) = ZIP 1988, 1399 (1401); Grüneberg/Sprau BGB § 820 Rn. 4; RGHMW/Mock Rn. 39.

[73] RGHMW/Mock Rn. 43.

[74] Hopt/Roth Rn. 22; GK-HGB/Ensthaler § 155 Rn. 6.

[75] Ebenroth/Boujong/Saam Rn. 73; RGHMW/Mock Rn. 47.

[76] Heymann/Peetz § 149 Rn. 15; Hueck OHG § 32 V 3.

[77] MHdB GesR I/Knof/Mock § 11 Rn. 42; Hueck OHG § 32 V 3.

[78] Ebenroth/Boujong/Saam Rn. 68.

[79] Hopt/Roth Rn. 20; Heymann/Peetz § 155 Rn. 4; KKD/Kindler § 155 Rn. 2.

[80] GK-HGB/Ensthaler § 155 Rn. 10; NK-HGB/Anissimov Rn. 27.

[81] Henssler/Strohn/Klöhn Rn. 31; Heymann/Peetz § 155 Rn. 2, 3; RGHMW/Mock Rn. 51.

[82] Westermann/Wertenbruch PersGesR-HdB/Könen/Wertenbruch § 43 Rn. I 1749; Heymann/Peetz § 155 Rn. 7; Schlegelberger/K. Schmidt § 155 Rn. 43; Staub/Habersack Rn. 113; **aA** GK-HGB/Ensthaler Rn. 1.

[83] KKD/Kindler § 155 Rn. 2; Staub/Habersack § 155 Rn. 14.

[84] BGH 2.6.2003, BGHZ 155, 121 (127) = NJW 2003, 2676 (2677); 15.5.2000, NZG 2000, 832 (833) = NJW 2000, 2586 (2587); KKD/Kindler § 155 Rn. 1a; MüKoHGB/v. Selle Rn. 120.

[85] Ebenroth/Boujong/Saam Rn. 71; RGHMW/Mock Rn. 45; Hueck OHG § 32 V 4.

muss oder aber durch eine Bestimmung im Gesellschaftsvertrag die Selbständigkeit der Ansprüche auch für den Fall der Auflösung der Gesellschaft angeordnet ist.[86]

47 **b) Einbeziehungsfähige Ansprüche.** In die Gesamtabrechnung sind von den Liquidatoren alle **Ansprüche gegen Dritte** sowie **Sozialansprüche,** dh Ansprüche der Gesellschaft gegen einzelne Gesellschafter, die aus dem Gesellschaftsverhältnis herrühren, einzustellen. Unproblematisch fallen darunter auch Rückgriffsansprüche gegen die Gesellschaft aufgrund einer Inanspruchnahme durch Gläubiger, Forderungen aus Drittbeziehungen mit den Gesellschaftern, Ansprüche auf Ausgleich unzulässiger Entnahmen sowie Schadensersatzansprüche.[87]

48 **4. Vollbeendigung der Gesellschaft.** Nach allgM führt die Verteilung nach Abs. 8 zur Vollbeendigung der Gesellschaft.[88] Dies bedeutet, dass durch die Verteilung an die Gesellschafter kein Aktivvermögen mehr bei der Gesellschaft vorhanden ist und die Gesellschaft dadurch erlischt.[89] **Vermögenslos** und damit beendet ist die Gesellschaft aber erst dann, wenn auch keine Forderungen der Gesellschaft mehr gegen die Gesellschafter bestehen.[90] Aus § 126 folgt, dass die ehemaligen Gesellschafter auch noch nach Vollbeendigung der Gesellschaft für verbliebene Gesellschaftsverbindlichkeiten einstehen müssen. Gleiches gilt auch dann, wenn sich ein Gesellschafter für die Gesellschaft verbürgt hat.[91] Unverwertbare Vermögensgegenstände und uneinbringbare Forderungen stehen der Vollbeendigung nicht entgegen.[92]

49 **5. Nachtragsliquidation.** Stellt sich nachträglich heraus, dass doch noch Gesellschaftsvermögen vorhanden ist, müssen die Liquidatoren **erneut tätig werden,** da keine Vollbeendigung der Gesellschaft eingetreten ist, sondern diese als OHG fortbesteht.[93] Dies gilt auch in dem Fall, dass das Erlöschen der Firma bereits nach § 150 zur Eintragung angemeldet wurde, da der Vorschrift lediglich deklaratorische Wirkung zukommt (→ § 150 Rn. 6).[94] Die zuvor erstellte Liquidationsschlussbilanz muss durch die Liquidatoren **berichtigt** werden. Allein der Umstand, dass zwar kein Aktivvermögen mehr vorhanden ist, jedoch einzelne Abwicklungsmaßnahmen unerledigt geblieben sind, führt hingegen nicht zur Notwendigkeit einer Nachtragsliquidation.[95]

50 Die Gesellschafter können auch von der Verteilung und Versilberung des übrig gebliebenen Restvermögens absehen und statt der Durchführung einer Nachtragsliquidation durch die Liquidatoren eine GbR bilden.[96]

51 **6. Verfahrenshinweise.** Bei einem Streit um die Berechtigung von Einzelposten der Auseinandersetzungsrechnung kann ein Gesellschafter auf die **Feststellungsklage** zurückgreifen.[97] Die Umdeutung eines in diesem Zusammenhang fälschlich gestellten Leistungsantrages in einen Feststellungsantrag ist auch möglich, wenn es sich um eine Stufenklage handelt, bei der auf erster Stufe ein Auskunftsbegehren verfolgt wird.[98]

X. Haftung der Liquidatoren

52 Verletzen die Liquidatoren ihre Pflichten gegenüber der Gesellschaft, haften sie dieser wie ein geschäftsführender Gesellschafter (§ 116) auf Schadensersatz.[99] Bei Untätigkeit der übrigen Liquidatoren können die Gesellschafter mit der actio pro socio vorgehen.[100] Den Gesellschaftern stehen bei einem Eingriff eines Liquidators in ihren Zuständigkeitsbereich (zB durch Missachtung rechtmäßiger Weisun-

[86] BGH 12.7.1999, NZG 1999, 987 = NJW 1999, 3557; 2.10.1997, NZG 1998, 23 = NJW 1998, 376; 24.10.1994, NJW 1995, 188 (189) = DStR 1992, 724 (725); 9.3.1992, NJW 1992, 2757 (2758).

[87] Ebenroth/Boujong/Saam Rn. 72; RGHMW/Mock Rn. 45.

[88] Ebenroth/Boujong/Saam Rn. 77; RGHMW/Mock Rn. 52; Hueck OHG § 32 VIII.

[89] BGH 21.6.1979, NJW 1979, 1987 = BB 1979, 1211; Hopt/Roth § 150 Rn. 1; Staub/Habersack Rn. 115.

[90] Hopt/Roth Rn. 22; RGHMW/Mock Rn. 54; Staub/Habersack Rn. 115.

[91] RGHMW/Mock Rn. 53.

[92] MüKoHGB/v. Selle Rn. 118; **aA** Staub/Habersack Rn. 107: Aussonderung aus dem Gesellschaftsvermögen erforderlich.

[93] BayObLG 18.11.1982, BB 1983, 82 (83) = DB 1983, 170; Hopt/Roth § 155 Rn. 2; Ebenroth/Boujong/Saam Rn. 78; RGHMW/Mock Rn. 54.

[94] BayObLG 18.11.1982, BB 1983, 82 (83) = DB 1983, 170; Ebenroth/Boujong/Saam Rn. 77; Staub/Habersack § 155 Rn. 35.

[95] Ebenroth/Boujong/Saam Rn. 78; MüKoHGB/v. Selle § 151 Rn. 15.

[96] Hopt/Roth Rn. 22; MüKoHGB/v. Selle Rn. 117.

[97] RGHMW/Mock Rn. 45.

[98] BGH 15.5.2000, NZG 2000, 832 (833) = NJW 2000, 2586 (2587); 24.10.1994, NJW 1995, 188 (189) = ZIP 1994, 1846 (1847); 10.5.1993, NJW-RR 1993, 1187 = ZIP 1993, 919 (920).

[99] BGH 4.7.1977, BGHZ 69, 207 (209) = NJW 1977, 2311; Ebenroth/Boujong/Saam Rn. 3.

[100] Henssler/Strohn/Klöhn § 146 Rn. 11; MüKoHGB/v. Selle Rn. 35; MüKoHGB/v. Selle § 144 Rn. 47 f.

gen oder Vornahme eines Grundlagengeschäfts) Abwehransprüche nach den § 823 Abs. 1 BGB, § 1004 BGB zu.[101] Den Gläubigern haften die Liquidatoren nur nach den allgemeinen Vorschriften (§§ 823 ff. BGB; § 280 Abs. 1 BGB, § 241 BGB). § 148 ist kein Schutzgesetz iSv § 823 Abs. 2 BGB.

§ 149 Haftung des Gesellschafters für Fehlbetrag

[1]Reicht das Gesellschaftsvermögen zur Berichtigung der Verbindlichkeiten und zur Rückerstattung der Beiträge nicht aus, haben die Gesellschafter der Gesellschaft für den Fehlbetrag nach dem Verhältnis ihrer Kapitalanteile aufzukommen. [2]Kann von einem Gesellschafter der auf ihn entfallende Betrag nicht erlangt werden, haben die anderen Gesellschafter den Ausfall nach dem gleichen Verhältnis zu tragen.

I. Allgemeines

1 Mit der MoPeG-Reform hat der Gesetzgeber die bislang umstrittene Frage, ob der Ausgleich unter den Gesellschaftern zu den Aufgaben der Liquidatoren zählt, im Sinne der befürwortenden Ansicht geregelt. Zugleich wird klargestellt, dass es sich bei dem Anspruch auf Haftung des Gesellschafters für den Fehlbetrag um einen Anspruch der Gesellschaft handelt.

II. Nachschusspflicht

2 Voraussetzung für die Haftung ist ein Fehlbetrag im Zuge der Schlussabrechnung. Die Gesellschafter haften der Gesellschaft für den Fehlbetrag nach dem Verhältnis ihrer Kapitalanteile aufzukommen. Wenn der entsprechende Betrag von einem Gesellschafter nicht erlangt werden kann, haften nach S. 2 die übrigen Gesellschafter ebenfalls nach dem Verhältnis ihrer Kapitalanteile. Die Liquidatoren haben die Aufgabe, die erforderlichen **Nachschüsse** einzufordern.

§ 150 Anmeldung des Erlöschens der Firma

Nach der Beendigung der Liquidation ist das Erlöschen der Firma von sämtlichen Liquidatoren zur Eintragung in das Handelsregister anzumelden.

I. Allgemeines

1 § 150 ist eine **Publizitätsvorschrift.** Sie enthält eine öffentlich-rechtliche Pflicht, nach der Liquidation das Erlöschen der Firma zur Eintragung ins Handelsregister anzumelden.[1] Die Vollbeendigung der Gesellschaft soll zum Schutz des Geschäftsverkehrs bekannt gemacht werden.[2] Damit weicht § 150 von den allgemeinen Regelungen der § 29, § 31 Abs. 2, § 141 ab. § 150 ist lex specialis zu § 31 Abs. 2.[3]

2 Der **Anwendungsbereich** des § 150 umfasst die vollständig liquidierte OHG, die KG (§ 161 Abs. 2) sowie die Partnerschaftsgesellschaft und die EWIV. Wenn eine andere Art der Auseinandersetzung ohne Liquidation stattfindet, sind die Gesellschafter gem. § 31 Abs. 2 zur Anmeldung verpflichtet.[4] Wird im Rahmen einer anderweitigen Auseinandersetzung das Unternehmen samt Firma veräußert, so muss die Gesellschaft eine neue Firma annehmen; dies ist von den Gesellschaftern nach den allgemeinen Regeln anzumelden.[5] Nach Beendigung der Abwicklung gilt bez. der neuen Firma § 150. Wenn das Unternehmen ohne Firma veräußert wird, liegt ohnehin ein Anwendungsfall des § 150 vor. Bei liquidationslosem Erlöschen der Gesellschaft ist § 150 dagegen **nicht anwendbar.**[6]

3 Die Firma erlischt, wenn die Liquidation tatsächlich beendet ist und die Gesellschaft im Anschluss daran nicht weiter fortgesetzt wird.[7] Dh, die Gesellschaft muss **vollbeendigt** sein. Das ist nach hM der Fall, wenn kein aktives Geschäftsvermögen mehr existiert (→ § 148 Rn. 48). Sei es, weil es vollständig verteilt, hinterlegt oder aus sonstigen Gründen nicht mehr vorhanden ist.[8] Eventuell noch

[101] MüKoHGB/v. Selle § 144 Rn. 49; Staub/Habersack Rn. 14.
[1] Ebenroth/Boujong/Saam Rn. 6; Michalski OHG-R § 157 Rn. 4.
[2] BeckOK HGB/Lehmann-Richter, 47. Ed. 1.7.2025, Rn. 2; Ebenroth/Boujong/Saam Rn. 1.
[3] MüKoHGB/v. Selle Rn. 1.
[4] 3; Heymann/Peetz § 157 Rn. 4; RGHMW/Mock Rn. 4; **aA** für den Fall der Durchführung dieser Abwicklung durch die Liquidatoren Ebenroth/Boujong/Saam Rn. 3; MüKoHGB/v. Selle Rn. 7; Staub/Habersack Rn. 2.
[5] Ebenroth/Boujong/Saam Rn. 3; RGHMW/Mock Rn. 4; Staub/Habersack Rn. 3.
[6] Henssler/Strohn/Klöhn Rn. 3; MüKoHGB/v. Selle Rn. 4.
[7] OLG Zweibrücken 24.9.2001, NZG 2002, 169 = NJW-RR 2002, 457 (458); Heymann/Peetz § 157 Rn. 2.
[8] KKD/Kindler § 157 Rn. 1.

unbeglichene Gesellschaftsschulden stehen nach hM einer Anwendung des § 150 nicht im Wege (→ § 148 Rn. 48).[9] Anders liegt es indes, solange noch realisierbare Forderungen bestehen.[10]

4 Die Gesellschaft ist unabhängig von einer etwaigen Löschung bis zu ihrer Vollbeendigung grundsätzlich parteifähig.[11] Das gilt auch im Verfahren über die Frage der Vollbeendigung selbst. Stellt sich diese indes heraus, ist die Klage nachträglich als unzulässig abzuweisen.[12]

II. Anmeldepflichtige

5 Die Anmeldepflicht trifft in Abweichung zu den §§ 29, 31 die Liquidatoren.[13] Die Gesellschafter werden hiervon nicht betroffen. Sie sind jedoch Herren des Liquidationsverfahrens, sodass eine durch sie erfolgte Anmeldung des Erlöschens beim Handelsregister als ausreichend anzusehen ist.[14] Mehrere Liquidatoren müssen der Pflicht aus § 150 gemeinsam nachkommen, auch eine Anmeldung durch eine zur Vertretung grundsätzlich berechtigte Anzahl von Liquidatoren ist nicht ausreichend.[15]

III. Inhalt der Anmeldung

6 Das Erlöschen der Firma stellt für sich genommen eine eintragungspflichtige Tatsache iSd § 15 Abs. 1 dar. Der Zeitpunkt des Erlöschens ist dagegen ebenso wenig anzumelden wie die Beendigung der Liquidation.[16] Die Eintragungspflicht besteht auch bei fehlender Voreintragung der zu liquidierenden Gesellschaft.[17] Die Löschungseintragung hat allerdings rein **deklaratorische Wirkung.**[18] Ist noch Gesellschaftsvermögen vorhanden, besteht die Firma daher trotz Löschungseintragung fort.[19] Die Liquidation ist in diesem Fall im Wege der Nachtragsliquidation (→ § 148 Rn. 49 f.) umgehend zu beenden, die fälschlich eingetragene Löschung ist zu berichtigen.[20]

IV. Verfahren der Eintragung

7 Die Form der Anmeldung bestimmt sich nach allgemeinen Regeln.[21] Ein Nachweis über die Vollbeendigung der Gesellschaft ist grundsätzlich nicht erforderlich, er kann aber im Falle des begründeten Anlasses zu Zweifeln an der Beendigung der Liquidation verlangt werden.[22]

V. Unterlassen der Anmeldung

8 Die Erfüllung der Anmeldepflicht kann als öffentlich-rechtliche Pflicht (→ Rn. 1) nach den allgemeinen Regeln durch die Festsetzung eines Zwangsgelds durchgesetzt werden.[23] Führt dies nicht zum Erfolg, so kann die Eintragung von Amts wegen erfolgen.[24] Die Anmeldepflicht der Liquidatoren besteht darüber hinaus auch den Gesellschaftern gegenüber, sodass bei Nichterfüllung Schadensersatzansprüche entstehen.[25] Da die Gesellschafter jedoch ebenfalls anmeldebefugt sind (→ Rn. 4), müssen sie sich im Falle eines solchen Schadensersatzanspruchs unter Umständen den

---

[9] Grziwotz DStR 1992, 1365 (1368); Hopt/Roth Rn. 1; Ebenroth/Boujong/Saam § 148 Rn. 77; Heymann/Peetz § 157 Rn. 2; KKD/Kindler § 157 Rn. 1; **aA** Schlegelberger/K. Schmidt Rn. 9; Staub/Habersack Rn. 6.

[10] Hopt/Roth Rn. 1.

[11] BGH 3.4.2003, NZG 2003, 688 f. = NJW 2003, 2231 (2232); 7.10.1994, NJW 1995, 196 = ZIP 1994, 1685; 18.1.1994, NJW-RR 1994, 542 = GmbHR 1994, 260.

[12] KKD/Kindler § 157 Rn. 1.

[13] Michalski OHG-R § 157 Rn. 4; RGHMW/Mock Rn. 5.

[14] BayObLG 7.3.2001, NZG 2001, 792 = NJW-RR 2001, 1482; Hopt/Roth Rn. 2; Ebenroth/Boujong/Saam Rn. 6; MüKoHGB/v. Selle Rn. 7; Staub/Habersack Rn. 8.

[15] Staub/Habersack Rn. 8; Sudhoff Personengesellschaften/Masuch § 19 Rn. 66.

[16] MüKoHGB/v. Selle Rn. 8.

[17] Ebenroth/Boujong/Saam Rn. 7; Heymann/Peetz § 157 Rn. 3; KKD/Kindler § 157 Rn. 1; Schlegelberger/K. Schmidt § 157 Rn. 11; Staub/Habersack Rn. 9; **aA** Schlegelberger/Geßler, 4. Aufl. 1960, § 157 Anm. 4.

[18] BGH 19.2.1990, BGHZ 110, 342 (352) = NJW 1990, 1725 (1728); 21.6.1979, NJW 1979, 1987 = BB 1979, 1211; Westermann/Wertenbruch PersGesR-HdB/Könen/Wertenbruch § 43 Rn. I 1759.

[19] GK-HGB/Ensthaler § 157 Rn. 2; Heymann/Peetz § 157 Rn. 5; Henssler/Strohn/Klöhn Rn. 7; RGHMW/Mock Rn. 6.

[20] MüKoHGB/v. Selle Rn. 10; Sudhoff Personengesellschaften/Masuch § 19 Rn. 77.

[21] Staub/Habersack Rn. 9.

[22] Ebenroth/Boujong/Saam Rn. 7; Westermann/Wertenbruch PersGesR-HdB/Könen/Wertenbruch § 43 Rn. I 1759a; Heymann/Peetz § 157 Rn. 5; MüKoHGB/v. Selle Rn. 9.

[23] Staub/Habersack Rn. 11.

[24] OLG Düsseldorf 17.10.1994, NJW-RR 1995, 611 = GmbHR 1995, 233 f. im Fall der Unerreichbarkeit der Verpflichteten.

[25] Ebenroth/Boujong/Saam Rn. 7; Staub/Habersack Rn. 11.

Einwand des Mitverschuldens nach § 254 BGB entgegenhalten lassen.[26] Im Verhältnis zu gutgläubigen Dritten greift bei Unterlassen der Eintragung und Bekanntmachung des Erlöschens die negative Publizität des Handelsregisters nach § 15 Abs. 1: Die Vertretungs- sowie die Geschäftsführungsbefugnis der Liquidatoren gelten diesen gegenüber weiterhin als bestehend.[27]

§ 151 Verjährung von Ansprüchen aus der Gesellschafterhaftung

(1) Ist die Gesellschaft durch Liquidation oder auf andere Weise erloschen, verjähren Ansprüche gegen einen Gesellschafter aus Verbindlichkeiten der Gesellschaft in fünf Jahren, sofern nicht der Anspruch gegen die Gesellschaft einer kürzeren Verjährung unterliegt.

(2) Die Verjährung beginnt abweichend von § 199 Absatz 1 des Bürgerlichen Gesetzbuchs, sobald der Gläubiger von dem Erlöschen der Firma Kenntnis erlangt hat oder das Erlöschen der Firma im Handelsregister eingetragen worden ist.

(3) Beginnt die Verjährung des Anspruchs gegen die Gesellschaft neu oder wird die Verjährung des Anspruchs gegenüber der Gesellschaft nach den §§ 203, 204, 205 oder 206 des Bürgerlichen Gesetzbuchs gehemmt, wirkt dies auch gegenüber den Gesellschaftern, die der Gesellschaft zur Zeit des Erlöschens angehört haben.

Schrifttum: Münscher, Verjährung; Übergangsrecht, WuB I G 5, Immobilienanlagen, 12.07; K. Schmidt/C. Schneider, Haftungserhaltende Gläubigerstrategien beim Ausscheiden von Gesellschaftern bei Unternehmensübertragung, Umwandlung und Auflösung, Abstimmungsbedarf bei den §§ 26, 160 HGB, §§ 45, 133, 157, 224 UmwG und § 159 HGB, BB 2003, 1961.

Übersicht

I. Allgemeines

1. Normzweck. § 151 Abs. 1 stellt eine Vorschrift der Sonderverjährung in Höhe von fünf Jahren der persönlich haftenden Gesellschafter für Gesellschaftsverbindlichkeiten nach Erlöschen der Gesellschaft dar. Dadurch soll es den Gesellschaftsgläubigern möglich sein, ihre Forderungen auch nach Auflösung der Gesellschaft durchzusetzen und somit **Missbrauch** vorzubeugen. Auch dient die Vorschrift den Gesellschaftern dazu, ihre persönliche Haftung auf ein **zeitliches Maximum** zu begrenzen.[1] Die Frage der Haftung ausgeschiedener Gesellschafter ist auch eine Frage des § 126, denn § 151 gilt ausnahmslos nur für die Haftung nach Auflösung der Gesellschaft. § 137 hingegen gilt für das Ausscheiden eines Gesellschafters und sieht dabei eine zeitliche Begrenzung der Nachhaftung und keine Verjährung vor.[2] 1

2. Anwendungsbereich. Die Vorschrift gilt für die **OHG** und über die Verweisungstechnik des § 161 Abs. 2 auch für die **KG.** Entsprechende Anwendung findet die Vorschrift des § 151 auf die **KGaA.**[3] Für die **Partnerschaftsgesellschaft** gilt sie aufgrund des Verweises in § 10 Abs. 2. Für die GbR enthält § 739 BGB eine fast wortgleiche Regelung. Eine Fünfjahrefrist gilt auch für die **Europäische Wirtschaftliche Interessen Vereinigung** gem. § 37 Abs. 2 EWIV-VO. 2

[26] Staub/Habersack Rn. 11.

[27] RGHMW/Mock Rn. 7; Staub/Habersack Rn. 10, 12.

[1] Ebenroth/Boujong/Saam Rn. 1; Staub/Habersack Rn. 1.

[2] Nach BGH 3.7.2020, BeckRS 2020, 19740, ist allerdings auch nach fünf Jahren die Nachhaftung gem. § 736 Abs. 2 BGB aF iVm § 160 Abs. 1 aF noch nicht beendet. Werden die Gläubiger der GbR nicht über das Ausscheiden eines Gesellschafters informiert, kann die Nachhaftung in zeitlicher Hinsicht weit über den gesetzlich vorgesehenen Fünfjahreszeitraum hinausgehen. Scheidet ein Gesellschafter aus einer GbR aus, die einer Wohnungseigentümergemeinschaft angehört, erstreckt sich seine Nachhaftung auch auf solche WEG-Beitragspflichten, die erst nach seinem Ausscheiden aus der GbR beschlossen wurden.

[3] MüKoHGB/Drescher Rn. 4; Staub/Habersack Rn. 5.

II. Sonderverjährung (Abs. 1)

3 **1. Erlöschen der Gesellschaft.** Die Sonderverjährung knüpft nach dem eindeutigen Wortlaut des § 151 an das Erlöschen der Gesellschaft an. Insoweit findet die Vorschrift des § 137 keine Anwendung. Erfasst ist das Erlöschen durch Liquidation und auf andere Weise. Keine Anwendung findet die Vorschrift des § 151 bei Erlöschen einer Gesellschaft durch **Verschmelzung.**[4] Im Fall des liquidationslosen Erlöschens ist zu unterscheiden. Ein Fall des § 151 liegt danach immer dann vor, wenn die Löschung auf der Vermögenslosigkeit der Gesellschaft beruht, hingegen ist § 137 für alle ausgeschiedenen Gesellschafter einschlägig, wenn alle Gesellschaftsanteile in der Hand eines Gesellschafters zusammenfallen.[5]

4 **2. Erfasste Ansprüche. a) Grundsatz.** Die Sonderverjährung gilt nur für die persönliche Gesellschafterhaftung nach den §§ 126 ff., 171 f., 173, 176. Dazu muss bereits eine Gesellschaftsverbindlichkeit bestehen, für die ein Gesellschafter auch akzessorisch haftet. Unerheblich ist dabei, ob die Verbindlichkeit erst nach Auflösung der Gesellschaft begründet wurde.[6] Auch eine Haftung für **Drittgeschäfte** eines Gesellschafters mit der Gesellschaft fällt jedenfalls dann unter die Vorschrift des § 151, wenn dabei nach § 126 eine entsprechende Haftung erfolgt.

5 Nicht der Sonderverjährung unterliegen hingegen Ansprüche, für die keine akzessorische Haftung nach § 126 erfolgt, wie zB **Sozialverbindlichkeiten** der Gesellschaft einem Gesellschafter gegenüber und auch Aufwendungsersatzansprüche nach § 105 Abs. 3, § 716 BGB.[7] Die Sonderverjährung des § 151 findet ebenso wenig auf den vertraglichen Freistellungsanspruch des Treuhandkommanditisten gegen den Treugeber Anwendung.[8]

6 **b) Andere Haftungsgründe.** Keine Sonderverjährung nach Maßgabe des § 151 besteht bei einer **Bürgschaft** des Gesellschafters für Gesellschaftsverbindlichkeiten, Garantie, Wechselbürgschaft und auch Schuldübernahme;[9] die Verjährung vollzieht sich daher nach den **allgemeinen Bestimmungen.** Die Grundsätze des § 151 finden keine Anwendung, sofern der Gesellschafter gegenüber den Gesellschaftsgläubigern einen eigenen Haftungstatbestand verwirklicht. Etwas Anderes gilt aber, wenn ein Gesellschafter sich mittelbar für einen anderen Gesellschafter und dessen Verbindlichkeit aus § 128 verbürgt hat.[10] Dann gilt § 768 Abs. 1 BGB entsprechend mit der Maßgabe, dass die Einrede der Verjährung auch dem bürgenden Gesellschafter zusteht.

7 **3. Verjährungsdauer.** Die in § 151 normierte Sonderverjährung beträgt fünf Jahre. Die Sonderverjährung findet jedoch erst dann Anwendung, wenn die Gesellschaftsverbindlichkeit ihrerseits unverjährt ist. Ist der Anspruch vor Auflösung der Gesellschaft bereits rechtskräftig durch Urteil, Insolvenzverfahren oder durch vollstreckbaren Vergleich festgestellt worden, gilt dennoch nicht die 30-jährige Verjährungsfrist des § 197 Abs. 1 BGB, wenn die Gesellschaft anschließend aufgelöst wurde. Es gilt dann die Sonderverjährung des § 151 Abs. 1.[11] Anders liegt es nur, wenn sich die Verurteilung auf die persönliche Haftung nach § 126 eines Gesellschafters bezieht.[12]

8 Verjährt der Anspruch auf Grundlage von Vorschriften des BGB oder anderer Gesetze bereits vor Ablauf der fünf Jahre, bleibt es bei der kürzeren Verjährung.[13] Dabei kann es nur auf den Eintritt der Verjährung und nicht auf die kürzere Verjährungsfrist als solche ankommen.

III. Verjährungsbeginn (Abs. 2)

9 Die Verjährung beginnt nach Abs. 2, wenn der Gläubiger von dem Erlöschen der Firma Kenntnis erlangt hat oder das Erlöschen der Firma im Handelsregister eingetragen worden ist. § 159 aF knüpfte an die Eintragung der Auflösung der Gesellschaft an. Der Gesetzgeber hat nun bewusst auf die Eintragung des Erlöschens der Firma abgestellt, damit die nachhaftungsbegrenzende Sonderverjährung nicht bereits während der Liquidation läuft, obwohl während der Liquidation noch neue Verbindlichkeiten entstehen können.[14]

---

[4] MüKoHGB/Drescher Rn. 13; K. Schmidt/C. Schneider BB 2003, 1961.
[5] MüKoHGB/Drescher Rn. 13; Staub/Habersack Rn. 7; Ebenroth/Boujong/Saam Rn. 7.
[6] MüKoHGB/Drescher Rn. 14.
[7] Ebenroth/Boujong/Saam Rn. 8.
[8] BGH 22.3.2011, NJW 2011, 2351; 30.7.2020, BeckRS 2020, 19833; aA noch OLG Stuttgart 18.3.2010, NZG 2010, 716.
[9] Hopt/Roth Rn. 6; Staub/Habersack Rn. 14.
[10] MüKoHGB/Drescher Rn. 15; Staub/Habersack Rn. 14; Ebenroth/Boujong/Saam Rn. 10.
[11] LAG München 31.3.1978, NJW 1978, 1877; MüKoHGB/Drescher Rn. 20; Hopt/Roth Rn. 7.
[12] BGH 27.4.1981, NJW 1981, 2579; Ebenroth/Boujong/Saam Rn. 11; Hopt/Roth Rn. 6.
[13] Hopt/Roth Rn. 7.
[14] Begr. RegE, BT-Drs. 19/27635, 189, 251.

IV. Hemmung und Neubeginn (Abs. 3)

Die Regelung in Abs. 3 ist dem Gesetzgeber missglückt. Die Vorschrift ist § 159 Abs. 4 aF nachgebildet, der allerdings an die Auflösung der Gesellschaft anknüpfte. Nach Abs. 3 sollen nun bei einer erloschenen Gesellschaft gegenüber den Gesellschaftern die gleichen Wirkungen der Hemmung und des Neubeginns nach den §§ 203, 204, 205 oder 206 BGB eintreten wie gegenüber der Gesellschaft. Die Norm bezieht sich also auf Ereignisse, die nach Erlöschen der Gesellschaft zu einer Hemmung oder einem Neubeginn der Verjährung führen. Nach Erlöschen der Gesellschaft kann es zu solchen Ereignissen aber mangels rechtsfähiger Gesellschaft nicht mehr kommen. Daher kann auch ihre Wirkung auf die Verjährung nicht auf die Gesellschafter erstreckt werden. Abs. 3 ist daher gegenstandslos.[15] Den Fall, dass das Erlöschen der Gesellschaft eingetragen ist, obwohl sie tatsächlich nicht erloschen ist, erfasst Abs. 3 nicht, da die Eintragung des Erlöschens nur deklaratorisch wirkt (→ § 150 Rn. 6).[16] 10

V. Abdingbarkeit

Gesellschafter und Gläubiger können auch abweichende Vereinbarungen von § 151 treffen; insoweit ist die Vorschrift dispositiv. Die Grenze der Abdingbarkeit gibt dabei § 202 BGB vor. Danach kann bei Haftung wegen Vorsatzes die Verjährung durch Rechtsgeschäft nicht erleichtert werden und nicht über eine 30-jährige Frist erschwert werden. Innerhalb dieser Frist steht es den Parteien frei, Vereinbarungen bezüglich der **Verkürzung** oder **Verlängerung** der Fünfjahresfrist zu treffen.[17] 11

VI. Rechtsfolgen bei Ablauf der Frist

Die Gesellschaft ist nach Ablauf der Frist berechtigt, den Anspruch des Gläubigers gem. § 214 BGB dauerhaft zu verweigern und auch dem Gesellschafter steht dadurch eine **Einrede** zu. Die Einrede hat der Gesellschafter **im Prozess** zu erheben. Eine gerichtliche Überprüfung bezüglich der Verjährung entfällt insoweit, es sei denn, der Anspruch ist wie im Steuerrecht bei einer Zahlungsverjährung (§§ 228, 232 AO) erloschen. 12

§ 152 Aufbewahrung der Geschäftsunterlagen; Einsicht in die Geschäftsunterlagen

(1) [1]Die Geschäftsunterlagen der aufgelösten Gesellschaft werden einem der Gesellschafter oder einem Dritten in Verwahrung gegeben. [2]In Ermangelung einer Verständigung wird der Gesellschafter oder der Dritte durch das Gericht bestimmt, in dessen Bezirk die Gesellschaft ihren Sitz hat.

(2) Die Gesellschafter und deren Erben behalten das Recht auf Einsicht und Benutzung der Geschäftsunterlagen.

I. Allgemeines

§ 152 Abs. 1 regelt das Schicksal sämtlicher Bücher und Papiere nach der Vollbeendigung. Diese Pflicht besteht zwar bereits nach § 257, der jedoch an die Kaufmannseigenschaft anknüpft und daher für die Gesellschaft nach ihrer Liquidation keine Anwendung mehr findet. Nach § 150 Abs. 2 haben die Gesellschafter und ihre Erben ein Einsichts- und Benutzungsrecht hinsichtlich der verwahrten Unterlagen. 1

II. Aufbewahrung der Bücher und Papiere (Abs. 1)

Abs. 1 soll sicherstellen, dass sämtliche Geschäftsunterlagen aufbewahrt werden, obwohl regelmäßig keine Gesellschaftsorgane mehr existieren, die der Pflicht nach § 257 nachzukommen haben.[1] Die Regelung ist zwingend.[2] Dieses Bedürfnis zur Sicherung der Unterlagen besteht bei **jeglicher Art der Auseinandersetzung.** § 152 Abs. 1 ist daher auch hierauf anzuwenden.[3] Keine Anwendung findet Abs. 1 hingegen bei Fortführung des Unternehmens.[4] 2

---

[15] Henssler/Strohn/Klöhn Rn. 16; MüKoHGB/Drescher Rn. 28; Staub/Habersack Rn. 20.

[16] MüKoHGB/Drescher Rn. 28; s. ferner Henssler/Strohn/Klöhn Rn. 7, 16; Staub/Habersack Rn. 17, 24.

[17] Staub/Habersack Rn. 4; Ebenroth/Boujong/Saam Rn. 17.

[1] MüKoHGB/v. Selle Rn. 1.

[2] Westermann/Wertenbruch PersGesR-HdB/Könen/Wertenbruch § 43 Rn. I 1761a; MüKoHGB/v. Selle Rn. 3; Staub/Habersack Rn. 3.

[3] Hopt/Roth Rn. 2; Ebenroth/Boujong/Saam Rn. 4; MüKoHGB/v. Selle Rn. 4; RGHMW/Mock Rn. 4.

[4] GK-HGB/Ensthaler § 157 Rn. 3.

3 Alle Bücher und Papiere sind einem **von den Gesellschaftern** zu bestimmenden **Verwahrer** zu übergeben. Die Auswahl des Verwahrers kann bereits im Gesellschaftsvertrag erfolgt sein oder später durch Gesellschafterbeschluss gem. § 109 vorgenommen werden.[5] Die Liquidatoren sind anders als der potenzielle Verwahrer an diesen Gesellschafterbeschluss gebunden (§ 148 Abs. 1). Letzteren trifft hingegen keine unmittelbare Pflicht zur Verwahrung der Unterlagen. Mit ihm ist vielmehr ein Verwahrungsvertrag zu schließen,[6] aus dem sich die jeweiligen Rechte und Pflichten des Verwahrers ergeben. Kommt es unter den Gesellschaftern zu keiner Einigung hinsichtlich der Person des Verwahrers, so wird dieser gem. Abs. 1 S. 2 gerichtlich bestimmt. Zuständig ist nach den § 375 Nr. 1 FamFG, § 23a GVG iVm § 3 Nr. 2 lit. d RPflG, § 17 Nr. 2 lit. a RPflG der Rechtspfleger bei dem Amtsgericht. Das Gericht kann im Wege eines Antragsverfahrens durch die Gesellschafter oder deren Erben, jeden Liquidator oder den Insolvenzverwalter angerufen werden.[7] Auch im Falle der gerichtlichen Bestimmung eines Verwahrers kommt zwischen diesem und den Gesellschaftern nach hM ein Verwahrungsvertrag zustande.[8]

4 Die **Haftung** des Verwahrers bestimmt sich nach § 690 BGB oder § 276 BGB, je nachdem, ob es sich um eine entgeltliche oder unentgeltliche Verwahrung handelt.[9]

III. Einsichtsrecht (Abs. 2)

5 § 152 Abs. 2 stellt sicher, dass die Rechte der Gesellschafter nach § 105 Abs. 3, § 717 BGB während und nach der Liquidation aufrecht erhalten bleiben. Maßgeblich für die Rechtsinhaberschaft ist die Gesellschaftereigenschaft im Zeitpunkt des Eintritts der Vollbeendigung der Gesellschaft.[10] Die Erben der Gesellschafter sind diesen gleichgestellt. Dritte und vorzeitig ausgeschiedene Gesellschafter haben lediglich Einsichtsrechte nach § 810 BGB.[11] Gleiches gilt nach hM für die Gesellschafter selbst, sofern die Bücher und Papiere mit dem Unternehmen veräußert wurden.[12]

6 Ein besonderes Interesse an der Einsichtnahme ist grundsätzlich nicht erforderlich.[13] Dennoch bleibt es dem Verwahrer vorbehalten, bei Fehlen eines entsprechenden Interesses die Einsichtnahme zu verwehren.[14]

7 Das Einsichtsrecht ist grundsätzlich **persönlich** auszuüben und nicht abtretbar.[15] Es dürfen auch Sachverständige hinzugezogen werden.[16] Die Vertretung durch einen rechtsgeschäftlich bestellten Vertreter ist nur bedingt, die durch einen gesetzlichen Vertreter uneingeschränkt zulässig.[17]

8 Abs. 2 gewährt das Recht zur „Einsicht und Benutzung". Daraus ergibt sich auch die Möglichkeit, die entsprechenden Unterlagen abzulichten und die Kopien zu verwerten. Die Einsichtnahme hat grundsätzlich **am Ort der Verwahrung** zu erfolgen, ein anderer Ort kann entsprechend § 811 Abs. 1 S. 2 BGB bestimmt werden, sofern ein wichtiger Grund dafür vorliegt.

9 Anderweitige Vereinbarungen sind zulässig, sofern dies auch nach § 105 Abs. 3, § 717 BGB möglich wäre.[18] Vor Eintritt in das Liquidationsstadium getroffene, von der gesetzlichen Regelung abweichende Informationsrechte gelten für § 152 Abs. 2 nur, sofern dies explizit vereinbart wurde.[19]

§§ 153–160 [nicht mehr belegt]

---

[5] Henssler/Strohn/Klöhn Rn. 3; Staub/Habersack Rn. 7.

[6] Westermann/Wertenbruch PersGesR-HdB/Könen/Wertenbruch § 43 Rn. I 1760a; RGHMW/Mock Rn. 5; Staub/Habersack Rn. 8.

[7] RGHMW/Mock Rn. 6; MüKoHGB/v. Selle Rn. 12; Staub/Habersack Rn. 10; Hueck OHG § 32 VIII. 2.

[8] Hopt/Roth Rn. 4; Ebenroth/Boujong/Saam Rn. 11; Schlegelberger/K. Schmidt § 157 Rn. 22; **aA** Staub/Habersack Rn. 11.

[9] Staub/Habersack Rn. 8.

[10] Heymann/Peetz § 157 Rn. 7; RGHMW/Mock Rn. 7.

[11] Hopt/Roth Rn. 5; Ebenroth/Boujong/Saam Rn. 13; GK-HGB/Ensthaler § 157 Rn. 5; Westermann/Wertenbruch PersGesR-HdB/Könen/Wertenbruch § 43 Rn. I 1762a; MüKoHGB/v. Selle Rn. 20.

[12] KKD/Kindler § 157 Rn. 3.

[13] Westermann/Wertenbruch PersGesR-HdB/Könen/Wertenbruch § 43 Rn. I 1762b; RGHMW/Mock Rn. 7.

[14] Ebenroth/Boujong/Saam Rn. 14; MüKoHGB/v. Selle Rn. 20; Staub/Habersack Rn. 15.

[15] MüKoHGB/v. Selle Rn. 22.

[16] Hopt/Roth Rn. 5; Michalski OHG-R § 157 Rn. 10.

[17] MüKoHGB/v. Selle Rn. 22.

[18] Ebenroth/Boujong/Saam Rn. 2; Henssler/Strohn/Klöhn Rn. 1.

[19] Ebenroth/Boujong/Saam Rn. 2; Staub/Habersack Rn. 12.

Zweiter Abschnitt. Kommanditgesellschaft

§ 161 [Begriff der KG; Anwendbarkeit der OHG-Vorschriften]

(1) Eine Gesellschaft, deren Zweck auf den Betrieb eines Handelsgewerbes unter gemeinschaftlicher Firma gerichtet ist, ist eine Kommanditgesellschaft, wenn bei einem oder bei einigen von den Gesellschaftern die Haftung gegenüber den Gesellschaftsgläubigern auf einen bestimmten Betrag (Haftsumme) beschränkt ist (Kommanditisten), während bei dem anderen Teile der Gesellschafter eine Beschränkung der Haftung nicht stattfindet (persönlich haftende Gesellschafter).

(2) Soweit nicht in diesem Abschnitt ein anderes vorgeschrieben ist, finden auf die Kommanditgesellschaft die für die offene Handelsgesellschaft geltenden Vorschriften entsprechende Anwendung.

Schrifttum: Allgemeines: Bipyus, Einheitlichkeit der Mitgliedschaft und Selbständigkeit der Beteiligung in der Personengesellschaft, AcP 195 (1995), 13; Bork, Der Mehrfach-Komplementär – Ein Beitrag zur Gläubiger- und Schuldnermehrheit in der Insolvenz, KTS 2008, 21; Bork/Jacoby, Das Ausscheiden des einzigen Komplementärs nach § 131 Abs. 3 HGB, ZGR 2005, 611; Frey, Tod des einzigen Komplementärs, ZGR 1988, 281; Grunewald, Die Finanzierungsverantwortung des Kommanditisten, FS Großfeld, 1998, 281; Hadding, Mehrheitsbeschlüsse in der Personenkommanditgesellschaft, ZGR 1979, 636; Hahn/Gansel, Der Gesellschaftsvertrag der Kommanditgesellschaft, 3. Aufl. 2015; Hoffmann-Becking, Karsten Schmidt und die Praxis des Personengesellschaftsrechts, NZG 2019, 1321; Immenga, Die Minderheitsrechte der Kommanditisten, ZGR 1974, 385; Jander, Komplementär und Kommanditist in der verbandsrechtlich verselbständigten Kommanditgesellschaft, 2010; Joussen, Die einheitliche Mitgliedschaft in Personengesellschaften, DB 1992, 1173; Koller, Sicherung des Eigenkapitals bei der gesetzestypischen Kommanditgesellschaft, FS Heinsius, 1991, 357; Kriebel, Das Ausscheiden des einzigen Komplementärs aus einer Kommanditgesellschaft, 2013; Lieder/Hoffmann, Kleine Phänomenologie der Kommanditgesellschaft, NZG 2021, 1045; K. Müller, Nachschusspflicht der Gesellschafter einer KG und Ausschließung aus wichtigem Grund bei Verweigerung von Nachschüssen, DB 2005, 95; Nentwig, Die Kommanditgesellschaft mit einem ausländischen Komplementär – zulässig oder zwingender Auflösungsgrund, GmbHR 2015, 1145; Röder, Die Kommanditgesellschaft im Rechtsvergleich, RabelsZ 78 (2014), 109; v. Rummel/Enge, „Sanieren oder Ausscheiden" in der Kommanditgesellschaft, NZG 2017, 256; K. Schmidt, Die Vor-GmbH als Unternehmerin und Komplementärin, NJW 1981, 1345; K. Schmidt, Die Beschlußanfechtungsklage bei Vereinen und Personengesellschaften – Ein Beitrag zur Institutionenbildung im Gesellschaftsrecht, FS Stimpel, 1985, 217; K. Schmidt, Grenzen und Risiken der Binnenhaftung von Kommanditisten, DB 1995, 1381; K. Schmidt, Die Innenkommanditgesellschaft – wirklicher Verband oder virtueller Rechtsträger –, ZHR 178 (2014), 10; K. Schmidt, Handelsregistereintragung einer Steuerberatungs-(GmbH & Co.-)KG, oder § 105 Abs. 2 HGB – Leidensgeschichte einer Öffnungsklausel, ZIP 2014, 2226; U. H. Schneider, Die Änderung des Gesellschaftsvertrages einer Personengesellschaft durch Mehrheitsbeschluss, ZGR 1972, 357; Seeger, Das Ausscheiden des einzigen Komplementärs, 2010; Sester, Treupflichtverletzungen bei Widerspruch und Zustimmungsverweigerung im Recht der Personenhandelsgesellschaften, 1996; Sieveking, Keine Mehrfachbeteiligung an Personengesellschaften, FS Schippel, 1996, 505; Steckhan, Formwechsel einer Aktiengesellschaft in eine Kommanditgesellschaft, 2003; Steinbeck, Zur „Einheitlichkeit" der Mitgliedschaft in einer Personengesellschaft, DB 1995, 761; Stiegler, Hereinformwechsel in eine Kommanditgesellschaft, NZG 2020, 979; Ulmer, Die Einheitlichkeit der Mitgliedschaft in einer Personengesellschaft – ein überholtes Dogma?, ZHR 167 (2003), 103; H. P. Westermann, Die Gestaltungsfreiheit im Personengesellschaftsrecht in des Händen des Bundesgerichtshofs, 50 Jahre Bundesgerichtshof – Festgabe aus der Wissenschaft, Bd. II, 2000, 245; Wiedemann, Beschränkte und unbeschränkte Kommanditistenhaftung, FS Bärmann, 1975, 1037; Wiedemann, Anteilsumwandlung und Mehrfachbeteiligung in der Personengesellschaft, FS Zöllner, 1999, 635.

GmbH & Co. KG: Binz/Mayer, Beurkundungspflichten bei der GmbH & Co. KG, NJW 2002, 3054; Binz/Sorg, Die GmbH & Co. KG, 12. Aufl. 2018; v. Bonin, Zur Anwendung der gesetzlichen Vertretungsregeln auf die Einheits-GmbH & Co. KG – Problematik und praktische Folgen, NZG 2016, 1299; v. Bonin, Die Einheits-GmbH & Co. KG in der notariellen Praxis, RNotZ 2017, 1; Brock, Schenkung von Gesellschaftsbeteiligungen an einer GmbH & Co. KG an Minderjährige, GmbHR 2020, 349; Brosius/Frese, Konflikte bei der Willensbildung in der Einheitsgesellschaft, NZG 2016, 908; Brügel/Tillhorn, Die konzernrechtliche Abhängigkeit der Kapitalgesellschaft & Co. KG im Mitbestimmungsrecht, GmbHR 2013, 459; Casper, Die Einheits-GmbH & Co. KG – Allheilmittel zur Lösung von Verzahnungsproblemen oder Abbild eines Schlangenmenschen?, FS Stilz, 2014, 111; Duys, Auslandskapitalgesellschaft & Co. KG, 2001; Esch, Die GmbH & Co. KG als Einheitsgesellschaft, BB 1991, 1129; Esch, Weisungsrechte der Gesellschafter in der GmbH & Co. KG, NJW 1988, 1533; Fischer, Formwechsel zwischen GmbH und GmbH & Co. KG, BB 1995, 2173; Fleck, Die sogenannte „Einheitsgesellschaft" – Ein funktionsunfähiges Gebilde?, FS Semler, 1993, 115; Fleischer/Wansleben, Die GmbH & Co. KG als kautelarjuristische Erfolgsgeschichte, GmbHR 2017, 169; Fleischer/Wansleben, Die GmbH & Co. KG in den Auslandsrechten, GmbHR 2017, 633; Gebhard/Greth, Zum Trennnungsprinzip in der Einheits-GmbH & Co. KG, NZG 2023, 156; Gehrlein, Keine Konzernierung bei der GmbH & Co. KG allein infolge paritätischer Beteiligung, WM

2025, 49; Grunewald, Haftung für fehlerhafte Geschäftsführung in der GmbH & Co. KG, BB 1981, 581; Hahn, Die Beschlussfassung in der GmbH & Co. KG als Einheitsgesellschaft, 2004; Heid, Mehrheitsbeschluss und Inhaltskontrolle als Instrumentarium des Kapitalanlegerschutzes in der Publikums GmbH & Co. KG, 1986; Hoffmann-Becking, Geschäftsführer der GmbH & Co. KG – eine hybride Rechtsstellung zwischen GmbH und KG, FS Seibert, 2019, 359; Hopt, Zur Abberufung des GmbH-Geschäftsführers bei der GmbH & Co. KG, insbesondere der Publikumskommanditgesellschaft, ZGR 1979, 1; Knabe/Paul, Limited & Co. KG, 2006; Konzen, Geschäftsführung, Weisungsrecht und Verantwortlichkeit in der GmbH und GmbH & Co. KG, NJW 1989, 2977; Kowalski/Bormann, Beteiligung einer ausländischen juristischen Person als Komplementärin einer deutschen KG, GmbHR 2005, 1045; Mehringer, Die Doppelkomplementär & Co. KG, NZG 2017, 41; Mertens, Die Einmann-GmbH & Co. KG und das Problem der gesellschaftsrechtlichen Grundtypenvermischung, NJW 1966, 1049; Mock, Die Geltendmachung der Geschäftsführerhaftung durch die Kommanditisten bei der GmbH & Co. KG, ZGR 2018, 796; Mosch, Das Ende der Vor-GmbH & Co. KG im Registerrecht, NZG 2025, 22; Oetker, Willensbildung in der Einheits-GmbH & Co. KG zwischen kautelarjuristischer Akrobatik und kreativer Rechtsfortbildung, FS K. Schmidt, Bd. II, 2019, 79; Ortmann, Die Errichtung der Einheits-GmbH & Co. KG – Aufbruch zu neuen Ufern oder alles beim Alten?, NZG 2025, 1665; Pöschke/Steenbreker, Kapitalerhaltung in der GmbH & Co. KG, NZG 2015, 614; Priester, Die Mehrheitsumwandlung der gesetzestypischen KG in eine GmbH & Co. KG zwischen HGB und UmwG, FS Huber, 2006, 905; Reichert, GmbH & Co. KG, 9. Aufl. 2024; Ridder, Ebenenübergreifende Treuepflichten in der Kapitalgesellschaft & Co. KG, 2018; Römermann/Passarge, Die GmbH & Co. KG ist tot – es lebe die UG & Co. KG!, ZIP 2009, 1497; Sawada, Der Gläubigerschutz in der UG (haftungsbeschränkt) & Co. KG, 2013; Schilling, Die GmbH & Co. KG als Einheitsgesellschaft, FS Barz, 1974, 67; Schläfke, Vermögensbindung in der Kapitalgesellschaft & Co. KG als haftungsbeschränkter Personengesellschaft, 2013; K. Schmidt, Haftungsverhältnisse bei werbender Tätigkeit in den Gründungsstadien der GmbH & Co., NJW 1975, 665; K. Schmidt, Handelsrechtliche Probleme der doppelstöckigen GmbH & Co. KG, DB 1990, 93; K. Schmidt, Schiedsklauseln in Gesellschaftsverträgen der GmbH & Co. KG, GmbHR 1990, 16; K. Schmidt, Mehrheitsregelungen in GmbH & Co.-Verträgen, ZHR 158 (1994), 205; K. Schmidt, Formwechsel zwischen GmbH und GmbH & Co. KG, GmbHR 1995, 673; K. Schmidt, Die Auswirkungen des Handelsrechtsreformgesetzes auf die Gestaltung von GmbH & Co.-Verträgen, NZG 1998, 580; K. Schmidt, Zur Binnenverfassung der GmbH & Co. KG, FS Röhricht, 2005, 511; K. Schmidt, Zur Einheits-GmbH & Co. KG – Kautelarjurisprudenz an ihren Grenzen oder Triumph der Typizität des Atypischen, FS H. P. Westermann, 2008, 1425; K. Schmidt, Stimmrechtsvollmachten bei der GmbH & Co.: ein Folgeproblem?, GmbHR 2013, 1177; Schulze zur Wiesche/Ottersbach, GmbH & Co. KG, 3. Aufl. 2005; Skibbe, Die dreistufige GmbH & Co. KG im Gesellschafts-, Mitbestimmungs- und Umwandlungsrecht, WM 1978, 890; Storz, Aktuelle Entwicklungen zur Einheitsgesellschaft, NZG 2020, 246; Sudhoff, GmbH & Co. KG, 6. Aufl. 2005; Teichmann, Die Auslandsgesellschaft & Co., ZGR 2014, 220; Wertenbruch, Geschäftsführungsbezogene Gesellschafterbeschlüsse in KG und GmbH & Co. KG, NZG 2016, 1081; Wertenbruch, Die Öffnung der KG und GmbH & Co. KG für die Freien Berufe in der Rechtsform des Personengesellschaftsrechts, NZG 2019, 1081; Wertenbruch, Die Einheits-GmbH & Co. KG nach MoPeG, GmbHR 2021, 1181; Wertenbruch, Zum Stimmrecht der Komplementärin in GmbH & Co. KG und Einheits-GmbH & Co. KG nach MoPeG, NZG 2022, 939; Wertenbruch, Handelsregistereintragung der partiellen Vertretungsmacht von Kommanditisten nach § 170 II HGB bei der Einheits-GmbH & Co. KG?, NZG 2025, 1699; Wiedemann, Die GmbH & Co. KG: Interessen- oder Organisationseinheit?, NZG 2021, 45; Zattler, Verzahnung der Gesellschaftsverträge in der echten GmbH & Co. KG, Diss. Regensburg 2005.

Publikums-KG: Bälz, Treuhandkommanditist, Treuhänder der Kommanditisten und Anlegerschutz, ZGR 1980, 1; Brock, Geschäftsführer-Innenhaftung bei Publikums-Kommanditgesellschaften, WM 2019, 350; Cöster, Minderheitenrechte in der Publikumspersonengesellschaft, 2021; Dreher, Kündigung des Treuhandgesellschafters aus wichtigem Grund, ZIP 1987, 1100; Fest, Gesellschaftsrechtliche Bindungen treuhänderischer Beteiligungen an Publikumsgesellschaften, FS Arai, 2015, 274; Grote, Anlegerschutz bei der Publikums-KG durch Einrichtung eines Beirats, 1995; Hüffer, Der Aufsichtsrat in der Publikumsgesellschaft, ZGR 1980, 320; Hüffer, Organpflichten und Haftung in der Publikumspersonengesellschaft, ZGR 1981, 348; Kellermann, Zur Anwendung körperschaftsrechtlicher Grundsätze und Vorschriften auf die Publikumskommanditgesellschaft, FS Stimpel, 1985, 295; Kraft, Die Rechtsprechung des BGH zur Publikums-KG zwischen Vertragsauslegung und Rechtsfortbildung, FS Fischer, 1979, 321; Kraft, Beendigung des Treuhandverhältnisses bei der treuhänderisch organisierten Publikums-KG, ZGR 1980, 399; Kupsch, Gewinnunabhängige Auszahlungen an Kommanditisten von Publikumskommanditgesellschaften und geschlossenen Investmentkommanditgesellschaften, 2020; Loritz, Das Recht des Kommanditisten zum Ausscheiden aus der Publikumsgesellschaft bei Vorliegen eines wichtigen Grundes, NJW 1981, 369; Marienfeld, Konzernproblematiken bei der Publikumspersonengesellschaft, 2001; Müller, Die Corporate Governance der Publikumspersonengesellschaften, 2023; Reichert/Winter, Die „Abberufung" und „Ausschließung" des geschäftsführenden Gesellschafters der Publikumspersonengesellschaft, BB 1988, 981; Reuter, Richterliche Kontrolle der Satzung von Publikumspersonengesellschaften, AG 1979, 321; Reuter, Der Beirat der Personengesellschaft, FS Steindorff, 1990, 229; Rüppel, Schiedsklauseln in Gesellschaftsverträgen: Sonderfall Publikums-KG, BB 2014, 1091; K. Schmidt, Die Innenkommanditgesellschaft – wirklicher Verband und virtueller Rechtsträger –, ZHR 178 (2014), 10; Schürnbrand, Publikumspersonengesellschaften in Rechtsprechung und Literatur, ZGR 2014, 256; Stimpel, Anlegerschutz durch Gesellschaftsrecht in der Publikums-Kommanditgesellschaft, FS Fischer, 1979, 771; Weipert/Oepen, Der Beirat in Organersatzfunktion bei der Kommanditgesellschaft, ZGR 2012, 585; Wiedemann, Kapitalerhöhung in der Publikums-KG, ZGR 1977, 690.

Investment-KG: Behme, Geschäftsführung und Vertretung bei extern verwalteten Investmentgesellschaften, WM 2022, 597; Böhme, Die Vertretung der extern verwalteten Investmentkommanditgesellschaft, BB 2014,

2380; Boxberger, Vertretungsbefugnis einer externen Kapitalverwaltungsgesellschaft, GWR 2016, 1; Casper, Die Investmentkommanditgesellschaft: große Schwester der Publikums-KG oder Kuckuckskind?, ZHR 179 (2015), 44; Eichhorn, Die offene Investmentkommanditgesellschaft nach dem Kapitalanlagegesetzbuch, WM 2016, 110 und WM 2016, 145; Fischer/Friedrich, Investmentaktiengesellschaft und Investmentkommanditgesellschaft unter dem Kapitalanlagegesetzbuch, ZBB 2013, 153; Freitag, Die „Investmentkommanditgesellschaft" nach dem Regierungsentwurf für ein Kapitalanlagegesetzbuch, NZG 2013, 329; Herring, Die Übertragung von Aufgaben durch Kapitalverwaltungsgesellschaften unter dem KAGB, 2020; Koch, Anforderungen an Mitglieder des Aufsichts- oder Beirats inländischer Kapitalverwaltungsgesellschaften, NZG 2019, 1165; König, Investmentgesellschaften nach dem KAGB, 2020; Krause, Die Geschäftsführungsbefugnis und Ausgestaltung der Vollmacht der externen Kapitalverwaltungsgesellschaft, NZG 2019, 170; Mohr, Die offene Investmentkommanditgesellschaft, 2016; Reiner, Abgrenzung der Kompetenzen zwischen der geschäftsführenden Kommanditistin und der externen AIF-Kapitalverwaltungsgesellschaft bei geschlossenen Investmentfonds unter dem KAGB, GWR 2016, 136; Ruppel, Kompetenzabgrenzung bei der extern verwalteten Investmentkommanditgesellschaft, 2020; Schewe, Kommanditgesellschaften im Regelungsbereich des Investmentrechts, 2017; Schulte, Die Investment-KG im Spannungsfeld zwischen Gesellschafts- und Investmentrecht, 2018; Seitz, Die InvestmentKG, 2017; Wallach, Die Regulierung von Personengesellschaften im Kapitalanlagegesetzbuch, ZGR 2014, 289; Wiedemann, Alte und neue Kommanditgesellschaften, NZG 2013, 1041; Zetsche, Das Gesellschaftsrecht des Kapitalanlagegesetzbuches, AG 2013, 613.

Übersicht

I. Allgemeines

1 **1. Systematik des Gesetzes.** Die **§§ 161–179** treffen besondere Regelungen für das Recht der KG.[1] Nach Abs. 2 findet weitgehend, soweit die §§ 162 ff. keine abweichenden Bestimmungen enthalten, das Recht der OHG entsprechend Anwendung, das wiederum durch die Vorschriften zur GbR – §§ 705 ff. BGB – ergänzt wird (§ 105 Abs. 3). Dabei verweisen sowohl § 161 Abs. 2 als auch § 105 Abs. 3 nicht uneingeschränkt auf das Recht der OHG bzw. der BGB-Gesellschaft, sondern ordnen seit Inkrafttreten des MoPeG am 1.1.2024 ausdrücklich eine „entsprechende" Anwendung an und eröffnen dem Rechtsanwender hiermit den methodischen Spielraum, um die jeweiligen Vorschriften auf die KG ggf. modifiziert anzuwenden (→ Rn. 8).[2] Für die offene bzw. geschlossene **Investment-KG** werden die vorgenannten Vorschriften durch die Sonderbestimmungen in den §§ 125–138 KAGB bzw. den §§ 150–161 KAGB ergänzt, die ihrerseits für diese Sonderformen der KG auf die Vorschriften des HGB zur KG verweisen (s. § 124 Abs. 1 S. 2 KAGB, § 149 Abs. 1 S. 2 KAGB; → Rn. 172; → § 163 Rn. 11 f.).

2 Die §§ 161 ff. betreffen insbesondere die Rechtsstellung der **Kommanditisten,** während es für die Gesellschaft und ihre Komplementäre wegen § 161 Abs. 2 im Wesentlichen bei den Vorschriften für die OHG bleibt. Dabei zielen die §§ 163–169 auf das **Innenverhältnis** ab und sind überwiegend dispositiv (→ § 163 Rn. 3 ff.), während die §§ 170–176, 177a–179 weitgehend zwingend das **Außenverhältnis** regeln. Daneben befasst sich § 162 mit der Anmeldung der Gesellschaft zum Handelsregister und § 177 betrifft die Fortsetzung der Gesellschaft nach dem Tod eines Kommanditisten. Die früher in § 172a getroffene Regelung zu kapitalersetzenden Darlehen wurde durch Art. 3 Nr. 13 MoMiG aufgehoben und in das Insolvenzrecht verlagert (§ 39a Abs. 4 InsO, § 44a InsO und § 135 InsO). Die mit dem am 1.1.2024 in Kraft getretenen MoPeG vollzogene Reform des Personengesellschaftsrechts erfasst auch die KG. Das gilt nicht nur für die kraft Verweisung (§ 161 Abs. 2 bzw. § 105 Abs. 3) auf die KG anzuwendenden und neu gefassten Bestimmungen zur GbR und zur OHG, sondern auch die §§ 161 ff. Neben redaktionellen Anpassungen betrifft dies insbes. die Informationsrechte der Kommanditisten (§ 166), die organschaftliche Vertretung bei der Einheits-KG (§ 170 Abs. 2) sowie die neu aufgenommenen Vorschriften zur Liquidation der KG (§ 178) und zu deren Insolvenz (§ 179).

3 **2. Wesen und Rechtsnatur der KG.** Die KG ist, wie die umfassende Verweisung in Abs. 2 auf die §§ 105 ff. zeigt, eine **Sonderform der OHG.** Wie diese ist die KG **Personengesellschaft** und **Außengesellschaft,**[3] sie war bis zum Inkrafttreten des MoPeG **Gesamthandsgemeinschaft** und nicht juristische Person:[4] Träger des Gesellschaftsvermögens waren die Gesellschafter in ihrer gesamthänderischen Verbundenheit (s. § 718 BGB aF). Mit den Gesetzesänderungen durch das MoPeG

[1] Zur rechtshistorischen Entwicklung im Überblick Staub/Casper Rn. 2 ff.; BeckOGK/Notz/Zinger, 1.1.2024, Rn. 2 f.; ausf. Senros, Die Personenhandelsgesellschaften und die stille Gesellschaft in den Kodifikationen und Kodifikationsentwürfen vom ALR bis zum ADHGB, 1984, 9 ff.

[2] Treffend insoweit Begr. RegE, BT-Drs. 19/27635, 251, die betont, dass die bisherige Rechtsgrundverweisung den verbleibenden Strukturunterschieden der Gesellschaftsformen nicht hinreichend gerecht wurde; s. auch BeckOGK/Notz/Zinger, 1.1.2024, Rn. 11.

[3] BeckOGK/Notz/Zinger, 1.1.2024, Rn. 14, 18.

[4] Ganz hM, s. BGH 24.1.1990, BGHZ 110, 127 (128 f.) = NJW 1990, 1181; 10.7.2013, NZG 2013, 1304 Rn. 43; Heymann/Borges Rn. 3; Staub/Casper Rn. 10; Kübler/Assmann GesR § 8 I 1b; BeckOGK/Notz/Zinger, 1.1.2024, Rn. 17; MüKoBGB/Schäfer BGB Vor § 705 Rn. 11 f.; **aA** insbes. Raiser AcP 194 (1994), 495 (499 ff.).

zum 1.1.2024 ist der Rückgriff auf die tradierte Gesamthandslehre obsolet.[5] Nach § 161 Abs. 2 iVm § 105 Abs. 2 kann die Gesellschaft selbst Träger von Rechten und Pflichten sein. Dementsprechend sind die Beiträge der Gesellschafter sowie die für die Gesellschaft erworbenen Rechte Vermögen der Gesellschaft (§ 161 Abs. 2 iVm § 105 Abs. 3 iVm § 713 BGB) und nicht der Gesellschafter in ihrer gesamthänderischen Verbundenheit.[6] Trotz fehlender eigener Rechtspersönlichkeit ist die KG weitgehend rechtlich verselbständigt und, wie § 161 Abs. 2 iVm § 105 Abs. 2 klarstellt, **rechts- und parteifähig** (→ § 105 Rn. 11)[7] sowie rechtsfähige Personengesellschaft iSd § 14 Abs. 2 BGB[8] und wegen § 6 Abs. 1 als Personenhandelsgesellschaft **Kaufmann** (→ § 6 Rn. 4), nicht aber Formkaufmann iSd § 6 Abs. 2 (→ § 6 Rn. 18).[9] Das gilt wegen den Verweisungen in § 124 Abs. 1 S. 2 KAGB und § 149 Abs. 1 S. 2 KAGB auch für die offene bzw. geschlossene **Investment-KG,** die – nicht anders als die GmbH & Co. KG und die Publikums-KG – keine eigenständige Rechtsform, sondern eine Sonderform der KG ist (→ Rn. 171 ff.).[10] Der einzige **Unterschied zwischen KG und OHG** besteht darin, dass bei mindestens einem, aber nicht bei allen Gesellschaftern der KG die Haftung gegenüber den Gläubigern der Gesellschaft auf einen bestimmten Betrag beschränkt ist (sog. Haftsumme), es also zwei unterschiedliche Arten von Gesellschaftern gibt (s. § 161 Abs. 1 einerseits, § 105 Abs. 1 andererseits).[11] Für Geschäfte, die die unbeschränkte Haftung ihrer Inhaber voraussetzen, steht die Rechtsform der KG deshalb nicht zur Verfügung, so für Apotheken (§ 8 ApoG).[12]

4 **3. Praktische Bedeutung.** Die Rechtsform der KG hat in der Praxis erhebliche Bedeutung und eine deutlich größere Verbreitung als die OHG, bleibt jedoch weit hinter der GmbH zurück.[13] Ihre Zahl belief sich am 1.1.2025 auf 307.414,[14] wobei ein Großteil auf die Rechtsformverbindung der GmbH & Co. KG entfällt (→ Rn. 75).[15] In neuerer Zeit treten vermehrt Gesellschaften hinzu, bei denen eine Unternehmergesellschaft (UG) oder – mit deutlich fallender Tendenz – eine Limited (Ltd.) die Stellung einer Komplementärin einnimmt (→ Rn. 86, → Rn. 88).[16] Dem standen zum 1.1.2025 22.351 Gesellschaften in der Rechtsform der OHG gegenüber.[17]

5 Teilweise hat der Gesetzgeber außerhalb des HGB die **Rechtsform der KG** ausdrücklich für bestimmte Unternehmen aufgegriffen bzw. für einzelne unternehmerische Betätigungen einen **Rechtsformzwang** begründet, für dessen Wahrung indes auch die Errichtung einer KG eröffnet. Exemplarisch ist auf Steuerberatungs- und Wirtschaftsprüfungsgesellschaften (§ 49 Abs. 1 StBerG, § 27 Abs. 1 WPO), Investmentvermögen (§ 124 Abs. 1 KAGB, § 149 Abs. 1 KAGB), Unternehmensbeteiligungsgesellschaften (§ 2 Abs. 1 UBGG) sowie Kapitalverwaltungsgesellschaften (§ 17 Abs. 1 KAGB) hinzuweisen, wobei der Gesetzgeber für die Letztgenannten die Rechtsform der KG nur in der Ausprägung einer GmbH & Co. KG gestattet.

6 **4. Änderungen durch das MoPeG.** Das Anliegen einer Modernisierung des Personengesellschaftsrechts erstreckte sich auch auf das Recht der KG, wobei die im RegE zum MoPeG für die KG vorgeschlagenen Änderungen der §§ 161–177a deutlich geringer als für das Recht der BGB-

---

[5] Treffend Staub/Casper Rn. 10; BeckOGK/Notz/Zinger, 1.1.2024, Rn. 17 sowie bereits Begr. RegE, BT-Drs. 19/27635, 103 f., 106, 148.

[6] Zur Anwendbarkeit des § 713 BGB bei der KG s. Begr. RegE, BT-Drs. 19/27635, 148.

[7] BeckOGK/Notz/Zinger, 1.1.2024, Rn. 19.

[8] Unstr., s. BGH 10.7.2013, NZG 2013, 1304 Rn. 42; MüKoBGB/Bachmann, BGB § 14 Rn. 42; s. auch Staub/Casper Rn. 10.

[9] Heymann/Borges Rn. 26; BeckOGK/Notz/Zinger, 1.1.2024, Rn. 24.

[10] Ebenso MüKoHGB/Brungs Anh. § 161 Rn. 5; Staub/Casper Rn. 288; BSV/Klebeck/Kunschke KAGB § 149 Rn. 5; BTMB/Könnecke KAGB § 149 Rn. 19 ff.; BSV/Kunschke/Klebeck KAGB § 124 Rn. 38; Lieder FS 25 Jahre DNotI, 2018, 503 (508 f.); Ebenroth/Boujong/Paefgen/Franke KAGB § 124 Rn. 1; FLW/Weiser KAGB § 124 Rn. 3; idS auch Begr. RegE, BT-Drs. 17/12294, 249 (keine neue Gesellschaftsform, sondern KG iSd HGB); **aA** Freitag NZA 2013, 329 (335); MKJH/Jesch KAGB § 149 Rn. 27; ausf. König, Investmentgesellschaften nach dem KAGB, 2020, 223 ff.: eigenständige Gesellschaftsform.

[11] Statt aller Heymann/Borges Rn. 5; Staub/Casper Rn. 9; BeckOGK/Notz/Zinger, 1.1.2024, Rn. 23.

[12] BeckOGK/Notz/Zinger, 1.1.2024, Rn. 25.

[13] S. auch Staub/Casper Rn. 23; Lieder/Hoffmann NZG 2021, 1045 (1046); Röder RabelsZ 78 (2014), 109 (121 ff.).

[14] Lieder/Hoffmann GmbHR 2025, 785 (786 f.); ferner Lieder/Hoffmann GmbHR 2025, 785 (793 ff.).

[15] Nach der vom Statistischen Bundesamt geführten Umsatzsteuerstatistik belief sich die Zahl der nicht als GmbH & Co. KG verfassten umsatzsteuerpflichtigen Kommanditgesellschaften im Jahr 2020 auf 13.816; s. www.destatis.de/DE/Themen/Staat/Steuern/Umsatzsteuer/Tabellen/voranmeldungen-rechtsformen.html (zuletzt abgerufen am 30.10.2022).

[16] Stand 1.1.2019 nach Kornblum GmbHR 2019, 689 (690): UG & Co. KG = 11.191; Ltd. & Co. KG = 2.316; s. ferner Lieder/Hoffmann NZG 2021, 1045 (1054).

[17] Lieder/Hoffmann GmbHR 2025, 785 (786 f.).

Gesellschaft und der OHG ausfielen.[18] Neben Folgeänderungen, die auf Änderungen bei den vorgenannten Gesellschaftsrechtsformen beruhen, wie zB die Aufhebung von § 168 (→ § 167 Rn. 1) und die Änderungen des § 169 (→ § 169 Rn. 31), redaktionellen Klarstellungen und Folgeänderungen (zB § 161 Abs. 1, § 162 Abs. 1 S. 1, § 170, § 171 Abs. 1 Hs. 1, § 175), sind vor allem die Neufassung des § 166 (näher → § 166 Rn. 1 ff.), die Regelung zur Vertretung bei der Einheit-GmbH & Co. KG (§ 170 Abs. 2; → § 170 Rn. 41 f.), die Anpassung des § 176 Abs. 1 an die Haftungsverfassung der BGB-Außengesellschaft (→ § 176 Rn. 60 ff.) sowie der Ausschluss von § 139 Abs. 1 bei einer Liquidation der KG durch den neu aufgenommenen § 178 zu nennen. Demgegenüber wurde die ursprünglich im RegE angestrebte Anpassung des § 176 Abs. 1 an die Haftungsverfassung der BGB-Außengesellschaft[19] aufgrund der Beschlüsse des BT-Ausschusses für Recht und Verbraucherschutz[20] letztlich nicht umgesetzt (→ § 176 Rn. 1).

7 Neben den in → Rn. 6 aufgezählten Änderungen haben es die Reformvorschläge des Regierungsentwurfs für die KG bei der tradierten **Verweisungspyramide** belassen (→ § 163 Rn. 13), zunächst auf das Recht der OHG (s. § 161 Abs. 2) und hierüber auf das neu gefasste Recht der BGB-Gesellschaft (s. § 105 Abs. 3). Auf diese Weise gelangen die zT tiefgreifenden Gesetzesänderungen im Recht der OHG (näher → § 105 Rn. 7 ff.) sowie zur BGB-Gesellschaft bei der KG ebenfalls zur Anwendung. Über die Verweisung in § 161 Abs. 2 auf das Recht der OHG wird die KG auch für die **„Ausübung Freier Berufe durch ihre Gesellschafter"** geöffnet, „soweit das anwendbare Berufsrecht die Eintragung zulässt" (§ 107 Abs. 1 S. 2).[21] Bezüglich der Gesetzesänderungen zur BGB-Gesellschaft sind ua die grundsätzliche Maßgeblichkeit der (festen) Kapitalanteile für Stimmkraft und Verteilung von Gewinn und Verlust (§ 709 Abs. 3 BGB; → § 167 Rn. 1), die Notgeschäftsführungsbefugnis (§ 715a BGB; → § 164 Rn. 79) sowie die Gesellschafterklage (§ 715b BGB) auch bei der KG anzuwenden (→ Rn. 41). Zu dem bis zum 1.1.2024 in § 708 BGB aF normierten Haftungsmaßstab → § 163 Rn. 14.

8 Aus methodischer Sicht machen die Änderungen durch das MoPeG sowohl in § 105 Abs. 3 als auch in § 161 Abs. 2 durch die Hinzufügung des Wortes **„entsprechend"** deutlich, dass es sich bei dem Verweis auf die Bestimmungen zur OHG bzw. zur BGB-Gesellschaft um eine **Rechtsanalogie** handelt.[22] Dies eröffnet methodisch den Weg, bei atypischen Konstellationen, wie zB Publikumsgesellschaften, von den Bestimmungen des Personengesellschaftsrechts abzuweichen und statt dessen auf Vorschriften des Aktien- sowie des GmbH-Rechts zurückzugreifen.

II. Gesellschaftsvertrag der KG

9 Die Gesellschaft besteht wie die GbR und die OHG auf der Grundlage eines Gesellschaftsvertrags iSd § 705 Abs. 1 BGB. Mehrere Personen schließen sich damit zur Verfolgung eines gemeinsamen Zwecks zusammen, den zu fördern sie sich gegenseitig verpflichten. An den Inhalt des Vertrags stellt Abs. 1 besondere Voraussetzungen (→ Rn. 10 ff.).

10 **1. Vertragsparteien/Gesellschafter. a) Allgemeines.** Die Gesellschaft muss, um KG (und als solche in das Handelsregister eintragungsfähig) zu sein, über zwei Arten von Gesellschaftern verfügen: Den „persönlich haftenden Gesellschafter" **(Komplementär),** der gleich einem OHG-Gesellschafter für die Verbindlichkeiten der Gesellschaft persönlich und unbeschränkt haftet (§ 161 Abs. 2 iVm § 126 S. 1), sowie **Kommanditisten,** deren Haftung auf den Betrag einer bestimmten Haftsumme beschränkt ist (§ 171 Abs. 1 Hs. 1).[23]

11 **Umstritten** ist, ob ein Gesellschafter **zugleich Komplementär und Kommanditist** sein kann. Eindeutig kann ein Komplementär in der mehrgliedrigen KG nicht zugleich einziger (!) Kommanditist sein, weil das Nebeneinander von unbeschränkt und beschränkt haftenden Gesellschaftern für die KG charakteristisch und unverzichtbar ist (s. den Wortlaut des Abs. 1). Auch im Übrigen schließen sich Komplementär- und Kommanditistenstellung einander nach vorzugswürdiger hM aus,[24] weil eine Person nicht kraft Gesetzes Träger unterschiedlich ausgestalteter Rechte und Pflichten sein

[18] S. Begr. RegE, BT-Drs. 19/27260, 252 ff.; im Überblick auch Bachmann NZG 2020, 612 (618).

[19] Begr. RegE, BT-Drs. 19/27650, 256.

[20] BT-Drs. 19/31105, 9.

[21] Dazu näher Begr. RegE, BT-Drs. 19/27650, 229 f., 224; ferner Bachmann NZG 2020, 612 (618); Otte-Gräbener BB 2020, 1295 (1298); Schäfer ZIP 2020, 1149 (1153 f.); s. bereits Beschluss Nr. 30 des 71. DJT, Verh. 71. DJT, Bd. II/2, 2017, O 224.

[22] Begr. RegE, BT-Drs. 19/27650, 251; BeckOGK/Notz/Zinger, 1.1.2024, Rn. 11.

[23] Statt aller Staub/Casper Rn. 9, 15.

[24] S. BGH 1.6.1987, NJW 1987, 3184 (3186); OLG Jena 13.8.2011, NZG 2011, 1301; Heymann/Borges Rn. 179; Staub/Casper Rn. 22, 47 f.; Henssler/Strohn/Gummert Rn. 8; **aA** MüKoHGB/Grunewald Rn. 4 f.; Priester DB 1998, 55 (58 ff.); idS auch BeckOGK/Notz/Zinger, 1.1.2024, Rn. 93.

kann. Vereinigen sich beide in einer Person, geht die Kommanditbeteiligung regelmäßig in derjenigen des persönlich haftenden Gesellschafters auf,[25] es sei denn, der Gesellschafter wandelt seine gesamte Beteiligung durch Vereinbarung mit den Mitgesellschaftern oder Ausübung eines Gestaltungsrechts in diejenige eines Kommanditisten um (→ Rn. 22).[26] Bei einer **GmbH & Co. KG** sind die vorstehenden Grundsätze ohne Bedeutung, da der Kommanditist zugleich Gesellschafter der Komplementärgesellschaft sein kann, ohne hierdurch die Gesellschafterstellung eines Komplementärs einzunehmen.

Bei **Wegfall des letzten Kommanditisten** wandelt sich die Gesellschaft kraft Gesetzes in eine OHG um, wenn die Gesellschaft noch aus zwei Gesellschaftern besteht (→ Rn. 69).[27] Stellt sich diese Veränderung im Einzelfall als wichtiger Grund dar, kann die Gesellschaft durch gerichtliche Entscheidung aufgelöst werden (s. § 161 Abs. 2 iVm § 138 Abs. 1 Nr. 3, § 139).[28] 12

Eine Gesellschaft, die **nur** aus **Kommanditisten** besteht, ist *de lege lata*[29] unmöglich (→ Rn. 11); § 712 Abs. 1 BGB, der die Fortsetzung der Gesellschaft unter den übrigen Gesellschaftern als Rechtsfolge vorsieht, gilt deshalb in dieser Konstellation nicht.[30] Vielmehr ist die KG, wenn der **letzte Komplementär** wegfällt, kraft Gesetzes aufgelöst (→ § 138 Rn. 21)[31] und von den übrigen Gesellschaftern[32] – *de facto* als „Kommanditistengesellschaft", *de iure* als KG[33] – zu liquidieren (§ 161 Abs. 2 iVm § 143 Abs. 1).[34] Bleiben die Kommanditisten trotzdem werbend tätig, statt die Liquidation zu betreiben und ohne einen neuen Komplementär aufzunehmen, dann wandelt sich die Gesellschaft kraft Rechtsformzwangs in eine OHG mit den früheren Kommanditisten als persönlich und unbeschränkt (§ 126 S. 1) haftenden Gesellschaftern um (→ § 138 Rn. 21).[35] Zu einer liquidationslosen Vollbeendigung kommt es lediglich in dem Sonderfall, dass nach Ausscheiden des letzten Komplementärs lediglich ein Kommanditist verbleibt. Dies war bislang in der Rspr. anerkannt[36] und findet seit dem 1.1.2024 in § 712a Abs. 1 S. 1 BGB, der über die Verweisungen in § 161 Abs. 2 und § 105 Abs. 3 auch für die KG gilt, eine normative Stütze.[37] Auf ihn geht das Vermögen im Wege der Gesamtrechtsnachfolge über (s. § 712a Abs. 1 S. 2 BGB), seine Haftung für die Verbindlichkeiten der Gesellschaft ist aber auf das übergegangene Sondervermögen beschränkt (→ Rn. 68).[38] 13

b) Komplementär. aa) Allgemeines. Das Gesetz stellt den Komplementär durch die Verweisung in § 161 Abs. 2 **dem OHG-Gesellschafter** in nahezu jeder Hinsicht **gleich.** Dem liegt die Auffassung zugrunde, dass sich der Komplementär nicht anders als der Gesellschafter einer OHG in der Gesellschaft unternehmerisch engagiert, während der Kommanditist bloßer Kapitalgeber ist. Folgerichtig traf § 168 aF eine vom Recht der OHG abweichende Sonderregelung und schrieb wegen der gesetzestypisch unterschiedlichen Rechtsstellungen von Komplementär und Kommanditist anstelle einer Gewinn- und Verlustverteilung nach Köpfen ein „angemessenes Verhältnis" vor 14

---

[25] BGH 10.6.1963, WM 1963, 989 = BeckRS 1963, 31180210; Heymann/Borges Rn. 179; Staub/Casper Rn. 22; EBJS/Weipert, 4. Aufl. 2020, Rn. 22.

[26] Ulmer ZHR 167 (2003), 103 (116); MüKoBGB/Schäfer BGB § 705 Rn. 243.

[27] Heymann/Borges Rn. 271; Staub/Casper Rn. 15; MüKoHGB/Fleischer § 105 Rn. 132; BeckOGK/Notz/Zinger, 1.1.2024, Rn. 91.

[28] K. Schmidt GesR § 53 V 1.

[29] S. Windbichler/Bachmann GesR § 17 Rn. 1 mwN.

[30] Frey/v. Bredow ZIP 1998, 1621 (1622).

[31] Wohl allgM, s. BGH 12.11.1952, BGHZ 8, 35 (37 f.) = NJW 1953, 102; Heymann/Borges Rn. 267; Bork/Jacoby ZGR 2005, 611 (615); Staub/Casper Rn. 15; Ebenroth/Boujong/Lorz § 138 Rn. 24; MüKoHGB/Fleischer § 138 Rn. 58: Wegfall der Rechtsformvoraussetzungen als „ungeschriebener Auflösungsgrund"; näher dazu Kriebel, Das Ausscheiden des einzigen Komplementärs aus einer Kommanditgesellschaft, 2013; Seeger, Das Ausscheiden des einzigen Komplementärs, 2010.

[32] Ganz hM, s. BGH 20.2.2018, NZG 2018, 497 Rn. 36; MüKoHGB/Fleischer § 138 Rn. 55; MüKoHGB/Grunewald Rn. 3; Ebenroth/Boujong/Lorz § 138 Rn. 24; BeckOGK/Notz/Zinger, 1.1.2024, Rn. 94; **aA** Frey/v. Bredow ZIP 1998, 1621 (1624 f.) (ausscheidender Komplementär bzw. seine Erben als Mitglieder der KG iL); gegen sie mit Recht Bork/Jacoby ZGR 2005, 611 (614 f.); Eckardt NZG 2000, 449 (454).

[33] BGH 20.2.2018, NZG 2018, 497 Rn. 36: Fortbestand der Kommanditgesellschaft.

[34] Staub/Casper Rn. 15; offen im Hinblick auf die Anwendung von § 712a BGB in dieser Konstellation Begr. RegE, BT-Drs. 19/27635, 146.

[35] BGH 23.11.1978, NJW 1979, 1705 (1706); FG Sachsen 14.11.2018, BeckRS 2018, 39850; Heymann/Borges Rn. 269; Staub/Casper Rn. 15; MüKoHGB/Fleischer § 138 Rn. 55; MüKoHGB/Grunewald Rn. 3; Ebenroth/Boujong/Lorz § 138 Rn. 25; BeckOGK/Notz/Zinger, 1.1.2024, Rn. 94; K. Schmidt GesR § 53 V 1.

[36] Zuletzt BGH 1.6.2017, NJW 2017, 3521 Rn. 38 mwN; 5.7.2018, NJW 2018, 3310 Rn. 10; OLG Frankfurt 2.6.2021, NZG 2021, 1505 (1506).

[37] S. auch Begr. RegE, BT-Drs. 19/27635, 147.

[38] BGH 15.3.2004, NZG 2004, 611 (612); OLG Frankfurt 2.6.2021, NZG 2021, 1505 (1506); im Grundsatz auch BGH 5.7.2018, NJW 2018, 3310 Rn. 10; BAG 28.2.2019, NJW 2019, 1242 Rn. 12. Ein zuvor eröffnetes Insolvenzverfahren ist als Partikularinsolvenzverfahren fortzusetzen; s. BGH 1.6.2017, NJW 2017, 3521 Rn. 40.

(→ 7. Aufl. 2021, § 168 Rn. 6 ff.). Nach Aufhebung von § 168 durch das am 1.1.2024 in Kraft getretene MoPeG[39] richtet sich die Gewinn- und Verlustbeteiligung primär nach dem ggf. vereinbarten Beteiligungsverhältnis bzw. dem Wert der vereinbarten Beiträge,[40] lediglich hilfsweise hat jeder Gesellschafter einen gleichen Anteil am Gewinn und Verlust (§ 161 Abs. 2 iVm § 120 Abs. 1 S. 2 iVm § 709 Abs. 2 BGB).

15 **bb) Gesellschafterfähigkeit.** Als Komplementär kommt grundsätzlich in Betracht, **wer OHG-Gesellschafter sein kann** (→ § 105 Rn. 71 ff.). Über ein bestimmtes Vermögen muss der Komplementär selbst dann nicht verfügen, wenn Einlagen und Haftsummen der Kommanditisten gering sind.[41] Komplementär kann auch eine **juristische Person** sein,[42] in der Rechtspraxis insbesondere die GmbH (GmbH & Co. KG; ausf. → Rn. 70 ff.). Die Rspr. hat diese Typenverbindung schon früh für zulässig erklärt (→ Rn. 76); mit § 172 Abs. 5, § 170 Abs. 2, § 177a sowie § 172a aF, die ein Sonderrecht für Gesellschaften enthalten, bei denen keine natürliche Person Komplementär ist, hat der Gesetzgeber diese Rechtsentwicklung anerkannt und ua in § 19 Abs. 2 sowie in § 15 Abs. 3 InsO, § 18 Abs. 3 InsO, § 19 Abs. 3 InsO, § 39 Abs. 4 InsO und in § 4 Abs. 1 MitbestG fortentwickelt. Zu Gesellschaften ausländischen Rechts als Komplementär → Rn. 88.

16 Fähig, Gesellschafter einer KG zu sein, ist nach inzwischen überwiegender und richtiger Auffassung auch die **BGB-Außengesellschaft** (→ § 105 Rn. 75).[43] Der Gegenschluss zu § 162 Abs. 1 S. 2 aF, auf den sich die früher vorherrschende Gegenansicht[44] stützte,[45] überzeugt nicht, da die Einführung der Vorschrift in schlichter Übernahme der höchstrichterlichen Rspr.[46] und damit ohne die Absicht erfolgte, die Frage der Mitgliedsfähigkeit der GbR in Personenhandelsgesellschaften abschließend zu regeln (→ 7. Aufl. 2021, § 162 Rn. 7).[47] Ist eine GbR Komplementärin, dann sind ihre Gesellschaftsbezeichnung in das Handelsregister einzutragen und ggf. zu aktualisieren.[48] Eine Eintragung des Gesellschafterbestands ist entgegen der früheren Rechtslage (s. § 162 Abs. 1 S. 2 aF) entbehrlich, da eine GbR nur dann in das Handelsregister als Gesellschafter eingetragen werden soll, wenn sie im Gesellschaftsregister eingetragen ist (eGbR; § 707a Abs. 1 S. 2 BGB; Voreintragungserfordernis). Aus dem Gesellschaftsregister sind sodann auch die Gesellschafter der GbR ersichtlich (§ 707 Abs. 2 BGB), so dass § 162 Abs. 1 S. 2 aF obsolet wurde (→ § 162 Rn. 1). Trotz § 54 BGB gelten die vorstehenden Grundsätze zur BGB-Außengesellschaft nicht auch für den **nicht eingetragenen Idealverein** (Vereine ohne Rechtspersönlichkeit) (→ § 105 Rn. 72).[49]

17 **cc) Kaufmannseigenschaft.** Nach bisheriger Rspr. des BGH und früher überwiegender Lehre soll der Komplementär wegen seiner persönlichen Haftung (Abs. 2 iVm § 128) – neben der KG selbst (§ 6 Abs. 1) – Betreiber des Handelsgewerbes und damit Kaufmann (§ 1 Abs. 1) sein.[50] Jedoch widerspricht diese Auffassung dem Grundsatz (→ § 1 Rn. 85), denjenigen zum Betreiber des Handelsgewerbes zu erklären, in dessen Namen der Betrieb geführt wird.[51] Nach heutigem Stand der Dogmatik ist die Gesellschaft selbst Träger von Rechten und Pflichten (s. § 713 BGB, § 105 Abs. 2), so dass die Geschäfte des Handelsgewerbes ausschließlich im Namen und mit der Gesellschaft abgeschlossen werden; die früher vorherrschende Doppelverpflichtungslehre wird in der höchstrichterlichen Rspr. nicht mehr vertreten.[52] Die Gesellschafter einer rechtsfähigen Personengesellschaft und damit auch der Komplementär sind daher **nicht allein auf Grund ihrer gesellschaftsrechtlichen**

[39] S. insoweit Begr. RegE, BT-Drs. 19/27635, 255.
[40] Begr. RegE, BT-Drs. 19/27650, 258 f.
[41] MüKoHGB/Grunewald Rn. 6; BeckOGK/Notz/Zinger, 1.1.2024, Rn. 96.
[42] Statt aller für die allg. Ansicht Staub/Casper Rn. 17.
[43] OLG Celle 27.3.2012, NZG 2012, 667; LG Berlin 8.4.2003, NZG 2003, 580; Heymann/Borges Rn. 128, 138; Staub/Casper Rn. 16; MüKoHGB/Fleischer § 105 Rn. 279; Henssler/Strohn/Gummert Rn. 4; KKD/Kindler § 105 Rn. 19; Hopt/Roth § 105 Rn. 42; Ebenroth/Boujong/Wertenbruch § 105 Rn. 364.
[44] Zur Ausräumung früherer Bedenken MüKoHGB/Fleischer § 105 Rn. 236.
[45] So KRM/Koller § 105 Rn. 19; Windbichler/Bachmann GesR § 12 Rn. 4; zweifelnd auch HK-HGB/Stuhlfelner § 109 Rn. 17.
[46] Vgl. BGH 16.7.2001, BGHZ 148, 291 (293 ff.) = NJW 2001, 3121.
[47] Staub/Casper Rn. 16; BeckOGK/Notz/Zinger, 15.1.2021, Rn. 66.
[48] OLG Celle 27.3.2012, NZG 2012, 667; Staub/Casper Rn. 16; s. auch MüKoHGB/Fleischer § 105 Rn. 237; Soergel/Hadding/Kießling BGB § 718 Rn. 6;.
[49] Ebenso Heymann/Borges Rn. 129; MüKoHGB/Fleischer § 105 Rn. 269; KKD/Kindler § 105 Rn. 19; BeckOGK/Notz/Zinger, 15.1.2021, Rn. 67; Hopt/Roth § 105 Rn. 42; Ebenroth/Boujong/Wertenbruch § 105 Rn. 366.
[50] Vgl. BGH 16.2.1961, BGHZ 34, 293 (296 f.) = NJW 1961, 1022; 2.6.1966, BGHZ 45, 282 (284) = NJW 1966, 1960; aus der Lit. zB Canaris HandelsR § 2 Rn. 20; RGHMW/Ries § 1 Rn. 75.
[51] Zust. Staub/Casper Rn. 14.
[52] BGH 29.1.2001, BGHZ 146, 341 (358) = NJW 2001, 1056; zuvor BGH 27.9.1999, BGHZ 142, 315 (318) = NJW 1999, 3483.

Stellung Kaufleute.[53] Eine andere Frage ist, inwieweit einzelne Vorschriften, die an die Kaufmannseigenschaft anknüpfen, auf Gesellschafter von Personengesellschaften analog anwendbar sind (→ § 1 Rn. 117).[54]

c) Kommanditist. aa) Allgemeines. Wie der Komplementär haftet der Kommanditist den Gläubigern der KG nach § 171 Abs. 1 grundsätzlich persönlich, aber – anders als der Komplementär – der Höhe nach **auf** seine **Haftsumme beschränkt** (→ § 171 Rn. 7), die im Gesellschaftsvertrag zu vereinbaren und in das Handelsregister einzutragen ist (§ 162 Abs. 1 S. 1). Ein gesetzlicher Zwang, dass die Hafteinlage auf „Euro" lautet,[55] existiert für die KG grundsätzlich nicht.[56] Für die Registeranmeldung ist die Haftsumme jedoch wegen des Zwecks der Eintragung in Euro anzugeben (→ § 162 Rn. 8), selbst wenn in dem Gesellschaftsvertrag eine andere Währung benannt worden ist. Zur Haftung des Gesellschafters vor Eintragung der Haftsumme im Handelsregister s. § 176. Für die Entstehung der KG genügt die Vereinbarung einer Haftungsbeschränkung; ob es tatsächlich gelingt, die Haftung zu beschränken, ist insoweit unerheblich.[57] 18

Abgesehen von § 176 bewirkt bereits die Vereinbarung der Haftsumme, dass die **Haftung des Kommanditisten** beschränkt ist.[58] Ab dem Zeitpunkt der Handelsregistereintragung bestimmt sich die Höhe der Haftsumme dagegen nach der Eintragung im Handelsregister (§ 172 Abs. 1). Die persönliche („unmittelbare") Haftung ist ausgeschlossen, soweit der Kommanditist auf seine Haftsumme anrechenbare Einlagen erbracht hat (§ 171 Abs. 1 Hs. 2). Hat die Gesellschaft eine **Vielzahl an Kommanditisten,** handelt es sich um eine sog. Publikums- oder Massen-KG (näher → Rn. 122 ff.). Nicht selten ist der Anteil des Kommanditisten an der Gesellschaft Gegenstand einer **Unterbeteiligung,** bei der ein Kommanditist gemeinsam mit den weiteren Unterbeteiligten in der Regel eine BGB-Innengesellschaft bildet.[59] Die **Rechtsstellung der Unterbeteiligten** richtet sich grundsätzlich nicht nach den §§ 161 ff., sondern vornehmlich nach der zwischen den Beteiligten getroffenen Absprache sowie ggf. ergänzend nach den §§ 230 ff. analog (→ § 230 Rn. 122 ff.). Unmittelbare Rechte gegenüber der KG stehen den Unterbeteiligten nicht zu, diese können aber von den Gesellschaftern der KG mittels gesellschaftsvertraglicher Regelung eingeräumt werden (zB Informationsrechte, Teilnahme an Gesellschafterversammlung der KG).[60] 19

bb) Gesellschafterfähigkeit. Bezüglich der Gesellschafterfähigkeit gelten die Grundsätze zum Komplementär entsprechend (→ Rn. 15 f.): Wer als Komplementär in Betracht kommt, kann sich erst recht als nur beschränkt haftender Kommanditist an der Gesellschaft beteiligen. Eine Leibesfrucht kann zwar Begünstigte einer Schenkung sein, die Gesellschafterstellung erlangt sie analog § 1923 BGB jedoch erst mit Vollendung der Geburt.[61] Ausdrücklich erkannte § 162 Abs. 1 S. 2 aF die Fähigkeit der **GbR** an, Kommanditist einer KG zu sein (→ § 162 Rn. 7). Durch das Voreintragungserfordernis (§ 707a Abs. 1 S. 2 BGB) ist die Gesellschafterfähigkeit jedoch auf solche GbR beschränkt, die in das Gesellschaftsregister eingetragen sind.[62] Ohne Eintragung im Gesellschaftsregister kann auch eine (rechtsfähige) Außen-GbR nicht Gesellschafterin einer KG sein.[63] Die Frage, ob davon auch die BGB-Innengesellschaft umfasst ist, stellte sich nicht. Denn sobald eine GbR der KG beitritt, wird sie zur Außengesellschaft und als solche rechts- und nach Eintragung im Gesellschaftsregister gesellschafterfähig (s. § 705 Abs. 2 BGB; → § 105 Rn. 76).[64] Gegenteiliges gilt wegen fehlender Rechtsfähigkeit für das Gesamthandsvermögen der Gütergemeinschaft; sie kann als solche nicht Kommanditist sein, so dass der von einem Ehegatten erworbene Kommandit- 20

---

[53] Grdl. Landwehr JZ 1967, 198 ff.; Lieb DB 1967, 759 ff.; aus jüngerer Zeit ebenso Heymann/Borges Rn. 32; Staub/Casper Rn. 14; NK-HGB/Eberl Rn. 23; MüKoHGB/Fleischer § 105 Rn. 256; Henssler/Strohn/Gummert Rn. 9; BeckOGK/Notz/Zinger, 1.1.2024, Rn. 85; Hopt/Roth § 105 Rn. 33, § 161 Rn. 5; KKD/Roth/Stelmaszczyk § 1 Rn. 23; Staub/Schäfer § 105 Rn. 79; MüKoHGB/K. Schmidt/Fleischer § 1 Rn. 67; Ebenroth/Boujong/Wertenbruch § 105 Rn. 378; s. auch Staub/Oetker § 1 Rn. 67.

[54] S. Hopt/Roth § 105 Rn. 33 ff.; Staub/Schäfer § 105 Rn. 120 ff.; **aA** Heymann/Borges Rn. 34 aE.

[55] So aber § 54 Abs. 3 AktG, § 5 Abs. 2 GmbHG.

[56] Deshalb für die Zulässigkeit einer Hafteinlage in Fremdwährungen plädierend Voigt NZG 2008, 933 (934 f.); **aA** Ebenroth/Boujong/Sander § 171 Rn. 6. Abw. gilt wegen § 2 Abs. 4 UBGG für Unternehmensbeteiligungsgesellschaften in der Rechtsform einer KG.

[57] *MüKoHGB/Grunewald* Rn. 2; Henssler/Strohn/Gummert Rn. 10.

[58] KKD/Kindler Rn. 5a: Eintragung im Handelsregister ist nicht konstitutiv.

[59] Näher MüKoBGB/Schäfer BGB Vor § 705 Rn. 97 mwN.

[60] Zum Vorstehenden MüKoBGB/Schäfer BGB Vor § 705 Rn. 103 ff. mwN.

[61] OLG Celle 30.1.2018, NZG 2018, 303 (303); BeckOGK/Notz/Zinger, 1.1.2024, Rn. 80.

[62] Treffend Staub/Casper Rn. 20.

[63] Staub/Casper Rn. 20.

[64] Ebenroth/Boujong/Wertenbruch § 105 Rn. 371; zust. Staub/Casper Rn. 20; BeckOGK/Notz/Zinger, 1.1.2024, Rn. 80; Hopt/Roth § 105 Rn. 43.

anteil nach § 1417 Abs. 2 BGB in dessen Sondergut fällt.[65] Entsprechendes gilt mangels Rechtsfähigkeit für die **Erbengemeinschaft** sowie eine **unselbständige Stiftung.** Bei der letztgenannten erlangt ausschließlich der Rechtsträger der unselbständigen Stiftung die Rechtsstellung eines Kommanditisten.[66] Bei der offenen bzw. geschlossenen **Investment-KG** schränken § 125 Abs. 1 S. 2 KAGB und § 150 Abs. 2 S. 2 KAGB den Kreis der Kommanditisten auf professionelle Anleger und semiprofessionelle Anleger ein, wenn der Gegenstand des Unternehmens ein **Spezial-AIF** ist (→ Rn. 184 f., → Rn. 213).

21 **cc) Kaufmannseigenschaft.** Im Ergebnis ist heute **unstreitig,** dass der Kommanditist nicht auf Grund seiner Gesellschafterstellung Kaufmann ist. Herkömmlich wird dies damit begründet, dass er mangels persönlicher Haftung nicht Betreiber des Handelsgewerbes sein könne.[67] Überzeugender ist, dass als Betreiber des Handelsgewerbes allein die rechtsfähige Gesellschaft in Betracht kommt (→ Rn. 17).[68] Gleichwohl können einzelne Vorschriften, die an die Kaufmannseigenschaft anknüpfen, auf den Kommanditisten analog anzuwenden sein (→ § 1 Rn. 117).

22 **d) Wechsel der Gesellschafterstellung (Beteiligungsumwandlung).** Im Wege der Änderung des Gesellschaftsvertrags oder durch einseitige Ausübung eines zuvor eingeräumten Gestaltungsrechts kann ein Komplementär in die Rechtsstellung des Kommanditisten wechseln und umgekehrt, indem eine Haftungsbeschränkung vereinbart bzw. aufgehoben wird.[69] Die Mitgliedschaft in der Gesellschaft bleibt hiervon unberührt; sie wird lediglich inhaltlich modifiziert.[70] Zur Eintragung der Beteiligungsumwandlung in das Handelsregister → § 162 Rn. 25. Der Wechsel der Gesellschafterstellung kann uU einen Wechsel der Rechtsform nach sich ziehen, da die Gesellschaft nur solange KG bleibt, wie ihr mindestens je ein Komplementär und ein Kommanditist angehören (→ Rn. 11 ff.).[71]

23 **2. Gesellschaftszweck.** Nach § 161 Abs. 1 muss der gemeinsame Zweck der Gesellschaft auf den **Betrieb eines Handelsgewerbes** gerichtet sein (→ § 1 Rn. 48 ff.; → § 105 Rn. 27 f.).[72] Um ein solches kraft Gesetzes iSd § 1 Abs. 2 muss es sich nicht handeln. Wie sich aus § 161 Abs. 2 iVm § 107 Abs. 1 S. 1 ergibt, kann der Gesellschaftsvertrag stattdessen den Betrieb eines Handelsgewerbes kraft Eintragung iSd §§ 2, 3 oder die Verwaltung eigenen Vermögens vorsehen. In derartigen Fällen begründet erst die Eintragung der Firma in das Handelsregister die KG (→ Rn. 26 f.; Einzelheiten → § 107 Rn. 5 f.); umgekehrt wandelt sich die KG bei einer Löschung der Eintragung *ex lege* in eine BGB-Gesellschaft um, ohne dass sich die Identität des Rechtsträgers ändert.[73] Wegen der Verknüpfung der KG mit dem Betrieb eines Handelsgewerbes war **freiberuflich Tätigen** nach bis zum 1.1.2024 geltender Rechtslage die Berufsausübung in der Rechtsform einer KG grundsätzlich verwehrt (→ 7. Aufl. 2021, § 105 Rn. 19).[74] Hiervon weicht die *lex lata* seit Inkrafttreten des MoPeG am 1.1.2024 ab, da § 107 Abs. 1 S. 2 den Weg zur OHG auch für eine Gesellschaft eröffnet, deren Zweck in der Ausübung freier Berufe durch ihre Gesellschafter besteht (→ § 107 Rn. 13 ff.).[75] Über § 161 Abs. 2 gilt dies auch für die KG.[76] Besonderheiten gelten für **Steuerberatungsgesellschaften** und **Wirtschaftsprüfungsgesellschaften,** die trotz der freiberuflichen Tätigkeit (§ 32 Abs. 2 StBerG, § 1 Abs. 2 WPO) wegen der *leges speciales* in § 49 Abs. 1 StBerG und § 27 Abs. 1 WPO hierfür die Rechtsform einer KG wählen können. Einschränkend verlangen § 49 Abs. 2 StBerG und § 27 Abs. 2 WPO jedoch eine hinzutretende Treuhandtätigkeit der Gesellschaft, die das Gesamtbild des Betriebs – entgegen den allg. Grundsätzen (→ § 1 Rn. 46) – aber nicht prägen muss. Vielmehr

---

[65] OLG Nürnberg 24.5.2017, NZG 2017, 1026 (1027); Heymann/Borges Rn. 126; BeckOGK/Notz/Zinger, 1.1.2024, Rn. 81; Hopt/Roth Rn. 4; ferner MüKoBGB/Münch BGB § 1416 Rn. 9 mwN.

[66] S. insoweit auch OLG Düsseldorf 12.8.2019, NZG 2020, 222 (222).

[67] BGH 22.10.1981, NJW 1982, 569 (570); 2.6.1966, BGHZ 45, 282 (284 f.) = NJW 1966, 1960; Canaris HandelsR § 2 Rn. 21; Oetker HandelsR § 2 Rn. 22; RGHMW/Ries § 1 Rn. 75; iErg Hopt/Roth Rn. 5; s. aber auch zutr. iSd hier befürworteten Auffassung Staub/Casper Rn. 14; MüKoHGBFleischer § 105 Rn. 256; BeckOGK/Notz/Zinger, 1.1.2024, Rn. 85.

[68] Ebenso Staub/Casper Rn. 14.

[69] Staub/Casper Rn. 21; BeckOGK/Notz/Zinger, 1.1.2024, Rn. 88 f.; EBJS/Weipert, 4. Aufl. 2020, Rn. 20.

[70] BayObLG 21.5.1970, NJW 1970, 1796; Staub/Casper Rn. 21; MüKoHGB/Grunewald Rn. 42; Henssler/Strohn/Gummert Rn. 11; BeckOGK/Notz/Zinger, 1.1.2024, Rn. 90; Hopt/Roth Rn. 6; Wiedemann FS Zöllner, 1998, 635 (637).

[71] BeckOGK/Notz/Zinger, 1.1.2024, Rn. 91.

[72] BGH 15.7.2014, NZG 2014, 1179 Rn. 8; BeckOGK/Notz/Zinger, 1.1.2024, Rn. 74.

[73] S. zur OHG BGH 14.1.2016, NZG 2016, 517 Rn. 17.

[74] OLG Dresden 6.12.2012, NZG 2013, 1102 f.; OLG Zweibrücken 30.8.2012, NJW-RR 2013, 241; krit. K. Schmidt DB 2011, 2477 ff.

[75] Begr. RegE, BT-Drs. 19/27635, 223 f.; s. näher Wertenbruch NZG 2019, 1081 ff.

[76] Begr. RegE, BT-Drs. 19/27635, 224.

genügt nach diesen im Verhältnis zu § 105 Abs. 2 S. 1 spezialgesetzlichen Regelungen eine untergeordnete Tätigkeit als Treuhänder.[77] Zur Rechtsanwalts-GmbH & Co. KG → Rn. 85.

3. Gemeinschaftliche Firma. Dass der Betrieb des Handelsgewerbes „unter gemeinschaftlicher Firma" vereinbart ist oder erfolgt, ist entgegen dem Wortlaut des § 161 Abs. 1 für das Vorliegen einer KG **nicht erforderlich** (für die OHG → § 105 Rn. 29).[78] Die für die Gesellschaft gewählte Firma muss deren **Rechtsform** durch einen **Zusatz** (s. § 19 Abs. 1 Nr. 3) hinreichend deutlich machen (→ § 19 Rn. 4 ff.). Die Durchsetzung der Pflicht zur Führung einer gemeinsamen Firma sowie des Rechtsformzusatzes obliegt insbes. dem **Registerrecht** (s. § 14, § 37 Abs. 2), erfolgt daneben aber auch indirekt über das **Haftungsrecht,** wenn die beschränkte Haftung eines Teils der Gesellschafter aus der Firma nicht erkennbar ist (→ § 19 Rn. 14). Für die offene bzw. geschlossene **Investment-KG** legen § 134 Abs. 1 KAGB und § 157 KAGB die Aufnahme einer speziellen Bezeichnung fest (→ Rn. 188, → Rn. 220), zudem darf die Bezeichnung der Investment-KG nicht irreführen (§ 4 Abs. 1 KAGB; → Rn. 189). 24

4. Formfreiheit. Der auf Errichtung einer KG gerichtete Vertrag bedarf grundsätzlich **keiner Form** und kann nicht nur ausdrücklich, sondern auch **konkludent** abgeschlossen werden.[79] Etwas anderes gilt vor allem, wenn sich der Gesellschafter mit dem Abschluss des Gesellschaftsvertrags zur Übertragung oder zum Erwerb von Grundstückseigentum verpflichtet (§ 311b Abs. 1 BGB).[80] Theoretisch möglich, praktisch aber schwer vorstellbar ist die konkludente Vereinbarung einer präzisen Haftsumme des Kommanditisten, die für die KG konstitutiv ist (→ Rn. 11).[81] Ein **Formerfordernis** begründen § 125 Abs. 1 KAGB und § 150 Abs. 1 KAGB für die offene bzw. geschlossene **Investment-KG** (→ Rn. 176, → Rn. 210). Dabei differenziert das KAGB zwischen der offenen und der geschlossenen Investment-KG. Während bei der offenen Investment-KG stets die Wahrung der Textform zu wahren ist (§ 125 Abs. 1 KAGB), gilt dies nach § 150 Abs. 1 S. 2 KAGB nur bei einer geschlossenen Spezial-Investment-KG, iÜ schreibt § 150 Abs. 1 S. 1 KAGB für die geschlossene Investment-KG die Schriftform vor, die wegen § 126 Abs. 3 BGB aber durch die elektronische Form (§ 126a BGB) ersetzt werden kann.[82] 25

III. Entstehung durch Gründung

1. Innenverhältnis. Bei der Gründung der KG ist wie bei der OHG zwischen ihrer Entstehung im Innenverhältnis und ihrer Wirksamkeit im Außenverhältnis zu unterscheiden. Mit dem Wirksamwerden des Gesellschaftsvertrags iSd § 705 BGB **entsteht die Gesellschaft.** Sie ist sogleich KG (vgl. Abs. 1: „ist eine Kommanditgesellschaft"), wenn der Gesellschaftsvertrag alle in Abs. 1 aufgezählten konstitutiven Merkmale (→ Rn. 10 ff.) erfüllt.[83] Auf die Voraussetzungen des § 123 Abs. 1, der nur das Verhältnis zu Dritten betrifft (→ § 123 Rn. 1),[84] kommt es dabei nicht an.[85] Die Gesellschaft entsteht (im Innenverhältnis) nicht nur dann sogleich als KG – und nicht zunächst als GbR[86] –, wenn der Gesellschaftszweck auf den Betrieb eines Handelsgewerbes iSv § 1 Abs. 2 gerichtet ist, sondern auch, wenn ein Handelsgewerbe kraft Eintragung iSd §§ 2, 3 Abs. 2 bezweckt ist.[87] 26

2. Außenverhältnis. Über § 161 Abs. 2 legt **§ 123 Abs. 1** fest, unter welcher Voraussetzung die KG im Außenverhältnis „wirksam" wird, so dass fortan das Außenrecht der KG – zwingend, § 123 27

---

[77] BGH 15.7.2014, NZG 2014, 1179 Rn. 10 ff.; dazu auch Henssler/Markworth NZG 2015, 1 ff.; K. Schmidt ZIP 2014, 2226 ff.

[78] Heute hL, s. MüKoHGB/Fleischer § 105 Rn. 59 mwN; Heymann/Borges Rn. 40; Staub/Casper Rn. 13; NK-HGB/Eberl Rn. 9; MüKoHGB/Grunewald Rn. 8; **aA** das ältere Schrifttum, s. Heymann/Horn, 2. Aufl. 1996, Rn. 5; Schlegelberger/Martens Rn. 8.

[79] Heymann/Borges Rn. 69; Staub/Casper Rn. 34; NK-HGB/Eberl Rn. 10; MüKoHGB/Grunewald Rn. 14 mit Fn. 36; Henssler/Strohn/Gummert Rn. 12; RGHMW/Mock Rn. 26, 30; BeckOGK/Notz/Zinger, 1.1.2024, Rn. 37; Hopt/Roth Rn. 7; **aA** Schlegelberger/Martens Rn. 49.

[80] Heymann/Borges Rn. 74; BeckOGK/Notz/Zinger, 1.1.2024, Rn. 39.

[81] Treffend Heymann/Borges Rn. 73.

[82] Ebenso noch zu dem Schriftformerfordernis in § 125 Abs. 1 KAGB aF MKJH/Eichhorn KAGB § 125 Rn. 4; Ebenroth/Boujong/Paefgen/Franke KAGB § 125 Rn. 2.

[83] Staub/Casper Rn. 27; BeckOGK/Notz/Zinger, 1.1.2024, Rn. 31.

[84] KKD/Kindler § 123 Rn. 1.

[85] Zust. Heymann/Borges Rn. 44; Staub/Casper Rn. 27.

[86] So aber zB OLG Hamm 14.10.2010, NZG 2011, 300 (301); Staub/Casper Rn. 27; RGHMW/Mock Rn. 26. Ungeachtet dessen besteht zwischen Vorgesellschaft und KG eine rechtliche Identität, wobei sich die Umwandlung in die KG kraft Gesetzes vollzieht; s. OLG Hamm 14.10.2010, NZG 2011, 300 (301).

[87] S. MüKoHGB/Drescher § 123 Rn. 3; Kraft/Kreutz GesR E I a aa; ausf. → § 105 Rn. 5 f.; **aA** Staub/Casper Rn. 27.

Abs. 2 – Anwendung findet (→ § 123 Rn. 1). Danach wird die im Innenverhältnis entstandene (→ Rn. 26) und auf den Betrieb eines **Handelsgewerbes** gerichtete Gesellschaft iSd § 161 Abs. 1 mit Aufnahme ihrer Geschäftstätigkeit auch im Außenverhältnis zur KG.[88] Handelt es sich um eine **kleingewerbliche Gesellschaft** oder eine solche mit dem Zweck der **Vermögensverwaltung** (§ 161 Abs. 2 iVm § 107 Abs. 1 S. 1), ist deren Eintragung in das Handelsregister für ihre Qualifikation als KG im Außenverhältnis konstitutiv.[89] Nimmt sie ihre Tätigkeit im Rechtsverkehr schon vorher auf, ist sie als BGB-Außengesellschaft gleichwohl rechtsfähig (§ 705 Abs. 2 Hs. 1 BGB)[90] und unterliegt, sofern kein abweichender Rechtsscheintatbestand gesetzt ist, den §§ 705 ff. BGB.[91] Im Verhältnis der Gesellschafter untereinander gelten dann, wenn und soweit dies dem Willen der Vertragspartner entspricht, neben den Bestimmungen des Gesellschaftsvertrags bereits die Vorschriften zur KG,[92] obwohl die Gesellschaft gegenüber Dritten noch als GbR zu behandeln ist und deren Regeln unterliegt. Zu den **haftungsrechtlichen Problemen** der Geschäftsaufnahme vor Eintragung s. § 176 und die dortigen Erläuterungen (→ § 176 Rn. 1 ff.).

IV. Entstehung durch Umwandlung

28 Die **formwechselnde Umwandlung** einer bereits bestehenden **Personengesellschaft** in die Rechtsform der KG ist im UmwG nicht geregelt, sondern findet kraft Rechtsformzwangs statt, wenn eine bisherige GbR, OHG oder Partnerschaftsgesellschaft die konstitutiven Merkmale einer KG aufweist und die Gesellschaft dergestalt im Außenverhältnis wirksam wird.[93] Hierfür muss die Gesellschaft ein Handelsgewerbe kraft Gesetzes (§ 1 Abs. 2) oder kraft Eintragung (§§ 2, 3) betreiben und nach dem Gesellschaftsvertrag mindestens ein Gesellschafter unbeschränkt, ein weiterer beschränkt haften (→ Rn. 10 ff.). Die Eintragung in das Handelsregister bzw. dessen Berichtigung hat in diesem Fall lediglich deklaratorische Bedeutung.[94] Die Identität der Gesellschaft bleibt vom Formwechsel unberührt; ein Vermögensübergang findet selbst dann nicht statt, wenn sämtliche Gesellschafter ausgetauscht werden.[95] Entspr. gilt, wenn eine im Gesellschaftsregister eingetragene GbR aufgrund des Betriebs eines Handelsgewerbes zur KG wird (s. zum Statuswechsel § 707c BGB)[96]

29 Die **formwechselnde Umwandlung** einer **Kapitalgesellschaft** in die Rechtsform der KG regeln die §§ 190 ff. UmwG, §§ 228 ff. UmwG. Danach erfolgt die Umwandlung nicht kraft Rechtsformzwangs, sondern auf Grund eines Beschlusses der Anteilsinhaber (§§ 193 f. UmwG, § 233 UmwG). Dieser muss den Gesellschaftsvertrag der KG enthalten (vgl. § 234 Nr. 3 UmwG), also insbesondere die Angabe mindestens eines Kommanditisten einschließlich seiner Haftsumme (§ 234 Nr. 2 UmwG). Vor allem bei einem Formwechsel einer GmbH in eine KG kann der Eintritt des persönlich haftenden Gesellschafters mit dem Wirksamwerden des Formwechsels verbunden werden.[97] Die Identität des Rechtsträgers bleibt von der Umwandlung wiederum unberührt, so dass auch in dieser Konstellation kein Vermögensübergang stattfindet (§ 202 Abs. 1 Nr. 1 UmwG).

30 Die KG zählt ferner zu denjenigen Rechtsformen, die im Rahmen des Umwandlungsrechts als **neuer Rechtsträger** eingesetzt werden kann. Das gilt sowohl für die **Verschmelzung** zur Neugründung (§§ 36 ff. UmwG, §§ 39 ff. UmwG) als auch für die **Spaltung** zur Neugründung (§ 124 UmwG iVm § 3 Abs. 1 UmwG).[98] Infolge des 4. Gesetzes zur Änderung des UmwG vom 19.12.2018 (BGBl. 2018 I 2694) ermöglichte § 122b Abs. 1 UmwG aF auch eine **grenzüberschreitende Verschmelzung** auf eine nach deutschem Recht errichtete KG (→ § 105 Rn. 189 ff.), insbesondere um eine Anwendung der Sitztheorie auf eine nach dem Recht des Vereinigten König-

---

[88] Staub/Casper Rn. 12.

[89] Staub/Casper Rn. 12.

[90] Staub/Casper Rn. 12; K. Schmidt GesR § 11 IV 1b. Zur Rechts- und Parteifähigkeit der GbR s. § 705 Abs. 2 Hs. 1 BGB sowie vor Inkrafttreten des MoPeG am 1.1.2024 grdl. BGH 29.1.2001, BGHZ 146, 341 = NJW 2001, 1056, aber str., abl. zB Jauernig/Stürner BGB § 705 Rn. 1.

[91] **AA** Heymann/Borges Rn. 57 ff.: mit Aufnahme der Tätigkeit wird die Gesellschaft zur KG.

[92] Schlegelberger/Martens § 161 Rn. 48; iErg auch Heymann/Borges Rn. 57; MüKoHGB/Grunewald Rn. 10; ferner OLG Hamm 14.10.2010, NZG 2011, 300 (301).

[93] S. OLG Oldenburg 30.6.2020, NZG 2020, 992 (993), insbes. auch zum grenzüberschreitenden identitätswahrenden Formwechsel in eine deutsche Kommanditgesellschaft; s. dazu auch Stiegler NZG 2020, 979 ff.

[94] Staub/Casper Rn. 29, 30; MüKoHGB/Grunewald Rn. 10; s. für die Partnerschaftsgesellschaft MüKoBGB/Schäfer PartGG § 1 Rn. 32; str., **aA** zB Michalski/Römermann, 3. Aufl. 2005, PartGG § 7 Rn. 3a: Umwandlung von Rechts wegen findet bei der Partnerschaft nicht statt.

[95] BGH 8.11.1965, BGHZ 44, 229 (231) = NJW 1966, 499; Heymann/Horn, 2. Aufl. 1996, Rn. 93; BeckOGK/Notz/Zinger, 1.1.2024, Rn. 68; ferner Schlegelberger/Martens Rn. 59; Staub/Schäfer § 105 Rn. 56.

[96] S. Staub/Casper Rn. 29.

[97] OLG Oldenburg 19.12.2019, NZG 2020, 193 f.

[98] Statt aller Staub/Casper Rn. 32.

reichs gegründete **Limited** abzuwenden.[99] In den neugefassten Bestimmungen zur grenzüberschreitenden Verschmelzung (§§ 305–319 UmwG) führen § 306 Abs. 1 UmwG und § 319 UmwG diesen konzeptionellen Ansatz fort.

V. Mitgliedschaftliche Rechte und Pflichten

1. Vorbemerkung. Zu den Rechten und Pflichten des **Komplementärs** → § 105 Rn. 66 ff. 31
Die Rechtsstellung des gesetzestypisch auf seine kapitalistische Beteiligung an der Gesellschaft beschränkten **Kommanditisten** ist zunächst dadurch gekennzeichnet, dass er weitgehend von der Mitwirkung an der Geschäftsführung ausgeschlossen ist (→ § 164 Rn. 6 ff.).

2. Zweckförderungspflicht. Jeder Gesellschafter ist nach § 105 Abs. 3 iVm § 709 Abs. 1 BGB 32
verpflichtet, den vereinbarten Zweck in der durch den Gesellschaftsvertrag bestimmten Weise zu fördern, insbesondere die vereinbarten Beiträge zu leisten.[100] Der Komplementär erfüllt diese Pflicht jedenfalls durch die Übernahme seines unbeschränkten Haftungsrisikos (§ 161 Abs. 2 iVm § 126),[101] kann sich im Gesellschaftsvertrag aber auch zu weiteren Beiträgen verpflichten (→ § 105 Rn. 107 ff.). Der Kommanditist leistet seinen Beitrag gesetzestypisch dadurch, dass er eine zugesagte Einlage (Pflichteinlage, „vereinbarte Einlage") in das Gesellschaftsvermögen einbringt.[102] Soweit eine Pflichteinlage nicht geschuldet[103] oder noch nicht erbracht ist, leistet der Kommanditist seinen Beitrag ähnlich dem Komplementär durch die Übernahme seines – wenn auch summenmäßig begrenzten – Haftungsrisikos.

3. Mitwirkung an der Beschlussfassung. a) Allgemeines. Die **Willensbildung** in der KG 33
erfolgt nach § 161 Abs. 2 iVm § 109 durch Beschluss (ausf. → § 109 Rn. 1 ff.), der vorbehaltlich abweichender gesellschaftsvertraglicher Regelung (→ Rn. 34) der Zustimmung aller zur Mitwirkung berufenen Gesellschafter bedarf (§ 109 Abs. 3). Jenseits der nur den Komplementären obliegenden Geschäftsführungsmaßnahmen (→ § 164 Rn. 4 f., → § 164 Rn. 10 ff.) bedarf er auch der Zustimmung seitens der Kommanditisten. Weitergehende Regelungen über das **Verfahren der Beschlussfassung** enthält das Gesetz nicht; lediglich für die **Einberufung der Gesellschafterversammlung** gilt § 109 Abs. 2 (→ § 109 Rn. 6 ff.) wegen der Verweisung in § 161 Abs. 2 auch bei der KG (näher → Rn. 36). Doch kann der Gesellschaftsvertrag entsprechende Bestimmungen treffen und zB vorsehen, dass die Beschlussfassung in einer Gesellschafterversammlung sowie unter Wahrung bestimmter Verfahrensregeln erfolgen muss. Bei der offenen und der geschlossenen **Investment-KG** sind Bestimmungen im Gesellschaftsvertrag zur Gesellschafterversammlung zwingend erforderlich (s. § 125 Abs. 3 KAGB, § 150 Abs. 3 KAGB; → Rn. 180, → Rn. 211; zur **Publikums-KG** → Rn. 145 ff.). Ausführlich zu den formellen Beschlussvoraussetzungen im Allgemeinen → § 109 Rn. 14 ff., → § 109 Rn. 21 ff.

b) Stimmrecht. aa) Mehrheitsprinzip. Der Gesellschaftsvertrag kann, wie sich aus § 161 Abs. 2 34
iVm § 109 Abs. 4 ergibt, die **Stimmenmehrheit** zur Beschlussfassung ausreichen lassen. Die damit verbundene Mehrheitsmacht ist mit den Schutzbedürfnissen der Minderheit in Einklang zu bringen. Wie in der OHG sind hierzu die materiellen Vorgaben bei Eingriffen in die individuelle Rechtsstellung des Gesellschafters[104] zu beachten (→ § 109 Rn. 53 ff.). Besonderheiten gelten für die Publikums-KG (→ Rn. 153 f.). Die Stimmenmehrheit ist nach § 161 Abs. 2 iVm § 105 Abs. 3 iVm § 709 Abs. 3 BGB mangels abweichender und auf Kapitalanteile abstellender Vereinbarung **nach Köpfen zu berechnen.** Dass diese Zweifelsregel den Bedürfnissen der Praxis häufig nicht entspricht, rechtfertigt es nicht, den insoweit eindeutigen Gesetzeswortlaut beiseite zu schieben und die Stimmenmehrheit stattdessen nach den Kapitalanteilen der Gesellschafter zu berechnen;[105] hierfür bedarf es einer Regelung im Gesellschaftsvertrag zu den Beteiligungsverhältnissen oder dem Wert der Beiträge, die wegen dessen Formfreiheit (→ Rn. 25) jedoch auch konkludent getroffen werden kann (zB durch wiederholt geübte einvernehmliche Praxis).

---

[99] S. Begr. RegE, BT-Drs. 19/5463; dazu auch Bauerfeind/Tamcke GmbHR 2019, 11 ff.
[100] Für die allg. Ansicht statt aller BeckOGK/Notz/Zinger, 1.1.2024, Rn. 109.
[101] Ebenso BeckOGK/Notz/Zinger, 1.1.2024, Rn. 109.
[102] BeckOGK/Notz/Zinger, 1.1.2024, Rn. 109.
[103] S. Staub/Schilling, 4. Aufl. 1987, Rn. 17.
[104] S. BGH 21.10.2014, NZG 2014, 1296 Rn. 19 mwN; dazu auch Kleindiek GmbHR 2017, 674 ff. sowie BGH 22.9.2020, NZG 2020, 1343 Rn. 30 ff.
[105] So aber MüKoHGB/Grunewald Rn. 34; Heymann/Horn, 2. Aufl. 1996, Rn. 49 aE; Staub/Schilling, 4. Aufl. 1987, § 163 Rn. 9; wie hier Staub/Casper § 163 Rn. 10; Schlegelberger/Martens § 163 Rn. 5; RGHMW/Mock § 163 Rn. 10; iErg auch Immenga ZGR 1974, 385 (389 f.).

35 **bb) Vertragliche Einschränkungen des Stimmrechts.** Das Stimmrecht des **Kommanditisten** (für den Komplementär → § 109 Rn. 21 ff.) kann über die gesetzlichen Ausschlussgründe (zu ihnen → § 109 Rn. 32 ff.)[106] hinaus **vertraglich eingeschränkt oder** sogar weitgehend **ausgeschlossen** werden,[107] und zwar nicht nur für außergewöhnliche Geschäfte, sondern auch für Grundlagengeschäfte (→ § 164 Rn. 39).[108] Wegen seiner beschränkten Haftung ist grundsätzlich nicht erforderlich, dass der Gesellschaftsvertrag die betreffenden Beschlussgegenstände benennt, die von der Beschränkung oder dem Ausschluss des Stimmrechts umfasst sein sollen.[109] Besonderheiten gelten für den Stimmrechtsausschluss bei vertragsändernden Beschlüssen (→ Rn. 63). Ferner kann das Stimmrecht durch parallel zum Gesellschaftsvertrag abgeschlossene **Stimmbindungsverträge** beschränkt sein (→ § 109 Rn. 39 ff.).[110]

36 **c) Einberufung.** Die Einberufung einer im Gesellschaftsvertrag vorgesehenen Gesellschafterversammlung ist – wie sich aus § 161 Abs. 2 iVm § 109 Abs. 2 S. 1 ergibt – regelmäßig Aufgabe der geschäftsführenden **Komplementäre.**[111] Gegenüber ihnen hat auch ein Kommanditist sein Recht auf Einberufung der Gesellschafterversammlung auszuüben.[112] Der zu Unrecht in das Handelsregister eingetragene Komplementär ist nicht zur Einberufung befugt, einen Rückgriff auf § 121 Abs. 2 S. 1 AktG (analog) hat der BGH ausdrücklich verworfen.[113] Die Förmlichkeiten zur Einberufung (Form und Frist) kann der Gesellschaftsvertrag festlegen;[114] andernfalls gilt über § 161 Abs. 2 die Vorgabe in § 109 Abs. 2 S. 2 (formlos, Ankündigung des Zwecks, angemessene Frist). Für die offene bzw. geschlossene Investment-KG schreiben § 125 Abs. 3 Nr. 1 KAGB bzw. § 150 Abs. 3 Nr. 1 KAGB die Textform ausdrücklich vor. Für eine analoge Anwendung von § 51 GmbHG fehlen die methodischen Voraussetzungen, jedoch kann der Gesellschaftsvertrag vergleichbare Regularien festlegen.[115] Für ein eigenes Einberufungsrecht der **Kommanditisten** bedarf es grundsätzlich einer Regelung im Gesellschaftsvertrag; § 50 GmbHG ist weder unmittelbar noch analog anwendbar.[116] Das gilt auch für das Selbsteinberufungsrecht nach § 50 Abs. 3 GmbHG (s. jedoch zur Publikums-KG → Rn. 155).[117] Nur wenn für die Einberufung ein **wichtiger Grund** vorliegt und die Geschäftsführer trotz Aufforderung untätig bleiben, kann der Kommanditist die Versammlung mit einer bestimmten Tagesordnung selbst einberufen.[118] Zur Einheits-GmbH & Co. KG → Rn. 117.

37 **d) Teilnahmerecht.** Das Stimmrecht umfasst naturgemäß das Recht zur Teilnahme an etwaigen Gesellschafterversammlungen. Doch auch soweit der Gesellschaftsvertrag das Stimmrecht des Kommanditisten ausschließt, ist er zur Teilnahme an Gesellschafterversammlungen berechtigt, um sich ein Bild von den Angelegenheiten der Gesellschaft zu machen. Als wichtiges Instrument des Minderheitenschutzes ist dieses Teilnahmerecht **unabdingbar.**[119] Es ist mit einem Rederecht untrennbar

---

[106] Zum Stimmrechtsausschluss selbst betroffener Kommanditisten analog § 47 Abs. 4 S. 2 GmbHG OLG Celle 9.11.2016, NZG 2017, 418 (419); OLG München 18.7.2018, BeckRS 2018, 16389; ferner BGH 11.9.2018, NZG 2018, 1226 Rn. 26; 17.1.2023, NJW 2023, 1513 Rn. 25 f.

[107] BGH 14.5.1956, BGHZ 20, 363 (368) = NJW 1956, 1198; Brandes WM 1994, 569 (575); Zöllner FS 100 Jahre GmbHG, 1992, 85 (121 f.). Im Recht der OHG ist die Frage hingegen umstritten, → § 119 Rn. 38.

[108] Hopt/Roth § 163 Rn. 5; insoweit übereinstimmend MüKoHGB/Grunewald Rn. 26; einschränkend Heymann/Borges Rn. 158.

[109] **AA** KRM/Koller § 119 Rn. 2: Bestimmtheitsgrundsatz.

[110] Zu deren Zulässigkeit BGH 24.11.2008, NZG 2009, 183 (184) mwN; s. auch BGH 15.7.2014, AG 2014, 705 = BeckRS 2014, 15556.

[111] Vgl. Heymann/Borges Rn. 156; Staub/Casper Rn. 43; Grunewald FS Baums, Bd. I, 2017, 507 (508); BeckOGK/Notz/Zinger, 1.1.2024, Rn. 115; Staub/Schäfer § 119 Rn. 18; Wiedemann GesR II § 4 I 2b; **aA** KKD/Kindler § 119 Rn. 6: im Zweifel jeder Gesellschafter (für die OHG).

[112] Näher Grunewald FS Baums, Bd. I, 2017, 507 ff.

[113] BGH 25.1.2016, NZG 2017, 303 Rn. 38 ff. für Publikums-KG; krit. Bayer/Illhardt NZG 2017, 801 ff.

[114] S. OLG Jena 10.8.2016, BeckRS 2016, 16922.

[115] S. BGH 11.3.2014, NZG 2014, 621 f.

[116] S. Scholz/Seibt GmbHG § 50 Rn. 36; Wertenbruch NZG 2018, 1121 (1126).

[117] **AA** Grunewald FS Baums, Bd. I, 2017, 507 (510); im Grundsatz auch Wertenbruch NZG 2018, 1121 (1127) sofern nach materiellem Recht ein Einberufungsanspruch besteht und die Komplementäre die Einberufung unterlassen.

[118] Heymann/Borges Rn. 156; Staub/Casper Rn. 43; NK-HGB/Eberl Rn. 40; MüKoHGB/Grunewald Rn. 32; BeckOGK/Notz/Zinger, 1.1.2024, Rn. 115; Wertenbruch NZG 2018, 1121 (1126) jeweils mwN; s. auch Scholz/Seibt GmbHG § 50 Rn. 36.

[119] Ganz hM, s. Heymann/Borges Rn. 157; Heymann/Borges § 163 Rn. 15; Staub/Casper Rn. 43; NK-HGB/Eberl Rn. 44; MüKoHGB/Grunewald Rn. 33; Immenga ZGR 1974, 385 (414 f.); Schlegelberger/Martens Rn. 67 (mit dem zutr. Hinweis auf ein der Teilnahme im Einzelfall möglicherweise entgegenstehendes Geheimhaltungsinteresse der Gesellschaft); BeckOGK/Notz/Zinger, 1.1.2024, Rn. 119; → § 166 Rn. 29 ff.).

verbunden.[120] Ein Antrags- bzw. Fragerecht steht dem Kommanditisten hingegen nur nach Maßgabe seines allgemeinen Informationsrechts (→ § 166 Rn. 17 ff.) zu.[121]

e) Beschlussmängel. In jedem Fall steht dem Kommanditisten das Recht zu, Gesellschafterbeschlüsse gerichtlich auf ihre Rechtmäßigkeit hin prüfen zu lassen (§ 161 Abs. 2 iVm § 110 Abs. 1).[122] Dieses Recht ist **unverzichtbar.**[123] Jeder Gesellschafter (§ 114 iVm § 111 Abs. 1) und damit auch ein Kommanditist kann die Nichtigkeit eines Beschlusses, der gegen das Gesetz oder die guten Sitten verstößt, im Wege einer gegen die Gesellschaft zu richtenden **Nichtigkeitsklage** geltend machen (s. § 114 iVm § 113 Abs. 2). Das gilt unabhängig davon, ob der Beschluss für den Gesellschafter eine Rechtspflicht begründet, da sich bereits aus der Zugehörigkeit zur Gesellschaft ein grundsätzliches Interesse der Gesellschafter ergibt, Rechtsklarheit über die Rechtswirksamkeit eines Gesellschafterbeschlusses zu erreichen.[124] Verfahrensmängel (zB Verstöße gegen Form, Frist und Inhalt der Einberufung) führen nicht stets zur Nichtigkeit des Beschlusses, sondern nur, wenn nicht ausgeschlossen werden kann, dass sein Zustandekommen durch den Fehler beeinflusst wurde.[125] Die Klage ist, sofern der Gesellschaftsvertrag keine abweichenden Bestimmungen trifft,[126] **fristgebunden** (s. § 112 Abs. 1: innerhalb von drei Monaten) und unterliegt den allgemeinen Grundsätzen der **Verwirkung.** Einen unzulässigen Eingriff in die Beschlussmängelrechte des Gesellschafters stellt die **Vereinbarung einer Klagefrist** dar, die kürzer als einen Monat ist (§ 112 Abs. 1 S. 2);[127] an deren Stelle tritt eine angemessene Frist.[128] Zulässig ist dagegen auch in der KG eine gesellschaftsvertragliche Regelung, nach der Beschlussmängelstreitigkeiten nicht mit der KG, sondern unter den Gesellschaftern auszutragen sind.[129] Die Übernahme des kapitalgesellschaftlichen Klagesystems kommt nicht nur bei Publikumsgesellschaften in Betracht (→ Rn. 158), bedarf aber stets entsprechender Anhaltspunkte im Gesellschaftsvertrag.[130] Ohne gesellschaftsvertragliche Regelung gelten bei der KG wegen der Verweisung in § 161 Abs. 2 uneingeschränkt die §§ 110–115. Die fristgebundene Klage (s. § 112 Abs. 1 S. 1) ist gegen die Gesellschaft zu richten (s. § 113 Abs. 2), die ggf. von den anderen Gesellschaftern gemeinsam vertreten wird (→ § 113 Rn. 16 f.). Durch Gesellschaftsvertrag regelbar ist ferner der Vorrang eines **schiedsgerichtlichen Verfahrens.**[131] 38

4. Treuepflicht. Unabhängig von ihrer dogmatischen Grundlage (→ § 108 Rn. 29 ff.) ist die Treuepflicht untrennbar mit der Mitgliedschaft jedes Personengesellschafters verbunden, gilt also auch für den Kommanditisten[132] und besteht sowohl gegenüber der KG (vertikal) als auch im Verhältnis zu den Mitgesellschaftern (horizontal)[133] unabhängig davon, ob es sich bei ihnen um Mitkommanditisten oder Komplementärgesellschafter handelt.[134] Dass er dem in der Treuepflicht wurzelnden Wettbewerbsverbot nach der Vorstellung des Gesetzgebers aber typischerweise nicht unterliegen soll (aber → § 165 Rn. 2, → § 165 Rn. 11 ff.), zeigt die **schwächere Ausprägung** 39

---

[120] Ebenso Heymann/Borges Rn. 157; Staub/Casper Rn. 43; NK-HGB/Eberl Rn. 44; BeckOGK/Notz/Zinger, 1.1.2024, Rn. 120.

[121] Hinsichtlich des Antragsrechts ebenso Schlegelberger/Martens Rn. 67; weitergehend Heymann/Borges Rn. 157; Staub/Casper Rn. 43; MüKoHGB/Grunewald Rn. 33; Immenga ZGR 1974, 385 (415); BeckOGK/Notz/Zinger, 1.1.2024, Rn. 120.

[122] Dazu auch die §§ 110 ff., die über § 161 Abs. 2 ebenfalls bei der KG sowohl für den Komplementär als auch für den Kommanditisten anwendbar sind.

[123] BGH 13.2.1995, NJW 1995, 1218 (1219); Heymann/Borges Rn. 163: MüKoHGB/Grunewald Rn. 36.

[124] BGH 9.4.2013, NZG 2013, 664 Rn. 10.

[125] BGH 11.3.2014, NZG 2014, 621 Rn. 13.

[126] S. zB BGH 11.10.2011, NZG 2011, 1432 Rn. 39.

[127] Eine Frist von vier Wochen ist deshalb zu kurz; s. Heymann/Borges § 163 Rn. 21; ferner OLG München 19.7.2018, BeckRS 2018, 17265; OLG Stuttgart 15.7.2020, BeckRS 2020, 16964.

[128] BGH 13.2.1995, NJW 1995, 1218 (1219).

[129] BGH 1.3.2011, NZG 2011, 544 Rn. 19; zuvor BGH 27.4.2009, NZG 2009, 707 Rn. 25; 13.2.1995, NJW 1995, 1218; 11.12.1989, NJW-RR 1990, 474 (475).

[130] S. BGH 1.3.2011, NZG 2011, 544 Rn. 19 ff.

[131] So nunmehr auch für die KG BGH 6.4.2017, NJW-RR 2017, 876 Rn. 26 (dazu Heinrich ZIP 2018, 411 ff.; K. Schmidt NZG 2018, 121 ff.); zuvor für die GmbH BGH 6.4.2009, BGHZ 180, 221 Rn. 10 = NJW 2009, 1962; allg. Rüppel BB 2014, 1091 ff.

[132] S. etwa OLG München 28.3.2001, BB 2001, 1408 f. (Verwirkung des Rechts auf Beschlussanfechtung); allg. Heymann/Borges Rn. 160; Staub/Casper Rn. 42; BeckOGK/Notz/Zinger, 1.1.2024, Rn. 111; Ridder, Ebenenübergreifende Treuepflichten in der Kapitalgesellschaft & Co. KG, 2018, 41 ff.

[133] Statt aller BGH 8.10.2013, NZG 2013, 1334 Rn. 37 mwN; allg. zuletzt BGH 22.1.2019, NZG 2019, 702 Rn. 13; ferner Staub/Casper Rn. 42; BeckOGK/Notz/Zinger, 1.1.2024, Rn. 111; Ridder, Ebenenübergreifende Treuepflichten in der Kapitalgesellschaft & Co. KG, 2018, 43 f.

[134] Treffend Heymann/Borges Rn. 160.

dieses Grundsatzes in der Rechtsstellung des Kommanditisten.[135] Gleichwohl trifft prinzipiell auch ihn die Pflicht, im Rahmen der gemeinsamen Zweckverfolgung die Interessen der Mitgesellschafter und der Gesellschaft zu wahren und alles zu unterlassen, was diese Interessen schädigen könnte.[136] Der konkrete **Umfang** der Treuepflicht hängt damit von der Realstruktur der Gesellschaft und der Rechtsstellung des Kommanditisten im Einzelfall ab.[137]

40 Eine wichtige Ausprägung der Treuepflicht ist das jeden Gesellschafter treffende Verbot, Geschäftschancen der Gesellschaft an sich zu ziehen (**Geschäftschancenlehre;** → § 165 Rn. 2). Danach ist es als treuwidrig anzusehen, wenn der Kommanditist eine Geschäftschance der Gesellschaft für sich ausnutzt, die in den Geschäftsbereich der Gesellschaft fällt, dieser bereits konkret zugeordnet war und von der er erst in seiner Eigenschaft als Gesellschafter erfahren hat.[138] Das ist praktisch unwahrscheinlicher, gilt aber ebenso, wenn der Kommanditist auf eine rein kapitalistische Beteiligung beschränkt ist.[139]

41 **5. Actio pro socio.** Das Recht, Sozialansprüche (der Gesellschaft gegen einen Mitgesellschafter) geltend zu machen (zur dogmatischen Begründung und den Voraussetzungen im Einzelnen → § 105 Rn. 102 ff.),[140] steht wegen § 161 Abs. 2 iVm § 105 Abs. 3 iVm § 715b Abs. 1 BGB auch dem Kommanditisten zu[141] und ist als solches unentziehbar (§ 715b Abs. 2 BGB).[142] Gesellschafter iSd § 715b Abs. 1 BGB ist nicht nur der geschäftsführende Gesellschafter, sondern auch der von der Geschäftsführung ausgeschlossene Kommanditist. Er kann sowohl klagender als auch beklagter Gesellschafter sein. Nach zutreffender Rspr. des BGH ist die durch die *actio pro socio* vermittelte Geschäftsführungsbefugnis grundsätzlich beschränkt auf Ansprüche der Gesellschaft gegen Mitgesellschafter; wegen ihrer dogmatischen Fundierung im Gesellschaftsverhältnis[143] sowie wegen des Wortlauts von § 715b Abs. 1 S. 1 berechtigt sie grundsätzlich nicht zur Geltendmachung von Ansprüchen, die der Gesellschaft gegenüber Dritten zustehen (zur GmbH & Co. KG → Rn. 102).[144] Ansprüche der Gesellschaft gegenüber Dritten können nur dann im Wege einer *actio pro socio* geltend gemacht werden, wenn der Dritte an dem pflichtwidrigen Unterlassen der Geltendmachung mitwirkte oder dieses konnte (§ 715b Abs. 1 S. 2 BGB; → § 105 Rn. 102). Nach herrschender und richtiger Ansicht steht die gesellschaftliche Kompetenzordnung einer Verfolgung von **Unterlassungsansprüchen** im Wege der *actio pro socio* gegen den pflichtwidrig handelnden Geschäftsführer grundsätzlich entgegen (→ § 164 Rn. 8). Der Kommanditist kann den Geschäftsführer dagegen auf Unterlassung in Anspruch nehmen, wenn dieser ein Geschäft ohne die notwendige oder trotz verweigerter Zustimmung durchführen will (→ § 164 Rn. 14). Die durch die *actio pro socio* eröffnete Rechtsausübung kann im Widerspruch zur gesellschaftsrechtlichen Treuepflicht stehen und sich als rechtsmissbräuchlich darstellen,[145] so zB, wenn die Klageerhebung nicht erforderlich ist und lediglich zur Verteuerung der Rechtsdurchsetzung führt.[146]

42 **6. Austrittsrecht. a) Ordentliches Kündigungsrecht.** Ist die Gesellschaft für unbestimmte Zeit eingegangen, hat der Kommanditist ein ordentliches Kündigungsrecht nach § 161 Abs. 2 iVm § 132 Abs. 1 mit einer Frist von sechs Monaten zum Schluss des Geschäftsjahrs. Mangels abweichender gesellschaftsvertraglicher Regelung führt die Kündigung nicht zur Auflösung der Gesellschaft, sondern lediglich zum **Ausscheiden des Gesellschafters** (§ 130 Abs. 1 Nr. 2). Zur Zulässigkeit

---

135 Heymann/Borges Rn. 160; s. auch MüKoHGB/Grunewald Rn. 31.

136 Soergel/Hadding/Kießling BGB § 705 Rn. 60; BeckOGK/Notz/Zinger, 1.1.2024, Rn. 111; Wiedemann GesR II § 3 II 3d.

137 Ebenso Staub/Casper Rn. 42 mwN.

138 S. zB BGH 4.12.2012, NJW-RR 2013, 363 Rn. 20; 5.2.2013, BGHZ 196, 131 Rn. 31 = NJW 2013, 2190; 16.3.2017, NJW 2017, 1749 Rn. 20; Hopt/Roth § 108 Rn. 26; anders MüKoHGB/Grunewald Rn. 31; MüKoHGB/Grunewald § 165 Rn. 2, die den Geschäftschancenbegriff weiter fassen und stattdessen nach der Rechtsstellung des Gesellschafters differenzieren will.

139 S. Staub/Casper Rn. 42; abw. MüKoHGB/Grunewald Rn. 31.

140 Für eine ausdrückliche Kodifizierung nunmehr § 715b BGB idF v. 1.1.2024; abl. demgegenüber noch Beschluss Nr. 8 des 71. DJT, Verh. 71. DJT, Bd. II/2, 2017, O 220.

141 So vor Schaffung von § 715b BGB bereits BGH 27.6.1957, BGHZ 25, 47 (49 f.) = NJW 1957, 1358; 19.12.2017, NZG 2018, 220 Rn. 11 ff.; 22.1.2019, NZG 2019, 702 Rn. 10; Heymann/Borges Rn. 168; Staub/Casper Rn. 45; Immenga ZGR 1974, 385 (411); BeckOGK/Notz/Zinger, 15.1.2021, Rn. 118 jeweils mwN.

142 Heymann/Borges Rn. 168; Staub/Casper Rn. 45; Schlegelberger/Martens Rn. 68.

143 BGH 22.1.2019, NZG 2019, 702 Rn. 10; OLG Frankfurt 19.10.2023, NZG 202, 301 (301); Heymann/Borges Rn. 168.

144 BGH 19.12.2017, NZG 2018, 220 Rn. 12; zust. insoweit auch Mock ZGR 2018, 796 (798 ff.).

145 BGH 22.1.2019, NZG 2019, 702 Rn. 11; OLG Frankfurt 19.10.2023, NZG 2024, 301 (301).

146 BGH 22.1.2019, NZG 2019, 702 Rn. 15.

abweichender Abreden → § 132 Rn. 21 ff.; zum ordentlichen Kündigungsrecht bei der **offenen Investment-KG** → Rn. 204 f.

43 **b) Außerordentliches Kündigungsrecht.** Ist die Gesellschaft für bestimmte Zeit eingegangen oder das ordentliche Kündigungsrecht zulässigerweise ausgeschlossen, kommt als *ultima ratio* ein außerordentliches Kündigungsrecht des Kommanditisten in Betracht, das zu seinem Ausscheiden aus der Gesellschaft führt (§ 132 Abs. 2 S. 1). Für die Publikums-KG entsprach dies auch bislang der hM (→ Rn. 148), ist aber wegen § 132 Abs. 2 S. 1 auch für die normale OHG/KG zu befürworten.[147] Es setzt einen **wichtigen Grund** voraus, hinter dem das Interesse der KG an dem Verbleib des Kommanditisten in der KG zurückzutreten hat.[148] Dabei sind an die außerordentliche Kündigung des Kommanditisten, der lediglich mit einer geringen Einlage bzw. Haftsumme in der KG beteiligt ist, geringere Anforderungen zu stellen als im Falle eines Komplementärs, dessen unbeschränkte persönliche Haftung für die Kreditwürdigkeit und Seriosität der Gesellschaft von erheblich größerer Bedeutung sein kann. Praktisch relevant wird das außerordentliche Kündigungsrecht deshalb vor allem in der **Publikums-KG** (→ Rn. 161).

44 Zweifelhaft war das **Verhältnis** des außerordentlichen Kündigungsrechts **zur Auflösungsklage.** Heute folgt aus dem Gesetz, dass die ebenfalls an das Vorliegen eines wichtigen Grunds geknüpfte Möglichkeit, Auflösungsklage (§ 139) zu erheben, dem Austritt nicht entgegensteht. Vielmehr ist, wenn schon die ordentliche Kündigung lediglich zum Ausscheiden aus der Gesellschaft führt (§ 130 Abs. 1 Nr. 3), diese Rechtsfolge erst recht anzuerkennen, wenn ein wichtiger Grund vorliegt.[149] Bei der offenen sowie der geschlossenen **Investment-KG** gilt dies wegen § 138 Abs. 1 KAGB und § 161 Abs. 1 KAGB ohnehin, da bei ihr die Auflösungsklage durch ein an das Vorliegen eines wichtigen Grunds gebundenes außerordentliches Kündigungsrecht des Gesellschafters ersetzt ist (→ Rn. 208, 227) und § 132 Abs. 2 S. 2 sowie § 132 Abs. 6 insoweit entsprechend anzuwenden sind (s. § 138 Abs. 1 S. 3 KAGB, § 161 Abs. 2 S. 3 KAGB).

45 Ein wichtiger Grund besteht nicht oder fällt weg, sobald sich die Gesellschaft im **Abwicklungsstadium** befindet.[150] Gleichfalls **ausgeschlossen** ist das Recht zur außerordentlichen Kündigung, wenn der wichtige Grund alle Gesellschafter gleichermaßen betrifft und eine Fortsetzung der Gesellschaft nicht beabsichtigt ist. Last und Risiko der Liquidation haben die Gesellschafter dann gemeinsam zu tragen, so dass dem einzelnen Gesellschafter der Austritt versagt bleiben muss.[151]

46 Das Recht zur außerordentlichen Kündigung unterliegt keiner **Ausübungsfrist,** kann aber nach allgemeinen Grundsätzen (§ 242 BGB) verwirkt sein.[152] Unabhängig davon verlieren die als wichtiger Grund in Betracht kommenden Tatsachen mit zunehmendem Zeitablauf die Kraft, um die Fortsetzung der Mitgliedschaft in der Gesellschaft als unzumutbar erscheinen zu lassen. Zudem sprechen gute Gründe dafür, den in **§ 314 Abs. 3 BGB** für alle Dauerschuldverhältnisse zum Ausdruck gelangten Rechtsgedanken, wonach die außerordentliche Kündigung binnen angemessener Frist nach Kenntniserlangung zu erklären ist, auch auf das Recht zur außerordentlichen Kündigung in § 132 Abs. 2 zumindest entsprechend anzuwenden, da die Mitgliedschaft in der Gesellschaft im Hinblick auf ihrer zeitlichen Ausdehnung ein dem Dauerschuldverhältnis vergleichbares dauerndes Rechtsverhältnis zwischen dem Gesellschafter und der Gesellschaft begründet. Die außerordentliche **Kündigung** ist gegenüber den Mitgesellschaftern[153] zu erklären. In der Publikums-KG kommt als Erklärungsempfänger ferner in Betracht, wer zum Abschluss des Beitrittsvertrags ermächtigt ist (→ Rn. 134, → Rn. 158).[154]

47 **Mit Zugang der wirksamen** (ggf. auslegungsbedürftigen)[155] **Kündigungserklärung** scheidet der Gesellschafter *ex nunc* aus der Gesellschaft aus und kann uU nach § 161 Abs. 2 iVm § 105 Abs. 3 iVm § 735 Abs. 1 S. 1 BGB einen Abfindungsanspruch geltend machen, der auf der Grundlage

---

[147] Heymann/Borges Rn. 173.

[148] MüKoHGB/Grunewald, 5. Aufl. 2022, Rn. 39; s. auch MüKoHGB/Fleischer § 132 Rn. 51.

[149] Kübler/Assmann GesR § 21 III 2b; iErg auch Staub/Casper Rn. 46, 225; MüKoHGB/Fleischer § 132 Rn. 63; ein Rückgriff auf die ergänzende Vertragsauslegung ist damit entbehrlich geworden; s. aber auch MüKoHGB/Grunewald Rn. 39.

[150] S. BGH 11.12.1978, NJW 1979, 765; BeckOGK/Notz/Zinger, 15.1.2021, Rn. 120; K. Schmidt GesR § 57 *II 1b*.

[151] BGH 12.5.1977, BGHZ 69, 160 (163) = NJW 1977, 2160; Heymann/Borges Rn. 174; Staub/Casper Rn. 225; BeckOGK/Notz/Zinger, 15.1.2021, Rn. 120.

[152] S. aber für die Publikums-KG Schlegelberger/Martens Rn. 150: Ausübung innerhalb „angemessener Frist".

[153] **AA** Ebenroth/Boujong/Notz Anh. 2 § 179 Rn. 191: gegenüber der (Publikums-) KG.

[154] Vgl. BGH 19.12.1974, BGHZ 63, 338 (345 f.) = NJW 1975, 1022; Ebenroth/Boujong/Notz Anh. 2 § 179 Rn. 191.

[155] So in den Fällen des fehlerhaften Beitritts, wenn der Gesellschafter anstelle der „Kündigung" die „Anfechtung" erklärt, → Rn. 129; → § 105 Rn. 163.

einer Abschichtungsbilanz zu ermitteln ist (zu Einzelheiten → § 135 Rn. 17 ff.).[156] Bei der **offenen Investment-KG** folgt der Abfindungsanspruch unmittelbar aus § 133 Abs. 1 S. 2 KAGB (→ Rn. 206).

VI. Gesellschaftsorgane

48 **1. Allgemeines.** Organe der Gesellschaft sind die Geschäftsführer (s. § 164 und dortige Erläuterungen) und regelmäßig, aber nicht zwingend eine Gesellschafterversammlung, in der die Gesellschafter ihre Beschlüsse fassen (→ Rn. 33).

49 **2. Beirat. a) Allgemeines.** Die Einrichtung eines Beirats (auch Aufsichtsrat, Gesellschafterausschuss oder Verwaltungsrat genannt) als zusätzliches Gesellschaftsorgan der KG begegnet keinen grundsätzlichen Bedenken.[157] In der Praxis kommt dieser besonders häufig in der GmbH & Co. KG und vor allem in der Publikums-KG vor. In der Entscheidung über die Einrichtung eines Beirats, dessen Funktionen und Ausgestaltung sind die Gesellschafter im Grundsatz frei (**Gestaltungsfreiheit** im Innenverhältnis; → § 163 Rn. 3). Grenzen sind ihnen durch die personengesellschaftsrechtlichen Grundsätze und Strukturprinzipien gezogen (ausführlicher → § 108 Rn. 10 ff.). Lediglich für die **geschlossene Investment-KG** schreibt § 153 Abs. 3 KAGB die Errichtung eines Beirats zwingend vor, wenn es sich bei dieser um eine intern verwaltete Publikums-Investment-KG handelt (→ Rn. 61, → Rn. 223 ff.), im Übrigen kann in der Investment-KG im Gesellschaftsvertrag die Bildung eines Beirats vereinbart werden (zur offenen Investment-KG → Rn. 200 f.).[158]

50 **b) Arten.** Der Beirat ist nur dann **Gesellschaftsorgan,** wenn er seine Rechtsgrundlage im Gesellschaftsvertrag hat[159] und nach der ihm dort eingeräumten Rechtsstellung verpflichtet ist, den Interessen der Gesellschaft zu dienen. Die Maßnahmen eines Beirats, der Gesellschaftsorgan ist, sind für alle Gesellschafter verbindlich.[160] Sollen ihm Befugnisse eingeräumt werden, die nach dispositivem Gesetzesrecht nur den Gesellschaftern zustehen (können), muss er seine Rechtsgrundlage im Gesellschaftsvertrag finden.[161]

51 Der Beirat ist dagegen **kein Gesellschaftsorgan,** wenn er auf einer besonderen schuldrechtlichen Vereinbarung (Beiratsvertrag) mit der Gesellschaft oder einzelnen Gesellschaftern beruht. Maßnahmen des Beirats binden die Gesellschaft bzw. die Gesellschafter nur soweit die vertragliche Vereinbarung reicht. Wird der Beirat, obwohl ihm der für seine Errichtung maßgebende Beiratsvertrag Beteiligungsrechte an der gesellschaftlichen Willensbildung einräumt, (pflichtwidrig) nicht an dieser beteiligt, ist die Willensbildung im Innenverhältnis zwar fehlerfrei. Die Verletzung der externen Beteiligungsrechte wird aber als Pflichtverletzung sanktioniert.[162]

52 **c) Einrichtung.** Der Beirat kann von Anfang an im Gesellschaftsvertrag vorgesehen sein, später mit vertragsändernder Gesellschaftermehrheit in diesen aufgenommen oder in einem neben dem Gesellschaftsvertrag geschlossenen Beiratsvertrag vereinbart werden. Der Abschluss eines Beiratsvertrags durch die KG ist in der Regel ein außergewöhnliches Geschäft, das der Zustimmung der Kommanditisten bedarf (→ § 164 Rn. 10 ff.).[163]

53 Die Gesellschaftsverträge von **Publikumsgesellschaften** sehen die Einrichtung eines Beirats zumeist ausdrücklich vor (zur Investment-KG → Rn. 200 f., → Rn. 221 ff.). Eine derartige Klausel lässt sich jedoch nicht im Wege der ergänzenden Vertragsauslegung als gewollt unterstellen.[164] Aus der Vergleichbarkeit der Rechtslage in der Publikums-KG mit jener in der AG, wo der Aufsichtsrat obligatorisches Gesellschaftsorgan ist (§ 95 AktG), wird aber zu Recht geschlossen, dass die Anlagegesellschafter die Einrichtung eines Kontrollorgans – auch ohne vertragliche Grundlage – **durch einfachen Mehrheitsbeschluss** bewirken können,[165] bei der Übertragung organschaftlicher Kompetenzen bedarf es jedoch einer qualifizierten Mehrheit, die für die Änderung des Gesellschaftsvertrags

[156] Schlegelberger/Martens Rn. 153.

[157] S. BGH 23.10.1967, WM 1968, 98 = BeckRS 1967, 00151; OLG Stuttgart 15.7.2020, BeckRS 2020, 16964; Heymann/Borges Rn. 237; Ebenroth/Boujong/Oepen § 164 Rn. 26.

[158] So für die extern verwaltete geschlossene Investment-KG OLG Stuttgart 15.7.2020, BeckRS 2020, 16964.

[159] Ebenso BeckOGK/Notz/Zinger, 1.1.2024, Rn. 177.

[160] Heymann/Borges Rn. 246.

[161] MHdB GesR II/Mutter § 8 Rn. 8, 11; s. auch Staub/Casper Rn. 212; Schlegelberger/Martens § 164 Rn. 24.

[162] Wiedemann FS Schilling, 1973, 105 (107); Schlegelberger/Martens § 164 Rn. 24.

[163] Zutr. MHdB GesR II/Mutter § 8 Rn. 7; Reichert/Ullrich in Reichert GmbH & Co. KG § 19 Rn. 60.

[164] S. aber Wiedemann GesR I § 9 III 2c; dagegen zutr. Staub/Casper Rn. 211; MüKoHGB/Grunewald Rn. 162.

[165] Staub/Casper Rn. 211; RGHMW/Mock Rn. 118; s. aber auch Hopt/Roth Anh. § 179 Rn. 20, der sich mit Recht gegen die Einführung im Wege der gerichtlichen Inhaltskontrolle ausspricht.

notwendig ist.[166] Mit der Errichtung des Beirats sind zugleich dessen Zusammensetzung sowie die Modalität für die Bestellung bzw. Abberufung seiner Mitglieder und etwaige persönliche Voraussetzungen (zB berufliche Qualifikation) zu regeln. Sofern nicht zwingendes Gesetzesrecht entgegensteht, können auch abweichend von § 100 Abs. 1 S. 1 AktG juristische Personen als Beiratsmitglieder zugelassen werden.[167]

d) Funktionen und Befugnisse. In der Bestimmung darüber, welche Funktionen und Aufgaben sie dem Beirat geben, sind die Gesellschafter prinzipiell frei (zur Gestaltungsfreiheit im Innenverhältnis → § 163 Rn. 3), sofern nicht die Sonderregelung in § 153 Abs. 3 KAGB zur geschlossenen Investment-KG eingreift (→ Rn. 225). Inwieweit ihnen Grenzen gezogen sind, hängt insbesondere davon ab, ob der Beirat seine Grundlage im Gesellschaftsvertrag oder einem Beiratsvertrag hat (→ Rn. 50 f.) und mit welchen Personen er besetzt ist.[168] Die Befugnisse des Beirats stehen im Zweifel nicht jedem einzelnen Mitglied, sondern dem Beirat im Ganzen zu.[169] 54

aa) Beratungsgremium. Soll sich die Funktion des Beirats auf die **Beratung der Geschäftsführung** oder der Gesellschafter bei deren Willensbildung beschränken, gibt er also nicht mehr als unverbindliche Handlungsempfehlungen, ist er kein Gesellschaftsorgan.[170] Seine Errichtung kann entweder auf dem Gesellschaftsvertrag oder auf einem besonderen Beiratsvertrag beruhen (→ Rn. 52)[171] und zweifellos können, entsprechend der häufigen Motivation, externes Wissen in den gesellschaftlichen Willensbildungsprozess einfließen zu lassen, auch Nichtgesellschafter Beiratsmitglieder sein. 55

bb) Mitwirkung an der Geschäftsführung. Nach § 164 S. 1 ist die Geschäftsführung Angelegenheit der Komplementäre, soweit es um außergewöhnliche Geschäfte geht, unter Mitwirkung der Kommanditisten (→ § 164 Rn. 10 ff.). Soll der Beirat hieran mitentscheidend und nicht lediglich beratend beteiligt sein, ist eine Grundlage im Gesellschaftsvertrag erforderlich (näher → § 164 Rn. 36, → § 164 Rn. 26 ff.).[172] 56

cc) Aufsichts- und Kontrollgremium. Dem Beirat können unterschiedliche Aufsichts- oder Kontrollbefugnisse ausdrücklich eingeräumt werden. Er kann in dieser Überwachungstätigkeit neben oder, soweit ihre Kontrollrechte abdingbar sind (→ § 166 Rn. 39 ff.), an die Stelle der Gesellschafter treten.[173] Im letztgenannten Falle bedarf seine Errichtung einer gesellschaftsvertraglichen Grundlage, im Übrigen kann der Beirat auch auf einem Beiratsvertrag beruhen.[174] 57

Der **Umfang der Aufsichts- und Kontrollbefugnisse** ist durch Auslegung der jeweiligen vertraglichen Grundlage zu ermitteln. Repräsentiert der Beirat eine Gesellschaftergruppe (zB die Kommanditisten), stehen ihm im Zweifel deren Kontrollrechte zu. Dagegen verfolgt die Errichtung eines organschaftlichen Beirats im Allgemeinen den Zweck, die Kontrolldichte in der Gesellschaft zu erhöhen und ihm weitergehende Kontrollrechte einzuräumen, als sie den Gesellschaftern üblicherweise zustehen. Wird ihm pauschal die „Überwachung der Geschäftsführung" zugewiesen, ist dies daher mit einem die gesamten Geschäftsführungsangelegenheiten umfassenden Informationsrecht verbunden.[175] Ansonsten ergeben sich die Kompetenzen des Beirats aus der Regelung im Gesellschaftsvertrag, in dem zB festzulegen ist, ob bestimmte Geschäfte entsprechend dem Aufsichtsrat (§ 111 Abs. 4 S. 2 AktG) unter den Vorbehalt einer Zustimmung durch den Beirat gestellt werden. Bei verbleibenden Lücken im Gesellschaftsvertrag lässt sich aus der Verweisung auf die Bestimmungen des AktG in § 153 Abs. 3 S. 2 KAGB iVm § 18 Abs. 2 S. 4 KAGB (→ Rn. 223) zumindest die Wertung ableiten, dass deren Anwendung für eine funktionsgerechte Organtätigkeit erforderlich ist. Solange dem Gesellschaftsvertrag keine gegenteiligen Anhaltspunkte entnommen werden können, entspricht die Übernahme der in § 18 Abs. 2 S. 4 KAGB in Bezug genommenen Vorschriften dem mit der Etablierung eines Beirats verfolgten Zweck, so dass eine in diese Richtung gehende (ergänzende) Auslegung des Gesellschaftsvertrags vorzugswürdig ist. Das gilt jedenfalls für die Publikums-KG (→ Rn. 60). 58

[166] Zutr. Staub/Casper Rn. 211.
[167] Staub/Casper Rn. 213 aE; zum Beirat einer extern verwalteten geschlossenen Investment-KG OLG Stuttgart 15.7.2020, BeckRS 2020, 16964.
[168] S. MüKoHGB/Grunewald Rn. 164 ff.; Weipert/Oepen ZGR 2012, 585 ff.
[169] BGH 23.3.1992, NJW 1992, 1890 (1891).
[170] Staub/Schäfer § 108 Rn. 47; Staub/Casper Rn. 213.
[171] MüKoHGB/Grunewald Rn. 163.
[172] Heymann/Borges Rn. 241; MüKoHGB/Grunewald Rn. 168; BeckOGK/Notz/Zinger, 1.1.2024, Rn. 180.
[173] Staub/Casper Rn. 217; MHdB GesR II/Mutter § 8 Rn. 19.
[174] MHdB GesR II/Mutter § 8 Rn. 19.
[175] Staub/Casper Rn. 218; BeckOGK/Notz/Zinger, 1.1.2024, Rn. 182.

59 Stellt der Beirat **Gefahren für die Gesellschaft** fest, stehen ihm im Ausgangspunkt wegen seiner auf den Schutz der Gesellschaft angelegten Funktion diejenigen Rechte zu, die er benötigt, um den Schaden abzuwenden.[176] Er ist deshalb jedenfalls berechtigt und verpflichtet, die Geschäftsführung auf die drohende Gefahr hinzuweisen. Darüber hinaus spricht viel dafür, dass der Beirat, wenn und weil er Gesellschaftsorgan ist, nach **§ 715a BGB** auch die erforderlichen Maßnahmen ergreifen darf, wenn der Gesellschaft oder einem bedeutenden Gegenstand des Gesellschaftsvermögens eine akute Gefahr droht, welche die dazu an sich berufenen Geschäftsführer nicht rechtzeitig abwenden können (zu dieser Notgeschäftsführung → § 164 Rn. 17 ff.).[177]

60 **dd) Rechte und Pflichten des Beirats in der Publikums-KG.** Wird in der Publikums-KG ein Beirat gebildet, orientieren sich dessen Rechte und Pflichten wegen der strukturellen Vergleichbarkeit an denjenigen eines Aufsichtsrats in der AG (vgl. § 111 AktG).[178] Das gilt im Zweifel selbst dann, wenn ihm der Gesellschaftsvertrag lediglich eine beratende Funktion zuweist.[179] Nach der **Rspr.** hat der Beirat in der Publikums-KG nicht nur darauf zu achten, dass der Jahresabschluss „so bald wie möglich" fertiggestellt und durch einen unabhängigen Sachverständigen überprüft wird, sondern darüber hinaus „selbst aufgrund seiner Kenntnis der Geschäftsverhältnisse und der vorliegenden Berichte, uU auch einmal durch Einsichtnahme in die Geschäftsbücher, den Abschluß sorgfältig zu prüfen und, wenn diese Prüfung Anlass zu Bedenken gibt, ihnen sogleich nachzugehen".[180] Der Beirat muss die Geschäftsführung zur regelmäßigen Berichterstattung anhalten und sich die hierzu notwendigen Unterlagen zuleiten lassen.[181] Zur Kontrolle der gesamten Geschäftsführung ist der Beirat indes ebenso wenig verpflichtet wie zur Verhinderung jedes mit einem Risiko behafteten Geschäfts. Nur ungewöhnliche oder besonders risikoreiche Geschäfte begründen hingegen die Verpflichtung, auf die Geschäftsführung mit dem Ziel einzuwirken, das Geschäft zu unterlassen.[182] Diese Überwachungspflichten obliegen jedem Beiratsmitglied in eigener Verantwortung.[183] Auf Grund der mit dem Aufsichtsrat vergleichbaren Aufgabenstellung sprechen zwecks Vermeidung von Interessenkollisionen gute Gründe dafür, den Beirat analog § 112 AktG mit Vertretungsmacht auszustatten.[184] Etwaige Lücken im Gesellschaftsvertrag können angesichts der Wertentscheidung in § 18 Abs. 2 S. 4 KAGB durch Heranziehung der dort aufgelisteten Vorschriften des AktG geschlossen werden (→ Rn. 58).

61 **ee) Beirat in der geschlossenen Investment-KG.** Die Grundsätze zur Publikums-KG (→ Rn. 60) hat § 153 Abs. 3 KAGB für die geschlossene Investment-KG aufgegriffen, wenn es sich bei ihr um eine intern verwaltete Publikums-Investment-KG handelt. Bei ihr hat der Beirat die Geschäftsführung bei der Umsetzung der Anlagebedingungen zu überwachen (§ 153 Abs. 3 S. 1 KAGB). Für die **Zusammensetzung** sowie die **Rechte** und **Pflichten** sind die aktienrechtlichen Vorschriften zum Aufsichtsrat entsprechend anzuwenden (§ 153 Abs. 3 S. 2 KAGB iVm § 18 Abs. 2 S. 4 KAGB; näher → Rn. 223). Bei der extern verwalteten Investment-KG bedarf es für die Errichtung eines Beirats und der Ausgestaltung seiner Rechte und Pfichten hingegen einer gesellschaftsvertraglichen Regelung.[185]

62 **e) Haftung.** Verletzten die Beiratsmitglieder ihre aus der Funktion des Beirats (→ Rn. 54 ff.) erwachsenden Pflichten, können sie von der Gesellschaft oder – ggf. unter den Voraussetzungen der *actio pro socio* (§ 715b BGB; → Rn. 41) – von den Gesellschaftern auf **Schadensersatz** in Anspruch genommen werden.[186] Für den Beirat bei der geschlossenen Publikums-Investment-KG ordnet dies § 153 Abs. 3 S. 2 KAGB iVm § 18 Abs. 2 S. 4 KAGB mit der Verweisung auf § 116 AktG ausdrücklich an. Nicht abschließend geklärt ist, inwieweit den Gesellschaftern ein Anspruch auf Handeln bzw. Unterlassen gegen die Beiratsmitglieder zusteht.[187]

---

[176] MHdB GesR II/Mutter § 8 Rn. 22.

[177] Ebenso Heymann/Borges Rn. 245.

[178] BGH 22.10.1979, WM 1979, 1425 (1426) = BeckRS 1979, 30373412; 7.11.1977, NJW 1978, 425; OLG Bremen 14.8.2009, NZG 2010, 181; Staub/Casper Rn. 219; Schlegelberger/Martens Rn. 159; s. auch BGH 4.7.1977, BGHZ 69, 207 (220) = NJW 1977, 2311 (2313).

[179] So Schlegelberger/Martens Rn. 159.

[180] BGH 7.11.1977, NJW 1978, 425.

[181] BGH 7.11.1977, NJW 1978, 425.

[182] BGH 4.7.1977, BGHZ 69, 207 (213 f.) = NJW 1977, 2311 (2312).

[183] BGH 22.10.1979, WM 1979, 1425 (1426) = BeckRS 1979, 30373412.

[184] Hierfür OLG Bremen 14.8.2009, NZG 2010, 181.

[185] S. insoweit OLG Stuttgart 15.7.2020, BeckRS 2020, 16964.

[186] Dazu zB BGH 22.10.1984, NJW 1985, 1900; 14.4.1975, BGHZ 64, 238 = NJW 1975, 1318; Heymann/Borges Rn. 257; Staub/Casper Rn. 220; Ebenroth/Boujong/Notz Anh. 2 § 179 Rn. 161.

[187] Das bejahen MüKoHGB/Grunewald Rn. 176; Riegger/Mutter EWiR § 161 HGB 1/98, 751; für den Regelfall abl. OLG Karlsruhe 30.12.1997, GmbHR 1998, 645 f.

63 Ist ein Beiratsmitglied zugleich Gesellschafter, fand im Hinblick auf eine etwaige Haftung im Ausgangspunkt bis zum 1.1.2024 der Sorgfaltsmaßstab des § 708 BGB aF Anwendung.[188] In der **Publikums-KG** konnte dies jedoch nicht gelten, da hierdurch die schützenswerten Interessen der Anlagegesellschafter missachtet und das durch die Errichtung eines selbständigen Überwachungsorgans erweckte Vertrauen enttäuscht würden. Es galt deshalb der strengere Sorgfaltsmaßstab der §§ 116, 93 AktG (wohl allgM). Die Beiratsmitglieder hatten deshalb bei der Erfüllung ihrer Pflichten die Sorgfalt eines ordentlichen und gewissenhaften Kaufmanns anzuwenden.[189] Die Beweislast für deren Wahrung traf entsprechend § 116 S. 1 AktG iVm § 93 Abs. 2 S. 2 AktG die in Anspruch genommenen Beiratsmitglieder.[190] Ansprüche verjährten analog § 116 S. 1 AktG iVm § 93 Abs. 6 Alt. 2 AktG in fünf Jahren.[191] Für den Beirat bei der geschlossenen **Investment-KG** hat das KAGB dieses Haftungskonzept ausdrücklich festgeschrieben (s. § 153 Abs. 3 S. 2 KAGB iVm § 18 Abs. 2 S. 4 KAGB, der § 116 AktG und damit auch § 93 AktG in Bezug nimmt).

64 Der Beirat **haftet nicht,** wenn das an sich pflichtwidrige Verhalten des Beirats von einem Beschluss der Gesellschafter gedeckt ist. Das gilt jedoch nicht, wenn die (oder eine weitere) Pflichtverletzung des Beirats darin besteht, die zur Verhinderung dieses Beschlusses gebotenen Schritte unterlassen zu haben.[192]

VII. Änderungen im Gesellschaftsverhältnis

65 Änderungen des Gesellschaftsvertrags bedürfen als Grundlagengeschäfte grundsätzlich der **Zustimmung aller Gesellschafter,** also sowohl der Komplementäre als auch der Kommanditisten. In Ausnahmefällen können die Gesellschafter allerdings hierzu auf Grund ihrer Treuepflicht verpflichtet sein (→ § 105 Rn. 136; → § 108 Rn. 25 ff.).[193] Keinesfalls sind die Kommanditisten aber, wie sich aus § 161 Abs. 2 iVm § 105 Abs. 3 iVm § 710 BGB ergibt, verpflichtet, einer Erhöhung ihrer Pflichteinlage oder Haftsumme zuzustimmen.[194] Das gilt auch, wenn sich die Gesellschaft in einer existenzbedrohenden wirtschaftlichen Schieflage befindet.[195] Droht jedoch in absehbarer Zeit Zahlungsunfähigkeit, dann ist der die Zustimmung zur Beitragserhöhung verweigernde Gesellschafter auf Grund seiner Treuepflicht verpflichtet, einem Beschluss über seine Ausschließung zuzustimmen **(„Sanieren oder Ausscheiden“).**[196] Das gilt nicht nur für den Komplementär, sondern auch für den Kommanditisten einer KG.[197] Für die offene bzw. geschlossene **Investment-KG** schließen § 127 Abs. 3 S. 3–5 KAGB und § 154 Abs. 3 S. 3–5 KAGB eine Nachschusspflicht der Kommanditisten ausdrücklich aus und untersagen zudem abweichende Abreden im Gesellschaftsvertrag (→ Rn. 181, → Rn. 212). Deshalb trifft den Kommanditisten weder eine auf die Treuepflicht gestützte Nachschusspflicht noch die Treuepflicht, einem Beschluss über sein Ausscheiden aus der Gesellschaft zuzustimmen (→ § 167 Rn. 31).

66 Unter welchen Voraussetzungen und in welchem Umfang der Gesellschaftsvertrag einen **Kommanditisten von** der Mitwirkung an **Änderungen des Gesellschaftsvertrags ausschließen oder** hierfür **das Mehrheitsprinzip vorsehen** kann, ist nicht abschließend geklärt. Nach Auffassung des BGH[198] und der hL[199] ist der vertragliche Ausschluss des Stimmrechts einzelner oder mehrerer Kommanditisten zulässig (→ Rn. 35). Das gilt im Grundsatz auch für Änderungen des Gesellschaftsvertrags.[200] Der gegen den Ausschluss des Stimmrechts persönlich haftender Gesellschafter (und so auch des Komplementärs; → § 109 Rn. 55 ff.) erhobene Einwand, dieser vertrage sich nicht mit seiner persönlichen Haftung, steht insoweit nicht entgegen. Die früher unter der **Maxime des**

---

188 Heymann/Borges Rn. 259; MüKoHGB/Grunewald Rn. 177; Hopt/Roth § 163 Rn. 15.

189 BGH 4.7.1977, BGHZ 69, 207 (213) = NJW 1977, 2311 (2312); Staub/Casper Rn. 220; Ebenroth/Boujong/Notz Anh. 2 § 179 Rn. 157.

190 BGH 7.11.1977, NJW 1978, 425 (426).

191 BGH 7.3.1983, BGHZ 87, 84 (87 f.) = NJW 1983, 1675 (1676); Staub/Casper Rn. 220; Ebenroth/Boujong/Notz Anh. 2 § 179 Rn. 158.

192 BGH 4.7.1977, BGHZ 69, 207 (217) – insoweit in NJW 1977, 2311 nicht abgedruckt; ferner Staub/Casper Rn. 220; Ebenroth/Boujong/Notz Anh. 2 § 179 Rn. 159.

193 BGH 12.4.2016, NZG 2016, 781 Rn. 13; 9.6.2015, NJW 2015, 2882 Rn. 22 f.; 25.1.2011, NJW 2011, 1667 Rn. 20; zuvor BGH 5.11.1984, NJW 1985, 974; 2.7.2007, NZG 2007, 860; Heymann/Horn, 2. Aufl. 1996, § 164 Rn. 15; BeckOGK/Notz/Zinger, 1.1.2024, Rn. 170; Hopt/Roth § 163 Rn. 4, 6.

194 BGH 25.1.2011, NJW 2011, 1667 Rn. 22 f.; MüKoHGB/Grunewald Rn. 27.

195 BGH 25.1.2011, NJW 2011, 1667 Rn. 24 f.; offener wohl Staub/Casper Rn. 42 mwN.

196 BGH 9.6.2015, NJW 2015, 2882 Rn. 17 ff.; krit. dazu Escher-Weingart WM 2016, 1569 ff.

197 OLG Karlsruhe 22.4.2016, NZG 2017, 260 (261); dazu näher v. Rummel/Enge NZG 2017, 256 ff.

198 BGH 14.5.1956, BGHZ 20, 363 (368) = NJW 1956, 1198.

199 Zöllner FS 100 Jahre GmbHG, 1992, 85 (121 f.); ebenso Brandes WM 1994, 569 (575).

200 Statt aller Staub/Casper Rn. 38; **aA** noch Staub/Schilling, 4. Aufl. 1987, § 163 Rn. 10; Wiedemann GesR I § 7 II 1a.

Bestimmtheitsgrundsatzes verfochtenen Schranken für vertragsändernde Mehrheitsbeschlüsse (→ 4. Aufl. 2015, § 161 Rn. 63) haben nach der Preisgabe des Bestimmtheitsgrundsatzes durch die Rspr. des BGH (→ § 109 Rn. 56 ff.)[201] ihre Bedeutung für gesellschaftsvertragliche Mehrheitsklauseln auch bei der KG verloren.

67 Sind mit der Änderung des Gesellschaftsvertrags **Eingriffe in die Rechtsstellung des Kommanditisten** (zB Änderung seiner Kommanditbeteiligung oder Haftsumme, Schmälerung seines Gewinnanteils oder seines Anteils am Auseinandersetzungsguthaben) verbunden,[202] ist seine Zustimmung, sofern es sich nicht ohnehin um absolut unverzichtbare Rechte handelt, zwingend erforderlich und ein ohne seine Zustimmung gefasster Beschluss ihm gegenüber unwirksam (vgl. § 53 Abs. 3 GmbHG).[203] Die Zustimmung kann im Gesellschaftsvertrag antizipiert sein, muss dann aber Grund, Umfang und Ausmaß des betreffenden Beschlussgegenstands genau bezeichnen und entbindet die stimmberechtigten Gesellschafter bei Ausübung ihres Stimmrechts nicht von ihrer Treuepflicht, die auch stimmrechtslosen Kommanditisten gegenüber besteht.[204] Umgekehrt kann der stimmrechtslose Kommanditist auf Grund seiner Treuepflicht ausnahmsweise gehalten sein, Eingriffen in seine Rechtsstellung zuzustimmen (aber → Rn. 65).[205]

VIII. Erlöschen der KG

68 Die KG **erlischt** wie die OHG (→ § 138 Rn. 3) nach § 161 Abs. 2 iVm §§ 138 ff. durch Auflösung und Liquidation. Diese Rechtsfolge tritt grundsätzlich auch ein, wenn der letzte Komplementär aus der Gesellschaft ausscheidet (→ Rn. 13). Die KG erlischt hingegen liquidationslos, wenn sie nach den §§ 2 ff., 39 ff. UmwG auf einen anderen Rechtsträger verschmolzen wird (§ 20 Abs. 1 Nr. 2 UmwG). Mit dem **Ausscheiden des vorletzten Gesellschafters** erlischt die KG ebenfalls ohne Liquidation (§ 161 Abs. 2 iVm § 105 Abs. 3 iVm § 712a Abs. 1 S. 1 BGB → Rn. 13; → § 138 Rn. 21); der verbliebene Gesellschafter erwirbt das Gesellschaftsvermögen im Wege der **Gesamtrechtsnachfolge** (§ 712a Abs. 1 S. 2 BGB).[206] Handelt es sich dabei um den Kommanditisten, haftet dieser für Verbindlichkeiten der KG nur mit dem auf ihn übergegangenen Gesellschaftsvermögen,[207] sofern er das Handelsgeschäft nicht fortführt (→ Rn. 13),[208] der Geschäftsbetrieb also in seinem wesentlichen Bestand unverändert weitergeführt wird.[209] Zum Erlöschen ohne Liquidation kommt es darüber hinaus, wenn alle Gesellschaftsanteile auf einen einzelnen Erwerber übertragen werden; das Vermögen der KG geht in diesem Fall durch Gesamtrechtsnachfolge auf den Erwerber über.[210]

69 Die KG **erlischt nicht,** sondern besteht als Gesellschaft anderer Rechtsform fort, wenn sich die Gesellschaft mit dem Ausscheiden ihres letzten Kommanditisten kraft Rechtsformzwangs in eine OHG oder mit der Aufgabe ihres Handelsgewerbes bzw. der Löschung im Handelsregister in eine GbR wandelt (→ Rn. 12). Im Innenverhältnis der GbR bleiben im Zweifel die in der KG getroffenen Abreden maßgeblich.[211] Die KG besteht ebenfalls als Rechtsträger fort im Falle der formwechselnden Umwandlung der KG in eine Kapitalgesellschaft oder Genossenschaft nach den §§ 214 ff. UmwG.

---

[201] Dazu vor allem BGH 21.10.2014, BGHZ 203, 77 Rn. 12 f., 14 f., 16 f. = NZG 2014, 1296; nachfolgend zB BGH 11.9.2018, NZG 2018, 1126 Rn. 17; 22.9.2020, NZG 2020, 1343 Rn. 30 ff.; 13.10.2020, NZG 2020, 1384 Rn. 11; OLG Düsseldorf 23.11.2017, NZG 2018, 297 (299); instruktiv zur Entwicklung der Rspr. Wertenbruch in Fleischer/Thiessen (Hrsg.), Gesellschaftsrechts-Geschichten, 2018, 637 ff.; ferner Temming ZIP 2020, 1373 ff.

[202] Vgl. Heymann/Horn, 2. Aufl. 1996, § 164 Rn. 15: Eingriffe in den Kernbereich der Gesellschafterrechte.

[203] S. BGH 21.10.2014, BGHZ 203, 77 Rn. 17 = NZG 2014, 1296.

[204] Zum Mehrheitsbeschluss s. BGH 21.10.2014, BGHZ 203, 77 Rn. 17 = NZG 2014, 1296; zuvor BGH 15.1.2007, NZG 2007, 259 (260) – „OTTO"; ferner Ebenroth/Boujong/Freitag § 119 Rn. 70.

[205] BGH 5.11.1984, NJW 1985, 974; Heymann/Horn, 2. Aufl. 1996, § 164 Rn. 15; Hopt/Roth § 163 Rn. 4, 6.

[206] BGH 5.7.2018, NJW 2018, 3310 Rn. 10; 1.6.2017, NJW 2017, 3521 Rn. 38; BAG 28.2.2019, NJW 2019, 1242 Rn. 12; BVerwG 13.7.2010, NJW 2011, 3671 Rn. 15; OLG Brandenburg 22.7.2014, BeckRS 2014, 15894; OLG Frankfurt 2.6.2021, NZG 2021, 1505 (1506); KG 25.8.2025, NZG 2025, 1384 (1384); OLG München 16.6.2010, NZG 2010, 1305 (1306); Heymann/Borges Rn. 272; Staub/Casper Rn. 62; BeckOGK/Notz/Zinger, 1.1.2024, Rn. 191.

[207] BGH 10.12.1990, BGHZ 113, 132 (138) = NJW 1991, 844; 15.3.2004, NZG 2004, 611 (612); BAG 28.2.2019, NJW 2019, 1242 Rn. 13; OLG Frankfurt 2.6.2021, NZG 2021, 1505 (1506); Staub/Casper Rn. 62; Ebenroth/Boujong/Notz/Mohr Anh. 1 § 179 Rn. 267; BeckOGK/Notz/Zinger, 15.1.2021, Rn. 163. Zur Fortsetzung eines zuvor eröffneten Insolvenzverfahrens als Partikularinsolvenzverfahren BGH 1.6.2017, NJW 2017, 3521 Rn. 40 mwN.

[208] BGH 10.12.1990, BGHZ 113, 132 (135 f.) = NJW 1991, 844; OLG Frankfurt 2.6.2021, NZG 2021, 1505 (1506); Heymann/Borges Rn. 272; Staub/Casper Rn. 62.

[209] S. OLG Frankfurt 2.6.2021, NZG 2021, 1505 (1506).

[210] KG 30.11.2018, NZG 2019, 143; OLG München 16.6.2010, NZG 2010, 1305 mwN; ebenso Heymann/Borges Rn. 273.

[211] Soergel/Hadding/Kießling BGB § 705 Rn. 3; MüKoBGB/Schäfer BGB § 705 Rn. 20, beide mwN.

IX. GmbH & Co. KG

1. Allgemeines. a) Wesen. Die GmbH & Co. KG ist eine **Sonderform der KG,** die sich dadurch auszeichnet, dass **keine natürliche Person unbeschränkt persönlich haftet.** In der Praxis dominieren Gestaltungen, in denen eine GmbH die einzige persönlich haftende Gesellschafterin (Komplementärin) der KG ist, vereinzelt hat der Gesetzgeber die Bildung einer GmbH & Co. KG sogar ausdrücklich vorgegeben (s. für als KG verfasste externe Kapitalverwaltungsgesellschaften, § 18 Abs. 1 KAGB). Um die Vorteile beider Rechtsformen zu kombinieren, werden die Gesellschaften durch die Gesellschafterstellung der GmbH in der KG zu einer wirtschaftlichen und organisatorischen Einheit verbunden, die sowohl personalistische als auch kapitalistische Züge trägt (→ Rn. 77).[212] Operative Einheit ist zumeist die KG, Lenkungseinheit die GmbH.[213] Daraus erwachsen vielfältige Rechtsprobleme; einen Teil von ihnen hat der Gesetzgeber mit der Schaffung von Sondervorschriften für die KG, in der keine natürliche Person unbeschränkt haftet, beseitigt (zB § 172 Abs. 5, § 170 Abs. 2, § 177a sowie ua § 15 Abs. 3 InsO, § 15a Abs. 1 S. 2 und Abs. 2 InsO). 70

Möglich, aber weniger verbreitet (→ Rn. 75) sind auch Typenverbindungen der KG mit anderen juristischen Personen als alleinigen Komplementären (zB AG, SE)[214] sowie OHG und GbR, in denen keine natürliche Person unbeschränkt persönlich haftet. Die Erläuterungen zur GmbH & Co. KG gelten in diesen Fällen im Wesentlichen sinngemäß; die GmbH & Co. KG steht stellvertretend für sie. Zur **Unternehmergesellschaft** (haftungsbeschränkt) iSd § 5a GmbHG → Rn. 86. 71

b) Gründe für die Rechtsformwahl. Die große Verbreitung der GmbH & Co. KG hatte **früher** vor allem **steuerliche Gründe.**[215] Diese bestehen nach Wegfall der Doppelbesteuerung durch das KStG allerdings nur noch im Einzelfall und dann insbesondere in Sonderabschreibungen, die ausschließlich Personengesellschaften offenstehen. Andererseits werden nur in der GmbH die Vertragsbeziehungen zwischen der Gesellschaft und ihren Gesellschaftern steuerlich anerkannt. Ein Vergleich der steuerlichen Belastung in der KG auf der einen und in der GmbH auf der anderen Seite **(konkreter Belastungsvergleich)** kann deshalb geboten sein.[216] 72

Schwerer wiegen heute zumeist **gesellschaftsrechtliche Gründe,**[217] die für die Schaffung einer GmbH & Co. KG sprechen können. So entsteht mit der GmbH & Co. KG eine Personengesellschaft, für deren Verbindlichkeiten keine natürliche Person unbeschränkt persönlich haftet. Die Komplementär-GmbH haftet zwar unbeschränkt, aber nur in Höhe ihres Gesellschaftsvermögens **(allseitige Haftungsbeschränkung).** Das unternehmerische Risiko lässt sich dadurch wirksam eingrenzen, allerdings bisweilen um den Preis zweifelhafter Seriosität. Weiterhin besteht in der GmbH & Co. KG die Möglichkeit, ohne Verstoß gegen das in der KG geltende Prinzip der Selbstorganschaft einen Nichtgesellschafter in seiner Funktion als Geschäftsführer der Komplementärgesellschaft mittelbar als Geschäftsführer der KG zu installieren (Möglichkeit der **Drittorganschaft;** → § 164 Rn. 50). Ebenso kann, ohne gegen die zwingende Vorschrift des § 170 Abs. 1 zu verstoßen, ein Kommanditist, der zugleich Geschäftsführer der Komplementär-GmbH ist, die Gesellschaft vertreten. Hinzu tritt die Möglichkeit, durch gesellschaftsvertragliche Gestaltungen dem Kommanditisten (zB durch Weisungsrechte) eine wesentliche Einflussnahme auf die Geschäftsführung der KG vorzubehalten (→ § 164 Rn. 37 ff.).[218] Schließlich ermöglicht die GmbH & Co. KG die insbesondere in Familiengesellschaften gewünschte weitgehende **Sicherung des Unternehmensfortbestands** vor allem für den Fall, dass sich infolge eines Erbgangs kein persönlich haftender Gesellschafter mehr findet (s. § 131) und die KG ansonsten aufgelöst werden müsste (→ Rn. 68).[219] 73

---

[212] S. Windbichler/Bachmann GesR § 37 Rn. 4.

[213] K. Schmidt GS Heinze, 2005, 775 (776); Staub/Casper Rn. 67.

[214] S. Ebenroth/Boujong/Notz/Mohr Anh. 1 § 179 Rn. 26 f.; speziell zur SE & Co. KG s. Binz/Sorg GmbH & Co. KG § 22 Rn. 21 ff.; Westermann/Wertenbruch PersGes-HdB/Blaum, 2022, § 57 Rn. I 3752 ff.; Reichert/Ott in Bergmann/Kiem/Mülbert/Verse/Wittig, 10 Jahre SE, 2015, 154 ff.; Ziegelmayr, Mitbestimmung bei der SE & Co. KG, 2022, 29 ff., 50 ff.

[215] S. Staub/Casper Rn. 80; Hesselmann/Mueller-Thuns GmbH & Co. KG-HdB/Mueller-Thuns § 1 Rn. 13.

[216] Binz/Sorg GmbH & Co. KG § 25 Rn. 20 ff.; Staub/Casper Rn. 80.

[217] Ausf. *Binz/Sorg GmbH & Co. KG* § 1 Rn. 18 ff.; Westermann/Wertenbruch PersGes-HdB/Blaum, 2022, § 55 Rn. I 3177 ff.; Staub/Casper Rn. 82 ff.; Ebenroth/Boujong/Notz/Mohr Anh. 1 § 179 Rn. 10 ff.; BeckOGK/Notz/Zinger, 1.1.2024, Rn. 198 ff.

[218] Relevant ist dies indes weniger für die GmbH & Co. KG, sondern vor allem für die AG & Co. KG und die SE & Co. KG, da bei dieser Konstellation der Zugang der Komplementärgesellschaft zur Börse möglich ist und zugleich die eigenverantwortliche Leitung der Komplementärgesellschaft durch den Vorstand über die Vorbehalte zugunsten der Kommanditisten indirekt eingeschränkt wird.

[219] Dazu Hesselmann/Mueller-Thuns GmbH & Co. KG-HdB/Fatouros/Schill § 2 Rn. 201 ff.; Reuter, Privatrechtliche Schranken der Perpetuierung von Unternehmen, 1973, 227 ff.

74 Auf der anderen Seite stehen mit der Kompliziertheit der Gestaltung, der Undurchsichtigkeit der Verhältnisse und dem bisweilen schlechten Ruf der GmbH & Co. KG auch **Nachteile,** die bei der Wahl der Rechtsform ebenfalls zu berücksichtigen sind.[220]

75 **c) Praktische Bedeutung.** Wegen der in → Rn. 73 aufgelisteten Vorteile der GmbH & Co. KG ist ihre Bedeutung in der Praxis erheblich. Exakte Zahlen über die Verbreitung der Rechtsformverbindung liegen nicht vor. Die Umsatzsteuerstatistik des Statistischen Bundesamts für das Jahr 2022[221] weist 146.885 umsatzsteuerpflichtige Unternehmen in der Form der GmbH & Co. KG aus;[222] Schätzungen, die auch umsatzschwächere Unternehmen berücksichtigen, lauten auf eine Anzahl von bundesweit bis 200.000 Gesellschaften,[223] die Zahl der einer IHK angehörenden GmbH & Co. KG belief sich am 1.1.2012 auf 177.830 Unternehmen.

76 **2. Zulässigkeit.** Die früher umstrittene Frage, ob einziger Komplementär eine juristische Person sein darf, hat die Rspr. schon früh,[224] später auch der Gesetzgeber mit Einführung ua von § 172 Abs. 6 (aF), § 172a (aF) und § 177a ausdrücklich bejaht und mit § 170 Abs. 2 nochmals die Existenz von KG anerkannt, bei denen „der einzig persönlich haftende Gesellschafter eine Kapitalgesellschaft ist" (s. auch § 264a; § 4 Abs. 1 MitbestG). Heute steht die Zulässigkeit der GmbH & Co. KG **außer Streit**[225] und wird in § 17 Abs. 1 KAGB für die in der Rechtsform der KG betriebene externe Kapitalverwaltungsgesellschaft ausdrücklich vorgeschrieben. Auch in ausländischen Gesellschaftsrechtsordnungen ist die Typenkombination der GmbH & Co. KG verbreitet anzutreffen;[226] in der Schweiz bestimmt jedoch Art. 594 Abs. 2 des Obligationenrechts (OR) unverändert für die Kommanditgesellschaft, dass nur natürliche Personen unbeschränkt haftende Gesellschafter sein können und steht hierdurch der Bildung einer GmbH & Co. KG entgegen.[227] Die mit der GmbH & Co. KG verbundenen Rechtsprobleme hat zum Teil der Gesetzgeber mittlerweile beseitigt oder diese sind im Wege der Rechtsfortbildung zu lösen.[228] Die Diskussion um die Zulässigkeit der Komplementärstellung juristischer Personen hat sich auf Nebenschauplätze verlagert. Nach wie vor **nicht endgültig geklärt** ist zB die Komplementärfähigkeit der Stiftung und von Auslandsgesellschaften (→ Rn. 89 f.). Ebenfalls nicht unproblematisch ist, unter welchen Voraussetzungen die Unternehmergesellschaft (haftungsbeschränkt) iSd § 5a GmbHG als einziger Komplementär in Betracht kommt (→ Rn. 86).

77 **3. Begriffsmerkmale. a) Allgemeines.** Die GmbH & Co. KG ist ihrer **Rechtsform nach KG,** also Personengesellschaft,[229] obwohl sie faktisch häufig stark kapitalistische Züge aufweist,[230] da das Gesellschaftsvermögen von den Kommanditisten aufgebracht wird, während die Komplementär-GmbH lediglich Verwaltungstätigkeiten ausübt.[231] Als KG muss sie deren konstitutive Merkmale nach § 161 Abs. 1 bzw. Abs. 2 iVm § 105 Abs. 1 aufweisen (→ Rn. 10 ff.). Die formale Kaufmannseigenschaft der Komplementär-GmbH (§ 6 Abs. 1 iVm § 13 Abs. 3 GmbHG) genügt nicht, um die KG als Handelsgesellschaft anzuerkennen.[232] Die Eintragungsmöglichkeit nach § 161 Abs. 2 iVm § 107 Abs. 1 hat das Problem indes entschärft.[233]

---

[220] Windbichler/Bachmann GesR § 37 Rn. 9.

[221] S. www.destatis.de/DE/Themen/Staat/Steuern/Umsatzsteuer/Tabellen/voranmeldungen-rechtsformen.html (zuletzt abgerufen am 30.10.2022).

[222] Dem standen im Jahr 2020 lediglich 275 umsatzsteuerpflichtige Unternehmen gegenüber, die als AG & Co. KG betrieben wurden.

[223] Binz/Sorg GmbH & Co. KG § 1 Rn. 39; s. auch Staub/Casper Rn. 24, 65; Lieder/Hoffmann NZG 2021, 1045 (1055).

[224] Wegbereitend RG 4.7.1922, RGZ 105, 101; später übernommen in BGH 28.9.1955, WM 1956, 61 (63); zu den Entwicklungslinien Fleischer/Wansleben GmbHR 2017, 169 ff.; zu den Gründen s. Binz/Sorg GmbH & Co. KG § 1 Rn. 10 ff.

[225] Näher im Überblick Staub/Casper Rn. 69 ff. sowie BeckOGK/Notz/Zinger, 1.1.2024, Rn. 196 f.

[226] Im Überblick Fleischer/Wansleben GmbHR 2017, 633 (634 ff.).

[227] Abw. jedoch die Kommanditgesellschaft für kollektive Kapitalanlagen (KmGK), da Art. 98 KAG vorgibt, dass Komplementäre Aktiengesellschaften mit Sitz in der Schweiz sein müssen; dazu ausf. Spillmann, Die Kommanditgesellschaft für kollektive Kapitalanlagen, Zürich/St. Gallen 2016.

[228] Zur rechtspolitischen Kritik K. Schmidt GmbHR 1984, 272 ff.

[229] Ganz hM, s. BGH 18.3.1974, BGHZ 62, 216 (227) = NJW 1974, 1191; Staub/Casper Rn. 67; Henssler/Strohn/Servatius HGB Anh. Rn. 110; **aA** insbes. Raiser/Veil KapGesR § 1 Rn. 7: Erscheinungsform der Kapitalgesellschaft; ebenso wohl Kübler/Assmann GesR § 22 III; Darstellung bei Ebenroth/Boujong/Notz/Mohr Anh. 1 § 179 Rn. 3 f.

[230] S. BGH 18.3.1974, BGHZ 62, 216 (227) = NJW 1974, 1191: sachlich Gesellschaft mbH.

[231] Zur kapitalistischen GmbH & Co. KG s. Reichert GmbH & Co. KG/Liebscher § 3 Rn. 30 ff.; Ebenroth/Boujong/Notz/Mohr Anh. 1 § 179 Rn. 24.

[232] BayObLG 13.11.1984, NJW 1985, 982 f. = JuS 1985, 416 mAnm K. Schmidt; vgl. Ebenroth/Boujong/Notz/Mohr Anh. 1 § 179 Rn. 6 f. mwN.

[233] S. aber auch Ebenroth/Boujong/Notz/Mohr Anh. 1 § 179 Rn. 7.

b) Erscheinungsformen. Die GmbH & Co. KG kommt in der Praxis in unterschiedlichen Ausgestaltungen vor, in denen die verschieden intensive „Verzahnung" von KG und GmbH zum Ausdruck gelangt. Gemeinhin werden folgende Modelle unterschieden:[234] 78

aa) Personen- und beteiligungsgleiche GmbH & Co. KG. In der personen- und beteiligungsgleichen GmbH & Co. KG[235] ist jeder Kommanditist quotenidentisch sowohl an der KG als auch an der GmbH beteiligt. Für Gesellschaften mit geringer Gesellschafterzahl ist diese Gestaltung typisch und sinnvoll, wenn und weil die Gesellschafter in beiden Gesellschaften gleichgestellt sein sollen.[236] Die Gesellschaftsverträge von KG und GmbH müssen in dieser Konstellation Vorkehrungen zur Beibehaltung des Beteiligungsgleichlaufs (zB Vinkulierungs-, Nachfolge und Abtretungsklauseln, sog. Synchronklauseln) enthalten und die Beschlusssysteme harmonisieren.[237] Zulässig (→ Rn. 35) und ratsam ist, das Stimmrecht der GmbH in der KG auszuschließen.[238] Ebenso bedarf es einer entsprechenden Satzungsregelung der KG, wenn die Befugnisse der KG-Gesellschafter gegenüber der Komplementärgesellschaft (zB im Bereich der gewöhnlichen Geschäftsführung; → § 164 Rn. 38 f.) ausgeweitet werden sollen.[239] Einen Sonderfall stellt die **Einpersonen-GmbH & Co. KG** dar. Der einzige Kommanditist ist dann zugleich der einzige Gesellschafter der Komplementär-GmbH (vgl. § 1 GmbHG). Zum Verbot des Selbstkontrahierens → Rn. 93; zum Wettbewerbsverbot → § 165 Rn. 18. 79

bb) Nicht personen- und beteiligungsgleiche GmbH & Co. KG. Die nicht personen- und beteiligungsgleiche GmbH & Co. KG zeichnet sich dadurch aus, dass sich die Gesellschafterkreise von KG und GmbH nicht decken oder zumindest die Beteiligungsverhältnisse nicht übereinstimmen.[240] Damit wird im Gegensatz zu → Rn. 79 das Ziel verfolgt, die Gesellschafter unterschiedlich zu stellen, vor allem den Einfluss bestimmter Gesellschafter zu begrenzen. Das ist zB in der Publikums-KG der Fall (ausführlich → Rn. 128 ff.).[241] 80

cc) Sternförmige GmbH & Co. KG. In der sternförmigen GmbH & Co. KG fungiert eine GmbH als Komplementärin mehrerer GmbH & Co. KG.[242] Es kommt dann uU eine horizontale Durchgriffshaftung unter den Schwestergesellschaften in Betracht.[243] 81

dd) Einheits-GmbH & Co. KG. Besondere Probleme wirft die Einheits-GmbH & Co. KG (auch sog. **Einheitsgesellschaft**) auf. In dieser ist die KG zugleich Alleingesellschafterin ihrer Komplementär-GmbH. Sie lässt sich dadurch erreichen, dass die (zukünftigen) Kommanditisten zunächst eine GmbH errichten, die dann unter Übernahme der Komplementärfunktion gemeinsam mit ihren Gesellschaftern die GmbH & Co. KG gründet, wobei die GmbH selbst keinen Kommanditanteil erhält. Anschließend übertragen die GmbH-Gesellschafter ihre Anteile an der Komplementär-GmbH auf die KG, die hierdurch zur Alleingesellschafterin ihrer einzigen Komplementärin wird. Alternativ kann zunächst eine KG gegründet werden und diese ihrerseits eine (Einmann-)GmbH errichten, welche sodann die alleinige Komplementärstellung übernimmt.[244] Ausgeschlossen ist hingegen die quasi gleichzeitige Gründung von KG und Komplementärin.[245] 82

---

[234] S. aus rechtstatsächlicher Sicht auch Lieder/Hoffmann NZG 2021, 1045 (1048 ff.).

[235] Staub/Casper Rn. 87 f.; ferner Westermann/Wertenbruch PersGes-HdB/Blaum, 2022, § 55 Rn. I 3201 f.; Heymann/Borges Rn. 291; BeckOGK/Notz/Zinger, 1.1.2024, Rn. 206 ff. sowie aus rechtstatsächlicher Sicht Lieder/Hoffmann NZG 2021, 1045 (1048 ff.); krit. K. Schmidt JZ 2008, 425 (426): „nur provisorische, Punkt für Punkt vorgehende Überbrückung der organisationsrechtlichen Zweiheit im ungeteilten GmbH & Co.-Unternehmen".

[236] S. BFH 13.7.2017, NZG 2017, 1397 Rn. 30.

[237] BFH 13.7.2017, NZG 2017, 1397 Rn. 31; Heymann/Borges Rn. 292; Staub/Casper Rn. 87; MüKoHGB/Grunewald Rn. 98; Hoffmann-Becking FS Seibert, 2019, 359 (361); Hesselmann/Mueller-Thuns GmbH & Co. KG-HdB/Lüke § 2 Rn. 462; Ebenroth/Boujong/Notz/Mohr Anh. 1 § 179 Rn. 19; BeckOGK/Notz/Zinger, 1.1.2024, Rn. 207 ff.; s. auch v. Bonin RNotZ 2017, 1 (2 f.).

[238] Näher Staub/Casper Rn. 88; BeckOGK/Notz/Zinger, 1.1.2024, Rn. 213 f.

[239] S. OLG Hamm 28.10.2015, ZIP 2016, 1071 (1074) = BeckRS 2016, 03150.

[240] S. zB Staub/Casper Rn. 86; Westermann/Wertenbruch PersGes-HdB/Blaum, 2022, § 55 Rn. I 3203 f.; *Heymann/Borges Rn. 295*; BeckOGK/Notz/Zinger, 1.1.2024, Rn. 230.

[241] S. statt aller BeckOGK/Notz/Zinger, 15.1.2021, Rn. 230.

[242] S. Staub/Casper Rn. 86; Lieder/Hoffmann NZG 2021, 1045 (1051); Ebenroth/Boujong/Notz/Mohr Anh. 1 § 179 Rn. 21; BeckOGK/Notz/Zinger, 1.1.2024, Rn. 230.

[243] Dazu K. Schmidt FS Wiedemann, 2002, 1199 ff.; s. auch Hopt/Roth Anh. Rn. 7 iVm Hopt/Roth § 105 Rn. 160.

[244] S. zum Vorstehenden OLG Celle 10.10.2022, NZG 2023, 116 (116); Gebhard/Greth NZG 2023, 156 (157); Wertenbruch GmbHR 2021, 1181 (1182).

[245] OLG Celle 10.10.2022, NZG 2023, 116 (117); Gebhard/Greth NZG 2023, 156 (158).

83 Die Zulässigkeit der in → Rn. 82 beschriebenen Gestaltung ist inzwischen unbestritten[246] und vom Gesetzgeber, wie § 172 Abs. 5 sowie § 170 Abs. 2 zeigen, anerkannt.[247] Ihr praktischer Vorzug besteht darin, dass sie eine automatische Beteiligungsidentität an KG und Komplementär-GmbH herstellt, wodurch sich eine aufwendige „Verzahnung" beider Gesellschaften iS einer vertraglichen Synchronisierung der Beteiligungen (→ Rn. 79) erübrigt und die Geschäftsführung in der KG vereint wird.[248] Darüber hinaus ist eine formfreie Übertragung der Gesellschafterstellung durch Abtretung des Kommanditanteils möglich.[249] Den Vorzügen der Einheitsgesellschaft stehen allerdings schwer zu beantwortende organisations- und haftungsrechtliche Fragen gegenüber, die sich aus dem von der hM mit Recht auch für die Einheitsgesellschaft vertretenen **Trennungsprinzip,** also der rechtlichen und organisatorischen Trennung zwischen KG und Komplementär-GmbH[250] ergeben (zu den organisationsrechtlichen Fragen → Rn. 110 ff., zu den haftungsrechtlichen Problemen vor allem bei der Gründung → Rn. 104 f.).

84 **ee) Doppelstöckige GmbH & Co. KG.** Bei der mehrstufigen oder doppelstöckigen GmbH & Co. KG sind drei Gesellschaften zu unterscheiden: Die GmbH ist Komplementärin einer zwischengeschalteten GmbH & Co. KG, die ihrerseits als Komplementärin der unternehmenstragenden GmbH & Co. KG fungiert. Auch die Zulässigkeit dieser Gestaltung ist anerkannt (s. § 4 Abs. 1 S. 2 und 3 MitbestG).[251] Sehr umstritten war, ob die zwischengeschaltete GmbH & Co. KG, deren Unternehmensgegenstand lediglich in der Geschäftsführung in einer anderen KG besteht, ein Handelsgewerbe betreibt.[252] Die Eintragungsoption des § 107 Abs. 1 (= ex § 105 Abs. 2) hat den Streit weitgehend entschärft (zu deren Auslegung → § 107 Rn. 7 ff.).[253]

85 **c) Gesellschaftsvertrag der KG. aa) Gesellschafter/Vertragsparteien.** Komplementärin der GmbH & Co. KG ist eine GmbH, Kommanditisten sind typischerweise ausschließlich natürliche Personen (→ Rn. 20). Gegen die Kommanditistenfähigkeit juristischer Personen bestehen keine Bedenken. Hingegen ist die **Komplementärfähigkeit juristischer Personen** nach wie vor nicht völlig unumstritten. Denn ungeachtet der allgemeinen gesetzlichen Anerkennung einer KG, bei der keine natürliche Person unbeschränkt haftet, wird unter Gläubigerschutzaspekten zum Teil eine dem Mindeststammkapital der GmbH (§ 5 Abs. 1 GmbHG: 25.000 Euro) entsprechende Kapitalausstattung der als Komplementärin beteiligten juristischen Person sowie ein den §§ 30 f. GmbHG entsprechender Kapitalschutz verlangt.[254] Die **ganz hM** schließt sich diesen Bedenken mit Recht nicht an (→ Rn. 15). Als Komplementärgesellschaft kann statt der GmbH auch eine **AG** oder eine **SE** fungieren (→ Rn. 71).[255] Gesetzlich zulässig ist die Bildung einer **Rechtsanwalts-GmbH & Co.**

[246] S. Binz/Sorg GmbH & Co. KG § 8 Rn. 6; Westermann/Wertenbruch PersGes-HdB/Blaum, 2022, § 55 Rn. I 3205 ff.; Heymann/Borges Rn. 296; Staub/Casper Rn. 89; Casper FS Stilz, 2014, 111 (113); Reichert GmbH & Co. KG/Liebscher § 3 Rn. 8; Hesselmann/Mueller-Thuns GmbH & Co. KG-HdB/Lüke § 2 Rn. 463; Ebenroth/Boujong/Notz/Mohr Anh. 1 § 179 Rn. 22; BeckOGK/Notz/Zinger, 1.1.2024, Rn. 215 jeweils mwN.

[247] Aus rechtstatsächlicher Sicht Lieder/Hoffmann NZG 2021, 1045 (1049).

[248] Treffend BFH 13.7.2017, NZG 2017, 1397 Rn. 31; Staub/Casper Rn. 89; Hoffmann-Becking NZG 2019, 1321 (1324); Hoffmann-Becking FS Seibert, 2019, 359 (362); Reichert GmbH & Co. KG/Liebscher § 3 Rn. 7; Hesselmann/Mueller-Thuns GmbH & Co. KG-HdB/Lüke § 2 Rn. 462; Wertenbruch NZG 2022, 939 (939 f.); s. auch v. Bonin RNotZ 2017, 1 (2 ff.).

[249] Binz/Sorg GmbH & Co. KG § 8 Rn. 4; MüKoHGB/Grunewald Rn. 99.

[250] BGH 16.7.2007, NZG 2007, 751 f. = BB 2007, 1914 m. zust. Anm. Gehrlein; BFH 13.7.2017, NZG 2017, 1397 Rn. 23; KG 21.12.2018, NZG 2019, 180; Binz/Sorg GmbH & Co. KG § 8 Rn. 10; Staub/Casper Rn. 91 f.; Casper FS Stilz, 2014, 111 (115 f.); Gebhard/Greth NZG 2023, 156 (156 f., 158); MüKoHGB/Grunewald, 5. Aufl. 2022, Rn. 102; Hahn, Die Beschlussfassung in der GmbH & Co. KG als Einheitsgesellschaft, 2004, 101 ff.; Hoffmann-Becking NZG 2019, 1321 (1324); Lieder/Felzen NZG 2021, 6 (10); Hesselmann/Mueller-Thuns GmbH & Co. KG-HdB/Lüke § 2 Rn. 483; Oetker FS K. Schmidt, Bd. II, 2019, 79 (80 f.); Hopt/Roth Anh. Rn. 8, 32; **aA** aber K. Schmidt JZ 2008, 425 (435 f.); K. Schmidt ZIP 2008, 2193 ff.; K. Schmidt FS H. P. Westermann, 2008, 1425 ff., der mit beachtlichen Argumenten im Anschluss an Schilling FS Barz, 1974, 67 (72 f.) dafür eintritt, die Einheits-GmbH & Co. KG im Wege eines organisationsrechtlichen Durchgriffs als einheitliche Rechtsperson zu begreifen, in der die Kommanditisten als Gesellschafter und der GmbH-Geschäftsführer als weisungsgebundenes Leitungsorgan fungieren.

[251] S. zB Staub/Casper Rn. 98; RGHMW/Mock Rn. 83; Ebenroth/Boujong/Notz/Mohr Anh. 1 § 179 Rn. 23; BeckOGK/Notz/Zinger, 1.1.2024, Rn. 232; Hopt/Roth Anh. Rn. 9.

[252] Nachweise bei Ebenroth/Boujong/Notz/Mohr Anh. 1 § 179 Rn. 6 mit Fn. 9; vgl. auch K. Schmidt DB 1990, 93 (94).

[253] Treffend BeckOGK/Notz/Zinger, 1.1.2024, Rn. 232.

[254] Insbes. K. Schmidt GesR § 56 VII 2, 3.

[255] S. Binz/Sorg GmbH & Co. KG § 22 Rn. 21 ff.; Westermann/Wertenbruch PersGes-HdB/Blaum, 2022, § 57 Rn. I 3752 ff.; Heymann/Borges Rn. 136; Ebenroth/Boujong/Notz/Mohr Anh. 1 § 179 Rn. 26 f.; BeckOGK/Notz/Zinger, 1.1.2024, Rn. 235 ff., 241 f.; Reichert/Ott in Bergmann/Kiem/Mülbert/Verse/Wittig, 10 Jahre SE, 2015, 154 ff.; Ziegelmayr, Mitbestimmung bei der SE & Co. KG, 2022, 29 ff., 50 ff.

KG,[256] da den freien Berufen trotz des Fehlens eines gewerblichen Unternehmenszwecks seit dem 1.1.2024 der Zugang zu den Personenhandelsgesellschaften wegen § 107 Abs. 2 nicht mehr versperrt ist.[257]

Als komplementärfähig anzuerkennen ist auch die mit Wirkung vom 1.11.2008 als Variante der Rechtsform GmbH durch das MoMiG eingeführte **Unternehmergesellschaft (haftungsbeschränkt)** iSd § 5a GmbHG.[258] Doch muss der Gesellschaftsvertrag dem Kapitalaufbringungskonzept des § 5a Abs. 3 GmbHG entgegen der inzwischen vorherrschenden Ansicht dadurch Rechnung tragen, dass die Unternehmergesellschaft (haftungsbeschränkt) am Gewinn der KG beteiligt wird.[259] Zu den Anforderungen an eine derartige Gewinnabrede hat sich jedoch im Schrifttum bislang keine einheitliche Position herausgebildet.[260] **86**

Im gesellschaftsrechtlichen Schrifttum wird die **Stiftung & Co. KG**[261] – also eine KG, deren einzige Komplementärin eine Stiftung bürgerlichen Rechts (§§ 80 ff. BGB) ist – inzwischen überwiegend für **zulässig** gehalten.[262] Dem ist mit Blick auf die den Verkehrs- und Gläubigerschutz sichernden Vorschriften der §§ 325–329, die auch hier Anwendung finden, im Grundsatz zuzustimmen. **Grenzen** zieht allerdings das Stiftungsrecht,[263] das ein zur Erfüllung des Stiftungszwecks gewidmetes Vermögen voraussetzt (s. § 81 Abs. 1 Nr. 2 BGB). Beschränkt sich die Stiftung und der von ihr verfolgte Zweck ausschließlich auf die gesellschaftsrechtliche Stellung als Komplementär (sog. Funktionsstiftung), so scheidet dies als einziger Stiftungszweck aus.[264] Anders ist dies jedoch, wenn die Stiftung über ihren Vorstand auch die Geschäftsführung in der KG ausübt und die hiermit verbundenen Kosten nicht von der KG, sondern der Stiftung getragen werden. Keine Geltung haben die vorstehenden Ausführungen für die **unselbständige Stiftung;** diese ist nicht rechtsfähig, so dass die Komplementäreigenschaft nach dem Rechtsträger der unselbständigen Stiftung zu beurteilen ist.[265] **87**

---

[256] **AA** noch BGH 18.7.2011, NZG 2011, 562; bestätigt durch BVerfG 6.12.2011, NJW 2012, 993; dazu auch Henssler NZG 2011, 1121 ff.; K. Schmidt DB 2011, 2477 ff.

[257] S. Wertenbruch NZG 2019, 1081 ff.

[258] Soweit ersichtlich allgM; s. Heymann/Borges Rn. 136; Bormann GmbHR 2007, 897 (899); Staub/Casper Rn. 72; MüKoHGB/Grunewald Rn. 48, 106; Lutter/Hommelhoff/Kleindiek GmbHG § 5a Rn. 11, 40; RGHMW/Mock Rn. 82; Ebenroth/Boujong/Notz/Mohr Anh. 1 § 179 Rn. 17;RGHMW BeckOGK/Notz/Zinger, 1.1.2024, Rn. 233; HCL/Paura GmbHG § 5a Rn. 72; MüKoGmbHG/Rieder GmbHG § 5a Rn. 53; Hopt/Roth Anh. Rn. 11; Henssler/Strohn/Schäfer GmbHG § 5a Rn. 8; Henssler/Strohn/Servatius HGB Anh. Rn. 111; NSH/Servatius GmbHG § 5a Rn. 36; Veil GmbHR 2007, 1080 (1084); Windbichler/Bachmann GesR § 21 Rn. 44.

[259] Gehrlein Der Konzern 2007, 771 (779); Henssler/Strohn/Schäfer GmbHG § 5a Rn. 8; Schäfer ZIP 2011, 53 (58); Veil GmbHR 2007, 1080 (1084); Wicke GmbHG § 5a Rn. 19; zurückhaltend auch Hopt/Roth Anh. Rn. 11; **aA** Binz/Sorg GmbH & Co. KG § 4 Rn. 51 f.; Staub/Casper Rn. 72; MüKoHGB/Grunewald Rn. 105 f.; Lutter/Hommelhoff/Kleindiek GmbHG § 5a Rn. 40; Reichert GmbH & Co. KG/Liebscher § 3 Rn. 32c; Müller ZGR 2012, 81 (102 ff.); Ebenroth/Boujong/Notz/Mohr Anh. 1 § 179 Rn. 18; BeckOGK/Notz/Zinger, 1.1.2024, Rn. 234; HCL/Paura GmbHG § 5a Rn. 73; MüKoGmbHG/Rieder GmbHG § 5a Rn. 54 f.; Römermann/Passarge ZIP 2009, 1497 (1499); NSH/Servatius GmbHG § 5a Rn. 36; Windbichler/Bachmann GesR § 37 Rn. 13.

[260] S. Veil GmbHR 2007, 1080 (1084), der bezweifelt, dass eine pauschale Vergütung für die Übernahme des Haftungsrisikos dem Kapitalaufbringungskonzept gerecht wird (hierfür aber Schäfer ZIP 2011, 53 [58]); ebenso MüKoHGB/Grunewald Rn. 106; Wicke GmbHG § 5a Rn. 19; **aA** Kock/Vater/Mraz BB 2009, 848 (849 f.); RGHMW/Mock Rn. 82; Römermann/Passarge ZIP 2009, 1497 (1498 f.).

[261] Monographisch Delp, Die Stiftung & Co. KG, 1991; Stengel, Stiftung und Personengesellschaft, 1993; ferner Binz/Sorg GmbH & Co. KG § 23 Rn. 17 ff.; Westermann/Wertenbruch PersGes-HdB/Blaum, 2022, § 57 Rn. I 3821 ff.; im Überblick Ihle RNotZ 2009, 621 (639 ff.).

[262] S. zB Westermann/Wertenbruch PersGes-HdB/Blaum, 2022, § 57 Rn. I 3831; Heymann/Borges Rn. 136; Staub/Casper Rn. 73 aE; MüKoHGB/Fleischer § 105 Rn. 270; Staudinger/Hüttemann/Rawert, 2017, BGB Vor §§ 80 ff. Rn. 212; RGHMW/Mock Rn. 16, 81; BeckOGK/Notz/Zinger, 1.1.2024, Rn. 243 f.; Hopt/Roth Anh. Rn. 11; MüKoBGB/Weitemeyer BGB § 80 Rn. 158; Werner NZG 2022, 1244 (1246 f.); einschr. Ebenroth/Boujong/Notz/Mohr Anh. 1 § 179 Rn. 29: Die Kapitalausstattung der Stiftung müsse derjenigen einer GmbH entsprechen und durch das Handelsregister kontrolliert werden; zudem müsse die Kapitalerhaltung gewährleistet sein.

[263] *Dazu BeckOK BGB/Backert*, 73. Ed. 1.5.2022, BGB § 80 Rn. 19; Burgard, Gestaltungsfreiheit im Stiftungsrecht, 2006, § 29 III; Schwarz ZEV 2003, 306 (313); MüKoBGB/Weitemeyer BGB § 80 Rn. 158 ff. alle mwN.

[264] Treffend insoweit Staudinger/Hüttemann/Rawert, 2017, BGB Vor §§ 80 ff. Rn. 212; Hopt/Roth Anh. Rn. 11; MüKoBGB/Weitemeyer BGB § 80 Rn. 158; in dieser Richtung auch Begr. RegE (Gesetz zur Vereinheitlichung des Stiftungsrechts), BT-Drs. 19/28173, 44 f.; s. ferner Westermann/Wertenbruch PersGes-HdB/Blaum, 2022, § 57 Rn. I 3834; Ihle RNotZ 2009, 621 (640); BeckOGK/Notz/Zinger, 1.1.2024, Rn. 244; Werner NZG 2022, 1244 (1246 f.).

[265] S. auch OLG Düsseldorf 12.8.2019, NZG 2020, 222 (222).

88 Ob eine **nach ausländischem Recht gegründete Kapitalgesellschaft** einzige Komplementärin einer KG sein kann, ist **problematisch.**[266] Insoweit ist zu unterscheiden zwischen der (allgemeinen) Rechtsfähigkeit der Auslandskapitalgesellschaft und ihrer (besonderen Rechts-) Fähigkeit, Komplementärin der KG zu sein. Die erste Frage ist nach deutschem Internationalen Gesellschaftsrecht zu beantworten.[267] Zudem darf die **„besondere Rechtsfähigkeit"** der Auslandsgesellschaft, (einzige) Komplementärin einer KG zu sein, weder nach ihrem Gründungsrecht noch nach deutschem Recht ausgeschlossen sein. Das bedeutet nicht, dass das Gründungsrecht die Beteiligung an der KG (oder ihrem ausländischen Pendant) ausdrücklich erlauben müsste; es darf diese nur nicht verbieten.[268] Welche Voraussetzungen die deutsche Gesellschaftsrechtsordnung an die Zulassung der Auslandskapitalgesellschaft & Co. KG stellt, ist **sehr str.** Zum Teil wird sie schlechthin für unzulässig gehalten, weil neben die Grundtypenvermischung zusätzlich das Problem der **Statutenvermischung** trete.[269] Diesen Bedenken ist jedoch mit der hM[270] ebenso wenig beizutreten wie der Forderung nach einem **Mindeststammkapital** der Auslandskapitalgesellschaft (→ Rn. 85).[271] Erforderlich, aber auch ausreichend ist, dass die Auslandskapitalgesellschaft nach ihrer **Handlungs- und Haftungsstruktur** den Anforderungen entspricht, die sich aus den §§ 105 ff., 161 ff. ergeben.[272] Dem Gläubigerschutz und der Publizität ist dadurch genügt, dass die Gesellschaft als „ausländische Kapitalgesellschaft & Co. KG" **firmiert** (zB als X-AG schweizerischen Rechts & Co. KG; → § 19 Rn. 10)[273] und die **Vertretungsverhältnisse** analog § 33 Abs. 2 S. 2 in das (deutsche) Handelsregister einzutragen sind.[274] Zweifelhaft ist die Forderung, die **ausländische Bezeichnung** in der **Originalsprache** in die Firma aufzunehmen.[275] Bei gebräuchlichen ausländischen Rechtsformen mag dies praktikabel sein, als generelle Forderung ist dem wegen des Zwecks des Rechtsformzusatzes zu widersprechen. Insbesondere bei ungewöhnlichen Rechtsformen (zB GmbH nach algerischem Recht) ist eine Übersetzung für deren Aufnahme in die Firma unabweisbar, wenn nicht der mit § 19 Abs. 2 verfolgte Zweck verfehlt werden soll (→ § 19 Rn. 10 f.).[276] Hinzu kommt, dass die Lesbarkeit der Firma eine Schreibweise in lateinischen Buchstaben erfordert (→ § 18 Rn. 7).

89 Kontrovers wird diskutiert, ob auch eine Gesellschaft mit **Verwaltungssitz im Ausland** als Komplementärgesellschaft fungieren kann. Hierzu kann es nicht nur bei einer im Ausland gegründeten Kapitalgesellschaft mit Verwaltungssitz im Ausland, sondern auch dann kommen, wenn eine nach deutschem Recht errichtete GmbH ihren tatsächlichen Verwaltungssitz im Ausland hat, was nach § 4a GmbHG zulässig ist.[277] Sofern die Geschäfte der Kommanditgesellschaft von einer derartigen Gesellschaft geführt werden, ist kollisionsrechtlich zweifelhaft, ob auch in dieser Konstellation

---

[266] Zum Spezialproblem der Auslandskapitalgesellschaft & Co. KG mit Verwaltungssitz im EU-Ausland s. Mülsch/Nohlen ZIP 2008, 1358 ff.; Nentwig GmbHR 2015, 1145 ff.; aus rechtstatsächlicher Sicht Lieder/Hoffmann NZG 2021, 1045 (1054 f.).

[267] Statt aller Staub/Casper Rn. 75; Ebenroth/Boujong/Notz/Mohr Anh. 1 § 179 Rn. 28; BeckOGK/Notz/Zinger, 1.1.2024, Rn. 245; Hopt/Roth Anh. Rn. 11 mwN.

[268] Staub/Casper Rn. 76; Staub/Hüffer, 4. Aufl. 1995, § 19 Rn. 81; s. auch MüKoBGB/Kindler IntGesR Rn. 520 ff.; **aA** zB Wiedemann GesR I § 14 IV 1a, der die Frage der Beteiligungsfähigkeit nach dem Wirkungsstatut beurteilt; zurückhaltend auch Teichmann ZGR 2014, 220 (228 f.).

[269] AG Bad Oeynhausen 15.3.2005, GmbHR 2005, 692; zu diesem Einwand MüKoBGB/Kindler IntGesR Rn. 524 f. und Ebke ZGR 1987, 245 (267 f.) beide mwN; dagegen zB Süß GmbHR 2005, 673 (674).

[270] Vgl. BayObLG 21.3.1986, NJW 1986, 3029 (englische Ltd. & Co. KG); OLG Saarbrücken 21.4.1989, NJW 1990, 647 (schweizer AG & Co. KG); OLG Frankfurt 28.7.2006, NZG 2006, 830 (englische Ltd. & Co. KG); LG Bielefeld 11.8.2005, NZG 2006, 504 (englische Ltd. & Co. KG); s. ferner Westermann/Wertenbruch PersGes-HdB/Blaum, 2022, § 57 Rn. I 3873; Staub/Burgard § 19 Rn. 20; Staub/Casper Rn. 77; Teichmann ZGR 2014, 220 (225 ff.).

[271] So aber K. Schmidt GesR § 56 VII 2; abl. auch Binz/Sorg GmbH & Co. KG § 24 Rn. 9; Staub/Casper Rn. 78; Ebenroth/Boujong/Notz/Mohr Anh. 1 § 179 Rn. 28; iErg MüKoHGB/Grunewald Rn. 110; RGHMW/Mock Rn. 108; BeckOGK/Notz/Zinger, 1.1.2024, Rn. 245; Teichmann ZGR 2014, 220 (226 f.).

[272] Staub/Hüffer, 4. Aufl. 1995, § 19 Rn. 79; Hopt/Roth Anh. Rn. 11.

[273] OLG Saarbrücken 21.4.1989, NJW 1990, 647 (648); Binz/Sorg GmbH & Co. KG § 24 Rn. 35; K. Schmidt GesR § 56 VII 2; näher dazu Heymann/Borges Rn. 144 ff.; Staub/Burgard § 19 Rn. 21 ff.; Staub/Casper Rn. 79; MüKoHGB/Heidinger Vor § 17 Rn. 48 f.; Teichmann ZGR 2014, 220 (236 ff.).

[274] BayObLG 21.3.1986, NJW 1986, 3029 (3032); Staub/Casper Rn. 79; Hesselmann/Mueller-Thuns GmbH & Co. KG-HdB/Lüke § 2 Rn. 416; Süß GmbHR 2005, 673 (674); Teichmann ZGR 2014, 220 (235).

[275] So Staub/Casper Rn. 79.

[276] S. Heymann/Borges Rn. 145; Lieder/Hoffmann NZG 2021, 1045 (1055); Teichmann ZGR 2014, 220 (237 ff.); in der Tendenz auch Binz/Sorg GmbH & Co. KG § 24 Rn. 35; **aA** Staub/Casper Rn. 79; im Grundsatz ebenfalls Westermann/Wertenbruch PersGes-HdB/Blaum, 2022, § 57 Rn. I 3889.

[277] Lutter/Hommelhoff/Bayer GmbHG § 4a Rn. 5; MüKoGmbHG/Hupka GmbHG § 4a Rn. 9, 15 f., 97 ff.; HCL/Ulmer/Löbbe GmbHG § 4a Rn. 4; Henssler/Strohn/Wamser GmbHG § 4a Rn. 1; Wicke GmbHG § 4a Rn. 11.

eine dem deutschen Gesellschaftsrecht unterliegende Personengesellschaft vorliegt, da die für das Personengesellschaftsrecht unverändert vorherrschende Sitztheorie auf den tatsächlichen Verwaltungssitz der Gesellschaft abstellt (→ § 105 Rn. 180 ff.).[278] Eine Kommanditgesellschaft mit Verwaltungssitz im Ausland ist hiernach ausgeschlossen.[279] Überzeugend ist dies jedoch lediglich, wenn sich der tatsächliche Verwaltungssitz zu keinem Zeitpunkt im Inland befunden hat. Eine andere Sichtweise ist demgegenüber vorzugswürdig, wenn die Kommanditgesellschaft im Inland rechtswirksam errichtet wurde und ihren Verwaltungssitz erst zu einem späteren Zeitpunkt in das Ausland verlegt (Wegzugsfall), ohne dass die geschäftsführende Komplementärgesellschaft hierdurch ihre Rechtsfähigkeit verliert (→ § 105 Rn. 184).

bb) Übertragung der Mitgliedschaft. Die Übertragung der Mitgliedschaft bestimmt sich nach KG-Recht, soweit es um die Komplementärbeteiligung geht; sie unterliegt dem GmbH-Recht, wenn es um die Beteiligung an der Komplementär-GmbH geht. Eine Verpflichtung, die Gesamtbeteiligung – also KG- und GmbH-Anteil – zu übertragen, bedarf insgesamt notarieller Beurkundung (§ 15 Abs. 4 S. 1 GmbHG),[280] es sei denn, der KG-Anteil wäre in Kenntnis dieser Formbedürftigkeit auch isoliert übertragen worden (§ 139 BGB). Mit der formwirksamen Übertragung des GmbH-Anteils (vgl. § 15 Abs. 3 GmbHG) wird das Verpflichtungsgeschäft insgesamt geheilt (§ 15 Abs. 4 S. 2 GmbHG).[281] Zur Wahrung des Beteiligungsgleichlaufs → Rn. 79. Dass mit der Übertragung der Kommanditanteile mittelbar auch die in deren Gesellschaftsvermögen befindlichen GmbH-Anteile übertragen werden, begründet nicht den Formzwang nach § 15 Abs. 3 bzw. Abs. 4 S. 1 GmbHG.[282] 90

d) Firmierung. Die KG und die Komplementär-GmbH müssen jeweils eine eigene Firma führen, die nach § 30 unterscheidbar ist (→ § 30 Rn. 8 ff.).[283] Haftet in der KG keine natürliche Person persönlich, dann muss deren Firma eine Bezeichnung enthalten, die die Haftungsbeschränkung kennzeichnet (zB „GmbH & Co. KG", § 19 Abs. 2; → § 19 Rn. 8 ff.). Das gilt auch für den Fall einer Stiftung & Co. KG.[284] Ist Komplementärin eine Unternehmergesellschaft (haftungsbeschränkt), muss sie nach § 5a Abs. 1 GmbHG mit diesem Rechtsformzusatz firmieren, zB als „UG (haftungsbeschränkt) & Co. KG".[285] Besteht die KG aus mehreren Komplementären, die keine natürlichen Personen sind, wird dem Zweck des Rechtsformzusatzes schon dann ausreichend entsprochen, wenn einer von ihnen in die Firma aufgenommen wird.[286] Bereits hieraus kann der Rechtsgeschäftsverkehr erkennen, dass keine natürliche Person mit ihrem Privatvermögen haftet. Zu Komplementärgesellschaften ausländischen Rechts → Rn. 88 aE. 91

4. Entstehung durch Gründung. Die Entstehung der GmbH & Co. KG setzt das Bestehen der KG und der (zukünftigen) Komplementär-GmbH voraus, die je für sich nach KG- bzw. GmbH-Recht zu errichten sind, wobei die GmbH die Komplementärstellung in der KG übernehmen muss und deshalb an dem Abschluss bzw. der Änderung des KG-Vertrags (→ Rn. 65 f.) zu beteiligen ist. 92

a) Gesellschaftsverträge. Zwischen KG- und GmbH-Vertrag ist theoretisch streng **zu unterscheiden,** weshalb der Kautelarpraxis zu raten ist, beide Vertragswerke inhaltlich genau aufeinander abzustimmen. Dann wird die Auslegung der Verträge in aller Regel nicht zu unterschiedlichen Ergebnissen führen können.[287] Ist der Geschäftsführer der GmbH zugleich als Kommanditist Partei des Gesellschaftsvertrags, muss dieses **Insichgeschäft** (§ 181 BGB) durch Beschluss der GmbH-Gesellschafter oder im GmbH-Vertrag gestattet sein. Die Gestattung kann allerdings auch konkludent erteilt werden, zB durch Beteiligung aller GmbH-Gesellschafter als Kommanditisten am Vertragsschluss.[288] Der im Gesellschaftsvertrag der GmbH zu bezeichnende **Unternehmensgegenstand** 93

[278] S. insoweit BGH 27.5.1957, WM 1957, 999 (1000) = BeckRS 1957, 31387888.
[279] KG 16.4.2012, ZIP 2012, 1668 (1669) = BeckRS 2012, 11476; **aA** Nentwig GmbHR 2015, 1145 (1146).
[280] BGH 14.4.1986, NJW 1986, 2642 (2643).
[281] MüKoHGB/Grunewald Rn. 95; Hopt/Roth Anh. Rn. 48.
[282] Ebenroth/Boujong/Notz/Mohr Anh. 1 § 179 Rn. 175.
[283] Heymann/Borges Rn. 306; Ebenroth/Boujong/Notz/Mohr Anh. 1 § 179 Rn. 59, 60; BeckOGK/Notz/Zinger, 1.1.2024, Rn. 260; Henssler/Strohn/Servatius HGB Anh. Rn. 115, 116; zu den Anforderungen BGH 16.3.1981, BGHZ 80, 353 (354 ff.) = NJW 1981, 2746 = JuS 1982, 385 mAnm Emmerich.
[284] Zum Irreführungsverbot des § 18 Abs. 2 s. Wagner GmbHR 2016, 858 ff.
[285] KG 8.9.2009, NZG 2009, 1159; Heymann/Borges Rn. 306; Lieder/Hoffmann NZG 2021, 1045 (1054); Ebenroth/Boujong/Notz/Mohr Anh. 1 § 179 Rn. 62; BeckOGK/Notz/Zinger, 1.1.2024, Rn. 233; Henssler/Strohn/Servatius HGB Anh. Rn. 115, 116; Wicke GmbHG § 5a Rn. 19; iErg auch MüKoGmbHG/Rieder § 5a Rn. 66.
[286] Ebenso Mehringer NZG 2017, 41 (42 f.).
[287] MüKoHGB/Grunewald Rn. 66.
[288] BGH 29.9.1977, BGHZ 69, 274 (277 f.) = NJW 1978, 160 (161); MüKoHGB/Grunewald Rn. 62.

muss nach Auffassung der Rspr. den Tätigkeitsbereich der KG wiedergeben;[289] nach hL genügt die Angabe, dass die GmbH die Komplementärstellung in einer bestimmten KG übernehmen soll.[290] Im Übrigen gelten für **Form und Inhalt** des KG-Vertrags keine Besonderheiten (→ Rn. 23, → Rn. 25), für den GmbH-Vertrag s. die §§ 2, 3 GmbHG. Zu **Vertragsänderungen** → Rn. 65 f. bzw. § 53 GmbHG.

94 **b) Parallele Gründung von KG und GmbH.** Probleme entstehen, wenn die Errichtung von KG und GmbH – wie häufig – parallel betrieben wird. Die „künftige GmbH" kann nicht Komplementärin der KG sein; fraglich ist deshalb, ob ihre Vorstufen komplementärfähig sind.

95 **aa) Vorgründungsgesellschaft als Komplementärin.** Vor Abschluss des notariell beurkundeten Gesellschaftsvertrags (§§ 2, 3 GmbHG) kann zwischen den zukünftigen GmbH-Gesellschaftern allenfalls eine auf die Errichtung der GmbH gerichtete Vorgründungsgesellschaft bestehen. Wird sie durch ihre Komplementärbeteiligung an der KG mitunternehmerisch tätig,[291] ist sie kraft Rechtsformzwangs BGB-Außengesellschaft oder OHG (zum Streit um deren Komplementärfähigkeit → Rn. 16). Die Gesellschaft und ihre Gesellschafter haften nach § 721 BGB bzw. § 126 unbeschränkt persönlich für die während ihres Bestehens eingegangenen Verbindlichkeiten der KG,[292] sofern nicht mit den Gläubigern der KG eine Haftungsbeschränkung ausdrücklich vereinbart wurde;[293] ein Auftreten als „GmbH in Gründung" genügt hierfür nicht.[294] Die Rechte und Pflichten der Vorgründungsgesellschaft gehen nicht *ipso iure* auf die (Vor-) GmbH über, sondern müssen im Wege der Singularsukzession übertragen werden.[295]

96 **bb) Vor-GmbH als Komplementärin.** Die in dem Stadium zwischen Abschluss des notariell beurkundeten GmbH-Vertrags (§§ 2, 3 GmbHG) und vor Eintragung (§ 11 GmbHG) bestehende Vor-GmbH kann Komplementärin der KG sein (zur Eintragung in das Handelsregister → § 162 Rn. 29).[296] Voraussetzung ist allerdings stets, dass die Vor-GmbH ihrerseits wirksam errichtet wurde. Dies scheidet aus, wenn die Vor-GmbH durch die KG errichtet werden soll und die Vor-GmbH ihrerseits alleinige Komplementärin der KG sein soll.[297] Auf die Vor-GmbH finden bereits weitgehend die für die spätere Rechtsform geltenden Rechts-(grund-)sätze Anwendung. Mit der Eintragung der GmbH bestehen sämtliche Rechte und Pflichten der Vor-GmbH in der mit ihr identischen GmbH fort.

97 **(1) Vertretungsmacht der Geschäftsführer.** Die Vertretungsmacht der Geschäftsführer der Vor-GmbH ist nach hM entgegen § 37 Abs. 2 GmbHG auf den Zweck der Vor-GmbH beschränkt.[298] Sie haben die Entstehung der juristischen Person zu fördern und das bis dahin eingebrachte Vermögen zu verwalten. Geht es dabei um die Fortführung eines als Sacheinlage eingebrachten Handelsgeschäfts, wird sich ihre Vertretungsbefugnis weitgehend mit derjenigen nach den §§ 35 ff. GmbHG decken.[299] Der **Abschluss des KG-Vertrags** ist von der Vertretungsmacht nur

[289] BayObLG 15.12.1975, NJW 1976, 1694 f.; OLG Hamburg 18.9.1967, BB 1968, 267.

[290] S. Heymann/Borges Rn. 312; MüKoHGB/Grunewald Rn. 58; BeckOGK/Notz/Zinger, 1.1.2024, Rn. 248; Hopt/Roth Anh. Rn. 13; abw. Ebenroth/Boujong/Notz/Mohr Anh. 1 § 179 Rn. 35; K. Schmidt GesR § 56 III: Ausreichend sei der Hinweis, dass die GmbH sich als persönlich haftende Gesellschafterin an Handelsgesellschaften beteiligen soll; im vorstehenden Sinne auch Henssler/Strohn/Servatius HGB Anh. Rn. 115.

[291] Zur umstr., dogmatisch aber überzeugenden Differenzierung zwischen dieser „Mitunternehmerschaft" und dem Gründungsvorvertragsverhältnis als bloßer Innengesellschaft s. Scholz/K. Schmidt GmbHG § 11 Rn. 15 f.

[292] BGH 10.3.1997, NJW-RR 1997, 984; Heymann/Borges Rn. 314; RGHMW/Mock Rn. 86; Ebenroth/Boujong/Notz/Mohr Anh. 1 § 179 Rn. 57; Hopt/Roth Anh. Rn. 18.

[293] S. Hopt/Roth Anh. Rn. 18; NSH/Servatius GmbHG § 11 Rn. 37.

[294] Vgl. BGH 20.6.1983, NJW 1983, 2822 (2823); KRM/Koller § 172a Rn. 29.

[295] BGH 25.10.2000, NJW-RR 2001, 1042 (1043); 7.5.1984, BGHZ 91, 148 (151) = NJW 1984, 2164; Heymann/Borges Rn. 314; Ebenroth/Boujong/Notz/Mohr Anh. 1 § 179 Rn. 57; BeckOGK/Notz/Zinger, 1.1.2024, Rn. 254; Scholz/K. Schmidt GmbHG § 11 Rn. 26; NSH/Servatius GmbHG § 11 Rn. 38, alle mwN.

[296] Heute unstr., s. OLG Brandenburg 10.7.2024, NZG 2024, 1567 (1567); OLG Celle 10.10.2022, NZG 2023, 116 (117); Heymann/Borges Rn. 315; Staub/Casper Rn. 101; Ebenroth/Boujong/Notz/Mohr Anh. 1 § 179 Rn. 36; BeckOGK/Notz/Zinger, 1.1.2024, Rn. 250 ff.; K. Schmidt GesR § 56 III 2; Henssler/Strohn/Servatius HGB Anh. Rn. 114 mwN.

[297] OLG Celle 10.10.2022, NZG 2022, 116 (116); Gebhard/Gerth NZG 2023, 156 (158).

[298] BGH 9.3.1981, BGHZ 80, 129 (139) = NJW 1981, 1373; Schlegelberger/Martens Rn. 36; Ebenroth/Boujong/Notz/Mohr Anh. 1 § 179 Rn. 37; Hopt/Roth Anh. Rn. 15; Henssler/Strohn/Servatius HGB Anh. Rn. 114; str., **aA** Scholz/K. Schmidt GmbHG § 11 Rn. 72 f. (unbeschränkte Vertretungsmacht nach § 37 Abs. 2 GmbHG); K. Schmidt GesR § 56 III 2; NSH/Servatius GmbHG § 11 Rn. 19 f. (Umfang der Vertretungsmacht richtet sich nach den Verhältnissen der Vorgesellschaft); ferner Heymann/Borges Rn. 316 (besondere Ermächtigung erforderlich).

[299] BGH 9.3.1981, BGHZ 80, 129 (139) = NJW 1981, 1373.

umfasst, wenn der Zweck der Vor-GmbH dahin formuliert ist, noch vor der eigenen Eintragung in der KG die Stellung als Komplementär einzunehmen.[300] Handelt der Geschäftsführer der Vor-GmbH sodann als Geschäftsführer der KG, ist seine Vertretungsmacht insoweit nach § 161 Abs. 2 iVm § 124 Abs. 4 S. 2 und 3 unbeschränkt.[301]

98 **(2) Haftungsverhältnisse in der Vor-GmbH. (a) Gesellschafterhaftung.** Während die Vor-GmbH für die Verbindlichkeiten der KG nach § 161 Abs. 2 iVm § 126 S. 1 persönlich und unbeschränkt haftet, sind die Gesellschafter der Vor-GmbH nach der neueren Rspr. des BGH grundsätzlich **nur im Innenverhältnis** (Ausnahme → Rn. 100) zur (Vor-)GmbH und **nur pro rata** ihrer Beteiligung zum Ausgleich der Verbindlichkeiten der Vor-GmbH verpflichtet.

99 **Vor Eintragung** der GmbH sind die Gesellschafter, sofern sie der Geschäftsaufnahme vor Eintragung ausdrücklich oder zumindest stillschweigend zugestimmt haben,[302] der Vor-GmbH zum Ausgleich von Verlusten verpflichtet, die von ihrem Gesellschaftsvermögen nicht gedeckt sind. Diese **Verlustdeckungshaftung** trifft die Gesellschafter im Verhältnis ihrer Stammeinlagen (pro rata) und der Höhe nach unbeschränkt.[303]

100 Ebenfalls **anteilig,**[304] **aber** den Gläubigern der Vor-GmbH **unmittelbar** haften die Gesellschafter ausnahmsweise dann, wenn es sich um eine Einmann-Vor-GmbH handelt,[305] die Vor-GmbH unter Ausschluss von Verlustdeckungsansprüchen vermögenslos ist[306] oder weitere Gläubiger fehlen.[307] Eine **gesamtschuldnerische Außenhaftung** der Gesellschafter nach § 126 S. 1 für sämtliche Verbindlichkeiten der Vor-GmbH tritt ein, wenn die Gesellschaft nach Scheitern der Eintragung oder Aufgabe der Eintragungsabsicht werbend tätig bleibt, statt sofort beendet und abgewickelt zu werden **(sog. unechte Vor-GmbH).**[308]

101 **Mit der Eintragung** bestehen die Verbindlichkeiten der Vor-GmbH in der mit ihr identischen GmbH fort. Die Verlustdeckungshaftung verwandelt sich in eine **Vorbelastungs- oder Unterbilanzhaftung:** Die Gesellschafter sind der GmbH im Verhältnis ihrer Stammeinlagen (pro rata) zum Ausgleich der Differenz von Stammkapital und Gesellschaftsvermögen verpflichtet, die aus den Vorbelastungen des Gesellschaftsvermögens mit Verbindlichkeiten der Vor-GmbH resultiert (ganz hM; → Rn. 99 aE).[309] Die Ausgleichspflicht ist nicht auf die Höhe der Stammeinlage beschränkt, sondern umfasst auch weitere Verluste, die durch die Geschäftsaufnahme der Vor-GmbH entstanden sind.[310] Die Vorbelastungshaftung unterliegt den Kapitalaufbringungsregeln[311] und verjährt analog § 9 Abs. 2 GmbHG in zehn Jahren.[312]

102 **(b) Handelndenhaftung.** Wer vor Eintragung der GmbH in deren Namen oder im Namen der Vor-GmbH[313] (nicht aber der Vorgründungsgesellschaft)[314] rechtsgeschäftlich oder rechtsgeschäftsähnlich handelt, haftet für die Erfüllung der dadurch begründeten Gesellschaftsverbindlichkeiten gegenüber Dritten persönlich und akzessorisch (§ 11 Abs. 2 GmbHG). „Handelnder" kann der Geschäftsführer sein oder wer, ohne als solcher bestellt zu sein, wie ein Geschäftsführer auftritt.[315]

---

[300] BGH 9.3.1981, BGHZ 80, 129 (139) = NJW 1981, 1373; MüKoHGB/Grunewald Rn. 59; RGHMW/Mock Rn. 85; BeckOGK/Notz/Zinger, 1.1.2024, Rn. 251; Ulmer ZGR 1981, 593 (616).

[301] Ebenroth/Boujong/Notz/Mohr Anh. 1 § 179 Rn. 37; RGHMW/Mock Rn. 85.

[302] Hopt/Roth Anh. Rn. 15; NSH/Servatius GmbHG § 11 Rn. 25.

[303] Heymann/Borges Rn. 319.

[304] HM, vgl. BAG 22.1.1997, NJW 1997, 3331 (3332 f.); der BGH hat die Frage offengelassen in BGH 27.1.1997, BGHZ 134, 333 (341) = NJW 1997, 1507.

[305] BGH 27.1.1997, BGHZ 134, 333 (341) = NJW 1997, 1507; Lutter JuS 1998, 1073 (1077).

[306] BGH 27.1.1997, BGHZ 134, 333 (341) = NJW 1997, 1507.

[307] BAG 22.1.1997, NJW 1997, 3331 (3332); BGH 27.1.1997, BGHZ 134, 333 (341) = NJW 1997, 1507; str.

[308] BGH 4.11.2002, BGHZ 152, 290 (294 f.) = NJW 2003, 429 = JZ 2003, 626 mAnm Langenbucher; Hopt/Roth Anh. Rn. 15.

[309] Grdl. BGH 9.3.1981, BGHZ 80, 129 (140 ff.) = NJW 1981, 1373; s. auch BGH 24.10.1988, BGHZ 105, 300 (302 ff.) = NJW 1989, 710; 27.1.1997, BGHZ 134, 333 (338) = NJW 1997, 1507; KRM/Koller § 172a Rn. 24; Ebenroth/Boujong/Notz/Mohr Anh. 1 § 179 Rn. 42; Hopt/Roth Anh. Rn. 16.

[310] BGH 27.1.1997, BGHZ 134, 333 (339) = NJW 1997, 1507; 24.10.1988, BGHZ 105, 300 (303) = NJW 1989, 710; NSH/Servatius GmbHG § 11 Rn. 64 mwN.

[311] BGH 16.1.2006, BGHZ 165, 391 = NJW 2006, 1594.

[312] S. BGH 24.10.1988, BGHZ 105, 300 = NJW 1989, 710 noch zu § 9 Abs. 2 GmbHG aF: fünfjährige Verjährungsfrist; wie hier zB Ebenroth/Boujong/Notz/Mohr Anh. 1 § 179 Rn. 43.

[313] So für die hM BGH 7.5.1984, BGHZ 91, 148 (149) = NJW 1984, 2164; KRM/Koller § 172a Rn. 26; NSH/Servatius GmbHG § 11 Rn. 48; **aA** zB noch BGH 31.5.1976, BGHZ 66, 360 = NJW 1976, 1685.

[314] BGH 7.5.1984, BGHZ 91, 148 (149) = NJW 1984, 2164.

[315] Insoweit BGH 31.5.1976, BGHZ 66, 359 (360) = NJW 1976, 1685; Scholz/K. Schmidt GmbHG § 11 Rn. 101.

Obwohl der Gesetzeswortlaut entgegenzustehen scheint, greift § 11 Abs. 2 GmbHG auch ein, wenn der Geschäftsführer der Komplementär-Vor-GmbH (→ Rn. 97) als organschaftlicher Vertreter im Namen der KG auftritt.[316] Das lässt sich zwar vor dem Hintergrund der Verlustdeckungshaftung nicht mehr ohne weiteres damit begründen, dass die Kapitalgrundlage der ihm unbeschränkt haftenden Vor-GmbH noch nicht in gleichem Maße wie bei der eingetragenen GmbH kontrolliert, publiziert und durch zwingende Schutzvorschriften abgesichert ist.[317] Auch in dem Fall, dass die Vor-GmbH als einzige Komplementärin gemäß § 126 verpflichtet ist, kommt der Handelndenhaftung aber die Bedeutung zu, dass wenigstens eine Person unmittelbar und in voller Höhe haftet.[318] Die Handelndenhaftung **erlischt** mit der Eintragung der GmbH in dem Handelsregister.[319] Der in Anspruch genommene Geschäftsführer hat bei auftragsgemäßem Handeln einen Freistellungsanspruch gegen die Vor-GmbH.[320]

103 **cc) Gründung der Einheits-GmbH & Co. KG.** Bei der Gründung der Einheits-GmbH & Co. KG treten besondere Fragen bezüglich des Gläubigerschutzes auf, die allerdings durch entsprechende Gründungsgestaltungen vermeidbar und daher nicht geeignet sind, die Zulässigkeit der Einheitsgesellschaft in Frage zu stellen.[321]

104 Sowohl das **Stammkapital der GmbH** als auch die **Kommanditeinlagen der KG** müssen vollständig aufgebracht werden und unvermischt nebeneinander bestehen, denn daraus ergibt sich gerade das besondere Haftungspotenzial der Einheitsgesellschaft.[322] Demgemäß bestimmt § 172 Abs. 5, dass die Kommanditisten ihre Kommanditeinlage nicht durch Abtretung ihres GmbH-Geschäftsanteils an die KG bewirken können (→ § 172 Rn. 47 ff.). Aber auch wenn die GmbH im Zuge der KG-Gründung ihre gesamte Stammeinlage in die KG einbringt und diese davon wiederum den Kauf der GmbH-Anteile von den Kommanditisten finanziert, ist dies im Ergebnis als eine unzulässige **Stammkapitalrückzahlung** zu bewerten und als nach § 30 GmbHG unzulässig zu betrachten mit der Folge eines Erstattungsanspruchs nach § 31 GmbHG.[323] Eine ebenso unzulässige Verkürzung des Haftungskapitals tritt ein, wenn zwar das Stammkapital der GmbH nicht als Kapital in die KG eingebracht wird, die KG aber den Kauf der GmbH-Geschäftsanteile mittels der **Kommanditeinlagen** finanziert. Dies ist als unzulässige Einlagenrückgewähr mit der Rechtsfolge des § 172 Abs. 4 zu bewerten.[324] Die dargestellten Haftungsfolgen lassen sich vermeiden, indem entweder die GmbH gar nicht vermögensmäßig an der KG beteiligt wird und die KG den Erwerb der GmbH-Anteile nachweislich aus ihrem die Hafteinlage übersteigenden Vermögen finanziert, oder aber die GmbH-Gesellschafter ihre Gesellschaftsanteile unentgeltlich auf die KG übertragen.[325]

105 Ein Sonderproblem wirft der Erwerb noch **nicht voll eingezahlter GmbH-Anteile** durch die KG auf: Für die rückständigen Einlagen haftet die GmbH & Co. KG als Erwerberin (§ 16 Abs. 2 GmbHG), was in der Einheitsgesellschaft gemäß § 161 Abs. 2 iVm § 126 die Haftung der Komplementär-GmbH gegenüber sich selbst für die rückständige Einlage bedeuten würde. Diese Rechtsfolge wird zu Recht als untragbar angesehen und daher teilweise die Nichtigkeit des Erwerbs analog § 33 Abs. 1 GmbHG befürwortet.[326] Überzeugender ist demgegenüber die Annahme einer gesamtschuldnerischen persönlichen Haftung aller Kommanditisten, soweit die ausstehende Einlage nicht aus dem freien Vermögen der KG erbracht werden kann, denn ein echtes Erlöschen der Einlagepflicht durch

[316] Ganz hM, s. KG 13.7.1995, GmbHR 1996, 56; Heymann/Horn, 2. Aufl. 1996, Rn. 144; KRM/Koller § 172a Rn. 26; RGHMW/Mock Rn. 85; Hopt/Roth Anh. Rn. 17; Henssler/Strohn/Servatius HGB Anh. Rn. 120; **aA** MüKoHGB/Grunewald Rn. 61.

[317] So noch BGH 9.3.1981, BGHZ 80, 129 = NJW 1981, 1373 (1374); dagegen zB Ebenroth/Boujong/Notz/Mohr Anh. 1 § 179 Rn. 48.

[318] Ebenroth/Boujong/Notz/Mohr Anh. 1 § 179 Rn. 48 mwN.

[319] BGH 17.3.1980, BGHZ 76, 320 (324) = NJW 1980, 1630; 9.3.1981, BGHZ 80, 129 (143) = NJW 1981, 1373.

[320] Lutter JuS 1998, 1073 (1079); Ebenroth/Boujong/Notz/Mohr Anh. 1 § 179 Rn. 49.

[321] Binz/Sorg GmbH & Co. KG § 8 Rn. 26; Werner DStR 2006, 706 (709); näher v. Bonin RNotZ 2017, 1 (4 ff.); anders noch Eltermann GmbHR 1973, 207; Gonella DB 1965, 1615.

[322] Binz/Sorg GmbH & Co. KG § 8 Rn. 32; Reichert GmbH & Co. KG/Liebscher § 3 Rn. 12; Hesselmann/Mueller-Thuns GmbH & Co. KG-HdB/Lüke § 2 Rn. 464.

[323] Binz/Sorg GmbH & Co. KG § 8 Rn. 35; v. Bonin RNotZ 2017, 1 (5); Hesselmann/Mueller-Thuns GmbH & Co. KG-HdB/Lüke § 2 Rn. 465; Werner DStR 2006, 706 (709); vgl. auch BGH 19.2.1990, NJW 1990, 1725.

[324] Binz/Sorg GmbH & Co. KG § 8 Rn. 33; v. Bonin RNotZ 2017, 1 (5); Hesselmann/Mueller-Thuns GmbH & Co. KG-HdB/Lüke § 2 Rn. 465; Werner DStR 2006, 706 (709).

[325] Binz/Sorg GmbH & Co. KG § 8 Rn. 36 mwN; v. Bonin RNotZ 2017, 1 (5 f.).

[326] Hierfür MüKoHGB/Grunewald Rn. 100.

Konfusion, wie sie § 33 Abs. 1 GmbHG voraussetzt, tritt wegen des Übergangs der Einzahlungsverpflichtung auf die KG nicht ein.[327]

5. Entstehung durch Umwandlung. Die GmbH & Co. KG entsteht infolge der formwechselnden Umwandlung (→ Rn. 28 f.), wenn einzige Komplementärin der KG eine GmbH ist.[328] Die GmbH & Co. KG entsteht außerdem, sobald eine GmbH durch Beitritt oder Fortfall der übrigen Komplementäre die einzige Komplementärstelle in der KG innehat.[329] Sofern der KG-Vertrag ihn zulässt, genügt für die mit dem Beitritt der GmbH verbundenen Änderungen des KG-Vertrags ein Mehrheitsbeschluss.[330] In die Rechte und Pflichten der überstimmten oder stimmrechtslosen Kommanditisten wird nicht unmittelbar eingegriffen, so dass es ihrer Zustimmung nicht zwingend bedarf.[331] Daran ändert das erhöhte Haftungsrisiko des Kommanditisten analog § 31 GmbHG nichts.[332] 106

6. Mitgliedschaftliche Rechte und Pflichten. a) Allgemeines. Zunächst → Rn. 31 ff. für den Kommanditisten; → § 105 Rn. 61 ff. für die Komplementär-GmbH. Verletzt die GmbH ihre mitgliedschaftlichen Pflichten in der KG, greift der **Sorgfaltsmaßstab des § 43 Abs. 1 GmbHG** (Sorgfalt eines ordentlichen Geschäftsmannes) ein. Das Verhalten des Geschäftsführungsorgans wird der Komplementär-GmbH nach § 31 BGB zugerechnet. 107

b) Mitwirkung an der Beschlussfassung. Bei der Beschlussfassung in der KG wird die GmbH durch ihren Geschäftsführer vertreten (→ § 170 Rn. 24), der, wenn er zugleich Kommanditist ist, den Beschränkungen des § 181 BGB unterliegt. Besonderheiten der Beschlussfassung können bei der personen- und beteiligungsgleichen GmbH & Co. KG (→ Rn. 109) sowie vor allem bei der Einheits-GmbH & Co. KG (→ Rn. 110 ff.) zu beachten sein. 108

aa) Personen- und beteiligungsgleiche GmbH & Co. KG. In der personen- und beteiligungsgleichen GmbH & Co. KG (→ Rn. 79) kann das Stimmrecht der Komplementär-GmbH vertraglich ausgeschlossen werden (zum Stimmrechtsausschluss allgemein → Rn. 35). Es würde die Beschlussfassung in der KG unnötig komplizieren, weil die Komplementär-GmbH neben denjenigen der Kommanditisten keine eigenen Interessen repräsentiert.[333] 109

bb) Einheits-GmbH & Co. KG. In der Einheits-GmbH & Co. KG (→ Rn. 82 ff.) wird die Willensbildung faktisch vollständig in die KG verlagert. Gleichwohl ist das Stimmrecht der GmbH in der KG nur dann ausgeschlossen, wenn dies (aus den in → Rn. 35 genannten Gründen) zulässigerweise gesellschaftsvertraglich vereinbart ist.[334] **Probleme** bereitet die **Beschlussfassung in der GmbH:** Nach der gesetzlichen Konzeption obliegt es der GmbH als Komplementärin der KG, diese bei der Ausübung ihres Stimmrechts in der Gesellschafterversammlung der GmbH zu vertreten, wobei die GmbH ihrerseits durch ihren Geschäftsführer handelt. Da die KG Alleingesellschafterin der GmbH ist, besteht die **Gesellschafterversammlung der GmbH** damit allein aus ihrem **eigenen Geschäftsführer.**[335] Soweit der Stimmrechtsausübung durch den GmbH-Geschäftsführer nicht bereits § 47 Abs. 4 GmbHG entgegensteht,[336] ist dies insbesondere wenn es um Fragen der Geschäfts- 110

[327] So auch Binz/Sorg GmbH & Co. KG § 8 Rn. 39; Reichert GmbH & Co. KG/Liebscher § 3 Rn. 13; Hesselmann/Mueller-Thuns GmbH & Co. KG-HdB/Lüke § 2 Rn. 467; Werner DStR 2006, 706 (709); s. auch v. Bonin RNotZ 2017, 1 (7).

[328] Staub/Casper Rn. 107. Zum Formwechsel einer Kapitalgesellschaft in eine Kapitalgesellschaft & Co. KG nach dem UmwG s. OLG Oldenburg 19.12.2019, NZG 2020, 193 ff. (dazu Fisch NZG 2020, 662 f.); Lutter/Göthel UmwG § 228 Rn. 25 ff.; SSL/Otte UmwG § 228 Rn. 23 ff.; BeckOGK/Sparfeld, 1.7.2025, UmwG § 228 Rn. 28 f.

[329] Staub/Casper Rn. 107.

[330] BayObLG 10.11.2004, NZG 2005, 173 (174 f.) = GmbHR 2005, 364 (365) mAnm R. Werner; s. auch OLG Düsseldorf 10.12.1982, DB 1983, 383 f. = OLGZ 1983, 191, das die „Umwandlung" in eine GmbH & Co. KG mit Blick auf den früher maßgeblichen Bestimmtheitsgrundsatz als „ungewöhnlich" einstuft.

[331] BayObLG 10.11.2004, NZG 2005, 173 (174).

[332] MüKoHGB/Grunewald Rn. 64.

[333] BGH 24.5.1993, NJW 1993, 2100 (2101) (lässt die Frage für den Fall aber offen, dass „durch einen Beschluß der Gesellschafterversammlung der KG der Gesellschaftsanteil der Komplementär-GmbH in einer Weise entwertet wird, daß deren Stammkapital nicht mehr gedeckt ist"); MüKoHGB/Grunewald Rn. 94; Ebenroth/Boujong/Notz/Mohr Anh. 1 § 179 Rn. 161; Wertenbruch NZG 2022, 939 (941 ff.).

[334] BGH 6.10.1992, BGHZ 119, 346 (356 f.) = NJW 1993, 1265.

[335] BGH 8.1.2007, NZG 2007, 590 Rn. 7; BFH 13.7.2017, NZG 2017, 1397 Rn. 23; OLG Celle 6.7.2016, NZG 2016, 1147; OLG Hamburg 22.3.2013, NZG 2013, 831; KG 21.12.2018, NZG 2019, 180; 22.7.2019, NZG 2019, 1260 (1260); MüKoHGB/Grunewald Rn. 102; Staub/Thiessen § 170 Rn. 73.

[336] Brosius/Frese NZG 2016, 808 (809); Ebenroth/Boujong/Notz/Mohr Anh. 1 § 179 Rn. 173; s. auch KG 22.7.2019, NZG 2019, 1260 (1260).

führung geht nicht sachgerecht, da der Geschäftsführer gewissermaßen als „Herr in eigener Sache" entscheiden könnte.[337] Idealerweise sollen auch für die Beschlüsse in der Gesellschafterversammlung der GmbH allein die Kommanditisten zuständig sein.

111 Umstritten war vor der Schaffung von § 170 Abs. 2 durch das MoPeG, ob dieses Ergebnis allein durch gesellschaftsvertragliche Regelungen zu erreichen ist oder eine **Stimmrechtsausübung durch die Kommanditisten** auch bei Fehlen einer entsprechenden Regelung angenommen werden kann. So wurde zum Teil vertreten, die Gesellschafterversammlung der KG fungiere automatisch zugleich als Gesellschafterversammlung der GmbH iS einer Einheitsversammlung.[338] In der Praxis hätte dies insbesondere zur Folge, dass es nicht mehr einer gesonderten Gesellschafterversammlung der GmbH bedarf, um auf dieser über Angelegenheiten der GmbH zu beschließen (zB Abberufung des Geschäftsführers). Der hierfür notwendige Beschluss wäre bereits auf der Gesellschafterversammlung der KG gefasst worden. Diese **Einheitslösung** ist allerdings mit der Auffassung des BGH, der von einer strikten **organisatorischen Trennung** zwischen GmbH und KG auszugehen scheint (→ Rn. 83),[339] nicht vereinbar und findet auch nach der Einfügung von § 170 Abs. 2 durch das MoPeG im Gesetz keine Stütze.[340] Daher beließen es Teile der Literatur, denen sich das OLG Celle,[341] das OLG München[342] und das Kammergericht[343] sowie der BFH[344] angeschlossen hatten, bei der gesetzlichen Konzeption.[345] Diese erfordert insbesondere die Durchführung formal getrennter Gesellschafterversammlungen, bei deren Einberufung die jeweiligen rechtsformspezifischen Anforderungen zu beachten sind. Zudem müssen die auf der Gesellschafterversammlung der KG oder einer Versammlung der Kommanditisten (→ Rn. 112) gefassten Beschlüsse bezüglich der GmbH auf deren Gesellschafterversammlung den Förmlichkeiten des GmbH-Rechts genügend wiederholt werden (zweistufiger Willensbildungsprozess), um ihre Rechtswirkungen bei dieser zu entfalten (→ Rn. 117).[346] Bei Durchführung einer „Einheitsversammlung" würde dies nicht der Fall sein.

112 Es ist allerdings zweifelhaft, ob ein ausreichender **Missbrauchsschutz** allein durch die Möglichkeit der Kommanditisten zur Abberufung bzw. Entziehung der Geschäftsführung gewährleistet ist.[347] Wenn die GmbH **mehrere Geschäftsführer** hat, ist zwar eine gewisse Kontrolle durch den bzw. die jeweils anderen Geschäftsführer gegeben.[348] Vorzugswürdig war es nach der bis zum 31.12.2023 (s. seit 1.1.2024: § 170 Abs. 2) geltenden Rechtslage (→ § 170 Rn. 42 ff.)[349] aber auch in diesem Fall, die Kommanditisten im Wege **ergänzender Vertragsauslegung** als ausschließlich und unwiderruflich mit der Stimmrechtsausübung der KG bevollmächtigt anzusehen, soweit es um die Bestellung, Abberufung, Kontrolle oder Entlastung der Geschäftsführung der GmbH ging.[350] Im Übrigen,

---

[337] Treffend BFH 13.7.2017, NZG 2017, 1397 Rn. 23; ebenso v. Bonin RNotZ 2017, 1 (8); Gebhard/Greth NZG 2023, 156 (158); MüKoHGB/Grunewald Rn. 102; Hesselmann/Mueller-Thuns GmbH & Co. KG-HdB/Lüke § 2 Rn. 474; Oetker FS K. Schmidt, Bd. II, 2019, 79 (82); K. Schmidt FS H.P. Westermann, 2008, 1425 (1436); s. auch v. Bonin NZG 2016, 1299 (1299 f.); Staub/Casper Rn. 92.

[338] Schilling FS Barz, 1974, 67 (72 f.); ähnlich noch Liebscher in Sudhoff GmbH & Co. KG § 3 Rn. 11, die dasselbe Ergebnis durch eine analoge Anwendung der §§ 71b, 71d AktG herbeiführen wollen (dagegen nunmehr Reichert GmbH & Co. KG/Liebscher § 3 Rn. 11).

[339] BGH 16.7.2007, NZG 2007, 751 f. = BB 2007, 1914 f. m. zust. Anm. Gehrlein; ferner BFH 13.7.2017, NZG 2017, 1397 Rn. 23; OLG Celle 6.7.2016, NZG 2016, 1147; OLG Hamburg 22.3.2013, NZG 2013, 831; Brosius/Frese NZG 2016, 808 (809).

[340] Ebenso Binz/Sorg GmbH & Co. KG § 8 Rn. 10; Hoffmann-Becking NZG 2019, 1321 (1324); BeckOGK/Notz/Zinger, 1.1.2024, Rn. 221; Oetker FS K. Schmidt, Bd. II, 2019, 79 (81 f.); Werner DStR 2006, 706 (707); zum Aussagegehalt von § 170 Abs. 2 treffend Gebhard/Greth NZG 2023, 156 (158 f.).

[341] OLG Celle 6.7.2016, NZG 2016, 1147.

[342] OLG München 31.1.2018, NZG 2018, 942 (944).

[343] KG 21.12.2018, NZG 2019, 180; iErg auch KG 22.7.2019, NZG 2019, 1260 (1260).

[344] BFH 13.7.2017, NZG 2017, 1397 Rn. 23.

[345] So Binz/Sorg GmbH & Co. KG § 8 Rn. 13 f.; Fleck FS Semler, 1993, 119 (131 f.); Giehl MittBayNot 2008, 268 (269); MüKoHGB/Grunewald Rn. 102; Lieder/Felzen NZG 2021, 6 (10); Ebenroth/Boujong/Notz/Mohr Anh. 1 § 179 Rn. 169; s. auch Hesselmann/Mueller-Thuns GmbH & Co. KG-HdB/Lüke § 2 Rn. 483; Storz NZG 2020, 246 (246 f.).

[346] Hesselmann/Mueller-Thuns GmbH & Co. KG-HdB/Lüke § 2 Rn. 482 f.; Oetker FS K. Schmidt, Bd. II, 2019, 79 (86).

[347] **AA** Binz/Sorg GmbH & Co. KG § 8 Rn. 14: wirksames Mittel.

[348] MüKoHGB/Grunewald Rn. 102; so auch im Fall BGH 16.7.2007, NZG 2007, 751 f. = BB 2007, 1914 m. zust. Anm. Gehrlein; im Fall OLG Hamburg 22.3.2013, NZG 2013, 831.

[349] Zur nunmehr geltenden Rechtslage (§ 170 Abs. 2) s. Begr. RegE, BT-Drs. 19/27635, 255 f. sowie → § 170 Rn. 42 ff.

[350] S. Scholz/K. Schmidt GmbHG Anh. § 45 Rn. 59; K. Schmidt GesR § 56 II 3e; zust. Casper FS Stilz, 2014, 111 (116 f.); Lieder/Felzen NZG 2021, 6 (10); **aA** MüKoHGB/Grunewald Rn. 102; zweifelnd auch Hesselmann/Mueller-Thuns GmbH & Co. KG-HdB/Lüke § 2 Rn. 477.

dh soweit die Gesellschafterbeschlüsse in der GmbH nicht die **Überwachung der Geschäftsführung** im weiteren Sinne betreffen, war eine ausdrückliche gesellschaftsvertragliche Regelung erforderlich. So konnte zB die **GmbH-Satzung** vorsehen, dass **Beschlusskompetenzen** der Gesellschafterversammlung der GmbH auf die Kommanditisten der KG **übertragen** werden,[351] die bei Ausübung dieser Kompetenzen dann als Organ der GmbH agieren (organschaftliche Lösung).[352] Alternativ kann im **Gesellschaftsvertrag der KG** bestimmt werden, dass deren Gesellschafterrechte betreffend die GmbH durch die Kommanditisten wahrgenommen werden, zB durch eine eigenständige **Versammlung der Kommanditisten,**[353] deren Regularien in dem Vertrag der KG auszugestalten sind (→ Rn. 116).[354] Letzteres bietet sich aus Praktikabilitätserwägungen besonders an, weil es eine einfache Gestaltung der GmbH-Satzung erlaubt.[355] Da die Versammlung der Kommanditisten in diesem Fall nicht als Organ der Komplementär-GmbH fungiert, ist allerdings die Durchführung einer zweiten Versammlung (nunmehr als Gesellschafterversammlung) zwingend erforderlich, auf der die von der Kommanditistenversammlung gefassten Beschlüsse wiederholt werden (→ Rn. 111).

Wird die Ermächtigung der Kommanditisten zur Wahrnehmung des KG-Stimmrechts in der GmbH als **rechtsgeschäftliche Bevollmächtigung** begriffen,[356] dann stellt sich allerdings das Problem, dass die Vollmacht grundsätzlich durch den Geschäftsführer als Vertreter der die Vollmacht erteilenden KG widerrufen werden könnte. Dies ließe sich jedoch dadurch lösen, dass den Kommanditisten die Vertretung der KG als nicht entziehbares **Sonderrecht** eingeräumt wird, dessen Entziehung dann gemäß § 116 Abs. 5 HGB nur aus wichtigem Grund möglich wäre.[357] Darüber hinaus wären aber die Kommanditisten als Bevollmächtigte der KG grundsätzlich den Weisungen des Geschäftsführers unterworfen, dessen Einfluss es gerade zu begrenzen gilt.[358] Vorzugswürdig ist daher, die Ermächtigung der Kommanditisten als **gesellschaftsrechtlichen Akt sui generis** zu begreifen, durch den sich die Kommanditisten als oberstes Gesellschaftsorgan der KG einzelne Vertretungsbefugnisse in Bezug auf die eigene Komplementärin selbst vorbehalten und gleichzeitig die Vertretungsmacht der Komplementär-GmbH entsprechend eingeschränkt wird.[359] 113

Dem steht – weil vor Fremdeinfluss zu schützende Gesellschafter fehlen – der Grundsatz der Verbandssouveränität ebenso wenig entgegen[360] wie die zwingende Regelung des § 170 Abs. 1 HGB. Erstens erfasst diese Vorschrift nur die organschaftliche Vertretungsmacht gegenüber Dritten (→ § 170 Rn. 3, → § 170 Rn. 8), zweitens ist sie als zwingende Schutznorm zugunsten der Komplementär-GmbH verzichtbar, weil diese keine eigenen und damit schützenswerten Interessen hat,[361] 114

[351] Ebenso jetzt § 170 Abs. 2 (→ § 170 Rn. 42 ff.); s. Begr. RegE, BT-Drs. 19/27635, 255 f.

[352] Binz/Sorg GmbH & Co. KG § 8 Rn. 16; v. Bonin RNotZ 2017, 1 (10); Heymann/Borges Rn. 299; Hesselmann/Mueller-Thuns GmbH & Co. KG-HdB/Lüke § 2 Rn. 477; Staub/Casper Rn. 95; Casper FS Stilz, 2014, 111 (118); MüKoHGB/Grunewald Rn. 103; Lieder/Felzen NZG 2021, 6 (10); Ebenroth/Boujong/Notz/Mohr Anh. 1 § 179 Rn. 172; einschr. Werner DStR 2006, 706 (707): bestimmte Kompetenzen sind zwingend bei der GmbH zu belassen; zurückhaltend Brosius/Frese NZG 2016, 808 (809 f.): „für die Praxis nicht zu empfehlen"; ebenso v. Bonin NZG 2016, 1299 (1300).

[353] In Betracht kommt bei einer größeren Anzahl von Kommanditisten auch ein von ihnen gebildetes Organ (Beirat); s. OLG Celle 6.7.2016, NZG 2016, 1147; v. Bonin RNotZ 2017, 1 (10).

[354] So exemplarisch im Ausgangspunkt OLG Celle 6.7.2016, NZG 2016, 1147; ferner auch der Sachverhalt in BFH 13.7.2017, NZG 2017, 1397 ff.; im Hinblick auf die praktische Ausgestaltung v. Bonin RNotZ 2017, 1 (12 ff.); näher Oetker FS K. Schmidt, Bd. II, 2019, 79 (81 ff.).

[355] Werner DStR 2006, 706 (708); ferner v. Bonin NZG 2016, 1299 (1300); v. Bonin RNotZ 2017, 1 (10 ff.); Casper FS Stilz, 2014, 111 (118 f.); Hesselmann/Mueller-Thuns GmbH & Co. KG-HdB/Lüke § 2 Rn. 482 f.; Staub/Thiessen § 170 Rn. 74.

[356] S. dazu auch Binz/Sorg GmbH & Co. KG § 8 Rn. 17; Heymann/Borges Rn. 300; Brosius/Frese NZG 2016, 808 (810 f.); Hoffmann-Becking NZG 2019, 1321 (1324); K. Schmidt GmbHR 2013, 1177 (1183 f.).

[357] Vgl. Werner DStR 2006, 706 (708) mwN, der darin jedoch iErg eine verbotene Stimmrechtsabspaltung sieht.

[358] Binz/Sorg GmbH & Co. KG § 8 Rn. 23; Staub/Casper Rn. 94; Hesselmann/Mueller-Thuns GmbH & Co. KG-HdB/Lüke § 2 Rn. 477; Werner DStR 2006, 707 (708); für die Möglichkeit einer die Kompetenzen des Geschäftsführers verdrängenden Vollmacht allerdings MüKoHGB/Grunewald Rn. 99.

[359] So auch Binz/Sorg GmbH & Co. KG § 8 Rn. 22; Carlé/Carlé GmbHR 2001, 100 (102); Fleck FS Semler, 1993, 115 (126 ff.); Hesselmann/Mueller-Thuns GmbH & Co. KG-HdB/Lüke § 2 Rn. 477; Schilling FS Barz, 1974, 71 (73); Werner DStR 2006, 706 (708); **aA** Brosius/Frese NZG 2016, 808 (810); offen BFH 13.7.2017, NZG 2017, 1397 Rn. 22.

[360] Zutr. MüKoHGB/Grunewald Rn. 103 mwN zur Gegenansicht.

[361] IErg ebenso OLG Jena 10.10.2012, BeckRS 2012, 213089; Binz/Sorg GmbH & Co. KG § 8 Rn. 22; Heymann/Borges Rn. 300; Staub/Casper Rn. 95; Casper FS Stilz, 2014, 111 (116, 118 f.); MüKoHGB/Grunewald Rn. 104 mit Fn. 291; Hesselmann/Mueller-Thuns GmbH & Co. KG-HdB/Lüke § 2 Rn. 477; Schlegelberger/Martens Rn. 101; Ebenroth/Boujong/Notz/Mohr Anh. 1 § 179 Rn. 169; Werner DStR 2006, 706 (708); iErg auch K. Schmidt FS H.P. Westermann, 2008, 1425 (1439); **aA** OLG Celle 6.7.2016, NZG 2016, 1147; Gehrlein BB 2007, 1914 (1915).

drittens hat das Gesetz selbst mit § 170 Abs. 2 hinreichend deutlich zum Ausdruck gebracht, dass die Rechtswahrnehmung durch die Kommanditisten in der Gesellschafterversammlung der Komplementär-GmbH mit § 170 Abs. 1 vereinbar ist.

115 Die **Stimmabgabe in der GmbH-Versammlung** erfolgt bei dem Modell einer vorgelagerten Kommanditistenversammlung einheitlich, wobei für einen Beschluss über die Stimmrechtsausübung die in der KG gesetzlich oder statutarisch fixierten Mehrheitserfordernisse gelten.[362] Soweit zum Teil vertreten wird, es seien stattdessen die **Mehrheitserfordernisse des GmbH-Rechts** zugrundezulegen,[363] überzeugt dies nicht, denn bei der Frage, wie die Stimmausübung der KG zu erfolgen hat, handelt es sich, auch wenn es um die Stimmabgabe in der GmbH geht, um eine **Angelegenheit allein der KG.**[364] Auch im Übrigen ist für eine Kommanditistenversammlung – soweit sie als Organ der KG fungiert, unabhängig davon, ob es um die Beschlussfassung in der GmbH oder sonstige Angelegenheiten der KG geht – die Anwendung GmbH-rechtlicher Vorschriften (zB Minderheitenrechte entsprechend §§ 50 f. GmbHG) abzulehnen.[365] Als nicht der gesetzlichen Konzeption entsprechend müssten sie besonders begründet werden. Dafür besteht im Hinblick auf den Sinn und Zweck der Einheitsgesellschaft, in der die GmbH lediglich eines die persönliche Haftung aller an der KG beteiligten Personen ausschließendes Hilfskonstrukt ist,[366] kein Anlass, denn wenn allein die KG operativ tätig ist, ist es sachgerecht, auch die Rechte und Pflichten der Gesellschafter allein nach den Maßstäben des KG-Rechts zu gewähren.

116 Auf die **Ausgestaltung der Kommanditistenversammlung** ist im Rahmen des Gesellschaftsvertrags der KG besonderes Augenmerk zu richten. Das betrifft zunächst das Recht zu deren **Einberufung.** Dies kann sowohl dem Geschäftsführer der Komplementär-GmbH oder auch einem Mehrheitskommanditisten eingeräumt werden (→ Rn. 36). Regelungsbedürftig ist zudem, ob das **Einberufungsrecht** – entsprechend GmbH-rechtlichen Vorbildern – einem **Minderheitsgesellschafter** eingeräumt wird. Fehlen diesbezügliche Bestimmungen in dem Gesellschaftsvertrag der KG, können die GmbH-rechtlichen Vorschriften mangels dem gesetzgeberischen Plan zuwiderlaufender Regelungslücke nicht analog angewendet werden.[367] Die Parteien des Gesellschaftsvertrags haben es ausreichend in der Hand, entsprechende Regelungsbedürfnisse zu befriedigen.[368] Unterlassen sie dies, so würde der hierin zum Ausdruck gelangte Wille der Gesellschafter durch Analogiebildungen zum GmbH-Recht konterkariert. Entsprechendes gilt neben **qualifizierten Mehrheitserfordernissen** auch für **Stimmrechtsbeschränkungen** sowie **Einsichtsrechte;** weder § 47 Abs. 4 GmbHG noch § 51a GmbHG finden entsprechende Anwendung, sondern vielmehr ist mangels ausdrücklicher gesellschaftsvertraglicher Bestimmungen ausschließlich das Recht der KG maßgebend.[369] Das gilt auch für den **Vollzug der** von der Versammlung der Kommanditisten gefassten **Beschlüsse** in der Gesellschafterversammlung der Komplementär-GmbH. Diese Aufgabe kann auf Grund in den Gesellschaftsvertrag der KG aufgenommener Bevollmächtigung auch einem Mehrheitskommanditisten übertragen werden.[370] Er ist in diesem Fall allerdings lediglich ein Vertreter in der Erklärung.[371] Die Maßgeblichkeit des Rechts der KG sowie des Gesellschaftsvertrages der KG für die von der Kommanditistenversammlung gefassten Beschlüsse strahlt auch auf deren Formbedürftigkeit aus. Betrifft der Beschluss die Satzung der Komplementär-GmbH, dann findet § 53 Abs. 2 S. 1 GmbHG keine Anwendung.[372]

117 Die aus dem Trennungsprinzip folgenden Konsequenzen zeigen sich auch bei der **Gesellschafterversammlung der Komplementär-GmbH.** Zu deren **Einberufung** ist ausschließlich der

---

362 Brosius/Frese NZG 2016, 808 (811); MüKoHGB/Grunewald Rn. 104.

363 So Scholz/K. Schmidt GmbHG Anh. § 45 Rn. 59; wohl auch v. Bonin RNotZ 2017, 1 (12).

364 So auch MüKoHGB/Grunewald Rn. 103.

365 Brosius/Frese NZG 2016, 808 (811 f.); Ebenroth/Boujong/Notz/Mohr Anh. 1 § 179 Rn. 159; Oetker FS K. Schmidt, Bd. II, 2019, 79 (85 ff.). **aA** wohl K. Schmidt ZIP 2007, 2193 (2197), nach dem die Einheitsgesellschaft „nach den Regeln der GmbH geleitet" werden soll; s. auch OLG Celle 6.7.2016, NZG 2016, 1147, das auf die Beschlussfassung der Kommanditisten über eine Änderung der GmbH-Satzung § 53 Abs. 2 S. 1 GmbHG anwendet.

366 Vgl. K. Schmidt FS H.P. Westermann, 2008, 1425 (1431).

367 Näher Oetker FS K. Schmidt, Bd. II, 2019, 79 (82 f.).

368 Exemplarisch OLG Jena 10.10.2012, BeckRS 2012, 213089; s. ferner Binz/Sorg GmbH & Co. KG § 8 Rn. 27; Wicke GmbHR 2017, 777 (787).

369 S. auch Brosius/Frese NZG 2016, 808 (811); Oetker FS K. Schmidt, Bd. II, 2019, 79 (82 f.); Storz NZG 2020, 246 (247 f.); OLG München 31.1.2018, NZG 2018, 942 (943 f.) zu § 51a GmbHG; diff. Binz/Sorg GmbH & Co. KG § 8 Rn. 24 (abl. für § 47 Abs. 4 GmbHG), Rn. 26 (bejahend für § 51a GmbHG).

370 Ebenso Brosius/Frese NZG 2016, 808 (812); Oetker FS K. Schmidt, Bd. II, 2019, 79 (84 f.).

371 **AA** wohl Brosius/Frese NZG 2016, 808 (812).

372 Oetker FS K. Schmidt, Bd. II, 2019, 79 (83); **aA** OLG Celle 6.7.2016, NZG 2016, 1147 = BeckRS 2016, 14093 Rn. 9.

Geschäftsführer der GmbH befugt, sofern die Satzung der GmbH keine anderweitige Regelung trifft. Adressat der Einberufung ist die KG, die zwar an sich von dem Geschäftsführer der GmbH vertreten wird, für die Wahrnehmung der Rechte der KG auf der GmbH-Gesellschafterversammlung kann der Gesellschaftsvertrag der KG jedoch eine abweichende Regelung treffen. Diese kann zB vorsehen, dass die KG im Hinblick auf ihre Rechte in der Komplementärgesellschaft von einem im Gesellschaftsvertrag benannten Kommanditisten (zB Mehrheitskommanditist) oder von einem Repräsentanten (zB Gruppenvertreter, → § 164 Rn. 25 ff.) vertreten wird, der von den Kommanditisten in einer Versammlung bestimmt wird.[373] Wenn die Ausübung der Gesellschaftsrechte in der GmbH einer Versammlung der Kommanditisten übertragen wird, dann bedarf es auch für das auf § 50 Abs. 3 GmbHG gestützte **Selbsteinberufungsrecht** eines Beschlusses der Versammlung; keinesfalls kann ein Minderheitskommanditist analog § 50 Abs. 3 GmbHG eigenmächtig eine Gesellschafterversammlung der Komplementär-GmbH einberufen.[374] Beschlüsse einer gleichwohl von ihm einberufenen GmbH-Gesellschafterversammlung sind indes keine Scheinbeschlüsse, sondern analog § 241 Nr. 1 AktG nichtig und müssen deshalb gerichtlich angegriffen werden. Auch die übrigen GmbH-rechtlichen Bestimmungen, die einen **Schutz des Minderheitsgesellschafters** bewirken (zB § 51a GmbHG), stehen ausschließlich der **Versammlung der Kommanditisten** zu, nicht aber einem **Minderheitskommanditisten.**[375] Es bleibt der Satzung der Komplementär-GmbH vorbehalten, vergleichbare Rechtspositionen zu begründen, sofern deren Einräumung an Nichtgesellschafter nicht im Widerspruch zu zwingendem GmbH-Recht steht.

Das Modell einer Kommanditistenversammlung (→ Rn. 111 ff.) hat das Gesetz nunmehr ausdrücklich in dem seit dem 1.1.2024 geltenden § 170 Abs. 2 aufgegriffen. Danach werden die Rechte in der Gesellschafterversammlung der Komplementär-GmbH, die einzig persönlich haftende Gesellschafterin der KG ist, von den Kommanditisten wahrgenommen, was als *lex specialis* zu § 170 Abs. 1 eine Vertretung der KG in der Gesellschafterversammlung durch die Komplementär-GmbH bzw. deren Geschäftsführer wegen des oben skizzierten Spannungsverhältnisses (→ Rn. 113) ausschließt (→ § 170 Rn. 42 ff.). Ungeachtet dessen behalten die → Rn. 113 ff. auch unter der *lex lata* ihre Gültigkeit, da die durch § 170 Abs. 2 begründete Vertretungsmacht ausdrücklich unter dem Vorbehalt einer abweichenden Regelung in dem Gesellschaftsvertrag der KG steht[376] und dies nicht nur eine Verdrängung der Kommanditisten, sondern auch eine Einbeziehung der Komplementär-GmbH und ihres Vertreters in der Gesellschafterversammlung ermöglicht; s. näher → § 170 Rn. 42 ff. 118

c) Treuepflicht. Zu den Treuepflichten der Kommanditisten gegenüber der KG und ihren Mitgesellschaftern – darunter die Komplementär-GmbH – → Rn. 39 f. Umgekehrt treffen die Komplementär-GmbH – und damit mittelbar ihren Geschäftsführer, dessen Handeln der GmbH nach § 31 BGB zugerechnet wird – Treuepflichten gegenüber den Kommanditisten.[377] 119

Treuepflichten des **GmbH-Gesellschafters** bestehen jedenfalls gegenüber der GmbH und ihren Mitgesellschaftern. Nach einer verbreiteten Literaturansicht obliegen ihm Treuepflichten aber auch gegenüber den Kommanditisten[378] selbst dann, wenn diese nicht zugleich Gesellschafter der GmbH sind.[379] Dem ist zuzustimmen: Denn liegt die wesentliche Aufgabe der GmbH – wie regelmäßig – in der Geschäftsführung für die KG, besteht zwischen den jeweiligen Gesellschaftern ein gesellschaftsähnliches Näheverhältnis, das gegenseitige Treuepflichten begründet. Nichts anderes gilt im Verhältnis zur KG.[380] 120

d) Actio pro socio. Im Wege und unter den Voraussetzungen der *actio pro socio* (§ 161 Abs. 2 iVm § 105 Abs. 3 iVm § 715b BGB) können die Kommanditisten jedenfalls Ansprüche der KG gegenüber der Komplementär-GmbH geltend machen (→ Rn. 41). Inwieweit die *actio pro socio* über das Innenverhältnis der KG hinaus – namentlich für Ansprüche der KG gegen den GmbH-Geschäftsführer oder einen GmbH-Gesellschafter – zur Anwendung kommt, war **vor der Schaffung von § 715b BGB** durch das MoPeG **umstritten,** wohl aber jedenfalls insoweit zu bejahen, als der Gesellschafter ein besonderes, in seiner eigenen Rechtsstellung begründetes Interesse an der 121

[373] Näher Oetker FS K. Schmidt, Bd. II, 2019, 79 (88 f.).

[374] OLG Jena 10.10.2012, BeckRS 2012, 213089; Oetker FS K. Schmidt, Bd. II, 2019, 79 (86 f.).

[375] Dazu auch Oetker FS K. Schmidt, Bd. II, 2019, 79 (89 f.).

[376] S. Begr. RegE, BT-Drs. 19/27635, 256.

[377] Näher zB Ridder, Ebenenübergreifende Treuepflichten in der Kapitalgesellschaft & Co. KG, 2018, 88 ff.

[378] Zur Treuepflicht gegenüber einem GmbH-Mitgesellschafter, der zugleich Kommanditist der KG ist, BGH 5.6.1975, BGHZ 65, 15 (18) = NJW 1976, 191; Staub/Casper Rn. 113.

[379] Heymann/Borges Rn. 345; Grunewald BB 1981, 581 (585); MüKoHGB/Grunewald Rn. 69; KKD/Kindler Rn. 16; Kübler/Assmann GesR § 22 III 2; für den GmbH-Mehrheitsgesellschafter Stimpel AG 1986, 117 (118 f.); **aA** Ebenroth/Boujong/Notz/Mohr Anh. 1 § 179 Rn. 114.

[380] Zutr. MüKoHGB/Grunewald Rn. 69; für den GmbH-Mehrheitsgesellschafter Stimpel AG 1986, 117 (119).

Anspruchsdurchsetzung hat.[381] Dieser Ausdehnung der *actio pro socio* widersprach indes der BGH mit Urteil vom 19.12.2017 ausdrücklich und verwies den Kommanditisten auf den Ersatzanspruch der KG gegenüber der Komplementär-GmbH, da sich diese das ersatzverpflichtende Fehlverhalten ihres Fremdgeschäftsführers nach § 31 BGB zurechnen lassen muss. Für einen unmittelbaren Durchgriff auf den Geschäftsführer bestehe deshalb kein Bedürfnis.[382] Unter der Geltung von § 715b BGB, der über § 161 Abs. 2 iVm § 105 Abs. 3 auch bei der KG Anwendung findet (→ Rn. 41), ist die Fortführung der vorstehenden Judikatur des BGH in Frage gestellt,[383] da § 715b Abs. 1 S. 2 BGB die *actio pro socio* auch auf Ansprüche der Gesellschaft gegenüber Dritten ausweitet. Voraussetzung hierfür ist allerdings, dass der Dritte an dem pflichtwidrigen Unterlassen mitwirkte oder dieses konnte (näher → § 105 Rn. 102). Ist dies jedoch zu bejahen, kann sowohl der Geschäftsführer der Komplementär-GmbH als auch einer ihrer Gesellschafter „Dritter" iSd § 715b Abs. 1 S. 2 BGB sein.

122 **7. Mitbestimmung.** Als Personengesellschaft (→ Rn. 76) fällt die GmbH & Co. KG nicht in den Anwendungsbereich des MitbestG (s. § 1 Nr. 1 MitbestG). Diesem Grundsatz, dass das MitbestG nur für Kapitalgesellschaften gilt, auf der einen und der häufig engen Verzahnung von GmbH und KG zu einer Unternehmenseinheit auf der anderen Seite trägt **§ 4 Abs. 1 MitbestG** Rechnung. Danach bleibt die Mitbestimmung zwar bei der GmbH angesiedelt. Ihr werden aber die Arbeitnehmer der KG hinsichtlich der Voraussetzungen und Wirkungen der Mitbestimmung zugerechnet, sofern die – jeweils nach Stimmen oder Anteilen zu berechnende – Mehrheit der Kommanditisten zugleich die Mehrheit der Komplementär-GmbH repräsentiert und die Komplementär-GmbH keinen eigenen Geschäftsbetrieb mit in der Regel mehr als 500 Arbeitnehmern unterhält (§ 4 Abs. 1 S. 1 MitbestG). Ist die GmbH an mehreren KG als Komplementärin sternförmig beteiligt (→ Rn. 81), sind ihr alle Arbeitnehmer der KG zuzurechnen, bei denen die genannten Voraussetzungen vorliegen.[384]

123 Zu einem mitbestimmten Aufsichtsrat kommt es bei der Komplementär-GmbH jedoch nur, wenn infolge der Zurechnung nach § 4 Abs. 1 MitbestG der nach § 1 Abs. 1 Nr. 2 MitbestG maßgebliche Schwellenwert (in der Regel mehr als 2000 Arbeitnehmer) überschritten wird. Andernfalls entfällt eine Mitbestimmung bei der Komplementär-GmbH mit in der Regel nicht mehr als 500 Arneitnehmer vollständig, da das **DrittelbG** keine mit § 4 Abs. 1 MitbestG vergleichbare Zurechnungsnorm kennt. Allenfalls in dem Sonderfall eines Beherrschungsvertrags der KG als abhängigem Unternehmen mit der Komplementär-GmbH als herrschendem Unternehmen (zu dessen Zulässigkeit → § 105 Rn. 196 f.) kommt eine Zurechnung der bei der KG beschäftigten Arbeitnehmer zu der Komplementär-GmbH nach **§ 2 Abs. 2 DrittelbG** in Betracht.[385]

124 Eine Mehrheitsidentität iSv § 4 Abs. 1 S. 1 MitbestG liegt nach dem Zweck der Vorschrift auch im Fall der **Einheits-GmbH & Co. KG** (→ Rn. 82 f.) vor; sie findet insoweit analoge Anwendung.[386] § 4 Abs. 1 S. 2 und 3 MitbestG erstreckt die Regelung auf die **doppel- und mehrstöckige GmbH & Co. KG** (→ Rn. 84).

125 Die mittelbare Mitbestimmung in der GmbH & Co. KG durch § 4 Abs. 1 S. 1 MitbestG kann nicht dadurch unterlaufen werden, dass die Komplementär-GmbH von der Geschäftsführung oder Vertretungsmacht[387] ausgeschlossen wird (→ § 164 Rn. 50, → § 164 Rn. 38 ff.; → § 170 Rn. 27). Es muss sichergestellt sein, dass der über die Komplementär-GmbH vermittelte Mitbestimmungsein-

---

[381] S. Staub/Casper Rn. 114; MüKoHGB/Grunewald Rn. 68 f.; BeckOGK/Notz/Zinger, 1.1.2024, Rn. 325 f.; diff. KKD/Kindler § 105 Rn. 43 (nicht gegenüber GmbH-Fremdgeschäftsführer); abl. BGH 2.7.1973, NJW 1973, 2198 (2199).

[382] BGH 19.12.2017, NZG 2018, 220 Rn. 16; abl. Bachmann GmbHR 2018, 288 (292 ff.), der den Geschäftsführer der Komplementär-GmbH wegen seiner organschaftlichen Pflichten gegenüber der KG einem Mitgesellschafter gleichstellt; ebenfalls abl. Hoffmann-Becking NZG 2019, 1321 (1325); Hoffmann-Becking FS Seibert, 2019, 359 (368); Mock ZGR 2018, 796 ff.

[383] S. auch Staub/Casper Rn. 114 aE; MüKoHGB/Grunewald Rn. 71 f.

[384] Begr. RegE, BT-Drs. 7/2172, 21; MüKoAktG/Annuß MitbestG § 4 Rn. 7; HHH/Habersack MitbestG § 4 Rn. 10; Kölner KommAktG/Mertens/Cahn MitbestG § 4 Rn. 1; GroßkommAktG/Oetker MitbestG § 4 Rn. 18; RVJ/Raiser MitbestG § 4 Rn. 8; SWK/Schubert MitbestG § 4 Rn. 32; HWK/Seibt MitbestG § 4 Rn. 10; MHdB ArbR/Uffmann § 373 Rn. 32.

[385] Zurückhaltend HHH/Habersack DrittelbG § 1 Rn. 12.

[386] HM, s. OLG Celle 30.8.1979, OLGZ 1980, 136; MüKoAktG/Annuß MitbestG § 4 Rn. 11; HHH/Habersack MitbestG § 4 Rn. 17; Hölters DB 1977, 2232 (2233); Kunze ZGR 1978, 321 (335); NSH/Noack GmbHG § 52 Rn. 273; Ebenroth/Boujong/Notz/Mohr Anh. 1 § 179 Rn. 299; BeckOGK/Notz/Zinger, 1.1.2024, Rn. 356; GroßkommAktG/Oetker MitbestG § 4 Rn. 11; RVJ/Raiser MitbestG § 4 Rn. 15; SWK/Schubert MitbestG § 4 Rn. 20; HWK/Seibt MitbestG § 4 Rn. 6; MHdB ArbR/Uffmann § 373 Rn. 32.

[387] Zur Einbeziehung der Vertretungsmacht in § 4 Abs. 2 MitbestG MüKoAktG/Annuß MitbestG § 4 Rn. 16; HHH/Habersack MitbestG § 4 Rn. 27; GroßkommAktG/Oetker MitbestG § 4 Rn. 20; RVJ/Raiser MitbestG § 4 Rn. 28; SWK/Schubert MitbestG § 4 Rn. 42; **aA** HWK/Seibt MitbestG § 4 Rn. 12.

fluss auf die KG entsprechend dem Zweck des § 4 Abs. 1 S. 1 MitbestG erhalten bleibt. Entgegenstehende Vereinbarungen sind nach **§ 4 Abs. 2 MitbestG** iVm § 134 BGB nichtig.[388]

Ist die **GmbH & Co. KG herrschendes Unternehmen** eines Konzerns, sind auch die Arbeitnehmer der von ihr abhängigen Unternehmen der Komplementär-GmbH zuzurechnen, wenn im Verhältnis von herrschender GmbH & Co. KG und Komplementär-GmbH die Voraussetzungen des § 4 Abs. 1 MitbestG vorliegen (§ 5 Abs. 2 S. 1 MitbestG). 126

8. Erlöschen der GmbH & Co. KG. Auch im Hinblick auf das Erlöschen der GmbH & Co. KG sind im Ausgangspunkt KG und GmbH je für sich zu betrachten. Spätestens wenn **die Komplementär-GmbH erlischt oder über ihr Vermögen das Insolvenzverfahren eröffnet wurde,** scheidet sie aus der KG aus (§ 138 Abs. 2 Nr. 1, § 138 Abs. 2 Nr. 2 analog), so dass diese, sofern die GmbH wie meist einzige Komplementärin ist, kraft Rechtsformzwangs aufgelöst und liquidiert wird.[389] Nach zunehmend vertretener, von der entsprechenden Anwendung des § 131 Abs. 2 Nr. 2 indes nicht mehr gedeckter Ansicht soll demgegenüber bereits die Auflösung der GmbH ihr Ausscheiden und damit die Auflösung der KG bewirken.[390] 127

X. Publikums-KG

1. Allgemeines. a) Begriff. Die Publikums- (oder Massen-)gesellschaft ist eine besondere Erscheinungsform der KG (zumeist GmbH & Co. KG, gelegentlich aber auch anderer Personengesellschaften). Sie wird durch wenige Initiatoren als Komplementäre gegründet und ist **angelegt auf die öffentliche Werbung und** – zumeist formularvertragliche – **Aufnahme einer unbestimmten Vielzahl**[391] unmittelbar oder mittelbar (unter Einschaltung eines Treuhänders; → Rn. 130) beteiligter **Anlagegesellschafter** (zumeist Kommanditisten).[392] Für das Vorliegen einer Publikums-KG ist nicht entscheidend, dass bereits eine Vielzahl von Gesellschaftern aufgenommen wurde; es genügt, dass die Gesellschaft vom gesetzlichen Leitbild der KG insofern abweicht, als sie nach dem Gesellschaftsvertrag auf die Mitgliedschaft einer Vielzahl noch zu werbender Gesellschafter **angelegt** ist.[393] 128

b) Wesen. Die Publikums-KG ist **formal Personengesellschaft,** hat sich aber durch ihre Kapitalsammelfunktion von dem Leitbild der §§ 161 ff. weit entfernt und ist in ihrer Organisation an korporationsrechtlichen Grundsätzen ausgerichtet.[394] Die Initiatoren behalten als Komplementäre oder Gesellschafter der Komplementär-GmbH beherrschenden Einfluss, während die Rechte der als Kapitalanleger beteiligten Kommanditisten häufig stark eingeschränkt sind und/oder nur über einen Beirat oder Gruppenvertreter wahrgenommen werden können (sog. **unechte Treuhand**).[395] 129

Sind die **Kapitalanleger nur mittelbar, über einen Treuhänder an der KG beteiligt,** ist nur dieser Gesellschafter der KG **(echte Treuhand).** Die Kapitalanleger stehen grundsätzlich nur zum Treuhänder, der ihre Interessen in der KG wahrnimmt, in rechtlicher Beziehung. Sie bilden eine GbR (§ 705 BGB) oder sind geschäftsbesorgungsrechtlich mit dem Treuhänder verbunden (§ 675 BGB);[396] ausführlicher → Rn. 151. Anerkannt hat der Gesetzgeber dieses Modell der Anlegerbeteiligung an einer KG in § 152 Abs. 1 S. 2 KAGB für die Publikums-Investment-KG (→ Rn. 214 ff.). 130

c) Praktische Bedeutung. Die große Verbreitung von Publikumsgesellschaften beruhte vor allem auf ihrer **steuerlichen Attraktivität,** solange die Kapitalanleger negative Kapitalanteile mit 131

---

[388] Statt aller MüKoAktG/Annuß MitbestG § 4 Rn. 16; Heymann/Borges Rn. 375; GroßkommAktG/Oetker MitbestG § 4 Rn. 21; RVJ/Raiser MitbestG § 4 Rn. 29; SWK/Schubert MitbestG § 4 Rn. 41.

[389] OLG Hamburg 13.3.1987, NJW 1987, 1896 (1897); Hopt/Roth Anh. Rn. 45a.

[390] Heymann/Borges Rn. 388; Ebenroth/Boujong/Notz/Mohr Anh. 1 § 179 Rn. 261 ff. mwN.

[391] Mindestens 50 Gesellschafter, vgl. BGH 14.4.1975, BGHZ 64, 238 (239, 241) = NJW 1975, 1318; 20 Gesellschafter seien zu wenig: BGH 11.12.1989, NJW-RR 1990, 474 f.; zust. MüKoHGB/Grunewald Rn. 112; ferner Heymann/Borges Rn. 404; BeckOGK/Notz/Zinger, 15.1.2021, Rn. 317.

[392] Ausf. Staub/Casper Rn. 123; Schlegelberger/Martens Rn. 128; Ebenroth/Boujong/Notz Anh. 2 § 179 Rn. 1 f.; abw. Henssler/Strohn/Servatius HGB Anh. Rn. 3, der allein auf das Kriterium der bestimmungsgemäßen Kapitalmarktorientierung abstellt; grdl. BGH 14.4.1975, BGHZ 64, 238 (241) = NJW 1975, 1318; 3.5.1982, BGHZ 84, 11 (13 f.) = NJW 1982, 2303.

[393] S. nur BGH 9.11.1987, NJW 1988, 969 (971); Heymann/Borges Rn. 404; KKD/Kindler Rn. 3.

[394] Staub/Casper Rn. 26; Ebenroth/Boujong/Notz Anh. 2 § 179 Rn. 4.

[395] S. den Fall der Gruppenvertretung in BGH 12.12.1966, BGHZ 46, 291 = NJW 1967, 826; ferner Staub/Casper Rn. 127; Ebenroth/Boujong/Notz Anh. 2 § 179 Rn. 12; BeckOGK/Notz/Zinger, 15.1.2021, Rn. 325.

[396] S. Staub/Casper Rn. 128; RGHMW/Mock Rn. 130; Ebenroth/Boujong/Notz Anh. 2 § 179 Rn. 13; exemplarisch BGH 11.1.2011, NJW 2011, 921 Rn. 12 ff.; 18.10.2012, NJW 2013, 862 Rn. 17; OLG München 18.5.2011, NZG 2011, 861 (863); s. ferner BeckOGK/Notz/Zinger, 15.1.2021, Rn. 326; K. Schmidt ZHR 178 (2014), 10 ff.

anderweitigem Einkommen verrechnen konnten (Abschreibungsgesellschaften). Seit der Gesetzgeber und der BFH diese Möglichkeiten stark beschränkt haben, ist die Zahl der neugegründeten Publikumsgesellschaften zurückgegangen.[397] Heute bezwecken Publikumsgesellschaften in erster Linie die Möglichkeit der **Kapitalaufnahme,** ohne bei der rechtlichen Ausgestaltung der Gesellschaft an die zwingenden Vorgaben des Aktienrechts gebunden zu sein.[398] Der Bestand an Publikumsgesellschaften ist zahlenmäßig nicht erfasst. Jedenfalls sind sie in ihrer Kapitalsammelfunktion im Wirtschaftsleben nach wie vor bedeutend.

132 Infolge des durch das **KAGB** vermittelten Rechtsformzwangs zugunsten der **Investment-AG** (§§ 108 f., 140 ff. KAGB) bzw. der **Investment-KG** (§§ 124 ff., §§ 149 KAGB; → Rn. 171) wird die Bedeutung der Publikums-KG – abgesehen von Gesellschaften mit eigener operativer Tätigkeit sowie Altfällen – zurückgehen und sich auf solche Gesellschaften beschränken, deren Unternehmensgegenstand nicht auf die Bildung eines vom KAGB erfassten Investitionsvermögens gerichtet ist.[399] Weder entspricht es der Intention des KAGB, für diese Sachverhalte die Rechtsform der KG auszuschließen, noch wäre dies mit der Vereinigungsfreiheit (Art. 9 Abs. 1 GG) vereinbar.[400] Entsprechendes gilt für **Kapitalverwaltungsgesellschaften,** die nach § 2 Abs. 4, 4a, 4b und 5 KAGB aus dem Anwendungsbereich des KAGB ausgenommen sind und damit nicht dem Rechtsformzwang durch § 18 Abs. 1 KAGB unterliegen.[401]

133 **2. Entstehung.** Die Publikums-KG wird von ihren Initiatoren zunächst als OHG oder, sofern ein Gründungsgesellschafter die Kommanditistenstelle übernimmt, bereits als KG gegründet.[402] Zu den Formerfordernissen beim Abschluss des Gesellschaftsvertrags → Rn. 25.

134 **3. Beitritt der Anlagegesellschafter. a) Abschluss des Beitrittsvertrags.** In der gesetzestypischen KG bedarf der Beitritt eines Gesellschafters einer Änderung des Gesellschaftsvertrags (zum Erwerb einer mittelbaren Beteiligung aber → Rn. 151) und damit grundsätzlich der Mitwirkung aller Gesellschafter,[403] was in Publikumsgesellschaften unpraktikabel ist. Deshalb sehen deren Gesellschaftsverträge in der Regel vor, dass ein Komplementär den Beitrittsvertrag im Namen und mit Wirkung für die übrigen Gesellschafter abschließt (§ 164 BGB).[404] Zulässig ist nach hM ebenso die gesellschaftsvertragliche Ermächtigung der Publikums-KG, im eigenen Namen Beitrittsverträge abzuschließen.[405] Die jeweilige Ermächtigung erstreckt sich im Zweifel auf alle Abreden und Erklärungen, die mit der Erfüllung und Abwicklung der aus dem Beitrittsvertrag unmittelbar folgenden gegenseitigen Pflichten zusammenhängen (zB Herabsetzung der Beteiligung nach dem Scheitern ihrer Finanzierung,[406] Empfang einer Kündigungserklärung nach fehlerhaftem Beitritt).[407]

135 **b) Form, Auslegung.** Der Beitrittsvertrag bedarf grundsätzlich keiner besonderen Form, auch wenn für Änderungen des Gesellschaftsvertrags selbst die Schriftform vorgeschrieben sein sollte.[408] Eine notarielle Beurkundung ist hingegen erforderlich, wenn der Beitretende sich in dem Beitrittsvertrag verpflichtet, das Eigentum an einem Grundstück zu übertragen oder zu erwerben (§ 311b Abs. 1 BGB).[409] Für den Beitrittsvertrag gelten (im Gegensatz zum Gesellschaftsvertrag; → Rn. 145) die allgemeinen Auslegungsregeln.[410]

---

[397] Statt aller Staub/Casper Rn. 124; ferner Heymann/Borges Rn. 401; Lieder/Hoffmann NZG 2021, 1045 (1052 f.).

[398] BGH 1.3.2011, NJW 2011, 1666 Rn. 9; zuvor MüKoHGB/Grunewald Rn. 114; EbenrothBoujong/Notz Anh. 2 § 179 Rn. 6.

[399] Staub/Casper Rn. 126, 129, 263; MüKoHGB/Grunewald Rn. 116; s. auch Heymann/Borges Rn. 409 ff.; Ebenroth/Boujong/Paefgen/Franke KAGB Vor § 1 Rn. 12; Windbichler/Bachmann GesR § 19 Rn. 3.

[400] IdS auch Wiedemann NZG 2013, 1041 (1046).

[401] Staub/Casper Rn. 262.

[402] S. Staub/Casper Rn. 130.

[403] BGH 1.3.2011, NJW 2011, 1666 Rn. 7 mwN.

[404] BGH 17.11.1975, WM 1976, 15 f. = BeckRS 1975, 30809120; s. auch BayObLG 25.7.2001, ZIP 2001, 1812 = BeckRS 2001, 30195806.

[405] BGH 14.11.1977, NJW 1978, 1000; Staub/Casper Rn. 146; RGHMW/Mock Rn. 122; Ebenroth/Boujong/Notz Anh. 2 § 179 Rn. 16; RGHMW Henssler/Strohn/Servatius HGB Anh. Rn. 19; **aA** MüKoHGB/Grunewald Rn. 155.

[406] BGH 6.12.1982, NJW 1983, 1117 f.

[407] Staub/Casper Rn. 146; Schlegelberger/Martens Rn. 136.

[408] BGH 6.12.1982, NJW 1983, 1117 (1118); Staub/Casper Rn. 147; RGHMW/Mock Rn. 123; Ebenroth/Boujong/Notz Anh. 2 § 179 Rn. 19 RGHMW.

[409] Vgl. BGH 10.4.1978, NJW 1978, 2505 (2506); Staub/Casper Rn. 147.

[410] Vgl. BGH 6.12.1982, NJW 1983, 1117 f.

c) Fehlerhafter Beitritt. Ist die Beitrittserklärung **nichtig, anfechtbar oder widerruflich** (§§ 312g, 355 BGB) oder war der Beitritt von der Vollmacht des Komplementärs bzw. der KG (→ Rn. 134) nicht gedeckt,[411] ist der Beitritt zur Publikumsgesellschaft gleichwohl zunächst und solange als wirksam zu behandeln, bis der Anleger durch fristlose, *ex nunc* wirkende Kündigung aus der Gesellschaft ausscheidet (fehlerhafter Beitritt; → Rn. 161).[412] Das gilt jedoch nicht, wenn überwiegende schutzwürdige Belange (mangelnde Geschäftsfähigkeit) des Anlegers eine Rückabwicklung des Beitritts verlangen. Aus der Beschränkung der Rechtsfolge auf eine *ex nunc*-Wirkung folgt insbesondere, dass der Kommanditist verpflichtet bleibt, seine rückständige, noch nicht erbrachte Einlage zu leisten,[413] hiervon kann er sich durch seine rechtsgestaltende Erklärung nicht lösen, diese verhindert lediglich das Entstehen neuer Verbindlichkeiten im Verhältnis zur Gesellschaft. 136

d) Haftung für unrichtige Angaben. Haben die bisherigen **Gesellschafter** im Zuge der Verhandlungen gegenüber einem Beitretenden unrichtige Angaben gemacht, indem sie zB die wirtschaftliche Lage oder das mit der Anlage verbundene Risiko falsch dargestellt haben, haften sie dem Anleger nach § 311 Abs. 2 BGB[414] für einen ihm vorsätzlich oder fahrlässig (§ 276 BGB) zugefügten Schaden.[415] Das gilt auch, wenn der Beitrittsvertrag schließlich – wie es häufig der Fall ist – unter Einschaltung von Vertretern abgeschlossen wird (→ Rn. 134). Sind die Gesellschafter nicht in die Vertragsverhandlungen eingebunden, haften sie ggf. für ein Verschulden ihrer mit der Vertragsanbahnung und -verhandlung betrauten Erfüllungsgehilfen (§ 278 BGB)[416] sowie dann, wenn sie ein Organisationsverschulden trifft, sie also auf Grund ihrer besonderen Stellung in der Gesellschaft für eine Organisation hätten sorgen müssen, die unrichtige Angaben gegenüber Beitretenden ausschließt.[417] Die Haftung der bisherigen, schon beigetretenen Gesellschafter beruht auf dem Umstand, dass bei dem Beitritt zu einer Personengesellschaft ein Aufnahmevertrag mit sämtlichen Altgesellschaften abgeschlossen wird.[418] Von der Haftung ausgenommen sind jedoch diejenigen Altgesellschafter, die nach Gründung der Gesellschaft dieser rein kapitalistisch als Anleger beigetreten sind.[419] 137

Schließt der **Treuhandkommanditist** den Beitrittsvertrag (→ Rn. 150), haftet grundsätzlich nur er dem Anleger nach § 311 Abs. 2 BGB für unrichtige Angaben[420] bzw. hat die künftigen Treugeber über alle wesentlichen Punkte aufzuklären, die für die übernehmende mittelbare Beteiligung von Bedeutung sind.[421] Eine Haftung der (übrigen) Gesellschafter scheidet dann in der Regel aus. **Vertreter und Verhandlungsführer,** die nicht selbst Vertragsparteien werden, haften den Anlegern nur unter den engen Voraussetzungen des § 311 Abs. 3 BGB für unrichtige Informationen.[422] Hierfür muss der Vertreter bzw. Verhandlungsführer in besonderem Maße persönliches Vertrauen für sich in Anspruch genommen und dadurch die Vertragsverhandlungen oder den Vertragsschluss erheblich beeinflusst oder ein erhebliches wirtschaftliches Eigeninteresse am Vertragsschluss haben. Daneben kommt eine Haftung wegen sittenwidriger Schädigung in Betracht, wenn der Vertreter trotz positiver Kenntnis von der Chancenlosigkeit der Anlage dies dem Treugeber verschweigt.[423] Ferner haften die Gesellschafter auch 138

[411] Dasselbe gilt für den Treuhänder, vor allem bei einem Verstoß gegen § 3 RDG (früher: Art. 1 § 1 RBerG), s. zu diesem Problemkreis BGH 16.12.2002, BGHZ 153, 214 = NJW 2003, 1252.

[412] S. BGH 30.1.2018, NZG 2018, 539 Rn. 52 ff.; 30.1.2018, NZG 2018, 580 Rn. 48 ff.; OLG München 25.10.2012, BeckRS 2012, 22132; Heymann/Borges Rn. 491; Staub/Casper Rn. 148.

[413] BGH 30.1.2018, NZG 2018, 539 Rn. 52, 55; 30.1.2018, NZG 2018, 580 Rn. 48, 51.

[414] BGH 17.4.2018, NZG 2018, 902 Rn. 17; 6.2.2018, NJW 2018, 1675 Rn. 9; 16.3.2017, NJW-RR 2017, 750 Rn. 17; 9.5.2017, NJW 2017, 3001 Rn. 12; 9.5.2017, NJW-RR 2017, 930 Rn. 15; 4.7.2017, NZG 2017, 1033 Rn. 8; 23.4.2012, NJW-RR 2012, 937 Rn. 10; 23.4.2012, NJW-RR 2012, 1312 Rn. 9; 1.3.2011, NJW 2011, 1666 Rn. 7; außerdem kann eine Haftung aus § 280 Abs. 1 BGB, wenn ein Auskunfts- oder Beratungsvertrag (ggf. konkludent) bestand, sowie aus Delikt (insbes. § 826 BGB) in Betracht kommen; s. dazu zB BGH 18.2.2016, NJW-RR 2016, 567 Rn. 14.

[415] BGH 7.4.2003, NJW-RR 2003, 1054; 20.1.1992, ZIP 1992, 322 (323) = NJW-RR 1992, 542; MüKoHGB/Grunewald Rn. 198; Heymann/Horn, 2. Aufl. 1996, Rn. 196.

[416] BGH 17.4.2018, NZG 2018, 902 Rn. 30; 1.3.2011, NJW 2011, 1666 Rn. 7 mwN.

[417] MüKoHGB/Grunewald Rn. 198 mwN.

[418] S. BGH 17.4.2018, NZG 2018, 902 Rn. 17; 16.3.2017, NJW-RR 2017, 750 Rn. 17 mwN; 9.5.2017, NJW 2017, 3001 Rn. 12; 9.5.2017, NJW-RR 2017, 930 Rn. 15.

[419] BGH 9.5.2017, NJW-RR 2017, 930 Rn. 15; 17.4.2018, NZG 2018, 902 Rn. 19, jeweils mwN.

[420] S. zB BGH 10.10.1994, NJW 1995, 130.

[421] BGH 16.3.2017, NJW-RR 2017, 750 Rn. 19; 22.4.2010, ZIP 2010, 1132 (2133) = NZG 2010, 750; OLG Karlsruhe 6.8.2009, NZG 2009, 1107 (1109).

[422] BGH 23.4.2012, NJW-RR 2012, 937 Rn. 23; MüKoHGB/Grunewald Rn. 203; s. auch BGH 19.10.2010, BeckRS 2010, 28655 Rn. 10, der die Voraussetzungen im konkreten Fall jedoch verneinte.

[423] BGH 19.10.2010, BeckRS 2010, 28655 Rn. 14.

dann, wenn der über einen Treuhänder Beitretende nach dem Gesellschaftsvertrag wie ein unmittelbar beitretender Gesellschafter behandelt werden soll (Quasi-Gesellschafter).[424]

139 Wohl unstreitig ist, dass die **Publikums-KG** selbst **nicht** für unrichtige Angaben im Zuge der Beitrittsverhandlungen haftet. Überwiegend wird das damit begründet, dass das Gesellschaftsvermögen nicht zu Lasten ihrer außenstehenden Gläubiger durch Schadensersatzansprüche der Anleger aufgezehrt werden dürfe.[425]

140 Die Rspr. hat die Haftung aus culpa in contrahendo (§ 311 Abs. 3 BGB) in Ergänzung spezialgesetzlicher Regelungen (zB § 306 KAGB) zu einer **zivilrechtlichen Prospekthaftung** weiterentwickelt (→ § 171 Rn. 30 ff.).[426] Die damit verbundenen Sonderfragen sind Gegenstand des Kapitalmarktrechts.

141 **4. Sonderrecht der Publikums-KG. a) Allgemeines.** Die höchstrichterliche Rspr. hat die Besonderheiten in der Publikums-KG zum Anlass genommen, für sie eigenständige Rechtsgrundsätze herauszuarbeiten. In einer Vielzahl von Entscheidungen haben sich diese zu einem Sonderrecht der Publikums-KG verdichtet, das unter vielen Gesichtspunkten von den §§ 161 ff. abweicht.[427] Im Mittelpunkt dieser Rechtsfortbildung stehen die Gewährleistung der **Funktionsfähigkeit der Publikums-KG** und der **Schutz der Kapitalanleger.** Partiell hat das KAGB die für die Publikums-KG entwickelten Grundsätze aufgegriffen und für die offene bzw. geschlossene **Investment-KG** übernommen (→ Rn. 171 ff.).

142 **b) Gesellschaftsvertrag. aa) Form.** Der Gesellschaftsvertrag der Publikums-KG, der zunächst zwischen deren Initiatoren abgeschlossen wird, bedarf grundsätzlich keiner besonderen Form (→ Rn. 133),[428] wird in der Praxis aber in der Regel schriftlich abgefasst.[429] Für die offene sowie die geschlossene **Spezial-Investment-KG** schreibt § 125 Abs. 1 KAGB bzw. § 150 Abs. 1 S. 2 KAGB die Textform ausdrücklich vor, für die geschlossene Investment-KG verlangt § 150 Abs. 1 S. 1 KAGB unverändert die Wahrung der Schriftform (→ Rn. 176).

143 Abreden, mit denen die Initiatoren sich selbst (zB Tätigkeitsvergütungen, Gründerhonorar, Freistellung von der Kommanditeinlage), mit ihnen verflochtenen Unternehmen[430] oder ihnen sonst nahe stehenden Personen[431] zu Lasten der Gesellschaft **besondere Vorteile** zusagen, müssen von neu beitretenden Gesellschaftern zur Kenntnis genommen werden können; insoweit bedarf der Gesellschaftsvertrag der **Schriftform** (§ 126 BGB, vgl. § 26 Abs. 1 AktG).[432] Das gilt auch für den Fall, dass Anlagegesellschafter sich nur mittelbar über einen Treuhandkommanditisten an der Gesellschaft beteiligen sollen (→ Rn. 150).[433] Nicht erforderlich ist, dass die schriftlich abgefasste Abrede dem Beitritt der Anlagegesellschafter „zugrunde gelegt" wird.[434] Obwohl es den Anlagegesellschaftern kaum eine ausreichende Möglichkeit zur Kenntnisnahme verschafft, soll es nach hM ausreichen, dass die besonderen Vorteile in ein Beschlussprotokoll aufgenommen werden.[435] Wird die erforderliche Schriftform nicht eingehalten, ist die betreffende Abrede ebenso unwirksam (§ 125 BGB) wie Verträge und Rechtshandlungen zu ihrer Ausführung (vgl. § 26 Abs. 3 S. 1 AktG).[436]

144 Nach hM bedürfen **Schiedsklauseln** der Form des § 1031 ZPO.[437] Für Verbraucher (§ 13 BGB) ist § 1031 Abs. 5 ZPO zu beachten, wonach die Schiedsvereinbarung in einer von den Parteien eigenhändig unterzeichneten Urkunde enthalten sein muss, die keine sonstigen Vereinbarungen enthalten darf.

---

[424] BGH 4.7.2017, NZG 2017, 1033 Rn. 8 mwN.

[425] So Heymann/Horn, 2. Aufl. 1996, Rn. 196 unter Hinweis auf BGH 10.12.1984, NJW 1985, 1468.

[426] S. im Überblick auch Staub/Casper Rn. 171 ff.

[427] Ausf. Kraft FS Rob. Fischer, 1979, 321 ff.

[428] Heymann/Borges Rn. 412; Staub/Casper Rn. 131; **aA** RGHMW/Mock Rn. 114 unter Hinweis auf die Grundsätze der vertraglichen Inhaltskontrolle.

[429] Heymann/Borges Rn. 412.

[430] S. BGH 10.10.1994, NJW 1995, 130.

[431] So zu Recht MüKoHGB/Grunewald Rn. 117.

[432] BGH 7.11.1977, NJW 1978, 755; 4.3.1976, WM 1976, 446 (447); dazu NK-HGB/Eberl Rn. 14; Heinze ZGR 1979, 106 ff.; RGHMW/Mock Rn. 114; Ebenroth/Boujong/Notz Anh. 2 § 179 Rn. 23 fRGHMW.

[433] BGH 10.10.1994, NJW 1995, 130; 7.11.1977, NJW 1978, 755 (756); Ebenroth/Boujong/Notz Anh. 2 § 179 Rn. 24.

[434] **AA** Heymann/Horn, 2. Aufl. 1996, Rn. 158.

[435] BGH 4.3.1976, WM 1976, 446 (447) und die hL, vgl. Heymann/Borges Rn. 413; RGHMW/Mock Rn. 114; Hopt/Roth Anh. § 179 Rn. 10; **aA** MüKoHGB/Grunewald Rn. 117.

[436] Ebenroth/Boujong/Notz Anh. 2 § 179 Rn. 23.

[437] BGH 11.10.1979, NJW 1980, 1049 zu § 1027 ZPO aF; Staub/Casper Rn. 131; Heymann/Horn, 2. Aufl. 1996, Rn. 158; Ebenroth/Boujong/Notz Anh. 2 § 179 Rn. 42; Hopt/Roth Anh. § 179 Rn. 10; **aA** Ebbing NZG 1999, 754 (756); K. Schmidt BB 2001, 1857 (1862 f.). Zum formfreien Übergang der Schiedsvereinbarung bei Übertragung des KG-Anteils BGH 2.10.1997, NJW 1998, 371; allg. Rüppel BB 2014, 1091 ff.

bb) Auslegung. Die Auslegung des Gesellschaftsvertrags einer Publikums-KG ist wie die einer Satzung **objektiv und revisibel.**[438] Damit kann zur Auslegung nur herangezogen werden, was im Vertrag selbst Niederschlag gefunden hat, nicht jedoch das individuelle Verständnis der am Vertragsschluss Beteiligten.[439] Etwas anderes gilt nur, solange an der Gesellschaft kein Anlagegesellschafter (unmittelbar oder mittelbar) beteiligt ist, die Gründer also noch „unter sich sind",[440] oder allen Anlagegesellschaftern das individuelle Vertragsverständnis der Gründer bekannt ist.[441] 145

Gesellschaftsvertragliche Regelungen, die neben der Kapitaleinlage **weitere Verpflichtungen der Anlagegesellschafter** begründen (zB Nachschusspflichten), müssen umso eindeutiger gefasst sein, je schwerer die Belastung wiegt.[442] Unklare oder überraschende Regelungen sind restriktiv und zugunsten der Anlagegesellschafter auszulegen (Rechtsgedanke des § 305c Abs. 2 BGB; → § 163 Rn. 4).[443] Das gilt insbesondere für Bestimmungen des Gesellschaftsvertrags, die neben der Kapitaleinlage weitere Verpflichtungen der Anlagegesellschafter zugunsten der Gesellschaft begründen.[444] So wurde eine Klausel, nach der die Gesellschafter unter bestimmten Voraussetzungen zur Erhöhung ihrer Einlagen verpflichtet waren, dahin ausgelegt, dass die Erhöhung nur gefordert werden könne, solange das zusätzliche Kapital unmittelbar dem Gesellschaftszweck zu dienen bestimmt sei. Eine Verpflichtung zu Nachschüssen bei Vermögensverfall der Gesellschaft sei ungewöhnlich und bedürfe deshalb deutlicher Hervorhebung.[445] 146

cc) Inhaltskontrolle. Wie bei AGB wird dem Anlagegesellschafter in der Regel ein vorformuliertes Vertragswerk zur Unterzeichnung vorgelegt, so dass es an einem Vertragskompromiss als Gewähr für die Berücksichtigung der Parteiinteressen fehlt. Dies lässt einen Missbrauch der Vertragsfreiheit zu Lasten der Anlagegesellschafter besorgen, dem die Rspr. wegen § 310 Abs. 4 S. 1 BGB mit einer **an § 242 BGB ausgerichteten Inhaltskontrolle** begegnet.[446] Hierüber unterliegen vorformulierte Gesellschaftsverträge von Publikumsgesellschaften einer ähnlichen Inhaltskontrolle wie AGB (→ § 163 Rn. 4).[447] Eine fachkundige Beratung der Anlagegesellschafter ändere daran nichts, weil diese gleichwohl erwarten dürften, dass ihnen ein auch ihren Interessen entsprechendes Vertragswerk vorgelegt wird.[448] Hält eine Klausel der Inhaltskontrolle nicht stand, ist diese **nichtig.** Eine dadurch entstehende Regelungslücke ist im Wege der ergänzenden Vertragsauslegung auszufüllen (→ § 163 Rn. 5).[449] 147

Unabhängig davon, ob man dieser Begründung folgt,[450] ist diese Inhaltskontrolle letztlich sachgerecht, weil sie auf die **Entwicklung zwingender Grundsätze des Publikumsgesellschaftsrechts** 148

---

[438] StRspr, s. BGH 23.2.2021, NZG 2021, 641 Rn. 21; 11.9.2018, NZG 2018, 1226 Rn. 17; 6.3.2018, NZG 2018, 658 Rn. 16; 20.7.2017, NZG 2017, 1025 Rn. 11; 20.4.2017, NZG 2017, 984 Rn. 10; 16.2.2016, NJW-RR 2016, 550 Rn. 13; 8.10.2013, NZG 2013, 1334 Rn. 20; 11.1.2011, NJW 2011, 921 Rn. 12; 23.1.2006, NJW-RR 2006, 829 (830); 30.4.1979, NJW 1979, 2102; OLG München 27.5.2020, NZG 2020, 1222 (1223); OLG Stuttgart 15.7.2020, BeckRS 2020, 16964; ebenso zB Heymann/Borges Rn. 415, 419; Staub/Casper Rn. 132; Grunewald ZGR 1995, 68 (71 ff.); MüKoHGB/Grunewald Rn. 121; Ebenroth/Boujong/Notz Anh. 2 § 179 Rn. 25; BeckOGK/Notz/Zinger, 15.1.2021, Rn. 42, 332; Hopt/Roth Anh. § 179 Rn. 10; Henssler/Strohn/Servatius HGB Anh. Rn. 5; Wiedemann DNotZ 1977, Sonderheft, 99 (102). Abweichung dazu im Grundfall einer Personenhandelsgesellschaft BGH 21.10.2014, BGHZ 203, 77 Rn. 24 = NZG 2014, 1296: subjektive Auslegung.

[439] BGH 23.2.2021, NZG 2021, 641 Rn. 21; 6.3.2018, NZG 2018, 658 Rn. 16; 27.6.2016, BeckRS 2016, 17631 Rn. 7; OLG München 27.5.2020, NZG 2020, 1222 (1223); Heymann/Borges Rn. 416; BeckOGK/Notz/Zinger, 15.1.2021, Rn. 332; anders bei der gesetzestypischen KG, s. BGH 21.10.2014, BGHZ 203, 77 Rn. 24 = NZG 2014, 1296 mwN.

[440] Str., wie hier Heymann/Borges Rn. 418; MüKoHGB/Grunewald Rn. 121; im Grundsatz auch Staub/Casper Rn. 133; ähnlich Wiedemann DNotZ-Sonderheft 1977, 99 (104); **aA** wohl Coing ZGR 1978, 659 (675 f.); Henssler/Strohn/Servatius HGB Anh. Rn. 6: objektive Auslegung von Anfang an.

[441] So zutr. Staub/Casper Rn. 134; MüKoHGB/Grunewald Rn. 122.

[442] BGH 28.9.1978, NJW 1979, 419 (420); 30.4.1979, NJW 1979, 2102 f.

[443] BGH 16.2.2016, NJW-RR 2016, 550 Rn. 14 f.; 8.10.2013, NZG 2013, 1334 Rn. 20; Heymann/Borges Rn. 417 aE, 437; Staub/Casper Rn. 134; Ebenroth/Boujong/Notz Anh. 2 § 179 Rn. 26; RGHMW/Mock Rn. 115.

[444] BGH 30.4.1979, NJW 1979, 2102.

[445] BGH 28.9.1978, NJW 1979, 419 (420).

[446] So grdl. BGH 14.4.1975, BGHZ 64, 238 (241 ff.) = NJW 1975, 1318; 9.11.1987, BGHZ 102, 172 (177 ff.) = NJW 1988, 969; 21.3.1988, BGHZ 104, 50 (53 f.) = NJW 1988, 1903 (1904); zuletzt BGH 16.2.2016, NJW-RR 2016, 550 Rn. 14, mwN; 27.6.2016, BeckRS 2016, 17631 Rn. 8.

[447] So BGH 27.6.2016, BeckRS 2016, 17631 Rn. 8.

[448] BGH 21.3.1988, BGHZ 104, 50 (53 f.) = NJW 1988, 1903 (1904).

[449] So auch Heymann/Borges Rn. 425; Staub/Casper Rn. 140.

[450] Krit. Coester-Waltjen AcP 190 (1990), 1 (30); MüKoHGB/Grunewald Rn. 128 f.; Reuter AG 1979, 321 (323 ff.).

gerichtet ist, um die Interessen von Gründern und Anlagegesellschaftern miteinander zu versöhnen.[451] Um den Anlegerschutz und die Funktionsfähigkeit der Gesellschaft zu gewährleisten, kommt den Vorschriften des Aktienrechts dabei oft Leitbildcharakter zu,[452] der den in Publikumsgesellschaften bedeutenden Gläubigerschutz jedoch nicht beeinträchtigen darf.[453]

149 Nach hM erstreckt sich die Inhaltskontrolle im Falle der mittelbaren Beteiligung des Anlegers zusätzlich auf das **Treuhandverhältnis** (→ Rn. 130, → Rn. 150). Ihr unterliegt dann das gesamte Regelwerk aus Gesellschaftsvertrag und Treuhandabrede.[454]

150 **c) Rechtsstellung des Anlagegesellschafters. aa) Treuhänderische Beteiligung.** Im Falle der treuhänderischen Beteiligung (→ Rn. 130) ist zwischen den Rechtsverhältnissen der Anleger untereinander, zum Treuhänder und des Treuhänders zur Publikums-KG zu unterscheiden. Regelmäßig bilden die Anlagegesellschafter ihrerseits untereinander eine (Publikums-)GbR.[455] Der Treuhänder kann an dieser GbR beteiligt sein oder zu ihr in einem Geschäftsbesorgungsverhältnis stehen. Im Verhältnis zur Publikums-KG ist allein der Treuhänder Kommanditist (sog. Treuhandkommanditist). Nach Abschluss des Treuhandvertrags zieht er die Beiträge der Anleger ein und erbringt sie im eigenen Namen als Einlage an die KG (→ § 171 Rn. 79). Er ist verpflichtet, die Rechte und Interessen der Anleger in der KG wahrzunehmen, die auf diese Weise mittelbar an der Publikums-KG beteiligt sind.[456] Allerdings können dem Treugeber auch eigene gesellschaftsrechtliche Mitverwaltungsrechte (zB Stimmrecht)[457] eingeräumt werden **(sog. Quasi-Gesellschafter),** ohne dass dem das Abspaltungsverbot entgegensteht.[458] In diesem Sinne legt § 152 Abs. 1 S. 3 KAGB für die **geschlossene Publikums-Investment-KG** ausdrücklich fest, dass der mittelbar beteiligte Anleger im Innenverhältnis die gleiche Rechtsstellung wie ein Kommanditist hat (→ Rn. 216). Ist der Treugeber auf Grund seiner bereits im Gesellschaftsvertrag angelegten Rechtsstellung als Quasi-Gesellschafter zu qualifizieren, dann strahlt dies auch auf den Anspruch auf Leistung der Einlage aus. Dieser steht unmittelbar der Gesellschaft zu (→ § 171 Rn. 79).[459] Zum Zwecke der sachgerechten Rechts- und Interessenwahrnehmung ist der Treuhänder grundsätzlich verpflichtet, sich den erforderlichen Überblick über die Vorgänge in der KG zu verschaffen und sie den Anlegern sowie möglichen Interessenten in gebotenem Umfang offenzulegen.[460] Ausführlich → § 105 Rn. 77 ff., zur Haftung des Treuhänders → Rn. 131.

151 **bb) Mitgliedschaftliche Rechte und Pflichten. (1) Allgemeines.** Verletzt ein Gesellschafter der Publikumsgesellschaft seine gesellschafterlichen Pflichten, fand der **Haftungsmaßstab** des § 708 BGB aF nach allgM im Wege der teleologischen Reduktion keine Anwendung, weil das von der Vorschrift vorausgesetzte Vertrauensverhältnis in der Publikumsgesellschaft fehlt. Die Gesellschafter der Publikums-KG haften deshalb nach **§ 276 BGB** für Vorsatz und Fahrlässigkeit (für die Geschäftsführer gilt § 43 Abs. 2 GmbHG; → § 164 Rn. 65). Allerdings weist Grunewald zu Recht darauf hin, dass für den Anlagegesellschafter, der an der Geschäftsführung nicht beteiligt ist, ein Verschulden im Regelfall Vorsatz erfordert.[461]

152 **(2) Mitwirkung an der Beschlussfassung.** Zunächst → Rn. 33 ff. zur normalen KG; → Rn. 108 ff. zur GmbH & Co. KG. Für die **Auslegung** von Beschlüssen der Gesellschafterver-

---

451 Das konzediert auch Coester-Waltjen AcP 190 (1990), 1 (30); s. ferner Staub/Casper Rn. 137.

452 Vgl. BGH 4.7.1977, BGHZ 69, 207 (220) = NJW 1977, 2311; 12.7.1982, BGHZ 84, 383 (386 f.) = NJW 1982, 2500; s. auch Heymann/Borges Rn. 423; Staub/Casper Rn. 139.

453 KRM/Koller Rn. 7; Ebenroth/Boujong/Notz Anh. 2 § 179 Rn. 34.

454 BGH 21.3.1988, BGHZ 104, 50 (55 f.) = NJW 1988, 1903; Heymann/Borges Rn. 426; Staub/Casper Rn. 138; Ebenroth/Boujong/Notz Anh. 2 § 179 Rn. 35.

455 S. BGH 11.11.2008, BGHZ 178, 271 = NJW-RR 2009, 254 (255); 11.1.2011, NJW 2011, 921 Rn. 12 ff.; 19.11.2019, BeckRS 2019, 38101 Rn. 14 ff.; s. aber auch K. Schmidt ZHR 178 (2014), 10 ff.

456 RGHMW/Mock § 230 Rn. 197.

457 Dazu näher Wertenbruch NZG 2017, 81 ff.; → § 166 Rn. 54.

458 So für die „offene" bzw. qualifizierte Treuhand zB Heymann/Borges Rn. 228; RGHMW/Mock § 230 Rn. 156; Staub/Schäfer § 105 Rn. 107; s. auch BGH 11.11.2008, BGHZ 178, 271 = NJW-RR 2009, 254 (255); 11.10.2011, NZG 2011, 1432 Rn. 16; 23.4.2012, NJW-RR 2012, 937 Rn. 11; 5.2.2013, NZG 2013, 379 Rn. 12 ff.; 29.9.2015, NJW 2015, 3789 Rn. 11; 30.1.2018, NZG 2018, 539 Rn. 18 ff.; 30.1.2018, NZG 2018, 580 Rn. 13 ff.; OLG Düsseldorf 29.3.2017, NZG 2017, 1183 (1186); 23.11.2017, NZG 2018, 297 (298); OLG München 26.6.2009, NZG 2009, 1383; 18.5.2011, NZG 2011, 861 (863).

459 BGH 30.1.2018, NZG 2018, 539 Rn. 18; 30.1.2018, NZG 2018, 580 Rn. 13.

460 S. BGH 24.5.1982, BGHZ 84, 141 (144 f.) = NJW 1982, 2493 (2494): „Tatsachen, die für die Beurteilung des von Anfang an in der Hand des Treuhänders stehenden Treugutes wesentlich sind"; RGHMW/Mock § 230 Rn. 217.

461 MüKoHGB/Grunewald Rn. 139 mit Verweis auf BGH 20.3.1995, NJW 1995, 1739 (1746) (= BGHZ 129, 136 – „Girmes": Treuepflichtverletzung des Kleinaktionärs).

sammlung gilt der auch für den Gesellschaftsvertrag maßgebende Grundsatz einer objektiven Auslegung.[462]

(a) Stimmrecht. In der Publikumsgesellschaft waren **Mehrheitsbeschlüsse** bereits vor der Aufgabe des Bestimmtheitsgrundsatzes[463] in weiterem Umfang zulässig als in der gesetzestypischen KG (zu ihr → Rn. 34, → Rn. 66), da sich Einstimmigkeitsprinzip und Bestimmtheitsgrundsatz als Hemmschuh notwendiger Fortentwicklungen erwiesen hätten.[464] Auch ohne die betreffenden Beschlussgegenstände nach Maßgabe des Bestimmtheitsgrundsatzes im Einzelnen zu bezeichnen, konnte der Gesellschaftsvertrag deshalb – selbst für vertragsändernde Beschlüsse (näher → Rn. 66) – die Geltung des Mehrheitsprinzips vorsehen (→ Rn. 163).[465] Dabei ist die Mehrheit nicht nach der Zahl aller Gesellschafter, sondern nach der Zahl der abgegebenen Stimmen zu ermitteln.[466] 153

Um den Einfluss der Anlagegesellschafter zu stärken, hat der BGH darüber hinaus erwogen, Mehrheitsbeschlüsse **als Regelfall** sogar dann zuzulassen, wenn der Gesellschaftsvertrag dazu schweigt.[467] In der Tat erweist sich das in § 714 BGB, § 109 Abs. 3 (= § 119 Abs. 1 aF) vorgesehene Einstimmigkeitsprinzip in der Publikumsgesellschaft als zu schwerfällig und damit nicht sachgerecht (→ Rn. 140) und sollte deshalb zugunsten des Mehrheitsprinzips ganz aufgegeben werden. Beschlüsse bedürfen danach entsprechend § 133 Abs. 1 AktG der einfachen Stimmenmehrheit (zu vertragsändernden Beschlüssen → Rn. 140).[468] 154

(b) Einberufungsrecht. Häufig legt der Gesellschaftsvertrag der Publikums-KG die Einberufung der Gesellschafterversammlung ausdrücklich in die Hände der Geschäftsführer (sonst gilt entsprechend § 49 Abs. 1 GmbHG nichts anderes), räumt einer qualifizierten Mehrheit aber das Recht ein, von den Geschäftsführern die Einberufung der Versammlung zu verlangen. Fehlt eine ausdrückliche Regelung, können die Anlagegesellschafter ihr Einberufungsverlangen auf **§ 50 Abs. 1 GmbHG** stützen (aber → Rn. 36).[469] Bleiben die Geschäftsführer trotz ordnungsgemäßer Aufforderung untätig, sind die Anlagegesellschafter **analog § 50 Abs. 3 GmbHG** berechtigt, die Gesellschafterversammlung mit der nach dem Gesellschaftsvertrag[470] bzw. § 50 Abs. 1 GmbHG für das Einberufungsverlangen erforderlichen Mehrheit selbst einzuberufen.[471] 155

(c) Teilnahmerecht. Den Anlagegesellschaftern steht, auch wenn sie nur mittelbar über einen Treuhänder an der Publikumsgesellschaft beteiligt sind, ein unabdingbares Teilnahmerecht in der Gesellschafterversammlung zu.[472] Zum Informationsrecht des Anlagegesellschafters → § 166 Rn. 49 ff. 156

(d) Beschlussmängelrechte. Die Geltendmachung von Beschlussmängeln, wozu jeder auch nur mittelbar beteiligte Gesellschafter berechtigt ist, folgt im Wesentlichen den **allgemeinen Regeln** (→ Rn. 38).[473] Danach ist prinzipiell jeder Beschluss, der gegen das Gesetz, die guten Sitten oder den Gesellschaftsvertrag verstößt, nichtig. Eine **Ausnahme von der Nichtigkeitsfolge** ist aber, um 157

---

[462] BGH 6.3.2018, NZG 2018, 658 Rn. 16 f.

[463] S. BGH 21.10.2014, BGHZ 203, 77 Rn. 14 f. = NZG 2014, 1296; nachfolgend BGH 11.9.2018, NZG 2018, 1226 Rn. 17; 22.9.2020, NZG 2020, 1343 Rn. 30 ff.; 13.10.2020, NZG 2020, 1384 Rn. 11; näher → § 109 Rn. 42, → § 109 Rn. 57 ff.

[464] BGH 13.3.1978, BGHZ 71, 53 (58) = NJW 1978, 1382 = JZ 1978, 610 mAnm Wiedemann; ferner BGH 11.9.2018, NZG 2018, 1226 Rn. 23.

[465] BGH 13.7.1978, NJW 1978, 1378; **aA** Henssler/Strohn/Servatius HGB Anh. Rn. 65.

[466] BGH 30.3.1998, NJW 1998, 1946 (1947 f.) für eine Publikumspersonengesellschaft in der Rechtsform der stG; Staub/Casper Rn. 197; RGHMW/Mock § 163 Rn. 28; KRM/Koller § 119 Rn. 9.

[467] BGH 13.3.1978, BGHZ 71, 53 (58) = NJW 1978, 1382; **aA** Henssler/Strohn/Servatius HGB Anh. Rn. 61, der stets eine gesellschaftsvertragliche Grundlage in Gestalt einer Mehrheitsklausel fordert.

[468] Staub/Casper Rn. 197; MüKoHGB/Grunewald Rn. 142; Reuter GmbHR 1981, 129 (131); Hopt/Roth Anh. § 179 Rn. 13.

[469] So zutr. Staub/Casper Rn. 195; Reichert/Winter BB 1981, 985 f.; Hopt/Roth Anh. § 179 Rn. 17 aE; **aA** MHdB GesR II/Jaletzke § 66 Rn. 10: fünfprozentiges Quorum analog § 122 AktG; dort auch zu der Frage, ob eine gesellschaftsvertragliche Regelung, die höhere Anforderungen an das Einberufungsverlangen stellt, wirksam ist; s. ferner Heymann/Borges Rn. 478.

[470] Staub/Casper Rn. 195; **aA** MüKoHGB/Grunewald Rn. 140, die auch insoweit an § 50 Abs. 3 GmbHG anknüpft.

[471] BGH 9.11.1987, BGHZ 102, 172 (175) = NJW 1988, 969 (970); Heymann/Borges Rn. 478; Staub/Casper Rn. 195; Grunewald FS Baums, Bd. I, 2017, 507 (511); KKD/Kindler § 119 Rn. 6; Reichert/Winter BB 1981, 981 (985).

[472] Ebenso Heymann/Borges Rn. 448; Staub/Casper Rn. 196.

[473] HM, s. BGH 7.6.1999, NJW 1999, 3113 (3114) = BB 1999, 1835 mAnm Casper; KKD/Kindler § 119 Rn. 14; **aA** MüKoHGB/Grunewald, 5. Aufl. 2022, Rn. 148 mwN: §§ 241 ff. AktG analog; iErg auch Staub/Casper Rn. 199, allerdings ohne Rückgriff auf die §§ 241 ff. AktG.

das Gesellschaftsverhältnis von „unerträglichen Unsicherheiten" zu befreien, für den Fall anerkannt, dass der Beschlussmangel (zB die versehentlich unterbliebene Ladung eines Gesellschafters) das Abstimmungsergebnis unter keinen Umständen beeinflusst haben kann.[474] Dafür trifft denjenigen die Darlegungs- und Beweislast, der sich auf die Wirksamkeit des Beschlusses beruft.[475]

158 Die Rspr. hielt bis zum Inkrafttreten des MoPeG für die Publikumsgesellschaft zwar an dem Grundsatz fest, dass Beschlussmängelstreitigkeiten unter den Gesellschaftern und nicht mit der Gesellschaft auszutragen sind (→ Rn. 41; → § 164 Rn. 8). Für das Vorliegen einer abweichenden Regelung ließ der BGH aber bereits geringfügige Anhaltspunkte im Gesellschaftsvertrag genügen, zB die Anlehnung von Beschlussmängelstreitigkeiten an das Kapitalgesellschaftsrecht[476] oder die Geltung einer Schiedsvertragsklausel für Streitigkeiten zwischen der Gesellschaft und den Gesellschaftern.[477] Da die Geltendmachung von Beschlussmängeln in einer KG mit einer Vielzahl von Kommanditisten über Gebühr erschwert und die Kontrollrechte ausgehöhlt würden, wenn sämtliche Mitgesellschafter verklagt werden müssten, war bereits nach bisheriger Rechtslage mit einer verbreiteten Auffassung im Schrifttum ein Schritt weiterzugehen und anzunehmen, dass **im Zweifel neben den Gesellschaftern auch die Gesellschaft passivlegitimiert** ist (näher → Rn. 38).[478] Dies rechtfertigte auch die entsprechende Anwendung von § 247 Abs. 1 AktG für die Streitwertfestsetzung.[479] Seit Inkrafttreten des MoPeG am 1.1.2024 gelten jedoch auch für die Publikums-KG über § 161 Abs. 2 die §§ 110–115.[480] Danach ist sowohl die Anfechtungsklage (§ 113 Abs. 2) als auch die Nichtigkeitsklage (§ 114 iVm § 113 Abs. 2) gegen die Gesellschaft zu richten, sodass es hierfür keines Rückgriffs mehr auf eine gesellschaftsvertragliche Regelung bedarf. Für die Streitwertfestsetzung ist § 113 Abs. 5 maßgebend, der die Parameter in § 247 Abs. 1 AktG übernimmt.

159 Sofern der Gesellschaftsvertrag keine abweichende Regelung getroffen hat,[481] ist die auf Feststellung der Nichtigkeit gerichtete Klage nach § 256 Abs. 1 ZPO auch in der Publikums-KG und im Unterschied zu der Anfechtungsklage (§ 112 Abs. 1 S. 1: drei Monate) **nicht fristgebunden** (→ Rn. 38), sondern unterliegt lediglich den allgemeinen Grundsätzen der Verwirkung,[482] da § 114 S. 1 nur auf § 111 und § 113, nicht hingegen auf § 112 verweist.[483] Der Gesellschaftsvertrag kann jedoch eine an § 246 AktG oder § 112 Abs. 1 S. 1 angelehnte Ausschlussfrist vorsehen (→ Rn. 38).

160 **(3) Treuepflicht.** Wie die Initiatoren sind die Anlagegesellschafter einander und gegenüber der Gesellschaft zur Treue verpflichtet. Allerdings ist diese Treuepflicht umso schwächer ausgeprägt, je größer der Gesellschafterkreis ist (zu Einzelheiten → § 108 Rn. 29 ff.).[484] Zu einzelnen Ausprägungen der Treuepflicht → Rn. 67. Ist der Anleger nicht unmittelbar, sondern über einen Treuhänder an der Gesellschaft beteiligt, dann kommt auf das Rechtsverhältnis die gesellschaftliche Treuepflicht nur zur Anwendung, wenn der Treugeber auf Grund des Gesellschaftsvertrags die Stellung eines Quasi-Gesellschafters hat.[485]

161 **(4) Austrittsrecht.** Zunächst → Rn. 42 ff. Um einen wichtigen Grund, der zur außerordentlichen, fristlosen Kündigung berechtigt, handelt es sich in den Fällen des **fehlerhaften Beitritts.** Trotz Nichtigkeit oder Anfechtbarkeit der Beitrittserklärung ist der Beitritt in Anlehnung an die Grundsätze der fehlerhaften Gesellschaft zunächst voll wirksam und nur mit Wirkung für die Zukunft *(ex nunc)* vernichtbar (→ Rn. 136).[486] Ein wichtiger Grund liegt ebenfalls vor, wenn die Gesellschaft

---

474 BGH 10.10.1983, DB 1984, 179 (180); 19.1.1987, NJW 1987, 1262 (1263); Staub/Casper Rn. 199.

475 S. für die AG Koch AktG § 243 Rn. 12.

476 BGH 24.3.2003, NJW 2003, 1729 f.; nachfolgend BGH 1.3.2011, NZG 2011, 544 Rn. 19 ff.; OLG München 26.9.2012, BeckRS 2012, 20321; zust. Staub/Casper Rn. 200. Zur abzulehnenden entsprechenden Anwendung auf Streitigkeiten über die Rechtswirksamkeit gesellschaftsvertraglicher Bestimmungen s. LG Freiburg 24.1.2014, ZIP 2014, 523 = BeckRS 2014, 02151.

477 BGH 7.6.1999, NJW 1999, 3113 (3115); weitergehend die Vorinstanz OLG Celle 26.8.1998, NZG 1999, 64 f.

478 Casper BB 1999, 1837 (1838); Staub/Casper Rn. 200; MüKoHGB/Grunewald Rn. 145; Wiedemann EWiR § 161 HGB 2/95, 486.

479 Hierfür OLG Bremen 5.1.2011, NZG 2011, 312 f.

480 Staub/Casper Rn. 200.

481 S. exemplarisch BGH 11.10.2011, NZG 2011, 1432 Rn. 39; OLG Stuttgart 15.7.2020, BeckRS 2020, 16964.

482 BGH 7.6.1999, NJW 1999, 3113 (3114); Staub/Casper Rn. 200.

483 Ebenso zu § 114 MüKoHGB/Liebscher § 114 Rn. 27; Staub/Schäfer § 114 Rn. 5.

484 BGH 5.11.1984, NJW 1985, 974 f.; 19.11.1984, NJW 1985, 972 (973); Staub/Casper Rn. 188; ferner Reuter GmbHR 1981, 129 (131).

485 OLG Düsseldorf 23.11.2017, NZG 2018, 297 (300).

486 So zuletzt BGH 30.1.2018, NZG 2018, 539 Rn. 52 f.; im Ansatz bereits BGH 18.1.1988, NJW 1988, 1324 f.; 12.5.1977, BGHZ 69, 160 (162 f.) = NJW 1977, 2160.

durch einen Mehrheitsbeschluss, den der Gesellschafter nicht mitgetragen hat, **tiefgreifend umgestaltet** wurde.[487] Das Austrittsrecht ist insoweit die notwendige Konsequenz aus der weitgehenden Zulassung von Mehrheitsbeschlüssen in der Publikumsgesellschaft.

cc) „Gesplittete" Einlage. Häufig sehen Gesellschaftsverträge von Publikumsgesellschaften vor, dass der Anleger der Gesellschaft neben der übernommenen Kapitaleinlageverpflichtung weitere Mittel als Darlehen oder stille Beteiligung zuführt. Man spricht in derartigen Fällen von einer „gesplitteten" Einlage (→ § 171 Rn. 76 ff.). **Gesellschaftsrechtlich** ist sie regelmäßig **einheitlich zu bewerten:**[488] In einem ersten Schritt hat der BGH dazu festgestellt, dass die im Gesellschaftsvertrag einer Publikumsgesellschaft neben der Kapitaleinlage übernommene „Verpflichtung zur Erbringung von Kapitalleistungen im Zweifel gesellschaftsrechtlicher Art sei und den Bedingungen des Gesellschaftsverhältnisses unterliegen" solle.[489] Folgerichtig hat er die Frage, ob das Darlehen unabhängig von der Mitgliedschaft (vorzeitig) gekündigt werden könne, verneint.[490] In einem zweiten Schritt hat der BGH „gesplittete" Einlagen überdies einheitlich als Eigenkapital qualifiziert, wenn und weil sie ausdrücklich so bezeichnet werden und/oder zur Verwirklichung der gesellschaftsvertraglich festgelegten Ziele unentbehrlich sind, nach der ihnen zugedachten Funktion also Eigenkapitalcharakter haben.[491] Damit ist dem Anleger die Geltendmachung der „stillen Einlage" entgegen § 236 Abs. 1 versagt.[492] Die Behandlung des Darlehens bzw. der stillen Einlage als Eigenkapital führt außerdem dazu, dass auch darauf geleistete Zahlungen nach § 171 Abs. 1 Hs. 2 haftungsbefreiend wirken.[493] 162

d) Änderungen im Gesellschaftsverhältnis. aa) Änderungen des Gesellschaftsvertrags. (1) Mehrheitsbeschluss. Änderungen des Gesellschaftsvertrags bedürfen auch in der Publikumsgesellschaft nach Auffassung des BGH grundsätzlich der Zustimmung aller Gesellschafter (Einstimmigkeitsprinzip; aber → Rn. 164). Da Einstimmigkeit in Publikumsgesellschaften aber kaum zu erreichen und die notwendige Fortentwicklung der Gesellschaft dadurch gefährdet wäre, sind Mehrheitsbeschlüsse in Publikumsgesellschaften in weiterem Umfang zulässig als in der gesetzestypischen KG. Nach allgM fand der **Bestimmtheitsgrundsatz** deshalb auch vor dessen genereller Preisgabe durch die Rspr. des BGH (→ § 109 Rn. 38 ff. sowie → Rn. 66) in der Publikumsgesellschaft **keine Anwendung.**[494] Änderungen des Gesellschaftsvertrags können aus diesem Grunde selbst dann mit (einfacher oder qualifizierter) Mehrheit beschlossen werden, wenn der Gesellschaftsvertrag Mehrheitsbeschlüsse allgemein zulässt, ohne einzelne Beschlussgegenstände näher zu bezeichnen (→ Rn. 153). Das gilt sogar, wenn mit dem Mehrheitsbeschluss tiefgreifende Veränderungen des Gesellschaftsverhältnisses verbunden sind.[495] Ob man dafür zwingend eine Dreiviertelmehrheit verlangen muss, ist zweifelhaft.[496] Denn jedenfalls steht den überstimmten Anlagegesellschaftern ein Austrittsrecht zu (→ Rn. 161). 163

Lässt der Gesellschaftsvertrag den Mehrheitsbeschluss für bestimmte Beschlussgegenstände ausdrücklich zu, so könnte fraglich und durch Auslegung zu ermitteln sein, ob diese Beispiel- oder Ausnahmecharakter haben sollen. Sieht man hingegen mit der zutreffenden hL entgegen § 109 Abs. 3 das **Mehrheitsprinzip** in der Publikumsgesellschaft **als Regelfall** an (→ Rn. 163), ist das entbehrlich. Im Gesellschaftsvertrag konkret bezeichnete Beschlussgegenstände haben dann im Zwei- 164

[487] BGH 13.3.1978, BGHZ 71, 53 (61) = NJW 1978, 1382 (1383) (Neuordnung des Unternehmensgegenstands und des Managements); 12.5.1977, BGHZ 69, 160 (167) = NJW 1977, 2160 (2161 f.); s. ferner Staub/Casper Rn. 226 mwN.

[488] Schlegelberger/Martens Rn. 162; vgl. BGH 3.7.1978, DB 1978, 1777.

[489] BGH 28.11.1977, BGHZ 70, 61 (63) = NJW 1978, 376 (377).

[490] BGH 28.11.1977, BGHZ 70, 61 (64) = NJW 1978, 376 (377).

[491] BGH 9.2.1981, NJW 1981, 2251 (2252); **aA** Henssler/Strohn/Servatius HGB Anh. Rn. 84; Übertragung dieser Rspr. auf die „normale" GmbH & Co. KG in BGH 21.3.1988, BGHZ 104, 33 (39 f.) = NJW 1988, 1841 (1842).

[492] BGH 9.2.1981, NJW 1981, 2251 (2252).

[493] BGH 17.5.1982, NJW 1982, 2253 (2254) m. zust. Anm. K. Schmidt; ebenfalls zust. Henssler/Strohn/Servatius HGB Anh. Rn. 86.

[494] StRspr, grdl. BGH 13.3.1978, BGHZ 71, 53 (58) = NJW 1978, 1382 = JZ 1978, 610 mAnm Wiedemann; 15.11.1982, BGHZ 85, 350 (356) = NJW 1983, 1056 (1057 f.); ferner Staub/Casper Rn. 142 mwN.

[495] BGH 5.11.1984, NJW 1985, 974 (Verzicht auf die Verzinsung der Kapitaleinlagen); 13.3.1978, BGHZ 71, 53 (58 f.) = NJW 1978, 1382 (Auswechslung der Komplementärin); 12.5.1977, BGHZ 69, 160 (167) = NJW 1977, 2160 (Fortsetzung der Gesellschaft trotz drohender Zweckverfehlung); 24.11.1975, BGHZ 66, 82 (85 f.) (Recht zur erhöhten Kapitalbeteiligung, das jedem Gesellschafter entsprechend der Höhe seiner bisherigen Beteiligung eingeräumt wird); RGHMW/Mock § 163 Rn. 23; Hopt/Roth Anh. § 179 Rn. 12.

[496] Dafür Wiedemann ZGR 1977, 690 (695 f.).

fel lediglich Beispielcharakter.[497] Vor allem gilt das Mehrheitsprinzip, wenn der Gesellschaftsvertrag hierzu schweigt.[498] Änderungen des Gesellschaftsvertrags bedürfen dann in Anlehnung an § 179 Abs. 2 AktG einer Mehrheit von drei Vierteln der abgegebenen Stimmen.[499] Der gebotene Schutz der überstimmten Gesellschafter wird dadurch gewährleistet, dass ihnen ggf. ein Austrittsrecht zusteht (→ Rn. 161). Fraglich und ungeklärt ist, ob dieses Mehrheitsprinzip gilt, wenn der Gesellschaftsvertrag **ausdrücklich Einstimmigkeit** oder zB eine Zustimmung des Komplementärs voraussetzt. In Übereinstimmung mit der Tendenz der Rspr., das Mehrheitsprinzip für Vertragsänderungen hervorzuheben und auf diese Weise den Anlagegesellschaftern die Beseitigung unangemessener Vertragsklauseln zu ermöglichen,[500] wird das zu bejahen sein.[501]

165 **(2) Grenzen.** Änderungen des Gesellschaftsvertrags sind durch den Gleichbehandlungsgrundsatz und die Kernbereichslehre Grenzen gesetzt.[502] Vertragsänderungen, die in die Rechtsstellung eines Gesellschafters eingreifen, bedürfen seiner Zustimmung,[503] die grundsätzlich im Voraus (im Gesellschaftsvertrag) erklärt werden kann. Ist die **antizipierte Zustimmung** auf die Übernahme einer zusätzlichen Belastung des Gesellschafters gerichtet (zB nachträgliche Beitragserhöhungen), muss sie eindeutig formuliert sein und das Maß der Belastung erkennen lassen. Das erfordert die Angabe einer Obergrenze oder anderer Kriterien, die das Erhöhungsrisiko eingrenzen.[504]

166 **bb) Mitwirkungspflicht.** Auf Grund seiner Treuepflicht kann ein Gesellschafter ausnahmsweise gehalten sein, Eingriffe in seine Rechtsstellung hinzunehmen und deshalb einer Änderung des Gesellschaftsvertrags zuzustimmen (→ Rn. 66, → Rn. 67), die im Interesse der Gesellschaft geboten und ihm unter Berücksichtigung seiner eigenen schutzwürdigen Belange zumutbar sind.[505] Anders als in der gesetzestypischen KG ist es in der Publikums-KG nicht praktikabel und wird deshalb allg. nicht für erforderlich gehalten, eine mögliche Vielzahl treuepflichtwidrig die Vertragsänderung ablehnender Gesellschafter auf Zustimmung zu verklagen; ihre pflichtgemäße Zustimmung wird stattdessen unterstellt.[506]

167 **cc) Konkludente Änderung.** Zum Teil wird auch eine konkludente Änderung des Gesellschaftsvertrags für möglich gehalten. Sie würde aber dazu führen, dass der Gesellschaftsvertrag unterschiedlich auszulegen wäre, je nachdem, ob ein Gesellschafter um die konkludente Abänderung weiß oder nicht (dann objektive Auslegung; → Rn. 145).[507] Das ist aber nicht nur unpraktikabel, sondern auch dogmatisch fragwürdig, weil das Gesellschaftsverhältnis dann nicht mehr auf einer einheitlichen gesellschaftsvertraglichen Grundlage beruhen würde. Durch konkludentes Verhalten kann deshalb im Einzelfall und mit vertragsändernder Mehrheit wirksam vom Gesellschaftsvertrag abgewichen werden (Vertragsdurchbrechung); eine Änderung des Gesellschaftsvertrags liegt darin aber nicht.[508] Sie bedarf andererseits auch nicht der Schriftform,[509] wohl aber ausdrücklicher Vereinbarung.[510]

168 **e) Ausschluss aus der Gesellschaft.** Wie in der gesetzestypischen OHG/KG sind sog. **Hinauskündigungsklauseln,** nach denen ein Gesellschafter ohne Vorliegen eines wichtigen Grundes aus der Gesellschaft ausgeschlossen werden kann, nach den §§ 138, 242 BGB nichtig (allgemein → § 134 Rn. 45 ff.). Sie würden die Ausschlussberechtigten in die Lage versetzen, die Anlagegesellschafter bei positiver Geschäftsentwicklung aus der Gesellschaft auszuschließen, sie aber bei negativer Ent-

497 Ebenso MüKoHGB/Grunewald Rn. 124.

498 Ebenso Staub/Casper Rn. 144.

499 Heymann/Borges Rn. 430; Hopt/Roth Anh. § 179 Rn. 13; ähnlich Staub/Casper Rn. 144; erwogen, aber letztlich offengelassen in BGH 13.3.1978, BGHZ 71, 53 (58 f.) = NJW 1978, 1382.

500 Schlegelberger/Martens Rn. 144.

501 Staub/Casper Rn. 144; bejahend auch MüKoHGB/Grunewald Rn. 124 unter Hinweis auf die Inhaltskontrolle; Heymann/Horn, 2. Aufl. 1996, Rn. 166: unentziehbarer Kern der Verwaltungsrechte wirke sich in der Publikums-KG als Recht zum qualifizierten Mehrheitsvotum aus.

502 Staub/Casper Rn. 143.

503 Heymann/Borges Rn. 483; Staub/Casper Rn. 143.

504 StRspr, BGH 21.10.2014, BGHZ 203, 77 Rn. 17 = NZG 2014, 1296; 23.1.2006, NJW-RR 2006, 829 (830); 4.7.2005, NZG 2005, 753 (754); Heymann/Borges Rn. 440; Staub/Casper Rn. 182 f.; Henssler/Strohn/Servatius HGB Anh. Rn. 76 mwN.

505 BGH 21.10.2014, BGHZ 203, 77 Rn. 19 = NZG 2014, 1296; 23.1.2006, NJW-RR 2006, 829 (831); 4.7.2005, NZG 2005, 753 (754); s. ferner Staub/Casper Rn. 189 ff.

506 Ganz hM, s. BGH 5.11.1984, NJW 1985, 974; Brandes WM-Sonderbeil. 1/1987, 11; Staub/Casper Rn. 193; RGHMW/Mock § 163 Rn. 25.

507 So MüKoHGB/Grunewald Rn. 126.

508 Heymann/Borges Rn. 434; s. auch BGH 5.2.1990, NJW 1990, 2684 (2685): fehlende Schriftlichkeit als gewichtiges Indiz für Durchbrechung im Einzelfall.

509 Dahingehend Heymann/Horn, 2. Aufl. 1996, Rn. 165.

510 Heymann/Borges Rn. 434.

wicklung die Nachteile tragen zu lassen. Das hält einer Inhaltskontrolle nicht stand und wird zudem als sittenwidrig angesehen,[511] und zwar unabhängig von den Ausschlussmodalitäten (Rückkaufsrecht, Optionsklausel) im Einzelfall und davon, ob der Ausschluss an eine angemessene Abfindungszahlung geknüpft ist.[512]

Der Ausschluss eines Gesellschafters ist demnach nur im Wege der **Ausschließungsklage** nach § 161 Abs. 2 iVm § 134 möglich. Daran haben nach dem Wortlaut des Gesetzes alle übrigen Gesellschafter mitzuwirken; Grunewald schlägt vor, unter Praktikabilitätsaspekten eine vertragsändernde Dreiviertelmehrheit ausreichen zu lassen.[513] Wegen der gravierenden Folgen des Ausschlusses für den betroffenen Gesellschafter erscheint das aber zweifelhaft. Vielmehr ist es wegen der Schwere des Eingriffs nicht unverhältnismäßig, die Gesellschafter notfalls auf ihre treuepflichtgemäße Mitwirkung am Ausschluss zu verklagen. 169

5. Auflösung der Gesellschaft. Die Auflösungsklage nach § 161 Abs. 2 iVm § 139 ist gegenüber einer Änderung des Gesellschaftsvertrags, mit dem uU ein außerordentliches Austrittsrecht des überstimmten Gesellschafters einhergeht, **subsidiär.**[514] Erst wenn die Vertragsänderung keine Abhilfe schafft, ist die Auflösungsklage möglich. Entgegen § 109 Abs. 3 bedarf es hierzu aber nicht der Mitwirkung aller Gesellschafter, die zu erreichen in großen Publikumsgesellschaften illusorisch wäre. Erforderlich und ausreichend ist eine **vertragsändernde Dreiviertelmehrheit.**[515] Zur Ablösung der Auflösungsklage nach § 139 Abs. 1 durch ein an das Vorliegen eines wichtigen Grunds gebundenes außerordentliches Kündigungsrecht der Gesellschafter bei der offenen bzw. geschlossenen **Investment-KG** s. § 138 Abs. 1 KAGB bzw. § 161 Abs. 1 KAGB (→ Rn. 208, → Rn. 211). 170

XI. Investment-KG

1. Allgemeines. Durch das Kapitalanlagegesetzbuch vom 4.7.2013 (BGBl. 2013 I 1981) hat der Gesetzgeber in Gestalt der **Investment-KG** eine Sonderform der KG geschaffen, die nach ihrem Zweck auf die Einsammlung von Kapital gerichtet ist, um dieses nach einer festgelegten Anlagestrategie zum Nutzen der Anleger zu investieren, und kein operatives Unternehmen außerhalb des Finanzsektors ist (sog. Investmentvermögen, § 1 Abs. 1 S. 1 KAGB).[516] Hierbei beschritt der Gesetzgeber keineswegs Neuland, sondern adaptierte einen konstruktiven Ansatz, der bereits seit dem 1.1.2007 in der Schweiz bekannt ist, in der Art. 98 KAG ausdrücklich die Bildung einer Kommanditgesellschaft für kollektive Kapitalanlagen (KmGK) ermöglicht.[517] Zu unterscheiden sind **offene Investmentvermögen** (§ 1 Abs. 4 KAGB) und **geschlossene Investmentvermögen** (§ 1 Abs. 5 KAGB),[518] wobei für die Abgrenzung zunächst maßgeblich war, ob der Anleger mindestens einmal pro Kalenderjahr das Recht auf Auszahlung seiner Anteile oder Aktien hatte (s. § 1 Abs. 4 Nr. 2 KAGB aF). Durch die veränderte Legaldefinition in § 1 Abs. 4 KAGB und die dortige Bezugnahme auf die delegierte VO (EU) 694/2014 ist die zeitliche Mindestanforderung an das Rückgaberecht entfallen.[519] Entscheidend für die Abgrenzung ist deshalb alleine, ob ein derartiges Rückgabe-(Kündigungs-)Recht des Anlegers besteht.[520] 171

Sofern es sich jeweils um **inländische Investmentvermögen** handelt (s. § 1 Abs. 7 KAGB), begründet das KAGB in § 91 Abs. 1 sowie in § 139 einen **Rechtsformzwang,** der neben der Investment-AG im Unterschied zu der früheren Rechtslage (InvG) auch durch Errichtung einer **offenen oder geschlossenen Investment-KG** erfüllt werden kann.[521] Wird für das vom KAGB erfasste Investmentvermögen eine andere und damit **nicht zugelassene Rechtsform** gewählt, 172

---

[511] S. etwa BGH 21.3.1988, BGHZ 104, 50 (57) = NJW 1988, 1903 (1906 f.); Staub/Casper Rn. 227; Heymann/Horn, 2. Aufl. 1996, Rn. 190 mwN.

[512] Ebenroth/Boujong/Notz Anh. 2 § 179 Rn. 39.

[513] MüKoHGB/Grunewald Rn. 143 (ebenso für die Gestaltungsklagen nach §§ 117, 127); zust. Heymann/Borges Rn. 492 aE; Staub/Casper Rn. 229.

[514] BGH 12.5.1977, BGHZ 69, 160 (167) = NJW 1977, 2160 f.; Staub/Casper Rn. 232; Ebenroth/Boujong/Notz Anh. 2 § 179 Rn. 196.

[515] Hopt/Roth Anh. § 179 Rn. 31; Staub/Casper Rn. 232.

[516] S. Wallach ZGR 2014, 289 (292 ff.).

[517] Dazu näher Spillmann, Die Kommanditgesellschaft für kollektive Kapitalanlagen, Zürich/St. Gallen 2016.

[518] Wallach ZGR 2014, 289 (294 f.).

[519] S. BTMB/Hüwel/Kracke KAGB § 124 Rn. 8; BSV/Kunschke/Klebeck KAGB § 124 Rn. 22 ff.; ferner MKJH/Eichhorn KAGB § 124 Rn. 6; Mohr, Die offene Investmentkommanditgesellschaft, 2016, 9 f.; Ebenroth/Boujong/Paefgen/Franke KAGB Vor § 1 Rn. 32; EDD/Verfürth/Emde KAGB § 1 Rn. 122 ff.

[520] BTMB/Hüwel/Kracke KAGB § 124 Rn. 10.

[521] In vergleichbarer Weise begrenzt § 18 Abs. 1 KAGB die Wahl der Rechtsform für externe Kapitalverwaltungsgesellschaften, ermöglicht jedoch auch für diese die Errichtung einer KG, sofern es sich bei dem einzigen persönlich haftenden Gesellschafter um eine GmbH handelt.

spricht der mit dem Rechtsformzwang bezweckte Anlegerschutz gegen eine auf § 134 BGB gestützte Nichtigkeit des Gesellschaftsvertrags.[522] Dem auf Schutz der Anleger ausgerichteten Gesetzeszweck, dem auch der Rechtsformzwang dient, trägt es besser Rechnung, dem Anleger einen auf den Zweck des Gesellschaftsvertrags gestützten Anspruch auf Änderung des Gesellschaftsvertrags in eine vom KAGB zugelassene Rechtsform zu gewähren,[523] der von jedem Gesellschafter gegen die Mitgesellschafter geltend gemacht werden kann,[524] aber nicht zwingend auf Errichtung einer offenen bzw. geschlossenen Investment-KG gerichtet ist. Kommt der Wechsel in eine vom KAGB zugelassene Rechtsform nicht in Betracht, kann der Anleger einen etwaigen Schaden über § 280 Abs. 1 BGB ausgleichen.[525]

173 Für die Investment-KG gelten die §§ 161 ff. zur KG, sofern die Sonderregelungen des KAGB keine abweichenden Bestimmungen treffen (s. § 124 Abs. 1 S. 2 KAGB für die offene Investment-KG, § 149 Abs. 1 S. 2 KAGB für die geschlossene Investment-KG; → § 163 Rn. 11 f.).[526] Die in → Rn. 141 ff. dargelegten Besonderheiten bei der Publikums-KG werden hierdurch – soweit der Anwendungsbereich des KAGB reicht – verdrängt.[527] Gleichwohl handelt es sich bei der offenen bzw. geschlossenen Investment-KG nicht um eine neue Rechtsform, sondern wegen der Verknüpfung mit dem HGB um eine **Sonderform der KG,**[528] deren rechtlicher Rahmen durch die spezifischen Zielsetzungen des Kapitalmarktrechts geprägt wird. **Privatanleger** können sich als Kommanditisten wegen des durch § 125 Abs. 2 S. 1 KAGB und § 150 Abs. 2 S. 1 KAGB vorgegebenen Unternehmensgegenstands ausschließlich an einer **geschlossenen Investment-KG** beteiligen, da nur bei ihr der Unternehmensgegenstand in einem **Publikums-AIF** bestehen kann (→ Rn. 184 f., → Rn. 213).

174 **2. Offene Investment-KG. a) Überblick.** Die gesellschaftsrechtlichen Sonderbestimmungen des KAGB zur offenen Investment-KG betreffen insbesondere den Gesellschaftsvertrag (§ 125 KAGB), den Kreis der Kommanditisten (§ 127 Abs. 1 KAGB), die Firmierung der Gesellschaft (§ 134 KAGB), die Geschäftsführung (§ 128 KAGB), die Kapitalerhaltung und -aufbringung (§ 127 Abs. 2–4 KAGB), die Kündigung von Kommanditanteilen (§ 133 KAGB) sowie die Auflösung und Liquidation der Gesellschaft (§ 138 KAGB).

175 **b) Gesellschaftsvertrag.** Abweichend von den allgemeinen Grundsätzen für die KG unterliegt der Gesellschaftsvertrag der offenen Investment-KG formellen und inhaltlichen Bindungen, um hierdurch insbesondere dem Schutz der Anleger Rechnung zu tragen.

176 **aa) Textform.** Während der Gesellschaftsvertrag der KG an sich keiner Form bedarf (→ Rn. 25), begründet § 125 Abs. 1 KAGB für diesen ein uneingeschränktes **Textformerfordernis.** Die Wahrung der Textform bestimmt sich nach § 126b BGB. Da § 125 Abs. 1 KAGB das Textformerfordernis

[522] Ebenso Heymann/Borges Rn. 556; MüKoHGB/Brungs Anh. § 161 Rn. 16; Staub/Casper Rn. 266; MKJH/Eichhorn KAGB § 124 Rn. 5; Freitag NZG 2013, 329 (330); BSV/Kunschke/Klebeck KAGB § 124 Rn. 43; Ebenroth/Boujong/Paefgen/Franke KAGB Vor § 1 Rn. 5; Seitz, Die InvestmentKG, 2017, 36 f.; Westermann/Wertenbruch PersGes-HdB/Stöber, 2020, § 54a Rn. I 3167n; diff. nach Maßgabe des Einzelfalls Mohr, Die offene Investmentkommanditgesellschaft, 2016, 19 f., der eine Abwicklung befürwortet, wenn die Fortsetzung der Gesellschaft für den Anleger nachteilig wäre.

[523] Ebenso Heymann/Borges Rn. 556; MüKoHGB/Brungs Anh. § 161 Rn. 17; Casper ZHR 179 (2015), 44 (53); Hopt/Roth Rn. 32 aE; **aA** Seitz, Die InvestmentKG, 2017, 37 ff.: Grundsätze der fehlerhaften Gesellschaft.

[524] Zust. Heymann/Borges Rn. 556; idS wohl auch Staub/Casper Rn. 266; ferner jedoch MKJH/Eichhorn KAGB § 124 Rn. 5; Freitag NZG 2013, 329 (330); BSV/Kunschke/Klebeck KAGB § 124 Rn. 43; WBA/Lorenz KAGB § 139 Rn. 7, Mohr, Die offene Investmentkommanditgesellschaft, 2016, 20; die ausschließlich auf eine Anordnung der BaFin zur Umstrukturierung hinweisen; ergänzend für eine Schadensersatzhaftung nach § 280 Abs. 1 BGB Heymann/Borges Rn. 556 aE; MüKoHGB/Brungs Anh. § 161 Rn. 18; Westermann/Wertenbruch PersGes-HdB/Stöber, 2020, § 54a Rn. I 3167n.

[525] Ebenso MüKoHGB/Brungs Anh. § 161 Rn. 18.

[526] So auch der in der Schweiz (s. Art. 99 KAG) beschrittene Weg bei der Kommanditgesellschaft für kollektive Kapitalanlagen (KmGK).

[527] Ebenroth/Boujong/Paefgen/Franke KAGB Vor § 1 Rn. 8; gegenläufig BTMB/Könnecke KAGB vor § 150 Rn. 6; Schewe, Kommanditgesellschaften im Regelungsbereich des Investmentrechts, 2017, 145 f.: keine Absenkung des Schutzniveaus, wenn es sich bei der offenen oder geschlossenen Investment-KG um eine Publikums-KG handelt; ähnlich AWZ/Wallach KAGB § 124 Rn. 12.

[528] Begr. RegE, BT-Drs. 17/12294, 241, 249; MüKoHGB/Brungs Anh. § 161 Rn. 5; Eichhorn WM 2016, 110 (111); Freitag NZG 2013, 329; BSV/Klebeck/Kunschke KAGB § 149 Rn. 5; BTMB/Könnecke KAGB § 149 Rn. 19 ff.; BSV/Kunschke/Klebeck KAGB § 124 Rn. 38; Lieder FS 25 Jahre DNotI, 2018, 503 (508 f.); WBA/Lorenz KAGB § 124 Rn. 13; Ebenroth/Boujong/Paefgen/Franke KAGB § 124 Rn. 1; WBA/Paul KAGB § 149 Rn. 6; Wallach ZGR 2014, 289 (296); FLW/Weiser KAGB § 124 Rn. 3; **aA** König, Investmentgesellschaften nach dem KAGB, 2020, 223 ff.: eigenständige Gesellschaftsform.

generell auf den Gesellschaftsvertrag erstreckt, gilt dieses auch für dessen **Änderung.**[529] Das trifft sowohl auf Änderungen im Hinblick auf die Organisationsverfassung der offenen Investment-KG als auch auf Änderungen im Kreis der Gesellschafter zu, wenn dies mit einer Änderung des Gesellschaftsvertrags verbunden ist. Wegen des Textformerfordernisses kommt weder ein konkludenter Abschluss des Gesellschaftsvertrages noch dessen konkludente Abänderung infolge einer vom formgerechten Vertrag abweichenden Handhabung in Betracht.[530] Ob das Textformerfordernis des § 125 Abs. 1 KAGB auch für die rechtsgeschäftliche **Übertragung von Anteilen** an der offenen Investment-KG gilt, ergibt sich aus dem Gesetz nicht eindeutig, jedoch bezweckt das Formerfordernis in § 125 Abs. 1 KAGB nicht die Transparenz im Hinblick auf die an der KG beteiligten Gesellschafter, sondern auf die für die Gesellschaft maßgeblichen gesellschaftsvertraglichen Regelungen. Dies spricht dagegen, das Schriftformerfordernis auf die rechtsgeschäftliche Anteilsübertragung (analog) anzuwenden.[531] Wegen der mit dem Textformerfordernis angestrebten Transparenz[532] greift bei dessen Nichtbeachtung die Rechtsfolge der **Nichtigkeit** (§ 125 S. 1 BGB) ein, was zur Anwendung der Grundsätze über die **fehlerhafte Gesellschaft** (→ § 105 Rn. 142 ff.) führt.[533]

bb) Auslegung, Inhaltskontrolle. Der für die Publikums-KG anerkannte Grundsatz, dass der Gesellschaftsvertrag wie eine Satzung **objektiv** auszulegen ist (→ Rn. 145), gilt auch für den Gesellschaftsvertrag einer offenen Investment-KG.[534] Wegen der Formbedürftigkeit sind darüber hinaus nach der methodisch zweifelhaften, aber vorherrschenden **Andeutungstheorie** nur solche Gesichtspunkte bei der Auslegung zu berücksichtigen, die in der Urkunde Anklang gefunden haben.[535] Zudem begründet die über den Gesellschaftsvertrag erstellte Urkunde die **Vermutung der Vollständigkeit.** 177

Die Grundsätze zur **Inhaltskontrolle** von Gesellschaftsverträgen einer Publikums-KG (→ Rn. 147 ff.) finden auch bei der offenen Investment-KG Anwendung.[536] Der Kreis der an ihr beteiligten Gesellschafter (→ Rn. 184 ff.) spricht nicht entscheidend dagegen, da die Inhaltskontrolle auf den Umstand reagiert, dass dem Anleger ein vorformuliertes Vertragswerk vorgelegt wird, das einem Verhandlungsprozess entzogen ist. Aus dieser Perspektive sind – wie § 310 Abs. 1 BGB bestätigt – professionelle und semiprofessionelle Anleger nicht weniger schutzbedürftig als Privatanleger.[537] IdS wird auch bei der Publikums-KG im Hinblick auf eine Inhaltskontrolle des Gesellschaftsvertrags nicht nach dem Kreis der in der Gesellschaft zusammengefassten Kommanditisten (Anleger) differenziert (→ Rn. 147). 178

cc) Inhaltliche Vorgaben. Die inhaltlichen Vorgaben des KAGB für den Gesellschaftsvertrag einer offenen Investment-KG betreffen insbesondere den **Unternehmensgegenstand.** Insoweit 179

---

[529] FLW/Weiser KAGB § 125 Rn. 3; ebenso für das in § 125 Abs. 1 KAGB aF normierte Schriftformerfordernis Heymann/Borges Rn. 559; MüKoHGB/Brungs Anh. § 161 Rn. 67; MKJH/Eichhorn KAGB § 125 Rn. 6; BSV/Kunschke/Klebeck KAGB § 125 Rn. 12; Mohr, Die offene Investmentkommanditgesellschaft, 2016, 30; Westermann/Wertenbruch PersGes-HdB/ertenbruch, 2021, § 29 Rn. I 643a.

[530] Treffend MüKoHGB/Brungs Anh. § 161 Rn. 67; FLW/Weiser KAGB § 125 Rn. 2; allg. → Rn. 22.

[531] Ebenso MüKoHGB/Brungs Anh. § 161 Rn. 68; **aA** Westermann/Wertenbruch PersGes-HdB/ertenbruch, 2021, § 29 Rn. I 643a, da der Gesellschafterwechsel eine Änderung des Gesellschaftsvertrags sei.

[532] S. Begr. RegE, BT-Drs. 17/12294, 242; Heymann/Borges Rn. 559; MüKoHGB/Brungs Anh. § 161 Rn. 66; MKJH/Eichhorn KAGB § 125 Rn. 7; Eichhorn WM 2016, 110 (112); BTMB/Hüwel/Kracke KAGB § 125 Rn. 2; BSV/Kunschke/Klebeck KAGB § 125 Rn. 10; WBA/Lorenz KAGB § 125 Rn. 2; AWZ/Wallach KAGB § 125 Rn. 2.

[533] Heymann/Borges Rn. 560; MüKoHGB/Brungs Anh. § 161 Rn. 70; Staub/Casper Rn. 268; Eichhorn WM 2016, 110 (112); Freitag NZG 2013, 329 (333); BTMB/Hüwel/Kracke KAGB § 125 Rn. 5; König, Investmentgesellschaften nach dem KAGB, 2020, 243 f.; BSV/Kunschke/Klebeck KAGB § 125 Rn. 13; Ebenroth/Boujong/Paefgen/Franke KAGB § 125 Rn. 2; EDD/Schott KAGB § 150 Rn. 10; Seitz, Die InvestmentKG, 2017, 40; Westermann/Wertenbruch PersGes-HdB/Stöber, 2020, § 54a Rn. I 3168l; AWZ/Wallach KAGB § 125 Rn. 4; FLW/Weiser KAGB § 125 Rn. 3; **aA** WBA/Lorenz KAGB § 125 Rn. 14.

[534] So allg. auch Heymann/Borges Rn. 558; MüKoHGB/Brungs Anh. § 161 Rn. 82; Staub/Casper Rn. 266; König, Investmentgesellschaften nach dem KAGB, 2020, 248; Mohr, Die offene Investmentkommanditgesellschaft, 2016, 20; Ebenroth/Boujong/Paefgen/Franke KAGB Vor § 1 Rn. 9; Hopt/Roth Rn. 31; Seitz, Die InvestmentKG, 2017, 41; iErg ferner OLG Stuttgart 15.7.2020, BeckRS 2020, 16964; **aA** AWZ/Wallach KAGB § 124 Rn. 17.

[535] Ebenso im Anschluss Mohr, Die offene Investmentkommanditgesellschaft, 2016, 20.

[536] Ebenso MüKoHGB/Brungs Anh. § 161 Rn. 83; König, Investmentgesellschaften nach dem KAGB, 2020, 244 ff.; Ebenroth/Boujong/Paefgen/Franke KAGB Vor § 1 Rn. 11; Hopt/Roth Rn. 31; **aA** Staub/Casper Rn. 266; Seitz, Die InvestmentKG, 2017, 43, die nur bei der (geschlossenen) Publikums-Investment-KG eine Inhaltskontrolle für geboten erachten; offener demgegenüber wohl Henssler/Strohn/Servatius HGB Anh. Rn. 179.

[537] IdS auch MüKoHGB/Brungs Anh. § 161 Rn. 83, jedoch gegen einen Rückgriff auf § 310 Abs. 1 BGB.

schreibt § 125 Abs. 2 S. 1 KAGB nicht nur dessen Aufnahme in den Gesellschaftsvertrag vor, sondern zudem muss dieser ausschließlich in der Anlage und Verwaltung des Vermögens der Gesellschafter bestehen (§ 125 Abs. 2 S. 1 KAGB); andere (insbes. operative) Zwecke darf die Gesellschaft nicht verfolgen.[538] Hiervon abweichende Abreden sind nichtig, führen aber regelmäßig wegen § 139 BGB nicht zur Gesamtnichtigkeit des Gesellschaftsvertrags.[539] Aus der Bezugnahme in § 125 Abs. 2 S. 1 KAGB auf die §§ 273–284 KAGB erschließt sich, dass es sich bei der offenen Investment-KG stets um einen **Spezial-AIF** (§ 1 Abs. 2 KAGB) handeln muss.[540] Die zusätzlich zu erstellenden **Anlagebedingungen** (§ 126 S. 1 KAGB) sind ihrerseits kein Bestandteil des Gesellschaftsvertrags (§ 126 S. 2 KAGB).[541]

180 Im Unterschied zu den Bestimmungen des HGB muss der Gesellschaftsvertrag der offenen Investment-KG Bestimmungen zur **Gesellschafterversammlung** treffen. Den hierbei bestehenden Gestaltungsspielraum engt jedoch § 125 Abs. 3 KAGB hinsichtlich der **Ladung** (Nr. 1) und der **Protokollierung** (Nr. 2) ein. In Anlehnung an § 121 Abs. 3 S. 2 AktG und § 51 GmbHG ist die **Angabe des Beschlussgegenstands** in der Einladung zwingend erforderlich; eine vorherige Bekanntmachung der Beschlussvorschläge (s. § 124 Abs. 3 S. 1 AktG) schreibt § 125 Abs. 3 Nr. 1 KAGB nicht vor, kann aber im Gesellschaftsvertrag geregelt werden. Hinsichtlich der **Form der Einladung** gibt § 125 Abs. 3 Nr. 1 KAGB die Textform iSd § 126b BGB vor, ohne jedoch andere Förmlichkeiten (zB eingeschriebener Brief, s. § 121 Abs. 4 S. 2 AktG, § 51 Abs. 1 S. 1 GmbHG) auszuschließen. Bezüglich des anzufertigenden **Protokolls** über die Gesellschafterversammlung gibt § 125 Abs. 3 Nr. 2 KAGB lediglich einen Rahmen vor, der insbesondere im Hinblick auf die Förmlichkeiten der Protokollierung Gestaltungsspielräume für den Gesellschaftsvertrag belässt, sofern dem nicht die mit der Protokollierung bezweckte Transparenz entgegensteht. Für das Protokoll verpflichtet das Gesetz auf die Textform iSd § 126b BGB.[542] Hinsichtlich der weiteren **Einzelheiten der Gesellschafterversammlung** (zB Ladungsfrist, Einberufungsrecht, Beschlussfassung, Anfechtung der Beschlüsse) belässt es § 125 KAGB bei der Ausgestaltungsfreiheit des Gesellschaftsvertrags. Der durch § 130 S. 2 KAGB vermittelte Zwang zur Einberufung einer Gesellschafterversammlung, wenn das Gesellschaftsvermögen einer intern verwalteten offenen Investment-KG den Wert des Anfangskapitals oder die gemäß § 25 KAGB erforderlichen Eigenmittel unterschritten hat, steht jedoch nicht zur Disposition. Zu Teilgesellschafterversammlungen → Rn. 198.

181 Für die **Kapitalaufbringung** der offenen Investment-KG gelten zunächst die allgemeinen Bestimmungen des HGB (→ Rn. 173, → § 163 Rn. 11). Besonderheiten sind im Hinblick auf eine **Nachschusspflicht** zu beachten. Diese schließt der auch für die KG geltende § 710 BGB zwar aus; durch abweichende Bestimmungen im Gesellschaftsvertrag kann hiervon jedoch abgewichen werden (→ § 167 Rn. 27). Für die offene Investment-KG unterbindet § 127 Abs. 3 S. 3 KAGB dies ausdrücklich und § 127 Abs. 3 S. 4 KAGB legt zusätzlich fest, dass § 710 BGB, der an die Stelle des § 707 BGB aF getreten ist,[543] unabdingbar ist. Vereinbarungen, die dem entgegenstehen, erklärt § 127 Abs. 3 S. 5 KAGB für rechtsunwirksam.

182 Bezüglich der **Auflösung** der offenen Investment-KG gilt in den durch § 161 Abs. 2 iVm § 139 Abs. 1 und 2 gezogenen Schranken Gestaltungsfreiheit. Das gilt auch bezüglich der Tatbestände in § 130 Abs. 1, die zum **Ausscheiden eines Gesellschafters** führen. Die grundsätzliche Freiheit, von den dortigen Tatbeständen im Gesellschaftsvertrag abzuweichen, schränkt § 125 Abs. 4 KAGB jedoch im Hinblick auf eine **Kündigung durch Privatgläubiger** des Gesellschafters (§ 130 Abs. 1 Nr. 4)

---

[538] Eichhorn WM 2016, 110 (112); BSV/Kunschke/Klebeck KAGB § 125 Rn. 29; Ebenroth/Boujong/Paefgen/Franke KAGB § 125 Rn. 3; EDD/Schott KAGB § 125 Rn. 3.

[539] MüKoHGB/Brungs Anh. § 161 Rn. 81.

[540] Begr. RegE, BT-Drs. 17/12294, 242; MüKoHGB/Brungs Anh. § 161 Rn. 74; BSV/Kunschke/Klebeck KAGB § 125 Rn. 32; WBA/Lorenz KAGB § 127 Rn. 2; EDD/Schott KAGB § 125 Rn. 3; Westermann/Wertenbruch PersGes-HdB/Stöber, 2020, § 54a Rn. I 3167j; Wallach ZGR 2014, 289 (297).

[541] S. MüKoHGB/Brungs Anh. § 161 Rn. 86; WBA/Lorenz KAGB § 126 Rn. 1; Seitz, Die InvestmentKG, 2017, 48 ff.; Westermann/Wertenbruch PersGes-HdB/Stöber, 2020, § 54a Rn. I 3168p; Wallach ZGR 2014, 289 (297); konzeptionell **aA** Mohr, Die offene Investmentkommanditgesellschaft, 2016, 57 ff., der ein „Einheitsmodell" entwickelt.

[542] Ebenso bereits zu § 125 Abs. 3 Nr. 2 KAGB aF, der noch ein „schriftliches" Protokoll forderte; s. zugunsten einer Textform Mohr, Die offene Investmentkommanditgesellschaft, 2016, 28; iErg auch MKJH/Eichhorn KAGB § 125 Rn. 26; BSV/Kunschke/Klebeck KAGB § 125 Rn. 50; Ebenroth/Boujong/Paefgen/Franke KAGB § 125 Rn. 5; EDD/Schott KAGB § 125 Rn. 6; **aA** MüKoHGB/Brungs Anh. § 161 Rn. 75 mit Fn. 192; König, Investmentgesellschaften nach dem KAGB, 2020, 256; AWZ/Wallach KAGB § 125 Rn. 28: § 126 BGB.

[543] Die unverändert in § 127 Abs. 3 S. 4 KAGB enthaltene Verweisung auf § 707 BGB bedarf insoweit einer Korrektur, die im Rahmen des MoPeG iSe Redaktionsversehens unterblieben ist (s. Art. 91 MoPeG). Wie hier iSe Korrektur der Verweisungsnorm auch Staub/Casper Rn. 275 Fn. 1026; Ebenroth/Boujong/Paefgen/Franke KAGB § 127 Rn. 9, 10.

sowie die **Eröffnung des Insolvenzverfahrens** über das Vermögen des Gesellschafters (§ 130 Abs. 1 Nr. 3) ein. Diese Tatbestände stehen bei der offenen Investment-KG nicht zur Disposition.[544]

Zum **Kündigungsrecht der Kommanditisten** nach § 161 Abs. 2 iVm § 130 Abs. 1 Nr. 2 muss der Gesellschaftsvertrag der offenen Investment-KG eine Regelung treffen, die zudem in seiner Grundstruktur durch § 125 Abs. 2 S. 2 KAGB inhaltlich vorgegeben ist. Die weiteren **Einzelheiten zur Kündigung** sind in dem durch § 133 Abs. 1 KAGB gezogenen Rahmen im Gesellschaftsvertrag zu regeln (§ 133 Abs. 1 S. 4 KAGB; → Rn. 204). 183

c) Gesellschafter. Die Mitgliedschaft in einer offenen Investment-KG ist nicht jedem eröffnet, der im Allgemeinen (→ Rn. 20) Kommanditist einer KG werden kann. Vielmehr zeichnet sich die offene Investment-KG wegen der Beschränkung auf Spezial-AIF (→ Rn. 179) dadurch aus, dass ihr ausschließlich **professionelle und semiprofessionelle Anleger** als **Kommanditisten** angehören dürfen. In § 1 Abs. 19 Nr. 32 und 33 KAGB werden beide Anlegergruppen legal definiert. So kommt als semiprofessioneller Anleger nur in Betracht, wer sich verpflichtet, mindestens 200.000 Euro zu investieren und die weiteren Voraussetzungen in § 1 Abs. 19 Nr. 33 lit. a KAGB erfüllt. Diese sind nur verzichtbar, wenn sich der Anleger verpflichtet, mindestens 10 Mio. Euro in ein Investmentvermögen zu investieren (§ 1 Abs. 19 Nr. 33 lit. c KAGB). Bezüglich der **Rechtsnatur des Anlegers** trifft das KAGB keine Vorgaben, so dass insbesondere auch natürliche Personen als semiprofessionelle Anleger in Betracht kommen.[545] 184

Privatanlegern, die § 1 Abs. 19 Nr. 31 KAGB im Gegenschluss zu professionellen und semiprofessionellen Anlegern definiert, ist die Mitgliedschaft in einer offenen Investment-KG versperrt.[546] Ein gleichwohl erfolgter Beitritt eines Privatanlegers steht wegen § 125 Abs. 2 S. 2 KAGB im Widerspruch zum Gesellschaftsvertrag, wobei der Zweck der personellen Beschränkung der Kommanditisten auf professionelle und semiprofessionelle Anleger dafür spricht, dass der Beitritt unwirksam ist[547] und die Grundsätze zum fehlerhaften Beitritt (→ Rn. 136) zur Anwendung kommen.[548] Diese personelle Beschränkung kann nicht durch Errichtung einer allgemeinen KG unterlaufen werden, solange der Gegenstand der Gesellschaft in der Auflegung eines Investmentvermögens besteht und die in § 1 Abs. 4 Nr. 2 KAGB umschriebenen Voraussetzungen für ein offenes AIF erfüllt sind, da hierdurch der Rechtsformzwang in § 91 KAGB unterlaufen würde (→ Rn. 171). 185

Die personellen Schranken für die Mitgliedschaft in der offenen Investment-KG strahlen auch auf den Personenkreis aus, der nach Gründung der Gesellschaft zum **Erwerb der Anteile** berechtigt ist. Hierzu sind ebenfalls ausschließlich professionelle und semiprofessionelle Anleger berechtigt (§ 127 Abs. 1 S. 1 KAGB). Diese Anforderung an Erwerber von Kommanditanteilen an einer offenen Investment-KG ist in dem Gesellschaftsvertrag festzuschreiben (§ 125 Abs. 2 S. 3 KAGB). 186

Zudem schließt § 127 Abs. 1 S. 2 KAGB das Modell der **Treuhandkommanditisten** aus;[549] Anleger dürfen sich ausschließlich unmittelbar an der Gesellschaft als Kommanditisten beteiligen, um durch die hiermit verbundene Eintragung im Handelsregister die Transparenz bezüglich der Anleger zu gewährleisten.[550] Die Stellung eines Treuhandkommanditisten bzw. mittelbar beteiligten Gesellschafters kann ein Anleger nur bei einer geschlossenen Investment-KG erlangen (s. § 152 Abs. 1 S. 2 KAGB; → Rn. 214 ff.). Abreden, die bei einer offenen Investment-KG eine mittelbare Beteiligung über einen Treuhandkommanditisten ermöglichen, sind ebenso nichtig, wie vergleichbare Abreden zwischen einem Kommanditisten und einem Anleger, die diesen mittelbar an der 187

---

[544] S. Heymann/Borges Rn. 562; MüKoHGB/Brungs Anh. § 161 Rn. 79; Ebenroth/Boujong/Paefgen/Franke KAGB § 125 Rn. 6.

[545] Ebenso Mohr, Die offene Investmentkommanditgesellschaft, 2016, 34; Ebenroth/Boujong/Paefgen/Franke KAGB Vor § 1 Rn. 44.

[546] S. Begr. RegE, BT-Drs. 17/12294, 242; Staub/Casper Rn. 263; BTMB/Hüwel/Kracke KAGB § 127 Rn. 10; Zetsche AG 2013, 613 (613 f.).

[547] Zust. Heymann/Borges Rn. 592; Hopt/Roth Rn. 30; iErg auch König, Investmentgesellschaften nach dem KAGB, 2020, 262; Seitz, Die InvestmentKG, 2017, 67 f.; **aA** Staub/Casper Rn. 284; BSV/Kunschke/Klebeck KAGB § 125 Rn. 46; WBA/Lorenz KAGB § 127 Rn. 2; Mohr, Die offene Investmentkommanditgesellschaft, 2016, 46; EDD/Schott KAGB § 127 Rn. 2; Westermann/Wertenbruch PersGes-HdB/Stöber, 2020, § 54a Rn. I 3170a; AWZ/Wallach KAGB § 127 Rn. 20; wohl auch MKJH/Eichhorn KAGB § 127 Rn. 6 f.

[548] Wie hier Freitag NZG 2013, 329 (334); Hopt/Roth Rn. 30; **aA** Mohr, Die offene Investmentkommanditgesellschaft, 2016, 46 f.: bereicherungsrechtliche Rückabwicklung; ebenso Heymann/Borges Rn. 592; König, Investmentgesellschaften nach dem KAGB, 2020, 263; Seitz, Die InvestmentKG, 2017, 68 f.

[549] Begr. RegE, BT-Drs. 17/12294, 242; Staub/Casper Rn. 278; MKJH/Eichhorn KAGB § 127 Rn. 8; BTMB/Hüwel/Kracke KAGB § 127 Rn. 14; WBA/Lorenz KAGB § 127 Rn. 3; RGHMW/Mock Rn. 204; Ebenroth/Boujong/Paefgen/Franke KAGB § 127 Rn. 2; Hopt/Roth Rn. 30; EDD/Schott KAGB § 127 Rn. 6; Westermann/Wertenbruch PersGes-HdB/Stöber, 2020, § 54a Rn. I 3170; FLW/Weiser KAGB § 127 Rn. 5.

[550] Begr. RegE, BT-Drs. 17/12294, 242; WBA/Lorenz KAGB § 127 Rn. 3; krit. BSV/Kunschke/Klebeck KAGB § 127 Rn. 21 ff.; Wallach ZGR 2014, 289 (305); AWZ/Wallach KAGB § 127 Rn. 25.

Investment-KG beteiligen.[551] Der Zwang zur unmittelbaren Beteiligung an der offenen Investment-KG steht jedoch Abreden nicht entgegen, die die Kommanditisten im Sinne einer **unechten Treuhand** (→ Rn. 129) zB durch Etablierung einer obligatorischen Gruppenvertretung (→ § 164 Rn. 25 ff.) mediatisieren.

188 Bezüglich der **Komplementäre** einer offenen Investment-KG trifft das KAGB keine ausdrücklichen Vorgaben. Neben juristischen Personen können auch natürliche Personen die Stellung eines Komplementärs einnehmen,[552] was wegen des damit verbundenen Haftungsrisikos jedoch theoretischer Natur ist.[553] Zu den Komplementären einer offenen Investment-KG können auch **Kapitalverwaltungsgesellschaften** gehören, was allerdings dazu führt, dass eine intern verwaltete offene Investment-KG vorliegt, mit der weiteren Folge, dass diese selbst ebenfalls den aufsichtsrechtlichen Bestimmungen des KAGB für Kapitalverwaltungsgesellschaften (§§ 17 ff. KAGB) unterliegt. **Anlegern** iSv § 1 Abs. 19 Nr. 31–33 KAGB ist die Komplementärstellung zwar nicht ausdrücklich verwehrt, jedoch erschließt sich aus der Legaldefinition des Investmentvermögens in § 1 Abs. 1 KAGB, dass Anleger ausschließlich kapitalmäßig an der Gesellschaft beteiligt sind.[554]

189 **d) Firmierung.** Für die Firma einer offenen Investment-KG gelten im Ausgangspunkt die allgemeinen Regeln zur Firmenbildung; das allgemeine **Irreführungsverbot** (§ 18 Abs. 2) greift § 4 Abs. 1 KAGB für die Investment-KG auf, geht jedoch über dieses hinaus,[555] indem es eine Irreführung generell und unabhängig davon untersagt, ob die in der Firma enthaltene und zur Irreführung geeignete Angabe die geschäftlichen Verhältnisse betrifft und für die angesprochenen Verkehrskreise wesentlich ist.[556] Die Angabe, dass es sich bei der Gesellschaft um eine Spezial-Investment-KG oder eine intern oder extern verwaltete Investment-KG handelt, ist für die Bezeichnung der Gesellschaft nicht zwingend.[557] Auf die Beschränkung der registergerichtlichen Prüfung (§ 18 Abs. 2 S. 2) verzichtet § 4 Abs. 1 KAGB, ohne dass hieraus jedoch eine erweiterte Prüfungskompetenz der Registergerichte gefolgert werden kann (→ § 18 Rn. 22). Auch eine von § 4 KAGB untersagte Irreführung ist von ihnen deshalb im Rahmen von § 18 Abs. 2 S. 2 nur zu berücksichtigen, wenn sie ersichtlich ist (näher → § 18 Rn. 21 f.).

190 Besonderheiten sind bei dem **Rechtsformzusatz** zu beachten. Abweichend von dem Grundfall in § 19 Abs. 1 Nr. 3 gibt § 134 Abs. 1 KAGB verbindlich die Bezeichnung „offene Investmentkommanditgesellschaft" vor,[558] lässt aber – vergleichbar mit § 19 Abs. 1 Nr. 3 – eine allgemein verständliche Abkürzung dieser Bezeichnung ausreichen,[559] die jedoch stets zum Ausdruck bringen muss, dass es sich bei der Gesellschaft um eine „offene" und nicht um eine „geschlossene" Investment-KG handelt.[560] Nimmt eine juristische Person, insbesondere eine Kapitalverwaltungsgesellschaft, in der offenen Investment-KG die Stellung einer Komplementärin ein, ist § 19 Abs. 2 für die Firma der KG zu beachten.[561]

[551] S. MKJH/Eichhorn KAGB § 127 Rn. 8; BSV/Kunschke/Klebeck KAGB § 127 Rn. 24; Mohr, Die offene Investmentkommanditgesellschaft, 2016, 48 f., für die stille Beteiligung; **aA** wohl WBA/Lorenz KAGB § 127 Rn. 3.

[552] Ebenso Heymann/Borges Rn. 590; Freitag NZG 2013, 329 (334); WBA/Lorenz KAGB § 128 Rn. 3; Mohr, Die offene Investmentkommanditgesellschaft, 2016, 35.

[553] S. WBA/Lorenz KAGB § 128 Rn. 3.

[554] Ebenso König, Investmentgesellschaften nach dem KAGB, 2020, 284; Ebenroth/Boujong/Paefgen/Franke KAGB § 127 Rn. 4; iErg auch Westermann/Wertenbruch PersGes-HdB/Stöber, 2020, § 54a Rn. I 3168j; für die Zulässigkeit einer Komplementärbeteiligung demgegenüber WBA/Lorenz KAGB § 127 Rn. 4; Mohr, Die offene Investmentkommanditgesellschaft, 2016, 35 ff.; Wallach ZGR 2014, 289 (303).

[555] **AA** Ebenroth/Boujong/Paefgen/Franke KAGB § 134 Rn. 3; Westermann/Wertenbruch PersGes-HdB/Stöber, 2020, § 54a Rn. I 3169.

[556] S. aber WBA/Boxberger KAGB § 4 Rn. 4, der eine Analogie zu § 5 Abs. 1 S. 1 UWG befürwortet; für einen Rückgriff auf diesen Maßstab auch BSV/Beckmann KAGB § 4 Rn. 10 f.; BTMB/Führmeyer/Klein KAGB § 4 Rn. 8; MKJH/Gottschling KAGB § 4 Rn. 5 ff., 11; AWZ/Zetsche KAGB § 4 Rn. 4.

[557] MüKoHGB/Brungs Anh. § 161 Rn. 94; BSV/Kunschke/Klebeck KAGB § 134 Rn. 11; Mohr, Die offene Investmentkommanditgesellschaft, 2016, 31 f.

[558] Zum Schutz der Bezeichnung s. § 3 Abs. 3 KAGB; dazu auch Mohr, Die offene Investmentkommanditgesellschaft, 2016, 32 f.

[559] S. zB WBA/Lorenz KAGB § 134 Rn. 2: „InvKG"; ferner Staub/Casper Rn. 270: „oInvKG" (krit. hierzu jedoch BSV/Kunschke/Klebeck KAGB § 134 Rn. 9; offen WBA/Lorenz KAGB § 134 Rn. 2); BTMB/Hüwel/Kracke KAGB § 134 Rn. 11.

[560] Heymann/Borges Rn. 565; BSV/Kunschke/Klebeck KAGB § 134 Rn. 8; Ebenroth/Boujong/Paefgen/Franke KAGB § 134 Rn. 2; EDD/Schott KAGB § 134 Rn. 1.

[561] Heymann/Borges Rn. 566; MüKoHGB/Brungs Anh. § 161 Rn. 96; Staub/Casper Rn. 270; Casper ZHR 179 (2015), 44 (56); MKJH/Eichhorn KAGB § 134 Rn. 5; Freitag NZG 2013, 329 (333); BTMB/Hüwel/Kracke KAGB § 134 Rn. 10; König, Investmentgesellschaften nach dem KAGB, 2020, 251 f.; BSV/Kunschke/Klebeck KAGB § 134 Rn. 10; Mohr, Die offene Investmentkommanditgesellschaft, 2016, 32; Ebenroth/Boujong/Paefgen/Franke KAGB § 134 Rn. 3; Westermann/Wertenbruch PersGes-HdB/Stöber, 2020, § 54a Rn. I 3169; FLW/Weiser KAGB § 134 Rn. 3.

Sofern der Gesellschaftsvertrag die Bildung von **Teilgesellschaftsvermögen** vorsieht (§ 132 Abs. 1 S. 1 KAGB; → Rn. 192), ist auch dies als Zusatz in der Firma (zB TGV) kenntlich zu machen (§ 134 Abs. 2 KAGB). Unterbleibt dies, dann ist es der Gesellschaft wegen des erzeugten Rechtsscheins gem. § 242 BGB gegenüber gutgläubigen Dritten verwehrt, sich auf die Beschränkung der Haftung auf das Teilgesellschaftsvermögen zu berufen.[562]

e) Gesellschaftsvermögen. Das Vermögen der Gesellschaft besteht vor allem aus dem Kapital, das die Gesellschaft von den Anlegern gegen Begebung von Kommanditanteilen eingesammelt hat. Deren Einlagen werden dem **Kommanditanlagevermögen** zugeordnet, das zudem die mit der Anlagetätigkeit erhaltenen und verwalteten Vermögensgegenstände, hierfür erhaltene Sicherheiten sowie die liquiden Mittel umfasst (§ 131 Abs. 2 KAGB). Von diesem zu trennen ist das **Betriebsvermögen,** das aus dem für den Betrieb der Investment-KG notwendigen beweglichen und unbeweglichen Vermögen besteht (§ 131 Abs. 1 KAGB).[563] Für dessen Erwerb dürfen die Einlagen der Anleger nicht verwendet werden (§ 131 Abs. 1 S. 2 KAGB). Relevant ist die gesonderte rechtliche Erfassung des Betriebsvermögens nur bei der intern verwalteten offenen Investment-KG, was sich aus § 131 Abs. 1 KAGB unmittelbar ergibt. Bei der Verwaltung durch eine **externe Kapitalverwaltungsgesellschaft** entfällt scheinbar das Erfordernis eines vom Kommanditanlagevermögen getrennten Betriebsvermögens.[564] Im Hinblick auf die nicht auf die Anlage des Kommanditanlagevermögens gerichtete Geschäftsführungstätigkeit verbleibt es jedoch bei einer Geschäftsführung durch die KG (→ § 164 Rn. 72), deren Kosten nicht aus dem Kommanditanlagevermögen zu begleichen sind.[565] Die rechnerische Aufteilung des Gesellschaftsvermögens in **Betriebsvermögen** und **Kommanditanlagevermögen** bleibt haftungsrechtlich ohne Auswirkungen.[566] Für die dem Betrieb der Investment-KG anzurechnenden Rechtsgeschäfte haftet das Gesellschaftsvermögen insgesamt und damit auch das Kommanditanlagevermögen. Die Konstruktion von Teilgesellschaftsvermögen mit den haftungsrechtlichen Konsequenzen (→ Rn. 192) hat das KAGB auf § 132 KAGB beschränkt und nicht auf § 131 KAGB ausgedehnt. 191

Soll das Gesellschaftsvermögen einer offenen Investment-KG zwecks einer **Umbrella-Konstruktion** in verschiedene **Teilgesellschaftsvermögen** aufgeteilt werden, dann ist dies im Gesellschaftsvertrag vorzusehen (§ 132 Abs. 1 S. 1 KAGB). Ohne eine derartige Festlegung ist die rechnerische Bildung von Teilgesellschaftsvermögen zwar nicht ausgeschlossen, die **haftungs- und vermögensrechtliche Trennung,** die § 132 Abs. 1 S. 2 KAGB vorsieht und die auch für den Fall der Insolvenz der offenen Investment-KG gilt (§ 132 Abs. 1 S. 6 KAGB), tritt aber nur bei einer entsprechenden Festlegung im Gesellschaftsvertrag ein. Die Bildung von Teilgesellschaftsvermögen strahlt insbesondere auch auf die Haftung gegenüber Gläubigern der Gesellschaft aus. Für die auf das Teilgesellschaftsvermögen entfallenden Verbindlichkeiten haftet ausschließlich dieses Teilgesellschaftsvermögen (§ 132 Abs. 1 S. 5 KAGB). Ebenso sind die Rechte der Anleger, vor allem im Hinblick auf **Verwaltung und Auflösung,** auf das Teilgesellschaftsvermögen beschränkt (§ 132 Abs. 1 S. 4 KAGB), soweit jedoch über Angelegenheiten zu entscheiden ist, die die Gesellschaft insgesamt betreffen, muss eine aus den Anlegern sämtlicher Teilgesellschaftsvermögen bestehende Versammlung befinden (§ 132 Abs. 6 KAGB). Auch für das Verhältnis der an der offenen Investment-KG beteiligten Anleger wird jedes Teilgesellschaftsvermögen eigenständig behandelt (§ 132 Abs. 1 S. 3 KAGB). Dementsprechend beschränkt § 132 Abs. 5 S. 2 KAGB die **Haftung** der Kommanditisten nach den §§ 171–176 auf die Verbindlichkeiten des sie betreffenden Teilgesellschaftsvermögens.[567] Anders ist die Rechtslage für die Komplementäre, sie haften über § 161 Abs. 2 iVm § 126 für die Verbindlichkeit sämtlicher Teilvermögen; § 132 Abs. 5 S. 1 KAGB stellt dies ausdrücklich klar.[568] 192

Die **Anlage und Verwaltung des Kommanditanlagevermögens** obliegt grundsätzlich der Geschäftsführung (intern verwaltete offene Investment-KG), die hiermit jedoch auch eine externe Kapitalverwaltungsgesellschaft (§§ 18 ff. KAGB) betrauen kann (§ 129 Abs. 1 KAGB). Sowohl bei der intern als auch bei der extern verwalteten offenen Investment-KG sind für Anlage und Verwaltung 193

---

562 So auch Heymann/Borges Rn. 598 mwN.

563 S. ferner Ebenroth/Boujong/Paefgen/Franke KAGB § 131 Rn. 2; Wallach ZGR 2014, 289 (298).

564 So Schewe, Kommanditgesellschaften im Regelungsbereich des Investmentrechts, 2017, 187.

565 Wie hier Mohr, Die offene Investmentkommanditgesellschaft, 2016, 112 ff.; ebenso Ebenroth/Boujong/Paefgen/Franke KAGB § 131 Rn. 1.

566 Ebenroth/Boujong/Paefgen/Franke KAGB § 131 Rn. 7; EDD/Schott § 132 Rn. 4; ausf. Schewe, Kommanditgesellschaften im Regelungsbereich des Investmentrechts, 2017, 188 ff. für die geschlossene Investment-KG.

567 Entsprechendes gilt für das Wiederaufleben der Haftung, s. WBA/Lorenz KAGB § 132 Rn. 7.

568 Begr. RegE, BT-Drs. 17/12294, 244; MüKoHGB/Brungs Anh. § 161 Rn. 123; BTMB/Hüwel/Kracke KAGB § 132 Rn. 26; BSV/Kunschke/Klebeck KAGB § 132 Rn. 22; Ebenroth/Boujong/Paefgen/Franke KAGB § 132 Rn. 9; Wallach ZGR 2014, 289 (311); FLW/Weiser KAGB § 132 Rn. 5; Zetsche AG 2013, 613 (618).

des Kommanditanlagevermögens die zusätzlich zum Gesellschaftsvertrag erstellten **Anlagebedingungen** (§ 126 S. 1 KAGB iVm § 273 KAGB) maßgebend, die bei der Bildung von Teilgesellschaftsvermögen gesondert für das jeweilige Teilgesellschaftsvermögen zu erstellen sind (§ 132 Abs. 2 S. 1 KAGB). Die Anlagebedingungen sind zwar kein Bestandteil des Gesellschaftsvertrags (§ 126 S. 2 KAGB), gleichwohl aber für die Gesellschaft selbst dann verbindlich, wenn Anlage und Verwaltung des Kommanditanlagevermögens von einer externen Kapitalverwaltungsgesellschaft wahrgenommen werden (→ § 164 Rn. 72 ff.). Nach verbreiteter Auffassung soll es sich bei den Anlagebedingungen um eine separate und neben dem Gesellschaftsvertrag stehende Vertragsbeziehung handeln, die ausschließlich das bilaterale Verhältnis zwischen Anleger und Investment-KG betrifft,[569] an die aber im Sinne eines gesetzlichen Schuldverhältnisses auch die Kapitalverwaltungsgesellschaft gebunden sein soll.[570]

194 Für die **Rechnungslegung** der offenen Investment-KG schreibt § 136 Abs. 1 KAGB unabhängig von den Vorgaben des HGB generell eine Abschlussprüfung vor, die sich auf den **Jahresabschluss** und den **Lagebericht** erstreckt. Beide gehen nach § 135 Abs. 1 S. 2 KAGB in den **Jahresbericht** ein, der jedem Anleger auf dessen Anfrage vorzulegen ist (§ 137 KAGB). Einzelheiten für den Inhalt des Jahresabschlusses und den Lagebericht sowie zur Abschlussprüfung legen § 135 Abs. 2–7 KAGB sowie § 136 Abs. 2 und 3 KAGB fest; weitere Einzelheiten können durch Rechtsverordnung bestimmt werden (§ 135 Abs. 11 KAGB, § 136 Abs. 4 KAGB) und werden hinsichtlich der Bewertung in den §§ 278 f. KAGB vorgegeben.

195 **f) Gesellschaftsorgane.** Im Ausgangspunkt belässt es das KAGB für die Organisationsverfassung der offenen Investment-KG bei dem Modell des HGB für die KG.

196 **aa) Gesellschafterversammlung.** Das gilt zunächst für die Gesellschafterversammlung der offenen Investment-KG, deren konkrete Ausgestaltung insbesondere dem **Gesellschaftsvertrag** obliegt. In Anlehnung an die zur Publikums-KG entwickelten Grundsätze (→ Rn. 155) schreibt § 125 Abs. 3 KAGB zur Verbesserung der Transparenz[571] vor, dass bestimmte **Förmlichkeiten** bei der Einberufung zur Gesellschafterversammlung sowie der Dokumentation ihrer Ergebnisse zu beachten sind (→ Rn. 180). Offen bleiben die **Rechtsfolgen**, wenn die Einladung entgegen der Vorgabe im Gesellschaftsvertrag (s. § 125 Abs. 3 Nr. 1 KAGB) die Beschlussgegenstände nicht oder nicht ordnungsgemäß angegeben hat. Im Hinblick auf den Zweck dieser Vorgabe sprechen gute Gründe für eine analoge Anwendung von § 124 Abs. 4 S. 1 AktG und § 51 Abs. 3 GmbHG, so dass über den betreffenden Gegenstand kein Beschluss gefasst werden darf.[572] Die wegen § 125 Abs. 3 Nr. 2 KAGB aufgenommene Forderung einer förmlichen Protokollierung (→ Rn. 180) dürfte im Hinblick auf deren Zweck ebenfalls Voraussetzung einer rechtswirksamen Beschlussfassung sein. Für die Übersendung des Protokolls an den Anleger gilt dies indes nicht.

197 Abgesehen von den Förmlichkeiten für die Einberufung der Gesellschafterversammlung kann der Gesellschaftsvertrag insbesondere die Voraussetzungen für die Durchführung einer Gesellschafterversammlung festlegen. Das gilt bei der extern verwalteten offenen Investment-KG uneingeschränkt; bei der intern verwalteten offenen Investment-KG steht die in § 130 S. 2 KAGB normierte Pflicht zur Einberufung einer Gesellschafterversammlung jedoch nicht zur Disposition.

198 Bei der Bildung von **Teilgesellschaftsvermögen** ist die Durchführung von **Teilgesellschafterversammlungen** nicht zwingend vorgegeben, im Gesellschaftsvertrag können diese jedoch installiert werden. Dies ist schon deshalb zweckmäßig, damit die Kommanditisten ihre Rechte im Hinblick auf die Verwaltung des Teilgesellschaftsvermögens (§ 132 Abs. 1 S. 4 KAGB) wahrnehmen können.[573] Die Notwendigkeit einer alle Gesellschafter umfassenden Gesellschafterversammlung entfällt hierdurch nicht. Dies folgt bereits aus § 132 Abs. 6 KAGB, wonach die Anleger sämtlicher Teilgesellschaftsvermögen an Gesellschafterversammlungen der offenen Investment-KG zu beteiligen sind, wenn auf diesen Angelegenheiten behandelt werden, die die Gesellschaft insgesamt betreffen (§ 132

[569] So Ebenroth/Boujong/Paefgen/Franke KAGB vor § 1 Rn. 101; Wallach ZGR 2014, 289 (308 f.); **aA** Mohr, Die offene Investmentkommanditgesellschaft, 2016, 57 ff.: Einheitsmodell.

[570] Schewe, Kommanditgesellschaften im Regelungsbereich des Investmentrechts, 2017, 149; Wallach ZGR 2014, 289 (301); **aA** Mohr, Die offene Investmentkommanditgesellschaft, 2016, 143 ff.

[571] Begr. RegE, BT-Drs. 17/12294, 242; MüKoHGB/Brungs Anh. § 161 Rn. 75; WBA/Lorenz KAGB § 125 Rn. 9; EDD/Schott KAGB § 125 Rn. 6; AWZ/Wallach KAGB § 125 Rn. 2.

[572] MüKoHGB/Brungs Anh. § 161 Rn. 77; iErg ebenso BTMB/Hüwel/Kracke KAGB § 125 Rn. 21; BSV/Kunschke/Klebeck KAGB § 125 Rn. 51; Mohr, Die offene Investmentkommanditgesellschaft, 2016, 28.

[573] Begr. RegE, BT-Drs. 17/12294, 244; MKJH/Eichhorn KAGB § 132 Rn. 20; BTMB/Hüwel/Kracke KAGB § 132 Rn. 30; WBA/Lorenz KAGB § 132 Rn. 19; Wallach ZGR 2014, 289 (311); Zetsche AG 2013, 613 (624).

Abs. 6 KAGB). Gegebenenfalls kann sich diese Beteiligung auch auf einzelne Tagesordnungspunkte beschränken.

bb) Geschäftsführung. Für die Geschäftsführung der offenen Investment-KG belässt es das KAGB im Ausgangspunkt bei dem Grundmodell des HGB (§ 124 Abs. 1 S. 2 KAGB), das jedoch um die Sonderbestimmung in § 128 KAGB ergänzt wird (näher → § 164 Rn. 69 ff.). Hinsichtlich der Anlage und Verwaltung des Kommanditanlagevermögens eröffnet § 129 Abs. 1 KAGB ausdrücklich die Möglichkeit, hiermit eine **externe Kapitalverwaltungsgesellschaft** zu betrauen, für die § 18 KAGB gesonderte gesellschaftsrechtliche Bestimmungen vorsieht. Das betrifft insbesondere die zwingende Bildung eines Aufsichtsrats bei einer als GmbH verfassten Kapitalverwaltungsgesellschaft (§ 18 Abs. 2 S. 1 und 3 KAGB) bzw. die Bildung eines Beirats bei einer in der Rechtsform der KG betriebenen Kapitalverwaltungsgesellschaft (§ 18 Abs. 2 S. 2 und 4 KAGB). Sieht die offene Investment-KG von der Beauftragung einer externen Kapitalverwaltungsgesellschaft ab, dann liegt eine **intern verwaltete Investment-KG** vor (§ 17 Abs. 2 Nr. 2 KAGB), die ihrerseits den aufsichtsrechtlichen Anforderungen an Kapitalverwaltungsgesellschaften genügen muss (§ 17 Abs. 2 Nr. 2 S. 2 KAGB). 199

cc) Beirat. Die Bildung eines Beirats ist bei der offenen Investment-KG im Gegensatz zur intern verwalteten geschlossenen Publikums-Investment-KG (s. § 153 Abs. 3 KAGB; → Rn. 223 ff.) nicht zwingend vorgegeben, kann aber im Gesellschaftsvertrag unter Beachtung der allgemeinen Schranken vorgesehen werden (→ Rn. 49 ff.).[574] Wegen des Gesellschafterkreises der offenen Investment-KG (→ Rn. 184 f.) wird hierfür in der Regel selbst dann ein Bedürfnis fehlen, wenn die Gesellschaft intern verwaltet wird. Da die Investment-KG in diesem Fall jedoch den Anforderungen in § 18 KAGB genügen muss, führt § 18 Abs. 2 S. 2 KAGB zu der Notwendigkeit, einen Beirat zu errichten. Das gilt indes jedenfalls im Hinblick auf die Umsetzung der Anlagebedingungen nicht, wenn eine **externe Kapitalverwaltungsgesellschaft** die Anlage und Verwaltung des Kommanditanlagevermögens wahrnimmt, da bei dieser stets ein Aufsichtsrat bzw. Beirat zwecks Überwachung der dortigen Geschäftsführung zu bilden ist (→ Rn. 199). Im Übrigen ist die Überwachung und Kontrolle der externen Kapitalverwaltungsgesellschaft der Vertragsbeziehung zwischen ihr und der offenen Investment-KG überantwortet. 200

Wird auf freiwilliger Basis ein Beirat errichtet, dann obliegt es dem Gesellschaftsvertrag, dessen Zusammensetzung, die Bestellungsmodalitäten sowie seine Rechte und Pflichten im Hinblick auf die Geschäftsführung auszugestalten.[575] Verbleibende Lücken im Gesellschaftsvertrag können jedenfalls dann unter Heranziehung der in § 18 Abs. 2 S. 4 KAGB aufgelisteten Normen des AktG geschlossen werden, wenn der fakultative Beirat in seinen Aufgaben dem Beirat nach § 153 Abs. 3 KAGB entspricht.[576] 201

g) Haftung der Kommanditisten. Während für die **Haftung des Komplementärs** bei der offenen Investment-KG mangels anderweitiger Bestimmungen im KAGB über § 124 Abs. 1 S. 2 KAGB iVm § 161 Abs. 2 die §§ 126, 128 gelten, greifen für die Kommanditisten wegen § 124 Abs. 1 S. 2 KAGB die §§ 171–176 ein. Diese werden jedoch partiell von den Sonderregelungen des KAGB modifiziert und sind von dem Bestreben geleitet, eine über die erbrachte Einlage hinausgehende Inanspruchnahme des Kommanditisten insbesondere gegenüber den Gläubigern der Investment-KG zu vermeiden. 202

So legt § 127 Abs. 2 KAGB fest, dass eine zur Außenhaftung führende **Rückgewähr** der **Einlage** oder **Ausschüttung** nur mit Zustimmung des betroffenen Kommanditisten und dessen vorheriger Aufklärung über die Haftung erfolgen darf (→ § 172 Rn. 59 ff.). Ferner erlischt der im Innenverhältnis bestehende Anspruch der Gesellschaft auf die Einlage mit deren Erbringung (§ 127 Abs. 3 S. 1 KAGB; → § 171 Rn. 80 ff.). Ein Wiederaufleben der Einlagepflicht ist hierdurch ausgeschlossen, um auf diesem Wege eine **Nachschusspflicht** des Kommanditisten auszuschließen (auch → Rn. 177).[577] Eine **Verlustausgleichspflicht** besteht nicht (§ 127 Abs. 3 S. 2 KAGB) und kann auch nicht im Gesellschaftsvertrag vereinbart werden (§ 127 Abs. 3 S. 4 KAGB; → § 167 Rn. 28). Zum Schutz des Anlegers vor einer Außenhaftung,[578] die § 176 Abs. 2 iVm § 176 Abs. 1 zu Lasten 203

[574] Ebenso EDD/Schott KAGB § 128 Rn. 3; Wallach ZGR 2014, 289 (314); so auch für die extern verwaltete geschlossene Investment-KG OLG Stuttgart 15.7.2020, BeckRS 2020, 16964.

[575] EDD/Schott KAGB § 128 Rn. 3; zur Zulässigkeit juristischer Personen als Mitglieder eines Beirats einer extern verwalteten geschlossenen Investment-KG OLG Stuttgart 15.7.2020, BeckRS 2020, 16964.

[576] In dieser Richtung im Grundsatz auch Zetsche AG 2013, 613 (620); zust. EDD/Schott KAGB § 128 Rn. 3.

[577] S. Begr. RegE, BT-Drs. 17/12294, 242.

[578] Begr. RegE, BT-Drs. 17/12294, 242 f.; BSV/Kunschke/Klebeck KAGB § 127 Rn. 54; WBA/Lorenz KAGB § 127 Rn. 9, 11; Ebenroth/Boujong/Paefgen/Franke KAGB § 127 Rn. 11; Westermann/Wertenbruch PersGes-HdB/Stöber, 2020, § 54a Rn. I 3169j; Wallach ZGR 2014, 289 (310, 315).

des **eintretenden Kommanditisten** begründet (→ § 176 Rn. 37 ff.), greift § 127 Abs. 4 KAGB den zur Vermeidung einer Außenhaftung kreierten konstruktiven Ansatz eines durch die Eintragung aufschiebend bedingten Beitritts zur Gesellschaft auf, ohne dass es jedoch entsprechender Erklärungen des eintretenden Kommanditisten bedarf. Danach ist der Eintritt des Kommanditisten zunächst schwebend unwirksam; endgültig wirksam ist dieser erst, wenn der Eintritt des Kommanditisten in das Handelsregister eingetragen worden ist (→ § 176 Rn. 57). Eine im Übrigen durch § 176 Abs. 1 begründete Außenhaftung des Kommanditisten bleibt von § 127 Abs. 4 KAGB unberührt.[579] Entsprechendes gilt beim nachträglichen Eintritt im Hinblick auf die Haftung nach § 173.[580] Ferner schließt § 138 Abs. 2 KAGB im Anschluss an die Beendigung der Liquidation abweichend von § 159 eine **Nachhaftung** des Kommanditisten aus.[581] Den vermögens- und haftungsrechtlichen Besonderheiten bei **Teilgesellschaftsvermögen** (→ Rn. 192) trägt § 132 Abs. 5 S. 2 KAGB Rechnung, in dem die Haftung des Kommanditisten auf die Verbindlichkeiten für das jeweilige Teilgesellschaftsvermögen beschränkt wird.

204 **h) Kündigung und Auflösung.** Für die offene Investment-KG ist das Recht der Kommanditisten zur **ordentlichen Kündigung** konstitutiv und im Gesellschaftsvertrag festzulegen (→ Rn. 183); ggf. kann dieses Recht auch im Hinblick auf einen Teilbetrag ausgeübt werden (§ 133 Abs. 1 S. 1 KAGB). Die weiteren Einzelheiten, insbesondere zu den **Förmlichkeiten der Kündigungserklärung** und den Fristen, sind der gesellschaftsvertraglichen Ausgestaltung überantwortet (§ 133 Abs. 1 S. 4 KAGB), die hierbei auch von § 132 abweichen kann.[582]

205 Eine **Kündigungsschranke** besteht bei einer **intern verwalteten offenen Investment-KG,** wenn die Erfüllung des Abfindungsanspruchs zur Unterschreitung des Anfangskapitals oder der nach § 25 KAGB erforderlichen Eigenmittel führen würde. Ferner kann der **Gesellschaftsvertrag** nach § 133 Abs. 1 S. 5 KAGB wegen der dortigen Verweisung auf § 98 Abs. 2 KAGB vorsehen, dass das Recht zur Kündigung des Kommanditanteils nach § 133 Abs. 1 S. 1 KAGB **ausgesetzt** werden kann, wenn außergewöhnliche Umstände dies unter Berücksichtigung der Interessen der Anleger als erforderlich erscheinen lassen (§ 98 Abs. 2 S. 1 KAGB). Das Recht des Anlegers zur **außerordentlichen Kündigung** aus wichtigem Grund (§ 138 Abs. 1 S. 1 KAGB; → Rn. 208) bleibt hiervon unberührt,[583] da § 133 Abs. 1 S. 5 KAGB ausdrücklich auf das Recht zur ordentlichen Kündigung nach § 133 Abs. 1 S. 1 KAGB Bezug nimmt, so dass sich auch die Aussetzung nur auf dieses Gestaltungsrecht bezieht.

206 Im Gegenzug zur Kündigung begründet § 133 Abs. 1 S. 2 KAGB einen **Abfindungsanspruch** gegen die Gesellschaft, der dem gekündigten Anteil am Wert des Gesellschaftsvermögens entspricht. Diese Sonderregelung steht einem Rückgriff auf § 728 Abs. 1 BGB und hierauf gestützten gesellschaftsvertraglichen Modifikationen des Abfindungsanspruchs (→ § 135 Rn. 5 ff.) entgegen.[584]

207 Für die **Auflösung** der offenen Investment-KG gilt wegen § 124 Abs. 1 S. 2 KAGB über § 161 Abs. 2 zunächst § 138 Abs. 1 und 2. Bei einem entsprechenden Vorbehalt im Gesellschaftsvertrag kann die Auflösung auf ein bestimmtes Teilgesellschaftsvermögen beschränkt werden. Wegen der gesellschaftsvertraglichen Basis für die Auflösung bedarf es hierfür keiner Zustimmung durch den Anleger des Teilgesellschaftsvermögens.[585]

208 Die Möglichkeit einer **gerichtlichen Auflösung** der Gesellschaft aus **wichtigem Grund** (§ 139 Abs. 1) schließt § 138 Abs. 1 KAGB in Fortführung der zur Publikums-KG anerkannten Grundsätze (→ Rn. 170) aus. Stattdessen räumt § 138 Abs. 1 S. 1 KAGB **allen Gesellschaftern,** also nicht nur den Kommanditisten, beim Vorliegen eines wichtigen Grunds ein außerordentliches Kündigungsrecht ein. Für die **Konkretisierung des wichtigen Grunds** bleibt § 132 Abs. 2 S. 2 unverändert maßgebend (§ 138 Abs. 1 S. 2 KAGB; → § 132 Rn. 12 f.), ebenso kann das Recht zur außerordentli-

[579] Heymann/Borges Rn. 577; Staub/Casper Rn. 276 aE; Mohr, Die offene Investmentkommanditgesellschaft, 2016, 129.

[580] Ebenso Heymann/Borges Rn. 577; MüKoHGB/Brungs Anh. § 161 Rn. 117; Staub/Casper Rn. 276; Freitag NZG 2013, 329 (335); BSV/Kunschke/Klebeck KAGB § 127 Rn. 58; Mohr, Die offene Investmentkommanditgesellschaft, 2016, 129; Ebenroth/Boujong/Paefgen/Franke KAGB § 127 Rn. 11; Westermann/Wertenbruch PersGes-HdB/Stöber, 2020, § 54a Rn. I 3169j; Wallach ZGR 2014, 289 (317); Zetsche AG 2013, 613 (625).

[581] MüKoHGB/Brungs Anh. § 161 Rn. 118; Staub/Casper Rn. 277; WBA/Lorenz KAGB § 138 Rn. 5; Ebenroth/Boujong/Paefgen/Franke KAGB § 138 Rn. 8; Westermann/Wertenbruch PersGes-HdB/Stöber, 2020, § 54a Rn. I 3169n; Wallach ZGR 2014, 289 (316 f.).

[582] Begr. RegE, BT-Drs. 17/12294, 245; MKJH/Eichhorn KAGB § 133 Rn. 9; BTMB/Hüwel/Kracke KAGB § 133 Rn. 6; Westermann/Wertenbruch PersGes-HdB/Stöber, 2020, § 54a Rn. I 3170c.

[583] IdS auch Begr. RegE, BT-Drs. 17/12294, 246.

[584] Staub/Casper Rn. 276; Westermann/Wertenbruch PersGes-HdB/Stöber, 2020, § 54a Rn. I 3170e; AWZ/Wallach KAGB § 133 Rn. 24.

[585] Begr. RegE, BT-Drs. 17/12294, 244.

chen Kündigung weder ausgeschlossen noch beschränkt werden (§ 138 Abs. 1 S. 2 KAGB iVm § 132 Abs. 6; → § 132 Rn. 21).

3. Geschlossene Investment-KG. a) Überblick. Die Sonderbestimmungen des KAGB zur geschlossenen Investment-KG betreffen insbesondere den Gesellschaftsvertrag (§ 150 KAGB), den Kreis der Kommanditisten (§ 152 Abs. 1 KAGB), die Firmierung der Gesellschaft (§ 157 KAGB), die Geschäftsführung (§ 153 KAGB), die Kapitalerhaltung und -aufbringung (§ 152 Abs. 2–7 KAGB) sowie die Auflösung der Gesellschaft (§ 161 KAGB), wobei die jeweiligen Regelungen weitgehend den §§ 125–138 KAGB entsprechen. 209

b) Gesellschaftsvertrag. Wie für die offene Investment-KG (→ Rn. 174 ff.) begründet § 150 KAGB auch für die geschlossene Investment-KG formelle und inhaltliche Anforderungen an den Gesellschaftsvertrag. Abweichend von § 125 Abs. 1 KAGB unterliegt der Gesellschaftsvertrag der geschlossenen Investment-KG in formeller Hinsicht jedoch grds. einem **Schriftformerfordernis** (§ 150 Abs. 1 S. 1 KAGB; → Rn. 175); lediglich für die Spezial-Investment-KG beschränkt sich § 150 Abs. 1 S. 2 KAGB – in Übereinstimmung mit § 125 Abs. 1 KAGB auf die Textform. Vergleichbar mit § 125 Abs. 2 S. 1 KAGB schränkt § 150 Abs. 2 S. 1 KAGB den gesellschaftsvertraglich zu fixierenden **Unternehmensgegenstand** ein. Dieser darf bei der geschlossenen Investment-KG ausschließlich in der Anlage und Verwaltung der Mittel der Gesellschaft nach einer festgelegten Anlagestrategie bestehen, wobei zusätzlich die §§ 261–272 KAGB (bei der geschlossenen Publikums-Investment-KG) sowie die §§ 273–277 und §§ 285–292 KAGB (bei der geschlossenen Spezial-Investment-KG) zu berücksichtigen sind. Hieraus folgt, dass die geschlossene Investment-KG im Hinblick auf den Unternehmensgegenstand in zwei Varianten errichtet werden kann: als **Spezial-Investment-KG** oder als **Publikums-Investment-KG.**[586] Die zusätzlich zu erstellenden Anlagebedingungen (→ Rn. 220) sind – wie bei der offenen Investment-KG (§ 126 S. 2 KAGB; → Rn. 193) – kein Bestandteil des Gesellschaftsvertrags (§ 151 S. 2 KAGB). 210

Auch für die **Gesellschafterversammlung** der geschlossenen Investment-KG trifft § 150 Abs. 3 KAGB verbindliche Vorgaben, die mit denen in § 125 Abs. 3 KAGB für die offene Investment-KG übereinstimmen (→ Rn. 180). Im Übrigen besteht hinsichtlich der weiteren Einzelheiten zur Durchführung der Gesellschafterversammlung Gestaltungsfreiheit (→ Rn. 180). Übernommen hat § 150 KAGB im Hinblick auf das **Ausscheiden des Gesellschafters** aus der Gesellschaft auch die Anordnung der zwingenden Wirkung bezüglich der Gründe in § 130 Abs. 1 Nr. 3 und 4, die damit der Disposition durch den Gesellschaftsvertrag entzogen sind (§ 150 Abs. 4 KAGB; → Rn. 182). 211

Mit § 127 Abs. 2–4 KAGB vergleichbare Bestimmungen trifft § 152 Abs. 2 und 3 KAGB im Hinblick auf die **Kapitalaufbringung und -erhaltung.** Wie § 127 Abs. 2 KAGB ordnet auch § 152 Abs. 2 KAGB für die geschlossene Investment-KG an, dass die **Rückgewähr der Einlage** oder eine **Ausschüttung,** die den Wert der Kommanditeinlage unter den Wert der Einlage herabmindert, nur unter Hinweis auf die unmittelbare Haftung des Kommanditisten mit dessen Zustimmung erfolgen darf (§ 152 Abs. 2 S. 1 und 2 KAGB; näher → § 172 Rn. 58 ff.). Das gilt auch, wenn der Anleger lediglich mittelbar über einen Treuhandkommanditisten an der Gesellschaft beteiligt ist (§ 152 Abs. 2 S. 3 KAGB). In dieser Konstellation genügt indes nicht nur dessen Zustimmung, vielmehr ist zusätzlich die Zustimmung des mittelbar beteiligten Anlegers notwendig (→ § 172 Rn. 63).[587] Abweichend von § 127 KAGB legt § 152 Abs. 7 KAGB für die geschlossene Investment-KG fest, dass die Erfüllung der Einlagepflicht durch **Sacheinlagen** unzulässig ist (→ § 171 Rn. 81). Bezüglich der **Nachschusspflicht** übernimmt § 152 Abs. 3 KAGB die Regelung in § 127 Abs. 3 KAGB (→ Rn. 181). Auch bei der geschlossenen Investment-KG ist der Anspruch auf die Einlage mit deren Erbringung ausgeschlossen (§ 152 Abs. 3 S. 1 KAGB) und kann nicht durch eine gesellschaftsvertragliche Verpflichtung wiederbegründet werden (→ § 171 Rn. 82). 212

c) Gesellschafter. aa) Grundsatz. In Übereinstimmung mit § 127 Abs. 1 KAGB grenzt auch § 150 Abs. 3 S. 2 KAGB den Kreis der für eine geschlossene Investment-KG offenen Gesellschafter auf **professionelle und semiprofessionelle Anleger** (näher → Rn. 184) ein, wenn der Unternehmensgegenstand – wie bei der offenen Investment-AG – ein **Spezial-AIF** ist. Im Gegensatz zur offenen Investment-KG steht das Vehikel der geschlossenen Investment-KG jedoch auch **Privatanlegern** (s. § 1 Abs. 19 Nr. 31 KAGB) zur Verfügung, wenn der Unternehmensgegenstand ein **Publi-** 213

---

[586] Begr. RegE, BT-Drs. 17/12294, 249; MKJH/Jesch KAGB § 150 Rn. 6; BTMB/Könnecke KAGB § 150 Rn. 17; BSV/Kunschke/Klebeck KAGB § 150 Rn. 3; Westermann/Wertenbruch PersGes-HdB/Stöber, 2020, § 54a Rn. I 3170m; AWZ/Wallach KAGB § 150 Rn. 8.

[587] So auch MüKoHGB/Brungs Anh. § 161 Rn. 148; Staub/Casper Rn. 281; BSV/Kunschke/Klebeck KAGB § 152 Rn. 74; WBA/Paul KAGB § 152 Rn. 15; AWZ/Wallach KAGB § 152 Rn. 74; FLW/Weiser KAGB § 152 Rn. 8.

kums-AIF (s. § 1 Abs. 6 S. 2 KAGB) ist. Insbesondere zum Schutz der Privatanleger enthalten die §§ 261 ff. KAGB zahlreiche Sonderbestimmungen, die ua die Anlage des Kommanditanlagevermögens eingrenzen (§ 261 KAGB), die Anlagebedingungen detaillierter vorgeben (§§ 266 ff. KAGB) sowie den Verkaufsprospekt und die wesentlichen Anlegerinformationen ausgestalten (§§ 268 ff. KAGB). Den Personenkreis der Privatanleger grenzt auch die Legaldefinition in § 1 Abs. 19 Nr. 31 KAGB nicht näher ein; es kommen sowohl juristische Personen als auch natürliche Personen und rechtsfähige Personengesellschaften in Betracht.

214 **bb) Treuhandkommanditisten, mittelbar beteiligte Kommanditisten.** In Übernahme der Organisationsvarianten einer Publikums-KG (→ Rn. 130) eröffnet das KAGB für die geschlossene Investment-KG auch das Modell eines **Treuhandkommanditisten,** beschränkt dieses jedoch auf die **Publikums-Investment-KG** (§ 152 Abs. 1 S. 2 KAGB).[588] Bei der Spezial-Investment-KG ist dieses hingegen ausgeschlossen.[589] Den **Kreis der Treuhandkommanditisten** grenzt § 152 Abs. 1 S. 2 KAGB nicht ein, so dass dieser auch ein Privatanleger sein kann. Entsprechendes gilt für die Treugeber, die § 152 Abs. 1 S. 2 KAGB mit dem offenen Begriff **„Anleger"** umschreibt. Neben Privatanlegern können sich deshalb auch professionelle und semiprofessionelle Anleger mittelbar über einen Treuhandkommanditisten an der Publikums-Investment-KG beteiligen.[590] Aus der Beschränkung der mittelbaren Beteiligung in § 152 Abs. 1 S. 2 KAGB auf das Treuhandmodell folgt im Umkehrschluss, dass andere Formen einer indirekten Beteiligung (zB stille Beteiligung, Unterbeteiligung) ausgeschlossen sind.[591]

215 Bezüglich der Rechtsbeziehung zwischen dem Treuhandkommanditisten und den Treugebern trifft das KAGB keine Aussagen. In Betracht kommt deshalb nicht nur ein bipolarer **Geschäftsbesorgungsvertrag** zwischen Treuhandkommanditist und Treugeber, sondern auch der Weg einer **GbR,** in der der Treuhandkommanditist mit den Treugebern verbunden ist (→ Rn. 130).[592] Auch bezüglich der inhaltlichen Ausgestaltung der echten Treuhand errichtet das KAGB grundsätzlich keine Vorgaben. Das betrifft zunächst das **Außenverhältnis,** das von dem Trennungsprinzip beherrscht wird. Eine Außenhaftung trifft deshalb ausschließlich den Treuhandkommanditisten, nicht aber den mittelbar beteiligten Anleger als Treugeber.[593] Der bei einer Inanspruchnahme des Treuhandkommanditisten gegenüber den Treugebern bestehende **Freistellungsanspruch** (→ § 171 Rn. 79 f.) bleibt hiervon jedoch unberührt.[594]

216 Eine Durchbrechung des Trennungsprinzips sieht § 152 Abs. 1 S. 3 KAGB für das **Innenverhältnis** vor. Sowohl im Verhältnis zu der Gesellschaft als auch zu den Gesellschaftern untereinander hat der mittelbar beteiligte Gesellschafter die gleiche Rechtsstellung wie ein Kommanditist. Von einer gesellschaftsvertraglichen Umsetzung ist diese **Gleichstellung** nicht abhängig.[595] Die Vorschrift in § 152 Abs. 1 S. 3 KAGB begründet keine an die Parteien des Gesellschaftsvertrags adressierte Pflicht, sondern ordnet die Gleichstellung unmittelbar an. Abweichende Abreden, die hierzu im Widerspruch stehen, sind nichtig;[596] an deren Stelle tritt die gesetzliche Gleichstellungsanordnung. Im Verhältnis

---

[588] MüKoHGB/Brungs Anh. § 161 Rn. 145; Staub/Casper Rn. 278; Ebenroth/Boujong/Paefgen/Franke KAGB § 152 Rn. 5.

[589] Krit. Wallach ZGR 2014, 289 (307); MKJH/Hoffert KAGB § 152 Rn. 16; BSV/Klebeck/Kunschke KAGB § 152 Rn. 20 f.; BTMB/Könnecke KAGB § 152 Rn. 19 f.; EDD/Schott KAGB § 152 Rn. 3; Seitz, Die InvestmentKG, 2017, 83 ff.

[590] Begr. RegE, BT-Drs. 17/12294, 250; König, Investmentgesellschaften nach dem KAGB, 2020, 265; Seitz, Die InvestmentKG, 2017, 85.

[591] Heymann/Borges Rn. 606; MKJH/Hoffert KAGB § 152 Rn. 18; BTMB/Könnecke KAGB § 152 Rn. 12 f.; idS auch Ebenroth/Boujong/Paefgen/Franke KAGB § 152 Rn. 3; WBA/Paul KAGB § 152 Rn. 4; **aA** BSV/Klebeck/Kunschke KAGB § 152 Rn. 26 f.

[592] Schewe, Kommanditgesellschaften im Regelungsbereich des Investmentrechts, 2017, 152.

[593] LG Kleve 10.11.2015, BeckRS 2016, 06608; MüKoHGB/Brungs Anh. § 161 Rn. 148; Ebenroth/Boujong/Paefgen/Franke KAGB § 152 Rn. 5; WBA/Paul KAGB § 152 Rn. 6; EDD/Schott KAGB § 152 Rn. 13; Westermann/Wertenbruch PersGes-HdB/Stöber, 2020, § 54a Rn. I 3170m.

[594] Ebenroth/Boujong/Paefgen/Franke KAGB § 152 Rn. 5; WBA/Paul KAGB § 152 Rn. 5; Westermann/Wertenbruch PersGes-HdB/Stöber, 2020, § 54a Rn. I 3170m.

[595] Heymann/Borges Rn. 609; MüKoHGB/Brungs Anh. § 161 Rn. 146; König, Investmentgesellschaften nach dem KAGB, 2020, 297; BTMB/Könnecke KAGB § 152 Rn. 40; WBA/Paul KAGB § 152 Rn. 8; EDD/Schott KAGB § 152 Rn. 8; Henssler/Strohn/Servatius HGB Anh. Rn. 188; AWZ/Wallach KAGB § 152 Rn. 47; Wertenbruch NZG 2017, 81 (83); Wiedemann NZG 2013, 1041 (1045); **aA** Staub/Casper Rn. 278; Casper ZHR 179 (2015), 44 (71), der von einer Pflicht zur schuldrechtlichen Nachbildung ausgeht; ebenso Seitz, Die InvestmentKG, 2017, 82.

[596] Ebenso iErg MüKoHGB/Brungs Anh. § 161 Rn. 147; Ebenroth/Boujong/Paefgen/Franke KAGB § 152 Rn. 7; **aA** Ebenroth/Boujong/Paefgen, 4. Aufl. 2020, KAGB § 152 Rn. 3, wonach § 152 Abs. 1 S. 3 KAGB dispositiv sein soll; ebenso EDD/Schott KAGB § 152 Rn. 13, solange nicht in den Kernbereich der Kommanditistenrechte eingegriffen wird.

zur Gesellschaft sowie der Gesellschafter untereinander ist der mittelbar beteiligte Anleger zwar kein Gesellschafter, im Hinblick auf seine Rechte und Pflichten ist er aber wegen der gesetzlichen Anordnung in § 152 Abs. 1 S. 3 KAGB wie ein Gesellschafter zu behandeln **(Quasigesellschafter).** Damit hängt die Rechtsstellung des mittelbar beteiligten Anlegers an der geschlossenen Publikums-Investment-KG unmittelbar von der Rechtsstellung des Kommanditisten in der konkreten Gesellschaft ab.[597] Wird diese in zulässiger Weise im Gesellschaftsvertrag ggf. auch abweichend vom dispositiven Gesetzesrecht ausgestaltet, dann ist die in dieser Weise ausgeformte Rechtsstellung auch für den mittelbar beteiligten Anleger maßgebend.[598] Ihm stehen keine weitergehenden Rechte als dem unmittelbar an der Investment-KG beteiligten Treuhandkommanditisten zu.

Die Geltungserstreckung durch § 152 Abs. 1 S. 3 KAGB betrifft insbesondere die Pflicht zur Erbringung der **Einlage,** den Anspruch auf **Gewinn** und ein **Auseinandersetzungsguthaben** sowie das Recht zum **Aufwendungsersatz.**[599] Dabei entspricht es dem Zweck der Gleichstellung, zugunsten der Gesellschaft einen unmittelbaren Anspruch gegen den als Treugeber agierenden mittelbar beteiligten Anleger zu begründen.[600] Ferner erstreckt sich die Gleichstellung auf die den Kommanditisten zustehenden **Informationsrechte**[601] unabhängig von ihrer Rechtsgrundlage. Dem mittelbar beteiligten Anleger stehen deshalb nicht nur die Informations- und Kontrollrechte aus § 166 Abs. 1 (→ § 166 Rn. 57),[602] sondern auch vergleichbare gesellschaftsvertraglich ausgeformte Rechtspositionen zu. Ob dem mittelbar beteiligten Anleger das Recht auf Teilnahme an der **Gesellschafterversammlung** einschließlich **Stimmrecht** zusteht, ergibt sich nicht eindeutig aus dem Gesetz. Während diese Rechtspositionen verbreitet unter Hinweis auf das Trennungsprinzip und die fehlende Gesellschafterstellung abgelehnt werden,[603] steht dem der Zweck der Gleichstellungsanordnung gegenüber, da der mittelbar beteiligte Anleger nur durch eine Einbeziehung in die Gesellschafterversammlung über die gleiche Rechtsstellung wie ein an der Gesellschaft unmittelbar beteiligter Kommanditist verfügt.[604] Wegen der Gleichstellung steht dem mittelbar beteiligten Anleger zudem das Recht zu, Ansprüche der Gesellschaft im Wege der ***actio pro socio*** geltend zu machen (→ Rn. 41).[605] 217

cc) Anteilserwerb. Wie bei der offenen Investment-KG (→ Rn. 186) strahlen die Schranken für den Kreis der Kommanditisten auch auf den Personenkreis aus, der **Anteile** an der geschlossenen Investment-KG **erwerben** darf. Da auch sie als Kommanditisten Mitglieder der Gesellschaft werden, muss es sich bei der **Spezial-Investment-KG** stets um professionelle oder semiprofessionelle Anleger handeln. Allerdings weicht das KAGB hierfür von der Regelungstechnik des § 127 Abs. 1 S. 1 KAGB deutlich ab und beschränkt sich auf eine Vorgabe für den Gesellschaftsvertrag der geschlossenen Spezial-Investment-KG (§ 150 Abs. 2 S. 2 KAGB). Bei der **Publikums-Investment-KG** gilt dies nicht. Bei ihr können Anteile an der Gesellschaft auch von Privatanlegern erworben werden, selbst wenn es sich bei ihnen um Treuhandkommanditisten handelt. 218

dd) Firmierung. Vergleichbar mit § 134 Abs. 1 KAGB (→ Rn. 190) schreibt § 157 KAGB für die geschlossene Investment-KG ergänzend zu § 19 Abs. 1 Nr. 3 vor, dass in deren Firma der **Rechtsformzusatz** „geschlossene Investment-Kommanditgesellschaft" oder eine allgemeinverständliche Abkürzung dieser Bezeichnung aufzunehmen ist.[606] Weitere Vorgaben stellt das KAGB 219

[597] Heymann/Borges Rn. 607; MüKoHGB/Brungs Anh. § 161 Rn. 146.

[598] So auch BTMB/Könnecke KAGB § 152 Rn. 39, 44 ff.; **aA** Wallach ZGR 2014, 289 (304), wonach der Gesellschaftsvertrag die Rechte des Treugebers anders als die des Direktkommanditisten ausgestalten können soll.

[599] Heymann/Borges Rn. 607; MüKoHGB/Brungs Anh. § 161 Rn. 146; Ebenroth/Boujong/Paefgen/Franke KAGB § 152 Rn. 6; WBA/Paul KAGB § 152 Rn. 9.

[600] Ebenso MüKoHGB/Brungs Anh. § 161 Rn. 146.

[601] MüKoHGB/Brungs Anh. § 161 Rn. 146; BTMB/Könnecke KAGB § 152 Rn. 38; WBA/Paul KAGB § 152 Rn. 9; Wallach ZGR 2014, 289 (304); s. ferner Seitz, Die InvestmentKG, 2017, 88 ff.

[602] Hierfür auch Ebenroth/Boujong/Paefgen/Franke KAGB § 152 Rn. 6.

[603] So Heymann/Borges Rn. 608; Westermann/Wertenbruch PersGes-HdB/Stöber, 2020, § 54a Rn. I 3170l; Wiedemann NZG 2013, 1041 (1045 f.); beschränkt auf das Stimmrecht MüKoHGB/Brungs Anh. § 161 Rn. 149; iErg auch Ebenroth/Boujong/Paefgen/Franke KAGB § 152 Rn. 8.

[604] Ebenso WBA/Paul KAGB § 152 Rn. 9; EDD/Schott KAGB § 152 Rn. 8; Ebenroth/Boujong/Paefgen/Franke KAGB § 152 Rn. 8; Wertenbruch NZG 2017, 81 (83); in dieser Richtung auch Freitag NZG 2013, 329 (334); Wallach ZGR 2014, 289 (304); im Grundsatz ebenso trotz des abweichenden Ansatzes Staub/Casper Rn. 273, der jedoch die Stimmabgabe beim Treuhandkommanditisten belassen will.

[605] Ebenso MüKoHGB/Brungs Anh. § 161 Rn. 146; Ebenroth/Boujong/Paefgen/Franke KAGB § 152 Rn. 6; WBA/Paul KAGB § 152 Rn. 9; AWZ/Wallach KAGB § 152 Rn. 48.

[606] ZB „geschl. InvKG", nicht aber „gInvK"; s. MüKoHGB/Brungs Anh. § 161 Rn. 93; BTMB/Könnecke KAGB § 157 Rn. 12; WBA/Paul KAGB § 157 Rn. 3; EDD/Schott KAGB § 157 Rn. 1; Henssler/Strohn/Servatius HGB Anh. Rn. 180; **aA** Casper ZHR 179 (2015), 44 (56).

für die Firma der geschlossenen Investment-KG nicht auf, insbesondere muss aus der Bezeichnung nicht ersichtlich sein, ob der Unternehmensgegenstand ein Spezial-AIF oder Publikums-AIF ist oder das Kommanditanlagevermögen intern oder extern verwaltet wird.[607] Die Sonderregelung in § 134 Abs. 2 KAGB für Gesellschaften mit Teilgesellschaftsvermögen entfällt bei der geschlossenen Investment-KG denknotwendig, da bei dieser keine mit § 132 KAGB vergleichbaren Teilgesellschaftsvermögen gebildet werden können (→ Rn. 220). Das spezielle **Irreführungsverbot** in § 4 KAGB (→ Rn. 189) gilt auch für die geschlossene Investment-KG, insbesondere darf die in die Firma aufgenommene Bezeichnung nicht über die Art des AIF täuschen.

220 **d) Gesellschaftsvermögen.** Die Vorgaben für das **Kommanditanlagevermögen** in § 131 KAGB (→ Rn. 191) gelten nach § 156 KAGB in gleicher Weise für die geschlossene Investment-KG. Bei dieser können im Unterschied zur offenen Investment-KG jedoch keine **Teilgesellschaftsvermögen** gebildet werden.[608] Das gilt selbst dann, wenn die geschlossene Investment-KG wie die offene Investment-KG ein Spezial-AIF ist. Aus der ausdrücklichen und auf die Haftung der Investment-KG ausstrahlenden Möglichkeit zur Bildung von Teilgesellschaftsvermögen in § 132 KAGB folgt zudem im Umkehrschluss, dass die auch bei der geschlossenen Investment-KG notwendige rechnerische Aufteilung des Gesellschaftsvermögens im Betriebs- und Kommanditanlagevermögen (§ 156 Abs. 1 und 2 KAGB) ohne haftungsrechtliche Konsequenzen bleibt.[609] Für die Verbindlichkeiten der geschlossenen Investment-KG haftet stets das gesamte Gesellschaftsvermögen. In Übereinstimmung mit den Regelungen zur offenen Investment-KG obliegt die **Anlage und Verwaltung des Kommanditanlagevermögens** der Geschäftsführung, wobei die Gesellschaft ebenfalls nicht auf eine interne Verwaltung beschränkt ist, sondern hiermit auch eine dem Unternehmensgegenstand entsprechende externe AIF-Kapitalverwaltungsgesellschaft betrauen kann (§ 154 Abs. 1 S. 1 KAGB; → § 164 Rn. 72 ff.). Ebenso wie bei der offenen Investment-KG richtet sich die **Anlage des Kommanditanlagevermögens** nach den zusätzlich zum Gesellschaftsvertrag zu erstellenden **Anlagebedingungen** (§ 151 KAGB), bezüglich der streng zwischen einem **Spezial-AIF** und einem **Publikums-AIF** zu unterscheiden ist. Wegen des Schutzes der Privatanleger sind die gesetzlichen Vorgaben für die Anlagebedingungen eines Publikums-AIF deutlich strenger (s. § 266 Abs. 2 KAGB) und unterliegen zudem einer Genehmigung durch die BaFin (§ 267 KAGB). Eine entsprechende Parallele gilt bei der geschlossenen Investment-KG für den Jahresbericht (§ 158 KAGB), die Abschlussprüfung (§ 159 KAGB), die Offenlegung (§ 160 Abs. 1 und 2 KAGB) sowie die Vorlage des Berichts an den Anleger (§ 160 Abs. 3 KAGB).

221 **e) Gesellschaftsorgane. aa) Gesellschafterversammlung, Geschäftsführung.** Bezüglich der Organisationsverfassung gelten für die geschlossene Investment-KG vergleichbare Vorgaben wie für die offene Investment-KG (→ Rn. 195 ff.). Das gilt auch für die **Gesellschafterversammlung,** bezüglich der § 150 Abs. 3 KAGB für die Einberufung und die Protokollierung die Bestimmungen in § 125 Abs. 3 KAGB (→ Rn. 180) wiederholt. Der Gleichlauf besteht auch bezüglich der Pflicht zur Einberufung einer Gesellschafterversammlung, wenn das Gesellschaftsvermögen den Wert des Anfangskapitals oder die gemäß § 25 KAGB erforderlichen Eigenmittel unterschreitet (§ 155 S. 2 KAGB). Entsprechendes gilt im Grundsatz für die Sonderregelungen zur **Geschäftsführung** der geschlossenen Investment-KG (§ 153 KAGB), die weitgehend mit § 128 KAGB (→ Rn. 199) übereinstimmt (näher → § 164 Rn. 69 ff.).

222 **bb) Beirat.** Besonderheiten gelten bei der geschlossenen Investment-KG für die **Bildung eines Beirats** zur Überwachung der Geschäftsführung bei der Umsetzung der Anlagebedingungen. Diesbezüglich ist allerdings zu unterscheiden, ob der Unternehmensgegenstand der Gesellschaft ein Spezial-AIF oder ein Publikums-AIF ist. Während bei einem **Spezial-AIF** die Bildung eines Beirats wie bei der offenen Investment-KG (→ Rn. 200) in vollem Umfang im Gestaltungsspielraum des Gesellschaftsvertrags steht,[610] ist dies bei einem **Publikums-AIF** als Unternehmensgegenstand nur dann der Fall, wenn eine **externe Kapitalverwaltungsgesellschaft** das Kommanditanlagevermögen anlegt und verwaltet.[611] Auch in diesem Fall unterliegt die Ausgestaltung des Beirats dem Gesellschaftsvertrag; für eine analoge Anwendung der Verweisung in § 153 Abs. 3 S. 2 KAGB auf § 18 Abs. 2 S. 4 KAGB und die dort in Bezug genommenen Vorschriften des AktG fehlt die methodisch

[607] MüKoHGB/Brungs Anh. § 161 Rn. 94; BSV/Klebeck/Kunschke KAGB § 157 Rn. 7.

[608] Zetsche AG 2013, 613 (617); krit. Wallach ZGR 2014, 289 (312); s. auch Schewe, Kommanditgesellschaften im Regelungsbereich des Investmentrechts, 2017, 188 ff.

[609] Ausf. Schewe, Kommanditgesellschaften im Regelungsbereich des Investmentrechts, 2017, 188 ff.

[610] BTMB/Könnecke KAGB § 153 Rn. 52 f.; Wallach ZGR 2014, 289 (314); s. auch BSV/Klebeck/Kunschke KAGB § 153 Rn. 45.

[611] S. OLG Stuttgart 15.7.2020, BeckRS 2020, 16964; MKJH/Jesch KAGB § 153 Rn. 34; BTMB/Könnecke KAGB § 153 Rn. 54; EDD/Schott KAGB § 153 Rn. 22.

unerlässliche planwidrige Regelungslücke,[612] jedoch bleibt es unbenommen, den Rechtsrahmen für die intern verwaltete geschlossene Investment-KG (→ Rn. 224) in den Gesellschaftsvertrag der extern verwalteten geschlossenen Investment-KG zu implemtieren.

Anders ist die Rechtslage bei einem **intern verwalteten Publikums-AIF.** In diesem Fall schreibt § 153 Abs. 3 S. 1 KAGB – ebenso wie § 18 Abs. 2 S. 2 KAGB für die in der Rechtsform einer KG betriebene Kapitalverwaltungsgesellschaft – die Bildung eines Beirats bei der geschlossenen Investment-KG zwingend vor. Bezüglich dessen **Zusammensetzung** sowie seiner **Rechte und Pflichten** gelten wegen der Verweisung in § 153 Abs. 3 S. 2 KAGB die in § 18 Abs. 2 S. 4 KAGB abschließend aufgezählten Bestimmungen des AktG zum Aufsichtsrat entsprechend.[613] Wegen des Gebots einer „entsprechenden" Anwendung eröffnen diese jedoch keine Erweiterung des dem Beirat zugewiesenen eingeschränkten Aufgabenbereichs (→ Rn. 225). Für die **Größe des Beirats** gelten wegen der Verweisung in § 18 Abs. 2 S. 4 KAGB die Vorgaben in § 95 AktG; in den dort genannten Spannen ist die Zahl der Mitglieder frei bestimmbar, für die Anwendung des **Dreiteilbarkeitsgebots** (§ 95 S. 3 AktG) ist praktisch kein Raum. 223

Hinsichtlich der **personellen Besetzung** des Beirats sind die Anforderungen in § 153 Abs. 3 S. 3 KAGB zu beachten. Danach müssen dessen Mitglieder – wie bei einer als KG verfassten Kapitalverwaltungsgesellschaft (s. § 18 Abs. 2 S. 4 KAGB) – nach ihrer **Persönlichkeit und Sachkunde** die Gewähr dafür bieten, dass die Interessen der Anleger gewahrt werden. Im Hinblick auf die Integrität des Marktes, an die die Geschäftsführung auch bei der geschlossenen Investment-KG gebunden ist (s. § 153 Abs. 1 S. 3 Nr. 1 und 2 KAGB), muss dies nicht gegeben sein, was durch den auf die Umsetzung der Anlagebedingungen eingeschränkten Aufgabenbereich des Beirats gerechtfertigt ist (→ Rn. 225). Wegen der Verweisung in § 153 Abs. 3 S. 2 KAGB auf § 18 Abs. 3 S. 2 KAGB muss auch ein Mitglied des Beirats dem dortigen **Unabhängigkeitspostulat** genügen.[614] Die **Bestellung der Mitglieder** des Beirats hat wegen der Verweisung in § 18 Abs. 2 S. 4 KAGB auf § 101 AktG zwingend durch die Gesellschafterversammlung zu erfolgen (zum freiwilligen Beirat → Rn. 200).[615] 224

Im Vergleich zum aktienrechtlichen Aufsichtsrat ist der gesetzlich definierte **Aufgabenbereich des Beirats** bei der geschlossenen Investment-KG deutlich enger. Während § 111 Abs. 1 AktG die Überwachung der gesamten Geschäftsführung dem Aufsichtsrat zuweist, begrenzt § 153 Abs. 3 S. 1 KAGB die Überwachung der Geschäftsführung ausdrücklich auf die „Umsetzung der Anlagebedingungen". Im Umkehrschluss folgt hieraus, dass die Überwachung der Geschäftsführung im Übrigen nicht zu den gesetzlich umschriebenen Aufgaben des Beirats zählt.[616] Es bestehen aber keine rechtlichen Bedenken, wenn der Gesellschaftsvertrag eine inhaltliche Erweiterung des Aufgabenbereichs vorsieht[617] und diesen an den Kompetenzbereich des nach dem AktG gebildeten Aufsichtsrat angleicht. 225

f) Haftung der Kommanditisten. Ergänzend zu den §§ 171–176, die wegen § 149 Abs. 1 S. 2 KAGB grundsätzlich auch für die geschlossene Investment-KG gelten, beschränkt § 152 KAGB die Haftung der Kommanditisten. Das gilt nicht nur für die **Rückgewähr von Einlagen** und **Ausschüttungen** (→ § 172 Rn. 59 ff.). Wie bei der offenen Investment-KG schirmt § 152 Abs. 4 KAGB auch den nachträglich **eintretenden Kommanditisten** vor einer persönlichen Außenhaftung ab, da der Erwerb erst mit der Eintragung im Handelsregister wirksam wird (ebenso für die offene Investment-KG § 127 Abs. 4 KAGB; → § 176 Rn. 57). Unmittelbar die Außenhaftung des Kommanditisten betrifft zudem die auf **§ 176 Abs. 1** bezogene Sonderregelung, nach der die Kommanditisten der Geschäftsaufnahme der Gesellschaft nicht vor deren Eintragung im Handelsregister zustimmen können (§ 152 Abs. 5 KAGB; → § 176 Rn. 56).[618] Eine **Nachhaftung** der Kommandi- 226

---

[612] OLG Stuttgart 15.7.2020, BeckRS 2020, 16964.

[613] Schewe, Kommanditgesellschaften im Regelungsbereich des Investmentrechts, 2017, 164; Westermann/Wertenbruch PersGes-HdB/Stöber, 2020, § 54a Rn. I 3170n.

[614] Staub/Casper Rn. 283; MKJH/Jesch KAGB § 153 Rn. 29; BSV/Klebeck/Kunschke KAGB § 153 Rn. 46 f., 54; Ebenroth/Boujong/Paefgen/Franke KAGB § 153 Rn. 3; Wallach ZGR 2014, 289 (314); näher auch Koch NZG 2019, 1165 (1167).

[615] MüKoHGB/Brungs Anh. § 161 Rn. 150; Staub/Casper Rn. 283; MKJH/Jesch KAGB § 153 Rn. 31; Ebenroth/Boujong/Paefgen/Franke KAGB § 153 Rn. 3; Henssler/Strohn/Servatius HGB Anh. Rn. 199.

[616] Treffend im Ansatz Wiedemann NZG 2013, 1041; ebenso MüKoHGB/Brungs Anh. § 161 Rn. 151; Freitag NZG 2013, 329 (334); BSV/Klebeck/Kunschke KAGB § 153 Rn. 52; Schewe, Kommanditgesellschaften im Regelungsbereich des Investmentrechts, 2017, 164; **aA** Henssler/Strohn/Servatius HGB Anh. Rn. 199; wohl auch AWZ/Wallach KAGB § 153 Rn. 31.

[617] Ebenso MüKoHGB/Brungs Anh. § 161 Rn. 151; WBA/Paul KAGB § 153 Rn. 7.

[618] Begr. RegE, BT-Drs. 17/12294, 250; Freitag NZG 2013, 329 (335); MKJH/Hoffert KAGB § 152 Rn. 72; BSV/Klebeck/Kunschke KAGB § 152 Rn. 101; Westermann/Wertenbruch PersGes-HdB/Stöber, 2020, Rn. I 3170o; Wallach ZGR 2014, 289 (315).

tisten für die Verbindlichkeiten der geschlossenen Investment-KG im Anschluss an die Beendigung der Liquidation schließt § 161 Abs. 4 KAGB ebenfalls aus (zu § 138 Abs. 2 KAGB für die offene Investment-KG → Rn. 203 aE).[619]

227 **g) Auflösung der Gesellschaft, außerordentliche Kündigung.** Die Sonderregelung für die offene Investment-KG zur Auflösung der Gesellschaft (§ 138 Abs. 1 KAGB; → Rn. 207 f.) hat das KAGB auch für geschlossene Investment-KG übernommen (§ 161 Abs. 2 KAGB); ein Recht zur ordentlichen Kündigung besteht bei dieser indes nicht (§ 161 Abs. 1 KAGB).[620] Wegen der Gleichstellung des mittelbar beteiligten Anlegers (s. § 152 Abs. 1 S. 3 KAGB) steht das außerordentliche Kündigungsrecht des § 161 Abs. 2 S. 2 KAGB nicht nur dem Treuhandkommanditisten, sondern auch dem mittelbar beteiligten Anleger zu.[621]

§ 162 [Anmeldung zum Handelsregister]

(1) Die Anmeldung der Gesellschaft hat außer den in § 106 Abs. 2 vorgesehenen Angaben die Bezeichnung der Kommanditisten und den Betrag der Haftsumme eines jeden von ihnen zu enthalten.

(2) Diese Vorschriften finden im Falle des Eintritts eines Kommanditisten in eine bestehende Handelsgesellschaft und im Falle des Ausscheidens eines Kommanditisten aus einer Kommanditgesellschaft entsprechende Anwendung.

Schrifttum: Bueren, Der Rechtsnachfolgevermerk bei der Übertragung von Kommanditanteilen – aktuelle Probleme im Lichte einer 70-jährigen Geschichte, ZHR 178 (2014), 715; Burgard, Handelsregisterpublizität von Kommanditisten und GbR-Gesellschaftern – Rechtsprobleme der Neufassung des § 162 HGB, FS Hadding, 2004, 325; Engler, Abfindungsversicherung und Rechtsnachfolgevermerk beim Kommanditistenwechsel, DB 2005, 483; Grunewald, Die Auswirkungen der Änderungen der Publizitätsnormen auf die Haftung der Kommanditisten, ZGR 2003, 541; Jeschke, Der Rechtsnachfolgevermerk im Handelsregister bei der Übertragung von Mitgliedschaftsrechten an Kommanditgesellschaften, DB 1983, 541; Leo/John, Sonderrechtsnachfolge in Kommanditanteile, NZG 2021, 1628; Paul, Kommanditistenhaftung bei Anteilsübertragung ohne Nachfolgevermerk, MDR 2004, 549; Peters, Die Haftung des Kommanditisten, RNotZ 2002, 425; Röhl, Negative Abfindungsversicherung bei Sonderrechtsnachfolge in Kommanditbeteiligung – Richterrecht auf dem Prüfstand, DNotZ 2013, 657, K. Schmidt, Kommanditistenwechsel und Rechtsnachfolge, GmbHR 1981, 253; K. Schmidt, Handelsregisterpublizität und Kommanditistenhaftung, ZIP 2002, 413; K. Schmidt, Frieden schließen mit § 162 Abs. 2 HGB!, DB 2011, 1149; Terbrack, Neue Entwicklungen bei der registergerichtlichen Behandlung von Kommanditanteilsübertragungen, DStR 2004, 1964; Terbrack, Kommanditistenwechsel und Sonderrechtsnachfolgevermerk, Rpfleger 2003, 105; Wertenbruch, Handelsregistereintragung des Nießbrauchs am Kommanditanteil?, NZG 2020, 641; Wilhelm, Mängel bei der Neuregelung des NastraG zu den Bekanntmachungen über die Kommanditisten, DB 2002, 1979.

Übersicht

I. Allgemeines

1 § 162 ergänzt die auf die KG über § 161 Abs. 2 anzuwendenden Vorschriften in § 106, die die Anmeldung der Gesellschaft zur Eintragung in das Handelsregister betreffen. Im Rahmen des § 106

[619] Begr. RegE, BT-Drs. 17/12294, 250; WBA/Paul KAGB § 161 Rn. 18.
[620] WBA/Paul KAGB § 161 Rn. 5.
[621] MKJH/Jesch KAGB § 161 Rn. 21; WBA/Paul KAGB § 161 Rn. 12; s. auch BSV/Klebeck/Kunschke KAGB § 161 Rn. 15.

geht es um diejenigen Tatsachen, an denen aus Gründen der Rechtssicherheit im Allgemeinen ein besonderes Informationsinteresse seitens der Geschäftspartner einer Personenhandelsgesellschaft besteht. Die Vorschrift des § 162 trägt der Besonderheit der KG – der Rechtsstellung des Kommanditisten – Rechnung. So hat die Anmeldung gem. § 162 Abs. 1 neben den nach § 106 Abs. 2 erforderlichen Angaben auch den Betrag der Haftsumme eines jeden Kommanditisten zu enthalten. Dies trägt dem besonderen Interesse der Gläubiger einer KG Rechnung, sich durch Einsicht in das Handelsregister Gewissheit über die finanzielle Ausstattung der KG und damit deren Kreditwürdigkeit zu verschaffen.[1] Maßgeblich für den Geschäftspartner einer KG dürfte auf Grund der gesetzlichen Konzeption der KG, nach der die Kommanditisten von der Geschäftsführung ausgeschlossen sind (→ § 164 Rn. 1, → § 164 Rn. 5), allein der Betrag der Kommanditeinlage sein, auf deren Summe sich die Haftung der Kommanditisten nach Eintragung der KG in das Handelsregister beschränkt (→ § 171 Rn. 4 ff.).[2] Die vormalige Sonderregelung zur Bekanntmachung in § 162 Abs. 2 aF (→ 7. Aufl. 2021, § 162 Rn. 15 ff.) wurde bereits mit Wirkung zum 1.9.2022 durch Art. 1 Nr. 15 DiRUG aufgehoben, da die Neuordnung des registerrechtlichen Bekanntmachungswesens dazu geführt hat, dass die ursprüngliche Entlastungsfunktion des § 162 Abs. 2 aF (→ 7. Aufl. 2021, § 162 Rn. 1) obsolet wurde. Damit bestand kein Bedürfnis mehr für den Wegfall der Angaben zu den Kommanditisten in der Bekanntmachung.[3] Die Streichung von § 162 Abs. 1 S. 2 aF zum 1.1.2024 durch das MoPeG beruht auf dem veränderten normativen Rahmen für die rechtsfähige GbR. Da diese unter entsprechender Anwendung von § 707a Abs. 1 S. 2 BGB nur dann als Kommanditistin eingetragen werden kann, wenn sie ihrerseits im Gesellschaftsregister unter Angabe ihrer Gesellschafter nach § 707 Abs. 2 Nr. 2 BGB eingetragen ist, wurde die bis zum 1.1.2024 geltende Regelung in § 162 Abs. 1 S. 2 BGB aF überflüssig[4] und konnte ersatzlos aufgehoben werden (→ Rn. 15).[5]

II. Anmeldung der KG

1. Anmeldepflicht. Die Pflicht zur Anmeldung der Eintragung trifft ausnahmslos alle Gesellschafter der KG, dh neben den Komplementären auch die Kommanditisten (§ 161 Abs. 2 iVm § 108).[6] Ist eine **GbR** Kommanditistin (→ § 161 Rn. 20), so sind nicht deren Gesellschafter, sondern die GbR als Gesellschafterin der KG zur Anmeldung verpflichtet, die ihrerseits durch die geschäftsführenden Gesellschafter der GbR vertreten wird.[7] Die Gesellschafter der GbR trifft jedoch unabhängig davon eine im Gesellschaftsvertrag der GbR verwurzelte Pflicht, an der Anmeldung durch die GbR mitzuwirken (→ Rn. 4).[8] Da auch der nicht eingetragene Idealverein die Stellung eines Kommanditisten einnehmen kann (→ § 161 Rn. 16), gelten die vorstehenden Grundsätze für diesen entsprechend.[9] Zur Anmeldepflicht im **Erbfall** → Rn. 24. 2

Zur Anmeldung der KG kann das Registergericht jeden einzelnen Gesellschafter durch die Festsetzung eines Zwangsgelds nach § 14 anhalten, da ihn die Anmeldepflicht als **öffentlich-rechtliche Pflicht** gegenüber dem Staat trifft.[10] Die Sanktion des § 14 kann sich wegen seiner Anmeldepflicht (→ Rn. 2) auch gegen den Kommanditisten richten.[11] 3

Darüber hinaus haben auch die Gesellschafter ein Interesse an der Publizität ihrer Gesellschaft und der eintragungspflichtigen Tatsachen. Insbesondere dem Kommanditisten wird an einer zeitnahen Eintragung der KG in das Handelsregister gelegen sein, da er sich erst ab dieser auf seine beschränkte Haftung berufen kann (s. § 176). Im Hinblick auf die zwischen den Gesellschaftern bestehende Treuepflicht (→ § 108 Rn. 29 ff., → § 161 Rn. 39) ergibt sich somit die Pflicht eines jeden von 4

[1] Ebenso Staub/Casper Rn. 1; BeckOGK/Notz/Zinger, 1.8.2024, Rn. 1, 2.

[2] Zust. BeckOGK/Notz/Zinger, 1.8.2024, Rn. 1.

[3] Begr. RegE, BT-Drs. 19/28177, 100; Hopt/Roth Rn. 5.

[4] Begr. RegE, BT-Drs. 19/27635, 250.

[5] Staub/Casper Rn. 6.

[6] Für die allgM BayObLG 3.3.1988, WM 1988, 710; KG 16.7.2018, NZG 2018, 1150 (1150); 19.10.2023, NZG 2024, 1138 (1139); OLG Stuttgart 31.10.2012, DStR 2013, 1138 (1139); Staub/Casper Rn. 7; MüKoHGB/Grunewald Rn. 5; Schlegelberger/Martens Rn. 5; BeckOGK/Notz/Zinger, 1.8.2024, Rn. 7; Ebenroth/Boujong/Oepen Rn. 9; Hopt/Roth Rn. 3.

[7] Bergmann ZIP 2003, 2231 (2239); Staub/Casper Rn. 7; Grunewald ZGR 2003, 541 (546); MüKoHGB/Grunewald Rn. 5; Henssler/Strohn/Gummert Rn. 4; BeckOGK/Notz/Zinger, 1.8.2024, Rn. 7; **aA** Ebenroth/Boujong/Oepen Rn. 9.

[8] Treffend MüKoHGB/Grunewald Rn. 5.

[9] Ebenso Henssler/Strohn/Gummert Rn. 6.

[10] BayObLG 10.11.2004, ZIP 2005, 164 (165) = BeckRS 2004, 12581; Heymann/Borges Rn. 1; Staub/Casper Rn. 12; BeckOGK/Notz/Zinger, 1.8.2024, Rn. 16; Ebenroth/Boujong/Oepen Rn. 3, 10; Hopt/Roth Rn. 3.

[11] Heymann/Borges Rn. 1; MüKoHGB/Grunewald Rn. 5; Hopt/Roth Rn. 3.

ihnen zur **Mitwirkung an der Anmeldung** der KG.[12] Diese soll auch einen nicht eingetragenen und zwischenzeitlich ausgeschlossenen Kommanditisten treffen.[13] Die Pflicht zur Mitwirkung kann klageweise durchgesetzt werden[14] und löst die Rechtsfolge des § 16 Abs. 1 aus.[15] Das Urteil ersetzt mit bindender Wirkung gem. § 894 ZPO der erforderliche Anmeldeerklärung des nicht mitwirkenden Gesellschafters und bindet das Registergericht.[16] Kommt ein Gesellschafter mit der Mitwirkung in Verzug, so kann er seinen Mitgesellschaftern gegenüber zudem unter den Voraussetzungen des § 286 BGB zum Schadensersatz verpflichtet sein.[17] Auf diesem Wege kann ein Kommanditist bei einer Inanspruchnahme aus § 176 einen Ausgleich erlangen, wenn ein Gesellschafter mit seiner Mitwirkung an der Anmeldung in Verzug geraten ist.[18] Haben bei dem Anmeldeverfahren entgegen der gesetzlichen Verpflichtung aus § 106 nicht alle Gesellschafter mitgewirkt, so hat dies auf die Rechtswirksamkeit einer gleichwohl erfolgten Eintragung keine Auswirkungen.[19]

5 Aus § 12 Abs. 1 S. 3 folgt, dass sich die Gesellschafter bei der Anmeldung der KG zur Eintragung in das Handelsregister **vertreten** lassen können, so dass es sich nicht um eine höchstpersönliche Pflicht handelt. Eine entsprechende Bevollmächtigung kann nach überwiegender Auffassung bereits in dem Gesellschaftsvertrag festgeschrieben werden (näher zur Stellvertretung bei der Anmeldung → § 106 Rn. 85 ff.).[20] Die daraufhin erfolgte Anmeldung zur Eintragung durch einen Gesellschafter für seine Mitgesellschafter scheitert als verfahrensrechtliche Erklärung ohne rechtsgeschäftlichen Charakter nicht an dem Verbot des Insichgeschäfts aus § 181 BGB.[21] Zur Anmeldung bei der **GmbH & Co. KG** → Rn. 26 f.

6 **2. Inhalt der Anmeldung.** § 162 Abs. 1 soll die besondere Stellung der Kommanditisten innerhalb einer KG berücksichtigen und ergänzt die nach § 106 Abs. 2 für alle Personenhandelsgesellschaften gleichermaßen anmeldepflichtigen Angaben.

7 In der Anmeldung sind nach § 162 Abs. 1 iVm § 106 Abs. 2 Nr. 2 lit. a zunächst **alle Kommanditisten** mit Namen, Vornamen, Geburtsdatum und Wohnort zur Eintragung in das Handelsregister anzugeben. Wegen der Verweisung in § 54 S. 1 BGB gilt § 106 Abs. 2 Nr. 2 lit. a für den **nicht eingetragenen Idealverein** entsprechend.[22] Ein **Einzelkaufmann** kann unter seiner Firma (§ 17) als Kommanditist zur Eintragung in das Handelsregister angemeldet werden, wobei der Anmeldung sein bürgerlicher Name beizufügen ist, wenn dieser von der Firma abweicht.[23] Zum Inhalt der Anmeldung bei der **GmbH & Co. KG** → Rn. 26.

8 Darüber hinaus muss die Anmeldung nach § 162 Abs. 1 den **Betrag der Einlage** eines jeden Kommanditisten angeben. Hierunter ist – wie die Norm nunmehr klarstellt – die nach außen für die Haftung maßgebende **Haftsumme,** nicht jedoch die für das Innenverhältnis relevante und uU abweichende Pflichteinlage zu verstehen.[24] Die ausdrückliche Bezeichnung als Haftsumme ist verzichtbar, solange sich aus dem Gesamtbild der Anmeldung eindeutig ergibt, dass diese gemeint

---

[12] KG 20.1.2011, BeckRS 2011, 4832; 19.10.2023, NZG 2024, 1138 (1139); OLG Stuttgart 31.10.2012, DStR 2013, 1138 (1139); Heymann/Borges Rn. 10; Staub/Casper Rn. 12; MüKoHGB/Grunewald Rn. 8.

[13] So KG 20.1.2011, BeckRS 2011, 4832.

[14] BGH 3.11.1997, NJW 1998, 1225 (1226); OLG München 28.3.2001, BB 2001, 1492 (1495) = BeckRS 2001, 30171145; KG 19.10.2023, NZG 2024, 1138 (1139); Heymann/Borges Rn. 10; Staub/Casper Rn. 12; NK-HGB/Eberl Rn. 3; MüKoHGB/Grunewald Rn. 8; BeckOGK/Notz/Zinger, 1.8.2024, Rn. 16; Ebenroth/Boujong/Oepen Rn. 10; Hopt/Roth Rn. 3.

[15] S. KG 21.12.2021, BeckRS 2021, 50095.

[16] KG 19.10.2023, NZG 2024, 1138 (1139).

[17] S. auch Heymann/Borges Rn. 11; Staub/Casper Rn. 12; MüKoHGB/Grunewald Rn. 8; Schlegelberger/Martens Rn. 6; BeckOGK/Notz/Zinger, 1.8.2024, Rn. 18; iErg ferner Hopt/Roth Rn. 3.

[18] Statt aller Heymann/Borges Rn. 11 mwN.

[19] AllgM, s. OLG Hamm 6.7.1971, OLGZ 1971, 475; Heymann/Borges Rn. 2; MüKoHGB/Grunewald Rn. 7; Schlegelberger/Martens Rn. 9.

[20] S. BGH 9.5.2005, ZIP 2005, 1318 (1322) = NJW 2005, 2450; OLG Frankfurt 23.3.1973, OLGZ 1973, 270; Heymann/Borges Rn. 6; Staub/Casper Rn. 11; NK-HGB/Eberl Rn. 2; MüKoHGB/Grunewald Rn. 6; BeckOGK/Notz/Zinger, 1.8.2024, Rn. 8; Ebenroth/Boujong/Oepen Rn. 9; Hopt/Roth Rn. 3, § 106 Rn. 30; **aA** im Grundsatz Staub/Schäfer § 106 Rn. 77.

[21] BayObLG 21.5.1970, BB 1970, 940 (941) = NJW 1970, 1796; Staub/Casper Rn. 10; NK-HGB/Eberl Rn. 2; MüKoHGB/Grunewald Rn. 6; BeckOGK/Notz/Zinger, 1.8.2024, Rn. 8; Ebenroth/Boujong/Oepen Rn. 9; Hopt/Roth Rn. 3.

[22] So auch Henssler/Strohn/Gummert Rn. 6; BeckOGK/Notz/Zinger, 1.8.2024, Rn. 10.

[23] HM, s. BayObLG 16.2.1973, BayObLGZ 1973, 46; Staub/Casper Rn. 13; NK-HGB/Eberl Rn. 6; GK-HGB/Kluge/Kluge Rn. 6; BeckOGK/Notz/Zinger, 1.8.2024, Rn. 10; Ebenroth/Boujong/Oepen Rn. 29; Hopt/Roth Rn. 4.

[24] Ebenso bereits zu § 162 Abs. 1 S. 1 aF Heymann/Borges Rn. 13; Staub/Casper Rn. 14; NK-HGB/Eberl Rn. 9; MüKoHGB/Grunewald, 5. Aufl. 2022, Rn. 1; Henssler/Strohn/Gummert Rn. 3; BeckOGK/Notz/Zinger, 1.8.2024, Rn. 11; Hopt/Roth Rn. 2.

ist.[25] Wegen des Zwecks der Registereintragung (→ Rn. 1) muss der Betrag der Haftsumme in **Euro** ausgedrückt werden (→ § 161 Rn. 18).[26]

Die vom Gesetz für die Anmeldung vorgegebenen Angaben sind **abschließend** zu verstehen. 9
Deshalb können zB zusätzliche vertragliche Gesellschaftsorgane ebenso wenig zur Eintragung in das Handelsregister angemeldet werden wie die Art der Erbringung der Einlage[27] oder ein von der beherrschten KG abgeschlossener Ergebnisabführungsvertrag.[28] Wegen der Auswirkungen für das Mitwirkungs- und Mitverwaltungsrecht gilt dies jedoch nicht für die **Dauertestamentsvollstreckung** über den Nachlass eines Kommanditisten (→ § 177 Rn. 15) sowie nach bestrittener Ansicht für den **Nießbrauch** an einem Kommanditanteil.[29] Zur Befreiung vom Verbot des Selbstkontrahierens (§ 181 BGB) zugunsten des Geschäftsführers einer Komplementär-GmbH im Verhältnis zur KG → Rn. 29. Wegen der Bedeutung für den Rechtsverkehr sprechen gute Gründe dafür, eine für die Kommanditisten bei der Einheits-GmbH & Co. KG kraft Gesetzes (§ 170 Abs. 2) oder Gesellschaftsvertrag begründete Vertretungsmacht in der Gesellschafterversammlung der Komplementärgesellschaft in den Kreis eintragungsfähiger Tatsachen einzubeziehen.[30]

3. Maßgeblicher Zeitpunkt. Eine KG, deren Zweck auf den Betrieb eines Handelsgewerbes 10
gerichtet ist (§ 1 Abs. 2), ist nach § 161 Abs. 2 iVm § 106 unverzüglich nach Aufnahme des Geschäftsbetriebs zur Eintragung in das Handelsregister anzumelden (→ § 106 Rn. 11). Unabhängig von dieser gesetzlichen Pflicht zur Anmeldung steht es den Gesellschaftern der KG jedoch frei, Letztere bereits zu einem früheren Zeitpunkt zur Eintragung anzumelden.[31] Das dient insbesondere dem Interesse der Kommanditisten, etwaige Haftungsrisiken aus § 176 zu vermeiden. Voraussetzung für eine vorzeitige Anmeldung ist aber, dass die KG durch den Abschluss eines wirksamen Gesellschaftsvertrags bereits entstanden ist.[32]

Eine Anmeldung kann erfolgen, solange die KG besteht. Unter Umständen kann die Anmeldung 11
auch noch im Liquidationsstadium nachgeholt werden. Hierfür wird in der Regel im Hinblick auf die besondere Verjährungsfrist des § 137 ein Bedürfnis bestehen.[33]

4. Zuständiges Gericht. Nach § 161 Abs. 2 iVm § 106 Abs. 1 ist die KG bei dem Gericht 12
anzumelden, in dessen Bezirk sie ihren Sitz hat (näher → § 106 Rn. 15).

III. Eintragung und Bekanntmachung

1. Eintragung. In das Handelsregister werden lediglich die Tatsachen eingetragen, die **Inhalt** 13
der vorausgegangenen Anmeldung sind (→ Rn. 6 ff.).[34] Der Eintragung geht eine registergerichtliche Prüfung voraus (näher → § 106 Rn. 37).

Hinsichtlich der **materiellrechtlichen Wirkung** der Eintragung ist zu differenzieren. Die Eintra- 14
gung ist maßgeblich für die Haftungsbeschränkung zugunsten des Kommanditisten (dazu § 176). Betreibt die KG ein Handelsgewerbe (§ 1 Abs. 2), hat die Eintragung darüber hinaus jedoch lediglich deklaratorische Wirkung. Handelt es sich dagegen um ein Unternehmen iSd § 2 und § 3, hat die Eintragung konstitutive Wirkung; mit der Eintragung wandelt sich die GbR in eine KG um.[35]

2. Bekanntmachung. Nach der allgemeinen Vorschrift des § 10 Abs. 1 S. 1 sind die Eintragun- 15
gen grundsätzlich ihrem gesamten Inhalt nach bekannt zu geben. Dies gilt nur dann nicht, wenn

[25] OLG Celle 24.3.1975, OLGZ 1975, 385; Heymann/Borges Rn. 13; Staub/Casper Rn. 14; MüKoHGB/Grunewald Rn. 2; BeckOGK/Notz/Zinger, 1.8.2024, Rn. 11; Hopt/Roth Rn. 4.

[26] Zust. BeckOGK/Notz/Zinger, 1.8.2024, Rn. 11; Ebenroth/Boujong/Oepen Rn. 8.

[27] Dazu BGH 29.6.1981, BGHZ 81, 82 (87) = NJW 1981, 2747 (2748); Heymann/Borges Rn. 17; MüKoHGB/Grunewald Rn. 3; GK-HGB/Kluge/Kluge Rn. 12; Schlegelberger/Martens Rn. 11; BeckOGK/Notz/Zinger, 1.8.2024, Rn. 12; Ebenroth/Boujong/Oepen Rn. 15.

[28] OLG München 8.2.2011, GmbHR 2011, 376 (377) = BeckRS 2011, 3058; s. ferner Staub/Casper Rn. 15.

[29] Zum Nießbrauch iErg wie hier OLG Oldenburg 9.3.2015, NZG 2015, 643 f.; OLG Stuttgart 28.1.2013, NZG 2013, 432 f.; zust. Heymann/Borges Rn. 41; Staub/Casper Rn. 28; **aA** OLG Köln 7.10.2019, NZG 2020, 64; OLG München 8.8.2016, NZG 2016, 1064 ff.; Ebenroth/Boujong/Oepen Rn. 30; MüKoHGB/K. Schmidt, 5. Aufl. 2022, Vor § 230 Rn. 16; Wertenbruch NZG 2020, 641 (642 ff.); Westermann/Wertenbruch PersGes-HdB/Wertenbruch, 2021, § 29 Rn. I 680 mwN.

[30] Ausf. Wertenbruch NZG 2025, 1699 ff.

[31] Staub/Casper Rn. 17; MüKoHGB/Grunewald Rn. 4; BeckOGK/Notz/Zinger, 1.8.2024, Rn. 15.

[32] Heymann/Borges Rn. 21; Staub/Casper Rn. 17; NK-HGB/Eberl Rn. 11; MüKoHGB/Fleischer § 106 Rn. 10; Schlegelberger/Martens Rn. 3; BeckOGK/Notz/Zinger, 1.8.2024, Rn. 16; ähnlich MüKoHGB/Grunewald Rn. 4, die verlangt, dass die Gründung der KG weitgehend sichergestellt sein muss.

[33] S. Heymann/Borges Rn. 21; Staub/Casper Rn. 18; Hopt/Roth Rn. 1.

[34] Staub/Casper Rn. 20; zum Inhalt der Eintragung ausf. auch MüKoHGB/Fleischer § 106 Rn. 17 ff.; RGHMW/Haas/Wöstmann § 106 Rn. 6 ff.

[35] NK-HGB/Eberl Rn. 13; MüKoHGB/Grunewald Rn. 12.

das Gesetz etwas anderes vorschreibt. Nach der Sonderregelung für die KG in § 162 Abs. 2 Hs. 1 aF wurden Angaben zu den Kommanditisten **nicht bekannt gemacht** (s. zu § 162 Abs. 2 Hs. 1 aF → 7. Aufl. 2021, § 162 Rn. 15 ff.). Die **Pflicht zur Eintragung** blieb hiervon jedoch unberührt (→ Rn. 2), so dass sich Interessenten durch einen Blick in das Handelsregister über die Person des einzelnen Kommanditisten sowie die ihn betreffende Einlage informieren konnten.[36] Durch Art. 1 Nr. 15 DiRUG wurde jedoch § 162 Abs. 2 Hs. 1 aF mit Wirkung zum 1.9.2021 aufgehoben; die ursprüngliche Entlastungsfunktion wurde wegen der Neuordnung des registerrechtlichen Bekanntmachungswesens[37] obsolet, so dass für die Sonderregelung in § 162 Abs. 2 Hs. 1 aF kein Bedürfnis mehr bestand (→ Rn. 1).[38]

IV. Eintragung von Veränderungen

16 **1. Grundsatz.** Im Ausgangspunkt gilt für die KG hinsichtlich der Anmeldung und Eintragung von Änderungen in das Handelsregister über die Verweisungsnorm des § 161 Abs. 2 Gleiches wie für die OHG. § 162 Abs. 2 ergänzt lediglich § 106 für den Ein- bzw. Austritt eines Kommanditisten.[39] Hinsichtlich Änderungen bezüglich der Haftsummen ist auf § 175 zu verweisen.[40] Für die Anmeldung von Veränderungen gelten die obigen Grundsätze (→ Rn. 2 ff.) entsprechend. Deshalb ist die Verlegung des Sitzes der Gesellschaft von allen Gesellschaftern und damit auch von den Kommanditisten anzumelden.[41] Verweigert ein Gesellschafter die Mitwirkung, so ist dieser auf Zustimmung zu verklagen (→ Rn. 4).[42] Soweit dies bislang (zu Recht) auch auf die Änderung der inländischen Geschäftsanschrift bezogen wurde,[43] fehlt hierfür wegen § 106 Abs. Abs. 7 S. 3, wonach sich die Anmeldepflicht der Gesellschafter nicht auf die Änderung der Geschäftsanschrift bezieht (→ § 106 Rn. 84),[44] die notwendige gesetzliche Grundlage.

17 **2. Ein- bzw. Austritt des Kommanditisten.** Beim Eintritt eines **zusätzlichen Kommanditisten** in eine bereits bestehende Handelsgesellschaft ergeben sich gegenüber der Gründung keine Besonderheiten bezüglich Anmeldung und Eintragung in das Handelsregister (→ Rn. 7, → Rn. 13, → Rn. 15). Hat der Eintritt als Kommanditist einen **Rechtsformwechsel** der Gesellschaft zur Folge, so ist dieser ebenfalls anzumelden und einzutragen.[45] Entsprechendes gilt für das **Ausscheiden eines Kommanditisten** aus der KG, gleichgültig auf welchem Rechtsgrund dies beruht.[46] Ein Gesellschafterwechsel zugunsten eines Ungeborenen (zB infolge Schenkung eines Kommanditanteils) tritt analog § 1923 BGB erst mit Vollendung der Geburt ein und kann auch erst dann in das Handelsregister eingetragen werden.[47] Das Ausscheiden eines Gesellschafters ist durch alle Gesellschafter anzumelden; auch der ausscheidende Gesellschafter hat an der Anmeldung mitzuwirken.[48]

18 **3. Sonderrechtsnachfolge.** Stehen Ein- bzw. Austritt eines Kommanditisten in einem **unmittelbaren rechtlichen Zusammenhang,** gibt die Vorgehensweise in → Rn. 17 die Rechtslage nicht erschöpfend wieder. Kommt es zu einer rechtsgeschäftlichen Übertragung, dh zum derivativen Erwerb einer bereits bestehenden Kommanditbeteiligung, geht diese mit allen Rechten und Pflichten auf den Rechtsnachfolger über, während der Übertragende seine rechtliche Stellung als Gesellschafter der KG verliert.[49] Das Gesellschaftsvermögen bleibt hiervon unberührt. Dieser Umstand vermag die mit der Sonderrechtsnachfolge bezweckte Haftungsüberleitung vom übertragenden auf den erwer-

---

[36] Statt aller BeckOGK/Notz/Zinger, 1.8.2024, Rn. 21; Hopt/Roth Rn. 5.

[37] Bekantmachung durch erstmalige Abrufbarkeit über das nach § 9 Abs. 1 bestimmte elektronische Informations- und Kommunikationssystem (s. § 10 Abs. 1 S. 1).

[38] Begr. RegE, BT-Drs. 19/28177, 100; Staub/Casper Rn. 21.

[39] BeckOGK/Notz/Zinger, 1.8.2024, Rn. 24.

[40] BeckOGK/Notz/Zinger, 1.8.2024, Rn. 24.

[41] KG 7.2.2012, NZG 2012, 1346 f. (Sitzverlegung).

[42] KG 19.10.2023, NZG 2024, 1138 (1139); zum Streitwert OLG Karlsruhe 29.5.2006, NJW-RR 2007, 1046 f.

[43] So OLG Frankfurt 12.9.2011, NZG 2012, 585.

[44] Die Anmeldung ist nach § 106 Abs. 7 S. 3 ausdrücklich von der Gesellschaft und – wie sich im Umkehrschluss zu § 106 Abs. 7 S. 1 ergibt – damit nicht von sämtlichen Gesellschaftern zu bewirken.

[45] Staub/Casper Rn. 23; Schlegelberger/Martens Rn. 14; Ebenroth/Boujong/Oepen Rn. 28; Hopt/Roth Rn. 11.

[46] Staub/Casper Rn. 24; MüKoHGB/Grunewald Rn. 14; BeckOGK/Notz/Zinger, 1.8.2024, Rn. 26.

[47] OLG Celle 30.1.2018, NZG 2018, 303 (303); KKD/Kindler Rn. 2a aE.

[48] BayObLG 4.4.1978, Rpfleger 1978, 254; KG 21.12.2021, BeckRS 2021, 50095; OLG Schleswig 20.1.2010, NZG 2010, 957; 1.2.2012, NJW-RR 2012, 1063; s. auch KG 19.10.2023, NG 2024, 1138 (1139).

[49] Keine Sonderrechtsnachfolge liegt deshalb vor, wenn die Übertragung zum Erlöschen der Gesellschaft führt; s. OLG München 16.6.2010, NZG 2010, 1305 f.

benden Kommanditisten (näher → § 173 Rn. 19 ff.) zu rechtfertigen.[50] Diese Absicht muss durch einen entsprechenden Registereintrag – den sog. **Sonderrechtsnachfolgevermerk** – deutlich gemacht werden,[51] der jedoch keine Wirksamkeitsvoraussetzung für die Übertragung der Kommanditbeteiligung ist.[52]

19 Die Konstruktion dieser Sonderrechtsnachfolge mit dem damit verbundenen Haftungsausschluss des Übertragenden setzt voraus, dass Letzterem im Zusammenhang mit diesem Vorgang keine Werte aus dem Gesellschaftsvermögen zu Lasten der Einlagen zugeflossen sind. Erforderlich ist daher nach stRspr und hL diesbezüglich eine sog. **negative Abfindungsversicherung** durch die persönlich haftenden Gesellschafter sowie den ausscheidenden Kommanditisten.[53] Diese ist nicht eintragungsfähig,[54] jedoch von den Beteiligten der Übertragung persönlich und nicht durch einen Stellvertreter abzugeben,[55] da es sich um eine verfahrensrechtliche Erklärung iSd § 27 Abs. 2 FamFG handelt.[56] Die Notwendigkeit einer negativen Abfindungsversicherung wird seit Inkrafttreten des MoPeG tw. mit der Begründung in Frage gestellt, dass die Anteilsübertragung in § 711 BGB geregelt sei und zudem wegen § 106 Abs. 7 S. 1 alle Gesellschafter den Antrag auf Änderung des Registereintrags stellen müssten.[57]

20 **4. Gesamtrechtsnachfolge.** Auch bei einem Übergang der Kommanditistenstellung im Wege der Gesamtrechtsnachfolge – zB durch Erbgang oder Umwandlung – ist ein entsprechender **Rechtsnachfolgevermerk** anzumelden und in das Handelsregister einzutragen, um zu verdeutlichen, dass die Gesamtrechtsnachfolge die Haftungsverfassung der KG nicht verändert hat.[58]

21 Anmeldepflichtig sind im Falle eines Erbgangs **alle Erben,** unabhängig von einem uU zugunsten eines Einzelnen bestehenden Eintrittsrecht (Ausnahme: § 106 Abs. 7 S. 2, § 141 Abs. 2).[59] Ein nicht verwaltungsberechtigter **Testamentsvollstrecker** ist nicht zur Anmeldung berechtigt.[60] Entsprechendes gilt für die **Abwicklungsvollstreckung;** diese entbindet die Erben nicht davon, ihre neue Gesellschafterstellung infolge des Übergangs des Kommanditanteils zum Handelsregister anzumelden.[61] Anders ist die Rechtslage bei einer sog. **Verwaltungsvollstreckung,** insbesondere in der Ausformung einer **Dauertestamentsvollstreckung;** in diesem Fall umfasst die Verwaltungsaufgabe des Testamentsvollstreckers auch die Anmeldung des Gesellschafterwechsels.[62] Wegen der originären

[50] RG 30.9.1944, DNotZ 1944, 195 = WM 1964, 1130.

[51] RG 30.9.1944, DNotZ 1944, 195 = WM 1964, 1130 (1132); OLG Köln 24.6.1992, NJW-RR 1992, 1389; 4.2.2004, NZG 2004, 416; OLG München 16.6.2010, NZG 2010, 1305; OLG Oldenburg 7.8.1990, NJW-RR 1991, 292 f.; Heymann/Borges Rn. 34; Staub/Casper Rn. 25; Koch PersGesR/Ceesay § 173 Rn. 20; NK-HGB/Eberl Rn. 18; Jeschke DB 1983, 541; MüKoHGB/Grunewald Rn. 15; KKD/Kindler Rn. 2a; BeckOGK/Notz/Zinger, 1.8.2024, Rn. 28; Hopt/Roth Rn. 8; K. Schmidt GmbHR 1981, 253 (255); Westermann/Wertenbruch PersGes-HdB/Wertenbruch, 2021, § 29 Rn. I 649a; s. auch Bueren ZHR 178 (2014), 715 (716 ff.).

[52] Heymann/Borges Rn. 35; Staub/Casper Rn. 25; NK-HGB/Eberl Rn. 18; MüKoHGB/Grüneberg § 173 Rn. 27; BeckOGK/Notz/Zinger, 1.8.2024, Rn. 28; Hopt/Roth Rn. 8.

[53] RG 30.9.1944, DNotZ 1944, 195 = WM 1964, 1130 (1133); daran festhaltend BGH 19.9.2005, WM 2006, 36 = NJW-RR 2006, 107; KG 28.4.2009, NZG 2009, 905; OLG Köln 21.7.2017, NJW-RR 2018, 169; OLG München 16.6.2010, NZG 2010, 1305; OLG Nürnberg 26.6.2012, NZG 2012, 1270 (1271); OLG Zweibrücken 2.5.1986, Rpfleger 1986, 482 f.; ebenso im Schrifttum Staub/Casper Rn. 26; Koch PersGesR/Ceesay § 173 Rn. 21; NK-HGB/Eberl Rn. 19; Engler DB 2005, 483; Heymann/Horn, 2. Aufl. 1996, Rn. 11; Schlegelberger/Martens Rn. 18; RGHMW/Mock Rn. 17; BeckOGK/Notz/Zinger, 1.8.2024, Rn. 29; **aA** AG Charlottenburg 14.12.1987, DB 1988, 224 f.; Heymann/Borges Rn. 36; MüKoHGB/Grunewald Rn. 15; Jeschke DB 1983, 541 (542), die auf den Schutz über § 172 Abs. 4 verweisen; Leo/John NZG 2021, 1195 (1198); Leo/John NZG 2021, 1628 (1633); zurückhaltend auch Bueren ZHR 178 (2014), 715 (721 ff.); Henssler/Strohn/Gummert Rn. 9; KKD/Kindler Rn. 2a; Röhl DNotZ 2013, 657 ff.

[54] Unstr., s. Staub/Casper Rn. 26; NK-HGB/Eberl Rn. 19; MüKoHGB/Grunewald Rn. 15; BeckOGK/Notz/Zinger, 1.8.2024, Rn. 29; Hopt/Roth Rn. 8.

[55] KG 28.4.2009, NZG 2009, 905; OLG Köln 21.7.2017, NJW-RR 2018, 169; Staub/Casper Rn. 26; BeckOGK/Notz/Zinger, 1.8.2024, Rn. 29 mwN.

[56] OLG Köln 21.7.2017, NJW-RR 2017, 169.

[57] So nunmehr Hopt/Roth Rn. 8; **aA** Koch PersGesR/Ceesay § 173 Rn. 21.

[58] KG 16.7.2018, NZG 2018, 1150 (1151); 30.5.2000, NZG 2000, 1167 f.; LG Aurich 25.3.1997, NJW-RR 1998, 1259 f.; Heymann/Borges Rn. 38; Staub/Casper Rn. 27; MüKoHGB/Grunewald Rn. 16; Henssler/Strohn/Gummert Rn. 10; Schlegelberger/Martens Rn. 20; RGHMW/Mock Rn. 18; BeckOGK/Notz/Zinger, 1.8.2024, Rn. 31; Hopt/Roth Rn. 9.

[59] HM, s. BayObLG 12.10.1978, DNotZ 1979, 109 (111); OLG Düsseldorf 9.6.2017, NJW-RR 2018, 166 (168); OLG München 20.6.2017, BeckRS 2017, 130819 = ZIP 2018, 636; Henssler/Strohn/Gummert Rn. 12; Schlegelberger/Martens Rn. 21; RGHMW/Mock Rn. 18; BeckOGK/Notz/Zinger, 1.8.2024, Rn. 32; **aA** Staub/Casper Rn. 27; MüKoHGB/Grunewald Rn. 17; Hopt/Roth Rn. 9.

[60] Staub/Casper Rn. 28; MüKoHGB/Grunewald Rn. 17; BeckOGK/Notz/Zinger, 1.8.2024, Rn. 33.

[61] OLG Düsseldorf 9.6.2017, NJW-RR 2018, 166 (168); OLG München 7.7.2009, NJW-RR 2010, 15 (16).

[62] OLG Düsseldorf 9.6.2017, NJW-RR 2018, 166 (168); BeckOGK/Notz/Zinger, 1.8.2024, Rn. 33.

Anmeldepflicht der Erben berechtigt eine **postmortale Vollmacht** nicht dazu, den im Wege der Gesamtrechtsnachfolge eintretenden Kommanditisten zur Eintragung anzumelden.[63] Tritt ein einzelner Erbe im Wege der Gesamtrechtsnachfolge in die Gesellschaft ein, ist die Angabe seiner Haftsumme nach § 162 Abs. 1 anders als bei einer Mehrheit von Erben entbehrlich.[64] Im letztgenannten Fall ist die Angabe der Haftsumme jedoch erforderlich, weil andernfalls nicht ersichtlich ist, wie sich die Einlage des verstorbenen Kommanditisten auf dessen Rechtsnachfolger verteilt. Eine negative Abfindungsversicherung ist in diesem Fall nicht notwendig.[65]

22 **5. Änderung der Beteiligung bzw. der Rechtsform.** Kein Fall des Ein- bzw. Austritts eines Gesellschafters ist die Änderung der Gesellschafterstellung dergestalt, dass der Kommanditist die Rechtsstellung eines Komplementärs einnimmt und umgekehrt. Die Gesellschafterstellung als solche bleibt bestehen, lediglich die mit ihr verbundenen Rechte und Pflichten erfahren eine Änderung. Deshalb findet § 162 Abs. 2 keine unmittelbare Anwendung.[66] Gleichwohl wird dieser Vorgang im Handelsregister als Ein- bzw. Austritt in die entsprechende Gesellschafterstellung festgehalten (→ § 173 Rn. 5).[67] Hieraus folgt jedoch nicht die Verpflichtung der Gesellschafter, die Anmeldung zur Eintragung in das Handelsregister in eben dieser Form vorzunehmen. Die Anmeldung kann sich vielmehr auf die **Angabe der Beteiligungsumwandlung** beschränken.[68]

23 Führt der Wechsel in eine andere Gesellschafterstellung dazu, dass sich die **Rechtsform der Gesellschaft** ändert, dann ist auch dies anzumelden und einzutragen.[69] Das gilt insbesondere, wenn der einzige Kommanditist in die Stellung als Komplementär wechselt. In diesem Fall wird aus der KG eine OHG.[70] Entsprechendes gilt für eine Auflösung der Gesellschaft, wenn die Beteiligung des einzigen Komplementärs mit der des einzigen Kommanditisten zusammenfällt (→ § 161 Rn. 13).

24 **6. Änderung der Zuordnung des Kommanditanteils.** Ist der Inhaber des Kommanditanteils eine natürliche Person, so kann er entscheiden, ob er den Kommanditanteil seinem geschäftlichen Bereich als Einzelkaufmann zuordnet (→ Rn. 7 aE). Ändert er später diese Zuordnung, so ist dies durch Löschung der Firma anzumelden.[71]

V. GmbH & Co. KG

25 Ist eine GmbH als juristische Person persönlich haftende Gesellschafterin einer KG, erfolgt die Anmeldung durch den vertretungsberechtigten Geschäftsführer der GmbH (§ 35 Abs. 1 GmbHG). Ist der Geschäftsführer der Komplementär-GmbH zugleich Kommanditist, so muss seine **Doppelfunktion** aus der Anmeldung, die von allen Gesellschaftern zu bewirken ist (→ Rn. 2), eindeutig hervorgehen.[72] Indes bedarf dies keiner bestimmten Form, insbesondere nicht einer zweifachen Unterschrift.[73]

26 Der **Inhalt der Anmeldung** sowie der nachfolgenden Eintragung ist grundsätzlich auf die gesetzlich vorgeschriebenen Angaben beschränkt (→ Rn. 6 ff.).[74] Eine § 8 Abs. 4 GmbHG entsprechende Regelung enthalten die für die KG maßgeblichen §§ 162, 106 Abs. 2 nicht. Zweifelhaft ist, ob für die Befreiung des Geschäftsführers einer Komplementär-GmbH von dem **Verbot des Selbstkontrahierens** (§ 181 BGB) eine Ausnahme zu machen ist. Dies kann grundsätzlich nur mit einem erhebli-

[63] OLG München 20.6.2017, BeckRS 2017, 130819 = ZIP 2018, 636; zuvor KG 12.11.2002, NJW-RR 2003, 255.

[64] BeckOGK/Notz/Zinger, 1.8.2024, Rn. 32; Hopt/Roth Rn. 9.

[65] Treffend Staub/Casper Rn. 27; Ebenroth/Boujong/Oepen Rn. 25.

[66] So mit Recht BeckOGK/Notz/Zinger, 1.8.2024, Rn. 34; Hopt/Roth Rn. 10.

[67] BayObLG 21.5.1970, NJW 1970, 1796; ebenso zB Heymann/Borges Rn. 30; Staub/Casper Rn. 29; MüKoHGB/Grunewald Rn. 18; Henssler/Strohn/Gummert Rn. 11; KKD/Kindler Rn. 2a; Hopt/Roth Rn. 10; Wiedemann FS Zöllner, 1999, 635 (649); **aA** BeckOGK/Notz/Zinger, 1.8.2024, Rn. 34.

[68] Unstr. seit BayObLG 21.5.1970, NJW 1970, 1796; für das Schrifttum Heymann/Borges Rn. 30; Staub/Casper Rn. 29; Henssler/Strohn/Gummert Rn. 11.

[69] Heymann/Borges Rn. 32; Staub/Casper Rn. 30; MüKoHGB/Grunewald Rn. 20; Henssler/Strohn/Gummert Rn. 13; BeckOGK/Notz/Zinger, 1.8.2024, Rn. 37; Hopt/Roth Rn. 11.

[70] MüKoHGB/Grunewald Rn. 20; BeckOGK/Notz/Zinger, 1.8.2024, Rn. 37.

[71] OLG Jena 9.9.2010, NZG 2011, 25; ebenso Staub/Casper Rn. 31; Ebenroth/Boujong/Oepen Rn. 29; Hopt/Roth Rn. 4.

[72] OLG Düsseldorf 8.11.1965, OLGZ 1966, 346 (347); Heymann/Borges Rn. 4; Staub/Casper Rn. 32; MüKoHGB/Grunewald Rn. 6; Schlegelberger/Martens Rn. 5; BeckOGK/Notz/Zinger, 1.8.2024, Rn. 8; Hopt/Roth Anh. § 161 Rn. 13.

[73] OLG Düsseldorf 8.11.1965, OLGZ 1966, 346 (347); Staub/Casper Rn. 32; MüKoHGB/Grunewald Rn. 6; Schlegelberger/Martens Rn. 5; BeckOGK/Notz/Zinger, 1.8.2024, Rn. 8.

[74] Zur Vertretungsbefugnis OLG Köln 24.5.2004, NJW-RR 2004, 1106 f.

chen Bedürfnis nach Sicherheit des Rechtsverkehrs gerechtfertigt werden,[75] wobei mit Rücksicht auf die ausführlichen Regelungen des Registerrechts eine restriktive Beurteilung geboten ist. Zwar besteht ein Interesse des Rechtsverkehrs an der Veröffentlichung der im Innenverhältnis der Gesellschaft getroffenen Vereinbarungen zur Vertretung, andererseits ist es aber den Geschäftspartnern einer GmbH & Co. KG unbenommen, sich über die Vertretungsverhältnisse innerhalb der Komplementär-GmbH durch Einsicht in deren Eintragung im Handelsregister zu informieren. Einer Ausnahme ist somit die Anerkennung zu versagen.[76]

Die Anmeldung der GmbH & Co. KG sowie die entsprechende Eintragung derselben in das Handelsregister wird im Interesse der Kommanditisten frühzeitig erfolgen, um dessen Haftungsbefreiung (s. § 176) nicht zu verzögern. Ist die Komplementär-GmbH mangels Eintragung noch nicht zur Entstehung gelangt (s. § 11 Abs. 1 GmbHG), hindert dies nicht die Eintragung der GmbH & Co. KG in das Handelsregister. Als Komplementärin ist in diesem Fall mit dem Zusatz „i. G." die **Vor-GmbH** einzutragen (zur Komplementärfähigkeit der Vor-GmbH → § 161 Rn. 96).[77] Mit Eintragung der GmbH in das Handelsregister ist nur noch diese als Komplementärin der GmbH & Co. KG einzutragen, auch wenn letztere ihren Geschäftsbetrieb noch mit der Vor-GmbH aufgenommen hat.[78] Dies folgt aus dem Umstand, dass die GmbH vollständig in die Rechtsstellung der Vor-GmbH eintritt.[79] Wurde die Vor-GmbH mit dem Zusatz „i. G." eingetragen, ist dieser Zusatz nach Eintragung der GmbH zu löschen.[80] Diesen bislang einmütig vertretenen Ansatz hat allerdings jüngst das OLG Brandenburg unter Rückgriff auf § 707a Abs. 1 S. 2 BGB, der auch bei der KG wegen § 161 Abs. 2 und § 105 Abs. 3 anwendbar ist, abgelehnt. Hiernach könne die KG erst eingetragen werden, wenn auch ihre Komplementärin eingetragen sei.[81] Diese Auffassung überzeugt nicht (→ § 106 Rn. 29).[82] Es trifft zwar zu, dass § 707a Abs. 1 S. 2 BGB auch bei der KG Anwendung findet, jedoch bezieht sich das dort normierte Voreintragserfordernis – wie aus der Bezugnahme auf das Gesellschaftsregister folgt – ausschließlich auf die GbR als Gesellschafterin einer KG. Die Formulierung „Gesellschaft" in § 707a Abs. 1 S. 2 BGB kann auch nicht über § 161 Abs. 2, § 105 Abs. 3 in dem Sinne auf die KG erstreckt werden, dass alle ihre Gesellschafter in das Handelsregister eingetragen sein müssen. Deshalb kann auch nach den Änderungen des Personengesellschaftsrechts durch das MoPeG eine KG mit einer Vor-GmbH als Komplementärin in das Handelsregister eingetragen werden. 27

Werden zwei GmbH & Co. KGs durch Übertragung der Geschäftsanteile auf eine der Gesellschaften vereinigt, ist zum Handelsregister der anderen Gesellschaft keine Verschmelzung, sondern das Ausscheiden des Komplementärs und des Kommanditisten und die hierdurch bedingte Auflösung der KG sowie das Erlöschen der Firma anzumelden.[83] 28

VI. Publikums-KG

Hinsichtlich der Anmeldung der Gesellschaft zur Eintragung in das Handelsregister ergeben sich für die Publikums-KG grundsätzlich keine Abweichungen. Besondere Bedeutung hat bei der **Anmeldung** der Publikums-KG die Bestellung eines Vertreters bereits in dem Gesellschaftsvertrag (→ Rn. 5). Bei der Publikums-KG kann diese ebenfalls bereits pauschal für alle zukünftigen Anmeldungen im Gesellschaftsvertrag erfolgen.[84] Die Grundsätze zur **negativen Abfindungsversicherung** (→ Rn. 19) hat der BGH auch für die Publikums-KG anerkannt.[85] 29

[75] Ebenroth/Boujong/Oepen Rn. 8.

[76] So auch Heymann/Borges Rn. 18; Staub/Casper Rn. 15; MüKoHGB/Grunewald Rn. 3; BeckOGK/Notz/Zinger, 1.8.2024, Rn. 13; Hopt/Roth Anh. § 161 Rn. 13; **aA** BayObLG 23.2.2000, ZIP 2000, 701 (702) = NJW-RR 2000, 1421; 4.11.1999, NJW-RR 2000, 562 (562); GK-HGB/Kluge/Kluge Rn. 19.

[77] BGH 12.11.1984, ZIP 1985, 280 (281) = NJW 1985, 736; Heymann/Borges Rn. 4, 21; Staub/Casper Rn. 20; MüKoHGB/Grunewald Rn. 10; BeckOGK/Notz/Zinger, 1.8.2024, Rn. 10; Hopt/Roth Anh. § 161 Rn. 13; **aA** nunmehr OLG Brandenburg 10.7.2024, NZG 2024, 1567 (1567 f.).

[78] BGH 12.11.1984, ZIP 1985, 280 (281) = NJW 1985, 736; Staub/Casper Rn. 20; BeckOGK/Notz/Zinger, 1.8.2024, Rn. 20.

[79] Ganz hM (sog. Kontinuitätstheorie), s. BGH 9.3.1981, BGHZ 80, 129 (137 ff.) = NJW 1981, 1373 (1375 f.); Windbichler/Bachmann GesR § 21 Rn. 29 mwN; wie hier auch Staub/Casper Rn. 20; BeckOGK/Notz/Zinger, 1.8.2024, Rn. 20.

[80] Hopt/Roth Anh. § 161 Rn. 13.

[81] OLG Brandenburg 10.7.2024, NZG 2024, 1567 (1567); ebenso wohl auch Ebenroth/Boujong/Oepen Rn. 8.

[82] Abl. auch Ante ZIP 2024, 2983 (2983 f.); Staub/Casper § 161 Rn. 101; Fröhleke/Seidel GmbHR 2024, 1089 (1090 ff.); Grunewald ZIP 2024, 2973 (2974); Mosch NZG 2025, 22 (23 f.); Ortmann NZG 2025, 1665 (1667); Salomon/Kreß NotBZ 2025, 232 (233); Staake RFamU 2024, 503.

[83] OLG Frankfurt 25.8.2003, NZG 2004, 808 f.; Staub/Casper Rn. 34.

[84] BGH 9.5.2005, ZIP 2005, 1318 (1322) = NZG 2005, 722.

[85] BGH 19.9.2005, ZIP 2005, 2257 (2258) = NJW-RR 2006, 107.

VII. Investment-KG

30 Für die Anmeldung der offenen bzw. geschlossenen Investment-KG gilt § 162 Abs. 1 wegen § 124 Abs. 1 S. 2 KAGB und § 149 Abs. 1 S. 2 KAGB uneingeschränkt. Entsprechendes gilt für den Eintritt eines neuen Gesellschafters in die Investment-KG; bei ihr wird der Eintritt des Kommanditisten jedoch erst wirksam, wenn der Eintritt in das Handelsregister eingetragen worden ist (§ 127 Abs. 4 KAGB, § 152 Abs. 4 KAGB), so dass sich zur Vermeidung einer persönlichen unbeschränkten Außenhaftung nach § 176 Abs. 2 iVm § 176 Abs. 1 die Vereinbarung einer aufschiebenden Bedingung für das Wirksamwerden des Eintritts erübrigt (→ § 173 Rn. 31; → § 176 Rn. 57).[86]

§ 163 [Rechtsverhältnis der Gesellschafter untereinander]

Für das Verhältnis der Gesellschafter untereinander gelten in Ermangelung abweichender Bestimmungen des Gesellschaftsvertrags die besonderen Vorschriften der §§ 164 bis 169.

Übersicht

I. Allgemeines

1 Die §§ 163–169 betreffen das Rechtsverhältnis der Gesellschafter untereinander und damit die **Innenbeziehungen** in der KG und enthalten **besondere Regeln für die Rechtsstellung des Kommanditisten.** Nur soweit diese keine abschließende Ausgestaltung treffen – was zum Teil ausdrücklich geregelt und im Übrigen durch Auslegung zu ermitteln ist –, gelten über § 161 Abs. 2 bzw. § 105 Abs. 3 ergänzend die Vorschriften aus dem Recht der OHG bzw. der GbR. Für Komplementäre finden in erster Linie die §§ 116–119 Anwendung. Wie § 108 für das Recht der OHG erklärt § 163 die §§ 164–169 für **dispositives Recht,** indem – rechtswirksamen (→ Rn. 4 f.) – abweichenden gesellschaftsvertraglichen Bestimmungen Geltungsvorrang eingeräumt und so dem Grundsatz der Vertragsfreiheit Ausdruck verliehen wird.

2 Aus alledem ergibt sich für die Regelungen zu den Innenbeziehungen in der KG das folgende (vierstufige) **Rangverhältnis:** (1) Gesellschaftsvertrag; (2) §§ 164–169; (3) §§ 109–119 iVm § 161 Abs. 2; (4) §§ 705 ff. BGB iVm § 161 Abs. 2, § 105 Abs. 3.[1]

II. Vorrang des Gesellschaftsvertrags

3 Gemäß § 163 richten sich die Innenbeziehungen in der KG in erster Linie nach den Bestimmungen des Gesellschaftsvertrags. Die Vorschrift entspricht § 108. Wie dort sind die Gesellschafter hinsichtlich der Ausgestaltung ihrer Innenbeziehungen grundsätzlich frei. Allein für das Außenverhältnis der KG stellen die §§ 170 ff. weithin zwingende Regelungen auf (→ § 170 Rn. 27). Die hierdurch für die Binnenstruktur der KG bestehende **Vertragsfreiheit** hat ganz unterschiedliche Formen (GmbH & Co. KG, Publikums-KG) und Ausprägungen dieser Gesellschaftsform hervorgebracht, die sich zum Teil sehr weit von dem gesetzlichen Leitbild der KG entfernen.

4 Die Vertragsfreiheit für die Gesellschafter ist **nicht schrankenlos,** sondern durch die **Generalklauseln** der §§ 134, 138, 242 BGB begrenzt. Eine **AGB-Kontrolle** am Maßstab der §§ 307–309 BGB findet wegen § 310 Abs. 4 S. 1 BGB nicht statt. Soweit die entsprechenden gesetzlichen Regelungen jedoch Ausdruck eines allgemeinen Rechtsgedankens sind (zB § 305c Abs. 2 BGB – Unklarheitenregel), können diese hierüber bei vorformulierten Gesellschaftsverträgen zur Anwendung gebracht werden (s. auch → § 161 Rn. 146).[2] Das gilt nach der Rspr. des BGH auch für die

[86] MüKoHGB/Brungs Anh. § 161 Rn. 117; MKJH/Eichhorn KAGB § 127 Rn. 18 = Eichhorn WM 2016, 110 (116); MKJH/Hoffert KAGB § 152 Rn. 69 ff.; Mohr, Die offene Investmentkommanditgesellschaft, 2016, 128; ferner BTMB/Könnecke KAGB § 152 Rn. 116, 118; s. auch BSV/Klebeck/Kunschke KAGB § 152 Rn. 93; BSV/Kunschke/Klebeck KAGB § 127 Rn. 55.

[1] So auch zB BeckOGK/Notz/Zinger, 1.8.2024, Rn. 6.

[2] Exemplarisch zu § 305c Abs. 2 BGB BGH 12.3.2013, NJW 2013, 2278 Rn. 14; 8.10.2013, NZG 2013, 1334 Rn. 20; 16.2.2016, NJW-RR 2016, 550 Rn. 14; 27.6.2016, BeckRS 2016, 17631; 7.11.2017, BeckRS 2017, 134130.

Inhaltskontrolle der Gesellschaftsverträge von Publikumsgesellschaften.[3] Zusätzlich hat die Rspr. die vage Grenzziehung mittels der zivilrechtlichen Generalklauseln durch die Herausbildung (personen-)gesellschaftsrechtlicher Grundsätze präzisiert und ergänzt.[4] Insoweit gelten für die KG im Wesentlichen dieselben Maximen wie im Recht der OHG (→ § 108 Rn. 12 ff.). Auf die Besonderheiten, die die Rechtsstellung des Kommanditisten betreffen, wird bei der Kommentierung der §§ 164–169 eingegangen.

Weist der Gesellschaftsvertrag eine Lücke auf, ist diese nach Möglichkeit im Wege der **ergänzenden Vertragsauslegung** (§§ 157, 242 BGB) in der Weise auszufüllen, dass die Grundzüge des konkreten Vertrags „zu Ende gedacht" werden.[5] Das entspricht nicht nur dem in § 163 niedergelegten Vorrang des Gesellschaftsvertrags. Es trägt auch der Erkenntnis Rechnung, dass das dispositive Gesetzesrecht vor allem bei atypischen Ausprägungen der KG häufig keine sach- und interessengerechte Regelung zur Verfügung stellt, da vor allem die Vorschriften über das Innenrecht der KG in weiten Teilen durch einen von der vertragsgestaltenden Praxis initiierten Strukturwandel überlagert sind.[6] Vom dispositiven Gesetzesrecht kann deshalb nicht mehr verlässlich auf den Willen der vertragschließenden Gesellschafter geschlossen werden; vielmehr kommt ein **Rückgriff auf das dispositive Gesetzesrecht** nur „als letzter Notbehelf" in Betracht.[7] 5

III. Das gesetzliche Regelungsmodell

1. Grundlage. Das Gesetz beschränkt den **Kommanditisten** auf seine **kapitalmäßige Beteiligung,** während es vom unternehmerischen Engagement des **Komplementärs** gleich einem persönlich haftenden **OHG-Gesellschafter** ausgeht.[8] Dementsprechend ist der Kommanditist von der ordentlichen Geschäftsführung ausgeschlossen (§ 164) und sein Kontrollrecht im Vergleich zu dem des Komplementärs (s. § 105 Abs. 3 iVm § 716 BGB) stark zurückgeschnitten (§ 166). Auf der anderen Seite ist er vom Wettbewerbsverbot in § 117 befreit (§ 165). Das fehlende unternehmerische Engagement des Kommanditisten schlägt sich schließlich in den Vermögensrechten des Kommanditisten nieder (§§ 167–169). 6

2. Anwendbarkeit des OHG-Rechts. Bei dem **Komplementär** bestimmt sich die Rechtsstellung gem. § 161 Abs. 2 nach den §§ 108–122. 7

Für die Rechtsstellung des **Kommanditisten** ergibt sich ein differenziertes Bild. Einzelne Vorschriften des OHG-Rechts werden ausdrücklich für anwendbar (s. § 164 S. 2, § 167), andere ausdrücklich für unanwendbar erklärt (s. § 165, § 166 Abs. 2, § 169 Abs. 1 S. 1). Im Übrigen ist durch Auslegung zu ermitteln, inwieweit die Vorschriften des OHG-Rechts neben den vorrangigen §§ 164–169 zur Anwendung kommen.[9] Vor diesem Hintergrund finden auf den Kommanditisten unstreitig § 110, § 111, § 116 Abs. 3, § 119, § 120 Abs. 1 sowie § 121 Abs. 1 und 2 Anwendung. 8

3. Anwendbarkeit des Rechts der GbR. Soweit die Innenbeziehungen weder durch die §§ 164–169 noch durch die §§ 108–122 ausgestaltet sind, finden die **§§ 705 ff. BGB** Anwendung (§ 105 Abs. 3). Für das Innenverhältnis der KG bedeutsam sind vor allem die Vorschriften über die Gesellschafterbeiträge (§§ 709, 710 BGB) und zur beschränkten Übertragbarkeit der Gesellschafterrechte (§ 711a BGB) sowie zum Gesellschaftsvermögen (§ 713 BGB). 9

Inwieweit der abgemilderte **Sorgfaltsmaßstab des § 708 BGB aF,** wonach der Gesellschafter nur für die eigenübliche Sorgfalt einzustehen hat, für die Gesellschafter der KG galt, war nach früherer Rechtslage zweifelhaft. Mit Rücksicht auf den Zweck der Vorschrift – namentlich die persönliche Verbundenheit und das besondere Vertrauensverhältnis der Gesellschafter – tendierte die hM mit Recht dazu, den Anwendungsbereich auf personalistisch strukturierte Personengesellschaften zu beschränken.[10] Die Verweisungsnormen in § 161 Abs. 2 und § 105 Abs. 3 sahen zwar in der bis zum 1.1.2024 geltenden Fassung davon ab, ausdrücklich eine lediglich „entsprechende" Anwendung 10

[3] S. BGH 27.6.2016, BeckRS 2016, 17631 Rn. 8 mwN.

[4] Näher Staub/Casper Rn. 6 f.; MüKoBGB/Fornasier BGB § 310 Rn. 12 ff.; Staudinger/Piekenbrock, 2022, BGB § 310 Rn. 152 f.; WLP/H. Schmidt BGB § 310 Abs. 4 Rn. 20 ff. jeweils mwN.

[5] BGH 20.9.1993, BGHZ 123, 281 (286) = NJW 1993, 3193 (3194); Staub/Casper Rn. 5; MüKoHGB/Grunewald Rn. 3.

[6] So treffend K. Schmidt JZ 2008, 425; ähnlich Staub/Casper Rn. 3; BeckOGK/Notz/Zinger, 1.8.2024, Rn. 7; exemplarisch für die körperschaftlich strukturierte Kommanditgesellschaft BGH 11.1.2011, NJW 2011, 921 Rn. 16.

[7] BGH 20.9.1993, BGHZ 123, 281 (286) = NJW 1993, 3193 (3194).

[8] Heymann/Horn, 2. Aufl. 1996, Rn. 2.

[9] Zust. Staub/Casper Rn. 2.

[10] Staudinger/Habermeier, 2003, BGB § 708 Rn. 18; Soergel/Hadding/Kießling BGB § 708 Rn. 2; MüKoBGB/Schäfer, 8. Aufl. 2020, BGB § 708 Rn. 5; K. Schmidt GesR § 59 III 2b.

der Verweisungsobjekte vorzuschreiben;[11] gleichwohl legitimierte aber der Zweck der Verweisungsnorm einen vergleichbaren Vorbehalt,[12] da diese auf der Vorstellung des Gesetzgebers beruhte, dass OHG und KG eine mit der GbR vergleichbare **personalistische Struktur** aufweisen. Ist das jedoch wegen der durch die Vertragsfreiheit gerechtfertigten atypischen Ausprägungen nicht der Fall, dann legitimierte der Zweck der Verweisungsnorm ggf. eine restriktive Anwendung einzelner in Bezug genommener Vorschriften (→ § 161 Rn. 141 ff.). Deshalb fand § 708 BGB aF in der Publikums-KG keine Anwendung (→ § 164 Rn. 65),[13] während in der GmbH & Co. KG von Fall zu Fall danach zu entscheiden war, ob die Gesellschaft eher personalistisch oder kapitalistisch strukturiert ist (näher → § 164 Rn. 55).[14] Da der Reformgesetzgeber des MoPeG davon abgesehen hat, § 708 BGB aF im Rahmen der neugefassten §§ 705 ff. BGB fortzuschreiben,[15] stellt sich die vorstehende Problematik nach heutigem Recht nicht mehr.

11 **4. Investment-KG.** Das in → Rn. 6 ff. skizzierte **Regelungsmodell** gilt auch für die offene bzw. geschlossene Investment-KG, da § 124 Abs. 1 S. 2 KAGB und § 149 Abs. 1 S. 2 KAGB für diese auf die Bestimmungen des HGB verweisen. Deshalb unterliegt die offene bzw. geschlossene Investment-KG nicht nur den §§ 161 ff., sondern über § 161 Abs. 2 ebenfalls dem Recht der OHG sowie über § 105 Abs. 3 dem Recht der GbR (→ § 161 Rn. 173).[16] Hierdurch gelangen auch allgemeine Grundsätze des Personengesellschaftsrechts, wie zB die Treuepflicht, bei der Investment-KG zur Anwendung.[17] Die Geltung der vorgenannten Bestimmungen für die Investment-KG steht jedoch stets unter dem Vorbehalt, dass sich aus den Sonderregeln des KAGB, insbesondere den §§ 125 ff. KAGB (offene Investment-KG) und den §§ 150 ff. KAGB (geschlossene Investment-KG) etwas anderes ergibt. Das betrifft nicht nur für die gesetzestypische KG anwendbare Vorschriften, sondern auch die durch Gesellschaftsvertrag ausgestaltbaren Spielräume (→ § 161 Rn. 179 ff., → § 161 Rn. 210 ff.).

12 Der in § 163 zum Ausdruck gelangte **Vorrang des Gesellschaftsvertrags** (→ Rn. 3) gilt im Ausgangspunkt auch bei der offenen bzw. geschlossenen Investment-KG, wird jedoch bei dieser in vielfältiger Weise durch die speziellen **Vorgaben des KAGB** eingeschränkt bzw. verdrängt. Das betrifft nicht nur den Unternehmensgegenstand und den Kreis der Gesellschafter, sondern auch die Gesellschafterversammlung (s. § 125 Abs. 2 und 3 KAGB, § 150 Abs. 2 und 3 KAGB) sowie die Regelungsspielräume für Bestimmungen zur Geschäftsführung (§ 128 KAGB, § 153 KAGB) und zur Etablierung eines Beirats (s. § 153 Abs. 3 KAGB iVm § 18 Abs. 2 S. 4 KAGB für die intern verwaltete geschlossene Publikums-Investment-KG; → § 161 Rn. 223 ff.).[18] Ferner werden einzelne Bestimmungen ausdrücklich für nicht abdingbar erklärt, zB § 131 Abs. 1 Nr. 3 und 4 sowie § 130 Abs. 3 (§ 125 Abs. 4 KAGB, § 150 Abs. 4 KAGB) sowie § 710 BGB (§ 127 Abs. 3 S. 4 KAGB, § 152 Abs. 3 S. 4 KAGB).

§ 164 Geschäftsführungsbefugnis

Die Kommanditisten sind von der Geschäftsführungsbefugnis ausgeschlossen; § 116 Absatz 2 Satz 1 bleibt unberührt.

Schrifttum: Barella, Außergewöhnliche Geschäfte bei der Kommanditgesellschaft, DB 1952, 944; Beuthien, Darf ein Kommanditist mehr als widersprechen?, NZG 2013, 967; Boerner, Die Haftung des herrschenden

[11] So aber nunmehr § 105 Abs. 3 und § 161 Abs. 2; → § 161 Rn. 8.

[12] S. auch BeckOGK/Notz/Zinger, 1.1.2024, § 161 Rn. 11.

[13] BGH 12.11.1979, BGHZ 75, 321 (327 f.) = NJW 1980, 589 (591); 4.7.1977, BGHZ 69, 207 (209 f.) = NJW 1977, 2311; Heymann/Borges Rn. 5; Soergel/Hadding/Kießling BGB § 708 Rn. 2; BeckOGK/Notz/Zinger, 1.8.2024, Rn. 9; MüKoBGB/Schäfer, 8. Aufl. 2020, BGB § 708 Rn. 5; Henssler/Strohn/Servatius HGB Anh. Rn. 102 jeweils mwN.

[14] HM, s. MüKoBGB/Schäfer, 8. Aufl. 2020, BGB § 708 Rn. 5; für die generelle Anwendung von § 43 Abs. 1 GmbHG plädierend jedoch Henssler/Strohn/Servatius HGB Anh. Rn. 157.

[15] Begr. RegE, BT-Drs. 19/27635, 140.

[16] Für die allgM statt aller MüKoHGB/Brungs Anh. § 161 Rn. 65; Staub/Casper § 161 Rn. 286; MKJH/Jesch KAGB § 149 Rn. 28; WBA/Lorenz KAGB § 124 Rn. 15; BeckOGK/Notz/Zinger, 1.8.2024, Rn. 36; Ebenroth/Boujong/Paefgen/Franke KAGB § 124 Rn. 1; WBA/Paul KAGB § 149 Rn. 7; Schewe, Kommanditgesellschaften im Regelungsbereich des Investmentrechts, 2017, 143 f.; Westermann/Wertenbruch PersGes-HdB/Stöber, 2020, § 54a Rn. I 3168i; AWZ/Wallach KAGB § 124 Rn. 12; Windbichler/Bachmann GesR § 19 Rn. 20; speziell zu § 666 BGB BGH 21.4.2022, NJW-RR 2022, 984 Rn. 12 ff.

[17] Ebenso Staub/Casper § 161 Rn. 287; BeckOGK/Notz/Zinger, 1.8.2024, Rn. 36; Ebenroth/Boujong/Paefgen/Franke KAGB § 124 Rn. 1; Schewe, Kommanditgesellschaften im Regelungsbereich des Investmentrechts, 2017, 144.

[18] S. auch BeckOGK/Notz/Zinger, 1.8.2024, Rn. 37.

Kommanditisten, 1985; Bork, Die Haftung des entlohnten Gesellschafter-Geschäftsführers bei der GmbH & Co. KG, AcP 184 (1984), 465; Brock, Geschäftsführer-Innenhaftung bei Publikums-Kommanditgesellschaften, WM 2019, 350; Dietrich, Möglichkeiten und Grenzen einer vertraglichen „Entrechtung" der Komplementäre im Bereich der Geschäftsführung und Vertretung der Gesellschaft, Diss. Mainz 1998; Elsing, Erweiterte Kommanditistenhaftung und atypische Kommanditgesellschaft, 1977; Emde, Die Klage des Kommanditisten auf Rücknahme kompetenzwidrig vorgenommener Geschäftsführungsmaßnahmen, WM 1996, 1205; Grunewald, Die Rechtsstellung des Kommanditisten als Geschäftsführer der Komplementär-GmbH, GmbHR 2018, 63; Helm/Wagner, Fremdgeschäftsführung und -vertretung bei Personenhandelsgesellschaften, BB 1979, 225; Hofmann, Unbeschränkte Kommanditistenhaftung und gesetzliche Wertung, NJW 1969, 577; Hoffmann-Becking, Geschäftsführer der GmbH & Co. KG – eine hybride Rechtsstellung zwischen GmbH und KG, FS Seibert, 2019, 359; G. Hueck, Zur Tätigkeit des Kommanditisten im Dienste der KG, DB 1962, 1363; Immenga, Die Minderheitsrechte der Kommanditisten, ZGR 1974, 385; Klingberg, Mitarbeitende Kommanditisten im Gesellschaftsrecht, 1990; Priester, Haftungsrisiken bei Zahlung von Geschäftsführerbezügen an Kommanditisten, DB 1975, 1878; Schulze-Osterloh, Zur Tätigkeit des Kommanditisten im Dienste der KG, AG 2003, 27; Wertenbruch, Geschäftsführungsbezogene Gesellschafterbeschlüsse in KG und GmbH & Co. KG, NZG 2016, 1081.

Übersicht

I. Allgemeines

1 Mit Rücksicht auf die gesetzestypisch rein kapitalmäßige Beteiligung des **Kommanditisten** ist dieser nach § 164 zur Mitarbeit in der KG weder berechtigt noch verpflichtet. Von der Mitwirkung an gewöhnlichen Geschäften sind die Kommanditisten ausgeschlossen (S. 1 Hs. 1); dementsprechend fehlt auch der Gesellschafterversammlung hierfür vorbehaltlich abweichender gesellschaftsvertraglicher Gestaltung (→ Rn. 38 f.) die Beschlusskompetenz.[1] Im Unterschied zu der bis zum Inkrafttreten des MoPeG geltenden Fassung der Vorschrift differenziert deren Wortlaut nicht mehr zwischen gewöhnlichen und außergewöhnlichen Geschäften, bei denen die früher allgM die Zustimmung durch die Kommanditisten als erforderlich ansah (§ 116 Abs. 2 S. 1 aF, § 161 Abs. 2; → Rn. 12 ff.). Wegen der Verweisungsnorm in § 161 Abs. 2 sowie der ausdrücklichen Bezugnahme in § 164 auf § 116 Abs. 2 S. 1 bedürfen außergewöhnliche Geschäfte zwar nicht der Zustimmung durch alle Gesellschafter, § 116 Abs. 2 S. 1 Hs. 2 fordert für eine derartige Maßnahme der Geschäftsführung jedoch eine Beschlussfassung durch alle Gesellschafter. Bezüglich der Erteilung einer Prokura verzichtet § 164 nunmehr auf

[1] OLG Hamm 28.10.2015, ZIP 2016, 1071 (1073) = BeckRS 2016, 03150.

eine eigene Regelung; § 164 Hs. 2 nimmt § 116 Abs. 2 nicht insgesamt in Bezug, sondern beschränkt sich ausdrücklich auf Satz 1 des Absatzes und hat die auf die Prokura bezogenen § 116 Abs. 2 S. 2 und 3 ausdrücklich nicht benannt. Gleichwohl gelten diese wegen § 161 Abs. 2 auch für die KG.[2] Mangels Geschäftsführungsbefugnis bezieht sich das Zustimmungserfordernis in § 116 Abs. 2 S. 2 nicht auf die Kommanditisten. Dies soll nach dem Willen des Gesetzgebers auch dann gelten, wenn es sich bei Erteilung oder Widerruf der Prokura um ein außergewöhnliches Geschäft iSd § 116 Abs. 2 S. 1 Hs. 2 handelt (→ Rn. 15).[3] Für den **Komplementär** bleibt es bezüglich der Befugnis zur Geschäftsführung wegen § 161 Abs. 2 bei der Regelung in § 116 Abs. 1.[4] Danach sind grundsätzlich sämtliche Komplementäre zur Geschäftsführung berechtigt und verpflichtet.

2 Der Ausschluss der Kommanditisten von der Geschäftsführung im **Außenverhältnis,** insbesondere hinsichtlich der Vertretung der KG, ist Regelungsgegenstand des **§ 170 Abs. 1** (→ § 170 Rn. 1 ff.). Im Gegensatz zu diesem (→ § 170 Rn. 27) ist die Vorschrift des **§ 164 dispositiv** (§ 163),[5] so dass die Rechte der Kommanditisten im Innenverhältnis sowohl über den Rahmen des § 164 hinaus erweitert als auch beschränkt werden können. Gesellschaftsvertragliche Regelungen dazu sind in der Praxis die Regel (näher → Rn. 21 ff.).

II. Begriff der Geschäftsführung

3 Mit dem Begriff der Geschäftsführung erfasst das Gesetz alle rechtsgeschäftlichen und tatsächlichen Handlungen, die **zur Förderung des Gesellschaftszwecks für die Gesellschaft** vorgenommen werden.[6] Als rechtsgeschäftliches Handeln im Außenverhältnis ist die Vertretung somit nicht Gegensatz, sondern Teil der Geschäftsführung.[7] Vor diesem Hintergrund hat § 170 Abs. 1 die Funktion, den Ausschluss der Kommanditisten von der Geschäftsführung für den Bereich der Vertretung zwingend – § 163 gilt nicht – und mit Außenwirkung anzuordnen.

4 **Nicht** zur Geschäftsführung idS zählen die sog. **Grundlagengeschäfte,** die den Gesellschaftsvertrag nicht ausführen, sondern ändern, insbesondere das Verhältnis der Gesellschafter untereinander ausgestalten (zB Aufnahme neuer Gesellschafter, Regelungen zur Vertretungsmacht, Organisation der Geschäftsführung).[8] Für diese **gilt § 164 nicht,**[9] sondern sie bedürfen – vorbehaltlich einer abweichenden gesellschaftsvertraglichen Regelung (zB Mehrheitsbeschluss) – der Zustimmung aller Gesellschafter, was diejenige durch die Kommanditisten einschließt (iE → § 116 Rn. 13 ff.).[10]

III. Geschäftsführung der Komplementäre

5 Grundsätzlich ist die Geschäftsführung in der KG, wie sich aus einem Umkehrschluss zu S. 1 Hs. 1 ergibt, Aufgabe der Komplementäre. Über § 161 Abs. 2 ist diesbezüglich § 116 anzuwenden, so dass ihre Rechtsstellung in der Regel derjenigen der geschäftsführenden OHG-Gesellschafter entspricht (zu den Einzelheiten → § 116 Rn. 11 ff., → § 116 Rn. 78 ff.). Bei einer **Gesamtgeschäftsführung** ist jedoch eine Aufteilung der Zuständigkeiten durch Gesellschaftsvertrag möglich, ohne entsprechende Regelung im Gesellschaftsvertrag fehlt der Gesellschafterversammlung hierfür die Zuständigkeit.[11] Das dispositive gesetzliche Regelungsmodell steht zudem **gesellschaftsvertraglichen Gestaltungen** nicht entgegen, die die Geschäftsführungsbefugnis ganz oder teilweise auf die Kommanditisten übertragen und die Komplementäre im Gegenzug von der Geschäftsführung **ausschließen** oder den Weisungen der Kommanditisten unterwerfen (→ Rn. 37; zur GmbH & Co. KG → Rn. 53; zur Publikums-KG → Rn. 62). Wegen der Gesellschafterstellung der Kommanditisten verstoßen derartige Regelungen nicht gegen das Prinzip der Selbstorganschaft. Auf Grund gesellschaftsvertraglicher Bestimmung können Maßnahmen der Geschäftsführung darüber hinaus an einen zustimmenden **Beschluss der Gesellschafterversammlung** gebunden werden, der ggf. mit qualifizierter Mehrheit zu fassen ist. Wird das Geschäft in diesem Fall ohne den erforderlichen Beschluss der Gesellschafterversammlung durchgeführt, entfallen haftungsrechtliche Konsequenzen stets dann, wenn die Gesellschafterversammlung ein sat-

[2] BeckOGK/Notz/Zinger, 1.8.2024, Rn. 45; Ebenroth/Boujong/Oepen Rn. 4; Hopt/Roth Rn. 5.
[3] Begr. RegE, BT-Drs. 19/27635, 253; Staub/Casper Rn. 3 aE, 20.
[4] Für die allgM Staub/Casper Rn. 1.
[5] Statt aller Heymann/Borges Rn. 1; Staub/Casper Rn. 1.
[6] Staub/Casper Rn. 4; Soergel/Hadding/Kießling BGB § 709 Rn. 3; MüKoBGB/Schäfer BGB § 715 Rn. 5; Wiedemann GesR II § 4 II 1a.
[7] So auch Staub/Casper Rn. 4.
[8] S. zB BGH 19.4.2016, NZG 2016, 826 Rn. 27; ferner Heymann/Borges Rn. 24 ff.
[9] BGH 19.4.2016, NZG 2016, 826 Rn. 27; Heymann/Borges Rn. 24 mwN.
[10] BGH 19.4.2016, NZG 2016, 826 Rn. 27; aus dem Schrifttum statt aller Heymann/Borges Rn. 29; Staub/Casper Rn. 18.
[11] OLG Stuttgart 25.2.2009, ZIP 2010, 131 (134 f.) = BeckRS 2009, 23862.

zungswidriges Verhalten der Geschäftsführung nachträglich billigt, wobei sich das hierfür notwendige Mehrheitserfordernis nach dem für die Zustimmung erforderlichen Quorum richtet.[12] Soll die Genehmigung eines satzungswidrigen Handelns der Geschäftsführung ausgeschlossen sein, bedarf dies einer ausdrücklichen Regelung im Gesellschaftsvertrag.[13]

IV. Mitwirkungsrechte der Kommanditisten nach dem gesetzlichen Regelungsmodell

Für die Mitwirkungsrechte der Kommanditisten an der Geschäftsführung unterscheidet das Gesetz zwischen gewöhnlichen und außergewöhnlichen Geschäften. Im Unterschied zu der bis zum 1.1.2024 geltenden Fassung der Norm folgt dies zwar nicht mehr unmittelbar aus § 164, wohl aber führt der über § 161 Abs. 2 zur Anwendung gelangende § 116 Abs. 2 S. 1 dazu, dass sich der Ausschluss der Kommanditisten auf gewöhnliche Geschäfte beschränkt, während bei außergewöhnlichen Geschäften ein Beschluss aller Gesellschafter erforderlich ist. Da § 116 Abs. 2 S. 1 Hs. 2 das Beschlusserfordernis nicht – wie § 116 Abs. 2 S. 2 – auf die geschäftsführungsbefugten Gesellschafter beschränkt, sind auch die Kommanditisten an der Beschlussfassung zu beteiligen. 6

1. Gewöhnliche Geschäfte. Gewöhnlich sind solche Geschäfte, die weder außergewöhnlich noch Grundlagengeschäfte (→ Rn. 4) sind.[14] Von der Führung der gewöhnlichen Geschäfte sind die Kommanditisten nach § 164 Hs. 1 ausgeschlossen, hierzu also **weder berechtigt noch verpflichtet.** 7

Bei gewöhnlichen Geschäften steht den Kommanditisten auch kein Widerspruchsrecht zu. Ob dies auch für **rechtswidriges Geschäftsführungshandeln** gilt oder dem Kommanditisten insoweit ein **Unterlassungsanspruch** gegen die Geschäftsführung zusteht, ist zweifelhaft. Fest steht, dass zur Wahrung der gesellschaftlichen Kompetenzordnung nicht jede rechtswidrige Geschäftsführungsmaßnahme Unterlassungsansprüche der von der Geschäftsführung ausgeschlossenen Gesellschafter begründen kann.[15] Eine Ausnahme ist jedoch anzuerkennen, wenn die Geschäftsführung die Kompetenzordnung für ihre Zwecke missbraucht – namentlich bei evidenter Pflichtwidrigkeit (Überschreitung des unternehmerischen Ermessens) – und wenn die Geschäftsführung Mitwirkungsrechte anderer Gesellschafter durch Überschreitung ihrer eigenen Kompetenzen usurpiert (→ Rn. 14; ausführlich → § 116 Rn. 34).[16] Entsprechendes gilt, wenn das Einschreiten des Gesellschafters wegen besonderer Umstände zur Erhaltung des gemeinsamen Vermögens erforderlich und infolgedessen nach § 715a S. 1 BGB als Notgeschäftsführung erlaubt ist (→ Rn. 17 ff.);[17] über § 161 Abs. 2 iVm § 105 Abs. 3 gilt § 715a BGB für die KG und berechtigt auch die Kommanditisten, die zur Abwendung der Gefahr notwendigen Geschäfte vorzunehmen. 8

Von alledem unbenommen bleibt die Möglichkeit jedes Gesellschafters und damit auch des Kommanditisten, Sozialansprüche (der Gesellschaft gegen einen Mitgesellschafter) im Wege und unter den Voraussetzungen der ***actio pro socio*** geltend zu machen (§ 161 Abs. 2 iVm § 105 Abs. 3 iVm § 715b BGB; → § 105 Rn. 102; → § 161 Rn. 41).[18] 9

2. Außergewöhnliche Geschäfte. An außergewöhnlichen Geschäften sind die Kommanditisten zu beteiligen; zu deren Vornahme fordert § 116 Abs. 2 S. 1 Hs. 2 – ebenso wie zuvor § 116 Abs. 2 aF – einen Beschluss aller Gesellschafter, was mangels weiterer Eingrenzung der Gesellschafter die Kommanditisten einschließt (§ 116 Abs. 2; → Rn. 12 ff.). Zum Ausschluss des Zustimmungserfordernisses → Rn. 23, zu dessen gesellschaftsvertraglicher Beschränkung auf bestimmte Geschäfte → Rn. 24. 10

a) Begriff. Der Begriff des außergewöhnlichen Geschäfts entzieht sich einer allgemeingültigen Definition, sondern ist – wie die Bezugnahme des Gesetzes auf den „gewöhnlichen Betrieb des Handelsgewerbes der Gesellschaft“ (§ 116 Abs. 2 S. 1 Hs. 1) klarstellt – von den Verhältnissen im Einzelfall geprägt. Im Allgemeinen ist ein Geschäft außergewöhnlich, das nach seinem **Gegenstand, Umfang oder** dem mit ihm verbundenen **Risiko** dasjenige übersteigt, was im Betrieb auf Grund seiner Häufigkeit oder seines engen Bezugs zum Gesellschaftszweck als gewöhnlich anzusehen ist (zu 11

[12] S. OLG München 3.12.2008, NZG 2009, 340 (341).
[13] OLG München 3.12.2008, NZG 2009, 340 (341).
[14] Ebenso Heymann/Borges Rn. 5; Staub/Casper Rn. 6; ähnlich OLG Celle 9.11.2016, NZG 2017, 418 (419): „was in dem konkreten Handelsgewerbe üblicherweise vorkommen kann und nicht aus dem Rahmen des Üblichen herausfällt“.
[15] BGH 11.2.1980, BGHZ 76, 160 (168) = NJW 1980, 1463; OLG Frankfurt 19.10.2023, NZG 2024, 301 (303); zust. Staub/Casper Rn. 8.
[16] S. auch Staub/Casper Rn. 8; ähnlich Heymann/Borges Rn. 6.
[17] IdS auch OLG Frankfurt 19.10.2023, NZG 2024, 301 (303).
[18] Dazu BGH 19.12.2017, NZG 2018, 220 Rn. 11 f.; OLG Frankfurt 19.10.2023, NZG 2024, 301 (301 f.).

Einzelheiten → § 116 Rn. 82 ff.).[19] Mit dieser Umschreibung lässt sich auch den Besonderheiten der Publikums-KG hinreichend Rechnung tragen (→ Rn. 62).[20] Zu bejahen ist ein außergewöhnliches Geschäft zB idR bei einer Verpflichtung, das gesamte Gesellschaftsvermögen einer KG zu übertragen.[21]

12 **b) Widerspruchsrecht und Zustimmungserfordernis.** Die Formulierung des § 164 S. 1 Hs. 2 aF deutete darauf hin, dass dem Kommanditisten gegenüber außergewöhnlichen Geschäftshandlungen lediglich ein Widerspruchsrecht zustand. Ein Umkehrschluss zu § 164 S. 2 aF, der lediglich auf § 116 Abs. 3 aF verwies, schien dies zu bestätigen. Entgegen diesem missglückten Gesetzeswortlaut[22] entsprach es jedoch der **allgM,** dass außergewöhnliche Geschäfte der **Zustimmung der Kommanditisten** bedurften: Über § 161 Abs. 2 findet § 116 Abs. 2 auch auf diese Anwendung.[23] Insoweit hat das MoPeG zu keiner Rechtsänderung geführt.[24] Die Kommanditisten können außergewöhnlichen Geschäften also nicht nur widersprechen, vielmehr bedürfen diese ihrer Zustimmung. Das ist interessengerecht, weil ein bloßes Widerspruchsrecht der Kommanditisten angesichts ihres Ausschlusses von den laufenden Geschäften der Gesellschaft funktionslos wäre und keinen ausreichenden Schutz ihrer Interessen bieten könnte.[25] Bedarf das Geschäft einer Zustimmung seitens der Kommanditisten, so ist dieses ihnen gegenüber ungefragt offenzulegen und deren Stellungnahme abzuwarten.[26] Zu etwaigen Informationsansprüchen → § 166 Rn. 18. Die vorstehenden Grundsätze gelten auch bei einer Verpflichtung, das gesamte Gesellschaftsvermögen zu übertragen. Hierbei handelt es sich idR um ein der Zustimmung der Gesellschafter bedürfendes außergewöhnliches Geschäft,[27] ohne dass es hierfür eines Analogieschlusses zu § 179a Abs. 1 AktG bedarf.[28]

13 Bedarf es gem. § 116 Abs. 2 S. 1 Hs. 2 der Zustimmung der Kommanditisten, sind diese zur Mitwirkung an der Beschlussfassung verpflichtet **(Pflichtrecht).**[29] Ihre Stimmabgabe ist als Geschäftsführungsmaßnahme vorrangig am Gesellschaftsinteresse auszurichten, das sich vielfach mit ihren eigenen wirtschaftlichen Interessen deckt.[30] Aus der Treuepflicht kann sich ausnahmsweise eine **Pflicht zur Zustimmung** ergeben.[31]

14 **Missachtet die Geschäftsführung das Zustimmungserfordernis,** indem sie ein Geschäft ohne die notwendige oder trotz verweigerter Zustimmung durchführen will, können die dadurch in ihren Mitwirkungsrechten usurpierten Kommanditisten zur Wahrung der innergesellschaftlichen Kompetenzordnung **Klage auf Unterlassung** gegen den Geschäftsführer erheben.[32] Eines Rückgriffs auf die *actio pro socio*[33] bedarf es dazu nicht, weil der übergangene Kommanditist gegen den Geschäftsführer aus eigenem Recht – § 116 Abs. 2 S. 1 Hs. 2 – vorgeht.[34] Ein derartiger Anspruch auf Unterlassung besteht jedoch nur bis zur Durchführung der kompetenzwidrigen Maßnahme. Im Anschluss kommen ausschließlich Schadensersatzansprüche gegen den kompetenzwidrig, nach außen

---

[19] In der Sache ebenso BGH 15.2.2022, NJW 2022, 1878 Rn. 28; OLG Celle 9.11.2016, NZG 2016, 418 (419), für Leistungen aus Mitteln der Gesellschaft in erheblicher Höhe, die mit dem Geschäftsbetrieb nicht im Zusammenhang stehen und der Gesellschaft auch keinen Vorteil brachten.

[20] **AA** Staub/Schilling, 4. Aufl. 1987, Anh. § 161 Rn. 31, der für ein weites Begriffsverständnis plädiert.

[21] BGH 15.2.2022, NJW 2022, 1878 Rn. 28.

[22] S. dazu näher Beuthien NZG 2013, 967 (968 ff.).

[23] BGH 15.2.2022, NJW 2022, 1878 Rn. 27; RG 22.10.1938, RGZ 158, 302 (306 f.); Heymann/Borges Rn. 7; Staub/Casper Rn. 12; Henssler/Strohn/Gummert Rn. 5; Hopt/Roth Rn. 2; K. Schmidt GesR § 53 III 2b; Wertenbruch NZG 2018, 1121 (1124); EBJS/Weipert, 4. Aufl. 2020, Rn. 6 leitet das Zustimmungserfordernis – vom Wortlaut kaum gedeckt – unmittelbar aus S. 1 Hs. 2 her (idS auch Beuthien NZG 2013, 967 [970]).

[24] S. BeckOGK/Notz/Zinger, 1.8.2024, Rn. 9.

[25] RG 22.10.1938, RGZ 158, 302 (307); Staub/Casper Rn. 12; MüKoHGB/Grunewald Rn. 11; Schlegelberger/Martens Rn. 16.

[26] BGH 15.2.2022, NJW 2022, 1878 Rn. 27; MüKoHGB/Grunewald Rn. 11.

[27] BGH 15.2.2022, NJW 2022, 1878 Rn. 22.

[28] Abl. gegenüber einer analogen Anwendung von § 179a AktG bei der KG BGH 15.2.2022, BGHZ 232, 375 Rn. 20 ff. = NJW 2022, 1878 mit umfassenden Nachweisen zum Streitstand; ebenso für die Publikums-KG BGH 8.7.2025, NZG 2025, 1421 Rn. 35 ff. sowie zuvor als Vorinstanz OLG Frankfurt 12.9.2023, NZG 2024, 153 (156) m. zust. Anm. Bachmann/Habighorst; **aA** noch BGH 9.1.1995, NJW 1995, 596 (596) zu § 361 Abs. 1 AktG aF, der § 179a AktG voranging.

[29] Schlegelberger/Martens Rn. 18; RGHMW/Haas/Mohamed § 116 Rn. 79; Ebenroth/Boujong/Oepen Rn. 11; Hopt/Roth § 116 Rn. 23.

[30] Zutr. Schlegelberger/Martens Rn. 18.

[31] Ebenso Heymann/Borges Rn. 10; Staub/Casper Rn. 13.

[32] Staub/Casper Rn. 16; MüKoHGB/Grunewald Rn. 13; Staub/Schäfer § 116 Rn. 82; K. Schmidt JZ 2008, 425 (432); **aA** Heymann/Horn, 2. Aufl. 1996, Rn. 6 mit dem hier allerdings nicht überzeugenden Einwand, der Unterlassungsanspruch konterkariere die gesellschaftliche Kompetenzordnung – das Gegenteil ist der Fall; vgl. Habersack, Die Mitgliedschaft – subjektives und „sonstiges" Recht, 1996, 316 ff.

[33] Hierfür Heymann/Borges Rn. 12; MüKoHGB/Grunewald Rn. 13.

[34] IdS auch Staub/Casper Rn. 16, der jedoch auch ein Vorgehen im Wege der *actio pro socio* ermöglicht.

aber rechtswirksam agierenden Komplementär in Betracht,[35] die jedoch voraussetzen, dass der Gesellschaft durch das Übergehen der Kommanditisten ein Vermögensschaden entstanden ist.[36] In Betracht kommt ferner eine Entziehung der Geschäftsführungsbefugnis (§ 161 Abs. 2 iVm § 116 Abs. 5; → § 116 Rn. 132 ff.).

3. Erteilung der Prokura. Nach § 164 S. 2 aF blieb § 116 Abs. 3 aF „unberührt". Was daraus für die Mitwirkung der Kommanditisten an der **Prokuraerteilung** folgte, war **streitig.** Eine Ansicht verstand diesen Verweis dahin, dass § 116 Abs. 3 aF eine Sonderregelung gegenüber § 116 Abs. 2 aF darstellte[37] und die Kommanditisten daher selbst dann nicht an der Beschlussfassung über die Erteilung der Prokura zu beteiligen waren, wenn es sich bei dieser um ein außergewöhnliches Geschäft handelt.[38] Diese Auffassung war **abzulehnen.** Richtigerweise ordnete § 116 Abs. 3 S. 1 aF für die wichtige Frage der Prokuraerteilung die Gesamtgeschäftsführung an, ohne aber die Mitwirkungsrechte derjenigen Gesellschafter beschränken zu wollen, die von der Geschäftsführung ausgeschlossen sind.[39] Zur OHG war deshalb weitgehend unstreitig, dass § 116 Abs. 2 aF dem Abs. 3 S. 1 aF vorging, wenn die Prokuraerteilung ein außergewöhnliches Geschäft war (→ § 116 Rn. 101).[40] Sollte der Wortlaut des § 164 S. 2 aF nicht überinterpretiert werden, war eine andere Sicht für die KG nicht veranlasst, so dass die Erteilung der Prokura nach § 161 Abs. 2 iVm § 116 Abs. 2 aF dann der Zustimmung aller Gesellschafter einschließlich der Kommanditisten bedurfte, wenn diese für die Gesellschaft ein außergewöhnliches Geschäft darstellte.[41] Der Verweis auf § 116 Abs. 3 in § 164 S. 2 aF behielt auch bei diesem Verständnis seinen Sinn, da dieser klarstellte, dass **für die Erteilung einer Prokura** auch in der KG **Gesamtgeschäftsführung** gilt.[42] An der vorstehenden Auffassung ist auch unter der Geltung der durch das MoPeG veränderten Rechtslage festzuhalten.[43] Da § 116 Abs. 2 S. 3 wegen § 161 Abs. 2 für die KG gilt, sind die Kommanditisten grundsätzlich an der Bestellung eines Prokuristen nicht zu beteiligen,[44] es sei denn, sie sind nach dem Gesellschaftsvertrag zur Geschäftsführung befugt. Unabhängig davon schließt § 116 Abs. 2 S. 3 nicht aus, dass die Bestellung eines Prokuristen über den Kreis der gewöhnlichen Geschäfte iSd § 116 Abs. 2 S. 1 Hs. 1 hinausgeht und deshalb ein Beschluss aller Gesellschafter erforderlich ist.[45] 15

Zum **Widerruf** der Prokura ist nach § 116 Abs. 2 S. 3 jeder geschäftsführende Gesellschafter befugt. Diese Vorschrift geht § 116 Abs. 2 S. 1 vor (→ § 116 Rn. 106).[46] Am Widerruf der Prokura sind die Kommanditisten deshalb nur dann zu beteiligen, wenn der Gesellschaftsvertrag sie ausnahmsweise zur Geschäftsführung berechtigt (→ Rn. 37 ff.).[47] 16

4. Notgeschäftsführung. Der von der Geschäftsführung ausgeschlossene Kommanditist ist als Notgeschäftsführer nach § 161 Abs. 2 iVm § 105 Abs. 3 iVm **§ 715a S. 1 BGB** ausnahmsweise dazu berechtigt, die erforderlichen Maßnahmen zu ergreifen, wenn der Gesellschaft oder einem bedeutenden Gegenstand des Gesamthandvermögens eine akute Gefahr droht, die die dazu an sich berufenen Geschäftsführer nicht rechtzeitig abwenden können.[48] Der vor Inkrafttreten des MoPeG diskutierte Analogieschluss zu § 744 Abs. 2 BGB (→ 7. Aufl. 2021, § 164 Rn. 17) ist durch § 715a 17

---

[35] S. OLG Jena 22.5.2013, BeckRS 2013, 199609; Heymann/Borges Rn. 11; MüKoHGB/Grunewald Rn. 14; Wertenbruch NZG 2018, 1121 (1125).

[36] Treffend auch Staub/Casper Rn. 14; Ebenroth/Boujong/Oepen Rn. 13.

[37] So ausdrücklich MüKoHGB/Grunewald Rn. 20.

[38] Heymann/Borges Rn. 19; Staub/Casper Rn. 19; MüKoHGB/Grunewald Rn. 20; KKD/Kindler Rn. 4.

[39] MüKoHGB/Jickeli, 5. Aufl. 2022, § 116 Rn. 48; Schlegelberger/Martens Rn. 20.

[40] S. Heymann/Emmerich, 2. Aufl. 1996, § 116 Rn. 16; Hopt/Roth § 116 Rn. 26; Staub/Schäfer, 5. Aufl. 2010, § 116 Rn. 27; **aA** KKD/Kindler § 116 Rn. 3.

[41] IErg wie hier Schlegelberger/Martens Rn. 20; Hopt/Roth Rn. 5; EBJS/Weipert, 4. Aufl. 2020, Rn. 8.

[42] Ebenso NK-HGB/Eberl Rn. 15; EBJS/Weipert, 4. Aufl. 2020, Rn. 8.

[43] Wie hier Koch PersGesR/Könen Rn. 18; Hopt/Roth Rn. 5; Ebenroth/Boujong/Oepen Rn. 20; **aA** Staub/Casper Rn. 20; MüKoHGB/Grunewald Rn. 20.

[44] MüKoHGB/Grunewald Rn. 20.

[45] Hopt/Roth Rn. 5; Ebenroth/Boujong/Oepen Rn. 20; s. auch Staub/Schäfer § 116 Rn. 106; **aA** Begr. RegE, BT-Drs. 19/27635, 253; Staub/Casper Rn. 20; MüKoHGB/Grunewald Rn. 20; krit. dazu mit Recht NK-HGB/Eberl Rn. 15.

[46] Unstr., MüKoHGB/Fleischer § 116 Rn. 201; Staub/Schäfer § 116 Rn. 114.

[47] Vgl. insoweit zutr. Staub/Casper Rn. 21; NK-HGB/Eberl Rn. 16; MüKoHGB/Grunewald Rn. 20.

[48] Für die hM vor Inkrafttreten des MoPeG BGH 4.5.1955, BGHZ 17, 181 (183 f.) = NJW 1955, 1027 (1028 f.); 23.9.2014, NZG 2014, 1302 Rn. 15; Heymann/Borges Rn. 21; Staudinger/Habermeier, 2003, BGB § 709 Rn. 15; RvWH/Mock, 5. Aufl. 2019, Rn. 14; MüKoBGB/Schäfer, 8. Aufl. 2020, BGB § 709 Rn. 21; Staub/Schäfer, 5. Aufl. 2010, § 114 Rn. 34; s. ferner BGH 26.6.2018, NJW 2018, 3014 Rn. 23 f.; Schirrmacher NJW 2018, 3348 ff. Die Subsidiarität des Notgeschäftsführungsrechts betont MüKoBGB/K. Schmidt BGB §§ 744, 745 Rn. 50 mwN; **aA** Staudinger/v. Proff, 2021, BGB § 744 Rn. 31, der jedoch eine Analogie zu § 18 Abs. 3 WEG befürwortet.

S. 1 BGB obsolet geworden.[49] Jedoch darf ein entgegenstehender Wille der hierzu an sich berufenen Geschäftsführer durch das Notgeschäftsführungsrecht nicht überspielt werden.[50]

18 Ist der Kommanditist imstande, den drohenden Schaden abzuwenden, wird ihn seine **Treuepflicht** regelmäßig zur Übernahme der (Not-)Geschäftsführung verpflichten.[51] Auch unterhalb der Schwelle des § 715a S. 1 BGB kann sich die Treuepflicht im Einzelfall zu einer **Mitwirkungspflicht** der Kommanditisten an der Geschäftsführung verdichten.[52] So kann der Kommanditist zB zu einem Hinweis an die Geschäftsführung verpflichtet sein, wenn sich aus seiner Sicht eine negative Geschäftsentwicklung abzeichnet oder die Gefahr besteht, dass die Geschäftsführung ein vorteilhaftes Geschäft unterlässt.[53] Mit Rücksicht auf den gesetzestypischen Ausschluss der Kommanditisten von der Geschäftsführung setzt dies allerdings voraus, dass die Gesellschaft einen erheblichen Schaden erleidet, wenn der Kommanditist seine Mitwirkung unterlässt.

19 Weder das Vorliegen einer Notsituation noch seine Treuepflicht kann den Kommanditisten indes zur **Vertretung** der Gesellschaft berechtigen bzw. verpflichten.[54] Aus Gründen des Verkehrsschutzes gilt auch in einem derartigen Fall § 170, der den Kommanditisten von der Vertretung ausschließt (→ § 170 Rn. 3 ff.).

20 Eine Rechtfertigung des geschäftsführenden Kommanditisten unterhalb der hohen Schwelle des Notgeschäftsführungsrechts unter dem Gesichtspunkt einer **GoA** (§§ 677, 683 BGB) sowie hieraus abgeleitete Ansprüche kommen im Hinblick auf die gesellschaftliche Kompetenzordnung nicht in Betracht.[55]

V. Abweichende Vereinbarungen

21 Der Gesellschaftsvertrag kann gem. § 163 (→ § 163 Rn. 3 ff.) von dem gesetzlichen Regelungsmodell (→ Rn. 6 ff.) abweichende Regelungen treffen und dadurch die Mitwirkungsrechte der Kommanditisten an der Geschäftsführung erweitern oder einschränken.

22 **1. Einschränkung der Kommanditistenrechte. a) Grundsatz.** Die ohnehin nur punktuelle Beteiligung der Kommanditisten an der Geschäftsführung in der gesetzestypischen KG wird im Gesellschaftsvertrag häufig noch weiter eingeschränkt. Vor dem Hintergrund ihrer auf die Kommanditeinlage begrenzten Haftung für Gesellschaftsverbindlichkeiten ist diese Rücknahme ihres Einflusses auf die Geschäfte der KG **im Grundsatz unbedenklich, vorausgesetzt,** die Rechte des Kommanditisten bleiben in ihrem **Kernbereich gewahrt.** Dazu zählen Informationsrechte jedenfalls insoweit, als sie zur sachgerechten Rechtswahrnehmung erforderlich sind (→ § 166 Rn. 42 ff., zur Publikums-KG besonders → § 166 Rn. 50 f.).

23 **b) Mitwirkung an außergewöhnlichen Geschäften.** Im Gesellschaftsvertrag kann das **Zustimmungserfordernis** nach Maßgabe von § 161 Abs. 2 iVm § 116 Abs. 2 S. 1 Hs. 2 (→ Rn. 12) dadurch eingeschränkt werden, dass der Zustimmungsbeschluss abweichend von dem Einstimmigkeitsprinzip (§ 161 Abs. 2 iVm § 109 Abs. 3) mit – einfacher oder absoluter – **Mehrheit** zu fassen ist.[56] Lässt der Gesellschaftsvertrag allgemein eine bestimmte Mehrheit genügen, gilt diese im Zweifel auch für den Zustimmungsbeschluss.[57] Der Gesellschaftsvertrag kann jedoch darüber hinaus auch den Ausschluss einzelner Kommanditisten von dem Zustimmungserfordernis oder ein ungleiches Stimmrecht vorsehen.[58] Ein Verstoß gegen den Gleichbehandlungsgrundsatz liegt hierin nicht.[59] Sogar der **völlige Ausschluss** sämtlicher Kommanditisten von der Mitwirkung an außergewöhnlichen Geschäften ist zulässig.[60] Zur **Publikums-KG** → Rn. 62.

---

[49] Zur Anwendung bei der KG s. Begr. RegE, BT-Drs. 19/27635, 153; Staub/Casper Rn. 22; NK-HGB/Eberl Rn. 17; Ebenroth/Boujong/Oepen Rn. 7.

[50] So zu Recht Heymann/Borges Rn. 21; Staub/Casper Rn. 22 aE; MüKoHGB/Grunewald Rn. 21.

[51] Im Grundsatz auch Heymann/Borges Rn. 22; Staub/Casper Rn. 24; NK-HGB/Eberl Rn. 18.

[52] Ebenso Staub/Casper Rn. 25.

[53] Schlegelberger/Martens Rn. 15; RGHMW/Mock Rn. 5.

[54] So auch Heymann/Borges Rn. 23; Staub/Casper Rn. 23; NK-HGB/Eberl Rn. 21; Koch PersGesR/Könen Rn. 21; zur Notgeschäftsführung BGH 4.5.1955, BGHZ 17, 181 (183 f.) = NJW 1955, 1027 (1028 f.); MüKoBGB/K. Schmidt BGB §§ 744, 745 Rn. 50; ebenso zu § 715a BGB Begr. RegE, BT-Drs. 19/27635, 154.

[55] Zust. Staub/Casper Rn. 23; **aA** Kraft/Kreutz GesR E II 2a sowie Begründung MoPeG Begr. RegE, BT-Drs. 19/27635, 154; MüKoHGB/Grunewald Rn. 22.

[56] BGH 11.9.2018, NZG 2018, 1226 Rn. 17; OLG Jena 10.8.2016, BeckRS 2016, 16922; Heymann/Borges Rn. 9; Staub/Casper Rn. 27; MüKoHGB/Grunewald Rn. 32; RGHMW/Mock Rn. 17.

[57] Staub/Schilling, 4. Aufl. 1987, Rn. 7.

[58] Ebenroth/Boujong/Oepen Rn. 24; Hopt/Roth Rn. 6.

[59] K. Schmidt GesR § 16 II 4b aa.

[60] BGH 14.5.1956, BGHZ 20, 363 (368); 6.10.1992, BGHZ 119, 346 (357) = NJW 1993, 1265 (1267) (Kartellsenat); Heymann/Borges Rn. 9; MüKoHGB/Grunewald Rn. 32; KKD/Kindler Rn. 4; Ebenroth/Boujong/Oepen Rn. 24; Hopt/Roth Rn. 6; im Grundsatz auch Staub/Casper Rn. 28.

Ferner können die Voraussetzungen für das Zustimmungserfordernis erhöht werden[61] oder die **enumerative Festlegung zustimmungsbedürftiger Geschäfte** im Gesellschaftsvertrag zu einer Einschränkung der Mitwirkungsrechte führen. Ob eine solche Aufzählung abschließend ist, die Prüfung, ob ein außergewöhnliches Geschäft vorliegt, also vollständig substituiert, oder aber den Kommanditisten einen Kernbestand an Mitwirkungsrechten sichern soll und deshalb für eine Erweiterung um nicht genannte, außergewöhnliche Geschäfte offen ist, ergibt die **Auslegung.**[62] Ein Zustimmungskatalog kann die Mitwirkungsrechte der Kommanditisten daher nicht nur einschränken, sondern auch erweitern.[63] Was im Einzelfall gewollt ist, bestimmt sich deshalb nicht zuletzt danach, wie der Gesellschaftsvertrag die Rechtsstellung des Kommanditisten insgesamt ausgestaltet. Verbleiben danach **Zweifel,** so bleibt es bei der gesetzlichen Ausgangslage, wonach alle außergewöhnlichen Geschäfte zustimmungsbedürftig sind, die Aufzählung also nicht abschließend ist.[64] 24

c) Gruppenvertretung. aa) Allgemeines. Eine Einschränkung der Mitwirkung der Kommanditisten an der Geschäftsführung wie auch ihrer mitgliedschaftlichen Rechte insgesamt bewirkt die Gruppenvertretung. Hierbei wird den betreffenden Gesellschaftern auf Grund der obligatorischen, im Gesellschaftsvertrag durch eine **Vertreterklausel** vorgeschriebenen Gruppenvertretung die individuelle Ausübung ihrer mitgliedschaftlichen Rechte versagt (Ausübungsverbot). Stattdessen wird diese bei einem Gruppenvertreter gebündelt, der die mitgliedschaftlichen Rechte einheitlich wahrnimmt (Vertretungsgebot) und die Kommanditisten nach den §§ 164 ff. BGB gegenüber den übrigen Gesellschaftern und der KG vertritt. Damit dient die Gruppenvertretung der Neutralisierung der organisationsrechtlichen Folgen einer Anteilszersplitterung, wie sie in einer KG mit vielen Kommanditisten vorkommt oder durch eine Erbfolge (vgl. § 177) entsteht; hier hat die Gruppenvertretung ihr praktisch bedeutsamstes Anwendungsfeld. Die Gruppenvertretung wirft eine Reihe komplizierter Rechtsfragen auf, für deren Beantwortung die Gruppe der Vertretenen als **eigene Organisationseinheit**[65] zu begreifen ist. Ihr Innenverhältnis – der Vertretenen untereinander und zum Gruppenvertreter – ist streng von dem Außenverhältnis – der Gruppe zur KG und ihrer Gesellschafter – zu unterscheiden. In der Praxis ist allerdings die Auslegung der jeweiligen Vertreterklausel von zentraler Bedeutung. 25

bb) Zulässigkeit und Grenzen. Die Zulässigkeit der Gruppenvertretung gibt vor allem unter zwei Gesichtspunkten Anlass zu **Bedenken:** Erstens schränkt diese die **Rechtsstellung** der Kommanditisten offenkundig ein; im äußersten Falle ruhen die Gesellschafterrechte, wenn und solange sich die Vertretenen nicht mit der erforderlichen Mehrheit (→ Rn. 31) auf einen Vertreter einigen können. Da die Rechte der Kommanditisten jedoch in weitem Umfang sogar völlig abbedungen werden können, führen derartige Mediatisierungseffekte – erst recht – nicht zur Unzulässigkeit der Gruppenvertretung.[66] 26

Zweitens liegt die Vereinbarkeit der Gruppenvertretung mit dem **Abspaltungsverbot,** wenngleich, wie zu betonen ist, die Gesellschafterrechte „der Substanz nach voll in der Hand der Kommanditisten verbleiben",[67] keineswegs auf der Hand, da eine verbotene Abspaltung nicht nur dann vorliegt, wenn die Gesellschafterrechte förmlich auf den Gruppenvertreter übertragen würden,[68] sondern entsprechendes gilt auch, wenn sich die Bevollmächtigung eines Dritten „nach Zweck und praktischer Wirkung" als Stimmrechtsabtretung darstellte. Deshalb muss die „Letztverantwortung" für die Wahrnehmung ihrer Gesellschafterrechte bei den vertretenen Kommanditisten verbleiben;[69] diese müssen befugt bleiben, dem Gruppenvertreter Weisungen zu erteilen und ihn jederzeit wieder abzuberufen.[70] Mit dieser Maßgabe ist die Gruppenvertretung mit dem Abspaltungsverbot vereinbar und als **zulässig** anzusehen.[71] 27

---

[61] S. zB BGH 11.9.2018, NZG 2018, 1226 Rn. 15: Maßnahmen, die über den gewöhnlichen Geschäftsbetrieb hinausgehen und für die Gesellschaft von besonderer Bedeutung sind.

[62] Staub/Casper Rn. 29; Ebenroth/Boujong/Oepen Rn. 25; Hopt/Roth Rn. 6; Wiedemann GesR II § 9 II 3a aa.

[63] Staub/Casper Rn. 29.

[64] Ebenso Staub/Casper Rn. 29; Heymann/Horn, 2. Aufl. 1996, Rn. 4; abw. Schlegelberger/Martens Rn. 17, der zwischen relativer Vollständigkeit (dann abschließend) und objektiver Lückenhaftigkeit (dann nicht abschließend) unterscheidet.

[65] **AA** Wiedemann GesR II § 4 I 6: „integrierte Unterorganisation".

[66] BGH 12.12.1966, BGHZ 46, 291 (294 f.) = NJW 1967, 826; Staub/Casper § 161 Rn. 52; Hurst DNotZ 1967, 6 (17 f.); K. Schmidt ZHR 146 (1982), 525 (530). Unzulässig ist die Anordnung einer Gruppenvertretung dagegen bei persönlich haftenden Gesellschaftern sowie im Aktienrecht.

[67] BGH 12.12.1966, BGHZ 46, 291 (296) = NJW 1967, 826.

[68] S. BGH 10.11.1951, BGHZ 3, 354 (357) = NJW 1952, 178.

[69] Vgl. Staub/Schäfer, 5. Aufl. 2010, § 114 Rn. 36.

[70] S. auch A. Hueck ZHR 125 (1963), 1 (8 f.); Heymann/Borges Rn. 45; Hopt/Roth § 163 Rn. 10.

[71] Staub/Casper § 161 Rn. 52; Heymann/Horn, 2. Aufl. 1996, Rn. 16; Kübler/Assmann GesR § 21 III 3c; Schlegelberger/Martens § 161 Rn. 80; K. Schmidt ZHR 146 (1982), 525 (531 f.); EBJS/Weipert, 4. Aufl. 2020, § 163 Rn. 19; **aA** Reuter, Privatrechtliche Schranken der Perpetuierung von Unternehmen, 1973, 212 ff.

28 Wie weit die Gruppenvertretung im Einzelfall inhaltlich reicht, ist eine Frage der **Auslegung** des Gesellschaftsvertrags. Danach richtet sich insbesondere, ob die Gruppenvertretung auch außergewöhnliche und Grundlagengeschäfte umfasst. Jedenfalls **nicht Gegenstand der Gruppenvertretung** sind die unentziehbaren Gesellschafterrechte;[72] insoweit ist die Anordnung der Gruppenvertretung wirkungslos. Gleichfalls verbleiben dem einzelnen Kommanditisten seine höchstpersönlichen Rechte: jedenfalls das Kündigungsrecht, nach richtiger Auffassung auch das Recht zur Teilnahme an Gesellschafterversammlungen, weil es die unverzichtbare tatsächliche Grundlage für die Weisungsbindung des Gruppenvertreters schafft.[73] Die Gruppenvertretung erstreckt sich grundsätzlich nicht auf die prozessuale Geltendmachung von Kommanditistenrechten (Prozessführungsbefugnis).[74]

29 **cc) Innenverhältnis. (1) Grundlagen.** Die Vertreterklausel verweist die betroffenen Kommanditisten zur Wahrnehmung ihrer mitgliedschaftlichen Rechte auf die Bestellung eines Gruppenvertreters und kann insoweit Voraussetzungen für die ordnungsgemäße Vertretung, also das Außenverhältnis statuieren. Dagegen **obliegt die Ausgestaltung des Innenverhältnisses der Gruppe ihren Mitgliedern selbst;** durch Abschluss einer entsprechenden Vereinbarung können sie insbesondere die in → Rn. 30 erörterten Zweifelsfragen vermeiden. Regelungsbedürftig sind hierbei ua die Willensbildung innerhalb der Gruppe (zB Versammlung der Gruppenmitglieder vor Gesellschafterversammlung) sowie etwaige Informationsrechte gegenüber dem Gruppenvertreter (→ Rn. 32). Rechte gegenüber der KG können in derartigen Vereinbarungen indes nicht begründet werden. Hierfür bedarf es ausdrücklicher Bestimmungen im Gesellschaftsvertrag der KG. Umgekehrt ist diesem das Innenverhältnis der Gruppe entzogen.[75] Andernfalls könnten die übrigen Gesellschafter durch einen vertragsändernden Mehrheitsbeschluss die Willensbildung der gebundenen Gesellschafter beeinflussen und so der mit der Vertreterklausel – lediglich – bezweckten Mediatisierung der Gesellschafterrechte zuwiderhandeln.

30 Die **hM** wendet bislang auf das Innenverhältnis stets die **§§ 705 ff. BGB** an.[76] Während nach Auffassung des BGH bereits mit der Anerkennung des Gruppenvertreters ein „gesellschaftsähnliches Verhältnis" entsteht,[77] sehen andere in dem Beitritt zur Gruppe[78] oder in der Teilnahme an der Wahl eines Gruppenvertreters[79] eine konkludente, auf den Abschluss eines BGB-Gesellschaftsvertrags gerichtete Willenserklärung. Dem ist jedoch nicht zu folgen. Es steht den Gruppenmitgliedern zwar frei, sich als GbR zu konstituieren; sie sind aber **nicht stets gesellschaftlich verbunden.** Die Gegenansicht setzt auf den Abschluss eines Gesellschaftsvertrages gerichtete Willensbekundungen voraus, die angesichts des damit grundsätzlich verbundenen Einstimmigkeitserfordernisses (§ 714 BGB) aber nicht großzügig unterstellt werden dürfen, sondern im Gegenteil konkret nachzuweisen sind. Erst recht kann das Vertragsschlusserfordernis nicht unter Hinweis auf eine konturlose angebliche „Gesellschaftsähnlichkeit" umgangen werden. Lässt sich der Abschluss eines Gesellschaftsvertrags nicht nachweisen, bestimmt sich das Innenverhältnis der Gruppe nach einer im Vordringen befindlichen Ansicht nach den **Vorschriften über die Gemeinschaft (§§ 742 ff. BGB).**[80] Zutreffend hat K. Schmidt darauf hingewiesen, bei der Gruppenvertretung handele es sich zwar nicht um die Gemeinschaft an einem ungeteilten Anteil iSd § 741 BGB,[81] es sei aber gerade der Zweck der Vertreterklausel, die Inhaber mehrerer Anteile hinsichtlich ihrer Rechtsausübung „auf den Stand von

---

[72] BGH 6.10.1992, BGHZ 119, 346 (351) = NJW 1993, 1265 (1266); Heymann/Borges Rn. 43; Staub/Casper § 161 Rn. 53; K. Schmidt ZHR 146 (1982), 525 (533); noch offen BGH 12.12.1966, BGHZ 46, 291 (295) = NJW 1967, 826.

[73] Staub/Casper § 161 Rn. 53; Schlegelberger/Martens § 161 Rn. 80; K. Schmidt ZHR 146 (1982), 525 (536).

[74] BGH 12.12.1966, BGHZ 46, 291 (298 ff.) = NJW 1967, 826; Hopt/Roth § 163 Rn. 10; noch restriktiver Flume BGB AT II § 14 V, 228; vermittelnd K. Schmidt ZHR 146 (1982), 525 (535); **aA** Staub/Casper § 161 Rn. 53, solange die Klageerhebung nicht über Gebühr erschwert wird.

[75] Staub/Casper § 161 Rn. 61; Klumpp ZEV 1999, 305 (306); Schlegelberger/Martens § 161 Rn. 81; K. Schmidt ZHR 146 (1982), 525 (537 f.); **aA** BGH 4.10.2004, NJW-RR 2005, 39 (40); MüKoHGB/Grunewald § 161 Rn. 189; Wiedemann GesR II § 4 I 6b.

[76] Für diese zB auch Staub/Casper § 161 Rn. 54.

[77] BGH 12.12.1966, BGHZ 46, 291 (295); bestätigt durch BGH 4.10.2004, NJW-RR 2005, 39 (40) = JuS 2005, 272 mAnm K. Schmidt.

[78] Immenga ZGR 1974, 385 (396).

[79] A. Hueck ZHR 125 (1963), 1 (13).

[80] BGH 6.10.1992, BGHZ 119, 346 (354) = NJW 1993, 1265 (1267) (Kartellsenat); Hopt/Roth § 163 Rn. 10; Staub/Schilling, 4. Aufl. 1987, § 163 Rn. 17; K. Schmidt ZHR 146 (1982), 525 (540 f.); Schörnig, Die obligatorische Gruppenvertretung, 2001, 105 ff.; nahe stehend Staub/Schäfer, 5. Aufl. 2010, § 119 Rn. 65; für die GmbH HCL/Hüffer/Schäfer GmbHG § 47 Rn. 114; sympathisierend v. Gerkan/Haas WuB II G. § 161 HGB 1.05; unentschieden Habersack ZHR 164 (2000), 1 (18 f.); **aA** Heymann/Borges Rn. 52.

[81] Deshalb abl. MüKoHGB/Grunewald § 161 Rn. 95; Immenga ZGR 1974, 385 (395).

Gemeinschaftern zu bringen".[82] Es liegt daher, sofern die Gruppenmitglieder keine abweichende Vereinbarung getroffen haben, ein **gemeinschaftsähnliches Verhältnis** vor, auf das die §§ 742 ff. BGB analog anzuwenden sind.[83] Dagegen lässt sich nicht einwenden, diese Auffassung sei „zu undifferenziert" und gehe an den Besonderheiten des Einzelfalls vorbei.[84] Dem steht entgegen, dass die Anwendung des Rechts der Gemeinschaft immer unter dem Vorbehalt steht, dass die Gruppenmitglieder keine abweichende Regelung getroffen haben.

(2) Bestellung des Gruppenvertreters. Die Gruppenmitglieder bestellen ihren Vertreter grundsätzlich analog § 745 Abs. 1 BGB mit einfacher Stimmenmehrheit, die sich nach der Größe ihrer Anteile bemisst (aber → § 161 Rn. 34).[85] Soll ein Gruppenmitglied zum Vertreter bestellt werden, ist es auch selbst zur Stimmabgabe berechtigt.[86] Falls sich die Gruppe als GbR konstituiert hat, bestellt sie ihren Vertreter im Zweifel einstimmig (§ 714 BGB). Nach bisher hM, die das Recht der GbR auf das Innenverhältnis der Gruppe anwenden will, gilt hingegen von Beginn an das Einstimmigkeitsprinzip. Die Auswahl eines bestimmten Vertreters obliegt allein den Gruppenmitgliedern,[87] die hierbei jedoch gewissen Bindungen durch die Treuepflicht unterliegen können.[88] Wer Vertreter sein kann und als solcher die Gruppe gegenüber der KG vertritt, betrifft aber auch das Außenverhältnis. Deshalb kann der Gesellschaftsvertrag der KG Anforderungen an die Person des Vertreters stellen, also vor allem vorgeben, dass er Gruppenmitglied oder jedenfalls Gesellschafter sein muss.[89] Wenn sich die Gruppenmitglieder nicht auf einen Vertreter einigen, können sie ihre Rechte als Kommanditisten in der Gesellschafterversammlung der KG nicht ausüben (→ Rn. 29); sie fallen nicht an die jeweiligen Gruppenmitglieder zurück, vielmehr ist zuvor das Rechtsverhältnis der Gruppenvertretung zu beenden. 31

(3) Rechtsverhältnis zwischen Vertretenen und Vertreter; Weisungsbindung. Der Vertreter steht zu den vertretenen Mitgliedern der Gruppe in einem Auftrags- oder Geschäftsbesorgungsverhältnis,[90] und zwar regelmäßig auch dann, wenn er selbst der Gruppe angehört.[91] Gemäß § 666 BGB ist der Gruppenvertreter den Vertretenen auskunftspflichtig und nach § 665 BGB an ihre Weisungen gebunden. Diese ergehen mangels abweichender Vereinbarung mit einfacher Mehrheit (§ 745 Abs. 1 BGB; → Rn. 31), nach der abzulehnenden hM hingegen einstimmig (§ 714 BGB). Ausnahmsweise kann der Vertreter im Hinblick auf die Vornahme besonders gewichtiger Maßnahmen verpflichtet sein, sich um eine Weisung der Gruppenmitglieder zu bemühen;[92] im Übrigen handelt er nach pflichtgemäßem Ermessen.[93] Die Weisungsabhängigkeit ist vor dem Hintergrund des Abspaltungsverbots (→ Rn. 27) nicht abdingbar.[94] 32

(4) Abberufung des Gruppenvertreters. Gleichermaßen unabdingbar ist die Möglichkeit der jederzeitigen **Abberufung des Vertreters** (→ Rn. 27). Die Auflösung des zugrundeliegenden Auftrags- bzw. Geschäftsbesorgungsverhältnisses (§ 671 Abs. 1 BGB; → Rn. 32) hat das Erlöschen der Vollmacht zur Folge (§ 168 S. 1 BGB). Für die Abberufung des Vertreters genügt nach überwiegender 33

---

[82] K. Schmidt ZHR 146 (1982), 525 (540 f.).

[83] S. BGH 6.10.1992, BGHZ 119, 346 (354) = NJW 1993, 1265 (1267); Hopt/Roth § 163 Rn. 10; Staub/Schilling, 4. Aufl. 1987, § 163 Rn. 17; K. Schmidt ZHR 146 (1982), 525 (540 f.); Schörnig, Die obligatorische Gruppenvertretung, 2001, 105 ff.

[84] So aber BGH 4.10.2004, NJW-RR 2005, 39 (40).

[85] Staub/Casper § 161 Rn. 52; Hopt/Roth § 163 Rn. 10; diff. MüKoHGB/Grunewald § 161 Rn. 190 f.

[86] A. Hueck ZHR 125 (1963), 1 (12); Staub/Schilling, 4. Aufl. 1987, § 163 Rn. 17; K. Schmidt ZHR 146 (1982), 525 (548).

[87] Schlegelberger/Martens § 161 Rn. 84; Staub/Schilling, 4. Aufl. 1987, § 163 Rn. 17; K. Schmidt ZHR 146 (1982), 525 (547); **aA** MüKoHGB/Grunewald § 161 Rn. 182; Heymann/Horn, 2. Aufl. 1996, Rn. 18; – für die Bestellung eines Dritten zum Gruppenvertreter – Hurst DNotZ 1967, 6 (8) (nur im Einvernehmen alle Gesellschafter); Hopt/Roth § 163 Rn. 10 (nur bei Zulassung im Gesellschaftsvertrag der KG).

[88] A. Hueck ZHR 125 (1963), 1 (17 f.).

[89] Staub/Casper § 161 Rn. 54; A. Hueck ZHR 125 (1963), 1 (15); Schlegelberger/Martens § 161 Rn. 84; K. Schmidt ZHR 146 (1982), 525 (546 f.).

[90] Insoweit allgM; s. BGH 12.12.1966, BGHZ 46, 291 (295); Heymann/Borges Rn. 53; Staub/Casper § 161 Rn. 54; Schlegelberger/Martens § 161 Rn. 83.

[91] MüKoHGB/Grunewald § 161 Rn. 187 Fn. 554; **aA** BGH 12.12.1966, BGHZ 46, 291 (295) = NJW 1967, 826; Heymann/Borges Rn. 53; Schlegelberger/Martens § 161 Rn. 83; wohl auch Staub/Casper § 161 Rn. 54: allein vertretungsberechtigtes Organ.

[92] Schlegelberger/Martens § 161 Rn. 88; K. Schmidt ZHR 146 (1982), 525 (550); allg. MüKoBGB/Schäfer BGB § 665 Rn. 28.

[93] Flume BGB AT II § 14 V (S. 225); Heymann/Horn, 2. Aufl. 1996, Rn. 16; K. Schmidt ZHR 146 (1982), 525 (550).

[94] Ebenso Immenga ZGR 1974, 385 (400); **aA** MüKoHGB/Grunewald § 161 Rn. 188.

Auffassung die einfache Mehrheit.[95] Nach hier vertretener Auffassung folgt dies aus § 745 Abs. 1 BGB (→ Rn. 30); die Gegenauffassung stützt sich für diese Abweichung von § 714 BGB auf den mutmaßlichen Willen der Gruppenmitglieder.[96] Als Kommanditist ist auch der Vertreter selbst stimmberechtigt, es sei denn, die Abberufung erfolgt aus wichtigem Grund. Auch dann bedarf es aber grundsätzlich eines Mehrheitsbeschlusses.[97] Ein einzelnes Gruppenmitglied kann den Vertreter nur abberufen, wenn das Vorliegen des wichtigen Grunds ausnahmsweise evident ist (§ 744 Abs. 2 BGB).[98]

34 **dd) Außenverhältnis.** Der Gesellschaftsvertrag kann Regelungen über das Außenverhältnis, insbesondere zu den Voraussetzungen einer ordnungsgemäßen Vertretung, enthalten. Für das Handeln des Gruppenvertreters im Außenverhältnis sind die **§§ 164 ff. BGB** maßgeblich. Der mehrheitlich bzw. einstimmig gefasste Bestellungsbeschluss begründet bereits die erforderliche Vertretungsmacht,[99] doch kann – und sollte – der Gesellschaftsvertrag die Berechtigung des Gruppenvertreters an einen besonderen Nachweis seiner Bevollmächtigung knüpfen. Grundsätzlich ist der Fortbestand der Vertretungsmacht von Weisungen im Innenverhältnis unabhängig, es sei denn, die Gesellschaft kennt die Weisungswidrigkeit des Vertreterhandelns (Missbrauch der Vertretungsmacht).[100] Wiederum kann, was indes wenig praktikabel sein mag, die Wirksamkeit der Vertretung deshalb an den Nachweis der Weisungskonformität gebunden werden. Wird der Vertreter im Innenverhältnis wirksam abberufen, kann seine Vertretungsmacht nach den §§ 170–172 BGB fortbestehen.

35 Es entspricht gleichwohl dem Zweck der Vertreterklausel, dass der Gruppenvertreter die Gesellschafterrechte im Zweifel **einheitlich ausübt.**[101] Abweichendes kann jedoch im Gesellschaftsvertrag festgelegt werden, insbes. kann vereinbart werden, dass sich in der Stimme des Gruppenvertreters das Verhältnis der Gruppenmitglieder wiederspiegelt. Bei der Ausübung des Stimmrechts unterliegt der Gruppenvertreter der gesellschafterlichen Treuepflicht.[102] Im Übrigen kann das Außenverhältnis durch den Gesellschaftsvertrag der KG ausgestaltet werden; insbes. kann eine Mediatisierung der Gruppenmitglieder abgemildert werden, indem den Gruppenmitgliedern unmittelbar gegen die Geschäftsführung der KG zu richtende Informationsansprüche eingeräumt werden.

36 **d) Verdrängende Beiratszuständigkeit.** Die Rechte der Kommanditisten können auch dadurch eingeschränkt werden, dass an deren Stelle ein Beirat an der Geschäftsführung mitwirkt.[103] Im Hinblick auf die Rechte der Kommanditisten ist diese Gestaltung innerhalb der aufgezeigten Grenzen (→ Rn. 26 ff.) zulässig; zu den mit der Errichtung eines Beirats verbundenen Problemen → § 161 Rn. 46 ff.

37 **2. Erweiterung der Kommanditistenrechte.** Der Gesellschaftsvertrag oder eine sonstige Vereinbarung der Gesellschafter können die Mitwirkung des Kommanditisten an der Geschäftsführung erweitern und dadurch der Rechtsstellung eines Komplementärs zumindest annähern. Organschaftliche **Vertretungsmacht** können die Kommanditisten jedoch wegen § 170 nicht erlangen. Es verbleibt aber die Möglichkeit, sie rechtsgeschäftlich, zB durch Erteilung der Prokura, zur Vertretung der KG zu ermächtigen (→ § 170 Rn. 8).

38 **a) Einräumung von Geschäftsführungsbefugnis.** Den Kommanditisten kann gesellschaftsvertraglich eigene Geschäftsführungsbefugnis eingeräumt werden, wobei der Kommanditist die Geschäfte grundsätzlich **neben den** kraft Gesetzes (§ 116 Abs. 1) dazu berufenen **Komplementären** führt. Aus Rechtsgründen nicht zu beanstanden ist es, wenn die Geschäftsführungsbefugnis auf einen Teilbereich der unternehmerischen Betätigung beschränkt wird **(partielle Geschäftsführungsbefugnis).**[104]

---

[95] Statt vieler Heymann/Borges Rn. 54; Staub/Casper § 161 Rn. 55; **aA** Schlegelberger/Martens § 161 Rn. 86: Einstimmigkeit.

[96] A. Hueck ZHR 125 (1963), 1 (22 f.); Immenga ZGR 1974, 385 (398); vgl. auch MüKoHGB/Grunewald § 161 Rn. 193; Hopt/Roth § 163 Rn. 10.

[97] **AA** Flume BGB AT II § 14 V und Schlegelberger/Martens § 161 Rn. 87: Einstimmigkeit.

[98] K. Schmidt ZHR 146 (1982), 525 (551); zust. Heymann/Borges Rn. 54; Schlegelberger/Martens § 161 Rn. 87.

[99] Staub/Schilling, 4. Aufl. 1987, § 163 Rn. 17; K. Schmidt ZHR 146 (1982), 525 (548).

[100] MüKoHGB/Grunewald § 161 Rn. 188; A. Hueck ZHR 125 (1963), 1 (18); zur Koordination des Außenverhältnisses mit dem Innenverhältnis ausf. K. Schmidt ZHR 146 (1982), 525 (552 ff.).

[101] BGH 12.12.1966, BGHZ 46, 291 (294) = NJW 1967, 826; Staub/Casper § 161 Rn. 53; Heymann/Horn, 2. Aufl. 1996, Rn. 18; Hopt/Roth § 163 Rn. 10.

[102] Staub/Schilling, 4. Aufl. 1987, § 163 Rn. 15.

[103] Vgl. Staub/Casper Rn. 31; Schlegelberger/Martens Rn. 25; Ebenroth/Boujong/Oepen Rn. 26.

[104] Staub/Casper Rn. 34.

Umstritten ist, ob die Kommanditisten **anstelle der Komplementäre** zur Geschäftsführung befugt werden können. Ein Verstoß gegen das Prinzip der Selbstorganschaft liegt darin wegen der Gesellschaftereigenschaft des Kommanditisten nicht.[105] Auch der grundsätzliche Einwand, die Geschäftsführungsbefugnis sei nicht von der zwingend den Komplementären zugewiesenen Vertretungsmacht (§ 170) trennbar, überzeugt nicht.[106] Denn eine dahingehende, zwingende Konkordanz von Innen- und Außenverhältnis steht mit dem Gesetz, das beide Sphären gerade im Hinblick auf die Rechtsstellung des Kommanditisten präzise trennt (vgl. §§ 163–169, § 170), nicht im Einklang. Unabhängig davon besteht jedoch ein Bedürfnis, die von der Geschäftsführung ausgeschlossenen und gleichwohl mit dem Risiko der persönlichen Haftung (§ 126) belasteten Komplementäre in gewissem Umfang zu schützen. Der deshalb geäußerte Vorschlag, den Komplementären das Recht zuzusprechen, jede Maßnahme auch selber durchzuführen oder zu unterlassen,[107] ist indes mit dem Gesellschafterwillen unvereinbar. Demgegenüber vermittelt die primär repressiv wirkende Entziehung der Geschäftsführungsbefugnis (§ 117) ungenügenden Schutz.[108] Richtigerweise ist dem legitimen Schutzbedürfnis der von der Geschäftsführung ausgeschlossenen Komplementäre durch die **zwingende Geltung des § 116 Abs. 2 S. 1 Hs. 2** Rechnung zu tragen.[109] Außergewöhnliche Geschäfte bedürfen daher ihrer Zustimmung. Hierzu zählen nicht zuletzt auch solche Geschäfte, die für die Gesellschaft und (wegen § 161 Abs. 2, § 126) ihre persönlich haftenden Gesellschafter ein besonderes Haftungsrisiko begründen. 39

b) Rechtsstellung des geschäftsführenden Kommanditisten. aa) Gesellschaftsrecht. Wird dem Kommanditisten im Gesellschaftsvertrag eine eigene Geschäftsführungsbefugnis eingeräumt,[110] gehört deren Wahrnehmung zu seinen gesellschafterlichen Rechten und Pflichten[111] und er erfüllt im Zweifel zugleich seine Beitragspflicht (→ Rn. 47 f.). Umgekehrt ist die Tätigkeit des Kommanditisten im Zweifel durch seine Gewinnbeteiligung abgegolten. Für einen darüber hinausgehenden Vergütungsanspruch bedarf es deshalb einer ausdrücklichen Bestimmung im Gesellschaftsvertrag.[112] Da der Kommanditist im Innenverhältnis eine dem gesetzestypischen Komplementär vergleichbare Rechtsstellung erlangt, gelten hierfür, vorbehaltlich anderweitiger Regelungen im Gesellschaftsvertrag, in erster Linie die §§ 115–117.[113] Dementsprechend erstreckt sich die Geschäftsführungsbefugnis grundsätzlich auf alle gewöhnlichen Geschäfte (§ 116 Abs. 2 S. 1 Hs. 1); außergewöhnliche Geschäfte bedürfen der Zustimmung der übrigen Gesellschafter (§ 116 Abs. 2 S. 1 Hs. 2; → Rn. 39, für den Kommanditisten → Rn. 12). Sofern der Gesellschaftsvertrag keine geringeren Voraussetzungen (zB einen einstimmigen Gesellschafterbeschluss) aufstellt,[114] kann dem Kommanditisten die Geschäftsführungsbefugnis nur nach § 116 Abs. 5 entzogen werden,[115] wobei ein wichtiger Grund auch in einem nachhaltig gestörten Vertrauensverhältnis zu den Komplementären liegen kann.[116] Mit der Erweiterung der Kommanditistenrechte gehen ferner verschärfte Treuepflichten einher,[117] die bis zu einem Wettbewerbsverbot iSd §§ 117, 118 führen können (→ § 165 Rn. 11 ff.).[118] 40

bb) Ergänzende dienstvertragliche Vereinbarungen. Über die Geschäftsführungstätigkeit des Kommanditisten können ergänzende dienstvertragliche Abreden getroffen werden,[119] die aber nicht 41

[105] Bork AcP 184 (1984), 465 (470) mwN; Staub/Casper Rn. 33; MüKoHGB/Grunewald Rn. 24.

[106] HM, s. BGH 9.12.1968, BGHZ 51, 198 (201) = NJW 1969, 507 = JZ 1969, 469 mAnm Wiedemann; Bork AcP 184 (1984), 465 (470); Staub/Casper Rn. 33; Hopt/Roth Rn. 7; Windbichler/Bachmann GesR § 17 Rn. 11; **aA** EBJS/Weipert, 4. Aufl. 2020, Rn. 5; Wiedemann GesR II § 9 II 2a.

[107] So MüKoHGB/Grunewald Rn. 25; Grunewald GesR § 3 Rn. 14.

[108] So Schlegelberger/Martens Rn. 29 ff.

[109] Staub/Casper Rn. 33; Hopt/Roth Rn. 7; der Sache nach ebenso Heymann/Horn, 2. Aufl. 1996, Rn. 10 und KKD/Kindler Rn. 3: Widerspruchsrecht.

[110] Davon zu unterscheiden ist der Fall, in dem dienst- oder arbeitsvertragliche Absprachen lediglich in dem Gesellschaftsvertrag enthalten sind (→ Rn. 41).

[111] BGH 27.6.1955, BGHZ 17, 392 (394 f.) = NJW 1955, 1394; Staub/Casper Rn. 36; Hopt/Roth Rn. 7.

[112] Bork AcP 184 (1984), 465 (476).

[113] Bork AcP 184 (1984), 465 (470); Staub/Casper Rn. 36; KKD/Kindler Rn. 3; die Besonderheiten des Einzelfalls hervorhebend MüKoHGB/Grunewald Rn. 24.

[114] BGH 23.10.1972, NJW 1973, 651; Staub/Casper Rn. 36; Hopt/Roth Rn. 7; EBJS/Weipert, 4. Aufl. 2020, Rn. 20.

[115] BGH 27.6.1955, BGHZ 17, 392 (395) = NJW 1955, 1394; RG 28.4.1925, RGZ 110, 418 (421); OLG Köln 14.7.1976, BB 1977, 464 (465); MüKoHGB/Grunewald Rn. 24; KKD/Kindler Rn. 3; RGHMW/Mock Rn. 50; Hopt/Roth Rn. 7; Staub/Schilling, 4. Aufl. 1987, Rn. 10; EBJS/Weipert, 4. Aufl. 2020, Rn. 20; **aA** Staub/Casper Rn. 37.

[116] Zutr. Schlegelberger/Martens Rn. 30; **aA** Klingberg, Mitarbeitende Kommanditisten, 1990, 11 ff.

[117] Staub/Casper Rn. 38; K. Schmidt GesR § 53 III 2a.

[118] Staub/Casper Rn. 38.

[119] Heymann/Borges Rn. 35; Staub/Casper Rn. 39; **aA** Staub/Schilling, 4. Aufl. 1987, Rn. 19: Rechtsgrundlage allein im Gesellschaftsvertrag.

im Widerspruch zu den unter den Gesellschaftern konsentierten (Rahmen-) Regelungen des Gesellschaftsvertrags stehen dürfen.[120] Dazu gehört, dass eine Vergütung des geschäftsführenden Kommanditisten, wenn der Gesellschaftsvertrag dazu schweigt, im Zweifel nicht gewollt ist (→ Rn. 40) und somit auch dienstvertraglich nicht vereinbart werden kann.[121] Etwas Anderes kommt allenfalls dann in Betracht, wenn die Gewinnbeteiligung des Kommanditisten auf Grund seines Kommanditanteils sehr niedrig ist und deshalb außer Verhältnis zum Umfang der Geschäftsführungstätigkeit steht.

42 **cc) Anwendbarkeit arbeitsrechtlicher Vorschriften.** Als Organ der KG ist der geschäftsführende Kommanditist nicht weisungsabhängig und deshalb **nicht Arbeitnehmer.**[122] Steht er jedoch in einem wirtschaftlichen Abhängigkeitsverhältnis zur KG und ist zudem sozial schutzbedürftig, ist er eine arbeitnehmerähnliche Person (legaldefiniert in § 12a Abs. 1 Nr. 1 TVG). Einzelne arbeitsrechtliche Schutzvorschriften finden auf ihn (allenfalls) analoge Anwendung, sofern diese ihren persönlichen Schutzbereich nicht ausdrücklich auf arbeitnehmerähnliche Personen ausdehnen (zB § 2 S. 2 BUrlG, § 6 Abs. 1 S. 1 Nr. 3 AGG)[123] Besonderheiten gelten für die **betriebliche Altersversorgung,** da die Bestimmungen des BetrAVG nach dessen § 17 Abs. 1 S. 2 auch auf Personen anwendbar sind, die keine Arbeitnehmer sind, denen aber „Leistungen der Alters-, Invaliditäts- oder Hinterbliebenenversorgung aus Anlass ihrer Tätigkeit für das Unternehmen zugesagt worden sind". Aus diesem Wortlaut folgert der BGH, dass „die Versorgungsleistungen ihren Grund in der Arbeit für ein *fremdes* Unternehmen haben müssen", zumal eine Insolvenzsicherung des Unternehmers mit dem Wagnis seiner eigenwirtschaftlichen Betätigung unvereinbar sei.[124] Vom Schutz des BetrAVG sind deshalb **Unternehmer ausgeschlossen,** Personen also, die „sowohl vermögens- als auch einflussmäßig mit dem Unternehmen, für das sie arbeiten, so sehr verbunden sind, dass sie es als ihr eigenes betrachten können".[125] Auf einen Kommanditisten trifft dies nach Auffassung des BGH lediglich dann zu, wenn er am Kapital der KG mehrheitlich beteiligt ist und ausnahmsweise über eine entsprechende Leitungsmacht, zB als im Innenverhältnis maßgebender Geschäftsführer mit Prokura, verfügt.[126] Vor diesem Hintergrund ist es konsequent, die Unternehmereigenschaft eines Kommanditisten abzulehnen, der hälftig an der KG beteiligt und dessen Gesamtprokura durch den Komplementär einseitig widerruflich ist.[127]

43 **dd) Haftung.** Ein allgemeines Prinzip des „Gleichlaufs von Herrschaft und Haftung" gibt es nicht.[128] Trotz seiner umfassenden Leitungsmacht haftet auch ein geschäftsführender Kommanditist den Gesellschaftsgläubigern deshalb nicht gleich einem Komplementär nach den § 161 Abs. 2, § 126 persönlich und unbeschränkt, sondern lediglich nach Maßgabe des § 171 Abs. 1.[129] Kraft Gesetzes kann eine unbeschränkte **Außenhaftung** des geschäftsführenden Kommanditisten nur ausnahmsweise wegen eines gesetzten Rechtsscheins (Auftreten als persönlich haftender Gesellschafter)[130] oder wegen Rechtsmissbrauchs anzuerkennen sein (→ § 171 Rn. 33). Hierfür genügt es jedoch nicht, dass der Kommanditist die Geschäfte betreibt und eine vermögenslose Person als persönlich haftenden Gesellschafter hinzuzieht;[131] im Einzelfall müssen „durch das Hinzutreten bestimmter Umstände bei Außenstehenden ein falscher Eindruck oder irrige Vorstellungen über den Umfang der Haftung

---

[120] Staub/Casper Rn. 39; MüKoHGB/Grunewald Rn. 31.

[121] Vgl. BGH 4.3.1976, NJW 1976, 1451; Staub/Casper Rn. 39; Heymann/Horn, 2. Aufl. 1996, Rn. 12; RGHMW/Mock Rn. 10; Hopt/Roth Rn. 8; **aA** wohl Ebenroth/Boujong/Oepen Rn. 29.

[122] Heymann/Borges Rn. 35; Staub/Casper Rn. 41; Schlegelberger/Martens Rn. 37; RGHMW/Mock Rn. 11; Ebenroth/Boujong/Oepen Rn. 29; Hopt/Roth Rn. 8.

[123] Zust. Staub/Casper Rn. 41; ausf. C. Schubert, Der Schutz arbeitnehmerähnlicher Personen, 2004, passim; Überblick bei ErfK/Preis BGB § 611a Rn. 88 f.; zu konturenlos Martens RdA 1979, 347 (354); Schlegelberger/Martens Rn. 38, der die arbeitsrechtlichen Regelungen in ihrem Kernbereich als generalisierungsfähiges „Berufsrecht" ansieht.

[124] BGH 28.4.1980, BGHZ 77, 94 (100 f.) = NJW 1980, 2254 (Hervorhebung im Original); ausf., auch zu abweichenden Ansätzen in der Lit. BRO/Rolfs BetrAVG § 17 Rn. 43 ff.

[125] BGH 28.4.1980, BGHZ 77, 94 (101) = NJW 1980, 2254; sinngemäß BGH 28.1.1991, NJW-RR 1991, 746.

[126] BGH 28.4.1980, BGHZ 77, 94 (98 ff.) = NJW 1980, 2254; s. auch BRO/Rolfs BetrAVG § 17 Rn. 112 f.

[127] BGH 1.2.1999, NJW 1999, 1263 f.; zust. Blomeyer EWiR § 17 BetrAVG 1/99, 245 f.; Hess WuB IX. § 17 BetrAVG 1.99; BRO/Rolfs BetrAVG § 17 Rn. 113 f.

[128] Mittlerweile unstr., s. BGH 17.3.1966, BGHZ 45, 204 (205 ff.) = NJW 1966, 1309 f.; Staub/Schilling, 4. Aufl. 1987, Rn. 12; Fleischer/Hahn NZG 2018, 1281 (1285).

[129] BGH 17.3.1966, BGHZ 45, 204 (205 ff.) = NJW 1966, 1309; Staub/Casper Rn. 42; RGHMW/Mock Rn. 51; Ebenroth/Boujong/Oepen Rn. 30; Hopt/Roth Rn. 9.

[130] Ebenso Staub/Casper Rn. 42.

[131] So aber KKD/Kindler Rn. 3; Schlegelberger/Martens Rn. 44; Wiedemann GesR II § 10 III 2a aa; demgegenüber wie hier Staub/Casper Rn. 42.

oder über die Vermögensverhältnisse der haftenden Gesellschafter erweckt werden, die schutzwerte Belange der Außenstehenden berühren" (→ § 171 Rn. 27 ff.).[132]

Im **Innenverhältnis** haftet der geschäftsführende Kommanditist der Gesellschaft wie ein Komplementär für die schuldhafte Verletzung seiner Geschäftsführungspflichten (→ § 116 Rn. 46 ff.).[133] 44

c) Mitwirkung an der Geschäftsführung. Von der Einräumung eigener Geschäftsführungsbefugnis zu unterscheiden ist die Schaffung bzw. Erweiterung bloßer Mitwirkungsmöglichkeiten des Kommanditisten an der Geschäftsführung, während diese – formal – in den Händen der Komplementäre verbleibt. Das kann zum einen durch eine Erstreckung des **Zustimmungserfordernisses** (→ Rn. 12) auf gewöhnliche Geschäfte geschehen, sei es generalklauselartig oder durch die enumerative Festlegung zustimmungsbedürftiger Geschäfte (→ Rn. 24). 45

Zum anderen kann, was über ein Zustimmungserfordernis deutlich hinausgeht, allen oder bestimmten Kommanditisten in Angelegenheiten der Geschäftsführung ein vollständiges oder inhaltlich näher umschriebenes **Weisungsrecht** gegenüber den geschäftsführenden Komplementären eingeräumt werden.[134] Die weisungsbefugten Kommanditisten erlangen dadurch, je nach Umfang des Weisungsrechts, uU eine der eigentlichen Geschäftsführung vergleichbare Leitungsmacht. In derartigen Fällen ist dem besonderen Haftungsrisiko der Komplementäre wiederum durch die – entsprechende – Anwendung des § 116 Abs. 2 Rechnung zu tragen (→ Rn. 12):[135] Soweit es sich um ein außergewöhnliches Geschäft handelt, ist die Weisung für die geschäftsführenden Komplementäre nur verbindlich, wenn alle Gesellschafter zustimmen. Im Übrigen gelten die Ausführungen zur Rechtsstellung des geschäftsführenden Kommanditisten (→ Rn. 38 ff.) für den auf Grund des Gesellschaftsvertrags umfassend weisungsbefugten Kommanditisten entsprechend. Insbesondere kann ihm das Weisungsrecht grundsätzlich nur nach § 116 Abs. 5 entzogen werden.[136] Bei der Ausübung seines Weisungsrechts unterliegt er verschärften Treuepflichten.[137] Das Weisungsrecht umfasst zudem nicht den unantastbaren Kernbereich der Gesellschafterrechte. Ferner muss der Komplementär treuepflicht-, gesetzes- oder sittenwidrige Weisungen des Kommanditisten nicht befolgen.[138] 46

d) Mitgliedschaftliche Mitarbeitsrechte. Sieht der Gesellschaftsvertrag die Mitarbeit der Kommanditisten **unterhalb der Geschäftsführungsebene** vor,[139] zählt diese zu ihren Rechten und Pflichten als Gesellschafter und ist im Zweifel als zusätzliche Beitragspflicht (§ 709 Abs. 1 BGB) durch seine Gewinnbeteiligung abgegolten (→ Rn. 40).[140] Die Auslegung kann auch ergeben, dass die gesellschaftsvertragliche Regelung lediglich einen Rahmen für den Abschluss eines Dienst- oder Arbeitsvertrags zwischen dem Kommanditisten und der KG vorgibt, der die Details der Mitarbeit regelt.[141] Ein auf Grundlage des Gesellschaftsvertrags abgeschlossener Dienst- oder Arbeitsvertrag kann im Zweifel nicht losgelöst von der gesellschaftsvertraglichen Regelung gekündigt werden.[142] 47

Auf mitgliedschaftliche Mitarbeitsrechte finden die auf die Geschäftsführung zugeschnittenen **§§ 115 ff. keine Anwendung.**[143] Wenn der Gesellschaftsvertrag keine anderen Bestimmungen trifft, kann das Recht und die Pflicht zur Mitarbeit nur im Einvernehmen aller Gesellschafter durch Änderung des Gesellschaftsvertrags aufgehoben werden. Liegt ein wichtiger Grund vor, so genügt jedoch ein Beschluss der Mitgesellschafter des oder der betroffenen Kommanditisten.[144] Die **Gegenansicht,** die **analog § 116 Abs. 5** eine Entziehungsklage verlangt,[145] übersieht, dass der Zwang zur 48

---

[132] HM seit BGH 17.3.1966, BGHZ 45, 204 (208 f.) = NJW 1966, 1309 (1310); zust. Staub/Casper Rn. 42; MüKoHGB/Grunewald Rn. 26; Hopt/Roth Rn. 9; K. Schmidt GesR § 53 IV 3d.

[133] Staub/Casper Rn. 43; Hopt/Roth Rn. 9.

[134] BGH 17.3.1966, BGHZ 45, 204 (209) = NJW 1966, 1309; RG 1.3.1893, RGZ 31, 72 f.; OLG Hamm 28.10.2015, ZIP 2016, 1071 (1074) = BeckRS 2016, 03150; OLG Stuttgart 25.2.2009, ZIP 2010, 131 (132) = BeckRS 2009, 10790; Staub/Casper Rn. 45; Windbichler/Bachmann GesR § 17 Rn. 11.

[135] Ähnlich KKD/Kindler Rn. 3; Heymann/Borges Rn. 33 (Widerspruchsrecht); ferner Schlegelberger/Martens Rn. 29 (Durchführung einer unter Haftungsaspekten „unzumutbaren Maßnahme" unterliege dem „pflichtgemäßen Ermessen der Komplementäre").

[136] OLG Köln 14.7.1976, BB 1977, 464 (465); **aA** Staub/Casper Rn. 45.

[137] Staub/Casper Rn. 45; Konzen NJW 1989, 2977 (2983).

[138] Staub/Casper Rn. 45; Konzen NJW 1989, 2977 (2983).

[139] BGH 17.12.1973, WM 1974, 177 (178); Staub/Casper Rn. 46.

[140] Vgl. BGH 17.12.1973, WM 1974, 177 (178); Staub/Casper Rn. 46.

[141] Vgl. BAG 11.5.1978, NJW 1979, 999 f.

[142] BAG 11.5.1978, NJW 1979, 999 (1000); Staub/Casper Rn. 46; RGHMW/Mock Rn. 13.

[143] Ebenso Staub/Casper Rn. 46.

[144] So RGHMW/Mock Rn. 10. Zum Ruhen des Stimmrechts bei Maßnahmen, die gegen einen Gesellschafter aus wichtigem Grund beschlossen werden, MüKoHGB/Enzinger § 119 Rn. 32 mwN.

[145] So Staub/Schilling, 4. Aufl. 1987, Rn. 19; offengelassen in BGH 4.10.2004, NJW-RR 2005, 39 (41); 17.12.1973, WM 1974, 177 (178).

Entziehungsklage einem gesteigerten Rechtssicherheitsbedürfnis für den Bereich der Geschäftsführung Rechnung trägt, das beim Entzug mitgliedschaftlicher Mitarbeitsrechte jedenfalls in aller Regel fehlt.

49 **e) Dienst- oder arbeitsvertragliche Mitarbeitsrechte.** Unterhalb der Geschäftsführungsebene angesiedelte Mitarbeitsrechte und -pflichten des Kommanditisten können auch **ohne Grundlage im Gesellschaftsvertrag** Gegenstand eines Dienst- oder Arbeitsvertrags sein. Die Gesellschafterstellung des Kommanditisten steht dem nicht entgegen, ist aber streng von seiner Eigenschaft als Dienstverpflichteter bzw. Arbeitnehmer zu unterscheiden. Für diese Mitarbeitsrechte gilt allein das Dienstvertrags- bzw. Arbeitsrecht.[146] Als sog. unechte Gesellschaftsvertragsbestandteile können dienst- oder arbeitsvertragliche Vereinbarungen auch im Gesellschaftsvertrag selbst getroffen werden.

VI. GmbH & Co. KG

50 **1. Zuständigkeit.** In der GmbH & Co. KG obliegt die Geschäftsführung grundsätzlich (zum geschäftsführenden Kommanditisten → Rn. 38 ff.) allein der Komplementär-GmbH, die durch ihren Geschäftsführer handelt (§ 6 Abs. 1 GmbHG, § 35 Abs. 1 GmbHG). So wird der **GmbH-Geschäftsführer zum mittelbaren Geschäftsführer der KG** (→ § 161 Rn. 73). Dieser muss dementsprechend nicht, wie sonst (Selbstorganschaft), selbst Gesellschafter der KG sein (Fremdorganschaft).[147]

51 **2. Rechtsstellung des GmbH-Geschäftsführers.** Zwischen dem Geschäftsführer und der KG bestehen, von dem Sonderfall eines zwischen ihnen geschlossenen Anstellungsvertrags (sog. Drittanstellung)[148] abgesehen, **keine unmittelbaren Rechtsbeziehungen.**[149] Die Rechtsstellung des Geschäftsführers bestimmt sich nach dem im Innenverhältnis der Komplementärin anwendbaren GmbH-Recht. Nur mittelbar, namentlich in seiner Eigenschaft als Organ der Komplementärin, ist der GmbH-Geschäftsführer zugleich Adressat der Vorschriften des Rechts der KG (s. auch → Rn. 54).

52 **3. Bestellung des GmbH-Geschäftsführers.** Die Bestellung des GmbH-Geschäftsführers erfolgt nach den Vorschriften des GmbH-Rechts, also entweder im Gesellschaftsvertrag oder durch die Gesamtheit der Gesellschafter (§ 6 Abs. 3 S. 2 GmbHG, § 46 Nr. 5 GmbHG). Die nicht zugleich an der GmbH beteiligten Kommanditisten können die Bestellung nur beeinflussen, wenn ihnen von Seiten der GmbH, zB in deren Gesellschaftsvertrag, ein entsprechendes Mitwirkungsrecht eingeräumt worden ist.[150] Denkbar ist dies zB durch die Übertragung der Bestellungskompetenz auf einen Beirat, dem auch die Kommanditisten angehören und in dem sie entsprechend ihren Anteilen stimmberechtigt sind. Allerdings darf die Bestellung des Geschäftsführers nicht ohne Rücksicht auf die Interessen der KG und ihrer Gesellschafter erfolgen. Denn nicht nur die GmbH als Komplementärin unterliegt der gesellschafterlichen Treuepflicht gegenüber der KG und deren Kommanditisten; sie trifft angesichts der gemeinsamen Zweckverfolgung im Rahmen der KG in gleicher Weise auch die Gesellschafter der GmbH.[151]

53 **4. Weisungsbefugnisse der Gesellschafter.** Der GmbH-Geschäftsführer ist gegenüber den Gesellschaftern der Komplementär-GmbH kraft Gesetzes weisungsgebunden (s. § 37 Abs. 1 GmbHG, § 46 Nr. 6 GmbHG). Demgegenüber haben die Kommanditisten, die nicht zugleich GmbH-Gesellschafter sind, gegenüber der Geschäftsführung keine **Weisungsbefugnisse,**[152] es sei denn, der Gesellschaftsvertrag der KG (gegenüber der Komplementär-GmbH) oder derjenige der

[146] Staub/Casper Rn. 47; MüKoHGB/Grunewald Rn. 30.

[147] Staub/Casper Rn. 48.

[148] Dazu BGH 15.3.2016, NZG 2016, 823 Rn. 22; 19.4.2016, NZG 2016, 826 Rn. 29; Grunewald GmbHR 2018, 63 (64 f.); RGHMW/Mock Rn. 60.

[149] Ganz hM; s. BGH 1.12.1969, DB 1970, 389 (390) = BeckRS 2014, 12904; 28.9.1955, WM 1956, 61 (63) = BeckRS 1955, 31199219; Staub/Casper Rn. 49; Hopt ZGR 1979, 1 (14 f.); Schlegelberger/Martens § 161 Rn. 110.

[150] Staub/Casper Rn. 50; MüKoHGB/Grunewald § 161 Rn. 80 f.; Grunewald GmbHR 2018, 63 (64); Schlegelberger/Martens § 161 Rn. 109; s. auch BGH 1.12.1969, DB 1970, 389 (390) = BeckRS 2014, 12904.

[151] HL, s. Staub/Casper Rn. 50; MüKoHGB/Grunewald § 161 Rn. 69, 80; Grunewald GmbHR 2018, 63 (64); Heymann/Horn, 2. Aufl. 1996, § 161 Rn. 135; KKD/Kindler § 161 Rn. 6; abw. für die nicht-personenidentische GmbH & Co. KG Ebenroth/Boujong/Notz/Mohr Anh. 1 § 179 Rn. 114: Mangels rechtlicher Beziehungen zwischen GmbH-Gesellschaftern und Kommanditisten ergäben sich aus der Treuepflichtverletzung keine haftungsrechtlichen Konsequenzen.

[152] S. aber auch Kübler/Assmann GesR § 22 III 2; Weimar/Geitzhaus DB 1987, 2085 (2087) für Weisungsrechte der KG bzw. ihrer Gesellschafter. Zur grundsätzlich fehlenden Beschlusskompetenz der Gesellschafterversammlung der KG s. OLG Hamm 28.10.2015, ZIP 2016, 1071 (1073 f.) = BeckRS 2016, 03150; dazu auch Wertenbruch NZG 2016, 1081 ff.

GmbH (dann unmittelbar gegenüber dem Geschäftsführer) sieht diese vor.[153] Eine ausdrückliche Regelung ist dafür indes nicht erforderlich. Angesichts der damit verbundenen Abweichung vom Normalstatut (vgl. § 37 Abs. 1 GmbHG, § 46 Nr. 6 GmbHG bzw. § 164) muss der Gesellschaftsvertrag die Einräumung von Weisungsbefugnissen an die Kommanditisten aber mit hinreichender Deutlichkeit erkennen lassen. Allein der Umstand, dass die Komplementär-GmbH keinen Kapitalanteil an der KG hält, reicht nicht aus.[154]

5. Geschäftsführerhaftung. a) Gegenüber der KG. Verletzt der GmbH-Geschäftsführer seine 54
Geschäftsführungspflichten schuldhaft, kann er der KG deliktisch und, sofern er zugleich Kommanditist ist oder ausnahmsweise ein Anstellungsverhältnis mit der KG[155] besteht, auch vertraglich (§ 280 Abs. 1 BGB) haftbar sein. Besteht – wie meist – kein Anstellungsverhältnis zwischen dem Geschäftsführer und der KG, erscheint der deliktische Rechtsgüterschutz indes unzureichend, wenn und weil die wesentliche Aufgabe der Komplementär-GmbH in der Geschäftsführung für die KG liegt und Pflichtverletzungen somit in erster Linie diese treffen.[156] Deshalb ist mittlerweile nahezu allgemein anerkannt, dass der GmbH-Geschäftsführer der KG in derartigen Fällen[157] außerdem nach **§ 43 Abs. 2 GmbHG** für schuldhafte Verletzungen seiner Geschäftsführungspflichten haftet.[158] Der BGH begründete das in seiner früheren Rspr. vor allem mit den Schutzwirkungen, die der mit der GmbH geschlossene Anstellungsvertrag zugunsten der KG entfalten soll.[159] Diese Einordnung ist aber nicht nur dogmatisch zweifelhaft.[160] Vor allem kann die Verantwortung des GmbH-Geschäftsführers gegenüber der KG nicht davon abhängen, ob oder mit welchem Inhalt ein Anstellungsvertrag mit der GmbH geschlossen wurde.[161] Zu folgen ist deshalb K. Schmidt, der die Haftung aus § 43 Abs. 2 GmbHG zutreffend aus einer „GmbH-&-Co.-spezifischen Fortbildung des § 43 GmbHG zu einem Sonderrechtsverhältnis mit Schutzwirkung zugunsten der KG" ableitet.[162] Dieser Weg, dem sich nunmehr auch der BGH angeschlossen hat,[163] erweist sich insbesondere dann als vorzugswürdig, wenn der Geschäftsführer ohne vertragliche Grundlage die Geschäfte geführt hat.[164] Er versagt indes

---

[153] Str., Staub/Casper Rn. 53 f.; Konzen NJW 1989, 2977 (2983); s. auch MüKoHGB/Grunewald § 161 Rn. 70; Ebenroth/Boujong/Notz/Mohr Anh. 1 § 179 Rn. 81 für KG-Vertrag; KKD/Kindler § 161 Rn. 6 für GmbH-Vertrag; **aA** Scholz/U. H. Schneider/S. H. Schneider GmbHG § 37 Rn. 41 f. mwN, unter Hinweis auf das „Selbstbestimmungsrecht" der GmbH-Gesellschafter. Zu den Schranken derartiger im KG-Vertrag eingeräumter Weisungsrechte → Rn. 46.

[154] MüKoHGB/Grunewald § 161 Rn. 74; **aA** K. Schmidt JZ 2008, 425 (432) mwN; K. Schmidt FS Röhricht, 2005, 511 (532).

[155] Exemplarisch BGH 15.4.2014, NZG 2014, 780.

[156] Besonders deutlich BGH 14.11.1994, NJW 1995, 1353 (1357 f.); 26.4.2018, NJW 2018, 2125 Rn. 45; ausf. auch Ridder, Ebenenübergreifende Treuebindungen in der Kapitalgesellschaft & Co. KG, 2018, 104 ff.

[157] Unter Verzicht auf diese Einschränkung MüKoHGB/Grunewald § 161 Rn. 86; Heymann/Horn, 2. Aufl. 1996, § 161 Rn. 137; Scholz/U. H. Schneider GmbHG § 43 Rn. 434 sowie nunmehr BGH 14.3.2023, BeckRS 2023, 8609 Rn. 22 ff.; ausdrücklich offengelassen in BGH 10.2.1992, NJW-RR 1992, 800 (801); wie hier jedoch wieder BGH 25.2.2002, NJW-RR 2002, 965 (966); 14.11.1994, NJW 1995, 1353 (1357 f.); ebenso Schlegelberger/Martens Rn. 12.

[158] Im Ergebnis ganz hM, s. BGH 25.2.2002, NJW-RR 2002, 965 (966); 18.6.2013, BGHZ 197, 304 Rn. 15 ff. = NZG 2013, 1021; 15.4.2014, NZG 2014, 780 Rn. 17; 26.4.2018, NJW 2018, 2125 Rn. 43; 22.9.2020, NGZ 2020, 1343 Rn. 18; 14.3.2023, BeckRS 2023, 8609 Rn. 13 ff.; OLG Düsseldorf 26.4.2001, NZG 2001, 1086 (1088); KG 24.2.2011, NZG 2011, 429 (430); OLG Nürnberg 30.3.2022, BeckRS 2022, 9637; Heymann/Horn, 2. Aufl. 1996, § 161 Rn. 137; Hopt/Roth Anh. § 161 Rn. 28; krit. Rowedder/Pentz/Schnorbus GmbHG § 43 Rn. 128; umfangreiche Nachweise bei HCL/Paefgen GmbHG § 43 Rn. 303.

[159] Noch allein auf die Rechtsfigur des Vertrags mit Schutzwirkung abstellend BGH 14.11.1994, NJW 1995, 1353 (1357 f.); 28.6.1982, NJW 1982, 2869; 24.3.1980, BGHZ 76, 326 (337 f.) = NJW 1980, 1524 (1526 f.); 12.11.1979, BGHZ 75, 321 (322 ff.) = NJW 1980, 589; zust. RvWH/Mock, 5. Aufl. 2019, Anh. § 164 Rn. 26; ebenso noch Grunewald GmbHR 2018, 63 (65); in neueren Entscheidungen klingt bereits als Anspruchsgrundlage daneben § 43 Abs. 2 GmbHG an, s. BGH 25.2.2002, NJW-RR 2002, 965 (966); 10.2.1992, NJW-RR 1992, 800 (801); ausdrücklich hierfür KG 24.2.2011, NZG 2011, 429 (430).

[160] Dazu Binz/Sorg GmbH & Co. KG § 9 Rn. 21 f.; K. Schmidt GesR § 56 IV 3b.

[161] Zutr. HCL/Paefgen GmbHG § 43 Rn. 304; Wiedemann GesR II § 9 IV 3b aa. Aus diesem Grunde hat auch der Ansatz von Hüffer ZGR 1981, 348 (358 ff.) zu Recht keine Gefolgschaft gefunden.

[162] K. Schmidt GesR § 56 IV 3b, 1649; s. bereits K. Schmidt GmbHR 1984, 272 (279); zust. NSH/Beurskens GmbHG § 43 Rn. 119; Staub/Casper Rn. 58; RGHMW/Mock Rn. 84; Ebenroth/Boujong/Notz/Mohr Anh. 1 § 179 Rn. 253; Konzen NJW 1989, 2977 (2984); in der Sache auch KG 24.2.2011, NZG 2011, 429 (430); OLG Nürnberg 30.3.2022, BeckRS 2022, 9637; Henssler/Strohn/Servatius HGB Anh. Rn. 157: drittschützende Wirkung der Organstellung; ebenso iErg Hopt/Roth Anh. § 161 Rn. 28; Teichmann ZGR 2014, 220 (243 ff.).

[163] BGH 18.6.2013, BGHZ 197, 304 Rn. 15 ff. = NZG 2013, 1021; bestätigend BGH 15.4.2014, NZG 2014, 780 Rn. 17; 9.12.2014, NZG 2015, 225 Rn. 12; 26.4.2018, NJW 2018, 2125 Rn. 43; 22.9.2020, NZG 2020, 1343 Rn. 19; 14.3.2023, BeckRS 2023, 8609 Rn. 13.

[164] S. BGH 22.9.2020, NZG 2020, 1343 Rn. 19; 18.6.2013, BGHZ 197, 304 Rn. 17 f. = NZG 2013, 1021; als Vorinstanz KG 24.2.2011, NZG 2011, 429 (430).

bei dem Einsatz einer Auslandsgesellschaft als Komplementärin, da sich der vorstehende konstruktive Ansatz nicht ohne Weiteres im ausländischen Gesellschaftsrecht wiederfindet.[165]

55 Nicht abschließend geklärt ist, welcher **Sorgfaltsmaßstab** für die Haftung des Geschäftsführers gegenüber der KG anzulegen ist. Lediglich für die Publikums-KG hatte der BGH entschieden, dass insoweit nicht § 708 BGB aF (eigenübliche Sorgfalt), sondern § 43 Abs. 1 GmbHG (Sorgfalt eines ordentlichen Geschäftsmanns) Anwendung findet.[166] Für die personalistisch strukturierte GmbH & Co. KG war die Frage unverändert **umstritten.** Zum Teil wurde die Auffassung vertreten, dass der Geschäftsführer als Organ der KG wie diese nur nach § 708 BGB aF haften könne.[167] Andere hielten § 708 BGB aF stets dann für maßgeblich, wenn der Geschäftsführer zugleich als Kommanditist der KG persönlich verbunden ist.[168] Demgegenüber stellte die überwiegende Ansicht in der Lit., der sich nunmehr auch der BGH angeschlossen hat, stets auf § 43 Abs. 1 GmbHG ab, insbesondere also auch dann, wenn der Geschäftsführer der Komplementär-GmbH zugleich Kommanditist der KG ist.[169] Dem ist vor allem deshalb zuzustimmen, weil als eigenübliche Sorgfalt des Geschäftsführungsorgans einer GmbH nach § 43 Abs. 1 GmbHG nur die eines ordentlichen Geschäftsmanns in Betracht kommt.[170] Die Frage, ob § 43 Abs. 1 GmbHG unmittelbar oder über § 708 BGB aF zur Anwendung gelangt, tritt hierdurch in den Hintergrund. Sofern der Geschäftsführer zugleich seine Pflichten als Kommanditist verletzt hat, galt nur für den konkurrierenden Anspruch der KG aus § 280 Abs. 1 BGB der Sorgfaltsmaßstab des § 708 BGB aF.[171] Wegen der Neufassung des Rechts der BGB-Gesellschaft durch das MoPeG ist der bisherigen Streitfrage der normative Boden entzogen worden, da § 708 BGB aF nicht in die neugefassten §§ 705 ff. BGB übernommen wurde (s. auch → § 163 Rn. 10).[172]

56 Handelt der Geschäftsführer auf Grund wirksamer Weisungen der (mit ihm nicht identischen) GmbH-Gesellschafter, ist sein Handeln pflichtgemäß, so dass eine Haftung gegenüber der KG **ausgeschlossen** ist.[173] Unwirksam und damit ohne haftungsbefreiende Wirkung sind hingegen gesetzes-, sitten- und treuepflichtwidrige Weisungen, also auch solche, mit denen die Komplementär-GmbH gegen ihre im Verhältnis zur KG obliegenden Treuepflichten verstößt. Demgegenüber ist der bereits entstandene Anspruch der KG gegen den GmbH-Geschäftsführer dem Einfluss der GmbH-Gesellschafter entzogen, so dass ein **Entlastungsbeschluss** nach § 46 Nr. 5 GmbHG den Anspruch nicht präkludiert.[174] Etwas anderes gilt nur dann, wenn die Kommanditisten den GmbH-Geschäftsführer unmittelbar „entlasten" (Erlass iSd § 397 BGB).[175] Ebenso erstreckt sich ein auf die Komplementär-GmbH bezogener Entlastungsbeschluss der Kommanditisten zugleich auf Ersatzansprüche der KG gegen den Geschäftsführer der Komplementär-GmbH,[176] sofern der Entlastungsbeschluss keinen Vorbehalt im Hinblick auf die Haftung des Geschäftsführers enthält.[177]

57 Eine § 46 Nr. 8 Alt. 1 GmbHG entsprechende Vorschrift, wonach es zur **Geltendmachung** eines Anspruchs der KG gegen den GmbH-Geschäftsführer eines Beschlusses ihrer Gesellschafter bedürfte,

---

[165] Deshalb für eine KG-spezifische Problemlösung Teichmann ZGR 2014, 220 (245 f.).

[166] BGH 12.11.1979, BGHZ 75, 321 (327 f.) = NJW 1980, 589 (591); zust. Brock WM 2019, 350 (355); MHdB GesR II/Scheel § 7 Rn. 89; wohl unstr.

[167] Vgl. EBJS/Henze/Notz, 4. Aufl. 2020, Anh. 1 § 177a Rn. 275; in dieser Richtung auch Binz/Sorg GmbH & Co. KG § 9 Rn. 23; offen OLG Karlsruhe 31.7.2013, NZG 2013, 1177 (1178).

[168] So Schlegelberger/Martens Rn. 13; MHdB GesR II/Scheel § 7 Rn. 89; Staub/Schilling, 4. Aufl. 1987, Rn. 16.

[169] BGH 22.9.2020, NZA 2020, 1343 Rn. 37 ff. sowie im Schrifttum NSH/Beurskens GmbHG § 43 Rn. 120; Staub/Casper Rn. 61; Fest WuB 2021, 18 (20 f.); MüKoHGB/Grunewald § 161 Rn. 87; Grunewald GmbHR 2018, 63 (65); Lutter/Hommelhoff/Kleindiek GmbHG § 43 Rn. 48; Lieder/Felzen NZG 2021, 6 (13); Henssler/Strohn/Oetker GmbHG § 43 Rn. 79; Scholz/U. H. Schneider GmbHG § 43 Rn. 433; Henssler/Strohn/Servatius HGB Anh. Rn. 157; wohl auch Heymann/Horn, 2. Aufl. 1996, Rn. 137.

[170] Ebenso Fleck Anm. LM GmbHG § 43 Nr. 8; Rowedder/Pentz/Schnorbus GmbHG § 43 Rn. 129 sowie BGH 22.9.2020, NZG 2020, 1343 Rn. 41; dies erwägend schon BGH 12.11.1979, BGHZ 75, 321 (327) = NJW 1980, 589 (591); jetzt auch KG 24.2.2011, NZG 2011, 429 (431), das jedoch von einer Problemvertiefung abgesehen hat.

[171] Hopt/Roth Anh. § 161 Rn. 28; Staub/Schilling, 4. Aufl. 1987, Rn. 16.

[172] Treffend Fest WuB 2021, 18 (21).

[173] BGH 12.11.1979, BGHZ 75, 321 (326) = NJW 1980, 589 (590 f.); Staub/Casper Rn. 61; MüKoHGB/Grunewald § 161 Rn. 87; Ebenroth/Boujong/Notz/Mohr Anh. 1 § 179 Rn. 254.

[174] Scholz/K. Schmidt GmbHG Anh. § 45 Rn. 8; zust. Staub/Casper Rn. 62; MüKoHGB/Grunewald § 161 Rn. 91; Lieder/Felzen NZG 2021, 6 (8) sowie BGH 22.9.2020, NZG 2020, 1343 Rn. 21.

[175] BGH 22.9.2020, NZG 2020, 1343 Rn. 23; OLG Celle 26.9.2001, NZG 2002, 469 (470); NSH/Beurskens GmbHG § 43 Rn. 121; Lieder/Felzen NZG 2021, 6 (9); Scholz/K. Schmidt GmbHG Anh. § 45 Rn. 8.

[176] BGH 22.9.2020, NZG 2020, 1343 Rn. 24 ff.; MüKoHGB/Grunewald § 161 Rn. 91; zust. Fest WuB 2021, 18 (22); Lieder/Felzen NZG 2021, 6 (9).

[177] BGH 22.9.2020, NZG 2020, 1343 Rn. 26.

gibt es nicht.[178] Sofern neben dem in Anspruch zu nehmenden Geschäftsführer kein anderer existiert, wird teilweise angenommen, dass jeder Kommanditist den Anspruch im Wege der ***actio pro socio*** geltend machen und notfalls gerichtlich durchsetzen kann (→ § 161 Rn. 121).[179] Gegenläufig hat indes der BGH auch für diese Fallkonstellation geurteilt und den Kommanditisten auf Ersatzansprüche gegen die Komplementärgesellschaft verwiesen, die sich das pflichtwidrige Verhalten ihres Geschäftsführers nach § 31 BGB zurechnen lassen muss.[180] Den Gesellschaftern steht es frei, analog § 46 Nr. 8 Alt. 2 GmbHG für einen Prozess gegen den GmbH-Geschäftsführer einen besonderen Vertreter zu bestellen.[181]

Der Anspruch der KG gegen den GmbH-Geschäftsführer aus § 43 Abs. 2 GmbHG **verjährt in fünf Jahren** (§ 43 Abs. 4 GmbHG).[182] Für einen konkurrierenden Anspruch aus § 280 Abs. 1 BGB gilt die Regelverjährung nach § 195 BGB (drei Jahre).[183] Die **Beweislast** für die Pflichtgemäßheit seines Handelns trägt analog § 93 Abs. 2 S. 2 AktG der Geschäftsführer.[184] 58

b) Gegenüber den Kommanditisten. Gegenüber den Kommanditisten haftet der GmbH-Geschäftsführer nur, wenn er zugleich als Kommanditist seine gesellschafterliche Treuepflicht verletzt (§ 280 Abs. 1 BGB). Ein Anspruch aus § 43 Abs. 2 GmbHG kommt dagegen nicht in Betracht, weil die Kommanditisten nicht in dessen Schutzwirkungen einbezogen sind.[185] 59

6. Entzug der Geschäftsführungsbefugnis, Abberufung. Der Komplementär-GmbH kann die Geschäftsführungsbefugnis nach **§ 116 Abs. 5** durch gerichtliche Entscheidung entzogen werden. Dabei wird der GmbH das pflichtwidrige Verhalten ihres Geschäftsführers analog § 31 BGB zugerechnet.[186] Ist die GmbH der einzige Komplementär, fällt die Geschäftsführungsbefugnis den Kommanditisten in ihrer Gesamtheit zu.[187] 60

Die Gesellschafter der GmbH können ihren Geschäftsführer nach den **§§ 38, 46 Nr. 5 GmbHG** grundsätzlich jederzeit abberufen. Sind sie zugleich Kommanditisten, stehen der Entzug der Geschäftsführungsbefugnis und die – grundsätzlich mildere – Abberufung jedenfalls dann in einem Alternativitätsverhältnis, wenn ein anerkennenswertes Interesse an einer Neuordnung der KG besteht.[188] Den **Nur-Kommanditisten** räumt das Gesetz dagegen kein Recht zur Abberufung des GmbH-Geschäftsführers ein. Zum Teil wird deshalb angenommen, ihnen müsse analog § 116 Abs. 5[189] oder analog § 38 GmbHG[190] das Recht zustehen, den GmbH-Geschäftsführer von der Tätigkeit für die KG auszuschließen bzw. ihn abzuberufen. Der vorgeschlagenen Rechtsfortbildung bedarf es jedoch nicht, weil die (Nur-)Kommanditisten hinreichend dadurch geschützt sind, dass sie die Komplementär-GmbH, ggf. im Wege der *actio pro socio,* zur ordnungsgemäßen Wahrnehmung ihrer Geschäftsführungspflichten anhalten und notfalls den Entzug der Geschäftsführungsbefugnis 61

---

[178] BGH 24.3.1980, BGHZ 76, 326 (337 f.) = NJW 1980, 1524 (1526 f.); 10.2.1992, NJW-RR 1992, 800 (801); 18.6.2013, NZG 2013, 1021 Rn. 20; OLG Karlsruhe 31.7.2013, NZG 2013, 1177 (1178); OLG Nürnberg 30.3.2022, BeckRS 2022, 9637; Staub/Casper Rn. 62; MüKoHGB/Grunewald § 161 Rn. 87; Heymann/Horn, 2. Aufl. 1996, § 161 Rn. 137; HCL/Hüffer/Schäfer GmbHG § 46 Rn. 137; Ebenroth/Boujong/Notz/Mohr Anh. 1 § 179 Rn. 255; Henssler/Strohn/Oetker GmbHG § 43 Rn. 79; HCL/Paefgen GmbHG § 43 Rn. 304; **aA** Scholz/K. Schmidt GmbHG Anh. § 45 Rn. 176.

[179] S. Hüffer ZGR 1981, 348 (358); offengelassen in LG Karlsruhe 19.1.2001, NZG 2001, 169 (170).

[180] BGH 19.12.2017, NZG 2018, 220 Rn. 16; abl. Bochmann GmbHR 2018, 289 (292 ff.); Hoffmann-Becking NZG 2019, 1321 (1325); Hoffmann-Becking FS Seibert, 2019, 359 (368); Mock ZGR 2018, 796 ff.; K. Schmidt JZ 2018, 365.

[181] LG Karlsruhe 19.1.2001, NZG 2001, 169 (171) (allgemeiner gesellschaftsrechtlicher Grundsatz); HCL/Hüffer/Schäfer GmbHG § 46 Rn. 137; KRM/Koller § 172a Rn. 21; Scholz/K. Schmidt GmbHG § 46 Rn. 177.

[182] Unstr., s. BGH 17.3.1987, BGHZ 100, 190 (199) = NJW 1987, 2008 (2010); 28.6.1982, NJW 1982, 2869; Staub/Casper Rn. 62; Ebenroth/Boujong/Notz/Mohr Anh. 1 § 179 Rn. 257; HCL/Paefgen GmbHG § 43 Rn. 304; Hopt/Roth Anh. § 161 Rn. 28; Scholz/U. H. Schneider GmbHG § 43 Rn. 432.

[183] BGH 28.6.1982, NJW 1982, 2869 mAnm H. P. Westermann; Ebenroth/Boujong/Notz/Mohr Anh. 1 § 179 Rn. 257; Hopt/Roth Anh. § 161 Rn. 28; **aA** Staub/Casper Rn. 62: ebenfalls fünf Jahre. Bis zur Verkürzung der Regelverjährungsfrist von dreißig auf drei Jahre (s. § 195 BGB) war das str., s. etwa Schlegelberger/Martens Rn. 14.

[184] S. Hopt/Roth § 114 Rn. 15 sowie BGH 22.9.2020, NZG 2020, 1343 Rn. 45 ff.

[185] Staub/Casper Rn. 63; MüKoHGB/Grunewald § 161 Rn. 90.

[186] BGH 25.4.1983, NJW 1984, 173; Staub/Schilling, 4. Aufl. 1987, Rn. 17.

[187] BGH 9.12.1968, BGHZ 51, 198 (201) = NJW 1969, 507.

[188] S. BGH 25.4.1983, NJW 1984, 173 (174) = ZIP 1983, 1066 ff. m. zust. Anm. H. P. Westermann; MüKoHGB/Grunewald § 161 Rn. 75; Hopt/Roth Anh. § 161 Rn. 26; **aA** Staub/Schilling, 4. Aufl. 1987, Rn. 18.

[189] Dafür Hopt ZGR 1979, 1 (16 f.); Hüffer ZGR 1981, 348 (359); Hopt/Roth Anh. § 161 Rn. 30; s. auch Wiedemann GesR II § 9 IV 3b aa: „aus der faktisch ausgeübten Organstellung".

[190] Staub/Schilling, 4. Aufl. 1987, Rn. 18; Kübler/Assmann GesR § 22 III 2.

bewirken können.[191] Dem können die GmbH-Gesellschafter durch die Abberufung des Geschäftsführers zuvorkommen.

VII. Publikums-KG

62 **1. Zuständigkeit.** Die Geschäfte der Publikums-KG führen die Komplementäre (§ 116 Abs. 1, § 161 Abs. 2), im Falle der GmbH & Co. KG der Geschäftsführer der Komplementär-GmbH (→ Rn. 50). Aus Gründen der Praktikabilität und entsprechend ihrer Eigenschaft als Anlagegesellschafter bei der Publikums-KG sind die **Kommanditisten** typischerweise von jeglicher Mitwirkung an der Geschäftsführung ausgeschlossen, so dass selbst außergewöhnliche Geschäfte (zum Begriff → Rn. 11) entgegen § 161 Abs. 2 iVm § 116 Abs. 2 nicht ihrer Zustimmung bedürfen. Diese gesellschaftsvertragliche Abrede ist sachgerecht und entspricht der Eigenschaft der Kommanditisten als Anlagegesellschafter. Zu deren Schutz ist eine solche Gestaltung aber nur zulässig, wenn zum Ausgleich ein effizientes Kontrollorgan existiert oder durch Mehrheitsbeschluss geschaffen werden kann (→ § 161 Rn. 48 ff.).[192]

63 Für die Kommanditisten nicht risikolos, im Regelfall aber zulässig,[193] ist eine gesellschaftsvertragliche Regelung, die sowohl die Komplementär-GmbH als auch ihren Geschäftsführer vom **Selbstkontrahierungsverbot** des § 181 BGB befreit. Die Wahrnehmung der ihnen dadurch zugewachsenen Rechtsmacht ist ihnen aber bei einem rechtsmissbräuchlichen (§ 242 BGB), also vor allem bewusst gesellschafts- oder anlegerschädigenden Verhalten verwehrt.[194]

64 **2. Pflichtwidriges Geschäftsführerhandeln.** Zur Haftung des Geschäftsführers → § 116 Rn. 33 ff. In der GmbH & Co. KG gilt die Besonderheit, dass der Geschäftsführer für die schuldhafte Verletzung seiner Geschäftsführerpflichten nicht nur der GmbH, sondern auch der KG auf Schadensersatz nach § 43 Abs. 2 GmbHG haftet (zur Erstreckung der Schutzwirkungen des § 43 Abs. 2 GmbHG auf die KG → Rn. 54).

65 Unstr. ist, dass in der Publikums-KG gem. **§ 43 Abs. 1 GmbHG** die Sorgfalt eines ordentlichen Geschäftsmanns einzuhalten ist.[195] Denn „mit den Besonderheiten einer von persönlichen Verhältnissen nicht geprägten Massengesellschaft und dem durch sie gebotenen erhöhten Schutz der Anlagegesellschafter" wäre die Beschränkung auf die eigenübliche Sorgfalt, wie sie vormals § 708 BGB aF vorsah (s. auch → § 163 Rn. 10), unvereinbar.[196] Nach richtiger Auffassung gilt das für die **GmbH & Co. KG** allerdings ohnehin (→ Rn. 54). Für die offene bzw. geschlossene **Investment-KG** hat das KAGB diesen gegenüber § 708 BGB aF strengeren Haftungsmaßstab nachvollzogen (s. § 128 Abs. 1 S. 3 Nr. 2 KAGB, § 153 Abs. 1 S. 3 Nr. 2 KAGB: „gebotene Sorgfalt").

66 Entgegen einer im Schrifttum vertretenen Auffassung[197] begründet pflichtwidriges Geschäftsführerhandeln auch in der Publikums-KG nicht per se **Unterlassungsansprüche.** Um die innergesellschaftliche Kompetenzordnung zu wahren, ist das gesetz- oder gesellschaftsvertragswidrige Handeln der Geschäftsführung zwar notwendige, aber nicht hinreichende Anspruchsvoraussetzung. Es muss hinzukommen, dass die Maßnahme in die individuelle Rechtsstellung eines Gesellschafters eingreift, indem zB das Zustimmungserfordernis des § 116 Abs. 2 S. 1 Hs. 2 übergangen wird,[198] oder die Gesellschaft iSd § 744 Abs. 2 BGB existenziell bedroht ist.[199] Die Unterlassungsklage widerspricht in derartigen Fällen nicht der innergesellschaftlichen Kompetenzordnung, sondern wahrt sie (→ Rn. 8, → Rn. 14).

67 **3. Abberufung und Neubestellung des Geschäftsführers.** Die Geschäftsführungsbefugnis wird in der Personengesellschaft nach § 116 Abs. 5 grundsätzlich durch einstimmigen Beschluss und

[191] Abl. auch Staub/Casper Rn. 52; MüKoHGB/Grunewald § 161 Rn. 84; Grunewald GmbHR 2018, 63 (66); Ebenroth/Boujong/Notz/Mohr Anh. 1 § 179 Rn. 86; Schlegelberger/Martens Rn. 6; RGHMW/Mock Rn. 70; Henssler/Strohn/Servatius HGB Anh. Rn. 156.

[192] S. mit Unterschieden Staub/Casper § 161 Rn. 206; KKD/Kindler Rn. 6; Schlegelberger/Martens Rn. 23; **aA** MüKoHGB/Grunewald Rn. 31; U. H. Schneider ZGR 1978, 1 (17).

[193] Für die hM BGH 11.2.1980, BGHZ 76, 160 (166) = NJW 1980, 1463 (1464); MHdB GesR II/Jaletzke § 68 Rn. 6; Hopt/Roth Anh. § 179 Rn. 19; krit. Staub/Schilling, 4. Aufl. 1987, Anh. § 161 Rn. 32.

[194] Hopt/Roth Anh. § 179 Rn. 19.

[195] BGH 12.11.1979, BGHZ 75, 321 (327 f.) = NJW 1980, 589 (591); Staub/Casper § 161 Rn. 208; KRM/Koller Rn. 2; Henssler/Strohn/Servatius HGB Anh. Rn. 102; s. ferner Hüffer ZGR 1981, 348 (361 ff.); **aA** Heymann/Horn, 2. Aufl. 1996, § 161 Rn. 180 und Schlegelberger/Martens Rn. 7: § 276 BGB.

[196] BGH 12.11.1979, BGHZ 75, 321 (327 f.) = NJW 1980, 589 (591).

[197] S. Hopt/Roth Anh. § 179 Rn. 19; Staub/Schilling, 4. Aufl. 1987, Anh. § 161 Rn. 34.

[198] HL; s. MüKoHGB/Fleischer § 116 Rn. 190; Staub/Schäfer § 116 Rn. 82; allg. K. Schmidt GesR § 21 V; offengelassen in BGH 11.2.1980, BGHZ 76, 160 (167 f.) = NJW 1980, 1463 (1464) (nach Auffassung des Senats lag gerade kein außergewöhnliches Geschäft vor); **aA** wohl Ebenroth/Boujong/Notz Anh. 2 § 179 Rn. 138; vgl. für das Aktienrecht grdl. BGH 25.2.1982, BGHZ 83, 122 (134 f.) = NJW 1982, 1703 (1706) – Holzmüller.

[199] BGH 5.12.2005, NZG 2006, 194 (195); Heymann/Horn, 2. Aufl. 1996, Rn. 6.

nachfolgendes Gestaltungsurteil entzogen. Diese Voraussetzungen werden dem Erfordernis eines wirksamen Anlegerschutzes in der Publikums-KG jedoch nicht gerecht. Deshalb lässt die hM für die **Abberufung** des Geschäftsführers bei Vorliegen eines wichtigen Grunds mit Recht einen konstitutiven Beschluss der einfachen Gesellschaftermehrheit genügen, einer Gestaltungsklage bedarf es also nicht.[200] Gleiches gilt in der GmbH & Co. KG (→ Rn. 61). Entgegenstehende Regelungen im Gesellschaftsvertrag, wie vor allem die Einräumung einer Sperrminorität zugunsten der Komplementäre,[201] sind nichtig.

Die **Neubestellung eines Geschäftsführers** richtet sich vorrangig nach dem Gesellschaftsvertrag. Fehlt dort eine entsprechende Regelung, so genügt die einfache Mehrheit. Sie reicht aber nicht stets aus, abweichende gesellschaftsvertragliche Regelungen sind also möglich.[202] Der BGH hat insoweit zutreffend festgestellt, dass ein Quorum für die Neubestellung nicht die Handlungsfähigkeit der KG bedrohen und die Kommanditisten dadurch an der Abberufung des Geschäftsführers hindern darf.[203] Im Übrigen ist dem Anlegerschutz aber durch das Abberufungsrecht genügt, das einen Einigungszwang über die Person des Geschäftsführers bewirkt. 68

VIII. Investment-KG

1. Allgemeines. Bezüglich der Geschäftsführung bei der offenen bzw. geschlossenen Investment-KG gilt wegen § 124 Abs. 1 S. 2 KAGB bzw. § 149 Abs. 1 S. 2 KAGB auch die Vorschrift des § 164,[204] im Übrigen finden bezüglich der Geschäftsführung durch die **Komplementäre** über § 161 Abs. 2 die §§ 116 ff. Anwendung. Die letztgenannten Bestimmungen stehen indes unter dem Vorbehalt, dass sich aus den Sonderregelungen des KAGB etwas anderes ergibt. Aus dem nicht stets übersichtlichen Nebeneinander beider Normenkomplexe folgt zunächst, dass die Geschäftsführung in der Investment-KG den Komplementären obliegt,[205] wobei sich indirekt aus § 128 Abs. 1 S. 2 KAGB bzw. § 153 Abs. 1 S. 2 KAGB ergibt, dass hierzu auch eine **Komplementärgesellschaft** gehören kann, wenn es sich bei dieser um eine juristische Person handelt.[206] Aus dem dispositiven Charakter des auch bei der offenen bzw. geschlossenen Investment-KG geltenden § 164 folgt zudem, dass Kommanditisten der Investment-KG ebenfalls zu Geschäftsführern bestellt werden können, soweit dies nach den allgemeinen Grundsätzen (→ Rn. 38) statthaft ist.[207] 69

2. Personelle Vorgaben. Verbindliche Vorgaben für die Geschäftsführung legt § 128 KAGB für die offene Investment-KG und § 153 KAGB für die geschlossene Investment-KG fest, die jeweils sowohl personelle Vorgaben aufstellen als auch die Pflichten der Geschäftsführung konkretisieren. In **personeller Hinsicht** verankert das KAGB für die Geschäftsführung das **Vier-Augen-Prinzip,** dh die Geschäftsführung muss stets aus zwei Personen bestehen, wobei § 128 Abs. 1 S. 1 KAGB und § 153 70

---

[200] BGH 9.11.1987, BGHZ 102, 172 (178 ff.) = NJW 1988, 969 (970 f.); 22.3.1982, NJW 1982, 2495 (2496), beide zur Publikums-GbR; Staub/Casper § 161 Rn. 205; Ebenroth/Boujong/Drescher § 116 Rn. 125; Heymann/Horn, 2. Aufl. 1996, § 161 Rn. 178; MüKoHGB/Fleischer § 116 Rn. 351; Reichert/Winter BB 1988, 981 (984); Hopt/Roth Anh. § 179 Rn. 19; weitergehend MüKoHGB/Grunewald § 161 Rn. 143, die auf einen wichtigen Grund verzichten will; wieder anders Schlegelberger/Martens § 117 Rn. 3, der am Erfordernis der Gestaltungsklage festhält; unnötig kompliziert Ebenroth/Boujong/Notz Anh. 2 § 179 Rn. 134; Staub/Schilling, 4. Aufl. 1987, Anh. § 161 Rn. 37; Stimpel FS Fischer, 1979, 771 (780 f.): Gesellschafter müssten die Rechtsgrundlage der Abberufung zunächst durch Mehrheitsbeschluss in den Gesellschaftsvertrag aufnehmen.

[201] BGH 10.10.1983, DB 1984, 179; zust. Ebenroth/Boujong/Notz Anh. 2 § 179 Rn. 36; Heymann/Horn, 2. Aufl. 1996, § 161 Rn. 178.

[202] **AA** Ebenroth/Boujong/Notz Anh. 2 § 179 Rn. 36; Heymann/Horn, 2. Aufl. 1996, § 161 Rn. 177; Hopt/Roth Anh. § 179 Rn. 19.

[203] BGH 10.10.1983, DB 1984, 179.

[204] Statt aller MKJH/Eichhorn KAGB § 128 Rn. 6; MKJH/Jesch KAGB § 153 Rn. 8; BTMB/Könnecke KAGB § 153 Rn. 25; Krause NZG 2019, 170 (170 f.); Westermann/Wertenbruch PersGes-HdB/Stöber, 2020, § 54a Rn. I 3169a; AWZ/Wallach KAGB § 153 Rn. 4; Weiser/Hüwel BB 2013, 1091 (1093).

[205] MüKoHGB/Brungs Anh. § 161 Rn. 98; Westermann/Wertenbruch PersGes-HdB/Stöber, 2020, § 54a Rn. I 3169.

[206] Ebenso Staub/Casper § 161 Rn. 271; BTMB/Hüwel/Kracke KAGB § 128 Rn. 3; BSV/Klebeck/Kunschke KAGB § 153 Rn. 17; BSV/Kunschke/Klebeck KAGB § 128 Rn. 15; Westermann/Wertenbruch PersGes-HdB/Stöber, 2020, § 54a Rn. I 3169a.

[207] Ebenso MüKoHGB/Brungs Anh. § 161 Rn. 98; Staub/Casper Rn. 271; Casper ZHR 179 (2015), 44 (57); MKJH/Eichhorn KAGB § 128 Rn. 6; MKJH/Jesch KAGB § 153 Rn. 9; BSV/Klebeck/Kunschke KAGB § 153 Rn. 17; BTMB/Könnecke KAGB § 153 Rn. 26 ff.; BSV/Kunschke/Klebeck KAGB § 128 Rn. 15; WBA/Lorenz KAGB § 128 Rn. 5; Mohr, Die offene Investmentkommanditgesellschaft, 2016, 38 f.; Ebenroth/Boujong/Paefgen/Franke KAGB § 128 Rn. 3; Schewe, Kommanditgesellschaften im Regelungsbereich des Investmentrechts, 2017, 131; Westermann/Wertenbruch PersGes-HdB/Stöber, 2020, § 54a Rn. I 3169a; FLW/Weiser KAGB § 128 Rn. 4; Weiser/Hüwel BB 2013, 1091 (1093).

Abs. 1 S. 1 KAGB davon ausgehen, dass es sich um **natürliche Personen** handelt.[208] Bei der intern verwalteten Investment-KG ist die Geschäftsführung durch zwei natürliche Personen als Gesellschafter indes ausgeschlossen, da eine derartige Investment-KG zugleich Kapitalverwaltungsgesellschaft ist (§ 17 Abs. 2 Nr. 2 KAGB), die ihrerseits dem Rechtsformzwang in § 18 Abs. 1 KAGB unterliegt und deshalb eine GmbH als Komplementärin aufweisen muss.[209] Sofern die Investment-KG als **GmbH & Co. KG** verfasst ist, wird das Vier-Augen-Prinzip auf die Komplementärgesellschaft durchgestellt (§ 128 Abs. 1 S. 2 KAGB, § 153 Abs. 1 S. 2 KAGB).[210] Allein aus der verbindlichen Vorgabe zur Zahl der Geschäftsführer folgt noch keine Aussage zu deren **Geschäftsführungsbefugnis;** insoweit verbleibt es über § 124 Abs. 1 KAGB bzw. § 149 Abs. 2 KAGB jeweils iVm § 161 Abs. 2 bei der Grundregel in § 125 Abs. 1 der Einzelgeschäftsführungsbefugnis, sofern der Gesellschaftsvertrag keine abweichende Festlegung trifft (→ Rn. 5).[211] In **fachlicher Hinsicht** fordern § 128 Abs. 2 KAGB und § 153 Abs. 2 KAGB – ebenso wie § 25c Abs. 1 S. 1 KWG – von den Geschäftsführern **Zuverlässigkeit** und die erforderliche **fachliche Eignung** in Bezug auf den Unternehmensgegenstand der Investment-KG;[212] fehlt es hieran, kann die BaFin die **Abberufung** verlangen[213] und ggf. die Ausübung der Tätigkeit untersagen (§ 128 Abs. 4 Nr. 1 KAGB, § 153 Abs. 5 Nr. 1 KAGB).

71 **3. Pflichten der Geschäftsführung.** Die **Pflichten der Geschäftsführung** richten sich zwar nach den allgemeinen gesellschaftsrechtlichen Grundsätzen, diese werden aber überlagert und konkretisiert durch die Anforderungen in § 128 Abs. 1 S. 3 KAGB und § 153 Abs. 1 S. 3 KAGB,[214] ohne hierdurch den Pflichtenkatalog der Geschäftsführer abschließend zu umschreiben. Ergänzende Pflichten, die wegen § 124 Abs. 1 S. 2 KAGB bzw. § 149 Abs. 1 S. 2 KAGB nicht im Widerspruch zu § 128 Abs. 1 S. 3 KAGB bzw. § 153 Abs. 1 S. 3 KAGB stehen dürfen, können aus allgemeinen gesellschaftsrechtlichen Bestimmungen sowie aus ergänzenden Regelungen in der Satzung folgen.[215] Neben der Verpflichtung, sich um die **Vermeidung von Interessenkonflikten** zu bemühen (§ 128 Abs. 1 S. 3 Nr. 3 KAGB, § 153 Abs. 1 S. 3 Nr. 3 KAGB), bindet das KAGB die Geschäftsführer im Hinblick auf die Ausübung der Tätigkeit sowie die hierbei gebotene Sachkenntnis, Sorgfalt und Gewissenhaftigkeit zunächst an die **Interessen der Gesellschafter** und das **verwaltete Vermögen.**[216] Bemerkenswert ist, dass § 128 Abs. 1 S. 3 Nr. 1 und 2 KAGB bzw. § 153 Abs. 1 S. 3 Nr. 1 und 2 KAGB diese Pflichten der Geschäftsführung in Übernahme allgemeiner kapitalmarktrechtlicher Grundsätze[217] auch auf den **Kapitalmarkt** beziehen, dessen Integrität im Sinne eines Institutionenschutzes in den Pflichtenkreis der Geschäftsführung einbezogen wird.[218] Eine weitere Konkretisierung der Pflichten der Geschäftsführung erfolgt durch die für die Investment-KG erstellten **Anlagebedingungen** (§ 126 KAGB iVm § 273 KAGB für die offene Investment-KG, § 151 KAGB iVm § 266 bzw. § 273 KAGB für die geschlossene Investment-KG), durch deren Nichteinhaltung die Geschäftsführer zugleich ihre organschaftlichen Pflichten verletzen. Zwar sind die Anlagebedingungen kein Bestandteil der Satzung (§ 126 S. 2 KAGB, § 151 S. 2 KAGB; → § 161 Rn. 171), sie

[208] Treffend MüKoHGB/Brungs Anh. § 161 Rn. 99; MKJH/Eichhorn KAGB § 128 Rn. 3; Freitag NZG 2013, 329 (334); BTMB/Könnecke KAGB § 153 Rn. 11; Mohr, Die offene Investmentkommanditgesellschaft, 2016, 98; Wallach ZGR 2014, 289 (312); zurückhaltend Ebenroth/Boujong/Paefgen/Franke KAGB § 128 Rn. 2.

[209] Treffend Staub/Casper § 161 Rn. 271; Wallach ZGR 2014, 289 (299); iErg auch Westermann/Wertenbruch PersGes-HdB/Stöber, 2020, § 54a Rn. I 3169a.

[210] Heymann/Borges § 161 Rn. 568; MKJH/Eichhorn KAGB § 128 Rn. 7; BTMB/Hüwel/Kracke KAGB § 128 Rn. 4; BTMB/Könnecke KAGB § 153 Rn. 13.

[211] Ebenroth/Boujong/Paefgen/Franke KAGB § 128 Rn. 4; Schewe, Kommanditgesellschaften im Regelungsbereich des Investmentrechts, 2017, 162 f.; EDD/Schott KAGB § 128 Rn. 2; EDD/Schott KAGB § 153 Rn. 6; Westermann/Wertenbruch PersGes-HdB/Stöber, 2020, § 54a Rn. I 3169b; **aA** Seitz, Die InvestmentKG, 2017, 110: „indisponible Gesamtgeschäftsführung"; zust. König, Investmentgesellschaften nach dem KAGB, 2020, 278.

[212] S. Begr. RegE, BT-Drs. 17/12294, 243; MüKoHGB/Brungs Anh. § 161 Rn. 101 ff.; MKJH/Eichhorn KAGB § 128 Rn. 11 ff.

[213] Da die BaFin die Abberufung lediglich verlangen kann, bleibt der Gesellschafterversammlung deren gesellschaftsrechtliche Umsetzung vorbehalten; treffend Staub/Casper § 161 Rn. 273; ebenso BTMB/Hüwel/Kracke KAGB § 128 Rn. 25; BTMB/Könnecke KAGB § 153 Rn. 86; Schewe, Kommanditgesellschaften im Regelungsbereich des Investmentrechts, 2017, 177 ff.

[214] Treffend zur Integration in das gesellschaftsrechtliche Pflichtenprogramm BSV/Klebeck/Kunschke KAGB § 153 Rn. 30; BTMB/Könnecke KAGB § 153 Rn. 34 f.; BSV/Kunschke/Klebeck KAGB § 128 Rn. 33; Schewe, Kommanditgesellschaften im Regelungsbereich des Investmentrechts, 2017, 161.

[215] Im Grundsatz auch MKJH/Eichhorn KAGB § 128 Rn. 8.

[216] Nicht hingegen das Unternehmensinteresse; s. Zetsche AG 2013, 613 (615).

[217] S. § 81 Abs. 1 S. 1 WpHG für Geschäftsleiter und Wertpapierdienstleistungsunternehmen.

[218] Positiv Wiedemann NZG 2013, 1041 (1043); krit. demgegenüber Casper ZHR 179 (2015), 44 (62); Seitz, Die InvestmentKG, 2017, 173 f.; Henssler/Strohn/Servatius HGB Anh. Rn. 192; Westermann/Wertenbruch PersGes-HdB/Stöber, 2020, § 54a Rn. I 3169c.

verpflichten aber die Gesellschaft und sind von den Geschäftsführern als deren Organe zu erfüllen.[219] Ferner trifft die Geschäftsführer die **Pflicht zur Anzeige** gegenüber der BaFin und den Anlegern, wenn das Gesellschaftsvermögen den Wert des Anfangskapitals oder den Wert der zusätzlich gem. § 25 KAGB erforderlichen Eigenmittel unterschreitet (§ 130 S. 1 KAGB, § 155 S. 1 KAGB). Zugleich hat die Geschäftsführung in diesem Fall eine **Versammlung der Gesellschafter** einzuberufen (§ 130 S. 2 KAGB, § 155 S. 2 KAGB).

4. Bestellung einer externen Kapitalverwaltungsgesellschaft. Obwohl es zu den selbstver- 72
ständlichen Aufgaben der Geschäftsführung zählt, das Kommanditanlagevermögen anzulegen und zu verwalten, eröffnet das KAGB auch die Möglichkeit, hierfür eine **externe Kapitalverwaltungsgesellschaft** zu bestellen (s. § 129 Abs. 1 S. 1 KAGB, § 154 Abs. 1 S. 1 KAGB). Dementsprechend unterscheidet das KAGB zwischen intern oder extern verwalteter Investment-KG. Während die Gesellschafter (in der Regel die Komplementäre) in der intern verwalteten Investment-KG die Anlage und Verwaltung des Kommanditanlagevermögens selbst wahrnehmen, so dass die Investment-KG zugleich Kapitalverwaltungsgesellschaft ist (s. § 17 Abs. 2 Nr. 2 KAGB; → Rn. 70), wird dieser Tätigkeitskomplex bei der extern verwalteten Investment-KG auf eine Kapitalverwaltungsgesellschaft übertragen (s. § 1 Abs. 12 und 13 KAGB). Die externe Kapitalverwaltungsgesellschaft, bei der es sich um eine AG, GmbH oder GmbH & Co. KG handeln muss (s. § 18 Abs. 1 KAGB), erlangt hierdurch aber nicht die organschaftliche Stellung eines Geschäftsführers der Investment-KG,[220] sie nimmt vielmehr als Dienstleister der Geschäftsführung obliegende Aufgaben in Bezug auf die Anlage und Verwaltung des Kommanditanlagevermögens wahr,[221] das in § 131 Abs. 2 KAGB und § 156 Abs. 2 KAGB umschrieben wird (→ § 161 Rn. 191).[222] Sie ist deshalb auch nicht die gesetzliche Vertreterin der Investment-KG im Rahmen des § 51 Abs. 1 ZPO.[223] Anders ist dies nur, wenn die externe Kapitalverwaltungsgesellschaft, was rechtlich zulässig ist, zugleich Komplementärin der Investment-KG ist.[224] Die nicht von der Anlage und Verwaltung des Kommanditanlagevermögens erfassten Geschäftsführungsmaßnahmen, die insbesondere die Binnenorganisation der Investment-KG umfassen,[225] bleiben hingegen im alleinigen Kompetenzbereich der Geschäftsführer.[226]

Obwohl mit der Bestellung einer externen Kapitalverwaltungsgesellschaft Aufgaben der Geschäfts- 73
führung weitgehend auf einen in der Regel gesellschaftsfremden Dritten übertragen werden, liegt hierin wegen der bei der Geschäftsführung verbleibenden Befugnisse kein Verstoß gegen den **Grundsatz der Selbstorganschaft,** sofern die zwischen der Investment-KG und der externen Kapitalverwaltungsgesellschaft bestehende Vertragsbeziehung hinreichend eindeutige Vorgaben für die Aufgabe der Kapitalverwaltungsgesellschaft trifft und der Geschäftsführung Informations- und Kontrollrechte nicht entzogen werden.[227] Die mit der Bestellung einer externen Kapitalverwaltungsgesellschaft

---

[219] **AA** Wallach ZGR 2014, 289 (298): rein bilateraler Charakter zwischen Anleger und Gesellschaft.

[220] Ebenso OLG München 1.10.2015, NZG 2015, 1430 (1431); 29.10.2015, BeckRS 2015, 18494; Boxberger GWR 2016, 1 (3); MüKoHGB/Brungs Anh. § 161 Rn. 107; MKJH/Eichhorn KAGB § 128 Rn. 10; BTMB/Hüwel/Kracke KAGB § 129 Rn. 21, 45; König, Investmentgesellschaften nach dem KAGB, 2020, 310; Reiner GWR 2016, 136 (139); EDD/Schott KAGB § 154 Rn. 13; AWZ/Wallach KAGB § 129 Rn. 21; FLW/Weiser KAGB § 129 Rn. 9.

[221] Hierbei handelt es sich um einen Dienstvertrag mit Geschäftsbesorgungscharakter, s. BGH 21.4.2022, NJW-RR 2022, 984 Rn. 13.

[222] Auf eine Organstellung deutet allerdings die Formulierung „Bestellung" in § 129 Abs. 1 S. 1 und 3 KAGB hin, ohne dass hieraus jedoch zwingend folgt, die Kapitalverwaltungsgesellschaft nehme hierdurch die Funktion eines Geschäftsführungsorgans ein; dagegen überzeugend OLG München 1.10.2015, NZG 2015, 1430 (1431); 29.10.2015, BeckRS 2015, 18494. Zur Haftung der Geschäftsleiter der externen Kapitalverwaltungsgesellschaft gegenüber der Investment-KG ausf. Schulte, Die Investment-KG im Spannungsfeld zwischen Gesellschafts- und Investmentrecht, 2018, 128 ff.

[223] Treffend OLG München 1.10.2015, NZG 2015, 1430 (1430 f.); 29.10.2015, BeckRS 2015, 18494; MüKoHGB/Brungs Anh. § 161 Rn. 107; zust. Behme WM 2022, 597 (600); FLW/Weiser KAGB § 129 Rn. 9.

[224] S. Mohr, Die offene Investmentkommanditgesellschaft, 2016, 75 f.; Ebenroth/Boujong/Paefgen/Franke KAGB § 129 Rn. 3 f.; Schewe, Kommanditgesellschaften im Regelungsbereich des Investmentrechts, 2017, 118 ff.; Wallach ZGR 2014, 289 (300, 323); **aA** Schulte, Die Investment-KG im Spannungsfeld zwischen Gesellschafts- und Investmentrecht, 2018, 96 ff.

[225] S. BGH 21.4.2022, NJW-RR 2022, 984 Rn. 13; Wallach ZGR 2014, 289 (300 f.); **aA** Zetsche AG 2013, 613 (620).

[226] Boxberger GWR 2016, 1 (3); MKJH/Eichhorn KAGB § 128 Rn. 10; EDD/Schott KAGB § 154 Rn. 10; ausf. Mohr, Die offene Investmentkommanditgesellschaft, 2016, 80 ff., 102 f.

[227] Ausf. Mohr, Die offene Investmentkommanditgesellschaft, 2016, 96 ff.; Wallach ZGR 2014, 289 (322 ff.); iErg auch Behme WM 2022, 597 (602); König, Investmentgesellschaften nach dem KAGB, 2020, 310; WBA/Paul KAGB § 154 Rn. 8; Ruppel, Kompetenzabgrenzung bei der extern verwalteten Investmentkommanditgesellschaft, 2020, 293 ff.; Schewe, Kommanditgesellschaften im Regelungsbereich des Investmentrechts, 2017, 224 ff.; EDD/Schott KAGB § 154 Rn. 13; Seitz, Die InvestmentKG, 2017, 194 ff.; Henssler/Strohn/Servatius HGB Anh. Rn. 191.

verbundene Aufgabenübertragung ist unter dieser Voraussetzung mit einem Betriebsführungsvertrag vergleichbar,[228] dessen Vereinbarkeit mit dem Grundsatz der Selbstorganschaft der BGH ausdrücklich festgestellt hat (näher → § 116 Rn. 28).[229]

74 Werden Anlage und Verwaltung des Kommanditanlagevermögens nicht intern von den Gesellschaftern durchgeführt, sondern auf eine externe Kapitalverwaltungsgesellschaft übertragen, so entbindet dies die Geschäftsführung der Investment-KG nicht vollständig von ihren **Sorgfalts- und Interessenwahrungspflichten** in Bezug auf das Kapitalanlagevermögen. Vielmehr bleibt sie verpflichtet, die Kapitalverwaltungsgesellschaft bei der Durchführung ihrer Aufgaben zu überwachen und bei etwaigem Fehlverhalten die erforderlichen Maßnahmen zu ergreifen.[230]

75 Die **Kompetenz zur Bestellung** einer externen Kapitalverwaltungsgesellschaft hat das KAGB nicht ausdrücklich geregelt, sondern die Berechtigung hierzu abstrakt an die Investment-KG adressiert (s. § 129 Abs. 1 S. 1 KAGB, § 154 Abs. 1 S. 1 KAGB). Offen ist hierdurch, ob die Bestellung und insbesondere die hiermit verbundene **Auswahlentscheidung** von der Geschäftsführung oder von den Gesellschaftern zu treffen ist. Insoweit geht § 17 Abs. 2 Nr. 2 S. 1 KAGB davon aus, dass die Grundsatzentscheidung, keine externe Kapitalverwaltungsgesellschaft zu bestellen, von der Geschäftsführung des Investmentvermögens getroffen wird. Mit der Struktur einer Personengesellschaft harmoniert diese Regelung indes nicht. Angesichts der zentralen Bedeutung, die die Anlage und Verwaltung des Kommanditanlagevermögens für den Unternehmensgegenstand hat, sprechen die besseren Gründe dafür, dass zumindest die **Grundsatzentscheidung** zwischen einer internen oder einer externen Verwaltung in dem Gesellschaftsvertrag oder von einer Gesellschafterversammlung zu treffen ist.[231] Liegt diese vor, dann obliegt mangels anderweitiger Vorgaben durch den Gesellschaftsvertrag oder einen Beschluss der Gesellschafterversammlung die konkrete Auswahlentscheidung sowie die Ausgestaltung der Vertragsbeziehung mit der externen Verwaltungsgesellschaft dem pflichtgemäß auszuübenden Ermessen der Geschäftsführung.[232] Diese muss hierdurch sicherstellen, dass sie die Tätigkeit der Kapitalverwaltungsgesellschaft ausreichend überwachen und einem Fehlverhalten entgegenwirken kann (→ Rn. 74).

76 Wegen der Funktion der externen Kapitalverwaltungsgesellschaft muss diese mit der für die Verwaltung notwendigen **Vertretungsmacht** ausgestattet sein. Auf § 125 Abs. 1 und 2 kann sich diese jedoch nur stützen, wenn sie in der Investment-KG die Stellung einer Komplementärin einnimmt (→ Rn. 72).[233] In den hiervon nicht erfassten Sachverhalten kann die Erteilung der notwendigen Vollmacht in den Vertrag mit der Investment-KG integriert und ggf. differenzierend ausgestaltet werden.[234] Ob die externe Kapitalverwaltungsgesellschaft ihre Vertretungsmacht auch unabhängig davon auf das KAGB stützen kann, ist umstritten.[235] Für eine kraft Gesetzes bestehende Vertretungsmacht spricht, dass die Kapitalverwaltungsgesellschaft nur mit deren Hilfe in der Lage ist, ihre Aufgaben zu erfüllen.[236] Dagegen ist jedoch anzuführen, dass der Geschäftsführung hierdurch verwehrt würde,

[228] IdS auch Zetsche AG 2013, 613 (614); ferner Seitz, Die InvestmentKG, 2017, 194 ff.; gegenläufig Schewe, Kommanditgesellschaften im Regelungsbereich des Investmentrechts, 2017, 216 ff.

[229] BGH 5.10.1981, NJW 1982, 1817 f.

[230] Treffend Mohr, Die offene Investmentkommanditgesellschaft, 2016, 82 f.; ferner MüKoHGB/Brungs Anh. § 161 Rn. 107; BTMB/Hüwel/Kracke KAGB § 129 Rn. 21, 45 f.; EDD/Schott KAGB § 154 Rn. 15.

[231] Ebenso im Ausgangspunkt MüKoHGB/Brungs Anh. § 161 Rn. 80; MKJH/Hoffert KAGB § 154 Rn. 13; König, Investmentgesellschaften nach dem KAGB, 2020, 308 f.; BTMB/Könnecke KAGB § 154 Rn. 14; Mohr, Die offene Investmentkommanditgesellschaft, 2016, 101 f.; weitergehend EDD/Schott KAGB § 154 Rn. 5; **aA** MKJH/Eichhorn KAGB § 128 Rn. 10 f.; Eichhorn WM 2016, 145 (147 f.); BTMB/Hüwel/Kracke KAGB § 129 Rn. 29 ff.; BSV/Kunschke/Klebeck KAGB § 129 Rn. 16; Ruppel, Kompetenzabgrenzung bei der extern verwalteten Investmentkommanditgesellschaft, 2020, 341 ff.; Schewe, Kommanditgesellschaften im Regelungsbereich des Investmentrechts, 2017, 113 f.; Wallach ZGR 2014, 289 (300), die eine Aufnahme in den Gesellschaftsvertrag empfehlen, die Geschäftsführung aber als zuständig für die Bestellung und Kündigung der externen Kapitalverwaltungsgesellschaft ansehen; offen für einen Betriebsführungsvertrag im Hinblick auf das Erfordernis einer Zustimmung sämtlicher Gesellschafter BGH 5.10.1981, NJW 1982, 1817 (1818).

[232] Ebenso BTMB/Könnecke KAGB § 154 Rn. 15; Schewe, Kommanditgesellschaften im Regelungsbereich des Investmentrechts, 2017, 114 f.; wohl auch WBA/Lorenz KAGB § 129 Rn. 3; **aA** AWZ/Wallach KAGB § 129 Rn. 10; wohl auch EDD/Schott KAGB § 154 Rn. 5.

[233] Im Ansatz ebenso Zetsche AG 2013, 613 (621): keine organschaftliche Vertretungsmacht; MKJH/Hoffert KAGB § 154 Rn. 32 ff.

[234] S. Böhme BB 2014, 2380 (2385); MüKoHGB/Brungs Anh. § 161 Rn. 107; MKJH/Eichhorn KAGB § 129 Rn. 18; MKJH/Hoffert KAGB § 154 Rn. 36; Krause NZG 2019, 170 (172 ff.); Mohr, Die offene Investmentkommanditgesellschaft, 2016, 83 ff.; WBA/Paul KAGB § 154 Rn. 9; Zetsche AG 2013, 613 (621).

[235] Verneinend Böhme BB 2014, 2380 (2382); Boxberger GWR 2016, 1 (4); MüKoHGB/Brungs Anh. § 161 Rn. 107; Staub/Casper § 161 Rn. 272; MKJH/Eichhorn KAGB § 129 Rn. 18; Eichhorn WM 2016, 145 (148); MKJH/Hoffert KAGB § 154 Rn. 32 ff.; Schewe, Kommanditgesellschaften im Regelungsbereich des Investmentrechts, 2017, 165 ff.; EDD/Schott KAGB § 154 Rn. 13.

[236] S. näher Behme WM 2022, 597 (599).

mittels einer konkreten Ausgestaltung der Vertretungsmacht, die Tätigkeit der Kapitalverwaltungsgesellschaft zu überwachen, indem zB bestimmte Geschäfte einer gemeinsamen Vertretung vorbehalten bleiben. Ihre Aufgaben kann die Kapitalverwaltungsgesellschaft auch in diesem Rahmen erfüllen. Die besseren Gründe streiten deshalb in Übereinstimmung mit dem OLG München[237] gegen eine bereits kraft Gesetzes bestehende Vertretungsmacht der externen Kapitalverwaltungsgesellschaft.[238]

§ 165 [Wettbewerbsverbot]

Die §§ 117 und 118 finden auf die Kommanditisten keine Anwendung.

Schrifttum: Armbrüster, Grundlage und Reichweite von Wettbewerbsverboten im Personengesellschaftsrecht, ZIP 1997, 261; Fleischer, Das gesetzliche Wettbewerbsverbot im Personengesellschaftsrecht, WM 2020, 1897; Flume, Beschränkung des Informations- und Kontrollrechts bei erlaubter Konkurrenztätigkeit, ZIP 1995, 651; Grigoleit, Wettbewerbsverbot und Vorstandsdoppelmandat in der AG & Co. KG, ZGR 2010, 663; Kanzleiter, Schranken der Zulässigkeit von Wettbewerbsverboten in Gesellschaftsverträgen, DNotZ 1989, 195; Kellermann, Einfluß des Kartellrechts auf die gesellschaftsrechtlichen Wettbewerbsverbote des persönlich haftenden Gesellschafters, FS Fischer, 1979, 307; Kübler/Waltermann, Geschäftschancen der Kommanditgesellschaft, ZGR 1991, 162; Löffler, Zur Reichweite der gesetzlichen Wettbewerbsverbote in der Kommanditgesellschaft, NJW 1986, 223; Klaus J. Müller, Das gesetzliche Wettbewerbsverbot der Gesellschafter der KG, NJW 2007, 1724; Riegger, Unterliegt die Komplementär-GmbH den gesetzlichen Wettbewerbsverboten?, BB 1983, 90; Rudersdorf, Wettbewerbsverbote in Gesellschafts- und Unternehmenskaufverträgen, RNotZ 2011, 509; Weimar, Konkurrenz- und Wettbewerbsverbot für Kommanditisten, JR 1976, 496; Weller, Wettbewerbsverbote und ihre Drittwirkung in der Kapitalgesellschaft & Co. KG, ZHR 175 (2011), 110.

Übersicht

I. Allgemeines

Das Wettbewerbsverbot in § 117 Abs. 1 hat seine Grundlage nach allgM in der **Treuepflicht des Gesellschafters** und findet seine innere Rechtfertigung in der Befürchtung, der gesetzestypisch an der Geschäftsführung beteiligte und mit umfassenden Informations- und Kontrollrechten ausgestattete Gesellschafter der OHG könne seinen Einfluss auf die Gesellschaft zu eigennützigen Zwecken missbrauchen und die durch seine Gesellschaftertätigkeit gewonnenen Erkenntnisse im eigenen Interesse verwerten (→ § 117 Rn. 2).[1] Vor diesem teleologischen Hintergrund hat der Gesetzgeber die grundsätzlich von der Geschäftsführung ausgeschlossenen (§ 164) und nur über sehr beschränkte Kontrollrechte (§ 166) verfügenden Kommanditisten in § 165 vom persönlichen Anwendungsbereich des Wettbewerbsverbots in § 117 Abs. 1 ausgenommen.[2] Wird die Rechtsstellung des Kommanditis- 1

[237] OLG München 1.10.2015, NZG 2015, 1430 (1430 f.); 29.10.2015, BeckRS 2015, 18494.

[238] Ebenso Böhme BB 2014, 2380 (2382); Boxberger GWR 2016, 1 (4); MüKoHGB/Brungs Anh. § 161 Rn. 107; Staub/Casper § 161 Rn. 272; MKJH/Eichhorn KAGB § 129 Rn. 18; Eichhorn WM 2016, 145 (148); MKJH/Hoffert KAGB § 154 Rn. 32 ff.; Mohr, Die offene Investmentkommanditgesellschaft, 2016, 83 ff.; Hopt/Roth § 161 Rn. 35; Ruppel, Kompetenzabgrenzung bei der extern verwalteten Investmentkommanditgesellschaft, 2020, 279 f.; Schewe, Kommanditgesellschaften im Regelungsbereich des Investmentrechts, 2017, 165 ff.; EDD/Schott KAGB § 154 Rn. 13; Seitz, Die InvestmentKG, 2017, 142 ff.; AWZ/Wallach KAGB § 129 Rn. 25 f.; iE auch Behme WM 2022, 597 (600 ff.), der jedoch in dem Bestellungsakt das notwendige rechtsgeschäftliche Fundament für die Vertretungsmacht erblickt.

[1] BGH 5.12.1983, *BGHZ* 89, 162 (165 f.) = NJW 1984, 1351 (1352); NK-HGB/Eberl Rn. 1; Fleischer WM 2020, 1897 (1898, 1899); KKD/Kindler §§ 112, 113 Rn. 1; Ebenroth/Boujong/Sander § 117 Rn. 2; Staub/Schäfer § 117 Rn. 3.

[2] Staub/Casper Rn. 1; MHdB GesR II/Doehner/Hoffmann § 16 Rn. 2; NK-HGB/Eberl Rn. 3; Fleischer WM 2020, 1897 (1901); Henssler/Strohn/Gummert Rn. 1; Heymann/Horn, 2. Aufl. 1996, Rn. 3; Koch PersGesR/Könen Rn. 2; Schlegelberger/Martens Rn. 1 f.; K. J. Müller NJW 2007, 1724 (1725); Ebenroth/Boujong/Oepen Rn. 1; Ridder, Ebenenübergreifende Treuepflichten in der Kapitalgesellschaft & Co. KG, 2018, 37 f.; BeckOGK/v. Thunen/Mehringer, 15.5.2025, Rn. 5; Weller ZHR 175 (2011), 110 (125).

ten aber im Einzelfall durch Einräumung von Geschäftsführungs- und/oder Informations- und Kontrollrechten atypisch ausgestaltet und insoweit derjenigen eines OHG-Gesellschafters angenähert, dann stellt sich die Frage, ob bzw. in welchem Umfang das Wettbewerbsverbot in § 117 Abs. 1 auf sie zu erstrecken ist (→ Rn. 12 ff.).

2 Unstreitig lässt § 165 die **Treuepflicht des Kommanditisten im Übrigen unberührt.** Aus diesem Rechtsgrund kann ihm die Ausnutzung von Informationen aus der Gesellschaftssphäre auch unabhängig von einem Wettbewerbsverbot untersagt sein und ein Verstoß gegen die Treuepflicht Schadensersatzpflichten begründen.[3] Besondere Ausprägung dieser Treuepflichtbindungen ist die **Geschäftschancenlehre,** wonach ein Gesellschafter möglicherweise pflichtwidrig handelt, wenn er sich eine Geschäftschance der Gesellschaft für eigene Zwecke zunutze macht (→ § 117 Rn. 21 ff.).[4] Im Vergleich zu den §§ 117, 118 leidet der Weg über die Treuepflicht allerdings darunter, dass der für die Ersatzpflicht (→ § 117 Rn. 26) notwendige Eintritt eines Schadens nur schwer mit konkreten Tatsachen belegt werden kann und auch für eine Schadensschätzung (§ 287 ZPO) die notwendigen Anknüpfungstatsachen oftmals nicht hinreichend substantiiert dargelegt werden können. Zudem rechtfertigt die schadensersatzrechtliche Fundierung nicht die Anerkennung eines mit § 118 Abs. 1 S. 2 vergleichbaren Selbsteintrittsrechts.[5] Einer auf Feststellung der Ersatzpflicht gerichteten Verurteilung steht dies jedoch regelmäßig nicht entgegen.

3 Ebenso sind über die Treuepflicht **Betriebs- und Geschäftsgeheimnisse** der Gesellschaft geschützt, sofern der Gesellschaftsvertrag dies nicht ohnehin ausdrücklich festlegt. Ergänzend tritt der Geheimnisschutz durch das **GeschGehG** hinzu, sofern es sich bei der Tatsache um ein nach § 2 Nr. 1 GeschGehG geschütztes Geschäftsgeheimnis handelt. Die Offenbarung der hiernach in den Schutz einbezogenen Geschäftsgeheimnisse ist nach § 4 GeschGehG auch den Kommanditisten untersagt, die hiervon insbes. aufgrund ihrer Informationsrechte (§ 166) Kenntnis erlangen. Der aus der Treuepflicht der Gesellschafter folgende Geheimnisschutz wird durch das GeschGeh nicht verdrängt, sondern ergänzt. Relevant ist dies insbes. dann, wenn der Schutz des GeschGehG nicht eingreift, weil „angemessene Geheimhaltungsmaßnahmen" (§ 2 Nr. 1 lit. b GeschGehG) unterblieben sind. Auch ohne derartige Maßnahmen kann die Offenbarung von Betriebs- und Geschäftsgeheimnissen als ein Verstoß gegen die gesellschaftsrechtliche Treuepflicht zu bewerten sein.

4 Keine Antwort gibt § 165 auf die Frage, ob sich die **KG treffende Wettbewerbsverbote** (zB auf Grund vertraglicher Abrede mit Dritten)[6] auch auf die Gesellschafter der KG erstrecken. Dies ist vorbehaltlich einer gesonderten Abrede (→ Rn. 10), die ggf. auch in der Wettbewerbsabrede enthalten sein kann,[7] bereits für den Komplementär als persönlich haftender Gesellschafter nicht zu bejahen;[8] erst recht gilt dies für den Kommanditisten. Dies entbindet jedoch auch ihn nicht von seiner aus der Treuepflicht abzuleitenden Pflicht gegenüber der KG, alle Handlungen zu unterlassen, die dazu führen, dass die Gesellschaft ein gegenüber Dritten begründetes Wettbewerbsverbot verletzt. Eine eigenständige und von dem Dritten gegenüber dem Kommanditisten einklagbare Unterlassungspflicht folgt hieraus aber nicht (→ Rn. 12).

5 Befindet sich der Kommanditist zu der Gesellschaft in einem **Dienst- oder Arbeitsverhältnis,** so unterliegt er in Ermangelung einer ausdrücklichen Vereinbarung auf Grund seiner allgemeinen Interessenwahrungspflicht (§ 241 Abs. 2 BGB) gegenüber dem Dienstberechtigten bzw. nach § 60 (analog) gegenüber dem Arbeitgeber einer Pflicht, Wettbewerb zu unterlassen (→ § 60 Rn. 2).[9]

II. Wettbewerbsverbot der Komplementäre

6 Da die Rechtsstellung eines Komplementärs grundsätzlich derjenigen eines Gesellschafters der OHG entspricht, stehen ihm gesetzestypisch die Geschäftsführungsbefugnis sowie umfassende Infor-

[3] Henssler/Strohn/Gummert Rn. 4; Heymann/Horn, 2. Aufl. 1996, Rn. 3; RGHMW/Mock Rn. 3; Hopt/Roth Rn. 2; Weller ZHR 175 (2011), 110 (125).

[4] S. BGH 5.2.2013, BGHZ 196, 131 Rn. 31 = NJW 2013, 2190; 4.12.2012, NJW-RR 2013, 363 Rn. 20 ff. (dazu Fleischer NZG 2013, 361 ff.); 16.3.2017, NJW 2017, 1749 Rn. 20; Heymann/Borges Rn. 11; Staub/Casper Rn. 7; MHdB GesR II/Doehner/Walsh § 16 Rn. 4; MüKoHGB/Grunewald Rn. 4, 8; BeckOGK/v. Thunen/Mehringer, 15.5.2025, Rn. 9 f.; ausf. ferner Polley, Wettbewerbsverbot und Geschäftschancenlehre, 1993; allg. Leineweber, Wettbewerbsverbot und Geschäftschancenlehre im Recht der GbR, 2006.

[5] Treffend BGH 4.12.2012, NJW-RR 2013, 363 Rn. 33; **aA** BeckOGK/v. Thunen/Mehringer, 15.5.2025, Rn. 11.

[6] Zum mietrechtlichen Konkurrenzschutz exemplarisch Lieder AcP 218 (2018), 109 ff.

[7] BGH 20.6.2013, NZG 2013, 1095 Rn. 14; zurückhaltend mit Recht Lieder AcP 218 (2018), 109 (125).

[8] BGH 20.6.2013, NZG 2013, 1095 Rn. 11.

[9] Statt aller BAG 26.9.2007, AP HGB § 61 Nr. 4; 24.3.2010, NZA 2010, 693 Rn. 15; 17.10.2012, NZA 2013, 207 Rn. 13; 23.10.2014, NZA 2015, 429 Rn. 27 f.; 29.6.2017, NZA 2017, 1179 Rn. 15; 30.5.2018, NZA 2018, 1425 Rn. 33; 19.12.2018, NZA 2019, 571 Rn. 53; 24.2.2021, NZA 2021, 1581 Rn. 38; 25.11.2021, NZA 2022, 655 Rn. 38; ErfK/Oetker HGB § 60 Rn. 2; MHdB ArbR/Reichold § 54 Rn. 5 mwN.

mations- und Kontrollrechte zu. Es ist deshalb sachgerecht, dass das Wettbewerbsverbot in § 117 Abs. 1 über § 161 Abs. 2 auch auf die Komplementäre – gleichgültig, ob natürliche oder juristische Personen[10] – Anwendung findet. „Andere Gesellschafter" iSd §§ 117, 118 sind auch die Kommanditisten,[11] so dass die Einwilligung in ein an sich verbotswidriges Geschäft (§ 117 Abs. 1) auch ihrer Zustimmung bedarf. Zu Inhalt und Umfang des Wettbewerbsverbots sowie zu den Rechtsfolgen von Verstößen ausführlich die Erläuterungen zu den §§ 117, 118.

Ist ein **Komplementär von der Geschäftsführung ausgeschlossen und** sind außerdem seine **Informations- und Kontrollbefugnisse** so weit **zurückgeschnitten,** dass seine gesellschaftsvertraglich ausgeformte rechtliche Stellung im Innenverhältnis praktisch der eines Kommanditisten entspricht (vgl. §§ 164, 166; → § 164 Rn. 5), gilt das Wettbewerbsverbot für ihn nicht (→ § 117 Rn. 1).[12] Dies entspricht dem in § 165 zum Ausdruck kommenden Rechtsgedanken und damit dem Zweck des Wettbewerbsverbots. Da die Verweisung in § 161 Abs. 2 nur dann und insoweit die Anwendung der §§ 117, 118 legitimiert, wie der Komplementär im Hinblick auf seine Befugnis zur Geschäftsführung einem OHG-Gesellschafter vergleichbar ist, bedarf das Wettbewerbsverbot des § 117 in der vorstehenden Konstellation einer teleologischen Reduktion (→ § 117 Rn. 8). Alternativ ist dasselbe Ergebnis durch das in § 161 Abs. 2 normierte Gebot einer „entsprechenden" Anwendung begründbar. Die allgemeine Treuepflicht des Komplementärs und damit auch das Verbot, Geschäftschancen der KG für sich zu nutzen (→ Rn. 2) bleibt davon jedoch unberührt. Der Ausschluss des Komplementärs von der Geschäftsführung reicht für sich allein aber nicht für eine Befreiung vom Wettbewerbsverbot aus.[13] Die Besorgnis, der Komplementär könne die im Zusammenhang mit seiner Gesellschaftertätigkeit gewonnenen Erkenntnisse im eigenen Interesse verwerten, rechtfertigt auch in einem derartigen Fall das Wettbewerbsverbot nach § 117 Abs. 1. 7

Darüber hinaus liegt es in der weitgehenden **Gestaltungsfreiheit** der Gesellschafter (§ 163), vom Wettbewerbsverbot abzuweichen, es auszuschließen, abzumildern oder in den Grenzen von § 1 GWB und Art. 101 AEUV zu verschärfen (→ § 117 Rn. 41). 8

III. Wettbewerbsverbot der Kommanditisten

Das in § 117 Abs. 1 geregelte Wettbewerbsverbot gilt grundsätzlich nicht für die Kommanditisten. Insofern trägt § 165 dem in → Rn. 1 dargelegten Zweck des Wettbewerbsverbots Rechnung. 9

1. Vertragliches Wettbewerbsverbot. Gleichwohl kann im Gesellschaftsvertrag vereinbart werden (§ 163), dass auch einer, mehrere oder alle Kommanditisten einem Wettbewerbsverbot unterliegen.[14] Das auf diese Weise vereinbarte Wettbewerbsverbot kann sich in Tatbestand und Rechtsfolge an die §§ 117, 118 anlehnen oder davon abweichen, sofern die von § 1 GWB, Art. 101 AEUV und § 138 Abs. 1 BGB aufgestellten Grenzen (→ § 117 Rn. 42) gewahrt bleiben. So setzt zB **§ 138 Abs. 1 BGB** vor allem auch solchen vertraglichen Wettbewerbsverboten eine **zeitliche Grenze,** die sich auf die Zeit nach dem Ausscheiden des (geschäftsführenden) Kommanditisten aus der Gesellschaft erstrecken.[15] Vergleichbares gilt im Hinblick auf die **personelle und sachliche Reichweite** eines Wettbewerbsverbots. So steht § 138 Abs. 1 BGB in der Regel einer Abrede entgegen, die in das Wettbewerbsverbot auch nahe Angehörige des Verpflichteten einbezieht.[16] Bezüglich der sachlichen Reichweite eines Wettbewerbsverbots setzt § 138 Abs. 1 BGB zumeist solchen Abreden Schranken, die über den Geschäftsbereich der Gesellschaft hinausgehen oder diesen nur unwesentlich berühren.[17] In diesen Grenzen können die Parteien das Wettbewerbsverbot auch auf andere Gesellschaften erstrecken, die von anderen Gesellschaftern betrieben werden oder an denen die Gesellschaft beteiligt ist. Zu **§ 1 GWB** steht ein vertragliches Wettbewerbsverbot für den Kommanditisten regelmäßig im 10

[10] Einschr. für die Komplementär-GmbH OLG Frankfurt 15.4.1982, BB 1982, 1383 f.; dagegen mit Recht Staub/Casper Rn. 4; Riegger BB 1983, 90 f.; Weller ZHR 175 (2011), 110 (123 f.).

[11] Staub/Casper Rn. 4; RGHMW/Mock Rn. 2; BeckOGK/v. Thunen/Mehringer, 15.5.2025, Rn. 2.

[12] Staub/Casper Rn. 5; KKD/Kindler §§ 112, 113 Rn. 2; BeckOGK/v. Thunen/Mehringer, 15.5.2025, Rn. 7; in der Tendenz auch MHdB GesR II/Doehner/Walsh § 16 Rn. 7; vgl. ferner Armbrüster ZIP 1997, 261 (265 ff.), aber unzutr., soweit er schon den Ausschluss von der Geschäftsführung genügen lässt; tendenziell MüKoHGB/Fleischer § 117 Rn. 15; s. auch Staub/Schäfer § 117 Rn. 7; **aA** die bisher hL, s. Henssler/Strohn/*Gummert* Rn. 2; *Hopt/Roth* § 117 Rn. 2.

[13] Ebenso Staub/Casper Rn. 5; MHdB GesR II/Doehner/Walsh § 16 Rn. 7; KKD/Kindler §§ 112, 113 Rn. 2; BeckOGK/v. Thunen, 15.5.2025, Rn. 7; Weller ZHR 175 (2011), 110 (124).

[14] Unstr., s. zB Heymann/Borges Rn. 16; Staub/Casper Rn. 26; Koch PersGesR/Könen Rn. 11; BeckOGK/v. Thunen/Mehringer, 15.5.2025, Rn. 54.

[15] OLG Hamm 7.10.1987, EWiR 1988, 229: Nichtigkeit nach § 138 Abs. 1 BGB bei einem zweijährigen Wettbewerbsverbot nach dem Ausscheiden aus der Gesellschaft; ebenso idR Staub/Casper Rn. 26, 28.

[16] Staub/Casper Rn. 28.

[17] Ähnlich Staub/Casper Rn. 28.

Widerspruch, sofern sich seine Geschäftsführungsbefugnisse nicht denen eines OHG-Gesellschafters annähern[18] oder er die Geschäftsführung der Gesellschaft maßgeblich beeinflussen kann.[19] Nur soweit das Wettbewerbsverbot nicht über das Maß hinausgeht, was zum Schutz des von der Gesellschaft betriebenen Unternehmens notwendig („funktionsnotwendiges Wettbewerbsverbot") und nicht lediglich für dieses förderlich ist, liegt ein Verstoß gegen § 1 GWB nicht vor (auch → § 117 Rn. 41).[20]

11 Eine Abrede zum Wettbewerbsverbot kann nicht nur ausdrücklich im Gesellschaftsvertrag, sondern auch **konkludent** getroffen werden. An die letztgenannte Variante sind allerdings hohe Anforderungen zu stellen, was zum einen aus der gesetzlichen Regel des § 165 und zum anderen daraus folgt, dass Kommanditisten uU schon kraft Gesetzes einem Wettbewerbsverbot unterliegen können.[21] Vor diesem Hintergrund kann ein Wettbewerbsverbot – insbes. im Gesellschaftsvertrag – nur ausnahmsweise als konkludent vereinbart angesehen werden, so zB wenn ein Kommanditist sein Unternehmen an die Gesellschaft veräußert oder als Sacheinlage einbringt, dann allerdings auf den Unternehmensgegenstand beschränkt ist.[22]

12 **2. Gesetzliches Wettbewerbsverbot. a) Auf Grund verschärfter Treuepflichten.** Unstreitig ist, dass ein Kommanditist auch unabhängig von etwaigen vertraglichen Regelungen kraft verschärfter Treuepflichten einem Wettbewerbsverbot unterliegen kann.[23] Dieses **entspricht aber nicht ohne Weiteres dem gesetzlichen Wettbewerbsverbot in § 117 Abs. 1.**[24] Das zeigt sich vor allem daran, dass die Verletzung von Treuepflichten – wie stets – allenfalls Schadensersatzansprüche (§ 280 Abs. 1 BGB) nach sich zieht, während das Eintrittsrecht nach § 118 Abs. 1 S. 2 von dem Vorliegen eines nachweisbaren und nach den §§ 249 ff. BGB ersatzfähigen Schadens unabhängig ist (→ Rn. 2).[25] Deshalb rechtfertigen selbst verschärfte Treuepflichten für sich allein nicht, das Wettbewerbsverbot iSd § 117 auf die Kommanditisten auszudehnen.[26]

13 **b) Analoge Anwendung der §§ 117, 118. aa) Grundsatz.** Soweit das Wettbewerbsverbot in Umfang und Rechtsfolgen den §§ 117, 118 entsprechen soll, lässt sich dies richtigerweise nur mit einem **Analogieschluss** begründen.[27] Die für das Wettbewerbsverbot in § 117 Abs. 1 konstitutive Gefahr, den Einfluss auf die Gesellschaft zu eigennützigen Zwecken zu missbrauchen oder durch die Gesellschaftertätigkeit gewonnene Erkenntnisse im eigenen Interesse zu verwerten (→ Rn. 1), muss hierfür gleichermaßen von dem Kommanditisten ausgehen. Deshalb muss dessen Rechtsstellung im Innenverhältnis der eines dem Wettbewerbsverbot unterfallenden Komplementärs entsprechen.[28] Zur Anwendung der §§ 117, 118 gelangen auch diejenigen Autoren, die unter der vorgenannten Voraussetzung eine teleologische Reduktion von § 165 befürworten und über § 161 Abs. 2 auf das Recht der OHG zugreifen.[29] Sowohl im Hinblick auf eine analoge Anwendung der §§ 117, 118 als auch für eine teleologische Reduktion des § 165 sind im Wesentlichen drei **Fallgruppen** zu unterscheiden.

14 **bb) Geschäftsführender Kommanditist.** Nach den Grundsätzen in → Rn. 13 ist das Wettbewerbsverbot in § 117 Abs. 1 nach allgM auf denjenigen Kommanditisten anzuwenden, dem die **umfassende Befugnis zur Geschäftsführung** übertragen wurde (→ § 164 Rn. 38 ff.).[30] Ist seine

[18] S. OLG Düsseldorf 22.8.1984, WuW/E OLG 3491 f. = BeckRS 1984, 31363216.

[19] S. KG 6.3.2014, NZKart 2014, 368 f.; OLG Frankfurt 17.3.2009, NZG 2009, 903, das einen derartigen Einfluss bei einer Minderheitsbeteiligung von einem Drittel verneint.

[20] S. KG 6.3.2014, NZKart 2014, 368 (369).

[21] Staub/Casper Rn. 27; RGHMW/Mock Rn. 6; BeckOGK/v. Thunen/Mehringer, 15.5.2025, Rn. 58.

[22] Staub/Casper Rn. 27; Schlegelberger/Martens Rn. 6; RGHMW/Mock Rn. 6.

[23] Vgl. Schlegelberger/Martens Rn. 1 ff.; Hopt/Roth Rn. 2; K. Schmidt GesR § 20 V 1; Weller ZHR 175 (2011), 110 (125); s. auch BGH 5.2.2013, BGHZ 196, 131 Rn. 31 = NJW 2013, 2190.

[24] So aber MHdB GesR II/Doehner/Walsh § 16 Rn. 4; s. auch Heymann/Horn, 2. Aufl. 1996, Rn. 4, 6.

[25] Zu den divergierenden Rechtsfolgen s. auch Staub/Casper Rn. 9, 19; Wiedemann GesR II § 8 II 5a dd.

[26] Staub/Schäfer § 117 Rn. 3.

[27] So Staub/Schäfer § 117 Rn. 3, 9; Staub/Schilling, 4. Aufl. 1987, Rn. 2; s. aber auch K. J. Müller NJW 2007, 1724 (1725) (analoge Anwendung der §§ 117, 118 als Ergebnis einer entsprechend erweiterten Treuepflicht); vgl. ferner MüKoHGB/Fleischer § 117 Rn. 17; Fleischer WM 2020, 1897 (1901); Löffler NJW 1986, 223 (225 f.); BeckOGK/v. Thunen/Mehringer, 15.5.2025, Rn. 43 ff. Der BGH hat sich bisher nicht auf eine dogmatische Herleitung festgelegt, s. BGH 5.12.1983, BGHZ 89, 162 (165 f.) = NJW 1984, 1351 (1352); 4.12.2001, NJW 2002, 1046 (1047).

[28] Staub/Schäfer § 117 Rn. 9; iErg wohl unstr.

[29] Hierfür Heymann/Borges Rn. 7; Staub/Casper Rn. 10; Koch PersGesR/Könen Rn. 6; zuvor Armbrüster ZIP 1997, 261 (270); Salfeld, Wettbewerbsverbote im Gesellschaftsrecht, 1987, 85 ff.; BeckOGK/v. Thunen/Mehringer, 15.5.2025, Rn. 45.

[30] Vgl. BGH 8.5.1989, NJW 1989, 2687; 5.12.1983, BGHZ 89, 162 (165 f.) = NJW 1984, 1351 (1352); OLG Frankfurt 17.3.2009, NZG 2009, 903 (904 f.); KG 6.3.2014, NZKart 2014, 368 (369); Staub/Casper Rn. 11; NK-HGB/Eberl Rn. 5; Henssler/Strohn/Gummert Rn. 5; Koch PersGesR/Könen Rn. 7; Hopt/Roth Rn. 3; BeckOGK/v. Thunen, 15.5.2025, Rn. 19.

Geschäftsführungsbefugnis indes gegenständlich begrenzt, reicht das Wettbewerbsverbot über diesen Bereich nur hinaus, soweit der Kommanditist auch ansonsten in die Geschäftsführung eingebunden ist und insoweit entweder Einfluss oder Informationen erlangt, die eine analoge Anwendung der §§ 117, 118 rechtfertigen.[31] Entsprechendes gilt für den **„faktisch" geschäftsführenden Kommanditisten,** der, ohne zur Geschäftsführung berechtigt zu sein, in die Geschäftsführung eingreift. Andernfalls würde er besser stehen als der rechtmäßig Handelnde.[32] In gleicher Weise unterliegt derjenige Kommanditist dem Wettbewerbsverbot in § 117 Abs. 1, der gegenüber den geschäftsführenden Komplementären **weisungsbefugt** ist.[33] Die Erstreckung des Wettbewerbsverbots beruht in diesem Fall darauf, dass der Kommanditist die Geschicke der Gesellschaft in einer der (unmittelbaren) Geschäftsführung entsprechenden Weise ausschlaggebend bestimmt.[34]

cc) Kommanditist mit erweiterten Informations- und Kontrollrechten. Der Zweck des Wettbewerbsverbots rechtfertigt dessen analoge Anwendung auf den Kommanditisten darüber hinaus, wenn dieser zwar nicht zur Geschäftsführung befugt, aber mit erweiterten Informations- und Kontrollrechten ausgestattet ist, die denen eines (gesetzestypischen) Komplementärs entsprechen (vgl. § 161 Abs. 2, § 105 Abs. 3 iVm § 717 Abs. 1 BGB).[35] Der hiergegen erhobene Einwand, die Mitgesellschafter könnten die Verwertung von Gesellschaftsinterna bereits durch Auskunfts- und Einsichtsverweigerungsrechte verhindern und die Ausdehnung des Wettbewerbsverbots daher unter Verstoß gegen § 1 GWB den funktionsspezifischen Regelungsbereich des Gesellschaftsrechts überschreiten,[36] überzeugt nicht,[37] da die Mitgesellschafter Schutzmaßnahmen regelmäßig erst ergreifen können, wenn es bereits zu einer missbräuchlichen Verwertung von Gesellschaftsinterna gekommen ist. Auskunfts- und Einsichtsverweigerungsrechte können das präventiv wirkende Wettbewerbsverbot deshalb nicht ersetzen. 15

Wenn der Kommanditist wirksam auf seine erweiterten Informations- und Kontrollrechte **verzichtet,** erlischt das Wettbewerbsverbot. Es ist suspendiert, wenn und solange der Kommanditist von seinen Rechten fortwährend **keinen Gebrauch** macht.[38] Dies zu **beweisen,** ist Sache des Kommanditisten. Umgekehrt sind die §§ 117, 118 analog auch auf denjenigen Kommanditisten anzuwenden, der **rein faktisch Zugang zu Informationen** hat, die nach Art und Umfang den auf Grundlage des § 717 Abs. 1 BGB zu erteilenden Informationen entsprechen;[39] im Übrigen greifen die Grundsätze der Geschäftschancenlehre ein (→ Rn. 2). 16

dd) Kommanditist mit Mehrheitsbeteiligung oder Sperrminorität. Wegen seines angeblich „beherrschenden Einflusses" wird bisweilen auch der **mehrheitlich beteiligte Kommanditist** dem Wettbewerbsverbot unterworfen, der weder an der Geschäftsführung beteiligt noch mit erweiterten Kontroll- und Informationsrechten ausgestattet ist.[40] Das ist in Übereinstimmung mit der hM **abzulehnen.** Die Mehrheitsbeteiligung eröffnet dem Kommanditisten zwar regelmäßig bestimmenden Einfluss auf außergewöhnliche Geschäfte und Grundlagenänderungen; sie vermittelt ihm *per se* aber weder Einfluss auf die Geschäftsführung noch Zugang zu Gesellschaftsinterna (zu den Besonderheiten in der GmbH & Co. KG → Rn. 20 ff.).[41] Deshalb steht einer analogen Anwendung der §§ 117, 118 die Regelung des § 165 entgegen, wonach die (gesetzestypische!) Beteiligung des Kom- 17

---

[31] Wie hier MüKoHGB/Grunewald Rn. 6; Hopt/Roth Rn. 3; iErg ähnlich Staub/Casper Rn. 12 jedoch unter Rückgriff auf die allg. Treuepflicht; **aA** Schlegelberger/Martens Rn. 9; wohl auch Ebenroth/Boujong/Oepen Rn. 10.

[32] Armbrüster ZIP 1997, 261 (268); Staub/Casper Rn. 13; K. J. Müller NJW 2007, 1724 (1726); iErg ebenso MüKoHGB/Grunewald Rn. 9.

[33] Staub/Casper Rn. 11; HNK-HGB/Eberl Rn. 6; MüKoHGB/Grunewald Rn. 6; Henssler/Strohn/Gummert Rn. 6; RGHMW/Mock Rn. 8; BeckOGK/v. Thunen/Mehringer, 15.5.2025, Rn. 19.

[34] Vgl. BGH 5.12.1983, BGHZ 89, 162 (165 f.) = NJW 1984, 1351 (1352); 4.12.2001, NJW 2002, 1046 (1047); KKD/Kindler Rn. 3.

[35] Heymann/Borges Rn. 7; Staub/Casper Rn. 14; MüKoHGB/Fleischer § 112 Rn. 17; Fleischer WM 2020, 1897 (1901); Henssler/Strohn/Gummert Rn. 5; Koch PersGesR/Könen Rn. 8; RGHMW/Mock Rn. 10; K. J. Müller NJW 2007, 1724 (1726); BeckOGK/v. Thunen/Mehringer, 15.5.2025, Rn. 32. In der Reichweite letztlich unklar KKD/Kindler Rn. 3: „erheblich [!?] über § 166 hinausgehende Informationsrechte"; zutr. dagegen OLG Frankfurt 7.9.1991, DB 1992, 2489 (2490).

[36] Armbrüster ZIP 1997, 261 (271); MüKoHGB/Grunewald Rn. 10; Kellermann FS Fischer, 1979, 307 (318).

[37] Ebenso Staub/Casper Rn. 14; MHdB GesR II/Doehner/Walsh § 16 Rn. 55; Schlegelberger/Martens Rn. 13.

[38] **AA** Staub/Casper Rn. 14.

[39] Ebenso Staub/Casper Rn. 15 aE; Ebenroth/Boujong/Oepen Rn. 11; **aA** Armbrüster ZIP 1997, 261 (270 f.).

[40] Ausdrücklich K. J. Müller NJW 2007, 1724 (1726); dahingehend auch MHdB GesR II/Doehner/Walsh § 16 Rn. 57; Schlegelberger/Martens Rn. 17.

[41] S. Staub/Casper Rn. 16; MüKoHGB/Grunewald Rn. 11; Koch PersGesR/Könen Rn. 9; EbenrothBoujong/Oepen Rn. 12; BeckOGK/v. Thunen/Mehringer, 15.5.2025, Rn. 38.

manditisten an außergewöhnlichen Geschäften und Grundlagenänderungen gerade nicht ausreicht, um ein Wettbewerbsverbot zu begründen. Folgerichtig legitimiert auch eine **Sperrminorität** des Kommanditisten, mit der er wesentliche Entscheidungen der KG blockieren kann, für sich allein nicht eine Ausdehnung des Wettbewerbsverbots.[42] Stets kommt es darauf an und ist **im Einzelfall zu prüfen,** ob dem Kommanditisten neben seiner beherrschenden Gesellschafterstellung Einfluss auf die Geschäftsführung (→ Rn. 14) oder erweiterte Informations- und Kontrollrechte (→ Rn. 15) eingeräumt sind.[43]

18 Zu den Besonderheiten des mehrheitlich an der Komplementär-GmbH beteiligten Kommanditisten → Rn. 20.

19 **3. Rechtsfolgen.** Die Rechtsfolgen eines Verstoßes gegen das Wettbewerbsverbot hängen davon ab, ob der Kommanditist dem gesetzlichen Wettbewerbsverbot in § 117 Abs. 1 oder einem sonstigen, insbes. auf die Treuepflicht gestützten Wettbewerbsverbot unterliegt. Nur in dem erst genannten Fall bestimmen sich die Rechtsfolgen nach § 118, ansonsten besteht ausschließlich ein Schadensersatzanspruch gem. § 280 Abs. 1 BGB iVm §§ 249 ff. BGB (→ Rn. 2).[44] An einem Verstoß gegen das Wettbewerbsverbot kann es indes fehlen, wenn die Gesellschaft selbst, sämtliche Gesellschafter im Einzelfall, in das wettbewerbsrelevante Verhalten des Kommanditisten eingewilligt haben. Ein derartiges **Einverständnis** kann nicht nur ausdrücklich, sondern auch konkludent erklärt werden. Ein konkludent erteiltes Einverständnis kommt jedoch nur in Ausnahmefällen in Betracht, so zB, wenn ein neu eintretender Kommanditist bereits ein Unternehmen betreibt und dieses für die Gesellschafter erkennbar auch nach dem Beitritt fortführen will.[45] Allein die Kenntnis und Hinnahme eines verbotswidrigen Verhaltens reicht für sich alleine für ein konkludentes Einverständnis nicht aus, kann es der Gesellschaft jedoch nach § 242 BGB verwehren, sich auf den Verstoß gegen das Wettbewerbsverbot zu berufen.

IV. GmbH & Co. KG

20 Hinsichtlich des persönlichen Anwendungsbereichs des gesetzlichen Wettbewerbsverbots nach § 117 Abs. 1 gelten in der GmbH & Co. KG zunächst keine Besonderheiten. Nicht nur die Komplementär-GmbH,[46] sondern auch ein Kommanditist kann deshalb unter den dargestellten Voraussetzungen (→ Rn. 13 ff.) Adressat des Wettbewerbsverbots sein. Ihm unterfällt namentlich derjenige **Kommanditist, der zugleich mehrheitlich an der Komplementär-GmbH beteiligt ist** und somit kraft Gesetzes (§ 37 Abs. 1 GmbHG, § 46 Nr. 6 GmbHG) maßgeblichen Einfluss auf die Geschäftsführung der KG nehmen kann (→ Rn. 17).[47] Ob hierfür die bloße Möglichkeit der Einflussnahme bereits ausreicht, hat der BGH bislang offengelassen. Jedenfalls bejaht er eine nach allgemeiner Lebenserfahrung bestehende tatsächliche Vermutung dafür, dass von bestehenden Einflussmöglichkeiten Gebrauch gemacht wird.[48]

21 Auf **herrschende GmbH-Gesellschafter, die an der KG nicht unmittelbar beteiligt sind,** findet das gesetzliche Wettbewerbsverbot in § 117 Abs. 1 keine Anwendung.[49] Das ergibt sich trotz ihres Einflusses auf die Geschäftsführung der KG entscheidend daraus, dass § 117 Abs. 1 auf die Gesellschafterstellung in der Personenhandelsgesellschaft zugeschnitten ist und deren vom gegenseitigen Vertrauen getragenes Gesellschaftsverhältnis somit Ausgangspunkt und teleologisches Fundament für eine analoge Anwendung ist. Erkennt man eine Treuepflicht der GmbH-Gesellschafter gegenüber der KG an (→ § 161 Rn. 115), so wird sich indes regelmäßig aus dieser ein Wettbewerbsverbot des herrschenden GmbH-Gesellschafters herleiten lassen. Dieses unterscheidet sich jedoch in Voraussetzungen und Rechtsfolgen von dem der §§ 117, 118 (→ Rn. 2, → Rn. 18).

---

[42] Ebenso Staub/Casper Rn. 16; K. J. Müller NJW 2007, 1724 (1726 f.); **aA** MHdB GesR II/Doehner/Walsh § 16 Rn. 57; Schlegelberger/Martens Rn. 17.

[43] Unscharf Heymann/Horn, 2. Aufl. 1996, Rn. 4; RGHMW/Mock Rn. 9; Staub/Schilling, 4. Aufl. 1987, Rn. 2: „beherrschender Einfluss" – aber worauf?; wie hier Staub/Casper Rn. 16 f.; Ebenroth/Boujong/Oepen Rn. 12; Hopt/Roth Rn. 3; im Grundsatz auch MüKoHGB/Grunewald Rn. 11, die indes die Einräumung zusätzlicher Informationsrechte nicht genügen lässt.

[44] Wie hier zB Staub/Casper Rn. 9, 19; BeckOGK/v. Thunen, 15.5.2025, Rn. 52 f.

[45] S. Staub/Casper Rn. 31.

[46] Unzutr. **aA** OLG Frankfurt 15.4.1982, BB 1982, 1383 f.; dagegen mit Recht Staub/Casper Rn. 20; Riegger BB 1983, 90 f.

[47] So die Konstellation in BGH 5.12.1983, BGHZ 89, 162 (167) = NJW 1984, 1351 (1352); 9.3.2009, BGHZ 180, 105 = NZG 2009, 744; abl. im konkreten Fall jedoch OLG Frankfurt 17.3.2009, NZG 2009, 903 (904 f.).

[48] S. BGH 5.12.1983, BGHZ 89, 162 (167) = NJW 1984, 1351 (1352); iErg ebenso Staub/Casper Rn. 21.

[49] Staub/Casper Rn. 22; MHdB GesR II/Doehner/Hoffmann § 16 Rn. 62; Wiedemann GesR II § 9 IV 3b bb; **aA** KKD/Kindler Rn. 2; BeckOGK/v. Thunen/Mehringer, 15.5.2025, Rn. 27; wohl auch RGHMW/Mock Rn. 19.

Dementsprechend findet das Wettbewerbsverbot des § 117 Abs. 1 auf den **Geschäftsführer der Komplementär-GmbH**, der nicht zugleich Kommanditist ist, zwar unmittelbar keine Anwendung. Es zählt aber nach allgM zu den Organpflichten des GmbH-Geschäftsführers, Wettbewerb im Geschäftszweig der GmbH zu unterlassen.[50] Wenn und weil die Geschäftszweige von GmbH und KG bei der GmbH & Co. KG regelmäßig zusammenfallen und die Organpflichten des Geschäftsführers Schutzwirkung zugunsten der KG entfalten (→ § 164 Rn. 54), ist der GmbH-Geschäftsführer auch im Verhältnis zur KG verpflichtet, Wettbewerb zu unterlassen.[51] Handelt er diesem Verbot zuwider, dann kann die KG Schadensersatz verlangen oder ihr Eintrittsrecht (§ 88 Abs. 2 AktG, § 118 entsprechend) ausüben.[52] 22

V. Publikums-KG

Für den **Kommanditisten** der Publikums-KG, der typischerweise weder zur Geschäftsführung befugt noch mit erweiterten Informations- oder Kontrollrechten ausgestattet ist, bleibt es bei der Vorschrift des § 165. Das gesetzliche Wettbewerbsverbot des § 117 Abs. 1 findet auf ihn keine Anwendung. 23

Gleichwohl ist es dem Kommanditisten der Publikums-KG kraft seiner Treuepflicht (→ § 161 Rn. 160) untersagt, Geschäftschancen der KG für eigene Zwecke zu nutzen (zur Geschäftschancenlehre → Rn. 2). Allerdings muss er die näheren Umstände des von der KG in Aussicht genommenen Geschäfts auf Grund seiner Gesellschaftereigenschaft erfahren haben. In der Praxis wird das die Ausnahme sein. 24

VI. Investment-KG

Die Grundsätze für die Publikums-KG (→ Rn. 23 f.) gelten in vergleichbarer Weise für die offene bzw. geschlossene Investment-KG. Wegen § 124 Abs. 1 S. 2 KAGB bzw. § 149 Abs. 1 S. 2 KAGB sind auch bei ihr § 165 und die hierzu maßgeblichen Interpretamente anzuwenden. Über die gesellschafterliche **Treuepflicht,** die auch bei der Investment-KG gilt (→ § 163 Rn. 12), unterliegen indes auch die Kommanditisten dem Verbot, Geschäftschancen für sich auszunutzen. Ferner sind sie auf Grund der Treuepflicht nicht befugt, Geschäftsgeheimnisse der Gesellschaft Dritten gegenüber zu offenbaren (→ Rn. 2). Ebenso unterliegen sie den Bindungen durch das GeschGehG (→ Rn. 3). 25

§ 166 Informationsrecht der Kommanditisten

(1) [1]Der Kommanditist kann von der Gesellschaft eine Abschrift des Jahresabschlusses (§ 242 Absatz 3) verlangen und zu dessen Überprüfung Einsicht in die zugehörigen Geschäftsunterlagen nehmen. [2]Daneben kann er von der Gesellschaft Auskunft über die Gesellschaftsangelegenheiten verlangen, soweit dies zur Wahrnehmung seiner Mitgliedschaftsrechte erforderlich ist, insbesondere, wenn Grund zu der Annahme unredlicher Geschäftsführung besteht.

(2) Eine Vereinbarung im Gesellschaftsvertrag, welche diese Rechte ausschließt oder dieser Vorschrift zuwider beschränkt, ist unwirksam.

Schrifttum: Binz/Freudenberg/Sorg, Informationsrechte in der GmbH & Co. KG, BB 1991, 785; Casper/Selbach, Die Reichweite des Informationsrechts des Kommanditisten, NZG 2016, 1324; Esch, Weisungsrechte der Gesellschafter in der GmbH & Co. KG, NJW 1988, 1553; Goerdeler, Das allgemeine Informationsrecht des Kommanditisten in bezug auf den Jahresabschluss, FS Kellermann, 1991, 77; Grunewald, Zum Informationsrecht in der GmbH & Co. KG, ZGR 1989, 545; Hahn, Das Informationsrecht des Kommanditisten, BB 1997, 741; Hippeli, Reichweite des außerordentlichen Informationsrechts des Kommanditisten i.S.d. § 166 Abs. 3 HGB, DZWIR 2016, 568; Hirte, Die Ausübung von Informationsrechten von Gesellschaftern durch Sachverständige, FS Röhricht, 2005, 217; U. Huber, Das Auskunftsrecht des Kommanditisten, ZGR 1982, 539; Koch, Informati-

[50] Statt aller NSH/Beurskens GmbHG § 37 Rn. 83 ff.; Heymann/Borges Rn. 2; BeckOGK/v. Thunen, 15.5.2025, Rn. 29.

[51] BGH 9.3.2009, BGHZ 180, 105 = NZG 2009, 744 (746); Heymann/Borges Rn. 2; Staub/Casper Rn. 23; RGHMW/Mock Rn. 20; Hopt/Roth Anh. § 161 Rn. 27; zumindest iErg hL; s. MüKoHGB/Grunewald Rn. 15; Riegger BB 1983, 90 f.; ferner Weller ZHR 175 (2011), 110 (136 ff.), der jedoch die KG in die Schutzwirkung des Organverhältnisses einbezieht; **aA** für Vorstandsmitglieder einer Komplementär-AG OLG Hamburg 29.6.2007, NZG 2008, 224 f.; Grohmann/Gruschinske GmbHR 2009, 846 ff. (offen demgegenüber BGH 9.3.2009, BGHZ 180, 105 = NZG 2009, 744 [746]); s. auch Staub/Casper Rn. 25; Grigoleit ZGR 2010, 662 ff.; Weller ZHR 175 (2011), 110 (137 f.).

[52] Ebenso Staub/Casper Rn. 23, der mit Recht eine Analogie zu § 88 Abs. 2 AktG als dogmatisch vorzugswürdig erachtet; ausf. Scholz/U. H. Schneider GmbHG § 43 Rn. 166 ff.

onsweitergabe und Informationsasymmetrien im Gesellschaftsrecht, ZGR 2020, 183; Krug, Das Auskunfts- und Einsichtsrecht des Kommanditisten, Diss. Mannheim 1991; Nast, Auskunftsanspruch über Mitanleger eines treuhänderisch organisierten Publikumsfonds unter Geltung der DS-GVO, NZG 2020, 826; Rosner, Der Umfang des außerordentlichen Informationsrechts des Kommanditisten nach § 166 III HGB, NZG 2014, 655; Rosner, Die Informationsrechte des Kommanditisten, GWR 2015, 272; Schiessl, Abdingbarkeit der Kontrollrechte des Kommanditisten aus § 166 HGB, NJW 1989, 1597; K. Schmidt, Informationsrechte in Gesellschaften und Verbänden, 1984; K. Schmidt, Zur Binnenverfassung der GmbH & Co. KG, FS Röhricht, 2005, 511; K. Schmidt, § 166 HGB und das geltende Recht, FS Bergmann, 2019, 653; U. H. Schneider, Die Auskunfts- und Kontrollrechte des Gesellschafters in der verbundenen Personengesellschaft, BB 1975, 1353; Schuhknecht/Irmler, Das Informationsrecht des Kommanditisten gemäß § 166 III HGB, GWR 2016, 50; Thole, Auskunfts- und Informationsrechte von Kommanditisten gegen den Insolvenzverwalter, ZIP-Beil. 22/2016, 78; Ulmer, Die Mitwirkung des Kommanditisten an der Bilanzierung der KG, FS Hefermehl, 1976, 201; Veltins/Hikel, Zur Einschränkung bzw. Erweiterung der Informationsrechte des Kommanditisten, DB 1989, 465; Voigt, Wegfall des Einsichtsrechts des Kommanditisten nach § 166 I HGB durch Feststellung des Jahresabschlusses?, NZG 2009, 772; Weipert, Gesellschafterinformationsrechte in der Kommanditgesellschaft, DStR 1992, 1097.

Übersicht

I. Allgemeines

1 Die Vorschrift wurde durch das MoPeG neu gefasst und weicht zum Teil grundlegend von der bis zum 1.1.2024 geltenden Fassung ab. Während § 166 Abs. 1 S. 1 nF weitgehend § 166 Abs. 1 aF entspricht,[1] greift § 166 Abs. 1 S. 2 nF das bislang in Rechtsprechung und Literatur anerkannte allgemeine Auskunftsrecht sowie das in § 166 Abs. 3 aF normierte außerordentliche Informationsrecht auf und bündelt diese in einer Vorschrift.[2] Mit dem Auskunftsrecht in § 166 Abs. 1 S. 2 bleibt die Rechtsstellung des Kommanditisten wegen der Verknüpfung mit der Wahrnehmung mitgliedschaftlicher Rechten immer noch hinter dem allgemeiner formulierten § 51a GmbHG zurück (→ 7. Aufl. 2021, § 166 Rn. 3).[3] Hierdurch wurde jedoch der bisherige § 166 Abs. 3 aF (dazu → 7. Aufl. 2021, § 166 Rn. 21 ff.) überflüssig und dementsprechend in dem neugefassten § 166 nicht fortgeführt[4] (→ 7. Aufl. 2021, § 166 Rn. 14 ff.). In diesem Sinne soll § 166 Abs. 1 S. 2 den bisherigen § 166 Abs. 3 ersetzen.[5] Ebenfalls nicht übernommen wurde § 166 Abs. 2 aF, wonach die Rechte der von der Geschäftsführung ausgeschlossenen Gesellschafter (s. § 118 aF) dem Kommanditisten nicht zustehen. Dies war schon deshalb geboten, weil die neu gefassten Bestimmungen zur OHG den bisherigen § 118 nicht fortführen, so dass sich die Informationsrechte der OHG-Gesellschafter wegen § 105 Abs. 3 nunmehr nach dem Recht der rechtsfähigen BGB-Gesellschaft richten.[6] Dieses begründet in § 717 Abs. 1 S. 1 BGB die Einsichts- und Auskunftsrechte zugunsten der Gesellschafter unabhängig davon, ob diese von der Geschäftsführung ausgeschlossen sind.[7]

[1] Begr. RegE, BT-Drs. 19/27635, 253 f.
[2] S. Staub/Casper Rn. 7 f.
[3] Krit. Staub/Casper Rn. 8.
[4] Begr. RegE, BT-Drs. 19/27635, 254; OLG Düsseldorf 16.5.2024, NZG 2024, 1092 (1093 f.).
[5] S. Begr. RegE, BT-Drs. 19/27635, 254; OLG Düsseldorf 16.5.2024, NZG 2024, 1092 (1093 f.).
[6] Staub/Casper Rn. 1.
[7] S. Begr. RegE, BT-Drs. 19/27635, 159.

Gesellschaftsvertragliche Abreden, die die Einsichts- und Auskunftsrechte in § 166 Abs. 1 ausschließen oder beschränken, sind nach dem neu eingefügten § 166 Abs. 2 unwirksam.[8] Abweichend von § 717 Abs. 1 S. 2 BGB gilt diese Rechtsfolge unabhängig davon, ob die Einsicht bzw. Auskunft zur Wahrnehmung eigener Mitgliedschaftsrechte erforderlich ist, insbesondere ein Grund zur Annahme unredlicher Geschäftsführung besteht. Gesellschaftsvertragliche Abreden, die die Rechtsstellung des Kommanditisten über § 166 Abs. 1 hinausgehend verbessern, wie zB die Einräumung anlassloser Auskunfts- oder Einsichtsrechte, sind demgegenüber uneingeschränkt rechtswirksam (→ Rn. 35). 2

Bezüglich der Einsichts- und Auskunftsrechte des **Kommanditisten** ist § 166 vorbehaltlich gesellschaftsvertraglicher Regelung (→ Rn. 2) nach seinem Normzweck abschließend; ein Rückgriff auf § 717 Abs. 1 BGB steht dem Kommanditisten über § 161 Abs. 2 iVm § 105 Abs. 3 nicht zu.[9] Zu sonstigen Informationspflichten nach bürgerlichem Recht und dem kollektiven Informationsanspruch aus § 161 Abs. 2 iVm § 105 Abs. 3 iVm § 717 Abs. 2 BGB → Rn. 39. Die verfahrensrechtlichen Einsichtsrechte nach § 299 Abs. 2 ZPO (§ 4 InsO) werden durch § 166 nicht berührt.[10] Anders ist die Rechtslage bei dem **Komplementär.** Mangels eigenständiger Vorschriften im Recht der OHG, die über § 161 Abs. 2 zur Anwendung gelangen könnten, gilt für ihn wegen der Verweisung in § 105 Abs. 3 das Einsichts- und Auskunftsrecht in § 717 Abs. 1 BGB[11] unabhängig davon, ob der Komplementär von der Geschäftsführung ausgeschlossen ist (→ Rn. 1). 3

Die Vorschrift des § 166 gilt nicht nur für die Kommanditisten der KG, sondern anknüpfend an die bis zum 1.1.2024 geltende Rechtslage (s. § 233 aF; → 7. Aufl. 2021, § 233 Rn. 1 ff.) auch für den **stillen Gesellschafter.**[12] Für diesen ordnet § 233 die entsprechende Anwendung von § 166 an, was in der Sache der bisherigen Rechtslage entspricht.[13] Wegen der weit gefassten Formulierung („Informationsrecht") gilt dies sowohl für das Einsichtsrecht in § 166 Abs. 1 S. 1 als auch für das Auskunftsrecht nach § 166 Abs. 1 S. 2 (→ § 233 Rn. 2a). Das in § 233 ausdrücklich verankerte Gebot einer „entprechenden" Anwendung eröffnet methodisch Spielräume für Modifikationen, die jedoch stets im Recht der stillen Gesellschaft und den hieraus folgenden Besonderheiten begründet sein müssen (→ § 233 Rn. 2). 4

Keine ausdrückliche Antwort gibt das Recht der KG auf die Rechtslage, wenn die Geschäftsführung einzelnen Gesellschaftern **Informationen** ohne gesetzliche oder gesellschaftsvertragliche Grundlage **auf freiwilliger Basis** zukommen lässt, diese aber anderen Gesellschaftern verweigert, ohne dass sie diese über § 166 Abs. 1 S. 1 bzw. das allgemeine Informationsrecht nach § 166 Abs. 1 S. 2 beanspruchen können (zB kontinuierliche Überlassung betriebswirtschaftlicher Auswertungen [BWA] oder Vertragsunterlagen an einen Mehrheitskommanditisten, die einem Minderheitskommanditisten vorenthalten werden). Als dogmatische Grundlage für einen Informationsanspruch kommt in dieser Konstellation allenfalls der gesellschaftsrechtliche **Gleichbehandlungsgrundsatz** in Betracht,[14] der ungeachtet seiner methodischen Fundierung auch im Personengesellschaftsrecht anerkannt ist (→ § 108 Rn. 41).[15] Er steht jedenfalls einer **sachlich nicht gerechtfertigten Bevorzugung** einzelner Gesellschafter bei der freiwilligen Informationsüberlassung entgegen;[16] seinen Zweck kann er aber selbst bei fehlender sachlicher Rechtfertigung der Ungleichbehandlung nur dann erreichen, wenn er auf der Rechtsfolgenebene mit einem **Erfüllungsanspruch** zugunsten desjenigen Gesellschafters korrespondiert, dem eine Information unter Verstoß gegen den Gleichbehandlungsgrundsatz vorenthalten wurde.[17] Zu einem derartigen Inhalt hat sich der personengesellschaftsrechtliche Gleichbehandlungsgrundsatz in der gesellschaftsrechtlichen Dogmatik indes bislang nicht verfestigt.[18] 5

---

[8] BGH 22.1.2025, NZG 2025, 699 Rn. 12.

[9] Im Grds. a. Hopt/Roth Rn. 12.

[10] S. BGH 15.10.2020, NJW-RR 2021, 48 Rn. 9 ff.; OLG Hamburg 30.9.2019, NZG 2020, 547 (547).

[11] Staub/Casper Rn. 1; NK-HGB/Eberl Rn. 4.

[12] S. Begr. RegE, BT-Drs. 19/27635, 259.

[13] BeckOGK/Kinzl, 1.4.2024, § 233 Rn. 2; Hopt/Roth § 233 Rn. 1; Koch PersGesR/Tassius, § 233 Rn. 1.

[14] Zu der durch § 53a AktG geprägten aktienrechtlichen Diskussion s. Koch ZGR 2020, 183 (208 ff.); zuvor Verse, Der Gleichbehandlungsgrundsatz im Recht der Kapitalgesellschaften, 2006, 532 ff.

[15] Dazu näher zB MüKoBGB/Schäfer BGB § 705 Rn. 297 ff. mwN.

[16] S. Koch ZGR 2020, 183 (208 ff.); ebenso Staub/Casper Rn. 10.

[17] Ebenso Staub/Casper Rn. 10; MüKoHGB/Grunewald Rn. 39. Deutlich wird dies insbes. bei einem Blick auf den Diskussionsstand im Aktienrecht, s. Koch ZGR 2020, 183 (212), der ein Fehlen nennenswerter Sanktionen beklagt und hieraus die Bedeutungslosigkeit des „informationellen Gleichbehandlungsgrundsatzes" diagnostiziert.

[18] Ein auf § 280 Abs. 1 BGB gestützter Schadensersatzanspruch führt selbst in Gestalt einer Naturalrestitution (§ 249 Abs. 1 BGB) nicht zum angestrebten Ziel, da der übergangene Gesellschafter die Information auch ohne den Verstoß gegen den Gleichbehandlungsgrundsatz nicht erhalten hätte.

II. Ordentliche Informationsrechte

6 **1. Mitteilungs- und Einsichtsrecht (Abs. 1 S. 1).** Jeder Kommanditist ist nach § 166 Abs. 1 S. 1 berechtigt, eine Abschrift des Jahresabschlusses zu verlangen und dessen Richtigkeit durch Einsicht in die Geschäftsunterlagen zu prüfen. Mit dieser Regelung greift § 166 Abs. 1 S. 1 den bis zum 1.1.2024 geltenden Norminhalt von § 166 Abs. 1 aF auf; der durch das MoPeG neu gefasste § 166 Abs. 1 S. 1 beschränkt sich auf zwei Klarstellungen:[19] Erstens wird der mitzuteilende „Jahresabschluss" durch die Verweisung auf § 242 Abs. 3 im Sinne einer Legaldefinition präzisiert. Zweitens wird der Gegenstand der Prüfung, die sich bislang auf „Bücher und Papiere" bezog, nunmehr mit dem offeneren Begriff „Geschäftsunterlagen" umschrieben, die zudem zu dem Jahresabschluss „gehören" müssen.

7 **a) Mitteilungsrecht.** Auf Grundlage von Abs. 1 S. 1 kann der Kommanditist die **abschriftliche Mitteilung** des Jahresabschlusses (§ 242 Abs. 3) verlangen. Das Gesetz unterscheidet insoweit nicht zwischen auf- und festgestellten Abschlüssen. Gleichwohl bezieht sich Abs. 1 S. 1 nur auf den **festgestellten Jahresabschluss,**[20] da der aufgestellte Abschluss den zur Mitwirkung an der Feststellung befugten Kommanditisten ohnehin zuzuleiten ist,[21] während die hiervon ausgeschlossenen Kommanditisten an der Mitteilung des lediglich aufgestellten Abschlusses kein anerkennenswertes Interesse haben. Nach dem Gesetzeswortlaut („des Jahresabschlusses") bezieht sich das Mitteilungsrecht des Abs. 1 S. 1 nur auf den aktuellen, nicht jedoch auch auf frühere Jahresabschlüsse (aber → Rn. 24). Es umfasst neben einem etwaigen Anhang[22] auf Grund seiner steuerlichen Mitunternehmerschaft auch die Mitteilung der Steuerbilanz (allgM)[23] sowie der Eröffnungs- (§ 242 Abs. 1) und ggf. der Liquidationsbilanz (§ 154).[24] Ein Recht auf Mitteilung etwaiger Zwischenbilanzen oder Prüfberichte des Finanzamts oder des Abschlussprüfers besteht auf Grundlage von Abs. 1 S. 1 nicht (zum allgemeinen Informationsrecht aber → Rn. 17 ff.).[25] Das Mitteilungsrecht erstreckt sich ausschließlich auf den **Jahresabschluss der KG,** nicht hingegen auf Jahresabschlüsse anderer Gesellschaften, an denen die KG gesellschaftsrechtlich beteiligt ist. Diesbezüglich kommt allenfalls ein Einsichtsrecht in Betracht (→ Rn. 12).

8 **b) Einsichtsrecht. aa) Voraussetzungen.** Entgegen dem insoweit missverständlichen Wortlaut besteht das Einsichtsrecht unabhängig von der vorherigen Mitteilung des Jahresabschlusses.[26] Andernfalls könnte die (pflichtwidrig) unterlassene Mitteilung den Kommanditisten zusätzlich noch um die Möglichkeit der Einsichtnahme bringen. Deshalb genügt es, dass der Kommanditist vom Inhalt des Jahresabschlusses oder der jeweiligen Bilanz Kenntnis genommen hat. Das Einsichtsrecht ist jedoch im Zweifel ausgeschlossen, wenn der Kommanditist **an der Feststellung des Jahresabschlusses mitgewirkt** oder die zugrundeliegende Bilanz unterzeichnet und damit seine Zustimmung erklärt hat.[27] Andernfalls kann und muss er sich eine genauere Überprüfung ggf. ausdrücklich vorbehalten. Die rechtswirksame Anfechtung der Zustimmungserklärung lässt das Einsichtsrecht jedoch wieder-aufleben.

9 Mit der **Durchführung einer Abschlussprüfung** erlischt das Einsichtsrecht, wenn diese an dessen Stelle – was durch Auslegung festzustellen ist – im Gesellschaftsvertrag vorgesehen ist oder

[19] S. Begr. RegE, BT-Drs. 19/27635, 253 f.

[20] Staub/Casper Rn. 12; NK-HGB/Eberl Rn. 8; MüKoHGB/Grunewald Rn. 1; BeckOGK/v. Thunen/Mehringer, 15.5.2025, Rn. 8; **aA** Staub/Schilling, 4. Aufl. 1987, Rn. 8 (aufgestellter Jahresabschluss).

[21] Vgl. Staub/Casper Rn. 12; NK-HGB/Eberl Rn. 8; RGHMW/Mock Rn. 3.

[22] Staub/Casper Rn. 11; NK-HGB/Eberl Rn. 8; MüKoHGB/Grunewald vor Rn. 1; BeckOGK/v. Thunen/Mehringer, 15.5.2025, Rn. 4.

[23] LG Wuppertal 16.12.2004, GmbHR 2005, 939; Heymann/Borges Rn. 18; Staub/Casper Rn. 11; Hopt/Roth Rn. 4; **aA** BeckOGK/v. Thunen/Mehringer, 15.5.2025, Rn. 7.

[24] HL; s. Heymann/Borges Rn. 18; Staub/Casper Rn. 11; Henssler/Strohn/Gummert Rn. 3; RGHMW/Mock Rn. 3; Ebenroth/Boujong/Oepen Rn. 10; BeckOGK/v. Thunen/Mehringer, 15.5.2025, Rn. 6; für die Eröffnungsbilanz **aA** Schlegelberger/Martens Rn. 6.

[25] Ganz hM; s. statt aller BGH 3.2.2015, NJW 2015, 2261 Rn. 10; Heymann/Borges Rn. 18; Staub/Casper Rn. 11; Hopt/Roth Rn. 4; BeckOGK/v. Thunen/Mehringer, 15.5.2025, Rn. 5 mwN.

[26] **AA** Schlegelberger/Martens Rn. 11.

[27] HM, s. BGH 3.11.1975, BB 1975, 1605 (1606) = BeckRS 1975, 31115215; OLG München 6.8.2025, BeckRS 2025, 20158; OLG Nürnberg 22.3.1957, BB 1957, 1053; Staub/Caspers Rn. 22; Schlegelberger/Martens Rn. 12; BeckOGK/v. Thunen/Mehringer, 15.5.2025, Rn. 34; Voigt NZG 2009, 772 (773 f.); **aA** MüKoHGB/Grunewald Rn. 8; RGHMW/Mock Rn. 14; Hopt/Roth Rn. 5; s. auch KG 23.12.1987, NJW-RR 1989, 230 (232), für die GmbH (Gesellschafter verzichte „nicht generell" auf sein Informationsrecht; dahingehender Wille könne nicht unterstellt werden); diff. Heymann/Borges Rn. 24 f. (Ausschluss nur bei Mitwirkung an der Erstellung). Jedenfalls zu weitgehend EBJS/Weipert, 4. Aufl. 2020, Rn. 16 (Einsichtsrecht des Kommanditisten endet mit ihm gegenüber verbindlicher Feststellung des Jahresabschlusses; dagegen nunmehr Ebenroth/Boujong/Oepen Rn. 14).

der Kommanditist einer Abschlussprüfung unter Verzicht auf sein Einsichtsrecht zugestimmt hat.[28] Wird die Abschlussprüfung hingegen auf Initiative der Geschäftsführung durchgeführt, besteht das Einsichtsrecht des Kommanditisten zwar fort, er wird sich aber häufig auf die Einsicht in den Prüfbericht beschränken können. Vor dem Hintergrund zusätzlicher Prognose- und Prozessrisiken ist es allerdings mit der ohnehin schwachen Rechtsstellung des Kommanditisten unvereinbar, ihn von vornherein auf die Einsicht in den Prüfbericht zu verweisen und sein umfassendes Einsichtsrecht unter zusätzliche Voraussetzungen zu stellen.[29]

bb) Inhalt. Das Einsichtsrecht dient der Überprüfung der auf Grund des Mitteilungsrechts erlang- 10
ten bzw. erlangbaren Informationen. Es ist funktional auf den Jahresabschluss der KG bezogen und dient dessen Prüfung, so dass das Einsichtsrecht hierin auch seine Schranke findet.[30] Diese funktionale Ausrichtung bringt der durch das MoPeG neu gefasste Abs. 1 S. 1 ausdrücklich zum Ausdruck, da er das Einsichtsrecht auf die dem Jahresabschluss „zugehörigen" Geschäftsunterlagen beschränkt. In **gegenständlicher Hinsicht** umfasst es deshalb die zur Prüfung des jeweiligen Jahresabschlusses bzw. der jeweiligen Bilanz (→ Rn. 7) nach objektiven Maßstäben erforderlichen Unterlagen sowie Datenträger.[31] Hierzu zählen grundsätzlich alle, auch der Geheimhaltung unterliegende (aber → Rn. 14, → Rn. 31) Unterlagen, die für den Abschluss bzw. die Bilanz relevant sein können sowie etwaige Prüfberichte[32] (→ Rn. 7). Der Kommanditist kann diese Unterlagen nach pflichtgemäßem – also vom Prüfungszweck und seiner Treuepflicht geleitetem – Ermessen selbst auswählen.[33]

Vom Einsichtsrecht **nicht** gedeckt sind die Einsicht in Warenbestände, die Besichtigung der 11
Geschäftsräume und die Teilnahme an Besprechungen.[34] An dem im Rahmen von § 166 Abs. 1 S. 1 notwendigen Bezug zu dem jeweiligen Jahresabschluss fehlt es ferner bei einem uneingeschränkten Einsichtsbegehren auf alle Geschäftsunterlagen der Gesellschaft;[35] andernfalls würde die in Abs. 1 S. 1 bewusst vorgesehene Eingrenzung unterlaufen. Im Streitfalle ist die Gesellschaft für die Tatsache, dass die Einsicht in bestimmte Unterlagen zur Überprüfung nicht erforderlich ist, darlegungs- und beweisbelastet.[36] Entsprechendes gilt für den Einwand, dass sich das Einsichtsverlangen des Gesellschafters als rechtsmissbräuchlich darstellt.[37]

Auf **Unterlagen anderer Gesellschaften** erstreckt sich das Einsichtsrecht nicht; es muss sich um 12
solche handeln, die im Eigentum und in der Verfügungsgewalt der Gesellschaft stehen und deren Geschäftsführung betreffen.[38] Unterlagen anderer Gesellschaften, die ein geschäftsführender Gesellschafter auf Grund seiner dortigen Mitgliedschaft oder Organstellung erlangt hat, werden hierdurch nicht zu solchen der KG, da der geschäftsführende Gesellschafter über diese nicht als Organmitglied der KG verfügt und sie nicht im Eigentum der KG stehen; es handelt sich auch in dieser Konstellation aus Sicht der KG um fremde Unterlagen. Eine Ausnahme ist lediglich für eine 100 %ige Tochtergesellschaft anerkannt, wenn auf diese eine Unternehmensabteilung ausgegliedert worden ist (zur Frage, gegen wen sich der Anspruch in dieser Konstellation richtet, → Rn. 28).[39] In diesem Fall betreffen die Unterlagen unmittelbar auch die geschäftlichen Verhältnisse der Konzernobergesellschaft und können auf Grund des Konzernrechtsverhältnisses von dieser unschwer beschafft werden. Entspre-

[28] Weitergehend Heymann/Horn, 2. Aufl. 1996, Rn. 31; Staub/Schilling, 4. Aufl. 1987, Rn. 31 (Einsichtsrecht beschränke sich dann „im Zweifel" auf den Prüfbericht). Wie hier Staub/Casper Rn. 23; MüKoHGB/Grunewald Rn. 9; Schlegelberger/Martens Rn. 40; BeckOGK/v. Thunen/Mehringer, 15.5.2025, Rn. 37.

[29] So Staub/Schilling, 4. Aufl. 1987, Rn. 17 (Wahl zwischen Einsichtsrecht nach Abs. 1 und Einsicht in den Prüfbericht); Schlegelberger/Martens Rn. 7 (Beschränkung auf Einsicht in den Prüfbericht, wenn dieser den Jahresabschluss bestätigt und eine objektiv verlässliche Beurteilungsgrundlage darstellt). ISd hier vertretenen Auffassung Staub/Casper Rn. 14; MüKoHGB/Grunewald Rn. 8.

[30] Treffend BGH 19.4.2016, BeckRS 2016, 10110 Rn. 13.

[31] BGH 8.7.1957, BGHZ 25, 115 (120) = NJW 1957, 1555 (1556); BGH 19.4.2016, BeckRS 2016, 10110 Rn. 13; Staub/Casper Rn. 15; NK-HGB/Eberl Rn. 10; Henssler/Strohn/Gummert Rn. 4; Heymann/Horn, 2. Aufl. 1996, Rn. 10; Thole ZIP-Beil. 22/2016, 78 (79); BeckOGK/v. Thunen/Mehringer, 15.5.2025, Rn. 13; ausf. MüKoHGB/Grunewald Rn. 2 f.

[32] BGH 3.2.2015, NJW 2015, 2261 Rn. 10; Heymann/Borges Rn. 28; Koch PersGesR/Könen Rn. 7; BeckOGK/v. Thunen/Mehringer, 15.5.2025, Rn. 16.

[33] Ebenso Heymann/Borges Rn. 27.

[34] Staub/Casper Rn. 15; MüKoHGB/Grunewald Rn. 3; KKD/Kindler Rn. 1.

[35] LG Dortmund 13.12.2013, BeckRS 2014, 01100.

[36] AllgM; s. statt aller BGH 8.7.1957, BGHZ 25, 115 (120 f.) = NJW 1957, 1555 (1556); Heymann/Borges Rn. 27 aE; Staub/Casper Rn. 18; BeckOGK/v. Thunen/Mehringer, 15.5.2025, Rn. 14.

[37] BGH 19.4.2016, BeckRS 2016, 10110 Rn. 13.

[38] S. insoweit auch BGH 14.6.2016, BGHZ 210, 363 Rn. 26 = NZG 2016, 1102.

[39] BGH 8.7.1957, BGHZ 25, 115 (118 f.) = NJW 1957, 1555; Staub/Casper Rn. 68 f.; MüKoHGBGrunewald Rn. 4; Henssler/Strohn/Gummert Rn. 5; RGHMW/Mock Rn. 4; s. ferner BGH 14.6.2016, BGHZ 210, 363 Rn. 26 = NZG 2016, 1102.

chendes kommt in anderen Fallgestaltungen in Betracht, wenn Unterlagen Dritter für die Prüfung des Jahresabschlusses der KG notwendig sind und zu dem Dritten ein Rechtsverhältnis besteht, auf Grund dessen die Gesellschaft die Informationen beanspruchen kann.[40] Zur Informationsbeschaffungspflicht in derartigen Konstellationen → Rn. 28. Besteht eine Rechtspflicht zur Informationsbeschaffung, ist es der Gesellschaft nach § 242 BGB verwehrt, sich gegenüber dem Einsichtsverlangen auf den fehlenden Besitz der Unterlagen zu berufen, da sie durch die unterlassene Informationsbeschaffung das Einsichtsrecht des Gesellschafters vereitelt (→ Rn. 28).

13 In **zeitlicher Hinsicht** steht Abs. 1 S. 1 einer länger andauernden oder wiederholten Überprüfung entgegen.[41] Die Einsichtnahme muss daher nach Geltendmachung des Informationsanspruchs (zu deren zeitlichen Grenzen → Rn. 29) innerhalb einer vertretbaren Frist nach Mitteilung des jeweiligen Jahresabschlusses erfolgen. Deren Länge richtet sich nach den Umständen des Einzelfalls, insbesondere der Komplexität der zu prüfenden Unterlagen.[42]

14 Die **weiteren Modalitäten** der Einsichtnahme und Überprüfung sind an den gegenseitigen Treuepflichten zu orientieren. Grundsätzlich muss die Einsichtnahme in den Geschäftsräumen und zu den üblichen Geschäftszeiten erfolgen.[43] Die Herausgabe oder Zusendung der Unterlagen kann nicht verlangt werden,[44] doch kann sich der Kommanditist zu Prüfungszwecken Kopien, Aufzeichnungen und Abschriften anfertigen, soweit kein berechtigtes (Geheimhaltungs-)Interesse der Gesellschaft entgegensteht (→ Rn. 31).[45] Zu ergänzenden Auskünften → Rn. 16.

15 Die **Kosten** der Einsichtnahme und Überprüfung trägt im Allgemeinen der Kommanditist.[46] Verletzen die geschäftsführenden Gesellschafter durch eine nicht ordnungsgemäße Buchführung schuldhaft ihre Pflichten, so sind sie und (nach § 31 BGB) die Gesellschaft dem Kommanditisten zum Ersatz eines daraus erwachsenen Schadens verpflichtet.[47] Das können vor allem erhöhte Prüfungskosten wegen der notwendigen Hinzuziehung eines Sachverständigen sein (→ Rn. 30).[48]

16 **c) Auskunftsrecht.** Neben der Mitteilung und der Einsichtnahme sieht Abs. 1 S. 1 ein weiteres Recht auf Auskunftserteilung nicht vor. Gleichwohl kann der Kommanditist ergänzende Auskünfte verlangen, wenn die bloße Einsicht in die Geschäftsunterlagen zur Prüfung des Jahresabschlusses nicht ausreicht.[49] Rechtsgrundlage dieses Auskunftsanspruchs ist aber nicht eine extensive Auslegung von Abs. 1 S. 1,[50] sondern das allgemeine Informationsrecht nach Abs. 1 S. 2 (→ Rn. 17 ff.): Die Auskunft ist erforderlich, um das Prüfungsrecht nach Abs. 1 S. 1 Alt. 2 sachgerecht ausüben zu können.[51]

17 **2. Allgemeines Informationsrecht des Kommanditisten (Abs. 1 S. 2). a) Allgemeines.** Neben den in Abs. 1 S. 1 ausdrücklich geregelten Informationsrechten steht dem Kommanditisten entsprechend der früheren Rechtslage (→ 7. Aufl. 2021, § 166 Rn. 14 ff.) ein allgemeines Informationsrecht zu.[52] Dieses Informationsrecht hatte seine Grundlage **in der Mitgliedschaft selbst** und

[40] Exemplarisch OLG Jena 18.11.2015, BeckRS 2015, 117392: Pachtvertrag der KG als Verpächterin mit vom Umsatz des Pächters abhängigem Pachtzins; zust. Staub/Casper Rn. 14.

[41] Heymann/Borges Rn. 21; Staub/Casper Rn. 17; MüKoHGB/Grunewald Rn. 5; RGHMW/Mock Rn. 11.

[42] S. Heymann/Borges Rn. 22; Staub/Casper Rn. 17; MüKoHGB/Grunewald Rn. 5 (vier Wochen regelmäßig ausreichend); Thole ZIP-Beil. 22/2016, 78 (79); BeckOGK/v. Thunen/Mehringer, 15.5.2025, Rn. 25 f.

[43] S. OLG München 22.3.2017, BeckRS 2017, 105055 = ZIP 2017, 1112; Heymann/Borges Rn. 23; Staub/Casper Rn. 17; NK-HGB/Eberl Rn. 10; MüKoHGB/Grunewald Rn. 6; Koch PersRGesR/Könen Rn. 7; RGHMW/Mock Rn. 12; BeckOGK/v. Thunen/Mehringer, 15.5.2025, Rn. 22, 23, 26.

[44] OLG München 22.3.2017, BeckRS 2017, 105055 = ZIP 2017, 1112; Heymann/Borges Rn. 29; Staub/Casper Rn. 16; MüKoHGB/Grunewald Rn. 6; Koch PersGesR/Könen Rn. 7; RGHMW/Mock Rn. 12; BeckOGK/v. Thunen/Mehringer, 15.5.2025, Rn. 28.

[45] Heymann/Borges Rn. 29; Staub/Casper Rn. 19; NK-HGB/Eberl Rn. 10; MüKoHGB/Grunewald Rn. 7; RGHMW/Mock Rn. 13; Hopt/Roth Rn. 5; BeckOGK/v. Thunen/Mehringer, 15.5.2025, Rn. 27; für Aufzeichnungen Schlegelberger/Martens Rn. 11.

[46] Heymann/Borges Rn. 31; Staub/Casper Rn. 20, 25; MüKoHGB/Grunewald Rn. 7; RGHMW/Mock Rn. 13; BeckOGK/v. Thunen/Mehringer, 15.5.2025, Rn. 29, 38.

[47] Staub/Casper Rn. 26; MüKoHGB/Grunewald Rn. 10; s. Schlegelberger/Martens Rn. 11; RGHMW/Mock Rn. 13; **aA** BeckOGK/v. Thunen/Mehringer, 15.5.2025, Rn. 39.

[48] Wohl auch Staub/Casper Rn. 25 f.; iErg ebenso Heymann/Borges Rn. 31; BeckOGK/v. Thunen/Mehringer, 15.5.2025, Rn. 39.

[49] IErg auch BGH 8.2.2018, NZG 2018, 736 Rn. 26; Staub/Casper Rn. 27.

[50] Dahingehend aber Heymann/Horn, 2. Aufl. 1996, Rn. 11 für „sachlich gebotene ergänzende Auskünfte".

[51] Staub/Casper Rn. 27; ebenso wohl Schlegelberger/Martens Rn. 18; vgl. BGH 20.6.1983, WM 1983, 910 (911) = BeckRS 1983, 30809188; 8.2.2018, NZG 2018, 736 Rn. 26; ferner Goerdeler FS Kellermann, 1991, 77 (80).

[52] S. zur bisherigen Rechtslage OLG München 18.5.2011, NZG 2011, 861 (863); OLG Stuttgart 5.6.2002, NZG 2002, 1105; Staub/Casper Rn. 28; MüKoHGB/Grunewald Rn. 12 f.; Hahn BB 1997, 741 (744 f.); Schlegelberger/Martens Rn. 18; Hopt/Roth Rn. 11; K. Schmidt, Informationsrechte in Gesellschaften und Verbänden, 1984, 65 ff.; K. Schmidt GesR § 53 III 3. Dahin tendierte auch der BGH (BGH 23.3.1992, NJW 1992, 1890 [1891]; 11.7.1988, NJW 1989, 225 f.), der die Frage aber bisher letztlich offenlassen konnte.

beruhte auf der Einsicht, dass ein Gesellschafter seine Rechte aus der Mitgliedschaft nur sinnvoll wahrnehmen kann, wenn ihm die hierfür erforderlichen Informationen zur Verfügung stehen. Daneben normierte § 166 Abs. 3 aF ein außerordentliches Informationsrecht, das nunmehr durch § 166 Abs. 1 S. 2 ersetzt wird.[53] Das aus der Gesetzesbegründung ersichtliche Bestreben, die Informationsrechte des Kommanditisten neu zu gestalten, deutet daraufhin, dass mit der Neufassung von § 166 Abs. 1 neben den dort genannten Informationsrechten kein Raum für weitergehende und aus der Mitgliedschaft abgeleitete Informationsrechte besteht.[54] Hierfür spricht, dass die sachgerechte Wahrnehmung der Mitgliedschaftsrechte, die bislang durch das allgemeine Informationsrecht erfasst wurde, nunmehr ausdrücklich von § 166 Abs. 1 S. 2 aufgegriffen wird,[55] so dass für allgemeine Informationsansprüche neben § 166 Abs. 1 kein Bedürfnis mehr besteht. Allerdings ist die in den Gesetzesmaterialien bekundete Annahme, § 161 Abs. 1 S. 2 führe das in § 166 Abs. 3 aF normierte Informationsrecht fort, in dieser Allgemeinheit nicht überzeugend, da § 166 Abs. 1 S. 2 das Auskunftsrecht nicht mit dem Vorliegen eines wichtigen Grundes verknüpft[56] und umgekehrt § 166 Abs. 3 aF das außerordentliche Informationsrecht nicht – wie von § 166 Abs. 1 S. 2 gefordert – von der Wahrnehmung der Mitgliedschaftsrechte abhängig machte. Dies spricht dafür, § 166 Abs. 1 S. 2 als eine Verbindung zweier vorbekannter Informationsrechte zu bewerten.

b) Informationsansprüche. Die bloße Innehabung von Gesellschafterrechten eröffnet indes noch keine Informationsansprüche. Sie erwachsen aus dem allgemeinen Informationsrecht nur, soweit ein **Informationsbedürfnis** besteht,[57] der **Gesellschafter zur sachgerechten Wahrnehmung seiner Gesellschafterrechte also bestimmte Informationen benötigt.**[58] Diesen Zusammenhang hat das KG zB verneint für eine Klageschrift nebst anlagen einer Musterklage.[59] Der Umfang des allgemeinen Informationsrechts bemisst sich somit nach der individuellen Rechtsstellung des Kommanditisten insgesamt.[60] Damit hat § 166 Abs. 1 S. 2 die Auffassung der bisherigen hL aufgegriffen, die indes **nicht unumstritten** war. 18

So vertrat namentlich Wiedemann die Auffassung, den Kommanditisten sei ein „voraussetzungsloses" und damit letztlich § 118 Abs. 1 aF gleichstehendes Informationsrecht einzuräumen.[61] Neben dem eindeutigen Gesetzeswortlaut des § 166 Abs. 2 aF stand dem allerdings entgegen, dass die gesetzliche Konzeption auf einem Gleichlauf der Informationsrechte einerseits und gesellschafterlicher Einflussmöglichkeiten andererseits (vgl. nur § 51a GmbHG bzw. § 131 AktG) beruhte. Die Einräumung eines allgemeinen Informationsrechts durfte diese grundlegende Wertung des Gesetzes nicht überspielen. Gleichfalls abzulehnen war die gegenläufige Ansicht, Informationsansprüche auf in der Gesellschafterversammlung zur Beschlussfassung anstehende Gegenstände zu beschränken.[62] Sie vertrug sich nicht mit der Erkenntnis, dass Gesellschafterrechte zu ihrer sachgerechten Wahrnehmung auch sonst entsprechende Informationen voraussetzen. 19

Nach alledem können Informationsansprüche richtigerweise im Hinblick auf alle Rechte bestehen – einschließlich des Rederechts[63] –, die der Kommanditist in der Gesellschafterversammlung wahrnehmen kann sowie in Bezug auf Grundlagengeschäfte und Änderungen des Gesellschaftsvertrags, an denen die Kommanditisten zwingend zu beteiligen sind. Es gilt deshalb ebenso für außergewöhnliche Geschäfte, die der Zustimmung des Kommanditisten bedürfen (→ § 164 Rn. 12),[64] grundsätzlich jedoch nicht im Bereich der gewöhnlichen Geschäftsführungsangelegen- 20

[53] Begr. RegE, BT-Drs. 19/27635, 254; OLG Düsseldorf 16.5.2024, NZG 2024, 1092 (1093 f.).

[54] Zust. Staub/Casper Rn. 2 aE, 29; BeckOGK/v. Thunen/Mehringer, 15.5.2025, Rn. 59; **aA** Hopt/Roth Rn. 12.

[55] KG 21.10.2024, NZG 2025, 791 (792).

[56] MüKoHGB/Grunewald Rn. 11; s. auch Staub/Casper Rn. 8.

[57] Terminus im Anschluss an Scholz/K. Schmidt GmbHG § 51a Rn. 56, 8, ausf. zur Dogmatik Scholz/K. Schmidt GmbHG § 51a Rn. 9 ff. mwN; ebenso Heymann/Borges Rn. 56; Staub/Casper Rn. 25.

[58] So die ganz hM, s. OLG Jena 10.8.2016, BeckRS 2016, 16922; KG 21.10.2024, NZG 2025, 792; OLG Stuttgart 5.6.2002, NZG 2002, 1105; 31.7.2019, BeckRS 2019, 24102; Binz/Sorg GmbH & Co. KG § 5 Rn. 93; Staub/Casper Rn. 34; MüKoHGB/Grunewald Rn. 14; Schlegelberger/Martens Rn. 18 f.; zust. für Publikumsgesellschaften BGH 8.2.2018, NZG 2018, 736 Rn. 26; enger KKD/Kindler Rn. 2: „bei wichtigen Abstimmungen". Sehr str. ist hingegen, ob die gesetzlich ausdrücklich geregelten Informationsrechte (zB § 51a GmbHG) ebenfalls in dieser Richtung einschr. auszulegen sind; dafür K. Schmidt, mwN auch zur herrschenden Gegenansicht.

[59] KG 21.10.2024, NZG 2025, 791 (792).

[60] S. Binz/Sorg GmbH & Co. KG § 5 Rn. 94; BeckOGK/v. Thunen, 1.4.2022, Rn. 43.

[61] Wiedemann GesR II § 9 II 5a aa; ebenso K. Schmidt FS Bergmann, 2019, 653 (657); abl. BeckOGK/v. Thunen/Mehringer, 15.5.2025, Rn. 42.

[62] Ebenso Binz/Sorg GmbH & Co. KG § 5 Rn. 94; Staub/Casper Rn. 25; **aA** Hahn BB 1997, 741 (745).

[63] Staub/Casper Rn. 35; MüKoHGB/Grunewald Rn. 14; **aA** Weipert DStR 1992, 1097 (1101).

[64] OLG Jena 10.8.2016, BeckRS 2016, 16922; Staub/Casper Rn. 36; RGHMW/Mock Rn. 29; Hopt/Roth Rn. 11.

heiten, wenn und weil der Kommanditist zur Mitwirkung an diesen nicht berechtigt ist (s. § 164 S. 1 Hs. 2).[65] Anders ist die Rechtslage, wenn auf Grund möglicherweise pflichtwidriger Geschäftsführungsmaßnahmen die Rechte aus den §§ 117, 127 sowie die Geltendmachung von Schadensersatzansprüchen in Betracht kommen.[66] Dementsprechend sieht § 166 Abs. 1 S. 2 das Auskunftsrecht insbesondere für den Fall vor, dass Grund zu der Annahme unredlicher Geschäftsführung besteht. Schließlich können Informationsansprüche im Hinblick auf (ordentliche und außerordentliche) Kündigungsrechte bestehen.[67] Dem Kommanditisten dürfen die zu deren Ausübung erforderlichen Informationen nicht von vornherein versagt bleiben. Um Missbrauch zu vermeiden, kommt der Prüfung des Informationsbedürfnisses (→ Rn. 18) jedoch besondere Bedeutung zu.

21 Unterhält der Kommanditist **Drittrechtsbeziehungen zu der KG,** sind dadurch begründete Rechte nicht auf Grund des allgemeinen Informationsrechts mit Informationsansprüchen verbunden. Informationsansprüche gegen die Gesellschaft können sich dann ausschließlich nach bürgerlichem Recht ergeben.

22 **c) Inhalt und Umfang der Informationsansprüche.** Inhalt und Umfang der Informationsansprüche ergeben sich (vorbehaltlich der ihnen immanenten Schranken; → Rn. 29 ff.) **aus dem jeweils bestehenden Informationsbedürfnis.** An diesem fehlt es zB, wenn der Kommanditist von vornherein schuldhaft davon absieht, seine nach § 166 Abs. 1 S. 1 bestehenden Informationsmöglichkeiten wahrzunehmen.[68] Eine Beschränkung auf Auskunftsansprüche,[69] die bisweilen auf den abschließenden Charakter der Einsichtsrechte in Abs. 1 S. 1 gestützt wird,[70] war hingegen mit einem bislang anerkannten allgemeinen Informationsrecht, das unmittelbar aus der Mitgliedschaft erwächst (→ Rn. 17), nicht vereinbar. Deshalb konnte der Anspruch auf **Auskunftserteilung** durch die Geschäftsführung oder auf **Einsichtnahme** in die Gesellschaftsunterlagen, aber auch auf beides gerichtet sein.[71] Hierfür kam es zunächst darauf an, auf welche Weise der Kommanditist die erforderlichen Informationen erlangen konnte. Kamen beide Informationsmittel – Auskunft und Einsicht – in Betracht, stand dem Kommanditisten ein Wahlrecht zu, dessen Ausübung treuepflichtgemäß erfolgen musste.[72] Er war deshalb gehalten, unter verschiedenen gleich geeigneten Informationsmitteln das schonendere auszuwählen. Das war regelmäßig, jedenfalls bei einfachen Sachaufklärungen, die Auskunftserteilung; nach den Umständen des Einzelfalls konnte sich aber auch die Einsichtnahme als milderes Mittel erweisen.[73]

23 Vor dem Hintergrund des nunmehr in § 166 Abs. 1 S. 2 normierten Informationsrechts ist die Anerkennung eines Einsichtsrechts indes zweifelhaft, da § 166 Abs. 1 S. 2 dem Kommanditisten auf ein Auskunftsrecht beschränkt. Da § 166 Abs. 1 S. 1 ausdrücklich ein Einsichtsrecht begründet, spricht die Gesetzessystematik für ein restriktives Verständnis, das dem Kommanditisten im Rahmen von § 166 Abs. 1 S. 2 ein Einsichtsrecht verwehrt.[74] Die Beschränkung des Informationsrechts auf ein Auskunftsrecht erweist sich angesichts dessen als eine bewusste Entscheidung des Gesetzgebers, da bei einer bloßen Fortschreibung von § 166 Abs. 3 aF eine offenere Formulierung des Gesetzes nahegelegen hätte. Gestützt wird diese Sichtweise durch die Gesetzesmaterialien, die im Kontext von § 166 Abs. 1 S. 2 durchgängig von Auskunftsansprüchen sprechen.[75] Damit kann der Kommanditist unter den Voraussetzungen in § 166 Abs. 1 S. 2 idR ausschließlich Auskunft, nicht aber Einsichtnahme beanspruchen. Diese grundsätzliche Beschränkung des Informationsrechts auf eine Auskunft schließt es allerdings nicht generell aus, dass zur Überprüfung der Richtigkeit der erteilten Auskunft die Vorlage von Belegen beansprucht werden kann.[76]

---

[65] Staub/Casper Rn. 35; RGHMW/Mock Rn. 29.

[66] S. BGH 20.6.1983, WM 1983, 910 (911) = BeckRS 1983, 30809188.

[67] IErg wie hier Lutter ZIP 1997, 613 (618 f.); s. auch Ebenroth/Boujong/Oepen Rn. 20; **aA** MüKoHGB/Grunewald, 5. Aufl. 2022, Rn. 14; Hahn BB 1997, 741 (745).

[68] BGH 8.2.2018, NZG 2018, 736 Rn. 26.

[69] So bei MüKoHGB/Grunewald Rn. 14; Heymann/Horn, 2. Aufl. 1996, Rn. 19; Schlegelberger/Martens Rn. 18.

[70] Staub/Schilling, 4. Aufl. 1987, Rn. 1.

[71] Ebenso KRM/Koller Rn. 2; Lutter ZIP 1997, 613 (619); Scholz/K. Schmidt GmbHG § 51a Rn. 56; Ebenroth/Boujong/Weipert, 4. Aufl. 2020, Rn. 23, 27 f.

[72] **AA** BeckOGK/v. Thunen, 1.4.2022, Rn. 49: Auskunftsrecht stets subsidiär gegenüber Einsichtsrecht.

[73] Zu pauschal Grunewald GesR § 3 Rn. 25 (Einsichtsrecht behindere Geschäftsführung „in einem erheblichen Umfang").

[74] Hierfür auch Ebenroth/Boujong/Oepen Rn. 18.

[75] S. Begr. RegE, BT-Drs. 19/27635, 254.

[76] Näher MüKoBGB/Krüger BGB § 260 Rn. 42 mwN.

Der Informationsanspruch kann sich auf schon länger zurückliegende Umstände beziehen,[77] sofern deren Kenntnis für die aktuelle Rechtsausübung erforderlich ist, und grundsätzlich zudem solche Hintergrundinformationen umfassen, an deren Geheimhaltung die Gesellschaft ein Interesse hat (aber → Rn. 35). 24

III. Berechtigte und verpflichtete Personen

Das in § 166 Abs. 1 S. 1 und 2 begründete Informationsrecht steht dem Kommanditisten zu. Es ist nicht übertragbar[78] und erlischt, wenn der Kommanditist aus der Gesellschaft ausscheidet[79] oder diese beendet ist.[80] Früheren Gesellschaftern und deren Erben verbleibt in derartigen Fällen ein Einsichtsrecht nach § 810 BGB (→ Rn. 39) bzw. § 152 Abs. 2.[81] Das soll nach verbreiteter Auffassung selbst dann gelten, wenn der ausgeschiedene Kommanditist sein Einsichtsrecht auf § 166 Abs. 1 stützt und sich dieses auf die Zeit vor seinem Ausscheiden bezieht.[82] Dies ist konsequent, wenn die Informationsansprüche in der Mitgliedschaft fundiert sind und deren Beendigung als Tatbestand qualifiziert wird, der zum Erlöschen aller mitgliedschaftlichen Rechte und Pflichten führt. Dem ist zwar grundsätzlich zuzustimmen, ohne aber der Annahme entgegenzustehen, dass auch aus der Mitgliedschaft – wie bei jedem Schuldverhältnis – nachwirkende Pflichten erwachsen. Deshalb sprechen gute Gründe dafür, dass während der Mitgliedschaft entstandene und noch nicht erfüllte Informationsansprüche auch nach Beendigung der Mitgliedschaft noch geltend gemacht werden können.[83] Jedenfalls ist ein entsprechendes gerichtliches Verfahren, das noch während der Mitgliedschaft eingeleitet wurde, uneingeschränkt fortzusetzen.[84] 25

Im Fall der **Liquidation oder Insolvenz** bestehen die Informationsrechte des § 166 Abs. 1 fort; sie richten sich jedoch gegen die Liquidatoren bzw. den Insolvenzverwalter.[85] Den neben dem Kommanditisten obligatorisch (zB Treugeber) oder dinglich (zB Nießbraucher) **am Kommanditanteil Berechtigten** steht kein eigenes Informationsrecht zu (s. aber § 152 Abs. 1 S. 3 KAGB; → Rn. 50).[86] Sie können aber uU zur Rechtsausübung ermächtigt werden (→ Rn. 30). 26

Der Informationsanspruch richtet sich **jedenfalls gegen die KG**[87] und ist durch ihre geschäftsführenden Gesellschafter zu erfüllen. Nach wie vor umstritten ist, ob neben ihr die **geschäftsführenden Gesellschafter** (bzw. die an ihre Stelle getretenen Liquidatoren oder Insolvenzverwalter) auch **persönlich** für die Erfüllung des Informationsanspruchs haften.[88] Die damit verbundene Erstreckung einer Sozialverbindlichkeit[89] auf den austauschbaren Kreis geschäftsführender Gesellschafter ist kei- 27

[77] S. auch Staub/Casper Rn. 37 aE.

[78] Heymann/Borges Rn. 5; Staub/Casper Rn. 54; GK-HGB/Kluge/Kluge Rn. 7.

[79] BGH 23.10.1961, WM 1961, 1329 = BeckRS 1961, 31181931; OLG München 6.8.2025, BeckRS 2025, 20158; Staudinger/Fest, 2023, BGB § 810 Rn. 24; MüKoHGB/Grunewald Rn. 40; RGHMW/Mock Rn. 38; Hopt/Roth Rn. 3.

[80] Heymann/Borges Rn. 4; Staub/Casper Rn. 68; Schlegelberger/Martens Rn. 14; RGHMW/Mock Rn. 27.

[81] OLG München 6.8.2025, BeckRS 2025, 20158; Staub/Casper Rn. 68; Staudinger/Fest, 2023, BGB § 810 Rn. 24; RGHMW/Mock Rn. 38 f.

[82] So OLG München 6.8.2025, BeckRS 2025, 20158; Staub/Casper Rn. 68; MüKoHGB/Grunewald Rn. 34; RGHMW/Mock Rn. 38; Hopt/Roth Rn. 3; BeckOGK/v. Thunen/Mehringer, 15.5.2025, Rn. 72 f. die ein Einsichtsrecht jedoch über die §§ 810, 242 BGB begründen.

[83] Wie hier im Grundsatz Heymann/Borges Rn. 6.

[84] OLG Hamm 27.2.1970, OLGZ 1970, 394; MüKoHGB/Grunewald Rn. 34; BeckOGK/v. Thunen/Mehringer, 15.5.2025, Rn. 72.

[85] Heymann/Borges Rn. 11; Staub/Casper Rn. 70 f.; MüKoHGB/Grunewald Rn. 29; BeckOGK/v. Thunen/Mehringer, 15.5.2025, Rn. 74 f. Zur Insolvenz s. BGH 20.2.2018, NZG 2018, 497 Rn. 20; 13.10.2020, BeckRS 2020, 29010 Rn. 16 aE; KG 25.7.2014, NZG 2014, 1100 (1101 f.); OLG Zweibrücken 7.9.2006, ZIP 2006, 2047 (2048) = BeckRS 2006, 11188; Heymann/Borges Rn. 12; Thole ZIP-Beil. 22/2016, 78 (80).

[86] MüKoHGB/Grunewald Rn. 28.

[87] Heute unstr., s. BGH 8.7.1957, BGHZ 25, 115 = NJW 1957, 1555; 16.12.2014, NZG 2015, 269 Rn. 28; 14.6.2016, BGHZ 210, 363 Rn. 12 = NZG 2016, 1102; 8.2.2018, NZG 2018, 736 Rn. 26; Heymann/Borges Rn. 8; Staub/Casper Rn. 53; MüKoHGB/Grunewald Rn. 30; Koch PersGesR/Könen Rn. 11; RGHMW/Mock Rn. 24; BeckOGK/v. Thunen/Mehringer, 15.5.2025, Rn. 60; ferner Scholz/K. Schmidt GmbHG § 51a Rn. 56 aE; MHdB GesR II/Berger § 15 Rn. 42 beide mwN; ausdrücklich **aA** noch OLG Hamm 20.11.1952, DB 1953, 646.

[88] Verneinend BayObLG 4.7.1991, NJW-RR 1991, 1444: „regelmäßig"; MüKoHGB/Grunewald Rn. 30; Henssler/Strohn/Gummert Rn. 12; Ebenroth/Boujong/Oepen Rn. 24; MHdB GesR II/Weipert § 15 Rn. 40; bejahend die hM, s. BGH 14.6.2016, BGHZ 210, 363 Rn. 12 = NZG 2016, 1102; Heymann/Borges Rn. 10; Staub/Casper Rn. 53; RGHMW/Mock Rn. 35; Hopt/Roth Rn. 2; im Grundsatz BeckOGK/v. Thunen/Mehringer, 15.5.2025, Rn. 60 f.; ferner auch BGH 20.6.1983, WM 1983, 910 (911) = BeckRS 1983, 30809188 für ein vertraglich eingeräumtes Informationsrecht.

[89] OLG Celle 11.5.1983, BB 1983, 1450 (1451) = BeckRS 1983, 01565; Heymann/Borges Rn. 8; Staub/Schilling, 4. Aufl. 1987, Rn. 4.

neswegs zweifelsfrei.[90] Sie ist nur zu rechtfertigen, wenn man darin mit *K. Schmidt* ein Gebot praktischen Rechtsschutzes sieht.[91] Gleichwohl wird die Inanspruchnahme des geschäftsführenden Gesellschafters bisweilen nicht zu empfehlen sein, weil der Anspruch gegen ihn mit seinem Ausscheiden aus der Geschäftsführung oder der Gesellschaft erlischt.[92] Darüber hinaus eröffnet der BGH auch die Möglichkeit, den Informationsanspruch gegen einen **Mitgesellschafter** zu richten, wenn hierfür im Einzelfall berechtigte Gründe sprechen und der Mitgesellschafter unschwer in der Lage ist, die begehrte Auskunft zu erteilen.[93] Dem ist jedenfalls dann zuzustimmen, wenn die Gesellschaft selbst nicht über die geschuldeten Informationen verfügt, sondern sich diese zunächst von dem Mitgesellschafter beschaffen müsste (→ Rn. 47).

28 Bezieht sich der Informationsanspruch auf Unterlagen einer 100 %igen **Tochtergesellschaft,** schuldet die KG bzw. deren geschäftsführender Gesellschafter die **Beschaffung der Informationen.**[94] Dies verwehrt es der Muttergesellschaft nach § 242 BGB, sich gegenüber einem Einsichtsverlangen auf den fehlenden Besitz der Unterlagen zu berufen.[95] Da keine schützenswerten Drittinteressen bestehen, kann der Kommanditist die Tochtergesellschaft zudem selbst auf Erteilung der Informationen in Anspruch nehmen **(Informationsdurchgriff).**[96] Eine Ausdehnung der vorstehenden Grundsätze auf andere Konzernsachverhalte mit geringerer Kapitalbeteiligung an der Tochtergesellschaft scheidet grundsätzlich aus.[97] Neben dem Sonderfall einer konzernrechtlichen Verflechtung kommt ein Informationsbeschaffungsanspruch auch dann in Betracht, wenn die Gesellschaft die Unterlagen von Dritten herausverlangen kann und bezüglich der Unterlagen ein Informationsrecht des Gesellschafters besteht, wenn sich die Unterlagen im Besitz der Gesellschaft befinden würden (→ Rn. 12). In diesem Fall kann sich die Gesellschaft nach § 242 BGB ebenfalls nicht darauf berufen, nicht im Besitz der betreffenden Unterlagen zu sein.[98] Für einen Informationsdurchgriff besteht in dieser Konstellation jedoch keine Rechtsgrundlage.

IV. Geltendmachung und Ausübung der Informationsrechte

29 Geltendmachung und Ausübung der Informationsrechte unterliegen der gesellschafterlichen **Treuepflicht.** Obwohl das Gesetz keine starren Fristen vorschreibt, gebietet diese den Kommanditisten deshalb, die Geltendmachung seiner Informationsrechte nicht treuewidrig zu verzögern. So ist das Einsichtsrecht nach § 166 Abs. 1 S. 1 **innerhalb einer angemessenen zeitlichen Frist** nach Mitteilung des Jahresabschlusses geltend zu machen (→ Rn. 13).[99] Eine verspätete Geltendmachung ist zwar nicht ausgeschlossen, der Kommanditist hat aber die damit verbundenen Mehrkosten zu tragen (§ 280 Abs. 1 BGB). Die Informationsansprüche werden – auch im Falle von Abs. 1 S. 2 (→ Rn. 27) – geltend gemacht durch ein formlos mögliches Verlangen, das an die Gesellschaft, vertreten durch ihren Geschäftsführer, zu richten ist. In Ausnahmefällen kann sich das Einsichtsverlangen des Gesellschafters als rechtsmissbräuchlich darstellen.[100]

30 Seine Informationsrechte muss der Kommanditist grundsätzlich **persönlich ausüben.**[101] Da Geheimhaltungsinteressen der KG bestehen können, dürfen – außer seinem gesetzlichen Vertreter oder Betreuer – zur Verschwiegenheit verpflichtete **Dritte das Informationsrecht anstelle des**

[90] Deshalb **aA** MüKoHGB/Grunewald Rn. 30; MHdB GesR II/Berger § 15 Rn. 42.

[91] Vgl. K. Schmidt, Informationsrechte in Gesellschaften und Verbänden, 1984, 70 f.; ähnlich Heymann/Borges Rn. 10.

[92] Staub/Schilling, 4. Aufl. 1987, Rn. 4 aE; s. auch MüKoHGB/Grunewald Rn. 30.

[93] BGH 16.12.2014, NZG 2015, 269 Rn. 29 f.

[94] Heymann/Borges Rn. 79 f.; Staub/Casper Rn. 47; MüKoHGB/Grunewald Rn. 16; RGHMW/Mock Rn. 32; Hopt/Roth Rn. 15.

[95] Zust. BeckOGK/v. Thunen/Mehringer, 15.5.2025, Rn. 83.

[96] Heymann/Borges Rn. 80; Staub/Casper Rn. 47; MüKoHGB/Grunewald, 5. Aufl. 2022, Rn. 28; Henssler/Strohn/Gummert Rn. 5; Ebenroth/Boujong/Oepen Rn. 24 aE; BeckOGK/v. Thunen/Mehringer, 15.5.2025, Rn. 83; im Grundsatz auch BGH 8.7.1957, BGHZ 25, 115 (122) = NJW 1957, 1555; OLG Köln 30.5.1967, OLGZ 1967, 362; **aA** Heymann/Horn, 2. Aufl. 1996, Rn. 24; Schlegelberger/Martens Rn. 47; RGHMW/Mock Rn. 32; Hopt/Roth Rn. 15.

[97] Heymann/Borges Rn. 80; Staub/Casper Rn. 24; Hopt/Roth Rn. 15; BeckOGK/v. Thunen/Mehringer, 15.5.2025, Rn. 83; weitergehend wohl MüKoHGB/Grunewald, 5. Aufl. 2022, Rn. 27 f.

[98] S. insoweit OLG Jena 18.11.2015, BeckRS 2015, 117392.

[99] Staub/Casper Rn. 17; NK-HGB/Eberl Rn. 10; RGHMW/Mock Rn. 34; Thole ZIP-Beil. 22/2016, 78 (79); BeckOGK/v. Thunen/Mehringer, 15.5.2025, Rn. 25 f.; s. ferner Schlegelberger/Martens Rn. 11; Heymann/Horn, 2. Aufl. 1996, Rn. 9 (im zeitlichen Zusammenhang mit der Mitteilung).

[100] BGH 19.4.2016, BeckRS 2016, 10110 Rn. 13; bereits BGH 8.7.1957, BGHZ 25, 115 (122) = NJW 1957, 1555.

[101] Heymann/Borges Rn. 1; Staub/Caspers Rn. 54; MüKoHGB/Grunewald Rn. 22; Henssler/Strohn/Gummert Rn. 8;RGHMW/Mock Rn. 9; Hopt/Roth Rn. 6.

Kommanditisten grundsätzlich nur ausüben, wenn der Gesellschafter hieran durch besondere Umstände (zB längere Krankheit oder längere Abwesenheit) gehindert und es der Gesellschaft zumutbar ist oder wenn der Gesellschaftsvertrag dies zulässt.[102] Etwas anderes gilt, wenn die Rechtsausübung durch einen Dritten mit der (ggf. konkludenten) Einwilligung einer gesellschaftsvertragsändernden Mehrheit geschieht.[103] Dem Kommanditisten steht es aber grundsätzlich frei, geeignete, also insbesondere vertrauenswürdige und beruflich zur Verschwiegenheit verpflichtete **Sachverständige zur Einsichtnahme hinzuzuziehen.**[104] Mangelnde eigene Sachkunde muss der Kommanditist dafür nicht nachweisen,[105] zumal die frühzeitige Hinzuziehung Sachverständiger regelmäßig auch im Interesse der Gesellschaft liegt. Deren Hinzuziehung ist daher nur ausnahmsweise ausgeschlossen, wenn dies offenkundig nicht erforderlich ist.

31 Umgekehrt kann der Kommanditist **zur Ausübung der Informationsrechte durch einen Dritten verpflichtet** sein, wenn die Informationserteilung an ihn persönlich erhebliche Nachteile für die Gesellschaft befürchten lässt.[106] Das ist der Fall, wenn der Kommanditist zu der Gesellschaft im **Wettbewerb** steht[107] oder aus anderen Gründen die berechtigte Sorge besteht, der Kommanditist werde die vertraulichen Gesellschaftsinterna nicht für sich behalten (→ § 165 Rn. 2) oder über den Informationszweck hinaus zu Lasten der Gesellschaft einsetzen. Während die letztgenannte Variante einen konkreten Tatsachenvortrag erfordert, genügt in dem ersten Fall das **Bestehen eines Wettbewerbsverhältnisses** zwischen der Gesellschaft und dem Kommanditisten, der die Einsicht begehrt.[108] Hierfür reicht es aus, wenn die KG im Wettbewerb zu einer anderen Gesellschaft steht und der Kommanditist auf diese Kraft seiner Gesellschafterstellung und/oder Tätigkeit als Geschäftsführer einen beherrschenden Einfluss ausüben kann.[109] Ebenso muss das Wettbewerbsverhältnis nicht bezüglich aller Geschäftsgegenstände bestehen. Ist der Geschäftsbereich des Wettbewerbers jedoch deutlich enger als derjenige der KG, besteht die Beschränkung des Einsichtsrechts nur, soweit sich die Geschäftsgegenstände überschneiden.[110] Der Kommanditist muss in den vorgenannten Konstellationen einen geeigneten Sachverständigen (→ Rn. 30), der kraft seines Berufs zur Verschwiegenheit verpflichtet ist, oder einen Mitgesellschafter zur Rechtsausübung heranziehen.[111] Die damit verbundenen Kosten hat der Kommanditist zu tragen.[112]

V. Gerichtliche Durchsetzung

32 Das Informationsrecht nach Abs. 1 S. 1 sowie das allgemeine Informationsrecht nach Abs. 1 S. 2 sind im Wege der Leistungklage vor den ordentlichen Gerichten durchzusetzen. Aktivlegitimiert ist der Kommanditist, der ggf. auf Rechtsausübung durch einen Dritten (→ Rn. 31) klagen muss; passivlegitimiert ist die KG bzw. deren geschäftsführender Gesellschafter (→ Rn. 27).

---

[102] BGH 8.7.1957, BGHZ 25, 115 (123) = NJW 1957, 1555 (1556 f.); Heymann/Borges Rn. 14; Staub/Casper Rn. 54; Hirte FS Röhricht, 2005, 217 (221); BeckOGK/v. Thunen/Mehringer, 15.5.2025, Rn. 62 f.; weiter OLG München 22.3.2017, BeckRS 2017, 105055 = ZIP 2017, 1112: generelle Vertretung durch Rechtsanwalt.

[103] Staub/Casper Rn. 54; MüKoHGB/Grunewald Rn. 25; Hopt/Roth Rn. 6.

[104] BGH 8.7.1957, BGHZ 25, 115 (123) = NJW 1957, 1555 (1557); BayObLG 4.7.1991, NJW-RR 1991, 1444; Staub/Casper Rn. 55; RGHMW/Mock Rn. 9; Ebenroth/Boujong/Oepen Rn. 13; Hopt/Roth Rn. 7; BeckOGK/v. Thunen/Mehringer, 15.5.2025, Rn. 64; einschr. Heymann/Horn, 2. Aufl. 1996, Rn. 6: soweit erforderlich, um vom Einsichtsrecht effektiven Gebrauch zu machen.

[105] Hirte FS Röhricht, 2005, 217 (221 f.); Hopt/Roth Rn. 7; **aA** MüKoHGB/Grunewald Rn. 26; Heymann/Horn, 2. Aufl. 1996, Rn. 6; wohl auch Staub/Casper Rn. 55.

[106] BGH 2.7.1979, WM 1979, 1061; OLG Jena 22.5.2013, BeckRS 2013, 199609; 19.6.2013, BeckRS 2013, 199610; 18.8.2016, BeckRS 2016, 16922; ebenso Heymann/Borges Rn. 16; Staub/Casper Rn. 59; NK-HGB/Eberl Rn. 13; MüKoHGB/Grunewald Rn. 23; BeckOGK/v. Thunen/Mehringer, 15.5.2025, Rn. 66. Dies betrifft nicht erst die Vollstreckung (hierfür OLG Köln 8.12.2011, BB 2012, 219 f.), sondern bereits das Bestehen eines Anspruchs dem Grunde nach.

[107] So auch Heymann/Borges Rn. 16; Casper/Selbach NZG 2016, 1324 (1329 f.); MüKoHGB/Grunewald Rn. 23; Hopt/Roth Rn. 8; im Grundsatz ebenso BeckOGK/v. Thunen/Mehringer, 15.5.2025, Rn. 32; idS auch BGH 2.7.1979, WM 1979, 1061 = BeckRS 1979, 31008654; 14.12.1981, ZIP 1982, 309 (311) = BeckRS 1981, 31068086.

[108] Zust. Heymann/Borges Rn. 16.

[109] So auch OLG Jena 22.5.2013, BeckRS 2013, 199609; 19.6.2013, BeckRS 2013, 199610; 18.8.2016, BeckRS 2016, 16922; Heymann/Borges Rn. 16; Staub/Casper Rn. 38, 59.

[110] S. BGH 2.7.1979, WM 1979, 1061 = BeckRS 1979, 31008654; Heymann/Borges Rn. 16; anders jedoch für die umgekehrte Konstellation OLG Jena 22.5.2013, BeckRS 2013, 199609; 18.8.2016, BeckRS 2016, 16922.

[111] Staub/Casper Rn. 38 aE; Casper/Selbach NZG 2016, 1324 (1329); Hopt/Roth Rn. 1, 8; enger BeckOGK/v. Thunen/Mehringer, 15.5.2025, Rn. 32: von beiden Seiten beauftragter „Informationstreuhänder".

[112] Ebenso Staub/Casper Rn. 60 aE.

33 **Einstweiligen Rechtsschutz** kann der Kommanditist unter den Voraussetzungen der **§§ 935 ff. ZPO** erlangen.[113] Die Gegenansicht, die diesen unter Berufung auf Abs. 3 aF bei der freiwilligen Gerichtsbarkeit monopolisierte (→ 7. Aufl. 2021, Rn. 24),[114] ist nach Wegfall der vormaligen Regelung in § 166 Abs. 3 aF überholt.

VI. Abweichende Vereinbarungen im Gesellschaftsvertrag

34 Die Vorschriften über das Innenverhältnis der KG sind weitgehend dispositiv (§ 163) und daher abweichenden gesellschaftsvertraglichen Vereinbarungen zugänglich (→ § 163 Rn. 3 ff.).

35 **1. Erweiterung der Informationsrechte.** Die Informationsrechte des Kommanditisten können durch Gesellschaftsvertrag beliebig erweitert (unstr.) werden.[115] Wird der Kommanditist mit Informationsrechten ausgestattet, die denen des (gesetzestypischen) Komplementärs entsprechen, so gilt das Wettbewerbsverbot des § 117 in analoger Anwendung auch für ihn (→ § 164 Rn. 40).

36 **2. Einschränkung der Informationsrechte.** Inwieweit die Informationsrechte im Gesellschaftsvertrag eingeschränkt werden können, wird unterschiedlich beurteilt. Der BGH hat die Frage mit Blick auf das unabdingbare Informationsrecht des GmbH-Gesellschafters (§ 51a GmbHG) angesprochen, aber bislang nicht entschieden.[116] Jedenfalls ist die gänzliche Beseitigung der Informationsrechte in § 166 Abs. 1 mit der Gesellschafterstellung unvereinbar.[117] Im Übrigen ist in Ansehung von § 166 Abs. 2 zu differenzieren:

37 Nach heute hM ist das **ordentliche Informationsrecht** nach Abs. 1 S. 1 in seiner Substanz unabdingbar.[118] Es entspricht nicht nur Minderheitsinteressen, sondern vor allem auch dem Kapitalanlegerschutz, dass der Kommanditist sich durch Mitteilung des Jahresabschlusses des Wertes seiner (gesetzestypisch) rein kapitalmäßigen Beteiligung versichern kann.[119] Ohne korrespondierendes Prüfungsrecht wäre dieses Mitteilungsrecht letztlich substanzlos.[120] Andererseits ist es nicht erforderlich – und in der Publikums-KG überdies kaum praktikabel (→ Rn. 42 ff.) –, dass die Ausübung des Prüfungsrechts dem Kommanditisten persönlich vorbehalten bleibt. Nicht zu beanstanden ist deshalb eine gesellschaftsvertragliche Vereinbarung, welche die Ausübung anstelle des Kommanditisten durch einen Sachverständigen[121] oder ein Kontrollorgan[122] vorsieht. Bei Verdacht unredlicher Geschäftsführung kann der Kommanditist stets selbst nach Abs. 1 S. 2 vorgehen.[123]

38 Einschränkungen des **allgemeinen Informationsrechts** (→ Rn. 17 ff.) werden jedoch zum Teil nur insoweit für unzulässig gehalten, als es um die Wahrnehmung unentziehbarer Rechte geht.[124] Mit der Einsicht, dass ein Gesellschafter seine Rechte aus der Mitgliedschaft nur sinnvoll wahrnehmen

[113] HM, s. OLG Düsseldorf 16.5.2024, NZG 2024, 1092 (1094); MHdB GesR II/Berger § 15 Rn. 45; Staub/Casper Rn. 61; NK-HGB/Eberl Rn. 17; MüKoHGB/Grunewald Rn. 30; Henssler/Strohn/Gummert Rn. 23; Koch PersGesR/Könen Rn. 11; RGHMW/Mock Rn. 35; Hopt/Roth Rn. 14; BeckOGK/v. Thunen/Mehringer, 15.5.2025, Rn. 70.

[114] So K. Schmidt, Informationsrechte in Gesellschaften und Verbänden, 1984, 74 f.; s. auch OLG Hamm 22.8.2005, NZG 2006, 620.

[115] OLG Stuttgart 18.2.1970, OLGZ 1970, 262 (265); OLG Köln 30.5.1967, OLGZ 1967, 362; Heymann/Borges Rn. 83; Staub/Casper Rn. 63; RGHMW/Mock Rn. 40; Hopt/Roth Rn. 19; BeckOGK/v. Thunen/Mehringer, 15.5.2025, Rn. 87.

[116] BGH 11.7.1988, NJW 1989, 225 f.; s. insoweit auch OLG München 31.1.2018, BeckRS 2018, 742 = ZIP 2018, 425.

[117] Unstr., s. statt aller Staub/Casper Rn. 63; Koch PersGesR/Könen Rn. 14; Schlegelberger/Martens Rn. 39; Hopt/Roth Rn. 17.

[118] BGH 22.1.2025, NZG 2025, 699 Rn. 12; OLG Jena 22.5.2013, BeckRS 2013, 199609; 19.6.2013, BeckRS 2013, 199610; Heymann/Borges Rn. 89; Staub/Casper Rn. 64; MüKoHGB/Grunewald Rn. 47 f.; Henssler/Strohn/Gummert Rn. 27; Hopt/Roth Rn. 17; BeckOGK/v. Thunen/Mehringer, 15.5.2025, Rn. 89 f.; wohl auch GK-HGB/Kluge/Kluge Rn. 2; ähnlich Staub/Schilling, 4. Aufl. 1987, Rn. 15 (Mitteilungsrecht als „unverzichtbares Mindestinformationsrecht"); ihm zust. RGHMW/Mock Rn. 40; **aA** noch Schlegelberger/Martens Rn. 40 (gänzlich abdingbar).

[119] S. Veltins/Hikel DB 1989, 465 (466); ferner Lutter ZIP 1997, 613 (619), der für eine Möglichkeit der Wertfeststellung über das allgemeine Informationsrecht eintritt.

[120] **AA** aber RGHMW/Mock Rn. 40; Staub/Schilling, 4. Aufl. 1987, Rn. 15: Mitteilungsrecht als „unverzichtbares Mindestinformationsrecht".

[121] S. für Wirtschaftsprüfer OLG München 31.1.2018, NZG 2018, 942 (943) = ZIP 2018, 425.

[122] S. zB OLG Hamm 3.12.2012, BeckRS 2013, 03210; LG Dortmund 13.12.2013, BeckRS 2014, 01100; im Grundsatz auch Heymann/Borges Rn. 90; Staub/Casper Rn. 66; MüKoHGB/Grunewald Rn. 48 aE; BeckOGK/v. Thunen/Mehringer, 15.5.2025, Rn. 90.

[123] Abw. Hopt/Roth Rn. 17; dagegen mit Recht Schlegelberger/Martens Rn. 40.

[124] So RGHMW/Mock Rn. 40; Staub/Schilling, 4. Aufl. 1987, Rn. 15.

kann, wenn ihm die dazu erforderlichen Informationen gewährt werden, ist das kaum vereinbar.[125] Es wäre zudem widersprüchlich (§ 242 BGB), dem Kommanditisten einerseits Gesellschafterrechte einzuräumen, ihm aber andererseits das zu deren Wahrnehmung erforderliche Informationsrecht zu versagen. Aus diesem Grunde ist das allgemeine Informationsrecht unabdingbar[126] und kann nicht isoliert auf ein Kontrollorgan verlagert werden, während der Kommanditist zur Wahrnehmung seiner Gesellschafterrechte berechtigt bleibt.[127]

VII. Sonstige Informationsrechte

Neben den Rechten aus § 166 Abs. 1 können sich individuelle Informationsrechte **aus dem bürgerlichen Recht (§§ 810, 242 BGB)** ergeben (→ § 118 Rn. 29 ff.).[128] Sie sind vor allem für ausgeschiedene Kommanditisten oder deren Erben von Bedeutung, denen die mitgliedschaftlichen Informationsrechte nicht mehr zustehen (→ Rn. 25).[129] Darüber hinaus sind die geschäftsführenden Gesellschafter der Gesellschaftergesamtheit gemäß den **§ 161 Abs. 2 iVm § 105 Abs. 3 sowie § 717 Abs. 2 BGB** zur Auskunft und Rechenschaft verpflichtet (→ Rn. 16).[130] Diesen **kollektiven Informationsanspruch** kann der einzelne Gesellschafter zugunsten der Gesellschaftergesamtheit im Wege der *actio pro socio* (§ 715b BGB) geltend machen,[131] ohne hierin durch den Umfang der ihm selbst zustehenden Informationsrechte beschränkt zu sein.[132] 39

VIII. GmbH & Co. KG

Als **Komplementärin** steht der GmbH selbst das umfassende Informationsrecht des § 717 BGB zu (→ Rn. 3).[133] Der **Kommanditist** bleibt grundsätzlich auf seine Informationsrechte nach Abs. 1 beschränkt. Demgegenüber reichen die Informationsrechte deutlich weiter, wenn der Kommanditist zugleich an der GmbH beteiligt ist, da deren Gesellschaftern auf Verlangen „unverzüglich Auskunft über die Angelegenheiten der Gesellschaft zu geben und die Einsicht der Bücher und Schriften zu gestatten" (§ 51a Abs. 1 GmbHG) ist. Angelegenheiten der Komplementär-GmbH sind jedoch vor allem die Angelegenheiten der KG,[134] so dass die Informationsrechte des an der GmbH beteiligten Kommanditisten denen des Komplementärs entsprechen (zu den damit verbundenen Konsequenzen → Rn. 41).[135] Dieses **„Informationsgefälle"** zu Lasten des Nur-Kommanditisten ist sachlich oft nicht gerechtfertigt, *de lege lata* aber hinzunehmen.[136] Zum einen ist das Informationsrecht nach § 51a GmbHG nicht disponibel (§ 51a Abs. 3 GmbHG),[137] zum anderen steht dessen analoger Anwendung auf den Nur-Kommanditisten der Wortlaut von § 166 Abs. 1 entgegen (→ Rn. 3).[138] Das gilt auch im Hinblick auf die Mitteilungs- und Vorlagepflichten, die § 42a Abs. 1 GmbHG begründet; diese bestehen nicht gegenüber den Nur-Kommanditisten.[139] 40

---

[125] Ebenso Staub/Casper Rn. 63.

[126] Staub/Casper Rn. 66; Grunewald ZGR 1989, 545 (553); MüKoHGB/Grunewald Rn. 49; Schlegelberger/Martens Rn. 44.

[127] Ebenso Staub/Casper Rn. 66; Schlegelberger/Martens Rn. 44.

[128] OLG München 6.8.2025, BeckRS 2025, 20158; Staudinger/Fest, 2023, BGB § 810 Rn. 23.

[129] OLG München 6.8.2025, BeckRS 2025, 20158; Staudinger/Fest, 2023, BGB § 810 Rn. 24.

[130] Heymann/Borges Rn. 60.

[131] BGH 8.2.2018, NZG 2018, 736 Rn. 26; Heymann/Borges Rn. 61; MüKoHGB/Grunewald Rn. 45; Hopt/Roth Rn. 11; BeckOGK/v. Thunen/Mehringer, 15.5.2025, Rn. 78.

[132] **AA** BGH 23.3.1992, NJW 1992, 1890 (1892); wie hier die hL, s. Hopt/Roth Rn. 11; Wiedemann/Hermanns JZ 1993, 48 (50).

[133] Statt aller Heymann/Borges Rn. 64.

[134] S. BGH 11.7.1988, NJW 1989, 225 (226); Heymann/Borges Rn. 64; Staub/Casper Rn. 63; RGHMW/Mock Rn. 43; BeckOGK/v. Thunen/Mehringer, 15.5.2025, Rn. 78.

[135] S. OLG Karlsruhe 8.5.1998, NJW-RR 1998, 1410 (1411); RGHMW/Mock Rn. 43; Scholz/K. Schmidt GmbHG § 51a Rn. 53; BeckOGK/v. Thunen/Mehringer, 15.5.2025, Rn. 76; krit. Binz/Sorg GmbH & Co. KG § 5 Rn. 123 ff.; Voigt NZG 2009, 772 (774).

[136] Ebenso OLG Celle 14.3.2017, GmbHR 2017, 979 (979); Heymann/Borges Rn. 64; Staub/Casper Rn. 73; Casper/Selbach NZG 2016, 1324 (1327); Hoffmann-Becking NZG 2019, 1321 (1323); HCL/Hüffer/Schäfer GmbHG § 51a Rn. 81; krit. demggü. Ebenroth/Boujong/Notz/Mohr Anh. 1 § 179 Rn. 142; **aA** RGHMW/Mock Rn. 43.

[137] Vgl. HCL/Hüffer/Schäfer GmbHG § 51a Rn. 70; unzutr. abw. HK-HGB/Stuhlfelner Rn. 5.

[138] HM, s. BayObLG 23.10.2002, NZG 2003, 25 (26); OLG München 9.8.2010, ZIP 2010, 1692 (1693) = BeckRS 2010, 20347; 12.4.2011, NJW-RR 2011, 906 (907); 31.1.2018, NZG 2018, 942 (943) = ZIP 2018, 425; Staub/Casper Rn. 73; MüKoHGB/Grunewald Rn. 44; Heymann/Horn, 2. Aufl. 1996, Rn. 22; Schlegelberger/Martens Rn. 50; **aA** Altmeppen GmbHG § 51a Rn. 44; RGHMW/Mock Rn. 43; im Wesentlichen Binz/Sorg GmbH & Co. KG § 5 Rn. 125; KKD/Kindler Rn. 4, 6.

[139] BGH 3.2.2015, NJW 2015, 2261 Rn. 11 f.

41 Die **Informationsrechte des Kommanditisten,** der nicht zugleich GmbH-Gesellschafter ist, **erstrecken sich nur ausnahmsweise auf die GmbH.** So steht ihm ein Recht auf Mitteilung und Prüfung des Jahresabschlusses der GmbH nicht zu.[140] Soweit es um die Stellung der GmbH als Komplementärin geht und die sachgerechte Wahrnehmung der Gesellschafterrechte es erfordert (§ 166 Abs. 1 S. 2), ist dem Kommanditisten aber Auskunft über die GmbH zu gewähren.[141] Der jeweilige Informationsanspruch richtet sich wie stets gegen die KG;[142] ihn zu erfüllen, ist Aufgabe des Geschäftsführers der Komplementär-GmbH.[143] Das gilt auch in der **Einheits-GmbH & Co. KG.** Dem einzelnen Kommanditisten steht insbesondere nicht der aus § 51a Abs. 1 GmbHG folgende Informationsanspruch zu.[144] Anspruchsberechtigt ist diesbezüglich ausschließlich die KG, wobei ggf. die Versammlung der Kommanditisten über die Rechtsausübung gegenüber der Komplementär-GmbH zu befinden hat (→ § 161 Rn. 108 ff.). Unmittelbare Informationsansprüche zugunsten des Nur-Kommanditisten kann jedoch die Satzung der GmbH begründen, nicht aber der Gesellschaftsvertrag der KG. Ausschließlich im Rahmen einer Gesellschafterversammlung können die Kommanditisten gem. § 170 Abs. 2 Informationsansprüche geltend machen.[145]

IX. Publikums-KG

42 **1. Allgemeines.** Die **Interessenlage** in der Publikums-KG **erfordert regelmäßig besondere gesellschaftsvertragliche Regelungen** zum Informationsrecht. So sind zum einen die Kommanditisten als bloße Kapitalgeber oft gar nicht in der Lage, die ihnen gewöhnlich zustehenden Informationsrechte mit dem nötigen Sachverstand zu nutzen. Zum anderen ergibt sich auch aus der Sicht der Gesellschaft die Notwendigkeit, Informationsrechte zu beschränken und so den Geschäftsbetrieb der KG von zahlreichen, möglicherweise querulatorischen Informationsbegehren freizuhalten. Schließlich ist zu beachten, dass die Kommanditisten an der Ausgestaltung des Gesellschaftsvertrags nicht teilhaben, so dass gesellschaftsvertragliche Regelungen der richterlichen Inhaltskontrolle unterliegen und standhalten müssen (→ § 161 Rn. 128 ff.).

43 Die Kommanditisten haben immer einen Anspruch auf Mitteilung des Jahresabschlusses (Abs. 1 S. 1).[146] Wie § 175 Abs. 2 S. 2 AktG zeigt, ist ein unzumutbarer Aufwand für die Gesellschaft damit nicht verbunden. Es ist aber möglich und zumeist sachgerecht, die Ausübung des Einsichtsrechts (Abs. 1 S. 2) auf einen von den Kommanditisten bestimmten Sachverständigen oder ein Kontrollorgan zu übertragen, das von ihnen gewählt und kontrolliert wird (→ Rn. 30 f.).

44 Das **allgemeine Informationsrecht** (§ 166 Abs. 1 S. 2) kann seinem Zweck nach auch in der Publikums-KG nicht eingeschränkt werden (§ 166 Abs. 2). Dessen Bedeutung wird jedoch dadurch relativiert, dass die Gesellschafterrechte in der Publikums-KG typischerweise insgesamt stark zurückgeschnitten und auf das Forum der Gesellschafterversammlung beschränkt sind.[147] Im Interesse des Anlegerschutzes wendet die hM mit Recht die **§§ 131 f. AktG analog** an und vermittelt dem Kommanditisten dadurch einen funktionell vom Umfang seiner Gesellschafterrechte unabhängigen Auskunftsanspruch,[148] der in der Gesellschafterversammlung auszuüben und inhaltlich von deren Beschlussgegenständen umrissen ist. Vom gegenteiligen Standpunkt aus verbleibt es hingegen bei der Grundnorm des § 166 Abs. 1 sowie einem aus der Mitgliedschaft abzuleitenden allgemeinen Informationsrecht.[149]

45 **2. Mittelbare Beteiligung (echte Treuhand).** Von den Grundsätzen in → Rn. 42 ff. Abweichendes gilt, wenn die Beteiligung der Anleger an der Publikums-KG durch einen **Treuhänder** vermittelt wird (→ Rn. 46 f.), da sie in dieser Konstellation nicht unmittelbar an der Publikums-KG beteiligt sind (→ § 161 Rn. 134) und ihnen deshalb nicht die aus der Kommanditistenstellung folgenden Informationsrechte gegenüber der Publikums-KG zustehen. Maßgebend ist in diesem Fall

[140] Heymann/Borges Rn. 65; Staub/Casper Rn. 75.

[141] OLG Celle 14.3.2017, GmbHR 2017, 979 (979); Staub/Casper Rn. 74; s. auch MüKoHGB/Grunewald Rn. 43, allerdings mit nicht überzeugender Beschränkung auf das allgemeine Informationsrecht.

[142] Staub/Casper Rn. 74 aE; UHL/Hüffer/Schürnbrand GmbHG § 51a Rn. 81; BeckOGK/v. Thunen/Mehringer, 15.5.2025, Rn. 78; **aA** Staub/Schilling, 4. Aufl. 1987, Rn. 14.

[143] Ebenso Staub/Casper Rn. 74 aE.

[144] OLG Celle 14.3.2017, GmbHR 2017, 979 (979); OLG München 31.1.2018, NZG 2018, 942 (943 f.) = ZIP 2018, 425.

[145] MüKoHGB/Grunewald Rn. 44.

[146] Staub/Casper § 161 Rn. 203; MüKoHGB/Grunewald Rn. 50; RGHMW/Mock Rn. 52.

[147] S. Staub/Casper § 161 Rn. 202 mwN.

[148] S. Schlegelberger/Martens Rn. 45; Hopt/Roth Anh. § 179 Rn. 17; iE auch Heymann/Borges Rn. 71; **aA** Staub/Casper § 161 Rn. 201; MüKoHGB/Grunewald Rn. 54.

[149] So Staub/Casper § 161 Rn. 201; MüKoHGB/Grunewald Rn. 54.

allein das zwischen dem Treugeber und dem Treuhandkommanditisten bestehende Rechtsverhältnis.[150]

46 Ist das Rechtsverhältnis zwischen Treuhand-Kommanditisten und Treugebern als **BGB-Innengesellschaft** ausgestaltet, dann stehen den Treugebern sowohl aus § 717 Abs. 1 BGB als auch aus dem für die Innengesellschaft maßgebenden Vertragsverhältnis Informationsrechte und Auskunftsansprüche zu.[151] Diese umfassen auch das Recht, die Namen (und Anschriften) der anderen an der Innengesellschaft beteiligten Gesellschafter zu kennen,[152] das zum unverzichtbaren Kernbereich der Gesellschafterrechte in einer Personengesellschaft zählt. Entspr. gilt für die Beteiligungshöhe der Mitgesellschafter, damit der Gesellschafter weiß, wie die Stimmen und damit die Machtverhältnisse innerhalb der Gesellschaft verteilt sind.[153] Deshalb kann dieses auch nicht in dem Gesellschaftsvertrag der Innengesellschaft oder dem Gesellschaftsvertrag der KG ausgeschlossen werden; entsprechende Abreden verstoßen gegen § 242 BGB und sind nichtig.[154] Auskunftsansprüche können nicht nur gegen den geschäftsführenden Gesellschafter der BGB-Innengesellschaft oder ein für die Geschäftsführung der Innengesellschaft gebildetes Organ,[155] sondern auch gegen die KG sowie ihr geschäftsführendes Organ (Komplementärgesellschaft) gerichtet werden.[156] Abweichend von dem allgemeinen Informationsrecht des Kommanditisten (→ Rn. 20) besteht das auf § 717 Abs. 1 BGB gestützte Informationsrecht unabhängig von einem gesondert darzulegenden Informationsbedürfnis oder einem besonderen Anlass.[157] Auch das Datenschutzrecht steht dem nicht entgegen (s. Art. 6 Abs. 1 DS-GVO).[158] Die Schranken werden ausschließlich durch das Verbot einer unzulässigen Rechtsausübung (§ 242 BGB) sowie das Schikaneverbot (§ 226 BGB) gebildet.[159] Die abstrakte Gefahr einer missbräuchlichen Verwendung der erlangten Informationen reicht hierfür nicht aus.[160] Ebenso ist es nicht zu beanstanden, wenn die Auskunft dazu dient, Mitgesellschaftern Kaufangebote für ihre Gesellschaftsanteile zu unterbreiten.[161] Anders ist hingegen zu entscheiden, wenn die konkrete Gefahr besteht, dass die erlangten Auskünfte ausschließlich oder vorrangig dazu bestimmt sind, dass die Prozessbevollmächtigten des Klägers diese zur Anbahnung einer Vielzahl neuer Mandantenbeziehungen nutzen werden[162] oder ersichtlich ist, dass ein Kläger kein Interesse an der begehrten Auskunft hat.[163]

47 Sind die Treugeber untereinander **nicht** durch eine **BGB-Innengesellschaft** miteinander verbunden, dann scheiden gesellschaftsvertragliche Informationsansprüche gegenüber dem Treuhänder aus. In Betracht kommen allenfalls Ansprüche aus dem Treuhandverhältnis (§§ 666, 675 BGB),

---

150 Wie hier Staub/Casper § 161 Rn. 249.

151 So BGH 22.1.2025, NZG 2025, 699 Rn. 9 ff.; 24.10.2023, NZG 2024, 249 Rn. 23; 5.2.2013, BGHZ 196, 131 Rn. 12 = NJW 2013, 2190; 11.1.2011, NJW 2011, 921 Rn. 11; 21.9.2009, NJW 2010, 439 Rn. 8; OLG Köln 21.2.2011, BeckRS 2012, 5172.

152 Grdl. BGH 21.9.2009, NJW 2010, 439 Rn. 8, 10; bestätigt durch BGH 11.1.2011, NJW 2011, 921 Rn. 11; 5.2.2013, BGHZ 196, 131 Rn. 12 = NJW 2013, 2190; 19.11.2019, NZG 2020, 381 Rn. 13, 20; 24.10.2023, NZG 2024, 249 Rn. 12; OLG München 25.4.2024, NZG 2024, 1557 (1558); zust. Fest FS Arai, 2015, 274 (286 ff.); im Grundsatz Staub/Casper § 161 Rn. 251; krit. Natz NZG 2020, 826 (826 f.); Schürnbrand ZGR 2014, 256 (264 f.).

153 BGH 22.1.2025, NZG 2025, 699 Rn. 10; 24.10.2023, NZG 2024, 249 Rn. 12.

154 BGH 11.1.2011, NJW 2011, 921 Rn. 20; zuvor BGH 21.9.2009, NJW 2010, 439 Rn. 10; s. auch nachfolgend BGH 5.2.2013, BGHZ 196, 131 Rn. 23 ff. = NJW 2013, 2190; 16.12.2014, NZG 2015, 269 Rn. 23 sowie KG 4.6.2020, NZG 2020, 985 f.; OLG München 25.4.2024, NZG 2024, 1557 (1558).

155 BGH 11.1.2011, NJW 2011, 921 Rn. 11; 19.11.2019, NZG 2020, 381 Rn. 13; OLG Köln 21.2.2011, BeckRS 2012, 5172.

156 BGH 5.2.2013, BGHZ 196, 131 Rn. 48 = NJW 2013, 2190; **aA** Staub/Casper § 161 Rn. 251.

157 BGH 11.1.2011, NJW 2011, 921 Rn. 22 mwN; **aA** Schürnbrand ZGR 2014, 256 (265).

158 BGH 22.1.2025, NZG 2025, 699 Rn. 13 ff.; 24.10.2023, NZG 2024, 249 Rn. 25 ff.; 19.11.2019, NZG 2020, 381 Rn. 26 ff.; KG 4.6.2020, NZG 2020, 985 (986); OLG München 16.1.2019, NZG 2019, 540 (542 f.); 25.4.2024, NZG 2024, 1557 (1559); abl. Natz NZG 2020, 826 (827).

159 BGH 11.1.2011, NJW 2011, 921 Rn. 22; s. auch BGH 11.10.2011, NZG 2011, 1432 Rn. 16; 5.2.2013, BGHZ 196, 131 Rn. 12, 43 = NJW 2013, 2190; 16.12.2014, NZG 2015, 269 Rn. 26; 24.10.2023, NZG 2024, 249 Rn. 23; 22.1.2025, NZG 2025, 699 Rn. 9; OLG Bamberg 20.1.2014, WM 2014, 1174 (1175) = BeckRS 2014, 05425; OLG München 16.1.2019, NZG 2019, 540 (541); 25.4.2024, NZG 2024, 1557 (1559); OLG Stuttgart 31.7.2019, BeckRS 2019, 24102.

160 BGH 5.2.2013, BGHZ 196, 131 Rn. 43 f. = NJW 2013, 2190; 16.12.2014, NZG 2015, 269 Rn. 26; 19.11.2019, BeckRS 2019, 38101 Rn. 24; OLG München 25.4.2024, NZG 2024, 1557 (1558).

161 BGH 22.1.2025, NZG 2025, 699 Rn. 10; 24.10.2023, NZG 2024, 249 Rn. 13.

162 BGH 5.2.2013, BGHZ 196, 131 Rn. 43 f. = NJW 2013, 2190; 19.11.2019, BeckRS 2019, 38101 Rn. 24; OLG Bamberg 20.1.2014, WM 2014, 1174 (1175) = BeckRS 2014, 05425; s. aber auch OLG München 25.4.2024, NZG 2024, 1557 (1559).

163 OLG München 16.1.2019, NZG 2019, 540 (541); AG München 7.5.2014, WM 2014, 2051 f.

sofern diese nicht rechtswirksam abbedungen worden sind.[164] Obwohl die Zwischenschaltung des Treuhandkommanditisten (Treuhänders) es ausschließt, dass die Anleger als Treugeber ihre Informationsansprüche auf § 166 Abs. 1 stützen können (→ Rn. 46), kommt uU der Gesellschaftsvertrag der Publikums-KG als Rechtsgrundlage für vergleichbare Informationsansprüche in Betracht. Dieser konstruktive Weg ist allerdings nur eröffnet, wenn die über einen Treuhandkommanditisten mittelbar an der Publikums-KG beteiligten Treugeber in dem Gesellschaftsvertrag der Publikums-KG den unmittelbar beteiligten Kommanditisten gleichgestellt werden, so dass ihre Rechtsstellung der eines Kommanditisten gleicht **(„Quasi-Gesellschafter").**[165] Dabei muss sich die Gleichstellung nicht ausdrücklich auf die Informationsansprüche beziehen; es genügt, wenn sich diese auf eine Gesamtschau der den Treugebern eingeräumten Rechtspositionen stützen lässt (Stimmrecht, Beteiligung an Gewinn und Verlust, Begründung mitgliedschaftlicher Rechte).[166] Ein auf der Basis der Gleichstellung aus dem Gesellschaftsvertrag der Publikums-KG abgeleiteter Informationsanspruch umfasst auch die Namen und Anschriften der Kommanditisten[167] sowie die jeweilige Beteiligungshöhe,[168] wobei aus der Gleichstellung zugleich eine Ausdehnung auf die anderen Treugeber folgt, da diese nach dem Gesellschaftsvertrag der Publikums-KG einem Kommanditisten gleichgestellt werden.[169] Der Anspruch richtet sich nicht nur gegen die Gesellschaft (→ Rn. 27), sondern auch gegen den Treuhandkommanditisten, wenn dieser und nicht die Gesellschaft die erstrebte Auskunft unschwer erteilen kann (→ Rn. 27).[170]

X. Investment-KG

48 Bezüglich der Informationsansprüche der Kommanditisten in der offenen bzw. geschlossenen Investment-KG gilt wegen der Verweisung in § 124 Abs. 1 S. 2 KAGB und in § 149 Abs. 1 S. 2 KAGB auch § 166 Abs. 1. Diese richten sich an die Geschäftsführung der Gesellschaft und sind von dieser zu erfüllen (→ Rn. 27 f.).[171] In dem durch § 166 Abs. 1 abgesteckten inhaltlichen Rahmen erstrecken sich diese auch auf die **Anlage und Verwaltung des Kommanditvermögens.** Zu beachten sind allerdings die in besonderem Maße schutzwürdigen Geheimhaltungsinteressen der Gesellschaft, die die Informationsansprüche zumindest im Hinblick auf deren Ausübung beschränken können (→ Rn. 31).

49 Bezüglich der Anlage und Verwaltung des Kommanditanlagevermögens stößt die Durchsetzung der Informationsansprüche jedoch auf Schwierigkeiten, wenn dieser Teil der Geschäftsführung auf eine **externe Kapitalverwaltungsgesellschaft** übertragen ist (→ § 164 Rn. 72 f.), da gesellschaftsrechtliche Beziehungen zwischen dem Anleger als Kommanditisten und der externen Kapitalverwaltungsgesellschaft nicht bestehen und mangels eines konzernrechtlichen Beherrschungsverhältnisses zwischen der Investment-KG und der Kapitalverwaltungsgesellschaft auch kein Informationsdurchgriff (→ Rn. 28) in Betracht kommt.[172] Es verbleibt deshalb neben dem gegen die Investment-KG gerichteten Anspruch auf Beschaffung der gesellschaftsrechtlich geschuldeten Informationen (→ Rn. 28) allenfalls der Rückgriff auf das zwischen der Investment-KG und der externen Kapitalverwaltungsgesellschaft bestehende Geschäftsbesorgungsverhältnis. Selbst wenn diesem drittschützende Wirkungen beigemessen werden, reichen diese nicht so weit, um zugunsten des Kommanditisten unmittelbare Informationsansprüche gegenüber der Kapitalverwaltungsgesellschaft zu begründen.[173]

50 Wird bei der geschlossenen Publikums-Investment-KG das Treuhandmodell etabliert (→ § 161 Rn. 206 ff.), treten die in → Rn. 47 für die Publikums-KG erörterten Probleme in vergleichbarer

---

[164] S. zB OLG München 18.5.2011, NZG 2011, 861 (863).

[165] BGH 16.12.2014, NZG 2015, 269 Rn. 18 ff.; 5.2.2013, BGHZ 196, 131 Rn. 12 ff. = NJW 2013, 2190; als Vorinstanz OLG München 18.5.2011, NZG 2011, 861 (863); ferner zuvor OLG Köln 21.2.2011, BeckRS 2012, 5172 und nachfolgend OLG München 16.1.2019, NZG 2019, 540 (541); 25.4.2024, NZG 2024, 1557 (1558); LG Bremen 13.12.2012, NZG 2013, 781 (782); s. dazu auch Fest FS Arai, 2015, 274 (291 ff.); Schürnbrand ZGR 2014, 256 (259 f.).

[166] So in dem Sachverhalt, über den BGH 5.2.2013, BGHZ 196, 131 = NJW 2013, 2190 und OLG München 18.5.2011, NZG 2011, 861, zu befinden hatten; ebenso BGH 16.12.2014, NZG 2015, 269 Rn. 12 ff.; s. auch LG Bremen 13.12.2012, NZG 2013, 781 (782 f.).

[167] Treffend BGH 5.2.2013, BGHZ 196, 131 Rn. 23 ff. = NJW 2013, 2190; 28.5.2013, BeckRS 2013, 14141; nachfolgend BGH 16.12.2014, NZG 2015, 269 Rn. 11.

[168] BGH 22.1.2025, NZG 2025, 699 Rn. 10.

[169] BGH 5.2.2013, BGHZ 196, 131 Rn. 49 = NJW 2013, 2190.

[170] BGH 16.12.2014, NZG 2015, 269 Rn. 28 ff.

[171] Hippeli DZWIR 2016, 568 (572).

[172] S. auch Hippeli DZWIR 2016, 568 (572).

[173] S. insoweit auch BGH 8.2.2018, NZG 2018, 736 Rn. 18 ff.

Weise auf. Allerdings entfällt angesichts der **spezialgesetzlichen Gleichstellungsklausel** in § 152 Abs. 1 S. 3 KAGB der nicht stets zweifelsfreie Weg über eine dem Gesellschaftsvertrag der KG ggf. im Wege der Auslegung zu entnehmende Aufwertung zum Quasi-Gesellschafter. Nach der hier (→ § 161 Rn. 208) vertretenen Auffassung besteht die Gleichstellung der Treugeber mit dem unmittelbar an der Gesellschaft beteiligten Kommanditisten im Hinblick auf seine Rechte im Innenverhältnis bereits kraft Gesetzes.[174] Dies gilt insbesondere im Hinblick auf die zugunsten des Kommanditisten in § 166 Abs. 1 begründeten Rechtspositionen (→ § 161 Rn. 209).[175] Beide Rechtspositionen kann der mittelbar beteiligte Anleger unmittelbar gegenüber der geschlossenen Publikums-Investment-KG geltend machen und sind von deren Geschäftsführung zu erfüllen (→ Rn. 48). Allerdings vermittelt auch die gesetzliche Gleichstellungsklausel in § 152 Abs. 1 S. 3 KAGB zugunsten des mittelbar beteiligten Anlegers keine über die Rechtsstellung des Kommanditisten hinausgehenden Rechte. Sind seine Informationsansprüche gegenüber der Geschäftsführung der Investment-KG in gesellschaftsrechtlich zulässiger Weise eingeschränkt (→ Rn. 42 ff.), dann gilt diese auch für den mittelbar beteiligten Anleger (→ § 161 Rn. 209). Hiervon unberührt bleibt das **Geschäftsbesorgungsverhältnis** zwischen dem mittelbar beteiligten Anleger und dem Treuhandkommanditisten (→ § 161 Rn. 207), das über § 675 Abs. 1 BGB iVm § 666 BGB auch Auskunfts- und Rechenschaftspflichten zugunsten des mittelbar beteiligten Anlegers begründet. Diese sind jedoch ausschließlich gegen den Treuhandkommanditisten gerichtet und von diesem zu erfüllen. Wurde mit der Anlage und Verwaltung des Kommanditanlagevermögens eine **externe Kapitalverwaltungsgesellschaft** betraut, dann gelten die Grundsätze in → Rn. 49 auch für das Treuhandmodell.

§ 167 Verlustbeteiligung

Soweit der Kommanditist die vereinbarte Einlage geleistet hat, sind die §§ 136 und 149 auf ihn nicht anzuwenden.

Schrifttum: Barz, Die vertragliche Entnahmeregelung bei OHG und KG, FS Knur, 1972, 25; Dötsch, Der Begriff des Kapitalkontos im Sinne von § 15a EStG, FS Spindler, 2011, 595; Heinicke/Henser, Die zeitliche Zuordnung von Gewinnen beim Ausscheiden aus einer Personengesellschaft, DB 2004, 2655; Hopt, Bilanz, Reservebildung und Gewinnausschüttung bei der OHG und KG, FS Odersky, 1996, 799; U. Huber, Freie Rücklagen in Kommanditgesellschaften, GS Knobbe-Keuk, 1997, 103; U. Huber, Gesellschafterkonten in der Personengesellschaft, ZGR 1988, 1; Leitzen, Die Gesellschafterkonten im Lichte der jüngsten BFH-Rechtsprechung, ZNotP 2009, 255; Mylich, Die Gestaltung der Gesellschafterkonten und das Wiederaufleben der Haftung des Kommanditisten, ZHR 182 (2018), 414; Oppenländer, Zivilrechtliche Aspekte der Gesellschafterkonten der OHG und KG, DStR 1999, 939; Paefgen, Die Gewinnverwendung in der GmbH & Co. KG und ihrer Unternehmensgruppe nach „Otto", FS Schneider, 2011, 929; Priester, Stille Reserven und offene Rücklagen bei Personengesellschaften, FS Quack, 1991, 373; Schulze-Osterloh, Aufstellung und Feststellung des handelsrechtlichen Jahresabschlusses der Kommanditgesellschaft, BB 1995, 2519; Sieker, Gesellschafterkonten bei der Personengesellschaft, NotBZ 2017, 293; Ulmer, Die Mitwirkung des Kommanditisten an der Bilanzierung der KG, FS Hefermehl, 1976, 207; Ulmer, Gewinnanspruch und Thesaurierung in OHG und KG, FS Lutter, 2000, 935; Wilde, Nachschusspflichten in KG und GbR, NZG 2012, 215.

Übersicht

[174] So auch Heymann/Borges § 161 Rn. 609; MüKoHGB/Brungs Anh. § 161 Rn. 146; König, Investmentgesellschaften nach dem KAGB, 2020, 297; BTMB/Könnecke KAGB § 152 Rn. 45; WBA/Paul KAGB § 152 Rn. 8; EDD/Schott KAGB § 152 Rn. 8; Henssler/Strohn/Servatius HGB Anh. Rn. 188; AWZ/Wallach KAGB § 152 Rn. 47; Wertenbruch NZG 2017, 81 (83); Wiedemann NZG 2013, 1041 (1045); in dieser Richtung ebenfalls MKJH/Hoffert KAGB § 152 Rn. 31; **aA** im konzeptionellen Ansatz Staub/Casper § 161 Rn. 273; Casper ZHR 179 (2015), 44 (71), der aus § 152 Abs. 1 S. 3 KAGB lediglich eine Pflicht zur schuldrechtlichen Nachbildung ableitet.

[175] Ebenso MKJH/Hoffert KAGB § 152 Rn. 31; König, Investmentgesellschaften nach dem KAGB, 2020, 298; für § 166 Ebenroth/Boujong/Paefgen/Franke KAGB § 152 Rn. 3; WBA/Paul KAGB § 152 Rn. 9.

I. Allgemeines

1 **1. Grundlagen der §§ 167, 169.** Die §§ 167–169 bilden einen **zusammenhängenden Regelungskomplex** über die Gewinne und Verluste der Gesellschafter sowie die Kontenführung in der KG. Sie treffen für den Kommanditisten zum Teil von den §§ 120 ff. abweichende Regelungen. In dem nach **§ 161 Abs. 2 iVm § 120 Abs. 1 S. 1** auf- und festzustellenden Jahresabschluss wird – wie in der OHG – ein Gesamtgewinn oder -verlust ausgewiesen. Inwieweit Gewinne dem Kapitalanteil des Kommanditisten gutgeschrieben werden dürfen bzw. der Kommanditist für auf ihn entfallende Verluste einzustehen hat, ist Regelungsgegenstand des **§ 167.** Schließlich bestimmt **§ 169,** dass dem Kommanditisten ein Entnahmerecht nicht zusteht, er aber grundsätzlich Anspruch auf Auszahlung des auf ihn entfallenden Gewinns hat. Durch das MoPeG wurde mWv 1.1.2024 **§ 168 aF** aufgehoben, weil die Vorschrift (→ 7. Aufl. 2021, § 168 Rn. 1 ff.) wegen der gleichzeitigen Aufhebung von § 121 aF entbehrlich wurde.[1] Die Verteilung von Gewinn und Verlust richtet sich stattdessen über § 161 Abs. 2 wegen § 120 S. 2 auch bei der KG nach der allgemeinen Vorschrift in § 709 Abs. 3 BGB, mangels abweichender Abrede also nach dem Verhältnis der vereinbarten Beiträge (Kapitalanteile). Nur wenn insoweit eine Vereinbarung fehlt, soll jeder Gesellschafter einen gleichen Anteil am Gewinn und Verlust haben (§ 709 Abs. 3 S. 2 BGB).[2] Zu den Einzelheiten → § 120 Rn. 54 ff.

2 Das Gesetz enthält keine ausdrückliche Regelung über das **Kontensystem** in der KG. Dieses ist durch die gesetzlichen Vorschriften gleichwohl zum Teil vorgegeben. So geht § 167 von einem prinzipiell **variablen,** wenn auch für den Kommanditisten der Höhe nach gedeckeltem **Kapitalanteil** aus, dessen Höhe in einem zugehörigen Kapitalkonto ausgewiesen wird. Daneben muss wenigstens ein zweites Konto existieren, dem die über die Pflichteinlage hinausgehenden Gewinne gutgeschrieben werden können.[3] Im Übrigen unterliegt die buchhalterische Erfassung der Ansprüche des Gesellschafters gegenüber der Gesellschaft der Vertragsfreiheit, da hiervon ausschließlich die Rechtsbeziehungen zwischen der Gesellschaft und den Gesellschaftern (Innenverhältnis) betroffen sind.[4] Bei Publikumsgesellschaften erfordert die gesellschaftsvertragliche Ausgestaltung des Buchungssystems jedoch klare und unmissverständliche Regelungen (→ § 163 Rn. 4), insbesondere dann, wenn Ausschüttungen der Gesellschaft nicht auf einem Gesellschafterkonto zu buchen sind, sondern als selbstständiges Darlehen gewährt werden sollen.[5]

3 In der **Praxis** werden indes zumeist nicht nur vom Gesetz **abweichende Gewinn- und Verlustverteilungsschlüssel** vorgesehen, sondern es wird auch ein **anderes Kontensystem** eingeführt, das auf **festen Kapitalanteilen** beruht, wie es dem auch für die KG (s. § 161 Abs. 2 iVm § 120 S. 2; → Rn. 1) maßgeblichen Regelungsmodell in § 709 Abs. 3 S. 1 BGB entspricht. Der gesellschaftsvertraglichen Regelung gebührt wie stets der Vorrang (§ 163).[6]

4 Im **Unterschied zu den §§ 171 ff.** betreffen die §§ 167, 169 nicht die Haftung des Kommanditisten gegenüber den Gesellschaftsgläubigern, sondern die Verteilung und Zuschreibung von Gewinnen und Verlusten im Innenverhältnis.[7] Inwieweit ein Kommanditist im Verhältnis der Gesellschafter untereinander Verluste zu tragen hat, richtet sich nach der Höhe seiner **Pflichteinlage,** während sich seine Haftung im Außenverhältnis nach dem Betrag seiner **Haftsumme** bemisst.[8] Haftsumme und Pflichteinlage entsprechen sich im Zweifel,[9] können aber auch voneinander abweichen (s. § 172 Abs. 3).

5 **2. Einzelregelung im Überblick.** Über § 161 Abs. 2 gilt § 120 Abs. 1 sowie § 709 Abs. 3 BGB für die Berechnung des Gewinns oder Verlusts auch für den Kommanditisten. Als Grundlage seiner Ergebnisbeteiligung dient also – wie für den Komplementär (§ 161 Abs. 2, § 120 Abs. 1) – der **Jahresabschluss.**

---

[1] S. Begr. RegE, BT-Drs. 19/27635, 255.
[2] S. auch Begr. RegE, BT-Drs. 19/27635, 239.
[3] S. Heymann/Borges Rn. 24; Staub/Casper § 169 Rn. 18; Hippeli Jura 2018, 378 (379 f.); Mylich ZHR 182 (2018), 414 (417); dazu auch BGH 12.3.2013, NJW 2013, 2278 Rn. 20.
[4] BGH 16.2.2016, NJW-RR 2016, 550 Rn. 26; OLG Schleswig 8.12.2021, BeckRS 2021, 53243.
[5] S. exemplarisch BGH 16.2.2016, NJW-RR 2016, 550 Rn. 16 ff.
[6] BGH 12.3.2013, NJW 2013, 2278 Rn. 19.
[7] S. BGH 16.2.2016, NJW-RR 2016, 550 Rn. 10 f.; BeckOGK/Staake, 1.12.2022, Rn. 10.
[8] BGH 18.7.2013, NJW 2014, 305 Rn. 35; ferner Mylich ZHR 182 (2018), 414 (417) mwN.
[9] BGH 28.3.1977, NJW 1977, 1820 (1821).

Dagegen trifft § 167 für den **Kommanditisten** Sonderregeln, die von § 120 Abs. 2 abweichen. Im Gegensatz zu der Rechtslage bis zum 1.1.2024 kann ein Kapitalanteil des Kommanditisten durch Gewinnzuschreibungen über den Betrag seiner Pflichteinlage anwachsen. Wird sein Kapitalkonto durch auf ihn entfallende Verluste negativ, hat er hierfür im Falle seines Ausscheidens oder der Liquidation nur bis zur Höhe seiner Pflichteinlage aufzukommen, sofern er die vereinbarte Einlage geleistet hat. Für diesen Fall legt § 167 Hs. 2 ausdrücklich fest, dass eine Haftung für den Fehlbetrag, die § 136 für den ausgeschiedenen Gesellschafter bzw. § 149 bei einer Liquidation der Gesellschaft vorsieht, nicht eingreift. Für den **Komplementär** sieht das Gesetz entsprechende Bestimmungen **nicht** vor, für ihn gilt – über § 161 Abs. 2 – § 120 Abs. 2 ohne Einschränkungen. Er kann seinen Kapitalanteil durch Gewinnzuschreibungen theoretisch unbegrenzt anwachsen lassen (aber → Rn. 13 ff.). Ein negatives Kapitalkonto hat der Komplementär auszugleichen, wenn er aus der Gesellschaft ausscheidet (§ 136) oder diese liquidiert wird (§ 149). Ansonsten ist auch er zu Nachschüssen grundsätzlich nicht verpflichtet (§ 161 Abs. 2 iVm § 105 Abs. 3 iVm § 710 BGB). 6

II. Berechnung von Gewinnen und Verlusten

Die Berechnung des Gewinns oder Verlusts **der Gesellschaft im Ganzen** als Grundlage der Ergebnisbeteiligung bestimmt sich nach § 161 Abs. 2 iVm § 120 Abs. 1 S. 1. Danach wird am Schluss jedes Geschäftsjahrs auf Grund des Jahresabschlusses iSd § 242 Abs. 3 der Gewinn oder Verlust ermittelt und der Anteil jedes Gesellschafters danach berechnet (§ 120 Abs. 1 S. 2). 7

1. Aufstellung. Die Ausarbeitung eines beschlussreifen Jahresabschlusses (Aufstellung) ist als (ordentliche) Geschäftsführungsmaßnahme Aufgabe der geschäftsführungsbefugten Gesellschafter, vorbehaltlich abweichender Bestimmung im Gesellschaftsvertrag also der Komplementäre.[10] Bei der Ausübung ihres Bewertungsermessens unterliegen sie neben gesetzlichen und gesellschaftsvertraglichen auch jenen Bindungen, die sich aus ihrer Treuepflicht gegenüber den Kommanditisten ergeben. Sie haben deren Interessen deshalb schon bei der Aufstellung des Jahresabschlusses zu berücksichtigen.[11] 8

2. Feststellung. a) Zuständigkeit. Der aufgestellte Jahresabschluss wird durch seine Feststellung verbindlich. Diese ist im Gegensatz zur Aufstellung keine Geschäftsführungsmaßnahme, sondern eine **den Gesellschaftern obliegende Angelegenheit der laufenden Verwaltung.**[12] Sie bedarf generell der Zustimmung aller Gesellschafter, also auch der Kommanditisten (→ Rn. 10 f.).[13] Dies folgt unmittelbar aus § 161 Abs. 2 iVm § 121, wonach jeder Gesellschafter am Beschluss über die Feststellung zu beteiligen ist. Hätte das Gesetz die Kommanditisten hiervon ausklammern wollen, dann hätte § 121 – wie in § 120 Abs. 1 S. 1 für die Aufstellung des Jahresabschlusses geschehen – die Beschlussberechtigung auf die „geschäftsführungsbefugten Gesellschafter" beschränken müssen, was jedoch nicht geschehen ist. Das Mitteilungs- und Einsichtsrecht des Kommanditisten (§ 166 Abs. 1) schließt dieses Verständnis nicht aus.[14] Der **Gesellschaftsvertrag** kann Abweichendes regeln, insbesondere einen Mehrheitsbeschluss ausreichen lassen oder vorsehen, dass nur die geschäftsführenden Gesellschafter oder ein Beirat über die Feststellung beschließt (ausf. → § 120 Rn. 30).[15] 9

b) Mitwirkung der Kommanditisten. Wenn der aufgestellte Jahresabschluss die Grenzen des Bewertungsermessens nicht überschreitet, müssen die Kommanditisten diesem zustimmen.[16] Insoweit 10

[10] BGH 29.3.1996, BGHZ 132, 263 (271) = NJW 1996, 1678; 27.9.1979, WM 1979, 1330 = BeckRS 1979, 31114497; OLG Schleswig 8.12.2021, BeckRS 2021, 53243; Heymann/Borges Rn. 9; Staub/Casper Rn. 10, § 169 Rn. 5; NK-HGB/Eberl Rn. 2; MüKoHGB/Grunewald § 169 Rn. 1; Hopt FS Odersky, 1996, 799; BeckOGK/Staake, 1.12.2022, Rn. 24.

[11] Staub/Casper § 169 Rn. 5; MüKoHGB/Grunewald § 169 Rn. 1; Hopt FS Odersky, 1996, 799 (802 ff.).

[12] BGH 29.3.1996, BGHZ 132, 263 (266) = NJW 1996, 1678; 15.1.2007, BGHZ 170, 283 (289) = NJW 2007, 1685 (1687) – OTTO; OLG Schleswig 8.12.2021, BeckRS 2021, 53243; Heymann/Borges Rn. 13; Staub/Casper § 169 Rn. 6; MüKoHGB/Grunewald § 169 Rn. 2; BeckOGK/Staake, 1.12.2022, Rn. 37; Wertenbruch NZG 2018, 1121 (1122 f.).

[13] Heute hM, s. BGH 15.1.2007, BGHZ 170, 283 (286 ff.) = NJW 2007, 1685 (1686 f.) – OTTO; bereits BGH 29.3.1996, BGHZ 132, 263 (266) = NJW 1996, 1678: Grundlagengeschäft; OLG Düsseldorf 3.2.1999, NZG 1999, 878; OLG Schleswig 8.12.2021, BeckRS 2021, 53243; aus der Lit. Heymann/Borges Rn. 11, 14; Staub/Casper § 169 Rn. 7; Hopt FS Odersky, 1996, 799 (800); BeckOGK/Staake, 1.12.2022, Rn. 37; Wertenbruch NZG 2018, 1121 (1122 f.); **aA** noch Heymann/Horn, 2. Aufl. 1996, Rn. 2.

[14] BGH 29.3.1996, BGHZ 132, 263 (266) = NJW 1996, 1678; Heymann/Borges Rn. 14; Staub/Casper Rn. 7.

[15] Wegweisend BGH 15.1.2007, BGHZ 170, 283 (286 ff.) = NJW 2007, 1685 (1686 f.) – OTTO; dazu K. Schmidt ZGR 2008, 1 ff.; zuvor BGH 29.3.1996, BGHZ 132, 263 (267) = NJW 1996, 1678 (1679); ebenso Staub/Casper § 169 Rn. 8.

[16] Heymann/Borges Rn. 15; Staub/Casper § 169 Rn. 9; MüKoHGB/Grunewald § 169 Rn. 6 f.; BeckOGK/Staake, 1.12.2022, Rn. 44 jeweils mwN.

ist der Jahresabschluss eine ordentliche Geschäftsführungsmaßnahme, die sich der Kompetenz der Kommanditisten entzieht (§ 164 S. 1 Hs. 1). Die Zustimmung bedarf keiner besonderen Form, kann also auch konkludent durch Billigung des übersandten Abschlusses erteilt werden.[17] Falls der Kommanditist die Zustimmung zum Jahresabschluss pflichtwidrig verweigert, können die geschäftsführenden Gesellschafter ihn auf Zustimmung verklagen.[18]

11 Haben die geschäftsführenden Gesellschafter die Grenzen ihres Bewertungsermessens (→ Rn. 10) überschritten, kann der Kommanditist die Feststellung verweigern. Den Anspruch auf einen ermessensfehlerfrei aufgestellten Jahresabschluss kann er gegenüber den geschäftsführenden Gesellschaftern notfalls gerichtlich durchsetzen.[19] Von vornherein nicht vom Bewertungsermessen umfasst ist die **Gewinnverwendung.** Diese ist nicht Geschäftsführer-, sondern als „bilanzrechtliches Grundlagengeschäft" Gesellschafterentscheidung,[20] die ggf. auch bereits in dem Gesellschaftsvertrag fixiert sein kann. Deshalb sind die Gesellschafter, soweit der Jahresabschluss Aussagen über die Gewinnverwendung trifft, an die Aufstellung nicht gebunden, sondern können im Rahmen ihrer Bindungen durch die Treuepflicht frei darüber entscheiden. Sind die Modalitäten der Gewinnverwendung jedoch bereits im Gesellschaftsvertrag geregelt, bedarf es keines gesonderten Gewinnverwendungsbeschlusses (→ § 169 Rn. 8).

12 **c) Rechtsfolgen.** An seine wirksame und unanfechtbare Zustimmung ist der Kommanditist gebunden. Soweit durch die Bilanz Ansprüche zwischen den Gesellschaftern und der Gesellschaft betroffen sind, handelt es sich bei der einvernehmlich festgestellten Bilanz um ein **abstraktes Schuldanerkenntnis.**[21] Das Mitteilungs- und Prüfungsrecht des einzelnen Kommanditisten nach § 166 Abs. 1 ist nach der von ihm erteilten Zustimmung im Zweifel ausgeschlossen (→ § 166 Rn. 6). Nach Maßgabe des Jahresabschlusses werden den Gesellschaftern die auf sie entfallenden Gewinne und Verluste zu- bzw. abgeschrieben (§ 120 Abs. 2). **Mängel** des festgestellten Jahresabschlusses sind mittels einer gegen die Mitgesellschafter zu richtenden Feststellungsklage (§ 256 ZPO) geltend zu machen.[22] Dabei spricht der Zweck des § 110 Abs. 2 dafür, dass die dort aufgezählten Nichtigkeitsgründe auch bei der KG zur Nichtigkeit des Feststellungsbeschlusses führen (→ § 121 Rn. 13).[23]

III. Gewinnzuschreibung (§ 161 Abs. 2 iVm § 120 Abs. 2 Hs. 1)

13 **1. Verbuchung auf dem Kapitalkonto.** Das dispositive Gesetzesrecht geht in § 120 Abs. 2 von variablen Kapitalanteilen aus, deren Höhe sich nach dem jeweiligen Stand des Kapitalkontos bemisst. Einschränkend sah Abs. 2 aF vor, dass die auf den Kommanditisten entfallenden Gewinne dem Kapitalkonto nur solange gutgeschrieben werden **durften,** bis dieses den Betrag der vereinbarten Pflichteinlage erreicht hat. Der Kapitalanteil des Kommanditisten wuchs demnach nur bis zur Höhe der Pflichteinlage an. Dadurch wurde verhindert, dass der Kommanditist seine durch die Höhe des Kapitalanteils vermittelten Rechte weiter ausbaute.[24]

14 Dagegen war § 167 Abs. 2 aF **nicht** dahin zu verstehen, dass die auf den Kommanditisten entfallenden Gewinne dem Kapitalkonto des Kommanditisten gutgeschrieben werden **müssten,** solange dieses den Betrag der Pflichteinlage nicht erreicht hat.[25] Dafür sprach ein Gegenschluss zu § 169 Abs. 1 S. 2 Hs. 2 aF, wonach der Gewinnauszahlungsanspruch ausgeschlossen ist, solange die **geleistete** Einlage durch Verlustzuschreibungen vermindert war, nicht aber bereits unter der Voraussetzung, dass die **bedungene** Einlage nicht voll geleistet war. Allerdings wird man, soviel ist Weipert zuzugeben,[26] im Interesse der Schaffung einer Kapitalgrundlage die Gesellschaft in aller Regel für verpflich-

[17] BGH 3.11.1975, BB 1975, 1605 f. = BeckRS 1975, 31115215; OLG Düsseldorf 26.11.1993, NJW-RR 1994, 1455; Heymann/Borges Rn. 13; NK-HGB/Eberl Rn. 4; Hopt FS Odersky, 1996, 799 (809); Schlegelberger/Martens Rn. 8; BeckOGK/Staake, 1.12.2022, Rn. 42.

[18] Statt aller BeckOGK/Staake, 1.12.2022, Rn. 45 mwN.

[19] MüKoHGB/Grunewald § 169 Rn. 7.

[20] So BGH 29.3.1996, BGHZ 132, 263 (274 f.) = NJW 1996, 1678 (1681); Staub/Casper § 169 Rn. 14; ausdrücklich offen jedoch BGH 15.1.2007, BGHZ 170, 283 (290 f.) = NJW 2007, 1685 (1687) – OTTO.

[21] BGH 29.3.1996, BGHZ 132, 263 (266) = NJW 1996, 1678; nachfolgend BGH 2.3.2009, NZG 2009, 659 Rn. 15; 18.7.2013, NJW 2014, 305 Rn. 20; OLG Düsseldorf 26.11.1993, NJW-RR 1994, 1455; Staub/Casper § 169 Rn. 11 mwN; **aA** BeckOGK/Staake, 1.12.2022, Rn. 39.

[22] BeckOGK/Staake, 1.12.2022, Rn. 51 mwN.

[23] Treffend BeckOGK/Staake, 1.12.2022, Rn. 50; ebenso mittels Analogie jedenfalls bei der GmbH & Co. KG OLG München 19.7.2018, BeckRS 2018, 17265.

[24] Staub/Casper § 169 Rn. 18; BeckOGK/Staake, 1.12.2022, Rn. 66.

[25] So ausdrücklich Heymann/Borges Rn. 28; Staub/Casper Rn. 2; **aA** Ebenroth/Boujong/Weipert, 4. Aufl. 2020, § 169 Rn. 12.

[26] Vgl. Ebenroth/Boujong/Weipert, 4. Aufl. 2020, § 169 Rn. 12; ebenso BeckOGK/Staake, 1.12.2022, Rn. 67.

tet halten müssen, mit fälligen Einlageforderungen gegen Gewinnauszahlungsansprüche des Kommanditisten aufzurechnen (→ § 169 Rn. 9).

15 Für den Komplementär galten diese Beschränkungen nicht (s. § 120 Abs. 2), so dass sich die Kapitalanteile der Kommanditisten einerseits und diejenigen der Komplementäre andererseits erheblich auseinander entwickeln konnten. Sofern der Gesellschaftsvertrag dazu keine Regelung traf, konnte sich ausnahmsweise aus der Treuepflicht die Verpflichtung der Mitgesellschafter ergeben, dem Kommanditisten ein Recht auf Erhöhung seines Kapitalanteils einzuräumen.[27]

16 **2. Verbuchung auf zweitem Konto.** Über den Betrag der Pflichteinlage hinausgehende Gewinne, die dem Kapitalkonto nicht gutgeschrieben werden dürfen, sind dem Kommanditisten durch Gutschrift auf einem zweiten Konto (häufig als Privatkonto bezeichnet) auszuzahlen. Dabei handelt es sich nach dem Gesetz um ein kreditorisches Konto, das nicht mit späteren Verlusten verrechnet wird (§ 169 Abs. 2)[28] und als **Fremdkapital** selbst dann zur Verfügung des Kommanditisten steht, wenn der Stand des Kapitalkontos zwischenzeitlich durch Verluste oder Entnahmen wieder unter den Stand der Pflichteinlage gesunken ist.[29]

17 Über das Kontoguthaben wird vielfach konkludent ein Darlehensvertrag zwischen dem Kommanditisten und der KG geschlossen worden sein (Darlehenskonto; → Rn. 22).[30] Die Auszahlung setzt dann eine vorherige Kündigung voraus (§ 488 Abs. 3 BGB).[31] Andernfalls kann sich der Kommanditist ein Guthaben auf dem zweiten Konto auf einfaches Verlangen gegenüber der Geschäftsführung hin **grundsätzlich jederzeit auszahlen** lassen; insoweit steht ihm eine fällige schuldrechtliche Forderung gegen die Gesellschaft zu.[32] Da die Entnahmebeschränkungen zulasten des Komplementärs (§ 122 S. 1) auf den Kommanditisten wegen § 169 Abs. 1 keine Anwendung finden können,[33] begrenzt nur die gesellschafterliche Treuepflicht seinen Auszahlungsanspruch (→ § 169 Rn. 13).[34]

IV. Verlustzuschreibung (§ 161 Abs. 2 iVm § 120 Abs. 2 Hs. 2)

18 Ein auf den Kommanditisten entfallender Verlust **belastet** das **Kapitalkonto** (nicht das Privatkonto; → Rn. 16) des Kommanditisten entgegen dem insoweit missverständlichen Gesetzeswortlaut unbeschränkt.[35] Es kann hierdurch einen **negativen Saldo** aufweisen, so dass der Kapitalanteil des Kommanditisten entsprechend geschmälert ist. Zu den Konsequenzen für die Auszahlung künftiger Gewinne (§ 169 Abs. 1) → § 169 Rn. 11.

19 Ein negatives Kapitalkonto muss der Kommanditist – von einer ggf. noch rückständigen Pflichteinlage und rückzahlbaren Entnahmen abgesehen[36] – **nicht ausgleichen.** Das folgt für die Zeit des Bestehens der KG aus § 161 Abs. 2 iVm § 105 Abs. 3 iVm § 710 BGB, wonach der Kommanditist nicht zu Nachschüssen verpflichtet ist, und gilt nach § 167 Hs. 2 ebenso für den Fall seines Ausscheidens oder der Liquidation der KG.[37]

20 Daneben kann die Gesellschaft den Kommanditisten zum Ausgleich der auf ihn entfallenden Verluste, die seinen – positiven – Kapitalanteil überschreiten, nur bis zur Höhe seiner rückständigen Pflichteinlage (zzgl. rückzahlbarer Entnahmen)[38] in Anspruch nehmen (§ 167). Darüber hinaus ist er, so die Kernaussage von § 167, **weder zu Nachschüssen** noch im Falle seines Ausscheidens oder der Liquidation **zum Ausgleich von Verlusten verpflichtet.**[39]

---

[27] Zutr. MüKoHGB/Grunewald, 5. Aufl. 2022, Rn. 15; ebenso Heymann/Borges Rn. 30; Staub/Casper, 5. Aufl. 2009, Rn. 20; BeckOGK/Staake, 1.12.2022, Rn. 70.

[28] BGH 23.2.1978, BB 1978, 630 (631) = BeckRS 1978, 31114154; s. aber auch BGH 16.2.2016, NJW-RR 2016, 550 Rn. 20; 12.3.2013, NJW 2013, 2278 Rn. 20; → Rn. 21.

[29] U. Huber ZGR 1988, 1 (9); ebenso Heymann/Borges Rn. 32; Staub/Casper § 169 Rn. 19; Henssler/Strohn/Gummert Rn. 6; Mylich ZHR 182 (2018), 414 (417); BeckOGK/Staake, 1.12.2022, Rn. 69.

[30] Heymann/Borges Rn. 31; Staub/Casper § 169 Rn. 19.

[31] Heymann/Borges Rn. 32; Staub/Casper § 169 Rn. 19.

[32] S. BGH 12.3.2013, NJW 2013, 2278 Rn. 20; OLG Düsseldorf 12.12.2019, NZG 2020, 899 (900).

[33] Auch nicht analog, ebenso Heymann/Borges Rn. 32; **aA** KKD/Kindler Rn. 2 iVm KKD/Kindler § 169 Rn. 2.

[34] U. Huber ZGR 1988, 1 (8); Heymann/Borges Rn. 32; Staub/Casper § 169 Rn. 32 aE.

[35] Statt aller Staub/Casper § 169 Rn. 20; BeckOGK/Staake, 1.12.2022, Rn. 71.

[36] KKD/Kindler Rn. 4.

[37] OLG München 27.5.2020, NZG 2020, 1222; Heymann/Borges Rn. 36; NK-HGB/Eberl Rn. 11; Henssler/Strohn/Gummert Rn. 7; KKD/Kindler Rn. 4.

[38] KKD/Kindler Rn. 4.

[39] BGH 21.1.2021, NJW-RR 2021, 233 Rn. 36; Staub/Casper Rn. 23; NK-HGB/Eberl Rn. 11; KKD/Kindler Rn. 4; BeckOGK/Staake, 1.12.2022, Rn. 74.

V. Abweichende Vereinbarungen im Gesellschaftsvertrag

21 **1. Feste Kapitalanteile.** Da sich die vom Gesetz vorgesehenen variablen Kapitalanteile schlecht als Anknüpfungspunkt für die Rechte der Gesellschafter eignen, werden in der Praxis – wie dies auch § 709 Abs. 3 S. 1 BGB vorsieht – gemeinhin feste, unveränderliche Kapitalanteile vereinbart.[40] Neben dem Kapitalkonto I, dem Zahlungen und Gewinne nur bis zur Höhe der Pflichteinlage gutzuschreiben sind (Abs. 2; → Rn. 13 ff.),[41] ist mindestens ein zusätzliches, variables Konto (sog. **Kapitalkonto II**) einzurichten.[42] Auf diesem werden weitere Gewinne sowie Verluste und, soweit zulässig, Entnahmen verbucht. Entgegen § 169 Abs. 2 findet folglich eine Verrechnung künftiger Gewinne und Verluste statt.[43] Demzufolge weist das Kapitalkonto II, wenn keine anderen Vereinbarungen getroffen werden,[44] **Eigenkapital** der Gesellschaft aus,[45] über das der Kommanditist nur analog § 122 und damit beschränkt verfügen kann.[46] Ein Debet auf dem Kapitalkonto II muss der Kommanditist wegen § 161 Abs. 2 iVm § 105 Abs. 3 iVm § 710 BGB bzw. § 167 (zu alledem → Rn. 18 ff.) zwar nicht ausgleichen,[47] doch solange es besteht und nicht durch Gewinnzuschreibungen wieder aufgefüllt ist, greift zulasten des Kommanditisten die Entnahmebeschränkung des § 169 Abs. 1 Hs. 2 ein.[48] Gleichwohl erfolgende Auszahlungen sind haftungsschädlich iSd § 172 Abs. 4 S. 2.[49]

22 Um Zweifelsfragen über die Rechtsnatur des Guthabens auf dem Kapitalkonto II zu vermeiden, ist es zweckmäßig, neben den Kapitalkonten ein **weiteres, drittes Konto** (Privat- oder Darlehenskonto) einzurichten (sog. Dreikontenmodell), auf dem die entnahmefähigen Gewinne verbucht werden.[50] Bei dem Guthaben auf diesem Konto handelt es sich um Fremdkapital, das nicht der Verrechnung mit künftigen Verlusten anheimfällt.[51]

23 **2. Gewinnzuschreibung.** Im Gesellschaftsvertrag kann dem Kommanditisten **entsprechend § 120 Abs. 2 Hs. 1** ausdrücklich das Recht eingeräumt werden, seinen Kapitalanteil über die Höhe seiner Einlagepflicht hinaus zu vergrößern **(Aufstockungsrecht).** Das kann sich, gerade wenn die Gewinnbeteiligung des Kommanditisten allein an das Verhältnis der Kapitalanteile geknüpft ist, ausnahmsweise auch aus einer ergänzenden Vertragsauslegung ergeben.[52] Im Falle variabler Kapitalanteile genügt für deren Aufstockung das Stehenlassen von Gewinnen; sind feste Kapitalanteile vorgesehen, setzt die Umwandlung des Gewinns in Eigenkapital eine darauf gerichtete Vereinbarung voraus, die durch die Einräumung des Aufstockungsrechts regelmäßig antizipiert ist.[53]

24 Grundsätzlich werden die Gewinne des Kommanditisten zu seinen Gunsten auf einem zinslosen Konto – dem sog. **Privatkonto** – verbucht, über dessen Guthaben er jederzeit verfügen kann (→ Rn. 17). Der Gesellschaftsvertrag wird dieses Rechtsverhältnis zumeist aber näher ausgestalten und Bestimmungen vor allem über eine Verzinsung des Guthabens und die Fälligkeit des Auszahlungsanspruchs treffen. Häufig wird ausdrücklich oder konkludent vereinbart, dass stehen gelassene Gewinne der KG als **Darlehen** (§§ 488 ff. BGB) gewährt werden. Die Bezeichnung eines Kontos als „Darlehenskonto" ist hierfür aber auf Grund uneinheitlicher Terminologie allenfalls ein Indiz.[54] In Ermangelung

---

[40] So auch § 709 Abs. 3 BGB.

[41] Abweichend davon kann das Kapitalkonto I auch auf die Hafteinlage beschränkt sein und eine die Hafteinlage übersteigende Pflichteinlage auf das Kapitalkonto II zu buchen sein; s. BGH 18.7.2013, NJW 2014, 305 Rn. 35.

[42] S. BGH 12.3.2013, NJW 2013, 2278 Rn. 20; 18.7.2013, NJW 2014, 305 Rn. 35; 16.2.2016, NJW-RR 2016, 550 Rn. 20; Heymann/Borges Rn. 48; Staub/Casper § 169 Rn. 18; BeckOGK/Staake, 1.12.2022, Rn. 80.

[43] Heymann/Borges Rn. 48; Staub/Casper § 169 Rn. 18.

[44] S. K. Schmidt GesR § 53 III 5a, demzufolge das Kapitalkonto II alternativ als Darlehenskonto geführt werden könne.

[45] Staub/Casper § 169 Rn. 19.

[46] Heymann/Horn, 2. Aufl. 1996, Rn. 11; U. Huber ZGR 1988, 1 (51, 53); KKD/Kindler Rn. 3; Schlegelberger/Martens Rn. 21; **aA** MHdB GesR II/v. Falkenhausen/H. C. Schneider, 5. Aufl. 2019, § 22 Rn. 49: Mit Blick auf Abs. 2 sei zu vermuten, dass „Gewinne, die den bedungenen Kapitalanteil übersteigen, (…) Forderungen gegen die Gesellschaft darstellen".

[47] Vgl. BGH 27.9.1982, NJW 1983, 164; U. Huber ZGR 1988, 1 (58 f.).

[48] U. Huber ZGR 1988, 1 (60); Staub/Casper Rn. 27.

[49] S. BGH 12.3.2013, NJW 2013, 2278 Rn. 9 ff.

[50] Auch dazu ausf. U. Huber ZGR 1988, 1 (72 ff.); s. ferner BGH 12.3.2013, NJW 2013, 2278 Rn. 20; 16.2.2016, NJW-RR 2016, 550 Rn. 20; Heymann/Borges Rn. 49; Staub/Casper § 169 Rn. 19; Mylich ZHR 182 (2018), 414 (418 f.); Pöschke/Steenbeker NZG 2016, 841 (845); BeckOGK/Staake, 1.12.2022, Rn. 81.

[51] BGH 12.3.2013, NJW 2013, 2278 Rn. 20; Heymann/Borges Rn. 49; Staub/Casper § 169 Rn. 19.

[52] So BGH 23.1.1967, DB 1967, 594 für den Kommanditisten, der als Erbe eines Komplementärs in die Gesellschaft eintritt; s. NK-HGB/Eberl Rn. 9; MHdB GesR II/v. Falkenhausen/H. C. Schneider, 5. Aufl. 2019, § 22 Rn. 15; Schlegelberger/Martens Rn. 18.

[53] Staub/Casper, 5. Aufl. 2009, Rn. 27.

[54] S. zB BGH 12.3.2013, NJW 2013, 2278 Rn. 19 ff.; ferner auch BGH 16.2.2016, NJW-RR 2016, 550 Rn. 20.

abweichender Vereinbarungen ist das Darlehen unverzinslich[55] und gem. § 488 Abs. 3 BGB mit einer Frist von drei Monaten kündbar,[56] es sei denn, es wurden weitergehende Beschränkungen vereinbart.[57]

Weitergehende **Entnahmebeschränkungen** können darin bestehen, dass der Kommanditist die Auszahlung eines Guthabens nur in bestimmter Höhe und/oder nur innerhalb einer vorgegebenen Frist verlangen kann und ein darüber hinausgehender bzw. nicht fristgerecht abgerufener Gewinn der Rücklagenbildung dient. Er wird zum Eigenkapital der Gesellschaft, verliert also seinen Forderungscharakter und wird – zum Teil auf einem besonderen Konto (dem sog. Rücklagenkonto) oder auf dem Kapitalkonto II – mit künftigen Verlustzuschreibungen verrechnet. Hierdurch steht der Kommanditist dann allerdings schlechter als nach der gesetzlichen Regelung (vgl. § 167, § 169 Abs. 2). Die auf diese Weise eingebrachte Rücklage ist in aller Regel erst mit dem Austritt des Gesellschafters aus der KG rückzahlbar. 25

3. Verlustzuschreibung. Während das Gesetz davon ausgeht, dass der Kommanditist an Verlusten nur bis zur Höhe seiner Pflichteinlage teilnimmt (§ 167) und die Verrechnung bereits bezogener Gewinne mit künftigen Verlusten nicht in Betracht kommt (§ 169 Abs. 2), sehen Gesellschaftsverträge regelmäßig Abweichendes vor. Häufig werden die auf den Kommanditisten entfallenden Gewinne jedenfalls zum Teil mit späteren Verlusten verrechnet. 26

Soll der Kommanditist abweichend von § 161 Abs. 2 iVm § 105 Abs. 3 iVm § 710 BGB und § 167 (→ Rn. 18) zum **Ausgleich von Verlusten** verpflichtet sein, erfordert dies auf Grund der damit verbundenen ungewöhnlichen Risiken eine eindeutige gesellschaftsvertragliche Regelung (→ § 161 Rn. 146).[58] Die weitgehende Befreiung des Komplementärs von seiner Verlustdeckungspflicht (§ 120 Abs. 2 Hs. 2) allein genügt für die Annahme einer derartigen Abrede nicht.[59] Ebenso wenig ergibt sich daraus ohne Weiteres die Verpflichtung des Kommanditisten, den Komplementär von der Haftung gegenüber Dritten im Innenverhältnis freizustellen.[60] 27

4. Investment-KG. Bei der Investment-KG sind gesellschaftsvertraglich begründete Verlustzuschreibungen begrenzt durch die zum Schutz des Anlegers etablierten Sonderregelungen des KAGB, die ihn als Kommanditisten davor bewahren sollen, über die Einlage hinausgehende Leistungen zu erbringen. Deshalb schließen § 127 Abs. 3 S. 4 und 5 KAGB sowie § 152 Abs. 3 S. 4 und 5 KAGB nicht nur eine abweichend von § 710 BGB gesellschaftsvertraglich begründete **Nachschusspflicht** aus. Dem steht eine im Gesellschaftsvertrag aufgenommene „gesplittete" Einlage (→ § 161 Rn. 162) nicht entgegen.[61] Andererseits muss sich eine entgegen § 127 Abs. 3 S. 4 KAGB und § 152 Abs. 3 S. 4 KAGB aufgenommene Nachschusspflicht nicht zwingend auf die **Einlage** des Kommanditisten beziehen. Nach ihrem Zweck untersagen die Vorschriften auch **anderweitige Verpflichtungen,** der Gesellschaft zusätzliches Kapital (zB Darlehen) zur Verfügung zu stellen. 28

Zusätzlich und über § 167 hinausgehend sind die Kommanditisten sowohl bei der offenen als auch bei der geschlossenen Investment-KG nicht verpflichtet, entstandene **Verluste auszugleichen** (§ 127 Abs. 3 S. 3 KAGB, § 152 Abs. 3 S. 3 KAGB). Auch einem aus der Treuepflicht abgeleiteten Anspruch auf Beitragserhöhung (→ § 161 Rn. 65) stehen die zwingenden Regelungen in § 127 Abs. 3 S. 3 KAGB und § 152 Abs. 3 S. 3 KAGB entgegen.[62] Durch die vorgenannten Sonderregelungen des KAGB wird auch die nach § 161 Abs. 2 iVm § 120 Abs. 2 Hs. 2 bestehende Pflicht ausgeschlossen, eine Verlustzuschreibung bis zur Höhe seiner Pflichteinlage hinnehmen zu müssen. Erst recht dürfen bezüglich des zugunsten des Kommanditisten geführten Privatkontos (→ Rn. 16) Verluste wegen § 127 Abs. 3 S. 3 KAGB und § 152 Abs. 3 S. 3 KAGB nicht berücksichtigt werden. Der hierdurch vermittelte Schutz gilt unabhängig davon, ob es sich bei den Kommanditisten um professionelle bzw. semiprofessionelle Anleger oder Privatanleger handelt. 29

---

[55] OLG Düsseldorf 18.10.1962, BB 1963, 284.

[56] HM, s. MüKoHGB/Grunewald, 5. Aufl. 2022, Rn. 17 mwN; **aA** MHdB GesR II/v. Falkenhausen/H. C. Schneider § 22 Rn. 68 (Vereinbarung erforderlich); U. Huber ZGR 1988, 1 (80), der das Kündigungsrecht der Gesellschaft im Falle einer Zinsvereinbarung für ausgeschlossen hält.

[57] Zutr. U. Huber ZGR 1988, 1 (33) gegen OLG Düsseldorf 18.10.1962, BB 1963, 284.

[58] BGH 23.2.2021, NZG 2021, 641 Rn. 22; 23.2.2021, NZG 2021, 737 Rn. 12; 27.9.1982, NJW 1983, 164 zur Nachschusspflicht; OLG Karlsruhe 19.2.1986, NJW-RR 1986, 1226 (1227 f.) (stG); Heymann/Borges Rn. 53; Staub/Casper Rn. 29; MHdB GesR II/v. Falkenhausen/H. C. Schneider, 5. Aufl. 2019, § 22 Rn. 29; Schlegelberger/Martens Rn. 19.

[59] OLG Karlsruhe 19.2.1986, NJW-RR 1986, 1226 (1227) (stG); Staub/Casper Rn. 24.

[60] S. BGH 28.11.1994, NJW-RR 1995, 226 (227) mAnm K. Schmidt DB 1978, 1381 (1382 ff.); OLG Karlsruhe 19.2.1986, NJW-RR 1986, 1226 (1227) (stG); Heymann/Horn, 2. Aufl. 1996, Rn. 13.

[61] Staub/Casper § 161 Rn. 270; **aA** wohl Wiedemann NZG 2013, 1041 (1043).

[62] Mohr, Die offene Investmentkommanditgesellschaft, 2016, 135; Ebenroth/Boujong/Paefgen/Franke KAGB § 127 Rn. 9; Hopt/Roth § 161 Rn. 34; Westermann/Wertenbruch PersGes-HdB/Stöber, 2020, § 54a Rn. I 3169h; AWZ/Wallach KAGB § 152 Rn. 86.

30 **Gesellschaftsvertragliche Abweichungen,** die den Kommanditisten zu einem Ausgleich von Verlusten verpflichten, sind nach § 127 Abs. 3 S. 5 KAGB und § 152 Abs. 3 S. 5 KAGB unwirksam.[63] Selbst wenn sich die letztgenannten Vorschriften auf Grund ihrer systematischen Stellung nicht auf § 127 Abs. 3 S. 3 KAGB bzw. § 152 Abs. 3 S. 3 KAGB beziehen sollten, folgt jedenfalls aus deren Zweck, dass es sich bei ihnen um zwingende Normen handelt, die nicht zur Disposition des Gesellschaftsvertrags stehen. Eine Unwirksamkeit der Abrede, die gegen § 127 Abs. 3 S. 5 KAGB oder § 152 Abs. 3 S. 5 KAGB verstößt, berührt wegen § 139 BGB nicht die Rechtswirksamkeit des Gesellschaftsvertrags.[64]

31 Die Regelungen in § 127 Abs. 3 S. 3 KAGB und § 152 Abs. 3 S. 3 KAGB begründen kein **Verlustausgleichsverbot,** sondern stehen lediglich einer Verpflichtung des Kommanditisten entgegen. **Freiwillige Leistungen** des Kommanditisten werden hierdurch nicht ausgeschlossen. Das gilt auch für die Übernahme zusätzlicher Kommanditeinlagen oder die Erhöhung des bisherigen Kommanditanteils, sofern hierzu keine Verpflichtung im Gesellschaftsvertrag oder durch Beschluss der Gesellschafterversammlung begründet wird.[65] Entsprechendes gilt für gesellschaftsvertragliche **Rückzahlungsklauseln,** die eine Pflicht zur Rückzahlung von gewinnunabhängigen Leistungen vorsehen, ohne diese Zahlungsverpflichtung mit einem Verlust der Gesellschaft zu verknüpfen.[66] Da § 127 Abs. 3 S. 4 und 5 KAGB sowie § 152 Abs. 3 S. 4 und 5 KAGB den Kommanditisten vor über die ursprüngliche Anlage hinausgehende Leistungen schützen wollen, finden die von der Rspr. entwickelten Grundsätze **„Sanieren oder Ausscheiden"** (→ § 161 Rn. 65) bei der offenen und der geschlossenen Investment-KG keine Anwendung.[67]

§ 168 [aufgehoben]

§ 169 [Gewinnauszahlung]

(1) Der Kommanditist kann die Auszahlung des Gewinns nicht fordern, soweit sein Kapitalanteil durch den ihm zugewiesenen Verlust unter den auf die vereinbarte Einlage geleisteten Betrag herabgemindert ist oder durch die Auszahlung des Gewinns unter diesen Betrag herabgemindert werden würde.

(2) Der Kommanditist ist nicht verpflichtet, den bezogenen Gewinn wegen späterer Verluste zurückzuzahlen.

Schrifttum: Barella, Beschränkter Gewinnauszahlungsanspruch des Kommanditisten, DB 1952, 365; Lux, Rückforderung gewinnunabhängiger Ausschüttungen an Kommanditisten, NZG 2013, 1017; Könen, Rückforderung gewinnunabhängiger Liquiditätsausschüttungen in der Kommanditgesellschaft, ZIP 2016, 2002; Kupsch, Gewinnunabhängige Auszahlung an Kommanditisten von Publikumskommanditgesellschaften und geschlossenen Investmentkommanditgesellschaften, 2020; Menkel, Rückzahlung gewinnunabhängiger Ausschüttungen als erneute Einzahlung der Einlage?, NZG 2018, 731; Mylich, Die Gestaltung der Gesellschafterkonten und das Wiederaufleben der Haftung des Kommanditisten, ZHR 182 (2018), 414; Pöschke, Liquiditätsausschüttungen in einer Publikums-KG und die Folgen – der nächste Akt, NZG 2018, 454; Pöschke/Steenbreker, Gewinnunabhängige Auszahlungen an Kommanditisten, NZG 2016, 841; Priester, Ausschüttungen aus der Liquidität bei der KG, DStR 2013, 1786; Zeising, „Darlehensweise" gewährte Ausschüttungen an Kommanditisten, DZWIR 2018, 117.

Übersicht

[63] Ebenso FLW/Weiser KAGB § 127 Rn. 13, § 152 Rn. 9.

[64] FLW/Weiser KAGB § 127 Rn. 13, § 152 Rn. 9.

[65] Ebenso Casper ZHR 179 (2015), 44 (66); Mohr, Die offene Investmentkommanditgesellschaft, 2016, 135; WBA/Paul KAGB § 152 Rn. 24; Henssler/Strohn/Servatius HGB Anh. Rn. 183; offen MKJH/Hoffert KAGB § 152 Rn. 64.

[66] So auch MKJH/Hoffert KAGB § 152 Rn. 66; BTMB/Könnecke KAGB § 152 Rn. 96; Mohr, Die offene Investmentkommanditgesellschaft, 2016, 135; WBA/Paul KAGB § 152 Rn. 21.

[67] Ebenso Staub/Casper § 161 Rn. 192; Ebenroth/Boujong/Paefgen/Franke KAGB § 127 Rn. 10 aE; Hopt/Roth § 161 Rn. 34; Stöber, in: Westermann/Wertenbruch PersGes-HdB, 2020, § 54a Rn. I 3169h; **aA** MüKoHGB/Brungs Anh. § 161 Rn. 128 ff.; WBA/Paul KAGB § 152 Rn. 24; AWZ/Wallach KAGB § 152 Rn. 85 f.

I. Allgemeines

Zum **Regelungskomplex der §§ 167, 169** einleitend → § 167 Rn. 1 ff. § 169 zieht eine Konsequenz aus den unterschiedlichen Rechtsstellungen des Komplementärs einerseits und des Kommanditisten andererseits: Als Unternehmer benötigt der Komplementär regelmäßige Einnahmen, während der Kommanditist in seiner Funktion als Kapitalgeber hierauf in schlechten Jahren verzichten muss. Sein Gewinn dient in diesem Fall uU dem Ausgleich früherer, auf ihn entfallener Verluste (→ Rn. 10 ff.) und insoweit der **Erhaltung der Kapitalgrundlage** der Gesellschaft. 1

Die Vorschrift trifft vor diesem Hintergrund für den **Kommanditisten** eine von § 122 abweichende **Sonderregelung.** Anstelle eines gewinnunabhängigen Entnahmerechts (Abs. 1 Hs. 1) steht ihm abweichend von der bis zum 1.1.2024 geltenden Rechtslage ein grundsätzlich voraussetzungsloser Anspruch auf Gewinnauszahlung zu (Abs. 1 Hs. 2), der nach dem Wortlaut des Gesetzes nur insoweit ausgeschlossen sein soll, wie die Einlage des Kommanditisten verlustbedingt vermindert ist (Prinzip der Vollausschüttung). Eine weitere, ungeschriebene und deshalb in ihrer Bedeutung nicht unstreitige Schranke errichtet die Treuepflicht (→ Rn. 13). Klarstellend fügt Abs. 2 hinzu, dass der Kommanditist zur Rückzahlung einmal „bezogener" Gewinne aus Anlass späterer Verlustzuschreibungen nicht verpflichtet ist (→ Rn. 25). 2

Für den **Komplementär** gelten dieselben Grundsätze wie für den OHG-Gesellschafter (im Überblick → Rn. 4 sowie ausführlich Erl. zu § 122). 3

II. Entnahmerecht und Gewinnauszahlungsanspruch

1. Entnahmerecht des Komplementärs (§ 161 Abs. 2 iVm § 122). Der Komplementär hat nach § 122 S. 1 iVm § 161 Abs. 2 ein Entnahmerecht in Höhe des auf ihn entfallenden Gewinnanteils, soweit dies nicht zum offenbaren Schaden der Gesellschaft gereicht (§ 122 S. 2; im Einzelnen → § 122 Rn. 6 ff.). Zu Entnahmen, die über den ihm zustehenden Gewinn hinausgehen, ist der Komplementär nur berechtigt, wenn alle Mitgesellschafter, also auch die Kommanditisten zustimmen. 4

2. Gewinnauszahlungsanspruch des Kommanditisten (Abs. 1). a) Überblick. Ein **gewinnunabhängiges Entnahmerecht** iSd § 122 Abs. 1 steht dem Kommanditisten nicht zu (Abs. 1 S. 1), kann jedoch auf gesellschaftsvertraglicher Grundlage begründet werden (→ Rn. 16 f.). Auszahlungen oder Entnahmen, denen keine tatsächlichen Gewinne gegenüberstehen, sind entweder zurückzuzahlen oder mit späteren Gewinnzuweisungen zu verrechnen, wobei der **Rückforderungsanspruch der Gesellschaft** aus dem Gesellschaftsverhältnis folgt.[1] Hierfür bedarf es keiner gesonderten Regelung im Gesellschaftsvertrag der KG, vielmehr lässt sich ein Anspruch der Gesellschaft auf Erstattung zu Unrecht erhaltener Leistungen auf die **Treuepflicht der Gesellschafter** gegenüber der KG (→ § 161 Rn. 39) stützen, da Zuwendungen an den Kommanditisten, denen eine gesellschaftsvertragliche Grundlage fehlt, nicht ihm, sondern der Gesellschaft zustehen, so dass die Pflicht der Gesellschafter, Schädigungen des Gesellschaftsvermögens zu unterlassen, auch die Pflicht umfasst, zu Unrecht bezogene Zuwendungen aus dem Gesellschaftsvermögen diesem wieder zuzuführen. Eines Rückgriffs auf das Bereicherungsrecht bedarf es in derartigen Fällen nicht, wenngleich die tatbestandlichen Voraussetzungen eines Bereicherungsanspruchs wegen der fehlenden Rechtsgrundlage für die Zuwendung erfüllt sind. 5

In Betracht kommt ein auf die Treuepflicht zu stützender Erstattungsanspruch insbesondere, wenn von den Kapitalerträgen der Gesellschaft **Kapitalertragsteuer** (zzgl. Solidaritätszuschlag) einbehalten wird, da sich diese wegen der steuerlichen Anrechnung nach § 36 Abs. 2 Nr. 2 EStG bei dem Gesellschafter wie eine Vorauszahlung auf seine Einkommensteuerschuld als Mitunternehmer (§ 15 EStG) auswirkt und deshalb als Entnahme zu bewerten ist.[2] Fehlt insoweit eine gesellschaftsvertragliche Regelung, nach der die den Gesellschafter treffende Steuerschuld von der Gesellschaft zu begleichen ist,[3] hat der Gesellschafter die einbehaltene Kapitalertragsteuer (zzgl. Solidaritätszuschlag) der 6

---

[1] S. OLG Hamm 20.6.2011, BeckRS 2011, 17849; 2.2.2011, BeckRS 2011, 6052, wonach ein Rückforderungsanspruch wegen gesellschaftsvertraglicher Regelungen oder aus Gründen des Vertrauensschutzes ausgeschlossen sein kann; mit gegenteiliger Würdigung eines konkreten Gesellschaftsvertrags demgegenüber BGH 12.3.2013, NJW 2013, 2278 Rn. 13 ff.

[2] BGH 30.1.1995, NJW 1995, 1088 (1090); 16.4.2013, NJW 2013, 703 Rn. 14.

[3] S. dazu auch Staub/Casper Rn. 23.

KG entsprechend seinem Kapitalanteil zu erstatten.[4] Zu den haftungsrechtlichen Konsequenzen → § 172 Rn. 25.

7 Für den Anspruch des Kommanditisten auf Auszahlung des Gewinns, der nach § 120 Abs. 1 S. 2 iVm § 709 Abs. 3 BGB zu bemessen ist, trifft § 169 Abs. 1 eine besondere Regelung, die bezweckt, die Kapitalgrundlage der Gesellschaft zu erhalten. Danach kann der Kommanditist grundsätzlich Auszahlung des gesamten auf ihn entfallenden Gewinns beanspruchen (Abs. 1 Hs. 1), sofern dieser nicht zum Verlustausgleich benötigt wird (→ Rn. 10). Zudem kann der Geltendmachung des Gewinnanspruchs die Treuepflicht (→ Rn. 13) oder eine gesellschaftsvertragliche Regelung (→ Rn. 18 f.) entgegenstehen.

8 **b) Anspruchsentstehung, Fälligkeit.** Der Gewinnauszahlungsanspruch entsteht mit der Feststellung des Jahresabschlusses (→ § 167 Rn. 9 ff.), der den Gewinn ausweist,[5] eines gesonderten Gewinnverwendungsbeschlusses bedarf es nicht.[6] Der Anspruch ist im Zweifel sofort fällig (§ 271 Abs. 1 BGB).[7] Abweichendes, insbesondere zur Fälligkeit, kann im Gesellschaftsvertrag vereinbart werden (→ Rn. 15).[8]

9 **c) Einschränkungen.** Der Anspruch auf Auszahlung des Gewinns unterliegt **Einschränkungen,** die sich nur zum Teil unmittelbar aus dem Gesetz ergeben (Verlustausgleich, Abs. 1 Hs. 2), im Übrigen aber aus der gesellschafterlichen Treuepflicht des Kommanditisten abzuleiten sind (→ Rn. 13), ggf. aber auch auf einer gesellschaftsvertraglichen Regelung (→ Rn. 18) beruhen können.

10 **aa) Verlustausgleich (Abs. 1 Hs. 2).** Die Vorschrift bestimmt, dass der **gesetzliche Gewinnauszahlungsanspruch** des Kommanditisten ausgeschlossen ist, solange der Kapitalanteil des Kommanditisten „unter den auf die vereinbarte Einlage geleisteten Betrag herabgemindert ist oder durch die Auszahlung unter diesen Betrag herabgemindert werden würde" (Abs. 1 Hs. 2). Soweit der Kapitalanteil durch Verlustzuweisungen unter der bereits erbrachten[9] Einlage valutiert, kann der Kommanditist eine Gewinnauszahlung deshalb nicht verlangen, und künftige Gewinnanteile dienen in diesem Fall allein der Wiederauffüllung seines Kapitalanteils. Den dafür **maßgeblichen Zeitpunkt** markiert grundsätzlich die Fälligkeit des Gewinnauszahlungsanspruchs (→ Rn. 8),[10] ausnahmsweise der Zeitpunkt des Auszahlungsverlangens, wenn der Kommanditist zum Ausgleich seines verminderten Kapitalanteils berechtigt oder – abweichend von § 710 BGB – verpflichtet ist.[11] Ob auch **vertraglich eingeräumte Gewinnauszahlungsansprüche** dem Verlustausgleich anheimfallen, ergibt die Auslegung des Gesellschaftsvertrags.[12] Ist der Kapitalanteil nicht durch Verluste, sondern **aus anderen Gründen** – zB durch gestattete Entnahmen (→ Rn. 16 f.) – vermindert, steht dies dem Gewinnauszahlungsanspruch nach dem insoweit unmissverständlichen Gesetzeswortlaut („durch Verlust") im Zweifel nicht entgegen.[13]

11 Dass der Kommanditist seine (fällige) **Pflichteinlage noch nicht voll erbracht** hat, steht einer Auszahlung von Gewinnen nicht entgegen (→ § 167 Rn. 14),[14] da Abs. 1 nach seinem Wortlaut nicht (ebenso wenig wie § 167) die Aufbringung der Pflichteinlage sicherstellen,[15] sondern nur die

---

[4] BGH 30.1.1995, NJW 1995, 1088 (1090); 16.4.2013, NJW 2013, 703 Rn. 14, insbes. auch (→ Rn. 17 ff.) zur Verjährung des Anspruchs.

[5] Westermann/Wertenbruch PersGes-HdB/Blaum, 2021, § 47 Rn. I 2227; Heymann/Borges Rn. 17; Staub/Casper Rn. 25; NK-HGB/Eberl Rn. 2; MHdB GesR II/v. Falkenhausen/H. C. Schneider § 24 Rn. 15; MüKoHGB/Grunewald Rn. 10; Henssler/Strohn/Gummert Rn. 4; Ebenroth/Boujong/Oepen Rn. 27.

[6] LG Frankfurt a. M. 20.3.2013, NZG 2013, 1222 (1224); Westermann/Wertenbruch PersGes-HdB, 2021, § 47 Rn. I 2227; Heymann/Borges Rn. 17; Mylich ZHR 182 (2018), 414 (424) mwN; s. auch OLG Nürnberg 30.1.2013, BeckRS 2013, 02392.

[7] Heymann/Borges Rn. 18; Staub/Casper Rn. 26; MüKoHGB/Grunewald Rn. 10.

[8] Heymann/Borges Rn. 18; Staub/Casper Rn. 26.

[9] Mit dem Gesetzeswortlaut unvereinbar Hopt/Roth Rn. 3: zugesagte Einlage.

[10] Heymann/Borges Rn. 25; MüKoHGB/Grunewald Rn. 13.

[11] Vgl. MHdB GesR II/v. Falkenhausen/H. C. Schneider § 24 Rn. 40.

[12] Für den Fall einer vertraglichen Gewinngarantie im Zweifel abl. BGH 27.1.1975, WM 1975, 662; s. auch MHdB GesR II/v. Falkenhausen/H. C. Schneider § 24 Rn. 41; Hopt/Roth Rn. 3.

[13] HM, ausdrücklich MHdB GesR II/v. Falkenhausen/H. C. Schneider § 24 Rn. 39; ferner Staub/Casper Rn. 10; Schlegelberger/Martens Rn. 6 mit dem zutr. Hinweis, dass sich etwas anderes aus einer Gestattungsvereinbarung oder dem Gesellschaftsvertrag ergeben kann; **aA** MüKoHGB/Grunewald Rn. 11 f. (im Zweifel Ausgleichspflicht).

[14] Heymann/Borges Rn. 22; Staub/Casper Rn. 30; MHdB GesR II/v. Falkenhausen/H. C. Schneider § 24 Rn. 39; MüKoHGBGrunewald Rn. 14; Hopt/Roth Rn. 3; **aA** NK-HGB/Eberl Rn. 3; EBJS/Weipert, 4. Aufl. 2020, Rn. 12.

[15] Staub/Casper Rn. 30; Schlegelberger/Martens Rn. 8; RGRK-HGB/O. Weipert Anm. 8; **aA** wohl NK-HGB/Eberl Rn. 3.

Erhaltung der bereits vorhandenen Kapitalgrundlage gewährleisten soll. Ein auszahlbarer Gewinn darf dem Kapitalkonto des Kommanditisten deshalb nur mit seiner Zustimmung gutgeschrieben werden. Doch bleibt es der Gesellschaft unbenommen, mit einer fälligen Einlageforderung gegen den Gewinnauszahlungsanspruch aufzurechnen oder das Zurückbehaltungsrecht aus § 273 BGB geltend zu machen.[16] Hierzu dürfte der Geschäftsführer im Interesse der Schaffung einer Kapitalgrundlage in aller Regel auch verpflichtet sein (→ § 167 Rn. 17).[17]

Über den Wortlaut des Abs. 1 Hs. 2 hinaus muss der Gewinnauszahlungsanspruch auch ausgeschlossen sein, wenn der Kommanditist noch gar **keine Einlage geleistet** hat **und** soweit sein **Kapitalanteil durch Verlustzuschreibungen** überdies **negativ** wird.[18] Im Hinblick auf den Zweck der Regelung bedeutet es keinen Unterschied, ob die Kapitalgrundlage der Gesellschaft erst nach oder noch vor Erbringung einer Einlageleistung durch Verlustzuschreibung geschmälert wird und wieder aufgefüllt werden muss. 12

bb) Treuepflicht. Die Vorschrift des **§ 122 S. 2,** wonach eine Entnahme nicht zum Schaden der Gesellschaft gereichen darf, findet auf den Gewinnauszahlungsanspruch des Kommanditisten wegen Abs. 1 weder direkte noch analoge[19] Anwendung (→ Rn. 5). Mit dieser gesetzlichen Ausgangslage ebenso unvereinbar ist die Auffassung, die Treuepflicht begründe ein § 122 S. 2 entsprechendes Auszahlungshindernis.[20] Andererseits befreit Abs. 1 den Kommanditisten nicht von seinen Bindungen durch die Treuepflicht, so dass die Belange der Gesellschaft und das Interesse des Kommanditisten an der Auszahlung seines Gewinns richtigerweise ergebnisoffen gegeneinander abzuwägen sind.[21] So kann die Gesellschaft gegen ein Auszahlungsverlangen des Kommanditisten insbesondere einwenden, ihr entstehe dadurch (!) ein schwerer und nicht wieder gutzumachender Schaden,[22] wie er zB bei einer drohenden Insolvenz der Gesellschaft, nicht aber bei einer vorübergehenden Liquiditätsenge,[23] anzuerkennen ist. Abhängig von den konkreten Umständen des Einzelfalls kann der Kommanditist dann zB verpflichtet sein, der Gesellschaft einen bestimmten Betrag zu stunden bzw. einer Ratenzahlungsvereinbarung zuzustimmen.[24] Da ein anerkennenswertes Interesse des Kommanditisten an der Gewinnauszahlung besteht und ihn keine Pflicht zur Leistung von Nachschüssen trifft (§ 710 BGB), ist er zu einem endgültigen Verzicht auf die Forderung (Erlass, § 397 BGB) jedoch nicht verpflichtet.[25] Treuwidrig und deshalb unbeachtlich ist ein Auszahlungsbegehren aber, mit dem der Kommanditist die Schädigung der Gesellschaft bezweckt. 13

cc) Zeitliche Grenze. Der Anspruch des Kommanditisten auf Gewinnauszahlung besteht grundsätzlich zeitlich **unbegrenzt,** wenngleich dessen Treuepflicht der Geltendmachung des Anspruchs in zeitlicher Hinsicht von Fall zu Fall Grenzen ziehen kann (→ Rn. 13).[26] 14

d) Abweichende gesellschaftsvertragliche Regelungen. aa) Allgemeines. Sowohl über das Entnahmerecht des Komplementärs als auch über den Auszahlungsanspruch des Kommanditisten kann der Gesellschaftsvertrag abweichende Regelungen treffen. Im Prinzip besteht Gestaltungsfreiheit (s. § 163, auch zu deren Grenzen);[27] das Gläubigerinteresse an der Erhaltung einer Haftungsgrundlage wahrt § 172 Abs. 4.[28] Nach Maßgabe des Bestimmtheitsgrundsatzes kann der Gesellschaftsvertrag den Gesellschaftern anheimstellen, durch Mehrheitsbeschluss über die Auszahlungsansprüche der Kommanditisten zu entscheiden. 15

---

[16] Heymann/Borges Rn. 22; Staub/Casper Rn. 31; MüKoHGB/Grunewald Rn. 14; Henssler/Strohn/Gummert Rn. 8; RGHMW/Mock Rn. 17; Hopt/Roth Rn. 3.

[17] Staub/Casper Rn. 31; EBJS/Weipert, 4. Aufl. 2020, Rn. 12.

[18] Unstr., s. Heymann/Borges Rn. 24; Staub/Casper Rn. 27; Schlegelberger/Martens Rn. 7.

[19] Heymann/Borges Rn. 27; **aA** Staub/Casper Rn. 32; NK-HGB/Eberl Rn. 3; KKD/Kindler Rn. 2; Ebenroth/Boujong/Oepen Rn. 32, 35.

[20] So Schlegelberger/Martens Rn. 11; abl. wie hier Heymann/Borges Rn. 27.

[21] OLG Nürnberg 30.1.2013, BeckRS 2013, 02392; Heymann/Horn, 2. Aufl. 1996, Rn. 6; MüKoHGB/Grunewald Rn. 15; RGHMW/Mock Rn. 20; Staub/Schilling, 4. Aufl. 1987, Rn. 4; zurückhaltender Staub/Casper Rn. 32: nur ausnahmsweise, wenn sich die Verhältnisse nach Aufstellung des Jahresabschlusses grdl. geändert haben.

[22] S. OLG Bamberg 17.6.2005, NZG 2005, 808 f.; Heymann/Borges Rn. 30; Staub/Casper Rn. 32; Hopt/Roth Rn. 3; ferner auch BGH 18.7.2013, NJW 2014, 305 Rn. 42 ff.

[23] LG Frankfurt a.M. 20.3.2013, NZG 2013, 1222 (1224); 13.8.2013, NZG 2013, 1064 (1066).

[24] S. LG Frankfurt a.M. 20.3.2013, NZG 2013, 1222 (1224); 13.8.2013, NZG 2013, 1064 (1066); Heymann/Borges Rn. 28; MüKoHGB/Grunewald Rn. 15.

[25] IErg wie hier Heymann/Borges Rn. 28; Staub/Casper Rn. 33; s. auch EBJS/Weipert, 4. Aufl. 2020, Rn. 14.

[26] Staub/Casper Rn. 34; s. auch Ebenroth/Boujong/Oepen Rn. 28.

[27] BGH 16.2.2016, NJW-RR 2016, 550 Rn. 26.

[28] Treffend BGH 12.3.2013, NJW 2013, 2278 Rn. 11 f.; s. auch Staub/Casper Rn. 35.

16 **bb) Erweiterung der Auszahlungsansprüche des Kommanditisten.** Häufig besteht in der Praxis ein Bedürfnis, die Auszahlungsansprüche des Kommanditisten in Richtung des gesetzlichen Entnahmerechts des Komplementärs (vgl. § 122) und darüber hinaus zu erweitern. So kann der Gesellschaftsvertrag vorsehen, dass der **Gewinnauszahlungsanspruch unabhängig vom jeweiligen Stand des Kapitalkontos** bestehen soll, also **abweichend von Abs. 1 Hs. 2** auch, soweit der Stand des Kapitalkontos durch Verluste unter den Betrag der geleisteten Einlage herabgemindert ist. Allerdings hat die Auszahlung von Gewinnen in diesem Fall zur Folge, dass die persönliche Haftung des Kommanditisten gegenüber den Gesellschaftsgläubigern in dieser Höhe wiederauflebt (§ 172 Abs. 4 S. 2).[29] Mit solchermaßen erweiterten Vermögensrechten korrespondieren verschärfte Treuepflichten (→ Rn. 13), die regelmäßig dazu führen werden, dass dem Kommanditisten ein Gewinnauszahlungsanspruch nicht zusteht, soweit dieser zum offenbaren Schaden der Gesellschaft gereicht (so § 122 S. 2 für den Komplementär).[30]

17 **Abweichend von Abs. 1 Hs. 1** kann dem Kommanditisten im Gesellschaftsvertrag auch ein **Auszahlungsanspruch** eingeräumt werden, der **unabhängig davon** besteht, **ob ein auf ihn in dieser Höhe entfallender Gewinn bzw. ob überhaupt Gewinn erwirtschaftet wurde.**[31] Das geschieht zB in Gestalt von Gewinngarantien, gewinnunabhängigen Verzinsungen[32] oder Tätigkeitsvergütungen. Ebenso kann bezüglich bei der Gesellschaft entstandener Liquiditätsüberschüsse ein gewinnunabhängiger Ausschüttungsanspruch begründet werden.[33] Die Beschränkung des Abs. 1 Hs. 2 gilt gegenüber derartigen vertraglichen Ansprüchen grundsätzlich nicht (→ Rn. 10 aE),[34] wobei es den Gesellschaftern indes freisteht, eine gegenteilige Absprache zu treffen. Soll der Kommanditist die Auszahlung sogar dann verlangen dürfen, wenn sein Kapitalkonto erschöpft ist, so dass weitere Entnahmen die Kapitalgrundlage der Gesellschaft über den Betrag der Kommanditeinlage hinaus schmälern würden, ist hierfür eine ausdrückliche gesellschaftsvertragliche Bestimmung erforderlich.[35] Ohne diese können die vorstehenden Rechtsfolgen nur noch dann eintreten, wenn die entgegen § 169 Abs. 1 erfolgende Ausschüttung durch das Einvernehmen aller Gesellschafter gedeckt ist.[36] Ob im konkreten Einzelfall ein gewinnunabhängiger Auszahlungsanspruch begründet wird, bedarf ggf. der Auslegung des Gesellschaftsvertrags. Diese kann zB bei einem Rückzahlungsvorbehalt dazu führen, in der Ausschüttung eine Einlagenrückgewähr bzw. in deren Rückzahlung eine Einlage iSd §§ 171, 172 zu sehen.[37]

18 **cc) Einschränkung der Auszahlungsansprüche des Kommanditisten.** Die Gewinnauszahlungsansprüche des Kommanditisten können entgegen Abs. 1 Hs. 1 im Gesellschaftsvertrag weiter beschränkt werden. Dies kann auch durch vertragsdurchbrechenden **Mehrheitsbeschluss** geschehen, jedoch angesichts der besonderen Bedeutung der betroffenen Vermögensrechte des Gesellschafters nur unter Beachtung der allgemeinen Schranken (näher → § 122 Rn. 15).[38] Derartige Einschränkungen bestehen häufig darin, dass die auf den Kommanditisten entfallenden Gewinne anteilig besonderen Konten (zB Darlehens- oder Rücklagenkonten) gutgeschrieben werden und somit nur unter bestimmten Voraussetzungen zu seiner Verfügung stehen.[39] Mit der Formulierung, eine Aus-

[29] BGH 10.10.2017, NZG 2018, 100 Rn. 26 f.; Heymann/Borges Rn. 48.

[30] S. OLG Nürnberg 30.1.2013, BeckRS 2013, 02392; ähnlich, aber ohne Rückgriff auf die gesellschafterliche Treuepflicht MHdB GesR II/v. Falkenhausen/H. C. Schneider § 24 Rn. 55; Schlegelberger/Martens Rn. 23; s. RG 7.2.1928, RGZ 120, 135 (141).

[31] S. BGH 12.3.2013, NJW 2013, 2278 Rn. 9, mwN; nachfolgend BGH 18.7.2013, NZG 2013, 1187 Rn. 40; 16.2.2016, NJW-RR 2016, 550 Rn. 12 ff.; 27.6.2016, BeckRS 2016, 17631 Rn. 16; 20.4.2017, NZG 2017, 984 Rn. 9; 20.7.2017, NZG 2017, 1025 Rn. 10; OLG Düsseldorf 12.12.2019, NZG 2020, 899 (901); Heymann/Borges Rn. 41; Staub/Casper Rn. 36; ferner Kupsch, Gewinnunabhängige Auszahlungen an Kommanditisten von Publikumskommanditgesellschaften und geschlossenen Investmentkommanditgesellschaften, 2020, 73 ff.

[32] BGH 27.6.2016, BeckRS 2016, 17631 Rn. 16; 20.4.2017, NZG 2017, 984 Rn. 9; 20.7.2017, NZG 2017, 1025 Rn. 10.

[33] Dazu näher BGH 16.2.2016, NJW-RR 2016, 550 Rn. 8, 12 ff.; dazu auch Pöschke/Steenbreker NZG 2016, 841 (841 f.).

[34] BGH 27.1.1975, WM 1975, 662; s. auch OLG Hamm 27.4.2009, BeckRS 2009, 25474; Staub/Casper Rn. 38.

[35] BGH 5.4.1979, WM 1979, 803 (804) = BeckRS 2013, 13630; Schlegelberger/Martens Rn. 23.

[36] S. BGH 12.3.2013, NJW 2013, 2278 Rn. 9.

[37] S. insoweit BGH 10.10.2017, NZG 2018, 100 Rn. 25 ff.; dazu auch Pöschke NZG 2018, 454 ff.; Zeising DZWIR 2018, 117 ff.

[38] HL, MHdB GesR II/v. Falkenhausen/H. C. Schneider § 24 Rn. 67; Schlegelberger/Martens Rn. 23; EBJS/Weipert, 4. Aufl. 2020, Rn. 31. Relativierend für „notwendige Rücklagen" BGH 10.5.1976, BB 1976, 948 (949) = BeckRS 1976, 31115388 und dem zust. Staub/Schilling, 4. Aufl. 1987, Rn. 9; mit Recht krit. Ulmer BB 1976, 950 f.; EBJS/Weipert, 4. Aufl. 2020, Rn. 31.

[39] S. Heymann/Borges Rn. 51.

zahlung erfolge (nur) nach Maßgabe der **„Bedürfnisse"** des Kommanditisten, ist keine Ermessensentscheidung des Geschäftsführers verbunden; vielmehr ermittelt im Streitfall das Gericht unter Berücksichtigung der Gesellschaftsinteressen, inwieweit der Kommanditist zur Deckung seiner Bedürfnisse eine Gewinnauszahlung beanspruchen kann. Zum **Problem,** ob der Kommanditist jedenfalls Anspruch auf Auszahlung des Gewinns in Höhe der auf seine (Gewinn-)Beteiligung entfallenden Einkommen- und Vermögensteuer hat, → § 122 Rn. 17.

Im Übrigen unterliegt die gesellschaftsvertragliche Einschränkung der Auszahlungsansprüche den bei → § 163 Rn. 3 f. dargestellten Gestaltungsgrenzen. Als **sittenwidrig** (§ 138 Abs. 1 BGB) wird eine Auszahlungsregelung nur ausnahmsweise anzusehen sein, wenn dadurch einzelne Gesellschafter in ganz besonderem Maße benachteiligt werden.[40] 19

dd) Kommanditist als Rechtsnachfolger eines Komplementärs. Ob und inwieweit Entnahmebeschränkungen, die zulasten des Komplementärs bestanden, für den an seine Stelle tretenden Kommanditisten fortgelten, ist mangels ausdrücklicher Regelung im Wege einer **ergänzenden Vertragsauslegung** festzustellen.[41] Dabei sind die gegenseitigen Treuepflichten zu berücksichtigen; im Zweifel ist eine Regelung gewollt, die das Auszahlungsinteresse des Kommanditisten auf der einen und das Thesaurierungsinteresse der Gesellschaft auf der anderen Seite in einen gerechten Ausgleich bringt. Somit findet § 169 Abs. 1 im Regelfall keine Anwendung.[42] 20

e) Anspruchsgegner, Geltendmachung und Durchsetzung. Der Gewinnauszahlungsanspruch des Kommanditisten richtet sich als Sozialverbindlichkeit der Gesellschaft ausschließlich gegen diese (→ § 122 Rn. 8).[43] Er ist durch formfreies, an den geschäftsführenden Gesellschafter gerichtetes Auszahlungsverlangen geltend zu machen. Gleichwohl herrscht die Auffassung vor, dass neben der Gesellschaft die **geschäftsführenden Gesellschafter auf Leistung aus dem Gesellschaftsvermögen verklagt** werden könnten.[44] Mit dem Charakter des Auszahlungsanspruchs als Sozialverbindlichkeit der Gesellschaft ist das nicht ohne weiteres vereinbar.[45] Mit Rücksicht auf die gesellschaftliche Kompetenzordnung (→ § 164 Rn. 8) einerseits und das Bedürfnis des Kommanditisten an effektivem Rechtsschutz andererseits ist der hM aber mit der Maßgabe zuzustimmen, dass der geschäftsführende Gesellschafter die Erfüllung des Auszahlungsanspruchs offenkundig pflichtwidrig verweigern muss.[46] 21

Ist der **Kommanditist zur Geschäftsführung befugt,** kann er seinen Anspruch durch Entnahme aus der Gesellschaftskasse im Zweifel selbst erfüllen.[47] Um ein verbotenes Insichgeschäft handelt es sich dabei wegen des Ausnahmetatbestands des § 181 BGB aE (Erfüllung einer Verbindlichkeit) nicht. 22

Zwar können die Gesellschafter Vermögensrechte der Kommanditisten unter Beachtung des Bestimmtheitsgrundsatzes durch Mehrheitsbeschluss einschränken bzw., soweit vertraglich eingeräumt, revidieren (→ Rn. 18). Einmal entstandene Auszahlungsansprüche bleiben hiervon – vorbehaltlich einer abweichenden gesellschaftsvertraglichen Regelung oder der Zustimmung des betroffenen Kommanditisten – aber unberührt und weiterhin durchsetzbar.[48] Die Treuepflicht steht ihrer Geltendmachung in der Regel nicht entgegen (→ Rn. 13). Das gilt insbesondere auch, wenn gewinnunabhängige Ausschüttungen zugesagt werden, die Gewinne jedoch ausbleiben.[49] 23

f) Erfüllung durch „Auszahlung". Der Anspruch ist durch „Auszahlung" zu erfüllen (§ 362 BGB). Sie erfolgt durch Zahlung des Gewinnanteils in Bar- oder Buchgeld unmittelbar an den Kommanditisten oder durch Umbuchung auf ein zugunsten des Kommanditisten bei der Gesellschaft geführtes Privatkonto, über dessen Guthaben er grundsätzlich jederzeit verfügen können muss.[50] 24

---

[40] Heymann/Borges Rn. 53; Staub/Casper Rn. 42; MHdB GesR II/v. Falkenhausen/H. C. Schneider § 24 Rn. 55.

[41] BGH 14.5.1973, WM 1973, 844 (846) = BeckRS 1973, 31123098; zust. Heymann/Borges Rn. 54; Staub/Casper Rn. 41.

[42] S. Schlegelberger/Martens Rn. 25.

[43] Wohl allgM, s. BGH 29.9.1955, WM 1955, 1585 (1586); Heymann/Borges Rn. 16 aE, 36; Staub/Casper Rn. 25, 44; MüKoHGB/Grunewald Rn. 17 RGHMW/Mock Rn. 9.

[44] Zuletzt BGH 23.6.2003, NJW-RR 2003, 1392 (1393); ebenso schon RG 4.3.1943, RGZ 170, 392 (395 f.); ***aA*** *noch RG 7.2.1928, RGZ 120, 135* (137 ff.); heute Heymann/Borges Rn. 19; Staub/Casper Rn. 44; Ebenroth/Boujong/Bochmann § 122 Rn. 22; KKD/Kindler § 122 Rn. 2, beide für die OHG.

[45] EBJS/Ehricke, 4. Aufl. 2020, § 122 Rn. 15b; MüKoHGB/Grunewald Rn. 17; s. auch Staub/Casper Rn. 44.

[46] **AA** Heymann/Borges Rn. 36; Staub/Casper Rn. 44; MüKoHGB/Grunewald Rn. 17.

[47] Heymann/Borges Rn. 37; Staub/Casper Rn. 45; Schlegelberger/Martens Rn. 13; RGHMW/Mock Rn. 11.

[48] BGH 27.1.1975, WM 1975, 662 (663); Staub/Casper Rn. 48.

[49] BGH 20.4.2017, NZG 2017, 984 Rn. 14; 20.7.2017, NZG 2017, 1025 Rn. 14.

[50] Vgl. Heymann/Borges Rn. 16.

III. Pflicht zur Gewinnrückzahlung

25 **1. Keine Pflicht zur Rückzahlung bezogener Gewinne wegen späterer Verluste (Abs. 2).** Wegen später auf ihn entfallender Verluste muss der Kommanditist einmal „bezogene" Gewinne nicht zurückzahlen. Ebenso wenig findet eine Verrechnung derartiger Gewinne mit künftigen Verlusten statt (→ § 167 Rn. 14). **„Bezogen"** ist ein Gewinn, wenn er dem Kommanditisten ausbezahlt, auf seinem Privatkonto gutgeschrieben[51] oder durch Aufrechnung mit einer Forderung der KG erloschen ist.[52] Ein dem Kapitalkonto gutgeschriebener Gewinn ist hingegen nicht „bezogen" und mit künftigen Verlusten zu verrechnen.[53]

26 **2. Pflicht zur Rückzahlung rechtsgrundlos bezogener Gewinne und Entnahmen.** Außerhalb des Anwendungsbereichs von Abs. 2[54] liegen Fälle, in denen der Kommanditist Gewinne rechtsgrundlos bezogen hat, wenn und weil der maßgebliche Jahresabschluss sich im Nachhinein als unrichtig herausstellt,[55] im Hinblick auf den ausgewiesenen Gewinn nachträglich geändert wird oder die Auszahlung unter Verstoß gegen § 169 Abs. 1 Hs. 2 oder gesellschaftsvertragliche Regelungen erfolgt ist.[56] Die Gesellschaft kann den Kommanditisten in derartigen Konstellationen jedenfalls nach **Bereicherungsrecht (§§ 812 ff. BGB)** auf Rückzahlung rechtsgrundlos vereinnahmter Gewinne in Anspruch nehmen,[57] ohne dass es hierfür einer gesonderten Rechtsgrundlage im Gesellschaftsvertrag bedarf. Diese ist nur dann erforderlich, wenn die Ausschüttung entgegen § 169 Abs. 1 S. 2 wegen abweichender gesellschaftsvertraglicher Regelung oder des Einverständnisses aller Gesellschafter erfolgen durfte (→ Rn. 28). Ob der Kommanditist bezüglich des bezogenen Gewinns gut- oder bösgläubig war, ist nach bisher hM nur für den Umfang des Bereicherungsanspruchs von Bedeutung (§ 819 Abs. 1 BGB, § 818 Abs. 4 BGB).[58] Die hieraus resultierenden Probleme lassen sich indes vermeiden, wenn der Anspruch auf Rückerstattung auf die **gesellschafterliche Treuepflicht** gestützt wird. Ebenso wie bei zu Unrecht erlangten Entnahmen (→ Rn. 6), stehen zu Unrecht bezogene Gewinne nicht dem Gesellschafter zu, so dass deren Verbleib beim Gesellschafter als eine im Widerspruch zur Treuepflicht stehende Schädigung des Gesellschaftsvermögens zu bewerten ist, und der Gesellschafter unabhängig von seinem Verschulden verpflichtet ist, die zu Unrecht erlangten Vermögensvorteile wieder dem Gesellschaftsvermögen zuzuführen.[59]

27 Anders ist die Rechtslage zu beurteilen, wenn die Auszahlung an den Kommanditisten zwar den Kapitalanteil unter die Einlage absenkt, dies aber nicht gegen § 169 Abs. 1 verstößt, weil der Gesellschaftsvertrag zugunsten des Kommanditisten einen **gewinnunabhängigen Anspruch** auf Ausschüttung begründet. In dieser Konstellation ist die Ausschüttung mit Rechtsgrund (Gesellschaftsvertrag) geleistet, so dass ein ansonsten eingreifender Bereicherungsanspruch (→ Rn. 26) ausscheidet. Ein Rückgewähranspruch besteht in diesem Fall deshalb ausschließlich auf separater und zumeist im Gesellschaftsvertrag enthaltener Rechtsgrundlage,[60] sofern nicht die Voraussetzungen für den gesellschaftsvertraglichen Ausschüttungsanspruch (zB wegen „Scheingewinnen") fehlten (→ Rn. 26).

IV. Investment-KG

28 Da die Kommanditisten sowohl bei der offenen als auch bei der geschlossenen Investment-KG nicht zum Ausgleich der Verluste verpflichtet sind (§ 127 Abs. 3 S. 3 KAGB, § 152 Abs. 3 S. 3 KAGB; → § 167 Rn. 29), findet die Sperre in **§ 169 Abs. 1 Hs. 2** für einen Gewinnauszahlungsanspruch grundsätzlich **keine Anwendung;** andernfalls würde der Kommanditist zur Erbringung von Leistungen verpflichtet, die über die von ihm geleistete Einlage hinausgehen. Zudem würde die Anwendung von § 169 Abs. 1 Hs. 2 die zugunsten des Kommanditisten ausgeschlossene Nachschusspflicht (§ 127

---

[51] BGH 23.2.1978, BB 1978, 630 f. = BeckRS 1978, 31114154; Heymann/Borges Rn. 56; Mylich ZHR 182 (2018), 414 (421).

[52] Heymann/Borges Rn. 56; Staub/Casper Rn. 49; MüKoHGB/Grunewald Rn. 29.

[53] Heymann/Borges Rn. 56; Staub/Casper Rn. 49; RGHMW/Mock Rn. 24.

[54] Treffend MüKoHGB/Grunewald Rn. 30.

[55] S. zum Bezug von „Scheingewinnen" BGH 18.7.2013, NJW 2014, 305 Rn. 39.

[56] Hopt/Roth Rn. 4.

[57] BGH 18.7.2013, NJW 2014, 305 Rn. 39; OLG Düsseldorf 12.12.2019, NZG 2020, 899 (901); Heymann/Borges Rn. 58; Staub/Casper Rn. 50; MüKoHGB/Grunewald Rn. 30. Darüber hinaus kommt in der Insolvenz eine Anfechtung nach § 134 Abs. 1 InsO in Betracht.

[58] S. BGH 18.7.2013, NJW 2014, 305 Rn. 39; Staub/Casper Rn. 50; Heymann/Horn, 2. Aufl. 1996, Rn. 10; MüKoHGB/Grunewald Rn. 30; Ebenroth/Boujong/Oepen Rn. 47; Wiedemann GesR II § 9 III 5c.

[59] **AA** MüKoHGB/Grunewald Rn. 30.

[60] So auch BGH 12.3.2013, NJW 2013, 2278 Rn. 12; 1.7.2014, BeckRS 2014, 16416; 16.2.2016, NJW-RR 2016, 550 Rn. 8 ff.; 20.4.2017, NZG 2017, 984 Rn. 11; 20.7.2017, NZG 2017, 1025 Rn. 12; dazu auch Pöschke/Steenbreker NZG 2016, 841 (843 ff.).

Abs. 3 S. 4 KAGB, § 152 Abs. 3 S. 4 KAGB; → § 167 Rn. 28) umgehen. Eine Ausnahme ist lediglich anzuerkennen, wenn der Kommanditist seine Hafteinlage noch nicht oder nicht vollständig geleistet hat (→ Rn. 12). Die dem Gewinnauszahlungsanspruch entgegenstehenden Schranken durch die Treuepflicht (→ Rn. 13) schließen § 127 Abs. 3 S. 3 KAGB und § 152 Abs. 3 S. 3 KAGB nur aus, wenn hierdurch ein endgültiger gänzlicher oder teilweiser Verzicht auf die Forderung einträte.

Die Regelung in **§ 169 Abs. 2** (→ Rn. 25 ff.) gilt wegen § 124 Abs. 1 S. 2 KAGB und § 149 **29** Abs. 1 S. 2 KAGB an sich auch für den Kommanditisten einer offenen oder geschlossenen Investment-KG. Indes entfällt der Rückgriff auf § 169 Abs. 2 bei ihnen wegen § 127 Abs. 3 S. 3 KAGB und § 152 Abs. 3 S. 3 KAGB. Da zugunsten des Kommanditisten keine Pflicht zum Verlustausgleich besteht, kann der Kommanditist denknotwendig nicht verpflichtet sein, einen bezogenen Gewinn wegen späterer Verluste zurückzuzahlen. Hiervon ausgenommen ist die auch für den Kommanditisten bestehende Pflicht, **rechtsgrundlos bezogene Gewinne** an die Gesellschaft zurückzuzahlen (→ Rn. 26 ff.). Entsprechendes gilt für Rückforderungsansprüche der Gesellschaft im Hinblick auf **Entnahmen und Auszahlungen,** denen keine tatsächlichen Gewinne gegenüberstehen (→ Rn. 5; → § 167 Rn. 31).

§ 170 Vertretung der Kommanditgesellschaft

(1) Der Kommanditist ist als solcher nicht befugt, die Gesellschaft zu vertreten.

(2) Sofern der einzig persönlich haftende Gesellschafter der Gesellschaft eine Kapitalgesellschaft ist, an der die Gesellschaft sämtliche Anteile hält, werden vorbehaltlich einer abweichenden Vereinbarung die Rechte in der Gesellschafterversammlung der Kapitalgesellschaft von den Kommanditisten wahrgenommen.

Schrifttum: Albert/Isikay, Die Vertretung der Einheits-GmbH & Co. KG als Gesellschafterin der Komplementär-GmbH nach dem MoPeG, NZG 2024, 818; Bacher/Blumenthal, Die Gestattung nach § 181 BGB in der GmbH & Co. KG, GmbHR 2015, 457; Behme, Geschäftsführung und Vertretung bei extern verwalteten Investmentgesellschaften, WM 2022, 597; Bergmann, Der Kommanditist als Vertretungsorgan der Kommanditgesellschaft, ZIP 2006, 2064; v. Bonin, Zur Anwendung der gesetzlichen Vertretungsregeln auf die Einheits-GmbH & Co. KG-Problematik und praktische Folgen, NZG 2016, 1299; Brox, Zur Gesamtvertretung einer Kommanditgesellschaft durch den Komplementär und den Kommanditisten, FS H. Westermann, 1974, 21; Dietrich, Möglichkeiten und Grenzen einer vertraglichen „Entrechtung" der Komplementäre zugunsten der Kommanditisten im Bereich der Geschäftsführung und Vertretung der Gesellschaft, Diss. Mainz 1998; Höpfner, Die Gehaltserhöhung mit sich selbst – Zum Verbot des Insichgeschäfts bei der GmbH & Co. KG, NZG 2014, 1174; Mielke, Die Vertretung der Kommanditgesellschaft gegenüber einem Komplementär bzw. Geschäftsführer der Komplementär-GmbH, BB 2017, 1734; Niemeyer/Harig, Die Neuregelung der Gesellschafterversammlung in der Einheits-GmbH & Co. KG nach § 170 II HGB nF, NZG 2023, 1590; Reiff, Entziehung der Vertretungsbefugnis des einzigen Komplementärs einer KG?, NJW 1964, 1940; Staake, Organschaftliche Vertretungsbefugnisse für Kommanditisten, NZG 2021, 95; Wertenbruch, Die Einheits-GmbH & Co. KG nach MoPeG, GmbHR 2021, 1181; Wertenbruch, Zum Stimmrecht der Komplementärin in GmbH & Co. KG und Einheits-GmbH & Co. KG nach MoPeG, NZG 2022, 939; Wertenbruch, Handelsregistereintragung der partiellen Vertretungsmacht von Kommanditisten nach 170 II HGB bei der Einheits-GmbH & Co. KG?, NZG2025, 1699; Zell, Die Stellung der Kommanditisten in der Einheitsgesellschaft – wo § 170 II HGB zu kurz greift, NZG 2024, 1693.

Übersicht

I. Allgemeines

1 Abweichend von § 124 Abs. 1, der grundsätzlich jeden Gesellschafter berechtigt, die Gesellschaft zu vertreten, begründet § 170 Abs. 1 durch den Ausschluss der Kommanditisten ein organschaftliches Vertretungsmonopol der persönlich haftenden Gesellschafter, das seine Rechtfertigung primär in dem haftungsbedingten **Schutzbedürfnis** der Komplementäre findet.[1] Diese stehen den Gläubigern der Gesellschaft als persönlich, unmittelbar, primär und unbeschränkt haftende Gesamtschuldner gegenüber (§ 161 Abs. 2 iVm § 126 S. 1). Eine organschaftliche Vertretung der Kommanditisten würde die Komplementäre in eine Abhängigkeit versetzen, die dem jeweilig zu tragenden **Haftungsrisiko** nicht entspricht, da die Haftung der Kommanditisten grundsätzlich beschränkt ist.[2] Sie haften den Gläubigern der Gesellschaft nur nach Maßgabe der in das Handelsregister einzutragenden Haftsumme, und auch nur in dem Umfang, wie sie ihre Einlage nicht erbracht oder zurückerhalten haben (§ 171 Abs. 1, § 172 Abs. 4). Durch das summenmäßig kalkulierbare Haftungsrisiko würde das Entscheidungsverhalten des Kommanditisten den haftungsrechtlichen Selbstschutz nicht in gleichem Maße reflektieren, wie dies beim unternehmerischen Handeln des unbeschränkt haftenden Komplementärs zu erwarten ist.[3] Die Anknüpfung der organschaftlichen Vertretungsbefugnis an den Haftungsumfang trägt dem Gedanken Rechnung, dass sich die enorme Weite der persönlichen Haftung für die Verbindlichkeiten der KG nur als Folge des eigenen, selbst zu verantwortenden Handelns des Haftungsträgers rechtfertigen lässt.[4] Daneben wird für den Ausschluss des Kommanditisten von der organschaftlichen Vertretung der Kommanditgesellschaft der **Verkehrsschutz** angeführt. Über die normabweichende Qualität des organschaftlichen Vertretungshandelns des Kommanditisten soll dem Rechtsverkehr bereits im Vorfeld der Rechtsscheinhaftung Klarheit über die Haftungsverhältnisse in der Kommanditgesellschaft verschafft werden.[5]

2 Die Vorschrift wurde mit Wirkung zum 1.1.2024 durch das **MoPeG** neu gefasst. Dabei schreibt **§ 170 Abs. 1** die zuvor in § 170 aF getroffene Regelung fort. Die sprachliche Modifikation sollte keine Rechtsänderung bewirken, sondern lediglich klarstellen, dass sich der Ausschluss von der Vertretung nur auf die organschaftliche Vertretung der KG bezieht, ohne hierdurch dire Möglichkeit einer rechtsgeschäftlichen Vertretung (Vollmacht) der KG einzuschränken (→ Rn. 8 ff.).[6] Mit **§ 170 Abs. 2** hat der Gesetzgeber durch das MoPeG eine Neuregelung geschaffen, die auf ein spezifisches Problem zur **Binnenorganisation der Einheitsgesellschaft** reagiert, nämlich der Vertretung der KG in der Gesellschafterversammlung der Komplementärgesellschaft (→ Rn. 42). Als dispositive Norm (→ Rn. 46) schließt § 170 Abs. 2 für die Gesellschafterversammlung die Komplementärgesellschaft von der organschaftlichen Vertretung aus und erklärt insoweit die Kommanditisten als vertretungsberechtigt,[7] was nach bisherigem Recht konstruktiv zwar möglich, aber mit erheblichen Schwierigkeiten verbunden war (→ § 161 Rn. 111 ff.). Damit griff das MoPeG eine Empfehlung des 71. DJT aus dem Jahre 2016 auf, die ebenfalls darauf abzielte, dass die Kommanditisten organschaftliche Vertretungsmacht erhalten sollten, erstreckte diese jedoch generell auf die Wahrnehmung der Gesellschafterrechte in der KG.[8] Demgegenüber ist § 170 Abs. 2 enger gefasst, da er sich – ebenso wie der Vorschlag im Mauracher-Entwurf – auf die „Rechte in der Gesellschafterversammlung" beschränkt (→ Rn. 44).

II. Reichweite des Ausschlusses von der Vertretungsbefugnis (Abs. 1)

3 **1. Organschaftliche Vertretungsmacht.** § 170 Abs. 1 regelt ausschließlich die organschaftliche Vertretung der KG.[9] Das Bedürfnis hiernach entsteht, weil die KG als rechtlich verselbständigter Verband selbst nicht handlungsfähig ist. Um ihr eine Handlungsfähigkeit im Rechtsverkehr einzuräumen, bedarf es für die dafür notwendige Bildung und Verwirklichung eines rechtsgeschäftlichen Willens der Vertretung durch ihre Organe.[10] Auf das Handeln der organschaftlichen Vertreter im Namen der KG finden die allgemeinen Vorschriften der §§ 164 ff. BGB Anwendung.[11] Die Wahr-

[1] Begr. RegE, BT-Drs. 19/27635, 255; Schlegelberger/Martens Rn. 2; BeckOGK/Staake, 1.1.2024, Rn. 12; Staub/Thiessen Rn. 7 ff.

[2] Ebenso Begr. RegE, BT-Drs. 19/27635, 255.

[3] Schlegelberger/Martens Rn. 2; Wiedemann JZ 1969, 471.

[4] Ebenroth/Boujong/Oepen Rn. 1.

[5] Schlegelberger/Martens Rn. 1; **aA** BeckOGK/Staake, 1.1.2024, Rn. 11.

[6] Begr. RegE, BT-Drs. 19/27635, 255.

[7] Begr. RegE, BT-Drs. 19/27635, 255 f.

[8] S. Beschluss Nr. 25 lit. b, Verh. 71. DJT, Bd. II/2, 0 223.

[9] Begr. RegE, BT-Drs. 19/27635, 255; Heymann/Horn, 2. Aufl. 1996, Rn. 1; Staub/Thiessen Rn. 25.

[10] K. Schmidt GesR § 10 II 1.

[11] K. Schmidt GesR § 10 II 1.

nehmung der Befugnis, die KG grundsätzlich unbeschränkt bei allen gerichtlichen und außergerichtlichen Rechtsgeschäften und Rechtshandlungen mit Ausnahme von Angelegenheiten das Grundverhältnis der Gesellschafter betreffend organschaftlich zu vertreten (§ 161 Abs. 2 iVm § 124 Abs. 1), weist das personengesellschaftsrechtliche Prinzip der **Selbstorganschaft** den Mitgliedern der Personengesellschaft zu.[12] Über das organisationsrechtliche Prinzip der Selbstorganschaft werden die Herrschaftsbefugnisse und ihre Folgen mitgliedschaftlich legitimiert.[13]

Deshalb ist die Vertretungsregelung des § 170 Abs. 1 eine **Modifikation** des Prinzips der Selbstorganschaft, da mit der Stellung des Kommanditisten als Mitglied der KG nicht das Recht zur organschaftlichen Vertretung verbunden ist. Obwohl sich der Kommanditist auf Grund seiner Gesellschafterstellung nicht in der Rolle eines außerhalb der KG stehenden Dritten befindet, dem die organschaftliche Vertretung im Sinne einer Fremdorganschaft weder verliehen noch zur Ausübung überlassen werden kann,[14] ist die selbstorganschaftliche Vertretungsbefugnis in der KG den Komplementären vorbehalten. Obwohl nicht alle unbeschränkt haftenden Gesellschafter an der organschaftlichen Vertretung der KG teilhaben müssen (arg. e § 127), ist die Befugnis in Form der Einzelvertretung (§ 161 Abs. 2 iVm § 124 Abs. 1), der echten Gesamtvertretung (§ 161 Abs. 2 iVm § 124 Abs. 2) oder der unechten Gesamtvertretung unter Mitwirkung eines Prokuristen, der auch Kommanditist sein kann (§ 161 Abs. 2 iVm § 124 Abs. 3),[15] allein den persönlich haftenden Gesellschaftern überlassen.[16] 4

Wegen des Schutzzwecks des § 170 Abs. 1 (→ Rn. 1) ist auch die Mitwirkung eines Kommanditisten im Rahmen einer **unechten Gesamtvertretung** unzulässig, wenn nur ein einziger Komplementär vorhanden ist oder im Gesellschaftsvertrag eine generelle unechte Gesamtvertretung im vorgenannten Sinne vereinbart wird.[17] Obwohl ohne die Mitwirkung des persönlich haftenden Gesellschafters in dieser Konstellation keine wirksame, haftungsauslösende Willenserklärung für die KG abgegeben werden könnte, wäre es dem Kommanditisten möglich, den Abschluss von Rechtsgeschäften zu verhindern, die durch das Gesellschaftsinteresse dringend geboten sind. Dies würde den oder die persönlich haftenden Gesellschafter in eine Abhängigkeit zum Kommanditisten versetzen, die es vor dem Hintergrund der unterschiedlichen Haftungsverhältnisse zu vermeiden gilt (→ Rn. 1).[18] Etwaige Vereinbarungen im Rahmen der Geschäftsführung genügen auf Grund der gesetzlichen Trennung und Abstrahierung von Geschäftsführung und Vertretung nicht, um eine ausreichende handlungsbezogene Unabhängigkeit von der Mitwirkung des Kommanditisten zu erreichen.[19] 5

Der Ausschluss der organschaftlichen Vertretungsmacht lässt die **sonstigen Gesellschafterrechte** des Kommanditisten unberührt.[20] Deshalb bedarf die Anmeldung einer Änderung der Vertretungsmacht eines persönlich haftenden Gesellschafters zur Eintragung im Handelsregister (§ 161 Abs. 2 iVm § 106 Abs. 7) der Mitwirkung des Kommanditisten. 6

Die Rechtsfolge des § 170 Abs. 1 gilt **von Anfang an,** dh auch schon zu einem Zeitpunkt, in dem die KG noch nicht in das Handelsregister eingetragen ist.[21] Bei **Rechtsstreitigkeiten der KG** tritt der **Kommanditist** auf Grund der fehlenden organschaftlichen Vertretungsbefugnis nicht als Partei, sondern als **Zeuge** in die Vernehmung ein.[22] 7

2. Rechtsgeschäftliche Vertretungsmacht. a) Allgemeines. Die Vorschrift des § 170 Abs. 1 schließt eine Vertretungsmacht der Kommanditisten für die Gesellschaft unterhalb der organschaftlichen Ebene nicht aus[23] und lässt daher die Möglichkeit unberührt, dem Kommanditisten durch einen oder alle organschaftlich vertretungsberechtigten Gesellschafter eine rechtsgeschäftliche Befugnis zum Handeln im Namen der KG zu erteilen.[24] Deren Zulässigkeit beruht auf dem Umstand, dass es sich 8

[12] BGH 5.10.1981, NJW 1982, 1817; Ebenroth/Boujong/Oepen Rn. 1.

[13] K. Schmidt GesR § 14 II 2; BeckOGK/Staake, 1.1.2024, Rn. 34 ff.

[14] BGH 25.5.1964, BGHZ 41, 367 (369) = NJW 1964, 1624.

[15] Für die allgM statt aller MüKoHGB/Grunewald Rn. 2 mwN.

[16] K. Schmidt GesR § 14 II 2; BeckOGK/Staake, 1.1.2024, Rn. 34 ff.

[17] BGH 25.5.1964, BGHZ 41, 367 (369) = NJW 1964, 1624; Heymann/Borges Rn. 2; MüKoHGB/Grunewald Rn. 3; Henssler/Strohn/Gummert Rn. 3; Staub/Thiessen Rn. 30; **aA** Brox FS H. Westermann, 1974, 21 ff.; BeckOGK/Staake, 1.1.2024, Rn. 38.

[18] Schlegelberger/Martens Rn. 4.

[19] MüKoHGB/Grunewald Rn. 3; **aA** Brox FS H. Westermann, 1974, 21 ff., der den aus der Gesamtgeschäftsführung sich ergebenden Rest an Herrschaftsmacht für den Komplementär für maßgebend und ausreichend hält.

[20] Heymann/Horn, 2. Aufl. 1996, Rn. 1; Schlegelberger/Martens Rn. 7.

[21] BGH 29.11.1971, WM 1972, 21 = BeckRS 1971, 31120985.

[22] LG Oldenburg 25.4.1975, BB 1975, 983; Heymann/Borges Rn. 1; Henssler/Strohn/Gummert Rn. 4; Hopt/Roth Rn. 2; Staub/Thiessen Rn. 100.

[23] Begr. RegE, BT-Drs. 19/27635, 255; RGHMW/Mock Rn. 7; Staub/Thiessen Rn. 27.

[24] Unstr., vgl. statt aller Begr. RegE, BT-Drs. 19/27635, 255; BGH 4.3.1976, NJW 1976, 1451; Heymann/Borges Rn. 4; MüKoHGB/Grunewald Rn. 15; BeckOGK/Staake, 1.1.2024, Rn. 6; Staub/Thiessen Rn. 34 ff. Speziell für die **Prokura** BGH 27.6.1955, BGHZ 17, 392 (394) = NJW 1955, 1394; für die **Generalvollmacht** BGH 22.1.1962, BGHZ 36, 292 (295) = NJW 1962, 738.

lediglich um eine **abgeleitete** Vertretungsmacht handelt und der Bevollmächtigte letztlich nur als Hilfsperson der persönlich haftenden Gesellschafter agiert, die der Vollmachtgeber nach eigenem Gutdünken in seine rechtsgeschäftliche Tätigkeit einbeziehen kann.[25] Dies umfasst auch die Unterbindung von geplanten Rechtsgeschäften, die außerordentlich risikobehaftet und in Anbetracht der uneingeschränkten Haftung den Komplementären nicht zumutbar sind.[26] Ferner trägt die jederzeitige **Widerrufbarkeit** der Vollmacht den Haftungsverhältnissen innerhalb der KG und dem damit zusammenhängenden Schutzzweck des § 170 Abs. 1 (→ Rn. 1) ausreichend Rechnung.[27]

9 Für die **Erteilung** der (zum Teil eintragungspflichtigen) handels- oder bürgerlich-rechtlichen Vollmacht gelten die allgemeinen Vorschriften (§§ 167 ff. BGB), ergänzt durch die Sonderbestimmungen in den §§ 48 ff. Insbesondere gelten auf Grund des gesetzlich vorgegebenen Umfangs einer durch Prokura erteilten Vertretungsmacht des Kommanditisten keine Besonderheiten gegenüber Nichtgesellschaftern mit entsprechender Befugnis.[28] Die einem Kommanditisten rechtsgeschäftlich erteilte Vertretungsbefugnis ist nicht generell, sondern nur im Bereich der §§ 48, 54 zur **Eintragung im Handelsregister** anzumelden, weil § 106 Abs. 2 Nr. 3 allein für die Vertretungsmacht der organschaftlichen Vertreter gilt (→ § 106 Rn. 32).[29]

10 Die Rechtsmacht zur rechtsgeschäftlichen Vertretung kann dem Kommanditisten auf Grund des Gesellschaftsvertrags oder eines davon isolierten Rechtsgeschäfts wie zB einer Auftragserteilung oder eines selbstständigen Dienstverhältnisses eingeräumt sein.[30] Dies wird oft in einem unmittelbaren Zusammenhang mit der Übertragung von Geschäftsführungsrechten an den Kommanditisten iSd § 161 stehen und füllt damit das dem Kommanditisten gesellschaftsvertraglich zuweisbare **Mitwirkungsrecht** aus.[31]

11 **b) Bevollmächtigung im Gesellschaftsvertrag.** Eine Bevollmächtigung im Gesellschaftsvertrag bewirkt, dass der Kommanditist die Vertretungsbefugnis in seiner Stellung als Gesellschaftsmitglied wahrnimmt.[32] Zugleich wird damit seine Rechtsstellung verstärkt, weil die Vertretungsbefugnis als genuiner Bestandteil der Mitgliedschaft nur mit Zustimmung des Kommanditisten erlöschen oder nur aus wichtigem Grund widerrufen oder gerichtlich entzogen werden kann (§ 161 Abs. 2 iVm § 124 Abs. 5 iVm § 116 Abs. 5 analog).[33] Dem Einwand, die hiermit verbundene Einschränkung der jederzeitigen Widerrufbarkeit der rechtsgeschäftlichen Vertretungsmacht widerspreche dem Normzweck des § 52, steht entgegen, dass der Kommanditist eine auf freiwilliger Basis erteilte Erweiterung seiner Rechte als Mitinhaber der Gesellschaft und nicht als Angestellter der KG erfährt.[34] Ein gesellschaftsvertraglich begründetes Sonderrecht kann nur unter den gleichen Voraussetzungen wie die Geschäftsführungsbefugnis iSd § 161 Abs. 2 iVm § 116 Abs. 5, dh nicht ohne weiteren Begründungsaufwand entzogen werden.[35] Der Anspruch des Kommanditisten auf Ausübung der Vertretungsbefugnis besteht im Verhältnis der Gesellschafter zueinander bis zur Grenze eines wichtigen Widerrufs- oder Entziehungsgrundes fort.[36] Fehlt dieser, so ist ein bereits erklärter Entzug der Vertretungsmacht nach außen hin wirksam, muss aber durch den oder die Vollmachtgeber im Wege einer erneuten Vollmachtserteilung wieder rückgängig gemacht werden.[37]

12 **c) Vollmacht durch sonstiges Rechtsgeschäft.** Weniger Probleme wirft die Übertragung der rechtsgeschäftlichen Vollmacht durch ein **sonstiges** Rechtsgeschäft auf. In diesem Fall kommt ein Bestandsschutz der durch die Vollmacht übertragenen Rechtsmacht nur im Rahmen des zugrundeliegenden Rechtsverhältnisses in Betracht.[38]

---

[25] K. Schmidt GesR § 14 II 2.
[26] Schlegelberger/Martens Rn. 14.
[27] Schlegelberger/Martens Rn. 9.
[28] RGHMW/Mock Rn. 10.
[29] Begr. RegE, BT-Drs. 14/6855, 19.
[30] Henssler/Strohn/Gummert Rn. 7; Schlegelberger/Martens Rn. 11.
[31] Heymann/Horn, 2. Aufl. 1996, Rn. 3.
[32] BGH 27.6.1955, BGHZ 17, 392 (394) = NJW 1955, 1394 (1395).
[33] BGH 27.6.1955, BGHZ 17, 392 (394) = NJW 1955, 1394 (1395); Heymann/Borges Rn. 5; Schlegelberger/Martens Rn. 12; Hopt/Roth Rn. 5; iErg auch Staub/Thiessen Rn. 22 f.; **aA** in Bezug auf die Prokura MüKoHGB/Grunewald Rn. 17, die der gesellschaftsvertraglichen Abrede aber immerhin dadurch Rechnung trägt, dass der Widerruf zu den in die Zuständigkeit der Gesellschafterversammlung fallenden Grundlagengeschäfte zählt.
[34] BGH 27.6.1955, BGHZ 17, 392 (394) = NJW 1955, 1394 (1395).
[35] BGH 27.6.1955, BGHZ 17, 392 (394) = NJW 1955, 1394 (1395).
[36] Ebenroth/Boujong/Oepen Rn. 10.
[37] BGH 27.6.1955, BGHZ 17, 392 (394) = NJW 1955, 1394 (1395); Heymann/Borges Rn. 5.
[38] Schlegelberger/Martens Rn. 15.

Ein von der Ermächtigungsgrundlage unabhängiges Problem stellt die **Geschäftsfähigkeit** des Kommanditisten in seiner Stellung als nicht-organschaftlicher Vertreter dar. Ausgehend von § 165 BGB könnte nicht nur dem vollgeschäftsfähigen, sondern auch dem beschränkt geschäftsfähigen Kommanditisten Generalvollmacht, Prokura oder sonstige Vollmacht erteilt werden. Die teleologische Rechtfertigung für § 165 BGB greift bei der rechtsgeschäftlichen Vertretung des Kommanditisten jedoch nicht durch, da sein fremdbezogenes Auftreten im Rechtsverkehr nicht nur die KG berechtigt und verpflichtet, sondern durch die Haftung für die Rechtsfolgen des Vertretergeschäfts werden auch die Komplementäre mit einbezogen. Zudem hat auch der Kommanditist die Stellung eines Mitglieds der KG inne. Wenngleich auf den Umfang seiner Haftsumme beschränkt, bindet sich der Kommanditist durch die rechtsgeschäftliche Vertretung selbst.[39] Da auch das Erbringen der Einlage eine Wiederbelebung der Haftung nach § 172 Abs. 4 nicht ausschließt, geht der Minderjährigenschutz vor.[40] Deshalb hängt die Rechtswirksamkeit des Vertreterhandelns eines beschränkt geschäftsfähigen Kommanditisten von der Zustimmung seines gesetzlichen Vertreters ab. 13

d) Fehlverhalten des Vertreters. Unabhängig von Art und Umfang der rechtsgeschäftlich erteilten Vertretungsmacht kann die KG für das Fehlverhalten des Vertreters haftungsrechtlich zur **Verantwortung** gezogen werden. Für unerlaubte Handlungen im Rahmen einer gesellschaftsvertraglich eingeräumten Vertretungsmacht haftet die KG nach § 31 BGB analog.[41] Sofern der Kommanditist auf Grund eines sonstigen Rechtsgeschäfts zum Vertreter berufen worden ist, kommt es für die Anwendung des § 31 BGB darauf an, ob ihm bedeutsame, wesentliche Funktionen der Gesellschaft zur selbständigen und eigenverantwortlichen Erfüllung zugewiesen worden sind.[42] Ist der Kommanditist weder als Geschäftsführer noch als selbständiger Funktionsträger tätig, hat die KG für ein Fehlverhalten nach § 278 BGB und § 831 BGB einzustehen.[43] 14

III. Vertretung ohne Vertretungsbefugnis

1. Organschaftliche Vertretung. Die Regelung des § 170 Abs. 1 verhindert nicht, dass der Kommanditist durch sein Auftreten gegenüber Dritten den **Anschein** erweckt, die KG nicht nur als Prokurist oder sonstiger Bevollmächtigter, sondern als persönlich haftender Gesellschafter zu vertreten. Mit der (vermeintlichen) Stellung als Komplementär geht nach § 161 Abs. 2 iVm § 124 eine organschaftliche Vertretungsbefugnis einher. Welche Rechtsfolgen dies für die **KG** hat, hängt zunächst davon ab, ob der Gesellschaftsvertrag eine Bestimmung zur Erteilung einer organschaftlichen Vertretungsbefugnis an den Kommanditisten enthält. Da eine derartige Befugniserteilung unwirksam ist, regelmäßig aber in eine umfassende Bevollmächtigung nicht-organschaftlicher Art umgedeutet werden kann (→ Rn. 28), ist das auf Grund der vermeintlichen Organstellung abgeschlossene Rechtsgeschäft im Namen der KG wirksam.[44] 15

Außerhalb derartiger Fallgestaltungen bestimmen sich die Rechtsfolgen danach, inwieweit sich die KG den vom Kommanditisten gesetzten Rechtsschein zurechnen lassen muss und der Vertragspartner gutgläubig auf die Übereinstimmung von Rechtsschein und Rechtswirklichkeit **vertraut** hat. Letzteres könnte wegen der Publizitätswirkung des Handelsregisters regelmäßig zu bezweifeln sein. Der Eintragungspflicht unterliegen neben den unbeschränkt haftenden Gesellschaftern der KG § 161 Abs. 2, § 106, § 108) auch die Kommanditisten im Hinblick auf die in 162 Abs. 1 benannten Informationen. Obwohl für sie die Besonderheit gilt, dass eine individualisierende Bekanntmachung ihrer Daten unterbleibt (§ 162 Abs. 2), findet § 15 Abs. 2 im Hinblick auf die eingetragenen Tatsachen Anwendung (→ § 162 Rn. 16 ff.).[45] Als Argument dafür, dass der Begriff „insoweit" in § 162 Abs. 2 Hs. 2 nicht generell auf die Angaben zu den Kommanditisten zu beziehen, sondern als Umkehrschluss zu deuten ist, dass § 15 trotz fehlender Bekanntmachung im Hinblick auf die Eintragungen anwendbar bleibt, kann die Entstehungsgeschichte der Norm angeführt werden. Mit der Neuregelung galt es umfangreiche Bekanntmachungen über Tatsachen von nur untergeordneter Bedeutung für den 16

[39] Schlegelberger/Martens Rn. 18.

[40] Schlegelberger/Martens Rn. 18; RGHMW/Mock Rn. 11; MHdB GesR II/Scheel § 9 Rn. 19; BeckOGK/Staake, *1.1.2024*, Rn. 33; Staub/Thiessen Rn. 39.

[41] Schlegelberger/Martens Rn. 20.

[42] BGH 30.10.1967, BGHZ 49, 19 (21) = NJW 1968, 391.

[43] Schlegelberger/Martens Rn. 20.

[44] Schlegelberger/Martens Rn. 8; **aA** John, Die organisierte Rechtsperson, 1977, 296, der eine Wirksamkeit der Rechtsgeschäfte nur nach Rechtsscheingrundsätzen zulassen will.

[45] HM; s. MüKoHGB/Grunewald § 162 Rn. 13; KKD/Kindler § 162 Rn. 2; Wilhelm DB 2002, 1983; **aA** K. Schmidt ZIP 2002, 413 (414); K. Schmidt DB 2011, 1149 ff., nach dem die Vorschriften des § 15 Abs. 2 und 3 auf die Eintragungen bezüglich der Kommanditisten keine Anwendung finden.

Rechtsverkehr zu verhindern und die Rspr. abzusichern, derzufolge die Eintragungspflicht einer Tatsache die Anwendung des § 15 eröffnen soll. Eine Änderung der materiellen Rechtslage in Bezug auf die Kommanditistenhaftung war hiermit nicht bezweckt.[46] Wird der den Rechtsschein auslösende Kommanditist als ein solcher in das Handelsregister eingetragen, muss ein Dritter die eingetragene Gesellschafterstellung und die sich daraus ergebende Folge für die tatsächliche Existenz einer organschaftlichen Vertretungsbefugnis nach § 15 Abs. 2 gegen sich gelten lassen. Da dem Vertragspartner die wirkliche Gesellschafterstellung des Vertreters in diesem Fall nicht verborgen bleiben konnte und für das Merkmal der Bösgläubigkeit ein Kennenmüssen genügt, ist das Vertretergeschäft in Ermangelung eines Rechtsscheintatbestands schwebend unwirksam (§ 177 BGB).[47] Die Nichterteilung der **Genehmigung** bewirkt, dass die KG aus dem abgeschlossenen Rechtsgeschäft weder berechtigt noch verpflichtet wird. Stattdessen wird der Vertragspartner auf die persönliche Inanspruchnahme des Vertreters, also dem nur scheinbar organschaftlich vertretungsberechtigten Kommanditisten verwiesen (§ 179 Abs. 1 BGB). Bedingt durch das Kennenmüssen des Mangels an organschaftlicher Vertretungsmacht steht einem Anspruch gegen den Kommanditisten jedoch regelmäßig § 179 Abs. 3 BGB entgegen.

17 In besonders gelagerten **Ausnahmefällen** ist dem Vertrauensschutz gegenüber der Publizitätswirkung aus § 15 Abs. 2 ein höheres Gewicht einzuräumen.[48] So können sich die organschaftlichen Vertreter der KG im Einzelfall nicht auf die in dem Handelsregister dokumentierte Rechtslage berufen, wenn sie den vertrauensauslösenden Rechtsschein veranlasst oder geduldet haben.[49] Soweit die Handlungsorgane der KG den Anschein einer organschaftlichen Vertretungsbefugnis des an sich nicht vertretungsberechtigten Kommanditisten zB durch die Aufnahme seines Namens in die Firma der KG verstärken oder das den Rechtsschein verursachende Auftreten des Kommanditisten gekannt und trotz einer Verhinderungsmöglichkeit geduldet haben,[50] tragen sie zur Schaffung eines Rechtsscheintatbestands bei, der uU stärker ist als § 15 Abs. 2.[51] Die Zurechenbarkeit des Rechtsscheins und das hierauf begründete besonders schutzwürdige Vertrauen des Vertragspartners führen zur Gleichstellung der scheinbaren Rechtslage mit der Wirklichkeit, so dass die KG zugunsten des Geschäftspartners aus dem geschlossenen Vertretergeschäft berechtigt und verpflichtet wird.[52] Selbige Konsequenz tritt ein, wenn der Kommanditist zB fälschlicherweise als persönlich haftender Gesellschafter eingetragen wird. In diesem Fall wird der erzeugte Rechtsschein und das hierauf begründete Vertrauen des tatsächlich gutgläubigen Dritten durch die positive Publizität verstärkt, beim Geschäftsabschluss einem unbeschränkt haftenden Gesellschafter gegenüberzustehen.

18 Dem durch Rechtsschein veranlassten Vertrauenstatbestand kommt auch im Hinblick auf den **Kommanditisten** eine besondere Bedeutung zu. Abweichend von der Regel, kann sich der Kommanditist als gleichsam in die Pflicht genommener Gesellschafter nicht auf die in § 171 angegebene Haftungsbeschränkung berufen, wenn der Vertragsgläubiger auf Grund des Vertreterhandelns in berechtigter Weise zum Zeitpunkt der Abgabe seiner Willenserklärung der (irrtümlichen) Annahme unterlag, ihm stehe ein organschaftlicher Vertreter der KG gegenüber. Da sich ein Dritter trotz positiver Publizität des Handelsregisters im Zweifel vordergründig von den Handlungen und Worten des Kommanditisten beeindrucken bzw. beeinflussen lässt, muss sich der Kommanditist an den von ihm gesetzten Rechtsschein festhalten lassen.[53] Hierfür reicht allerdings – entgegen der früheren Regelung in Art. 167 Abs. 3 ADHGB – nicht schon das Verschweigen einer bloß nicht-organschaftlichen Vertretungsbefugnis, sondern es ist ein über das reine Vertreterhandeln hinausgehender Hinweis auf die Stellung als persönlich haftender Gesellschafter erforderlich.[54] Bestand für den Dritten in entsprechender Anwendung der §§ 133, 157 BGB kein Zweifel daran, dass der Kommanditist als unbeschränkt haftender Gesellschafter für die KG agiert, kann er diesen gleich einem solchen in Anspruch nehmen.[55]

19 **2. Rechtsgeschäftliche Vertretung.** Ein Rechtsgeschäft, das der Kommanditist im Namen der KG abschließt, kann die KG nicht nur im Rahmen einer rechtsgeschäftlich erteilten Vollmacht verpflichten. Auch in anderen Fällen ist die Vornahme eines Rechtsgeschäfts, aus dem die KG

---

[46] Begr. RegE, BT-Drs. 14/4051, 19.
[47] GK-HGB/Ensthaler/Müller § 15 Rn. 29; KKD/Roth/Stelmaszczyk § 15 Rn. 22.
[48] BGH 28.11.1980, ZIP 1981, 403 = BeckRS 1980, 31064642; K. Schmidt HandelsR § 14 Rn. 6.
[49] K. Schmidt HandelsR § 14 Rn. 14.
[50] BGH 10.3.1953, MDR 1953, 345 = BeckRS 1953, 31391439.
[51] Canaris HandelsR § 6 Rn. 29, 69.
[52] Canaris HandelsR § 6 Rn. 32.
[53] BGH 11.3.1955, BGHZ 17, 13 (17) = NJW 1955, 985; Canaris HandelsR § 6 Rn. 28; Schlegelberger/Martens Rn. 21; Wiedemann FS Bärmann, 1975, 1037 (1052).
[54] MüKoHGB/Grunewald Rn. 14; Schlegelberger/Martens Rn. 21; K. Schmidt GesR § 53 IV 3d.
[55] Canaris HandelsR § 6 Rn. 28.

berechtigt und verpflichtet wird, denkbar, wenn ein **Rechtsscheingrundsatz** eingreift oder der oder die organschaftlichen Vertreter das Geschäft nach § 177 BGB genehmigen.

Wie bei der organschaftlichen Vertretung setzt ein etwaiger Rechtsscheintatbestand voraus, dass das die Disposition eines Dritten hervorrufende Vertreterhandeln der KG zurechenbar ist. So besteht zB eine Bevollmächtigung des Kommanditisten, die nach außen hin durch einen der organschaftlichen Vertreter angezeigt wurde, zumindest ihrem Rechtsschein nach nur solange fort, bis das Erlöschen der Vollmacht gegenüber gutgläubigen Dritten angezeigt bzw. die Kundgabe in gleicher Weise widerrufen wird, wie sie erfolgte (§ 171 Abs. 2 BGB, § 173 BGB). Bei der Erteilung einer eintragungspflichtigen Prokura setzt die Aufhebung des Rechtsscheins eine Löschung der Eintragung im Handelsregister voraus. Darüber hinaus kann eine Verantwortlichkeit der KG – vertreten durch einen oder mehrere persönlich haftende Gesellschafter – mit den ungeschriebenen Grundsätzen der Duldungs- oder Anscheinsvollmacht begründet werden. Lassen es organschaftliche Vertreter wissentlich zu, dass der Kommanditist ohne die Erteilung einer Vollmacht wie ein rechtsgeschäftlicher Vertreter auftritt und Dritte dieses Dulden nach Treu und Glauben unter Anspannung der ihnen jeweils zumutbaren Sorgfalt als Erteilung einer Bevollmächtigung verstehen durften, erfüllt dies den Tatbestand der Duldungsvollmacht.[56] Gleiches gilt, wenn die organschaftlichen Vertreter das Handeln des Kommanditisten als scheinbar Vertretungsbefugter zwar nicht kennen, es aber bei pflichtgemäßer Sorgfalt hätten erkennen und verhindern können und so in zurechenbarer Weise den Anschein einer Bevollmächtigung hervorrufen.[57] Die Gutgläubigkeit des Vertragspartners vorausgesetzt, wird in diesen Fällen eine rechtsgeschäftliche Vertretungsmacht kraft Rechtsschein indiziert. Als Rechtsfolge wird auch in derartigen Sachverhalten eine Gleichstellung von Rechtsschein und Rechtswirkung vorgenommen und eine Verpflichtung der KG durch das im Rahmen der Rechtsscheinsvollmacht abgeschlossene Rechtsgeschäft begründet. 20

Fehlt ein Rechtsscheintatbestand, so können die vertretungsberechtigten Komplementäre das durch den nicht zur Vertretung berechtigten Kommanditisten herbeigeführte Rechtsgeschäft für die KG nach § 177 BGB **genehmigen.**[58] Soweit sie trotz Mitteilung des Abschlusses durch den Vertragspartner oder einer sonstigen Kenntniserlangung keinen Widerspruch erheben, wird eine stillschweigende Genehmigung nach Treu und Glauben unterstellt.[59] Eine Verweigerung der Genehmigung bewirkt, dass die KG aus dem Geschäft weder berechtigt noch verpflichtet wird. In diesem Fall verbleibt dem Geschäftspartner nur die persönliche Inanspruchnahme des Kommanditisten aus § 179 BGB. Um den Vertragspartner gegenüber der hypothetischen Rechtslage nicht besser zu stellen, kann ihm der Kommanditist jedoch die gesetzlich vorgegebene Haftungsbeschränkung (§ 171) entgegenhalten.[60] 21

Von der für das Außenverhältnis relevanten Vertretung ohne Vertretungsmacht ist das gesellschaftsinterne Problem des **Missbrauchs** einer wirksam erteilten rechtsgeschäftlichen Vertretungsbefugnis zu unterscheiden. Den persönlich haftenden Gesellschaftern steht es frei, das Vertreterhandeln des Kommanditisten durch eine Weisung zu beschränken. Gegenüber Dritten gilt die rechtsgeschäftliche Vertretungsmacht hingegen nicht nur für die in den §§ 48 ff. gesetzlich umschriebenen Handlungsvollmachten ihrem Umfang nach als grundsätzlich nicht beschränkt (§ 161 Abs. 2 iVm § 126 S. 2).[61] Der Grundsatz unbeschränkter Vertretungsmacht dient der Sicherheit und Leichtigkeit des Rechtsverkehrs, der regelmäßig keine Kenntnis von einer Machtbeschränkung im Innenverhältnis hat und nicht mit einer generellen Überprüfungspflicht belastet werden soll.[62] Überschreitet der Kommanditist die durch den oder die persönlich haftenden Gesellschafter gezogenen Grenzen der Vertretungsmacht, ist er nur dem Vollmachtgeber gegenüber verantwortlich.[63] Das Risiko des Missbrauchs einer rechtsgeschäftlichen Vertretungsmacht allein dem Vertretenen aufzuerlegen und dem Vertretergeschäft die Wirksamkeit trotz einer internen Weisungswidrigkeit zu erhalten, lässt sich jedoch nur solange rechtfertigen, wie es nicht zu einem arglistigen Zusammenwirken zwischen dem Kommanditisten und dem Dritten zum Nachteil der KG iSd § 138 Abs. 1 BGB, § 826 BGB kommt oder der Dritte den Missbrauch kennt.[64] Das letztgenannte Merkmal ist nicht erst bei tatsächlicher Kenntniserlangung, sondern schon dann erfüllt, wenn der Kommanditist von seiner Vertretungsmacht in ersicht- 22

[56] BGH 10.3.1953, MDR 1953, 345 = BeckRS 1953, 31391439.
[57] *BGH 12.3.1981*, NJW *1981*, 1727 (1728).
[58] Heymann/Horn, 2. Aufl. 1996, Rn. 4.
[59] BGH 13.3.1972, WM 1972, 615.
[60] BGH 20.1.1954, BGHZ 12, 105 = NJW 1954, 793; 11.3.1955, BGHZ 17, 13 (17) = NJW 1955, 985 (986); Canaris HandelsR § 6 Rn. 82.
[61] BGH 20.9.1962, BGHZ 38, 26 = NJW 1962, 2344; Staub/Thiessen Rn. 31.
[62] RGHMW/Wöstmann § 49 Rn. 1.
[63] RGHMW/Wöstmann § 49 Rn. 2.
[64] BGH 14.6.2016, NJW-RR 2016, 1138 Rn. 24; 19.4.1994, NJW 1994, 2082 (2083).

lich verdächtiger Weise Gebrauch macht, so dass beim Vertragspartner begründete Zweifel entstehen mussten, ob nicht ein Treueverstoß des Vertreters gegenüber dem Vertretenen vorliegt.[65] Dies setzt eine objektive Evidenz des Missbrauchs infolge massiver Verdachtsmomente voraus.[66] Dem Vertretergeschäft aus diesem Grunde die Wirksamkeit im Außenverhältnis nach § 242 BGB zu versagen, gilt selbst im Falle der Erteilung einer (eintragungspflichtigen) Prokura oder einer sonstigen handelsrechtlichen Vollmacht. Dem Vertrauensschutz, der gerade im Handelsverkehr auf Grund der Unzumutbarkeit einer einzelfallbezogenen Nachprüfung von Wirksamkeit und Umfang einer handelsrechtlichen Bevollmächtigung erhöht ist, kann durch strengere Anforderungen an die Evidenz des Missbrauchs Rechnung getragen werden.

23 Des Weiteren bleiben die bei einem Missbrauch der Vertretungsmacht normalerweise geltenden Rechtsfolgen im Verhältnis zum Vertragspartner bei einem Rechtsgeschäft zwischen einem vertretungsberechtigten Gesellschafter namens der KG mit einem anderen Gesellschafter anwendbar.[67] Der von § 126 angestrebte Verkehrsschutz ist in dieser Konstellation nicht erforderlich, weil den Gesellschaftern für die Gestaltung der Vertretungsverhältnisse bei ihren eigenen Geschäftsbeziehungen mit der KG unbedenklich Dispositionsfreiheit gelassen werden kann.[68] Eine Beschränkung der Vertretungsbefugnis hat in diesem wie auch in den beiden vorgenannten Fällen zur Folge, dass die rechtsgeschäftliche Vertretungsmacht nur innerhalb des im Innenverhältnis gesetzten Rahmens Wirkung entfaltet und der Kommanditist die KG durch ein Handeln außerhalb des vorgegebenen Vertretungsrahmens nicht verpflichten kann.[69] Ein Überschreiten der Vertretungsmacht ist insoweit als Vertretung ohne Vertretungsmacht zu qualifizieren.[70]

IV. GmbH & Co. KG

24 Besonderheiten weist die Vertretungssituation in der GmbH & Co. KG auf, in der als (meist alleinige) persönlich haftende Gesellschafterin eine GmbH fungiert. Da die organschaftliche Vertretung der KG durch diejenigen Personen wahrgenommen wird, die jeweils zur Vertretung der GmbH berufen sind, und das GmbH-Recht eine Geschäftsführung durch Dritte gestattet, führt die Beteiligung der GmbH an der KG zu der Möglichkeit einer Fremdorganschaft.[71] Bei der Bestellung des vertretungsbefugten Geschäftsführers der **Komplementär-GmbH** gilt es daher auch stets die Interessen der KG hinreichend zu berücksichtigen. Die Position des GmbH-Geschäftsführers kann auch ein Kommanditist bekleiden, dem in diesem Falle eine der organschaftlichen Vertretung sehr stark angenäherte Stellung in der GmbH & Co. KG zukommt.[72] Um einen Interessenkonflikt aus der Funktionsträgerschaft in mehreren Gesellschaften zu vermeiden, kann die Befugnis zur Bestellung des GmbH-Geschäftsführers indes nicht auf den Kommanditisten übertragen werden.[73] Sofern Kommanditisten nicht zu Geschäftsführern der Komplementär-GmbH bestellt sind, kam auch bei der Einheits-GmbH & Co. KG bis zur Einfügung von § 170 Abs. 2 (→ Rn. 2) eine Vertretung der KG durch die Gesamtheit der Kommanditisten nicht in Betracht.[74]

25 Die Einbindung der GmbH in die KG hat besondere Auswirkungen für das **Verbot des Selbstkontrahierens** nach § 181 BGB. Dem liegt der Gedanke zugrunde, dass ein vertretungsberechtigter Gesellschafter im Namen der KG kein Rechtsgeschäft mit sich selbst abschließen kann, es sei denn, dass ihm ein solches gestattet worden ist oder sich das Geschäft in der Erfüllung einer Verbindlichkeit wie zB der Leistung der gesellschaftsvertraglich vereinbarten Einlage erschöpft.[75] Bei der GmbH & Co. KG wird die Verbotsregelung bei jedem Rechtsgeschäft relevant, das der GmbH-Geschäftsführer mit der GmbH & Co. KG schließt.[76] Unabhängig davon, ob der Geschäftsführer ein eigenes Geschäft oder ein solches im Namen der GmbH führen will, bedarf es zu dessen Wirksamkeit stets einer Erlaubnis durch die GmbH & Co. KG.[77]

---

[65] BGH 14.6.2016, NJW-RR 2016, 1138 Rn. 24; 19.4.1994, NJW 1994, 2082 (2083); 25.10.1994, BGHZ 127, 239 (241) = NJW 1995, 250 (251); s. auch BGH 26.3.2025, NJW-RR 2025, 776 Rn. 39.

[66] BGH 26.3.2025, NJW-RR 2025, 776 Rn. 39; 11.5.2017, NJW 2017, 3373 Rn. 20; 14.6.2016, NJW-RR 2016, 1138 Rn. 24; 19.4.1994, NJW 1994, 2082 (2083); OLG Karlsruhe 25.8.2020, BeckRS 2020, 37553.

[67] BGH 20.9.1962, BGHZ 38, 26 (32) = NJW 1962, 2344 (2347).

[68] BGH 20.9.1962, BGHZ 38, 26 (33) = NJW 1962, 2344 (2347).

[69] Verallgemeinerungsfähig BGH 20.9.1962, BGHZ 38, 26 (35) = NJW 1962, 2344 (2347).

[70] BGH 20.9.1962, BGHZ 38, 26 (35) = NJW 1962, 2344 (2347).

[71] MHdB GesR II/Scheel § 9 Rn. 18.

[72] MüKoHGB/Grunewald Rn. 20; Heymann/Horn, 2. Aufl. 1996, § 170 Rn. 3; Hopt/Roth Rn. 4.

[73] K. Schmidt FS Röhricht, 2005, 532.

[74] OLG Celle 6.7.2016, NZG 2016, 1147; s. auch OLG Hamm 11.1.2024, NZG 2024, 534 (537).

[75] MHdB GesR II/Scheel § 9 Rn. 11.

[76] Zu weiteren Fallgestaltungen Höpfner NZG 2014, 1174 (1176 ff.); Mielke BB 2017, 1734 ff.

[77] So zB für den Anstellungsvertrag des GmbH-Geschäftsführers mit der KG s. BGH 15.4.2014, NZG 2014, 780 Rn. 12, 14; dazu Höpfner NZG 2014, 1174 (1175); Mielke BB 2017, 1734 (1737 f.).

Wenn neben der GmbH kein weiterer zur Erlaubniserteilung berechtigter Komplementär vorhanden ist, stellt sich die Frage, ob die Komplementär-GmbH neben dem agierenden einen weiteren vertretungsbefugten Geschäftsführer hat. Nur Letzterer kann in Vertretung der GmbH die Erlaubnis erteilen.[78] Ist – wie in der Praxis üblich – nur ein Geschäftsführer vorhanden, wird dieser wiederum durch § 181 BGB daran gehindert, sich den eigenen Vertragsabschluss im Namen der GmbH & Co. KG zu gestatten, da auch die Gestattung ein Rechtsgeschäft iSd § 181 BGB ist.[79] In diesem Fall hängt die Wirksamkeit des Rechtsgeschäfts davon ab, ob sich aus dem Gesellschaftsvertrag der GmbH & Co. KG eine generelle (eintragungsfähige) Erlaubnis zum Selbstkontrahieren ergibt oder für den Einzelfall die Mehrheit der Gesellschafter der GmbH & Co. KG in Abänderung des Gesellschaftsvertrags die Gestattung des Rechtsgeschäfts beschließt.[80] 26

Ist der Kommanditist im Rahmen der rechtsgeschäftlichen Vertretung an die Mitwirkung eines Komplementärs gebunden, ist bei der GmbH & Co. KG auf die Vertretungsbefugnis der Komplementär-GmbH, nicht indes auf die Vertretungsbefugnis des einzelnen GmbH-Geschäftsführers abzustellen, da dieser gegenüber der GmbH & Co. KG als Dritter agiert.[81] 27

V. Investment-KG

Für die offene bzw. geschlossene Investment-KG gilt § 170 Abs. 1 wegen der Verweisung in § 124 Abs. 1 S. 2 KAGB und § 149 Abs. 1 S. 2 KAGB uneingeschränkt. Die organschaftliche Vertretungsmacht steht ausschließlich den Komplementären bzw. der Komplementärgesellschaft, nicht hingegen den Kommanditisten, zu. Nimmt eine **Kapitalverwaltungsgesellschaft** die Anlage und Verwaltung des Kommanditanlagevermögens wahr, steht ihr die organschaftliche Vertretungsmacht über § 161 Abs. 2 iVm § 124 Abs. 1 und 2 nur zu, wenn sie zugleich **Komplementärin** der offenen bzw. geschlossenen Investment-KG ist, die damit eine intern verwaltete Investment-KG ist (→ § 164 Rn. 70, → § 164 Rn. 72). 28

Die Anlage und Verwaltung des Kommanditanlagevermögens durch eine **externe Kapitalverwaltungsgesellschaft** beruht nicht auf einer organschaftlichen Vertretungsmacht, sondern nach hier befürworteter Ansicht (→ § 164 Rn. 72) wird die Gesellschaft auf Grund rechtsgeschäftlicher Bevollmächtigung durch die Investment-KG tätig. Selbst wenn die Tätigkeit der externen Kapitalverwaltungsgesellschaft entgegen der hier befürworteten Ansicht auf eine aus dem KAGB abgeleitete gesetzliche Vertretungsmacht gestützt würde, führt dies nicht dazu, dass die Kapitalverwaltungsgesellschaft zu einem Organ der Investment-KG wird. 29

Ist eine juristische Person Komplementärin der Investment-KG, kann auch einer ihrer **Kommanditisten** als **Geschäftsführer** die Tätigkeit der Investment-KG führen; in diesem Fall gelten keine anderen Grundsätze als bei der GmbH & Co. KG (→ Rn. 24). Wegen § 128 Abs. 1 S. 2 KAGB und § 153 Abs. 1 S. 2 KAGB muss jedoch der Kommanditist die aufsichtsrechtlichen Anforderungen an Geschäftsführer (→ § 164 Rn. 70) erfüllen. 30

VI. Abdingbarkeit

1. Gesellschaftsvertrag. Von dem organschaftlichen Vertretungsmonopol der persönlich haftenden Gesellschafter darf nicht durch eine Regelung im Gesellschaftsvertrag abgewichen werden. Anders als die Regelung der Geschäftsführungsbefugnis des Kommanditisten in § 164 ist § 170 Abs. 1 **zwingend.**[82] Der Freiheit der Gesellschafter der KG, die eigenen Rechtsbeziehungen nach Belieben gesellschaftsvertraglich zu gestalten, ist durch den Schutzzweck der Norm eine Grenze gesetzt. Gegenüber den Gründen, die für die Dispositivität der Norm streiten,[83] setzt sich vor allem der Schutz der persönlich haftenden Gesellschafter durch (→ Rn. 1). Allerdings spricht für die Statthaftigkeit einer Abweichung vom Gesetz neben der Tatsache, dass der Gesetzgeber anders als bei anderen Normen (zB § 126 S. 2), die das Außenverhältnis zu Dritten betreffen, in § 170 Abs. 1 darüber 31

---

[78] BGH 7.2.1972, BGHZ 58, 115 (117) = NJW 1972, 623; Bacher/Blumenthal GmbHR 2015, 457 (458); Höpfner NZG 2014, 1174 (1178).

[79] BGH 7.2.1972, BGHZ 58, 115 (117) = NJW 1972, 623; OLG Hamm 11.1.2024, NZG 2024, 534 (538).

[80] BGH 7.2.1972, BGHZ 58, 115 (117) = NJW 1972, 623; s. ferner OLG Hamm 11.1.2024, NZG 2024, 534 (537 f.); Bacher/Blumenthal GmbHR 2015, 457 ff.

[81] MHdB GesR II/Scheel § 9 Rn. 34.

[82] BGH 25.5.1964, BGHZ 41, 367 (369) = NJW 1964, 1624; 9.12.1968, BGHZ 51, 198 (200) = NJW 1969, 507 (508); Henssler/Strohn/Gummert Rn. 10; Heymann/Horn, 2. Aufl. 1996, Rn. 1; Schlegelberger/Martens Rn. 9; Hopt/Roth Rn. 1; Staub/Thiessen Rn. 16 ff.; **aA** Bergmann ZIP 2006, 2064; Brox FS H. Westermann, 1974, 21 (25 ff.); BeckOK HGB/Beyer, 47. Ed. 1.7.2025, Rn. 4 ff.; BeckOGK/Staake, 1.1.2024, Rn. 14 ff.; Staake NZG 2021, 95 (96 ff.).

[83] Dazu Staake NZG 2021, 95 (99 f.).

schweigt, ob eine abweichende Vereinbarung Dritten gegenüber unwirksam ist,[84] und mit der Anerkennung eines mit rechtsgeschäftlicher Vertretungsmacht ausgestatteten und zur alleinigen Geschäftsführung befugten Kommanditisten eine Entscheidung gegen die zwingende Natur des § 170 Abs. 1 vorzuliegen scheint.[85] In diesem Fall kann dem Kommanditisten nicht nur eine (prokuristische) Handlungsvollmacht im Umfang der Vertretungsbefugnis eines persönlich haftenden Gesellschafters eingeräumt (§ 126), sondern auch im Innenverhältnis der Gesellschafter eine Machtposition verliehen werden, die zu einem vollständigen Verlust an Entscheidungsbefugnissen der persönlich haftenden Gesellschafter führt.[86] Das einzelfallabhängige Auseinanderdriften der Machtverhältnisse im Innen- und Außenverhältnis vermag das vom Gesetz vorausgesetzte Verhältnis von Macht und Haftung jedoch nicht zu ändern, da das Erfordernis eines Letztentscheidungsrechts der unmittelbar und unbeschränkt haftenden Gesellschafter als zwingendes Mittel zur Wahrung ihrer elementaren Haftungsinteressen hiervon unberührt bleibt. Trotz einer fehlenden Geschäftsführungsbefugnis muss dem Komplementär ein Restbestand an Herrschaftsbefugnissen im Außenverhältnis verbleiben, um das rechtsgeschäftliche Auftreten der Kommanditisten koordinieren und besonders risikoreichen Rechtsgeschäften entgegenwirken zu können. Der Ausschluss des Kommanditisten von der organschaftlichen Vertretung der KG ist deshalb als Spiegelbild der haftungsrechtlichen Verhältnisse (→ Rn. 1) unabdingbar.

32 Eine organschaftliche Bevollmächtigung des Kommanditisten innerhalb des Gesellschaftsvertrags ist unwirksam und im Einzelfall in eine umfassende Bevollmächtigung nicht-organschaftlicher Art **umzudeuten** (§ 140 BGB).[87] Dem steht das organschaftliche Vertretungsmonopol ebenso wenig wie die Erteilung der rechtsgeschäftlichen Vertretungsmacht aus den hierzu benannten Gründen entgegen.

33 Der gänzliche Verzicht der persönlich haftenden Gesellschafter auf die organschaftliche Vertretungsbefugnis hat – sofern nicht ausnahmsweise Gesamtnichtigkeit des Gesellschaftsvertrages anzunehmen ist – nur eine Gesamtvertretungsbefugnis iSd § 161 Abs. 2 iVm § 124 Abs. 2 zur Folge, schließt also lediglich das Alleinvertretungsrecht der Komplementäre aus.[88] Unwirksam ist jedoch eine Regelung, die dem einzigen persönlich haftenden Gesellschafter die organschaftliche Vertretungsmacht entzieht.[89]

34 **2. Entziehungsklage.** Wird gegen einen oder mehrere persönlich haftende Gesellschafter eine Entziehungsklage iSd § 161 Abs. 2 iVm § 124 Abs. 5 geführt, ist die Entziehung der organschaftlichen Vertretungsmacht durch das Gericht bei Vorliegen eines **wichtigen** Grundes unter der Bedingung zulässig, dass es sich bei dem Beklagten nicht um den einzigen persönlich haftenden Gesellschafter handelt, da auch die gerichtliche Entscheidung den Vertretungsausschluss durch § 170 Abs. 1 nicht beseitigt.[90] Sieht der Gesellschaftsvertrag vor, dass nur einem von mehreren Komplementären die organschaftliche Vertretungsbefugnis in der Gestalt eines Alleinvertretungsrechts zusteht, greifen gegen den gerichtlichen Entzug dieser Vertretungsbefugnis hingegen keine Bedenken durch. In diesem Fall wird wie bei der OHG schlicht eine Gesamtvertretungsbefugnis aller übrigen persönlich haftenden Gesellschafter oder ein Alleinvertretungsrecht des anderen bei nur zwei persönlich haftenden Gesellschaftern konstruiert.[91]

35 Wird jedoch ein Rechtsstreit gegen den **einzigen** Komplementär mit dem Ziel geführt, dem Beklagten die organschaftliche Vertretungsbefugnis gegen seinen Willen zu entziehen, ist die Entziehungsklage **unzulässig.**[92] In diesem Fall würde bei Obsiegen des oder der klagenden Kommanditisten die KG ohne organschaftliche Vertretung und damit handlungsunfähig sein, was mit dem Wesen der KG als einer im Rechtsverkehr mit Dritten selbständig auftretenden Einheit

[84] Brox FS H. Westermann, 1974, 21 (25).

[85] Bergmann ZIP 2006, 2064 (2068).

[86] Bergmann ZIP 2006, 2064 (2068); MüKoHGB/Grunewald Rn. 15.

[87] Heymann/Borges Rn. 1; MüKoHGB/Grunewald Rn. 12; Schlegelberger/Martens Rn. 8; MHdB GesR II/Scheel § 9 Rn. 27; Staub/Thiessen Rn. 94.

[88] BGH 11.7.1960, BGHZ 33, 105 (108) = NJW 1960, 1997 (1998); MHdB GesR II/Scheel § 9 Rn. 14; **aA** Buchwald BB 1961, 1342, der in diesem Fall generell von einer Nichtigkeit des Gesellschaftsvertrages ausgeht und bei gleichwohl erfolgtem rechtsgeschäftlichen Handeln der Beteiligten eine „faktische Gesellschaft" konstruiert.

[89] BFH 10.10.2012, NJW-RR 2013, 238 Rn. 23; ebenso Heymann/Borges Rn. 2.

[90] BGH 25.5.1964, BGHZ 41, 367 = NJW 1964, 1624.

[91] BGH 11.7.1960, BGHZ 33, 105 (108) = NJW 1960, 1997 (1998).

[92] BGH 25.5.1964, BGHZ 41, 367 = NJW 1964, 1624; 9.12.1968, BGHZ 51, 198 (200) = NJW 1969, 507 (508), **aA** Heymann/Emmerich, 2. Aufl. 1996, § 127 Rn. 4a; BeckOGK/Staake, 1.1.2024, Rn. 44; Wiedemann JZ 1969, 470 (471).

nicht vereinbar ist.[93] Der bei der OHG gangbare Weg, allen übrigen Mitgliedern der Personengesellschaft Vertretungsmacht zuzuschreiben, ist bei der KG nicht eröffnet, da die Kommanditisten nach § 170 Abs. 1 zwingend von der organschaftlichen Vertretung ausgeschlossen sind. Soweit nur ein persönlich haftender Gesellschafter vorhanden ist, greift eine Regelung der organschaftlichen Vertretungsverhältnisse in der KG nur in der Weise durch, dass dieser Gesellschafter die Alleinvertretungsbefugnis behält. Der Schutzzweck der Norm setzt die Selbstvertretung durch mindestens einen unbeschränkt haftenden Gesellschafter voraus, der für die Handlungen der Gesellschaft persönlich die volle Verantwortung trägt.[94] Dem Recht, einen persönlich haftenden Gesellschafter von der Vertretung der KG ausschließen zu lassen, setzen insoweit die besonderen Verhältnisse in der KG Grenzen. Das Gesetzesverständnis lässt es nicht zu, einen Kommanditisten durch eine gerichtliche Entscheidung zum organschaftlichen Vertreter der KG zu bestellen oder den Gesellschaftern durch einen rechtskräftigen Entzug der Vertretungsbefugnis die Möglichkeit einer interimistischen Gesamtvertretung durch Komplementär und Kommanditist zu eröffnen. Mit dem Entzug der Vertretungsbefugnis würde die KG in das Liquidationsstadium geführt, was dem Ziel des Klageverfahrens widerspricht, dem Komplementär die organschaftliche Vertretungsbefugnis unter Fortführung einer handlungsfähigen KG zur Erreichung des gesellschaftsvertraglich festgelegten Zwecks zu entziehen. Hieran vermag auch die Interims-Lösung nichts zu ändern. Auf die Frage, ob für die Dauer des Klageverfahrens eine vorübergehende Vertretung durch den Kommanditisten möglich ist, kommt es auf Grund der prinzipiellen Unzulässigkeit der Entziehungsklage gegen den einzigen Komplementär nicht an.[95] Im Falle der Unzumutbarkeit einer weiteren organschaftlichen Vertretung der Gesellschaft durch den alleinigen Komplementär steht den Kommanditisten lediglich der Weg über die Auflösungs-, Ausschließungs- oder Übernahmeklage offen.

3. Ausschließungs-, Auflösungs- oder Übernahmeklage. Von der zwingenden Natur der Vertretungsregelung in § 170 Abs. 1 kann **abgewichen** werden, wenn gegen den einzigen Komplementär eine Ausschließungs-, Auflösungs- oder Übernahmeklage geführt wird. 36

Obwohl der Ausschluss des einzigen persönlich haftenden Gesellschafters nach den § 161 Abs. 2 iVm § 130 die KG zwangsläufig in das Abwicklungsstadium führt und insoweit dem Zweck eines Ausschließungsprozesses im Hinblick auf die Sicherung des Fortbestands der Gesellschaft widerspricht,[96] wird ein derartiges Vorgehen für zulässig gehalten,[97] weil den Kommanditisten die Möglichkeit erhalten bleiben soll, über das weitere Schicksal der Personengesellschaft ohne den sich vertragsuntreu verhaltenden Komplementär zu befinden (s. § 134 S. 3). Der für die vorgenannten Klageverfahren geltende Ausnahmetatbestand ist an die Dauer des Verfahrens geknüpft. Für dieses zeitlich begrenzte Stadium kann eine gerichtliche Neuordnung der Vertretungsverhältnisse der KG im Wege einer einstweiligen Verfügung gerechtfertigt werden.[98] Die Notwendigkeit für die Aufhebung des gesetzlich angeordneten Vertretungsmonopols ergibt sich ähnlich wie bei der Abwicklungsgesellschaft aus dem Umstand, dass ein sinnvolles Zusammenwirken der Gesellschafter während der Dauer des Prozesses und dem damit verbundenen Schwebezustand im Hinblick auf das Prozessziel der klagenden Partei nicht möglich ist. Das Vorliegen eines wichtigen Grunds für den Ausschluss des Komplementärs oder die Auflösung der KG zu überprüfen und eine Entscheidung über den Antrag der klagenden Kommanditisten als Gestaltungsurteil zu fällen, kann eine längere Zeit in Anspruch nehmen. Während dieser bleibt der einzige organschaftlich vertretungsberechtigte Gesellschafter für das rechtsgeschäftliche Handeln der KG nach außen hin zuständig. Nicht nur die sich durch das Klageverfahren ergebende Spannungssituation, sondern auch das dem Vertreter zB auf Grund einer vormaligen groben Verfehlung entgegengebrachte Misstrauen der Kommanditisten, lässt es typischerweise nicht zu, die rechtsgeschäftlichen Angelegenheiten im Interesse aller Beteiligten durch den persönlich haftenden Gesellschafter sinnvoll und sachgerecht zu regeln. 37

Das gerichtliche Eingreifen darauf zu beschränken, dem persönlich haftenden Gesellschafter die Vertretungsbefugnis zu entziehen, ist nicht zuletzt aus den zur Entziehungsklage genannten Gründen (→ Rn. 31) abzulehnen. Um den Rechtsfrieden für die **Dauer** des Klageverfahrens sicherzu- 38

---

[93] BGH 9.12.1968, BGHZ 51, 198 (200) = NJW 1969, 507 (508); s. auch BFH 10.10.2012, NJW-RR 2013, 238 Rn. 23.

[94] BGH 11.7.1960, BGHZ 33, 105 (108) = NJW 1960, 1997 (1998).

[95] S. die Diskussion bei Wiedemann JZ 1969, 470 (471).

[96] BGH 4.4.1951, BGHZ 1, 324 (331) = NJW 1951, 650.

[97] BGH 14.5.1952, BGHZ 6, 113 (114) = NJW 1952, 875.

[98] BGH 11.7.1960, BGHZ 33, 105 (111) = NJW 1960, 1997 (1999) (auf die Ausschließungsklage bezogen); MHdB GesR II/Scheel § 9 Rn. 29.

stellen, muss die Möglichkeit bestehen, unter Berücksichtigung der Umstände des Einzelfalls einen (weiteren) Vertreter zu bestellen, der in der Lage ist, die Konfliktlage zu entschärfen. Soweit diese Aufgabe nicht nur durch einen außenstehenden Dritten, sondern auch durch einen der Kommanditisten wahrgenommen werden kann, ist es zulässig, den oder die an sich nicht vertretungsberechtigten Gesellschafter mit der Vertretung der KG für die Dauer des Ausschließungs-, Auflösungs- oder Übernahmeprozesses durch eine einstweilige Verfügung gemäß § 940 ZPO zu betrauen.

39 **4. Liquidation der KG.** Eine weitere **Ausnahme** von der grundsätzlich zwingenden Vertretungsregelung des § 170 Abs. 1 stellt die organschaftliche Vertretungsbefugnis des Kommanditisten im Rahmen der Liquidation der KG gemäß § 161 Abs. 2 iVm § 144 dar. In dem der Auflösung der Gesellschaft nachfolgenden Stadium der Abwicklung oder Liquidation wird die Gesellschaft bei noch vorhandenem Vermögen als Abwicklungs- bzw. Liquidationsgesellschaft fortgeführt[99] und nach § 161 Abs. 2 iVm § 146 Abs. 1 S. 2 durch sog. Liquidatoren organschaftlich in allen gerichtlichen und außergerichtlichen Angelegenheiten vertreten. Von Gesetzes wegen steht die Möglichkeit offen, neben oder anstelle der schon vor der Auflösung vertretungsberechtigten Gesellschafter einen Dritten oder einen zuvor nicht vertretungsberechtigten Gesellschafter mit der Befugnis zur organschaftlichen Vertretung durch Parteiwillkür (§ 144 Abs. 4) oder durch das Gericht (§ 145 Abs. 1) zu betrauen. Für die Position des Liquidators kommen auch die Kommanditisten in Betracht;[100] die in § 178 angeordnete Nichtanwendung von § 144 Abs. 1 auf die Kommanditisten betrifft lediglich deren Rechtsstellung als geborene Liquidatoren, ohne hierdurch die Möglichkeit einzuschränken, sie als gekorene Liquidatoren einzusetzen (→ § 178 Rn. 4). Während die Abweichung vom Grundsatz der Selbstorganschaft aus der veränderten Interessenlage im Verhältnis der Gesellschafter untereinander resultiert, ist die strikte Anwendung des § 170 Abs. 1 auf das Handeln der Liquidatoren mit dem Argument abzulehnen, dass sich der Zweck des Vertreterhandelns auf die Abwicklung der Gesellschaft beschränkt.

40 Dem Ausschluss von der Vertretung liegt zugrunde, dass in einer werbenden Gesellschaft mit gleichgerichteten Interessen der Gesellschafter das Recht zur Selbstbestimmung den Mitgliedern der Gesamthand und hier in Anbetracht der Haftungsverhältnisse innerhalb der KG speziell den persönlich haftenden Gesellschaftern vorbehalten sein soll (→ Rn. 1). Das Abwicklungs- oder Liquidationsstadium ist auf Grund der bevorstehenden Beendigung der Gesellschaft und dem Wegfall der gemeinsam verfolgten Gewinnerzielungs- und Erwerbstätigkeit in der Regel jedoch durch ein Auseinanderfallen der Interessen der Gesellschafter geprägt.[101] Soweit eine Selbstregulierung der unterschiedlich ausgerichteten Interessen nicht möglich ist und der Einsatz eines nicht vertretungsberechtigten (Nicht-)Gesellschafters notwendig wird, lässt sich der Vertretungsvorbehalt zugunsten der Komplementäre schon vom Ansatz her nicht rechtfertigen. Dies gilt auch, wenn ein Kommanditist die Eignung besitzt, sich mit den Gesellschaftsangelegenheiten in der aufgelösten Gesellschaft zu befassen. Der Einwand, die unterschiedlichen Haftungsrisiken würden den Ausschluss der Kommanditisten von der organschaftlichen Vertretung erzwingen, greift letztlich nur, wenn es ein auslösendes Moment für die Haftung in der Gestalt des Eingehens von Verbindlichkeiten im Namen der KG gibt. Sind sämtliche geschäftliche Aktivitäten jedoch auf die **Abwicklung** aller Schulden und den Vermögensausgleich unter den Gesellschaftern beschränkt, ist dem Einwand die Grundlage entzogen.

VII. Vertretung in der Einheitsgesellschaft (Abs. 2)

41 Die Bestrebungen zur Reform des Personengesellschaftsrechts griffen auch die **organschaftliche Vertretung** der KG auf. Klarstellend sieht § 170 Abs. 1 in inhaltlicher Fortführung der *lex lata* vor, dass die Kommanditisten ausschließlich von der organschaftlichen Vertretung der Gesellschaft ausgeschlossen sind, ohne die auch *de lege lata* einmütig anerkannte Befugnis der Gesellschaft zur Erteilung einer **rechtsgeschäftlichen Vertretungsmacht** (→ Rn. 8 ff.) in Frage zu stellen (→ Rn. 2).[102] Zu diesem Zweck regelt § 170 Abs. 1 ausdrücklich, dass der Ausschluss von der Vertretung lediglich den Kommanditisten „als solchen" betrifft.

42 Bedeutsamer ist der insbesondere auf die **Einheits-GmbH & Co. KG** bezogene **§ 170 Abs. 2,** der auf das dort bestehende Vertretungsproblem in der Gesellschafterversammlung der Komplementär-GmbH reagiert, weil deren Gesellschafterversammlung wegen § 170 Abs. 1 ausschließlich aus dem Geschäftsführer der Komplementär-GmbH besteht (→ § 161 Rn. 111). Nach der bis zum

[99] BGH 21.6.1979, NJW 1979, 1987.
[100] BGH 24.9.1982, WM 1982, 1170; Hopt/Roth § 144 Rn. 3.
[101] BGH 11.7.1960, BGHZ 33, 105 (108) = NJW 1960, 1997 (1998).
[102] Begr. RegE, BT-Drs. 19/27635, 255; Wertenbruch NZG 2025, 1699.

1.1.2024 geltenden Rechtslage ließen sich die hieraus resultierenden Interessenkollisionen nur durch gesellschaftsvertragliche Regelungen bei der Komplementär-GmbH oder der KG lösen (→ § 161 Rn. 107 ff.). Insoweit stellt § 170 Abs. 2 in Übernahme eines Beschlusses des 71. DJT[103] sowie des im Mauracher-Entwurf unterbreiteten Vorschlags eine dispositive Regel zur Verfügung, nach der iS einer organschaftlichen Lösung die Rechte der KG in der Gesellschafterversammlung der Komplementär-GmbH von den Kommanditisten wahrgenommen werden, ohne dass es hierfür einer Ermächtigung im Gesellschaftsvertrag der KG bedarf.[104] Dies soll jedoch nur „vorbehaltlich einer abweichenden Vereinbarung" gelten,[105] so dass im Gesellschaftsvertrag der KG unverändert das Modell einer eigenständigen Kommanditistenversammlung etabliert werden kann (→ § 161 Rn. 108 ff.), deren Beschlüsse iS einer rechtsgeschäftlichen Vollmachtslösung von einem Kommanditisten in der Gesellschafterversammlung der Komplementär-GmbH vollzogen werden. Nach dem Zweck des § 170 Abs. 2 verdrängt die Vorschrift die ansonsten nach § 170 Abs. 1 bestehende Vertretungsmacht der Komplementärkapitalgesellschaft, sofern der Gesellschaftsvertrag keine abweichende Regelung getroffen hat (→ Rn. 46).[106]

Der **Anwendungsbereich** des § 170 Abs. 2 ist beschränkt auf den Sonderfall, dass die KG ledig- 43
lich über eine Komplementärkapitalgesellschaft verfügt, an der die KG sämtliche Gesellschaftsanteile hält. Das betrifft insbesondere die Einheits-GmbH & Co. KG, als Kapitalgesellschaft iSd § 170 Abs. 2 kommen aber auch AG oder SE in Betracht. Ausgeschlossen ist die Anwendung von § 170 Abs. 2, wenn der KG neben der Kapitalgesellschaft weitere natürliche oder juristische Personen als persönlich haftende Gesellschafter angehören.[107] Entsprechendes gilt, wenn die KG nicht sämtliche Anteile an der Kapitalgesellschaft hält, sondern weitere Personen, zu denen ggf auch einzelne oder mehrere Kommanditisten gehören können, an der Komplementärkapitalgesellschaft beteiligt sind.[108] § 170 Abs. 2 fordert ausdrücklich, dass die KG „sämtliche" Anteile hält. In den von § 170 Abs. 2 nicht erfassten Konstellationen kann eine Vertretung der KG durch die Kommanditisten in der Gesellschafterversammlung der Komplementärkapitalgesellschaft lediglich auf rechtsgeschäftlicher Grundlage, insbesondere im Gesellschaftsvertrag der KG, ermöglicht werden.[109]

Abweichend von § 170 Abs. 1 ordnet § 170 Abs. 2 an, dass die Rechte der KG von den Kom- 44
manditisten wahrgenommen werden, beschränkt diese organschaftliche Vertretungsmacht jedoch in Übernahme des im Mauracher-Entwurf unterbreiteten Vorschlags auf die **Gesellschafterversammlung.** Außerhalb dieses Bereichs bleibt es bei dem Ausschluss der Kommanditisten von der organschaftlichen Vertretungsmacht.[110] Die Vertretungsmacht der Kommanditisten betrifft insbesondere das in der Gesellschafterversammlung auszuübende Antrags-, Rede- sowie Stimmrecht und gilt unabhängig von dem Inhalt des Beschlussgegenstands, also auch für Grundlagengeschäfte.[111] Mit der „Gesellschafterversammlung" erfasst § 170 Abs. 2 primär Präsenzversammlungen. Nach dem Zweck der Norm gilt die Vertretungsbefugnis der Kommanditisten auch in virtuelle Versammlungen (§ 48 Abs. 1 S. 2 GmbHG) sowie für eine schriftliche Beschlussfasung (§ 48 Abs. 2 GmbHG).[112] Allerdings geht § 170 Abs. 2 nicht soweit wie die vom 71. DJT beschlossene Empfehlung, die organschaftliche Vertretung pauschal auf die „Gesellschafterrechte in der Komplementärin" zu erstrecken (→ Rn. 2). Dies spricht – dem Gesetzeswortlaut entsprechend – für ein restriktives Verständnis, das die Vertretungsmacht auf die in der Gesellschafterversammlung wahrzunehmenden Rechte beschränkt.[113] Bestätigt wird die restriktive Auslegung durch den Zweck des § 170 Abs. 2, mit der dispositiven Vorschrift auf die Probleme bei der Stimmrechtsausübung in der Komplementärkapitalgesellschaft zu reagieren (→ Rn. 42). Ausgeschlossen von der

---

[103] S. Verh. 71. DJT, 2016, Bd. II/2, O 223.

[104] Begr. RegE, BT-Drs. 19/27635, 255 f.; Wertenbruch NZG 2025, 1699 (1700).

[105] Begr. RegE, BT-Drs. 19/27635, 255; Albert/Isikay NZG 2024, 818 (819); Henssler/Strohn/Gummert Rn. 13; Niemeyer/Harig NZG 2023, 1590 (1591); BeckOGK/Staake, 1.1.2024, Rn. 28, 85; Staub/Thiessen Rn. 72.

[106] Lüke in Hesselmann/Mueller-Thuns GmbH & Co. KG-HdB § 2 Rn. 478; Wertenbruch GmbHR 2021, 1181 (1184); Wertenbruch NZG 2022, 939 (940); Wertenbruch NZG 2025, 1699 (1700).

[107] Albert/Isikay NZG 2024, 818 (819); MüKoHGB/Grunewald Rn. 21.

[108] Albert/Isikay NZG 2024, 818 (819).

[109] **AA** MüKoHGB/Grunewald Rn. 21, die eine analoge Anwendung von § 170 Abs. 2 befürwortet, wenn der einzige weitere Komplementär zugleich Geschäftsführer der Komplementär-GmbH ist; gegenläufig Albert/Isikay NZG 2024, 818 (819).

[110] Weitergehend bei der führungslosen Einheitsgesellschaft im Hinblick auf die passive Vertretungsbefugnis sowie die Insolvenzantragspflicht Zell NZG 2024, 1693 (1695 f.).

[111] RGHMW/Mock Rn. 20.

[112] Ebenso für schriftliche Beschlussfassungen Lüke in Hesselmann/Mueller-Thuns GmbH & Co. KG-HdB § 2 Rn. 479.

[113] Ebenso Henssler/Strohn/Gummert Rn. 7; in der Sache auch RGMHW/Mock Rn. 21.

Vertretungsmacht der Kommanditisten sind hierdurch insbes. die kraft Satzung oder Gesetz bestehenden Rechte zur Einberufung einer Gesellschafterversammlung bei der Komplementärkapitalgesellschaft (s. zB § 50 GmbHG).[114] Entsprechendes gilt für das Recht der KG, als Gesellschafterin einen von der Gesellschafterversammlung der Komplementärkapitalgesellschaft gefassten Beschluss anzufechten bzw. für nichtig erklären zu lassen sowie für die Rechte der KG als Gesellschafterin der Komplementärkapitalgesellschaft (zB Informationsrechte, § 51a GmbHG).[115] Da sich § 170 Abs. 2 auf die Rechtsausübung in der Gesellschafterversammlung beschränkt, bleibt der Vollzug der dort gefassten Beschlüsse der Komplementärkapitalgesellschaft bzw. deren Vertretungsorgan vorbehalten, sofern keine hiervon abweichende rechtsgeschäftliche Vollmacht an einzelne Kommanditisten erteilt wird.[116]

45 Offen lässt § 170 Abs. 2, wie die Kommanditisten die **Rechte** der KG in der Gesellschafterversammlung **ausüben.** Da die KG in den von § 170 Abs. 2 erfassten Sachverhalten sämtliche Anteile an der Gesellschaft hält, sprechen gute Gründe dafür, dass die Rechte nicht jedem einzelnen Kommanditisten nach Maßgabe seiner Beteiligung an der KG zustehen, sondern die Kommanditisten zu einer einheitlichen (gemeinschaftlichen) Rechtsausübung verpflichtet sind.[117] Wie diese herbeizuführen ist, überlässt § 170 Abs. 2 den Kommanditisten, die zu diesem Zweck eine BGB-Innengesellschaft bilden und detaillierte Rahmenbedingungen für die interne Willensbildung (Mehrheitserfordernisse) schaffen müssen.[118] Dies kann durch die Abhaltung einer eigenständigen Kommanditistenversammlung geschehen,[119] deren Einzelheiten in dem Gesellschaftsvertrag der KG niedergelegt werden können aber nicht müssen (→ § 161 Rn. 108 ff.). Denkbar sind entsprechende Abreden auch im Rahmen einer ausschließlich von dem Kommanditisten getroffenen Vereinbarung, die zB einen Kommanditisten bevollmächtigt, einen von den Kommanditisten gefassten Beschluss in der Gesellschafterversammlung der Komplementärkapitalgesellschaft umzusetzen. Ohne eine derartige Abrede zwischen den Kommanditisten gilt über § 161 Abs. 2 iVm § 109 Abs. 3 das Einstimmigkeitsprinzip.[120]

46 Die Regelung in § 170 Abs. 2 ist – wie der Gesetzeswortlaut verdeutlicht („vorbehaltlich einer abweichenden Vereinbarung“) – **dispositiv.**[121] Dies eröffnet nicht nur die Möglichkeit, die Rechtsausübung in der Gesellschafterversammlung der Komplementärkapitalgesellschaft auf einzelne Kommanditisten[122] oder bestimmte Rechtspositionen bzw. Beschlussgegenstände zu beschränken, vielmehr kann auch vereinbart werden, dass es bezüglich der Rechte in der Gesellschafterversammlung bei der Grundregel in § 170 Abs. 1 verbleibt, so dass das geschäftsführende Organ der Komplementärkapitalgesellschaft die KG in der Gesellschafterversammlung der Komplementärkapitalgesellschaft trotz der damit verbundenen Probleme (→ Rn. 42) vertritt.[123] Ebenso belässt § 170 Abs. 2 den Gesellschaftern die Möglichkeit einer rechtsgeschäftlichen Vollmachtslösung, bei der einzelne Kommanditisten bevollmächtigt werden, bezüglich aller oder bestimmter Beschlussgegenstände die Rechte der KG in der Gesellschafterversammlung der Komplementärkapitalgesellschaft auszuüben.[124] Mit der Formulierung

[114] Wie hier MüKoHGB/Grunewald Rn. 23 sowie BeckOK HGB/Beyer, 47. Ed. 1.7.2025, Rn. 38.2, der jedoch eine analoge Anwendung von § 50 Abs. 1 und 3 GmbHG befürwortet; **aA** Albert/Isikay NZG 2024, 818 (822 f.); Niemeyer/Harig NZG 2023, 1590 (1591 f.); Zell NZG 2024, 1693 (1694), die für eine teleologisch extensive Auslegung plädieren, sich hierdurch aber über den deutlich bekundeten Willen des Gesetzgebers hinwegsetzen (dagegen auch BeckOK HGB/Beyer, 47. Ed. 1.7.2025, Rn. 38.3).

[115] So auch Henssler/Strohn/Gummert Rn. 7; **aA** bezüglich § 51a GmbHG MüKoHGB/Grunewald Rn. 23.

[116] MüKoHGB/Grunewald Rn. 23; Staub/Thiessen Rn. 72 aE; Wertenbruch GmbHR 2021, 1181 (1185); **aA** Lüke in Hesselmann/Mueller-Thuns GmbH & Co. KG-HdB § 2 Rn. 479, wonach § 170 Abs. 2 auch die aktive und passive Vertretung der GmbH durch die Gesellschafterversammlung umfasst.

[117] Albert/Isikay NZG 2024, 818 (820); Lüke in Hesselmann/Mueller-Thuns GmbH & Co. KG-HdB § 2 Rn. 481, 483; RGHMW/Mock Rn. 20; BeckOGK/Staake, 1.1.2024, Rn. 83; Wertenbruch GmbHR 2021, 1181 (1185); Wertenbruch NZG 2025, 1699 (1700 f.); iErg ebenso diejenigen Stimmen, die eine Gesamtvertretungsmacht der Kommanditisten befürworten (hierfür Henssler/Strohn/Gummert Rn. 8; Ebenroth/Boujong/Oepen Rn. 23; **aA** Heckschen/Nolting BB 2021, 2946 [2952]); **aA** MüKoHGB/Grunewald Rn. 22.

[118] Für eine Abbedingung der Einstimmigkeit durch das Mehrheitsprinzip Lüke in Hesselmann/Mueller-Thuns GmbH & Co. KG-HdB § 2 Rn. 483.

[119] So auch Lüke in Hesselmann/Mueller-Thuns GmbH & Co. KG-HdB § 2 Rn. 480; Ebenroth/Boujong/Oepen Rn. 24; Wertenbruch GmbHR 2021, 1181 (1185).

[120] Albert/Isikay NZG 2024, 818 (822).

[121] S. Begr. RegE, BT-Drs. 19/27635, 256; Albert/Isikay NZG 2024, 818 (819); MüKoHGB/Grunewald Rn. 24; Henssler/Strohn/Gummert Rn. 13; RGHMW/Mock Rn. 21; Niemeyer/Harig NZG 2023, 1590 (1591); NK-HGB/Schall Rn. 8; Staub/Thiessen Rn. 72; Wertenbruch GmbHR 2021, 1181 (1183).

[122] Ebenso Henssler/Strohn/Gummert Rn. 13; Wertenbruch GmbHR 2021, 1181 (1184).

[123] Henssler/Strohn/Gummert Rn. 13.

[124] Begr. RegE, BT-Drs. 19/27625, 256; MüKoHGB/Grunewald Rn. 25; Henssler/Strohn/Gummert Rn. 13; Staub/Thiessen Rn. 74; Wertenbruch GmbHR 2021, 1181 (1183).

„Vereinbarung" erfasst die Öffnungsklausel in § 170 Abs. 2 ausschließlich Abreden im Gesellschaftsvertrag der KG.[125]

§ 171 [Haftung des Kommanditisten]

(1) Der Kommanditist haftet den Gläubigern der Gesellschaft bis zur Höhe seiner Haftsumme unmittelbar; die Haftung ist ausgeschlossen, soweit die vereinbarte Einlage geleistet ist.

(2) Ist über das Vermögen der Gesellschaft das Insolvenzverfahren eröffnet, so wird während der Dauer des Verfahrens das den Gesellschaftsgläubigern nach Absatz 1 zustehende Recht durch den Insolvenzverwalter oder den Sachwalter ausgeübt.

Schrifttum: Altmeppen, Außen- und Innenhaftung der Kommanditisten, NJW 2017, 3198; Bartlitz, Die Haftung des Kommanditisten auf der Grundlage kapitalgesellschaftsrechtlicher Prinzipien, 2016; Böcker, Aspekte der Kommanditistenhaftung bei Insolvenz der Kommanditgesellschaft, DZWIR 2021, 587; Bork, Zuständigkeit für Haftungsklagen gegen Kommanditisten, NJW 2018, 2985; Elsing, Erweiterte Kommanditistenhaftung und atypische Kommanditgesellschaft, 1977; Engler, Die Haftung des kapitalanlegenden Kommanditisten einer Publikums-KG unter den Aspekten des Gläubiger- und Anlegerschutzes, 1997; Fleischer/Hahn, Zur unbeschränkten Haftung des Kommanditisten, NZG 2018, 1281; Geißler, Haftung und Haftungsrisiken des Kommanditisten in der GmbH & Co. KG, GmbHR 2014, 458; Häsemeyer, Kommanditistenhaftung und Insolvenzrecht, ZHR 149 (1985), 42; Hippeli, Der Begriff der Einlage bei der Kommanditgesellschaft, Jura 2018, 378; Keuk, Die Haftung des Kommanditisten für die Schulden der Gesellschaft, ZHR 135 (1971), 410; Kindler, Grundfragen der Kommanditistenhaftung, JuS 2006, 865; Mattheus/Schwab, Kommanditistenhaftung und Registerpublizität, ZGR 2008, 65; Müller-Graff, Die Außenhaftung des Kommanditisten bei fehlerhaftem KG-Eintritt, JuS 1979, 24; Mueller-Thuns, Haftsumme, Hafteinlage und vereinbarte Einlage sowie Entnahme bei der KG, GmbHR 2025, 953; Müssigbrodt, Die haftungsbefreiende Aufrechnung des Kommanditisten, Diss. Münster 1980; v. Olshausen, Die Aufrechnung eines Kommanditisten mit einer nicht voll werthaltigen Gegenforderung, ZGR 2001, 175; Potsch, Grundfragen der Kommanditistenhaftung, 2012; Schäfer, Zu Fragen der Treugeberhaftung bei qualifizierten Treuhandbeteiligungen an Publikumspersonengesellschaften, ZHR 177 (2013), 619; Schmelz, Überschießende Außenhaftung des Kommanditisten – Eine systematische Darstellung, DStR 2006, 1704, 1709; K. Schmidt, Kommanditisteneinlage – Kapitalaufbringung und Kapitalerhaltung in der KG, ZGR 1976, 307; K. Schmidt, Einlage und Haftung des Kommanditisten, 1977; K. Schmidt, Zur Haftsumme des Kommanditisten bei Sacheinlageversprechen, DB 1977, 2813; K. Schmidt, § 171 II HGB – eine Bestimmung nur für den Konkurs der Kommanditgesellschaft?, JR 1976, 278; K. Schmidt, Zur Bareinlage durch Verrechnung und Aufrechnung in der KG, ZGR 1986, 152; K. Schmidt, Grenzen und Risiken der Binnenhaftung von Kommanditisten, DB 1995, 1381; K. Schmidt, Zur Gesellschafterhaftung bei der „Innen-KG", NZG 2009, 361; K. Schmidt, Dept-to-Equity-Swap bei der (GmbH & Co.-)Kommanditgesellschaft, ZGR 2012, 566; Smid, Fragen der örtlichen Zuständigkeit für die Haftungsklagen gem. § 171 I und II HGB, NZG 2024, 721; Stabel, Die Kommanditistenhaftung nach Inkrafttreten des MoPeG, JuS 2024, 111, 205; Stephan, Kommanditistenhaftung bei Beteiligungsänderungen – Die Haftsumme, NZG 2021, 1533; Weipert, Zum Problem der Bedingungskongruenz im Verhältnis zwischen Publikums-Kommanditgesellschaft, Treuhandkommanditist und Kapitalanleger, ZHR 157 (1993), 513; Wertenbruch, Beschränkte und unbeschränkte Kommanditistenhaftung nach MoPeG, GmbHR 2024, 953; Wiedemann, Beschränkte und unbeschränkte Kommanditistenhaftung, FS Bärmann, 1975, 1037; Zeising, Einziehung von Einlageforderungen gegen Treuhandkommanditisten durch den Liquidator, DZWiR 2018, 551.

Übersicht

[125] Ebenroth/Boujong/Oepen Rn. 21; Wertenbruch NZG 2025, 1699 (1701 f.) mwN; im Grundstz auch RGHMW/Mock Rn. 21, der jedoch auch eine Regelung im Gesellschaftsvertrag der Komplementär-GmbH für zulässig erachtet.

I. Allgemeines

1 § 171 ist wie § 170 der Rechtsstellung des Kommanditisten im **Außenverhältnis** gewidmet. Anders als dort steht hier die Haftung des Kommanditisten für die Verbindlichkeiten der KG im Mittelpunkt. § 171 gewährt den Gläubigern der KG das Recht, zur Begleichung einer Forderung, die gegenüber der KG besteht, auf das private Vermögen des Kommanditisten zuzugreifen. Das Vermögen der Kommanditisten ist eine vom Gesellschaftsvermögen sowohl dinglich als auch haftungsrechtlich zu trennende Vermögensmasse.[1] Den Kommanditisten nicht nur mit seinem Anteil am Gesellschaftsvermögen, sondern auch mit seinem **Privatvermögen** in Anspruch nehmen zu können, folgt seiner Mitgliedschaft in der KG als rechtsfähiger Personengesellschaft nach.[2] Dem Wesen einer Personengesellschaft entspricht es, dass die Gesellschafter als Träger des Gesellschaftsvermögens eine persönliche Verantwortung für ihr Handeln im Namen der KG übernehmen. Aus dieser Verantwortung heraus werden die von der KG eingegangenen Verbindlichkeiten wie eigene, persönliche Verbindlichkeiten der einzelnen Gesellschafter behandelt.[3] Da der Kommanditist nach der Vorstellung des Gesetzgebers im Wesentlichen nur Kapitalgeber ohne organschaftliche Vertretungsbefugnis ist, lässt sich die Verantwortung des Kommanditisten auf die Sicherstellung der Aufbringung der eingetragenen Haftsumme reduzieren.[4] Die Erbringung der versprochenen Kapitaleinlage führt zur Stärkung der Leistungsfähigkeit und Kreditwürdigkeit der KG und vermag deren Attraktivität als Vertragspartner gerade bei finanziellen Engpässen der Gesellschaft zu erhalten.[5]

2 Vor diesem Hintergrund hat die Haftung des Kommanditisten gegenüber der Haftung der persönlich haftenden Gesellschafter, deren Art und Umfang sich ausschließlich nach dem Recht der OHG bestimmt (§ 161 Abs. 2 iVm §§ 126 ff.), in § 171 eine gesonderte Ausgestaltung erfahren. Während die persönliche Inanspruchnahme der Komplementäre wie die Haftung aller Gesellschafter mit ihrem Anteil am Gesellschaftsvermögen als unbeschränkt und unbeschränkbar gilt (s. § 161 Abs. 2 iVm § 126), liegt der Haftung des Kommanditisten mit seinem Privatvermögen nach § 171 Abs. 1 folgendes Konzept zu Grunde: Bis zu dem Moment, in dem der Kommanditist seine (Pflicht-) Einlage in das Gesellschaftsvermögen erbringt, haftet er den Gesellschaftsgläubigern werte- oder summenmäßig bis zur Höhe seiner Haftsumme beschränkt (Hs. 1). Nach Leistung und nicht zurück erhaltener Einlage haftet der Kommanditist mit Ausnahme des § 176 überhaupt nicht (Hs. 2). Die Beschränkung der Haftung des Kommanditisten führt zu keiner unzumutbaren Benachteiligung der Gesellschaftsgläubiger, weil die unbeschränkte Haftung der persönlich haftenden Gesellschafter diese ausreichend sichert.[6]

3 Nach **Eröffnung eines Insolvenzverfahrens** über das Vermögen der KG gehen die Haftungsansprüche gegen den Kommanditisten aus § 171 Abs. 1 Hs. 1 auf den Insolvenzverwalter oder den Sachwalter über (§ 171 Abs. 2). Die in dieser Regelung enthaltene Vorgabe an den Kommanditisten, fortan nur noch auf die Insolvenzmasse der KG zu leisten, dient der gleichmäßigen Befriedigung der Gesellschaftsgläubiger.[7] Da sich § 171 Abs. 2 nur auf die Kommanditisten bezieht, bleibt den Gesellschaftsgläubigern die Möglichkeit erhalten, die Komplementäre auch in der Insolvenz für die Verbindlichkeiten der KG persönlich in Anspruch zu nehmen.[8]

II. Haftung des Kommanditisten (Abs. 1)

4 **1. Persönliche, beschränkte Haftung (Hs. 1). a) Grundsatz.** Die Haftung des Kommanditisten ist wie die Haftung des Komplementärs persönlich, primär, unmittelbar und akzessorisch. Die gesetzgeberische Entscheidung, allein den Komplementär als persönlich haftenden Gesellschafter zu bezeichnen, ist insoweit verfehlt, weil auch der Kommanditist für alle privat- und öffentlich-rechtlich begründeten Verbindlichkeiten der KG mit seinem gesamten Privatvermögen, also **persönlich** haf-

[1] MüKoHGB/Grüneberg Rn. 11.
[2] Ebenroth/Boujong/Sander Rn. 1.
[3] Ebenroth/Boujong/Sander Rn. 1.
[4] Wiedemann FS Bärmann, 1975, 1037 (1038); Staub/Thiessen Rn. 9 f.
[5] Wiedemann FS Bärmann, 1975, 1037 (1038); s. ferner Ebenroth/Boujong/Sander Rn. 3.
[6] BGH 29.3.1973, BGHZ 60, 324 (328) = NJW 1973, 1036 (1037).
[7] BGH 28.10.1981, BGHZ 82, 209 (218) = NJW 1982, 883 (885); OLG Schleswig 8.11.2023, NZG 2024, 743 (744).
[8] BAG 6.5.1986, BAGE 52, 24 = NJW 1987, 92.

tet.[9] Das gilt auch, wenn die Verbindlichkeit der KG auf einem mit einem Gesellschafter abgeschlossenen **Drittgeschäft** beruht. Bezüglich der Forderungen aus einem solchen Geschäft hat der Gesellschafter gegenüber der KG dieselben Rechte wie jeder andere Gläubiger der Gesellschaft.[10]

Dem Gläubiger einer Forderung gegen die KG steht es außerhalb eines Insolvenzverfahrens 5
(→ Rn. 3, → Rn. 55 ff.) frei, auf das Gesellschaftsvermögen und/oder das Privatvermögen der einzelnen Gesellschafter Zugriff zu nehmen.[11] Deren Stellung als Gesamtschuldner und die (gesetzlich hervorgehobene) **Unmittelbarkeit der Haftung** hindern den Kommanditisten daran, die persönliche Inanspruchnahme durch den Verweis des Gesellschaftsgläubigers auf einen anderen Gesellschafter oder die KG nach § 161 Abs. 2 iVm § 105 Abs. 3 abzuwenden, selbst wenn das Gesellschaftsvermögen zur Erfüllung der ausstehenden Verbindlichkeit genügt.[12] Im Außenverhältnis haftet der Kommanditist nicht lediglich subsidiär.[13] Er kann sich gegenüber einer Inanspruchnahme deshalb lediglich auf Einwendungen berufen, die der KG zustehen oder die in seiner Person begründet sind (§ 161 Abs. 2 iVm § 128).[14] Das gilt auch, wenn es sich bei der Forderung gegenüber der KG um eine solche handelt, die einem Gesellschafter aus einem **Drittgeschäft** mit der KG zusteht. Weder lässt sich aus der gesellschafterlichen Treuepflicht ein genereller Ausschluss der Inanspruchnahme ableiten noch folgt aus dieser, dass der Gesellschafter für Verbindlichkeiten aus einem Drittgeschäft nur subsidiär haftet, wenn der Gesellschaftergläubiger aus dem Gesellschaftsvermögen keine Befriedigung erlangen kann (aber auch → § 126 Rn. 21).[15] Abweichendes kommt lediglich bei einem gesellschaftsvertraglichen Haftungsausschluss in Betracht, der sich ausdrücklich auch auf Ansprüche erstreckt, die aus von Gesellschaftern mit der KG abgeschlossenen Drittgeschäften resultieren.[16]

Die Haftung der beiden Gesellschafterformen einer KG unterscheidet sich jedoch wesentlich in 6
einem Punkt: der summenmäßigen **Haftungsbeschränkung.** Während der Komplementär nicht nur gegenständlich, sondern auch wertmäßig unbeschränkt mit seinem Privatvermögen haftet (§ 161 Abs. 2 iVm § 126 S. 1), können die Gläubiger der KG den Kommanditisten nur bis zur Höhe bzw. dem Wert der im Handelsregister eingetragenen Haftsumme persönlich in Anspruch nehmen.[17] Der früher in § 171 Abs. 1 Hs. 1 verwendete doppeldeutige Begriff der **Einlage** war bereits vor der Korrektur des Gesetzeswortlauts in § 171 Abs. 1 Hs. 1 durch das MoPeG als Synonym für die Hafteinlage oder **Haftsumme** zu begreifen und von der sog. Pflichteinlage zu unterscheiden (→ Rn. 7 f.).[18] Insoweit entspricht die mit dem MoPeG erfolgte Umstellung von der „Einlage" auf die „Haftsumme" der bisherigen allgemeinen Ansicht.[19]

b) Hafteinlage (Haftsumme) und Pflichteinlage. Da § 171 Abs. 1 ausschließlich das Außen- 7
verhältnis des Kommanditisten zu den Gesellschaftsgläubigern betrifft, ist für den Umfang seiner Haftung allein die Höhe der im Handelsregister eingetragenen und damit nach außen kundgegebenen **(Haft-)Einlage** relevant (§ 162 Abs. 1). Diese wird gängigerweise als **Haftsumme** bezeichnet;[20] dem trägt der Gesetzeswortlaut in § 171 Abs. 1 Hs. 1[21] nunmehr ausdrücklich Rechnung (→ Rn. 6).[22] Die Haftsumme ist ein im Gesellschaftsvertrag frei bestimmbarer Geldbetrag, der denje-

---

[9] BFH GS 29.11.1965, BFHE 84, 441 = NJW 1966, 1096; Heymann/Borges Rn. 7; Koch PersGesR/Ceesay Rn. 34; BeckOGK/Foerster, 1.7.2025, Rn. 13.

[10] BGH 8.10.2013, NZG 2013, 1334 Rn. 18; OLG Stuttgart 14.11.2012, BeckRS 2012, 24029; Staub/Thiessen Rn. 13.

[11] BeckOGK/Foerster, 1.7.2025, Rn. 39; MüKoHGB/Grüneberg Rn. 14, 17; Staub/Thiessen Rn. 16.

[12] BGH 9.5.1963, BGHZ 39, 319 (322) = NJW 1963, 1873 (1874); Heymann/Borges Rn. 9, 28.

[13] Treffend Heymann/Borges Rn. 9; BeckOGK/Foerster, 1.7.2025, Rn. 39.

[14] So auch statt aller Heymann/Borges Rn. 11.

[15] Treffend BGH 8.10.2013, NZG 2013, 1334 Rn. 31 ff.; zuvor OLG Köln 18.12.2012, NZG 2014, 179 (182 ff.); OLG Stuttgart 14.11.2012, BeckRS 2012, 24029; Staub/Thiessen Rn. 17; iErg auch Heymann/Borges Rn. 9.

[16] S. BGH 8.10.2013, NZG 2013, 1334 Rn. 19 ff. (im konkreten Fall jedoch zutr. verneint); ebenso OLG Köln 28.12.2012, NZG 2014, 179 (181 f.), für einen vergleichbaren Sachverhalt.

[17] Bartlitz, Die Haftung des Kommanditisten auf der Grundlage kapitalgesellschaftsrechtlicher Prinzipien, 2016, 23 ff.; Heymann/Borges Rn. 5; Kraft/Kreutz GesR E III 2b.

[18] BGH 10.10.1994, NJW 1995, 197 (198); OLG Naumburg 24.8.2000, NZG 2000, 1218.

[19] S. Begr. RegE, BT-Drs. 19/27635, 256; Koch PersGesR/Ceesay Rn. 10.

[20] BGH 29.3.1973, BGHZ 60, 324 (327 f.) = NJW 1973, 1036 (1037); OLG Naumburg 24.8.2000, NZG 2000, 1218; OLG Schleswig 30.10.2008, NZG 2009, 256 (257); Heymann/Borges Rn. 26; BeckOGK/Foerster, 1.7.2025, Rn. 9; Henssler/Strohn/Gummert §§ 171, 172 Rn. 5; Hippeli Jura 2018, 378 (381 f.); RGHMW/Mock Rn. 20; Ebenroth/Boujong/Sander Rn. 5; Staub/Thiessen Rn. 24 ff.; **aA** Bartlitz, Die Haftung des Kommanditisten auf der Grundlage kapitalgesellschaftsrechtlicher Prinzipien, 2016, 12 ff.: Außenhaftungsbetrag.

[21] Ebenso der terminologische Wechsel von der „Einlage" zur „Haftsumme" in § 162 Abs. 1.

[22] S. Begr. RegE, BT-Drs. 19/27635, 256; Koch PersGesR/Ceesay Rn. 10; Staub/Thiessen Rn. 26.

nigen Wert aufzeigt, bis zu dem der Kommanditist den Gesellschaftsgläubigern mit Ausnahme des § 176 maximal haftet.[23] Die Gläubiger der KG können summenmäßig bis zu diesem Betrag auf das gesamte Vermögen des Kommanditisten zugreifen. Eine Mindesthaftsumme kennt das Gesetz nicht.[24]

8 Von der für § 171 Abs. 1 Hs. 1 maßgebenden Haftsumme ist die Einlage im technischen Sinne zu unterscheiden, zu deren Leistung sich der Kommanditist im Innenverhältnis der Gesellschafter verpflichtet hat und die es im Rahmen des § 171 Abs. 1 Hs. 2 zu berücksichtigen gilt.[25] Die **Pflichteinlage** ist ein Beitrag iSd § 161 Abs. 2 iVm § 105 Abs. 3 iVm § 709 Abs. 1 und 2 BGB, dessen Gegenstand geeignet ist, in das haftende Vermögen der Gesellschaft überzugehen.[26] Die Pflichteinlage muss anders als die Haftsumme nicht in einem Geldbetrag ausgedrückt sein und unterliegt der freien Verfügung der Gesellschafter.[27] Sie kann vor Eröffnung des Insolvenzverfahrens mit Wirkung gegenüber Dritten beliebig gestundet, übertragen, inhaltlich abgeändert, zum Nennwert verrechnet, erlassen oder zurückgezahlt werden.[28] Ihrer wertmäßigen Höhe nach können die Pflichteinlage und die Haftsumme voneinander abweichen.[29] Im Zweifel, also immer dann, wenn im Gesellschaftsvertrag eine **getrennte Ausweisung fehlt** und dieser nur die Höhe der „Einlage" festlegt, werden Pflichteinlage und Haftsumme jedoch einander entsprechen.[30]

9 Was der Kommanditist auf die Haftsumme an einen Gesellschaftsgläubiger schuldbefreiend leistet, kann ihm auf die Pflichteinlage angerechnet werden. Hierfür bietet es sich einerseits an, die Einlageforderung in Höhe des dem Gesellschaftsvermögen durch die Schuldbefreiung entsprechend zugeführten Gegenwert zu mindern.[31] Auf der anderen Seite kann der Kommanditist aber auch den Ersatzanspruch aus § 161 Abs. 2 iVm § 105 Abs. 3 iVm § 716 BGB geltend machen und mit der (bislang) ungeminderten Einlageforderung aufrechnen.[32] Soweit die Haftsumme die Pflichteinlage übersteigt, steht dem Kommanditisten in dieser Höhe (ebenfalls) der Aufwendungsersatzanspruch nach § 161 Abs. 2 iVm § 105 Abs. 3 iVm § 716 BGB zu.[33]

10 Für die Gesellschaftsgläubiger ist die **Pflichteinlage** von **nachgeordneter Bedeutung.**[34] In Ermangelung eines Anspruchs zu ihren Gunsten auf Leistung der Pflichteinlage, ist eine unmittelbare persönliche Inanspruchnahme des Kommanditisten grundsätzlich nur in Höhe der Haftsumme möglich. Den Kommanditisten in Höhe der Pflichteinlage in Anspruch zu nehmen gelingt nur dann, wenn der Gesellschaftsgläubiger die Einlageforderung von der Gesellschaft unter Berücksichtigung der §§ 404 ff. BGB durch Abtretung erwirbt oder auf diese durch eine Pfändung zugreift.[35] In diesen Fällen kann der Gesellschaftsgläubiger die Einlageforderung ohne Begrenzung durch die Haftsumme gegen den Kommanditisten geltend machen.

11 **c) Inhalt der Haftung.** Für die Erfüllung der Einlageschuld im Innenverhältnis der Gesellschaft ist es ohne Bedeutung, ob der Kommanditist Barzahlungen an die Gesellschaftskasse leistet oder Erfüllungsleistungen in Natura erbringt.[36] Gegenstand einer langjährigen Auseinandersetzung ist die Frage, ob der Kommanditist auch im Hinblick auf den Inhalt seiner (summenmäßig beschränkten) Haftung eine Gesellschaftsverbindlichkeit sowohl mit Natural- als auch mit Geldleistungen erfüllen kann. Zu der vergleichbaren Kontroverse bei der Haftung des OHG-Gesellschafters nach § 126 → § 126 Rn. 26. Wie dort stehen sich das Konzept der Haftungstheorie (→ Rn. 12) und das der Erfüllungstheorie (→ Rn. 13) gegenüber.

12 Aus dem Wesen der „betragsmäßig" beschränkten Haftung des Kommanditisten (§ 161 Abs. 1, § 172 Abs. 1) leiten die Vertreter der **„Haftungstheorie"** den Grundsatz ab, dass der Kommanditist den Gläubigern unabhängig von der Art der Gesellschaftsverbindlichkeit stets nur auf einen bestimm-

[23] MüKoHGB/Grüneberg Rn. 6.
[24] Heymann/Borges Rn. 26; MüKoHGB/K. Schmidt/Grüneberg, 5. Aufl. 2022, §§ 171, 172 Rn. 25.
[25] Heymann/Borges Rn. 25; BeckOGK/Foerster, 1.7.2025, Rn. 9; MüKoHGB/Grüneberg Rn. 6; Ebenroth/Boujong/Sander Rn. 5; Staub/Thiessen Rn. 24 f.; s. auch Hippeli Jura 2018, 378 (379 ff.); Stephan NZG 2021, 1533 (1533).
[26] MüKoHGB/Grüneberg Rn. 6; Ebenroth/Boujong/Sander Rn. 5.
[27] BGH 26.10.1981, WM 1982, 5 (7).
[28] BGH 19.12.1974, NJW 1975, 1022 (1023); 28.9.1981, NJW 1982, 35; 28.11.1983, NJW 1984, 874; 24.2.1992, NJW-RR 1992, 930 (931).
[29] S. OLG Schleswig 30.10.2008, NZG 2009, 256 (257); Heymann/Borges Rn. 27; EBJS/Strohn, 4. Aufl. 2020, Rn. 7 mwN.
[30] BGH 28.3.1977, NJW 1977, 1820 (1821); BeckOGK/Foerster, 1.7.2025, Rn. 10.
[31] Staub/Schilling, 4. Aufl. 1987, Rn. 2.
[32] BGH 30.4.1984, NJW 1984, 2290 (2291); Wiedemann FS Bärmann, 1975, 1037 (1042).
[33] Staub/Schilling, 4. Aufl. 1987, Rn. 2.
[34] IdS BGH 21.10.1991, BGHZ 116, 7 (11) = NJW 1992, 242.
[35] BGH 28.11.1983, NJW 1984, 874; KKD/Kindler §§ 171, 172 Rn. 11; Ebenroth/Boujong/Sander Rn. 7.
[36] BGH 9.5.1963, BGHZ 39, 319 (329) = NJW 1963, 1873 (1876).

ten Geldbetrag bzw. eine Geldleistung haftet.[37] Selbst bei einer nicht auf Zahlung gerichteten Schuld der Gesellschaft stehe der Kommanditist für diese nur finanziell bis zur Höhe der Haftsumme ein. Für einen etwaigen Mängelbeseitigungsanspruch gegen die KG bedeutet dies, dass der Kommanditist zwar für den Ersatz des aus der Nicht- oder Schlechterfüllung entstehenden Schadens, nicht aber für eine uU verlangte Nacherfüllung des Vertrags zur Verfügung steht. Sollte der Kommanditist dennoch die Erfüllungsleistung in Natur erbringen, ist diese als Leistung auf die Schuld der Gesellschaft zulässig (§ 267 BGB) und kann auf die Haftung angerechnet werden.[38] Der Gesellschaftsgläubiger kann sie jedoch nicht nach § 171 Abs. 1 Hs. 1 erzwingen. Ist der Kommanditist gegenüber der Gesellschaft zur Sachleistung verpflichtet, bleibt dem Gläubiger lediglich die Möglichkeit, den Anspruch der KG zu pfänden und sich überweisen zu lassen (§§ 829, 835 ZPO).[39]

Demgegenüber ist die Haftung des Kommanditisten nach der **„Erfüllungstheorie"** inhaltlich jedenfalls dann nicht nur auf eine Geld-, sondern auch auf eine Naturalleistung gerichtet, wenn der Kommanditist eine derartige Leistung der KG als Pflichteinlage schuldet oder die vom Gesellschaftsgläubiger eingeforderte Erfüllungsleistung in Natur den Kommanditisten in seiner gesellschaftsfreien Privatsphäre nicht wesentlich stärker als eine Geldleistung beeinträchtigt.[40] Ebenso wenig wie die Zahlung von Geld auf eine Geldschuld hin als problematisch bewertet werden kann, ist es gerade im Hinblick auf die praktischen Auswirkungen ohne Belang, wenn der Gesellschaftsgläubiger anstelle der KG die Erfüllung einer vom Kommanditisten im Innenverhältnis der Gesellschaft selbst versprochenen Dienst- oder Sacheinlageschuld verlangt. Unter der Voraussetzung, dass Gegenstand der Betrachtung eine vertretbare Leistung ist, bei der es auf die Person des Leistenden nicht ankommt, muss der Kommanditist im Grunde nur leisten, was er ohnehin zu leisten hat. Aber auch ohne eine gleichartige Verpflichtung im Innenverhältnis der KG kann der Gläubiger der Gesellschaft den Kommanditisten persönlich zB zur Beseitigung eines Sachmangels in Anspruch nehmen, wenn der Kommanditist den Nacherfüllungsanspruch ohne persönlichen Einsatz durch Aufwendung von Geld und Beauftragung eines Dritten erfüllen kann.[41] Ein derartiges Verlangen stellt keinen unzumutbaren Eingriff in den außergesellschaftlichen Bereich des Kommanditisten dar. 13

Die ursprünglich zum Inhalt der persönlichen Haftung eines OHG-Gesellschafters entwickelten Grundsätze[42] (→ § 126 Rn. 26) auf die Haftung des Kommanditisten zu übertragen und jenen uU auf dieselbe Leistung zu verpflichten, welche die KG zu leisten gehalten ist, ist unter den dargestellten Einschränkungen durchaus sachgerecht. Die Haftungstheorie hat zur Folge, dass der Gesellschaftsgläubiger, der in erster Linie an der Erfüllung des mit der Gesellschaft geschlossenen Vertrags interessiert ist, den Kommanditisten auch dann nur auf eine Ersatzleistung in Geld in Anspruch nehmen kann, wenn dieser zur vertragsmäßigen Erfüllung ohne weiteres fähig und sogar bereit ist. Eine derart inhaltlich beschränkte Haftung wird der Stellung des Kommanditisten als Gesamtschuldner nicht gerecht und verschlechtert die Rechtsstellung des Gesellschaftsgläubigers, da dieser dazu gezwungen wird, entweder auf die persönliche Inanspruchnahme des Kommanditisten oder auf das Recht zu verzichten, eine ordnungsgemäße Erfüllung des Vertrags mit der KG verlangen zu können. Darüber hinaus hat die Beschränkung der Kommanditistenhaftung auf einen bestimmten Geldbetrag nicht zwingend die Bedeutung, dass der Kommanditist ausschließlich zur Leistung dieses Geldbetrags verpflichtet ist. Vielmehr wird mit dem angegebenen Betrag eine Wertobergrenze angezeigt, bis zu der der Kommanditist eine vermögenswerte Leistung ggf. auch in Natura zu erbringen hat. Soweit der Gesellschaftsgläubiger eine Naturalleistung verlangen kann, die wertmäßig über der Haftungssumme liegt, kann er den Kommanditisten nur bis zu diesem Betrag in Anspruch nehmen. Im Falle einer nicht teilbaren Erfüllungsleistung muss der Kommanditist eine Ersatzleistung in Geld erbringen. 14

d) Beginn und Ende der Haftung. Für den **Beginn** der Haftung des Kommanditisten ist auf den Zeitpunkt abzustellen, in dem die KG (als solche)[43] in das Handelsregister eingetragen wird oder einen kaufmännischen Gewerbebetrieb aufnimmt (§ 161 Abs. 2 iVm § 123 Abs. 1). Bei einer bestehenden KG ist der Eintritt des Kommanditisten in die Rechte und Pflichten des Gesellschaftsvertrags das haftungsauslösende Moment.[44] 15

[37] So Heymann/Borges Rn. 20; Koch PersGesR/Ceesay Rn. 37; MüKoHGB/Grüneberg Rn. 19; KKD/Kindler §§ 171, 172 Rn. 7; GK-HGB/Kluge/Kluge Rn. 13; RGHMW/Mock Rn. 31; Staub/Schilling, 4. Aufl. 1987, Rn. 4; Ebenroth/Boujong/Sander Rn. 12; Wiedemann GesR I § 5 IV 2a.

[38] MüKoHGB/Grüneberg Rn. 19.

[39] Ebenroth/Boujong/Sander Rn. 11, 12.

[40] BGH 11.12.1978, BGHZ 73, 217 (221 f.) = NJW 1979, 1361 (1362); BeckOGK/Foerster, 1.7.2025, Rn. 42 ff.; Hopt/Roth Rn. 2; Staub/Thiessen Rn. 35 ff.; RGRK-HGB/Weipert Anm. 9, 11.

[41] BGH 11.12.1978, BGHZ 73, 217 (221 f.) = NJW 1979, 1361 (1362).

[42] Zum Inhalt der persönlichen Haftung eines OHG-Gesellschafters BGH 14.2.1957, BGHZ 23, 302 (305 f.) = NJW 1957, 871 (872).

[43] ZB nach einer Umwandlung iSd § 198 UmwG.

[44] Ebenroth/Boujong/Sander Rn. 17; Staub/Thiessen Rn. 50.

16 Der nahe liegende Umkehrschluss, dass die Haftung des Kommanditisten endet, sobald er wieder aus der KG austritt oder diese aufgelöst wird, geht fehl. Sowohl das Ausscheiden des Kommanditisten aus der KG als auch die Auflösung der Gesellschaft haben unabhängig von der Art der Auseinandersetzung[45] den Untergang der Pflichteinlageansprüche, nicht aber die **Beendigung** der Haftung des Kommanditisten zur Folge. Statt dieser legt das Gesetz in § 161 Abs. 2 iVm § 137 Abs. 1, § 151 Abs. 1 eine (maximal) fünfjährige **Ausschluss- bzw. Verjährungsfrist** für die Haftung des Kommanditisten in Bezug auf **Altverbindlichkeiten** der Gesellschaft fest.[46] Unter der Voraussetzung, dass der Kommanditist seine Pflichteinlage noch nicht erbracht oder wieder zurück erhalten hat, kann er innerhalb dieser Frist gesamtschuldnerisch und summenmäßig beschränkt für jede Verbindlichkeit in Anspruch genommen werden, die bis zum eintragungspflichtigen Ausscheidungs- bzw. Auflösungszeitpunkt begründet worden ist.[47] Abweichendes gilt bei der offenen und der geschlossenen **Investment-KG,** für die § 133 Abs. 2 S. 2 KAGB und § 152 Abs. 6 S. 2 KAGB unter Durchbrechung der vorstehenden Grundsätze ausdrücklich anordnen, dass der Kommanditist mit seinem Ausscheiden nicht mehr für die Verbindlichkeiten der Investment-KG haftet. Entsprechendes gilt im Anschluss an die Auflösung der Investment-KG (s. § 138 Abs. 2 KAGB, § 161 Abs. 3 KAGB).

17 Die **Einwendung,** der Altgläubiger möge **zuerst Befriedigung bei der Gesellschaft** suchen, ist auch im Fall des Ausscheidens aus der KG oder ihrer Auflösung nicht zulässig (→ Rn. 5).[48] Das Gesetz garantiert dem Gesellschaftsgläubiger, dass weder das Ausscheiden eines Gesellschafters noch die Auflösung der KG seine Rechtsposition schmälert.[49] Die Möglichkeit der persönlichen Inanspruchnahme des Kommanditisten bleibt dem Gesellschaftsgläubiger zumindest für eine bestimmte Zeit im gleichen Umfang wie bisher erhalten.[50]

18 Im Falle der **Liquidation der Gesellschaft** hat der Kommanditist zusätzlich für die dabei begründeten Verbindlichkeiten der KG einzustehen. Die **Verjährungsfrist** beginnt in dieser Konstellation nicht mit der Entstehung der Verbindlichkeit zu laufen, sondern maßgeblich ist die Kenntnis von dem Erlöschen der Firma oder die Eintragung dieses Tatbestandes im Handelsregister (§ 161 Abs. 2 iVm § 151 Abs. 2).[51] Für **Neuverbindlichkeiten** haftet der Kommanditist im Übrigen nur dann, wenn es an einem Ausscheidungs- bzw. Rechtsnachfolgevermerk im Handelsregister fehlt und der Vertragspartner auf den vom Handelsregister ausgehenden Rechtsschein gutgläubig vertraut hat (§ 162 Abs. 2, § 15 Abs. 1). Im Falle der **Übertragung des Gesellschaftsanteils** kommt dem Kommanditisten die geleistete Einlage des Erwerbers zugute (näher → § 173 Rn. 24).[52]

19 **e) Weitere Haftungstatbestände.** Wie § 161 Abs. 2 iVm § 126 Abs. 1 zeigt, stellen die Verbindlichkeiten der Gesellschaft den Rechtsgrund für die Haftung des Kommanditisten aus § 171 Abs. 1 Hs. 1 dar. Der Kommanditist wird von den Gesellschaftsgläubigern als ein neben der Gesellschaft stehendes Rechtssubjekt für die Verbindlichkeiten der KG in Anspruch genommen. Daneben können die Gesellschaftsgläubiger auf das Privatvermögen des Kommanditisten jedoch auch aus einem **anderen Rechtsgrund** zugreifen, ohne dass die Haftung hierbei im Außerverhältnis beschränkt ist. Derartigen Haftungstatbeständen steht § 171 Abs. 1 Hs. 1 nicht entgegen.

20 **aa) Vertragliche Verpflichtung.** Eine zusätzliche Haftung des Kommanditisten für die Verbindlichkeiten der KG kann zB kraft ausdrücklicher vertraglicher Verpflichtung begründet sein (zB Schuldbeitritt, Übernahme einer Garantie oder einer Bürgschaft, mit der ein an die KG gewährtes Darlehen gesichert wird).[53] Die auf dieser Grundlage begründete Haftung des Kommanditisten richtet sich in diesem Fall allein nach den Regeln des jeweiligen Rechtsgeschäfts und ist von § 171 Abs. 1 Hs. 1 getrennt zu beurteilen.[54]

21 Die persönliche Inanspruchnahme des Kommanditisten aus einem der in → Rn. 20 genannten zusätzlichen Rechtsgründe begründet für diesen bei Erfüllung der Verbindlichkeit einen Regressanspruch gegen die KG nach § 161 Abs. 2 iVm § 105 Abs. 3 iVm § 716 BGB (→ § 126 Rn. 36), soweit nicht die Befriedigung des Gläubigers als Leistung an Erfüllungs statt bezüglich der Pflichtein-

---

45 MüKoHGB/Grüneberg Rn. 27 unter Hinweis auf RG 17.9.1906, RGZ 64, 77 (80).

46 OLG Jena 11.4.2018, ZInsO 2018, 1221 = BeckRS 2018, 9113.

47 S. zB LG Köln 25.10.2012, NZI 2013, 46; ferner Heymann/Borges Rn. 33; Ebenroth/Boujong/Sander Rn. 19 f.

48 BGH 9.5.1963, BGHZ 39, 319 (322) = NJW 1963, 1873 (1874).

49 BGH 9.5.1963, BGHZ 39, 319 (329) = NJW 1963, 1873 (1876).

50 BGH 9.5.1963, BGHZ 39, 319 (322) = NJW 1963, 1873 (1874).

51 Anders noch § 159 Abs. 3 aF: Fälligkeit der Verbindlichkeit.

52 BGH 29.6.1981, BGHZ 81, 82 (87 f.) = NJW 1981, 2747 (2748); KKD/Kindler §§ 171, 172 Rn. 27.

53 BGH 10.6.1985, NJW 1986, 252; Heymann/Borges Rn. 43; Fleischer/Hahn NZG 2018, 1281 (1286 f.).

54 Wiedemann GesR II § 9 III 4c; Ebenroth/Boujong/Sander Rn. 21; Staub/Thiessen Rn. 20.

lage anzusehen ist.[55] So können die Gesellschafter der KG im Innenverhältnis wirksam vereinbaren, dass der Kommanditist seine Pflichteinlage durch die Übernahme einer Bürgschaft oder dadurch leistet, dass er an den Bürgschaftsgläubiger zahlt.[56] Ohne eine derartige Abrede kann der Kommanditist den zu erstattenden Betrag mit der Einlageforderung der KG bei Gleichartigkeit der Forderungen selbst nach Eröffnung des Insolvenzverfahrens noch aufrechnen.[57] Für den ausgeschiedenen Kommanditisten sind für den Regress die §§ 426, 670 BGB heranzuziehen, weil diese nicht wie § 716 BGB eine gesellschaftsrechtliche Bindung des Inanspruchgenommenen zur KG voraussetzen, aus der sich eine Einschränkung des Regressanspruchs nach Maßgabe der für das Gesellschaftsverhältnis geltenden Vorschriften ergeben kann.[58]

22 **bb) Verschulden bei Vertragsschluss.** Darüber hinaus ist eine Haftung des Kommanditisten auf Grund eines Verschuldens bei Vertrags-schluss iSd § 280 Abs. 1 BGB iVm § 311 Abs. 2 BGB denkbar. Voraussetzung für die persönliche Inanspruchnahme des Kommanditisten ist, dass er an einem Vertragsabschluss als Vertreter, Verhandlungsgehilfe oder Sachwalter der KG mitgewirkt und ein besonderes, über die allgemeine Erwartung redlichen Geschäftsgebarens hinausgehendes Vertrauen für sich in Anspruch genommen hat oder an dem Vertragsabschluss persönlich ein starkes wirtschaftliches Interesse aufweist (§ 311 Abs. 3 BGB).[59] Der Verhandelnde muss einen besonderen Einfluss in der KG etwa als Geschäftsführer ausüben, dem Vertragspartner als diejenige Person gegenübertreten, von dessen Entscheidung nach den gegebenen Umständen der Abschluss des Geschäfts maßgeblich abhängt und ein Verhalten an den Tag legen, das die Entschließung des anderen Teils entscheidend beeinflusst.[60]

23 Eine enge Interessenverknüpfung ist anzunehmen, wenn der Kommanditist alleiniger Geschäftsführer und Allein- oder Mehrheitsgesellschafter einer GmbH ist oder durch die Übernahme einer unbeschränkten selbstschuldnerischen Bürgschaft für die Verbindlichkeiten der KG das vollständige unternehmerische Risiko des Vertragsabschlusses trägt.[61] Soweit dem Kommanditisten in dieser Situation ein schuldhaftes Fehlverhalten zur Last gelegt werden kann, haftet er für den daraus entstandenen Schaden (neben der KG als Geschäftsherrin) unmittelbar selbst.[62]

24 Haftungsauslösend ist ferner zB der Fall, in dem der Kommanditist trotz Kenntnis von der Insolvenzreife der KG den vorleistungspflichtigen künftigen Vertragspartner nicht darüber aufklärt, dass die Gesellschaft auf Grund bereits eingetretener oder drohender Zahlungsunfähigkeit den Vertrag nicht ordnungsgemäß erfüllen kann.[63] Die Erwartung des Vertragspartners, dass der Kommanditist die Vermögenslage der KG wahrheitsgemäß offen legt, ist nicht nur bei länger andauernden Vertragsbeziehungen (oder einer laufenden Geschäftsverbindung), sondern auch schon bei einem einmaligen Geschäftsabschluss nach Treu und Glauben (§ 242 BGB) als besonders schützenswert zu erachten, wenn genügend Anlass bestand, auf die Ordnungsmäßigkeit der Vertragsdurchführung zu vertrauen.[64]

25 **cc) Deliktsrecht.** Den Vertragspartner bei Vertragsabschluss wider besseres Wissen über die Fähigkeit zu täuschen, den in Aussicht genommenen Vertrag zu erfüllen, wird überdies nicht selten eine Haftung des Kommanditisten aus **§ 823 Abs. 2 BGB iVm den §§ 263, 265b StGB** nach sich ziehen, soweit eine Aufklärungspflicht bestand.[65] Obwohl die Haftung für eine unerlaubte Handlung, die ein Vertreter oder sonstiger Beauftragter in Ausführung der Geschäfte eines anderen gegenüber einem Dritten begeht, grundsätzlich den Geschäftsherrn trifft, ist eine Haftung des unmittelbaren Schädigers für sein eigenes Verschulden möglich.[66]

26 Eine zusätzliche persönliche Haftung für die Gesellschaftsverbindlichkeiten ist ferner möglich, wenn der Kommanditist den Tatbestand des **§ 826 BGB** erfüllt, er also den Gläubigern der KG in einer gegen die guten Sitten verstoßenden Weise vorsätzlich und sittenwidrig einen Schaden zufügt.[67]

---

[55] BGH 30.4.1984, NJW 1984, 2290; Heymann/Borges Rn. 43.

[56] BGH 10.10.1994, NJW 1995, 197.

[57] BGH 30.4.1984, NJW 1984, 2290; 8.7.1985, BGHZ 95, 188 (197) = NJW 1985, 2947 (2948); Ebenroth/Boujong/Sander Rn. 37.

[58] BGH 9.5.1963, BGHZ 39, 319 (324 f.) = NJW 1963, 1873 (1874); Ebenroth/Boujong/Sander Rn. 36.

[59] BGH 25.1.1984, NJW 1984, 2284 (2286); 24.10.2023, NZG 2024, 257 Rn. 9 f., 27; 4.6.2024, NJW 2024, 3509 Rn. 20; ferner Fleischer/Hahn NZG 2018, 1281 (1288 f.).

[60] BGH 25.1.1984, NJW 1984, 2284 (2285); 5.4.1971, BGHZ 56, 81 (85 f.) = NJW 1971, 1309.

[61] BGH 25.1.1984, NJW 1984, 2284 (2286).

[62] BGH 14.5.1974, NJW 1974, 1371 (1372); 25.1.1984, NJW 1984, 2284 (2285).

[63] BGH 25.1.1984, NJW 1984, 2284 (2286).

[64] BGH 23.2.1983, BGHZ 87, 27 (30 f.) = NJW 1983, 1607 (1608); 25.1.1984, NJW 1984, 2284 (2286).

[65] BGH 25.1.1984, NJW 1984, 2284 (2285).

[66] BGH 14.5.1974, NJW 1974, 1371 (1372); 25.1.1984, NJW 1984, 2284 (2285).

[67] BGH 30.11.1978, NJW 1979, 2104; Staub/Thiessen Rn. 22 mwN; Fleischer/Hahn NZG 2018, 1281 (1289 f.).

Jedenfalls in objektiver Hinsicht liegt ein derartiger Sachverhalt vor, wenn der Kommanditist die Rechtsbeziehungen zwischen der KG und den Gesellschaftern auf Grund seiner (mit-)beherrschenden Stellung durch eine entsprechende Risiko- und Lastenverteilung einseitig zum Nachteil der KG ausgestaltet und die Gesellschaft wiederum so angelegt hat, dass die Nachteile notwendig die Gesellschaftsgläubiger treffen mussten.[68] Soweit der Kommanditist sowohl die zur Sittenwidrigkeit führenden Umstände als auch die Möglichkeit einer Schädigung der Gläubiger erkannt und jene für den Fall des Eintritts billigend in Kauf genommen hat, liegen die subjektiven Tatbestandsvoraussetzungen vor.

27 **dd) Rechtsscheinhaftung.** Den Kommanditisten wegen eines Missbrauchs schutzwürdigen Vertrauens persönlich in die Pflicht zu nehmen, kann auch bei der Verwirklichung eines Rechtsscheintatbestands gelingen (→ § 164 Rn. 43). Die außerhalb von § 176 zum Verlust des Haftungsprivilegs führende Haftung kraft Rechtsscheins setzt voraus, dass sich der Kommanditist in zurechenbarer Weise einem gutgläubigen Geschäftspartner gegenüber wie ein persönlich haftender Gesellschafter geriert und diesen hierdurch zur Abgabe einer Willenserklärung im Rahmen eines Vertragsschlusses veranlasst hat.[69] Obwohl das Handelsregister hinreichend Auskunft über die Gesellschafterstellung des Handelnden geben kann (§ 15), ist im Hinblick auf die Schutzwürdigkeit des Vertrauens des Vertragspartners zu berücksichtigen, dass sich ein Dritter im Zweifel vordergründig von den Handlungen und Worten des Verhandlungspartners beeindrucken bzw. beeinflussen lässt.[70] Dies jedenfalls dann, wenn der Kommanditist bei den Vertragsverhandlungen auf seine Stellung als persönlich haftender Gesellschafter verweist.[71]

28 Anders als nach dem früheren Art. 167 Abs. 3 ADHGB reicht das Verschweigen einer bloß nichtorganschaftlichen Vertretungsbefugnis jedoch nicht aus, um den Haftungstatbestand zu erfüllen. Gleiches gilt, wenn der Kommanditist lediglich die Vorzüge der KG hervorhebt oder auf seinen guten Namen, seinen Einfluss innerhalb und außerhalb der Gesellschaft, sowie seine Kreditwürdigkeit verweist.[72] Soweit der Geschäftspartner den Nachweis erbringt, dass er keinen Zweifel an der Komplementärstellung seines Verhandlungspartners haben konnte und das Rechtsgeschäft gerade im Vertrauen auf die besonderen Tatumstände eingegangen ist, muss sich der Kommanditist an dem von ihm gesetzten Rechtsschein festhalten und wie ein uneingeschränkt haftender Gesellschafter behandeln lassen.[73]

29 Ein weiterer Rechtsscheintatbestand entsteht, wenn es der Kommanditist als Geschäftsführer einer GmbH & Co. KG bei Vertragsabschlüssen unterlässt, eine Firmenbezeichnung zu verwenden, aus der sich ein Hinweis auf die beschränkte Haftung ergibt.[74] In der Folge muss der Kommanditist hinnehmen, von den Gesellschaftsgläubigern persönlich in unbeschränkter Höhe für die Verbindlichkeiten der KG zur Haftung heran gezogen zu werden.

30 **ee) Prospekthaftung.** Eine Vertrauenshaftung besonderer Art kommt gegenüber den **Kapitalanlegern einer Publikums-KG** in Betracht, wenn diese durch unrichtige oder unvollständige Angaben in einem öffentlichen Werbeprospekt zum Beitritt in die KG bewogen werden und infolge dessen eine Schädigung erleiden.[75] Mit der Prospekthaftung ieS wird auf die schuldhafte Herausgabe eines fehlerhaften oder unvollständigen Prospekts mit Informationen über die internen Verhältnisse und die Leistungsfähigkeit der KG reagiert, das regelmäßig und erfahrungsgemäß das einzige Medium zur Informationsverschaffung darstellt und damit die alleinige oder wesentliche Grundlage für die Investitionsentscheidung eines Anlegers bildet.[76] Da eine objektive Beurteilung der gesellschaftsrechtlichen Beteiligung und des Anlagerisikos die Richtigkeit und Vollständigkeit der ausgegebenen Informationen bedingen, ist das hierin gesetzte typisierte Vertrauen des Anlegers besonders schützenswert.[77]

---

[68] BGH 30.11.1978, NJW 1979, 2104.

[69] Fleischer/Hahn NZG 2018, 1281 (1287 f.); Ebenroth/Boujong/Sander Rn. 34; Wiedemann FS Bärmann, 1975, 1037 (1052).

[70] K. Schmidt HandelsR § 14 Rn. 11 ff.

[71] MüKoHGB/Grunewald § 170 Rn. 14 aE; Schlegelberger/Martens § 170 Rn. 21; K. Schmidt GesR § 53 IV 3d.

[72] Wiedemann FS Bärmann, 1975, 1037 (1052).

[73] BGH 11.3.1955, BGHZ 17, 13 (17) = NJW 1955, 985; Canaris HandelsR § 6 Rn. 28; Schlegelberger/Martens § 170 Rn. 21; Wiedemann FS Bärmann, 1975, 1037 (1052).

[74] Grdl. BGH 8.5.1978, BGHZ 71, 354 (357 f.) = NJW 1978, 2030.

[75] BGH 24.4.1978, BGHZ 71, 284 (286 ff.) = NJW 1978, 1625; 22.4.2010, ZIP 2010, 1132 (1135) = NZG 2010, 750; 23.4.2012, NJW-RR 2012, 937 Rn. 13; 16.3.2017, NJW-RR 2017, 750 Rn. 17; 9.5.2017, NJW 2017, 3001 Rn. 12; 9.5.2017, NJW-RR 2017, 930 Rn. 15.

[76] BGH 31.5.1990, BGHZ 111, 314 (317) = NJW 1990, 2461; 12.2.2004, BGHZ 158, 110 (120) = NJW 2004, 1732 (1734).

[77] BGH 28.9.1992, BGHZ 79, 337 (344) = NJW 1981, 1449 (1450); 31.5.1990, BGHZ 111, 314 (317) = NJW 1990, 2461; 12.2.2004, BGHZ 158, 110 (120) = NJW 2004, 1732 (1734).

Zum Ersatz des Vertrauensschadens etwa in der Gestalt der Befreiung von den eingegangenen Verpflichtungen Zug um Zug gegen Rückübertragung der Beteiligungen[78] sind alle Personen verpflichtet, die hinter der Gesellschaft stehen und auf Grund ihrer Einflussmöglichkeiten eine Verantwortung für den Inhalt des herausgegebenen Werbeprospekts tragen.[79] Die haftungsrechtliche Inanspruchnahme der Prospektverantwortlichen, zu denen bei entsprechender Ausgestaltung des Gesellschaftsvertrags auch der Kommanditist gehören kann, korrespondiert mit dem wirtschaftlichen Interesse, aus der Werbung der Kapitalanleger Provisionseinnahmen und eine Aufstockung des Gesellschaftsvermögens zu erzielen.[80] 31

Daneben kommt eine persönliche Haftung des Kommanditisten für ein Verschulden bei Vertragsschluss (§ 280 Abs. 1 BGB iVm § 311 Abs. 2 und 3 BGB) in Betracht (→ Rn. 22 ff.). Soweit sich der Kommanditist bei den Aufnahmeverhandlungen als Vertreter, Verhandlungsgehilfe oder Sachwalter der KG des fehlerhaften oder unzureichenden Prospekts bedient und es unterlässt, den Anleger trotz besseren Wissens über alle entscheidungserheblichen Umstände richtig aufzuklären oder wenigstens darauf hinzuweisen, dass er selbst keine Plausibilitätsprüfung des ausgewiesenen Anlagekonzepts durchgeführt hat, besteht die Vermutung einer fehlerhaften Kapitalanlageberatung (Prospekthaftung im weiteren Sinne).[81] Der Kommanditist nimmt das mit dem erhöhten Aufklärungsbedarf verbundene und ihm persönlich entgegen gebrachte Vertrauen des Anlegers in die Seriosität und das Gelingen des Anlagegeschäfts, sowie die Richtigkeit und Vollständigkeit seiner Erklärungen in Anspruch.[82] Eine schuldhafte Enttäuschung dieses Vertrauenstatbestands, der mehr als ein bloßes Überlassen des Werbeprospekts „zum Einlesen" erfordert, führt zu einer persönlichen Haftung des Kommanditisten. Gleiches gilt in Verbindung mit § 278 BGB, wenn der (Treuhand-)Kommanditist die Gesellschaft oder eine andere Person zum Abschluss von Treuhandverträgen mit Kapitalanlegern und zur Führung der damit zusammenhängenden Verhandlungen bevollmächtigt, und den Bevollmächtigten ein entsprechender Schuldvorwurf trifft.[83] 32

ff) Rechtsmissbrauch. Ferner ist als ein weiterer Haftungsgrund der Rechtsmissbrauch iSd § 242 BGB in Betracht zu ziehen. Eine missbräuchliche Rechtsausübung liegt vor, wenn der zur alleinigen Geschäftsführung berechtigte Kommanditist die KG zu rechtswidrigen Zwecken einsetzt, für die sie von ihrer Rechtsform her nicht bestimmt ist (institutioneller Rechtsmissbrauch), oder wenn durch die Verwendung der Rechtsform der KG die Gesellschaftsgläubiger getäuscht und geschädigt werden (individueller Rechtsmissbrauch).[84] Während die Haftung wegen institutionellen Rechtsmissbrauchs bei der zweck- und funktionswidrigen Ausnutzung des Haftungsprivilegs ansetzt, wird dem Kommanditisten beim individuellen Rechtsmissbrauch die Berufung auf das Trennungs- und Haftungsbeschränkungsprinzip zum Vorwurf gemacht.[85] Eine vermögenslose Person als persönlich haftenden Gesellschafter einzusetzen, um sich auf diesem Wege die Möglichkeit einer nur beschränkten Haftung für die Geschäftsverbindlichkeiten zu eröffnen, genügt dafür jedoch nicht (→ § 164 Rn. 43).[86] Durch die wahrheitsgemäße Offenlegung der Haftungsverhältnisse in der KG kann bei den Gesellschaftsgläubigern in diesem Fall nur durch das Hinzutreten weiterer Umstände eine irrtümliche Vorstellung über die Vermögensverhältnisse der haftenden Gesellschafter erweckt und dem Kommanditisten ein zur Haftung führender Missbrauch der Rechtsform der KG zur Last gelegt werden. 33

gg) Haftungsübernahme. Schließlich stellt die Haftungsübernahme im Wege einer gesellschaftsvertraglich vereinbarten **Haftungsfreistellungsklausel** einen weiteren Haftungsgrund dar. Mit einer derartigen Klausel übernimmt der Kommanditist die Pflicht, einen oder mehrere persönlich haftende Gesellschafter von der Außenhaftung frei zu halten.[87] Der Freistellungsanspruch kann von dem Komplementär an die Gesellschaftsgläubiger abgetreten (§ 398 BGB) oder von Letzteren im Vollstreckungswege dem Kommanditisten gegenüber geltend gemacht werden. In beiden Fällen wandelt 34

[78] S. zuletzt BGH 16.3.2017, NJW-RR 2017, 750 Rn. 36; 6.2.2018, NJW 2018, 1675 Rn. 15, auch zu der Variante, an dem Vertrag festzuhalten und Ersatz der Mehraufwendungen zu verlangen.

[79] BGH 24.4.1978, BGHZ 71, 284 (287) = NJW 1978, 1625; 6.10.1980, BGHZ 79, 337 (344) = NJW 1981, 1449 (1450); 5.7.1993, BGHZ 123, 106 (109 f.) = NJW 1993, 2865; 12.2.2004, BGHZ 158, 110 (115) = NJW 2004, 1732; 22.1.2019, NZG 2019, 664 Rn. 18.

[80] BGH 6.10.1980, BGHZ 79, 337 (339) = NJW 1981, 1449 (1450).

[81] BGH 24.4.1978, BGHZ 71, 284 (290 f.) = NJW 1978, 1625; 28.9.1992, NJW 1992, 3296; 12.2.2004, BGHZ 158, 110 (116) = NJW 2004, 1732.

[82] BGH 24.4.1978, BGHZ 71, 284 (288) = NJW 1978, 1625.

[83] BGH 24.5.1982, BGHZ 84, 141 (143) = NJW 1982, 2493.

[84] BGH 17.3.1966, BGHZ 45, 204 = NJW 1966, 1309 (1310); Staub/Thiessen Rn. 21; Wiedemann GesR I § 4 III 1d; s. auch Fleischer/Hahn NZG 2018, 1281 (1285 f.).

[85] Wiedemann GesR I § 4 III 1d.

[86] BGH 17.3.1966, BGHZ 45, 204 = NJW 1966, 1309 (1310); Staub/Thiessen Rn. 21.

[87] BGH 20.12.1956, BGHZ 23, 17 (22) = NJW 1957, 591.

sich der Freistellungsanspruch in einen Zahlungsanspruch gegen den Kommanditisten um,[88] aus dem sich letztlich mittelbar ein unbeschränkter Zugriff auf das private Haftungsobjekt des Kommanditisten herleiten lässt. Eine Absprache, nach der ein persönlich haftender Gesellschafter nicht von der Außenhaftung als solches, sondern zum Schutz vor einer Überschuldung lediglich von der Beteiligung an den Verlusten der KG befreit wird, ist nicht als eine Haftungsfreistellungsklausel, sondern lediglich als eine Gestaltung des Innenverhältnisses in Bezug auf die Vermögensverteilung zu interpretieren.[89] Die Haftungsprivilegierung des Kommanditisten bleibt von der gesellschaftsinternen Regelung der Verlustverteilung unberührt.

35 **2. Ausschluss der Haftung (Hs. 2).** Die Inanspruchnahme des Kommanditisten nach § 171 Abs. 1 Hs. 1 birgt für den Gesellschaftsgläubiger die Gefahr, dass ihm der Kommanditist als Einwendung entgegensetzt, sich von seiner persönlichen Haftung durch Leistung auf die vereinbarte Einlage oder durch Leistung an einen anderen Gesellschaftsgläubiger im Wert der Haftsumme befreit zu haben. Die nicht eintragungspflichtige Haftungsbefreiung ist Gegenstand des § 171 Abs. 1 Hs. 2; die **Beweislast** trifft den Kommanditisten.[90]

36 **a) Begriff der Einlageleistung. aa) Grundsatz.** Die zur Haftungsbefreiung geeignete Einlageleistung ist ein Beitrag iSd § 161 Abs. 2 iVm § 105 Abs. 3 iVm § 709 Abs. 1 und 2 BGB, der unabhängig von seinem Gegenstand auf verschiedenen Wegen in das haftende Vermögen der KG überführt werden kann **(Einlage im technischen Sinne).**[91] In diesem Punkt wird der funktionelle Zusammenhang von Pflichteinlage und Haftsumme deutlich.[92] Um eine Haftungsbefreiung iSd § 171 Abs. 1 Hs. 2 zu erreichen, muss der Kommanditist mit seinem Beitrag ein der Haftsumme objektiv entsprechendes Vermögen der KG tatsächlich zur Verfügung stellen **(Kapitalaufbringungsprinzip).**[93] Nur unter dieser Voraussetzung kann die Einlage ihren Zweck erfüllen; eines Rückgriffs auf kapitalgesellschaftsrechtliche Grundsätze[94] bedarf es hierfür nicht.

37 Die Werthaltigkeit einer nicht in Geld bestehenden Kapitalleistung für die Enthaftung im Außenverhältnis bestimmt sich nicht nach dem Willen der Gesellschafter, sondern im Interesse des Gläubigerschutzes ist der Wert der erbrachten Einlage an einem **objektiven Maßstab** zum Zeitpunkt der Leistungserbringung zu orientieren.[95] Andernfalls könnte eine vom tatsächlichen Wert abweichende Überbewertung einer Einlageleistung im Innenverhältnis das ohnehin begrenzte Haftungskapital des Kommanditisten zuungunsten des Gesellschaftsgläubigers willkürlich schmälern.[96] Umgekehrt muss sich der Kommanditist nicht an einer internen Unterbewertung seiner Einlageleistung festhalten lassen.[97] Da der für die Enthaftungsgrenze maßgebende Wert der Leistung dem Gutdünken der Gesellschafter entzogen ist, sind sämtliche Bewertungsabreden im Innenverhältnis für das Außenverhältnis wirkungslos. Auch eine unterbewertete Einlageleistung führt deshalb bei objektiver Vermögensdeckung zur Haftungsbefreiung,[98] wohingegen dem Kommanditisten im Falle einer Überbewertung seiner Einlageleistung das Recht zugestanden wird, die nach Ansicht der Gesellschafter nicht mehr benötigte Differenz durch einen Kapitalnachschub zu leisten und auf diese Weise seine Haftungsschuld zu erfüllen.[99]

38 **bb) Zweckbestimmung.** Neben der Aufbringung von der Haftsumme wertmäßig entsprechendem Kapital muss der Kommanditist zum Ausschluss seiner persönlichen Inanspruchnahme jenes

[88] BGH 20.12.1956, BGHZ 23, 17 (22) = NJW 1957, 591.

[89] BGH 27.9.1982, NJW 1983, 164; Hopt/Roth Rn. 5; Sudhoff DB 1973, 2175 (2176).

[90] BGH 18.11.1976, WM 1977, 167 = BeckRS 1976, 31115338; 29.6.1981, BGHZ 81, 82 (87) = NJW 1981, 2747; Koch PersGesR/Ceesay Rn. 85; Ebenroth/Boujong/Sander Rn. 87 mwN; iErg auch Bartlitz, Die Haftung des Kommanditisten auf der Grundlage kapitalgesellschaftsrechtlicher Prinzipien, 2016, 47 f.

[91] MüKoHGB/Grüneberg Rn. 6; s. näher zu den konzeptionellen Ansätzen Bartlitz, Die Haftung des Kommanditisten auf der Grundlage kapitalgesellschaftsrechtlicher Prinzipien, 2016, 28 ff.

[92] Ebenroth/Boujong/Sander Rn. 8; Staub/Thiessen Rn. 71.

[93] BGH 8.7.1985, BGHZ 95, 188 (197) = NJW 1985, 2947 (2949).

[94] Hierfür aber Bartlitz, Die Haftung des Kommanditisten auf der Grundlage kapitalgesellschaftsrechtlicher Prinzipien, 2016, 35 ff.

[95] BGH 9.5.1963, BGHZ 39, 319 (329) = NJW 1963, 1873 (1876); Heymann/Borges Rn. 75 f.; Koch PersGesR/Ceesay Rn. 48; BeckOGK/Foerster, 1.7.2025, Rn. 87; Mueller-Thuns GmbHR 2025, 953 (955).

[96] BGH 9.5.1963, BGHZ 39, 319 (329) = NJW 1963, 1873 (1876); 25.6.1973, BGHZ 61, 59 (72) = NJW 1973, 1691 (1695).

[97] BGH 1.6.1987, BGHZ 101, 123 (127) = NJW 1987, 3184 (3185); Heymann/Borges Rn. 77; BeckOGK/Foerster, 1.7.2025, Rn. 108; MüKoHGB/Grüneberg Rn. 61; Hopt/Roth Rn. 6; Staub/Schilling, 4. Aufl. 1987, Rn. 9; **aA** MüKoHGB/K. Schmidt/Grüneberg, 5. Aufl. 2022, §§ 171, 172 Rn. 52; Staub/Thiessen Rn. 147.

[98] BGH 1.6.1987, BGHZ 101, 123 (127) = NJW 1987, 3184 (3185).

[99] MüKoHGB/Grüneberg Rn. 55 unter Verweis auf BGH 9.12.1971, BGHZ 58, 72 (76) = NJW 1972, 480 (481 f.); s. auch Heymann/Borges Rn. 80; Staub/Thiessen Rn. 150 mwN; Bartlitz, Die Haftung des Kommanditisten auf der Grundlage kapitalgesellschaftsrechtlicher Prinzipien, 2016, 141 ff.

auch dem Haftungsvermögen der KG widmen.[100] Eine zumindest konkludente Übereinstimmung zwischen Gesellschaft und Kommanditisten reicht hierfür aus.[101] Die Zweckbestimmung ist notwendig, um klarzustellen, dass der Kommanditist haftungsbefreiend leisten und nicht lediglich eine Forderung aus einem anderen Verkehrsgeschäft mit der KG erfüllen will. Nur soweit sich die für die Enthaftung maßgebende Haftsumme, die gesellschaftsvertragliche Einlagepflicht und die tatsächlich erbrachte Einlageleistung wertmäßig decken, wird die Leistung auch ohne eine entsprechende Klarstellung im Zweifel der Einlage mit haftungsbefreiender Funktion zugeordnet werden.[102] Ebenso kann die Rückzahlung einer gewinnunabhängig gewährten Ausschüttung selbst dann als Einlageleistung zu bewerten sein, wenn keine Pflicht zur Leistung einer Einlage bestand.[103] In Betracht kommt dies insbesondere, wenn eine gewinnunabhängig gewährte Ausschüttung dazu geführt hat, dass der Stand des Kapitalkontos unter den Betrag der Haftsumme herabgesetzt wurde (→ § 169 Rn. 16 f.). Das gilt selbst dann, wenn die Ausschüttung darlehensweise gewährt wurde, da in diesem Fall auf Grund der gesellschaftsvertraglichen Fundierung des „Darlehens" kein von den gesellschaftsrechtlichen Beziehungen getrennt zu sehendes Verkehrsgeschäft vorliegt.[104] Verweigert die KG die Annahme der Einlageleistung grundlos, kann sich der Kommanditist durch Hinterlegung befreien (§§ 372 ff. BGB).[105]

cc) Befriedigung von Gesellschaftsgläubigern. Keine Einlageleistung, weil nicht „auf die Einlage" geleistet, ist die Befriedigung eines Gesellschaftsgläubigers.[106] Der Kommanditist wird jedoch in Höhe des objektiven Leistungswerts von seiner persönlichen Haftung frei, weil er die KG insoweit von einer Verbindlichkeit gegenüber dem Gläubiger befreit hat und diese um die ihr ersparten Aufwendungen objektiv bereichert ist.[107] Die Schuldbefreiung führt unabhängig von dem Rechtsgrund der Forderung zu einer Minderung der Haftungsschuld des Kommanditisten im Wert der von ihm aufgewendeten Auslagen.[108] Die zu befriedigende Forderung kann dem Gesellschaftsgläubiger aus einem Vertrag mit der KG entstanden sein oder daraus resultieren, dass ihm der Pflichteinlageanspruch der KG gegen den Kommanditisten an Erfüllungs statt (§ 364 Abs. 1 BGB) oder zur Sicherung – erfüllungshalber – (§ 364 Abs. 2 BGB) abgetreten wurde oder er diesen Anspruch gepfändet hat.[109] Ob der Kommanditist den Gesellschaftsgläubiger durch Erbringung einer Geld- oder Naturalleistung oder Aufrechnung mit einer gleichartigen Gegenforderung iSd §§ 387 ff. BGB befriedigt, ist für die Haftungsbefreiung ohne Bedeutung.[110] 39

Bei einer Gläubigermehrheit **steht es** dem Kommanditisten **frei,** welchen Gesellschaftsgläubiger er befriedigen will.[111] Das gilt selbst dann, wenn der Kommanditist zur Leistung durch einen bestimmten Gesellschaftsgläubiger nicht nur bereits verklagt, sondern auch rechtskräftig verurteilt worden ist.[112] Obwohl der Kommanditist als Gesamtschuldner grundsätzlich von jedem Gesellschaftsgläubiger in Höhe der Haftsumme in Anspruch genommen werden kann, bleibt er bis zur tatsächlichen Aufbringung einer objektiv wertdeckenden Leistung letztlich jedem Gläubiger gegenüber zum 40

---

[100] BGH 10.10.2017, NZG 2018, 100 Rn. 29; Altmeppen NJW 2017, 3198 (3200); Heymann/Borges Rn. 68, 70; BeckOGK/Foerster, 1.7.2025, Rn. 70; MüKoHGB/Grüneberg Rn. 60; Staub/Thiessen Rn. 66 f.

[101] BGH 10.10.2017, NZG 2018, 100 Rn. 29.

[102] BGH 3.3.1969, BGHZ 51, 391 (395) = NJW 1969, 1210 (1211).

[103] BGH 10.10.2017, NZG 2018, 100 Rn. 29 f.

[104] BGH 10.10.2017, NZG 2018, 100 Rn. 34; dazu auch Menkel NZG 2018, 731 ff.; Pöschke NZG 2018, 454 ff.; Zeising DZWIR 2018, 117 ff.

[105] RGRK-HGB/Weipert Anm. 22.

[106] BGH 30.4.1984, NJW 1984, 2290 (2291); MüKoHGB/Grüneberg Rn. 64; Wertenbruch GmbHR 2024, 953 (955) mwN.

[107] BGH 8.7.1985, BGHZ 95, 188 (195) = NJW 1985, 2947 (2948); 25.7.2017, NJW 2017, 3232 Rn. 21, 26; OLG Hamm 5.1.1994, NJW-RR 1995, 489; Heymann/Borges Rn. 106; Koch PersGesR/Ceesay Rn. 53; BeckOGK/Foerster, 1.7.2025, Rn. 120 ff.; Mueller-Thuns GmbHR 2025, 953 (955); Staub/Thiessen Rn. 99 ff.; ausf. auch Bartlitz, Die Haftung des Kommanditisten auf der Grundlage kapitalgesellschaftsrechtlicher Prinzipien, 2016, 49 ff.

[108] BGH 9.12.1971, BGHZ 58, 72 (74) = NJW 1972, 480 (481); s. auch Altmeppen NJW 2017, 3198 (3199 f.).

[109] BGH 19.12.1974, BGHZ 63, 338 (341) = NJW 1975, 1022 (1023).

[110] BGH 17.9.1964, BGHZ 42, 192 (193) = NJW 1964, 2407; 3.3.1969, BGHZ 51, 391 (394) = NJW 1969, 1210 (1211).

[111] Zuletzt BGH 25.7.2017, NJW 2017, 3232 Rn. 21; zuvor zB BGH 3.3.1969, BGHZ 51, 391 (393) = NJW 1969, 1210 (1211); Heymann/Borges Rn. 107; BeckOGK/Foerster, 1.7.2025, Rn. 121; Ebenroth/Boujong/Sander Rn. 77; **aA** Staub/Schilling, 4. Aufl. 1987, § 171 Rn. 14.

[112] BGH 9.5.1963, BGHZ 39, 319 (328) = NJW 1963, 1873 (1875); 3.3.1969, BGHZ 51, 391 (393) = NJW 1969, 1210 (1211); 19.12.1974, BGHZ 63, 338 (343) = NJW 1975, 1022 (1024); Heymann/Borges Rn. 107; RGRK-HGB/Weipert Rn. 24.

Folge leisten im vorgenannten Sinne verpflichtet. Welchem Gesamtgläubiger er die Bereitschaft zusagt, den Zugriff auf sein Vermögen zu dulden, ist für den Tatbestand der haftungsbefreienden Leistung unbeachtlich. So wie die Gesellschaftsgläubiger auf einen beliebigen Gesellschafter zugreifen können, kann auch der Kommanditist zu jeder Zeit einen Gläubiger seiner Wahl befriedigen. Soweit nicht die Bevorzugung eines anderen Gesellschaftsgläubigers gegen Treu und Glauben verstößt, steht dem Kommanditisten der Weg über die Vollstreckungsgegenklage offen.[113]

41 Darüber hinaus kann die Leistung an einen Gesellschaftsgläubiger nicht automatisch, wohl aber bei einer entsprechenden Vereinbarung im Gesellschaftsvertrag **an Erfüllungs statt** auch zum Untergang der Einlagepflicht im Innenverhältnis führen.[114] Ohne eine derartige Absprache, steht dem Kommanditisten der Weg über die Aufrechnung seines Erstattungsanspruchs gegen die KG nach § 161 Abs. 2 iVm § 105 Abs. 3 iVm § 716 BGB mit der Einlageforderung der Gesellschaft offen.[115]

42 **b) Art der Einlageleistung. aa) Geld- oder Naturalleistung.** Eine übliche Form der Einlageleistung stellt die Kapitalzufuhr von außen in Gestalt einer Geld- oder werthaltigen Naturalleistung dar. Der Zahlung von Bargeld steht eine solche mit Buchgeld gleich.[116] Gesellschaftsvertraglich kann auch die Möglichkeit eröffnet werden die auf „Euro" lautende Einlage in Fremdwährungen zu leisten.[117] Als Naturalleistung kommt die Übertragung von Eigentum an beweglichen und unbeweglichen Sachen, die Erbringung einer Dienstleistung, die Abtretung einer vollwertigen Forderung gegen einen Dritten oder das Stehenlassen tatsächlich erzielter, auf dem Kapitalkonto des Kommanditisten ausgewiesener Gewinne in Betracht, die nicht nach § 169 Abs. 1 S. 2 Hs. 2 zum Verlustausgleich verwendet werden müssen.[118] Entsprechendes gilt für offene Rücklagen, die wie gutgeschriebene Gewinne iSd § 167 Abs. 2 zu behandeln sind,[119] oder die Übernahme einer Bürgschaft für eine Verbindlichkeit der KG.[120] Stets ist jedoch für die Erfüllung der Einlagepflicht erforderlich, dass die vom Kommanditisten als Einlage zur Verfügung gestellte Leistung nicht aus Rechtsgründen ausgeschlossen ist. Dies kann sowohl auf dem Gesellschaftsvertrag als auch auf einem Gesetz beruhen. So schließt § 152 Abs. 7 KAGB die Erbringung von Sacheinlagen bei der geschlossenen Publikums-Investment-KG ausdrücklich aus (→ Rn. 80). Wegen der Notwendigkeit, das Eigenkapital zu bilanzieren (s. § 247 Abs. 1), sollen nach teilweise vertretener Ansicht zudem zur Erfüllung der Einlagepflicht nur solche Sacheinlagen in Betracht kommen, die bilanzierungsfähig sind.[121] Die im Kapitalgesellschaftsrecht maßgebenden Grundsätze, nach denen – wie in § 27 Abs. 2 AktG kodifiziert – allein darauf abzustellen ist, ob ein Vermögensgegenstand einen feststellbaren wirtschaftlichen Wert hat,[122] sprechen jedoch entscheidend gegen dieses zusätzliche Kriterium.

43 Auf die im Handelsregister ausgewiesene Haftungssumme wird der objektive (Verkehrs-)Wert der wirksam erbrachten Einlageleistung angerechnet (→ Rn. 37) und die persönliche Haftung insoweit zum Erlöschen gebracht.[123] Durch den objektiven Bewertungsmaßstab wirkt sich die Belastung einer Geld- oder Sachleistung mit einem Rückgewähranspruch[124] ebenso wertmindernd aus wie die Geschäftsschulden eines eingebrachten Unternehmens.[125] Unmittelbar vor der Eröffnung eines Insolvenzverfahrens wird eine Sacheinlage nicht mehr zu ihrem Nennwert, sondern nur noch zu dem uU geringeren Veräußerungs- bzw. Versilberungswert in Ansatz gebracht.[126] Schwierigkeiten kann die objektive Wertbestimmung bei der Anrechnung von Know-how als Gegenstand der Einlage bereiten.[127]

---

[113] BGH 18.1.1973, BGHZ 61, 149 (153) = NJW 1973, 1878 (1879); RGRK-HGB/Weipert Rn. 24.

[114] BGH 9.5.1963, BGHZ 39, 319 (328) = NJW 1963, 1873 (1875); 30.4.1984, NJW 1984, 2290; zuletzt BGH 25.7.2017, NJW 2017, 3232 Rn. 12, 17.

[115] BGH 9.5.1963, BGHZ 39, 319 (328) = NJW 1963, 1873 (1875); 17.9.1964, BGHZ 42, 192 (193) = NJW 1964, 2407; 30.4.1984, NJW 1984, 2290; Altmeppen NJW 2017, 3198 (3200); Wertenbruch GmbHR 2024, 953 (955).

[116] Heymann/Borges Rn. 82; MüKoHGB/Grüneberg Rn. 50.

[117] Heymann/Borges Rn. 82; Voigt NZG 2008, 933 (935); diff. Staub/Thiessen Rn. 129 ff.; s. auch BeckOGK/Foerster, 1.7.2025, Rn. 88.

[118] Heymann/Borges Rn. 84; Staub/Thiessen Rn. 73 ff., 137 ff.

[119] KKD/Kindler §§ 171, 172 Rn. 14.

[120] BGH 10.10.1994, NJW 1995, 197 (198); MüKoHGB/Grüneberg Rn. 52; Staub/Thiessen Rn. 76; **aA** MüKoHGB/K. Schmidt/Grüneberg, 5. Aufl. 2022, §§ 171, 172 Rn. 9.

[121] So Staub/Thiessen Rn. 124 ff. jeweils mwN; **aA** Heymann/Borges Rn. 85; Ebenroth/Boujong/Sander Rn. 55.

[122] S. BGH 14.6.2004, NZG 2004, 910 (911).

[123] BGH 9.5.1963, BGHZ 39, 319 (329) = NJW 1963, 1873 (1876).

[124] OLG München 27.7.1990, ZIP 1990, 1266 = BeckRS 1990, 30945609.

[125] BGH 29.3.1973, BGHZ 60, 324 (327) = NJW 1973, 1036 (1037).

[126] BGH 9.5.1963, BGHZ 39, 319 (330) = NJW 1963, 1873 (1876).

[127] Aus diesem Grund wird an der Einlagefähigkeit von Know-how gezweifelt, s. MüKoHGB/Grüneberg Rn. 51.

bb) Einbuchung. Auch ohne eine Vermögenszufuhr von außen kann der Kommanditist von seiner persönlichen Haftung befreit werden. Das Gesetz verlangt nicht, dass der KG stets neues Vermögen zugeführt werden muss.[128] Stattdessen ist die für die Einlageleistung iSd § 171 Abs. 1 Hs. 2 erforderliche Kapitalaufbringung auch in der Weise möglich, dass vorhandenes, bislang nicht nach § 172 Abs. 4 gebundenes Kapital der Gesellschaft oder einzelner Gesellschafter in Eigenkapital des Kommanditisten wertdeckend umgewandelt und der Haftungsbindung iSd §§ 171, 172 unterworfen wird (Einbuchung).[129] Die Umwandlung des in Gesellschafterkonten ausgewiesenen Vermögens in die Hafteinlage des Kommanditisten bedarf der Zustimmung aller Gesellschafter und wird durch einen Buchungsvorgang kenntlich gemacht.[130] Auch der Kommanditist selbst kann eigenes Guthaben auf einem Privat- und Darlehenskonto in gebundenes Eigenkapital überführen.[131] 44

Bedenken gegen eine Einbuchung von Komplementärvermögen, durch die das gegenständlich zur Verfügung stehende Haftungskapital der persönlich haftenden Gesellschafter zu Lasten der Gesellschaftsgläubiger verkürzt wird, greifen in Ermangelung einer Kapitalerhaltungspflicht nicht durch.[132] Erstens ist das Vermögen des einzelnen Gesellschafters dem Gläubigerzugriff nur in seinem jeweiligen Bestand ausgesetzt.[133] Zweitens werden die Gesellschaftsgläubiger durch die nach wie vor wertmäßig unbeschränkte Haftung des persönlich haftenden Gesellschafters vor einer Aushöhlung des Gesellschaftsvermögens zugunsten der Kommanditisten geschützt.[134] Das Urteil der Unzulässigkeit kann sich nur für den Fall ergeben, dass mit der Einbuchung von Komplementärvermögen eine gezielte Gläubigerbeeinträchtigung verbunden ist.[135] 45

Eine haftungsbefreiende Einbuchung ist auch dann möglich, wenn eine Komplementärbeteiligung in eine Kommanditbeteiligung umgewandelt wird.[136] Soweit sich ein persönlich haftender Gesellschafter fortan nur noch summenmäßig beschränkt an der Gesellschaft beteiligen will, kann sein bisher ungebundenes Kapital in gebundenes Kapital überführt werden. Die objektive Werthaltigkeit der Kapitalbeteiligung im Umwandlungszeitpunkt unterstellt, kann der Kommanditist auf diese Weise zwar nicht von der Haftung für die bis zur Umwandlung seiner Gesellschafterstellung begründeten Gesellschaftsverbindlichkeiten, wohl aber für neue Verbindlichkeiten der KG befreit werden.[137] Ein negatives Kapitalkonto steht einer Haftungsbefreiung dann nicht entgegen, wenn eine Aktivierung stiller Reserven die objektive Vermögensdeckung gewährleistet.[138] 46

cc) Aufrechnung. Die Einlageleistung iSd § 171 Abs. 1 Hs. 2 kann auch durch Aufrechnung mit einer Forderung gegen die KG erbracht werden (§§ 387 ff. BGB), soweit der Gesellschaftsvertrag keine gegenteiligen Regelungen trifft.[139] Die Rechtfertigung dafür, dass sich der Kommanditist in Höhe des objektiven Nennwerts der zur Aufrechnung genutzten (Gegen-)Forderung von seiner persönlichen Haftung befreien kann, liegt in der Entlastung des Gesellschaftsvermögens von einer Verbindlichkeit gegenüber dem Kommanditisten.[140] 47

Das Kapitalaufbringungsprinzip setzt für die Anrechnung des Nennwerts der Forderung gegen die KG allerdings deren **wirtschaftliche Vollwertigkeit** voraus. Hierfür muss die Gegenforderung ohne weiteres durchsetzbar und die KG als Forderungsgegner nicht nur zahlungswillig, sondern auch uneingeschränkt zahlungsfähig sein.[141] Auf Grund der objektiven Wertbemessung führt eine Einwendung ebenso wie die Insolvenz der KG zu einer Minderung des Nennwerts der Gegenforde- 48

---

[128] Koch PersGesR/Ceesay Rn. 50; BeckOGK/Foerster, 1.7.2025, Rn. 113 f.; MüKoHGB/Grüneberg Rn. 56; Staub/Thiessen Rn. 87 ff.

[129] BGH 30.4.1984, NJW 1984, 2290; Heymann/Borges Rn. 93; BeckOGK/Foerster, 1.7.2025, Rn. 111; näher Bartlitz, Die Haftung des Kommanditisten auf der Grundlage kapitalgesellschaftsrechtlicher Prinzipien, 2016, 107 ff.

[130] KKD/Kindler §§ 171, 172 Rn. 15.

[131] BeckOGK/Foerster, 1.7.2025, Rn. 113; Heymann/Horn, 2. Aufl. 1996, Rn. 18.

[132] BGH 30.4.1984, NJW 1984, 2290; 14.1.1985, BGHZ 93, 246 (251) = NJW 1985, 1776.

[133] BGH 14.1.1985, BGHZ 93, 246 (250) = NJW 1985, 1776 (1777).

[134] BGH 29.3.1973, BGHZ 60, 324 (328) = NJW 1973, 1036 (1037); 14.1.1985, BGHZ 93, 246 (250) = NJW 1985, 1776 (1777).

[135] BGH 14.1.1985, BGHZ 93, 246 (251) = NJW 1985, 1776 (1777).

[136] BGH 1.6.1987, BGHZ 101, 123 (126) = NJW 1987, 3184 (3186); Heymann/Borges Rn. 94; BeckOGK/Foerster, 1.7.2025, Rn. 112.

[137] BGH 1.6.1987, BGHZ 101, 123 (126) = NJW 1987, 3184 (3186).

[138] BGH 1.6.1987, BGHZ 101, 123 (126) = NJW 1987, 3184 (3186).

[139] BGH 3.3.1969, BGHZ 51, 391 (393) = NJW 1969, 1210; 25.6.1973, BGHZ 61, 59 (71 f.) = NJW 1973, 1691 (1695); 8.7.1985, BGHZ 95, 188 = NJW 1985, 2947; Heymann/Borges Rn. 96; Koch PersGesR/Ceesay Rn. 49; BeckOGK/Foerster, 1.7.2025, Rn. 89; näher dazu Bartlitz, Die Haftung des Kommanditisten auf der Grundlage kapitalgesellschaftsrechtlicher Prinzipien, 2016, 114 ff.

[140] BGH 8.7.1985, BGHZ 95, 188 (195) = NJW 1985, 2947 (2948).

[141] BGH 8.7.1985, BGHZ 95, 188 (194 f.) = NJW 1985, 2947 (2948); s. auch Heymann/Borges Rn. 98 f.

rung, so dass der Kommanditist seine Haftungsschuld uU nicht wertdeckend, sondern nur teilweise in Höhe des abschlägigen Forderungswerts tilgen kann.[142] Anders als bei der Aufrechnung mit dem Pflichteinlageanspruch der KG, der ausschließlich zum Nennwert veranschlagt wird, müssen für die Enthaftung im Außenverhältnis alle objektiv wertbeeinflussenden Umstände berücksichtigt werden, zu denen auch die aktuelle Vermögenslage der Gesellschaft einschließlich etwaiger Einlageansprüche gegenüber anderen Gesellschaftern zählen.[143] Hat die KG eine Verbindlichkeit eines Dritten übernommen, ist für die Beurteilung der Werthaltigkeit der Gegenforderung die wirtschaftliche Lage des bisherigen Schuldners relevant.[144]

49 Als Forderung, die der Kommanditist zur Aufrechnung mit seiner Haftungsschuld nutzen kann, kommen neben Schadensersatzansprüchen vor allem Regressforderungen gegen die KG (zB Erstattung von Auslagen für Sach-, Dienst- oder Werkleistungen) in Betracht, die der Kommanditist anstelle der KG aufgewendet hat. Auch bei einer Darlehensforderung oder einem Erfüllungsanspruch aus einem gegenseitigen Vertrag befreit die Aufrechnung die Gesellschaft von einer Schuld gegenüber dem Kommanditisten und dessen Haftung wird im Gegenzug um den entsprechenden Betrag gemindert oder zum Erliegen gebracht.[145] Im Hinblick auf den Erstattungsanspruch des Kommanditisten wegen der Befriedigung von Gläubigern nach § 161 Abs. 2 iVm § 105 Abs. 3 iVm § 716 BGB ist zu berücksichtigen, dass der Aufrechnung in diesem Zusammenhang keine haftungsbefreiende Wirkung (mehr) zukommt, weil der Kommanditist seine Haftungsschuld bereits durch die Leistung an den Gläubiger abgebaut hat. Die Aufrechnung mit dem Pflichteinlageanspruch der KG bleibt davon unberührt.

50 Die Aufrechnung mit einer vollwertigen Gegenforderung befreit den Kommanditisten jedoch stets nur dann von seiner Haftung, wenn er der Gesellschaft einen gleichwertigen Vermögenswert zugeführt hat.[146] Deshalb führt die Aufrechnung mit einer Kaufpreisforderung nur in Höhe des objektiven Werts des Kaufgegenstands zur Haftungsbefreiung. Keine Tilgung der Haftungsschuld tritt demgegenüber ein, wenn der Kommanditist bei einer Aufrechnung mit einer Rückzahlungsforderung aus einem Darlehen an die KG die Grundschuld behält, die zur Sicherung des Darlehens an Grundstücken der KG bestellt wurde.[147]

51 **c) Person des Leistenden.** Für die Haftungsbefreiung setzt § 171 Abs. 1 Hs. 2 voraus, dass eine Einlageleistung in Höhe der Haftsumme erbracht wird. Deshalb tritt die Befreiung nicht ein, wenn die Leistung aus Mitteln der KG, dh aus einem von der Gesellschaft gewährten Darlehen oder aus Mitteln erfolgt, die der Kommanditist zB als Prokurist von Dritten für die Gesellschaft erhalten hatte.[148] **Keine Voraussetzung** ist hingegen, dass der **Kommanditist** die Leistung der Einlage **in Person** erbringt. Soweit sich nicht aus dem Gesellschaftsvertrag oder einer gesetzlichen Auslegungsregel wie § 613 BGB etwas anderes ergibt, kann die Leistung mit haftungsbefreiender Wirkung auch aus dem **Vermögen eines Dritten** stammen (§ 267 BGB).[149] Erforderlich ist in diesem Fall lediglich die Klarstellung, dass die Leistung zugunsten des Kommanditisten auf die Haftungseinlage erbracht wird.

52 Als Person, die anstelle des Kommanditisten dessen Einlageschuld begleichen kann, kommt neben außenstehenden Dritten auch ein **Mitgesellschafter** wie der Komplementär in Betracht.[150] In diesem Fall wird aus nicht gebundenem Vermögen gebundenes. Obwohl die Einlageleistung aus dem Privatvermögen des persönlich haftenden Gesellschafters oder zu Lasten seines Kapitalkontos die dem Zugriff der Gesellschaftsgläubiger insgesamt offenstehende Vermögensmasse verringert, liegt keine unzulässige Leistungsbewirkung vor. Nach dem Recht der KG wird den Gesellschaftsgläubigern ein bestimmtes Gesellschaftsvermögen, das zugunsten der Kommanditisten zu vermindern schlechthin untersagt wäre, nicht garantiert.[151] Die gesetzliche Regelung geht davon aus, dass die Gesellschaftsgläubiger durch die unbeschränkte Haftung des persönlich haftenden Gesellschafters gegen eine Aushöhlung des Gesellschaftsvermögens zugunsten der Kommanditisten ausreichend

---

[142] BGH 25.6.1973, BGHZ 61, 59 (72) = NJW 1973, 1691 (1695); 8.7.1985, BGHZ 95, 188 (198) = NJW 1985, 2947 (2949).

[143] BGH 8.7.1985, BGHZ 95, 188 (195) = NJW 1985, 2947 (2948).

[144] BGH 25.6.1973, BGHZ 61, 59 (71) = NJW 1973, 1691 (1695).

[145] BGH 3.3.1969, BGHZ 51, 391 (394) = NJW 1969, 1210.

[146] BGH 3.3.1969, BGHZ 51, 391 (394) = NJW 1969, 1210.

[147] OLG Hamburg 28.9.1983, ZIP 1984, 1090 = BeckRS 1983, 01987.

[148] Staub/Thiessen Rn. 84; RGRK-HGB/Weipert Anm. 26.

[149] BFH 29.8.1996, BFHE 182, 26 (30) = NJW 1997, 1527; ebenso Heymann/Borges Rn. 112; BeckOGK/Foerster, 1.7.2025, Rn. 84; Staub/Thiessen Rn. 84.

[150] BGH 30.4.1984, NJW 1984, 2290; 14.1.1985, BGHZ 93, 246 (250) = NJW 1985, 1776 (1777); Heymann/Borges Rn. 113.

[151] BGH 30.4.1984, NJW 1984, 2290 (2291); 14.1.1985, BGHZ 93, 246 (249) = NJW 1985, 1776 (1777).

gesichert sind.[152] Entscheidend ist, dass die Leistung das durch § 172 Abs. 4 gebundene Gesellschaftsvermögen mehrt. Deshalb bleibt die haftungsbefreiende Wirkung aus, wenn der Komplementär zur Erbringung der Leistung einen Kredit aufnehmen und hierfür Sicherheiten aus dem Vermögen der KG bestellen[153] muss oder von der KG Erstattung verlangen kann.[154] In derartigen Fällen fehlt eine objektiv bestimmbare Vermögensvermehrung, die den Kommanditisten entlastet.

Ein Kommanditist, der nach seinem **Ausscheiden aus der KG** forthaftet, weil er seine Einlage noch nicht erbracht hatte oder ihm diese bereits wieder zurückgewährt worden ist, kann sich von seiner Haftung durch **Leistung an einen Altgläubiger** befreien, dessen Forderung vor Eintragung des Ausscheidens im Handelsregister und Bekanntmachung begründet war.[155] Darüber hinaus kann sich der Kommanditist aber auch durch **Leistung in das Gesellschaftsvermögen** von seiner persönlichen (Nach-)Haftung befreien.[156] Obwohl die Einlageforderung der KG gegen den Kommanditisten mit seinem Austritt erlischt, wird der Gesellschaft unabhängig von dem Einbringungszeitpunkt ein der (vormals festgeschriebenen) Haftsumme objektiv entsprechender Vermögenswert zur Verfügung gestellt, der zur Begleichung einer Gesellschaftsschuld eingesetzt werden kann. Um zu verhindern, dass die Einlageleistung für neu entstandene Verbindlichkeiten verwendet wird, ist das Geleistete getrennt auf einem Haftkapitalkonto zu verbuchen und ausschließlich für Altverbindlichkeiten zur Verfügung zu stellen.[157] Dem Kommanditisten die Möglichkeit zu nehmen, sich seiner haftungsrechtlichen Verantwortung durch eine Leistung in das Gesellschaftsvermögen zu entziehen, obwohl dem Kapitalaufbringungsprinzip genügt wird und weder die Gesellschaft noch die Gesellschaftsgläubiger einen Nachteil erleiden, entbehrt einer tragfähigen Rechtfertigung. Deshalb muss sich die nachträgliche Einlageleistung auf die Haftschuld des ausgeschiedenen Kommanditisten auswirken und diese in Höhe des Geleisteten zum Erlöschen bringen können. 53

Wird ein voll eingezahlter Kommanditanteil erworben, wirkt die haftungsbefreiende **Leistung des Rechtsvorgängers** für den Rechtsnachfolger auch dann, wenn mangels Nachfolgezusatz und Verzögerung der Löschung des Rechtsvorgängers im Handelsregister der falsche Eindruck einer neuen, zusätzlichen Beteiligung entsteht.[158] 54

III. Haftung in der Insolvenz (Abs. 2)

1. Grundsatz. Den Kommanditisten nach § 171 Abs. 1 persönlich wegen einer Gesellschaftsschuld in Anspruch zu nehmen, ist dem Gläubiger der Gesellschaft bis zur Eröffnung des Insolvenzverfahrens über das Vermögen der KG möglich. Danach geht dieses Recht gem. § 171 Abs. 2 auf den Insolvenzverwalter (§ 56 InsO) oder den Sachwalter (§ 270 InsO) über.[159] Die insolvenzrechtliche Bindung der Haftsumme unterbindet eine Ausschöpfung der summenmäßig beschränkten Haftung des Kommanditisten durch einen Gesellschaftsgläubiger zum Nachteil der anderen.[160] 55

2. Insolvenzlage. Die tatbestandlich eingeforderte Eröffnung des Insolvenzverfahrens setzt die Insolvenz, dh die Zahlungsunfähigkeit der KG als Vertragsschuldnerin voraus (§ 17 Abs. 1 InsO). **Zahlungsunfähigkeit** tritt ein, wenn die KG nicht mehr in der Lage ist, aus den von ihr erzielten Einnahmen und den ausstehenden Forderungen ihre fälligen Verbindlichkeiten zu begleichen. Soweit auch etwaige Rationalisierungsmaßnahmen oder alternative Kapitalquellen keine Abhilfe mehr schaffen können, wird auf Antrag der KG oder eines Gesellschaftsgläubigers (§ 13 InsO) ein Insolvenzverfahren iSd § 11 Abs. 2 Nr. 1 InsO eingeleitet, bei dem die Gesellschaftsgläubiger durch Aufteilung bzw. Verwertung des noch vorhandenen Vermögens (Insolvenzmasse) anteilig befriedigt werden. Gleiches gilt, wenn ein persönlich haftender Gesellschafter oder ein Abwickler den Antrag stellt (§ 15 Abs. 1 InsO), nicht hingegen in der Regel der Kommanditist.[161] Als berechtigt, einen Antrag auch schon bei drohender Zahlungsunfähigkeit der KG zu stellen, kommen die KG, die persönlich 56

[152] BGH 29.3.1973, BGHZ 60, 324 (328) = NJW 1973, 1036 (1037); 14.1.1985, BGHZ 93, 246 (250) = NJW 1985, 1776 (1777).

[153] BGH 2.7.1990, BGHZ 112, 31 (37) = NJW 1990, 3145 (3146).

[154] BGH 18.1.1973, BGHZ 61, 149 (152) = NJW 1973, 1878 (1879).

[155] BGH 20.3.1958, BGHZ 27, 51 (57) = NJW 1958, 787 (788); 9.5.1963, BGHZ 39, 319 (322, 329) = NJW 1963, 1873 (1875); **aA** Staub/Schilling, 4. Aufl. 1987, Rn. 16, nach dessen Ansicht das Fehlen des gesellschaftlichen Bandes der Mitgliedschaft die haftungsbefreiende Leistung an die KG ausschließt.

[156] BGH 9.5.1963, BGHZ 39, 319 (329) = NJW 1963, 1873 (1875).

[157] BGH 20.3.1958, BGHZ 27, 51 (56 f.) = NJW 1958, 787 (788).

[158] BGH 29.6.1981, BGHZ 81, 82 (86 f.) = NJW 1981, 2747 (2748); Heymann/Borges Rn. 114.

[159] Im Folgenden werden beide unter dem Begriff des Verwalters zusammengefasst.

[160] BGH 17.9.1964, BGHZ 42, 192 (194) = NJW 1964, 2407 (2409); 2.6.1990, BGHZ 112, 31 (35) = NJW 1990, 3145 (3146); OLG Schleswig 8.11.2023, NZG 2024, 743 (744); OLG Stuttgart 31.7.2019, BeckRS 2019, 24102.

[161] BGH 20.2.2018, NZG 2018, 479 Rn. 33.

haftenden Gesellschafter und Abwickler in ihrer Gesamtheit oder auch einzeln in Betracht, soweit ihnen die Befugnis zur Vertretung der KG zusteht (§ 18 Abs. 1, 3 InsO). Die Regeln über die OHG im Insolvenzverfahren sind entsprechend anzuwenden (→ § 105 Rn. 128 ff.). Keine Anwendung findet § 171 Abs. 2, wenn das Verfahren mangels Masse abgelehnt oder eingestellt wurde und eine freie Liquidation erfolgt.[162] Entsprechendes gilt nach Aufhebung des Insolvenzverfahrens nach Vollzug der Schlussverteilung.[163]

57 **3. Rechte des Insolvenzverwalters oder Sachwalters.** Mit Eröffnung des Insolvenzverfahrens geht die Befugnis zur haftungsrechtlichen Inanspruchnahme des Kommanditisten aus § 171 Abs. 1 Hs. 1 auf den Verwalter über (§ 171 Abs. 1 Hs. 1, Abs. 2 iVm § 93 InsO). Das gilt analog § 171 Abs. 2 auch für die Inanspruchnahme der Kommanditisten einer Obergesellschaft, die an der KG beteiligt ist.[164] Gleichzeitig oder alternativ kann er von dem Kommanditisten die (noch ausstehende) Leistung der Pflichteinlage verlangen (§ 80 InsO), wobei er regelmäßig an die vor Insolvenzeröffnung getroffenen Vereinbarungen der Gesellschafter gebunden ist.[165] Die Haftung des Kommanditisten besteht in der Insolvenz jedenfalls für solche Gesellschaftsverbindlichkeiten, die bis zur Eröffnung des Insolvenzverfahrens begründet worden sind.[166]

58 Eine Relevanz kommt dem Wahlrecht des Verwalters nur bei einer Ungleichartigkeit oder wertmäßigen Differenz von Haftsumme und Pflichteinlage zu.[167] Allerdings ist der Verwalter bei wertmäßiger Abweichung im Interesse der Gesellschaftsgläubiger gehalten, den höheren Betrag einzuziehen.[168] Kein Wahlrecht besteht, wenn einem Gesellschaftsgläubiger die Einlageforderung gegen einen Kommanditisten sicherheits- oder erfüllungshalber abgetreten worden ist und ihm daher ein Absonderungsrecht an der Pflichteinlage nach § 50 Abs. 1 InsO und § 51 Nr. 1 InsO zusteht.[169] In diesem Fall hat der Verwalter die Forderung einzuziehen und den Erlös nach Abzug der Kosten an den Gläubiger auszukehren (§ 166 Abs. 2 InsO, § 170 InsO).[170] Eine Leistung auf die Hafteinlage kann der Verwalter dann nur noch verlangen, falls die Haftsumme den Wert der eingezogenen Forderung übersteigt.

59 Mit dem Zugriff auf das Vermögen des Kommanditisten nimmt der Verwalter **im eigenen Namen ein fremdes Recht,** nämlich das der Gesellschaftsgläubiger für deren Rechnung iS einer **treuhänderischen Einziehungsbefugnis**[171] wahr,[172] für deren Geltendmachung es keines Beschlusses der Gesellschafterversammlung bedarf.[173] Für welche ausstehende Verbindlichkeit und in welcher Höhe ein Kommanditist mit seinem Privatvermögen herangezogen wird, liegt in der freien Entscheidung des Verwalters.[174] Allerdings trägt dieser für den Bestand der Forderungen die Darlegungs- und Beweislast[175] und darf nur diejenigen Gläubiger berücksichtigen, die ihre Forderung zur Insolvenztabelle angemeldet haben.[176] Auch vom Insolvenzverwalter bestrittene Forderungen

---

[162] Heymann/Borges Rn. 131; BeckOGK/Foerster, 1.7.2025, Rn. 145; MüKoHGB/Grüneberg Rn. 85.

[163] BayObLG 8.4.2020, NZG 2020, 837 (839).

[164] BGH 3.8.2021, NZG 2021, 1305 Rn. 17 ff., 23 ff.

[165] BGH 29.9.1977, BGHZ 69, 274 (283) = NJW 1978, 160 (162); Koch PersGesR/Ceesay Rn. 98; MüKoHGB/Grüneberg § 171 Rn. 81. K. Schmidt geht von einem Vorrang der Einlageschuld aus. Soweit die Leistung auf die Einlage noch offensteht, hat der Verwalter diese einzufordern. Ein Wahlrecht bestehe entgegen der hM in diesem Fall nicht, s. MüKoHGB/K. Schmidt, 4. Aufl. 2016, §§ 171, 172 Rn. 107.

[166] BGH 15.12.2020, BGHZ 228, 28 Rn. 28 ff. = NJW 2021, 928; 22.6.2021, NJW-RR 2021, 1269 Rn. 14; 22.6.2021, NZG 2021, 1451 Rn. 14; 13.7.2021, NZG 2021, 1449 Rn. 14; 3.8.2021, NZG 2021, 1411 Rn. 10; 11.1.2022, NZG 2022, 406 Rn. 17.

[167] Staub/Thiessen Rn. 184 ff.; **aA** Heymann/Borges Rn. 141.

[168] Staub/Thiessen Rn. 185.

[169] BGH 19.12.1974, BGHZ 63, 338 (343) = NJW 1975, 1022 (1024).

[170] Ebenroth/Boujong/Sander Rn. 100.

[171] So BGH 15.12.2020, BGHZ 228, 28 Rn. 14 = NZG 2021, 505; 4.5.2021, NJW 2022, 57 Rn. 11; 4.5.2021, NZG 2021, 1461 Rn. 22; OLG Schleswig 8.11.2023, NZG 2024, 743 (744).

[172] BGH 20.3.1958, BGHZ 27, 51 (57) = NJW 1958, 787 (788); s. auch BGH 21.7.2020, NZG 2020, 1149 Rn. 26; OLG Dresden 27.6.2019, NZG 2020, 268 (269); OLG Jena 11.4.2018, BeckRS 2018, 9113; 149; OLG Schleswig 8.11.2023, NZG 2024, 743 (744); Heymann/Borges Rn. 135; Bork NJW 2018, 2985 (2985); Koch PersGesR/Ceesay Rn. 97; BeckOGK/Foerster, 1.7.2025, Rn. 154: gesetzliche Prozessstandschaft.

[173] OLG Hamm 11.6.2018, NZG 2018, 940 (941).

[174] KKD/Kindler §§ 171, 172 Rn. 9.

[175] BGH 20.2.2018, NZG 2018, 497 Rn. 15 ff.; 21.7.2020, NZG 2020, 1149 Rn. 14; 13.10.2020, BeckRS 2020, 29010 Rn. 15; 3.8.2021, NZG 2021, 1305 Rn. 39; OLG Hamm 11.6.2018, NZG 2018, 940 (941); OLG Jena 11.4.2018, BeckRS 2018, 9113; OLG Stuttgart 31.7.2019, BeckRS 2019, 24110; 31.7.2019, BeckRS 2019, 24102.

[176] BGH 20.2.2018, NZG 2018, 497 Rn. 15; 21.7.2020, NZG 2020, 1149 Rn. 14; bereits BGH 19.5.1958, NJW 1958, 1139; ferner auch OLG Celle 12.12.2018, NZG 2019, 304 (305); OLG Hamburg 21.12.2018, BeckRS 2018, 33590; OLG Hamm 11.6.2018, NZG 2018, 940 (941); OLG Jena 11.4.2018, BeckRS 2018, 9113; OLG Stuttgart 31.7.2019, BeckRS 2019, 24110; LG Stuttgart 22.6.2022, NZG 2022, 1306 (1307).

sind jedenfalls dann zu berücksichtigen, sofern eine erfolgreiche Inanspruchnahme der Masse wegen dieser Forderungen noch ernsthaft in Betracht kommt.[177] Zudem darf der Insolvenzverwalter den Anspruch nur soweit geltend machen, als die Leistung des Kommanditisten **zur Befriedigung der Gesellschaftsgläubiger erforderlich** ist,[178] wobei idR die Vorlage einer Insolvenztabelle nach § 175 InsO genügt. Für das Gegenteil ist der Kommanditist darlegungs- und beweisbelastet.[179] So kann er insbesondere einwenden, dass der für die Befriedigung der Gläubiger erforderliche Betrag bereits durch Zahlung anderer Kommanditisten aufgebracht wurde.[180] Demgegenüber scheidet wegen der Zielsetzung des Anspruchs, die Gesellschaftsgläubiger zu befriedigen, dessen Geltendmachung aus, wenn die eingezogenen Beiträge der Kommanditisten den Gesellschaftsgläubigern auf Grund der Kosten des Insolvenzverfahrens sowie der vom Insolvenzverwalter begründeten Masseverbindlichkeiten nicht einmal anteilig zu Gute kommen würden.[181]

Das Recht, den Kommanditisten aus § 171 Abs. 1 iVm § 161 Abs. 2 iVm § 126 in Anspruch zu nehmen, kann der Verwalter treuhänderisch auf einen Gesellschaftsgläubiger übertragen.[182] Zudem kann der Insolvenzverwalter vor Eröffnung des Insolvenzverfahrens erfolgte Rechtshandlungen des Kommanditisten gegenüber einem Gesellschaftsgläubiger (zB Zahlungen und Aufrechnungen) unter den Voraussetzungen der §§ 129 ff. InsO anfechten.[183] Anhängige Prozesse gegen den Kommanditisten werden ab dem Eröffnungszeitpunkt gem. § 240 ZPO unterbrochen und können vom Verwalter wieder aufgenommen werden.[184] In diesem Fall muss der Rechtsstreit in der Lage übernommen werden, in der er sich im Zeitpunkt der Verfahrenseröffnung befand, und der Klageantrag ist auf Verurteilung zur Zahlung an die Masse umzustellen.[185] 60

4. Rechte des Kommanditisten. a) Vor dem Ausscheiden. Durch § 171 Abs. 2 wird der Kommanditist daran **gehindert,** sich ab dem Zeitpunkt der Eröffnung des Insolvenzverfahrens durch Leistung auf die Einlage oder an einen Gesellschaftsgläubiger seiner Wahl (zB durch Aufrechnung) von seiner Haftung zu befreien.[186] Selbst bei fehlender Kenntnis von der Insolvenzeröffnung ist der Kommanditist gehalten, fortan nur noch **an den Verwalter** zu leisten, wenn er eine Befreiung von der Haftung erreichen will.[187] 61

Hinsichtlich des materiellen Gehalts der Ansprüche bewirkt der Übergang der Einziehungsbefugnis auf den Verwalter hingegen keine Änderungen.[188] Die vom Kommanditisten veranlasste Kapitalaufbringung in Höhe der Haftsumme führt zu einer Befreiung von der beschränkten Haftung.[189] 62

---

[177] S. BGH 22.6.2021, NZG 2021, 1451 Rn. 23; LG Stuttgart 22.6.2022, NZG 2022, 1306 (1308).

[178] BGH 21.7.2020, NZG 2020, 1149 Rn. 21; 13.10.2020, BeckRS 2020, 29010 Rn. 24; 15.12.2020, NZG 2020, 505 Rn. 14, 20; 9.2.2021, NZG 2021, 928 Rn. 7; 29.4.2021, NZG 2021, 1031 Rn. 10; 22.6.2021, NJW-RR 2021, 1269 Rn. 9; 13.7.2021, NZG 2021, 1449 Rn. 9; 3.8.2021, NZG 2021, 1411 Rn. 8; 11.1.2022, NZG 2022, 406 Rn. 11; OLG Düsseldorf 18.7.2013, ZIP 2013, 1860 = BeckRS 2013, 14080; OLG Jena 11.4.2018, BeckRS 2018, 9113; OLG München 26.8.2015, BeckRS 2015, 16178; 8.7.2019, BeckRS 2019, 14018; OLG Schleswig 8.11.2023, NZG 2024, 743(745); OLG Stuttgart 31.7.2019, BeckRS 2019, 24110; 31.7.2019, BeckRS 2019, 24102; Heymann/Borges Rn. 148; Ebenroth/Boujong/Sander Rn. 98. Zur Parallelproblematik bei der Geltendmachung durch einen Liquidator s. BGH 3.7.1978, WM 1978, 898; OLG Frankfurt 7.11.2012, BeckRS 2013, 22592.

[179] BGH 20.2.2018, NZG 2018, 479 Rn. 39; 21.7.2020, NZG 2020, 1149 Rn. 21; 13.10.2020, BeckRS 2020, 29010 Rn. 24; 9.2.2021, NZG 2021, 928 Rn. 7, 10; 29.4.2021, NZG 2021, 1031 Rn. 10; OLG Dresden 27.6.2019, NZG 2020, 268 (270); OLG Hamm 11.6.2018, NZG 2018, 940 (941); OLG München 8.7.2019, BeckRS 2019, 14018; OLG Stuttgart 31.7.2019, BeckRS 2019, 24110; 31.7.2019, BeckRS 2019, 24102; zur sekundären Darlegungslast des Insolvenzverwalters OLG Dresden 27.6.2019, NZG 2020, 268 (270); s. ferner auch Böcker DZWIR 2022, 587 (593 ff.).

[180] S. BGH 29.4.2021, NZG 2021, 1031 Rn. 10; 22.6.2021, NJW-RR 2021, 1269 Rn. 9; 22.6.2021, NZG 2021, 1451 Rn. 9; 13.7.2021, NZG 2021, 1449 Rn. 9; 3.8.2021, NZG 2021, 1305 Rn. 49; 3.8.2021, NZG 2021, 1411 Rn. 8; 11.1.2022, NZG 2022, 406 Rn. 11.

[181] OLG Hamm 11.6.2018, NZG 2018, 940 (942); ferner OLG Celle 12.12.2018, NZG 2019, 304 (305); OLG Dresden 27.6.2019, NZG 2020, 268 (269); OLG Hamburg 21.12.2018, BeckRS 2018, 33590; OLG Hamm 21.1.2019, BeckRS 2019, 2693; OLG München 23.4.2019, BeckRS 2019, 14725; 8.7.2019, BeckRS 2019, 24018; OLG Stuttgart 31.7.2019, BeckRS 2019, 24110.

[182] BGH 1.7.1974, NJW 1974, 2000 (2002).

[183] Ebenroth/Boujong/Sander Rn. 105.

[184] BGH 28.10.1981, BGHZ 82, 209 (215) = NJW 1982, 883 (885); 20.11.2008, NJW-RR 2009, 343 (344); OLG Dresden 23.4.2012, NZG 2012, 1037 (1038).

[185] MüKoHGB/Grüneberg Rn. 105.

[186] BGH 17.9.1964, BGHZ 42, 192 (193) = NJW 1964, 2407 (2408).

[187] Ebenroth/Boujong/Sander Rn. 95.

[188] BGH 17.9.1964, BGHZ 42, 192 (193 f.) = NJW 1964, 2407 (2408); BayObLG 8.4.2020, NZG 2020, 837 (839).

[189] Statt aller Heymann/Borges Rn. 144 mwN.

Eine Aufrechnung mit Forderungen gegenüber der KG ist im Rahmen der §§ 94 ff. InsO wirksam, wenn die Aufrechnungslage schon vor Eröffnung des Insolvenzverfahrens bestand.

63 Ferner darf es sich nicht um einen **Erstattungsanspruch** handeln, der dem Kommanditisten auf Grund eines Schuldbeitritts oder einer vergleichbaren persönlichen Verpflichtung zu einer Gesellschaftsverbindlichkeit zusteht,[190] da sich die Vorgabe in § 171 Abs. 2 nur auf die gesetzliche Außenhaftung des Kommanditisten nach § 171 Abs. 1 bezieht, die Leistung an einen Gesellschaftsgläubiger aus einem anderen Rechtsgrund indes auch während eines Insolvenzverfahrens über das Vermögen der KG möglich bleibt.[191] Damit setzt sich das außerhalb eines Insolvenzverfahrens bestehende Risiko, zum einen als unmittelbar haftender Gesellschafter von einem beliebigen anderen Gesellschaftsgläubiger und zum anderen von dem durch den Schuldbeitritt begünstigten Gläubiger, also ggf. doppelt, in Anspruch genommen zu werden, weiter fort.[192] Der Kommanditist, der erst in der Insolvenz der KG aus dem Schuldbeitritt in Anspruch genommen wird, kann dieses auch durch Aufrechnung gegen den Hafteinlageanspruch nicht von sich auf die übrigen Gesellschaftsgläubiger abwälzen.[193] Die Aufrechnungserklärung greift allerdings insoweit durch, als sie denjenigen Teil des Erstattungsanspruchs des Kommanditisten betrifft, der über den Betrag der bei Insolvenzeröffnung noch bestehenden Hafteinlageschuld hinausgeht.[194] Bei wertmäßiger Deckungsgleichheit kann der Kommanditist seinen Erstattungsanspruch nur als Insolvenzforderung anmelden und eine Liquidationsquote aus der Masse erwarten (§ 199 Abs. 2 InsO).[195]

64 Dem Kommanditisten verbleibt die Möglichkeit, gegen die persönliche Inanspruchnahme durch den Verwalter Einwendungen iSd § 161 Abs. 2 iVm § 128 zu erheben.[196] Da ihm nicht mehr der einzelne Gesellschaftsgläubiger, sondern der Verwalter als Repräsentant einer Gläubigergesamtheit gegenübersteht, kann der Kommanditist Einwendungen, die in seiner Person begründet sind, nur vorbringen, wenn diese **alle angemeldeten Gesellschaftsgläubiger** gemeinsam betreffen.[197] Hierzu zählt zB der Einwand, sich von der persönlichen Haftung bereits durch Leistung der Einlage oder durch Befriedigung eines Gesellschaftsgläubigers befreit zu haben, bevor das Insolvenzverfahren eröffnet wurde.[198] Gleiches gilt für den Einwand, dass die vom Verwalter beanspruchte Leistung des Kommanditisten zur Befriedigung der angemeldeten Gesellschaftsgläubiger nicht oder nicht in vollem Umfang erforderlich ist.[199] Die Darlegungs- und Beweislast im Hinblick darauf, dass größeres Gesellschaftsvermögen vorhanden ist, als der Verwalter behauptet, trägt der Kommanditist.[200]

65 Soweit die Gesellschaftsgläubiger entsprechend den Festlegungen in dem gestaltenden Teil eines Insolvenzplans befriedigt wurden, kommt auch dem Kommanditisten die hieraus folgende Erlasswirkung im Hinblick auf die restlichen Gesellschaftsschulden zugute (§ 227 Abs. 2 InsO).[201] Eine Leistung an einen Gesellschaftsgläubiger in Unkenntnis der Insolvenz kann nach den Grundsätzen einer ungerechtfertigten Bereicherung zurückgefordert werden (§§ 812 ff. BGB).[202]

66 **b) Nach dem Ausscheiden.** Bei einem aus der KG ausgeschiedenen Kommanditisten stellt sich die Haftungssituation in der Insolvenz der Gesellschaft insoweit etwas anders dar, als es in dieser Konstellation allein um die anteilige Befriedigung derjenigen Gesellschaftsgläubiger geht, denen gegenüber eine Gesellschaftsverbindlichkeit vor dem Ausscheiden des Kommanditisten aus der KG begründet wurde.[203]

67 Die fehlende Einlageschuld gegenüber der KG und die nur gegenüber den Altgläubigern bestehende Haftung des ausgeschiedenen Kommanditisten nach § 161 Abs. 2 iVm § 136, § 171 Abs. 1 Hs. 1 haben zur Folge, dass der Verwalter die von ihm eingezogene Haftsumme als Sondermasse getrennt von der allgemeinen Insolvenzmasse zu verwalten und ausschließlich an die Altgläubiger

---

[190] BGH 9.12.1971, BGHZ 58, 72 (75 f.) = NJW 1972, 480 (481 f.).

[191] BGH 4.7.2002, BGHZ 151, 245 (249) = NJW 2002, 2718 (2719); s. auch BGH 25.7.2017, NJW 2017, 3232 Rn. 30.

[192] BGH 9.12.1971, BGHZ 58, 72 (76) = NJW 1972, 480 (482).

[193] BGH 9.12.1971, BGHZ 58, 72 (77) = NJW 1972, 480 (482).

[194] BGH 9.12.1971, BGHZ 58, 72 (78) = NJW 1972, 480 (482).

[195] KKD/Kindler §§ 171, 172 Rn. 9; MüKoHGB/Grüneberg § 171 Rn. 98.

[196] S. dazu auch BGH 20.2.2018, NZG 2018, 479 Rn. 25 ff.; ferner Heymann/Borges Rn. 152.

[197] BGH 14.1.1991, BGHZ 113, 216 (221) = NJW 1991, 922 (923); 25.7.2017, NJW 2017, 3232 Rn. 19; MüKoHGB/Grüneberg Rn. 97.

[198] BGH 9.12.1971, BGHZ 58, 72 (74) = NJW 1972, 480 (481).

[199] BGH 19.5.1958, NJW 1958, 1139; 11.12.1989, BGHZ 109, 334 (344) = NJW 1990, 1109 (1111); OLG Stuttgart 2.12.1998, NZG 1999, 113 (115 f.).

[200] BGH 20.2.2018, NZG 2018, 479 Rn. 39; OLG Stuttgart 2.12.1998, NZG 1999, 113 (115 f.).

[201] MüKoHGB/Grüneberg Rn. 110; Ebenroth/Boujong/Sander Rn. 103; Staub/Thiessen Rn. 200.

[202] RGRK-HGB/Weipert Anm. 37.

[203] BGH 17.9.1964, BGHZ 42, 192 (194) = NJW 1964, 2407 (2408).

anteilig nach dem Schlüssel der §§ 187 ff. InsO zu verteilen hat.[204] Hierbei werden erneut nur diejenigen Altgläubiger der Gesellschaft berücksichtigt, die ihre Forderung zur Insolvenztabelle angemeldet haben. Der ausgeschiedene Kommanditist kann den Einwand erheben, dass seine Inanspruchnahme zur Befriedigung der Altgläubiger nicht erforderlich sei.[205] Eine Aufrechnung mit einer gegen die KG gerichteten Forderung wird dem Kommanditisten teilweise versagt, weil er nur einem Teil der Gesellschaftsgläubiger haftet und die Aufrechnung allen Gläubigern zugutekomme.[206] Da sich der ausgeschiedene Kommanditist aber außerhalb eines Insolvenzverfahrens durch Zahlung an die KG von der Haftung befreien kann, ist auch hier eine Aufrechnung im Rahmen der §§ 94 ff. InsO zuzulassen.[207]

5. Bedeutung für die Gesellschaftsgläubiger. Für die Gläubiger der Gesellschaft hat die Insolvenz ihres Vertragsschuldners nach § 171 Abs. 2 als Pendant zur Ermächtigung des Verwalters den **Verlust der Legitimation** zur persönlichen Inanspruchnahme des Kommanditisten nach § 171 Abs. 1 Hs. 1 zur Folge.[208] Um eine wenigstens teilweise Befriedigung der ausstehenden Gesellschaftsverbindlichkeiten zu erreichen, müssen die Gläubiger der Gesellschaft ihre Forderungen anmelden und in die Insolvenztabelle aufnehmen lassen. Hierdurch wird ein Wettlauf um die Haftsumme des Kommanditisten bei einer Insolvenz der KG ausgeschlossen.[209] 68

Gleichwohl bleiben die Gesellschaftsgläubiger auch nach Eröffnung des Insolvenzverfahrens über das Vermögen der KG berechtigt, ihre Rechte an der Einlageforderung gegen den Kommanditisten geltend zu machen.[210] Soweit sich ein Gesellschaftsgläubiger die Einlageforderung auf Grund eines Kaufs oder an Erfüllungs statt von der KG hat abtreten lassen, kann er diese unmittelbar gegenüber dem Kommanditisten geltend machen. Für den Fall, dass dem Gläubiger die Forderung nur zur Sicherheit oder erfüllungshalber abgetreten worden ist, hat er nach § 50 Abs. 1 InsO und § 51 Nr. 1 InsO ein Absonderungsrecht und kann vom Verwalter die Einziehung der Forderung verlangen. Ein Pfandrecht an der Einlageforderung kann gem. § 50 Abs. 1 InsO und § 173 Abs. 1 InsO auch nach Eröffnung des Insolvenzverfahrens verwertet werden. 69

IV. Abdingbarkeit

Die Haftung nach § 171 Abs. 1 kann weder durch den Gesellschaftsvertrag noch mittels interner Vereinbarung der Gesellschafter abgeändert werden.[211] Auch der hinter § 171 Abs. 2 stehende Zweck, die Haftsumme im Interesse aller Gläubiger zu kanalisieren, gebietet es, die genannte Bestimmung ausnahmslos anzuwenden, wenn den Gesellschaftsgläubigern außer der Insolvenzmasse die Kommanditisten summenmäßig beschränkt haften.[212] 70

V. GmbH & Co. KG

In einer GmbH & Co. KG müssen die Einlagen der KG und die Stammeinlagen der GmbH **kumulativ** nach den jeweils einschlägigen Regeln des HGB bzw. GmbHG aufgebracht werden (→ § 172 Rn. 47 f.). Eine Klarstellung erfährt dieser Grundsatz durch § 172 Abs. 5, nach dem es dem Kommanditisten einer GmbH & Co. KG zwar unbenommen ist, seine Kommanditeinlage in Form von Anteilen an der Komplementär-GmbH zu erbringen, er sich hierdurch jedoch nicht von seiner Haftung im Außenverhältnis zu den Gesellschaftsgläubigern gem. § 171 Abs. 1 Hs. 2 befreien kann (→ § 172 Rn. 50 f.). Im Endeffekt sollen den Gläubigern einer GmbH & Co. KG **zwei Haftungsmassen** zur Verfügung stehen. Eine Vermengung der Vermögensverhältnisse gilt es zu unterbinden. 71

Die jeweils geschuldeten Einlageleistungen sollen deshalb dem **betreffenden Gesellschaftsvermögen** zufließen.[213] Denkbar sind jedoch Fälle, in denen innerhalb einer **GmbH & Co. KG** nur **ein Konto** – und zwar auf den Namen der KG – für die Gesellschaften unterhalten wird, so dass Zahlungen von GmbH-Gesellschaftern auf die zu erbringenden Stammeinlagen rechnerisch dem 72

204 BGH 20.3.1958, BGHZ 27, 51 (56 f.) = NJW 1958, 787 (788); 9.5.1963, BGHZ 39, 319 (321) = NJW 1963, 1873 (1874); 17.9.1964, BGHZ 42, 192 (194) = NJW 1964, 2407 (2409).
205 Staub/Thiessen Rn. 205.
206 S. dazu MüKoHGB/Grüneberg Rn. 108.
207 S. dazu MüKoHGB/Grüneberg Rn. 108.
208 Koch PersGesR/Ceesay Rn. 96.
209 BGH 2.7.1990, BGHZ 112, 31 (35) = NJW 1990, 3145 (3146); 20.11.2008, NJW-RR 2009, 343.
210 Ebenroth/Boujong/Sander Rn. 106.
211 BGH 8.10.2013, NZG 2013, 1334 Rn. 24; OLG Jena 11.4.2018, BeckRS 2018, 9113; OLG Naumburg 24.8.2000, NZG 2000, 1218 (1219); Ebenroth/Boujong/Sander Rn. 3; Staub/Thiessen Rn. 7.
212 BGH 2.7.1990, BGHZ 112, 31 (35) = NJW 1990, 3145 (3146).
213 RGHMW/Mock Rn. 117.

Vermögen der KG zufließen und damit grundsätzlich keine befreiende Wirkung haben.[214] Eine andere Beurteilung kann sich lediglich unter den Voraussetzungen in § 362 Abs. 2 BGB und § 185 BGB ergeben. Der Gesellschafter kann danach von seiner Einlageschuld gegenüber der Komplementär-GmbH befreit werden, wenn er auf deren Veranlassung einen Gesellschaftsgläubiger befriedigt, dessen Forderung vollwertig, fällig und liquide ist.[215] Hat die KG also ihrerseits eine vollwertige Einlageforderung gegen die GmbH, so kann der Zahlung des GmbH-Gesellschafters auf die Stammeinlage dann befreiende Wirkung zukommen, wenn sie auf Veranlassung der GmbH erfolgt, um deren Einlagepflicht gegenüber der KG zu erfüllen.[216] Den Gläubigern der KG entstehen hierdurch keine Nachteile, da ihnen letztlich keine Haftungsmasse entzogen wird. Dieser Gefahr sind jedoch die Eigengläubiger der GmbH ausgesetzt. Zu ihrem Schutz kann sich der zahlende GmbH-Gesellschafter lediglich dann von seiner Einlagepflicht gegenüber der GmbH befreien, wenn das verbleibende Vermögen der GmbH zur Deckung ihrer Verbindlichkeiten sowohl gegenüber ihren Eigengläubigern als auch den Gläubigern der KG ausreicht, sofern sich diese nicht an dem Vermögen letzterer schadlos halten können.[217] Umgekehrt stellt sich die Frage, ob eine gem. § 171 Abs. 1 Hs. 2 befreiende Einlageleistung in der Zahlung auf ein Konto der Komplementär-GmbH gesehen werden kann. Dies ist dann der Fall, wenn das Konto später auf die KG umgeschrieben wird.[218]

73 Die Haftung der Kommanditisten einer GmbH & Co. KG ist im Außenverhältnis grundsätzlich auf die im Handelsregister eingetragene Haftsumme beschränkt (§ 171 Abs. 1 Hs. 1), im Fall des § 171 Abs. 1 Hs. 2 sogar ausgeschlossen. Das gilt auch, wenn dem jeweiligen Kommanditisten entgegen der gesetzlichen Konzeption die Geschäftsführung übertragen wurde. Unter Umständen kann ihn jedoch trotz gesellschaftsrechtlich einwandfrei begründeter Haftungsbeschränkung das Risiko der unbeschränkten Haftung mit seinem Privatvermögen treffen. Dies kommt im Falle einer **unzulässigen Vermengung von Gesellschafts- und Gesellschaftervermögen** in der Regel in Betracht.[219] Von einer entsprechenden Vermögensvermengung ist bei einer unzureichenden Ausweisung des Gesellschaftsvermögens in den Büchern, einer undurchsichtigen Buchführung oder ähnlichen Unregelmäßigkeiten, die eine klare Abgrenzung beider Vermögensmassen verhindern, auszugehen.[220]

74 In der **Insolvenz** der KG geht die grundsätzlich den Gesellschaftsgläubigern zustehende Befugnis zur haftungsrechtlichen Inanspruchnahme des Kommanditisten aus § 171 Abs. 1 Hs. 1 auf den Insolvenzverwalter über, § 171 Abs. 2 (→ Rn. 57). Insolvenzgrund kann bei der GmbH & Co. KG neben der **Zahlungsunfähigkeit bzw. drohenden Zahlungsunfähigkeit** (§§ 17, 18 InsO) auch die **Überschuldung** (§ 19 InsO) sein. Dem Wortlaut des § 171 Abs. 2 lässt sich genannte Rechtsfolge lediglich für die **Insolvenz einer KG** entnehmen. Fraglich ist, ob Entsprechendes auch in der **Insolvenz einer Nicht-KG** gilt, sofern ein Kommanditist für deren Schulden summenmäßig beschränkt haftet. Eine derartige Konstellation kann sich auf Grund einer Umwandlung der KG oder in dem Fall ergeben, dass die ursprüngliche Komplementär-GmbH Gesamtrechtsnachfolgerin der durch den Austritt von Gesellschaftern oder die Vereinigung von Anteilen erloschenen GmbH & Co. KG wird.[221] Der Zweck des § 171 Abs. 2 spricht für eine analoge Anwendung in den genannten Fallkonstellationen.[222] Auch hier gilt es, Einzelvollstreckungsmaßnahmen gegen den Kommanditisten und somit einen Wettlauf der Gesellschaftsgläubiger zu verhindern, da im Rahmen des Insolvenzverfahrens deren gleichmäßige Befriedigung erreicht werden soll.[223] Das gilt unabhängig von der Rechtsform der insolventen Gesellschaft.

VI. Publikums-KG

75 **1. Grundsatz.** Hinsichtlich der Haftung des Kommanditisten in einer Publikums-KG ist zunächst auf die allgemeinen Regeln in den §§ 171 ff. zu verweisen. Daraus folgt, dass seine Haftung grundsätzlich auf die im Handelsregister eingetragene Haftsumme beschränkt und nach Erbringung der im Innenverhältnis maßgeblichen Pflichteinlage sogar ausgeschlossen ist (§ 171 Abs. 1 Hs. 1 und 2; → Rn. 2).

---

[214] BGH 25.11.1985, NJW 1986, 989.
[215] BGH 25.11.1985, NJW 1986, 989; RGHMW/Mock Rn. 118.
[216] BGH 25.11.1985, NJW 1986, 989.
[217] BGH 25.11.1985, NJW 1986, 990; RGHMW/Mock Rn. 118.
[218] OLG Hamm 31.1.1995, NJW-RR 1996, 27.
[219] BGH 12.11.1984, NJW 1985, 740; offengelassen wurde die Rechtsgrundlage eines solchen Haftungsdurchgriffs; GK-HGB/Fahse/Kluge/Kluge Anh. I § 177a Rn. 56.
[220] BGH 12.11.1984, NJW 1985, 740.
[221] MüKoHGB/Grüneberg § 171 Rn. 86.
[222] BGH 2.7.1990, BGHZ 112, 31 (35) = NJW 1990, 3145; RGHMW/Mock Rn. 84; Hopt/Roth Rn. 11; MüKoHGB/Grüneberg Rn. 86.
[223] Mittlerweile unbestr., s. K. Schmidt GesR § 54 V 2b.

2. Gesplittete Einlage. In der Publikums-KG werden die Kommanditisten im Rahmen des Gesellschaftsvertrags häufig verpflichtet, den einen Teil ihrer übernommenen Kapitalanlage als Kommanditeinlage, den verbleibenden dagegen als Darlehen oder stille Einlage zu erbringen (sog. gesplittete Einlage).[224] Ob hierin tatsächlich eine einheitliche gesellschaftsvertragliche Verpflichtung mit den entsprechenden Rechten und Pflichten oder aber hinsichtlich des von dem Kommanditisten zusätzlich zu erbringenden Kapitalbeitrags eine vom Gesellschaftsverhältnis unabhängige, rein schuldrechtliche Vereinbarung gesehen werden kann, ist durch Auslegung zu ermitteln.[225] Häufig sind jedoch die über die Kommanditeinlage hinaus zu erbringenden Leistungen zur Erreichung des Gesellschaftszwecks unerlässlich, so dass im Zweifel anzunehmen ist, dass auch diese Leistungen gesellschaftlicher Art sind und damit den Bedingungen des Gesellschaftsverhältnisses unterliegen sollen.[226] Auf ihre Qualifizierung durch den Gesellschaftsvertrag darf somit nicht ausschließlich abgestellt werden. 76

Aus den Ausführungen in → Rn. 76 folgt, dass zwar im Innenverhältnis zwischen der Kommanditeinlage einerseits und dem Darlehen bzw. der stillen Einlage andererseits zu unterscheiden ist, letztgenannte Leistungen jedoch Teil eines vom Kommanditisten geschuldeten gesellschaftsvertraglichen Gesamtbeitrags sind und damit insgesamt den Charakter haftenden Eigenkapitals haben.[227] Der für die Haftung im Außenverhältnis maßgebliche Betrag nach den §§ 171, 172 setzt sich folglich in diesen Fällen aus dem Gesamtbeitrag des Kommanditisten zusammen. Dem lässt sich entnehmen, dass der Kommanditist den als Darlehen oder stille Einlage bezeichneten Beitrag in der Insolvenz der Gesellschaft nicht wie ein Außenstehender zurückfordern kann und seine Einlage auch noch in der Liquidation der KG erbringen muss.[228] Zu seinen Gunsten werden auch Zahlungen auf das Darlehen bzw. die stille Einlage auf die Haftsumme angerechnet. Ihnen kommt insoweit deshalb befreiende Wirkung iSd § 171 Abs. 1 Hs. 2 zu (zur Rückgewähr s. § 172 Abs. 4).[229] 77

Die Qualifizierung dieser zusätzlichen Kapitalleistungen als haftendes Eigenkapital führt weiterhin dazu, dass sie der KG bis zum Ablauf der festgesetzten Zeit zu belassen sind, so dass dem Kommanditisten insoweit kein Kündigungs- und Rückforderungsrecht zusteht.[230] Vor Ablauf des jeweils vereinbarten Zeitpunktes kann sich ein solches Recht lediglich im Zusammenhang mit der Beendigung des Gesellschaftsverhältnisses oder aus wichtigem Grund ergeben.[231] 78

3. Treuhandverhältnisse. In der Publikums-KG werden die Kommanditanteile häufig durch einen **Treuhänder** gehalten, so dass die Kapitalanleger nur mittelbar an der KG beteiligt sind (zur Treuhand-KG → § 161 Rn. 150).[232] **Allein den Treuhänder treffen im Außenverhältnis die Rechte und Pflichten eines Kommanditisten,**[233] den Kapitalanlegern kommt dagegen keine Gesellschafterstellung zu.[234] Letztere sind lediglich schuldrechtlich mit dem Treuhänder auf Grund des zwischen ihnen geschlossenen Treuhandvertrags verbunden, tragen dann aber in der Regel auch im Innenverhältnis das Kommanditistenrisiko des Treuhänders, da dieser im Falle einer Inanspruchnahme durch die Gesellschaftsgläubiger Rückgriff nehmen wird (→ § 172 Rn. 58).[235] Ein entsprechender Anspruch ergibt sich wegen der Qualifikation des Treuhandverhältnisses als Geschäftsbesorgungsvertrag aus § 675 BGB iVm § 670 BGB.[236] Anders ist die Rechtslage, wenn der Treugeber auf 79

[224] BGH 17.5.1982, NJW 1982, 2253 (2254); K. Schmidt GesR § 57 III 2a.

[225] BGH 28.11.1977, BGHZ 70, 61 = NJW 1978, 376 (377).

[226] BGH 28.11.1977, BGHZ 70, 61 = NJW 1978, 376 (377); 17.12.1984, NJW 1985, 1079 (1080).

[227] BGH 17.5.1982, NJW 1982, 2253 (2254) m. zust. Anm. K. Schmidt; Hopt/Roth Anh. § 179 Rn. 16.

[228] BGH 9.2.1981, NJW 1981, 2251 (2252); Hopt/Roth Anh. § 179 Rn. 16; K. Schmidt GesR § 57 III 2a.

[229] BGH 10.12.1984, BGHZ 93, 159 (162) = NJW 1985, 1468 (1469); 17.5.1982 = NJW 1982, 2253 (2254).

[230] BGH 28.11.1977, BGHZ 70, 61 = NJW 1978, 376 (377).

[231] BGH 28.11.1977, BGHZ 70, 61 = NJW 1978, 376 (377).

[232] GK-HGB/Fahse/Kluge/Kluge Anh. II § 177a Rn. 22; Ebenroth/Boujong/Notz Anh. 2 § 179 Rn. 13.

[233] BGH 29.9.2015, NJW 2015, 3789 Rn. 11, 20 mwN.

[234] BGH 28.1.1980, BGHZ 76, 127 (131) = NJW 1980, 1163 (1164); 24.5.1982, BGHZ 84, 141 (144) = NJW 1982, 2493; 22.3.2011, BGHZ 189, 45 Rn. 10 = NJW 2011, 2351; 23.4.2012, NJW-RR 2012, 937 Rn. 20; 23.4.2012, NJW-RR 2012, 1312 Rn. 37; OLG Karlsruhe 6.8.2009, NZG 2009, 1107 (1108); OLG Nürnberg 17.1.2008, WM 2009, 942 (943) = BeckRS 2009, 04123; OLG Stuttgart 18.3.2010, NZG 2010, 716 (718); GK-HGB/Fahse Vor §§ 161 ff. Rn. 182; K. Schmidt GesR § 57 III 3; krit. dazu zB Schäfer ZHR 177 (2013), 619 ff.

[235] BGH 28.1.1980, BGHZ 76, 127 (130 f.) = NJW 1980, 1163 (1164); 22.3.2011, BGHZ 189, 45 Rn. 27 = NJW 2011, 2351; Ebenroth/Boujong/Notz Anh. 2 § 179 Rn. 164.

[236] BGH 22.3.2011, BGHZ 189, 45 Rn. 11 = NJW 2011, 2351; 24.7.2012, NZG 2012, 1024 Rn. 20; 18.10.2012, NJW 2013, 862 Rn. 17; 29.9.2015, NJW 2015, 3789 Rn. 20, 23; OLG Jena 13.1.2009, WM 2009, 937 (939) = BeckRS 2009, 5606; OLG Köln 21.8.2008, NZG 2009, 543; Heymann/Borges Rn. 164; Engler, Die Haftung des kaptalanlegenden Kommanditisten einer Publikums-KG unter den Aspekten des Gläubiger- und Anlegerschutzes, 1997, 44; GK-HGB/Fahse/Kluge/Kluge Anh. II § 177a Rn. 22; Ebenroth/Boujong/Notz Anh. 2 § 179 Rn. 164; K. Schmidt GesR § 57 III 3; Schürnbrand ZGR 2014, 256 (269 ff.).

Grund gesellschaftsvertraglicher Bestimmungen die Stellung eines **Quasi-Gesellschafters** erlangt (→ § 161 Rn. 143). In diesem Fall steht der Anspruch auf Leistung der Einlage der Gesellschaft unmittelbar zu und kann von dieser bzw. im Fall der Insolvenz vom Verwalter eingefordert werden.[237] Zur Rechtslage bei der geschlossenen Publikums-Investment-KG → Rn. 81 aE.

VII. Investment-KG

80 Die Verpflichtung zur Leistung der Einlage richtet sich auch bei der offenen bzw. geschlossenen Investment-KG nach dem **Gesellschaftsvertrag.** Das gilt ebenso für die Art der Einlage. Die Erbringung einer **Sacheinlage** schließt § 152 Abs. 7 KAGB für die **geschlossene Publikums-Investment-KG** indes ausdrücklich aus. Wegen der Gleichstellung in § 152 Abs. 1 S. 3 KAGB gilt dies auch für Einlagen mittelbarer Kommanditisten.[238] Entgegen der amtlichen Überschrift des § 152 KAGB („Anleger") wird aus dem einschränkungslosen Wortlaut in § 152 Abs. 7 KAGB gefolgert, dass sich das **Sacheinlageverbot** nicht auf Anleger beschränkt, sondern für alle Gesellschaftergruppen und damit auch für Komplementäre gilt.[239] Eine gleichwohl erbrachte Sacheinlage führt nicht zur Erfüllung der Einlagepflicht und lässt die Außenhaftung des Kommanditisten nach § 171 Abs. 1 bestehen.[240] Im Umkehrschluss folgt aus § 152 Abs. 7 KAGB, dass die Erbringung einer Sacheinlage sowohl bei der geschlossenen Spezial-Investment-KG als auch bei der offenen Investment-KG zulässig ist.[241] Die in **§ 171 Abs. 1** normierte Rechtsfolge, dass mit der Erbringung der Einlage die persönliche beschränkte Haftung des Kommanditisten erlischt, gilt wegen der Verweisung in § 124 Abs. 1 S. 2 KAGB und § 149 Abs. 1 S. 2 KAGB auch für die offene und die geschlossene Investment-KG.

81 Soweit § 127 Abs. 3 S. 1 KAGB und § 152 Abs. 3 S. 1 KAGB ausdrücklich festlegen, dass der Anspruch der Investment-KG auf die Einlage mit deren Erbringung erlischt, bringen die Vorschriften im Hinblick auf § 362 BGB an sich eine Selbstverständlichkeit zum Ausdruck.[242] Hierin besteht jedoch nicht der eigentliche Regelungsgehalt der Normen. Vielmehr verdeutlichen sie in Verbindung mit den nachfolgenden Sätzen, dass der Kommanditist mit der vollständig erbrachten Einlage seine Pflichten gegenüber der Gesellschaft endgültig erfüllt hat und die Einlagepflicht nicht zu einem späteren Zeitpunkt (zB infolge einer Rückzahlung) wieder auflebt.[243] Deshalb ist es konsequent, dass sowohl das Ausscheiden des Kommanditisten als auch die Auflösung der Gesellschaft dazu führen, dass der Kommanditist außenstehenden Gläubigern gegenüber nicht mehr für die Verbindlichkeiten der Investment-KG haftet (s. für das Ausscheiden § 133 Abs. 2 S. 2 KAGB und § 152 Abs. 6 S. 2 KAGB; für die Auflösung der Gesellschaft s. § 138 Abs. 2 KAGB und § 161 Abs. 3 KAGB). Wegen der Gleichstellung des **mittelbaren Kommanditisten** (§ 152 Abs. 1 S. 3 KAGB) hat dieser im Sinne der Rspr. des BGH die Stellung eines Quasi-Gesellschafters (→ § 161 Rn. 150), so dass der Anspruch gegenüber dem mittelbaren Kommanditisten der Gesellschaft **unmittelbar** zusteht (→ Rn. 79).

82 Das Verständnis der von § 127 Abs. 3 S. 1 KAGB und § 152 Abs. 3 S. 1 KAGB erfassten **„Einlage"** bzw. **„Kommanditeinlage"** erschließt sich aus dem Gesetzeswortlaut nicht eindeutig. Solange der Normzweck ausschließlich darin erblickt wird, einer Außenhaftung des Kommanditisten entgegenzuwirken, ist es konsequent, die Vorschriften auf die von dem Kommanditisten geschuldete **Hafteinlage** zu beziehen, da auch nur diese von § 171 Abs. 1 erfasst wird (→ Rn. 7 ff.). Zwingend ist dieses Verständnis jedoch nicht, da § 127 Abs. 3 KAGB und § 152 Abs. 3 KAGB – wie der Ausschluss

---

[237] BGH 30.1.2018, NZG 2018, 539 Rn. 18; 30.1.2018, NZG 2018, 580 Rn. 13; dazu auch Zeising DZWIR 2018, 551 ff.

[238] Ebenroth/Boujong/Paefgen/Franke KAGB § 152 Rn. 10; WBA/Paul KAGB § 152 Rn. 38; AWZ/Wallach KAGB § 152 Rn. 110.

[239] So MKJH/Hoffert KAGB § 152 Rn. 82; BTMB/Könnecke KAGB § 152 Rn. 162; krit. Schewe, Kommanditgesellschaften im Regelungsbereich des Investmentrechts, 2017, 157.

[240] Ebenso König, Investmentgesellschaften nach dem KAGB, 2020, S. 240 f.; **aA** im Hinblick auf die Außenhaftung Staub/Casper § 161 Rn. 270; Casper ZHR 179 (2015), 44 (64); Henssler/Strohn/Servatius HGB Anh. Rn. 182; ferner auch Seitz, Die InvestmentKG, 2017, 63: Unwirksamkeit des Beitritts.

[241] Staub/Casper § 161 Rn. 270; Freitag NZG 2013, 329 (335); MKJH/Hoffert KAGB § 152 Rn. 83; König, Investmentgesellschaften nach dem KAGB, 2020, S. 241 f.; BTMB/Könnecke KAGB § 152 Rn. 148; BSV/Kunschke/Klebeck KAGB § 127 Rn. 60; WBA/Paul KAGB § 152 Rn. 37; Westermann/Wertenbruch PersGes-HdB/Stöber, 2020, § 54a Rn. I 3169g.

[242] S. MüKoHGB/Brungs Anh. § 161 Rn. 109; BTMB/Könnecke KAGB § 152 Rn. 89; WBA/Lorenz KAGB § 127 Rn. 7; Ebenroth/Boujong/Paefgen/Franke KAGB § 127 Rn. 7; Schewe, Kommanditgesellschaften im Regelungsbereich des Investmentrechts, 2017, 155; Henssler/Strohn/Servatius HGB Anh. Rn. 182; s. auch MKJH/Eichhorn KAGB § 127 Rn. 16: deklaratorischer Natur.

[243] Staub/Casper § 161 Rn. 270; BTMB/Könnecke KAGB § 152 Rn. 90; Schewe, Kommanditgesellschaften im Regelungsbereich des Investmentrechts, 2017, 155; Henssler/Strohn/Servatius HGB Anh. Rn. 182; AWZ/Wallach KAGB § 152 Rn. 80; idS auch WBA/Lorenz KAGB § 127 Rn. 7.

einer Nachschusspflicht bestätigt (→ § 167 Rn. 28) – auch verhindern sollen, dass der Kommanditist nach seinem Beitritt zu der Gesellschaft zu weiteren Leistungen verpflichtet ist. Wird dieser Gesichtspunkt in den Vordergrund gerückt, dann zielt der Normzweck nicht nur auf die Haft-, sondern auch auf eine darüber hinausgehende **Pflichteinlage** ab.[244]

§ 172 [Umfang der Haftung]

(1) Im Verhältnisse zu den Gläubigern der Gesellschaft wird nach der Eintragung in das Handelsregister die Haftsumme eines Kommanditisten durch den in der Eintragung angegebenen Betrag bestimmt.

(2) Auf eine nicht eingetragene Erhöhung der aus dem Handelsregister ersichtlichen Haftsumme können sich die Gläubiger nur berufen, wenn die Erhöhung in handelsüblicher Weise kundgemacht oder ihnen in anderer Weise von der Gesellschaft mitgeteilt worden ist.

(3) Eine Vereinbarung der Gesellschafter, durch die einem Kommanditisten die Einlage erlassen oder gestundet wird, ist den Gläubigern gegenüber unwirksam.

(4) [1]Soweit die Einlage eines Kommanditisten zurückbezahlt wird, gilt sie den Gläubigern gegenüber als nicht geleistet. [2]Das gleiche gilt, soweit ein Kommanditist Gewinnanteile entnimmt, während sein Kapitalanteil durch Verlust unter den Betrag der Haftsumme herabgemindert ist, oder soweit durch die Entnahme der Kapitalanteil unter den bezeichneten Betrag herabgemindert wird. [3]Bei der Berechnung des Kapitalanteils nach Satz 2 sind Beträge im Sinne der §§ 253 Absatz 6 Satz 2 und 268 Absatz 8 nicht zu berücksichtigen.

(5) [1]Gegenüber den Gläubigern einer Gesellschaft, bei der kein persönlich haftender Gesellschafter eine natürliche Person ist, gilt die Einlage eines Kommanditisten als nicht geleistet, soweit sie in Anteilen an den persönlich haftenden Gesellschaftern bewirkt ist. [2]Dies gilt nicht, wenn zu den persönlich haftenden Gesellschaftern eine offene Handelsgesellschaft oder Kommanditgesellschaft gehört, bei der ein persönlich haftender Gesellschafter eine natürliche Person ist.

Schrifttum: Altmeppen, Verwirrung über die gesamtschuldnerische Kommanditistenhaftung, NJW 2016, 1761; Anzinger, Verdeckte Einlagenrückgewähr an den (un-)tätigen Kommanditisten, FS Schneider, 2011, 15; Bartlitz, Die Haftung des Kommanditisten auf der Grundlage kapitalgesellschaftsrechtlicher Prinzipien, 2016; Bayer/Lieder, Das Agio des Kommanditisten, ZIP 2008, 809; Böttcher/Kautzsch, Die Haftung des Kommanditisten bei Rückzahlung des Aufgeldes, NZG 2008, 583; Bork, Die Haftung des entlohnten Gesellschafter-Geschäftsführers, AcP 184 (1984), 465; Brandi, Unerlaubte Erstattung von Eigenkapitalersatz und Rückgewähr kapitalersetzender Gebrauchsüberlassung bei GmbH & Co. KG, ZIP 1995, 1391; Canaris, Die Rückgewähr von Gesellschaftereinlagen durch Zuwendungen an Dritte, FS Fischer, 1979, 31; Cebulla, Einlagenrückgewähr, Haftung und Bilanzierung beim Ausscheiden eines Kommanditisten, DStR 2000, 1917; Engler, Die Haftung des kapitalanlegenden Kommanditisten einer Publikums-KG unter den Aspekten des Gläubiger- und Anlegerschutzes, Diss. Bielefeld 1997; Huber, Gesellschafterkonten in der Personengesellschaft, ZGR 1988, 1; Kindler, Grundfragen der Kommanditistenhaftung, JuS 2006, 865; Kirsch, Einlageleistung und Einlagenrückgewähr im System der Kommanditistenhaftung, 1995; Klöhn, Treuhandkonstruktionen bei Publikumspersonengesellschaften – Das Aufrechnungsverbot nach BGHZ 189, 45 und BGH NZG 2012, 1024, in Gesellschaftsrechtliche Vereinigung (Hrsg.), Gesellschaftsrecht in der Diskussion 2012, 2013, 143; Körmann, Zur Einlagenrückgewähr in der KG, besonders in der GmbH & Co. KG, 1981; Koller, Sicherung des Eigenkapitals bei der gesetzestypischen KG, FS Heinsius, 1991, 357; Lambrich, Die Haftung bei der GmbH & Co. KG, Jura 2007, 88; Luttermann, Vermögensordnung, Kommanditistenhaftung und Scheingewinn (§ 172 HGB), NZG 2009, 1140; Menkel, Die Aufrechnungsbefugnis der Treugebergesellschafter gegen den Zessionar bei Abtretung des Freistellungsanspruchs durch die Treuhandgesellschafterin, NZG 2014, 1253; Menkel, Gesamtschuldnerische Haftung von Treugeber-Kommanditisten?, NZG 2016, 261; Menkel, Rückzahlung gewinnunabhängiger Ausschüttungen als erneute Einzahlung der Einlage?, NZG 2018, 731; Mock, Nieder mit dem Treuhandkommanditisten – Es lebe der Vertragskommanditist (oder wenigstens der Unterbeteiligte)!, ZIP 2016, 497; Mylich, Die Gestaltung der Gesellschafterkonten und das Wiederaufleben der Haftung des Kommanditisten, ZHR 182 (2018), 414; Pöschke/Steenbreker, Kapitalerhaltung in der GmbH & Co. KG, NZG 2015, 614; Priester, Ausschüttungen bei Abschreibungsgesellschaften und Wiederaufleben der Kommanditistenhaftung, BB 1976, 1004; Priester, Haftungsgefahren bei Zahlung von Geschäftsführerbezügen an Kommanditisten?, DB 1975, 1878; Rock/Contius, Innenausgleich unter den Gesellschaftern einer insolventen Publikums-Kommanditgesellschaft, ZIP 2017, 1889; K. Schmidt, Der gutgläubige Empfang von Scheingewinnen und die Kapitalsicherung im Aktienrecht, im Recht der GmbH und im Kommanditgesellschaftsrecht, BB 1984, 1588; K. Schmidt, Summenmäßige Grenzen der Haftung von Mitgesellschaftern aus rückständigen Einlagen (§ 24 GmbHG) und verbotenen Ausschüttungen (§ 31 GmbHG), BB 1985, 154; Schramm, Die Haftung

[244] Ebenso MKJH/Hoffert KAGB § 152 Rn. 60; BTMB/Könnecke KAGB § 152 Rn. 88; WBA/Paul KAGB § 152 Rn. 21; AWZ/Wallach KAGB § 152 Rn. 79; wohl auch Henssler/Strohn/Servatius HGB Anh. Rn. 182.

des Kommanditisten einer GmbH & Co. KG bei der Ausschüttung von Scheingewinnen im Vergleich zur Haftung bei der stillen Gesellschaft sowie der Treuhand, der Unterbeteiligung und dem Nießbrauch von Unternehmensanteilen, 2015; Stumpf, Rechtsprobleme bei der Inanspruchnahme des mittelbaren Kommanditisten aus § 172 Abs. 4 HGB, BB 2012, 1429; Theiselmann, Die Kapitalaufbringung in der GmbH & Co. KG, GmbHR 2008, 521; Timme, Die persönliche Haftung des Kommanditisten bei Rückzahlung eines Agio, MDR 2008, 959; Wertenbruch, Beginn der Enthaftungsfrist bei Ausscheiden aus einer Personengesellschaft, NZG 2008, 21; Wertenbruch, Gesamtschuldregress sanierender Treugeber und stiller Gesellschafter – „Sanieren ohne Ausscheiden", NZG 2016, 401; Wiedemann, Beschränkte und unbeschränkte Kommanditistenhaftung, FS Bärmann, 1975, 1037; Zeising, Die Außenhaftung des Treugebers bei Personen-Publikumsgesellschaften, DZWIR 2016, 551. S. ferner die Angaben bei § 171.

Übersicht

I. Allgemeines

1 Die §§ 171–176 regeln die **Haftung des Kommanditisten im Außenverhältnis,** dh gegenüber den Gläubigern der KG. Dieses gesetzlich vorgesehene Haftungskonzept erschließt sich in seiner Gesamtheit lediglich durch ein Zusammenspiel der genannten Vorschriften (→ § 171 Rn. 2), wobei § 172 eng mit § 171 verknüpft ist.[1] Während aus § 171 Abs. 1 Hs. 1 die Begrenzung der Kommanditistenhaftung auf eine **Haftsumme** folgt, gibt § 172 Abs. 1 und 2 Auskunft über den für die Gesellschaftsgläubiger maßgeblichen Umfang derselben. Der noch in § 172 Abs. 1 und 2 aF verwendete Begriff der Einlage betraf bereits vor dem 1.1.2024 die sog. Hafteinlage im Gegensatz zu der im Innenverhältnis geschuldeten sog. Pflichteinlage (→ § 171 Rn. 7 f.).[2] Durch eine entsprechende Korrektur im Gesetzeswortlaut hat dies das MoPeG ausdrücklich klargestellt.[3] Hat der Kommanditist letztere in das Vermögen der KG geleistet, so ist er von der Haftung mit Ausnahme des § 176 gänzlich befreit (§ 171 Abs. 1 Hs. 2). Hierauf nimmt § 172 Abs. 4 Bezug, der das Wiederaufleben der Kommanditistenhaftung bei einer **Einlagenrückgewähr** anordnet. Deshalb ist § 172 immer in einer Gesamtschau mit den die Kommanditistenhaftung betreffenden Regelungen des HGB zu lesen. Die vor dem 1.1.2024 in § 172 Abs. 5 aF normierte Privilegierung des Kommanditisten beim Bezug von Scheingewinnen sah der Reformgesetzgeber nicht als gerechtfertigt an, da die Privilegierung im Außenverhältnis nach hM nicht mit einer kongruenten Privilegierung im Innenverhältnis korrespondierte (→ 7. Aufl. 2021, § 172 Rn. 45 f.).[4]

II. Haftsumme

2 **1. Maßgeblichkeit der Eintragung (Abs. 1). a) Grundsatz.** Bis zur Eintragung der KG in das Handelsregister haftet der Kommanditist, sofern er dem Geschäftsbeginn zugestimmt hat, gleich einem persönlich haftenden Gesellschafter (s. § 176). Nach erfolgter Eintragung der KG ist die Außenhaftung des Kommanditisten dagegen maximal auf die im Handelsregister eingetragene Haft-

[1] Treffend Staub/Thiessen Rn. 13: systematische Einheit.
[2] Ebenso statt aller Staub/Thiessen Rn. 31; zum Begrifflichen MüKoHGB/Grüneberg Rn. 2.
[3] Begr. RegE, BT-Drs. 19/27635, 257.
[4] S. Begr. RegE, BT-Drs. 19/27635, 257 f.; gegenläufig jedoch Pfeuffer/Häger WM 2021, 1066 ff.

summe beschränkt. Der Eintragung kommt insoweit konstitutive und zwingende Wirkung zu.[5] Das Handelsregister gibt allerdings keine Auskunft, ob der Kommanditist tatsächlich noch bis zur Höhe der eingetragenen Haftsumme persönlich haftet oder ob dessen Haftung bereits durch Leistung der vereinbarten Pflichteinlage nach § 171 Abs. 1 Hs. 2 ausgeschlossen ist. Ob und auf welche Weise letztere tatsächlich erbracht wurde, ist keine eintragungsfähige Tatsache.[6] Diesbezüglich besteht auch kein Anspruch gegen die KG bzw. den Kommanditisten auf Auskunft.[7]

Die Haftsumme ist ebenfalls Gegenstand des Gesellschaftsvertrags sowie der Anmeldung zur Eintragung in das Handelsregister. Maßgeblich ist gleichwohl ausschließlich das Handelsregister, so dass auch eine inhaltlich unrichtige, da vom Inhalt der gesellschaftsvertraglichen Bestimmung bzw. der Anmeldung abweichende, Eintragung grundsätzlich verbindlich ist.[8] Haben sich die Gesellschafter der KG im Rahmen des Gesellschaftsvertrags auf eine höhere als die eingetragene Haftsumme geeinigt, so gereicht dieser Umstand dem Kommanditisten demnach grundsätzlich zum Vorteil. Er kann sich wegen der konstitutiven Wirkung der Eintragung auf die niedrigere Haftsumme berufen (aber → Rn. 6).[9] Im umgekehrten Fall muss er dagegen den höheren Betrag gegen sich gelten lassen, weil es dem Kommanditisten obliegt, die auf die Anmeldung hin erfolgte Eintragung im Handelsregister auf ihre Übereinstimmung zu prüfen.[10] 3

b) Ausnahmen. Von dem Grundsatz in → Rn. 3 sind allerdings Ausnahmen anzuerkennen. So kann sich ein Gläubiger der Gesellschaft dann nicht auf eine fälschlicherweise zu hoch eingetragene Haftsumme berufen, wenn ihm die richtige und damit die Fehlerhaftigkeit der eingetragenen Haftsumme **bekannt** ist.[11] Teilweise wird jedoch nach dem Grund der Fehlerhaftigkeit differenziert. Diese kann zum einen auf einer Abweichung des Registereintrags vom Inhalt der Anmeldung, zum anderen auf einer Abweichung der mit dem Eintrag übereinstimmenden Anmeldung vom gesellschaftsvertraglich Vereinbarten beruhen. Einigkeit herrscht darüber, dass der Kommanditist dem Gläubiger der Gesellschaft im ersten Fall die Fehlerhaftigkeit der Eintragung entgegenhalten kann, sich folglich auf die niedrigere Haftsumme berufen kann.[12] Hinsichtlich der zweiten Fallgestaltung verbietet sich eine andere Beurteilung.[13] Zwar liegt das Risiko, dass ein anderer als der gesellschaftsvertraglich vereinbarte Haftsummenbetrag zur Eintragung angemeldet wird in der Risikosphäre sämtlicher zur Anmeldung verpflichteter Gesellschafter (→ § 162 Rn. 2) und somit auch des betroffenen Kommanditisten, dies befreit den Gesellschaftsgläubiger aber nicht von seiner allgemeinen Bindung an Treu und Glauben (§ 242 BGB). Hat Letzterer von der im Rahmen des Gesellschaftsvertrags vereinbarten niedrigeren Haftsumme Kenntnis, so kann er sich gegenüber dem Kommanditisten deshalb nicht auf den aus dem Registereintrag hervorgehenden höheren Betrag berufen.[14] 4

Eine weitere Ausnahme zugunsten des Kommanditisten ist anzuerkennen, wenn die vom Registergericht vorgenommene Eintragung der Haftsumme weder von ihm noch von der KG veranlasst wurde.[15] Mangels entsprechender Anmeldung besteht für den Kommanditisten in diesem Fall keine Veranlassung, das Handelsregister fortlaufend auf seine Richtigkeit zu überprüfen. Anders ist die Rechtslage lediglich, wenn für den Gesellschafter Anhaltspunkte für eine fehlerhafte Eintragung bestehen und er dennoch untätig bleibt. In dieser Konstellation kann er sich aus Rechtsscheingründen 5

---

[5] Heymann/Borges Rn. 4; Henssler/Strohn/Gummert §§ 171, 172 Rn. 21; RGHMW/Mock Rn. 3; Ebenroth/Boujong/Sander Rn. 2; Staub/Thiessen Rn. 32.

[6] BGH 29.6.1981, BGHZ 81, 82 (87) = NJW 1981, 2747 (2748); 1.6.1987, BGHZ 101, 123 (127) = NJW 1987, 3184 (3186); Staub/Thiessen Rn. 47.

[7] MüKoHGB/Grüneberg Rn. 14, die allenfalls ein Informationsrecht gegenüber der KG auf Grundlage des § 810 BGB anerkennt; RGHMW/Mock Rn. 7; für einen eingeschränkten Auskunftsanspruch dagegen Heymann/Borges Rn. 6; Ebenroth/Boujong/Sander Rn. 4; Staub/Thiessen Rn. 48.

[8] Heymann/Borges Rn. 8; MüKoHGB/Grüneberg Rn. 9; Henssler/Strohn/Gummert §§ 171, 172 Rn. 23; Hopt/Roth Rn. 1; Stephan NZG 2021, 1533 (1534); EBJS/Strohn, 4. Aufl. 2020, Rn. 3; Staub/Thiessen Rn. 33.

[9] Ebenso Heymann/Borges Rn. 9; im Grundsatz auch Ebenroth/Boujong/Sander Rn. 6.

[10] S. Koch PersGesR/Ceesay Rn. 6; Ebenroth/Boujong/Sander Rn. 5; ferner Heymann/Borges Rn. 9.

[11] So auch Koch PersGesR/Ceesay Rn. 6; MüKoHGB/Grüneberg Rn. 13; Ebenroth/Boujong/Sander Rn. 5.

[12] Heymann/Borges Rn. 13; MüKoHGB/Grüneberg Rn. 13; RGHMW/Mock Rn. 5; Hopt/Roth Rn. 1; Westermann/Wertenbruch PersGes-HdB/Schirrmacher, 2023, § 50 Rn. I 2838; Ebenroth/Boujong/Sander Rn. 5.

[13] **AA** Heymann/Borges Rn. 13; Hopt/Roth Rn. 1; wohl auch RGHMW/Mock Rn. 5.

[14] S. auch MüKoHGB/Grüneberg Rn. 13; Ebenroth/Boujong/Sander Rn. 5; ferner Westermann/Wertenbruch PersGes-HdB/Schirrmacher, 2023, § 50 Rn. I 2838, der auch die konkludente Änderung des Gesellschaftsvertrags hinsichtlich der Haftsumme durch eine hiervon abweichende Anmeldung in Betracht zieht und eine Ausnahme zugunsten des Kommanditisten in diesem Fall ablehnt.

[15] Statt aller Heymann/Borges Rn. 11; Koch PersGesR/Ceesay Rn. 15; MüKoHGB/Grüneberg Rn. 13; Ebenroth/Boujong/Sander Rn. 5 aE; Staub/Thiessen Rn. 37.

nicht auf die vorstehende Ausnahme berufen.[16] Er muss sich vielmehr gegenüber den Gläubigern der Gesellschaft an der eingetragenen höheren Haftsumme festhalten lassen.

6 Wurde fälschlicherweise eine zu niedrige Haftsumme in das Handelsregister eingetragen, dann kann der Kommanditist sich auf diese ausnahmsweise (→ Rn. 3) nicht berufen, wenn die Gesellschaft selbst einen höheren Betrag mit Zustimmung des Kommanditisten **in handelsüblicher Weise bekannt gemacht oder einzelnen Gläubigern mitgeteilt hat.** Für den Fall einer nachträglichen Erhöhung der Haftsumme hat dies § 172 Abs. 2 ausdrücklich geregelt (→ Rn. 8 ff.), der bei einer anfänglich fehlerhaften Eintragung sinngemäß Anwendung findet.[17] Erweckt der Kommanditist gegenüber einzelnen Gläubigern den Eindruck, die Haftsumme sei tatsächlich höher als im Handelsregister eingetragen, dann wird ein entsprechendes Ergebnis über den **allgemeinen Rechtsscheinschutz** erzielt.[18]

7 **c) Berichtigung.** Wurde trotz inhaltlich zutreffender Anmeldung eine unrichtige Haftsumme eingetragen, so erfolgt auf Antrag der Gesellschafter eine Berichtigung durch das Registergericht.[19] Darüber hinaus kommt unter den Voraussetzungen des § 395 FamFG eine Löschung von Amts wegen verbunden mit einem korrigierenden Eintrag in Betracht.[20] Beruht die fehlerhafte Eintragung dagegen auf einem Fehler in der Anmeldung – wurde also eine von der gesellschaftsvertraglichen Vereinbarung abweichende Haftsumme zur Eintragung in das Handelsregister angemeldet – so ist analog § 175 eine erneute Anmeldung erforderlich.[21] Nach dem Rechtsgedanken des § 174 wirkt eine Herabsetzung der im Register eingetragenen Haftsumme *ex nunc,* eine Erhöhung dagegen in entsprechender Anwendung des § 173 *ex tunc.*[22]

8 **2. Erhöhung der Haftsumme (Abs. 2).** Eine Erhöhung der Haftsumme erfordert stets eine entsprechende Änderung des Gesellschaftsvertrags.[23] Nach den §§ 175, 161 Abs. 2 iVm § 106 ist diese von allen Gesellschaftern zur **Eintragung in das Handelsregister** anzumelden (→ § 162 Rn. 2). Letzteres hat nach dem Grundsatz des § 172 Abs. 1 konstitutive Wirkung.[24] Die Haftung des Kommanditisten erstreckt sich deshalb erst dann auf die insoweit erhöhte Haftsumme, wenn diese in das Handelsregister eingetragen ist. Dies gilt nach dem Rechtsgedanken des § 173 auch für bereits begründete Verbindlichkeiten.[25] Maßgeblich ist somit auch hier grundsätzlich das Eingetragene[26] (für den Fall einer insoweit fehlerhaften Eintragung → Rn. 3 ff.).

9 Von dem in → Rn. 8 skizzierten Grundsatz regelt § 172 Abs. 2 eine **Ausnahme.** Danach können sich die Gesellschaftsgläubiger auf eine nicht eingetragene Erhöhung der Haftsumme bereits dann berufen, wenn diese entweder in handelsüblicher Weise kundgemacht oder ihnen in anderer Weise von der Gesellschaft mitgeteilt wurde.

10 Die **Kundmachung in handelsüblicher Weise** ersetzt den Registereintrag und wirkt wie dieser gegenüber allen Gesellschaftsgläubigern unabhängig von deren Kenntnis sowie auch für Altverbindlichkeiten der KG.[27] Eine Kundmachung im Sinne dieser Regelung erfolgt durch Mitteilung in einer in Wirtschaftskreisen viel gelesenen Zeitung,[28] ein Rundschreiben[29] oder ggf. auch in branchenspezifischen Online-Portalen[30] oder einer von der Gesellschaft unterhaltenen Homepage.[31] Diese richtet sich dabei an einen weitgehend unbestimmten Adressatenkreis.[32]

---

[16] Ebenroth/Boujong/Sander Rn. 5, 16; Staub/Thiessen Rn. 37, 39.

[17] Unstr., s. MüKoHGB/Grüneberg Rn. 12; Henssler/Strohn/Gummert §§ 171, 172 Rn. 24; Ebenroth/Boujong/Sander Rn. 6; Staub/Thiessen Rn. 41.

[18] MüKoHGB/Grüneberg Rn. 12.

[19] So treffend Ebenroth/Boujong/Sander Rn. 7; Westermann/Wertenbruch PersGes-HdB/Schirrmacher, 2023, § 50 Rn. I 2840; mit Einschränkungen Heymann/Horn, 2. Aufl. 1996, Rn. 2; MüKoHGB/Grüneberg Rn. 9, die lediglich ein Antragsrecht des betroffenen Kommanditisten annehmen.

[20] Heymann/Borges Rn. 14; EbenrothBoujong/Sander Rn. 7.

[21] Heymann/Borges Rn. 15; Ebenroth/Boujong/Sander Rn. 7; Westermann/Wertenbruch PersGes-HdB/Schirrmacher, 2023, § 50 Rn. I 2840.

[22] Heymann/Borges Rn. 16; MüKoHGB/Grüneberg Rn. 9; Ebenroth/Boujong/Sander Rn. 8.

[23] Heymann/Borges Rn. 18; Koch PersGesR/Ceesay Rn. 9; MüKoHGB/Grüneberg Rn. 15.

[24] Koch PersGesR/Ceesay Rn. 7; Staub/Thiessen Rn. 53.

[25] MüKoHGB/Grüneberg Rn. 15; Hopt/Roth Rn. 2; Ebenroth/Boujong/Sander Rn. 11; Staub/Thiessen Rn. 63.

[26] MüKoHGB/Grüneberg Rn. 15.

[27] Koch PersGesR/Ceesay Rn. 8; MüKoHGB/Grüneberg Rn. 17; EbenrothBoujong/Sander Rn. 12; Westermann/Wertenbruch PersGes-HdB/Schirrmacher, 2023, § 50 Rn. I 2846.

[28] RG 9.7.1929, JW 1930, 2658 (2659).

[29] MüKoHGB/Grüneberg Rn. 18.

[30] Heymann/Borges Rn. 21; Staub/Thiessen Rn. 55.

[31] Heymann/Borges Rn. 21; Koch PersGesR/Ceesay Rn. 10; Ebenroth/Boujong/Sander Rn. 12.

[32] MüKoHGB/Grüneberg Rn. 18; EbenrothBoujong/Sander Rn. 12; Westermann/Wertenbruch PersGes-HdB/Schirrmacher, 2023, § 50 Rn. I 2848; Staub/Thiessen Rn. 57.

Eine **Mitteilung in anderer Weise** besteht dagegen in einer gezielten Information einzelner Gesellschaftsgläubiger und hat damit individuellen Charakter.[33] Sie wirkt deshalb – anders als die handelsübliche Kundgabe – nur zugunsten ihrer jeweiligen Adressaten,[34] eine Beschränkung auf eine bestimmte Art von Verbindlichkeiten ist dagegen ebenso wenig möglich wie bei einer handelsüblichen Kundgabe.[35] Eine Mitteilung in anderer Weise eröffnet somit die Möglichkeit, einzelnen Gläubigern die Berufung auf eine höhere Haftsumme zu versagen, solange diese nicht in das Handelsregister eingetragen wurde. Will sich ein Gläubiger trotzdem auf die noch nicht eingetragene Erhöhung der Haftsumme berufen, so muss ihm diese jedoch gerade in seiner Eigenschaft als Gesellschaftsgläubiger mitgeteilt worden sein. Hat er von der Erhöhung dagegen auf anderem Wege Kenntnis erlangt, so wirkt dies nicht zu seinen Gunsten.[36] 11

Kundmachung bzw. Mitteilung iSd § 172 Abs. 2 können entgegen dem Wortlaut der Vorschrift sowohl von dem betroffenen Kommanditisten als auch von der KG ausgehen.[37] Im letzteren Fall bedarf es wegen der Gleichsetzung der Kundgabe bzw. Mitteilung mit einer Registereintragung der **Zustimmung des jeweiligen Kommanditisten,** da auch der Registereintragung eine Anmeldung durch alle Gesellschafter vorausgeht.[38] Eine Haftung des Kommanditisten kann sich jedoch aus allgemeinen Erwägungen des Vertrauensschutzes ergeben, wenn er einer gegen seinen Willen kundgemachten Erhöhung der Haftsumme nicht entgegentritt.[39] 12

Unabhängig von § 172 Abs. 1 und 2 kommt eine **Rechtsscheinhaftung** des Kommanditisten immer in Betracht, wenn er in zurechenbarer Weise den Anschein erweckt, es sei eine Erhöhung der Haftsumme vorgenommen worden, und die Gesellschaftsgläubiger hierauf vertrauten.[40] 13

3. Erlass bzw. Stundung (Abs. 3). Die Vorschrift des § 172 Abs. 3 erfordert eine genaue Unterscheidung zwischen der im Innenverhältnis geschuldeten Einlage und der für die Außenhaftung des Kommanditisten maßgeblichen Haftsumme.[41] Im **Innenverhältnis** steht es der KG frei, dem Kommanditisten die Einlageschuld zu erlassen, zu stunden oder sie vertraglich abzuändern.[42] Derartige Vereinbarungen können sogar Gesellschaftsgläubigern, die den (internen) Einlageanspruch der Gesellschaft gegenüber ihrem Kommanditisten vollstrecken wollen, entgegengehalten werden, es sei denn der Abrede haftet auf Grund besonderer Umstände des Einzelfalls der Makel der Sittenwidrigkeit an (§ 138 Abs. 1 BGB, § 826 BGB) oder diese wurde angefochten (s. §§ 129 ff. InsO, §§ 3 ff. AnfG).[43] 14

Auf die Haftung des Kommanditisten im **Außenverhältnis** zu den Gesellschaftsgläubigern entfalten interne Vereinbarungen dagegen keine Rechtswirkung.[44] Maßgeblich ist insoweit allein die Eintragung bzw. eine entsprechende handelsübliche Kundgabe oder anderweitige Mitteilung (s. § 172 Abs. 1 und 2; → Rn. 2, → Rn. 8 ff.). Soll neben der Pflichteinlage auch die für das Außenverhältnis maßgebliche Haftsumme verringert werden, so ist dies lediglich durch eine Herabsetzung derselben nach § 174 möglich.[45] 15

---

[33] Heymann/Borges Rn. 22; MüKoHGB/Grüneberg Rn. 19; Staub/Thiessen Rn. 59.

[34] Heymann/Borges Rn. 22; Koch PersGesR/Ceesay Rn. 8; MüKoHGB/Grüneberg Rn. 19; RGHMW/Mock Rn. 9.

[35] MüKoHGB/Grüneberg Rn. 17, 19; Ebenroth/Boujong/Sander Rn. 14; Westermann/Wertenbruch PersGes-HdB/Schirrmacher, 2023, § 50 Rn. I 2846; Staub/Thiessen Rn. 60.

[36] RG 9.7.1929, JW 1930, 2658 (2659); MüKoHGB/Grüneberg Rn. 19; Ebenroth/Boujong/Sander Rn. 13; Staub/Thiessen Rn. 60.

[37] BGH 24.2.1992, WM 1992, 685 (687) = NJW-RR 1992, 930; Heymann/Borges Rn. 23; MüKoHGB/Grüneberg Rn. 19; Hopt/Roth Rn. 2.

[38] BGH 3.7.1989, BGHZ 108, 187 (198) = NJW 1989, 3152 (3153); Koch PersGesR/Ceesay Rn. 10, 11; MüKoHGB/Grüneberg Rn. 18; RGHMW/Mock Rn. 8; Hopt/Roth Rn. 2; Ebenroth/Boujong/Sander Rn. 12, 13; **aA** Heymann/Horn, 2. Aufl. 1996, Rn. 6, der die Schutzbedürftigkeit des Kommanditisten wegen dessen Beteiligung an dem der Haftsummenerhöhung zugrundeliegenden gesellschaftsvertraglichen Beschluss verneint.

[39] MüKoHGB/Grüneberg Rn. 18; Ebenroth/Boujong/Sander Rn. 12.

[40] MüKoHGB/Grüneberg Rn. 20; RGHMW/Mock Rn. 9; Ebenroth/Boujong/Sander Rn. 16.

[41] Wertenbruch GmbHR 2024, 953 (955).

[42] Koch PersGesR/Ceesay Rn. 15; MüKoHGB/Grüneberg Rn. 21; Henssler/Strohn/Gummert §§ 171, 172 Rn. 26; Mueller-Thuns GmbHR 2025, 935 (955); Staub/Thiessen Rn. 65.

[43] MüKoHGB/Grüneberg Rn. 21; Henssler/Strohn/Gummert §§ 171, 172 Rn. 26; Ebenroth/Boujong/Sander Rn. 17; Westermann/Wertenbruch PersGes-HdB/Schirrmacher, 2023, § 50 Rn. I 2853; Staub/Thiessen Rn. 65.

[44] Heymann/Borges Rn. 27; Koch PersGesR/Ceesay Rn. 14; MüKoHGB/Grüneberg Rn. 22; Henssler/Strohn/Gummert §§ 171, 172 Rn. 26; RGHMW/Mock Rn. 11; Mueller-Thuns GmbHR 2025, 935 (955); Hopt/Roth Rn. 3; Staub/Thiessen Rn. 66.

[45] Ebenroth/Boujong/Sander Rn. 18; Staub/Thiessen Rn. 64.

III. Rückgewähr der Einlage (Abs. 4 S. 1)

16 **1. Grundsatz.** Grundsätzlich entfällt die persönliche Haftung des Kommanditisten, wenn er die im Innenverhältnis zu erbringende Pflichteinlage, deren objektiver Wert der Haftsumme entsprechen muss,[46] erbracht hat (vgl. § 171 Abs. 1 Hs. 2); ergänzend tritt § 172 Abs. 4 hinzu. Zwar ist den Gesellschaftern eine Einlagenrückgewähr im Innenverhältnis – anders als im GmbH-Recht (vgl. §§ 30, 31 GmbHG) – nicht verboten.[47] Kommt es durch die Rückgewähr jedoch zu einer **Unterdeckung des Einlagekontos in Bezug auf die Haftsumme,** dann lebt die (summenmäßig immer auf letztere begrenzte; → Rn. 2) persönliche Haftung des Kommanditisten gegenüber den Gesellschaftsgläubigern wieder auf.[48] Haftungsunschädlich ist die Rückgewähr an den Kommanditisten dagegen, wenn diese seine Einlage nicht unter den Betrag der Haftsumme mindert.[49] Unberührt von § 172 Abs. 4 bleibt das Innenverhältnis zur KG. Das betrifft insbesondere das Bestehen etwaiger Rückerstattungsansprüche der Gesellschaft gegenüber dem Kommanditisten (näher → § 169 Rn. 26 ff.).

17 Maßgeblich für die Beurteilung des Werts der Kommanditeinlage ist deren fortgeführter **Buchwert,** nicht dagegen ihr tatsächlicher Wert.[50] Deshalb bleiben stille, in der Bilanz nicht ausgewiesene Reserven bei der Bewertung der Kommanditeinlage unbeachtet.[51] Diese formale Vorgehensweise ist aus Gründen eines effektiven Gläubigerschutzes geboten, um die Haftungsschädlichkeit einer Rückgewähr an den Kommanditisten mit der Rechtsfolge von § 172 Abs. 4 und § 171 Abs. 1 Hs. 2 sicher feststellen zu können.[52]

18 **2. Rückzahlung. a) Begriff der Rückzahlung.** Unter einer Rückzahlung iSd § 172 Abs. 4 S. 1 ist **jede Zuwendung** an den Kommanditisten zu verstehen, durch die dem Gesellschaftsvermögen Vermögenswerte **ohne eine angemessene Gegenleistung** entzogen werden.[53] Unter der Voraussetzung, dass durch die **Rückzahlung eines Agio** der Betrag des Kapitalkontos unter den Betrag seiner Haftsumme sinkt, lebt auch hierdurch die persönliche Haftung des Kommanditisten wieder auf.[54] Erfasst werden trotz des scheinbar dafür sprechenden Wortlauts der Vorschrift nicht nur Zahlungsvorgänge im tatsächlichen Sinne, sondern auch sonstige dem Kommanditisten zugutekommende Vermögensvorteile.[55]

19 Eine derartige Zuwendung mit der Folge der Haftungsauslösung wird teilweise nicht nur bei einem nach wirtschaftlicher Betrachtung erfolgten Vermögensabfluss bejaht, sondern auch für den Fall, dass der Gesellschaft Mittel zwar belassen werden, allerdings nicht mehr als Einlage, sondern in

---

[46] Hopt/Roth § 171 Rn. 6; Westermann/Wertenbruch PersGes-HdB/Schirrmacher, 2023, § 50 Rn. I 2818.

[47] S. BGH 20.4.2017, NZG 2017, 984 Rn. 12; 20.7.2017, NZG 2017, 1025 Rn. 13: kein im Innenverhältnis wirkender Kapitalerhaltungsgrundsatz; **aA** im Sinne einer uneingeschränkten Analogie zu den §§ 30, 31 GmbHG Bartlitz, Die Haftung des Kommanditisten auf der Grundlage kapitalgesellschaftsrechtlicher Prinzipien, 2016, 72 ff.

[48] Heymann/Borges Rn. 28 f.; MüKoHGB/Grüneberg Rn. 25; Henssler/Strohn/Gummert §§ 171, 172 Rn. 44; Ebenroth/Boujong/Sander Rn. 19; Staub/Thiessen Rn. 72; abw. Bartlitz, Die Haftung des Kommanditisten auf der Grundlage kapitalgesellschaftsrechtlicher Prinzipien, 2016, 60, wonach ein Zustand vor Leistung der Einlage fingiert werde.

[49] BGH 22.3.2011, BGHZ 189, 45 Rn. 19 = NJW 2011, 2351; 12.7.1982, BGHZ 84, 383 (387) = NJW 1982, 2500 (2501); Heymann/Borges Rn. 29; Koch PersGesR/Ceesay Rn. 26; MüKoHGB/Grüneberg Rn. 25; Henssler/Strohn/Gummert §§ 171, 172 Rn. 45; Ebenroth/Boujong/Sander Rn. 22; ferner Westermann/Wertenbruch PersGes-HdB/Schirrmacher, 2023, § 51 Rn. I 2960, der klarstellt, dass nicht auf die Vermögenssituation der KG als solche, sondern auf das jeweilige Einlagekonto des betroffenen Kommanditisten abzustellen ist.

[50] BGH 11.12.1989, BGHZ 109, 334 (339) = NJW 1990, 1109; OLG Hamm 23.6.2017, NZG 2017, 1104 (1104); Heymann/Borges Rn. 29; RGHMW/Mock Rn. 30; Staub/Thiessen Rn. 75.

[51] So treffend BGH 11.12.1989, BGHZ 109, 334 (339) = NJW 1990, 1109 (1110); Heymann/Borges Rn. 29; Cebulla DStR 2000, 1921; MüKoHGB/Grüneberg Rn. 26; Henssler/Strohn/Gummert §§ 171, 172 Rn. 45; Ebenroth/Boujong/Sander Rn. 22; Staub/Thiessen Rn. 76; **aA** Ebenroth/Boujong/Joost/Strohn/Strohn, 4. Aufl. 2020, Rn. 23, der dem Kommanditisten die Möglichkeit zugesteht, den Beweis für Existenz und Höhe der stillen Reserven zu erbringen.

[52] Vgl. dazu BGH 11.12.1989, BGHZ 109, 334 (338), 339 = NJW 1990, 1109 (1110).

[53] So einhellig BGH 9.5.1963, BGHZ 39, 319 (331) = NJW 1963, 1873 (1876); OLG Hamm 7.7.2010, NZG 2010, 1298 (1299); 11.6.2018, NZG 2018, 940 (940); OLG Jena 11.4.2018, ZInsO 2018, 1221 = BeckRS 2018, 9113; Heymann/Borges Rn. 30; Koch PersGesR/Ceesay Rn. 24; MüKoHGB/Grüneberg Rn. 28; Ebenroth/Boujong/Sander Rn. 21; RGHMW/Mock Rn. 13; Mueller-Thuns GmbHR 2025, 953 (956); Westermann/Wertenbruch PersGes-HdB/Schirrmacher, 2023, § 51 Rn. I 2968; idS auch Staub/Thiessen Rn. 82; ausf. Bartlitz, Die Haftung des Kommanditisten auf der Grundlage kapitalgesellschaftsrechtlicher Prinzipien, 2016, 61 ff.

[54] BGH 9.7.2007, NZG 2007, 822 (823); 5.5.2008, NJW-RR 2008, 1065 (1066); zuvor BGH 12.7.1982, BGHZ 84, 383 (387 f.) = NJW 1982, 2500; zust. Heymann/Borges Rn. 30; Koch PersGesR/Ceesay Rn. 27; RGHMW/Mock Rn. 25; Ebenroth/Boujong/Sander Rn. 22; **aA** Bayer/Lieder ZIP 2008, 809 ff.

[55] Ebenroth/Boujong/Sander Rn. 21.

Form von Fremdkapital.[56] Dem wird entgegengehalten, dass zB die **Umwandlung der Kommanditeinlage** in eine Darlehensforderung die Fähigkeit der Gesellschaft zur Befriedigung der Gläubiger nicht mindert, da die Kapitalmittel in der Gesellschaft verbleiben und deshalb der mit § 172 Abs. 4 verfolgte Zweck des Gläubigerschutzes nicht berührt ist. Die Qualifizierung einer derartigen Umwandlung als Rückgewähr iSd § 172 Abs. 4 sei aus diesem Grunde abzulehnen.[57] Eine bilanzielle Betrachtung muss jedoch zu einem anderen Ergebnis führen. Durch die Umwandlung der Kommanditeinlage im zuvor beschriebenen Sinne wird bilanzrechtlich eine Ausweisung als Fremdkapital und gerade nicht mehr als haftendes Eigenkapital erforderlich. Das Gesellschaftsvermögen ist fortan mit einer Forderung belastet und steht den Gläubigern demnach nicht mehr in gleicher Weise als Haftungsmasse zur Verfügung wie zuvor. Eine andere Beurteilung ist lediglich bei einer **Rangrücktrittsvereinbarung** dergestalt möglich, dass der Kommanditist in der Insolvenz der KG mit seinen Zahlungsansprüchen hinter die übrigen Gläubiger der Gesellschaft zurücktritt.[58]

b) Verkehrsgeschäfte als verdeckte Ausschüttungen. Verkehrsgeschäfte (zB Kauf, Miete etc) 20 zwischen der KG und dem Kommanditisten stellen grundsätzlich keine Rückgewähr iSd § 172 Abs. 4 dar, solange die Leistung und die von dem Gesellschafter erbrachte Gegenleistung äquivalent sind. Etwas anderes gilt, wenn das Leistungsverhältnis dergestalt gestört ist, dass der Kommanditist eine hinter der Leistung durch die KG zurückbleibende Gegenleistung erbringt, auf die sich die Gesellschaft (wirtschaftliche Vernünftigkeit vorausgesetzt) gegenüber einem Dritten nicht eingelassen hätte. In letzterem Fall ist von einer haftungsauslösenden Einlagenrückgewähr auszugehen **(sog. verdeckten Ausschüttung).**[59]

Eine verdeckte Ausschüttung liegt ebenfalls bei einer unangemessenen Vergütung für eine im 21 Rahmen eines Dienst- oder Arbeitsvertrages geleistete **Tätigkeit des Kommanditisten** vor.[60] Eine derartige Tätigkeitsvergütung kann, sofern sie auf dem Gesellschaftsverhältnis beruht, auch ein **Gewinnvoraus** sein.[61] Weist das Gesellschaftsvermögen Gewinn aus, so kommt es auf die Angemessenheit der Vergütung nicht an. Die persönliche Haftung des Kommanditisten lebt lediglich unter der Voraussetzung des § 172 Abs. 4 S. 2 auf.[62] Andernfalls bleibt es bei den Ausführungen zum Verkehrsgeschäft (→ Rn. 20). Das gilt auch, wenn die Vergütung in einem gewinnunabhängigen Festgehalt besteht.[63]

c) Kreditgewährung an den Kommanditisten. Auch eine Kreditgewährung an den Komman- 22 ditisten bzw. die Stellung von Sicherheiten für Verbindlichkeiten des Kommanditisten gegenüber einem dritten Kreditgeber kann im Fall der Unangemessenheit eine Einlagenrückgewähr iSd § 172 Abs. 4 darstellen (insoweit → Rn. 20). Letzteres wird in der Regel als Einlagenrückgewähr zu qualifizieren sein, da sich kaum ein Fall denken lässt, in dem die Gesellschaft für Drittschulden Sicherheit gewähren würde. Einem Drittvergleich hält die Sicherheitsgewährung für Verbindlichkeiten des Kommanditisten daher in der Regel nicht stand. Genügt hingegen ein dem Kommanditisten gewährtes Darlehen den Anforderungen an einen Drittvergleich, stellt sich die Frage, ob im Falle einer später eintretenden Zahlungsunfähigkeit von einer Umqualifizierung desselben in eine Einlagenrückgewähr ausgegangen werden kann. In dieser Konstellation erscheint eine bilanzielle Bewertung angebracht.[64] Durch die Kreditgewährung an den Kommanditisten erlangt die Gesellschaft eine aktivierbare Forderung gegen diesen. Deren Vollwertigkeit unterstellt, liegt demnach ein einfacher Aktivtausch vor, welcher die Rechtsfolgen von § 172 Abs. 4 und § 171 Abs. 1 Hs. 2 nicht auszulösen vermag. Der KG fließen keine Vermögenswerte ab.

d) Leistung durch Dritte. Keine haftungsschädliche Einlagenrückgewähr ist in der Regel in 23 der Leistung durch Dritte – also nicht durch die KG – zu sehen, da diese grundsätzlich nicht zu

---

[56] Heymann/Borges Rn. 32; Cebulla DStR 2000, 1917 (1922, 1923); Geißler GmbHR 2014, 458 (462); MüKoHGB/Grüneberg Rn. 34; Henssler/Strohn/Gummert §§ 171, 172 Rn. 52; KKD/Kindler §§ 171, 172 Rn. 23; Westermann/Wertenbruch PersGes-HdB/Schirrmacher, 2023, § 51 Rn. I 2968; Staub/Thiessen Rn. 83.

[57] So die hM, s. BGH 9.5.1963, BGHZ 39, 319 (331) = NJW 1963, 1873 (1876); Hopt/Roth Rn. 7; Ebenroth/Boujong/Sander Rn. 24; Staub/Schilling, 4. Aufl. 1987, Rn. 14.

[58] Cebulla DStR 2000, 1917 (1923); Schlegelberger/K. Schmidt §§ 171, 172 Rn. 75.

[59] Heymann/Borges Rn. 39; Henssler/Strohn/Gummert §§ 171, 172 Rn. 48; MüKoHGB/Grüneberg Rn. 30; Ebenroth/Boujong/Sander Rn. 25; Staub/Thiessen Rn. 96 ff.

[60] Heymann/Borges Rn. 40; Henssler/Strohn/Gummert §§ 171, 172 Rn. 48; Ebenroth/Boujong/Sander Rn. 28; Westermann/Wertenbruch PersGes-HdB/Schirrmacher, 2023, § 51 Rn. I 2983; Staub/Thiessen Rn. 101.

[61] S. Heymann/Borges Rn. 40; Staub/Thiessen Rn. 101 f. mwN.

[62] Ebenroth/Boujong/Sander Rn. 29; Westermann/Wertenbruch PersGes-HdB/Schirrmacher, 2023, § 51 Rn. I 2983.

[63] Zur Abgrenzung zwischen Festgehalt und Gewinnvoraus s. insbes. Ebenroth/Boujong/Sander Rn. 29, 30.

[64] S. auch MüKoHGB/Grüneberg Rn. 31; Staub/Thiessen Rn. 107.

einem Kapitalabfluss bei der Gesellschaft führen. Anders ist die Rechtslage jedoch in Fällen, in denen die Leistung lediglich formal durch einen Dritten erfolgt, tatsächlich jedoch das Vermögen der Gesellschaft gemindert wird, da diesem eine entsprechende Gegenleistung abfließt. Haftungsschädlich ist dies, wenn Leistung und Gegenleistung in einem unangemessenen Verhältnis zueinanderstehen.

24 Gleiches gilt prinzipiell für eine **Leistung durch einen Komplementär** der Gesellschaft, da § 171 Abs. 1 Hs. 2 und § 172 Abs. 4 den Schutz der Gläubiger vor einer Verringerung des Gesellschaftsvermögens bezwecken. Dieses ist von dem Privatvermögen der Komplementäre jedoch streng zu trennen, da nach nahezu einhelliger Auffassung kein diesbezüglicher Kapitalerhaltungsgrundsatz zugunsten der Gesellschaftsgläubiger besteht.[65] Anders ist dies lediglich, sofern der Komplementär hierdurch nach § 161 Abs. 2 iVm § 105 Abs. 3 iVm § 716 Abs. 1 BGB einen Erstattungsanspruch gegen die Gesellschaft erlangt – somit eine mittelbare Zuwendung aus dem Gesellschaftsvermögen vorliegt – oder aber der Gesellschafter wegen des Ausscheidens aller Kommanditisten als Einzelkaufmann Rechtsnachfolger der KG wird.[66] In letztgenannten Fall kommt es zur Vereinigung von Gesellschafts- und Gesellschaftervermögen, so dass der Schutz über § 171 Abs. 1 Hs. 2 und § 172 Abs. 4 die nunmehr einheitliche Haftungsmasse trifft.

25 **e) Leistung an Dritte.** Die Leistung aus dem Gesellschaftsvermögen an einen Dritten kann eine Einlagenrückgewähr darstellen, sofern diese dem Kommanditisten zuzurechnen, dh insbesondere auf dessen Rechnung erfolgt ist, und ihr keine äquivalente Gegenleistung gegenübersteht.[67] Haftungsschädlich wirkt sich deshalb auch die **Begleichung privater Steuerschulden des Kommanditisten** gegenüber dem Finanzamt aus;[68] zur auf Kapitalerträge der Gesellschaft einbehaltene Kapitalertragsteuer → § 169 Rn. 6. Bei der auf thesaurierte Gewinne nach § 15 EStG zu zahlenden Einkommensteuer handelt es sich ebenfalls um eine den Kommanditisten betreffende Steuerschuld gegenüber dem Finanzamt, die durch die Gesellschaft getilgt wird. Haftungsschädlich ist dies, wenn bei einer vollen Auszahlung des Gewinns die Haftung des nun selbst abführungsverpflichteten Kommanditisten nach § 172 Abs. 4 S. 2 wieder aufleben würde.[69] Ebenso kann die Leistung an eine Gesellschaft als Einlagenrückgewähr iSd § 172 Abs. 4 zu bewerten sein, wenn der Kommanditist maßgeblichen Einfluss auf die Geschäftsführung dieser Gesellschaft hat; eine Mehrheitsbeteiligung ist für die Zurechnung der Leistung nicht zwingend erforderlich.[70]

26 **f) Abfindung und Liquidation.** Tritt ein Kommanditist aus der Gesellschaft aus, dann führt dies hinsichtlich der haftungsrechtlichen Situation – abgesehen von einer Beschränkung auf Altverbindlichkeiten[71] – grundsätzlich zu keiner Änderung.[72] Hat er seine Einlage geleistet, so ist seine persönliche Haftung nach § 171 Abs. 1 Hs. 2 ausgeschlossen.

27 Fraglich ist, ob die persönliche Haftung im Zuge seines Austritts uU wieder auflebt. Scheidet der Kommanditist aus der Gesellschaft aus, so wächst seine Einlage den übrigen Gesellschaftern nach § 161 Abs. 2 iVm § 105 Abs. 3 iVm § 712 Abs. 1 BGB an, während zugunsten des Kommanditisten ein **Abfindungsanspruch** gegenüber der Gesellschaft zur Entstehung gelangt.[73] Wird dem Kommanditisten dieses Abfindungsguthaben tatsächlich ausgezahlt, dann ist hierin unstreitig eine haftungsschädliche Einlagenrückgewähr iSd § 172 Abs. 4 zu sehen.[74] In diesem Moment fließen der

---

[65] BGH 14.1.1985, BGHZ 93, 246 = NJW 1985, 1778; MüKoHGB/Grüneberg Rn. 33; RGHMW/Mock Rn. 27; Hopt/Roth Rn. 7; Westermann/Wertenbruch PersGes-HdB/Schirrmacher, 2023, § 51 Rn. I 2973; EBJS/Strohn, 4. Aufl. 2020, Rn. 32; Staub/Thiessen Rn. 124; ausf. Kirsch, Einlageleistung und Einlagenrückgewähr im System der Kommanditistenhaftung, 1995, 145 ff.; **aA** Riegger BB 1975, 1282 (1283).

[66] RGHMW/Mock Rn. 27; Westermann/Wertenbruch PersGes-HdB/Schirrmacher, 2023, § 51 Rn. I 2973; Staub/Thiessen Rn. 124 f.

[67] BGH 20.10.1975, NJW 1976, 751 (752); Heymann/Borges Rn. 33; Canaris FS Fischer, 1979, 31 (57, 58); MüKoHGB/Grüneberg Rn. 32; Henssler/Strohn/Gummert §§ 171, 172 Rn. 49; Westermann/Wertenbruch PersGes-HdB/Schirrmacher, 2023, § 51 Rn. I 2975; Staub/Thiessen Rn. 110.

[68] BGH 29.3.1973, BGHZ 60, 324 (327) = NJW 1973, 1036 (1037); OLG Hamm 7.7.2010, NZG 2010, 1298 (1299); Heymann/Borges Rn. 33; MüKoHGB/Grüneberg Rn. 32; Ebenroth/Boujong/Sander Rn. 36; Staub/Thiessen Rn. 111.

[69] BGH 30.1.1995, NJW 1995, 1088 (1090); Westermann/Wertenbruch PersGes-HdB/Schirrmacher, 2023, § 51 Rn. I 2977; Staub/Thiessen Rn. 112; **aA** MüKoHGB/Grüneberg Rn. 32.

[70] S. BGH 25.5.2009, NJW 2009, 2378 (2379); OLG Hamburg 6.7.2018, BeckRS 2018, 44334; Heymann/Borges Rn. 33.

[71] S. BGH 26.3.2019, NJW-RR 2019, 811 Rn. 14, 17.

[72] Ebenroth/Boujong/Sander Rn. 38.

[73] Westermann/Wertenbruch PersGes-HdB/Schirrmacher, 2023, § 51 Rn. I 3030; MHdB GesR II/Schulte § 37 Rn. 43.

[74] BGH 9.5.1963, BGHZ 39, 319 (331) = NJW 1963, 1873 (1876); 28.1.2020, NZG 2020, 384 Rn. 34; Heymann/Borges Rn. 52; MüKoHGB/Grüneberg Rn. 35; Mueller-Thuns GmbHR 2025, 935 (956); Ebenroth/Boujong/Sander Rn. 38; Staub/Thiessen Rn. 126 f.; Wiedemann FS Bärmann, 1975, 1037 (1046, 1047).

Gesellschaft konkret Vermögenswerte ab. Einem Wiederaufleben der persönlichen Haftung könnte der Kommanditist jedoch uU entgegenwirken, indem er seinen Abfindungsanspruch auf einem Forderungskonto im Gesellschaftsvermögen – zB als Darlehen oder stille Beteiligung – stehen lässt.[75] Nach hier vertretener Auffassung (→ Rn. 19) liegt jedoch bereits mit Entstehung des durch den Austritt veranlassten Abfindungsanspruchs eine Umwandlung von Eigen- in Fremdkapital vor, das das den Gläubigern haftende Gesellschaftsvermögen demnach mit einer Forderung belastet.[76] Dies ist nur dann nicht als eine haftungsschädliche Einlagenrückgewähr zu bewerten, wenn das Darlehen bzw. die stille Beteiligung ausnahmsweise, so zB durch die Vereinbarung eines Rangrücktritts für den Fall einer Insolvenz, Eigenkapitalcharakter hat (→ Rn. 19).[77] Um ein Wiederaufleben der Außenhaftung bei der Investment-KG auszuschließen, fingieren § 133 Abs. 2 S. 1 KAGB und § 152 Abs. 6 S. 1 KAGB – methodisch korrekt –, dass die Realisierung des Abfindungsanspruchs nicht als Rückgewähr der Einlage gilt (→ Rn. 61).

Befriedigt ein Mitgesellschafter den Abfindungsanspruch des Kommanditisten, so ist hierin nur 28 dann eine haftungsauslösende Einlagenrückgewähr zu sehen, wenn der zahlende Gesellschafter einen Erstattungsanspruch gegen die KG geltend macht oder als einziger verbliebener Komplementär das Unternehmen als einzelkaufmännisches weiterführt, so dass haftungstechnisch nicht mehr zwischen Privat- und Gesellschaftsvermögen unterschieden werden muss (→ Rn. 24).[78]

g) Anteilsübertragung. Kommt es zur rechtsgeschäftlichen Übertragung des Kommanditanteils, 29 so ist dies durch den Eintrag eines entsprechenden **Nachfolgevermerks** zu kennzeichnen. Unterbleibt dies und erfolgt auch keine Löschung des veräußernden Gesellschafters, so entsteht registerrechtlich der Eindruck einer zusätzlichen Kommanditbeteiligung (→ § 162 Rn. 21 f.). In diesen Fällen kommt eine bereits erfolgte Einlagenleistung dem erwerbenden Gesellschafter zugute, während den Veräußerer die Haftung für die scheinbar zusätzliche Einlage trifft (näher → § 173 Rn. 23 ff.).[79]

3. Beweislast. Den Kommanditisten trifft die Beweislast hinsichtlich des Ausschlusses seiner per- 30 sönlichen Haftung durch Einlageleistung nach § 171 Abs. 1 Hs. 2.[80] Einen Kapitalabfluss aus dem Gesellschaftsvermögen, der uU zu einem Wiederaufleben der entsprechenden Haftung führen könnte, muss dagegen der sich hierauf berufende Gläubiger der Gesellschaft darlegen.[81] Geschieht dies, so obliegt es wiederum dem Kommanditisten, Beweis für die Haftungsunschädlichkeit der jeweiligen Leistung zu erbringen.[82]

IV. Haftungsschädliche Gewinnentnahmen (Abs. 4 S. 2)

§ 172 Abs. 4 S. 2 ergänzt den ersten Absatz der Vorschrift und regelt, wann bei der Entnahme 31 von Gewinnanteilen eine haftungsschädliche Einlagenrückgewähr vorliegt. Während es dem Kommanditisten nach § 169 Abs. 1 S. 2 Hs. 2 versagt ist, die Auszahlung des auf ihn entfallenden Gewinns zu fordern, sofern sein Kapitalanteil durch Verluste bereits unter den Betrag der im Innenverhältnis aufgrund gesellschaftsvertraglicher Vereinbarung zu erbringenden Pflichteinlage gesunken ist oder die Auszahlung zu einer derartigen Unterdeckung führen würde, betrifft § 172 Abs. 4 S. 2 nicht die Kapitalbindung in diesem Innenverhältnis, sondern die **Haftungsverhältnisse im Außenverhältnis** zu den Gesellschaftsgläubigern. Deshalb meint der noch in § 172 Abs. 4 S. 2 aF enthaltene Begriff der „Einlage" anders als in § 169 Abs. 1 S. 2 Hs. 2 (→ § 169 Rn. 10 f.) die im Außenverhältnis

[75] So Heymann/Horn, 2. Aufl. 1996, Rn. 19; GK-HGB/Kluge/Kluge Rn. 13, 18; Hopt/Roth Rn. 7; Ebenroth/Boujong/Sander Rn. 39; Staub/Thiessen Rn. 127.

[76] Ebenso Koch PersGesR/Ceesay Rn. 29.

[77] Heymann/Borges Rn. 54; Cebulla DStR 2000, 1917 (1923); MüKoHGB/Grüneberg Rn. 33; Westermann/Wertenbruch PersGes-HdB/Schirrmacher, 2023, § 51 Rn. I 3031; Staub/Thiessen Rn. 126.

[78] Heymann/Borges Rn. 53; Hopt/Roth Rn. 6; s. auch Ebenroth/Boujong/Sander Rn. 40.

[79] Heymann/Borges Rn. 57.

[80] BGH 29.9.2015, NJW 2015, 3789 Rn. 30; OLG Jena 11.4.2018, ZInsO 2018, 1221 = BeckRS 2018, 9113; Heymann/Borges Rn. 58; Koch PersGesR/Ceesay Rn. 44.

[81] Für die nahezu allgM statt aller OLG Hamm 11.6.2018, NZG 2018, 940 (940); OLG Schleswig 8.11.2023, NZG 2024, 743 (746); Koch PersGesR/Ceesay Rn. 44; Staub/Thiessen Rn. 192; **aA** Bartlitz, Die Haftung des Kommanditisten auf der Grundlage kapitalgesellschaftsrechtlicher Prinzipien, 2016, 85 f.: volle Beweislast des Kommanditisten.

[82] Für die hM s. BGH 22.3.2011, BGHZ 189, 48 Rn. 21 = NJW 2011, 2351; OLG Hamm 11.6.2018, NZG 2018, 940 (940); OLG Köln 28.12.2012, NZG 2014, 179 (181); OLG Schleswig 8.11.2023, NZG 2024, 743 (746); OLG Stuttgart 31.7.2019, BeckRS 2019, 24110; 31.7.2019, BeckRS 2019, 24102; Heymann/Borges Rn. 48; MüKoHGB/Grüneberg Rn. 36; RGHMW/Mock Rn. 40; Ebenroth/Boujong/Sander Rn. 57; Staub/Thiessen Rn. 192.

maßgebliche Haftsumme, nicht aber die Einlage im technischen Sinne.[83] Dieses Verständnis hat der Reformgesetzgeber des MoPeG durch den terminologischen Wechsel zur Haftsumme ausdrücklich bestätigt.[84]

32 Da sich Pflichteinlage und Haftsumme nicht entsprechen müssen (→ § 171 Rn. 7), kann eine Gewinnentnahme uU nach § 169 Abs. 1 S. 2 Hs. 2 zulässig, gleichwohl jedoch haftungsschädlich sein. Dies kann der Fall sein, wenn im Außenverhältnis eine im Vergleich zu der im Innenverhältnis maßgeblichen Pflichteinlage hohe Haftsumme zu leisten ist, so dass kein hinreichendes „Polster" für haftungsunschädliche Auszahlungen geschaffen wurde. Entsprechendes gilt in der umgekehrten Konstellation.[85] Soll festgestellt werden, ob die Gewinnentnahme auf Kosten des zur Haftsummenabdeckung erforderlichen Kapitalanteils des Kommanditisten erfolgt, so ist auf eine Erfolgsbilanz zu fortgeführten Buchwerten abzustellen (→ Rn. 17).

33 Die Außenhaftung des Kommanditisten ist jedoch immer auf die im Handelsregister eingetragene Haftsumme beschränkt (zu den Ausnahmen → Rn. 4 ff.); § 172 Abs. 4 S. 2 führt nicht zu einer Ausweitung der Haftung, sondern regelt lediglich, unter welchen Umständen die bereits nach § 171 Abs. 1 Hs. 2 ausgeschlossene persönliche Haftung wieder auflebt.[86]

34 Eine nach § 172 Abs. 4 S. 2 haftungsschädliche Gewinnentnahme liegt vor, wenn diese den auf den Kommanditisten entfallenden Kapitalanteil in der Weise schmälert, dass es zu einer Unterdeckung hinsichtlich der im Außenverhältnis maßgeblichen Haftsumme kommt. Hierzu kann es auch kommen, wenn Sonderabschreibungen zu einer bilanziellen Minderung der Einlage führen.[87] Gleiches gilt, sofern diese durch Verluste bereits zuvor nicht mehr durch den Kapitalanteil des Kommanditisten gedeckt ist. Gewinn iSd § 172 Abs. 4 S. 2 meint dabei den **in der Handelsbilanz ausgewiesenen Jahresgewinn,**[88] der anhand von Buchwerten (ohne Berücksichtigung bilanziell nicht ausgewiesener stiller Reserven sowie der in § 268 Abs. 8 genannten Beträge (§ 172 Abs. 4 S. 3) zu ermitteln ist.[89] Als Gewinne sind auch die von der Gesellschaft auf die Kommanditeinlage zu zahlenden Zinsen sowie sonstige gewinnabhängige Vergütungen für Tätigkeiten des Kommanditisten zu qualifizieren.[90] Sind die entnommenen Gewinne tatsächlich nie erwirtschaftet worden – handelt es sich also um sog. **Scheingewinne** (→ § 169 Rn. 26 ff.) – so liegt hierin eine Einlagenrückgewähr iSd § 172 Abs. 4 S. 1, die sich uU haftungsschädlich auswirken kann (zur Privilegierung bei Gutgläubigkeit → Rn. 35).[91]

35 Kommt es zur Entnahme von Gewinnen, die im Rahmen der Bilanzaufstellung fälschlicherweise ermittelt, tatsächlich jedoch nie oder nicht so erzielt wurden, ist hierin eine Einlagenrückgewähr an den Kommanditisten iSd § 172 Abs. 4 S. 2 zu sehen (→ Rn. 34). Dies führt – wie bereits erwähnt – uU zu einem Wiederaufleben seiner Haftung. Bleibt es bei diesem Grundsatz, so müsste der Kommanditist vor jeder Gewinnausschüttung Unsicherheiten über seine Bezugsberechtigung beseitigen, was im Ergebnis auf eine umfassende Bilanzprüfung hinausliefe. Dem trug § 172 Abs. 5 aF Rechnung, indem er eine **Vertrauensschutzregel** zugunsten des gutgläubigen Kommanditisten aufstellte. Danach musste dieser den auf Grund einer im guten Glauben errichteten Bilanz bezogenen Gewinn nicht zurückzahlen, wenn er selbst bei Bezug des Gewinns gutgläubig gewesen war (→ 7. Aufl. 2021, § 172 Rn. 35 ff.). Die hiermit verbundene Haftungsprivilegierung sah der Reformgesetzgeber des MoPeG jedoch als nicht gerechtfertigt an und hob die Vorschrift in § 172 Abs. 5 aF ersatzlos auf (→ Rn. 1).

V. GmbH & Co. KG (Abs. 5)

36 **1. Kapitalaufbringung in der GmbH & Co. KG. a) Zweck des § 172 Abs. 5.** Den Gläubigern einer KG stehen **zwei Haftungsmassen** zur Verfügung: zum einen das Privatvermögen der Komplementäre, zum anderen die jeweiligen Kommanditeinlagen. Für die GmbH & Co. KG gilt

[83] MüKoHGB/Grüneberg Rn. 38; Henssler/Strohn/Gummert §§ 171, 172 Rn. 53; Staub/Thiessen Rn. 90; Bartlitz, Die Haftung des Kommanditisten auf der Grundlage kapitalgesellschaftsrechtlicher Prinzipien, 2016, 93 f.

[84] S. Begr. RegE, BT-Drs. 19/27635, 257.

[85] S. ausf. MüKoHGB/Grüneberg Rn. 39.

[86] S. BGH 22.3.2011, BGHZ 189, 48 Rn. 19 = NJW 2011, 2351; Koch PersGesR/Ceesay Rn. 33; Staub/Thiessen Rn. 89 mwN.

[87] BGH 11.12.1999, BGHZ 109, 334 (337 ff.); 20.4.2009, NJW 2009, 2126 (2127); OLG Nürnberg 3.3.2008, ZIP 2008, 2267 (2268) = BeckRS 2008, 06694.

[88] BGH 20.4.2009, NJW 2009, 2126 (2126 f.); Heymann/Borges Rn. 46; Westermann/Wertenbruch PersGes-HdB/Schirrmacher, 2023, § 51 Rn. I 2998.

[89] Heymann/Borges Rn. 46; Ebenroth/Boujong/Sander Rn. 47; Westermann/Wertenbruch PersGes-HdB/Schirrmacher, 2023, § 51 Rn. I 2998; **aA** Priester BB 1976, 1004 (1008), mit ausf. Darstellung der unterschiedlichen Bewertungsansätze.

[90] RGHMW/Mock Rn. 36; Ebenroth/Boujong/Sander Rn. 47; Staub/Thiessen Rn. 95.

[91] MüKoHGB/Grüneberg Rn. 43; RGHMW/Mock Rn. 36; diff. Ebenroth/Boujong/Sander Rn. 47.

dies entsprechend, lediglich mit dem Unterschied, dass nicht eine natürliche Person mit ihrem Privatvermögen, sondern eine GmbH mit ihrem Gesellschaftsvermögen als Komplementärin haftet.

Nicht selten kommt es bei der GmbH & Co. KG jedoch zu einer Vermengung von Vermögenspositionen mit der Gefahr, dass der vorgenannte Grundsatz umgangen wird. So könnte zB der Gesellschaftsvertrag festlegen, dass die Kommanditisten, die zugleich Anteile an der Komplementär-GmbH halten, diese als Kommanditeinlage einbringen können. Dadurch stünde den Gesellschaftsgläubigern faktisch nur eine Haftungsmasse zur Verfügung. Um dies zu verhindern bestimmt § 172 Abs. 5, dass gegenüber den Gläubigern einer Gesellschaft, bei der kein persönlich haftender Gesellschafter eine natürliche Person ist, die Einlage eines Kommanditisten als nicht geleistet gilt, soweit sie in Anteilen an der Komplementär-GmbH bewirkt ist.[92] Deren Stammkapital und die Kommanditeinlagen müssen daher **kumulativ** aufgebracht werden, so dass den Gläubigern der GmbH & Co. KG beides nebeneinander als Haftungsgrundlage zur Verfügung steht (→ § 171 Rn. 71, 72).[93] Die Stammeinlage eines GmbH-Gesellschafters muss dabei der GmbH selbst zufließen.[94] Eine Zahlung auf ein Konto der KG befreit den betroffenen Gesellschafter grundsätzlich nicht von seiner Einlagepflicht im Verhältnis zur GmbH – GmbH & Co. KG und GmbH können insoweit nicht als Einheit behandelt werden.[95] Eine andere Beurteilung kann sich lediglich unter den Voraussetzungen in § 362 Abs. 2 BGB und § 185 BGB ergeben.[96] 37

Die Vorschrift des § 172 Abs. 5 erfasst nicht nur die GmbH & Co. KG, sondern findet darüber hinaus auch auf die **AG & Co. KG** und die **KGaA & Co. KG** Anwendung.[97] 38

b) Voraussetzungen und Rechtsfolge des § 172 Abs. 5. § 172 Abs. 5 S. 1 setzt voraus, dass überhaupt keine natürliche Person persönlich haftender Gesellschafter der KG ist. Dem stellt § 172 Abs. 5 S. 2 den Fall gleich, dass sich unter den Komplementären zwar keine natürliche Person, jedoch eine OHG oder KG befindet, deren persönlich haftender Gesellschafter eine natürliche Person ist. Selbiges gilt auch bei einer weiteren Staffelung, wenn wiederum nur eine Handelsgesellschaft die Stellung eines Komplementärs einnimmt, an dieser allerdings zumindest eine natürliche Person als persönlich haftender Gesellschafter beteiligt ist.[98] 39

Aus § 172 Abs. 5 folgt nicht, dass die Erbringung der Kommanditeinlage in Form von Anteilen der Komplementär-GmbH unzulässig wäre.[99] Deshalb kann die KG alle Geschäftsanteile der Komplementär-GmbH halten **(sog. Einheits- GmbH & Co. KG).** Im Außenverhältnis führt dies gegenüber den Gesellschaftsgläubigern jedoch nur dann zu einer Haftungsbefreiung nach § 171 Abs. 1 Hs. 2, wenn die Kommanditisten neben den Geschäftsanteilen an der Komplementär-GmbH weitere Vermögenswerte in Höhe ihrer Haftsumme einbringen, da nur unter dieser Voraussetzung das Erfordernis einer doppelten Haftungsgrundlage erfüllt ist.[100] 40

2. Kapitalerhaltung in der GmbH & Co. KG. Während § 172 Abs. 4 die persönliche Haftung der Kommanditisten im Außenverhältnis zu den Gläubigern der KG wiederaufleben lässt, sofern eine Rückzahlung der Einlage aus dem Gesellschaftsvermögen zur Unterdeckung in Bezug auf die Haftsumme führt (→ Rn. 15), fällt die Zuwendung von GmbH-Vermögen, das zur Erhaltung des Stammkapitals erforderlich ist, unter die für die GmbH-Gesellschafter geltenden Regelungen in den §§ 30 ff. GmbHG. Die vorstehend genannten Vorschriften treten in der GmbH & Co. KG nebeneinander.[101] 41

So können Leistungen an die Kommanditisten aus dem **Vermögen der KG,** die unter den Voraussetzungen des § 171 Abs. 1 und § 172 Abs. 4 zu einem Wiederaufleben der persönlichen Haftung bis zur Höhe der im Außenverhältnis maßgeblichen Haftsumme führen, zugleich gegen die Kapitalerhaltungsvorschrift des § 30 GmbHG verstoßen, was eine Rückzahlungspflicht nach § 31 GmbHG zur Folge hat.[102] Die §§ 30, 31 GmbHG finden insoweit **analoge Anwendung.**[103] Die Rückzahlungspflicht analog § 31 GmbHG erfährt allerdings keine Begrenzung durch den Betrag des Stammkapitals, sondern verpflichtet den jeweiligen Kommanditisten zur Rückzahlung sämtlicher 42

[92] Staub/Thiessen Rn. 169.
[93] MüKoHGB/Grüneberg Rn. 49; Ebenroth/Boujong/Sander Rn. 60.
[94] Ebenroth/Boujong/Sander Rn. 64.
[95] BGH 25.11.1985, NJW 1986, 989; Ebenroth/Boujong/Sander Rn. 64; krit. K. Schmidt DB 1985, 1986.
[96] BGH 25.11.1985, NJW 1986, 989.
[97] MüKoHGB/Grüneberg Rn. 54; Ebenroth/Boujong/Sander Rn. 62.
[98] MüKoHGB/Grüneberg Rn. 54; Ebenroth/Boujong/Sander Rn. 62; Staub/Thiessen Rn. 171.
[99] Wertenbruch GmbHR 2024, 953 (956).
[100] MüKoHGB/Grüneberg Rn. 55; Staub/Thiessen Rn. 169.
[101] Statt aller Staub/Thiessen Rn. 177 mwN.
[102] Ebenroth/Boujong/Sander Rn. 70.
[103] BGH 28.1.2020, NZG 2020, 384 Rn. 37 ff.; Ebenroth/Boujong/Sander Rn. 70; Staub/Thiessen Rn. 182; ferner Pöschke/Steenbreker NZG 2016, 614 (616 ff.); Wertenbruch NZG 2022, 939 (943).

empfangener Leistungen bis zu der Höhe, die zur Wiederherstellung des Stammkapitals erforderlich ist.[104] Ein entsprechender Verstoß mit soeben dargestellter Rechtsfolge ist anzunehmen, wenn die Belastung des KG-Vermögens zumindest mittelbar das Vermögen auch der Komplementär-GmbH schmälert, weil es unter den Nennwert des Stammkapitals sinkt oder eine bereits vorhandene Unterbilanz intensiviert wird.[105] Unerheblich ist dabei, ob der die Leistung empfangene Kommanditist zugleich GmbH-Gesellschafter ist.[106] Dies gilt auch bei einer Leistung an einen Gesellschafter der Komplementär-GmbH aus dem **KG-Vermögen.**[107]

43 Der analog § 31 GmbHG bestehende Rückzahlungsanspruch steht nicht der GmbH, sondern der **KG** zu,[108] da die KG wegen der gesellschaftsrechtlichen Verknüpfung mit der GmbH auch gegenüber letzterer die Verantwortung für die Rückführung unzulässig entnommener Vermögenswerte trägt.[109] Geltend zu machen ist dieser Anspruch allerdings von der Komplementär-GmbH, vertreten durch ihre Geschäftsführer. Bleiben letztere untätig, so können ihre Mitgesellschafter im Wege der **actio pro socio** vorgehen (§ 161 Abs. 2 iVm § 105 Abs. 3 iVm § 715b BGB).[110]

44 Zu beachten ist in diesem Zusammenhang darüber hinaus die die Mitgesellschafter uU treffende **Ausfallhaftung** nach § 31 Abs. 3 GmbHG. Diese ist jedoch – anders als beim empfangenen Gesellschafter (→ Rn. 53) – immer auf den Betrag des Stammkapitals beschränkt.[111] Ihre Haftung noch weiter, nämlich auf den Betrag der auf den Zahlungsempfänger fallenden Stammeinlage zu beschränken,[112] ist aus Gründen eines effektiven Gläubigerschutzes nicht möglich. Insoweit muss das Interesse der Mitgesellschafter an einem kalkulierbaren Haftungsrisiko zurücktreten. Letztere stehen der GmbH & Co. KG und ihren wirtschaftlichen Risiken näher als die Gesellschaftsgläubiger.

VI. Publikums-KG

45 Für die Publikumsgesellschaft gelten grundsätzlich keine Besonderheiten. Fraglich ist allein, ob hinsichtlich des gutgläubigen Gewinnbezuges wegen der kapitalistischen Struktur einer Publikums-KG auf das Erfordernis einer im guten Glauben errichteten Bilanz verzichtet werden sollte.[113] Der strenge Maßstab des § 172 Abs. 5, nach dem **Gutgläubigkeit** in zweifacher Hinsicht erforderlich ist (→ Rn. 38), trägt der typischerweise **personalistisch strukturierten KG** Rechnung. Dem Kommanditisten einer KG, die in der Regel eine überschaubare Mitgliederzahl aufweist, wird zum Zwecke des Gläubigerschutzes neben dem eigenen bösen Glauben auch die Bösgläubigkeit der an der Bilanzerrichtung beteiligten Gesellschafter zugerechnet, da sie den in diesem Rahmen drohenden Risiken näher stehen als die Gesellschaftsgläubiger.

46 Zweifelhaft erscheint jedoch, ob dies bei einer **kapitalistisch strukturierten KG,** die auf eine Vielzahl von Gesellschaftern angelegt ist, in gleicher Weise gelten soll. Die KG hat in diesem Fall – ähnlich einer AG – den Charakter einer Anlage- und damit Kapitalgesellschaft.[114] Für die Aktionäre einer AG gilt hingegen nach § 62 Abs. 1 AktG ein weniger strenger Maßstab bezüglich der Gutgläubigkeit im Rahmen des Gewinnbezugs, da diese Vorschrift allein auf den guten Glauben des jeweils empfangenden Aktionärs abstellt. Die Annäherung der Publikums-KG an die AG drängt deshalb eine **analoge Anwendung des § 62 Abs. 1 AktG** auf. Diese wird jedoch zu Recht **abgelehnt.**[115] Dem scheinbar hinter Anlegerinteressen zurücktretenden Gläubigerschutz im Rahmen des § 62 Abs. 1 AktG wird über die strengen und detaillierten Rechnungslegungs- und Prüfungsvorschriften des Aktienrechts Rechnung getragen.[116] Hieran fehlt es bei Personenhandelsgesellschaften, so dass die für eine Analogie erforderliche vergleichbare Interessenlage nicht vorliegt.[117]

---

[104] Ebenroth/Boujong/Sander Rn. 70.

[105] BGH 29.3.1973, BGHZ 60, 324 = NJW 1973, 1036 (1038); Immenga ZGR 1974, 487 (490); RGHMW/Mock Rn. 54; Ebenroth/Boujong/Sander Rn. 67, 68.

[106] BGH 19.2.1990, BGHZ 110, 342 (355) = NJW 1990, 1725; Ebenroth/Boujong/Sander Rn. 70.

[107] BGH 9.12.2014, NZG 2015, 225 Rn. 8; Ebenroth/Boujong/Sander Rn. 67.

[108] BGH 9.12.2014, NZG 2015, 225 Rn. 12; 29.3.1973, BGHZ 60, 324 = NJW 1973, 1036 (1038); Staub/Thiessen Rn. 185.

[109] BGH 29.3.1973, BGHZ 60, 324 = NJW 1973, 1036 (1038).

[110] Brandi ZIP 1995, 1391 (1395, 1396).

[111] BGH 25.2.2002, BGHZ 150, 61 (65, 66) = NJW 2002, 1803 (1804); RGHMW/Mock Rn. 55.

[112] Offengelassen von BGH 25.2.2002, BGHZ 150, 61 (66) = NJW 2002, 1803 (1804); so aber MüKoHGB/Grüneberg Rn. 57; K. Schmidt BB 1985, 154 (157); Ebenroth/Boujong/Sander Rn. 68.

[113] So K. Schmidt BB 1984, 1588 (1593).

[114] Windbichler/Bachmann GesR § 19 Rn. 1.

[115] BGH 12.7.1982, BGHZ 84, 383 (386) = NJW 1982, 2500 (2501); Hopt/Roth Anh. § 179 Rn. 29; Ebenroth/Boujong/Sander Rn. 54; Staub/Thiessen Rn. 148, 151; **aA** RGHMW/Mock Rn. 62.

[116] BGH 12.7.1982, BGHZ 84, 383 (386) = NJW 1982, 2500 (2501).

[117] BGH 12.7.1982, BGHZ 84, 383 (386) = NJW 1982, 2500 (2501); krit. K. Schmidt GesR § 57 III 2; Engler, Die Haftung des kapitalanlegenden Kommanditisten einer Publikums-KG unter den Aspekten des Gläubiger- und Anlegerschutzes, 1997, 216 ff.

47 Bei Durchführung des **Treuhandmodells** führen die Grundsätze in → § 171 Rn. 79 dazu, dass zB die **Rückzahlung der Einlage** an den Kapitalanleger nach § 172 Abs. 4 zum Wiederaufleben der Haftung seitens des Treuhänders führt, der sich jedoch bei dem betreffenden Treugeber schadlos halten kann (→ § 171 Rn. 79). Die Treugeber sind einem Kommanditisten somit auch bei einer lediglich mittelbaren (nämlich rein wirtschaftlichen) Beteiligung quasi gleichgestellt. Ihnen erwachsen durch die Zwischenschaltung eines Treuhänders regelmäßig weder Vor- noch Nachteile.[118] Dies zeigt sich letztlich auch darin, dass der Treuhänder die von ihnen empfangenen Einlagen auch im Falle einer drohenden Insolvenz an die Gesellschaft weiterleiten darf, gegenüber der KG hierzu sogar verpflichtet ist.[119] Ein unmittelbarer Haftungsdurchgriff der Gesellschaftsgläubiger auf die Kapitalanleger ist dagegen nicht möglich (→ § 171 Rn. 79).[120] Adressat der auf die Kommanditistenhaftung gestützten Ansprüche ist immer die Treuhänder, nicht jedoch der Treugeber. Die Gläubiger der Gesellschaft können jedoch den gegen die Treugeber gerichteten **Freistellungsanspruch des Treuhandkommanditisten** pfänden und sich überweisen lassen. Ein **Abtretungsverbot** steht dem nicht entgegen.[121] Gegenüber dem abgetretenen Freistellungsanspruch kann der Treugeber nicht mit **Schadensersatzansprüchen aus Prospekthaftung** aufrechnen, die ihm gegen den Treuhandkommanditisten zustehen.[122] Ebenso kann er diese nicht über ein Zurückbehaltungsrecht oder eine „dolo agit-Einrede" dem Freistellungsanspruch entgegenhalten.[123] Erfüllt ein Treugeber eine den Treuhänder nach den §§ 171 f. treffende Pflicht zur Befriedigung eines Gesellschaftsgläubigers, so steht dem Treugeber gegenüber der Gesellschaft analog § 716 Abs. 1 BGB ein Aufwendungsersatzanspruch zu,[124] für den die anderen Treugeber im Regress als Gesamtschuldner nach der Rspr. des BGH jedenfalls dann einstehen müssen, wenn sie eine einem unmittelbaren Gesellschafter entsprechende Rechtsstellung haben.[125]

VII. Investment-KG

48 Die für die Außenhaftung des Kommanditisten relevante Vorschrift des § 172 gilt wegen der Verweisung in § 124 Abs. 1 S. 2 KAGB und § 149 Abs. 1 S. 2 KAGB auch für den Kommanditisten der offenen bzw. geschlossenen Investment-KG.[126] Ergänzend zu § 172 Abs. 4 treffen § 127 Abs. 2 KAGB und § 152 Abs. 2 KAGB jedoch eine inhaltlich übereinstimmende Sonderbestimmung zur **Rückgewähr der Einlage.** Danach ist deren Rückgewähr auch bei der offenen bzw. geschlossenen Investment-KG grundsätzlich nicht untersagt, sondern führt im Außenverhältnis zum Aufleben der Haftung (zum Innenverhältnis → § 171 Rn. 81). Im Unterschied zu § 172 Abs. 4 darf die Rückgewähr jedoch nur mit **Zustimmung** des Kommanditisten und dessen vorheriger **Aufklärung** über das Wiederaufleben der Außenhaftung erfolgen. Anwendung findet diese Sonderregelung, insbesondere das Erfordernis einer Zustimmung des Kommanditisten, nur auf Ausschüttungen nach Inkrafttreten des KAGB.[127]

49 Sowohl § 127 Abs. 2 S. 1 KAGB als auch § 152 Abs. 2 S. 1 KAGB knüpfen an die Rückgewähr der „Einlage" an und meinen damit nicht die ausschließlich für das Innenverhältnis relevante Pflichteinlage (→ § 171 Rn. 7 f.), sondern wegen der Verknüpfung mit der Außenhaftung des Kommanditisten die gesellschaftsvertraglich fixierte **Hafteinlage.**[128] Die für § 127 Abs. 2 S. 1 KAGB und § 152

[118] S. BGH 22.3.2011, BGHZ 189, 45 Rn. 27 = NJW 2011, 2351.

[119] BGH 17.12.1979, NJW 1980, 1163 (1164); Ebenroth/Boujong/Notz Anh. 2 § 179 Rn. 175.

[120] BGH 22.3.2011, BGHZ 189, 45 Rn. 10 = NJW 2011, 2351; 23.4.2012, NJW-RR 2012, 937 Rn. 20; 29.9.2015, NJW 2015, 3789 Rn. 11, 23; OLG Stuttgart 18.3.2010, NZG 2010, 716 (718); Weipert ZHR 157 (1993), 513 (515).

[121] BGH 22.3.2011, BGHZ 189, 45 Rn. 14 f. = NJW 2011, 2351; OLG Jena 13.1.2009, WM 2009, 937 (938 f.) = BeckRS 2009, 5606; OLG Karlsruhe 6.8.2009, NZG 2009, 1107 (1108); OLG Koblenz 11.12.2008, WM 2009, 939 (940 f.) = BeckRS 2009, 05607; OLG Köln 21.8.2008, NZG 2009, 543 (544); OLG Nürnberg 17.1.2008, WM 2009, 942 (943); OLG Stuttgart 18.3.2010, NZG 2010, 716 (717); s. auch BGH 24.7.2012, NZG 2012, 1024 Rn. 32 ff.

[122] BGH 22.3.2011, BGHZ 189, 45 Rn. 27 = NJW 2011, 2351; 18.10.2012, NJW 2013, 862 Rn. 29; abl. Klöhn, Gesellschaftsrecht in der Diskussion 2012, 2013, 143 ff.; s. auch Menkel NZG 2014, 1253 ff.

[123] BGH 18.10.2012, NJW 2013, 862 Rn. 37.

[124] BGH 29.9.2015, NJW 2015, 3789 Rn. 15 f.

[125] BGH 29.9.2015, NJW 2015, 3789 Rn. 19 ff.; s. dazu ausf. Altmeppen NJW 2016, 1761 ff.; Menkel NZG 2016, 261 ff.; Mock ZIP 2016, 497 ff.; Wertenbruch NZG 2016, 401 ff.

[126] MüKoHGB/Brungs Anh. § 161 Rn. 114; WBA/Lorenz KAGB § 127 Rn. 5.

[127] BGH 20.3.2018, BeckRS 2018, 9505 Rn. 11 ff.

[128] MKJH/Eichhorn KAGB § 127 Rn. 11; BSV/Klebeck/Kunschke KAGB § 152 Rn. 64; Kupsch, Gewinnunabhängige Auszahlungen an Kommanditisten von Publikumskommanditgesellschaften und geschlossenen Investmentkommanditgesellschaften, 2020, 195; BSV/Kunschke/Klebeck KAGB § 127 Rn. 31; Ebenroth/Boujong/Paefgen/Franke KAGB § 127 Rn. 5; WBA/Paul KAGB § 152 Rn. 14; EDD/Schott KAGB § 152 Rn. 17; Wallach ZGR 2014, 289 (316); AWZ/Wallach KAGB § 152 Rn. 59; idS auch Begr. RegE, BT-Drs. 17/12294, 242.

Abs. 2 S. 1 KAGB maßgebende „Rückgewähr" richtet sich nach den zu § 172 Abs. 4 S. 1 anerkannten Grundsätzen (→ Rn. 18 ff.), da die Vorschriften des KAGB auf diesen aufbauen. Ebenso wie § 172 Abs. 4 S. 2 erfassen § 127 Abs. 2 KAGB und § 152 Abs. 2 KAGB neben der Einlage auch **Ausschüttungen,** sofern diese für den Erhalt der Einlage erforderlich sind.[129] Im Hinblick auf die Haftung aus § 172 Abs. 4 bedurfte es für den aus der Investment-KG **ausscheidenden Kommanditisten** einer Sonderregelung, da jedenfalls die Realisierung seines **Abfindungsanspruchs** auch die Rückzahlung der Einlage umfasst und dementsprechend zum Wiederaufleben der Außenhaftung führen würde (→ Rn. 27). Um diese Rechtsfolge auszuschließen, fingieren[130] („gilt") § 133 Abs. 2 S. 1 KAGB und § 152 Abs. 6 S. 1 KAGB, dass die Erfüllung des Abfindungsanspruchs keine Rückzahlung iSv § 172 Abs. 4 ist. Das gilt ebenfalls, wenn der Kommanditist sein Recht zur außerordentlichen Kündigung nach § 138 Abs. 1 S. 2 KAGB bzw. § 161 Abs. 2 S. 2 KAGB ausübt und ihm infolge dessen gegenüber der Gesellschaft ein Abfindungsanspruch zusteht.

50 Da das Gesetz auf die Zustimmung des einzelnen Kommanditisten abstellt, ist eine individuelle Zustimmung des Kommanditisten erforderlich, der die Leistung erhält; ein Beschluss der Gesellschafterversammlung genügt deshalb für sich allein nicht dem Zustimmungserfordernis.[131] Zu welchem **Zeitpunkt** die von § 127 Abs. 2 S. 1 KAGB und § 152 Abs. 2 S. 1 KAGB geforderte Zustimmung des Kommanditisten vorliegen muss, ergibt sich aus dem Gesetz nicht. In der Terminologie des BGB würde auch die nachträgliche Zustimmung (Genehmigung) ausreichen, da die Zustimmung als Oberbegriff sowohl die Einwilligung und die Genehmigung umfasst (s. § 184 BGB).[132] Mit dem Zweck des § 127 Abs. 2 S. 1 KAGB bzw. § 152 Abs. 2 S. 1 KAGB ist indes ausschließlich eine Einwilligung vereinbar, da nur hierdurch der Kommanditist bei einer Rückgewähr der Einlage vor einer Außenhaftung geschützt ist.[133] Ebenfalls aus dem Zweck der Zustimmung folgt, dass diese nicht pauschal bereits im Rahmen des Gesellschaftsvertrags erteilt werden kann,[134] da der Kommanditist in diesem Zeitpunkt das Risiko einer tatsächlichen Inanspruchnahme nicht übersehen kann. Dies ist ihm nur möglich, wenn die Zustimmung in einem engen **zeitlichen Zusammenhang mit der Rückgewähr** steht.[135] Eine bestimmte **Form** muss die Zustimmung des Kommanditisten nicht erfüllen,[136] er kann diese ausdrücklich, aber auch konkludent erteilen.

51 Die **Rechtsfolgen** einer Rückgewähr bzw. Ausschüttung **ohne Zustimmung** des Kommanditisten erschließen sich aus § 127 Abs. 2 S. 1 KAGB und § 152 Abs. 2 S. 1 KAGB nicht ohne weiteres. Allerdings spricht der Wortlaut „darf" dafür, dass nicht das Können im Außenverhältnis, sondern das Dürfen im Innenverhältnis eingeschränkt ist. Deshalb bleibt die **Außenhaftung** des Kommanditisten von der fehlenden Zustimmung unberührt, dh er haftet auch dann persönlich unmittelbar gegenüber den Gläubigern der Gesellschaft, wenn er seine Zustimmung zu der Rückzahlung nicht erteilt hat.[137] Ohne vorherige Zustimmung des Kommanditisten handelt die Geschäftsführung der

---

[129] S. auch MKJH/Hoffert KAGB § 152 Rn. 42; BTMB/Könnecke KAGB § 152 Rn. 61.

[130] Ebenfalls iS einer Fiktion MüKoHGB/Brungs Anh. § 161 Rn. 113; Wallach ZGR 2014, 289 (316).

[131] Treffend Heymann/Borges § 161 Rn. 575; MKJH/Hoffert KAGB § 152 Rn. 47; im Grundsatz auch BSV/Klebeck/Kunschke KAGB § 152 Rn. 68; BSV/Kunschke/Klebeck KAGB § 127 Rn. 35; AWZ/Wallach KAGB § 152 Rn. 65.

[132] Hierfür MKJH/Eichhorn KAGB § 127 Rn. 13; BSV/Klebeck/Kunschke KAGB § 152 Rn. 71; König, Investmentgesellschaften nach dem KAGB, 2020, 288; BTMB/Könnecke KAGB § 152 Rn. 64; BSV/Kunschke/Klebeck KAGB § 127 Rn. 40; Kupsch, Gewinnunabhängige Auszahlungen an Kommanditisten von Publikumskommanditgesellschaften und geschlossenen Investmentkommanditgesellschaften, 2020, 201 f.; Mohr, Die offene Investmentkommanditgesellschaft, 2016, 133.

[133] So auch MüKoHGB/Brungs Anh. § 161 Rn. 114; Staub/Casper § 161 Rn. 271; König, Investmentgesellschaften nach dem KAGB, 2020, 288; AWZ/Wallach KAGB § 152 Rn. 62.

[134] Treffend Kupsch, Gewinnunabhängige Auszahlungen an Kommanditisten von Publikumskommanditgesellschaften und geschlossenen Investmentkommanditgesellschaften, 2020, 202; Ebenroth/Boujong/Paefgen/Franke KAGB § 127 Rn. 5.

[135] Ebenso MKJH/Hoffert KAGB § 152 Rn. 50; BTMB/Könnecke KAGB § 152 Rn. 63; BSV/Kunschke/Klebeck KAGB § 127 Rn. 36; Mohr, Die offene Investmentkommanditgesellschaft, 2016, 131 f.; iErg auch BSV/Kunschke/Klebeck KAGB § 127 Rn. 38; offener hingegen MKJH/Eichhorn KAGB § 127 Rn. 13.

[136] MüKoHGB/Brungs Anh. § 161 Rn. 114; BTMB/Könnecke KAGB § 152 Rn. 65.

[137] LG Rottweil 31.8.2016, BeckRS 2016, 20862; Heymann/Borges § 161 Rn. 575; Staub/Casper § 161 Rn. 271; König, Investmentgesellschaften nach dem KAGB, 2020, 288; BTMB/Könnecke KAGB § 152 Rn. 82; BSV/Kunschke/Klebeck KAGB § 127 Rn. 40; Ebenroth/Boujong/Paefgen/Franke KAGB § 127 Rn. 5; Ebenroth/Boujong/Sander Rn. 21 aE; EDD/Schott KAGB § 152 Rn. 19; iErg auch MKJH/Eichhorn KAGB § 127 Rn. 15; wohl auch WBA/Paul KAGB § 152 Rn. 5; **aA** Kupsch, Gewinnunabhängige Auszahlungen an Kommanditisten von Publikumskommanditgesellschaften und geschlossenen Investmentkommanditgesellschaften, 2020, 206 ff.; Mohr, Die offene Investmentkommanditgesellschaft, 2016, 133; Henssler/Strohn/Servatius HGB Anh. Rn. 185: keine Außenhaftung; so auch für Privatanleger MKJH/Hoffert KAGB § 152 Rn. 56 (anders für professionelle und semiprofessionelle Anleger).

Investment-KG jedoch **pflichtwidrig** und ist dem Kommanditisten nach **§ 280 Abs. 1 BGB** zum **Schadensersatz** verpflichtet, wenn Gläubiger der Gesellschaft ihn nach § 172 Abs. 4 iVm § 171 in Anspruch genommen haben.[138] Analog § 257 BGB kommt zugunsten des Kommanditisten auch ein **Freistellungsanspruch** in Betracht. Da die Zustimmung des Kommanditisten vom Gesetz als Rechtsgrundlage bewertet wird, sprechen zudem gute Gründe für einen bereicherungsrechtlichen Rückgewähranspruch der Gesellschaft.[139]

Zusätzlich fordern § 127 Abs. 2 S. 2 KAGB und § 152 Abs. 2 S. 2 KAGB einen vor der Zustim- 52
mung zu erteilenden **Hinweis** auf die mit der Rückgewähr oder Ausschüttung verbundene persönliche Haftung des Kommanditisten. **Formale Anforderungen** an den Hinweis stellt das Gesetz nicht auf; er kann deshalb schriftlich oder mündlich erfolgen,[140] aus Beweisgründen liegt eine schriftliche Dokumentation des Hinweises jedoch nahe.[141] Da dieser eine risikogerechte Entscheidung des Anlegers gewährleisten soll, ist zwischen Hinweis und Zustimmung ebenfalls ein **enger zeitlicher Zusammenhang** erforderlich.[142] Bezüglich des **Inhalts des Hinweises** bleiben § 127 Abs. 2 S. 2 KAGB und § 152 Abs. 2 S. 2 KAGB vage. Aus der Wendung „soweit" wird allerdings verbreitet gefolgert, dass auch eine Angabe zur **Höhe der möglichen Außenhaftung** infolge der Rückgewähr notwendig ist.[143]

Über die **Rechtsfolgen** eines **unterbliebenen Hinweises** schweigen § 127 Abs. 2 S. 2 KAGB 53
und § 152 Abs. 2 S. 2 KAGB. Da sie den Kommanditisten in die Lage versetzen sollen, eine informierte Entscheidung über seine Zustimmung zur Rückgewähr zu treffen, sprechen gute Gründe dafür, den Hinweis in den Rang einer **Wirksamkeitsvoraussetzung** für die Zustimmung zu erheben.[144] Das gilt sowohl bei einem völlig fehlenden Hinweis als aber wegen seines Zwecks auch bei einem inhaltlich unzureichenden Hinweis. Fehlen die Voraussetzungen für eine rechtswirksame Zustimmung, so ist die Rückgewähr bzw. Ausschüttung so zu behandeln, als sei diese ohne Zustimmung erfolgt (→ Rn. 53).[145]

Einer besonderen Regelung bedurfte es für die geschlossene **Publikums-Investment-KG,** da es 54
bei dieser im Interesse des Anlegerschutzes nicht ausreicht, wenn ausschließlich der **Treuhandkommanditist** seine Zustimmung zur Rückgewähr erteilt. Den mittelbar beteiligten Anleger trifft zwar nicht die Außenhaftung (→ § 171 Rn. 79), der von Gläubigern der Gesellschaft in Anspruch genommene Treuhandkommanditist kann aber seinerseits Freistellung oder Ersatz von dem Treugeber beanspruchen (→ Rn. 47). Deshalb verlangt § 152 Abs. 2 S. 3 KAGB mit Recht eine doppelte Zustimmung. Diese ist sowohl von dem Treuhandkommanditisten als auch („zusätzlich") von dem mittelbar beteiligten Anleger zu erteilen.[146] Da auch in dieser Konstellation eine „informierte" Zustimmung des Treugebers vorliegen muss, ist der Hinweis zur unmittelbaren Haftung infolge der Rückgewähr auch ihm gegenüber zu erteilen (§ 152 Abs. 2 S. 4 KAGB iVm § 152 Abs. 2 S. 2 KAGB).

§ 172a *[aufgehoben]*

[138] IErg auch LG Rottweil 31.8.2016, BeckRS 2016, 20862; Heymann/Borges § 161 Rn. 575; Staub/Casper § 161 Rn. 271; MKJH/Eichhorn KAGB § 127 Rn. 15; König, Investmentgesellschaften nach dem KAGB, 2020, 288; BTMB/Könnecke KAGB § 152 Rn. 83; WBA/Lorenz KAGB § 127 Rn. 5; Ebenroth/Boujong/Paefgen/Franke KAGB § 127 Rn. 5; Ebenroth/Boujong/Sander Rn. 21 aE; EDD/Schott KAGB § 152 Rn. 19; Seitz, Die InvestmentKG, 2017, 129; ebenso MKJH/Hoffert KAGB § 152 Rn. 57 für professionelle und semiprofessionelle Anleger.

[139] Ebenso Mohr, Die offene Investmentkommanditgesellschaft, 2016, 133 f.; s. auch BTMB/Könnecke KAGB § 152 Rn. 84.

[140] MüKoHGB/Brungs Anh. § 161 Rn. 114; Kupsch, Gewinnunabhängige Auszahlungen an Kommanditisten von Publikumskommanditgesellschaften und geschlossenen Investmentkommanditgesellschaften, 2020, 196.

[141] MKJH/Hoffert KAGB § 152 Rn. 53; BTMB/Könnecke KAGB § 152 Rn. 68.

[142] MKJH/Hoffert KAGB § 152 Rn. 51; BTMB/Könnecke KAGB § 152 Rn. 67; ferner auch Kupsch, Gewinnunabhängige Auszahlungen an Kommanditisten von Publikumskommanditgesellschaften und geschlossenen Investmentkommanditgesellschaften, 2020, 196 f.

[143] So BTMB/Könnecke KAGB § 152 Rn. 69; Kupsch, Gewinnunabhängige Auszahlungen an Kommanditisten von Publikumskommanditgesellschaften und geschlossenen Investmentkommanditgesellschaften, 2020, 199 f.; WBA/Lorenz KAGB § 127 Rn. 6; WBA/Paul KAGB § 152 Rn. 18; iErg auch MüKoHGB/Brungs Anh. § 161 Rn. 114; **aA** MKJH/Eichhorn KAGB § 127 Rn. 14; BSV/Klebeck/Kunschke KAGB § 152 Rn. 72; BSV/Kunschke/Klebeck KAGB § 127 Rn. 44; Mohr, Die offene Investmentkommanditgesellschaft, 2016, 131.

[144] Zust. Kupsch, Gewinnunabhängige Auszahlungen an Kommanditisten von Publikumskommanditgesellschaften und geschlossenen Investmentkommanditgesellschaften, 2020, 203 f.; unklar WBA/Paul KAGB § 152 Rn. 16, der lediglich eine Schadensersatzverpflichtung der für Auszahlung Verantwortlichen anspricht.

[145] IErg ebenso MüKoHGB/Brungs Anh. § 161 Rn. 115.

[146] Ebenso MKJH/Hoffert KAGB § 152 Rn. 58; BSV/Klebeck/Kunschke KAGB § 152 Rn. 74; BTMB/Könnecke KAGB § 152 Rn. 75 ff.; idS auch WBA/Paul KAGB § 152 Rn. 19.

§ 173 [Haftung bei Eintritt als Kommanditist]

(1) Wer in eine bestehende Handelsgesellschaft als Kommanditist eintritt, haftet nach Maßgabe der §§ 171 und 172 für die vor seinem Eintritte begründeten Verbindlichkeiten der Gesellschaft, ohne Unterschied, ob die Firma eine Änderung erleidet oder nicht.

(2) Eine entgegenstehende Vereinbarung ist Dritten gegenüber unwirksam.

Schrifttum: Adel, Kommanditistenwechsel und Haftung, DStR 1994, 1580; Bialluch-von Allwörden, Übertragung von Kommanditanteilen – aufschiebend bedingte Abtretung durch MoPeG passé?, NZG 2022, 791; Brock, Schenkung von Gesellschaftsbeteiligungen an einer GmbH & Co. KG an Minderjährige, GmbHR 2020, 349; Buchner, Die Kommanditisten bei Rechtsnachfolge in Gesellschaftsanteilen, DNotZ 1988, 467; Eckert, Rechtsfolgen des Kommanditistenwechsels, ZHR 147 (1983), 565; Fedke, GmbH & Co. KG: Kommanditistenhaftung im Spannungsfeld zwischen Anteilsübertragung und Haftsummenherabsetzung, GmbHR 2013, 180; Flume, Zur Reichweite familienrechtlicher Genehmigungstatbestände im Unternehmensrecht, FamRZ 2016, 277; Friedl, Haftungsauswirkungen des Kommanditistenwechsels unter Lebenden, DStR 2008, 510; Führ/Nicoleycik, Vertretung und Genehmigungspflicht bei schenkweiser Übertragung von Kommanditanteilen auf Minderjährige, BB 2009, 2105; Herfs, Haftung des Erben als Nachfolger des Kommanditisten, DB 1991, 1713; U. Huber, Eintragungsfehler bei der Abtretung von Kommanditanteilen, ZGR 1984, 146; Jeschke, Der Rechtsnachfolgevermerk im Handelsregister bei der Übertragung von Mitgliedschaftsrechten an Kommanditgesellschaften, DB 1983, 541; Kaulbach, Gesellschaftsanteil zu verschenken, Jura 2020, 641; Menzel/Wolf, Der minderjährige Kommanditist – bei Gründung, unentgeltlicher Anteilsübertragung und Erwerb von Todes wegen, MittBayNot 2010, 186; v. Olshausen, Haftungsprobleme beim Kommanditistenwechsel unter Lebenden – eine wechselvolle unendliche Geschichte, GS Knobbe-Keuk, 1997, 247; K. Schmidt, Kommanditistenwechsel und Nachfolgevermerk, GmbHR 1982, 253; K. Schmidt, Haftungsprobleme der „bürgerlich-rechtlichen KG", DB 1973, 703; K. Schmidt, Kommanditisteneinlage und Haftsumme des Gesellschaftererben, ZGR 1989, 445; K. Schmidt, Handelsrechtliche Erbenhaftung als Bestandteil des Unternehmensrechts, ZHR 157 (1993), 600; Schönert, Grenzen der Beschränkbarkeit der Erbenhaftung auf den Nachlass, BWNotZ 2008, 81.

Übersicht

I. Allgemeines

1 Die Bestimmung in § 173 korrespondiert mit der Regelung für die OHG in **§ 127.** Während die letztgenannte Vorschrift über § 161 Abs. 2 zur Anwendung gelangt, wenn ein **neuer Komplementär** in die KG eintritt,[1] trifft § 173 die entsprechende Sonderregelung für den Kommanditisten und ordnet spiegelbildlich zu der Verweisung in § 127 dessen Haftung nach den §§ 171, 172 für **Altverbindlichkeiten** an. Wegen der Bezugnahme in § 173 Abs. 1 auf eine bestehende „Handelsgesellschaft" erfasst die Vorschrift nicht den Fall, dass ein Teilhaber als Kommanditist in das **Geschäft eines Einzelkaufmanns** eintritt; hierfür gilt § 28.[2]

II. Tatbestand des Abs. 1

2 **1. Handelsgesellschaft.** Die Vorschrift knüpft an das Vorliegen einer Handelsgesellschaft an. Erfasst wird hierdurch nicht nur eine bereits bestehende KG,[3] sondern auch eine OHG, die erst durch den Eintritt des beschränkt haftenden Gesellschafters zur KG wird.[4] Dies folgt bereits aus dem

[1] AllgM, statt aller Heymann/Borges Rn. 1; MüKoHGB/Grüneberg Rn. 12; Hopt/Roth Rn. 2.

[2] RG 13.10.1933, RGZ 142, 98 (101); Heymann/Borges Rn. 2; BeckOGK/Foerster, 1.7.2025, Rn. 12; MüKoHGB/Grüneberg Rn. 11; RGHMW/Mock Rn. 41; Ebenroth/Boujong/v. Selle Rn. 2.

[3] Unstr., statt aller Heymann/Borges Rn. 2; Staub/Thiessen Rn. 17.

[4] Unstr., s. Heymann/Borges Rn. 2; BeckOGK/Foerster, 1.7.2025, Rn. 10; MüKoHGB/Grüneberg Rn. 14; Hopt/Roth Rn. 2; Staub/Thiessen Rn. 16, 18.

Wortlaut der Norm, der – wie § 176 Abs. 2 – nicht auf eine „bestehende Gesellschaft" abstellt, sondern bewusst den Begriff der Handelsgesellschaft verwendet, die – wie die Überschrift des Zweiten Buches zeigt – über die KG hinausgeht und auch die OHG umfasst (→ § 176 Rn. 38). Keine Bedeutung hat § 173, wenn in die KG ein neuer Gesellschafter als Komplementär eintritt; hinsichtlich seiner Haftung für Altverbindlichkeiten gilt nach § 161 Abs. 2 die Vorschrift des § 127.[5] Entsprechendes gilt, wenn ein Kommanditist im Wege einer Beteiligungsumwandlung persönlich haftender Gesellschafter der KG und damit deren Komplementär wird.[6]

Die vor Inkrafttreten des MoPeG am 1.1.2024 geführte Diskussion zur analogen Anwendung von § 173 auf den Eintritt in eine bestehende (Außen-)GbR (→ 7. Aufl. § 173 Rn. 3) ist seit dem 1.1.2024 obsolet, da die diesbezüglich seitdem geltende Vorschrift in § 721a BGB für eine Rechtsfortbildung die methodische Grundlage entzogen hat. 3

Der Tatbestand des § 173 Abs. 1 verlangt lediglich, dass die Handelsgesellschaft „besteht". Dies ist auch bei einer **fehlerhaften Gesellschaft** der Fall.[7] Entsprechendes soll gelten, wenn der **Rechtsschein** einer KG existiert.[8] 4

2. Eintritt in die Gesellschaft. Die Haftung nach § 173 Abs. 1 setzt nicht voraus, dass der Gesellschafter zuvor Gesellschafter der KG war. Entscheidend ist vielmehr, dass er erstmals die Stellung eines Kommanditisten in der KG einnimmt und aus diesem Grunde den Haftungsprivilegierungen durch die §§ 171, 172 unterliegen soll. Deshalb gilt die Vorschrift auch, wenn ein bislang persönlich haftender Gesellschafter auf Grund einer **Beteiligungsumwandlung** in der KG die Rechtsstellung eines Kommanditisten einnimmt.[9] Anders ist die Rechtslage in der umgekehrten Konstellation, der persönlich haftende Gesellschafter also seine Rechtsstellung als **Komplementär** behält und zusätzlich einen **Kommanditanteil erwirbt,** da die gesellschaftsrechtliche Beteiligung stets einheitlich ist (→ § 161 Rn. 11) und er als Komplementär den Gläubigern der Gesellschaft ohnehin nach Maßgabe von § 161 Abs. 2 iVm §§ 126 f. unbeschränkt haftet.[10] Der Erwerb des Kommanditanteils führt in diesem Fall lediglich dazu, dass sich der Anteil des persönlich haftenden Gesellschafters an der Gesellschaft vergrößert. 5

Von der Beteiligungsumwandlung ist der Fall zu unterscheiden, dass ein **Kommanditist** einen **weiteren Kommanditanteil erwirbt.** Die hierdurch eintretende Vereinheitlichung beider Anteile zu einem einheitlichen Kommanditanteil darf jedoch nicht zu Lasten der Gesellschaftsgläubiger gehen, wenn sie den Veräußerer des Kommanditanteils wegen vor der Anteilsübertragung entstandener Verbindlichkeiten nach den §§ 171, 172 in Anspruch hätten nehmen können. Obwohl streng genommen kein Eintritt eines „neuen" Kommanditisten vorliegt, gebietet der Gläubigerschutz eine entsprechende Anwendung des § 173,[11] da die Einheitlichkeit der Gesellschafterstellung andernfalls eine von dieser Konstruktion nicht intendierte Wirkung zu Lasten der Gesellschaftsgläubiger entfalten würde. 6

Die **Rechtsgrundlage** für den Eintritt in die Gesellschaft ist unerheblich. Erfasst ist gleichermaßen der Eintritt durch Abschluss eines **Aufnahme- bzw. Beitrittsvertrags**[12] wie der Eintritt auf Grund eines **Erbfalls**[13] sowie anderer Tatbestände einer Gesamtrechtsnachfolge[14] (zB Verschmelzung). Zur **Anteilsübertragung** → Rn. 19 ff. Keine Bedeutung für die Anwendung des § 173 hat die Frage, ob der **Eintritt** in die KG **fehlerhaft** war. Auch der fehlerhafte Eintritt fällt unter § 173.[15] Entspre- 7

---

[5] Heymann/Borges Rn. 1; MüKoHGB/Grüneberg Rn. 12; Hopt/Roth Rn. 2.

[6] MüKoHGB/Grüneberg Rn. 52; Hopt/Roth Rn. 2; Ebenroth/Boujong/v. Selle Rn. 43.

[7] BeckOGK/Foerster, 1.7.2025, Rn. 10; MüKoHGB/Grüneberg Rn. 14.

[8] Heymann/Horn, 2. Aufl. 1996, Rn. 2.

[9] MüKoHGB/Grüneberg Rn. 52; Heymann/Horn, 2. Aufl. 1996, Rn. 3, 15; RGHMW/Mock Rn. 37; Hopt/Roth Rn. 4; Ebenroth/Boujong/v. Selle Rn. 43; Staub/Thiessen Rn. 46; krit. jedoch Henssler/Strohn/Gummert Rn. 6.

[10] Gegen eine Anwendung des § 173 in diesem Fall auch Heymann/Borges Rn. 4, 23; RGHMW/Mock Rn. 33; Hopt/Roth Rn. 5; Ebenroth/Boujong/v. Selle Rn. 41; Staub/Thiessen Rn. 47; **aA** wohl Henssler/Strohn/Gummert Rn. 5.

[11] OLG Rostock 8.2.2001, NJW-RR 2002, 244 (245); Heymann/Borges Rn. 4; BeckOGK/Foerster, 1.7.2025, Rn. 16; Henssler/Strohn/Gummert Rn. 5; Ebenroth/Boujong/v. Selle Rn. 40; Staub/Thiessen Rn. 29; iErg auch RGHMW/Mock Rn. 32.

[12] Heymann/Borges Rn. 5; BeckOGK/Foerster, 1.7.2025, Rn. 14; MüKoHGB/Grüneberg Rn. 6, 19; Hopt/Roth Rn. 4; Ebenroth/Boujong/v. Selle Rn. 6; Staub/Thiessen Rn. 28.

[13] Heymann/Borges Rn. 12; BeckOGK/Foerster, 1.7.2025, Rn. 22; MüKoHGB/Grüneberg Rn. 8, 44; Ebenroth/Boujong/v. Selle Rn. 25; Staub/Thiessen Rn. 42; **aA** Liebisch ZHR 116 (1954), 128 (160 ff.).

[14] MüKoHGB/Grüneberg Rn. 43; Henssler/Strohn/Gummert Rn. 4; Ebenroth/Boujong/v. Selle Rn. 37; Staub/Thiessen Rn. 50 f.; s. auch BeckOGK/Foerster, 1.7.2025, Rn. 24 f.

[15] Heymann/Borges Rn. 5; Hopt/Roth Rn. 4; Staub/Thiessen Rn. 28.

chendes gilt für den Eintritt in eine fehlerhafte Gesellschaft,[16] den fehlerhaften Eintritt in eine fehlerhafte Gesellschaft[17] sowie den Eintritt in eine **Rechtsschein-KG.**[18]

8 Treten mehrere Personen als **Miterben** die Rechtsnachfolge hinsichtlich des Kommanditanteils an, so erwerben sie diesen unmittelbar im Wege der Sondererbfolge anteilig (näher → § 177 Rn. 6). Die Haftung aus § 173 trifft sie deshalb ebenfalls nur anteilig.[19] Anders ist dies jedoch, wenn der Gesellschaftsvertrag in einer **qualifizierten Nachfolgeklausel** bestimmt, dass nur einer von mehreren Erben den Kommanditanteil erwirbt (→ § 177 Rn. 8). Dieser haftet uneingeschränkt (und nicht nur anteilig) nach § 173, während bei den anderen (Mit-)Erben wegen der fehlenden Beteiligung als Kommanditisten an der KG eine Haftung nach § 173 nicht in Betracht kommt.[20] Tritt der Erbe auf Grund einer **Eintrittsklausel** in die KG ein oder wird der Bedachte eines **Vermächtnisses** deren Kommanditist (→ § 177 Rn. 9), so gilt hinsichtlich der Altverbindlichkeiten ebenfalls § 173.[21]

9 Die **erbrechtliche Haftung** für Verbindlichkeiten, die in der Person des Erblassers nach den §§ 171, 172 als Kommanditisten entstanden sind, bleibt von § 173 unberührt, kann jedoch (§ 1957 BGB) – im Unterschied zu § 173 – auf den Nachlass beschränkt werden.[22] Bedeutsam ist dies insbesondere bei einer Miterbengemeinschaft, da bei dieser die Miterben nach § 2058 BGB als Gesamtschuldner für die zum Nachlass gehörenden Verbindlichkeiten unbeschränkt haften und hierzu auch diejenigen zählen, die in der Person des Erblassers als Kommanditist nach den §§ 171, 172 vor dem Erbfall entstanden sind. Hierdurch wird eine ggf. nur anteilige oder (so bei der qualifizierten Nachfolgeklausel) entfallende gesellschaftsrechtliche Haftung nach § 173 erbrechtlich überlagert.[23]

10 Ob dem auf Grund einer Erbfolge in die KG eingetretenen Rechtsnachfolger eines Kommanditisten die in **§ 131 Abs. 4** (vor dem 1.1.2024: § 139 Abs. 4) vorgesehene Möglichkeit einer **Haftungsbeschränkung** zur Verfügung steht und er hierüber seine Haftung für Altverbindlichkeiten begrenzen kann, ist umstritten. Würde dies mit einem Teil des Schrifttums bejaht,[24] so liefe § 173 bei einem Eintritt in die Gesellschaft auf Grund eines Erbfalls leer. Da die notwendige Voraussetzung für einen Rückgriff auf § 131 Abs. 4 nicht vorliegt, ist dem nicht zuzustimmen.[25] Wegen § 161 Abs. 2 wäre dieser nur eröffnet, wenn das Recht der KG keine Regelung trifft. Dies geschieht jedoch durch § 173, der auf die besondere haftungsrechtliche Stellung des Kommanditisten zugeschnitten ist. Diese verändert sich nicht durch die erbrechtliche Grundlage, auf der der neue Gesellschafter in die KG eintritt. Zudem ist § 131 Abs. 4 auf die spezifische Situation einer generellen unbeschränkten persönlichen Haftung des Gesellschafters zugeschnitten, angesichts der der in die Gesellschaft eintretende Erbe eines haftungsrechtlichen Schutzes bedarf. Dieser ist bei einem erbrechtlichen Übergang des Kommanditanteils nicht in gleichem Maße erforderlich, da der Kommanditist nur beschränkt nach Maßgabe der §§ 171, 172 persönlich für die Gesellschaftsverbindlichkeiten einstehen muss. Angesichts dessen fehlen hinreichende Sachgründe, den Eintretenden unterschiedlich nach dem Rechtsgrund des Eintritts (Rechtsgeschäft oder Erbfolge) zu behandeln,[26] so dass der Erbe beim Erwerb des Kommanditanteils für die Verbindlichkeiten der Gesellschaft über § 173 nach Maßgabe der §§ 171, 172 haftet, ohne seine Haftung nach § 131 Abs. 4 (analog) beschränken zu können.[27]

III. Rechtsfolgen

11 **1. Grundsatz.** Für die nach seinem Eintritt in die KG begründeten **(Neu-)Verbindlichkeiten** haftet der eintretende Kommanditist stets und ohne Einschränkungen nach Maßgabe der §§ 171, 172,[28] bis zu seiner Eintragung im Handelsregister wegen § 176 Abs. 2 iVm § 176 Abs. 1 jedoch unbeschränkt (näher → § 176 Rn. 24 ff.). Ebenso wie ein neu eintretender Komplementär (§ 161

[16] Heymann/Borges Rn. 5; Hopt/Roth Rn. 4.
[17] Hopt/Roth Rn. 4.
[18] Heymann/Horn, 2. Aufl. 1996, Rn. 3; Hopt/Roth Rn. 4.
[19] Heymann/Borges Rn. 14; MüKoHGB/Grüneberg Rn. 49; RGHMW/Mock Rn. 19; Hopt/Roth Rn. 15; Ebenroth/Boujong/v. Selle Rn. 31; Staub/Thiessen Rn. 101.
[20] Heymann/Borges Rn. 14; MüKoHGB/Grüneberg Rn. 50; Hopt/Roth Rn. 15; Ebenroth/Boujong/v. Selle Rn. 32.
[21] Heymann/Borges Rn. 15 f.; MüKoHGB/Grüneberg Rn. 44 (Vermächtnis), 45 (Eintrittsklausel); RGHMW/Mock Rn. 18; Ebenroth/Boujong/v. Selle Rn. 35 f.; Staub/Thiessen Rn. 43 f.
[22] BeckOGK/Foerster, 1.7.2025, Rn. 49; Ebenroth/Boujong/v. Selle Rn. 32.
[23] Ebenso für die qualifizierte Nachfolgeklausel MüKoHGB/Grüneberg Rn. 50.
[24] So Heymann/Borges Rn. 12; KKD/Kindler Rn. 2; Liebisch ZHR 116 (1954), 128 (161).
[25] Ebenfalls abl. OLG Hamburg 5.11.1993, NJW-RR 1994, 810; BeckOGK/Foerster, 1.7.2025, Rn. 47 f.; MüKoHGB/Grüneberg Rn. 47; Henssler/Strohn/Gummert Rn. 25; RGHMW/Mock Rn. 28; Hopt/Roth Rn. 15; Ebenroth/Boujong/v. Selle Rn. 26; Staub/Thiessen Rn. 104 ff.
[26] Ebenso Hopt/Roth Rn. 15.
[27] Wie hier Hopt/Roth Rn. 15.
[28] Heymann/Borges Rn. 6; BeckOGK/Foerster, 1.7.2025, Rn. 27; Staub/Thiessen Rn. 75.

Abs. 2 iVm § 127) haftet auch der neu eintretende Kommanditist für **Altverbindlichkeiten,** wenn für diese nach Maßgabe der §§ 171, 172 sowie § 176 eine Haftung gegenüber Dritten begründet ist.[29] Das gilt auch für Altverbindlichkeiten der KG gegenüber **Mitgesellschaftern** sowie **ausgeschiedenen Gesellschaftern,** da der Rechtsgrund der Verbindlichkeit unerheblich ist;[30] entscheidend ist allein, dass es sich um eine vor Eintritt des Kommanditisten begründete Verbindlichkeit der KG handelt. In diesem Umfang haften der Neukommanditist und der Altkommanditist als **Gesamtschuldner.**[31]

Ob der neu als Kommanditist in die Gesellschaft Eintretende seine Haftung für Altverbindlichkeiten der Gesellschaft kannte oder hätte erkennen können, ist für die Rechtsfolge des § 173 Abs. 1 – nicht anders als im Rahmen von § 127 (→ § 127 Rn. 9) – ohne Bedeutung.[32] Deshalb kommt es insoweit auch nicht auf den guten Glauben an.[33] 12

Ausgleichs- und Schadensersatzansprüche des Eintretenden gegen die Mitgesellschafter bleiben von § 173 Abs. 1 unberührt (→ § 127 Rn. 12). Zu entsprechenden Vereinbarungen im Innenverhältnis → Rn. 17. 13

2. Beteiligungsumwandlung. Die in → Rn. 11 beschriebenen Rechtsfolgen treten auch ein, wenn ein persönlich haftender Gesellschafter im Wege der Beteiligungsumwandlung Kommanditist wird. Für Altverbindlichkeiten der KG haftet dieser grundsätzlich ebenfalls nach § 173 Abs. 1 (→ Rn. 5).[34] Hierbei handelt es sich jedoch stets um eine nach Maßgabe der §§ 171, 172 beschränkte Haftung. 14

Durch die Beteiligungsumwandlung kann sich der persönlich haftende Gesellschafter jedoch nicht seiner unmittelbaren und persönlichen Haftung für die Gesellschaftsverbindlichkeiten nach § 161 Abs. 2 iVm § 126 entziehen. Bezüglich der vor der Beteiligungsumwandlung entstandenen (Alt-)Verbindlichkeiten der KG bleibt diese uneingeschränkt bestehen,[35] wegen des mit der Beteiligungsumwandlung eintretenden Verlusts seiner Stellung als persönlich haftender Gesellschafter greift jedoch hinsichtlich der Altverbindlichkeiten die zeitliche Haftungsbegrenzung durch § 137 Abs. 3 ein.[36] Solange die persönliche und unbeschränkte Haftung für Altverbindlichkeiten aus der vorherigen Stellung als persönlich haftender Gesellschafter besteht, hat die durch § 173 Abs. 1 begründete Haftung keine eigenständige Bedeutung. Dies ändert sich erst, wenn eine Inanspruchnahme nach § 161 Abs. 2 iVm § 126 (zB wegen § 137 Abs. 3) ausgeschlossen ist.[37] 15

3. Abweichende Abreden. Die nach § 173 Abs. 1 eintretenden Rechtsfolgen stehen nicht zur Disposition der Beteiligten.[38] Bezüglich des Rechts zu abweichenden Abmachungen gilt nach § 173 Abs. 2 dasselbe wie für einen neu eintretenden persönlich haftenden Gesellschafter (§ 161 Abs. 2 iVm § 127 S. 2; → § 127 Rn. 11). 16

Von § 173 Abs. 1 abweichende Abmachungen sind jedoch nicht generell unwirksam. Da § 173 Abs. 2 den Schutz der Gesellschaftsgläubiger bezweckt, reicht die Anordnung einer **relativen Unwirksamkeit** aus. Dies hat das Gesetz – nicht anders als in § 127 S. 2 – bereits im Wortlaut hinreichend deutlich zum Ausdruck gebracht, indem die Unwirksamkeit ausdrücklich auf das Außenverhältnis beschränkt wird („Dritten gegenüber unwirksam"). Hieraus folgt im Umkehrschluss, dass Abreden, die zugunsten des Eintretenden von § 173 Abs. 1 abweichen, im Innenverhältnis nicht in ihrer Rechtswirksamkeit beschränkt sind.[39] Insbesondere können diese bei einer Inanspruchnahme des Eintretenden durch Dritte Ausgleichsansprüche im Innenverhältnis begründen (→ Rn. 13).[40] 17

Die Rechtsfolge in § 173 Abs. 2 erfasst nur solche Abreden zu der **Haftung nach § 173 Abs. 1,** die der neu eintretende Kommanditist anlässlich seines Eintritts mit den bereits vorhandenen Gesellschaftern trifft. Keine Beschränkungen bewirkt § 173 Abs. 2 für **Abreden des Eintretenden mit Gläubigern** der Gesellschaft. Das ergibt sich zwar nicht ohne weiteres aus dem Wortlaut der Vorschrift, wohl aber aus deren Zweck, die den Gesellschaftsgläubigern den nach Maßgabe der §§ 171, 18

[29] S. BGH 26.3.2019, NJW-RR 2019, 811 Rn. 19.
[30] Treffend Heymann/Horn, 2. Aufl. 1996, Rn. 4.
[31] BGH 26.3.2019, NJW-RR 2019, 811 Rn. 19.
[32] Statt aller Heymann/Horn, 2. Aufl. 1996, Rn. 4; MüKoHGB/Grüneberg Rn. 21; Hopt/Roth Rn. 7; Ebenroth/Boujong/v. Selle Rn. 7.
[33] Hopt/Roth Rn. 7.
[34] Heymann/Borges Rn. 25.
[35] Heymann/Borges Rn. 26; MüKoHGB/Grüneberg Rn. 52; Hopt/Roth Rn. 8; Ebenroth/Boujong/v. Selle Rn. 43.
[36] Heymann/Borges Rn. 26; Hopt/Roth Rn. 8.
[37] MüKoHGB/Grüneberg Rn. 52; Hopt/Roth Rn. 8.
[38] Statt aller Heymann/Borges Rn. 1.
[39] BeckOGK/Foerster, 1.7.2025, Rn. 9; MüKoHGB/Grüneberg Rn. 18; Ebenroth/Boujong/v. Selle Rn. 7.
[40] BeckOGK/Foerster, 1.7.2025, Rn. 9; Hopt/Roth Rn. 9; Staub/Thiessen Rn. 13.

172 gewährleisteten haftungsrechtlichen Zugriff bewahren soll. Damit sind haftungsbeschränkende Abreden, die der Eintretende mit allen oder einzelnen Gläubigern der Gesellschaft trifft, nicht unvereinbar; diese werden durch § 173 Abs. 2 weder ausgeschlossen noch beschränkt.[41] Ebenso wie der Gläubiger der Gesellschaft nicht verpflichtet ist, seine Ansprüche nach § 173 Abs. 1 gegen den Eintretenden geltend zu machen, kann er sich auch vor dem Eintritt gegenüber dem Eintretenden darauf verständigen, zukünftig von der Geltendmachung entsprechender Ansprüche abzusehen. Der Ausschluss einer Haftung nach § 173 Abs. 1 im Verhältnis zu einzelnen Gläubigern setzt jedoch stets eine vertragliche Regelung voraus, kann also insbesondere nicht durch einseitige Erklärungen gegenüber den Gläubigern von dem Eintretenden herbeigeführt werden.[42]

IV. Rechtsgeschäftliche Anteilsübertragung

19 **1. Grundsätze.** Nach § 719 Abs. 1 BGB aF war die Übertragung des Anteils einer GbR ausgeschlossen. Über § 161 Abs. 2 iVm § 105 Abs. 3 hätte dies auch für den Anteil des Kommanditisten an der KG gegolten. Gleichwohl ließ die allgM eine zum Ausscheiden des alten Kommanditisten und zum Eintritt des neuen Kommanditisten in die KG führende Übertragung des Kommanditanteils zu; wegen der personellen Veränderung im Kreise der Gesellschafter bedurfte es hierfür jedoch der Zustimmung aller Gesellschafter.[43] Diese konnte entweder bereits im Gesellschaftsvertrag oder im Nachhinein aus Anlass einer konkreten Übertragung des Kommanditanteils erklärt werden.[44] Diese Grundsätze hat der Gesetzgeber mit dem MoPeG aufgegriffen und in § 711 Abs. 1 S. 1 BGB normiert; über § 161 Abs. 2 und § 105 Abs. 3 gilt Entsprechendes für den Gesellschaftsanteil des Kommanditisten. Leidet die Anteilsübertragung an einem rechtlichen Mangel (zB Anfechtung, Widerruf), führt dieser zur bereicherungsrechtlichen Rückabwicklung, nicht hingegen zur Anwendung der Grundsätze zur fehlerhaften Gesellschaft.[45] Besonderheiten gelten wegen § 177 lediglich für den Erbfall (näher → § 177 Rn. 1 ff.).

20 Unterschiedlich wird beurteilt, ob die **unentgeltliche Übertragung eines Kommanditanteils an Minderjährige** gem. § 1643 Abs. 1 BGB iVm § 1852 Nr. 1 BGB der Genehmigung durch das Familiengericht bedarf. Dies ist zu bejahen.[46] Selbst wenn die Kommanditeinlage bereits vollständig geleistet wurde, führt die Stellung als Gesellschafter zu zahlreichen Pflichten, insbesondere aufgrund der Treuepflicht, so dass der Erwerb des Kommanditanteils nicht lediglich rechtlich vorteilhaft ist.[47] Allein der Ausschluss einer persönlichen Haftung reicht hierfür nicht aus,[48] kann es jedoch rechtfertigen, dass das Familiengericht die Genehmigung zu dem Erwerb des Kommanditanteils erteilt.[49] Eine abweichende Beurteilung kommt allenfalls dann in Betracht, wenn die Kommanditgesellschaft nicht auf den Betrieb eines „Erwerbsgeschäfts" gerichtet ist.[50] Eine Vertretung des Minderjährigen durch

[41] BeckOGK/Foerster, 1.7.2025, Rn. 9; MüKoHGB/Grüneberg Rn. 18; Hopt/Roth Rn. 10.

[42] Treffend MüKoHGB/Grüneberg Rn. 18; zu dem Parallelproblem bei der BGB-Außengesellschaft s. BGH 17.9.1999, BGHZ 142, 315 = NJW 1999, 3483.

[43] RG 30.9.1944, WM 1964, 1130 (1132); BGH 8.11.1965, BGHZ 44, 229 (231) = NJW 1966, 263; 29.6.1981, BGHZ 81, 82 (84) = NJW 1981, 2747; 21.10.2014, NZG 2014, 1296 Rn. 18; stellvertretend für das Schrifttum MüKoHGB/Grüneberg Rn. 24; Westermann/Wertenbruch PersGes-HdB/Wertenbruch, 2021, § 29 Rn. I 641 jeweils mwN.

[44] BGH 21.10.2014, NZG 2014, 1296 Rn. 18.

[45] OLG Karlsruhe 5.2.2016, NZG 2016, 507 (508); diff. BeckOGK/Foerster, 1.7.2025, Rn. 21.

[46] Zur vorgelagerten Frage, ob die schenkweise Übertragung eines Kommanditanteils von § 1852 Nr. 1 erfasst wird, s. bejahend OLG Schleswig 27.1.2020, NZG 2020, 593 (594 ff.); ferner mwN Kaulbach Jura 2020, 641 (642 f.).

[47] Ebenso OLG Bremen 24.2.1999, NJW-RR 1999, 876; OLG Celle 30.1.2018, NZG 2018, 303 (303); OLG Frankfurt 27.5.2008, NZG 2008, 749; OLG Oldenburg 17.7.2019, NZG 2019, 1059 (1061); OLG Zweibrücken 2.3.2000, NJW-RR 2001, 145; bereits BayObLG 4.7.1989, FamRZ 1990, 208; ebenso Heymann/Borges § 161 Rn. 70; diff. in Abhängigkeit vom Einzelfall Kaulbach Jura 2020, 641 (646 ff.); **aA** OLG Brandenburg 16.7.2019, NZG 2020, 597 (598 f.); OLG Köln 26.3.2018, NJW-RR 2018, 1310 (1311); gegenläufig auch OLG Schleswig 27.1.2020, NZG 2020, 593 (597).

[48] So aber OLG Brandenburg 16.7.2019, NZG 2020, 597 (598); OLG Bremen 16.6.2008, NZG 2008, 750 (751); OLG Jena 22.3.2013, FamRZ 2014, 140; OLG Köln 26.3.2018, NJW-RR 2018, 1310 (1311); s. ferner OLG Celle 30.1.2018, NZG 2018, 303 (303); OLG Jena 22.3.2013, FamRZ 2014, 140 (141 f.) = BeckRS 2013, 11255; Flume FamRZ 2016, 277 (282); Kaulbach Jura 2020, 641 (644 f.).

[49] So im Ansatz bereits BayObLG 4.7.1989, FamRZ 1990, 208; im Anschluss OLG Bremen 24.2.1999, NJW-RR 1999, 876; OLG Zweibrücken 2.3.2000, NJW-RR 2001, 145; s. auch OLG Karlsruhe 9.11.2022, NZG 2023, 955 (956); OLG Schleswig 27.1.2020, NZG 2020, 593 (596 f.).

[50] So OLG Dresden 25.4.2018, NJW-RR 2019, 29 (30); OLG München 6.11.2008, NJW-RR 2009, 152 (153), für den Fall einer ausschließlich der Verwaltung privaten Vermögens dienenden Kommanditgesellschaft; iErg zutr. deshalb auch OLG Brandenburg 16.7.2019, NZG 2020, 597 (599); OLG Jena 22.3.2013, FamRZ 2014, 140 (141) = BeckRS 2013, 11255; in der Tendenz ebenso OLG Celle 30.1.2018, NZG 2018, 303 (303), das jedoch den Kommanditanteil an einer „wirtschaftenden" KG zu beurteilen hatte; **aA** Heymann/Borges § 161 Rn. 86.

seine gesetzlichen Vertreter (§ 1626 Abs. 1 S. 1 BGB) ist nach der hier befürworteten Ansicht wegen § 1824 Abs. 1 Nr. 1 BGB (iVm § 1626 Abs. 2 S. 1 BGB) ausgeschlossen, wenn der Kommanditanteil von einem gesetzlichen Vertreter auf den Minderjährigen übertragen werden soll; in dieser Konstellation bedarf es der Bestellung eines Ergänzungspflegers für den Minderjährigen (§ 1809 Abs. 1 S. 1 BGB). Anders als bei einem Aufnahmevertrag kann dieser auch mehrere Minderjährige vertreten, da bei einer Anteilsübertragung an mehrere Minderjährige kein Rechtsgeschäft zwischen ihnen vorliegt.[51]

Zu unterscheiden ist die rechtsgeschäftliche Anteilsübertragung von dem gesonderten Ausscheiden eines Kommanditisten und dem hiermit einhergehenden Eintritt eines neuen Kommanditisten. 21
Wegen der unterschiedlichen Rechtswirkungen im Hinblick auf die Haftung für die Verbindlichkeiten der KG bedarf auch die Anteilsübertragung der Eintragung in das Handelsregister durch einen **Rechtsnachfolgevermerk** (näher → § 162 Rn. 23). Die Eintragung im Handelsregister ist allerdings keine Wirksamkeitsvoraussetzung für den Eintritt der Rechtsnachfolge;[52] Abweichendes gilt bei der offenen bzw. geschlossenen Investment-KG (s. § 127 Abs. 4 KAGB, § 152 Abs. 4 KAGB; → Rn. 28 ff.). Zur Haftung in der Phase zwischen rechtsgeschäftlicher Übertragung des Anteils und der Eintragung des neuen Kommanditisten → § 176 Rn. 44.

Zum **Vollzug der Anteilsübertragung** wird die von dem Veräußerer geleistete Einlage **auf den** 22
Erwerber umgebucht. Damit entfällt für den Veräußerer allerdings die nach § 171 Abs. 1 Hs. 2 haftungsbefreiende Wirkung seiner zuvor erbrachten Einlage. In der Phase zwischen Anteilsübertragung und Eintragung der Rechtsnachfolge im Handelsregister verbleibt für den Veräußerer deshalb ein erhebliches Haftungsrisiko, da er sein Ausscheiden aus der Gesellschaft wegen § 15 Abs. 1 Dritten nicht entgegenhalten kann und eine haftungsbefreiende Einlageleistung in seiner Person nicht mehr vorliegt (→ Rn. 25).

2. Haftung für Verbindlichkeiten der Gesellschaft. a) Problemskizze. Bei strenger Ausle- 23
gung des Wortlauts von § 173 ist die Übertragung des Kommanditanteils kein Eintritt in die Gesellschaft als Kommanditist, gleichwohl ist die Vorschrift auch in dieser Konstellation anzuwenden, weil aus Sicht des durch § 173 haftungsrechtlich geschützten Dritten tragfähige Sachgründe fehlen, den Erwerber des Kommanditanteils anders als bei Abschluss eines Beitrittsvertrags (→ Rn. 5, → Rn. 11) zu stellen.[53] Das Hauptproblem der Haftung besteht bei der Anteilsübertragung deshalb darin, welche Rechtsfolgen bei Erwerber und Veräußerer im Hinblick auf (nicht) erbrachte Einlagen bzw. Rückzahlungen eintreten.

b) Haftung des Erwerbers. Im Hinblick auf die Haftung nach den §§ 171, 172 und die Leistung 24
der Einlage werden Veräußerer und Erwerber als Einheit behandelt. Da der **Erwerber** als Rechtsnachfolger in die Rechtsstellung des Veräußerers eintritt, wirken Leistungen des Veräußerers auf die Einlage ebenso zugunsten des Erwerbers wie umgekehrt Rückzahlungen an den Veräußerer zu Lasten des Erwerbers gehen.[54] Letzteres gilt unabhängig von dem Zeitpunkt der Rückzahlung. Auch eine Leistung der Gesellschaft an den Veräußerer nach der Übertragung des Kommanditanteils an den Erwerber führt dazu, dass dessen Haftung nach § 172 Abs. 4 wieder auflebt.[55] Allerdings ist diese – nicht anders als die des Veräußerers – stets auf die Haftsumme beschränkt.[56] Da die Haftung des Erwerbers ebenso wie die des Veräußerers ihren Rechtsgrund einheitlich in dem Kommanditanteil hat, haftet der Erwerber neben dem Veräußerer als **Gesamtschuldner.**[57]

c) Haftung des Veräußerers. Bezüglich der Haftung des Veräußerers ist zu differenzieren: War 25
wegen der Leistung der Einlage seine persönliche Haftung ausgeschlossen, so bleibt es dabei grundsätzlich auch nach der Anteilsübertragung. Auf sein Ausscheiden aus der Gesellschaft kann er sich

---

[51] OLG München 17.6.2010, NZG 2010, 862.

[52] BGH 9.5.2017, NJW 2017, 3001 Rn. 13 aE; Heymann/Borges Rn. 9; Ebenroth/Boujong/v. Selle Rn. 10.

[53] Ebenso für die Anwendung von § 173 BGH 15.9.2020, NZG 2020, 1304 Rn. 9; MüKoHGB/Grüneberg Rn. 24.

[54] RG 30.9.1944, WM 1964, 1130 (1133); BGH 29.6.1981, BGHZ 81, 82 (84) = NJW 1981, 2747; OLG Stuttgart 31.7.2019, BeckRS 2019, 24110; MüKoHGB/Grüneberg Rn. 32 f.; RGHMW/Mock Rn. 22; Hopt/Roth Rn. 11; Ebenroth/Boujong/v. Selle Rn. 13; Staub/Thiessen Rn. 82, 85.

[55] So die hL, s. für diese Heymann/Horn, 2. Aufl. 1996, § 172 Rn. 20; Michel ZGR 1993, 118 (126 ff.); RGHMW/Mock Rn. 22; Ebenroth/Boujong/v. Selle Rn. 15; **aA** wohl Hopt/Roth Rn. 11, der eine Wirkung gegen den Erwerber nur bis zum Anteilsübergang bejaht.

[56] Ebenroth/Boujong/v. Selle Rn. 13.

[57] BGH 26.3.2019, NJW-RR 2019, 811 Rn. 19; Fedke GmbHR 2013, 180 (182); MüKoHGB/Grüneberg Rn. 31; Henssler/Strohn/Gummert Rn. 16; Michel ZGR 1993, 118 (119); RGHMW/Mock Rn. 22; Ebenroth/Boujong/v. Selle Rn. 17.

wegen § 15 Abs. 1 jedoch erst mit Eintragung des Rechtsnachfolgevermerks berufen.[58] Umgekehrt endet seine vor der Anteilsübertragung entstandene persönliche (beschränkte) Haftung in Höhe der Haftsumme nicht durch die Anteilsübertragung. Zeitlich begrenzt durch die Ausschlussfrist des § 137 haftet er für die bis zur Anteilsübertragung (bzw. unter den Voraussetzungen des § 15 Abs. 1 bis zur Eintragung des Rechtsnachfolgevermerks) entstandenen Gesellschaftsverbindlichkeiten. Für nach Eintragung des Rechtsnachfolgevermerks entstandene Verbindlichkeiten haftet der Veräußerer nicht.

26 Hinsichtlich der nach Anteilsübertragung entstandenen Verbindlichkeiten der Gesellschaft haftet der Veräußerer selbst dann nicht, wenn es **nach** der **Anteilsübertragung** zu einer als **Rückzahlung** der Einlage zu bewertenden Leistung der Gesellschaft **an den Veräußerer** kommt. Anders ist die Rechtslage jedoch bezüglich der bis zur Anteilsübertragung entstandenen Verbindlichkeiten der Gesellschaft. Insoweit lebt die Haftung des Veräußerers nach § 172 Abs. 4 wieder auf, ist jedoch auf die Haftsumme und durch die Ausschlussfrist des § 137 beschränkt.[59]

27 Für vor der **Anteilsübertragung** entstandene Verbindlichkeiten der Gesellschaft gilt die in → Rn. 26 geschilderte Rechtsfolge nach hM auch dann, wenn es zu einer **Leistung** der Gesellschaft iSd § 172 Abs. 4 **an den Erwerber** kommt.[60] Die Gläubiger der Gesellschaft sind schutzwürdig in ihrem Vertrauen, dass ihnen die bei Begründung der Verbindlichkeit vorhandenen Kommanditisten bei Rückzahlungen iSd § 172 Abs. 4 unverändert haften. Aus dieser Begründung folgt zugleich, dass Rückzahlungen an den Erwerber nach Übertragung des Kommanditanteils auf den Erwerber ausschließlich bezüglich der zuvor begründeten Verbindlichkeiten zu einem Wiederaufleben der Haftung des Veräußerers führen. Für nach Übertragung des Kommanditanteils entstandene (Neu-)Verbindlichkeiten kommt ein Vertrauensschutz der Gläubiger nicht in Betracht, so dass ausschließlich die Haftung des Erwerbers nach § 172 Abs. 4 auflebt.

28 **3. Investment-KG.** Die vorstehenden (→ Rn. 19 ff.) Grundsätze gelten wegen der Verweisung in § 124 Abs. 1 S. 2 KAGB und § 149 Abs. 1 S. 2 KAGB auch für den rechtsgeschäftlichen Erwerb von Kommanditanteilen an einer offenen bzw. geschlossenen Investment-KG. Da auch bei dieser **§ 173** zur Anwendung gelangt,[61] unterliegt der Erwerber eines Kommanditanteils der Investment-KG dem Haftungsregime der **§§ 171, 172** (→ Rn. 24). Soweit das KAGB diesbezüglich abweichende Regelungen trifft (→ § 171 Rn. 80 f.; → § 172 Rn. 59 ff.) sind diese auch für die Außenhaftung des Erwerbers eines Kommanditanteils in der offenen bzw. geschlossenen Investment-KG maßgebend.

29 Ergänzend stellt § 127 Abs. 1 S. 1 KAGB für die **offene Investment-KG** sicher, dass die Beschränkung der Kommanditisten auf **professionelle und semiprofessionelle Anleger** (→ § 161 Rn. 176) bei einem rechtsgeschäftlichen Erwerb eines Kommanditanteils nicht unterlaufen wird, indem die Vorschrift den Kreis derjenigen Personen eingrenzt, die einen Kommanditanteil an der offenen Investment-KG erwerben „dürfen". Den Erwerb durch einen **Privatanleger** schließt § 127 Abs. 1 S. 1 KAGB im Umkehrschluss aus.[62] Zweifelhaft ist indes, ob ein **Verstoß gegen § 127 Abs. 1 S. 1 KAGB** auf die zivilrechtliche Wirksamkeit des Anteilserwerbs durchschlägt. Da § 127 Abs. 1 S. 1 KAGB verhindern will, dass Privatanleger in der offenen Investment-KG die gesellschaftsrechtliche Stellung eines Kommanditisten einnehmen, spricht der Normzweck dafür, die Vorschrift im Hinblick auf das Erwerbsgeschäft entgegen der hM als Verbotsgesetz iSv § 134 BGB zu bewerten.[63] Bei einem Anteilserwerb durch Privatanleger finden deshalb die Grundsätze zum fehlerhaften Beitritt Anwendung (→ § 161 Rn. 129).[64]

---

[58] RGHMW/Mock Rn. 16.

[59] Fedke GmbHR 2013, 180 (181); Michel ZGR 1993, 118 (126 ff.); Ebenroth/Boujong/v. Selle Rn. 20.

[60] Wie hier RG 30.9.1944, WM 1966, 1130 (1134); BGH 20.10.1975, NJW 1976, 751 (752); MüKoHGB/Grüneberg Rn. 33; v. Olshausen GS Knobbe-Keuk, 1997, 247 (268 f.) (**aA** noch K. Schmidt, Einlage und Haftung des Kommanditisten, 1977, 112); Ebenroth/Boujong/v. Selle Rn. 21; Wiedemann GesR II § 9 III 6b aa; **aA** KKD/Kindler §§ 171, 172 Rn. 26; Michel ZGR 1993, 118 (120 ff.); Hopt/Roth Rn. 12; zweifelnd auch RGHMW/Mock Rn. 22.

[61] MüKoHGB/Brungs Anh. § 161 Rn. 117; Staub/Casper § 161 Rn. 271; BeckOGK/Foerster, 15.2.2023, HGB 2024 § 173 Rn. 7; BTMB/Könnecke KAGB § 152 Rn. 120; BSV/Kunschke/Klebeck KAGB § 127 Rn. 58; Mohr, Die offene Investmentkommanditgesellschaft, 2016, 129; Ebenroth/Boujong/Paefgen/Franke KAGB § 127 Rn. 11; Schewe, Kommanditgesellschaften im Regelungsbereich des Investmentrechts, 2017, 155; EDD/Schott KAGB § 152 Rn. 28 aE.

[62] Krit. BTMB/Hüwel/Kracke KAGB § 127 Rn. 13; **aA** MKJH/Eichhorn KAGB § 127 Rn. 5 aE.

[63] Ebenso Freitag NZG 2013, 329 (334); **aA** Staub/Casper § 161 Rn. 276; WBA/Lorenz KAGB § 127 Rn. 2; EDD/Schott KAGB § 127 Rn. 2; Westermann/Wertenbruch PersGes-HdB/Stöber, 2020, § 54a Rn. I 3170a; AWZ/Wallach KAGB § 127 Rn. 20; Westermann/Wertenbruch PersGes-HdB/Wertenbruch, 2021, § 29 Rn. I 639a; ferner Mohr, Die offene Investmentkommanditgesellschaft, 2016, 46 f.; wohl auch MKJH/Eichhorn KAGB § 127 Rn. 6 f.

[64] **AA** Mohr, Die offene Investmentkommanditgesellschaft, 2016, 46: bereicherungsrechtliche Rückabwicklung.

Für die **geschlossene Investment-KG** verzichtet die Parallelnorm in § 152 Abs. 1 KAGB auf eine mit § 127 Abs. 1 KAGB vergleichbare Bestimmung zum Anteilserwerb, vielmehr beschränkt sich das KAGB insoweit auf eine **Vorgabe für den Inhalt des Gesellschaftsvertrags,** die sich – insoweit in wertungsmäßiger Übereinstimmung mit § 127 Abs. 1 S. 1 KAGB – ausschließlich auf die geschlossene Spezial-Investment-KG bezieht. Während bei der geschlossenen Publikums-Investment-KG auch der für Privatanleger offene Gesellschafterkreis keine personellen Grenzen für den Anteilserwerb fordert, verpflichtet § 150 Abs. 2 S. 2 KAGB für die **Spezial-Investment-KG** ausdrücklich zur Aufnahme einer Regelung, dass Kommanditanteile der Gesellschaft ausschließlich von **professionellen und semiprofessionellen Anlegern** erworben werden dürfen. Ein sich hierüber hinwegsetzender rechtsgeschäftlicher Anteilserwerb verstößt zwar nicht – wie bei der offenen Investment-KG (→ Rn. 29) gegen ein Verbotsgesetz,[65] sondern gegen den Gesellschaftsvertrag. Wegen des Zwecks der personellen Vorgabe in § 150 Abs. 2 S. 2 KAGB strahlt dieser Verstoß aber gleichwohl auf die zivilrechtliche Wirksamkeit des Erwerbsgeschäfts aus, so dass die für die offene Investment-KG anzuerkennenden Rechtsfolgen (→ Rn. 29) jedenfalls im Ergebnis auch bei der geschlossenen Spezial-Investment-KG gelten.[66] 30

Sowohl für die offene als auch für die geschlossene Investment-KG stellen die Sonderbestimmungen des KAGB sicher, dass den **Erwerber** beim rechtsgeschäftlichen Anteilserwerb nicht die in § 176 Abs. 2 iVm § 176 Abs. 1 angeordnete unbeschränkte **Außenhaftung** trifft. Zu diesem Zweck schließt das KAGB jedoch nicht die Anwendung der letztgenannten Vorschrift aus, sondern erhebt abweichend von den allgemeinen Grundsätzen (→ Rn. 21) die **Eintragung des Erwerbers** als Kommanditisten in das Handelsregister in den Rang einer **Wirksamkeitsvoraussetzung** (§ 127 Abs. 4 KAGB für die offene Investment-KG, § 152 Abs. 4 KAGB für die geschlossene Investment-KG). Bis zur Eintragung ist das Erwerbsgeschäft schwebend unwirksam. Wegen ihres Zwecks steht die Vorschrift **nicht zur Disposition,** ein Wirksamwerden des Eintritts in die Investment-KG kann deshalb weder im Gesellschaftsvertrag noch in dem Erwerbsvertrag vorverlagert werden. Der Verzicht auf eine mit § 127 Abs. 3 S. 5 KAGB bzw. § 152 Abs. 3 S. 5 KAGB vergleichbare ausdrückliche Regelung in § 127 Abs. 4 KAGB bzw. § 152 Abs. 4 KAGB steht dem nicht entgegen, insbesondere verbietet sich wegen des Normzwecks ein formallogischer Umkehrschluss, der abweichenden Abreden zur Wirksamkeit verhelfen würde. 31

Nicht zweifelsfrei lassen sich die von § 127 Abs. 1 KAGB und § 150 Abs. 2 S. 2 KAGB erfassten **Erwerbstatbestände** dem Gesetz entnehmen. Sowohl nach dem Gesetzeswortlaut als auch nach dem Normzweck sind jedenfalls sowohl der **Beitrittsvertrag** als auch der **rechtsgeschäftliche Anteilserwerb** einbezogen. Beide Vorschriften verfolgen gemeinsam das Ziel, zum Schutz des Privatanlegers ausschließlich professionellen und semiprofessionellen Anlegern die Beteiligung an einer offenen oder geschlossenen Investment-KG zu gestatten. Dementsprechend fallen auch die Schutzbestimmungen zugunsten der Anleger für einen Spezial-AIF deutlich schwächer als bei einem Publikums-AIF aus. Dieser Normzweck würde unterlaufen, wenn der rechtsgeschäftliche Anteilserwerb aus dem Anwendungsbereich § 127 Abs. 1 KAGB und § 150 Abs. 2 S. 2 KAGB ausgeklammert bliebe. Bei einem Eintritt auf Grund eines **Erbfalls** spricht zwar der kraft Gesetzes eintretende Erwerb des Kommanditanteils (→ § 177 Rn. 6) gegen die Anwendung der Vorschriften, andererseits würde aber der Normzweck konterkariert, wenn Privatanlegern über den Erbfall die Beteiligung an einer Spezial-Investment-KG ermöglicht würde. Deshalb steht der Zweck der Vorschriften auch einer erbrechtlichen Rechtsnachfolge an dem Kommanditanteil entgegen, wenn die Erben keine professionellen oder semiprofessionellen Anleger sind.[67] 32

§ 174 [Herabsetzung der Haftsumme]

Eine Herabsetzung der Haftsumme eines Kommanditisten ist, solange sie nicht in das Handelsregister des Gerichts, in dessen Bezirke die Gesellschaft ihren Sitz hat, eingetragen ist, den Gläubigern gegenüber unwirksam; Gläubiger, deren Forderungen zur Zeit der Eintragung begründet waren, brauchen die Herabsetzung nicht gegen sich gelten zu lassen.

I. Allgemeines

Die Vorschrift betrifft die Herabsetzung der Haftsumme (zur Erhöhung der Haftsumme → § 172 Rn. 8 ff.) und steht mit § 175 in einem unmittelbaren Zusammenhang. Während die letztgenannte 1

[65] Ebenso Westermann/Wertenbruch PersGes-HdB/Wertenbruch, 2021, § 29 Rn. I 639a.

[66] **AA** WBA/Paul KAGB § 152 Rn. 8; EDD/Schott KAGB § 150 Rn. 13; AWZ/Wallach KAGB § 150 Rn. 15; Westermann/Wertenbruch PersGes-HdB/Wertenbruch, 2021, § 29 Rn. I 639a; Zetsche AG 2013, 613 (615), die lediglich ein schuldrechtliches Übertragungsverbot befürworten; idS wohl auch BTMB/Könnecke KAGB § 150 Rn. 20.

[67] **AA** WBA/Paul KAGB § 150 Rn. 8; AWZ/Wallach KAGB § 150 Rn. 17.

Norm die verfahrensrechtliche Seite regelt, betrifft § 174 die materiellrechtliche Komponente, da den Gläubigern der Gesellschaft infolge der Herabsetzung der Haftsumme weniger Gesellschaftsvermögen zur Befriedigung ihrer Forderungen zur Verfügung steht. Die Vorschrift regelt die Herabsetzung der Haftsumme nur im Hinblick auf die Registerpublizität und ordnet im Interesse der Gesellschaftsgläubiger an, dass die Herabsetzung nicht bereits mit der Änderung des Gesellschaftsvertrags im Verhältnis zu Dritten wirksam ist, sondern es hierfür der Eintragung in das Handelsregister bedarf.[1] Zur Anmeldung der Herabsetzung → § 175 Rn. 2 ff.

II. Herabsetzung der Haftsumme

2 **1. Einlage und Haftsumme.** Bis zum Inkrafttreten des MoPeG am 1.1.2024 meinte der noch in § 174 Hs. 1 aF enthaltene Begriff der Einlage – ebenso wie in § 175 (→ § 175 Rn. 2) – die Einlage des Kommanditisten iSd § 171, also die **Haftsumme,** bis zu der der Kommanditist Dritten gegenüber für Verbindlichkeiten der Gesellschaft mit seinem Privatvermögen einsteht (→ § 171 Rn. 7).[2] Dies ergab sich aus § 162 aF, nach dem die „Einlage" in dem vorgenannten Sinne in das Handelsregister einzutragen war. Deshalb ist es konsequent, wenn auch spätere Änderungen (Erhöhung oder Herabsetzung) einzutragen sind. Diesem Verständnis hat der Gesetzgeber mit dem MoPeG nunmehr Rechnung getragen und – ebenso wie in § 162 Abs. 1 S. 1 – den Begriff „Einlage" in § 174 Hs. 1 durch den Begriff „Haftsumme" ersetzt, ohne dass hiermit eine Änderung des bisherigen Normverständnisses verbunden ist.[3] Keine Bedeutung hat die Vorschrift für die **Pflichteinlage,** die lediglich das **Innenverhältnis** der Gesellschafter betrifft und deshalb keiner Registereintragung bedarf.[4] Im Zweifel ist mit einer gesellschaftsvertraglich vereinbarten Herabsetzung der Pflichteinlage indes auch eine Herabsetzung der für das Außenverhältnis maßgebenden Haftsumme von den Parteien gewollt.

3 Ohne die Regelung in § 174 hätte bereits die Änderung des Gesellschaftsvertrags zur Folge, dass sich die Haftsumme gegenüber Dritten verringert. Im Interesse des Gläubigerschutzes darf der Kommanditist die Herabsetzung Dritten aber erst entgegenhalten, wenn diese in das Handelsregister eingetragen ist. Wegen der bis zur Eintragung gegenüber Dritten bestehenden „Unwirksamkeit" hat die Registereintragung konstitutive Bedeutung.[5] Diese Rechtsfolge betrifft jedoch ausschließlich das **Außenverhältnis.**[6] Für das Innenverhältnis reicht es aus, wenn die Herabsetzung im Gesellschaftsvertrag rechtswirksam vereinbart wurde.

4 **2. Anwendungsbereich.** Der Anwendungsbereich des § 174 beschränkt sich auf Änderungen im Hinblick auf die Höhe der Haftsumme und auch insoweit nur bezüglich einer **Herabsetzung.** Für **Erhöhungen** der Haftsumme ist § 172 Abs. 2 maßgebend; nur in § 175 werden Herabsetzungen und Erhöhungen der Haftsumme gleichbehandelt. Auf Grund ihres Wortlauts gilt die Vorschrift weder für die **Auflösung der Gesellschaft** noch für das **Ausscheiden eines Kommanditisten.**[7] Nicht erfasst wird ferner eine **Einzel- oder Gesamtrechtsnachfolge** in den Kommanditanteil. Insbesondere die **Anteilsübertragung** kraft Rechtsgeschäfts unterliegt nicht § 174.[8] Das gilt im Fall einer Veräußerung des Kommanditanteils selbst dann, wenn dieser nicht vollständig, sondern lediglich teilweise auf einen Dritten übertragen wird, da die Haftsumme unverändert bleibt.[9]

5 **3. Eintragung.** Die Eintragung in das Handelsregister erfolgt bei dem Gericht, in dessen Bezirk die Gesellschaft ihren Sitz hat.

---

[1] Heymann/Horn, 2. Aufl. 1996, Rn. 1.

[2] AllgM, s. MüKoHGB/Grüneberg Rn. 6; Henssler/Strohn/Gummert §§ 174, 175 Rn. 3; Heymann/Horn, 2. Aufl. 1996, Rn. 1; RGHMW/Mock Rn. 1a; Hopt/Roth Rn. 1; Staub/Thiessen Rn. 9.

[3] Zur klarstellenden Bedeutung der Gesetzesänderung Begr. RegE, BT-Drs. 19/27635, 258; Koch PersGesR/Ceesay Rn. 6; BeckOGK/Foerster, 1.7.2025, Rn. 6; MüKoHGB/Grüneberg Rn. 6.

[4] Für die allgM zB Koch PersGesR/Ceesay Rn. 7; Ebenroth/Boujong/v. Selle Rn. 1; Staub/Thiessen Rn. 9.

[5] Heymann/Borges Rn. 2; Koch PersGesR/Ceesay Rn. 8; BeckOGK/Foerster, 1.7.2025, Rn. 14; Henssler/Strohn/Gummert §§ 174, 175 Rn. 6; RGHMW/Mock Rn. 4; Hopt/Roth Rn. 1; Staub/Thiessen Rn. 6, 18.

[6] Treffend auch Staub/Thiessen Rn. 7; jüngst BGH 4.5.2021, NJW 2022, 57 Rn. 25; 4.5.2021, NZG 2021, 1461 Rn. 36.

[7] Heymann/Borges Rn. 1; Koch PersGesR/Ceesay Rn. 15; BeckOGK/Foerster, 1.7.2025, Rn. 9; Henssler/Strohn/Gummert §§ 174, 175 Rn. 4; Ebenroth/Boujong/v. Selle Rn. 1.

[8] Unstr., s. Koch PersGesR/Ceesay Rn. 16; Heymann/Borges Rn. 1; BeckOGK/Foerster, 1.7.2025, Rn. 10; Henssler/Strohn/Gummert §§ 174, 175 Rn. 4; Ebenroth/Boujong/v. Selle Rn. 1; Staub/Thiessen Rn. 12.

[9] Koch PersGesR/Ceesay Rn. 17; BeckOGK/Foerster, 1.7.2025, Rn. 11; MüKoHGB/Grüneberg Rn. 10; RGHMW/Mock Rn. 3; Ebenroth/Boujong/v. Selle Rn. 1; **aA** Staub/Thiessen Rn. 12.

III. Rechtsfolge

Nimmt der Gläubiger den Kommanditisten nach Maßgabe der §§ 171, 172 wegen einer Verbindlichkeit der KG in Anspruch, so verwehrt es § 174 dem Kommanditisten, sich gegenüber Dritten auf die geringere Haftsumme zu berufen, obwohl diese gesellschaftsvertraglich bereits vereinbart worden ist. Mit diesem Einwand kann der Kommanditist seine Inanspruchnahme erst abwenden, wenn die Herabsetzung der Haftsumme in dem Handelsregister eingetragen ist.[10] Nur wenn es dem Kommanditisten gelingt, die positive Kenntnis des Gläubigers nachzuweisen, entfällt die beschränkende Rechtswirkung des § 174 (→ Rn. 10). Das gilt auf Grund des Zwecks der Vorschrift sowie des Gesetzeswortlauts einschränkungslos für alle Forderungen, die gegen die KG gerichtet sind. Hierfür ist es gleichgültig, auf welchem Rechtsgrund (Rechtsgeschäft oder Gesetz) diese beruhen.[11] 6

Bis zur Änderung des § 162 Abs. 2 im Jahre 2001 (→ § 162 Rn. 15) war die Rechtslage für die Zeit **nach Eintragung** der Herabsetzung bis zu deren **Bekanntmachung** problematisch, da § 174 hierfür keine Regelung traf. In dieser Phase blieb es deshalb bei dem durch § 15 Abs. 1 und 2 begründeten Verkehrsschutz.[12] Endgültig konnte sich der Kommanditist daher gegenüber Dritten erst dann auf die Herabsetzung seiner Haftsumme berufen, wenn diese auch bekannt gemacht wurde. Mit der Änderung des § 162 Abs. 2 im Jahre 2001 (→ § 162 Rn. 7) wurde dieser zuvor allgemein gebilligten Rechtsfolge[13] indes die normative Grundlage entzogen, da Veränderungen der Einlage, die von dem Kommanditisten zu leisten ist, seitdem nicht mehr bekanntzumachen sind und § 15 „insoweit" nicht mehr eingreift (näher → § 162 Rn. 16 ff.).[14] 7

Wegen § 174 Hs. 2 tritt die Rechtsfolge in → Rn. 6 nur hinsichtlich solcher Verbindlichkeiten ein, die **nach der Eintragung** in das Handelsregister begründet worden sind.[15] Anders ist die Rechtslage bei solchen Forderungen der Gesellschaftsgläubiger, die bereits vor der Eintragung der Herabsetzung entstanden sind. Bezüglich dieser **„Altschulden"** führt § 174 Hs. 2 dazu, dass der Kommanditist für diese bis zu der alten Haftsumme einzustehen hat.[16] Soweit die Altschuld aber über den herabgesetzten Betrag hinausgeht, führt die zeitliche Schranke des § 137 im Hinblick auf den überschießenden Betrag zu einer Enthaftung.[17] 8

Für die **Abgrenzung** zwischen Alt- und Neuverbindlichkeiten ist der **Tag der Eintragung** im Handelsregister maßgebend.[18] Bei Schuldverhältnissen, die bereits vor dem Stichtag begründet wurden, die jedoch – wie bei Dauerschuldverhältnissen – darauf angelegt sind, im Zuge des Leistungsaustauschs wiederholt Forderungen entstehen zu lassen, ist nicht auf die Begründung des (Dauer-)Schuldverhältnisses, sondern auf die Entstehung der jeweiligen einzelnen Forderung abzustellen. 9

Im Unterschied zu § 176 Abs. 1 S. 1 aE fehlt eine Regelung für den Fall, in dem ein (konkreter) Gläubiger der Gesellschaft die Herabsetzung der Haftsumme kennt. Da § 174 dem Gläubigerschutz dient, der Gläubiger in dieser Konstellation jedoch nicht schutzbedürftig ist, bedarf die Norm entweder einer telelogischen Reduktion[19] oder einer Ergänzung durch analoge Anwendung des Vorbehalts in § 176 Abs. 1 S. 1 aE.[20] Unabhängig von der methodischen Begründung für diese Einschränkung der Rechtsfolge des § 174 ist aber – wie bei § 176 Abs. 1 S. 1 – **positive Kenntnis des Gläubigers** erforderlich.[21] Allein die Möglichkeit, dass der Gläubiger die Herabsetzung der Haftsumme hätte kennen können, rechtfertigt es nicht, den mit § 174 bezweckten Verkehrsschutz einzuschränken. 10

---

[10] Heymann/Horn, 2. Aufl. 1996, Rn. 3.

[11] Ebenroth/Boujong/v. Selle Rn. 2.

[12] Heymann/Horn, 2. Aufl. 1996, Rn. 2; Hopt/Roth Rn. 1.

[13] Dazu statt aller Staub/Thiessen Rn. 19.

[14] Heymann/Borges Rn. 3; **aA** BeckOGK/Foerster, 1.7.2025, Rn. 5, der bei § 15 auf die Abrufbarkeit der Eintragung abstellt.

[15] Statt aller Koch PersGesR/Ceesay Rn. 10.

[16] OLG Hamburg 31.1.2020, NZG 2020, 664 (664); Heymann/Borges Rn. 4; Koch PersGesR/Ceesay Rn. 11; RGHMW/Mock Rn. 5; Hopt/Roth Rn. 2; Ebenroth/Boujong/v. Selle Rn. 2; Staub/Thiessen Rn. 19.

[17] BGH 4.5.2021, BGHZ 229, 358 Rn. 14 = NJW 2022, 57; 4.5.2021, NZG 2021, 1461 Rn. 25; OLG Hamburg 31.1.2020, NZG 2020, 664 (665 f.); Heymann/Borges Rn. 4; Koch PersGesR/Ceesay Rn. 13; Fedke GmbHR 2013, 180 (181); BeckOGK/Foerster, 15.2.2023, HGB 2024 § 174 Rn. 19; RGHMW/Mock Rn. 7; Hopt/Roth Rn. 2; *Ebenroth*/Boujong/v. Selle Rn. 4; Staub/Thiessen Rn. 19 jeweils mwN.

[18] Koch PersGesR/Ceesay Rn. 12; Staub/Thiessen Rn. 19.

[19] Mit diesem (vorzugswürdigen) methodischen Ansatz Ebenroth/Boujong/v. Selle Rn. 3.

[20] Soweit ersichtlich iErg weitgehend unstr.; s. BGH 4.5.2021, BGHZ 229, 358 Rn. 28 = NJW 2022, 57; 4.5.2021, NZG 2021, 1461 Rn. 39; Heymann/Borges Rn. 2; RGHMW/Mock Rn. 4; Staub/Thiessen Rn. 20; **aA** Koch PersGesR/Ceesay Rn. 9.

[21] BGH 4.5.2021, BGHZ 229, 358 Rn. 28 = NJW 2022, 57; 4.5.2021, NZG 2021, 1461 Rn. 39; OLG Hamburg 31.1.2020, NZG 2020, 664 (665); Heymann/Borges Rn. 2; BeckOGK/Foerster, 1.7.2025, Rn. 15; Hopt/Roth Rn. 1.

Darüber hinaus muss die positive Kenntnis von der Herabsetzung der Haftsumme auf Grund des Schutzzwecks der Norm in dem Zeitpunkt bestehen, in dem die Forderung gegenüber der KG begründet worden ist.

§ 175 Anmeldung der Änderung der Haftsumme

Die Erhöhung sowie die Herabsetzung einer Haftsumme ist durch die sämtlichen Gesellschafter zur Eintragung in das Handelsregister anzumelden.

I. Allgemeines

1 Die Vorschrift schafft die verfahrensrechtlichen Rahmenbedingungen für § 174. Voraussetzung für die Änderung der Haftsumme ist eine entsprechende Änderung des Gesellschaftsvertrags. Rechtswirkungen im Außenverhältnis entfaltet die Änderung der Haftsumme jedoch grundsätzlich erst mit Eintragung im Handelsregister (→ Rn. 4); zu den Ausnahmen s. § 172 Abs. 2 (→ § 174 Rn. 10). Bis zum Inkrafttreten des MoPeG am 1.1.2024 ergänzte § 175 S. 2 aF § 162 Abs. 2 aF, der die Eintragung bezüglich der Kommanditisten von der Bekanntmachung ausklammerte (→ 7. Aufl. § 162 Rn. 15 ff.). Mit der bereits durch das DiRuG (Art. 1 Nr. 15) zum 1.8.2022 erfolgten Aufhebung von § 162 Abs. 2 aF wurde zugleich § 175 S. 2 obsolet und deshalb ebenfalls durch Art. 1 Nr. 16 DiRuG aufgehoben.[1]

II. Anmeldung

2 Wie § 174 (→ § 174 Rn. 2) gilt § 175 nicht für die Pflichteinlage, sondern betrifft – wie der Gesetzeswortlaut nunmehr klarstellt – die **Haftsumme.**[2] Auf diese muss sich auch die Änderung des Gesellschaftsvertrags beziehen, wobei eine Änderung der Pflichteinlage in der Regel dahin auszulegen ist, dass hierdurch auch die Haftsumme im entsprechenden Umfang verändert werden soll.[3] Nur bezüglich der Haftsumme führt § 175 dazu, dass es sich nicht nur um eine eintragungsfähige, sondern auch um eine einzutragende Tatsache iSd § 15 handelt.[4] Im Unterschied zu § 174 (→ § 174 Rn. 4) gilt die Vorschrift jedoch gleichermaßen für die **Herabsetzung** der Einlage wie für deren **Erhöhung.**

3 Hinsichtlich der Anmeldung gelten die allgemeinen Grundsätze zu § 162 (→ § 162 Rn. 2 ff.), insbesondere sind die Gesellschafter verpflichtet, an dieser mitzuwirken (→ § 162 Rn. 4). Auch die Anmeldung nach § 175 ist von **allen Gesellschaftern** anzumelden, also ebenfalls von **allen Kommanditisten.**[5] In dem Gesellschaftsvertrag kann jedoch bereits einem Gesellschafter, zB dem persönlich haftenden Gesellschafter, eine Vollmacht zur Anmeldung eingeräumt werden (näher → § 162 Rn. 5).[6] Aus dieser muss sich allerdings ergeben, dass sie sich inhaltlich auch auf die in § 175 genannten Anmeldungen erstreckt.[7]

4 Die **Rechtswirkungen** der Anmeldung regelt nicht § 175, sondern bezüglich der Herabsetzung der Haftsumme folgt die konstitutive Wirkung der Eintragung aus § 174 (→ § 174 Rn. 3) und für die Erhöhung ergibt sich diese aus § 172 Abs. 2 (→ § 172 Rn. 8).[8]

III. Bekanntmachung

5 Die Vorschrift in § 175 S. 2 aF stand in einem sachlichen Zusammenhang mit dem Verzicht auf die Bekanntmachung in § 162 Abs. 2 aF und dehnte die dortige Rechtsfolge durch Anordnung der entsprechenden Anwendung auf die ebenfalls den Kommanditisten betreffende Herabsetzung und Erhöhung der Haftsumme aus. Dies war im Hinblick auf den mit § 162 Abs. 2 aF verfolgten Zweck

---

[1] S. Begr. RegE, BT-Drs. 19/27635, 258; Koch PersGesR/Ceesay Rn. 4.

[2] So wie allgM zu § 175 aF BayObLG 29.1.2003, ZIP 2003, 1443 (1444) = NZG 2003, 476; Heymann/Borges Rn. 1; BeckOGK/Foerster, 1.7.2025, Rn. 2; MüKoHGB/Grüneberg Rn. 3; Henssler/Strohn/Gummert §§ 174, 175 Rn. 3; Hopt/Roth Rn. 1; Ebenroth/Boujong/v. Selle Rn. 1; Staub/Thiessen Rn. 4.

[3] Staub/Schilling, 4. Aufl. 1987, § 174 Rn. 1; Ebenroth/Boujong/v. Selle Rn. 1.

[4] Heymann/Borges § 174 Rn. 2; BeckOGK/Foerster, 1.7.2025, Rn. 6; MüKoHGB/Grüneberg Rn. 5; GK-HGB/Kluge/Kluge Rn. 4; RGHMW/Mock Rn. 2; Ebenroth/Boujong/v. Selle Rn. 1.

[5] OLG Düsseldorf 25.2.2013, NZG 2013, 540; KG 21.12.2021, BeckRS 2021, 50095; Heymann/Borges Rn. 2; MüKoHGB/Grüneberg Rn. 6; RGHMW/Mock Rn. 4; Hopt/Roth Rn. 1; Ebenroth/Boujong/v. Selle Rn. 2; Staub/Thiessen Rn. 10; gegen eine Anmeldepflicht der Gesellschafter jedoch Koch PersGesR/Ceesay Rn. 9.

[6] Heymann/Borges Rn. 2; BeckOGK/Foerster, 1.7.2025, Rn. 8; Hopt/Roth Rn. 1; Staub/Thiessen Rn. 11.

[7] LG Berlin 9.10.1974, BB 1975, 250 (251); Hopt/Roth Rn. 1.

[8] Statt aller Heymann/Borges Rn. 1.

(→ § 162 Rn. 8) konsequent. Ein Bestehen bleiben der Bekanntmachung bezüglich einer Herabsetzung oder Erhöhung der Haftsumme hätte offenkundig dem Regelungsziel des § 162 Abs. 2 widersprochen. Angesichts dessen ist es konsequent, dass das DiRUG mit der Aufhebung von § 162 Abs. 2 aF zugleich die Verweisung auf die vorgenannte Vorschrift in § 175 S. 2 aF aufgehoben hat.[9]

IV. Registerzwang

Zwar erklärt § 175 Herabsetzung sowie Erhöhung der Haftsumme zu den einzutragenden Tatsachen, verzichtet aber nicht mehr wie noch unter der Geltung von § 175 S. 3 aF darauf, dass die entsprechende Anmeldung mit Hilfe einer Zwangsgeldandrohung (§ 14) von dem Registergericht erzwungen werden kann. Der Schutz der Gesellschaftsgläubiger wird darüber hinaus durch § 15[10] sowie im Hinblick auf die Herabsetzung der Haftsumme vor allem durch § 174 bewirkt. Ferner bleibt die gesellschaftsvertragliche Pflicht aller Gesellschafter zur Mitwirkung an der Eintragung (→ § 162 Rn. 4) unberührt.[11] 6

Die im Hinblick auf **Zweigniederlassungen** diskutierte Verpflichtung, eine der Zahl der Zweigniederlassungen entsprechende Anzahl von Stücken bei dem Registergericht der Hauptniederlassung einzureichen, sowie der insoweit bestehenden Registerzwang (§ 14),[12] ist seit der Aufhebung von § 13c Abs. 1 mit Wirkung zum 1.7.2007 durch das EHUG ohne Bedeutung. 7

§ 176 [Haftung vor Eintragung]

(1) Hat die Gesellschaft, deren Zweck auf den Betrieb eines Handelsgewerbes unter gemeinschaftlicher Firma gerichtet ist, am Rechtsverkehr teilgenommen, bevor sie in das Handelsregister eingetragen ist, haftet jeder Kommanditist, der der Teilnahme am Rechtsverkehr zugestimmt hat, für die bis zur Eintragung begründeten Verbindlichkeiten der Gesellschaft gleich einem persönlich haftenden Gesellschafter, es sei denn, daß seine Beteiligung als Kommanditist dem Gläubiger bekannt war.

(2) Tritt ein weiterer Gesellschafter als Kommanditist in eine bestehende Handelsgesellschaft ein, ist Absatz 1 für die in der Zeit zwischen seinem Eintritt und dessen Eintragung in das Handelsregister begründeten Verbindlichkeiten entsprechend anzuwenden.

Schrifttum: Bartlitz, Die Kommanditistenhaftung in der GmbH & Co. KG vor Registereintragung, NZG 2022, 1669; Beyerle, Der unbeschränkt haftende Kommanditist, 1976; Bialluch-von Allwörden, Übertragung von Kommanditanteilen – aufschiebend bedingte Abtretung durch MoPeG passé?, NZA 2022, 791; Binz, Haftungsverhältnisse im Gründungsstadium der GmbH & Co. KG, 1976; Clauss/Fleckner, Die Kommanditgesellschaft in der Gründung, WM 2003, 1790; Crezelius, Zur Stellung des § 176 HGB im Handels- und Gesellschaftsrecht, BB 1983, 5; Dauner-Lieb, Die Kommanditistenhaftung vor Eintragung (§ 176 Abs. 1 HGB) – Ansätze zu einer Neuorientierung, FS Lutter, 2000, 835; Geißler, Haftung und Haftungsrisiken des Kommanditisten in der GmbH & Co. KG, GmbHR 2014, 458; Hofmann, Die Haftung des Kommanditisten aus § 176 HGB bei der GmbH & Co. KG, GmbHR 1970, 182; U. Huber, Haftungsprobleme der GmbH & Co. KG im Gründungsstadium, FS Hefermehl, 1976, 127; Jacobs, Unbeschränkte Haftung der Kommanditisten vor Eintragung für gesetzliche Gesellschaftsverbindlichkeiten, DB 2005, 2227; Knobbe-Keuk, Die unbeschränkte Kommanditistenhaftung nach § 176 HGB, FS Stimpel, 1985, 187; Lehnen, Vom Grundsatz der komplementärgleichen Kommanditistenhaftung. Ein Beitrag zur Enträtselung des § 176 HGB, 2013; Leo/John, Endlich Klarheit für die Praxis – § 176 II HGB in der Fassung des MoPeG, NZG 2021, 1195; Lieb, Der unbeschränkt haftende Kommanditist, ZHR 141 (1977), 374; Mattheus/Schwab, Kommanditistenhaftung und Registerpublizität, ZGR 2008, 65; Meyer, Die unbeschränkte Kommanditistenhaftung gemäß § 176 Abs. 1 HGB, BB 2008, 628; v. Olshausen, Haftungsprobleme beim Kommanditistenwechsel unter Lebenden, FS Knobbe-Keuk, 1997, 247; Reiff, Die unbeschränkte Haftung des Kommanditisten nach § 176 I HGB, Ad Legendum 2014, 336; Riegger, Zur Haftung des Kommanditisten vor der Eintragung im Handelsregister, BB 1979, 1380; Schall, Vorsicht Falle! – Der neue § 176 II HGB und die alte Lösung vom aufschiebend bedingten Eintritt, NZG 2023, 1540; Scheuch/Sustmann, Der Begründungszeitpunkt von Schadensersatzverbindlichkeiten als neues Klausurproblem im Gesellschaftsrecht – auch bei § 176 HGB?, JuS 2024, 1113; K. Schmidt, Anwendungsgrenzen des § 176 Abs. 2 HGB, ZHR 144 (1980), 192; K. Schmidt, Was wird aus der unbeschränkten Kommanditistenhaftung nach § 176 HGB?, GmbHR 2002, 341; Specks, Zur Haftung des Kommanditisten, insbesondere des Kommanditisten einer GmbH & Co. KG, vor seiner Eintragung im Handelsregister, RNotZ 2008, 143; Wagner, Neue Haftungsrisiken für Kommanditisten einer

[9] S. auch Begr. RegE, BT-Drs. 19/27635, 258. Durch das DiRUG wurden die auf § 162 Abs. 2 aF und § 175 S. 2 aF bezogenen Änderungsvorschläge im Rahmen des MoPeG gegenstandslos; s. insoweit BT-Ausschuss, BT-Drs. 19/31105, 9 sowie BeckOGK/Foerster, 1.7.2025, Rn. 3; MüKoHGB/Grüneberg Rn. 3.

[10] Näher Staub/Thiessen Rn. 18 ff.; Ebenroth/Boujong/v. Selle Rn. 3.

[11] Dazu auch Heymann/Borges Rn. 4; Koch PersGesR/Ceesay Rn. 11; BeckOGK/Foerster, 1.7.2025, Rn. 9; Staub/Thiessen Rn. 13 f.

[12] Dazu statt aller MüKoHGB/K. Schmidt, 2. Aufl. 2007, §§ 174, 175 Rn. 13.

kleingewerblichen KG vor Eintragung, NJW 2001, 1110; Wertenbruch, Beschränkte und unbeschränkte Kommanditistenhaftung nach MoPeG, GmbHR 2024, 953.

Übersicht

I. Allgemeines

1 Die Vorschrift hat ihre Grundlage im Schutz des Vertrauens und wirkt im Interesse des Verkehrsschutzes auf eine möglichst rasche Klarstellung der Haftungsverhältnisse im Register hin.[1] Den hierfür vom Gesetzgeber als notwendig erachteten Druck erzeugt § 176 durch eine persönliche und vor allem unbeschränkte Haftung auch der Kommanditisten, wenn die Gesellschaft am Rechtsverkehr bereits teilnimmt, bevor sie im Handelsregister eingetragen ist. In dieser Phase ist für die Geschäftspartner der Gesellschaft nicht erkennbar, dass mindestens ein Gesellschafter nur beschränkt in Höhe seiner Haftsumme für die Verbindlichkeiten der Gesellschaft einsteht. Da allein die positive Kenntnis des Gläubigers von der Kommanditistenstellung eine unbeschränkte Haftung des Kommanditisten ausschließt, schützt § 176 nicht ein konkretes Vertrauen, sondern bezweckt einen **abstrakten Vertrauensschutz.**[2]

2 Im Schrifttum wurde vor Inkrafttreten des MoPeG am 1.1.2024 mit Recht darauf hingewiesen, dass sich die Vorschrift im Vergleich zur Haftungsverfassung der **BGB-Außengesellschaft** in einem Wertungswiderspruch befand.[3] Das seitens des BGH für diese befürwortete Haftungskonzept, das zu einer an den §§ 128–130 aF angelehnten persönlichen und unbeschränkten Haftung der Gesellschafter führte, verwehrte es diesen insbesondere, ihre Haftung im Innenverhältnis mit Wirkungen für die Gläubiger der Gesellschaft zu beschränken.[4] Selbst ein auf die Haftungsbeschränkung hinweisender Namenszusatz (zB GbR mbH) vermochte diese Rechtsfolge nicht zu verhindern.[5] Angesichts dessen erscheint § 176 als eine systematisch unbefriedigende Privilegierung der KG, da bei dieser bereits die positive Kenntnis des Gläubigers von der Kommanditistenstellung einer unbeschränkten

[1] BGH 4.3.1976, BGHZ 66, 98 (101) = NJW 1976, 848 (849); 28.10.1981, BGHZ 82, 209 (213, 215) = NJW 1982, 883 (884, 885); ebenso im Schrifttum zB Koch PersGesR/Ceesay Rn. 4; BeckOGK/Foerster, 1.7.2025, Rn. 2; Henssler/Strohn/Gummert Rn. 1; RGHMW/Mock Rn. 2; Priester BB 1980, 911; Ebenroth/Boujong/v. Selle Rn. 1 aE; idS auch Staub/Thiessen Rn. 28: rechtssichere Festlegung des Haftungsumfangs und Schutz vor Manipulationen.

[2] So die heute hM, s. BGH 28.10.1981, BGHZ 82, 209 (213, 215) = NJW 1982, 883 (885); Heymann/Borges Rn. 3; Koch PersGesR/Ceesay Rn. 7; MüKoHGB/Grüneberg Rn. 1; Henssler/Strohn/Gummert Rn. 1; KKD/Kindler Rn. 1; Priester DB 1980, 911; Hopt/Roth Rn. 1; NK-HGB/Schall Rn. 1; Staub/Schilling, 4. Aufl. 1987, Rn. 1; Ebenroth/Boujong/v. Selle Rn. 1; Westermann/Wertenbruch PersGes-HdB/Wertenbruch, 2025, § 52 Rn. I 3102; **aA** Crezelius BB 1983, 5; Knobbe-Keuk FS Stimpel, 1985, 183 (200); Reiff Ad Legendum 2014, 336 (339 f.); im Ansatz auch Staub/Thiessen Rn. 28.

[3] MüKoHGB/Grüneberg Rn. 3; ebenso zB Reiff Ad Legendum 2014, 336 (341 ff.); ausf. Lehnen, Vom Grundsatz der komplementärgleichen Kommanditistenhaftung, 2013, 103 ff.; s. auch BeckOGK/Foerster, 15.2.2023, HGB 2024 § 176 Rn. 6 f.

[4] BGH 29.1.2001, BGHZ 146, 341 = NJW 2001, 1056.

[5] BGH 27.9.1999, BGHZ 142, 315 = NJW 1999, 3483.

Haftung des Kommanditisten entgegensteht. Geringfügig verringert wurde diese Diskrepanz, wenn die Norm im Wege eines Analogieschlusses auf die kannkaufmännische BGB-Außengesellschaft übertragen wird, die sich auf dem Weg zur Eintragung als KG befindet.[6] Die vorstehend skizzierte haftungsrechtliche Privilegierung besteht auch nach Inkrafttreten des MoPeG am 1.1.2024, da die Kenntnis des Gläubigers unverändert ausreicht, um eine Haftung des Kommanditisten auszuschließen. Die noch im Regierungsentwurf zum MoPeG vorgesehene Streichung dieser Privilegierung[7] wurde im Ausschuss für Recht und Verbraucherschutz des Deutschen Bundestages wieder zurückgenommen.[8]

Der durch § 176 begründete abstrakte Vertrauensschutz bezieht sich auf die Teilnahme am Rechtsverkehr vor Eintragung der in haftungsrechtlicher Hinsicht maßgebenden Verhältnisse im Handelsregister. Trotz dieses Sachzusammenhangs der Norm mit der beschränkten Haftung des Kommanditisten hat das BAG die Vorschrift auf die im Handelsregister (noch) nicht eingetragene **Firmenänderung** angewendet.[9] Das Schrifttum ist dem überwiegend nicht gefolgt.[10] Ungeachtet des Vertrauenstatbestands, den die noch nicht eingetragene geänderte Firma erzeugt, fehlt in dieser Konstellation der notwendige Sachzusammenhang mit der nach dem Gesellschaftsvertrag beschränkten Haftung des Kommanditisten, auf die er sich erst mit der Eintragung im Handelsregister stützen können soll. Dem vom BAG verfolgten Anliegen eines Vertrauensschutzes kann ausreichend über die allgemeinen Rechtsscheingrundsätze Rechnung getragen werden.[11] 3

Das am 1.1.2024 in Kraft getretene **MoPeG** führte bei der Vorschrift entgegen ursprünglichen Überlegungen (→ Rn. 2 aE) zu keinen wesentlichen Korrekturen. Durch Änderung des bisherigen Abs. 1 S. 2 sollte der Haftungstatbestand des § 176 Abs. 1 S. 1 nach dem Regierungsentwurf noch auf die „Kann-Kommanditgesellschaft" erstreckt werden.[12] In den Beratungen des Ausschusses für Recht und Verbraucherschutz des Deutschen Bundestags konnte sich dieses Reformanliegen jedoch nicht durchsetzen. Aufgrund der dort gefassten Beschlüsse wurde zwar der bisherige Abs. 1 S. 2 gestrichen, durch die Einfügung in Satz 1 („deren Zweck auf den Betrieb eines Handelsgewerbes unter gemeinschaftlicher Firma gerichtet ist") aber klargestellt, dass § 176 Abs. 1 nur auf Gesellschaften iSv § 105 Abs. 1 Anwendung findet.[13] Auf solche, die erst durch Eintragung im Handelsregister zur Personenhandelsgesellschaft werden, soll § 176 Abs. 1 nicht anwendbar sein.[14] Betroffen sind hiervon nicht nur kleingewerbliche Gesellschaften, sondern auch eigenvermögensverwaltende Gesellschaften sowie Gesellschaften von Freiberuflern.[15] Mit der ebenfalls auf die Beschlüsse des Ausschusses für Recht und Verbraucherschutz zurückgehenden Neufassung von § 176 Abs. 2 stellt das Gesetz nunmehr klar, dass die Vorschrift keine Anwendung findet, wenn ein Kommanditanteil auf einen anderen bei Ausscheiden des bisherigen Kommanditisten übertragen wird.[16] 3a

II. Tatbestand des Abs. 1

1. Kommanditgesellschaft. Für die Haftung nach § 176 Abs. 1 muss eine Gesellschaft vorliegen, die die unverzichtbaren Mindestvoraussetzungen einer Kommanditgesellschaft erfüllt und bei der lediglich die Eintragung der Gesellschaft im Handelsregister fehlt.[17] Zu den **konstitutiven Merkmalen** für den Gesellschaftsvertrag einer **KG** → § 161 Rn. 10 ff. Erfüllt der Gesellschaftsvertrag diese Voraussetzungen, gilt § 176 auch für die von einer noch nicht eingetragenen **GmbH & Co. KG** eingegangenen Verbindlichkeiten (→ Rn. 52).[18] Ob die Gesellschaft bereits die **Anmeldung** zum 4

[6] Hierfür Staub/Thiessen Rn. 36 ff.

[7] S. BT-Drs. 19/27635, 259.

[8] S. BT-Drs. 19/30942, 100 (Beschluss); BT-Drs. 19/31105, 9 (Begr.); s. auch MüKoHGB/Grüneberg Rn. 4.

[9] BAG 24.8.1979, AP HGB § 176 Nr. 2 = NJW 1980, 1071; zust. BeckOGK/Foerster, 1.7.2025, Rn. 48; Priester BB 1980, 911 (915 ff.); Ebenroth/Boujong/v. Selle Rn. 9; Staub/Thiessen Rn. 32, 142 f.; Westermann/Wertenbruch PersGes-HdB/Wertenbruch, 2025, § 52 Rn. I 3112.

[10] Abl. zB MüKoHGB/Grüneberg Rn. 51; Henssler/Strohn/Gummert Rn. 28; KKD/Kindler Rn. 3; GK-HGB/Kluge/Kluge Rn. 10; Hopt/Roth Rn. 3; zurückhaltend auch RGHMW/Mock Rn. 8.

[11] So auch Henssler/Strohn/Gummert Rn. 28; MüKoHGB/K. Schmidt/Grüneberg, 5. Aufl. 2022, Rn. 50.

[12] S. BT-Drs. 19/27635, 67 („Das gilt entsprechend für eine Kommanditgesellschaft, die nach § 107 Absatz 1 erst mit Eintragung im Handelsregister im Verhältnis zu Dritten entsteht.") sowie 259 (Begründung); s. auch BeckOGK/Foerster, 1.7.2025, Rn. 39 f.; MüKoHGB/Grüneberg Rn. 4; Ebenroth/Boujong/v. Selle Rn. 3.

[13] BT-Drs. 19/31105, 9.

[14] BT-Drs. 19/31105, 9.

[15] BT-Drs. 19/31105, 9.

[16] BT-Drs. 19/31105, 9; s. auch Bialluch-von Allwörden NZG 2022, 791 (793 f.); Leo/John NZG 2021, 1195 (1196 f.).

[17] Koch PersGesR/Ceesay Rn. 17; BeckOGK/Foerster, 15.2.2023, HGB 2024 § 176 Rn. 36; RGHMW/Mock Rn. 3; Ebenroth/Boujong/v. Selle Rn. 3.

[18] BeckOGK/Foerster, 15.2.2023, HGB 2024 § 176 Rn. 37; MüKoHGB/Grüneberg Rn. 5.

Handelsregister eingereicht hat, ist wegen des mit der Vorschrift bezweckten Verkehrsschutzes ohne Bedeutung.[19] Es genügt, dass die Eintragung der Gesellschaft beabsichtigt ist.[20] Fehlt es auch hieran, ist die Gesellschaft als eine OHG zu behandeln;[21] es gelten in diesem Fall keine anderen Grundsätze als bei einer Vor-GmbH, wenn die GmbH infolge Aufgabe der Eintragungsabsicht nicht zur Eintragung gelangt ist.[22]

5 Wie sich aus Abs. 2 der Vorschrift ergibt, muss die Gesellschaft eine Handelsgesellschaft sein und aus diesem Grunde die Voraussetzungen eines **Handelsgewerbes iSd § 1 Abs. 2** erfüllen.[23] Dies ergab sich vor der Neufassung von § 176 Abs. 1 durch das MoPeG (→ Rn. 3a) auch aus § 176 Abs. 1 S. 2 aF, der kleingewerbliche Unternehmen iSd § 2 sowie die in § 105 Abs. 2 genannten Gesellschaften ausdrücklich von der Anwendung des Abs. 1 S. 1 ausnahm. Die unterlassene Benennung von Unternehmen der Land- und Forstwirtschaft (§ 3) war insoweit unschädlich, da es sich bei diesen nicht um ein Handelsgewerbe iSd § 1 Abs. 2 handelt (→ § 3 Rn. 3).[24] Im Hinblick auf die Diskrepanz zu der Haftung der Gesellschafter einer BGB-Außengesellschaft (→ Rn. 2) plädierte K. Schmidt jedoch für eine „teleologische Einschränkung" von **Abs. 1 S. 2 aF** und gelangte auf diese Weise zur Anwendung von Abs. 1 S. 1 aF auch bei den dort genannten Unternehmen, sofern diese alle Voraussetzungen für eine Eintragung (einschließlich der Anmeldung) erfüllen.[25] Die hL lehnte eine derartige Rechtsfortbildung, die auf eine Streichung von Abs. 1 S. 2 aF hinauslief, jedoch ab[26] und findet eine Bestätigung durch die infolge des MoPeG geänderte Fassung von § 176 Abs. 1. Die rechtspolitischen Bestrebungen zur Einbeziehung von „Kann-Kommanditgesellschaften" in den Anwendungsbereich von § 176 Abs. 1, auf die noch der Regierungsentwurf des MoPeG abzielte (→ Rn. 3a), haben sich im parlamentarischen Verfahren nicht durchgesetzt und wurden von dem Ausschuss für Recht und Verbraucherschutz des Deutschen Bundestags revidiert.[27] Das Gesetz fordert nunmehr ausdrücklich, dass der Zweck der Gesellschaft auf den Betrieb eines Handelsgewerbes ausgerichtet sein muss und knüpft damit an § 105 Abs. 1 an. Hierdurch sind zugleich die methodischen Voraussetzungen für eine analoge Anwendung der Vorschrift auf „Kann-Kommanditgesellschaften" entfallen.[28]

6 Angesichts der Beschränkung des Abs. 1 auf Handelsgesellschaften (→ Rn. 5) hat der BGH eine Anwendung der Norm auf die **Schein-Handelsgesellschaft** entgegen einer verbreiteten Strömung in der Rspr. der Instanzgerichte und im Schrifttum abgelehnt.[29] Für eine **Scheingesellschaft** gilt dies erst recht.[30] Statt über § 176 Abs. 1 wird der Schutz der Gläubiger über die allgemeinen Rechtsscheingrundsätze verwirklicht, die ebenfalls zu einer unbeschränkten Haftung der Scheingesellschafter führen können.

7 **2. Nichteintragung.** In negativer Hinsicht setzt die unbeschränkte Haftung des Kommanditisten voraus, dass die Gesellschaft nicht in das Handelsregister eingetragen ist. Für die Haftungsbeschrän-

[19] Statt aller Heymann/Borges Rn. 11; BeckOGK/Foerster, 1.7.2025, Rn. 36.

[20] Wie hier BeckOGK/Foerster, 1.7.2025, Rn. 36; MüKoHGB/Grüneberg Rn. 10; Henssler/Strohn/Gummert Rn. 6.

[21] BeckOGK/Foerster, 1.7.2025, Rn. 36.

[22] Zur Haftung der Gesellschafter bei der unechten Vor-GmbH zB BGH 26.4.2004, NZG 2004, 663; näher NSH/Servatius GmbHG § 11 Rn. 32 f.

[23] Statt aller Koch PersGesR/Ceesay Rn. 17; MüKoHGB/Grüneberg Rn. 6; KKD/Kindler Rn. 3; RGHMW/Mock Rn. 4; Hopt/Roth Rn. 5; NK-HGB/Schall Rn. 7; Staub/Schilling, 4. Aufl. 1987, Rn. 1; Ebenroth/Boujong/v. Selle Rn. 4; Westermann/Wertenbruch PersGes-HdB/Wertenbruch, 2025, § 52 Rn. I 3103; Wiedemann GesR II § 9 III 7b.

[24] Heymann/Borges Rn. 27; MüKoHGB/K. Schmidt/Grüneberg Rn. 5.

[25] S. MüKoHGB/Grüneberg Rn. 8; ebenso Heymann/Borges Rn. 37 f.; Dauner-Lieb FS Lutter, 2000, 835 (842, 845 f.); Reiff Ad Legendum 2014, 336 (342 f.); Westermann/Wertenbruch PersGes-HdB/Wertenbruch, 2025, § 52 Rn. I 3111; wohl auch RvWH/Mock, 5. Aufl. 2019, Rn. 4; offen EBJS/Strohn, 4. Aufl. 2020, Rn. 1, 4.

[26] So zB Clauss/Fleckner WM 2003, 1793 (1794); Geißler GmbHR 2014, 458 (465); Heymann/Horn, 2. Aufl. 1996, Rn. 3; Jacobs DB 2005, 2227 (2232); KKD/Kindler Rn. 6 f.; Hopt/Roth Rn. 6.

[27] S. BT-Drs. 19/31105, 9; ferner BeckOGK/Foerster, 1.7.2025, Rn. 27 f.

[28] Treffend auch MüKoHGB/Grüneberg Rn. 8; Wertenbruch GmbHR 2024, 953 (958); **aA** Staub/Thiessen Rn. 36 aE.

[29] BGH 23.6.1973, BGHZ 61, 59 (66 f.) = NJW 1973, 1691 (1693); 10.6.1977, BGHZ 69, 95 (98 f.) = NJW 1977, 1683 (1684); ebenso Canaris NJW 1974, 455; BeckOGK/Foerster, 1.7.2025, Rn. 41; Kollhosser ZGR 1976, 231 (235 f.); Hopt/Roth Rn. 3; Staub/Thiessen Rn. 40; Wiedemann GesR II § 9 III 7b; **aA** indes OLG Köln 13.6.1973, OLGZ 1973, 468 (471); OLG Nürnberg 10.11.1960, WM 1961, 124 (126); Dauner-Lieb FS Lutter, 2000, 835 (844 f.); KKD/Kindler Rn. 8; RGHMW/Mock Rn. 7; Schlegelberger/K. Schmidt Rn. 5; EBJS/Strohn, 4. Aufl. 2020, Rn. 4.

[30] *BGH* 22.5.1978, WM 1978, 1151 = BeckRS 1978, 31114251; Heymann/Borges Rn. 7; Ebenroth/Boujong/v. Selle Rn. 5; Westermann/Wertenbruch PersGes-HdB/Wertenbruch, 2025, § 52 Rn. I 3105; **aA** Dauner-Lieb FS Lutter, 2000, 835 (844); KKD/Kindler Rn. 8; RGHMW/Mock Rn. 7.

kung auf die Haftsumme hat die Eintragung in das Handelsregister deshalb konstitutive Wirkung. Ohne Bedeutung für die Haftung ist der **Grund für die unterbliebene Eintragung.** Selbst wenn dieser in der Sphäre des Registergerichts liegt, steht dies einer Haftung der Kommanditisten nach § 176 Abs. 1 nicht entgegen.[31] Im Hinblick auf den Zweck der Haftungsnorm ist diese Rechtsfolge unerlässlich; der in Anspruch genommene Kommanditist bleibt in einer derartigen Konstellation auf die Geltendmachung eines Amtshaftungsanspruchs verwiesen (zum Regress → Rn. 25).

Die Vorschrift knüpft das Haftungsprivileg ausdrücklich an die Eintragung, so dass die **Anmeldung zur Eintragung** nicht ausreicht.[32] Ebenso kann die Eintragung nicht durch anderweitige Bekanntmachungen seitens der Gesellschaft ersetzt werden.[33] Vielmehr kommt dies nur im konkreten Einzelfall in Betracht, wenn der Gläubiger der Gesellschaft bei Begründung der Verbindlichkeit positive Kenntnis von der Stellung des in Anspruch genommenen Gesellschafters als Kommanditist der Gesellschaft hatte (näher → Rn. 20). 8

Keine Regelung hat der Sonderfall erfahren, dass lediglich die **Eintragung eines Kommanditisten unterblieben,** die Gesellschaft als solche hingegen eingetragen ist. Nach dem Wortlaut des Abs. 1 scheint dies eine unbeschränkte Haftung des Kommanditisten auszuschließen, da sich die von Abs. 1 geforderte Eintragung auf die „Gesellschaft" bezieht. Vorzugswürdig ist in dieser Konstellation eine analoge Anwendung des Abs. 2,[34] was über die dort angeordnete entsprechende Anwendung von Abs. 1 zu einer unbeschränkten Haftung des nicht eingetragenen Kommanditisten führt.[35] Ob bezüglich des Kommanditisten die Eintragung seiner Haftsumme unterblieben ist, hat für die (entsprechende) Anwendung von § 176 Abs. 1 keine Bedeutung, da die konkrete Haftsumme des einzelnen Kommanditisten für den Schutz des abstrakten Vertrauens ausweislich § 162 Abs. 2 unerheblich ist.[36] Bestätigt wird dies durch den Ausschluss der Haftung auf Grund einer Kenntnis des Gläubigers, die ausschließlich an die Gesellschafterstellung des Kommanditisten und die hieraus folgende beschränkte Haftung anknüpft (→ Rn. 20). 9

3. Teilnahme am Rechtsverkehr. Wegen des mit § 176 Abs. 1 bezweckten Verkehrsschutzes (→ Rn. 1) ist die von der Vorschrift vorausgesetzte Teilnahme am Rechtsverkehr deckungsgleich mit den Anforderungen, die § 123 Abs. 1 an die Teilnahme am Rechtsverkehr stellt (→ § 123 Rn. 14).[37] Entscheidend ist allein, dass nach außen erkennbar ein Geschäft für die Gesellschaft und das von ihr betriebene Unternehmen getätigt wird. Bei unternehmensbezogenen Geschäften ist dies im Zweifel zu bejahen.[38] Deshalb reichen für die Teilnahme am Rechtsverkehr auch **Vorbereitungsgeschäfte** für den Betrieb des Handelsgewerbes aus (zB Miet- und Pachtverträge, Arbeitsverträge etc).[39] 10

Ob die Geschäfte ausdrücklich unter dem Namen einer KG vorgenommen werden oder bei der Bezeichnung der Gesellschaft bereits der Rechtsformzusatz (§ 19 Abs. 1 Nr. 3) verwendet wird, ist wegen des Schutzzwecks der Vorschrift unerheblich,[40] da § 176 Abs. 1 die im Vergleich zur eingetragenen KG strengere Haftung des Kommanditisten ausschließlich an die Teilnahme am Rechtsverkehr und nicht an den Dritten gegenüber erweckten Anschein knüpft, bei der Gesellschaft handele es sich um eine KG. Nur im Einzelfall kann wegen positiver Kenntnis des Dritten von der Kommanditistenstellung eines konkreten Gesellschafters dessen Inanspruchnahme nach § 176 Abs. 1 S. 1 ausgeschlossen sein (→ Rn. 20). 11

Keiner weiteren Prüfung der Teilnahme am Rechtsverkehr bedarf es, wenn die KG im Wege der **Sachgründung** durch Einbringung eines bereits tätigen Unternehmens errichtet wird. Mit der Überführung des Unternehmens auf die gegründete KG liegt automatisch auch eine Teilnahme der 12

[31] Ebenroth/Boujong/v. Selle Rn. 10.

[32] Heymann/Borges Rn. 11; MüKoHGB/Grüneberg Rn. 9; Ebenroth/Boujong/v. Selle Rn. 10; Staub/Thiessen Rn. 61, 76; bereits ROHG 28.9.1877, ROHGE 23, 280.

[33] BGH 7.7.1986, NJW-RR 1987, 416; Heymann/Borges Rn. 11; MüKoHGB/Grüneberg Rn. 9; Henssler/Strohn/Gummert Rn. 7; Hopt/Roth Rn. 1; Staub/Schilling, 4. Aufl. 1987, Rn. 3; Ebenroth/Boujong/v. Selle Rn. 10.

[34] Heymann/Borges Rn. 11; MüKoHGB/Grüneberg Rn. 11; KKD/Kindler Rn. 3; RGHMW/Mock Rn. 9; Ebenroth/Boujong/v. Selle Rn. 10.

[35] Ebenso iErg Staub/Thiessen Rn. 64, der jedoch eine unmittelbare Anwendung von § 176 Abs. 1 befürwortet, was angesichts des Gesetzeswortlauts, der ausdrücklich auf die „Gesellschaft" abstellt, methodisch nicht haltbar ist.

[36] Heymann/Borges Rn. 11; **aA** jedoch Staub/Thiessen Rn. 64, 65.

[37] S. Begr. RegE, BT-Drs. 19/27635, 259.

[38] MüKoHGB/Grüneberg Rn. 12.

[39] So bereits zu § 176 Abs. 1 aF BeckOGK/Foerster, 15.10.2022, Rn. 42; MüKoHGB/Grüneberg Rn. 12; Henssler/Strohn/Gummert Rn. 8; HaKo-HGB/Schall, 3. Aufl. 2019, Rn. 7; Westermann/Wertenbruch PersGes-HdB/Wertenbruch, 2025, § 52 Rn. I 3107.

[40] MüKoHGB/Grüneberg Rn. 12; Staub/Schilling, 4. Aufl. 1987, Rn. 4; Ebenroth/Boujong/v. Selle Rn. 11; Westermann/Wertenbruch PersGes-HdB/Wertenbruch, 2025, § 52 Rn. I 3107; **aA** Priester BB 1980, 911 (912 f.).

Gesellschaft am Rechtsverkehr vor.[41] Voraussetzung ist allerdings auch in diesem Fall stets, das der Geschäftsbetrieb für die KG unterhalten wird. Treten die Wirkungen der Geschäftsübertragung auf die KG zeitlich nach Abschluss des Gesellschaftsvertrags ein (zB Abschluss des Gesellschaftsvertrags am 1.3., Übertragung des Unternehmens mit Wirkung zum 15.5.), liegt eine Teilnahme der KG am Rechtsverkehr erst zu dem letztgenannten Zeitpunkt vor.[42] Nach zutreffender Ansicht gelten die vorstehenden Grundsätze zur Sachgründung auch bei einem **Eintritt als Kommanditist nach § 28** in das von einem Einzelkaufmann betriebene Geschäft.[43]

13 **4. Zustimmung des Kommanditisten.** Die mit § 176 Abs. 1 bewirkte unbeschränkte persönliche Haftung des Kommanditisten ist nur dann mit der Privatautonomie vereinbar, wenn ihm die Teilnahme der Gesellschaft am Rechtsverkehr zugerechnet werden kann. Deshalb verlangt die Vorschrift mit Recht die Zustimmung des in Anspruch genommenen Kommanditisten zu der Teilnahme der Gesellschaft am Rechtsverkehr. Die ausdrückliche **Erklärung** des Kommanditisten, er **verweigere** seine **Zustimmung** zur Teilnahme am Rechtsverkehr, ist im Rahmen von § 176 Abs. 1 irrelevant, da die Norm auf der Ebene des Tatbestands eine positive Erklärung verlangt. Deshalb ist es zweifelhaft, wenn vereinzelt vorgeschlagen wird, eine verweigerte Zustimmung als Angebot eines auf den Zeitpunkt der Eintragung aufschiebend bedingten Eintritt auszulegen.[44] Dem steht entgegen, dass die Zustimmungsverweigerung bereits keine der Auslegung fähige Willenserklärung ist.

14 Nähere Anforderungen an die Zustimmung stellt das Gesetz nicht auf, diese kann **ausdrücklich** (zB im Gesellschaftsvertrag) oder **konkludent** erteilt werden.[45] Allein der Abschluss des Gesellschaftsvertrags reicht jedoch grundsätzlich nicht für eine konkludente Zustimmung aus. Eine Ausnahme ist lediglich anzuerkennen, wenn im Wege einer Sachgründung ein bereits bestehendes Unternehmen in die KG eingebracht wird und dieses die Geschäftstätigkeit mit Abschluss des Gesellschaftsvertrags für die Gesellschaft ausübt.[46]

15 Fehlen im Gesellschaftsvertrag ausdrückliche Bestimmungen zum Beginn der Teilnahme am Rechtsverkehr, kann eine Zustimmung hierzu gleichwohl aus den Gesamtumständen abgeleitet werden, die der Gründung der Gesellschaft zugrunde liegen,[47] so zB bei einem allseitigen Einvernehmen darüber, dass unmittelbar nach Abschluss des Gesellschaftsvertrags die Tätigkeit aufgenommen werden soll.[48] Ob die Kenntnis bezüglich des aufgenommenen Geschäftsbetriebs und dessen **Duldung** durch einen Kommanditisten als Zustimmung zur Geschäftstätigkeit bewertet werden kann,[49] erscheint zweifelhaft, da die von § 176 Abs. 1 vorausgesetzte Zustimmung eher auf die Notwendigkeit eines aktiven Verhaltens durch den Gesellschafter hindeutet. Vorzugswürdiger ist es deshalb, dem Kommanditisten in derartigen Konstellationen die Berufung auf seine fehlende Zustimmung nach § 242 BGB zu verwehren.

16 Die Zustimmung des Kommanditisten muss nicht zwingend zum Beginn der Teilnahme am Rechtsverkehr vorliegen, sondern kann auch **nachträglich** erklärt werden (s. §§ 183, 184 BGB).[50] Bei einer nachträglichen Zustimmung (Genehmigung) ist allerdings zweifelhaft, ob sich hierdurch die unbeschränkte persönliche Haftung des Kommanditisten auch auf zuvor eingegangene haftungsbegründende Geschäfte (zB Miet- und Pachtverträge) erstreckt oder auf die nachfolgenden Geschäfte beschränkt. Für eine Rückwirkung spricht zwar § 184 Abs. 1 BGB,[51] dem Willen des Kommanditisten und dem Zweck des Zustimmungserfordernisses (→ Rn. 13) entspricht in der Regel aber eher eine ***ex nunc*-Wirkung.**[52] Aus Rechtsgründen ist eine *ex tunc*-Wirkung der nachträglichen Zustim-

[41] MüKoHGB/Grüneberg Rn. 12.
[42] MüKoHGB/Grüneberg Rn. 12.
[43] MüKoHGB/Grüneberg Rn. 12.
[44] So aber Staub/Thiessen Rn. 49.
[45] RG 4.3.1930, RGZ 128, 172 (180); Heymann/Borges Rn. 14; BeckOGK/Foerster, 1.7.2025, Rn. 56; Henssler/Strohn/Gummert Rn. 9; RGHMW/Mock Rn. 11; MüKoHGB/Grüneberg Rn. 13; Ebenroth/Boujong/v. Selle Rn. 12; Staub/Thiessen Rn. 44; Westermann/Wertenbruch PersGes-HdB/Wertenbruch, 2025, § 52 Rn. I 3108.
[46] Heymann/Borges Rn. 14; BeckOGK/Foerster, 1.7.2025, Rn. 58; MüKoHGB/Grüneberg Rn. 13; Henssler/Strohn/Gummert Rn. 9; RGHMW/Mock Rn. 11; Staub/Schilling, 4. Aufl. 1987, Rn. 5; Ebenroth/Boujong/v. Selle Rn. 12; Westermann/Wertenbruch PersGes-HdB/Wertenbruch, 2025, § 52 Rn. I 3108.
[47] Staub/Schilling, 4. Aufl. 1987, Rn. 5; enger Ebenroth/Boujong/v. Selle Rn. 12, der Anhaltspunkte in dem Vertrag fordert.
[48] S. RG 4.3.1930, RGZ 128, 172 (181); MüKoHGB/Grüneberg Rn. 14; RGHMW/Mock Rn. 11.
[49] So GK-HGB/Kluge/Kluge Rn. 5; Staub/Schilling, 4. Aufl. 1987, Rn. 5; idS auch MüKoHGB/Grüneberg Rn. 14; Henssler/Strohn/Gummert Rn. 9; **aA** Koch PersGesR/Ceesay Rn. 20.
[50] Heymann/Borges Rn. 14; BeckOGK/Foerster, 1.7.2025, Rn. 60; MüKoHGB/Grüneberg Rn. 13; Ebenroth/Boujong/v. Selle Rn. 12; Staub/Thiessen Rn. 57.
[51] Hierauf abstellend Staub/Thiessen Rn. 57 sowie BeckOGK/Foerster, 1.7.2025, Rn. 60.
[52] Ebenso für eine *ex nunc*-Wirkung Koch PersGesR/Ceesay Rn. 21; Heymann/Horn, 2. Aufl. 1996, Rn. 3; RGHMW/Mock Rn. 11; Ebenroth/Boujong/v. Selle Rn. 12.

mung jedoch nicht ausgeschlossen; für deren Annahme bedarf es aber deutlicher Anhaltspunkte, die aus der Zustimmungserklärung abgeleitet werden müssen.[53] Bei **Dauerschuldverhältnissen,** die vor der Zustimmung des Kommanditisten im Rahmen des Geschäftsbetriebs begründet wurden, erstreckt sich seine Haftung auf die nach Zustimmung entstandenen Einzelforderungen (→ Rn. 31).[54]

Grundsätzlich kann der Kommanditist seine einmal erteilte **Zustimmung widerrufen,** allerdings entfaltet der Widerruf wegen des mit § 176 Abs. 1 bezweckten Verkehrsschutzes **keine Rückwirkung.** Soll eine im Gesellschaftsvertrag erteilte Zustimmung eine Haftung nach § 176 Abs. 1 verhindern, muss der Widerruf deshalb noch vor dem Beginn der Geschäftstätigkeit erklärt werden.[55] Nach deren Beginn verhindert der Widerruf der Zustimmung lediglich eine Befreiung von der Haftung für die nachfolgend begründeten Verbindlichkeiten der Gesellschaft. 17

Soll eine **Haftung** des Kommanditisten nach § 176 Abs. 1 **ausgeschlossen werden,** so empfiehlt sich eine ausdrückliche Regelung im Gesellschaftsvertrag zum Beginn der Teilnahme am Rechtsverkehr. Denkbar ist nicht nur die Fixierung eines bestimmten Zeitpunkts, sondern vor allem kommt eine Regelung in Betracht, die ausdrücklich festlegt, dass die Gesellschaft mit der Teilnahme am Rechtsverkehr erst nach Eintragung der Gesellschaft im Handelsregister beginnt.[56] Bei der Einbringung eines aktiven Unternehmens im Wege einer Sacheinlage (→ Rn. 12) verbleibt als Alternative die Möglichkeit, dass der das Unternehmen einbringende Gesellschafter dieses bis zur Eintragung noch im eigenen Namen führt.[57] 18

5. Kenntnis des Gläubigers. Liegen die Voraussetzungen in → Rn. 4 ff. vor, so entfällt die unbeschränkte Haftung des Kommanditisten nur, wenn der Gläubiger der Gesellschaftsverbindlichkeit die Stellung des Inanspruchgenommenen als Kommanditist der Gesellschaft kennt. Rechtstechnisch ist die Kenntnis des Gläubigers ein negatives Tatbestandsmerkmal für die unbeschränkte Inanspruchnahme des Kommanditisten und kein zu seinen Gunsten begründetes Gegenrecht, das er dem Gläubiger im Sinne einer Einrede entgegenhalten muss.[58] Bereits der Wortlaut sowie die grammatikalische Struktur von § 176 Abs. 1 („es sei denn") verdeutlichen, dass die Haftung des Kommanditisten nicht an einen von ihm gesetzten positiven Vertrauenstatbestand anknüpft (→ Rn. 1). Der Kommanditist haftet nach § 176 Abs. 1 deshalb auch, wenn dem Gläubiger die Kommanditistenstellung unbekannt ist.[59] Greift der Ausschlusstatbestand wegen der Kenntnis des Gläubigers ein, entfällt die Haftung des Kommanditisten nicht vollständig, sondern lediglich die aus § 176 Abs. 1 folgende unbeschränkte Haftung. Der Kommanditist haftet in diesem Fall für die vor der Eintragung entstandenen Verbindlichkeiten beschränkt nach Maßgabe der §§ 171, 172.[60] Aus diesem Grund schließt die Kenntnis des Gläubigers die unbeschränkte Haftung unabhängig davon aus, ob der Kommanditist seine Eintragung unverzüglich betreibt und letztlich auch durchsetzt.[61] 19

Der durch § 176 Abs. 1 erzeugte abstrakte Vertrauensschutz wird – wie bei § 15 Abs. 2 (→ § 15 Rn. 40) – nur durch die **positive Kenntnis** des vom Gesetz Begünstigten zerstört. Da das Gesetz für den Haftungsausschluss auf die Kenntnis abstellt, genügt es nicht, dass der Gläubiger die Kommanditistenstellung bei Anwendung gehöriger Sorgfalt hätte kennen können; selbst grobe Fahrlässigkeit berührt den Anspruch des Gläubigers nicht.[62] Da der Ausschlusstatbestand ausdrücklich auf die 20

[53] **AA** Staub/Thiessen Rn. 57, der für eine *ex nunc*-Wirkung besondere Anhaltspunkte fordert.

[54] Treffend im Grundsatz Ebenroth/Boujong/v. Selle Rn. 17.

[55] BeckOGK/Foerster, 1.7.2025, Rn. 59; MüKoHGB/Grüneberg Rn. 13 aE; Henssler/Strohn/Gummert Rn. 9; NK-HGB/Schall Rn. 16; Staub/Thiessen Rn. 54 f.; Westermann/Wertenbruch PersGes-HdB/Wertenbruch, 2025, § 52 Rn. I 3108.

[56] MüKoHGB/Grüneberg Rn. 13; Henssler/Strohn/Gummert Rn. 9; RGHMW/Mock Rn. 11; Staub/Thiessen Rn. 50; Westermann/Wertenbruch PersGes-HdB/Wertenbruch, 2025, § 52 Rn. I 3118.

[57] MüKoHGB/Grüneberg Rn. 13; Westermann/Wertenbruch PersGes-HdB/Wertenbruch, 2025, § 52 Rn. I 3118.

[58] **AA** jedoch Staub/Thiessen Rn. 68, der die Kenntnis des Gläubigers als Einrede des Kommanditisten qualifiziert.

[59] BGH 28.10.1981, BGHZ 82, 209 (212) = NJW 1982, 883 (884); Heymann/Borges Rn. 17; Koch PersGesR/Ceesay Rn. 22; MüKoHGB/Grüneberg Rn. 15; KKD/Kindler Rn. 4; RGHMW/Mock Rn. 12; Ebenroth/Boujong/v. Selle Rn. 13; Staub/Thiessen Rn. 68.

[60] Ebenso Koch PersGesR/Ceesay Rn. 29; Henssler/Strohn/Gummert Rn. 10; NK-HGB/Schall Rn. 21; Staub/Thiessen Rn. 100.

[61] BeckOGK/Foerster, 1.7.2025, Rn. 79; **aA** jedoch Staub/Thiessen Rn. 74 f., 78, der dem Kommanditisten nur unter dieser Voraussetzung gestatten will, seine Haftung zu beschränken.

[62] RG 4.3.1930, RGZ 128, 172 (182); OLG Nürnberg 10.11.1960, WM 1961, 124 (126); BeckOGK/Foerster, 1.7.2025 Rn. 74; MüKoHGB/Grüneberg Rn. 15; Heymann/Horn, 2. Aufl. 1996, Rn. 4; GK-HGB/Kluge/Kluge Rn. 7; Reiff Ad Legendum 2014, 336 (338); Hopt/Roth Rn. 4; Ebenroth/Boujong/v. Selle Rn. 13; Staub/Thiessen Rn. 71; Westermann/Wertenbruch PersGes-HdB/Wertenbruch, 2025, § 52 Rn. I 3109.

„Beteiligung als Kommanditist" abstellt, reicht es auch nicht aus, dass dem Gläubiger bekannt war, dass es sich bei seinem Gegenüber um eine KG handelt.[63] Vielmehr muss sich seine positive Kenntnis auf die gesellschaftsrechtliche Stellung des in Anspruch genommenen Gesellschafters als Kommanditist beziehen.[64] Andererseits lässt § 176 Abs. 1 die Kenntnis hierüber für den Haftungsausschluss ausreichen. Einzelheiten im Hinblick auf die Ausgestaltung der Rechte und Pflichten des Kommanditisten im Gesellschaftsvertrag müssen dem Gläubiger nicht bekannt sein; insbesondere muss er keine Kenntnis von der Höhe der Haftsumme oder der Einlage haben.[65]

21 Wegen seiner Beweislast (→ Rn. 23) sieht sich der Kommanditist allerdings vor die Schwierigkeit gestellt, bei einer Inanspruchnahme die positive Kenntnis des Gläubigers ggf. nachweisen zu müssen. Da es sich bei dieser um eine innere Tatsache handelt, reicht es aus, wenn aus den Umständen des Einzelfalls auf eine positive Kenntnis des Gläubigers geschlossen werden kann.[66] So folgt insbesondere aus der positiven Kenntnis des Gläubigers bezüglich der persönlich haftenden Gesellschafter im Umkehrschluss, dass er auch bezüglich der Stellung der anderen Gesellschafter als Kommanditisten positive Kenntnis hat.[67] In Betracht kommt dies vor allem, wenn die Gesellschaft ihm gegenüber als GmbH & Co. KG aufgetreten ist.[68] Entsprechendes gilt bei einer Publikums-KG, wenn dem Gläubiger der persönlich haftende Gesellschafter bekannt ist.

22 Für den **Zeitpunkt der Kenntnis** ist wegen des mit § 176 Abs. 1 bezweckten Verkehrsschutzes auf die Entstehung der Verbindlichkeit abzustellen.[69] Fehlt dem Gläubiger diese zu diesem Zeitpunkt, so ist eine später erlangte Kenntnis unschädlich.[70] Dies ändert sich auch nicht, wenn der Gläubiger den Anspruch gegen den Kommanditisten zu einem späteren Zeitpunkt an einen Dritten abtritt, unabhängig davon, ob dem Zessionar die Kommanditistenstellung im Zeitpunkt der Abtretung bekannt war.[71] Zweifelhaft bleibt aber, ob dies selbst dann gilt, wenn der Neugläubiger Kenntnis von der Kommanditistenstellung des Gesellschafters hat und diese bereits im Zeitpunkt der Anspruchsentstehung vorlag. In Betracht kommt das insbesondere, wenn der Gläubiger den Anspruch an einen anderen Gesellschafter abtritt. Die Kenntnis des Neugläubigers ist allerdings nicht in der Lage, den einmal rechtswirksam entstandenen Anspruch zu beseitigen. Allenfalls der Rückgriff auf § 242 BGB kommt in derartigen Fallgestaltungen in Betracht, um dem Zessionar eine Inanspruchnahme des Kommanditisten zu verwehren.[72]

23 Wegen der systematischen Stellung des Ausschlusstatbestands („es sei denn") trifft die **Darlegungs- und Beweislast** für die positive Kenntnis des Gläubigers den in Anspruch genommenen Kommanditisten.[73] Beweispflichtig wird dieser allerdings erst, wenn der Gläubiger die Behauptung einer positiven Kenntnis substantiiert bestreitet.[74] Den Beweis kann der Kommanditist durch Hilfstat-

[63] Henssler/Strohn/Gummert Rn. 10; RGHMW/Mock Rn. 12; Hopt/Roth Rn. 4; NK-HGB/Schall Rn. 20; Staub/Schilling, 4. Aufl. 1987, Rn. 10; Ebenroth/Boujong/v. Selle Rn. 13.

[64] BeckOGK/Foerster, 1.7.2025, Rn. 82; MüKoHGB/Grüneberg Rn. 15; Heymann/Horn, 2. Aufl. 1996, Rn. 4; Staub/Schilling, 4. Aufl. 1987, Rn. 10.

[65] BGH 18.6.1979, NJW 1980, 54 (55); MüKoHGB/Grüneberg Rn. 15; Henssler/Strohn/Gummert Rn. 10; RGHMW/Mock Rn. 13; Ebenroth/Boujong/v. Selle Rn. 13; Staub/Thiessen Rn. 72 f.

[66] RG 4.3.1930, RGZ 128, 172 (183); MüKoHGB/Grüneberg Rn. 15; Staub/Schilling, 4. Aufl. 1987, Rn. 10.

[67] BGH 7.7.1986, NJW-RR 1987, 416; MüKoHGB/Grüneberg Rn. 15; Henssler/Strohn/Gummert Rn. 10; RGHMW/Mock Rn. 12; Hopt/Roth Rn. 4; Staub/Schilling, 4. Aufl. 1987, Rn. 10; Ebenroth/Boujong/v. Selle Rn. 13; Westermann/Wertenbruch PersGes-HdB/Wertenbruch, 2025, § 52 Rn. I 3109; Wertenbruch GmbHR 2024, 953 (959).

[68] Treffend OLG Schleswig 14.9.2004, DZWIR 2005, 163; ebenso im Schrifttum zuvor U. Huber FS Hefermehl, 1976, 127 (131); K. Schmidt ZHR 144 (1980), 192 (202 f.); ferner NK-HGB/Schall Rn. 20; Ebenroth/Boujong/v. Selle Rn. 24; Staub/Thiessen Rn. 138; Westermann/Wertenbruch PersGes-HdB/Wertenbruch, 2025, § 52 Rn. I 3110; Wiedemann GesR II § 9 III 7b; **aA** KRM/Koller Rn. 4; noch BGH 18.6.1979, NJW 1980, 54 (55), jedoch noch vor Inkrafttreten von § 19 Abs. 5 aF = § 19 Abs. 2.

[69] Heymann/Borges Rn. 17; Koch PersGesR/Ceesay Rn. 23; BeckOGK/Foerster, 1.7.2025, Rn. 89; MüKoHGB/Grüneberg Rn. 16; Henssler/Strohn/Gummert Rn. 10; NK-HGB/Schall Rn. 20; Ebenroth/Boujong/v. Selle Rn. 14; Staub/Thiessen Rn. 89; Westermann/Wertenbruch PersGes-HdB/Wertenbruch, 2025, § 52 Rn. I 3109.

[70] Koch PersGesR/Ceesay Rn. 23;BeckOGK/Foerster, 1.7.2025, Rn. 89; MüKoHGB/Grüneberg Rn. 16; Henssler/Strohn/Gummert Rn. 10; Ebenroth/Boujong/v. Selle Rn. 14; Staub/Thiessen Rn. 90.

[71] BeckOGK/Foerster, 1.7.2025, Rn. 90; MüKoHGB/Grüneberg Rn. 16; Ebenroth/Boujong/v. Selle Rn. 18; Staub/Thiessen Rn. 90.

[72] Mit diesem Ansatz auch MüKoHGB/Grüneberg Rn. 16; Ebenroth/Boujong/v. Selle Rn. 18; **aA** Staub/Thiessen Rn. 90.

[73] Heymann/Borges Rn. 18; Koch PersGesR/Ceesay Rn. 44; BeckOGK/Foerster, 1.7.2025, Rn. 35; RGHMW/Mock Rn. 13; Hopt/Roth Rn. 4; NK-HGB/Schall Rn. 20; Staub/Schilling, 4. Aufl. 1987, Rn. 10; Ebenroth/Boujong/v. Selle Rn. 13; Westermann/Wertenbruch PersGes-HdB/Wertenbruch, 2025, § 52 Rn. I 3109; Wertenbruch GmbHR 2024, 953 (959); iErg auch Staub/Thiessen Rn. 151.

[74] **AA** Staub/Thiessen Rn. 151.

sachen erbringen, die einen hinreichend sicheren Schluss auf eine positive Kenntnis bei dem Gläubiger zulassen (→ Rn. 20 f.).[75]

III. Rechtsfolgen des Abs. 1

1. Grundsatz. Die Rechtsfolge des § 176 Abs. 1 betrifft ausschließlich die Haftung des Kommanditisten gegenüber den Gesellschaftsgläubigern. Diese richtet sich nicht nach den §§ 171, 172, sondern alleine nach den §§ 126, 128, da § 176 Abs. 1 den Kommanditisten haftungsrechtlich wie den Komplementär behandelt sehen will. Wie bei diesem (§ 161 Abs. 2 iVm §§ 126, 128) bestimmt sich die Haftung des Kommanditisten deshalb nach dem **Recht der OHG.** Allerdings beschränkt sich die Gleichstellung mit dem persönlich haftenden Gesellschafter auf die **Haftung** gegenüber Dritten. Keinesfalls steht er insgesamt einem Komplementär gleich, insbesondere im Innenverhältnis verbleibt es bei den Festlegungen im Gesellschaftsvertrag.[76] Grundsätzlich ist der Gläubiger berechtigt, den Anspruch gegenüber dem Kommanditisten geltend zu machen, lediglich nach **Eröffnung des Insolvenzverfahrens** über das Vermögen der KG bleibt die Geltendmachung des Anspruchs aus § 176 Abs. 1 gegen den Kommanditisten wegen § 93 InsO dem Insolvenzverwalter vorbehalten.[77] 24

Von der Haftung des Kommanditisten im Außenverhältnis ist die Frage zu unterscheiden, wer im Innenverhältnis die Verbindlichkeit begleichen muss **(Regress).** Insoweit verbleibt es bei dem allgemeinen Grundsatz, dass die Begleichung einer Gesellschaftsverbindlichkeit über § 716 Abs. 1 BGB (iVm § 161 Abs. 2, § 105 Abs. 3) zum Aufwendungsersatzanspruch zugunsten des Kommanditisten führt (→ § 126 Rn. 39).[78] Dieser ist gegen die Gesellschaft zu richten. 25

2. Ansprüche von Mitgesellschaftern. Die Haftung nach § 176 Abs. 1 dient dem Schutz des Verkehrs und begründet lediglich eine Haftung für die Verbindlichkeiten der Gesellschaft gegenüber **außenstehenden Dritten.** Eine auf § 176 Abs. 1 gestützte Inanspruchnahme des Kommanditisten für **Sozialansprüche der Mitgesellschafter** ist hingegen ausgeschlossen.[79] Dies folgt neben dem Zweck der Vorschrift auch aus deren Wortlaut, der die Haftung nur für „Verbindlichkeiten der Gesellschaft" anordnet. Individualansprüche der Mitgesellschafter sind hierdurch zwar nicht ausgeschlossen, in der Regel aber nur theoretisch denkbar, da dem Mitgesellschafter in diesem Fall zumindest die Komplementäre der Gesellschaft bekannt sein dürften.[80] 26

Einem Mitgesellschafter gleichzustellen ist nach hM ein **stiller Gesellschafter der KG.** Wegen seiner aus der Beteiligung herrührenden Ansprüche ist er kein außenstehender Dritte iSd § 176 Abs. 1.[81] Wegen des Zwecks der Vorschrift ist dem zuzustimmen. Der stille Gesellschafter tritt der Gesellschaft zwar nicht als Gesellschafter der KG gegenüber, die Haftung aus § 176 Abs. 1 soll aber lediglich einen Verkehrsschutz im Hinblick auf die bereits vor der Eintragung aufgenommenen Teilnahme am Rechtsverkehr begründen (→ Rn. 1). Zu diesem zählt es jedoch nicht, Dritte als stille Gesellschafter an dem Geschäftsbetrieb der KG zu beteiligen. Anders ist dies für **Ansprüche von Arbeitnehmern** gegenüber der KG, wenn sie im Rahmen des Geschäftsbetriebs von der KG als Arbeitgeberin angestellt worden sind.[82] Ein anderes Ergebnis gilt nur bei ausnahmsweise vorliegender positiver Kenntnis von der Kommanditistenstellung.[83] 27

3. Rechtsnatur des Anspruchs. Kontroverse Diskussionen hat die Frage ausgelöst, ob der Kommanditist über § 176 Abs. 1 für alle Verbindlichkeiten der Gesellschaft haftet, die bis zur Eintragung für die Gesellschaft begründet worden sind. Dabei sind die zu diskutierenden Fallgruppen vergleich- 28

[75] So auch Heymann/Borges Rn. 19; Staub/Thiessen Rn. 151 aE.

[76] MüKoHGB/Grüneberg Rn. 38; Ebenroth/Boujong/v. Selle Rn. 15.

[77] MüKoHGB/Grüneberg Rn. 37; Henssler/Strohn/Gummert Rn. 23; RGHMW/Mock Rn. 15; Ebenroth/Boujong/v. Selle Rn. 15; Staub/Thiessen Rn. 94, 150; anders noch zur Rechtslage nach der Konkursordnung BGH 28.10.1981, BGHZ 82, 209 (214) = NJW 1982, 883; 9.6.1980, NJW 1980, 2259.

[78] Zust. Westermann/Wertenbruch PersGes-HdB/Wertenbruch, 2025, § 52 Rn. I 3115.

[79] Heymann/Borges Rn. 22; Ebenroth/Boujong/v. Selle Rn. 16; Westermann/Wertenbruch PersGes-HdB/Wertenbruch, 2025, § 52 Rn. I 3114.

[80] Ebenso Heymann/Borges Rn. 22; Westermann/Wertenbruch PersGes-HdB/Wertenbruch, 2025, § 52 Rn. I 3114; enger wohl Staub/Thiessen Rn. 95.

[81] Für die hM KG 18.11.1955, WM 1956, 544; Ebenroth/Boujong/v. Selle Rn. 16; Westermann/Wertenbruch PersGes-HdB/Wertenbruch, 2025, § 52 Rn. I 3114; einschr. auf den mitunternehmerischen atypischen stillen Gesellschafter MüKoHGB/Grüneberg Rn. 39; RGHMW/Mock Rn. 18 Staub/Thiessen Rn. 95; **aA** KKD/Kindler Rn. 5.

[82] BGH 28.10.1981, BGHZ 82, 209 (213 f.) = NJW 1982, 883 (884); BAG 24.8.1979, AP HGB § 176 Nr. 2 = NJW 1981, 1071; 1.3.1993, ZIP 1993, 848 (850) = NZA 1993, 617; MüKoHGB/Grüneberg Rn. 39; RGHMW/Mock Rn. 17; Staub/Thiessen Rn. 95; Westermann/Wertenbruch PersGes-HdB/Wertenbruch, 2025, § 52 Rn. I 3114.

[83] Im Grundsatz auch Staub/Thiessen Rn. 95.

bar mit denen zur Reichweite des Verkehrsschutzes durch § 15 Abs. 1 (→ § 15 Rn. 7 ff.). Im Unterschied zu dem Gesetzeswortlaut, der gegen eine Ausklammerung einzelner Gruppen von Ansprüchen spricht („Verbindlichkeiten der Gesellschaft"), zeigt die teleologische Verankerung der Haftung in dem (abstrakten) Vertrauensschutz (→ Rn. 1), dass eine wortlautgetreue (weite) Anwendung der Norm zu einer mit ihrem Zweck nicht vereinbaren überschießenden Wirkung führen würde. Deshalb erfordert der Zweck der Norm eine mit der Reichweite des § 15 Abs. 1 vergleichbare Reduktion auf solche Verbindlichkeiten, bei deren Begründung typischer Weise (abstrakt) Vertrauen investiert wird.[84]

29 Bei Ansprüchen aus **Rechtsgeschäften** sowie **geschäftsähnlichen Handlungen** ist die Voraussetzung in → Rn. 28 – insoweit ist die Anwendung des § 176 Abs. 1 S. 1 unstreitig – zu bejahen.[85] Bezüglich **gesetzlicher Ansprüche** ist zu differenzieren: Diese sind auch im Hinblick auf den Normzweck stets einbezogen, wenn sie ihre Grundlage in einem Rechtsgeschäft haben, insbesondere, dessen Rückabwicklung bezwecken oder die Rechtsfolgen einer Leistungsstörung bzw. Pflichtverletzung regeln. Der Kommanditist haftet unter dieser Voraussetzung nach § 176 Abs. 1 S. 1 auch für Ansprüche aus ungerechtfertigter Bereicherung[86] sowie für Sekundäransprüche.[87] Entsprechendes gilt für Ansprüche aus Pflichtverletzungen in der Vertragsanbahnungsphase (§ 311 Abs. 2 BGB).[88] Der in → Rn. 28 zugrunde gelegte Begründungsansatz zeigt, dass die Norm jedoch eine von ihrem Zweck nicht gewollte überschießende Wirkung entfalten würde, wenn der Kommanditist auch für **deliktische Ansprüche** haften müsste;[89] ein abstraktes Vertrauen ist bei deren Entstehung ohne Bedeutung, so dass die Norm auf der Rechtsfolgenseite einschränkend auszulegen ist bzw. einer teleologischen Reduktion bedarf. Das gilt entsprechend für **Steuerforderungen**[90] sowie **öffentlich-rechtliche Beitrags- und Gebührenforderungen.**[91]

30 **4. Entstehungszeitpunkt.** In zeitlicher Hinsicht erfordert der Zweck der Haftung ebenfalls eine Differenzierung, da eine Haftung nur für solche Verbindlichkeiten in Betracht kommt, die nach Zustimmung des in Anspruch genommenen Kommanditisten zu dem aufgenommenen Geschäftsbetrieb entstanden sind **(Neuverbindlichkeiten).**[92] Hierbei kommt die Wertung in § 137 Abs. 1 S. 2 nicht entsprechend zur Anwendung, da die § 176 zugrundeliegende Interessenlage nicht mit derjenigen bei § 137 Abs. 1 S. 2 vergleichbar ist.[93]

31 Schwierigkeiten bereitet die Haftung für **Verbindlichkeiten aus Dauerschuldverhältnissen,** wenn der Vertrag vor der Zustimmung abgeschlossen wurde, die Ansprüche jedoch eine nach der Zustimmung liegende Zeitperiode betreffen (zB Zahlung von Miete und Pacht oder Arbeitsentgelt). Da sich der Kommanditist vor Erteilung der Zustimmung über den Umfang der bereits aufgenommenen Geschäftstätigkeit unterrichten kann und der Umfang des Geschäftsbetriebs auch durch die bereits begründeten Dauerschuldverhältnisse geprägt wird, sind dem Kommanditisten auf Grund

[84] BGH 28.10.1981, BGHZ 82, 209 (215 f.) = NJW 1982, 883 (885); MüKoHGB/Grüneberg Rn. 40; KKD/Kindler Rn. 5; Staub/Schilling, 4. Aufl. 1987, Rn. 7; Ebenroth/Boujong/v. Selle Rn. 16; Westermann/Wertenbruch PersGes-HdB/Wertenbruch, 2025, § 52 Rn. I 3113; **aA** BSG 26.6.1975, BSGE 40, 96 ff. = BeckRS 1975, 30702807; Knobbe-Keuk FS Stimpel, 1985, 187 (189); Reiff Ad Legendum 2014, 336 (340); Staub/Thiessen Rn. 83 ff.; Westermann/Wertenbruch PersGes-HdB/Wertenbruch, 2025, § 52 Rn. I 3111 f.

[85] Für die ungeachtet der verschiedenen dogmatischen Ansätze allgM statt aller BeckOGK/Foerster, 1.7.2025, Rn. 66; MüKoHGB/Grüneberg Rn. 40; KKD/Kindler Rn. 5; RGHMW/Mock Rn. 16; Ebenroth/Boujong/v. Selle Rn. 16; Westermann/Wertenbruch PersGes-HdB/Wertenbruch, 2025, § 52 Rn. I 3113.

[86] Ebenso Heymann/Borges Rn. 21; MüKoHGB/Grüneberg Rn. 40; NK-HGB/Schall Rn. 23; Ebenroth/Boujong/v. Selle Rn. 16.

[87] MüKoHGB/Grüneberg Rn. 40; EbenrothBoujong/v. Selle Rn. 16; Westermann/Wertenbruch PersGes-HdB/Wertenbruch, 2025, § 52 Rn. I 3113.

[88] MüKoHGB/Grüneberg Rn. 40; Ebenroth/Boujong/v. Selle Rn. 16; Westermann/Wertenbruch PersGes-HdB/Wertenbruch, 2025, § 52 Rn. I 3113.

[89] BGH 28.10.1981, BGHZ 82, 209 (213) = NJW 1982, 883 (884); Heymann/Borges Rn. 21; MüKoHGB/Grüneberg Rn. 40; RGHMW/Mock Rn. 16; Priester BB 1980, 911 (914); Hopt/Roth Rn. 1; Ebenroth/Boujong/v. Selle 16; **aA** BeckOGK/Foerster, 1.7.2025, Rn. 67; Reiff Ad Legendum 2014, 336 (340); Staub/Thiessen Rn. 83 ff.; diff. Lehnen, Vom Grundsatz der komplementärgleichen Kommanditistenhaftung, 2013, 256 f.

[90] MüKoHGB/Grüneberg Rn. 40; RGHMW/Mock Rn. 16; Ebenroth/Boujong/v. Selle Rn. 16; Westermann/Wertenbruch PersGes-HdB/Wertenbruch, 2025, § 52 Rn. I 3113; **aA** BeckOGK/Foerster, 1.7.2025, Rn. 68.

[91] **AA** BSG 26.6.1975, BSGE 40, 96 = BeckRS 1975, 30702807; wie hier für die hL MüKoHGB/Grüneberg Rn. 40; KKD/Kindler Rn. 5; Westermann/Wertenbruch PersGes-HdB/Wertenbruch, 2025, § 52 Rn. I 3113; **aA** BeckOGK/Foerster, 1.7.2025, Rn. 68; Staub/Thiessen Rn. 83 ff.

[92] AllgM, s. Heymann/Borges Rn. 23; MüKoHGB/Grüneberg Rn. 41; Henssler/Strohn/Gummert Rn. 23; RGHMW/Mock Rn. 11, 16; Ebenroth/Boujong/v. Selle Rn. 17; Staub/Thiessen Rn. 97 f.; Westermann/Wertenbruch PersGes-HdB/Wertenbruch, 2025, § 52 Rn. I 3116.

[93] Ebenso Scheuch/Sustmann JuS 2024, 1113 (1116).

seiner Zustimmung auch die im Anschluss aus Dauerschuldverhältnissen entstehenden Einzelforderungen zuzurechnen.[94]

Eine Haftung für vor der Zustimmung begründete Verbindlichkeiten der Gesellschaft **(Altverbindlichkeiten)** scheidet jedenfalls nach § 176 Abs. 1 aus.[95] Erst nach Eintragung der KG haftet auch der Kommanditist für diese Verbindlichkeiten persönlich, dann jedoch nicht mehr – wie nach § 176 Abs. 1 – unbeschränkt, sondern nur noch nach Maßgabe der §§ 171 ff. 32

5. Wirkung der Eintragung. Ist die Eintragung der Gesellschaft erfolgt, haftet der Kommanditist für die Verbindlichkeiten grundsätzlich nur beschränkt nach den §§ 171 ff. Das gilt unabhängig davon, wann die Verbindlichkeit gegen die Gesellschaft begründet worden ist.[96] Die beschränkte persönliche Haftung des Kommanditisten nach den §§ 171 ff. betrifft jedoch ausschließlich die Verbindlichkeiten der Gesellschaft. Keine Bedeutung hat die Eintragung der Gesellschaft deshalb für eine zuvor bereits entstandene persönliche Haftung des Kommanditisten aus § 176 Abs. 1.[97] Bei dieser handelt es sich nicht um eine Verbindlichkeit der Gesellschaft, sondern um eine solche des Kommanditisten, so dass eine Beschränkung der persönlichen Haftung nach Maßgabe der §§ 171 ff. bereits im Ansatz nicht in Betracht kommt. 33

6. Dauer der Haftung. Bezüglich der Dauer der Haftung gilt die fünfjährige Enthaftungsfrist des § 137 Abs. 3 analog.[98] Da die entsprechende Anwendung des § 137 Abs. 3 darauf beruht, eine teleologisch nicht zu rechtfertigende Ungleichbehandlung mit dem aus der KG ausscheidenden Gesellschafter zu verhindern, beginnt die Frist nicht mit Entstehung der gegen die Gesellschaft gerichteten Verbindlichkeit, sondern erst mit Eintragung der Gesellschaft in das Handelsregister.[99] 34

Hiervon zu trennen ist eine uU kürzere Frist, innerhalb derer der mit der Haftung nach § 176 Abs. 1 geltend gemachte Anspruch verjährt. Diese kann auch der Kommanditist geltend machen, da er für die Verbindlichkeit der Gesellschaft wie ein Komplementär haftet und diesem über § 161 Abs. 2 das Recht zusteht, die der Gesellschaft zustehenden Einwendungen und Einreden geltend zu machen (§ 128 Abs. 1; zur Verjährungseinrede → § 128 Rn. 3 ff.).[100] 35

7. Verhältnis zu § 15. Die haftungsrechtlichen Konsequenzen für den Kommanditisten aus der (noch) nicht erfolgten Eintragung regelt § 176 Abs. 1 abschließend. Für eine Anwendung von **§ 15 Abs. 1 und 2** ist daneben kein Raum.[101] Anders ist dies im Hinblick auf **§ 15 Abs. 3,**[102] sofern nicht § 162 Abs. 2 die Anwendung der Vorschrift ausschließt; bezüglich eines unrichtig bekanntgemachten Komplementärs ist dies jedoch nicht der Fall. 36

IV. Eintritt des Kommanditisten (Abs. 2)

1. Allgemeines. Den durch § 176 Abs. 1 begründeten abstrakten Vertrauensschutz verlängert Abs. 2 auf den Eintritt eines Kommanditisten. Dieser soll gleich den an der Ausgangsgesellschaft beteiligten Gesellschaftern bis zu seiner Eintragung im Handelsregister persönlich und unbeschränkt wie ein Komplementär für die Verbindlichkeiten der Gesellschaft einstehen. 37

2. Bestehende Handelsgesellschaft. Abs. 2 knüpft die unbeschränkte Haftung an das Vorliegen einer bestehenden Handelsgesellschaft. Als Handelsgesellschaft in diesem Sinne kommen nur eine 38

---

[94] Wie hier im Grundsatz EBJS/Strohn, 4. Aufl. 2020, Rn. 15; zust. Heymann/Borges Rn. 24; MüKoHGB/Grüneberg Rn. 41; Henssler/Strohn/Gummert Rn. 27; weitergehend jedoch Staub/Thiessen Rn. 98, wegen der von ihm angenommenen Rückwirkung der Zustimmung (dazu → Rn. 16).

[95] Heymann/Borges Rn. 23; Henssler/Strohn/Gummert Rn. 23; Westermann/Wertenbruch PersGes-HdB/Wertenbruch, 2025, § 52 Rn. I 3116; weiter indes Staub/Thiessen Rn. 97 f.

[96] S. Ebenroth/Boujong/v. Selle Rn. 19.

[97] Soweit ersichtlich unstr., s. Heymann/Borges Rn. 26; Geißler GmbHR 2014, 458 (464); MüKoHGB/Grüneberg Rn. 45; RGHMW/Mock Rn. 19; Hopt/Roth Rn. 1; Ebenroth/Boujong/v. Selle Rn. 22; Staub/Thiessen Rn. 103.

[98] Heymann/Borges Rn. 26; Koch PersGesR/Ceesay Rn. 26; MüKoHGB/Grüneberg Rn. 46; Henssler/Strohn/Gummert Rn. 27; KKD/Kindler Rn. 4; Hopt/Roth Rn. 9; NK-HGB/Schall Rn. 24; Ebenroth/Boujong/v. Selle Rn. 22; Westermann/Wertenbruch PersGes-HdB/Wertenbruch, 2025, § 52 Rn. I 3117.

[99] MüKoHGB/Grüneberg Rn. 46; RGHMW/Mock Rn. 19; Westermann/Wertenbruch PersGes-HdB/Wertenbruch, 2025, § 52 Rn. I 3117.

[100] Wie hier MüKoHGB/Grüneberg Rn. 47; Henssler/Strohn/Gummert Rn. 27.

[101] Für die allgM MüKoHGB/Grüneberg Rn. 48 f.; KKD/Kindler Rn. 2; RGHMW/Mock Rn. 20; Hopt/Roth Rn. 4; NK-HGB/Schall Rn. 2; zu pauschal Staub/Schilling, 4. Aufl. 1987, Rn. 3, der generell „§ 15" für nicht anwendbar hält.

[102] MüKoHGB/Grüneberg Rn. 50.

OHG und eine KG in Betracht.[103] Dies erschließt sich zwar nicht unmittelbar aus dem Gesetzeswortlaut, wohl aber aus der amtlichen Überschrift des Zweiten Buchs, die OHG und KG unter dem Oberbegriff der Handelsgesellschaft zusammenfasst. Wegen der Anknüpfung an das Vorliegen einer Handelsgesellschaft sind indirekt auch die in § 176 Abs. 1 S. 2 aF genannten Gesellschaften nicht in den Anwendungsbereich des § 176 Abs. 2 einbezogen. Erst mit deren Eintragung sind diese Handelsgesellschaften, so dass auch erst dann der Beitritt zu ihnen zur Haftung für die Gesellschaftsverbindlichkeiten nach § 176 Abs. 2 führen kann.

39 Die von Abs. 1 abweichende Formulierung („Gesellschaft") liegt darin begründet, dass die in Abs. 1 genannte „Gesellschaft" mit der Teilnahme am Rechtsverkehr eine Handelsgesellschaft ist. Zuvor „besteht" diese nicht, so dass auch ein in dieser Phase erfolgender Beitritt zu der „Gesellschaft" nicht von § 176 Abs. 2 erfasst wird. Stattdessen haftet der als Kommanditist Beitretende nach § 176 Abs. 1, da die Vorschrift die „Gesellschaft" in derjenigen personellen Zusammensetzung erfasst, den diese bei Aufnahme des Geschäftsbetriebs hat.

40 Spätestens mit dem Eintritt handelt es sich bei der Handelsgesellschaft um eine KG,[104] entweder weil sie bereits als eine solche gegründet wurde oder weil sich die OHG durch die Aufnahme eines nur beschränkt haftenden Gesellschafters in eine KG umwandelt.

41 **3. Eintritt in die Handelsgesellschaft. a) Grundlegung.** Der von § 176 Abs. 2 geforderte Eintritt in die Handelsgesellschaft kann nicht wie in § 173 (→ § 173 Rn. 5 ff.) ausgelegt werden.[105] Eine systematische Auslegung legt einen derartigen Gleichlauf zwar nahe, dieser führt aber zu Wertungswidersprüchen, weil die genannten Vorschriften unterschiedliche Zwecke verfolgen. Während § 173 die Haftungsmaßstäbe der §§ 171, 172 für Neuverbindlichkeiten auf Altverbindlichkeiten der Gesellschaft ausdehnt, steht bei § 176 Abs. 2 im Vordergrund, dass sich mit Teilnahme am Rechtsverkehr der Kreis der Haftungssubjekte für die Gläubiger erweitert und diese in den durch § 176 Abs. 1 begründeten abstrakten Vertrauensschutz (→ Rn. 1) einbezogen werden sollen. Das unterschiedliche Normzwecke ein divergierendes Begriffsverständnis zur Folge haben können, ist im Rahmen einer teleologisch geprägten Auslegung keine Anomalie. Maßgebend für die Anwendung des § 176 Abs. 2 ist deshalb, ob es infolge des „Eintritts" zu einer in personeller Hinsicht erweiterten Gesellschaft kommt.[106]

42 **b) Beitrittsvertrag.** Auch unter Beachtung des Gebots eines vom Normzweck geleiteten Begriffsverständnisses (→ Rn. 41) liegt ein Eintritt iSd § 176 Abs. 2 vor, wenn es durch Abschluss eines Beitrittsvertrags zur Aufnahme eines neuen Gesellschafters kommt und damit zugleich eine neue Kommanditbeteiligung entsteht.[107] Einbezogen ist grundsätzlich auch der fehlerhafte Beitritt.[108] Eintretender iSd § 176 Abs. 2 und damit persönlich unbeschränkt Haftender können alle sein, die rechtswirksam die Stellung eines Kommanditisten erlangen können, also auch eine BGB-Außengesellschaft (→ § 161 Rn. 20).

43 **c) Anteilsumwandlung.** Im Gegensatz zu § 173 (→ Rn. 5) ist die Anteilsumwandlung, infolge der ein Komplementär die Stellung eines Kommanditisten einnimmt, nicht einem rechtsgeschäftlichen Beitritt gleichzuachten, da sich die personelle Zusammensetzung der Handelsgesellschaft hierdurch nicht erweitert.[109] Ein Schutzdefizit zu Lasten der Gesellschaftsgläubiger tritt bei dieser Auslegung des § 176 Abs. 2 nicht ein, da es sich bei der Beteiligungsumwandlung um eine eintragungspflichtige Tatsache handelt (→ § 162 Rn. 25) und bis zu deren Eintragung der Schutz der Gesellschaftsgläubiger

[103] RG 4.3.1930, RGZ 128, 172 (174); BeckOGK/Foerster, 1.7.2025, Rn. 101; MüKoHGB/Grüneberg Rn. 19; Henssler/Strohn/Gummert Rn. 14; Heymann/Horn, 2. Aufl. 1996, Rn. 12; Hopt/Roth Rn. 5; NK-HGB/Schall Rn. 26; Scheuch/Sustmann JuS 2024, 1113 (1116); Ebenroth/Boujong/v. Selle Rn. 26; Westermann/Wertenbruch PersGes-HdB/Wertenbruch, 2025, § 52 Rn. I 3119.

[104] Treffend Heymann/Borges Rn. 44; MüKoHGB/Grüneberg Rn. 20; Ebenroth/Boujong/v. Selle Rn. 26.

[105] Näher K. Schmidt ZHR 144 (1981), 192 ff.; zusammenfassend MüKoHGB/Grüneberg Rn. 21; zust. Heymann/Borges Rn. 49.

[106] In dieser Richtung bereits RG 4.3.1930, RGZ 128, 172 (180); ebenso MüKoHGB/Grüneberg Rn. 21; in der Tendenz auch Heymann/Borges Rn. 43.

[107] BGH 4.3.1976, BGHZ 66, 98 (100) = NJW 1976, 848 (849); Heymann/Borges Rn. 45, 50; Koch PersGesR/Ceesay Rn. 39; MüKoHGB/Grüneberg Rn. 22; Hopt/Roth Rn. 5; Ebenroth/Boujong/v. Selle Rn. 26; Staub/Thiessen Rn. 110.

[108] BGH 28.3.1977, NJW 1977, 1820; MüKoHGB/Grüneberg Rn. 22; Henssler/Strohn/Gummert Rn. 15; KKD/Kindler Rn. 9; RGHMW/Mock Rn. 22; MüKoHGB/Grüneberg Rn. 22; Ebenroth/Boujong/v. Selle Rn. 26; Staub/Thiessen Rn. 110.

[109] BGH 4.3.1976, BGHZ 66, 98 (101) = NJW 1976, 848 (849); ebenso im Schrifttum zB Heymann/Borges Rn. 56; Koch PersGesR/Ceesay Rn. 37; Henssler/Strohn/Gummert Rn. 16; KKD/Kindler Rn. 9; Hopt/Roth Rn. 6; K. Schmidt ZHR 144 (1980), 194 (196); Westermann/Wertenbruch PersGes-HdB/Wertenbruch, 2025, § 52 Rn. I 3124; Wertenbruch GmbHR 2024, 953 (963); **aA** Staub/Thiessen Rn. 122.

durch § 15 Abs. 1 vermittelt wird.[110] Im Ergebnis haftet der „neue" Kommanditist auch nach hier befürworteter Auffassung wie ein OHG-Gesellschafter, da es ihm vor der Eintragung der Beteiligungsumwandlung nach § 15 Abs. 1 verwehrt ist, sich auf die wegen seiner Stellung als Kommanditist eingreifende Haftungsbeschränkung nach Maßgabe der §§ 171, 172 zu berufen.

d) Anteilsübertragung. Wie bei der Anteilsumwandlung (→ Rn. 43) fehlt es auch bei der Anteilsübertragung an einem erweiterten Gesellschafterkreis. In diesem Fall kommt es nicht zur Neubegründung einer Mitgliedschaft in der Gesellschaft, sondern diese geht bei gleichzeitigem Ausscheiden des bisherigen Kommanditisten im Wege der Einzelrechtsnachfolge auf den „neuen" Kommanditisten über. Dem Zweck der Norm (→ Rn. 41) entspricht es deshalb, § 176 Abs. 2 bei einem „Eintritt" in die KG infolge einer Anteilsübertragung ebenfalls nicht anzuwenden.[111] Die gegenteilige Ansicht des BGH, die den Anteilserwerb unter Lebenden als Eintritt iSd § 176 Abs. 2 aF bewertet hat,[112] widersprach nicht nur dem teleologischen Fundament der Norm, sondern harmonierte auch nicht mit der Rspr. des Gerichts zur erbrechtlichen Rechtsnachfolge in einen Kommanditanteil, die mit Recht aus dem Anwendungsbereich des § 176 Abs. 2 ausgeklammert wird (→ Rn. 45). Allerdings hat der Gesetzgeber auf der Rspr. des BGH aufbauend in **§ 127 Abs. 4 KAGB** und **§ 152 Abs. 4 KAGB** eine Außenhaftung des eintretenden Kommanditisten ausdrücklich ausgeschlossen (→ Rn. 57), wobei sich aus dem systematischen Kontext und dem Normzweck erschließt, dass diese Rechtsfolge auch bei einer rechtsgeschäftlichen Anteilsübertragung eingreift (→ Rn. 58). Dies war als eine gesetzgeberische Anerkennung der teleologisch verfehlten Rspr. zu bewerten und prägte damit auch die Auslegung des „Eintritts" in § 176 Abs. 2, da die genannten Vorschriften andernfalls sinnlos wären und dem Gesetzgeber eine derartige Normsetzung nicht per se unterstellt werden kann.[113] Ungeachtet dessen hat der Gesetzgeber die bisherige Judikatur durch das MoPeG korrigiert, da § 176 Abs. 2 nunmehr die Anwendung von Abs. 1 der Vorschrift ausdrücklich davon abhängig gemacht, dass ein „weiterer" Gesellschafter als Kommanditist in die Gesellschaft eintritt.[114] Ist der Eintritt des Kommanditisten mit dem gleichzeitigen Ausscheiden des bisherigen Anteilsinhabers verbunden, so findet die Haftungsbestimmung des Abs. 1 entgegen der bisherigen Rspr. des BGH keine Anwendung.[115] Ob dies auch in den Sachverhalten einer **Teilübertragung von Kommanditanteilen** gilt, ist zweifelhaft, da durch das teilweise Verbleiben des bisherigen Kommanditisten – dem Wortlaut des § 176 Abs. 2 entsprechend – ein „weiterer" Gesellschafter als Kommanditist hinzutritt.[116] Zu konstatieren ist allerdings, dass der zuständige BT-Ausschuss für Recht und Verbraucherschutz (→ Rn. 3a) das Sonderproblem der Teilübertragung nicht gesehen hat, so dass gute Gründe dafür streiten, Teilübertragungen ebenfalls aus dem Anwendungsbereich von § 176 Abs. 2 auszuklammern.[117] Im Hinblick auf die bislang nicht abschließend geklärte Rechtslage empfiehlt sich jedenfalls in dieser Konstellation der Ausweg einer aufschiebend bedingten Anteilsübertragung.[118] 44

e) Erbfolge. Ein Eintritt iSd § 176 Abs. 2 liegt ebenfalls nicht vor, wenn es zu einem Übergang des Kommanditanteils von Todes wegen kommt, da sich auch in dieser Konstellation der Gesellschafterkreis nicht erweitert.[119] Zu einer Haftung des Erben nach § 176 kommt es nur, wenn bereits vor 45

---

[110] Heymann/Borges Rn. 56; RGHMW/Mock Rn. 27; Westermann/Wertenbruch PersGes-HdB/Wertenbruch, 2025, § 52 Rn. I 3124.

[111] So nunmehr hL, s. zB Heymann/Borges Rn. 51; Koch PersGesR/Ceesay Rn. 36; Creszelius BB 1983, 5 (12); BeckOGK/Foerster, 1.7.2025, Rn. 107; MüKoHGB/Grüneberg Rn. 28; U. Huber ZGR 1984, 146 (160 ff.); GK-HGB/Kluge/Kluge Rn. 11; RGHMW/Mock Rn. 24; Hopt/Roth Rn. 7; Staub/Schilling, 4. Aufl. 1987, Rn. 15; Ebenroth/Boujong/v. Selle Rn. 29; Westermann/Wertenbruch PersGes-HdB/Wertenbruch, 2025, § 52 Rn. I 3121; Wertenbruch GmbHR 2024, 953 (960); **aA** für den nicht eingetragenen Rechtsvorgänger Staub/Thiessen Rn. 111.

[112] BGH 21.3.1983, NJW 1983, 2258 (2259); zust. KKD/Kindler Rn. 9; Mayer, Die rechtsgeschäftliche Übertragung von Kommanditanteilen, 1993, 126 ff.; Michel, Die Kommanditanteilsübertragung auf einen Dritten, 1990, 108 ff.

[113] Wegen dieser Sonderregelungen im KAGB, die auf der bisherigen Rspr. des BGH beruhen, ist die Annahme des Gesetzgebers, es handele sich bei der Gesetzesänderung lediglich um eine „Klarstellung" (→ Rn. 3 aE), methodisch zweifelhaft. Entsprechendes gilt für die These, die Neufassung des § 176 Abs. 2 sei bereits vor dem 1.1.2024 anwendbar (so aber Leo/John NZG 2021, 1195 [1197]).

[114] Ebenso MüKoHGB/Grüneberg Rn. 28; Wertenbruch GmbHR 2024, 953 (960).

[115] S. BT-Drs. 19/31105, 9.

[116] S. insoweit auch Bialluch-von Allwörden NZG 2022, 791 (793 f.).

[117] So auch Koch PersGesR/Ceesay Rn. 36; MüKoHGB/Grüneberg Rn. 28; Leo/John NZG 2021, 1195 (1197); **aA** Wertenbruch GmbHR 2024, 953 (960 f.).

[118] Hierfür auch Bialluch-von Allwörden NZG 2022, 791 (794).

[119] BGH 3.7.1989, BGHZ 108, 187 (197 ff.) = NJW 1989, 3152 (3153); Heymann/Borges Rn. 53; BeckOGK/Foerster, 1.7.2025, Rn. 111; MüKoHGB/Grüneberg Rn. 25; Henssler/Strohn/Gummert Rn. 17; U. Huber ZGR 1984, 146 (161); GK-HGB/Kluge/Kluge Rn. 11; Hopt/Roth Rn. 8; NK-HGB/Schall Rn. 27; Staub/Schilling, 4. Aufl. 1987, Rn. 17; Ebenroth/Boujong/v. Selle Rn. 27; Westermann/Wertenbruch PersGes-HdB/Wertenbruch, 2025, § 52 Rn. I 3125; Wertenbruch GmbHR 2024, 953 (962).

dem Erbfall die Haftung des Erblassers nach § 176 bestand, da der auf die Erben übergehende Kommanditanteil mit der Haftung nach § 176 „belastet" ist.[120] Jedoch beruht die Haftung nicht auf § 176 Abs. 2, sondern auf der infolge des Erbfalls eingetretenen Universalsukzession.[121] Ebenso wie die Beteiligungsumwandlung (→ Rn. 43) ist auch die nach § 131 Abs. 1 eintretende Umwandlung der Beteiligung eines persönlich haftenden Gesellschafters der KG in eine Kommanditbeteiligung kein Eintritt iSd § 176 Abs. 2.[122]

46 Zu einer Anwendung von § 176 Abs. 2 kommt es mit der hM jedoch, wenn der Eintritt des Kommanditisten auf einer **Eintrittsklausel** beruht (→ § 177 Rn. 8). In diesem Fall tritt der Übergang des Kommanditanteils nicht im Wege der Erbfolge, sondern auf Grund einer mit dem Beitrittsvertrag vergleichbaren Aufnahme als Kommanditist ein, die von dem Willen des Berechtigten abhängt.[123] Entsprechendes gilt ebenfalls, wenn der Kommanditanteil auf Grund eines **Vermächtnisses** zugewandt wird (→ § 177 Rn. 9).[124]

47 **f) Mittelbare Beteiligung an der KG.** Eine analoge Anwendung der Haftung ist zu erwägen, wenn es zu einer mittelbaren Beteiligung an der Handelsgesellschaft kommt, weil der Eintritt zwar nicht bei der Handelsgesellschaft geschieht, wohl aber bei einer als Kommanditist der KG angehörenden Personengesellschaft (zB BGB-Gesellschaft).[125] Dem steht aber entgegen, dass es in einer derartigen Fallgestaltung bei der KG nicht zu einem erweiterten Gesellschafterkreis kommt (→ Rn. 41) und sich der abstrakte Vertrauensschutz zugunsten des Gesellschaftsgläubigers auf die Haftungsverhältnisse der Gesellschafter bezieht, die der KG angehören.[126] Das gilt wegen der von der höchstrichterlichen Rspr. anerkannten Rechtsfähigkeit sowie deren Fähigkeit, die Stellung einer Kommanditistin einzunehmen (→ § 161 Rn. 20), auch für die BGB-Außengesellschaft.

48 **4. Zustimmung des Eintretenden.** Aus dem Wortlaut des § 176 Abs. 2 nicht ohne Weiteres ersichtlich ist, ob die Haftung des Eintretenden voraussetzt, dass dieser der Fortführung des Geschäftsbetriebs der Handelsgesellschaft zustimmen muss. Da Abs. 2 als Rechtsfolge die entsprechende Anwendung von Abs. 1 S. 1 ohne Einschränkung anordnet, könnte hieraus geschlossen werden, dass damit die Haftung des Eintretenden von der Erfüllung sämtlicher der dort genannten tatbestandlichen Voraussetzungen abhängt. Bei diesem Verständnis würde das Gebot einer „lediglich" singgemäßen Anwendung im Hinblick auf den Geschäftsbetrieb der Handelsgesellschaft nur dazu führen, dass nicht auf dessen Beginn, sondern auf dessen Fortsetzung abzustellen ist und insoweit die Zustimmung des Eintretenden vorliegen muss.[127] Praktisch bedeutsam ist diese Frage ausschließlich im Hinblick auf die Möglichkeit des Eintretenden, durch Verweigerung der Zustimmung seine Haftung nach § 176 Abs. 2 auszuschließen, da der Beitrittsvertrag mangels gegenläufiger Erklärung konkludent die Zustimmung zur Fortsetzung des Geschäftsbetriebs enthält.[128] Indes bedarf es auch zur Vermeidung einer Haftung nach § 176 Abs. 2 nicht der Zustimmung durch den Eintretenden, da dieser seinen Eintritt in die KG mit der **aufschiebenden Bedingung der Eintragung** verbinden kann.[129]

49 Auch aus dogmatischer Sicht ist die Notwendigkeit einer Zustimmung nicht zwingend, da sich das Zustimmungserfordernis in § 176 Abs. 1 auf die Aufnahme des Geschäftsbetriebs vor der Eintragung bezieht und den Gesellschafter davor schützen soll, dass er gegen seinen Willen unbeschränkt für die vor der Eintragung begründeten Verbindlichkeiten haften muss. Wenn vor diesem Hinter-

[120] BGH 3.7.1989, BGHZ 108, 187 (197) = NJW 1989, 3152; MüKoHGB/Grüneberg Rn. 25; KKD/Kindler Rn. 4; Staub/Thiessen Rn. 114.

[121] Treffend Staub/Thiessen Rn. 114.

[122] Ebenso KKD/Kindler Rn. 9; Hopt/Roth Rn. 10; K. Schmidt ZHR 144 (1981), 192 (197 f.); Ebenroth/Boujong/v. Selle Rn. 30; Westermann/Wertenbruch PersGes-HdB/Wertenbruch, 2025, § 52 Rn. I 3126; **aA** noch BGH 4.5.1976, BGHZ 66, 98 (100) = NJW 1976, 848 (849); ebenso Staub/Schilling, 4. Aufl. 1987, Rn. 18.

[123] Wie hier RGHMW/Mock Rn. 23; Ebenroth/Boujong/v. Selle Rn. 32; Staub/Thiessen Rn. 121; Wertenbruch GmbHR 2024, 953 (963); ebenso MüKoHGB/Grüneberg Rn. 27, allerdings nur im Interesse der Rechtsklarheit.

[124] Treffend RGHMW/Mock Rn. 24; Ebenroth/Boujong/v. Selle Rn. 32; Staub/Thiessen Rn. 121; Wertenbruch GmbHR 2024, 953 (963).

[125] Hierfür Ulmer ZIP 2000, 1714 (1716 f.).

[126] Abl. auch Grunewald ZGR 2003, 541 (548); Hopt/Roth Rn. 5; Ebenroth/Boujong/v. Selle Rn. 26; Wagner NZG 2000, 1133 (1134).

[127] So noch RG 4.3.1930, RGZ 128, 172 (180).

[128] Mit dieser Auslegung des Beitrittsvertrags auch RG 4.3.1930, RGZ 128, 172 (180 f.); ebenso Heymann/Borges Rn. 46; Koch PersGesR/Ceesay Rn. 42; Staub/Schilling, 4. Aufl. 1987, Rn. 23; Westermann/Wertenbruch PersGes-HdB/Wertenbruch, 2025, § 52 Rn. I 3119.

[129] Zur Zulässigkeit einer aufschiebenden Bedingung BGH 28.10.1981, BGHZ 82, 209 (212) = NJW 1982, 883 (884); RGHMW/Mock Rn. 29; Staub/Schilling, 4. Aufl. 1987, Rn. 16, 23; K. Schmidt ZHR 144 (1980), 192 (200); Ebenroth/Boujong/v. Selle Rn. 36; ferner → § 173 Rn. 6; Westermann/Wertenbruch PersGes-HdB/Wertenbruch, 2025, § 52 Rn. I 3118, 3128.

grund Abs. 2 eine „entsprechende“ Anwendung von Abs. 1 anordnet, dann fehlt es – nach hier befürwortetem Verständnis – bei den von der Vorschrift erfassten Sachverhalten eines „Eintritts“ (→ Rn. 42 ff.) an einer vergleichbaren Situation, da der von der Norm erfasste Eintritt des neuen Kommanditisten stets von seinem Willen abhängt und er hierdurch ausreichend in der Lage ist, eine Inanspruchnahme nach § 176 Abs. 2 zu verhindern. Angesichts dessen sprechen die besseren Gründe dafür, die entsprechende Anwendung in § 176 Abs. 2 als Rechtsfolgenverweisung auszulegen, so dass das als Tatbestandsmerkmal in § 176 Abs. 1 formulierte Zustimmungserfordernis für die Haftung nach § 176 Abs. 2 ohne Bedeutung ist.[130]

5. Kenntnis des Gläubigers. Wenn der Eintretende nach Abs. 2 wie ein Kommanditist nach § 176 Abs. 1 für die vor seiner Eintragung begründeten Verbindlichkeiten der Gesellschaft haften soll, dann lässt sich dieser vom Gesetz gewollte Gleichlauf nur dadurch sicherstellen, dass der mit der Norm bewirkte abstrakte Vertrauensschutz entfällt, wenn dem Gläubiger die Kommanditistenstellung des nach § 176 Abs. 2 in Anspruch genommenen Kommanditisten bei Entstehung der Verbindlichkeit positiv bekannt war.[131] Auch das Verständnis der „entsprechenden“ Anwendung von § 176 Abs. 2 im Sinne einer Rechtsfolgenverweisung (→ Rn. 49) steht dem nicht entgegen, da das Gesetz die positive Kenntnis des Gläubigers als vom Kommanditisten zu beweisender Ausschluss der Haftung formuliert hat und sich deshalb auf die Rechtsfolge von § 176 Abs. 1 bezieht. Hinsichtlich der Anforderungen an eine positive Kenntnis des Gläubigers kann im Übrigen auf die Erläuterungen zu § 176 Abs. 1 verwiesen werden (→ Rn. 19 ff.). 50

6. Rechtsfolgen. Auf der Rechtsfolgenebene ordnet § 176 Abs. 2 die entsprechende Anwendung von Abs. 1 der Vorschrift an und begründet damit die Haftung des Eintretenden bis zu seiner Eintragung im Handelsregister. Diese entspricht – wie nach Abs. 1 (→ Rn. 24) – der eines persönlich haftenden Gesellschafters der KG. Die Vorschrift begrenzt die unbeschränkte Haftung des Kommanditisten für Verbindlichkeiten der Gesellschaft jedoch ausdrücklich auf den Zeitraum zwischen Eintritt und Eintragung. Die Wertung in § 137 Abs. 1 S. 2 findet im Rahmen von § 176 Abs. 2 keine Anwendung.[132] Für Verbindlichkeiten vor seinem Eintritt haftet der Eintretende nicht nach § 176 Abs. 2, sondern nach § 173 iVm §§ 171 f.[133] Hinsichtlich der weiteren Einzelheiten der Haftung gelten die Grundsätze zu § 176 Abs. 1 S. 1 auch für § 176 Abs. 2 (näher → Rn. 26 ff.). 51

V. GmbH & Co. KG

Da auch die GmbH & Co. KG eine KG ist (→ § 161 Rn. 73), ist diese ebenfalls eine Gesellschaft iSd § 176.[134] Eine generelle Herausnahme aus dem Anwendungsbereich der Norm ließe sich nur mittels einer teleologischen Reduktion methodengerecht begründen. Dem stehen jedoch bereits die verschiedentlich auch im Recht der KG aufgenommenen Vorschriften entgegen, die ausdrücklich auf die Besonderheiten einer KG reagieren, bei der keine natürliche Person als persönlich haftender Gesellschafter existiert (§ 172 Abs. 5, § 177a). Wenn der Gesetzgeber angesichts dessen den Anwendungsbereich des § 176 unangetastet lässt bzw. nicht mit Einschränkungen versieht, bestätigt dies indirekt auch seinen Regelungsplan, für den durch § 176 begründeten abstrakten Vertrauensschutz keine Besonderheiten bei der GmbH & Co. KG anerkennen zu wollen. Im Hinblick auf den Normzweck wäre eine Herausnahme der GmbH & Co. KG auch nicht gerechtfertigt, da der abstrakte Verkehrsschutz (→ Rn. 1) im Interesse der Gläubiger liegt und unabhängig davon seine Legitimation erfährt, ob natürliche oder juristische Personen als Komplementäre agieren. Aus diesen Gründen unterliegen auch die Kommanditisten einer GmbH & Co. KG vor ihrer Eintragung in das Handelsregister uneingeschränkt der Haftung für die zuvor entstandenen Verbindlichkeiten der Gesellschaft. 52

---

130 Wie hier iErg Koch PersGesR/Ceesay Rn. 42; MüKoHGB/Grüneberg Rn. 31; Henssler/Strohn/Gummert Rn. 20; KKD/Kindler Rn. 9; GK-HGB/Kluge/Kluge Rn. 11; RGHMW/Mock Rn. 28; Hopt/Roth Rn. 5; NK-HGB/Schall Rn. 31; Ebenroth/Boujong/v. Selle Rn. 33; ferner auch Staub/Thiessen Rn. 126, der die Zustimmungsverweigerung iS eines aufschiebend bedingten Beitritts auslegt (dazu → Rn. 13).

131 RG 4.3.1930, RGZ 128, 172 (182); BGH 28.10.1981, BGHZ 82, 209 (212 f.) = NJW 1982, 883 (884); Heymann/Borges Rn. 58; MüKoHGB/Grüneberg Rn. 35; Henssler/Strohn/Gummert Rn. 22; KKD/Kindler Rn. 9; RGHMW/Mock Rn. 31; Hopt/Roth Rn. 5; Ebenroth/BoujongS/v. Selle Rn. 34; Staub/Thiessen Rn. 130; **aA** Priester BB 1980, 911 (913).

132 Scheuch/Sustmann JuS 2024, 1113 (1116).

133 KKD/Kindler Rn. 9; RGHMW/Mock Rn. 32; Ebenroth/Boujong/v. Selle Rn. 38; **aA** Staub/Thiessen Rn. 134.

134 So ausdrücklich BGH 18.6.1979, NJW 1980, 54; 21.3.1983, NJW 1983, 2258; ebenso Heymann/Borges Rn. 60; BeckOGK/Foerster, 1.7.2025, Rn. 37; Geißler GmbHR 2014, 458 (464 f.); MüKoHGB/Grüneberg Rn. 54; KKD/Kindler Rn. 4; RGHMW/Mock Rn. 33; Ebenroth/Boujong/v. Selle Rn. 24; Staub/Thiessen Rn. 136; Westermann/Wertenbruch PersGes-HdB/Wertenbruch, 2025, § 52 Rn. I 3110; **aA** Priester BB 1980, 911 (913 f.).

53 In Betracht kommt angesichts dessen ausschließlich, die Besonderheiten der GmbH & Co. KG bei der Prüfung der Haftungsvoraussetzungen zu berücksichtigen. Insbesondere die zum Haftungsausschluss führende **positive Kenntnis des Gläubigers** kommt als Anknüpfungspunkt in Betracht, wenn die GmbH & Co. KG vor ihrer Eintragung in das Handelsregister mit diesem Rechtsformzusatz (§ 19 Abs. 2) Verbindlichkeiten der Gesellschaft begründet hat (näher → Rn. 21).[135]

VI. Publikums-KG

54 Als in seinen haftungsrechtlichen Konsequenzen besonders gravierend erweist sich § 176 Abs. 2 bei der Publikums-KG, da für die beitretenden Kommanditisten in der Regel nicht überschaubar ist, in welchem Umfang bis zu ihrer Eintragung im Handelsregister Verbindlichkeiten der Gesellschaft entstehen werden. Gleichwohl wendet der BGH § 176 Abs. 2 auch bei der Publikums-KG uneingeschränkt an.[136] Anders als bei der GmbH & Co. KG kann der vorstehend skizzierten haftungsrechtlichen Sondersituation indes nicht über einzelne Tatbestandsmerkmale Rechnung getragen werden, da dem Gläubiger der Gesellschaft die Komplementäre oftmals – ebenso wie die einzelnen Kommanditisten – nicht bekannt sind. Gleichwohl rechtfertigt das nicht zu leugnende Haftungsrisiko der neu beitretenden Kommanditisten keine generelle Herausnahme der Publikums-KG aus dem Anwendungsbereich des § 176, da der beitretende Kommanditist den Haftungsrisiken unschwer dadurch Rechnung tragen kann, dass er den Betritt zur KG unter die aufschiebende Bedingung der Eintragung in das Handelsregister stellt (→ Rn. 48 aE). Bestätigt wird dies durch die Sonderregelungen des KAGB für die Investment-KG, die gerade zwecks Vermeidung einer Außenhaftung das Wirksamwerden des Eintritts ausdrücklich mit dessen Eintragung im Handelsregister verknüpfen (→ Rn. 57).

VII. Investment-KG

55 Wegen der Verweisung in § 124 Abs. 1 S. 2 KAGB und § 149 Abs. 1 S. 2 KAGB gilt § 176 an sich auch bei der offenen und der geschlossenen Investment-KG. Allerdings steht die Geltung der Vorschrift unter dem Vorbehalt abweichender Bestimmungen des KAGB, die diese zwar nicht ausdrücklich, wohl aber indirekt trifft, um eine unbeschränkte Außenhaftung des Kommanditisten auszuschließen. Allerdings ist insoweit zwischen der offenen und der geschlossenen Investment-KG sowie der Haftung nach § 176 Abs. 1 und 2 zu unterscheiden.

56 Bei der **offenen Investment-KG** gelangt **§ 176 Abs. 1** uneingeschränkt zur Anwendung.[137] Der für die geschlossene Publikums-Investment-KG geltende § 152 Abs. 5 KAGB, nach dem die Kommanditisten den Geschäftsbeginn der Gesellschaft nicht vor deren Eintragung im Handelsregister zustimmen können, findet in den §§ 124 ff. KAGB keine Entsprechung. Im Umkehrschluss folgt hieraus, dass bei der offenen Investment-KG eine derartige Zustimmung auch vor Eintragung der Gesellschaft im Handelsregister mit der Folge einer Außenhaftung auch seitens der Kommanditisten erklärt werden kann. Die personelle Begrenzung des Kreises der Kommanditisten auf professionelle und semiprofessionelle Anleger lässt dies im Hinblick auf deren geringere Schutzbedürftigkeit als gerechtfertigt erscheinen. Deshalb ist es wertungsmäßig stimmig, dass § 152 Abs. 5 KAGB die Möglichkeit zur Zustimmung der vorzeitigen Geschäftsaufnahme nur für die geschlossene Publikums-Investment-KG, nicht aber auch für die geschlossene Spezial-Investment-KG ausschließt.[138] Da § 152 Abs. 5 KAGB die Möglichkeit einer Zustimmung zur vorzeitigen Geschäftsaufnahme ausschließlich für die Kommanditisten beschränkt, betrifft die Norm deren Außenhaftung nach § 176 Abs. 1,[139] nicht hingegen die vorzeitige Geschäftsaufnahme iSv § 123.[140] Erklärt der Kommanditist entgegen § 152 Abs. 5 KAGB seine Zustimmung zur vorzeitigen Geschäftsaufnahme, so ist diese unbeachtlich und löst nicht die Haftungsfolgen des § 176 Abs. 1 aus.

57 Für den von § 176 Abs. 2 erfassten **Eintritt des Kommanditisten** in ein bestehendes Handelsgeschäft, der nach der Rspr. des BGH auch für den rechtsgeschäftlichen Anteilserwerb gilt

[135] S. dazu jüngst Bartlitz NZG 2022, 1669 ff.

[136] BGH 26.10.1981, BGHZ 82, 209 (213) = NJW 1982, 883 (884); zust. BeckOGK/Foerster, 1.7.2025, Rn. 88; MüKoHGB/Grüneberg Rn. 52; RGHMW/Mock Rn. 37; Westermann/Wertenbruch PersGes-HdB/Wertenbruch, 2025, § 52 Rn. I 3106; **aA** Henssler/Strohn/Gummert Rn. 29.

[137] Mohr, Die offene Inventmentkommanditgesellschaft, 2016, 129.

[138] MKJH/Hoffert KAGB § 152 Rn. 75; BTMB/Könnecke KAGB § 152 Rn. 122, 127; Schewe, Kommanditgesellschaften im Regelungsbereich des Investmentrechts, 2017, 156; s. auch BSV/Klebeck/Kunschke KAGB § 152 Rn. 101 ff.

[139] Begr. RegE, BT-Drs. 17/12294, 250; Staub/Casper § 161 Rn. 271; BTMB/Könnecke KAGB § 152 Rn. 121; Henssler/Strohn/Servatius HGB Anh. Rn. 184; Wallach ZGR 2014, 289 (315).

[140] So aber WBA/Paul KAGB § 152 Rn. 27.

(→ Rn. 44), trifft das KAGB eine für die offene und die geschlossene Investment-KG übereinstimmende Regelung, um eine Außenhaftung des Kommanditisten vor der Eintragung in das Handelsregister auszuschließen.[141] Hierfür erheben § 127 Abs. 4 KAGB und § 152 Abs. 4 KAGB die **Eintragung** des Eintretenden in das Handelsregister ausdrücklich zur **Wirksamkeitsvoraussetzung** für dessen Gesellschafterstellung. Die Verknüpfung des Eintritts mit einer aufschiebenden Bedingung ggf. im Wege der Auslegung (→ Rn. 48, → Rn. 54) ist deshalb entbehrlich.[142]

Nach dem Wortlaut („Eintritt") knüpfen § 127 Abs. 4 KAGB und § 152 Abs. 4 KAGB an den Tatbestand des § 176 Abs. 2 („tritt … ein") an, so dass jedenfalls der Eintritt infolge eines **Beitrittsvertrags** (→ Rn. 42) erfasst wird. Ob auch der **rechtsgeschäftliche Anteilserwerb** in § 127 Abs. 4 KAGB und § 152 Abs. 4 KAGB einbezogen ist, ergibt sich aus diesen nicht zweifelsfrei. Sowohl die Gesetzessystematik als auch der Normzweck lassen dies als geboten erscheinen.[143] Neben § 127 Abs. 1 KAGB und § 152 Abs. 1 KAGB, die jede Form des Anteilserwerbs erfassen wollen, ist vor allem eine Vermeidung der Außenhaftung angestrebt (→ Rn. 57). Dieses Ziel lässt sich nur durch eine extensive Auslegung von § 127 Abs. 4 KAGB und § 152 Abs. 4 KAGB erreichen, die auch in den Blick nimmt, dass die bisherige Rspr. des BGH den rechtsgeschäftlichen Anteilserwerb als „Eintritt" iSd § 176 Abs. 2 bewertet (→ Rn. 44). Angesichts dessen würde eine zwischen Beitrittsvertrag und rechtsgeschäftlichen Anteilserwerb differenzierende Auslegung von § 127 Abs. 4 KAGB und § 152 Abs. 4 KAGB die legislative Zielvorstellung konterkarieren und ist deshalb auch als vom Gesetzgeber im Zweifel nicht gewollt abzulehnen. 58

Abweichende Abreden im Gesellschaftsvertrag oder in dem Vertrag zum Erwerb des Kommanditanteils, die die Gesellschafterstellung des Kommanditisten bereits vor dessen Eintragung im Handelsregister vorsehen, stehen im Widerspruch zu § 127 Abs. 4 KAGB und § 152 Abs. 4 KAGB. Gleichwohl geht es im Hinblick auf deren Zweck zu weit, eine derartige Abrede gänzlich für unbeachtlich zu erklären. Da lediglich die nach § 176 Abs. 2 iVm § 176 Abs. 1 eintretende **Außenhaftung** ausgeschlossen werden soll, verbleibt die Möglichkeit, den Eintretenden zwecks Vermeidung einer Außenhaftung jedenfalls im **Innenverhältnis** bereits vor dessen Eintragung im Handelsregister wie einen Kommanditisten zu behandeln,[144] ohne dass er hiermit jedoch bereits formal die Rechtsstellung eines Kommanditisten einnimmt. 59

§ 177 [Tod des Kommanditisten]

Beim Tod eines Kommanditisten wird die Gesellschaft mangels abweichender vertraglicher Bestimmung mit den Erben fortgesetzt.

Schrifttum: Brandner, Die Testamentsvollstreckung am Kommanditanteil ist zulässig, FS Kellermann, 1991, 37; Damrau, Zur Testamentsvollstreckung am Kommanditanteil, NJW 1984, 2785; Esch, Zur Zulässigkeit der Testamentsvollstreckung an Kommanditbeteiligungen, NJW 1981, 2222; Friedrich, Testamentsvollstreckung an Kommanditanteilen, Diss. Augsburg 1988; Herfs, Haftung der Erben als Nachfolger eines Kommanditisten, DB 1991, 1713; Ivo, Die Vererbung von Kommanditanteilen, ZEV 2006, 302; Koch, Kommanditanteil und Testamentsvollstreckung, NJW 1983, 1762; Lenzen, Die Testamentsvollstreckung bei der GmbH & Co. KG nach höchstrichterlicher Rechtsprechung, GmbHR 1977, 56; Levedag, Nachfolge in Personengesellschaften von Todes wegen am Beispiel der GmbH & Co. KG, GmbHR 2010, 629; Luttermann, Die Erbenhaftung bei Kommanditanteilen, ZErb 2008, 139; Martinek, Der Kommanditanteil als Nachlasssurrogat – ein neuer Konflikt zwischen Erb- und Gesellschaftsrecht?, ZGR 1991, 74; D. Mayer, Testamentsvollstreckung am Kommanditanteil, ZIP 1990, 976; Quack, Die Testamentsvollstreckung an Kommanditanteilen, BB 1989, 2271; Reymann, Vermächtnis des Kommanditisten, ZEV 2006, 307; Roth, Handelsregistereintragung einer Testamentsvollstreckung bei Tod des Kommanditisten, NZG 2012, 499; Rowedder, Die Testamentsvollstreckung bei Kommanditanteilen, FS Goerdeler, 1987, 445; Schneider, Testamentsvollstreckung beim Kommanditanteil – Ein Überblick über Voraussetzungen und Wirkungen, NJW 2015, 1142; Ulmer, Gesamtrechtsnachfolge und Erbrecht, ZGR 1972, 195, 324; Testamentsvollstreckung an Kommanditanteilen, ZHR 146 (1982), 555; Ulmer, Testamentsvollstreckung am Kommanditanteil, NJW 1990, 73.

---

[141] Begr. RegE, BT-Drs. 17/12294, 242 f., 250; WBA/Lorenz KAGB § 127 Rn. 9; Ebenroth/Boujong/Paefgen/Franke KAGB § 127 Rn. 11; WBA/Paul KAGB § 152 Rn. 26; Ebenroth/Boujong/v. Selle Rn. 35; Wallach ZGR 2014, 289 (315).

[142] S. MüKoHGB/Brungs Anh. § 161 Rn. 117; MKJH/Eichhorn KAGB § 127 Rn. 18; BTMB/Könnecke KAGB § 127 Rn. 118; Ebenroth/Boujong/Paefgen/Franke KAGB § 127 Rn. 11; **aA** Henssler/Strohn/Servatius HGB Anh. Rn. 181.

[143] Ebenso MKJH/Hoffert KAGB § 152 Rn. 67; Mohr, Die offene Inventmentkommanditgesellschaft, 2016, 128 Fn. 669; WBA/Paul KAGB § 152 Rn. 26; **aA** Henssler/Strohn/Servatius HGB Anh. Rn. 181.

[144] Zur Zulässigkeit einer auf das Innenverhältnis beschränkten Abrede statt aller Ebenroth/Boujong/v. Selle Rn. 37; → § 173 Rn. 6.

Übersicht

I. Allgemeines

1 Die durch das HRRefG neu gefasste und von dem Reformgesetzgeber des MoPeG unberührt gebliebene Vorschrift steht in einem unmittelbaren Zusammenhang mit der für den Komplementär geltenden Regelung in § 130 Abs. 1 Nr. 1, nach der der Tod eines Gesellschafters zu dessen Ausscheiden aus der Gesellschaft führt, sofern der Gesellschaftsvertrag (zB mittels einer Nachfolgeklausel) keine abweichende Bestimmung trifft (näher → § 130 Rn. 26 ff.).[1] Über § 161 Abs. 2 gilt diese Regelung auch für den persönlich haftenden Gesellschafter der KG. Indes führt der **Tod eines Komplementärs** nicht mehr – wie nach der Rechtslage vor dem HRRefG[2] – (in Ermangelung einer abweichenden Bestimmung im Gesellschaftsvertrag) zur Auflösung der Gesellschaft.

2 Auch der **Tod eines Kommanditisten** führt nach § 177 nicht zur Auflösung der Gesellschaft, sofern der Gesellschaftsvertrag keine anderweitige Regelung trifft.[3] Abweichend von § 130 Abs. 1 Nr. 1 sieht § 177 für den Kommanditisten jedoch nicht dessen Ausscheiden aus der Gesellschaft vor, sondern vielmehr wird die Gesellschaft mit den Erben fortgesetzt. Damit stellt § 177 zugleich klar, dass die Kommanditbeteiligung vererblich ist. Im Hinblick auf diese Rechtsfolge bringt § 177 den regelmäßigen Parteiwillen zum Ausdruck[4] und entlastet damit die Vertragspraxis, die bezüglich der Kommanditisten davon absehen kann, in den Gesellschaftsvertrag eine Nachfolgeklausel aufzunehmen (→ Rn. 3 ff.).

II. Regelungen im Gesellschaftsvertrag

3 Um die KG auch nach dem Tode eines Kommanditisten fortsetzen zu können, bedarf es wegen § 177 keiner gesellschaftsvertraglichen Regelung in Gestalt einer Nachfolgeklausel.[5] Eine gesonderte gesellschaftsvertragliche Bestimmung ist erst erforderlich, wenn die Gesellschaft nicht mit allen Miterben eines Kommanditisten, sondern nur mit einem oder mehreren von ihnen fortgesetzt werden soll (**qualifizierte Nachfolgeklausel;** → § 131 Rn. 16 ff.).[6]

4 Da § 177 – wie dessen Wortlaut verdeutlicht – **dispositives Recht** setzt,[7] kann die Fortsetzung der Gesellschaft mit den Erben des Kommanditisten im Gesellschaftsvertrag ausgeschlossen und vorgesehen werden, dass die Gesellschaft ausschließlich unter den verbliebenen Gesellschaftern fortgesetzt wird **(Ausschließungsklausel).**[8] Einer sachlichen Rechtfertigung für eine derartige Klausel bedarf es grundsätzlich nicht. Eine Ausnahme ist lediglich für die Publikums-KG zu erwägen.[9] In abgeschwächter Form kann eine Fortsetzung der Gesellschaft nach dem Tod des Kommanditisten durch die verbleibenden Gesellschafter auch durch eine **Kündigungsklausel** erreicht werden. Hierdurch verbleibt es zwar zunächst bei der Rechtsfolge in § 177, den verbleibenden Gesellschaftern wird aber ein Recht zur außerordentlichen Kündigung eingeräumt.[10] Ebenso kann eine Ausschließungsklausel mit einem Eintrittsrecht zugunsten eines Dritten kombiniert werden (→ Rn. 8). Prak-

[1] Hopt/Roth Rn. 1; Ebenroth/Boujong/v. Selle Rn. 6; Staub/Thiessen Rn. 9.
[2] Dazu MüKoHGB/Grüneberg Rn. 1.
[3] MüKoHGB/Grüneberg Rn. 1; BeckOGK/Müller/Godron, 1.4.2025, Rn. 2; Hopt/Roth Rn. 2.
[4] MüKoHGB/Grüneberg Rn. 4; ebenso GK-HGB/Kluge/Kluge Rn. 2.
[5] AllgM, s. Heymann/Borges Rn. 4; Henssler/Strohn/Gummert Rn. 2; RGHMW/Mock Rn. 2; BeckOGK/Müller/Godron, 1.4.2025, Rn. 4 f., 11; Hopt/Roth Rn. 3; NK-HGB/Schall Rn. 3; Staub/Thiessen Rn. 8.
[6] OLG Schleswig 8.12.2021, BeckRS 2021, 53243; MüKoHGB/Grüneberg Rn. 9; GK-HGB/Kluge/Kluge Rn. 8; RGHMW/Mock Rn. 5; Hopt/Roth Rn. 3; Ebenroth/Boujong/v. Selle Rn. 11.
[7] AllgM, s. Heymann/Borges Rn. 5; MüKoHGB/Grüneberg Rn. 5; KKD/Kindler Rn. 10; RGHMW/Mock Rn. 3; BeckOGK/Müller/Godron, 1.4.2025, Rn. 2; Hopt/Roth Rn. 7; Ebenroth/Boujong/v. Selle Rn. 11; Staub/Thiessen Rn. 13.
[8] Heymann/Borges Rn. 6; MüKoHGB/Grüneberg Rn. 6; Henssler/Strohn/Gummert Rn. 6; RGHMW/Mock Rn. 4; Ebenroth/Boujong/v. Selle Rn. 11.
[9] Hierfür MüKoHGB/Grüneberg Rn. 6.
[10] S. Heymann/Borges Rn. 7; MüKoHGB/Grüneberg Rn. 6.

tisch weniger bedeutsam ist die Aufnahme einer **Auflösungsklausel** in den Gesellschaftsvertrag. Durch eine derartige Bestimmung würde für den Fall des Todes eines Kommanditisten die Auflösung der Gesellschaft festgelegt; den verbliebenen Gesellschaftern verbleibt in diesem Fall jedoch die Möglichkeit, die Fortsetzung der Gesellschaft zu beschließen[11]

Von den gesellschaftsvertraglichen Gestaltungsmöglichkeiten in → Rn. 4 sind die **erbrechtlichen** 5 **Regelungen** abzugrenzen; diese bleiben von § 177 unberührt. Das gilt insbesondere für die Erbfolge. So kann zB durch letztwillige Verfügung festgelegt werden, dass der Kommanditanteil nicht an die Erbengemeinschaft, sondern nur an einen Miterben fallen soll. Zur Zuwendung eines Kommanditanteils durch Vermächtnis → Rn. 9. Zur Anordnung einer Testamentsvollstreckung → Rn. 15 ff.

III. Sonderzuordnung des Kommanditanteils

1. Grundsatz. Die Fortsetzung der KG mit den Erben des Kommanditisten wirft bei **Miterben** 6 die grundsätzliche Frage auf, ob die Erbengemeinschaft als Gesamthand die Stellung des verstorbenen Kommanditisten einnimmt. Eine derartige und aus erbrechtlicher Sicht an sich konsequente Rechtsfolge ist jedoch nicht nur mit der grundsätzlichen Frage nach der Rechtsnatur der Erbengemeinschaft und deren Rechtsfähigkeit belastet, sondern würde auch zu erheblichen Abstimmungsproblemen innerhalb der Gesellschaft führen. Deshalb hat sich in der Rspr. des BGH,[12] dem das Schrifttum überwiegend folgt,[13] die Auffassung durchgesetzt, die hinsichtlich des Kommanditanteils eine **Sonderzuordnung (Sondererbfolge)** befürwortet. Hiernach tritt **nicht** die **Erbengemeinschaft** in die Stellung als Kommanditist der Gesellschaft ein, sondern die Kommanditbeteiligung fällt (gesplittet) an die einzelnen Erben nach **Maßgabe ihrer Erbquoten.** Bezüglich des Kommanditanteils werden die Erben daher so behandelt, als wäre die Auseinandersetzung der Erbengemeinschaft bereits erfolgt.

Die in → Rn. 6 dargestellte Sonderzuordnung des Kommanditanteils ist allerdings bei Miterben 7 mit dem Nachteil verbunden, dass sich die mit dem Kommanditanteil verbundenen **Mitgliedschaftsrechte** aufspalten. Dem können die Parteien des Gesellschaftsvertrags nur entgegenwirken, indem sie mit einer **obligatorischen Gruppenvertretung** die Miterben für die Ausübung der Mitgliedschaftsrechte zusammenfassen (näher zur Gruppenvertretung → § 164 Rn. 25 ff.).[14]

2. Qualifizierte Nachfolgeklausel. Die Rechtsfolge in → Rn. 6 gilt auch bei einer qualifizier- 8 ten Nachfolgeklausel; in diesem Fall fällt der Kommanditanteil ebenfalls nicht an die Erbengemeinschaft, sondern an den durch die qualifizierte Nachfolgeklausel begünstigten Nachfolger.[15] Konsequenter Weise muss dies auch gelten, wenn eine qualifizierte Nachfolgeklausel nicht nur einen, sondern mehrere Miterben begünstigt.[16] Kein Fall einer Sondererbfolge liegt hingegen vor, wenn der Gesellschaftsvertrag eine **Eintrittsklausel** enthält, die einem Dritten das Recht zum Eintritt in die KG einräumt.[17] Bei dem Dritten in diesem Sinne kann es sich auch um einen Erben handeln.[18]

3. Vermächtnis. Die Grundsätze in → Rn. 6 gelten auch, wenn der Kommanditanteil auf Grund 9 eines Vermächtnisses zugewandt wird. In diesem Fall tritt der Bedachte nicht unmittelbar an die Stelle des Erblassers, sondern die Erben treten – wie in → Rn. 6 dargelegt – an die Stelle des Kommanditisten, die sodann wegen des Vermächtnisses den Kommanditanteil auf den Vermächtnisnehmer übertragen müssen.[19] Gegebenenfalls hängt dies jedoch wegen einer gesellschaftsvertraglichen Regelung von der Zustimmung der Gesellschafter ab; deren Verweigerung ist nur in Ausnahmefällen wegen eines Verstoßes gegen Treu und Glauben (§ 242 BGB) unbeachtlich.[20]

---

[11] Heymann/Borges Rn. 9; MüKoHGB/Grüneberg Rn. 8.

[12] Für diese zB BGH 22.11.1956, BGHZ 22, 186 (192) = NJW 1957, 180; 30.4.1984, BGHZ 91, 132 (135) = NJW 1984, 2104; 4.5.1983, WM 1983, 672 (673) = NJW 1983, 2376; 14.5.1986, BGHZ 98, 48 (50 ff.) = NJW 1986, 2431; 14.2.2012, NZG 2012, 385 Rn. 18; ebenso OLG Düsseldorf 9.6.2017, NJW-RR 2018, 166 (167); KG 16.7.2018, NZG 2018, 1150 (1151); OLG Schleswig 8.12.2021, BeckRS 2021, 53243.

[13] Zust. zB Heymann/Borges Rn. 11; GK-HGB/Kluge/Kluge Rn. 3; RGHMW/Mock Rn. 6; Hopt/Roth Rn. 3; NK-HGB/Schall Rn. 4; Ebenroth/Boujong/v. Selle Rn. 9.

[14] S. Heymann/Borges Rn. 25; RGHMW/Mock Rn. 6.

[15] BGH 10.2.1977, BGHZ 68, 225 (237 f.) = NJW 1977, 1339; OLG Schleswig 8.12.2021, BeckRS 2021, 53243; ebenso Heymann/Borges Rn. 8; MüKoHGB/Grüneberg Rn. 17; Hopt/Roth Rn. 3.

[16] OLG München 25.3.1980, MDR 1981, 587 = BeckRS 1980, 31089799; Heymann/Borges Rn. 25; MüKoHGB/Grüneberg Rn. 17.

[17] KKD/Kindler Rn. 10; RGHMW/Mock Rn. 7; Ebenroth/Boujong/v. Selle Rn. 14.

[18] Ebenroth/Boujong/v. Selle Rn. 14.

[19] Statt aller BGH 20.11.1975, WM 1976, 251 = BeckRS 1975, 31115655; Heymann/Borges Rn. 28; MüKoHGB/Grüneberg Rn. 23; KKD/Kindler Rn. 5; GK-HGB/Kluge/Kluge Rn. 13; RGHMW/Mock Rn. 8; Hopt/Roth Rn. 3; Ebenroth/Boujong/v. Selle Rn. 13; Staub/Thiessen Rn. 16; näher Reymann ZEV 2006, 307 ff.

[20] Näher MüKoHGB/Grüneberg Rn. 23.

10 **4. Alleinerbe.** Obwohl die Konstruktion einer Sonderzuordnung ursprünglich nur entwickelt wurde, um eine Mitgliedschaft der Erbengemeinschaft in der Gesellschaft zu verhindern, bejaht die höchstrichterliche Rspr. diese auch dann, wenn nur **eine Person als Erbe** vorhanden ist.[21] Zwingende Sachgründe für eine derartige Ausdehnung der für die Erbengemeinschaft entwickelten Zweckkonstruktion werden im Schrifttum indes zuweilen verneint.[22]

11 **5. Gesellschafter als Erben.** Besonderheiten gelten, wenn sich unter den Erben des Kommanditisten Personen befinden, die bereits Gesellschafter der KG sind. Insoweit ist zu unterscheiden, ob diese vor dem Erbfall der Gesellschaft als Komplementär oder als Kommanditist angehörten. Unproblematisch ist der letztgenannte Fall, da in diesem **zwei Kommanditanteile** zusammentreffen und sich zu einem einzigen vereinigen (zur Testamentsvollstreckung → Rn. 18).[23]

12 Ist der Erbe zugleich **Komplementär** der Gesellschaft, dann ist es ausgeschlossen, dass dieser sowohl die Stellung eines Komplementärs als auch die eines Kommanditisten einnimmt (→ § 161 Rn. 8). Deshalb vereinigen sich auch in dieser Konstellation beide Beteiligungen, ohne dass der Komplementär seine Stellung als persönlich haftender Gesellschafter verliert.[24] In einer **Zwei-Personen-Gesellschaft** kann dies allerdings dazu führen, dass die Gesellschaft erlischt, weil der Komplementär den einzigen Kommanditisten beerbt (s. § 161 Abs. 2 iVm § 105 Abs. 3 iVm § 712a Abs. 1 S. 1 BGB). Durch das Zusammenfallen der Anteile wird der bisherige Komplementär zum Einzelkaufmann.[25]

IV. Haftung

13 Hinsichtlich der **Haftung** tritt der Erbe in die Pflichten des Erblassers ein, die diesen in seiner **Eigenschaft als Kommanditist** getroffen haben. Sofern dessen Haftung nach Maßgabe der §§ 171, 172 noch besteht, haftet in diesem Umfang auch der Erbe.[26] Eine anteilige Haftung in Höhe des Erbanteils gilt bei Miterben, da diese auch nur anteilig die Rechtsnachfolge in den (aufgeteilten) Kommanditanteil antreten.[27] Zur Frage, ob dies auch im Hinblick auf die Haftung nach § 173 gilt, → § 173 Rn. 8 ff.

14 Von der gesellschaftsrechtlichen Haftung als (neuer) Kommanditist ist die **erbrechtliche Haftung** der Erben hinsichtlich der Verbindlichkeiten des Erblassers auf Grund seiner Stellung als Kommanditist zu unterscheiden; diese können die Erben auf den Nachlass beschränken (§§ 1975 ff. BGB).[28]

V. Testamentsvollstreckung

15 Ob ein Kommanditanteil der Testamentsvollstreckung unterliegen kann, war lange Gegenstand kontroverser Erörterungen. Hierbei ist allerdings zu unterscheiden zwischen dem Grundsatzproblem, ob die Testamentsvollstreckung auch einen Gesellschaftsanteil umfassen kann, und der hier ausschließlich zu diskutierenden Frage, ob die im Allgemeinen zu befürwortende Position (→ § 131 Rn. 49 ff.) auch im Hinblick auf einen Kommanditanteil gilt. Im Unterschied zu der Rspr. des RG[29] hat der BGH in einem Grundsatzurteil vom 3.7.1989 die Testamentsvollstreckung auch für die **Dauertestamentsvollstreckung** für möglich erachtet.[30] Umstritten blieb jedoch, ob diese in das **Handelsregister** eingetragen werden kann. Im Unterschied zu einer verbreiteten Auffassung im Schrifttum[31] hat das

[21] BGH 22.11.1956, BGHZ 22, 186 (193); 30.4.1984, BGHZ 91, 132 (137) = NJW 1984, 2104; grdl. Ulmer FS Schilling, 1973, 90 ff.; Ulmer ZHR 146 (1982), 559 ff.; zust. KKD/Kindler Rn. 3.

[22] So MüKoHGB/K. Schmidt/Grüneberg Rn. 18; ihm folgend Henssler/Strohn/Gummert Rn. 3.

[23] AllgM, s. Heymann/Borges Rn. 26; MüKoHGB/Grüneberg Rn. 21; Hopt/Roth Rn. 4; Ebenroth/Boujong/v. Selle Rn. 10.

[24] OLG Hamburg 24.4.1984, ZIP 1984, 1226; Heymann/Borges Rn. 26; MüKoHGB/Grüneberg Rn. 22; KKD/Kindler Rn. 3; Hopt/Roth Rn. 4; Ebenroth/Boujong/v. Selle Rn. 10.

[25] MüKoHGB/Grüneberg Rn. 22; Ebenroth/Boujong/v. Selle Rn. 9.

[26] Heymann/Borges Rn. 35; BeckOGK/Müller/Godron, 1.4.2025, Rn. 8; Hopt/Roth Rn. 4; Staub/Thiessen Rn. 24 f.

[27] KKD/Kindler Rn. 4.

[28] Heymann/Borges Rn. 34; MüKoHGB/Grüneberg Rn. 25; Henssler/Strohn/Gummert Rn. 8; KKD/Kindler Rn. 4.

[29] RG 10.1.1944, RGZ 172, 199 (203 f.); auch noch BGH 8.10.1953, LM HGB § 105 Nr. 6 = BeckRS 1953, 31389385; im Schrifttum vor allem Wiedemann, Die Übertragung und Vererbung von Mitgliedschaftsrechten bei Handelsgesellschaften, 1965, 329 f.

[30] BGH 3.7.1989, BGHZ 108, 187 (192 ff., 195 ff.) = NJW 1989, 3152; ebenso nunmehr wohl allgM, vgl. Heymann/Borges Rn. 29; MüKoHGB/Grüneberg Rn. 26; GK-HGB/Kluge/Kluge Rn. 15; RGHMW/Mock Rn. 11; Hopt/Roth Rn. 5, § 131 Rn. 24 ff.; Schneider NJW 2015, 1142 (1143); Ebenroth/Boujong/v. Selle Rn. 18; Staub/Thiessen Rn. 17.

[31] Hierfür MüKoHGB/Grüneberg Rn. 38; KKD/Kindler Rn. 7; RGHMW/Mock Rn. 14; Ebenroth/Boujong/v.Selle Rn. 22; Ulmer NJW 1990, 73 (82) mwN.

KG in einem Beschluss vom 4.7.1995[32] die Eintragungsfähigkeit verneint. Dem hat sich der BGH in seinem Grundsatzbeschluss vom 14.2.2012 mit Recht nicht angeschlossen, da der Rechtsverkehr ein schutzwürdiges Interesse an der Verlautbarung jedenfalls einer Dauertestamentsvollstreckung hat.[33]

Da die Testamentsvollstreckung dazu führt, dass der Testamentsvollstrecker die aus dem Kommandit- **16** anteil folgenden Mitgliedschaftsrechte ausübt,[34] besteht jedoch ein Widerspruch zu der personenbezogenen Gesellschafterstellung[35] in einer KG. Deshalb verlangt der BGH mit Recht die **Zustimmung der Mitgesellschafter** zu einer **Dauertestamentsvollstreckung,** die entweder bereits im Gesellschaftsvertrag oder aber jedenfalls *ad hoc* erteilt werden kann.[36] Ob der Gesellschaftsvertrag bereits eine Zustimmung der Gesellschafter enthält, bedarf oftmals einer Auslegung, die sich vor allem an dem Stellenwert zu orientieren hat, den die Gesellschafter der personellen Zusammensetzung der Gesellschafter beimessen. Sofern die Auslegung ergibt, dass diese für die (Gründungs-)Gesellschafter nur von untergeordneter Bedeutung ist, um so eher kann der Gesellschaftsvertrag dahin ausgelegt werden, dass die Gesellschafter damit auch einer Dauertestamentsvollstreckung zugestimmt haben. Deshalb ist eine im Gesellschaftsvertrag enthaltene Gestattung zu einer freien Übertragung des Kommanditanteils in der Regel im Sinne einer Zustimmung zur Dauertestamentsvollstreckung auszulegen.[37]

Der für die Notwendigkeit einer Zustimmung durch die Gesellschafter in → Rn. 16 geschilderte **17** Sachgrund besteht ausschließlich bei einer Dauertestamentsvollstreckung. Deshalb ist eine Testamentsvollstreckung, die sich auf die **alleinige Abwicklung** beschränkt, auch **ohne Zustimmung** der Gesellschafter möglich.[38]

Die Zulässigkeit einer Testamentsvollstreckung im Hinblick auf den Kommanditanteil, bereitet **18** allerdings Schwierigkeiten, wenn der **Erbe bereits Kommanditist** der Gesellschaft ist, da sich ohne die angeordnete Testamentsvollstreckung beide Kommanditanteile vereinigen würden (→ Rn. 10). Dies führt jedoch nicht dazu, dass die Testamentsvollstreckung in diesem Sonderfall unzulässig ist, vielmehr befürwortet der BGH eine Ausnahme von dem Grundsatz der Einheitlichkeit des Gesellschaftsanteils und beschränkt die Testamentsvollstreckung auf den im Wege der Erbfolge übergegangenen Kommanditanteil im Sinne eines abspaltbaren Sondervermögens.[39]

§ 177a [Angaben auf Geschäftsbriefen]

[1]§ 125 gilt auch für die Gesellschaft, bei der ein Kommanditist eine natürliche Person ist. [2]Der in § 125 Absatz 1 Satz 2 für die Gesellschafter vorgeschriebenen Angaben bedarf es nur für die persönlich haftenden Gesellschafter der Gesellschaft.

Schrifttum: Hüttmann, Mindestangaben auf Geschäftsbriefen und Bestellscheinen einer GmbH & Co. KG ab 1.1.1981, DB 1980, 1884; Schaffland, Angabepflichten auf Geschäftsbriefen für die GmbH & Co. KG, BB 1980, 1501.

Übersicht

[32] WM 1995, 1890 = NJW-RR 1996, 227; ebenso noch Staub/Schilling, 4. Aufl. 1987, Rn. 20.

[33] BGH 14.2.2012, NZG 2012, 385 Rn. 15 ff.; zust. zB Heymann/Borges Rn. 31; MüKoHGB/Grünberg Rn. 38; Ebenroth/Boujong/v. Selle Rn. 22; Staub/Thiessen Rn. 31 jeweils mwN.

[34] BGH 3.7.1989, BGHZ 108, 187 (190) = NJW 1989, 3152.

[35] S. Ebenroth/Boujong/v. Selle Rn. 18.

[36] BGH 3.7.1989, BGHZ 108, 187 (191) = NJW 1989, 3152; 25.2.1985, NJW 1985, 1953 (1954); so auch Heymann/Borges Rn. 30; Schneider NJW 2015, 1142 (1144); Ebenroth/Boujong/v. Selle Rn. 18; **aA** Marotzke JZ 1986, 457 (460); NK-HGB/Schall Rn. 5.

[37] So bereits Ulmer NJW 1990, 73 (76); zust. Heymann/Borges Rn. 30; MüKoHGB/Grüneberg Rn. 28; KKD/Kindler Rn. 7; Ebenroth/Boujong/v. Selle Rn. 18; **aA** noch Staub/Schilling, 4. Aufl. 1987, Rn. 13.

[38] So Heymann/Borges Rn. 30; Flume FS Müller-Freienfels, 1986, 116 (124); MüKoHGB/Grüneberg Rn. 26; Henssler/Strohn/Gummert Rn. 10.

[39] BGH 14.5.1986, BGHZ 98, 48 (57); 10.1.1996, NJW 1996, 1284 (1286); zust. MüKoHGB/Grüneberg Rn. 26; KKD/Kindler Rn. 7; Schneider NJW 2015, 1142 (1144 f.); Ebenroth/Boujong/v. Selle Rn. 21 mwN; offen noch BGH 3.7.1989, BGHZ 108, 187 (199) = NJW 1989, 3152.

I. Allgemeines

1 Die Vorschrift, die durch Gesetz vom 29.7.1976 (BGBl. 1976 I 2034) in das HGB eingefügt wurde, reagiert auf Sonderregelungen im Recht der OHG, die dem Umstand Rechnung tragen, dass der Gesellschaft keine natürlichen Personen als Gesellschafter, also weder als Komplementäre noch als Kommanditisten, angehören. Für die entsprechende Situation bei der KG, insbesondere der **GmbH & Co. KG,** gilt die in § 177a S. 1 genannte Bestimmung aus dem Recht der OHG bereits über die Verweisung in § 161 Abs. 2.[1] Der Zweck des § 177a besteht deshalb insbesondere darin, die in S. 1 genannte Vorschrift aus dem Recht der OHG auch dann für die KG zur Anwendung zu bringen, wenn sich – wie in der Regel bei der GmbH & Co. KG – unter den Kommanditisten **eine natürliche Person** befindet. Dieser Regelung bedurfte es, weil die Bestimmungen des Rechts der OHG notwendigerweise nicht zwischen verschiedenen Gruppen von Gesellschaftern unterscheiden („kein Gesellschafter"), so dass streng genommen bei alleiniger Anwendung der Verweisung in § 161 Abs. 2 die Geltung der in § 177a S. 1 genannten Bestimmung für die KG bereits dann in Frage gestellt wäre, wenn ein Kommanditist eine natürliche Person ist. Dies verhindert § 177a S. 1 und stellt die Geltung des § 125 bei der KG auch in dieser Situation sicher, so dass die Norm über eine Klarstellung hinausgeht.[2]

2 Infolge des **HRRefG** ist die Verweisung in § 177a S. 1 teilweise überflüssig geworden, da mit dem Reformgesetz die Beschränkung in § 125a Abs. 1 S. 1 aF auf Gesellschaften ohne natürliche Personen als Gesellschafter entfallen war, so dass die genannte Regelung – im Gegensatz zur Rechtslage bei Einfügung von § 177a – seit dem Inkrafttreten des HRRefG bereits über die Verweisung in § 161 Abs. 2 anwendbar war (→ Rn. 1). Eigenständige Bedeutung hat § 177a S. 1 deshalb seitdem nur noch im Hinblick auf § 125 Abs. 1 S. 2.[3]

3 Da § 125 wegen der Verweisungsnorm in § 177a S. 1 auf die KG auch dann zur Anwendung gelangt, wenn dieser natürliche Personen als Kommanditisten angehören, hätte die uneingeschränkte Anwendung des § 125 Abs. 1 S. 2 zur Folge, dass auch die **„Firmen der Gesellschafter"** auf den Geschäftsbriefen anzugeben sind. Angesichts des Gesetzeswortlauts hätte sich dies auch auf die Kommanditisten bezogen, was insbesondere bei einer Vielzahl von Kommanditisten nicht praktikabel ist. Da es sich bei den von § 125 Abs. 1 S. 2 geforderten Angaben zu den „Firmen der Gesellschafter" um diejenigen handelt, die den Gläubigern der Gesellschaft persönlich und unbeschränkt haften, erfordert eine Übertragung des mit § 125 Abs. 1 S. 2 verfolgten Anliegens auf die KG eine Eingrenzung auf diejenigen Gesellschafter der KG, die den Gläubigern der Gesellschaft gleich einem OHG-Gesellschafter haften. Deshalb beschränkt § 177a S. 2 die Anwendung des § 125 Abs. 1 S. 2 auf die Komplementäre der KG.

4 Nach Einfügung der Vorschrift (→ Rn. 1) wurde diese wiederholt im Rahmen mehrerer Reformgesetze angepasst. Das betraf zunächst vor allem § 177a S. 2, dessen Eingrenzung auf Angaben zu den persönlich haftenden Gesellschaftern auf der Ausdehnung des § 125a Abs. 1 S. 1 aF durch das **HRRefG** auf alle Gesellschaften beruhte (→ Rn. 3). Die nächste Änderung erfolgte durch **Art. 3 Nr. 14 MoMiG,** der § 130b aus der Bezugnahme in § 177a S. 1 strich[4] sowie die Anknüpfung in § 177a S. 1 Hs. 2 aF an die durch das MoMiG erfolgte Änderung des § 130a redaktionell anglich. Die heute geltende Fassung der Vorschrift erhielt § 177a durch Art. 14 Nr. 2 Gesetz zur Fortentwicklung des Sanierungs- und Insolvenzrechts **(SanInsFoG)** vom 22.12.2020 (BGBl. 2020 I 3256) und galt in dieser Form nach Art. 25 Abs. 1 SanInsFoG seit dem 1.1.2021. Da durch das SanInsFoG die in verschiedenen gesellschaftsrechtlichen Gesetzen enthaltenen Bestimmungen zur **Insolvenzantragspflicht** (s. neben § 130a aF vor allem § 92 Abs. 2 AktG aF und § 64 GmbHG aF) in dem neu geschaffenen § 15b InsO zusammengefasst worden sind, wurde nicht nur § 130a aufgehoben, sondern auch der hierauf Bezug nehmende § 177a bedurfte einer Anpassung. Diese hat der Gesetzgeber mit einer Neufassung der Vorschrift umgesetzt,[5] die seitdem ausschließlich noch § 125a aF sowie die dort festgelegten Angaben auf Geschäftsbriefen betraf. Die jüngste Änderung des § 177a beruht auf dem am 1.1.2024 in Kraft getretenen **MoPeG** und vollzieht die Änderungen im Recht der OHG nach, da nunmehr § 125 die Angaben auf Geschäftsbriefen regelt.[6]

---

[1] MüKoHGB/Grüneberg Rn. 3; RGHMW/Mock Rn. 4; iErg auch Ebenroth/Boujong/v. Selle Rn. 1.

[2] Im Sinne einer Klarstellung aber MüKoHGB/Grüneberg Rn. 3; RGHMW/Mock Rn. 4;.

[3] S. auch MüKoHGB/Grüneberg Rn. 2.

[4] Die § 130b aF entsprechende Strafandrohung ist seitdem in der allgemeinen Bestimmung zur Insolvenzantragspflicht in § 15a Abs. 4 InsO enthalten.

[5] Zum früheren insolvenzrechtlichen Bedeutungsgehalt der Norm → 6. Aufl. 2019, § 177a Rn. 16 ff.

[6] S. Begr. RegE, BT-Drs. 19/27635, 259; MüKoHGB/Grüneberg Rn. 1.

II. Voraussetzungen für die Anwendung von § 177a

1. Satz 1. Soweit § 177a S. 1 noch eigenständige Bedeutung hat und § 125 nicht ohnehin bereits über § 161 Abs. 2 gilt (→ Rn. 1), hängt die Anwendung des § 125 über § 177a S. 1 Hs. 1 davon ab, dass der KG eine natürliche Person als Kommanditist angehört. Das gilt wegen des Normwecks erst recht, wenn **mehrere natürliche Personen** die Stellung eines Kommanditisten einnehmen[7] oder die KG uU ausschließlich aus natürlichen Personen als Kommanditisten besteht. 5

Die Vorschrift des § 177a S. 1 beschränkt sich ausdrücklich auf die Gruppe der Kommanditisten. Gehören der KG natürliche Personen hingegen als persönlich haftende Gesellschafter (Komplementäre) an, dann scheidet die Anwendung von § 125 Abs. 1 S. 2 über die Verweisung in § 161 Abs. 2 aus und wird auch nicht durch § 177a S. 1 hergestellt. In dieser Konstellation verbleibt es für die inhaltlichen Angaben auf Geschäftsbriefen der KG über § 161 Abs. 2 bei der allgemeinen Regelung in § 125 Abs. 1 S. 1. 6

2. Satz 2. Wegen der systematischen Stellung von § 177a S. 2 greift die Begrenzung der Angaben auf diejenigen über die persönlich haftenden Gesellschafter stets dann ein, wenn eine oder mehrere natürliche Personen der KG als Kommanditisten angehören. Nicht unmittelbar erschließt sich aus § 177a S. 2, ob die Vorschrift auch für den von § 125 Abs. 1 S. 2 erfassten Grundfall gilt, dass der KG **keine natürliche Person als Gesellschafter** angehört. Gegen deren Anwendung scheint zwar zu sprechen, dass § 125 Abs. 1 S. 2 in dieser Konstellation nicht aufgrund von § 177a S. 1, sondern bereits wegen der Verweisungsnorm in § 161 Abs. 2 gilt (→ Rn. 1). Andererseits würde eine Sichtweise, die auch in dieser Konstellation die Angabe der Firmen aller Kommanditisten erzwingt, die keine natürlichen Personen sind, die mit § 177a S. 2 bezweckte Entlastung der in Geschäftsbriefe aufzunehmenden Angaben weitgehend verfehlen. Deshalb greift die in § 177a S. 2 angeordnete Begrenzung der Angaben zu den „Firmen der Gesellschafter" stets ein, wenn die Vorschrift des § 125 Abs. 1 S. 2 für die KG gilt, also auch dann, wenn dies auf der Verweisung in § 161 Abs. 2 beruht.[8] 7

III. Angaben auf Geschäftsbriefen der KG

1. Angaben bei allen Gesellschaften. Bei jeder KG, also nicht nur bei solchen, bei denen keine natürliche Person die Stellung eines persönlich haftenden Gesellschafters einnimmt, müssen die Geschäftsbriefe die in § 125 Abs. 1 S. 1 genannten Angaben enthalten (Rechtsform, Sitz, Registergericht, Nummer unter der die Gesellschaft im Handelsregister eingetragen ist). Hinsichtlich der Einzelheiten zu diesen Angaben → § 125 Rn. 8; zum Begriff der Geschäftsbriefe → § 125 Rn. 5; → § 37a Rn. 5. Zählen zu den Gesellschaftern der KG auch GmbH oder AG, so sind die in § 35a GmbHG bzw. § 80 AktG vorgesehenen Angaben nur unter der in § 125 Abs. 1 S. 2 genannten Voraussetzung aufzunehmen, dass keine natürliche Person die Stellung eines persönlich haftenden Gesellschafters einnimmt und auch die Ausnahme in § 125 Abs. 1 S. 3 (→ Rn. 10) nicht eingreift. **Angaben zu den Kommanditisten** sind stets **entbehrlich.** Das ergibt sich entweder aus der Verweisung in § 161 Abs. 2 auf § 125 Abs. 1 S. 1 oder aber aus § 177a S. 2, der nicht nur in der von § 177a S. 1 erfassten Fallgestaltung, sondern auch dann eingreift, wenn § 125 Abs. 1 S. 2 wegen § 161 Abs. 2 zur Anwendung kommt (→ Rn. 7). 8

2. KG ohne natürliche Person als Komplementär. Gehören der KG keine natürlichen Personen als persönlich haftende Gesellschafter an, so müssen die Geschäftsbriefe der KG zusätzlich die von § 125 Abs. 1 S. 2 geforderten Angaben enthalten (näher → § 125 Rn. 9). Wegen § 177a S. 2 erstrecken sich die zusätzlichen Angaben **ausschließlich** auf die **Komplementäre.**[9] Der vom Gesetz verwendete Plural deutet darauf hin, dass dies für alle Komplementäre und nicht nur für die geschäftsführenden Komplementäre gilt, selbst wenn der Gesellschaft noch weitere juristische Personen als Komplementäre angehören.[10] Für Kommanditisten sind die Angaben in § 125 Abs. 1 S. 2 in keiner Konstellation erforderlich (→ Rn. 7); das gilt auch soweit § 125 Abs. 1 S. 2 die Aufnahme der in § 35a GmbHG sowie § 80 AktG genannten Angaben in die Geschäftsbriefe vorschreibt. 9

Von der Aufnahme der Angaben in § 125 Abs. 1 S. 2 zu den Komplementären kann in dem von **§ 125 Abs. 1 S. 3** erfassten Sachverhalt abgesehen werden, dass in der KG zwar keine natürlichen Personen die Stellung eines persönlich haftenden Gesellschafters einnehmen, zu den **persönlich haftenden Gesellschaftern** aber eine **OHG** oder **KG** zählt, bei denen eine natürliche Person als 10

---

[7] GK-HGB/Kluge/Kluge Rn. 4; Staub/Thiessen, 5. Aufl. 2009, Rn. 5.
[8] Wie hier MüKoHGB/Grüneberg Rn. 6; wohl auch RGHMW/Mock Rn. 5.
[9] MüKoHGB/Grüneberg Rn. 6.
[10] Enger Mehringer NZG 2017, 41 (44).

OHG-Gesellschafter oder als Komplementär persönlich für die Verbindlichkeiten der OHG bzw. der KG haftet (näher → § 125 Rn. 9). Das gilt wegen des Normzwecks auch, wenn es sich bei der Komplementär-OHG bzw. der Komplementär-KG um eine **mehrstöckige Personengesellschaft** handelt.[11] Die Ausnahme von § 125 Abs. 1 S. 2 (= § 125a Abs. 1 S. 2 aF) beschränkte § 125a Abs. 1 S. 3 aF ursprünglich ausdrücklich auf die OHG und die KG als persönlich haftende Gesellschafter. Im Hinblick auf den Zweck der Vorschrift war ihre entsprechende Anwendung jedoch angezeigt, wenn zu den persönlich haftenden Gesellschaftern der KG eine **Außen-GbR** gehört, da bei dieser ebenfalls eine natürliche Person für die Verbindlichkeiten der Gesellschaft einzustehen hat. Dem trägt die Neufassung von § 125 durch das MoPeG ausdrücklich Rechnung, da § 125 Abs. 1 S. 3 seitdem nicht auf die OHG und die KG beschränkt ist, sondern für alle „rechtsfähigen Personengesellschaften" gilt und hierdurch auch die rechtsfähige GbR erfasst (→ § 125 Rn. 11).[12]

11 **3. Sanktionen.** Bleiben Geschäftsbriefe hinter den in → Rn. 8 f. genannten Angaben zurück, hat das Registergericht hiergegen durch Festsetzung eines Zwangsgelds (§ 37a Abs. 4 S. 1) vorzugehen. Dieses ist gegen die in § 125 Abs. 2 Hs. 2 aufgezählten Personen zu richten; die Anwendung des § 37a Abs. 4 auf derartige Sachverhalte folgt aus der Verweisung in § 125 Abs. 2 Hs. 2 auf die vorgenannte Bestimmung. Die systematische Stellung der Verweisungsnorm deutet zwar auf eine Begrenzung der Geltung für Vordrucke und Bestellscheine hin, dies würde aber dem Zweck der Norm widersprechen. Vielmehr ist diese als eine Regelung zu verstehen, in welcher Hinsicht die allgemeine Vorschrift des § 37a bei der OHG bzw. über § 161 Abs. 2 oder § 177a S. 1 bei der KG zur Anwendung gelangt. Das Zwangsgeld darf den Betrag von 5.000 Euro nicht übersteigen (§ 37a Abs. 4 S. 2 iVm § 14 S. 2). Zu den weiteren Rechtsfolgen → § 37a Rn. 10 f.

IV. Vordrucke und Bestellscheine der KG

12 Bezüglich der Vordrucke und Bestellscheine, die die KG im Rahmen ihres Geschäftsbetriebs verwendet, gilt § 125 Abs. 2 Hs. 1 für **jede KG** entweder bereits über die Verweisung in § 161 Abs. 2 oder auf Grund von § 177a S. 1 (→ Rn. 1). Wegen der Bezugnahme in § 125 Abs. 2 Hs. 1 gelten die allgemeinen Bestimmungen in § 37a Abs. 2 und 3 (näher → § 37a Rn. 8) für jede KG, also nicht nur für solche ohne natürliche Personen als Komplementäre.[13]

13 Die nach § 125 Abs. 1 in Geschäftsbriefen aufzunehmenden Angaben gelten auch für **Bestellscheine,** weil § 37a Abs. 3 diese den Geschäftsbriefen gleichstellt (→ § 37a Rn. 7). Da § 125 Abs. 2 Hs. 1 die entsprechende Anwendung bezüglich der Bestellscheine auf § 37a Abs. 2 und 3 beschränkt, ist die Bezugnahme in § 37a Abs. 3 („gelten als Geschäftsbriefe im Sinne des Absatzes 1") dahin zu verstehen, dass diese die Angaben enthalten müssen, die § 125 Abs. 1 für Geschäftsbriefe fordert. Damit erstreckt sich die Sonderregelung in § 125 Abs. 1 S. 2 (→ Rn. 9 f.) auch auf Bestellscheine der KG. Insoweit hat § 177a S. 1 konstitutive Bedeutung, wenn der KG natürliche Personen als Kommanditisten angehören (→ Rn. 7).

14 Für die von der KG verwendeten **Vordrucke** gilt über § 125 Abs. 2 Hs. 1 die in § 37a Abs. 2 normierte Freistellung von den in § 37a Abs. 1 genannten Angaben entsprechend (→ § 37a Rn. 8), so dass die Bezugnahme in § 37a Abs. 2 für die nach § 125 Abs. 1 in Geschäftsbriefe aufzunehmenden Angaben gilt. Wegen der Bezugnahme in § 125 Abs. 2 Hs. 1 auf § 37a Abs. 2 gilt die dortige Privilegierung nicht für jegliche von der KG eingesetzte Vordrucke, sondern nur für solche, die durch § 37a Abs. 2 begünstigt werden. Es muss sich deshalb auch im Anwendungsbereich von § 125 Abs. 2 Hs. 1 um Berichte oder Mitteilungen im Rahmen einer bestehenden Geschäftsverbindung handeln (→ § 125 Rn. 11).[14] Anderweitige Vordrucke, die Geschäftsbriefe iSd § 125 Abs. 1 S. 1 („gleichviel welcher Form") sind, müssen demgegenüber die von § 125 Abs. 1 geforderten Angaben enthalten (→ § 125 Rn. 8).

15 Entsprechen Bestellscheine nicht den Anforderungen in → Rn. 13, hat das Registergericht die zur Vertretung der Gesellschaft berufenen Personen durch **Festsetzung eines Zwangsgelds** in Höhe von höchstens 5.000 Euro zur Aufnahme der Angaben anzuhalten (→ Rn. 11).

§ 178 Liquidation der Kommanditgesellschaft

§ 144 Absatz 1 findet auf die Kommanditisten keine Anwendung.

1 Für die Liquidation der KG enthielten die §§ 161 ff. bis zum Inkrafttreten des MoPeG am 1.1.2024 keine Sonderbestimmungen, so dass für die KG wegen § 161 Abs. 2 die §§ 145–158 aF

[11] MüKoHGB/Grüneberg Rn. 7.
[12] Staub/Habersack § 125 Rn. 1 aE.
[13] Treffend MüKoHGB/Grüneberg Rn. 5.
[14] Wie hier iErg MüKoHGB/Grüneberg Rn. 6.

zur OHG zur Anwendung gelangten. Bei diesem konstruktiven Ansatz ist es nach den Rechtsänderungen durch das MoPeG grundsätzlich geblieben. Die Liquidation der KG richtet sich deshalb auch ab dem 1.1.2024 wegen § 161 Abs. 2 grundsätzlich nach den Bestimmungen zur OHG (§§ 143–150).

Im Hinblick auf die eingeschränkte Rechtsstellung des Kommanditisten erwies sich bereits vor Inkrafttreten des MoPeG die Vorgabe in § 146 Abs. 1 S. 1 aF als problematisch, da die Liquidation vorbehaltlich abweichender Beschlussfassung oder gesellschaftsvertraglicher Bestimmungen durch sämtliche Gesellschafter als Liquidatoren erfolgte (sog. geborene Liquidatoren). Das Gesetz unterschied angesichts des offenen Wortlauts nicht zwischen verschiedenen Gesellschaftergruppen, so dass es bei Anwendung der Norm auf die KG bislang der allgemeinen Ansicht entsprach, dass nicht nur die Komplementäre, sondern auch die Kommanditisten zum Kreis der geborenen Liquidatoren zählten (→ 7. Aufl. 2021, § 146 Rn. 5).[1] 2

Die Einbeziehung der Kommanditisten in den Kreis der geborenen Liquidatoren war stets dann bedenklich, wenn diese von der Geschäftsführung der KG – dem Leitbild des § 164 folgend – ausgeschlossen sind. Insbesondere bei der GmbH & Co. KG sowie der Publikums-KG war deshalb die Anwendung des § 146 Abs. 1 aF zweifelhaft.[2] Die Bedenken waren jedoch nicht gewichtig genug, um bei derartigen Fallgestaltungen die Verweisung in § 161 Abs. 2 teleologisch zu reduzieren und alternativ die Anwendung von § 66 GmbHG zu favorisieren.[3] Hierzu trug insbesondere auch bei, dass durch Beschluss oder Gesellschaftsvertrag eine von § 146 aF abweichende Regelung getroffen und der Kreis der Liquidatoren auf die Komplementäre eingegrenzt werden konnte. 3

Gestützt auf die in → Rn. 3 skizzierten und von dem 71. DJT aufgegriffenen Bedenken,[4] die auch der Mauracher-Entwurf übernommen hatte, hat der Gesetzgeber des MoPeG mit § 178 den **Kreis der geborenen Liquidatoren** auf die Komplementäre begrenzt.[5] Ohne die Ausklammerung der Kommanditisten in § 178 würden wegen der Verweisung in § 161 Abs. 2 nach § 144 Abs. 1 alle Gesellschafter und damit auch die Kommanditisten zur Liquidation der Gesellschaft berufen sein. Dies erschien dem Gesetzgeber nicht nur für die Publikums-KG sowie die GmbH & Co. KG nicht angemessen, sondern er plädierte in Übereinstimmung mit dem Vorschlag des Mauracher-Entwurfs dafür, von dem Grundsatz des § 144 Abs. 1 bei sämtlichen Erscheinungsformen einer KG abzusehen[6] und ging damit über den Beschluss des 71. DJT hinaus, der sich noch auf die Konstellation der Kapitalgesellschaft & Co. KG beschränkt hatte.[7] Aus § 161 Abs. 2 iVm § 143 Abs. 3 folgt allerdings, dass der Ausschluss der Kommanditisten aus dem Kreis der Liquidatoren **nicht zwingend** ist, sondern unter dem Vorbehalt einer abweichenden Regelung im Gesellschaftsvertrag steht.[8] Da § 178 die Nichtanwendung auf § 144 Abs. 1 beschränkt, erstreckt sich der Ausschluss der Kommanditisten nicht auf § 144 Abs. 4; die Vorschrift bleibt über § 161 Abs. 2 bei der KG anwendbar, so dass Kommanditisten nicht nur durch Gesellschaftsvertrag, sondern auch durch Beschluss der Gesellschafter zu Liquidatoren berufen werden können **(sog. gekorene Liquidatoren).**[9] Sie sind in diesem Fall abweichend von § 170 Abs. 1 wegen § 146 Abs. 1 S. 2 auch organschaftlich vertretungsbefugt, da der Ausschluss der Kommanditisten von der organschaftlichen Vertretungsmacht durch § 170 Abs. 1 nur für die Vertretung der werbenden Gesellschaft gilt.[10] 4

[1] BGH 24.9.1982, BeckRS 2009, 3719 = WM 1982, 1170; BFH 7.6.2018, BeckRS 2018, 21173 Rn. 30; BayOLG 21.9.1994, DStR 1994, 1702 (1703); OLG Dresden 15.2.2012, RNotZ 2012, 290 (291); OLG Düsseldorf 28.1.2016, NZG 2016, 584 (585); OLG Hamm 5.9.1996, NJW-RR 1997, 32 (33); 5.3.2003, NZG 2003, 627 (627); NK-HGB/Anissimov Rn. 1; Henssler/Strohn/Gummert Rn. 2; RvWH/Haas § 146 Rn. 3; Staub/Habersack § 144 Rn. 12; Ebenroth/Boujong/Joost/Srohn/Hillmann § 146 Rn. 2; BeckOGK/Müller, 1.4.2025, Rn. 3; Heymann/Peetz § 146 Rn. 1; BeckOGK/Peschke, 15.5.2025, § 144 Rn. 18; MüKoHGB/Sander Rn. 1.

[2] S. BeckOGK/Peschke, 1.7.2022, § 146 Rn. 20.1; MüKoHGB/Sander Rn. 1; s. insoweit auch Begr. RegE zum MoPeG, BT-Drs. 19/27635, 259.

[3] Zu § 273 Nr. 4 AktG KG 20.4.2020, BeckRS 2020, 11620.

[4] S. Beschluss Nr. 25 lit. a, Verh. 71. DJT, 2016, Bd. II/2, O 223.

[5] NK-HGB/Anissimov Rn. 2; BeckOGK/Müller, 1.4.2025, Rn. 7; MüKoHGB/Sander Rn. 2; Staub/Thiessen Rn. 4.

[6] Begr. RegE, BT-Drs. 19/27635, 259; MüKoHGB/Sander Rn. 2.

[7] Zur Kritik s. Henssler/Strohn/Gummert Rn. 2; Fleischer DStR 2021, 483 (487 f.); dagegen jedoch BeckOGK/Müller, 1.4.2025, Rn. 6.

[8] Begr. RegE, BT-Drs. 19/27635, 259; NK-HGB/Anissimov Rn. 2; Henssler/Strohn/Gummert Rn. 3; RGHMW/Mock Rn. 3; BeckOGK/Müller, 1.4.2025, Rn. 8; Hopt/Roth Rn. 1; MüKoHGB/Sander Rn. 7; Ebenroth/Boujong/v. Selle Rn. 1; Staub/Thiessen Rn, 3.

[9] NK-HGB/Anissimov Rn. 2; Henssler/Strohn/Gummert Rn. 3; RGHMW/Mock Rn. 3; BeckOGK/Müller, 1.4.2025, § 178 Rn. 8; Koch PersGesR/Richter Rn. 6; MüKoHGB/Sander Rn. 7; Staub/Thiessen Rn. 5.

[10] BeckOGK/Müller, 1.4.2025, Rn. 8; MüKoHGB/Sander Rn. 7 aE.

§ 179 Insolvenz der Kommanditgesellschaft

[1]§ 130 Absatz 1 Nummer 3 findet keine Anwendung, wenn der Gesellschafter, über dessen Vermögen das Insolvenzverfahren eröffnet worden ist, der einzige persönlich haftende Gesellschafter der Kommanditgesellschaft ist und

1. über das Vermögen der Kommanditgesellschaft das Insolvenzverfahren eröffnet ist oder

2. die Voraussetzungen für die Eröffnung des Insolvenzverfahrens über das Vermögen der Kommanditgesellschaft erfüllt sind und ein Antrag auf die Eröffnung des Insolvenzverfahrens gestellt ist.

[2]Wird im Falle des Satzes 1 Nummer 2 der Antrag auf Eröffnung des Insolvenzverfahrens mangels Masse abgewiesen, treten die Wirkungen des § 130 Absatz 1 Nummer 3 mit dem Eintritt der Rechtskraft der Abweisungsentscheidung ein.

I. Allgemeines

1 In der Insolvenz der KG finden neben der InsO nach § 161 Abs. 2 auch die Bestimmungen zur OHG Anwendung, die darauf reagieren, dass über das Vermögen der KG und/oder einer ihrer Gesellschafter das Insolvenzverfahren eröffnet worden ist. Bereits nach der bis zum 1.1.2024 geltenden Rechtslage führte die Eröffnung des Insolvenzverfahrens über das Vermögen der KG nach § 161 Abs. 2 iVm § 131 Abs. 1 Nr. 3 aF zur Auflösung der Gesellschaft. Dies gilt nach dem am 1.1.2024 in Kraft getretenen MoPeG unverändert (s. § 161 Abs. 2 iVm § 138 Abs. 1 Nr. 2). Problematisch war nach bisherigem Recht jedoch die Sondersituation einer **Simultaninsolvenz,** bei der nicht nur über das Vermögen der KG, sondern auch über das Vermögen eines Gesellschafters das Insolvenzverfahren eröffnet wurde. In der Praxis wurde dies insbesondere bei der GmbH & Co. KG relevant. Neben der Auflösung der Gesellschaft trat in der Simultaninsolvenz als weitere Rechtsfolge das Ausscheiden des Gesellschafters hinzu, über dessen Vermögen das Insolvenzverfahren eröffnet wurde (§ 161 Abs. 2 iVm § 131 Abs. 3 Nr. 2 aF). Auch insoweit hat das MoPeG nicht zu einer Rechtsänderung geführt (§ 161 Abs. 2 iVm § 130 Abs. 1 Nr. 3).

2 Ob die zum Ausscheiden des Gesellschafters führende Vorschrift des § 131 Abs. 3 Nr. 2 aF auch in der Sondersituation einer Simultaninsolvenz zur Anwendung gelangte, war bislang nicht abschließend geklärt, da in Rechtsprechung und Literatur verschiedene Ansätze zu einer eingeschränkten Anwendung von § 131 Abs. 3 S. 1 Nr. 2 aF entwickelt wurden (→ 7. Aufl. 2021, § 131 Rn. 32),[1] die insbesondere von den Besonderheiten der GmbH & Co. KG geprägt waren. Um die für die Praxis wünschenswerte Klarheit zu schaffen, wurde § 179 infolge der Beschlussempfehlungen des BT-Ausschusses für Recht und Verbraucherschutz und über die Vorschläge des Regierungsentwurfes hinausgehend in das Gesetz eingefügt[2] und unter den dortigen Voraussetzungen die Anwendung des § 130 Abs. 1 Nr. 3 ausgeschlossen, so dass der Gesellschafter selbst dann in der KG verbleibt, wenn über sein Vermögen das Insolvenzverfahren eröffnet worden ist.

3 Ungeklärt ist bislang, ob § 179 durch Gesellschaftsvertrag **abbedungen** werden kann, so dass die Rechtswirkungen des § 161 Abs. 2 iVm § 130 Abs. 1 Nr. 3 wiederhergestellt wird, wenn über das Vermögen des einzigen Komplementärs das Insolvenzverfahren eröffnet worden ist. Aus § 179 lassen sich für die Beantwortung dieser Frage keine Anhaltspunkte entnehmen. Auch die Verweisung in § 161 Abs. 2 auf § 130 Abs. 2 rechtfertigt keinen Umkehrschluss, dass entgegen der früheren Rechtslage in § 131 Abs. 3 S. 1 aF die im Gesetz niedergelegten Tatbestände, die zum Ausscheiden aus der Gesellschaft führen, nicht durch Gesellschaftsvertrag eingeschränkt werden können (s. § 131 Abs. 3 S. 1: „mangels abweichender vertraglicher Bestimmung"). Die Gesetzesmaterialien[3] lassen nicht erkennen, dass die Neufassung der Ausscheidenstatbestände den Gestaltungsspielraum für den Gesellschaftsvertrag eingrenzen sollte, sodass die besseren Gründe für eine Abbedingbarkeit des § 179 streiten.[4]

II. Insolvenz der Kommanditgesellschaft

4 Die Anwendung des § 130 Abs. 1 Nr. 3 schließt § 179 S. 1 nur aus, wenn über das Vermögen der KG das Insolvenzverfahren eröffnet worden ist und deshalb die Gesellschaft nach § 130 Abs. 1 Nr. 2 aufgelöst wird (§ 179 Satz 1 Nr. 1).

---

[1] S. Koch PersGesR/Guntermann Rn. 3.

[2] S. BT-Drs. 19/30942, 101 f. (Beschluss); BT-Drs. 19/31105, 9 (Begründung); gegenläufig noch Begr. RegE, BT-Drs. 19/27635, 243 mit erkennbarer Offenheit für eine teleologische Reduktion von § 130 Abs. 1 Nr. 3 nF; s. ferner MüKoHGB/Sander Rn. 1; Ebenroth/Boujong/v. Selle Rn. 2.

[3] S. Begr. RegE, BT-Drs. 19/27635, 243.

[4] Wie hier NK-HGB/Baumert Rn. 12; BeckOK HGB/Beyer, 47. Ed. 1.7.2025, Rn. 10 f.; BeckOGK/Michel, 1.3.2025, Rn. 10; MüKoHGB/Sander Rn. 19; **aA** Henssler/Strohn/Gummert Rn. 3.

5 Erfasst wird darüber hinaus der Fall, dass bei der KG die Voraussetzungen für die Eröffnung eines Insolvenzverfahrens erfüllt sind und ein Antrag auf Eröffnung des Insolvenzverfahrens gestellt worden ist (§ 179 S. 1 Nr. 2), was insbesondere in dem von § 138 Abs. 2 S. 1 Nr. 1 erfassten Sachverhalt relevant ist, dass die Eröffnung eines Insolvenzverfahrens mangels Masse abgelehnt worden ist. Keine Bedeutung für § 179 S. 1 Nr. 2 hat die Rechtsnatur des persönlich haftenden Gesellschafters.[5] § 179 S. 1 Nr. 2 greift deshalb unabhängig davon ein, ob kein Komplementär eine natürliche Person ist oder zu den Komplementären eine rechtsfähige Personengesellschaft gehört, bei der mindestens ein persönlich haftender Gesellschafter eine natürliche Person ist (s. § 138 Abs. 2 S. 1).

III. Anwendungsausschluss von § 130 Abs. 1 Nr. 3

6 Die Anwendung des § 130 Abs. 1 Nr. 3 schließt § 179 S. 1 unabhängig von der Zahl der Kommanditisten aus.[6] Der Ausschluss von § 130 Abs. 1 Nr. 3 ist insbesondere nicht auf den Sachverhalt beschränkt, dass in der KG mindestens zwei weitere Kommanditisten verbleiben.[7] Den Ausschluss des § 130 Abs. 1 Nr. 3 ordnet § 179 S. 1 entgegen einer früher im Schrifttum vertretenen Ansicht nicht generell für den Fall einer Simultaninsolvenz an[8] und beschränkt sich auch nicht auf die (zweigliedrige) GmbH & Co. KG. Es genügt vielmehr, dass über das Vermögen des einzigen persönlich haftenden Gesellschafters das Insolvenzverfahren eröffnet ist, unabhängig davon, ob es sich bei diesem um eine natürliche oder juristische Person oder eine rechtsfähige Personengesellschaft handelt. Die Vorschrift des § 179 S. 1 erfasst deshalb nicht nur den Sachverhalt, dass es sich bei dem einzigen persönlich haftenden Gesellschafter um eine GmbH handelt. Darüber hinaus greift § 179 S. 1 nur dann ein, wenn es sich bei dem Gesellschafter, über dessen Vermögen das Insolvenzverfahren eröffnet ist, um den einzigen persönlich haftenden Gesellschafter handelt. Uneingeschränkt anwendbar ist § 130 Abs. 1 Nr. 3 deshalb stets dann, wenn daneben weitere persönlich haftende Gesellschafter der KG angehören,[9] wobei es unerheblich ist, ob es sich um natürliche oder juristische Personen bzw. rechtsfähige Personengesellschaften handelt oder über ihr Vermögen ein Insolvenzverfahren eröffnet worden ist.

7 § 179 S. 1 verknüpft den Anwendungsausschluss von § 130 Abs. 1 Nr. 3 untrennbar und in Übereinstimmung mit § 130 Abs. 1 Nr. 3 mit der Eröffnung des Insolvenzverfahrens über das Vermögen des Komplementärs. Dies ist konsequent, da nur unter dieser Voraussetzung ein Ausschluss des Gesellschafters in Betracht kommt. Es genügt also – im Unterschied zur KG (s. § 179 S. 1 Nr. 2) – nicht, dass die Voraussetzungen für die Eröffnung eines Insolvenzverfahrens über das Vermögen des einzigen Komplementärs vorliegen und ein Antrag auf Eröffnung des Insolvenzverfahrens gestellt wurde. Das gilt selbst dann, wenn der Antrag auf Eröffnung des Insolvenzverfahrens mangels Masse abgewiesen wurde.[10] Ein derartiger Sachverhalt kann zwar nach § 161 Abs. 2 iVm § 130 Abs. 2 als weiterer Grund für das Ausscheiden eines Gesellschafters aus der KG gesellschaftsvertraglich vereinbart werden, er bleibt ggf. aber von § 179 S. 1 unberührt.

§§ 180–229 [aufgehoben]

---

[5] BeckOGK/Michel, 1.3.2025, Rn. 4.
[6] MüKoHGB/Sander Rn. 13.
[7] S. BGH 15.3.2004, NZG 2004, 611 (611); MüKoHGB/Sander Rn. 13.
[8] So noch zB Staub/Schäfer § 131 Rn. 92 und 95; MüKoHGB/K. Schmidt, 4. Aufl. 2016, § 131 Rn. 76 f.
[9] BeckOGK/Michel, 1.3.2025, Rn. 4.
[10] BeckOGK/Michel, 1.3.2025, Rn. 8; MüKoHGB/Sander Rn. 13; s. auch Staub/Thiessen Rn. 7.

Dritter Abschnitt. Stille Gesellschaft

§ 230 [Begriff und Wesen der stillen Gesellschaft]

(1) Wer sich als stiller Gesellschafter an dem Handelsgewerbe, das ein anderer betreibt, mit einer Vermögenseinlage beteiligt, hat die Einlage so zu leisten, daß sie in das Vermögen des Inhabers des Handelsgeschäfts übergeht.

(2) Der Inhaber wird aus den in dem Betriebe geschlossenen Geschäften allein berechtigt und verpflichtet.

Schrifttum: Albracht, Die stille Gesellschaft im Recht der Publikumsgesellschaften, 1990; Armbrüster, Haftung der Immobilien-AG gegenüber still Beteiligten, ZfIR 2004, 929; Bachmann, Das Gesetz zur Modernisierung des Personengesellschaftsrechts, NJW 2021, 3073; Bader, Dringender Reformbedarf beim Crowdinvesting!, WM 2014, 2249; Bayer/Riedel, Kapitalbeteiligung an Personengesellschaften und Anlegerschutz, NJW 2003, 2567; Berger, Fremdkapitalnahe Mezzanine-Finanzierungen, ZBB 2008, 92; Berninger, Keine Haftung des atypisch stillen Gesellschafters im Außenverhältnis für Verbindlichkeiten des Handelsgeschäftsinhabers nach §§ 128, 171 HGB, DStR 2010, 2359; Beuthien, Die atypische stille Gesellschaft – Ein Weg zu mehr Eigenkapital für eingetragene Genossenschaften?, NZG 2003, 849; Beuthien, Ist die Innengesellschaft nicht rechtsfähig?, NZG 2011, 161; Blaurock, Die stille Beteiligung an einer Kapitalgesellschaft als Unternehmensvertrag, FS Großfeld, 1999, 83; Blaurock, Handbuch der stillen Gesellschaft, 9. Aufl. 2020; Blaurock, Unterbeteiligung und Treuhand an Gesellschaftsanteilen, 1981; Blaurock, Die Limited & Still – Bemerkungen zur Stillen Gesellschaft im deutschen Kollisionsrecht, FS H. P. Westermann, 2008, 821; Blaurock/Gimmler, Zur Gewährung von Schadensersatzansprüchen bei fehlerhafter (stiller) Beteiligung an Publikumsgesellschaften, ZGR 2014, 371; Blaurock/Pordzik, Die Auseinandersetzung der stillen Gesellschaft, NZG 2018, 81; Blaurock/Pordzik, Der wirtschaftlich Berechtigte im Sinne des Transparenzregisters – Offenlegungspflichten für stille Beteiligungsstrukturen?, NZG 2019, 413; Bossmann, Die Existenz der doppelten Mitunternehmerstellung, DStR 2021, 2217; Bradford, Crowdfunding and the Federeal Securities Laws, Columbia Business Law Review 2012, 1; Brox, Die Anfechtung von Dauerrechtsverhältnissen, BB 1964, 523; Casper, Das Kleinanlegerschutzgesetz – zwischen berechtigtem und übertriebenem Paternalismus, ZBB 2015, 265; Coenen, Formfreie Schenkung der Gesellschafterstellung, Diss. Münster 2002; Danwerth, Crowdinvesting – Ist das Kleinanlegerschutzgesetz das junge Ende einer innovativen Finanzierungsform?, ZBB 2016, 20; Denga, Zur Definition der Außen-GbR, ZfPW 2021, 73; Eberl-Borges, Verfügungsgeschäfte der Erbengemeinschaft im Rahmen der Nachlassverwaltung, NJW 2006, 1313; Eichhorn, Die offene Investmentkommanditgesellschaft nach dem Kapitalanlagegesetzbuch, WM 2016, 110; El-Qaqili/Offinger, Zebras, Einhörner und die rechtlichen Rahmenbedingungen für die Finanzierung nachhaltiger Start-ups, BKR 2021, 86; Escher-Weingart, Die Rechtsfähigkeit der Personengesellschaft nach dem MoPeG – Was ist das eigentlich?, WM 2022, 2297; Fett, Der Regierungsentwurf zum Kleinanlegerschutzgesetz, KSzW 2015, 139; R. Fischer, Fragen aus dem Recht der stillen Gesellschaft, JR 1962, 201; Flume, Die Rechtsnachfolge in die Mitgliedschaft in einer Personengesellschaft durch Übertragung der Mitgliedschaft, FS Larenz, 1973, 769; Fritz/Schneider, Erfolgs-und Kapitalbeteiligung, 9. Aufl. 2021; Gehrlein, Der Konsortialkredit als Modell einer Innengesellschaft, DStR 1994, 1314; Gehrlein, Gläubigerschutz verdrängt Anlegerschutz in der Insolvenz!, WM 2021, 805; Geißler, Aktuelle und fortdauernde Rechtsprobleme bei der GmbH & Still, GmbHR 2008, 515; Golland/Gehlhaar/Grossmann/Eickhoff-Kley/Jänisch, Mezzanine-Kapital, BB-Special 2005, Nr. 4, 1; Groh, Die atypische stille Gesellschaft als fiktive Gesamthandsgesellschaft, FS Kruse, 2001, 417; Groh, Eigenkapitalersatz in der Bilanz, BB 1993, 1882; Gummert/Meier, Beteiligung Dritter an den wirtschaftlichen Ergebnissen ärztlicher Tätigkeit, MedR 2007, 75; Hadding, Zur gesellschaftlichen Vereinbarkeit von stillen Vermögenseinlagen und Genußrechten mit dem Förderungszweck eingetragener Kreditgenossenschaften, ZIP 1984, 1295; Häger/Elkemann-Reusch, Mezzanine Finanzierungsinstrumente, 2. Aufl. 2007; P. Hartmann, Die stille Gesellschaft, 1974; Häuselmann, Hybride Finanzinstrumente, 2019; Hense, Die Behandlung der stillen Gesellschaft im handelsrechtlichen Jahresabschluß, 1990; Herrmann, Sogenannte Schenkungen stiller Beteiligungen, ZHR 147 (1983), 329; Hey, Eigenkapitalersetzender Charakter der stillen Einlage des GmbH-Gesellschafters, GmbHR 2001, 1100; Hey, Keine Anwendung der Grundsätze über die fehlerhafte Gesellschaft auf die stille Gesellschaft?, NZG 2004, 1097; Hoffmann, Beteiligungsbilanzierung beim stillen Gesellschafter, PiR 2010, 185; Horn, Abgrenzung des stillen Gesellschafters von der Stellung des atypisch stillen Gesellschafters, insbesondere aufgrund der Ausweitung der Informations- und Kontrollrechte gemäß § 716 BGB, GmbHR 2000, 711; Horn, Unternehmensbeteiligung der Arbeitnehmer und Gesellschaftsrecht, ZGR 1974, 133; Hübner-Weingarten, Die Beteiligung von Kindern als Kommanditisten, stille Gesellschafter und Unterbeteiligte, ZEV 1999, 81; Jansen/Pfeifle, Rechtliche Probleme des Crowdfundings, ZIP 2012, 1842; Janzen, Die Übertragung und Belastung von Mitgliedschaften in der stillen Gesellschaft, Diss. Marburg 1979; Jebens, Die stille Beteiligung an einer Kapitalgesellschaft, BB 1996, 701; Joost, Eigenkapitalersetzende Kommanditistenleistungen, ZGR 1987, 370; Kiethe, Anlegerschutz in der fehlerhaften stillen Gesellschaft, DStR 2005, 924; Kiethe, Mezzanine-Finanzierung und Insolvenzrisiko, DStR 2006, 1763; Klauss/Mittelbach, Die stille Gesellschaft, 2. Aufl. 1980; Klöhn/Hornuf, Crowdinvesting in Deutschland, ZBB 2012, 237; Klöhn, Erfüllte Versprechen? Die Regulierung des Crowdinvesting-Marktes zum Ende der 18. Legislaturperiode, ZIP 2017, 2125; Knobbe-Keuk, Stille Beteiligung und Verbindlichkeiten mit Rangrücktrittsvereinbarung im Überschuldungsstatus und in der Handelsbilanz des Geschäftsinhabers, ZIP 1983, 127; Knopp, Gründung stiller Gesellschaften bei Beteiligung Minderjähriger, NJW

1962, 2181; Koehler, Der wirtschaftlich Berechtigte im Sinne des Transparenzregisters, ZIP 2020, 1399; Konzen, Fehlerhafte stille Beteiligungen an Kapitalanlagegesellschaften, FS Westermann, 2008, 1133; Kormann, Das negative Kapitalkonto, BB 1974, 893; Kubillus, Die Schenkung stiller Beteiligungen, Diss. Münster 2002; Kühnle, Stille Gesellschaft und partiarische Darlehen, Diss. Koblenz 1967; Kütting/Kessler, Eigenkapitalähnliche Mittel in der Handelsbilanz und im Überschuldungsstatus, BB 1994, 2103; Lasa, Die stille Beteiligung als Gestaltungsmittel der Vermögensnachfolge, ZEV 2010, 433; Laudenklos/Sester, Mezzanine-Kapital als wirtschaftliches Eigenkapital im Ratingverfahren, WM 2004, 2417; Lenenbach, Verbraucherschutzrechtliche Rückabwicklung eines kreditfinanzierten, fehlerhaften Beitritts zu einer Publikumspersonengesellschaft, WM 2004, 501; Lieder/Wernert, Der Teilgewinnabführungsvertrag im Recht der GmbH, NZG 2020, 361; Madaus, Der Rang von Anlegeransprüchen auf Schadenersatz für ihre Anlageentscheidung in der Insolvenz des Emittenten, ZRI 2022, 1; Meilicke, Inwieweit können Verluste aus Genußscheinen steuerlich geltend gemacht werden?, BB 1989, 465; Mock, Die fehlerhafte mehrgliedrige stille Gesellschaft, DStR 2014, 536 (Teil 1) und DStR 2014, 598 (Teil 2); Mock, Nieder mit dem Treuhandkommanditisten – Es lebe der Vertragskommanditist (oder wenigstens der Unterbeteiligte!), ZIP 2016, 497; Mock/Cöster, Die actio pro socio in der mehrgliedrigen stillen Gesellschaft, GmbHR 2018, 67; Morshäuser/Dietz-Vellmer, Formelle und inhaltliche Anforderungen bei stiller Beteiligung an einer GmbH, NZG 2011, 1135; Müller, Wohin entwickelt sich der bilanzrechtliche Eigenkapitalbegriff?, FS Budde, 1995, 445; Mylich, Die atypisch stille Beteiligung als ergänzender Geschäftsanteil, ZGR 2018, 867; Nietsch/Eberle, Bankaufsichts- und prospektrechtliche Fragen typischer Crowdfunding-Modelle, DB 2014, 1788; Oechsler, Die Geschichte der Lehre von der fehlerhaften Gesellschaft und ihre Stellung im europäischen Gesellschaftsrecht, NJW 2008, 2471; Paulick, Die Unternehmensbeteiligung in gesellschaftsrechtlicher und steuerrechtlicher Sicht, ZGR 1974, 253; Porten, Die Bedeutung der Mezzanine-Finanzinstrumente, 2011; Pöschke, Teilgewinnabführungsvertrag mit einer GmbH, DB 2019, 2618; Priester, Zusammentreffen von Gewinnabführungsvertrag und stiller Gesellschaft – Dissonanz oder Konkordanz?, FS Raupach, 2006, 391; Priester, Der Abschluss von Teilgewinnabführungsverträgen im GmbH-Recht, NZG 2020, 1; Protz, Das zivilrechtliche Anforderungsprofil mezzaniner Strukturen der Unternehmensfinanzierung, 2009; Prühs, GmbH & Still, GmbH-Stpr 2010, 38; Raquet, Stille Gesellschafter einer Aktiengesellschaft – Maßstab und Grenzen der Kontrollmöglichkeiten der Anleger?, NZG 2020, 970; Reuter, Verbesserung der Risikokapitalausstattung der Unternehmen durch Mitarbeiterbeteiligung?, NJW 1984, 1849; Rockoff/Weber, Verluste aus typisch stiller Gesellschaft unter der Abgeltungssteuer, DStR 2010, 363; Rohlfing, Widerruf einer atypisch stillen Beteiligung und die so genannte fehlerhafte Gesellschaft, NZG 2003, 854; Rubner/Leuering, Personenhandelsgesellschaftsrecht für Freiberufler nach dem MoPeG, NJW-Special 2023, 655; C. Schäfer, Der täuschungsbedingte Beitritt zur (Personen-)Gesellschaft und die Lehre vom fehlerhaften Verband – Vorrang von Schadensersatzansprüchen?, ZHR 170 (2006), 373; C. Schäfer, Die Lehre vom fehlerhaften Verband, 2002; C. Schäfer, Zur Anwendung der Lehre vom fehlerhaften Verband bei Schadensersatzansprüchen atypisch stiller Gesellschafter, GWR 2014, 25; C. Schäfer/Fallak, Ansprüche beim Ausscheiden nach fehlerhaftem Betritt zu einem „virtuellen Verband“, FS Kübler, 2015, 607; Schlitt, Die Informationsrechte des stillen Gesellschafters in der typischen stillen Gesellschaft und in der Publikumsgesellschaft, 1996; Schlitt/Beck, Spezielle Probleme bei stillen Beteiligungen im Vorfeld eines Börsengangs, NZG 2001, 688; H. Schmidt, Stille Gesellschaft und AGB-Gesetz, ZHR 159 (1995), 734; K. Schmidt, Abwicklung einer „Innen-Kommanditgesellschaft“ als Kapitalgesellschaft & Co., ZIP 2014, 1457; K. Schmidt, Auflösung der stillen Gesellschaft: Blitzschlag oder Abwicklungsprozedur?, NZG 2016, 641; K. Schmidt, Die Erbengemeinschaft nach einem Einzelkaufmann, NJW 1985, 2785; K. Schmidt, Die Innenkommanditgesellschaft – wirklicher Verband und virtueller Rechtsträger, ZHR 178 (2014), 10; K. Schmidt, Die Kreditfunktion der stillen Einlage, ZHR 140 (1976), 475; K. Schmidt, Die Vertragsparteien bei der stillen Beteiligung, DB 1976, 1705; K. Schmidt, Formfreie Schenkung von stillen Beteiligungen und Unterbeteiligungen?, DB 2002, 829; K. Schmidt, Haftungsregress bei Personengesellschaften, JuS 2003, 228; K. Schmidt, Quasi-Eigenkapital als haftungsrechtliches und als bilanzrechtliches Problem, FS Goerdeler, 1987, 487; K. Schmidt, Sozialansprüche und actio pro socio bei der „GmbH & Still“, FS Bezzenberger, 2000, 401; K. Schmidt, Treuhand, Unterbeteiligung und § 723 Abs. 3 BGB – Wiederbegegnung mit einem BGH-Urteil und mit offen gebliebenen Rechtsfragen, FS Roth, 2012, 709; K. Schmidt, Zur Gesellschafterhaftung in der „Innen-KG“, NZG 2009, 361; Schmidt-Ott, Publizitätserfordernisse bei atypisch stillen Beteiligungen an dem Unternehmen einer GmbH?, GmbHR 2001, 182; Schneider/Rensch, Die Vertretung und die Mitwirkung der Gesellschafter bei der Gründung einer GmbH u. Still, DB 1989, 713; Schön, Die außerbetriebliche Beteiligung als stiller Gesellschafter nach dem Fünften Vermögensbildungsgesetz, BB 1988, 2113; Schön, Die stille Beteiligung an dem Handelsgewerbe einer KG, ZGR 1990, 220; Schön, Ein Allgemeiner Teil der Genußrechte, JZ 1993, 925; Schön, Gibt es das partiarische Darlehen?, ZGR 1993, 210; Schubert, Die Lehre von der fehlerhaften Gesellschaft und das Haustürwiderrufsrecht, WM 2006, 1328; Schulze-Osterloh, Die Einlage des stillen Gesellschafters als bilanzrechtliches Eigenkapital des Inhabers des Handelsgewerbes, FS Hommelhoff, 2012, 1075; Schulze zur Wiesche, Die GmbH & Still, 7. Aufl. 2019; Sedlmayr, Stille Gesellschafter in der Umwandlung des Geschäftsinhabers, DNotZ 2003, 611; Sudhoff/Sudhoff, Die stille Beteiligung bei Umwandlung des „Hauptunternehmens“ in eine GmbH oder GmbH & Co, GmbHR 1981, 235; Schwepcke, Stille Erben als Instrument der Nachfolgeplanung einer GmbH, GmbHR 2023, 953; Tebben, Unterbeteiligung und Treuhand an Gesellschaftsanteilen, 2000; Wachter, Neues zu Teilgewinnabführungsverträgen mit GmbHs, GmbHR 2019, 1153; Wagner, Zivilrechtliche Folgen für ausstiegswillige Anleger notleidender geschlossener Immobilienfonds, WM 2004, 2240; Wagner, Zur aktuellen Rechtsprechung des II. Senats des BGH betreffend stille Beteiligungen im Kapitalanlagemodell, NZG 2005, 499; Wahl, Die Vermögenseinlage des atypischen stillen Gesellschafters in der Handelsbilanz und im Überschuldungsstatus der GmbH, GmbHR 1975, 169; Waschbusch/Beyer/Sendel-Müller, Erscheinungsformen und Verbreitung der Mitarbeiterbeteiligung in Deutschland – Ein Überblick, StB 2020, 41; Wedemann, Das Stimmrecht beim Anteilsnießbrauch im Spiegel von Rechtsvergleichung und Rechtssetzungslehre, NZG 2013, 1281; Wedemann,

Der Begriff der Gesellschaft im Internationalen Privatrecht, RabelsZ 75 (2011), 541; Wedemann, Die Qualifikation von (Ehegatten-)Innengesellschaften, ehebezogenen Zuwendungen und familienrechtlichen Kooperationsverträgen, IPRax 2016, 252; Wedemann, Ist der Nießbraucher eines Gesellschaftsanteils wie ein Gesellschafter zu behandeln?, ZGR 2016, 798; Weigl, Anwendungs- und Problemfelder der stillen Gesellschaft, DStR 1999, 1568; Weigl, Zur Eintragungspflicht der GmbH & Still im Handelsregister, GmbHR 2002, 778; Weimar, Die KG Still – eine stille Gesellschaft?, DB 1987, 1077; Weinmann/Rübartsch, Die AGB-Kontrolle gesellschaftsrechtlicher Statuten: Reichweite der Bereichsausnahme des § 310 Abs. 4 Satz 1 BGB und deren Reformbedürftigkeit, WM 2021, 1928; Wertenbruch, Rückabwicklung einer Kapitalanlage in Form einer stillen Beteiligung, NJW 2005, 2823; Westerfelhaus, Die stille Gesellschaft im Bilanzrecht, DB 1988, 1173; Westermann, Die „versteckte" stille Gesellschaft, FS Ulmer, 2003, 657; Westermann, Einräumung einer Unterbeteiligung unter Lebenden auf den Todesfall – ein Instrument zur Pflichtteilsvermeidung?, ZIP 2012, 1007; Westermann, Gesellschaftsbeitritt als Verbraucherkreditgeschäft?, ZIP 2002, 240; Wiedemann, Die stille Beteiligung – ein Vorschlag für die Gesetzgebung, NZG 2016, 1; Wilhelm, Paradigmenwechsel im Recht der bürgerlich-rechtlichen Gesellschaft – Der Mauracher Entwurf eines Gesetzes zur Modernisierung des Personengesellschaftsrechts, NZG 2020, 1041; Windbichler, Schadensersatzansprüche des stillen Gesellschafters, ZGR 1989, 434; Wionzeck/Scheerer, Mitteilungspflicht über stille Gesellschafter durch das Transparenzregister?, NZG 2018, 17; Wüllenkemper, Forderungsverlust bei Ausscheiden aus stiller Gesellschaft als Werbungskosten, EFG 2011, 1317; Wunschel/Gaßner, Crowdfunding – Echte Alternative für Immobilienfinanzierungen?, ZfIR 2015, 853; Wünschmann/Hamestuk, Transparenzregisterpflichten und Geldwäsche-Compliance bei Wachstumsunternehmen, GWR 2022, 184; Zeiß, Die ärztliche Praxis aus berufs- und vertragsarztrechtlicher Sicht, 2010.

Übersicht

I. Allgemeines

1. Einordnung der stillen Gesellschaft. Eine stille Gesellschaft ist eine aus mindestens zwei Personen bestehende Innengesellschaft, deren Zweck in der Erzielung von Gewinn besteht, den einer der Gesellschafter durch den Betrieb eines Handelsgewerbes erwirtschaftet, während die anderen daran mit einer Einlage beteiligt sind und dafür am Gewinn partizipieren.[1] Es handelt sich um eine **besondere Form der (nicht rechtsfähigen) GbR.**[2] Die Einlage des stillen Gesellschafters gehört zum Vermögen des Inhabers. Es entsteht **kein Gesamthandsvermögen oder (sonstiges) Vermögen der Gesellschaft** (s. § 740 Abs. 1 BGB).[3] Zudem tritt allein der Inhaber nach außen auf und handelt im eigenen Namen. Dem stillen Gesellschafter steht lediglich eine interne Beteiligung an Gewinn und Verlust des Handelsgewerbes zu. Die stille Gesellschaft stellt somit eine **Innengesellschaft** dar.[4] Als solche ist sie nicht rechtsfähig und kann auch nicht Erbe sein. Die stille Gesellschaft ist kein Unternehmensträger.[5] Das Handelsgewerbe bleibt in den Händen des ursprünglichen Geschäftsinhabers. Nur ihn weist das Handelsregister aus. Die stille Gesellschaft wird nicht eingetragen.[6] Sie ist lediglich im Jahresabschluss des Geschäftsinhabers zu verlautbaren. Einer namentlichen Nennung des stillen Gesellschafters bedarf es hierbei nicht. 1

Die stille Gesellschaft ist keine Handelsgesellschaft,[7] sondern eine schlichte **Personengesellschaft.**[8] Es handelt sich um ein Schuldverhältnis, das zwischen partiarischem Darlehen und Handelsgesellschaft oszilliert. Solange keine abweichenden Vereinbarungen zu §§ 230 ff. erfolgen, beschränkt sich die stille Gesellschaft auf ein qualifiziertes Kreditverhältnis. Das galt für den historischen Gesetzgeber als Normalfall. Daneben haben jedoch atypische stille Gesellschaften (→ Rn. 40 ff.) erhebliche Verbreitung erfahren. 2

2. Gesetzliche Regelung. Die Regelung zur stillen Gesellschaft war ursprünglich in **§§ 250 ff. ADHGB** enthalten und fand in §§ 335 ff. aF Eingang in das HGB. Das **Bilanzrichtliniengesetz** hat sie an ihren gegenwärtigen Standort in §§ 230 ff. verschoben. Das **MoPeG** vom 10.8.2021 (BGBl. 2021 I 3436) hat das Recht der stillen Gesellschaft mit Inkrafttreten zum 1.1.2024 reformiert, wobei der Gesetzgeber keinen grundsätzlichen Überarbeitungsbedarf für die stille Gesellschaft sah.[9] Innerhalb der §§ 230 ff. wurden die Informations- bzw. Kontrollrechte des stillen Gesellschafters (§ 233; → § 233 Rn. 2a f.) wie auch die Kündigung der Gesellschaft (§ 234; → § 234 Rn. 1a) 3

[1] Vgl. Art. 250 Abs. 1 ADHGB; Blaurock Stille Gesellschaft-HdB/Blaurock Rn. 4.42 ff.; Ebenroth/Boujong/Gehrlein Rn. 2; Staub/Harbarth Rn. 10, 13; Heymann/Wackerbarth Rn. 1; KKD/Kindler Rn. 2; Hopt/Roth Rn. 1, 2; MüKoHGB/K. Schmidt Rn. 2.

[2] BGH 9.2.1967, BB 1967, 349 = BeckRS 1967, 31169557; 11.7.1951, BGHZ 3, 75 (81) = NJW 1951, 710; BeckOGK/Geibel, 1.8.2025, BGB § 705 Rn. 249; Heymann/Wackerbarth Rn. 3; Ebenroth/Boujong/Gehrlein Rn. 3; KKD/Kindler Rn. 2; Henssler/Strohn/Servatius Rn. 1.

[3] Begr. RegE MoPeG, BT-Drs. 19/27635, 190 f.; Schäfer Neues PersGesR/Armbrüster § 3 Rn. 47; Henssler/Strohn/Servatius Rn. 1; Ebenroth/Boujong/Gehrlein Rn. 2; KKD/Kindler Rn. 3; Hopt/Roth Rn. 2; Heymann/Wackerbarth Rn. 3; Staub/Harbarth Rn. 16; Blaurock Stille Gesellschaft-HdB/Blaurock Rn. 4.48.

[4] BGH 29.10.1952, BGHZ 7, 378 (382) = NJW 1953, 138; 11.7.1951, BGHZ 3, 75 (79) = NJW 1951, 710.

[5] Staub/Harbarth Rn. 14; Hopt/Roth Rn. 2; Madaus ZRI 2022, 1 (5).

[6] MüKoHGB/K. Schmidt Rn. 11; MHdB GesR II/Keul/Meißner/Gebauer § 72 Rn. 19; RGHMW/Mock Rn. 60; GK-HGB/Fahse/Gesmann-Nuissl Rn. 4, 7; KKD/Kindler Rn. 11.

[7] Staub/Harbarth Rn. 20; Ebenroth/Boujong/Gehrlein Rn. 2; GK-HGB/Fahse/Gesmann-Nuissl Rn. 4; Hopt/Roth Rn. 2.

[8] BGH 10.10.1994, BGHZ 127, 176 (184 f.) = NJW 1995, 192; Staub/Harbarth Rn. 11; Janzen, Die Übertragung und Belastung von Mitgliedschaften in der stillen Gesellschaft, 1979, 13, 23 ff.; Ebenroth/Boujong/Gehrlein Rn. 2; Hopt/Roth Rn. 2.

[9] BMJV, Mauracher Entwurf für ein Gesetz zur Modernisierung des Personengesellschaftsrechts, 2020, 161; s. auch BeckOGK/Kinzl, 1.4.2024, Rn. 4.

novelliert. Darüber hinaus ergeben sich durch das MoPeG (weitreichende) Änderungen im Recht der GbR wie auch der OHG und KG, die für die stille Gesellschaft mittelbar relevant sind.

4 §§ 230 ff. regeln die stille Gesellschaft fragmentarisch. Die Bestimmungen konzentrieren sich auf die Besonderheiten dieses Gesellschaftstyps, die sie von der nicht rechtsfähigen GbR unterscheiden. Zum Teil verweisen sie auf das Recht der Personenhandelsgesellschaften (§§ 233, 234 Abs. 1). **Ergänzend** zu §§ 230 ff. finden **§ 705 Abs. 2 Alt. 2 BGB, §§ 740 ff. BGB** als allgemeine Regelungen der Innen-GbR Anwendung, auch wenn kein Verweis wie in § 105 Abs. 3 existiert.[10] Dementsprechend gelten über den Verweis des § 740 Abs. 2 BGB für die nicht rechtsfähige Gesellschaft §§ 708–712 BGB wie auch § 714 BGB bis einschließlich § 717 Abs. 1 BGB sowie ferner § 718 BGB, soweit sie nicht durch Spezifika der stillen Gesellschaft überlagert werden. § 740a BGB flankiert § 234. Eine Anwendung des § 713 BGB scheitert an der fehlenden Vermögensfähigkeit der stillen Gesellschaft (§ 740 Abs. 1 BGB). Die Auseinandersetzung ist in § 235 eigens geregelt.

5 Das **allgemeine Schuldrecht** findet auf das Gesellschaftsverhältnis Anwendung, soweit es nicht durch dessen Besonderheiten ausgeschlossen ist.[11] Vor Inkrafttreten des MoPeG trat § 708 BGB aF an die Stelle von § 276 BGB.[12] Mit Streichung des gesonderten Haftungsmaßstabs innerhalb der GbR entfällt dieser auch bei der stillen Gesellschaft. Streitig ist die Anwendung der §§ 320 ff. BGB. §§ 320–322 BGB sind bei zweigliedrigen, nicht verbandsmäßig strukturierten (→ Rn. 43) stillen Gesellschaften anzuwenden, da diese einem Austauschverhältnis sehr nahe stehen.[13] Im Übrigen scheidet mangels Gegenseitigkeit des stillen Gesellschaftsvertrags eine Heranziehung dieser Normen aus und es gelangt stattdessen § 273 BGB zur Anwendung.[14] An die Stelle des Rücktritts nach §§ 323 ff. BGB tritt die außerordentliche Kündigung (§ 234 Abs. 1, § 132 Abs. 2, 3).[15] Daneben kommen Schadensersatzansprüche wegen Verletzung des Gesellschaftsvertrags in Betracht. Sofern der Geschäftsinhaber das Unternehmen unter Verletzung des Gesellschaftsvertrags schädigt, ist er grundsätzlich zur Wiederherstellung des Unternehmens verpflichtet. Dies folgt aus dem Grundsatz der Naturalrestitution (§ 249 Abs. 1 BGB). Bei juristischen Personen ist eine Naturalrestitution indes grundsätzlich ausgeschlossen, da sie – als schadensersatzpflichtige – Geschäftsinhaber über kein Privatvermögen verfügen, mit dem sie zum Schadensausgleich in das Handelsgewerbe investieren können. Da ein Durchgriff auf die Gesellschafter prinzipiell verwehrt ist, bleibt hier grundsätzlich nur ein Anspruch auf Wertersatz (§ 251 Abs. 1 BGB).

6 Der **Inhalt des Gesellschaftsvertrags** unterliegt weitgehend der **Gestaltungsfreiheit** der Beteiligten. Die gesetzlichen Bestimmungen zur stillen Gesellschaft sind grundsätzlich dispositiv (Ausnahmen: § 231 Abs. 2 Hs. 2, § 233 iVm § 166 Abs. 2, § 234 Abs. 1 iVm § 132 Abs. 6, § 236).[16] In der Rechtswirklichkeit ist bei der Ausgestaltung stiller Beteiligungen demgemäß eine erhebliche Variationsbreite anzutreffen. Die Position des stillen Gesellschafters kann der Stellung eines echten Gesellschafters, eines Kommanditisten, angenähert sein (→ Rn. 43). Möglich ist auch eine mehrgliedrige Organisation (→ Rn. 44 ff.). Diese Gestaltungsmöglichkeit entfaltet insbesondere bei Publikumsgesellschaften Relevanz. Eine grundlegende Abweichung von den typusbildenden Charakteristika der stillen Gesellschaft (→ Rn. 15) führt nicht zur Unwirksamkeit des Vertrags. Die Gesellschaft ist dann aber ggf. keine stille Gesellschaft iSd §§ 230 ff. (zB § 231 Abs. 2 Hs. 2; → § 231 Rn. 9). Im Einzelfall bleibt dann zu prüfen, ob eine analoge Anwendung der §§ 230 ff. geboten ist.

7 **3. Praktische Bedeutung. a) Vorteile der stillen Gesellschaft.** Die stille Gesellschaft genießt in der Praxis weite Verbreitung. Gesellschaftsrechtliche Vorteile sowie steuerrechtliche Erwägungen begründen ihre Popularität.[17] Gesellschaftsrechtlich erlaubt die stille Gesellschaft aufgrund ihrer

---

[10] MüKoHGB/K. Schmidt Rn. 6; Staub/Harbarth Rn. 12; Heymann/Wackerbarth Rn. 1; Ebenroth/Boujong/Gehrlein Rn. 3; NK-HGB/Partikel Rn. 3; KKD/Kindler Rn. 6; Henssler/Strohn/Servatius Rn. 1; BeckOGK/Kinzl, 1.4.2024, Rn. 126.

[11] Staub/Harbarth Rn. 114; Ebenroth/Boujong/Gehrlein Rn. 21.

[12] Staub/Harbarth Rn. 191; Ebenroth/Boujong/Gehrlein Rn. 21.

[13] MüKoHGB/K. Schmidt Rn. 159; in Bezug auf zweigliedrige Gesellschaften Ebenroth/Boujong/Gehrlein Rn. 21; Staub/Harbarth Rn. 121; P. Hartmann, Die stille Gesellschaft, 1974, 27 f.; MHdB GesR II/Keul/Meißner/Gebauer § 76 Rn. 9; **aA** RG 27.9.1938, RGZ 158, 321 (326); Blaurock Stille Gesellschaft-HdB/Kauffeld Rn. 7.55; krit. nach der Reform durch das MoPeG Bachmann NJW 2021, 3073 (3074); für Abwägung im Einzelfall BeckOGK/Kinzl, 1.4.2024, Rn. 129; ähnlich auch Begr. RegE MoPeG, BT-Drs. 19/27635, 125.

[14] Staub/Harbarth Rn. 121; Ebenroth/Boujong/Gehrlein Rn. 21; grds. für die GbR Bachmann NJW 2021, 3073 (3073 f.).

[15] RG 27.9.1938, RGZ 158, 321 (326); 20.10.1934, RGZ 145, 274 (283); 21.2.1912, RGZ 78, 303 (305); MüKoHGB/K. Schmidt Rn. 159; MHdB GesR II/Keul/Meißner/Gebauer § 76 Rn. 9; s. auch Staub/Harbarth Rn. 121: Analogie zu §§ 320, 321 BGB.

[16] Ebenroth/Boujong/Gehrlein Rn. 40; MHdB GesR II/Keul/Meißner/Gebauer § 73 Rn. 27.

[17] Staub/Harbarth Rn. 6; Blaurock Stille Gesellschaft-HdB/Blaurock Rn. 2.1 ff.; Janzen, Die Übertragung und Belastung von Mitgliedschaften in der stillen Gesellschaft, 1979, 4 ff.; MHdB GesR II/Keul/Meißner/Gebauer § 72 Rn. 23 ff.

flexiblen Ausgestaltbarkeit, die Vorteile einer gesellschaftsrechtlichen Beteiligung von den Nachteilen zu scheiden: Den stillen Gesellschafter trifft im Außenverhältnis **keine Haftung** für die Verbindlichkeiten des Inhabers aus dem Betrieb des Handelsgewerbes. Im Innenverhältnis ist er nur in Höhe seiner Einlage an den Verlusten des Handelsgewerbes beteiligt (§ 232 Abs. 2 S. 1). Seine Verlustbeteiligung kann sogar vollständig ausgeschlossen werden. Die stille Gesellschaft ist zudem **weniger formalisiert** und bedarf **keiner Eintragung ins Handelsregister** (Ausnahme: stille Gesellschaft mit einer AG, § 292 Abs. 1 Nr. 2 AktG, § 294 AktG). Die **Anonymität** der stillen Gesellschaft und die Möglichkeit ihres formlosen Abschlusses erweisen sich in der Praxis als maßgebliche Triebfedern für die Wahl dieser Beteiligungsform.[18] Diese dürfte auch nicht durch das Transparenzregister bedroht sein, da nach überzeugender Ansicht bei stillen Gesellschaften keine diesbezüglichen Mitteilungspflichten bestehen.[19]

Für den Geschäftsinhaber bieten stille Beteiligungen die Möglichkeit der **Kapitalgewinnung,** ohne eine förmliche Kapitalerhöhung vornehmen zu müssen[20] und ohne dass sich – im Fall der stillen Beteiligung an einer Gesellschaft – die Stimmverhältnisse innerhalb dieser Gesellschaft ändern. Unkompliziert lässt sich das Kapital anschließend auch durch Auflösung der stillen Gesellschaft wieder zurückführen. Infolge dieser praktischen Erleichterungen beim Kapitalmanagement sind Gesellschafter einer Kapitalgesellschaft nicht selten zugleich auch als stille Teilhaber an der Gesellschaft beteiligt (zB GmbH & Still).[21] Ähnliches gilt bei Personenhandelsgesellschaften (zB KG & Still). Solche Gestaltungen können auch steuerliche Vorteile mit sich bringen, insbesondere bei Unternehmen mit anfänglichen Verlusten während der Gründungsphase wie zB Start-Ups.[22] 8

Eine stille Gesellschaft kann zudem der unternehmerischen **Nachfolgeplanung** dienen, insbesondere bei Familienbetrieben. Möchte der Unternehmer Familienangehörige über seinen Tod hinaus an dem Erfolg des Handelsgewerbes partizipieren lassen, ohne eine Zersplitterung der Anteile zu riskieren oder geschäftlich unerfahrenen Angehörigen Einfluss auf die Geschäftsführung zu übertragen, so kann eine erst mit dem Tod des Erblassers oder zu einem späteren Zeitpunkt in Kraft tretende stille Gesellschaft diese Angehörigen als Kapitalgeber ohne Mitspracherecht finanziell am Gewerbe beteiligen und zugleich die Entstehung von Pflichtteilsansprüchen unterbinden.[23] 9

b) Arbeitnehmerbeteiligung. Die stille Gesellschaft bietet ein wichtiges Vehikel für die **Beteiligung von Arbeitnehmern** am Unternehmen des Arbeitgebers.[24] Eine solche Beteiligung erfährt staatliche Förderung, insbesondere durch die steuerliche Begünstigung vermögenswirksamer Leistungen der Arbeitnehmer.[25] Eine stille Beteiligung kann im Rahmen eines Sparvertrags (§ 2 Abs. 1 Nr. 1 lit. i 5. VermBG, § 4 Abs. 1, 2 5. VermBG), eines Beteiligungs-Vertrags (§ 2 Abs. 1 Nr. 3 5. VermBG, § 6 5. VermBG) oder eines Beteiligungs-Kaufvertrags (§ 2 Abs. 1 Nr. 3 5. VermBG, § 7 5. VermBG) den Gegenstand vermögenswirksamer Leistungen bilden. 10

c) Mezzanines Finanzierungsinstrument, Crowdinvesting. Die stille Gesellschaft als Mittel der Unternehmensfinanzierung gehört zum Kanon des sog. **Mezzanine-Kapitals.**[26] Dieser Sammelbegriff umschreibt eine breite Palette verschiedener Finanzierungsinstrumente, die eine Zwit- 11

[18] Staub/Harbarth Rn. 6; Blaurock Stille Gesellschaft-HdB/Blaurock Rn. 2.3, 2.6; MHdB GesR II/Keul/Meißner/Gebauer § 72 Rn. 36.

[19] Eingehend Bochmann DB 2017, 1310 (1312 ff.); vgl. ferner Kotzenburg/Lorenz NJW 2017, 2433 (2434); Wionzeck/Scheerer NZG 2018, 17; diff. Wünschmann/Hamestuk GWR 2022, 184 (189); wie auch BeckOGK/Kinzl, 1.4.2024, Rn. 339 ff.; abw. Blaurock/Pordzik NZG 2019, 413 (416 f.); Koehler ZIP 2020, 1399 (1404); Schaub DStR 2017, 1438 (1441); MüKoHGB/K. Schmidt Rn. 11.

[20] Staub/Harbarth Rn. 6; Blaurock Stille Gesellschaft-HdB/Blaurock Rn. 2.9; MHdB GesR II/Keul/Meißner/Gebauer § 72 Rn. 25.

[21] Prühs GmbH-Stpr 2010, 38 (39).

[22] MHdB GesR II/Keul/Meißner/Gebauer § 72 Rn. 30.

[23] Schwepcke GmbHR 2023, 953 ff.; Lasa ZEV 2010, 433; BeckOGK/Kinzl, 1.4.2024, Rn. 14.

[24] S. dazu Waschbusch/Beyer/Sendel-Müller StB 2020, 41; zur mittelbaren Arbeitnehmerbeteiligung durch eine Beteiligungsgesellschaft BAG 10.11.2021, DB 2022, 607 Rn. 57; zur Sozialversicherungspflicht eines stillen Gesellschafters in leitender Position vgl. in diesem Zusammenhang BSG 24.11.2020, DStR-E 2021, 1148 (1148 ff.).

[25] *Schön BB 1988, 2113;* Weigl DStR 1999, 1568 (1574 f.); Blaurock Stille Gesellschaft-HdB/Blaurock Rn. 2.37 ff.; MHdB GesR II/Keul/Meißner/Gebauer § 72 Rn. 25.

[26] Zu den mezzaninen Finanzierungsinstrumenten Golland/Gehlhaar/Grossmann/Eickhoff-Kley/Jänisch BB-Special 2005, Nr. 4, 1; Häger/Elkemann-Reusch, Mezzanine Finanzierungsinstrumente, 2. Aufl. 2007, Rn. 1 ff. in Bezug auf typische stille Beteiligungen, Rn. 61 f.; Fritz/Schneider, Erfolgs- und Kapitalbeteiligung, 9. Aufl. 2021, 107 ff.; Häuselmann, Hybride Finanzinstrumente, 2019, 184 ff.; in Bezug auf atypische stille Beteiligungen; Porten, Die Bedeutung der Mezzanine-Finanzinstrumente, 2011, 33 ff.; Leible/Schäfer/Wirth, Alternative Finanzierung für den Mittelstand, 2010, 15 ff.; aus betriebswirtschaftlicher Sicht Brüse, Mezzanine-Kapital für den Mittelstand, 2011.

terstellung zwischen Eigen- und Fremdkapital einnehmen (hybride Finanzierungsinstrumente).[27] Mezzanine-Kapital zeichnet sich durch eine hohe Flexibilität bei der Ausgestaltung aus, die eine Anpassung an die finanziellen Bedürfnisse des jeweiligen Unternehmens ermöglicht.[28] Fremdkapitalnahe Gestaltungsformen nähern die rechtliche Stellung des Mezzanine-Kapitalgebers der Stellung eines externen Gläubigers an.[29] Hierzu zählen insbesondere Nachrangdarlehen, Verkäuferdarlehen, partiarische Darlehen sowie typische stille Gesellschaften.[30] Dagegen nähern eigenkapitalnahe Gestaltungsformen die rechtliche Stellung des Mezzanine-Kapitalgebers an diejenige eines Gesellschafters an.[31] Hierunter fallen vor allem Gesellschafterdarlehen, Genussrechte, Options- und Wandelanleihen sowie atypische stille Gesellschaften.[32] Trotz der großen Bandbreite mezzaniner Finanzierungsinstrumente lassen sich einige typusprägende Merkmale herausschälen: Mezzanine-Kapital wird typischerweise zeitlich befristet auf drei bis zehn Jahre gewährt.[33] Kennzeichnend ist ihr insolvenzrechtlicher Nachrang gegenüber Fremdkapital auf der einen und ihr insolvenzrechtlicher Vorrang gegenüber Eigenkapital auf der anderen Seite.[34] Zudem zeichnen sie sich durch eine Kombination an Vergütungskomponenten aus, namentlich einer laufenden Verzinsung, einer auflaufenden, endfälligen Verzinsung sowie einem Equity-Kicker bzw. Non-Equity-Kicker nach Ende der Laufzeit.[35] Equity-Kicker ermöglichen dem Mezzanine-Kapitalgeber, über Options- und Wandelrechte Anteile am Eigenkapital des Unternehmens zu erwerben und auf diese Weise an der Wertsteigerung teilzuhaben.[36] Hingegen gewähren Non-Equity-Kicker dem Kapitalgeber das Recht auf einen Veräußerungsgewinn oder eine Rendite für seinen Kapitaleinsatz in Abhängigkeit von der Wertsteigerung des Unternehmens.[37] Mezzanine-Kapital stellt in der Praxis ein Mittel der Wachstumsfinanzierung, aber auch der Brückenfinanzierung bei Börsengängen dar.[38] Es dient der Projektfinanzierung sowie dem Management-Buy-Out und bietet bei Gesellschafterwechseln, insbesondere bei Familiengesellschaften, eine Gestaltungsmöglichkeit, wenn der ausscheidende Gesellschafter nicht sofort ausbezahlt werden soll.[39] Daneben verschafft Mezzanine-Kapital Abhilfe in Sanierungsfällen, indem es bei Überschuldung die Eigenkapitalbasis des Unternehmens stärkt.[40] So verbleibt es dem Unternehmen auch in der Krise und dient im Insolvenzfall der vorrangigen Befriedigung übriger Gläubiger.[41] Hier zeigt sich die ergänzende Haftungsfunktion des Mezzanine-Kapitals.[42]

12 Mezzanine Finanzierungsinstrumente bieten eine rechtliche Gestaltungsoption für das sog. **Crowdinvesting** (Schwarmfinanzierung).[43] Crowdinvesting stellt eine Ausprägung des Crowdfunding

[27] Fritz/Schneider, Erfolgs- und Kapitalbeteiligung, 9. Aufl. 2021, 108; Berger ZBB 2008, 92 (93); Breuninger JbFAStR 2006/2007, 425 (426); Golland/Gehlhaar/Grossmann/Eickhoff-Kley/Jänisch BB-Special 2005, Nr. 4, 1 (2); Laudenklos/Sester WM 2004, 2417 (2417); Brüse, Mezzanine-Kapital für den Mittelstand, 2011, 31 f.; Porten, Die Bedeutung der Mezzanine-Finanzinstrumente, 2011, 33; s. aber auch Protz, Das zivilrechtliche Anforderungsprofil mezzaniner Strukturen der Unternehmensfinanzierung, 2009, 97, der im Mezzanine-Kapital eine eigene Kapitalart neben Eigen- und Fremdkapital sieht.

[28] Berger ZBB 2008, 92 (94); Golland/Gehlhaar/Grossmann/Eickhoff-Kley/Jänisch BB-Special 2005, Nr. 4, 1 (14).

[29] Golland/Gehlhaar/Grossmann/Eickhoff-Kley/Jänisch BB-Special 2005, Nr. 4, 1 (18).

[30] Berger ZBB 2008, 92 (95); Golland/Gehlhaar/Grossmann/Eickhoff-Kley/Jänisch BB-Special 2005, Nr. 4, 1 (18).

[31] Golland/Gehlhaar/Grossmann/Eickhoff-Kley/Jänisch BB-Special 2005, Nr. 4, 1 (15).

[32] Berger ZBB 2008, 92 (95); Golland/Gehlhaar/Grossmann/Eickhoff-Kley/Jänisch BB-Special 2005, Nr. 4, 1 (15).

[33] Golland/Gehlhaar/Grossmann/Eickhoff-Kley/Jänisch BB-Special 2005, Nr. 4, 1 (15).

[34] Berger ZBB 2008, 92 (94); zu Bedeutung und Inhalt der Nachrangvereinbarung ZBB 2008, 92 (101–103).

[35] Kiethe DStR 2006, 1763 (1764); ausf. zum Equity-Kicker als Teil der Vergütung Golland/Gehlhaar/Grossmann/Eickhoff-Kley/Jänisch BB-Special 2005, Nr. 4, 1 (21 f.).

[36] Golland/Gehlhaar/Grossmann/Eickhoff-Kley/Jänisch BB-Special 2005, Nr. 4, 1 (21).

[37] Golland/Gehlhaar/Grossmann/Eickhoff-Kley/Jänisch BB-Special 2005, Nr. 4, 1 (4).

[38] Golland/Gehlhaar/Grossmann/Eickhoff-Kley/Jänisch BB-Special 2005, Nr. 4, 1 (14); Häger/Elkemann-Reusch, Mezzanine Finanzierungsinstrumente, 2. Aufl. 2007, Rn. 81; Schlitt/Beck NZG 2001, 688.

[39] Golland/Gehlhaar/Grossmann/Eickhoff-Kley/Jänisch BB-Special 2005, Nr. 4, 1 (7 ff., 10 ff.); Häger/Elkemann-Reusch, Mezzanine Finanzierungsinstrumente, 2. Aufl. 2007, Rn. 82 ff.; Laudenklos/Sester WM 2004, 2417 (2418). Zur Spielfilmfinanzierung Fox ZBB 2006, 484.

[40] Häger/Elkemann-Reusch, Mezzanine Finanzierungsinstrumente, 2. Aufl. 2007, Rn. 90 ff.

[41] Krolop ZIP 2007, 1738.

[42] Zu bilanziellen Aspekten von Mezzanine-Kapital Bock DStR 2005, 1067. Zur Anwendung des Eigenkapitalersatzrechts auf Mezzanine-Kapital Fleischer ZIP 1998, 313; Kiethe DStR 2006, 1763 (1766); Laudenklos/Sester WM 2004, 2417.

[43] Zu dem Beteiligungsverhältnis zwischen Anleger und Emittent Jansen/Pfeifle ZIP 2012, 1842 (1846); Wunschel/Gaßner ZfIR 2015, 853 (856 ff.).

dar.[44] Es umschreibt eine alternative Finanzierungsmethode, bei der finanzielle Kleinbeträge von Anlegern zur Unternehmensfinanzierung eingesammelt werden und der Anleger im Gegenzug eine Berechtigung an den künftigen Zahlungsströmen des mitfinanzierten Unternehmens erhält.[45]

Dabei emittierten Unternehmen ursprünglich primär stille Beteiligungen iSv § 230 oder Genussrechte, inzwischen dominieren aber partiarische Nachrangdarlehen den Crowdinvesting-Markt.[46] Das liegt daran, dass solche Darlehen im Gegensatz zu stillen Beteiligungen gem. § 2a Abs. 1 VermAnlG grundsätzlich prospektfrei begeben werden dürfen.[47] Einen triftigen Grund für diese Beschränkung auf bestimmte Finanzierungsinstrumente gibt es nicht.[48] Trotzdem hat der Gesetzgeber die Befreiung von der Prospektpflicht in § 2a Abs. 1 VermAnlG zwar auf Genussrechte, nicht jedoch auf stille Beteiligungen erweitert.[49] 13

d) Anlagegesellschaft. Ein weiteres Einsatzfeld finden stille Beteiligungen bei sog. Anlagegesellschaften (offene und geschlossene Fonds), die stille Gesellschafter aufnehmen, sei es direkt, sei es vermittels eines Treuhänders (mehrgliedrige stille Gesellschaft → Rn. 44 ff.).[50] Bei diesen Publikumsgesellschaften ergeben sich ähnliche Rechtsfragen wie bei Publikums-KGs, -OHGs oder -GbRs. Zum Verbraucherschutz → Rn. 61. Zur Inhaltskontrolle → Rn. 62. Zur Anwendung der Lehre von der fehlerhaften Gesellschaft → Rn. 63 ff. Seit der Etablierung eines Rechtsformzwangs durch das KAGB hat die stille Publikumsgesellschaft jedoch an Bedeutung verloren.[51] § 91 KAGB und § 139 KAGB legen die zulässige Rechtsform für offene und geschlossene Publikums-Fonds abschließend fest. Offene Investmentfonds dürfen nur noch als Sondervermögen, als Investment-AG mit veränderlichem Kapital oder als offene Investment-KG mit einer Beschränkung auf professionelle und semi-professionelle Anleger aufgelegt werden.[52] Geschlossene Fonds sind nur als Investment-AG mit fixem Kapital und geschlossene Investment-KG zulässig.[53] § 139 S. 2 KAGB erlaubt in Ausnahmefällen die Auflage als Sondervermögen. Damit scheidet die Wahl der stillen Publikumsgesellschaft im Anwendungsbereich des KAGB aus.[54] Ist der Anwendungsbereich nach § 1 Abs. 1 KAGB nicht eröffnet oder greift die Ausnahmebestimmung des § 2 KAGB, kann die stille Publikumsgesellschaft hingegen als Rechtsform gewählt werden.[55] Ein Verstoß gegen den Rechtsformzwang begründet nach § 339 Abs. 1 und 2 KAGB eine Straftat.[56] Für Altfälle gewährt § 353 Abs. 1 KAGB Bestandsschutz.[57] Für Unternehmensbeteiligungsgesellschaften, die stille Beteiligungen halten, sind darüber hinaus die Vorgaben des UBGG zu beachten (§ 1a Abs. 3 UBGG). 14

II. Merkmale der stillen Gesellschaft

Die stille Gesellschaft iSd §§ 230 ff. hat vier **typusbildende Merkmale:** Es handelt sich um einen Vertrag zwischen dem Inhaber eines Handelsgewerbes und einem stillen Gesellschafter, der eine Innengesellschaft ohne (Gesamthands)Vermögen begründet, wobei der stille Gesellschafter mit einer Einlage am Handelsgewerbe des Inhabers beteiligt ist und am Gewinn partizipiert.[58] Durch diese 15

---

[44] Zu den verschiedenen Ausprägungen Bradford 2012 Colum. Bus. L. Rev. 1 (14 ff.); Klöhn/Hornuf ZBB 2012, 237 (239); Winde, Die Regulierung anlagevermittelnder und -beratender Internet-Plattformen im Spannungsfeld von Zivil-, Aufsichts- und Telemedienrecht, 2019, 39 ff.

[45] Klöhn/Hornuf ZBB 2012, 237 (239).

[46] Casper ZBB 2015, 265 (266); Fett KSzW 2015, 139 (140 f.); Hainz/Hornuf, Praxiserfahrungen mit den Befreiungsvorschriften des Kleinanlegerschutzgesetzes: Eine aktuelle Bestandsaufnahme, ifo Forschungsberichte 102 (2019), 36 ff.; Klöhn/Hornuf/Schilling ZBB 2016, 142 (148 ff.) mit empirischen Daten zur Entwicklung der Vertragstypen von 2011 bis 2015; Nietsch/Eberle DB 2014, 1788 (1789 ff.).

[47] Casper ZBB 2015, 265 (277); Klöhn ZIP 2017, 2125 (2128).

[48] Krit. Bader WM 2014, 2249 (2255 f.); Casper ZBB 2015, 265 (277); Klöhn/Hornuf DB 2015, 45 (50); auf verfassungsrechtliche Bedenken verweist Danwerth ZBB 2016, 20 (26).

[49] Gurlit WM 2020, 105 (111).

[50] Blaurock Stille Gesellschaft-HdB/Kauffeld Rn. 18.1 ff.; detailliert zu den Voraussetzungen der Anerkennung als Kapitalanlagegesellschaft iSd § 2 Abs. 6 InvG aF Jaletzke/Veranneman/Henle/Grattenthaler FMStG, 1. Aufl. 2009, FMStBG § 15 Rn. 11 ff.; zur Einordnung als Investmentvermögen iSd § 1 Abs. 1 KAGB Ebenroth/Boujong/Paefgen/Franke KAGB § 1 Rn. 30.

[51] Staub/Casper § 161 Rn. 263.

[52] Freitag NZG 2013, 329 (329).

[53] Freitag NZG 2013, 329 (330).

[54] Staub/Casper § 161 Rn. 263; BTMB/Könnecke KAGB § 149 Rn. 7; Henssler/Strohn/Servatius Anh. Rn. 170; Servatius ZfIR 2014, 134 (135).

[55] Staub/Casper § 161 Rn. 264.

[56] Staub/Casper § 161 Rn. 264.

[57] Staub/Casper § 161 Rn. 263; Henssler/Strohn/Servatius Anh. Rn. 170.

[58] Ebenroth/Boujong/Gehrlein Rn. 2; Heymann/Wackerbarth Rn. 1; Staub/Harbarth Rn. 9, 75; Blaurock Stille Gesellschaft-HdB/Blaurock Rn. 4.51 ff.; Hopt/Roth Rn. 2, 3; KKD/Kindler Rn. 2 f.

Merkmale grenzt sich die typische stille Gesellschaft von anderen Gesellschaftsformen, Verträgen und Rechten ab.

16 **1. Vertrag zwischen dem Inhaber eines Handelsgewerbes und einem stillen Gesellschafter. a) Inhaber eines Handelsgewerbes.** Eine stille Beteiligung kann nach § 230 Abs. 1 nur an einem von einem anderen betriebenen Handelsgewerbe bestehen. Am Gesellschaftsvertrag muss demgemäß ein **Kaufmann iSd §§ 1–6** beteiligt sein.[59] Es kann sich um Istkaufleute (§ 1 Abs. 1), eingetragene Kannkaufleute (§§ 2, 3 Abs. 2), Kaufleute kraft Eintragung (§ 5), Handelsgesellschaften iSv § 6 Abs. 1 (OHG, KG) sowie Formkaufleute gem. § 6 Abs. 2 (AG: § 3 Abs. 1 AktG;[60] KGaA: § 278 Abs. 3 AktG, § 3 Abs. 1 AktG; GmbH: § 13 Abs. 3 GmbHG; Genossenschaften: § 17 Abs. 2 GenG;[61] VVaG[62] ua) handeln. In der Praxis haben insbesondere die sog. GmbH & Still und KG & Still Verbreitung gefunden, bei denen die GmbH-Gesellschafter bzw. Kommanditisten zugleich stille Teilhaber sind.[63] Eine stille Gesellschaft ist auch mit der **Europäischen Aktiengesellschaft** (Societas Europaea, SE) und der **Europäischen Genossenschaft** (Societas Cooperativa Europaea, SCE) zulässig. Beide sind Formkaufleute nach § 6 Abs. 2 (SE: Art. 9 Abs. 1 lit. c Ziff. ii VO (EG) 2157/2000 iVm § 3 AktG; SCE: Art. 8 Abs. 1 lit. c Ziff. ii VO (EG) 1435/2003 iVm § 17 Abs. 2 GenG). Zur Begründung von stillen Gesellschaften durch ausländische Gesellschaften → Rn. 121.

17 Handelsgesellschaften und Formkaufleute sind bereits wegen ihrer Rechtsform Kaufmann und können stille Gesellschaften gründen;[64] es bedarf nicht des Betriebs eines Handelsgewerbes.[65] Sie müssen aber mit **Gewinnerzielungsabsicht** handeln, da es sich insoweit um ein für die stille Gesellschaft typusbegründendes Merkmal handelt (§ 231 Abs. 2 Hs. 2; → Rn. 32).[66] Daher kann an einer **EWIV** keine stille Beteiligung iSv § 230 Abs. 1 bestehen.[67] Sie ist als Handelsgesellschaft zwar Kaufmann (§ 6 Abs. 1 iVm § 1 EWIVAG), es fehlt aber an der Gewinnerzielungsabsicht (Art. 3 Abs. 1 VO (EG) 2137/85).

18 Bei **Kapitalgesellschaften** und **Genossenschaften** ist nur die juristische Person an der stillen Gesellschaft beteiligt. Der Stille wird nicht Gesellschafter der Kapitalgesellschaft, sondern steht grundsätzlich in einem zweigliedrigen Schuldverhältnis zu ihr.[68] Die stille Gesellschaft kann bereits mit der **Vorgesellschaft** (Vor-AG, Vor-GmbH, Vorgenossenschaft) begründet werden.[69] Mit Aufgabe der Eintragungsabsicht wandelt sich die stille Gesellschaft jedoch in eine Innen-GbR um, für die §§ 230 ff. analog gelten. Auch bei den **Personenhandelsgesellschaften** kommt die stille Gesellschaft mit der Gesellschaft selbst und nicht mit deren Gesellschaftern zustande.[70] Diese haften nach Maßgabe von §§ 126 ff. (iVm § 161 Abs. 2) bzw. §§ 171 ff. für die Ansprüche des stillen Gesellschafters gegen die Personenhandelsgesellschaft.[71]

---

[59] BGH 7.2.1994, NJW 1994, 1156; Heymann/Wackerbarth Rn. 9; Hadding ZIP 1984, 1295 (1300 f.); RGHMW/Mock Rn. 77; s. auch MüKoHGB/K. Schmidt Rn. 19; Henssler/Strohn/Servatius Rn. 2; vgl. zur Einordnung der (atypischen) stillen Gesellschaft iSd IHKG VGH Baden-Württemberg 16.3.2021, GewA 2021, 241.

[60] Eingehend zur stillen Beteiligung mit der AG Raquet NZG 2020, 970.

[61] Eingehend zur Genossenschaft Beuthien NZG 2003, 849.

[62] Die Möglichkeit der stillen Beteiligung mit einem VVaG ist aufgrund des unvollständigen Verweises auf das Handelsrecht in § 172 VAG umstritten. Vgl. zum Streitstand mit Tendenz für eine Zulässigkeit Blaurock Stille Gesellschaft-HdB/Blaurock Rn. 6.29; wie hier für eine Zulässigkeit in Parallele zur Genossenschaft BeckOGK/Kinzl, 1.4.2024, Rn. 107; ähnlich Staub/Harbarth Rn. 99; nicht grds. abl. MüKoHGB/K. Schmidt Rn. 20; **aA** aufgrund fehlender Gewinnerzielungsabsicht Ebenroth/Boujong/Gehrlein Rn. 8; mit der Schlussfolgerung fehlender Kaufmannseigenschaft MHdB GesR II/Keul/Meißner/Gebauer § 75 Rn. 16.

[63] Geißler GmbHR 2008, 515; MHdB GesR II/Keul/Meißner/Gebauer § 72 Rn. 30, 32; Hey GmbHR 2001, 1100.

[64] BGH 7.2.1994, BGHZ 125, 74 (77) = NJW 1994, 1156; BFH 21.6.1983, WM 1983, 1066 = BeckRS 1983, 22006537; Blaurock Stille Gesellschaft-HdB/Blaurock Rn. 6.1; Hadding ZIP 1984, 1295 (1300); Staub/Harbarth Rn. 80, 89; MHdB GesR II/Keul/Meißner/Gebauer § 75 Rn. 5; Klauss/Mittelbach Rn. 35 ff.; Heymann/Wackerbarth Rn. 9; Ebenroth/Boujong/Gehrlein Rn. 8; RGHMW/Mock Rn. 77; Henssler/Strohn/Servatius Rn. 2.

[65] BFH 21.6.1983, WM 1983, 1066 = BeckRS 1983, 22006537; Staub/Harbarth Rn. 80, 89; Ebenroth/Boujong/Gehrlein Rn. 8; HK-HGB/Stuhlfelner Rn. 2.

[66] BGH 7.2.1994, BGHZ 125, 74 (77) = NJW 1994, 1156; Ebenroth/Boujong/Gehrlein Rn. 8; Hadding ZIP 1984, 1295 (1301); Heymann/Wackerbarth Rn. 2; KKD/Kindler Rn. 7a.

[67] MüKoHGB/K. Schmidt Rn. 33.

[68] OLG Frankfurt 26.10.2000, NZG 2001, 270 (271); GK-HGB/Fahse/Gesmann-Nuissl Rn. 9.

[69] MüKoHGB/K. Schmidt Rn. 27; Blaurock Stille Gesellschaft-HdB/Blaurock Rn. 6.25; Ebenroth/Boujong/Gehrlein Rn. 8.

[70] BGH 29.6.1970, NJW 1971, 375 (376); RG 8.1.1937, RGZ 153, 371 (373 f.); 10.10.1933, RGZ 142, 13 (21).

[71] BGH 11.1.1960, BB 1960, 188 = BeckRS 1960, 30927203; Ebenroth/Boujong/Gehrlein Rn. 6; NK-HGB/Partikel Rn. 17; Hopt/Roth Rn. 5.

19 Eine **Erbengemeinschaft,** die ein Handelsgewerbe dauerhaft fortführt, kann ebenfalls eine stille Gesellschaft gründen.[72] Erachtet man die Erbengemeinschaft selbst als teilrechtsfähig und somit als Inhaber des Unternehmens,[73] ist der Gesellschaftsvertrag mit ihr zu schließen. Mit der hM sind indes die einzelnen Erben als Inhaber anzusehen,[74] sodass sie Vertragspartner sind, wobei es sich sodann um ein stilles Gesellschaftsverhältnis zur Gesamthand handelt und nicht eine Mehrheit von stillen Beteiligungsverhältnissen mit den einzelnen Erben.[75] Nicht möglich ist die stille Beteiligung an **Gesellschaften in Liquidation.**[76] Diese behalten zwar die Kaufmannseigenschaft bis zur Beendigung, sind aber nicht mehr werbend tätig und nicht auf Gewinnerzielung ausgerichtet, sodass keine Gewinnbeteiligung des stillen Gesellschafters iSv § 231 erfolgen kann. Zur Erleichterung der Abwicklung kann es aber nützlich sein, Ansprüche gegen die Gesellschaft in „stille Beteiligungen" zu transformieren, um diese nicht sofort auszahlen zu müssen. Das ist zumindest durch die Gründung einer Innen-GbR möglich, auf die §§ 230 ff. analog anzuwenden sind.[77] Zulässig sind zudem stille Beteiligungen, die der Sanierung und Fortführung der aufgelösten Gesellschaft dienen.[78]

20 Wegen der Beschränkung der stillen Gesellschaft auf Handelsgewerbe begründet die Beteiligung an einem **Nichthandelsgewerbe** (zB Landwirtschaft, freie Berufe) grundsätzlich keine stille Gesellschaft. Es handelt sich dann um eine Innen-GbR, auf die §§ 230 ff. analog anzuwenden sind.[79] Möglich ist jedoch eine stille Beteiligung an gem. § 107 Abs. 1 S. 2 im Handelsregister eingetragenen **freiberuflichen OHG und KG.**[80] Diese sind Formkaufleute nach § 6.[81] Die Verwendung des Terminus „Handelsgewerbe" in § 230 Abs. 1 zielt nur auf die Kaufmannseigenschaft ab, nicht auf die abstrakte Gewerbequalität der zugrunde liegenden Unternehmung (→ Rn. 16).[82] Mit **Kleingewerbetreibenden** kommt eine stille Gesellschaft (nur) zustande, wenn sie eingetragen und somit Kaufmann nach § 2 S. 1 bzw. § 5 sind.[83] Einer Ausdehnung der §§ 230 ff. auf Nichtkaufleute steht der klare Wortlaut des § 230 Abs. 1 entgegen. Für eine Rechtsfortbildung fehlt es an einer planwidrigen Regelungslücke. Die Beteiligung an einem nichteingetragenen Kleingewerbe begründet eine Innen-GbR, auf die §§ 230 ff. analoge Anwendung finden.[84]

21 Weitergehende Beschränkungen ergeben sich zum Teil aus dem **Recht der freien Berufe.** § 59i Abs. 3 BRAO schließt bei Rechtsanwaltsgesellschaften das Halten von Anteilen für Rechnung Dritter sowie die Gewinnbeteiligung Dritter aus, sodass hier generell keine stille Beteiligung möglich ist.[85] In dieser Regelung kommt die Stellung des Anwalts als Organ der Rechtspflege zum Ausdruck, die rein gewinnorientierten Beteiligungen wie der stillen Gesellschaft widerspricht. Ebenfalls ausgeschlossen ist die stille Beteiligung eines Rechtsanwalts an einer Gesellschaft zur Prozessfinanzierung seiner Mandanten, bei der die Erfolgsbeteiligung unmittelbar an die Anwälte ausgeschüttet wird, da es sich hierbei um eine unzulässige Umgehung des Verbots von Erfolgshonoraren (§ 49b Abs. 2 BRAO) handelt.[86] Zulässig ist hingegen eine stille Beteiligung an einem gewerblichen Unternehmen, das als Nebenleistung Rechtsdienstleistungen nach § 5 RDG erbringt. Für Wirtschaftsprüfergesell-

[72] Staub/Harbarth Rn. 83; Heymann/Wackerbarth Rn. 10; MüKoHGB/K. Schmidt Rn. 30; MHdB GesR II/Keul/Meißner/Gebauer § 75 Rn. 9; Ebenroth/Boujong/Gehrlein Rn. 7; Hopt/Roth Rn. 5; grdl. zur Unternehmensfortführung BGH 8.10.1984, BGHZ 92, 259 = NJW 1985, 136.

[73] Eberl-Borges NJW 2006, 1313 (1314); K. Schmidt NJW 1985, 2785 (2788 f.) für die unternehmenstragende Erbengemeinschaft.

[74] BGH 11.9.2002, NJW 2002, 3389 (3390); BayObLG 22.1.2003, NJW-RR 2003, 899 (900); MüKoBGB/Fest BGB § 2032 Rn. 86; Erman/Bayer BGB § 2032 Rn. 1; Henssler/Strohn/Servatius Rn. 2.

[75] MHdB GesR II/Keul/Meißner/Gebauer § 75 Rn. 9.

[76] MHdB GesR II/Keul/Meißner/Gebauer § 75 Rn. 17; Ebenroth/Boujong/Gehrlein Rn. 5, 9; HK-HGB/Stuhlfelner Rn. 2; Hopt/Roth Rn. 5; **aA** MüKoHGB/K. Schmidt Rn. 29; RGHMW/Mock Rn. 80.

[77] Staub/Harbarth Rn. 76, 86; Ebenroth/Boujong/Gehrlein Rn. 5, 9; Hopt/Roth Rn. 5.

[78] Blaurock Stille Gesellschaft-HdB/Blaurock Rn. 6.30; Ebenroth/Boujong/Gehrlein Rn. 9; ähnlich MüKoHGB/K. Schmidt Rn. 29; RGHMW/Mock Rn. 80.

[79] Staub/Harbarth Rn. 76; Kühnle, Stille Gesellschaft und partiarische Darlehen, 1967, 190 ff. zu §§ 355 ff. HGB aF; NK-HGB/Partikel Rn. 4; MüKoHGB/K. Schmidt Rn. 19; vgl. auch BGH 22.6.1981, NJW 1982, 99 (100); **aA** Hopt/Roth Rn. 1; Henssler/Strohn/Servatius Rn. 3; HK-HGB/Stuhlfelner Rn. 2.

[80] Vgl. RGHMW/Mock, Rn. 78.

[81] Vgl. Begr. RegE MoPeG, BT-Drs. 19/27635, 224, 225; BeckOGK/Schmidt, 1.11.2024, § 6 Rn. 22 ff.; MüKoHGB/K. Schmidt/Fleischer § 6 Rn. 25.

[82] BeckOGK/Kinzl, 1.4.2024, Rn. 93; Henssler/Strohn/Servatius Rn. 2; ausdrücklich zu Formkaufleuten MüKoHGB/K. Schmidt Rn. 20.

[83] Ebenroth/Boujong/Gehrlein Rn. 5; RGHMW/Mock Rn. 77; KKD/Kindler Rn. 8; Heymann/Wackerbarth Rn. 9; Blaurock Stille Gesellschaft-HdB/Blaurock Rn. 6.2, 6.13, 6.15.

[84] Ebenroth/Boujong/Gehrlein Rn. 9; Staub/Harbarth Rn. 76; Heymann/Wackerbarth Rn. 8; MüKoHGB/K. Schmidt Rn. 19; diff. KKD/Kindler Rn. 8.

[85] MHdB GesR II/Keul/Meißner/Gebauer § 77 Rn. 10; RGHMW/Mock Rn. 78.

[86] OLG München 10.5.2012, ZIP 2012, 2400 (2401) = NJW 2012, 2207.

schaften besteht kein § 59i Abs. 3 BRAO entsprechendes umfassendes Verbot (§ 27 WPO, § 28 Abs. 4 WPO),[87] obwohl die Berufsordnung der Wirtschaftsprüfer ebenfalls deren Unabhängigkeit vorschreibt (§ 43 Abs. 1 WPO). Insbesondere bewirkt das Verbot des Haltens von Anteilen der Gesellschaft für Rechnung Dritter gem. § 28 Abs. 4 Nr. 2 WPO im Gegensatz zu Rechtsanwaltsgesellschaften keinen generellen Ausschluss der Möglichkeit einer stillen Beteiligung. Beschränkungen ergeben sich jedoch aus den Anforderungen an die berufliche Betätigung der Gesellschafter und Vorgaben zur Minderheitenbeteiligung wie auch der Einflussnahme auf die Berufsausübungsgesellschaft; so verstoßen atypische stille Beteiligungen mit eingeräumten Geschäftsführungsbefugnissen gegen die Vorgaben des § 28 WPO und sind daher unzulässig, gleiches gilt für typische stille Gesellschaften, wenn die Kapitalmehrheit faktisch nicht mehr anerkannten Wirtschaftsprüfungsgesellschaften oder Wirtschaftsprüfern zusteht.[88] Ähnliche Erwägungen galten nach alter Rechtslage auch für Steuerberatungsgesellschaften;[89] § 55a Abs. 3 StBerG statuiert nunmehr ein dem § 59i Abs. 3 BRAO entsprechendes Verbot und schließt damit die Möglichkeit einer stillen Beteiligung aus.[90] Restriktionen für stille Gesellschaften finden sich zudem im Gesundheitsrecht. Unzulässig sind stille Beteiligungen an einer Apotheke (§ 8 S. 2 ApoG), die Missachtung des § 8 S. 2 ApoG führt zur Nichtigkeit der stillen Gesellschaft nach § 12 ApoG.[91] Stille Beteiligungen an Artzpraxen sind nicht ausdrücklich durch den Gesetzgeber verboten; § 23a Abs. 1 S. 4 lit. c MBO-Ä der Bundesärztekammer sieht allerdings ein Verbot einer Gewinnbeteiligung von Dritten am Gewinn von Ärztegesellschaften iSd Norm vor, für Berufsausübungsgemeinschaften besteht eine ähnliche Regelung nicht. Dennoch stößt auch hier eine gewinnorientiere Beteiligung aufgrund berufsrechtlicher und -ethischer Grundsätze auf erhebliche Bedenken und wird jedenfalls dann als unzulässig gewertet werden müssen, wenn die Ärzte in eine persönliche und wirtschaftliche Abhängigkeit von einem Nichtarzt geraten.[92] Stille Beteiligungen an einer MVZ-Trägergesellschaft von nicht nach § 95 Abs. 1a SGB V gründungsberechtigten Privatärzten sind dagegen grundsätzlich zulässig, sofern die Versorgungsbereiche GKV und PKV strikt getrennt werden und somit einem Privatarzt, der nicht über die erforderliche Kassenzulassung verfügt, keine Stellung einräumt, die einem Gesellschafter der Trägergesellschaft eines MVZ nahekommt.[93]

22 Eine stille Beteiligung **an einer stillen Gesellschaft** scheidet aus, da diese nicht Unternehmensträger ist und somit kein Handelsgewerbe betreibt.[94] Ebenfalls ausgeschlossen ist eine stille Beteiligung bei offenen und geschlossenen **Investmentkommanditgesellschaften** (§ 127 Abs. 1 S. 2 KAGB, § 152 Abs. 1 S. 1 KAGB), bei denen grundsätzlich nur eine unmittelbare Beteiligung als Kommanditist in Betracht kommt.[95]

23 An einem **Gesellschaftsanteil** kann ebenfalls keine stille Gesellschaft bestehen,[96] sondern nur eine Unterbeteiligung (→ Rn. 34). Keine Voraussetzung der stillen Gesellschaft ist hingegen eine Beteiligung an dem gesamten Handelsgewerbe; vielmehr genügt die Beteiligung an einem Teilbetrieb oder an einem bestimmten, selbständig abgrenzbaren Geschäftszweig.[97] Die stille Gesellschaft besteht auch in diesem Fall mit dem Inhaber des Handelsgewerbes, nur ihr Zweck beschränkt sich auf die Förderung eines bestimmten Teils des Geschäftsbetriebs.

24 **b) Stiller Gesellschafter.** Stiller Gesellschafter kann grundsätzlich **jede natürliche oder juristische Person** des privaten oder öffentlichen Rechts sein. Kaufmannseigenschaft ist keine Voraussetzung. Somit kann nicht nur eine Personenhandelsgesellschaft eine stille Gesellschaft gründen, sondern auch eine rechtsfähige GbR (§ 705 Abs. 2 Var. 1 BGB, §§ 706 ff. BGB) oder ein Verein ohne Rechtspersönlichkeit.[98] Erbengemeinschaften können mangels Rechtsfähigkeit (→ Rn. 19) nicht stille

[87] MHdB GesR II/Keul/Meißner/Gebauer § 77 Rn. 13 ff.; RGHMW/Mock Rn. 78.

[88] MHdB GesR II/Keul/Meißner/Gebauer § 77 Rn. 15; BeckOGK/Kinzl, 1.4.2024, Rn. 172; Blaurock Stille Gesellschaft-HdB/Lamprecht Rn. 9.79.

[89] Blaurock Stille Gesellschaft-HdB/Lamprecht Rn. 9.79; MHdB GesR II/Keul/Meißner/Gebauer § 77 Rn. 13 f.

[90] RGHMW/Mock Rn. 78; **aA** und falsch BeckOGK/Kinzl, 1.4.2024, Rn. 171.

[91] Hopt/Roth Rn. 5; BeckOGK/Kinzl, 1.4.2024, Rn. 173; Erbs/Kohlhaas/Hadamitzky ApoG § 8 Rn. 2; Zur früheren Rechtslage BGH 24.9.1979, BGHZ 75, 214 (215 ff.) = NJW 1980, 638; 15.11.1971, NJW 1972, 338; 29.11.1952, BGHZ 8, 157 (161 ff.) = NJW 1953, 818.

[92] MHdB GesR I/Gummert/Kaya § 51 Rn. 104, 105; Gummert/Meier MedR 2007, 75 (81); **aA** Zeiß, Die ärztliche Praxis aus berufs- und vertragsarztrechtlicher Sicht, 2010, 180 f.

[93] OLG München 10.12.2024, GmbHR 2025, 474.

[94] Staub/Harbarth Rn. 84; MüKoHGB/K. Schmidt Rn. 32; RGHMW/Mock Rn. 82.

[95] Eichhorn WM 2016, 110 (115).

[96] Hopt/Roth Rn. 5.

[97] BFH 27.2.1975, WM 1975, 1267 (1268) = BeckRS 1975, 22003086; GK-HGB/Fahse/Gesmann-Nuissl Rn. 15, 17; Hopt/Roth Rn. 1.

[98] MüKoHGB/K. Schmidt Rn. 34.

Gesellschafter sein, Gesellschafter sind vielmehr die einzelnen Erben in gesamthänderischer Verbundenheit.[99] Eine stille Beteiligung steht der SE und der SCE sowie ausländischen Kapitalgesellschaften offen.[100] Die Gesellschafter einer Personen- und Kapitalgesellschaft können an dieser Gesellschaft als stille Gesellschafter beteiligt sein (sog. gesplittete Einlage, zB KG & Still, GmbH & Still).[101] Beide Einlagen können als einheitliches Gesellschaftsverhältnis zu behandeln sein.[102]

Der **Inhaber des Handelsgewerbes scheidet als stiller Gesellschafter aus,** da nur ein Dritter stiller Teilhaber sein kann.[103] Auch einer stillen Gesellschaft ist als nicht rechtsfähige Innengesellschaft die Möglichkeit einer stillen Teilhaberschaft versperrt.[104] 25

2. Innengesellschaft. Die stille Gesellschaft ist eine Innengesellschaft. Durch das MoPeG hat die nicht rechtsfähige Innengesellschaft eigenständige Regelungen in den § 705 Abs. 2 Var. 2 BGB, §§ 740 ff. BGB erfahren, die subsidiär auf die stille Gesellschaft Anwendung finden (→ Rn. 4).[105] Nur der Inhaber des Handelsgewerbes tritt im Außenverhältnis auf.[106] Er handelt nach außen im eigenen Namen (§ 230 Abs. 2), im Innenverhältnis aber auch für die Rechnung des stillen Gesellschafters.[107] Im Außenverhältnis **haftet** in der Folge nur der Inhaber, selbst wenn der Gesellschaftsvertrag einen atypisch stillen Gesellschafter (→ Rn. 40 ff.) hinsichtlich seiner Rechte und Pflichten einem Kommanditisten gleichstellt.[108] Dritte haben gegen den stillen Gesellschafter grundsätzlich keine Ansprüche, sondern können nur die Forderungen des Inhabers gegen den Stillen pfänden und sich überweisen lassen. Nur wenn der stille Gesellschafter für die Verbindlichkeiten des Inhabers bürgt oder den zurechenbaren Rechtsschein einer Außengesellschaft mit ihm als persönlich haftendem Gesellschafter gesetzt hat, können Dritte aus eigenem Recht gegen ihn vorgehen.[109] Die stille Gesellschaft ist als Innengesellschaft **nicht rechtsfähig** und daher **weder partei- noch prozessfähig.**[110] Sie hat keine Firma und ist nicht im Handelsregister eingetragen.[111] Der stille Gesellschafter wird durch die Beteiligung kein Kaufmann.[112] 26

Bei der nicht rechtsfähigen Innengesellschaft entstand bereits vor der Reform durch das MoPeG kein Gesamthandsvermögen.[113] § 740 Abs. 1 BGB stellt nun ausdrücklich klar, dass die stille Gesellschaft **nicht vermögensfähig** ist und daher **kein Gesellschaftsvermögen** hat.[114] Die stille Gesellschaft ist deswegen **nicht insolvenzfähig** (§ 11 InsO).[115] 27

Der stille Gesellschafter hat keine organschaftliche **Vertretungsmacht,** der Inhaber kann ihm aber Vollmacht einräumen. Er handelt dann als Vertreter des Inhabers, nicht der stillen Gesellschaft.[116] Die Vollmacht kann eine Handlungsvollmacht gem. § 54 oder eine (General-)Vollmacht nach dem BGB sein.[117] Auch die Erteilung einer Prokura ist zulässig (→ § 48 Rn. 28). 28

---

[99] Henssler/Strohn/Servatius Rn. 4; **aA** Hopt/Roth Rn. 6; BeckOGK/Kinzl, 1.4.2024, Rn. 112; Ebenroth/Boujong/Gehrlein Rn. 10; Staub/Harbarth Rn. 101; KKD/Kindler Rn. 9; NK-HGB/Partikel Rn. 19; MüKoHGB/K. Schmidt Rn. 34.

[100] Ebenroth/Boujong/Gehrlein Rn. 10.

[101] BFH 21.6.1983, WM 1983, 1066 = BeckRS 1983, 22006537; MüKoHGB/K. Schmidt Rn. 35; Staub/Harbarth Rn. 100; Ebenroth/Boujong/Gehrlein Rn. 12; RGHMW/Mock Rn. 84; KKD/Kindler Rn. 9.

[102] Großzügig BGH 12.5.1977, BGHZ 69, 160 (170) = NJW 1977, 2160; 5.11.1979, NJW 1980, 1522 (1523); 9.2.1981, NJW 1981, 2251 (2252); einschr. Joost ZGR 1987, 370 (397); Schön ZGR 1990, 220 (241 f.); MüKoHGB/K. Schmidt Rn. 91.

[103] MüKoHGB/K. Schmidt Rn. 35; RGHMW/Mock Rn. 84; Ebenroth/Boujong/Gehrlein Rn. 11.

[104] Staub/Harbarth Rn. 101; Ebenroth/Boujong/Gehrlein Rn. 11.

[105] Vgl. dazu Escher-Weingart WM 2022, 2297.

[106] Zur Unterscheidung von Innen- und Außengesellschaft Denga ZfPW 2021, 73 (73 ff.).

[107] BGH 24.2.1954, BGHZ 12, 308 (314) = NJW 1954, 1159; RG 29.10.1952, RGZ 166, 160 (162); 10.10.1933, RGZ 142, 13 (21); Ebenroth/Boujong/Gehrlein Rn. 4; Hopt/Roth Rn. 13, 14.

[108] BAG 16.3.1955, NJW 1955, 1168; BGH 1.3.2010, NZG 2010, 823 Rn. 2, 7; 6.11.1963, BB 1964, 327 = WM 1964, 296; RG 20.2.1941, RGZ 166, 160 (162 f.); Blaurock Stille Gesellschaft-HdB/Blaurock Rn. 4.52; Ebenroth/Boujong/Gehrlein Rn. 4; Staub/Harbarth Rn. 16; K. Schmidt ZHR 178 (2014), 10 (50 ff.).

[109] BAG 16.3.1955, NJW 1955, 1168; BGH 1.3.2010, NZG 2010, 823 Rn. 2; 6.11.1963, BB 1964, 327 = WM 1964, 296; GK-HGB/Fahse/Gesmann-Nuissl Rn. 5.

[110] MüKoHGB/K. Schmidt Rn. 8; Staub/Harbarth Rn. 14; Blaurock Stille Gesellschaft-HdB/Blaurock Rn. 4.53; Ebenroth/Boujong/Gehrlein Rn. 4; ebenso Beuthien NZG 2011, 161 (165) (anders zur Innen-GbR).

[111] MüKoHGB/K. Schmidt Rn. 11; MHdB GesR II/Keul/Meißner/Gebauer § 72 Rn. 19; RGHMW/Mock Rn. 60; KKD/Kindler Rn. 11; s. auch Westermann FS Ulmer, 2003, 657 ff.

[112] BeckOGK/Kinzl, 1.4.2024, Rn. 114; Hopt/Roth Rn. 6.

[113] Dazu MüKoHGB/K. Schmidt Rn. 9: Innengesellschaft; MüKoBGB/Schäfer BGB § 705 Rn. 201: Innengesellschaft ieS; Staub/Harbarth Rn. 16.

[114] Vgl. zum Merkmal der Vermögenslosigkeit Wilhelm NZG 2020, 1041 (1042 f.).

[115] Schäfer Neues PersGesR/Armbrüster § 3 Rn. 59.

[116] BGH 27.4.1961, BB 1961, 583 = NJW 1961, 1461; GK-HGB/Fahse/Gesmann-Nuissl Rn. 58; HK-HGB/Stuhlfelner Rn. 7; s. auch Staub/Harbarth Rn. 217.

[117] GK-HGB/Fahse/Gesmann-Nuissl Rn. 58; Hopt/Roth Rn. 26; NK-HGB/Partikel Rn. 36.

29 **3. Einlage.** Die Beteiligung mit einer Einlage am Handelsgewerbe des Inhabers ist eine konstitutive Voraussetzung der stillen Gesellschaft.[118] Typischerweise leistet der stille Gesellschafter die Einlage in das Vermögen des Geschäftsinhabers des Handelsgewerbes; diesen Fall regelt § 230 Abs. 1. Es reicht aber auch aus, wenn der stille Gesellschafter eine stille Einlage im Unternehmen hält, so im Fall einer Schenkung der Einlage (→ Rn. 57 ff., → Rn. 89).[119] Der Anspruch auf die Einlage besteht nur im Innenverhältnis. Darüber hinaus unterliegt der Stille keinen Zahlungspflichten. Eine Nachschusspflicht besteht nur, wenn der Gesellschaftsvertrag eine hinreichend bestimmte Regelung enthält (§ 740 Abs. 2 BGB, § 710 BGB).[120]

30 Eine Einlage iSv § 230 Abs. 1 ist grundsätzlich ein **Vermögensvorteil.** Streitig ist, ob es sich um einen bilanzierungsfähigen Vermögenswert handeln muss, der als Guthaben des stillen Gesellschafters iSd §§ 232, 236 Abs. 1 oder als Forderung des Inhabers iSd §§ 230 Abs. 1, 236 Abs. 2 in der Bilanz ausgewiesen wird. Nach einer Ansicht handelt es sich bei nicht bilanzierungsfähigen Vermögenswerten nicht um Einlagen, sondern um Beiträge neben der Einlage.[121] Die überwM stellt jedoch zutreffend nicht auf die Bilanzierungsfähigkeit ab, sondern lässt einen der Schätzung zugänglichen Vermögenswert genügen.[122] Einlagefähig sind danach Geld und das Eigentum an Sachen (zB Grundstücke) sowie sonstige Vermögensgegenstände, die dem Geschäftsbetrieb dienen. Dazu gehören insbesondere Wertpapiere, geldwerte Nutzungsrechte an Sachen oder Immaterialgüterrechte, aber auch geldwertes Know-How[123] oder eine Kundendatei. Auch eine Gebrauchsüberlassung kann genügen; die Übertragung des Eigentums ist nicht erforderlich. Selbst geldwerte Unterlassungsansprüche sind einlagefähig. Zudem lassen sich Forderungen des stillen Gesellschafters gegen den Inhaber (zB Abfindungsansprüche ausscheidender Gesellschafter, Darlehensforderungen) in eine stille Beteiligung umwandeln.[124] Eine Einlage kann ferner in der Einräumung von Sonderkonditionen für ein Gelddarlehen bestehen.[125] Insoweit ist im Einzelfall zwischen partiarischem Darlehen und stiller Beteiligung abzugrenzen. Auch das Erbringen von Dienstleistungen durch den stillen Gesellschafter ist als Einlage geeignet, da diese Vermögenswert besitzen und einen bilanzierungsfähigen Aufwand begründen.[126]

31 Die **Bewertung der Einlage** lässt sich zumindest zivilrechtlich im Gesellschaftsvertrag frei vereinbaren, da es bei einer Innengesellschaft keines Gläubigerschutzes bedarf.[127] Die Vorschriften über Sacheinlagen bei Kapitalgesellschaften gelten nicht. Sofern ein Sachwert mit einem höheren Wert gebucht wird, als es seinem tatsächlichen Wert entspricht, liegt ggf. eine Schenkung des Geschäftsinhabers an den stillen Gesellschafter vor. Falls keine besondere Vereinbarung besteht, gelten für die Bewertung der Einlage objektive Wertmaßstäbe.[128]

32 **4. Gewinnbeteiligung.** Eine stille Gesellschaft liegt nach § 231 Abs. 2 nur vor, wenn der stille Gesellschafter am Gewinn des Handelsgewerbes beteiligt ist.[129] Daran fehlt es, wenn lediglich eine

---

[118] BGH 24.9.1952, BGHZ 7, 174 (177) = NJW 1952, 1412; OLG Brandenburg 23.2.2022, NZG 2022, 452 Rn. 36 ff.; FG Saarl 16.5.2013, BeckRS 2013, 95468; Staub/Harbarth Rn. 9, 221 ff.; MüKoHGB/K. Schmidt Rn. 37; Ebenroth/Boujong/Gehrlein Rn. 14; Hopt/Roth Rn. 20; Henssler/Strohn/Servatius Rn. 27.

[119] HM, Heymann/Wackerbarth Rn. 17; MHdB GesR II/Keul/Meißner/Gebauer § 72 Rn. 13; RGHMW/Mock Rn. 85; MüKoHGB/K. Schmidt Rn. 37, 143 f.; Henssler/Strohn/Servatius Rn. 27.

[120] OLG Karlsruhe 19.2.1986, NJW-RR 1986, 1226 (1227); MHdB GesR II/Erhardt § 83 Rn. 19; Ebenroth/Boujong/Gehrlein § 232 Rn. 26; GK-HGB/Fahse/Gesmann-Nuissl Rn. 39;Hopt/Roth § 232 Rn. 6.

[121] BFH 23.2.2000, NJW-RR 2001, 817 (818); K. Schmidt ZHR 140 (1976), 475 (484).

[122] BFH 22.10.1987, NJW 1988, 3231 (3232); 27.2.1975, WM 1975, 1267 (1268) = BeckRS 1975, 22003086; BGH 22.11.1965, BB 1966, 53 = NJW 1966, 501; 24.9.1952, BGHZ 7, 174 (181) = NJW 1952, 1412; RG 10.10.1933, RGZ 142, 13 (21) zur Dienstleistung als Einlage; OLG Brandenburg 8.2.1995, NJW-RR 1996, 156 (157); Heymann/Wackerbarth Rn. 18; Ebenroth/Boujong/Gehrlein Rn. 15; RGHMW/Mock Rn. 86; Hopt/Roth Rn. 20; Henssler/Strohn/Servatius Rn. 27; MHdB GesR II/Erhardt § 83 Rn. 4; BeckOGK/Kinzl, 1.4.2024, Rn. 270.

[123] BFH 27.2.1975, WM 1975, 1267 (1268) = BeckRS 1975, 22003086; RGHMW/Mock Rn. 86.

[124] BGH 24.9.1952, BGHZ 7, 174 (177) = NJW 1952, 1412; Ebenroth/Boujong/Gehrlein Rn. 15; BeckOGK/Kinzl, 1.4.2024, Rn. 265, 266.

[125] GK-HGB/Fahse/Gesmann-Nuissl Rn. 37.

[126] BFH 22.10.1987, NJW 1988, 3231 (3232); 27.2.1975, WM 1975, 1267 (1268) = BeckRS 1975, 22003086; BGH 22.11.1965, NJW 1966, 501; RG 10.10.1933, RGZ 142, 13 (21); 14.12.1938, JW 1938, 489 (490); NK-HGB/Partikel Rn. 28.

[127] BGH 24.9.1952, BGHZ 7, 174 (179 ff.) = NJW 1952, 1412; 21.4.1955, BGHZ 17, 130 (134) = NJW 1955, 1025; Blaurock Stille Gesellschaft-HdB/Kauffeld Rn. 7.68; MüKoHGB/K. Schmidt Rn. 151, 168; Ebenroth/Boujong/Gehrlein Rn. 16 f.

[128] MüKoHGB/K. Schmidt Rn. 168; MHdB GesR II/Erhardt § 83 Rn. 23; Ebenroth/Boujong/Gehrlein Rn. 17.

[129] BGH 8.4.1976, WM 1976, 1027 (1030 f.) = BeckRS 1976, 31115320; RG 6.12.1928, RGZ 122, 387 (390); Blaurock Stille Gesellschaft-HdB/Kauffeld Rn. 8.1; Staub/Harbarth Rn. 9; Ebenroth/Boujong/Gehrlein Rn. 19; GK-HGB/Fahse/Gesmann-Nuissl Rn. 8.

Verlustdeckungszusage erfolgt.[130] An einer Gewinnbeteiligung mangelt es überdies, wenn eine feste Verzinsung oder eine vom Geschäftserfolg unabhängige Vergütung vereinbart ist.[131] Etwas anderes gilt, wenn eine Mindestvergütung garantiert ist und in Abhängigkeit vom Geschäftserfolg eine höhere Beteiligung erfolgt. Unschädlich für das Vorliegen einer Gewinnbeteiligung iSv § 231 Abs. 2 ist zudem die Begrenzung auf einen Höchstbetrag. Ein Gewinnabführungsvertrag nach § 291 Abs. 1 AktG begründet keine stille Gesellschaft, da es an einer Einlage fehlt.[132]

III. Abgrenzung gegenüber anderen Verträgen

1. GbR, Personenhandelsgesellschaften. Liegt eine Innengesellschaft vor (→ Rn. 26, → Rn. 27), ist der Geschäftsinhaber aber kein Kaufmann (→ Rn. 16), so handelt es sich um eine Innen-GbR, auf die §§ 230 ff. analoge Anwendung finden (→ Rn. 20). Ist keine Innen-, sondern eine Außengesellschaft gegeben – weil die Gesellschaft als solche im Rechtsverkehr nach außen auftritt und/oder (Gesamthands)Vermögen innehat –, so handelt es sich entweder um eine Personenhandelsgesellschaft oder eine GbR.[133] 33

2. Unterbeteiligung. Während bei der stillen Gesellschaft eine stille Beteiligung an einem Handelsgewerbe erfolgt, handelt es sich bei der Unterbeteiligung um eine (stille) Beteiligung **an einem Gesellschaftsanteil** (→ Rn. 122 ff.). 34

3. Partiarische Verträge. Partiarische Verträge zeichnen sich ebenso wie stille Beteiligungen durch die Vereinbarung einer Gewinnbeteiligung als Gegenleistung aus.[134] Bei partiarischen Verträgen verpflichten sich die Vertragspartner indes nicht zur gemeinsamen Zweckverfolgung.[135] Jeder verfolgt vielmehr ausschließlich eigene Interessen. **Mangels Zweckgemeinschaft** besteht keine Innengesellschaft, sondern vielmehr ein synallagmatischer Austauschvertrag, in dem die widerstreitenden Interessen ausgeglichen werden. Partiarische Verträge treten insbesondere in Form von partiarischen Darlehen auf, aber auch partiarische Dienst- und Gebrauchsüberlassungsverträge sind verbreitet. Bei der Abgrenzung zwischen stiller Gesellschaft und partiarischem Vertrag sind alle Umstände des konkreten Einzelfalls einer umfassenden Würdigung zu unterziehen. Der Wortlaut des Vertrags gibt einen ersten Anhaltspunkt.[136] Im Übrigen gilt es, den Willen der Vertragsparteien unter Berücksichtigung des Vertragszwecks zu ermitteln.[137] Dabei ist insbesondere die wirtschaftliche Zielstellung der Parteien maßgeblich.[138] 35

a) Partiarisches Darlehen. Bei der Abgrenzung von stiller Gesellschaft und partiarischem Darlehen gibt es eine **Vielzahl von Kriterien,** die selten zwingend den einen oder den anderen Vertragstyp identifizieren.[139] **Für ein partiarisches Darlehen** sprechen in der Regel die feste Vertragsdauer und das Einräumen von Sicherheiten.[140] Allerdings kann es sich auch um die Sicherung für den Auseinandersetzungsanspruch des stillen Gesellschafters handeln. Die Zusage einer Mindestvergütung ist kein Indiz für ein partiarisches Darlehen, da sie zum Teil auch bei stillen Gesellschaften vereinbart 36

[130] MüKoHGB/K. Schmidt Rn. 38.

[131] BGH 9.2.1967, BB 1967, 349 = BeckRS 1967, 31169557; RG 6.12.1928, RGZ 122, 387 (390); Blaurock Stille Gesellschaft-HdB/Kauffeld Rn. 8.4; RGHMW/Mock Rn. 88; vgl. Staub/Harbarth Rn. 39.

[132] MüKoHGB/K. Schmidt Rn. 40.

[133] Dazu Wilhelm NZG 2020, 1041 (1042 f.).

[134] Kühnle, Stille Gesellschaft und partiarische Darlehen, 1967, 101 f.

[135] BGH 10.10.1994, BGHZ 127, 176 (178) = NJW 1995, 192; 29.6.1992, NJW 1992, 2696; 28.10.1987, NJW-RR 1988, 417 (418); 9.2.1967, BB 1967, 349 = BeckRS 1967, 31169557; BFH 21.6.1983, WM 1983, 1066 = BeckRS 1983, 22006537; Heymann/Wackerbarth Rn. 23; Staub/Harbarth Rn. 28; MüKoHGB/K. Schmidt Rn. 54; Henssler/Strohn/Servatius Rn. 25; Blaurock Stille Gesellschaft-HdB/Blaurock Rn. 5.18; zur Feststellung des gemeinsamen Zwecks El-Qalqili/Offinger BKR 2021, 86 (89 f.).

[136] Kühnle, Stille Gesellschaft und partiarische Darlehen, 1967, 150; Ebenroth/Boujong/Gehrlein Rn. 77, 78; s. auch OLG Schleswig 18.2.2000, NZG 2000, 1176; NK-HGB/Partikel Rn. 5.

[137] BGH 10.10.1994, BGHZ 127, 176 (178) = NJW 1995, 192; Heymann/Wackerbarth Rn. 23; Blaurock Stille Gesellschaft-HdB/Blaurock Rn. 5.1, 5.34 ff.; Ebenroth/Boujong/Gehrlein Rn. 77, 78; Hopt/Roth Rn. 4; vgl. MüKoHGB/K. Schmidt Rn. 61.

[138] Staub/Harbarth Rn. 29; Hopt/Roth Rn. 4; zur Bedeutung des materiellen Gehalts der Vereinbarung OLG Schleswig 18.2.2000, NZG 2000, 1176 (1177).

[139] Kühnle, Stille Gesellschaft und partiarische Darlehen, 1967, 169 ff.; Staub/Harbarth Rn. 30 f.; zur Abgrenzung der atypischen stillen Gesellschaft BGH 10.10.1994, BGHZ 127, 176 (178) = NJW 1995, 192; 29.6.1992, NJW 1992, 2696; 9.2.1967, BB 1967, 349 = BeckRS 1967, 31169557; 11.7.1951, BGHZ 3, 75 (81) = NJW 1951, 710; BFH 8.3.1984, BB 1984, 1473 (1474) = BeckRS 1984, 22006805; H. Schmidt ZHR 159 (1995), 734 (737 ff.); Schön ZGR 1993, 210 (217 ff.).

[140] Hopt/Roth Rn. 4; NK-HGB/Partikel Rn. 5; für das Vorliegen einer stillen Gesellschaft bei langer Laufzeit El-Qaqili/Offinger BKR 2021, 86 (90).

wird.[141] Nicht aussagekräftig ist schließlich die Erhebung einer Abschluss- oder Verwaltungsgebühr.[142]

37 Wesentlich sind vor allem die Risikoverteilung hinsichtlich des Geschäftsergebnisses und die Kontroll- und Einflussmöglichkeiten des Vertragspartners. Informations- und Kontrollrechte, insbesondere Überwachungsbefugnisse gegenüber der Geschäftsführung, sprechen **für eine stille Gesellschaft.**[143] Bei einer atypischen stillen Gesellschaft hat der stille Gesellschafter ggf. sogar eigene Mitwirkungsbefugnisse (→ Rn. 40, → Rn. 42).[144] Zudem spricht die Übernahme von Verlusten stets gegen ein partiarisches Darlehen und für eine stille Gesellschaft.[145] Allerdings lässt sich von einem Ausschluss der Verlustbeteiligung nicht gleichermaßen eindeutig auf ein partiarisches Darlehen schließen, da sie sich auch bei stillen Gesellschaften abbedingen lässt (§ 231 Abs. 2 Hs. 1; → § 231 Rn. 8).[146] Sofern die Beteiligung nicht übertragbar ist, liegt in der Regel eine stille Gesellschaft vor.[147] Das Gleiche gilt, wenn die Änderung des Unternehmensgegenstands, die Verpachtung, Veräußerung oder Einstellung des Unternehmens der Zustimmung des Beteiligten bedarf, da es sich um Grundlagengeschäfte handelt, über die bei einer stillen Gesellschaft der Geschäftsinhaber trotz seiner Geschäftsführungsbefugnisse nicht allein entscheiden darf (→ Rn. 76).[148]

38 **b) Sonstige partiarische Verträge.** Für die Abgrenzung von partiarischen **Dienstverträgen** ist entscheidend, ob Dienstleister und Geschäftsinhaber auf gleicher Stufe stehen und die Erbringung der Dienstleistung Teil eines partnerschaftlichen Zusammenwirkens mit dem Inhaber ist.[149] Ist dies der Fall, liegt eine stille Gesellschaft vor. Hierfür sind besondere Mitwirkungs-, Kontroll- und Überwachungsrechte des Dienstverpflichteten maßgeblich.[150] Bei einem bloßen Leistungsaustausch mit einer gewinnabhängigen Gegenleistung handelt es sich hingegen um einen partiarischen Vertrag. Ähnliches gilt bei **Gebrauchsüberlassungsverträgen.** Es bedarf der Auslegung, ob zB durch die Miete oder Pacht ein gemeinsamer Zweck verfolgt wird. Eine gemeinsame Zweckverfolgung ist nur anzunehmen, wenn der Vermieter bzw. Verpächter besondere Mitspracherechte,erhebliche Kontrollbefugnisse oder ein erhöhtes wirtschaftliches Risiko hat.[151]

39 **4. Genussrechte.** Abgrenzungsschwierigkeiten zur stillen Gesellschaft bestehen auch bei Genussrechten, die nur teilweise gesetzlich geregelt sind (zB § 221 Abs. 3 AktG, § 8 Abs. 3 S. 2 KStG, § 17 Abs. 1 EStG, § 20 Abs. 1 Nr. 1 EStG). Der Genussrechtsinhaber überlässt an den Emittenten Kapital gegen die Einräumung von Vermögensrechten; es handelt sich entweder um eine gewinnabhängige verzinsliche Vermögenseinlage oder eine Gewinnbeteiligungseinlage.[152] Der Genussrechtsinhaber ist in der Regel am Gewinn und Verlust des Unternehmens des Emittenten beteiligt und partizipiert daher wie ein stiller Teilhaber am Ergebnis des Unternehmens.[153] Gegebenenfalls sind ihm sogar Kontrollrechte vertraglich eingeräumt.[154] Der Hauptunterschied zur stillen Gesellschaft besteht darin, dass keine gemeinsame Zweckverfolgung erfolgt[155] und es sich bei einem Vertrag über Genussrechte somit nicht um einen Gesellschafts-, sondern um einen schuldrechtlichen Austauschvertrag han-

---

141 BGH 19.2.2009, NJW-RR 2009, 1119 (1120): Mindestverzinsung.

142 BGH 11.7.1951, BGHZ 3, 81 = NJW 1951, 710; Hopt/Roth Rn. 4.

143 Weinmann/Rübartsch WM 2021, 1928 (1933); ähnlich El-Qaqili/Offinger BKR 2021, 86 (90).

144 BGH 10.10.1994, BGHZ 127, 176 (178) = NJW 1995, 192; 29.6.1992, NJW 1992, 2696; Staub/Harbarth Rn. 38; Blaurock Stille Gesellschaft-HdB/Blaurock Rn. 4.72; Hopt/Roth Rn. 3; s. auch Kühnle, Stille Gesellschaft und partiarische Darlehen, 1967, 158 ff., der auf den Mangel an Eindeutigkeit verweist.

145 OLG Stuttgart 14.2.2001, NZG 2001, 750; El-Qaqili/Offinger BKR 2021, 86 (89); Staub/Harbarth Rn. 38; MüKoHGB/K. Schmidt Rn. 60; Blaurock Stille Gesellschaft-HdB/Blaurock Rn. 5.33; Ebenroth/Boujong/Gehrlein Rn. 78; MHdB GesR II/Keul/Meißner/Gebauer § 73 Rn. 13.

146 Staub/Harbarth Rn. 43; Heymann/Wackerbarth Rn. 23; Ebenroth/Boujong/Gehrlein Rn. 78.

147 MüKoHGB/K. Schmidt Rn. 65; Ebenroth/Boujong/Gehrlein Rn. 77.

148 Hopt/Roth Rn. 4; NK-HGB/Partikel Rn. 5.

149 BGH 29.6.1992, NJW 1992, 2696; MHdB GesR II/Keul/Meißner/Gebauer § 73 Rn. 20; Staub/Harbarth Rn. 51; Hopt/Roth Rn. 4.

150 MHdB GesR II/Keul/Meißner/Gebauer § 73 Rn. 20; Blaurock Stille Gesellschaft-HdB/Blaurock Rn. 5.46.

151 BGH 28.10.1987, NJW-RR 1988, 417 (418); MHdB GesR II/Keul/Meißner/Gebauer § 73 Rn. 16 f.; Ebenroth/Boujong/Gehrlein Rn. 80.

152 BGH 9.11.1992, BGHZ 120, 141 (146 f.) = NJW 1993, 400; 5.10.1992, BGHZ 119, 305 (309 f.) = NJW 1993, 57.

153 BFH 8.4.2008, ZIP 2008, 2264 (2267) = DStR 2008, 1629; MHdB GesR II/Keul/Meißner/Gebauer § 73 Rn. 15.

154 MHdB GesR II/Keul/Meißner/Gebauer § 73 Rn. 15.

155 MHdB GesR II/Keul/Meißner/Gebauer § 73 Rn. 15; Blaurock Stille Gesellschaft-HdB/Blaurock Rn. 5.38; MüKoHGB/K. Schmidt Rn. 53; s. auch BFH 8.4.2008, ZIP 2008, 2264 (2266) = DStR 2008, 1629.

delt.[156] Im Einzelfall sind zur Abgrenzung alle Umstände zu würdigen. In der Praxis setzen hauptsächlich Kapitalgesellschaften Genussrechte als Finanzierungsinstrument ein.[157]

IV. Typen der stillen Gesellschaft

1. Typische und atypische stille Gesellschaft. a) Grundsatz. Der Typus der stillen Gesell- 40
schaft ergibt sich aus den §§ 230 ff. und lässt sich durch die bereits dargestellten Merkmale (→ Rn. 15 ff.) charakterisieren. In der Praxis weisen stille Gesellschaften sehr unterschiedliche Ausgestaltungen auf. Die Gesellschaftsverträge weichen von den Charakteristika der typischen stillen Gesellschaft ab, ohne dass die Gesellschaft zu einer GbR oder einer Personenhandelsgesellschaft wird. Rechtlich bedeutsam ist dabei die Unterscheidung zwischen typischer und atypischer stiller Gesellschaft. Diese Terminologie ist vom Steuerrecht geprägt (→ Rn. 113 ff.). Der typische stille Gesellschafter wird als Darlehensgeber behandelt, sodass die Erträge der Gewinnbeteiligung Einkünfte aus Kapitalvermögen sind, sofern sie zu dessen Privatvermögen zählen (§ 20 Abs. 1 Nr. 4 EStG). Im Gegensatz dazu gilt der atypische stille Gesellschafter steuerrechtlich als Mitunternehmer iSv § 15 Abs. 1 Nr. 2 EStG, wenn er gemeinsam mit anderen das unternehmerische Risiko trägt und die Initiative übernimmt.[158] Eine atypische stille Gesellschaft liegt insbesondere vor, wenn der stille Gesellschafter wie ein Kommanditist am Gesellschaftsvermögen des Geschäftsinhabers beteiligt ist (Hauptform der atypischen stillen Gesellschaft).[159] Zudem ist eine atypische stille Gesellschaft gegeben, wenn die Mitwirkungsbefugnisse des stillen Teilhabers intensiver als in den §§ 230 ff. ausgestaltet sind.[160] Die Abgrenzung erfolgt durch Vertragsauslegung, die eine umfassende Würdigung der konkreten Umstände des Einzelfalls erfordert.[161] Die im Vertrag gewählte Bezeichnung bildet dabei ein wesentliches Indiz.

b) Abweichungen hinsichtlich der Beteiligung am Gesellschaftsvermögen. Bei einer aty- 41
pischen stillen Gesellschaft entsteht zwar kein Gesellschaftsvermögen oder Gesamthandsvermögen der Gesellschafter, der stille Gesellschafter wird aber schuldrechtlich so gestellt, als wäre er am gesamten Vermögen des Handelsgewerbes beteiligt.[162] Seine Gewinnbeteiligung bezieht sich nicht nur auf den Betriebsgewinn, der auf seine Einlage entfällt, er partizipiert vielmehr auch an dem schon vorher vorhandenen Vermögen des Handelsgewerbes. Erfasst werden auch die stillen Reserven.[163]

c) Abweichungen hinsichtlich der Mitwirkungsbefugnisse. Die Atypizität einer stillen 42
Gesellschaft kann sich aus Mitwirkungsbefugnissen des stillen Teilhabers bei der Geschäftsführung ergeben. Der Umfang der Mitwirkungsbefugnisse kann von einem Widerspruchsrecht über einen Zustimmungsvorbehalt bis hin zur Verleihung eigener Geschäftsführungsbefugnisse reichen.[164]

---

[156] BGH 9.11.1992, BGHZ 120, 141 (146 f.) = NJW 1993, 400; 5.10.1992, BGHZ 119, 305 (309 f.) = NJW 1993, 57; MHdB GesR II/Keul § 73 Rn. 15; Blaurock Stille Gesellschaft-HdB/Blaurock Rn. 5.38; NK-HGB/Partikel Rn. 7; **aA** Meilicke BB 1989, 465 (466); Schön JZ 1993, 925 (929 f.): Qualifikation des Genussrechts als stille Gesellschaft.

[157] MHdB GesR II/Keul/Meißner/Gebauer § 73 Rn. 15; Blaurock Stille Gesellschaft-HdB/Blaurock Rn. 5.38.

[158] BFH 31.8.1999, GmbHR 2000, 292 = BeckRS 1999, 25004077; 15.10.1998, GmbHR 1999, 193 = DStRE 1999, 81; 26.11.1996, NJW 1997, 2003; vgl. auch BFH 12.4.2021, ZIP 2021, 1702; Groh FS Kruse, 2001, 417 (419 f.); Blaurock Stille Gesellschaft-HdB/Levedag Rn. 20.72.; Horn GmbHR 2000, 711; Staub/Harbarth Rn. 72; BeckOGK/Kinzl, 1.4.2024, Rn. 87.

[159] BFH 14.6.1972, BB 1973, 133 = BeckRS 1972, 22001638; BGH 29.11.1952, BGHZ 8, 157 (160) = NJW 1953, 818; 29.10.1952, BGHZ 7, 378 (379) = NJW 1953, 138; Staub/Harbarth Rn. 67; Ebenroth/Boujong/Gehrlein Rn. 64, 65; GK-HGB/Fahse/Gesmann-Nuissl Rn. 2.

[160] BGH 29.6.1992, NJW 1992, 2696; Staub/Harbarth Rn. 68; Ebenroth/Boujong/Gehrlein Rn. 66 f.; GK-HGB/Fahse/Gesmann-Nuissl Rn. 2; krit. aus steuerrechtlicher Sicht Horn GmbHR 2000, 711 (712 f.).

[161] BFH 27.5.1993, NJW-RR 1994, 423; GK-HGB/Fahse/Gesmann-Nuissl Rn. 61.

[162] BFH 27.5.1993, NJW-RR 1994, 423; BFH 14.6.1972, BB 1973, 133 = BeckRS 1972, 22001638; BGH 29.11.1952, BGHZ 8, 157 (160) = NJW 1953, 818; 29.10.1952, BGHZ 7, 378 (379) = NJW 1953, 138; RG 20.12.1929, RGZ 126, 386 (390); Ebenroth/Boujong/Gehrlein Rn. 65; GK-HGB/Fahse/Gesmann-Nuissl Rn. 62; Hopt/Roth Rn. 3; NK-HGB/Partikel Rn. 12.

[163] FG Berlin-Brandenburg 9.2.2010, GmbHR 2010, 788 (789) = BeckRS 2010, 26028848 unter Verweis auf eine ausdrückliche oder konkludente Regelung im Gesellschaftsvertrag.

[164] BGH 29.6.1992, NJW 1992, 2696; 27.3.1961, BB 1961, 583 = WM 1961, 574; MüKoHGB/K. Schmidt Rn. 77 f.; Schulze zur Wiesche GmbHR 1999, 902 (903); Ebenroth/Boujong/Gehrlein Rn. 66; GK-HGB/Fahse/Gesmann-Nuissl Rn. 62 f.; NK-HGB/Partikel Rn. 11; Hopt/Roth Rn. 3; krit. aus steuerrechtlicher Sicht Horn GmbHR 2000, 711 (712 f.).

43 **d) Verbandsähnliche Ausgestaltung.** Als besondere Form der atypischen stillen Beteiligung verdienen verbandsähnliche Ausgestaltungen Beachtung.[165] Popularität hat insbesondere die sog. **„Innen-KG"** erlangt, eine stille Gesellschaft mit der Binnenstruktur einer KG. Die Gesellschaft hat eigene Organe (Geschäftsführung, Gesellschafterversammlung, ggf. auch Beiräte) und ein eigenes Vermögen, das – mangels Rechtsfähigkeit der stillen Gesellschaft – der Geschäftsinhaber treuhänderisch hält und verwaltet. Dem stillen Gesellschafter stehen die Vermögens- und Mitgliedschaftsrechte eines Kommanditisten zu, der Geschäftsinhaber nimmt die Komplementärfunktion ein („virtueller Kommanditist/Komplementär", „Als-Ob-Kommanditist/Komplementär", „Quasi-Kommanditist/Komplementär"). Eine Außenhaftung trifft den stillen Gesellschafter aber – vorbehaltlich eines besonderen Haftungsgrundes – auch bei einer solchen Ausgestaltung nicht (→ Rn. 26).[166]

44 **2. Mehrgliedrige stille Gesellschaften.** Der Geschäftsinhaber kann mit einer Vielzahl von Personen eine stille Gesellschaft eingehen. Hierfür haben sich **verschiedene Organisationsformen** entwickelt.[167] Der Geschäftsinhaber kann mit jedem Beteiligten für sich einen Vertrag über eine stille Gesellschaft schließen. Dabei können die stillen Teilhaber unverbunden nebeneinander stehen oder sich zu einer Innen-GbR zusammenschließen. Es handelt sich in beiden Fällen um den gesetzlich geregelten Normalfall einer zweigliedrigen stillen Gesellschaft. Überdies können die an einer stillen Beteiligung Interessierten eine Außen-GbR (§ 705 Abs. 2 Var. 1 BGB, §§ 706 ff. BGB) gründen oder mit einem Treuhänder einen Treuhandvertrag schließen, sodass sodann der Geschäftsinhaber eine zweigliedrige stille Gesellschaft mit der Außen-GbR bzw. dem Treuhänder eingehen kann.[168] Schließlich gestattet die Vertragsfreiheit dem Geschäftsinhaber, mit mehreren stillen Gesellschaftern ein einheitliches Gesellschaftsverhältnis zu begründen, sodass eine mehrgliedrige stille Gesellschaft ieS entsteht.

45 **a) Mehrere zweigliedrige stille Gesellschaften.** Eine stille Gesellschaft stellt in der Regel ein zweigliedriges Rechtsverhältnis dar. Mehrere stille Gesellschaften stehen **rechtlich selbstständig** und **gleichrangig nebeneinander.**[169] Die Auflösung einer der stillen Gesellschaften berührt den Bestand der übrigen nicht. Die Aufnahme weiterer stiller Teilhaber durch den Geschäftsinhaber bedarf nicht der Zustimmung der anderen stillen Gesellschafter.[170] Selbst wenn in deren Gesellschaftsvertrag ein Zustimmungsvorbehalt vereinbart ist, hat die fehlende Zustimmung nicht die Unwirksamkeit der stillen Beteiligung zur Folge. Wegen der Pflichtverletzung des Geschäftsinhabers hat der stille Gesellschafter einen Anspruch auf Schadensersatz und ggf. ein Recht zur außerordentlichen Kündigung, es sei denn, der stille Gesellschafter ist aufgrund der ihn treffenden Treuepflicht (→ Rn. 85, → Rn. 92 f.) gehalten, der Aufnahme des stillen Teilhabers zuzustimmen. Eine Zustimmungspflicht kann zB bestehen, wenn beim Abschluss des Gesellschaftsvertrags bereits feststand, dass weitere stille Gesellschaften begründet werden.

46 **b) Einheitliche Willensbildung und Interessendurchsetzung.** Die stillen Gesellschafter können sich zur einheitlichen Willensbildung und Interessenvertretung in Form einer **Innen-GbR** zusammenschließen (Poolvertrag, Konsortium).[171] Deren Gründung bedarf nicht der Zustimmung des Geschäftsinhabers. Die GbR kann Ausschüsse und Beiräte bilden, welche die stillen Teilhaber zB zur Ausübung ihrer Kontrollrechte gegenüber dem Geschäftsinhaber ermächtigen.[172] Umfang und Intensität der gemeinsamen Willensbildung und Interessendurchsetzung vermittels der GbR ergeben sich aus dem Gesellschaftsvertrag. Die Rechtsverhältnisse der stillen Gesellschafter zum Geschäftsinhaber bleiben von diesem Zusammenschluss unberührt.[173] Der Abfindungsanspruch

[165] Grdl. MüKoHGB/K. Schmidt Rn. 18, 81; K. Schmidt FS Bezzenberger, 2000, 401; K. Schmidt ZHR 178 (2014), 10; K. Schmidt NZG 2016, 641; Wiedemann NZG 2016, 1 (5 ff.); vgl. ferner BGH 28.6.2012, BGHZ 193, 378 (385) = NZG 2012, 1103 (1104 f.); 8.12.2015, NZG 2016, 422 (423 f.); Blaurock NZG 2010, 974; Ebenroth/Boujong/Gehrlein Rn. 83 f.; Staub/Harbarth Rn. 107; Hopt/Roth Rn. 3; Henssler/Strohn/Servatius Rn. 7. Gegen das der Innen-KG zugrundeliegende Konzept Mock ZIP 2016, 497.

[166] Henssler/Strohn/Servatius Rn. 7; BeckOGK/Kinzl, 1.4.2024, Rn. 73; RGHMW/Mock Rn. 153.

[167] BGH 10.10.1994, BGHZ 127, 176 (179) = NJW 1995, 192; MüKoHGB/K. Schmidt Rn. 83 ff.; Staub/Harbarth Rn. 106 ff.; MHdB GesR II/Keul/Meißner/Gebauer § 73 Rn. 40.

[168] NK-HGB/Partikel Rn. 21; RGHMW/Mock Rn. 153 f.; Hopt/Roth Rn. 7.

[169] BGH 21.4.1980, BB 1980, 958 = BeckRS 1980, 31008620; Staub/Harbarth Rn. 106; GK-HGB/Fahse/Gesmann-Nuissl Rn. 2; Hopt/Roth Rn. 7.

[170] Staub/Harbarth Rn. 106; Blaurock Stille Gesellschaft-HdB/Blaurock Rn. 6.55.

[171] BGH 13.2.2006, NZG 2006, 341; 14.11.1994, NJW 1995, 1353; 29.6.1987, NJW 1988, 413 (415); 21.4.1980, BB 1980, 958 = BeckRS 1980, 31008620; MHdB GesR II/Keul/Meißner/Gebauer § 73 Rn. 41; Blaurock Stille Gesellschaft-HdB/Blaurock Rn. 6.57; Heymann/Wackerbarth Rn. 78; RGHMW/Mock Rn. 151; Ebenroth/Boujong/Gehrlein Rn. 83.

[172] Staub/Harbarth Rn. 107; Ebenroth/Boujong/Gehrlein Rn. 83; RGHMW/Mock Rn. 151.

[173] Staub/Harbarth Rn. 107; Ebenroth/Boujong/Gehrlein Rn. 83; RGHMW/Mock Rn. 151.

steht dem stillen Gesellschafter zu, sofern er ihn nicht abtritt.[174] Auch das Kündigungsrecht kann dadurch nicht weiter als allgemein zulässig (→ § 234 Rn. 12 ff., → § 234 Rn. 19 f.) beschnitten werden.[175]

47 Sofern diejenigen, die sich an einem Handelsgewerbe beteiligen wollen, zuvor eine **Außen-GbR** gründen, entsteht die stille Gesellschaft zwischen der GbR und dem Geschäftsinhaber.[176] Die GbR schuldet die Einlage, übt die Kontrollrechte aus und hat Anspruch auf die Gewinnbeteiligung und die Abfindung. Die stille Gesellschaft mit der GbR kann nur einheitlich geändert oder beendet werden. Die Mitgliedschaft in der GbR lässt sich unterschiedlich ausgestalten und kann insbesondere den Charakter einer Publikumsgesellschaft haben. Entsprechendes gilt bei einer mittelbaren Beteiligung mehrerer Anleger über einen Treuhänder.[177]

48 **c) Mehrgliedrige stille Gesellschaft ieS.** Mehrgliedrige stille Gesellschaften waren ursprünglich insbesondere bei den als Publikumsgesellschaft betriebenen Anlagemodellen anzutreffen.[178] Indes dürfen (mehrgliedrige) stille Beteiligungen im Geltungsbereich des KAGB angesichts des dort normierten Rechtsformzwangs nun nicht mehr gewählt werden (→ Rn. 14). Bedeutung kommt ihnen weiterhin bei Unternehmensbeteiligungen von Arbeitnehmern zu, die nicht jeder für sich, sondern gemeinsam den Zweck verfolgen, das Handelsgewerbe zu fördern.[179] Dabei entsteht nach dem Willen der Vertragsparteien ein einheitliches Gesellschaftsverhältnis zwischen dem Geschäftsinhaber und allen beteiligten stillen Gesellschaftern, sodass abweichend vom gesetzlichen Normalfall keine zwei-, sondern eine mehrgliedrige Struktur gegeben ist.[180] Nicht nur dem Geschäftsinhaber, sondern auch den anderen stillen Gesellschaftern steht ein Anspruch auf Erfüllung der Einlagepflicht durch die Mitgesellschafter zu.[181] Eine gesamtschuldnerische Haftung der stillen Gesellschafter für die Erfüllung der Einlagepflicht durch die einzelnen Mitgesellschafter scheidet hingegen aus.[182] Der Gesellschaftsvertrag kann eine gemeinsame Verbandsstruktur regeln (→ Rn. 43). Die Publikumsgesellschaft stellt eine Variante der mehrgliedrigen stillen Gesellschaft dar.[183] Hierbei beteiligt sich typischerweise eine Vielzahl anonymer Anleger aus rein kapitalistisch orientierten Motiven am Betrieb des Geschäftsinhabers.[184] Auf sie sind die Grundsätze über Publikumspersonengesellschaften entsprechend anwendbar.[185] Bei Publikumsgesellschaften mit jedenfalls mehr als 150 Mitgliedern und körperschaftlicher Struktur finden die Regelungen des Kapitalgesellschaftsrechts teilweise entsprechende Anwendung.[186] Das gilt insbesondere für die Einberufungsfrist für die Gesellschafterversammlung und die Vorgaben zur Beschlussfassung.[187]

49 Grundsätzlich bedarf die Aufnahme neuer stiller Teilhaber der Zustimmung der übrigen Gesellschafter. Im Gesellschaftsvertrag kann der Geschäftsinhaber zur Aufnahme weiterer stiller Gesellschafter bevollmächtigt oder ermächtigt werden.[188] Beim Ausscheiden eines Gesellschafters löst sich die stille Gesellschaft grundsätzlich auf (vgl. § 740a Abs. 1 Nr. 3–6 BGB). In der Regel ist aber vereinbart, dass die verbleibenden Gesellschafter sie fortsetzen (vgl. § 740c Abs. 1 BGB).[189] Zur Prospekthaftung → § 171 Rn. 30 ff.

---

[174] BGH 13.2.2006, NZG 2006, 341.

[175] BGH 21.4.1980, BB 1980, 958 = BeckRS 1980, 31008620; Blaurock Stille Gesellschaft-HdB/Blaurock Rn. 6.60.

[176] BGH 10.10.1994, BGHZ 127, 176 (179) = NJW 1995, 192; MüKoHGB/K. Schmidt Rn. 34, 83, 86; Blaurock Stille Gesellschaft-HdB/Blaurock Rn. 6.62; vgl. auch Staub/Harbarth Rn. 108; Henssler/Strohn/Servatius Rn. 6.

[177] Vgl. RGHMW/Mock Rn. 154; Hopt/Roth Rn. 7; MüKoHGB/K. Schmidt Rn. 86.

[178] MüKoHGB/K. Schmidt Rn. 83 f.; Henssler/Strohn/Servatius Rn. 6.

[179] BAG 19.3.2009, NZA 2009, 896 (900); BGH 30.3.1998, NJW 1998, 1946 (1947); 10.10.1994, NJW 1995, 1353 (1354 f.); 7.2.1994, BGHZ 125, 74 (78 f.) = NJW 1994, 1156; Horn ZGR 1974, 133 (157); Reuter NJW 1984, 1849 (1850 f.).

[180] BGH 10.10.1994, NJW 1995, 1353 (1354 f.); 7.2.1994, BGHZ 125, 74 (78 f.) = NJW 1994, 1156; Horn ZGR 1974, 133 (157); Staub/Harbarth Rn. 108 f.; Ebenroth/Boujong/Gehrlein Rn. 85.

[181] Ebenroth/Boujong/Gehrlein Rn. 85, 86.

[182] Blaurock NJW 1972, 1119 (1120); ebenso Ebenroth/Boujong/Gehrlein Rn. 86.

[183] MüKoHGB/K. Schmidt Rn. 88.

[184] Staub/Harbarth Rn. 109.

[185] MüKoHGB/K. Schmidt Rn. 88.

[186] BGH 30.3.1998, NJW 1998, 1946 (1947 f.); Ebenroth/Boujong/Gehrlein Rn. 88; ausf. MHdB GesR II/Fest § 74 Rn. 24 ff.; Albracht, Die stille Gesellschaft im Recht der Publikumsgesellschaften, 1990, 96 ff.

[187] BGH 30.3.1998, NJW 1998, 1946 (1947); Ebenroth/Boujong/Gehrlein Rn. 88; vgl. MHdB GesR II/Polzer § 74 Rn. 42 f.

[188] So zur KG BGH 14.11.1977, NJW 1978, 1000; MüKoHGB/K. Schmidt Rn. 84; Staub/Harbarth Rn. 108.

[189] Vgl. Staub/Harbarth Rn. 108; Ebenroth/Boujong/Gehrlein Rn. 87.

V. Gesellschaftsvertrag

50 **1. Abschluss des Gesellschaftsvertrags. a) Vertragsschluss.** Der Gesellschaftsvertrag wird als schuldrechtlicher Vertrag nach den **allgemeinen Regeln** geschlossen. Der zu fördernde Zweck muss hinreichend bestimmt sein.[190] Der Gesellschaftsvertrag kann unter einer aufschiebenden oder auflösenden Bedingung oder Befristung stehen. Auch ein rückwirkender Abschluss, welcher eine Beteiligung des stillen Gesellschafters an bereits entstandenen Gewinnen bewirkt, ist möglich. Für den Geschäftsinhaber ist der Gesellschaftsvertrag ein Handelsgeschäft (§ 343). Für den stillen Gesellschafter gilt das hingegen nur, wenn er ein Handelsgewerbe betreibt, zu dem die Beteiligung gehört (§§ 343, 344 Abs. 1).

51 **b) Vertretung.** Bei der Gründung einer **typischen stillen Gesellschaft** mit einer **OHG** oder **KG** als Geschäftsinhaberin handeln deren organschaftliche Vertreter (§§ 124, 161 Abs. 2). Sofern die stille Beteiligung für die OHG oder KG ein außergewöhnliches Geschäft ist, bedarf es im Innenverhältnis der Zustimmung aller Gesellschafter (§ 116 Abs. 2); die Außergewöhnlichkeit ist regelmäßig anzunehmen.[191] Die Vertretungsmacht ist unabhängig davon gegeben.[192] Für die Gründung einer **atypischen stillen Gesellschaft,** bei der die Rechtsstellung des stillen Teilhabers der eines Kommanditisten angenähert ist, fehlt den organschaftlichen Vertretern hingegen die Vertretungsmacht, denn der Gesellschaftsvertrag ist für die OHG bzw. KG in diesem Fall ein Grundlagengeschäft, dem alle Gesellschafter zustimmen müssen.[193]

52 Eine stille Gesellschaft mit einer **AG** als Geschäftsinhaberin ist ein Teilgewinnabführungsvertrag iSv § 292 Abs. 1 Nr. 2 AktG (Ausnahme: § 10 Abs. 1 WStBG).[194] Es handelt sich nicht um ein Genussrecht, sodass kein Bezugsrecht für Aktionäre nach § 221 Abs. 4 S. 2 AktG, § 186 Abs. 3 S. 1, Abs. 4 AktG besteht.[195] Der Gesellschaftsvertrag bedarf für seine Wirksamkeit der Zustimmung der Hauptversammlung (§ 293 AktG). Zudem ist eine (konstitutive) Eintragung ins Handelsregister erforderlich (§ 294 AktG). Für die **GmbH** gelten §§ 291 ff. AktG – trotz der Supermarkt-Entscheidung des BGH[196] – nicht generell entsprechend.[197] Die Vertretungsmacht der Geschäftsführer nach § 35 GmbHG umfasst die Gründung einer **typischen stillen Gesellschaft.** Zusätzliche Wirksamkeitserfordernisse wie die Zustimmung der Gesellschafter nach § 53 GmbHG ergeben sich nur, soweit der Beteiligung eines stillen Gesellschafters satzungsüberlagernde Wirkung zukommt. Dies ist im Einzelfall unter Berücksichtigung der dem Berechtigten eingeräumten Rechtsstellung zu würdigen.[198] Die Beteiligung eines typischen stillen Gesellschafters hat grundsätzlich keine satzungsüberlagernde Wirkung und ist von der Vertretungsmacht der Geschäftsführer nach § 35 GmbHG erfasst.[199] Einer Zustimmung aller Gesellschafter bedarf es hingegen in jedem Fall, wenn die GmbH fast den gesamten Gewinn an den stillen Teilhaber abführt.[200] Eine Eintragungsfähigkeit im Handels-

---

[190] OLG Schleswig 13.6.2002, ZIP 2002, 1244 (1246 f.) = NZG 2003, 1059.

[191] IdS schon zur Rechtslage vor dem MoPeG Staub/Harbarth Rn. 145, 149; MüKoHGB/K. Schmidt Rn. 111; Ebenroth/Boujong/Drescher § 116 Rn. 38; Henssler/Strohn/Oswald § 116, Rn. 69.

[192] BeckOGK/Scholl, 15.1.2025, § 116 Rn. 253.

[193] Blaurock Stille Gesellschaft-HdB/Lamprecht Rn. 9.68; Staub/Harbarth Rn. 150; Heymann/Wackerbarth Rn. 32; BeckOGK/Scholl, 15.1.2025, § 116 Rn. 40.

[194] BGH 29.11.2004, NJW-RR 2005, 627 (628); 21.7.2003, BGHZ 156, 38 (42 f.) = NJW 2003, 3412; Staub/Harbarth Rn. 154; RGHMW/Mock Rn. 40. Nach Mylich ZGR 2018, 867 (879 ff.) ist wegen Verstoßes gegen § 23 Abs. 5 AktG sowie die zwingende Kompetenzordnung keine atypisch stille Beteiligung bei einer AG möglich.

[195] BGH 21.7.2003, BGHZ 156, 38, 43 = NZG 2003, 1023 (1023 f.); RGHMW/Mock Rn. 43.

[196] BGH 24.10.1988, BGHZ 105, 324 = NJW 1989, 295.

[197] BGH 16.7.2019, BGHZ 223, 13 Rn. 22 = NJW 2019, 3302 (3304); BGH 24.10.1988, BGHZ 105, 324 (330 ff.) = NJW 1989, 295; Blaurock FS Großfeld, 1999, 83 (90 ff.); Priester FS Raupach, 2006, 391 (400 f.); Schlitt/Beck NZG 2001, 688 (691); Schneider/Rensch DB 1989, 713 (714 f.); Morshäuser/Dietz-Vellmer NZG 2011, 1135 (1136); Altmeppen/Altmeppen GmbHG Anh. § 13 Rn. 124 ff.

[198] So BGH 16.7.2019, BGHZ 223, 13 Rn. 21, 26 = NJW 2019, 3302 (3304 f.) für einen als Austauschvertrag zu qualifizierenden Teilgewinnabführungsvertrag.

[199] OLG München 17.3.2011, DB 2011, 1912 (1913) = DNotZ 2011, 949 (951); BayObLG 18.2.2003, GmbHR 2003, 534 = BayObLGZ 2003, 21; Staub/Harbarth Rn. 151, 153; Blaurock FS Großfeld, 1999, 83 (92); Schneider/Rensch DB 1989, 713 (714 f.); Jebens BB 1996, 701 (703); Lieder/Wernert ZIP 2019, 361 (365); Morshäuser/Dietz-Vellmer NZG 2011, 1135 (1137); Wachter GmbHR 2019, 1153 (1160); **aA** Priester NZG 2020, 1 (3 ff.); Scholz/Emmerich GmbHG Anh. § 13 Rn. 304 ff.; Weigl GmbHR 2002, 778 (783). Der BGH sieht jedenfalls keine satzungsüberlagernde Wirkung, wenn in einem Austauschvertrag 20 % des Gewinns jährlich abgeführt werden, BGH 16.7.2019, BGHZ 223, 13 Rn. 27 = NJW 2019, 3302 (3305).

[200] Lieder/Wernert NZG 2020, 361 (365); Mock JZ 2019, 1162 (1163 f.); Pöschke DB 2019, 2618 (2621); Schmidt-Ott GmbHR 2001, 182 (185); Schneider/Rensch DB 1989, 713 (716); in diese Richtung auch Wachter GmbHR 2019, 1153 (1159); zurückhaltend zust. Staub/Harbarth Rn. 153. Der BGH lässt ausdrücklich offen, ob eine Zustimmung nötig ist, wenn ein Großteil des Gewinns abgeführt wird, BGH 16.7.2019, BGHZ 223, 13 Rn. 21, 27 = NJW 2019, 3302 (3304 f.).

register besteht grundsätzlich nicht.[201] Bei **atypischen stillen Gesellschaften,** bei denen der Stille am gesamten Vermögen der GmbH beteiligt ist oder erweiterte Mitverwaltungsrechte hat, bedarf es eines Beschlusses der Gesellschafterversammlung nach § 53 GmbHG.[202] Für diesen genügt nach zutreffender Ansicht eine Dreiviertelmehrheit, es sei denn der Beschluss begründet einen Eingriff in den Kernbereich der Gesellschafterrechte, sodass Einstimmigkeit erforderlich ist.[203]

Sofern sich eine **AG** oder **GmbH als stiller Gesellschafter** an einem anderen Handelsgewerbe beteiligt, ist der Abschluss des Gesellschaftsvertrags von der Vertretungsmacht des Vorstands bzw. Geschäftsführers gedeckt. Der Zustimmung der Hauptversammlung bzw. der Gesellschafterversammlung bedarf es nicht. 53

c) Beteiligung Minderjähriger. Für den Abschluss des Gesellschaftsvertrags durch einen **minderjährigen Geschäftsinhaber** gelten §§ 104 ff. BGB. Auch im Fall der beschränkten Geschäftsfähigkeit bedarf es grundsätzlich einer Vertretung durch die Eltern als gesetzliche Vertreter (§ 1626 BGB, § 1629 BGB). Deren Vertretungsmacht ist durch § 181 BGB beschränkt. Ihre Beteiligung am Handelsgewerbe des Minderjährigen erfordert die Bestellung eines Ergänzungspflegers (§ 1629 Abs. 2 BGB, § 1824 Abs. 1 Nr. 1 BGB, § 1809 BGB). Bei Gründung einer **typischen stillen Gesellschaft** ist eine Zustimmung des Familiengerichts gem. § 1643 Abs. 1 BGB, § 1852 Nr. 2 BGB nicht erforderlich[204] und ein beschränkt Geschäftsfähiger kann unter den Voraussetzungen des § 112 Abs. 1 BGB allein handeln.[205] Es wird kein Gesellschaftsvertrag zum Betrieb eines Erwerbsgeschäfts geschlossen, da der Minderjährige das Geschäft bereits betreibt und die Beteiligung des stillen Teilhabers bei typischen stillen Gesellschaften eher der Aufnahme eines Darlehens entspricht. Im Gegensatz dazu ist bei Gründung einer **atypischen stillen Gesellschaft,** bei der der Stille wie ein Kommanditist steht und als Mitunternehmer fungiert, die Zustimmung des Familiengerichts gem. § 1643 Abs. 1 BGB, § 1852 Nr. 2 BGB nötig und damit auch die Mitwirkung der Eltern als gesetzliche Vertreter (§ 112 Abs. 1 S. 2 BGB).[206] 54

Für den **Minderjährigen als stillen Gesellschafter** gelten ebenfalls §§ 104 ff. BGB. Für einen Gesellschaftsvertrag mit den Eltern als Geschäftsinhaber ist ein Ergänzungspfleger zu bestellen (§ 1629 Abs. 2 BGB, § 1824 Abs. 1 Nr. 1 BGB, § 1809 BGB).[207] Sofern der Minderjährige die Einlage geschenkt bekommt und nicht am Verlust des Handelsgewerbes beteiligt ist, liegt indes ein lediglich rechtlich vorteilhaftes Geschäft vor, das er selbst vornehmen kann (§ 107 BGB).[208] Die Zustimmung des Familiengerichts gem. § 1852 Nr. 1 oder 2 BGB ist bei **typischen stillen Gesellschaften** nach hM erforderlich, es sei denn, der stille Gesellschafter ist nicht an den Verlusten des Handelsgewerbes beteiligt.[209] In diesem Fall steht der Minderjährige nicht anders als bei der Gewährung eines Darlehens. Einer familiengerichtlichen Genehmigung bedarf es gleichwohl, wenn die Einlage einer der 55

---

[201] OLG München 17.3.2011, DB 2011, 1912 (1913) = DNotZ 2011, 949 (951); GK-HGB/Fahse/Gesmann-Nuissl Rn. 2; Schmitt-Ott GmbHR 2002, 784 (785 f.); **aA** Weigl GmbHR 2002, 778 (780).

[202] Blaurock FS Großfeld, 1999, 83 (93); bezogen auf den Alleingesellschaftergeschäftsführer einer GmbH mit stiller Beteiligung auch Berninger EWiR 2011, 447 (448); **aA** Heymann/Wackerbarth Rn. 34; Morshäuser/Dietz-Vellmer NZG 2011, 1135 (1136) unter Verweis auf die Abgrenzungsschwierigkeiten zwischen typischer und atypischer stiller Gesellschaft.

[203] Schneider/Rensch DB 1989, 713 (715 f.); ähnlich Altmeppen/Altmeppen GmbHG § 53 Rn. 48, 50; generell Einstimmigkeit verlangen Blaurock Stille Gesellschaft-HdB/Lamprecht Rn. 9.62; Ebenroth/Boujong/Gehrlein Rn. 30; MüKoHGB/K. Schmidt Rn. 115.

[204] Hopt/Roth Rn. 8; zum insoweit inhaltsgleichen § 1822 Nr. 3 BGB aF MüKoHGB/K. Schmidt Rn. 108; Staub/Harbarth Rn. 166; Heymann/Wackerbarth Rn. 30; R. Fischer JR 1962, 201 (202); Blaurock Stille Gesellschaft-HdB/Lamprecht Rn. 9.46 ff.; Ebenroth/Boujong/Gehrlein Rn. 27; RGHMW/Mock Rn. 55; s. auch BGH 28.1.1957, JZ 1957, 382 = BeckRS 1957, 31205599; GK-HGB/Fahse/Gesmann-Nuissl Rn. 22: bei Ausschluss der Verlustbeteiligung; **aA** Knopp NJW 1962, 2181 (2184); in Bezug auf § 1822 Nr. 3 BGB aF Soergel/Zimmermann BGB § 1822 Rn. 25; P. Hartmann, Die stille Gesellschaft, 1974, 32.

[205] RGHMW/Mock Rn. 55; Ebenroth/Boujong/Gehrlein Rn. 26; **aA** Staub/Harbarth Rn. 159.

[206] Zum insoweit inhaltsgleichen § 1822 Nr. 3 BGB aF MüKoHGB/K. Schmidt Rn. 108; Staub/Harbarth Rn. 163; RGHMW/Mock Rn. 55, 133; Ebenroth/Boujong/Gehrlein Rn. 27; GK-HGB/Fahse/Gesmann-Nuissl Rn. 22.

[207] BFH 9.7.1987, NJW 1988, 1343 (1344); Blaurock Stille Gesellschaft-HdB/Lamprecht Rn. 9.45; RGHMW/Mock Rn. 57; Ebenroth/Boujong/Gehrlein Rn. 26; Henssler/Strohn/Servatius Rn. 15.

[208] BGH 28.1.1957, NJW 1957, 672; FG Sachsen-Anhalt 23.5.2013, EFG 2013, 1632 = BeckRS 2013, 96063; Staub/Harbarth Rn. 157; MüKoHGB/K. Schmidt Rn. 105; Ebenroth/Boujong/Gehrlein Rn. 26; Knopp NJW 1962, 2181 (2183); **aA** BFH 28.11.1973, DB 1974, 365 = BeckRS 1973, 22002389.

[209] Hopt/Roth Rn. 8; idS zur alten Rechtslage MüKoHGB/K. Schmidt Rn. 106; BGH 28.1.1957, NJW 1957, 672; Staub/Harbarth Rn. 162; Blaurock Stille Gesellschaft-HdB/Lamprecht Rn. 9.50; Knopp NJW 1962, 2181 (2184); P. Hartmann, Die stille Gesellschaft, 1974, 33 f.; Henssler/Strohn/Servatius Rn. 15; **aA** – auch bei Verlustbeteiligung – R. Fischer JR 1962, 201 (202); Ebenroth/Boujong/Gehrlein Rn. 27; Heymann/Wackerbarth Rn. 30.

in § 1850 BGB aufgezählten Gegenstände ist (zB Grundstück). Bei Gründung einer **atypischen stillen Gesellschaft,** bei welcher der Minderjährige direkt oder indirekt an der Geschäftsführung partizipiert (zB Weisungsrecht gegenüber dem Inhaber) oder am Gesellschaftsvermögen beteiligt ist, muss stets eine Genehmigung des Familiengerichts eingeholt werden,[210] da er wie ein Gesellschafter am Betrieb des Handelsgewerbes beteiligt ist.

56 **d) Form.** Der Gesellschaftsvertrag ist grundsätzlich formfrei und kann demgemäß auch konkludent geschlossen werden.[211] Die stille Beteiligung an einer AG bedarf als Teilgewinnabführungsvertrag gem. § 292 Abs. 1 Nr. 2 AktG, § 293 Abs. 3 AktG der Schriftform.[212] Eine gem. § 295 Abs. 1 AktG formbedürftige Änderung eines solchen Teilgewinnabführungsvertrags hat der BGH zu Recht auch dann angenommen, wenn eine Sonderzahlung an den stillen Gesellschafter vorgenommen wird, und zugleich erklärt wird, der Vertrag solle dadurch nicht geändert werden.[213] Für die stille Beteiligung an einer GmbH findet § 293 Abs. 3 AktG keine analoge Anwendung, soweit die stille Beteiligung keine satzungsüberlagernde Wirkung hat.[214] Nach § 311b Abs. 1 S. 1 BGB ist eine notarielle Beurkundung notwendig, wenn sich der stille Gesellschafter zur Einbringung eines **Grundstücks** verpflichtet. Sofern er verspricht, einen **GmbH-Anteil** einzubringen, verlangt § 15 Abs. 4 GmbHG die Wahrung der notariellen Form. Das Gleiche gilt, wenn sich der Geschäftsinhaber im Gesellschaftsvertrag verpflichtet, bei Auflösung der Gesellschaft dem Stillen ein Grundstück zu übereignen oder einen GmbH-Anteil zu übertragen. Im Übrigen ist die Zusammensetzung des Vermögens des Geschäftsinhabers für die Formvorschriften unerheblich, da er Inhaber des Handelsgewerbes bleibt. Ein Formverstoß führt nach § 125 S. 1 BGB zur Nichtigkeit der Vereinbarung. Nach § 139 BGB führt dies aber nicht zwangsläufig zur Unwirksamkeit des gesamten Gesellschaftsvertrags.[215]

57 Sofern der stille Gesellschafter die Einlage nicht selbst leistet, sondern vom Geschäftsinhaber oder einem Dritten geschenkt bekommt, bedarf das **Schenkungsversprechen** nach § 518 Abs. 1 BGB der notariellen Beurkundung. Das Gleiche gilt für die Schenkung einer stillen Beteiligung (Mitgliedschaft), wenn der Gesellschaftsvertrag nicht sogleich geschlossen wird. Andernfalls handelt es sich um eine Handschenkung, sodass § 518 Abs. 1 BGB nicht eingreift.[216] Der notariellen Beurkundung bedarf es zudem nicht, wenn die Gründung der stillen Gesellschaft zwischen den Eltern und ihrem Kind zum Zwecke der Ausstattung erfolgt (§ 1624 Abs. 1 BGB).[217] Das setzt voraus, dass die stille Beteiligung dem Kind den Schritt in die Selbständigkeit erleichtern soll und die Zuwendung die Vermögensverhältnisse der Eltern nicht übersteigt.[218] Zur garantierten Vergütung der Einlage → § 231 Rn. 2 f.

58 Die **Heilung des Formmangels** erfolgt nach § 311b Abs. 1 S. 2 BGB durch Auflassung und Eintragung des Geschäftsinhabers als Eigentümer des Grundstücks im Grundbuch, nach § 15 Abs. 4 S. 2 GmbHG durch formgerechte Abtretung des GmbH-Anteils bzw. nach § 518 Abs. 2 BGB durch Bewirken der Einlage. Die Einlage ist bewirkt, wenn der Dritte die Einlage geleistet oder wenn der Geschäftsinhaber die Einlage zunächst dem Stillen zugewendet hat, damit dieser sie daraufhin einbringen kann.[219] Heilung tritt auch dann ein, wenn sich das Schenkungsversprechen auf eine bestehende stille Beteiligung bezieht und diese an den Beschenkten übertragen wird.[220]

---

210 KKD/Kindler Rn. 13; s. auch MüKoHGB/K. Schmidt Rn. 106 für die Fälle der „Innen-KG"; MHdB GesR II/Keul/Meißner/Gebauer § 76 Rn. 57; Blaurock Stille Gesellschaft-HdB/Lamprecht Rn. 9.50; Ebenroth/Boujong/Gehrlein Rn. 27; Henssler/Strohn/Servatius Rn. 15; so zur Errichtung einer KG BGH 30.4.1955, BGHZ 17, 160 (163 f.) = NJW 1955, 1067; Knopp NJW 1962, 2181 (2183 f.).

211 BFH 1.8.1996, NJW 1997, 2702 (2703).

212 BGH 18.9.2012, AG 2013, 92 Rn. 25 = NZG 2013, 53 (55 f.); 8.5.2006, WM 2006, 1389; 21.7.2003, BGHZ 156, 38 (43) = AG 2003, 625 = NJW 2003, 3412.

213 BGH 18.9.2012, AG 2013, 92 Rn. 32 = NZG 2013, 53 (57); hierzu Derleder EWiR 2013, 39 (40); Vossius NotBZ 2013, 106.

214 BGH 16.7.2019, BGHZ 223, 13 Rn. 16 = NJW 2019, 3302 (3303); Lieder/Wernert NZG 2020, 361 (364). Für eine analoge Anwendung von § 293 Abs. 3 AktG hingegen Pöschke DB 2019, 2618 (2621); Wachter GmbHR 2019, 1153 (1157 f.).

215 BGH 29.6.1992, NJW 1992, 2696 (2697); Hopt/Roth Rn. 10; so zu § 138 BGB BGH 8.4.1976, DB 1976, 2106 = BeckRS 1976, 31115320.

216 Coenen, Formfreie Schenkung der Gesellschafterstellung, 2002, 68; Kubillus, Die Schenkung stiller Beteiligungen, 2002, 214 ff.

217 BFH 8.3.1984, BB 1984, 1473 (1474) = BeckRS 1984, 22006805.

218 MüKoBGB/v. Sachsen Gessaphe BGB § 1624 Rn. 5 f.; BeckOK BGB/Pöcker, 75. Ed. 1.8.2025, BGB § 1624 Rn. 3, 5.

219 Vgl. Herrmann ZHR 147 (1983), 329 (332); zust. Staub/Harbarth Rn. 128.

220 Staub/Harbarth Rn. 128; Heymann/Wackerbarth Rn. 29; Ebenroth/Boujong/Gehrlein Rn. 23; MüKoHGB/K. Schmidt Rn. 101; RGHMW/Mock Rn. 63.

Streitig ist die Heilung des Formmangels, wenn der Geschäftsinhaber dem stillen Gesellschafter die Einlage gewährt, indem er die Einlage auf dessen Einlagekonto einbucht. Der BGH schließt bisher eine Heilung gänzlich aus, da eine solche Schenkung nicht vollzogen werden könne.[221] Die hL ist zu Recht anderer Ansicht.[222] Ein über das Einbuchen hinausgehender Leistungserfolg kann nicht eintreten. Es erscheint ein unnötiger Umweg, das Geld für die Einlage erst an den Beschenkten zu überweisen, damit er es selbst als Einlage an den Inhaber zurücküberweisen kann. Ein anderer Leistungserfolg tritt dadurch nicht ein. Verneint man entgegen der hier vertretenen Ansicht eine Heilung aufgrund Einbuchung, so ist im Fall einer Auszahlung von Gewinnanteilen zu beachten, dass insoweit ein Schenkungsvollzug und damit eine Heilung erfolgt und damit eine bereicherungsrechtliche Rückforderung ausscheidet.[223] **59**

2. Sonstige Wirksamkeitsvoraussetzungen. Die §§ 230 ff. sind weitgehend dispositiv (→ Rn. 6). Im Fall der stillen Beteiligung an einer AG ist bei der Vereinbarung einer Mindestgewinnabführung § 301 AktG zu beachten. Generell setzen §§ 134, 138 BGB der Gestaltungsfreiheit der Gesellschafter Grenzen. § 138 BGB greift ein, wenn der Zweck der stillen Gesellschaft gegen die guten Sitten verstößt.[224] Die Sittenwidrigkeit einer Regelung des Gesellschaftsvertrags wirkt sich gem. § 139 BGB bei entsprechendem Parteiwillen nicht auf den gesamten Vertrag aus, sondern führt nur zur Nichtigkeit der betreffenden Regelung.[225] In diesem Fall sind die Lücken im Gesellschaftsvertrag durch dispositives Gesetzesrecht und ggf. durch ergänzende Vertragsauslegung zu füllen. **60**

3. Verbraucherschutz. Im Fall eines außerhalb von Geschäftsräumen geschlossenen Vertrags gilt **§ 312b BGB,** sofern die Voraussetzungen des § 312 BGB vorliegen.[226] Unter den Voraussetzungen des § 312 BGB kann es sich zudem um einen Fernabsatzvertrag iSv **§ 312c BGB** handeln.[227] **61**

4. Inhaltskontrolle. Der Gesellschaftsvertrag unterliegt nach der Rspr. und der hL gem. § 310 Abs. 4 S. 1 BGB keiner Inhaltskontrolle nach den §§ 305 ff. BGB.[228] Dem wird zum Teil entgegengetreten und auf den darlehensähnlichen Charakter der stillen Gesellschaft und den fließenden Übergang zu den partiarischen Darlehen verwiesen.[229] Für die hM sprechen jedoch der klare Wortlaut des Gesetzes und die Einordnung der stillen Gesellschaft als Personengesellschaft. Vorformulierte Klauseln eines Gesellschaftsvertrags, die vom Geschäftsinhaber für eine Vielzahl von Gesellschaftsverträgen mit stillen Gesellschaftern verwendet werden, sind ähnlich wie AGB gem. §§ 157, 242 BGB objektiv auszulegen, wobei Unklarheiten unter Berücksichtigung des objektiven Empfängerhorizonts zu Lasten des Verwenders gehen.[230] Zudem resultieren aus § 242 BGB Aufklärungspflichten und eine vertragliche Inhaltskontrolle, die insbesondere bei Anlagemodellen in Form einer stillen Publikumsgesellschaft die stillen Teilhaber vor unangemessenen Benachteiligungen schützt.[231] **62**

---

[221] BGH 29.10.1952, BGHZ 7, 378 (380) = NJW 1953, 138; 24.9.1952, BGHZ 7, 174 (179) = NJW 1952, 1412; offenlassend BGH 2.7.1990, BGHZ 112, 40 (46) = NJW 1990, 2616; K. Schmidt ZHR 140 (1976), 475 (486 f.). Eine Heilung bei einer Einräumung von Mitwirkungsrechten nun jedoch bejahend (im Fall einer Unterbeteiligung) BGH 29.11.2011, BGHZ 191, 354 Rn. 22 ff. = NZG 2012, 222; sowie im Fall einer atypisch stillen Beteiligung BFH 17.7.2014, ZIP 2014, 2131 Rn. 25.

[222] Ebenroth/Boujong/Gehrlein Rn. 23; KKD/Kindler Rn. 14; s. auch Coenen, Formfreie Schenkung der Gesellschafterstellung, 2002, 68; Kubillus, Die Schenkung stiller Beteiligungen, 2002, 214 ff.; hingegen diff. zwischen typischer und atypischer stiller Gesellschaft K. Schmidt DB 2002, 829 (831 f.); MüKoBGB/Schäfer BGB § 705 Rn. 50 f.

[223] Heymann/Wackerbarth Rn. 29; Ebenroth/Boujong/Gehrlein Rn. 23; KKD/Kindler Rn. 14; MüKoBGB/Schäfer BGB § 705 Rn. 52.

[224] BGH 24.9.1979, BGHZ 75, 214 (217 f.) = NJW 1980, 638; 8.4.1976, DB 1976, 2106 = BeckRS 1976, 31115320; 25.3.1974, BGHZ 62, 234 (240 f.) = NJW 1974, 1201; Hopt/Roth Rn. 9.

[225] BGH 29.6.1992, NJW 1992, 2696 (2697); 8.4.1976, DB 1976, 2106 (2107) = BeckRS 1976, 31115320; MüKoHGB/K. Schmidt Rn. 120; Ebenroth/Boujong/Gehrlein Rn. 32.

[226] Staub/Harbarth Rn. 137; MüKoHGB/K. Schmidt Rn. 126.

[227] RGHMW/Mock Rn. 64; MüKoHGB/K. Schmidt Rn. 126.

[228] BGH 10.10.1994, BGHZ 127, 176 (183 ff.) = NJW 1995, 192; Ebenroth/Boujong/Gehrlein Rn. 41; Grüneberg/Grüneberg BGB § 310 Rn. 49; NK-HGB/Partikel Rn. 23; diff. MüKoBGB/Fornasier BGB § 310 Rn. 133.

[229] H. Schmidt ZHR 159 (1995), 734 (737 ff.); Weinmann/Rübartsch WM 2021, 1928 (1934); BeckOGK/Kinzl, 1.4.2024, Rn. 165; UBH/Ulmer/Schäfer BGB § 310 Rn. 128; WLP/H. Schmidt BGB § 310 Abs. 4 Rn. 11.

[230] BGH 13.9.2004, NJW 2004, 3706 (3708); 27.11.2000, NJW 2001, 1270 (1271); GK-HGB/Fahse/Gesmann-Nuissl Rn. 28.

[231] BGH 27.11.2000, NJW 2001, 1270 (1271); 27.11.2000, BB 2001, 278 = NJW 2001, 1270; 24.5.1993, NJW 1993, 2107; MüKoHGB/K. Schmidt Rn. 125; Ebenroth/Boujong/Gehrlein Rn. 41; Hopt/Roth Rn. 9; **aA** Weinmann/Rübartsch WM 2021, 1928 (1932 ff.).

63 **5. Grundsätze der fehlerhaften Gesellschaft. a) Gegenstand und Geltung.** Nach der **Lehre von der fehlerhaften Gesellschaft** (→ § 105 Rn. 142 ff.) hat die Nichtigkeit oder Anfechtbarkeit eines Gesellschaftsvertrags abweichend von den allgemeinen Vorschriften des BGB nicht in jedem Fall zur Folge, dass der Gesellschaftsvertrag von Anfang an nichtig ist. Vielmehr kann, sofern sich die Gesellschaft bereits in Vollzug befand und keine schutzwürdigen Interessen entgegenstehen, eine Gesellschaft danach nur ex nunc aufgelöst werden. Bis dahin wird sie so behandelt, als sei der Gesellschaftsvertrag wirksam gewesen. Diese Lehre soll in erster Linie den Bestandsinteressen der Gesellschafter sowie den Erfordernissen des Verkehrsschutzes Rechnung tragen.[232]

64 Um die **Anwendbarkeit dieser Lehre auf die stille Gesellschaft** rankt sich ein lebhafter **Meinungsstreit.** Nach der gefestigten Rspr. des BGH und einem erheblichen Teil der Lit. gilt die Lehre von der fehlerhaften Gesellschaft sowohl für typische als auch atypische stille Gesellschaften.[233] Die Rechtsordnung müsse darauf Rücksicht nehmen, dass sich Geschäftsinhaber und stiller Gesellschafter zur gemeinsamen Zweckverfolgung in einer Leistungs- und Risikogemeinschaft zusammengeschlossen hätten. Die Lit. lehnt die Anwendung der Lehre von der fehlerhaften Gesellschaft zum Teil vollständig ab.[234] Daneben finden sich verschiedene differenzierende Ansichten: Manche Autoren unterscheiden zwischen zwei- und mehrgliedrigen Gesellschaften.[235] Einige stellen darauf ab, ob eine typische oder atypische stille Gesellschaft vorliegt.[236] Zunehmende Popularität genießt die Ansicht, die das Eingreifen der Lehre von der fehlerhaften Gesellschaft vom Vorliegen einer verbandsmäßigen Struktur abhängig macht und damit bei „Innen-KGs" (→ Rn. 43) bejaht.[237]

65 **Grundsätzlich** gebührt der Lehre von der fehlerhaften Gesellschaft bei stillen Gesellschaften **keine Anwendung.** Die Gesellschaften haben kein (Gesamthands)Vermögen und treten nicht im Rechtsgeschäftsverkehr auf, sodass weder das entstandene Vermögen noch der Schutz des Rechtsgeschäftsverkehrs gebietet, sie als wirksam zu behandeln und nur eine Auflösung ex nunc zuzulassen.[238] Das Rechtsverhältnis zwischen Inhaber und stillem Teilhaber beschränkt sich auf die Beteiligung an Gewinnen und Verlusten. Die Rückabwicklung unterscheidet sich nicht wesentlich von anderen, insbesondere partiarischen Dauerschuldverhältnissen, für welche die Lehre von der fehlerhaften Gesellschaft nicht gilt.[239] Eine **Ausnahme** gebietet sich indes für **stille Gesellschaften mit verbandsrechtlicher Struktur.** Die Vermögens- und Organisationsstruktur solcher Gebilde verlangt den durch die Lehre von der fehlerhaften Gesellschaft gebotenen Bestandsschutz.[240]

66 Sofern die Lehre von der fehlerhaften Gesellschaft Anwendung findet, gilt sie auch beim Widerruf des Beitritts nach dem **Widerrufsrecht für außerhalb von Geschäftsräumen geschlossene Verträge** (§ 312g Abs. 1 BGB). Der EuGH entschied, noch für das alte Haustürwiderrufsrecht, dass Art. 5 Abs. 2 Haustürgeschäfte-RL der Beschränkung des Anspruchs des Verbrauchers auf das Ausei-

---

[232] RG 13.11.1940, RGZ 165, 193 (201 ff.); BGH 24.10.1951, BGHZ 3, 285 (288 ff.) = NJW 1952, 97; 29.11.1952, BGHZ 8, 157 (166 f.) = NJW 1953, 818; 28.11.1953, BGHZ 11, 190 f. = NJW 1954, 231; 30.4.1955, BGHZ 17, 160 (165 f.) = NJW 1955, 1067; 6.2.1958, BGHZ 26, 330 (334 f.) = NJW 1958, 668; 8.11.1965, BGHZ 44, 235 (236) = NJW 1966, 107; 29.6.1970, BGHZ 55, 5 (8 ff.) = NJW 1971, 375; 10.12.1973, BGHZ 62, 20 (27 f.) = NJW 1974, 498; BGH 30.9.1982, NJW 1983, 748; 18.1.1988, NJW 1998, 1324; BGH 20.7.2010, NZG 2010, 991; Ebenroth/Boujong/Gehrlein Rn. 31; MüKoHGB/Fleischer § 105 Rn. 473; Wiesner, Die Lehre von der fehlerhaften Gesellschaft, 1980, 43 ff.

[233] BGH 19.5.2022, ZIP 2022, 1932 Rn. 6; 6.11.2018, ZIP 2019, 22 Rn. 28, 31; 6.12.2016, NZG 2017, 339 Rn. 18; 19.11.2013, BGHZ 199, 104 = NZG 2013, 1422 Rn. 11 f.; 23.7.2013, NZG 2013, 1060 Rn. 17; 26.9.2005, DB 2005, 2573 = NJW-RR 2006, 178; 24.5.1993, NJW 1993, 2107; 29.6.1992, NJW 1992, 2696 (2698); 24.9.1979, BGHZ 75, 214 (217 f.) = NJW 1980, 638; 25.3.1974, BGHZ 62, 234 (237) = NJW 1974, 1201; 29.6.1970, BGHZ 55, 5 (8 f.) = NJW 1971, 375; Blaurock Stille Gesellschaft-HdB/Blaurock Rn. 11.11.; GK-HGB/Fahse/Gesmann-Nuissl Rn. 3, 29; Ebenroth/Boujong/Gehrlein Rn. 31; Kiethe DStR 2005, 924 (928); Konzen FS Westermann, 2008, 1133 (1144 ff.); RGHMW/Mock Rn. 69; Hopt/Roth Rn. 11; Henssler/Strohn/Servatius Rn. 19; Wiesner, Die Lehre von der fehlerhaften Gesellschaft, 1980, 165 ff.; nunmehr auch Heymann/Wackerbarth Rn. 37.

[234] Staub/Harbarth Rn. 176 ff.; Hey NZG 2004, 1097 (1098 f.); zweifelnd auch OLG Schleswig 5.12.2002, AG 2003, 526 (527) = BKR 2003, 36 (38); 13.6.2002, ZIP 2002, 1244 (1247) = NZG 2003, 1059 (1062); OGH 24.10.2000, NZG 2001, 465; ähnlich OLG Rostock 1.3.2001, ZIP 2001, 1009 (1011) = WM 2001, 1413 (1415), das auch auf den Verbraucherschutz abstellt; diff. OLG Jena 26.2.2003, NZG 2004, 131 (132 f.).

[235] Bayer/Riedel NJW 2003, 2567 (2571 f.).

[236] Brox BB 1964, 523 (527); R. Fischer JR 1962, 201 (204); Soergel/Hadding/Kießling BGB § 705 Rn. 92.

[237] MüKoHGB/K. Schmidt Rn. 134; jetzt auch MüKoBGB/Schäfer BGB § 705 Rn. 344; Schäfer GWR 2014, 25 (26 f.); Schäfer/Fallak FS Kübler, 2015, 607 (609 f.).

[238] Staub/Harbarth Rn. 181; MüKoBGB/Schäfer BGB § 705 Rn. 344.

[239] Staub/Harbarth Rn. 182; Schäfer ZHR 170 (2006), 373 (396); MüKoHGB/K. Schmidt Rn. 133.

[240] BGH 19.11.2013, NZG 2013, 1422 Rn. 24; Schäfer GWR 2014, 25 (26 f.); MüKoHGB/K. Schmidt Rn. 132 f.

nandersetzungsguthaben nicht entgegensteht (→ § 105 Rn. 151).[241] Die Haustürgeschäfte-RL gab in den Art. 5 Abs. 2 Haustürgeschäfte-RL, Art. 7 Haustürgeschäfte-RL nur vor, dass der Verbraucher aus dem Vertrag zu entlassen war und überließ die Regelung der Rechtsfolgen den Mitgliedstaaten. Auch der Grundsatz des effet utile stand der Lehre von der fehlerhaften Gesellschaft nicht entgegen, da er nur so weit reicht, wie die Regelungen der Richtlinie, deren effektive Umsetzung er sicherstellen soll.[242] Zudem ist die Lehre von der fehlerhaften Gesellschaft, soweit man ihre Geltung anerkennt, im Gesellschaftsrecht das speziellere Konzept für die Rückabwicklung fehlerhafter Gesellschaftsverträge, das die Interessen der Gesellschafter und der Gläubiger in Einklang bringt und zugleich einen Wettlauf der stillen Teilhaber verhindert.[243]

Inzwischen ist die **Verbraucherrechte-RL** (RL 2011/83/EU) an die Stelle der Haustürwiderrufsrichtlinie getreten und bestimmt in Art. 13 Verbraucherrechte-RL, dass alle Leistungen, die vom Verbraucher erbracht wurden, unverzüglich zurückzuzahlen sind. Nach dem Erwägungsgrund 8 Verbraucherrechte-RL soll jedoch das (mitgliedstaatliche) Gesellschaftsrecht unberührt bleiben. Damit ist eine Anwendung der Lehre von der fehlerhaften Gesellschaft weiterhin möglich, denn diese trägt den Besonderheiten von Gesellschaften Rechnung und ist damit spezifisch gesellschaftsrechtlicher Natur. Dass stille Gesellschaften im europäischen Kollisionsrecht nicht als Gesellschafts-, sondern als Schuldrecht qualifiziert werden (→ Rn. 119), steht nicht entgegen, denn die kollisionsrechtliche Qualifikation fußt auf den Bedürfnissen des IPR und lässt sich nicht verallgemeinern. 67

b) Voraussetzungen. Zu den Voraussetzungen → § 105 Rn. 143 ff. Die Lehre von der fehlerhaften Gesellschaft greift erst ein, wenn die stille Gesellschaft in Vollzug gesetzt ist. Maßgeblich ist das tatsächliche Handeln der Gesellschafter zur Verfolgung des Gesellschaftszwecks. Hierfür genügt bei einer stillen Gesellschaft nicht, dass der Inhaber sein Handelsgewerbe betreibt, da er dies unabhängig von der Gründung einer stillen Gesellschaft unternimmt. Zudem handelt es sich bei der stillen Beteiligung um eine Innengesellschaft, sodass es für den Vollzug auf die Wahrnehmung der Rechte bzw. die Erfüllung der Pflichten aus der stillen Gesellschaft ankommt. Die Gesellschaft ist mit dem (teilweisen) Leisten der Einlage[244] oder der Inanspruchnahme von Kontroll- oder Mitwirkungsrechten durch den stillen Gesellschafter in Vollzug gesetzt; ebenso durch die Auszahlung von Gewinnanteilen oder deren Gutschrift auf dem Einlagen- oder Privatkonto des stillen Teilhabers.[245] Zum Teil wird auch das Tätigwerden des Geschäftsinhabers im Einverständnis mit dem stillen Gesellschafter als ausreichend angesehen.[246] Zum Vorrang schutzwürdiger Interessen → § 105 Rn. 148. 68

c) Rechtsfolgen. aa) Recht zur außerordentlichen Kündigung. Soweit die Lehre von der fehlerhaften Gesellschaft Anwendung findet, ist die fehlerhafte stille Gesellschaft so zu behandeln, als sei der Gesellschaftsvertrag wirksam (→ § 105 Rn. 154 ff.). Den Inhaber und den stillen Teilhaber treffen alle Rechte und Pflichten, die sich aus dem wirksamen Gesellschaftsverhältnis ergäben. Die Fehlerhaftigkeit des Gesellschaftsvertrags gibt den Gesellschaftern das Recht zur außerordentlichen Kündigung.[247] Im Anschluss daran erfolgt die Auseinandersetzung nach § 235 (→ § 235 Rn. 3, 11).[248] 69

bb) Rückgewähr der Einlage. Grundsätzlich hat der stille Gesellschafter nur einen Anspruch auf das Auseinandersetzungsguthaben nach § 235 und nicht auf Rückgewähr der Einlage. Etwas anderes kommt allerdings in Betracht, wenn der stille Teilhaber gegenüber dem Geschäftsinhaber einen Schadensersatzanspruch hat, etwa aus § 280 Abs. 1 BGB, § 311 BGB. Nach allgemeinem Schadensersatzrecht folgt hieraus das Recht des stillen Inhabers, so gestellt zu werden, wie er stünde, 70

[241] EuGH 15.4.2010, Slg. 2010, I-2947 Rn. 50 = NJW 2010, 1511 – E. Friz; BGH 22.5.2012, ZIP 2012, 1504 (1509) = NJW 2013, 155; 7.6.2011, NJW-RR 2011, 1059 (1060); 7.12.2010, NJW-RR 2011, 406 (407); 12.7.2010, NJW 2010, 3096; dazu Oechsler NJW 2008, 2471.

[242] Schubert WM 2006, 1328 (1330 f.).

[243] BGH 7.6.2011, NJW-RR 2011, 1059 (1060); Armbrüster ZfIR 2004, 929 (931); Lenenbach WM 2004, 501 (503); Wagner WM 2004, 2240 (2249); Wagner NZG 2005, 499 (501); Westermann ZIP 2002, 240 (243); Schubert WM 2006, 1328 (1332); s. auch Oechsler NJW 2008, 2471 (2472 ff.); **aA** Rohlfing NZG 2003, 854 (857).

[244] BGH 21.3.2005, NJW 2005, 1784 (1785); 29.11.2004, NJW-RR 2005, 627 (628); 29.6.1992, NJW 1992, 2696 (2698); 29.11.1952, BGHZ 8, 157 (168) = NJW 1953, 818; **aA** MüKoBGB/Schäfer BGB § 705 Rn. 315.

[245] BGH 27.6.2000, NJW 2000, 3558 (3560); 14.10.1991, NJW 1992, 1501 (1502); 10.4.1978, NJW 1978, 2505 (2506); Staudinger/Habermeier, 2003, BGB § 705 Rn. 66; Soergel/Hadding/Kießling BGB § 705 Rn. 71; Ebenroth/Boujong/Gehrlein Rn. 33; vgl. MüKoBGB/Schäfer BGB § 705 Rn. 331.

[246] BGH 24.10.1951, BGHZ 3, 285 (288) = NJW 1952, 97; C. Schäfer, Die Lehre vom fehlerhaften Verband, 2002, 252 ff.; Ebenroth/Boujong/Gehrlein Rn. 33.

[247] Ebenroth/Boujong/Gehrlein Rn. 38; Hopt/Roth Rn. 11.

[248] BGH 6.2.1984, NJW 1984, 1455 f.; 2.7.1962, BGHZ 37, 299 (305) = NJW 1958, 668; Ebenroth/Boujong/Gehrlein Rn. 38.

wenn er den Gesellschaftsvertrag nicht geschlossen hätte (negatives Interesse). Wie der BGH zutreffend entschieden hat, unterliegt der Schadensersatzanspruch bei stillen Gesellschaften mit verbandsmäßiger Struktur jedoch Beschränkungen, denn ein über den Auseinandersetzungsanspruch hinausgehender Schadensersatzanspruch darf die gleichmäßige Befriedigung der Abfindungs- und Auseinandersetzungsansprüche der übrigen Gesellschafter nicht gefährden.[249] Vor Beendigung der Auseinandersetzung besteht ein durchsetzbarer Schadensersatzanspruch in diesen Konstellationen daher nur, „wenn und soweit das Vermögen des Geschäftsinhabers im Zeitpunkt der Entscheidung über den Schadensersatzanspruch eines einzelnen Anlegers sowohl die zu diesem Zeitpunkt bestehenden (hypothetischen) Abfindungs- oder Auseinandersetzungsansprüche aller stillen Gesellschafter als auch den Schadensersatzanspruch des betreffenden Anlegers deckt".[250] Bei sonstigen stillen Gesellschaften stellt sich aufgrund der hier insoweit vertretenen Nichtanwendbarkeit der Lehre von der fehlerhaften Gesellschaft (→ Rn. 65) die Frage nach einer Beschränkung der Schadensersatzansprüche infolge dieser Lehre nicht.[251]

VI. Rechte und Pflichten des Inhabers des Handelsgewerbes

71 **1. Allgemeines.** Die Pflichten eines Personengesellschafters setzen sich aus der Beitrags- und der Treuepflicht zusammen. Zu den Rechten gehören im Allgemeinen Teilnahme-, Informations- und Vermögensrechte sowie Lösungs- und Klagerechte. Für den **Geschäftsinhaber** besteht die Beitragspflicht im Betrieb des Handelsgewerbes und der Geschäftsführung, die er bei einer typischen stillen Gesellschaft allein innehat. Teilnahme- und Informationsrechte spielen für den Geschäftsinhaber demgemäß keine Rolle. Das Gleiche gilt für die Vermögensrechte, da bei der stillen Gesellschaft kein (Gesamthands)Vermögen gebildet wird. Der Inhaber hat, soweit der stille Gesellschafter eine Einlage zu leisten hat, hauptsächlich einen Anspruch auf Leistung dieser Einlage. Lösungsrechte ergeben sich aus § 234 iVm §§ 132 f. und § 740a BGB.

72 **2. Betrieb des Handelsgewerbes.** Der Geschäftsinhaber verpflichtet sich im Gesellschaftsvertrag, sein Handelsgewerbe zu betreiben (§ 230 Abs. 1). Er ist dem Stillen verpflichtet, im **gemeinsamen Interesse** und auf **gemeinsame Rechnung** tätig zu werden. Das in §§ 117 f. geregelte **Wettbewerbsverbot** gilt für den Geschäftsinhaber zwar grundsätzlich nicht.[252] Eine analoge Anwendung dieser Vorschriften ist aufgrund der vergleichbaren Gefährdungslage jedoch in Fällen einer Innen-KG (→ Rn. 43) zu befürworten, in denen der Geschäftsinhaber als Quasi-Komplementär auftritt.[253] Darüber hinaus ist eine analoge Anwendung zu erwägen, wenn die stille Gesellschaft Treuhandelemente aufweist und das Unternehmen für Rechnung des stillen Gesellschafters betrieben wird.[254] Im Übrigen folgt aus der Pflicht des Geschäftsinhabers zum Tätigwerden im gemeinsamen Interesse und auf gemeinsame Rechnung, dass er Geschäfte, die dem Handelsgewerbe zuzuordnen sind, nicht auf eigene Rechnung durchführen darf, da der stille Teilhaber ansonsten nicht im vereinbarten Maß an der Gewinnerzielung partizipieren würde.[255] Etwas anderes gilt nur, wenn das Rechtsgeschäft außerhalb des Handelsgewerbes anzusiedeln ist oder der stille Gesellschafter der Durchführung auf

[249] BGH 29.7.2014, BeckRS 2014, 16769 Rn. 9; 19.11.2013, BGHZ 199, 104 = NZG 2013, 1422 Rn. 16 ff., 29; zust. Blaurock/Gimmler ZGR 2014, 371 (391 ff.); Schäfer GWR 2014, 25 (26 f.); Schäfer/Fallak FS Kübler, 2015, 607 (610 f.); Henssler/Strohn/Servatius Anh. Rn. 54, 54a; K. Schmidt ZIP 2014, 1457 (1462 f.); iErg Gehrlein WM 2021, 805 (813 f.); krit. Mock DStR 2014, 536 (540).

[250] BGH 19.11.2013, BGHZ 199, 104 Rn. 29 f. = NZG 2013, 1422; zust. Gehrlein WM 2021, 805 (814); zur näheren Ausformung und kritischen Auseinandersetzung mit diesen Leitlinien Blaurock/Gimmler ZGR 2014, 371 (394 f.); Mock DStR 2014, 536 (540); Mock DStR 2014, 598 (599 ff.); Schäfer/Fallak FS Kübler, 2015, 607 (611 ff.); K. Schmidt ZIP 2014, 1457 (1462 f.).

[251] Gegen eine Beschränkung bei sonstigen stillen Gesellschaften BGH 26.9.2005, NJW-RR 2006, 179 (180); 18.4.2005, NJW-RR 2005, 1217 (1218); 21.3.2005, NJW 2005, 1784 (1785); 29.11.2004, NJW-RR 2005, 627 (628); 19.7.2004, NJW-RR 2004, 1407; zust. Konzen FS Westermann, 1133 (1147 f.); Wertenbruch, NJW 2005, 2823; Gehrlein WM 2021, 805 (813); krit. Blaurock/Gimmler ZGR 2014, 371 (385 f., 388); Schäfer GWR 2014, 25 (27); Mock DStR 2014, 536 (537 ff.).

[252] Ebenroth/Boujong/Gehrlein Rn. 45; GK-HGB/Fahse/Gesmann-Nuissl Rn. 43, 49; Hopt/Roth Rn. 16; s. auch BGH 5.12.1983, BGHZ 89, 162 (166) = NJW 1984, 1351.

[253] Blaurock Stille Gesellschaft-HdB/Lamprecht Rn. 12.33; Staub/Harbarth Rn. 188; MüKoHGB/K. Schmidt Rn. 142; dies ebenfalls in Erwägung ziehend RGHMW/Mock Rn. 96. Für atypische stille Gesellschaften eine Analogie befürwortend BGH 5.12.1983, BGHZ 89, 162 (166) = NJW 1984, 1351; dies ebenfalls in Erwägung ziehend GK-HGB/Fahse/Gesmann-Nuissl Rn. 49; Ebenroth/Boujong/Gehrlein Rn. 45; Hopt/Roth Rn. 16.

[254] Eine solche Analogie befürwortend MüKoHGB/K. Schmidt Rn. 142; in Erwägung ziehend RGHMW/Mock Rn. 96.

[255] OLG Düsseldorf 15.5.1986, NJW-RR 1986, 1294 (1296); Staub/Harbarth Rn. 189; Ebenroth/Boujong/Gehrlein Rn. 45; GK-HGB/Fahse/Gesmann-Nuissl Rn. 43.

Rechnung des Inhabers zugestimmt hat.[256] Sofern der Geschäftsinhaber in unzulässiger Weise Geschäfte auf private Rechnung vornimmt, hat der stille Gesellschafter keine dem § 118 entsprechenden Rechte, da es sich bei der stillen Gesellschaft um eine Innengesellschaft handelt.[257] Er hat jedoch einen Anspruch auf Schadensersatz in Form der Naturalrestitution.[258] Das Handelsgewerbe ist daher wirtschaftlich so zu stellen, als habe der Inhaber das Geschäft auf gemeinsame Rechnung vorgenommen.

Die Pflicht des Geschäftsinhabers zum Betrieb des Handelsgewerbes und die damit verbundene 73
Förderung des Gesellschaftszwecks gehen nicht so weit, dass der Inhaber Verluste mit seinem Privatvermögen ausgleichen muss.[259] Abweichendes, insbesondere eine Verlustausgleichspflicht, lässt sich im Gesellschaftsvertrag vereinbaren.

3. Geschäftsführung. Die Geschäftsführung als uneigennütziges Recht steht nach der Konzep- 74
tion der **typischen stillen Gesellschaft** in §§ 230 ff. allein dem Geschäftsinhaber zu. Er hat einen weiten Handlungsspielraum und kann nicht nur alle gewöhnlichen, sondern auch alle außergewöhnlichen Geschäfte vornehmen, die zum Betrieb des Handelsgewerbes gehören.[260] Der stille Gesellschafter hat grundsätzlich kein Widerspruchsrecht gem. § 715 Abs. 4 BGB. Zudem kann er dem Inhaber die Geschäftsführungsbefugnis nicht gem. § 715 Abs. 5 BGB oder § 116 Abs. 5 aus wichtigem Grund entziehen.[261] Im Gegenzug ist der Inhaber als Geschäftsführer zur Auskunft und Rechenschaft verpflichtet (§§ 233, 166). Soweit er Verluste zu Lasten des stillen Gesellschafters berücksichtigen will, muss er sie darlegen und ggf. beweisen.[262] Der Gesellschaftsvertrag kann die Geschäftsführungsbefugnis des Inhabers begrenzen und insbesondere dem stillen Teilhaber Einwirkungsmöglichkeiten eröffnen (**atypische stille Gesellschaft** → Rn. 40 ff.). Ihm kann zB ein Widerspruchsrecht entsprechend § 715 Abs. 4 BGB gewährt[263] oder ein Zustimmungsvorbehalt für bestimmte Geschäfte eingeräumt werden. Auch ein Weisungsrecht des stillen Gesellschafters kann der Gesellschaftsvertrag enthalten.[264] Diese Rechte muss der stille Gesellschafter unter Berücksichtigung seiner Treuepflicht (→ Rn. 92 f.) ausüben.

Unabhängig von derartigen speziellen Regelungen ergeben sich aus dem Gesellschaftsverhältnis 75
immanente Grenzen für die Geschäftsführung des Inhabers. Die Einlage des Stillen darf der Inhaber nur zur Förderung des Handelsgewerbes, **nicht für gesellschaftsfremde Zwecke** einsetzen. Ihm ist nicht erlaubt, die Einlage und sonstige Betriebsmittel in sein Privatvermögen zu überführen.[265] Zu Privatentnahmen aus seinem Handelsgewerbe ist der Inhaber nur im vereinbarten Maß berechtigt. Insbesondere darf er dem Handelsgewerbe nicht die erforderlichen Mittel für seinen Betrieb entziehen. Darüber hinaus muss sich die Geschäftsführung auf den im Gesellschaftsvertrag **vereinbarten Unternehmensgegenstand** beziehen. Das Ergebnis von Geschäften, die nicht den gemeinsam verfolgten Zweck betreffen, muss der stille Gesellschafter nicht gegen sich gelten lassen.[266] Der stille Teilhaber kann der Geschäftsführung des Inhabers aber nachträglich zustimmen. Eine Genehmigung muss alsbald nach Kenntnis von dem Geschäft erfolgen.[267] Nach einer Verweigerung der Zustimmung kann er das Geschäft nicht mehr genehmigen.

Die Geschäftsführung ist auf die **Fortführung des Geschäftsbetriebs** zur gemeinsamen Zweck- 76
verfolgung beschränkt. Der Inhaber darf die wesentliche Grundlage des Handelsgewerbes nicht gegen

---

[256] Vgl. Ebenroth/Boujong/Gehrlein Rn. 45.

[257] Blaurock Stille Gesellschaft-HdB/Lamprecht Rn. 12.34; Ebenroth/Boujong/Gehrlein Rn. 45; **aA** Staub/Harbarth Rn. 190.

[258] BGH 5.12.1983, DB 1984, 495 (496) = NJW 1984, 1351 (1352); RG 17.11.1916, RGZ 89, 99 (103 f.); Blaurock Stille Gesellschaft-HdB/Lamprecht Rn. 12.34; Ebenroth/Boujong/Gehrlein Rn. 45.

[259] Staub/Harbarth Rn. 194; Ebenroth/Boujong/Gehrlein Rn. 47.

[260] Staub/Harbarth Rn. 195; Blaurock Stille Gesellschaft-HdB/Lamprecht Rn. 12.19; Ebenroth/Boujong/Gehrlein Rn. 48; GK-HGB/Fahse/Gesmann-Nuissl Rn. 34.

[261] Staub/Harbarth Rn. 211; Blaurock Stille Gesellschaft-HdB/Lamprecht Rn. 12.22; Ebenroth/Boujong/Gehrlein Rn. 48; GK-HGB/Fahse/Gesmann-Nuissl Rn. 44.

[262] BGH 30.11.1959, NJW 1960, 433; GK-HGB/Fahse/Gesmann-Nuissl Rn. 50.

[263] OLG Dresden 21.11.2002, WM 2004, 726 (727); Staub/Harbarth Rn. 68, 150, 215.

[264] BGH 18.10.1965, DB 1966, 187 = WM 1966, 29; 29.11.1952, BGHZ 8, 157 (160) = NJW 1953, 818; Staub/Harbarth Rn. 215.

[265] BGH 14.11.1994, NJW 1995, 1353 (1354); 29.6.1987, NJW 1988, 413 (414); 25.9.1963, BB 1963, 1277 = BeckRS 1963, 31188381; RG 20.12.1929, RGZ 126, 386 (391); Staub/Harbarth Rn. 208; GK-HGB/Fahse/Gesmann-Nuissl Rn. 45; Hopt/Roth Rn. 13, 17.

[266] BGH 29.6.1987, NJW 1988, 413 (414); 25.9.1963, BB 1963, 1277 = BeckRS 1963, 31188381; RG 8.3.1918, RGZ 92, 292 (294); Staub/Harbarth Rn. 208.

[267] RG 8.3.1918, RGZ 92, 292 (294); Staub/Harbarth Rn. 198, 208; Blaurock Stille Gesellschaft-HdB/Lamprecht Rn. 12.63; Ebenroth/Boujong/Gehrlein Rn. 52.

den Willen des stillen Gesellschafters ändern.[268] Ohne die Zustimmung des stillen Teilhabers darf er das Unternehmen oder wesentliche Teile davon nicht veräußern oder einstellen.[269] Das Zustimmungserfordernis gilt auch für wesentliche Erweiterungen bzw. Einschränkungen des Geschäftsbetriebs, da sie die Zweckverfolgung durch die Gesellschaft gleichermaßen betreffen.[270] Folglich umfasst die Geschäftsführung des Inhabers nicht die Befugnis, den Gegenstand des Handelsgewerbes auszutauschen. Er darf nur Änderungen vornehmen, die bei Unternehmen, die in gleicher Weise ausgestattet sind, ebenfalls als üblich gelten.[271] Mit solchen Veränderungen muss der stille Teilhaber rechnen. Die Verlegung des Unternehmenssitzes und die Änderung der Firma bedürfen hingegen der Zustimmung; ebenso der Wechsel der Rechtsform oder die Aufnahme weiterer Gesellschafter, sofern dies die Rechtsstellung des stillen Teilhabers tangiert. Die Zustimmung ist daher erforderlich, wenn ein Komplementär oder Kommanditist in das Handelsgewerbe eines Einzelkaufmanns aufgenommen wird. Das führt zur Gründung einer OHG bzw. KG, in die das bestehende Unternehmen eingebracht wird. Das entspricht de facto einer Unternehmensveräußerung und bedarf der Zustimmung des stillen Gesellschafters.[272] Etwas anderes gilt bei einer stillen Gesellschaft mit einer Kapital- oder Personenhandelsgesellschaft, deren Gesellschafter wechseln. Geschäftsinhaber bleibt stets die rechtsfähige Gesellschaft.

77 Eine **Umwandlung** des Geschäftsinhabers kann durch Verschmelzung, Spaltung oder Formwechsel erfolgen. Das UmwG selbst regelt keine Zustimmungspflicht des stillen Gesellschafters. Die Umwandlung führt jedoch zu einer Veränderung des Handelsgewerbes und ist ein außergewöhnliches Geschäft. Daher bedarf es im Innenverhältnis der Zustimmung des stillen Teilhabers, sofern sein Interesse als Gesellschafter tangiert ist (zB Veränderung der Einflussmöglichkeiten, der Gewinnbeteiligung oder der Haftungslage nach der Umwandlung).[273]

78 In Einzelfällen wandelt sich das Zustimmungsrecht des stillen Gesellschafters in eine **Zustimmungspflicht** um.[274] Die Treuepflicht (→ Rn. 92 f.) kann dem stillen Teilhaber aufgeben, der Änderung des Handelsgewerbes zuzustimmen. Das gilt insbesondere, wenn die Veränderungen erforderlich sind, um das Handelsgewerbe zu fördern, und die damit einhergehenden rechtlichen und tatsächlichen Veränderungen dem Stillen zumutbar sind. Ungeklärt ist derzeit, ob der Geschäftsinhaber im Fall der Eigenverwaltung nach § 276a InsO von den Beschränkungen der Geschäftsführungsbefugnis im Verhältnis zum stillen Gesellschafter befreit ist. Dagegen spricht, dass sich die Bestimmung auf die gesellschaftsinternen Beschränkungen des Handelsgewerbes bezieht, an dem die stille Beteiligung besteht.[275]

79 Die Verletzung der Geschäftsführungsbefugnisse berührt die **Wirksamkeit der Rechtsgeschäfte** im Außenverhältnis nicht, sondern zieht nur im Innenverhältnis zwischen Inhaber und stillem Gesellschafter rechtliche Folgen nach sich.[276] Der Stille hat einen Anspruch auf **Schadensersatz** und ggf. ein **Recht zur außerordentlichen Kündigung** (→ § 234 Rn. 15 ff.).[277] Der Schadensersatzanspruch geht grundsätzlich auf Naturalrestitution, dh der Geschäftsinhaber muss dem Handelsgewerbe dasjenige zuführen, was durch die pflichtwidrige Geschäftsführung verloren gegangen ist.[278] Sofern das unmöglich ist, muss der Inhaber dem stillen Teilhaber den Wertverlust ausgleichen, den die stille

[268] BGH 29.6.1987, NJW 1988, 413 (414); 21.4.1980, BB 1980, 958 (959) = BeckRS 1980, 31008620; 25.9.1963, BB 1963, 1277 = BeckRS 1963, 31188381; Sedlmayer DNotZ 2003, 611 (613); Staub/Harbarth Rn. 199; GK-HGB/Fahse/Gesmann-Nuissl Rn. 45; Hopt/Roth Rn. 15.

[269] BGH 25.9.1963, BB 1963, 1277 = BeckRS 1963, 31188381; Staub/Harbarth Rn. 201; Blaurock Stille Gesellschaft-HdB/Lamprecht Rn. 12.13; MüKoHGB/K. Schmidt Rn. 138; Ebenroth/Boujong/Gehrlein Rn. 51; KKD/Kindler Rn. 21; Henssler/Strohn/Servatius Rn. 29; einschr. zur Umwandlung Winter FS Peltzer, 2001, 645 (650 f.).

[270] BGH 25.9.1963, BB 1963, 1277 = BeckRS 1963, 31188381; Staub/Harbarth Rn. 200.

[271] RG 8.3.1918, RGZ 92, 292; Ebenroth/Boujong/Gehrlein Rn. 51.

[272] MüKoHGB/K. Schmidt Rn. 138, 179; Heymann/Wackerbarth Rn. 44; Hopt/Roth Rn. 15; diff. Janzen, Die Übertragung und Belastung von Mitgliedschaften in der stillen Gesellschaft, 1979, 104 f. (nach der Geschäftsführungsbefugnis des aufgenommenen Gesellschafters).

[273] MüKoHGB/K. Schmidt Rn. 138; MHdB GesR II/Erhardt § 80 Rn. 14 ff.; Blaurock Stille Gesellschaft-HdB/Lamprecht Rn. 17.44; Ebenroth/Boujong/Gehrlein Rn. 51; GK-HGB/Fahse/Gesmann-Nuissl Rn. 46; **aA** Sudhoff/Sudhoff GmbHR 1981, 235 (236).

[274] Ebenroth/Boujong/Gehrlein Rn. 51; vgl. Staub/Harbarth Rn. 187 (Unbeachtlichkeit der Zustimmungsverweigerung).

[275] RGHMW/Mock Rn. 94.

[276] BGH 29.6.1987, NJW 1988, 413 (414); Blaurock Stille Gesellschaft-HdB/Lamprecht Rn. 12.3; Windbichler ZGR 1989, 434 (437); Ebenroth/Boujong/Gehrlein Rn. 53, 55.

[277] BGH 29.6.1987, NJW 1988, 413 (414); MüKoHGB/K. Schmidt Rn. 139, 179; Staub/Harbarth Rn. 212 f.; Blaurock Stille Gesellschaft-HdB/Lamprecht Rn. 12.26 ff.

[278] BGH 29.6.1987, NJW 1988, 413 (414); Hopt/Roth Rn. 13.

Beteiligung erlitten hat.[279] Hat der Inhaber Geschäfte gegen den berechtigten Widerspruch bzw. ohne die erforderliche Zustimmung des stillen Gesellschafters vorgenommen, kann dieser demgemäß verlangen, dass er bei der Gewinnbeteiligung so gestellt wird, wie er bei pflichtgemäßem Lauf der Dinge gestanden hätte.[280] Zudem kann er verlangen, dass bei der Auseinandersetzung die Geschäfte außer Acht bleiben, die der Inhaber unter Verletzung der gesellschaftsvertraglichen Pflichten für das Handelsgewerbe vorgenommen hat.[281] Er hat indes keinen Anspruch auf den Gewinn aus einem Geschäft, das der Inhaber pflichtwidrig für sein Privatvermögen vorgenommen hat.[282] Stellt der Inhaber den Betrieb des Handelsgewerbes ein, kann der Stille auf dessen Fortführung klagen (aber: § 888 Abs. 2 ZPO).[283]

Die **Entziehung der Geschäftsführungsbefugnis** ist grundsätzlich **ausgeschlossen.**[284] Sofern **80** ausnahmsweise im Gesellschaftsvertrag ein Recht auf Entziehung der Geschäftsführungsbefugnis zugunsten des stillen Teilhabers vereinbart ist, hat seine Ausübung nur zur Folge, dass die Geschäftsführungsbefugnis des Inhabers entfällt.[285] Seine (unentziehbare) Vertretungsmacht bleibt bestehen. Ein neuer Geschäftsführer – dies kann nach Maßgabe der gesellschaftsvertraglichen Regelung der stille Gesellschafter oder ein Dritter sein – erlangt nicht automatisch Vertretungsmacht.[286] Es bedarf vielmehr der Bevollmächtigung, die in Form einer Prokura, Handlungsvollmacht oder Generalvollmacht nach dem BGB erteilt werden kann. Die Bevollmächtigung kann nur durch den Geschäftsinhaber erfolgen.[287] Der Gesellschaftsvertrag bzw. seine Treuepflicht als Gesellschafter (→ Rn. 82 f.) kann ihn hierzu verpflichten. Weigert er sich, führt dies zur Auflösung der stillen Gesellschaft.[288]

4. Tätigkeitsvergütung. Der Betrieb des Handelsgewerbes und das Führen seiner Geschäfte **81** stellen den Beitrag des Geschäftsinhabers zur stillen Gesellschaft dar. Daher erhält er keine Vergütung für sein Tätigwerden, sofern der Gesellschaftsvertrag nichts anderes bestimmt.[289] Dies wird nun ausdrücklich in § 736d Abs. 5 S. 3 BGB iVm § 740b Abs. 2 BGB klargestellt. Die Aufwendungen des Inhabers sind gewinnmindernd bei der jährlichen Abrechnung der stillen Gesellschaft nach § 232 zu berücksichtigen.[290] Ein selbständiger Anspruch gem. § 716 BGB besteht nicht,[291] da die Geschäftsführung als Beitrag des Geschäftsinhabers keinem unentgeltlichen Auftrag entspricht. Etwas anderes kann sich bei atypischen stillen Gesellschaften ergeben, wenn die Geschäftsführung dem stillen Teilhaber übertragen und somit kein Beitrag des Geschäftsinhabers ist.[292]

5. Treuepflicht. Aus dem Gesellschaftsverhältnis ergibt sich für die Gesellschafter eine Treue- **82** pflicht.[293] Sie beruht auf dem Zusammenschluss zu einem gemeinsamen Zweck und ist bei Personengesellschaften wegen des persönlichen Vertrauens in der Regel stärker ausgeprägt als bei Kapitalgesellschaften. Ihre Intensität hängt von der persönlichen Verbundenheit der Gesellschafter, der Dauer ihres Zusammenschlusses und der Einwirkungsmöglichkeit auf die Geschäftsführung ab. Bei der **typischen stillen Gesellschaft** als Innengesellschaft obliegt allein dem Inhaber des Handelsgewerbes

---

[279] BGH 29.6.1987, NJW 1988, 413 (414); MHdB GesR II/Erhardt § 80 Rn. 28, 30; Ebenroth/Boujong/Gehrlein Rn. 55; Windbichler ZGR 1989, 434 (442); vgl. auch Staub/Harbarth Rn. 213.

[280] BGH 14.11.1994, NJW 1995, 1353 (1354 f.); 29.6.1987, NJW 1988, 413 (414); Blaurock Stille Gesellschaft-HdB/Lamprecht Rn. 12.26; RGHMW/Mock Rn. 97, 97a; MHdB GesR II/Erhardt § 80 Rn. 28; Ebenroth/Boujong/Gehrlein Rn. 56; KKD/Kindler Rn. 23.

[281] Vgl. Ebenroth/Boujong/Gehrlein Rn. 56; Hopt/Roth Rn. 13; MüKoHGB/K. Schmidt Rn. 179.

[282] Vgl. Blaurock Stille Gesellschaft-HdB/Lamprecht Rn. 12.26; Ebenroth/Boujong/Gehrlein Rn. 56; Staub/Harbarth Rn. 208; allg. zum Gewinnausgleich Boosfeld, Gewinnausgleich, 2015.

[283] MHdB GesR II/Erhardt § 80 Rn. 22; Ebenroth/Boujong/Gehrlein Rn. 54.

[284] Staub/Harbarth Rn. 211; Ebenroth/Boujong/Gehrlein Rn. 57; Heymann/Wackerbarth Rn. 43; GK-HGB/Fahse/Gesmann-Nuissl Rn. 44; s. auch Blaurock Stille Gesellschaft-HdB/Lamprecht Rn. 12.22.

[285] Blaurock Stille Gesellschaft-HdB/Lamprecht Rn. 12.20 ff., 12.37; Ebenroth/Boujong/Gehrlein Rn. 57; Staub/Harbarth Rn. 211.

[286] Blaurock Stille Gesellschaft-HdB/Lamprecht Rn. 12.37; Ebenroth/Boujong/Gehrlein Rn. 57.

[287] Ebenroth/Boujong/Gehrlein Rn. 57; Staub/Harbarth Rn. 211.

[288] Ebenroth/Boujong/Gehrlein Rn. 57; Staub/Harbarth Rn. 211.

[289] Staub/Harbarth Rn. 196; GK-HGB/Fahse/Gesmann-Nuissl Rn. 51; Hopt/Roth Rn. 18; Henssler/Strohn/Servatius Rn. 32.

[290] MüKoHGB/K. Schmidt Rn. 181; K. Schmidt JuS 2003, 228 (231); Heymann/Wackerbarth Rn. 47; RGHMW/Mock Rn. 99; vgl. auch Staub/Harbarth Rn. 196.

[291] MüKoHGB/K. Schmidt Rn. 181; KKD/Kindler Rn. 17; Heymann/Wackerbarth Rn. 47; **aA** RGHMW/Mock Rn. 99; Staub/Harbarth Rn. 196; Hopt/Roth Rn. 18; Böttcher/Zartmann/Faut, Stille Gesellschaft und Unterbeteiligung, 3. Aufl. 1978, Rn. 78; NK-HGB/Partikel Rn. 43; Henssler/Strohn/Servatius Rn. 32.

[292] MüKoHGB/K. Schmidt Rn. 181.

[293] BGH 29.6.1987, NJW 1988, 413 (414); 25.9.1963, BB 1963, 1277 = BeckRS 1963, 31188381; 11.7.1951, BGHZ 3, 75 (81) = NJW 1951, 710; MüKoHGB/K. Schmidt Rn. 141, 155; Staub/Harbarth Rn. 185, 194; Ebenroth/Boujong/Gehrlein Rn. 42.

die Geschäftsführung. Sie rückt somit in die Nähe eines Kreditgeschäfts, sodass die Treuepflicht der Gesellschafter schwächer ausgeprägt ist als bei anderen Personengesellschaften.[294] Der Geschäftsinhaber ist hauptsächlich verpflichtet, den gemeinsamen Zweck nach Kräften zu fördern und im Konfliktfall soweit wie möglich zu berücksichtigen. Bei der Ausübung uneigennütziger Rechte (zB Geschäftsführung) ist der Inhaber stärker an die Treuepflicht gebunden als bei der Ausübung eigennütziger Rechte.[295] Bei **atypischen stillen Gesellschaften,** die dem stillen Teilhaber mehr Mitwirkungsrechte einräumen oder sogar Geschäftsführungsbefugnisse übertragen, entspricht das Verhältnis der Gesellschafter eher dem einer KG. Daher ist die Treuepflicht intensiver und mit der in einer KG vergleichbar.

83 Die Verletzung der Treuepflicht berührt nur das Innenverhältnis zwischen den Gesellschaftern. Aus ihr können **Schadensersatzansprüche** oder ein wichtiger Grund für eine **außerordentliche Kündigung** erwachsen.[296] Zudem kann die Treuepflicht die Unbeachtlichkeit einer treuwidrigen Geschäftsführungsmaßnahme begründen (→ Rn. 75). Zum **Inhalt der Treuepflicht** gehört vielfach die Pflicht, das Gesellschaftsverhältnis mit dem stillen Gesellschafter geheim zu halten.[297] Zum Wettbewerbsverbot → Rn. 72.

84 **6. Haftungsmaßstab.** Der gesonderte Haftungsmaßstab des § 708 BGB aF iVm § 277 BGB (Begrenzung auf die Verletzung der in eigenen Angelegenheiten üblichen Sorgfalt)[298] wurde im Zuge des MoPeG gestrichen.[299] Der allgemeine Sorgfaltsmaßstab des § 276 BGB gilt bei der stillen Gesellschaft nun generell. Inwieweit den besonderen Bedürfnissen bei der stillen Gesellschaft etwa durch Herausbildung einer verkehrskreisbezogenen Bestimmung des Sorgfaltsmaßstabs gem. § 276 Abs. 1 S. 1 BGB oder stillschweigend vereinbarte Haftungsausschlüsse Rechnung getragen werden kann, bleibt abzuwarten. Grundsätzlich empfiehlt sich Zurückhaltung bei der Annahme stillschweigend vereinbarter Haftungsausschlüsse, um nicht die in der Streichung des § 708 BGB aF zum Ausdruck kommende Wertung zu untergraben, auch wenn die Möglichkeit solcher Haftungsausschlüsse in der Gesetzesbegründung ausdrücklich bejaht wird.[300] Bei einer GmbH als Inhaber findet § 43 Abs. 1 GmbHG auf deren Geschäftsführer Anwendung.[301]

VII. Rechte und Pflichten des stillen Gesellschafters

85 **1. Allgemeines.** Kardinalpflicht des stillen Gesellschafters ist die **Beitragspflicht,** die typischerweise im Leisten, zumindest aber im Halten der Einlage besteht (→ Rn. 29). Nebenpflichten resultieren aus der **Treuebindung.** Weder bei einer typischen noch bei einer atypischen stillen Gesellschaft handelt der stille Gesellschafter im Außenverhältnis; daher **haftet** er **nicht** für die Verbindlichkeiten des Handelsgewerbes (→ Rn. 7, → Rn. 26).

86 Die **Rechte des typischen stillen Gesellschafters** setzen sich aus den Informationsrechten (→ § 233) und den Vermögensrechten (Anspruch auf den Gewinnanteil gem. § 232 Abs. 1, Anspruch auf das Auseinandersetzungsguthaben nach § 235) zusammen. Daneben hat er ein Lösungsrecht in Form eines Rechts zur ordentlichen bzw. außerordentlichen Kündigung (→ § 234 Rn. 7 ff.). Ein Teilnahmerecht, das ihm die Mitwirkung an der Zweckverfolgung durch die Gesellschaft ermöglicht, steht dem typischen stillen Gesellschafter hingegen nicht zu. Bei einer **atypischen stillen Gesellschaft** können dem stillen Teilhaber durch den Gesellschaftsvertrag Rechte etwa in Form von Widerspruchsrechten, Zustimmungsvorbehalten oder Geschäftsführungsbefugnissen eingeräumt sein. Im Fall einer Innen-KG entsprechen die Rechte denjenigen eines Kommanditisten (→ Rn. 43).[302] Eine Geltendmachung von Sozialansprüchen stiller Gesellschafter im Wege der **actio pro socio,** nun ausdrücklich geregelt in § 715b BGB, kommt nur bei atypischen stillen Gesellschaften in Betracht.[303]

---

[294] BGH 4.12.2001, NJW 2002, 1046 (1047); OLG Dresden 14.7.1999, NZG 1999, 1220 (1221).

[295] Blaurock Stille Gesellschaft-HdB/Lamprecht Rn. 12.42; Ebenroth/Boujong/Gehrlein Rn. 42; s. auch Staub/Harbarth Rn. 185, 194.

[296] Blaurock Stille Gesellschaft-HdB/Lamprecht Rn. 12.31; Ebenroth/Boujong/Gehrlein Rn. 43.

[297] Staub/Harbarth Rn. 186.

[298] Dazu MüKoHGB/K. Schmidt Rn. 165; Ebenroth/Boujong/Gehrlein Rn. 46; GK-HGB/Fahse/Gesmann-Nuissl Rn. 52; Hopt/Roth Rn. 17; Henssler/Strohn/Servatius Rn. 31.

[299] Begr. RegE MoPeG, BT-Drs. 19/27635, 140; Bachmann NJW 2021, 3073 (3075); krit. Schäfer Neues PersGesR/Schäfer § 6 Rn. 65.

[300] Begr. RegE MoPeG, BT-Drs. 19/27635, 140; vgl. Ebenroth/Boujong/Gehrlein Rn. 46.

[301] BGH 14.11.1994, NJW 1995, 1353 (1357); Hopt/Roth Rn. 17.

[302] Hierzu detailliert K. Schmidt ZHR 178 (2014), 10 (37 ff.).

[303] Eine Anspruchsverfolgung im Wege der actio pro socio auch bei atypischen stillen Gesellschaften abl. BGH 14.11.1994, NJW 1995, 1353 (1355); RGHMW/Mock Rn. 105; diff. hingegen Mock/Cöster GmbHR 2018, 67; MüKoHGB/K. Schmidt Rn. 186; K. Schmidt FS Bezzenberger, 2000, 401.

2. Einlage. Der Tatbestand einer stillen Gesellschaft setzt eine Einlageleistung des stillen Gesellschafters nicht voraus, ausreichend ist vielmehr das Halten einer Einlage; jedoch bildet die Vereinbarung einer Einlageleistung den Normalfall (→ Rn. 29). Die Leistungszeit bestimmt der Gesellschaftsvertrag. Fehlt es an einer Regelung, so ist die Einlage mit Abschluss des Gesellschaftsvertrags fällig. Der Anspruch verjährt bei typischen und atypischen stillen Gesellschaften grundsätzlich nach Maßgabe von §§ 195, 199 BGB.[304] Bei einer GmbH & Still und einer AG & Still ist eine analoge Anwendung von § 19 Abs. 6 GmbHG bzw. § 54 Abs. 4 AktG zu befürworten.[305] 87

Für die Erfüllung der Einlagepflicht kommen alle Formen der Erfüllung in Betracht, auch die Leistung an Erfüllungs statt.[306] Der stille Gesellschafter hat seine Einlagepflicht erfüllt, wenn er dem Inhaber das Recht an dem Vermögensgegenstand nach den jeweils maßgeblichen Vorschriften verschafft hat.[307] Eine Einlage in Geld kann bar bezahlt oder überwiesen werden. Zudem kann eine Forderung des stillen Teilhabers gegen den Inhaber mittels Aufrechnung oder vertraglicher Verrechnung in eine Einlage umgewandelt werden.[308] Bei einer Einlage in Form einer Gebrauchsüberlassung ist es erforderlich, dass der stille Gesellschafter dem Inhaber die Nutzung der Sache oder des Rechts überlässt. 88

Da eine Einlageleistung des Stillen nicht erforderlich ist, sondern ausreicht, dass er eine Einlage hält, kann auch ein **Dritter** und sogar der **Inhaber** für den stillen Gesellschafter die Einlage erbringen, sofern der Gesellschaftsvertrag nicht entgegensteht (§ 267 Abs. 1 BGB). Für eine Zuwendung durch den Geschäftsinhaber genügt die **Einbuchung auf dem Einlagekonto** des Stillen (→ Rn. 57 ff.). 89

Die Einlage verbleibt dem Geschäftsinhaber grundsätzlich für die gesamte Dauer der stillen Gesellschaft in voller Höhe. Im Gesellschaftsvertrag kann aber vereinbart werden, dass die Einlage nach einer bestimmten Zeit vorübergehend zurückgezahlt oder herabgesetzt wird, ohne dass die Gesellschaft endet. Ein Erlass der Einlageverpflichtung führt jedoch zum Wegfall eines typusbegründenden Merkmals der stillen Gesellschaft.[309] Behält der stille Gesellschafter eine Gewinnbeteiligung, so liegt ein (Teil-)Gewinnabführungsvertrag vor bzw., wenn der (atypische) stille Teilhaber bei der Zweckverfolgung weiter mitwirkt, eine Innen-GbR. 90

Sofern die Einlage nicht in Geld, sondern in **Sachen oder Rechten** besteht, gelten die Mängelgewährleistungsvorschriften des Kaufvertragsrechts entsprechend; bei Gebrauchsüberlassungen sind die mietvertraglichen Bestimmungen analog anzuwenden.[310] Die Vorschriften über Sacheinlagen gelten bei einer typischen stillen Gesellschaft hingegen nicht.[311] Der stille Gesellschafter hat keine Pflicht, das Stammkapital der Kapitalgesellschaft aufzubringen oder aufrechtzuerhalten, an der er beteiligt ist. Er ist kein Gesellschafter der Kapitalgesellschaft. Ausnahmsweise sind die **Kapitalerhaltungsvorschriften** dennoch anzuwenden, wenn eine atypische stille Gesellschaft mit einer GmbH besteht und der stille Teilhaber durch den Gesellschaftsvertrag einem GmbH-Gesellschafter gleichgestellt ist.[312] Auch bei einem GmbH-Gesellschafter, der zugleich stiller Gesellschafter der GmbH ist (sog. gesplittete Einlage), hat die Einlage den Charakter von Eigenkapital, wenn sie Bestandteil der Risikofinanzierung der GmbH sein soll.[313] Daher darf die Einlage nicht an den stillen Gesellschafter zurückgezahlt werden, wenn dadurch das Vermögen der GmbH unter den Betrag des Stammkapitals sinken würde (§ 30 GmbHG).[314] 91

3. Treuepflicht. Ebenso wie für den Inhaber ergibt sich aus dem Gesellschaftsverhältnis eine Treuepflicht, deren Intensität von der konkreten Ausgestaltung der betreffenden stillen Gesellschaft abhängt (→ Rn. 82). Wegen der fehlenden Geschäftsführungsbefugnisse und der eingeschränkten Kontrollrechte des stillen Teilhabers ist die Treuepflicht bei einer **typischen stillen Gesellschaft** 92

---

304 BGH 1.3.2010, ZIP 2010, 1341 (1342) = NZG 2010, 823; OLG Schleswig 30.10.2008, NZG 2009, 256 (258); K. Schmidt NZG 2009, 361 (363).

305 K. Schmidt NZG 2009, 361 (363); Berninger DStR 2010, 2359 (2362 ff.); offenlassend BGH 1.3.2010, ZIP 2010, 1341 (1342) = NZG 2010, 823.

306 Ebenroth/Boujong/Gehrlein Rn. 62.

307 MüKoHGB/K. Schmidt Rn. 150; Staub/Harbarth Rn. 225, 231; MHdB GesR II/Erhardt § 83 Rn. 11; Heymann/Wackerbarth Rn. 54; Ebenroth/Boujong/Gehrlein Rn. 62.

308 BGH 24.9.1952, BGHZ 7, 174 (177) = NJW 1952, 1412; Staub/Harbarth Rn. 225; MüKoHGB/K. Schmidt Rn. 149.

309 Anders RG 26.5.1900, RGZ 46, 112 (120); MüKoHGB/K. Schmidt Rn. 154.

310 Staub/Harbarth Rn. 232; RGHMW/Mock Rn. 101; Ebenroth/Boujong/Gehrlein Rn. 62.

311 MüKoHGB/K. Schmidt Rn. 151; Blaurock Stille Gesellschaft-HdB/Kauffeld Rn. 7.68 ff.

312 BGH 13.2.2006, NZG 2006, 341 (343); 7.11.1988, BGHZ 106, 7 (9 ff.) = NJW 2004, 1458; Gehrlein BB 2006, 1018; MüKoHGB/K. Schmidt Rn. 172.

313 MHdB GesR II/Erhardt § 83 Rn. 44 f.; MüKoHGB/K. Schmidt Rn. 172.

314 BGH 13.2.2006, NZG 2006, 341 (343); MüKoHGB/K. Schmidt Rn. 172.

schwächer ausgeprägt, als bei einem Kommanditisten.[315] Etwas anderes gilt bei **atypischen stillen Gesellschaften,** wenn der stille Gesellschafter weitgehende Mitwirkungsbefugnisse hat. Mit der Intensivierung der Einwirkungsmöglichkeiten des stillen Teilhabers erweitert sich auch seine Treuepflicht und nähert sich derjenigen eines Kommanditisten an. Bei der Ausübung uneigennütziger Rechte (zB Geschäftsführung) ist der stille Teilhaber stärker an die Treuepflicht gebunden als bei der Ausübung eigennütziger Rechte.[316]

93 Die Treuepflicht verpflichtet den stillen Gesellschafter, ebenso wie den Inhaber (→ Rn. 83), zur Geheimhaltung der stillen Beteiligung.[317] Sie gebietet ihm grundsätzlich nicht, zum Schutz der Liquidität der stillen Gesellschaft von der Geltendmachung der Gewinnbeteiligung abzusehen.[318] Etwas anderes gilt allerdings in Extremfällen (zB drohende Insolvenz).[319]

94 Die §§ 230 ff. enthalten **kein Wettbewerbsverbot** für den stillen Gesellschafter.[320] Auch aus der Treuepflicht ist kein umfassendes Wettbewerbsverbot abzuleiten.[321] Der stille Teilhaber hat geringere Einwirkungsmöglichkeiten als der Gesellschafter einer OHG oder KG, er ist vor allem mit seinem Vermögen an der stillen Gesellschaft beteiligt. Er kann wie ein Aktionär Gesellschaftsanteile oder stille Beteiligungen an Konkurrenzunternehmen innehaben. Er darf indes nicht die Kenntnisse und Erfahrungen zu seinem Vorteil ausnutzen, die er als stiller Gesellschafter in Bezug auf das Unternehmen des Geschäftsinhabers gewonnen hat.[322] Entspricht seine Rechtsstellung schuldrechtlich derjenigen eines Kommanditisten, finden §§ 117 f. wegen § 165 nicht generell analoge Anwendung, sondern nur dann, wenn er Geschäftsführungsbefugnisse (→ Rn. 95) innehat.[323]

95 **4. Geschäftsführungsrecht des stillen Gesellschafters.** Die Geschäftsführung steht nach der Konzeption der **typischen stillen Gesellschaft** in §§ 230 ff. allein dem Geschäftsinhaber zu (→ Rn. 74). Dem stillen Gesellschafter können jedoch im Gesellschaftsvertrag Geschäftsführungsbefugnisse eingeräumt werden **(atypische stille Gesellschaft).**[324] Soweit der Geschäftsinhaber und der Stille gleichermaßen Geschäftsführungsbefugnisse haben, gilt § 116 entsprechend.[325] Gemäß § 740 Abs. 2 BGB, § 715 Abs. 5 BGB kann dem stillen Gesellschafter die Geschäftsführungsbefugnis aus wichtigem Grund entzogen werden.[326] Die Geschäftsführungsbefugnis des stillen Teilhabers hat nicht zwangsläufig zur Folge, dass er auch Vertretungsmacht besitzt. Es bedarf der Bevollmächtigung durch den Inhaber (→ Rn. 28). Der Gesellschaftsvertrag kann eine Verpflichtung des Inhabers zur Vollmachtserteilung vorsehen.

VIII. Außenverhältnis zu Dritten

96 Die stille Gesellschaft ist als Innengesellschaft nicht rechts-, partei- oder prozessfähig (→ Rn. 26). Im Außenverhältnis handelt der **Geschäftsinhaber.** Er ist Träger des Unternehmens und aller damit verbundenen Rechte und Pflichten. Rechtsgeschäfte, die dem Betrieb des Handelsgewerbes dienen, berechtigen und verpflichten nur ihn. Ein stiller Teilhaber mit Vertretungsmacht agiert stets (nur) als Vertreter des Inhabers, nicht als Vertreter der stillen Gesellschaft. Dies gilt auch im Fall einer atypischen stillen Gesellschaft. In einem Prozess gegen den Geschäftsinhaber ist der Stille in der Folge nicht Partei, sondern Zeuge.[327]

---

[315] Zur Intensität der Treuepflicht BGH 4.12.2001, NJW 2002, 1046 (1047); OLG Dresden 14.7.1999, NZG 1999, 1220 (1221).

[316] Blaurock Stille Gesellschaft-HdB/Lamprecht Rn. 12.42 mit Verweis auf Rn. 12.30; Ebenroth/Boujong/Gehrlein Rn. 42, 43; Henssler/Strohn/Servatius Rn. 34; s. auch Staub/Harbarth Rn. 185, 194.

[317] Blaurock Stille Gesellschaft-HdB/Lamprecht Rn. 12.41.

[318] So für den Kommanditisten LG Frankfurt 13.8.2013, ZIP 2013, 1720 (1722 f.); 20.3.2013, ZIP 2013, 1280 (1283).

[319] So für den Kommanditisten LG Frankfurt 13.8.2013, ZIP 2013, 1720 (1723).

[320] Staub/Harbarth Rn. 190; RGHMW/Mock Rn. 104; Heymann/Wackerbarth Rn. 58.

[321] Staub/Harbarth Rn. 190; BeckOGK/Kinzl, 1.4.2024, Rn. 289; Ebenroth/Boujong/Gehrlein Rn. 44; Henssler/Strohn/Servatius Rn. 34.

[322] Staub/Harbarth Rn. 190; Heymann/Wackerbarth Rn. 58; Ebenroth/Boujong/Gehrlein Rn. 44; vgl. MüKoHGB/K. Schmidt Rn. 155 f.; großzügiger Blaurock Stille Gesellschaft-HdB/Lamprecht Rn. 12.42.

[323] BGH 5.12.1983, BGHZ 89, 162 (165 f.) = NJW 1984, 1351 zur KG; Blaurock Stille Gesellschaft-HdB/Lamprecht Rn. 12.42; Staub/Harbarth Rn. 190; BeckOGK/Kinzl, 1.4.2024, Rn. 289; MüKoHGB/K. Schmidt Rn. 156.

[324] BGH 18.10.1965, DB 1966, 187 = WM 1966, 29; 29.11.1952, BGHZ 8, 157 (160) = NJW 1953, 818; OLG Dresden 21.11.2002, WM 2004, 726 (728); GK-HGB/Fahse/Gesmann-Nuissl Rn. 48; NK-HGB/Partikel Rn. 36; Hopt/Roth Rn. 14.

[325] MHdB GesR II/Erhardt § 81 Rn. 48.

[326] MHdB GesR II/Erhardt § 81 Rn. 62; BeckOGK/Kinzl, 1.4.2024, Rn. 295; Blaurock Stille Gesellschaft-HdB/Lamprecht Rn. 12.38; Staub/Harbarth Rn. 217.

[327] Staub/Harbarth Rn. 264; so auch zum Kommanditisten BAG 16.11.1979, BB 1980, 580.

Die **Haftung im Außenverhältnis** trifft grundsätzlich nur den Inhaber, nicht den stillen Gesellschafter (→ Rn. 26). Das gilt auch bei atypischen stillen Gesellschaften.[328] Selbst wenn der Stille den Geschäftsbetrieb wirtschaftlich beherrscht und als eigentlicher Geschäftsherr anzusehen ist, bleibt die Außenhaftung unverändert,[329] denn seine besondere Stellung beschränkt sich auf das Innenverhältnis. § 171 Abs. 1 bzw. Abs. 2 ist nicht analog anzuwenden.[330] Eine Haftung des Stillen kann sich allerdings aus einer eigenständigen Verpflichtung gegenüber Dritten ergeben (zB Bürgschaft). Daneben kommen die Grundsätze der Rechtsscheinshaftung zum Zuge, wenn er gegenüber Dritten wie der Gesellschafter einer OHG auftritt.[331] Zudem kommen ggf. Ansprüche aus Sachwalter- oder Prospekthaftung in Betracht (§ 280 Abs. 1 BGB, § 311 Abs. 2 und 3 BGB). 97

Die **Firma** des Inhabers bleibt daher trotz der stillen Beteiligungen gleich. Der Name des stillen Gesellschafters darf aufgrund des Irreführungsverbots (§ 18 Abs. 2 S. 1) nicht in die Firma aufgenommen werden.[332] Auch ein Zusatz, der die stille Gesellschaft andeutet (& Co., & Still), ist unzulässig. Die Verwendung des Namens ist nur erlaubt, wenn der stille Teilhaber vorher Inhaber des Handelsgewerbes war und die bisherige Firma mit dem Namen des Kaufmanns nach § 22 fortgeführt wird. 98

IX. Verfügung über Gesellschafterrechte

1. Übertragbarkeit, Vererblichkeit. Die Übertragung der Gesellschafterstellung **(Mitgliedschaft)** auf einen Dritten ist bei der stillen Gesellschaft als Personengesellschaft, die auf der persönlichen Verbundenheit der Gesellschafter beruht, nur mit Zustimmung der Mitgesellschafter möglich. Der stille Gesellschafter kann seine Gesellschafterstellung demgemäß nur mit Zustimmung des Geschäftsinhabers auf einen Dritten übertragen.[333] Dies ergibt sich nunmehr explizit aus § 740 Abs. 2 BGB, § 711 Abs. 1 S. 1 BGB. Bei einer solchen Übertragung wird kein neuer Gesellschaftsvertrag geschlossen, sondern die Mitgliedschaft geht auf den Erwerber unter Wahrung der Identität der bestehenden stillen Gesellschaft über, ohne dass § 399 BGB entgegensteht.[334] Sofern die stille Gesellschaft mehrgliedrig ist, bedarf es zudem der Zustimmung der übrigen stillen Teilhaber. Für Form und Stellvertretung gelten die gleichen Anforderungen wie beim Abschluss des Gesellschaftsvertrags. Der Inhaber des Handelsgewerbes kann umgekehrt das Unternehmen an einen Dritten nur veräußern, wenn die stillen Gesellschafter zustimmen (→ Rn. 76).[335] 99

Einzelne Gesellschafterrechte sind grundsätzlich unübertragbar (§ 711a S. 1 BGB). Etwas anderes gilt nach § 711a S. 2 BGB jedoch für die vermögensrechtlichen Ansprüche des Gesellschafters.[336] Nicht übertragen werden können damit etwa das Recht zur Geschäftsführung, die Stimm-, Kontroll- und Informationsrechte und das Kündigungsrecht.[337] Übertragbar sind hingegen der Anspruch des Inhabers auf die Einlage[338] und der Anspruch des stillen Teilhabers auf anteilige Gewinnauszahlung sowie auf das künftige Auseinandersetzungsguthaben.[339] Mit der Abtretung gehen nicht die Informations- und Kontrollrechte über, die dem Stillen als Mitglied zustehen, vielmehr trifft den Geschäftsin- 100

---

[328] AA Mylich ZGR 2018, 867 (892 f.), wonach der atypisch stille Beteiligte im Außenverhältnis wie ein nicht eingetragener Kommanditist haftet.

[329] BGH 1.3.2010, DB 2010, 1522 (1523) = NZG 2010, 823; 6.11.1963, BB 1964, 327 = WM 1964, 296; 17.3.1966, NJW 1966, 1309 zum Kommanditisten; MHdB GesR II/Erhardt § 81 Rn. 64; K. Schmidt NZG 2009, 361 (362 f.); Berninger DStR 2010, 2359 (2361).

[330] BGH 1.3.2010, ZIP 2010, 1341 (1342) = NZG 2010, 823; OLG Schleswig 30.10.2008, NZG 2009, 256 (257); OLG Celle 29.10.2008, WM 2009, 1328 (1329); K. Schmidt NZG 2009, 361 (362 f.); Henssler/Strohn/Servatius Rn. 38.

[331] K. Schmidt NZG 2009, 361 (362); Staub/Harbarth Rn. 268; Ebenroth/Boujong/Gehrlein Rn. 67.

[332] Staub/Harbarth Rn. 262; Hopt/Roth Rn. 25.

[333] Staub/Harbarth Rn. 244; Blaurock Stille Gesellschaft-HdB/Blaurock Rn. 10.29, 10.34; Ebenroth/Boujong/Gehrlein Rn. 72; s. auch Janzen, Die Übertragung und Belastung von Mitgliedschaften in der stillen Gesellschaft, 1979, 71 ff., 88; Henssler/Strohn/Servatius Rn. 36.

[334] BGH 25.4.1966, BGHZ 45, 221 (222) = NJW 1966, 1307; 8.11.1965, BGHZ 44, 229 (231 f.) = NJW 1966, 499; Staudinger/Busche, 2022, BGB § 399 Rn. 25; diff. Blaurock Stille Gesellschaft-HdB/Blaurock Rn. 10.35 f.; Flume FS Larenz, 1973, 769 (773 ff.).

[335] MüKoHGB/K. Schmidt Rn. 138; Heymann/Wackerbarth Rn. 44; Ebenroth/Boujong/Gehrlein Rn. 51.

[336] Vgl. dazu Schäfer Neues PersGesR/Bergmann § 7 Rn. 8 ff.

[337] Ebenroth/Boujong/Gehrlein Rn. 68; BeckOGK/Kinzl, 1.4.2024, Rn. 296; Blaurock Stille Gesellschaft-HdB/Blaurock Rn. 10.33; noch zum nahezu inhaltsgleichen § 717 BGB aF BGH 3.11.1975, BB 1976, 11 = NJW 1976, 241; Staub/Harbarth Rn. 241.

[338] Ebenroth/Boujong/Gehrlein Rn. 69; Noch zum nahezu inhaltsgleichen § 717 BGB aF Staub/Harbarth Rn. 242;.

[339] Ebenroth/Boujong/Gehrlein Rn. 68; BeckOGK/Kinzl, 1.4.2024, Rn. 205; Noch zum nahezu inhaltsgleichen § 717 BGB aF BGH 12.1.1998, NJW 1998, 1551 (1552); Heymann/Wackerbarth Rn. 59; MüKoHGB/K. Schmidt Rn. 175; Staub/Harbarth Rn. 242; Blaurock Stille Gesellschaft-HdB/Blaurock Rn. 10.32;.

haber gem. § 242 BGB die Nebenpflicht, dem Zessionar den errechneten Gewinnanteil bzw. die Höhe des Auseinandersetzungsguthabens mitzuteilen.[340] Bei Verfügungen über zukünftige Ansprüche (zB Anspruch auf das Auseinandersetzungsguthaben) scheitert der Übergang des Anspruchs, wenn der stille Gesellschafter seine Mitgliedschaft vor dem Entstehen des Anspruchs auf einen Dritten überträgt.[341] Etwas anderes gilt, wenn die Gesellschaftsbeteiligung im Wege der Gesamtrechtsnachfolge auf den Erben des Gesellschafters übergeht.

101 Die stille Gesellschaft wird wie die nicht rechtsfähige GbR beim **Tod des Geschäftsinhabers** grundsätzlich aufgelöst (§ 740a Abs. 1 Nr. 3 BGB). Seine Gesellschafterstellung ist nicht vererblich, es sei denn, der Gesellschaftsvertrag regelt etwas anderes. Im Gegensatz dazu ist der **Tod des stillen Gesellschafters** kein Auflösungsgrund (§ 234 Abs. 2). Seine Beteiligung geht auf den Erben über (→ § 234 Rn. 39).

102 **2. Nießbrauch, Verpfändung, Treuhand.** Der **Nießbrauch** an einer stillen Beteiligung ist gem. §§ 1068, 1069 Abs. 1 BGB zulässig, soweit die Mitgliedschaft übertragbar ist (§ 1069 Abs. 2 BGB).[342] § 22 Abs. 2 findet keine Anwendung, da es sich um eine mittelbare Beteiligung am Unternehmen des Geschäftsinhabers und nicht um eine bloße Gebrauchsüberlassung handelt. Der Nießbrauch ist eine dingliche Belastung des Mitgliedschaftsrechts und gewährt dem Begünstigten das Recht zur Fruchtziehung aus der Beteiligung, dh ihm gebühren die Erträge. Entgegen der hM können ihm darüber hinaus Verwaltungsrechte des stillen Inhabers zustehen, etwa Geschäftsführungsbefugnisse, Widerspruchsrechte oder Zustimmungsvorbehalte.[343] Am Auseinandersetzungsguthaben, das erst mit der Auflösung der Gesellschaft entsteht, hat der Nießbrauchsberechtigte keine Rechte.[344] Die Bestellung des Nießbrauchs erfolgt nach denselben Vorgaben wie die Übertragung der Mitgliedschaft (→ Rn. 99 f.). Ob die Zustimmung zur Veräußerung der Mitgliedschaft im Gesellschaftsvertrag auch die Bestellung eines Nießbrauchs abdeckt, ist durch Auslegung zu ermitteln.

103 Die stille Beteiligung lässt sich **verpfänden** (§§ 1273, 1274 Abs. 1 BGB). Das Gleiche gilt für die übertragbaren Vermögensrechte aus der Mitgliedschaft. Die Verpfändung der unübertragbaren Mitgliedschaftsrechte ist hingegen ausgeschlossen (§ 1274 Abs. 2 BGB). Die Bestellung des Pfandrechts erfolgt nach denselben Maßgaben wie die Übertragung dieser Rechte (→ Rn. 99 f.).

104 Die stille Beteiligung kann schließlich von einem **Treuhänder** gehalten werden.[345] Im Innenverhältnis zum Treugeber ist dieser verpflichtet, die Rechte aus dem Gesellschaftsverhältnis zum Geschäftsinhaber nach Maßgabe des Treuhandvertrags auszuüben. Die Treuhand kann eigen- oder fremdnützig sein. Gesellschafter ist in beiden Fällen der Treuhänder. Das Treuhandverhältnis ist im Verhältnis zum Gesellschaftsvertrag rechtlich selbständig und berührt die Rechte des Treuhänders aus der stillen Beteiligung nicht.

105 **3. Zwangsvollstreckung.** Die vermögensrechtlichen Ansprüche des stillen Gesellschafters sowie des Inhabers, die auf Geld gerichtet sind, sind übertragbar und unterliegen der Pfändung gem. §§ 829, 851 Abs. 1 ZPO. Das betrifft die Ansprüche auf Gewinnauszahlung sowie auf das Auseinandersetzungsguthaben. Die stille Beteiligung als solche unterliegt der Zwangsvollstreckung nach § 857 ZPO.[346]

X. Beendigung der stillen Gesellschaft

106 Die Beendigung der stillen Gesellschaft erfolgt durch ihre Auflösung nach §§ 234, 132 f. sowie § 740a BGB. Näher → § 234 Rn. 1 ff.

XI. Buchführung und Jahresabschluss

107 Die **stille Gesellschaft** unterliegt als Innengesellschaft weder Buchführungs- noch Bilanzierungspflichten iSv § 238 Abs. 1 S. 1, § 242.[347] Die stille Beteiligung ist in die **Buchführung und Bilanzierung des Geschäftsinhabers** aufzunehmen (§ 238, Ausnahme: § 241a).[348] Ferner ist der Inhaber zur Gewinn- und Verlustermittlung verpflichtet (§ 232 Abs. 1) und überdies im Fall der Auflösung der stillen

[340] BGH 3.11.1975, BB 1976, 11 = NJW 1976, 241; Ebenroth/Boujong/Gehrlein Rn. 71.
[341] BGH 14.7.1997, NJW 1997, 3370 (3371).
[342] Staub/Harbarth Rn. 249; Ebenroth/Boujong/Gehrlein Rn. 73.
[343] Vgl. Wedemann ZGR 2016, 798 (818 ff.); Wedemann NZG 2013, 1281; **aA** Ebenroth/Boujong/Gehrlein Rn. 73; RGHMW/Mock Rn. 112; MüKoHGB/K. Schmidt Vor § 230 Rn. 21.
[344] MüKoHGB/K. Schmidt Vor § 230 Rn. 19; Ebenroth/Boujong/Gehrlein Rn. 73.
[345] Staub/Harbarth Rn. 255.
[346] Vgl. Begr. RegE MoPeG, BT-Drs. 19/27635, 203.
[347] Blaurock Stille Gesellschaft-HdB/Kauffeld Rn. 13.12; Staub/Harbarth Rn. 20; MHdB GesR II/Meißner/Kawka § 85 Rn. 8; diff. MüKoHGB/K. Schmidt Rn. 11, 189.
[348] Zur Bilanzierung nach IAS/IFRS Hoffmann PiR 2010, 185.

Gesellschaft zur Auseinandersetzung mit dem stillen Gesellschafter (§ 235 Abs. 1). Hierbei erfolgt eine Abrechnung im Rahmen der internen Rechnungslegung, die auf der Buchführung des Inhabers und dem Jahresabschluss für das Handelsgewerbe basiert (→ § 232 Rn. 2 ff.; → § 235 Rn. 13 ff.). Die Abrechnung kann in Form einer bloßen Zusatzabrechnung zum Jahresabschluss oder – falls erforderlich – in einer eigenen Bilanz erfolgen. Sofern die stille Gesellschaft mit einem Einzelkaufmann besteht, der von der Buchführungs- und Bilanzierungspflicht befreit ist (§§ 241a, 242 Abs. 4), erfolgt die Ermittlung von Gewinn und Verlust durch einfache **Einnahmen-Überschuss-Rechnung** nach § 4 Abs. 3 EStG.

In der Buchführung des Inhabers sind für den stillen Teilhaber zumindest ein Einlagekonto sowie ein Privatkonto zu führen (Ausnahme: § 241a). Das **Einlagekonto** bedarf aus Gründen der Klarheit und Übersichtlichkeit einer Gliederung in mehrere Unterkonten, auf die neben der Einlage des Stillen auch seine Verlustbeteiligungen zu buchen sind (§ 238 Abs. 1).[349] Vorbehaltlich einer abweichenden Vereinbarung ist die Einlage mit dem Zeitwert zu buchen, den sie bei ihrer Leistung hat.[350] Lässt die Verlustbeteiligung die Einlage unter den vereinbarten Wert der stillen Beteiligung sinken, ist die Gewinnbeteiligung des stillen Teilhabers dem Einlagekonto gutzuschreiben. Nachschusspflichten bestehen darüber hinaus grundsätzlich nicht (→ Rn. 29). Im Übrigen sind die Gewinnanteile in der Regel auf dem **Privatkonto** des stillen Gesellschafters zu buchen, da sie die Einlage grundsätzlich nicht erhöhen dürfen (§ 232 Abs. 3). Eine abweichende Vereinbarung ist indes möglich. 108

Je nach Ausgestaltung kann es sich bei der stillen Einlage um **Eigen- oder Fremdkapital** handeln. Darüber, welche Merkmale eine stille Beteiligung erfüllen muss, um als Eigenkapital anerkannt zu werden, besteht keine Einigkeit.[351] Als Fremdkapital ist eine stille Beteiligung aber jedenfalls dann zu behandeln, wenn der stille Teilhaber nicht an den Verlusten des Handelsgewerbes beteiligt ist oder sein Auszahlungsanspruch in der Insolvenz eine Insolvenzforderung begründet.[352] Im Übrigen stellen für eine Einordnung als Eigenkapital manche darauf ab, dass zumindest eine Verlustbeteiligung und eine Nachrangigkeit in der Insolvenz bestehen.[353] Andere erachten die schuldrechtliche Gleichstellung mit einem Kommanditisten für ausschlaggebend.[354] Zur insolvenzrechtlichen Behandlung der Einlage als Eigenkapital → § 236 Rn. 11 ff. 109

Soweit es sich um Fremdkapital handelt, ist die stille Beteiligung auf der **Passivseite** der Bilanz als **sonstige Verbindlichkeit** iSv § 266 Abs. 3 (C.8) einzuordnen.[355] Der vereinzelt vertretenen Ansicht, die stille Beteiligung sei als eigene Position zwischen dem Eigenkapital und den Rückstellungen einzuordnen,[356] ist nicht zu folgen, denn mit einer solchen Einordnung geht jede Aussage über die Qualität der Beteiligung verloren, sodass die Aussagekraft der Bilanz gemindert wäre.[357] Der Gewinnanteil des Stillen ist für den Inhaber ein Aufwand; ein vom Stillen übernommener Verlustanteil ein Ertrag. Sofern der stille Gesellschafter die Beteiligung als Unternehmer vornimmt, hat hingegen eine Einordnung als Verbindlichkeit gegenüber Unternehmen (C.7) bzw. einem verbundenen Unternehmen (C.6) zu erfolgen.[358] Die Höhe der Bilanzposition richtet sich nach dem Umfang des Auseinandersetzungsanspruchs des stillen Gesellschafters.[359] 110

Auf der **Aktivseite** der Bilanz ist die Einlage bzw. Einlageforderung des Inhabers aufzunehmen.[360] Die Bilanzierung eines negativen Einlagekontos ist umstritten.[361] 111

---

[349] Blaurock Stille Gesellschaft-HdB/Kauffeld Rn. 13.18.

[350] Blaurock Stille Gesellschaft-HdB/Kauffeld Rn. 13.50; Hense, Die Behandlung der stillen Gesellschaft im handelsrechtlichen Jahresabschluß, 1990, 124 ff.

[351] Blaurock Stille Gesellschaft-HdB/Kauffeld Rn. 13.24 ff.

[352] Blaurock Stille Gesellschaft-HdB/Kauffeld Rn. 13.25; Küting/Kessler BB 1994, 2103 (2105, 2114); K. Schmidt FS Goerdeler, 1987, 487 (490); Knobbe-Keuk ZIP 1983, 127 (129 f.); MHdB GesR II/Gaffron § 84 Rn. 11.

[353] Blaurock Stille Gesellschaft-HdB/Kauffeld Rn. 13.25 ff.; Hense, Die Behandlung der stillen Gesellschaft im handelsrechtlichen Jahresabschluß, 1990, 250; MHdB GesR II/Gaffron § 84 Rn. 12 f.; K. Schmidt FS Goerdeler, 1987, 487 (491 f.); vgl. auch Knobbe-Keuk ZIP 1983, 127 (129 f.), wonach schon die Verlustbeteiligung genügt; vgl. ferner Küting/Kessler BB 1994, 2103 (2105, 2114) sowie Schulze-Osterloh FS Hommelhoff, 2012, 1075 (1078 ff.), die uU auch die Langfristigkeit der Beteiligung verlangen.

[354] Müller FS Budde, 1995, 445 (462); Wahl GmbHR 1975, 169 (172 f.); Weimar DB 1987, 1077 (1080 f.).

[355] BFH 27.3.2012, DStR 2012, 1024 Rn. 13; FG München 19.3.2024, BeckRS 2024, 16443 zur typischen stillen Gesellschaft.

[356] Groh BB 1993, 1882 (1891 f.); Wersterfelhaus DB 1988, 1173 (1177 f.).

[357] Blaurock Stille Gesellschaft-HdB/Kauffeld Rn. 13.36.

[358] Blaurock Stille Gesellschaft-HdB/Kauffeld Rn. 13.37.

[359] Dazu Blaurock Stille Gesellschaft-HdB/Kauffeld Rn. 13.39; Groh BB 1993, 1882 (1891); MHdB GesR II/Gaffron § 84 Rn. 14; Hense, Die Behandlung der stillen Gesellschaft im handelsrechtlichen Jahresabschluß, 1990, 144 ff.

[360] Blaurock Stille Gesellschaft-HdB/Kauffeld Rn. 13.43 ff.; MHdB GesR II/Gaffron § 84 Rn. 7 ff.

[361] Hierzu näher Blaurock Stille Gesellschaft-HdB/Kauffeld Rn. 13.56 ff.; MHdB GesR II/Gaffron § 84 Rn. 21; Kormann BB 1974, 893 (894); Frage momentan beim BFH anhängig, BFH Az. XI R 18/24, Vorinstanz: FG München 19.3.2024, BeckRS 2024, 16443.

112 Ein **stiller Gesellschafter,** der **Kaufmann** ist, muss die stille Beteiligung in seine Buchführung und in die Bilanz aufnehmen, wenn sie Teil seines Handelsgewerbes ist. Das ist bei Personen- und Kapitalgesellschaften stets der Fall. Bei Einzelkaufleuten ist zu differenzieren, ob die Beteiligung zum Privatvermögen des Kaufmanns oder zu seiner gewerblichen Tätigkeit gehört. Die Einordnung als Anlage- oder Umlaufvermögen auf der Aktivseite der Bilanz richtet sich nach der Dauer der Beteiligung.[362] Der BFH geht davon aus, dass keine Beteiligung gem. § 266 Abs. 2 A.III.3, sondern eine forderungsähnliche sonstige Ausleihung nach § 266 Abs. 2 A.III.6 vorliegt.[363]

XII. Besteuerung

113 Für die **Anerkennung als stille Gesellschaft im Steuerrecht** sind grundsätzlich die §§ 230 ff. maßgeblich.[364] Besonderheiten ergeben sich aus den §§ 38–42 AO sowie den Vorgaben des EStG. Im Gegensatz zum Zivilrecht ist die stille Gesellschaft im Steuerrecht nur relevant, wenn der Gesellschaftsvertrag tatsächlich vollzogen wurde.[365] Die zivilrechtliche Wirksamkeit des Gesellschaftsvertrags spielt keine Rolle.[366] Stille Beteiligungen, die treuhänderisch gehalten werden, sind dem Treugeber zuzurechnen, obwohl die stille Gesellschaft handelsrechtlich nur zwischen Treuhänder und Geschäftsinhaber besteht (§ 39 Abs. 2 Nr. 1 S. 2 AO).[367] Im Fall des Gestaltungsmissbrauchs durch eine stille Gesellschaft gilt § 42 AO.

114 Einkommens- und körperschaftssteuerpflichtig sind mangels Rechtsfähigkeit nicht die stillen Gesellschaften, sondern ihre Gesellschafter.[368] Nach dem EStG sind die Einkünfte aus der stillen Gesellschaft **Einkünfte aus Kapitalvermögen,** sofern die Beteiligung zum Privatvermögen gehört (§ 20 Abs. 1 Nr. 4 EStG). Gehört die stille Beteiligung zum Betriebsvermögen, gehören die Einkünfte gem. § 20 Abs. 8 EStG zu den Einkünften des Betriebes. Das gilt aber nur für die typische stille Gesellschaft. Die atypische stille Gesellschaft begründet hingegen eine Form der Mitunternehmerschaft, die wie eine Beteiligung an einer KG zu behandeln ist.[369] Die Einkünfte sind folglich **Einkünfte aus Gewerbebetrieb** gem. § 15 Abs. 1 S. 1 Nr. 2 EStG. Die Abgrenzung zwischen typischer und atypischer stiller Gesellschaft erfolgt anhand des gesetzlichen Leitbilds der KG. Sofern der stille Gesellschafter entsprechende Mitunternehmerinitiative entfaltet und entsprechendes Mitunternehmerrisiko trägt, liegt eine atypische stille Gesellschaft vor; für die Bestimmung des Umfangs der Mitunternehmerinitiative sind die gesellschaftsvertraglichen Vereinbarungen der stillen Gesellschaft heranzuziehen.[370] Abgrenzungsschwierigkeiten bestehen vor allem bei Familiengesellschaften[371] und der GmbH & Still,[372] bei der sich die entsprechende Mitunternehmerinitiative auch aus der Stellung als Organ der GmbH ergeben kann.[373]

115 Bei einer **typischen stillen Gesellschaft** mindert der Gewinnanteil des stillen Teilhabers den steuerpflichtigen Gewinn des Geschäftsinhabers. Beim stillen Gesellschafter unterliegen die Einkünfte

[362] Blaurock Stille Gesellschaft-HdB/Kauffeld Rn. 13.82 f.; Hense, Die Behandlung der stillen Gesellschaft im handelsrechtlichen Jahresabschluß, 1990, 333, 351; MHdB GesR II/Gaffron § 84 Rn. 26.

[363] BFH 27.3.2012, DStR 2012, 1024 Rn. 13.

[364] BFH 9.10.2000, BFH/NV 2001, 482 = BeckRS 2000, 25005349; 29.10.1969, BStBl. II 1970, 180 (182) = BeckRS 1969, 21001125; 11.11.1965, BStBl. III 1966, 95 = BeckRS 1965, 21003097; 27.2.1963, BStBl. III 1963, 370 = BeckRS 1963, 21003181; Blaurock Stille Gesellschaft-HdB/Levedag Rn. 20.1.

[365] BFH 10.7.1997, DStRE 1997, 777; Blaurock Stille Gesellschaft-HdB/Levedag Rn. 20.11.

[366] BFH 13.5.1998, DStRE 1999, 388 (390); 16.12.1997, BStBl. II 1998, 480 (483) = NZG 1998, 691.

[367] BFH 9.10.2000, BFH/NV 2001, 482 = BeckRS 2000, 25005349; Blaurock Stille Gesellschaft-HdB/Levedag Rn. 20.13.

[368] Blaurock Stille Gesellschaft-HdB/Levedag Rn. 20.63.

[369] Groh FS Kruse, 2001, 417 (419 f.); Blaurock Stille Gesellschaft-HdB/Levedag Rn. 20.67 ff.; Schmidt/Wacker EStG § 15 Rn. 341; vgl. zur Sonderkonstellation der doppelten Mitunternehmerstellung Bossmann DStR 2021, 2217.

[370] BFH 15.10.1998, BFHE 187, 250 (252 f.) = DStRE 1999, 81 (82); 13.7.1993, BFHE 172, 416 (420) = NJW-RR 1995, 166; 11.12.1990, BFHE 163, 346 (348 f.) = NJW 1992, 134; 12.11.1985, BFHE 145, 408 (413 f.) = BB 1986, 580 = BeckRS 1985, 22007479; 25.6.1984, BFHE 141, 405 (440 ff.) = NJW 1985, 93; FG Baden-Württemberg 23.2.2023, BeckRS 2023, 43563; Blaurock Stille Gesellschaft-HdB/Levedag Rn. 20.69; Schmidt/Wacker EStG § 15 Rn. 341 ff.

[371] BFH 18.12.1990, BStBl. II 1991, 391 (394) = DStR 1991, 610; 22.8.1951, BStBl. III 1951, 181 (182 f.) = BeckRS 1951, 21003013; Blaurock Stille Gesellschaft-HdB/Levedag Rn. 21.1 ff. mwN; Hübner-Weingarten ZEV 1999, 81 (82).

[372] Blaurock Stille Gesellschaft-HdB/Levedag Rn. 21.76 ff.; Levedag BB 1992, 1969; Schmidt/Levedag EStG § 20 Rn. 91; Schulze zur Wiesche Rn. 164 ff.; zur steuerrechtlichen Anerkennung BFH 6.2.1980, BStBl. II 1980, 477 (479) = BeckRS 1980, 22005194.

[373] FG Baden-Württemberg 23.2.2023, BeckRS 2023, 43563; vgl. auch Schulze zur Wiesche BB 2025, 1115 ff.

aus Kapitalvermögen im Fall einer im Privatvermögen stehenden stillen Beteiligung der Abgeltungssteuer (§ 43 Abs. 1 S. 1 Nr. 3 EStG, § 43a Abs. 1 S. 1 Nr. 1 EStG; Ausnahme: § 32d Abs. 2 Nr. 1 EStG). Bei stillen Gesellschaften, die nach dem 1.1.2009 gegründet wurden, werden auch Auflösungs- und Veräußerungsgewinne besteuert (§ 20 Abs. 2 S. 1 Nr. 4, S. 2 EStG), sodass auch das Auseinandersetzungsguthaben erfasst ist.[374] Die Berücksichtigung der Werbungskosten erfolgt seit dem 1.1.2009 nur noch durch den Sparer-Pauschbetrag nach § 20 Abs. 9 S. 1 EStG.[375] Die Finanzverwaltung erlaubt jedoch weiterhin den Abzug der Verlustanteile (bis zur Höhe der Einlage) zugunsten typisch stiller Gesellschafter.[376] Sie können nach § 20 Abs. 6 EStG aber nur mit weiteren Kapitaleinkünften, nicht mit Einkünften aus anderen Einkunftsarten verrechnet werden.[377] Zudem finden gem. § 20 Abs. 1 Nr. 4 S. 2 EStG § 15 Abs. 4 S. 6–8 EStG, § 15a EStG sinngemäß Anwendung. Sofern der stille Teilhaber eine Kapitalgesellschaft ist, sind die Erträge aus der typischen stillen Gesellschaft körperschaftssteuerpflichtig. Wegen des Steuerabzugs sind sie nur beschränkt steuerpflichtig, wenn die Personenvereinigung nicht unbeschränkt steuerpflichtig ist (§ 2 Nr. 2 KStG).

Bei **atypischen stillen Gesellschaften** erfolgt die Feststellung des Gesamtgewinns durch das Betriebsfinanzamt (§ 18 AO), da der stille Teilhaber als Mitunternehmer agiert (→ Rn. 114). Die Gewinnanteile des stillen Teilhabers sowie alle sonstigen Vergütungen unterliegen nicht dem Steuerabzug, sondern sind beim stillen Gesellschafter zu veranlagen und als Einkünfte aus Gewerbebetrieb zu versteuern.[378] Sie unterliegen der Einkommens- bzw. Körperschaftssteuer, § 1 Abs. 1 EStG, § 2 Abs. 1 Nr. 1 EStG, § 15 Abs. 1 S. 1 Nr. 2 EStG, §§ 1, 7 Abs. 1 KStG, § 8 Abs. 1 S. 1, Abs. 2 KStG. § 20 Abs. 9 S. 1 EStG ist nicht anzuwenden. Allerdings gilt § 15a Abs. 1 S. 1, Abs. 1a, 2, 3 S. 1, 2, 4, Abs. 4 EStG sinngemäß, wenn die Haftung des atypischen stillen Gesellschafters derjenigen eines Kommanditisten vergleichbar ist (§ 15a Abs. 5 Nr. 1 EStG). 116

Die **Gewerbesteuer** wird stets vom Inhaber des Handelsgewerbes abgeführt. Die typische stille Gesellschaft unterliegt selbst nicht der Gewerbesteuer.[379] Bei der Ermittlung der Gewerbesteuer des Inhabers werden grundsätzlich die Gewinnanteile des typischen stillen Gesellschafters zu denen des Geschäftsinhabers gem. § 8 Nr. 1 lit. c GewStG zu einem Viertel hinzugerechnet. Bei atypischen stillen Gesellschaften ist die mitunternehmerische Betätigung selbständiger Gegenstand der Gewerbesteuer, unabhängig von der dinglichen Beteiligung des stillen Teilhabers am Gesellschaftsvermögen,[380] eine Hinzurechnung nach § 8 Nr. 1 lit. c GewStG findet nicht statt.[381] Der **Umsatzsteuer** unterliegen die stillen Gesellschafter hingegen nicht, da sie keine Unternehmen iSd UStG sind.[382] Auch die Auszahlung der Gewinnbeteiligung erfasst das UStG nicht (keine steuerbare Leistung).[383] 117

XIII. Prozessuales

Für Streitigkeiten aus dem Verhältnis zwischen dem stillen Gesellschafter und dem Geschäftsinhaber ist auf Antrag die Kammer für Handelssachen funktional zuständig (§ 95 Abs. 1 Nr. 4 lit. a GVG). Das gilt nicht nur während des Bestehens des Gesellschaftsverhältnisses, sondern auch nach dessen Auflösung. Im Übrigen sind die allgemeinen Regeln anzuwenden. Schiedsgerichtsvereinbarungen sind zulässig (§ 1030 ZPO). Sie bedürfen der eigenhändigen Unterschrift des stillen Teilhabers, wenn er Verbraucher ist (§ 1031 Abs. 5 ZPO). Ansonsten ist für die Form § 1031 Abs. 1, 2 ZPO maßgeblich. 118

XIV. Internationales Privatrecht

Das auf stille Gesellschaften anwendbare Recht ist gemäß der **Rom I-VO** zu ermitteln. Zwar nimmt Art. 1 Abs. 2 lit. f Rom I-VO das Gesellschaftsrecht aus dem Anwendungsbereich der 119

[374] Blaurock Stille Gesellschaft-HdB/Levedag Rn. 22.165 f.

[375] Blaurock Stille Gesellschaft-HdB/Levedag Rn. 22.206; Prühs GmbH-Stpr. 2010, 38 (40); Rockoff/Weber DStR 2010, 363 (364).

[376] BMF 22.12.2009, BStBl. I 2010, 94; Czisz/Krane DStR 2010, 2226 (2229); Rockoff/Weber DStR 2010, 363 (366 ff.): teleologische Reduktion des § 20 Abs. 9 S. 1 EStG; Wüllenkemper EFG 2011, 1317 (1319); s. auch FG Düsseldorf 28.1.2011, EFG 2011, 1316 (1317) = DStRE 2012, 734.

[377] Für die Einordnung der Verluste des stillen Gesellschafters, der sich als Arbeitnehmer am Handelsgewerbe des Arbeitgebers beteiligt hat, als Werbungskosten s. Niedersächsisches FG 23.2.2011, EFG 2011, 1148 mAnm Wagner = DStRE 2012, 729.

[378] Blaurock Stille Gesellschaft-HdB/Levedag Rn. 22.4 ff.

[379] BFH 31.8.1999, GmbHR 2000, 292 = BeckRS 1999, 25004077; 16.12.1997, DStR 1998, 967 (969).

[380] Blaurock Stille Gesellschaft-HdB/Lamprecht Rn. 24.6 ff.; Glanegger/Güroff GewStG § 2 Rn. 414.

[381] Glanegger/Güroff GewStG § 8 Nr. 1c Rn. 5.

[382] BFH 27.5.1982, BStBl. II 1982, 678 (679 f.) = BeckRS 1982, 22006159; Blaurock Stille Gesellschaft-HdB/Lamprecht Rn. 25.9 ff.

[383] S. Begr. RegE zum Richtlinien-Umsetzungsgesetz, BT-Drs. 15/3677, 40.

Verordnung aus. Jedoch erfasst diese Ausnahmebestimmung nur Außen-, keine Innengesellschaften.[384]

120 Nach der Rom I-VO besteht der Grundsatz der **freien Rechtswahl** (Art. 3 Rom I-VO). Sofern Geschäftsinhaber und stille(r) Gesellschafter keine Rechtswahl getroffen haben, bestimmt sich das anwendbare Recht mangels vertragscharakteristischer Leistung nicht nach Art. 4 Abs. 2 Rom I-VO.[385] Infolge der gemeinsamen Zweckverfolgung scheidet es auch bei typischen stillen Gesellschaften aus, in Parallele zum partiarischen Darlehen das Leisten bzw. Halten der Einlage als vertragscharakteristische Leistung einzustufen.[386] Maßgebliche Kollisionsnorm ist vielmehr Art. 4 Abs. 4 Rom I-VO, wonach das Recht des Staates zur Anwendung gelangt, zu dem die **engste Verbindung** besteht.[387] Das führt regelmäßig zum Recht des Staates, in dem der **Gesellschaftszweck hauptsächlich verfolgt** wird.[388] Dies ist der Staat, in dem das Handelsgewerbe betrieben wird.[389]

121 Gilt **deutsches Recht,** so stellt sich bei einem **ausländischen Geschäftsinhaber** im Rahmen der §§ 230 ff. die (Teil-)Frage, ob dieser ein Handelsgewerbe betreibt, also **Kaufmann iSd §§ 1–6** ist. Nach zutreffender Ansicht bemisst sich die Kaufmannseigenschaft nach dem Wirkungsstatut.[390] Sofern die stille Gesellschaft dem deutschen Recht unterliegt, richtet sich die Kaufmannseigenschaft eines ausländischen Geschäftsinhabers somit nach §§ 1–6. Eine ausländische Gesellschaft ist als Kaufmann zu behandeln, wenn sie einer der deutschen Gesellschaftsformen gleichwertig ist, denen nach § 6 Kaufmannseigenschaft zukommt.[391]

XV. Unterbeteiligung

122 **1. Gegenstand, Abgrenzung.** Dem Wesen nach der stillen Gesellschaft verwandt ist die gesetzlich nicht speziell geregelte Unterbeteiligung. Während bei der stillen Gesellschaft eine stille Beteiligung an einem Handelsgewerbe erfolgt, handelt es sich bei der Unterbeteiligung um eine (stille) Beteiligung **an einem Gesellschaftsanteil.**[392] Zugrunde liegt eine Innen-GbR mit dem Zweck, den Gesellschaftsanteil zu halten und gemeinsam zu nutzen.[393] Sie setzt eine Beteiligung am Gewinn des Inhabers des Gesellschaftsanteils voraus.[394] Die Unterbeteiligung kann zur Finanzierung des Anteilserwerbs durch den Hauptbeteiligten dienen oder zur Aufteilung des Anteils zwischen mehreren Personen.[395] Der Hauptbeteiligte nimmt nicht nur seine eigenen Interessen wahr, soweit er seine Gesellschafterrechte ausübt, sondern ist auch an die Interessen des Unterbeteiligten gebunden.[396] Wie bei der stillen Gesellschaft entsteht kein (Gesamthands)Vermögen.[397] Der Unterbeteiligte kann schuldrechtlich so gestellt werden, als wäre er vermögensrechtlich gleich einem Gesellschafter am Unternehmen beteiligt, sodass er etwa auch am Liquidations- oder Abfindungserlös partizipiert (atypische Unterbeteiligung).[398] Eine atypische Ausgestaltung liegt überdies vor, wenn dem Unterbe-

---

[384] Wedemann RabelsZ 75 (2011), 541 (568, 575 ff.); Wedemann IPRax 2016, 252 (253); vgl. ferner MüKoBGB/Martiny Rom I-VO Art. 1 Rn. 73 f.; BeckOK BGB/Spickhoff, 75. Ed. 1.5.2025, Rom I-VO Art. 1 Rn. 44; zu Art. 37 Abs. 1 Nr. 2 EGBGB BGH 13.9.2004, NJW 2004, 3706 (3708).

[385] BeckOGK/Köhler, 1.12.2024, Rom I-VO Art. 4 Rn. 566 f.; vgl. ferner MüKoBGB/Martiny Rom I-VO Art. 1 Rn. 73 f., 81.

[386] **AA** Blaurock FS Westermann, 2008, 821 (834 f.); RGHMW/Mock Rn. 125; Staub/Harbarth Rn. 94.

[387] BeckOGK/Köhler, 1.12.2024, Rom I-VO Art. 4 Rn. 567; MüKoBGB/Martiny Rom I-VO Art. 1 Rn. 73 f., 81.

[388] Vgl. Ferrari IntVertrR/Ferrari, 3. Aufl. 2018, Rom I-VO Art. 4 Rn. 133; BeckOGK/Köhler, 1.12.2024, Rom I-VO Art. 4 Rn. 567; MüKoBGB/Martiny Rom I-VO Art. 1 Rn. 81; in Bezug auf atypische stille Gesellschaften ferner Blaurock FS Westermann, 2008, 821 (836); Staub/Harbarth Rn. 95; RGHMW/Mock Rn. 149.

[389] Blaurock FS Westermann, 2008, 821 (836); RGHMW/Mock Rn. 149; ASB KapAnlR-HdB/Schütze/Vorpeil § 7 Rn. 87.

[390] Ausf. zum Streitstand Wedemann RabelsZ 75 (2011), 541 (557 ff.); ferner MüKoBGB/Kindler IntGesR Rn. 168 ff.

[391] Hirte/Bücker/Leible, Grenzüberschreitende Gesellschaften, 2. Aufl. 2006, § 11 Rn. 53; RGHMW/Mock Rn. 126.

[392] RGHMW/Mock Rn. 221; MüKoHGB/K. Schmidt Rn. 193; abw. Ebenroth/Boujong/Gehrlein Rn. 93 f.: Gegenstand der Unterbeteiligung können auch sonstige Vermögensrechte sein.

[393] Staub/Harbarth Rn. 269; Heymann/Wackerbarth Rn. 91; Ebenroth/Boujong/Gehrlein Rn. 94; KKD/Kindler Rn. 4; zu Konsortialkrediten als Unterbeteiligung Gehrlein DStR 1994, 1314.

[394] Heymann/Wackerbarth Rn. 90; RGHMW/Mock Rn. 225; MüKoHGB/K. Schmidt Rn. 199; **aA** Tebben, Unterbeteiligung und Treuhand an Gesellschaftsanteilen, 2000, 43 f.

[395] Blaurock Stille Gesellschaft-HdB/Blaurock Rn. 30.2, 30.5.

[396] RGHMW/Mock Rn. 240, 242.

[397] Blaurock, Unterbeteiligung und Treuhand an Gesellschaftsanteilen, 1981, 93 ff.; Blaurock Stille Gesellschaft-HdB/Blaurock Rn. 30.1; RGHMW/Mock Rn. 221; Ebenroth/Boujong/Gehrlein Rn. 93.

[398] BFH 2.10.1997, NJW 1998, 1255; Blaurock Stille Gesellschaft-HdB/Blaurock Rn. 30.17; MüKoHGB/K. Schmidt Rn. 209.

teiligten Mitwirkungsbefugnisse eingeräumt sind, die ihm maßgeblichen Einfluss auf das Schicksal der Beteiligung verleihen.[399]

Hauptbeteiligter kann jedes Mitglied einer Gesellschaft sein. Die Unterbeteiligung kann an Aktien, GmbH-Anteilen sowie an Anteilen von Personenhandelsgesellschaften, GbRs, stillen Gesellschaften und sogar an Unterbeteiligungen erfolgen.[400] An einem Gesellschaftsanteil können zudem mehrere Unterbeteiligungen bestehen. Sie sind entweder unabhängig voneinander mit dem Hauptbeteiligten zustande gekommen oder haben die Form einer mehrgliedrigen Unterbeteiligung (zB bei Konsortialkrediten).[401] **Unterbeteiligter** kann jedermann sein. Die Unterbeteiligung ist als Mitgliedschaftsrecht nur mit Zustimmung des Hauptbeteiligten übertragbar.[402] Der Anspruch auf Gewinnbeteiligung ist als vermögensrechtlicher Anspruch (§ 740 Abs. 2 BGB, § 711a S. 2 BGB) ohne weiteres abtretbar. 123

Das gesetzliche Regelungsregime umfasst neben **§§ 705 ff. BGB** auch **§§ 230 ff. analog** sowie **§ 136 InsO analog.**[403] Der Regelungskanon der §§ 230 ff. enthält Bestimmungen, die für schuldrechtliche Unternehmensbeteiligungen typisch sind und in deren Rahmen es keinen maßgebenden Faktor bildet, ob die Beteiligung vom Träger des Unternehmens selbst oder einem Gesellschafter begründet wird. 124

Die Abgrenzung zum **partiarischen Rechtsgeschäft** erfolgt anhand derselben Kriterien wie bei der stillen Gesellschaft (→ Rn. 35 ff.). Von der (fremdnützigen) **Treuhand** unterscheidet sich die Unterbeteiligung dadurch, dass ein Treuhänder den Gesellschaftsanteil ausschließlich im fremden Interesse und für fremde Rechnung hält.[404] Im Innenverhältnis zwischen Treuhänder und Treugeber besteht in der Regel ein Auftrag oder ein Geschäftsbesorgungsvertrag. Zudem hat die Beendigung einer Treuhand zur Folge, dass das Treugut an den Treugeber herauszugeben ist. Allerdings kann auch die Unterbeteiligung mit treuhänderischen Pflichten verbunden sein, sodass sich Treuhand und Unterbeteiligung nicht wechselseitig ausschließen.[405] 125

2. Gesellschaftsvertrag. Die Unterbeteiligung kommt durch einen Gesellschaftsvertrag iSv **§ 705 Abs. 1 BGB** zwischen Haupt- und Unterbeteiligtem zustande. Da die gesetzlichen Regelungen die Interessen der Gesellschafter nur unvollkommen widerspiegeln, ist eine sorgfältige Ausgestaltung der Gesellschafterbeziehungen durch den Gesellschaftsvertrag ratsam. Zum Abschluss des Gesellschaftsvertrags ist weder die **Zustimmung** der Hauptgesellschaft noch ihrer Gesellschafter erforderlich.[406] Selbst wenn der Vertrag der Hauptgesellschaft die Veräußerung der Gesellschaftsanteile unter einen Zustimmungsvorbehalt stellt oder die Unterbeteiligung verbietet, hängt die Wirksamkeit der Unterbeteiligung nicht von der Zustimmung ab.[407] Bei einer AG begründet die Unterbeteiligung keinen Teilgewinnabführungsvertrag, sodass §§ 291 ff. AktG nicht eingreifen. 126

Der Gesellschaftsvertrag ist **grundsätzlich nicht formbedürftig.** Die Formvorschriften, die für die Übertragung der Gesellschaftsanteile bestehen, gelten für die Begründung einer Unterbeteiligung nicht.[408] Nur bei einer gleichzeitigen Schenkung (zB der Einlage) bedarf es der Form gem. § 518 Abs. 1 BGB.[409] Formmängel sind nach § 518 Abs. 2 BGB heilbar. Früher hat der BGH die Heilung durch Vollzug der Unterbeteiligung mangels dinglicher Wirkung generell abgelehnt.[410] Nach neuerer Rspr. ist die Heilung zumindest bei atypischen Unterbeteiligungen möglich, wenn der Unterbetei- 127

---

[399] Blaurock Stille Gesellschaft-HdB/Blaurock Rn. 30.18; MüKoHGB/K. Schmidt Rn. 210.

[400] Staub/Harbarth Rn. 269; Paulick ZGR 1974, 253 (261); Ebenroth/Boujong/Gehrlein Rn. 93.

[401] MüKoHGB/K. Schmidt Rn. 214; Heymann/Wackerbarth Rn. 90; Ebenroth/Boujong/Gehrlein Rn. 93.

[402] Ebenroth/Boujong/Gehrlein Rn. 103.

[403] BGH 11.7.1967, BGHZ 50, 316 (321) = NJW 1968, 2003; Staub/Harbarth Rn. 269, 275; MüKoHGB/K. Schmidt Rn. 205; Heymann/Wackerbarth Rn. 91; Blaurock Stille Gesellschaft-HdB/Blaurock Rn. 30.21 ff.; Blaurock, Unterbeteiligung und Treuhand an Gesellschaftsanteilen, 1981, 114; KKD/Kindler Rn. 4; RGHMW/Mock Rn. 221a; MüKoBGB/Schäfer BGB Vor § 705 Rn. 92.

[404] RGHMW/Mock Rn. 226; s. auch MüKoHGB/K. Schmidt Vor § 230 Rn. 45 zur Überschneidung von Unterbeteiligung und Treuhand.

[405] BGH 10.10.1994, NJW-RR 1995, 165; 13.6.1994, NJW 1994, 2886; Blaurock Stille Gesellschaft-HdB/Blaurock Rn. 30.11; K. Schmidt FS Roth, 2012, 709 (719).

[406] Blaurock, Unterbeteiligung und Treuhand an Gesellschaftsanteilen, 1981, 153; Staub/Harbarth Rn. 281; MüKoHGB/K. Schmidt Rn. 222; Heymann/Wackerbarth Rn. 93; RGHMW/Mock Rn. 233; Ebenroth/Boujong/Gehrlein Rn. 95.

[407] Heymann/Wackerbarth Rn. 93; Blaurock Stille Gesellschaft-HdB/Blaurock Rn. 30.27; Staub/Harbarth Rn. 281; Ebenroth/Boujong/Gehrlein Rn. 95.

[408] Staub/Harbarth Rn. 283; Blaurock, Unterbeteiligung und Treuhand an Gesellschaftsanteilen, 1981, 154; Heymann/Wackerbarth Rn. 92; Ebenroth/Boujong/Gehrlein Rn. 95.

[409] Staub/Harbarth Rn. 283; Ebenroth/Boujong/Gehrlein Rn. 95; s. zu §§ 518, 1624 BGB BGH 6.3.1967, WM 1967, 685.

[410] BGH 29.10.1952, BGHZ 7, 378 (379 f.) = NJW 1953, 138; 6.3.1967, WM 1967, 685; Meyer, Die Unterbeteiligung an Handelsgesellschaftsanteilen, 1971, 79 ff.; Soergel/Hadding/Kießling BGB § 705 Rn. 12.

ligte mitgliedschaftliche Mitwirkungsrechte an der Geschäftsführung der Innengesellschaft hat; der Vollzug erfolge mit dem Abschluss des Gesellschaftervertrags.[411] Es empfiehlt sich, diese differenzierende Betrachtung aufzugeben und parallel zur Schenkung einer stillen Beteiligung die Heilungsmöglichkeit auf alle Formen der Unterbeteiligung zu erstrecken.[412] Die Eintragung der Unterbeteiligung ist nicht erforderlich. Bei der Beteiligung von Minderjährigen gelten **§§ 104 ff. BGB.** Die Zustimmung des Familiengerichts ist nicht einzuholen, da § 1852 Nr. 1 und 2 BGB nur für Beteiligungen an einem Erwerbsgeschäft gelten.[413] Umstritten ist die Anwendbarkeit der **Lehre von der fehlerhaften Gesellschaft.**[414] In Parallele zu den hier für die stille Gesellschaft entwickelten Leitlinien (→ Rn. 65) empfiehlt sich, eine Anwendbarkeit grundsätzlich abzulehnen und nur dann zu befürworten, wenn die Unterbeteiligungsgesellschaft eine verbandsrechtliche Struktur aufweist.[415]

128 **3. Rechtsstellung des Hauptbeteiligten. a) Geschäftsführung.** Die Geschäftsführung besteht in der **Ausübung der Gesellschafterrechte,** die mit dem Gesellschaftsanteil verbunden sind (Stimm- und Informationsrechte, Geschäftsführungsrechte des Gesellschafters einer OHG oder eines Komplementärs einer KG). Diese Rechte stehen dem **Hauptbeteiligten** allein und höchstpersönlich zu. Demgemäß führt er die Geschäfte. Dabei muss er die gemeinsamen Interessen aus der Unterbeteiligung berücksichtigen. Bei Entscheidungen in der Hauptgesellschaft, die die Grundlage der Unterbeteiligung berühren (zB Kapitalerhöhung, Änderung der Gewinnverteilung, Rechtsformwechsel sowie Kündigung), muss der Hauptbeteiligte das Einvernehmen mit dem Unterbeteiligten herstellen, es sei denn, die Treuepflicht gegenüber der Hauptgesellschaft oder ihren Gesellschaftern verpflichtet den Unterbeteiligten zu einem bestimmten Verhalten.[416] Die Entziehung der Geschäftsführungsbefugnis nach **§ 740 Abs. 2 BGB, § 715 Abs. 5 BGB** ist ausgeschlossen.[417] Ein Verstoß des Hauptbeteiligten gegen die Bindungen aus dem Verhältnis zum Unterbeteiligten macht sein Handeln nicht unwirksam. Der Unterbeteiligte hat wegen der Pflichtverletzung einen Anspruch auf Schadensersatz und kann ggf. aus wichtigem Grund kündigen.[418] Der Gesellschaftsvertrag über die Unterbeteiligung kann dem Unterbeteiligten im Verhältnis zum Hauptbeteiligten Mitspracherechte einräumen und ihn in den Grenzen des Abspaltungsverbots (§ 740 Abs. 2 BGB, § 711a S. 1 BGB) zur Wahrnehmung von Mitwirkungsrechten bevollmächtigen.[419]

129 **b) Haftung.** Der Hauptbeteiligte haftet gegenüber der Hauptgesellschaft und den übrigen Gesellschaftern nach den Vorgaben für dieses Gesellschaftsverhältnis.

130 **c) Treuepflicht.** Der Hauptbeteiligte steht in einem Gesellschaftsverhältnis zur Hauptgesellschaft (und ihren Gesellschaftern) sowie in einem Gesellschaftsverhältnis zum Unterbeteiligten. Er ist gegenüber beiden an die Treuepflicht gebunden.[420] Bei einer Pflichtenkollision genießt die Treuepflicht zur Hauptgesellschaft bzw. ihren Gesellschaftern Vorrang, da die Unterbeteiligung die Mitgliedschaft in der Hauptgesellschaft voraussetzt.[421] Die Verfolgung eigener Interessen, die mit der Unterbeteiligung in Konflikt stehen, ist dem Hauptbeteiligten ausnahmslos untersagt.[422]

---

[411] BGH 29.11.2011, BGHZ 191, 354 Rn. 26 = NZG 2012, 222.

[412] Blaurock NZG 2012, 521 (523 f.); Frieke, Unterbeteiligung bei Personengesellschaften, 1974, 53 f.; MüKoBGB/J. Koch BGB § 518 Rn. 32; Tebben, Unterbeteiligung und Treuhand an Gesellschaftsanteilen, 2000, 225 ff.; Ulbrich, Die Unterbeteiligungsgesellschaft an Personengesellschaftsanteilen, 1982, 101 ff.; Westermann ZIP 2012, 1007 (1009); Wiedemann GesR II § 2 II 4c, 111 f.; diff. MüKoHGB/K. Schmidt Rn. 225, 103; MüKoBGB/Schäfer BGB § 705 Rn. 50 f.

[413] Ebenroth/Boujong/Gehrlein Rn. 95; **aA** Heymann/Wackerbarth Rn. 95; MüKoHGB/K. Schmidt Rn. 229; Blaurock, Unterbeteiligung und Treuhand an Gesellschaftsanteilen, 1981, 157 ff.; Staub/Harbarth Rn. 282.

[414] Dafür Blaurock, Unterbeteiligung und Treuhand an Gesellschaftsanteilen, 1981, 161; Blaurock Stille Gesellschaft-HdB/Blaurock Rn. 30.38; Heymann/Wackerbarth Rn. 93; dagegen Staub/Harbarth Rn. 284; C. Schäfer, Die Lehre vom fehlerhaften Verband, 2002, 143 ff.; MüKoBGB/Schäfer BGB § 705 Rn. 360.

[415] So auch MüKoHGB/K. Schmidt Rn. 230.

[416] Staub/Harbarth Rn. 285, 291; Ebenroth/Boujong/Gehrlein Rn. 94; zurückhaltender Blaurock Stille Gesellschaft-HdB/Blaurock Rn. 30.46.

[417] Ebenroth/Boujong/Gehrlein Rn. 96; MüKoBGB/Schäfer BGB § 715 Rn. 73; so noch zu § 712 BGB aF Staub/Harbarth Rn. 293; Blaurock Stille Gesellschaft-HdB/Blaurock Rn. 30.44; Heymann/Wackerbarth Rn. 97.

[418] Ebenroth/Boujong/Gehrlein Rn. 98.

[419] Blaurock Stille Gesellschaft-HdB/Blaurock Rn. 30.43; RGHMW/Mock Rn. 240; Ebenroth/Boujong/Gehrlein Rn. 97.

[420] MüKoHGB/K. Schmidt Rn. 242; Ebenroth/Boujong/Gehrlein Rn. 104; RGHMW/Mock Rn. 242.

[421] MüKoHGB/K. Schmidt Rn. 242; MüKoBGB/Schäfer BGB Vor § 705 Rn. 100; Paulick ZGR 1974, 253 (274); Ebenroth/Boujong/Gehrlein Rn. 104; vgl. Staub/Harbarth Rn. 291.

[422] Paulick ZGR 1974, 253 (274); Ebenroth/Boujong/Gehrlein Rn. 104.

4. Rechtsstellung des Unterbeteiligten. a) Allgemeines. Der Unterbeteiligte steht in keiner vertraglichen Beziehung **zur Hauptgesellschaft** oder zu deren Gesellschaftern, sondern ist allein dem **Hauptbeteiligten** durch das Gesellschaftsverhältnis verbunden.[423] Daher haben weder die Hauptgesellschaft noch deren Gesellschafter (außer dem Hauptbeteiligten) Ansprüche gegen den Unterbeteiligten. Dem Unterbeteiligten stehen seinerseits keine mitgliedschaftlichen Rechte in der Hauptgesellschaft zu. Er kann nur auf das Verhalten des Hauptbeteiligten als Mitglied Einfluss nehmen. Zum Kontrollrecht des Unterbeteiligten → § 233 Rn. 21 f. 131

b) Beitrag und Gewinnbeteiligung. Die – unentbehrliche[424] – **Beitragspflicht** des Unterbeteiligten regelt der Unterbeteiligungs-Gesellschaftsvertrag. Der Beitrag kann nicht nur in Geld, sondern auch in Sach- oder Dienstleistungen bestehen. Auf die Bilanzierungsfähigkeit des Beitrags kommt es nicht an.[425] Der Beitrag muss nicht zwingend an den Hauptbeteiligten geleistet, sondern kann für diesen an einen Dritten erbracht werden. Häufig übernimmt der Unterbeteiligte einen Teil der Einlage, die der Hauptbeteiligte an die Hauptgesellschaft leisten muss. Der Unterbeteiligte partizipiert am **Gewinn,** der auf den Gesellschaftsanteil des Hauptbeteiligten entfällt.[426] Der Umfang der Gewinnbeteiligung ergibt sich aus dem Gesellschaftsvertrag. Fehlt eine Regelung, so gilt analog § 231 Abs. 1 ein angemessener Anteil als bedungen. Dieser bemisst sich im Zweifel nach dem Verhältnis des Beitrags des Unterbeteiligten zum Beitrag des Hauptbeteiligten gegenüber der Hauptgesellschaft. 132

c) Treuepflicht. Aus dem Gesellschaftsverhältnis zum Hauptbeteiligten ergibt sich für den Unterbeteiligten eine Treuepflicht. Aus ihr lässt sich grundsätzlich **kein Wettbewerbsverbot** ableiten.[427] Etwas anderes kommt nur in Betracht, wenn der Hauptbeteiligte aus seinem Gesellschaftsverhältnis zur Hauptgesellschaft mit einem Wettbewerbsverbot belastet ist und der Zweck der Unterbeteiligung gebietet, dass auch der Unterbeteiligte dieses Wettbewerbsverbot wahrt.[428] Bei einer nur finanziellen Beteiligung ist die persönliche Bindung des Unterbeteiligten indes nicht so intensiv, dass das Gesellschaftsverhältnis zwischen Hauptgesellschaft und Hauptbeteiligtem Drittwirkung entfalten könnte. Die mit dem Wettbewerbsverbot einhergehende Rücksichtnahmepflicht ist dem Unterbeteiligten unzumutbar. Etwas anderes gilt allenfalls, wenn er Informations- und Mitspracherechte bei der Ausübung der Mitgliedschaftsrechte durch den Hauptbeteiligten hat, die er in wettbewerbsrelevanter Weise ausnutzen kann.[429] Im Übrigen bedarf es für ein Wettbewerbsverbot zu Lasten des Unterbeteiligten einer Vereinbarung. 133

§ 231 [Gewinn und Verlust]

(1) Ist der Anteil des stillen Gesellschafters am Gewinn und Verluste nicht bestimmt, so gilt ein den Umständen nach angemessener Anteil als bedungen.

(2) Im Gesellschaftsvertrage kann bestimmt werden, daß der stille Gesellschafter nicht am Verluste beteiligt sein soll; seine Beteiligung am Gewinne kann nicht ausgeschlossen werden.

Schrifttum: Grunewald, Leistungen causa societatis als Sonderfall des Schenkungsrechts?, NZG 2011, 613; Haarmann, Zur Bindungswirkung der Bilanzmitteilung durch den Geschäftsherrn für den stillen Gesellschafter, FS W. Müller, 2001, 425; im Übrigen s. § 230.

Übersicht

[423] MüKoHGB/K. Schmidt Rn. 233 f.; Ebenroth/Boujong/Gehrlein Rn. 99.
[424] MüKoHGB/K. Schmidt Rn. 231; Blaurock Stille Gesellschaft-HdB/Blaurock Rn. 30.39.
[425] Heymann/Wackerbarth Rn. 102; Ebenroth/Boujong/Gehrlein Rn. 100.
[426] Ebenroth/Boujong/Gehrlein Rn. 101; Staub/Harbarth Rn. 308.
[427] BGH 11.7.1967, BGHZ 50, 316 (324) = NJW 1968, 2003; MüKoHGB/K. Schmidt Rn. 244 f.; Ebenroth/Boujong/Gehrlein Rn. 105.
[428] Staub/Harbarth Rn. 299; Ebenroth/Boujong/Gehrlein Rn. 105.
[429] MüKoHGB/K. Schmidt Rn. 245; Ebenroth/Boujong/Gehrlein Rn. 105; RGHMW/Mock Rn. 241.

I. Allgemeines

1 § 231 regelt die Beteiligung des stillen Gesellschafters am Gewinn und Verlust des Handelsgewerbes, wohingegen § 232 bestimmt, wie Gewinn und Verlust zu ermitteln sind. § 231 Abs. 1 enthält eine subsidiäre Bestimmung über den Maßstab der Gewinn- und Verlustbeteiligung für den Fall, dass der Gesellschaftsvertrag diese nicht ausdrücklich regelt und sich auch durch Auslegung kein Verteilungsmaßstab ermitteln lässt.[1] Abs. 2 stellt klar, dass die Gesellschafter hins. der Gewinn- und Verlustbeteiligung Gestaltungsfreiheit haben, die Gewinnbeteiligung als konstitutives Merkmal der stillen Gesellschaft aber nicht ausgeschlossen werden darf.

II. Anteil an Gewinn und Verlust (Abs. 1)

2 **1. Gesellschaftsvertrag.** Die Gewinn- und Verlustbeteiligung kann im Gesellschaftsvertrag in den Grenzen des § 231 Abs. 2 sowie des § 138 BGB frei vereinbart werden. Die Vereinbarung kann ausdrücklich oder konkludent erfolgen.[2] Gewinn- und Verlustbeteiligung können einen unterschiedlichen Umfang haben. Sieht der Gesellschaftsvertrag eine völlig überhöhte Gewinnbeteiligung vor, handelt es sich in der Regel um ein Schenkungsversprechen, für das § 518 Abs. 1 BGB gilt (→ § 230 Rn. 57). Die Auszahlung des Gewinns heilt den Formmangel (§ 518 Abs. 2 BGB).

2a Verspricht der Unternehmensinhaber eine Vergütung für die stille Einlage (auch) für den Fall, dass ein Jahresfehlbetrag besteht, liegt keine Schenkung vor.[3] Die Leistung beruht auf der gesellschaftsvertraglich verabredeten gemeinsamen Zweckverfolgung und ist daher nicht unentgeltlich. Handelt es sich um eine stille Beteiligung an einer AG, beansprucht allerdings das Schriftformerfordernis aus § 293 Abs. 3 AktG, § 295 Abs. 1 S. 2 AktG Beachtung.[4]

3 Die Beteiligung des stillen Gesellschafters kann in Prozentsätzen bestimmt sein. Sofern eine GmbH oder eine kapitalistisch strukturierte Personenhandelsgesellschaft Geschäftsinhaber ist, wird der Gewinnanteil häufig nach dem Verhältnis der Einlage zum Eigenkapital des Geschäftsinhabers bestimmt. Dabei stellen die Gesellschafter im Zweifel auf das Kapitalverhältnis bei Vertragsschluss ab, sodass nachträgliche Änderungen unberücksichtigt bleiben.[5] Es kann zudem bestimmt werden, dass ein fester **Gewinnvoraus** zu zahlen ist. Im Einzelfall ist durch Auslegung zu ermitteln, ob der Gewinnvoraus auch gezahlt werden muss, wenn kein Gewinn entstanden ist. Es handelt sich ggf. um einen garantierten Mindestgewinnanteil, der in der Regel zugleich die Verlustbeteiligung ausschließt.[6]

4 Sofern die Vereinbarung über die Gewinn- und Verlustbeteiligung Lücken hat, ist zunächst der Gesellschaftsvertrag auszulegen und ggf. auf den subsidiären § 231 Abs. 1 zurückzugreifen.[7] Das gilt auch bei grundlegenden Veränderungen des Unternehmens. Der Gesellschaftsvertrag, der nur den Anteil des stillen Teilhabers festlegt, ist so zu interpretieren, dass Gewinne und Verluste im Übrigen beim Geschäftsinhaber verbleiben.[8]

5 **2. Gesetz.** Soweit sich aus dem Gesellschaftsvertrag keine Regelung über die Gewinn- und Verlustbeteiligung ergibt, greift die Auffangregelung des § 231 Abs. 1. Danach ist der stille Gesellschafter mit einem **nach den Umständen angemessenen Anteil** an Gewinn und Verlust zu beteiligen. § 231 Abs. 1 weicht von § 709 Abs. 3 BGB ab, der Gewinn und Verlust primär nach den vereinbarten Beteiligungsverhältnissen und subsidiär nach dem Wert der Beiträge, hilfsweise zu jeweils gleichen Anteilen verteilt. Die Kriterien des § 709 Abs. 3 BGB können allerdings bei der Bestimmung des nach den Umständen angemessenen Teils berücksichtigt werden.

6 Die Angemessenheit des Anteils ergibt sich wegen des kapitalbezogenen Charakters der stillen Gesellschaft insbesondere aus dem **Verhältnis der Beiträge** des stillen Teilhabers und des Geschäftsinhabers.[9] Es kommt somit primär darauf an, wie hoch die Einlage des stillen Teilhabers im Verhältnis

---

[1] Staub/Harbarth Rn. 1, 4; MüKoHGB/K. Schmidt Rn. 2; Ebenroth/Boujong/Gehrlein Rn. 1 f.

[2] BeckOGK/Kinzl, 1.4.2024, Rn. 5.

[3] BGH 18.9.2012, AG 2013, 92 Rn. 20 = NZG 2013, 53; OLG Schleswig 2.3.2011, NZG 2011, 620 (621 f.); **aA** RGHMW/Mock § 232 Rn. 31; diff. Grunewald NZG 2011, 613.

[4] BGH 18.9.2012, AG 2013, 92 Rn. 25 ff. = NZG 2013, 53 (55 f.); RGHMW/Mock § 232 Rn. 31.

[5] BGH 21.4.1955, BGHZ 17, 130 (133) = NJW 1955, 1025; RG 1.2.1890, RGZ 25, 41 (46 f.); Staub/Harbarth Rn. 7; Heymann/Wackerbarth Rn. 1; Ebenroth/Boujong/Gehrlein Rn. 3.

[6] BGH 10.10.1994, BGHZ 127, 176 (181) = NJW 1995, 192; Staub/Harbarth Rn. 14; Ebenroth/Boujong/Gehrlein Rn. 5; GK-HGB/Fahse/Gesmann-Nuissl Rn. 1; vgl. auch RGHMW/Mock Rn. 13.

[7] Staub/Harbarth Rn. 6, 8; RGHMW/Mock Rn. 2; KKD/Kindler Rn. 2 f.

[8] Heymann/Wackerbarth Rn. 1; Ebenroth/Boujong/Gehrlein Rn. 3.

[9] BFH 6.2.1980, DB 1980, 1623 = BeckRS 1980, 22005194; MHdB GesR II/Kawka/Keul § 86 Rn. 37; Heymann/Wackerbarth Rn. 2; GK-HGB/Fahse/Gesmann-Nuissl Rn. 1; s. auch Ebenroth/Boujong/Gehrlein Rn. 8.

zum Eigenkapital des Handelsgewerbes ist.[10] Dabei ist auf den Zeitpunkt abzustellen, in dem der Gesellschaftsvertrag geschlossen wurde, da die Parteien ihr Verhältnis zu diesem Zeitpunkt geordnet haben. Nachträgliche Veränderungen sind folglich unerheblich.[11] Bei **atypischen stillen Gesellschaften** ist bei der Bemessung der Angemessenheit zusätzlich die unternehmerische Betätigung des stillen Gesellschafters bei der Geschäftsführung in Rechnung zu stellen. Sie erhöht seinen Beitrag, soweit er keine Tätigkeitsvergütung erhält.[12] Des Weiteren fällt auch eine Vereinbarung über die Haftung des Stillen im Außenverhältnis ins Gewicht, die einem Beitrag gleicht.[13]

Die Kriterien für die Angemessenheitsprüfung öffnen den Weg für – und erfordern in der Regel – 7
eine unterschiedliche Behandlung stiller Gesellschafter. Im Fall einer mehrgliedrigen stillen Gesellschaft (→ § 230 Rn. 48) ist bei einer unterschiedlichen Behandlung allerdings der gesellschaftsrechtliche **Gleichbehandlungsgrundsatz** zu beachten, dh die für maßgeblich gehaltenen Angemessenheitskriterien sind für alle stillen Gesellschafter gleichmäßig anzuwenden.[14] Bei einer Mehrzahl stiller Gesellschafter (→ § 230 Rn. 45, → § 230 Rn. 46) gilt – mangels eines gemeinsamen Gesellschaftsverhältnisses mit dem Geschäftsinhaber – der Gleichbehandlungsgrundsatz hingegen nicht.

III. Ausschluss der Gewinn- bzw. Verlustbeteiligung für den stillen Gesellschafter (Abs. 2)

1. Ausschluss der Verlustbeteiligung. Der Gesellschaftsvertrag kann – ausdrücklich oder kon- 8
kludent – festlegen, dass der stille Teilhaber keinen Anteil am Verlust des Handelsgewerbes trägt (§ 231 Abs. 1 Hs. 1).[15] Eine Vereinbarung über einen **Mindestgewinn** schließt eine Verlustbeteiligung in der Regel konkludent aus.[16] Der Festlegung eines Mindestanteils am Gewinn kommt eine solche Bedeutung hingegen nicht zu: Diese Abrede greift nur ein, wenn ein Gewinn entsteht, und trifft keine Aussage über den Verlust. Ein solcher Ausschluss ergibt sich auch nicht aus einer Vereinbarung, wonach der stille Gesellschafter seine Einlage bei Auflösung der Gesellschaft in voller Höhe zurückerhält. Diese Vereinbarung garantiert nur ein Mindestauseinandersetzungsguthaben, sagt aber nichts über die Verlustbeteiligung während des Vollzugs der Gesellschaft.[17] Erfolgt die Einlage des stillen Gesellschafters in Form von Dienstleistungen oder der Gebrauchsüberlassung von Sachen oder Rechten, schließt die Art der Einlage eine Verlustbeteiligung nicht aus. Die Verluste sind vom (bilanziellen) Wert der Einlage in Abzug zu bringen.[18] Ein Ausschluss der Verlustbeteiligung wirkt nur im Innenverhältnis und gewährt dem stillen Teilhaber keine Vorrechte in der Insolvenz.[19] Möglich ist auch eine **Begrenzung** der Verlustbeteiligung. Eine solche kann etwa durch eine Vereinbarung erfolgen, die die Verlustbeteiligung zwar zulässt, aber einen passiven Saldo des Einlagekontos ausschließt und einen darüber hinausgehenden Verlustanteil dem Geschäftsinhaber zuweist.[20]

2. Unzulässiger Ausschluss der Gewinnbeteiligung. Die Gewinnbeteiligung begründet ein 9
konstitutives Merkmal der stillen Gesellschaft. § 231 Abs. 2 Hs. 2 ist allerdings kein Verbotsgesetz iSv § 134 BGB. Ein Verstoß hat nur zur Folge, dass keine stille Gesellschaft vorliegt, sondern ein **Darlehen** oder eine **GbR.**[21] Ein Ausschluss von der Gewinnbeteiligung liegt nur vor, wenn der stille Teilhaber gar nicht am Gewinn partizipiert. Das ist zB anzunehmen, wenn ein fester Zins oder eine gewinnunabhängige Umsatzbeteiligung vereinbart ist.[22] In solchen Fällen liegt eine Innen-GbR

---

[10] Staub/Harbarth Rn. 7 f.; GK-HGB/Fahse/Gesmann-Nuissl Rn. 1.
[11] RG 1.2.1890, RGZ 25, 41 (46); Hopt/Roth Rn. 1.
[12] Ebenroth/Boujong/Gehrlein Rn. 8; s. auch Haarmann FS W. Müller, 2001, 425 (433).
[13] Staub/Harbarth Rn. 8; MHdB GesR II/Kawka/Keul § 86 Rn. 37.
[14] Vgl. BeckOK BGB/Schöne BGB § 709 Rn. 13; MüKoBGB/Schäfer § 705 Rn. 298 f.
[15] OLG Brandenburg 8.2.1995, NJW-RR 1996, 156 (157); Blaurock Stille Gesellschaft-HdB/Kauffeld Rn. 8.37; Ebenroth/Boujong/Gehrlein Rn. 5; Staub/Harbarth Rn. 14; MüKoHGB/K. Schmidt Rn. 21; Henssler/Strohn/Servatius Rn. 11; HK-HGB/Stuhlfelner Rn. 2.
[16] Staub/Harbarth Rn. 14; Heymann/Wackerbarth Rn. 4; Ebenroth/Boujong/Gehrlein Rn. 5.
[17] MüKoHGB/K. Schmidt Rn. 21; Staub/Harbarth Rn. 15; GK-HGB/Fahse/Gesmann-Nuissl Rn. 6; KKD/Kindler Rn. 4; s. auch BGH 27.9.1982, BGHZ 85, 61 (63) = NJW 1983, 111; RG 6.12.1928, RGZ 122, 387 (390).
[18] Heymann/Wackerbarth Rn. 4; Ebenroth/Boujong/Gehrlein Rn. 6.
[19] MüKoHGB/K. Schmidt Rn. 22; Heymann/Wackerbarth Rn. 4; Ebenroth/Boujong/Gehrlein Rn. 7.
[20] FG Düsseldorf 21.8.2008, BeckRS 2008, 26026353.
[21] BGH 10.10.1994, BGHZ 127, 176 (181) = NJW 1995, 192; RG 6.12.1928, RGZ 122, 387 (390); Staub/Harbarth Rn. 11; Ebenroth/Boujong/Gehrlein Rn. 2; diff. RGHMW/Mock Rn. 11; BeckOGK/Kinzl, 1.4.2024, Rn. 17 f.; KKD/Kindler Rn. 2; GK-HGB/Fahse/Gesmann-Nuissl Rn. 3; Hopt/Roth Rn. 2.
[22] RG 6.12.1928, RGZ 122, 387 (390); MüKoHGB/K. Schmidt Rn. 24; Ebenroth/Boujong/Gehrlein Rn. 10; Hopt/Roth Rn. 2.

vor, wenn die Beteiligten einen gemeinsamen Zweck verfolgen, ansonsten ein Darlehen.[23] Auch dann können kraft vertraglicher (ausdrücklicher oder konkludenter) Vereinbarung §§ 230 ff. Anwendung finden.[24]

10 **3. Zulässige Gewinnbegrenzung.** Vom Ausschluss der Gewinnbeteiligung zu unterscheiden ist die – für die Einstufung als stille Gesellschaft unschädliche – Begrenzung der Gewinnbeteiligung. Unschädlich ist eine Limitierung der Partizipation des stillen Gesellschafters auf den Gewinn aus bestimmten Geschäften, aus bestimmten Arten von Geschäften oder auf den Gewinn bestimmter Niederlassungen.[25] Auch die Geschäfte, die beim Abschluss des Gesellschaftsvertrags noch schwebend waren, können von der Gewinnbeteiligung ausgenommen werden.[26] Einschränkungen sind auch durch Vorwegabzüge des Inhabers möglich. Ebenso kann ein Höchstbetrag für die Beteiligung des stillen Teilhabers festgelegt werden.[27]

IV. Ausschluss der Gewinn- und Verlustbeteiligung des Geschäftsinhabers

11 § 231 regelt den Ausschluss der Gewinn- und Verlustbeteiligung nur für den stillen Gesellschafter, nicht für den Geschäftsinhaber. Das Gesetz geht von der Vorstellung aus, dass der Inhaber des Handelsgewerbes der Geschäftsherr ist. Der Ausschluss seiner Gewinn- oder Verlustbeteiligung findet sich in der Praxis eher selten. Die Gesellschafter sind aber nicht gehindert, eine solche Vereinbarung in den Grenzen des § 138 BGB zu treffen.[28] Der Ausschluss der Gewinn- und Verlustbeteiligung wirkt nur im Innenverhältnis und beschränkt die Haftung des Inhabers gegenüber Dritten nicht.[29]

12 Der **Ausschluss der Gewinnbeteiligung** erfolgt typischerweise, wenn der stille Gesellschafter der eigentliche Geschäftsherr des Handelsgewerbes ist und der Inhaber in einer Treuhandbeziehung zu ihm steht (atypische stille Gesellschaft).[30] Damit geht typischerweise eine Vereinbarung über die Vergütung der Geschäftsführungstätigkeit des Geschäftsinhabers einher.[31] Häufig erfolgt in diesen Konstellationen darüber hinaus ein **Ausschluss der Verlustbeteiligung.**[32] Begleicht der Inhaber in diesem Fall Forderungen der Gläubiger, hat er einen Aufwendungsersatzanspruch gegen den stillen Gesellschafter gem. § 716 Abs. 1 und 2 BGB.

V. Unterbeteiligung

13 Die Ausführungen zur Gewinn- und Verlustbeteiligung bei der stillen Gesellschaft gelten sinngemäß für die Unterbeteiligung. Grundsätzlich empfiehlt sich eine Regelung im Gesellschaftsvertrag. Fehlt es an einer Vereinbarung, so ist im Zweifel § 231 Abs. 1 analog anzuwenden. Die Unterbeteiligung ist hauptsächlich eine kapitalmäßige Beteiligung am Gesellschaftsanteil des Hauptbeteiligten, sodass die Verteilung des Gewinns nach Köpfen nicht dem Verhältnis der Gesellschafter entspricht. § 740 Abs. 2 BGB, § 709 Abs. 3 S. 1 und 2 BGB können subsidiär herangezogen werden.

§ 232 [Gewinn- und Verlustrechnung]

(1) Am Schlusse jedes Geschäftsjahrs wird der Gewinn und Verlust berechnet und der auf den stillen Gesellschafter fallende Gewinn ihm ausbezahlt.

(2) [1]Der stille Gesellschafter nimmt an dem Verluste nur bis zum Betrage seiner eingezahlten oder rückständigen Einlage teil. [2]Er ist nicht verpflichtet, den bezogenen Gewinn wegen späterer Verluste zurückzuzahlen; jedoch wird, solange seine Einlage durch Verlust vermindert ist, der jährliche Gewinn zur Deckung des Verlustes verwendet.

(3) Der Gewinn, welcher von dem stillen Gesellschafter nicht erhoben wird, vermehrt dessen Einlage nicht, sofern nicht ein anderes vereinbart ist.

---

[23] Ebenroth/Boujong/Gehrlein Rn. 9; KKD/Kindler Rn. 2.
[24] Staub/Harbarth Rn. 11.
[25] RG 6.12.1928, RGZ 122, 387 (390); Ebenroth/Boujong/Gehrlein Rn. 10; GK-HGB/Fahse/Gesmann-Nuissl Rn. 4; Hopt/Roth Rn. 2.
[26] RG 14.12.1938, JW 1939, 489 (490); Hopt/Roth Rn. 2.
[27] BGH 21.7.2003, BGHZ 156, 38 (44) = NJW 2003, 3412; Hopt/Roth Rn. 2.
[28] Staub/Harbarth Rn. 12; MüKoHGB/K. Schmidt Rn. 25; Ebenroth/Boujong/Gehrlein Rn. 11 f.; RGHMW/Mock Rn. 14.
[29] BeckOGK/Kinzl, 1.4.2024, Rn. 27.
[30] Blaurock Stille Gesellschaft-HdB/Kauffeld Rn. 8.15; Ebenroth/Boujong/Gehrlein Rn. 11.
[31] Blaurock Stille Gesellschaft-HdB/Kauffeld Rn. 8.15; Ebenroth/Boujong/Gehrlein Rn. 11.
[32] Ebenroth/Boujong/Gehrlein Rn. 12; nach Blaurock Stille Gesellschaft-HdB/Kauffeld Rn. 8.15 liegt andernfalls sogar Nichtigkeit der Vereinbarung über den Gewinnausschluss nach § 138 BGB vor.

Schrifttum: Haarmann, Zur Bindungswirkung der Bilanzmitteilung durch den Geschäftsherrn für den stillen Gesellschafter, FS W. Müller, 2001, 425; Schulze-Osterloh, Der atypische stille Gesellschafter ist der typische stille Gesellschafter!, FS Kruse, 2001, 377; Sudhoff, Gewinnanteil und Auseinandersetzungsquote des stillen Gesellschafters, NJW 1960, 2121; Wachter, Die Gewinnermittlung und Gewinnverteilung in der stillen Gesellschaft, 1996; Zinkeisen, Der Umfang der Gewinnbeteiligung und des Auseinandersetzungsguthabens des stillen Gesellschafters, Diss. Hamburg 1972; im Übrigen s. § 230.

Übersicht

I. Allgemeines

1 § 232 regelt die Ermittlung von Gewinn und Verlust bei der stillen Gesellschaft. Die Feststellung des Geschäftsergebnisses hat indes nur eine unvollständige explizite Normierung erfahren. Die Lücken sind im Wege der Gesetzesauslegung oder durch gesellschaftsvertragliche Ausgestaltung zu schließen. Daneben bestimmt § 232 Abs. 2, 3, wie mit dem Gewinnanteil des stillen Teilhabers zu verfahren ist und inwieweit eine Verlustbeteiligung erfolgt. Die Regelungen des § 232 sind vollumfänglich **dispositiv.**[1]

II. Ermittlung von Gewinn und Verlust (Abs. 1)

2 **1. Pflicht des Geschäftsinhabers. a) Rechnungslegung durch den Inhaber.** Der Geschäftsinhaber ist gegenüber dem stillen Teilhaber zur Rechnungslegung verpflichtet. Das ergibt sich aus dem Gesellschaftsvertrag bzw. aus § 232 Abs. 1.[2] Die Rechnungslegung ist Teil der Geschäftsführung des Inhabers und kann bei atypischen stillen Gesellschaften auf den stillen Teilhaber übertragen werden.[3] Zur Rechnungslegung muss der Inhaber Gewinn und Verlust ermitteln (§ 232 Abs. 1). Für die stille Gesellschaft ist jedoch **keine eigene Bilanz** iSd §§ 242 ff. aufzustellen (→ § 230 Rn. 107). Vielmehr sind der Jahresabschluss und insbesondere die **Bilanz des Geschäftsinhabers** für das Handelsgewerbe die Grundlage, um Gewinn und Verlust zu berechnen.[4] Bei **Kannkaufleuten,** die eine Innen-GbR mit einem Teilhaber geschlossen haben, findet § 232 entsprechend Anwendung. Kannkaufleute trifft allerdings keine Bilanzierungspflicht. Daher haben sie die Ergebnisrechnung auf Grundlage ihrer Buchführung zu erstellen.[5]

3 § 232 Abs. 1 regelt nicht, ob die Ergebnisrechnung auf der Grundlage der **Handelsbilanz** oder der sog. **Steuerbilanz** (§ 60 EStDV 2000) erfolgt. Die Steuerbilanz richtet sich an das Finanzamt, wohingegen die Handelsbilanz an die Gesellschafter und ihre Gläubiger adressiert ist.[6] Die Ergebnisrechnung der stillen Gesellschaft steht in einem systematischen Zusammenhang zu den handelsrechtlichen Bilanzvorschriften, sodass sie anhand der Handelsbilanz erfolgt, solange im Gesellschaftsvertrag

---

[1] MüKoHGB/K. Schmidt Rn. 2; Staub/Harbarth Rn. 2; Ebenroth/Boujong/Gehrlein Rn. 1; KKD/Kindler Rn. 1.

[2] Staub/Harbarth Rn. 2, 19; Blaurock Stille Gesellschaft-HdB/Kauffeld Rn. 8.47; Heymann/Wackerbarth Rn. 1; Ebenroth/Boujong/Gehrlein Rn. 2; GK-HGB/Fahse/Gesmann-Nuissl Rn. 1; vgl. auch MHdB GesR II/Meißner/Kawka § 85 Rn. 1.

[3] MHdB GesR II/Meißner/Kawka § 85 Rn. 5; Ebenroth/Boujong/Gehrlein Rn. 2.

[4] MHdB GesR II/Meißner/Kawka § 85 Rn. 8; Ebenroth/Boujong/Gehrlein Rn. 4; GK-HGB/Fahse/Gesmann-Nuissl Rn. 2.

[5] MHdB GesR II/Meißner/Kawka § 85 Rn. 9; Wachter, Die Gewinnermittlung und Gewinnverteilung in der stillen Gesellschaft, 1996, 83; Ebenroth/Boujong/Gehrlein Rn. 4.

[6] Großfeld/Luttermann, Bilanzrecht, 4. Aufl. 2005, 301 ff.

nichts anderes vereinbart ist.[7] Die Handelsbilanz begünstigt den Geschäftsinhaber, da das Handelsrecht die Bildung stiller Reserven erlaubt und zum Teil Aktivierungswahlrechte bestehen (zB § 250 Abs. 3), die den Gewinn des Betriebs beeinflussen. Daher kann der Gewinnanteil des stillen Gesellschafters niedriger ausfallen als nach der Steuerbilanz.

4 Die Rechnungslegung hat jährlich zu erfolgen **(Jahresrechnung).**[8] Es handelt sich um eine gesonderte Ergebnisrechnung, die aus einer Gewinn- und Verlustrechnung besteht, die auf die stille Gesellschaft zugeschnitten ist. Diese Ergebnisrechnung kann als bloße Zusatzrechnung dem Jahresabschluss angehängt oder in eine eigene Bilanz gekleidet werden.[9] Der Inhaber kann die Anerkennung der Jahresrechnung als korrekt verlangen, sofern sie vertragsgemäß ist.[10] Die Anerkennung ist ein Feststellungsvertrag, der rechtlich in der Regel ein deklaratorisches Schuldanerkenntnis darstellt.[11]

5 **b) Frist.** Der Zeitpunkt für die Rechnungslegung ergibt sich aus dem Gesellschaftsvertrag. Sofern es an einer Vereinbarung fehlt, muss sie innerhalb des gleichen Zeitraums erfolgen wie der Jahresabschluss des Geschäftsinhabers. Insoweit gilt § 243 Abs. 3 für die Aufstellung und Vorlage der Jahresrechnung analog.[12] Zum Teil bestehen für den Jahresabschluss gesetzliche Fristen (§ 42a GmbHG, § 175 AktG). Diese gelten für die Rechnungslegung gegenüber dem stillen Teilhaber entsprechend, da sie inhaltlich an den Jahresabschluss anknüpft.[13] Der Abrechnungszeitraum, auf den sich die Jahresrechnung bezieht, ist das Geschäftsjahr des Handelsgewerbes.[14] Die steuerrechtliche Ermittlung der Gewinnbeteiligung erfolgt nach der Rspr. des BFH nicht erst mit der Feststellung der Bilanz des Inhabers, sondern mit Abschluss des Geschäftsjahres.[15]

6 **c) Durchsetzung.** Der stille Gesellschafter hat einen einklagbaren Anspruch auf Rechnungslegung. Hält der stille Teilhaber die Abrechnung des Inhabers für fehlerhaft, kann er Leistungsklage auf eine korrigierte Abrechnung erheben.[16] Eine Feststellungsklage ist zulässig, soweit sie nicht subsidiär ist. Der stille Teilhaber kann gleichzeitig seine Informations- und Kontrollrechte aus §§ 233, 166 klageweise geltend machen. Zudem ist es zulässig, die Leistungs- oder Feststellungsklage hinsichtlich der Jahresrechnung mit der Klage auf Auszahlung im Wege der Stufenklage zu verbinden (§ 254 ZPO).[17]

7 **2. Berechnung von Gewinn und Verlust. a) Grundsatz.** Im Rahmen der Ergebnisrechnung sind Gewinn und Verlust der stillen Gesellschaft zu ermitteln. Wegen der großen Lücken, welche die Regelung der §§ 230 ff. aufweist, sollten die diesbezüglichen Einzelheiten im Gesellschaftsvertrag vereinbart werden.[18] Ratsam sind etwa Konkretisierungen, welche Erträge und Aufwendungen im Einzelnen zu berücksichtigen sind, sowie präzise Vereinbarungen zur Einbeziehung von Abschreibungen und Rücklagen, da diese das Geschäftsergebnis und somit die Gewinnbeteiligung des stillen Gesellschafters nachteilig beeinflussen und folglich streitträchtig sind.

8 Die Ergebnisrechnung bei einer **typischen stillen Gesellschaft** gem. §§ 230 ff. ist an deren Eigenarten auszurichten.[19] Die stille Beteiligung bezweckt die Förderung des Handelsgewerbes des Inhabers und die Gewinnerzielung durch seinen Betrieb. Der stille Teilhaber partizipiert nicht wie

[7] MHdB GesR II/Meißner/Kawka § 85 Rn. 10; Blaurock Stille Gesellschaft-HdB/Kauffeld Rn. 8.52; Heymann/Wackerbarth Rn. 2; Ebenroth/Boujong/Gehrlein Rn. 5; GK-HGB/Fahse/Gesmann-Nuissl Rn. 2; KKD/Kindler Rn. 1a; zurückhaltender RGHMW/Mock Rn. 5.

[8] MHdB GesR II/Meißner/Kawka § 85 Rn. 8; Blaurock Stille Gesellschaft-HdB/Kauffeld Rn. 8.91; Staub/Harbarth Rn. 21.

[9] Ebenroth/Boujong/Gehrlein Rn. 6.

[10] MüKoHGB/K. Schmidt Rn. 20; Staub/Harbarth Rn. 21; RGHMW/Mock Rn. 11; **aA** Haarmann FS W. Müller, 2001, 425 (444).

[11] MüKoHGB/K. Schmidt Rn. 20; Blaurock Stille Gesellschaft-HdB/Kauffeld Rn. 8.95; s. auch BGH 19.3.1996, BB 1996, 1105 (1106) = NJW 1996, 1678; Haarmann FS W. Müller, 2001, 425 (441 ff.).

[12] Staub/Harbarth Rn. 31; MHdB GesR II/Meißner/Kawka § 85 Rn. 7; Blaurock Stille Gesellschaft-HdB/Kauffeld Rn. 8.98; MüKoHGB/K. Schmidt Rn. 19; Ebenroth/Boujong/Gehrlein Rn. 7.

[13] MHdB GesR II/Meißner/Kawka § 85 Rn. 6; Staub/Harbarth Rn. 30; Blaurock Stille Gesellschaft-HdB/Kauffeld Rn. 8.98; MüKoHGB/K. Schmidt Rn. 19; Ebenroth/Boujong/Gehrlein Rn. 7.

[14] Ebenroth/Boujong/Gehrlein Rn. 7; vgl. Staub/Harbarth Rn. 28.

[15] BFH 27.3.2012, DStR 2012, 1024 Rn. 14.

[16] Vgl. Staub/Harbarth Rn. 22.

[17] Staub/Harbarth Rn. 22; BeckOGK/Kinzl, 1.4.2024, Rn. 34 ff.; Heymann/Wackerbarth Rn. 7; Ebenroth/Boujong/Gehrlein Rn. 8.

[18] Blaurock Stille Gesellschaft-HdB/Kauffeld Rn. 8.43; Staub/Harbarth Rn. 6 ff.; Ebenroth/Boujong/Gehrlein Rn. 3.

[19] BGH 30.11.1959, BB 1960, 14 (15) = BeckRS 1959, 31371714; MHdB GesR II/Meißner/Kawka § 85 Rn. 12, MHdB GesR II/Kawka/Keul § 86 Rn. 2; Ebenroth/Boujong/Gehrlein Rn. 6; KKD/Kindler Rn. 2.

die Gesellschafter einer OHG oder KG am Vermögen des Handelsgewerbes. Er hat nur schuldrechtlich am Gewinn und Verlust teil, der durch den Geschäftsbetrieb eintritt. Daher sind Gewinn und Verlust bei der stillen Gesellschaft mit der hM anhand des **Betriebsergebnisses** des Handelsgewerbes zu ermitteln.[20] Die Gegenansicht stellt auf Gewinn und Verlust des gesamten Unternehmens ab.[21] Auf diese Weise werden insbesondere Wertsteigerungen des Unternehmens in die Gewinnermittlung einbezogen. Der stille Gesellschafter wird im Rahmen der Ergebnisrechnung so gestellt, als sei er wie ein Kommanditist am Gesellschaftsvermögen beteiligt. Bei **atypischen stillen Gesellschaften,** bei denen der Stille schuldrechtlich so gestellt wird, als ob er wie ein Gesellschafter am Unternehmensvermögen beteiligt wäre, entspricht diese Gleichbehandlung mit Kommanditisten dem Gesellschaftsvertrag. Dort ist die Ergebnisrechnung folglich dementsprechend auszugestalten (→ Rn. 22). Bei typischen stillen Gesellschaften passt eine solche Gleichstellung hingegen nicht.

Bei der Ergebnisrechnung von **typischen stillen Gesellschaften** entscheidet somit die **Herkunft** 9 der Erträge, Aufwendungen und Wertveränderungen darüber, ob diese einfließen.[22] Berücksichtigung finden nur der vom werbenden Geschäftsbetrieb des Inhabers verursachte Ertrag und Aufwand.[23] An Gewinnen aus Geschäften, die vor Gründung der stillen Gesellschaft geschlossen wurden, hat der stille Teilhaber im Zweifel teil.[24] Ausgenommen sind aber Gewinn- und Verlustvorträge aus der Zeit vor der Entstehung der stillen Gesellschaft.[25]

b) Details. Bei der Ergebnisrechnung nach § 232 Abs. 1 sind nur die Geschäfte zu berücksichtigen, die zum Betrieb des Handelsgewerbes gehören. Nicht einzubeziehen sind das **Privatvermögen** 10 des Inhabers sowie alle Vorgänge, die seiner privaten Vermögenssphäre zuzuordnen sind (zB Erträge durch Schenkungen von Familienangehörigen, schenkweiser Erlass von Forderungen, Wegfall von Forderungen infolge eines Erbfalles).[26] Ebenfalls nicht einzubeziehen sind **Geschäfte, die der Geschäftsinhaber nicht vornehmen durfte** (→ § 230 Rn. 75 ff.), es sei denn, der stille Teilhaber genehmigt sie.[27]

Das Betriebsergebnis ist unter Berücksichtigung des Anlage- und Umlaufvermögens zu ermitteln, 11 dessen Wert nach den Grundsätzen der ordnungsgemäßen Buchführung anzusetzen ist (§ 243 Abs. 1). Das **Umlaufvermögen,** das während des laufenden Betriebs aus dem Handelsgewerbe ausscheidet (Umkehrschluss zu § 247 Abs. 2), hat einen Bezug zur werbenden Tätigkeit des Unternehmens, sodass alle Wertänderungen sowie die Erträge aus seiner Veräußerung in die Ergebnisrechnung einfließen.[28] Das gilt auch für Grundstücke, sofern sie Teil des Umlaufvermögens sind.

Grundsätzlich keine Berücksichtigung bei der Gewinn- und Verlustrechnung erfahren hingegen 12 der **Firmenwert** (good will)[29] und das **Anlagevermögen.**[30] Einzubeziehen sind jedoch betriebsbezogene Gewinne und Verluste in Bezug auf das Anlagevermögen.[31] Das gilt etwa für den Erlös aus der Veräußerung alter, inzwischen ersetzter Maschinen[32] oder Wertminderungen infolge betriebsbe-

---

[20] BGH 30.11.1959, BB 1960, 14 (15) = BeckRS 1959, 31371714; RG 20.12.1929, RGZ 126, 386 (393); 17.4.1928, RGZ 120, 410 (411); OLG Frankfurt 15.3.2001, NZG 2001, 696; MHdB GesR II/Kawka/Keul § 86 Rn. 2; MüKoHGB/K. Schmidt Rn. 5 f.; Staub/Harbarth Rn. 4; Haarmann FS W. Müller, 2001, 425 (432); Blaurock Stille Gesellschaft-HdB/Kauffeld Rn. 8.79, 8.84 ff.; zu terminologischen Schwierigkeiten ferner Blaurock Stille Gesellschaft-HdB/Kauffeld Rn. 8.90; Ebenroth/Boujong/Gehrlein Rn. 9; RGHMW/Mock Rn. 2; Schulze zur Wiesche Rn. 97a; Hopt/Roth Rn. 1; GK-HGB/Fahse/Gesmann-Nuissl Rn. 4.

[21] Schulze-Osterloh FS Kruse, 2001, 377 (393); Sudhoff NJW 1960, 2121 f.; Zinkeisen, Der Umfang der Gewinnbeteiligung und des Auseinandersetzungsguthabens des stillen Gesellschafters, 1972, 46; Wachter, Die Gewinnermittlung und Gewinnverteilung in der stillen Gesellschaft, 1996, 72 f., 82 ff.

[22] Staub/Harbarth Rn. 4; MüKoHGB/K. Schmidt Rn. 7 f.; MHdB GesR II/Kawka/Keul § 86 Rn. 3, 12 f.; Blaurock Stille Gesellschaft-HdB/Kauffeld Rn. 8.85; Heymann/Wackerbarth Rn. 2; Ebenroth/Boujong/Gehrlein Rn. 10; KKD/Kindler Rn. 2.

[23] RG 20.12.1929, RGZ 126, 386 (387); OLG Frankfurt 15.3.2001, NZG 2001, 696; MHdB GesR II/Kawka/Keul § 86 Rn. 13; Ebenroth/Boujong/Gehrlein Rn. 10.

[24] Blaurock Stille Gesellschaft-HdB/Kauffeld Rn. 8.75; Ebenroth/Boujong/Gehrlein Rn. 10.

[25] Ebenroth/Boujong/Gehrlein Rn. 10; KKD/Kindler Rn. 3.

[26] MüKoHGB/K. Schmidt Rn. 7 ff.; Staub/Harbarth Rn. 12; Blaurock Stille Gesellschaft-HdB/Kauffeld Rn. 8.74.

[27] RG 14.12.1938, JW 1939, 489 (490); 8.3.1918, RGZ 92, 292 (293 f.); Ebenroth/Boujong/Gehrlein Rn. 11; Staub/Harbarth Rn. 11; Heymann/Wackerbarth Rn. 3; MHdB GesR II/Kawka/Keul § 86 Rn. 15 f.; Hopt/Roth Rn. 2.

[28] RG 18.4.1901, JW 1901, 404 (405); Staub/Harbarth Rn. 9; Blaurock Stille Gesellschaft-HdB/Kauffeld Rn. 8.85; Ebenroth/Boujong/Gehrlein Rn. 12; Hopt/Roth Rn. 1.

[29] GK-HGB/Fahse/Gesmann-Nuissl Rn. 5.

[30] MüKoHGB/K. Schmidt Rn. 9; Heymann/Wackerbarth Rn. 3; RGHMW/Mock Rn. 7; Ebenroth/Boujong/Gehrlein Rn. 13; Hopt/Roth Rn. 1; s. auch OLG Frankfurt 15.3.2001, NZG 2001, 696.

[31] Ebenroth/Boujong/Gehrlein Rn. 13; Staub/Harbarth Rn. 10.

[32] Staub/Harbarth Rn. 10; Heymann/Wackerbarth Rn. 3; Ebenroth/Boujong/Gehrlein Rn. 13; krit. NK-HGB/Partikel Rn. 5.

dingter Abnutzung.[33] Zu berücksichtigen ist ferner die Veräußerung von Anlagegütern, die mit Mitteln des Unternehmens in der Zeit der stillen Gesellschaft erworben wurden.[34]

13 In die Ergebnisrechnung sind alle **Aufwendungen** und **Erträge** einzubeziehen, die beim Geschäftsbetrieb anfallen. Dazu gehören auch Erträge aus der Verjährung geschäftlicher Verbindlichkeiten[35] sowie Sanierungs- und Währungsgewinne.[36] Zu berücksichtigen ist auch der **Steueraufwand,** der an den Geschäftsbetrieb anknüpft (Umsatzsteuer, Gewerbesteuer, Grundsteuer auf Betriebsgrundstücke). Die persönliche Steuerschuld des Geschäftsinhabers (dh Ertrags- und Vermögenssteuern wie Einkommenssteuer, Körperschaftssteuer) ist indes nicht einzubeziehen.[37] Zum Geschäftsbetrieb zählen auch jene Aufwendungen, die der gewöhnlichen Erhaltung des Anlagevermögens dienen (zB Reparatur oder Ersatzbeschaffung für Betriebsmittel). **Abschreibungen,** die mit dem Betrieb einhergehen, begründen ebenfalls bei der Gewinn- und Verlustermittlung zu berücksichtigende Aufwendungen.[38] Das gilt gleichermaßen für die normalen (planmäßigen) Abschreibungen (§ 253 Abs. 1 S. 1, Abs. 3 S. 1–4, Abs. 4, 5) sowie für die außerplanmäßigen gem. § 253 Abs. 2 S. 3, Abs. 3 S. 5, 6. Ausgeschlossen sind hingegen sog. Willkürreserven.[39] **Rückstellungen,** die kaufmännisch geboten sind (§ 249), gehören zur Führung des Geschäftsbetriebs, sodass sie sich gewinnmindernd auswirken. Folglich gehen auch Erträge aus der Auflösung von Rückstellungen in die Ergebnisermittlung ein, sofern sie vorher den Gewinnanteil des stillen Gesellschafters gemindert haben.[40] Eine **Tätigkeitsvergütung** für den Geschäftsinhaber ist als Aufwand in der Jahresrechnung nur zu berücksichtigen, wenn sie mit dem stillen Gesellschafter ausnahmsweise vereinbart war (→ § 230 Rn. 81).[41]

14 Von der Ergebnisrechnung ausgeschlossen sind **offene Rücklagen.**[42] Sie werden aus Überschüssen der wirtschaftlichen Tätigkeit des Handelsgewerbes gebildet und erhöhen das Vermögen des Geschäftsbetriebs, an dem die stillen Gesellschafter nicht partizipieren. Sie sind Teil der Gewinnverwendung durch den Inhaber. Das Gleiche gilt für Erträge infolge der Auflösung von **stillen Reserven** (verdeckte Rücklagen). Hierzu gehören zB die Gewinne beim Verkauf von Anlagegegenständen, die bereits bei der Begründung der stillen Gesellschaft vorhanden waren.[43] Nur soweit dem stillen Gesellschafter infolge der unzulässigen Bildung stiller Reserven Gewinne entgangen sind, müssen die Erträge aus der Auflösung der stillen Reserven in die Gewinnermittlung einbezogen werden.[44]

III. Auszahlung des Gewinnanteils (Abs. 1 Hs. 2, Abs. 3)

15 **1. Kein Entnahmerecht.** Stille Gesellschafter haben kein Entnahmerecht, sondern nur einen Anspruch auf Auszahlung ihres Gewinnanteils nach § 232 Abs. 1. Im Gesellschaftsvertrag kann vereinbart werden, dass der stille Teilhaber einen **entnahmeähnlichen Vorschuss** auf den auszuzahlenden Gewinnanteil erhält. Dem Geschäftsinhaber sind hingegen Entnahmen grundsätzlich möglich. Er verletzt aber seine Pflichten gegenüber dem stillen Gesellschafter, wenn er der Gewinnerzielung durch das Handelsgewerbe zuwiderhandelt oder sogar geschäftsschädigend agiert.

16 **2. Auszahlungsanspruch.** Der Anspruch des stillen Gesellschafters auf Auszahlung seines Gewinnanteils hängt nicht von der Erbringung der Einlage ab.[45] Wenn die Einlage noch nicht oder nur unvollständig geleistet wurde, kann der Inhaber aber mit dem Anspruch auf die Einlage gegen

---

[33] Ebenroth/Boujong/Gehrlein Rn. 13; Staub/Harbarth Rn. 10; RGHMW/Mock Rn. 7; MüKoHGB/K. Schmidt Rn. 9.

[34] BGH 29.10.1952, BGHZ 7, 378 (379) = NJW 1953, 138; 24.9.1952, BGHZ 7, 175 (177) = NJW 1952, 1412; RG 17.4.1928, RGZ 120, 410 (412); Ebenroth/Boujong/Gehrlein Rn. 13; GK-HGB/Fahse/Gesmann-Nuissl Rn. 5; NK-HGB/Partikel Rn. 5; zweifelnd MüKoHGB/K. Schmidt Rn. 9.

[35] RG 17.4.1928, RGZ 120, 410 (412); MüKoHGB/K. Schmidt Rn. 8; Ebenroth/Boujong/Gehrlein Rn. 11; RGHMW/Mock Rn. 6.

[36] RG 17.4.1928, RGZ 120, 410 (412); Staub/Harbarth Rn. 18; MüKoHGB/K. Schmidt Rn. 8.

[37] Staub/Harbarth Rn. 15; MHdB GesR II/Meißner/Kawka § 85 Rn. 19; Ebenroth/Boujong/Gehrlein Rn. 15; KKD/Kindler Rn. 3.

[38] BGH 30.11.1959, BB 1960, 14 (15) = BeckRS 1959, 31371714; MHdB GesR II/Kawka/Keul § 86 Rn. 14.

[39] MHdB GesR II/Meißner/Kawka § 85 Rn. 18; Ebenroth/Boujong/Gehrlein Rn. 5.

[40] Staub/Harbarth Rn. 13; Ebenroth/Boujong/Gehrlein Rn. 14.

[41] Staub/Harbarth Rn. 16.

[42] Staub/Harbarth Rn. 13; Blaurock Stille Gesellschaft-HdB/Kauffeld Rn. 8.76; R. Fischer JR 1962, 201 (204); Ebenroth/Boujong/Gehrlein Rn. 14; **aA** Sudhoff NJW 1960, 2121 (2125) (nur bei Vereinbarung zulässig).

[43] OLG Frankfurt 15.3.2001, NZG 2001, 696; MHdB GesR II/Meißner/Kawka § 85 Rn. 14; Ebenroth/Boujong/Gehrlein Rn. 13.

[44] MHdB GesR II/Meißner/Kawka § 85 Rn. 14; Ebenroth/Boujong/Gehrlein Rn. 13; **aA** Staub/Harbarth Rn. 14.

[45] Staub/Harbarth Rn. 37; Ebenroth/Boujong/Gehrlein Rn. 19.

den Auszahlungsanspruch aufrechnen. Die Aufrechnungserklärung erfolgt in der Regel konkludent, indem der Gewinn auf dem Einlagekonto des stillen Gesellschafters gebucht wird.[46] Sofern die Einlage nicht in Geld, sondern in Form von Dienstleistungen oder Sacheinlagen zu leisten ist, hat der Inhaber ein Zurückbehaltungsrecht aus § 273 Abs. 1 BGB.[47] Die Treuepflicht setzt der Geltendmachung des Auszahlungsanspruchs Grenzen. Der stille Gesellschafter darf den Gewinn nicht verlangen, wenn er damit offensichtlich der Gesellschaft schadet.[48]

Der Auszahlungsanspruch ist **abtretbar** und **pfändbar** (§ 740 Abs. 2 BGB, § 711a S. 2 BGB). Er 17
ist grundsätzlich nach Rechnungsabschluss fällig.[49] Sofern der Inhaber die Jahresrechnung schuldhaft verzögert, wird der Anspruch zu dem Zeitpunkt fällig, zu dem die Berechnung bei ordnungsgemäßem Geschäftsgang spätestens erfolgt wäre.[50] Der Gewinnanteil ist gem. § 270 Abs. 1 BGB an den Wohnsitz bzw. den Sitz des stillen Gesellschafters zu übermitteln.[51] Der Anspruch ist zu verzinsen: Sofern der stille Gesellschafter Kaufmann ist und die stille Beteiligung zu seinem Handelsgeschäft gehört (§§ 343, 344 Abs. 1), besteht ein Anspruch auf Fälligkeitszinsen gem. §§ 352, 353, im Übrigen auf Verzugszinsen gem. § 288 BGB. Der Auszahlungsanspruch verjährt in der regelmäßigen Verjährungsfrist (§§ 195, 199 BGB).[52] Die Gewinnauszahlung unterliegt der Insolvenzanfechtung nach §§ 129 ff. InsO.

Auszahlungen aufgrund einer **fehlerhaften Abrechnung** (Auszahlung von Scheingewinnen) sind 17a
kondizierbar (§ 812 Abs. 1 S. 1 Alt. 1 BGB), es sei denn, der Geschäftsinhaber hatte Kenntnis von der Nichtschuld (§ 814 BGB). Im Insolvenzfall findet § 134 InsO Anwendung.[53]

Der Auszahlungsanspruch besteht nur, solange die Einlage des stillen Gesellschafters nicht durch 18
seine **Verlustbeteiligung** vermindert ist (§ 232 Abs. 2 S. 2 Hs. 2). Ansonsten werden die Gewinnanteile des stillen Teilhabers zum Auffüllen der Einlage verwendet. Der Auszahlungsanspruch wandelt sich dann in einen Anspruch auf Gutschrift des Gewinns auf dem Einlagekonto um.[54] Gewinne, die der Inhaber trotzdem auszahlt, kann er kondizieren (§ 812 Abs. 1 S. 1 Alt. 1 BGB), solange er von der Verminderung der Einlage bei der Leistung nichts wusste[55] oder von einem wirksamen Ausschluss der Verlustbeteiligung ausging (§ 814 BGB). Die Auszahlung des Gewinns kann der stille Gesellschafter erst wieder verlangen, wenn das Einlagekonto den als Einlage vereinbarten Betrag erreicht.[56]

3. Keine Gutschrift des Gewinnanteils (Abs. 3). Nach § 232 Abs. 3 erhöhen die nicht ausge- 19
zahlten Gewinnanteile des stillen Gesellschafters nicht dessen Einlage. Sie sind daher nicht auf dem Einlagenkonto, sondern auf dem Privatkonto des Stillen zu buchen. Eine abweichende Abrede kann auch konkludent erfolgen, zB durch einverständliches Stehenlassen des Gewinnanteils.[57] Bei einer nachträglichen Vereinbarung einer zusätzlichen Einlage ist der Betrag ggf. vom Privat- auf das Einlagenkonto umzubuchen.

IV. Verlustbeteiligung (Abs. 2)

1. Begrenzung der Verlustbeteiligung. Der stille Gesellschafter ist ebenso wie ein Kommandi- 20
tist (§ 167) nur bis zum Betrag seiner eingezahlten oder rückständigen Einlage am Verlust des Handelsgewerbes beteiligt (§ 232 Abs. 2 S. 2 Hs. 1).[58] Seine Verlustanteile werden von seinem Einlagenkonto abgeschrieben. Verlustzuweisungen, die den Betrag der nominellen Einlage übersteigen, erzeugen einen Passivsaldo. Daraus ergibt sich für den stillen Gesellschafter aber weder eine Nach-

[46] MüKoHGB/K. Schmidt Rn. 23, 27; Ebenroth/Boujong/Gehrlein Rn. 22.

[47] Staub/Harbarth Rn. 37; MüKoHGB/K. Schmidt Rn. 23; Heymann/Wackerbarth Rn. 7; Ebenroth/Boujong/Gehrlein Rn. 19.

[48] Blaurock Stille Gesellschaft-HdB/Kauffeld Rn. 8.116; MüKoHGB/K. Schmidt Rn. 22; Staub/Harbarth Rn. 40; Ebenroth/Boujong/Gehrlein Rn. 18; Hopt/Roth Rn. 4.

[49] Staub/Harbarth Rn. 33; Ebenroth/Boujong/Gehrlein Rn. 17; GK-HGB/Fahse/Gesmann-Nuissl Rn. 7.

[50] Blaurock Stille Gesellschaft-HdB/Kauffeld Rn. 8.114; Staub/Harbarth Rn. 33; MüKoHGB/K. Schmidt Rn. 24; RGHMW/Mock Rn. 22; Ebenroth/Boujong/Gehrlein Rn. 17; Hopt/Roth Rn. 4.

[51] Blaurock Stille Gesellschaft-HdB/Kauffeld Rn. 8.117; Ebenroth/Boujong/Gehrlein Rn. 17.

[52] BGH 6.4.1981, BGHZ 80, 357 (359) = NJW 1981, 2563; Staub/Harbarth Rn. 35.

[53] Vgl. dazu LG Stuttgart 7.1.2022, ZInsO 2022, 603.

[54] Staub/Harbarth Rn. 49; MüKoHGB/K. Schmidt Rn. 32; Ebenroth/Boujong/Gehrlein Rn. 23; Hopt/Roth Rn. 7.

[55] MüKoHGB/K. Schmidt Rn. 35 ff.; Ebenroth/Boujong/Gehrlein Rn. 20.

[56] OLG Karlsruhe 19.2.1986, NJW-RR 1986, 1226; MüKoHGB/K. Schmidt Rn. 32; Ebenroth/Boujong/Gehrlein Rn. 23.

[57] MüKoHGB/K. Schmidt Rn. 28; Staub/Harbarth Rn. 45; Ebenroth/Boujong/Gehrlein Rn. 24; Hopt/Roth Rn. 8.

[58] OLG Karlsruhe 19.2.1986, NJW-RR 1986, 1226; MüKoHGB/K. Schmidt Rn. 31; Ebenroth/Boujong/Gehrlein Rn. 26.

schusspflicht noch eine Verpflichtung zum Verlustausgleich bei der Auflösung der Gesellschaft.[59] Lediglich sind die zukünftigen Gewinnanteile zum Ausgleich des Passivsaldos heranzuziehen. Im Gesellschaftsvertrag können Verlustbeteiligungen, Nachschusspflichten oder die Rückzahlung von Geldern vereinbart werden, welche die stillen Gesellschafter nicht als Gewinn, sondern aus dem Vermögen der Gesellschaft erhalten haben.[60] Wegen des Belastungsverbots bedarf es aber einer hinreichend bestimmten Vereinbarung.[61]

21 **2. Bezogene Gewinne.** Die Verlustbeteiligung des stillen Gesellschafters lässt die bereits bezogenen Gewinne des stillen Gesellschafters unberührt (§ 232 Abs. 2 S. 2 Hs. 1). Bei späteren Verlusten besteht somit keine Rückzahlungspflicht. Ein Gewinn ist bezogen iSv § 232 Abs. 2 S. 2 Hs. 1, wenn er an den stillen Teilhaber ausgezahlt oder seinem Privatkonto zugeschrieben wurde.[62]

V. Atypische stille Gesellschaft und Unterbeteiligung

22 **1. Atypische stille Gesellschaft.** Bei atypischen stillen Gesellschaften, bei denen dem stillen Teilhaber lediglich zusätzliche Mitwirkungsrechte zustehen, gelten für die Gewinn- und Verlustrechnung dieselben Kriterien wie für typische stille Gesellschaften.[63] Einer Modifikation der Regeln bedarf es jedoch, wenn der stille Gesellschafter schuldrechtlich wie ein Gesellschafter ähnlich eines Kommanditisten am Unternehmensvermögen beteiligt sein soll. Sofern der Gesellschaftsvertrag keine spezielle Vereinbarung enthält, ist die Ermittlung von Gewinn und Verlust nach § 232 auf alle Gewinne und Verluste des Handelsgewerbes zu beziehen und nicht auf den Betriebsgewinn zu beschränken.[64] Aufgrund der Gleichstellung mit einem Kommanditisten partizipiert er an allen Wertveränderungen, auch an denen des Anlagevermögens und des Firmenwerts. Grundlage für die Abrechnung ist die Handelsbilanz, sofern nichts anderes vereinbart ist.[65]

23 **2. Unterbeteiligung.** Sofern der Gesellschaftsvertrag über die Unterbeteiligung keine Regelung zur Ermittlung von Gewinn und Verlust enthält, ist § 232 sinngemäß anzuwenden.[66] Demgemäß muss eine jährliche Abrechnung über die Unterbeteiligung erfolgen. Abzustellen ist auf den anteiligen Bilanzgewinn der Hauptgesellschaft, wie er sich aus deren Handelsbilanz ergibt.[67] Einer Differenzierung nach Betriebs- und Vermögensgewinnen bedarf es nicht, da sich die Unterbeteiligung auf den gesamten Ertrag des Gesellschaftsanteils bezieht. Eine etwaige Tätigkeitsvergütung des Hauptbeteiligten ist in der Jahresabrechnung nicht zu berücksichtigen. Etwas anderes gilt für dessen Aufwendungen bei der Ausübung der Gesellschafterrechte.[68]

§ 233 Informationsrecht des stillen Gesellschafters

Auf das Informationsrecht des stillen Gesellschafters ist § 166 entsprechend anzuwenden.

Schrifttum: Esch, Die Unterbeteiligung an Handelsgesellschaftsanteilen, NJW 1964, 902; Fleischer, Änderungen des KG-Rechts im Regierungsentwurf eines Gesetzes zur Modernisierung des Personengesellschaftsrechts, DStR 2021, 483; Hahn, Das Informationsrecht des Kommanditisten, BB 1997, 741; Kort, Das Informations- und Prüfungsrecht des stillen Gesellschafters gemäß § 233 HGB, DStR 1997, 1372; H. Schneider, Über die Unterbeteiligung an einer Personengesellschaft als stille Gesellschaft, FS Möhring, 1965, 115; Wendelstein, Die Unterbeteiligung als zweckmäßige Erbfolgeregelung, BB 1970, 735; im Übrigen s. § 230.

---

[59] OLG Karlsruhe 19.2.1986, NJW-RR 1986, 1226; MHdB GesR II/Kawka/Keul § 86 Rn. 48; Ebenroth/Boujong/Gehrlein Rn. 26; GK-HGB/Fahse/Gesmann-Nuissl Rn. 11; Hopt/Roth Rn. 6.

[60] BGH 20.9.2016, NZG 2016, 1380 (1381 f.); 17.3.1966, BGHZ 45, 204 (206) = NJW 1966, 1309; OLG Karlsruhe 19.2.1986, NJW-RR 1986, 1226 f.; MHdB GesR II/Kawka/Keul § 86 Rn. 49; Staub/Harbarth Rn. 53.

[61] ZB BGH 25.1.2011, NZG 2011, 510; 25.5.2009, NZG 2009, 862 (863); 9.2.2009, NJW-RR 2009, 753; 3.12.2007, NZG 2008, 335; 5.11.2007, NZG 2008, 65 (66); 19.3.2007, NZG 2007, 382 (383) (GbR); zu nachträglichen Nachschusspflichten BGH 21.5.2007, NZG 2007, 620; 23.1.2006, NZG 2006, 306 (307); 23.1.2006, NZG 2006, 379.

[62] MüKoHGB/K. Schmidt Rn. 34; GK-HGB/Fahse/Gesmann-Nuissl Rn. 12.

[63] Staub/Harbarth Rn. 56; MüKoHGB/K. Schmidt Rn. 38.

[64] Blaurock Stille Gesellschaft-HdB/Kauffeld Rn. 8.81; Ebenroth/Boujong/Gehrlein Rn. 28; Staub/Harbarth Rn. 57; MHdB GesR II/Kawka/Keul § 86 Rn. 35.

[65] Ebenroth/Boujong/Gehrlein Rn. 28; Staub/Harbarth Rn. 57; MHdB GesR II/Meißner/Kawka § 85 Rn. 10 f.; diff. MüKoHGB/K. Schmidt Rn. 39.

[66] MüKoHGB/K. Schmidt Rn. 45; Staub/Harbarth Rn. 58.

[67] MüKoHGB/K. Schmidt Rn. 46; Staub/Harbarth Rn. 58; RGHMW/Mock Rn. 41; Ebenroth/Boujong/Gehrlein Rn. 29.

[68] Staub/Harbarth Rn. 59; RGHMW/Mock Rn. 41; Ebenroth/Boujong/Gehrlein Rn. 29.

Übersicht

I. Allgemeines

§ 233 regelt durch seinen Verweis auf § 166 die speziellen Informationsrechte (dh Mitteilungs-, Einsichts- und Auskunftsrechte) des stillen Gesellschafters. Sie bilden einen **Teil seiner Mitgliedschaft** und dienen seiner Information sowie der Überwachung des Inhabers. Diese Rechte und ihre Ausübung hängen nicht von der Pflichterfüllung des stillen Teilhabers ab.[1] Die fehlende oder unvollständige Leistung der Einlage gibt dem Inhaber kein Zurückbehaltungsrecht. **Grenzen** für die Wahrnehmung der Informationsrechte (Zeit, Ort und Umgang mit den Dokumenten) ergeben sich aus der Treuepflicht und dem Missbrauchsverbot. 1

Das **MoPeG** (BGBl. 2021 I 3436) reformierte den § 233 mWv 1.1.2024. Die eigenständige Regelung des Kontrollrechts des stillen Gesellschafters in § 233 aF, die inhaltlich mit der Regelung des Kontrollrechts des Kommanditisten in § 166 aF übereinstimmte,[2] wurde ersetzt durch eine schlichte Anordnung der entsprechenden Anwendung des **§ 166** (→ § 166 Rn. 4).[3] Die Anordnung der **entsprechenden Anwendung** gibt Raum, den Spezifika Rechnung zu tragen, welche die stille Gesellschaft im Vergleich zur Kommanditgesellschaft aufweist. 2

Inhaltlich bleibt das Recht des stillen Gesellschafters auf Erhalt einer Abschrift des Jahresabschlusses und dessen Prüfung nahezu wortgleich bestehen (§§ 233, 166 Abs. 1 S. 1). Der Anspruch auf eine Abschrift des Jahresabschlusses wird durch einen klarstellenden Legalverweis auf den § 242 Abs. 3 ergänzt. Anders als unter Geltung des § 233 Abs. 2 und 3 aF erhält der stille Gesellschafter durch den Verweis auf § 166 Abs. 1 S. 2 ein ergänzendes Auskunftsrecht über Gesellschaftsangelegenheiten, das weder das Vorliegen eines wichtigen Grundes noch eine gerichtliche Anordnung verlangt.[4] Voraussetzung für das Bestehen des Auskunftsrechts ist dessen Erforderlichkeit für die Wahrnehmung der Mitgliedschaftsrechte des stillen Gesellschafters; als Regelbeispiel hierfür dient die Annahme unredlicher Geschäftsführung des Inhabers. Aufgrund der entsprechenden Anwendung des § 166 Abs. 2 sind sowohl ein Ausschluss als auch eine Beschränkung der Informationsrechte des stillen Gesellschafters im Gesellschaftsvertrag unwirksam. Die Reform des § 233 bewirkt damit neben einer Erweiterung der bisherigen Kontrollrechte eine Präzisierung des Mitteilungs- und Auskunftsrechts des stillen Gesellschafters.[5] 2a

II. Mitteilung des Jahresabschlusses

1. Mitteilungsberechtigter. Das Mitteilungsrecht steht dem **stillen Gesellschafter** zu. Es ist ein **höchstpersönliches Recht** und grundsätzlich durch ihn auszuüben.[6] Das entspricht dem Charakter der stillen Gesellschaft als Personengesellschaft. Im Gesellschaftsvertrag ist eine abweichende 3

---

[1] BayObLG OLGE 38, 195; Ebenroth/Boujong/Gehrlein Rn. 3; GK-HGB/Fahse/Gesmann-Nuissl Rn. 7; Hopt/Roth Rn. 1.

[2] BGH 16.1.1984, NJW 1984, 2470 f.; Schäfer Neues PersGesR/Schäfer § 6 Rn. 85; BeckOGK/Kinzl, 1.4.2024, Rn. 2.

[3] Schäfer Neues PersGesR/Schäfer § 6 Rn. 85; Ebenroth/Boujong/Gehrlein Rn. 1; Henssler/Strohn/Servatius Rn. 1; krit. in rechtspolitischer Hinsicht BeckOGK/Kinzl, 1.4.2024, Rn. 6.

[4] Bachmann NJW 2021, 3073 (3077 f.).

[5] Fleischer DStR 2021, 483 (488); zur Erweiterung Bachmann NJW 2021, 3073 (3077 f.); Schäfer Neues PersGesR/Schäfer § 6 Rn. 81; vgl. BeckOGK/Kinzl, 1.4.2024, Rn. 3 f.

[6] MüKoHGB/K. Schmidt Rn. 7; BeckOGK/Kinzl, 1.4.2024, Rn. 9; Schlitt, Die Informationsrechte des stillen Gesellschafters in der typischen stillen Gesellschaft und in der Publikumsgesellschaft, 1996, 141, 143.

Vereinbarung möglich.[7] Wenn der stille Teilhaber jedoch durch unverschuldete Umstände an der Ausübung des Mitteilungsrechts gehindert ist, kann das Recht ausnahmsweise durch einen Dritten wahrgenommen werden.[8] Bei der Auswahl des Dritten hat der stille Gesellschafter auf die Interessen des Geschäftsinhabers Rücksicht zu nehmen und durch Abschluss einer Verschwiegenheitsvereinbarung mit dem Dritten dafür Sorge zu tragen, dass die Wahrung des Betriebsgeheimnisses in dem Umfang gewährleistet wird, wie es auch vom stillen Gesellschafter selbst gewahrt werden muss.[9] Unabhängig davon kann der stille Gesellschafter bei der Ausübung seines Rechts einen **Sachverständigen** hinzuziehen, wenn dafür ein sachlicher Grund besteht, der Sachverständige zur Verschwiegenheit verpflichtet ist und keine Interessen des Inhabers (zB Betriebs- und Geschäftsgeheimnisse) entgegenstehen.[10] Die Kosten muss der stille Gesellschafter tragen, da § 233 den Inhaber nur zur Information verpflichtet. Etwas anderes gilt, wenn ein Schadensersatzanspruch besteht und die Kosten einen kausalen Schaden darstellen.[11]

4 Als höchstpersönliches Recht ist das Kontrollrecht **nicht abtretbar** (§ 399 Alt. 1 BGB).[12] Auch bei der Abtretung des Anspruchs auf den Gewinnanteil geht es nicht auf den Zessionar über (→ § 230 Rn. 100).[13] Dieser hat gegen den Geschäftsinhaber lediglich einen Anspruch aus § 242 BGB bzw. § 810 BGB auf Mitteilung der Höhe des errechneten Gewinnanteils.[14]

5 Eine **Mehrzahl von stillen Gesellschaftern,** die sich zu einer GbR zusammengeschlossen hat (→ § 230 Rn. 46), kann die Ausübung des Kontrollrechts aus § 233 einem **Beirat** der GbR übertragen, auch wenn das Recht an sich dem einzelnen Gesellschafter zusteht.[15] Die stillen Teilhaber, aber auch der Inhaber, haben ein berechtigtes Interesse an der vereinfachten Ausübung des Kontrollrechts. Aus der Übertragung auf den Beirat resultieren keine übermäßigen Gefahren, denn dieser besteht wegen des Grundsatzes der Selbstorganschaft nur aus Gesellschaftern, die durch ihre Treuepflicht gegenüber dem Inhaber und den anderen Gesellschaftern gebunden sind. Bei einer **mehrgliedrigen stillen Gesellschaft ieS** steht das Kontrollrecht ebenfalls jedem einzelnen stillen Teilhaber zu.[16] Er kann es einem Beirat der stillen Gesellschaft zur Wahrnehmung übertragen. Etwas anderes gilt, wenn sich die Interessenten an einer stillen Gesellschaft vorab zu einer GbR zusammengeschlossen haben. In diesem Fall ist die GbR Inhaberin des Kontrollrechts.

6 **2. Schuldner der Information.** Schuldner der Informationen ist nicht die stille Gesellschaft, sondern der Inhaber.[17] Er ist der Unternehmensträger, führt die Geschäfte und hat Zugriff auf die Dokumente, die zur Erfüllung des Informationsrechts erforderlich sind.

7 Bei verbundenen Personengesellschaften steht dem stillen Gesellschafter ebenfalls nur ein Kontrollrecht gegenüber dem Inhaber zu und nicht gegenüber den abhängigen Unternehmen.[18]

8 **3. Inhalt des Mitteilungsrechts. a) Mitteilungsrecht.** Das Mitteilungsrecht richtet sich entsprechend § 166 Abs. 1 S. 1 auf den Erhalt einer **Abschrift des Jahresabschlusses** iSv § 242 Abs. 3. Der stille Gesellschafter kann die Aushändigung einer Kopie der Gewinn- und Verlustrechnung sowie der Handelsbilanz verlangen.[19] § 233 iVm § 166 Abs. 1 S. 1 gewährt keinen Anspruch auf Übermittlung von Zwischenabschlüssen oder Prüfberichten.[20] Die Vorschrift bezieht sich nur auf

---

[7] BGH 16.1.1984, NJW 1984, 2470 (2471); 3.11.1975, BB 1976, 11 = NJW 1976, 189; GK-HGB/Fahse/Gesmann-Nuissl Rn. 8.

[8] Ebenroth/Boujong/Gehrlein Rn. 5; Staub/Harbarth Rn. 19.

[9] Staub/Harbarth Rn. 20; BeckOGK/Kinzl, 1.4.2024, Rn. 10.

[10] BGH 16.1.1984, NJW 1984, 2470 (2471); 3.11.1975, BB 1976, 11 = NJW 1976, 189; 8.11.1957, BGHZ 25, 115 (122 ff.) = NJW 1957, 1555 (KG); OLG München 1.4.1954, BB 1954, 669; MüKoHGB/K. Schmidt Rn. 7; Blaurock Stille Gesellschaft-HdB/Lamprecht Rn. 12.49; Heymann/Wackerbarth Rn. 2; RGHMW/Mock Rn. 13; Ebenroth/Boujong/Gehrlein Rn. 13.

[11] OLG München 1.4.1954, BB 1954, 669; MüKoHGB/K. Schmidt Rn. 7; Ebenroth/Boujong/Gehrlein Rn. 13.

[12] MüKoHGB/K. Schmidt Rn. 3; Heymann/Wackerbarth Rn. 5; Ebenroth/Boujong/Gehrlein Rn. 5; Hopt/Roth Rn. 6.

[13] BGH 3.11.1975, BB 1976, 11 = NJW 1976, 189; MüKoHGB/K. Schmidt Rn. 3; Staub/Harbarth Rn. 16; Blaurock Stille Gesellschaft-HdB/Blaurock Rn. 10.33; Hopt/Roth Rn. 6.

[14] BGH 3.11.1975, BB 1976, 11 = NJW 1976, 189; Hopt/Roth Rn. 6; MüKoHGB/K. Schmidt Rn. 3.

[15] BGH 16.1.1984, NJW 1984, 2470 (2471); OLG Düsseldorf 13.3.1985, WM 1985, 872 (873) = ZIP 1985, 933; RGHMW/Mock Rn. 36.

[16] MüKoHGB/K. Schmidt Rn. 4; RGHMW/Mock Rn. 36.

[17] BeckOGK/Kinzl, 1.4.2024, Rn. 15; Heymann/Wackerbarth Rn. 3; KKD/Kindler Rn. 1; vgl. zu den Kontrollmöglichkeiten innerhalb der stillen Gesellschaft mit einer AG Raquet NZG 2022, 970.

[18] BGH 16.1.1984, NJW 1984, 2470 f.; MüKoHGB/K. Schmidt Rn. 8; Hopt/Roth Rn. 9.

[19] Begr. RegE MoPeG, BT-Drs. 19/27635, 253 f.; BGH 16.1.1984, NJW 1984, 2470: keine Herausgabe der Urschrift; Schäfer Neues PersGesR/Schäfer § 6 Rn. 81; Ebenroth/Boujong/Gehrlein Rn. 9.

[20] GK-HGB/Fahse/Gesmann-Nuissl Rn. 4; Hopt/Roth Rn. 3.

einen bereits erstellten Jahresabschluss, sie gibt dem stillen Gesellschafter damit keinen Anspruch gegen den Geschäftsinhaber auf Erstellung des Jahresabschlusses.[21] Im Fall einer stillen Beteiligung an einer GmbH & Co. KG bezieht sich das Mitteilungsrecht auf den Jahresabschluss der KG, nicht auch auf denjenigen der Komplementär-GmbH.

Der Anspruch aus § 233 iVm § 166 Abs. 1 S. 1 erstreckt sich nicht ohne Weiteres auf die sog. **Steuerbilanz** (§ 60 EStDV 2000). Etwas anderes gilt, wenn im Gesellschaftsvertrag vereinbart ist, dass der Gewinn des stillen Gesellschafters nach der Steuerbilanz ermittelt oder wenn der Gewinn- und Verlustbeteiligung die Steuerbilanz zugrunde gelegt wird.[22] Der Anspruch ergibt sich dann aus dem Gesellschaftsvertrag iVm § 233. 9

b) Einsichts- und Prüfungsrecht. Der stille Teilhaber hat zudem entsprechend § 166 Abs. 1 S. 1 das Recht, die zugehörigen Geschäftsunterlagen des Inhabers einzusehen und zu prüfen. Das ermöglicht ihm die **Kontrolle des Rechnungsabschlusses,** beschränkt ihn aber zugleich darauf.[23] Der durch das MoPeG gegenüber § 233 Abs. 1 aF in Teilen geänderte Wortlaut bezweckt und bewirkt dabei keine inhaltlichen Änderungen.[24] Dem stillen Gesellschafter sind die notwendigen Originale der Geschäftsunterlagen vorzulegen, zu denen auch die Prüfberichte und Zwischenabschlüsse gehören.[25] Die Einsichtnahme erfolgt in den Geschäftsräumen des Inhabers. Es besteht kein Anspruch auf Herausgabe oder Versendung der Bücher und Papiere.[26] Der stille Gesellschafter kann sich Aufzeichnungen und im maßvollen Umfang Kopien auf eigene Kosten anfertigen.[27] Zeit, Ort sowie Art und Weise der Prüfung sind mit Rücksicht auf die Treuepflicht der Gesellschafter zu konkretisieren. Der stille Teilhaber muss die Einsichtnahme insbesondere in angemessener Zeit vornehmen.[28] Zur Beweislast im Rahmen des Einsichts- und Prüfungsrechts → § 166 Rn. 11. 10

§ 233 iVm § 166 Abs. 1 S. 1 gewährt kein Recht auf Prüfung des **Waren- oder Kassenbestands.**[29] Bei verbundenen Personengesellschaften bezieht sich das Einsichtsrecht nur auf die Unterlagen, die der Inhaber über die wirtschaftliche Beziehung zu den verbundenen Gesellschaften hat.[30] 11

4. Zeitlicher Anwendungsbereich. Das Recht auf Mitteilung des Jahresabschlusses (inklusive Einsichts- und Prüfungsrecht) des stillen Gesellschafters besteht als mitgliedschaftliches Recht nur für die **Dauer der Mitgliedschaft.**[31] Manche leiten zwar aus § 233 einen Anspruch auf alle Informationen ab, welche die Zeit vor dem Ausscheiden betreffen.[32] § 233 iVm § 166 Abs. 1 S. 1 ist jedoch ein Informationsrecht, das dem stillen Teilhaber angesichts seiner Gesellschafterstellung und seiner mangelnden Mitwirkungsbefugnisse zusteht, um den Inhaber überwachen zu können. Mit dem Ende der Mitgliedschaft erlischt das berechtigte Interesse an der Überwachung der Geschäftstätigkeit. Informationen über den Zeitraum vor dem Ausscheiden aus der Gesellschaft benötigt der ehemalige Gesellschafter nur noch zur Durchsetzung von Ansprüchen im Zusammenhang mit der Auseinandersetzung. Insoweit hat der stille Gesellschafter Ansprüche aus § 810 BGB bzw. § 242 BGB, mit deren Hilfe er die Wahrnehmung seiner rechtlichen Interessen sichern kann, die den Zeitraum vor dem Ausscheiden aus der stillen Gesellschaft betreffen.[33] Weitergehende Einsichtsrechte bestehen zu diesem Zeitpunkt nicht mehr. 12

---

[21] Staub/Harbarth Rn. 7; BeckOGK/Kinzl, 1.4.2024, Rn. 25.

[22] Staub/Harbarth Rn. 6; Ebenroth/Boujong/Gehrlein Rn. 9; Heymann/Wackerbarth Rn. 6; Blaurock Stille Gesellschaft-HdB/Lamprecht Rn. 12.47; **aA** Hopt/Roth Rn. 3.

[23] BGH 8.11.1957, BGHZ 25, 115 (120) = NJW 1957, 1555 (KG); 16.1.1984, NJW 1984, 2470; MüKoHGB/K. Schmidt Rn. 11; Schlitt, Die Informationsrechte des stillen Gesellschafters in der typischen stillen Gesellschaft und in der Publikumsgesellschaft, 1996, 85.

[24] Begr. RegE MoPeG, BT-Drs. 19/27635, 253 f.

[25] Ebenroth/Boujong/Gehrlein Rn. 11; Heymann/Wackerbarth Rn. 7.

[26] BGH 16.1.1984, NJW 1984, 2470; Hopt/Roth Rn. 4.

[27] Staub/Harbarth Rn. 10; zurückhaltender Ebenroth/Boujong/Gehrlein Rn. 11; Heymann/Wackerbarth Rn. 7.

[28] Staub/Harbarth Rn. 12; Ebenroth/Boujong/Gehrlein Rn. 11.

[29] Staub/Harbarth Rn. 10; Blaurock Stille Gesellschaft-HdB/Lamprecht Rn. 12.60; Ebenroth/Boujong/Gehrlein Rn. 11.

[30] BGH 16.1.1984, NJW 1984, 2470; s. auch BGH 20.6.1983, BB 1984, 1271 = BeckRS 1983, 30809188 (KG); MüKoHGB/K. Schmidt Rn. 6; RGHMW/Mock Rn. 12.

[31] HM, BGH 8.4.1976, WM 1976, 1027 (1029) = BeckRS 1976, 31115320; 3.11.1975, BB 1976, 11 = NJW 1976, 189; 11.7.1968, BGHZ 50, 316 (324) = NJW 1968, 2003: Unterbeteiligung; OLG Hamburg 4.3.2004, NZG 2004, 715; MüKoHGB/K. Schmidt Rn. 31; Staub/Harbarth Rn. 48; RGHMW/Mock Rn. 20; Ebenroth/Boujong/Gehrlein Rn. 6; GK-HGB/Fahse/Gesmann-Nuissl Rn. 5; Hopt/Roth Rn. 2.

[32] Mit einer Herleitung aus § 233 aF GK-HGB/Fahse/Gesmann-Nuissl Rn. 5.

[33] BGH 8.4.1976, DB 1976, 2106 (2107) = BeckRS 1976, 31115320; 11.7.1968, DB 1969, 39 = BeckRS 1968, 31172615; OLG Hamburg 4.3.2004, NZG 2004, 715; Westermann/Wertenbruch PersGes-HdB/Stöber, 2025, § 62 Rn. I 5741; Ebenroth/Boujong/Gehrlein Rn. 6; Staub/Harbarth Rn. 48; Hopt/Roth Rn. 2; MüKoHGB/K. Schmidt Rn. 22, 31.

13 Im Rahmen des Kontrollrechts aus § 233 Abs. 1 aF war streitig, ob dieses unmittelbar mit **Auflösung der stillen Gesellschaft** endet oder erst mit Erlöschen aller Ansprüche, die im Zusammenhang mit der stillen Gesellschaft stehen.[34] Für das Informationsrecht gem. § 233 iVm § 166 Abs. 1 S. 1 stellt sich diese Frage aufgrund inhaltlicher Parallelen gleichermaßen. Die besseren Argumente streiten für ein Erlöschen unmittelbar mit Auflösung:[35] Das Informationsrecht ist mit der Mitgliedschaft verknüpft und erlischt daher grundsätzlich mit deren Ende (→ Rn. 12). Die Auflösung führt unmittelbar zur Beendigung der Mitgliedschaft, da keine Liquidation erfolgt (→ § 234 Rn. 2 ff.). Die Ansprüche aus § 810 BGB bzw. § 242 BGB schützen seine Interessen sachgerecht.

III. Auskunft über Gesellschaftsangelegenheiten

14 **1. Normzweck der §§ 233, 166 Abs. 1 S. 2.** Der stille Gesellschafter hat neben dem Recht aus §§ 233, 166 Abs. 1 S. 1 ein gegenüber § 233 aF erweitertes Auskunftsrecht über Gesellschaftsangelegenheiten gem. §§ 233, 166 Abs. 1 S. 2. Die Informationsrechte und Kontrollmöglichkeiten des stillen Gesellschafters werden im Rahmen der Erforderlichkeit zur Wahrnehmung seiner Mitgliedschaftsrechte gestärkt; es erfolgt eine Annäherung an § 716 BGB aF, § 118 aF. Das Auskunftsrecht aus §§ 233, 166 Abs. 1 S. 1 steht gleichrangig neben dem Einsichtsrecht aus §§ 233, 166 Abs. 1 S. 2.[36] Anders als nach § 233 Abs. 3 aF bedarf es keiner gerichtlichen Anordnung des über die Mitteilung des Jahresabschlusses hinausgehenden Informationsrechts. Für das Verfahren gelten die allgemeinen Grundsätze (→ Rn. 17).

15 **2. Voraussetzungen und Inhalt des Auskunftsrechts.** §§ 233, 166 Abs. 1 S. 2 geben nicht nur ein Recht auf Mitteilung des Jahresabschlusses und Vorlage der Bücher und Papiere, sondern auch auf „Auskunft über die Gesellschaftsangelegenheiten" soweit dies zur Wahrnehmung der Mitgliedschaftsrechte des Stillen erforderlich ist. Die Erforderlichkeit zur Wahrnehmung der Mitgliedschaftsrechte beurteilt sich auf Grundlage einer Abwägung der Interessen des stillen Gesellschafters und der Gesellschaft, wobei die Darlegungslast beim stillen Gesellschafter liegt und die Rechtsausübung durch den Verhältnismäßigkeitsgrundsatz beschränkt ist.[37] Sie setzt keinen wichtigen Grund iSd § 233 Abs. 3 aF voraus. Besteht ein solcher, sind ihre Voraussetzungen jedoch a maiori ad minus erfüllt. Als Regelbeispiel einer Interessenabwägung zugunsten des stillen Gesellschafters benennt das Gesetz das Vorliegen eines Grundes zur Annahme unredlicher Geschäftsführung durch den Inhaber (§§ 233, 166 Abs. 1 S. 2). Hierfür genügt ein begründeter Verdacht der Fehlerhaftigkeit im Hinblick auf die Geschäftsunterlagen oder die grundlose Informationsverweigerung im Zusammenspiel mit ungewöhnlicher Geschäftsentwicklung.[38] Die Interessenabwägung fällt ferner zugunsten des stillen Gesellschafters aus, wenn das Mitteilungs- sowie Einsichts- und Prüfungsrecht nach §§ 233, 166 Abs. 1 S. 1 nicht ausreichen, um die Geschäftsführung des Inhabers beim Vollzug der stillen Gesellschaft zu kontrollieren und eine Schädigung des stillen Gesellschafters droht.[39] Dies gilt zB, wenn die Unterlagen inhaltlich unzureichend sind oder bei personellen und finanziellen Verflechtungen des Inhabers mit anderen Gesellschaften.[40]

16 Für die Berechtigung und Verpflichtung aus §§ 233, 166 Abs. 1 S. 2 gilt das Gleiche wie nach §§ 233, 166 Abs. 1 S. 1 (→ Rn. 3 ff.). Auch der zeitliche Anwendungsbereich stimmt überein (→ Rn. 12 f.). Nach Streichung des § 233 Abs. 3 aF durch das MoPeG besteht keine Möglichkeit der Durchsetzung im Verfahren der freiwilligen Gerichtsbarkeit gem. § 375 Nr. 1 FamFG.[41] Es gelten die allgemeinen Verfahrensgrundsätze (→ Rn. 17).

IV. Verfahren

17 Die Ansprüche aus §§ 233, 166 Abs. 1 können im Wege der Leistungsklage vor den ordentlichen Gerichten durchgesetzt werden,[42] ggf. im Rahmen einer Stufenklage (§ 254 ZPO). Die Zwangsvoll-

[34] Für den späteren Zeitpunkt OLG Frankfurt 28.2.1967, BB 1967, 1182; Blaurock Stille Gesellschaft-HdB/Blaurock Rn. 14.4 und Blaurock Stille Gesellschaft-HdB/Kauffeld Rn. 15.73 f.; Heymann/Wackerbarth Rn. 3; Kort DStR 1997, 1372 (1373).

[35] MüKoHGB/K. Schmidt Rn. 32; Staub/Harbarth Rn. 49; Hopt/Roth Rn. 2; RGHMW/Mock Rn. 12.

[36] Begr. RegE MoPeG, BT-Drs. 19/27635, 254.

[37] Begr. RegE MoPeG, BT-Drs. 19/27635, 254; BeckOGK/Kinzl, 1.4.2024, Rn. 57.

[38] Begr. RegE MoPeG, BT-Drs. 19/27635, 254; BeckOGK/Kinzl, 1.4.2024, Rn. 59.

[39] Zur alten wie neuen Rechtslage BGH 16.1.1984, NJW 1984, 2470 f.; Schlitt, Die Informationsrechte des stillen Gesellschafters in der typischen stillen Gesellschaft und in der Publikumsgesellschaft, 1996, 102 ff.; Staub/Harbarth Rn. 34; NK-HGB/Partikel Rn. 8.

[40] BGH 16.1.1984, NJW 1984, 2470 f.

[41] Schäfer Neues PersGesR/Schäfer § 6 Rn. 83; dazu auch BeckOGK/Kinzl, 1.4.2024, Rn. 66.

[42] BGH 16.1.1984, NJW 1984, 2470; Staub/Harbarth Rn. 40; Hopt/Roth Rn. 8; eingehend zum Verfahren BeckOGK/Kinzl, 1.4.2024, Rn. 46 ff.

streckung erfolgt gem. §§ 883 ff. ZPO. Vorläufigen Rechtsschutz kann der stille Gesellschafter im Wege der einstweiligen Verfügung erlangen (§§ 935 ff., 940 ZPO).[43]

V. Weitere Informations- und Kontrollrechte

18 Die Informations- und Kontrollrechte des stillen Gesellschafters sind in §§ 233, 166 speziell geregelt. Der stille Gesellschafter hat **kein Recht auf laufende Einsicht in die Bücher und Papiere,** sondern ist auf die periodische Rechnungsprüfung beschränkt, solange die Wahrnehmung seiner Mitgliedschaftsrechte keine weitergehende Auskunft über Gesellschaftsangelegenheiten erfordert. Die §§ 233, 166 sperren die allgemeinen Informationsrechte aus § 242 BGB und § 810 BGB während des Bestehens der Mitgliedschaft (für die Zeit nach dem Erlöschen der Mitgliedschaft → Rn. 12 f.).[44] Die Informationsrechte aus § 717 BGB gelangen bei der stillen Gesellschaft ebenfalls nicht zur Anwendung. Eines Rückgriffs auf ein unter Geltung des § 233 aF angenommenes und im Wege der Rechtsfortbildung für notwendig erachtetes weitergehendes allgemeines Informationsrecht bedarf es infolge des MoPeG nicht mehr.[45]

VI. Abweichende Vereinbarungen

19 **Erweiterungen** der Kontrollrechte nach §§ 233, 166 Abs. 1 sind zulässig und insbesondere bei atypischen stillen Gesellschaften verbreitet.[46] §§ 233, 166 Abs. 2 stellen im Gegensatz zum früheren Recht[47] nunmehr ausdrücklich klar, dass **Beschränkungen** wie auch ein gänzlicher **Ausschluss** der Informationsrechte aus §§ 233, 166 Abs. 1 (Mitteilung des Jahresabschlusses wie auch Auskunft über Gesellschaftsangelegenheiten) im Gesellschaftsvertrag unwirksam sind.[48] Erhöhte Anforderungen an das Informationsverlangen können bereits eine Beschränkung darstellen.[49] Die Modalitäten der Ausübung der Rechte aus §§ 233, 166 Abs. 1 sollen allerdings einer gesellschaftsvertraglichen Regelung zugänglich sein, solange damit keine Beschränkung einhergeht.[50]

VII. Unterbeteiligung

20 Der Unterbeteiligte hat **analog §§ 233, 166** eigene Kontrollrechte gegenüber dem Hauptbeteiligten.[51] Die Kontrollrechte des Unterbeteiligten aus §§ 233, 166 bestehen bis zur Auflösung der Unterbeteiligung.[52] Die Rspr. geht hingegen davon aus, dass sie nach Auflösung der Unterbeteiligung fortbestehen.[53] Für eine unterschiedliche Behandlung der Unterbeteiligung und der stillen Gesellschaft fehlt indes die dogmatische Grundlage.

21 Das Auskunftsrecht analog §§ 233, 166 Abs. 1 erstreckt sich nicht auf den **Jahresabschluss der Hauptgesellschaft,** da die Unterbeteiligung nicht an dieser, sondern nur am Gesellschaftsanteil des Hauptbeteiligten besteht.[54] Der Hauptbeteiligte muss daher nur die für die Unterbeteiligung maßgebliche Gewinnberechnung (ggf. Bilanz) mitteilen, sodass der Unterbeteiligte die auf den Gesellschaftsanteil entfallenden Erträge und deren Zusammensetzung, aber auch die Entwicklung

[43] Ebenroth/Boujong/Gehrlein Rn. 22; Henssler/Strohn/Servatius Rn. 9; diff. Heymann/Wackerbarth Rn. 10; BeckOGK/Kinzl, 1.4.2024, Rn. 50.

[44] Ebenroth/Boujong/Gehrlein Rn. 16; Henssler/Strohn/Servatius Rn. 5; diff. BeckOGK/Kinzl, 1.4.2024, Rn. 70, 71.

[45] MHdB GesR II/Erhardt § 81 Rn. 5 f.; vgl. BeckOGK/Kinzl, 1.4.2024, Rn. 69 ff.

[46] MHdB GesR II/Erhardt § 81 Rn. 8; Staub/Harbarth Rn. 37, 39; Hopt/Roth Rn. 10; MüKoHGB/K. Schmidt Rn. 16 ff.; BeckOGK/Kinzl, 1.4.2024, Rn. 75.; mit Einschränkungen der Reichweite Westermann/Wertenbruch PersGes-HdB/Stöber, 2022, § 62 Rn. I 5740.

[47] Für Beschränkbarkeit vor dem MoPeG: BayObLG 27.10.1988, NJW-RR 1989, 350.

[48] Begr. RegE MoPeG, BT-Drs. 19/27635, 254, 259; dazu Westermann/Wertenbruch PersGes-HdB/Stöber, 2022, § 62 Rn. I 5739; mit positiver Bewertung Fleischer DStR 2021, 481 (488); BeckOGK/Kinzl, 1.4.2024, Rn. 76 f.; Henssler/Strohn/Servatius Rn. 10.

[49] Begr. RegE MoPeG, BT-Drs. 19/27635, 254, 259; Ebenroth/Boujong/Gehrlein Rn. 2.

[50] Fleischer DStR 2021, 481 (488); für die Möglichkeit einer „Informationsordnung" wie auch die Definierung der „erforderlichen Informationen" Schäfer Neues PersGesR/Schäfer § 6 Rn. 84; BeckOGK/Kinzl, 1.4.2024, Rn. 77; NK-HGB/Partikel Rn. 12.

[51] Ebenroth/Boujong/Gehrlein Rn. 24; NK-HGB/Partikel Rn. 15; RGHMW/Mock Rn. 37; Hopt/Roth Rn. 11; vgl. BeckOGK/Kinzl, 1.4.2024, Rn. 100 ff.; für eine Analogie schon im Rahmen der alten Rechtslage BGH 10.10.1994, NJW-RR 1995, 165; 11.7.1968, BGHZ 50, 316 (323) = NJW 1968, 2003.

[52] MüKoHGB/K. Schmidt Rn. 36; RGHMW/Mock Rn. 37; **aA** Ebenroth/Boujong/Gehrlein Rn. 24.

[53] BGH 11.7.1968, BGHZ 50, 316 (324) = NJW 1968, 2003.

[54] BGH 11.7.1968, BGHZ 50, 316 (324 f.) = NJW 1968, 2003; Hopt/Roth Rn. 11; NK-HGB/Partikel Rn. 15; diff. MüKoHGB/K. Schmidt Rn. 34; Heymann/Wackerbarth Rn. 13.

seines Kapitalkontos erkennen kann.[55] Den Jahresabschluss der Hauptgesellschaft darf er nur mit deren Gestattung mitteilen.[56] Für die Annahme einer Gestattung genügt es nicht, dass der Gesellschaftsvertrag Unterbeteiligungen generell zulässt oder dass die Organe der Hauptgesellschaft Kenntnis von der konkreten Unterbeteiligung haben.

§ 234 [Kündigung der Gesellschaft; Tod des stillen Gesellschafters]

(1) Auf die Kündigung der Gesellschaft durch einen der Gesellschafter oder durch einen Gläubiger des stillen Gesellschafters finden die Vorschriften der §§ 132 und 133 entsprechende Anwendung.

(2) Durch den Tod des stillen Gesellschafters wird die Gesellschaft nicht aufgelöst.

Schrifttum: Altenhofen, Die Auflösung einer mehrgliedrigen atypischen stillen Gesellschaft, Jura 2018, 1126; Bommert, Neue Entwicklungen zur Frage der Testamentsvollstreckung in Personengesellschaften, BB 1984, 178; Klöpper, Kündigung und Abfindung stiller Gesellschafter, Diss. Bielefeld 1998; K. Schmidt, Umwandlung stiller Beteiligungen in GmbH-Geschäftsanteile, NZG 2016, 4; K. Schmidt, Auflösung der stillen Gesellschaft: Blitzschlag oder Abwicklungsprozedur?, NZG 2016, 641; K. Schmidt, Die Innenkommanditgesellschaft – wirklicher Verband und virtueller Rechtsträger, ZHR 178 (2014), 10; K. Schmidt, Treuhand, Unterbeteiligung und § 723 Abs. 3 BGB – Wiederbegegnung mit einem BGH-Urteil und mit offen gebliebenen Rechtsfragen, FS Roth, 2012, 709; K. Schmidt, Das Vollstreckungs- und Insolvenzrecht der stillen Gesellschaft, KTS 1977, 1, 65; Verse, Inhaltskontrolle von „Hinauskündigungsklauseln" – eine korrekturbedürftige Rechtsprechung, DStR 2007, 1822; im Übrigen s. § 230.

Übersicht

I. Allgemeines

1 **1. Gesetzliche Regelung. § 234 Abs. 1** normiert die Auflösung der stillen Gesellschaft durch **Kündigung** und verweist hierfür auf § 132 und § 133. **§ 234 Abs. 2** bestimmt, dass der **Tod** des stillen Gesellschafters – anders als bei der GbR (§ 740a Abs. 1 Nr. 3 BGB) – nicht zur Auflösung der Gesellschaft führt. Die Normierung der Auflösungsgründe in § 234 ist unvollständig. Für die **übrigen Auflösungsgründe** gelten (subsidiär) die gesetzlichen Bestimmungen der (Innen)GbR.

1a Die Änderungen des § 234 Abs. 1 durch das **MoPeG** sind durch die Neugestaltung des in Bezug genommenen Kündigungsrechts der OHG bedingt. Die Verweise wurden hieran angepasst. Insbesondere konnte der Verweis auf § 723 BGB aF entfallen, da § 132 nun nicht nur die ordentliche, sondern

[55] *BGH 11.7.1968, BGHZ 50, 316 (323)* = NJW 1968, 2003; MüKoHGB/K. Schmidt Rn. 34; Ulbrich, Die Unterbeteiligungsgesellschaft an Personengesellschaftsanteilen, 1982, 126; RGHMW/Mock Rn. 27.

[56] BGH 11.7.1968, BGHZ 50, 316 (325) = NJW 1968, 2003; RGHMW/Mock Rn. 37.

auch die außerordentliche Kündigung umfassend regelt. Inhaltlich ergeben sich lediglich punktuelle Änderungen.[1]

2. Auflösung, Liquidation, Vollbeendigung. Bei einer stillen Gesellschaft bedarf es anders als bei der Außen-GbR (§§ 735 ff. BGB) keiner Abwicklung. Ihre Auflösung zieht zugleich die Vollbeendigung nach sich.[2] Der stille Gesellschafter hat gem. § 235 Abs. 1 einen schuldrechtlichen Anspruch gegen den Geschäftsinhaber auf Feststellung und Auszahlung seines Abfindungsguthabens. Mit der Auflösung der stillen Gesellschaft enden die Mitgliedschaft des stillen Teilhabers und alle damit verbundenen Rechte und Pflichten.[3] An den künftigen Gewinnen hat der ehemalige stille Gesellschafter nicht mehr teil. Etwas anderes gilt nur für die schwebenden Geschäfte (§ 235 Abs. 2, 3). 2

Zum Teil wird eine Liquidation für notwendig erachtet, wenn bei der Auflösung **schwebende Geschäfte** bestehen, die noch zu beenden sind.[4] Dies ist jedoch abzulehnen:[5] Die schwebenden Geschäfte sind allein dem Handelsgewerbe des Inhabers zuzuordnen (vgl. § 235 Abs. 2). § 235 ist lex specialis gegenüber § 740b BGB.[6] Die Gewinnbeteiligung des stillen Gesellschafters kann auch ohne Liquidation erfolgen. Daher macht weder der Schutz des Rechtsverkehrs noch des stillen Gesellschafters eine Liquidation erforderlich. 3

Bei **atypischen stillen Gesellschaften** führt die Auflösung, vorbehaltlich einer abweichenden vertraglichen Regelung,[7] ebenfalls sofort zur Vollbeendigung:[8] Ein atypischer stiller Gesellschafter wird allenfalls schuldrechtlich so gestellt, als läge ein Gesellschaftsvermögen vor und als sei er gleich einem Kommanditisten am Vermögen des Handelsgewerbes beteiligt. Das wirkt sich auf die Auseinandersetzungsbilanz aus (→ § 235 Rn. 29). Zum Erfordernis einer Abwicklung führt dies indes nicht, da das Gesellschaftsvermögen der stillen Gesellschaft nicht tatsächlich besteht. Liegt das Atypische der stillen Gesellschaft (auch) in der Übertragung zusätzlicher Mitwirkungsbefugnisse, folgt hieraus mangels vermögensmäßiger Relevanz ebenfalls nicht die Notwendigkeit einer Abwicklung. 4

Für **mehrgliedrige stille Gesellschaften ieS** (→ § 230 Rn. 48) gelten, wie der BGH überzeugend judiziert hat, keine Besonderheiten und zwar selbst dann nicht, wenn sie als „Innen-KG" (→ § 230 Rn. 43) ausgestaltet sind:[9] Dass in solchen Konstellationen die stillen Gesellschafter wechselseitigen Treuepflichten unterliegen, die ua bewirken, dass die Abfindungs- und Auseinandersetzungsansprüche nur im Wege einer geordneten Auseinandersetzung geltend gemacht werden können,[10] ändert nichts daran, dass mehrgliedrige stille Gesellschaften keine zu tilgenden Verbindlichkeiten haben. Schuldner der Abfindungs- und Auseinandersetzungsansprüche ist auch hier allein der Geschäftsinhaber.[11] Aus der Verbundenheit der stillen Gesellschafter untereinander und zum Geschäftsherrn folgt auch keine Pflicht zur Rücksichtnahme auf die Gläubiger des Geschäftsinhabers. 5

3. Fortsetzung der stillen Gesellschaft. Da die Auflösung der stillen Gesellschaft grundsätzlich unmittelbar ihre Vollbeendigung bewirkt,[12] scheidet eine Fortsetzung derselben Gesellschaft in der Regel aus.[13] Es kann nur eine neue stille Gesellschaft gegründet und zugleich vereinbart werden, dass der stille Gesellschafter so zu stellen ist, als hätte das ursprüngliche Gesellschaftsverhältnis nicht 6

---

[1] Vgl. Bachmann NJW 2021, 3073 (3077 f.); BeckOK HGB/Hoffmann-Theinert, 1.7.2024, Rn. 2; Westermann/Wertenbruch PersGes-HdB/Stöber, 2025, § 62 Rn. I 5747 ff.

[2] BGH 16.5.2017, NZG 2017, 907 Rn. 9; 8.12.2015, NZG 2016, 422 Rn. 9; 22.6.1981, NJW 1982, 99 (100); 30.11.1967, BB 1968, 268; RG 20.2.1941, RGZ 166, 160 (164 f.); Staub/Harbarth Rn. 1; Ebenroth/Boujong/Gehrlein Rn. 3; GK-HGB/Fahse/Gesmann-Nuissl Rn. 2; HK-HGB/Stuhlfelner Rn. 1; NK-HGB/Partikel § 235 Rn. 1; explizit Begr. RegE MoPeG, BT-Drs. 19/27635, 260.

[3] Staub/Harbarth Rn. 3; Ebenroth/Boujong/Gehrlein Rn. 4.

[4] Blaurock/Pordzik NZG 2018, 81 (82); Heymann/Wackerbarth Rn. 2 f.; Hopt/Roth Rn. 1.

[5] GK-HGB/Fahse/Gesmann-Nuissl Rn. 2; Ebenroth/Boujong/Gehrlein Rn. 3; Staub/Harbarth Rn. 1; MüKoHGB/K. Schmidt Rn. 2; Henssler/Strohn/Servatius Rn. 13; Blaurock Stille Gesellschaft-HdB/Blaurock Rn. 14.3.

[6] IErg Schäfer Neues PersGesR/Schäfer § 8 Rn. 28.

[7] Auf deren Zulässigkeit weisen hin MüKoHGB/K. Schmidt § 235 Rn. 55; Henssler/Strohn/Servatius Rn. 13.

[8] Ebenroth/Boujong/Gehrlein Rn. 3; KKD/Kindler Rn. 19.

[9] BGH 8.12.2015, NZG 2016, 422 Rn. 11 ff.; Henssler/Strohn/Servatius Rn. 13; **aA** Altenhofen Jura 2018, 1126 (1129 ff.); Staub/Harbarth Rn. 6; MüKoHGB/K. Schmidt Rn. 2; MüKoHGB/K. Schmidt § 235 Rn. 11, 57, 65; K. Schmidt NZG 2016, 641 (645).

[10] BGH 19.11.2013, BGHZ 199, 104 Rn. 27 = NZG 2013, 1422.

[11] BGH 19.11.2013, BGHZ 199, 104 Rn. 26 = NZG 2013, 1422.

[12] Begr. RegE MoPeG, BT-Drs. 19/27635, 260.

[13] Staub/Harbarth Rn. 7; Ebenroth/Boujong/Gehrlein Rn. 6.

geendet.[14] Infolgedessen ist die stille Gesellschaft auch an den zwischenzeitlichen Gewinnen des Inhabers zu beteiligen. Dies gilt auch für mehrgliedrige stille Gesellschaften ieS, da nach der hier vertretenen Ansicht (→ Rn. 5) auch bei diesen die Auflösung grundsätzlich zugleich die Vollbeendigung nach sich zieht.[15] Eine Fortsetzung derselben Gesellschaft ist nur dann möglich, wenn der Gesellschaftsvertrag anstelle der unmittelbaren Vollbeendigung die Durchführung eines Liquidationsverfahrens etabliert.

II. Kündigung der Gesellschaft (Abs. 1)

7 **1. Ordentliche Kündigung.** Für die ordentliche Kündigung verweist § 234 Abs. 1 auf § 132 Abs. 1, Abs. 5.

8 **a) Gesellschaft auf bestimmte Zeit.** Bei einer stillen Gesellschaft auf bestimmte Zeit ist die ordentliche Kündigung ausgeschlossen (§ 132 Abs. 2). Die Gesellschaft endet mit Zeitablauf, durch Kündigung aus wichtigem Grund oder aufgrund weiterer Beendigungstatbestände.[16] Eine stille Gesellschaft auf bestimmte Zeit liegt nicht nur bei kalendermäßiger Befristung, sondern auch bei einer Zweckbefristung vor.[17]

9 **b) Gesellschaft auf unbestimmte Zeit.** Die stille Gesellschaft auf unbestimmte Zeit ist gem. § 234 Abs. 1, § 132 Abs. 1 ordentlich kündbar; § 132 Abs. 1 ist inhaltsgleich zur Vorgängerregelung § 132 aF.[18] Die ordentliche Kündigung ist dabei anders als bei der GbR nur mit einer Frist von sechs Monaten zum Ende des Geschäftsjahres möglich (bei der GbR drei Monate zum Ende des Kalenderjahrs, § 740a Abs. 3 BGB, § 725 Abs. 1 BGB). Dabei ist das Geschäftsjahr des Inhabers maßgeblich.[19] Kündigungsfrist und Kündigungszeitpunkt tragen dem Schutzbedürfnis des Geschäftsinhabers und seines Unternehmens Rechnung.[20]

10 Die **Kündigungserklärung** ist eine einseitige, formlose Willenserklärung, die gegenüber dem anderen Gesellschafter abzugeben ist. Die Kündigung kann bereits vor dem Invollzugsetzen der Gesellschaft erfolgen.[21] Bei Personengesellschaften oder juristischen Personen ist die Kündigung von der organschaftlichen Vertretungsmacht gedeckt.[22] Es handelt sich nicht um ein Grundlagengeschäft, da nicht die inneren Rechtsverhältnisse der Personengesellschaft bzw. juristischen Person, sondern lediglich deren Zugehörigkeit zu der stillen Gesellschaft betroffen ist.

11 Der Gesellschaft auf unbestimmte Zeit wurden vor Inkrafttreten des MoPeG durch § 234 Abs. 1 S. 1, § 134 aF stillen Gesellschaften gleichgestellt, die **auf Lebenszeit** geschlossen oder **stillschweigend nach Zeitablauf verlängert** wurden. Diesen Verweis hat der Gesetzgeber unter Berufung auf ein mangelndes Regelungsbedürfnis gestrichen.[23] Tatsächlich kann ein ausreichender Schutz für die beiden in § 134 aF behandelten Varianten über das Instrument der außerordentlichen Kündigung (§ 132 Abs. 2, Abs. 3) (→ Rn. 15 ff.) erreicht werden.[24] Zudem soll die Anwendung des § 138 BGB angemessene Ergebnisse erzielen,[25] sodass die Regelung des § 134 aF überflüssig (geworden) ist. Eine Gesellschaft auf unbestimmte Zeit liegt überdies auch dann vor, wenn der Gesellschaftsvertrag **befristet** ist und das Ende der Frist von einem ungewissen Ereignis abhängt.[26]

12 **c) Gesellschaftsvertragliche Regelungen.** § 234 Abs. 1, § 132 Abs. 6 nehmen die ordentliche Kündigung aus dem Verbot der Ausschließung oder Beschränkung von Kündigungsrechten im

---

[14] Staub/Harbarth Rn. 7; MüKoHGB/K. Schmidt Rn. 3; Blaurock Stille Gesellschaft-HdB/Blaurock Rn. 14.7; Ebenroth/Boujong/Gehrlein Rn. 6; RGHMW/Mock Rn. 4; ähnlich Heymann/Wackerbarth Rn. 4; GK-HGB/Fahse/Gesmann-Nuissl Rn. 3.

[15] **AA** Hopt/Roth Rn. 1; MüKoHGB/K. Schmidt Rn. 4.

[16] Ebenroth/Boujong/Gehrlein Rn. 22; Henssler/Strohn/Servatius Rn. 2 ff.

[17] BGH 12.1.1998, NJW 1998, 1551; 29.6.1992, NJW 1992, 2696 (2698); 11.7.1968, BGHZ 50, 316 (321) = NJW 1968, 2003; Ebenroth/Boujong/Gehrlein Rn. 22.

[18] Begr. RegE MoPeG, BT-Drs. 19/27635, 244.

[19] MüKoHGB/K. Schmidt Rn. 45; Heymann/Wackerbarth Rn. 7; Hopt/Roth Rn. 8; KKD/Kindler Rn. 1.

[20] Staub/Harbarth Rn. 9; MüKoHGB/K. Schmidt Rn. 44.

[21] BGH 13.4.1995, NJW-RR 1995, 1061; GK-HGB/Fahse/Gesmann-Nuissl Rn. 15.

[22] BGH 26.10.1978, WM 1979, 71 (72) = BeckRS 1978, 31114308; Staub/Harbarth Rn. 18; Blaurock Stille Gesellschaft-HdB/Blaurock Rn. 14.22; Ebenroth/Boujong/Gehrlein Rn. 21.

[23] Begr. RegE MoPeG, BT-Drs. 19/27635, 244; dazu auch Schäfer Neues PersGesR/Schäfer § 6 Rn. 79.

[24] Henssler/Strohn/Servatius Rn. 9; MHdB GesR II/Plückelmann § 91 Rn. 3; MüKoHGB/K. Schmidt/Fleischer § 134 Rn. 20; in Bezug auf die GbR Begr. RegE MoPeG, BT-Drs. 19/27635, 172.

[25] MüKoHGB/K. Schmidt/Fleischer § 134 Rn. 20; wiederum in Bezug auf die GbR Begr. RegE MoPeG, BT-Drs. 19/27635, 172.

[26] BGH 29.6.1992, NJW 1992, 2696 (2698); 11.7.1968, BGHZ 50, 316 (321 f.) = NJW 1968, 2003; MHdB GesR II/Plückelmann § 91 Rn. 6; Ebenroth/Boujong/Gehrlein Rn. 24.

Gesellschaftsvertrag aus. Der aus dem ursprünglichen Verweis auf § 723 Abs. 3 aF abgeleiteten These, der Gesellschaftsvertrag könne die ordentliche Kündigung ausgestalten, nicht aber ausschließen,[27] kann damit nicht mehr gefolgt werden.[28] Gesellschaftsvertragliche Regelungen, welche das Recht zur ordentlichen Kündigung beschränken oder ausschließen, sind daher bis zur Grenze des § 138 BGB zulässig; bei deren Demarkation sind jedoch die Wertungen der § 234 Abs. 1, § 132 Abs. 6 zu berücksichtigen.[29]

Die **Kündigungsfrist** kann verlängert oder verkürzt werden. Dies ergibt sich bereits aus der Möglichkeit des Ausschlusses des Rechts zur ordentlichen Kündigung (§ 234 Abs. 1, § 132 Abs. 6) (→ Rn. 12). Grenzen können sich allerdings aus den Wertungen des § 138 BGB ergeben, insbesondere im Falle unverhältnismäßig langer Bindungen. 13

Hinauskündigungsklauseln, die den Ausschluss eines Gesellschafters aus der Gesellschaft ohne sachlichen Grund nach freiem Ermessen erlauben, sind bei Personengesellschaften nach hM grundsätzlich unzulässig.[30] Bei stillen Gesellschaften kann das Hinauskündigungsrecht nicht in gleicher Weise wie bei den übrigen Personengesellschaften als Druckmittel gegenüber den Gesellschaftern wirken: Der Geschäftsinhaber führt von vornherein das Handelsgewerbe. Der stille Gesellschafter ist lediglich kapitalmäßig beteiligt. Daher sind diese Leitlinien der Rspr. grundsätzlich nicht auf die typischen stillen Gesellschaften anzuwenden.[31] Etwas anderes gilt bei **atypischen stillen Gesellschaften,** wenn der stille Gesellschafter dem Inhaber des Handelsgewerbes in seiner Rechtsstellung angenähert ist.[32] Zumindest kommt bei stillen **Publikumsgesellschaften** der besondere Anlegerschutz zum Tragen, der einem freien Hinauskündigen der stillen Gesellschafter entgegensteht.[33] Dieser greift ein, wenn der Inhaber das Kündigungsrecht ausnutzen kann, um Risiken abzuwälzen oder einseitig Vorteile zu beanspruchen. Der BGH hat das zutreffend für die Kündigung eines stillen Gesellschafters entschieden, der nach der Kündigung nur einen Teil der Einlage zurückverlangen konnte und am Gewinn der schwebenden Geschäfte nicht beteiligt war.[34] 14

2. Außerordentliche Kündigung. § 234 Abs. 1, § 132 beinhalten nach der Reform durch das MoPeG verschiedene Tatbestände der außerordentlichen Kündigung. Die stille Gesellschaft kann inhaltlich unverändert zu § 234 Abs. 1 S. 2 aF, § 723 Abs. 1 BGB aF[35] bei Vorliegen eines wichtigen Grundes gem. § 234 Abs. 1, § 132 Abs. 2 (→ Rn. 16 ff.) wie auch bei Eintritt der Volljährigkeit eines Gesellschafters von diesem gem. § 234 Abs. 1, § 132 Abs. 4 außerordentlich (→ Rn. 18a) gekündigt werden. Diese Kündigung wird ebenso wie die ordentliche Kündigung formlos gegenüber dem anderen Gesellschafter erklärt. Durch außerordentliche Kündigung kann das Gesellschaftsverhältnis gem. § 234 Abs. 1, § 132 Abs. 3 bei Vorliegen eines wichtigen Grundes auch fristlos beendet werden.[36] Die Kündigung ist selbst zur Unzeit wirksam, sofern sie nicht rechtsmissbräuchlich erfolgt.[37] Der Kündigende muss allerdings Schadensersatz leisten (§ 132 Abs. 5). Eine unwirksame außerordentliche Kündigung lässt sich in eine ordentliche Kündigung umdeuten, wenn dies dem erkennbaren Willen des Kündigenden entspricht (§ 140 BGB).[38] 15

a) Kündigung aus wichtigem Grund. Ein wichtiger Grund für eine fristlose Kündigung gem. § 234 Abs. 1, § 132 Abs. 2 liegt vor, wenn die Fortsetzung der stillen Gesellschaft bis zum Vertragsende oder zum nächsten ordentlichen Kündigungstermin unter Würdigung aller Umstände des 16

---

[27] Dazu BGH 29.6.1992, NJW 1992, 2696 (2698); 11.7.1968, BGHZ 50, 316 (321 f.) = NJW 1968, 2003; 20.2.1956, BGHZ 23, 10 (14) = NJW 1957, 461; anders noch RG 22.10.1937, RGZ 156, 129 (134 f.); dazu K. Schmidt FS Roth, 2012, 709 (718); Staub/Harbarth Rn. 23.

[28] Begr. RegE MoPeG, BT-Drs. 19/27635, 174, 245, 259 f.

[29] Begr. RegE MoPeG, BT-Drs. 19/27635, 174, 245, 259 f.; Westermann/Wertenbruch PersGes-HdB/Stöber, 2025, § 62 Rn. I 5747; BeckOK HGB/Hoffmann-Theinert, 1.7.2024, Rn. 8; Henssler/Strohn/Servatius Rn. 9.

[30] BGH 19.9.1988, BGHZ 105, 213 (216 ff.) = NJW 1989, 834; 13.7.1981, BGHZ 81, 263 (265 ff.) = NJW 1981, 2565; 20.11.1977, BGHZ 68, 212 (215 ff.) = NJW 1977, 1292; Ebenroth/Boujong/Lorz § 134 Rn. 53 ff.; MüKoHGB/K. Schmidt § 140 Rn. 99 f.; krit. Verse DStR 2007, 1822 (1825 ff.).

[31] Ebenroth/Boujong/Gehrlein Rn. 26; Heymann/Wackerbarth Rn. 13; Klöpper, Kündigung und Abfindung stiller Gesellschafter, 1998, 178; Henssler/Strohn/Servatius Rn. 9; **aA** Blaurock Stille Gesellschaft-HdB/Blaurock Rn. 14.38; Staub/Harbarth Rn. 69.

[32] NK-HGB/*Partikel* Rn. 6; in Bezug auf „Innen-KGs" MüKoHGB/K. Schmidt Rn. 54; K. Schmidt ZHR 178 (2014), 10 (42 f.).

[33] Blaurock Stille Gesellschaft-HdB/Blaurock Rn. 14.27; Ebenroth/Boujong/Gehrlein Rn. 26; Heymann/Wackerbarth Rn. 14; MHdB GesR II/Plückelmann § 91 Rn. 5; Henssler/Strohn/Servatius Rn. 9.

[34] BGH 7.2.1994, BGHZ 125, 74 (78 f.) = NJW 1994, 1156.

[35] Begr. RegE MoPeG, BT-Drs. 19/27635, 244, 259 f.

[36] Westermann/Wertenbruch PersGes-HdB/Stöber, 2025, § 62 Rn. I 5748; RGHMW/Mock Rn. 20.

[37] Henssler/Strohn/Servatius Rn. 10; RGHMW/Mock Rn. 20; MHdB GesR II/Plückelmann § 91 Rn. 4.

[38] BGH 12.1.1998, NJW 1998, 1551; Ebenroth/Boujong/Gehrlein Rn. 28; Hopt/Roth Rn. 9.

Einzelfalles und bei umfassender Interessenabwägung unzumutbar ist, weil das Vertrauen in den anderen Gesellschafter erschüttert wurde.[39] Der Begriff des wichtigen Grundes entspricht dem in § 725 Abs. 2 S. 2 BGB, § 139 Abs. 1. Allerdings sind die persönliche Nähe und die Vertrauensstellung der Gesellschafter untereinander bei einer stillen Gesellschaft schwächer ausgeprägt als bei der GbR und OHG, da sich der stille Gesellschafter grundsätzlich nur finanziell an der Gesellschaft beteiligt. Daher begründen persönliche Spannungen nicht gleichermaßen wie bei GbR und OHG einen Kündigungsgrund.[40] Es ist allerdings zu berücksichtigen, dass der stille Gesellschafter weniger Mitwirkungsbefugnisse als ein GbR/OHG-Gesellschafter hat. Daher kann bereits ein geringer Sorgfaltsverstoß das Vertrauen in die Redlichkeit und Tüchtigkeit des Geschäftsinhabers so stark erschüttern, dass eine fristlose Kündigung gerechtfertigt ist.[41] Bei atypischen stillen Gesellschaften ist der Maßstab an ihre Ausgestaltung anzupassen.[42]

17 Einen wichtigen Grund stellt gem. § 234 Abs. 1, § 132 Abs. 2 S. 2 insbesondere die **vorsätzliche oder grob fahrlässige Verletzung der Gesellschafterpflichten** dar[43] (→ § 132 Rn. 12 f.). Dazu gehört das Vorenthalten von Gewinnanteilen, die zweckwidrige Verwendung der Einlage durch den Inhaber, Untreue, Steuerhinterziehung oder die Behinderung bei der Ausübung von Kontrollrechten sowie das Vornehmen wesentlicher Änderungen ohne Zustimmung des stillen Gesellschafters (zB Unternehmensvertrag).[44] Ebenso ist die Verletzung der Beitragspflicht durch den stillen Gesellschafter ggf. ein wichtiger Grund.[45] Ein wichtiger Grund liegt überdies bei Ungeeignetheit des Inhabers zur Geschäftsführung vor,[46] ebenso bei atypischen stillen Gesellschaften, wenn dem stillen Teilhaber Mitwirkungs- oder sogar Geschäftsführungsbefugnisse eingeräumt sind und dieser sich als ungeeignet zur sachgerechten Wahrnehmung seiner Befugnisse erweist. Jedoch kommt in solchen Fällen einer Vertragsanpassung Vorrang gegenüber der außerordentlichen Kündigung zu (→ Rn. 18). Ferner begründen die Einstellung des Handelsgewerbes oder die nachhaltige Unrentabilität jeweils einen wichtigen Grund für eine Kündigung, sofern es sich nicht nur um die Folge gewöhnlicher Geschäftsrisiken handelt.[47]

18 **b) Verhältnismäßigkeit.** Die außerordentliche Kündigung ist ultima ratio und darf nur ausgesprochen werden, wenn keine andere Möglichkeit für die Fortsetzung der Gesellschaft besteht (§ 242 BGB).[48] Daraus folgt eine Pflicht zum Nachverhandeln, wenn sich der Kündigungsgrund durch eine Vertragsänderung ausräumen lässt.[49] Das gilt zB, wenn der Geschäftsführer zum Betrieb des Handelsgewerbes ungeeignet ist oder Betriebsmittel zugeführt werden müssten. Aus dem ultima ratio-Prinzip ergibt sich zudem, dass eine Verzögerung bei der Erfüllung der gesellschaftsvertraglichen Pflichten eine außerordentliche Kündigung in der Regel nur erlaubt, wenn zuvor eine Aufforderung zur Pflichterfüllung erfolgt ist.[50]

18a **c) Kündigung nach Erreichen der Volljährigkeit.** Gemäß § 234 Abs. 1, § 132 Abs. 4 kann ein Gesellschafter seine Mitgliedschaft auch bei Erreichen seiner Volljährigkeit (§ 2 BGB) außerordentlich kündigen. Die Vorschrift wurde dem § 723 Abs. 1 S. 3 Nr. 2, S. 4 und 5 BGB aF inhaltsgleich nachgebildet,[51] der schon zuvor bei der stillen Gesellschaft Anwendung fand. § 234 Abs. 1, § 132 Abs. 4 S. 2 schließen das Kündigungsrecht für den Fall der Ermächtigung nach § 112 BGB wie auch dann aus, wenn der alleinige Gesellschaftszweck in der Befriedigung der persönlichen Bedürfnisse

---

[39] BGH 12.7.1982, BGHZ 84, 379 (382 f.) = NJW 1982, 2821; RG 28.1.1927, JW 1927, 1350 (1351); MüKoHGB/K. Schmidt Rn. 49; Staub/Harbarth Rn. 30; Ebenroth/Boujong/Gehrlein Rn. 29; Blaurock Stille Gesellschaft-HdB/Blaurock Rn. 14.32; RGHMW/Mock Rn. 20.

[40] BGH 12.7.1982, BGHZ 84, 379 (382) = NJW 1982, 2821; 8.7.1976, DB 1977, 87 (88) = BeckRS 1976, 00350; Staub/Harbarth Rn. 30; Ebenroth/Boujong/Gehrlein Rn. 28; Hopt/Roth Rn. 9.

[41] BGH 8.7.1976, DB 1977, 87 (88) = BeckRS 1976, 00350; Staub/Harbarth Rn. 30; Ebenroth/Boujong/Gehrlein Rn. 28; KKD/Kindler Rn. 4.

[42] BGH 8.7.1976, DB 1977, 87 (88) = BeckRS 1976, 00350.

[43] BGH 21.3.2005, DStR 2005, 1064 (1065); Staub/Harbarth Rn. 32 f.

[44] BGH 21.4.1980, BB 1980, 958 (959) = BeckRS 1980, 31008620; Heymann/Wackerbarth Rn. 9 ff.; Staub/Harbarth Rn. 32; MdHB GesR II/Plückelmann Rn. 11 f.; Ebenroth/Boujong/Gehrlein Rn. 30; GK-HGB/Fahse/Gesmann-Nuissl Rn. 16.

[45] MHdB GesR II/Plückelmann § 91 Rn. 11; Ebenroth/Boujong/Gehrlein Rn. 30.

[46] MHdB GesR II/Plückelmann § 91 Rn. 11; Ebenroth/Boujong/Gehrlein Rn. 30.

[47] RG 28.1.1927, JW 1927, 1350 (1351); MüKoHGB/K. Schmidt Rn. 49; Ebenroth/Boujong/Gehrlein Rn. 30; NK-HGB/Partikel Rn. 8.

[48] Staub/Harbarth Rn. 35; Ebenroth/Boujong/Gehrlein Rn. 31; MdHB GesR II/Plückelmann Rn. 9.

[49] Staub/Harbarth Rn. 35; MüKoHGB/K. Schmidt Rn. 49; s. auch BGH 12.7.1982, BGHZ 84, 379 (382) = NJW 1982, 2821.

[50] OLG Braunschweig 3.9.2003, NZG 2003, 1156 (1159).

[51] Begr. RegE MoPeG, BT-Drs. 19/27635, 244; Schäfer Neues PersGesR/Schäfer § 6 Rn. 78.

des ehemals Minderjährigen bestand. Die Kündigung kann gem. § 234 Abs. 1, § 132 Abs. 4 S. 3 nur binnen drei Monaten nach dem Zeitpunkt der Kenntnis oder des Kennenmüssens der Gesellschafterstellung erfolgen.

d) Gesellschaftsvertragliche Regelungen. Ein Ausschluss sowie eine Beschränkung der außerordentlichen Kündigung sind gem. § 234 Abs. 1, § 132 Abs. 6 unwirksam.[52] Vereinbarungen, die eine schiedsgerichtliche Entscheidung über das Kündigungsrecht vorsehen, sind hingegen zulässig, da sie das Recht selbst nicht beschränken.[53] Der Gesellschaftsvertrag kann die Umstände für das Vorliegen eines wichtigen Grundes konkretisieren oder Regelbeispiele bestimmen, eine abschließende Festlegung wichtiger Gründe ist jedoch nicht möglich.[54] 19

Im Gesellschaftsvertrag kann vereinbart werden, dass der stille Gesellschafter beim Eintreten eines Auflösungsgrundes in der Person des Geschäftsinhabers das Recht haben soll, das Handelsgewerbe mit allen Aktiva und Passiva zu übernehmen. 20

3. Kündigung durch die Gläubiger des stillen Gesellschafters. Gemäß § 234 Abs. 1, § 133 können auch Privatgläubiger des stillen Gesellschafters die Gesellschaft kündigen, wenn sie über einen nicht nur vorläufig vollstreckbaren Schuldtitel gegen den stillen Gesellschafter verfügen und aufgrund dieses Titels die Zwangsvollstreckung in den Geschäftsanteil des Gesellschafters betrieben haben, sodass ein entsprechender Pfändungs- und Überweisungsbeschluss vorliegt. Die Kündigung ist aber nur zulässig, wenn innerhalb der letzten sechs Monate bereits erfolglos die Zwangsvollstreckung in das bewegliche Vermögen des Gesellschafters versucht wurde. Dabei muss nicht zwingend der Kündigende tätig geworden sein.[55] 21

Die **Gläubiger des Geschäftsinhabers** haben kein vergleichbares Kündigungsrecht. Ein solches ist nicht erforderlich, da sie ohne weiteres in das gesamte Geschäftsvermögen sowie das Privatvermögen des Geschäftsinhabers – einschließlich der Einlage des stillen Gesellschafters – vollstrecken können. 22

III. Sonstige Auflösungsgründe

1. Zeitablauf, Bedingung. Die Vereinbarung einer auflösenden Befristung ist nach dem Grundsatz der Privatautonomie zulässig. Die stille Gesellschaft löst sich mit Zeitablauf auf und ist beendet.[56] Der Gesellschaftsvertrag kann vor dem Ablauf der Frist geändert und die Fortdauer der stillen Gesellschaft vereinbart werden. Sofern die Frist bereits abgelaufen ist, kann die Gesellschaft nur neu gegründet und zugleich vereinbart werden, dass der stille Gesellschafter so zu behandeln ist, als hätte die Gesellschaft fortbestanden, es sei denn es handelt sich um eine mehrgliedrige stille Gesellschaft, bei der eine Fortsetzung möglich ist (→ Rn. 6). Die auflösende Bedingung beendet die stille Gesellschaft in gleicher Weise wie die Befristung. 23

2. Zweckerreichung, Unmöglichkeit der Zweckerreichung. Die stille Gesellschaft löst sich gem. § 740a Abs. 2 BGB auf, wenn der Zweck der Gesellschaft erreicht oder die Zweckerreichung unmöglich ist.[57] Eine Auflösung durch Erreichung des Zwecks kommt regelmäßig nur bei Projekt- und Gelegenheitsgesellschaften in Betracht.[58] Unmöglichkeit der Zweckerreichung liegt vor, wenn diese dauerhaft oder offenkundig ausgeschlossen ist.[59] Ein nur vorübergehendes, behebbares Hindernis für den Betrieb des Handelsgewerbes genügt nicht. Die Unmöglichkeit kann auf einem **rechtlichen Hindernis** (zB Entzug der behördlichen Erlaubnis zum Betrieb des Handelsgewerbes) oder auf **tatsächlichen Umständen** beruhen (zB Wegfall zwingend notwendiger Importmöglichkeiten).[60] Die Einstellung, Aufgabe oder Veräußerung des Handelsgewerbes durch den Inhaber genügt 24

[52] Begr. RegE MoPeG, BT-Drs. 19/27635, 174, 245, 259 f.; Westermann/Wertenbruch PersGes-HdB/Stöber, 2025, § 62 Rn. I 5748.

[53] KG 10.10.1928, HRR 1929, Sp. 743 (744); Hopt/Roth Rn. 9.

[54] OLG Hamm 1.2.2023, NJW-RR 2023, 892; Staub/Harbarth Rn. 27; MüKoHGB/K. Schmidt Rn. 49.

[55] Blaurock Stille Gesellschaft-HdB/Blaurock Rn. 14.39; Ebenroth/Boujong/Gehrlein Rn. 32.

[56] Staub/Harbarth Rn. 66; Blaurock Stille Gesellschaft-HdB/Blaurock Rn. 14.11; Ebenroth/Boujong/Gehrlein Rn. 8.

[57] Ebenroth/Boujong/Gehrlein Rn. 9; Henssler/Strohn/Servatius Rn. 3; Hopt/Roth Rn. 3; MHdB GesR II/Plückelmann § 91 Rn. 42; schon zur alten Rechtslage so BGH 12.7.1982, BGHZ 84, 379 (381) = NJW 1982, 2821; 23.5.1957, BGHZ 24, 279 (293) = NJW 1957, 1279 (GbR).

[58] Staub/Harbarth Rn. 59; Henssler/Strohn/Servatius Rn. 3; MüKoHGB/K. Schmidt Rn. 15.

[59] BGH 12.7.1982, BGHZ 84, 379 (381) = NJW 1982, 2821; 23.5.1957, BGHZ 24, 279 (293) = NJW 1957, 1279; RG 4.6.1940, RGZ 164, 129 (142); Staub/Harbarth Rn. 60; Ebenroth/Boujong/Gehrlein Rn. 9; Hopt/Roth Rn. 3.

[60] Staub/Harbarth Rn. 62 f.; MüKoHGB/K. Schmidt Rn. 16; Blaurock Stille Gesellschaft-HdB/Blaurock Rn. 14.15 f.; Ebenroth/Boujong/Gehrlein Rn. 9.

hingegen nur, wenn sie auf Dauer unumkehrbar ist.[61] Die Unrentabilität der stillen Gesellschaft ist kein Fall des § 740a Abs. 2 BGB, sondern Grund für eine außerordentliche Kündigung.[62] Auch bei Verlust der Kaufmannseigenschaft greift § 740a Abs. 2 BGB nicht ein, da kein Fall der Unmöglichkeit vorliegt. Die stille Gesellschaft wandelt sich lediglich in eine GbR um, für die §§ 230 ff. analog gelten.[63]

25 **3. Aufhebungsvertrag.** Ein Aufhebungsvertrag ist als privatautonome Vereinbarung stets möglich. Er kommt auch dadurch zustande, dass der Inhaber die stille Beteiligung abwickelt und der stille Gesellschafter hiermit dem Grunde nach einverstanden ist.[64] Aus der Rückgewähr der Einlage kann nicht zwingend auf eine konkludente Aufhebung geschlossen werden, da die Einlage nicht während der gesamten Dauer der stillen Gesellschaft beim Geschäftsinhaber verbleiben muss, entscheidend ist vielmehr eine sorgfältige Auslegung im Einzelfall.[65] Bei mehrgliedrigen stillen Gesellschaften ieS bedarf es eines einstimmigen Beschlusses der Gesellschafter zum Abschluss des Aufhebungsvertrags (§ 740 Abs. 2 BGB, § 714 BGB). Sofern der Gesellschaftsvertrag die Beschlussfassung über die Auflösung der stillen Gesellschaft mit einfacher oder qualifizierter Mehrheit zulässt (§ 740 Abs. 2 BGB, § 708 BGB), genügt ein entsprechender Beschluss.[66] Eine Aufhebung der stillen Gesellschaft kann ua im Fall des Eintretens des stillen Gesellschafters in das Handelsgewerbe erfolgen. Dies kann vertraglich mit dem Stillen als Vorvertrag vereinbart sein. Der Eintritt hat nach Maßgabe der einschlägigen gesellschaftsrechtlichen Vorgaben zu erfolgen. Soll der stille Teilhaber einer Kapitalgesellschaft anstelle der stillen Beteiligung einen Gesellschaftsanteil erhalten, so sind insbesondere auch die Regelungen zur Kapitalerhöhung zu berücksichtigen.

26 **4. Insolvenz des Gesellschafters.** Die stille Gesellschaft ist nicht rechtsfähig und hat kein (Gesamthands)Vermögen. Daher ist sie selbst nicht insolvenzfähig (→ § 230 Rn. 27). Die Eröffnung des Insolvenzverfahrens über das Vermögen des Inhabers hat nach **§ 740a Abs. 1 Nr. 5 BGB** die Auflösung der stillen Gesellschaft zur Folge.[67] Das Gleiche gilt für die Insolvenz des stillen Gesellschafters.[68] § 740a Abs. 1 Nr. 5 BGB greift auch im Fall des Todes eines Gesellschafters mit Eröffnung des Nachlassinsolvenzverfahrens (§§ 1975, 1980 BGB) ein, wenn nicht bereits der Tod die stille Gesellschaft aufgelöst hat.[69] Wegen des zwingenden Charakters der InsO und des Zwecks des Insolvenzverfahrens ist § 740a Abs. 1 Nr. 5 BGB unabdingbar.[70]

27 Die Auflösung der stillen Gesellschaft erfolgt mit **Eröffnung des Insolvenzverfahrens.** Die Stunde der Eröffnung – im schriftlichen Verfahren ist maßgeblich der Zeitpunkt der Unterzeichnung des Beschlusses durch den Richter, bei einer förmlichen Verkündung der Zeitpunkt der Verkündung[71] – wird im Eröffnungsbeschluss des Insolvenzgerichts vermerkt (§ 27 Abs. 2 Nr. 3 InsO). Enthält der Eröffnungsbeschluss keine Angabe zur Stunde der Eröffnung, so gilt als Eröffnungszeitpunkt die Mittagsstunde des Tages, an dem der Eröffnungsbeschluss erlassen worden ist (§ 27 Abs. 3 InsO). Die Auflösung der stillen Gesellschaft entfällt rückwirkend, wenn das Beschwerdegericht den Eröffnungsbeschluss aufhebt.[72] Zur Auseinandersetzung der durch Insolvenz aufgelösten Gesellschaft s. § 236.

---

[61] MüKoHGB/K. Schmidt Rn. 16; Ebenroth/Boujong/Gehrlein Rn. 9; Heymann/Wackerbarth Rn. 20; Blaurock Stille Gesellschaft-HdB/Blaurock Rn. 14.15; MHdB GesR II/Plückelmann § 91 Rn. 42.

[62] Blaurock Stille Gesellschaft-HdB/Blaurock Rn. 14.18; Ebenroth/Boujong/Gehrlein Rn. 9.

[63] Staub/Harbarth Rn. 65; Blaurock Stille Gesellschaft-HdB/Blaurock Rn. 14.70; KKD/Kindler Rn. 9; Ebenroth/Boujong/Gehrlein Rn. 9.

[64] BGH 13.11.2000, NJW-RR 2001, 463; Ebenroth/Boujong/Gehrlein Rn. 8.

[65] Staub/Harbarth Rn. 66; Hopt/Roth Rn. 2; MüKoHGB/K. Schmidt Rn. 5; MHdB GesR II/Plückelmann § 91 Rn. 41; Ebenroth/Boujong/Gehrlein Rn. 8.

[66] Staub/Harbarth Rn. 66; Ebenroth/Boujong/Gehrlein Rn. 8.

[67] Westermann/Wertenbruch PersGes-HdB/Stöber, 2025, § 62 Rn. I 5746; RGHMW/Mock Rn. 9; Ebenroth/Boujong/Gehrlein Rn. 16; Hopt/Roth Rn. 5; MHdB GesR II/Plückelmann § 91 Rn. 33; so schon zur alten Rechtslage BAG 19.3.2009, NZA 2009, 896 (900); BGH 24.2.1969, BGHZ 51, 350 (352) = NJW 1969, 1211; RG 28.9.1928, RGZ 122, 70 (72).

[68] RG 28.9.1928, RGZ 122, 70 (72); K. Schmidt KTS 1977, 1 (8); Staub/Harbarth Rn. 50; Ebenroth/Boujong/Gehrlein Rn. 16; Hopt/Roth Rn. 5; KKD/Kindler Rn. 10.

[69] Ebenroth/Boujong/Gehrlein Rn. 16; RGHMW/Mock Rn. 9; Hopt/Roth Rn. 5; schon zur alten Rechtslage MüKoHGB/K. Schmidt Rn. 11; **aA** BGH 30.4.1984, BGHZ 91, 132 (135) = NJW 1984, 2104; Blaurock Stille Gesellschaft-HdB/Blaurock Rn. 14.65; Staub/Harbarth Rn. 54.

[70] Henssler/Strohn/Servatius Rn. 7; MHdB GesR II/Plückelmann § 91 Rn. 37; NK-HGB/Partikel Rn. 14; **aA** RGHMW/Mock Rn. 9; so schon zur alten Rechtslage BGH 24.2.1969, BGHZ 51, 350 (352) = NJW 1969, 1211.

[71] BGH 17.2.2004, NZI 2004, 316; 12.6.1968, BGHZ 50, 242 (245) = NJW 1968, 2106; MüKoInsO/Busch InsO §§ 27–29 Rn. 41.

[72] Ebenroth/Boujong/Gehrlein Rn. 17; offenlassend Blaurock Stille Gesellschaft-HdB/Blaurock Rn. 14.63.

Eine **Fortsetzung** der Gesellschaft unter Ausscheiden des insolventen Gesellschafters scheidet bei zweigliedrigen stillen Gesellschaften mangels Zulässigkeit einer stillen Ein-Personen-Gesellschaft aus.[73] Bei mehrgliedrigen stillen Gesellschaften ieS, insbesondere bei Publikumsgesellschaften, ist die Fortsetzung der Gesellschaft aber nicht nur von Interesse, sondern auch möglich.[74] 28

5. Tod des Geschäftsinhabers. Der Tod des Inhabers des Handelsgewerbes führt nach **§ 740a Abs. 1 Nr. 3 BGB** zur Auflösung der stillen Gesellschaft, die mit ihm besteht.[75] Das gilt auch, wenn die Gesellschaft bereits gekündigt, aber die Kündigungsfrist noch nicht abgelaufen war. Keine Rolle spielt, ob die Erben das Handelsgewerbe fortführen. Die Erben müssen gem. § 740a Abs. 3 BGB, § 730 Abs. 1 S. 1 BGB den Tod des Inhabers unverzüglich gegenüber dem stillen Gesellschafter anzeigen. Im Übrigen passt die Regelung in § 740a Abs. 3 BGB, § 730 Abs. 1 BGB, welche die Fortführung der Geschäfte durch die Erben betrifft, für die stille Gesellschaft nicht:[76] Diese endet mit ihrer Auflösung, sodass die Geschäftsführung keiner Fortsetzung bedarf. Die Erben müssen lediglich die schwebenden Geschäfte beenden. Insoweit greift § 235 Abs. 2.[77] 29

Eine **abweichende Vereinbarung** zu § 740a Abs. 1 Nr. 3 BGB ist im Gesellschaftsvertrag zulässig.[78] Insbesondere kann er die Fortsetzung der stillen Gesellschaft mit den Erben des Inhabers vorsehen. An die Stelle des Inhabers tritt der Erbe bzw. die Erbengemeinschaft. Der Erbe kann sich in diesem Fall der Gesellschafterstellung nur durch Ausschlagen der Erbschaft entziehen; § 131 gilt nicht. Die Erben können zur Fortsetzung des Handelsgeschäfts eine OHG gründen. Dazu bedarf es nicht der Zustimmung des stillen Gesellschafters. Eine solche ist nur erforderlich, wenn das Unternehmen von den Erben in eine KG oder Kapitalgesellschaft eingebracht werden soll, da sich die Haftung zu Lasten des stillen Gesellschafters verändert (→ § 230 Rn. 77).[79] Enthält der Gesellschaftsvertrag eine Fortsetzungsklausel, so ist der Tod des Inhabers kein wichtiger Grund für eine fristlose Kündigung. Ein solcher ergibt sich allerdings, wenn das Handelsgewerbe ohne die Zustimmung des stillen Gesellschafters auf einen Miterben übertragen wird.[80] 30

Ist eine **juristische Person oder Personenhandelsgesellschaft** Geschäftsinhaber, so führt nicht bereits deren Auflösung zur Auflösung der stillen Gesellschaft, vielmehr muss eine dauernde und offenbare **Unmöglichkeit der Zweckerreichung** vorliegen, was spätestens mit der Vollbeendigung der Fall ist.[81] Denn infolge der Auflösung scheidet die juristische Person bzw. Personenhandelsgesellschaft nicht aus dem Geschäftsverkehr aus. Es ändert sich lediglich ihr Zweck. Den Gesellschaftern der stillen Gesellschaft kann allerdings ein wichtiger Grund für eine fristlose Kündigung zustehen.[82] Im Fall einer willkürlichen Auflösung des Handelsgewerbes kommt ein Anspruch des stillen Teilhabers auf Erfüllung des Gesellschaftsvertrags oder Schadensersatz in Betracht.[83] 31

6. Konfusion. Bei der Konfusion vereinigen sich alle Gesellschafterrechte in einer Person und die Gesellschaft endet ohne Auseinandersetzung. Konfusion tritt zB ein, wenn ein Gesellschafter den bzw. die anderen beerbt oder das Unternehmen und die stille Beteiligung nach der Eheschließung zwischen den Gesellschaftern in das Gesamtgut der Gütergemeinschaft fallen, wofür es der Zustimmung beider bedarf, denn nach § 1417 Abs. 2 BGB handelt es sich bei unübertragbaren Mitgliedschaftsrechten grundsätzlich um Sondergut.[84] Zur Konfusion kommt es darüber hinaus, wenn die stille Beteiligung an einer GmbH als Sacheinlage in diese GmbH eingebracht wird.[85] 32

---

[73] Staub/Harbarth Rn. 55; MüKoHGB/K. Schmidt Rn. 11.

[74] Staub/Harbarth Rn. 56; MüKoHGB/K. Schmidt Rn. 11 f.; Heymann/Wackerbarth Rn. 26; Ebenroth/Boujong/Gehrlein Rn. 16; KKD/Kindler Rn. 10.

[75] Westermann/Wertenbruch PersGes-HdB/Stöber, 2025, § 62 Rn. I 5746; RGHMW/Mock Rn. 8; Hopt/Roth Rn. 4.

[76] Ebenroth/Boujong/Gehrlein Rn. 11; diff. MHdB GesR II § 91 Rn. 23; so schon zur alten Rechtslage Staub/Harbarth Rn. 43; MüKoHGB/K. Schmidt Rn. 8; **aA** Blaurock Stille Gesellschaft-HdB/Blaurock Rn. 14.42: Vertragsabwicklung; gegen die Anwendung von § 727 Abs. 2 BGB aF Heymann/Wackerbarth Rn. 23.

[77] Staub/Harbarth Rn. 44; Ebenroth/Boujong/Gehrlein Rn. 11; RGHMW/Mock Rn. 8; Heymann/Wackerbarth Rn. 23.

[78] NK-HGB/Partikel Rn. 13; RGHMW/Mock Rn. 8; Ebenroth/Boujong/Gehrlein Rn. 12.

[79] MüKoHGB/K. Schmidt Rn. 10; Blaurock Stille Gesellschaft-HdB/Blaurock Rn. 14.46; Ebenroth/Boujong/Gehrlein Rn. 12; RGHMW/Mock Rn. 8.

[80] *Staub/Harbarth Rn. 48.*

[81] BGH 12.7.1982, BGHZ 84, 379 (380 f.) = NJW 1982, 2821; 5.11.1979, NJW 1980, 1522 (1523); Blaurock Stille Gesellschaft-HdB/Blaurock Rn. 14.58; RGHMW/Mock Rn. 12; Ebenroth/Boujong/Gehrlein Rn. 13 f.; diff. MüKoHGB/K. Schmidt Rn. 22 ff.

[82] BGH 12.7.1982, BGHZ 84, 379 (380 f.) = NJW 1982, 2821; Ebenroth/Boujong/Gehrlein Rn. 13; Staub/Harbarth Rn. 90 f.; RGHMW/Mock Rn. 12.

[83] Ebenroth/Boujong/Gehrlein Rn. 13; Staub/Harbarth Rn. 92.

[84] Staub/Harbarth Rn. 57; Heymann/Wackerbarth Rn. 27; Ebenroth/Boujong/Gehrlein Rn. 19.

[85] BGH 3.11.2015, NJW 2015, 3786 Rn. 17 f.; K. Schmidt NZG 2016, 4 (7).

33 **7. Keine Auflösungsgründe.** Ein Grund für die Auflösung der stillen Gesellschaft folgt nicht daraus, dass der Inhaber oder der stille Gesellschafter die Geschäftsfähigkeit verliert.[86] Der **Verlust der Geschäftsfähigkeit** hat beim Inhaber jedoch zur Folge, dass er zur Geschäftsführung nicht mehr in der Lage ist. Somit hat der stille Gesellschafter einen wichtigen Grund für eine außerordentliche Kündigung.[87] Das Gleiche gilt für den Inhaber, wenn der (atypische) stille Gesellschafter Geschäftsführungsbefugnisse besitzt und die Geschäftsfähigkeit verliert.[88] Auch die Anordnung der **Nachlassverwaltung** (§§ 1975, 1981 BGB) führt im Gegensatz zum Nachlassinsolvenzverfahren (→ Rn. 26) nicht zur Auflösung der stillen Gesellschaft.[89] Sie dient nur der Beschränkung der Erbenhaftung und berührt den Bestand der Gesellschaft nicht. Es besteht ggf. ein wichtiger Grund für eine außerordentliche Kündigung.

IV. Veräußerung, Verschmelzung und Umwandlung des Handelsgewerbes

34 **1. Veräußerung.** Die Veräußerung des **Handelsgewerbes** führt nicht zwangsläufig zur Auflösung der stillen Gesellschaft. Diese besteht wegen der mitgliedschaftlichen Bindung des stillen Gesellschafters an den Geschäftsinhaber vielmehr mit diesem grundsätzlich fort – nicht mit dem Erwerber, § 25 greift nicht ein.[90] Wird allerdings die Zweckerreichung der stillen Gesellschaft infolge der Übertragung des Handelsgewerbes unmöglich, löst sich die Gesellschaft gem. § 740a Abs. 2 BGB auf. In den Fällen, in denen keine Auflösung eintritt, steht dem stillen Teilhaber, der mit der Veräußerung nicht einverstanden war (→ § 230 Rn. 76), ein Recht zur außerordentlichen Kündigung zu.[91] Alternativ kann er Schadensersatz verlangen, sodass der Inhaber in den Grenzen der Verhältnismäßigkeit das Handelsgewerbe zurückerwerben oder ein gleichartiges Handelsgewerbe aufbauen muss (Naturalrestitution, §§ 249, 251 Abs. 2 BGB).[92]

35 Der Bestand einer stillen Beteiligung an einer Personenhandelsgesellschaft oder juristischen Person ist unabhängig davon, ob deren Gesellschafter wechseln. Die Veräußerung von **Gesellschaftsanteilen** hat keinen Einfluss auf die stille Gesellschaft, da sie nur mit dem Inhaber, dh der Personenhandelsgesellschaft bzw. juristischen Person, besteht.[93] Das gilt auch, wenn die Veräußerung von Anteilen oder die Aufnahme eines Gesellschafters zu einem Rechtsformwechsel führt.

36 **2. Verschmelzung und Spaltung.** Die Verschmelzung des Inhabers oder des stillen Teilhabers mit einer anderen Gesellschaft führt nicht zur Auflösung der stillen Gesellschaft. Das gilt sowohl für die Verschmelzung durch Aufnahme (§§ 4 ff. UmwG) als auch für die Verschmelzung durch Neugründung (§§ 36 ff. UmwG).[94] In beiden Fällen übernimmt die aufnehmende Gesellschaft bzw. der neue Rechtsträger die andere Gesellschaft und tritt gem. § 20 Abs. 1 UmwG (iVm § 36 Abs. 1 UmwG) an ihre Stelle. Die stille Beteiligung setzt sich daher mit der aufnehmenden Gesellschaft bzw. dem neuen Rechtsträger fort. Dem entsprechend findet auch nach einer grenzüberschreitenden Verschmelzung auf die stille Gesellschaft deutsches Recht weiter Anwendung.[95] Im Innenverhältnis kann die Verschmelzung der Zustimmung des stillen Gesellschafters bedürfen (→ § 230 Rn. 77), das hat aber keine Folgen auf ihre Wirksamkeit.[96] Die Missachtung des Zustimmungserfordernisses kann dem stillen Gesellschafter aber ein Recht zur außerordentlichen Kündigung und Schadensersatzansprüche geben.[97]

37 Bei der **Aufspaltung des Inhabers** nach § 123 Abs. 1 UmwG bedarf es einer Regelung über das Schicksal der stillen Beteiligung. Fehlt es daran, so erlischt die stille Gesellschaft mit der Auflösung des übertragenden Rechtsträgers.[98] An der Spaltung wirkt der stille Gesellschafter nicht mit. Im

---

[86] Staub/Harbarth Rn. 85; Blaurock Stille Gesellschaft-HdB/Blaurock Rn. 14.67.
[87] Blaurock Stille Gesellschaft-HdB/Blaurock Rn. 14.67.
[88] Blaurock Stille Gesellschaft-HdB/Blaurock Rn. 14.67; Ebenroth/Boujong/Gehrlein Rn. 15.
[89] Staub/Harbarth Rn. 54; RGHMW/Mock Rn. 13.
[90] MüKoHGB/K. Schmidt Rn. 39; Heymann/Wackerbarth Rn. 31; RGHMW/Mock Rn. 28; GK-HGB/Fahse/Gesmann-Nuissl Rn. 5; Hopt/Roth Rn. 7.
[91] GK-HGB/Fahse/Gesmann-Nuissl Rn. 5; MHdB GesR II/Meißner/Keul § 87 Rn. 7.
[92] Staub/Harbarth Rn. 96; Heymann/Wackerbarth Rn. 31; Ebenroth/Boujong/Gehrlein Rn. 33; KKD/Kindler Rn. 15, 18; KKD/Kindler § 230 Rn. 23.
[93] MüKoHGB/K. Schmidt Rn. 43; Ebenroth/Boujong/Gehrlein Rn. 33.
[94] MüKoHGB/K. Schmidt Rn. 33 ff.; Staub/Harbarth Rn. 101; RGHMW/Mock Rn. 31; Ebenroth/Boujong/Gehrlein Rn. 34.
[95] OLG Schleswig 6.3.2024, NZG 2024, 553.
[96] Vgl. – auch zu dem iE strittigen Umfang des Zustimmungserfordernisses – Blaurock Stille Gesellschaft-HdB/Lamprecht Rn. 17.18, 17.22; Staub/Harbarth Rn. 108 ff.; MüKoHGB/K. Schmidt Rn. 33 f.; MHdB GesR II/Meißner/Keul § 87 Rn. 13 f.
[97] Blaurock Stille Gesellschaft-HdB/Lamprecht Rn. 17.26 f.; RGHMW/Mock Rn. 31.
[98] RGHMW/Mock Rn. 32; **aA** Blaurock Stille Gesellschaft-HdB/Lamprecht Rn. 17.38.

Innenverhältnis zum Inhaber kann er indes die Wahrung seiner Interessen und Rechte verlangen.[99] Im Fall einer Pflichtverletzung kann er Schadensersatz verlangen. Etwas anderes gilt bei der **Abspaltung oder Ausgliederung** (§ 123 Abs. 2, 3 UmwG): Die stille Gesellschaft setzt sich grundsätzlich mit dem ursprünglichen Geschäftsinhaber fort.[100] Unter Umständen bedarf es im Innenverhältnis der Zustimmung des stillen Teilhabers (→ § 230 Rn. 77); die Missachtung des Zustimmungserfordernisses kann ein außerordentliches Kündigungsrecht und Schadensersatzansprüche auslösen.[101]

3. Formwechsel. Auch ein Formwechsel des Inhabers oder des stillen Teilhabers berührt die stille Gesellschaft nicht.[102] Bei einem Formwechsel nach dem UmwG besteht der Rechtsträger in der im Umwandlungsbeschluss festgelegten Rechtsform weiter (§ 202 Abs. 1 UmwG). Rechtsformwechsel, die sich außerhalb des UmwG vollziehen und die wegen des Wegfalls der Voraussetzungen für eine bestimmte Rechtsform eintreten, haben keine andere Wirkung (zB Umwandlung eines Einzelkaufmanns in eine OHG oder KG durch die Aufnahme eines Gesellschafters; Ausscheiden aller Kommanditisten der GmbH & Co. KG). Der Rechtsträger besteht fort, sodass die Mitglieder der stillen Gesellschaft dieselben bleiben. Im Innenverhältnis kann der Formwechsel von der Zustimmung des stillen Gesellschafters abhängen (→ § 230 Rn. 77), dies hat aber keine Folgen auf die Wirksamkeit des Formwechsels.[103] Die Missachtung des Zustimmungserfordernisses kann dem stillen Gesellschafter aber ein Recht zur außerordentlichen Kündigung und einen Anspruch auf Schadensersatz geben. 38

V. Keine Auflösung beim Tod des stillen Gesellschafters (Abs. 2)

Wegen der hauptsächlich finanziellen Beteiligung des stillen Gesellschafters führt sein Tod gem. § 234 Abs. 2 **nicht zur Auflösung der Gesellschaft.** Das entspricht § 177 im KG-Recht und weicht von § 740a Abs. 1 Nr. 3 BGB ab. Die stille Beteiligung geht als Teil des Nachlasses auf den oder die Erben über.[104] Sind mehrere Erben vorhanden, so tritt **keine Sondererbfolge** ein. Die Rechte aus der stillen Beteiligung gehen an die Erbengemeinschaft über.[105] 39

Die stille Beteiligung kann ein **Testamentsvollstrecker** verwalten (§§ 2197, 2205 BGB). Wegen des höchstpersönlichen Charakters der Mitgliederrechte (→ § 230 Rn. 99 f.) bedarf die Testamentsvollstreckung aber der Zustimmung des Geschäftsinhabers.[106] Sie kann bereits im Gesellschaftsvertrag enthalten sein. 40

Eine von § 234 Abs. 2 **abweichende Vereinbarung** ist zulässig und kann insbesondere festlegen, dass nur bestimmte Miterben das Recht haben sollen, stiller Gesellschafter zu werden.[107] Eine stillschweigende Abbedingung des § 234 Abs. 2 folgt nicht allein daraus, dass dem stillen Gesellschafter Geschäftsführungsbefugnisse eingeräumt sind oder er zur Erbringung höchstpersönlicher Dienstleistungen verpflichtet ist. In diesen Fällen hat der Geschäftsinhaber allerdings einen wichtigen Grund für eine fristlose Kündigung, sofern keine Vertragsanpassung möglich ist. 41

VI. Unterbeteiligung

Für die Auflösung der Unterbeteiligung als Innen-GbR gelten die Ausführungen zur stillen Gesellschaft sinnentsprechend. Mit der Auflösung der Unterbeteiligung tritt zugleich ihre Vollbeendigung ein (Ausnahme: mehrgliedrige Unterbeteiligung ieS).[108] Die Auflösung der Handelsgesellschaft berührt die Unterbeteiligung hingegen nicht. Sie löst sich erst mit deren Vollbeendigung auf (§ 740a Abs. 2 BGB).[109] 42

---

[99] Blaurock Stille Gesellschaft-HdB/Lamprecht Rn. 17.39, 17.14 ff.; MüKoHGB/K. Schmidt Rn. 37.

[100] RGHMW/Mock Rn. 32.

[101] Staub/Harbarth Rn. 116; MHdB GesR II/Meißner/Keul § 87 Rn. 27.

[102] Staub/Harbarth Rn. 98, 113; Ebenroth/Boujong/Gehrlein Rn. 35; MüKoHGB/K. Schmidt Rn. 30 ff.

[103] Vgl. – auch zu dem iE strittigen Umfang des Zustimmungserfordernisses – Blaurock Stille Gesellschaft-HdB/Lamprecht Rn. 17.44; Staub/Harbarth Rn. 106, 116; MüKoHGB/K. Schmidt Rn. 31 f.; MHdB GesR II/Meißner/Keul § 87 Rn. 30 ff.

[104] Staub/Harbarth Rn. 76; Ebenroth/Boujong/Gehrlein Rn. 37.

[105] Ebenroth/Boujong/Gehrlein Rn. 37; MHdB GesR II/Plückelmann § 91 Rn. 25 f.; BeckOK HGB/Hoffmann-Theinert, 1.7.2024, Rn. 22; RGHMW/Mock Rn. 25 **aA** Henssler/Strohn/Servatius Rn. 5.

[106] *BGH 28.6.1962, WM 1962, 1084 (1085)*; MüKoBGB/Zimmermann BGB § 2205 Rn. 50; Staub/Harbarth Rn. 84; Bommert BB 1984, 178 (183); GK-HGB/Fahse/Gesmann-Nuissl Rn. 10; zweifelnd Soergel/Becker BGB § 2205 Rn. 64, 94.

[107] GK-HGB/Fahse/Gesmann-Nuissl Rn. 9; BeckOK HGB/Hoffmann-Theinert Rn. 25; MHdB GesR II/Plückelmann § 91 Rn. 30 ff.

[108] Heymann/Wackerbarth Rn. 2, 34; Ebenroth/Boujong/Gehrlein Rn. 38; KKD/Kindler Rn. 19 ff.

[109] MüKoHGB/K. Schmidt Rn. 66; Paulick ZGR 1974, 253 (278); Ulbrich, Die Unterbeteiligungsgesellschaft an Personengesellschaftsanteilen, 1982, 157 ff.; Heymann/Wackerbarth Rn. 36; Ebenroth/Boujong/Gehrlein Rn. 38; RGHMW/Mock Rn. 50.

43 Das Recht zur ordentlichen wie zur außerordentlichen Kündigung besteht analog § 234 Abs. 1 iVm § 132.[110] Daneben findet § 740a BGB Anwendung. Eine Veräußerung des Gesellschaftsanteils führt zur Auflösung der Unterbeteiligung wegen Unmöglichkeit der Zweckerreichung (§ 740a Abs. 2 BGB), sofern der Erwerber die Unterbeteiligung nicht übernimmt.[111] Im Fall einer Umwandlung der Hauptgesellschaft bleibt die Unterbeteiligung grundsätzlich bestehen. Ein Recht zur außerordentlichen Kündigung kommt nur ausnahmsweise in Betracht. Bei einer Umwandlung der Hauptbeteiligung (OHG-Anteil in einen KG-Anteil) ist hingegen im Innenverhältnis die Zustimmung des Unterbeteiligten erforderlich; die Missachtung des Zustimmungserfordernisses kann ein Recht zur außerordentlichen Kündigung begründen.[112] Erwirbt der Hauptbeteiligte alle Gesellschaftsanteile der Hauptgesellschaft, so wandelt sie sich – sofern es sich um eine Personengesellschaft handelt – in seinen Händen in das Handelsgewerbe eines Einzelkaufmanns um und die Unterbeteiligung wird zur stillen Gesellschaft.[113]

§ 235 [Auseinandersetzung]

(1) Nach der Auflösung der Gesellschaft hat sich der Inhaber des Handelsgeschäfts mit dem stillen Gesellschafter auseinanderzusetzen und dessen Guthaben in Geld zu berichtigen.

(2) [1]Die zur Zeit der Auflösung schwebenden Geschäfte werden von dem Inhaber des Handelsgeschäfts abgewickelt. [2]Der stille Gesellschafter nimmt teil an dem Gewinn und Verluste, der sich aus diesen Geschäften ergibt.

(3) Er kann am Schlusse jedes Geschäftsjahrs Rechenschaft über die inzwischen beendigten Geschäfte, Auszahlung des ihm gebührenden Betrags und Auskunft über den Stand der noch schwebenden Geschäfte verlangen.

Schrifttum: Esch, Die Unterbeteiligung an Handelsgesellschaftsanteilen, NJW 1964, 902; Friehe, Die Unterbeteiligung bei Personengesellschaften, 1974; Koenigs, Die stille Gesellschaft, 1961; Roolf/Vahl, Die Beteiligung eines ausgeschiedenen Gesellschafters am Ergebnis schwebender Geschäfte, DB 1983, 1964; K. Schmidt, Abfindung, Unternehmensbewertung und schwebende Geschäfte, DB 1983, 2401; Sudhoff, Gewinnanteil und Auseinandersetzungsquote des stillen Gesellschafters, NJW 1960, 2121; Zinkeisen, Der Umfang der Gewinnbeteiligung und des Auseinandersetzungsguthabens des stillen Gesellschafters, Diss. Hamburg 1972; im Übrigen s. § 230.

Übersicht

[110] Ebenroth/Boujong/Gehrlein Rn. 39; RGHMW/Mock Rn. 49; zur alten Rechtslage offenlassend BGH 13.6.1994, NJW 1994, 2886 (2887); 11.7.1968, BGHZ 50, 316 (321 f.) = NJW 1968, 2003.

[111] Ebenroth/Boujong/Gehrlein Rn. 38; KKD/Kindler Rn. 21; RGHMW/Mock Rn. 53; MüKoHGB/K. Schmidt Rn. 73; Ulbrich, Die Unterbeteiligungsgesellschaft an Personengesellschaftsanteilen, 1982, 158; Paulick ZGR 1974, 253 (278); unpräzise OLG Hamm 6.12.1993, NJW-RR 1994, 999 (1001), das eine Zweckerreichung iSv § 726 BGB aF annimmt.

[112] MüKoHGB/K. Schmidt Rn. 76; Ulbrich, Die Unterbeteiligungsgesellschaft an Personengesellschaftsanteilen, 1982, 159; RGHMW/Mock Rn. 55.

[113] MüKoHGB/K. Schmidt Rn. 74; Ulbrich, Die Unterbeteiligungsgesellschaft an Personengesellschaftsanteilen, 1982, 159 f.; RGHMW/Mock Rn. 54.

I. Allgemeines

1 Die stille Gesellschaft endet grundsätzlich mit ihrer Auflösung ohne Liquidation (→ § 234 Rn. 2 ff.). Der stille Teilhaber ist nur schuldrechtlich am Handelsgewerbe des Inhabers beteiligt, sodass die Auflösung der stillen Gesellschaft den Bestand des Handelsgewerbes nicht berührt. Der stille Teilhaber hat einen schuldrechtlichen Anspruch gegen den Inhaber auf Zahlung des Auseinandersetzungsguthabens in Geld (§ 235 Abs. 1).[1] Die Auseinandersetzung ist eine Abrechnung aller Forderungen zwischen Inhaber und stillem Gesellschafter sowie die anschließende Auszahlung des Überschusses an den Stillen.[2] Die schwebenden Geschäfte sind vom Geschäftsinhaber abzuwickeln und gesondert gegenüber dem stillen Gesellschafter abzurechnen (§ 235 Abs. 2, 3). Sie bilden keinen Teil der Auseinandersetzung. Eine Sonderregelung enthält § 225a Abs. 5 InsO für den Fall des Ausscheidens eines stillen Gesellschafters infolge einer Umwandlung von Fremd- zu Eigenkapital durch einen Schuldner (Debt-to-Equity-Swap).

2 § 235 ist **dispositiv.**[3] Im Gesellschaftsvertrag kann ein fester Abfindungsbetrag oder die Übertragung eines bestimmten Vermögensgegenstandes vereinbart werden; ebenso die Liquidation des Handelsgewerbes des Inhabers.[4] Zu beachten ist, dass die vereinbarten Verpflichtungen Formerfordernisse auslösen können.[5]

II. Auseinandersetzung bei der (typischen) stillen Gesellschaft (Abs. 1)

3 **1. Allgemeines.** Bei der Auseinandersetzung wird der Betrag ermittelt, der an den stillen Gesellschafter auszuzahlen ist oder ausnahmsweise noch von ihm verlangt werden kann. Ein Zahlungsanspruch des stillen Teilhabers besteht, wenn sein Einlagekonto einen Aktivsaldo aufweist oder Gewinnanteile noch nicht ausgezahlt wurden. Ein Passivsaldo auf dem Einlagekonto verpflichtet den stillen Teilhaber grundsätzlich nicht zur Zahlung, da er nur in Höhe seiner Einlage an den Verlusten beteiligt ist (§ 232 Abs. 2 S. 1). Es besteht keine Nachschusspflicht (→ § 230 Rn. 29; → § 232 Rn. 20). Daher ist ein Passivsaldo bedeutungslos, es sei denn der Gesellschaftsvertrag enthält eine abweichende Vereinbarung oder die Einlage wurde noch nicht vollständig geleistet (→ Rn. 8).[6]

4 **2. Zahlungsanspruch des stillen Gesellschafters. a) Inhalt.** Der Anspruch des stillen Gesellschafters ist stets auf Geldzahlung gerichtet.[7] Die Höhe bemisst sich nach der bei Auflösung der Gesellschaft noch vorhandenen Einlage sowie den noch nicht abgerechneten Gewinnen und Verlusten.[8] Ein solcher Zahlungsanspruch besteht auch bei Sacheinlagen, da sie in das Vermögen des Geschäftsinhabers übergehen.[9] Dienstleistungen und Gebrauchsüberlassungen von Sachen oder Rechten sind, wenn sie als Einlage gebucht und bewertet worden sind, ebenfalls in Geld zu vergüten.[10]

5 Daneben hat der stille Teilhaber einen **Anspruch auf Herausgabe der Gegenstände,** die er dem Inhaber für die Zeit der stillen Gesellschaft zum Gebrauch überlassen hat.[11] Der Anspruch

---

[1] BGH 30.11.1967, BB 1968, 268; 8.10.1952, BB 1952, 870 = BeckRS 1952, 31203123; RG 20.2.1941, RGZ 166, 160 (164 f.); Staub/Harbarth Rn. 2; Ebenroth/Boujong/Gehrlein Rn. 2; GK-HGB/Fahse/Gesmann-Nuissl Rn. 2; s. auch BGH 2.5.1983, NJW 1983, 2375 f.

[2] BGH 29.6.1992, NJW 1992, 2696 (2697); 30.11.1967, BB 1968, 268; 8.10.1952, BB 1952, 870 = BeckRS 1952, 31203123; RG 20.2.1941, RGZ 166, 160 (164 f.); Staub/Harbarth Rn. 4; Ebenroth/Boujong/Gehrlein Rn. 2; RGHMW/Mock Rn. 1, 6; GK-HGB/Fahse/Gesmann-Nuissl Rn. 1; s. auch BGH 2.5.1983, NJW 1983, 2375 f.

[3] BeckOGK/Bunzel, 1.12.2021, Rn. 1; RGHMW/Mock Rn. 3.

[4] Staub/Harbarth Rn. 7 ff.; RGHMW/Mock Rn. 3; Ebenroth/Boujong/Gehrlein Rn. 3.

[5] BGH 2.5.1983, NJW 1983, 2375 (2376); RG 20.2.1941, RGZ 166, 160 (165).

[6] OLG Karlsruhe 19.2.1986, ZIP 1986, 916 f. = NJW-RR 1986, 1226; Staub/Harbarth Rn. 40; MüKoHGB/K. Schmidt Rn. 32; MHdB GesR II/Meißner/Keul § 92 Rn. 22; Blaurock Stille Gesellschaft-HdB/Kauffeld Rn. 15.53 f., 15.63; Ebenroth/Boujong/Gehrlein Rn. 6.

[7] BGH 2.5.1983, NJW 1983, 2375; RG 20.2.1941, RGZ 166, 160 (164 f.); Staub/Harbarth Rn. 32; Ebenroth/Boujong/Gehrlein Rn. 2; BeckOGK/Bunzel, 1.12.2021, Rn. 11; Hopt/Roth Rn. 2.

[8] MHdB GesR II/Meißner/Keul § 92 Rn. 3; Staub/Harbarth Rn. 5; Ebenroth/Boujong/Gehrlein Rn. 2; *KKD/Kindler* Rn. 2; *Hopt/Roth* Rn. 1; s. auch MüKoHGB/K. Schmidt Rn. 2.

[9] BGH 2.5.1983, NJW 1983, 2375 f.; Staub/Harbarth Rn. 6; Heymann/Wackerbarth Rn. 1; Ebenroth/Boujong/Gehrlein Rn. 2; GK-HGB/Fahse/Gesmann-Nuissl Rn. 6.

[10] GK-HGB/Fahse/Gesmann-Nuissl Rn. 6; Hopt/Roth Rn. 1; MüKoHGB/K. Schmidt Rn. 14; vgl. auch BGH 22.11.1965, NJW 1966, 501 (502); 24.9.1952, BGHZ 7, 174 (182 f.) = NJW 1952, 1412; Ebenroth/Boujong/Gehrlein Rn. 17 ff.

[11] BGH 12.1.1998, NJW 1998, 1551; Blaurock Stille Gesellschaft-HdB/Kauffeld Rn. 15.33; MüKoHGB/K. Schmidt Rn. 12; Staub/Harbarth Rn. 36; Ebenroth/Boujong/Gehrlein Rn. 2, 17; GK-HGB/Fahse/Gesmann-Nuissl Rn. 7.

ergibt sich nicht aus § 235 Abs. 1. Denn es handelt sich nicht um die Rückgewähr der Einlage, da diese nur in der Gebrauchsüberlassung auf Zeit bestand. Der Anspruch ergibt sich aus dem Gesellschaftsvertrag sowie aus dinglichem Recht. Sofern der stille Gesellschafter dem Inhaber nicht nur den unmittelbaren Besitz, sondern auch das Eigentum übertragen hat, existiert ein Herausgabeanspruch nur bei Vorliegen einer Treuhandabrede.[12]

6 **b) Entstehen, Fälligkeit und Erfüllung des Anspruchs.** Der Zahlungsanspruch aus § 235 Abs. 1 entsteht mit der Auflösung der stillen Gesellschaft. Fällig wird der Anspruch allerdings erst mit der Erstellung der Auseinandersetzungsbilanz und der Berechnung des Guthabens im Wege der Gesamtabrechnung, welche der Geschäftsinhaber allerdings nicht ungebührlich herauszögern darf, denn die Ermittlung der Anspruchshöhe setzt die Abrechnung aller Forderungen voraus.[13] Bereits vorher besteht ein fälliger Anspruch auf eine Abschlagszahlung, sofern der Zahlungsanspruch schon vor Abschluss der Abrechnung hinsichtlich dieses Teils als sicher erscheint.[14] Die Erfüllung des Anspruchs richtet sich nach den allgemeinen Regeln.[15] Im Fall verspäteter Erfüllung steht dem stillen Gesellschafter, sofern er ebenso wie der Inhaber Kaufmann ist, ein Anspruch auf Fälligkeitszinsen zu (§§ 352 f.). Im Übrigen hat er, wenn ihm vertraglich keine weitergehenden Rechte eingeräumt sind, nur einen Anspruch auf Verzugszinsen (§ 288 BGB).

7 **c) Übertragbarkeit.** Der Zahlungsanspruch ist abtretbar (→ § 230 Rn. 100). Eine Vorausabtretung geht ins Leere, wenn der stille Gesellschafter seine Gesellschaftsbeteiligung vor der Entstehung des Anspruchs einem Dritten überträgt. Allerdings bleibt die Vorausabtretung bestehen, wenn die Beteiligung im Wege der Gesamtrechtsnachfolge auf den Erben des Gesellschafters übergeht, der im Voraus über den künftigen Auseinandersetzungsanspruch verfügt hat.[16]

8 **3. Anspruch des Geschäftsinhabers auf rückständige Einlagen.** Die Gesamtabrechnung kann in Fällen, in denen der stille Gesellschafter seine Einlage nicht oder nicht vollständig geleistet hat, ergeben, dass der Geschäftsinhaber gegen diesen einen Anspruch auf Leistung der rückständigen Einlage hat.[17] Bei Ermittlung der rückständigen Einlage ist zu berücksichtigen, ob frühere Gewinnanteile bereits mit dem Einlageanspruch aufgerechnet wurden. In Rechnung zu stellen ist ferner, dass die stille Gesellschaft aufgelöst wurde, sodass der ursprüngliche Zweck der Einlage, das Handelsgewerbe des Inhabers zu fördern, entfallen ist. Folglich muss der stille Teilhaber die noch nicht geleistete Einlage nur noch erbringen, soweit sein Einlagekonto einen Passivsaldo aufweist.[18] Sofern der Passivsaldo hinter der Einlageschuld zurückbleibt, ist nur dieser Saldo auszugleichen. Geht der Passivsaldo hingegen über die rückständige Einlage hinaus, muss der stille Gesellschafter aber auch nicht mehr als die Einlage erbringen, da keine Nachschusspflicht besteht. Der Ausschluss der Verlustbeteiligung im Gesellschaftsvertrag hat zur Folge, dass mit der Auflösung der stillen Gesellschaft kein Anspruch auf die Einlage mehr besteht.

9 Bei Vereinbarung einer **Sacheinlage** hat nach zutreffender Meinung eine Leistung in natura zu erfolgen.[19] Wenn der Wert der Sacheinlage den Verlustanteil übersteigt, muss der Inhaber die Differenz in Geld auszahlen.[20] Gegebenenfalls tritt an die Stelle der Sacheinlage ein Schadensersatz statt der Leistung (§ 280 Abs. 1, 3 BGB, § 281 BGB). Den Gegenansichten, die dem Inhaber stets einen Anspruch auf Geld gewähren[21] bzw. dem stillen Gesellschafter die Möglichkeit zwischen Leistung

---

[12] Ebenroth/Boujong/Gehrlein Rn. 17; Staub/Harbarth Rn. 37.

[13] BGH 6.12.2016, NZG 2017, 339 Rn. 16; 3.2.2015, NJW 2015, 1956 Rn. 15; 29.6.1992, NJW 1992, 2696 (2697); 12.5.1977, WM 1977, 973 (974) = BeckRS 1977, 31116392; 8.7.1976, DB 1977, 87 (89) = BeckRS 1976, 31115427; 12.6.1972, WM 1972, 1056 = BeckRS 1972, 106417; Staub/Harbarth Rn. 34; Heymann/Wackerbarth Rn. 2; Ebenroth/Boujong/Gehrlein Rn. 8; GK-HGB/Fahse/Gesmann-Nuissl Rn. 9; RGHMW/Mock Rn. 6 f.

[14] BGH 3.2.2015, NJW 2015, 1956 Rn. 18 ff.; 29.6.1992, NJW 1992, 2696 (2697); 12.5.1977, WM 1977, 973 (974) = BeckRS 1977, 31116392; 8.7.1976, DB 1977, 87 (89) = BeckRS 1976, 31115427; Ebenroth/Boujong/Gehrlein Rn. 8; Hopt/Roth Rn. 2.

[15] BGH 30.11.1967, BB 1968, 268.

[16] BGH 14.7.1997, NJW 1997, 3370 (3371); Hopt/Roth Rn. 3.

[17] Ebenroth/Boujong/Gehrlein Rn. 6, 18.

[18] Staub/Harbarth Rn. 40; Heymann/Wackerbarth Rn. 3; Blaurock Stille Gesellschaft-HdB/Kauffeld Rn. 15.54; MüKoHGB/K. Schmidt Rn. 32; Ebenroth/Boujong/Gehrlein Rn. 6, 20.

[19] P. Hartmann, Die stille Gesellschaft, 1974, 124; Koenigs, Die stille Gesellschaft, 1961, 297; Staub/Harbarth Rn. 40, 42; Blaurock Stille Gesellschaft-HdB/Kauffeld Rn. 15.39, 15.56; Klauss/Mittelbach Rn. 212; Ebenroth/Boujong/Gehrlein Rn. 18.

[20] Ebenroth/Boujong/Gehrlein Rn. 18.

[21] MüKoHGB/K. Schmidt Rn. 34; RGHMW/Mock Rn. 23; offenlassend MHdB GesR II/Meißner/Keul § 92 Rn. 23.

in natura und Geldzahlung einräumen,[22] fehlt es sowohl an einer gesetzlichen als auch einer vertraglichen Basis.

Sofern sich der stille Gesellschafter zu einer Einlage in Form von **Dienstleistungen** oder der **Gebrauchsüberlassung** eines Rechts oder einer Sache verpflichtet hat, endet die Leistungspflicht mit Auflösung der Gesellschaft. Genügen die bereits erbrachten Leistungen nicht, um die Einlagepflicht im vorgesehenen Umfang zu erfüllen, muss der stille Gesellschafter die rückständige Einlage in Geld ausgleichen, soweit er an den Verlusten der Gesellschaft beteiligt ist.[23] Anders als bei sonstigen Sacheinlagen scheidet eine tatsächliche Leistungserbringung aus, da die Dienstleistung bzw. Gebrauchsüberlassung für die Zeit des gemeinsamen Zusammenwirkens in der Gesellschaft erbracht werden sollte. 10

4. Prinzip der Gesamtabrechnung. Die Auseinandersetzung der stillen Gesellschaft erfolgt durch eine Gesamtabrechnung.[24] Die wechselseitigen Verbindlichkeiten des Inhabers und des stillen Gesellschafters verlieren ihre rechtliche Selbständigkeit und wandeln sich in bloße Rechnungsposten um, die nicht mehr einzeln verfolgt werden können. Es bedarf keiner Aufrechnungserklärung, Zurückbehaltungsrechte bestehen nicht. Der Grundsatz der Gesamtabrechnung gilt für alle Personengesellschaften und ist auf die stille Gesellschaft zu übertragen, obwohl bei dieser weder ein Gesellschaftsvermögen noch ein Gesamthandsvermögen besteht. Denn die Auseinandersetzung nach § 235 Abs. 1 soll eine endgültige Bereinigung der Ansprüche zwischen den Gesellschaftern bewirken. Die Ansprüche von oder gegen Drittgläubiger sind nicht einzubeziehen.[25] 11

5. Auseinandersetzungsbilanz. a) Aufstellung durch den Geschäftsinhaber. Die Auseinandersetzungsbilanz ist vom Geschäftsinhaber unverzüglich (§ 121 Abs. 1 BGB) nach Auflösung der stillen Gesellschaft zu erstellen.[26] Beim Tod des Inhabers trifft diese Pflicht den Erben, im Insolvenzverfahren den Insolvenzverwalter. Der stille Gesellschafter darf nur mitwirken, soweit der Gesellschaftsvertrag dies bestimmt. Die Auseinandersetzungsbilanz beruht auf der Bilanz sowie der Gewinn- und Verlustrechnung für den Tag der Auflösung der stillen Gesellschaft. Die übereinstimmende Billigung der Auseinandersetzungsbilanz ist ein Feststellungsvertrag, der in der Regel als deklaratorisches Schuldanerkenntnis wirkt.[27] Ein Anspruch des Inhabers auf Anerkenntnis der Schlussabrechnung besteht – anders als bei der Jahresabrechnung nach § 232 Abs. 1 – nicht.[28] Denn nach der Auflösung der stillen Gesellschaft wirkt das Gesellschaftsverhältnis nur noch nach, sodass keine so weitreichende Pflicht mehr besteht. 12

b) Inhalt. aa) Allgemeines. Als Auseinandersetzungsbilanz wird die **Schlussabrechnung** über die stille Gesellschaft bezeichnet. § 235 Abs. 1 schreibt nicht vor, dass sie in Form einer Bilanz erfolgen muss. Es besteht nur die Pflicht zur Schlussabrechnung nach den Vorgaben des Gesellschaftsvertrags bzw. des Gesetzes. Sie kann wie bei der Jahresrechnung nach § 232 (→ § 232 Rn. 4) als bloße Zusatzrechnung zum Jahresabschluss des Inhabers erfolgen oder in Form einer eigenen Bilanz, sofern der Umfang der Abrechnung dies erforderlich macht.[29] 13

Die Schlussabrechnung geht vom **Bestand der Einlage** des stillen Gesellschafters aus, so wie er sich durch die Beteiligung am Betriebsergebnis des Handelsgewerbes des Inhabers entwickelt hat. Zudem werden die noch **nicht abgerechneten Gewinn- und Verlustanteile** ermittelt, um das Einlagekonto des stillen Teilhabers abzuschließen und sein Guthaben zu berechnen. Die Auseinandersetzungsbilanz schreibt die ordentliche Jahresabrechnung bis zum Stichtag der Auflösung fort.[30] 14

---

[22] Ebenroth/Boujong/Gehrlein Rn. 18.

[23] MüKoHGB/K. Schmidt Rn. 34; MHdB GesR II/Meißner/Keul § 92 Rn. 24; Koenigs, Die stille Gesellschaft, 1961, 297.

[24] BGH 6.12.2016, NZG 2017, 339 Rn. 16; 3.2.2015, NJW 2015, 1956 Rn. 15; 29.6.1992, NJW 1992, 2696 (2697); 12.5.1977, DB 1977, 2040 = BeckRS 1977, 31116392; 12.5.1977, WM 1977, 973 (974) = BeckRS 1977, 31116392; 8.7.1976, DB 1977, 87 (89) = BeckRS 1976, 31115427; 12.6.1972, WM 1972, 1056 = BeckRS 1972, 106417; 8.10.1952, BB 1952, 870 = BeckRS 1952, 31203123; Staub/Harbarth Rn. 4, 14; Ebenroth/Boujong/Gehrlein Rn. 8; GK-HGB/Fahse/Gesmann-Nuissl Rn. 9; RGHMW/Mock Rn. 6; KKD/Kindler Rn. 1; **aA** Hopt/Roth Rn. 1.

[25] BGH 23.2.1978, BB 1978, 630 (631) = BeckRS 1978, 31114154; MHdB GesR II/Meißner/Keul § 92 Rn. 18; Staub/Harbarth Rn. 15; Ebenroth/Boujong/Gehrlein Rn. 8.

[26] Staub/Harbarth Rn. 20 (Abschichtungsbilanz); MüKoHGB/K. Schmidt Rn. 19; Ebenroth/Boujong/Gehrlein Rn. 11; Hopt/Roth Rn. 1; Blaurock Stille Gesellschaft-HdB/Kauffeld Rn. 15.19.

[27] Staub/Harbarth Rn. 31; MüKoHGB/K. Schmidt Rn. 19; Ebenroth/Boujong/Gehrlein Rn. 11.

[28] BGH 23.6.1986, NJW-RR 1986, 1419; Ebenroth/Boujong/Gehrlein Rn. 11; RGHMW/Mock Rn. 7; MüKoHGB/K. Schmidt Rn. 19.

[29] Staub/Harbarth Rn. 13; Ebenroth/Boujong/Gehrlein Rn. 9 f.

[30] MüKoHGB/K. Schmidt Rn. 20; Ebenroth/Boujong/Gehrlein Rn. 10; GK-HGB/Fahse/Gesmann-Nuissl Rn. 2.

15 Als Grundlage der Auseinandersetzungsbilanz dient nicht die Vermögensbilanz des Handelsgewerbes, sondern dessen **Ertragsbilanz (Gewinnermittlungsbilanz),** da der typische stille Gesellschafter nicht am Vermögen des Handelsgewerbes, sondern nur am Betriebsergebnis beteiligt ist.[31] Die Auseinandersetzungsbilanz ist somit keine Abschichtungsbilanz wie beim Ausscheiden eines Gesellschafters aus einer OHG oder KG. Die konkrete Ausgestaltung der Auseinandersetzungsbilanz richtet sich nach der Vereinbarung im Gesellschaftsvertrag. Im Übrigen gelten die gleichen Maßgaben wie für die Jahresabrechnung nach § 232.[32]

16 Die Aufstellung der Schlussrechnung ist mit Schwierigkeiten belastet, wenn die Gewinn- und Verlustbeteiligung in der Vergangenheit nicht, nicht vollständig oder nach anderen als den vereinbarten Maßgaben ermittelt wurden. Insoweit ist zu prüfen, ob die Gesellschafter ausdrücklich oder konkludent einen anderen Abrechnungsmodus nach der Gründung der Gesellschaft vereinbart haben und ob dieser auch für die Schlussrechnung gelten soll. In jedem Fall ist es ratsam, die Jahresrechnung und die Auseinandersetzung im Gesellschaftsvertrag zu regeln.

17 **bb) Einzelheiten.** Infolge der Beschränkung auf das Betriebsergebnis finden Wertveränderungen im **Anlagevermögen** grundsätzlich keine Berücksichtigung.[33] Ebenfalls nicht einzubeziehen ist der **Firmenwert** (good will).[34] Zudem kann der stille Gesellschafter verlangen, dass die **Geschäfte, die er nicht gegen sich gelten lassen muss** (→ § 230 Rn. 79), außer Betracht bleiben.

18 Bei der Auseinandersetzung sind **offene Rücklagen** aufzulösen und in die Schlussabrechnung einzubeziehen. Während des Bestehens der stillen Gesellschaft können sie zwar in zulässiger Weise gebildet werden. Sie mindern aber den Gewinnanteil und sind als „stehen gelassene Gewinnanteile" bei der Beendigung der stillen Gesellschaft aufzulösen, um dem stillen Teilhaber den vollen Gewinnanteil zu gewähren.[35]

19 **Stille Reserven** sind grundsätzlich Teil des Unternehmensvermögens, an dem der stille Gesellschafter nicht partizipiert. Daher sind sie bei der Schlussabrechnung nicht aufzulösen.[36] Etwas anderes gilt indes, wenn die stillen Reserven in unzulässiger Weise gebildet wurden und den Gewinnanteil des stillen Teilhabers geschmälert haben (→ § 232 Rn. 14).

20 **c) Stichtag.** Stichtag für die Auseinandersetzungsbilanz ist der Tag der Auflösung der stillen Gesellschaft (Umkehrschluss zu § 235 Abs. 2, 3). Maßgebend ist der Tag, an dem der Auflösungsgrund eintritt (zB Ablauf der vereinbarten Zeit oder der Kündigungsfrist; Bedingungseintritt; Tod des Geschäftsinhabers; Aufhebungsvertrag). Bei der außerordentlichen Kündigung kommt es auf den Zeitpunkt ihres Wirksamwerdens an (Zugang), bei der Insolvenz auf die Eröffnung des Insolvenzverfahrens (nicht den Zugang des Beschlusses, § 740a Abs. 1 Nr. 5 BGB).

21 **6. Rechenschaftspflicht, Geschäftsbücher.** Die Bücher und die geschäftlichen Unterlagen verbleiben nach der Beendigung der stillen Gesellschaft beim Inhaber des Handelsgewerbes. Mit dem Aufstellen der Auseinandersetzungsbilanz und ihrer Vorlage gegenüber dem stillen Gesellschafter hat der Inhaber seine Rechnungslegungspflicht aus § 235 Abs. 1 erfüllt.[37] Darüber hinausgehende

---

[31] BGH 13.4.1995, NJW-RR 1995, 1061; 10.10.1994, BGHZ 127, 176 (181) = NJW 1995, 192; 12.5.1986, NJW 1986, 2306; RG 20.12.1929, RGZ 126, 386 (393); 17.4.1928, RGZ 120, 410 (411); OLG Brandenburg 23.2.2022, NZG 2022, 452 Rn. 36; Heymann/Wackerbarth Rn. 7; Blaurock Stille Gesellschaft-HdB/Kauffeld Rn. 15.22; Staub/Harbarth Rn. 20; RGHMW/Mock Rn. 8, 11; Ebenroth/Boujong/Gehrlein Rn. 9; Hopt/Roth Rn. 1; NK-HGB/Partikel Rn. 4.

[32] Staub/Harbarth Rn. 17; MüKoHGB/K. Schmidt Rn. 20; Heymann/Wackerbarth Rn. 7; Ebenroth/Boujong/Gehrlein Rn. 10; KKD/Kindler Rn. 3.

[33] RG 10.7.1912, DJZ 1912, 1355; 17.4.1928, RGZ 120, 410 (411); Staub/Harbarth Rn. 28; MüKoHGB/K. Schmidt Rn. 25; **aA** MHdB GesR II/Meißner/Keul § 92 Rn. 10; Sudhoff NJW 1960, 2121 (2122); Zinkeisen, Der Umfang der Gewinnbeteiligung und des Auseinandersetzungsguthabens des stillen Gesellschafters, 1972, 36 ff.; 86.

[34] BGH 10.10.1994, BGHZ 127, 176 (181) = NJW 1995, 192; 12.5.1986, NJW 1986, 2306; RG 17.4.1928, RGZ 120, 410 (411); Staub/Harbarth Rn. 27; MüKoHGB/K. Schmidt Rn. 21, 26; Ebenroth/Boujong/Gehrlein Rn. 16; Blaurock Stille Gesellschaft-HdB/Kauffeld Rn. 15.22; KKD/Kindler Rn. 4; **aA** MHdB GesR II/Meißner/Keul § 92 Rn. 13.

[35] MüKoHGB/K. Schmidt Rn. 23; Heymann/Wackerbarth Rn. 12; Staub/Harbarth Rn. 24; Blaurock Stille Gesellschaft-HdB/Kauffeld Rn. 15.25; Sudhoff NJW 1960, 2121 (2125); R. Fischer JR 1962, 201 (204); Ebenroth/Boujong/Gehrlein Rn. 14; KKD/Kindler Rn. 4.

[36] BGH 10.10.1994, BGHZ 127, 176 (181) = NJW 1995, 192 (193); Hopt/Roth Rn. 1; **aA** Ebenroth/Boujong/Gehrlein Rn. 15; Staub/Harbarth Rn. 25; MüKoHGB/K. Schmidt Rn. 24, die im Zweifel auch eine Auflösung rechtlich zulässiger stiller Reserven fordern, jedenfalls soweit diese aus Betriebsgewinnen während der Dauer der stillen Beteiligung gebildet wurden.

[37] BGH 8.12.1960, BB 1961, 190 = BeckRS 1960, 31181664 (GbR); 9.7.1959, NJW 1959, 1963 (GbR); s. auch Staub/Harbarth Rn. 29.

Rechte ergeben sich nur aus den §§ 810, 242 BGB. Die Rechte aus § 233 bestehen nicht mehr (→ § 233 Rn. 12 f.). Etwas anderes gilt bei mehrgliedrigen stillen Gesellschaften, solange die Liquidation noch nicht beendet ist (→ § 234 Rn. 4).

7. Prozessuales. Der stille Gesellschafter kann auf Erstellung der Auseinandersetzungsbilanz klagen.[38] Zudem kann er die Unrichtigkeit der Bilanz nicht nur im Wege der Feststellungsklage geltend machen, sondern auch Leistungsklage auf ihre Richtigstellung erheben, da ihm das Aufstellen einer Gegenrechnung in der Regel unmöglich ist.[39] Schließlich kann der stille Gesellschafter eine Stufenklage auf Abrechnung und Auszahlung des Guthabens erheben (§ 254 ZPO).[40] Die Beweislast trifft grundsätzlich den Kläger. Die Beweislast für die behaupteten Verluste trifft indes den Geschäftsinhaber.[41] 22

III. Schwebende Geschäfte (Abs. 2, 3)

1. Grundsatz. Nach § 235 Abs. 2 nimmt der stille Gesellschafter am Gewinn und Verlust der schwebenden Geschäfte teil, sofern der Gesellschaftsvertrag keine abweichende Vereinbarung enthält.[42] **Schwebende Geschäfte** sind Verpflichtungsverträge, die im Zeitpunkt der Auflösung der stillen Gesellschaft bestehen, aber noch nicht (vollständig) erfüllt sind.[43] Die Verträge müssen dem Betrieb des Handelsgewerbes dienen (Erwerbsbezug), an dem der stille Gesellschafter beteiligt ist.[44] Es handelt sich somit um die Umsatzgeschäfte, die zum Betriebsergebnis beitragen. Dauerschuldverhältnisse in Form von zB Rahmenverträgen begründen nicht per se ein schwebendes Geschäft, da die hier entscheidenden Einzelleistungen auf bestimmte Zeitabschnitte bezogen sind.[45] Ein schwebendes Geschäft liegt bei diesen Verträgen nur vor, wenn die Einzelleistungen auf Grundlage des Dauerschuldverhältnisses für die Zeit vor der Auflösung der stillen Gesellschaft noch nicht erbracht sind. 23

2. Abwicklung. Die Abwicklung erfolgt nach der Vollbeendigung der stillen Gesellschaft und somit im Rahmen der Nachwirkung des Gesellschaftsverhältnisses.[46] Die schwebenden Geschäfte gehören zum Handelsgewerbe des Inhabers und werden von diesem nach pflichtgemäßem Ermessen abgewickelt.[47] Er muss den vorteilhaftesten Weg wählen und kann erforderliche Hilfsgeschäfte abschließen.[48] Der stille Gesellschafter hat einen Anspruch auf Abwicklung gegen den Inhaber. Im Falle der Pflichtverletzung gilt das allgemeine Schuldrecht. 24

3. Abrechnung. Die Abrechnung über den Gewinn und Verlust der schwebenden Geschäfte erfolgt separat außerhalb der Auseinandersetzungsbilanz.[49] Etwas anderes gilt nur, wenn sich die Abrechnung der schwebenden Geschäfte ohne Verzögerungen in die Auseinandersetzungsbilanz aufnehmen lässt.[50] Die Abrechnung erfolgt am Ende jedes Geschäftsjahres (Abs. 3), wenn der Inhaber 25

---

[38] RG 17.3.1926, JW 1926, 1812; MHdB GesR II/Meißner/Keul § 92 Rn. 43.

[39] BGH 30.11.1959, BB 1960, 14 (15) = BeckRS 1959, 31371714; BeckOGK/Bunzel, 1.12.2021, Rn. 46; Hopt/Roth Rn. 3.

[40] BGH 16.5.1994, NJW-RR 1994, 1185 f.; 30.11.1959, BB 1960, 14 (15) = BeckRS 1959, 31371714; Staub/Harbarth Rn. 44; MüKoHGB/K. Schmidt Rn. 53; BeckOGK/Bunzel, 1.12.2021, Rn. 46; Heymann/Wackerbarth Rn. 14; Ebenroth/Boujong/Gehrlein Rn. 20; Hopt/Roth Rn. 3.

[41] BGH 30.11.1959, BB 1960, 14 (15) = BeckRS 1959, 31371714; Staub/Harbarth Rn. 47; MüKoHGB/K. Schmidt Rn. 54; BeckOGK/Bunzel, 1.12.2021, Rn. 47 f.; Heymann/Wackerbarth Rn. 15; Ebenroth/Boujong/Gehrlein Rn. 22.

[42] Zur Abdingbarkeit BGH 10.10.1994, BGHZ 127, 176 (181) = NJW 1995, 192; Staub/Harbarth Rn. 58; MüKoHGB/K. Schmidt Rn. 48; Heymann/Wackerbarth Rn. 18; Ebenroth/Boujong/Gehrlein Rn. 28; Hopt/Roth Rn. 4.

[43] BGH 16.12.1985, NJW-RR 1986, 454 (455); 29.4.1985, WM 1985, 1166 = BeckRS 1985, 31066911; RG 7.6.1943, RGZ 171, 129 (133) (GbR); Heymann/Wackerbarth Rn. 16; Ebenroth/Boujong/Gehrlein Rn. 29; RGHMW/Mock Rn. 16.

[44] MüKoHGB/K. Schmidt Rn. 39; K. Schmidt DB 1983, 2401 (2404 f.); Heymann/Wackerbarth Rn. 17; Ebenroth/Boujong/Gehrlein Rn. 30; RGHMW/Mock Rn. 16.

[45] K. Schmidt DB 1983, 2401 (2405); Ebenroth/Boujong/Gehrlein Rn. 30; Heymann/Wackerbarth Rn. 17; **aA** Roolf/Vahl DB 1983, 1964 (1967).

[46] Staub/Harbarth Rn. 61; MüKoHGB/K. Schmidt Rn. 43; Ebenroth/Boujong/Gehrlein Rn. 32; Blaurock Stille Gesellschaft-HdB/Kauffeld Rn. 15.67 f.;**aA** Hopt/Roth Rn. 5.

[47] Staub/Harbarth Rn. 69; MüKoHGB/K. Schmidt Rn. 42; Blaurock Stille Gesellschaft-HdB/Kauffeld Rn. 15.67; Heymann/Wackerbarth Rn. 18; Ebenroth/Boujong/Gehrlein Rn. 31; RGHMW/Mock Rn. 17.

[48] Heymann/Wackerbarth Rn. 18; Ebenroth/Boujong/Gehrlein Rn. 32.

[49] BGH 8.4.1976, WM 1976, 1027 (1030) = BeckRS 1976, 31115320; 30.11.1959, BB 1960, 14 (15) = BeckRS 1959, 31371714; K. Schmidt DB 1983, 2401; Staub/Harbarth Rn. 57, 72; Ebenroth/Boujong/Gehrlein Rn. 33; RGHMW/Mock Rn. 17.

[50] Staub/Harbarth Rn. 72; MüKoHGB/K. Schmidt Rn. 43; Ebenroth/Boujong/Gehrlein Rn. 33.

die Bilanz für das Handelsgewerbe aufstellt. Der Ausgleichsanspruch wird zu diesem Zeitpunkt fällig.[51]

26 Die Gewinn- und Verlustbeteiligung des stillen Gesellschafters richtet sich nach demselben Maßstab, der während des Bestehens der stillen Gesellschaft galt. Abweichende Vereinbarungen sind möglich. Das Guthaben, das sich aus der Abrechnung ergibt, ist auszuzahlen. Auf einen Verlustanteil muss der stille Gesellschafter nur zahlen, soweit er dazu nach § 232 Abs. 2 S. 1 verpflichtet wäre.

27 **4. Rechenschaft, Auskunft.** Der ehemalige stille Gesellschafter kann am Ende des Geschäftsjahres vom Inhaber Rechenschaft über die abgewickelten Geschäfte fordern (§ 235 Abs. 3 iVm § 259 BGB) und zugleich Auskunft über den Stand der schwebenden Geschäfte verlangen.[52] Daneben bestehen Auskunfts- und Einsichtsrechte gem. §§ 810, 242 BGB.

IV. Besonderheiten der Auseinandersetzung bei atypischen stillen Gesellschaften

28 **1. Allgemeines.** Da bei atypischen stillen Gesellschaften – auch im Fall von mehrgliedrigen Gesellschaften ieS und „Innen-KGs" – nach zutreffender Meinung ebenso wie bei typischen stillen Gesellschaften keine Abwicklung stattfindet, sondern vielmehr die Auflösung unmittelbar zur Beendigung führt (→ § 234 Rn. 4, 5), erfolgt bei allen Arten von atypischen Gesellschaften ebenfalls eine Auseinandersetzung nach § 235, sodass auch hier eine Gesamtabrechnung aller wechselseitigen Forderungen vorzunehmen ist. Die Auseinandersetzungsbilanz ist an den Gesellschaftsvertrag der atypischen stillen Gesellschaft anzupassen.[53] Für die schwebenden Geschäfte gilt § 235 Abs. 2, 3, sofern keine abweichende Abrede existiert.

29 **2. Auseinandersetzungsbilanz.** Bei atypischen stillen Gesellschaften, die dem stillen Teilhaber lediglich stärkere Mitwirkungsbefugnisse einräumen, partizipiert der stille Gesellschafter ebenfalls nur am Betriebsergebnis iSv § 235 Abs. 1.[54] Bei einer atypischen stillen Gesellschaft, bei der der stille Teilhaber wie ein Kommanditist am Vermögen des Unternehmens beteiligt sein soll, beschränkt sich die Auseinandersetzungsbilanz hingegen nicht auf das Betriebsergebnis des Handelsgewerbes. Vielmehr ist der stille Gesellschafter, obwohl er nicht unmittelbar am Unternehmensvermögen beteiligt ist, so zu behandeln, als wäre er ein Kommanditist, der aus der Gesellschaft ausscheidet. Die Auseinandersetzungsbilanz muss daher der Abschichtungsbilanz für einen ausscheidenden Kommanditisten entsprechen.[55] Der Schlussabrechnung ist die Vermögensbilanz des Handelsgewerbes zugrunde zu legen, in die der Substanzwert des Unternehmens (Anlage- und Umlaufvermögen), der Firmenwert (good will) und die stillen Reserven einbezogen sind.[56] Die Vermögensgegenstände sind nicht nach ihrem Buchwert, sondern nach dem tatsächlichen Wert anzusetzen,[57] um die stillen Reserven aufzulösen. Auch die steuerrechtlich zulässigen Ansparabschreibungen bedürfen der Auflösung.[58] Die Quote, mit welcher der stille Gesellschafter an Gewinn und Verlust beteiligt ist, bestimmt in der Regel der Gesellschaftsvertrag. Ansonsten gilt der gleiche Maßstab wie bei der Abrechnung nach § 232.

30 **3. Rückständige Einlagen.** Auch bei der Auseinandersetzung der atypischen stillen Gesellschaft kann der Geschäftsinhaber gegen den stillen Teilhaber einen Anspruch auf Leistung einer rückständigen Einlage haben. Ergibt sich bei der Auseinandersetzung ein negativer Saldo, so ist die noch nicht geleistete Einlage zu entrichten, soweit sie zur Verlustdeckung benötigt wird.[59] Der Anspruch besteht

---

[51] Staub/Harbarth Rn. 73; Heymann/Wackerbarth Rn. 19; Ebenroth/Boujong/Gehrlein Rn. 35.

[52] Ebenroth/Boujong/Gehrlein Rn. 36; Hessler/Strohn/Servatius Rn. 15.

[53] BGH 2.5.1983, NJW 1983, 2375 f.; 14.7.1960, BB 1960, 1074 = BeckRS 1960, 00049; RG 20.2.1941, RGZ 166, 160 (164); Staub/Harbarth Rn. 49; MüKoHGB/K. Schmidt Rn. 58; Heymann/Wackerbarth Rn. 21 f.; Ebenroth/Boujong/Gehrlein Rn. 25.

[54] Heymann/Wackerbarth Rn. 21; MüKoHGB/K. Schmidt Rn. 56; MHdB GesR II/Meißner/Keul § 92 Rn. 25; Ebenroth/Boujong/Gehrlein Rn. 23.

[55] BGH 13.4.1995, NJW-RR 1995, 1061; 14.7.1960, BB 1960, 1074 = BeckRS 1960, 00049; Staub/Harbarth Rn. 49, 51; MüKoHGB/K. Schmidt Rn. 58; Heymann/Wackerbarth Rn. 21 f.; Ebenroth/Boujong/Gehrlein Rn. 25.

[56] BGH 9.7.2001, NJW 2001, 3777 (3778); 13.4.1995, NJW-RR 1995, 1061; 16.5.1994, NJW-RR 1994, 1185; OLG Braunschweig 1.10.2003, NZG 2004, 325 f.; Staub/Harbarth Rn. 51; Heymann/Wackerbarth Rn. 22; MüKoHGB/K. Schmidt Rn. 58; Ebenroth/Boujong/Gehrlein Rn. 24 f.; RGHMW/Mock Rn. 29; KKD/Kindler Rn. 5.

[57] BGH 9.7.2001, NJW 2001, 3777 (3778); 13.4.1995, NJW-RR 1995, 1061; MüKoHGB/K. Schmidt Rn. 58, 21; Staub/Harbarth Rn. 54; Ebenroth/Boujong/Gehrlein Rn. 24 f.; diff. KKD/Kindler Rn. 5; vgl. MHdB GesR II/Meißner/Keul § 92 Rn. 28.

[58] OLG Bremen 9.12.1999, NZG 2000, 949 (950).

[59] Staub/Harbarth Rn. 56; Ebenroth/Boujong/Gehrlein Rn. 24.

allerdings nicht, wenn die Verlustbeteiligung des atypischen stillen Gesellschafters im Gesellschaftsvertrag ausgeschlossen ist. Sofern die Einlage des stillen Teilhabers wie Eigenkapital zu behandeln ist, muss sie in vollem Umfang geleistet werden, unabhängig davon, ob und in welchem Umfang der stille Gesellschafter am Verlust des Handelsgewerbes beteiligt ist (→ § 236 Rn. 10 ff.). Eine allgemeine Nachschusspflicht besteht nur bei Vorliegen einer entsprechenden gesellschaftsvertraglichen Vereinbarung.[60]

V. Unterbeteiligung

Die Auseinandersetzung der Unterbeteiligung erfolgt analog § 235 im Rahmen einer Gesamtabrechnung.[61] Nach hM hat der Unterbeteiligte einen Anspruch auf den Buchwert seiner Einlage sowie die noch nicht abgerechneten Gewinne.[62] Die Auseinandersetzung erfolgt wie bei der typischen stillen Gesellschaft auf der Grundlage der Gewinnermittlungsbilanz. Erlischt die Unterbeteiligung infolge Liquidation der Hauptgesellschaft, partizipiert der Unterbeteiligte an den Liquidationsgewinnen der Handelsgesellschaft, soweit sie auf den Hauptbeteiligten entfallen.[63] Bei einer atypischen Unterbeteiligung, bei welcher der Unterbeteiligte wie ein am Gesellschaftsvermögen beteiligter Gesellschafter gestellt werden soll, erfolgt die Auseinandersetzung auf Grundlage der Vermögensbilanz. Der Unterbeteiligte hat grundsätzlich keine Nachschusspflicht. 31

Die Unterbeteiligten sind an den schwebenden Geschäften beteiligt, denn der Unterbeteiligte partizipiert an den Erträgen des Gesellschaftsanteils und daher mittelbar an den Geschäften der Hauptgesellschaft.[64] Allerdings bereitet die praktische Umsetzung Probleme, da der Hauptbeteiligte die Geschäfte nicht ohne die Handelsgesellschaft abwickeln und abrechnen kann. Es empfiehlt sich daher eine gesellschaftsvertragliche Regelung, sinnvoll ist insbesondere ein Ausschluss des Unterbeteiligten von der Beteiligung an den schwebenden Geschäften.[65] 32

§ 236 [Insolvenz des Inhabers]

(1) Wird über das Vermögen des Inhabers des Handelsgeschäfts das Insolvenzverfahren eröffnet, so kann der stille Gesellschafter wegen der Einlage, soweit sie den Betrag des auf ihn fallenden Anteils am Verlust übersteigt, seine Forderung als Insolvenzgläubiger geltend machen.

(2) Ist die Einlage rückständig, so hat sie der stille Gesellschafter bis zu dem Betrage, welcher zur Deckung seines Anteils am Verlust erforderlich ist, zur Insolvenzmasse einzuzahlen.

Schrifttum: Bitter, Die typische und atypische stille Gesellschaft im Recht der Gesellschafterdarlehen, ZIP 2019, 146; Bormann/Friesen, GmbH & Co. KG: Wirtschaftliche Gleichstellung des atypisch stillen Gesellschafters mit GmbH-Gesellschafter als nachrangiger Insolvenzgläubiger, GmbHR 2012, 1185; Ganter, Erweiterungen und Einschränkungen des Anwendungsbereichs von § 39 Abs. 1 Nr. 5 InsO, NZI 2021, 1; Gehrlein, Aktuelle Rechtsprechung zur Insolvenzanfechtung in systematischer Darstellung, WM-Sonderbeil. 1/2009, 40; Gundlach/Frenzel/Schmidt, Auseinandersetzungsanspruch des stillen Gesellschafters in der Insolvenz des Unternehmensträgers – zugleich ein Beitrag zu § 84 InsO, ZIP 2006, 501; Hennrichs, Stille Einlagen – Gesellschaftsrecht und Bilanzierung, FS K. Schmidt, 2019, 435; Keller, Anspruch eines (mittelbaren) Alleingesellschafters auf Rückgewähr seiner stillen Einlage als darlehensgleiche Leistung, EWiR 2018, 181; Koenigs, Die stille Gesellschaft, 1961; Manz/Lammel, Stille Beteiligungen an Kapitalgesellschaften: Eigenkapitalcharakter und Rang in der Insolvenz nach Inkrafttreten des MoMiG, GmbHR 2009, 1121; Mylich, Die Einlage des atypisch stillen Gesellschafters und die zur Rückzahlung bestellten Sicherheiten im Insolvenzverfahren der Handelsgesellschaft, WM 2013, 1010; Renner, Stellung des atypischen stillen Gesellschafters in der Insolvenz des Geschäftsinhabers, ZIP 2002, 1430; K. Schmidt, Die Innenkommanditgesellschaft – wirklicher Verband und virtueller Rechtsträger, ZHR 178 (2014), 10; K. Schmidt, Das Vollstreckungs- und Insolvenzrecht der stillen Gesellschaft, KTS 1977, 65; im Übrigen s. § 230.

[60] OLG Karlsruhe 19.2.1986, ZIP 1986, 916 (918 f.) = NJW-RR 1986, 1226; Ebenroth/Boujong/Gehrlein Rn. 26; Staub/Harbarth Rn. 56; RGHMW/Mock Rn. 30; im Grundsatz so auch MüKoHGB/K. Schmidt Rn. 61.

[61] OLG Hamm 6.12.1993, NJW-RR 1994, 999 (1000); Ulbrich, Die Unterbeteiligungsgesellschaft an Personengesellschaftsanteilen, 1982, 162; MüKoHGB/K. Schmidt Rn. 69; BeckOGK/Bunzel, 1.12.2021, Rn. 49; RGHMW/Mock Rn. 37; Esch NJW 1964, 902 (906); Ebenroth/Boujong/Gehrlein Rn. 37.

[62] Ebenroth/Boujong/Gehrlein Rn. 37; Staub/Harbarth Rn. 75; Heymann/Wackerbarth Rn. 25; MüKoHGB/K. Schmidt Rn. 70; **aA** Friehe, Die Unterbeteiligung bei Personengesellschaften, 1974, 76.

[63] RGHMW/Mock Rn. 38.

[64] HM, Ulbrich, Die Unterbeteiligungsgesellschaft an Personengesellschaftsanteilen, 1982, 163; RGHMW/Mock Rn. 39; BeckOGK/Bunzel, 1.12.2021, Rn. 49.

[65] RGHMW/Mock Rn. 39; MüKoHGB/K. Schmidt Rn. 73.

Übersicht

I. Allgemeines

1 Die Insolvenz eines Gesellschafters führt nach § 740a Abs. 1 Nr. 5 BGB zur Auflösung der Gesellschaft (→ § 234 Rn. 26 ff.). § 236 hat das Insolvenzrisiko des stillen Gesellschafters im Fall der **Insolvenz des Geschäftsinhabers** zum Gegenstand.[1] Abs. 1 regelt den Anspruch des stillen Gesellschafters auf Rückzahlung seiner Einlage. Abs. 2 normiert den Anspruch des Insolvenzverwalters auf die rückständige Einlage. Die Insolvenz des Geschäftsinhabers bildet den Gegenstand einer weiteren speziellen Regelung: § 136 InsO normiert für derartige Insolvenzfälle einen besonderen Anfechtungsgrund.[2] Die **Insolvenz des stillen Gesellschafters** ist in § 236 und § 136 InsO nicht erfasst. Regelungen zur Insolvenz der stillen Gesellschaft erübrigen sich infolge deren fehlender Insolvenzfähigkeit (→ § 230 Rn. 27).

2 § 236 Abs. 2 dient dem Schutz der Insolvenzgläubiger und kann nicht zu ihren Lasten abbedungen werden **(einseitig zwingend).**[3] Vereinbarungen, die zu einer Bevorzugung des stillen Gesellschafters gegenüber den Insolvenzgläubigern führen, verstoßen gegen § 236 und sind nichtig. Das Gleiche gilt für die Freistellung des stillen Teilhabers von der Verlustbeteiligung im Insolvenzfall.[4] Alle Abreden zu Gunsten der Insolvenzgläubiger sind hingegen wirksam (zB Vereinbarung der nachrangigen Befriedigung des stillen Gesellschafters).[5]

II. Insolvenz des Geschäftsinhabers

3 **1. Rückforderung der Einlage (Abs. 1). a) Rückforderungsanspruch.** An die Auflösung der stillen Gesellschaft infolge der Insolvenz des Inhabers schließt sich die **Auseinandersetzung** an, aus der sich der von § 236 Abs. 1 erfasste Rückforderungsanspruch ergibt. Die Auseinandersetzung erfolgt nach überwM gem. § 84 Abs. 1 S. 1 InsO (analog) außerhalb des Insolvenzverfahrens.[6] Der Insolvenzverwalter, auf den mit der Eröffnung des Insolvenzverfahrens die Verwaltungs- und Verfügungsrechte des Geschäftsinhabers als Insolvenzschuldner übergehen, nimmt die Schlussabrechnung vor. Die diesbezügliche Verpflichtung des Insolvenzverwalters ist eine Masseverbindlichkeit gem. § 55 Abs. 1 Nr. 2 InsO.[7]

4 Die **Schlussabrechnung** erfolgt durch eine Gesamtabrechnung nach § 235 Abs. 1.[8] Stichtag für die Auseinandersetzungsbilanz ist der Tag der Eröffnung des Insolvenzverfahrens.[9] Bei der Ermittlung

---

[1] Ebenroth/Boujong/Gehrlein Rn. 1; Staub/Harbarth Rn. 1; MüKoHGB/K. Schmidt Rn. 2.

[2] Vgl. zur Anfechtung der Auszahlung sog. Scheingewinne an den stillen Gesellschafter LG Heilbronn 20.8.2021, WM 2022, 384.

[3] OLG Hamm 6.3.1996, WM 1997, 2323 (2324); Staub/Harbarth Rn. 10; MüKoHGB/K. Schmidt Rn. 4; Ebenroth/Boujong/Gehrlein Rn. 2; KKD/Kindler Rn. 3.

[4] Staub/Harbarth Rn. 10; Heymann/Wackerbarth Rn. 1; Ebenroth/Boujong/Gehrlein Rn. 2.

[5] OLG Hamm 6.3.1996, WM 1997, 2323 (2324); Staub/Harbarth Rn. 10; Ebenroth/Boujong/Gehrlein Rn. 2.

[6] Ebenroth/Boujong/Gehrlein Rn. 4; RGHMW/Mock Rn. 2; Henssler/Strohn/Servatius Rn. 2; iE ähnlich Römermann/Kruth InsO § 84 Rn. 12; **aA** MHdB GesR II/Plückelmann § 93 Rn. 2; Gundlach/Frenzel/Schmidt ZIP 2006, 501 (502 f.); Staub/Harbarth Rn. 13 ff.; Uhlenbruck/Hirte InsO § 11 Rn. 387; MüKoHGB/K. Schmidt Rn. 11.

[7] Blaurock Stille Gesellschaft-HdB/Kauffeld Rn. 16.46; Ebenroth/Boujong/Gehrlein Rn. 4; Henssler/Strohn/Servatius Rn. 2; **aA** MüKoHGB/K. Schmidt Rn. 11.

[8] Hopt/Roth Rn. 1; BeckOGK/Bunzel, 1.12.2021, Rn. 21; Henssler/Strohn/Servatius Rn. 2.

[9] Ebenroth/Boujong/Gehrlein Rn. 6; Hopt/Roth Rn. 1.

von Gewinn und Verlust ist auf den Wert des Anlage- und Umlaufvermögens im Zeitpunkt der Auflösung der stillen Gesellschaft abzustellen. Demgemäß ist der Liquidationswert bei der Eröffnung des Insolvenzverfahrens maßgeblich.[10] Verluste, die wegen des Eintritts der Liquidation entstanden sind, sind einzubeziehen.[11] Der tatsächlich erzielte Erlös bei der Verwertung der Insolvenzmasse ist indes unerheblich, da er durch die Verwaltungsmaßnahmen des Insolvenzverwalters beeinflusst wird.

Der stille Gesellschafter partizipiert auch an den **schwebenden Geschäften** nach § 235 Abs. 2, 5
3.[12] Die Abwicklung erfolgt durch den Insolvenzverwalter, der im Rahmen seines Ermessensspielraums entscheiden kann, ob und in welchem Umfang er die schwebenden Geschäfte durch Erfüllung abwickelt (§ 103 InsO). Daher hängt die Gewinnbeteiligung der stillen Gesellschafter bei den schwebenden Geschäften von der Entscheidung des Insolvenzverwalters nach § 103 InsO ab.[13]

b) Insolvenzforderung. Der stille Gesellschafter ist in der Insolvenz des Geschäftsinhabers 6
Insolvenzgläubiger (§ 236 Abs. 1). Er muss den Rückforderungsanspruch beim Insolvenzverwalter zur Tabelle anmelden (§§ 174, 175 InsO).[14] Das gilt auch für Ansprüche aus der Beteiligung an den schwebenden Geschäften. Der stille Gesellschafter kann wegen des Anspruchs aus der Auseinandersetzung keine abgesonderte Befriedigung verlangen.[15] § 84 Abs. 1 S. 2 InsO gilt nicht, da bei einer stillen Gesellschaft kein Gesamthandsvermögen oder sonstiges Vermögen besteht.[16] Ein **Absonderungsrecht** besteht nach den §§ 50, 51 InsO nur, wenn der Abfindungsanspruch des stillen Gesellschafters durch ein Pfandrecht gesichert ist oder eine andere Sicherheit besteht.[17] Sofern die Einlage des stillen Teilhabers indes wie Eigenkapital der Gesellschaft zu behandeln ist, an der die stille Beteiligung besteht, greifen die §§ 50, 51 InsO nicht ein (→ Rn. 11 ff.). Auch bei einem Rangrücktritt des stillen Gesellschafters iSv § 39 Abs. 2 InsO kann kein Absonderungsrecht existieren. Ein **Aussonderungsrecht** gem. § 47 InsO besteht nur für Gegenstände, die der stille Teilhaber dem Inhaber zum Gebrauch überlassen hat, ohne ihm das dingliche Recht zu übertragen.[18]

2. Zahlung der rückständigen Einlage (Abs. 2). Sofern der stille Gesellschafter bei der Eröff- 7
nung des Insolvenzverfahrens mit seiner Einlage im Rückstand ist, muss er sie in die Insolvenzmasse zahlen. Diese Pflicht beschränkt sich der Höhe nach auf den Betrag, der zur Deckung des Verlustanteils des stillen Gesellschafters erforderlich ist.[19] Sofern die Verlustbeteiligung des stillen Teilhabers im Gesellschaftsvertrag ausgeschlossen ist, besteht keine Zahlungspflicht.[20] Der stille Gesellschafter wird nicht anders behandelt als bei einer Auflösung der stillen Gesellschaft aus einem anderen Grund.

Die Einlage ist so zu leisten, wie sie im Gesellschaftsvertrag vereinbart ist.[21] Eine Sacheinlage 8
ist daher in natura zu erbringen (→ § 235 Rn. 9).[22] Soweit die Einlage über die Verlustbeteiligung hinausgeht, hat der Geschäftsinhaber den Differenzbetrag in Geld zu erstatten. Die Gegenansicht, die davon ausgeht, dass sich die Sacheinlage in eine Geldschuld umwandelt,[23] überzeugt nicht, da

[10] MüKoHGB/K. Schmidt Rn. 17; MHdB GesR II/Plückelmann § 93 Rn. 3; Uhlenbruck/Hirte InsO § 11 Rn. 388.

[11] RG 18.4.1901, JW 1901, 404 (405); MHdB GesR II/Plückelmann § 93 Rn. 3; MüKoHGB/K. Schmidt Rn. 17 auf die Verfahrenseröffnung abstellend.

[12] RG 18.4.1901, JW 1901, 404 f.; RGHMW/Mock Rn. 4.

[13] RG 18.4.1901, JW 1901, 404 (405); MHdB GesR II/Plückelmann § 93 Rn. 4; Blaurock Stille Gesellschaft-HdB/Kauffeld Rn. 16.52.

[14] BGH 21.3.1983, NJW 1983, 1855 (1856); Blaurock Stille Gesellschaft-HdB/Kauffeld Rn. 16.56 ff.; RGHMW/Mock Rn. 5, 7.

[15] BGH 18.12.1954, BB 1955, 331; Uhlenbruck/Hirte InsO § 11 Rn. 387; Uhlenbruck/Hirte InsO § 84 Rn. 19; Hess/Weiss InsO § 84 Rn. 24; MHdB GesR II/Plückelmann § 93 Rn. 6.

[16] MHdB GesR II/Plückelmann § 93 Rn. 6; Ebenroth/Boujong/Gehrlein Rn. 9; zumindest abl. aufgrund fehlenden Gesamthandsvermögens Uhlenbruck/Hirte InsO § 11 Rn. 387; Uhlenbruck/Hirte InsO § 84 Rn. 19; BGH 18.12.1954, BB 1955, 331; RG 11.10.1905, JW 1905, 719 f.

[17] MHdB GesR II/Plückelmann § 93 Rn. 6; MüKoHGB/K. Schmidt Rn. 19; Blaurock Stille Gesellschaft-HdB/Kauffeld Rn. 16.49.

[18] RGHMW/Mock Rn. 10; Henssler/Strohn/Servatius Rn. 7.

[19] *RG 1.5.1914, RGZ 84*, 434 (436); Blaurock Stille Gesellschaft-HdB/Kauffeld Rn. 16.81; Staub/Harbarth Rn. 23; Heymann/Wackerbarth Rn. 11; Ebenroth/Boujong/Gehrlein Rn. 10.

[20] OLG Brandenburg 9.6.2004, GmbHR 2004, 1390 (1391) = BeckRS 2004, 11277; RG 1.5.1914, RGZ 84, 434 (436); RGHMW/Mock Rn. 12; Ebenroth/Boujong/Gehrlein Rn. 11; KKD/Kindler Rn. 3.

[21] Ebenroth/Boujong/Gehrlein Rn. 12; RGHMW/Mock Rn. 12.

[22] Ebenroth/Boujong/Gehrlein Rn. 12; Staub/Harbarth Rn. 25; Heymann/Wackerbarth Rn. 13; KKD/Kindler Rn. 3.

[23] MüKoHGB/K. Schmidt Rn. 21; MüKoHGB/K. Schmidt § 235 Rn. 34; RGHMW/Mock Rn. 13; RGHMW/Mock § 235 Rn. 23.

es für eine solche Umwandlung sowohl an einer gesetzlichen als auch einer vertraglichen Basis fehlt. Der Insolvenzverwalter kann eine Geldzahlung nur verlangen, wenn sie als solche vereinbart ist oder ein Anspruch auf Schadensersatz statt der Leistung besteht (§ 280 Abs. 1, 3 BGB).

9 Der Anspruch auf Zahlung der noch ausstehenden Einlage gem. § 236 Abs. 2 ist bei Eintritt der gesellschaftsvertraglich vereinbarten Fälligkeit zu leisten.[24] Etwas anderes ergibt sich auch nicht aus § 41 Abs. 1 InsO, da dieser nur für Insolvenzforderungen gilt und die Forderungen des Insolvenzschuldners gegen Dritte nicht erfasst.[25] Es gilt die allgemeine Verjährungsfrist.

10 **3. Stille Einlagen als Eigenkapital und Nachrang des Rückforderungsanspruchs im Insolvenzverfahren. a) Eigenkapital.** Die Einlage des stillen Gesellschafters fungiert grundsätzlich wie eine Kreditforderung. Daher hat der stille Teilhaber bei der Auseinandersetzung in der Insolvenz einen Auszahlungsanspruch auf sein Guthaben als Insolvenzforderung.[26] Anders als Eigenkapital dient die Einlage grundsätzlich nicht zur Vergrößerung der Insolvenzmasse und zur Befriedigung der Insolvenzgläubiger. Ausnahmsweise sind Einlagen jedoch als Eigenkapital zu behandeln. In diesen Fällen findet **§ 236 Abs. 1 keine Anwendung.**[27] Der stille Gesellschafter kann sein Guthaben nicht als Insolvenzforderung geltend machen, es dient der Befriedigung der Insolvenzgläubiger. Erst nach deren Befriedigung kann, sofern ein Überschuss verbleibt, ein Anspruch bestehen (vgl. § 199 S. 2 InsO). Zudem kann der Insolvenzverwalter abweichend von **§ 232 Abs. 2, § 236 Abs. 2** die Einlage des stillen Gesellschafters ungeachtet des Umfangs seiner Verlustbeteiligung fordern, soweit sie zur Befriedigung der Insolvenzgläubiger erforderlich ist.[28] Keine Rolle spielt insoweit eine mangelnde Fälligkeit (eines Teils) der Einlageverpflichtung, eine Verpflichtung zur ratenweisen Zahlung der Einlage sowie eine gesellschaftsvertragliche Regelung, der zufolge die Rateneinlagen bei der Aufteilung des Auseinandersetzungswerts nur zeitanteilig und einzahlungsabhängig berücksichtigt werden.[29]

11 Die Einlage des stillen Gesellschafters ist wie Eigenkapital zu behandeln, wenn dies im Gesellschaftsvertrag vereinbart ist **(Finanzplanabrede).**[30] Des Weiteren hat eine Einstufung als Eigenkapital zu erfolgen, wenn der stille Teilhaber in einer **atypischen stillen Gesellschaft** einem Kommanditisten gleichstehen soll.[31] Seine Einlage ist in diesem Fall wie die Einlage eines Kommanditisten zu behandeln. Da solche atypischen stillen Gesellschafter in Bezug auf die Rückgewähr ihrer Einlagen damit auf die Ansprüche aus § 199 S. 2 InsO beschränkt sind (→ Rn. 10), kommt § 39 Abs. 1 Nr. 5 InsO entgegen der Ansicht des IX. Zivilsenats des BGH[32] insoweit keine Bedeutung zu.[33]

12 Bei **Personenhandelsgesellschaften,** insbesondere bei Publikumsgesellschaften, sind die Gesellschafter zum Teil gleichzeitig als Kommanditisten und als stille Gesellschafter beteiligt (sog. **gesplit-**

---

[24] OLG Frankfurt 8.9.2003, OLGR 2004, 133 = BeckRS 2003, 153650; Hopt/Roth Rn. 4; MüKoHGB/K. Schmidt Rn. 21; RGHMW/Mock Rn. 12; **aA** Henssler/Strohn/Servatius Rn. 10 f.; Henssler/Strohn/Servatius § 235 Rn. 4a; offengelassen von BGH 16.5.2017, NZG 2017, 907 Rn. 20.

[25] OLG Frankfurt 22.6.1983, ZIP 1983, 1229 (1230); MüKoInsO/Bitter InsO § 41 Rn. 5; Uhlenbruck/Knof InsO § 41 Rn. 2; Jaeger/Henckel, 2004, InsO § 41 Rn. 6.

[26] LG Stuttgart 15.6.2022, ZRI 2022, 747 (750); MHdB GesR II/Plückelmann Rn. 7.

[27] BGH 21.3.1988, BGHZ 104, 33 (38 ff.) = NJW 1988, 1841; 9.2.1981, NJW 1981, 2251 (2252); Ebenroth/Boujong/Gehrlein Rn. 13.

[28] BGH 16.5.2017, NZG 2017, 907 Rn. 10; 17.12.1984, WM 1985, 284 = NJW 1985, 1079; 9.2.1981, WM 1981, 761 f. = NJW 1981, 2251; Ebenroth/Boujong/Gehrlein Rn. 13; Staub/Harbarth § 235 Rn. 56; RGHMW/Mock Rn. 15; Renner ZIP 2002, 1430 (1435); MüKoHGB/K. Schmidt Rn. 6; MüKoHGB/K. Schmidt § 235 Rn. 60.

[29] BGH 16.5.2017, NZG 2017, 907 Rn. 14 ff.; Wedemann EWiR 2017, 553 (554); **aA** OLG München 30.4.2014, BeckRS 2014, 21235 sowie BeckRS 2014, 21236; LG Gera 12.4.2017, ZIP 2017, 1566 (1567) = BeckRS 2017, 121289.

[30] BGH 21.3.1983, NJW 1983, 1855 (1856); 1.3.1982, BGHZ 83, 341 (344 f.) = NJW 1983, 42; OLG Hamm 6.3.1996, WM 1997, 2323 (2324); MüKoHGB/K. Schmidt § 230 Rn. 173; Ebenroth/Boujong/Gehrlein Rn. 15; NK-HGB/Partikel Rn. 4.

[31] BGH 16.5.2017, NZG 2017, 907 (908); 13.2.2006, BB 2006, 792; 7.11.1988, BGHZ 106, 7 (9) = NJW 1989, 982; 17.12.1984, WM 1985, 284 = NJW 1985, 1079; OLG Köln 27.10.2011, ZIP 2011, 2208 (2209 f.); OLG Hamm 6.3.1996, WM 1997, 2323 (2324); Ebenroth/Boujong/Gehrlein Rn. 17; Staub/Harbarth Rn. 5, 43; KKD/Kindler Rn. 17; MüKoHGB/K. Schmidt Rn. 37; K. Schmidt ZHR 178 (2014), 10 (44); **aA** Hennrichs FS K. Schmidt, 2019, 435 (441 ff.); diff. Bitter ZIP 2019, 146 (148 ff.).

[32] BGH 28.6.2012, BGHZ 193, 378 Rn. 14 ff. = NZG 2012, 1103; LG Stuttgart 15.6.2022, ZRI 2022, 747 (750 f.); zust. Henssler/Strohn/Servatius Rn. 19 f.; ähnlich Ganter NZI 2021, 1 (6 f.) auch zu den maßgeblichen Kriterien der atypischen Beteiligung idS; zum Gesamtkomplex s. Madaus ZRI 2022, 1 (5 ff.).

[33] Bormann/Friesen GmbHR 2012, 1185; RGHMW/Mock Rn. 39; Mylich WM 2013, 1010 (1014); K. Schmidt ZHR 178 (2014), 10 (45 ff.).

tete Einlage). Die stille Einlage ist als Eigenkapital zu behandeln, wenn sie als Teil der Beitragspflicht zur Erreichung des Gesellschaftszwecks unerlässlich ist.[34]

13 Eine Vereinbarung des Geschäftsinhabers und des stillen Teilhabers, wonach die Einlage erst nach Befriedigung der übrigen Insolvenzgläubiger zu befriedigen ist **(Rangrücktrittsvereinbarung nach § 39 Abs. 2 InsO),** führt ebenfalls dazu, dass die Einlage als Eigenkapital zu behandeln ist.[35]

14 **b) Nachrang des Rückforderungsanspruchs im Insolvenzverfahren.** Im Fall einer stillen Beteiligung an einer Gesellschaft, bei der keine natürliche Person – auch nicht indirekt – persönlich haftet, gilt: Ist der stille Gesellschafter zugleich Gesellschafter dieser Gesellschaft, so stellt die Erbringung seiner Einlage eine Rechtshandlung dar, die einem Gesellschafterdarlehen wirtschaftlich entspricht iSv **§ 39 Abs. 1 Nr. 5 InsO.**[36] Ein ihm zustehender Rückforderungsanspruch aus § 236 ist demzufolge gem. § 39 Abs. 1 Nr. 5 InsO nachrangig, vorausgesetzt das Sanierungs- und das Kleinstbeteiligungsprivileg gem. § 39 Abs. 4 S. 2, Abs. 5 InsO greifen nicht ein.[37] Ist der stille Teilhaber nicht zugleich Gesellschafter, so können seine Rechtshandlungen ebenfalls einem Gesellschafterdarlehen wirtschaftlich entsprechen iSv § 39 Abs. 1 Nr. 5 InsO, nämlich dann, wenn es sich um einen atypisch stillen Beteiligten handelt, der einem Kommanditisten gleichstehen soll.[38] Das hat zwar – entgegen der Ansicht des IX. Zivilsenat des BGH – keine Auswirkungen auf die Ansprüche eines solchen stillen Gesellschafters auf Einlagenrückgewähr (→ Rn. 11), wohl aber folgt daraus der Nachrang von dessen Ansprüchen auf Rückgewähr von Darlehen, die er der Gesellschaft gewährt hat.[39] § 39 Abs. 1 Nr. 5 InsO gilt für alle Insolvenzverfahren, die nach dem Inkrafttreten des MoMiG eröffnet werden (§ 103d EGInsO). Bei gesicherten Forderungen kommt § 44a InsO zur Anwendung (zur Rechtslage vor MoMiG → 1. Aufl. 2009, Rn. 15).

15 Im Fall einer **Rückzahlung der Einlage** an den stillen Gesellschafter kommt wegen § 30 Abs. 1 S. 3 GmbHG ein Verstoß gegen § 30 Abs. 1 S. 1 GmbHG von vornherein nicht in Betracht. Die Befriedigung eines nach § 39 Abs. 1 Nr. 5 InsO nachrangigen Rückzahlungsanspruchs kann jedoch nach **§ 135 Abs. 1 Nr. 2 InsO** angefochten werden, wenn sie innerhalb eines Jahres vor oder nach der Eröffnung des Insolvenzverfahrens erfolgte. Infolge der Anfechtung muss der stille Teilhaber die Einlage an den Insolvenzverwalter in die Masse zurückzahlen. § 135 InsO gilt erst für die Rückzahlungen, die nach dem Inkrafttreten des MoMiG erfolgten (§ 103d S. 2 EGInsO). Im Übrigen gilt das alte Eigenkapitalersatzrecht, das nach stRspr bei stillen Gesellschaftern allerdings nur dann Anwendung findet, wenn der – atypische – stille Gesellschafter auf Grund der vertraglichen Ausgestaltung des stillen Gesellschaftsverhältnisses hinsichtlich seiner vermögensmäßigen Beteiligung und seines Einflusses auf die Geschicke der Gesellschaft weitgehend einem GmbH-Gesellschafter gleichsteht.[40]

III. Insolvenz des stillen Gesellschafters

16 Die Insolvenz des stillen Gesellschafters führt nach § 740a Abs. 1 Nr. 5 BGB zur Auflösung der stillen Gesellschaft (→ § 234 Rn. 26). Die Auseinandersetzung erfolgt gem. § 84 Abs. 1 InsO außerhalb des Insolvenzverfahrens über das Vermögen des stillen Teilhabers. Der Inhaber muss eine Auseinandersetzungsbilanz nach § 235 aufstellen und dem Insolvenzverwalter zur Verfügung stellen.[41] Bei einem Aktivsaldo auf dem Einlagekonto muss der Geschäftsinhaber den Betrag an den Insolvenzver-

[34] BGH 21.3.1988, BGHZ 104, 33 (38 ff.) = NJW 1988, 1841; 17.5.1982, NJW 1982, 2253 (2254); 9.2.1981, WM 1981, 761 = NJW 1981, 2251; 5.11.1979, NJW 1980, 1522 (1523); Ebenroth/Boujong/Gehrlein Rn. 16; Staub/Harbarth Rn. 42; Uhlenbruck/Hirte InsO § 11 Rn. 390; Manz/Lammel GmbHR 2009, 1121 (1123); MHdB GesR II/Plückelmann § 93 Rn. 15; Renner ZIP 2002, 1430 (1431 ff.).

[35] BGH 21.7.2003, BGHZ 156, 38 (44) = NJW 2003, 3412; 7.11.1988, BGHZ 106, 7 (9) = NJW 1989, 982; 21.3.1983, NJW 1983, 1855 (1856); 1.3.1982, BGHZ 83, 341 (344 f.) = NJW 1983, 42 (43); Ebenroth/Boujong/Gehrlein Rn. 14; Uhlenbruck/Hirte InsO § 11 Rn. 391; RGHMW/Mock Rn. 19; MHdB GesR II/Plückelmann § 93 Rn. 14.

[36] BGH 23.11.2017, NZG 2018, 109 Rn. 7; MüKoInsO/Behme InsO § 39 Rn. 74; Staub/Harbarth Rn. 33, 37; MüKoHGB/K. Schmidt Rn. 25; vgl. auch BGH 28.6.2012, BGHZ 193, 378 Rn. 10 ff. = NZG 2012, 1103.

[37] BGH 23.11.2017, NZG 2018, 109; Bitter ZIP 2019, 146 (147 f.); Keller EWiR 2018, 181 (182); Staub/Harbarth Rn. 33 ff.; RGHMW/Mock Rn. 21; für den Fall der gesplitteten Einlage Ganter NZI 2021, 1 (3).

[38] MüKoInsO/*Behme* InsO § 39 Rn. 82; diff. RGHMW/Mock Rn. 39.

[39] Zur Gleichstellung eines Darlehens eines atypischen stillen Gesellschafters mit einem Gesellschafterdarlehen im Rahmen von § 32a Abs. 3 S. 1 GmbHG aF BGH 23.1.2018, NZG 2018, 427 Rn. 14; 24.9.2013, NZG 2013, 1385 Rn. 19 ff.; vgl. auch Bitter ZIP 2019, 146 (157 f.); vgl. zur Selbstständigkeit eines Garantievertrags zwischen stillem Gesellschafter und Gesellschaft LG Stuttgart 15.6.2022, ZRI 2022, 747 (750).

[40] BGH 7.11.1988, BGHZ 106, 7 (10) = NJW 1989, 982 (983); 24.9.2013, NZG 2013, 1385 Rn. 19 ff.; 23.1.2018, NZG 2018, 427 Rn. 14.

[41] Blaurock Stille Gesellschaft-HdB/Kauffeld Rn. 16.131; MüKoHGB/K. Schmidt Rn. 44; Ebenroth/Boujong/Gehrlein Rn. 23; RGHMW/Mock Rn. 34.

walter zugunsten der Insolvenzmasse zahlen (§ 80 Abs. 1 InsO). Bei einem negativen Saldo (Passivsaldo) hat der Inhaber einen Anspruch auf Zahlung der rückständigen Einlage bis zur Grenze der Verlustbeteiligung des stillen Gesellschafters (→ § 235 Rn. 8). Insoweit ist der Inhaber Insolvenzgläubiger und muss seine Forderung beim Insolvenzverwalter zur Tabelle anmelden (§§ 174, 175 InsO).[42]

IV. Insolvenzanfechtung nach § 136 InsO

17 **1. Allgemeines.** § 136 InsO hat § 237 aF ohne sachliche Änderung ersetzt und gewährt einen eigenen Anfechtungsgrund neben §§ 129 ff. InsO für den Fall der Insolvenz des Geschäftsinhabers,[43] der nicht vertraglich zu Lasten der Insolvenzgläubiger abdingbar ist.[44] § 136 Abs. 1 InsO enthält einen rein objektiven Tatbestand als Anfechtungsgrund, der in der Rückgewähr der Einlage oder dem Erlass der Verlustbeteiligung aufgrund einer Vereinbarung besteht.[45] Eine Benachteiligungsabsicht ist nicht erforderlich.[46] Die Anfechtung erfolgt durch den Insolvenzverwalter (§ 129 Abs. 1 InsO).

18 **2. Rückgewähr der Einlage oder Erlass der Verlustbeteiligung.** § 136 Abs. 1 InsO greift ein, wenn dem stillen Teilhaber die Einlage ganz oder teilweise zurückgewährt wurde. Unter **Rückgewähr der Einlage** ist nicht nur deren Rückzahlung zu verstehen. Vielmehr fällt darunter auch jedes andere Handeln, das die Einlage dem Zugriff der übrigen Gläubiger entzieht, so insbesondere die Aufrechnung gegen eine Forderung des stillen Gesellschafters oder die Rückgewähr durch eine Leistung an Erfüllungs statt und andere Erfüllungssurrogate.[47] Eine Rückgewähr kann auch dadurch erfolgen, dass der Geschäftsinhaber dem stillen Gesellschafter aus dem Gesellschaftsvermögen eine insolvenzfeste Sicherheit für die Forderung gewährt.[48]

19 Eine Rückgewähr liegt jedoch nicht vor, wenn die Einlage des stillen Gesellschafters in ein **Darlehen umgewandelt** wird.[49] § 136 Abs. 1 InsO ist teleologisch auszulegen und soll nur vor einer Verminderung der Insolvenzmasse schützen. Die Darlehensforderung ist aber nur eine Insolvenzforderung, ebenso wie der Auszahlungsanspruch des stillen Gesellschafters. Die Umwandlung der Einlage führte somit nicht zur Schmälerung der Masse. Zu einer Rückgewähr der Einlage kommt es mangels Masseschmälerung ebenfalls nicht, wenn gleichzeitig mit der Rückzahlung eine gleichwertige Einlage geleistet wurde.[50] Auch der Erlass einer offenen Einlageschuld durch den Inhaber begründet keine Rückgewähr, denn nach der Grundkonzeption der stillen Gesellschaft riskiert der stille Teilhaber nur dann den Verlust seiner Einlage, wenn er diese erbracht hat.[51] § 136 InsO greift allerdings ein, wenn das Einlagekonto des stillen Gesellschafters im Zeitpunkt des Erlasses negativ war, denn in diesem Fall handelt es sich de facto um den Erlass der Verlustbeteiligung des stillen Teilhabers (→ Rn. 21).

20 § 136 Abs. 1 InsO greift auch ein, wenn dem stillen Gesellschafter sein **Anteil an den entstandenen Verlusten** ganz oder teilweise **erlassen** wird. Da die Norm nach ihrem eindeutigen Wortlaut voraussetzt, dass sich der Erlass auf Verluste bezieht, die bereits entstanden sind, begründet die Freistellung von künftigen Verlusten keinen Anfechtungsgrund nach § 136 InsO (ggf. aber nach §§ 130 ff. InsO).[52]

21 **3. Aufgrund einer Vereinbarung.** Die Rückgewähr der Einlage bzw. der Erlass der Verlustbeteiligung müssen aufgrund einer Vereinbarung erfolgen. **Keine Vereinbarung** iSv § 136 InsO stellt der **Gesellschaftsvertrag** dar,[53] sodass alle Leistungen, die an den stillen Gesellschafter aufgrund

---

[42] Blaurock Stille Gesellschaft-HdB/Kauffeld Rn. 16.132; Ebenroth/Boujong/Gehrlein Rn. 23.

[43] Begr. RegE InsO, BT-Drs. 12/2443, 161; Hess/Weiss InsO § 136 Rn. 1; MHdB GesR II/Plückelmann § 93 Rn. 20.

[44] Gehrlein WM-Sonderbeil. 1/2009, 40 (52); MHdB GesR II/Plückelmann § 93 Rn. 20.

[45] Begr. RegE InsO, BT-Drs. 12/2443, 161; Hess/Weiss InsO § 136 Rn. 1.

[46] RG 16.6.1900, JW 1900, 621; Begr. RegE InsO, BT-Drs. 12/2443, 161; MHdB GesR II/Plückelmann § 93 Rn. 20.

[47] Staub/Harbarth Anh. § 236 Rn. 15; MüKoHGB/K. Schmidt Anh. § 236 Rn. 12; Blaurock Stille Gesellschaft-HdB/Kauffeld Rn. 16.106; Hess/Weiss InsO § 136 Rn. 9; RGHMW/Mock Rn. 25.

[48] BGH 29.6.1970, NJW 1971, 375 (378); Hess/Weiss InsO § 136 Rn. 10; RGHMW/Mock Rn. 25.

[49] Blaurock Stille Gesellschaft-HdB/Kauffeld Rn. 16.107; Staub/Harbarth Anh. § 236 Rn. 20; RGHMW/Mock Rn. 25; MüKoHGB/K. Schmidt Anh. § 236 Rn. 12; FK-InsO/Dauerheim InsO § 136 Rn. 14; **aA** Hess/Weiss InsO § 136 Rn. 12.

[50] Staub/Harbarth Anh. § 236 Rn. 18.

[51] Staub/Harbarth Anh. § 236 Rn. 22; Uhlenbruck/Hirte InsO § 136 Rn. 6; MüKoHGB/K. Schmidt Anh. § 236 Rn. 15; Henssler/Strohn/Servatius InsO § 136 Rn. 2.

[52] RG 15.3.1893, RGZ 31, 33 (37); Blaurock Stille Gesellschaft-HdB/Kauffeld Rn. 16.109; FK-InsO/Dauerheim InsO § 136 Rn. 15; Staub/Harbarth Anh. § 236 Rn. 23.

[53] RG 1.5.1914, RGZ 84, 434 (438); MüKoHGB/K. Schmidt Anh. § 236 Rn. 18; FK-InsO/Dauerheim InsO § 136 Rn. 11; Uhlenbruck/Hirte InsO § 136 Rn. 8; Gehrlein WM-Sonderbeil. 1/2009, 40 (52).

des Gesellschaftsvertrags erbracht werden, keine Anfechtung nach § 136 InsO begründen können.[54] Das gilt auch für Zahlungen auf den Auseinandersetzungsanspruch, der infolge der außerordentlichen oder ordentlichen Kündigung der stillen Gesellschaft erfolgte: Der stille Gesellschafter erlangt hier nur, was ihm nach dem Gesellschaftsvertrag bzw. Gesetz zusteht.[55] Ist der Stille an Verlusten beteiligt und sind solche eingetreten, so ist eine vollumfängliche Rückzahlung der Einlage nicht vom Auseinandersetzungsanspruch umfasst und insolvenzrechtlich anfechtbar.[56] Ein **Aufhebungsvertrag** über die stille Gesellschaft ist ebenfalls keine Vereinbarung iSv § 136 InsO.[57] Der Aufhebungsvertrag ist der actus contrarius zum ursprünglichen Gesellschaftsvertrag. Überdies erhält der stille Gesellschafter im Rahmen der anschließenden Auseinandersetzung nur das, was sich aus dem ursprünglichen Gesellschaftsvertrag bzw. Gesetz ergibt. Nur soweit der Aufhebungsvertrag dem stillen Gesellschafter mehr gewährt, als er bei einer Auseinandersetzung (zB nach einer Kündigung) verlangen könnte, greift § 136 Abs. 1 InsO ein.[58]

4. Zeitliche Begrenzung des Anfechtungsgrunds. Die Vereinbarung, auf der die Rückzahlung der Einlage bzw. der Erlass der Verlustbeteiligung beruht, muss im Jahr vor dem Antrag auf Eröffnung des Insolvenzverfahrens über das Vermögen des Inhabers oder nach diesem Antrag erfolgt sein. Unerheblich ist der Zeitpunkt, zu dem die Vereinbarung erfüllt wurde.[59] Die Anfechtung ist nach § 136 Abs. 2 InsO ausgeschlossen, wenn der Insolvenzgrund erst nach der Vereinbarung eingetreten ist.[60] 22

5. Rechtsfolge. Die Anfechtung nach § 136 InsO führt nicht zur Nichtigkeit des angefochtenen Rechtsgeschäfts.[61] Der stille Gesellschafter muss gem. § 143 Abs. 1 InsO die erhaltenen Einlagen zurückgewähren. Sofern ein Verlustanteil erlassen wurde, ist dieser einlagenmindernd bei der Berechnung des Anspruchs aus § 236 Abs. 1 zu berücksichtigen. 23

V. Unterbeteiligung in der Insolvenz

Für die Unterbeteiligung gilt in der Insolvenz des Hauptbeteiligten § 236 entsprechend.[62] Der Anspruch des Unterbeteiligten auf das Auseinandersetzungsguthaben ist demgemäß nur eine Insolvenzforderung.[63] Für die Insolvenz des Unterbeteiligten gelten die Ausführungen zur Insolvenz des stillen Gesellschafters sinnentsprechend (→ Rn. 16). 24

Die analoge Anwendung des § 136 InsO auf die Unterbeteiligung ist grundsätzlich abzulehnen.[64] Der Anfechtungstatbestand soll der Verminderung der Insolvenzmasse im Fall der Unternehmensinsolvenz entgegenwirken. Der Unterbeteiligte partizipiert indes nicht am Unternehmen, sondern nur am Gesellschaftsanteil. Daher besteht grundsätzlich keine vergleichbare Interessenlage. Eine Analogie ist jedoch ausnahmsweise zu befürworten, wenn sich die anzufechtenden Rechtshandlungen zum Nachteil der Unternehmensgläubiger auswirken.[65] 25

§ 237 *[aufgehoben]*

---

[54] K. Schmidt KTS 1977, 65 (70); RGHMW/Mock Rn. 28.

[55] BGH 27.11.2000, NJW 2001, 1270 (1272); 29.6.1970, BGHZ 55, 5 (10) = NJW 1971, 375; MHdB GesR II/Plückelmann § 93 Rn. 21; RGHMW/Mock Rn. 28; Gehrlein WM-Sonderbeil. 1/2009, 40 (52).

[56] BGH 14.12.2023, BeckRS 2023, 42796.

[57] BGH 27.11.2000, NJW 2001, 1270 (1272); 29.6.1970, BGHZ 55, 5 (10) = NJW 1971, 375; OLG München 23.6.1999, NZG 2000, 92 (93); RGHMW/Mock Rn. 28; FK-InsO/Dauerheim InsO § 136 Rn. 12; Uhlenbruck/Hirte InsO § 136 Rn. 9.

[58] RGHMW/Mock Rn. 28; s. auch Gehrlein WM-Sonderbeil. 1/2009, 40 (52).

[59] Gehrlein WM-Sonderbeil. 1/2009, 40 (52).

[60] Dazu BGH 1.3.1982, BGHZ 83, 341 (346) = NJW 1983, 42.

[61] Henssler/Strohn/Servatius Rn. 6; Hopt/Roth Rn. 6.

[62] MüKoHGB/K. Schmidt Rn. 45; BeckOGK/Bunzel, 1.12.2021, Rn. 50; RGHMW/Mock Rn. 47; Ebenroth/Boujong/Gehrlein Rn. 24; Blaurock Stille Gesellschaft-HdB/Blaurock Rn. 30.65.

[63] Paulick ZGR 1974, 253 (283); MüKoHGB/K. Schmidt Rn. 45; Ebenroth/Boujong/Gehrlein Rn. 24; Blaurock Stille Gesellschaft-HdB/Blaurock Rn. 30.65.

[64] Generell abl. Blaurock, Unterbeteiligung und Treuhand an Gesellschaftsanteilen, 1981, 279; BeckOGK/Bunzel, 1.12.2021, Rn. 50; Staub/Harbarth Anh. § 236 Rn. 54 f.; KKD/Kindler Rn. 20; Koenigs, Die stille Gesellschaft, 1961, 346; Paulick ZGR 1974, 253 (283 f.); Ulbrich, Die Unterbeteiligungsgesellschaft an Personengesellschaftsanteilen, 1982, 156; **aA** RGHMW/Mock Rn. 47; MüKoHGB/K. Schmidt Anh. § 236 Rn. 31.

[65] MüKoHGB/K. Schmidt Anh. § 236 Rn. 31; RGHMW/Mock Rn. 47.

Drittes Buch. Handelsbücher

Erster Abschnitt. Vorschriften für alle Kaufleute

Erster Unterabschnitt. Buchführung. Inventar

§ 238 Buchführungspflicht

(1) [1]Jeder Kaufmann ist verpflichtet, Bücher zu führen und in diesen seine Handelsgeschäfte und die Lage seines Vermögens nach den Grundsätzen ordnungsmäßiger Buchführung ersichtlich zu machen. [2]Die Buchführung muß so beschaffen sein, daß sie einem sachverständigen Dritten innerhalb angemessener Zeit einen Überblick über die Geschäftsvorfälle und über die Lage des Unternehmens vermitteln kann. [3]Die Geschäftsvorfälle müssen sich in ihrer Entstehung und Abwicklung verfolgen lassen.

(2) Der Kaufmann ist verpflichtet, eine mit der Urschrift übereinstimmende Wiedergabe der abgesandten Handelsbriefe (Kopie, Abdruck, Abschrift oder sonstige Wiedergabe des Wortlauts auf einem Schrift-, Bild- oder anderen Datenträger) zurückzubehalten.

§ 239 Führung der Handelsbücher

(1) [1]Bei der Führung der Handelsbücher und bei den sonst erforderlichen Aufzeichnungen hat sich der Kaufmann einer lebenden Sprache zu bedienen. [2]Werden Abkürzungen, Ziffern, Buchstaben oder Symbole verwendet, muß im Einzelfall deren Bedeutung eindeutig festliegen.

(2) Die Eintragungen in Büchern und die sonst erforderlichen Aufzeichnungen müssen vollständig, richtig, zeitgerecht und geordnet vorgenommen werden.

(3) [1]Eine Eintragung oder eine Aufzeichnung darf nicht in einer Weise verändert werden, daß der ursprüngliche Inhalt nicht mehr feststellbar ist. [2]Auch solche Veränderungen dürfen nicht vorgenommen werden, deren Beschaffenheit es ungewiß läßt, ob sie ursprünglich oder erst später gemacht worden sind.

(4) [1]Die Handelsbücher und die sonst erforderlichen Aufzeichnungen können auch in der geordneten Ablage von Belegen bestehen oder auf Datenträgern geführt werden, soweit diese Formen der Buchführung einschließlich des dabei angewandten Verfahrens den Grundsätzen ordnungsmäßiger Buchführung entsprechen. [2]Bei der Führung der Handelsbücher und der sonst erforderlichen Aufzeichnungen auf Datenträgern muß insbesondere sichergestellt sein, daß die Daten während der Dauer der Aufbewahrungsfrist verfügbar sind und jederzeit innerhalb angemessener Frist lesbar gemacht werden können. [3]Absätze 1 bis 3 gelten sinngemäß.

§ 240 Inventar

(1) Jeder Kaufmann hat zu Beginn seines Handelsgewerbes seine Grundstücke, seine Forderungen und Schulden, den Betrag seines baren Geldes sowie seine sonstigen Vermögensgegenstände genau zu verzeichnen und dabei den Wert der einzelnen Vermögensgegenstände und Schulden anzugeben.

(2) [1]Er hat demnächst für den Schluß eines jeden Geschäftsjahrs ein solches Inventar aufzustellen. [2]Die Dauer des Geschäftsjahrs darf zwölf Monate nicht überschreiten. [3]Die Aufstellung des Inventars ist innerhalb der einem ordnungsmäßigen Geschäftsgang entsprechenden Zeit zu bewirken.

(3) [1]Vermögensgegenstände des Sachanlagevermögens sowie Roh-, Hilfs- und Betriebsstoffe können, wenn sie regelmäßig ersetzt werden und ihr Gesamtwert für das Unternehmen von nachrangiger Bedeutung ist, mit einer gleichbleibenden Menge und einem gleichbleibenden Wert angesetzt werden, sofern ihr Bestand in seiner Größe, seinem Wert und seiner Zusammensetzung nur geringen Veränderungen unterliegt. [2]Jedoch ist in der Regel alle drei Jahre eine körperliche Bestandsaufnahme durchzuführen.

(4) Gleichartige Vermögensgegenstände des Vorratsvermögens sowie andere gleichartige oder annähernd gleichwertige bewegliche Vermögensgegenstände und Schulden können jeweils zu einer Gruppe zusammengefaßt und mit dem gewogenen Durchschnittswert angesetzt werden.

§ 241 Inventurvereinfachungsverfahren

(1) [1]Bei der Aufstellung des Inventars darf der Bestand der Vermögensgegenstände nach Art, Menge und Wert auch mit Hilfe anerkannter mathematisch-statistischer Methoden auf Grund von Stichproben ermittelt werden. [2]Das Verfahren muß den Grundsätzen ordnungsmäßiger Buchführung entsprechen. [3]Der Aussagewert des auf diese Weise aufgestellten Inventars muß dem Aussagewert eines auf Grund einer körperlichen Bestandsaufnahme aufgestellten Inventars gleichkommen.

(2) Bei der Aufstellung des Inventars für den Schluß eines Geschäftsjahrs bedarf es einer körperlichen Bestandsaufnahme der Vermögensgegenstände für diesen Zeitpunkt nicht, soweit durch Anwendung eines den Grundsätzen ordnungsmäßiger Buchführung entsprechenden anderen Verfahrens gesichert ist, daß der Bestand der Vermögensgegenstände nach Art, Menge und Wert auch ohne die körperliche Bestandsaufnahme für diesen Zeitpunkt festgestellt werden kann.

(3) In dem Inventar für den Schluß eines Geschäftsjahrs brauchen Vermögensgegenstände nicht verzeichnet zu werden, wenn

1. der Kaufmann ihren Bestand auf Grund einer körperlichen Bestandsaufnahme oder auf Grund eines nach Absatz 2 zulässigen anderen Verfahrens nach Art, Menge und Wert in einem besonderen Inventar verzeichnet hat, das für einen Tag innerhalb der letzten drei Monate vor oder der ersten beiden Monate nach dem Schluß des Geschäftsjahrs aufgestellt ist, und
2. auf Grund des besonderen Inventars durch Anwendung eines den Grundsätzen ordnungsmäßiger Buchführung entsprechenden Fortschreibungs- oder Rückrechnungsverfahrens gesichert ist, daß der am Schluß des Geschäftsjahrs vorhandene Bestand der Vermögensgegenstände für diesen Zeitpunkt ordnungsgemäß bewertet werden kann.

§ 241a Befreiung von der Pflicht zur Buchführung und Erstellung eines Inventars

[1]Einzelkaufleute, die an den Abschlussstichtagen von zwei aufeinander folgenden Geschäftsjahren nicht mehr als jeweils 800 000 Euro Umsatzerlöse und jeweils 80 000 Euro Jahresüberschuss aufweisen, brauchen die §§ 238 bis 241 nicht anzuwenden. [2]Im Fall der Neugründung treten die Rechtsfolgen schon ein, wenn die Werte des Satzes 1 am ersten Abschlussstichtag nach der Neugründung nicht überschritten werden.

Zweiter Unterabschnitt. Eröffnungsbilanz. Jahresabschluß

Erster Titel. Allgemeine Vorschriften

§ 242 Pflicht zur Aufstellung

(1) [1]Der Kaufmann hat zu Beginn seines Handelsgewerbes und für den Schluß eines jeden Geschäftsjahrs einen das Verhältnis seines Vermögens und seiner Schulden darstellenden Abschluß (Eröffnungsbilanz, Bilanz) aufzustellen. [2]Auf die Eröffnungsbilanz sind die für den Jahresabschluß geltenden Vorschriften entsprechend anzuwenden, soweit sie sich auf die Bilanz beziehen.

(2) Er hat für den Schluß eines jeden Geschäftsjahrs eine Gegenüberstellung der Aufwendungen und Erträge des Geschäftsjahrs (Gewinn- und Verlustrechnung) aufzustellen.

(3) Die Bilanz und die Gewinn- und Verlustrechnung bilden den Jahresabschluß.

(4) [1]Die Absätze 1 bis 3 sind auf Einzelkaufleute im Sinn des § 241a nicht anzuwenden. [2]Im Fall der Neugründung treten die Rechtsfolgen nach Satz 1 schon ein, wenn die Werte des § 241a Satz 1 am ersten Abschlussstichtag nach der Neugründung nicht überschritten werden.

§ 243 Aufstellungsgrundsatz

(1) Der Jahresabschluß ist nach den Grundsätzen ordnungsmäßiger Buchführung aufzustellen.

(2) Er muß klar und übersichtlich sein.

(3) Der Jahresabschluß ist innerhalb der einem ordnungsmäßigen Geschäftsgang entsprechenden Zeit aufzustellen.

§ 244 Sprache. Währungseinheit

Der Jahresabschluß ist in deutscher Sprache und in Euro aufzustellen.

§ 245 Unterzeichnung

[1]Der Jahresabschluß ist vom Kaufmann unter Angabe des Datums zu unterzeichnen. [2]Sind mehrere persönlich haftende Gesellschafter vorhanden, so haben sie alle zu unterzeichnen.

Zweiter Titel. Ansatzvorschriften

§ 246 Vollständigkeit. Verrechnungsverbot

(1) [1]Der Jahresabschluss hat sämtliche Vermögensgegenstände, Schulden, Rechnungsabgrenzungsposten sowie Aufwendungen und Erträge zu enthalten, soweit gesetzlich nichts anderes bestimmt ist. [2]Vermögensgegenstände sind in der Bilanz des Eigentümers aufzunehmen; ist ein Vermögensgegenstand nicht dem Eigentümer, sondern einem anderen wirtschaftlich zuzurechnen, hat dieser ihn in seiner Bilanz auszuweisen. [3]Schulden sind in die Bilanz des Schuldners aufzunehmen. [4]Der Unterschiedsbetrag, um den die für die Übernahme eines Unternehmens bewirkte Gegenleistung den Wert der einzelnen Vermögensgegenstände des Unternehmens abzüglich der Schulden im Zeitpunkt der Übernahme übersteigt (entgeltlich erworbener Geschäfts- oder Firmenwert), gilt als zeitlich begrenzt nutzbarer Vermögensgegenstand.

(2) [1]Posten der Aktivseite dürfen nicht mit Posten der Passivseite, Aufwendungen nicht mit Erträgen, Grundstücksrechte nicht mit Grundstückslasten verrechnet werden. [2]Vermögensgegenstände, die dem Zugriff aller übrigen Gläubiger entzogen sind und ausschließlich der Erfüllung von Schulden aus Altersversorgungsverpflichtungen oder vergleichbaren langfristig fälligen Verpflichtungen dienen, sind mit diesen Schulden zu verrechnen; entsprechend ist mit den zugehörigen Aufwendungen und Erträgen aus der Abzinsung und aus dem zu verrechnenden Vermögen zu verfahren. [3]Übersteigt der beizulegende Zeitwert der Vermögensgegenstände den Betrag der Schulden, ist der übersteigende Betrag unter einem gesonderten Posten zu aktivieren.

(3) [1]Die auf den vorhergehenden Jahresabschluss angewandten Ansatzmethoden sind beizubehalten. [2]§ 252 Abs. 2 ist entsprechend anzuwenden.

§ 247 Inhalt der Bilanz

(1) In der Bilanz sind das Anlage- und das Umlaufvermögen, das Eigenkapital, die Schulden sowie die Rechnungsabgrenzungsposten gesondert auszuweisen und hinreichend aufzugliedern.

(2) Beim Anlagevermögen sind nur die Gegenstände auszuweisen, die bestimmt sind, dauernd dem Geschäftsbetrieb zu dienen.

§ 248 Bilanzierungsverbote und -wahlrechte

(1) In die Bilanz dürfen nicht als Aktivposten aufgenommen werden:
1. Aufwendungen für die Gründung eines Unternehmens,
2. Aufwendungen für die Beschaffung des Eigenkapitals und
3. Aufwendungen für den Abschluss von Versicherungsverträgen.

(2) [1]Selbst geschaffene immaterielle Vermögensgegenstände des Anlagevermögens können als Aktivposten in die Bilanz aufgenommen werden. [2]Nicht aufgenommen werden

dürfen selbst geschaffene Marken, Drucktitel, Verlagsrechte, Kundenlisten oder vergleichbare immaterielle Vermögensgegenstände des Anlagevermögens.

§ 249 Rückstellungen

(1) [1]Rückstellungen sind für ungewisse Verbindlichkeiten und für drohende Verluste aus schwebenden Geschäften zu bilden. [2]Ferner sind Rückstellungen zu bilden für

1. im Geschäftsjahr unterlassene Aufwendungen für Instandhaltung, die im folgenden Geschäftsjahr innerhalb von drei Monaten, oder für Abraumbeseitigung, die im folgenden Geschäftsjahr nachgeholt werden,
2. Gewährleistungen, die ohne rechtliche Verpflichtung erbracht werden.

(2) [1]Für andere als die in Absatz 1 bezeichneten Zwecke dürfen Rückstellungen nicht gebildet werden. [2]Rückstellungen dürfen nur aufgelöst werden, soweit der Grund hierfür entfallen ist.

§ 250 Rechnungsabgrenzungsposten

(1) Als Rechnungsabgrenzungsposten sind auf der Aktivseite Ausgaben vor dem Abschlußstichtag auszuweisen, soweit sie Aufwand für eine bestimmte Zeit nach diesem Tag darstellen.

(2) Auf der Passivseite sind als Rechnungsabgrenzungsposten Einnahmen vor dem Abschlußstichtag auszuweisen, soweit sie Ertrag für eine bestimmte Zeit nach diesem Tag darstellen.

(3) [1]Ist der Erfüllungsbetrag einer Verbindlichkeit höher als der Ausgabebetrag, so darf der Unterschiedsbetrag in den Rechnungsabgrenzungsposten auf der Aktivseite aufgenommen werden. [2]Der Unterschiedsbetrag ist durch planmäßige jährliche Abschreibungen zu tilgen, die auf die gesamte Laufzeit der Verbindlichkeit verteilt werden können.

§ 251 Haftungsverhältnisse

[1]Unter der Bilanz sind, sofern sie nicht auf der Passivseite auszuweisen sind, Verbindlichkeiten aus der Begebung und Übertragung von Wechseln, aus Bürgschaften, Wechsel- und Scheckbürgschaften und aus Gewährleistungsverträgen sowie Haftungsverhältnisse aus der Bestellung von Sicherheiten für fremde Verbindlichkeiten zu vermerken; sie dürfen in einem Betrag angegeben werden. [2]Haftungsverhältnisse sind auch anzugeben, wenn ihnen gleichwertige Rückgriffsforderungen gegenüberstehen.

Dritter Titel. Bewertungsvorschriften

§ 252 Allgemeine Bewertungsgrundsätze

(1) Bei der Bewertung der im Jahresabschluß ausgewiesenen Vermögensgegenstände und Schulden gilt insbesondere folgendes:

1. Die Wertansätze in der Eröffnungsbilanz des Geschäftsjahrs müssen mit denen der Schlußbilanz des vorhergehenden Geschäftsjahrs übereinstimmen.
2. Bei der Bewertung ist von der Fortführung der Unternehmenstätigkeit auszugehen, sofern dem nicht tatsächliche oder rechtliche Gegebenheiten entgegenstehen.
3. Die Vermögensgegenstände und Schulden sind zum Abschlußstichtag einzeln zu bewerten.
4. Es ist vorsichtig zu bewerten, namentlich sind alle vorhersehbaren Risiken und Verluste, die bis zum Abschlußstichtag entstanden sind, zu berücksichtigen, selbst wenn diese erst zwischen dem Abschlußstichtag und dem Tag der Aufstellung des Jahresabschlusses bekanntgeworden sind; Gewinne sind nur zu berücksichtigen, wenn sie am Abschlußstichtag realisiert sind.
5. Aufwendungen und Erträge des Geschäftsjahrs sind unabhängig von den Zeitpunkten der entsprechenden Zahlungen im Jahresabschluß zu berücksichtigen.
6. Die auf den vorhergehenden Jahresabschluss angewandten Bewertungsmethoden sind beizubehalten.

(2) Von den Grundsätzen des Absatzes 1 darf nur in begründeten Ausnahmefällen abgewichen werden.

§ 253 Zugangs- und Folgebewertung

(1) [1]Vermögensgegenstände sind höchstens mit den Anschaffungs- oder Herstellungskosten, vermindert um die Abschreibungen nach den Absätzen 3 bis 5, anzusetzen. [2]Verbindlichkeiten sind zu ihrem Erfüllungsbetrag und Rückstellungen in Höhe des nach vernünftiger kaufmännischer Beurteilung notwendigen Erfüllungsbetrages anzusetzen. [3]Soweit sich die Höhe von Altersversorgungsverpflichtungen ausschließlich nach dem beizulegenden Zeitwert von Wertpapieren im Sinn des § 266 Abs. 2 A. III. 5 bestimmt, sind Rückstellungen hierfür zum beizulegenden Zeitwert dieser Wertpapiere anzusetzen, soweit er einen garantierten Mindestbetrag übersteigt. [4]Nach § 246 Abs. 2 Satz 2 zu verrechnende Vermögensgegenstände sind mit ihrem beizulegenden Zeitwert zu bewerten. [5]Kleinstkapitalgesellschaften (§ 267a) dürfen eine Bewertung zum beizulegenden Zeitwert nur vornehmen, wenn sie von keiner der in § 264 Absatz 1 Satz 5, § 266 Absatz 1 Satz 4, § 275 Absatz 5 und § 326 Absatz 2 vorgesehenen Erleichterungen Gebrauch machen. [6]Macht eine Kleinstkapitalgesellschaft von mindestens einer der in Satz 5 genannten Erleichterungen Gebrauch, erfolgt die Bewertung der Vermögensgegenstände nach Satz 1, auch soweit eine Verrechnung nach § 246 Absatz 2 Satz 2 vorgesehen ist.

(2) [1]Rückstellungen mit einer Restlaufzeit von mehr als einem Jahr sind abzuzinsen mit dem ihrer Restlaufzeit entsprechenden durchschnittlichen Marktzinssatz, der sich im Falle von Rückstellungen für Altersversorgungsverpflichtungen aus den vergangenen zehn Geschäftsjahren und im Falle sonstiger Rückstellungen aus den vergangenen sieben Geschäftsjahren ergibt. [2]Abweichend von Satz 1 dürfen Rückstellungen für Altersversorgungsverpflichtungen oder vergleichbare langfristig fällige Verpflichtungen pauschal mit dem durchschnittlichen Marktzinssatz abgezinst werden, der sich bei einer angenommenen Restlaufzeit von 15 Jahren ergibt. [3]Die Sätze 1 und 2 gelten entsprechend für auf Rentenverpflichtungen beruhende Verbindlichkeiten, für die eine Gegenleistung nicht mehr zu erwarten ist. [4]Der nach den Sätzen 1 und 2 anzuwendende Abzinsungszinssatz wird von der Deutschen Bundesbank nach Maßgabe einer Rechtsverordnung ermittelt und monatlich bekannt gegeben. [5]In der Rechtsverordnung nach Satz 4, die nicht der Zustimmung des Bundesrates bedarf, bestimmt das Bundesministerium der Justiz im Benehmen mit der Deutschen Bundesbank das Nähere zur Ermittlung der Abzinsungszinssätze, insbesondere die Ermittlungsmethodik und deren Grundlagen, sowie die Form der Bekanntgabe.

(3) [1]Bei Vermögensgegenständen des Anlagevermögens, deren Nutzung zeitlich begrenzt ist, sind die Anschaffungs- oder die Herstellungskosten um planmäßige Abschreibungen zu vermindern. [2]Der Plan muss die Anschaffungs- oder Herstellungskosten auf die Geschäftsjahre verteilen, in denen der Vermögensgegenstand voraussichtlich genutzt werden kann. [3]Kann in Ausnahmefällen die voraussichtliche Nutzungsdauer eines selbst geschaffenen immateriellen Vermögensgegenstands des Anlagevermögens nicht verlässlich geschätzt werden, sind planmäßige Abschreibungen auf die Herstellungskosten über einen Zeitraum von zehn Jahren vorzunehmen. [4]Satz 3 findet auf einen entgeltlich erworbenen Geschäfts- oder Firmenwert entsprechende Anwendung. [5]Ohne Rücksicht darauf, ob ihre Nutzung zeitlich begrenzt ist, sind bei Vermögensgegenständen des Anlagevermögens bei voraussichtlich dauernder Wertminderung außerplanmäßige Abschreibungen vorzunehmen, um diese mit dem niedrigeren Wert anzusetzen, der ihnen am Abschlussstichtag beizulegen ist. [6]Bei Finanzanlagen können außerplanmäßige Abschreibungen auch bei voraussichtlich nicht dauernder Wertminderung vorgenommen werden.

(4) [1]Bei Vermögensgegenständen des Umlaufvermögens sind Abschreibungen vorzunehmen, um diese mit einem niedrigeren Wert anzusetzen, der sich aus einem Börsen- oder Marktpreis am Abschlussstichtag ergibt. [2]Ist ein Börsen- oder Marktpreis nicht festzustellen und übersteigen die Anschaffungs- oder Herstellungskosten den Wert, der den Vermögensgegenständen am Abschlussstichtag beizulegen ist, so ist auf diesen Wert abzuschreiben.

(5) [1]Ein niedrigerer Wertansatz nach Absatz 3 Satz 5 oder 6 und Absatz 4 darf nicht beibehalten werden, wenn die Gründe dafür nicht mehr bestehen. [2]Ein niedrigerer Wertansatz eines entgeltlich erworbenen Geschäfts- oder Firmenwertes ist beizubehalten.

(6) [1]Im Falle von Rückstellungen für Altersversorgungsverpflichtungen ist der Unterschiedsbetrag zwischen dem Ansatz der Rückstellungen nach Maßgabe des entsprechenden durchschnittlichen Marktzinssatzes aus den vergangenen zehn Geschäftsjahren und

dem Ansatz der Rückstellungen nach Maßgabe des entsprechenden durchschnittlichen Marktzinssatzes aus den vergangenen sieben Geschäftsjahren in jedem Geschäftsjahr zu ermitteln. [2]Gewinne dürfen nur ausgeschüttet werden, wenn die nach der Ausschüttung verbleibenden frei verfügbaren Rücklagen zuzüglich eines Gewinnvortrags und abzüglich eines Verlustvortrags mindestens dem Unterschiedsbetrag nach Satz 1 entsprechen. [3]Der Unterschiedsbetrag nach Satz 1 ist in jedem Geschäftsjahr im Anhang oder unter der Bilanz darzustellen.

§ 254 Bildung von Bewertungseinheiten

[1]Werden Vermögensgegenstände, Schulden, schwebende Geschäfte oder mit hoher Wahrscheinlichkeit erwartete Transaktionen zum Ausgleich gegenläufiger Wertänderungen oder Zahlungsströme aus dem Eintritt vergleichbarer Risiken mit Finanzinstrumenten zusammengefasst (Bewertungseinheit), sind § 249 Abs. 1, § 252 Abs. 1 Nr. 3 und 4, § 253 Abs. 1 Satz 1 und § 256a in dem Umfang und für den Zeitraum nicht anzuwenden, in dem die gegenläufigen Wertänderungen oder Zahlungsströme sich ausgleichen. [2]Als Finanzinstrumente im Sinn des Satzes 1 gelten auch Termingeschäfte über den Erwerb oder die Veräußerung von Waren.

§ 255 Bewertungsmaßstäbe

(1) [1]Anschaffungskosten sind die Aufwendungen, die geleistet werden, um einen Vermögensgegenstand zu erwerben und ihn in einen betriebsbereiten Zustand zu versetzen, soweit sie dem Vermögensgegenstand einzeln zugeordnet werden können. [2]Zu den Anschaffungskosten gehören auch die Nebenkosten sowie die nachträglichen Anschaffungskosten. [3]Anschaffungspreisminderungen, die dem Vermögensgegenstand einzeln zugeordnet werden können, sind abzusetzen.

(2) [1]Herstellungskosten sind die Aufwendungen, die durch den Verbrauch von Gütern und die Inanspruchnahme von Diensten für die Herstellung eines Vermögensgegenstands, seine Erweiterung oder für eine über seinen ursprünglichen Zustand hinausgehende wesentliche Verbesserung entstehen. [2]Dazu gehören die Materialkosten, die Fertigungskosten und die Sonderkosten der Fertigung sowie angemessene Teile der Materialgemeinkosten, der Fertigungsgemeinkosten und des Werteverzehrs des Anlagevermögens, soweit dieser durch die Fertigung veranlasst ist. [3]Bei der Berechnung der Herstellungskosten dürfen angemessene Teile der Kosten der allgemeinen Verwaltung sowie angemessene Aufwendungen für soziale Einrichtungen des Betriebs, für freiwillige soziale Leistungen und für die betriebliche Altersversorgung einbezogen werden, soweit diese auf den Zeitraum der Herstellung entfallen. [4]Forschungs- und Vertriebskosten dürfen nicht einbezogen werden.

(2a) [1]Herstellungskosten eines selbst geschaffenen immateriellen Vermögensgegenstands des Anlagevermögens sind die bei dessen Entwicklung anfallenden Aufwendungen nach Absatz 2. [2]Entwicklung ist die Anwendung von Forschungsergebnissen oder von anderem Wissen für die Neuentwicklung von Gütern oder Verfahren oder die Weiterentwicklung von Gütern oder Verfahren mittels wesentlicher Änderungen. [3]Forschung ist die eigenständige und planmäßige Suche nach neuen wissenschaftlichen oder technischen Erkenntnissen oder Erfahrungen allgemeiner Art, über deren technische Verwertbarkeit und wirtschaftliche Erfolgsaussichten grundsätzlich keine Aussagen gemacht werden können. [4]Können Forschung und Entwicklung nicht verlässlich voneinander unterschieden werden, ist eine Aktivierung ausgeschlossen.

(3) [1]Zinsen für Fremdkapital gehören nicht zu den Herstellungskosten. [2]Zinsen für *Fremdkapital, das zur Finanzierung* **der Herstellung eines Vermögensgegenstands verwendet wird, dürfen angesetzt werden, soweit sie auf den Zeitraum der Herstellung entfallen; in diesem Falle gelten sie als Herstellungskosten des Vermögensgegenstands.**

(4) [1]Der beizulegende Zeitwert entspricht dem Marktpreis. [2]Soweit kein aktiver Markt besteht, anhand dessen sich der Marktpreis ermitteln lässt, ist der beizulegende Zeitwert mit Hilfe allgemein anerkannter Bewertungsmethoden zu bestimmen. [3]Lässt sich der beizulegende Zeitwert weder nach Satz 1 noch nach Satz 2 ermitteln, sind die Anschaffungs- oder Herstellungskosten gemäß § 253 Abs. 4 fortzuführen. [4]Der zuletzt nach Satz 1

oder 2 ermittelte beizulegende Zeitwert gilt als Anschaffungs- oder Herstellungskosten im Sinn des Satzes 3.

§ 256 Bewertungsvereinfachungsverfahren

[1]Soweit es den Grundsätzen ordnungsmäßiger Buchführung entspricht, kann für den Wertansatz gleichartiger Vermögensgegenstände des Vorratsvermögens unterstellt werden, daß die zuerst oder daß die zuletzt angeschafften oder hergestellten Vermögensgegenstände zuerst verbraucht oder veräußert worden sind. [2]§ 240 Abs. 3 und 4 ist auch auf den Jahresabschluß anwendbar.

§ 256a Währungsumrechnung

[1]Auf fremde Währung lautende Vermögensgegenstände und Verbindlichkeiten sind zum Devisenkassamittelkurs am Abschlussstichtag umzurechnen. [2]Bei einer Restlaufzeit von einem Jahr oder weniger sind § 253 Abs. 1 Satz 1 und § 252 Abs. 1 Nr. 4 Halbsatz 2 nicht anzuwenden.

Dritter Unterabschnitt. Aufbewahrung und Vorlage

§ 257 Aufbewahrung von Unterlagen. Aufbewahrungsfristen

(1) Jeder Kaufmann ist verpflichtet, die folgenden Unterlagen geordnet aufzubewahren:

1. Handelsbücher, Inventare, Eröffnungsbilanzen, Jahresabschlüsse, Einzelabschlüsse nach § 325 Abs. 2a, Lageberichte, Konzernabschlüsse, Konzernlageberichte sowie die zu ihrem Verständnis erforderlichen Arbeitsanweisungen und sonstigen Organisationsunterlagen,
2. die empfangenen Handelsbriefe,
3. Wiedergaben der abgesandten Handelsbriefe,
4. Belege für Buchungen in den von ihm nach § 238 Abs. 1 zu führenden Büchern (Buchungsbelege).

(2) Handelsbriefe sind nur Schriftstücke, die ein Handelsgeschäft betreffen.

(3) [1]Mit Ausnahme der Eröffnungsbilanzen und Abschlüsse können die in Absatz 1 aufgeführten Unterlagen auch als Wiedergabe auf einem Bildträger oder auf anderen Datenträgern aufbewahrt werden, wenn dies den Grundsätzen ordnungsmäßiger Buchführung entspricht und sichergestellt ist, daß die Wiedergabe oder die Daten

1. mit den empfangenen Handelsbriefen und den Buchungsbelegen bildlich und mit den anderen Unterlagen inhaltlich übereinstimmen, wenn sie lesbar gemacht werden,
2. während der Dauer der Aufbewahrungsfrist verfügbar sind und jederzeit innerhalb angemessener Frist lesbar gemacht werden können.

[2]Sind Unterlagen auf Grund des § 239 Abs. 4 Satz 1 auf Datenträgern hergestellt worden, können statt des Datenträgers die Daten auch ausgedruckt aufbewahrt werden; die ausgedruckten Unterlagen können auch nach Satz 1 aufbewahrt werden.

(4) [1]Die in Absatz 1 Nummer 1 aufgeführten Unterlagen sind zehn Jahre, die in Absatz 1 Nummer 4 aufgeführten Unterlagen acht Jahre und die sonstigen in Absatz 1 aufgeführten Unterlagen sechs Jahre aufzubewahren. [2]Abweichend von Satz 1 sind bei Personen oder Gesellschaften, die

1. Institute im Sinne des § 1 Absatz 1b des Kreditwesengesetzes sind, einschließlich Zweigstellen nach § 53 des Kreditwesengesetzes,
2. der Aufsicht nach § 1 Absatz 1 des Versicherungsaufsichtsgesetzes unterliegen oder
3. Wertpapierinstitute im Sinne des § 2 Absatz 1 des Wertpapierinstitutsgesetzes sind,

die in Absatz 1 Nummer 4 aufgeführten Unterlagen zehn Jahre aufzubewahren.

(5) Die Aufbewahrungsfrist beginnt mit dem Schluß des Kalenderjahrs, in dem die letzte Eintragung in das Handelsbuch gemacht, das Inventar aufgestellt, die Eröffnungsbilanz oder der Jahresabschluß festgestellt, der Einzelabschluss nach § 325 Abs. 2a oder der Konzernabschluß aufgestellt, der Handelsbrief empfangen oder abgesandt worden oder der Buchungsbeleg entstanden ist.

§ 258 Vorlegung im Rechtsstreit

(1) Im Laufe eines Rechtsstreits kann das Gericht auf Antrag oder von Amts wegen die Vorlegung der Handelsbücher einer Partei anordnen.

(2) Die Vorschriften der Zivilprozeßordnung über die Verpflichtung des Prozeßgegners zur Vorlegung von Urkunden bleiben unberührt.

§ 259 Auszug bei Vorlegung im Rechtsstreit

[1]Werden in einem Rechtsstreit Handelsbücher vorgelegt, so ist von ihrem Inhalt, soweit er den Streitpunkt betrifft, unter Zuziehung der Parteien Einsicht zu nehmen und geeignetenfalls ein Auszug zu fertigen. [2]Der übrige Inhalt der Bücher ist dem Gericht insoweit offenzulegen, als es zur Prüfung ihrer ordnungsmäßigen Führung notwendig ist.

§ 260 Vorlegung bei Auseinandersetzungen

Bei Vermögensauseinandersetzungen, insbesondere in Erbschafts-, Gütergemeinschafts- und Gesellschaftsteilungssachen, kann das Gericht die Vorlegung der Handelsbücher zur Kenntnisnahme von ihrem ganzen Inhalt anordnen.

§ 261 Vorlegung von Unterlagen auf Bild- oder Datenträgern

Wer aufzubewahrende Unterlagen nur in der Form einer Wiedergabe auf einem Bildträger oder auf anderen Datenträgern vorlegen kann, ist verpflichtet, auf seine Kosten diejenigen Hilfsmittel zur Verfügung zu stellen, die erforderlich sind, um die Unterlagen lesbar zu machen; soweit erforderlich, hat er die Unterlagen auf seine Kosten auszudrucken oder ohne Hilfsmittel lesbare Reproduktionen beizubringen.

Vierter Unterabschnitt. Landesrecht

§ 262 *[aufgehoben]*

§ 263 Vorbehalt landesrechtlicher Vorschriften

Unberührt bleiben bei Unternehmen ohne eigene Rechtspersönlichkeit einer Gemeinde, eines Gemeindeverbands oder eines Zweckverbands landesrechtliche Vorschriften, die von den Vorschriften dieses Abschnitts abweichen.

Zweiter Abschnitt. Ergänzende Vorschriften für Kapitalgesellschaften (Aktiengesellschaften, Kommanditgesellschaften auf Aktien und Gesellschaften mit beschränkter Haftung) sowie bestimmte Personenhandelsgesellschaften

Erster Unterabschnitt. Jahresabschluß der Kapitalgesellschaft und Lagebericht

Erster Titel. Allgemeine Vorschriften

§ 264 Pflicht zur Aufstellung; Befreiung

(1) [1]Die gesetzlichen Vertreter einer Kapitalgesellschaft haben den Jahresabschluß (§ 242) um einen Anhang zu erweitern, der mit der Bilanz und der Gewinn- und Verlustrechnung eine Einheit bildet, sowie einen Lagebericht aufzustellen. [2]Die gesetzlichen Vertreter einer kapitalmarktorientierten Kapitalgesellschaft, die nicht zur Aufstellung eines Konzernabschlusses verpflichtet ist, haben den Jahresabschluss um eine Kapitalflussrechnung und einen Eigenkapitalspiegel zu erweitern, die mit der Bilanz, Gewinn- und Verlustrechnung und dem Anhang eine Einheit bilden; sie können den Jahresabschluss um eine Segmentberichterstattung erweitern. [3]Der Jahresabschluß und der Lagebericht sind von den gesetzlichen Vertretern in den ersten drei Monaten des Geschäftsjahrs für das vergangene Geschäftsjahr aufzustellen. [4]Kleine Kapitalgesellschaften (§ 267 Abs. 1) brauchen den Lagebericht nicht aufzustellen; sie dürfen den Jahresabschluß auch später aufstellen, wenn dies einem ordnungsgemäßen Geschäftsgang entspricht, jedoch innerhalb der ersten sechs Monate des Geschäftsjahres. [5]Kleinstkapitalgesellschaften (§ 267a) brauchen den Jahresabschluss nicht um einen Anhang zu erweitern, wenn sie

1. die in § 268 Absatz 7 genannten Angaben,
2. die in § 285 Nummer 9 Buchstabe c genannten Angaben und
3. im Falle einer Aktiengesellschaft die in § 160 Absatz 3 Satz 2 des Aktiengesetzes genannten Angaben

unter der Bilanz angeben.

(1a) [1]In dem Jahresabschluss sind die Firma, der Sitz, das Registergericht und die Nummer, unter der die Gesellschaft in das Handelsregister eingetragen ist, anzugeben. [2]Befindet sich die Gesellschaft in Liquidation oder Abwicklung, ist auch diese Tatsache anzugeben.

(2) [1]Der Jahresabschluß der Kapitalgesellschaft hat unter Beachtung der Grundsätze ordnungsmäßiger Buchführung ein den tatsächlichen Verhältnissen entsprechendes Bild der Vermögens-, Finanz- und Ertragslage der Kapitalgesellschaft zu vermitteln. [2]Führen besondere Umstände dazu, daß der Jahresabschluß ein den tatsächlichen Verhältnissen entsprechendes Bild im Sinne des Satzes 1 nicht vermittelt, so sind im Anhang zusätzliche Angaben zu machen. [3]Die Mitglieder des vertretungsberechtigten Organs einer Kapitalgesellschaft, die als Inlandsemittent (§ 2 Absatz 14 des Wertpapierhandelsgesetzes) Wertpapiere (§ 2 Absatz 1 des Wertpapierhandelsgesetzes) begibt und keine Kapitalgesellschaft im Sinne des § 327a ist, haben in einer dem Jahresabschluss beizufügenden schriftlichen Erklärung zu versichern, dass der Jahresabschluss nach bestem Wissen ein den tatsächlichen Verhältnissen entsprechendes Bild im Sinne des Satzes 1 vermittelt oder der Anhang Angaben nach Satz 2 enthält. [4]Macht eine Kleinstkapitalgesellschaft von der Erleichterung nach Absatz 1 Satz 5 Gebrauch, sind nach Satz 2 erforderliche zusätzliche Angaben unter der Bilanz zu machen. [5]Es wird vermutet, dass ein unter Berücksichtigung der Erleichterungen für Kleinstkapitalgesellschaften aufgestellter Jahresabschluss den Erfordernissen des Satzes 1 entspricht.

(3) [1]Eine Kapitalgesellschaft, die nicht im Sinne des § 264d kapitalmarktorientiert ist und die als Tochterunternehmen in den Konzernabschluss eines Mutterunternehmens mit Sitz in einem Mitgliedstaat der Europäischen Union oder einem anderen Vertragsstaat des Abkommens über den Europäischen Wirtschaftsraum einbezogen ist, braucht die Vorschriften dieses Unterabschnitts und des Dritten und Vierten Unterabschnitts dieses Abschnitts nicht anzuwenden, wenn alle folgenden Voraussetzungen erfüllt sind:

1. alle Gesellschafter des Tochterunternehmens haben der Befreiung für das jeweilige Geschäftsjahr zugestimmt;

2. das Mutterunternehmen hat sich bereit erklärt, für die von dem Tochterunternehmen bis zum Abschlussstichtag eingegangenen Verpflichtungen im folgenden Geschäftsjahr einzustehen;
3. der Konzernabschluss und der Konzernlagebericht des Mutterunternehmens sind nach den Rechtsvorschriften des Staates, in dem das Mutterunternehmen seinen Sitz hat, und im Einklang mit folgenden Richtlinien aufgestellt und geprüft worden:
   a) Richtlinie 2013/34/EU des Europäischen Parlaments und des Rates vom 26. Juni 2013 über den Jahresabschluss, den konsolidierten Abschluss und damit verbundene Berichte von Unternehmen bestimmter Rechtsformen und zur Änderung der Richtlinie 2006/43/EG des Europäischen Parlaments und des Rates und zur Aufhebung der Richtlinien 78/660/EWG und 83/349/EWG des Rates (ABl. L 182 vom 29.6.2013, S. 19), die zuletzt durch die Richtlinie (EU) 2021/2101 (ABl. L 429 vom 1.12.2021, S. 1) geändert worden ist,
   b) Richtlinie 2006/43/EG des Europäischen Parlaments und des Rates vom 17. Mai 2006 über Abschlussprüfungen von Jahresabschlüssen und konsolidierten Abschlüssen, zur Änderung der Richtlinien 78/660/EWG und 83/349/EWG des Rates und zur Aufhebung der Richtlinie 84/253/EWG des Rates (ABl. L 157 vom 9.6.2006, S. 87), die zuletzt durch die Richtlinie 2014/56/EU (ABl. L 158 vom 27.5.2014, S. 196) geändert worden ist;
4. die Befreiung des Tochterunternehmens ist im Anhang des Konzernabschlusses des Mutterunternehmens angegeben und
5. für das Tochterunternehmen sind nach § 325 Absatz 1 bis 1b offengelegt worden:
   a) der Beschluss nach Nummer 1,
   b) die Erklärung nach Nummer 2,
   c) der Konzernabschluss,
   d) der Konzernlagebericht und
   e) der Bestätigungsvermerk zum Konzernabschluss und Konzernlagebericht des Mutterunternehmens nach Nummer 3.

[2]Hat bereits das Mutterunternehmen einzelne oder alle der in Satz 1 Nummer 5 bezeichneten Unterlagen offengelegt, braucht das Tochterunternehmen die betreffenden Unterlagen nicht erneut offenzulegen, wenn sie im Unternehmensregister unter dem Tochterunternehmen auffindbar sind; § 326 Absatz 2 ist auf diese Offenlegung nicht anzuwenden. [3]Satz 2 gilt nur dann, wenn das Mutterunternehmen die betreffende Unterlage in deutscher oder in englischer Sprache offengelegt hat oder das Tochterunternehmen zusätzlich eine beglaubigte Übersetzung dieser Unterlage in deutscher Sprache nach § 325 Absatz 1 bis 1b offenlegt.

(4) Absatz 3 ist nicht anzuwenden, wenn eine Kapitalgesellschaft das Tochterunternehmen eines Mutterunternehmens ist, das einen Konzernabschluss nach den Vorschriften des Publizitätsgesetzes aufgestellt hat, und wenn in diesem Konzernabschluss von dem Wahlrecht des § 13 Absatz 3 Satz 1 des Publizitätsgesetzes Gebrauch gemacht worden ist; § 314 Absatz 3 bleibt unberührt.

§ 264a Anwendung auf bestimmte offene Handelsgesellschaften und Kommanditgesellschaften

(1) Die Vorschriften des Ersten bis Fünften Unterabschnitts des Zweiten Abschnitts sind auch anzuwenden auf offene Handelsgesellschaften und Kommanditgesellschaften, bei denen nicht wenigstens ein persönlich haftender Gesellschafter
1. eine natürliche Person oder
2. eine offene Handelsgesellschaft, Kommanditgesellschaft oder andere Personengesellschaft mit einer natürlichen Person als persönlich haftendem Gesellschafter

ist oder sich die Verbindung von Gesellschaften in dieser Art fortsetzt.

(2) In den Vorschriften dieses Abschnitts gelten als gesetzliche Vertreter einer offenen Handelsgesellschaft und Kommanditgesellschaft nach Absatz 1 die Mitglieder des vertretungsberechtigten Organs der vertretungsberechtigten Gesellschaften.

§ 264b Befreiung der offenen Handelsgesellschaften und Kommanditgesellschaften im Sinne des § 264a von der Anwendung der Vorschriften dieses Abschnitts

Eine Personenhandelsgesellschaft im Sinne des § 264a Absatz 1, die nicht im Sinne des § 264d kapitalmarktorientiert ist, ist von der Verpflichtung befreit, einen Jahresabschluss

und einen Lagebericht nach den Vorschriften dieses Abschnitts aufzustellen, prüfen zu lassen und offenzulegen, wenn alle folgenden Voraussetzungen erfüllt sind:

1. **die betreffende Gesellschaft ist einbezogen in den Konzernabschluss und in den Konzernlagebericht**
   a) **eines persönlich haftenden Gesellschafters der betreffenden Gesellschaft oder**
   b) **eines Mutterunternehmens mit Sitz in einem Mitgliedstaat der Europäischen Union oder einem anderen Vertragsstaat des Abkommens über den Europäischen Wirtschaftsraum, wenn in diesen Konzernabschluss eine größere Gesamtheit von Unternehmen einbezogen ist;**
2. **die in § 264 Absatz 3 Satz 1 Nummer 3 genannte Voraussetzung ist erfüllt;**
3. **die Befreiung der Personenhandelsgesellschaft ist im Anhang des Konzernabschlusses angegeben und**
4. **für die Personenhandelsgesellschaft sind der Konzernabschluss, der Konzernlagebericht und der Bestätigungsvermerk nach § 325 Absatz 1 bis 1b offengelegt worden; § 264 Absatz 3 Satz 2 und 3 ist entsprechend anzuwenden.**

§ 264c Besondere Bestimmungen für offene Handelsgesellschaften und Kommanditgesellschaften im Sinne des § 264a

(1) [1]Ausleihungen, Forderungen und Verbindlichkeiten gegenüber Gesellschaftern sind in der Regel als solche jeweils gesondert auszuweisen oder im Anhang anzugeben. [2]Werden sie unter anderen Posten ausgewiesen, so muss diese Eigenschaft vermerkt werden.

(2) [1]§ 266 Abs. 3 Buchstabe A ist mit der Maßgabe anzuwenden, dass als Eigenkapital die folgenden Posten gesondert auszuweisen sind:

I. Kapitalanteile
II. Rücklagen
III. Gewinnvortrag/Verlustvortrag
IV. Jahresüberschuss/Jahresfehlbetrag.

[2]Anstelle des Postens „Gezeichnetes Kapital" sind die Kapitalanteile der persönlich haftenden Gesellschafter auszuweisen; sie dürfen auch zusammengefasst ausgewiesen werden. [3]Der auf den Kapitalanteil eines persönlich haftenden Gesellschafters für das Geschäftsjahr entfallende Verlust ist von dem Kapitalanteil abzuschreiben. [4]Soweit der Verlust den Kapitalanteil übersteigt, ist er auf der Aktivseite unter der Bezeichnung „Einzahlungsverpflichtungen persönlich haftender Gesellschafter" unter den Forderungen gesondert auszuweisen, soweit eine Zahlungsverpflichtung besteht. [5]Besteht keine Zahlungsverpflichtung, so ist der Betrag als „Nicht durch Vermögenseinlagen gedeckter Verlustanteil persönlich haftender Gesellschafter" zu bezeichnen und gemäß § 268 Abs. 3 auszuweisen. [6]Die Sätze 2 bis 5 sind auf die Einlagen von Kommanditisten entsprechend anzuwenden, wobei diese insgesamt gesondert gegenüber den Kapitalanteilen der persönlich haftenden Gesellschafter auszuweisen sind. [7]Eine Forderung darf jedoch nur ausgewiesen werden, soweit eine Einzahlungsverpflichtung besteht; dasselbe gilt, wenn ein Kommanditist Gewinnanteile entnimmt, während sein Kapitalanteil durch Verlust unter den Betrag der geleisteten Einlage herabgemindert ist, oder soweit durch die Entnahme der Kapitalanteil unter den bezeichneten Betrag herabgemindert wird. [8]Als Rücklagen sind nur solche Beträge auszuweisen, die auf Grund einer gesellschaftsrechtlichen Vereinbarung gebildet worden sind. [9]Im Anhang ist der Betrag der im Handelsregister gemäß § 172 Abs. 1 eingetragenen Haftsummen anzugeben, soweit diese nicht geleistet sind.

(3) [1]Das sonstige Vermögen der Gesellschafter (Privatvermögen) darf nicht in die Bilanz und die auf das Privatvermögen entfallenden Aufwendungen und Erträge dürfen nicht in die Gewinn- und Verlustrechnung aufgenommen werden. [2]In der Gewinn- und Verlustrechnung darf jedoch nach dem Posten „Jahresüberschuss/Jahresfehlbetrag" ein dem Steuersatz der Komplementärgesellschaft entsprechender Steueraufwand der Gesellschafter offen abgesetzt oder hinzugerechnet werden.

(4) [1]Anteile an Komplementärgesellschaften sind in der Bilanz auf der Aktivseite unter den Posten A.III.1 oder A.III.3 auszuweisen. [2]§ 272 Abs. 4 ist mit der Maßgabe anzuwenden, dass für diese Anteile in Höhe des aktivierten Betrags nach dem Posten „Eigenkapital" ein Sonderposten unter der Bezeichnung „Ausgleichsposten für aktivierte eigene Anteile" zu bilden ist.

(5) [1]Macht die Gesellschaft von einem Wahlrecht nach § 266 Absatz 1 Satz 3 oder Satz 4 Gebrauch, richtet sich die Gliederung der verkürzten Bilanz nach der Ausübung dieses

Wahlrechts. [2]Die Ermittlung der Bilanzposten nach den vorstehenden Absätzen bleibt unberührt.

§ 264d Kapitalmarktorientierte Kapitalgesellschaft

Eine Kapitalgesellschaft ist kapitalmarktorientiert, wenn sie einen organisierten Markt im Sinn des § 2 Absatz 11 des Wertpapierhandelsgesetzes durch von ihr ausgegebene Wertpapiere im Sinn des § 2 Absatz 1 des Wertpapierhandelsgesetzes in Anspruch nimmt oder die Zulassung solcher Wertpapiere zum Handel an einem organisierten Markt beantragt hat.

§ 265 Allgemeine Grundsätze für die Gliederung

(1) [1]Die Form der Darstellung, insbesondere die Gliederung der aufeinanderfolgenden Bilanzen und Gewinn- und Verlustrechnungen, ist beizubehalten, soweit nicht in Ausnahmefällen wegen besonderer Umstände Abweichungen erforderlich sind. [2]Die Abweichungen sind im Anhang anzugeben und zu begründen.

(2) [1]In der Bilanz sowie in der Gewinn- und Verlustrechnung ist zu jedem Posten der entsprechende Betrag des vorhergehenden Geschäftsjahrs anzugeben. [2]Sind die Beträge nicht vergleichbar, so ist dies im Anhang anzugeben und zu erläutern. [3]Wird der Vorjahresbetrag angepaßt, so ist auch dies im Anhang anzugeben und zu erläutern.

(3) Fällt ein Vermögensgegenstand oder eine Schuld unter mehrere Posten der Bilanz, so ist die Mitzugehörigkeit zu anderen Posten bei dem Posten, unter dem der Ausweis erfolgt ist, zu vermerken oder im Anhang anzugeben, wenn dies zur Aufstellung eines klaren und übersichtlichen Jahresabschlusses erforderlich ist.

(4) [1]Sind mehrere Geschäftszweige vorhanden und bedingt dies die Gliederung des Jahresabschlusses nach verschiedenen Gliederungsvorschriften, so ist der Jahresabschluß nach der für einen Geschäftszweig vorgeschriebenen Gliederung aufzustellen und nach der für die anderen Geschäftszweige vorgeschriebenen Gliederung zu ergänzen. [2]Die Ergänzung ist im Anhang anzugeben und zu begründen.

(5) [1]Eine weitere Untergliederung der Posten ist zulässig; dabei ist jedoch die vorgeschriebene Gliederung zu beachten. [2]Neue Posten und Zwischensummen dürfen hinzugefügt werden, wenn ihr Inhalt nicht von einem vorgeschriebenen Posten gedeckt wird.

(6) Gliederung und Bezeichnung der mit arabischen Zahlen versehenen Posten der Bilanz und der Gewinn- und Verlustrechnung sind zu ändern, wenn dies wegen Besonderheiten der Kapitalgesellschaft zur Aufstellung eines klaren und übersichtlichen Jahresabschlusses erforderlich ist.

(7) Die mit arabischen Zahlen versehenen Posten der Bilanz und der Gewinn- und Verlustrechnung können, wenn nicht besondere Formblätter vorgeschrieben sind, zusammengefaßt ausgewiesen werden, wenn

1. sie einen Betrag enthalten, der für die Vermittlung eines den tatsächlichen Verhältnissen entsprechenden Bildes im Sinne des § 264 Abs. 2 nicht erheblich ist, oder

2. dadurch die Klarheit der Darstellung vergrößert wird; in diesem Falle müssen die zusammengefaßten Posten jedoch im Anhang gesondert ausgewiesen werden.

(8) Ein Posten der Bilanz oder der Gewinn- und Verlustrechnung, der keinen Betrag ausweist, braucht nicht aufgeführt zu werden, es sei denn, daß im vorhergehenden Geschäftsjahr unter diesem Posten ein Betrag ausgewiesen wurde.

Zweiter Titel. Bilanz

§ 266 Gliederung der Bilanz

(1) [1]Die Bilanz ist in Kontoform aufzustellen. [2]Dabei haben mittelgroße und große Kapitalgesellschaften (§ 267 Absatz 2 und 3) auf der Aktivseite die in Absatz 2 und auf der Passivseite die in Absatz 3 bezeichneten Posten gesondert und in der vorgeschriebenen Reihenfolge auszuweisen. [3]Kleine Kapitalgesellschaften (§ 267 Abs. 1) brauchen nur eine verkürzte Bilanz aufzustellen, in die nur die in den Absätzen 2 und 3 mit Buchstaben und römischen Zahlen bezeichneten Posten gesondert und in der vorgeschriebenen Reihen-

folge aufgenommen werden. [4]Kleinstkapitalgesellschaften (§ 267a) brauchen nur eine verkürzte Bilanz aufzustellen, in die nur die in den Absätzen 2 und 3 mit Buchstaben bezeichneten Posten gesondert und in der vorgeschriebenen Reihenfolge aufgenommen werden.

(2) Aktivseite

A. Anlagevermögen:
- **I. Immaterielle Vermögensgegenstände:**
  1. **Selbst geschaffene gewerbliche Schutzrechte und ähnliche Rechte und Werte;**
  2. **entgeltlich erworbene Konzessionen, gewerbliche Schutzrechte und ähnliche Rechte und Werte sowie Lizenzen an solchen Rechten und Werten;**
  3. **Geschäfts- oder Firmenwert;**
  4. **geleistete Anzahlungen;**
- **II. Sachanlagen:**
  1. **Grundstücke, grundstücksgleiche Rechte und Bauten einschließlich der Bauten auf fremden Grundstücken;**
  2. **technische Anlagen und Maschinen;**
  3. **andere Anlagen, Betriebs- und Geschäftsausstattung;**
  4. **geleistete Anzahlungen und Anlagen im Bau;**
- **III. Finanzanlagen:**
  1. **Anteile an verbundenen Unternehmen;**
  2. **Ausleihungen an verbundene Unternehmen;**
  3. **Beteiligungen;**
  4. **Ausleihungen an Unternehmen, mit denen ein Beteiligungsverhältnis besteht;**
  5. **Wertpapiere des Anlagevermögens;**
  6. **sonstige Ausleihungen.**

B. Umlaufvermögen:
- **I. Vorräte:**
  1. **Roh-, Hilfs- und Betriebsstoffe;**
  2. **unfertige Erzeugnisse, unfertige Leistungen;**
  3. **fertige Erzeugnisse und Waren;**
  4. **geleistete Anzahlungen;**
- **II. Forderungen und sonstige Vermögensgegenstände:**
  1. **Forderungen aus Lieferungen und Leistungen;**
  2. **Forderungen gegen verbundene Unternehmen;**
  3. **Forderungen gegen Unternehmen, mit denen ein Beteiligungsverhältnis besteht;**
  4. **sonstige Vermögensgegenstände;**
- **III. Wertpapiere:**
  1. **Anteile an verbundenen Unternehmen;**
  2. **sonstige Wertpapiere;**
- **IV. Kassenbestand, Bundesbankguthaben, Guthaben bei Kreditinstituten und Schecks.**

C. Rechnungsabgrenzungsposten.

D. Aktive latente Steuern.

E. Aktiver Unterschiedsbetrag aus der Vermögensverrechnung.

(3) Passivseite

A. Eigenkapital:
- **I. Gezeichnetes Kapital;**
- **II. Kapitalrücklage;**
- **III. Gewinnrücklagen:**
  1. **gesetzliche Rücklage;**
  2. **Rücklage für Anteile an einem herrschenden oder mehrheitlich beteiligten Unternehmen;**
  3. **satzungsmäßige Rücklagen;**
  4. **andere Gewinnrücklagen;**
- **IV. Gewinnvortrag/Verlustvortrag;**
- **V. Jahresüberschuß/Jahresfehlbetrag.**

B. Rückstellungen:
1. **Rückstellungen für Pensionen und ähnliche Verpflichtungen;**
2. **Steuerrückstellungen;**
3. **sonstige Rückstellungen.**

C. Verbindlichkeiten:
1. Anleihen,
davon konvertibel;
2. Verbindlichkeiten gegenüber Kreditinstituten;
3. erhaltene Anzahlungen auf Bestellungen;
4. Verbindlichkeiten aus Lieferungen und Leistungen;
5. Verbindlichkeiten aus der Annahme gezogener Wechsel und der Ausstellung eigener Wechsel;
6. Verbindlichkeiten gegenüber verbundenen Unternehmen;
7. Verbindlichkeiten gegenüber Unternehmen, mit denen ein Beteiligungsverhältnis besteht;
8. sonstige Verbindlichkeiten,
davon aus Steuern,
davon im Rahmen der sozialen Sicherheit.
D. Rechnungsabgrenzungsposten.
E. Passive latente Steuern.

§ 267 Umschreibung der Größenklassen

(1) Kleine Kapitalgesellschaften sind solche, die mindestens zwei der drei nachstehenden Merkmale nicht überschreiten:
1. 7 500 000 Euro Bilanzsumme.
2. 15 000 000 Euro Umsatzerlöse in den zwölf Monaten vor dem Abschlußstichtag.
3. Im Jahresdurchschnitt fünfzig Arbeitnehmer.

(2) Mittelgroße Kapitalgesellschaften sind solche, die mindestens zwei der drei in Absatz 1 bezeichneten Merkmale überschreiten und jeweils mindestens zwei der drei nachstehenden Merkmale nicht überschreiten:
1. 25 000 000 Euro Bilanzsumme.
2. 50 000 000 Euro Umsatzerlöse in den zwölf Monaten vor dem Abschlußstichtag.
3. Im Jahresdurchschnitt zweihundertfünfzig Arbeitnehmer.

(3) [1]Große Kapitalgesellschaften sind solche, die mindestens zwei der drei in Absatz 2 bezeichneten Merkmale überschreiten. [2]Eine Kapitalgesellschaft im Sinn des § 264d gilt stets als große.

(4) [1]Die Rechtsfolgen der Merkmale nach den Absätzen 1 bis 3 Satz 1 treten nur ein, wenn sie an den Abschlußstichtagen von zwei aufeinanderfolgenden Geschäftsjahren über- oder unterschritten werden. [2]Im Falle der Umwandlung oder Neugründung treten die Rechtsfolgen schon ein, wenn die Voraussetzungen des Absatzes 1, 2 oder 3 am ersten Abschlußstichtag nach der Umwandlung oder Neugründung vorliegen. [3]Satz 2 findet im Falle des Formwechsels keine Anwendung, sofern der formwechselnde Rechtsträger eine Kapitalgesellschaft oder eine Personenhandelsgesellschaft im Sinne des § 264a Absatz 1 ist.

(4a) [1]Die Bilanzsumme setzt sich aus den Posten zusammen, die in den Buchstaben A bis E des § 266 Absatz 2 aufgeführt sind. [2]Ein auf der Aktivseite ausgewiesener Fehlbetrag (§ 268 Absatz 3) wird nicht in die Bilanzsumme einbezogen.

(5) Als durchschnittliche Zahl der Arbeitnehmer gilt der vierte Teil der Summe aus den Zahlen der jeweils am 31. März, 30. Juni, 30. September und 31. Dezember beschäftigten Arbeitnehmer einschließlich der im Ausland beschäftigten Arbeitnehmer, jedoch ohne die zu ihrer Berufsausbildung Beschäftigten.

(6) Informations- und Auskunftsrechte der Arbeitnehmervertretungen nach anderen Gesetzen bleiben unberührt.

§ 267a Kleinstkapitalgesellschaften

(1) [1]Kleinstkapitalgesellschaften sind kleine Kapitalgesellschaften, die mindestens zwei der drei nachstehenden Merkmale nicht überschreiten:
1. 450 000 Euro Bilanzsumme;
2. 900 000 Euro Umsatzerlöse in den zwölf Monaten vor dem Abschlussstichtag;
3. im Jahresdurchschnitt zehn Arbeitnehmer.
[2]§ 267 Absatz 4 bis 6 gilt entsprechend.

(2) Die in diesem Gesetz für kleine Kapitalgesellschaften (§ 267 Absatz 1) vorgesehenen besonderen Regelungen gelten für Kleinstkapitalgesellschaften entsprechend, soweit nichts anderes geregelt ist.

(3) Keine Kleinstkapitalgesellschaften sind:

1. Investmentgesellschaften im Sinne des § 1 Absatz 11 des Kapitalanlagegesetzbuchs,
2. Unternehmensbeteiligungsgesellschaften im Sinne des § 1a Absatz 1 des Gesetzes über Unternehmensbeteiligungsgesellschaften oder
3. Unternehmen, deren einziger Zweck darin besteht, Beteiligungen an anderen Unternehmen zu erwerben sowie die Verwaltung und Verwertung dieser Beteiligungen wahrzunehmen, ohne dass sie unmittelbar oder mittelbar in die Verwaltung dieser Unternehmen eingreifen, wobei die Ausübung der ihnen als Aktionär oder Gesellschafter zustehenden Rechte außer Betracht bleibt.

§ 268 Vorschriften zu einzelnen Posten der Bilanz. Bilanzvermerke

(1) [1]Die Bilanz darf auch unter Berücksichtigung der vollständigen oder teilweisen Verwendung des Jahresergebnisses aufgestellt werden. [2]Wird die Bilanz unter Berücksichtigung der teilweisen Verwendung des Jahresergebnisses aufgestellt, so tritt an die Stelle der Posten „Jahresüberschuß/Jahresfehlbetrag" und „Gewinnvortrag/Verlustvortrag" der Posten „Bilanzgewinn/Bilanzverlust"; ein vorhandener Gewinn- oder Verlustvortrag ist in den Posten „Bilanzgewinn/Bilanzverlust" einzubeziehen und in der Bilanz gesondert anzugeben. [3]Die Angabe kann auch im Anhang gemacht werden.

(2) *[aufgehoben]*

(3) Ist das Eigenkapital durch Verluste aufgebraucht und ergibt sich ein Überschuß der Passivposten über die Aktivposten, so ist dieser Betrag am Schluß der Bilanz auf der Aktivseite gesondert unter der Bezeichnung „Nicht durch Eigenkapital gedeckter Fehlbetrag" auszuweisen.

(4) [1]Der Betrag der Forderungen mit einer Restlaufzeit von mehr als einem Jahr ist bei jedem gesondert ausgewiesenen Posten zu vermerken. [2]Werden unter dem Posten „sonstige Vermögensgegenstände" Beträge für Vermögensgegenstände ausgewiesen, die erst nach dem Abschlußstichtag rechtlich entstehen, so müssen Beträge, die einen größeren Umfang haben, im Anhang erläutert werden.

(5) [1]Der Betrag der Verbindlichkeiten mit einer Restlaufzeit bis zu einem Jahr und der Betrag der Verbindlichkeiten mit einer Restlaufzeit von mehr als einem Jahr sind bei jedem gesondert ausgewiesenen Posten zu vermerken. [2]Erhaltene Anzahlungen auf Bestellungen sind, soweit Anzahlungen auf Vorräte nicht von dem Posten „Vorräte" offen abgesetzt werden, unter den Verbindlichkeiten gesondert auszuweisen. [3]Sind unter dem Posten „Verbindlichkeiten" Beträge für Verbindlichkeiten ausgewiesen, die erst nach dem Abschlußstichtag rechtlich entstehen, so müssen Beträge, die einen größeren Umfang haben, im Anhang erläutert werden.

(6) Ein nach § 250 Abs. 3 in den Rechnungsabgrenzungsposten auf der Aktivseite aufgenommener Unterschiedsbetrag ist in der Bilanz gesondert auszuweisen oder im Anhang anzugeben.

(7) Für die in § 251 bezeichneten Haftungsverhältnisse sind

1. die Angaben zu nicht auf der Passivseite auszuweisenden Verbindlichkeiten und Haftungsverhältnissen im Anhang zu machen,
2. dabei die Haftungsverhältnisse jeweils gesondert unter Angabe der gewährten Pfandrechte und sonstigen Sicherheiten anzugeben und
3. dabei Verpflichtungen betreffend die Altersversorgung und Verpflichtungen gegenüber verbundenen oder assoziierten Unternehmen jeweils gesondert zu vermerken.

(8) [1]Werden selbst geschaffene immaterielle Vermögensgegenstände des Anlagevermögens in der Bilanz ausgewiesen, so dürfen Gewinne nur ausgeschüttet werden, wenn die nach der Ausschüttung verbleibenden frei verfügbaren Rücklagen zuzüglich eines Gewinnvortrags und abzüglich eines Verlustvortrags mindestens den insgesamt angesetzten Beträgen abzüglich der hierfür gebildeten passiven latenten Steuern entsprechen. [2]Werden aktive latente Steuern in der Bilanz ausgewiesen, ist Satz 1 auf den Betrag anzuwenden, um den die aktiven latenten Steuern die passiven latenten Steuern übersteigen. [3]Bei Vermögensgegenständen im Sinn des § 246 Abs. 2 Satz 2 ist Satz 1 auf den Betrag abzüglich der hierfür gebildeten passiven latenten Steuern anzuwenden, der die Anschaffungskosten übersteigt.

§ 269 *[aufgehoben]*

§ 270 Bildung bestimmter Posten

(1) Einstellungen in die Kapitalrücklage und deren Auflösung sind bereits bei der Aufstellung der Bilanz vorzunehmen.

(2) Wird die Bilanz unter Berücksichtigung der vollständigen oder teilweisen Verwendung des Jahresergebnisses aufgestellt, so sind Entnahmen aus Gewinnrücklagen sowie Einstellungen in Gewinnrücklagen, die nach Gesetz, Gesellschaftsvertrag oder Satzung vorzunehmen sind oder auf Grund solcher Vorschriften beschlossen worden sind, bereits bei der Aufstellung der Bilanz zu berücksichtigen.

§ 271 Beteiligungen. Verbundene Unternehmen

(1) [1]Beteiligungen sind Anteile an anderen Unternehmen, die bestimmt sind, dem eigenen Geschäftsbetrieb durch Herstellung einer dauernden Verbindung zu jenen Unternehmen zu dienen. [2]Dabei ist es unerheblich, ob die Anteile in Wertpapieren verbrieft sind oder nicht. [3]Eine Beteiligung wird vermutet, wenn die Anteile an einem Unternehmen insgesamt den fünften Teil des Nennkapitals dieses Unternehmens oder, falls ein Nennkapital nicht vorhanden ist, den fünften Teil der Summe aller Kapitalanteile an diesem Unternehmen überschreiten. [4]Auf die Berechnung ist § 16 Abs. 2 und 4 des Aktiengesetzes entsprechend anzuwenden. [5]Die Mitgliedschaft in einer eingetragenen Genossenschaft gilt nicht als Beteiligung im Sinne dieses Buches.

(2) Verbundene Unternehmen im Sinne dieses Buches sind unabhängig von ihrer Rechtsform und ihrem Sitz solche, die im Verhältnis zueinander Mutterunternehmen und Tochterunternehmen gemäß § 290 Absatz 1 Satz 1 und Absatz 2 bis 4 sind; alle mit demselben Mutterunternehmen verbundenen Tochterunternehmen sind auch untereinander verbundene Unternehmen.

§ 272 Eigenkapital

(1) [1]Gezeichnetes Kapital ist mit dem Nennbetrag anzusetzen. [2]Die nicht eingeforderten ausstehenden Einlagen auf das gezeichnete Kapital sind von dem Posten „Gezeichnetes Kapital" offen abzusetzen; der verbleibende Betrag ist als Posten „Eingefordertes Kapital" in der Hauptspalte der Passivseite auszuweisen; der eingeforderte, aber noch nicht eingezahlte Betrag ist unter den Forderungen gesondert auszuweisen und entsprechend zu bezeichnen.

(1a) [1]Der Nennbetrag oder, falls ein solcher nicht vorhanden ist, der rechnerische Wert von erworbenen eigenen Anteilen ist in der Vorspalte offen von dem Posten „Gezeichnetes Kapital" abzusetzen. [2]Der Unterschiedsbetrag zwischen dem Nennbetrag oder dem rechnerischen Wert und den Anschaffungskosten der eigenen Anteile ist mit den frei verfügbaren Rücklagen zu verrechnen. [3]Aufwendungen, die Anschaffungsnebenkosten sind, sind Aufwand des Geschäftsjahrs.

(1b) [1]Nach der Veräußerung der eigenen Anteile entfällt der Ausweis nach Absatz 1a Satz 1. [2]Ein den Nennbetrag oder den rechnerischen Wert übersteigender Differenzbetrag aus dem Veräußerungserlös ist bis zur Höhe des mit den frei verfügbaren Rücklagen verrechneten Betrages in die jeweiligen Rücklagen einzustellen. [3]Ein darüber hinausgehender Differenzbetrag ist in die Kapitalrücklage gemäß Absatz 2 Nr. 1 einzustellen. [4]Die Nebenkosten der Veräußerung sind Aufwand des Geschäftsjahrs.

(2) Als Kapitalrücklage sind auszuweisen

1. **der Betrag, der bei der Ausgabe von Anteilen einschließlich von Bezugsanteilen über den Nennbetrag oder, falls ein Nennbetrag nicht vorhanden ist, über den rechnerischen Wert hinaus erzielt wird;**
2. **der Betrag, der bei der Ausgabe von Schuldverschreibungen für Wandlungsrechte und Optionsrechte zum Erwerb von Anteilen erzielt wird;**
3. **der Betrag von Zuzahlungen, die Gesellschafter gegen Gewährung eines Vorzugs für ihre Anteile leisten;**
4. **der Betrag von anderen Zuzahlungen, die Gesellschafter in das Eigenkapital leisten.**

(3) [1]Als Gewinnrücklagen dürfen nur Beträge ausgewiesen werden, die im Geschäftsjahr oder in einem früheren Geschäftsjahr aus dem Ergebnis gebildet worden sind. [2]Dazu gehören aus dem Ergebnis zu bildende gesetzliche oder auf Gesellschaftsvertrag oder Satzung beruhende Rücklagen und andere Gewinnrücklagen.

(4) [1]Für Anteile an einem herrschenden oder mit Mehrheit beteiligten Unternehmen ist eine Rücklage zu bilden. [2]In die Rücklage ist ein Betrag einzustellen, der dem auf der Aktivseite der Bilanz für die Anteile an dem herrschenden oder mit Mehrheit beteiligten Unternehmen angesetzten Betrag entspricht. [3]Die Rücklage, die bereits bei der Aufstellung der Bilanz zu bilden ist, darf aus vorhandenen frei verfügbaren Rücklagen gebildet werden. [4]Die Rücklage ist aufzulösen, soweit die Anteile an dem herrschenden oder mit Mehrheit beteiligten Unternehmen veräußert, ausgegeben oder eingezogen werden oder auf der Aktivseite ein niedrigerer Betrag angesetzt wird.

(5) [1]Übersteigt der auf eine Beteiligung entfallende Teil des Jahresüberschusses in der Gewinn- und Verlustrechnung die Beträge, die als Dividende oder Gewinnanteil eingegangen sind oder auf deren Zahlung die Kapitalgesellschaft einen Anspruch hat, ist der Unterschiedsbetrag in eine Rücklage einzustellen, die nicht ausgeschüttet werden darf. [2]Die Rücklage ist aufzulösen, soweit die Kapitalgesellschaft die Beträge vereinnahmt oder einen Anspruch auf ihre Zahlung erwirbt.

§ 273 *[aufgehoben]*

§ 274 Latente Steuern

(1) [1]Bestehen zwischen den handelsrechtlichen Wertansätzen von Vermögensgegenständen, Schulden und Rechnungsabgrenzungsposten und ihren steuerlichen Wertansätzen Differenzen, die sich in späteren Geschäftsjahren voraussichtlich abbauen, so ist eine sich daraus insgesamt ergebende Steuerbelastung als passive latente Steuern (§ 266 Abs. 3 E.) in der Bilanz anzusetzen. [2]Eine sich daraus insgesamt ergebende Steuerentlastung kann als aktive latente Steuern (§ 266 Abs. 2 D.) in der Bilanz angesetzt werden. [3]Die sich ergebende Steuerbe- und die sich ergebende Steuerentlastung können auch unverrechnet angesetzt werden. [4]Steuerliche Verlustvorträge sind bei der Berechnung aktiver latenter Steuern in Höhe der innerhalb der nächsten fünf Jahre zu erwartenden Verlustverrechnung zu berücksichtigen.

(2) [1]Die Beträge der sich ergebenden Steuerbe- und -entlastung sind mit den unternehmensindividuellen Steuersätzen im Zeitpunkt des Abbaus der Differenzen zu bewerten und nicht abzuzinsen. [2]Die ausgewiesenen Posten sind aufzulösen, sobald die Steuerbe- oder -entlastung eintritt oder mit ihr nicht mehr zu rechnen ist. [3]Der Aufwand oder Ertrag aus der Veränderung bilanzierter latenter Steuern ist in der Gewinn- und Verlustrechnung gesondert unter dem Posten „Steuern vom Einkommen und vom Ertrag" auszuweisen.

(3) Bei dem Ansatz und der Bewertung latenter Steuern sind Differenzen aus der Anwendung folgender Gesetze nicht zu berücksichtigen:
1. des Mindeststeuergesetzes und
2. eines ausländischen Mindeststeuergesetzes, das der Umsetzung der Richtlinie (EU) 2022/2523 des Rates vom 15. Dezember 2022 zur Gewährleistung einer globalen Mindestbesteuerung für multinationale Unternehmensgruppen und große inländische Gruppen in der Union (ABl. L 328 vom 22.12.2022, S. 1; L 13 vom 16.1.2023, S. 9) oder der dieser Richtlinie zugrundeliegenden Mustervorschriften der Organisation für wirtschaftliche Zusammenarbeit und Entwicklung für eine globale Mindestbesteuerung dient.

§ 274a Größenabhängige Erleichterungen

Kleine Kapitalgesellschaften sind von der Anwendung der folgenden Vorschriften befreit:
1. § 268 Abs. 4 Satz 2 über die Pflicht zur Erläuterung bestimmter Forderungen im Anhang,
2. § 268 Abs. 5 Satz 3 über die Erläuterung bestimmter Verbindlichkeiten im Anhang,
3. § 268 Abs. 6 über den Rechnungsabgrenzungsposten nach § 250 Abs. 3,
4. § 274 über die Abgrenzung latenter Steuern.

Dritter Titel. Gewinn- und Verlustrechnung

§ 275 Gliederung

(1) [1]Die Gewinn- und Verlustrechnung ist in Staffelform nach dem Gesamtkostenverfahren oder dem Umsatzkostenverfahren aufzustellen. [2]Dabei sind die in Absatz 2 oder 3 bezeichneten Posten in der angegebenen Reihenfolge gesondert auszuweisen.

(2) Bei Anwendung des Gesamtkostenverfahrens sind auszuweisen:

1. Umsatzerlöse
2. Erhöhung oder Verminderung des Bestands an fertigen und unfertigen Erzeugnissen
3. andere aktivierte Eigenleistungen
4. sonstige betriebliche Erträge
5. Materialaufwand:
a) Aufwendungen für Roh-, Hilfs- und Betriebsstoffe und für bezogene Waren
b) Aufwendungen für bezogene Leistungen
6. Personalaufwand:
a) Löhne und Gehälter
b) soziale Abgaben und Aufwendungen für Altersversorgung und für Unterstützung, davon für Altersversorgung
7. Abschreibungen:
a) auf immaterielle Vermögensgegenstände des Anlagevermögens und Sachanlagen
b) auf Vermögensgegenstände des Umlaufvermögens, soweit diese die in der Kapitalgesellschaft üblichen Abschreibungen überschreiten
8. sonstige betriebliche Aufwendungen
9. Erträge aus Beteiligungen, davon aus verbundenen Unternehmen
10. Erträge aus anderen Wertpapieren und Ausleihungen des Finanzanlagevermögens, davon aus verbundenen Unternehmen
11. sonstige Zinsen und ähnliche Erträge, davon aus verbundenen Unternehmen
12. Abschreibungen auf Finanzanlagen und auf Wertpapiere des Umlaufvermögens
13. Zinsen und ähnliche Aufwendungen, davon an verbundene Unternehmen
14. Steuern vom Einkommen und vom Ertrag
15. Ergebnis nach Steuern
16. sonstige Steuern
17. Jahresüberschuss/Jahresfehlbetrag.

(3) Bei Anwendung des Umsatzkostenverfahrens sind auszuweisen:

1. Umsatzerlöse
2. Herstellungskosten der zur Erzielung der Umsatzerlöse erbrachten Leistungen
3. Bruttoergebnis vom Umsatz
4. Vertriebskosten
5. allgemeine Verwaltungskosten
6. sonstige betriebliche Erträge
7. sonstige betriebliche Aufwendungen
8. Erträge aus Beteiligungen, davon aus verbundenen Unternehmen
9. Erträge aus anderen Wertpapieren und Ausleihungen des Finanzanlagevermögens, davon aus verbundenen Unternehmen
10. sonstige Zinsen und ähnliche Erträge, davon aus verbundenen Unternehmen
11. Abschreibungen auf Finanzanlagen und auf Wertpapiere des Umlaufvermögens
12. Zinsen und ähnliche Aufwendungen, davon an verbundene Unternehmen
13. Steuern vom Einkommen und vom Ertrag
14. Ergebnis nach Steuern
15. sonstige Steuern
16. Jahresüberschuss/Jahresfehlbetrag.

(4) Veränderungen der Kapital- und Gewinnrücklagen dürfen in der Gewinn- und Verlustrechnung erst nach dem Posten „Jahresüberschuß/Jahresfehlbetrag" ausgewiesen werden.

(5) Kleinstkapitalgesellschaften (§ 267a) können anstelle der Staffelungen nach den Absätzen 2 und 3 die Gewinn- und Verlustrechnung wie folgt darstellen:
1. Umsatzerlöse,
2. sonstige Erträge,
3. Materialaufwand,
4. Personalaufwand,
5. Abschreibungen,
6. sonstige Aufwendungen,
7. Steuern,
8. Jahresüberschuss/Jahresfehlbetrag.

§ 276 Größenabhängige Erleichterungen

[1]Kleine und mittelgroße Kapitalgesellschaften (§ 267 Abs. 1, 2) dürfen die Posten § 275 Abs. 2 Nr. 1 bis 5 oder Abs. 3 Nr. 1 bis 3 und 6 zu einem Posten unter der Bezeichnung „Rohergebnis" zusammenfassen. [2]Die Erleichterungen nach Satz 1 gelten nicht für Kleinstkapitalgesellschaften (§ 267a), die von der Regelung des § 275 Absatz 5 Gebrauch machen.

§ 277 Vorschriften zu einzelnen Posten der Gewinn- und Verlustrechnung

(1) Als Umsatzerlöse sind die Erlöse aus dem Verkauf und der Vermietung oder Verpachtung von Produkten sowie aus der Erbringung von Dienstleistungen der Kapitalgesellschaft nach Abzug von Erlösschmälerungen und der Umsatzsteuer sowie sonstiger direkt mit dem Umsatz verbundener Steuern auszuweisen.

(2) Als Bestandsveränderungen sind sowohl Änderungen der Menge als auch solche des Wertes zu berücksichtigen; Abschreibungen jedoch nur, soweit diese die in der Kapitalgesellschaft sonst üblichen Abschreibungen nicht überschreiten.

(3) [1]Außerplanmäßige Abschreibungen nach § 253 Absatz 3 Satz 5 und 6 sind jeweils gesondert auszuweisen oder im Anhang anzugeben. [2]Erträge und Aufwendungen aus Verlustübernahme und auf Grund einer Gewinngemeinschaft, eines Gewinnabführungs- oder eines Teilgewinnabführungsvertrags erhaltene oder abgeführte Gewinne sind jeweils gesondert unter entsprechender Bezeichnung auszuweisen.

(4) *[aufgehoben]*

(5) [1]Erträge aus der Abzinsung sind in der Gewinn- und Verlustrechnung gesondert unter dem Posten „Sonstige Zinsen und ähnliche Erträge" und Aufwendungen gesondert unter dem Posten „Zinsen und ähnliche Aufwendungen" auszuweisen. [2]Erträge aus der Währungsumrechnung sind in der Gewinn- und Verlustrechnung gesondert unter dem Posten „Sonstige betriebliche Erträge" und Aufwendungen aus der Währungsumrechnung gesondert unter dem Posten „Sonstige betriebliche Aufwendungen" auszuweisen.

§ 278 *[aufgehoben]*

Vierter Titel. *(aufgehoben)*

§ 279 *[aufgehoben]*

Fünfter Titel. Anhang

§ 284 Erläuterung der Bilanz und der Gewinn- und Verlustrechnung

(1) [1]In den Anhang sind diejenigen Angaben aufzunehmen, die zu den einzelnen Posten der Bilanz oder der Gewinn- und Verlustrechnung vorgeschrieben sind; sie sind in der Reihenfolge der einzelnen Posten der Bilanz und der Gewinn- und Verlustrechnung darzustellen. [2]Im Anhang sind auch die Angaben zu machen, die in Ausübung eines Wahlrechts nicht in die Bilanz oder in die Gewinn- und Verlustrechnung aufgenommen wurden.

(2) Im Anhang müssen
1. die auf die Posten der Bilanz und der Gewinn- und Verlustrechnung angewandten Bilanzierungs- und Bewertungsmethoden angegeben werden;

2. Abweichungen von Bilanzierungs- und Bewertungsmethoden angegeben und begründet werden; deren Einfluß auf die Vermögens-, Finanz- und Ertragslage ist gesondert darzustellen;
3. bei Anwendung einer Bewertungsmethode nach § 240 Abs. 4, § 256 Satz 1 die Unterschiedsbeträge pauschal für die jeweilige Gruppe ausgewiesen werden, wenn die Bewertung im Vergleich zu einer Bewertung auf der Grundlage des letzten vor dem Abschlußstichtag bekannten Börsenkurses oder Marktpreises einen erheblichen Unterschied aufweist;
4. Angaben über die Einbeziehung von Zinsen für Fremdkapital in die Herstellungskosten gemacht werden.

(3) [1]Im Anhang ist die Entwicklung der einzelnen Posten des Anlagevermögens in einer gesonderten Aufgliederung darzustellen. [2]Dabei sind, ausgehend von den gesamten Anschaffungs- und Herstellungskosten, die Zugänge, Abgänge, Umbuchungen und Zuschreibungen des Geschäftsjahrs sowie die Abschreibungen gesondert aufzuführen. [3]Zu den Abschreibungen sind gesondert folgende Angaben zu machen:
1. die Abschreibungen in ihrer gesamten Höhe zu Beginn und Ende des Geschäftsjahrs,
2. die im Laufe des Geschäftsjahrs vorgenommenen Abschreibungen und
3. Änderungen in den Abschreibungen in ihrer gesamten Höhe im Zusammenhang mit Zu- und Abgängen sowie Umbuchungen im Laufe des Geschäftsjahrs.

[4]Sind in die Herstellungskosten Zinsen für Fremdkapital einbezogen worden, ist für jeden Posten des Anlagevermögens anzugeben, welcher Betrag an Zinsen im Geschäftsjahr aktiviert worden ist.

§ 285 Sonstige Pflichtangaben

Ferner sind im Anhang anzugeben:
1. zu den in der Bilanz ausgewiesenen Verbindlichkeiten
   a) der Gesamtbetrag der Verbindlichkeiten mit einer Restlaufzeit von mehr als fünf Jahren,
   b) der Gesamtbetrag der Verbindlichkeiten, die durch Pfandrechte oder ähnliche Rechte gesichert sind, unter Angabe von Art und Form der Sicherheiten;
2. die Aufgliederung der in Nummer 1 verlangten Angaben für jeden Posten der Verbindlichkeiten nach dem vorgeschriebenen Gliederungsschema;
3. Art und Zweck sowie Risiken, Vorteile und finanzielle Auswirkungen von nicht in der Bilanz enthaltenen Geschäften, soweit die Risiken und Vorteile wesentlich sind und die Offenlegung für die Beurteilung der Finanzlage des Unternehmens erforderlich ist;

3a. der Gesamtbetrag der sonstigen finanziellen Verpflichtungen, die nicht in der Bilanz enthalten sind und die nicht nach § 268 Absatz 7 oder Nummer 3 anzugeben sind, sofern diese Angabe für die Beurteilung der Finanzlage von Bedeutung ist; davon sind Verpflichtungen betreffend die Altersversorgung und Verpflichtungen gegenüber verbundenen oder assoziierten Unternehmen jeweils gesondert anzugeben;

4. die Aufgliederung der Umsatzerlöse nach Tätigkeitsbereichen sowie nach geografisch bestimmten Märkten, soweit sich unter Berücksichtigung der Organisation des Verkaufs, der Vermietung oder Verpachtung von Produkten und der Erbringung von Dienstleistungen der Kapitalgesellschaft die Tätigkeitsbereiche und geografisch bestimmten Märkte untereinander erheblich unterscheiden;
5. *[aufgehoben]*
6. *[aufgehoben]*
7. die durchschnittliche Zahl der während des Geschäftsjahrs beschäftigten Arbeitnehmer getrennt nach Gruppen;
8. bei Anwendung des Umsatzkostenverfahrens (§ 275 Abs. 3)
   a) der Materialaufwand des Geschäftsjahrs, gegliedert nach § 275 Abs. 2 Nr. 5,
   b) der Personalaufwand des Geschäftsjahrs, gegliedert nach § 275 Abs. 2 Nr. 6;
9. für die Mitglieder des Geschäftsführungsorgans, eines Aufsichtsrats, eines Beirats oder einer ähnlichen Einrichtung jeweils für jede Personengruppe
   a) die für die Tätigkeit im Geschäftsjahr gewährten Gesamtbezüge (Gehälter, Gewinnbeteiligungen, Bezugsrechte und sonstige aktienbasierte Vergütungen, Aufwandsentschädigungen, Versicherungsentgelte, Provisionen und Nebenleistungen jeder Art). In die Gesamtbezüge sind auch Bezüge einzurechnen, die nicht

ausgezahlt, sondern in Ansprüche anderer Art umgewandelt oder zur Erhöhung anderer Ansprüche verwendet werden. Außer den Bezügen für das Geschäftsjahr sind die weiteren Bezüge anzugeben, die im Geschäftsjahr gewährt, bisher aber in keinem Jahresabschluss angegeben worden sind. Bezugsrechte und sonstige aktienbasierte Vergütungen sind mit ihrer Anzahl und dem beizulegenden Zeitwert zum Zeitpunkt ihrer Gewährung anzugeben; spätere Wertveränderungen, die auf einer Änderung der Ausübungsbedingungen beruhen, sind zu berücksichtigen;

b) die Gesamtbezüge (Abfindungen, Ruhegehälter, Hinterbliebenenbezüge und Leistungen verwandter Art) der früheren Mitglieder der bezeichneten Organe und ihrer Hinterbliebenen. Buchstabe a Satz 2 und 3 ist entsprechend anzuwenden. Ferner ist der Betrag der für diese Personengruppe gebildeten Rückstellungen für laufende Pensionen und Anwartschaften auf Pensionen und der Betrag der für diese Verpflichtungen nicht gebildeten Rückstellungen anzugeben;

c) die gewährten Vorschüsse und Kredite unter Angabe der Zinssätze, der wesentlichen Bedingungen und der gegebenenfalls im Geschäftsjahr zurückgezahlten oder erlassenen Beträge sowie die zugunsten dieser Personen eingegangenen Haftungsverhältnisse;

10. alle Mitglieder des Geschäftsführungsorgans und eines Aufsichtsrats, auch wenn sie im Geschäftsjahr oder später ausgeschieden sind, mit dem Familiennamen und mindestens einem ausgeschriebenen Vornamen, einschließlich des ausgeübten Berufs und bei börsennotierten Gesellschaften auch der Mitgliedschaft in Aufsichtsräten und anderen Kontrollgremien im Sinne des § 125 Abs. 1 Satz 5 des Aktiengesetzes. Der Vorsitzende eines Aufsichtsrats, seine Stellvertreter und ein etwaiger Vorsitzender des Geschäftsführungsorgans sind als solche zu bezeichnen;

11. Name und Sitz anderer Unternehmen, die Höhe des Anteils am Kapital, das Eigenkapital und das Ergebnis des letzten Geschäftsjahrs dieser Unternehmen, für das ein Jahresabschluss vorliegt, soweit es sich um Beteiligungen im Sinne des § 271 Absatz 1 handelt oder ein solcher Anteil von einer Person für Rechnung der Kapitalgesellschaft gehalten wird;

11a. Name, Sitz und Rechtsform der Unternehmen, deren unbeschränkt haftender Gesellschafter die Kapitalgesellschaft ist;

11b. von börsennotierten Kapitalgesellschaften sind alle Beteiligungen an großen Kapitalgesellschaften anzugeben, die 5 Prozent der Stimmrechte überschreiten;

12. Rückstellungen, die in der Bilanz unter dem Posten „sonstige Rückstellungen" nicht gesondert ausgewiesen werden, sind zu erläutern, wenn sie einen nicht unerheblichen Umfang haben;

13. jeweils eine Erläuterung des Zeitraums, über den ein entgeltlich erworbener Geschäfts- oder Firmenwert abgeschrieben wird;

14. Name und Sitz des Mutterunternehmens der Kapitalgesellschaft, das den Konzernabschluss für den größten Kreis von Unternehmen aufstellt, sowie der Ort, wo der von diesem Mutterunternehmen aufgestellte Konzernabschluss erhältlich ist;

14a. Name und Sitz des Mutterunternehmens der Kapitalgesellschaft, das den Konzernabschluss für den kleinsten Kreis von Unternehmen aufstellt, sowie der Ort, wo der von diesem Mutterunternehmen aufgestellte Konzernabschluss erhältlich ist;

15. soweit es sich um den Anhang des Jahresabschlusses einer Personenhandelsgesellschaft im Sinne des § 264a Abs. 1 handelt, Name und Sitz der Gesellschaften, die persönlich haftende Gesellschafter sind, sowie deren gezeichnetes Kapital;

15a. das Bestehen von Genussscheinen, Genussrechten, Wandelschuldverschreibungen, Optionsscheinen, Optionen, Besserungsscheinen oder vergleichbaren Wertpapieren oder Rechten, unter Angabe der Anzahl und der Rechte, die sie verbriefen;

16. dass die nach § 161 des Aktiengesetzes vorgeschriebene Erklärung abgegeben und wo sie öffentlich zugänglich gemacht worden ist;

17. das von dem Abschlussprüfer für das Geschäftsjahr berechnete Gesamthonorar, aufgeschlüsselt in das Honorar für

a) die Abschlussprüfungsleistungen,

b) andere Bestätigungsleistungen,

c) Steuerberatungsleistungen,

d) sonstige Leistungen,

soweit die Angaben nicht in einem das Unternehmen einbeziehenden Konzernabschluss enthalten sind;

18. für zu den Finanzanlagen (§ 266 Abs. 2 A. III.) gehörende Finanzinstrumente, die über ihrem beizulegenden Zeitwert ausgewiesen werden, da eine außerplanmäßige Abschreibung nach § 253 Absatz 3 Satz 6 unterblieben ist,
   a) der Buchwert und der beizulegende Zeitwert der einzelnen Vermögensgegenstände oder angemessener Gruppierungen sowie
   b) die Gründe für das Unterlassen der Abschreibung einschließlich der Anhaltspunkte, die darauf hindeuten, dass die Wertminderung voraussichtlich nicht von Dauer ist;

19. für jede Kategorie nicht zum beizulegenden Zeitwert bilanzierter derivativer Finanzinstrumente
   a) deren Art und Umfang,
   b) deren beizulegender Zeitwert, soweit er sich nach § 255 Abs. 4 verlässlich ermitteln lässt, unter Angabe der angewandten Bewertungsmethode,
   c) deren Buchwert und der Bilanzposten, in welchem der Buchwert, soweit vorhanden, erfasst ist, sowie
   d) die Gründe dafür, warum der beizulegende Zeitwert nicht bestimmt werden kann;

20. für mit dem beizulegenden Zeitwert bewertete Finanzinstrumente
   a) die grundlegenden Annahmen, die der Bestimmung des beizulegenden Zeitwertes mit Hilfe allgemein anerkannter Bewertungsmethoden zugrunde gelegt wurden, sowie
   b) Umfang und Art jeder Kategorie derivativer Finanzinstrumente einschließlich der wesentlichen Bedingungen, welche die Höhe, den Zeitpunkt und die Sicherheit künftiger Zahlungsströme beeinflussen können;

21. zumindest die nicht zu marktüblichen Bedingungen zustande gekommenen Geschäfte, soweit sie wesentlich sind, mit nahe stehenden Unternehmen und Personen, einschließlich Angaben zur Art der Beziehung, zum Wert der Geschäfte sowie weiterer Angaben, die für die Beurteilung der Finanzlage notwendig sind; ausgenommen sind Geschäfte mit und zwischen mittel- oder unmittelbar in 100-prozentigem Anteilsbesitz stehenden in einen Konzernabschluss einbezogenen Unternehmen; Angaben über Geschäfte können nach Geschäftsarten zusammengefasst werden, sofern die getrennte Angabe für die Beurteilung der Auswirkungen auf die Finanzlage nicht notwendig ist;

22. im Fall der Aktivierung nach § 248 Abs. 2 der Gesamtbetrag der Forschungs- und Entwicklungskosten des Geschäftsjahrs sowie der davon auf die selbst geschaffenen immateriellen Vermögensgegenstände des Anlagevermögens entfallende Betrag;

23. bei Anwendung des § 254,
   a) mit welchem Betrag jeweils Vermögensgegenstände, Schulden, schwebende Geschäfte und mit hoher Wahrscheinlichkeit erwartete Transaktionen zur Absicherung welcher Risiken in welche Arten von Bewertungseinheiten einbezogen sind sowie die Höhe der mit Bewertungseinheiten abgesicherten Risiken,
   b) für die jeweils abgesicherten Risiken, warum, in welchem Umfang und für welchen Zeitraum sich die gegenläufigen Wertänderungen oder Zahlungsströme künftig voraussichtlich ausgleichen einschließlich der Methode der Ermittlung,
   c) eine Erläuterung der mit hoher Wahrscheinlichkeit erwarteten Transaktionen, die in Bewertungseinheiten einbezogen wurden,

   soweit die Angaben nicht im Lagebericht gemacht werden;

24. zu den Rückstellungen für Pensionen und ähnliche Verpflichtungen das angewandte versicherungsmathematische Berechnungsverfahren sowie die grundlegenden Annahmen der Berechnung, wie Zinssatz, erwartete Lohn- und Gehaltssteigerungen und zugrunde gelegte Sterbetafeln;

25. im Fall der Verrechnung von Vermögensgegenständen und Schulden nach § 246 Abs. 2 Satz 2 die Anschaffungskosten und der beizulegende Zeitwert der verrechneten Vermögensgegenstände, der Erfüllungsbetrag der verrechneten Schulden sowie die verrechneten Aufwendungen und Erträge; Nummer 20 Buchstabe a ist entsprechend anzuwenden;

26. zu Anteilen an Sondervermögen im Sinn des § 1 Absatz 10 des Kapitalanlagegesetzbuchs oder Anlageaktien an Investmentaktiengesellschaften mit veränderlichem

Kapital im Sinn der §§ 108 bis 123 des Kapitalanlagegesetzbuchs oder vergleichbaren EU-Investmentvermögen oder vergleichbaren ausländischen Investmentvermögen von mehr als dem zehnten Teil, aufgegliedert nach Anlagezielen, deren Wert im Sinne der §§ 168, 278 oder 286 Absatz 1 des Kapitalanlagegesetzbuchs oder vergleichbarer ausländischer Vorschriften über die Ermittlung des Marktwertes, die Differenz zum Buchwert und die für das Geschäftsjahr erfolgte Ausschüttung sowie Beschränkungen in der Möglichkeit der täglichen Rückgabe; darüber hinaus die Gründe dafür, dass eine Abschreibung gemäß § 253 Absatz 3 Satz 6 unterblieben ist, einschließlich der Anhaltspunkte, die darauf hindeuten, dass die Wertminderung voraussichtlich nicht von Dauer ist; Nummer 18 ist insoweit nicht anzuwenden;

27. **für nach § 268 Abs. 7 im Anhang ausgewiesene Verbindlichkeiten und Haftungsverhältnisse die Gründe der Einschätzung des Risikos der Inanspruchnahme;**
28. **der Gesamtbetrag der Beträge im Sinn des § 268 Abs. 8, aufgegliedert in Beträge aus der Aktivierung selbst geschaffener immaterieller Vermögensgegenstände des Anlagevermögens, Beträge aus der Aktivierung latenter Steuern und aus der Aktivierung von Vermögensgegenständen zum beizulegenden Zeitwert;**
29. **auf welchen Differenzen oder steuerlichen Verlustvorträgen die latenten Steuern beruhen und mit welchen Steuersätzen die Bewertung erfolgt ist;**
30. **wenn latente Steuerschulden in der Bilanz angesetzt werden, die latenten Steuersalden am Ende des Geschäftsjahrs und die im Laufe des Geschäftsjahrs erfolgten Änderungen dieser Salden;**

30a. **der tatsächliche Steueraufwand oder Steuerertrag, der sich nach dem Mindeststeuergesetz und ausländischen Mindeststeuergesetzen nach § 274 Absatz 3 Nummer 2 für das Geschäftsjahr ergibt, oder, wenn diese Gesetze noch nicht in Kraft getreten sind, eine Erläuterung, welche Auswirkungen auf die Kapitalgesellschaft bei der Anwendung dieser Gesetze zu erwarten sind;**

31. **jeweils der Betrag und die Art der einzelnen Erträge und Aufwendungen von außergewöhnlicher Größenordnung oder außergewöhnlicher Bedeutung, soweit die Beträge nicht von untergeordneter Bedeutung sind;**
32. **eine Erläuterung der einzelnen Erträge und Aufwendungen hinsichtlich ihres Betrags und ihrer Art, die einem anderen Geschäftsjahr zuzurechnen sind, soweit die Beträge nicht von untergeordneter Bedeutung sind;**
33. **Vorgänge von besonderer Bedeutung, die nach dem Schluss des Geschäftsjahrs eingetreten und weder in der Gewinn- und Verlustrechnung noch in der Bilanz berücksichtigt sind, unter Angabe ihrer Art und ihrer finanziellen Auswirkungen;**
34. **der Vorschlag für die Verwendung des Ergebnisses oder der Beschluss über seine Verwendung.**

§ 286 Unterlassen von Angaben

(1) Die Berichterstattung hat insoweit zu unterbleiben, als es für das Wohl der Bundesrepublik Deutschland oder eines ihrer Länder erforderlich ist.

(2) Die Aufgliederung der Umsatzerlöse nach § 285 Nr. 4 kann unterbleiben, soweit die Aufgliederung nach vernünftiger kaufmännischer Beurteilung geeignet ist, der Kapitalgesellschaft einen erheblichen Nachteil zuzufügen; die Anwendung der Ausnahmeregelung ist im Anhang anzugeben.

(3) [1]Die Angaben nach § 285 Nr. 11 und 11b können unterbleiben, soweit sie
1. **für die Darstellung der Vermögens-, Finanz- und Ertragslage der Kapitalgesellschaft nach § 264 Abs. 2 von untergeordneter Bedeutung sind oder**
2. **nach vernünftiger kaufmännischer Beurteilung geeignet sind, der Kapitalgesellschaft oder dem anderen Unternehmen einen erheblichen Nachteil zuzufügen.**

[2]Die Angabe des Eigenkapitals und des Jahresergebnisses kann unterbleiben, wenn das Unternehmen, über das zu berichten ist, seinen Jahresabschluß nicht offenzulegen hat und die berichtende Kapitalgesellschaft keinen beherrschenden Einfluss auf das betreffende Unternehmen ausüben kann. [3]Satz 1 Nr. 2 ist nicht anzuwenden, wenn die Kapitalgesellschaft oder eines ihrer Tochterunternehmen (§ 290 Abs. 1 und 2) am Abschlussstichtag kapitalmarktorientiert im Sinn des § 264d ist. [4]Im Übrigen ist die Anwendung der Ausnahmeregelung nach Satz 1 Nr. 2 im Anhang anzugeben.

(4) Bei Gesellschaften, die keine börsennotierten Aktiengesellschaften sind, können die in § 285 Nr. 9 Buchstabe a und b verlangten Angaben über die Gesamtbezüge der dort bezeichneten Personen unterbleiben, wenn sich anhand dieser Angaben die Bezüge eines Mitglieds dieser Organe feststellen lassen.

§ 287 *[aufgehoben]*

§ 288 Größenabhängige Erleichterungen

(1) Kleine Kapitalgesellschaften (§ 267 Absatz 1) brauchen nicht

1. **die Angaben nach § 264c Absatz 2 Satz 9, § 265 Absatz 4 Satz 2, § 284 Absatz 2 Nummer 3, Absatz 3, § 285 Nummer 2, 3, 4, 8, 9 Buchstabe a und b, Nummer 10 bis 12, 14, 15, 15a, 17 bis 19, 21, 22, 24, 26 bis 30a, 32 bis 34 zu machen;**
2. **eine Trennung nach Gruppen bei der Angabe nach § 285 Nummer 7 vorzunehmen;**
3. **bei der Angabe nach § 285 Nummer 14a den Ort anzugeben, wo der vom Mutterunternehmen aufgestellte Konzernabschluss erhältlich ist.**

(2) [1]Mittelgroße Kapitalgesellschaften (§ 267 Absatz 2) brauchen die Angabe nach § 285 Nummer 4, 29 und 32 nicht zu machen. [2]Wenn sie die Angabe nach § 285 Nummer 17 nicht machen, sind sie verpflichtet, diese der Wirtschaftsprüferkammer auf deren schriftliche Anforderung zu übermitteln. [3]Sie brauchen die Angaben nach § 285 Nummer 21 nur zu machen, sofern die Geschäfte direkt oder indirekt mit einem Gesellschafter, Unternehmen, an denen die Gesellschaft selbst eine Beteiligung hält, oder Mitgliedern des Geschäftsführungs-, Aufsichts- oder Verwaltungsorgans abgeschlossen wurden.

Sechster Titel. Lagebericht

§ 289 Inhalt des Lageberichts

(1) [1]Im Lagebericht sind der Geschäftsverlauf einschließlich des Geschäftsergebnisses und die Lage der Kapitalgesellschaft so darzustellen, dass ein den tatsächlichen Verhältnissen entsprechendes Bild vermittelt wird. [2]Er hat eine ausgewogene und umfassende, dem Umfang und der Komplexität der Geschäftstätigkeit entsprechende Analyse des Geschäftsverlaufs und der Lage der Gesellschaft zu enthalten. [3]In die Analyse sind die für die Geschäftstätigkeit bedeutsamsten finanziellen Leistungsindikatoren einzubeziehen und unter Bezugnahme auf die im Jahresabschluss ausgewiesenen Beträge und Angaben zu erläutern. [4]Ferner ist im Lagebericht die voraussichtliche Entwicklung mit ihren wesentlichen Chancen und Risiken zu beurteilen und zu erläutern; zugrunde liegende Annahmen sind anzugeben. [5]Die Mitglieder des vertretungsberechtigten Organs einer Kapitalgesellschaft, die als Inlandsemittent (§ 2 Absatz 14 des Wertpapierhandelsgesetzes) Wertpapiere (§ 2 Absatz 1 des Wertpapierhandelsgesetzes) begibt und keine Kapitalgesellschaft im Sinne des § 327a ist, haben in einer dem Lagebericht beizufügenden schriftlichen Erklärung zu versichern, dass im Lagebericht nach bestem Wissen der Geschäftsverlauf einschließlich des Geschäftsergebnisses und die Lage der Kapitalgesellschaft so dargestellt sind, dass ein den tatsächlichen Verhältnissen entsprechendes Bild vermittelt wird und dass die wesentlichen Chancen und Risiken im Sinne des Satzes 4 beschrieben sind.

(2) [1]Im Lagebericht ist auch einzugehen auf:

1. **a) die Risikomanagementziele und -methoden der Gesellschaft einschließlich ihrer Methoden zur Absicherung aller wichtigen Arten von Transaktionen, die im Rahmen der Bilanzierung von Sicherungsgeschäften erfasst werden, sowie**
   b) die Preisänderungs-, Ausfall- und Liquiditätsrisiken sowie die Risiken aus Zahlungsstromschwankungen, denen die Gesellschaft ausgesetzt ist,
   jeweils in Bezug auf die Verwendung von Finanzinstrumenten durch die Gesellschaft und sofern dies für die Beurteilung der Lage oder der voraussichtlichen Entwicklung von Belang ist;
2. **den Bereich Forschung und Entwicklung sowie**
3. **bestehende Zweigniederlassungen der Gesellschaft.**

[2]Sind im Anhang Angaben nach § 160 Absatz 1 Nummer 2 des Aktiengesetzes zu machen, ist im Lagebericht darauf zu verweisen.

(3) Bei einer großen Kapitalgesellschaft (§ 267 Abs. 3) gilt Absatz 1 Satz 3 entsprechend für nichtfinanzielle Leistungsindikatoren, wie Informationen über Umwelt- und Arbeit-

nehmerbelange, soweit sie für das Verständnis des Geschäftsverlaufs oder der Lage von Bedeutung sind.

(4) Kapitalgesellschaften im Sinn des § 264d haben im Lagebericht die wesentlichen Merkmale des internen Kontroll- und des Risikomanagementsystems im Hinblick auf den Rechnungslegungsprozess zu beschreiben.

§ 289a Ergänzende Vorgaben für bestimmte Aktiengesellschaften und Kommanditgesellschaften auf Aktien

[1]Aktiengesellschaften und Kommanditgesellschaften auf Aktien, die einen organisierten Markt im Sinne des § 2 Absatz 7 des Wertpapiererwerbs- und Übernahmegesetzes durch von ihnen ausgegebene stimmberechtigte Aktien in Anspruch nehmen, haben im Lagebericht außerdem anzugeben:

1. **die Zusammensetzung des gezeichneten Kapitals unter gesondertem Ausweis der mit jeder Gattung verbundenen Rechte und Pflichten und des Anteils am Gesellschaftskapital;**
2. **Beschränkungen, die Stimmrechte oder die Übertragung von Aktien betreffen, auch wenn sie sich aus Vereinbarungen zwischen Gesellschaftern ergeben können, soweit sie dem Vorstand der Gesellschaft bekannt sind;**
3. **direkte oder indirekte Beteiligungen am Kapital, die 10 Prozent der Stimmrechte überschreiten;**
4. **die Inhaber von Aktien mit Sonderrechten, die Kontrollbefugnisse verleihen, und eine Beschreibung dieser Sonderrechte;**
5. **die Art der Stimmrechtskontrolle, wenn Arbeitnehmer am Kapital beteiligt sind und ihre Kontrollrechte nicht unmittelbar ausüben;**
6. **die gesetzlichen Vorschriften und Bestimmungen der Satzung über die Ernennung und Abberufung der Mitglieder des Vorstands und über die Änderung der Satzung;**
7. **die Befugnisse des Vorstands insbesondere hinsichtlich der Möglichkeit, Aktien auszugeben oder zurückzukaufen;**
8. **wesentliche Vereinbarungen der Gesellschaft, die unter der Bedingung eines Kontrollwechsels infolge eines Übernahmeangebots stehen, und die hieraus folgenden Wirkungen;**
9. **Entschädigungsvereinbarungen der Gesellschaft, die für den Fall eines Übernahmeangebots mit den Mitgliedern des Vorstands oder mit Arbeitnehmern getroffen sind.**

[2]Die Angaben nach Satz 1 Nummer 1, 3 und 9 können unterbleiben, soweit sie im Anhang zu machen sind. [3]Sind Angaben nach Satz 1 im Anhang zu machen, ist im Lagebericht darauf zu verweisen. [4]Die Angaben nach Satz 1 Nummer 8 können unterbleiben, soweit sie geeignet sind, der Gesellschaft einen erheblichen Nachteil zuzufügen; die Angabepflicht nach anderen gesetzlichen Vorschriften bleibt unberührt.

§ 289b Pflicht zur nichtfinanziellen Erklärung; Befreiungen

(1) [1]Eine Kapitalgesellschaft hat ihren Lagebericht um eine nichtfinanzielle Erklärung zu erweitern, wenn sie die folgenden Merkmale erfüllt:

1. **die Kapitalgesellschaft erfüllt die Voraussetzungen des § 267 Absatz 3 Satz 1,**
2. **die Kapitalgesellschaft ist kapitalmarktorientiert im Sinne des § 264d und**
3. **die Kapitalgesellschaft hat im Jahresdurchschnitt mehr als 500 Arbeitnehmer beschäftigt.**

[2]§ 267 Absatz 4 bis 5 ist entsprechend anzuwenden. [3]Wenn die nichtfinanzielle Erklärung einen besonderen Abschnitt des Lageberichts bildet, darf die Kapitalgesellschaft auf die an anderer Stelle im Lagebericht enthaltenen nichtfinanziellen Angaben verweisen.

(2) [1]Eine Kapitalgesellschaft im Sinne des Absatzes 1 ist unbeschadet anderer Befreiungsvorschriften von der Pflicht zur Erweiterung des Lageberichts um eine nichtfinanzielle Erklärung befreit, wenn

1. **die Kapitalgesellschaft in den Konzernlagebericht eines Mutterunternehmens einbezogen ist und**
2. **der Konzernlagebericht nach Nummer 1 nach Maßgabe des nationalen Rechts eines Mitgliedstaats der Europäischen Union oder eines anderen Vertragsstaats des Abkommens über den Europäischen Wirtschaftsraum im Einklang mit der Richtlinie 2013/34/EU aufgestellt wird und eine nichtfinanzielle Konzernerklärung enthält.**

[2]Satz 1 gilt entsprechend, wenn das Mutterunternehmen im Sinne von Satz 1 einen gesonderten nichtfinanziellen Konzernbericht nach § 315b Absatz 3 oder nach Maßgabe des nationalen Rechts eines Mitgliedstaats der Europäischen Union oder eines anderen Vertragsstaats des Abkommens über den Europäischen Wirtschaftsraum im Einklang mit der Richtlinie 2013/34/EU erstellt und öffentlich zugänglich macht. [3]Ist eine Kapitalgesellschaft nach Satz 1 oder 2 von der Pflicht zur Erstellung einer nichtfinanziellen Erklärung befreit, hat sie dies in ihrem Lagebericht mit einer Erläuterung anzugeben, welches Mutterunternehmen den Konzernlagebericht oder den gesonderten nichtfinanziellen Konzernbericht öffentlich zugänglich macht und wo der Bericht in deutscher oder englischer Sprache offengelegt oder veröffentlicht ist.

(3) [1]Eine Kapitalgesellschaft im Sinne des Absatzes 1 ist auch dann von der Pflicht zur Erweiterung des Lageberichts um eine nichtfinanzielle Erklärung befreit, wenn die Kapitalgesellschaft für dasselbe Geschäftsjahr einen gesonderten nichtfinanziellen Bericht außerhalb des Lageberichts erstellt und folgende Voraussetzungen erfüllt sind:

1. der gesonderte nichtfinanzielle Bericht erfüllt zumindest die inhaltlichen Vorgaben nach § 289c und
2. die Kapitalgesellschaft macht den gesonderten nichtfinanziellen Bericht öffentlich zugänglich durch
   a) Offenlegung zusammen mit dem Lagebericht nach § 325 oder
   b) Veröffentlichung auf der Internetseite der Kapitalgesellschaft spätestens vier Monate nach dem Abschlussstichtag und mindestens für zehn Jahre, sofern der Lagebericht auf diese Veröffentlichung unter Angabe der Internetseite Bezug nimmt.

[2]Absatz 1 Satz 3 und die §§ 289d und 289e sind auf den gesonderten nichtfinanziellen Bericht entsprechend anzuwenden.

(4) Ist die nichtfinanzielle Erklärung oder der gesonderte nichtfinanzielle Bericht inhaltlich überprüft worden, ist auch die Beurteilung des Prüfungsergebnisses in gleicher Weise wie die nichtfinanzielle Erklärung oder der gesonderte nichtfinanzielle Bericht öffentlich zugänglich zu machen.

§ 289c Inhalt der nichtfinanziellen Erklärung

(1) In der nichtfinanziellen Erklärung im Sinne des § 289b ist das Geschäftsmodell der Kapitalgesellschaft kurz zu beschreiben.

(2) Die nichtfinanzielle Erklärung bezieht sich darüber hinaus zumindest auf folgende Aspekte:

1. Umweltbelange, wobei sich die Angaben beispielsweise auf Treibhausgasemissionen, den Wasserverbrauch, die Luftverschmutzung, die Nutzung von erneuerbaren und nicht erneuerbaren Energien oder den Schutz der biologischen Vielfalt beziehen können,
2. Arbeitnehmerbelange, wobei sich die Angaben beispielsweise auf die Maßnahmen, die zur Gewährleistung der Geschlechtergleichstellung ergriffen wurden, die Arbeitsbedingungen, die Umsetzung der grundlegenden Übereinkommen der Internationalen Arbeitsorganisation, die Achtung der Rechte der Arbeitnehmerinnen und Arbeitnehmer, informiert und konsultiert zu werden, den sozialen Dialog, die Achtung der Rechte der Gewerkschaften, den Gesundheitsschutz oder die Sicherheit am Arbeitsplatz beziehen können,
3. Sozialbelange, wobei sich die Angaben beispielsweise auf den Dialog auf kommunaler oder regionaler Ebene oder auf die zur Sicherstellung des Schutzes und der Entwicklung lokaler Gemeinschaften ergriffenen Maßnahmen beziehen können,
4. die Achtung der Menschenrechte, wobei sich die Angaben beispielsweise auf die Vermeidung von Menschenrechtsverletzungen beziehen können, und
5. die Bekämpfung von Korruption und Bestechung, wobei sich die Angaben beispielsweise auf die bestehenden Instrumente zur Bekämpfung von Korruption und Bestechung beziehen können.

(3) Zu den in Absatz 2 genannten Aspekten sind in der nichtfinanziellen Erklärung jeweils diejenigen Angaben zu machen, die für das Verständnis des Geschäftsverlaufs, des Geschäftsergebnisses, der Lage der Kapitalgesellschaft sowie der Auswirkungen ihrer Tätigkeit auf die in Absatz 2 genannten Aspekte erforderlich sind, einschließlich

1. einer Beschreibung der von der Kapitalgesellschaft verfolgten Konzepte, einschließlich der von der Kapitalgesellschaft angewandten Due-Diligence-Prozesse,
2. der Ergebnisse der Konzepte nach Nummer 1,
3. der wesentlichen Risiken, die mit der eigenen Geschäftstätigkeit der Kapitalgesellschaft verknüpft sind und die sehr wahrscheinlich schwerwiegende negative Auswirkungen auf die in Absatz 2 genannten Aspekte haben oder haben werden, sowie die Handhabung dieser Risiken durch die Kapitalgesellschaft,
4. der wesentlichen Risiken, die mit den Geschäftsbeziehungen der Kapitalgesellschaft, ihren Produkten und Dienstleistungen verknüpft sind und die sehr wahrscheinlich schwerwiegende negative Auswirkungen auf die in Absatz 2 genannten Aspekte haben oder haben werden, soweit die Angaben von Bedeutung sind und die Berichterstattung über diese Risiken verhältnismäßig ist, sowie die Handhabung dieser Risiken durch die Kapitalgesellschaft,
5. der bedeutsamsten nichtfinanziellen Leistungsindikatoren, die für die Geschäftstätigkeit der Kapitalgesellschaft von Bedeutung sind,
6. soweit es für das Verständnis erforderlich ist, Hinweisen auf im Jahresabschluss ausgewiesene Beträge und zusätzliche Erläuterungen dazu.

(4) Wenn die Kapitalgesellschaft in Bezug auf einen oder mehrere der in Absatz 2 genannten Aspekte kein Konzept verfolgt, hat sie dies anstelle der auf den jeweiligen Aspekt bezogenen Angaben nach Absatz 3 Nummer 1 und 2 in der nichtfinanziellen Erklärung klar und begründet zu erläutern.

§ 289d Nutzung von Rahmenwerken

[1]Die Kapitalgesellschaft kann für die Erstellung der nichtfinanziellen Erklärung nationale, europäische oder internationale Rahmenwerke nutzen. [2]In der Erklärung ist anzugeben, ob die Kapitalgesellschaft für die Erstellung der nichtfinanziellen Erklärung ein Rahmenwerk genutzt hat und, wenn dies der Fall ist, welches Rahmenwerk genutzt wurde, sowie andernfalls, warum kein Rahmenwerk genutzt wurde.

§ 289e Weglassen nachteiliger Angaben

(1) Die Kapitalgesellschaft muss in die nichtfinanzielle Erklärung ausnahmsweise keine Angaben zu künftigen Entwicklungen oder Belangen, über die Verhandlungen geführt werden, aufnehmen, wenn
1. die Angaben nach vernünftiger kaufmännischer Beurteilung der Mitglieder des vertretungsberechtigten Organs der Kapitalgesellschaft geeignet sind, der Kapitalgesellschaft einen erheblichen Nachteil zuzufügen, und
2. das Weglassen der Angaben ein den tatsächlichen Verhältnissen entsprechendes und ausgewogenes Verständnis des Geschäftsverlaufs, des Geschäftsergebnisses, der Lage der Kapitalgesellschaft und der Auswirkungen ihrer Tätigkeit nicht verhindert.

(2) Macht eine Kapitalgesellschaft von Absatz 1 Gebrauch und entfallen die Gründe für die Nichtaufnahme der Angaben nach der Veröffentlichung der nichtfinanziellen Erklärung, sind die Angaben in die darauf folgende nichtfinanzielle Erklärung aufzunehmen.

§ 289f Erklärung zur Unternehmensführung

(1) [1]Börsennotierte Aktiengesellschaften sowie Aktiengesellschaften, die ausschließlich andere Wertpapiere als Aktien zum Handel an einem organisierten Markt im Sinn des § 2 Absatz 11 des Wertpapierhandelsgesetzes ausgegeben haben und deren ausgegebene Aktien auf eigene Veranlassung über ein multilaterales Handelssystem im Sinn des § 2 Absatz 8 Satz 1 Nummer 8 des Wertpapierhandelsgesetzes gehandelt werden, haben eine Erklärung zur Unternehmensführung in ihren Lagebericht aufzunehmen, die dort einen gesonderten Abschnitt bildet. [2]Sie kann auch auf der Internetseite der Gesellschaft öffentlich zugänglich gemacht werden. [3]In diesem Fall ist in den Lagebericht eine Bezugnahme aufzunehmen, welche die Angabe der Internetseite enthält.

(2) In die Erklärung zur Unternehmensführung sind aufzunehmen
1. *die Erklärung* gemäß § 161 des Aktiengesetzes;
1a. eine Bezugnahme auf die Internetseite der Gesellschaft, auf der der Vergütungsbericht über das letzte Geschäftsjahr und der Vermerk des Abschlussprüfers gemäß § 162 des

Aktiengesetzes, das geltende Vergütungssystem gemäß § 87a Absatz 1 und 2 Satz 1 des Aktiengesetzes und der letzte Vergütungsbeschluss gemäß § 113 Absatz 3 des Aktiengesetzes öffentlich zugänglich gemacht werden;
2. relevante Angaben zu Unternehmensführungspraktiken, die über die gesetzlichen Anforderungen hinaus angewandt werden, nebst Hinweis, wo sie öffentlich zugänglich sind;
3. eine Beschreibung der Arbeitsweise von Vorstand und Aufsichtsrat sowie der Zusammensetzung und Arbeitsweise von deren Ausschüssen; sind die Informationen auf der Internetseite der Gesellschaft öffentlich zugänglich, kann darauf verwiesen werden;
4. bei Aktiengesellschaften im Sinne des Absatzes 1, die nach § 76 Absatz 4 und § 111 Absatz 5 des Aktiengesetzes verpflichtet sind, Zielgrößen für den Frauenanteil und Fristen für deren Erreichung festzulegen und die Festlegung der Zielgröße Null zu begründen, die vorgeschriebenen Festlegungen und Begründungen und die Angabe, ob die festgelegten Zielgrößen während des Bezugszeitraums erreicht worden sind, und, wenn nicht, Angaben zu den Gründen;
5. bei börsennotierten Aktiengesellschaften, die nach § 96 Absatz 2 und 3 des Aktiengesetzes bei der Besetzung des Aufsichtsrats jeweils einen Mindestanteil an Frauen und Männern einzuhalten haben, die Angabe, ob die Gesellschaft im Bezugszeitraum den Mindestanteil eingehalten hat, und, wenn nicht, Angaben zu den Gründen; bei börsennotierten Europäischen Gesellschaften (SE) tritt an die Stelle des § 96 Absatz 2 und 3 des Aktiengesetzes § 17 Absatz 2 oder § 24 Absatz 3 des SE-Ausführungsgesetzes;
5a. bei börsennotierten Aktiengesellschaften, die nach § 76 Absatz 3a des Aktiengesetzes mindestens eine Frau und mindestens einen Mann als Vorstandsmitglied bestellen müssen, die Angabe, ob die Gesellschaft im Bezugszeitraum diese Vorgabe eingehalten hat, und, wenn nicht, Angaben zu den Gründen; bei börsennotierten Europäischen Gesellschaften (SE) tritt an die Stelle des § 76 Absatz 3a des Aktiengesetzes § 16 Absatz 2 oder § 40 Absatz 1a des SE-Ausführungsgesetzes;
6. bei Aktiengesellschaften im Sinne des Absatzes 1, die nach § 267 Absatz 3 Satz 1 und Absatz 4 bis 5 große Kapitalgesellschaften sind, eine Beschreibung des Diversitätskonzepts, das im Hinblick auf die Zusammensetzung des vertretungsberechtigten Organs und des Aufsichtsrats in Bezug auf Aspekte wie beispielsweise Alter, Geschlecht, Bildungs- oder Berufshintergrund verfolgt wird, sowie der Ziele dieses Diversitätskonzepts, der Art und Weise seiner Umsetzung und der im Geschäftsjahr erreichten Ergebnisse.

(3) Auf börsennotierte Kommanditgesellschaften auf Aktien sind die Absätze 1 und 2 entsprechend anzuwenden.

(4) [1]Andere Kapitalgesellschaften haben in ihren Lagebericht als gesonderten Abschnitt eine Erklärung zur Unternehmensführung mit den Festlegungen, Begründungen und Angaben nach Absatz 2 Nummer 4 aufzunehmen, wenn sie nach § 76 Absatz 4 oder § 111 Absatz 5 des Aktiengesetzes oder nach § 36 oder § 52 Absatz 2 des Gesetzes betreffend die Gesellschaften mit beschränkter Haftung verpflichtet sind, Zielgrößen für den Frauenanteil und Fristen für deren Erreichung festzulegen und die Festlegung der Zielgröße Null zu begründen. [2]Absatz 1 Satz 2 und 3 gilt entsprechend. [3]Kapitalgesellschaften, die nicht zur Aufstellung eines Lageberichts verpflichtet sind, haben eine Erklärung mit den Festlegungen, Begründungen und Angaben des Satzes 1 zu erstellen und auf der Internetseite der Gesellschaft zu veröffentlichen. [4]Sie können diese Pflicht auch durch Offenlegung eines unter Berücksichtigung von Satz 1 aufgestellten Lageberichts erfüllen.

(5) Wenn eine Gesellschaft nach Absatz 2 Nummer 6, auch in Verbindung mit Absatz 3, kein Diversitätskonzept verfolgt, hat sie dies in der Erklärung zur Unternehmensführung zu erläutern.

Zweiter Unterabschnitt. Konzernabschluß und Konzernlagebericht

Erster Titel. Anwendungsbereich

§ 290 Pflicht zur Aufstellung

(1) [1]Die gesetzlichen Vertreter einer Kapitalgesellschaft (Mutterunternehmen) mit Sitz im Inland haben in den ersten fünf Monaten des Konzerngeschäftsjahrs für das vergangene

Konzerngeschäftsjahr einen Konzernabschluss und einen Konzernlagebericht aufzustellen, wenn diese auf ein anderes Unternehmen (Tochterunternehmen) unmittel- oder mittelbar einen beherrschenden Einfluss ausüben kann. [2]Ist das Mutterunternehmen eine Kapitalgesellschaft im Sinn des § 325 Abs. 4 Satz 1, sind der Konzernabschluss sowie der Konzernlagebericht in den ersten vier Monaten des Konzerngeschäftsjahrs für das vergangene Konzerngeschäftsjahr aufzustellen.

(2) Beherrschender Einfluss eines Mutterunternehmens besteht stets, wenn
1. **ihm bei einem anderen Unternehmen die Mehrheit der Stimmrechte der Gesellschafter zusteht;**
2. **ihm bei einem anderen Unternehmen das Recht zusteht, die Mehrheit der Mitglieder des die Finanz- und Geschäftspolitik bestimmenden Verwaltungs-, Leitungs- oder Aufsichtsorgans zu bestellen oder abzuberufen, und es gleichzeitig Gesellschafter ist;**
3. **ihm das Recht zusteht, die Finanz- und Geschäftspolitik auf Grund eines mit einem anderen Unternehmen geschlossenen Beherrschungsvertrages oder auf Grund einer Bestimmung in der Satzung des anderen Unternehmens zu bestimmen, oder**
4. **es bei wirtschaftlicher Betrachtung die Mehrheit der Risiken und Chancen eines Unternehmens trägt, das zur Erreichung eines eng begrenzten und genau definierten Ziels des Mutterunternehmens dient (Zweckgesellschaft). Neben Unternehmen können Zweckgesellschaften auch sonstige juristische Personen des Privatrechts oder unselbständige Sondervermögen des Privatrechts sein, ausgenommen als Sondervermögen aufgelegte offene inländische Spezial-AIF mit festen Anlagebedingungen im Sinn des § 284 des Kapitalanlagegesetzbuchs oder vergleichbare EU-Investmentvermögen oder ausländische Investmentvermögen, die den als Sondervermögen aufgelegten offenen inländischen Spezial-AIF mit festen Anlagebedingungen im Sinn des § 284 des Kapitalanlagegesetzbuchs vergleichbar sind, oder als Sondervermögen aufgelegte geschlossene inländische Spezial-AIF oder vergleichbare EU-Investmentvermögen oder ausländische Investmentvermögen, die den als Sondervermögen aufgelegten geschlossenen inländischen Spezial-AIF vergleichbar sind.**

(3) [1]Als Rechte, die einem Mutterunternehmen nach Absatz 2 zustehen, gelten auch die einem anderen Tochterunternehmen zustehenden Rechte und die den für Rechnung des Mutterunternehmens oder von Tochterunternehmen handelnden Personen zustehenden Rechte. [2]Den einem Mutterunternehmen an einem anderen Unternehmen zustehenden Rechten werden die Rechte hinzugerechnet, über die es selbst oder eines seiner Tochterunternehmen auf Grund einer Vereinbarung mit anderen Gesellschaftern dieses Unternehmens verfügen kann. [3]Abzuziehen sind Rechte, die
1. **mit Anteilen verbunden sind, die von dem Mutterunternehmen oder von dessen Tochterunternehmen für Rechnung einer anderen Person gehalten werden, oder**
2. **mit Anteilen verbunden sind, die als Sicherheit gehalten werden, sofern diese Rechte nach Weisung des Sicherungsgebers oder, wenn ein Kreditinstitut die Anteile als Sicherheit für ein Darlehen hält, im Interesse des Sicherungsgebers ausgeübt werden.**

(4) [1]Welcher Teil der Stimmrechte einem Unternehmen zusteht, bestimmt sich für die Berechnung der Mehrheit nach Absatz 2 Nr. 1 nach dem Verhältnis der Zahl der Stimmrechte, die es aus den ihm gehörenden Anteilen ausüben kann, zur Gesamtzahl aller Stimmrechte. [2]Von der Gesamtzahl aller Stimmrechte sind die Stimmrechte aus eigenen Anteilen abzuziehen, die dem Tochterunternehmen selbst, einem seiner Tochterunternehmen oder einer anderen Person für Rechnung dieser Unternehmen gehören.

(5) Ein Mutterunternehmen ist von der Pflicht, einen Konzernabschluss und einen Konzernlagebericht aufzustellen, befreit, wenn es nur Tochterunternehmen hat, die gemäß § 296 nicht in den Konzernabschluss einbezogen werden brauchen.

§ 291 Befreiende Wirkung von EU/EWR-Konzernabschlüssen

(1) [1]Ein Mutterunternehmen, das zugleich Tochterunternehmen eines Mutterunternehmens mit Sitz in einem Mitgliedstaat der Europäischen Union oder in einem anderen Vertragsstaat des Abkommens über den Europäischen Wirtschaftsraum ist, braucht einen Konzernabschluß und einen Konzernlagebericht nicht aufzustellen, wenn ein den Anforderungen des Absatzes 2 entsprechender Konzernabschluß und Konzernlagebericht seines Mutterunternehmens einschließlich des Bestätigungsvermerks oder des Vermerks über dessen Versagung nach den für den entfallenden Konzernabschluß und Konzernla-

geberichtmaßgeblichen Vorschriften in deutscher oder englischer Sprache offengelegt wird. [2]Ein befreiender Konzernabschluß und ein befreiender Konzernlagebericht können von jedem Unternehmen unabhängig von seiner Rechtsform und Größe aufgestellt werden, wenn das Unternehmen als Kapitalgesellschaft mit Sitz in einem Mitgliedstaat der Europäischen Union oder in einem anderen Vertragsstaat des Abkommens über den Europäischen Wirtschaftsraum zur Aufstellung eines Konzernabschlusses unter Einbeziehung des zu befreienden Mutterunternehmens und seiner Tochterunternehmen verpflichtet wäre.

(2) [1]Der Konzernabschluß und Konzernlagebericht eines Mutterunternehmens mit Sitz in einem Mitgliedstaat der Europäischen Union oder in einem anderen Vertragsstaat des Abkommens über den Europäischen Wirtschaftsraum haben befreiende Wirkung, wenn
1. **das zu befreiende Mutterunternehmen und seine Tochterunternehmen in den befreienden Konzernabschluß unbeschadet des § 296 einbezogen worden sind,**
2. **der befreiende Konzernabschluss nach dem auf das Mutterunternehmen anwendbaren Recht im Einklang mit der Richtlinie 2013/34/EU oder im Einklang mit den in § 315e Absatz 1 bezeichneten internationalen Rechnungslegungsstandards aufgestellt und im Einklang mit der Richtlinie 2006/43/EG geprüft worden ist,**
3. **der befreiende Konzernlagebericht nach dem auf das Mutterunternehmen anwendbaren Recht im Einklang mit der Richtlinie 2013/34/EU aufgestellt und im Einklang mit der Richtlinie 2006/43/EG geprüft worden ist,**
4. **der Anhang des Jahresabschlusses des zu befreienden Unternehmens folgende Angaben enthält:**
   a) **Name und Sitz des Mutterunternehmens, das den befreienden Konzernabschluß und Konzernlagebericht aufstellt,**
   b) **einen Hinweis auf die Befreiung von der Verpflichtung, einen Konzernabschluß und einen Konzernlagebericht aufzustellen, und**
   c) **eine Erläuterung der im befreienden Konzernabschluß vom deutschen Recht abweichend angewandten Bilanzierungs-, Bewertungs- und Konsolidierungsmethoden.**

[2]Satz 1 gilt für Kreditinstitute und Versicherungsunternehmen entsprechend; unbeschadet der übrigen Voraussetzungen in Satz 1 hat die Aufstellung des befreienden Konzernabschlusses und des befreienden Konzernlageberichts bei Kreditinstituten im Einklang mit der Richtlinie 86/635/EWG des Rates vom 8. Dezember 1986 über den Jahresabschluß und den konsolidierten Abschluß von Banken und anderen Finanzinstituten (ABl. L 372 vom 31.12.1986, S. 1; L 316 vom 23.11.1988, S. 51), die zuletzt durch die Richtlinie 2006/46/EG (ABl. L 224 vom 16.8.2006, S. 1) geändert worden ist, und bei Versicherungsunternehmen im Einklang mit der Richtlinie 91/674/EWG des Rates vom 19. Dezember 1991 über den Jahresabschluß und den konsolidierten Abschluß von Versicherungsunternehmen (ABl. L 374 vom 31.12.1991, S. 7), die zuletzt durch die Richtlinie 2006/46/EG (ABl. L 224 vom 16.8.2006, S. 1) geändert worden ist, zu erfolgen.

(3) Die Befreiung nach Absatz 1 kann trotz Vorliegens der Voraussetzungen nach Absatz 2 von einem Mutterunternehmen nicht in Anspruch genommen werden, wenn
1. **das zu befreiende Mutterunternehmen einen organisierten Markt im Sinn des § 2 Absatz 11 des Wertpapierhandelsgesetzes durch von ihm ausgegebene Wertpapiere im Sinn des § 2 Absatz 1 des Wertpapierhandelsgesetzes in Anspruch nimmt,**
2. **Gesellschafter, denen bei Aktiengesellschaften und Kommanditgesellschaften auf Aktien mindestens 10 vom Hundert und bei Gesellschaften mit beschränkter Haftung mindestens 20 vom Hundert der Anteile an dem zu befreienden Mutterunternehmen gehören, spätestens sechs Monate vor dem Ablauf des Konzerngeschäftsjahrs die Aufstellung eines Konzernabschlusses und eines Konzernlageberichts beantragt haben.**

§ 292 Befreiende Wirkung von Konzernabschlüssen aus Drittstaaten

(1) Ein Mutterunternehmen, das zugleich Tochterunternehmen eines Mutterunternehmens mit Sitz in einem Staat ist, der nicht Mitglied der Europäischen Union und auch nicht Vertragsstaat des Abkommens über den Europäischen Wirtschaftsraum ist, braucht einen Konzernabschluss und einen Konzernlagebericht nicht aufzustellen, wenn dieses andere Mutterunternehmen einen dem § 291 Absatz 2 Nummer 1 entsprechenden Konzernabschluss (befreiender Konzernabschluss) und Konzernlagebericht (befreiender Konzernlagebericht) aufstellt sowie außerdem alle folgenden Voraussetzungen erfüllt sind:

1. der befreiende Konzernabschluss wird wie folgt aufgestellt:
a) nach Maßgabe des Rechts eines Mitgliedstaats der Europäischen Union oder eines anderen Vertragsstaats des Abkommens über den Europäischen Wirtschaftsraum im Einklang mit der Richtlinie 2013/34/EU,
b) im Einklang mit den in § 315e Absatz 1 bezeichneten internationalen Rechnungslegungsstandards,
c) derart, dass er einem nach den in Buchstabe a bezeichneten Vorgaben erstellten Konzernabschluss gleichwertig ist, oder
d) derart, dass er internationalen Rechnungslegungsstandards entspricht, die gemäß der Verordnung (EG) Nr. 1569/2007 der Kommission vom 21. Dezember 2007 über die Einrichtung eines Mechanismus zur Festlegung der Gleichwertigkeit der von Drittstaatemittenten angewandten Rechnungslegungsgrundsätze gemäß den Richtlinien 2003/71/EG und 2004/109/EG des Europäischen Parlaments und des Rates (ABl. L 340 vom 22.12.2007, S. 66), die durch die Delegierte Verordnung (EU) Nr. 310/2012 (ABl. L 103 vom 13.4.2012, S. 11) geändert worden ist, in ihrer jeweils geltenden Fassung festgelegt wurden;
2. der befreiende Konzernlagebericht wird nach Maßgabe der in Nummer 1 Buchstabe a genannten Vorgaben aufgestellt oder ist einem nach diesen Vorgaben aufgestellten Konzernlagebericht gleichwertig;
3. der befreiende Konzernabschluss ist von einem oder mehreren Abschlussprüfern oder einer oder mehreren Prüfungsgesellschaften geprüft worden, die auf Grund der einzelstaatlichen Rechtsvorschriften, denen das Unternehmen unterliegt, das diesen Abschluss aufgestellt hat, zur Prüfung von Jahresabschlüssen zugelassen sind;
4. der befreiende Konzernabschluss, der befreiende Konzernlagebericht und der Bestätigungsvermerk sind nach den für den entfallenden Konzernabschluss und Konzernlagebericht maßgeblichen Vorschriften in deutscher oder englischer Sprache offengelegt worden.

(2) [1]Die befreiende Wirkung tritt nur ein, wenn im Anhang des Jahresabschlusses des zu befreienden Unternehmens die in § 291 Absatz 2 Satz 1 Nummer 4 genannten Angaben gemacht werden und zusätzlich angegeben wird, nach welchen der in Absatz 1 Nummer 1 genannten Vorgaben sowie gegebenenfalls nach dem Recht welchen Staates der befreiende Konzernabschluss und der befreiende Konzernlagebericht aufgestellt worden sind. [2]Im Übrigen ist § 291 Absatz 2 Satz 2 und Absatz 3 entsprechend anzuwenden.

(3) [1]Ist ein nach Absatz 1 zugelassener Konzernabschluß nicht von einem in Übereinstimmung mit den Vorschriften der Richtlinie 2006/43/EG zugelassenen Abschlußprüfer geprüft worden, so kommt ihm befreiende Wirkung nur zu, wenn der Abschlußprüfer eine den Anforderungen dieser Richtlinie gleichwertige Befähigung hat und der Konzernabschluß in einer den Anforderungen des Dritten Unterabschnitts entsprechenden Weise geprüft worden ist. [2]Nicht in Übereinstimmung mit den Vorschriften der Richtlinie 2006/43/EG zugelassene Abschlussprüfer von Unternehmen mit Sitz in einem Drittstaat im Sinn des § 3 Abs. 1 Satz 1 der Wirtschaftsprüferordnung, deren Wertpapiere im Sinn des § 2 Absatz 1 des Wertpapierhandelsgesetzes an einer inländischen Börse zum Handel am regulierten Markt zugelassen sind, haben nur dann eine den Anforderungen der Richtlinie gleichwertige Befähigung, wenn sie bei der Wirtschaftsprüferkammer gemäß § 134 Abs. 1 der Wirtschaftsprüferordnung eingetragen sind oder die Gleichwertigkeit gemäß § 134 Abs. 4 der Wirtschaftsprüferordnung anerkannt ist. [3]Satz 2 ist nicht anzuwenden, soweit ausschließlich Schuldtitel im Sinne des § 2 Absatz 1 Nummer 3 des Wertpapierhandelsgesetzes
1. mit einer Mindeststückelung zu je 100 000 Euro oder einem entsprechenden Betrag anderer Währung an einer inländischen Börse zum Handel am regulierten Markt zugelassen sind oder
2. mit einer Mindeststückelung zu je 50 000 Euro oder einem entsprechenden Betrag anderer Währung an einer inländischen Börse zum Handel am regulierten Markt zugelassen sind und diese Schuldtitel vor dem 31. Dezember 2010 begeben worden sind.
[4]Im Falle des Satzes 2 ist mit dem Bestätigungsvermerk nach Absatz 1 Nummer 4 auch eine Bescheinigung der Wirtschaftsprüferkammer gemäß § 134 Absatz 2a der Wirtschaftsprüferordnung über die Eintragung des Abschlussprüfers oder eine Bestätigung der Wirtschaftsprüferkammer gemäß § 134 Absatz 4 Satz 8 der Wirtschaftsprüferordnung über die Befreiung von der Eintragungsverpflichtung offenzulegen.

§ 292a *[aufgehoben]*

§ 293 Größenabhängige Befreiungen

(1) [1]Ein Mutterunternehmen ist von der Pflicht, einen Konzernabschluß und einen Konzernlagebericht aufzustellen, befreit, wenn

1. am Abschlußstichtag seines Jahresabschlusses und am vorhergehenden Abschlußstichtag mindestens zwei der drei nachstehenden Merkmale zutreffen:

a) Die Bilanzsummen in den Bilanzen des Mutterunternehmens und der Tochterunternehmen, die in den Konzernabschluß einzubeziehen wären, übersteigen insgesamt nicht 30 000 000 Euro.

b) Die Umsatzerlöse des Mutterunternehmens und der Tochterunternehmen, die in den Konzernabschluß einzubeziehen wären, übersteigen in den zwölf Monaten vor dem Abschlußstichtag insgesamt nicht 60 000 000 Euro.

c) Das Mutterunternehmen und die Tochterunternehmen, die in den Konzernabschluß einzubeziehen wären, haben in den zwölf Monaten vor dem Abschlußstichtag im Jahresdurchschnitt nicht mehr als 250 Arbeitnehmer beschäftigt;

oder

2. am Abschlußstichtag eines von ihm aufzustellenden Konzernabschlusses und am vorhergehenden Abschlußstichtag mindestens zwei der drei nachstehenden Merkmale zutreffen:

a) Die Bilanzsumme übersteigt nicht 25 000 000 Euro.

b) Die Umsatzerlöse in den zwölf Monaten vor dem Abschlußstichtag übersteigen nicht 50 000 000 Euro.

c) Das Mutterunternehmen und die in den Konzernabschluß einbezogenen Tochterunternehmen haben in den zwölf Monaten vor dem Abschlußstichtag im Jahresdurchschnitt nicht mehr als 250 Arbeitnehmer beschäftigt.

[2]Auf die Ermittlung der durchschnittlichen Zahl der Arbeitnehmer ist § 267 Abs. 5 anzuwenden.

(2) Auf die Ermittlung der Bilanzsumme ist § 267 Absatz 4a entsprechend anzuwenden.

(3) *[aufgehoben]*

(4) [1]Außer in den Fällen des Absatzes 1 ist ein Mutterunternehmen von der Pflicht zur Aufstellung des Konzernabschlusses und des Konzernlageberichts befreit, wenn die Voraussetzungen des Absatzes 1 nur am Abschlußstichtag oder nur am vorhergehenden Abschlußstichtag erfüllt sind und das Mutterunternehmen am vorhergehenden Abschlußstichtag von der Pflicht zur Aufstellung des Konzernabschlusses und des Konzernlageberichts befreit war. [2]§ 267 Abs. 4 Satz 2 und 3 ist entsprechend anzuwenden.

(5) Die Absätze 1 und 4 sind nicht anzuwenden, wenn das Mutterunternehmen oder ein in dessen Konzernabschluss einbezogenes Tochterunternehmen am Abschlussstichtag kapitalmarktorientiert im Sinn des § 264d ist oder es den Vorschriften des Ersten oder Zweiten Unterabschnitts des Vierten Abschnitts unterworfen ist.

Zweiter Titel. Konsolidierungskreis

§ 294 Einzubeziehende Unternehmen. Vorlage- und Auskunftspflichten

(1) In den Konzernabschluß sind das Mutterunternehmen und alle Tochterunternehmen ohne Rücksicht auf den Sitz und die Rechtsform der Tochterunternehmen einzubeziehen, sofern die Einbeziehung nicht nach § 296 unterbleibt.

(2) Hat sich die Zusammensetzung der in den Konzernabschluß einbezogenen Unternehmen im Laufe des Geschäftsjahrs wesentlich geändert, so sind in den Konzernabschluß Angaben aufzunehmen, die es ermöglichen, die aufeinanderfolgenden Konzernabschlüsse sinnvoll zu vergleichen.

(3) [1]Die Tochterunternehmen haben dem Mutterunternehmen ihre Jahresabschlüsse, Einzelabschlüsse nach § 325 Abs. 2a, Lageberichte, gesonderten nichtfinanziellen Berichte, Konzernabschlüsse, Konzernlageberichte, gesonderten nichtfinanziellen Konzernberichte und, wenn eine Abschlussprüfung stattgefunden hat, die Prüfungsberichte sowie, wenn ein Zwischenabschluß aufzustellen ist, einen auf den Stichtag des Konzernabschlusses aufgestellten Abschluß unverzüglich einzureichen. [2]Das Mutterunternehmen kann von

jedem Tochterunternehmen alle Aufklärungen und Nachweise verlangen, welche die Aufstellung des Konzernabschlusses, des Konzernlageberichts und des gesonderten nichtfinanziellen Konzernberichts erfordert.

§ 295 *[aufgehoben]*

§ 296 Verzicht auf die Einbeziehung

(1) Ein Tochterunternehmen braucht in den Konzernabschluß nicht einbezogen zu werden, wenn
1. erhebliche und andauernde Beschränkungen die Ausübung der Rechte des Mutterunternehmens in bezug auf das Vermögen oder die Geschäftsführung dieses Unternehmens nachhaltig beeinträchtigen,
2. die für die Aufstellung des Konzernabschlusses erforderlichen Angaben nicht ohne unverhältnismäßig hohe Kosten oder unangemessene Verzögerungen zu erhalten sind oder
3. die Anteile des Tochterunternehmens ausschließlich zum Zwecke ihrer Weiterveräußerung gehalten werden.

(2) [1]Ein Tochterunternehmen braucht in den Konzernabschluß nicht einbezogen zu werden, wenn es für die Verpflichtung, ein den tatsächlichen Verhältnissen entsprechendes Bild der Vermögens-, Finanz- und Ertragslage des Konzerns zu vermitteln, von untergeordneter Bedeutung ist. [2]Entsprechen mehrere Tochterunternehmen der Voraussetzung des Satzes 1, so sind diese Unternehmen in den Konzernabschluß einzubeziehen, wenn sie zusammen nicht von untergeordneter Bedeutung sind.

(3) Die Anwendung der Absätze 1 und 2 ist im Konzernanhang zu begründen.

Dritter Titel. Inhalt und Form des Konzernabschlusses

§ 297 Inhalt

(1) [1]Der Konzernabschluss besteht aus der Konzernbilanz, der Konzern-Gewinn- und Verlustrechnung, dem Konzernanhang, der Kapitalflussrechnung und dem Eigenkapitalspiegel. [2]Er kann um eine Segmentberichterstattung erweitert werden.

(1a) [1]Im Konzernabschluss sind die Firma, der Sitz, das Registergericht und die Nummer, unter der das Mutterunternehmen in das Handelsregister eingetragen ist, anzugeben. [2]Befindet sich das Mutterunternehmen in Liquidation oder Abwicklung, ist auch diese Tatsache anzugeben.

(2) [1]Der Konzernabschluß ist klar und übersichtlich aufzustellen. [2]Er hat unter Beachtung der Grundsätze ordnungsmäßiger Buchführung ein den tatsächlichen Verhältnissen entsprechendes Bild der Vermögens-, Finanz- und Ertragslage des Konzerns zu vermitteln. [3]Führen besondere Umstände dazu, daß der Konzernabschluß ein den tatsächlichen Verhältnissen entsprechendes Bild im Sinne des Satzes 2 nicht vermittelt, so sind im Konzernanhang zusätzliche Angaben zu machen. [4]Die Mitglieder des vertretungsberechtigten Organs eines Mutterunternehmens, das als Inlandsemittent (§ 2 Absatz 14 des Wertpapierhandelsgesetzes) Wertpapiere (§ 2 Absatz 1 des Wertpapierhandelsgesetzes) begibt und keine Kapitalgesellschaft im Sinne des § 327a ist, haben in einer dem Konzernabschluss beizufügenden schriftlichen Erklärung zu versichern, dass der Konzernabschluss nach bestem Wissen ein den tatsächlichen Verhältnissen entsprechendes Bild im Sinne des Satzes 2 vermittelt oder der Konzernanhang Angaben nach Satz 3 enthält.

(3) [1]Im Konzernabschluß ist die Vermögens-, Finanz- und Ertragslage der einbezogenen Unternehmen so darzustellen, als ob diese Unternehmen insgesamt ein einziges Unternehmen wären. [2]Die auf den vorhergehenden Konzernabschluß angewandten Konsolidierungsmethoden sind beizubehalten. [3]Abweichungen von Satz 2 sind in Ausnahmefällen zulässig. [4]Sie sind im Konzernanhang anzugeben und zu begründen. [5]Ihr Einfluß auf die Vermögens-, Finanz- und Ertragslage des Konzerns ist anzugeben.

§ 298 Anzuwendende Vorschriften. Erleichterungen

(1) Auf den Konzernabschluß sind, soweit seine Eigenart keine Abweichung bedingt oder in den folgenden Vorschriften nichts anderes bestimmt ist, die §§ 244 bis 256a, 264c,

265, 266, 268 Absatz 1 bis 7, die §§ 270, 271, 272 Absatz 1 bis 4, die §§ 274, 275 und 277 über den Jahresabschluß und die für die Rechtsform und den Geschäftszweig der in den Konzernabschluß einbezogenen Unternehmen mit Sitz im Geltungsbereich dieses Gesetzes geltenden Vorschriften, soweit sie für große Kapitalgesellschaften gelten, entsprechend anzuwenden.

(2) [1]Der Konzernanhang und der Anhang des Jahresabschlusses des Mutterunternehmens dürfen zusammengefaßt werden. [2]In diesem Falle müssen der Konzernabschluß und der Jahresabschluß des Mutterunternehmens gemeinsam offengelegt werden. [3]Aus dem zusammengefassten Anhang muss hervorgehen, welche Angaben sich auf den Konzern und welche Angaben sich nur auf das Mutterunternehmen beziehen.

§ 299 Stichtag für die Aufstellung

(1) Der Konzernabschluss ist auf den Stichtag des Jahresabschlusses des Mutterunternehmens aufzustellen.

(2) [1]Die Jahresabschlüsse der in den Konzernabschluß einbezogenen Unternehmen sollen auf den Stichtag des Konzernabschlusses aufgestellt werden. [2]Liegt der Abschlußstichtag eines Unternehmens um mehr als drei Monate vor dem Stichtag des Konzernabschlusses, so ist dieses Unternehmen auf Grund eines auf den Stichtag und den Zeitraum des Konzernabschlusses aufgestellten Zwischenabschlusses in den Konzernabschluß einzubeziehen.

(3) Wird bei abweichenden Abschlußstichtagen ein Unternehmen nicht auf der Grundlage eines auf den Stichtag und den Zeitraum des Konzernabschlusses aufgestellten Zwischenabschlusses in den Konzernabschluß einbezogen, so sind Vorgänge von besonderer Bedeutung für die Vermögens-, Finanz- und Ertragslage eines in den Konzernabschluß einbezogenen Unternehmens, die zwischen dem Abschlußstichtag dieses Unternehmens und dem Abschlußstichtag des Konzernabschlusses eingetreten sind, in der Konzernbilanz und der Konzern-Gewinn- und Verlustrechnung zu berücksichtigen oder im Konzernanhang anzugeben.

Vierter Titel. Vollkonsolidierung

§ 300 Konsolidierungsgrundsätze. Vollständigkeitsgebot

(1) [1]In dem Konzernabschluß ist der Jahresabschluß des Mutterunternehmens mit den Jahresabschlüssen der Tochterunternehmen zusammenzufassen. [2]An die Stelle der dem Mutterunternehmen gehörenden Anteile an den einbezogenen Tochterunternehmen treten die Vermögensgegenstände, Schulden, Rechnungsabgrenzungsposten und Sonderposten der Tochterunternehmen, soweit sie nach dem Recht des Mutterunternehmens bilanzierungsfähig sind und die Eigenart des Konzernabschlusses keine Abweichungen bedingt oder in den folgenden Vorschriften nichts anderes bestimmt ist.

(2) [1]Die Vermögensgegenstände, Schulden und Rechnungsabgrenzungsposten sowie die Erträge und Aufwendungen der in den Konzernabschluß einbezogenen Unternehmen sind unabhängig von ihrer Berücksichtigung in den Jahresabschlüssen dieser Unternehmen vollständig aufzunehmen, soweit nach dem Recht des Mutterunternehmens nicht ein Bilanzierungsverbot oder ein Bilanzierungswahlrecht besteht. [2]Nach dem Recht des Mutterunternehmens zulässige Bilanzierungswahlrechte dürfen im Konzernabschluß unabhängig von ihrer Ausübung in den Jahresabschlüssen der in den Konzernabschluß einbezogenen Unternehmen ausgeübt werden. [3]Ansätze, die auf der Anwendung von für Kreditinstitute oder Versicherungsunternehmen wegen der Besonderheiten des Geschäftszweigs geltenden Vorschriften beruhen, dürfen beibehalten werden; auf die Anwendung dieser Ausnahme ist im Konzernanhang hinzuweisen.

§ 301 Kapitalkonsolidierung

(1) [1]Der Wertansatz der dem Mutterunternehmen gehörenden Anteile an einem in den Konzernabschluß einbezogenen Tochterunternehmen wird mit dem auf diese Anteile entfallenden Betrag des Eigenkapitals des Tochterunternehmens verrechnet. [2]Das Eigenkapital ist mit dem Betrag anzusetzen, der dem Zeitwert der in den Konzernabschluss aufzunehmenden Vermögensgegenstände, Schulden, Rechnungsabgrenzungsposten und

Sonderposten entspricht, der diesen an dem für die Verrechnung nach Absatz 2 maßgeblichen Zeitpunkt beizulegen ist. [3]Rückstellungen sind nach § 253 Abs. 1 Satz 2 und 3, Abs. 2 und latente Steuern nach § 274 Abs. 2 zu bewerten.

(2) [1]Die Verrechnung nach Absatz 1 ist auf Grundlage der Wertansätze zu dem Zeitpunkt durchzuführen, zu dem das Unternehmen Tochterunternehmen geworden ist. [2]Können die Wertansätze zu diesem Zeitpunkt nicht endgültig ermittelt werden, sind sie innerhalb der darauf folgenden zwölf Monate anzupassen. [3]Stellt ein Mutterunternehmen erstmalig einen Konzernabschluss auf, sind die Wertansätze zum Zeitpunkt der Einbeziehung des Tochterunternehmens in den Konzernabschluss zugrunde zu legen, soweit das Tochterunternehmen nicht in dem Jahr Tochterunternehmen geworden ist, für das der Konzernabschluss aufgestellt wird. [4]Das Gleiche gilt für die erstmalige Einbeziehung eines Tochterunternehmens, auf die bisher gemäß § 296 verzichtet wurde. [5]In Ausnahmefällen dürfen die Wertansätze nach Satz 1 auch in den Fällen der Sätze 3 und 4 zugrunde gelegt werden; dies ist im Konzernanhang anzugeben und zu begründen.

(3) [1]Ein nach der Verrechnung verbleibender Unterschiedsbetrag ist in der Konzernbilanz, wenn er auf der Aktivseite entsteht, als Geschäfts- oder Firmenwert und, wenn er auf der Passivseite entsteht, unter dem Posten „Unterschiedsbetrag aus der Kapitalkonsolidierung" nach dem Eigenkapital auszuweisen. [2]Der Posten und wesentliche Änderungen gegenüber dem Vorjahr sind im Konzernanhang zu erläutern.

(4) Anteile an dem Mutterunternehmen, die einem in den Konzernabschluss einbezogenen Tochterunternehmen gehören, sind in der Konzernbilanz als eigene Anteile des Mutterunternehmens mit ihrem Nennwert oder, falls ein solcher nicht vorhanden ist, mit ihrem rechnerischen Wert, in der Vorspalte offen von dem Posten „Gezeichnetes Kapital" abzusetzen.

§ 302 *[aufgehoben]*

§ 303 Schuldenkonsolidierung

(1) Ausleihungen und andere Forderungen, Rückstellungen und Verbindlichkeiten zwischen den in den Konzernabschluß einbezogenen Unternehmen sowie entsprechende Rechnungsabgrenzungsposten sind wegzulassen.

(2) Absatz 1 braucht nicht angewendet zu werden, wenn die wegzulassenden Beträge für die Vermittlung eines den tatsächlichen Verhältnissen entsprechenden Bildes der Vermögens-, Finanz- und Ertragslage des Konzerns nur von untergeordneter Bedeutung sind.

§ 304 Behandlung der Zwischenergebnisse

(1) In den Konzernabschluß zu übernehmende Vermögensgegenstände, die ganz oder teilweise auf Lieferungen oder Leistungen zwischen in den Konzernabschluß einbezogenen Unternehmen beruhen, sind in der Konzernbilanz mit einem Betrag anzusetzen, zu dem sie in der auf den Stichtag des Konzernabschlusses aufgestellten Jahresbilanz dieses Unternehmens angesetzt werden könnten, wenn die in den Konzernabschluß einbezogenen Unternehmen auch rechtlich ein einziges Unternehmen bilden würden.

(2) Absatz 1 braucht nicht angewendet zu werden, wenn die Behandlung der Zwischenergebnisse nach Absatz 1 für die Vermittlung eines den tatsächlichen Verhältnissen entsprechenden Bildes der Vermögens-, Finanz- und Ertragslage des Konzerns nur von untergeordneter Bedeutung ist.

§ 305 Aufwands- und Ertragskonsolidierung

(1) In der Konzern-Gewinn- und Verlustrechnung sind

1. **bei den Umsatzerlösen die Erlöse aus Lieferungen und Leistungen zwischen den in den Konzernabschluß einbezogenen Unternehmen mit den auf sie entfallenden Aufwendungen zu verrechnen, soweit sie nicht als Erhöhung des Bestands an fertigen und unfertigen Erzeugnissen oder als andere aktivierte Eigenleistungen auszuweisen sind,**
2. **andere Erträge aus Lieferungen und Leistungen zwischen den in den Konzernabschluß einbezogenen Unternehmen mit den auf sie entfallenden Aufwendungen zu verrechnen, soweit sie nicht als andere aktivierte Eigenleistungen auszuweisen sind.**

(2) Aufwendungen und Erträge brauchen nach Absatz 1 nicht weggelassen zu werden, wenn die wegzulassenden Beträge für die Vermittlung eines den tatsächlichen Verhältnissen entsprechenden Bildes der Vermögens-, Finanz- und Ertragslage des Konzerns nur von untergeordneter Bedeutung sind.

§ 306 Latente Steuern

[1]Führen Maßnahmen, die nach den Vorschriften dieses Titels durchgeführt worden sind, zu Differenzen zwischen den handelsrechtlichen Wertansätzen der Vermögensgegenstände, Schulden oder Rechnungsabgrenzungsposten und deren steuerlichen Wertansätzen und bauen sich diese Differenzen in späteren Geschäftsjahren voraussichtlich wieder ab, so ist eine sich insgesamt ergebende Steuerbelastung als passive latente Steuern und eine sich insgesamt ergebende Steuerentlastung als aktive latente Steuern in der Konzernbilanz anzusetzen. [2]Die sich ergebende Steuerbe- und die sich ergebende Steuerentlastung können auch unverrechnet angesetzt werden. [3]Differenzen aus dem erstmaligen Ansatz eines nach § 301 Abs. 3 verbleibenden Unterschiedsbetrages bleiben unberücksichtigt. [4]Das Gleiche gilt für Differenzen, die sich zwischen dem steuerlichen Wertansatz einer Beteiligung an einem Tochterunternehmen, assoziierten Unternehmen oder einem Gemeinschaftsunternehmen im Sinn des § 310 Abs. 1 und dem handelsrechtlichen Wertansatz des im Konzernabschluss angesetzten Nettovermögens ergeben. [5]§ 274 Absatz 2 und 3 ist entsprechend anzuwenden. [6]Die Posten dürfen mit den Posten nach § 274 zusammengefasst werden.

§ 307 Anteile anderer Gesellschafter

(1) In der Konzernbilanz ist für nicht dem Mutterunternehmen gehörende Anteile an in den Konzernabschluß einbezogenen Tochterunternehmen ein Ausgleichsposten für die Anteile der anderen Gesellschafter in Höhe ihres Anteils am Eigenkapital unter dem Posten „nicht beherrschende Anteile" innerhalb des Eigenkapitals gesondert auszuweisen.

(2) In der Konzern-Gewinn- und Verlustrechnung ist der im Jahresergebnis enthaltene, anderen Gesellschaftern zustehende Gewinn und der auf sie entfallende Verlust nach dem Posten „Jahresüberschuß/Jahresfehlbetrag" unter dem Posten „nicht beherrschende Anteile" gesondert auszuweisen.

Fünfter Titel. Bewertungsvorschriften

§ 308 Einheitliche Bewertung

(1) [1]Die in den Konzernabschluß nach § 300 Abs. 2 übernommenen Vermögensgegenstände und Schulden der in den Konzernabschluß einbezogenen Unternehmen sind nach den auf den Jahresabschluß des Mutterunternehmens anwendbaren Bewertungsmethoden einheitlich zu bewerten. [2]Nach dem Recht des Mutterunternehmens zulässige Bewertungswahlrechte können im Konzernabschluß unabhängig von ihrer Ausübung in den Jahresabschlüssen der in den Konzernabschluß einbezogenen Unternehmen ausgeübt werden. [3]Abweichungen von den auf den Jahresabschluß des Mutterunternehmens angewandten Bewertungsmethoden sind im Konzernanhang anzugeben und zu begründen.

(2) [1]Sind in den Konzernabschluß aufzunehmende Vermögensgegenstände oder Schulden des Mutterunternehmens oder der Tochterunternehmen in den Jahresabschlüssen dieser Unternehmen nach Methoden bewertet worden, die sich von denen unterscheiden, die auf den Konzernabschluß anzuwenden sind oder die von den gesetzlichen Vertretern des Mutterunternehmens in Ausübung von Bewertungswahlrechten auf den Konzernabschluß angewendet werden, so sind die abweichend bewerteten Vermögensgegenstände oder Schulden nach den auf den Konzernabschluß angewandten Bewertungsmethoden neu zu bewerten und mit den neuen Wertansätzen in den Konzernabschluß zu übernehmen. [2]Wertansätze, die auf der Anwendung von für Kreditinstitute oder Versicherungsunternehmen wegen der Besonderheiten des Geschäftszweigs geltenden Vorschriften beruhen, dürfen beibehalten werden; auf die Anwendung dieser Ausnahme ist im Konzernanhang hinzuweisen. [3]Eine einheitliche Bewertung nach Satz 1 braucht nicht vorgenommen zu werden, wenn ihre Auswirkungen für die Vermittlung eines den tatsächlichen Verhältnissen entsprechenden Bildes der Vermögens-, Finanz- und Ertragslage des Konzerns nur von

untergeordneter Bedeutung sind. [4]Darüber hinaus sind Abweichungen in Ausnahmefällen zulässig; sie sind im Konzernanhang anzugeben und zu begründen.

§ 308a Umrechnung von auf fremde Währung lautenden Abschlüssen

[1]Die Aktiv- und Passivposten einer auf fremde Währung lautenden Bilanz sind, mit Ausnahme des Eigenkapitals, das zum historischen Kurs in Euro umzurechnen ist, zum Devisenkassamittelkurs am Abschlussstichtag in Euro umzurechnen. [2]Die Posten der Gewinn- und Verlustrechnung sind zum Durchschnittskurs in Euro umzurechnen. [3]Eine sich ergebende Umrechnungsdifferenz ist innerhalb des Konzerneigenkapitals nach den Rücklagen unter dem Posten „Eigenkapitaldifferenz aus Währungsumrechnung" auszuweisen. [4]Bei teilweisem oder vollständigem Ausscheiden des Tochterunternehmens ist der Posten in entsprechender Höhe erfolgswirksam aufzulösen.

§ 309 Behandlung des Unterschiedsbetrags

(1) Die Abschreibung eines nach § 301 Abs. 3 auszuweisenden Geschäfts- oder Firmenwertes bestimmt sich nach den Vorschriften des Ersten Abschnitts.

(2) Ein nach § 301 Absatz 3 auf der Passivseite auszuweisender Unterschiedsbetrag kann ergebniswirksam aufgelöst werden, soweit ein solches Vorgehen den Grundsätzen der §§ 297 und 298 in Verbindung mit den Vorschriften des Ersten Abschnitts entspricht.

Sechster Titel. Anteilmäßige Konsolidierung

§ 310 Anteilmäßige Konsolidierung

(1) Führt ein in einen Konzernabschluß einbezogenes Mutter- oder Tochterunternehmen ein anderes Unternehmen gemeinsam mit einem oder mehreren nicht in den Konzernabschluß einbezogenen Unternehmen, so darf das andere Unternehmen in den Konzernabschluß entsprechend den Anteilen am Kapital einbezogen werden, die dem Mutterunternehmen gehören.

(2) Auf die anteilmäßige Konsolidierung sind die §§ 297 bis 301, §§ 303 bis 306, 308, 308a, 309 entsprechend anzuwenden.

Siebenter Titel. Assoziierte Unternehmen

§ 311 Definition. Befreiung

(1) [1]Wird von einem in den Konzernabschluß einbezogenen Unternehmen ein maßgeblicher Einfluß auf die Geschäfts- und Finanzpolitik eines nicht einbezogenen Unternehmens, an dem das Unternehmen nach § 271 Abs. 1 beteiligt ist, ausgeübt (assoziiertes Unternehmen), so ist diese Beteiligung in der Konzernbilanz unter einem besonderen Posten mit entsprechender Bezeichnung auszuweisen. [2]Ein maßgeblicher Einfluß wird vermutet, wenn ein Unternehmen bei einem anderen Unternehmen mindestens den fünften Teil der Stimmrechte der Gesellschafter innehat.

(2) Auf eine Beteiligung an einem assoziierten Unternehmen brauchen Absatz 1 und § 312 nicht angewendet zu werden, wenn die Beteiligung für die Vermittlung eines den tatsächlichen Verhältnissen entsprechenden Bildes der Vermögens-, Finanz- und Ertragslage des Konzerns von untergeordneter Bedeutung ist.

§ 312 Wertansatz der Beteiligung und Behandlung des Unterschiedsbetrags

(1) [1]Eine Beteiligung an einem assoziierten Unternehmen ist in der Konzernbilanz mit dem Buchwert anzusetzen. [2]Der Unterschiedsbetrag zwischen dem Buchwert und dem anteiligen Eigenkapital des assoziierten Unternehmens sowie ein darin enthaltener Geschäfts- oder Firmenwert oder passiver Unterschiedsbetrag sind im Konzernanhang anzugeben.

(2) [1]Der Unterschiedsbetrag nach Absatz 1 Satz 2 ist den Wertansätzen der Vermögensgegenstände, Schulden, Rechnungsabgrenzungsposten und Sonderposten des assoziierten Unternehmens insoweit zuzuordnen, als deren beizulegender Zeitwert höher oder niedriger ist als ihr Buchwert. [2]Der nach Satz 1 zugeordnete Unterschiedsbetrag ist entsprechend

der Behandlung der Wertansätze dieser Vermögensgegenstände, Schulden, Rechnungsabgrenzungsposten und Sonderposten im Jahresabschluss des assoziierten Unternehmens im Konzernabschluss fortzuführen, abzuschreiben oder aufzulösen. [3]Auf einen nach Zuordnung nach Satz 1 verbleibenden Geschäfts- oder Firmenwert oder passiven Unterschiedsbetrag ist § 309 entsprechend anzuwenden. [4]§ 301 Abs. 1 Satz 3 ist entsprechend anzuwenden.

(3) [1]Der Wertansatz der Beteiligung und der Unterschiedsbetrag sind auf der Grundlage der Wertansätze zu dem Zeitpunkt zu ermitteln, zu dem das Unternehmen assoziiertes Unternehmen geworden ist. [2]Können die Wertansätze zu diesem Zeitpunkt nicht endgültig ermittelt werden, sind sie innerhalb der darauf folgenden zwölf Monate anzupassen. [3]§ 301 Absatz 2 Satz 3 bis 5 gilt entsprechend.

(4) [1]Der nach Absatz 1 ermittelte Wertansatz einer Beteiligung ist in den Folgejahren um den Betrag der Eigenkapitalveränderungen, die den dem Mutterunternehmen gehörenden Anteilen am Kapital des assoziierten Unternehmens entsprechen, zu erhöhen oder zu vermindern; auf die Beteiligung entfallende Gewinnausschüttungen sind abzusetzen. [2]In der Konzern-Gewinn- und Verlustrechnung ist das auf assoziierte Beteiligungen entfallende Ergebnis unter einem gesonderten Posten auszuweisen.

(5) [1]Wendet das assoziierte Unternehmen in seinem Jahresabschluß vom Konzernabschluß abweichende Bewertungsmethoden an, so können abweichend bewertete Vermögensgegenstände oder Schulden für die Zwecke der Absätze 1 bis 4 nach den auf den Konzernabschluß angewandten Bewertungsmethoden bewertet werden. [2]Wird die Bewertung nicht angepaßt, so ist dies im Konzernanhang anzugeben. [3]Die §§ 304 und 306 sind entsprechend anzuwenden, soweit die für die Beurteilung maßgeblichen Sachverhalte bekannt oder zugänglich sind.

(6) [1]Es ist jeweils der letzte Jahresabschluß des assoziierten Unternehmens zugrunde zu legen. [2]Stellt das assoziierte Unternehmen einen Konzernabschluß auf, so ist von diesem und nicht vom Jahresabschluß des assoziierten Unternehmens auszugehen.

Achter Titel. Konzernanhang

§ 313 Erläuterung der Konzernbilanz und der Konzern-Gewinn- und Verlustrechnung. Angaben zum Beteiligungsbesitz.

(1) [1]In den Konzernanhang sind diejenigen Angaben aufzunehmen, die zu einzelnen Posten der Konzernbilanz oder der Konzern-Gewinn- und Verlustrechnung vorgeschrieben sind; diese Angaben sind in der Reihenfolge der einzelnen Posten der Konzernbilanz und der Konzern-Gewinn- und Verlustrechnung darzustellen. [2]Im Konzernanhang sind auch die Angaben zu machen, die in Ausübung eines Wahlrechts nicht in die Konzernbilanz oder in die Konzern-Gewinn- und Verlustrechnung aufgenommen wurden. [3]Im Konzernanhang müssen

1. die auf die Posten der Konzernbilanz und der Konzern-Gewinn- und Verlustrechnung angewandten Bilanzierungs- und Bewertungsmethoden angegeben werden;
2. Abweichungen von Bilanzierungs-, Bewertungs- und Konsolidierungsmethoden angegeben und begründet werden; deren Einfluß auf die Vermögens-, Finanz- und Ertragslage des Konzerns ist gesondert darzustellen.

(2) Im Konzernanhang sind außerdem anzugeben:

1. Name und Sitz der in den Konzernabschluß einbezogenen Unternehmen, der Anteil am Kapital der Tochterunternehmen, der dem Mutterunternehmen und den in den Konzernabschluß einbezogenen Tochterunternehmen gehört oder von einer für Rechnung dieser Unternehmen handelnden Person gehalten wird, sowie der zur Einbeziehung in den Konzernabschluß verpflichtende Sachverhalt, sofern die Einbeziehung nicht auf einer der Kapitalbeteiligung entsprechenden Mehrheit der Stimmrechte beruht. Diese Angaben sind auch für Tochterunternehmen zu machen, die nach § 296 nicht einbezogen worden sind;
2. Name und Sitz der assoziierten Unternehmen, der Anteil am Kapital der assoziierten Unternehmen, der dem Mutterunternehmen und den in den Konzernabschluß einbezogenen Tochterunternehmen gehört oder von einer für Rechnung dieser Unternehmen handelnden Person gehalten wird. Die Anwendung des § 311 Abs. 2 ist jeweils anzugeben und zu begründen;

3. Name und Sitz der Unternehmen, die nach § 310 nur anteilmäßig in den Konzernabschluß einbezogen worden sind, der Tatbestand, aus dem sich die Anwendung dieser Vorschrift ergibt, sowie der Anteil am Kapital dieser Unternehmen, der dem Mutterunternehmen und den in den Konzernabschluß einbezogenen Tochterunternehmen gehört oder von einer für Rechnung dieser Unternehmen handelnden Person gehalten wird;
4. Name und Sitz anderer Unternehmen, die Höhe des Anteils am Kapital, das Eigenkapital und das Ergebnis des letzten Geschäftsjahrs dieser Unternehmen, für das ein Jahresabschluss vorliegt, soweit es sich um Beteiligungen im Sinne des § 271 Absatz 1 handelt oder ein solcher Anteil von einer Person für Rechnung des Mutterunternehmens oder eines anderen in den Konzernabschluss einbezogenen Unternehmens gehalten wird;
5. alle nicht nach den Nummern 1 bis 4 aufzuführenden Beteiligungen an großen Kapitalgesellschaften, die 5 Prozent der Stimmrechte überschreiten, wenn sie von einem börsennotierten Mutterunternehmen, börsennotierten Tochterunternehmen oder von einer für Rechnung eines dieser Unternehmen handelnden Person gehalten werden;
6. Name, Sitz und Rechtsform der Unternehmen, deren unbeschränkt haftender Gesellschafter das Mutterunternehmen oder ein anderes in den Konzernabschluss einbezogenes Unternehmen ist;
7. Name und Sitz des Unternehmens, das den Konzernabschluss für den größten Kreis von Unternehmen aufstellt, dem das Mutterunternehmen als Tochterunternehmen angehört, und im Falle der Offenlegung des von diesem anderen Mutterunternehmen aufgestellten Konzernabschlusses der Ort, wo dieser erhältlich ist;
8. Name und Sitz des Unternehmens, das den Konzernabschluss für den kleinsten Kreis von Unternehmen aufstellt, dem das Mutterunternehmen als Tochterunternehmen angehört, und im Falle der Offenlegung des von diesem anderen Mutterunternehmen aufgestellten Konzernabschlusses der Ort, wo dieser erhältlich ist.

(3) [1]Die in Absatz 2 verlangten Angaben brauchen insoweit nicht gemacht zu werden, als nach vernünftiger kaufmännischer Beurteilung damit gerechnet werden muß, daß durch die Angaben dem Mutterunternehmen, einem Tochterunternehmen oder einem anderen in Absatz 2 bezeichneten Unternehmen erhebliche Nachteile entstehen können. [2]Die Anwendung der Ausnahmeregelung ist im Konzernanhang anzugeben. [3]Satz 1 gilt nicht, wenn ein Mutterunternehmen oder eines seiner Tochterunternehmen kapitalmarktorientiert im Sinn des § 264d ist. [4]Die Angaben nach Absatz 2 Nummer 4 und 5 brauchen nicht gemacht zu werden, wenn sie für die Vermittlung eines den tatsächlichen Verhältnissen entsprechenden Bilds der Vermögens-, Finanz- und Ertragslage des Konzerns von untergeordneter Bedeutung sind. [5]Die Pflicht zur Angabe von Eigenkapital und Ergebnis nach Absatz 2 Nummer 4 braucht auch dann nicht erfüllt zu werden, wenn das in Anteilsbesitz stehende Unternehmen seinen Jahresabschluss nicht offenlegt.

(4) § 284 Absatz 2 Nummer 4 und Absatz 3 ist entsprechend anzuwenden.

§ 314 Sonstige Pflichtangaben

(1) Im Konzernanhang sind ferner anzugeben:

1. der Gesamtbetrag der in der Konzernbilanz ausgewiesenen Verbindlichkeiten mit einer Restlaufzeit von mehr als fünf Jahren sowie der Gesamtbetrag der in der Konzernbilanz ausgewiesenen Verbindlichkeiten, die von in den Konzernabschluß einbezogenen Unternehmen durch Pfandrechte oder ähnliche Rechte gesichert sind, unter Angabe von Art und Form der Sicherheiten;
2. Art und Zweck sowie Risiken, Vorteile und finanzielle Auswirkungen von nicht in der Konzernbilanz enthaltenen Geschäften des Mutterunternehmens und der in den Konzernabschluss einbezogenen Tochterunternehmen, soweit die Risiken und Vorteile wesentlich sind und die Offenlegung für die Beurteilung der Finanzlage des Konzerns erforderlich ist;

2a. der Gesamtbetrag der sonstigen finanziellen Verpflichtungen, die nicht in der Konzernbilanz enthalten sind und die nicht nach § 298 Absatz 1 in Verbindung mit § 268 Absatz 7 oder nach Nummer 2 anzugeben sind, sofern diese Angabe für die Beurteilung der Finanzlage des Konzerns von Bedeutung ist; davon sind Verpflichtungen betreffend die Altersversorgung sowie Verpflichtungen gegenüber Tochterunternehmen, die nicht in den Konzernabschluss einbezogen werden, oder gegenüber assoziierten Unternehmen jeweils gesondert anzugeben;

3. die Aufgliederung der Umsatzerlöse des Konzerns nach Tätigkeitsbereichen sowie nach geografisch bestimmten Märkten, soweit sich unter Berücksichtigung der Organisation des Verkaufs, der Vermietung oder Verpachtung von Produkten und der Erbringung von Dienstleistungen des Konzerns die Tätigkeitsbereiche und geografisch bestimmten Märkte untereinander erheblich unterscheiden;
4. die durchschnittliche Zahl der Arbeitnehmer der in den Konzernabschluss einbezogenen Unternehmen während des Geschäftsjahrs, getrennt nach Gruppen und gesondert für die nach § 310 nur anteilmäßig konsolidierten Unternehmen, sowie, falls er nicht gesondert in der Konzern-Gewinn- und Verlustrechnung ausgewiesen ist, der in dem Geschäftsjahr entstandene gesamte Personalaufwand, aufgeschlüsselt nach Löhnen und Gehältern, Kosten der sozialen Sicherheit und Kosten der Altersversorgung;
5. *[aufgehoben]*
6. für die Mitglieder des Geschäftsführungsorgans, eines Aufsichtsrats, eines Beirats oder einer ähnlichen Einrichtung des Mutterunternehmens, jeweils für jede Personengruppe:
   a) die für die Wahrnehmung ihrer Aufgaben im Mutterunternehmen und den Tochterunternehmen im Geschäftsjahr gewährten Gesamtbezüge (Gehälter, Gewinnbeteiligungen, Bezugsrechte und sonstige aktienbasierte Vergütungen, Aufwandsentschädigungen, Versicherungsentgelte, Provisionen und Nebenleistungen jeder Art). In die Gesamtbezüge sind auch Bezüge einzurechnen, die nicht ausgezahlt, sondern in Ansprüche anderer Art umgewandelt oder zur Erhöhung anderer Ansprüche verwendet werden. Außer den Bezügen für das Geschäftsjahr sind die weiteren Bezüge anzugeben, die im Geschäftsjahr gewährt, bisher aber in keinem Konzernabschluss angegeben worden sind. Bezugsrechte und sonstige aktienbasierte Vergütungen sind mit ihrer Anzahl und dem beizulegenden Zeitwert zum Zeitpunkt ihrer Gewährung anzugeben; spätere Wertveränderungen, die auf einer Änderung der Ausübungsbedingungen beruhen, sind zu berücksichtigen;
   b) die für die Wahrnehmung ihrer Aufgaben im Mutterunternehmen und den Tochterunternehmen gewährten Gesamtbezüge (Abfindungen, Ruhegehälter, Hinterbliebenenbezüge und Leistungen verwandter Art) der früheren Mitglieder der bezeichneten Organe und ihrer Hinterbliebenen; Buchstabe a Satz 2 und 3 ist entsprechend anzuwenden. Ferner ist der Betrag der für diese Personengruppe gebildeten Rückstellungen für laufende Pensionen und Anwartschaften auf Pensionen und der Betrag der für diese Verpflichtungen nicht gebildeten Rückstellungen anzugeben;
   c) die vom Mutterunternehmen und den Tochterunternehmen gewährten Vorschüsse und Kredite unter Angabe der gegebenenfalls im Geschäftsjahr zurückgezahlten oder erlassenen Beträge sowie die zugunsten dieser Personen eingegangenen Haftungsverhältnisse;
7. der Bestand an Anteilen an dem Mutterunternehmen, die das Mutterunternehmen oder ein Tochterunternehmen oder ein anderer für Rechnung eines in den Konzernabschluß einbezogenen Unternehmens erworben oder als Pfand genommen hat; dabei sind die Zahl und der Nennbetrag oder rechnerische Wert dieser Anteile sowie deren Anteil am Kapital anzugeben;

7a. die Zahl der Aktien jeder Gattung der während des Geschäftsjahrs im Rahmen des genehmigten Kapitals gezeichneten Aktien des Mutterunternehmens, wobei zu Nennbetragsaktien der Nennbetrag und zu Stückaktien der rechnerische Wert für jede von ihnen anzugeben ist;

7b. das Bestehen von Genussscheinen, Wandelschuldverschreibungen, Optionsscheinen, Optionen oder vergleichbaren Wertpapieren oder Rechten, aus denen das Mutterunternehmen verpflichtet ist, unter Angabe der Anzahl und der Rechte, die sie verbriefen;

8. für jedes in den Konzernabschluss einbezogene börsennotierte Unternehmen, dass die nach § 161 des Aktiengesetzes vorgeschriebene Erklärung abgegeben und wo sie öffentlich zugänglich gemacht worden ist;
9. das von dem Abschlussprüfer des Konzernabschlusses für das Geschäftsjahr berechnete Gesamthonorar, aufgeschlüsselt in das Honorar für

a) die Abschlussprüfungsleistungen,
b) andere Bestätigungsleistungen,
c) Steuerberatungsleistungen,
d) sonstige Leistungen;

10. für zu den Finanzanlagen (§ 266 Abs. 2 A. III.) gehörende Finanzinstrumente, die in der Konzernbilanz über ihrem beizulegenden Zeitwert ausgewiesen werden, da eine außerplanmäßige Abschreibung gemäß § 253 Absatz 3 Satz 6 unterblieben ist,
a) der Buchwert und der beizulegende Zeitwert der einzelnen Vermögensgegenstände oder angemessener Gruppierungen sowie
b) die Gründe für das Unterlassen der Abschreibung einschließlich der Anhaltspunkte, die darauf hindeuten, dass die Wertminderung voraussichtlich nicht von Dauer ist;

11. für jede Kategorie nicht zum beizulegenden Zeitwert bilanzierter derivativer Finanzinstrumente
a) deren Art und Umfang,
b) deren beizulegender Zeitwert, soweit er sich nach § 255 Abs. 4 verlässlich ermitteln lässt, unter Angabe der angewandten Bewertungsmethode,
c) deren Buchwert und der Bilanzposten, in welchem der Buchwert, soweit vorhanden, erfasst ist, sowie
d) die Gründe dafür, warum der beizulegende Zeitwert nicht bestimmt werden kann;

12. für mit dem beizulegenden Zeitwert bewertete Finanzinstrumente
a) die grundlegenden Annahmen, die der Bestimmung des beizulegenden Zeitwertes mit Hilfe allgemein anerkannter Bewertungsmethoden zugrunde gelegt wurden, sowie
b) Umfang und Art jeder Kategorie derivativer Finanzinstrumente einschließlich der wesentlichen Bedingungen, welche die Höhe, den Zeitpunkt und die Sicherheit künftiger Zahlungsströme beeinflussen können;

13. zumindest die nicht zu marktüblichen Bedingungen zustande gekommenen Geschäfte des Mutterunternehmens und seiner Tochterunternehmen, soweit sie wesentlich sind, mit nahe stehenden Unternehmen und Personen, einschließlich Angaben zur Art der Beziehung, zum Wert der Geschäfte sowie weiterer Angaben, die für die Beurteilung der Finanzlage des Konzerns notwendig sind; ausgenommen sind Geschäfte zwischen in einen Konzernabschluss einbezogenen nahestehenden Unternehmen, wenn diese Geschäfte bei der Konsolidierung weggelassen werden; Angaben über Geschäfte können nach Geschäftsarten zusammengefasst werden, sofern die getrennte Angabe für die Beurteilung der Auswirkungen auf die Finanzlage des Konzerns nicht notwendig ist;

14. im Fall der Aktivierung nach § 248 Abs. 2 der Gesamtbetrag der Forschungs- und Entwicklungskosten des Geschäftsjahres der in den Konzernabschluss einbezogenen Unternehmen sowie der davon auf die selbst geschaffenen immateriellen Vermögensgegenstände des Anlagevermögens entfallende Betrag;

15. bei Anwendung des § 254 im Konzernabschluss,
a) mit welchem Betrag jeweils Vermögensgegenstände, Schulden, schwebende Geschäfte und mit hoher Wahrscheinlichkeit erwartete Transaktionen zur Absicherung welcher Risiken in welche Arten von Bewertungseinheiten einbezogen sind sowie die Höhe der mit Bewertungseinheiten abgesicherten Risiken;
b) für die jeweils abgesicherten Risiken, warum, in welchem Umfang und für welchen Zeitraum sich die gegenläufigen Wertänderungen oder Zahlungsströme künftig voraussichtlich ausgleichen einschließlich der Methode der Ermittlung;
c) eine Erläuterung der mit hoher Wahrscheinlichkeit erwarteten Transaktionen, die in Bewertungseinheiten einbezogen wurden,

soweit die Angaben nicht im Konzernlagebericht gemacht werden;

16. zu den in der Konzernbilanz ausgewiesenen Rückstellungen für Pensionen und ähnliche Verpflichtungen das angewandte versicherungsmathematische Berechnungsverfahren sowie die grundlegenden Annahmen der Berechnung, wie Zinssatz, erwartete Lohn- und Gehaltssteigerungen und zugrunde gelegte Sterbetafeln;

17. *im Fall der Verrechnung* von in der Konzernbilanz ausgewiesenen Vermögensgegenständen und Schulden nach § 246 Abs. 2 Satz 2 die Anschaffungskosten und der beizulegende Zeitwert der verrechneten Vermögensgegenstände, der Erfüllungsbetrag

der verrechneten Schulden sowie die verrechneten Aufwendungen und Erträge; Nummer 12 Buchstabe a ist entsprechend anzuwenden;

18. **zu den in der Konzernbilanz ausgewiesenen Anteilen an Sondervermögen im Sinn des § 1 Absatz 10 des Kapitalanlagegesetzbuchs oder Anlageaktien an Investmentaktiengesellschaften mit veränderlichem Kapital im Sinn der §§ 108 bis 123 des Kapitalanlagegesetzbuchs oder vergleichbaren EU-Investmentvermögen oder vergleichbaren ausländischen Investmentvermögen von mehr als dem zehnten Teil, aufgegliedert nach Anlagezielen, deren Wert im Sinne der §§ 168, 278 oder 286 Absatz 1 des Kapitalanlagegesetzbuchs oder vergleichbarer ausländischer Vorschriften über die Ermittlung des Marktwertes, die Differenz zum Buchwert und die für das Geschäftsjahr erfolgte Ausschüttung sowie Beschränkungen in der Möglichkeit der täglichen Rückgabe; darüber hinaus die Gründe dafür, dass eine Abschreibung gemäß § 253 Absatz 3 Satz 6 unterblieben ist, einschließlich der Anhaltspunkte, die darauf hindeuten, dass die Wertminderung voraussichtlich nicht von Dauer ist; Nummer 10 ist insoweit nicht anzuwenden;**

19. **für nach § 268 Abs. 7 im Konzernanhang ausgewiesene Verbindlichkeiten und Haftungsverhältnisse die Gründe der Einschätzung des Risikos der Inanspruchnahme;**

20. **jeweils eine Erläuterung des Zeitraums, über den ein entgeltlich erworbener Geschäfts- oder Firmenwert abgeschrieben wird;**

21. **auf welchen Differenzen oder steuerlichen Verlustvorträgen die latenten Steuern beruhen und mit welchen Steuersätzen die Bewertung erfolgt ist;**

22. **wenn latente Steuerschulden in der Konzernbilanz angesetzt werden, die latenten Steuersalden am Ende des Geschäftsjahrs und die im Laufe des Geschäftsjahrs erfolgten Änderungen dieser Salden;**

22a. **der tatsächliche Steueraufwand oder Steuerertrag, der sich nach dem Mindeststeuergesetz und ausländischen Mindeststeuergesetzen nach § 274 Absatz 3 Nummer 2 für das Geschäftsjahr ergibt, oder, wenn diese Gesetze noch nicht in Kraft getreten sind, eine Erläuterung, welche Auswirkungen auf den Konzern bei der Anwendung dieser Gesetze zu erwarten sind;**

23. **jeweils den Betrag und die Art der einzelnen Erträge und Aufwendungen von außergewöhnlicher Größenordnung oder außergewöhnlicher Bedeutung, soweit die Beträge nicht von untergeordneter Bedeutung sind;**

24. **eine Erläuterung der einzelnen Erträge und Aufwendungen hinsichtlich ihres Betrages und ihrer Art, die einem anderen Konzerngeschäftsjahr zuzurechnen sind, soweit die Beträge für die Beurteilung der Vermögens-, Finanz- und Ertragslage des Konzerns nicht von untergeordneter Bedeutung sind;**

25. **Vorgänge von besonderer Bedeutung, die nach dem Schluss des Konzerngeschäftsjahrs eingetreten und weder in der Konzern-Gewinn- und Verlustrechnung noch in der Konzernbilanz berücksichtigt sind, unter Angabe ihrer Art und ihrer finanziellen Auswirkungen;**

26. **der Vorschlag für die Verwendung des Ergebnisses des Mutterunternehmens oder gegebenenfalls der Beschluss über die Verwendung des Ergebnisses des Mutterunternehmens.**

(2) Mutterunternehmen, die den Konzernabschluss um eine Segmentberichterstattung erweitern (§ 297 Abs. 1 Satz 2), sind von der Angabepflicht gemäß Absatz 1 Nr. 3 befreit.

(3) Für die Angabepflicht gemäß Absatz 1 Nummer 6 Buchstabe a und b gilt § 286 Absatz 4 entsprechend.

Neunter Titel. Konzernlagebericht

§ 315 Inhalt des Konzernlageberichts

(1) [1]Im Konzernlagebericht sind der Geschäftsverlauf einschließlich des Geschäftsergebnisses und die Lage des Konzerns so darzustellen, dass ein den tatsächlichen Verhältnissen entsprechendes Bild vermittelt wird. [2]Er hat eine ausgewogene und umfassende, dem Umfang und der Komplexität der Geschäftstätigkeit entsprechende Analyse des Geschäftsverlaufs und der Lage des Konzerns zu enthalten. [3]In die Analyse sind die für die Geschäftstätigkeit bedeutsamsten finanziellen Leistungsindikatoren einzubeziehen und unter Bezugnahme auf die im Konzernabschluss ausgewiesenen Beträge und Angaben zu erläutern. [4]Ferner ist im Konzernlagebericht die voraussichtliche Entwicklung mit ihren

wesentlichen Chancen und Risiken zu beurteilen und zu erläutern; zugrunde liegende Annahmen sind anzugeben. [5]Die Mitglieder des vertretungsberechtigten Organs eines Mutterunternehmens, das als Inlandsemittent (§ 2 Absatz 14 des Wertpapierhandelsgesetzes) Wertpapiere (§ 2 Absatz 1 des Wertpapierhandelsgesetzes) begibt und keine Kapitalgesellschaft im Sinne des § 327a ist, haben in einer dem Konzernlagebericht beizufügenden schriftlichen Erklärung zu versichern, dass im Konzernlagebericht nach bestem Wissen der Geschäftsverlauf einschließlich des Geschäftsergebnisses und die Lage des Konzerns so dargestellt sind, dass ein den tatsächlichen Verhältnissen entsprechendes Bild vermittelt wird und dass die wesentlichen Chancen und Risiken im Sinne des Satzes 4 beschrieben sind.

(2) [1]Im Konzernlagebericht ist auch einzugehen auf:

1. a) die Risikomanagementziele und -methoden des Konzerns einschließlich seiner Methoden zur Absicherung aller wichtigen Arten von Transaktionen, die im Rahmen der Bilanzierung von Sicherungsgeschäften erfasst werden, sowie
   b) die Preisänderungs-, Ausfall- und Liquiditätsrisiken sowie die Risiken aus Zahlungsstromschwankungen, denen der Konzern ausgesetzt ist,

   jeweils in Bezug auf die Verwendung von Finanzinstrumenten durch den Konzern und sofern dies für die Beurteilung der Lage oder der voraussichtlichen Entwicklung von Belang ist;
2. den Bereich Forschung und Entwicklung des Konzerns und
3. für das Verständnis der Lage des Konzerns wesentliche Zweigniederlassungen der insgesamt in den Konzernabschluss einbezogenen Unternehmen.

[2]Ist das Mutterunternehmen eine Aktiengesellschaft, hat es im Konzernlagebericht auf die nach § 160 Absatz 1 Nummer 2 des Aktiengesetzes im Anhang zu machenden Angaben zu verweisen.

(3) Absatz 1 Satz 3 gilt entsprechend für nichtfinanzielle Leistungsindikatoren, wie Informationen über Umwelt- und Arbeitnehmerbelange, soweit sie für das Verständnis des Geschäftsverlaufs oder der Lage des Konzerns von Bedeutung sind.

(4) Ist das Mutterunternehmen oder ein in den Konzernabschluss einbezogenes Tochterunternehmen kapitalmarktorientiert im Sinne des § 264d, ist im Konzernlagebericht auch auf die wesentlichen Merkmale des internen Kontroll- und Risikomanagementsystems im Hinblick auf den Konzernrechnungslegungsprozess einzugehen.

(5) § 298 Absatz 2 über die Zusammenfassung von Konzernanhang und Anhang ist entsprechend anzuwenden.

§ 315a Ergänzende Vorschriften für bestimmte Aktiengesellschaften und Kommanditgesellschaften auf Aktien

[1]Mutterunternehmen (§ 290), die einen organisierten Markt im Sinne des § 2 Absatz 7 des Wertpapiererwerbs- und Übernahmegesetzes durch von ihnen ausgegebene stimmberechtigte Aktien in Anspruch nehmen, haben im Konzernlagebericht außerdem anzugeben:

1. die Zusammensetzung des gezeichneten Kapitals unter gesondertem Ausweis der mit jeder Gattung verbundenen Rechte und Pflichten und des Anteils am Gesellschaftskapital;
2. Beschränkungen, die Stimmrechte oder die Übertragung von Aktien betreffen, auch wenn sie sich aus Vereinbarungen zwischen Gesellschaftern ergeben können, soweit die Beschränkungen dem Vorstand der Gesellschaft bekannt sind;
3. direkte oder indirekte Beteiligungen am Kapital, die 10 Prozent der Stimmrechte überschreiten;
4. die Inhaber von Aktien mit Sonderrechten, die Kontrollbefugnisse verleihen, und eine Beschreibung dieser Sonderrechte;
5. die Art der Stimmrechtskontrolle, wenn Arbeitnehmer am Kapital beteiligt sind und ihre Kontrollrechte nicht unmittelbar ausüben;
6. die gesetzlichen Vorschriften und Bestimmungen der Satzung über die Ernennung und Abberufung der Mitglieder des Vorstands und über die Änderung der Satzung;
7. die Befugnisse des Vorstands insbesondere hinsichtlich der Möglichkeit, Aktien auszugeben oder zurückzukaufen;

8. wesentliche Vereinbarungen des Mutterunternehmens, die unter der Bedingung eines Kontrollwechsels infolge eines Übernahmeangebots stehen, und die hieraus folgenden Wirkungen;
9. Entschädigungsvereinbarungen des Mutterunternehmens, die für den Fall eines Übernahmeangebots mit den Mitgliedern des Vorstands oder mit Arbeitnehmern getroffen sind.

[2]Die Angaben nach Satz 1 Nummer 1, 3 und 9 können unterbleiben, soweit sie im Konzernanhang zu machen sind. [3]Sind Angaben nach Satz 1 im Konzernanhang zu machen, ist im Konzernlagebericht darauf zu verweisen. [4]Die Angaben nach Satz 1 Nummer 8 können unterbleiben, soweit sie geeignet sind, dem Mutterunternehmen einen erheblichen Nachteil zuzufügen; die Angabepflicht nach anderen gesetzlichen Vorschriften bleibt unberührt.

§ 315b Pflicht zur nichtfinanziellen Konzernerklärung; Befreiungen

(1) [1]Eine Kapitalgesellschaft, die Mutterunternehmen (§ 290) ist, hat ihren Konzernlagebericht um eine nichtfinanzielle Konzernerklärung zu erweitern, wenn die folgenden Merkmale erfüllt sind:
1. die Kapitalgesellschaft ist kapitalmarktorientiert im Sinne des § 264d,
2. für die in den Konzernabschluss einzubeziehenden Unternehmen gilt:
   a) sie erfüllen die in § 293 Absatz 1 Satz 1 Nummer 1 oder 2 geregelten Voraussetzungen für eine größenabhängige Befreiung nicht und
   b) bei ihnen sind insgesamt im Jahresdurchschnitt mehr als 500 Arbeitnehmer beschäftigt.

[2]§ 267 Absatz 4 bis 5 sowie § 298 Absatz 2 sind entsprechend anzuwenden. [3]Wenn die nichtfinanzielle Konzernerklärung einen besonderen Abschnitt des Konzernlageberichts bildet, darf die Kapitalgesellschaft auf die an anderer Stelle im Konzernlagebericht enthaltenen nichtfinanziellen Angaben verweisen.

(2) [1]Ein Mutterunternehmen im Sinne des Absatzes 1 ist unbeschadet anderer Befreiungsvorschriften von der Pflicht zur Erweiterung des Konzernlageberichts um eine nichtfinanzielle Konzernerklärung befreit, wenn
1. das Mutterunternehmen zugleich ein Tochterunternehmen ist, das in den Konzernlagebericht eines anderen Mutterunternehmens einbezogen ist, und
2. der Konzernlagebericht nach Nummer 1 nach Maßgabe des nationalen Rechts eines Mitgliedstaats der Europäischen Union oder eines anderen Vertragsstaats des Abkommens über den Europäischen Wirtschaftsraum im Einklang mit der Richtlinie 2013/34/EU aufgestellt wird und eine nichtfinanzielle Konzernerklärung enthält.

[2]Satz 1 gilt entsprechend, wenn das andere Mutterunternehmen im Sinne des Satzes 1 einen gesonderten nichtfinanziellen Konzernbericht nach Absatz 3 oder nach Maßgabe des nationalen Rechts eines Mitgliedstaats der Europäischen Union oder eines anderen Vertragsstaats des Abkommens über den Europäischen Wirtschaftsraum im Einklang mit der Richtlinie 2013/34/EU erstellt und öffentlich zugänglich macht. [3]Ist ein Mutterunternehmen nach Satz 1 oder 2 von der Pflicht zur Erstellung einer nichtfinanziellen Konzernerklärung befreit, hat es dies in seinem Konzernlagebericht mit der Erläuterung anzugeben, welches andere Mutterunternehmen den Konzernlagebericht oder den gesonderten nichtfinanziellen Konzernbericht öffentlich zugänglich macht und wo der Bericht in deutscher oder englischer Sprache offengelegt oder veröffentlicht ist.

(3) [1]Ein Mutterunternehmen im Sinne des Absatzes 1 ist auch dann von der Pflicht zur Erweiterung des Konzernlageberichts um eine nichtfinanzielle Konzernerklärung befreit, wenn das Mutterunternehmen für dasselbe Geschäftsjahr einen gesonderten nichtfinanziellen Konzernbericht außerhalb des Konzernlageberichts erstellt und folgende Voraussetzungen erfüllt:
1. der gesonderte nichtfinanzielle Konzernbericht erfüllt zumindest die inhaltlichen Vorgaben nach § 315c in Verbindung mit § 289c und
2. das Mutterunternehmen macht den gesonderten nichtfinanziellen Konzernbericht öffentlich zugänglich durch
   a) Offenlegung zusammen mit dem Konzernlagebericht nach § 325 oder
   b) Veröffentlichung auf der Internetseite des Mutterunternehmens spätestens vier Monate nach dem Abschlussstichtag und mindestens für zehn Jahre, sofern der

Konzernlagebericht auf diese Veröffentlichung unter Angabe der Internetseite Bezug nimmt.
[2]Absatz 1 Satz 3, die §§ 289d und 289e sowie § 298 Absatz 2 sind auf den gesonderten nichtfinanziellen Konzernbericht entsprechend anzuwenden.

(4) Ist die nichtfinanzielle Konzernerklärung oder der gesonderte nichtfinanzielle Konzernbericht inhaltlich überprüft worden, ist auch die Beurteilung des Prüfungsergebnisses in gleicher Weise wie die nichtfinanzielle Konzernerklärung oder der gesonderte nichtfinanzielle Konzernbericht öffentlich zugänglich zu machen.

§ 315c Inhalt der nichtfinanziellen Konzernerklärung

(1) Auf den Inhalt der nichtfinanziellen Konzernerklärung ist § 289c entsprechend anzuwenden.

(2) § 289c Absatz 3 gilt mit der Maßgabe, dass diejenigen Angaben zu machen sind, die für das Verständnis des Geschäftsverlaufs, des Geschäftsergebnisses, der Lage des Konzerns sowie der Auswirkungen seiner Tätigkeit auf die in § 289c Absatz 2 genannten Aspekte erforderlich sind.

(3) Die §§ 289d und 289e sind entsprechend anzuwenden.

§ 315d Konzernerklärung zur Unternehmensführung

[1]Ein Mutterunternehmen, das eine Gesellschaft im Sinne des § 289f Absatz 1 oder Absatz 3 ist, hat für den Konzern eine Erklärung zur Unternehmensführung zu erstellen und als gesonderten Abschnitt in den Konzernlagebericht aufzunehmen. [2]§ 289f ist entsprechend anzuwenden.

Zehnter Titel. Konzernabschluss nach internationalen Rechnungslegungsstandards

§ 315e [Konzernabschluss nach internationalen Rechnungslegungsstandards]

(1) Ist ein Mutterunternehmen, das nach den Vorschriften des Ersten Titels einen Konzernabschluss aufzustellen hat, nach Artikel 4 der Verordnung (EG) Nr. 1606/2002 des Europäischen Parlaments und des Rates vom 19. Juli 2002 betreffend die Anwendung internationaler Rechnungslegungsstandards (ABl. L 243 vom 11.9.2002, S. 1), die zuletzt durch die Verordnung (EG) Nr. 297/2008 (ABl. L 97 vom 9.4.2008, S. 62) geändert worden ist, verpflichtet, die nach den Artikeln 2, 3 und 6 der genannten Verordnung übernommenen internationalen Rechnungslegungsstandards anzuwenden, so sind von den Vorschriften des Zweiten bis Achten Titels nur § 294 Abs. 3, § 297 Absatz 1a, 2 Satz 4, § 298 Abs. 1, dieser jedoch nur in Verbindung mit den §§ 244 und 245, ferner § 313 Abs. 2 und 3, § 314 Abs. 1 Nr. 4, 6, 8 und 9, Absatz 3 sowie die Bestimmungen des Neunten Titels und die Vorschriften außerhalb dieses Unterabschnitts, die den Konzernabschluss oder den Konzernlagebericht betreffen, entsprechend anzuwenden.

(2) Mutterunternehmen, die nicht unter Absatz 1 fallen, haben ihren Konzernabschluss nach den dort genannten internationalen Rechnungslegungsstandards und Vorschriften aufzustellen, wenn für sie bis zum jeweiligen Bilanzstichtag die Zulassung eines Wertpapiers im Sinne des § 2 Absatz 1 des Wertpapierhandelsgesetzes zum Handel an einem organisierten Markt im Sinne des § 2 Absatz 11 des Wertpapierhandelsgesetzes im Inland beantragt worden ist.

(3) [1]Mutterunternehmen, die nicht unter Absatz 1 oder 2 fallen, dürfen ihren Konzernabschluss nach den in Absatz 1 genannten internationalen Rechnungslegungsstandards und Vorschriften aufstellen. [2]Ein Unternehmen, das von diesem Wahlrecht Gebrauch macht, hat die in Absatz 1 genannten Standards und Vorschriften vollständig zu befolgen.

Dritter Unterabschnitt. Prüfung

§ 316 Pflicht zur Prüfung

(1) [1]Der Jahresabschluß und der Lagebericht von Kapitalgesellschaften, die nicht kleine im Sinne des § 267 Abs. 1 sind, sind durch einen Abschlußprüfer zu prüfen. [2]Hat keine Prüfung stattgefunden, so kann der Jahresabschluß nicht festgestellt werden.

(2) [1]Der Konzernabschluß und der Konzernlagebericht von Kapitalgesellschaften sind durch einen Abschlußprüfer zu prüfen. [2]Hat keine Prüfung stattgefunden, so kann der Konzernabschluss nicht gebilligt werden.

(3) [1]Werden der Jahresabschluß, der Konzernabschluß, der Lagebericht oder der Konzernlagebericht nach Vorlage des Prüfungsberichts geändert, so hat der Abschlußprüfer diese Unterlagen erneut zu prüfen, soweit es die Änderung erfordert. [2]Über das Ergebnis der Prüfung ist zu berichten; der Bestätigungsvermerk ist entsprechend zu ergänzen. [3]Die Sätze 1 und 2 gelten entsprechend für diejenige Wiedergabe des Jahresabschlusses, des Lageberichts, des Konzernabschlusses und des Konzernlageberichts, welche eine Kapitalgesellschaft, die als Inlandsemittent (§ 2 Absatz 14 des Wertpapierhandelsgesetzes) Wertpapiere (§ 2 Absatz 1 des Wertpapierhandelsgesetzes) begibt und keine Kapitalgesellschaft im Sinne des § 327a ist, für Zwecke der Offenlegung erstellt hat.

§ 316a Abschlussprüfung bei Unternehmen von öffentlichem Interesse

[1]Auf die Abschlussprüfung bei Kapitalgesellschaften, die Unternehmen von öffentlichem Interesse sind, sind die Vorschriften dieses Unterabschnitts nur insoweit anzuwenden, als nicht die Verordnung (EU) Nr. 537/2014 des Europäischen Parlaments und des Rates vom 16. April 2014 über spezifische Anforderungen an die Abschlussprüfung bei Unternehmen von öffentlichem Interesse und zur Aufhebung des Beschlusses 2005/909/EG der Kommission (ABl. L 158 vom 27.5.2014, S. 77; L 170 vom 11.6.2014, S. 66) anzuwenden ist. [2]Unternehmen von öffentlichem Interesse sind Unternehmen, die

1. kapitalmarktorientiert sind im Sinne des § 264d,
2. CRR-Kreditinstitute sind im Sinne des § 1 Absatz 3d Satz 1 des Kreditwesengesetzes, mit Ausnahme derjenigen Institute, die in § 2 Absatz 1 Nummer 1 und 2 des Kreditwesengesetzes und in Artikel 2 Absatz 5 Nummer 5 der Richtlinie 2013/36/EU des Europäischen Parlaments und des Rates vom 26. Juni 2013 über den Zugang zur Tätigkeit von Kreditinstituten und die Beaufsichtigung von Kreditinstituten und Wertpapierfirmen, zur Änderung der Richtlinie 2002/87/EG und zur Aufhebung der Richtlinien 2006/48/EG und 2006/49/EG (ABl. L 176 vom 27.6.2013, S. 338; L 208 vom 2.8.2013, S. 73; L 20 vom 25.1.2017, S. 1; L 203 vom 26.6.2020, S. 95), die zuletzt durch die Richtlinie (EU) 2019/2034 (ABl. L 314 vom 5.12.2019, S. 64) geändert worden ist, genannt sind, oder
3. Versicherungsunternehmen sind im Sinne des Artikels 2 Absatz 1 der Richtlinie 91/674/EWG.

§ 317 Gegenstand und Umfang der Prüfung

(1) [1]In die Prüfung des Jahresabschlusses ist die Buchführung einzubeziehen. [2]Die Prüfung des Jahresabschlusses und des Konzernabschlusses hat sich darauf zu erstrecken, ob die gesetzlichen Vorschriften und sie ergänzende Bestimmungen des Gesellschaftsvertrags oder der Satzung beachtet worden sind. [3]Die Prüfung ist so anzulegen, daß Unrichtigkeiten und Verstöße gegen die in Satz 2 aufgeführten Bestimmungen, die sich auf die Darstellung des sich nach § 264 Abs. 2 ergebenden Bildes der Vermögens-, Finanz- und Ertragslage der Kapitalgesellschaft wesentlich auswirken, bei gewissenhafter Berufsausübung erkannt werden.

(2) [1]Der Lagebericht und der Konzernlagebericht sind darauf zu prüfen, ob der Lagebericht mit dem Jahresabschluß, gegebenenfalls auch mit dem Einzelabschluss nach § 325 Abs. 2a, und der Konzernlagebericht mit dem Konzernabschluß sowie mit den bei der Prüfung gewonnenen Erkenntnissen des Abschlußprüfers in Einklang stehen und ob der Lagebericht insgesamt ein zutreffendes Bild von der Lage der Kapitalgesellschaft und der Konzernlagebericht insgesamt ein zutreffendes Bild von der Lage des Konzerns vermittelt. [2]Dabei ist auch zu prüfen, ob die Chancen und Risiken der künftigen Entwicklung zutreffend dargestellt sind. [3]Die Prüfung des Lageberichts und des Konzernlageberichts hat sich auch darauf zu erstrecken, ob die gesetzlichen Vorschriften zur Aufstellung des Lage- oder Konzernlageberichts beachtet worden sind. [4]Im Hinblick auf die Vorgaben nach den §§ 289b bis 289e und den §§ 315b und 315c ist nur zu prüfen, ob die nichtfinanzielle Erklärung oder der gesonderte nichtfinanzielle Bericht, die nichtfinanzielle Konzernerklärung oder der gesonderte nichtfinanzielle Konzernbericht vorgelegt wurde. [5]Im Fall des

§ 289b Absatz 3 Satz 1 Nummer 2 Buchstabe b ist vier Monate nach dem Abschlussstichtag eine ergänzende Prüfung durch denselben Abschlussprüfer durchzuführen, ob der gesonderte nichtfinanzielle Bericht oder der gesonderte nichtfinanzielle Konzernbericht vorgelegt wurde; § 316 Absatz 3 Satz 2 gilt entsprechend mit der Maßgabe, dass der Bestätigungsvermerk nur dann zu ergänzen ist, wenn der gesonderte nichtfinanzielle Bericht oder der gesonderte nichtfinanzielle Konzernbericht nicht innerhalb von vier Monaten nach dem Abschlussstichtag vorgelegt worden ist. [6]Die Prüfung der Angaben nach § 289f Absatz 2 und 5 sowie § 315d ist darauf zu beschränken, ob die Angaben gemacht wurden.

(3) [1]Der Abschlußprüfer des Konzernabschlusses hat auch die im Konzernabschluß zusammengefaßten Jahresabschlüsse, insbesondere die konsolidierungsbedingten Anpassungen, in entsprechender Anwendung des Absatzes 1 zu prüfen. [2]Sind diese Jahresabschlüsse von einem anderen Abschlussprüfer geprüft worden, hat der Konzernabschlussprüfer dessen Arbeit zu überprüfen und dies zu dokumentieren.

(3a) [1]Bei einer Kapitalgesellschaft, die als Inlandsemittent (§ 2 Absatz 14 des Wertpapierhandelsgesetzes) Wertpapiere (§ 2 Absatz 1 des Wertpapierhandelsgesetzes) begibt und keine Kapitalgesellschaft im Sinne des § 327a ist, hat der Abschlussprüfer im Rahmen der Prüfung auch zu beurteilen, ob die für Zwecke der Offenlegung erstellte Wiedergabe des Jahresabschlusses und die für Zwecke der Offenlegung erstellte Wiedergabe des Lageberichts den Vorgaben des § 328 Absatz 1 entsprechen. [2]Bei einer Kapitalgesellschaft im Sinne des Satzes 1 hat der Abschlussprüfer des Konzernabschlusses im Rahmen der Prüfung auch zu beurteilen, ob die für Zwecke der Offenlegung erstellte Wiedergabe des Konzernabschlusses und die für Zwecke der Offenlegung erstellte Wiedergabe des Konzernlageberichts den Vorgaben des § 328 Absatz 1 entsprechen.

(3b) Der Abschlussprüfer des Jahresabschlusses hat im Rahmen der Prüfung auch zu beurteilen, ob die Kapitalgesellschaft

1. für das Geschäftsjahr, das demjenigen Geschäftsjahr vorausging, für dessen Schluss der zu prüfende Jahresabschluss aufgestellt wird, zur Offenlegung eines Ertragsteuerinformationsberichts gemäß § 342m Absatz 1 oder 2 verpflichtet war und
2. im Falle der Nummer 1 ihre dort genannte Verpflichtung zur Offenlegung erfüllt hat.

(4) Bei einer börsennotierten Aktiengesellschaft ist außerdem im Rahmen der Prüfung zu beurteilen, ob der Vorstand die ihm nach § 91 Abs. 2 des Aktiengesetzes obliegenden Maßnahmen in einer geeigneten Form getroffen hat und ob das danach einzurichtende Überwachungssystem seine Aufgaben erfüllen kann.

(4a) Soweit nichts anderes bestimmt ist, hat die Prüfung sich nicht darauf zu erstrecken, ob der Fortbestand der geprüften Kapitalgesellschaft oder die Wirksamkeit und Wirtschaftlichkeit der Geschäftsführung zugesichert werden kann.

(5) Bei der Durchführung einer Prüfung hat der Abschlussprüfer die internationalen Prüfungsstandards anzuwenden, die von der Europäischen Kommission in dem Verfahren nach Artikel 26 Absatz 3 der Richtlinie 2006/43/EG des Europäischen Parlaments und des Rates vom 17. Mai 2006 über Abschlussprüfungen von Jahresabschlüssen und konsolidierten Abschlüssen, zur Änderung der Richtlinien 78/660/EWG und 83/349/EWG des Rates und zur Aufhebung der Richtlinie 84/253/EWG des Rates (ABl. EU Nr. L 157 S. 87), die zuletzt durch die Richtlinie 2014/56/EU (ABl. L 158 vom 27.5.2014, S. 196) geändert worden ist, angenommen worden sind.

(6) Das Bundesministerium der Justiz wird ermächtigt, im Einvernehmen mit dem Bundesministerium für Wirtschaft und Klimaschutz durch Rechtsverordnung, die nicht der Zustimmung des Bundesrates bedarf, zusätzlich zu den bei der Durchführung der Abschlussprüfung nach Absatz 5 anzuwendenden internationalen Prüfungsstandards weitere Abschlussprüfungsanforderungen vorzuschreiben, wenn dies durch den Umfang der Abschlussprüfung bedingt ist und den in den Absätzen 1 bis 4 genannten Prüfungszielen dient.

§ 318 Bestellung und Abberufung des Abschlußprüfers

(1) [1]Der Abschlußprüfer des Jahresabschlusses wird von den Gesellschaftern gewählt; den Abschlußprüfer des Konzernabschlusses wählen die Gesellschafter des Mutterunternehmens. [2]Bei Gesellschaften mit beschränkter Haftung und bei offenen Handelsgesellschaften und Kommanditgesellschaften im Sinne des § 264a Abs. 1 kann der Gesellschafts-

vertrag etwas anderes bestimmen. [3]Der Abschlußprüfer soll jeweils vor Ablauf des Geschäfsjahrs gewählt werden, auf das sich seine Prüfungstätigkeit erstreckt. [4]Die gesetzlichen Vertreter, bei Zuständigkeit des Aufsichtsrats dieser, haben unverzüglich nach der Wahl den Prüfungsauftrag zu erteilen. [5]Der Prüfungsauftrag kann nur widerrufen werden, wenn nach Absatz 3 ein anderer Prüfer bestellt worden ist.

(1a) Eine Vereinbarung, die die Wahlmöglichkeiten nach Absatz 1 auf bestimmte Kategorien oder Listen von Prüfern oder Prüfungsgesellschaften beschränkt, ist nichtig.

(2) [1]Als Abschlußprüfer des Konzernabschlusses gilt, wenn kein anderer Prüfer bestellt wird, der Prüfer als bestellt, der für die Prüfung des in den Konzernabschluß einbezogenen Jahresabschlusses des Mutterunternehmens bestellt worden ist. [2]Erfolgt die Einbeziehung auf Grund eines Zwischenabschlusses, so gilt, wenn kein anderer Prüfer bestellt wird, der Prüfer als bestellt, der für die Prüfung des letzten vor dem Konzernabschlußstichtag aufgestellten Jahresabschlusses des Mutterunternehmens bestellt worden ist.

(3) [1]Auf Antrag der gesetzlichen Vertreter, des Aufsichtsrats oder von Gesellschaftern, deren Anteile bei Antragstellung zusammen den zwanzigsten Teil der Stimmrechte oder des gezeichneten Kapitals oder einen Börsenwert von 500 000 Euro erreichen, hat das Gericht nach Anhörung der Beteiligten und des gewählten Prüfers einen anderen Abschlussprüfer zu bestellen, wenn

1. dies aus einem in der Person des gewählten Prüfers liegenden Grund geboten erscheint, insbesondere, wenn ein Ausschlussgrund nach § 319 Absatz 2 bis 5 oder nach § 319b besteht oder ein Verstoß gegen Artikel 5 Absatz 4 Absatz 1 Satz 1 oder Absatz 5 Absatz 2 Satz 2 der Verordnung (EU) Nr. 537/2014 vorliegt, oder
2. die Vorschriften zur Bestellung des Prüfers nach Artikel 16 der Verordnung (EU) Nr. 537/2014 oder die Vorschriften zur Laufzeit des Prüfungsmandats nach Artikel 17 der Verordnung (EU) Nr. 537/2014 nicht eingehalten worden sind.

[2]Der Antrag ist binnen zwei Wochen nach dem Tag der Wahl des Abschlussprüfers zu stellen; Aktionäre können den Antrag nur stellen, wenn sie gegen die Wahl des Abschlussprüfers bei der Beschlussfassung Widerspruch erklärt haben. [3]Wird ein Grund zur Bestellung eines anderen Abschlussprüfers als des gewählten Prüfers erst nach dessen Wahl bekannt oder tritt ein solcher Grund erst nach dessen Wahl ein, ist der Antrag binnen zwei Wochen nach dem Tag zu stellen, an dem der Antragsberechtigte Kenntnis von den antragsbegründenden Umständen erlangt hat oder ohne grobe Fahrlässigkeit hätte erlangen müssen. [4]Stellen Aktionäre den Antrag, so haben sie glaubhaft zu machen, dass sie seit mindestens drei Monaten vor dem Tag der Wahl des Abschlussprüfers Inhaber der Aktien sind. [5]Zur Glaubhaftmachung genügt eine eidesstattliche Versicherung vor einem Notar. [6]Unterliegt die Gesellschaft einer staatlichen Aufsicht, so kann auch die Aufsichtsbehörde den Antrag stellen. [7]Der Antrag kann nach Erteilung des Bestätigungsvermerks, im Fall einer Nachtragsprüfung nach § 316 Abs. 3 nach Ergänzung des Bestätigungsvermerks nicht mehr gestellt werden. [8]Gegen die Entscheidung ist die Beschwerde zulässig.

(4) [1]Ist der Abschlußprüfer bis zum Ablauf des Geschäftsjahrs nicht gewählt worden, so hat das Gericht auf Antrag der gesetzlichen Vertreter, des Aufsichtsrats oder eines Gesellschafters den Abschlußprüfer zu bestellen. [2]Gleiches gilt, wenn ein gewählter Abschlußprüfer die Annahme des Prüfungsauftrags abgelehnt hat, weggefallen ist oder am rechtzeitigen Abschluß der Prüfung verhindert ist und ein anderer Abschlußprüfer nicht gewählt worden ist. [3]Die gesetzlichen Vertreter sind verpflichtet, den Antrag zu stellen. [4]Gegen die Entscheidung des Gerichts findet die Beschwerde statt; die Bestellung des Abschlußprüfers ist unanfechtbar.

(5) [1]Der vom Gericht bestellte Abschlußprüfer hat Anspruch auf Ersatz angemessener barer Auslagen und auf Vergütung für seine Tätigkeit. [2]Die Auslagen und die Vergütung setzt das Gericht fest. [3]Gegen die Entscheidung findet die Beschwerde statt; die Rechtsbeschwerde ist ausgeschlossen. [4]Aus der rechtskräftigen Entscheidung findet die Zwangsvollstreckung nach der Zivilprozeßordnung statt.

(6) [1]Ein von dem Abschlußprüfer angenommener Prüfungsauftrag kann von dem Abschlußprüfer nur aus wichtigem Grund gekündigt werden. [2]Als wichtiger Grund ist es nicht anzusehen, wenn Meinungsverschiedenheiten über den Inhalt des Bestätigungsvermerks, seine Einschränkung oder Versagung bestehen. [3]Die Kündigung ist schriftlich zu begründen. [4]Der Abschlußprüfer hat über das Ergebnis seiner bisherigen Prüfung zu berichten; § 321 ist entsprechend anzuwenden.

(7) [1]Kündigt der Abschlußprüfer den Prüfungsauftrag nach Absatz 6, so haben die gesetzlichen Vertreter die Kündigung dem Aufsichtsrat, der nächsten Hauptversammlung oder bei Gesellschaften mit beschränkter Haftung den Gesellschaftern mitzuteilen. [2]Den Bericht des bisherigen Abschlußprüfers haben die gesetzlichen Vertreter unverzüglich dem Aufsichtsrat vorzulegen. [3]Jedes Aufsichtsratsmitglied hat das Recht, von dem Bericht Kenntnis zu nehmen. [4]Der Bericht ist auch jedem Aufsichtsratsmitglied oder, soweit der Aufsichtsrat dies beschlossen hat, den Mitgliedern eines Ausschusses auszuhändigen. [5]Ist der Prüfungsauftrag vom Aufsichtsrat erteilt worden, obliegen die Pflichten der gesetzlichen Vertreter dem Aufsichtsrat einschließlich der Unterrichtung der gesetzlichen Vertreter.

(8) Die Wirtschaftsprüferkammer ist unverzüglich und schriftlich begründet durch den Abschlussprüfer und die gesetzlichen Vertreter der geprüften Gesellschaft von der Kündigung oder dem Widerruf des Prüfungsauftrages zu unterrichten.

§ 319 Auswahl der Abschlussprüfer und Ausschlussgründe

(1) [1]Abschlussprüfer können Wirtschaftsprüfer und Wirtschaftsprüfungsgesellschaften sein. [2]Abschlussprüfer von Jahresabschlüssen und Lageberichten mittelgroßer Gesellschaften mit beschränkter Haftung (§ 267 Abs. 2) oder von mittelgroßen Personenhandelsgesellschaften im Sinne des § 264a Abs. 1 können auch vereidigte Buchprüfer und Buchprüfungsgesellschaften sein. [3]Die Abschlussprüfer nach den Sätzen 1 und 2 müssen über einen Auszug aus dem Berufsregister verfügen, aus dem sich ergibt, dass die Eintragung nach § 38 Nummer 1 Buchstabe h oder Nummer 2 Buchstabe f der Wirtschaftsprüferordnung vorgenommen worden ist; Abschlussprüfer, die erstmalig eine gesetzlich vorgeschriebene Abschlussprüfung nach § 316 des Handelsgesetzbuchs durchführen, müssen spätestens sechs Wochen nach Annahme eines Prüfungsauftrages über den Auszug aus dem Berufsregister verfügen. [4]Die Abschlussprüfer sind während einer laufenden Abschlussprüfung verpflichtet, eine Löschung der Eintragung unverzüglich gegenüber der Gesellschaft anzuzeigen.

(2) Ein Wirtschaftsprüfer oder vereidigter Buchprüfer ist als Abschlussprüfer ausgeschlossen, wenn während des Geschäftsjahres, für dessen Schluss der zu prüfende Jahresabschluss aufgestellt wird, oder während der Abschlussprüfung Gründe, insbesondere Beziehungen geschäftlicher, finanzieller oder persönlicher Art, vorliegen, nach denen die Besorgnis der Befangenheit besteht.

(3) [1]Ein Wirtschaftsprüfer oder vereidigter Buchprüfer ist insbesondere von der Abschlussprüfung ausgeschlossen, wenn er oder eine Person, mit der er seinen Beruf gemeinsam ausübt,

1. **Anteile oder andere nicht nur unwesentliche finanzielle Interessen an der zu prüfenden Kapitalgesellschaft oder eine Beteiligung an einem Unternehmen besitzt, das mit der zu prüfenden Kapitalgesellschaft verbunden ist oder von dieser mehr als zwanzig vom Hundert der Anteile besitzt;**
2. **gesetzlicher Vertreter, Mitglied des Aufsichtsrats oder Arbeitnehmer der zu prüfenden Kapitalgesellschaft oder eines Unternehmens ist, das mit der zu prüfenden Kapitalgesellschaft verbunden ist oder von dieser mehr als zwanzig vom Hundert der Anteile besitzt;**
3. **über die Prüfungstätigkeit hinaus bei der zu prüfenden oder für die zu prüfende Kapitalgesellschaft in dem zu prüfenden Geschäftsjahr oder bis zur Erteilung des Bestätigungsvermerks**
   a) **bei der Führung der Bücher oder der Aufstellung des zu prüfenden Jahresabschlusses mitgewirkt hat,**
   b) **bei der Durchführung der internen Revision in verantwortlicher Position mitgewirkt hat,**
   c) **Unternehmensleitungs- oder Finanzdienstleistungen erbracht hat oder**
   d) **eigenständige versicherungsmathematische oder Bewertungsleistungen erbracht hat, die sich auf den zu prüfenden Jahresabschluss nicht nur unwesentlich auswirken,**

   sofern diese Tätigkeiten nicht von untergeordneter Bedeutung sind; dies gilt auch, wenn eine dieser Tätigkeiten von einem Unternehmen für die zu prüfende Kapitalgesellschaft ausgeübt wird, bei dem der Wirtschaftsprüfer oder vereidigte Buchprüfer gesetzlicher Vertreter, Arbeitnehmer, Mitglied des Aufsichtsrats oder Gesellschafter, der mehr als zwanzig vom Hundert der den Gesellschaftern zustehenden Stimmrechte besitzt, ist;

4. bei der Prüfung eine Person beschäftigt, die nach den Nummern 1 bis 3 nicht Abschlussprüfer sein darf;
5. in den letzten fünf Jahren jeweils mehr als dreißig vom Hundert der Gesamteinnahmen aus seiner beruflichen Tätigkeit von der zu prüfenden Kapitalgesellschaft und von Unternehmen, an denen die zu prüfende Kapitalgesellschaft mehr als zwanzig vom Hundert der Anteile besitzt, bezogen hat und dies auch im laufenden Geschäftsjahr zu erwarten ist; zur Vermeidung von Härtefällen kann die Wirtschaftsprüferkammer befristete Ausnahmegenehmigungen erteilen.

[2]Dies gilt auch, wenn der Ehegatte oder der Lebenspartner einen Ausschlussgrund nach Satz 1 Nr. 1, 2 oder 3 erfüllt.

(4) [1]Wirtschaftsprüfungsgesellschaften und Buchprüfungsgesellschaften sind von der Abschlussprüfung ausgeschlossen, wenn sie selbst, einer ihrer gesetzlichen Vertreter, ein Gesellschafter, der mehr als zwanzig vom Hundert der den Gesellschaftern zustehenden Stimmrechte besitzt, ein verbundenes Unternehmen, ein bei der Prüfung in verantwortlicher Position beschäftigter Gesellschafter oder eine andere von ihr beschäftigte Person, die das Ergebnis der Prüfung beeinflussen kann, nach Absatz 2 oder Absatz 3 ausgeschlossen sind. [2]Satz 1 gilt auch, wenn ein Mitglied des Aufsichtsrats nach Absatz 3 Satz 1 Nr. 2 ausgeschlossen ist oder wenn mehrere Gesellschafter, die zusammen mehr als zwanzig vom Hundert der den Gesellschaftern zustehenden Stimmrechte besitzen, jeweils einzeln oder zusammen nach Absatz 2 oder Absatz 3 ausgeschlossen sind.

(5) Absatz 1 Satz 3 sowie die Absätze 2 bis 4 sind auf den Abschlussprüfer des Konzernabschlusses entsprechend anzuwenden.

§ 319a *[aufgehoben]*

§ 319b Netzwerk

(1) [1]Ein Abschlussprüfer ist von der Abschlussprüfung ausgeschlossen, wenn ein Mitglied seines Netzwerks einen Ausschlussgrund nach § 319 Abs. 2, 3 Satz 1 Nr. 1, 2 oder Nr. 4, Abs. 3 Satz 2 oder Abs. 4 erfüllt, es sei denn, dass das Netzwerkmitglied auf das Ergebnis der Abschlussprüfung keinen Einfluss nehmen kann. [2]Er ist ausgeschlossen, wenn ein Mitglied seines Netzwerks einen Ausschlussgrund nach § 319 Abs. 3 Satz 1 Nr. 3 erfüllt. [3]Ein Netzwerk liegt vor, wenn Personen bei ihrer Berufsausübung zur Verfolgung gemeinsamer wirtschaftlicher Interessen für eine gewisse Dauer zusammenwirken.

(2) Absatz 1 ist auf den Abschlussprüfer des Konzernabschlusses entsprechend anzuwenden.

§ 320 Vorlagepflicht. Auskunftsrecht

(1) [1]Die gesetzlichen Vertreter der Kapitalgesellschaft haben dem Abschlußprüfer den Jahresabschluß, den Lagebericht und den gesonderten nichtfinanziellen Bericht unverzüglich nach der Aufstellung vorzulegen. [2]Sie haben ihm zu gestatten, die Bücher und Schriften der Kapitalgesellschaft sowie die Vermögensgegenstände und Schulden, namentlich die Kasse und die Bestände an Wertpapieren und Waren, zu prüfen. [3]Die gesetzlichen Vertreter einer Kapitalgesellschaft, die als Inlandsemittent (§ 2 Absatz 14 des Wertpapierhandelsgesetzes) Wertpapiere (§ 2 Absatz 1 des Wertpapierhandelsgesetzes) begibt und keine Kapitalgesellschaft im Sinne des § 327a ist, haben dem Abschlussprüfer auch die für Zwecke der Offenlegung nach den Vorgaben des § 328 Absatz 1 erstellte Wiedergabe des Jahresabschlusses und die nach diesen Vorgaben erstellte Wiedergabe des Lageberichts vorzulegen.

(2) [1]Der Abschlußprüfer kann von den gesetzlichen Vertretern alle Aufklärungen und Nachweise verlangen, die für eine sorgfältige Prüfung notwendig sind. [2]Soweit es die Vorbereitung der Abschlußprüfung erfordert, hat der Abschlußprüfer die Rechte nach Absatz 1 Satz 2 und nach Satz 1 auch schon vor Aufstellung des Jahresabschlusses. [3]Soweit es für eine sorgfältige Prüfung notwendig ist, hat der Abschlußprüfer die Rechte nach den Sätzen 1 und 2 auch gegenüber Mutter- und Tochterunternehmen.

(3) [1]Die gesetzlichen Vertreter einer Kapitalgesellschaft, die einen Konzernabschluß aufzustellen hat, haben dem Abschlußprüfer des Konzernabschlusses den Konzernabschluß, den Konzernlagebericht, den gesonderten nichtfinanziellen Konzernbericht, die Jahresab-

schlüsse, Lageberichte, die gesonderten nichtfinanziellen Berichte und, wenn eine Prüfung stattgefunden hat, die Prüfungsberichte des Mutterunternehmens und der Tochterunternehmen vorzulegen. [2]Der Abschlußprüfer hat die Rechte nach Absatz 1 Satz 2 und nach Absatz 2 bei dem Mutterunternehmen und den Tochterunternehmen, die Rechte nach Absatz 2 auch gegenüber den Abschlußprüfern des Mutterunternehmens und der Tochterunternehmen. [3]Die gesetzlichen Vertreter einer Kapitalgesellschaft, die als Inlandsemittent (§ 2 Absatz 14 des Wertpapierhandelsgesetzes) Wertpapiere (§ 2 Absatz 1 des Wertpapierhandelsgesetzes) begibt und keine Kapitalgesellschaft im Sinne des § 327a ist, haben dem Abschlussprüfer auch die für Zwecke der Offenlegung nach den Vorgaben des § 328 Absatz 1 erstellte Wiedergabe des Konzernabschlusses und die nach diesen Vorgaben erstellte Wiedergabe des Konzernlageberichts vorzulegen.

(4) Der bisherige Abschlussprüfer hat dem neuen Abschlussprüfer auf schriftliche Anfrage über das Ergebnis der bisherigen Prüfung zu berichten; § 321 ist entsprechend anzuwenden.

(5) [1]Ist die Kapitalgesellschaft als Tochterunternehmen in den Konzernabschluss eines Mutterunternehmens einbezogen, das seinen Sitz nicht in einem Mitgliedstaat der Europäischen Union oder einem anderen Vertragsstaat des Abkommens über den Europäischen Wirtschaftsraum hat, kann der Prüfer nach Absatz 2 zur Verfügung gestellte Unterlagen an den Abschlussprüfer des Konzernabschlusses weitergeben, soweit diese für die Prüfung des Konzernabschlusses des Mutterunternehmens erforderlich sind. [2]Die Übermittlung personenbezogener Daten muss im Einklang mit den Vorgaben der Verordnung (EU) 2016/679 und den allgemeinen datenschutzrechtlichen Vorschriften stehen.

§ 321 Prüfungsbericht

(1) [1]Der Abschlußprüfer hat über Art und Umfang sowie über das Ergebnis der Prüfung zu berichten; auf den Bericht sind die Sätze 2 und 3 sowie die Absätze 2 bis 4a anzuwenden. [2]Der Bericht ist schriftlich und mit der gebotenen Klarheit abzufassen; in ihm ist vorweg zu der Beurteilung der Lage der Kapitalgesellschaft oder Konzerns durch die gesetzlichen Vertreter Stellung zu nehmen, wobei insbesondere auf die Beurteilung des Fortbestandes und der künftigen Entwicklung der Kapitalgesellschaft unter Berücksichtigung des Lageberichts und bei der Prüfung des Konzernabschlusses von Mutterunternehmen auch des Konzerns unter Berücksichtigung des Konzernlageberichts einzugehen ist, soweit die geprüften Unterlagen und der Lagebericht oder der Konzernlagebericht eine solche Beurteilung erlauben. [3]Außerdem hat der Abschlussprüfer über bei Durchführung der Prüfung festgestellte Unrichtigkeiten oder Verstöße gegen gesetzliche Vorschriften sowie Tatsachen zu berichten, die den Bestand der geprüften Kapitalgesellschaft oder des Konzerns gefährden oder seine Entwicklung wesentlich beeinträchtigen können oder die schwerwiegende Verstöße der gesetzlichen Vertreter oder von Arbeitnehmern gegen Gesetz, Gesellschaftsvertrag oder die Satzung erkennen lassen.

(2) [1]Im Hauptteil des Prüfungsberichts ist festzustellen, ob die Buchführung und die weiteren geprüften Unterlagen, der Jahresabschluss, der Lagebericht, der Konzernabschluss und der Konzernlagebericht den gesetzlichen Vorschriften und den ergänzenden Bestimmungen des Gesellschaftsvertrags oder der Satzung entsprechen. [2]In diesem Rahmen ist auch über Beanstandungen zu berichten, die nicht zur Einschränkung oder Versagung des Bestätigungsvermerks geführt haben, soweit dies für die Überwachung der Geschäftsführung und der geprüften Kapitalgesellschaft von Bedeutung ist. [3]Es ist auch darauf einzugehen, ob der Abschluss insgesamt unter Beachtung der Grundsätze ordnungsmäßiger Buchführung oder sonstiger maßgeblicher Rechnungslegungsgrundsätze ein den tatsächlichen Verhältnissen entsprechendes Bild der Vermögens-, Finanz- und Ertragslage der Kapitalgesellschaft oder des Konzerns vermittelt. [4]Dazu ist auch auf wesentliche Bewertungsgrundlagen sowie darauf einzugehen, welchen Einfluss Änderungen in den Bewertungsgrundlagen einschließlich der Ausübung von Bilanzierungs- und Bewertungswahlrechten und der Ausnutzung von Ermessensspielräumen sowie sachverhaltsgestaltende Maßnahmen insgesamt auf die Darstellung der Vermögens-, Finanz- und Ertragslage haben. [5]Hierzu sind die Posten des Jahres- und des Konzernabschlusses aufzugliedern und ausreichend zu erläutern, soweit diese Angaben nicht im Anhang enthalten sind. [6]Es ist darzustellen, ob die gesetzlichen Vertreter die verlangten Aufklärungen und Nachweise erbracht haben.

(3) [1]In einem besonderen Abschnitt des Prüfungsberichts sind Gegenstand, Art und Umfang der Prüfung zu erläutern. [2]Dabei ist auch auf die angewandten Rechnungslegungs- und Prüfungsgrundsätze einzugehen.

(4) [1]Ist im Rahmen der Prüfung eine Beurteilung nach § 317 Abs. 4 abgegeben worden, so ist deren Ergebnis in einem besonderen Teil des Prüfungsberichts darzustellen. [2]Es ist darauf einzugehen, ob Maßnahmen erforderlich sind, um das interne Überwachungssystem zu verbessern.

(4a) Der Abschlussprüfer hat im Prüfungsbericht seine Unabhängigkeit zu bestätigen.

(5) [1]Der Abschlußprüfer hat den Bericht unter Angabe des Datums zu unterzeichnen und den gesetzlichen Vertretern vorzulegen; § 322 Absatz 7 Satz 3 und 4 gilt entsprechend. [2]Hat der Aufsichtsrat den Auftrag erteilt, so ist der Bericht ihm und gleichzeitig einem eingerichteten Prüfungsausschuss vorzulegen. [3]Im Fall des Satzes 2 ist der Bericht unverzüglich nach Vorlage dem Geschäftsführungsorgan mit Gelegenheit zur Stellungnahme zuzuleiten.

§ 321a Offenlegung des Prüfungsberichts in besonderen Fällen

(1) [1]Wird über das Vermögen der Gesellschaft ein Insolvenzverfahren eröffnet oder wird der Antrag auf Eröffnung des Insolvenzverfahren mangels Masse abgewiesen, so hat ein Gläubiger oder Gesellschafter die Wahl, selbst oder durch einen von ihm zu bestimmenden Wirtschaftsprüfer oder im Fall des § 319 Abs. 1 Satz 2 durch einen vereidigten Buchprüfer Einsicht in die Prüfungsberichte des Abschlussprüfers über die aufgrund gesetzlicher Vorschriften durchzuführende Prüfung des Jahresabschlusses der letzten drei Geschäftsjahre zu nehmen, soweit sich diese auf die nach § 321 geforderte Berichterstattung beziehen. [2]Der Anspruch richtet sich gegen denjenigen, der die Prüfungsberichte in seinem Besitz hat.

(2) [1]Bei einer Aktiengesellschaft oder einer Kommanditgesellschaft auf Aktien stehen den Gesellschaftern die Rechte nach Absatz 1 Satz 1 nur zu, wenn ihre Anteile bei Geltendmachung des Anspruchs zusammen den einhundertsten Teil des Grundkapitals oder einen Börsenwert von 100 000 Euro erreichen. [2]Dem Abschlussprüfer ist die Erläuterung des Prüfungsberichts gegenüber den in Absatz 1 Satz 1 aufgeführten Personen gestattet.

(3) [1]Der Insolvenzverwalter oder ein gesetzlicher Vertreter des Schuldners kann einer Offenlegung von Geheimnissen, namentlich Betriebs- oder Geschäftsgeheimnissen, widersprechen, wenn die Offenlegung geeignet ist, der Gesellschaft einen erheblichen Nachteil zuzufügen. [2]§ 323 Abs. 1 und 3 bleibt im Übrigen unberührt. [3]Unbeschadet des Satzes 1 sind die Berechtigten nach Absatz 1 Satz 1 zur Verschwiegenheit über den Inhalt der von ihnen eingesehenen Unterlagen nach Absatz 1 Satz 1 verpflichtet.

(4) Die Absätze 1 bis 3 gelten entsprechend, wenn der Schuldner zur Aufstellung eines Konzernabschlusses und Konzernlageberichts verpflichtet ist.

§ 322 Bestätigungsvermerk

(1) [1]Der Abschlussprüfer hat das Ergebnis der Prüfung schriftlich in einem Bestätigungsvermerk zum Jahresabschluss oder zum Konzernabschluss zusammenzufassen. [2]Der Bestätigungsvermerk hat Gegenstand, Art und Umfang der Prüfung zu beschreiben und dabei die angewandten Rechnungslegungs- und Prüfungsgrundsätze anzugeben; er hat ferner eine Beurteilung des Prüfungsergebnisses zu enthalten. [3]In einem einleitenden Abschnitt haben zumindest die Beschreibung des Gegenstands der Prüfung und die Angabe zu den angewandten Rechnungslegungsgrundsätzen zu erfolgen. [4]Über das Ergebnis der Prüfungen nach § 317 Absatz 3a und 3b ist jeweils in einem besonderen Abschnitt zu berichten.

(1a) Bei der Erstellung des Bestätigungsvermerks hat der Abschlussprüfer die internationalen Prüfungsstandards anzuwenden, die von der Europäischen Kommission in dem Verfahren nach Artikel 26 Absatz 3 der Richtlinie 2006/43/EG angenommen worden sind.

(2) [1]Die Beurteilung des Prüfungsergebnisses muss zweifelsfrei ergeben, ob
1. ein uneingeschränkter Bestätigungsvermerk erteilt,
2. ein eingeschränkter Bestätigungsvermerk erteilt,
3. der Bestätigungsvermerk aufgrund von Einwendungen versagt oder
4. der Bestätigungsvermerk deshalb versagt wird, weil der Abschlussprüfer nicht in der Lage ist, ein Prüfungsurteil abzugeben.

[2]Die Beurteilung des Prüfungsergebnisses soll allgemein verständlich und problemorientiert unter Berücksichtigung des Umstandes erfolgen, dass die gesetzlichen Vertreter den Abschluss zu verantworten haben. [3]Auf Risiken, die den Fortbestand der Kapitalgesellschaft oder eines Konzernunternehmens gefährden, ist gesondert einzugehen. [4]Auf Risiken, die den Fortbestand eines Tochterunternehmens gefährden, braucht im Bestätigungsvermerk zum Konzernabschluss des Mutterunternehmens nicht eingegangen zu werden, wenn das Tochterunternehmen für die Vermittlung eines den tatsächlichen Verhältnissen entsprechenden Bildes der Vermögens-, Finanz- und Ertragslage des Konzerns nur von untergeordneter Bedeutung ist.

(3) [1]In einem uneingeschränkten Bestätigungsvermerk (Absatz 2 Satz 1 Nr. 1) hat der Abschlussprüfer zu erklären, dass die von ihm nach § 317 durchgeführte Prüfung zu keinen Einwendungen geführt hat und dass der von den gesetzlichen Vertretern der Gesellschaft aufgestellte Jahres- oder Konzernabschluss aufgrund der bei der Prüfung gewonnenen Erkenntnisse des Abschlussprüfers nach seiner Beurteilung den gesetzlichen Vorschriften entspricht und unter Beachtung der Grundsätze ordnungsmäßiger Buchführung oder sonstiger maßgeblicher Rechnungslegungsgrundsätze ein den tatsächlichen Verhältnissen entsprechendes Bild der Vermögens-, Finanz- und Ertragslage der Kapitalgesellschaft oder des Konzerns vermittelt. [2]Der Abschlussprüfer kann zusätzlich einen Hinweis auf Umstände aufnehmen, auf die er in besonderer Weise aufmerksam macht, ohne den Bestätigungsvermerk einzuschränken.

(4) [1]Sind Einwendungen zu erheben, so hat der Abschlussprüfer seine Erklärung nach Absatz 3 Satz 1 einzuschränken (Absatz 2 Satz 1 Nr. 2) oder zu versagen (Absatz 2 Satz 1 Nr. 3). [2]Die Versagung ist in den Vermerk, der nicht mehr als Bestätigungsvermerk zu bezeichnen ist, aufzunehmen. [3]Die Einschränkung oder Versagung ist zu begründen; Absatz 3 Satz 2 findet Anwendung. [4]Ein eingeschränkter Bestätigungsvermerk darf nur erteilt werden, wenn der geprüfte Abschluss unter Beachtung der vom Abschlussprüfer vorgenommenen, in ihrer Tragweite erkennbaren Einschränkung ein den tatsächlichen Verhältnissen im Wesentlichen entsprechendes Bild der Vermögens-, Finanz- und Ertragslage vermittelt.

(5) [1]Der Bestätigungsvermerk ist auch dann zu versagen, wenn der Abschlussprüfer nach Ausschöpfung aller angemessenen Möglichkeiten zur Klärung des Sachverhalts nicht in der Lage ist, ein Prüfungsurteil abzugeben (Absatz 2 Satz 1 Nr. 4). [2]Absatz 4 Satz 2 und 3 gilt entsprechend.

(6) [1]Die Beurteilung des Prüfungsergebnisses hat sich auch darauf zu erstrecken, ob der Lagebericht oder der Konzernlagebericht nach dem Urteil des Abschlussprüfers mit dem Jahresabschluss und gegebenenfalls mit dem Einzelabschluss nach § 325 Abs. 2a oder mit dem Konzernabschluss in Einklang steht, die gesetzlichen Vorschriften zur Aufstellung des Lage- oder Konzernlageberichts beachtet worden sind und der Lage- oder Konzernlagebericht insgesamt ein zutreffendes Bild von der Lage der Kapitalgesellschaft oder des Konzerns vermittelt. [2]Dabei ist auch darauf einzugehen, ob die Chancen und Risiken der zukünftigen Entwicklung zutreffend dargestellt sind.

(6a) [1]Wurden mehrere Prüfer oder Prüfungsgesellschaften gemeinsam zum Abschlussprüfer bestellt, soll die Beurteilung des Prüfungsergebnisses einheitlich erfolgen. [2]Ist eine einheitliche Beurteilung ausnahmsweise nicht möglich, sind die Gründe hierfür darzulegen; die Beurteilung ist jeweils in einem gesonderten Absatz vorzunehmen. [3]Die Sätze 1 und 2 gelten im Fall der gemeinsamen Bestellung von

1. Wirtschaftsprüfern oder Wirtschaftsprüfungsgesellschaften,
2. vereidigten Buchprüfern oder Buchprüfungsgesellschaften sowie
3. Prüfern oder Prüfungsgesellschaften nach den Nummern 1 und 2.

(7) [1]Der Abschlussprüfer hat den Bestätigungsvermerk oder den Vermerk über seine Versagung unter Angabe des Ortes der Niederlassung des Abschlussprüfers und des Tages der Unterzeichnung zu unterzeichnen; im Fall des Absatzes 6a hat die Unterzeichnung durch alle bestellten Personen zu erfolgen. [2]Der Bestätigungsvermerk oder der Vermerk über seine Versagung ist auch in den Prüfungsbericht aufzunehmen. [3]Ist der Abschlussprüfer eine Wirtschaftsprüfungsgesellschaft, so hat die Unterzeichnung zumindest durch den Wirtschaftsprüfer zu erfolgen, welcher die Abschlussprüfung für die Prüfungsgesellschaft durchgeführt hat. [4]Satz 3 ist auf Buchprüfungsgesellschaften entsprechend anzuwenden.

§ 323 Verantwortlichkeit des Abschlußprüfers

(1) [1]Der Abschlußprüfer, seine Gehilfen und die bei der Prüfung mitwirkenden gesetzlichen Vertreter einer Prüfungsgesellschaft sind zur gewissenhaften und unparteiischen Prüfung und zur Verschwiegenheit verpflichtet; gesetzliche Mitteilungspflichten bleiben unberührt. [2]Sie dürfen nicht unbefugt Geschäfts- und Betriebsgeheimnisse verwerten, die sie bei ihrer Tätigkeit erfahren haben. [3]Wer vorsätzlich oder fahrlässig seine Pflichten verletzt, ist der Kapitalgesellschaft und, wenn ein verbundenes Unternehmen geschädigt worden ist, auch diesem zum Ersatz des daraus entstehenden Schadens verpflichtet. [4]Mehrere Personen haften als Gesamtschuldner.

(2) [1]Die Ersatzpflicht der in Absatz 1 Satz 1 genannten Personen für eine Prüfung ist vorbehaltlich der Sätze 2 bis 4 wie folgt beschränkt:

1. bei Kapitalgesellschaften, die ein Unternehmen von öffentlichem Interesse nach § 316a Satz 2 Nummer 1 sind: auf sechzehn Millionen Euro;

2. bei Kapitalgesellschaften, die ein Unternehmen von öffentlichem Interesse nach § 316a Satz 2 Nummer 2 oder 3, aber nicht nach § 316a Satz 2 Nummer 1 sind: auf vier Millionen Euro;

3. bei Kapitalgesellschaften, die nicht in den Nummern 1 und 2 genannt sind: auf eine Million fünfhunderttausend Euro.

[2]Dies gilt nicht für Personen, die vorsätzlich gehandelt haben, und für den Abschlussprüfer einer Kapitalgesellschaft nach Satz 1 Nummer 1, der grob fahrlässig gehandelt hat. [3]Die Ersatzpflicht des Abschlussprüfers einer Kapitalgesellschaft nach Satz 1 Nummer 2, der grob fahrlässig gehandelt hat, ist abweichend von Satz 1 Nummer 2 auf zweiunddreißig Millionen Euro für eine Prüfung beschränkt. [4]Die Ersatzpflicht des Abschlussprüfers einer Kapitalgesellschaft nach Satz 1 Nummer 3, der grob fahrlässig gehandelt hat, ist abweichend von Satz 1 Nummer 3 auf zwölf Millionen Euro für eine Prüfung beschränkt. [5]Die Haftungshöchstgrenzen nach den Sätzen 1, 3 und 4 gelten auch, wenn an der Prüfung mehrere Personen beteiligt gewesen oder mehrere zum Ersatz verpflichtende Handlungen begangen worden sind, und ohne Rücksicht darauf, ob andere Beteiligte vorsätzlich oder grob fahrlässig gehandelt haben.

(3) Die Verpflichtung zur Verschwiegenheit besteht, wenn eine Prüfungsgesellschaft Abschlußprüfer ist, auch gegenüber dem Aufsichtsrat und den Mitgliedern des Aufsichtsrats der Prüfungsgesellschaft.

(4) Die Ersatzpflicht nach diesen Vorschriften kann durch Vertrag weder ausgeschlossen noch beschränkt werden.

(5) Die Mitteilung nach Artikel 7 Absatz 2 der Verordnung (EU) Nr. 537/2014 ist an die Bundesanstalt für Finanzdienstleistungsaufsicht zu richten, bei dem Verdacht einer Straftat oder Ordnungswidrigkeit auch an die für die Verfolgung jeweils zuständige Behörde.

§ 324 Prüfungsausschuss

(1) [1]Kapitalgesellschaften, die Unternehmen von öffentlichem Interesse (§ 316a Satz 2) sind und keinen Aufsichts- oder Verwaltungsrat haben, der die Voraussetzungen des § 100 Absatz 5 des Aktiengesetzes erfüllen muss, sind verpflichtet, einen Prüfungsausschuss nach Absatz 2 einzurichten, der sich insbesondere mit den in § 107 Absatz 3 Satz 2 und 3 des Aktiengesetzes beschriebenen Aufgaben befasst. [2]Dies gilt nicht für Kapitalgesellschaften im Sinne des Satzes 1,

1. deren ausschließlicher Zweck in der Ausgabe von Wertpapieren im Sinne des § 2 Absatz 1 des Wertpapierhandelsgesetzes besteht, die durch Vermögensgegenstände besichert sind;

2. die Kreditinstitute im Sinne des § 340 Absatz 1 sind und einen organisierten Markt im Sinne des § 2 Absatz 11 des Wertpapierhandelsgesetzes nur durch die Ausgabe von Schuldtiteln im Sinne des § 2 Absatz 1 Nummer 3 Buchstabe a des Wertpapierhandelsgesetzes in Anspruch nehmen, wenn deren Nominalwert 100 Millionen Euro nicht übersteigt und keine Verpflichtung zur Veröffentlichung eines Prospekts nach der Verordnung (EU) 2017/1129 des Europäischen Parlaments und des Rates vom 14. Juni 2017 über den Prospekt, der beim öffentlichen Angebot von Wertpapieren oder bei deren Zulassung zum Handel an einem geregelten Markt zu veröffentlichen ist und zur Aufhebung der Richtlinie 2003/71/EG (ABl. L 168 vom 30.6.2017, S. 12), die zuletzt durch

die Verordnung (EU) 2019/2146 (ABl. L 325 vom 16.12.2019, S. 43) geändert worden ist, besteht;
3. die Investmentvermögen im Sinne des § 1 Absatz 1 des Kapitalanlagegesetzbuchs sind.

[3]Im Fall des Satzes 2 Nummer 1 ist im Anhang darzulegen, weshalb ein Prüfungsausschuss nicht eingerichtet wird.

(2) [1]Die Mitglieder des Prüfungsausschusses sind von den Gesellschaftern zu wählen. [2]Die Mehrheit der Mitglieder, darunter der Vorsitzende, muss unabhängig sein; im Übrigen ist § 100 Absatz 5 des Aktiengesetzes entsprechend anzuwenden. [3]Der Vorsitzende des Prüfungsausschusses darf nicht mit der Geschäftsführung betraut sein. [4]§ 107 Absatz 3 Satz 8, § 124 Abs. 3 Satz 2 und § 171 Abs. 1 Satz 2 und 3 des Aktiengesetzes sind entsprechend anzuwenden. [5]Der Prüfungsausschuss hat den Gesellschaftern einen Vorschlag für die Wahl des Abschlussprüfers zu machen, wenn die Kapitalgesellschaft keinen Aufsichts- oder Verwaltungsrat hat oder wenn der Aufsichts- oder Verwaltungsrat für den Vorschlag nicht zuständig ist.

(3) [1]Die Abschlussprüferaufsichtsstelle beim Bundesamt für Wirtschaft und Ausfuhrkontrolle kann zur Erfüllung ihrer Aufgaben gemäß Artikel 27 Absatz 1 Buchstabe c der Verordnung (EU) Nr. 537/2014 von einer Kapitalgesellschaft, die ein Unternehmen von öffentlichem Interesse (§ 316a Satz 2) ist, eine Darstellung und Erläuterung des Ergebnisses sowie der Durchführung der Tätigkeit seines Prüfungsausschusses verlangen. [2]Die Abschlussprüferaufsichtsstelle soll zunächst auf Informationen aus öffentlich zugänglichen Quellen zurückgreifen.

§ 324a Anwendung auf den Einzelabschluss nach § 325 Abs. 2a

(1) [1]Die Bestimmungen dieses Unterabschnitts, die sich auf den Jahresabschluss beziehen, sind auf einen Einzelabschluss nach § 325 Abs. 2a entsprechend anzuwenden. [2]An Stelle des § 316 Abs. 1 Satz 2 gilt § 316 Abs. 2 Satz 2 entsprechend.

(2) [1]Als Abschlussprüfer des Einzelabschlusses nach § 325 Abs. 2a gilt der für die Prüfung des Jahresabschlusses bestellte Prüfer als bestellt. [2]Der Prüfungsbericht zum Einzelabschluss nach § 325 Abs. 2a kann mit dem Prüfungsbericht zum Jahresabschluss zusammengefasst werden.

Vierter Unterabschnitt. Offenlegung. Prüfung durch die das Unternehmensregister führende Stelle

§ 325 Offenlegung

(1) [1]Die Mitglieder des vertretungsberechtigten Organs einer Kapitalgesellschaft haben für die Gesellschaft folgende Unterlagen, sofern sie aufzustellen oder zu erstellen sind, in deutscher Sprache offenzulegen:
1. den festgestellten Jahresabschluss, den Lagebericht, den Bestätigungsvermerk oder den Vermerk über dessen Versagung und die Erklärungen nach § 264 Absatz 2 Satz 3 und § 289 Absatz 1 Satz 5 sowie
2. den Bericht des Aufsichtsrats und die nach § 161 des Aktiengesetzes vorgeschriebene Erklärung.

[2]Die Unterlagen sind der das Unternehmensregister führenden Stelle elektronisch zur Einstellung in das Unternehmensregister zu übermitteln. [3]Bei einer Kapitalgesellschaft, die als Inlandsemittent (§ 2 Absatz 14 des Wertpapierhandelsgesetzes) Wertpapiere (§ 2 Absatz 1 des Wertpapierhandelsgesetzes) begibt und keine Kapitalgesellschaft im Sinne des § 327a ist, sind die Unterlagen der das Unternehmensregister führenden Stelle mit der Übermittlung nach Satz 2 auch zur Weiterleitung an das zentrale europäische Zugangsportal zu übermitteln.

(1a) [1]Die Unterlagen nach Absatz 1 Satz 1 sind spätestens ein Jahr nach dem Abschlussstichtag des Geschäftsjahrs zu übermitteln, auf das sie sich beziehen. [2]Liegen die Unterlagen nach Absatz 1 Satz 1 Nummer 2 nicht innerhalb der Frist vor, sind sie unverzüglich nach ihrem Vorliegen nach Absatz 1 offenzulegen.

(1b) [1]Wird der Jahresabschluss oder der Lagebericht geändert, so ist auch die Änderung nach Absatz 1 Satz 1 offenzulegen. [2]Ist im Jahresabschluss nur der Vorschlag für die Ergeb-

nisverwendung enthalten, ist der Beschluss über die Ergebnisverwendung nach seinem Vorliegen nach Absatz 1 Satz 1 offenzulegen.

(2) *[aufgehoben]*

(2a) [1]Bei der Offenlegung nach Absatz 1 in Verbindung mit § 8b Absatz 2 Nummer 4 kann bei großen Kapitalgesellschaften (§ 267 Absatz 3) an die Stelle des Jahresabschlusses ein Einzelabschluss treten, der nach den in § 315e Absatz 1 bezeichneten internationalen Rechnungslegungsstandards aufgestellt worden ist. [2]Ein Unternehmen, das von diesem Wahlrecht Gebrauch macht, hat die dort genannten Standards vollständig zu befolgen. [3]Auf einen solchen Abschluss sind § 243 Abs. 2, die §§ 244, 245, 257, 264 Absatz 1a, 2 Satz 3, § 285 Nr. 7, 8 Buchstabe b, Nr. 9 bis 11a, 14 bis 17, § 286 Absatz 1 und 3 anzuwenden. [4]Die Verpflichtung, einen Lagebericht offenzulegen, bleibt unberührt; der Lagebericht nach § 289 muss in dem erforderlichen Umfang auch auf den Einzelabschluss nach Satz 1 Bezug nehmen. [5]Die übrigen Vorschriften des Zweiten Unterabschnitts des Ersten Abschnitts und des Ersten Unterabschnitts des Zweiten Abschnitts gelten insoweit nicht. [6]Kann wegen der Anwendung des § 286 Abs. 1 auf den Anhang die in Satz 2 genannte Voraussetzung nicht eingehalten werden, entfällt das Wahlrecht nach Satz 1.

(2b) Die befreiende Wirkung der Offenlegung des Einzelabschlusses nach Absatz 2a tritt ein, wenn

1. **statt des vom Abschlussprüfer zum Jahresabschluss erteilten Bestätigungsvermerks oder des Vermerks über dessen Versagung der entsprechende Vermerk zum Abschluss nach Absatz 2a in die Offenlegung nach Absatz 1 einbezogen wird,**
2. **der Vorschlag für die Verwendung des Ergebnisses und gegebenenfalls der Beschluss über seine Verwendung unter Angabe des Jahresüberschusses oder Jahresfehlbetrags in die Offenlegung nach Absatz 1 einbezogen werden und**
3. **der Jahresabschluss mit dem Bestätigungsvermerk oder dem Vermerk über dessen Versagung in deutscher Sprache nach Maßgabe des Absatzes 1a Satz 1 und des Absatzes 4 der das Unternehmensregister führenden Stelle elektronisch zur Einstellung in das Unternehmensregister durch dauerhafte Hinterlegung übermittelt wird.**

(3) Die Absätze 1 bis 1b Satz 1 und Absatz 4 gelten entsprechend für die Mitglieder des vertretungsberechtigten Organs einer Kapitalgesellschaft, die einen Konzernabschluss und einen Konzernlagebericht aufzustellen haben.

(3a) Wird der Konzernabschluss zusammen mit dem Jahresabschluss des Mutterunternehmens oder mit einem von diesem aufgestellten Einzelabschluss nach Absatz 2a offengelegt, können die Vermerke des Abschlussprüfers nach § 322 zu beiden Abschlüssen zusammengefasst werden; in diesem Fall können auch die jeweiligen Prüfungsberichte zusammengefasst werden.

(4) [1]Bei einer Kapitalgesellschaft im Sinn des § 264d beträgt die Frist nach Absatz 1a Satz 1 längstens vier Monate. [2]Für die Wahrung der Fristen nach Satz 1 und Absatz 1a Satz 1 ist der Zeitpunkt der Übermittlung der Unterlagen maßgebend. [3]Eine Kapitalgesellschaft im Sinne des § 264d hat die Unterlagen nach Absatz 1 Satz 1 gleichzeitig mit ihrer öffentlichen Zugänglichmachung im Internet im Sinne des § 114 Absatz 1 Satz 2 des Wertpapierhandelsgesetzes nach Absatz 1 Satz 2 zu übermitteln.

(5) Auf Gesetz, Gesellschaftsvertrag oder Satzung beruhende Pflichten der Gesellschaft, den Jahresabschluss, den Einzelabschluss nach Absatz 2a, den Lagebericht, den Konzernabschluss oder den Konzernlagebericht in anderer Weise bekannt zu machen, einzureichen oder Personen zugänglich zu machen, bleiben unberührt.

(6) Die §§ 11 und 12 Absatz 2 gelten entsprechend für die Unterlagen, die an die das Unternehmensregister führende Stelle zur Einstellung in das Unternehmensregister zu übermitteln sind; § 325a Absatz 1 Satz 5 und § 340l Absatz 2 Satz 6 bleiben unberührt.

§ 325a Zweigniederlassungen von Kapitalgesellschaften mit Sitz im Ausland

(1) [1]Bei inländischen Zweigniederlassungen von Kapitalgesellschaften mit Sitz in einem anderen Staat haben die in § 13e Absatz 2 Satz 5 Nummer 3 genannten angemeldeten Personen oder, wenn solche nicht vorhanden sind, die Mitglieder des vertretungsberechtigten Organs der Gesellschaft für diese die Unterlagen der Rechnungslegung der Hauptniederlassung, die nach dem für die Hauptniederlassung maßgeblichen Recht aufgestellt, geprüft und offengelegt worden sind, nach den §§ 325, 327a und 328 offenzulegen; § 329 ist anzuwenden.

[2]Bestehen mehrere inländische Zweigniederlassungen derselben Gesellschaft, brauchen die Unterlagen der Rechnungslegung der Hauptniederlassung nur von den nach Satz 1 verpflichteten Personen einer dieser Zweigniederlassungen offengelegt zu werden. [3]In diesem Fall beschränkt sich die Offenlegungspflicht der übrigen Zweigniederlassungen auf die Angabe des Namens der Zweigniederlassung, des Registers sowie der Registernummer der Zweigniederlassung, für die die Offenlegung gemäß Satz 2 bewirkt worden ist. [4]Die Unterlagen sind in deutscher Sprache zu übermitteln. [5]Soweit dies nicht die Amtssprache am Sitz der Hauptniederlassung ist, können die Unterlagen der Hauptniederlassung auch

1. in englischer Sprache oder
2. in einer von dem Register der Hauptniederlassung beglaubigten Abschrift oder,
3. wenn eine dem Register vergleichbare Einrichtung nicht vorhanden oder diese nicht zur Beglaubigung befugt ist, in einer von einem Wirtschaftsprüfer bescheinigten Abschrift, verbunden mit der Erklärung, dass entweder eine dem Register vergleichbare Einrichtung nicht vorhanden oder diese nicht zur Beglaubigung befugt ist,

übermittelt werden; von der Beglaubigung des Registers ist eine beglaubigte Übersetzung in deutscher Sprache zu übermitteln.

(2) Diese Vorschrift gilt nicht für Zweigniederlassungen, die von Kreditinstituten im Sinne des § 340 oder von Versicherungsunternehmen im Sinne des § 341 errichtet werden.

(3) [1]Bei der Anwendung von Absatz 1 ist für die Einstufung einer Kapitalgesellschaft als Kleinstkapitalgesellschaft (§ 267a) und für die Geltung von Erleichterungen bei der Rechnungslegung das Recht des anderen Staates maßgeblich. [2]Darf eine Kleinstkapitalgesellschaft nach dem für sie maßgeblichen Recht die Offenlegungspflicht durch die Hinterlegung der Bilanz erfüllen, darf sie die Offenlegung nach Absatz 1 ebenfalls durch Hinterlegung bewirken. [3]§ 326 Absatz 2 gilt entsprechend.

(4) Die das Unternehmensregister führende Stelle fordert die Kapitalgesellschaft zur unverzüglichen Offenlegung der Änderung der Unterlagen der Rechnungslegung gemäß Absatz 1 auf, wenn zum Zeitpunkt eines Dateneingangs nach § 9b Absatz 4 Satz 2 die Änderung noch nicht offengelegt worden ist.

§ 326 Größenabhängige Erleichterungen für kleine Kapitalgesellschaften und Kleinstkapitalgesellschaften bei der Offenlegung

(1) [1]Auf kleine Kapitalgesellschaften (§ 267 Abs. 1) ist § 325 Abs. 1 mit der Maßgabe anzuwenden, daß die Mitglieder des vertretungsberechtigten Organs nur die Bilanz und den Anhang zu übermitteln haben. [2]Der Anhang braucht die die Gewinn- und Verlustrechnung betreffenden Angaben nicht zu enthalten.

(2) [1]Auf Kleinstkapitalgesellschaften (§ 267a) ist § 325 Absatz 1 mit der Maßgabe anzuwenden, dass die Mitglieder des vertretungsberechtigten Organs nur die Bilanz zu übermitteln haben und dabei die Einstellung in das Unternehmensregister durch dauerhafte Hinterlegung verlangen können. [2]Kleinstkapitalgesellschaften dürfen von dem in Satz 1 geregelten Recht nur Gebrauch machen, wenn sie gegenüber der das Unternehmensregister führenden Stelle mitteilen, dass sie zwei der drei in § 267a Absatz 1 genannten Merkmale für die nach § 267 Absatz 4 maßgeblichen Abschlussstichtage nicht überschreiten.

§ 327 Größenabhängige Erleichterungen für mittelgroße Kapitalgesellschaften bei der Offenlegung

Auf mittelgroße Kapitalgesellschaften (§ 267 Abs. 2) ist § 325 Abs. 1 mit der Maßgabe anzuwenden, daß die Mitglieder des vertretungsberechtigten Organs

1. die Bilanz nur in der für kleine Kapitalgesellschaften nach § 266 Abs. 1 Satz 3 vorgeschriebenen Form der das Unternehmensregister führenden Stelle übermitteln müssen. In der Bilanz oder im Anhang sind jedoch die folgenden Posten des § 266 Abs. 2 und 3 zusätzlich gesondert anzugeben:
   Auf der Aktivseite
   A I 1 Selbst geschaffene gewerbliche Schutzrechte und ähnliche Rechte und Werte;
   A I 2 Geschäfts- oder Firmenwert;
   A II 1 Grundstücke, grundstücksgleiche Rechte und Bauten einschließlich der Bauten auf fremden Grundstücken;
   A II 2 technische Anlagen und Maschinen;

A II 3 andere Anlagen, Betriebs- und Geschäftsausstattung;
A II 4 geleistete Anzahlungen und Anlagen im Bau;
A III 1 Anteile an verbundenen Unternehmen;
A III 2 Ausleihungen an verbundene Unternehmen;
A III 3 Beteiligungen;
A III 4 Ausleihungen an Unternehmen, mit denen ein Beteiligungsverhältnis besteht;
B II 2 Forderungen gegen verbundene Unternehmen;
B II 3 Forderungen gegen Unternehmen, mit denen ein Beteiligungsverhältnis besteht;
B III 1 Anteile an verbundenen Unternehmen.
Auf der Passivseite
C 1 Anleihen,
davon konvertibel;
C 2 Verbindlichkeiten gegenüber Kreditinstituten;
C 6 Verbindlichkeiten gegenüber verbundenen Unternehmen;
C 7 Verbindlichkeiten gegenüber Unternehmen, mit denen ein Beteiligungsverhältnis besteht;

2. den Anhang ohne die Angaben nach § 285 Nr. 2 und 8 Buchstabe a, Nr. 12 der das Unternehmensregister führenden Stelle übermitteln dürfen.
Auf der Aktivseite
A I 1 Selbst geschaffene gewerbliche Schutzrechte und ähnliche Rechte und Werte;
A I 2 Geschäfts- oder Firmenwert;
A II 1 Grundstücke, grundstücksgleiche Rechte und Bauten einschließlich der Bauten auf fremden Grundstücken;
A II 2 technische Anlagen und Maschinen;
A II 3 andere Anlagen, Betriebs- und Geschäftsausstattung;
A II 4 geleistete Anzahlungen und Anlagen im Bau;
A III 1 Anteile an verbundenen Unternehmen;
A III 2 Ausleihungen an verbundene Unternehmen;
A III 3 Beteiligungen;
A III 4 Ausleihungen an Unternehmen, mit denen ein Beteiligungsverhältnis besteht;
B II 2 Forderungen gegen verbundene Unternehmen;
B II 3 Forderungen gegen Unternehmen, mit denen ein Beteiligungsverhältnis besteht;
B III 1 Anteile an verbundenen Unternehmen.
Auf der Passivseite
C 1 Anleihen,
davon konvertibel;
C 2 Verbindlichkeiten gegenüber Kreditinstituten;
C 6 Verbindlichkeiten gegenüber verbundenen Unternehmen;
C 7 Verbindlichkeiten gegenüber Unternehmen, mit denen ein Beteiligungsverhältnis besteht;

§ 327a Erleichterung für bestimmte kapitalmarktorientierte Kapitalgesellschaften

§ 325 Absatz 4 Satz 1 und 3 sind auf eine Kapitalgesellschaft nicht anzuwenden, wenn sie ausschließlich zum Handel an einem organisierten Markt zugelassene Schuldtitel im Sinne des § 2 Absatz 1 Nummer 3 des Wertpapierhandelsgesetzes mit einer Mindeststückelung von 100 000 Euro oder dem am Ausgabetag entsprechenden Gegenwert einer anderen Währung begibt.

§ 328 Form, Format und Inhalt der Unterlagen bei der Offenlegung, Veröffentlichung und Vervielfältigung

(1) [1]Bei der Offenlegung des Jahresabschlusses, des Einzelabschlusses nach § 325 Absatz 2a, des Konzernabschlusses, des Lage- oder Konzernlageberichts oder der Erklärungen nach § 264 Absatz 2 Satz 3, § 289 Absatz 1 Satz 5, § 297 Absatz 2 Satz 4 oder § 315 Absatz 1 Satz 5 sind diese Abschlüsse, Lageberichte und Erklärungen so wiederzugeben,

dass sie den für ihre Aufstellung maßgeblichen Vorschriften entsprechen, soweit nicht Erleichterungen nach den §§ 326 und 327 in Anspruch genommen werden oder eine Rechtsverordnung des Bundesministeriums der Justiz nach Absatz 4 hiervon Abweichungen ermöglicht. [2]Sie haben in diesem Rahmen vollständig und richtig zu sein. [3]Die Sätze 1 und 2 gelten auch für die teilweise Offenlegung sowie für die Veröffentlichung oder Vervielfältigung in anderer Form auf Grund des Gesellschaftsvertrages oder der Satzung. [4]Eine Kapitalgesellschaft, die als Inlandsemittent (§ 2 Absatz 14 des Wertpapierhandelsgesetzes) Wertpapiere (§ 2 Absatz 1 des Wertpapierhandelsgesetzes) begibt und keine Kapitalgesellschaft im Sinne des § 327a ist, hat offenzulegen:

1. **die in Absatz 1 Satz 1 bezeichneten Unterlagen in dem einheitlichen elektronischen Berichtsformat nach Maßgabe des Artikels 3 der Delegierten Verordnung (EU) 2019/815 der Kommission vom 17. Dezember 2018 zur Ergänzung der Richtlinie 2004/109/EG des Europäischen Parlaments und des Rates im Hinblick auf technische Regulierungsstandards für die Spezifikation eines einheitlichen elektronischen Berichtsformats (ABl. L 143 vom 29.5.2019, S. 1; L 145 vom 4.6.2019, S. 85) in der jeweils geltenden Fassung;**
2. **den Konzernabschluss mit Auszeichnungen nach Maßgabe der Artikel 4 und 6 der Delegierten Verordnung (EU) 2019/815.**

(1a) [1]Das Datum der Feststellung oder der Billigung der in Absatz 1 Satz 1 bezeichneten Abschlüsse ist anzugeben. [2]Wurde der Abschluss auf Grund gesetzlicher Vorschriften durch einen Abschlussprüfer geprüft, so ist jeweils der vollständige Wortlaut des Bestätigungsvermerks oder des Vermerks über dessen Versagung wiederzugeben; wird der Jahresabschluss wegen der Inanspruchnahme von Erleichterungen nur teilweise offengelegt und bezieht sich der Bestätigungsvermerk auf den vollständigen Jahresabschluss, ist hierauf hinzuweisen. [3]Bei der Offenlegung von Jahresabschluss, Einzelabschluss nach § 325 Absatz 2a oder Konzernabschluss ist gegebenenfalls darauf hinzuweisen, dass die Offenlegung nicht gleichzeitig mit allen anderen nach § 325 offenzulegenden Unterlagen erfolgt.

(2) [1]Werden Abschlüsse in Veröffentlichungen und Vervielfältigungen, die nicht durch Gesetz, Gesellschaftsvertrag oder Satzung vorgeschrieben sind, nicht in der nach Absatz 1 vorgeschriebenen Form oder dem vorgeschriebenen Format wiedergegeben, so ist jeweils in einer Überschrift darauf hinzuweisen, daß es sich nicht um eine der gesetzlichen Form oder dem gesetzlichen Format entsprechende Veröffentlichung handelt. [2]Ein Bestätigungsvermerk darf nicht beigefügt werden, wenn die Abschlüsse nicht in der nach Absatz 1 vorgeschriebenen Form wiedergegeben werden. [3]Ist jedoch auf Grund gesetzlicher Vorschriften eine Prüfung durch einen Abschlußprüfer erfolgt, so ist anzugeben, zu welcher der in § 322 Abs. 2 Satz 1 genannten zusammenfassenden Beurteilungen des Prüfungsergebnisses der Abschlussprüfer in Bezug auf den in gesetzlicher Form erstellten Abschluss gelangt ist und ob der Bestätigungsvermerk einen Hinweis nach § 322 Abs. 3 Satz 2 enthält. [4]Ferner ist anzugeben, ob die Unterlagen der das Unternehmensregister führenden Stelle übermittelt worden sind.

(3) [1]Absatz 1 Satz 1 bis 3 ist auf den Vorschlag für die Verwendung des Ergebnisses und den Beschluss über seine Verwendung entsprechend anzuwenden. [2]Werden die in Satz 1 bezeichneten Unterlagen oder der Lage- oder Konzernlagebericht nicht gleichzeitig mit dem Jahresabschluß oder dem Konzernabschluß offengelegt, so ist bei ihrer nachträglichen Offenlegung jeweils anzugeben, auf welchen Abschluß sie sich beziehen und wo dieser offengelegt worden ist; dies gilt auch für die nachträgliche Offenlegung des Bestätigungsvermerks oder des Vermerks über seine Versagung.

(4) Die Rechtsverordnung nach § 330 Abs. 1 Satz 1, 4 und 5 kann der das Unternehmensregister führenden Stelle Abweichungen von der Kontoform nach § 266 Abs. 1 Satz 1 gestatten.

(5) Für die Hinterlegung der Bilanz einer Kleinstkapitalgesellschaft (§ 326 Absatz 2) gelten Absatz 1 Satz 1 bis 3 und Absatz 1a Satz 1 entsprechend.

§ 329 Prüfungs- und Unterrichtungspflicht der das Unternehmensregister führenden Stelle

(1) [1]Die das Unternehmensregister führende Stelle prüft, ob die zu übermittelnden Unterlagen fristgemäß und vollzählig übermittelt worden sind. [2]Bei einer Kapitalgesellschaft, die als Inlandsemittent (§ 2 Absatz 14 des Wertpapierhandelsgesetzes) Wertpapiere (§ 2 Absatz 1 des Wertpapierhandelsgesetzes) begibt und keine Kapitalgesellschaft im Sinne

des § 327a ist, erfolgt die Prüfung nach der Weiterleitung an das zentrale europäische Zugangsportal. [3]Soweit dies für die Erfüllung der Aufgaben nach Satz 1 erforderlich ist, darf die das Unternehmensregister führende Stelle die von den Landesjustizverwaltungen nach § 8b Absatz 3 Satz 2 übermittelten Daten verwenden.

(2) [1]Gibt die Prüfung Anlass zu der Annahme, dass von der Größe der Kapitalgesellschaft abhängige Erleichterungen oder die Erleichterung nach § 327a nicht hätten in Anspruch genommen werden dürfen, kann die das Unternehmensregister führende Stelle von der Kapitalgesellschaft innerhalb einer angemessenen Frist die Mitteilung der Umsatzerlöse (§ 277 Abs. 1) und der durchschnittlichen Zahl der Arbeitnehmer (§ 267 Abs. 5) oder Angaben zur Eigenschaft als Kapitalgesellschaft im Sinn des § 327a verlangen. [2]Unterlässt die Kapitalgesellschaft die fristgemäße Mitteilung, gelten die Erleichterungen als zu Unrecht in Anspruch genommen.

(3) In den Fällen des § 325a Absatz 1 Satz 5 und des § 340l Absatz 2 Satz 6 kann im Einzelfall die Vorlage einer Übersetzung in die deutsche Sprache verlangt werden.

(4) Ergibt die Prüfung nach Absatz 1 Satz 1, dass die offen zu legenden Unterlagen nicht oder unvollständig übermittelt wurden, wird die jeweils für die Durchführung von Ordnungsgeldverfahren nach den §§ 335, 340o und 341o zuständige Verwaltungsbehörde unterrichtet.

Fünfter Unterabschnitt. Verordnungsermächtigung für Formblätter und andere Vorschriften

§ 330 [Verordnungsermächtigung für Formblätter und andere Vorschriften]

(1) [1]Das Bundesministerium der Justiz wird ermächtigt, im Einvernehmen mit dem Bundesministerium der Finanzen und dem Bundesministerium für Wirtschaft und Klimaschutz durch Rechtsverordnung, die nicht der Zustimmung des Bundesrates bedarf, für Kapitalgesellschaften Formblätter vorzuschreiben oder andere Vorschriften für die Gliederung des Jahresabschlusses oder des Konzernabschlusses oder den Inhalt des Anhangs, des Konzernanhangs, des Lageberichts oder des Konzernlageberichts zu erlassen, wenn der Geschäftszweig eine von den §§ 266, 275 abweichende Gliederung des Jahresabschlusses oder des Konzernabschlusses oder von den Vorschriften des Ersten Abschnitts und des Ersten und Zweiten Unterabschnitts des Zweiten Abschnitts abweichende Regelungen erfordert. [2]Die sich aus den abweichenden Vorschriften ergebenden Anforderungen an die in Satz 1 bezeichneten Unterlagen sollen den Anforderungen gleichwertig sein, die sich für große Kapitalgesellschaften (§ 267 Abs. 3) aus den Vorschriften des Ersten Abschnitts und des Ersten und Zweiten Unterabschnitts des Zweiten Abschnitts sowie den für den Geschäftszweig geltenden Vorschriften ergeben. [3]Über das geltende Recht hinausgehende Anforderungen dürfen nur gestellt werden, soweit sie auf Rechtsakten des Rates der Europäischen Union beruhen. [4]Die Rechtsverordnung nach Satz 1 kann auch Abweichungen von der Kontoform nach § 266 Abs. 1 Satz 1 gestatten. [5]Satz 4 gilt auch in den Fällen, in denen ein Geschäftszweig eine von den §§ 266 und 275 abweichende Gliederung nicht erfordert.

(2) [1]Absatz 1 ist auf folgende Institute ungeachtet ihrer Rechtsform nach Maßgabe der Sätze 3 und 4 anzuwenden:
1. auf Kreditinstitute im Sinne des § 1 Absatz 1 des Kreditwesengesetzes, soweit sie nach dessen § 2 Absatz 1, 4 oder 5 von der Anwendung nicht ausgenommen sind,
2. auf Finanzdienstleistungsinstitute im Sinne des § 1 Absatz 1a des Kreditwesengesetzes, soweit sie nach dessen § 2 Absatz 6 oder 10 von der Anwendung nicht ausgenommen sind,
3. auf Wertpapierinstitute im Sinne des § 2 Absatz 1 des Wertpapierinstitutsgesetzes, soweit sie nach dessen § 3 von der Anwendung nicht ausgenommen sind, sowie
4. auf Institute im Sinne des § 1 Absatz 3 des Zahlungsdiensteaufsichtsgesetzes.

[2]Satz 1 ist auch auf Zweigstellen von Unternehmen mit Sitz in einem Staat anzuwenden, der nicht Mitglied der Europäischen Gemeinschaft und auch nicht Vertragsstaat des Abkommens über den Europäischen Wirtschaftsraum ist, sofern die Zweigstelle nach § 53 Abs. 1 des Gesetzes über das Kreditwesen als Kreditinstitut oder als Finanzinstitut gilt. [3]Die Rechtsverordnung bedarf nicht der Zustimmung des Bundesrates; sie ist im Einvernehmen mit dem Bundesministerium der Finanzen und im Benehmen mit der Deutschen

Bundesbank zu erlassen. [4]In die Rechtsverordnung nach Satz 1 können auch nähere Bestimmungen über die Aufstellung des Jahresabschlusses und des Konzernabschlusses im Rahmen der vorgeschriebenen Formblätter für die Gliederung des Jahresabschlusses und des Konzernabschlusses sowie des Zwischenabschlusses gemäß § 340a Abs. 3 und des Konzernzwischenabschlusses gemäß § 340i Abs. 4 aufgenommen werden, soweit dies zur Erfüllung der Aufgaben der Bundesanstalt für Finanzdienstleistungsaufsicht oder der Deutschen Bundesbank erforderlich ist, insbesondere um einheitliche Unterlagen zur Beurteilung der von den Kreditinstituten und Finanzdienstleistungsinstituten durchgeführten Bankgeschäfte und erbrachten Finanzdienstleistungen sowie der von Wertpapierinstituten erbrachten Wertpapierdienstleistungen zu erhalten.

(3) [1]Absatz 1 ist auf Versicherungsunternehmen nach Maßgabe der Sätze 3 und 4 ungeachtet ihrer Rechtsform anzuwenden. [2]Satz 1 ist auch auf Niederlassungen im Geltungsbereich dieses Gesetzes von Versicherungsunternehmen mit Sitz in einem anderen Staat anzuwenden, wenn sie zum Betrieb des Direktversicherungsgeschäfts der Erlaubnis durch die deutsche Versicherungsaufsichtsbehörde bedürfen. [3]Die Rechtsverordnung bedarf der Zustimmung des Bundesrates und ist im Einvernehmen mit dem Bundesministerium der Finanzen zu erlassen. [4]In die Rechtsverordnung nach Satz 1 können auch nähere Bestimmungen über die Aufstellung des Jahresabschlusses und des Konzernabschlusses im Rahmen der vorgeschriebenen Formblätter für die Gliederung des Jahresabschlusses und des Konzernabschlusses sowie Vorschriften über den Ansatz und die Bewertung von versicherungstechnischen Rückstellungen, insbesondere die Näherungsverfahren, aufgenommen werden. [5]Die Zustimmung des Bundesrates ist nicht erforderlich, soweit die Verordnung ausschließlich dem Zweck dient, Abweichungen nach Absatz 1 Satz 4 und 5 zu gestatten.

(4) [1]In der Rechtsverordnung nach Absatz 1 in Verbindung mit Absatz 3 kann bestimmt werden, daß Versicherungsunternehmen, auf die die Richtlinie 91/674/EWG nach deren Artikel 2 in Verbindung mit den Artikeln 4, 7 und 9 Nummer 1 und 2 sowie Artikel 10 Nummer 1 der Richtlinie 2009/138/EG des Europäischen Parlaments und des Rates vom 25. November 2009 betreffend die Aufnahme und Ausübung der Versicherungs- und der Rückversicherungstätigkeit (Solvabilität II) (ABl. L 335 vom 17.12.2009, S. 1) nicht anzuwenden ist, von den Regelungen des Zweiten Unterabschnitts des Vierten Abschnitts ganz oder teilweise befreit werden, soweit dies erforderlich ist, um eine im Verhältnis zur Größe der Versicherungsunternehmen unangemessene Belastung zu vermeiden; Absatz 1 Satz 2 ist insoweit nicht anzuwenden. [2]In der Rechtsverordnung dürfen diesen Versicherungsunternehmen auch für die Gliederung des Jahresabschlusses und des Konzernabschlusses, für die Erstellung von Anhang und Lagebericht und Konzernanhang und Konzernlagebericht sowie für die Offenlegung ihrer Größe angemessene Vereinfachungen gewährt werden.

(5) Die Absätze 3 und 4 sind auf Pensionsfonds (§ 236 Absatz 1 des Versicherungsaufsichtsgesetzes) entsprechend anzuwenden.

Sechster Unterabschnitt. Straf- und Bußgeldvorschriften. Ordnungsgelder

Erster Titel. Straf- und Bußgeldvorschriften

§ 331 Unrichtige Darstellung

(1) Mit Freiheitsstrafe bis zu drei Jahren oder mit Geldstrafe wird bestraft, wer

1. als Mitglied des vertretungsberechtigten Organs oder des Aufsichtsrats einer Kapitalgesellschaft die Verhältnisse der Kapitalgesellschaft in der Eröffnungsbilanz, im Jahresabschluß, im Lagebericht einschließlich der nichtfinanziellen Erklärung, im gesonderten nichtfinanziellen Bericht oder im Zwischenabschluß nach § 340a Abs. 3 unrichtig wiedergibt oder verschleiert,

1a. als Mitglied des vertretungsberechtigten Organs einer Kapitalgesellschaft zum Zwecke der Befreiung nach § 325 Abs. 2a Satz 1, Abs. 2b einen Einzelabschluss nach den in § 315e Absatz 1 genannten internationalen Rechnungslegungsstandards, in dem die Verhältnisse der Kapitalgesellschaft unrichtig wiedergegeben oder verschleiert worden sind, offen legt,

2. als Mitglied des vertretungsberechtigten Organs oder des Aufsichtsrats einer Kapitalgesellschaft die Verhältnisse des Konzerns im Konzernabschluß, im Konzernlagebericht einschließlich der nichtfinanziellen Konzernerklärung, im gesonderten nichtfi-

nanziellen Konzernbericht oder im Konzernzwischenabschluß nach § 340i Abs. 4 unrichtig wiedergibt oder verschleiert,

3. als Mitglied des vertretungsberechtigten Organs einer Kapitalgesellschaft zum Zwecke der Befreiung nach § 291 Abs. 1 und 2 oder nach § 292 einen Konzernabschluß oder Konzernlagebericht, in dem die Verhältnisse des Konzerns unrichtig wiedergegeben oder verschleiert worden sind, offenlegt oder

4. als Mitglied des vertretungsberechtigten Organs einer Kapitalgesellschaft oder als Mitglied des vertretungsberechtigten Organs oder als vertretungsberechtigter Gesellschafter eines ihrer Tochterunternehmen (§ 290 Abs. 1, 2) in Aufklärungen oder Nachweisen, die nach § 320 einem Abschlußprüfer der Kapitalgesellschaft, eines verbundenen Unternehmens oder des Konzerns zu geben sind, unrichtige Angaben macht oder die Verhältnisse der Kapitalgesellschaft, eines Tochterunternehmens oder des Konzerns unrichtig wiedergibt oder verschleiert.

(2) Handelt der Täter in den Fällen des Absatzes 1 Nummer 1a oder 3 leichtfertig, so ist die Strafe Freiheitsstrafe bis zu einem Jahr oder Geldstrafe.

§ 331a Unrichtige Versicherung

(1) Mit Freiheitsstrafe bis zu fünf Jahren oder mit Geldstrafe wird bestraft, wer entgegen § 264 Absatz 2 Satz 3, auch in Verbindung mit § 325 Absatz 2a Satz 3, entgegen § 289 Absatz 1 Satz 5, auch in Verbindung mit § 325 Absatz 2a Satz 4, oder entgegen § 297 Absatz 2 Satz 4 oder § 315 Absatz 1 Satz 5, jeweils auch in Verbindung mit § 315e Absatz 1, eine unrichtige Versicherung abgibt.

(2) Handelt der Täter leichtfertig, so ist die Strafe Freiheitsstrafe bis zu zwei Jahren oder Geldstrafe.

§ 332 Verletzung der Berichtspflicht

(1) Mit Freiheitsstrafe bis zu drei Jahren oder mit Geldstrafe wird bestraft, wer als Abschlußprüfer oder Gehilfe eines Abschlußprüfers über das Ergebnis der Prüfung eines Jahresabschlusses, eines Einzelabschlusses nach § 325 Abs. 2a, eines Lageberichts, eines Konzernabschlusses, eines Konzernlageberichts einer Kapitalgesellschaft oder eines Zwischenabschlusses nach § 340a Abs. 3 oder eines Konzernzwischenabschlusses gemäß § 340i Abs. 4 unrichtig berichtet, im Prüfungsbericht (§ 321) erhebliche Umstände verschweigt oder einen inhaltlich unrichtigen Bestätigungsvermerk (§ 322) erteilt.

(2) [1]Handelt der Täter gegen Entgelt oder in der Absicht, sich oder einen anderen zu bereichern oder einen anderen zu schädigen, so ist die Strafe Freiheitsstrafe bis zu fünf Jahren oder Geldstrafe. [2]Ebenso wird bestraft, wer einen inhaltlich unrichtigen Bestätigungsvermerk erteilt zu dem Jahresabschluss, zu dem Einzelabschluss nach § 325 Absatz 2a oder zu dem Konzernabschluss einer Kapitalgesellschaft, die ein Unternehmen von öffentlichem Interesse nach § 316a Satz 2 ist.

(3) Handelt der Täter in den Fällen des Absatzes 2 Satz 2 leichtfertig, so ist die Strafe Freiheitsstrafe bis zu zwei Jahren oder Geldstrafe.

§ 333 Verletzung der Geheimhaltungspflicht

(1) Mit Freiheitsstrafe bis zu einem Jahr oder mit Geldstrafe wird bestraft, wer ein Geheimnis der Kapitalgesellschaft, eines Tochterunternehmens (§ 290 Abs. 1, 2), eines gemeinsam geführten Unternehmens (§ 310) oder eines assoziierten Unternehmens (§ 311), namentlich ein Betriebs- oder Geschäftsgeheimnis, das ihm in seiner Eigenschaft als Abschlußprüfer oder Gehilfe eines Abschlußprüfers bei Prüfung des Jahresabschlusses, eines Einzelabschlusses nach § 325 Abs. 2a oder des Konzernabschlusses bekannt geworden ist, unbefugt offenbart.

(2) [1]Handelt der Täter gegen Entgelt oder in der Absicht, sich oder einen anderen zu bereichern oder einen anderen zu schädigen, so ist die Strafe Freiheitsstrafe bis zu zwei Jahren oder Geldstrafe. [2]Ebenso wird bestraft, wer ein Geheimnis der in Absatz 1 bezeichneten Art, namentlich ein Betriebs- oder Geschäftsgeheimnis, das ihm unter den Voraussetzungen des Absatzes 1 bekannt geworden ist, unbefugt verwertet.

(3) Die Tat wird nur auf Antrag der Kapitalgesellschaft verfolgt.

§ 333a Verletzung der Pflichten bei Abschlussprüfungen

Mit Freiheitsstrafe bis zu einem Jahr oder mit Geldstrafe wird bestraft, wer als Mitglied eines nach § 324 Absatz 1 Satz 1 eingerichteten Prüfungsausschusses
1. **eine in § 334 Absatz 2a bezeichnete Handlung begeht und dafür einen Vermögensvorteil erhält oder sich versprechen lässt oder**
2. **eine in § 334 Absatz 2a bezeichnete Handlung beharrlich wiederholt.**

§ 334 Bußgeldvorschriften

(1) [1]Ordnungswidrig handelt, wer als Mitglied des vertretungsberechtigten Organs oder des Aufsichtsrats einer Kapitalgesellschaft
1. **bei der Aufstellung oder Feststellung des Jahresabschlusses einer Vorschrift**
   a) **des § 243 Abs. 1 oder 2, der §§ 244, 245, 246, 247, 248, 249 Abs. 1 Satz 1 oder Abs. 2, des § 250 Abs. 1 oder 2, des § 251 oder des § 264 Absatz 1a oder Absatz 2 über Form oder Inhalt,**
   b) **des § 253 Absatz 1 Satz 1, 2, 3, 4, 5 oder Satz 6, Abs. 2 Satz 1, auch in Verbindung mit Satz 2, Absatz 3 Satz 1, 2, 3, 4 oder Satz 5, Abs. 4 oder 5, des § 254 oder des § 256a über die Bewertung,**
   c) **des § 265 Abs. 2, 3, 4 oder 6, der §§ 266, 268 Absatz 3, 4, 5, 6 oder Absatz 7, der §§ 272, 274, 275 oder des § 277 über die Gliederung oder**
   d) **des § 284 oder des § 285 über die in der Bilanz, unter der Bilanz oder im Anhang zu machenden Angaben,**
2. **bei der Aufstellung des Konzernabschlusses einer Vorschrift**
   a) **des § 294 Abs. 1 über den Konsolidierungskreis,**
   b) **des § 297 Absatz 1a, 2 oder 3 oder des § 298 Abs. 1 in Verbindung mit den §§ 244, 245, 246, 247, 248, 249 Abs. 1 Satz 1 oder Abs. 2, dem § 250 Abs. 1 oder dem § 251 über Inhalt oder Form,**
   c) **des § 300 über die Konsolidierungsgrundsätze oder das Vollständigkeitsgebot,**
   d) **des § 308 Abs. 1 Satz 1 in Verbindung mit den in Nummer 1 Buchstabe b bezeichneten Vorschriften, des § 308 Abs. 2 oder des § 308a über die Bewertung,**
   e) **des § 311 Abs. 1 Satz 1 in Verbindung mit § 312 über die Behandlung assoziierter Unternehmen oder**
   f) **des § 308 Abs. 1 Satz 3, des § 313 oder des § 314 über die im Konzernanhang zu machenden Angaben,**
3. **bei der Aufstellung des Lageberichts oder der Erstellung eines gesonderten nichtfinanziellen Berichts einer Vorschrift der §§ 289 bis 289b Absatz 1, §§ 289c, 289d, 289e Absatz 2, auch in Verbindung mit § 289b Absatz 2 oder 3, oder des § 289f über den Inhalt des Lageberichts oder des gesonderten nichtfinanziellen Berichts,**

3a. **bei der Erstellung einer Erklärung zur Unternehmensführung einer Vorschrift des § 289f Absatz 4 Satz 3 in Verbindung mit Satz 1 und Absatz 2 Nummer 4 über den Inhalt,**

4. **bei der Aufstellung des Konzernlageberichts oder der Erstellung eines gesonderten nichtfinanziellen Konzernberichts einer Vorschrift der §§ 315 bis 315b Absatz 1, des § 315c, auch in Verbindung mit § 315b Absatz 2 oder 3, oder des § 315d über den Inhalt des Konzernlageberichts oder des gesonderten nichtfinanziellen Konzernberichts,**
5. **oder als in § 13e Absatz 2 Satz 5 Nummer 3 genannte angemeldete Person einer Kapitalgesellschaft bei der Offenlegung, Hinterlegung, Veröffentlichung oder Vervielfältigung einer Vorschrift des § 328, auch in Verbindung mit § 325a Absatz 1 Satz 1 erster Halbsatz, über Form, Format oder Inhalt oder**
6. **einer auf Grund des § 330 Abs. 1 Satz 1 erlassenen Rechtsverordnung, soweit sie für einen bestimmten Tatbestand auf diese Bußgeldvorschrift verweist,**

zuwiderhandelt. [2]In den Fällen des Satzes 1 Nummer 3 und 3a wird eine Zuwiderhandlung gegen eine Vorschrift des § 289f Absatz 2 Nummer 4, auch in Verbindung mit Absatz 3 oder 4, nicht dadurch ausgeschlossen, dass die Festlegungen oder Begründungen nach § 76 Absatz 4 oder § 111 Absatz 5 des Aktiengesetzes oder nach § 36 oder § 52 Absatz 2 des Gesetzes betreffend die Gesellschaften mit beschränkter Haftung ganz oder zum Teil unterblieben sind. [3]In den Fällen des Satzes 1 Nummer 4 wird eine Zuwiderhandlung gegen eine Vorschrift des § 315d in Verbindung mit § 289f Absatz 2 Nummer 4 nicht

dadurch ausgeschlossen, dass die Festlegungen oder Begründungen nach § 76 Absatz 4 oder § 111 Absatz 5 des Aktiengesetzes ganz oder zum Teil unterblieben sind.

(2) [1]Ordnungswidrig handelt, wer einen Bestätigungsvermerk nach § 322 Absatz 1 erteilt zu dem Abschluss

1. einer Kapitalgesellschaft, die ein Unternehmen von öffentlichem Interesse nach § 316a Satz 2 Nummer 1 ist, oder

2. einer Kapitalgesellschaft, die nicht in Nummer 1 genannt ist,

obwohl nach § 319 Absatz 2 oder 3, jeweils auch in Verbindung mit Absatz 5, oder nach § 319b Absatz 1 Satz 1 oder 2, jeweils auch in Verbindung mit Absatz 2, er oder nach § 319 Absatz 4 Satz 1 oder 2, jeweils auch in Verbindung mit Absatz 5, oder nach § 319b Absatz 1 Satz 1 oder 2, jeweils auch in Verbindung mit Absatz 2, die Wirtschaftsprüfungsgesellschaft oder die Buchführungsgesellschaft, für die er tätig wird, nicht Abschlussprüfer sein darf. [2]Ordnungswidrig handelt auch, wer einen Bestätigungsvermerk nach § 322 Absatz 1 erteilt zu dem Abschluss einer Kapitalgesellschaft, die ein Unternehmen von öffentlichem Interesse nach § 316a Satz 2 Nummer 1 ist, obwohl

1. er oder die Prüfungsgesellschaft, für die er tätig wird, oder ein Mitglied des Netzwerks, dem er oder die Prüfungsgesellschaft, für die er tätig wird, angehört, einer Vorschrift des Artikels 5 Absatz 4 Absatz 1 Satz 1 oder Absatz 5 Absatz 2 Satz 2 der Verordnung (EU) Nr. 537/2014 des Europäischen Parlaments und des Rates vom 16. April 2014 über spezifische Anforderungen an die Abschlussprüfung bei Unternehmen von öffentlichem Interesse und zur Aufhebung des Beschlusses 2005/909/EG der Kommission (ABl. L 158 vom 27.5.2014, S. 77; L 170 vom 11.6.2014, S. 66) zuwiderhandelt oder

2. er oder die Prüfungsgesellschaft, für die er tätig wird, nach Artikel 17 Absatz 3 der Verordnung (EU) Nr. 537/2014 die Abschlussprüfung nicht durchführen darf.

[3]Abschluss im Sinne der Sätze 1 und 2 ist ein Jahresabschluss, ein Einzelabschluss nach § 325 Absatz 2a oder ein Konzernabschluss, der aufgrund gesetzlicher Vorschriften zu prüfen ist.

(2a) Ordnungswidrig handelt, wer als Mitglied eines nach § 324 Absatz 1 Satz 1 eingerichteten Prüfungsausschusses einer Kapitalgesellschaft

1. die Unabhängigkeit des Abschlussprüfers oder der Prüfungsgesellschaft nicht nach Maßgabe des Artikels 4 Absatz 3 Absatz 2, des Artikels 5 Absatz 4 Absatz 1 Satz 1 oder des Artikels 6 Absatz 2 der Verordnung (EU) Nr. 537/2014 überwacht,

2. eine Empfehlung für die Bestellung eines Abschlussprüfers oder einer Prüfungsgesellschaft vorlegt, die den Anforderungen nach Artikel 16 Absatz 2 Absatz 2 oder 3 der Verordnung (EU) Nr. 537/2014 nicht entspricht oder der ein Auswahlverfahren nach Artikel 16 Absatz 3 Absatz 1 der Verordnung (EU) Nr. 537/2014 nicht vorangegangen ist, oder

3. den Gesellschaftern einen Vorschlag für die Bestellung eines Abschlussprüfers oder einer Prüfungsgesellschaft vorlegt, der den Anforderungen nach Artikel 16 Absatz 5 Absatz 1 der Verordnung (EU) Nr. 537/2014 nicht entspricht.

(3) [1]Die Ordnungswidrigkeit kann in den Fällen des Absatzes 2 Satz 1 Nummer 1 und Satz 2 sowie des Absatzes 2a mit einer Geldbuße bis zu fünfhunderttausend Euro, in den Fällen der Absätze 1 und 2 Satz 1 Nummer 2 mit einer Geldbuße bis zu fünfzigtausend Euro geahndet werden. [2]Ist die Kapitalgesellschaft kapitalmarktorientiert im Sinne des § 264d, beträgt die Geldbuße in den Fällen des Absatzes 1 höchstens den höheren der folgenden Beträge:

1. zwei Millionen Euro oder

2. das Zweifache des aus der Ordnungswidrigkeit gezogenen wirtschaftlichen Vorteils, wobei der wirtschaftliche Vorteil erzielte Gewinne und vermiedene Verluste umfasst und geschätzt werden kann.

(3a) [1]Wird gegen eine kapitalmarktorientierte Kapitalgesellschaft im Sinne des § 264d in den Fällen des Absatzes 1 eine Geldbuße nach § 30 des Gesetzes über Ordnungswidrigkeiten verhängt, beträgt diese Geldbuße höchstens den höchsten der folgenden Beträge:

1. zehn Millionen Euro,

2. 5 Prozent des jährlichen Gesamtumsatzes, den die Kapitalgesellschaft in dem der Behördenentscheidung vorausgegangenen Geschäftsjahr erzielt hat oder

3. das Zweifache des aus der Ordnungswidrigkeit gezogenen wirtschaftlichen Vorteils, wobei der wirtschaftliche Vorteil erzielte Gewinne und vermiedene Verluste umfasst und geschätzt werden kann.

[2]In den Fällen des Absatzes 3 Satz 1 in Verbindung mit Absatz 2 Satz 1 Nummer 1 oder Satz 2 ist § 30 Absatz 2 Satz 3 des Gesetzes über Ordnungswidrigkeiten anzuwenden.

(3b) [1]Gesamtumsatz im Sinne des Absatzes 3a Satz 1 Nummer 2 ist

1. im Falle von Kapitalgesellschaften, die ihren Jahresabschluss nach den handelsrechtlichen Vorschriften oder dem Recht eines anderen Mitgliedstaats der Europäischen Union oder eines anderen Vertragsstaats des Abkommens über den Europäischen Wirtschaftsraum im Einklang mit der Richtlinie 2013/34/EU aufstellen, der Betrag der Umsatzerlöse nach § 277 Absatz 1 oder der Betrag der Nettoumsatzerlöse nach Maßgabe des auf die Gesellschaft anwendbaren nationalen Rechts im Einklang mit Artikel 2 Nummer 5 der Richtlinie 2013/34/EU,
2. in allen Fällen, die nicht in Nummer 1 genannt sind, der Betrag der Umsatzerlöse, der sich bei Anwendung der Rechnungslegungsgrundsätze ergibt, die nach dem jeweiligen nationalen Recht für die Aufstellung des Jahresabschlusses der Kapitalgesellschaft gelten.

[2]Handelt es sich bei der Kapitalgesellschaft um ein Mutterunternehmen oder um ein Tochterunternehmen im Sinne des § 290, ist anstelle des Gesamtumsatzes der Kapitalgesellschaft der Gesamtumsatz im Konzernabschluss des Mutterunternehmens maßgeblich, der für den größten Kreis von Unternehmen aufgestellt wird. [3]Ist ein Jahres- oder Konzernabschluss für das maßgebliche Geschäftsjahr nicht verfügbar, ist der Jahres- oder Konzernabschluss für das unmittelbar vorausgehende Geschäftsjahr maßgeblich; ist auch dieser nicht verfügbar, kann der Gesamtumsatz geschätzt werden.

(4) Verwaltungsbehörde im Sinne des § 36 Absatz 1 Nummer 1 des Gesetzes über Ordnungswidrigkeiten ist

1. die Bundesanstalt für Finanzdienstleistungsaufsicht in den Fällen des Absatzes 1 bei Kapitalgesellschaften, die kapitalmarktorientiert im Sinne des § 264d oder Institute nach § 37 Absatz 1 Satz 1 des Kryptomärkteaufsichtsgesetzes sind,
2. das Bundesamt für Justiz
   a) in den Fällen des Absatzes 1, in denen nicht die Bundesanstalt für Finanzdienstleistungsaufsicht nach Nummer 1 Verwaltungsbehörde ist, und
   b) in den Fällen des Absatzes 2a,
3. die Abschlussprüferaufsichtsstelle beim Bundesamt für Wirtschaft und Ausfuhrkontrolle in den Fällen des Absatzes 2.

(5) Die Absätze 1 bis 4 sind nicht anzuwenden auf:

1. Kreditinstitute im Sinne des § 340 Absatz 1 Satz 1,
2. Finanzdienstleistungsinstitute im Sinne des § 340 Absatz 4 Satz 1,
3. Wertpapierinstitute im Sinne des § 340 Absatz 4a Satz 1
4. Institute im Sinne des § 1 Absatz 3 des Zahlungsdiensteaufsichtsgesetzes,
5. Versicherungsunternehmen im Sinne des § 341 Absatz 1 und
6. Pensionsfonds im Sinne des § 341 Absatz 4 Satz 1.

Zweiter Titel. Ordnungsgelder

§ 335 Festsetzung von Ordnungsgeld; Verordnungsermächtigungen

(1) [1]Gegen die Mitglieder des vertretungsberechtigten Organs einer Kapitalgesellschaft, die

1. § 325 über die Pflicht zur Offenlegung des Jahresabschlusses, des Lageberichts, des Konzernabschlusses, des Konzernlageberichts und anderer Unterlagen der Rechnungslegung oder
2. § 325a über die Pflicht zur Offenlegung der Rechnungslegungsunterlagen der Hauptniederlassung

nicht befolgen, ist wegen des pflichtwidrigen Unterlassens der rechtzeitigen Offenlegung vom Bundesamt für Justiz (Bundesamt) ein Ordnungsgeldverfahren nach den Absätzen 2 bis 6 durchzuführen; im Fall der Nummer 2 treten die in § 13e Absatz 2 Satz 5 Nummer 3 genannten angemeldeten Personen, sobald sie angemeldet sind, an die Stelle der Mitglieder des vertretungsberechtigten Organs der Kapitalgesellschaft. [2]Das Ordnungsgeldverfahren kann auch gegen die Kapitalgesellschaft durchgeführt werden, für die die Mitglieder des vertretungsberechtigten Organs die in Satz 1 Nr. 1 und 2 genannten Pflichten zu erfüllen haben. [3]Dem Verfahren steht nicht entgegen, dass eine der Offenlegung vorausgehende Pflicht, insbesondere die Aufstellung des Jahres- oder Konzernabschlusses oder die unver-

zügliche Erteilung des Prüfauftrags, noch nicht erfüllt ist. [4]Das Ordnungsgeld beträgt mindestens zweitausendfünfhundert und höchstens fünfundzwanzigtausend Euro. [5]Eingenommene Ordnungsgelder fließen dem Bundesamt zu.

(1a) [1]Ist die Kapitalgesellschaft kapitalmarktorientiert im Sinne des § 264d, beträgt das Ordnungsgeld höchstens den höheren der folgenden Beträge:

1. zehn Millionen Euro,
2. 5 Prozent des jährlichen Gesamtumsatzes, den die Kapitalgesellschaft im der Behördenentscheidung vorausgegangenen Geschäftsjahr erzielt hat, oder
3. das Zweifache des aus der unterlassenen Offenlegung gezogenen wirtschaftlichen Vorteils; der wirtschaftliche Vorteil umfasst erzielte Gewinne und vermiedene Verluste und kann geschätzt werden.

[2]Wird das Ordnungsgeld einem Mitglied des gesetzlichen Vertretungsorgans der Kapitalgesellschaft angedroht, beträgt das Ordnungsgeld abweichend von Satz 1 höchstens den höheren der folgenden Beträge:

1. zwei Millionen Euro oder
2. das Zweifache des aus der unterlassenen Offenlegung gezogenen Vorteils; der wirtschaftliche Vorteil umfasst erzielte Gewinne und vermiedene Verluste und kann geschätzt werden.

(1b) [1]Gesamtumsatz im Sinne des Absatzes 1a Satz 1 Nummer 2 ist

1. im Falle von Kapitalgesellschaften, die ihren Jahresabschluss nach den handelsrechtlichen Vorschriften oder dem Recht eines anderen Mitgliedstaats der Europäischen Union oder eines anderen Vertragsstaats des Abkommens über den Europäischen Wirtschaftsraum im Einklang mit der Richtlinie 2013/34/EU aufstellen, der Betrag der Umsatzerlöse nach § 277 Absatz 1 oder der Betrag der Nettoumsatzerlöse nach Maßgabe des auf die Gesellschaft anwendbaren nationalen Rechts im Einklang mit Artikel 2 Nummer 5 der Richtlinie 2013/34/EU,
2. in allen Fällen, die nicht in Nummer 1 genannt sind, der Betrag der Umsatzerlöse, der sich bei Anwendung der Rechnungslegungsgrundsätze ergibt, die nach dem jeweiligen nationalen Recht für die Aufstellung des Jahresabschlusses der Kapitalgesellschaft gelten.

[2]Handelt es sich bei der Kapitalgesellschaft um ein Mutterunternehmen oder um ein Tochterunternehmen im Sinne von § 290, ist anstelle des Gesamtumsatzes der Kapitalgesellschaft der Gesamtumsatz im Konzernabschluss des Mutterunternehmens maßgeblich, der für den größten Kreis von Unternehmen aufgestellt wird. [3]Ist ein Jahresabschluss oder Konzernabschluss für das maßgebliche Geschäftsjahr nicht verfügbar, ist der Jahres- oder Konzernabschluss für das unmittelbar vorausgehende Geschäftsjahr maßgeblich; ist auch dieser nicht verfügbar, kann der Gesamtumsatz geschätzt werden.

(1c) Soweit dem Bundesamt Ermessen bei der Höhe eines Ordnungsgeldes zusteht, hat es auch frühere Verstöße der betroffenen Person zu berücksichtigen.

(1d) [1]Das Bundesamt unterrichtet die Bundesanstalt für Finanzdienstleistungsaufsicht unverzüglich über jedes Ordnungsgeld, das gemäß Absatz 1 gegen eine Kapitalgesellschaft im Sinne des § 264d oder gegen ein Mitglied ihrer Vertretungsorgane festgesetzt wird. [2]Wird gegen eine solche Ordnungsgeldfestsetzung Beschwerde eingelegt, unterrichtet das Bundesamt die Bundesanstalt für Finanzdienstleistungsaufsicht über diesen Umstand sowie über den Ausgang des Beschwerdeverfahrens. [3]Für die Unterrichtung der Bundesanstalt nach Satz 1 gilt § 24b Absatz 2 des Wertpapierhandelsgesetzes entsprechend.

(2) [1]Auf das Verfahren sind die §§ 15 bis 19 Absatz 1 und 3, § 40 Abs. 1, § 388 Abs. 1, § 389 Abs. 3, § 390 Abs. 2 bis 6 des Gesetzes über das Verfahren in Familiensachen und in den Angelegenheiten der freiwilligen Gerichtsbarkeit sowie im Übrigen § 11 Nr. 1 und 2, § 12 Abs. 1 Nr. 1 bis 3, Abs. 2 und 3, §§ 14, 15, 20 Abs. 1 und 3, § 21 Abs. 1, §§ 23 und 26 des Verwaltungsverfahrensgesetzes nach Maßgabe der nachfolgenden Absätze entsprechend anzuwenden. [2]Das Ordnungsgeldverfahren ist ein Justizverwaltungsverfahren. [3]Zur Vertretung der Beteiligten sind auch befugt

1. Wirtschaftsprüfer und vereidigte Buchprüfer,
2. Steuerberater und Steuerbevollmächtigte,
3. Personen und Vereinigungen im Sinne der §§ 3a und 3c des Steuerberatungsgesetzes im Rahmen ihrer Befugnisse nach § 3a des Steuerberatungsgesetzes,
4. zu beschränkter geschäftsmäßiger Hilfeleistung in Steuersachen nach den §§ 3d und 3e des Steuerberatungsgesetzes berechtigte Personen im Rahmen dieser Befugnisse sowie

5. Gesellschaften im Sinne des § 3 Satz 1 Nummer 2 und 3 des Steuerberatungsgesetzes, die durch Personen im Sinne des § 3 Satz 2 des Steuerberatungsgesetzes handeln.

(2a) [1]Die Akten einschließlich der Verfahrensakten in der Zwangsvollstreckung werden elektronisch geführt. [2]Auf die elektronische Aktenführung und die elektronische Kommunikation ist § 110c des Gesetzes über Ordnungswidrigkeiten entsprechend anzuwenden, jedoch dessen Satz 1

1. nicht in Verbindung mit dessen Satz 2 und § 32b der Strafprozessordnung auf
   a) die Androhung eines Ordnungsgeldes nach Absatz 3 Satz 1,
   b) die Kostenentscheidung nach Absatz 3 Satz 2 und
   c) den Erlass von Zwischenverfügungen;
2. nicht in Verbindung mit den §§ 32d und 32e Absatz 3 Satz 1 und 2 der Strafprozessordnung auf das Verfahren insgesamt sowie
3. einschließlich dessen Sätze 2 und 3 nicht auf die Beitreibung nach dem Justizbeitreibungsgesetz.

[3]Satz 2 gilt entsprechend auch für Verfügungen im Sinne der Absätze 3 und 4, die automatisiert erlassen werden können.

(3) [1]Den in Absatz 1 Satz 1 und 2 bezeichneten Beteiligten ist unter Androhung eines Ordnungsgeldes in bestimmter Höhe aufzugeben, innerhalb einer Frist von sechs Wochen vom Zugang der Androhung an ihrer gesetzlichen Verpflichtung nachzukommen oder die Unterlassung mittels Einspruchs gegen die Verfügung zu rechtfertigen. [2]Mit der Androhung des Ordnungsgeldes sind den Beteiligten zugleich die Kosten des Verfahrens aufzuerlegen. [3]Der Einspruch kann auf Einwendungen gegen die Entscheidung über die Kosten beschränkt werden. [4]Der Einspruch gegen die Androhung des Ordnungsgeldes und gegen die Entscheidung über die Kosten hat keine aufschiebende Wirkung. [5]Führt der Einspruch zu einer Einstellung des Verfahrens, ist zugleich auch die Kostenentscheidung nach Satz 2 aufzuheben.

(4) [1]Wenn die Beteiligten nicht spätestens sechs Wochen nach dem Zugang der Androhung der gesetzlichen Pflicht entsprochen oder die Unterlassung mittels Einspruchs gerechtfertigt haben, ist das Ordnungsgeld festzusetzen und zugleich die frühere Verfügung unter Androhung eines erneuten Ordnungsgeldes zu wiederholen. [2]Haben die Beteiligten die gesetzliche Pflicht erst nach Ablauf der Sechswochenfrist erfüllt, hat das Bundesamt das Ordnungsgeld wie folgt herabzusetzen:

1. auf einen Betrag von 500 Euro, wenn die Beteiligten von dem Recht einer Kleinstkapitalgesellschaft nach § 326 Absatz 2 Gebrauch gemacht haben;
2. auf einen Betrag von 1 000 Euro, wenn es sich um eine kleine Kapitalgesellschaft im Sinne des § 267 Absatz 1 handelt;
3. auf einen Betrag von 2 500 Euro, wenn ein höheres Ordnungsgeld angedroht worden ist und die Voraussetzungen der Nummern 1 und 2 nicht vorliegen, oder
4. jeweils auf einen geringeren Betrag, wenn die Beteiligten die Sechswochenfrist nur geringfügig überschritten haben.

[3]Bei der Herabsetzung sind nur Umstände zu berücksichtigen, die vor der Entscheidung des Bundesamtes eingetreten sind.

(5) [1]Waren die Beteiligten unverschuldet gehindert, in der Sechswochenfrist nach Absatz 4 Einspruch einzulegen oder ihrer gesetzlichen Verpflichtung nachzukommen, hat ihnen das Bundesamt auf Antrag Wiedereinsetzung in den vorigen Stand zu gewähren. [2]Das Verschulden eines Vertreters ist der vertretenen Person zuzurechnen. [3]Ein Fehlen des Verschuldens wird vermutet, wenn eine Rechtsbehelfsbelehrung unterblieben ist oder fehlerhaft ist. [4]Der Antrag auf Wiedereinsetzung ist binnen zwei Wochen nach Wegfall des Hindernisses schriftlich beim Bundesamt zu stellen. [5]Die Tatsachen zur Begründung des Antrags sind bei der Antragstellung oder im Verfahren über den Antrag glaubhaft zu machen. [6]Die versäumte Handlung ist spätestens sechs Wochen nach Wegfall des Hindernisses nachzuholen. [7]Ist innerhalb eines Jahres seit dem Ablauf der Sechswochenfrist nach Absatz 4 weder Wiedereinsetzung beantragt noch die versäumte Handlung nachgeholt worden, kann Wiedereinsetzung nicht mehr gewährt werden. [8]Die Wiedereinsetzung ist nicht anfechtbar; § 335a Absatz 3 Satz 4 bleibt unberührt. [9]Haben die Beteiligten Wiedereinsetzung nicht beantragt oder ist die Ablehnung des Wiedereinsetzungsantrags bestandskräftig geworden, können sich die Beteiligten mit der Beschwerde nicht mehr darauf berufen, dass sie unverschuldet gehindert waren, in der Sechswochenfrist Einspruch einzulegen oder ihrer gesetzlichen Verpflichtung nachzukommen.

(6) [1]Liegen dem Bundesamt in einem Verfahren nach den Absätzen 1 bis 5 keine Anhaltspunkte über die Einstufung einer Gesellschaft im Sinne des § 267 Absatz 1 bis 3 oder des § 267a vor, kann es den in Absatz 1 Satz 1 und 2 bezeichneten Beteiligten aufgeben, die Bilanzsumme nach Abzug eines auf der Aktivseite ausgewiesenen Fehlbetrags (§ 268 Absatz 3), die Umsatzerlöse (§ 277 Absatz 1) und die durchschnittliche Zahl der Arbeitnehmer (§ 267 Absatz 5) für das betreffende Geschäftsjahr und für diejenigen Geschäftsjahre, die für die Einstufung erforderlich sind, anzugeben. [2]Unterbleiben die Angaben nach Satz 1, so wird für das weitere Verfahren vermutet, dass die Erleichterungen der §§ 326 und 327 nicht in Anspruch genommen werden können. [3]Die Sätze 1 und 2 gelten für den Konzernabschluss und den Konzernlagebericht entsprechend mit der Maßgabe, dass an die Stelle der §§ 267, 326 und 327 der § 293 tritt.

(7) [1]Das Bundesministerium der Justiz kann zur näheren Ausgestaltung der elektronischen Aktenführung und elektronischen Kommunikation nach Absatz 2a in der ab dem 1. Januar 2018 geltenden Fassung durch Rechtsverordnung, die nicht der Zustimmung des Bundesrates bedarf,

1. **die Weiterführung von Akten in Papierform gestatten, die bereits vor Einführung der elektronischen Aktenführung in Papierform angelegt wurden,**
2. **die organisatorischen und dem Stand der Technik entsprechenden technischen Rahmenbedingungen für die elektronische Aktenführung einschließlich der einzuhaltenden Anforderungen des Datenschutzes, der Datensicherheit und der Barrierefreiheit festlegen,**
3. **die Standards für die Übermittlung elektronischer Akten zwischen dem Bundesamt und einer anderen Behörde oder einem Gericht näher bestimmen,**
4. **die Standards für die Einsicht in elektronische Akten vorgeben,**
5. **elektronische Formulare einführen und**
   a) **bestimmen, dass die in den Formularen enthaltenen Angaben ganz oder teilweise in strukturierter maschinenlesbarer Form zu übermitteln sind,**
   b) **eine Kommunikationsplattform vorgeben, auf der die Formulare im Internet zur Nutzung bereitzustellen sind, und**
   c) **bestimmen, dass eine Identifikation des Formularverwenders abweichend von Absatz 2a in Verbindung mit § 110c des Gesetzes über Ordnungswidrigkeiten und § 32a Absatz 3 der Strafprozessordnung durch Nutzung des elektronischen Identitätsnachweises nach § 18 des Personalausweisgesetzes, § 12 des eID-Karte-Gesetzes oder § 78 Absatz 5 des Aufenthaltsgesetzes erfolgen kann,**
6. **Formanforderungen und weitere Einzelheiten für den automatisierten Erlass von Entscheidungen festlegen,**
7. **die Einreichung elektronischer Dokumente, abweichend von Absatz 2a in Verbindung mit § 110c des Gesetzes über Ordnungswidrigkeiten und § 32a der Strafprozessordnung, erst zum 1. Januar des Jahres 2019 oder 2020 zulassen und**
8. **die Weiterführung der Akten in der bisherigen elektronischen Form bis zu einem bestimmten Zeitpunkt vor dem 1. Januar 2026 gestatten.**

[2]Das Bundesministerium der Justiz kann die Ermächtigungen des Satzes 1 durch Rechtsverordnung ohne Zustimmung des Bundesrates auf das Bundesamt für Justiz übertragen.

§ 335a Beschwerde gegen die Festsetzung von Ordnungsgeld; Rechtsbeschwerde; Verordnungsermächtigung

(1) [1]Gegen die Entscheidung, durch die das Ordnungsgeld festgesetzt oder der Einspruch oder der Antrag auf Wiedereinsetzung in den vorigen Stand verworfen wird, sowie gegen die Entscheidung nach § 335 Absatz 3 Satz 5 findet die Beschwerde nach den Vorschriften des Gesetzes über das Verfahren in Familiensachen und in den Angelegenheiten der freiwilligen Gerichtsbarkeit statt, soweit sich aus Satz 2 oder den nachstehenden Absätzen nichts anderes ergibt. [2]Die Beschwerde hat aufschiebende Wirkung, wenn sie die Festsetzung eines Ordnungsgeldes zum Gegenstand hat.

(2) [1]Die Beschwerde ist binnen einer Frist von zwei Wochen einzulegen; über sie entscheidet das für den Sitz des Bundesamtes zuständige Landgericht. [2]Zur Vermeidung von erheblichen Verfahrensrückständen oder zum Ausgleich einer übermäßigen Geschäftsbelastung wird die Landesregierung des Landes, in dem das Bundesamt seinen Sitz unterhält, ermächtigt, durch Rechtsverordnung die Entscheidung über die Rechtsmittel nach Satz 1

einem anderen Landgericht oder weiteren Landgerichten zu übertragen. [3]Die Landesregierung kann diese Ermächtigung auf die Landesjustizverwaltung übertragen. [4]Ist bei dem Landgericht eine Kammer für Handelssachen gebildet, so tritt diese Kammer an die Stelle der Zivilkammer. [5]Entscheidet über die Beschwerde die Zivilkammer, so sind die §§ 348 und 348a der Zivilprozessordnung entsprechend anzuwenden; über eine bei der Kammer für Handelssachen anhängige Beschwerde entscheidet der Vorsitzende. [6]Das Landgericht kann nach billigem Ermessen bestimmen, dass den Beteiligten die außergerichtlichen Kosten, die zur zweckentsprechenden Rechtsverfolgung notwendig waren, ganz oder teilweise aus der Staatskasse zu erstatten sind. [7]Satz 6 gilt entsprechend, wenn das Bundesamt der Beschwerde abhilft. [8]§ 91 Absatz 1 Satz 2 und die §§ 103 bis 107 der Zivilprozessordnung gelten entsprechend. [9]§ 335 Absatz 2 Satz 3 ist anzuwenden.

(3) [1]Gegen die Beschwerdeentscheidung ist die Rechtsbeschwerde statthaft, wenn das Landgericht sie zugelassen hat. [2]Für die Rechtsbeschwerde gelten die Vorschriften des Gesetzes über das Verfahren in Familiensachen und in den Angelegenheiten der freiwilligen Gerichtsbarkeit entsprechend, soweit sich aus diesem Absatz nichts anderes ergibt. [3]Über die Rechtsbeschwerde entscheidet das für den Sitz des Landgerichts zuständige Oberlandesgericht. [4]Die Rechtsbeschwerde steht auch dem Bundesamt zu und kann auch gegen eine vom Landgericht gewährte Wiedereinsetzung in die Sechswochenfrist nach § 335 Absatz 4 Satz 1 zur Erfüllung der gesetzlichen Offenlegungspflicht zugelassen werden. [5]Vor dem Oberlandesgericht müssen sich die Beteiligten durch einen Rechtsanwalt vertreten lassen; dies gilt nicht für das Bundesamt. [6]Absatz 1 Satz 2 und Absatz 2 Satz 6 und 8 gelten entsprechend.

(4) Auf die elektronische Aktenführung des Gerichts und die Kommunikation mit dem Gericht nach den Absätzen 1 bis 3 sind die folgenden Vorschriften entsprechend anzuwenden:

1. § 110a Absatz 1 und § 110c des Gesetzes über Ordnungswidrigkeiten sowie
2. § 110a Absatz 2 Satz 1 und § 134 Satz 1 des Gesetzes über Ordnungswidrigkeiten mit der Maßgabe, dass die Landesregierung des Landes, in dem das Bundesamt seinen Sitz hat, die Rechtsverordnung erlässt und die Ermächtigungen durch Rechtsverordnung auf die Landesjustizverwaltung übertragen kann.

Dritter Titel. Gemeinsame Vorschriften für Straf-, Bußgeld- und Ordnungsgeldverfahren

§ 335b Anwendung der Straf- und Bußgeld- sowie der Ordnungsgeldvorschriften auf bestimmte offene Handelsgesellschaften und Kommanditgesellschaften

[1]Die Strafvorschriften der §§ 331 bis 333a, die Bußgeldvorschrift des § 334 sowie die Ordnungsgeldvorschrift des § 335 gelten auch für offene Handelsgesellschaften und Kommanditgesellschaften im Sinn des § 264a Abs. 1. [2]Das Verfahren nach § 335 ist in diesem Fall gegen die persönlich haftenden Gesellschafter oder gegen die Mitglieder der vertretungsberechtigten Organe der persönlich haftenden Gesellschafter zu richten. [3]Es kann auch gegen die offene Handelsgesellschaft oder gegen die Kommanditgesellschaft gerichtet werden. [4]§ 335a ist entsprechend anzuwenden.

§ 335c Mitteilungen an die Abschlussprüferaufsichtsstelle

(1) Das Bundesamt für Justiz übermittelt der Abschlussprüferaufsichtsstelle beim Bundesamt für Wirtschaft und Ausfuhrkontrolle alle Bußgeldentscheidungen nach § 334 Absatz 2a.

(2) [1]In Strafverfahren, die eine Straftat nach den §§ 332, 333 oder § 333a zum Gegenstand haben, übermittelt die Staatsanwaltschaft im Falle der Erhebung der öffentlichen Klage der Abschlussprüferaufsichtsstelle die das Verfahren abschließende Entscheidung. [2]Ist gegen die Entscheidung ein Rechtsmittel eingelegt worden, ist die Entscheidung unter Hinweis auf das eingelegte Rechtsmittel zu übermitteln.

Dritter Abschnitt. Ergänzende Vorschriften für eingetragene Genossenschaften

§ 336 Pflicht zur Aufstellung von Jahresabschluß und Lagebericht

(1) [1]Der Vorstand einer Genossenschaft hat den Jahresabschluß (§ 242) um einen Anhang zu erweitern, der mit der Bilanz und der Gewinn- und Verlustrechnung eine Einheit bildet, sowie einen Lagebericht aufzustellen. [2]Der Jahresabschluß und der Lagebericht sind in den ersten fünf Monaten des Geschäftsjahrs für das vergangene Geschäftsjahr aufzustellen. [3]Ist die Genossenschaft kapitalmarktorientiert im Sinne des § 264d und begibt sie nicht ausschließlich die von § 327a erfassten Schuldtitel, beträgt die Frist nach Satz 2 vier Monate.

(2) [1]Auf den Jahresabschluss und den Lagebericht sind, soweit in diesem Abschnitt nichts anderes bestimmt ist, die folgenden Vorschriften entsprechend anzuwenden:
1. § 264 Absatz 1 Satz 4 erster Halbsatz und Absatz 1a, 2,
2. die §§ 265 bis 289e, mit Ausnahme von § 277 Absatz 3 Satz 1 und § 285 Nummer 17,
3. § 289f Absatz 4 nach Maßgabe des § 9 Absatz 3 und 4 des Genossenschaftsgesetzes.

[2]Sonstige Vorschriften, die durch den Geschäftszweig bedingt sind, bleiben unberührt. [3]Genossenschaften, die die Merkmale für Kleinstkapitalgesellschaften nach § 267a Absatz 1 erfüllen (Kleinstgenossenschaften), dürfen auch die Erleichterungen für Kleinstkapitalgesellschaften nach näherer Maßgabe des § 337 Absatz 4 und § 338 Absatz 4 anwenden.

(3) § 330 Abs. 1 über den Erlaß von Rechtsverordnungen ist entsprechend anzuwenden.

§ 337 Vorschriften zur Bilanz

(1) [1]An Stelle des gezeichneten Kapitals ist der Betrag der Geschäftsguthaben der Mitglieder auszuweisen. [2]Dabei ist der Betrag der Geschäftsguthaben der mit Ablauf des Geschäftsjahrs ausgeschiedenen Mitglieder gesondert anzugeben. [3]Werden rückständige fällige Einzahlungen auf Geschäftsanteile in der Bilanz als Geschäftsguthaben ausgewiesen, so ist der entsprechende Betrag auf der Aktivseite unter der Bezeichnung „Rückständige fällige Einzahlungen auf Geschäftsanteile" einzustellen. [4]Werden rückständige fällige Einzahlungen nicht als Geschäftsguthaben ausgewiesen, so ist der Betrag bei dem Posten „Geschäftsguthaben" zu vermerken. [5]In beiden Fällen ist der Betrag mit dem Nennwert anzusetzen. [6]Ein in der Satzung bestimmtes Mindestkapital ist gesondert anzugeben.

(2) An Stelle der Gewinnrücklagen sind die Ergebnisrücklagen auszuweisen und wie folgt aufzugliedern:
1. Gesetzliche Rücklage;
2. andere Ergebnisrücklagen; die Ergebnisrücklage nach § 73 Abs. 3 des Genossenschaftsgesetzes und die Beträge, die aus dieser Ergebnisrücklage an ausgeschiedene Mitglieder auszuzahlen sind, müssen vermerkt werden.

(3) Bei den Ergebnisrücklagen sind in der Bilanz oder im Anhang gesondert aufzuführen:
1. Die Beträge, welche die Generalversammlung aus dem Bilanzgewinn des Vorjahrs eingestellt hat;
2. die Beträge, die aus dem Jahresüberschuß des Geschäftsjahrs eingestellt werden;
3. die Beträge, die für das Geschäftsjahr entnommen werden.

(4) Kleinstgenossenschaften, die von der Erleichterung für Kleinstkapitalgesellschaften nach § 266 Absatz 1 Satz 4 Gebrauch machen, haben den Betrag der Geschäftsguthaben der Mitglieder sowie die gesetzliche Rücklage in der Bilanz im Passivposten A Eigenkapital wie folgt auszuweisen:

Davon:
Geschäftsguthaben der Mitglieder
gesetzliche Rücklage.

§ 338 Vorschriften zum Anhang

(1) [1]Im Anhang sind auch Angaben zu machen über die Zahl der im Laufe des Geschäftsjahrs eingetretenen oder ausgeschiedenen sowie die Zahl der am Schluß des Geschäftsjahrs

der Genossenschaft angehörenden Mitglieder. [2]Ferner sind der Gesamtbetrag, um welchen in diesem Jahr die Geschäftsguthaben sowie die Haftsummen der Mitglieder sich vermehrt oder vermindert haben, und der Betrag der Haftsummen anzugeben, für welche am Jahresschluß alle Mitglieder zusammen aufzukommen haben.

(2) Im Anhang sind ferner anzugeben:
1. Name und Anschrift des zuständigen Prüfungsverbandes, dem die Genossenschaft angehört;
2. alle Mitglieder des Vorstands und des Aufsichtsrats, auch wenn sie im Geschäftsjahr oder später ausgeschieden sind, mit dem Familiennamen und mindestens einem ausgeschriebenen Vornamen; ein etwaiger Vorsitzender des Aufsichtsrats ist als solcher zu bezeichnen.

(3) [1]An Stelle der in § 285 Nr. 9 vorgeschriebenen Angaben über die an Mitglieder von Organen geleisteten Bezüge, Vorschüsse und Kredite sind lediglich die Forderungen anzugeben, die der Genossenschaft gegen Mitglieder des Vorstands oder Aufsichtsrats zustehen. [2]Die Beträge dieser Forderungen können für jedes Organ in einer Summe zusammengefaßt werden.

(4) Kleinstgenossenschaften brauchen den Jahresabschluss nicht um einen Anhang zu erweitern, wenn sie unter der Bilanz angeben:
1. die in den §§ 251 und 268 Absatz 7 genannten Angaben und
2. die in den Absätzen 1, 2 Nummer 1 und Absatz 3 genannten Angaben.

§ 339 Offenlegung

(1) [1]Der Vorstand hat unverzüglich nach der Generalversammlung über den Jahresabschluß, jedoch spätestens vor Ablauf des zwölften Monats des dem Abschlussstichtag nachfolgenden Geschäftsjahrs, den festgestellten Jahresabschluß, den Lagebericht, die Erklärungen nach § 264 Absatz 2 Satz 3 und § 289 Absatz 1 Satz 5 und den Bericht des Aufsichtsrats in deutscher Sprache der das Unternehmensregister führenden Stelle elektronisch zur Einstellung in das Unternehmensregister zu übermitteln. [2]Ist die Erteilung eines Bestätigungsvermerks nach § 58 Abs. 2 des Genossenschaftsgesetzes oder nach Artikel 10 Absatz 1 der Verordnung (EU) Nr. 537/2014 vorgeschrieben, so ist dieser mit dem Jahresabschluß zu übermitteln; hat der Prüfungsverband die Bestätigung des Jahresabschlusses versagt, so muß dies auf dem übermittelten Jahresabschluß vermerkt und der Vermerk vom Prüfungsverband unterschrieben sein. [3]Ist die Prüfung des Jahresabschlusses im Zeitpunkt der Übermittlung der Unterlagen nach Satz 1 nicht abgeschlossen, so ist der Bestätigungsvermerk oder der Vermerk über seine Versagung unverzüglich nach Abschluß der Prüfung zu übermitteln. [4]Wird der Jahresabschluß oder der Lagebericht nach der Übermittlung geändert, so ist auch die geänderte Fassung zu übermitteln.

(2) § 325 Absatz 2a, 2b, 4 und 6 sowie die §§ 326 bis 329 sind entsprechend anzuwenden.

(3) [1]Die §§ 335 und 335a finden mit den Maßgaben entsprechende Anwendung, dass sich das Ordnungsgeldverfahren gegen die Mitglieder des Vorstands der Genossenschaft richtet und nur auf Antrag des Prüfungsverbandes, dem die Genossenschaft angehört, oder eines Mitglieds, Gläubigers oder Arbeitnehmers der Genossenschaft durchzuführen ist. [2]Das Ordnungsgeldverfahren kann auch gegen die Genossenschaft durchgeführt werden, für die die Mitglieder des Vorstands die in Absatz 1 genannten Pflichten zu erfüllen haben.

Vierter Abschnitt. Ergänzende Vorschriften für bestimmte Unternehmen

Erster Unterabschnitt. Ergänzende Vorschriften für Kreditinstitute, Finanzdienstleistungsinstitute, Wertpapierinstitute, Zahlungsinstitute und E-Geld-Institute

Erster Titel. Anwendungsbereich

§ 340 [Anwendungsbereich]

(1) [1]Dieser Unterabschnitt ist auf Kreditinstitute im Sinne des § 1 Abs. 1 des Gesetzes über das Kreditwesen anzuwenden, soweit sie nach dessen § 2 Abs. 1, 4 oder 5 von der Anwendung nicht ausgenommen sind, sowie auf Zweigniederlassungen von Unternehmen mit Sitz in einem Staat, der nicht Mitglied der Europäischen Gemeinschaft und auch nicht Vertragsstaat des Abkommens über den Europäischen Wirtschaftsraum ist, sofern die Zweigniederlassung nach § 53 Abs. 1 des Gesetzes über das Kreditwesen als Kreditinstitut gilt. [2]§ 340l Abs. 2 und 3 ist außerdem auf Zweigniederlassungen im Sinne des § 53b Abs. 1 Satz 1 und Abs. 7 des Gesetzes über das Kreditwesen, auch in Verbindung mit einer Rechtsverordnung nach § 53c Nr. 1 dieses Gesetzes, anzuwenden, sofern diese Zweigniederlassungen Bankgeschäfte im Sinne des § 1 Abs. 1 Satz 2 Nr. 1 bis 5 und 7 bis 12 dieses Gesetzes betreiben. [3]Zusätzliche Anforderungen auf Grund von Vorschriften, die wegen der Rechtsform oder für Zweigniederlassungen bestehen, bleiben unberührt.

(2) Dieser Unterabschnitt ist auf Unternehmen der in § 2 Abs. 1 Nr. 4 und 5 des Gesetzes über das Kreditwesen bezeichneten Art insoweit ergänzend anzuwenden, als sie Bankgeschäfte betreiben, die nicht zu den ihnen eigentümlichen Geschäften gehören.

(3) Dieser Unterabschnitt ist auf Wohnungsunternehmen mit Spareinrichtung nicht anzuwenden.

(4) [1]Dieser Unterabschnitt ist auch auf Finanzdienstleistungsinstitute im Sinne des § 1 Abs. 1a des Gesetzes über das Kreditwesen anzuwenden, soweit sie nicht nach dessen § 2 Abs. 6 oder 10 von der Anwendung ausgenommen sind, sowie auf Zweigniederlassungen von Unternehmen mit Sitz in einem anderen Staat, der nicht Mitglied der Europäischen Gemeinschaft und auch nicht Vertragsstaat des Abkommens über den Europäischen Wirtschaftsraum ist, sofern die Zweigniederlassung nach § 53 Abs. 1 des Gesetzes über das Kreditwesen als Finanzdienstleistungsinstitut gilt. [2]§ 340c Abs. 1 ist nicht anzuwenden auf Finanzdienstleistungsinstitute und Kreditinstitute, soweit letztere Skontroführer im Sinne des § 27 Abs. 1 Satz 1 des Börsengesetzes und nicht CRR-Kreditinstitute im Sinne des § 1 Abs. 3d Satz 1 des Gesetzes über das Kreditwesen sind. [3]Zusätzliche Anforderungen auf Grund von Vorschriften, die wegen der Rechtsform oder für Zweigniederlassungen bestehen, bleiben unberührt.

(4a) [1]Dieser Unterabschnitt ist auch auf Wertpapierinstitute im Sinne des § 2 Absatz 1 des Wertpapierinstitutsgesetzes anzuwenden, soweit sie nicht nach dessen § 3 von der Anwendung ausgenommen sind. [2]§ 340c Absatz 1 ist nicht anzuwenden auf Wertpapierinstitute, wenn diese Skontroführer im Sinne des § 27 Absatz 1 Satz 1 des Börsengesetzes sind. [3]Zusätzliche Anforderungen auf Grund von Vorschriften, die wegen der Rechtsform bestehen, bleiben unberührt.

(5) [1]Dieser Unterabschnitt ist auch auf Institute im Sinne des § 1 Absatz 3 des Zahlungsdiensteaufsichtsgesetzes anzuwenden. [2]Zusätzliche Anforderungen auf Grund von Vorschriften, die wegen der Rechtsform oder für Zweigniederlassungen bestehen, bleiben unberührt.

Zweiter Titel. Jahresabschluß, Lagebericht, Zwischenabschluß

§ 340a Anzuwendende Vorschriften

(1) [1]Kreditinstitute, auch wenn sie nicht in der Rechtsform einer Kapitalgesellschaft betrieben werden, haben auf ihren Jahresabschluß die für große Kapitalgesellschaften geltenden Vorschriften des Ersten Unterabschnitts des Zweiten Abschnitts anzuwenden, soweit in den Vorschriften dieses Unterabschnitts nichts anderes bestimmt ist. [2]Kreditinsti-

tute haben außerdem einen Lagebericht nach den für große Kapitalgesellschaften geltenden Bestimmungen aufzustellen.

(1a) [1]Ein Kreditinstitut hat seinen Lagebericht um eine nichtfinanzielle Erklärung zu erweitern, wenn es in entsprechender Anwendung des § 267 Absatz 3 Satz 1 und Absatz 4 bis 5 als groß gilt und im Jahresdurchschnitt mehr als 500 Arbeitnehmer beschäftigt. [2]Wenn die nichtfinanzielle Erklärung einen besonderen Abschnitt des Lageberichts bildet, darf das Kreditinstitut auf die an anderer Stelle im Lagebericht enthaltenen nichtfinanziellen Angaben verweisen. [3]§ 289b Absatz 2 bis 4 und die §§ 289c bis 289e sind entsprechend anzuwenden.

(1b) [1]Ein Kreditinstitut, das nach Absatz 1 in Verbindung mit § 289f Absatz 1 eine Erklärung zur Unternehmensführung zu erstellen hat, hat darin Angaben nach § 289f Absatz 2 Nummer 6 aufzunehmen, wenn es in entsprechender Anwendung des § 267 Absatz 3 Satz 1 und Absatz 4 bis 5 als groß gilt. [2]Ein Kreditinstitut, das eine Genossenschaft ist, hat § 289f Absatz 4 nach Maßgabe des § 9 Absatz 3 und 4 des Genossenschaftsgesetzes anzuwenden.

(2) [1]§ 264 Absatz 3, §§ 264b, 265 Absatz 6 und 7, §§ 267, 268 Abs. 4 Satz 1, Abs. 5 Satz 1 und 2, §§ 276, 277 Abs. 1, 2, 3 Satz 1, § 284 Absatz 2 Nummer 3, § 285 Nr. 8 und 12, § 288 sind nicht anzuwenden. [2]An Stelle von § 247 Abs. 1, §§ 251, 266, 268 Absatz 7, §§ 275, 284 Absatz 3, § 285 Nummer 1, 2, 4, 9 Buchstabe c und Nummer 27 sind die durch Rechtsverordnung erlassenen Formblätter und anderen Vorschriften anzuwenden. [3]§ 246 Abs. 2 ist nicht anzuwenden, soweit abweichende Vorschriften bestehen. [4]§ 285 Nummer 31 ist nicht anzuwenden; unter den Posten „außerordentliche Erträge" und „außerordentliche Aufwendungen" sind Erträge und Aufwendungen auszuweisen, die außerhalb der gewöhnlichen Geschäftstätigkeit anfallen. [5]Im Anhang sind diese Posten hinsichtlich ihres Betrags und ihrer Art zu erläutern, soweit die ausgewiesenen Beträge für die Beurteilung der Ertragslage nicht von untergeordneter Bedeutung sind.

(3) [1]Sofern Kreditinstitute einer prüferischen Durchsicht zu unterziehende Zwischenabschlüsse zur Ermittlung von Zwischenergebnissen im Sinne des Artikels 26 Absatz 2 der Verordnung (EU) Nr. 575/2013 des Europäischen Parlaments und des Rates vom 26. Juni 2013 über Aufsichtsanforderungen an Kreditinstitute und Wertpapierfirmen und zur Änderung der Verordnung (EU) Nr. 646/2012 (ABl. L 176 vom 27.6.2013, S. 1) aufstellen, sind auf diese die für den Jahresabschluss geltenden Rechnungslegungsgrundsätze anzuwenden. [2]Die Vorschriften über die Bestellung des Abschlussprüfers sind auf die prüferische Durchsicht entsprechend anzuwenden. [3]Die prüferische Durchsicht ist so anzulegen, dass bei gewissenhafter Berufsausübung ausgeschlossen werden kann, dass der Zwischenabschluss in wesentlichen Belangen den anzuwendenden Rechnungslegungsgrundsätzen widerspricht. [4]Der Abschlussprüfer hat das Ergebnis der prüferischen Durchsicht in einer Bescheinigung zusammenzufassen. [5]§ 320 und § 323 gelten entsprechend.

(4) Zusätzlich haben Kreditinstitute im Anhang zum Jahresabschluß anzugeben:
1. alle Mandate in gesetzlich zu bildenden Aufsichtsgremien von großen Kapitalgesellschaften (§ 267 Abs. 3), die von gesetzlichen Vertretern oder anderen Mitarbeitern wahrgenommen werden;
2. alle Beteiligungen an großen Kapitalgesellschaften, die fünf vom Hundert der Stimmrechte überschreiten.

§ 340b Pensionsgeschäfte

(1) Pensionsgeschäfte sind Verträge, durch die ein Kreditinstitut oder der Kunde eines Kreditinstituts (Pensionsgeber) ihm gehörende Vermögensgegenstände einem anderen Kreditinstitut oder einem seiner Kunden (Pensionsnehmer) gegen Zahlung eines Betrags überträgt und in denen gleichzeitig vereinbart wird, daß die Vermögensgegenstände später gegen Entrichtung des empfangenen oder eines im voraus vereinbarten anderen Betrags an den Pensionsgeber zurückübertragen werden müssen oder können.

(2) Übernimmt der Pensionsnehmer die Verpflichtung, die Vermögensgegenstände zu einem bestimmten oder vom Pensionsgeber zu bestimmenden Zeitpunkt zurückzuübertragen, so handelt es sich um ein echtes Pensionsgeschäft.

(3) Ist der Pensionsnehmer lediglich berechtigt, die Vermögensgegenstände zu einem vorher bestimmten oder von ihm noch zu bestimmenden Zeitpunkt zurückzuübertragen, so handelt es sich um ein unechtes Pensionsgeschäft.

(4) [1]Im Falle von echten Pensionsgeschäften sind die übertragenen Vermögensgegenstände in der Bilanz des Pensionsgebers weiterhin auszuweisen. [2]Der Pensionsgeber hat in Höhe des für die Übertragung erhaltenen Betrags eine Verbindlichkeit gegenüber dem Pensionsnehmer auszuweisen. [3]Ist für die Rückübertragung ein höherer oder ein niedrigerer Betrag vereinbart, so ist der Unterschiedsbetrag über die Laufzeit des Pensionsgeschäfts zu verteilen. [4]Außerdem hat der Pensionsgeber den Buchwert der in Pension gegebenen Vermögensgegenstände im Anhang anzugeben. [5]Der Pensionsnehmer darf die ihm in Pension gegebenen Vermögensgegenstände nicht in seiner Bilanz ausweisen; er hat in Höhe des für die Übertragung gezahlten Betrags eine Forderung an den Pensionsgeber in seiner Bilanz auszuweisen. [6]Ist für die Rückübertragung ein höherer oder ein niedrigerer Betrag vereinbart, so ist der Unterschiedsbetrag über die Laufzeit des Pensionsgeschäfts zu verteilen.

(5) [1]Im Falle von unechten Pensionsgeschäften sind die Vermögensgegenstände nicht in der Bilanz des Pensionsgebers, sondern in der Bilanz des Pensionsnehmers auszuweisen. [2]Der Pensionsgeber hat unter der Bilanz den für den Fall der Rückübertragung vereinbarten Betrag anzugeben.

(6) Devisentermingeschäfte, Finanztermingeschäfte und ähnliche Geschäfte sowie die Ausgabe eigener Schuldverschreibungen auf abgekürzte Zeit gelten nicht als Pensionsgeschäfte im Sinne dieser Vorschrift.

§ 340c Vorschriften zur Gewinn- und Verlustrechnung und zum Anhang

(1) [1]Als Ertrag oder Aufwand des Handelsbestands ist der Unterschiedsbetrag aller Erträge und Aufwendungen aus Geschäften mit Finanzinstrumenten des Handelsbestands und dem Handel mit Edelmetallen sowie der zugehörigen Erträge aus Zuschreibungen und Aufwendungen aus Abschreibungen auszuweisen. [2]In die Verrechnung sind außerdem die Aufwendungen für die Bildung von Rückstellungen für drohende Verluste aus den in Satz 1 bezeichneten Geschäften und die Erträge aus der Auflösung dieser Rückstellungen einzubeziehen.

(2) [1]Die Aufwendungen aus Abschreibungen auf Beteiligungen, Anteile an verbundenen Unternehmen und wie Anlagevermögen behandelte Wertpapiere dürfen mit den Erträgen aus Zuschreibungen zu solchen Vermögensgegenständen verrechnet und in einem Aufwand- oder Ertragsposten ausgewiesen werden. [2]In die Verrechnung nach Satz 1 dürfen auch die Aufwendungen und Erträge aus Geschäften mit solchen Vermögensgegenständen einbezogen werden.

(3) Kreditinstitute, die dem haftenden Eigenkapital nicht realisierte Reserven nach § 10 Abs. 2b Satz 1 Nr. 6 oder 7 des Gesetzes über das Kreditwesen in der bis zum 31. Dezember 2013 geltenden Fassung zurechnen, haben den Betrag, mit dem diese Reserven dem haftenden Eigenkapital zugerechnet werden, im Anhang zur Bilanz und zur Gewinn- und Verlustrechnung anzugeben.

§ 340d Fristengliederung

[1]Die Forderungen und Verbindlichkeiten sind im Anhang nach der Fristigkeit zu gliedern. [2]Für die Gliederung nach der Fristigkeit ist die Restlaufzeit am Bilanzstichtag maßgebend.

Dritter Titel. Bewertungsvorschriften

§ 340e Bewertung von Vermögensgegenständen

(1) [1]Kreditinstitute haben Beteiligungen einschließlich der Anteile an verbundenen Unternehmen, Konzessionen, gewerbliche Schutzrechte und ähnliche Rechte und Werte sowie Lizenzen an solchen Rechten und Werten, Grundstücke, grundstücksgleiche Rechte und Bauten einschließlich der Bauten auf fremden Grundstücken, technische Anlagen und Maschinen, andere Anlagen, Betriebs- und Geschäftsausstattung sowie Anlagen im Bau nach den für das Anlagevermögen geltenden Vorschriften zu bewerten, es sei denn, daß sie nicht dazu bestimmt sind, dauernd dem Geschäftsbetrieb zu dienen; in diesem Falle sind sie nach Satz 2 zu bewerten. [2]Andere Vermögensgegenstände, insbesondere Forderungen und Wertpapiere, sind nach den für das Umlaufvermögen geltenden Vorschriften zu bewerten, es sei denn, daß sie dazu bestimmt werden, dauernd dem Geschäftsbetrieb zu

dienen; in diesem Falle sind sie nach Satz 1 zu bewerten. [3]§ 253 Absatz 3 Satz 6 ist nur auf Beteiligungen und Anteile an verbundenen Unternehmen im Sinn des Satzes 1 sowie Wertpapiere und Forderungen im Sinn des Satzes 2, die dauernd dem Geschäftsbetrieb zu dienen bestimmt sind, anzuwenden.

(2) [1]Abweichend von § 253 Abs. 1 Satz 1 dürfen Hypothekendarlehen und andere Forderungen mit ihrem Nennbetrag angesetzt werden, soweit der Unterschiedsbetrag zwischen dem Nennbetrag und dem Auszahlungsbetrag oder den Anschaffungskosten Zinscharakter hat. [2]Ist der Nennbetrag höher als der Auszahlungsbetrag oder die Anschaffungskosten, so ist der Unterschiedsbetrag in den Rechnungsabgrenzungsposten auf der Passivseite aufzunehmen; er ist planmäßig aufzulösen und in seiner jeweiligen Höhe in der Bilanz oder im Anhang gesondert anzugeben. [3]Ist der Nennbetrag niedriger als der Auszahlungsbetrag oder die Anschaffungskosten, so darf der Unterschiedsbetrag in den Rechnungsabgrenzungsposten auf der Aktivseite aufgenommen werden; er ist planmäßig aufzulösen und in seiner jeweiligen Höhe in der Bilanz oder im Anhang gesondert anzugeben.

(3) [1]Finanzinstrumente des Handelsbestands sind zum beizulegenden Zeitwert abzüglich eines Risikoabschlags zu bewerten. [2]Eine Umgliederung in den Handelsbestand ist ausgeschlossen. [3]Das Gleiche gilt für eine Umgliederung aus dem Handelsbestand, es sei denn, außergewöhnliche Umstände, insbesondere schwerwiegende Beeinträchtigungen der Handelbarkeit der Finanzinstrumente, führen zu einer Aufgabe der Handelsabsicht durch das Kreditinstitut. [4]Finanzinstrumente des Handelsbestands können nachträglich in eine Bewertungseinheit einbezogen werden; sie sind bei Beendigung der Bewertungseinheit wieder in den Handelsbestand umzugliedern.

(4) [1]In der Bilanz ist dem Sonderposten „Fonds für allgemeine Bankrisiken" nach § 340g in jedem Geschäftsjahr ein Betrag, der mindestens 10 vom Hundert der Nettoerträge des Handelsbestands entspricht, zuzuführen und dort gesondert auszuweisen. [2]Dieser Posten darf nur aufgelöst werden

1. zum Ausgleich von Nettoaufwendungen des Handelsbestands sowie
2. zum Ausgleich eines Jahresfehlbetrags, soweit er nicht durch einen Gewinnvortrag aus dem Vorjahr gedeckt ist,
3. zum Ausgleich eines Verlustvortrags aus dem Vorjahr, soweit er nicht durch einen Jahresüberschuss gedeckt ist, oder
4. soweit er 50 vom Hundert des Durchschnitts der letzten fünf jährlichen Nettoerträge des Handelsbestands übersteigt.

[3]Auflösungen, die nach Satz 2 erfolgen, sind im Anhang anzugeben und zu erläutern.

§ 340f Vorsorge für allgemeine Bankrisiken

(1) [1]Kreditinstitute dürfen Forderungen an Kreditinstitute und Kunden, Schuldverschreibungen und andere festverzinsliche Wertpapiere sowie Aktien und andere nicht festverzinsliche Wertpapiere, die weder wie Anlagevermögen behandelt werden noch Teil des Handelsbestands sind, mit einem niedrigeren als dem nach § 253 Abs. 1 Satz 1, Abs. 4 vorgeschriebenen oder zugelassenen Wert ansetzen, soweit dies nach vernünftiger kaufmännischer Beurteilung zur Sicherung gegen die besonderen Risiken des Geschäftszweigs der Kreditinstitute notwendig ist. [2]Der Betrag der auf diese Weise gebildeten Vorsorgereserven darf vier vom Hundert des Gesamtbetrags der in Satz 1 bezeichneten Vermögensgegenstände, der sich bei deren Bewertung nach § 253 Abs. 1 Satz 1, Abs. 4 ergibt, nicht übersteigen. [3]Ein niedrigerer Wertansatz darf beibehalten werden.

(2) *[aufgehoben]*

(3) Aufwendungen und Erträge aus der Anwendung von Absatz 1 und aus Geschäften mit in Absatz 1 bezeichneten Wertpapieren und Aufwendungen aus Abschreibungen sowie Erträge aus Zuschreibungen zu diesen Wertpapieren dürfen mit den Aufwendungen aus Abschreibungen auf Forderungen, Zuführungen zu Rückstellungen für Eventualverbindlichkeiten und für Kreditrisiken sowie mit den Erträgen aus Zuschreibungen zu Forderungen oder aus deren Eingang nach teilweiser oder vollständiger Abschreibung und aus Auflösungen von Rückstellungen für Eventualverbindlichkeiten und für Kreditrisiken verrechnet und in der Gewinn- und Verlustrechnung in einem Aufwand- oder Ertragsposten ausgewiesen werden.

(4) Angaben über die Bildung und Auflösung von Vorsorgereserven nach Absatz 1 sowie über vorgenommene Verrechnungen nach Absatz 3 brauchen im Jahresabschluß, Lagebericht, Konzernabschluß und Konzernlagebericht nicht gemacht zu werden.

§ 340g Sonderposten für allgemeine Bankrisiken

(1) Kreditinstitute dürfen auf der Passivseite ihrer Bilanz zur Sicherung gegen allgemeine Bankrisiken einen Sonderposten „Fonds für allgemeine Bankrisiken" bilden, soweit dies nach vernünftiger kaufmännischer Beurteilung wegen der besonderen Risiken des Geschäftszweigs der Kreditinstitute notwendig ist.

(2) Die Zuführungen zum Sonderposten oder die Erträge aus der Auflösung des Sonderpostens sind in der Gewinn- und Verlustrechnung gesondert auszuweisen.

Vierter Titel. Währungsumrechnung

§ 340h Währungsumrechnung

§ 256a gilt mit der Maßgabe, dass Erträge, die sich aus der Währungsumrechnung ergeben, in der Gewinn- und Verlustrechnung zu berücksichtigen sind, soweit die Vermögensgegenstände, Schulden oder Termingeschäfte durch Vermögensgegenstände, Schulden oder andere Termingeschäfte in derselben Währung besonders gedeckt sind.

Fünfter Titel. Konzernabschluß, Konzernlagebericht, Konzernzwischenabschluß

§ 340i Pflicht zur Aufstellung

(1) [1]Kreditinstitute, auch wenn sie nicht in der Rechtsform einer Kapitalgesellschaft betrieben werden, haben unabhängig von ihrer Größe einen Konzernabschluß und einen Konzernlagebericht nach den Vorschriften des Zweiten Unterabschnitts des Zweiten Abschnitts über den Konzernabschluß und Konzernlagebericht aufzustellen, soweit in den Vorschriften dieses Unterabschnitts nichts anderes bestimmt ist. [2]Zusätzliche Anforderungen auf Grund von Vorschriften, die wegen der Rechtsform bestehen, bleiben unberührt.

(2) [1]Auf den Konzernabschluß sind, soweit seine Eigenart keine Abweichung bedingt, die §§ 340a bis 340g über den Jahresabschluß und die für die Rechtsform und den Geschäftszweig der in den Konzernabschluß einbezogenen Unternehmen mit Sitz im Geltungsbereich dieses Gesetzes geltenden Vorschriften entsprechend anzuwenden, soweit sie für große Kapitalgesellschaften gelten. [2]Die §§ 293, 298 Absatz 1, § 314 Abs. 1 Nr. 1, 3, 6 Buchstabe c und Nummer 23 sind nicht anzuwenden. [3]In den Fällen des § 315e Abs. 1 finden von den in Absatz 1 genannten Vorschriften nur die §§ 290 bis 292, 315e Anwendung; die Sätze 1 und 2 dieses Absatzes sowie § 340j sind nicht anzuwenden. [4]Soweit § 315e Absatz 1 auf § 314 Absatz 1 Nummer 6 Buchstabe c verweist, tritt an dessen Stelle § 34 Absatz 2 Nummer 2 in Verbindung mit § 37 der Kreditinstituts-Rechnungslegungsverordnung in der Fassung der Bekanntmachung vom 11. Dezember 1998 (BGBl. I S. 3658), die zuletzt durch Artikel 8 Absatz 13 des Gesetzes vom 17. Juli 2015 (BGBl. I S. 1245) geändert worden ist, in der jeweils geltenden Fassung. [5]Im Übrigen findet die Kreditinstituts-Rechnungslegungsverordnung in den Fällen des § 315e Absatz 1 keine Anwendung.

(3) Als Kreditinstitute im Sinne dieses Titels gelten auch Mutterunternehmen, deren einziger Zweck darin besteht, Beteiligungen an Tochterunternehmen zu erwerben sowie die Verwaltung und Verwertung dieser Beteiligungen wahrzunehmen, sofern diese Tochterunternehmen ausschließlich oder überwiegend Kreditinstitute sind.

(4) [1]Sofern Kreditinstitute einer prüferischen Durchsicht zu unterziehende Konzernzwischenabschlüsse zur Ermittlung von Konzernzwischenergebnissen im Sinne des Artikels 26 Absatz 2 in Verbindung mit Artikel 11 der Verordnung (EU) Nr. 575/2013 aufstellen, sind auf diese die für den Konzernabschluss geltenden Rechnungslegungsgrundsätze anzuwenden. [2]Die Vorschriften über die Bestellung des Abschlussprüfers sind auf die prüferische Durchsicht entsprechend anzuwenden. [3]Die prüferische Durchsicht ist so anzulegen, dass bei gewissenhafter Berufsausübung ausgeschlossen werden kann, dass der Zwischenabschluss in wesentlichen Belangen den anzuwendenden Rechnungslegungsgrundsätzen widerspricht. [4]Der Abschlussprüfer hat das Ergebnis der prüferischen Durchsicht in einer Bescheinigung zusammenzufassen. [5]§ 320 und § 323 gelten entsprechend.

(5) [1]Ein Kreditinstitut, das ein Mutterunternehmen (§ 290) ist, hat den Konzernlagebericht um eine nichtfinanzielle Konzernerklärung zu erweitern, wenn auf die in den Konzernabschluss einzubeziehenden Unternehmen die folgenden Merkmale zutreffen:
1. sie erfüllen die in § 293 Absatz 1 Satz 1 Nummer 1 oder 2 geregelten Voraussetzungen für eine größenabhängige Befreiung nicht und
2. bei ihnen sind insgesamt im Jahresdurchschnitt mehr als 500 Arbeitnehmer beschäftigt.
[2]§ 267 Absatz 4 bis 5, § 298 Absatz 2, § 315b Absatz 2 bis 4 und § 315c sind entsprechend anzuwenden. [3]Wenn die nichtfinanzielle Konzernerklärung einen besonderen Abschnitt des Konzernlageberichts bildet, darf das Kreditinstitut auf die an anderer Stelle im Konzernlagebericht enthaltenen nichtfinanziellen Angaben verweisen.

(6) Ein Kreditinstitut, das nach Absatz 1 in Verbindung mit § 315d eine Konzernerklärung zur Unternehmensführung zu erstellen hat, hat darin Angaben nach § 315d in Verbindung mit § 289f Absatz 2 Nummer 6 aufzunehmen, wenn die in den Konzernabschluss einzubeziehenden Unternehmen die in § 293 Absatz 1 Satz 1 Nummer 1 oder 2 geregelten Voraussetzungen für eine Befreiung nicht erfüllen.

§ 340j Einzubeziehende Unternehmen

Bezieht ein Kreditinstitut ein Tochterunternehmen, das Kreditinstitut ist, nach § 296 Abs. 1 Nr. 3 in seinen Konzernabschluß nicht ein und ist der vorübergehende Besitz von Aktien oder Anteilen dieses Unternehmens auf eine finanzielle Stützungsaktion zur Sanierung oder Rettung des genannten Unternehmens zurückzuführen, so hat es den Jahresabschluß dieses Unternehmens seinem Konzernabschluß beizufügen und im Konzernanhang zusätzliche Angaben über die Art und die Bedingungen der finanziellen Stützungsaktion zu machen.

Sechster Titel. Prüfung

§ 340k [Prüfung]

(1) [1]Kreditinstitute haben unabhängig von ihrer Größe ihren Jahresabschluß und Lagebericht sowie ihren Konzernabschluß und Konzernlagebericht unbeschadet der Vorschriften der §§ 28 und 29 des Gesetzes über das Kreditwesen nach den Vorschriften des Dritten Unterabschnitts des Zweiten Abschnitts über die Prüfung prüfen zu lassen; § 319 Absatz 1 Satz 2 ist nicht anzuwenden. [2]Die Prüfung ist spätestens vor Ablauf des fünften Monats des dem Abschlußstichtag nachfolgenden Geschäftsjahrs vorzunehmen. [3]Der Jahresabschluß ist nach der Prüfung unverzüglich festzustellen. [4]Die Vorschriften des Dritten Unterabschnitts des Zweiten Abschnitts sind auf Kreditinstitute, die Unternehmen von öffentlichem Interesse nach § 316a Satz 2 Nummer 1 oder 2 sind, nur insoweit anzuwenden, als nicht die Verordnung (EU) Nr. 537/2014 anzuwenden ist.

(2) [1]Ist das Kreditinstitut eine Genossenschaft oder ein rechtsfähiger wirtschaftlicher Verein, so ist die Prüfung abweichend von § 319 Abs. 1 Satz 1 von dem Prüfungsverband durchzuführen, dem das Kreditinstitut als Mitglied angehört, sofern mehr als die Hälfte der geschäftsführenden Mitglieder des Vorstands dieses Prüfungsverbands Wirtschaftsprüfer sind. [2]Hat der Prüfungsverband nur zwei Vorstandsmitglieder, so muß einer von ihnen Wirtschaftsprüfer sein. [3]§ 319 Abs. 2 und 3 ist auf die gesetzlichen Vertreter des Prüfungsverbandes und auf alle vom Prüfungsverband beschäftigten Personen, die das Ergebnis der Prüfung beeinflussen können, entsprechend anzuwenden; § 319 Abs. 3 Satz 1 Nr. 2 ist auf Mitglieder des Aufsichtsorgans des Prüfungsverbandes nicht anzuwenden, sofern sichergestellt ist, dass der Abschlussprüfer die Prüfung unabhängig von den Weisungen durch das Aufsichtsorgan durchführen kann. [4]§ 319 Absatz 1 Satz 3 und 4 gilt entsprechend mit der Maßgabe, dass der Prüfungsverband über einen Auszug hinsichtlich seiner Eintragung nach § 40a der Wirtschaftsprüferordnung verfügen muss, bei erstmaliger Durchführung einer Prüfung nach Absatz 1 Satz 1 spätestens sechs Wochen nach deren Beginn. [5]Ist das Mutterunternehmen eine Genossenschaft, so ist der Prüfungsverband, dem die Genossenschaft angehört, unter den Voraussetzungen der Sätze 1 bis 4 auch Abschlußprüfer des Konzernabschlusses und des Konzernlageberichts.

(2a) [1]Bei der Prüfung des Jahresabschlusses der in Absatz 2 bezeichneten Kreditinstitute durch einen Prüfungsverband darf der gesetzlich vorgeschriebene Bestätigungsvermerk nur von Wirtschaftsprüfern unterzeichnet werden. [2]Die im Prüfungsverband tätigen Wirtschaftsprüfer haben ihre Prüfungstätigkeit unabhängig, gewissenhaft, verschwiegen und eigenver-

antwortlich auszuüben. [3]Sie haben sich insbesondere bei der Erstattung von Prüfungsberichten unparteiisch zu verhalten. [4]Weisungen dürfen ihnen hinsichtlich ihrer Prüfungstätigkeit von Personen, die nicht Wirtschaftsprüfer sind, nicht erteilt werden. [5]Die Zahl der im Verband tätigen Wirtschaftsprüfer muss so bemessen sein, dass die den Bestätigungsvermerk unterschreibenden Wirtschaftsprüfer die Prüfung verantwortlich durchführen können.

(3) [1]Ist das Kreditinstitut eine Sparkasse, so dürfen die nach Absatz 1 vorgeschriebenen Prüfungen abweichend von § 319 Abs. 1 Satz 1 von der Prüfungsstelle eines Sparkassen- und Giroverbands durchgeführt werden. [2]Die Prüfung darf von der Prüfungsstelle jedoch nur durchgeführt werden, wenn der Leiter der Prüfungsstelle die Voraussetzungen des § 319 Abs. 1 Satz 1 und 2 erfüllt; § 319 Absatz 2, 3 und 5 sowie Artikel 5 Absatz 1, 4 Absatz 1 und Absatz 5 der Verordnung (EU) Nr. 537/2014 sind auf alle vom Sparkassen- und Giroverband beschäftigten Personen, die das Ergebnis der Prüfung beeinflussen können, entsprechend anzuwenden. [3]Auf die Prüfungsstellen findet Artikel 5 der Verordnung (EU) Nr. 537/2014 keine Anwendung. [4]Außerdem muß sichergestellt sein, daß der Abschlußprüfer die Prüfung unabhängig von den Weisungen der Organe des Sparkassen- und Giroverbands durchführen kann. [5]Soweit das Landesrecht nichts anderes vorsieht, findet § 319 Absatz 1 Satz 3 und 4 mit der Maßgabe Anwendung, dass die Prüfungsstelle über einen Auszug hinsichtlich ihrer Eintragung nach § 40a der Wirtschaftsprüferordnung verfügen muss, bei erstmaliger Durchführung einer Prüfung nach Absatz 1 Satz 1 spätestens sechs Wochen nach deren Beginn.

(4) [1]Ist das Kreditinstitut eine Sparkasse, finden Artikel 4 Absatz 3 Absatz 2 sowie die Artikel 16, 17 und 19 der Verordnung (EU) Nr. 537/2014 keine Anwendung. [2]Artikel 4 Absatz 3 Absatz 1 sowie Artikel 10 Absatz 2 Buchstabe g der Verordnung (EU) Nr. 537/2014 finden auf alle vom Sparkassen- und Giroverband beschäftigten Personen, die das Ergebnis der Prüfung beeinflussen können, entsprechende Anwendung. [3]Auf die Prüfungsstellen finden Artikel 4 Absatz 2 und 3 Absatz 1 sowie Artikel 10 Absatz 2 Buchstabe g der Verordnung (EU) Nr. 537/2014 keine Anwendung.

(5) [1]Kreditinstitute, die Unternehmen von öffentlichem Interesse nach § 316a Satz 2 Nummer 1 oder 2 sind und keinen Aufsichts- oder Verwaltungsrat haben, der die Voraussetzungen des § 100 Absatz 5 des Aktiengesetzes erfüllen muss, haben § 324 anzuwenden, auch wenn sie nicht in der Rechtsform einer Kapitalgesellschaft oder einer Personenhandelsgesellschaft im Sinne des § 264a Absatz 1 betrieben werden. [2]Dies gilt für Sparkassen im Sinn des Absatzes 3 sowie sonstige landesrechtliche öffentlich-rechtliche Kreditinstitute nur, soweit das Landesrecht nichts anderes vorsieht. [3]§ 36 Absatz 4 und § 53 Absatz 3 des Genossenschaftsgesetzes bleiben unberührt. [4]§ 324 Absatz 3 Satz 1 ist nicht anwendbar auf Kreditinstitute in der Rechtsform der Genossenschaft, auf Sparkassen und auf sonstige landesrechtliche öffentlich-rechtliche Kreditinstitute.

Siebenter Titel. Offenlegung

§ 340l [Offenlegung]

(1) [1]Kreditinstitute haben den Jahresabschluß und den Lagebericht sowie den Konzernabschluß und den Konzernlagebericht und die anderen in § 325 bezeichneten Unterlagen, sofern sie zu erstellen sind, in deutscher Sprache nach § 325 Absatz 1 Satz 2 und Absatz 1a bis 5 sowie den §§ 327a und 328 offenzulegen; § 329 Absatz 1, 2 und 4 ist entsprechend anzuwenden. [2]Kreditinstitute, die nicht Zweigniederlassungen sind, haben die in Satz 1 bezeichneten Unterlagen außerdem in jedem anderen Mitgliedstaat der Europäischen Gemeinschaft und in jedem anderen Vertragsstaat des Abkommens über den Europäischen Wirtschaftsraum offenzulegen, in dem sie eine Zweigniederlassung errichtet haben. [3]Die Offenlegung nach Satz 2 richtet sich nach dem Recht des jeweiligen Mitgliedstaats oder Vertragsstaats.

(2) [1]Zweigniederlassungen im Geltungsbereich dieses Gesetzes von Unternehmen mit Sitz in einem anderen Staat haben die in Absatz 1 Satz 1 bezeichneten Unterlagen ihrer Hauptniederlassung, die nach deren Recht aufgestellt und geprüft worden sind, nach § 325 Absatz 1 Satz 2 und Absatz 1a bis 5 sowie den §§ 327a und 328 offenzulegen; § 329 ist entsprechend anzuwenden. [2]Unternehmen mit Sitz in einem Drittstaat im Sinn des § 3 Abs. 1 Satz 1 der Wirtschaftsprüferordnung, deren Wertpapiere im Sinn des § 2 Absatz 1 des Wertpapierhandelsgesetzes an einer inländischen Börse zum Handel am regulierten Markt zugelassen sind, haben zudem eine Bescheinigung der Wirtschaftsprüferkammer gemäß § 134 Abs. 2a der Wirtschaftsprüferordnung über die Eintragung des Abschlussprüfers oder eine Bestätigung der Wirtschaftsprüferkammer gemäß § 134 Abs. 4 Satz 8 der

Wirtschaftsprüferordnung über die Befreiung von der Eintragungsverpflichtung offenzulegen. [3]Satz 2 ist nicht anzuwenden, soweit ausschließlich Schuldtitel im Sinne des § 2 Absatz 1 Nummer 3 des Wertpapierhandelsgesetzes
1. mit einer Mindeststückelung zu je 100 000 Euro oder einem entsprechenden Betrag anderer Währung an einer inländischen Börse zum Handel am regulierten Markt zugelassen sind oder
2. mit einer Mindeststückelung zu je 50 000 Euro oder einem entsprechenden Betrag anderer Währung an einer inländischen Börse zum Handel am regulierten Markt zugelassen sind und diese Schuldtitel vor dem 31. Dezember 2010 begeben worden sind.

[4]Zweigniederlassungen im Geltungsbereich dieses Gesetzes von Unternehmen mit Sitz in einem Staat, der nicht Mitglied der Europäischen Gemeinschaft und auch nicht Vertragsstaat des Abkommens über den Europäischen Wirtschaftsraum ist, brauchen auf ihre eigene Geschäftstätigkeit bezogene gesonderte Rechnungslegungsunterlagen nach Absatz 1 Satz 1 nicht offenzulegen, sofern die nach den Sätzen 1 und 2 offenzulegenden Unterlagen nach einem an die Richtlinie 86/635/EWG angepaßten Recht aufgestellt und geprüft worden oder den nach einem dieser Rechte aufgestellten Unterlagen gleichwertig sind. [5]Die Unterlagen sind in deutscher Sprache zu übermitteln. [6]Soweit dies nicht die Amtssprache am Sitz der Hauptniederlassung ist, können die Unterlagen der Hauptniederlassung auch
1. in englischer Sprache oder
2. in einer von dem Register der Hauptniederlassung beglaubigten Abschrift oder,
3. wenn eine dem Register vergleichbare Einrichtung nicht vorhanden oder diese nicht zur Beglaubigung befugt ist, in einer von einem Wirtschaftsprüfer bescheinigten Abschrift, verbunden mit der Erklärung, dass entweder eine dem Register vergleichbare Einrichtung nicht vorhanden oder diese nicht zur Beglaubigung befugt ist,

übermittelt werden; von der Beglaubigung des Registers ist eine beglaubigte Übersetzung in deutscher Sprache zu übermitteln.

(3) § 339 ist auf Kreditinstitute, die Genossenschaften sind, nicht anzuwenden.

(4) Macht ein Kreditinstitut von dem Wahlrecht nach § 325 Absatz 2a Satz 1 Gebrauch, sind § 325 Absatz 2a Satz 3 und 5 mit folgenden Maßgaben anzuwenden:
1. Die in § 325 Abs. 2a Satz 3 genannten Vorschriften des Ersten Unterabschnitts des Zweiten Abschnitts des Dritten Buchs sind auch auf Kreditinstitute anzuwenden, die nicht in der Rechtsform einer Kapitalgesellschaft betrieben werden.
2. § 285 Nummer 8 Buchstabe b findet keine Anwendung; der Personalaufwand des Geschäftsjahrs ist jedoch im Anhang zum Einzelabschluss nach § 325 Absatz 2a gemäß der Gliederung nach Formblatt 3 im Posten Allgemeine Verwaltungsaufwendungen Unterposten Buchstabe a Personalaufwand der Kreditinstituts-Rechnungslegungsverordnung in der Fassung der Bekanntmachung vom 11. Dezember 1998 (BGBl. I S. 3658) in der jeweils geltenden Fassung anzugeben, sofern diese Angaben nicht gesondert in der Gewinn- und Verlustrechnung erscheinen.
3. An Stelle des § 285 Nr. 9 Buchstabe c gilt § 34 Abs. 2 Nr. 2 der Kreditinstituts-Rechnungslegungsverordnung in der Fassung der Bekanntmachung vom 11. Dezember 1998 (BGBl. I S. 3658) in der jeweils geltenden Fassung.
4. Für den Anhang gilt zusätzlich die Vorschrift des § 340a Abs. 4.
5. Im Übrigen finden die Bestimmungen des Zweiten bis Vierten Titels dieses Unterabschnitts sowie der Kreditinstituts-Rechnungslegungsverordnung keine Anwendung.

Achter Titel. Straf- und Bußgeldvorschriften, Ordnungsgelder

§ 340m Strafvorschriften

(1) [1]Die Strafvorschriften der §§ 331 bis 333 sind auch auf nicht in der Rechtsform einer Kapitalgesellschaft betriebene Kreditinstitute, auf Finanzdienstleistungsinstitute im Sinne des § 340 Absatz 4, auf Wertpapierinstitute im Sinne des § 340 Absatz 4a Satz 1 sowie auf Institute im Sinne des § 340 Absatz 5 anzuwenden. [2]§ 331 ist darüber hinaus auch anzuwenden auf die Verletzung von Pflichten durch
1. den Geschäftsleiter (§ 1 Absatz 2 des Kreditwesengesetzes) eines nicht in der Rechtsform der Kapitalgesellschaft betriebenen Kreditinstituts oder Finanzdienstleistungsinstituts im Sinne des § 340 Absatz 4 Satz 1,

1a. den Geschäftsleiter (§ 2 Absatz 36 des Wertpapierinstitutsgesetzes) eines nicht in der Rechtsform der Kapitalgesellschaft betriebenen Wertpapierinstituts im Sinne des § 340 Absatz 4a Satz 1,
2. den Geschäftsleiter (§ 1 Absatz 8 Satz 1 und 2 des Zahlungsdiensteaufsichtsgesetzes) eines nicht in der Rechtsform der Kapitalgesellschaft betriebenen Instituts im Sinne des § 340 Absatz 5,
3. den Inhaber eines in der Rechtsform des Einzelkaufmanns betriebenen Finanzdienstleistungsinstituts im Sinne des § 340 Absatz 4 Satz 1 oder Wertpapierinstituts im Sinne des § 340 Absatz 4a Satz 1 und
4. den Geschäftsleiter im Sinne des § 53 Absatz 2 Nummer 1 des Kreditwesengesetzes.

(2) Mit Freiheitsstrafe bis zu einem Jahr oder mit Geldstrafe wird bestraft, wer als Mitglied eines nach § 340k Absatz 5 Satz 1 in Verbindung mit § 324 Absatz 1 Satz 1 eingerichteten Prüfungsausschusses eines Kreditinstituts im Sinne des § 340 Absatz 1 Satz 1, eines Finanzdienstleistungsinstituts im Sinne des § 340 Absatz 4 Satz 1, eines Wertpapierinstituts im Sinne des § 340 Absatz 4a Satz 1 oder eines Instituts im Sinne des § 1 Absatz 3 des Zahlungsdiensteaufsichtsgesetzes
1. eine in § 340n Absatz 2a bezeichnete Handlung begeht und dafür einen Vermögensvorteil erhält oder sich versprechen lässt oder
2. eine in § 340n Absatz 2a bezeichnete Handlung beharrlich wiederholt.

(3) § 335c Absatz 2 gilt in den Fällen des Absatzes 1 Satz 1 in Verbindung mit § 332 oder § 333 und des Absatzes 2 entsprechend.

§ 340n Bußgeldvorschriften

(1) [1]Ordnungswidrig handelt, wer als Geschäftsleiter im Sinne des § 1 Absatz 2 oder des § 53 Absatz 2 Nummer 1 des Kreditwesengesetzes eines Kreditinstituts oder Finanzdienstleistungsinstituts im Sinne des § 340 Absatz 4 Satz 1 oder als Geschäftsleiter im Sinne des § 2 Absatz 36 des Wertpapierinstitutsgesetzes eines Wertpapierinstituts im Sinne des § 340 Absatz 4a Satz 1 oder als Geschäftsleiter im Sinne des § 1 Absatz 8 Satz 1 und 2 des Zahlungsdiensteaufsichtsgesetzes eines Instituts im Sinne des § 1 Absatz 3 des Zahlungsdiensteaufsichtsgesetzes oder als Inhaber eines in der Rechtsform des Einzelkaufmanns betriebenen Finanzdienstleistungsinstituts im Sinne des § 340 Absatz 4 Satz 1 oder Wertpapierinstituts im Sinne des § 340 Absatz 4a Satz 1 oder als Mitglied des Aufsichtsrats eines der vorgenannten Unternehmen
1. bei der Aufstellung oder Feststellung des Jahresabschlusses oder bei der Aufstellung des Zwischenabschlusses gemäß § 340a Abs. 3 einer Vorschrift
   a) des § 243 Abs. 1 oder 2, der §§ 244, 245, 246 Abs. 1 oder 2, dieser in Verbindung mit § 340a Abs. 2 Satz 3, des § 246 Abs. 3 Satz 1, des § 247 Abs. 2 oder 3, der §§ 248, 249 Abs. 1 Satz 1 oder Abs. 2, des § 250 Abs. 1 oder Abs. 2, des § 264 Absatz 1a oder Absatz 2, des § 340b Abs. 4 oder 5 oder des § 340c Abs. 1 über Form oder Inhalt,
   b) des § 253 Abs. 1 Satz 1, 2, 3 oder 4, Abs. 2 Satz 1, auch in Verbindung mit Satz 2, Absatz 3 Satz 1, 2, 3, 4 oder Satz 5, Abs. 4 oder 5, der §§ 254, 256a, 340e Abs. 1 Satz 1 oder 2, Abs. 3 Satz 1, 2, 3 oder 4 Halbsatz 2, Abs. 4 Satz 1 oder 2, des § 340f Abs. 1 Satz 2 oder des § 340g Abs. 2 über die Bewertung,
   c) des § 265 Abs. 2, 3 oder 4, des § 268 Abs. 3 oder 6, der §§ 272, 274 oder des § 277 Abs. 3 Satz 2 über die Gliederung,
   d) des § 284 Absatz 1, 2 Nummer 1, 2 oder Nummer 4, Absatz 3 oder des § 285 Nummer 3, 3a, 7, 9 Buchstabe a oder Buchstabe b, Nummer 10 bis 11b, 13 bis 15a, 16 bis 26, 28 bis 33 oder Nummer 34 über die im Anhang zu machenden Angaben,
2. bei der Aufstellung des Konzernabschlusses oder des Konzernzwischenabschlusses gemäß § 340i Abs. 4 einer Vorschrift
   a) des § 294 Abs. 1 über den Konsolidierungskreis,
   b) des § 297 Absatz 1a, 2 oder Absatz 3 oder des § 340i Abs. 2 Satz 1 in Verbindung mit einer der in Nummer 1 Buchstabe a bezeichneten Vorschriften über Form oder Inhalt,
   c) des § 300 über die Konsolidierungsgrundsätze oder das Vollständigkeitsgebot,
   d) des § 308 Abs. 1 Satz 1 in Verbindung mit den in Nummer 1 Buchstabe b bezeichneten Vorschriften, des § 308 Abs. 2 oder des § 308a über die Bewertung,

e) des § 311 Abs. 1 Satz 1 in Verbindung mit § 312 über die Behandlung assoziierter Unternehmen oder
f) des § 308 Abs. 1 Satz 3, des § 313 oder des § 314 über die im Konzernanhang zu machenden Angaben,
3. bei der Aufstellung des Lageberichts oder der Erstellung eines gesonderten nichtfinanziellen Berichts einer Vorschrift des § 289 oder des § 289a, des § 289f, auch in Verbindung mit § 340a Absatz 1b, oder des § 340a Absatz 1a, auch in Verbindung mit § 289b Absatz 2 oder 3 oder mit den §§ 289c, 289d oder § 289e Absatz 2, über den Inhalt des Lageberichts oder des gesonderten nichtfinanziellen Berichts,
4. bei der Aufstellung des Konzernlageberichts oder der Erstellung eines gesonderten nichtfinanziellen Konzernberichts einer Vorschrift des § 315 oder des § 315a, des § 315d, auch in Verbindung mit § 340i Absatz 6, oder des § 340i Absatz 5, auch in Verbindung mit § 315b Absatz 2 oder 3 oder § 315c, über den Inhalt des Konzernlageberichts oder des gesonderten nichtfinanziellen Konzernberichts,
5. bei der Offenlegung, Veröffentlichung oder Vervielfältigung einer Vorschrift des § 328 über Form, Format oder Inhalt oder
6. einer auf Grund des § 330 Abs. 2 in Verbindung mit Abs. 1 Satz 1 erlassenen Rechtsverordnung, soweit sie für einen bestimmten Tatbestand auf diese Bußgeldvorschrift verweist,

zuwiderhandelt. [2]In den Fällen des Satzes 1 Nummer 3 wird eine Zuwiderhandlung gegen eine Vorschrift des § 289f Absatz 2 Nummer 4, auch in Verbindung mit Absatz 3 oder 4 Satz 1, nicht dadurch ausgeschlossen, dass die Festlegungen oder Begründungen nach § 76 Absatz 4 oder § 111 Absatz 5 des Aktiengesetzes, nach § 36 oder § 52 Absatz 2 des Gesetzes betreffend die Gesellschaften mit beschränkter Haftung oder nach § 9 Absatz 3 oder 4 des Genossenschaftsgesetzes ganz oder zum Teil unterblieben sind. [3]In den Fällen des Satzes 1 Nummer 4 wird eine Zuwiderhandlung gegen eine Vorschrift des § 315d in Verbindung mit § 289f Absatz 2 Nummer 4 nicht dadurch ausgeschlossen, dass die Festlegungen oder Begründungen nach § 76 Absatz 4 oder § 111 Absatz 5 des Aktiengesetzes ganz oder zum Teil unterblieben sind.

(2) [1]Ordnungswidrig handelt, wer einen Bestätigungsvermerk nach § 322 Absatz 1 erteilt zu dem Abschluss
1. eines Instituts, das ein Unternehmen von öffentlichem Interesse nach § 316a Satz 2 Nummer 1 oder 2 ist, oder
2. eines Instituts, das nicht in Nummer 1 genannt ist,

obwohl nach § 319 Absatz 2 oder 3, jeweils auch in Verbindung mit Absatz 5, oder nach § 319b Absatz 1 Satz 1 oder 2, jeweils auch in Verbindung mit Absatz 2, er, nach § 319 Absatz 4 Satz 1 oder 2, jeweils auch in Verbindung mit Absatz 5, oder nach § 319b Absatz 1 Satz 1 oder 2, jeweils auch in Verbindung mit Absatz 2, die Wirtschaftsprüfungsgesellschaft oder die Buchführungsgesellschaft, für die er tätig wird, oder nach § 340k Absatz 2 Satz 1 und 2 oder Absatz 3 Satz 2 erster Halbsatz der Prüfungsverband oder die Prüfungsstelle, für den oder für die er tätig wird, nicht Abschlussprüfer sein darf. [2]Ordnungswidrig handelt auch, wer einen Bestätigungsvermerk nach § 322 Absatz 1 erteilt zu dem Abschluss eines Instituts, das ein Unternehmen von öffentlichem Interesse nach § 316a Satz 2 Nummer 1 oder 2 ist, obwohl
1. er oder die Prüfungsgesellschaft, für die er tätig wird, oder ein Mitglied des Netzwerks, dem er oder die Prüfungsgesellschaft, für die er tätig wird, angehört, einer Vorschrift des Artikels 5 Absatz 4 Absatz 1 Satz 1 oder Absatz 5 Absatz 2 Satz 2 der Verordnung (EU) Nr. 537/2014 zuwiderhandelt oder
2. er oder die Prüfungsgesellschaft, für die er tätig wird, nach Artikel 17 Absatz 3 der Verordnung (EU) Nr. 537/2014 die Abschlussprüfung nicht durchführen darf.

[3]Abschluss im Sinne der Sätze 1 und 2 ist ein Jahresabschluss, ein Einzelabschluss nach § 325 Absatz 2a oder ein Konzernabschluss, der aufgrund gesetzlicher Vorschriften zu prüfen ist. [4]Institut im Sinne der Sätze 1 und 2 ist ein Kreditinstitut im Sinne des § 340 Absatz 1 Satz 1, ein Finanzdienstleistungsinstitut im Sinne des § 340 Absatz 4 Satz 1, ein Wertpapierinstitut im Sinne des § 340 Absatz 4a Satz 1 oder ein Institut im Sinne des § 1 Absatz 3 des Zahlungsdiensteaufsichtsgesetzes.

(2a) Ordnungswidrig handelt, wer
1. als Mitglied eines nach § 324 Absatz 1 Satz 1, auch in Verbindung mit § 340k Absatz 5 Satz 1, eingerichteten Prüfungsausschusses eines Instituts im Sinne des Absatzes 2 Satz 4, das keine Sparkasse ist,

a) die Unabhängigkeit des Abschlussprüfers oder der Prüfungsgesellschaft nicht nach Maßgabe des Artikels 4 Absatz 3 Absatz 2, des Artikels 5 Absatz 4 Absatz 1 Satz 1 oder des Artikels 6 Absatz 2 der Verordnung (EU) Nr. 537/2014 überwacht,
b) eine Empfehlung für die Bestellung eines Abschlussprüfers oder einer Prüfungsgesellschaft vorlegt, die den Anforderungen nach Artikel 16 Absatz 2 Absatz 2 oder 3 der Verordnung (EU) Nr. 537/2014 nicht entspricht oder der ein Auswahlverfahren nach Artikel 16 Absatz 3 Absatz 1 der Verordnung (EU) Nr. 537/2014 nicht vorangegangen ist, oder
c) den Gesellschaftern oder der sonst für die Bestellung des Abschlussprüfers zuständigen Stelle einen Vorschlag für die Bestellung eines Abschlussprüfers oder einer Prüfungsgesellschaft vorlegt, der den Anforderungen nach Artikel 16 Absatz 5 Absatz 1 der Verordnung (EU) Nr. 537/2014 nicht entspricht, oder

2. als Mitglied eines nach § 340k Absatz 5 in Verbindung mit § 324 Absatz 1 Satz 1 eingerichteten Prüfungsausschusses eines Instituts im Sinne des Absatzes 2 Satz 4, das eine Sparkasse ist, die Unabhängigkeit der in § 340k Absatz 3 Satz 2 zweiter Halbsatz genannten Personen nicht nach Maßgabe des Artikels 5 Absatz 4 Absatz 1 Satz 1 der Verordnung (EU) Nr. 537/2014 in Verbindung mit § 340k Absatz 3 Satz 2 oder nach Maßgabe des Artikels 6 Absatz 2 der Verordnung (EU) Nr. 537/2014 überwacht.

(3) [1]Die Ordnungswidrigkeit kann in den Fällen des Absatzes 2 Satz 1 Nummer 1 und Satz 2 sowie des Absatzes 2a mit einer Geldbuße bis zu fünfhunderttausend Euro, in den Fällen der Absätze 1 und 2 Satz 1 Nummer 2 mit einer Geldbuße bis zu fünfzigtausend Euro geahndet werden. [2]Ist das Kreditinstitut kapitalmarktorientiert im Sinne des § 264d, beträgt die Geldbuße in den Fällen des Absatzes 1 höchstens den höheren der folgenden Beträge:

1. zwei Millionen Euro oder
2. das Zweifache des aus der Ordnungswidrigkeit gezogenen wirtschaftlichen Vorteils, wobei der wirtschaftliche Vorteil erzielte Gewinne und vermiedene Verluste umfasst und geschätzt werden kann.

(3a) [1]Wird gegen ein Kreditinstitut, das kapitalmarktorientiert im Sinne des § 264d ist, in den Fällen des Absatzes 1 eine Geldbuße nach § 30 des Gesetzes über Ordnungswidrigkeiten verhängt, beträgt diese Geldbuße höchstens den höchsten der folgenden Beträge:

1. zehn Millionen Euro,
2. 5 Prozent des jährlichen Gesamtumsatzes, den das Kreditinstitut im der Behördenentscheidung vorausgegangenen Geschäftsjahr erzielt hat oder
3. das Zweifache des aus der Ordnungswidrigkeit gezogenen wirtschaftlichen Vorteils, wobei der wirtschaftliche Vorteil erzielte Gewinne und vermiedene Verluste umfasst und geschätzt werden kann.

[2]In den Fällen des Absatzes 3 Satz 1 in Verbindung mit Absatz 2 Satz 1 Nummer 1 oder Satz 2 ist § 30 Absatz 2 Satz 3 des Gesetzes über Ordnungswidrigkeiten anzuwenden.

(3b) [1]Gesamtumsatz im Sinne des Absatzes 3a Satz 1 Nummer 2 ist

1. im Falle von Kreditinstituten, die ihren Jahresabschluss nach den handelsrechtlichen Vorschriften oder dem Recht eines anderen Mitgliedstaats der Europäischen Union oder eines anderen Vertragsstaats des Abkommens über den Europäischen Wirtschaftsraum im Einklang mit der Richtlinie 86/635/EWG des Rates vom 8. Dezember 1986 über den Jahresabschluß und den konsolidierten Abschluß von Banken und anderen Finanzinstituten (ABl. L 372 vom 31.12.1986, S. 1; L 316 vom 23.11.1988, S. 51), die zuletzt durch die Richtlinie 2006/46/EG (ABl. L 224 vom 16.8.2006, S. 1) geändert worden ist, aufstellen, der Gesamtbetrag derjenigen Posten, die nach den auf das Kreditinstitut anwendbaren handelsrechtlichen Vorschriften oder nach dem auf das Kreditinstitut anwendbaren nationalen Recht den in Artikel 27 Nummer 1, 3, 4, 6 und 7 oder Artikel 28 Buchstabe B Nummer 1 bis 4 und 7 der Richtlinie 86/635/EWG genannten Posten entsprechen,
2. in Fällen, die nicht in Nummer 1 genannt sind, der Betrag der Umsatzerlöse, der sich bei Anwendung der Rechnungslegungsgrundsätze ergibt, die nach dem jeweiligen nationalen Recht für die Aufstellung des Jahresabschlusses des Unternehmens gelten.

[2]Handelt es sich bei dem Kreditinstitut um ein Mutterunternehmen oder um ein Tochterunternehmen im Sinne des § 290, ist anstelle des Gesamtumsatzes des Kreditinstituts der jeweilige Gesamtbetrag im Konzernabschluss des Mutterunternehmens maßgeblich, der für den größten Kreis von Unternehmen aufgestellt wird. [3]Ist ein Jahres- oder Konzernab-

schluss für das maßgebliche Geschäftsjahr nicht verfügbar, ist der Jahres- oder Konzernabschluss für das unmittelbar vorausgehende Geschäftsjahr maßgeblich; ist auch dieser nicht verfügbar, kann der Gesamtumsatz geschätzt werden.

(4) Verwaltungsbehörde im Sinn des § 36 Abs. 1 Nr. 1 des Gesetzes über Ordnungswidrigkeiten ist in den Fällen der Absätze 1 und 2a die Bundesanstalt für Finanzdienstleistungsaufsicht, in den Fällen des Absatzes 2 die Abschlussprüferaufsichtsstelle beim Bundesamt für Wirtschaft und Ausfuhrkontrolle.

(5) Die Bundesanstalt für Finanzdienstleistungsaufsicht übermittelt der Abschlussprüferaufsichtsstelle beim Bundesamt für Wirtschaft und Ausfuhrkontrolle alle Bußgeldentscheidungen nach Absatz 2a.

§ 340o Festsetzung von Ordnungsgeld

(1) Personen, die

1. als Geschäftsleiter im Sinne des § 1 Absatz 2 des Kreditwesengesetzes eines Kreditinstituts oder Finanzdienstleistungsinstituts im Sinne des § 340 Absatz 4 Satz 1 oder als Geschäftsleiter im Sinne des § 2 Absatz 36 des Wertpapierinstitutsgesetzes eines Wertpapierinstituts im Sinne des § 340 Absatz 4a Satz 1 oder als Geschäftsleiter im Sinne des § 1 Absatz 8 Satz 1 und 2 des Zahlungsdiensteaufsichtsgesetzes eines Instituts im Sinne des § 1 Absatz 3 des Zahlungsdiensteaufsichtsgesetzes oder als Inhaber eines in der Rechtsform des Einzelkaufmanns betriebenen Finanzdienstleistungsinstituts im Sinne des § 340 Absatz 4 Satz 1 oder Wertpapierinstituts im Sinne des § 340 Absatz 4a Satz 1 den § 340l Absatz 1 Satz 1 in Verbindung mit § 325 Absatz 1 Satz 2 und Absatz 1a bis 5 über die Pflicht zur Offenlegung des Jahresabschlusses, des Lageberichts, des Konzernabschlusses, des Konzernlageberichts und anderer Unterlagen der Rechnungslegung oder
2. als Geschäftsleiter von Zweigniederlassungen im Sinn des § 53 Abs. 1 des Kreditwesengesetzes § 340l Abs. 1 oder Abs. 2 über die Offenlegung der Rechnungslegungsunterlagen

nicht befolgen, sind hierzu vom Bundesamt für Justiz durch Festsetzung von Ordnungsgeld anzuhalten.

(2) Die §§ 335 bis 335b sind mit der Maßgabe entsprechend anzuwenden, dass Gesamtumsatz im Sinne des § 335 Absatz 1a Satz 1 Nummer 2 Folgendes ist:

1. im Falle von Unternehmen, die ihren Jahresabschluss nach den handelsrechtlichen Vorschriften oder dem Recht eines anderen Mitgliedstaats der Europäischen Union oder eines anderen Vertragsstaats des Abkommens über den Europäischen Wirtschaftsraum im Einklang mit der Richtlinie 86/635/EWG aufstellen, der Gesamtbetrag derjenigen Posten, die nach den auf das Unternehmen anwendbaren handelsrechtlichen Vorschriften oder nach dem auf das Unternehmen anwendbaren nationalen Recht den in Artikel 27 Nummer 1, 3, 4, 6 und 7 oder Artikel 28 Buchstabe B Nummer 1 bis 4 und 7 der Richtlinie 86/635/EWG genannten Posten entsprechen,
2. in Fällen, die nicht in Nummer 1 genannt sind, der Betrag der Umsatzerlöse, der sich bei Anwendung der Rechnungslegungsgrundsätze ergibt, die nach dem jeweiligen nationalen Recht für die Aufstellung des Jahresabschlusses des Unternehmens gelten.

Zweiter Unterabschnitt. Ergänzende Vorschriften für Versicherungsunternehmen und Pensionsfonds

Erster Titel. Anwendungsbereich

§ 341 [Anwendungsbereich]

(1) [1]Dieser Unterabschnitt ist, soweit nichts anderes bestimmt ist, auf Unternehmen, die den Betrieb von Versicherungsgeschäften zum Gegenstand haben und nicht Träger der Sozialversicherung sind (Versicherungsunternehmen), anzuwenden. [2]Dies gilt nicht für solche Versicherungsunternehmen, die auf Grund von Gesetz, Tarifvertrag oder Satzung ausschließlich für ihre Mitglieder oder die durch Gesetz oder Satzung begünstigten Personen Leistungen erbringen oder als nicht rechtsfähige Einrichtungen ihre Aufwendungen im Umlageverfahren decken, es sei denn, sie sind Aktiengesellschaften, Versicherungsvereine auf Gegenseitigkeit oder rechtsfähige kommunale Schadenversicherungsunternehmen.

(2) [1]Versicherungsunternehmen im Sinne des Absatzes 1 sind auch Niederlassungen im Geltungsbereich dieses Gesetzes von Versicherungsunternehmen mit Sitz in einem anderen Staat, wenn sie zum Betrieb des Direktversicherungsgeschäfts der Erlaubnis durch die deutsche Versicherungsaufsichtsbehörde bedürfen. [2]Niederlassungen von Versicherungsunternehmen mit Sitz in einem Mitgliedstaat der Europäischen Union oder einem anderen Vertragsstaat des Abkommens über den Europäischen Wirtschaftsraum, die keiner Erlaubnis zum Betrieb des Direktversicherungsgeschäfts durch die deutsche Versicherungsaufsichtsbehörde bedürfen, haben die ergänzenden Vorschriften über den Ansatz und die Bewertung von Vermögensgegenständen und Schulden des Ersten bis Vierten Titels dieses Unterabschnitts und der Versicherungsunternehmens-Rechnungslegungsverordnung in ihrer jeweils geltenden Fassung anzuwenden.

(3) Zusätzliche Anforderungen auf Grund von Vorschriften, die wegen der Rechtsform oder für Niederlassungen bestehen, bleiben unberührt.

(4) [1]Die Vorschriften des Ersten bis Siebenten Titels dieses Unterabschnitts sind mit Ausnahme von Absatz 1 Satz 2 auf Pensionsfonds (§ 236 Absatz 1 des Versicherungsaufsichtsgesetzes) entsprechend anzuwenden. [2]§ 341d ist mit der Maßgabe anzuwenden, dass Kapitalanlagen für Rechnung und Risiko von Arbeitnehmern und Arbeitgebern mit dem Zeitwert unter Berücksichtigung des Grundsatzes der Vorsicht zu bewerten sind; §§ 341b, 341c sind insoweit nicht anzuwenden.

Zweiter Titel. Jahresabschluß, Lagebericht

§ 341a Anzuwendende Vorschriften

(1) [1]Versicherungsunternehmen haben einen Jahresabschluß und einen Lagebericht nach den für große Kapitalgesellschaften geltenden Vorschriften des Ersten Unterabschnitts des Zweiten Abschnitts in den ersten vier Monaten des Geschäftsjahres für das vergangene Geschäftsjahr aufzustellen und dem Abschlußprüfer zur Durchführung der Prüfung vorzulegen; die Frist des § 264 Abs. 1 Satz 3 gilt nicht. [2]Ist das Versicherungsunternehmen eine Kapitalgesellschaft im Sinn des § 325 Abs. 4 Satz 1 und nicht zugleich im Sinn des § 327a, beträgt die Frist nach Satz 1 vier Monate.

(1a) [1]Ein Versicherungsunternehmen hat seinen Lagebericht um eine nichtfinanzielle Erklärung zu erweitern, wenn es in entsprechender Anwendung des § 267 Absatz 3 Satz 1 und Absatz 4 bis 5 als groß gilt und im Jahresdurchschnitt mehr als 500 Arbeitnehmer beschäftigt. [2]Wenn die nichtfinanzielle Erklärung einen besonderen Abschnitt des Lageberichts bildet, darf das Versicherungsunternehmen auf die an anderer Stelle im Lagebericht enthaltenen nichtfinanziellen Angaben verweisen. [3]§ 289b Absatz 2 bis 4 und die §§ 289c bis 289e sind entsprechend anzuwenden.

(1b) Ein Versicherungsunternehmen, das nach Absatz 1 in Verbindung mit § 289f Absatz 1 eine Erklärung zur Unternehmensführung zu erstellen hat, hat darin Angaben nach § 289f Absatz 2 Nummer 6 aufzunehmen, wenn es in entsprechender Anwendung des § 267 Absatz 3 Satz 1 und Absatz 4 bis 5 als groß gilt.

(2) [1]§ 264 Absatz 3, § 265 Absatz 6, §§ 267, 268 Abs. 4 Satz 1, Abs. 5 Satz 1 und 2, §§ 276, 277 Abs. 1 und 2, § 285 Nr. 8 Buchstabe a und § 288 sind nicht anzuwenden. [2]Anstelle von § 247 Abs. 1, §§ 251, 265 Abs. 7, §§ 266, 268 Absatz 7, §§ 275, 284 Absatz 3, § 285 Nummer 4 und 8 Buchstabe b sowie § 286 Abs. 2 sind die durch Rechtsverordnung erlassenen Formblätter und anderen Vorschriften anzuwenden. [3]§ 246 Abs. 2 ist nicht anzuwenden, soweit abweichende Vorschriften bestehen. [4]§ 285 Nr. 3a gilt mit der Maßgabe, daß die Angaben für solche finanzielle Verpflichtungen nicht zu machen sind, die im Rahmen des Versicherungsgeschäfts entstehen. [5]§ 285 Nummer 31 ist nicht anzuwenden; unter den Posten „außerordentliche Erträge" und „außerordentliche Aufwendungen" sind Erträge und Aufwendungen auszuweisen, die außerhalb der gewöhnlichen Geschäftstätigkeit anfallen. [6]Im Anhang sind diese Posten hinsichtlich ihres Betrags und ihrer Art zu erläutern, soweit die ausgewiesenen Beträge für die Beurteilung der Ertragslage nicht von untergeordneter Bedeutung sind.

(3) Auf Krankenversicherungsunternehmen, die das Krankenversicherungsgeschäft ausschließlich oder überwiegend nach Art der Lebensversicherung betreiben, sind die für die Rechnungslegung der Lebensversicherungsunternehmen geltenden Vorschriften entsprechend anzuwenden.

(4) Auf Versicherungsunternehmen, die nicht Aktiengesellschaften, Kommanditgesellschaften auf Aktien oder kleinere Vereine sind, sind § 152 Abs. 2 und 3 sowie die §§ 170 bis 176 des Aktiengesetzes entsprechend anzuwenden.

(5) [1]Bei Versicherungsunternehmen, die ausschließlich die Rückversicherung betreiben oder deren Beiträge aus in Rückdeckung übernommenen Versicherungen die übrigen Beiträge übersteigen, verlängert sich die in Absatz 1 Satz 1 erster Halbsatz genannte Frist von vier Monaten auf zehn Monate, sofern das Geschäftsjahr mit dem Kalenderjahr übereinstimmt; die Hauptversammlung oder die Versammlung der obersten Vertretung, die den Jahresabschluß entgegennimmt oder festzustellen hat, muß abweichend von § 175 Abs. 1 Satz 2 des Aktiengesetzes spätestens 14 Monate nach dem Ende des vergangenen Geschäftsjahres stattfinden. [2]Die Frist von vier Monaten nach Absatz 1 Satz 2 verlängert sich in den Fällen des Satzes 1 nicht.

Dritter Titel. Bewertungsvorschriften

§ 341b Bewertung von Vermögensgegenständen

(1) [1]Versicherungsunternehmen haben immaterielle Vermögensgegenstände, soweit sie entgeltlich erworben wurden, Grundstücke, grundstücksgleiche Rechte und Bauten einschließlich der Bauten auf fremden Grundstücken, technische Anlagen und Maschinen, andere Anlagen, Betriebs- und Geschäftsausstattung, Anlagen im Bau und Vorräte nach den für das Anlagevermögen geltenden Vorschriften zu bewerten. [2]Satz 1 ist vorbehaltlich Absatz 2 und § 341c auch auf Kapitalanlagen anzuwenden, soweit es sich hierbei um Beteiligungen, Anteile an verbundenen Unternehmen, Ausleihungen an verbundene Unternehmen oder an Unternehmen, mit denen ein Beteiligungsverhältnis besteht, Namensschuldverschreibungen, Hypothekendarlehen und andere Forderungen und Rechte, sonstige Ausleihungen und Depotforderungen aus dem in Rückdeckung übernommenen Versicherungsgeschäft handelt. [3]§ 253 Absatz 3 Satz 6 ist nur auf die in Satz 2 bezeichneten Vermögensgegenstände anzuwenden.

(2) Auf Kapitalanlagen, soweit es sich hierbei um Aktien einschließlich der eigenen Anteile, Anteile oder Aktien an Investmentvermögen sowie sonstige festverzinsliche und nicht festverzinsliche Wertpapiere handelt, sind die für das Umlaufvermögen geltenden § 253 Abs. 1 Satz 1, Abs. 4 und 5, § 256 anzuwenden, es sei denn, dass sie dazu bestimmt werden, dauernd dem Geschäftsbetrieb zu dienen; in diesem Fall sind sie nach den für das Anlagevermögen geltenden Vorschriften zu bewerten.

(3) § 256 Satz 2 in Verbindung mit § 240 Abs. 3 über die Bewertung zum Festwert ist auf Grundstücke, Bauten und im Bau befindliche Anlagen nicht anzuwenden.

(4) Verträge, die von Pensionsfonds bei Lebensversicherungsunternehmen zur Deckung von Verpflichtungen gegenüber Versorgungsberechtigten eingegangen werden, sind mit dem Zeitwert unter Berücksichtigung des Grundsatzes der Vorsicht zu bewerten; die Absätze 1 bis 3 sind insoweit nicht anzuwenden.

§ 341c Namensschuldverschreibungen, Hypothekendarlehen und andere Forderungen

(1) Abweichend von § 253 Abs. 1 Satz 1 dürfen Namensschuldverschreibungen mit ihrem Nennbetrag angesetzt werden.

(2) [1]Ist der Nennbetrag höher als die Anschaffungskosten, so ist der Unterschiedsbetrag in den Rechnungsabgrenzungsposten auf der Passivseite aufzunehmen, planmäßig aufzulösen und in seiner jeweiligen Höhe in der Bilanz oder im Anhang gesondert anzugeben. [2]Ist der Nennbetrag niedriger als die Anschaffungskosten, darf der Unterschiedsbetrag in den Rechnungsabgrenzungsposten auf der Aktivseite aufgenommen werden; er ist planmäßig aufzulösen und in seiner jeweiligen Höhe in der Bilanz oder im Anhang gesondert anzugeben.

(3) Bei Hypothekendarlehen und anderen Forderungen dürfen die Anschaffungskosten zuzüglich oder abzüglich der kumulierten Amortisation einer Differenz zwischen den Anschaffungskosten und dem Rückzahlungsbetrag unter Anwendung der Effektivzinsmethode angesetzt werden.

§ 341d Anlagestock der fondsgebundenen Lebensversicherung

Kapitalanlagen für Rechnung und Risiko von Inhabern von Lebensversicherungsverträgen, bei denen das Anlagerisiko vom Versicherungsnehmer getragen wird, sind mit dem Zeitwert unter Berücksichtigung des Grundsatzes der Vorsicht zu bewerten; die §§ 341b, 341c sind nicht anzuwenden.

Vierter Titel. Versicherungstechnische Rückstellungen

§ 341e Allgemeine Bilanzierungsgrundsätze

(1) [1]Versicherungsunternehmen haben versicherungstechnische Rückstellungen auch insoweit zu bilden, wie dies nach vernünftiger kaufmännischer Beurteilung notwendig ist, um die dauernde Erfüllbarkeit der Verpflichtungen aus den Versicherungsverträgen sicherzustellen. [2]Dabei sind mit Ausnahme der Vorschriften der §§ 74 bis 87 des Versicherungsaufsichtsgesetzes die im Interesse der Versicherten erlassenen aufsichtsrechtlichen Vorschriften über die bei der Berechnung der Rückstellungen zu verwendenden Rechnungsgrundlagen einschließlich des dafür anzusetzenden Rechnungszinsfußes und über die Zuweisung bestimmter Kapitalerträge zu den Rückstellungen zu berücksichtigen. [3]Die Rückstellungen sind nach den Wertverhältnissen am Abschlussstichtag zu bewerten und nicht nach § 253 Abs. 2 abzuzinsen.

(2) Versicherungstechnische Rückstellungen sind außer in den Fällen der §§ 341f bis 341h insbesondere zu bilden

1. für den Teil der Beiträge, der Ertrag für eine bestimmte Zeit nach dem Abschlußstichtag darstellt (Beitragsüberträge);
2. für erfolgsabhängige und erfolgsunabhängige Beitragsrückerstattungen, soweit die ausschließliche Verwendung der Rückstellung zu diesem Zweck durch Gesetz, Satzung, geschäftsplanmäßige Erklärung oder vertragliche Vereinbarung gesichert ist (Rückstellung für Beitragsrückerstattung);
3. für Verluste, mit denen nach dem Abschlußstichtag aus bis zum Ende des Geschäftsjahres geschlossenen Verträgen zu rechnen ist (Rückstellung für drohende Verluste aus dem Versicherungsgeschäft).

(3) Soweit eine Bewertung nach § 252 Abs. 1 Nr. 3 oder § 240 Abs. 4 nicht möglich ist oder der damit verbundene Aufwand unverhältnismäßig wäre, können die Rückstellungen auf Grund von Näherungsverfahren geschätzt werden, wenn anzunehmen ist, daß diese zu annähernd gleichen Ergebnissen wie Einzelberechnungen führen.

§ 341f Deckungsrückstellung

(1) [1]Deckungsrückstellungen sind für die Verpflichtungen aus dem Lebensversicherungs- und dem nach Art der Lebensversicherung betriebenen Versicherungsgeschäft in Höhe ihres versicherungsmathematisch errechneten Wertes einschließlich bereits zugeteilter Überschußanteile mit Ausnahme der verzinslich angesammelten Überschußanteile und nach Abzug des versicherungsmathematisch ermittelten Barwerts der künftigen Beiträge zu bilden (prospektive Methode). [2]Ist eine Ermittlung des Wertes der künftigen Verpflichtungen und der künftigen Beiträge nicht möglich, hat die Berechnung auf Grund der aufgezinsten Einnahmen und Ausgaben der vorangegangenen Geschäftsjahre zu erfolgen (retrospektive Methode).

(2) Bei der Bildung der Deckungsrückstellung sind auch gegenüber den Versicherten eingegangene Zinssatzverpflichtungen zu berücksichtigen, sofern die derzeitigen oder zu erwartenden Erträge der Vermögenswerte des Unternehmens für die Deckung dieser Verpflichtungen nicht ausreichen.

(3) [1]In der Krankenversicherung, die nach Art der Lebensversicherung betrieben wird, ist als Deckungsrückstellung eine Alterungsrückstellung zu bilden; hierunter fallen auch der Rückstellung bereits zugeführte Beträge aus der Rückstellung für Beitragsrückerstattung sowie Zuschreibungen, die dem Aufbau einer Anwartschaft auf Beitragsermäßigung im Alter dienen. [2]Bei der Berechnung sind die für die Berechnung der Prämien geltenden aufsichtsrechtlichen Bestimmungen zu berücksichtigen.

§ 341g Rückstellung für noch nicht abgewickelte Versicherungsfälle

(1) [1]Rückstellungen für noch nicht abgewickelte Versicherungsfälle sind für die Verpflichtungen aus den bis zum Ende des Geschäftsjahres eingetretenen, aber noch nicht abgewickelten Versicherungsfällen zu bilden. [2]Hierbei sind die gesamten Schadenregulierungsaufwendungen zu berücksichtigen.

(2) [1]Für bis zum Abschlußstichtag eingetretene, aber bis zur inventurmäßigen Erfassung noch nicht gemeldete Versicherungsfälle ist die Rückstellung pauschal zu bewerten. [2]Dabei sind die bisherigen Erfahrungen in bezug auf die Anzahl der nach dem Abschlußstichtag gemeldeten Versicherungsfälle und die Höhe der damit verbundenen Aufwendungen zu berücksichtigen.

(3) [1]Bei Krankenversicherungsunternehmen ist die Rückstellung anhand eines statistischen Näherungsverfahrens zu ermitteln. [2]Dabei ist von den in den ersten Monaten des nach dem Abschlußstichtag folgenden Geschäftsjahres erfolgten Zahlungen für die bis zum Abschlußstichtag eingetretenen Versicherungsfälle auszugehen.

(4) Bei Mitversicherungen muß die Rückstellung der Höhe nach anteilig zumindest derjenigen entsprechen, die der führende Versicherer nach den Vorschriften oder der Übung in dem Land bilden muß, von dem aus er tätig wird.

(5) Sind die Versicherungsleistungen auf Grund rechtskräftigen Urteils, Vergleichs oder Anerkenntnisses in Form einer Rente zu erbringen, so müssen die Rückstellungsbeträge nach anerkannten versicherungsmathematischen Methoden berechnet werden.

§ 341h Schwankungsrückstellung und ähnliche Rückstellungen

(1) Schwankungsrückstellungen sind zum Ausgleich der Schwankungen im Schadenverlauf künftiger Jahre zu bilden, wenn insbesondere
1. nach den Erfahrungen in dem betreffenden Versicherungszweig mit erheblichen Schwankungen der jährlichen Aufwendungen für Versicherungsfälle zu rechnen ist,
2. die Schwankungen nicht jeweils durch Beiträge ausgeglichen werden und
3. die Schwankungen nicht durch Rückversicherungen gedeckt sind.

(2) Für Risiken gleicher Art, bei denen der Ausgleich von Leistung und Gegenleistung wegen des hohen Schadenrisikos im Einzelfall nach versicherungsmathematischen Grundsätzen nicht im Geschäftsjahr, sondern nur in einem am Abschlußstichtag nicht bestimmbaren Zeitraum gefunden werden kann, ist eine Rückstellung zu bilden und in der Bilanz als „ähnliche Rückstellung" unter den Schwankungsrückstellungen auszuweisen.

Fünfter Titel. Konzernabschluß, Konzernlagebericht

§ 341i Aufstellung, Fristen

(1) [1]Versicherungsunternehmen, auch wenn sie nicht in der Rechtsform einer Kapitalgesellschaft betrieben werden, haben unabhängig von ihrer Größe einen Konzernabschluß und einen Konzernlagebericht aufzustellen. [2]Zusätzliche Anforderungen auf Grund von Vorschriften, die wegen der Rechtsform bestehen, bleiben unberührt.

(2) Als Versicherungsunternehmen im Sinne dieses Titels gelten auch Mutterunternehmen, deren einziger oder hauptsächlicher Zweck darin besteht, Beteiligungen an Tochterunternehmen zu erwerben, diese Beteiligungen zu verwalten und rentabel zu machen, sofern diese Tochterunternehmen ausschließlich oder überwiegend Versicherungsunternehmen sind.

(3) [1]Die gesetzlichen Vertreter eines Mutterunternehmens haben den Konzernabschluß und den Konzernlagebericht abweichend von § 290 Abs. 1 innerhalb von zwei Monaten nach Ablauf der Aufstellungsfrist für den zuletzt aufzustellenden und in den Konzernabschluß einzubeziehenden Abschluß, spätestens jedoch innerhalb von zwölf Monaten nach dem Stichtag des Konzernabschlusses, für das vergangene Konzerngeschäftsjahr aufzustellen und dem Abschlußprüfer des Konzernabschlusses vorzulegen; ist das Mutterunternehmen eine Kapitalgesellschaft im Sinn des § 325 Abs. 4 Satz 1 und nicht zugleich im Sinn des § 327a, tritt an die Stelle der Frist von längstens zwölf eine Frist von längstens vier Monaten. [2]§ 299 Abs. 2 Satz 2 ist mit der Maßgabe anzuwenden, daß der Stichtag des Jahresabschlusses eines Unternehmens nicht länger als sechs Monate vor dem Stichtag des Konzernabschlusses liegen darf.

(4) Der Konzernabschluß und der Konzernlagebericht sind abweichend von § 175 Abs. 1 Satz 1 des Aktiengesetzes spätestens der nächsten nach Ablauf der Aufstellungsfrist für den Konzernabschluß und Konzernlagebericht einzuberufenden Hauptversammlung, die einen Jahresabschluß des Mutterunternehmens entgegennimmt oder festzustellen hat, vorzulegen.

§ 341j Anzuwendende Vorschriften

(1) [1]Auf den Konzernabschluß und den Konzernlagebericht sind die Vorschriften des Zweiten Unterabschnitts des Zweiten Abschnitts über den Konzernabschluß und den Konzernlagebericht und, soweit die Eigenart des Konzernabschlusses keine Abweichungen bedingt, die §§ 341a bis 341h über den Jahresabschluß sowie die für die Rechtsform und den Geschäftszweig der in den Konzernabschluß einbezogenen Unternehmen mit Sitz im Geltungsbereich dieses Gesetzes geltenden Vorschriften entsprechend anzuwenden, soweit sie für große Kapitalgesellschaften gelten. [2]Die §§ 293, 298 Absatz 1 sowie § 314 Absatz 1 Nummer 3 und 23 sind nicht anzuwenden. [3]§ 314 Abs. 1 Nr. 2a gilt mit der Maßgabe, daß die Angaben für solche finanzielle Verpflichtungen nicht zu machen sind, die im Rahmen des Versicherungsgeschäfts entstehen. [4]In den Fällen des § 315e Abs. 1 finden abweichend von Satz 1 nur die §§ 290 bis 292, 315e Anwendung; die Sätze 2 und 3 dieses Absatzes und Absatz 2, § 341i Abs. 3 Satz 2 sowie die Bestimmungen der Versicherungsunternehmens-Rechnungslegungsverordnung vom 8. November 1994 (BGBl. I S. 3378) und der Pensionsfonds-Rechnungslegungsverordnung vom 25. Februar 2003 (BGBl. I S. 246) in ihren jeweils geltenden Fassungen sind nicht anzuwenden.

(2) § 304 Abs. 1 braucht nicht angewendet zu werden, wenn die Lieferungen oder Leistungen zu üblichen Marktbedingungen vorgenommen worden sind und Rechtsansprüche der Versicherungsnehmer begründet haben.

(3) Auf Versicherungsunternehmen, die nicht Aktiengesellschaften, Kommanditgesellschaften auf Aktien oder kleinere Vereine sind, ist § 170 Abs. 1 und 3 des Aktiengesetzes entsprechend anzuwenden.

(4) [1]Ein Versicherungsunternehmen, das ein Mutterunternehmen (§ 290) ist, hat den Konzernlagebericht um eine nichtfinanzielle Konzernerklärung zu erweitern, wenn auf die in den Konzernabschluss einzubeziehenden Unternehmen die folgenden Merkmale zutreffen:

1. sie erfüllen die in § 293 Absatz 1 Satz 1 Nummer 1 oder 2 geregelten Voraussetzungen für eine größenabhängige Befreiung nicht und

2. bei ihnen sind insgesamt im Jahresdurchschnitt mehr als 500 Arbeitnehmer beschäftigt.

[2]§ 267 Absatz 4 bis 5, § 298 Absatz 2, § 315b Absatz 2 bis 4 und § 315c sind entsprechend anzuwenden. [3]Wenn die nichtfinanzielle Erklärung einen besonderen Abschnitt des Konzernlageberichts bildet, darf das Versicherungsunternehmen auf die an anderer Stelle im Konzernlagebericht enthaltenen nichtfinanziellen Angaben verweisen.

(5) Ein Versicherungsunternehmen, das nach Absatz 1 in Verbindung mit § 315d eine Konzernerklärung zur Unternehmensführung zu erstellen hat, hat darin Angaben nach § 315d in Verbindung mit § 289f Absatz 2 Nummer 6 aufzunehmen, wenn die in den Konzernabschluss einzubeziehenden Unternehmen die in § 293 Absatz 1 Satz 1 Nummer 1 oder 2 geregelten Voraussetzungen für eine Befreiung nicht erfüllen.

Sechster Titel. Prüfung

§ 341k [Prüfung]

(1) [1]Versicherungsunternehmen haben unabhängig von ihrer Größe ihren Jahresabschluß und Lagebericht sowie ihren Konzernabschluß und Konzernlagebericht nach den Vorschriften des Dritten Unterabschnitts des Zweiten Abschnitts prüfen zu lassen. [2]§ 319 Absatz 1 Satz 2 ist nicht anzuwenden. [3]Hat keine Prüfung stattgefunden, so kann der Jahresabschluß nicht festgestellt werden. [4]Die Vorschriften des Dritten Unterabschnitts des Zweiten Abschnitts sind auf Versicherungsunternehmen, die Unternehmen von öffentlichem Interesse nach § 316a Satz 2 Nummer 1 oder 3 sind, nur insoweit anzuwenden, als nicht die Verordnung (EU) Nr. 537/2014 anzuwenden ist.

(2) In den Fällen des § 321 Abs. 1 Satz 3 hat der Abschlußprüfer die Aufsichtsbehörde unverzüglich zu unterrichten.

(3) [1]Versicherungsunternehmen, die Unternehmen von öffentlichem Interesse nach § 316a Satz 2 Nummer 1 oder 3 sind und keinen Aufsichts- oder Verwaltungsrat haben, der die Voraussetzungen des § 100 Absatz 5 des Aktiengesetzes erfüllen muss, haben § 324 anzuwenden, auch wenn sie nicht in der Rechtsform einer Kapitalgesellschaft betrieben werden. [2]Dies gilt für landesrechtliche öffentlich-rechtliche Versicherungsunternehmen nur, soweit das Landesrecht nichts anderes vorsieht. [3]§ 324 Absatz 3 ist auf Versicherungsunternehmen anzuwenden, auch wenn sie nicht in der Rechtsform einer Kapitalgesellschaft betrieben werden.

Siebenter Titel. Offenlegung

§ 341l [Offenlegung]

(1) [1]Versicherungsunternehmen haben den Jahresabschluß und den Lagebericht sowie den Konzernabschluß und den Konzernlagebericht und die anderen in § 325 bezeichneten Unterlagen, sofern sie zu erstellen sind, in deutscher Sprache nach § 325 Absatz 1 Satz 2 und Absatz 1a bis 5 sowie den §§ 327a und 328 offenzulegen; § 329 Absatz 1, 2 und 4 ist entsprechend anzuwenden. [2]Von einem in § 341a Absatz 5 Satz 1 genannten Versicherungsunternehmen ist Satz 1 mit der Maßgabe anzuwenden, dass die Frist zur Offenlegung 15 Monate beträgt, es sei denn, das Versicherungsunternehmen ist kapitalmarktorientiert im Sinne des § 264d und begibt nicht ausschließlich die von § 327a erfassten Schuldtitel; in diesem Fall beträgt die Frist zur Offenlegung gemäß Satz 1 in Verbindung mit § 325 Absatz 4 Satz 1 vier Monate.

(2) Soweit Absatz 1 Satz 1 auf § 325 Abs. 2a Satz 3 und 5 verweist, gelten die folgenden Maßgaben und ergänzenden Bestimmungen:

1. **Die in § 325 Abs. 2a Satz 3 genannten Vorschriften des Ersten Unterabschnitts des Zweiten Abschnitts des Dritten Buchs sind auch auf Versicherungsunternehmen anzuwenden, die nicht in der Rechtsform einer Kapitalgesellschaft betrieben werden.**
2. **An Stelle des § 285 Nr. 8 Buchstabe b gilt die Vorschrift des § 51 Abs. 5 in Verbindung mit Muster 2 der Versicherungsunternehmens-Rechnungslegungsverordnung vom 8. November 1994 (BGBl. I S. 3378) in der jeweils geltenden Fassung.**
3. **§ 341a Abs. 4 ist anzuwenden, soweit er auf die Bestimmungen der §§ 170, 171 und 175 des Aktiengesetzes über den Einzelabschluss nach § 325 Abs. 2a dieses Gesetzes verweist.**
4. **Im Übrigen finden die Bestimmungen des Zweiten bis Vierten Titels dieses Unterabschnitts sowie der Versicherungsunternehmens-Rechnungslegungsverordnung keine Anwendung.**

Achter Titel. Straf- und Bußgeldvorschriften, Ordnungsgelder

§ 341m Strafvorschriften

(1) [1]Die Strafvorschriften der §§ 331 bis 333 sind auch auf nicht in der Rechtsform einer Kapitalgesellschaft betriebene Versicherungsunternehmen und Pensionsfonds anzuwenden. [2]§ 331 ist darüber hinaus auch anzuwenden auf die Verletzung von Pflichten durch den Hauptbevollmächtigten (§ 68 Absatz 2 des Versicherungsaufsichtsgesetzes).

(2) Mit Freiheitsstrafe bis zu einem Jahr oder mit Geldstrafe wird bestraft, wer als Mitglied eines nach § 341k Absatz 3 Satz 1 in Verbindung mit § 324 Absatz 1 Satz 1 eingerichteten Prüfungsausschusses eines Versicherungsunternehmens

1. **eine in § 341n Absatz 2a bezeichnete Handlung begeht und dafür einen Vermögensvorteil erhält oder sich versprechen lässt oder**
2. **eine in § 341n Absatz 2a bezeichnete Handlung beharrlich wiederholt.**

(3) § 335c Absatz 2 gilt in den Fällen des Absatzes 1 Satz 1 in Verbindung mit § 332 oder § 333 und des Absatzes 2 entsprechend.

§ 341n Bußgeldvorschriften

(1) [1]Ordnungswidrig handelt, wer als Mitglied des vertretungsberechtigten Organs oder des Aufsichtsrats eines Versicherungsunternehmens oder eines Pensionsfonds oder als Hauptbevollmächtigter (§ 68 Absatz 2 des Versicherungsaufsichtsgesetzes)

1. bei der Aufstellung oder Feststellung des Jahresabschlusses einer Vorschrift
a) des § 243 Abs. 1 oder 2, der §§ 244, 245, 246 Abs. 1 oder 2, dieser in Verbindung mit § 341a Abs. 2 Satz 3, des § 246 Abs. 3 Satz 1, des § 247 Abs. 3, der §§ 248, 249 Abs. 1 Satz 1 oder Abs. 2, des § 250 Abs. 1 oder Abs. 2, des § 264 Absatz 1a oder Absatz 2, des § 341e Abs. 1 oder 2 oder der §§ 341f, 341g oder 341h über Form oder Inhalt,
b) des § 253 Abs. 1 Satz 1, 2, 3 oder Satz 4, Abs. 2 Satz 1, auch in Verbindung mit Satz 2, Absatz 3 Satz 1, 2, 3, 4 oder Satz 5, Abs. 4, 5, der §§ 254, 256a, 341b Abs. 1 Satz 1 oder des § 341d über die Bewertung,
c) des § 265 Abs. 2, 3 oder 4, des § 268 Abs. 3 oder 6, der §§ 272, 274 oder des § 277 Abs. 3 Satz 2 über die Gliederung,
d) der §§ 284, 285 Nr. 1, 2 oder Nr. 3, auch in Verbindung mit § 341a Absatz 2 Satz 4, oder des § 285 Nummer 3a, 7, 9 bis 14a, 15a, 16 bis 33 oder Nummer 34 über die im Anhang zu machenden Angaben,

2. bei der Aufstellung des Konzernabschlusses einer Vorschrift
a) des § 294 Abs. 1 über den Konsolidierungskreis,
b) des § 297 Absatz 1a, 2 oder Absatz 3 oder des § 341j Abs. 1 Satz 1 in Verbindung mit einer der in Nummer 1 Buchstabe a bezeichneten Vorschriften über Form oder Inhalt,
c) des § 300 über die Konsolidierungsgrundsätze oder das Vollständigkeitsgebot,
d) des § 308 Abs. 1 Satz 1 in Verbindung mit den in Nummer 1 Buchstabe b bezeichneten Vorschriften, des § 308 Abs. 2 oder des § 308a über die Bewertung,
e) des § 311 Abs. 1 Satz 1 in Verbindung mit § 312 über die Behandlung assoziierter Unternehmen oder
f) des § 308 Abs. 1 Satz 3, des § 313 oder des § 314 in Verbindung mit § 341j Abs. 1 Satz 2 oder 3 über die im Konzernanhang zu machenden Angaben,

3. bei der Aufstellung des Lageberichts oder der Erstellung eines gesonderten nichtfinanziellen Berichts einer Vorschrift des § 289 oder des § 289a, des § 289f, auch in Verbindung mit § 341a Absatz 1b, oder des § 341a Absatz 1a, auch in Verbindung mit § 289b Absatz 2 oder 3 oder mit den §§ 289c, 289d oder § 289e Absatz 2, über den Inhalt des Lageberichts oder des gesonderten nichtfinanziellen Berichts,

4. bei der Aufstellung des Konzernlageberichts oder der Erstellung eines gesonderten nichtfinanziellen Konzernberichts einer Vorschrift des § 315 oder des § 315a, des § 315d, auch in Verbindung mit § 341j Absatz 5, oder des § 341j Absatz 4, auch in Verbindung mit § 315b Absatz 2 oder 3 oder § 315c, über den Inhalt des Konzernlageberichts oder des gesonderten nichtfinanziellen Konzernberichts,

5. bei der Offenlegung, Veröffentlichung oder Vervielfältigung einer Vorschrift des § 328 über Form, Format oder Inhalt oder

6. einer auf Grund des § 330 Abs. 3 und 4 in Verbindung mit Abs. 1 Satz 1 erlassenen Rechtsverordnung, soweit sie für einen bestimmten Tatbestand auf diese Bußgeldvorschrift verweist,

zuwiderhandelt. [2]In den Fällen des Satzes 1 Nummer 3 wird eine Zuwiderhandlung gegen eine Vorschrift des § 289f Absatz 2 Nummer 4, auch in Verbindung mit Absatz 4 Satz 1, nicht dadurch ausgeschlossen, dass die Festlegungen oder Begründungen nach § 76 Absatz 4 des Aktiengesetzes, auch in Verbindung mit § 188 Absatz 1 Satz 2 des Versicherungsaufsichtsgesetzes, oder nach § 111 Absatz 5 des Aktiengesetzes, auch in Verbindung mit § 189 Absatz 3 Satz 1 des Versicherungsaufsichtsgesetzes, ganz oder zum Teil unterblieben sind. [3]In den Fällen des Satzes 1 Nummer 4 wird eine Zuwiderhandlung gegen eine Vorschrift des § 315d in Verbindung mit § 289f Absatz 2 Nummer 4 nicht dadurch ausgeschlossen, dass die Festlegungen oder Begründungen nach § 76 Absatz 4 oder § 111 Absatz 5 des Aktiengesetzes ganz oder zum Teil unterblieben sind.

(2) [1]Ordnungswidrig handelt, wer einen Bestätigungsvermerk nach § 322 Absatz 1 erteilt zu dem Abschluss
1. eines Versicherungsunternehmens, das ein Unternehmen von öffentlichem Interesse nach § 316a Satz 2 Nummer 1 oder 3 ist, oder
2. eines Versicherungsunternehmens, das nicht in Nummer 1 genannt ist,
obwohl nach § 319 Absatz 2 oder 3, jeweils auch in Verbindung mit Absatz 5, oder nach § 319b Absatz 1 Satz 1 oder 2, jeweils auch in Verbindung mit Absatz 2, er oder nach

§ 319 Absatz 4 Satz 1 oder 2, jeweils auch in Verbindung mit Absatz 5, oder nach § 319b Absatz 1 Satz 1 oder 2, jeweils auch in Verbindung mit Absatz 2, die Wirtschaftsprüfungsgesellschaft oder die Buchführungsgesellschaft, für die er tätig wird, nicht Abschlussprüfer sein darf. [2]Ordnungswidrig handelt auch, wer einen Bestätigungsvermerk nach § 322 Absatz 1 erteilt zu dem Abschluss eines Versicherungsunternehmens, das ein Unternehmen von öffentlichem Interesse nach § 316a Satz 2 Nummer 1 oder 3 ist, obwohl

1. **er oder die Prüfungsgesellschaft, für die er tätig wird, oder ein Mitglied des Netzwerks, dem er oder die Prüfungsgesellschaft, für die er tätig wird, angehört, einer Vorschrift des Artikels 5 Absatz 4 Absatz 1 Satz 1 oder Absatz 5 Absatz 2 Satz 2 der Verordnung (EU) Nr. 537/2014 zuwiderhandelt oder**
2. **er oder die Prüfungsgesellschaft, für die er tätig wird, nach Artikel 17 Absatz 3 der Verordnung (EU) Nr. 537/2014 die Abschlussprüfung nicht durchführen darf.**

[3]Abschluss im Sinne der Sätze 1 und 2 ist ein Jahresabschluss, ein Einzelabschluss nach § 325 Absatz 2a oder ein Konzernabschluss, der aufgrund gesetzlicher Vorschriften zu prüfen ist.

(2a) Ordnungswidrig handelt, wer als Mitglied eines nach § 324 Absatz 1 Satz 1, auch in Verbindung mit § 341k Absatz 3 Satz 1, eingerichteten Prüfungsausschusses eines Versicherungsunternehmens

1. **die Unabhängigkeit des Abschlussprüfers oder der Prüfungsgesellschaft nicht nach Maßgabe des Artikels 4 Absatz 3 Absatz 2, des Artikels 5 Absatz 4 Absatz 1 Satz 1 oder des Artikels 6 Absatz 2 der Verordnung (EU) Nr. 537/2014 überwacht,**
2. **dem Verwaltungs- oder Aufsichtsorgan eine Empfehlung für die Bestellung eines Abschlussprüfers oder einer Prüfungsgesellschaft vorlegt, die den Anforderungen nach Artikel 16 Absatz 2 Absatz 2 oder 3 der Verordnung (EU) Nr. 537/2014 nicht entspricht oder der ein Auswahlverfahren nach Artikel 16 Absatz 3 Absatz 1 der Verordnung (EU) Nr. 537/2014 nicht vorangegangen ist, oder**
3. **den Gesellschaftern oder der sonst für die Bestellung des Abschlussprüfers zuständigen Stelle einen Vorschlag für die Bestellung eines Abschlussprüfers oder einer Prüfungsgesellschaft vorlegt, der den Anforderungen nach Artikel 16 Absatz 5 Absatz 1 der Verordnung (EU) Nr. 537/2014 nicht entspricht.**

(3) [1]Die Ordnungswidrigkeit kann in den Fällen des Absatzes 2 Satz 1 Nummer 1 und Satz 2 sowie des Absatzes 2a mit einer Geldbuße bis zu fünfhunderttausend Euro, in den Fällen der Absätze 1 und 2 Satz 1 Nummer 2 mit einer Geldbuße bis zu fünfzigtausend Euro geahndet werden. [2]Ist das Versicherungsunternehmen kapitalmarktorientiert im Sinne des § 264d, beträgt die Geldbuße in den Fällen des Absatzes 1 höchstens den höheren der folgenden Beträge:

1. **zwei Millionen Euro oder**
2. **das Zweifache des aus der Ordnungswidrigkeit gezogenen wirtschaftlichen Vorteils, wobei der wirtschaftliche Vorteil erzielte Gewinne und vermiedene Verluste umfasst und geschätzt werden kann.**

(3a) [1]Wird gegen ein Versicherungsunternehmen, das kapitalmarktorientiert im Sinne des § 264d ist, in den Fällen des Absatzes 1 eine Geldbuße nach § 30 des Gesetzes über Ordnungswidrigkeiten verhängt, beträgt diese Geldbuße höchstens den höchsten der folgenden Beträge:

1. **zehn Millionen Euro,**
2. **5 Prozent des jährlichen Gesamtumsatzes, den das Versicherungsunternehmen im der Behördenentscheidung vorausgegangenen Geschäftsjahr erzielt hat oder**
3. **das Zweifache des aus der Ordnungswidrigkeit gezogenen wirtschaftlichen Vorteils, wobei der wirtschaftliche Vorteil erzielte Gewinne und vermiedene Verluste umfasst und geschätzt werden kann.**

[2]In den Fällen des Absatzes 3 Satz 1 in Verbindung mit Absatz 2 Satz 1 Nummer 1 oder Satz 2 ist § 30 Absatz 2 Satz 3 des Gesetzes über Ordnungswidrigkeiten anzuwenden.

(3b) [1]Gesamtumsatz im Sinne des Absatzes 3a Satz 1 Nummer 2 ist

1. **im Falle von Versicherungsunternehmen, die ihren Jahresabschluss nach den handelsrechtlichen Vorschriften oder dem Recht eines anderen Mitgliedstaats der Europäischen Union oder eines anderen Vertragsstaats des Abkommens über den Europäischen Wirtschaftsraum im Einklang mit der Richtlinie 91/674/EWG des Rates vom 19. Dezember 1991 über den Jahresabschluß und den konsolidierten Abschluß von**

Versicherungsunternehmen (ABl. L 374 vom 31.12.1991, S. 7), die zuletzt durch die Richtlinie 2006/46/EG (ABl. L 224 vom 16.8.2006, S. 1) geändert worden ist, aufstellen, der Betrag der gebuchten Bruttobeiträge nach Maßgabe der handelsrechtlichen Vorschriften oder des auf das Versicherungsunternehmen anwendbaren nationalen Rechts im Einklang mit Artikel 35 der Richtlinie 91/674/EWG,
2. in Fällen, die nicht in Nummer 1 genannt sind, der Betrag der Umsatzerlöse, der sich bei Anwendung der Rechnungslegungsgrundsätze ergibt, die nach dem jeweiligen nationalen Recht für die Aufstellung des Jahresabschlusses des Versicherungsunternehmens gelten.

[2]Handelt es sich bei dem Versicherungsunternehmen um ein Mutterunternehmen oder um ein Tochterunternehmen im Sinne des § 290, ist anstelle des Gesamtumsatzes des Versicherungsunternehmens der jeweilige Gesamtbetrag im Konzernabschluss des Mutterunternehmens maßgeblich, der für den größten Kreis von Unternehmen aufgestellt wird. [3]Ist ein Jahres- oder Konzernabschluss für das maßgebliche Geschäftsjahr nicht verfügbar, ist der Jahres- oder Konzernabschluss für das unmittelbar vorausgehende Geschäftsjahr maßgeblich; ist auch dieser nicht verfügbar, kann der Gesamtumsatz geschätzt werden.

(4) [1]Verwaltungsbehörde im Sinne des § 36 Abs. 1 Nr. 1 des Gesetzes über Ordnungswidrigkeiten ist in den Fällen der Absätze 1 und 2a die Bundesanstalt für Finanzdienstleistungsaufsicht für die ihrer Aufsicht unterliegenden Versicherungsunternehmen und Pensionsfonds. [2]Unterliegt ein Versicherungsunternehmen und Pensionsfonds der Aufsicht einer Landesbehörde, so ist diese in den Fällen der Absätze 1 und 2a zuständig. [3]In den Fällen des Absatzes 2 ist die Abschlussprüferaufsichtsstelle beim Bundesamt für Wirtschaft und Ausfuhrkontrolle zuständig.

(5) Die nach Absatz 4 Satz 1 oder 2 zuständige Verwaltungsbehörde übermittelt der Abschlussprüferaufsichtsstelle beim Bundesamt für Wirtschaft und Ausfuhrkontrolle alle Bußgeldentscheidungen nach Absatz 2a.

§ 341o Festsetzung von Ordnungsgeld

(1) Personen, die
1. als Mitglieder des vertretungsberechtigten Organs eines Versicherungsunternehmens oder eines Pensionsfonds § 341l in Verbindung mit § 325 über die Pflicht zur Offenlegung des Jahresabschlusses, des Lageberichts, des Konzernabschlusses, des Konzernlageberichts und anderer Unterlagen der Rechnungslegung oder
2. als Hauptbevollmächtigter (§ 68 Absatz 2 des Versicherungsaufsichtsgesetzes) § 341l Abs. 1 über die Offenlegung der Rechnungslegungsunterlagen

nicht befolgen, sind hierzu vom Bundesamt für Justiz durch Festsetzung von Ordnungsgeld anzuhalten.

(2) Die §§ 335 bis 335b sind mit der Maßgabe entsprechend anzuwenden, dass Gesamtumsatz im Sinne des § 335 Absatz 1a Satz 1 Nummer 2 Folgendes ist:
1. im Falle von Versicherungsunternehmen, die ihren Jahresabschluss nach den handelsrechtlichen Vorschriften oder dem Recht eines anderen Mitgliedstaats der Europäischen Union oder eines anderen Vertragsstaats des Abkommens über den Europäischen Wirtschaftsraum im Einklang mit der Richtlinie 91/674/EWG aufstellen, der Betrag der gebuchten Bruttobeiträge nach Maßgabe der handelsrechtlichen Vorschriften oder des auf das Versicherungsunternehmen anwendbaren nationalen Rechts im Einklang mit Artikel 35 der Richtlinie 91/674/EWG,
2. in Fällen, die nicht in Nummer 1 genannt sind, der Betrag der Umsatzerlöse, der sich bei Anwendung der Rechnungslegungsgrundsätze ergibt, die nach dem jeweiligen nationalen Recht für die Aufstellung des Jahresabschlusses des Versicherungsunternehmens gelten.

§ 341p Anwendung der Straf- und Bußgeld- sowie der Ordnungsgeldvorschriften auf Pensionsfonds

Die Strafvorschriften des § 341m Absatz 1, die Bußgeldvorschrift des § 341n Absatz 1 und 2 sowie die Ordnungsgeldvorschrift des § 341o gelten auch für Pensionsfonds im Sinn des § 341 Abs. 4 Satz 1.

Dritter Unterabschnitt. Ergänzende Vorschriften für bestimmte Unternehmen des Rohstoffsektors

Erster Titel. Anwendungsbereich; Begriffsbestimmungen

§ 341q Anwendungsbereich

[1]Dieser Unterabschnitt gilt für Kapitalgesellschaften mit Sitz im Inland, die in der mineralgewinnenden Industrie tätig sind oder Holzeinschlag in Primärwäldern betreiben, wenn auf sie nach den Vorschriften des Dritten Buchs die für große Kapitalgesellschaften geltenden Vorschriften des Zweiten Abschnitts anzuwenden sind. [2]Satz 1 gilt entsprechend für Personenhandelsgesellschaften im Sinne des § 264a Absatz 1.

§ 341r Begriffsbestimmungen

Im Sinne dieses Unterabschnitts sind

1. **Tätigkeiten in der mineralgewinnenden Industrie: Tätigkeiten auf dem Gebiet der Exploration, Prospektion, Entdeckung, Weiterentwicklung und Gewinnung von Mineralien, Erdöl-, Erdgasvorkommen oder anderen Stoffen in den Wirtschaftszweigen, die in Anhang I Abschnitt B Abteilung 05 bis 08 der Verordnung (EG) Nr. 1893/2006 des Europäischen Parlaments und des Rates vom 20. Dezember 2006 zur Aufstellung der statistischen Systematik der Wirtschaftszweige NACE Revision 2 und zur Änderung der Verordnung (EWG) Nr. 3037/90 des Rates sowie einiger Verordnungen der EG über bestimmte Bereiche der Statistik (ABl. L 393 vom 30.12.2006, S. 1) aufgeführt sind;**
2. **Kapitalgesellschaften, die Holzeinschlag in Primärwäldern betreiben: Kapitalgesellschaften, die auf den in Anhang I Abschnitt A Abteilung 02 Gruppe 02.2 der Verordnung (EG) Nr. 1893/2006 aufgeführten Gebieten in natürlich regenerierten Wäldern mit einheimischen Arten, in denen es keine deutlich sichtbaren Anzeichen für menschliche Eingriffe gibt und die ökologischen Prozesse nicht wesentlich gestört sind, tätig sind;**
3. **Zahlungen: als Geldleistung oder Sachleistung entrichtete Beträge im Zusammenhang mit Tätigkeiten in der mineralgewinnenden Industrie oder dem Betrieb des Holzeinschlags in Primärwäldern, wenn sie auf einem der nachfolgend bezeichneten Gründe beruhen:**
   a) **Produktionszahlungsansprüche,**
   b) **Steuern, die auf die Erträge, die Produktion oder die Gewinne von Kapitalgesellschaften erhoben werden; ausgenommen sind Verbrauchsteuern, Umsatzsteuern, Mehrwertsteuern sowie Lohnsteuern der in Kapitalgesellschaften beschäftigten Arbeitnehmer und vergleichbare Steuern,**
   c) **Nutzungsentgelte,**
   d) **Dividenden und andere Gewinnausschüttungen aus Gesellschaftsanteilen,**
   e) **Unterzeichnungs-, Entdeckungs- und Produktionsboni,**
   f) **Lizenz-, Miet- und Zugangsgebühren sowie sonstige Gegenleistungen für Lizenzen oder Konzessionen sowie**
   g) **Zahlungen für die Verbesserung der Infrastruktur;**
4. **staatliche Stellen: nationale, regionale oder lokale Behörden eines Mitgliedstaats der Europäischen Union, eines anderen Vertragsstaats des Abkommens über den Europäischen Wirtschaftsraum oder eines Drittstaats einschließlich der von einer Behörde kontrollierten Abteilungen oder Agenturen sowie Unternehmen, auf die eine dieser Behörden im Sinne von § 290 beherrschenden Einfluss ausüben kann;**
5. **Projekte: die Zusammenfassung operativer Tätigkeiten, die die Grundlage für Zahlungsverpflichtungen gegenüber einer staatlichen Stelle bilden und sich richten nach**
   a) **einem Vertrag, einer Lizenz, einem Mietvertrag, einer Konzession oder einer ähnlichen rechtlichen Vereinbarung oder**
   b) **einer Gesamtheit von operativ und geografisch verbundenen Verträgen, Lizenzen, Mietverträgen oder Konzessionen oder damit verbundenen Vereinbarungen mit einer staatlichen Stelle, die im Wesentlichen ähnliche Bedingungen vorsehen;**
6. **Zahlungsberichte: Berichte über Zahlungen von Kapitalgesellschaften an staatliche Stellen im Zusammenhang mit ihrer Tätigkeit in der mineralgewinnenden Industrie oder mit dem Betrieb des Holzeinschlags in Primärwäldern;**

7. **Konzernzahlungsberichte: Zahlungsberichte von Mutterunternehmen über Zahlungen aller einbezogenen Unternehmen an staatliche Stellen auf konsolidierter Ebene, die im Zusammenhang mit ihrer Tätigkeit in der mineralgewinnenden Industrie oder mit dem Betrieb des Holzeinschlags in Primärwäldern stehen;**
8. **Berichtszeitraum: das Geschäftsjahr der Kapitalgesellschaft oder des Mutterunternehmens, das den Zahlungsbericht oder Konzernzahlungsbericht zu erstellen hat.**

Zweiter Titel. Zahlungsbericht, Konzernzahlungsbericht und Offenlegung

§ 341s Pflicht zur Erstellung des Zahlungsberichts; Befreiungen

(1) Kapitalgesellschaften im Sinne des § 341q haben jährlich einen Zahlungsbericht zu erstellen.

(2) [1]Ist die Kapitalgesellschaft in den von ihr oder einem anderen Unternehmen mit Sitz in einem Mitgliedstaat der Europäischen Union oder einem anderen Vertragsstaat des Abkommens über den Europäischen Wirtschaftsraum erstellten Konzernzahlungsbericht einbezogen, braucht sie keinen Zahlungsbericht zu erstellen. [2]In diesem Fall hat die Kapitalgesellschaft im Anhang des Jahresabschlusses anzugeben, bei welchem Unternehmen sie in den Konzernzahlungsbericht einbezogen ist und wo dieser erhältlich ist.

(3) [1]Hat die Kapitalgesellschaft einen Bericht im Einklang mit den Rechtsvorschriften eines Drittstaats, dessen Berichtspflichten die Europäische Kommission im Verfahren nach Artikel 47 der Richtlinie 2013/34/EU als gleichwertig bewertet hat, erstellt und diesen Bericht nach § 341w offengelegt, braucht sie den Zahlungsbericht nicht zu erstellen. [2]Auf die Offenlegung dieses Berichts ist § 325a Absatz 1 Satz 5 entsprechend anzuwenden.

§ 341t Inhalt des Zahlungsberichts

(1) [1]In dem Zahlungsbericht hat die Kapitalgesellschaft anzugeben, welche Zahlungen sie im Berichtszeitraum an staatliche Stellen im Zusammenhang mit ihrer Geschäftstätigkeit in der mineralgewinnenden Industrie oder mit dem Betrieb des Holzeinschlags in Primärwäldern geleistet hat. [2]Andere Zahlungen dürfen in den Zahlungsbericht nicht einbezogen werden. [3]Hat eine zur Erstellung eines Zahlungsberichts verpflichtete Kapitalgesellschaft in einem Berichtszeitraum an keine staatliche Stelle berichtspflichtige Zahlungen geleistet, hat sie im Zahlungsbericht für den betreffenden Berichtszeitraum nur anzugeben, dass eine Geschäftstätigkeit in der mineralgewinnenden Industrie ausgeübt oder Holzeinschlag in Primärwäldern betrieben wurde, ohne dass Zahlungen geleistet wurden.

(2) Die Kapitalgesellschaft hat nur über staatliche Stellen zu berichten, an die sie Zahlungen unmittelbar erbracht hat; das gilt auch dann, wenn eine staatliche Stelle die Zahlung für mehrere verschiedene staatliche Stellen einzieht.

(3) Ist eine staatliche Stelle stimmberechtigter Gesellschafter oder Aktionär der Kapitalgesellschaft, so müssen gezahlte Dividenden oder Gewinnanteile nur berücksichtigt werden, wenn sie
1. **nicht unter denselben Bedingungen wie an andere Gesellschafter oder Aktionäre mit vergleichbaren Anteilen oder Aktien gleicher Gattung gezahlt wurden oder**
2. **anstelle von Produktionsrechten oder Nutzungsentgelten gezahlt wurden.**

(4) [1]Die Kapitalgesellschaft braucht Zahlungen unabhängig davon, ob sie als eine Einmalzahlung oder als eine Reihe verbundener Zahlungen geleistet werden, nicht in dem Zahlungsbericht zu berücksichtigen, wenn sie im Berichtszeitraum 100 000 Euro unterschreiten. [2]Im Falle einer bestehenden Vereinbarung über regelmäßige Zahlungen ist der Gesamtbetrag der verbundenen regelmäßigen Zahlungen oder Raten im Berichtszeitraum zu betrachten. [3]Eine staatliche Stelle, an die im Berichtszeitraum insgesamt weniger als 100 000 Euro gezahlt worden sind, braucht im Zahlungsbericht nicht berücksichtigt zu werden.

(5) [1]Werden Zahlungen als Sachleistungen getätigt, werden sie ihrem Wert und gegebenenfalls ihrem Umfang nach berücksichtigt. [2]Im Zahlungsbericht ist gegebenenfalls zu erläutern, wie der Wert festgelegt worden ist.

(6) [1]Bei der Angabe von Zahlungen wird auf den Inhalt der betreffenden Zahlung oder Tätigkeit und nicht auf deren Form Bezug genommen. [2]Zahlungen und Tätigkeiten dürfen nicht künstlich mit dem Ziel aufgeteilt oder zusammengefasst werden, die Anwendung dieses Unterabschnitts zu umgehen.

§ 341u Gliederung des Zahlungsberichts

(1) [1]Der Zahlungsbericht ist nach Staaten zu gliedern. [2]Für jeden Staat hat die Kapitalgesellschaft diejenigen staatlichen Stellen zu bezeichnen, an die sie innerhalb des Berichtszeitraums Zahlungen geleistet hat. [3]Die Bezeichnung der staatlichen Stelle muss eine eindeutige Zuordnung ermöglichen. [4]Dazu genügt es in der Regel, die amtliche Bezeichnung der staatlichen Stelle zu verwenden und zusätzlich anzugeben, an welchem Ort und in welcher Region des Staates die Stelle ansässig ist. [5]Die Kapitalgesellschaft braucht die Zahlungen nicht danach aufzugliedern, auf welche Rohstoffe sie sich beziehen.

(2) Zu jeder staatlichen Stelle hat die Kapitalgesellschaft folgende Angaben zu machen:
1. den Gesamtbetrag aller an diese staatliche Stelle geleisteten Zahlungen und
2. die Gesamtbeträge getrennt nach den in § 341r Nummer 3 Buchstabe a bis g benannten Zahlungsgründen; zur Bezeichnung der Zahlungsgründe genügt die Angabe des nach § 341r Nummer 3 maßgeblichen Buchstabens.

(3) Wenn Zahlungen an eine staatliche Stelle für mehr als ein Projekt geleistet wurden, sind für jedes Projekt ergänzend folgende Angaben zu machen:
1. eine eindeutige Bezeichnung des Projekts,
2. den Gesamtbetrag aller in Bezug auf das Projekt an diese staatliche Stelle geleisteten Zahlungen und
3. die Gesamtbeträge getrennt nach den in § 341r Nummer 3 Buchstabe a bis g benannten Zahlungsgründen, die an diese staatliche Stelle in Bezug auf das Projekt geleistet wurden; zur Bezeichnung der Zahlungsgründe genügt die Angabe des nach § 341r Nummer 3 maßgeblichen Buchstabens.

(4) Angaben nach Absatz 3 sind nicht erforderlich für Zahlungen zur Erfüllung von Verpflichtungen, die der Kapitalgesellschaft ohne Zuordnung zu einem bestimmten Projekt auferlegt werden.

§ 341v Konzernzahlungsbericht; Befreiung

(1) [1]Kapitalgesellschaften im Sinne des § 341q, die Mutterunternehmen (§ 290) sind, haben jährlich einen Konzernzahlungsbericht zu erstellen. [2]Mutterunternehmen sind auch dann in der mineralgewinnenden Industrie tätig oder betreiben Holzeinschlag in Primärwäldern, wenn diese Voraussetzungen nur auf eines ihrer Tochterunternehmen zutreffen.

(2) Ein Mutterunternehmen ist nicht zur Erstellung eines Konzernzahlungsberichts verpflichtet, wenn es zugleich ein Tochterunternehmen eines anderen Mutterunternehmens mit Sitz in einem Mitgliedstaat der Europäischen Union oder in einem anderen Vertragsstaat des Abkommens über den Europäischen Wirtschaftsraum ist.

(3) In den Konzernzahlungsbericht sind das Mutterunternehmen und alle Tochterunternehmen unabhängig von deren Sitz einzubeziehen; die auf den Konzernabschluss angewandten Vorschriften sind entsprechend anzuwenden, soweit in den nachstehenden Absätzen nichts anderes bestimmt ist.

(4) [1]Unternehmen, die nicht in der mineralgewinnenden Industrie tätig sind und keinen Holzeinschlag in Primärwäldern betreiben, sind nicht nach Absatz 3 einzubeziehen. [2]Ein Unternehmen braucht nicht in den Konzernzahlungsbericht einbezogen zu werden, wenn es
1. nach § 296 Absatz 1 Nummer 1 oder 3 nicht in den Konzernabschluss einbezogen wurde,
2. nach § 296 Absatz 1 Nummer 2 nicht in den Konzernabschluss einbezogen wurde und die für die Erstellung des Konzernzahlungsberichts erforderlichen Angaben ebenfalls nur mit unverhältnismäßig hohen Kosten oder ungebührlichen Verzögerungen zu erhalten sind.

(5) [1]Auf den Konzernzahlungsbericht sind die §§ 341s bis 341u entsprechend anzuwenden. [2]Im Konzernzahlungsbericht sind konsolidierte Angaben über alle Zahlungen an staatliche Stellen zu machen, die von den einbezogenen Unternehmen im Zusammenhang mit ihrer Tätigkeit in der mineralgewinnenden Industrie oder mit dem Holzeinschlag in Primärwäldern geleistet worden sind. [3]Das Mutterunternehmen braucht die Zahlungen nicht danach aufzugliedern, auf welche Rohstoffe sie sich beziehen.

§ 341w Offenlegung

(1) [1]Die Mitglieder des vertretungsberechtigten Organs einer Kapitalgesellschaft im Sinne des § 341q haben für diese den Zahlungsbericht spätestens ein Jahr nach dem Abschlussstichtag in deutscher Sprache der das Unternehmensregister führenden Stelle elektronisch zur Einstellung in das Unternehmensregister zu übermitteln. [2]Im Falle einer Kapitalgesellschaft im Sinne des § 264d beträgt die Frist abweichend von Satz 1 sechs Monate nach dem Abschlussstichtag.

(2) Absatz 1 gilt entsprechend für die Mitglieder des vertretungsberechtigten Organs eines Mutterunternehmens im Sinne des § 341v, das einen Konzernzahlungsbericht zu erstellen hat.

(3) § 325 Absatz 6 sowie § 328 Absatz 1 Satz 1 bis 3, Absatz 1a bis 4 und § 329 Absatz 1, 3 und 4 gelten entsprechend.

Dritter Titel. Bußgeldvorschriften, Ordnungsgelder

§ 341x Bußgeldvorschriften

(1) Ordnungswidrig handelt, wer als Mitglied des vertretungsberechtigten Organs oder des Aufsichtsrats einer Kapitalgesellschaft

1. bei der Erstellung eines Zahlungsberichts einer Vorschrift des § 341t Absatz 1, 2, 3, 5 oder Absatz 6 oder des § 341u Absatz 1, 2 oder Absatz 3 über den Inhalt oder die Gliederung des Zahlungsberichts zuwiderhandelt oder

2. bei der Erstellung eines Konzernzahlungsberichts einer Vorschrift des § 341v Absatz 4 Satz 1 in Verbindung mit § 341t Absatz 1, 2, 3, 5 oder Absatz 6 oder mit § 341u Absatz 1, 2 oder Absatz 3 über den Inhalt oder die Gliederung des Konzernzahlungsberichts zuwiderhandelt.

(2) Die Ordnungswidrigkeit kann mit einer Geldbuße bis fünfzigtausend Euro geahndet werden.

(3) Verwaltungsbehörde im Sinne des § 36 Absatz 1 Nummer 1 des Gesetzes über Ordnungswidrigkeiten ist in den Fällen des Absatzes 1 das Bundesamt für Justiz.

(4) Die Bestimmungen der Absätze 1 bis 3 gelten auch für die Mitglieder der gesetzlichen Vertretungsorgane von Personenhandelsgesellschaften im Sinne des § 341q Satz 2.

§ 341y Ordnungsgeldvorschriften

(1) [1]Gegen die Mitglieder des vertretungsberechtigten Organs einer Kapitalgesellschaft im Sinne des § 341q oder eines Mutterunternehmens im Sinne des § 341v, die § 341w hinsichtlich der Pflicht zur Offenlegung des Zahlungsberichts oder Konzernzahlungsberichts nicht befolgen, hat das Bundesamt für Justiz in entsprechender Anwendung der §§ 335 bis 335b ein Ordnungsgeldverfahren durchzuführen. [2]Das Verfahren kann auch gegen die Kapitalgesellschaft gerichtet werden.

(2) [1]Das Bundesamt für Justiz kann eine Kapitalgesellschaft zur Erklärung auffordern, ob sie im Sinne des § 341q in der mineralgewinnenden Industrie tätig ist oder Holzeinschlag in *Primärwäldern* betreibt, und eine angemessene Frist setzen. [2]Die Aufforderung ist zu begründen. [3]Gibt die Kapitalgesellschaft innerhalb der Frist keine Erklärung ab, wird für die Einleitung des Verfahrens nach Absatz 1 vermutet, dass die Gesellschaft in den Anwendungsbereich des § 341q fällt. [4]Die Sätze 1 bis 3 sind entsprechend anzuwenden, wenn das Bundesamt für Justiz Anlass für die Annahme hat, dass eine Kapitalgesellschaft ein Mutterunternehmen im Sinne des § 341v Absatz 1 ist.

(3) Die vorstehenden Absätze gelten entsprechend für Personenhandelsgesellschaften im Sinne des § 341q Satz 2.

Vierter Unterabschnitt. Ergänzende Vorschriften für bestimmte umsatzstarke multinationale Unternehmen und Konzerne

Erster Titel. Anwendungsbereich; Begriffsbestimmungen

§ 342 Anwendungsbereich

(1) Dieser Unterabschnitt ist anzuwenden auf Kapitalgesellschaften mit Sitz im Inland und auf Personenhandelsgesellschaften im Sinne des § 264a Absatz 1 mit Sitz im Inland, wenn diese Kapitalgesellschaften und Personenhandelsgesellschaften
1. **unverbundene Unternehmen sind und eine Niederlassung, eine feste Geschäftseinrichtung oder eine dauerhafte Geschäftstätigkeit in mindestens einem anderen Staat haben,**
2. **oberste Mutterunternehmen sind und sie oder ein verbundenes Unternehmen eine Niederlassung, eine feste Geschäftseinrichtung oder eine dauerhafte Geschäftstätigkeit in mindestens einem anderen Staat haben oder**
3. **Tochterunternehmen von obersten Mutterunternehmen mit Sitz in einem Drittstaat sind und**
   a) **mittelgroß oder groß im Sinne des § 267 Absatz 2 bis 4 sind oder**
   b) **ausschließlich dem Zweck dienen, die Berichtspflichten nach diesem Unterabschnitt zu umgehen.**

(2) Dieser Unterabschnitt ist ferner anzuwenden auf Kapitalgesellschaften mit Sitz in einem Drittstaat, die
1. **unverbundene Unternehmen sind oder verbundene Unternehmen sind, wenn das oberste Mutterunternehmen seinen Sitz in einem Drittstaat hat, und**
2. **eine Zweigniederlassung im Inland haben,**
   a) **deren Umsatzerlöse im Sinne des § 342b Absatz 4 in mindestens zwei aufeinander folgenden Geschäftsjahren jeweils 12 Millionen Euro übersteigen und diesen Betrag danach in zwei aufeinander folgenden Geschäftsjahren jeweils nicht unterschreiten oder**
   b) **die ausschließlich dem Zweck dient, die Berichtspflichten nach diesem Unterabschnitt zu umgehen.**

§ 342a Begriffsbestimmungen

Im Sinne dieses Unterabschnitts sind
1. **unverbundene Unternehmen: Unternehmen, die nicht verbundene Unternehmen nach § 271 Absatz 2 sind;**
2. **oberste Mutterunternehmen: Mutterunternehmen, die den Konzernabschluss für den größten Kreis von Unternehmen aufstellen;**
3. **Drittstaaten: Staaten, die weder Mitgliedstaat der Europäischen Union noch Vertragsstaat des Abkommens über den Europäischen Wirtschaftsraum sind;**
4. **Steuerhoheitsgebiete: Staaten oder nichtstaatliche Rechtsräume, die in Bezug auf die Ertragsteuer über Fiskalautonomie verfügen;**
5. **Mitglieder des vertretungsberechtigten Organs bei Personenhandelsgesellschaften im Sinne des § 264a Absatz 1: die Mitglieder des vertretungsberechtigten Organs der vertretungsberechtigten Gesellschaften;**
6. **Berichtszeitraum: das Geschäftsjahr, für das der Ertragsteuerinformationsbericht zu erstellen ist.**

Zweiter Titel. Pflicht zur Ertragsteuerinformationsberichterstattung

§ 342b Unverbundene Unternehmen mit Sitz im Inland

(1) Die Mitglieder des vertretungsberechtigten Organs einer Gesellschaft im Sinne des § 342 Absatz 1 Nummer 1 haben für diese für das vergangene Geschäftsjahr einen Ertragsteuerinformationsbericht gemäß
1. **§ 342g Nummer 1, § 342h Absatz 1 Nummer 1 bis 3 und Absatz 2 bis 5, den §§ 342i, 342j Absatz 1 und § 342k Absatz 2 sowie**
2. **§ 342k Absatz 1 und § 342l**

zu erstellen, wenn die in den Jahresabschlüssen der Gesellschaft ausgewiesenen Umsatzerlöse in mindestens zwei aufeinander folgenden Geschäftsjahren jeweils 750 Millionen Euro übersteigen.

(2) Die Mitglieder des vertretungsberechtigten Organs einer Gesellschaft im Sinne des § 342 Absatz 1 Nummer 1 sind von der Pflicht nach Absatz 1 befreit, wenn die Gesellschaft ein CRR-Kreditinstitut im Sinne des § 1 Absatz 3d Satz 1 des Kreditwesengesetzes oder ein Großes Wertpapierinstitut im Sinne des § 2 Absatz 18 des Wertpapierinstitutsgesetzes ist und für den Berichtszeitraum die nach § 26a Absatz 1 Satz 2 des Kreditwesengesetzes erforderlichen Angaben offengelegt hat.

(3) Die Pflicht nach Absatz 1 erlischt, wenn die in den Jahresabschlüssen ausgewiesenen Umsatzerlöse in zwei aufeinander folgenden Geschäftsjahren jeweils 750 Millionen Euro unterschreiten.

(4) Umsatzerlöse nach den Absätzen 1 und 3 sind
1. bei Kreditinstituten im Sinne des § 340 Absatz 1, Finanzdienstleistungsinstituten im Sinne des § 340 Absatz 4, Wertpapierinstituten im Sinne des § 340 Absatz 4a oder Instituten im Sinne des § 1 Absatz 3 des Zahlungsdiensteaufsichtsgesetzes: der Gesamtbetrag derjenigen Posten, die nach den jeweils anwendbaren handelsrechtlichen Vorschriften den in Artikel 27 Nummer 1, 3, 4, 6 und 7 oder Artikel 28 Buchstabe B Nummer 1 bis 4 und 7 der Richtlinie 86/635/EWG genannten Posten entsprechen,
2. bei Versicherungsunternehmen im Sinne des § 341 Absatz 1 oder Pensionsfonds im Sinne des § 341 Absatz 4: der Betrag der gebuchten Bruttobeiträge nach Maßgabe der jeweils anwendbaren handelsrechtlichen Vorschriften,
3. in Fällen, die nicht von den Nummern 1 und 2 erfasst werden: der Betrag der Umsatzerlöse nach § 277 Absatz 1.

§ 342c Oberste Mutterunternehmen mit Sitz im Inland

(1) Die Mitglieder des vertretungsberechtigten Organs einer Gesellschaft im Sinne des § 342 Absatz 1 Nummer 2 haben für diese für das vergangene Geschäftsjahr einen Ertragsteuerinformationsbericht gemäß
1. § 342g Nummer 2, den §§ 342h, 342i, 342j Absatz 1 und § 342k Absatz 2 sowie
2. § 342k Absatz 1 und § 342l

zu erstellen, wenn die in den Konzernabschlüssen der Gesellschaft ausgewiesenen Konzernumsatzerlöse in mindestens zwei aufeinander folgenden Geschäftsjahren jeweils 750 Millionen Euro übersteigen.

(2) Die Mitglieder des vertretungsberechtigten Organs einer Gesellschaft im Sinne des § 342 Absatz 1 Nummer 2 sind von der Pflicht nach Absatz 1 befreit, wenn die Gesellschaft ein CRR-Kreditinstitut im Sinne des § 1 Absatz 3d Satz 1 des Kreditwesengesetzes oder ein Großes Wertpapierinstitut im Sinne des § 2 Absatz 18 des Wertpapierinstitutsgesetzes ist und für den Berichtszeitraum unter Einbeziehung sämtlicher in den Konzernabschluss der Gesellschaft einbezogenen Unternehmen die nach § 26a Absatz 1 Satz 2 des Kreditwesengesetzes erforderlichen Angaben offengelegt hat.

(3) Die Pflicht nach Absatz 1 erlischt, wenn die in den Konzernabschlüssen ausgewiesenen Konzernumsatzerlöse in zwei aufeinander folgenden Geschäftsjahren jeweils 750 Millionen Euro unterschreiten.

(4) Konzernumsatzerlöse nach den Absätzen 1 und 3 sind
1. bei Gesellschaften, die den Konzernabschluss nach den auf der Grundlage der Verordnung (EG) Nr. 1606/2002 übernommenen internationalen Rechnungslegungsstandards aufstellen: der Betrag der Konzernumsatzerlöse, der sich bei Anwendung dieser Rechnungslegungsstandards ergibt,
2. in Fällen, die nicht von Nummer 1 erfasst werden: der sich bei entsprechender Anwendung des § 342b Absatz 4 ergebende Betrag.

§ 342d Tochterunternehmen mit Sitz im Inland von obersten Mutterunternehmen mit Sitz in einem Drittstaat

(1) Die Mitglieder des vertretungsberechtigten Organs einer Gesellschaft im Sinne des § 342 Absatz 1 Nummer 3 haben das oberste Mutterunternehmen der Gesellschaft aufzufordern, ihr für das vergangene Geschäftsjahr einen Ertragsteuerinformationsbericht zur Verfügung zu stellen, der gemäß § 342g Nummer 2, den §§ 342h, 342i und 342j Absatz 3 sowie den §§ 342k und 342l erstellt worden ist, wenn die in den Konzernabschlüssen des obersten Mutterunternehmens ausgewiesenen Konzernumsatzerlöse in mindestens zwei

aufeinander folgenden Geschäftsjahren jeweils einen Betrag übersteigen, der zum Wechselkurs vom 21. Dezember 2021 bei Rundung auf das nächste Tausend einem Betrag von 750 Millionen Euro entspricht.

(2) Wenn das oberste Mutterunternehmen einen Ertragsteuerinformationsbericht nicht zur Verfügung stellt oder der zur Verfügung gestellte Bericht nicht den gesetzlichen Vorgaben entspricht, haben die Mitglieder des vertretungsberechtigten Organs der Gesellschaft für diese Folgendes zu erstellen:
1. eine Erklärung darüber, dass das oberste Mutterunternehmen einen Ertragsteuerinformationsbericht nicht zur Verfügung gestellt hat oder dass der zur Verfügung gestellte Bericht nicht den gesetzlichen Vorgaben entspricht, sowie
2. einen Ertragsteuerinformationsbericht gemäß
   a) § 342g Nummer 2, den §§ 342h, 342i, 342j Absatz 1 und § 342k Absatz 2 sowie
   b) § 342k Absatz 1 und § 342l

   mit denjenigen Angaben, über die die Gesellschaft verfügt und die sie beschaffen kann.

(3) Die Mitglieder des vertretungsberechtigten Organs einer Gesellschaft im Sinne des § 342 Absatz 1 Nummer 3 sind von den Pflichten nach den Absätzen 1 und 2 befreit, wenn das oberste Mutterunternehmen einen Ertragsteuerinformationsbericht gemäß § 342g Nummer 2, den §§ 342h, 342i und 342j Absatz 3 sowie den §§ 342k und 342l erstellt hat, der
1. spätestens ein Jahr nach dem Ende des Berichtszeitraums in mindestens einer Amtssprache der Europäischen Union kostenlos auf der Internetseite des obersten Mutterunternehmens veröffentlicht worden ist,
2. von einem anderen Tochterunternehmen mit Sitz im Inland spätestens ein Jahr nach dem Ende des Berichtszeitraums in deutscher Sprache der das Unternehmensregister führenden Stelle zur Einstellung in das Unternehmensregister übermittelt oder von einem Tochterunternehmen mit Sitz in einem anderen Mitgliedstaat der Europäischen Union oder einem anderen Vertragsstaat des Abkommens über den Europäischen Wirtschaftsraum nach Maßgabe des jeweiligen nationalen Rechts im Einklang mit Artikel 48d Absatz 1 der Richtlinie 2013/34/EU offengelegt worden ist und
3. den Namen und den Sitz desjenigen Tochterunternehmens angibt, das den Bericht gemäß Nummer 2 offengelegt hat.

(4) Die Pflichten nach den Absätzen 1 und 2 erlöschen, wenn die in den Konzernabschlüssen des obersten Mutterunternehmens ausgewiesenen Konzernumsatzerlöse in zwei aufeinander folgenden Geschäftsjahren jeweils einen Betrag unterschreiten, der zum Wechselkurs vom 21. Dezember 2021 bei Rundung auf das nächste Tausend einem Betrag von 750 Millionen Euro entspricht.

(5) Konzernumsatzerlöse nach den Absätzen 1 und 4 sind der Betrag der Konzernumsatzerlöse, der sich bei Anwendung der Rechnungslegungsgrundsätze ergibt, die nach dem jeweiligen nationalen Recht für die Aufstellung des Konzernabschlusses des obersten Mutterunternehmens gelten.

§ 342e Inländische Zweigniederlassungen unverbundener Unternehmen mit Sitz in einem Drittstaat

(1) Bei Zweigniederlassungen im Sinne des § 342 Absatz 2 Nummer 2 einer Kapitalgesellschaft im Sinne des § 342 Absatz 2 Nummer 1 erste Alternative haben die in § 13e Absatz 2 Satz 5 Nummer 3 genannten angemeldeten Personen oder, wenn solche nicht vorhanden sind, die Mitglieder des vertretungsberechtigten Organs der Kapitalgesellschaft die Hauptniederlassung aufzufordern, ihnen für das vergangene Geschäftsjahr einen Ertragsteuerinformationsbericht zur Verfügung zu stellen, der gemäß § 342g Nummer 1, § 342h Absatz 1 Nummer 1 bis 3 und Absatz 2 bis 5, den §§ 342i und 342j Absatz 2 sowie den §§ 342k und 342l erstellt worden ist, wenn die in den Jahresabschlüssen der Kapitalgesellschaft ausgewiesenen Umsatzerlöse in mindestens zwei aufeinander folgenden Geschäftsjahren jeweils einen Betrag übersteigen, der zum Wechselkurs vom 21. Dezember 2021 bei Rundung auf das nächste Tausend einem Betrag von 750 Millionen Euro entspricht.

(2) Wenn die Hauptniederlassung einen Ertragsteuerinformationsbericht nicht zur Verfügung stellt oder der zur Verfügung gestellte Bericht nicht den gesetzlichen Vorgaben

entspricht, haben die nach Absatz 1 Verpflichteten für die Kapitalgesellschaft Folgendes zu erstellen:

1. **eine Erklärung darüber, dass die Hauptniederlassung einen Ertragsteuerinformationsbericht nicht zur Verfügung gestellt hat oder dass der zur Verfügung gestellte Bericht nicht den gesetzlichen Vorgaben entspricht, sowie**
2. **einen Ertragsteuerinformationsbericht gemäß**
   a) **§ 342g Nummer 1, § 342h Absatz 1 Nummer 1 bis 3 und Absatz 2 bis 5, den §§ 342i, 342j Absatz 2 und § 342k Absatz 2 sowie**
   b) **§ 342k Absatz 1 und § 342l**

   mit denjenigen Angaben, über die sie verfügen und die sie beschaffen können.

(3) Die nach den Absätzen 1 und 2 Verpflichteten sind von den dort genannten Pflichten befreit, wenn die Kapitalgesellschaft einen Ertragsteuerinformationsbericht gemäß § 342g Nummer 1, § 342h Absatz 1 Nummer 1 bis 3 und Absatz 2 bis 5, den §§ 342i und 342j Absatz 2 sowie den §§ 342k und 342l erstellt hat, der

1. **spätestens ein Jahr nach dem Ende des Berichtszeitraums in mindestens einer Amtssprache der Europäischen Union kostenlos auf der Internetseite der Gesellschaft veröffentlicht worden ist,**
2. **von einer anderen inländischen Zweigniederlassung spätestens ein Jahr nach dem Ende des Berichtszeitraums in deutscher Sprache der das Unternehmensregister führenden Stelle zur Einstellung in das Unternehmensregister übermittelt oder von einer Zweigniederlassung in einem anderen Mitgliedstaat der Europäischen Union oder einem anderen Vertragsstaat des Abkommens über den Europäischen Wirtschaftsraum nach Maßgabe des jeweiligen nationalen Rechts im Einklang mit Artikel 48d Absatz 1 der Richtlinie 2013/34/EU offengelegt worden ist und**
3. **den Namen und die Geschäftsanschrift derjenigen Zweigniederlassung angibt, für die die Offenlegung gemäß Nummer 2 bewirkt worden ist.**

(4) Die Pflichten nach den Absätzen 1 und 2 erlöschen, wenn die in den Jahresabschlüssen der Kapitalgesellschaft ausgewiesenen Umsatzerlöse in zwei aufeinander folgenden Geschäftsjahren jeweils einen Betrag unterschreiten, der zum Wechselkurs vom 21. Dezember 2021 bei Rundung auf das nächste Tausend einem Betrag von 750 Millionen Euro entspricht.

(5) Umsatzerlöse nach den Absätzen 1 und 4 sind der Betrag der Umsatzerlöse, der sich bei Anwendung der Rechnungslegungsgrundsätze ergibt, die nach dem jeweiligen nationalen Recht für die Aufstellung des Jahresabschlusses der Kapitalgesellschaft gelten.

§ 342f Inländische Zweigniederlassungen verbundener Unternehmen mit Sitz in einem Drittstaat

(1) Bei Zweigniederlassungen im Sinne des § 342 Absatz 2 Nummer 2 einer Kapitalgesellschaft im Sinne des § 342 Absatz 2 Nummer 1 zweite Alternative haben die in § 13e Absatz 2 Satz 5 Nummer 3 genannten angemeldeten Personen oder, wenn solche nicht vorhanden sind, die Mitglieder des vertretungsberechtigten Organs der Kapitalgesellschaft das oberste Mutterunternehmen aufzufordern, ihnen für das vergangene Geschäftsjahr einen Ertragsteuerinformationsbericht zur Verfügung zu stellen, der gemäß § 342g Nummer 2, den §§ 342h, 342i, 342j Absatz 3 sowie den §§ 342k und 342l erstellt worden ist, wenn

1. **die in den Konzernabschlüssen des obersten Mutterunternehmens ausgewiesenen Konzernumsatzerlöse in mindestens zwei aufeinander folgenden Geschäftsjahren jeweils einen Betrag übersteigen, der zum Wechselkurs vom 21. Dezember 2021 bei Rundung auf das nächste Tausend einem Betrag von 750 Millionen Euro entspricht, und**
2. **das oberste Mutterunternehmen kein Tochterunternehmen hat, das den Pflichten nach § 342d Absatz 1 und 2 oder vergleichbaren Pflichten nach Maßgabe des Rechts eines anderen Mitgliedstaats der Europäischen Union oder eines anderen Vertragsstaats des Abkommens über den Europäischen Wirtschaftsraum im Einklang mit Artikel 48b Absatz 4 der Richtlinie 2013/34/EU unterliegt.**

(2) Wenn das oberste Mutterunternehmen einen Ertragsteuerinformationsbericht nicht zur Verfügung stellt oder der zur Verfügung gestellte Bericht nicht den gesetzlichen Vorgaben entspricht, haben die nach Absatz 1 Verpflichteten für die Kapitalgesellschaft Folgendes zu erstellen:

1. eine Erklärung darüber, dass das oberste Mutterunternehmen einen Ertragsteuerinformationsbericht nicht zur Verfügung gestellt hat oder dass der zur Verfügung gestellte Bericht nicht den gesetzlichen Vorgaben entspricht, sowie
2. einen Ertragsteuerinformationsbericht gemäß
   a) § 342g Nummer 2, den §§ 342h, 342i, 342j Absatz 3 und § 342k Absatz 2 sowie
   b) § 342k Absatz 1 und § 342l

mit denjenigen Angaben, über die sie verfügen und die sie beschaffen können.

(3) Die nach den Absätzen 1 und 2 Verpflichteten sind von den dort genannten Pflichten befreit, wenn das oberste Mutterunternehmen einen Ertragsteuerinformationsbericht gemäß § 342g Nummer 2, den §§ 342h, 342i, 342j Absatz 3 sowie den §§ 342k und 342l erstellt hat, der
1. spätestens ein Jahr nach dem Ende des Berichtszeitraums in mindestens einer Amtssprache der Europäischen Union kostenlos auf der Internetseite des obersten Mutterunternehmens veröffentlicht worden ist,
2. von einer anderen inländischen Zweigniederlassung spätestens ein Jahr nach dem Ende des Berichtszeitraums in deutscher Sprache der das Unternehmensregister führenden Stelle zur Einstellung in das Unternehmensregister übermittelt oder von einer Zweigniederlassung in einem anderen Mitgliedstaat der Europäischen Union oder einem anderen Vertragsstaat des Abkommens über den Europäischen Wirtschaftsraum nach Maßgabe des jeweiligen nationalen Rechts im Einklang mit Artikel 48d Absatz 1 der Richtlinie 2013/34/EU offengelegt worden ist und
3. den Namen und die Geschäftsanschrift derjenigen Zweigniederlassung angibt, für die die Offenlegung gemäß Nummer 2 bewirkt worden ist.

(4) Die Pflichten nach den Absätzen 1 und 2 erlöschen, wenn die in den Konzernabschlüssen des obersten Mutterunternehmens ausgewiesenen Konzernumsatzerlöse in zwei aufeinander folgenden Geschäftsjahren jeweils einen Betrag unterschreiten, der zum Wechselkurs vom 21. Dezember 2021 bei Rundung auf das nächste Tausend einem Betrag von 750 Millionen Euro entspricht.

(5) Konzernumsatzerlöse nach den Absätzen 1 und 4 sind der Betrag der Konzernumsatzerlöse, der sich bei Anwendung der Rechnungslegungsgrundsätze ergibt, die nach dem jeweiligen nationalen Recht für die Aufstellung des Konzernabschlusses des obersten Mutterunternehmens gelten.

Dritter Titel. Einzubeziehende Unternehmen; Inhalt und Form des Ertragsteuerinformationsberichts

§ 342g Einzubeziehende Unternehmen

In den Ertragsteuerinformationsbericht sind einzubeziehen:
1. in den Fällen der §§ 342b und 342e das unverbundene Unternehmen;
2. in den Fällen der §§ 342c, 342d und 342f das oberste Mutterunternehmen und alle Tochterunternehmen, die in den für den Berichtszeitraum aufgestellten Konzernabschluss des obersten Mutterunternehmens einbezogen sind.

§ 342h Pflichtangaben

(1) Im Ertragsteuerinformationsbericht sind anzugeben:
1. in den Fällen der §§ 342b und 342e der Name des unverbundenen Unternehmens oder in den Fällen der §§ 342c, 342d und 342f der Name des obersten Mutterunternehmens;
2. der Berichtszeitraum;
3. die verwendete Währung;
4. in den Fällen der §§ 342c, 342d und 342f die Namen aller Tochterunternehmen, die in den für den Berichtszeitraum aufgestellten Konzernabschluss des obersten Mutterunternehmens einbezogen sind und ihren Sitz in folgenden Gebieten haben:
   a) in einem Mitgliedstaat der Europäischen Union oder einem anderen Vertragsstaat des Abkommens über den Europäischen Wirtschaftsraum oder
   b) in Steuerhoheitsgebieten, die am 1. März des Berichtszeitraums in den Anhängen I und II der Schlussfolgerungen des Rates zur überarbeiteten EU-Liste nicht kooperativer Länder und Gebiete für Steuerzwecke (ABl. C 103 vom 3.3.2022, S. 1) in der jeweils geltenden Fassung aufgeführt sind.

(2) Im Ertragsteuerinformationsbericht sind ferner zu dem oder den einzubeziehenden Unternehmen nach Maßgabe des § 342i anzugeben:
1. eine kurze Beschreibung der Art der Geschäftstätigkeiten im Berichtszeitraum;
2. die Zahl der Arbeitnehmer im Berichtszeitraum;
3. die Erträge im Berichtszeitraum, einschließlich der Erträge aus Geschäften mit nahestehenden Unternehmen und Personen;
4. der Gewinn oder Verlust vor Ertragsteuern im Berichtszeitraum;
5. die für den Berichtszeitraum zu zahlende Ertragsteuer;
6. die im Berichtszeitraum gezahlte Ertragsteuer auf Kassenbasis und
7. die einbehaltenen Gewinne am Ende des Berichtszeitraums.

(3) Für die Angaben nach Absatz 2 gelten vorbehaltlich des Absatzes 4 die folgenden Vorgaben:
1. die Zahl der Arbeitnehmer nach Absatz 2 Nummer 2 ist in Vollzeitäquivalenten anzugeben;
2. die Erträge nach Absatz 2 Nummer 3 umfassen
a) bei Unternehmen, die ihren Jahresabschluss für den Berichtszeitraum nach Maßgabe des jeweiligen nationalen Rechts im Einklang mit der Richtlinie 2013/34/EU aufstellen, diejenigen Posten nach nationalem Recht, die den Posten 1, 4, 9 bis 11 in Anhang V oder den Posten 1, 6 bis 9 in Anhang VI der Richtlinie 2013/34/EU entsprechen, wobei jeweils von verbundenen Unternehmen erhaltene Dividenden nicht berücksichtigt werden dürfen, oder
b) bei allen anderen Unternehmen diejenigen Erträge, welche sich bei Anwendung der Rechnungslegungsgrundsätze ergeben, auf deren Grundlage der Jahresabschluss für den Berichtszeitraum aufgestellt wird, wobei Erträge aus Wertanpassungen und von verbundenen Unternehmen erhaltene Dividenden nicht berücksichtigt werden dürfen;
3. der Gewinn oder Verlust vor Ertragsteuern nach Absatz 2 Nummer 4 ist in Anwendung der Rechnungslegungsgrundsätze zu bestimmen, auf deren Grundlage der Jahresabschluss für den Berichtszeitraum aufgestellt wird;
4. die zu zahlende Ertragsteuer nach Absatz 2 Nummer 5 entspricht dem laufenden Steueraufwand auf zu versteuernde Gewinne oder Verluste des Berichtszeitraums ohne latente Steuern und Rückstellungen für ungewisse Steuerverbindlichkeiten;
5. die gezahlte Ertragsteuer auf Kassenbasis nach Absatz 2 Nummer 6 umfasst alle im Berichtszeitraum entrichteten Ertragsteuern und schließt Quellensteuern ein, die von anderen Unternehmen in Bezug auf Zahlungen an das einzubeziehende Unternehmen entrichtet wurden;
6. die einbehaltenen Gewinne nach Absatz 2 Nummer 7 umfassen die Gewinne vergangener Geschäftsjahre und des Berichtszeitraums, für die am Ende des Berichtszeitraums keine Gewinnausschüttung beschlossen ist.

(4) Die Angaben nach Absatz 2 können insgesamt auch gemäß den Vorgaben in Anhang III Abschnitt III Teil B und C der Richtlinie 2011/16/EU des Rates vom 15. Februar 2011 über die Zusammenarbeit der Verwaltungsbehörden im Bereich der Besteuerung und zur Aufhebung der Richtlinie 77/799/EWG (ABl. L 64 vom 11.3.2011, S. 1), die zuletzt durch die Richtlinie (EU) 2021/514 (ABl. L 104 vom 25.3.2021, S. 1) geändert worden ist, gemacht werden.

(5) Im Ertragsteuerinformationsbericht ist anzugeben, ob die nach Absatz 2 erforderlichen Angaben gemäß den Vorgaben des Absatzes 3 oder 4 gemacht wurden.

§ 342i Länderbezogener Ausweis der Angaben

(1) [1]Die Angaben nach § 342h Absatz 2 sind wie folgt getrennt auszuweisen:
1. für jeden Mitgliedstaat der Europäischen Union und jeden anderen Vertragsstaat des Abkommens über den Europäischen Wirtschaftsraum, wobei die Angaben auf der Ebene des Mitgliedstaats oder Vertragsstaats zusammenzufassen sind, wenn ein Mitgliedstaat oder Vertragsstaat mehrere Steuerhoheitsgebiete umfasst;
2. für jedes Steuerhoheitsgebiet, das im Berichtszeitraum am 1. März in Anhang I der Schlussfolgerungen des Rates zur überarbeiteten EU-Liste nicht kooperativer Länder und Gebiete für Steuerzwecke aufgeführt war;

3. für jedes Steuerhoheitsgebiet, das im Berichtszeitraum und in dem diesem unmittelbar vorausgehenden Geschäftsjahr jeweils am 1. März in Anhang II der Schlussfolgerungen des Rates zur überarbeiteten EU- Liste nicht kooperativer Länder und Gebiete für Steuerzwecke aufgeführt war.

[2]Für andere Steuerhoheitsgebiete sind die Angaben nach § 342h Absatz 2 zusammengefasst auszuweisen.

(2) [1]Die Angaben sind demjenigen Steuerhoheitsgebiet zuzuordnen, in dem die Niederlassung oder feste Geschäftseinrichtung belegen ist oder die dauerhafte Geschäftstätigkeit besteht, auf die sich die Angaben jeweils beziehen, vorausgesetzt, die Niederlassung, feste Geschäftseinrichtung oder dauerhafte Geschäftstätigkeit kann im betreffenden Steuerhoheitsgebiet der Ertragsteuer unterliegen. [2]Angaben zu einbehaltenen Gewinnen sind stets dem Steuerhoheitsgebiet zuzuordnen, in dem die Hauptniederlassung belegen ist. [3]Unterliegen mehrere verbundene Unternehmen in einem Steuerhoheitsgebiet der Ertragsteuer, so sind die nach den Sätzen 1 und 2 diesem Steuerhoheitsgebiet jeweils zuzuordnenden Angaben für das Steuerhoheitsgebiet zusammenzufassen. [4]Angaben zu einer Niederlassung, festen Geschäftseinrichtung oder dauerhaften Geschäftstätigkeit dürfen nicht mehr als einem Steuerhoheitsgebiet zugeordnet werden.

§ 342j Währung

(1) Der Ertragsteuerinformationsbericht ist in den Fällen der §§ 342b, 342c und 342d Absatz 2 Nummer 2 in Euro zu erstellen.

(2) In den Fällen des § 342e ist der Bericht in derjenigen Währung zu erstellen, in der der Jahresabschluss des unverbundenen Unternehmens für den Berichtszeitraum aufgestellt wird.

(3) In den Fällen des § 342d, die nicht von Absatz 1 erfasst sind, und in den Fällen des § 342f ist der Bericht in derjenigen Währung zu erstellen, in der der Konzernabschluss des obersten Mutterunternehmens für den Berichtszeitraum aufgestellt wird.

§ 342k Weglassen nachteiliger Angaben

(1) [1]Angaben nach § 342h Absatz 1 und 2 müssen nicht in den Ertragsteuerinformationsbericht aufgenommen werden, wenn ihre Offenlegung den Unternehmen, auf die sie sich beziehen, einen erheblichen Nachteil zufügen würde. [2]Satz 1 gilt nicht für Angaben, die sich auf die in § 342i Absatz 1 Satz 1 Nummer 2 oder 3 genannten Steuerhoheitsgebiete beziehen.

(2) [1]Wenn Absatz 1 Satz 1 angewendet wird, so ist dies im Ertragsteuerinformationsbericht anzugeben und gebührend zu begründen. [2]Die nicht aufgenommenen Angaben sind spätestens in den Ertragsteuerinformationsbericht aufzunehmen, der für das vierte Geschäftsjahr nach dem Berichtszeitraum erstellt wird.

§ 342l Formblatt; maschinenlesbares elektronisches Format

(1) Der Ertragsteuerinformationsbericht ist unter Verwendung des von der Europäischen Kommission auf der Grundlage des Artikels 48c Absatz 4 Satz 2 der Richtlinie 2013/34/EU festzulegenden Formblatts zu erstellen.

(2) Der Ertragsteuerinformationsbericht ist in einem von der Europäischen Kommission auf der Grundlage des Artikels 48c Absatz 4 Satz 2 der Richtlinie 2013/34/EU festzulegenden maschinenlesbaren elektronischen Format zu erstellen.

Vierter Titel. Offenlegung und Veröffentlichung

§ 342m Offenlegung im Unternehmensregister

(1) Die Mitglieder des vertretungsberechtigten Organs einer Gesellschaft im Sinne des § 342 Absatz 1 Nummer 1 oder 2, die der Pflicht nach § 342b Absatz 1 oder § 342c Absatz 1 unterliegen, haben für die Gesellschaft den Ertragsteuerinformationsbericht spätestens ein Jahr nach dem Ende des Berichtszeitraums in deutscher Sprache der das Unternehmensregister führenden Stelle zur Einstellung in das Unternehmensregister zu übermitteln.

(2) [1]Die Mitglieder des vertretungsberechtigten Organs einer Gesellschaft im Sinne des § 342 Absatz 1 Nummer 3, die der Pflicht nach § 342d Absatz 1 unterliegen, haben für die Gesellschaft den Ertragsteuerinformationsbericht, den das oberste Mutterunternehmen zur Verfügung gestellt hat, spätestens ein Jahr nach dem Ende des Berichtszeitraums in deutscher Sprache der das Unternehmensregister führenden Stelle zur Einstellung in das Unternehmensregister zu übermitteln. [2]Wenn das oberste Mutterunternehmen einen Ertragsteuerinformationsbericht nicht zur Verfügung stellt oder der zur Verfügung gestellte Bericht nicht den gesetzlichen Vorgaben entspricht, haben die Mitglieder des vertretungsberechtigten Organs der Gesellschaft für diese anstelle des Berichts Folgendes nach Maßgabe des Satzes 1 zu übermitteln:
1. die Erklärung nach § 342d Absatz 2 Nummer 1 und
2. den Ertragsteuerinformationsbericht nach § 342d Absatz 2 Nummer 2.

(3) [1]Die in § 13e Absatz 2 Satz 5 Nummer 3 genannten angemeldeten Personen oder, wenn solche nicht vorhanden sind, die Mitglieder des vertretungsberechtigten Organs einer Kapitalgesellschaft im Sinne des § 342 Absatz 2, die der Pflicht nach § 342e Absatz 1 oder § 342f Absatz 1 unterliegen, haben für die Kapitalgesellschaft den Ertragsteuerinformationsbericht, den die Hauptniederlassung oder das oberste Mutterunternehmen zur Verfügung gestellt hat, spätestens ein Jahr nach dem Ende des Berichtszeitraums in deutscher Sprache der das Unternehmensregister führenden Stelle zur Einstellung in das Unternehmensregister zu übermitteln. [2]Wenn die Hauptniederlassung oder das oberste Mutterunternehmen einen Ertragsteuerinformationsbericht nicht zur Verfügung stellt oder der zur Verfügung gestellte Bericht nicht den gesetzlichen Vorgaben entspricht, haben die nach Satz 1 Verpflichteten für die Kapitalgesellschaft anstelle des Berichts Folgendes nach Maßgabe des Satzes 1 zu übermitteln:
1. die Erklärung nach § 342e Absatz 2 Nummer 1 oder § 342f Absatz 2 Nummer 1 und
2. den Ertragsteuerinformationsbericht nach § 342e Absatz 2 Nummer 2 oder § 342f Absatz 2 Nummer 2.

(4) [1]Die §§ 11 und 328 Absatz 1 Satz 1 bis 3, Absatz 2 Satz 1 und 4 sowie § 329 Absatz 1 und 4 sind entsprechend anzuwenden. [2]Bei inländischen Zweigniederlassungen von Kapitalgesellschaften im Sinne des § 342 Absatz 2 Nummer 1 kann die das Unternehmensregister führende Stelle von den in § 13e Absatz 2 Satz 5 Nummer 3 genannten angemeldeten Personen oder, wenn solche nicht vorhanden sind, von den Mitgliedern des vertretungsberechtigten Organs der Kapitalgesellschaft verlangen, ihr innerhalb einer angemessenen Frist die Umsatzerlöse der Zweigniederlassung für die letzten beiden Geschäftsjahre mitzuteilen. [3]Bei Zweigniederlassungen im Sinne des § 342 Absatz 2 Nummer 2 von Kapitalgesellschaften im Sinne des § 342 Absatz 2 Nummer 1 zweite Alternative und bei Vorliegen der Voraussetzungen des § 342f Absatz 1 Nummer 1 kann die das Unternehmensregister führende Stelle von den in § 13e Absatz 2 Satz 5 Nummer 3 genannten angemeldeten Personen oder, wenn solche nicht vorhanden sind, von den Mitgliedern des vertretungsberechtigten Organs der Kapitalgesellschaft verlangen, ihr innerhalb einer angemessenen Frist Namen und Sitz eines Tochterunternehmens mitzuteilen, das für den Konzern den Pflichten nach § 342d Absatz 1 und 2 oder vergleichbaren Pflichten nach Maßgabe des Rechts eines anderen Mitgliedstaats der Europäischen Union oder eines anderen Vertragsstaats des Abkommens über den Europäischen Wirtschaftsraum im Einklang mit Artikel 48b Absatz 4 der Richtlinie 2013/34/EU unterliegt. [4]Wird die fristgemäße Mitteilung nach Satz 2 unterlassen, so wird vermutet, dass die Voraussetzungen des § 342 Absatz 2 Nummer 2 Buchstabe a erfüllt sind. [5]Wird die fristgemäße Mitteilung nach Satz 3 unterlassen, so wird vermutet, dass es kein dort genanntes Tochterunternehmen gibt.

§ 342n Veröffentlichung auf der Internetseite der Gesellschaft

(1) [1]Die Mitglieder des vertretungsberechtigten Organs einer Gesellschaft im Sinne des § 342 Absatz 1 Nummer 1 oder 2, die der Pflicht nach § 342b Absatz 1 oder § 342c Absatz 1 unterliegen, haben für die Gesellschaft den Ertragsteuerinformationsbericht spätestens ein Jahr nach dem Ende des Berichtszeitraums für mindestens fünf Jahre kostenlos und in deutscher Sprache auf der Internetseite der Gesellschaft zu veröffentlichen. [2]Die Pflicht nach Satz 1 entfällt, wenn die Mitglieder des vertretungsberechtigten Organs der Gesellschaft

1. ihre Pflicht zur Offenlegung gemäß § 342m Absatz 1 erfüllt haben und
2. auf der Internetseite der Gesellschaft für mindestens fünf Jahre den Hinweis veröffentlichen, dass
   a) der Ertragsteuerinformationsbericht über die Internetseite des Unternehmensregisters kostenlos zugänglich ist und
   b) die Pflicht zur Veröffentlichung des Ertragsteuerinformationsberichts auf der Internetseite der Gesellschaft deshalb entfällt.

(2) [1]Die Mitglieder des vertretungsberechtigten Organs einer Gesellschaft im Sinne des § 342 Absatz 1 Nummer 3, die der Pflicht nach § 342d Absatz 1 unterliegen, haben für die Gesellschaft spätestens ein Jahr nach dem Ende des Berichtszeitraums für mindestens fünf Jahre Folgendes kostenlos und in deutscher Sprache auf der Internetseite der Gesellschaft oder der eines verbundenen Unternehmens zu veröffentlichen:
1. im Falle des § 342m Absatz 2 Satz 1 den Ertragsteuerinformationsbericht, den das oberste Mutterunternehmen zur Verfügung gestellt hat, oder
2. im Falle des § 342m Absatz 2 Satz 2 die Erklärung und den Ertragsteuerinformationsbericht, die beziehungsweise den die Gesellschaft erstellt hat.

[2]Absatz 1 Satz 2 ist entsprechend anzuwenden.

(3) [1]Die in § 13e Absatz 2 Satz 5 Nummer 3 genannten angemeldeten Personen oder, wenn solche nicht vorhanden sind, die Mitglieder des vertretungsberechtigten Organs einer Kapitalgesellschaft im Sinne des § 342 Absatz 2, die der Pflicht nach § 342e Absatz 1 oder § 342f Absatz 1 unterliegen, haben für die Kapitalgesellschaft spätestens ein Jahr nach dem Ende des Berichtszeitraums für mindestens fünf Jahre Folgendes kostenlos und in deutscher Sprache auf der Internetseite der Kapitalgesellschaft oder gegebenenfalls derjenigen eines verbundenen Unternehmens zu veröffentlichen:
1. im Falle des § 342m Absatz 3 Satz 1 den Ertragsteuerinformationsbericht, den die Hauptniederlassung oder das oberste Mutterunternehmen zur Verfügung gestellt hat, oder
2. im Falle des § 342m Absatz 3 Satz 2 die Erklärung und den Ertragsteuerinformationsbericht, die beziehungsweise den sie für die Kapitalgesellschaft erstellt haben.

[2]Absatz 1 Satz 2 ist entsprechend anzuwenden.

Fünfter Titel. Bußgeldvorschriften; Ordnungsgelder

§ 342o Bußgeldvorschriften

(1) Ordnungswidrig handelt, wer
1. entgegen § 342b Absatz 1 Nummer 1, § 342c Absatz 1 Nummer 1, § 342d Absatz 2 Nummer 2 Buchstabe a, § 342e Absatz 2 Nummer 2 Buchstabe a oder § 342f Absatz 2 Nummer 2 Buchstabe a einen Ertragsteuerinformationsbericht nicht richtig oder nicht vollständig erstellt oder
2. entgegen § 342n Absatz 1 Satz 1, Absatz 2 Satz 1 oder Absatz 3 Satz 1 einen Ertragsteuerinformationsbericht oder eine Erklärung nicht, nicht richtig, nicht rechtzeitig oder nicht mindestens fünf Jahre veröffentlicht.

(2) Die Ordnungswidrigkeit kann mit einer Geldbuße bis zu zweihundertfünfzigtausend Euro geahndet werden.

(3) Verwaltungsbehörde im Sinne des § 36 Absatz 1 Nummer 1 des Gesetzes über Ordnungswidrigkeiten ist das Bundesamt für Justiz.

§ 342p Ordnungsgelder

[1]Das Bundesamt für Justiz hat ein Ordnungsgeldverfahren durchzuführen gegen
1. die Mitglieder des vertretungsberechtigten Organs einer Gesellschaft im Sinne des § 342 Absatz 1, die § 342m Absatz 1 oder 2 hinsichtlich der Pflicht zur Offenlegung des Ertragsteuerinformationsberichts oder der Erklärung nach § 342d Absatz 2 Nummer 1 nicht befolgen,
2. die Mitglieder des vertretungsberechtigten Organs einer Kapitalgesellschaft im Sinne des § 342 Absatz 2, die § 342m Absatz 3 hinsichtlich der Pflicht zur Offenlegung des Ertragsteuerinformationsberichts oder der Erklärung nach § 342e Absatz 2 Nummer 1 oder § 342f Absatz 2 Nummer 1 nicht befolgen.

[2]Im Falle des Satzes 1 Nummer 2 treten die in § 13e Absatz 2 Satz 5 Nummer 3 genannten angemeldeten Personen, sobald sie angemeldet sind, an die Stelle der Mitglieder des vertretungsberechtigten Organs der Kapitalgesellschaft. [3]Das Ordnungsgeldverfahren kann im Falle des Satzes 1 Nummer 1 auch gegen die Gesellschaft im Sinne des § 342 Absatz 1 und im Falle des Satzes 1 Nummer 2 auch gegen die Kapitalgesellschaft im Sinne des § 342 Absatz 2 durchgeführt werden. [4]§ 335 Absatz 1 Satz 3 bis 5 und Absatz 1c bis 7 sowie die §§ 335a und 335b sind mit der Maßgabe entsprechend anzuwenden, dass das Ordnungsgeld höchstens zweihundertfünfzigtausend Euro beträgt.

Fünfter Abschnitt. Privates Rechnungslegungsgremium; Rechnungslegungsbeirat

§ 342q Privates Rechnungslegungsgremium

(1) [1]Das Bundesministerium der Justiz kann eine privatrechtlich organisierte Einrichtung durch Vertrag anerkennen und ihr folgende Aufgaben übertragen:
1. Entwicklung von Empfehlungen zur Anwendung der Grundsätze über die Konzernrechnungslegung,
2. Beratung des Bundesministeriums der Justiz bei Gesetzgebungsvorhaben zu Rechnungslegungsvorschriften,
3. Vertretung der Bundesrepublik Deutschland in internationalen Standardisierungsgremien und
4. Erarbeitung von Interpretationen der internationalen Rechnungslegungsstandards im Sinn des § 315e Absatz 1.

[2]Es darf jedoch nur eine solche Einrichtung anerkannt werden, die aufgrund ihrer Satzung gewährleistet, daß die Empfehlungen und Interpretationen unabhängig und ausschließlich von Rechnungslegern in einem Verfahren entwickelt und beschlossen werden, das die fachlich interessierte Öffentlichkeit einbezieht. [3]Soweit Unternehmen oder Organisationen von Rechnungslegern Mitglied einer solchen Einrichtung sind, dürfen die Mitgliedschaftsrechte nur von Rechnungslegern ausgeübt werden.

(2) Die Beachtung der die Konzernrechnungslegung betreffenden Grundsätze ordnungsmäßiger Buchführung wird vermutet, soweit vom Bundesministerium der Justiz bekanntgemachte Empfehlungen einer nach Absatz 1 Satz 1 anerkannten Einrichtung beachtet worden sind.

§ 342r Rechnungslegungsbeirat

(1) Beim Bundesministerium der Justiz wird vorbehaltlich Absatz 9 ein Rechnungslegungsbeirat mit den Aufgaben nach § 342q Absatz 1 Satz 1 gebildet.

(2) Der Rechnungslegungsbeirat setzt sich zusammen aus
1. einem Vertreter des Bundesministeriums der Justiz als Vorsitzendem sowie je einem Vertreter des Bundesministeriums der Finanzen und des Bundesministeriums für Wirtschaft und Klimaschutz,
2. vier Vertretern von Unternehmen,
3. vier Vertretern der wirtschaftsprüfenden Berufe,
4. zwei Vertretern der Hochschulen.

(3) [1]Die Mitglieder des Rechnungslegungsbeirats werden durch das Bundesministerium der Justiz berufen. [2]Als Mitglieder sollen nur Rechnungsleger berufen werden.

(4) [1]Die Mitglieder des Rechnungslegungsbeirats sind unabhängig und nicht weisungsgebunden. [2]Ihre Tätigkeit im Beirat ist ehrenamtlich.

(5) Das Bundesministerium der Justiz kann eine Geschäftsordnung für den Beirat erlassen.

(6) Der Beirat kann für bestimmte Sachgebiete Fachausschüsse und Arbeitskreise einsetzen.

(7) [1]Der Beirat, seine Fachausschüsse und Arbeitskreise sind beschlußfähig, wenn mindestens zwei Drittel der Mitglieder anwesend sind. [2]Bei Abstimmungen entscheidet die Stimmenmehrheit, bei Stimmengleichheit die Stimme des Vorsitzenden.

(8) Für die Empfehlungen des Rechnungslegungsbeirats gilt § 342q Absatz 2 entsprechend.

(9) Die Bildung eines Rechnungslegungsbeirats nach Absatz 1 unterbleibt, soweit das Bundesministerium der Justiz eine Einrichtung nach § 342q Absatz 1 anerkennt.

Viertes Buch. Handelsgeschäfte

Erster Abschnitt. Allgemeine Vorschriften

§ 343 [Begriff der Handelsgeschäfte]

(1) Handelsgeschäfte sind alle Geschäfte eines Kaufmanns, die zum Betriebe seines Handelsgewerbes gehören.

(2) [aufgehoben]

Schrifttum: Deutschmann, Der Nichtkaufmann als Kaufmann, Jura 2025, 119; Faber, Elemente verschiedener Verbraucherbegriffe in EG-Richtlinien, zwischenstaatlichen Übereinkommen und nationalem Zivil- und Kollisionsrecht, ZEuP 1998, 854; Gottschalk, Verbraucherbegriff und Dual-use-Verträge, RIW 2006, 576; Herresthal, Scheinunternehmer und Scheinverbraucher im BGB, JZ 2006, 695; Hoffmann, Das Zusammentreffen von Handelskauf und Verbrauchsgüterkauf: Wertungswidersprüche und Korrekturbedarf, BB 2005, 2090; Keppeler/Berning, Technische und rechtliche Probleme bei der Umsetzung der DS-GVO-Löschplichten, ZD 2017, 314; Looschelders, Beweislastprobleme beim Kauf eines Gebrauchtwagens durch einen Kaufmann, NJW 2022, 659; Oetker, Der Handelskauf als Verbrauchsgüterkauf – ein Wertungskonflikt zwischen zwei Sonderprivatrechten, FS Martinek, 2020, 555; Pfeiffer, Vom kaufmännischen Verkehr zum Unternehmensverkehr – Die Änderungen des AGB-Gesetzes durch das Handelsrechtsreformgesetz, NJW 1999, 169; Pfeiffer, Handbuch der Handelsgeschäfte, 1999; Purnhagen, Die Zurechnung von Unternehmer- und Verbraucherhandeln in den §§ 13 und 14 BGB im Spiegel der Rechtsprechung – Eckpfeiler eines Konzepts?, VuR 2015, 3; Schmeel, Der Unternehmer als Verbraucher – Zugleich eine Betrachtung des Selbstverständnisses nationaler Gerichte, MDR 2023, 199; K. Schmidt, 100 Bände BGHZ – Allgemeines Handelsrecht, ZHR 151 (1987), 302; K. Schmidt, Anwendung von Handelsrecht auf Rechtshandlungen des Konkursverwalters – Zum Urteil des BGH vom 25.2.1987, NJW 1987, 1905; K. Schmidt, „Unternehmer" – „Kaufmann" – „Verbraucher". Schnittstellen im „Sonderprivatrecht" und Friktionen zwischen §§ 13, 14 BGB und §§ 1 ff. HGB, BB 2005, 837; Staudinger, Neues aus Karlsruhe: In dubio pro Verbrauchsgüterkaufrecht, jM 2022, 232; Wagner/Mann, Die Kaufmannseigenschaft ausländischer Parteien im Zivilprozess, IPRax 2013, 122; Weyer, Handelsgeschäfte (§§ 343 ff. HGB) und Unternehmergeschäfte (§ 14 BGB), WM 2005, 490; Witt, Unternehmereigenschaft einer GmbH beim Verbrauchsgüterkauf, NJW 2011, 3402; Wolf/v. Bismarck, Kaufmann, Unternehmer, Verbraucher – wann gilt das BGB, wann das HGB, wann Verbraucherrecht?, JA 2010, 841.

Übersicht

I. Allgemeines

Die Vorschrift enthält die für das gesamte Vierte Buch maßgebliche **Legaldefinition** des Handelsgeschäfts und umreißt insoweit zugleich den sachlichen Anwendungsbereich der §§ 343–475h, die Sonderregeln der Rechtsgeschäftslehre sowie des Schuld- und Sachenrechts[1] enthalten. Der Begriff des Handelsgeschäfts in § 343 Abs. 1, der hier das einzelne kaufmännische Geschäft im Sinne eines Vorgangs bezeichnet, unterscheidet sich insbesondere von der firmenrechtlichen Terminologie in §§ 22–28, wo mit dem „Handelsgeschäft" der Gewerbebetrieb des Kaufmanns bzw. das kaufmännische Unternehmen gemeint ist (→ § 25 Rn. 12). Dieses unterschiedliche Begriffsverständnis setzt sich auch außerhalb des HGB fort. So wird der Begriff des Handelsgeschäfts innerhalb der Vorschrift des § 95 GVG betreffend die sachliche Zuständigkeit der Kammer für Handelssachen in beiderlei Ausprägungen verwandt. Während mit dem „Handelsgeschäft" in § 95 Abs. 1 Nr. 1 GVG dasjenige 1

[1] MüKoHGB/Maultzsch Vor § 343 Rn. 1; Oetker HandelsR § 7 Rn. 1–5.

iSv § 343 Abs. 1 gemeint ist,[2] geht es bei demselben Begriff in § 95 Abs. 1 Nr. 4 lit. a und lit. d GVG um das Unternehmen. Unter § 343 fallen sowohl die **einseitigen Handelsgeschäfte** (§ 345), bei denen nur einer der Beteiligten die Merkmale der Vorschrift erfüllt, als auch die **beiderseitigen (mehrseitigen) Handelsgeschäfte,** bei denen dies in der Person aller Beteiligten der Fall ist. Der Begriff des Handelsgeschäfts hat Bedeutung auch für die kaufmännischen Aufbewahrungspflichten, soweit hierunter nach § 257 Abs. 1 Nr. 2 und Nr. 3 die empfangenen und abgesandten „Handelsbriefe" fallen, die § 257 Abs. 2 als „Schriftstücke, die ein Handelsgeschäft betreffen", legal definiert.[3]

2 Der frühere, durch Art. 3 HRRefG im Jahre 1998 aufgehobene **§ 343 Abs. 2** sah vor, dass im Bereich der sog. Grundhandelsgewerbe (§ 1 Abs. 2 aF) getätigte Geschäfte auch dann Handelsgeschäfte sind, wenn sie von einem Kaufmann im Betriebe seines gewöhnlich auf andere Geschäfte gerichteten Handelsgewerbes abgeschlossen werden. Die damit bezweckte Klarstellung wurde indes gemeinhin für überflüssig[4] bzw. irreführend[5] erachtet, da nach § 343 Abs. 1 auch **branchenfremde,** vom Kaufmann jedoch im Betrieb seines Handelsgewerbes vorgenommene Geschäfte Handelsgeschäfte sind. Soweit dort in Bezug auf den Kaufmann von den „zum Betriebe seines Handelsgewerbes" gehörenden Geschäften die Rede ist, darf das nicht in dem Sinne (miss-)verstanden werden, es komme auf die konkrete Art des Gewerbebetriebs an.[6] Infolge der Abschaffung des Katalogs der Grundhandelsgeschäfte (§ 1 Abs. 2 aF) durch Art. 3 HRRefG entfiel die Grundlage für den bisherigen § 343 Abs. 2. Für **internationale Handelsverträge** gilt kollisionsrechtlich der Grundsatz der freien – ausdrücklich oder konkludent getroffenen – Rechtswahl (Art. 3 Rom I-VO bzw. früher Art. 27 EGBGB aF), die beim Vertragsschluss oder auch nachträglich erfolgen kann. Die nach ihrem Art. 2 universell anwendbare Rom I-VO ist auf alle nach dem 17.12.2009 abgeschlossenen Schuldverhältnisse anzuwenden; für zuvor abgeschlossene Verträge gelten die alten Kollisionsregeln (Art. 27 ff. EGBGB aF) fort (Art. 28 Rom I-VO). Zum IPR bei gesetzlichen Schuldverhältnissen vgl. die seit dem 11.1.2009 geltende Rom II-VO. Einer Beziehung des gewählten Rechts zu dem betreffenden Vertrag oder dem Sitz der Parteien bedarf es nicht.[7] Innerhalb einer laufenden Geschäftsverbindung kann sich eine Rechtswahl aus bereits früher geschlossenen Verträgen ergeben. Rechtswahlklauseln im kaufmännischen Verkehr sind bei Maßgeblichkeit des deutschen Rechts in den dann geltenden AGB-rechtlichen Grenzen (insbesondere § 305c BGB) in der Regel zulässig.[8] Bankverträge mit deutschen Kreditinstituten unterliegen gem. Nr. 6 Abs. 1 AGB-Banken/AGB-Sparkassen grundsätzlich deutschem Recht (zum Verbraucherschutz s. aber Art. 6 Abs. 2 S. 2 Rom I-VO bzw. früher Art. 29 Abs. 1 EGBGB aF). Das mangels Rechtswahl anzuwendende Recht richtet sich nach Art. 4 Rom I-VO (Anknüpfung an die charakteristische Leistung) bzw. früher Art. 28 EGBGB aF, soweit nicht – beim Warenkauf – in erster Linie das CISG maßgebend ist. Dieses hat in seinem Anwendungsbereich als Teil des deutschen Rechts Vorrang vor den §§ 343 ff.[9]

II. Elemente des Handelsgeschäfts

3 Die Legaldefinition des Handelsgeschäfts in § 343 Abs. 1 ist dreigliedrig aufgebaut: Zunächst muss überhaupt ein „Geschäft" iSd Vorschrift vorliegen, dieses muss von einem Kaufmann vorgenommen worden sein und zudem Betriebszugehörigkeit aufweisen.

4 **1. Geschäft. a) Begriff.** Der Begriff des Geschäfts iSv § 343 Abs. 1 ist nach allgM weiter zu fassen als derjenige des Rechtsgeschäfts bzw. der Willenserklärung iSv §§ 104–185 BGB. Er umfasst daher zunächst – aber nicht nur – **alle Willenserklärungen** (zB Angebot und Annahme; Kündigungs-, Anfechtungs- und Rücktritterklärungen) **und Rechtsgeschäfte iSd allgemeinen Rechtsgeschäftslehre,** darüber hinaus aber auch **rechtsgeschäftsähnliche Akte** wie etwa die

[2] Musielak/Voit/Wittschier GVG § 95 Rn. 7 (beiderseitiges Handelsgeschäft zum Zeitpunkt des Vertragsschlusses); OLG München 25.7.2012, NJW-RR 2013, 412: die Vermietung von Gewerbeimmobilien, die zum Vermögen eines in der Rechtsform einer Stiftung des öffentlichen Rechts verfassten Ausgleichsfonds gehören, ist kein Handelsgeschäft; zu Anknüpfungsfragen bezüglich des Kaufmannsbegriffs in IPR-Fällen vgl. Wagner/Mann IPRax 2013, 122.

[3] Zu Fragen im Zusammenhang mit datenschutzrechtlichen Löschpflichten vgl. Keppeler/Berning ZD 2017, 314 (317); zur Abgrenzung von Geschäftsbriefen iSv § 147 AO vgl. Auer-Reinsdorff/Conrad, Handbuch IT- und Datenschutzrecht, 2. Aufl. 2016, § 33 Rn. 322.

[4] Ebenroth/Boujong/Fest Rn. 2; Heymann/Horn Rn. 17; Schlegelberger/Hefermehl Rn. 28; s. auch MüKoHGB/Maultzsch Rn. 20.

[5] Hopt/Leyens Rn. 4; BeckOGK/Beurskens, 1.8.2025, Rn. 3.

[6] Ebenroth/Boujong/Fest Rn. 2.

[7] MüKoHGB/Maultzsch Vor § 343 Rn. 88.

[8] MüKoHGB/Maultzsch Vor § 343 Rn. 89.

[9] BGH 11.5.2010, NJW-RR 2010, 1217 Rn. 15; 25.11.1998, NJW 1999, 1259 (1260).

Mahnung iSv § 286 Abs. 1 S. 1 BGB sowie **alle sonstigen** – willensgetragenen[10] – **rechtserheblichen Handlungen und Unterlassungen**[11] von geschäftlicher bzw. wirtschaftlicher Bedeutung, zB die Bewirkung einer Zahlung, die Absendung einer Ware, die Mängelanzeige (§ 377 Abs. 1), die Erteilung einer Weisung,[12] die Leistung und ihre Entgegennahme,[13] die Fristsetzung[14] sowie die Erteilung einer Auskunft.[15] Auch das **Schweigen im Handelsverkehr** kommt als „Geschäft" in Betracht,[16] ohne dass die Unterscheidung zwischen einer Willenserklärung und einem lediglich mit deren Wirkungen versehenen rechtserheblichen Verhalten (→ § 346 Rn. 34 ff.) hierbei eine Rolle spielt.[17] Neben dem einzelnen (rechts-)geschäftlichen Vorgang ist ferner auch die **rechtsgeschäftliche Bindung als solche** iSd gesamten Leistungsverhältnisses der Beteiligten – zB der Handelskauf (§§ 373–382), das Kommissions- (§§ 383–406), Fracht- (§§ 407–452d), Speditions- (§§ 453–466) oder Lagergeschäft (§§ 467–475h) – als (Handels-)Geschäft anzusehen.[18] Gemeinhin wird die **Geschäftsführung ohne Auftrag** ebenfalls als Geschäft iSv § 343 Abs. 1 eingeordnet.[19] Zur Begründung wird zum Teil darauf verwiesen, die Geschäftsführung ohne Auftrag erfordere zwar keine auf die Begründung eines (gesetzlichen) Schuldverhältnisses gerichtete Willenserklärung, aber einen natürlichen Willen zur Geschäftsübernahme;[20] abstellen ließe sich weiter auf die Erwägung, das Geschäftsbesorgungsverhältnis sei eine „Rechtsbeziehung", bei Beteiligung von Kaufleuten also ein Handelsgeschäft. Da der Geschäftsbegriff iSv § 343 Abs. 1 **keine Gewinnerzielungsabsicht** voraussetzt, können auch freigebige Rechtsakte wie etwa die Schenkung erfasst werden.[21] Es kommt für die begriffliche Einordnung als solche ferner nicht darauf an, ob der betreffende Vorgang von der Rechtsordnung erlaubt ist oder nicht.[22] Auch der Abschluss eines sittenwidrigen oder später zB wegen Täuschung angefochtenen Vertrages durch den Kaufmann bleibt daher ein Handelsgeschäft.

Auf die **Art und Weise der Erklärungsabgabe** – mündlich, schriftlich oder auf elektronischem **5** Wege – kommt es für die Einordnung eines Vorgangs als „Geschäft" grundsätzlich ebenso wenig an wie darauf, ob es öffentlich-rechtlich erlaubt oder zivilrechtlich wirksam ist.[23] Allerdings kann umgekehrt die Einordnung als Handelsgeschäft für die Wirksamkeit von Bedeutung sein (vgl. § 350). „Geschäfte" sind schließlich auch bloße **Neben- und Hilfsgeschäfte** sowie **vorbereitende Maßnahmen,**[24] wobei dies weniger den Begriff des Geschäfts als vielmehr das Tatbestandsmerkmal der Betriebsbezogenheit berührt (→ Rn. 16 ff.).

b) Reine Tathandlungen. Ob und inwieweit auch reine Tathandlungen **(Realakte)** unter den **6** Begriff des Geschäfts iSv § 343 Abs. 1 fallen, ist im Einzelnen streitig. Realakte sind auf einen tatsächlichen Erfolg gerichtete Willensbetätigungen, die kraft Gesetzes eine Rechtsfolge hervorbringen. Hierzu zählen etwa die Verbindung (§§ 946, 947 BGB) und Vermischung (§ 948 BGB), die Verarbeitung (§ 950 BGB), der Besitzerwerb, der Fund (§ 965 BGB) und der Schatzfund (§ 984 BGB), die Schaffung urheberrechtlich geschützter Werke sowie die Einbringung von Sachen (§§ 562, 702, 704 BGB). Sie unterscheiden sich von den Rechtsgeschäften sowie den (rechts-)geschäftsähnlichen Handlungen dadurch, dass sie keine Erklärungen sind. Den Realakten fehlt danach der Mitteilungs- und Kundgabecharakter, der für die entsprechende Anwendbarkeit der Geschäftsfähigkeitsvor-

---

[10] OLG Naumburg 29.1.2016, ZNER 2016, 249 (252) mAnm Sawade, dort auch zur Frage, ob das Anschlussnutzungsverhältnis zwischen dem Betreiber einer Anlage zur Erzeugung von Strom aus erneuerbaren Energien und dem Netzbetreiber ein „Geschäft" iSv § 343 Abs. 1 darstellt; LG Münster BeckRS 2023, 44166 Rn. 85; Ebenroth/Boujong/Fest Rn. 13; KKD/Roth/Huber Rn. 3.

[11] BGH 11.6.1956, DB 1956, 833; GK-HGB/B. Schmidt Rn. 7.

[12] Beispiele nach Oetker HandelsR § 7 Rn. 14; zur Weisung s. auch MüKoHGB/Maultzsch Rn. 3; Heymann/Horn Rn. 8.

[13] Hopt/Leyens Rn. 1.

[14] Ebenroth/Boujong/Fest Rn. 6.

[15] FG Hamburg EFG 2023, 1429 Rn. 98 f.; Ebenroth/Boujong/Fest Rn. 6, 16 (sofern Erfüllung einer vertraglichen Haupt- oder Nebenpflicht); Heymann/Horn Rn. 8; vgl. auch MüKoHGB/Maultzsch Rn. 6.

[16] Hopt/Leyens Rn. 1; Ebenroth/Boujong/Fest Rn. 4; GK-HGB/B. Schmidt Rn. 7.

[17] MüKoHGB/Maultzsch Rn. 3.

[18] MüKoHGB/Maultzsch Rn. 4.

[19] Hopt/Leyens Rn. 1; Heymann/Horn Rn. 8; jedenfalls für die berechtigte Geschäftsführung (§ 683 BGB) MüKoHGB/Maultzsch Rn. 6; ähnlich (auf den zumindest mutmaßlichen Wilen des Geschäftsherrn abstellend) BeckOGK/Beurskens, 1.8.2025, Rn. 13 **aA** (generell verneinend) LG Münster BeckRS 2023, 44166 Rn. 80; Ebenroth/Boujong/Fest Rn. 13.

[20] Hiergegen ausdrücklich Ebenroth/Boujong/Fest Rn. 13.

[21] BGH 8.1.1976, WM 1976, 424 (425) = BeckRS 2012, 00789; RG 25.2.1892, RGZ 29, 11 (13); GK-HGB/Schmidt Rn. 8.

[22] GK-HGB/B. Schmidt Rn. 8; Schlegelberger/Hefermehl Rn. 13; **aA** K. Schmidt HandelsR § 18 Rn. 9.

[23] MüKoHGB/Maultzsch Rn. 3.

[24] Ebenroth/Boujong/Fest Rn. 50, 52, 55, 57.

schriften auf die rechtsgeschäftsähnlichen Rechtshandlungen bestimmend ist; ihre Rechtswirkungen treten allein aufgrund eines durch die Handlung herbeigeführten, an sich außerrechtlichen tatsächlichen Erfolges ein. Für die diesen Erfolg herbeiführende Handlung ist deshalb auch kein rechtlich qualifizierter Wille zu fordern, sondern es genügt der auf den Erfolgseintritt gerichtete natürliche Wille. Die Rechtsfolgen der Realakte treten daher ohne Rücksicht auf die Geschäftsfähigkeit ihres Urhebers ein, die §§ 104 ff. BGB sind grundsätzlich nicht einmal entsprechend anwendbar; es genügt vielmehr die tatsächliche Erkenntnis- und Willensfähigkeit des Handelnden im Hinblick auf den herbeigeführten äußeren Erfolg.[25]

7 Jedenfalls für die **Verbindung (§§ 946 f. BGB)** und **Vermischung (§ 948 BGB)** wird in der Lit. verbreitet deren Einordnung als Geschäft iSv § 343 Abs. 1 befürwortet.[26] Selbst wenn man in Rechnung stellt, dass der Geschäftsbegriff nicht auf Rechtsgeschäfte im streng zivilistischen Sinne beschränkt ist, erscheint es indes mit Rücksicht auf den klaren rechtsgeschäftlichen Bezug von § 343 („Handelsgeschäfte") begrifflich zu weitgehend, sogar rein tatsächliche Vorgänge, denen es an einem Erklärungsmoment fehlt, als ein solches „Geschäft" einzuordnen. Das gilt umso mehr, als ein rechtspraktisches Bedürfnis für ein so weitreichendes Begriffsverständnis nicht ersichtlich ist. Für die Verbindung und die Vermischung kommt hinzu, dass diese Tatbestände nicht einmal eine menschliche Handlung erfordern, sondern im Einzelfall sogar durch Naturereignisse oÄ verwirklicht werden können.[27] Einen solchen Vorgang gleichwohl als „Handelsgeschäft" einordnen zu wollen, wenn bzw. weil er im Rahmen eines kaufmännischen Geschäftsbetriebs – etwa einer Sammellagerung – erfolgt, liegt fern. Dass etwa die Bearbeitung von Waren durchaus im Rahmen eines Handelsgeschäfts erfolgen bzw. Gegenstand eines Handelsgewerbes sein kann, macht die betreffenden Vorgänge nicht ihrerseits selbst zu Geschäften iSv § 343 Abs. 1.[28] Soweit demgegenüber einerseits konzediert wird, die Spezialregelungen der §§ 343 ff. bedürften „einer besonderen Rechtfertigung, die in der rechtsgeschäftlichen Verbindung der Parteien zu suchen" sei, andererseits aber hierfür eine „lose, auch fehlgeschlagene Bindung" ausreichen soll, sodass ein „ersichtlicher Bezug" des Verhaltens des Kaufmanns zu dieser „Sonderbeziehung" genüge,[29] überzeugt dies für rein tatsächliche Vorgänge als solche, an deren bloßen Eintritt der Gesetzgeber Rechtswirkungen knüpft, schon deshalb nicht, weil unklar bleibt, welche – auch nur „lose" – rechtsgeschäftliche Verbindung insoweit bestehen soll. Der Umstand allein, dass eine Tathandlung **im Zusammenhang** mit einem Handelsgeschäft erfolgt, macht daher nicht die Handlung selbst zu einem Handelsgeschäft.[30]

8 **c) Sonderfragen.** Keine Geschäfte iSv § 343 Abs. 1 sind ferner **unerlaubte Handlungen (§§ 823 ff. BGB)**[31] einschließlich **wettbewerbsrechtlicher Delikte** nach §§ 1 ff. UWG,[32] die Verwirklichung von **Gefährdungshaftungstatbeständen,** insbesondere straßenverkehrsrechtlicher Tatbestände,[33] sowie von **Bereicherungsansprüchen.**[34] Dass ein Vertragspartner im Zusammenhang mit der Vornahme von Handelsgeschäften solche Handlungen begehen kann, macht letztere nicht selbst zu Handelsgeschäften.[35] Das von der Gegenmeinung angeführte Differenzierungsmerkmal, wonach etwa die unerlaubte Handlung bzw. die Verwirklichung eines Gefährdungshaftungs- oder Bereicherungstatbestands dann Handelsgeschäft sein sollen, wenn der Vorgang in einem „inne-

[25] Staudinger/Klumpp, 2021, Vor §§ 104 ff. Rn. 112 ff.; MüKoBGB/Spickhoff BGB § 105 Rn. 11; Grüneberg/Ellenberger BGB Vor § 104 Rn. 9; BeckOK BGB/Wendtland BGB § 105 Rn. 3.

[26] BeckOGK/Beurskens, 1.8.2025, Rn. 15 Heymann/Horn Rn. 8; GK-HGB/B. Schmidt Rn. 7 f.; Pfeiffer Handbuch der Handelsgeschäfte, 1999, § 1 Rn. 54; Staub/Koller, 4. Aufl. 2004, Rn. 4; **aA** Hopt/Leyens Rn. 1; RGHMW/Steimle/Dornieden Rn. 8; Schlegelberger/Hefermehl Rn. 12 f.; Ebenroth/Boujong/Fest Rn. 20; Düringer/Hachenburg/Werner Anm. 2/1; wohl auch MüKoHGB/Maultzsch Rn. 5.

[27] Grüneberg/Herrler BGB § 946 Rn. 2.

[28] Ebenroth/Boujong/Fest Rn. 20.

[29] BeckOK HGB/Lehmann-Richter, 47. Ed. 1.10.2025, Rn. 11.

[30] Vgl. etwa LG Münster BeckRS 2023, 44166 Rn. 89: Beschädigung einer Steckdose und unvollständige Tankbefüllung im Zusammenhang mit der – als solche als Handelsgeschäft einzuordnenden – Anmietung eines Ersatzfahrzeugs für einen Firmen-Lkw. Handelsrechtlich offenlassend für E-Mails als sog. Erfüllungshandlungen BFH NJW 2025, 3253 Rn. 18.

[31] Hopt/Leyens Rn. 1; MüKoHGB/K. Schmidt Rn. 5; HK-HGB/Ruß Rn. 1; KKD/Roth/Huber Rn. 3; Ebenroth/Boujong/Fest Rn. 15; RGHMW/Steimle/Dornieden Rn. 10; so nun auch iE BGH 27.2.2018, NJW 2018, 2197 Rn. 16; LG Münster BeckRS 2023, 44166 Rn. 88; **aA** GK-HGB/B. Schmidt Rn. 9; diff. BeckOGK/Beurskens, 1.8.2025, Rn. 15.1.

[32] Hopt/Leyens Rn. 1; Ebenroth/Boujong/Fest Rn. 17; **aA** RGHMW/Steimle/Dornieden Rn. 9.

[33] Hopt/Leyens Rn. 1; HK-HGB/Ruß Rn. 1; Ebenroth/Boujong/Fest Rn. 19.

[34] BGH 2.12.1982, NJW 1983, 1420 (1423); LG Münster BeckRS 2023, 44166 Rn. 88; GK-HGB/B. Schmidt Rn. 8; Ebenroth/Boujong/Fest Rn. 14; nach Kondiktionsart diff. KKD/Roth/Huber Rn. 3; MüKoHGB/Maultsch Rn. 6; ähnlich RGHMW/Steimle/Dornieden Rn. 12.

[35] BGH 27.2.2018, NJW 2018, 2197 Rn. 16.

ren Zusammenhang mit einem Handelsgeschäft" steht, ist zum einen schon zu unbestimmt und wird zum anderen auch nicht konsequent durchgehalten. Weshalb einerseits unerlaubte Handlungen Handelsgeschäfte sein sollen, soweit sie einen „inneren Zusammenhang mit einem Handelsgeschäft" aufweisen, während andererseits bei Verkehrsunfällen des Kaufmanns auf einer Geschäftsfahrt und daraus erwachsenden Schadensersatzansprüchen zur Verneinung der Einordnung als Handelsgeschäft darauf abzustellen sein soll, derartige Handlungen gehörten „nicht zum Betrieb des Handelsgewerbes", überzeugt nicht. Bereicherungsansprüche, die etwa der Rückabwicklung eines vom Kaufmann abgeschlossenen sittenwidrigen Vertrages (Handelsgeschäfts) dienen, sind nicht selbst ein „Geschäft", sondern finden ihre Grundlage in der gesetzlichen Anordnung gem. §§ 812 ff. BGB. Nicht zu überzeugen vermag der Ansatz, dass der Bereicherungsanspruch aus einem fehlgeschlagenen Rechtsgeschäft deshalb den Begriff eines Handelsgeschäfts erfüllen soll, weil das beabsichtigte – indes gar nicht wirksam zustande gekommene – Geschäft, wäre es realisiert worden, die Kriterien des § 343 erfüllt hätte.[36] Ebenso wenig stellt der – gesetzliche – **insolvenzrechtliche Rückgewähranspruch** (§ 143 InsO) allein deshalb einen Anspruch „aus" einem Handelsgeschäft dar, weil die anfechtbare Rechtshandlung, die ihm zugrunde liegt, ihrerseits ein solches war.[37] Die Gegenmeinung, die darauf abstellen möchte, vertragliche und gesetzliche Rückgewähransprüche könnten nicht unterschiedlich behandelt werden,[38] überzeugt nicht. Dass Ansprüche aus Vertrag einerseits und aus Gesetz andererseits ggf. nicht parallel laufen, folgt aus ihren unterschiedlichen Voraussetzungen bzw. Anknüpfungstatbeständen und stellt deshalb als solches kein beachtliches rechtliches Kriterium für eine Gleichbehandlung dar.

d) Außengeschäfte. Unter den Begriff des Geschäfts iSv § 343 Abs. 1 fallen nur sog. Außengeschäfte, dh solche „am Markt" bzw. mit Marktbeziehungen; rein **interne Organisationsgeschäfte** scheiden demgegenüber aus (hM).[39] Aus diesem Grunde sind innerverbandliche gesellschaftsrechtliche Vorgänge wie der Abschluss des **Gesellschaftsvertrags einer OHG, KG oder GmbH** sowie der **Satzung einer AG** kein Handelsgeschäft.[40] Nichts anderes gilt für die Ein-Personen-Gründung einer GmbH (§ 1 GmbHG) oder AG (§ 2 AktG); auf die Frage der Kaufmannseigenschaft der Beteiligten kommt es in diesem Zusammenhang nicht an. Ebenso wenig stellen **Verschmelzungs- und Spaltungsbeschlüsse bzw. -verträge** nach §§ 4 ff. UmwG, § 126 UmwG, **Unternehmensverträge** gem. §§ 289 ff. AktG sowie Änderungen von Gesellschaftsverträgen ein „Geschäft" iSv § 343 Abs. 1 BGB dar.[41] Der Abschluss eines Vertrages über eine **stille Gesellschaft** (§ 230) ist für den Beteiligten, der die Kaufmannseigenschaft besitzt, ein Handelsgeschäft.[42] 9

2. Kaufmann. a) Grundsatz. Handelsgeschäfte iSv §§ 343 ff. sind nur die **Geschäfte eines Kaufmanns.** Die Kaufmannseigenschaft bestimmt sich dabei nach den §§ 1–6; es genügt also die Eintragung im Handelsregister (§ 5). Nach § 1 Abs. 2 wird die Kaufmannseigenschaft eines Gewerbetreibenden widerleglich vermutet. Die sog. Kleingewerbetreibenden iSv § 2 erwerben mit der Eintragung in das Handelsregister konstitutiv die Kaufmannseigenschaft, sodass ab diesem Zeitpunkt die §§ 343 ff. auf sie anzuwenden sind. Im Ergebnis dasselbe gilt für Betriebe der Land- und Forstwirtschaft (§ 3 Abs. 2) sowie die mit ihnen verbundenen Nebengewerbe (§ 3 Abs. 3). Nach den Grundsätzen der **Rechtsscheinhaftung** (→ § 5 Rn. 31 ff.) muss sich auch ein Nichtkaufmann, der den Rechtsschein hervorruft, Kaufmann zu sein, wie ein solcher behandeln lassen. Der Geschäftspartner 10

---

[36] S. aber MüKoHGB/Maultzsch Rn. 6; für den Rückgriff auf den Vertrauensschutzgedanken insoweit BeckOGK/Beurskens, 1.8.2025, Rn. 20.

[37] BGH 9.7.1987, BGHZ 101, 286 (288) = NJW 1987, 2821 (2822) zu § 37 KO; OLG Hamburg 12.7.2017, BeckRS 2017, 118262; LG Berlin 2.1.2018, BeckRS 2018 2834; Ebenroth/Boujong/Fest Rn. 35; BeckOGK/Beurskens, 1.8.2025, Rn. 21.

[38] LG Osnabrück 24.7.2014, ZInsO 2014, 1963 = BeckRS 2014, 15827; LG Düsseldorf 10.9.2014, ZInsO 2014, 1963; LG Dortmund 20.3.2015, NZI 2015, 894; LG Duisburg 9.3.2016, NZI 2016, 423; LG Berlin 4.7.2016, BeckRS 2016, 20231, jeweils im Rahmen von Verweisungsbeschlüssen von der allgemeinen Zivilkammer an die Kammer für Handelssachen und ohne Auseinandersetzung mit der offensichtlich entgegen stehenden höchstrichterlichen Rspr.; KKD/Roth/Huber Rn. 3.

[39] MüKoHGB/Maultzsch Rn. 7 ff.; KKD/Roth/Huber Rn. 3; Ebenroth/Boujong/Fest Rn. 4, 7; HK-HGB/Ruß Rn. 2.

[40] BGH 5.5.2011, BGHZ 189, 299 Rn. 23 = NJW 2011, 2960; MüKoHGB/Maultzsch Rn. 9; vgl. auch RGHMW/Steimle/Dornieden Rn. 14: Handlungen von Gesellschaftern, die sich auf das Gesellschaftsverhältnis beziehen; für den OHG-Gesellschaftsvertrag ausdrücklich MHdB GesR I/Schulte/Hushahn § 75 Rn. 47 mwN; **aA** BeckOK HGB/Lehmann-Richter, 47. Ed. 1.10.2025, Rn. 11, wonach Wortlaut und Zweck der Norm eine Beschränkung auf Außengeschäfte nicht erkennen lassen.

[41] MüKoHGB/Maultzsch Rn. 9; Ebenroth/Boujong/Fest Rn. 7; Hopt/Leyens Rn. 3.

[42] Ebenroth/Boujong/Fest Rn. 9; Schlegelberger/Hefermehl Rn. 18; für die typische stille Gesellschaft auch MüKoHGB/Maultzsch Rn. 10.

hat allerdings die Wahl, ob er sich auf die scheinbare Kaufmannseigenschaft beruft oder nicht; macht er sie geltend, so finden auch die Bestimmungen über Handelsgewerbe grundsätzlich Anwendung.[43] Der Scheinkaufmann selbst kann sich jedoch nicht zu seinen Gunsten auf den von ihm gesetzten Rechtsschein berufen.[44] Ein Geschäft des Kaufmanns liegt indes nur vor, wenn er das **Subjekt** und nicht lediglich das Objekt des Vorgangs ist. Das Sacheinlageversprechen der Gesellschafter soll aus diesem Grunde kein Geschäft der Gesellschaft sein.[45]

11 **b) Handelsgesellschaften.** Handelsgesellschaften (§ 6) sind stets Kaufleute (→ § 6 Rn. 1). Kaufleute kraft Rechtsform sind indessen lediglich die eingetragenen **Kapitalgesellschaften und Genossenschaften,** also insbesondere die GmbH (§ 13 Abs. 3 GmbHG), AG (§ 3 Abs. 1 AktG), KGaA (§ 278 Abs. 3 AktG), deutsche EWIV (§ 1 EWIVAG) und Genossenschaft (§ 17 Abs. 2 GenG).[46] Die **Personenhandelsgesellschaften** – OHG, KG und GmbH & Co. KG – sind hingegen Handelsgesellschaften nur, wenn sie ein Handelsgewerbe betreiben oder in das Handelsregister eingetragen sind (vgl. § 105 Abs. 2, § 161 Abs. 2); s. → § 6 Rn. 4.[47] Zur Wirkung der Eintragung s. § 15. Nach der Rspr. des BGH sind auch die unbeschränkt persönlich haftenden Gesellschafter einer OHG sowie einer KG selbst Kaufleute,[48] nicht aber die Kommanditisten einer KG[49] und die Gesellschafter einer GmbH.[50] Ebenso wenig sind die Vertretungsorgane von Handelsgesellschaften – zB Vorstand, Geschäftsführer, geschäftsführender Gesellschafter – in dieser Eigenschaft Kaufleute.[51] Sofern man der Auffassung des BGH in Bezug auf die persönlich haftenden Gesellschafter von OHG und KG folgt (→ § 1 Rn. 90), sind die Vorschriften der §§ 343 ff., etwa die Bestimmung über die Formfreiheit nach § 350, auf diesen Personenkreis unmittelbar anwendbar. Demgegenüber stellt die im Schrifttum vorherrschende Gegenauffassung darauf ab, das Handelsgewerbe werde nicht von den Gesellschaftern, sondern nur von der – rechtsfähigen – Gesellschaft betrieben (arg. § 124), und lehnt die Kaufmannseigenschaft – auch – von OHG-Gesellschaftern und Komplementären ab.[52]

12 Werden Gesellschaften (Personenhandels- bzw. Kapitalgesellschaften) oder Genossenschaften **aufgelöst,** können sie bis zur Vollbeendigung Handelsgesellschaften und damit Kaufleute (§ 6) sein. Das gilt selbst dann, wenn der Gewerbebetrieb bereits zerschlagen oder im Rahmen der Liquidation veräußert ist.[53] Für eine Gesellschaft im Insolvenzverfahren gelten dieselben Grundsätze. Die unternehmerischen Geschäfte des **Insolvenzverwalters** im Rahmen von Betriebsfortführung oder -liquidation sind Handelsgeschäfte des Unternehmens.[54] Der Insolvenzverwalter selbst wird dadurch, dass er in dieser Eigenschaft im Insolvenzverfahren das Unternehmen fortführt, nicht persönlich zum Kaufmann.[55] Für die Beurteilung der Kaufmannseigenschaft ist vielmehr auf den Gemeinschuldner abzustellen.

13 **c) Stellvertretung.** Im Vertretungsfalle kommt es für die Anwendung der §§ 343 ff. hinsichtlich der Kaufmannseigenschaft auf die Person des **Vertretenen** an. Wird hingegen der vollmachtlose Vertreter eines Kaufmanns nach § 179 BGB in Anspruch genommen, ist nach hM auf die Person des **Vertreters** und mithin darauf abzustellen, ob (auch) er Kaufmann oder jedenfalls nach Rechtsscheingesichtspunkten wie ein solcher zu behandeln ist. Aus der gesetzlichen Garantenhaftung gem.

[43] Heymann/Horn Rn. 6; Schlegelberger/Hefermehl Rn. 6; Ebenroth/Boujong/Fest Rn. 32. Zur Lehre vom Scheinkaufmann eingehend Deutschmann Jura 2025, 119 (125 ff.).

[44] BGH 11.1.1962, BGHZ 36, 273 (278) = NJW 1962, 868 = WM 1962, 369; 5.2.1990, NJW-RR 1990, 737 = WM 1990, 638; OLG Brandenburg 7.6.2017, BeckRS 2017, 115530 Rn. 21; Hopt/Leyens § 5 Rn. 15; GK-HGB/B. Schmidt Rn. 4; Ebenroth/Boujong/Fest Rn. 32.

[45] BGH 29.4.1985, WM 1985, 1069 (1070) = BeckRS 1985, 31067056.

[46] BGH 16.9.2014, BeckRS 2014, 18861 = CuR 2014, 135; BeckOGK/Beurskens, 1.8.2025 Rn. 25. Zur Europäischen (Aktien-)Gesellschaft (SE) vgl. Art. 9 Abs. 1 lit. c Ziff. ii SE-VO sowie § 3 SEEG.

[47] Hopt/Merkt § 6 Rn. 2. Zur Kaufmannseigenschaft einer LPG vgl. BGH 30.3.2006, NJW-RR 2006, 1267; zur Kaufmannseigenschaft der öffentlichen Hand s. OLG Stuttgart 10.11.1998, NJW-RR 1999, 1557; LG Bonn 24.4.2024, IHR 2025, 57 (67 f.).

[48] BGH 16.2.1961, BGHZ 34, 293 (296) = NJW 1961, 1022; 2.6.1966, BGHZ 45, 282 (284) = NJW 1966, 1960 (1962); 5.5.1960, NJW 1960, 1852 (1853); 28.6.1968, BB 1968, 1053; ebenso Schlegelberger/Hefermehl Rn. 8; **aA** K. Schmidt ZHR 151 (1987), 302 (307 f.); Ebenroth/Boujong/Fest Rn. 33; KKD/Roth/Huber Rn. 2.

[49] BGH 2.6.1966, BGHZ 45, 282 (285) = NJW 1966, 1960 (1962); 11.10.1979, NJW 1980, 1049; 24.1.1980, NJW 1980, 1572; 22.10.1981, NJW 1982, 569 (570).

[50] BGH 28.1.1993, BGHZ 121, 224 (228); 21.11.1996, NJW 1997, 397 (399).

[51] BeckOGK/Beurskens, 1.8.2025, Rn. 37.

[52] BeckOGK/Beurskens, 1.8.2025, Rn. 35 f. mwN.

[53] MüKoHGB/Maultzsch Rn. 17, 22.

[54] BeckOGK/Beurskens, 1.8.2025, Rn. 25, 37.

[55] BGH 25.2.1987, NJW 1987, 1940 (1941) = ZIP 1987, 584; hierzu krit. K. Schmidt NJW 1987, 1905; OLG Celle 20.11.2002, ZInsO 2003, 128 (129) = OLGR 2003, 52; LG Hamburg 12.2.1973, MDR 1973, 507; GK-HGB/B. Schmidt Rn. 4.

§ 179 BGB folgt nicht ohne weiteres, dass der vollmachtlose Vertreter „wie ein Kaufmann" haftet.[56] Zudem muss bei Inanspruchnahme des vollmachtlos Handelnden, soll dessen Haftung den Vorschriften der §§ 343 ff. unterliegen, die vom falsus procurator vorgenommene Handlung auch zu dessen Geschäftsbetrieb gehören.

d) Zeitpunkt. Die Kaufmannseigenschaft muss zum Zeitpunkt der **Vornahme des Geschäfts** vorliegen.[57] Zweifelhaft kann daher die Rechtslage sein, wenn die Zeitpunkte von Abgabe und Zugang der auf Abschluss eines Geschäfts iSv § 343 gerichteten (Willens-)Erklärungen auseinanderfallen und in diesem Zeitraum die Kaufmannseigenschaft verloren geht bzw. überhaupt erst erworben wird. Im Falle des **Verlusts der Kaufmannseigenschaft nach Abgabe der Erklärung** ist bei rechtsgeschäftlichen bzw. geschäftsähnlichen Handlungen analog § 130 Abs. 2, § 153 BGB ausreichend, dass die maßgebliche Eigenschaft im Abgabezeitpunkt vorlag. Im umgekehrten Falle muss es nach dem Wortlaut von § 343 genügen, wenn die Kaufmannseigenschaft erst nach Abgabe, aber noch **vor Zugang der Erklärung** erworben wird, weil erst im Zugangszeitpunkt das (Handels-)Geschäft, an das der gesetzliche Tatbestand anknüpft, vollendet ist (str.).[58] Diese ansonsten eher theoretische Streitfrage hat praktische Bedeutung im Wesentlichen nur für die Fälle, in denen die Kaufmannseigenschaft durch die Eintragung in das Handelsregister erworben wird (§ 2, § 3 Abs. 2) und dieser Zeitpunkt zwischen Erklärungsabgabe und -zugang liegt. Ein bereits abgeschlossenes Geschäft wird durch nachträglichen Erwerb der Kaufmannseigenschaft nicht rückwirkend zu dem eines Kaufmanns.[59] Bei Verlust der Kaufmannseigenschaft erst nach Vornahme des Geschäfts entfällt andererseits nicht im Nachhinein dessen Charakter als Handelsgeschäft.[60] 14

e) Nichtkaufleute. In einer Reihe von Einzelfällen gelten die Vorschriften über Handelsgeschäfte **ausnahmsweise** auch für Nichtkaufleute: Gemäß § 383 Abs. 2 S. 2 finden die §§ 343 ff. (mit Ausnahme der §§ 348–350) auf ein Kommissionsgeschäft auch dann Anwendung, wenn der Kommissionär kein Kaufmann nach § 1 und auch nicht gem. § 2 in das Handelsregister eingetragen ist. Entsprechende Regelungen bestehen für den Frachtführer (§ 407 Abs. 3 S. 2), den Spediteur (§ 453 Abs. 3 S. 2) und für den Lagerhalter (§ 467 Abs. 3 S. 2). Einer über diese besonders geregelten Ausnahmefälle hinausgehenden **unmittelbaren Anwendung der §§ 343 ff. auf nichtkaufmännische Unternehmensträger** oder auch einer generellen **Lösung der §§ 343 ff. vom Kaufmanns- zu Gunsten des Unternehmerbegriffs (§ 14 BGB)** steht die insbesondere im Rahmen des HRRefG 1998 getroffene, bislang nicht korrigierte gesetzgeberische Wertentscheidung, für das HGB am Kaufmannsbegriff festzuhalten, entgegen.[61] Nicht ausgeschlossen wird hierdurch jedoch, den Anwendungsbereich der Einzelvorschriften zum Recht der Handelsgeschäfte mit Blick auf den jeweiligen Normzweck zu bestimmen[62] oder einzelne Vorschriften, insbesondere solche, die sich als Ausdruck einer allgemeinen Verkehrssitte des „Unternehmensverkehrs" begreifen lassen, auf nichtkaufmännische Unternehmer analog anzuwenden,[63] sofern die rechtlichen Voraussetzungen im Übrigen hierfür gegeben sind. 15

3. Betriebszugehörigkeit. Handelsgeschäfte sind lediglich diejenigen Geschäfte eines Kaufmanns, die zum Betrieb seines Handelsgewerbes gehören (sog. **subjektives System**[64]). Das Tatbestandsmerkmal der Betriebszugehörigkeit dient der Abgrenzung von solchen Geschäften, die allein den privaten Rechts- und Vermögenskreis des Kaufmanns betreffen. Der **Unterscheidung zwischen dem betrieblichen und dem rein privaten Geschäftsbereich** kommt Bedeutung freilich nur für die **Einzelkaufleute** zu, bei denen zudem die Vermutungswirkung nach § 344 Abs. 1 zu beachten ist. **Handelsgesellschaften** (Personenhandels- und Kapitalgesellschaften) haben demgegenüber keine „Privatsphäre"; bei ihnen ist jedes im Namen der Gesellschaft vorgenommene Geschäft 16

---

[56] Ebenroth/Boujong/Fest Rn. 30; **aA** GK-HGB/B. Schmidt Rn. 5.

[57] BGH 24.3.1954, NJW 1954, 998; Staub/Koller Rn. 9; Schlegelberger/Hefermehl Rn. 24; GK-HGB/B. Schmidt Rn. 5.

[58] GK-HGB/B. Schmidt Rn. 5; Schlegelberger/Hefermehl Rn. 27; Oetker HandelsR § 7 Rn. 9; **aA** – Kaufmannseigenschaft des Erklärenden schon bei Erklärungsabgabe erforderlich – Ebenroth/Boujong/Fest Rn. 39; RGHMW/Steimle/Dornieden Rn. 22; Canaris HandelsR § 20 I 2 Rn. 4.

[59] RG 31.1.1905, RGZ 60, 74 (78); GK-HGB/B. Schmidt Rn. 5.

[60] GK-HGB/B. Schmidt Rn. 5.

[61] Ebenroth/Boujong/Fest Rn. 45; Hopt/Leyens Rn. 2; Pfeiffer NJW 1999, 169 (170); Meier NJW 2012, 2125 (2126): keine analoge Anwendbarkeit von § 377 auf Nichtkaufleute.

[62] Weyer WM 2005, 490 (501).

[63] Ebenroth/Boujong/Fest Rn. 45; MüKoHGB/Maultzsch Rn. 14; näher MüKoHGB/Maultzsch Vor § 343 Rn. 8 ff.; Hopt/Leyens Rn. 2; Hopt/Leyens § 1 Rn. 10; Pfeiffer NJW 1999, 169 (171).

[64] Im Gegensatz zum sog. objektiven System (vgl. Art. 271 ADHGB), in dem Geschäfte bestimmten Inhalts unabhängig von Gegenstand und Zweck des Handelsgewerbes Handelsgeschäfte darstellen.

notwendig betriebszugehörig.[65] Die Frage ist hier regelmäßig nur, ob überhaupt ein der Gesellschaft zuzuordnendes Geschäft vorliegt.[66]

17 **a) Begriff.** Der Begriff der Betriebszugehörigkeit ist **weit** zu verstehen. Er ist verwandt mit den Begriffen der im Betriebe des Geschäfts „begründeten" (§ 25 Abs. 1 S. 1) bzw. „entstandenen" (§ 28 Abs. 1 S. 1) Verbindlichkeiten, stimmt hiermit jedoch nicht vollständig überein.[67] Betriebszugehörig sind nicht nur die ihrer Art nach für das jeweilige Handelsgewerbe üblichen und typischen Geschäfte, sondern grundsätzlich alle – auch ungewöhnlichen[68] oder branchenfremden – Geschäfte, die im Interesse der Förderung des Geschäftsbetriebs seiner Ermöglichung, seinem Erhalt und seiner Abwicklung dienen. Es genügt auch ein **bloß mittelbarer, entfernter bzw. lockerer Funktionszusammenhang** mit dem Zweck bzw. Gegenstand des Handelsgewerbes.[69] Die Unentgeltlichkeit oder auch der Gefälligkeitscharakter eines Geschäfts stehen diesem Zusammenhang nicht entgegen.[70] § 14 Abs. 1 BGB („in Ausübung ihrer gewerblichen oder selbständigen berufliche Tätigkeit") ist präziser formuliert.[71]

18 **b) Betriebszugehörige Geschäfte im Einzelnen.** Zum Betrieb des Handelsgewerbes gehören insbesondere auch alle **vorbereitenden** Geschäfte wie zB der Bierlieferungsvertrag für ein zu errichtendes Hotel,[72] die Anmietung der Geschäftsräume,[73] die Aufnahme von Krediten oder der Erwerb des Unternehmens.[74] Auch **Hilfsgeschäfte,** wie etwa der Bau neuer, zusätzlicher Gebäude,[75] die Werbung, Einstellung und Entlassung von Personal, der Erwerb oder die Veräußerung von Betriebsmitteln und Schutzrechten, die Vornahme von Sicherungsübereignungen, die Beteiligung an anderen Unternehmen oder die Aufnahme von Teilhabern können Handelsgeschäfte sein, sofern sie nur irgendwie dem Hauptgeschäft dienen.[76] Dasselbe gilt für **Nebengeschäfte,** die nicht zum Geschäftszweig gehören, aber nebenbei mit erledigt werden.[77] Schließlich gehören auch **abwickelnde Geschäfte** wie die Veräußerung des Unternehmens im Ganzen[78] oder von Geschäftsanteilen[79] zum Betrieb des Handelsgewerbes. Die Auftragsvergabe an einen Nachunternehmer durch eine **Bau-ARGE** (→ § 1 Rn. 21) ist ein Handelsgeschäft iSv § 343 Abs. 1, sofern der Geschäftsbetrieb der ARGE als Handelsgewerbe (§ 1) einzuordnen ist; das wird zum Teil bei der auf die Durchführung eines einzelnen Bauvorhabens gerichteten ARGE unter dem Gesichtspunkt der Dauerhaftigkeit des Tätigwerdens verneint.[80]

19 Bei Geschäften, die – wie zB die Anschaffung von Wirtschaftsgütern – sowohl dem Handelsgewerbe als auch dem privaten Gebrauch, also einem doppelten Zweck **(dual use)**[81] dienen, kommt es nicht auf einen etwaigen Schwerpunkt des Geschäfts an; vielmehr führt selbst die geringfügige gewerbliche Zuordnung zur Einordnung als Handelsgeschäft.[82] Nicht betriebszugehörig iSv § 343 sind hingegen die Geschäfte des Kaufmanns, die **lediglich seinen privaten Lebensbereich** betreffen.[83] Das gilt etwa für Geschäfte zur Deckung des eigenen Lebensbedarfs, für private Anschaffungen

---

[65] BGH 5.5.1960, NJW 1960, 1852 (1853) = WM 1960, 866 (867); OLG Köln 10.6.1998, MDR 1999, 319; Ebenroth/Boujong/Fest Rn. 49; MüKoHGB/Maultzsch Rn. 19; Staub/Koller, 4. Aufl. 2004, Rn. 7; KKD/Roth/Huber Rn. 6; Oetker HandelsR § 7 Rn. 18; Canaris HandelsR § 20 II 2 Rn. 10; einschr. Heymann/Horn Rn. 16.

[66] K. Schmidt HandelsR § 18 Rn. 15 f.; Oetker HandelsR § 7 Rn. 15.

[67] Hopt/Leyens Rn. 3; BeckOGK/Beurskens, 1.8.2025, Rn. 41: „gewisse Parallele".

[68] RG 12.11.1930, RGZ 130, 233 (235); 23.4.1932, HRR 1932, 1645.

[69] BGH 10.6.1974, BGHZ 63, 32 (34); 8.1.1976, WM 1976, 424 (425); 20.3.1997, NJW 1997, 1779 (1780) = ZIP 1997, 837; 5.5.2011, BGHZ 189, 299 Rn. 21 = NJW 2011, 2960; GK-HGB/B. Schmidt Rn. 10; Ebenroth/Boujong/Fest Rn. 52; Staub/Koller, 4. Aufl. 2004, Rn. 22; Hopt/Leyens Rn. 3; für einen tendenziell weit zu verstehenden Funktionszusammenhang auch MüKoHGB/Maultzsch Rn. 20.

[70] BGH 8.1.1976, WM 1976, 424; KKD/Roth/Huber Rn. 4; Ebenroth/Boujong/Fest Rn. 54.

[71] BeckOGK/Beurskens, 1.8.2025, Rn. 41.

[72] RG 14.1.1908, JW 1908, 148.

[73] RG 17.2.1908, JW 1908, 206 (207).

[74] Ebenroth/Boujong/Fest Rn. 57; Hopt/Leyens Rn. 3; GK-HGB/B. Schmidt Rn. 10.

[75] BGH 10.6.1974, BGHZ 63, 32 (35) = NJW 1974, 1462 (1463).

[76] Ebenroth/Boujong/Fest Rn. 52; Hopt/Leyens Rn. 3.

[77] RG 12.11.1930, RGZ 130, 233 (235); OLG Düsseldorf 9.2.1955, BB 1955, 239.

[78] RG 2.1.1903, JW 1903, 63 (64); OLG Hamm 4.3.2009, BeckRS 2010, 12203 zur Veräußerung von Betriebsvermögen.

[79] OLG Frankfurt 8.5.1998, WM 1998, 2343 (2345) = BeckRS 1998, 10916.

[80] Zum Streitstand s. auch OLG Karlsruhe 7.3.2006, BauR 2006, 1190 = IBR 2006, 332 mAnm Dinale.

[81] Zum Begriff vgl. Schmeel MDR 2023, 199 (200).

[82] BGH 8.1.1976, WM 1976, 424 = BeckRS 2012, 00789; HK-HGB/Ruß Rn. 2; BeckOGK/Beurskens, 1.8.2025, Rn. 45; Hopt/Leyens Rn. 3; BeckOK HGB/Lehmann-Richter, 47. Ed. 1.10.2025, Rn. 13; **aA** KKD/Roth/Huber Rn. 5b, wonach gemäß § 13 BGB darauf abzustellen sei, wo der Schwerpunkt liege; s. auch Grüneberg/Ellenberger BGB § 13 Rn. 1.

[83] BGH 20.3.1997, NJW 1997, 1779 (1780).

oder für die Verwaltung des privaten Vermögens, mag es auch aus dem Geschäftsbetrieb erwirtschaftet worden sein.[84]

20 Diese Differenzierung hat Bedeutung für die Frage der Geltung von Verbraucherschutznormen, zB der Bestimmungen über den Verbrauchsgüterkauf (§§ 474 ff. BGB), soweit der Kaufmann – auch – als Verbraucher (§ 13 BGB) gehandelt hat. Denn im Rahmen von **§ 13 BGB** genügt für die Annahme der Verbrauchereigenschaft, dass der Zweck des Rechtsgeschäfts **überwiegend** im privaten Bereich liegt.[85] Hieraus folgen Wertungskonflikte, die nicht zuletzt auf den untereinander nicht abgestimmten Begriffen des Unternehmers einerseits sowie des Kaufmanns (§ 1) andererseits beruhen (→ § 344 Rn. 7).[86] Jedenfalls für den – autonomen[87] – Bereich des europäischen Rechts (Art. 15–17 Brüssel Ia-VO) hat der EuGH entschieden, dass kein Verbrauchervertrag im Sinne dieser Bestimmungen vorliegt, wenn bei beruflich-gewerblicher und privater Mischnutzung der beruflich-gewerbliche Vertragszweck lediglich eine ganz untergeordnete Rolle spielt.[88]

21 **c) Beurteilungsmaßstab.** Die Frage der **Betriebsbezogenheit eines Geschäfts** ist **objektiv** zu beurteilen.[89] Es kommt auf die objektiv in Erscheinung tretende Zweckrichtung an. Ein bloß innerer Wille des Kaufmanns, ein objektiv betriebszugehöriges Geschäft als privates tätigen zu wollen, ist unbeachtlich. Ebenso wenig wird ein objektiv privates Geschäft allein durch einen nicht erkennbar gewordenen abweichenden inneren Vorbehalt zu einem Handelsgeschäft.[90] Unterschiedliche Auffassungen bestehen im Schrifttum, ob § 343 die **Erkennbarkeit der Betriebszugehörigkeit** des Geschäfts für den Geschäftspartner verlangt. Die Erkennbarkeit wird von einigen Autoren ausdrücklich gefordert,[91] von mehreren anderen ebenso ausdrücklich abgelehnt.[92] Nach einer vermittelnden Ansicht[93] soll die Erkennbarkeit der Betriebszugehörigkeit dann Voraussetzung eines Handelsgeschäfts iSv § 343 sein, wenn die Anwendung der Sonderregeln für den Vertragspartner des Kaufmanns mit Rechtsnachteilen verbunden ist. Bei Unaufklärbarkeit der Umstände des Geschäfts gelten die Beweisregeln des § 344.[94]

§ 344 [Vermutung für das Handelsgeschäft]

(1) Die von einem Kaufmanne vorgenommenen Rechtsgeschäfte gelten im Zweifel als zum Betriebe seines Handelsgewerbes gehörig.

(2) Die von einem Kaufmanne gezeichneten Schuldscheine gelten als im Betriebe seines Handelsgewerbes gezeichnet, sofern nicht aus der Urkunde sich das Gegenteil ergibt.

Schrifttum: s. bei § 343.

Übersicht

[84] OLG Hamm 23.9.1988, NJW-RR 1989, 344 (345); GK-HGB/B. Schmidt Rn. 12.
[85] OLG Celle 11.8.2004, NJW-RR 2004, 1645 (1646); Grüneberg/Ellenberger BGB § 13 Rn. 1, 4.
[86] Zu diesen Wertungskonflikten eingehend Hoffmann BB 2005, 2092; K. Schmidt BB 2005, 837 (840 ff.).
[87] Pfeiffer NJW 1999, 169 (172).
[88] EuGH 20.1.2005, Slg. 2005, I-439 Rn. 42 ff. = NJW 2005, 653 zu Art. 13 ff. EuGVÜ; zur Frage der Übertragbarkeit dieser Rspr. auf § 13 BGB Gottschalk RIW 2006, 576; zu Parallelen zwischen dem autonomen Verbraucherbegriff des *EU-Rechts* und § 343 vgl. Pfeiffer NJW 1999, 169 (172 f.).
[89] BGH 27.9.2017, NJW 2018, 146 Rn. 41; OLG Düsseldorf 18.9.2016, WM 2017, 2081 (2082); Ebenroth/Boujong/Fest Rn. 59; KKD/Roth/Huber Rn. 4; Hopt/Leyens Rn. 3.
[90] Schlegelberger/Hefermehl Rn. 15; Ebenroth/Boujong/Fest Rn. 59.
[91] Ebenroth/Boujong/Fest Rn. 59; Staub/Koller, 4. Aufl. 2004, Rn. 5; Canaris HandelsR § 20 Rn. 9.
[92] KKD/Roth/Huber Rn. 5a; Schlegelberger/Hefermehl Rn. 23. Zum Meinungsstand in Bezug auf §§ 13 f. BGB vgl. BGH 30.9.2009, NJW 2009, 3780 Rn. 8, dort offengelassen.
[93] Weyer WM 2005, 490 (501).
[94] MüKoHGB/Maultzsch Rn. 21; BeckOGK/Beurskens, 1.8.2025, Rn. 44.

I. Allgemeines

1 **1. Normzweck.** § 344 enthält in Abs. 1 und Abs. 2 **enthält** zwei – der Intensität nach unterschiedlich ausgeprägte – **Vermutungen** für das sachliche Merkmal der **Betriebszugehörigkeit** von (Rechts-)Geschäften des Kaufmanns als Voraussetzung eines Handelsgeschäfts in Abgrenzung zu rein privatem Handeln. Die Vermutungen beziehen sich jedoch nicht auf das persönliche Merkmal der Kaufmannseigenschaft des Handelnden. Diese wird vielmehr ebenso vorausgesetzt wie die – im Zweifelsfalle nicht nach § 344, sondern nach Maßgabe des Offenkundigkeitsprinzips (§ 164 BGB) zu beurteilende – Tatsache, dass das Geschäft im Namen des Kaufmanns getätigt wurde.[1] Beide Vermutungen bezwecken **Beweiserleichterungen** im Interesse der Rechtssicherheit.[2]

2 **2. Anwendungsbereich.** Da die Geschäfte von Handelsgesellschaften (Personenhandelsgesellschaften und Kapitalgesellschaften), bei denen eine von der gewerblichen Tätigkeit abgrenzbare „private“ Rechtssphäre wesensmäßig ausgeschlossen ist, nach hM ausnahmslos Handelsgeschäfte iSv § 343 sind (→ § 343 Rn. 11),[3] beschränkt der Anwendungsbereich von § 344 und damit die praktische Bedeutung der Vorschrift sich im Wesentlichen auf **Einzelkaufleute** (aber → Rn. 7).[4] Die Vermutungswirkung gilt **gegenüber jedermann** und hierbei grundsätzlich sowohl zu Gunsten als auch zu Lasten des Kaufmanns.[5] Auf den **Scheinkaufmann** findet die Vermutung jedoch nur zu dessen Ungunsten Anwendung.[6] Auf eine private Vermögensverwaltung ist die Vermutungswirkung des § 344 Abs. 1 unanwendbar.[7]

3 Betreibt ein Kaufmann **mehrere Handelsgeschäfte,** so kann zwar vermutet werden, dass das in Rede stehende Geschäft zu einem von ihnen gehört.[8] Für die Feststellung, auf welches der mehreren in Betracht kommenden Unternehmen ein Geschäft bezogen ist, hilft § 344 freilich nicht weiter.[9] Diese Frage muss vielmehr nach Maßgabe der §§ 133, 157 BGB beantwortet werden.[10] Verfügt der Kaufmann außer seinem kaufmännischen Gewerbetrieb noch über einen anderen, nichtkaufmännischen Betrieb, so gilt insoweit die Vermutung nach § 344, die lediglich den kaufmännisch-wirtschaftlichen vom privaten Bereich trennen will, nicht;[11] dasselbe gilt, soweit ein Kaufmann zugleich als Inhaber eines kaufmännischen Unternehmens und als Geschäftsführer einer GmbH auftritt.[12] Nach aA soll auch in diesen Fällen die Vermutungswirkung des § 344 für die Zugehörigkeit des Geschäfts zum Handelsgewerbe streiten.[13] Das soll insbesondere gelten, wenn der andere Betrieb ein solcher der Land- oder Forstwirtschaft ist.[14] Jedenfalls diese Betrachtungsweise erscheint aber zumindest dann zweifelhaft, wenn in Bezug auf den Betrieb der Land- und Forstwirtschaft die Voraussetzungen des § 3 Abs. 2 erfüllt sind. Die Frage, ob ein Gesellschafter-Kaufmann ein von ihm getätigtes Geschäft für die Handelsgesellschaft oder für sich selbst abgeschlossen hat, beantwortet sich nach § 164 Abs. 1 S. 2, Abs. 2 BGB; die Vermutungsvorschrift des § 344 ist insoweit gegenstandslos.[15]

4 Die Vermutungswirkung des § 344 erstreckt sich auf den **gesamten Geschäftsbetrieb des Handelsgewerbes,** geht also über die handelsrechtlichen Geschäfte des Vierten Buches oder die sonstigen handelsrechtlichen Geschäfte hinaus.[16] Sie gilt für die **Haftungstatbestände der § 25 Abs. 1 S. 1, § 28 Abs. 1 S. 1,** soweit das (Außen-)Verhältnis zwischen dem Gläubiger des bisherigen Inhabers

[1] BGH 5.5.1960, NJW 1960, 1852 (1853); Ebenroth/Boujong/Fest Rn. 9.

[2] Ebenroth/Boujong/Fest Rn. 1.

[3] BGH 22.1.1976, BGHZ 66, 48 (49) = NJW 1976, 514; 5.5.1960, NJW 1960, 1852 (1853); GK-HGB/B. Schmidt Rn. 4; einschr. Heymann/Horn Rn. 3.

[4] Witt NJW 2011, 3402 (3403) mwN.

[5] Ebenroth/Boujong/Fest Rn. 11; GK-HGB/B. Schmidt Rn. 3; KKD/Roth/Huber Rn. 4; MüKoHGB/Maultzsch Rn. 10; diff. Weyer WM 2005, 490 (501).

[6] RG 27.3.1907, RGZ 65, 412 (414); GK-HGB/B. Schmidt Rn. 2; KKD/Roth/Huber Rn. 4; HK-HGB/Ruß Rn. 1.

[7] BFH 24.3.2011, BFHE 233, 162 Rn. 26 = FR 2011, 769 (770). Zur Frage der (entsprechenden) Anwendung von § 344 Abs. 1 im Steuerrecht s. auch BFH 6.10.2004, BFH/NV 2005, 682; 17.6.2020, BFHE 269, 305.

[8] OLG Nürnberg 27.1.1961, BB 1961, 1179; GK-HGB/B. Schmidt Rn. 1.

[9] Ebenroth/Boujong/Fest Rn. 14.

[10] Heymann/Horn Rn. 4.

[11] RG 21.1.1930, JW 1930, 828; Hopt/Leyens Rn. 1; GK-HGB/B. Schmidt Rn. 1; KKD/Roth/Huber Rn. 2.

[12] RG 12.10.1931, JW 1932, 50; Hopt/Leyens Rn. 1; GK-HGB/B. Schmidt Rn. 1; KKD/Roth/Huber Rn. 2.

[13] Ebenroth/Boujong/Fest Rn. 14; Heymann/Horn Rn. 4; Schlegelberger/Hefermehl Rn. 3; Staub/Koller, 4. Aufl. 2004, Rn. 7.

[14] Ebenroth/Boujong/Fest Rn. 14; Heymann/Horn Rn. 4.

[15] OLG Hamm 30.9.2021, ZVertriebsR 2022, 301 Rn. 54.

[16] MüKoHGB/Maultzsch Rn. 11.

und dem Erwerber des Handelsgeschäfts betroffen ist,[17] jedoch nicht für die Frage, welche Verbindlichkeiten im Innenverhältnis zwischen dem Veräußerer und dem Erwerber des Geschäfts auf den neuen Inhaber übergegangen sind.[18] § 344 erfasst ferner nicht die Feststellung zwischen dem Kaufmann und einem stillen Gesellschafter, ob ein Geschäft im Betrieb des Handelsgewerbes abgeschlossen wurde und dem Stillen daraus eine Gewinnbeteiligung zusteht; die Gewinn- und Verlustbeteiligung wird vielmehr bilanziell ermittelt.[19]

Anzuwenden ist § 344 hingegen auf die Frage, ob eine bestimmte rechtsgeschäftliche Tätigkeit, 5
für die im Rahmen einer **Rechtsschutzversicherung** die Deckungszusage begehrt wird, dem privaten oder dem gewerblichen Tätigkeitsbereich des Versicherungsnehmers zuzuordnen ist.[20] Im Rahmen des alten Verjährungsrechts ging zudem § 344 der Regelung des **§ 196 Abs. 1 Nr. 1 letzter Hs. BGB aF** vor.[21]

Die Vermutungswirkung des § 344 für die Betriebszugehörigkeit gilt schließlich auch im Rahmen 6
von **§ 1431 Abs. 1 BGB.** Nach dieser Vorschrift ist, wenn bei einer Gütergemeinschaft der das Gesamtgut verwaltende Ehegatte darin eingewilligt hat, dass der andere Ehegatte selbstständig ein Erwerbsgeschäft betreibt, die Zustimmung des Verwaltenden zu solchen Geschäften nicht erforderlich, die der Geschäftsbetrieb mit sich bringt. § 344 findet ferner Anwendung innerhalb der Ermächtigung eines Minderjährigen zum selbstständigen Betrieb eines Erwerbsgeschäfts **(§ 112 BGB).**[22]

Schwierigkeiten wirft das Verhältnis des § 344, der an den Kaufmannsbegriff anknüpft, zu **Ver-** 7
braucherschutzvorschriften auf, für die die Unterscheidung zwischen Verbraucher und Unternehmer (§§ 13, 14 BGB) kennzeichnend ist.[23] Hier treffen zwei – sowohl begrifflich-systematisch als auch von ihrer jeweiligen Zweckrichtung her – unterschiedliche, nicht aufeinander abgestimmte Regelungsmodelle zusammen. Im Einzelnen ist hierbei umstritten, ob und ggf. inwieweit § 344 der Anwendung von Verbraucherrecht entgegensteht bzw. umgekehrt die Vermutungswirkung durch Verbraucherrecht eingeschränkt wird.[24] Streitig ist insbesondere, inwieweit der **Rechtsgedanke des § 344 Abs. 1** im Rahmen der §§ 13, 14 BGB herangezogen werden und etwa bei der Anwendung von Verbraucherschutzrecht (zB §§ 474 ff. BGB, § 491 BGB) die Verteilung der Darlegungs- und Beweislast in Bezug auf die Unternehmensbezogenheit eines Rechtsgeschäfts beeinflussen kann.[25] Für die GmbH als Formkaufmann (§ 6 Abs. 1, § 13 Abs. 3 GmbHG) hat der BGH sowohl beim Verbraucherkreditvertrag[26] als auch beim Verbrauchsgüterkauf (§§ 474 ff. BGB)[27] die gesetzliche Vermutung aus § 344 Abs. 1 für anwendbar erachtet und auf deren Grundlage angenommen, die GmbH handele auch beim Abschluss branchenfremder Rechtsgeschäfte in Ausübung ihrer gewerblichen oder selbstständigen beruflichen Tätigkeit im Sinne eines Unternehmergeschäfts gem. § 14 Abs. 1 BGB.[28] Soweit der Kreditgeber bzw. Verkäufer eine Handelsgesellschaft ist, begegnet die Anwendung von § 344 Abs. 1 freilich schon grundsätzlich Bedenken, weil eine Handelsgesellschaft keine private Rechtssphäre hat,[29] sodass mangels Unterscheidbarkeit von Handels- und Nichthandels-

---

[17] RG 24.10.1904, RGZ 59, 213 (216); GK-HGB/B. Schmidt Rn. 3; Ebenroth/Boujong/Fest Rn. 13; Schlegelberger/Hefermehl Rn. 20.

[18] Ebenroth/Boujong/Fest Rn. 13.

[19] RG 24.10.1904, RGZ 59, 213 (216); Schlegelberger/Hefermehl Rn. 20; MüKoHGB/Maultzsch Rn. 11.

[20] OLG Hamm 15.10.1985, VersR 1987, 402; 23.9.1988, NJW-RR 1989, 344 (345).

[21] BGH 10.6.1974, BGHZ 63, 32 (34) = NJW 1974, 1462; 4.4.1990, BGHR HGB § 344 Abs. 1 Minderkfm. 1.; HK-HGB/Ruß Rn. 1; GK-HGB/B. Schmidt Rn. 3.

[22] Ebenroth/Boujong/Fest Rn. 23.

[23] Vgl. den Hinweis von K. Schmidt BB 2005, 837 (838), dass der Kaufmannsbegriff (§ 1) völlig anderer Art ist als der Unternehmerbegriff des § 14 BGB.

[24] KKD/Roth/Huber Rn. 2; zur Problematik grdl. Oetker FS Martinek, 2020, 555 ff.; eingehend auch Hoffmann BB 2005, 2090; Weyer WM 2005, 490; Wolf/von Bismarck JA 2010, 841; vgl. auch BGH 22.12.2004, NJW 2005, 1045 (1046) = ZIP 2005, 357 zum Ausschluss der Berufung auf die Vorschriften über den Verbrauchsgüterkauf (§§ 474 ff.) bei Vortäuschung eines gewerblichen Zwecks.

[25] Vgl. Grüneberg/Ellenberger BGB § 14 Rn. 2; Faber ZEuP 1998, 854 (866); Weyer WM 2005, 490 (500); verneinend KG 11.9.2006, ZGS 2007, 78 (wegen unterschiedlichen Schutzzwecks der jeweiligen Vorschriften); Herresthal JZ 2006, 695 (699) (aufgrund europarechtlicher Bedenken); zu letzteren s. auch Pfeiffer NJW 1999, 169 (173 f.); für die Anwendbarkeit von § 344 Abs. 1 generell MüKoBGB/S. Lorenz BGB § 474 Rn. 32; Lettl NJW 2021, 2280; diff. zwischen der Anwendung auf Anbieter- und Nachfragerseite MüKoHGB/Maultsch Rn. 24 ff.

[26] BGH 9.12.2008, BGHZ 179, 126 Rn. 22 = WM 2009, 262 = JR 2010, 110 mAnm Saenger = NZG 2009, 273 mAnm Bülow LMK 2009, 276605 zum Verbraucherkredit.

[27] BGH 13.7.2011, NJW 2011, 3435 Rn. 19 mwN und mAnm Matusche-Beckmann LMK 2011, 323360 zum Verbrauchsgüterkauf; krit. Purnhagen VuR 2015, 3 (6 f.): keine Zweifelsregel, nach der Rechtsgeschäfte eines Kaufmanns als Unternehmerhandeln anzusehen sind; vgl. auch BGH 18.10.2017, NJW 2018, 150 Rn. 37 mAnm Müller.

[28] BGH 16.9.2014, BeckRS 2014, 18861 Rn. 3.

[29] BGH 5.5.1960, NJW 1960, 1852 (1853) für OHG und KG.

bzw. „Privat"-Geschäften eine Widerlegung der Vermutung hier ohnehin von vorneherein ausscheidet, die vom BGH vorgenommene Anwendung von § 344 Abs. 1 mithin gegenstandslos ist (→ Rn. 2).[30] Darüber hinaus ist ein möglicher Konflikt zwischen der Zweifelsregel des § 344 Abs. 1 und der „Negativregelung" in § 13 Hs. 2 BGB zu bedenken.[31] Ohnehin bezwecken die §§ 13 f. BGB mit dem Ausgleich vermuteter wirtschaftlicher Ungleichheit eine andere Zielsetzung als § 344 Abs. 1,[32] mag auch dem erwogenen Rückgriff auf den Grundgedanken des § 344 Abs. 1 das in der Sache berechtigte Kernanliegen eines Ausgleichs zwischen Verbraucher- und Verkehrsschutz[33] zugrunde liegen. In Abgrenzung von seinen die GmbH betreffenden früheren Judikaten hat der BGH nunmehr mit **Urteil vom 10.11.2021**[34] entschieden, dass die Vermutung des § 344 Abs. 1 im Rahmen der Einordnung des rechtsgeschäftlichen Handelns eines Kaufmanns als Verbraucher- oder Unternehmerhandeln dann keine Anwendung findet, wenn der Kaufmann eine natürliche Person (Einzelkaufmann) ist. Den zentralen Begründungsansatz hat er dabei in den unterschiedlichen Regelungszielen der – vorrangigen – am Verbraucherschutzgedanken ausgerichteten, unionsrechtlich geprägten §§ 13 f. einerseits und der den handelsrechtlich gebotenen Vertrauensschutzes verwirklichenden Norm des § 344 Abs. 1 andererseits gesehen.[35] Für die Beibehaltung der – ohnehin schon aus anderem Grunde verfehlten – Rspr. zur Anwendung von § 344 Abs. 1 auf die GmbH (bzw. die Handelsgesellschaften) besteht auf der Basis dieser Entscheidung nunmehr erst recht kein Anlass mehr.

8 Zum Teil wird erwogen, durch analoge Anwendung der Vorschrift den Grundsatz des § 344 auf **nichtkaufmännische Unternehmer** wie etwa Freiberufler zu übertragen, soweit die Rechtsfolgen des Rechts der Handelsgeschäfte auf diesen Personenkreis anwendbar sind.[36] Die Vermutung des Abs. 1 gilt für **juristische Personen** des privaten und des öffentlichen Rechts, die keine Formkaufleute (§ 6 Abs. 2) sind, jedoch – auch – ein Handelsgewerbe betreiben, gilt § 344.[37]

II. Die widerlegbare Vermutung des Abs. 1

9 **1. Tatbestand.** § 344 Abs. 1 enthält eine gesetzliche Vermutung in Gestalt einer **widerlegbaren**[38] **tatsächlichen Vermutung** für die Betriebszugehörigkeit eines von einem Kaufmann vorgenommenen „Rechtsgeschäfts". Im Zweifel gilt jedes von einem Kaufmann vorgenommene Geschäft als betriebszugehörig und damit als Handelsgeschäft. Die Vorschrift soll die Feststellung erleichtern, ob ein Handels- oder ein Privatgeschäft vorliegt.

10 **a) Kaufmann.** Die Vermutungswirkung des § 344 Abs. 1 erfasst alle Rechtsgeschäfte eines Kaufmanns (zum Anwendungsbereich → Rn. 2). Die Kaufmannseigenschaft muss, da sie von der Vermutungswirkung des § 344 nicht erfasst wird, im Bestreitensfalle voll nachgewiesen werden.[39] Zum **Scheinkaufmann** → Rn. 2. Sieht man die Gesellschafter generell, also auch die persönlich haftenden Gesellschafter von OHG und KG, nicht als Kaufleute an (zum Streitstand → § 1 Rn. 89 f.), so gilt die Vermutung des § 344 Abs. 1 für sie nicht. Auf ein Handeln des Gesellschafters im eigenen Namen findet § 344 ohnedies keine Anwendung, weil er als solcher keinesfalls Kaufmann ist.[40]

11 **b) „Rechtsgeschäfte".** Ungeachtet des Wortlauts („Rechtsgeschäfte") gilt die gesetzliche Vermutung des § 344 Abs. 1 nicht nur für Rechtsgeschäfte im engeren Sinne, sondern nach allgM für **sämtliche von § 343 erfassten „Geschäfte"** (zum Begriff → § 343 Rn. 4 ff.).[41] In der Rspr. ist die Vorschrift angewandt worden beim Abschluss eines Vergleichs,[42] beim An- und Verkauf von

30 MüKoHGB/Maultzsch Rn. 27; Witt NJW 2011, 3402 (3403); Matusche-Beckmann LMK 2011, 323360.
31 Vgl. Grüneberg/Ellenberger BGB § 14 Rn. 2.
32 BGH 18.10.2017, NJW 2018, 150 Rn. 37 aE; s. auch MüKoBGB/Bachmann BGB § 14 Rn. 5.
33 Herresthal JZ 2006, 695 (699).
34 BGH 10.11.2021, BGHZ 232, 1 Rn. 48 ff. = NJW 2022, 686 mAnm Scholl EWiR 2022, 209 und Nassall juris-BGHZivilR 4/2022 Anm. 1; Staudinger jM 2022, 232; eingehend Looschelders NJW 2022, 659. Zur Abgrenzung von Verbraucher- und Unternehmerhandeln (mit Beispielsfällen) vgl. auch Schmeel MDR 2023, 199 (201 f.).
35 BGH 10.11.2021, BGHZ 232, 1 Rn. 49 ff. = NJW 2022, 686; s. auch schon BGH 18.10.2017, NJW 2018, 150 Rn. 37 aE.
36 Im Grundsatz abl. MüKoHGB/Maultzsch Rn. 4.
37 KKD/Roth/Huber Rn. 2.
38 Ebenroth/Boujong/Fest Rn. 31; MüKoHGB/Maultzsch Rn. 1; Oetker HandelsR § 7 Rn. 16; allgM.
39 BGH 10.1.1962, BGHZ 36, 277 = NJW 1962, 868; HK-HGB/Ruß Rn. 1.
40 Vgl. aber BGH 28.6.1968, BB 1968, 1053; Ebenroth/Boujong/Fest Rn. 9; HK-HGB/Ruß Rn. 1.
41 Ebenroth/Boujong/Fest Rn. 8; KKD/Roth/Huber Rn. 3; Hopt/Leyens Rn. 2; Oetker HandelsR § 7 Rn. 16.
42 RG 10.11.1928, RGZ 122, 236 (240).

Grundstücken durch einen im Handelsregister eingetragenen Immobilienmakler,[43] auf das Versprechen einer Abfindung durch den Kaufmann gegenüber dem ausscheidenden stillen Gesellschafter,[44] auf die Übernahme eines Handelsgeschäfts[45] sowie auf die Bestellung von Bauarbeiten.[46]

2. Rechtsfolgen. Die Verwirklichung des Tatbestands des § 344 Abs. 1 begründet eine **widerlegbare tatsächliche Vermutung** für die Betriebszugehörigkeit der vom Kaufmann vorgenommenen Geschäfte. Rechtsgeschäfte eines Kaufmanns sind mithin dann **keine** Handelsgeschäfte, wenn diese nicht zum Betrieb seines Handelsgewerbes gehören und das für den Dritten **erkennbar** war.[47] Zwar muss der private Charakter eines Rechtsgeschäfts grundsätzlich aus **objektiven Merkmalen** folgen. Der Gesichtspunkt des Verkehrsschutzes macht es jedoch erforderlich, dass der Geschäftsgegner den privaten Charakter kannte oder erkennen konnte bzw. musste.[48] Da die gesetzliche Vermutung an die Kaufmannseigenschaft zum Zeitpunkt der Vornahme des Rechtsgeschäfts anknüpft, ist diese Vermutungsgrundlage von demjenigen **darzulegen und ggf. zu beweisen,** der sich zu seinen Gunsten auf die Vermutungswirkung beruft.[49] Die Annahme eines gerichtlichen Geständnisses (§ 288 ZPO) in Bezug auf den (Rechts-)Begriff der Kaufmannseigenschaft setzt voraus, dass nach den Umständen des Einzelfalls die Verwendung des Begriffs auch als Geständnis der zugrunde liegenden Tatsachen aufgefasst werden kann.[50] Steht die Kaufmannseigenschaft bei Vornahme des Geschäfts fest, hat der Gegner, der die Vermutungswirkungen ausschließen möchte, die Wirkung der Vermutung zu widerlegen.[51] Dieser **Beweis des Gegenteils** setzt den vollen Beweis des Nichtvorliegens der vermuteten Tatsache voraus.[52] Er ist erst geführt, wenn **feststeht,** dass das vom Kaufmann getätigte Rechtsgeschäft, nach den obwaltenden Umständen auch für den Gegner erkennbar, nicht dem Betrieb des Handelsgewerbes dienen sollte.[53] Zur Beweisführung stehen sämtliche **zivilprozessualen Beweismittel** offen (§ 292 ZPO). 12

Eine Beweiserhebung ist entbehrlich, wenn der private Charakter des Rechtsgeschäfts **offenkundig** ist, dh nach den Umständen für jedermann erkennbar ist, dass es an einer Beziehung des Geschäfts zum Handelsgewerbe fehlt.[54] Das kann bei Geschäften, die unstreitig private Vermögensgüter betreffen,[55] bei Geschäften mit familien- oder erbrechtlichem Charakter,[56] der Inanspruchnahme ärztlicher Leistungen[57] oder vergleichbaren Geschäften der Fall sein. 13

Zur **Widerlegung der Vermutung** des § 344 Abs. 1 genügt weder die Feststellung, dass der Vertragsabschluss **unter dem bürgerlichen Namen des Kaufmanns** erfolgt ist[58] noch reicht der Umstand aus, dass der Kaufmann die von ihm entgegen genommenen Leistungen später nicht in seinem Betrieb verwendet, sondern etwa vermietet oder verpachtet hat.[59] Nicht ausreichend ist ferner der Nachweis, dass es sich um ein vorbereitendes, abwickelndes, ungewöhnliches oder unentgeltliches Geschäft handelte.[60] 14

III. Die unwiderlegbare Vermutung des Abs. 2

1. Tatbestand. a) Begriff des Schuldscheins. Der gesetzlich nicht definierte Begriff des Schuldscheins iSv § 344 Abs. 2 umfasst – übereinstimmend mit der Begriffsbildung zu § 371 BGB, § 952 Abs. 1 BGB – jede vom Schuldner **zum Zwecke des Beweises für das Bestehen einer Schuld unterzeichnete Urkunde.**[61] Hierzu gehören **schuldbegründende** ebenso wie **schuldbe-** 15

[43] BFH 24.5.1962, DB 1962, 1065.
[44] RG 7.6.1921, RGZ 102, 243 (245).
[45] RG 20.4.1937, RGZ 154, 334 (336).
[46] BGH 10.6.1974, BGHZ 63, 32 (33) = NJW 1974, 1462.
[47] Oetker HandelsR § 7 Rn. 16.
[48] Heymann/Horn Rn. 7.
[49] GK-HGB/B. Schmidt Rn. 5.
[50] GK-HGB/B. Schmidt Rn. 5; zweifelnd insoweit BGH 21.11.1996, NJW 1997, 397 (399).
[51] BGH 10.6.1974, BGHZ 63, 32 (33); s. auch Oetker HandelsR § 7 Rn. 16.
[52] GK-HGB/B. Schmidt Rn. 6; LG Krefeld 13.3.2014, BeckRS 2014, 14245.
[53] BGH 8.1.1976, WM 1976, 424 (425); OLG Köln 31.5.1972, MDR 1972, 865; zum Erfordernis der Erkennbarkeit für den Geschäftsgegner vgl. auch LG Krefeld 13.3.2014, BeckRS 2014, 14245.
[54] RG 25.2.1892, RGZ 29, 11 (13); BGH 10.6.1974, BGHZ 63, 32 (35) = NJW 1974, 1462.
[55] OLG Koblenz *16.9.1994*, VersR 1995, 1049.
[56] OLG Oldenburg 9.5.1990, ZfS 1990, 269 (270).
[57] GK-HGB/B. Schmidt Rn. 6.
[58] RG 24.10.1904, RGZ 59, 213 (214); OLG Nürnberg 27.1.1961, BB 1961, 1179.
[59] OLG Köln 31.5.1972, MDR 1972, 865.
[60] Heymann/Horn Rn. 7.
[61] RG 23.3.1927, RGZ 116, 166 (173); 30.1.1928, RGZ 120, 86 (89); BGH 24.5.1976, WM 1976, 974 (975) = BeckRS 1976, 31114780; 20.3.1997, NJW 1997, 1779 (1780); Ebenroth/Boujong/Fest Rn. 38; Hopt/Leyens Rn. 4.

stätigende Urkunden.[62] Der Schuldschein kann auch aus einer **Urkundenmehrheit,** dh aus verschiedenen, inhaltlich zusammen gehörenden und aufeinander bezogenen Urkunden bestehen.[63] Aufgrund seiner Zweckrichtung muss der Schuldschein geeignet sein, für sich allein den wesentlichen Inhalt der Schuldverpflichtung zu beweisen.[64] Der Inhalt der Schuld muss nicht vollständig wiedergegeben,[65] der Rechtsgrund der Schuld braucht in der Urkunde gar nicht benannt zu sein.[66] Es genügt, wenn der Schuldschein **den Inhalt der Verpflichtung im Wesentlichen** wiedergibt.[67] Die Schuld muss nicht notwendig eine Geldforderung sein, sondern kann auch Ansprüche auf vertretbare oder unvertretbare Leistungen zum Gegenstand haben.[68]

16 Unter den **weit zu verstehenden Begriff des Schuldscheins** fallen zB Scheck, Wechsel,[69] Inhaberschuldverschreibungen (§ 793 BGB), kaufmännische Orderpapiere (§ 363: kaufmännische Verpflichtungsscheine,[70] Lagerscheine, Ladescheine, Konnossemente), Bürgschaftsurkunden,[71] Hinterlegungsscheine, Schlussnoten,[72] Dokumentenakkreditive oder andere schriftliche Vertragsbestätigungen.[73] Dagegen ist eine **Quittung** kein Schuldschein, soweit sie nur den Erhalt einer Leistung und keine eigene Leistungsverpflichtung des Quittierenden beurkundet. Anders verhält es sich jedoch, soweit durch die Urkunde – wie etwa bei der Entgegennahme von Darlehensbeträgen – zugleich die Verpflichtung zur Rückzahlung dokumentiert wird.[74]

17 **b) Zeichnung durch einen Kaufmann.** Die Vermutungswirkung greift nur ein, wenn der Schuldschein durch einen Kaufmann (§§ 1–6) gezeichnet ist. „Zeichnung" erfordert grundsätzlich die **Einhaltung der Schriftform gem. § 126 BGB.** Sie erfolgt daher, soweit nicht die die Schriftform ersetzende (vgl. § 126 Abs. 4 BGB) notarielle Beurkundung gewählt wird, in der Regel durch eigenhändige Namensunterschrift, durch notariell beglaubigtes Handzeichen oder – soweit nicht gesetzlich ausgeschlossen – in elektronischer Form (§ 126 Abs. 3 BGB); gem. § 126 Abs. 3, § 126a Abs. 1 BGB kann daher auch die **qualifizierte elektronische Signatur** (nicht hingegen: einfache elektronische Signatur)[75] Verwendung finden. Da die Formvorschriften der § 766 S. 2 BGB, § 780 S. 2 BGB und § 781 S. 2 BGB für Bürgschaft, Schuldversprechen und Schuldanerkenntnis gem. § 350 für einen Kaufmann nicht gelten, sind entsprechende, in elektronischer Form hergestellte Schuldscheine für § 344 Abs. 2 ausreichend.[76] Soweit es nicht ausdrücklich zugelassen ist nicht genügend ist die Unterzeichnung durch Faksimile (str.),[77] dessen allgemeine Anerkennung die Schuldurkunde praktisch der Beliebigkeit preisgeben würde,[78] sowie die Erklärung durch Telegramm.[79] Gegen die allgemeine Anerkennung des Faksimiles spricht auch der Umstand, dass der Gesetzgeber dieses nur im Einzelfall kraft ausdrücklicher Gestattung zugelassen hat (vgl. § 793 Abs. 2 S. 2 BGB, § 13 S. 1 AktG). Ein Telefax, das die Unterschrift wiedergibt, reicht hingegen für § 344 Abs. 2 aus; dasselbe gilt für mechanische Vervielfältigungen, soweit sie vom Gesetz zugelassen sind (Inhaberschuldverschreibungen, § 793 Abs. 2 S. 2 BGB).[80] Der Kaufmann zeichnet zwar üblicherweise seine Firma (§ 17 Abs. 1). Die Vermutungswirkung wird aber auch durch die Unterzeichnung mit dem bürgerlichen Namen nicht grundsätzlich ausgeschlossen.[81] Die Kaufmannseigenschaft muss im **Zeitpunkt der Unterzeichnung des Schuldscheins** vorliegen. Die Zeitpunkte der Begrün-

---

62 BGH 20.3.1997, NJW 1997, 1779 (1780).
63 RG 17.11.1930, RGZ 131, 1 (6).
64 RG 30.1.1928, RGZ 120, 86 (89); 27.1.1930, RGZ 127, 169 (171); 17.11.1930, RGZ 131, 1 (6).
65 RG 17.11.1930, RGZ 131, 1 (6).
66 RG 4.7.1901, JW 1901, 576.
67 RG 30.1.1928, RGZ 120, 85 (89).
68 GK-HGB/B. Schmidt Rn. 8; Schlegelberger/Hefermehl Rn. 14.
69 RG 2.12.1903, RGZ 56, 196 (197 f.).
70 RG 19.9.1911, RGZ 77, 56 (57).
71 BGH 20.3.1997, NJW 1997, 1779 (1780) = ZIP 1997, 836; 24.9.1998, NJW 1998, 3708 (3709).
72 Hopt/Leyens Rn. 4.
73 Hopt/Leyens Rn. 4.
74 OLG Köln 11.9.1996, NJW-RR 1997, 381; Ebenroth/Boujong/Fest Rn. 44.
75 BeckOGK/Beurskens, 1.8.2025, Rn. 95.
76 Ebenroth/Boujong/Fest Rn. 43; Heymann/Horn Rn. 10.
77 BGH 25.3.1970, NJW 1970, 1078 (1080); 2.12.1976, BB 1977, 1068 (1069); BeckOGK/Beurskens, 1.8.2025, Rn. 93; Ebenroth/Boujong/Fest Rn. 44; Heymann/Horn Rn. 9; GK-HGB/B. Schmidt Rn. 9; **aA** BeckOK HGB/Lehmann-Richter, 47. Ed. 1.10.2025, Rn. 11; MüKoHGB/Maultzsch Rn. 18; Staub/Koller, 4. Aufl. 2004, Rn. 11a; Schlegelberger/Hefermehl Rn. 15.
78 BeckOGK/Beurskens, 1.8.2025, Rn. 94.
79 Ebenroth/Boujong/Fest Rn. 44.
80 **AA** – für Telefax – Ebenroth/Boujong/Fest Rn. 44.
81 Ebenroth/Boujong/Fest Rn. 44.

dung der betreffenden Schuld oder auch der Aushändigung der Schuldurkunde sind demgegenüber unbeachtlich.

2. Rechtsfolgen. § 344 Abs. 2 begründet durch seinen Wortlaut („gelten als") eine gegenüber Abs. 1 noch verstärkte, nämlich **unwiderlegbare Vermutung,** jedoch **keine Fiktion**[82] für die Betriebsbezogenheit der vom Kaufmann gezeichneten Schuldscheine. Auf eine in der Schuldurkunde zugleich verbriefte Gegenleistung des Gläubigers bezieht sich § 344 Abs. 2 nicht ohne weiteres;[83] anderes kann dann der Fall sein, wenn der Gläubiger selbst Kaufmann ist.[84] Die Vermutungswirkung erstreckt sich gerade auch auf die **Betriebsbezogenheit der verbrieften Schuld,** sodass der **Beweis des Gegenteils** sich ebenfalls hierauf beziehen muss. 18

Der Vermutungstatbestand des § 344 Abs. 2 ist – nur – ausgeräumt, wenn sich das Fehlen der Betriebszugehörigkeit **aus der Schuldurkunde selbst** ergibt. Der Beweis des Gegenteils kann daher nicht lediglich anhand von außerhalb der Urkunde liegenden Umständen geführt werden;[85] das gilt selbst dann, wenn diese unstreitig sind.[86] Da die Vermutungswirkung an die Kaufmannseigenschaft und die „Zeichnung" anknüpft, muss diese Voraussetzungen derjenige **darlegen und ggf. beweisen,** der aus der Betriebszugehörigkeit der Schuld Rechte herleiten will.[87] 19

Da der – im Falle von § 344 Abs. 2 grundsätzlich schwer zu führende – Beweis des Gegenteils aus der Urkunde selbst zu erbringen ist, kann die Beweisführung insbesondere an **Angaben zum Schuldgrund** in der Schuldurkunde anknüpfen. Nicht genügend ist insoweit jedoch, dass der Schuldschein auf ein Geschäft hinweist, dass im Rahmen des Handelsgewerbes des Kaufmanns ungewöhnlich ist. Ein Hinweis auf den Schuldgrund beseitigt den Vermutungstatbestand vielmehr nur dann, wenn sich aus ihm allein oder in Verbindung mit dem sonstigen Urkundeninhalt **unmissverständlich** das Vorliegen eines Privatgeschäfts ergibt,[88] wenn er also **eindeutig und zweifelsfrei** keine Beziehung zu dem Handelsgewerbe des zeichnenden Kaufmanns aufweist. Die Mitunterzeichnung durch die Ehefrau des Kaufmanns oder die Sicherungsübertragung von nicht geschäftsgebundenem Vermögen reichen hierfür allein noch nicht.[89] Ebenso wenig genügt auch in diesem Zusammenhang die Unterzeichnung des Schuldscheins mit dem eigenen Namen des Kaufmanns.[90] 20

Die Vermutung des § 344 Abs. 2 **greift** allerdings **von vornherein gar nicht ein,** wenn dem Dritten der private Charakter der Zeichnung des Schuldscheins positiv bekannt ist (Kennenmüssen genügt nicht) bzw. die Parteien hierüber einig sind. Dieses Ergebnis ist zunächst daraus hergeleitet worden, in einem solchen Falle sei die Berufung auf § 344 Abs. 2 unter dem Gesichtspunkt unzulässiger Rechtsausübung (§ 242 BGB) unbeachtlich.[91] Heute wird demgegenüber überwiegend eine teleologische Reduktion des Tatbestands in dem Sinne vorgenommen, dass der Schuldschein in diesem Falle von vornherein keinen Vertrauenstatbestand begründet.[92] 21

§ 345 [Einseitige Handelsgeschäfte]

Auf ein Rechtsgeschäft, das für einen der beiden Teile ein Handelsgeschäft ist, kommen die Vorschriften über Handelsgeschäfte für beide Teile gleichmäßig zur Anwendung, soweit nicht aus diesen Vorschriften sich ein anderes ergibt.

Schrifttum: s. bei § 343.

I. Allgemeines

1. Normzweck. § 345 stellt als **Grundregel** klar, dass die Vorschriften über Handelsgeschäfte auch dann **auf beide Parteien gleichermaßen** Anwendung finden, wenn das Geschäft nur für eine 1

[82] Oetker HandelsR § 7 Rn. 17; hM; **aA** OLG Hamm 26.6.1981, ZIP 1982, 48 (50).
[83] GK-HGB/B. Schmidt Rn. 13.
[84] Ebenroth/Boujong/Fest Rn. 57.
[85] Heymann/Horn Rn. 12.
[86] GK-HGB/B. Schmidt Rn. 11.
[87] GK-HGB/B. Schmidt Rn. 11.
[88] MüKoHGB/Maultzsch Rn. 21.
[89] MüKoHGB/Maultzsch Rn. 21.
[90] RG 24.10.1904, RGZ 59, 213 (214); RGHMW/Steimle/Dornieden Rn. 21; GK-HGB/B. Schmidt Rn. 11.
[91] RG 2.12.1903, RGZ 56, 196 (198); vgl. auch Hopt/Leyens Rn. 4; in diesem Sinne auch MüKoHGB/Maultzsch Rn. 23, der über § 242 BGB eine äußere Grenze der Vermutungswirkung für den Fall einer unstr. außerhalb der Urkunde getroffenen Abrede über das Vorliegen einer Privatschuld annimmt.
[92] BGH 20.3.1997, NJW 1997, 1779 (170) = ZIP 1997, 836; RGHMW/Steimle/Dornieden Rn. 22; für den Fall der Rechtsnachfolge **aA** BeckOGK/Beurskens, 1.8.2025, Rn. 72 mwN; für eine gegenüber der hM grds. restriktivere Linie auch MüKoHGB/Maultzsch Rn. 22 f.

Partei ein Handelsgeschäft iSv § 343 ist, also ein **einseitiges Handelsgeschäft** vorliegt.[1] Weshalb das Geschäft für die andere Partei kein Handelsgeschäft ist (sei es, dass der andere Teil kein Kaufmann ist oder das Geschäft nicht zu seinem Handelsgewerbe gehört), ist ohne Belang. In der Einbeziehung von Nichtkaufleuten in das Handelsrecht bei einseitigen Handelsgeschäften liegt zwar eine Abweichung von dem an die Person des Kaufmanns anknüpfenden **subjektiven System** des Handelsrechts. Allerdings besagt der Gedanke des „subjektiven Systems" zum einen schon nichts für die Frage, wie viele Beteiligte eines Geschäfts Kaufleute sein müssen. Zum anderen sind manche Teile des Handelsrechts sogar kraft ausdrücklicher gesetzlicher Anordnung auch dann anwendbar, wenn gar kein Beteiligter Kaufmann ist (→ § 343 Rn. 15), weshalb das subjektive System ohnehin nicht durchweg prägend ist. Aus § 345 darf daher auch nicht der Schluss gezogen werden, die Vorschriften über Handelsgeschäfte könnten stets nur angewandt werden, wenn mindestens einer der beiden Teile Kaufmann ist.[2] Mit Rücksicht darauf, dass Nichtkaufleute handelsrechtlichen Vorschriften zum Teil auch zu ihrem Nachteil unterworfen werden (zB § 355 Abs. 1 im Gegensatz zur allgemeinen Vorschrift des § 248 Abs. 1 BGB), wird vereinzelt die Vorschrift für legislatorisch verfehlt erachtet und eine teleologische Reduktion des § 345 gefordert.[3] Diese Kritik hat sich jedoch nicht allgemein durchgesetzt.

2 **2. Systematik der Handelsgeschäfte.** Da es vom Grundsatz der generellen Anwendbarkeit des Handelsrechts in dem von § 345 geregelten Sinne zwei Ausnahmen gibt, lassen sich aus den Vorschriften über die Handelsgeschäfte insgesamt **drei Gruppen** bilden:[4] Die erste Gruppe enthält keine von § 345 abweichenden Regelungen; die betreffenden Vorschriften gelten daher auch bei einseitigen Handelsgeschäften für alle Beteiligten. Die Vorschriften der zweiten Gruppe fordern ausdrücklich ein **beiderseitiges Handelsgeschäft,** finden also auf einseitige Geschäfte keine Anwendung (§§ 346, 352 Abs. 1, § 353; zum Teil § 354a, §§ 369–372, §§ 377–379, § 391). Die dritte Gruppe schließlich umfasst Regelungen, die auch bei einseitigen Handelsgeschäften gelten, jedoch nicht für alle Beteiligten gleichermaßen sondern **nur für denjenigen, der Kaufmann ist** (§§ 347–350, § 362).

II. Einseitige Handelsgeschäfte

3 Der Begriff des Handelsgeschäfts in § 345 entspricht demjenigen der §§ 343, 344. Für die Einordnung als einseitiges Handelsgeschäft ist es unerheblich, **welcher Beteiligte** Kaufmann ist. Es besteht auch kein „Günstigkeitsprinzip" in dem Sinne, dass die Vorschriften über Handelsgeschäfte auf den anderen Teil nur anwendbar sind, wenn sie ihn gegenüber den allgemeinen Vorschriften besserstellen.[5] Zwingendes Verbraucherschutzrecht geht den Vorschriften über die Handelsgeschäfte vor, sofern andernfalls das europarechtlich fundierte Verbraucherschutzniveau unterlaufen würde.[6]

III. Beiderseitige Handelsgeschäfte

4 Dass ein beiderseitiges Handelsgeschäft vorliegt, ergibt sich in der Regel aus dem Wortlaut des Gesetzes, sei es, dass ausdrücklich für beide Teile ein Handelsgeschäft vorausgesetzt wird, sei es durch die Formulierungen wie derjenigen, die Vorschrift gelte nur unter Kaufleuten. Außer aus dem Gesetzeswortlaut kann sich zudem durch Auslegung anhand des Normzwecks ergeben, dass die Regelung ein beiderseitiges Handelsgeschäft voraussetzt.[7]

§ 346 [Handelsbräuche]

Unter Kaufleuten ist in Ansehung der Bedeutung und Wirkung von Handlungen und Unterlassungen auf die im Handelsverkehre geltenden Gewohnheiten und Gebräuche Rücksicht zu nehmen.

Schrifttum: Bachmann, Der „Deutsche Corporate Governance Kodex": Rechtswirkungen und Haftungsrisiken, WM 2002, 2137; Basedow, Handelsbräuche und AGB-Gesetz, ZHR 150 (1986), 469; v. Bernstorff, Inco-

[1] Oetker HandelsR § 7 Rn. 11.
[2] KKD/Roth/Huber Rn. 1.
[3] Heymann/Horn Rn. 3; **aA** MüKoHGB/Maultzsch Rn. 2, der von einem eher gesetzestechnischen, in Ansehung der jeweiligen konkreten Norm zu beurteilenden Problem ausgeht; iE ebenso KKD/Roth/Huber Rn. 1; Staub/Koller, 4. Aufl. 2004, Rn. 6.
[4] Ebenroth/Boujong/Fest Rn. 3; KKD/Roth/Huber Rn. 2; Oetker HandelsR § 7 Rn. 13.
[5] Ebenroth/Boujong/Fest Rn. 9.
[6] Eingehend MüKoHGB/Maultzsch Rn. 9.
[7] Ebenroth/Boujong/Fest Rn. 17.

terms 2010, Kommentierung für die Praxis inklusive offiziellem Regelwerk, 3. Aufl. 2015; v. Bernstorff, Incoterms 2010, RIW 2010, 672; Blaurock, Übernationales Recht des Internationalen Handels, ZEuP 1993, 247; Canaris, Die Vertrauenshaftung im deutschen Privatrecht, 1971; Dauner-Lieb/Axer, Quo vadis AGB-Kontrolle im unternehmerischen Geschäftsverkehr?, ZIP 2010, 309; Deckert, Das kaufmännische und berufliche Bestätigungsschreiben, JuS 1998, 121; Diederichsen, Der „Vertragsschluss" durch kaufmännisches Bestätigungsschreiben, JuS 1966, 129; v. Dücker, Das kaufmännische Bestätigungsschreiben in der höchstrichterlichen Rechtsprechung, BB 1996, 3; Ebert, Schweigen im Vertrags- und Deliktsrecht, JuS 1999, 754; Flohr/Wauschkuhn, Vertriebsrecht, 2. Aufl. 2018; Kollrus, Kaufmännisches Bestätigungsschreiben – eine kautelarjuristische Geheimwaffe im Rahmen des Vertragsmanagements?, BB 2014, 779; Krebs, Reform oder Revolution? – Zum Referentenentwurf eines Handelsrechtsreformgesetzes, DB 1996, 2013; Kröll/Hennecke, Kaufmännisches Bestätigungsschreiben beim internationalen Warenkauf, RabelsZ 67 (2003), 448; Lehr, Die neuen Incoterms 2000, VersR 2000, 548; Lettl, Das kaufmännische Bestätigungsschreiben, JuS 2008, 849; Liesecke, Die typischen Klauseln des internationalen Handelsverkehrs in der neueren Praxis, WM-Sonderbeil. 3/1978, 1; Lindacher, Zur Einbeziehung Allgemeiner Geschäftsbedingungen durch kaufmännisches Bestätigungsschreiben, WM 1981, 702; Lindacher, Die Bedeutung der Klausel „Angebot freibleibend", DB 1992, 1813; Mertens, Das lex mercatoria-Problem, FS Odersky, 1996, 857; G. Müller, Zu den Auswirkungen der Schuldrechtsreform auf die Rügeobliegenheit i.S.d. § 377 HGB, WM 2011, 1249; Müller-Eiselt/Vonderbank, EU-Zollrecht/Zollwert, 119. AL 3/2020; Mues, Die Irrtumsanfechtung im Handelsverkehr, 2004; Moritz, Vertragsfixierung durch kaufmännisches Bestätigungsschreiben, BB 1995, 420; Neuner, Handelsrecht – Handelsgesetz – Grundgesetz, ZHR 157 (1993), 243; Oertel, INCOTERMS 2020: Neue Überarbeitung eines Champions für den internationalen Warenkauf, RIW 2019, 701; Oestmann, Die Ermittlung von Verkehrssitten und Handelsbräuchen im Zivilprozess, JZ 2003, 285; Piekenbrock, Die Kontrolle von Entgeltklauseln in Darlehensverträgen – eine Fortsetzungsgeschichte, ZBB 2017, 325; Piltz, INCOTERMS 2000 – Ein Praxisüberblick, RIW 2000, 485; Piltz, Incoterms 2010, IHR 2011, 1; Piltz, Incoterms® 2020, IHR 2019, 177; Piltz/Bredow, Incoterms, 2016; Pirrong, Die aktuelle Reformdiskussion zu den INCOTERMS 2020 – Bewegungen im internationalen Vertriebsrecht, ZVertriebsR 2019, 219; Rothermel/Dahmen, Schweigen ist Silber, RIW 2018, 179; Schärtl, Das kaufmännische Bestätigungsschreiben, JA 2007, 567; K. Schmidt, Die Praxis zum sog. kaufmännischen Bestätigungsschreiben: ein Zankapfel der Vertragsrechtsdogmatik, FS Honsell, 2002, 99; Schmitt, Die Rechtsstellung der Kleingewerbetreibenden nach dem Handelsrechtsreformgesetz, 2003; Schüssler, Die Incoterms – Internationale Regeln für die Auslegung der handelsüblichen Vertragsklauseln, DB 1986, 1161; Spießhofer/v. Westphalen, Corporate Social Responsibility und AGB-Recht, BB 2015, 75; Thamm, Der Inhalt der „circa"-Klausel, DB 1982, 417; Thamm/Detzer, Das Schweigen auf ein kaufmännisches Bestätigungsschreiben, DB 1997, 213; Thume, Der Provisionsanspruch des Handelsvertreters: Grenzen der Vertragsgestaltung, BB 2012, 975; Walchshöfer, Das abweichende kaufmännische Bestätigungsschreiben, BB 1975, 719; Weber-Rey/Buckel, Best Practice Empfehlungen des Deutschen Corporate Governance Kodex und die Business Judgement Rule, AG 2011, 845; Wertenbruch, Die Incoterms-Vertragsklauseln für den internationalen Kauf, ZGS 2005, 136; von Westphalen, Trennlinie zwischen AGB-Klauseln im Verbraucherrecht und im unternehmerischen Bereich, BB 2017, 2051; Winkler/Weinand, Deutsches internationales Schiedsverfahrensrecht, BB 1998, 597; Wörlen/Metzler-Müller, Handelsklauseln im nationalen und internationalen Warenverkehr, 1997; Zwilling-Pinna, Update wichtiger Handelsklauseln: Neufassung der Incoterms ab 2011, BB 2010, 2980; Zwilling-Pinna, Wichtig für viele Unternehmen: Die Internationale Handelskammer (ICC) führt neue Incoterms® 2020 ein, BB 2019, 3016.

Übersicht

I. Allgemeines

1 **1. Normzweck.** § 346 verleiht den Handelsbräuchen, dh den kaufmännischen Gewohnheiten und Gebräuchen als der **Verkehrssitte des Handelsverkehrs**[1] rechtliche Bedeutung und konkretisiert[2] bzw. ergänzt[3] insoweit den Anwendungsbereich des **§ 157 BGB.**[4] Nach dieser Vorschrift sind Verträge, aber auch einseitige Rechtsgeschäfte sowie einzelne Willenserklärungen[5] so auszulegen, wie Treu und Glauben mit Rücksicht auf die Verkehrssitte – als der im Verkehr der beteiligten Kreise herrschenden Übung[6] – es erfordern. § 346 verdrängt § 157 BGB nicht; diese Vorschrift ist vielmehr einschränkungslos auch im Handelsverkehr anzuwenden,[7] dort jedoch – das stellt § 346 klar – nur mit Rücksicht auf etwa einschlägige Handelsbräuche. Diesen kommt nach § 346 eine **doppelte Funktion**[8] zu, nämlich einerseits eine **Auslegungsfunktion**[9] in Bezug auf kaufmännische Willenserklärungen und Verträge und andererseits, soweit es um die Wirkung von Handelsbräuchen geht, auch eine **normative Funktion**[10] hinsichtlich der aus Handlungen und Unterlassungen des Kaufmanns sich ergebenden Rechtsfolgen. Die normative Kraft eines Handelsbrauchs kann zum einen in der Ergänzung schon bestehender vertraglicher Pflichten ihren Ausdruck finden,[11] zum anderen aber auch zur Verdrängung bestehenden (dispositiven) Rechts und insoweit dazu führen, dass bestimmte Sachverhalte oder Rechtsfolgen abweichend hiervon geregelt werden.[12]

2 **2. Anwendungsbereich.** Die Anwendung von § 346 setzt das Vorliegen einer **Sonderbeziehung im kaufmännischen Bereich** voraus. Diese Sonderbeziehung kann rechtsgeschäftlicher Art, also insbesondere ein **Handelsgeschäft** iSv §§ 343, 344 sein, muss dies aber nicht; § 346 gilt vielmehr auch schon im Rahmen der **Anbahnung eines Vertrages** (§ 311 Abs. 2 BGB), innerhalb einer **bestehenden Geschäftsverbindung** oder auch nur auf der Grundlage eines zwischen den Beteiligten vorhandenen **Vertrauensverhältnisses** (§ 311 Abs. 3 BGB).[13] Der hauptsächliche Anwendungsbereich der Vorschrift betrifft – über die ausdrücklich genannten Handlungen und Unterlassungen, also tatsächliche Verhaltensweisen sowie Verhaltenserwartungen, hinaus – die **Auslegung von Willenserklärungen und Verträgen.** Willenserklärungen eines Kaufmanns sind danach so auszulegen, wie Treu und Glauben mit Rücksicht auf die Verkehrssitte und hierbei vor allem eines etwaigen Handelsbrauchs es erfordern. Es kommt nicht lediglich auf den Wortlaut der Erklärung, sondern vielmehr darauf an, wie sie nach **allgemeiner kaufmännischer Verkehrssitte** vom Empfängerhorizont aus zu verstehen ist. Der Empfänger darf die Erklärung dann so verstehen, wie dies dem Handelsbrauch entspricht.[14] Ausgehend hiervon können Handelsbräuche auch im Wege der **ergänzenden Vertragsauslegung** zur Schließung von Lücken in bestehenden Verträgen herangezogen werden.[15] Soll die Auslegung rechtsgeschäftlicher Erklärungen im kaufmännischen Verkehr durch einen Handelsbrauch ausnahmsweise nicht bestimmt werden, muss einer der Beteiligten dies – regelmäßig ausdrücklich[16] –

[1] BGH 1.12.1965, NJW 1966, 502; 7.3.1973, WM 1973, 382 f. = BeckRS 1973, 31125498; 3.12.1992, NJW 1993, 1768; Ebenroth/Boujong/Fest Rn. 32; MüKoHGB/Maultzsch Rn. 1; GK-HGB/Achilles/B. Schmidt Rn. 1; KKD/Roth/Huber Rn. 1; Heymann/Horn Rn. 1; Staub/Koller, 4. Aufl. 2004, Rn. 1; Schlegelberger/Hefermehl Rn. 1.

[2] Oetker HandelsR § 7 Rn. 47; MüKoHGB/Maultzsch Rn. 6: § 346 als spezieller Anwendungsfall der §§ 157, 242 BGB.

[3] Hopt/Leyens Rn. 1.

[4] Zum Verhältnis von § 346 einerseits und § 157 BGB anderseits MüKoHGB/Maultzsch Rn. 2, 6.

[5] RG 5.5.1942, RGZ 169, 122 (124); BGH 3.2.1967, BGHZ 47, 75 (78).

[6] RG 1.11.1901, RGZ 49, 157 (162); BGH 12.12.1953, BB 1954, 83.

[7] BGH 15.6.1954, BGHZ 14, 61 = NJW 1954, 1561; 6.3.1968, BGHZ 49, 388 = NJW 1968, 1085; 24.11.1976, NJW 1977, 385 (386).

[8] MüKoHGB/Maultzsch Rn. 2; Heymann/Horn Rn. 2; GK-HGB/Achilles/B. Schmidt Rn. 2 f.

[9] MüKoHGB/Maultzsch Rn. 2; GK-HGB/Achilles/B. Schmidt Rn. 2.

[10] MüKoHGB/Maultzsch Rn. 2; GK-HGB/Achilles/B. Schmidt Rn. 3.

[11] BGH 28.3.1969, NJW 1969, 1293 (1295); 3.12.1992, NJW 1993, 1798.

[12] BGH 7.3.1973, WM 1973, 382; 23.4.1986, BB 1986, 1395.

[13] MüKoHGB/Maultzsch Rn. 9 f.

[14] BGH 1.12.1965, NJW 1966, 502 (503); RGHMW/Steimle/Dornieden Rn. 5.

[15] BGH 27.10.1951, NJW 1952, 257; 28.3.1969, NJW 1969, 1293 (1295); 3.12.1992, NJW 1993, 1798.

[16] BGH 1.12.1965, NJW 1966, 502 (503).

kundtun,[17] sofern die Nichtgeltung nicht schon aus dem Zweck oder dem Zusammenhang des Vertrages folgt.[18] Handelsbräuche sind aber nicht bloß bei der Auslegung von Willenserklärungen bzw. Verträgen, sondern **allgemein** bei der Würdigung des Verhaltens der Beteiligten **im Handelsrechtsverkehr,**[19] dh also insbesondere auch bei der Bestimmung der **Bedeutung und Folgen rein tatsächlicher Handlungen oder von Unterlassungen** zu berücksichtigen.[20] Die Anwendung von § 346 ist zudem nicht auf **deutsche Handelsbräuche** beschränkt. Ein **ausländischer oder internationaler Handelsbrauch** ist zu berücksichtigen, wenn die Handelnden zu einem Verkehrskreis gehören, der üblicherweise unter der Geltung dieses Handelsbrauchs Handel treibt.[21]

Gegenüber widersprechendem **zwingendem Recht,**[22] also etwa bindenden wettbewerbsrechtlichen Vorgaben, den **guten Sitten** (§§ 138, 826 BGB) oder den Geboten von **Treu und Glauben** (§ 242 BGB)[23] können Handelsbräuche sich nicht durchsetzen, dh keine Geltung erlangen.[24] Ein solcher Fall kann vorliegen, wenn eine bestimmte Verkehrspraxis darauf angelegt ist, in missbräuchlicher oder sonst rechtlich zu missbilligender Weise die Interessen nur einer Seite zu begünstigen oder wenn durch die Anerkennung des Handelsbrauchs die Sicherheit des Rechtsverkehrs nachhaltig beeinträchtigt würde.[25] Wegen der Besonderheiten des Handelsverkehrs, für den im Einzelfall eine vom allgemeinen Rechtsverkehr abweichende Risikoverteilung kennzeichnend sein kann, ist bei der Annahme von **Rechtsmissbrauch** in Bezug auf eine Verkehrspraxis allerdings Zurückhaltung geboten. Sie wird in der Regel erst in Betracht kommen, wenn für die in Rede stehende, zum Handelsbrauch erstarkte Handhabung keinerlei hinreichend billigenswertes Interesse mehr erkennbar ist.[26] Dem **dispositiven Recht** gehen Handelsbräuche grundsätzlich vor, sofern nicht ausnahmsweise der Gesetzeszweck der Berücksichtigung des Handelsbrauchs entgegensteht.[27] Das kann aber regelmäßig nur dann angenommen werden, wenn die betreffende Norm über bloße Zweckmäßigkeitserwägungen hinaus ersichtlich darauf angelegt ist, bestimmte Gerechtigkeitsvorstellungen auch im Handelsverkehr durchzusetzen.[28] **Vertragliche Vereinbarungen** oder **wirksam vereinbarte AGB** gehen Handelsbräuchen vor; die Beteiligten können also die Geltung eines Handelsbrauchs insbesondere durch ausdrückliche oder konkludente Parteivereinbarung **ausschließen.**[29] Die betreffenden Abreden bzw. AGB sind aber in der Regel im Lichte einschlägiger Handelsbräuche auszulegen, soweit sie nicht erkennbar von ihnen abweichen oder aus dem Vertragszweck bzw. -zusammenhang folgt, dass ein bestimmter Handelsbauch nicht gelten soll.[30] 3

Unter mehreren **konkurrierenden Handelsbräuchen**[31] geht grundsätzlich der speziellere dem allgemeineren und der jüngere dem älteren vor, wenn und soweit letzterer gegenüber dem früheren Gebrauch nach der Überzeugung des beteiligten Verkehrskreises zurücktreten soll. Der (gemeinsame) lokale Handelsbrauch hat als der speziellere in der Regel Vorrang vor dem überörtlichen; der höherrangige kommt erst zum Zuge, wenn der niederrangige nicht gilt, was in der Regel anhand des Vertragsschwerpunktes, der bei einem Abschluss auf Messen, Märkten und Börsen am Abschlussort liegen kann,[32] hilfsweise unter Rückgriff auf den Erfüllungsort festgestellt wird.[33] In umgekehrter 4

---

[17] Hopt/Leyens Rn. 8.

[18] BGH 2.5.1984, WM 1984, 1000 (1002) = BeckRS 1984, 05233; MüKoHGB/Maultzsch Rn. 26.

[19] BGH 1.12.1965, NJW 1966, 502; 2.9.2003, WM 2003, 2420 f. = NJW-RR 2004, 555 zur Üblichkeit eines verlängerten Eigentumsvorbehalts.

[20] Ebenroth/Boujong/Fest Rn. 105.

[21] BGH 2.5.1984, LM § 346 (B) Nr. 9; vgl. näher Ebenroth/Boujong/Fest Rn. 133 ff., 143 ff.

[22] RG 5.11.1921, RGZ 103, 146 (148); 12.1.1926, RGZ 112, 317 (321); BGH 21.12.1973, BGHZ 62, 71 (82) = NJW 1974, 852; OLG Frankfurt 21.11.1995, NJW-RR 1996, 548 (549); OLG Hamburg 23.12.2009, BeckRS 2010, 9676.

[23] BGH 27.10.1951, NJW 1952, 257.

[24] RGHMW/Steimle/Dornieden Rn. 1, 21; Schlegelberger/Hefermehl Rn. 12, 39.

[25] RG 19.5.1926, RGZ 114, 9 (14); 26.6.1929, RGZ 125, 76 (79); OLG München 31.3.1955, BB 1955, 748.

[26] GK-HGB/Achilles/B. Schmidt Rn. 14.

[27] BGH 1.12.1965, NJW 1966, 502; 7.3.1973, BB 1973, 635 (636); MüKoHGB/Maultzsch Rn. 32; Oetker HandelsR § 7 Rn. 50.

[28] GK-HGB/Achilles/B. Schmidt Rn. 15.

[29] BGH 20.5.1952, BGHZ 6, 127 (135) = NJW 1952, 1134; 1.12.1965, NJW 1966, 502; 2.5.1984, LM § 346 (B) Nr. 9; KKD/Roth/Huber Rn. 13.

[30] MüKoHGB/Maultzsch Rn. 26.

[31] MüKoHGB/Maultzsch Rn. 36; GK-HGB/Achilles/B. Schmidt Rn. 25; Heymann/Horn Rn. 12.

[32] RG 6.1.1922, JW 1922, 706 (707); 26.6.1928, JW 1928, 3109; BGH 7.3.1973, WM 1973, 382 (383) = LM § 346 (B) Nr. 7.

[33] BGH 7.3.1973, WM 1973, 382 (383) = LM § 346 (B) Nr. 7 = BeckRS 1973, 31125498; 2.7.1980, WM 1980, 1122 (1124) = LM § 346 (B) Nr. 8 = BeckRS 1980, 31076152; 2.5.1984, WM 1984, 1000 (1003) = LM § 346 (B) Nr. 9 = BeckRS 1984, 05233.

Betrachtungsweise hierzu geht bei grenzüberschreitenden Geschäften der internationale Handelsbrauch im Zweifel, dh wenn nichts anderes vereinbart worden ist, einem lokalen oder nationalen Handelsbrauch vor.[34]

5 Die in § 346 vorausgesetzte Maßgeblichkeit von Handelsbräuchen kann in Konkurrenz zu AGB[35] oder zu – vor allem auch im internationalen Bereich verbreiteten – Handelsklauseln treten. Der große Stellenwert von Handelsklauseln im kaufmännischen Verkehr führt indes nicht zur Verdrängung der Handelsbräuche.[36] Zum einen ist nach der ausdrücklichen Anordnung in **§ 310 Abs. 1 S. 2 Hs. 2 BGB** bei der Überprüfung von AGB auf die im Handelsverkehr geltenden Gewohnheiten und Gebräuche angemessen Rücksicht zu nehmen.[37] Zum anderen kann die Geltung bestimmter Handelsklauseln gerade auf einem Handelsbrauch beruhen oder der Klauselinhalt kann einen solchen Brauch zum Ausdruck bringen; schließlich können Handelsklauseln auch zu einem Handelsbrauch erstarken.[38]

II. Handelsbrauch

6 **1. Begriff.** Unter einem Handelsbrauch – vgl. auch § 359: „Handelsgebrauch" – wird eine im kaufmännischen Verkehr, dh nicht lediglich zwischen den jeweiligen Geschäftspartnern (in diesem Falle spricht man von einem sog. **Geschäftsverbindungsbrauch**)[39] bestehende gleichmäßige, einheitliche und freiwillige Übung bezeichnet, die über eine gewisse zeitliche Dauer praktiziert und allgemein anerkannt wird.[40] Handelsbräuche sind **weder objektives Recht noch Rechtsnormen.**[41] Ihre Maßgeblichkeit im Einzelfall nach § 346 setzt nicht voraus, dass die konkret Beteiligten den jeweiligen Handelsbrauch als **verbindlich** ansehen oder überhaupt **kennen;**[42] ein bestehender Handelsbrauch gilt deshalb auch für und gegen den Neuling am Platz.[43] Der Handelsbrauch muss aber, sollen die Wirkungen des § 346 eintreten, **bei Abschluss des Geschäfts** schon bestehen;[44] ein sich erst später herausbildender Handelsbrauch kann grundsätzlich Bedeutung nur im Rahmen bestehender Dauer- oder Wiederkehrschuldverhältnisse haben.[45] Für andere, noch nicht abgewickelte Geschäfte kann allerdings eine dem Handelsbrauch zugrunde liegende Verkehrsanschauung (§ 157 BGB) Bedeutung erlangen, wenn und soweit sie sich bei Vertragsschluss schon hinreichend durchgesetzt hatte.[46] Der Handelsbrauch gilt ebenso wie die Verkehrssitte grundsätzlich nur für die Verkehrskreise, in denen er sich entwickelt hat bzw. auf die er ausgedehnt worden ist.[47]

7 **2. Tatbestandsmerkmale. a) Allgemeine tatsächliche Übung.** Der Handelsbrauch setzt eine allseitige, gleichmäßige und einheitliche Übung voraus.[48] Diese kann auch in einer Praxis bestehen, die zwar nicht ausdrücklich geäußert wird, bei der aber die Beteiligten faktisch ihr Verhalten in einer bestimmten Weise einrichten.[49] Der Annahme eines Handelsbrauchs steht nicht entgegen, dass er im Einzelfall – etwa aus Gründen der Vollständigkeit oder Beweissicherung – im Vertrag schriftlich niedergelegt ist; entscheidend ist aber, dass die Beteiligten von einer entsprechenden Verpflichtung kraft allgemeiner Übung, also nicht wegen und vielmehr gerade unabhängig von der schriftlichen

[34] BGH 2.5.1984, WM 1984, 1000 (1003) = BeckRS 1984, 05233; MüKoHGB/Maultzsch Rn. 36; Ebenroth/Boujong/Fest Rn. 134; RGHMW/Steimle/Dornieden Rn. 18.

[35] Handelsbräuche sind selbst keine AGB, vgl. BGH 23.4.1986, NJW-RR 1987, 94 (95) = BB 1986, 1395; Ebenroth/Boujong/Fest Rn. 38.

[36] Zur Problematik s. Basedow ZHR 150 (1986), 469 ff.; BeckOGK/Beurskens, 1.11.2025, Rn. 20.

[37] Vgl. auch OLG Hamm 10.3.2011, BeckRS 2011, 22783; Grüneberg/Grüneberg BGB § 307 Rn. 39. Zum Verhältnis zwischen § 310 Abs. 1 S. 2 Hs. 2 BGB und § 346 HGB vgl. Dauner-Lieb/Axer ZIP 2010, 309 (311); v. Westphalen BB 2017, 2051 (2056).

[38] MüKoHGB/Maultzsch Rn. 16.

[39] MüKoHGB/Maultzsch Rn. 22; MüKoHGB/Maultzsch Vor § 343 Rn. 33.

[40] BGH 2.5.1984, WM 1984, 1000 (1002) = BeckRS 1984, 05233; 25.11.1993, NJW 1994, 659 (660); OHamburg 5.12.2013, BeckRS 2014, 09488 = TranspR 2014, 228 = RdTW 2014, 239 mAnm Ramming; Hopt/Leyens Rn. 1; Ebenroth/Boujong/Fest Rn. 5; GK-HGB/Achilles/B. Schmidt Rn. 10.

[41] BGH 29.11.1961, JZ 1963, 167 (169) = BeckRS 1961, 31188315; Ebenroth/Boujong/Fest Rn. 2; Schlegelberger/Hefermehl Rn. 1 f.; RGHMW/Steimle/Dornieden Rn. 21; MüKoHGB/Maultzsch Rn. 1.

[42] BGH 7.3.1973, BB 1973, 635 (636) = BeckRS 1973, 31125498; OLG Frankfurt 23.4.1986, NJW-RR 1986, 911 (912) = WM 1986, 838 (839); Ebenroth/Boujong/Fest Rn. 22; Heymann/Horn Rn. 5; Oetker HandelsR § 7 Rn. 52.

[43] Heymann/Horn Rn. 5; Hopt/Leyens Rn. 8.

[44] Oetker HandelsR § 7 Rn. 51.

[45] RG 30.11.1937, JW 1938, 859 f.; GK-HGB/Achilles/B. Schmidt Rn. 4.

[46] OLG Celle 1.11.1995, IPRax 1997, 417 (418 f.); GK-HGB/Achilles/B. Schmidt Rn. 4.

[47] *K. Schmidt HandelsR § 1 Rn. 51.*

[48] BGH 11.5.2001, NJW 2001, 2464 (2465); Ebenroth/Boujong/Fest Rn. 5.

[49] GK-HGB/Achilles/B. Schmidt Rn. 11.

Fixierung ausgehen.[50] **Allseitig** bedeutet, dass die nur von einer, etwa der Verkäuferseite praktizierte, von der anderen Seite jedoch nicht anerkannte Übung einen Handelsbrauch noch nicht entstehen lässt.[51] Die Übung muss sich zudem auf einen **bestimmten Verkehrskreis,** zB einen bestimmten Anbieter- oder Nachfragermarkt, erstrecken; eine Handhabung allein durch mehrere Kaufleute begründet noch keinen Handelsbrauch. Der Verkehrskreis kann durchaus – wie schon §§ 59, 94, 96, 99, 359, 380, 393 f. zeigen – örtlich[52] oder regional begrenzt[53] oder auch nur branchenbezogen sein (→ Rn. 31). Er muss zudem **objektiv abgegrenzt** sein, wobei es genügt, wenn sich ein objektives Branchen- oder Marktsegment (zB Mitteklassehotels, Charterfluggesellschaften, Schmuckbranche, Holzhandel) bestimmen lässt.[54] Ein branchenbezogener Handelsbrauch kann auf einen branchenfremden Kaufmann dann Anwendung finden, wenn er wie ein der Branche zugehöriger Kaufmann tätig wird.

Eine **Gleichmäßigkeit** der Verkehrspraxis besteht, wenn alle verkehrsbeteiligten Gruppen oder doch jedenfalls der ganz überwiegende Teil von ihnen mit einem hohen Grad an Beständigkeit nach dem in Rede stehenden Brauch verfahren;[55] der Widerspruch einzelner Beteiligter bei einzelnen Geschäften steht daher der Annahme eines Handelsbrauchs nicht entgegen.[56] Solange aber ein rechtlich erheblicher Teil des beteiligten Verkehrs sich der Übung nicht anschließt, kann ein Handelsbrauch grundsätzlich nicht entstehen. Anderes gilt nur dann, wenn der widersprechende Teil sachlich derart abgrenzbar ist, dass für die Annahme eines Handelsbrauchs unter den übrigen Beteiligten genügender Raum bleibt. Diese Voraussetzung ist nicht erfüllt, wenn die betreffende Übung lediglich von einer Gruppe von Kaufleuten innerhalb eines Geschäftszweigs praktiziert wird.[57] **Einheitlich** ist die Übung, wenn eine gewisse Gleichförmigkeit in der Handhabung besteht,[58] wobei es nicht unbedingt auf die Anzahl der maßgeblichen Geschäftsvorfälle ankommt.[59] 8

b) Zeitmoment. Der Handelsbrauch setzt ferner einen für die Herausbildung der gleichmäßigen Übung **ausreichenden Zeitraum** und damit eine gewisse **zeitliche Kontinuität** voraus.[60] Welche Zeitdauer genau erforderlich ist, ist in der Regel eine Frage des Einzelfalls. Entscheidend ist, ab welchem Zeitpunkt eine Übung zu einer Verkehrserwartung des betreffenden Verkehrskreises erstarkt ist.[61] Im Allgemeinen ist eher ein längerer Zeitraum erforderlich.[62] Je nach Häufigkeit und Beständigkeit der Verkehrspraxis kann aber auch eine kürzere Entstehungszeit anzusetzen sein.[63] So kann die Vornahme einer großen Zahl vergleichbarer Geschäfte innerhalb eines kurzen Zeitraums bereits einen Handelsbrauch entstehen lassen;[64] ggf. genügt bereits die Übung in wenigen Fällen[65] oder eine auf bestimmte außergewöhnliche Umstände (zB Kriegs- oder Inflationszeiten) bezogene Handhabung.[66] Andererseits ist regelmäßig eine sehr lange Zeitdauer notwendig, wenn es um die Frage der Herausbildung eines Handelsbrauchs bei verhältnismäßig selten vorkommenden Geschäften geht; in solchen Fällen entsteht ein Handelsbrauch zumeist erst allmählich im Laufe der Jahre.[67] Mindestens – auch – wegen des fehlenden Zeitmoments bilden in neuerer Zeit verstärkt anzutreffende 9

---

[50] BGH 4.7.2017, NJW 2017, 2986 Rn. 57; 4.7.2017, BeckRS 2017, 121112 Rn. 63.

[51] OLG München 31.3.1955, BB 1955, 748; OLG Hamm 8.7.1993, MDR 1994, 784 (785) = NJW-RR 1993, 1444; Ebenroth/Boujong/Fest Rn. 13.

[52] BGH 7.3.1973, WM 1973, 382 f. = BeckRS 1973, 31125498.

[53] ZB LG Hamburg 21.11.2003 NJW-RR 2004, 699: im „norddeutschen Raum" bestehender Handelsbrauch betr. die kostenlose Stornierung von Hotelreservierungen durch Eventveranstalter.

[54] MüKoHGB/Maultzsch Rn. 11; Ebenroth/Boujong/Fest Rn. 9; vgl. auch BGH 23.4.1986, BB 1986, 1395 = NJW-RR 87, 94 (Tegernseer Gebräuche); 3.12.1992, NJW 1993, 1798 (branchentypische Schiedsabrede; insoweit durch § 1031 ZPO überholt).

[55] OLG München 31.3.1955, BB 1955, 748; GK-HGB/Achilles/B. Schmidt Rn. 11.

[56] Ebenroth/Boujong/Fest Rn. 13.

[57] RG 11.3.1932, RGZ 135, 339 (345); GK-HGB/Achilles/B. Schmidt Rn. 13.

[58] RG 28.9.1927, RGZ 118, 139 (140).

[59] BGH 1.12.1965, NJW 1966, 502 (503).

[60] RG 10.1.1925, RGZ 110, 47 (48); BGH 27.10.1951, NJW 1952, 257 (258); OLG Köln 28.2.1997, VersR 1998, 510; MüKoHGB/Maultzsch Rn. 12; RGHMW/Steimle/Dornieden Rn. 9; Ebenroth/Boujong/Fest Rn. 19; GK-HGB/Achilles/B. Schmidt Rn. 12; Heymann/Horn Rn. 22.

[61] MüKoHGB/Maultzsch Rn. 12.

[62] RG 10.1.1925, RGZ 110, 47 (48); 28.9.1927, RGZ 118, 139 (140); 30.11.1937, JW 1938, 859; BGH 27.10.1951, NJW 1952, 257; Staub/Koller, 4. Aufl. 2004, Rn. 7; Ebenroth/Boujong/Fest Rn. 19.

[63] MüKoHGB/Maultzsch Rn. 12; RGHMW/Steimle/Dornieden Rn. 9; GK-HGB/Achilles/B. Schmidt Rn. 12.

[64] RG 29.4.1919, LZ 1920, 439 (Nr. 9); 30.11.1937, JW 1938, 859; GK-HGB/Achilles/B. Schmidt Rn. 12.

[65] BGH 1.12.1965, NJW 1966, 502 (503 f.); OLG Hamburg 3.7.1963, MDR 1963, 849.

[66] Ebenroth/Boujong/Fest Rn. 19, 25; MüKoHGB/Maultzsch Rn. 12.

[67] BGH 1.12.1965, NJW 1966, 502 (503 f.); Oetker HandelsR § 7 Rn. 49.

Vertragsklauseln, durch die ein Vertragspartner vom anderen das Bekenntnis zu bestimmten Grundsätzen sozialer Verantwortung verlangt **(Corporate Social Responsibility),** keinen Handelsbrauch ab;[68] dasselbe gilt für die Empfehlungen des **Deutschen Corporate Governance Kodex** (DCGK).[69]

10 **c) Freiwilligkeit.** Die festgestellte allseitige und dauerhafte Übung muss, um als Handelsbrauch eingeordnet werden zu können, auf einem freiwilligen Verhalten der Beteiligten beruhen, also insbesondere **unabhängig von gesetzlichem, behördlichem oder sonstigem Zwang oder auch der rechtlichen bzw. wirtschaftlichen Übermacht einer Seite** erfolgen.[70] Dass die tatsächliche Übung überwiegend den Interessen einer Seite dient, steht der Annahme von Freiwilligkeit grundsätzlich nicht entgegen, jedoch ist bei einer von beiderseitigen Interessen getragenen Handhabung eher von der Herausbildung eines Handelsbrauchs auszugehen.[71] Ausreichend ist es, wenn das Bewusstsein der Freiwilligkeit bei der Mehrheit des beteiligten Verkehrskreises vorhanden ist.[72] Dem Charakter als freiwillig praktizierter Übung steht die **Aufnahme von Handelsbräuchen in AGB** nicht von vornherein entgegen;[73] die Freiwilligkeit fehlt aber, wenn es ohne Aufnahme in die AGB nicht (mehr) zur Anerkennung durch die beteiligten Verkehrskreise kommen würde.[74] Geht die in einem bestimmten Verkehrskreis geübte Geschäftspraxis auf **Verbandsempfehlungen** zurück, ist entscheidend, ob in den Empfehlungen eine von den Beteiligten schon immer oder jedenfalls inzwischen als selbstverständlich empfundene Praxis niedergelegt ist oder ob sich einzelne verbandsinterne Interessengruppen gegenüber anderen, immer noch ins Gewicht fallenden Gruppierungen durchgesetzt haben und dies auch nach wie vor so gesehen wird.[75] Keine Freiwilligkeit dürfte ferner anzunehmen sein, wenn bestimmte Punkte üblicherweise vertraglich geregelt zu werden pflegen, aber **nicht festgestellt** werden kann, wie die beteiligten Verkehrskreise sich ohne vertraglich fixierten Befolgungszwang verhalten würden.[76]

11 **d) Kaufleute.** Handelsbräuche gelten für alle Kaufleute iSv **§§ 1–6.**[77] Der **Scheinkaufmann** muss einen einschlägigen Handelsbrauch gegen sich gelten lassen, kann sich jedoch umgekehrt nicht einseitig zu seinen Gunsten auf einen Handelsbrauch berufen. Nach dem Gesetzeswortlaut („unter Kaufleuten") setzt § 346 grundsätzlich das Vorliegen eines **beiderseitigen Handelsgeschäfts** (§§ 343, 344) voraus,[78] ist aber nicht hierauf beschränkt, sondern gilt auch für andere Vorgänge des Gewerbebetriebs, zB die kein Handelsgeschäft darstellenden bloßen Realakte (→ § 343 Rn. 6 f.) und deren Unterlassen,[79] sofern beide Beteiligte Kaufleute sind. Bei bloßen Privatgeschäften des Kaufmanns bzw. im Falle der Widerlegung der Vermutungswirkung des § 344 finden Handelsbräuche keine Anwendung. Kann ein tatsächlich bestehender Handelsbrauch in einem Streitfall nicht als solcher – dh als Handelsbrauch – Berücksichtigung finden, weil mindestens einer der Beteiligten kein Kaufmann ist, so kann er bei der Vertragsauslegung gleichwohl als Verkehrssitte (§ 157 BGB) zu beachten sein.[80]

---

[68] Spießhofer/v. Westphalen BB 2015, 75 (79).

[69] Bachmann WM 2002, 2137 (2138); Weber-Rey/Buckel AG 2011, 845 (846).

[70] GK-HGB/Achilles/B. Schmidt Rn. 11; Ebenroth/Boujong/Fest Rn. 15 ff.

[71] Ebenroth/Boujong/Fest Rn. 17.

[72] RGHMW/Steimle/Dornieden Rn. 10. Weitergehend OLG Köln 28.2.1997, NJW-RR 1998, 926, wonach eine „nahezu ausnahmslos befolgte" tatsächliche Übung erforderlich sein soll; ebenso NK-HGB/Klappstein Rn. 6 („nahezu einheitlich") unter allerdings wohl unzutr. Berufung sowohl auf BGH 6.12.2017, NJW 2018, 1957, weil allein die dort (NJW 2018, 1957 Rn. 30) verwendete Formulierung einer auf „Konsens" hindeutenden Verkehrsübung kaum mit nahezu einheitlicher Befolgung gleichgesetzt werden können dürfte, als auch auf BGH 4.7.2017, NJW 2017, 2986, weil auch für den dort (NJW 2018, 1957 Rn. 57) benutzten Begriff einer „allgemeinen" Übung nichts anderes gelten dürfte. Demgegenüber lässt OLG Hamm 8.7.1993, NJW-RR 1993, 1444 einen Akzeptanzumfang von 75–80 % des einschlägigen Händlerkreises genügen; ähnlich OLG Frankfurt 23.4.1984, NJW-RR 1986, 911: über 80 %; offengelassen dagegen von LG Hamburg 21.11.2003, NJW-RR 2004, 699, wo der ermittelte Prozentsatz von 98 % eine nahezu ausnahmslose Praxis belegte.

[73] BGH 25.11.1993, NJW 1994, 659; Schlegelberger/Hefermehl Rn. 13; Ebenroth/Boujong/Fest Rn. 18; vgl. aber auch OLG München 9.3.2006, OLGR 2006, 438 – AGB-Klauseln marktstarker Unternehmen.

[74] Schlegelberger/Hefermehl Rn. 13; Ebenroth/Boujong/Fest Rn. 18.

[75] OLG Frankfurt 21.11.1995, NJW-RR 1996, 548 (549); GK-HGB/Achilles/B. Schmidt Rn. 11.

[76] OLG München 2.12.1993, OLGR 1993, 38 (39); OLG Frankfurt 21.11.1995, NJW-RR 1996, 548 (549); GK-HGB/Achilles/B. Schmidt Rn. 11.

[77] Ebenroth/Boujong/Fest Rn. 8; KKD/Roth/Huber Rn. 6; GK-HGB/Achilles/B. Schmidt Rn. 19; Hopt/Leyens Rn. 3; Heymann/Horn Rn. 8.

[78] RG 10.5.1930, WarnR 1930, 267 (270); KKD/Roth/Huber Rn. 6; Schlegelberger/Hefermehl Rn. 26; GK-HGB/Achilles/B. Schmidt Rn. 19; Heymann/Horn Rn. 8; RGHMW/Steimle/Dornieden Rn. 2.

[79] Hopt/Leyens Rn. 3.

[80] OLG Koblenz 10.3.1988, NJW-RR 1988, 1306 zu den „Tegernseer Gebräuche[n]" im Holzhandel.

Nichtkaufleute können sich der Geltung eines Handelsbrauchs durch ausdrückliche oder konkludente Vereinbarung unterwerfen. Eine konkludente Vereinbarung soll anzunehmen sein, wenn der Nichtkaufmann mit einem Kaufmann in branchentypischer Weise kontrahiert und ihm dabei der einschlägige Handelsbrauch bekannt ist.[81] Wenn das Auftreten des Nichtkaufmanns nach dem Empfängerhorizont den Schluss gestattet, er wolle sich wie ein Kaufmann den einschlägigen Gebräuchen unterwerfen, soll sogar die Unkenntnis des Nichtkaufmanns vom Handelsbrauch dessen Geltung nicht entgegen stehen.[82] Das ist insbesondere dann der Fall, wenn das betreffende Geschäft nach Zuschnitt, Modalitäten und aufgrund der Verwendung von – im allgemeinen Rechtsverkehr unüblichen – Handelsklauseln die typischen Züge eines Handelsgeschäfts aufweist.[83] Schließlich können Handelsbräuche im Verhältnis zu Nichtkaufleuten insoweit Anwendung finden, als die in ihnen niedergelegten Regeln – wie zB diejenigen über das kaufmännische Bestätigungsschreiben (→ Rn. 38 ff.) – sich über den Bereich des Handelsverkehrs hinaus bereits so weit durchgesetzt haben, dass sie zur allgemeinen Verkehrssitte iSv § 157 BGB erstarkt sind.[84] Für die in § 383 Abs. 2, § 407 Abs. 3 S. 2, § 453 Abs. 3 S. 2, § 467 Abs. 3 S. 2 umschriebenen Geschäfte gilt § 346 kraft Verweisung. 12

e) Billigung. Der Handelsbrauch muss eine von den beteiligten Verkehrskreisen gebilligte und für maßgeblich erachtete Übung sein.[85] Der Wille, die Übung als Recht anzuerkennen, muss wegen des fehlenden Rechtsnormcharakters des Handelsbrauchs allerdings nicht vorhanden sein.[86] Ebenso wenig müssen die mit dem Handelsbrauch verbundenen normativen Wirkungen vom allgemeinen Geltungsbewusstsein umfasst sein.[87] Dass die Übung – deklaratorisch – in den getroffenen Vereinbarungen der Beteiligten niedergelegt wird, ist nicht erforderlich, schadet freilich auch nicht.[88] 13

f) Kenntnis. Ein bestehender Handelsbrauch ist innerhalb des relevanten Verkehrskreises **unabhängig von der individuellen Kenntnis** der an einem konkreten Geschäft Beteiligten zu berücksichtigen.[89] Er ist deshalb insbesondere bei der Auslegung von Willenserklärungen auch dann heranzuziehen, wenn er einem oder beiden Beteiligten unbekannt ist. Die Teilnehmer am Handelsverkehr müssen sich über die zu berücksichtigenden Gebräuche selbst vergewissern.[90] Ausnahmen können für räumlich oder personell nur eingeschränkt geltende Handelsbräuche gelten. 14

Die **Irrtumsanfechtung (§ 119 BGB)** wegen Unkenntnis eines einschlägigen Handelsbrauchs oder wegen unzutreffender Vorstellung über seinen Inhalt ist vor diesem Hintergrund nur eingeschränkt möglich. Nach allgemeinen zivilrechtlichen Grundsätzen ist bei einem durch Unkenntnis eines Handelsbrauchs oder Fehlvorstellung über seinen Inhalt veranlassten Irrtum über den Erklärungsgehalt der eigenen Willenserklärung grundsätzlich die Irrtumsanfechtung nach § 119 Abs. 1 Alt. 1 BGB (sog. Verlautbarungsirrtum) eröffnet.[91] Gleichwohl schließt die hL jedenfalls für den Kaufmann aus Verkehrsschutzgründen bzw. wegen des bei Vorliegen eines Handelsbrauchs vorhandenen gesteigerten Vertrauenstatbestandes regelmäßig die Irrtumsanfechtung aus.[92] Denn der Kaufmann irrt hier nur über Rechtsfolgen, die von Rechts wegen[93] bzw. unabhängig von einem tatsächlich geäußerten Willen (zB beim kaufmännischen Bestätigungsschreiben) eintreten.[94] Ausnahmen 15

---

[81] BGH 27.10.1951, NJW 1952, 257; GK-HGB/Achilles/B. Schmidt Rn. 20.

[82] RG 6.4.1914, JW 1914, 673 (674); 19.11.1926, JW 1927, 764; BGH 28.11.1969, WM 1970, 696; 2.7.1980, WM 1980, 1122 (1123); GK-HGB/Achilles/B. Schmidt Rn. 20; KKD/Roth/Huber Rn. 6; Oetker HandelsR § 7 Rn. 51; Schmitt 280 ff.

[83] GK-HGB/Achilles/B. Schmidt Rn. 20; zur Geltung von Handelsbräuchen gegenüber kaufmannsähnlichen Personen vgl. Neuner ZHR 157 (1993), 243 (271).

[84] OLG Koblenz 10.3.1988, NJW-RR 1988, 1306; OLG Hamm NJW-RR 2002, 1349; Staub/Koller, 4. Aufl. 2004, Rn. 24; KKD/Roth/Huber Rn. 6; GK-HGB/Achilles/B. Schmidt Rn. 20.

[85] OLG Köln 28.2.1997, NJW-RR 1998, 926; OLG Schleswig NJW-RR 2004, 1027 (1028); MüKoHGB/Maultzsch Rn. 13; Ebenroth/Boujong/Fest Rn. 22; GK-HGB/Achilles/B. Schmidt Rn. 13.

[86] Ebenroth/Boujong/Fest Rn. 23; MüKoHGB/Maultzsch Rn. 13; Heymann/Horn Rn. 23.

[87] GK-HGB/Achilles/B. Schmidt Rn. 13.

[88] BGH 25.11.1993, NJW 1994, 659 (660).

[89] RG 4.4.1919, RGZ 95, 242 (243); BGH 1.12.1965, NJW 1966, 502 f.; 7.3.1973, BB 1973, 635 (636) = BeckRS 1973, 31125498; 18.7.2000, WM 2000, 1744 f. = BeckRS 2000, 7010; OLG Frankfurt 23.4.1986, NJW-RR 1986, 911 (912) = WM 1986, 838 (839); Ebenroth/Boujong/Fest Rn. 22; GK-HGB/Achilles/B. Schmidt Rn. 13; Heymann/Horn Rn. 23; MüKoHGB/Maultzsch Rn. 14, 28; BeckOGK/Beurskens, 1.11.2025, Rn. 89.

[90] RG 6.1.1922, JW 1922, 706 (707); 26.6.1928, JW 1928, 3109.

[91] Oetker HandelsR § 7 Rn. 52.

[92] Hopt/Leyens Rn. 9; KKD/Roth/Huber Rn. 17; Staub/Koller, 4. Aufl. 2004, Rn. 17; Canaris HandelsR § 22 IV 2, 347 f.; Oetker HandelsR § 7 Rn. 52; MüKoHGB/Maultzsch Rn. 35.

[93] RG 5.11.1931, RGZ 134, 195 (197 f.); BGH 18.11.1977, BGHZ 70, 47 (48 f.).

[94] GK-HGB/Achilles/B. Schmidt Rn. 24.

sind denkbar, wenn Nichtkaufleute sich im Vereinbarungswege einem Handelsbrauch unterwerfen oder die Beteiligten sich auf die Geltung eines auswärtigen Handelsbrauchs verständigen, wobei im Einzelnen manches streitig ist.[95]

16 **3. Abgrenzung von anderen Instituten. a) Handelsgewohnheitsrecht.** Im Unterschied zum Handelsbrauch stellt das Handelsgewohnheitsrecht[96] (zB die Grundsätze über das kaufmännische Bestätigungsschreiben) eine Rechtsquelle dar; es wird von den Gerichten nicht lediglich über § 346 angewandt. Vom Handelsbrauch unterscheidet das Handelsgewohnheitsrecht sich durch den **Rechtsgeltungswillen** der ihm unterworfenen Verkehrskreise. Das Handelsgewohnheitsrecht, das sich aus Handelsbräuchen bilden kann, hat im Gegensatz zu dem auf allgemeinen Überzeugungen beruhenden Handelsbrauch verbindlichen (Rechtsnorm-)Charakter; es ist Gesetz iSv Art. 2 EGBGB und entspricht im Range den positiven Normen des HGB und der handelsrechtlichen Nebengesetze. Soweit es zwingend ist, wirkt es auch gegen den Parteiwillen. Die Feststellung des Handelsgewohnheitsrechts erfolgt im Zivilprozess nach den Regeln über den Freibeweis (§ 293 ZPO).[97]

17 **b) Verkehrsanschauung.** Der Handelsbrauch ist ferner von der bloßen Verkehrsanschauung[98] abzugrenzen. Bei den **tatsächlichen Anschauungen und Erfahrungssätzen des Handelsverkehrs** fehlt es – im Gegensatz zu den Handelsbräuchen – an einer tatsächlichen Übung. Anders als bei den Handelsbräuchen, die, wenngleich nicht im selben Maße wie das Gewohnheitsrecht, im Sinne einer Verhaltenserwartung des kaufmännischen Verkehrs immerhin normativ wirken, handelt es sich bei der Verkehrsanschauung lediglich um eine **Einschätzung der Handelspraxis,** die freilich über §§ 133, 157 BGB für die Auslegung von Willenserklärungen,[99] bei der Ausfüllung des kaufmännischen Sorgfaltsmaßstabs iSv § 347 oder auch im Rahmen der Anwendung von Generalklauseln (§§ 138, 826 BGB, § 3 UWG) Bedeutung erlangen kann.

18 **c) Handelsübung.** Die Handelsübung[100] wiederum hat – anders als die bloße Verkehrsanschauung – mit dem Handelsbrauch zwar gemein, dass eine praktische Handhabung vorliegt. Der Begriff der Handelsübung knüpft an **tatsächlich bestehende kaufmännische Gewohnheiten und Gepflogenheiten** an und umschreibt ein schon vorhandenes, gleichförmiges Verhalten der beteiligten Verkehrskreise, das sich im Rahmen vernünftiger kaufmännischer Anschauung hält. Vom Handelsbrauch unterscheidet die Handelsübung sich dadurch, dass sie keine verpflichtende Regel darstellt, dh nicht von einer allgemeinen Billigung bzw. Maßgeblichkeitsüberzeugung getragen ist.[101] Die Handelsübung kann aber bei entsprechender Anwendung und Anerkennung zum Handelsbrauch werden. Der Begriff der **Usance** wird zum Teil mit demjenigen der Handelsübung gleichgesetzt, kann sich in der konkreten Verwendung aber auch mit demjenigen einer Geschäftsbedingung (zB die vom Vorstand einer Börse oder eines Marktes veröffentlichten Vertragsbedingungen) oder eines Handelsbrauchs decken.[102]

19 **d) Kartelle und Wettbewerbsregeln.** Kartelle und Wettbewerbsregeln[103] sind von Handelsbräuchen zu unterscheiden. Allerdings kann ein Handelsbrauch Gegenstand einer Kartellabrede oder Wettbewerbsregel sein und umgekehrt eine Wettbewerbsregel zum Handelsbrauch erstarken oder auch bestehende Handelsbräuche wiedergeben. Innerhalb von Berufsverbänden entwickelte Geschäftsgebräuche können Bindungswirkung nur entfalten, wenn sie im tatsächlichen Geschäftsverkehr zum Handelsbrauch erstarken oder ihre Geltung rechtsgeschäftlich vereinbart wird.[104] In der bloßen Befolgung eines Handelsbrauchs liegt noch kein abgestimmtes Verhalten iSv § 1 GWB (§ 25 GWB aF) bzw. Art. 101 Abs. 1 AEUV (ex-Art. 81 Abs. 1 EG-Vertrag). Die Empfehlung, sich nach

---

[95] GK-HGB/Achilles/B. Schmidt Rn. 24; MüKoHGB/Maultzsch Rn. 29; BeckOGK/Beurskens, 1.11.2025, Rn. 117 ff.; Heymann/Horn Rn. 5; eingehend Mues, Die Irrtumsanfechtung im Handelsverkehr, 2004, 103 ff.

[96] MüKoHGB/Maultzsch Rn. 20 f.; Ebenroth/Boujong/Fest Rn. 31; GK-HGB/Achilles/B. Schmidt Rn. 5.

[97] BeckOGK/Beurskens, 1.11.2025, Rn. 10 ff.

[98] BeckOGK/Beurskens, 1.11.2025, Rn. 16; Ebenroth/Boujong/Fest Rn. 37; GK-HGB/Achilles/B. Schmidt Rn. 7; Heymann/Horn Rn. 20.

[99] RG 21.10.1913, RGZ 83, 184 (186); 12.11.1919, RGZ 97, 140 (142 f.).

[100] Ebenroth/Boujong/Fest Rn. 29; GK-HGB/Achilles/B. Schmidt Rn. 6; BeckOGK/Beurskens, 1.11.2025, Rn. 14; Heymann/Horn Rn. 19.

[101] BGH 13.3.1964, NJW 1964, 1274 (1275); 11.3.1987, NJW 1987, 1886 (1887); OLG Celle 1.11.1995, IPRax 1997, 417 (418 f.).

[102] GK-HGB/Achilles/B. Schmidt Rn. 6; BeckOGK/Beurskens, 1.11.2025, Rn. 15; Heymann/Horn Rn. 18.

[103] BeckOGK/Beurskens, 1.11.2025, Rn. 40 f.; GK-HGB/Achilles/B. Schmidt Rn. 9; Schlegelberger/Hefermehl Rn. 7, 14.

[104] OLG Düsseldorf 19.12.1997, NJW-RR 1998, 1666.

einem Handelsbrauch zu richten, kann jedoch gegen das kartellrechtliche Empfehlungsverbot (§§ 1, 2 GWB) verstoßen.[105]

e) AGB. Die von einem Kaufmann seinen Geschäftsabschlüssen zugrunde gelegten AGB sind keine Handelsbräuche.[106] Klauselwerke gelten kraft ihrer Einbeziehung in den Vertrag, nicht über § 346. AGB können aber auch ohne ausdrückliche Geltungsvereinbarung kraft Handelsbrauchs oder Branchenüblichkeit Vertragsinhalt werden, sofern die Einbeziehung einer längeren, einheitlichen – nicht bloß lokalen – Praxis entspricht und auf die einhellige Zustimmung des maßgeblichen Verkehrskreises stößt.[107] Einzelregelungen in AGB können zudem einen bestehenden Handelsbrauch wiedergeben[108] oder – ebenso wie unter Umständen die gesamten AGB als solche (zB die Allgemeinen Deutschen Seeversicherungsbedingungen und die Tegernseer Gebräuche im Holzhandel)[109] – im Einzelfall zum Handelsbrauch erstarken. Das ist insbesondere dann der Fall, wenn die betreffende Regel in dem einschlägigen Verkehrskreis als eine freiwillig befolgte Selbstverständlichkeit angesehen wird.[110] Die Tatsache allein, dass in einer Vielzahl gleichartiger Verträge eine bestimmte Vereinbarung durch AGB getroffen wird, kann indes die Existenz eines entsprechenden Handelsbrauchs nicht belegen.[111] 20

f) Lex mercatoria. Unter der lex mercatoria (→ Einl. Rn. 40 ff.) wird zum Teil die Rechtsvereinheitlichung im Handel, aber auch die übernationale, keiner einzelstaatlichen Rechtsordnung zugehörige einheitliche Handelsrechtsordnung verstanden.[112] Ihre Einordnung in das System der handelsrechtlichen Rechtsquellen, vor allem in Bezug auf das Handelsgewohnheitsrecht einerseits und die Handelsbräuche andererseits, ist schwierig. Im Zivilprozess ist die lex mercatoria als beweisbedürftige, der Anwendung von § 293 ZPO unterliegende Tatsache zu behandeln.[113] 21

4. Räumlicher Geltungsbereich. Handelsbräuche bestehen in Relation zu ihrer Reichweite auf lokaler, regionaler, nationaler und auch internationaler Ebene. Lokale bzw. regionale Handelsbräuche betreffen lediglich einzelne Städte (zB Hamburger Usancen) und Regionen oder gar nur bestimmte Börsen oder Märkte.[114] Die Geltung eines **lokalen oder regionalen Handelsbrauchs** für ein einzelnes Geschäft hängt davon ab, ob das Geschäft seinen **Schwerpunkt** im Verbreitungsgebiet dieses Handelsbrauchs hat.[115] Das ist in der Regel der Ort der Teilnahme der Parteien am kaufmännischen Verkehr, also zumeist der **Ort des Vertragsschlusses,** bei entsprechend enger Beziehung des Geschäfts hierzu auch der Haupthandelsplatz einer Ware, bei Geschäften an Börsen sowie auf Märkten und Messen regelmäßig der Börsen- bzw. Markt- oder Messeplatz.[116] Die Feststellung des Ortes, an dem der Schwerpunkt des Geschäfts liegt, erfolgt unabhängig von der etwaigen Einschaltung von Vertretern oder Hilfspersonen der beteiligten Kaufleute. Bei Geschäften unter Mitwirkung eines Handelsmaklers ist der Handelsbrauch am Ort des Maklers regelmäßig auch für die auswärtige Partei maßgebend.[117] Ist der Schwerpunkt nicht feststellbar und liegt keine anderweitige Vereinbarung vor, gelten entsprechend dem Rechtsgedanken des § 361 die am **Erfüllungsort** bestehenden Handelsbräuche.[118] In diesem Fall ist zu prüfen, ob eine außerhalb des Geltungsbereichs des Handelsbrauchs ansässige Person mit der Anwendung dieses Brauchs rechnen musste und nach ihrem Verhalten den Eindruck erweckt hat, sich dem lokalen bzw. regionalen Handelsbrauch unterwerfen zu wollen.[119] 22

---

105 BeckOGK/Beurskens, 1.11.2025, Rn. 40.

106 BeckOGK/Beurskens, 1.11.2025, Rn. 20; GK-HGB/Achilles/B. Schmidt Rn. 8; Heymann/Horn Rn. 21.

107 OLG Hamm 16.4.1984, WM 1984, 1600 (1602) (AGB der Banken); BGH 10.5.1984, NJW 1985, 2411 (2412); OLG Düsseldorf 11.2.1993, NJW-RR 1993, 1190 (1191) (ADSp); MüKoHGB/Maultzsch Vor § 343 Rn. 44; s. dagegen aber auch OLG Hamburg 7.5.1997, MDR 1997, 810 f. (Hamburger Lagerhausbedingungen).

108 BGH 25.11.1993, NJW 1994, 659 (660); MüKoHGB/Maultzsch Vor § 343 Rn. 44.

109 BGH 23.4.1986, BB 1986, 1395 = NJW-RR 1987, 94; OLG Koblenz 10.3.1988, NJW-RR 1988, 1306; OLG Düsseldorf 21.5.1993, OLGR 1993, 306.

110 BGH 2.7.1980, WM 1980, 1022 (1023); Thume BB 2012, 975 (980 f.) in Bezug auf Provisionsverzichtsklauseln in Versicherungsvertriebsverträgen und im Bausparkassenbereich.

111 BGH 4.7.2017, NJW 2017, 2986 Rn. 57; 4.7.2017, BeckRS 2017, 121112 Rn. 63.

112 MüKoHGB/Maultzsch Rn. 43; ders. Vor § 343 Rn. 87; BeckOGK/Beurskens, 1.11.2025, Rn. 37 ff.; Ebenroth/Boujong/Fest Rn. 141 f.; Heymann/Horn Vor § 343 Rn. 109 ff.; Blaurock ZEuP 1993, 247; Mertens FS Odersky, 1996, 857 ff.

113 Zöller/Geimer ZPO § 293 Rn. 4a; BeckOGK/Beurskens, 1.11.2025, Rn. 38.

114 RG 26.6.1928, JW 1928, 3109 zur Schiedsabrede Berliner Eierhändler; Ebenroth/Boujong/Fest Rn. 11; Heymann/Horn Rn. 10; Hopt/Leyens Rn. 7.

115 BGH 12.1.1976, BB 1976, 480 (480 f.); KKD/Roth/Huber Rn. 8; Oetker HandelsR § 7 Rn. 51.

116 Ebenroth/Boujong/Fest Rn. 11.

117 RG 29.11.1919, RGZ 97, 215 (218); OGH 22.9.1950, OGHZ 4, 248.

118 BGH 2.5.1984, WM 1984, 1000 (1003) = BeckRS 1984, 05233; KKD/Roth/Huber Rn. 8; Oetker HandelsR § 7 C II 2 Rn. 51.

119 KKD/Roth/Huber Rn. 8; Heymann/Horn Rn. 11.

Fallen allerdings nach den Vereinbarungen der Beteiligten der Ort, an dem die Leistungshandlung vorzunehmen ist, und der Erfüllungsort auseinander, ist auf den Handelsbrauch am **Handlungsort** abzustellen.[120] Der Ort der Handlung bzw. des Verhaltens anstelle des Erfüllungsorts ist auch maßgebend, wenn es zum Zwecke der Feststellung der Geltung eines Handelsbrauchs auf die Bewertung des Verhaltens einer Partei (zB Schweigen) ankommt.[121]

23 **Internationale Handelsbräuche** erhalten ihr Gepräge dadurch, dass sie in mehr als einem nationalen Rechtsgebiet, ggf. sogar weltweit, innerhalb eines bestimmten Geschäftszweigs gleichförmig befolgt und anerkannt werden.[122] Entscheidend ist, ob die Kaufleute des betreffenden Geschäftszweigs des internationalen Handels die in Rede stehende Übung regelmäßig befolgen.[123] Anhaltspunkte für internationale Handelsbräuche stellen etwa die „Trade Terms“ aus dem Jahre 1953[124] sowie die Incoterms 2020[125] dar;[126] zur Geltung von Handelsbräuchen speziell in internationalen Kaufverträgen vgl. Art. 9 CISG.[127] Der internationale Handelsbrauch gilt bei grenzüberschreitenden Geschäften unabhängig von der Kenntnis der Parteien;[128] einem nationalen oder lokalen Handelsbrauch geht er bei Fehlen einer anderweitigen Vereinbarung vor (→ Rn. 4).[129] Wollte man dies anders sehen und in Konkurrenzsituationen dem lokalen bzw. nationalen Gebrauch Vorrang einräumen, bliebe offen, wie ein internationaler Handelsbrauch, für den grenzüberschreitende Sachverhalte wesenstypisch sind, dann noch zur Anwendung gelangen bzw. sich überhaupt herausbilden können sollte. Zur Möglichkeit, eine Gerichtsstandsvereinbarung im internationalen Handel in einer Form zu schließen, die einem Handelsbrauch entspricht, s. Art. 23 Abs. 1 S. 3 lit. c Brüssel Ia-VO.[130]

24 Von der Klassifizierung einer in mehreren Ländern gleichermaßen bestehenden Übung als internationalem Handelsbrauch ist die Frage der **Geltung ausländischer Handelsbräuche im Inland** bzw. **inländischer Handelsbräuche gegenüber einem ausländischen Kaufmann** zu trennen. Die Anwendung von § 346 ist grundsätzlich nicht auf deutsche Handelsbräuche beschränkt; auch ein ausländischer Handelsbrauch ist zu beachten, wenn die Beteiligten einem Verkehrskreis angehören, der gewöhnlich unter der Geltung dieses Brauchs Handel treibt.[131] Im Verhältnis zu einem ausländischen Kaufmann gilt § 346 indes nur, wenn nach den Regeln des IPR deutsches Recht anzuwenden ist. In diesem Fall kommt die Anwendung eines inländischen Handelsbrauchs gegenüber einem ausländischen Kaufmann in Betracht, wenn festgestellt werden kann, dass dieser sich dem inländischen Brauch unterworfen hat.[132] Das ist in der Regel anzunehmen, wenn der inländische Partner sein Gegenüber zuvor auf das Bestehen des hiesigen Handelsbrauchs hingewiesen hat.[133] Umgekehrt müssen inländische Kaufleute, die im grenzüberschreitenden Handelsverkehr ständig mit ausländischen Geschäftspartnern Handel treiben, grundsätzlich die dort maßgeblichen Handelsbräuche kennen. Ein ausländischer Handelsbrauch gilt daher für den inländischen Kaufmann jedenfalls dann, wenn er zu einem Verkehrskreis gehört, der ständig den betreffenden ausländischen Brauch akzeptiert oder wenn sonst eine erkennbare Willensbekundung, sich diesem Brauch zu unterwerfen, vorliegt.[134]

25 **5. Erlöschen des Handelsbrauchs.** Ein einmal entstandener Handelsbrauch erlischt wieder, wenn er **nicht mehr anerkannt** oder **nicht mehr befolgt** wird.[135] Die fehlende Anerkennung oder

[120] BGH 20.5.1952, BGHZ 6, 120 (127); 7.3.1973, WM 1973, 383 = BeckRS 1973, 31125480.

[121] Canaris HandelsR § 22 Rn. 43.

[122] GK-HGB/Achilles/B. Schmidt Rn. 22; KKD/Roth/Huber Rn. 10; Ebenroth/Boujong/Fest Rn. 10, 134; Heymann/Horn Rn. 14; BeckOGK/Beurskens, 1.11.2025, Rn. 65; zur konkludenten Einbeziehung von Konnossementsbedingungen im Linienstückgutverkehr nach internationalem Handelsbrauch vgl. OLG Bremen 25.4.2014, RdTW 2014, 227. Vgl. iÜ auch BGH 26.4.2018, NJW 2019, 76 Rn. 33.

[123] OLG Hamm 9.9.2011, ZfBR 2012, 222 (225).

[124] Abgedruckt bei Heymann/Horn Rn. 135.

[125] Abgedruckt bei Hopt/Hopt (6) 2163 ff.

[126] Oetker HandelsR § 7 Rn. 53; vgl. zur Thematik näher Lehr VersR 2000, 548 ff.; Piltz RIW 2000, 485 ff.; Wertenbruch ZGS 2005, 136 ff.

[127] Hierzu eingehend BeckOGK/Beurskens, 1.11.2025, Rn. 485 ff.; MüKoHGB/Ferrari CISG Art. 9 Rn. 1 ff.; OLG Dresden 30.11.2010, IHR 2011, 142 (144): kein internationaler Handelsbrauch iSv Art. 9 Abs. 2 CISG für den Handel mit Unterwäsche, dass ein unwidersprochen gebliebenes „Bestätigungsschreiben“ die Wirkungen des deutschen kaufmännischen Bestätigungsschreibens hat.

[128] BGH 2.5.1984, WM 1984, 1000 (1003) = BeckRS 1984, 05233; Ebenroth/Boujong/Fest Rn. 134.

[129] **AA** MüKoHGB/Maultzsch Rn. 39, wonach beim konkurrierenden Zusammentreffen von nationalem und internationalem Handelsbrauch die Regelung mit dem räumlich konkreteren Bezug vorgehen soll.

[130] OLG Hamm 9.9.2011, ZfBR 2012, 222 (225); OLG Saarbrücken 18.10.2011, NJOZ 2012, 923 (925).

[131] BGH 2.5.1984, WM 1984, 1000 (1003) = BeckRS 1984, 05233.

[132] BGH 2.5.1984, WM 1984, 1000 (1003 f.) = BeckRS 1984, 05233.

[133] RG 26.6.1928, JW 1928, 3109.

[134] BGH 2.5.1984, WM 1984, 1000 (1003 f.) = BeckRS 1984, 05233; Heymann/Horn Rn. 13.

[135] OLG Frankfurt 20.12.2000, NJW-RR 2001, 1498 (1499); MüKoHGB/Maultzsch Rn. 17; Ebenroth/Boujong/Fest Rn. 27; KKD/Roth/Huber Rn. 4.

Befolgung durch einzelne Beteiligte schadet allerdings noch nicht; entscheidend ist vielmehr, dass ein **nicht unbedeutender Teil**[136] bzw. eine **rechtlich beachtliche Minderheit**[137] über einen gewissen Zeitraum von der bisher geübten Praxis abweicht. Die Größenordnung der für das Fortbestehen eines Handelsbrauchs schädlichen Minderheit wird zum Teil mit einem Prozentsatz von 10–20 % bemessen, wobei ergänzend die absolute Zahl dieser Beteiligten in das Verhältnis zu ihrer Marktbedeutung zu setzen sein soll.[138] Ein einmal entstandener Handelsbrauch erlischt indes nicht ohne weiteres allein schon deshalb, weil er anschließend nicht ständig praktiziert wird, wenn und solange dieser Zustand darauf beruht, dass die seine Ausübung bedingenden Geschäftsvorfälle vorübergehend wegen besonderer Umstände (zB hoheitliche Eingriffe, Krieg) nicht mehr zur Ausführung gelangen. Der Handelsbrauch lebt in einem solchen Falle unverändert wieder auf, sobald gleichartige Geschäfte erneut getätigt werden und der Handelsverkehr beginnt, sie genauso wie früher abzuschließen und zu vollziehen.[139]

6. Feststellung des Handelsbrauchs. Die Berücksichtigung eines Handelsbrauchs in einem Rechtsstreit setzt dessen Feststellung voraus. Nach hM gehört die Feststellung von Bestehen und Inhalt eines Handelsbrauchs – nichts anderes gilt für einen Schifffahrtsbrauch[140] – zum Bereich der **Tatsachenfeststellung** (§ 286 ZPO) und nicht zu dem der Rechtsanwendung.[141] Das gilt in gleicher Weise für **ausländische** sowie **internationale Handelsbräuche,** deren Feststellung daher den nationalen Tatsacheninstanzen zugewiesen ist.[142] Die Einordnung als Tatfrage hat zur Folge, dass Handelsbräuche im Zivilprozess Gegenstand der Darlegung und des Beweises sind. Hierbei kann gem. § 114 GVG iVm § 109 GVG die Kammer für Handelssachen beim Landgericht (§§ 93 ff. GVG) grundsätzlich auch aufgrund „eigener Sachkunde und Wissenschaft" über das Bestehen von Handelsbräuchen entscheiden. Allerdings können auch die allgemeinen landgerichtlichen Zivilkammern sowie die Zivilsenate der Oberlandesgerichte oder der BGH Handelsbräuche – zB als gerichtsbekannte Tatsachen – feststellen.[143] 26

Darlegungs- und beweispflichtig für das Bestehen und den Inhalt eines Handelsbrauchs ist nach allgemeinen Grundsätzen die Partei, die sich auf seine Geltung beruft.[144] Im Einzelfall – unter Umständen auch nach Einholung eines IHK-Gutachtens (→ Rn. 28) – verbleibende Restzweifel an der Existenz des behaupteten Handelsbrauchs gehen daher zu deren Lasten.[145] Durch konkrete Anknüpfungstatsachen substantiiert darzulegen und ggf. zu beweisen sind alle Tatbestandselemente eines Handelsbrauchs, also insbesondere sowohl das **Vorliegen einer tatsächlichen Übung** in Bezug auf einen bestimmten Vorgang, die **Freiwilligkeit** als auch die Überzeugung der **Maßgeblichkeit** innerhalb des einschlägigen Verkehrskreises.[146] Soweit der in Streit stehende Handelsbrauch nicht gerichtsbekannt ist, das Gericht über keine hinreichende eigene Sachkunde (§ 114 GVG) verfügt und der Handelsbrauch auch nicht über Aufzeichnungen (zB Trade Terms), Sammlungen von Fach- 27

---

[136] Ebenroth/Boujong/Fest Rn. 27: „ganz überwiegende Mehrheit".

[137] GK-HGB/Achilles/B. Schmidt Rn. 13.

[138] OLG Hamm 8.7.1993, MDR 1994, 784 (785); GK-HGB/Achilles/B. Schmidt Rn. 13.

[139] BGH 27.10.1951, NJW 1952, 257 (258); OLG Jena 5.12.2002, NJ 2003, 436 (437) – vorübergehendes Erlöschen in der DDR und Wiederaufleben nach der Wiedervereinigung; GK-HGB/Achilles/B. Schmidt Rn. 12; MüKoHGB/Maultzsch Rn. 17.

[140] BGH 16.12.2008, NJW-RR 2009, 715 Rn. 14 zum etwaigen Bestehen eines Handels- und Schiffahrtsbrauchs, bei Beschädigung eines Schiffs Nutzungsausfall nach Maßgabe des Liegegeldes zu zahlen.

[141] BGH 1.12.1965, NJW 1966, 502 (503); 24.11.1976, NJW 1977, 385 (386 f.); 2.7.1980, WM 1980, 1122 (1123) = BeckRS 1980, 31076152; 2.5.1984, WM 1984, 1000 (1002 f.) = BeckRS 1984, 05233; 12.12.1990, NJW 1991, 1292 (1293); 11.5.2001, NJW 2001, 2464 (2465); 22.9.2003, NJW-RR 2004, 555; 17.6.2004, NJW-RR 2004, 1248 (1249) – Sachverständigenbeweis über die Ermittlung der Verkehrssitte; 16.12.2008, NJW-RR 2009, 715 Rn. 14 zur Binnenschifffahrt; GK-HGB/Achilles/B. Schmidt Rn. 16; Hopt/Leyens Rn. 13; KKD/Roth/Huber Rn. 5; **aA** – Anwendbarkeit von § 293 ZPO – Oestmann JZ 2003, 285 (288 f.); vgl. auch MüKoZPO/Prütting ZPO § 284 Rn. 44.

[142] EuGH 20.2.1997, NJW 1997, 1431; OLG Dresden 9.7.1998, IHR 2001, 18.

[143] OLG Hamburg 3.7.1963, MDR 1963, 849; zu den Rechtsmittelverfahren vgl. näher Ebenroth/Boujong/Fest Rn. 98 ff.

[144] BGH 28.5.1956, WM 1956, 868 = LM § 346 (F) Nr. 1 = BeckRS 1956, 31397825; 12.12.1990, NJW 1991, 1292 (1293); 16.12.2008, NJW-RR 2009, 715 (716); OLG Köln 28.2.1997, NJW-RR 1998, 926; OLG Celle 23.7.1998, NJW-RR 2000, 178 (179); OLG Schleswig 9.12.2003, NJW-RR 2004, 1027 (1928); OLG München 14.1.2016, BeckRS 2016, 08701 Rn. 29; KKD/Roth/Huber Rn. 5; Schlegelberger/Hefermehl Rn. 15; GK-HGB/Achilles/B. Schmidt Rn. 17; Hopt/Leyens Rn. 13; MüKoHGB/Maultzsch Rn. 44; Musielak/Voit/Foerste ZPO § 284 Rn. 3.

[145] OLG Hamm 11.2.2011, BeckRS 2012, 8674 sub II.1.a) dd).

[146] BGH 2.5.1984, WM 1984, 1000 (1002) = BeckRS 1984, 05233; 4.7.2017, NJW 2017, 2986 Rn. 57; 6.12.2017, NJW 2018, 1957 Rn. 30; OLG Hamburg 5.12.2013, BeckRS 2014, 09488 = TranspR 2014, 228 = RdTW 2014, 239 mAnm Ramming; BeckOGK/Beurskens, 1.11.2025, Rn. 124.1; MüKoHGB/Maultzsch Rn. 44.

verbänden oder auch des Deutschen Industrie- und Handelskammertags (DIHK) bzw. andere geeignete Quellen[147] zugänglich ist, muss die Beweisführung mit den allgemeinen Beweismitteln der ZPO erfolgen. Gebräuchlichste Beweismittel sind vor allem die Einholung des Gutachtens eines vom Gericht zu bestimmenden (§ 404 ZPO) **Sachverständigen,**[148] insbesondere eines Gutachtens der jeweils zuständigen **Industrie- und Handelskammer (IHK)**[149] oder die Durchführung einer Umfrage über einen Fach- oder Spitzenverband des DIHT.[150]

28 Die **Gutachten der IHK** sind formal amtliche Auskünfte iSv § 273 Abs. 2 Nr. 2 ZPO, § 358a S. 2 Nr. 2 ZPO, § 26 Abs. 1 Nr. 1 VwVfG, stellen aber der Sache nach Behördengutachten dar.[151] Die vom BGH gebilligte[152] Praxis der Kammern bei der Feststellung von Handelsbräuchen ist in einem **Merkblatt des Deutschen Industrie- und Handelskammertages (DIHK)**[153] niedergelegt, zu dem der DIHK ergänzende **„Arbeitshilfen für die Ermittlung von Handelsbräuchen"**[154] herausgegeben hat. Bei der Einholung eines IHK-Gutachtens ist besondere Sorgfalt auf die Fragestellung zu verwenden, also insbesondere darauf zu achten, dass die relevanten Verkehrskreise zutreffend abgegrenzt und mit klaren, tauglichen Fragen angesprochen werden.[155] Eine zum Zwecke der Erstattung des Gutachtens durchgeführte Befragung muss hinreichend repräsentativ angelegt und im Gutachten müssen die gewonnenen Ergebnisse in nachprüfbarer Weise, die auch über die gewählte Befragungsmethode Auskunft gibt, niedergelegt sein.[156] Die IHK muss sich bei ihrer Auskunft zudem streng an die Fragestellung des Gerichts halten.[157] Sie hat sich auf die Wiedergabe von Tatsachen zu beschränken und darf die Grenze zur Rechtsauskunft nicht überschreiten;[158] ein Gutachten, dass sich lediglich in eigenen Rechtsansichten der IHK erschöpft, genügt nicht zur Feststellung eines Handelsbrauchs.[159] Das Gericht ist verpflichtet, das IHK-Gutachten auf seine logische und wissenschaftliche Begründung zu überprüfen.[160] Die Prüfungspflicht kann die Notwendigkeit umfassen, nach § 411 Abs. 3 ZPO den mit der Gutachtenerstellung betrauten Sachbearbeiter der IHK ergänzend mündlich anzuhören.[161] Soweit ein Sachverständigen-Gutachten auf einer Händlerbefragung beruht, genügt es zur positiven Feststellung eines Handelsbrauchs nicht, dass ein Teil der vom Sachverständigen befragten Händler der Auffassung ist, ein entsprechender Brauch bestehe; das Gutachten muss sich vielmehr überdies dazu verhalten, in welchem Umfang die maßgeblichen Verkehrskreise sich auch ohne besondere Vereinbarung tatsächlich an die betreffende Regelung halten (→ Rn. 8).

29 In der **Revisionsinstanz** ist die Feststellung des Bestehens, Inhalts und Anwendungsbereichs eines Handelsbrauchs bei Einordnung als Tatfrage zwar als solche nicht revisibel.[162] Mit der Verfahrensrüge kann aber der Vorwurf der unzureichenden oder auch verfahrensfehlerhaften Feststellung des Handelsbrauchs erhoben werden.[163] Im Rahmen der Sachrüge kann das Revisionsgericht zudem prüfen, ob die Vorinstanz den Begriff des Handelsbrauchs in seiner Bedeutung zutreffend erkannt und dem – korrekt festgestellten – Handelsbrauch die richtige Rechtsfolge entnommen hat. In diesem Rahmen ist insbesondere die revisionsgerichtliche Überprüfung der Auslegung handelsüblicher Erklärungen durch die Vorinstanz möglich, die sich allerdings darauf beschränken muss, ob die

---

147 Heymann/Horn Rn. 27 ff.

148 BGH 12.12.1990, NJW 1991, 1292 (1293).

149 BGH 16.12.2008, NJW-RR 2009, 715 Rn. 14; Ebenroth/Boujong/Fest Rn. 57 ff.; MüKoHGB/Maultzsch Rn. 46.

150 BGH 16.1.1997, GRUR 1997, 669 (670) = NJW 1997, 2817.

151 BGH 1.12.1965, NJW 1966, 502 (503); 12.1.1976, WM 1976, 292 f. = BeckRS 1976, 31122181; OLG Köln 17.3.1998, OLGR 1998, 163 (164); GK-HGB/Achilles/B. Schmidt Rn. 17; BeckOK HGB/Lehmann-Richter, 47. Ed. 1.10.2025, Rn. 8; MüKoHGB/Maultzsch Rn. 46.

152 BGH 1.12.1965, NJW 1966, 502.

153 Abgedruckt bei MüKoHGB/Maultzsch Rn. 47.

154 Abgedruckt bei MüKoHGB/Maultzsch Rn. 47.

155 BGH 24.11.1976, NJW 1977, 385 (387).

156 BGH 2.7.1980, WM 1980, 1122 (1123) = BeckRS 1980, 31076152.

157 BGH 24.11.1976, NJW 1977, 385 (387).

158 BGH 2.10.1963, MDR 1964, 48 (49) = BeckRS 1963, 31191376.

159 BGH 11.5.2001, NJW 2001, 2464 (2465).

160 BGH 1.12.1965, NJW 1966, 502 (503).

161 BGH 12.1.1976, BB 1976, 480 (481) = BeckRS 1976, 31122181.

162 BGH 14.11.1951, MDR 1952, 155; 28.5.1956, WM 1956, 868; 1.12.1965, NJW 1966, 502 (503); 31.1.1973, WM 1973, 363 (364); 11.5.2001, NJW 2001, 2464 (2465); 23.11.2011, WM 2012, 469 Rn. 35 ff. (kein die „Grundsätze" der Versicherungswirtschaft umfassender Handelsbrauch); MüKoHGB/Maultzsch Rn. 45; KKD/Roth/Huber Rn. 5; Ebenroth/Boujong/Fest Rn. 100.

163 BGH 2.5.1984, WM 1984, 1000 (1002); vgl. auch BGH 26.4.2018, BeckRS 2018 9534 m. krit. Anm. Mankowski LMK 2018, 406706 und Thode jurisPR-PrivBauR 11/2018 Anm. 1: Handelsbrauch kraft Gerichtsstandsvereinbarung.

Auslegung alle wesentlichen Tatsachen berücksichtigt und keinen gesetzlichen Auslegungsregeln, Denk- oder Erfahrungssätzen zuwiderläuft.[164]

III. Einzelne Handelsbräuche

Handelsbräuche betreffen in einer Vielzahl von Fällen die **Durchführung eines Vertrages.**[165] 30
Die Frage, ob Spediteure und Frachtführer, die Stückgut auf Paletten zur Versendung übernommen haben, eben diese Paletten oder lediglich solche gleicher Art und Güte zurückgeben müssen, ist unterschiedlich beantwortet worden.[166] Darüber hinaus hat die Rspr. sich verschiedentlich mit (lokalen) Handelsbräuchen zur Regressabwicklung von Mitversicherern[167] befasst. Danach kann etwa der erste in einer Police genannte Versicherer auch ohne Vereinbarung einer Führungsklausel berechtigt sein, im eigenen Namen Regressansprüche mit Wirkung für die anderen Versicherer im Klagewege geltend zu machen.[168] Als führender Versicherer kann kraft Handelsbrauchs in der Güterversicherung der in der Beteiligungsliste an erster Stelle stehende Versicherer selbst dann anzusehen sein, wenn diese Eigenschaft innerhalb der Police ansonsten keine ausdrückliche Erwähnung findet.[169] Dem Handelsbrauch kann es ferner entsprechen, dass die Vollmacht des führenden Versicherers zur Abtretung von auf die Mitversicherer übergegangenen bzw. an diese abgetretenen Schadensersatzforderungen an ein Havariebüro zum Zwecke der gerichtlichen oder außergerichtlichen Geltendmachung ermächtigt.[170] Durch Handelsbräuche können ferner die Untersuchungs- und Rügeobliegenheiten (§ 377 – zB Art und Umfang der Untersuchungsobliegenheit näher ausgestaltet werden;[171] ein Handelsbrauch, der von der Pflicht zur (unverzüglichen) Untersuchung schlechthin entbindet, wäre indes ein unbeachtlicher Missbrauch.[172] Ein Handelsbrauch, dass außerhalb von Bankgeschäften Garantien – auch solche auf erstes Anfordern – zu ihrer Wirksamkeit der Unterzeichnung sowohl durch den Garantiegeber als auch den Begünstigten bedürfen, ist in der Rspr. verneint worden.[173] Im Effektengeschäft besteht kein Handelsbrauch des Inhalts, dass der Erwerb der Papiere im Rahmen eines Kommissionsgeschäfts erfolgt.[174] Für einen Handelsbrauch des Inhalts, dass bei Unternehmerdarlehen von den Darlehensnehmern – auch ohne ausdrückliche Vereinbarung – Bearbeitungsentgelte gezahlt werden, besteht kein Anhalt.[175] Ein pachtvertraglicher Handelsbrauch des Inhalts, dass der Pächter auch die Grundsteuer zu erstatten hat, wenn vereinbart ist, dass er „sämtliche Betriebs- und Nebenkosten" zu zahlen hat, besteht nicht.[176] Aus einem Handelsbrauch kann sich unter Umständen ergeben, welche Anforderungen im Maklerbereich an eine provisionsauslösende „Vermittlung" zu stellen sind,[177] ob der Kommissionär nicht zur Namhaftmachung des Dritten (§ 384 Abs. 3) verpflichtet ist,[178] ob eine Korrespondenzpflicht von Versicherern mit Versicherungsmaklern besteht,[179] ob bei Einkaufsverbünden die Ausschüttung eines Bonus an eine ungekündigte Mitglied-

---

[164] RG 6.1.1922, JW 1922, 706 (707); 5.5.1942, RGZ 169, 122 (124); Ebenroth/Boujong/Fest Rn. 101; GK-HGB/Achilles/B. Schmidt Rn. 16.

[165] Flohr/Wauschkuhn VertriebsR/Dau § 346 Rn. 37; MüKoHGB/Maultzsch Rn. 39. Zu den für den inländischen Handel mit Rundholz, Schnittholz, Holzwerkstoffen und anderen Holzhalbwaren geltenden „Tegernseer Gebräuche[n]" vgl. eingehend BGH 23.4.1986, NJW-RR 1987, 94 = MDR 1986, 918; OLG Jena 5.12.2002, BeckRS 2002, 30297064 = OLG-NL 2003, 241; OLG Koblenz 10.3.1988, NJW-RR 1988, 1306; OLG München 24.9.2015, MDR 2015, 1310 = RdTW 2016, 224.

[166] BGH 15.1.1987, NJW 1987, 1641 (1642); OLG Hamburg 15.7.1982, VersR 1983, 187; OLG Düsseldorf 30.12.1982, VersR 1983, 872; LG Duisburg 5.1.2023, BeckRS 2023, 37836 Rn. 34 = TranspR 2023, 491.

[167] Zur Rückversicherung s. OLG Köln 7.7.2009, VersR 2009, 1400 (1401 f.).

[168] LG München I 29.6.1993, VersR 1994, 1375.

[169] OLG Hamburg 24.4.1975, VersR 1976, 37.

[170] OLG Hamburg 24.4.1975, VersR 1976, 37.

[171] BGH 6.12.2017, BeckRS 2017, 136811 Rn. 22 mwN; OLG München 29.7.2009, OLGR 2009, 862 (863 f.) = VersR 2010, 634; OLG Nürnberg 25.11.2009, BB 2010, 322 = BeckRS 2010, 67; G. Müller WM 2011, 1249 (1258 ff.): kraft Handelsbrauchs nur eingeschränkte Untersuchungs- und Rügepflicht bei der – nach § 651 Abs. 2 BGB idF des SchuldRModG Kaufrecht unterliegenden (vgl. BGH 23.7.2009, BGHZ 182, 140 Rn. 14 ff.) – Anlieferung von Bauteilen bzw. Baustoffen auf der Baustelle; s. dazu auch Hopt/Leyens § 381 Rn. 6.

[172] LG Gera 8.7.2004, MDR 2005, 101 (102).

[173] OLG Köln 22.1.2009, NZG 2009, 1223 (1224).

[174] OLG Köln 14.3.2012, BeckRS 2012, 10392.

[175] BGH 4.7.2017, NJW 2017, 2986 Rn. 57; krit. hierzu Piekenbrock ZBB 2017, 325.

[176] OLG Hamm 2.12.2009, MietRB 2010, 137 = BeckRS 2009, 89474.

[177] BGH 3.3.2011, BeckRS 2011, 6091 Rn. 13, 16; zum Provisionsanspruch des Versicherungsvermittlers sowie des Versicherungsmaklers gegen den Versicherer kraft allgemein bekannten Handelsbrauchs vgl. BGH 1.7.2014, WM 2014, 1621 Rn. 30.

[178] OLG Frankfurt 31.8.2011, MDR 2012, 44 = BeckRS 2011, 26704.

[179] AG Münster 9.12.2011, BeckRS 2012, 7367 (verneinend).

schaft geknüpft ist,[180] und ob im Seeverkehr die Haftung für Verspätungen vertraglich ausgeschlossen ist.[181] Im internationalen Kfz-Handel soll ein Handelsbrauch des Inhalts bestehen, dass die Zulassungsbescheinigung Teil II (früher: Kfz-Brief) bis zum Erhalt der sog. Gelangensbestätigung zurückbehalten wird.[182] Der Abschluss einer Schiedsvereinbarung durch Handelsbrauch kommt nach der – mit Ablauf des 31.12.1997 erfolgten – Aufhebung von § 1027 Abs. 2 ZPO aF nicht mehr in Betracht.[183] Im Buch- und Musiknotenhandel hat sich ein Handelsbrauch dahingehend entwickelt, dass die von den Verlagen festgesetzten Preise branchentypisch im Verzeichnis lieferbarer Bücher (VLB) veröffentlicht werden und damit als festgesetzte Preise iSv § 3 BuchPrG gelten; ein Buch- oder Musiknotenhändler ist an diesen Brauch jedenfalls dann gebunden, wenn der betreffende Verlag selbst das VLB nutzt.[184] Beim Immobilienkauf kann die Obliegenheit des Käufers zur Durchführung einer Due Diligence aus einem Handelsbrauch in Betracht kommen.[185]

31 Weitere Handelsbräuche haben **Lieferungs- oder Zahlungsmodalitäten** zum Gegenstand. Sie betreffen zB die Stornierung von Reise- und Hotelbuchungen durch Reiseveranstalter bzw. -büros,[186] die Berechtigung zur Nutzung fremden Leerguts im Getränkehandel,[187] die Behandlung von Mengenabweichungen,[188] die Verantwortlichkeit von Ladungsbeteiligten für die erforderlichen Papiere,[189] die Frage der Branchenüblichkeit eines – auf beiden Seiten des Geschäfts akzeptierten – Eigentumsvorbehalts,[190] das in der Schmuckbranche bezüglich der Ware vom Kommissionär zu tragende Verlustrisiko,[191] die Frage des Erfüllungsorts im deutschen Weinhandel (einschl. Importhandel),[192] die Vereinbarung des Gerichtsstands durch einseitige Fakturenklausel im Buchhandel[193] sowie Zahlungsmodalitäten und die Preiskalkulation.[194] Aus einem Handelsbrauch kann sich ergeben, dass bereits die Absendung eines Schecks die Skontofrist wahrt.[195] Vereinzelt ist in der Vergangenheit überdies angenommen worden, vereinbarte Preise seien – entgegen der allgemeinen Regel, wonach die Mehrwertsteuer in der Regel mit dem vereinbarten Entgelt abgegolten ist[196] – kraft branchenüblichen Handelsbrauchs auch ohne besonderen Hinweis als Nettopreise zu verstehen, auf die mithin die Mehrwertsteuer noch aufzuschlagen sei.[197] Sog Mistrade-Regelungen stellen auch im außerbörslichen Handel mit Wertpapieren einen Handelsbrauch dar.[198] Ob die COFREUROP-Bedingungen im (internationalen) Obst- und Gemüsehandel kodifizierter Handelsbrauch sind, hat die Rspr. offen gelassen.[199] Ein Handelsbrauch, wonach alle führenden Anbieter der deutschen Lack- und Druckfarbenindustrie Autolackierereien die als Erstausstattung gelieferten Lacke unentgeltlich überlassen,

---

180 OLG Düsseldorf 31.1.2012, BeckRS 2012, 5971 (verneinend mangels ausreichender Darlegung).

181 OLG Hamburg 13.1.2011, BeckRS 2011, 7060 (verneinend mangels ausreichender Darlegung).

182 OLG Stuttgart 21.7.2021, MDR 2021, 1263 (1264 a.E.); offengelassen in BGH 23.9.2022, NJW 2023, 781 Rn. 33.

183 BGH 6.4.2017, NJW-RR 2017, 1531 Rn. 20; zur Rechtslage vor dem 1.1.1998 vgl. BGH 3.12.1992, NJW 1993, 1798.

184 OLG Frankfurt 24.11.2023, GRUR 2024, 235 Rn. 24.

185 BGH 15.9.2023, BGHZ 238, 179 = NJW 2023, 3423 Rn. 36.

186 BGH 24.11.1976, NJW 1977, 385 = JZ 1977, 179; OLG Frankfurt 23.4.1986, NJW-RR 1986, 911; OLG München 9.3.1990, NJW-RR 1990, 698; LG Hamburg 21.11.2003, NJW-RR 2004, 699 (700); AG Dortmund 21.6.2000, NJW-RR 2001, 1499 (1499 f.).

187 BGH 10.4.1956, LM BGB § 1004 Nr. 27; Hopt/Leyens Rn. 15.

188 MüKoHGB/K. Schmidt, 4. Aufl. 2018, Rn. 30.

189 MüKoHGB/K. Schmidt, 4. Aufl. 2018, Rn. 30.

190 RG 21.10.1932, RGZ 138, 84 (87 f.); BGH 28.6.1954, BGHZ 14, 114 (117 f.) für Getreideverkäufe von Landwirten an Agrarhändler; 15.6.1964, BGHZ 42, 53 = NJW 1964, 1788; OLG Hamm 8.7.1993, NJW-RR 1993, 1444 = ZIP 1994, 889 für gewerbliche Wiederverkäufer für Lebensmittel; LG Marburg 17.6.1993, NJW-RR 1993, 1505 für Textilbranche; BGH 22.9.2003, NJW-RR 2004, 555 (556) für Handel mit Windkraftanlagen.

191 OLG Karlsruhe 24.11.1981, BB 1982, 704; Hopt/Leyens Rn. 15.

192 LG Landau 15.1.1951, NJW 1952, 789: mangels abw. Vereinbarung ist der Wohnsitz des Verkäufers Erfüllungsort für Lieferung und Zahlung; Hopt/Leyens Rn. 15.

193 OLG Freiburg 24.7.1952, NJW 1952, 1416; Hopt/Leyens Rn. 15.

194 MüKoHGB/K. Schmidt, 4. Aufl. Rn. 30.

195 BGH 11.2.1998, NJW 1998, 1302 = ZIP 1998, 568.

196 BGH 26.6.1991, BGHZ 115, 47 = NJW 1991, 2484; OLG München 2.12.1992, NJW-RR 1993, 415.

197 BGH 25.11.1993, NJW 1994, 659; OLG Köln 18.1.1971, NJW 1971, 894 (896); OLG München NJW-RR 1993, 415: kein Handelsbrauch, wonach bei Provisionsabrede zwischen Reiseunternehmen die Mehrwertsteuer auch ohne Abrede zur vereinbarten Provision hinzuzurechnen ist. Vgl. zur Problematik auch BGH 11.5.2001, NJW 2001, 2464 (2465); OLG Hamm 28.1.2014, BeckRS 2014, 02305 – insoweit in MDR 2014, 679 nicht abgedruckt; BeckOK HGB/Lehmann-Richter, 47. Ed. 1.10.2025, Rn. 29.

198 OLG Frankfurt 4.3.2009, WM 2009, 1032 (1033 f.) mAnm Fleckner WuB I G 2 Effektengeschäft 2.09 sowie Wiedenfels jurisPR-HaGesR 9/2009 Anm. 6.

199 OLG München 23.11.2009, SchiedsVZ 2010, 50 (51 f.).

besteht nicht.[200] Zu den in Ermangelung vertraglicher Vereinbarungen für die Bestimmung des Leistungsorts iSv § 269 Abs. 1 BGB maßgeblichen „Umständen" gehören insbesondere etwaige diesbezügliche Handelsbräuche.[201]

Rücktrittsrechte bestehen nur ausnahmsweise kraft Handelsbrauchs.[202] Beim Vertrag über die Beschaffung von Software gibt es kein allgemeines Rücktrittsrecht des Bestellers.[203] Ein Handelsbrauch des Inhalts, dass Reiseagenturen gebuchte Hotelzimmer sanktionslos abbestellen können, ist in der Rspr. teils verneint,[204] teils bejaht[205] worden. Im Bereich des Handels mit Bild- und Tonträgern sowie Software-Datenträgern besteht kein Handelsbrauch, dass der Hersteller dem Großhändler ein unbefristetes und mengenmäßig unbeschränktes Retourenrecht einräumt.[206] Im Arzneimittelhandel besteht kein Handelsbrauch des Inhalts, wonach der Hersteller/Lieferant zur Rücknahme gelieferter Medikamente gegen Gutschrift des Kaufpreises verpflichtet ist, wenn die Medikamente infolge Widerrufs der arzneimittelrechtlichen Zulassung mangelhaft sind.[207] 32

Ermittelte Handelsbräuche werden regelmäßig in den Mitteilungen (Jahresberichten) der Industrie- und Handelskammern **veröffentlicht.** Der Vorstand der Schifferbörse und die Niederrheinische Industrie- und Handelskammer Duisburg-Kleve-Wesel veröffentlichen seit 1908 Gutachten mit grundsätzlicher und praktischer Bedeutung in der Sammlung „Handelsbräuche in der Binnenschiffahrt"; daneben besteht die Sammlung „Handelsbräuche in der Rheinschifffahrt".[208] Teilweise können **vollständige Regelwerke** Handelsbräuche darstellen. Dies gilt etwa im nationalen Holzhandel für die **Tegernseer Gebräuche** idF aus dem Jahre 1985[209] sowie für die Tegernseer Gebräuche für die Vermittlung von Holzgeschäften.[210] Als Handelsbräuche gelten ferner in der Versicherungsbranche die Allgemeinen Deutschen Seeversicherungsbedingungen (ADS)[211] sowie im Akkreditivgeschäft – weitgehend – die Richtlinien für Dokumentenakkreditive.[212] Die in den Grenzen von § 466 noch anwendbaren ADSp stellen in ihrer Gesamtheit keinen Handelsbrauch, sondern AGB dar.[213] Sowohl die Trade Terms als auch die Incoterms (→ Rn. 72 f.) sind ebenfalls zumindest in ihrer Gesamtheit keine Handelsbräuche. Der Rechtsnatur nach jedenfalls im Ganzen kein Handelsbrauch ist ferner die Vergabe- und Vertragsordnung für Bauleistungen **(VOB),** Teile A, B und C;[214] als Handelsbrauch kommen – unter den weiteren Voraussetzungen des § 346 – lediglich Einzelvorschriften der VOB in Betracht, die längerer tatsächlicher und dauernder Gewohnheit am jeweiligen Ort entsprechen; 33

IV. Schweigen im kaufmännischen Geschäftsverkehr

1. Grundsätze des Zivilrechts. Nach allgemeinen zivilrechtlichen Grundsätzen hat das Schweigen als solches **keine Erklärungsbedeutung;**[215] es ist vielmehr gerade das Gegenteil einer (Wil- 34

[200] LG Dessau-Roßlau 9.3.2012, BeckRS 2012, 6473.

[201] BGH 13.4.2011, BGHZ 189, 196 Rn. 30 = NJW 2011, 2278; vgl. auch OLG Hamm 11.2.2011, BeckRS 2012, 8674: verneinend bzgl. eines angeblichen Handelsbrauchs, wonach allg. bekannt sein soll, dass Heizöllieferungen von einem Fremdlager aus erfolgen und die Transportgefahr bereits mit Übergabe an den Spediteur auf den Käufer übergeht.

[202] MüKoHGB/K. Schmidt, 4. Aufl. 2018, Rn. 31; vgl. auch BeckOK HGB/Lehmann-Richter, 47. Ed. 1.10.2025, Rn. 28.

[203] OLG Köln 28.2.1997, NJW-RR 1998, 926.

[204] OLG München 9.3.1990, NJW-RR 1990, 698 für Bayern im Jahre 1987.

[205] OLG Frankfurt 10.6.1986, NJW-RR 1986, 1229 für das Bundesgebiet; LG Hamburg 21.11.2003, NJW-RR 2004, 699 für den „norddeutschen Raum".

[206] OLG München 9.3.2006, OLGR 2006, 436 (437); MüKoHGB/K. Schmidt, 4. Aufl. 2018, Rn. 31, dort auch zu spezifischen Handelsbräuchen im Recht der Lebensversicherung.

[207] OLG Schleswig 9.12.2003, NJW-RR 2004, 1027 (1027 f.).

[208] Vgl. dazu BGH 16.12.2008, NJW-RR 2009, 715 Rn. 15.

[209] BGH 23.4.1986, NJW-RR 1987, 94 = BB 1986, 1395; OLG Koblenz 10.3.1988, NJW-RR 1988, 1306 (beim Holzkauf auch Verkehrssitte unter Nichtkaufleuten); OLG Jena 15.12.2002, NJ 2003, 436 (neue Bundesländer); LG Köln 1.12.1987, BB 1988, 1139; Hopt/Leyens Rn. 15.

[210] BGH 23.4.1986, NJW-RR 1987, 94 = BB 1986, 1395 (Wirksamkeit der darin enthaltenen Haftungsfreizeichnung).

[211] MüKoHGB/K. Schmidt, 4. Aufl. 2018, Rn. 29; Pfeiffer/Pfeiffer BGB § 305 Rn. 147; Grüneberg/Grüneberg BGB § 305 Rn. 57.

[212] MüKoHGB/K. Schmidt, 4. Aufl. 2018, Rn. 29 (str.); offengelassen in BGH 26.9.1989, BGHZ 108, 348 (351) = BeckRS 9998, 165282.

[213] MüKoHGB/K. Schmidt, 4. Aufl. 2018, Rn. 29; Güneberg/Grüneberg BGB § 305 Rn. 57; Ebenroth/Boujong/Boesche Vorbemerkung Ziff. 1 ADSp Rn. 8, 25 ff.; vgl. auch OLG Dresden 24.11.1998, OLG-NL 2000, 43 (45); anders offenbar OLG Hamm 27.5.1993, VersR 1994, 1374.

[214] Vgl. zur VOB/B Ingenstau/Korbion/Leupertz/v. Wietersheim VOB Teile A und B, 23. Aufl. 2026, Einl. Rn. 82; Pfeiffer/Pamp Bauvertrag Rn. 4.

[215] Ebenroth/Boujong/Fest Rn. 192; MüKoHGB/Maultzsch Rn. 131.

lens-)Erklärung und kann deshalb regelmäßig weder als Zustimmung noch als Ablehnung, insbesondere **nicht als Vertragsannahmeerklärung** verstanden werden (vgl. aber § 516 Abs. 2 BGB, § 362).[216] Anderes gilt nur dort, wo dem Schweigen von Gesetzes wegen (§ 108 Abs. 2 S. 2 BGB, § 177 Abs. 2 S. 2 BGB, § 415 Abs. 2 S. 2 BGB, § 451 Abs. 1 S. 2 BGB) ein Erklärungswert beigemessen wird oder wo es aufgrund besonderer Umstände, zB einer dahingehenden Parteivereinbarung oder unter Berücksichtigung der Gebote von Treu und Glauben (§ 242 BGB),[217] als Erklärungsverhalten aufzufassen ist.

35 **2. Kaufmännischer Geschäftsverkehr. a) Gesetzliche Regelungen.** Der Grundsatz, dass dem Schweigen nicht die Bedeutung einer Willenserklärung zukommt, gilt auch im Handelsverkehr;[218] insbesondere besteht kein Handelsbrauch, wonach Schweigen als Zustimmung zu werten wäre.[219] Teilweise wird dem Schweigen jedoch bereits durch das Gesetz eine besondere Bedeutung – in der Regel diejenige der Annahme einer Erklärung bzw. eine Genehmigungswirkung – zugewiesen (sog. normiertes Schweigen; vgl. § 75h, § 91a, § 362, § 386 Abs. 1; zum BGB s. des Weiteren § 108 Abs. 2 S. 2 Hs. 2 BGB, § 177 Abs. 2 S. 2 Hs. 2 BGB, § 415 Abs. 2 S. 2 Hs. 2 BGB, § 416 Abs. 1 S. 2, Hs. 1 BGB, § 455 S. 2 BGB, § 516 Abs. 2 S. 2 BGB, § 1943 BGB).[220]

36 **b) Allgemeine Regeln.** Über diese gesetzlich geregelten Fälle hinaus ist das Schweigen im Handelsverkehr häufiger als im allgemeinen Zivilrecht mit einem Bedeutungsgehalt verbunden. Es handelt sich hierbei allerdings nur um einzelne **Fallgruppen,** denen **kein allgemeiner Grundsatz** entnommen werden kann, dass bei kaufmännischen Geschäftsbeziehungen dem Schweigen ein – zustimmender oder ablehnender – Erklärungswert beizumessen ist. Neben der Möglichkeit, die Bedeutung des Schweigens durch **vertragliche Vereinbarung** näher zu regeln,[221] sind hier vor allem die Fallgruppen der **Auftragsbestätigung,** bei der das Schweigen grundsätzlich keine Zustimmung bedeutet,[222] das unter Kaufleuten in der Regel als Einverständnis zu wertende[223] Schweigen auf die **Schlussnote eines Handelsmaklers** (§ 94),[224] das demgegenüber nicht als Zustimmung einzuordnende Schweigen auf die Zusendung von **Kommissionspapieren**[225] sowie das Schweigen auf zugesandte **Rechnungen** oder einen **Rechnungsabschluss,** mit dem – bei Fehlen anderweitiger Vereinbarungen – regelmäßig ebenfalls keine Anerkennungswirkung verbunden ist,[226] zu erwähnen.

37 Im kaufmännischen Verkehr, in dem gem. § 310 Abs. 1 S. 1 BGB die Einbeziehungsregeln nach § 305 Abs. 2, 3 BGB nicht gelten, können zudem **AGB** stillschweigend in einen Vertrag einbezogen werden (→ Rn. 62). Das ist insbesondere bei Branchenüblichkeit der Verwendung von AGB anzunehmen,[227] weil der Kaufmann dort die Verkehrsüblichkeit des Vertragsschlusses unter Geltung der AGB kennen muss. Eines ausdrücklichen Hinweises auf die AGB bedarf es in diesen Fällen nicht; die Erklärungen der Parteien sind hier vielmehr nach § 157 BGB iVm § 346 ohne weiteres in dem Sinne zu verstehen, dass der Vertrag unter Zugrundelegung der AGB geschlossen werden soll.

V. Das kaufmännische Bestätigungsschreiben

38 **1. Grundlagen.** Die Grundsätze über das kaufmännische Bestätigungsschreiben,[228] die sich infolge ihrer Jahrzehnte währenden Anerkennung aus einem Handelsbrauch[229] (vgl. auch Art. 9

[216] Hopt/Leyens Rn. 36; zu Ausnahmen vgl. insbes. auch Ebenroth/Boujong/Fest Rn. 193 ff., 199.

[217] Ebenroth/Boujong/Fest Rn. 200 f.

[218] Ebenroth/Boujong/Fest Rn. 192; MüKoHGB/Maultzsch Rn. 131; Rothermel/Dahmen RIW 2018, 179 (180).

[219] Rothermel/Dahmen RIW 2018, 179 (180); zum sog. beredten Schweigen vgl. näher MüKoHGB/Maultzsch Rn. 134.

[220] Ebenroth/Boujong/Fest Rn. 194 ff.; MüKoHGB/Maultzsch Rn. 137 ff.

[221] BGH 4.4.1951, BGHZ 1, 353 (355) = NJW 1951, 711; Ebenroth/Boujong/Fest Rn. 199.

[222] BGH 29.9.1955, BGHZ 18, 212 (215) = NJW 1955, 1794; 26.9.1973, BGHZ 61, 282 (285) = NJW 1973, 2106; 9.2.1977, WM 1977, 451 (452) = BeckRS 1977, 31122458; Ebenroth/Boujong/Fest Rn. 265, 279; MüKoHGB/Maultzsch Rn. 107; Hopt/Leyens Rn. 34.

[223] RG 14.12.1928, RGZ 123, 99; BGH 20.9.1955, NJW 1955, 1916.

[224] Hopt/Leyens Rn. 32.

[225] Ebenroth/Boujong/Fest Rn. 226 f.

[226] Ebenroth/Boujong/Fest Rn. 229 f.; Hopt/Leyens Rn. 35.

[227] BGH 18.6.1971, NJW 1971, 2126 (2127); 21.12.1972, WM 1973, 635 (636) für Banken; 10.10.1985, BGHZ 96, 138 = NJW 1986, 1434 für Spediteure; OLG Karlsruhe 16.11.1970, VersR 1971, 159 für Flughafenunternehmen.

[228] Oetker HandelsR § 7 Rn. 31–46; Deckert JuS 1998, 121 ff.; Diederichsen JuS 1966, 129 ff.; v. Dücker BB 1996, 3 ff.; Moritz BB 1995, 420; K. Schmidt FS Honsell, 2002, 99 ff.; Schärtl JA 2007, 567; Lettl JuS 2008, 849 f.; Kollrus BB 2014, 779 (781 ff.); zur Anwendung auf Auslandsverträge vgl. Thamm/Detzer DB 1997, 213 ff.

[229] GK-HGB/Achilles/B. Schmidt Rn. 50 unter Hinweis auf BGH 6.5.1975, NJW 1975, 1358; 25.2.1987, NJW 1987, 1940 (1941); HK-HGB/Ruß Rn. 8.

CISG, Art. 23 Abs. 1 Brüssel Ia-VO)[230] inzwischen zum **Handelsgewohnheitsrecht**[231] entwickelt haben, dh als Rechtssätze gelten und nicht bloß eine Auslegungsregel darstellen, gehen insoweit über den Anwendungsbereich von § 346 hinaus. Sie besagen, dass der Empfänger eines kaufmännischen Bestätigungsschreibens diesem unverzüglich widersprechen muss, wenn er den Inhalt des Schreibens nicht gegen sich gelten lassen will. Andernfalls kommt der Vertrag mit dem aus dem Schreiben ersichtlichen Inhalt für beide Parteien verbindlich zustande, es sei denn, den Absender trifft der Vorwurf unredlichen Verhaltens oder der Inhalt des Schreibens weicht von den tatsächlich getroffenen Abreden so weit ab, dass der Absender nicht auf eine Billigung durch den Empfänger vertrauen durfte.[232] Der mit dem kaufmännischen Bestätigungsschreiben verbundene Zweck, den Inhalt von Vertragsverhandlungen, die nach Auffassung des Absenders zu einem Abschluss gelangt sind, verbindlich festzulegen und hierdurch Unklarheiten über den Vertragsinhalt zu vermeiden, dient dem objektiven **Verkehrsschutz.**[233] Die Grundsätze über das kaufmännische Bestätigungsschreiben können auf ein – vom Adressaten bzw. dessen bevollmächtigtem Vertreter unterzeichnetes – **Protokoll über eine nach Vertragsschluss durchgeführte Verhandlung** über den geschlossenen Vertrag entsprechend anwendbar sein.[234]

Das Bestätigungsschreiben ist **Beweisurkunde** iSv § 416 ZPO für das Vorliegen einer bestimmten 39
Vertragsabrede und kann daher Beweisgrundlage im Urkundenprozess sein;[235] Parallelen bestehen zur Schlussnote des Handelsmaklers (§ 94), zur Beweiswirkung der dem Handelsvertreter auszustellenden Vertragsurkunde (§ 85) und zum Frachtbrief (§ 409).[236] Die begriffliche Unterscheidung zwischen dem deklaratorischen Bestätigungsschreiben, das den bereits geschlossenen Vertrag bestätigt, und dem konstitutiven Bestätigungsschreiben, das den Vertragsschluss für den Fall herbeiführt, dass nach der Vorstellung der Beteiligten die Vereinbarungen erst durch die schriftliche Niederlegung gelten sollen,[237] ist für die rechtliche Einordnung nicht ausschlaggebend.[238] Im Ergebnis dasselbe gilt für die Differenzierung zwischen dem Bestätigungsschreiben im weiteren Sinne, unter dem jede für den Vertragsinhalt maßgebliche Bestätigung vorausgegangener Vertragsverhandlungen verstanden wird, und dem Bestätigungsschreiben im engeren Sinne, das den Inhalt eines schon abgeschlossenen Vertrages verbindlich fixieren soll.[239]

Vom kaufmännischen Bestätigungsschreiben ist die **Auftragsbestätigung** zu unterscheiden. Sie 40
stellt die Bestätigung (Annahme) eines Vertragsangebotes dar und bringt in der Regel den Vertrag zustande. Der Unterschied zum kaufmännischen Bestätigungsschreiben besteht darin, dass noch kein Vertrag abgeschlossen wurde und die Beteiligten – insbesondere der Verfasser der Auftragsbestätigung – auch nicht davon ausgehen, dass ein solcher schon vorliegt;[240] die Auftragsbestätigung schließt vielmehr erst Vorverhandlungen ab, die noch nicht zum Vertragsschluss geführt haben. Sofern die Auftragsbestätigung vom zugrunde liegenden Angebot des anderen Teils inhaltlich abweicht, ist sie als neuer Antrag iSv § 150 Abs. 2 BGB zu verstehen **(modifizierte Auftragsbestätigung).** Grundsätzlich genügt das Schweigen hierauf nicht, um einen Vertrag mit dem Inhalt der Bestätigung zustande zu bringen. Die Auftragsbestätigung kann aber im Einzelfall, je nach Inhalt und Stand der Vorverhandlungen, ausnahmsweise die Wirkung eines kaufmännischen Bestätigungsschreibens haben.[241]

---

230 MüKoHGB/K. Schmidt, 4. Aufl. 2018, Rn. 43, 47.

231 BGH 27.1.2011, BGHZ 188, 128 Rn. 22 = NJW 2011, 1965 mAnm Grothe; Ebenroth/Boujong/Fest Rn. 246; MüKoHGB/Maultzsch Rn. 142; BeckOGK/Beurskens, 1.11.2025, Rn. 372; Heymann/Horn Rn. 49; Staub/Koller, 4. Aufl. 2004, Rn. 29b; KKD/Roth/Huber Rn. 23; RGHMW/Steimle/Dornieden Rn. 34; Lettl JuS 2008, 849 f.; zu Kritik an den Grundsätzen über das kaufmännische Bestätigungsschreiben MüKoHGB/Maultzsch Rn. 144.

232 OLG Bamberg 20.7.2023, BauR 2025, 626 (628); MüKoHGB/Maultzsch Rn. 142; Grüneberg/Grüneberg BGB § 147 Rn. 8.

233 MüKoHGB/Mautzsch Rn. 143, 170; Ebenroth/Boujong/Fest Rn. 243; Oetker HandelsR § 7 Rn. 31; für Vertrauensschutz GK-HGB/Achilles/B. Schmidt Rn. 50; Canaris HandelsR § 23 Rn. 9; v. Dücker BB 1996, 3 (4); Diederichsen JuS 1966, 129 (135); s. auch BGH 27.1.2011, BGHZ 188, 28 Rn. 22 = NJW 2011, 1965: „Vertrauensschutz bzw. Verkehrsschutz"; BeckOGK/Beurskens, 15.5.2025, Rn. 371: Vertrauens- und Verkehrsschutz.

234 BGH 27.1.2011, BGHZ 188, 128 Rn. 24 f. = NJW 2011, 1965.

235 Zu den damit verbundenen Vor- und Nachteilen näher Kollrus BB 2014, 779 (782).

236 Oetker HandelsR § 7 Rn. 31.

237 Schlegelberger/Hefermehl Rn. 107; Oetker HandelsR § 7 Rn. 43 f.; Diederichsen JuS 1966, 129 (130).

238 Zur Differenzierung vgl. näher Ebenroth/Boujong/Fest Rn. 255 ff.

239 MüKoHGB/K. Schmidt, 4. Aufl. Rn. 148 f.

240 BGH 29.9.1955, BGHZ 18, 212 (215) = NJW 1955, 1794 (1795); BeckOGK/Beurskens, 1.11.2025, Rn. 375 ff.; MüKoHGB/Maultzsch Rn. 167; Hopt/Leyens Rn. 16; RGHMW/Steimle/Dornieden Rn. 41; Oetker HandelsR § 7 Rn. 32.

241 BGH 9.7.1970, BGHZ 54, 236 (240) = NJW 1970, 2021 (2022 f.); 7.10.1971, NJW 1972, 45; 9.2.1977, DB 1977, 1311 (1312); 22.3.1995, NJW 1995, 1671 (1672); MüKoHGB/Maultzsch Rn. 168.

41 **2. Tatbestand. a) Vertragsverhandlungen.** Das kaufmännische Bestätigungsschreiben setzt voraus, dass ihm Vertragsverhandlungen – also jedenfalls ein geschäftliches Gespräch über den schriftlich bestätigten Vorgang[242] – vorausgegangen sind[243] und der Absender den Inhalt des hierbei tatsächlich oder vermeintlich abgeschlossenen Vertrages in dem Schreiben wiedergeben möchte.[244] Die Vertragsverhandlungen müssen in dem Schreiben nicht ausdrücklich erwähnt werden;[245] es genügt, dass die Bezugnahme hierauf aus den Umständen hervorgeht.[246] Die Verhandlungen können mündlich, telefonisch, telegraphisch,[247] per Telefax,[248] E-Mail[249] oder über das Internet[250] geführt worden sein. Es genügt auch, wenn ein mündliches Vertragsangebot schriftlich angenommen wurde und der Annehmende anschließend den Vertragsschluss schriftlich bestätigt.[251] Hingegen ist regelmäßig kein Raum für die Annahme eines kaufmännischen Bestätigungsschreibens, wenn der Vertrag schriftlich abgeschlossen wurde.[252] Anderes kann ausnahmsweise dann gelten, wenn der schriftliche Vertragsschluss auf einem Schriftwechsel beruht, der aufgrund seines Umfangs oder der verwendeten Begrifflichkeiten Raum für Unklarheiten und Zweifel lässt,[253] im Falle von Unklarheiten hinsichtlich der Vertretungsmacht[254] oder wenn der schriftliche Vertrag die Einzelheiten nicht vollständig wiedergibt, etwa weil er durch mündliche Vereinbarungen ergänzt wurde.[255]

42 Die Vertragsverhandlungen müssen **objektiv** nicht wirklich zu einem Vertragsschluss geführt haben.[256] Jedenfalls **aus Sicht des Bestätigenden** muss aber ein Abschluss erzielt worden sein.[257] Das Schreiben muss erkennen lassen, dass der Absender von einem schon erfolgten Vertragsschluss mit dem im Schreiben wiedergegebenen Inhalt ausgeht.[258] Der behauptete Vertragsschluss muss zumindest seinem wesentlichen Inhalt nach im Schreiben eindeutig und präzise wiedergegeben sein.[259] Eine ausdrückliche Bezugnahme auf die Verhandlungen ist nicht notwendig, wenn der Bezug nach den Umständen, insbesondere dem Inhalt und dem zeitlichen Zusammenhang des Schreibens erkennbar ist.[260] Hierbei kann auch auf ein eigenes Schreiben des Empfängers des Bestätigungsschreibens Bezug genommen werden.[261] Die bloße Schilderung des Ablaufs der Vertragsverhandlungen genügt hingegen nicht.[262] Kein Bestätigungsschreiben liegt ferner vor, wenn lediglich die Aufnahme einer zusätzlichen Abrede in den Vertrag vorgeschlagen wird.[263] Unschädlich ist, wenn das Schreiben mehr enthält als die Bestätigung eines schon geschlossenen Vertrages.[264]

43 Bittet der Absender in seinem Schreiben um eine **Gegenbestätigung** des Empfängers, handelt es sich jedenfalls dann nicht um ein kaufmännisches Bestätigungsschreiben, wenn die Bestätigungsbitte zum Ausdruck bringt, dass der Inhalt des Schreibens nur im Falle der Gegenbestätigung verbindlich sein soll.[265] Hingegen ist ein Bestätigungsschreiben anzunehmen, wenn die Bitte um Gegenbestätigung lediglich dazu dient, einen urkundlichen Nachweis für den Zugang des Bestätigungsschreibens

---

242 BGH 27.9.1989, NJW 1990, 386; OLG Koblenz 13.7.2006, ZMR 2007, 37 (38f.) = BeckRS 2006, 12278.
243 BGH 20.3.1974, NJW 1974, 991 (992); AG München 10.7.2014, BeckRS 2014, 16857.
244 BGH 29.9.1955, BGHZ 18, 212 (215) = NJW 1955, 1794; 9.7.1970, BGHZ 54, 236 (239) = NJW 1970, 2021; 8.2.2001, NJW-RR 2001, 680; GK-HGB/Achilles/B. Schmidt Rn. 53; vgl. auch Ebenroth/Boujong/Fest Rn. 253.
245 BGH 9.7.1970, BGHZ 54, 236 (239) = NJW 1970, 2021 (2022).
246 BGH 13.1.1975, WM 1975, 324.
247 OLG Düsseldorf 15.11.1990, NJW-RR 1991, 374; OLG Köln 12.6.1995, NJW-RR 1996, 411 (412).
248 OLG Hamm 22.3.1994, NJW 1994, 3172 = DB 1994, 1081.
249 KKD/Roth/Huber Rn. 26.
250 GK-HGB/Achilles/B. Schmidt Rn. 54.
251 BGH 9.7.1970, BGHZ 54, 236 (240) = NJW 1970, 2021 (2022).
252 OLG Köln 12.6.1995, NJW-RR 1996, 411 (412).
253 KKD/Roth/Huber Rn. 26; Heymann/Horn Rn. 50; GK-HGB/Achilles/B. Schmidt Rn. 54.
254 GK-HGB/Achilles/B. Schmidt Rn. 54.
255 OLG Düsseldorf 11.10.1996, NJW-RR 1997, 211; Deckert JuS 1988, 121 (122).
256 BGH 15.6.1964, NJW 1964, 1951 (1952); 27.1.1965, NJW 1965, 965.
257 BGH 26.9.1973, BGHZ 61, 282 (285) = NJW 1973, 2106 (2106f.); 6.5.1975, NJW 1975, 1358.
258 Ebenroth/Boujong/Fest Rn. 265.
259 BGH 1.3.1972, NJW 1972, 820; OLG Hamm 3.2.1991, CR 1992, 268 (270); OLG Köln 31.5.1991, CR 1991, 541.
260 BGH 9.7.1970, BGHZ 54, 236 (239) = NJW 1970, 2021 (2022); 20.3.1974, NJW 1974, 991 (992).
261 BGH 9.7.1970, BGHZ 54, 236 (241) = NJW 1970, 2021 (2022).
262 OLG Köln 29.4.1968, OLGZ 1968, 394 (396).
263 BGH 1.3.1972, NJW 1972, 820.
264 MüKoHGB/K. Schmidt, 4. Aufl. 2018, Rn. 147.
265 Ebenroth/Boujong/Fest Rn. 278; vgl. auch GK-HGB/Achilles/B. Schmidt Rn. 61 unter Hinweis auf BGH 18.3.1964, NJW 1964, 1269 (1270).

zu erhalten.[266] Welche Bedeutung dem Schweigen beizumessen ist, bedarf jeweils der Auslegung im Einzelfall.[267]

44 **b) Bestätigungsschreiben.** Ein Bestätigungsschreiben liegt nur vor, wenn ihm der Zweck zu entnehmen ist, das Ergebnis vorangegangener Vertragsverhandlungen verbindlich niederzulegen und dieser Zweck auch erfüllt wird.[268] Die mit dem Schriftstück transportierte Erklärung muss ihrer Funktion nach auf den Vertragsschluss gerichtet sein; die Übersendung erst aus ganz anderem Anlass, zB im Zusammenhang mit einer späteren Korrespondenz über Mängelrügen nach Auslieferung der Ware, genügt daher nicht (→ Rn. 46).[269] Der Eindruck, dass das Schreiben – zumindest auch – zur Wiedergabe des (wesentlichen) Verhandlungsergebnisses bestimmt ist, muss sich schon aus dem **äußeren Erscheinungsbild** ergeben.[270] Das kann dann zweifelhaft sein, wenn die Angaben zum Vertragsinhalt in ungewöhnlicher äußerer Form, zB am Rand oder auf der Rückseite des Schreibens oder im Rahmen eines längeren Briefs, niedergelegt sind.[271] Auf die **Bezeichnung** des Schreibens kommt es hingegen für das Verständnis weniger an; es muss insbesondere nicht als „Bestätigungsschreiben" bezeichnet sein. Selbst die Falschbezeichnung als „Auftragsbestätigung" steht der Annahme, es handele sich tatsächlich um ein Bestätigungsschreiben, nicht ohne weiteres entgegen.[272] Unklarheiten des Bestätigungsschreibens gehen zu Lasten des Absenders.[273] Eine verkörperte Mitteilung ist für das Bestätigungsschreiben nicht zu verlangen; mit Rücksicht auf § 126 Abs. 3 BGB genügt etwa auch die elektronische Übermittlung (E-Mail).[274]

45 Das Bestätigungsschreiben muss dem Vertragspartner iSv § 130 BGB **zugehen,**[275] dh dergestalt in seinen Machtbereich gelangen, dass bei Annahme gewöhnlicher Verhältnisse mit der Kenntnisnahme zu rechnen ist;[276] ob tatsächlich Kenntnis genommen wurde, ist dagegen für den Zugang unerheblich.[277] Soweit das Schreiben unmittelbar an einen Vertreter des Vertragspartners gerichtet ist, muss dieser zur Empfangnahme für den Vertretenen befugt sein.[278] Die **Darlegungs- und Beweislast** für den Zugang des Bestätigungsschreibens trifft den Absender.[279]

46 Zwischen den Vertragsverhandlungen bzw. dem tatsächlichen oder vermeintlichen Vertragsschluss sowie dem Zugang des Bestätigungsschreibens muss ein **unmittelbarer zeitlicher Zusammenhang** bestehen, damit der Empfänger auf das Eintreffen vorbereitet ist und mit ihm rechnen kann.[280] Regelmäßig wird nur eine Frist von wenigen Tagen nach den Vertragsverhandlungen genügen.[281] Eine generelle zeitliche Grenze lässt sich nicht ziehen; entscheidend sind die jeweiligen Umstände des Einzelfalls.[282] Dem Empfänger kann etwa, wenn für ihn ein Vertreter an den Vertragsverhandlungen teilgenommen hat, eine längere Überlegungsfrist zuzubilligen sein.[283] Für eine Unterscheidung zwischen Kaufleuten und solchen Personen, die wegen der Teilnahme am kaufmännischen Geschäftsverkehr die Grundsätze über das kaufmännische Bestätigungsschreiben lediglich gegen sich gelten lassen müssen, ist in diesem Zusammenhang kein Raum.[284] Ein zeitlicher Abstand von fünf Tagen ist für noch unbedenklich erachtet worden,[285] ein solcher von nahezu drei Wochen zu den Vertragsverhandlungen ist in jedem Falle zu lang.[286]

---

[266] BGH 24.10.2006, WM 2007, 303 (305) = NJW-RR 2007, 325.
[267] BGH 24.10.2006, WM 2007, 303 (304) = NJW-RR 2007, 325.
[268] BGH 9.7.1970, BGHZ 54, 236 (239) = NJW 1970, 2021; 13.1.1975, WM 1975, 324 (325).
[269] OLG München 23.11.2009, SchiedsVZ 2010, 50 (51).
[270] BGH 27.1.1965, NJW 1965, 965; OLG Düsseldorf 15.11.1990, NJW-RR 1991, 374.
[271] GK-HGB/Achilles/B. Schmidt Rn. 55; Schlegelberger/Hefermehl Rn. 115.
[272] BGH 9.7.1970, BGHZ 54, 236 (239) = NJW 1970, 2021 (2022); 20.3.1974, NJW 1974, 991.
[273] BGH 24.10.2006, WM 2007, 303 (305) = NJW-RR 2007, 325.
[274] MüKoHGB/Maultzsch Rn. 172.
[275] BGH 18.1.1978, BGHZ 70, 232 (234) = NJW 1978, 886; 27.1.1965, NJW 1965, 965 (966).
[276] BGH 3.11.1976, BGHZ 67, 271 (275) = NJW 1977, 194; 26.11.1997, NJW 1998, 976 (977).
[277] RG 20.1.1922, RGZ 103, 401 (405); BGH 3.3.1956, BGHZ 20, 149 (152) = NJW 1956, 869; 15.6.1964, NJW 1964, 1951.
[278] BGH 27.1.1965, NJW 1965, 965 (966).
[279] BGH 18.1.1978, BGHZ 70, 232 (234) = NJW 1978, 886; Hopt/Leyens Rn. 25; MüKoHGB/Maultzsch Rn. 173; RGHMW/Steimle/Dornieden Rn. 53; Oetker HandelsR § 7 Rn. 42.
[280] BGH 27.1.1965, NJW 1965, 965 (966); 3.7.1967, WM 1967, 958 (960); 8.2.2001, NJW-RR 2001, 680; 27.1.2011, NJW 2011, 1965 Rn. 23; OLG Köln 31.5.1991, CR 1991, 541; OLG Karlsruhe 5.8.2013, BeckRS 2013, 19311 (insoweit in GRUR-RR 2014, 55 nicht abgedruckt); GK-HGB/Achilles/B. Schmidt Rn. 58; RGHMW/Steimle/Dornieden Rn. 42; MüKoHGB/Maultzsch Rn. 174; Oetker HandelsR § 7 Rn. 37.
[281] v. Dücker BB 1996, 3 (5); GK-HGB/Achilles/B. Schmidt Rn. 58.
[282] BGH 13.1.1975, WM 1975, 324 (325); OLG Hamm 3.2.1991, CR 1992, 268 (270).
[283] BGH 25.2.1987, NJW 1987, 1940 (1941).
[284] BGH 25.2.1987, NJW 1987, 1940 (1942).
[285] BGH 19.2.1964, NJW 1964, 1223; 13.1.1975, WM 1975, 324 (325).
[286] OLG München 9.11.1994, BB 1995, 172.

47 **c) Kein Widerspruch.** Will der Empfänger des kaufmännischen Bestätigungsschreibens den Eintritt der mit diesem Rechtsinstitut verbundenen besonderen Rechtswirkungen verhindern, muss er nach Zugang entsprechend § 362 Abs. 1 S. 1 **unverzüglich iSv § 121 BGB,** dh ohne schuldhaftes Zögern[287] widersprechen. Andernfalls kann der Absender, der rechtzeitig ein den formellen Anforderungen entsprechendes Bestätigungsschreiben versandt hat, davon ausgehen, dass das Geschäft mit dem bestätigten Inhalt abgewickelt wird.[288] Ob – im Falle von **Vertreterhandeln** – der Verhandelnde Abschlussvollmacht hatte, ist unerheblich; denn nicht das ggf. vollmachtlose Handeln des Vertreters, sondern das Schweigen auf das kaufmännische Bestätigungsschreiben, dh der fehlende Widerspruch bewirkt das Zustandekommen des Vertrages. Anderes gilt nur, wenn der Absender nach den Umständen des Falles redlicherweise nicht annehmen darf, der Empfänger werde mit dem niedergelegten Ergebnis der Vertragsverhandlungen einverstanden sein. Dass ein Geschäft **unüblich** ist, befreit jedoch allein nicht von der Notwendigkeit des Widerspruchs.[289] Der Widerspruch kann **formlos,** dh auch mündlich oder telefonisch erfolgen;[290] in der Praxis empfiehlt sich jedoch eine Dokumentation. Er braucht nicht ausdrücklich, sondern kann auch konkludent erklärt werden; die Erklärung muss erkennen lassen, dass der Empfänger den Vertrag nicht bzw. nicht mit dem „bestätigten" Inhalt als geschlossen ansieht.[291] Ein teilweiser Widerspruch kann nach den Umständen des Einzelfalles als ein neues kaufmännisches Bestätigungsschreiben des Widersprechenden auszulegen sein.[292] Eine Schriftformklausel in AGB sichert den Verwender nicht generell gegen die Bindungswirkung seines Schweigens auf ein kaufmännisches Bestätigungsschreiben (→ Rn. 63). Der Widerspruch muss dem Empfänger gem. § 130 BGB **zugehen.** Adressat des Widerspruchs ist grundsätzlich der Absender des Bestätigungsschreibens.[293] Der Zugang bei einer empfangsberechtigten Person genügt (analog § 164 Abs. 3 BGB);[294] das kann auch ein die Interessen des Absenders wahrnehmender Dritter, zB ein für den Absender handelnder Makler sein.[295] Die **Darlegungs- und Beweislast** für den rechtzeitigen („unverzüglichen") Zugang des Widerspruchs trifft den Empfänger des Bestätigungsschreibens.[296]

48 Welche **Frist für den Zugang des Widerspruchs** beim Absender des Bestätigungsschreibens noch als ausreichend anzusehen ist, richtet sich nach den Umständen des Einzelfalles.[297] Maßgeblich ist die Verkehrserwartung aus der Sicht des Absenders sowie die betriebliche Zurechnung im Lager des Empfängers,[298] wobei jedoch Berücksichtigung finden muss, dass der kaufmännische Verkehr in der Regel auf eine schnelle Abwicklung angelegt ist,[299] die freilich eine angemessene – knappe – Bedenkzeit nicht ausschließt.[300] Bei einfachen Geschäften dürfte von einer Widerspruchsfrist von ein bis zwei Tagen,[301] bei Zubilligung eines Prüfungsaufwands auf Seiten des Empfängers des Bestätigungsschreibens von einer solchen von bis zu drei Tagen auszugehen sein.[302] Ein Widerspruch nach einer Woche,[303] nach sieben oder acht Tagen[304] bzw. erst nach elf Tagen[305] ist für zu spät erachtet

---

[287] BGH 11.10.1961, NJW 1962, 104 (Annahme des Berufungsgerichts, dass Widerspruch nach etwa einer Woche nicht mehr rechtzeitig sei, nicht rechtfehlerhaft); 18.1.1978, BGHZ 70, 232 (233) = NJW 1978, 886; OLG Hamm 15.1.1999, VersR 2001, 1240 (1241) = BeckRS 1999, 30082184; OLG Köln 29.8.2014, RdTW 2015, 430 = BeckRS 2015, 16042 (in der Regel binnen zwei Tagen, eine Woche in der Regel zu lang); MüKoHGB/Maultzsch Rn. 176; Oetker HandelsR § 7 Rn. 42.

[288] BGH 20.3.1974, NJW 1974, 991 (992).

[289] BGH 13.1.1975, WM 1975, 324 (325).

[290] BGH 18.1.1978, BGHZ 70, 232 (234) = NJW 1978, 886; MüKoHGB/Maultzsch Rn. 175.

[291] BGH 14.3.1984, WM 1984, 639 (641); OLG Düsseldorf 31.10.1984, MDR 1985, 940; OLG Köln 29.8.2014, RdTW 2015, 430 = BeckRS 2015, 16042; Ebenroth/Boujong/Fest Rn. 315.

[292] BGH 14.3.1984, WM 1984, 640 (641); OLG Köln 7.2.1992, NJW-RR 1992, 761 (762).

[293] RG 29.9.1922, RGZ 105, 205 (206).

[294] BGH 16.1.1967, BB 1967, 186 (187); Ebenroth/Boujong/Fest Rn. 320.

[295] BGH 16.1.1967, MDR 1967, 587.

[296] RG 10.7.1926, RGZ 114, 282 (283); BGH 18.1.1978, BGHZ 70, 232 (234) = NJW 1978, 886; 11.10.1961, NJW 1962, 104; 20.3.1974, NJW 1974, 991 (992); Hopt/Leyens Rn. 25; RGHMW/Steimle/Dornieden Rn. 53; Oetker HandelsR § 7 Rn. 42.

[297] BGH 20.11.1961, NJW 1962, 246.

[298] MüKoHGB/Maultzsch Rn. 176.

[299] Ebenroth/Boujong/Fest Rn. 321.

[300] BGH 20.11.1961, NJW 1962, 246 (247); GK-HGB/Achilles/B. Schmidt Rn. 67.

[301] RG 24.11.1922, RGZ 105, 389 (390); BGH 20.11.1961, NJW 1962, 246 (247).

[302] BGH 20.11.1961, NJW 1962, 246 (246 f.); MüKoHGB/Maultzsch Rn. 176; KKD/Roth/Huber Rn. 31; vgl. auch Ebenroth/Boujong/Fest Rn. 321: drei oder mehr Tage nicht in jedem Fall unangemessen.

[303] BGH 11.10.1961, NJW 1962, 104.

[304] RG 24.11.1922, RGZ 105, 389.

[305] BGH 7.7.1969, BB 1969, 933; vgl. auch OLG Köln 29.8.2014, RdTW 2015, 430 = BeckRS 2015, 16042: 17 Tage.

worden. Allerdings darf, wer sich seinerseits für das Bestätigungsschreiben Zeit genommen hat, nicht einen umgehenden Widerspruch des anderen Teils erwarten.[306] Hat der Bestätigende sich mit dem kaufmännischen Bestätigungsschreiben bis zu zehn Tagen nach der Vereinbarung Zeit gelassen, kann der elf Tage später eingehende Widerspruch noch als unverzüglich angesehen werden.[307] Der **verspätete Widerspruch** ist **unbeachtlich** und wie Schweigen zu behandeln.[308]

Kein Widerspruch ist erforderlich bei **sich kreuzenden Bestätigungsschreiben,** dh wenn beide Seiten voneinander inhaltlich unterschiedliche Bestätigungsschreiben erhalten und diese Schreiben zeitlich aneinander vorbei gelaufen sind.[309] In einem solchen Fall ist für ein Vertrauen des Absenders auf eine im Schweigen des Empfängers liegende Zustimmung grundsätzlich kein Raum; keines der beiden Bestätigungsschreiben entfaltet die ihm zugedachte Wirkung, sondern wirkt vielmehr aus sich heraus wie ein Widerspruch gegenüber dem jeweils anderen. Anders verhält es sich jedoch, wenn die sich kreuzenden Schreiben nicht miteinander unvereinbar sind, insbesondere wenn sie nur in Bezug auf **Nebenbestimmungen** des Vertrages voneinander abweichen und aus den Gesamtumständen erkennbar wird, dass die Parteien gebunden sein wollen. In diesem Falle kommt es zum bzw. bleibt es beim Vertragsschluss mit dem Inhalt der Bestätigungsschreiben, soweit diese übereinstimmen;[310] wer diese Rechtsfolge verhindern will muss widersprechen.[311] Ebenso verhält es sich, wenn die sich kreuzenden Schreiben lediglich ergänzende, einander nicht widersprechende Klauseln enthalten, die für den jeweils anderen Teil nicht überraschend sein können; das wechselseitige Schweigen auf die Bestätigungsschreiben führt hier dazu, dass der Vertrag mit den Zusatzklauseln zustande kommt bzw. gilt.[312] Die ältere Betrachtungsweise, wonach auf das jeweils letzte Schreiben abgestellt wurde (sog. Theorie des letzten Wortes),[313] hat die Rspr. ausdrücklich aufgegeben.[314] 49

Ein Widerspruch ist ferner entbehrlich, wenn das Bestätigungsschreiben die Aufforderung an den Empfänger zur **Gegenbestätigung** enthält,[315] sofern die Verbindlichkeit der Absprache erkennbar an die Gegenbestätigung geknüpft wird und die Bestätigung nicht lediglich als Zugangsnachweis diesen soll (→ Rn. 43). Ebenso wenig bedarf es des Widerspruchs, wenn der Absender im Bestätigungsschreiben auf einen Vertrag Bezug nimmt, dessen Abschluss der Empfänger ausdrücklich verweigert hat,[316] sowie dann, wenn der Empfänger den Vertragsabschluss von vornherein von seiner schriftlichen Annahmeerklärung abhängig gemacht hatte und er diesen Vorbehalt zwischenzeitlich nicht wieder hat fallen lassen.[317] 50

d) Kaufmännischer Verkehr. Die Grundsätze über das kaufmännische Bestätigungsschreiben sind zwar aus dem Geschäftsverkehr unter Kaufleuten hervorgegangen, in ihrer Anwendung jedoch nicht lediglich auf **Kaufleute iSv §§ 1–6** beschränkt; an diesem Ausgangspunkt hat sich auch aufgrund des HRRefG nichts geändert.[318] Sie gelten nach hM für jeden Absender oder Empfänger eines Bestätigungsschreibens, der entweder **als Kaufmann** oder **wie ein Kaufmann** selbständig sowie in größerem Umfang am Geschäftsverkehr teilnimmt und deshalb damit rechnen muss bzw. darauf vertrauen darf, dass ihm gegenüber in kaufmännischer Weise verfahren wird;[319] ob diese Voraussetzung erfüllt ist, beurteilt sich nach den konkreten Umständen des Einzelfalls.[320] Der Anwendungsbereich des kaufmännischen Bestätigungsschreibens stimmt danach für Absender und Empfän- 51

---

[306] MüKoHGB/Maultzsch Rn. 176.
[307] OLG Köln 10.4.2002, OLGR 2002, 362.
[308] Heymann/Horn Rn. 54; Schlegelberger/Hefermehl Rn. 130.
[309] BGH 10.7.1961, BB 1961, 954; 21.3.1966, NJW 1966, 1070 (1071); 14.3.1984, WM 1984, 639 (641); Ebenroth/Boujong/Fest Rn. 352 ff.; RGHMW/Steimle/Dornieden Rn. 47; GK-HGB/Achilles/B. Schmidt Rn. 65; Oetker HandelsR § 7 Rn. 45 f.; K. Schmidt HandelsR § 19 Rn. 115 ff.
[310] BGH 21.3.1966, NJW 1966, 1070 (1071); 26.9.1973, BGHZ 61, 282 (288) = NJW 1973, 2106; GK-HGB/Achilles/B. Schmidt Rn. 65; Oetker HandelsR § 7 Rn. 46.
[311] Ebenroth/Boujong/Fest Rn. 355.
[312] BGH 21.3.1966, NJW 1966, 1070 (1071); GK-HGB/Achilles/B. Schmidt Rn. 65.
[313] BGH 29.9.1955, BGHZ 18, 212 (215) = NJW 1955, 1794.
[314] BGH 26.9.1973, BGHZ 61, 282 (288) = NJW 1973, 2106.
[315] BGH 18.3.1964, NJW 1964, 1269 (1270); GK-HGB/Achilles/B. Schmidt Rn. 61.
[316] BGH 31.1.1994, NJW 1994, 1288.
[317] BGH 28.9.1970, NJW 1970, 2104; s. hierzu auch BGH 20.10.1994, NJW-RR 1995, 179 (180); OLG Düsseldorf 15.11.1990, NJW-RR 1991, 374 (375).
[318] KKD/Roth/Huber Rn. 24; RvW/Steimle/Dornieden Rn. 36; **aA** Krebs DB 1996, 2013 (2015).
[319] BGH 27.10.1953, BGHZ 11, 1 (3) = BeckRS 1953, 30373959; 26.6.1963, BGHZ 40, 44 = NJW 1963, 1922; 19.2.1964, NJW 1964, 1223; 11.10.1973, WM 1973, 1376; 25.2.1987, NJW 1987, 1940 (1941); 27.1.2011, BGHZ 188, 128 Rn. 23 = NJW 2011, 1965 mAnm Grothe; OLG Hamburg 17.5.2013, BeckRS 2014, 08084; Ebenroth/Boujong/Fest Rn. 298 ff.; Heymann/Horn Rn. 63 f.; GK-HGB/Achilles/B. Schmidt Rn. 51; Oetker HandelsR § 7 Rn. 34 f.
[320] BGH 25.2.1987, NJW 1987, 1940 (1941).

ger im Wesentlichen überein.[321] Absender und Empfänger eines kaufmännischen Bestätigungsschreibens können daher grundsätzlich auch **Freiberufler** wie zB Architekten,[322] gleich einem Architekten tätige Bauingenieure,[323] Unternehmensberater,[324] Rechtsanwälte[325] oder Wirtschaftsprüfer[326] sein. Rechtsanwälte sind in den Anwendungsbereich der Grundsätze über das kaufmännische Bestätigungsschreiben jedenfalls dann einbezogen, wenn sie entweder im eigenen Namen[327] oder für eine Person handeln, für die die vorgenannten Grundsätze ihrerseits gelten,[328] zB als Nachlassverwalter eines Kaufmanns;[329] das Handeln für andere Mandanten genügt dagegen nicht.[330] Für den Insolvenzverwalter gelten vergleichbare Regeln.[331]

52 Die Grundsätze über das kaufmännische Bestätigungsschreiben sind ferner angewandt worden auf einen Grundstücksmakler,[332] einen Gutsbesitzer,[333] eine bei größeren Bauvorhaben als Investorin und Bauherrin auftretende GbR,[334] eine fiskalisch handelnde Gemeinde oder Behörde[335] sowie die frühere Treuhandanstalt,[336] nicht aber in Bezug auf einen im Rahmen seines Anstellungsverhältnisses handelnden leitenden Angestellten[337] sowie einen Legationsrat,[338] die beide in ihren Funktionen nicht in kaufmännischer Weise am Geschäftsverkehr teilnehmen, und auch nicht auf den Geschäftsführer einer GmbH, der zu einem von der GmbH geschlossenen Vertrag persönlich den Schuldbeitritt erklärt und insoweit als Verbraucher auftritt.[339] Bei **Kleingewerbetreibenden**[340] hängt die Anwendung der Grundsätze nicht allein von der Eintragung in das Handelsregister, sondern im Wesentlichen von ihrem tatsächlichen Auftreten im Geschäftsverkehr ab.[341] Bei den unter § 84 Abs. 4, § 93 Abs. 3, § 383 Abs. 2, § 407 Abs. 3 S. 2, § 453 Abs. 3 S. 2, § 467 Abs. 3 S. 2 fallenden Personen wird man einen kaufmännischen Gepflogenheiten entsprechenden Umgang mit kaufmännischen Bestätigungsschreiben erwarten können.[342] Aus den vorstehenden Ausführungen ergibt sich zugleich, dass die Lehre vom kaufmännischen Bestätigungsschreiben grundsätzlich auch für die wie Kaufleute agierenden **Scheinkaufleute** gilt.[343]

53 Ist Absender oder Empfänger des Bestätigungsschreibens eine außerhalb des kaufmännischen Geschäftsverkehrs stehende **Privatperson,** sind die Grundsätze über das kaufmännische Bestätigungsschreiben nicht anwendbar. Im erstgenannten Fall folgt das aus der Erwägung, dass bei Versendung eines Bestätigungsschreiben durch einen privaten Absender bei dem Kaufmann als Empfänger nicht vorausgesetzt werden kann, dass er sich der Geltung des Handelsbrauchs auch in diesem

---

[321] Ebenroth/Boujong/Fest Rn. 297; MüKoHGB/Maultzsch Rn. 155; s. aber auch Hopt/Leyens Rn. 19 (Absender kann auch Verbraucher sein).

[322] BGH 11.10.1973, WM 1973, 1376; OLG Düsseldorf 26.11.1993, NJW-RR 1995, 501 (502). Zum kaufmännischen Bestätigungsschreiben im Bauprozess s. auch BGH 27.1.2011, BGHZ 188, 128 Rn. 21 = NJW 2011, 1965; OLG Köln 26.11.2002, OLGR 2003, 200; OLG Dresden 31.7.2012, IBRRS 2014, 2373 mAnm Lichtenberg IBR 2014, 589; vgl. ferner Fußy AnwZert BauR 3/2015 Anm. 1.

[323] OLG Brandenburg 24.6.2009, BauR 2009, 1484 = IBR 2009, 721 = BeckRS 2009, 19418 (ebenso: wer häufig als Bauträger tätig ist und ein eigenes Baubüro unterhält).

[324] BGH 20.10.1994, NJW-RR 1995, 179 f.

[325] RG 11.11.1930, JW 1931, 522 (524); OLG Bamberg 22.3.1972, BB 1973, 1371 (1372); OLG Hamm 15.11.1999, VersR 2001, 1240 (1241) = BeckRS 1999, 30082184.

[326] BGH 28.6.1967, DB 1967, 1362 = BeckRS 1967, 31178962.

[327] OLG Bamberg 22.3.1972, BB 1973, 1371 (1372); OLG Köln 31.5.1991, CR 1991, 541.

[328] Ebenroth/Boujong/Fest Rn. 301.

[329] BGH 4.3.1976, BB 1976, 664 = BeckRS 1976, 31116685.

[330] BGH 6.5.1975, NJW 1975, 1358 (1359).

[331] BGH 4.3.1976, NJW 1976, 1402; 25.2.1987, NJW 1987, 1940 (1941).

[332] BGH 26.6.1963, BGHZ 40, 42 (44) = NJW 1963, 1923; OLG Düsseldorf 26.11.1993, NJW-RR 1995, 501 (502).

[333] RG 16.4.1929, Gruchot 71, 253 (254 f.).

[334] OLG Oldenburg 18.7.2006, BauR 2007, 1742 (1743) = OLGR 2007, 892 = BeckRS 2008, 02339; OLG Brandenburg 24.6.2009, BauR 2009, 1484 = IBR 2009, 721 mAnm Leidig = BeckRS 2009, 19418.

[335] BGH 19.2.1964, NJW 1964, 1223; 27.1.2011, BGHZ 188, 28 Rn. 22 f. = NJW 2011, 1965; Grüneberg/Ellenberger BGB § 147 Rn. 9.

[336] OLG Brandenburg 15.5.1997, NJ 1997, 559.

[337] OLG Hamm 15.1.1992, MDR 1993, 227.

[338] BGH 9.1.1981, WM 1981, 333 (335) = BeckRS 1981, 31073829.

[339] BGH 5.6.1996, BB 1996, 1522 (1523); s. aber auch OLG Düsseldorf 2.9.2003, OLGR 2004, 112 f. = DStZ 2004, 315 = GmbHR 2004, 428 = ZIP 2004, 1211 m. krit. Anm. Pfeiffer EWiR 2004, 707, der auf mögliche Wertungswidersprüche zum Verbraucherbegriff (§ 13 BGB) hinweist.

[340] Näher Schmitt 282 ff.

[341] BGH 27.10.1953, BGHZ 11, 1 (3) = BeckRS 1953, 30373959; GK-HGB/Achilles/B. Schmidt Rn. 51; Ebenroth/Boujong/Fest Rn. 302; Oetker HandelsR § 7 Rn. 36.

[342] MüKoHGB/Maultzsch Rn. 151.

[343] Ebenroth/Boujong/Fest Rn. 298, 307.

Verhältnis bewusst ist. Im anderen Fall wird der Kaufmann als Absender dem Schweigen des Privaten letztlich aus denselben Gründen nicht vertrauen können.[344]

3. Rechtsfolgen. a) Allgemeines. Wird das wirksame Bestätigungsschreiben widerspruchslos hingenommen, gilt sein Inhalt für beide Parteien mit **konstitutiver Wirkung** als **verbindlicher Vertragsinhalt.**[345] Die gleiche Wirkung tritt grundsätzlich auch dann ein, wenn der Vertrag objektiv noch nicht geschlossen war[346] oder wenn und soweit das Bestätigungsschreiben gegenüber dem mündlich Vereinbarten Ergänzungen oder Abänderungen enthält.[347] Der Vertrag gilt dann mit diesen Ergänzungen oder Änderungen; auch insoweit wirkt das Bestätigungsschreiben konstitutiv.[348] Soweit die Wirkungen des Bestätigungsschreibens reichen, kann die von ihm ausgehende **Vermutung der Vollständigkeit und Richtigkeit** nicht widerlegt werden; eine andere Betrachtungsweise widerspräche Sinn und Zweck der Grundsätze über das kaufmännische Bestätigungsschreiben, das in konstitutiver Weise einen etwaigen Streit über das Vereinbarte gerade ausschließen soll.[349] Der Nachweis, dass von den Parteien weitere, zum Inhalt des Bestätigungsschreibens nicht in Widerspruch stehende Abreden getroffen wurden, wird dadurch nicht abgeschnitten.[350] 54

Über die **dogmatische Einordnung** der Wirkung des Schweigens herrscht Streit. Teilweise wird das Schweigen unter Einordnung in die allgemeine Rechtsgeschäftslehre als Willenserklärung verstanden,[351] nach aA hierin die Fiktion einer Willenserklärung,[352] eine Pflicht- oder Obliegenheitsverletzung oder ein bloßer Vertrauenstatbestand gesehen.[353] Gegenüber diesen Deutungen vorzugswürdig dürfte die Einordnung des Schweigens als **kraft objektiven Rechts zurechenbares Nicht-Erklären**[354] sein: Der Empfänger ist an den Inhalt des Bestätigungsschreibens nicht deshalb gebunden, weil er diesen gewollt oder er eine entsprechende Erklärung abgegeben hätte; vielmehr kann er eine etwaige Unrichtigkeit des Bestätigungsschreibens nicht geltend machen, ohne dass es auf die objektive Richtigkeit und das objektive oder subjektive Einverständnis des Schweigenden ankäme. Insbesondere der Gesichtspunkt des Vertrauensschutzes vermag demgegenüber – über den Umstand hinaus, dass bei Vorliegen der tatbestandlichen Voraussetzungen der Lehre vom kaufmännischen Bestätigungsschreiben das Vertrauen des Absenders auf das Schweigen des Empfängers schützenswert ist – weder die (Rechts-)Normqualität noch die vertragsgestaltende Wirkung des Schweigens zu erklären.[355] 55

Die an das Schweigen auf ein kaufmännisches Bestätigungsschreiben geknüpften Rechtswirkungen treten grundsätzlich auch dann ein, wenn für den Empfänger des Schreibens bei den Vertragsverhandlungen ein **Vertreter** aufgetreten ist[356] und sogar dann, wenn es aufgrund von **Mängeln der Vertretungsmacht** an einem wirksamen Vertragsschluss fehlt.[357] Das gilt jedoch nur, wenn der Absender des Bestätigungsschreibens damit rechnen kann und darf, dass der von ihm angeschriebene Empfänger überhaupt in der Lage ist, einen etwaigen Vertretungsmangel zu erkennen. Nur dann kann das Schweigen des Empfängers auf das Bestätigungsschreiben vom Absender in dem Sinne gedeutet werden, der beim Vertragsschluss für den Empfänger tätig gewordene Vertreter habe entweder Vertretungsmacht besessen oder jedenfalls genehmige der Empfänger das vom Vertreter vorgenommene Rechtsgeschäft. Es genügt deshalb nicht, wenn das Bestätigungsschreiben „zu Händen" des Vertreters gerichtet wird, weil der Absender in diesem Fall nicht davon ausgehen darf, dem Empfänger werde 56

---

344 BGH 6.5.1975, NJW 1975, 1358 (1359); GK-HGB/Achilles/B. Schmidt Rn. 52; **aA** Hopt/Leyens Rn. 19: Verbraucher als Absender; v. Dücker BB 1996, 3 (7).

345 BGH 30.1.1985, BGHZ 93, 338 (341) = NJW 1985, 1333; 31.1.1994, NJW 1994, 1288; Ebenroth/Boujong/Fest Rn. 324; MüKoHGB/Maultzsch Rn. 185.

346 BGH 28.9.1970, NJW 1970, 2104; OLG Düsseldorf 15.11.1990, NJW-RR 1991, 374.

347 BGH 24.9.1952, BGHZ 7, 187 (190) = NJW 1953, 1369.

348 BGH 30.1.1985, BGHZ 93, 338 (341) = NJW 1985, 1333; 7.10.1971, NJW 1972, 45; 17.10.1985, WM 1986, 168 (169) = NJW-RR 1986, 393; Ebenroth/Boujong/Fest Rn. 327, 329.

349 Ebenroth/Boujong/Fest Rn. 339.

350 Hopt/Leyens Rn. 17.

351 KKD/Roth/Huber Rn. 23; hiergegen BGH 27.10.1953, BGHZ 11, 1 (5) = NJW 1954, 105 (106); 3.3.1956, BGHZ 20, 149 (154) = NJW 1956, 869; GK-HGB/Achilles/B. Schmidt Rn. 72.

352 Heymann/Horn Rn. 58: bei bewusstem Schweigen soll eine Willenserklärung vorliegen; Schlegelberger/Hefermehl Rn. 120.

353 Überblick über den Streitstand bei MüKoHGB/Maultzsch Rn. 145 ff.

354 MüKoHGB/Maultzsch Rn. 147 mwN; vgl. auch Ebenroth/Boujong/Fest Rn. 201.

355 MüKoHGB/Maultzsch Rn. 147.

356 BGH 27.1.2011, NJW 2011, 1965 Rn. 23.

357 Zur Problematik des vollmachtlosen Vertreters vgl. BGH 24.9.1952, BGHZ 7, 187 (189); 15.6.1964, WM 1964, 1951; 28.6.1967, WM 1967, 898; 27.9.1989, WM 1990, 68; 10.1.2007, NJW 2007, 987 (988); OLG Köln 23.9.1982, ZIP 1982, 1424.

die Aufdeckung eines Vertretungsmangels ohne weiteres möglich sein.[358] Dem **Unterlassen** des Widerspruchs steht der Fall des **verspäteten Widerspruchs** gleich.[359] Ist hingegen kein Widerspruch erforderlich oder aber dieser rechtzeitig erklärt worden, so verbleibt es, falls ein Vertrag bereits mündlich geschlossen worden war, hierbei.[360] Ein unwidersprochen gebliebenes kaufmännisches Bestätigungsschreiben wahrt die nach § 1031 Abs. 2 ZPO für die **Schiedsvereinbarung** vorgeschriebene Form.[361]

57 Die unmittelbare oder analoge Anwendung der **Anfechtungstatbestände** des § 119 BGB auf das Schweigen ist nach allgM im Ergebnis weitgehend ausgeschlossen.[362] Der Ausschluss rechtfertigt sich unabhängig von der näheren dogmatischen Einordnung des Schweigens auf ein kaufmännisches Bestätigungsschreiben aus der grundlegenden Verpflichtung des Kaufmanns (und der dahingehenden berechtigten Erwartungshaltung des Absenders), ein Bestätigungsschreiben mit der Sorgfalt eines ordentlichen Kaufmanns (§ 347) zu lesen und inhaltlich zu prüfen.[363] Der Empfänger kann sich insbesondere nicht auf einen Irrtum über die grundsätzliche rechtliche **Bedeutung des Schweigens bzw. des Unterlassens eines Widerspruchs** berufen.[364] Ebenso wenig kann der Empfänger mit der Begründung erfolgreich anfechten, der Inhalt des Bestätigungsschreibens stimme nicht mit dem **Ergebnis der Vertragsverhandlungen** überein.[365]

58 Dagegen ist analog § 119 Abs. 1 BGB eine Anfechtung möglich im Falle der nicht auf einem Organisationsmangel oder einem sonstigen vorwerfbaren Verhalten beruhenden **Unkenntnis des Zugangs** des Bestätigungsschreibens.[366] Da kein Grund vorliegt, den Absender eines kaufmännischen Bestätigungsschreibens gegenüber der Situation besser zu stellen die bestünde, wenn der Vertrag durch eine Annahmeerklärung des Empfängers zustande gekommen wäre,[367] kann der Empfänger sich analog § 119 Abs. 1 BGB auch auf einen nach dieser Vorschrift beachtlichen **Irrtum bei den Vertragsverhandlungen** selbst berufen;[368] er kann ferner analog § 119 Abs. 1 BGB mit der Begründung anfechten, sich über den **Inhalt des Bestätigungsschreibens** geirrt, insbesondere dieses falsch verstanden zu haben, sofern dieser Irrtum nicht auf einer Nachlässigkeit beruhte.[369] Grundsätzlich unbeschränkt möglich ist die Anfechtung analog **§ 123 BGB;** allerdings ist sie mit Rücksicht auf die ohnedies bestehenden Wirkungsgrenzen des kaufmännischen Bestätigungsschreibens (→ Rn. 59 ff.) in der Regel entbehrlich.[370]

59 **b) Wirkungsgrenzen.** Unabhängig von einem Widerspruch des Empfängers ist in bestimmten Fallgruppen das Vertrauen des Absenders eines Bestätigungsschreibens auf die Billigung des schweigenden Empfängers von vornherein nicht schutzwürdig.[371] In diesen Fällen löst das – die tatbestandlichen Voraussetzungen im Übrigen erfüllende – Bestätigungsschreiben ungeachtet des fehlenden Widerspruchs des Empfängers keine Bindungswirkung aus:

60 Keine Bindungswirkung zu Lasten des nicht widersprechenden Empfängers tritt zum einen dann ein, wenn der Inhalt des Schreibens sich – objektiv[372] – **so weit von dem zuvor Vereinbarten**

[358] Canaris HandelsR § 23 Rn. 30; **aA** BGH 15.6.1964, NJW 1964, 1951 (1952); 27.9.1989, NJW 1990, 386; GK-HGB/Achilles/B. Schmidt Rn. 59; Grüneberg/Ellenberger BGB § 147 Rn. 14; für den Fall, dass dem Absender der Mangel der Vertretungsmacht verborgen geblieben ist, auch Ebenroth/Boujong/Fest Rn. 290; eingehend zur Problematik MüKoHGB/Maultzsch Rn. 178 ff.

[359] BGH 11.10.1961, NJW 1962, 104; GK-HGB/Achilles/B. Schmidt Rn. 71.

[360] BGH 18.3.1964, NJW 1964, 1269 (1270); GK-HGB/Achilles/B. Schmidt Rn. 71.

[361] GK-HGB/Achilles/B. Schmidt Rn. 71a; Winkler/Weinand BB 1998, 597 (601).

[362] Ebenroth/Boujong/Fest Rn. 239; Heymann/Horn Rn. 58; RGHMW/Steimle/Dornieden Rn. 49; GK-HGB/Achilles/B. Schmidt Rn. 72–74; MüKoHGB/Maultzsch Rn. 182; diff. KKD/Roth/Huber Rn. 34.

[363] BGH 7.10.1971, NJW 1972, 45; RGHMW/Steimle/Dornieden Rn. 49. Gegen die jedenfalls alleinige Maßgeblichkeit von § 347 Ebenroth/Boujong/Fest Rn. 241.

[364] BGH 27.10.1953, BGHZ 11, 1 (5) = NJW 1954, 105; 3.3.1956, BGHZ 20, 149 (154) = NJW 1956, 869; 15.6.1964, NJW 1964, 1951 (1952); 7.10.1971, NJW 1972, 45.

[365] BGH 7.7.1969, NJW 1969, 1711 (1712); 7.10.1971, NJW 1972, 45; Ebert JuS 1999, 754 (756).

[366] RG 20.1.1922, RGZ 103, 401 (405); RG 5.7.1930, RGZ 129, 347 (349); Heymann/Horn Rn. 58; MüKoHGB/K. Schmidt, 4. Aufl. 2018, Rn. 167; **aA** nunmehr MüKoHGB/Maultzsch Rn. 182, wonach die Unkenntnis nur relevant ist, sofern sie bereits ein rechtserhebliches Schweigen ausschließt.

[367] GK-HGB/Achilles/B. Schmidt Rn. 73.

[368] GK-HGB/Achilles/B. Schmidt Rn. 73; **aA** wohl RGHMW/Steimle/Dornieden Rn. 49.

[369] MüKoHGB/Maultzsch Rn. 182; Heymann/Horn Rn. 58; GK-HGB/Achilles/B. Schmidt Rn. 73.

[370] BGH 27.1.2011, NJW 2011, 1965 Rn. 23; GK-HGB/Achilles/B. Schmidt Rn. 74; Schlegelberger/Hefermehl Rn. 121, 135; Ebenroth/Boujong/Fest Rn. 242; BeckOGK/Beurskens, 1.11.2025, Rn. 444.

[371] Ebenroth/Boujong/Fest Rn. 342; GK-HGB/Achilles/B. Schmidt Rn. 62–64; RGHMW/Steimle/Dornieden Rn. 50; KKD/Roth/Huber Rn. 30; HK-HGB/Ruß Rn. 10; Hopt/Leyens Rn. 26 f.; Heymann/Horn Rn. 60–62; krit. gegenüber dem Kriterium der Redlichkeit des Absenders MüKoHGB/Maultzsch Rn. 169 f.

[372] BGH 30.1.1985, BGHZ 93, 338 (343) = NJW 1985, 1333; Ebenroth/Boujong/Fest Rn. 347 f.

entfernt, dass der Absender vernünftigerweise nicht mit dem Einverständnis des Empfängers rechnen kann.[373] Bei der Anwendung dieses Grundsatzes ist allerdings zu beachten, dass das Bestätigungsschreiben wesensmäßig ohnedies nicht vollständig dem Inhalt der Vertragsverhandlungen entsprechen muss. Änderungen oder Ergänzungen in Nebenpunkten oder sonstige, nicht erhebliche Abweichungen, die das vorab Besprochene sinnvoll oder zumindest nicht ungewöhnlich ergänzen bzw. konkretisieren, können den Empfänger nicht überraschen und dürfen deshalb zur näheren Ausgestaltung des Vertragsinhalts in das Bestätigungsschreiben aufgenommen werden.[374] Zu weit geht es jedoch, die Grundsätze über das kaufmännische Betätigungsschreiben selbst dann für anwendbar zu erachten, wenn das Schreiben ein doppelt so hohes wie das tatsächlich vereinbarte Entgelt „bestätigt".[375] Dagegen treten die Wirkungen eines Bestätigungsschreibens nicht ein, wenn das Schreiben unzumutbare oder branchenunübliche Bedingungen enthält.[376] Darüber hinaus müssen die Vertragsverhandlungen der Beteiligten jedenfalls zu einer gewissen Übereinstimmung geführt haben.[377] Das Bestätigungsschreiben entfaltet deshalb auch ohne Widerspruch des Empfängers keine Wirkungen, wenn ein Vertrag überhaupt noch nicht geschlossen worden war, zB weil der Empfänger des Schreibens zuvor einen Vertragsschluss ausdrücklich abgelehnt hatte.[378] Dasselbe gilt, wenn in den Vertragsverhandlungen ein wesentlicher Punkt offen geblieben ist und das Bestätigungsschreiben erstmals hierzu einen Vorschlag enthält.[379]

Zum anderen entfaltet das Bestätigungsschreiben dann keine Bindungswirkung, wenn der Absen- 61
der unter Verstoß gegen die Grundsätze von Treu und Glauben **bewusst** einen **tatsächlich nicht geschlossenen** Vertrag bestätigt oder dem Vertrag **bewusst** einen **unzutreffenden** Inhalt gibt.[380] Selbst dann, wenn lediglich ein **Teil des Bestätigungsschreibens** bewusst unrichtige Darstellungen enthält, ein weiterer, an Bedeutung zurücktretender Teil der Verhandlungen darin jedoch zutreffend bestätigt wird, kommt dem Schreiben **insgesamt** keine konstitutive Wirkung mehr zu.[381] Sind die Verhandlungen durch einen **Vertreter** geführt worden, ist auch dann, wenn der (gutgläubige) Vertretene den Vertragsinhalt bestätigt, nach § 166 Abs. 1 BGB auf die Kenntnis des (bösgläubigen) Vertreters abzustellen, sofern dieser maßgeblich an den Verhandlungen teilgenommen hat.[382]

c) AGB. In den Grenzen der Wirkungen eines kaufmännischen Bestätigungsschreibens können 62
durch Schweigen auf das Bestätigungsschreiben auch **AGB in den Vertrag einbezogen** werden.[383] Die besonderen Einbeziehungsvoraussetzungen gem. § 305 Abs. 2, 3 BGB finden nach § 310 Abs. 1 S. 1 BGB gegenüber Unternehmern, dh insbesondere im Verhältnis zu Kaufleuten keine Anwendung. Nimmt der Absender des Bestätigungsschreibens darin erstmals auf seine AGB Bezug, werden diese bei Schweigen des Empfängers daher grundsätzlich Vertragsbestandteil.[384] Sind einzelne Klauseln, zB wegen Branchenunüblichkeit, überraschend, sind (nur) sie entsprechend § 306 BGB nach § 305c Abs. 1 BGB unwirksam.[385] Die AGB selbst müssen dem Bestätigungsschreiben nicht beigefügt werden oder dem Empfänger sonst bekannt sein.[386] Ausreichend, in der Regel aber auch erforderlich ist es, dass in dem Schreiben auf sie hingewiesen wird.[387] Die bloße Beifügung (ohne begleitenden Hinweis im Betätigungsschreiben) oder auch allein der Abdruck auf der Rückseite des Schreibens

---

[373] BGH 25.2.1987, NJW 1987, 1940 (1942); 31.1.1994, NJW 1994, 1288; 8.2.2001, NJW-RR 2001, 680 (680 f.); OLG Koblenz 23.7.2013, NJW-RR 2013, 1241 (1242); vgl. MüKoHGB/Maultzsch Rn. 164.

[374] BGH 12.2.1968, WM 1968, 400 (402) zum Gewährleistungsausschluss im Gebrauchtwagenhandel; Ebenroth/Boujong/Fest Rn. 348; Schlegelberger/Hefermehl Rn. 128; Walchshöfer BB 1975, 719 (722).

[375] BGH 7.7.1969, NJW 1969, 1711 (1712).

[376] BGH 21.3.1966, LM § 346 (E a) Nr. 10; 12.2.1968, LM § 346 (E a) Nr. 12.

[377] BGH 2.11.1995, NJW 1996, 919 (920).

[378] BGH 31.1.1994, NJW 1994, 1288.

[379] OLG Düsseldorf 11.11.1994, NJW-RR 1996, 662.

[380] BGH 26.6.1963, BGHZ 40, 42 (44) = NJW 1963, 1922 (1923); 23.6.1955, WM 1955, 1284; 20.3.1974, NJW 1974, 991 (992).

[381] BGH 3.7.1967, WM 1967, 958 (960) = BB 1967, 978 = BeckRS 1967, 31181460; GK-HGB/Achilles/B. Schmidt Rn. 64; Ebenroth/Boujong/Fest Rn. 342 ff.; Walchshöfer BB 1975, 719 (721).

[382] BGH 26.6.1963, BGHZ 40, 42 (45 f.) = NJW 1963, 1922 (1923); s. aber auch BGH 27.10.1953, BGHZ 11, 1 (4) = NJW 1954, 105.

[383] BGH 24.9.1952, BGHZ 7, 187 (190) = NJW 1952, 1369; 9.7.1970, BGHZ 54, 236 (242) = NJW 1970, 2021; 7.6.1978, NJW 1978, 2243 (2244); 5.5.1982, NJW 1982, 1751; MüKoHGB/Mautzsch Rn. 165; Ebenroth/Boujong/Fest Rn. 271 ff.; RGHMW/Steimle/Dornieden Rn. 52; GK-HGB/Achilles/B. Schmidt Rn. 62; Hopt/Leyens Rn. 17; KKD/Roth/Huber Rn. 33; Heymann/Horn Rn. 62.

[384] BGH 7.6.1978, NJW 1978, 2243 (2244).

[385] RGHMW/Steimle/Dornieden Rn. 52.

[386] BGH 14.10.1969, DB 1969, 2172; 3.2.1982, NJW 1982, 1749 (1750); Deckert JuS 1998, 121 (125).

[387] BGH 29.5.1955, BGHZ 18, 216 (218) = NJW 1955, 1794 (1795); 15.1.2014, NJW 2014, 1296 Rn. 18.

reichen hingegen nicht aus.[388] Sofern der Empfänger in den Vertragsverhandlungen die Anwendung der AGB des Absenders bereits endgültig abgelehnt hatte, kommt eine Einbeziehung in den Vertrag durch Bezugnahme im Bestätigungsschreiben nicht mehr in Betracht.[389]

63 Im Übrigen bleibt eine **Inhaltskontrolle** von AGB nach **§ 307 BGB** durch die Grundsätze über das kaufmännische Bestätigungsschreiben unberührt. Danach kann beispielsweise die einseitige Außerkraftsetzung dieser Grundsätze durch AGB unbillig iSv § 307 BGB sein.[390] Eine Schriftformklausel in seinen eigenen AGB sichert den Verwender nicht generell gegen die Bindungswirkung seines Schweigens auf ein kaufmännisches Bestätigungsschreiben.[391]

64 **d) Darlegungs- und Beweislast.** Die Verteilung der Darlegungs- und Beweislast beim kaufmännischen Bestätigungsschreiben folgt allgemeinen Regeln.[392] Wer als Absender eines Bestätigungsschreibens hieraus Rechtsfolgen herleitet, beruft sich auf eine besondere Grundlage seines Anspruchs und muss deshalb im Streitfall dessen Voraussetzungen darlegen und beweisen.[393] Von der Darlegungs- und Beweislast des **Absenders** umfasst ist insbesondere die Tatsache, dass überhaupt Vertragsverhandlungen stattgefunden haben[394] sowie die Zugehörigkeit des anderen Teils zu dem Personenkreis, auf den die Grundsätze über das kaufmännische Bestätigungsschreiben anwendbar sind.[395] Vom Absender darzulegen und ggf. zu beweisen ist ferner, dass der andere Teil ein Bestätigungsschreiben erhalten hat und es ihm zugegangen ist.[396] Sofern es auf den Zugangszeitpunkt ankommt, trägt der Absender auch hierfür die Darlegungs- und Beweislast (→ Rn. 45);[397] die Übersendung des Bestätigungsschreibens per Telefax ändert an der Verteilung der Darlegungs- und Beweislast grundsätzlich nichts.[398]

65 Demgegenüber muss der **Empfänger** eines Bestätigungsschreibens diejenigen Tatsachen darlegen und ggf. beweisen, die der **Bindungswirkung entgegenstehen** können.[399] Der Empfänger trägt daher etwa die Darlegungs- und Beweislast dafür, dass er dem Bestätigungsschreiben widersprochen hat,[400] dass der Widerspruch unverzüglich erfolgt[401] und dem Absender zugegangen ist (→ Rn. 47).[402] Darüber hinaus muss der Empfänger darlegen und beweisen, dass der Inhalt des Bestätigungsschreibens von den Vereinbarungen der Parteien so wesentlich abweicht, dass mit einem Einverständnis des anderen Teils nicht gerechnet werden kann[403] oder dass diese Abweichung bewusst erfolgt ist.[404] Ob die vom Empfänger behauptete Abweichung vom tatsächlichen Verhandlungsergebnis ausreicht, um die Anwendung der Grundsätze über das kaufmännische Bestätigungsschreiben auszuschließen, ist eine Rechtsfrage, mithin Teil der vom Gericht vorzunehmenden Erheblichkeitsprüfung; ob die behauptete Abweichung zutrifft, ist demgegenüber eine dem Beweis zugängliche Tatfrage.[405] Der gute Glaube des Bestätigenden wird allerdings vermutet.[406] Beruft der Absender sich auf das Handeln eines seines Erachtens bevollmächtigten **Vertreters des Empfängers,** muss der Empfänger Umstände darlegen und erforderlichenfalls beweisen, aus denen hervorgeht, dass der Absender nicht von einer Stellvertretung bzw. Vollmacht des (vollmachtlosen) Vertreters ausgehen durfte.[407]

---

[388] RG 25.3.1924, JW 1925, 779 (780).

[389] Ebenroth/Boujong/Fest Rn. 273; Lindacher WM 1981, 702 (707).

[390] BeckOGK/Beurskens, 1.11.2025, Rn. 427.

[391] OLG Düsseldorf 15.11.1990, NJW-RR 1991, 374 = DB 1991, 222; Pfeiffer/Pfeiffer BGB § 305 Rn. 135; zur Problematik der Schriftformklausel s. ferner KG 18.8.2005, NZM 2005, 908 (909) = OLGR 2006, 86; OLG München 23.10.2013, BeckRS 2013, 18379; Hopt/Leyens Einl. v. § 343 Rn. 9.

[392] Ebenroth/Boujong/Fest Rn. 282; GK-HGB/Achilles/B. Schmidt Rn. 75 f.; Heymann/Horn Rn. 61.

[393] GK-HGB/Achilles/B. Schmidt Rn. 75.

[394] BGH 20.3.1974, NJW 1974, 991 (992); 27.9.1989, NJW 1990, 386 (387); 8.2.2001, NJW-RR 2001, 680; OLG Köln 7.3.2013, BeckRS 2013, 16693; Moritz BB 1995, 420.

[395] Ebenroth/Boujong/Fest Rn. 282.

[396] BGH 18.1.1978, BGHZ 70, 232 (234) = NJW 1978, 886.

[397] BGH 18.1.1978, BGHZ 70, 232 (234) = NJW 1978, 886.

[398] BGH 7.12.1994, NJW 1995, 665 (666).

[399] BGH 20.3.1974, NJW 1974, 991 (992).

[400] BGH 18.1.1978, BGHZ 70, 232 (233) = NJW 1978, 886; OLG Düsseldorf 15.11.1990, NJW-RR 1991, 374.

[401] BGH 18.1.1978, BGHZ 70, 232 (234) = NJW 1978, 886.

[402] BGH 18.1.1978, BGHZ 70, 232 (233 f.) = NJW 1978, 886; 11.10.1961, NJW 1962, 104.

[403] BGH 25.2.1987, NJW 1987, 1940 (1942); 14.3.1984, WM 1984, 639 (641); 8.2.2001, NJW-RR 2001, 680 (681); OLG Köln 16.10.2000, OLGR 2001, 129; 26.7.2002, NJW-RR 2003, 612; OLG Dresden 25.9.2002, BauR 2003, 883 zur Auftragsbestätigung.

[404] BGH 20.3.1974, NJW 1974, 991 (992 f.).

[405] MüKoHGB/K. Schmidt, 4. Aufl. 2018, Rn. 163.

[406] BGH 20.3.1974, NJW 1974, 991 (992).

[407] BGH 15.6.1964, NJW 1964, 1951.

e) Internationaler Handelsverkehr. Im internationalen Handelsverkehr richtet die rechtliche Bedeutung des Schweigens sich grundsätzlich nicht nach dem Vertragsstatut (Art. 10 Abs. 1 Rom I-VO bzw. Art. 31 Abs. 1 EGBGB), sondern nach der ergänzenden Sonderanknüpfung des **Art. 10 Abs. 2 Rom I-VO,** die universell (Art. 2 Rom I-VO) – dh auch dann, wenn das berufene Recht nicht dasjenige eines Mitglieds-, sondern eines Drittstaats ist – auf alle nach dem 17.12.2009 (vgl. Art. 28 Rom I-VO) abgeschlossenen Schuldverhältnisse anzuwenden ist; für früher zustande gekommene Verträge gilt die inhaltsgleiche Bestimmung des **Art. 31 Abs. 2 EGBGB** fort.[408] Maßgebend ist daher sowohl nach Art. 10 Abs. 2 Rom I-VO als auch gem. Art. 31 Abs. 2 EGBGB in der Regel das Recht des Staates, in dem der Schweigende seinen **gewöhnlichen Aufenthalt** hat. Soweit hiernach deutsches Recht gilt, sind die Grundsätze über das Schweigen auf ein kaufmännisches Bestätigungsschreiben anzuwenden, jedoch etwaige Besonderheiten im grenzüberschreitenden Handelsverkehr zu beachten.[409] Allerdings betreffen Art. 10 Abs. 2 Rom I-VO bzw. Art. 31 Abs. 2 EGBGB allein die Frage, ob eine Willenserklärung vorliegt, nicht aber auch, ob diese – zB mit Rücksicht auf das Bestehen eines Rücktritts-, Widerrufs- oder Kündigungsrechts – wirksam ist.[410] In ausländischen Rechtsordnungen sind die Grundsätze über das kaufmännische Bestätigungsschreiben nicht durchweg verbreitet bzw. anerkannt.[411] So sind sie etwa im englischen und italienischen Recht unbekannt; in Österreich wird ihre Anwendung überwiegend abgelehnt.[412] Bisweilen wird ihre Anwendung auch auf Privatpersonen erstreckt.[413] Für Frankreich wird die Quellenlage als nicht eindeutig bezeichnet.[414] Im Anwendungsbereich von Art. 9 CISG und Art. 23 Brüssel Ia-VO reicht das Bestehen eines den Grundsätzen über das kaufmännische Bestätigungsschreiben zugrunde liegenden Handelsbrauchs aus.[415] Ein kaufmännisches Bestätigungsschreiben muss, um im internationalen Verkehr wirksam zu sein, entweder in der **Verhandlungssprache**[416] oder doch zumindest in einer Sprache, die der **Empfänger beherrscht,** abgefasst sein; das sollte sinnvollerweise, muss aber nicht zwingend seine Heimatsprache sein. Für AGB, die durch das Bestätigungsschreiben in den Vertrag einbezogen werden sollen, gilt dasselbe.[417] 66

VI. Handelsklauseln

1. Begriff. Handelsklauseln dienen der **Vereinfachung und Klarheit des Handelsverkehrs,**[418] weil sie dem Bedürfnis der beteiligten Verkehrskreise Rechnung tragen, Vertragsverhältnisse in bestimmten standardisierten Formen zu regeln und abzuwickeln. Neben umfassenden Klauselwerken (zB Einkaufs-, Verkaufs- oder Lieferbedingungen)[419] haben sich hierzu – namentlich im internationalen Handel – auch zahlreiche einzelne Klauseln entwickelt, die entweder durch individuelle Vereinbarung oder über AGB Vertragsbestandteil werden. Begrifflich handelt es sich bei den einzelnen Klauseln in der Regel um **abgekürzte Worte, Begriffe, Formeln, Sätze oder Teilsätze,** die nach der Vorstellung der beteiligten, mit ihrer Verwendung vertrauten Verkehrskreise einen bestimmten Regelungsgehalt **schlagwortartig** umschreiben. Soweit Handelsklauseln in AGB enthalten sind, unterliegen sie grundsätzlich der **Inhaltskontrolle nach § 307 BGB.** Allerdings ist gem. § 310 Abs. 1 S. 2 Hs. 2 BGB bei der Klauselprüfung nach § 307 BGB auf die im Handelsverkehr geltenden Gewohnheiten und Gebräuche Rücksicht zu nehmen. Da typische Handelsklauseln regelmäßig einen handelsüblichen Regelungsgehalt haben, steht dieser Umstand in der Regel, wenngleich nicht zwangsläufig einer AGB-rechtlichen Unwirksamkeit der Handelsklausel entgegen.[420] 67

[408] BGH 22.9.1971, BGHZ 57, 72 (77) = NJW 1972, 391 mAnm Geimer und mAnm Schmidt-Salzer; 19.3.1997, BGHZ 135, 124 (137) = NJW 1997, 1697; OLG Hamburg 1.6.1979, NJW 1980, 1232; OLG Koblenz 9.1.1981, IPRax 1982, 20 (21); OLG Köln 16.3.1988, NJW 1988, 2182; OLG Karlsruhe 11.2.1993, DZWiR 1994, 70 (71); Ebenroth/Boujong/Fest Rn. 358; MüKoHGB/Maultzsch Rn. 189; Grüneberg/Thorn Rom I-VO Art. 10 Rn. 5.

[409] BeckOGK/Beurskens, 1.11.2025, Rn. 454.

[410] BGH 19.3.1997, BGHZ 135, 124 (137 f.) = NJW 1997, 1697; s. auch Grüneberg/Thorn Rom I-VO Art. 10 Rn. 5.

[411] Überblick bei Ebenroth/Boujong/Fest Rn. 357 mwN.

[412] MüKoHGB/K. Schmidt, 4. Aufl. 2018, Rn. 145, 170a; K. Schmidt FS Honsell, 2002, 99 (101 ff.).

[413] BeckOGK/Beurskens, 1.11.2025, Rn. 453 zum dänischen Recht.

[414] OLG München 23.11.2009, SchiedsVZ 2010, 50 (51 f.) = BeckRS 2009, 89241.

[415] MüKoHGB/K; zum CISG vgl. insbes. Kröll/Hennecke RabelsZ 67 (2003), 448 (449 ff.); zu Gerichtsstandsvereinbarungen vgl. EuGH 20.2.1997, NJW 1997, 1431 (143.

[416] OLG Frankfurt 28.4.1981, NJW 1982, 1949.

[417] OLG Düsseldorf 2.11.1973, DB 1973, 2390; **aA** OLG Karlsruhe 11.2.1993, DZWiR 1994, 70 (71): eine Weltsprache genügt.

[418] Ebenroth/Boujong/Fest Rn. 360; Heymann/Horn Rn. 67; RGHMW/Steimle/Dornieden Rn. 57; Wörlen/Metzler-Müller 11.

[419] GK-HGB/Achilles/B. Schmidt Rn. 27.

[420] BGH 14.11.1984, BGHZ 92, 396 (399) = NJW 1985, 738 (739); Ebenroth/Boujong/Fest Rn. 361; GK-HGB/Achilles/B. Schmidt Rn. 27.

68 **2. Auslegung.** Ausgehend vom Zweck der Handelsklauseln, Einzelheiten des Vertragsinhalts in knapper, ggf. abgekürzter Form **typisierend** auszudrücken, kommt für ihre Auslegung im Regelfall nur eine **objektive Betrachtungsweise** in Frage, bei der die Berücksichtigung der näheren Umstände des Einzelfalls ausgeschlossen ist.[421] Eine Handelsklausel ist deshalb regelmäßig so zu verstehen, wie sie bei einem typischen Sachverhalt in ihrer typischen Bedeutung gebraucht wird, also in dem Sinne, der typischerweise damit verbunden wird.[422] Jedermann – dh auch ein Dritter[423] – muss sich auf die klare und bestimmte Bedeutung der Klausel verlassen können.[424] Das Bedürfnis des Handelsverkehrs nach Aufstellung fester Regeln sowie der typisierte bzw. typisierende Inhalt von Handelsklauseln führt daher im Regelfall dazu, dass zum einen für Handelsklauseln die **Vermutung** ihrer Verwendung in der durch den Handelsverkehr geprägten Bedeutung gilt[425] und sie zum anderen einer **ergänzenden Auslegung** nicht zugänglich sind.[426] Bei der Auslegung kann ggf. auf die Rechtsvorstellungen der Rechtsordnung – und damit unter Umständen auch auf ausländisches Recht – zurückzugreifen sein, in der die Klausel entwickelt wurde, selbst wenn für den Vertrag im Übrigen deutsches Recht gilt.[427] Allerdings kann eine Klausel sich in den Vorstellungen der kaufmännischen Verkehrskreise von dem ursprünglichen, durch das betreffende nationale Recht geprägten Bedeutungsgehalt fortentwickelt haben.[428]

69 Die durch die dargestellte Ausgangslage begründete Vermutungswirkung wird **widerlegt,** wenn dem Verständnis der Klausel ein ausdrücklich[429] oder konkludent – zB in Form einer seit langem geübten anderweitigen Vertragspraxis der Parteien[430] – geäußerter **abweichender Parteiwille** entgegen steht. Der Rückschluss auf ein von der üblichen Bedeutung der Klausel abweichendes Verständnis der Parteien kann ferner auch durch die Stellung der Klausel im Vertragstext nahe gelegt werden.[431] Es gilt daher grundsätzlich der **Vorrang der Individualabrede.**[432] Allerdings dürfen durch das gemeinsame abweichende Klauselverständnis der Parteien, soll es dem typischen Klauselinhalt vorgehen, keine zu beachtenden Interessen Dritter beeinträchtigt werden. Wenn der zugrunde liegende Sachverhalt oder die Interessenlage **atypisch** ist, können vom typischen Klauselinhalt abweichende Parteiinteressen in stärkerem Maße berücksichtigt werden, sofern die in Rede stehenden Besonderheiten für etwa betroffene Dritte im jeweiligen Einzelfall erkennbar waren.[433] Der Anwendung des Gebots der objektiven Auslegung können im Einzelfall die **Grundsätze von Treu und Glauben (§ 242 BGB)** entgegen stehen, wenn ein Beharren auf dem typischen Klauselinhalt nach den Umständen des Falles **rechtsmissbräuchlich** ist,[434] oder wenn Treu und Glauben von vorneherein ein ganz bestimmtes Klauselverständnis nahelegen.[435] Bei Irrtum einer Partei über die typische Klauselbedeutung ist grundsätzlich die **Irrtumsanfechtung** (Inhaltsirrtum, § 119 BGB) möglich.[436] Das gilt jedoch nicht, wenn eine typische Klausel des Massenverkehrs betroffen ist, von der erwartet werden kann, dass Kaufleute ihren Inhalt kennen.[437] Handelsklauseln sind als typische Vertragsbestimmungen **revisibel,** dh sie können vom Revisionsgericht eigenständig ausgelegt werden.[438] Die Klärung von Tatsachen (etwa das Bestehen eines

---

[421] BGH 15.6.1954, BGHZ 14, 61 (62); 14.11.1984, BGHZ 92, 396 (401) = NJW 1985, 738 (739); 19.9.1984, NJW 1985, 550.

[422] OLG Düsseldorf 4.5.1995, NJW-RR 1996, 115 (116 f.).

[423] BGH 15.6.1954, BGHZ 14, 61 (62); 22.1.1957, BGHZ 23, 131 (136) = NJW 1957, 827.

[424] Ebenroth/Boujong/Fest Rn. 362 f.

[425] Ebenroth/Boujong/Fest Rn. 362 f.

[426] BGH 22.1.1957, BGHZ 23, 131 (136) = NJW 1957, 827; 15.6.1964, BGHZ 14, 61 (62); 21.6.1972, BB 1972, 1117; 18.12.1975, NJW 1976, 852 (853).

[427] OLG Hamburg VersR 1996, 229; MüKoHGB/Maultzsch Rn. 53; Heymann/Horn Rn. 68.

[428] Heymann/Horn Rn. 68.

[429] OLG Nürnberg 6.12.1960, BB 1961, 696.

[430] Ebenroth/Boujong/Fest Rn. 363; GK-HGB/Achilles/B. Schmidt Rn. 28.

[431] BGH 19.3.1957, BGHZ 24, 39 (43): Stellung der Freizeichnungsklausel in der Rubrik „Lieferzeit" bezieht sich nur auf den Leistungszeitpunkt, nicht aber die Leistungspflicht insgesamt.

[432] RGHMW/Steimle/Dornieden Rn. 59; Schlegelberger/Hefermehl Rn. 57; **aA** Canaris, Die Vertrauenshaftung im deutschen Privatrecht, 1971, 227: Vorrang der typischen Bedeutung.

[433] Ebenroth/Boujong/Fest Rn. 363; GK-HGB/Achilles/B. Schmidt Rn. 28.

[434] BGH 15.6.1954, BGHZ 14, 61 (63); 23.3.1964, BGHZ 41, 215 (221 f.) = NJW 1964, 1365; 27.1.1987, NJW 1987, 2435 (2436); Heymann/Horn Rn. 68; Ebenroth/Boujong/Fest Rn. 364; GK-HGB/Achilles/B. Schmidt Rn. 28.

[435] BGH 14.11.1984, BGHZ 92, 396 (402) = NJW 1985, 738.

[436] BGH 31.5.1961, NJW 1961, 1968 (1969).

[437] *RG 22.10.1898, RGZ 42, 143 (146).*

[438] BGH 15.6.1954, BGHZ 14, 61 (62); 31.1.1973, WM 1973, 363 (364) = BeckRS 1973, 31125561; 19.9.1984, NJW 1985, 550; Ebenroth/Boujong/Fest Rn. 366; GK-HGB/Achilles/B. Schmidt Rn. 31.

zugrunde liegenden Handelsbrauchs oder einer Verkehrsanschauung) kann allerdings in der Revisionsinstanz selbst nicht erfolgen (→ Rn. 29).[439]

Soweit die Bedeutung von Handelsklauseln durch **Handelsbräuche** festgelegt ist, sind diese bei der Auslegung der betreffenden Klauseln gem. § 346 zu berücksichtigen.[440] Ein in diesem Rahmen behaupteter Handelsbrauch ist in der Regel durch Sachverständigengutachten festzustellen (→ Rn. 26 ff.).[441] Branchenunterschiede und regionale Besonderheiten können bedeutsam sein; etwaige Kollisionen sind nach den allgemeinen Regeln (→ Rn. 4) zu behandeln. Zur Auslegung von Handelsklauseln kann ferner das **Handelsgewohnheitsrecht** heranzuziehen sein. Handelsklauseln, deren Verwendung bislang nicht üblich war und die daher **„neu"** sind, können nicht auf dem vorstehend beschriebenen Wege ausgelegt werden; für sie gelten vielmehr die allgemeinen Grundsätze der Vertragsauslegung.[442] 70

3. Trade Terms. Im internationalen Handelsverkehr kommt zunächst den von der Internationalen Handelskammer (ICC) in Paris, zuerst 1923 und zuletzt im Jahre 1953, veröffentlichten Trade Terms[443] Bedeutung zu (→ Einl. Rn. 94). Bei den Trade Terms handelt es sich um eine Zusammenstellung international verbreiteter **Handelsklauseln** nebst einer Darstellung ihrer jeweiligen landesüblichen Deutung in einer Reihe von Ländern bzw. Landesgruppen; sie geben oftmals, aber nicht in jedem Falle internationale oder nationale Handelsbräuche wieder.[444] Sofern nicht nach dem Parteiwillen vorrangig die Incoterms (→ Rn. 72) eingreifen, kommt grundsätzlich der Rückgriff auf das in den Trade Terms niedergelegte nationale Verkehrsverständnis in Betracht.[445] Werden nationale Trade Terms bei einer Vereinbarung verwendet, ist – ebenso wie bei der Anwendung der Incoterms – die Bedeutung der Klausel durch Vertragsauslegung zu klären. Dies gilt insbesondere dann, wenn eine Klausel in Rede steht, die im Handelsverkehr keinen typischen, eindeutigen Inhalt besitzt.[446] Diese Auslegung im Einzelfall ist Sache des Tatrichters.[447] Indes kann die Auslegung der zehn in den Trade Terms niedergelegten Klauseln länderspezifisch unterschiedlich ausfallen. Die erstrebte Vereinheitlichungswirkung wird daher über die Trade Terms nicht herbeigeführt. Bei grenzüberschreitenden Handelsgeschäften entscheidet in der Regel das Vertragsstatut (Art. 3 f. Rom I-VO bzw. früher Art. 27 f. EGBGB aF) darüber, welches nationale Klauselverständnis zugrunde zu legen ist.[448] 71

4. Incoterms. Die ebenfalls von der ICC[449] aufgestellten **International Commercial Terms** (Incoterms) sind heute für den internationalen Handelsverkehr bedeutsamer als die Trade Terms (→ Einl. Rn. 94). Sie wurden erstmals 1936 zusammengestellt und typisiert; Änderungen, Ergänzungen bzw. Neufassungen erfolgten 1953, 1967, 1976, 1980, 1990, 2000, 2010 sowie jüngst zum 1.1.2020. Die Incoterms (eine eingetragene Marke der ICC)[450] enthalten – im Falle ihrer wirksamen Einbeziehung in den Vertrag verbindliche[451] – weltweit anerkannte internationale Regeln für die Auslegung typischer Vertragsklauseln über die Rechte und Pflichten von Verkäufer und Käufer bei Außenhandelsgeschäften,[452] die deren standardisierte Abwicklung ermöglichen (→ Einl. Rn. 90 ff.). Die bis Ende 2010 geltenden Incoterms 2000 bestanden aus insgesamt 13 Klauseln in vier sog. Klauselgruppen (E-, F-, C- und D-Klauseln). Die einzelnen 72

[439] BGH 21.6.1972, BB 1972, 1117 = BeckRS 1973, 31126703; 31.1.1973, WM 1973, 363 (364) = BeckRS 1973, 31125561; Ebenroth/Boujong/Fest Rn. 366.

[440] BGH 19.9.1984, NJW 1985, 550; 21.1.1987, NJW 1987, 2435 (2436); HK-HGB/Ruß Rn. 14.

[441] BGH 21.6.1972, BB 1972, 1117 = BeckRS 1973, 31126703; 31.1.1973, WM 1973, 363 (364) = BeckRS 1973, 31125561.

[442] Heymann/Horn Rn. 67; Ebenroth/Boujong/Fest Rn. 365.

[443] Abgedruckt bei Staub/Koller, 4. Aufl. 2004, Vor § 373 Rn. 763 ff.; Heymann/Horn Rn. 135.

[444] Ebenroth/Boujong/Fest Rn. 367; RGHMW/Steimle/Dornieden Rn. 63; Heymann/Horn Rn. 70 f.; GK-HGB/Achilles/B. Schmidt Rn. 30; MüKoHGB/Maultzsch Rn. 122.

[445] OLG Hamburg 12.3.1964, MDR 1964, 601 (602).

[446] BGH 19.9.1983, NJW 1984, 567 (568).

[447] BGH 20.10.2005, IPRspr. 2005, 461; OLG Koblenz 16.10.2003, RIW 2004, 302.

[448] Heymann/Horn Rn. 71.

[449] Von der ICC konzipiert bzw. geschaffen wurden ferner die Einheitlichen Richtlinien und Gebräuche für Dokumentenakkreditive (ERA), die Einheitlichen Richtlinien für auf Anfordern zahlbare Garantien (URDG) sowie die Einheitlichen Richtlinien für Inkassi (ERI). Darüber hinaus hat die Wirtschaftskommission der Vereinten Nationen für Europa (Economic Commission for Europa) eine Reihe von Lieferbedingungen für Maschinen, Anlagen sowie sonstige Güter und Erzeugnisse erstellt. Vgl. zu den vorgenannten Regelwerken Staudinger/Looschelders, 2019, Einl. IPR Rn. 122 mwN.

[450] Zwilling-Pinna BB 2019, 3016.

[451] Ebenroth/Boujong/Fest Rn. 368.

[452] MüKoHGB/Maultzsch Rn. 123; vgl. zu den Incoterms 2000 näher Lehr VersR 2000, 548 ff.; Piltz RIW 2000, 485 ff.; Wertenbruch ZGS 2005, 136 ff.

Klauseln setzen sich jeweils aus drei Buchstaben zusammen, wobei der jeweilige erste Buchstabe die Zugehörigkeit zu den vier Klauselgruppen bestimmt. Im Einzelnen handelt es sich um eine Abholklausel (EXW), drei Klauseln, wonach der Verkäufer die Ware lediglich einem vom Käufer benannten Frachtführer zu übergeben hat (FCA, FAS, FOB), vier weitere Klauseln, denen zufolge der Verkäufer den Beförderungsvertrag auf seine Kosten abschließt, jedoch ohne Haftung für Verlust und Beschädigung oder zusätzliche Kosten (CFR, CIF, CPT, CIP), sowie schließlich fünf Ankunftsklauseln, nach denen der Verkäufer alle Kosten und Gefahren bis zur Ankunft der Ware am Bestimmungsort trägt (DAF, DES, DEQ, DDU, DDP).[453] Zum 1.1.2011 traten die **Incoterms 2010** in Kraft, die aktuelle Entwicklungen in der Handelspraxis sowie im Transportwesen – etwa durch Gleichstellung der elektronischen Kommunikation mit derjenigen in Papierform – sowie Sicherheitsaspekte berücksichtigen.[454] Die vier Gruppen (E, F, C, D) nebst denüberkommenen Klauselbezeichnungen und -abkürzungen blieben unberührt. Die Incoterms 2010 bestehen jedoch nur noch aus insgesamt 11 Klauseln, von denen sieben universell für alle Transportarten gelten und vier speziell für den See-und Binnenschiffstransport vorgesehen sind. Die früheren Klauseln DAF, DES, DEQ und DDU sind entfallen und durch DAT und DAP ersetzt worden. Bei den Klauseln FOB, CFR und CIF geht die Gefahr nun auf den Käufer über, wenn die Ware an Bord des Schiffs gelangt ist. Innerhalb jeder Klausel stehen sich die korrespondierenden Verkäufer – sowie Käuferpflichten unter gleichen Überschriften und in derselben Reihenfolge spiegelbildlich gegenüber (A 1 – 10 als Verpflichtungen des Käufers und B 1 – 10 als diejenigen des Käufers). Die **Incoterms 2020**[455] enthalten entgegen verbreiteter Erwartung keine grundlegenden Veränderungen. Sie bestehen – unter Beibehaltung der überkommenen Struktur und Gruppeneinteilung – weiterhin aus 11 durch Drei-Buchstaben-Kombinationen individualisierten Klauseln: EXW, FCA, CPT, CIP, DAP, DPU und DDP für alle Transportarten sowie FAS, FOB, CFR und CIF für den See- und Binnenschiffstransport. Die 2010 neu geschaffene, seinerzeit aus der früheren Klausel DEQ hervorgegangene Klausel DAT ist nun in DPU umbenannt worden; zugleich wurde die Reihenfolge DAP – DPU gegenüber der bisherigen (DAT – DAP) getauscht. Darüber hinaus haben sich Veränderungen im Aufbau jeder Klausel – unter Beibehaltung der grundsätzlichen Struktur (A 1 – 10/B 1 – 10) – ergeben. Der Umfang der Versicherungspflicht ist bei der CIF- sowie der CIP-Klausel unterschiedlich geregelt[456] Neue Klauseln wurden nicht aufgenommen.

73 Den Incoterms kommt grundsätzlich keine selbstständige Geltung zu; sie sind vielmehr Empfehlungen[457] der ICC und dienen als **Auslegungshilfen.** Durch ihre allgemeinen vertraglichen Regeln folgende Einbeziehung in den Vertrag der Parteien erlangen sie jedoch Verbindlichkeit in diesem Rahmen; ihre Auslegung richtet sich dann nach den von der ICC vorgenommenen Erläuterungen[458] und hierbei im Zweifel – dh bei fehlender Verweisung auf eine bestimmte sprachliche Fassung – nach der englischen Originalfassung.[459] Als Handelsbräuche sind sie etwa bei der durch Auslegung erfolgenden Bestimmung des vertraglichen Lieferortes iSv Art. 5 Abs. 1 Brüssel Ia-VO vom nationalen Gericht zu berücksichtigen.[460] Im Anwendungsbereich des UN-Kaufrechts werden die Incoterms als einverständlich berufener Handelsbrauch (Art. 9 Abs. 1 CISG) angesehen[461] bzw. ist nach Art. 9 Abs. 2 CISG im Zweifel von einer stillschweigenden Bezugnahme der Vertragsparteien auf die Incoterms[462] auszugehen. In **temporärer Hinsicht** gilt mit Rücksicht auf den fehlenden rechtlich-zwingenden Charakter des Regelwerks: Die Incoterms 2020 haben mit dem 1.1.2020 Gültigkeit erlangt. Wird in Verträgen auf „die Incoterms" ohne Angabe einer konkreten Fassung Bezug genommen, dürfte bei Fehlen von Anhaltspunkten für einen anderweitigen Parteiwillen davon auszugehen sein, dass die bei Vertragsschluss geltende Fassung gemeint ist. Auf laufende Kaufverträge wirkt sich eine Neufassung der Incoterms nicht automatisch aus; anderes gilt nur, wenn entweder die Parteien dies aus Anlass der Neufassung konkret vereinbaren oder im Vertrag

[453] HK-HGB/Ruß Rn. 16.

[454] Zu Einzelheiten v. Bernstorff, Incoterms 2010, Kommentierung für die Praxis inklusive offiziellem Regelwerk, 2. Aufl. 2012; v. Bernstorff RIW 2010, 672; Piltz IHR 2011, 1 ff.

[455] Abgedruckt ua bei Hopt/Hopt S. 2297 ff.; MüKoHGB/Maultzsch Rn. 130.

[456] Vgl. zu den Neuerungen der Incoterms 2020 iE Oertel RIW 2019, 701; Piltz IHR 2019, 177; Zwilling-Pinna BB 2019, 3016; s. ferner auch Chibanguza/Kühn AnwZert HaGesR 7/2020 Anm.1.

[457] MüKoHGB/Maultzsch Rn. 126: empfohlene Geschäftsbedingungen.

[458] Ebenroth/Boujong/Fest Rn. 396.

[459] MüKoHGB/Maultzsch Rn. 129; englische Fassung abgedruckt bei Staub/Koller, 4. Aufl. 2004, Rn. 284 ff.

[460] EuGH 9.6.2011, NJW 2011, 3018 Rn. 21 f.; OLG Hamm 9.9.2011, ZfBR 2012, 222 (224).

[461] Zimmermann in Müller-Eiselt/Vonderbank, EU-Zollrecht/Zollwert, 2. Rechtsnatur und Geltungsgrund der Incoterms Rn. 14.

[462] Staudinger/Looschelders, 2019, Einl. IPR Rn. 123 mwN.

auf „die jeweils aktuelle Fassung der Incoterms" verwiesen wird. Ungeachtet der zum 1.1.2020 erfolgten Neufassung können auch ältere Fassungen weiterhin in Neuverträgen vereinbart werden.

VII. Einzelne Handelsklauseln

Ab Abruf: Der Käufer kann den Zeitpunkt der Lieferung selbst bestimmen. Dasselbe gilt für die Klausel „Kauf auf Abruf nach (ohne) Bedarf". Die Länge der angemessenen Frist bestimmt sich nach Treu und Glauben unter Berücksichtigung eines Handelsbrauchs bzw. der Verkehrssitte.[463] Bei unangemessener Verzögerung der Ausübung verliert der Käufer das Bestimmungsrecht. Der Verkäufer kann dann sofort Zahlung Zug um Zug gegen Lieferung verlangen (§ 241 Abs. 1 S. 1 BGB, § 322 BGB) oder nach Mahnung die Rechte aus § 280 Abs. 1, 2 BGB, § 286 BGB, § 325 BGB bzw. nach Fristsetzung die Rechte aus § 323 Abs. 1 BGB oder aus § 280 Abs. 1, 3 BGB, § 281 BGB geltend machen.[464] Ohne Nachfristsetzung kann der Käufer vorgehen, wenn die Leistungspflicht des Verkäufers „ohne Erinnerung" fortfallen soll. 74

Ab Kai: Der Verkäufer stellt die Ware in dem in der Klausel genannten Bestimmungshafen – verzollt – zur Verfügung. Gefahrübergang (§ 446 BGB) erfolgt mit Übergabe der am Kai abgesetzten Ware an den Käufer. „Ab Kai" in Verbindung mit der CIF-Klausel verschiebt den Gefahrübergang bis zum Absetzen am benannten Kai.[465] S. auch DEQ.

Ab Lager: Der Verkäufer stellt die – verpackte – Ware im Lager so zur Verfügung, dass der Frachtführer sie dem Käufer unbeschädigt überbringen kann.[466] Der Käufer hat die Ware im Lager des Verkäufers zu übernehmen und trägt ab der Übernahme die Gefahr, sofern das Lager – was indes durch die Klausel allein nicht bewirkt wird – Erfüllungsort ist. Verpackungs- und Transportkosten sind vom Käufer zu tragen. Bei Verkauf „ab Lager" muss der Käufer, sofern dies nicht nach den Umständen unzumutbar ist oder Verkäufer der Klausel zuwider an das Lager des Käufers geliefert hat, die Kaufsache im Lager des Verkäufers untersuchen.[467]

Ab Schiff: Der Verkäufer hat die Ware dem Verkäufer an dem in der Klausel bezeichneten Bestimmungshafen zur Verfügung zu stellen (ab Kai = verzollt). S. auch DES.

Ab Station: Der Verkäufer stellt die verpackte Ware in der Station zur Verfügung. Der Käufer muss die Ware dort übernehmen und prüfen;[468] er hat zudem die Verpackungskosten zu tragen. Der Gefahrübergang auf den Käufer erfolgt mit Übernahme der Ware.

Ab Werk: Die Klausel „ab Werk" ist die typische Abholklausel.[469] Sie betrifft nicht nur Gefahrtragung und Kostenteilung, sondern ermöglicht auch eine Bestimmung des Orts der Lieferung und Abnahme am Ort des Verkäufers.[470] Der Verkäufer stellt die verpackte Ware zur Abholung im Werk derart zur Verfügung, dass der Käufer sie entweder selbst abholen[471] oder der Frachtführer sie dem Käufer unbeschädigt überbringen kann.[472] Der Käufer trägt die Versendungs- und die Transportkosten (§ 448 BGB); das gilt im Zweifel auch für erhöhte Kosten wegen Lieferung von einem entfernteren als dem vom Käufer erwarteten Werk **(netto ab Werk),**[473] nicht aber bei einem überraschend weit entfernten (zB ausländischen) Werk.[474] Der Käufer hat auch dann lediglich die Kosten ab dem Herstellerwerk des Verkäufers zu tragen, wenn der Verkäufer die Ware bei einem Dritten herstellen ließ, dessen Werk noch weiter entfernt liegt.[475] Die Klausel „ab Werk" bestimmt als solche noch nicht den Erfüllungsort.[476] In Verbindung mit dem zusätzlichen Vermerk **„Abholung unfrei"** gibt die Klausel „ab Werk" als typische Abholklausel dem Käufer im Grundsatz kein Recht zur Selbstabholung; ein solches besteht auf Seiten des Käufers jedoch bei rechtzeitiger Ankündigung.[477] Vgl. auch EXW; s. Incoterms 2020 Nr. 1.

---

463 MüKoHGB/K. Schmidt, 4. Aufl. 2018, Rn. 61.
464 RGHMW/Steimle/Dornieden Rn. 64; Heymann/Horn Rn. 79.
465 Heymann/Horn Rn. 75.
466 BGH 18.6.1968, NJW 1968, 1929 (1930); OLG Hamburg 7.3.2013, r + s 2013, 503 (504) = BeckRS 2013, 07316.
467 Heymann/Horn Rn. 74.
468 LG Oldenburg 1.7.1975, RIW 1976, 454.
469 RGHMW/Steimle/Dornieden Rn. 68. Zur Incoterms-Klausel „ex works" vgl. auch EuGH 9.6.2011, EuZW 2011, 603 mAnm Leible EuZW 2011, 603 sowie mAnm Gebauer LMK 2011, 322284; OLG Stuttgart 18.4.2011, BeckRS 2011, 16756; LG München I 30.7.2014, BeckRS 2015, 14825.
470 OLG Stuttgart 7.8.2017, ZVertriebsR 2018, 131.
471 Schüssler DB 1986, 1181 (1182).
472 BGH 18.6.1968, NJW 1968, 1929 (1930).
473 Ebenroth/Boujong/Fest Rn. 369.
474 Heymann/Horn Rn. 73.
475 LG Stuttgart 23.11.1965, BB 1966, 675; BeckOGK/Beurskens, 1.11.2025, Rn. 168.
476 Heymann/Horn Rn. 74.
477 OLG Köln 14.3.1973, MDR 1973, 590.

Akkreditiv: Der Käufer muss durch Stellung eines Akkreditivs in Vorleistung treten. Der Anspruch des Käufers auf Lieferung der Ware steht unter der aufschiebenden Bedingung der vertragsmäßigen Stellung des Akkreditivs.[478]

Ankunftsklauseln: Alle D-Klauseln der Incoterms (DAF, DDU, DDP, DES, DEQ bzw. DAT/DPU; s. dort) sind Ankunftsklauseln. Es wird hierdurch eine Bringschuld vereinbart und ein Gerichtsstand an dem durch sie bezeichneten Bestimmungsort begründet.[479]

Arbitrage: Die Arbitrageklausel bedeutete ursprünglich die Vereinbarung eines Schiedsgutachters bei Streitigkeiten über Fragen tatsächlicher Art, insbesondere in Bezug auf etwaige Qualitätsmängel der Ware. Der Gebrauch der Klausel ohne Zusatz ist heute im Hinblick darauf, dass im kaufmännischen Verkehr zumeist detaillierte Schlichtungs-, Schieds- oder Schiedsgutachterverträge geschlossen werden bzw. vor allem im internationalen Handel entsprechende Verfahrensregelungen zur Verfügung stehen, ungewöhnlich. Praktisch bedeutsam sind im Wesentlichen die „Bremer" oder „Hamburger (freundschaftliche) Arbitrage". Bei Verwendung der Klausel „Hamburger (freundschaftliche) Arbitrage", die auf § 20 der Platzusancen für den Hamburgischen Warenhandel (1927) verweist, liegt eine **Schiedsgerichtsvereinbarung** vor, die sämtliche Streitigkeiten unter Einschluss von Rechtsstreitigkeiten erfasst.[480]

75 **Baisse-Klausel:** Dem Käufer steht ein Rücktrittsrecht zu, wenn er von dritter Seite billiger als zum vereinbarten Preis beziehen kann. Allerdings muss der Käufer die Ernsthaftigkeit des fremden Angebots darlegen.[481] S. auch Meistbegünstigungsklausel.

Baldmöglichst: In der Regel hat die Klausel den Bedeutungsgehalt, dass der Verkäufer in angemessener, kurzer Frist liefern und alle ihm zumutbaren Anstrengungen unternehmen muss, um seine Lieferpflicht unter Berücksichtigung aller Umstände[482] im ordentlichen Geschäftsgang[483] so schnell wie möglich zu erfüllen. Durch die Klausel kann indes auch die Lieferzeit derart in das Belieben des Verkäufers gestellt sein, dass er sie nach billigem Ermessen (§ 315 BGB) zu bestimmen hat.[484]

Bar: Die Barzahlungsklausel (auch: Zahlung bar, Kasse, cassa) eröffnet im Regelfall neben der sofortigen Zahlung mit Bargeld auch die Möglichkeit zur Überweisung oder der Hingabe eines (gedeckten) Schecks. Im Vordergrund steht zumeist die Pflicht, sofort – dh ohne Kreditierung – zu zahlen.[485] Die Ausübung eines Zurückbehaltungsrechts oder die Aufrechnung sind jedoch bis zur Grenze des Rechtsmissbrauchs ausgeschlossen.[486] Eine rechtsmissbräuchliche Geltendmachung der Klausel liegt noch nicht vor, wenn bloß der Verdacht der Minderwertigkeit der gelieferten Ware besteht. Bei Vereinbarung von „netto Kasse" ist kein Skontoabzug möglich. Die Klausel „Kasse" in Verbindung mit einem Zahlungsdatum stellt eine Fälligkeitsregelung dar.

Besichtigt: Besichtigungsklauseln („wie besichtigt", „wie besehen", „auf Besicht") dienen dem Ausschluss der Gewährleistung (§§ 437 ff. BGB) bzw. dem Ausschluss der Haftung (§§ 275 ff. BGB) wegen solcher Mängel, die bei einer Besichtigung erkannt worden sind oder zumindest hätten erkannt werden können,[487] wobei entgegen § 442 Abs. 1 S. 2 BGB auch leichte Fahrlässigkeit schadet.[488] Hingegen erfasst der Haftungsausschluss nicht die Zusicherung des Fehlens von Mängeln, die Übernahme einer Garantie oder das arglistige Verschweigen von Mängeln (§ 444 BGB). Einen Ausschluss der Haftung für bei der Besichtigung nicht erkennbare und auch dem Verkäufer unbekannte Mängel enthält die Klausel nur dann, wenn die Vertragsauslegung ausnahmsweise eine solche Risikoverteilung zu Lasten des Käufers ergibt.[489] Die Beweislast für die Kenntnis oder fahrlässige Unkenntnis des Mangels nach Besichtigung trägt der Verkäufer.[490]

Besserung: Die Besserungsklausel (auch „auf Besserung", „Stundung auf Besserung") stellt eine Stundungsabrede bis zur Besserung der wirtschaftlichen Verhältnisse des Schuldners dar, dh

---

[478] BGH 1.4.1955, WM 1955, 765; RGHMW/Steimle/Dornieden Rn. 69; Ebenroth/Boujong/Fest Rn. 369; Heymann/Horn Rn. 76.

[479] Leible EuZW 2011, 605.

[480] BGH 28.4.1960, NJW 1960, 1296; vgl. näher Heymann/Horn Rn. 78; Ebenroth/Boujong/Fest Rn. 369; RGHMW/Steimle/Dornieden Rn. 72.

[481] OLG Hamburg 22.6.1932, HRR 1932 Nr. 2284.

[482] RG 12.2.1918, RGZ 92, 208 (210).

[483] RG 3.7.1929, HRR 1929, 1934.

[484] OLG München 3.11.1953, BB 1954, 116; **aA** Staub/Koller, 4. Aufl. 2004, Vor § 373 Rn. 261.

[485] Ebenroth/Boujong/Fest Rn. 370.

[486] BGH 21.6.1972, BB 1972, 1117 = BeckRS 1973, 31126703; 19.9.1984, NJW 1985, 550; 21.1.1987, NJW 1987, 2435.

[487] RG 21.1.1919, RGZ 94, 285 (287); BGH 11.6.1979, BGHZ 74, 383 (385).

[488] RGHMW/Steimle/Dornieden Rn. 76; Ebenroth/Boujong/Fest Rn. 370; Heymann/Horn Rn. 83; Hopt/Leyens Rn. 40.

[489] Ebenroth/Boujong/Fest Rn. 370; Heymann/Horn Rn. 83.

[490] OLG Frankfurt 9.10.1979, DB 1980, 779.

bis zu dem Zeitpunkt, zu dem er – ggf. auch nur in Raten – ohne Gefährdung seiner wirtschaftlichen Existenz leisten kann.[491] Im Falle der Besserung der Lage des Schuldners lebt die Stundung allerdings nicht wieder auf, sofern es in der Folgezeit erneut zu einer Verschlechterung kommen sollte.[492] Stellt der Schuldner den Betrieb ein, erlischt die Stundung.[493] Der Gläubiger muss die relevante Besserung in den Vermögensverhältnissen des Schuldners darlegen und beweisen,[494] allerdings kann der Schuldner nach allgemeinen Grundsätzen der sekundären Behauptungslast gehalten sein, zunächst seine wirtschaftliche Situation so darzulegen, dass der Gläubiger hierauf dezidiert erwidern kann.[495]

Brutto für netto: Die Berechnungsgrundlage für den Kaufpreis ist das Bruttogewicht der verkauften Ware, dh ohne Abzug der Verpackung (Tara). Das Gesamtgewicht schließt also neben der Ware auch die Verpackung mit ein.

CAD: cash against documents (c.a.d.); s. Kasse gegen Dokumente. 76

CFR (C & F): cost and freight (named Port of destination); Kosten und Fracht (benannter Bestimmungshafen). Der Verkäufer hat die Kosten und die Fracht bis zur Ankunft im benannten Bestimmungshafen, dh einschließlich der normalen Abladekosten zu tragen. Zusätzliche, durch Ereignisse nach Lieferung der Ware an Bord entstandene Kosten trägt der Käufer, sobald die Ware die Schiffsreeling im Verschiffungshafen überschritten hat. Zum Zeitpunkt der Verladung im Verschiffungshafen geht die Gefahr des Verlustes und der Beschädigung der Ware auf den Käufer über. CFR bedeutet zusätzlich, dass der Verkäufer die Ware zur Ausfuhr freizumachen hat.[496] Abweichend vom CIF-Geschäft besteht keine Versicherungspflicht des Verkäufers; es ist dem Käufer überlassen, ob er eine Transportversicherung abschließt oder nicht.[497] S. Incoterms 2020 Nr. 10.

CIF: cost, insurance, freight. Die Klausel bedeutet in Verbindung mit der Angabe eines Bestimmungshafens, dass der Verkäufer über den bereits von der CFR-Klausel umfassten Leistungsumfang hinaus (Besorgung der Fracht bis zum angegebenen Bestimmungshafen einschließlich der Kosten bis zur Ankunft und der üblichen Abladekosten) auch eine **(See-)Transportversicherung** gegen die vom Käufer getragene Sachgefahr abschließen muss. Der Versicherungsvertrag – ausreichend ist ein Abschluss zu Mindestbedingungen – ist vom Verkäufer abzuschließen und er hat die Prämie zu tragen. Ebenso wie die CFR-Klausel enthält die CIF-Klausel neben einer Regelung zur Kostentragung auch eine solche zur Gefahrtragung: Der Gefahrübergang auf den Käufer erfolgt mit der Abladung am Abladeort. Bei Verbindung der CIF-Klausel mit der Bestimmung „ab Kai" verbleibt die Gefahr bis zum Absetzen am benannten Kai beim Verkäufer. Beim Verkauf mit CIF-Klausel muss der Verkäufer nicht die Ware selbst, sondern die vertragsgemäßen Dokumente offerieren.[498] Dieselbe Dokumentenstrenge wie im Akkreditivgeschäft gilt hierfür nur, wenn die CIF-Klausel mit einer Akkreditiv-Vereinbarung verbunden ist.[499] Die Untersuchung und Prüfung der Ware muss im Bestimmungshafen erfolgen (§ 377 Abs. 1). Die Klauseln CIF einerseits und CIP andererseits enthalten in den Incoterms 2020 unterschiedliche Mindestdeckungen für den Versicherungsschutz: Die CIF-Klausel sieht nur einen Mindestversicherungsschutz bezüglich ausdrücklich genannter Schadensereignisse vor. Demgegenüber enthält die für den multimodalen Stückguttransport geeignete CIP-Klausel nun eine dem Käufer günstige Ausweitung der Standardversicherungspflicht zu einer umfassenderen „All-Risk"-Deckung.[500] S. Incoterms 2020 Nr. 11.

CIP: carriage and insurance paid („frachtfrei versichert"). Im Unterschied zum CPT-Geschäft hat der Verkäufer auf seine Kosten gegen Verlust und Beschädigung der Ware eine Transportversicherung abzuschließen. Der Käufer trägt die Frachtkosten und die Gefahr ab der Übergabe der Ware an den benannten Frachtführer.[501] Auf Basis der Incoterms 2020 sieht die CIP-Klausel einen gegenüber der der CIF-Klausel umfassenderen Versicherungsschutz vor. S. Incoterms 2020 Nr. 4.

Circa, ca.: Die Klausel billigt dem Leistungsschuldner eine Abweichung bei der Bemessung seiner Leistung zu.[502] In der Praxis dürfte es sich im Wesentlichen um Spielräume in Verbindung mit Mengenangaben handeln. Die Klausel kann sich grundsätzlich aber auch auf die Qualität der

---

491 RG 22.1.1919, RGZ 94, 290 (291).
492 RG 23.11.1898, RGZ 42, 151 (153); OLG Hamburg 22.4.1931, HRR 1932 Nr. 2.
493 OLG München 21.2.1913, SeuffA 68 Nr. 96.
494 RGHMW/Steimle/Dornieden Rn. 77.
495 GK-HGB/Achilles/B. Schmidt Rn. 33.
496 RGHMW/Steimle/Dornieden Rn. 80.
497 GK-HGB/Achilles/B. Schmidt Rn. 34.
498 BGH 15.1.1964, MDR 1964, 497 = BeckRS 1964, 31185618.
499 Ebenroth/Boujong/Fest Rn. 371; Heymann/Horn Rn. 88.
500 Chibanguza/Kühn AnwZert HaGesR 7/2020 Anm.1.
501 OLG Hamm 30.3.2012, BeckRS 2012, 21875.
502 Thamm DB 1982, 417.

Ware, die Lieferfrist und den Kaufpreis beziehen.[503] Das Maß des zulässigen Umfangs der Abweichung bestimmt sich nach den Umständen des Einzelfalls oder aber nach einem Handelsbrauch. Bei Mengenangaben soll hiernach eine Spanne von 5–10 % in Betracht kommen.[504] Sofern die vertraglich festgelegte Mengenangabe ihrerseits einen Spielraum enthält, kann dieser infolge des ca.-Zusatzes noch unter- oder überschritten werden. Eine grobe Unter- oder Überschreitung der Toleranzgrenze führt indes zur völligen Verwirkung der Toleranzrechte.[505] Liefert der Verkäufer nicht, so ist bei Vereinbarung einer ca.-Klausel der Schadensersatzanspruch des Käufers nur auf der Grundlage der Mindestmenge zu berechnen;[506] der vertragsuntreue Käufer haftet hingegen für die Höchstmenge.[507]

COD: cash on delivery. Es handelt sich um eine Nachnahmeklausel (s. Nachnahme), die eine Barzahlungsklausel, mithin einen Aufrechnungsausschluss (s. Bar) enthält.[508]

Container: s. FCL.

CPT: carriage paid to („frachtfrei"). Der Verkäufer muss die Fracht für die Beförderung der Ware bis zum benannten Bestimmungsort sowie die Verlade- und Ausfuhrkosten tragen; er beauftragt ferner den Frachtführer. Die Gefahr geht vom Verkäufer auf den Käufer mit Übergabe an den Frachtführer, bei mehreren Frachtführern mit der Übergabe an den ersten von ihnen, über. Der Verkäufer ist zur Freimachung der Ware zur Ausfuhr verpflichtet.[509] Abweichend von der CIP-Klausel fehlt die Versicherungspflicht des Verkäufers. Die Klausel CPT ist für alle Geschäfte geeignet, bei denen der Verkäufer zwar den Transport durchführen, der Gefahrübergang, dh der Übergang des Risikos von Verlust bzw. Untergang der Ware aber schon bei Lieferung erfolgen soll. Lieferort, mithin Ort des Gefahrübergangs vom Verkäufer auf den Käufer, ist der Ort, an dem der Verkäufer die Ware dem (ersten) Frachtführer übergibt, wobei es genügt, wenn für diesen ein Subunternehmer tätig ist. S. Incoterms Nr. 3.

77 **D/A:** documents against acceptance; s. Dokumente gegen Akzept.

DAF: delivered at frontiers. s. Geliefert Grenze. Nach den Incoterms 2010 ist diese – in den Incoterms 2000 noch enthaltene – Klausel in den beiden neuen Klauseln DAT (delivered at terminal; geliefert Terminal) und DAP (delivered at place; geliefert benannter Ort) aufgegangen. Die in den Incoterms 2010 neu geschaffene Klausel DAT wiederum ist in den Incoterms 2020 in DPU (geliefert benannter Ort entladen) umbenannt worden.

DAP: delivered at place/geliefert benannter Ort (Incoterms 2010); s. auch DAF. „Geliefert benannter Ort" bedeutet, dass der Verkäufer die Ware liefert, wenn sie dem Käufer auf dem ankommenden Beförderungsmittel am benannten Bestimmungsort entladebereit zur Verfügung gestellt wird; das Risiko der Beschädigung oder Zerstöung der Ware beim Ent- oder Umladen trägt der Käufer. Auf Basis der Incoterms 2020 kann der Transport der Ware vom Verkäufer zum Käufer – alternativ zum Abschluss eines Beförderungsvertrags – auch mit eigenen Transportmitteln organisiert werden.

DAT: delivered at terminal/geliefert Terminal (Incoterms 2010). Die für jede Transportart verwendbare Ankunftsklausel DAT war – zusammen mit der DAP-Klausel – neu in die Incoterms 2010 aufgenommen worden; beide traten dort an die Stelle der gleichzeitig weggefallenen bisherigen Incoterms DAF, DES, DEQ und DDU; s. auch DPU (Incoterms 2020). „Geliefert Terminal" bedeutet, dass der Verkäufer die Ware liefert, sobald sie vom ankommenden Beförderungsmittel entladen wurde und dass die Ware dem Käufer an einem benannten Terminal im benannten Bestimmungshafen bzw. Ort zur Verfügung gestellt wird. Der Verkäufer trägt alle Gefahren im Zusasmmenhang mit der Beförderung der Ware zum und deren Entladung im Terminal des benannten Bestimmungshafens bzw. Orts. „Terminal" im Sinne der Klausel kann jeder überdachte oder nicht überdachte Ort sein, ein Kai daher beispielsweise ebenso wie eine Lagerhalle oder ein Containerdepot. Der genaue Übergabepunkt innerhalb des (unter Umständen weitläufigen) Terminals sollte möglichst präzise festgelegt warden. Soll der Verkäufer auch die mit dem Umschlag der Ware und deren Weitertransport vom Terminal zu einem anderen Ort verbundenen Kosten und Gefahren tragen, sind die Klauseln DDP oder DAP zu verwenden.

---

[503] GK-HGB/Achilles/B. Schmidt Rn. 34; vgl. auch Ebenroth/Boujong/Fest Rn. 371, wonach die Klausel „in aller Regel" lediglich das Recht zur Mengenabweichung erfassen soll, sie sich aber auch auf das Leistungsentgelt oder den Liefertermin erstrecken kann.

[504] Ebenroth/Boujong/Fest Rn. 371; RGHMW/Steimle/Dornieden Rn. 83.

[505] Hopt/Leyens Rn. 40.

[506] OLG München 16.2.1994, NJW-RR 1994, 886 (887); GK-HGB/Achilles/B. Schmidt Rn. 34; Ebenroth/Boujong/Fest Rn. 371; Hopt/Leyens Rn. 40; RGHMW/Steimle/Dornieden Rn. 83; Heymann/Horn Rn. 90; **aA** OLG Düsseldorf NJW-RR 1991, 679 (680).

[507] Ebenroth/Boujong/Fest Rn. 371; diff. Hopt/Leyens Rn. 40.

[508] BGH 19.9.1984, NJW 1985, 550; vgl. aber auch BGH 21.1.1999, NJW-RR 1999, 1192.

[509] Ebenroth/Boujong/Fest Rn. 374; Heymann/Horn Rn. 92; RGHMW/Steimle/Dornieden Rn. 86.

D/C: documents against cash. s. Kasse gegen Dokumente.

DDP: delivered duty paid; s. Geliefert verzollt. Nach der Klausel „DDP" (Incoterms 2000) – für deren Bedeutung in der Regel auf die Anwendungshinweise der Internationalen Handelskammer (ICC) zurückzugreifen ist – ist erst dann geliefert, wenn die zur Einfuhr freigemachte Ware auf dem ankommenden Beförderungsmittel entladebereit am benannten Bestimmungsort zur Verfügung gestellt wird.[510] Alle Mehrwertsteuern und andere im Zusammenhang mit der Einfuhr anfallenden Steuern (d. h. alle Abgaben, die mit dem Grenzübertritt in Verbindung stehen, mithin insbesondere Zölle und Einfuhrumsatzsteuer) gehen, sofern vertraglich nichts Abweichendes vereinbart ist, zu Lasten des Verkäufers. Diesbezügliche Einschränkungen können durch entsprechende Zusätze zum Ausdruck gebracht werden, also zB „DDP, verzollt, nicht versteuert" oder „DDP, verzollt, ohne USt.". Diesbezügliche Unklarheiten gehen aufgrund dessen umfassender Grundverpflichtung zu Lasten des Verkäufers. Die Klausel DDP ist als Maximalverpflichtung des Verkäufers gewissermaßen das Spiegelbild zu EXW als Minimalpflicht. Auf Basis der Incoterms 2020 kann der Transport der Ware vom Verkäufer zum Käufer – alternativ zum Abschluss eines Beförderungsvertrags – auch mit eigenen Transportmitteln organisiert werden.

DDU: delivered duty unpaid; s. Geliefert unverzollt. Nach den Incoterms 2010 ist diese – in den Incoterms 2000 noch enthaltene – Klausel in den beiden neuen Klauseln DAT und DAP aufgegangen.

Default clause: s. Verfallklausel.

DEQ: delivered ex quay; s. Ab Kai. In den Incoterms 2000 bedeutet DEQ keine Verzollungspflicht des Verkäufers mehr.[511] Nach den Incoterms 2010 ist diese – in den Incoterms 2000 noch enthaltene – Klausel nunmehr in den beiden neuen Klauseln DAT und DAP aufgegangen.

DES: delivered ex ship; s. Ab Schiff. Nach den Incoterms 2010 ist diese – in den Incoterms 2000 noch enthaltene – Klausel in den beiden neuen Klauseln DAT und DAP aufgegangen.

Dokumente gegen Akzept: Die Klausel enthält die Vereinbarung der Kaufpreisfinanzierung durch Wechselrembours im Außenhandel. Der Verkäufer erhält einen Wechsel gegen Übergabe der Verladedokumente. Der Käufer ist zur Hingabe eines Wechselakzepts gegen die Verladedokumente verpflichtet.[512] Das Wechselakzept dient dem Verkäufer zur Liquiditätsbeschaffung.

Dokumente gegen unwiderruflichen Zahlungsauftrag: Bei dieser Klausel hat der Käufer einen unwiderruflichen Zahlungsauftrag gegen die Hingabe der Verladedokumente betreffend die versandte Ware zu stellen. Die Klausel bietet dem Käufer gegenüber der Klausel „Dokumente gegen Akzept" lediglich eine geringere Sicherheit.[513]

D/P: documents against payment; s. Kasse gegen Dokumente.

DPU: delivery at place unloaded; geliefert benannter Ort entladen. Die Klausel ist in den Incoterms 2020 durch Umbenennung der bisherigen Klausel DAT (geliefert Terminal) aus den Incoterms 2010 hervorgegangen. Die Umbenennung dient der Klarstellung, dass die Lieferung der Ware flexibel an jedem Ort inklusive Entladung erfolgen kann, also auch außerhalb eines Terminals. Der Transport der Ware vom Verkäufer zum Käufer kann – alternativ zum Abschluss eines Beförderungsvertrags – auch mit eigenen Transportmitteln organisiert werden.

Eta: expected (estimated) time of arrival. Es handelt sich – ebenso wie die Etb-Klausel (expected/ 78
estimated time of berthing) – um eine Erwartungsklausel, die dazu dient, den Ablader (Befrachter) über die voraussichtliche Ladebereitschaft zu unterrichten.[514] Die Anzeige der Ladebereitschaft nach § 567 ist hierdurch gleichwohl nicht entbehrlich.[515] Erfüllungs- und Leistungsort des Verkäufers ist der Bestimmungshafen, nicht der Abladeort (sog. unechtes Abladegeschäft). Die Klausel enthält im Regelfall nicht die Vereinbarung eines Fixgeschäfts (§ 376);[516] anderes kann dann gelten, wenn besondere Umstände – wie zB Preisschwankungen – hinzutreten.[517]

Etb: expected (estimated) time of berthing; s. Eta.

Ex ship: s. Ab Schiff.s. DES

EXW: ex works; s. Ab Werk.

FAS: free alongside ship (named Port of shipment); frei Längsseite Schiff (benannter Verschiffungs- 79
hafen). Der Verkäufer muss die Ware längsseits des Schiffs im benannten Bestimmungshafen bringen,

[510] BGH 7.11.2012, NJW-RR 2013, 309 Rn. 18 mAnm Matusche-Beckmann LMK 2013, 343555; OLG Hamm 9.9.2011, ZfBR 2012, 222 (224).

[511] Heymann/Horn Rn. 75.

[512] Hopt/Leyens Rn. 40; Ebenroth/Boujong/Fest Rn. 372; GK-HGB/Achilles/B. Schmidt Rn. 35; RGHMW/Steimle/Dornieden Rn. 96.

[513] Ebenroth/Boujong/Fest Rn. 372.

[514] Heymann/Horn Rn. 94; RGHMW/Steimle/Dornieden Rn. 98; Ebenroth/Boujong/Fest Rn. 373.

[515] Schlegelberger/Hefermehl Rn. 69.

[516] OLG Köln 12.3.1954, MDR 1954, 412; OLG Celle 21.12.1972, MDR 1973, 412.

[517] BGH 22.1.1959, NJW 1959, 933; OLG Celle 21.12.1972, MDR 1973, 412.

und zwar so, dass sie vom Ladegeschirr des Schiffs oder des Kais erfasst werden kann,[518] also der Käufer die Möglichkeit hat, die Ware an sich zu nehmen. Ab diesem Zeitpunkt trägt der Käufer die Kosten sowie die Gefahr des Verlusts und der Beschädigung der Ware; er hat zudem die Ware zur Ausfuhr freizumachen. Die moderne Hafenwirtschaft nutzt eher die FAS-Klausel anstelle der FOB-Klausel. Befindet sich die Ware in Containern, die üblicherweise an einem Terminal (zB einem Kai) abgeladen und dort an den Frachtführer übergeben werden, empfiehlt sich allerdings die Klausel FCA. S. Incoterms Nr. 8, 9.

FCA: free carrier (Standort des vereinbarten Frachtführers); s. auch Frei Frachtführer. Auf Basis der Incoterms 2020 kann der Transport der Ware vom Verkäufer zum Käufer – alternativ zum Abschluss eines Beförderungsvertrags – auch mit eigenen Transportmitteln organisiert werden.

FCL: full container load. Die Klausel FCL/FCL enthält die Verpflichtung zur Versendung des versiegelten Containers von der Tür eines Abladers bis zur Tür des Empfängers (ein Ablader, ein Empfänger). Den Gegensatz hierzu stellt die Klausel LCL (less than container load) dar. LCL/LCL bedeutet die Anlieferung in die Containerfrachtstation, sofern ein Seetransport im Container erfolgen soll, und die Auslieferung in der Containerfrachtstation des Bestimmungshafens an den Empfänger. Im Falle der Klausel FCL/LCL sind ein Ablader und mehrere Empfänger vorhanden, umgekehrt bei Vereinbarung von LCL/FCL mehrere Ablader, aber lediglich ein Empfänger.[519]

Fest: Die Klausel dürfte im Allgemeinen als Gegensatz zu „Angebot freibleibend" (s. Freibleibend) aufzufassen sein und stellt insoweit klar, dass nicht lediglich eine invitatio ad offerendum vorliegt. In Verbindung mit einer Zeitangabe bedeutet die Klausel, dass der Anbietende entsprechende lange gebunden sein will.[520]

Fix: Bei Vereinbarung dieser Klausel ist zur Beantwortung der Frage, ob ein – relatives oder absolutes – Fixgeschäft vorliegt, auf den jeweiligen Einzelfall, vor allem auf die betroffene Branche sowie darauf abzustellen, ob der Fixcharakter des Geschäfts ggf. aus einem entsprechenden Handelsbrauch folgt.[521]

FOB: free on board. Der Verkäufer stellt die zur Ausfuhr freigemachte Ware an Bord des vom Käufer benannten Schiffes zur Verfügung. Die Erfüllung der Lieferpflicht des Verkäufers tritt – als wesentlicher Unterschied zur FAS-Klausel – ein, wenn die Ware die Schiffsreeling überschreitet. Bis zu diesem Zeitpunkt hat der Verkäufer alle Kosten und die Gefahr zu tragen. Der Käufer hat die Ware am Lieferort zu übernehmen und trägt die Verantwortung für den Haupttransport, die Durchfuhr durch Drittstaaten und die Einfuhr in das Bestimmungsland. Wird aufgrund einer FOB-Vereinbarung geliefert, ist Lieferort iSv Art. 5 Nr. 1 lit. b Brüssel Ia-VO der Verschiffungshafen.[522] Für die Frage, ob der Käufer die Ware im Ablade- oder im Bestimmungshafen zu untersuchen (§ 377) hat, kommt es in Ermangelung einer diesbezüglichen Vereinbarung der Parteien auf die Umstände des Einzelfalls, zB die Art der Verpackung oder die Art der Ware, an.[523] Die moderne Hafenwirtschaft nutzt eher die FAS-Klausel anstelle der FOB-Klausel. Die Frage, ob mit der Klausel **„F. O. B. Zielhafen"** bei der Anwendung von deutschem Vertragsrecht der Zielhafen als Erfüllungsort vereinbart ist, wenn die Vertragspartei ihren Sitz in Deutschland, die andere ihren Sitz im Ausland hat, ist einer grundsätzlichen Klärung nicht zugänglich. Werden Incoterms oder nationale Trade Terms bei einer Vereinbarung verwendet, ist die Bedeutung der Klausel durch Vertragsauslegung zu klären, bei der es auf die jeweiligen Gesamtumstände des konkreten Falles ankommt.[524] S. Incoterms Nr. 4.

FOB Flughafen: Der Verkäufer hat bis zu einem benannten Flughafen zu liefern und trägt bis dorthin die Kosten. Er schuldet die Übergabe an den Luftfrachtführer, nicht aber die Verladung in das Flugzeug.[525]

FOC: free of charge, dh Ablehnung jeder Kostentragung. Die FOC-Klausel gehört nicht zu den Incoterms, ist also keine Handelsklausel mit fest definiertem Inhalt, aber durchaus gebräuchlich.[526]

Force majeure: s. Höhere Gewalt.

FOR/FOT: free on rail (Waggon) bzw. free on truck (Lkw.). Der Verkäufer hat für den Transport der Ware zum bezeichneten Abgangsort sowie für die Verladung auf einen geeigneten Waggon bzw. Lkw Sorge zu tragen.

---

518 GK-HGB/Achilles/B. Schmidt Rn. 37; Liesecke WM-Sonderbeil. 3/1978, 1 (28).
519 Ebenroth/Boujong/Fest Rn. 374.
520 Heymann/Horn Rn. 97.
521 BGH 27.10.1982, ZIP 1982, 1444 (1445) = BeckRS 1982, 31076005.
522 BGH 22.4.2009, NJW 2009, 2606 (2607) mAnm Pfeiffer LMK 2009, 286480 und mAnm Schwenker IBR 2009, 1275.
523 BGH 29.11.1972, BGHZ 60, 5 (7) = NJW 1973, 189; GK-HGB/Achilles/B. Schmidt Rn. 37.
524 BGH 20.10.2005, IPRspr. 2005, 441.
525 Ebenroth/Boujong/Fest Rn. 374; Staub/Koller, 4. Aufl. 2004, Vor § 373 Rn. 214.
526 OLG Stuttgart 18.4.2011 BeckRS 2011, 16756.

Frachtbasis, Frachtparität: Für die Frachtkosten wird ein bestimmter Ort als – fiktiver – Verladeort bestimmt sowie ein bestimmter Ort als – gleichfalls fiktiver – Empfangsort ausgewählt. Die Berechnung der den Käufer treffenden Frachtkosten erfolgt nach dieser fiktiven Distanz unabhängig von den tatsächlich anfallenden Frachtkosten.[527]

Frachtfrei: s. CPT.

Frachtfrei versichert: s. CIP. Der Verkäufer hat hier gegenüber der Klausel „frachtfrei" bzw. CPT die zusätzliche Verpflichtung, die Ware gegen die vom Käufer zu tragende Gefahr des Verlusts bzw. der Beschädigung zu versichern und die Versicherungsprämie zu zahlen.[528]

Frei: Die Klausel ist mehrdeutig und drückt in der Regel lediglich aus, dass der Verkäufer die Transportkosten bis zum benannten Bestimmungsort trägt (franko; frei Haus). Insofern erschöpft ihre Bedeutung sich in derjenigen einer Kostentragungsklausel. Der Bestimmungsort wird nicht zum Erfüllungsort.[529] Wenn die Umstände des Einzelfalls diese Auslegung gestatten, kann die Klausel aber auch eine Verlagerung der Gefahrtragung bewirken.[530]

Freibleibend (ohne Obligo): Zumeist stellt die Klausel nur die Aufforderung an die Gegenseite zur Abgabe eines Angebots (invitatio ad offerendum) dar.[531] Lehnt in diesem Fall der Auffordernde ein von Gegenseite erklärtes Angebot nicht unverzüglich ab, gilt es als stillschweigend angenommen. Bei dem „freibleibenden" Angebot kann es sich jedoch auch um einen echten Antrag iSv § 145 BGB handeln, bei dem lediglich die Bindungswirkung ausgeschlossen ist, den der Antragende also bis zur Annahme frei widerrufen kann.[532] Die Klausel kann ferner anstelle des Vertragsschlusses den Inhalt und die Umstände der Lieferpflicht betreffen. Sie zielt dann in der Regel auf ein Freiwerden von der Lieferpflicht für den Fall ab, dass der zur Lieferung Verpflichtete seinerseits nicht beliefert wird oder der Verpflichtete auch bei allen ihm zumutbaren Anstrengungen zur Lieferung außer Stande ist.[533] Zudem kann die Klausel einen Ausschluss des Vermögensschadens bei verspäteter Lieferung oder einen Liefervorbehalt zum Ausdruck bringen. Betrifft die Klausel die Lieferzeit, bedeutet sie regelmäßig, dass diese vom Pflichtigen nach billigem Ermessen (§ 315 BGB) bestimmt werden kann. Schließlich kann sie ein – in den allgemeinen Grenzen der Gebote von Treu und Glauben (§ 242 BGB) auszuübendes – Rücktrittsrecht enthalten.[534] Enthält die Klausel ein Recht, sich durch Kündigung oder Rücktritt vom Vertrag zu lösen, unterfällt sie bei der Verwendung gegenüber Privaten der Vorschrift des § 308 Nr. 3 BGB, deren Grundgedanke gem. § 307 Abs. 2 Nr. 1 BGB, § 310 Abs. 1 S. BGB auch im kaufmännischen Verkehr gilt.[535]

Frei an Bord: s. FOB.

Frei Frachtführer: Der Verkäufer schuldet die Übergabe der Ware an den vom Käufer benannten Frachtführer. S. FCA. Bei Vereinbarung der Incoterms 2010 FCA ist eine etwaige kaufvertragliche Nebenpflicht des Verkäufers zur Ladungssicherung auf dem Fahrzeug des Käufers (oder dessen Frachtführers) abbedungen.[536] Wichtig bei der FCA-Klausel ist die eindeutige Bestimmung des Frachtführers, dh nach der Definition der Incoterms 2010 jener Partei, mit der der Frachtvertrag geschlossen wurde.

Freight prepaid. Die Klausel ist ein im Konnossement enthaltener Hinweis an den Warenempfänger, wonach der Versender die Frachtkosten übernimmt und daher die Frachtforderung vom Verfrachter nicht gegenüber dem Empfänger geltend gemacht werden kann.[537] Eine Quittung für die Frachtzahlung ist mit der Klausel nicht verbunden.[538]

Frei Haus: s. Frei.[539]

Geliefert Grenze: Der Verkäufer hat die Ware auf seine Kosten und Gefahr unentladen zur 80
Ausfuhr – nicht: Einfuhr – frei gemacht an der Grenze zur Verfügung zu stellen und erfüllt hierdurch seine Lieferpflicht. S. DAF.

---

[527] Ebenroth/Boujong/Fest Rn. 374.

[528] Ebenroth/Boujong/Fest Rn. 374; Staub/Koller, 4. Aufl. 2004, Vor § 373 Rn. 218.

[529] OLG München 19.12.1957, NJW 1958, 426.

[530] BGH 19.9.1983, NJW 1984, 567; Ebenroth/Boujong/Fest Rn. 374; GK-HGB/Achilles/B. Schmidt Rn. 37.

[531] BGH 2.11.1995, NJW 1996, 919; RGHMW/Steimle/Dornieden Rn. 115.

[532] BGH 8.3.1984, NJW 1984, 1885; s. auch Lindacher DB 1992, 1813.

[533] Ebenroth/Boujong/Fest Rn. 374.

[534] RG 17.11.1922, RGZ 105, 368 (370); 19.10.1921, JW 1922, 23.

[535] Ebenroth/Boujong/Fest Rn. 374.

[536] OLG Nürnberg 22.2.2017, IHR 2017, 203 (206 f.) = TranspR 2017, 382 mAnm Piltz TranspR 2017, 389; Illies IBR 2017, 348; Vyvers jurisPR-VersR 2/2018, Anm. 7.

[537] BGH 15.6.1987, WM 1987, 1198 = NJW-RR 1987, 1516; Staub/Koller, 4. Aufl. 2004, Vor § 373 Rn. 225; Ebenroth/Boujong/Fest Rn. 374.

[538] OLG Bremen 26.8.1976, RIW 1977, 237.

[539] Ebenroth/Boujong/Fest Rn. 374.

Geliefert unverzollt: Der Bedeutungsgehalt entspricht der Klausel „Geliefert verzollt", aber nicht zur Einfuhr freigemacht. S. DDU.

Geliefert verzollt: Der Verkäufer hat die Ware auf seine Kosten und Gefahr zur Einfuhr freigemacht – nicht entladen – am benannten Ort im Einfuhrland zur Verfügung zu stellen. S. DDP.[540]

81 **Höhere Gewalt:** Sog Härte- oder Höhere-Gewalt-Klauseln (force majeure, hardship, acts of God) sollen im internationalen Handelsverkehr in der Regel eine Vertragsanpassung ermöglichen, wenn einer Partei aufgrund unvorhersehbarer äußerer Umstände (zB Naturkatastrophen, Krieg, Kriegsgefahr)[541] das Festhalten am Vertrag unzumutbar erschwert wird; der vollständige Wegfall der Leistungspflicht ist dagegen – wie bei dem Institut des Wegfalls der Geschäftsgrundlage – die Ausnahme. Sofern die Klausel den Zusatz enthält, dass die Leistung im Falle höherer Gewalt nur „vorbehalten" ist, muss der Schuldner sich unverzüglich hierauf berufen, um von der Leistung frei zu werden.[542]

82 **Kasse, cassa:** s. Bar.

Kasse gegen Akkreditiv: s. Akkreditiv.

Kasse gegen Dokumente: Der Käufer ist verpflichtet, Zug um Zug gegen Übergabe der vom Verkäufer vorzulegenden Dokumente zu zahlen. Den Käufer trifft also hinsichtlich des Erfüllungsanspruchs insofern eine Vorleistungspflicht, als er gegen Dokumentenvorlage – bar – zahlen muss, ohne die Ware erhalten zu haben oder sie untersuchen zu können.[543] Wie die „Kasse"-Klausel enthält auch die vorliegende Regelung ein die Aufrechnung oder die Ausübung eines Zurückbehaltungsrechts ausschließendes Barzahlungsversprechen.[544] Etwaige Mängelrechte sind gegenüber dem Erfüllungsanspruch (nicht aber einem möglichen Schadensersatzanspruch)[545] grundsätzlich nachträglich auszuüben.[546] Ausnahmsweise besteht ein Untersuchungsrecht, wenn dessen Verweigerung rechtsmissbräuchlich wäre, zB weil der Verkäufer bereits sein Einverständnis mit der Untersuchung erklärt hat.[547] Hingegen genügt es für die Annahme von Rechtsmissbrauch nicht, wenn die vorangegangene Teillieferung mangelhaft war[548] oder verdorbene Ware derselben Gattung auf dem Markt angeboten wird.[549] Ist Empfang der Dokumente „zu (ge)treuen Händen" vereinbart, liegt darin der Verzicht auf eine Untersuchung.[550] Der Spediteur muss die Ware so disponieren, dass die Vorleistungspflicht des Käufers zur Zahlung nicht vereitelt wird, ist aber nicht verpflichtet, die Zahlung per Nachnahme zu verlangen.[551]

Kasse gegen Lieferschein: Mit der Lieferung der Ware erfüllt der Verkäufer seine Leistungspflicht. Der Käufer wird jedoch bereits mit Erhalt des Lieferscheins zahlungspflichtig. Die Übergabe des Lieferscheins stellt im Zweifel keine Abtretung der Herausgabeansprüche bezüglich der Ware dar.[552] Im Übrigen finden die Grundsätze zur Klausel „Kasse gegen Dokumente" entsprechende Anwendung.

Kasse gegen Rechnung: Die Klausel weist im Grundsatz die gleichen Merkmale auf wie die Klausel „Kasse gegen Dokumente"; die Vorleistungspflicht des Käufers setzt aber grundsätzlich schon mit der Zusendung der Rechnung ein.[553]

Kosten und Fracht: s. CFR (C & F).

Kosten, Fracht, Versicherung: s. CIF.

83 **LCL:** s. FCL.

Liefermöglichkeit, Lieferung vorbehalten: In der Regel ist mit der Klausel eine Rücktrittsmöglichkeit für den Fall verbunden, dass der Verkäufer vergeblich zumutbare Anstrengungen zur Beschaffung der Ware unternommen hat.[554] Zumutbar sind dem Verkäufer hierbei etwa die verteuerte eigene

---

540 BGH 7.11.2012, ZIP 2013, 44 Rn. 18 f. = NJW-RR 2013, 309.
541 BGH 21.8.1997, BGHZ 135, 303 (305); 7.5.1997, NJW 1997, 3164.
542 Schlegelberger/Hefermehl Rn. 77; GK-HGB/Achilles/B. Schmidt Rn. 37; Ebenroth/Boujong/Fest Rn. 376.
543 BGH 23.3.1964, BGHZ 41, 215 (220) = NJW 1964, 1365; 19.9.1984, NJW 1984, 550.
544 BGH 15.6.1954, BGHZ 14, 61 (62) = NJW 1954, 1561; 5.7.1997, BGHZ 135, 39 (46) = NJW 1997, 1775.
545 BGH 21.11.1987, NJW 1987, 2435.
546 BGH 21.1.1987, NJW 1987, 2435 (2436).
547 BGH 23.3.1964, BGHZ 41, 215 (221) = NJW 1964, 1365.
548 BGH 26.6.1963, MDR 1963, 1004 = BeckRS 1963, 31190231.
549 BGH 23.3.1963, BGHZ 41, 215 (222) = NJW 1964, 1365.
550 Ebenroth/Boujong/Fest Rn. 377.
551 OLG Frankfurt 27.1.1989, NJW-RR 1990, 101; GK-HGB/Achilles/B. Schmidt Rn. 40.
552 BGH 17.5.1971, NJW 1971, 1608 (1609).
553 Heymann/Horn Rn. 117.
554 BGH 12.2.1968, WM 1968, 400 (402) = BeckRS 1968, 31182165.

Deckung, soweit die Preissteigerung sich im üblichen Rahmen hält,[555] sowie unter Umständen die Klage gegen den Lieferanten, mit dem das Deckungsgeschäft geschlossen wurde.[556] Zu einer ihm möglichen Teillieferung bleibt der Verkäufer verpflichtet. Bei beschränkten Liefermöglichkeiten bzw. nicht ausreichendem Warenbestand ist der Verkäufer zur Belieferung mehrerer Kunden in der zeitlichen Reihenfolge der Bestellungen verpflichtet.[557] Waren dem Verkäufer die Umstände, die später zu Leistungshindernissen führen, schon bei Vertragsschluss bekannt und zudem Störungen zu erwarten, darf er sich nicht auf die Klausel berufen.[558] Vgl. auch „Selbstbelieferung vorbehalten".

Lieferzeit, Lieferzeit unverbindlich: Die Bestimmung der Lieferzeit auf den „Anfang" eines Monats bedeutet, dass eine Lieferung bis zum dritten Werktag dieses Monats fristgerecht ist. Ein Zusatz „ungefähr" erweitert diese Frist um zwei zusätzliche Tage.[559] Die Klausel „Lieferzeit vorbehalten" dient dem Zweck, die Haftung des Verkäufers für Verzögerungsschäden auszuschließen, wobei der Verkäufer jedoch verpflichtet bleibt, alle ihm möglichen und zumutbaren Anstrengungen zur Leistungserbringung zu unternehmen. Die Haftungsbefreiung erfasst daher nur die unverschuldete und nicht vorhersehbare Verzögerung.[560] Eine weitergehende Freizeichnung ist lediglich in den Grenzen der §§ 307, 310 BGB möglich. Ein „Freibrief", der den Verkäufer von jeglicher Bindung an die Lieferzeit freistellt, dürfte danach unwirksam sein.[561]

Meistbegünstigungsklausel: Durch die Klausel, die als „most favoured clause" im internationa- 84
len Handel üblich ist, verspricht der Verkäufer dem Käufer, ihm dieselben Bedingungen wie anderen Kunden einzuräumen.

Nachnahme, Zusendung per Nachnahme: Die Klausel begründet sowohl eine Barzahlungs- 85
als auch eine Vorleistungspflicht auf Käuferseite.[562] S. auch COD, POD.

Negativklausel: Die im internationalen Verkehr als „negative pledge" gebräuchliche Klausel verpflichtet den Darlehnsnehmer sowie den Schuldner einer Schuldverschreibung, keine Sicherheiten für andere Verbindlichkeiten einzuräumen, ohne zugleich für die vertragsgegenständliche Sicherheit ein gleichrangiges Sicherungsrecht zur Verfügung zu stellen.[563]

Netto: Die Klausel schließt einen Skontoabzug aus.[564] Die Formulierung **„Netto Kasse"** enthält darüber hinaus noch ein Barzahlungsversprechen sowie ein Aufrechnungsverbot (s. Bar, Kasse).[565]

Netto ab Werk: Die Klausel entspricht im Ausgangspunkt dem Inhalt der „ab Werk" – Klausel (s. dort). Aufgrund des netto-Zusatzes werden aber die Frachtkosten vom Herstellerwerk des Verkäufers berechnet, auch wenn der Käufer mit einem näher gelegenen Werk gerechnet hatte oder umgekehrt der Verkäufer die Ware in einem weiter entfernt gelegenen Werk herstellen ließ.[566]

Ohne Obligo: s. Freibleibend. 86

Option: Im Regelfall ist das (Gestaltungs-)Recht eines Beteiligten gemeint, durch einseitige Erklärung den Vertrag zustande zu bringen.[567] Das Optionsrecht kann aber auch nur zum Inhalt haben, dem Berechtigten ein langfristig bindendes Angebot zu unterbreiten. Welche von beiden Verständnismöglichkeiten im Einzelfall gemeint ist, bedarf der Ermittlung durch Auslegung.[568] Ein etwa bestehender Formzwang erfasst nicht die Option in der Ausprägung der Einräumung eines Gestaltungsrechts.[569]

Order: Die Orderklausel („... oder an Ihre Order") macht kaufmännische Papiere zu Orderpapieren, die durch Indossament übertragen werden können (§§ 363 ff.). Die Bedeutung der Klausel kann sich allerdings auch in dem Hinweis auf eine bestehende Abtretungsmöglichkeit erschöpfen.[570]

Pari-passu-Klausel: Die im internationalen Kapitalverkehr verbreitete Klausel verpflichtet den 87
Darlehnsnehmer oder den Emittenten einer Anleihe, keine andere vorrangige Schuld einzugehen.[571]

---

[555] BGH 6.3.1968, BGHZ 49, 388 (392) = NJW 1968, 1085; 24.6.1958, NJW 1958, 1628 (1629); 12.2.1968, BB 1968, 398 = BeckRS 1968, 31182165.

[556] RG 9.12.1921, RGZ 103, 180 (183).

[557] RG 26.1.1922, RGZ 104, 114 (116).

[558] Staub/Koller, 4. Aufl. 2004, Vor § 373 Rn. 262; Ebenroth/Boujong/Fest Rn. 378.

[559] RGHMW/Steimle/Dornieden Rn. 121 mwN.

[560] RGHMW/Steimle/Dornieden Rn. 122.

[561] Vgl. RGHMW/Steimle/Dornieden Rn. 121; Ebenroth/Boujong/Fest Rn. 378.

[562] BGH 19.4.1984, NJW 1985, 550; zur Zulässigkeit von Nachnahmeklauseln im nichtkaufmännischen Verkehr s. auch BGH 8.7.1998, BGHZ 139, 190 (191) = NJW 1998, 3119.

[563] BGH 21.6.1972, MDR 1972, 1028 = BeckRS 1972, 31126703.

[564] BGH 21.6.1972, MDR 1972, 1028 = BeckRS 1972, 31126703.

[565] OLG Düsseldorf 4.5.1995, NJW-RR 1996, 115 (116).

[566] GK-HGB/Achilles/B. Schmidt Rn. 42.

[567] BGH 28.9.1962, LM BGB § 433 Nr. 16.

[568] RG 25.11.1927, RGZ 119, 122.

[569] Ebenroth/Boujong/Fest Rn. 381.

[570] Ebenroth/Boujong/Fest Rn. 381; Heymann/Horn Rn. 125.

[571] Ebenroth/Boujong/Fest Rn. 382; RGHMW/Steimle/Dornieden Rn. 127.

POD: pay on delivery; s. Nachnahme.

Preisvorbehalt, Preis freibleibend: Der Verkäufer kann auf der Grundlage der Klausel bei einer nachträglichen Veränderung der wirtschaftlichen Verhältnisse zu einer einseitigen Kaufpreiserhöhung nach Vertragsschluss berechtigt sein. Er kann dann bis zur Lieferung den Preis nach billigem Ermessen erhöhen, um den Marktpreis an die Lieferzeit anzupassen.[572] Der Marktpreis ist am „Richtpreis" ausgerichtet, der auch dann nicht unterschritten werden muss, wenn der Marktpreis unter den „Richtpreis" sinkt.[573] Eine einmal vorgenommene Preiserhöhung schöpft die Erhöhungsbefugnis des Verkäufers in der Regel abschließend aus.[574] Die Vereinbarung der Klausel kann aber auch bedeuten, dass damit lediglich der zum Lieferzeitpunkt geltende Marktpreis vereinbart wird.[575] Schließlich kann der Klausel nur der Inhalt beizumessen sein, dass der Verkäufer berechtigt sein soll, bei Erhöhung des Marktpreises ein neues Angebot abzugeben, dessen Annahme dann im Belieben des Käufers steht.[576] Die den Preisvorbehalt betreffende Vorschrift des § 309 Nr. 1 BGB gilt im kaufmännischen Verkehr nicht.[577]

Prompt: Die Klausel bedeutet in der Regel „baldmöglichst", kann aber auch zum Inhalt haben, dass bei verspäteter Lieferung des Verkäufers der Verzug ohne Mahnung eintritt.[578]

88 **Selbstbelieferung, Selbstbelieferung vorbehalten:** Durch die Klausel wird die allgemeine Bestimmung „Lieferungsmöglichkeit, Lieferung vorbehalten" (s. dort) konkretisiert.[579] Die Lieferpflicht des Verkäufers ist auflösend bedingt durch die Tatsache, dass der Verkäufer seinerseits nicht beliefert wird, obwohl er hierauf einen vertraglichen Anspruch hat.[580] Der Verkäufer muss aber die Nichtbelieferung dem Käufer unverzüglich anzeigen,[581] dem Käufer den Vertrag über die kongruente Deckung vorlegen und ihm die Rechte hieraus abtreten,[582] sofern nicht nach den Grundsätzen von Treu und Glauben (§ 242 BGB), etwa aus Wettbewerbsgründen, eine Abtretung ausnahmsweise ausgeschlossen ist.[583] Das **Deckungsgeschäft** ist kongruent, wenn es rechtlich verbindlich ist und seinem objektiven Inhalt nach bei natürlichem, reibungslosem Verlaufe der Dinge die Erfüllung der Lieferpflicht des Verkäufers in mindestens gleichem Maße sicherstellt.[584] Hierzu muss ein Deckungs(kauf)vertrag vorliegen, der einen entsprechenden Ablade- oder Liefertermin vorsieht und die gleiche Ware sowie mindestens die gleiche Menge und Qualität vorsieht.[585] Demgegenüber spielt es für die Beurteilung der Kongruenz keine Rolle, ob der Vorlieferant ein wirtschaftlich gesundes und seriöses Unternehmen ist. Ist dem Verkäufer ein Auswahlverschulden vorzuwerfen, kann die Berufung auf den Selbstbelieferungsvorbehalt treuwidrig sein;[586] im Falle fehlenden eigenen Auswahlverschuldens wird er auch bei schuldhafter Nichtlieferung des Lieferanten aufgrund der Selbstbelieferungsklausel frei.[587] Der Deckungsvertrag muss nicht notwendig ausschließlich zur Deckung eines Verkaufsvertrages bestimmt sein.[588] Zu einer ihm möglichen Teil-Lieferung bleibt der Verkäufer verpflichtet.[589] Bei eingeschränkten Liefermöglichkeiten im Verhältnis zu mehreren Kunden muss er der Lieferpflicht in der zeitlichen Reihenfolge der Bestellungen nachkommen.[590] Die **Darlegungs- und Beweislast** für die Vereinbarung eines Selbstbelieferungsvorbehalts trägt der Verkäufer.[591]

---

[572] BGH 4.4.1951, BGHZ 1, 353 (354) = NJW 1951, 711.
[573] BGH 3.10.1953, BB 1953, 925 = BeckRS 1953, 31203717.
[574] RG 7.3.1922, RGZ 104, 170 (171).
[575] RG 14.2.1922, RGZ 103, 414 (415); 9.5.1922, RGZ 104, 306 (307); BGH 4.4.1951, BGHZ 1, 353 (354) = NJW 1951, 711.
[576] BGH 4.4.1951, BGHZ 1, 353 (354) = NJW 1951, 711; 27.9.1984, BGHZ 92, 200 (203) = NJW 1985, 426 (427); 16.1.1985, BGHZ 93, 252 (256) = NJW 1985, 853.
[577] Ebenroth/Boujong/Fest Rn. 382.
[578] BGH 6.3.1968, BGHZ 49, 388 (392).
[579] Ebenroth/Boujong/Fest Rn. 383; GK-HGB/Achilles/B. Schmidt Rn. 45.
[580] BGH 29.2.1968, BGHZ 49, 384 (391, 395) = NJW 1968, 1233; 11.11.1984, BGHZ 92, 396 (399) = NJW 1985, 738; 22.3.1995, NJW 1995, 1959 (1960).
[581] OLG Celle 24.1.1974, BB 1974, 200 (201) = VersR 1974, 663.
[582] BGH 29.2.1968, BGHZ 49, 384 (393) = NJW 1968, 1233; OLG Hamburg 13.8.1955, BB 1955, 942; OLG Celle 24.1.1974, BB 1974, 200 (201) = VersR 1974, 663.
[583] BGH 22.3.1995, NJW 1995, 1995 (1960); OLG Celle 24.1.1974, BB 1974, 200 (201) = VersR 1974, 663.
[584] BGH 14.11.1984, BGHZ 92, 396 (401) = NJW 1985, 738 (739).
[585] BGH 22.3.1995, NJW 1995, 1959 (1960).
[586] BGH 14.11.1984, BGHZ 92, 396 (402) = NJW 1985, 738.
[587] RG 26.1.1922, RGZ 104, 114 (116).
[588] BGH 18.10.1989, WM 1990, 107 (108).
[589] GK-HGB/Achilles/B. Schmidt Rn. 45; Ebenroth/Boujong/Fest Rn. 383.
[590] RG 26.1.1922, RGZ 104, 114 (116).
[591] OLG Köln 9.8.1995, DB 1995, 2596.

Skonto: Aufgrund der Skontoklausel darf der Schuldner einer Geldschuld bei pünktlicher Zahlung den hierfür vereinbarten Preisabzug vornehmen. Die Vereinbarung stellt einen aufschiebend bedingten Teilerlass der Forderung für den Fall fristgerechter Zahlung dar. Enthält die Skontoklausel ein Zahlungsziel (zB „zahlbar innerhalb von … Tagen"), entfällt bei dessen Erreichen das Skontorecht. Für die Fristwahrung genügt es, wenn der Schuldner alles seinerseits Erforderliche zur Übermittlung der Zahlung an den Gläubiger getan hat, bei vereinbarter Scheckzahlung reicht also die fristgerechte Absendung des Schecks.[592] Die **Darlegungs- und Beweislast** für die Einhaltung der Frist trägt der Schuldner.

So schnell wie möglich: s. Baldmöglichst.

Tel quel (telle quelle): Die Klausel regelt eine Einschränkung der Gewährleistungsrechte des 89
Käufers. Sie gestattet es dem Verkäufer, den Vertrag durch Lieferung von Ware der geringsten Qualität der vereinbarten Gattung,[593] nicht jedoch von beschädigter oder verdorbener Ware zu erfüllen.[594] Die Haftung des Verkäufers dafür, dass die Ware überhaupt Handelsware und kein Ausschuss ist,[595] sowie für das Fehlen zugesicherter Eigenschaften oder für arglistiges Verschweigen von Mängeln wird nicht ausgeschlossen.[596] Bei Verwendung der Formulierung „laut Muster tel quel" ist für die Warengattung das betreffende Muster maßgeblich.

Umgehend: s. Baldmöglichst. 90

Unfrei: Die Transportkosten trägt in Abweichung von § 448 BGB der Käufer,[597] der Verkäufer muss nicht in Vorlage treten. Ein Recht zur Selbstabholung besteht nicht.

Verfallklausel (default-Klausel): Die Klausel hat im internationalen Finanzverkehr zum Gegen- 91
stand, dass der Gläubiger (in der Regel der Gläubiger einer Geldforderung) sich für bestimmte Fälle der Nichterfüllung durch den Schuldner – häufig: Nichtbedienen eines Kredits – ein Loslösungsrecht vom Vertrag in Gestalt von Rücktritt oder Kündigung vorbehält, dessen Ausübung die sofortige Fälligkeit der Restforderung bewirkt.[598] Teilweise wird in der Klausel ein nach § 309 Nr. 6 BGB, im kaufmännischen Verkehr nach §§ 307, 310 BGB zu beurteilendes Vertragsstrafeversprechen gesehen und für den unternehmerischen Verkehr die Auffassung vertreten, die Klausel müsse sich, soweit sie im Einzelfall nur Zahlungsverzug voraussetze, an §§ 307, 826 BGB messen lassen und sei hiernach unwirksam; das dürfte für das Verständnis im internationalen Finanzverkehr jedoch zweifelhaft sein.[599]

Verkauft wie besichtigt: s. Besichtigt.

Vorrat; solange Vorrat reicht: Der Verkäufer ist nach dieser Klausel von der Leistungspflicht befreit, wenn sein Vorrat aufgebraucht ist, er muss sich also nicht neu eindecken; bei teilweisem Vorrat ist er zur Lieferung in Teilen verpflichtet. Bei einem nicht für alle der mehreren Kunden ausreichenden Vorrat ist er zur Lieferung in der zeitlichen Reihenfolge der Bestellungen verpflichtet.[600]

Zoll- und steuerfrei: Die Klausel gestattet es in einem Heizölliefervertrag nicht, eine erst nach 92
Vertragsabschluss eingeführte Mineralölsteuer auf den Preis aufzuschlagen.[601]

Zu (ge)treuen Händen: Auf der Grundlage dieser Klausel darf der Empfänger von ihm übergebenen Dokumenten und Wechseln nur im vertraglich vorgesehenen Umfang Gebrauch machen. Regelmäßig werden bei Anwendung dieser Klausel die Dokumente lediglich zur Überprüfung ausgehändigt und müssen sodann zurückgegeben werden. Ein Zurückbehaltungsrecht ist ausgeschlossen.[602]

Zwischenverkauf vorbehalten: Das vom Verkäufer abgegebene Angebot ist zwar für ihn bindend, diese Bindung steht jedoch unter der auflösenden Bedingung eines anderweitigen Verkaufs.[603] Einen solchen Zwischenverkauf hat der Verkäufer, nachdem er die Annahmeerklärung des Käufers erhalten hat, unverzüglich mitzuteilen. Das gilt selbst dann, wenn sein „Angebot" im konkreten Falle als bloße invitatio ad offerendum anzusehen sein sollte.[604]

---

592 BGH 11.2.1998, NJW 1998, 1302.
593 BGH 18.12.1953, BB 1954, 116.
594 RG 4.12.1998, RGZ 19, 30 (31).
595 RGHMW/Steimle/Dornieden Rn. 133.
596 OLG Köln 14.3.1973, VersR 1973, 433 (434) = BB 1973, 496.
597 OLG Köln 14.3.1973, VersR 1973, 433 (434) = BB 1973, 496.
598 Ebenroth/Boujong/Fest Rn. 386; RGHMW/Steimle/Dornieden Rn. 135.
599 Zum Streitstand Ebenroth/Boujong/Fest Rn. 386; RGHMW/Steimle/Dornieden Rn. 135; Heymann/Horn Rn. 131.
600 RG 26.1.1922, RGZ 104, 114 (116); KG 2.2.1933, JW 1933, 1468.
601 BGH 19.5.1967, MDR 1967, 826.
602 OLG Hamburg 22.9.1982, ZIP 1983, 153.
603 OLG Hamburg 3.3.1960, BB 1960, 383; Ebenroth/Boujong/Fest Rn. 387; GK-HGB/Achilles/B. Schmidt Rn. 49.
604 Ebenroth/Boujong/Fest Rn. 387; RGHMW/Steimle/Dornieden Rn. 140.

§ 347 [Sorgfaltspflicht]

(1) Wer aus einem Geschäfte, das auf seiner Seite ein Handelsgeschäft ist, einem anderen zur Sorgfalt verpflichtet ist, hat für die Sorgfalt eines ordentlichen Kaufmanns einzustehen.

(2) Unberührt bleiben die Vorschriften des Bürgerlichen Gesetzbuchs, nach welchen der Schuldner in bestimmten Fällen nur grobe Fahrlässigkeit zu vertreten oder nur für diejenige Sorgfalt einzustehen hat, welche er in eigenen Angelegenheiten anzuwenden pflegt.

Schrifttum: Böttcher, Bankvorstandshaftung im Rahmen der Sub-Prime Krise, NZG 2009, 1047; Deutsch, Fahrlässigkeit und erforderliche Sorgfalt, 2. Aufl. 1995; Finger, Die Verpflichtung des Herstellers zur Lieferung von Ersatzteilen, NJW 1970, 2049; Lang/Balzer, Handeln auf angemessener Informationsgrundlage – zum Haftungsregime von Vorstand und Aufsichtsrat von Kreditinstituten, WM 2012, 1167; Müller, Die Geschäftsführerhaftung in der GmbH – Ein Blick von Deutschland über die Schweiz nach Großbritannien, CB 2025, 1; Rodig, Verpflichtung des Herstellers zur Bereithaltung von Ersatzteilen für langlebige Wirtschaftsgüter und ausgelaufene Serien, BB 1971, 854; Thamm/Pilger, Vertragliche Nebenpflicht zur Aufklärung und Beratung bei Lieferverträgen und deren Regelung in Geschäftsbedingungen des kaufmännischen Verkehrs, BB 1994, 729; Wackerbarth, Die Haftung für zwischengeschaltete Banken im mehrgliedrigen Überweisungsverkehrs, ZIP 2000, 1187.

Übersicht

I. Allgemeines

1 § 347 Abs. 1 regelt in Ergänzung zu § 276 BGB den **Sorgfaltsmaßstab für kaufmännisches Handeln und Unterlassen.** Nach den allgemeinen Regeln des bürgerlichen Rechts haftet der Schuldner für Vorsatz und Fahrlässigkeit (§ 276 Abs. 1 S. 1 BGB), wenn eine strengere oder mildere Haftung weder bestimmt noch aus dem sonstigen Inhalt des Schuldverhältnisses, insbesondere aus der Übernahme einer Garantie oder eines Beschaffungsrisikos zu entnehmen ist. Nach § 276 Abs. 2 BGB handelt fahrlässig, wer die im Verkehr erforderliche Sorgfalt außer Acht lässt. Da diese Grundregel infolge ihrer Ausrichtung am „Verkehr" ohnehin auf die jeweiligen rollen- und berufsspezifischen Verkehrssitten abstellt,[1] erschöpft die Bedeutung von § 347 Abs. 1 sich letztlich in einer bloßen **Konkretisierung[2] bzw. Klarstellung[3] der allgemeinen Vorschrift des § 276 BGB** in dem Sinne, dass im kaufmännischen Verkehr für die Bestimmung der erforderlichen Sorgfalt die Besonderheiten gerade dieses Verkehrskreises („Sorgfalt eines ordentlichen Kaufmanns") maßgebend sind. Man kann daher im Regelungsgehalt von § 347 Abs. 1, der gemeinsam mit dem zweiten Absatz der Norm die Einbettung des Handelsrechts in das Haftungskonzept des bürgerlichen Rechts[4] verdeut-

---

[1] BGH 29.1.1991, BGHZ 113, 297 (303) = NJW 1991, 1535 (1537); Deutsch, Fahrlässigkeit und erforderliche Sorgfalt, 2. Aufl. 1995, 3 ff., 304 ff.; Grüneberg/Grüneberg BGB § 276 Rn. 17; MüKoHGB/Maultzsch Rn. 3.

[2] MüKoHGB/Mautzsch Rn. 2 f.

[3] GK-HGB/B. Schmidt Rn. 1; Heymann/Horn Rn. 2; Schlegelberger/Hefermehl Rn. 1: Ebenroth/Boujong/Fest Rn. 1.

[4] Ebenroth/Boujong/Fest Rn. 3.

licht, auch eine bloße „Banalität" sehen.[5] § 347 Abs. 1 ist ebenso wenig wie § 276 BGB eine Anspruchsgrundlage; die Vorschrift regelt weder Rechte bzw. Pflichten noch legt sie Haftungsfolgen fest, sondern bestimmt lediglich einen **Haftungsmaßstab,**[6] der freilich, soweit es um die Merkmale des „ordentlichen Kaufmanns" – eines Idealtyps[7] – geht, begrifflich nicht näher definiert wird. Das gesetzliche Leitbild des „ordentlichen und gewissenhaften Insolvenzverwalters" (§ 60 InsO) ist an die handelsrechtlichen Sorgfaltsanforderungen aus § 347 Abs. 1 ebenso wie an gesellschaftsrechtliche Vorgaben (§ 93 Abs. 1 S. 1 AktG, § 34 Abs. 1 S. 1 GenG, § 43 Abs. 1 GmbHG) angelehnt, wobei die Besonderheiten zu beachten sind, die sich aus den Aufgaben des Insolvenzverwalters und den Umständen der Ausübung seiner Tätigkeit ergeben.[8] Die „Bemühenspflichten" des im Wesentlichen zum 1.1.2023 in Kraft getretenen **LkSG**[9] bewirken ebenfalls eine inhaltliche Ausgestaltung der Sorgfalt eines ordentlichen Kaufmanns, aber auch des Unternehmens.

Gemäß § 347 Abs. 2 bleiben ungeachtet der in Abs. 1 geregelten besonderen Sorgfaltsanforderungen an den Kaufmann diejenigen Normen des BGB, die die Haftung auf **grobe Fahrlässigkeit** – zB §§ 300, 521, 599, 968 BGB – oder die **eigenübliche Sorgfalt** (diligentia quam in suis) – zB §§ 690, 708 BGB – begrenzen, anwendbar. Diese Haftungsbeschränkungen hat der Gesetzgeber auch für das kaufmännische Verhalten als sachgemäß angesehen,[10] worin man letztlich ebenfalls eine Selbstverständlichkeit erblicken kann.[11] Die an die genannten Verschuldensgrade anknüpfende Vorschrift des § 347 Abs. 2 erfasst hingegen **keine bloß summen- oder wertmäßigen Haftungsbeschränkungen** (vgl. etwa §§ 431–433, 658 f.; § 660, § 46 LuftVG, §§ 23 f. ADSp). Von § 347 Abs. 2 unberührt bleiben gesetzlich vorgesehene **Haftungsverschärfungen**[12] (zB §§ 287, 678 BGB, § 8 Abs. 2 UWG, §§ 93, 116 AktG, § 43 Abs. 1 GmbHG[13]) ebenso wie gesetzliche **Haftungserweiterungen** durch Tatbestände der – verschuldensunabhängigen – **Gefährdungshaftung**[14] (zB § 84 AMG, §§ 25 ff. AtG, §§ 1 ff. ProdHaftG, §§ 1 ff. UmweltHG, § 89 WHG), die mithin sämtlich auch für Kaufleute gelten. 2

II. Persönlicher Anwendungsbereich

1. Kaufmann. Normadressat von § 347 ist jeder Kaufmann iSv **§§ 1–6.** Auch der **Scheinkaufmann** wird erfasst und muss sich daher zu seinen Lasten an den gegenüber allgemeinen objektiven Sorgfaltsmaßstäben möglicherweise höheren Anforderungen an die kaufmännische Sorgfalt messen lassen.[15] § 347 findet auch auf die nicht eingetragenen kleingewerblichen Kommissionäre, Frachtführer, Spediteure und Lagerhalter Anwendung (§ 383 Abs. 2, § 407 Abs. 3 S. 2, § 453 Abs. 3 S. 2, § 467 Abs. 3 S. 2), wobei sich der anzulegende Haftungsmaßstab freilich auf den jeweiligen Vertragstyp – also die Sorgfalt eines ordentlichen Kommissionärs, Frachtführers, Spediteurs bzw. Lagerhalters – beschränkt.[16] Im Schrifttum wird der persönliche Anwendungsbereich des § 347 teilweise insofern vom Kaufmannsbegriff gelöst, als in der Vorschrift die **Verschuldenszurechnung gegenüber dem** 3

---

[5] K. Schmidt HandelsR § 18 Rn. 44; Ebenroth/Boujong/Fest Rn. 1; MüKoHGB/Maultzsch Rn. 3: Aufruf zur sachgerechten Konkretisierung kaufmännischer Sorgfaltsmaßstäbe; s. auch Oetker HandelsR § 7 Rn. 68; für eine weitergehende Bedeutung BeckOK HGB/Lehmann-Richter, 1.10.2025, Rn. 1 ff.

[6] BGH 13.11.1953, BGHZ 11, 80 (83) = IBRRS 2011, 4889; Ebenroth/Boujong/Fest Rn. 1; Hopt/Leyens Rn. 1; KKD/Roth/Huber Rn. 1; HK-HGB/Ruß Rn. 1.

[7] OLG Naumburg 15.7.2002, GuT 2002, 170 (171 f.); OLG Schleswig 23.4.2009, RdTW 2014, 64 Rn. 14; AG Duisburg 4.2.2004, CR 2004, 827 (829) = MMR 2004, 775; Hopt/Leyens Rn. 1; vgl. auch RGHMW/Steimle/Dornieden Rn. 19 (Standardkodex).

[8] BGH 26.6.2014, NJW-RR 2014, 1516 Rn. 16; 16.3.2017, BGHZ 214, 220 Rn. 17 = NJW 2017, 1749 = DStR 2017, 1052; 14.6.2018, BGHZ 219, 98 Rn. 16 = NJW 2018, 2494; 12.3.2020, NJW 2020, 1800 Rn. 26; vgl. auch BT-Drs. 12/2443, 129.

[9] Gesetz über die unternehmerischen Sorgfaltspflichten zur Vermeidung von Menschenrechtsverletzungen in Lieferketten (Lieferkettensorgfaltspflichtengesetz – LkSG) vom 16.7.2021 (BGBl. 2021 I 2959); vgl. dazu BeckOGK/Beurskens, 1.12.2025, Rn. 29; Hopt/Leyens Rn. 4a.

[10] Ebenroth/Boujong/Fest Rn. 2.

[11] GK-HGB/B. Schmidt Rn. 1.

[12] RGHMW/Steimle/Dornieden Rn. 8 f.; HK-HGB/Ruß Rn. 5; GK-HGB/B. Schmidt Rn. 60; Schlegelberger/Hefermehl Rn. 2; eingehend Ebenroth/Boujong/Fest Rn. 50–63.

[13] Zu § 43 Abs. 1 GmbHG vgl. Müller CB 2025, 1 (2), wonach der Begriff des „ordentlichen Geschäftsmannes" weitergehe als der des ordentlichen Kaufmanns in § 347 HGB.

[14] MüKoHGB/Maultzsch Rn. 19.

[15] Ebenroth/Boujong/Fest Rn. 4; GK-HGB/B. Schmidt Rn. 2; Heymann/Horn Rn. 4; KKD/Roth/Huber Rn. 3.

[16] HK-HGB/Ruß Rn. 1; zum Frachtführer (Abgrenzung zum – strengeren – Sorgfaltsmaßstab nach § 426, § 17 Abs. 2 Fall 4 CMR) vgl. OLG Hamburg 5.12.2013, RdTW 2014, 239 Rn. 43; LG Duisburg 28.9.2021, BeckRS 2021, 49374; zum Lagerhalter vgl. OLG Schleswig 23.4.2009, RdTW 2014, 64 Rn. 14; OLG Hamburg 6.6.2024, BeckRS 2024, 46575 Rn. 32.

Unternehmensträger ihren Ausdruck finden soll; das Prinzip des § 347 sei daher nicht auf Kaufleute iSv §§ 1 ff. beschränkt, sondern vielmehr **jeder Unternehmer als Unternehmensträger** zur Einhaltung der von einem Unternehmen der konkret vorliegenden Art und des konkret betroffenen Geschäftskreises zu erwartenden Sorgfalt verpflichtet.[17]

4 **2. Gehilfenhaftung. a) Erfüllungsgehilfen.** Gemäß § 278 S. 1 BGB hat der Schuldner ein Verschulden der Personen, deren er sich zur Erfüllung seiner Verbindlichkeit bedient, in gleichem Umfang zu vertreten wie eigenes Verschulden. Erfüllungsgehilfe in diesem Sinne ist, wer bei der Erfüllung einer Verbindlichkeit des Schuldners mit dessen Willen als seine Hilfsperson tätig wird.[18] Will der Gehilfe hingegen ausschließlich eine eigene Verbindlichkeit erfüllen oder wird er zwar in Erfüllung einer fremden Verbindlichkeit, jedoch ohne den Willen des Schuldners tätig, liegt kein Fall von § 278 S. 1 BGB vor. Notwendig, aber auch hinreichend ist es, dass das (Fehl-)Verhalten des Gehilfen in einem inneren Zusammenhang mit dem ihm zugewiesenen Wirkungskreis steht;[19] das pflichtwidrige Handeln muss in Ausübung der Hilfstätigkeit und darf nicht bloß bei Gelegenheit der Erfüllung der Schuldnerverbindlichkeit erfolgen.[20] Die Beteiligung des Gehilfen im konkreten Fall muss jedoch keine maßgebliche Bedeutung haben[21] und für den Erfüllungsgehilfen ist – im Gegensatz zum Verrichtungsgehilfen – begrifflich **keine Weisungsgebundenheit** oder ein irgendwie geartetes sonstiges Abhängigkeitsverhältnis erforderlich.[22]

5 Daher kann auch jemand, der **seinerseits Kaufmann** ist, zB ein selbstständiger Unternehmer,[23] Erfüllungsgehilfe eines anderen Kaufmanns sein. Der Lieferant, der auf Anweisung des Verkäufers direkt an den Käufer liefert, kann Erfüllungsgehilfe des Verkäufers sein.[24] Ebenso kann ein Spediteur im Einzelfall als Erfüllungsgehilfe des Verkäufers handeln.[25] Im Bankverkehr kann die im Akkreditivgeschäft von einer Bank eingeschaltete weitere Bank Erfüllungsgehilfin der Erstbank sein. Die überweisende Bank ist in der Regel Erfüllungsgehilfin ihres Kunden als des zahlenden Schuldners; die von der überweisenden Bank eingeschaltete zweite Bank ist ihrerseits Erfüllungsgehilfin der Erstbank im Verhältnis zu deren Kunden (vgl. § 675f BGB).[26] Dagegen ist der Makler in der Regel kein Erfüllungsgehilfe im Verhältnis der Vertragsparteien.[27] Ebenso wenig ist der Frachtführer Erfüllungsgehilfe des ihn beauftragenden Spediteurs.[28] Der Zwischenspediteur (§ 454 Abs. 1 Nr. 2), der für seinen Bereich an die Stelle des Hauptspediteurs tritt, ist nicht dessen Erfüllungsgehilfe.[29]

6 Wird die Hilfsperson für den Schuldner bei Vertragsverhandlungen tätig, so hat ihr Geschäftsherr für die Verletzung von Sorgfalts-, Aufklärungs- oder Hinweispflichten durch den Gehilfen unabhängig davon einzutreten, ob diesem eine Abschlussvollmacht erteilt war oder nicht.[30] Das Einstehenmüssen für den Erfüllungsgehilfen setzt schließlich nicht voraus, dass der Geschäftsherr zu einer Überwachung und Kontrolle des Gehilfen überhaupt in der Lage war.[31] Da der Schuldner dem Gläubiger nach § 278 S. 1 BGB für ein schuldhaftes Verhalten des Erfüllungsgehilfen wie für ein eigenes Verschulden haftet, ist **auf den Erfüllungsgehilfen der für den Geschäftsherrn geltende Sorgfaltsmaßstab anzuwenden.**[32] Die kaufmännischen Sorgfaltsanforderungen des § 347 Abs. 1 gelten deshalb nach allgM auch für den **Erfüllungsgehilfen des Kaufmanns,**[33] selbst wenn der Gehilfe nicht seinerseits Kaufmann ist.

---

[17] MüKoHGB/K. Schmidt, 4. Aufl. 2018, Rn. 11; anders MüKoHGB/Maultzsch Rn. 5.

[18] BGH 27.3.1968, BGHZ 50, 32 (35) = NJW 1968, 1569; 9.10.1986, BGHZ 98, 330 (334) = NJW 1987, 1323; 4.3.1987, BGHZ 100, 117 (122) = NJW 1987, 1815; 24.11.1995, NJW 1996, 451; eingehend GK-HGB/B. Schmidt Rn. 27–31.

[19] BGH 26.4.1991, BGHZ 114, 263 (270) = NJW 1991, 2556; 14.2.1989, NJW 1989, 723 (725).

[20] BGH 8.10.1991, NJW 1991, 3208 (3210).

[21] BGH 8.2.1989, NJW-RR 1989, 1183 (1184).

[22] BGH 8.2.1974, BGHZ 62, 119 (124) = NJW 1974, 692; 24.11.1995, NJW 1996, 451.

[23] BGH 24.9.1996, BB 1997, 387 (388); 24.11.1995, NJW 1996, 451; insbes. zum Werkvertragsrecht vgl. BGH 15.1.1976, BGHZ 66, 43 (45) = NJW 1976, 516; OLG Karlsruhe 27.2.1997, NJW-RR 1997, 1240.

[24] RG 27.9.1943, RGZ 172, 20 (22); Ebenroth/Boujong/Fest Rn. 5; Heymann/Horn Rn. 6.

[25] RG 21.10.1926, RGZ 115, 162 (164); Ebenroth/Boujong/Fest Rn. 5; Heymann/Horn Rn. 6.

[26] Ebenroth/Boujong/Fest Rn. 5; Heymann/Horn Rn. 6; Wackerbarth ZIP 2000, 1187 (1191) zu §§ 676a ff. BGB aF.

[27] BGH 27.5.1964, WM 1964, 853.

[28] Heymann/Horn Rn. 7.

[29] BGH 28.6.1962, BGHZ 37, 294 (297) = NJW 1962, 1814; Heymann/Horn Rn. 7.

[30] BGH 30.5.1979, VersR 1979, 709 (711); 8.2.1989, VersR 1989, 465 (466).

[31] Ebenroth/Boujong/Fest Rn. 5.

[32] BGH 16.4.1964, NJW 1964, 2058; GK-HGB/B. Schmidt Rn. 30.

[33] BGH 15.12.1959, BGHZ 31, 358 (359) = NJW 1960, 669; 16.4.1964, NJW 1964, 2058; Ebenroth/Boujong/Fest Rn. 5; GK-HGB/B. Schmidt Rn. 30; MüKoHGB/Maultzsch Rn. 7 f.; Staub/Koller, 4. Aufl. 2004, Rn. 3; KKD/Roth/Huber Rn. 3; RGHMW/Steimle/Dornieden Rn. 5; HK-HGB/Ruß Rn. 1.

b) Verrichtungsgehilfen. Nach § 831 Abs. 1 S. 1 BGB ist derjenige, der einen anderen zu einer Verrichtung bestellt, zum Ersatz des Schadens verpflichtet, den der andere in Ausführung der Verrichtung einem Dritten widerrechtlich zufügt. Die Ersatzpflicht des Geschäftsherrn tritt jedoch nicht ein, wenn er bei der Auswahl der bestellten Person oder bei der Beschaffung von Vorrichtungen oder Gerätschaften bzw. bei der Leitung der Ausführung der Verrichtung die im Verkehr erforderliche Sorgfalt beachtet hat oder der Schaden auch bei Anwendung dieser Sorgfalt entstanden wäre (§ 831 Abs. 1 S. 2 BGB). Verrichtungsgehilfe in diesem Sinne ist, wer als Hilfsperson allgemein oder jedenfalls im konkreten Falle im Einflussbereich des Geschäftsherrn steht und sich in einer gewissen Weisungsabhängigkeit zu ihm befindet.[34] Das Weisungsrecht muss nicht bis in Einzelheiten hinein geregelt sein; ausreichend ist vielmehr, wenn der Geschäftsherr die Tätigkeit des Gehilfen jederzeit beschränken, unterbinden oder inhaltlich näher bestimmen kann.[35] Die übertragene Tätigkeit kann tatsächlichen oder rechtlichen Charakter haben, entgeltlich oder unentgeltlich erfolgen, dauerhafter oder vorübergehender Art sein und Dienste niederer oder höherer Art zum Gegenstand haben; sie kann eine einzelne Tätigkeit oder einen ganzen Geschäftskreis betreffen. Das Fehlverhalten des Verrichtungsgehilfen muss freilich – wie bei der Haftung für den Erfüllungsgehilfen – in einem inneren Zusammenhang mit der auszuführenden Verrichtung stehen.[36] Hat der Verrichtungsgehilfe eines Kaufmanns einem anderen einen Schaden zugefügt, so ist für die Beurteilung des Geschäftsherrnverschuldens iSv § 831 Abs. 1 BGB, dh des Auswahl- und Überwachungsverschuldens des Kaufmanns, der **Sorgfaltsmaßstab des § 347 Abs. 1** zugrunde zu legen, sofern die in Rede stehende Verrichtung im Rahmen eines Handelsgeschäfts erfolgte.[37] 7

3. Substitution. Eine Substitution ist gegeben, wenn dem Schuldner bei der Ausführung eines **Auftrags (§ 664 Abs. 1 S. 2 BGB)** oder bei einer **Verwahrung (§ 691 S. 2 BGB)** gestattet wird, die gesamte Ausführung einem anderen, dem Substituten, zu übertragen. Die Substitution ist kein Fall des § 278 BGB; der Substitut ist daher **nicht Erfüllungsgehilfe** des Schuldners. Der Kaufmann als Schuldner haftet deshalb nach dem Maßstab des § 347 Abs. 1 auch nicht für ein Fehlverhalten des Substituten, sondern lediglich für die **eigene Sorgfalt bei der Übertragung,** insbesondere bei der Auswahl des Substituten (culpa in eligendo).[38] Nimmt der Kaufmann eine Substitution vor, obwohl sie ihm nicht vertraglich gestattet ist (§ 664 Abs. 1 S. 2 BGB), haftet er nach § 276 BGB iVm § 347 Abs. 1 für die schuldhafte **Verletzung der Pflicht zur persönlichen Erfüllung.**[39] 8

4. Handeln durch Organe. Der kaufmännische Sorgfaltsmaßstab des § 347 Abs. 1 gilt nach allgM auch für die Zurechnung des Handelns oder Unterlassens eines Gesellschaftsorgans gem. § 31 BGB.[40] Werden Organe einer in Form der juristischen Person organisierten Handelsgesellschaft oder auch einer Personenhandelsgesellschaft[41] tätig, so wird ihr Verhalten über § 31 BGB der Gesellschaft wie deren eigenes Handeln zugerechnet. Die Zurechnung setzt dabei nicht notwendig das Tätigwerden eines **Gesellschaftsorgans im engeren Sinne** (zB des Geschäftsführers) voraus; vielmehr genügt das Verhalten eines mit selbstständiger Entscheidungsbefugnis versehenen Vertreters, dem bedeutsame, wesensmäßige Funktionen zugewiesen sind (sog. **Haftungsvertreter**), soweit dessen Handeln Außenwirkung entfaltet.[42] Fehlt ein solcher Vertreter, obwohl er bei Beachtung des Gebots ordnungsgemäßer Geschäftsorganisation – wonach grundsätzlich für alle wichtigen Aufgaben ein zuständiger verfassungsmäßiger Vertreter vorzusehen ist – zu bestellen gewesen wäre, so muss die Handelsgesellschaft nach der **Lehre vom Organisationsmangel** sich das Handeln des tatsächlich für sie tätig Werdenden wie dasjenige eines verfassungsmäßigen Vertreters zurechnen lassen.[43] 9

---

[34] BGH 30.6.1966, BGHZ 45, 311 (313) = NJW 1966, 1807; 28.2.1989, WM 1989, 1047 (1050) = BeckRS 2010, 17069.

[35] BGH 30.6.1966, BGHZ 45, 311 (313) = NJW 1966, 1807; 12.6.1997, NJW-RR 1998, 250 = WM 1998, 257 (259).

[36] GK-HGB/B. Schmidt Rn. 33.

[37] Ebenroth/Boujong/Fest Rn. 10; BeckOK HGB/Lehmann-Richter, 1.10.2025, Rn. 9; GK-HGB/B. Schmidt Rn. 32; RGHMW/Steimle/Dornieden Rn. 6; Heymann/Horn Rn. 8.

[38] Ebenroth/Boujong/Fest Rn. 7; Heymann/Horn Rn. 7; MüKoHGB/Maultzsch Rn. 9.

[39] Ebenroth/Boujong/Fest Rn. 7; Heymann/Horn Rn. 7.

[40] Ebenroth/Boujong/Fest Rn. 9; Heymann/Horn Rn. 9; KKD/Roth/Huber Rn. 3; HK-HGB/Ruß Rn. 1; RGHMW/Steimle/Dornieden Rn. 4; GK-HGB/B. Schmidt Rn. 24 f.; Hopt/Leyens Rn. 4.

[41] BGH 8.2.1952, NJW 1952, 537 f.; Ebenroth/Boujong/Fest Rn. 9; zu OHG und KG s. BGH 30.6.1966, BGHZ 45, 311 (312) = NJW 1966, 1807.

[42] BGH 30.10.1967, BGHZ 49, 19 (21) = NJW 1968, 391; 12.7.1977, NJW 1977, 2259 (2260); 6.12.1983, NJW 1984, 921 (922); 5.3.1998, NJW 1998, 1854 (1856); GK-HGB/B. Schmidt Rn. 25.

[43] BGH 10.5.1957, BGHZ 24, 200 (213 f.) = NJW 1957, 1350; 8.7.1980, NJW 1980, 2810 (2811); Ebenroth/Boujong/Fest Rn. 9; Heymann/Horn Rn. 9.

10 Der Sorgfaltsmaßstab des § 347 Abs. 1 gilt jedoch nicht nur im Rahmen der Außenhaftung der Gesellschaft, sondern ist in entsprechender Anwendung der Vorschrift auch bei der **Eigenhaftung von Vertretungsorganen** anzulegen. Vorstands- und Aufsichtsratsmitglieder einer AG oder Genossenschaft sowie die persönlich haftenden Gesellschafter einer KGaA haben bei der Wahrnehmung ihrer Aufgaben die Sorgfalt eines „ordentlichen und gewissenhaften Geschäftsleiters" (§ 93 Abs. 1 S. 1 AktG, § 116 S. 1 AktG, § 283 Nr. 3 AktG; § 34 Abs. 1 GenG, § 41 GenG), der Geschäftsführer einer GmbH hat nach § 43 Abs. 1 GmbHG in Angelegenheiten der Gesellschaft die „Sorgfalt eines ordentlichen Geschäftsmannes" anzuwenden. Da § 347 Abs. 1 letztlich nur eine Konkretisierung des § 276 BGB darstellt (→ Rn. 1), kann auch der **Maßstab des ordentlichen Unternehmensleiters** im Ergebnis kein anderer als derjenige des § 347 Abs. 1 sein,[44] allerdings auf diesen speziellen Verkehrskreis abgestimmt und insofern wohl mit dem Inhalt einer gesteigerten Sorgfaltspflicht.[45] Auf die Eigenhaftung der Gesellschafter von Handelsgesellschaften (zB von Publikumsgesellschaften) unter dem Gesichtspunkt des Anlegerschutzes generell § 347 Abs. 1 anlog anzuwenden,[46] dürfte indes zu weit gehen.[47] Sieht man die Gesellschafter einer Handelsgesellschaft nicht als Kaufleute an (zum Meinungsstand → § 1 Rn. 89 f.), so genügt für ihre Verschuldenshaftung gegenüber der Gesellschaft eine Pflichtverletzung iSv § 347 Abs. 1 nicht.[48]

11 **5. Leutehaftung bei Fracht- und Speditionsgeschäften.** Nach §§ 428, 462, 607 haben Frachtführer und Spediteure Handlungen und Unterlassungen ihrer „Leute" in demselben Umfang zu vertreten wie eigene Handlungen und Unterlassungen, wenn die Leute in Ausübung ihrer Verrichtungen handeln; gleiches gilt für andere Personen, deren sich der Frachtführer bzw. Spediteur bedient. Bei den „Leuten" kann es sich auch um solche im Betrieb Beschäftigte handeln, die ohne Beziehung zu dem in Rede stehenden Fracht- oder Speditionsgeschäft tätig werden, also nicht gerade in Erfüllung der Verbindlichkeit des Frachtführers bzw. Spediteurs handeln (→ § 428 Rn. 4; → § 462 Rn. 2); hinreichend ist vielmehr, dass ihre Anstellung den Schadenseintritt erleichtert hat. In dieser sog. **Leutehaftung** wird daher zum Teil mit Rücksicht auf den weiten Begriff der „Leute" eine Erweiterung der Haftung für den Erfüllungsgehilfen nach § 278 BGB iVm § 347 Abs. 1 gesehen.[49]

III. Sachlicher Anwendungsbereich

12 **1. Handelsgeschäft.** Die Anwendung von § 347 BGB setzt voraus, dass jedenfalls auf Seiten des Verpflichteten ein Handelsgeschäft vorliegt. Ob das der Fall ist, richtet sich grundsätzlich nach §§ 343, 344. Allerdings wird man es, was Bedeutung insbesondere für deliktische Ansprüche hat, ausreichen lassen, dass das zu beurteilende Verhalten **im Zusammenhang mit einem Handelsgeschäft** steht.[50] Das erscheint jedenfalls dann sachgerecht, wenn der deliktische Anspruch mit einem vertraglichen konkurriert, ist aber hierauf nicht beschränkt.[51] Ebenso wenig wie die Anwendung von § 276 BGB auf vertragliche Schuldverhältnisse begrenzt ist, sollte dies für die § 276 BGB lediglich konkretisierende Bestimmung des § 347 Abs. 1 gelten. Der Wortlaut dieser Vorschrift („aus einem … Handelsgeschäft") steht dem nicht entgegen. Die Bezugnahme auf das Handelsgeschäft bedeutet lediglich, dass für die betriebsbezogenen Pflichten die spezifischen Sorgfaltsanforderungen des kaufmännischen Verkehrs gelten;[52] diese Sorgfaltspflichten sind nämlich gerade aus dem jeweiligen Handelsgeschäft herzuleiten.[53] Auf die dogmatische Frage, ob auch deliktische Handlungen als solche unter dem Begriff des Handelsgeschäfts fallen (→ § 343 Rn. 8), kommt es daher für § 347 Abs. 1 nicht an.

---

[44] MüKoHGB/Maultzsch Rn. 39; Heymann/Horn Rn. 10: Ebenroth/Boujong/Fest Rn. 11. Nach **aA** soll die „Sorgfalt eines ordentlichen und gewissenhaften Geschäftsleiters" einen gegenüber § 347 Abs. 1 deutlich erhöhten Sorgfaltsmaßstab zum Gegenstand haben, vgl. Böttcher NZG 2009, 1047 (1049 f.); Lang/Balzer WM 2012, 1167 (1168) mwN.

[45] GK-HGB/B. Schmidt Rn. 26; RGHMW/Steimle/Dornieden Rn. 2.

[46] Heymann/Horn Rn. 10.

[47] Ebenroth/Boujong/Fest Rn. 11.

[48] BeckOGK/Beurskens, 1.12.2025, Rn. 63. Zur sog. Existenzvernichtungshaftung des Gesellschafters vgl. BGH 24.6.2002, BGHZ 151, 181 = NJW 2002, 3024; 16.7.2007, BGHZ 173, 246 = NJW 2007, 2689.

[49] Ebenroth/Boujong/Fest Rn. 6; MüKoHGB/Maultzsch Rn. 9.

[50] Ebenroth/Boujong/Fest Rn. 12; Heymann/Horn Rn. 16; GK-HGB/B. Schmidt Rn. 7.

[51] MüKoHGB/Maultzsch Rn. 15.

[52] MüKoHGB/Maultzsch Rn. 15; iErg wohl auch KKD/Roth/Huber Rn. 3; RGHMW/Steimle/Dornieden Rn. 10 ff.

[53] BGH 13.11.1953, BGHZ 11, 80 (83); OLG München 20.3.2014, NJW 2015, 81 zum Varia-Auktionator als Handelsmakler; LG Köln 28.9.2012, GRUR-RR 2012, 444 (446 f.) zum Auktionator als Kommissionär; GK-HGB/B. Schmidt Rn. 3.

2. Pflichtenkreis. § 347 Abs. 1 gilt für den Pflichtenkreis des Kaufmanns als Schuldner im Rahmen seines **rechtsgeschäftlichen Handelns im weitesten Sinne**[54] sowie für die Erfüllung seiner Sorgfaltspflichten aus **gesetzlichen Schuldverhältnissen.** Praktisch bedeutsam wird die Vorschrift unter anderem im Recht der Leistungsstörungen,[55] dh im Rahmen von Unmöglichkeit (§§ 275, 326 BGB),[56] Verzug (§ 280 Abs. 2 BGB, § 286 BGB), sowie Mängelrechten (§§ 434 ff. BGB, §§ 537 ff. BGB, §§ 633 ff. BGB), bei der Ausübung von Gestaltungsrechten (zB für die Beurteilung der Unverzüglichkeit iSv § 121 BGB) sowie innerhalb des Mitverschuldens (§ 254 BGB).[57] 13

Der im Einzelfall jeweils anzulegende (Sorgfalts-)Maßstab ist **objektiv und normativ-typisierend** zu ermitteln.[58] Es kommt daher nicht auf die individuellen Kenntnisse und Fertigkeiten des Kaufmanns im Einzelfall, sondern auf diejenigen an, deren Vorhandensein und Beherrschung der Verkehr regelmäßig erwarten kann. Wem auferlegt ist, mit der Sorgfalt eines ordentlichen Kaufmanns zu haften, der kann sich grundsätzlich nicht darauf berufen, über geringere Fachkenntnisse zu verfügen als Berufskollegen.[59] Das Maß der zu beachtenden Sorgfalt richtet sich vor allem nach der **Art und Weise des in Rede stehenden Handelsgeschäfts.** Entscheidend sind also zum einen die konkrete **Branche,** in der der Kaufmann bzw. das kaufmännische Unternehmen tätig ist (zB Bankgeschäfte, Versicherungsmakler,[60] Reisevermittler,[61] Handelsmakler,[62] Hausverwaltung[63]) und die sich hieraus ergebenden branchenspezifischen Anforderungen, sowie zum anderen der **Inhalt des konkret betroffenen Vertrags** (zB Anlagevertrag,[64] Haftung des Kommissionärs im Rahmen von § 390 Abs. 1[65]). So verletzt etwa ein Versicherungsmakler die ihm gem. § 347 Abs. 1 obliegende Sorgfaltspflicht, wenn er dem Versicherungsnehmer das Angebot eines Unternehmens vermittelt, das keine gültige Erlaubnis zum Betrieb von Versicherungsgeschäften in der EU hat.[66] Dagegen können die **Art und Größe des kaufmännischen Betriebs** allenfalls in Grenzen das Maß der anzuwendenden Sorgfalt bestimmen. Die Sorgfaltsgebote des Wirtschaftsverkehrs gelten im Ausgangspunkt für große ebenso wie für kleine Unternehmen;[67] insbesondere Organisationsmängel können grundsätzlich keine Haftungsmilderung bewirken. Vor allem für die Frage der raschen Erledigung von Formalitäten oder schriftlicher Korrespondenz kann es jedoch auf das nach außen in Erscheinung tretende tatsächliche Gepräge des Unternehmens ankommen;[68] von einem kleinen Betrieb kann insoweit nicht die Beachtung derselben Standards wie von einem größeren Unternehmen erwartet werden. 14

Unabhängig von den aus der Art und Weise des jeweiligen Handelsgeschäfts abzuleitenden spezifischen Sorgfaltspflichten sind in der Rspr. eine Reihe **allgemeiner, aus der gewerblichen Tätigkeit als solcher folgender Pflichten** anerkannt, die für alle Kaufleute gelten:[69] So hat der Kaufmann sich über die für sein Handelsgewerbe maßgeblichen Vorschriften zu unterrichten[70] und die einschlägigen behördlichen Anordnungen zu beachten.[71] Die Ordnungsgemäßheit behördlicher oder gerichtlicher Maßnahmen muss er ggf. überprüfen[72] und hierzu bei Zweifeln hinsichtlich der Rechtslage fachkundigen Rechtsrat einholen.[73] An ihn herangetragene Aufträge muss er unter Umständen ablehnen, wenn ihm die zur Erledigung erforderlichen Kenntnisse und Fähigkeiten fehlen, jedenfalls den anderen Teil hierauf hinweisen.[74] Über die für sein Gewerbe einschlägigen und anerkannten Regel- 15

[54] Heymann/Horn Rn. 15.
[55] BGH 14.12.1954, BGHZ 16, 4 (11) = NJW 1955, 460 mAnm Nicol; Ebenroth/Boujong/Fest Rn. 17.
[56] Ebenroth/Boujong/Fest Rn. 17.
[57] RGHMW/Steimle/Dornieden Rn. 11.
[58] Ebenroth/Boujong/Fest Rn. 27; Schlegelberger/Hefermehl Rn. 20; GK-HGB/B. Schmidt Rn. 16 f.; Staub/Koller, 4. Aufl. 2004, Rn. 5 f.; KKD/Roth/Huber Rn. 2.
[59] OLG Naumburg 15.7.2002, GuT 2002, 170 (171 f.) = OLGR 2003, 1.
[60] OLG Hamburg 3.7.2002, VersR 2002, 1507 (1508).
[61] AG Würzburg 15.6.2004, RRa 2004, 187 (187 f.).
[62] OLG München 20.3.2014, NJW 2015, 81 (82).
[63] LG München I 31.3.2016, ZWE 2016, 282 (283): Sorgfalt eines ordentlichen Kaufmanns mit spezifischer Fachkunde auf dem Gebiet der Grundstücks- und Wohnungswirtschaft.
[64] MüKoHGB/Maultzsch Rn. 17; GK-HGB/B. Schmidt Rn. 34; Heymann/Horn Rn. 26.
[65] BGH 1.3.2007, NJW-RR 2007, 1177 (1178) = WM 2007, 1381 = MDR 2007, 1384; OLG Düsseldorf 26.2.2009, BeckRS 2009, 27109.
[66] OLG Hamburg 3.7.2002, VersR 2002, 1507 (1508).
[67] Heymann/Horn Rn. 25.
[68] Hopt/Leyens Rn. 1; MüKoHGB/Maultzsch Rn. 18.
[69] GK-HGB/B. Schmidt Rn. 35 f.; Heymann/Horn Rn. 27 f.
[70] BGH 16.4.1964, NJW 1964, 2058; BFH 4.3.1986, WM 1986, 1023 = BeckRS 1986, 22007594.
[71] AG Fritzlar 6.12.1989, AgrarR 1991, 144.
[72] RG 25.11.1930, RGZ 131, 12 (15).
[73] BGH 14.6.1994, NJW 1994, 2754 (2755).
[74] BGH 29.1.1991, BGHZ 113, 297 (302) = NJW 1991, 1535.

werke muss er sich unterrichten.[75] Auch bei Einhaltung dieser Regelwerke kann dem Kaufmann eine Sorgfaltspflichtverletzung vorzuwerfen sein, wenn im Einzelfall ein abweichendes Verhalten geboten war.[76] Geschäftsbriefe muss der Kaufmann alsbald lesen und für die Abgabe der erforderlichen geschäftlichen Erklärungen Sorge tragen.[77] Wer in seinem Geschäftszweig eilige Anordnungen zu treffen hat, muss generell seinen Betrieb so organisieren, dass Eingänge entsprechend bearbeitet und insbesondere unter Nutzung moderner Kommunikationsmittel erledigt werden.[78] Er hat ferner dafür zu sorgen, dass er über den Inhalt von Geschäftspost auch bei längerer Abwesenheit unterrichtet wird;[79] ggf. kann die Bestellung eines Postbevollmächtigten notwendig sein.[80] Geschäftsvordrucke und -stempel sind vor missbräuchlicher Nutzung durch Dritte zu schützen.[81]

16 **a) Vertragliche Pflichten.** Der Kaufmann muss für die ordentliche Vertragsdurchführung, dh insbesondere die **Erfüllung der (Haupt-)Leistungspflichten** sorgen;[82] hierzu gehören insbesondere auch die Pflichten aus einem **Auskunftsvertrag** (s. § 675 Abs. 2 BGB, § 675a BGB).[83] Darauf, ob der Kaufmann Schuldner oder Gläubiger des Vertragsverhältnisses ist, kommt es nicht an.[84] Die Sorgfaltsanforderungen gem. § 347 Abs. 1 bestehen zwar grundsätzlich nur gegenüber dem am jeweiligen Handelsgeschäft beteiligten Partner des Kaufmanns; bei **Verträgen zugunsten Dritter** oder mit **Schutzwirkung für Dritte** können sie aber auch im Verhältnis zum Dritten gegeben sein.[85]

17 Darüber hinaus findet § 347 Abs. 1 auch auf die Beachtung **vertraglicher Nebenpflichten** oder **allgemeiner Schutzpflichten** Anwendung, deren Umfang jeweils von Inhalt und Zweck des Vertrages sowie den Verkehrserwartungen abhängt.[86] Der Kaufmann muss danach all das tun, was erforderlich ist, um die Erfüllung der vertraglich übernommenen Verpflichtung zu gewährleisten. Hierzu gehört zB die Unterrichtung des Vertragspartners über die sachgerechte Verwendung des Produkts anhand einer Bedienungsanleitung[87] oder einer individuellen Einweisung[88] sowie der Hinweis auf dem Vertragspartner erkennbar unbekannte Gefahren.[89] Der Kaufmann kann ferner gehalten sein, zur Sicherung des Leistungserfolgs für eine ordnungsgemäße Verpackung Sorge zu tragen,[90] auf Mängel von Vorarbeiten aufmerksam zu machen[91] oder für einen die aus dem Vertrag erwachsenden Risiken abdeckenden Versicherungsschutz zu sorgen.[92] Die Aufklärungspflicht des Kaufmanns reicht allerdings nur so weit, wie voraussehbare Gefahren typischerweise drohen.[93] An der Beseitigung von Hindernissen, die der Herbeiführung des Leistungserfolgs entgegenstehen können, muss der Kaufmann mitwirken;[94] so hat er etwa bei einem genehmigungsbedürftigen Geschäft alles zur Herbeiführung der Genehmigung Erforderliche zu tun.[95] Im Rahmen des Zumutbaren kann er auch zur Vertragsänderung verpflichtet sein.[96] Generell hat der Kaufmann dafür zu sorgen, dass keine

[75] BGH 1.3.1988, BGHZ 103, 338 (342) = NJW 1988, 2667; 11.12.1979, NJW 1980, 1219 (1221) (DIN-Normen bzw. VDE-Bestimmungen); OLG Köln 8.5.1990, NJW 1990, 2261 (2262) (Richtlinien der Spitzenverbände des Bankgewerbes).

[76] RG 11.4.1935, RGZ 147, 353 (361); BGH 7.10.1986, NJW 1987, 372 (373).

[77] RG 24.3.1903, RGZ 54, 176 (182); 24.11.1922, RGZ 105, 389.

[78] RG 10.3.1903, RGZ 54, 117 (119); 21.9.1915, RGZ 87, 141 (144).

[79] BGH 2.11.1995, NJW 1996, 919 (921); 26.11.1997, NJW 1998, 459 (460).

[80] OLG Köln 30.3.1927, JW 1927, 1708.

[81] RG 21.9.1934, JW 1934, 3196.

[82] GK-HGB/B. Schmidt Rn. 37; Ebenroth/Boujong/Fest Rn. 17.

[83] Zur Haftung für Rat und Auskunft vgl. die eingehenden Überblicke bei Hopt/Leyens Rn. 8 ff.; Heymann/Horn Rn. 49 ff.; RGHMW/Steimle/Dornieden Rn. 34 ff.; GK-HGB/B. Schmidt Rn. 47 ff.; MüKoHGB/Maultzsch Rn. 23.

[84] Ebenroth/Boujong/Fest Rn. 17.

[85] BGH 21.12.1983, NJW 1983, 1779; OLG München 4.12.1986, WM 1988, 373; Ebenroth/Boujong/Fest Rn. 23; Heymann/Horn Rn. 14.

[86] GK-HGB/B. Schmidt Rn. 37; Ebenroth/Boujong/Fest Rn. 29 f.

[87] Ebenroth/Boujong/Fest Rn. 19; GK-HGB/B. Schmidt Rn. 38.

[88] OLG Stuttgart 23.6.1986, NJW-RR 1986, 1245.

[89] BGH 13.7.1983, BGHZ 88, 130 (135) = NJW 1983, 2697.

[90] BGH 28.4.1976, BGHZ 66, 208 (210) = NJW 1976, 1353; 7.3.1983, BGHZ 87, 88 (92) = NJW 1983, 1496.

[91] OLG Hamm 14.4.1989, NJW-RR 1989, 982.

[92] BGH 8.1.1986, NJW 1986, 1099.

[93] BGH 24.5.1993, NJW 1993, 2107; Ebenroth/Boujong/Fest Rn. 19; zu Aufklärungs- und Beratungspflichten des Kaufmanns bei Lieferverträgen vgl. Thamm/Pilger BB 1994, 729.

[94] BGH 13.11.1953, BGHZ 11, 80 (89) = NJW 1954, 229; 16.5.1968, BGHZ 50, 175 (179) = NJW 1968, 1873.

[95] BGH 4.6.1954, BGHZ 14, 1 (2) = NJW 1954, 142; 25.6.1976, BGHZ 67, 34 (35) = NJW 1976, 1939.

[96] BGH 25.6.1976, BGHZ 67, 34 (35) = NJW 1976, 1939; 25.1.1967, NJW 1967, 830 (831).

Verletzung der Rechtsgüter des Vertragspartners eintritt.[97] Diese Verpflichtung besteht vor allem auch im Rahmen von **Verkehrssicherungspflichten**[98] sowie von **Organisationspflichten.**[99] Bei **Dauerschuldverhältnissen** oder im Rahmen **laufender Geschäftsverbindung** ist von einer **erhöhten Aufklärungspflicht** auszugehen. Diese betrifft etwa – ggf. auch nur geplante – Änderungen der Beschaffenheit der Produkte des Kaufmanns[100] oder für den Geschäftspartner bedeutsame Änderungen des Geschäftsbetriebs des Kaufmanns,[101] insbesondere eine aus einer Geschäftsumwandlung folgende Haftungsbeschränkung,[102] bevorstehende Produktionseinstellungen[103] oder Betriebsstilllegungen.[104]

b) Vorvertragliche Pflichten. Der Sorgfaltsmaßstab des § 347 Abs. 1 ist zudem schon bei der **Anbahnung eines Handelsgeschäfts** zu beachten. Der Kaufmann haftet – außer nach §§ 823 ff. BGB – gem. § 311 Abs. 2 BGB iVm § 280 BGB, wenn ein Kunde aufgrund einer Sorgfaltspflichtverletzung des Kaufmanns in dessen Geschäftsräumen einen Schaden davon trägt[105] oder für die schuldhafte Beschädigung von Sachen eines Kunden, die er vor Vertragsschluss in Obhut genommen hat.[106] Besondere Bedeutung kommt vorvertraglichen Sorgfaltspflichten vor allem in Gestalt von **Aufklärungs- und Hinweispflichten** zu. Der Kaufmann muss hiernach – sachgerecht und umfassend[107] – über alle Umstände aufklären, die für den Geschäftsentschluss des (potentiellen) Vertragspartners ersichtlich von wesentlicher Bedeutung sind[108] und die insbesondere geeignet sein können, den Vertragszweck zu vereiteln.[109] Freilich besteht die Aufklärungspflicht nicht unterschiedslos hinsichtlich sämtlicher für den Geschäftsabschluss relevanter Umstände, sondern nur in dem Umfang, in dem Treu und Glauben mit Rücksicht auf die Verkehrsanschauung im Einzelfall eine Aufklärung gebieten,[110] wenn also ein erkennbarer Informationsbedarf besteht.[111] Letzteres ist vor allem gegenüber einem Vertragspartner der Fall, bei dem ein **erkennbarer Mangel an Lebens- und Geschäftserfahrung** vorhanden ist.[112] Erhöhte Sorgfaltsanforderungen können bei Vorliegen eines **besonderen persönlichen Vertrauensverhältnisses** bestehen.[113] 18

c) Nachvertragliche Pflichten. § 347 Abs. 1 gilt ferner für die Erfüllung nachvertraglicher Pflichten des Kaufmanns. Der Kaufmann muss daher etwa durch Bereithalten von Ersatzteilen für die durchschnittliche Nutzungsdauer der von ihm gelieferten Produkte[114] den Leistungserfolg sichern[115] oder sich über die praktische Bewährung der von ihm veräußerten Produkte unterrichten.[116] 19

d) Obliegenheiten. Auf bloße Obliegenheiten, die im Zusammenhang mit Handelsgeschäften bestehen, ist § 347 Abs. 1 in erweiternder Auslegung der Norm ebenfalls anzuwenden.[117] Anzuwenden ist der kaufmännische Sorgfaltsmaß daher etwa auf die Untersuchungs- und Rügelast des Kaufmanns nach § 377,[118] die Prüfung des Mitverschuldens des Kaufmanns (§ 254 BGB), die Unverzüglichkeit der von ihm erklärten Anfechtung einer Willenserklärung nach § 121 Abs. 1 BGB, bei der fahrlässigen Unkenntnis des Mangels der Vertretungsmacht nach § 179 Abs. 3 BGB sowie beim Unterlassen der Einlegung eines Rechtsmittels.[119] 20

---

[97] BGH 10.3.1983, NJW 1983, 2813 (2814); KG 14.11.1984, NJW 1985, 2137.
[98] BGH 30.1.1996, BB 1996, 926 (Sicherung von Gefahrguttransporten).
[99] OLG Köln 16.9.1993, VersR 1994, 1452; Ebenroth/Boujong/Fest Rn. 18.
[100] BGH 10.1.1996, WM 1996, 820 (822) = NJW-RR 1996, 497; 13.3.1996, NJW 1996, 1537 (1538).
[101] BGH 28.11.1980, WM 1981, 238 (239) = BeckRS 1980, 31064642; 6.4.1987, NJW 1987, 3124 (3125).
[102] BGH 28.11.1980, WM 1981, 238 (239) = BeckRS 1980, 31064642; 6.4.1987, NJW 1987, 3124 (3125).
[103] OLG München 26.4.1995, OLGR 1995, 253.
[104] BGH 7.2.1974, DB 1974, 718 = NJW 1974, 795.
[105] BGH 28.1.1976, BGHZ 66, 51 (54) = NJW 1976, 712; 26.9.1961, NJW 1962, 31 f.
[106] BGH 2.12.1976, NJW 1977, 376.
[107] BGH 13.7.1983, BGHZ 88, 130 (135) = NJW 1983, 2697.
[108] BGH 17.6.1991, WM 1991, 1543 = NJW-RR 1991, 1246; 8.12.1997, WM 1998, 387 (389) = NJW 1998, 1315.
[109] BGH 24.5.1993, NJW 1993, 2107; 17.6.1994, NJW 1994, 2947 (2949).
[110] BGH 24.5.1993, NJW 1993, 2107; 15.4.1997, NJW 1997, 3230 (3231).
[111] BGH 7.11.1991, WM 1992, 432 (434) = NJW-RR 1992, 531.
[112] BGH 7.10.1991, NJW 1992, 300 (302).
[113] GK-HGB/B. Schmidt Rn. 42; Ebenroth/Boujong/Fest Rn. 16.
[114] AG München 6.5.1970, NJW 1970, 1852; Finger NJW 1970, 2049; Rodig BB 1971, 854.
[115] BGH 11.5.1989, NJW-RR 1990, 141 (142); 1.2.1990, WM 1990, 815 (817) = NJW-RR 1990, 459.
[116] BGH 28.9.1970, BB 1970, 1414 (1415) = BeckRS 1970, 30404653.
[117] Ebenroth/Boujong/Fest Rn. 22; GK-HGB/B. Schmidt Rn. 9.
[118] BGH 30.1.1985, BGHZ 93, 338 (349 f.) = NJW 1985, 1333.
[119] RG 25.11.1930, RGZ 131, 12 (14 f.).

21 **e) Deliktsrecht.** Soweit ein Zusammenhang mit einem Handelsgeschäft besteht, sind die Sorgfaltsanforderungen nach § 347 Abs. 1 auch auf die Verletzung deliktsrechtlicher Pflichten im Rahmen der Verschuldenshaftung aus unerlaubter Handlung anzuwenden. Das gilt nicht nur dann, wenn der deliktische Anspruch mit einem vertraglichen konkurriert, sondern auch in solchen Fällen, in denen kein vertraglicher Anspruch besteht, die deliktische Handlung aber im Rahmen des Betriebs des Handelsgewerbes erfolgt ist (→ Rn. 12).[120]

IV. Verschulden

22 **1. Fahrlässigkeit.** Der Kaufmann hat, soweit nichts anderes bestimmt ist, Vorsatz und Fahrlässigkeit zu vertreten.[121] Nach **§ 276 Abs. 2 BGB** handelt fahrlässig, wer die im Verkehr erforderliche Sorgfalt außer Acht lässt. Der Fahrlässigkeitsvorwurf bezieht sich auf die Vorhersehbarkeit und die Vermeidbarkeit der Folgen seines Tuns durch den Handelnden. Für die **Vorhersehbarkeit** genügt im Allgemeinen, dass der Schädiger die Möglichkeit des Eintritts eines schädigenden Erfolgs generell – nicht notwendig in den Einzelheiten des Schadenshergangs – hätte voraussehen können.[122] Hierbei braucht nicht jedes abstrakt denkbare Schadensrisiko vorausgesehen zu werden; vielmehr muss aus Sicht des Handelnden die naheliegende Möglichkeit der Schädigung bestehen.[123] Die **Vermeidbarkeit** besteht lediglich in den Grenzen des technisch Möglichen und wirtschaftlich Zumutbaren.[124] Zu unterscheiden ist zum einen zwischen **bewusster und unbewusster Fahrlässigkeit.** Bei ersterer rechnet der Handelnde mit dem Eintritt des schädigenden Erfolges, vertraut jedoch – fahrlässig – darauf, dieser werde nicht eintreten; bei letzterer vrkennt der Handelnde die Möglichkeit des Schadenseintritts, hätte diesen aber bei gehöriger Sorgfalt voraussehen und verhindern können. In Bezug auf den **Grad der Fahrlässigkeit** wird zum anderen zwischen leichter bzw. leichtester, einfacher und grober Fahrlässigkeit unterschieden[125] Die erforderliche Sorgfalt richtet sich sowohl im Falle von § 276 Abs. 2 BGB als auch im Rahmen von § 347 Abs. 1 grundsätzlich nach einem **objektiv-abstrakten, nach Verkehrskreisen typisierten Sorgfaltsmaßstab,** dessen Ausgangspunkt durch den Idealtypus des konkreten Handelsgewerbes, in dem der betreffende Kaufmann tätig ist,[126] bestimmt wird.

23 **2. Vorsatz.** Vorsatz liegt vor, wenn der Handelnde die haftungsbegründenden Umstände kennt und gleichwohl seine Handlung will.[127] Der Vorsatz erfordert neben der Kenntnis der wesentlichen Tatumstände auch das **Bewusstsein der Rechtswidrigkeit.**[128] Der Vorsatzbegriff umfasst auch den sog. bedingten Vorsatz, bei dem der Handelnde den schädigenden Erfolg als mögliche Folge seines Tuns vorausgesehen hat, er ihn aber für den Fall seines Eintritts gleichwohl in Kauf nimmt.[129] Hingegen liegt nur bewusste Fahrlässigkeit vor, wenn der Handelnde darauf vertraut, der – als möglich vorausgesehene – Erfolg werde nicht eintreten.[130] § 347 Abs. 1 setzt stillschweigend voraus, dass der Kaufmann für Vorsatz ebenso haftet wie nach den allgemeinen Regeln des bürgerlichen Rechts.[131]

V. Haftungsmilderungen (Abs. 2)

24 **1. Grobe Fahrlässigkeit. a) Begriff.** Der Begriff der groben Fahrlässigkeit in § 347 Abs. 2 entspricht demjenigen des bürgerlichen Rechts. Grob fahrlässig handelt danach, wer die erforderliche Sorgfalt nach den gesamten Umständen in besonders schwerem Maße verletzt und dasjenige außer Acht lässt, was in der gegebenen Situation jedem hätte einleuchten müssen.[132] Es muss sich

[120] Heymann/Horn Rn. 16; BeckOGK/Beurskens, 1.12.2025, Rn. 15; Ebenroth/Boujong/Fest Rn. 24; enger GK-HGB/B. Schmidt Rn. 7; eingehend zu außervertraglichen Sorgfaltspflichten GK-HGB/B. Schmidt Rn. 43–46a.
[121] GK-HGB/B. Schmidt Rn. 11.
[122] BGH 10.11.1992, NJW-RR 1993, 345 (346); 4.5.1993, NJW 1993, 2234.
[123] BGH 19.12.1989, NJW 1990, 1236 (1237); 6.3.1990, VersR 1990, 796 (797).
[124] BGH 7.6.1988, BGHZ 104, 323 (326) = NJW 1988, 2611 mAnm Reinelt; 17.10.1989, NJW 1990, 906 (907).
[125] Ebenroth/Boujong/Fest Rn. 26.
[126] Ebenroth/Boujong/Fest Rn. 28.
[127] BGH 28.6.1960, VersR 1960, 748 (750); GK-HGB/B. Schmidt Rn. 12.
[128] BGH 16.6.1977, BGHZ 69, 128 (142) = NJW 1977, 1875; 12.5.1992, BGHZ 118, 201 (208) = NJW 1992, 2014.
[129] BGH 30.1.1953, BGHZ 8, 387 (393) = NJW 1953, 900 mAnm Stiep.
[130] BGH 7.6.1983, NStZ 1983, 407.
[131] Ebenroth/Boujong/Fest Rn. 25.
[132] BGH 16.1.1997, NJW 1997, 2385 (2386); 19.2.1998, WM 1998, 2064 (2065).

mithin um eine Pflichtwidrigkeit handeln, die über das gewöhnliche Maß der Fahrlässigkeit erheblich hinausgeht.[133] **Bewusst fahrlässiges Handeln** (→ Rn. 22) kann, muss aber nicht notwendigerweise den Vorwurf grober Fahrlässigkeit begründen.[134] Ein bloßes **„Augenblicksversagen"** schließt die Annahme grober Fahrlässigkeit nicht zwangsläufig aus.[135] In der Regel liegt aber bei einem nach den menschlichen Möglichkeiten typischen, lediglich einmaligen Versagen keine grobe Fahrlässigkeit vor.[136] Grobe Fahrlässigkeit erfordert zwar nicht das Voraussehen des konkreten Schadens, jedoch regelmäßig das Bewusstsein bzw. das leichtfertige Nichterkennen der Gefährlichkeit des Handelns.[137] Für den kaufmännischen Bereich gilt mit Rücksicht darauf, dass von einem **einheitlichen Begriff der groben Fahrlässigkeit** auszugehen ist, nichts anderes.[138] Allerdings ist bei der Beantwortung der Frage, ob grobe Fahrlässigkeit vorliegt, die Kaufmannseigenschaft zu berücksichtigen.[139]

b) Anwendungsbereich. Für grobe Fahrlässigkeit haftet der Kaufmann im Rahmen des Gläubigerverzugs. Nach § 300 Abs. 1 BGB hat er als Schuldner bei Annahmeverzug der Gegenseite nur für Vorsatz und grobe Fahrlässigkeit einzustehen. § 521 BGB sieht eine Haftungsmilderung auf grobe Fahrlässigkeit für das Schenkungsrecht vor. Ähnliche Regelungen enthalten § 599 BGB für die Leihe sowie § 680 BGB für die Geschäftsführung ohne Auftrag zum Zwecke der Gefahrenabwehr. Für den Kauf ist § 442 Abs. 1 S. 2 BGB, für die Miete § 536b S. 2 BGB zu beachten. Die Haftungsbeschränkung auf grobe Fahrlässigkeit spielt ferner eine Rolle im Gesellschaftsrecht (§ 723 Abs. 1 S. 3 Nr. 1 BGB), im Sachenrecht (§ 932 Abs. 2 BGB: gutgläubiger Erwerb, § 968 BGB: Fund) und bei der Pflicht des Nachbarn zur Duldung eines Überbaus (§ 912 Abs. 1 BGB).[140] Auf **andere gesetzliche Einschränkungen außerhalb des BGB** ist § 347 Abs. 2 gleichfalls anzuwenden (§ 61 VVG, Art. 16 Abs. 2 WG, Art. 21 ScheckG).[141] 25

2. Sorgfalt in eigenen Angelegenheiten. a) Begriff. Von § 347 Abs. 1 unberührt bleiben die Normen des bürgerlichen Rechts über die Sorgfalt in eigenen Angelegenheiten (diligentia quam in suis). Für deren Bestimmung ist kein objektiver, sondern ein **subjektiver (individueller), auf das gewohnheitsmäßige Verhalten des Handelnden abstellender Maßstab** anzulegen.[142] Für die Bestimmung dessen, was bei einem Kaufmann unter der Sorgfalt in eigenen Angelegenheiten zu verstehen ist, kommt es auf dessen persönliche Sorgfalt bei der Erledigung der Handelsgeschäfte, nicht aber von Privatangelegenheiten an.[143] Sofern für den handelnden Kaufmann eine besonders hohe, das übliche Maß überschreitende Sorgfalt in eigenen Angelegenheiten kennzeichnend ist, führt sie nicht zu einer über § 276 BGB, § 347 Abs. 1 hinausgehenden Erhöhung der Sorgfaltsanforderungen; die beiden vorgenannten Normen beschreiben vielmehr eine **Obergrenze.**[144] Soweit daher die Sorgfalt in eigenen Angelegenheiten maßgebend ist, kann es zu einer Haftungsmilderung bis zur Grenze der groben Fahrlässigkeit (§ 277 BGB) kommen. 26

b) Anwendungsbereich. Anwendungsfall der diligentia quam in suis ist die unentgeltliche Verwahrung **(§ 690 BGB),** die allerdings im kaufmännischen Verkehr wegen § 354 kaum Bedeutung haben dürfte. Ein weiterer Anwendungsfall war **§ 708 BGB aF,** wonach die Gesellschafter einer Gesellschaft bürgerlichen Rechts bei der Erfüllung ihrer Gesellschafterpflichten nur für die eigenübliche Sorgfalt hafteten. Diese mit dem Inkrafttreten des Gesetzes zur Modernisierung des Personengesellschaftsrechts (MoPeG) am 1.1.2024 entfallene Regelung beruhte auf dem Gedanken, dass diejenigen, die miteinander einen Gesellschaftsvertrag schließen, sich gegenseitig so nehmen wollen, wie sie allgemein sind.[145] Bei einem Zusammenschluss von Personen, auf den dieser Gedanke nicht passt, also etwa einer Publikumsgesellschaft, sei hingegen entweder auf den allgemeinen Sorgfaltsmaßstab oder auf denjenigen abzustellen, der für die betreffende Person in 27

---

[133] BGH 29.9.1992, NJW 1992, 3235 (3236); 10.5.1994, NJW 1994, 2093 (2094).
[134] BGH 17.4.1997, WM 1998, 174 (176) = NJW-RR 1998, 34.
[135] BGH 8.7.1992, BGHZ 119, 147 (149) = NJW 1992, 2418; OLG Köln 25.10.1995, VersR 1996, 1491.
[136] BGH 5.4.1989, NJW-RR 1989, 1187 (1188).
[137] BGH 27.6.1985, NJW-RR 1986, 248 f.
[138] BGH 17.10.1966, VersR 1966, 1150; GK-HGB/B. Schmidt Rn. 63; **aA** Schlegelberger/Hefermehl Rn. 32.
[139] Ebenroth/Boujong/Fest Rn. 32.
[140] GK-HGB/B. Schmidt Rn. 60 f.; Ebenroth/Boujong/Fest Rn. 33.
[141] Ebenroth/Boujong/Fest Rn. 34.
[142] Ebenroth/Boujong/Fest Rn. 35; GK-HGB/B. Schmidt Rn. 64; Heymann/Horn Rn. 32; RGHMW/Steimle/Dornieden Rn. 22.
[143] Ebenroth/Boujong/Fest Rn. 35; Heymann/Horn Rn. 32; **aA** Schlegelberger/Hefermehl Rn. 32.
[144] Ebenroth/Boujong/Fest Rn. 35.
[145] BGH 4.7.1977, BGHZ 69, 207 (209) = NJW 1977, 2311.

einer Kapitalgesellschaft gelten würde.[146] § 708 BGB aF galt ferner nicht für die Teilnahme am allgemeinen Straßenverkehr, also für den Gesellschafter als Kraftfahrzeugführer.[147] Auf die Gemeinschaft iSv § 741 BGB war § 708 BGB aF nicht analog anzuwenden.[148] Die **Darlegungs- und Beweislast** für die geringeren Sorgfaltsanforderungen in eigenen Angelegenheiten trifft denjenigen, der sich hierauf beruft.[149]

28 **3. Deliktsrecht.** Soweit gesetzliche Bestimmungen die Haftungsmilderung auf grobe Fahrlässigkeit oder die eigenübliche Sorgfalt vorsehen, gelten sie nicht nur für vertragliche, sondern auch für deliktische Ansprüche, die aus demselben haftungsbegründenden Tatbestand resultieren; für die deliktische Haftung ist also kein strengerer Verschuldensmaßstab zugrunde zu legen.[150]

29 **4. Individuelle Haftungsbeschränkungen.** Die Haftung des Kaufmanns kann individualvertraglich **ausdrücklich** oder **stillschweigend**[151] beschränkt oder ausgeschlossen werden; die Beschränkung kann auch deliktische Ansprüche erfassen.[152] Der Ausschluss der Haftung für grobe Fahrlässigkeit, der grundsätzlich möglich ist, bedarf allerdings einer eindeutigen Bestimmung.[153] Übernimmt ein Kaufmann die Erledigung einer unentgeltlichen Gefälligkeit, die für die Gegenseite erkennbar von wirtschaftlicher Bedeutung ist, so ist nicht ohne weitere Anhaltspunkte eine Beschränkung des Sorgfaltsmaßstabs auf grobe Fahrlässigkeit oder die eigenübliche Sorgfalt anzunehmen.[154] Die Haftungsbegrenzung kann je nach Vereinbarung nur einzelne Anspruchsgrundlagen bzw. lediglich gesetzliche, insbesondere deliktische oder aber vertragliche Ansprüche betreffen;[155] sie kann allein die vertragliche Hauptpflicht zum Gegenstand haben oder sich auf das Handeln eines Organs, Erfüllungs- oder Verrichtungsgehilfen beziehen. Eine Haftungsbeschränkung kann im Einzelfall aufgrund **ergänzender Vertragsauslegung** anzunehmen sein, wenn feststeht, dass der Schuldner bei einer – tatsächlich unterbliebenen – Besprechung der Rechtsfolgen eines Vertragsabschlusses die Beschränkung gefordert hätte und die Gegenseite diese Forderung billigerweise nicht hätte ablehnen dürfen.[156]

30 Inhalt und Reichweite einer die Haftung beschränkenden oder sie ausschließenden Vereinbarung sind im Wege der **Auslegung** (§§ 133, 157 BGB) zu ermitteln.[157] Im Zweifel ist die Abrede **eng** und grundsätzlich gegen denjenigen auszulegen, der die Haftung beschränken will.[158] Mangels abweichender Vereinbarung umfasst ein Gewährleistungsausschluss nicht Ansprüche aus positiver Forderungsverletzung[159] oder aus Delikt.[160] Die Haftungsbeschränkung eines Lagerhalters umfasst im Zweifel keine deliktischen Ansprüche.[161] Umgekehrt ergreift der Ausschluss von Schadensersatzansprüchen nicht vertragliche Gewährleistungsansprüche.[162]

31 Gemäß § 276 Abs. 3 BGB kann die Haftung wegen Vorsatzes – auch dem Kaufmann – nicht im Voraus erlassen werden. Für vorsätzliches Handeln der Organe juristischer Personen[163] oder der persönlich haftenden Gesellschafter von Personenhandelsgesellschaften[164] gilt nichts anderes. Auf Erfüllungsgehilfen findet die Vorschrift des § 276 Abs. 3 BGB keine Anwendung (§ 278 S. 2 BGB). Rechtliche Grenzen für vertraglich vereinbarte Haftungsbeschränkungen können sich ferner aus den Geboten von Treu und Glauben (§ 242 BGB) ergeben, die vor allem bei einem offensichtlich unangemessen geregelten Interessenausgleich oder einer außergewöhnlich belastenden Wir-

[146] BGH 4.7.1977, BGHZ 69, 207 (210) = NJW 1977, 2311; GK-HGB/B. Schmidt Rn. 64; Ebenroth/Boujong/Fest Rn. 36.
[147] BGH 20.12.1966, BGHZ 46, 313 (318) = NJW 1967, 558.
[148] BGH 26.3.1974, BGHZ 62, 243 (245) = NJW 1974, 1189.
[149] BGH 16.12.1958, VersR 1959, 386; GK-HGB/B. Schmidt Rn. 64.
[150] BGH 20.11.1984, BGHZ 93, 23 (29) = NJW 1985, 794; 9.6.1992, NJW 1992, 2474 (2475); GK-HGB/B. Schmidt Rn. 65; Ebenroth/Boujong/Fest Rn. 37.
[151] BGH 11.2.1964, BGHZ 41, 79 (81) = NJW 1964, 860; 8.1.1965, BGHZ 43, 72 (76).
[152] RG 13.10.1916, RGZ 88, 433 (436); BGH 28.4.1953, BGHZ 9, 301 (306) = NJW 1953, 1180.
[153] BGH 21.9.1983, BGHZ 88, 228 (231) = NJW 1984, 370; 14.3.1956, VersR 1956, 301.
[154] BGH 22.6.1956, BGHZ 21, 102 (109 f.) = NJW 1956, 1313.
[155] BGH 24.11.1976, BGHZ 67, 359 (366) = NJW 1977, 379; 5.5.1992, NJW 1992, 2016 (2017).
[156] BGH 14.11.1978, NJW 1979, 414.
[157] Ebenroth/Boujong/Fest Rn. 41.
[158] BGH 5.4.1967, BGHZ 47, 312 (318) = NJW 1967, 1805; 30.9.1970, BGHZ 54, 299 (305) = NJW 1970, 2208; 21.9.1983, BGHZ 88, 228 (231) = NJW 1984, 370; 9.1.1980, WM 1980, 444 (445) = BeckRS 1980, 30384633.
[159] BGH 23.4.1970, BB 1970, 898.
[160] BGH 24.11.1976, BGHZ 67, 359 (366) = NJW 1977, 379.
[161] BGH 19.2.1971, VersR 1971, 617.
[162] LG Frankfurt a.M. 24.6.1970, VersR 1970, 871 (872).
[163] BGH 28.4.1954, BGHZ 13, 198 (202 f.) = NJW 1954, 1193.
[164] Ebenroth/Boujong/Fest Rn. 42.

kung der Haftungsmilderung eingreifen können, oder aus § 138 BGB sowie aus § 619 BGB, § 702a BGB.[165]

5. AGB-Recht. Im Verhältnis des Kaufmanns zu **Privatpersonen** sind vor allem die besonderen Klauselverbote aus § 309 Nr. 7 lit. b BGB, § 309 Nr. 8 lit. a BGB von Bedeutung. Nach **§ 309 Nr. 7 lit. b BGB** kann der Kaufmann seine Haftung für eine grobe Verletzung der kaufmännischen Sorgfaltspflicht gegenüber Privatpersonen nicht wirksam durch AGB einschränken. Erfasst werden neben dem Verwender auch dessen gesetzliche Vertreter oder Erfüllungsgehilfen sowie alle nachgeordneten Vertreter oder Erfüllungsgehilfen.[166] Im Falle eines Verstoßes gegen § 309 Nr. 7 lit. b BGB ist die Klausel in der Regel vollständig unwirksam,[167] soweit sie nicht im Einzelfall ausnahmsweise unbedenkliche Bestimmungen enthält, die aus sich heraus verständlich und teilbar sind.[168] **§ 309 Nr. 8 lit. a BGB,** wonach eine Bestimmung in AGB unwirksam ist, die bei einer von dem Kaufmann als Verwender zu vertretenden, nicht in einem Mangel der Kaufsache oder des Werkes bestehenden Pflichtverletzung das Recht des anderen Vertragsteils, sich vom Vertrag zu lösen, ausschließt oder einschränkt, gilt für alle Pflichtverletzungen iSv § 280 Abs. 1 BGB.[169] Gemäß **§ 309 Nr. 12 lit. a BGB** schließlich ist eine Bestimmung in AGB unwirksam, durch die der Kaufmann als Verwender dem anderen Vertragsteil zu dessen Nachteil die Beweislast für in seinem – des Kaufmanns – Verantwortungsbereich liegende Umstände auferlegt. § 309 Nr. 12 lit. a BGB erfasst auf Gesetzes- oder Richterrecht beruhende Verteilungen der Beweislast ebenso wie durch AGB-Klauseln geregelte Beweismittelbeschränkungen oder Veränderungen in Bezug auf den Beweis des ersten Anscheins.[170] Allerdings kann dann, wenn ein umfassender Haftungsausschluss – zB für einfache Fahrlässigkeit des Erfüllungsgehilfen – zulässig ist bzw. wäre, auch ein Weniger, etwa eine dem Kunden ungünstige Beweislastverteilung bei einfacher Fahrlässigkeit des Erfüllungsgehilfen, klauselmäßig vorgesehen werden (teleologische Reduktion mit Blick auf § 309 Nr. 7 BGB).[171] 32

Die besonderen Klauselverbote in §§ 308, 309 BGB gelten nicht bei einer Verwendung von AGB gegenüber einem **Unternehmer** (§ 310 Abs. 1 S. 1 BGB). Da Kaufleute unter den Unternehmerbegriff des § 14 Abs. 1 BGB fallen, gelten die besonderen Klauselverbote nicht bei beiderseitigen Handelsgeschäften[172] oder für den Kaufmann als Kunden.[173] Indes unterliegen auch im kaufmännischen Verkehr AGB den **allgemeinen Regeln der Inhaltskontrolle (§ 307 BGB).** Danach gilt das Verbot der Haftungsfreizeichnung für Vorsatz und grobe Fahrlässigkeit (§ 309 Nr. 7 BGB) auch im kaufmännischen Verkehr. Hinsichtlich der Verletzung wesentlicher Vertragspflichten **(Kardinalpflichten)**[174] ist anerkannt, dass der Verwender sich nicht von einem groben Verschulden seines Erfüllungsgehilfen freizeichnen kann. Die Schadensersatzpflicht für einfache Fahrlässigkeit kann hingegen im kaufmännischen Verkehr wirksam abbedungen werden, soweit keine Kardinalpflicht in Rede steht.[175] § 309 Nr. 8 lit. a BGB sowie § 309 Nr. 12 lit. a BGB gelten über die Generalklausel des § 307 BGB sinngemäß auch im kaufmännischen Verkehr.[176] § 309 Nr. 12 lit. b BGB gilt hingegen über § 307 BGB im kaufmännischen Verkehr nur, soweit damit eine Erschwerung der Haftungsvoraussetzungen in Bezug auf Kardinalpflichten verbunden ist.[177] Eine Beschränkung der Haftung auf die für das jeweilige Geschäft typischen Schäden ist allerdings im kaufmännischen Verkehr zulässig.[178] Bestimmte allgemein anerkannte branchentypische Haftungsbeschränkungen und -freizeichnungen (zB in ADSp) verstoßen bei Verwendung im kaufmännischen Verkehr nicht gegen § 307 BGB.[179] In der deklaratorischen Wiedergabe des Haftungsmaßstabes des § 347 in AGB liegt auch aus Verbrauchersicht keine Haftungsbeschränkung.[180] 33

[165] Ebenroth/Boujong/Fest Rn. 43; Heymann/Horn Rn. 39.
[166] Ebenroth/Boujong/Fest Rn. 45; Heymann/Horn Rn. 40.
[167] BGH 20.1.1983, BGHZ 86, 284 (297) = NJW 1983, 1322; 24.9.1985, BGHZ 96, 18 (25) = NJW 1986, 1610.
[168] BGH 7.6.1989, BGHZ 108, 1 (11 f.) = NJW 1989, 2247; 10.10.1996, NJW 1997, 394 (395).
[169] Ebenroth/Boujong/Fest Rn. 46.
[170] BGH 8.12.1987, NJW 1988, 258.
[171] Ebenroth/Boujong/Fest Rn. 47.
[172] Ebenroth/Boujong/Fest Rn. 48.
[173] Heymann/Horn Rn. 41.
[174] Näher Heymann/Horn Rn. 44–46.
[175] Ebenroth/Boujong/Fest Rn. 49.
[176] BGH 24.6.1987, BGHZ 101, 172 (184) = NJW 1988, 640; 13.3.1996, NJW 1996, 1537 (1538); Ebenroth/Boujong/Fest Rn. 49.
[177] Ebenroth/Boujong/Fest Rn. 49.
[178] BGH 11.11.1992, NJW 1993, 335.
[179] BGH 3.3.1988, BGHZ 103, 316 (321 ff.) = NJW 1988, 1785; 10.10.1985, NJW 1986, 1435; 14.4.1988, WM 1988, 1201.
[180] OLG München 15.3.2018, BeckRS 2018, 5420.

§ 348 [Vertragsstrafe]

Eine Vertragsstrafe, die von einem Kaufmann im Betriebe seines Handelsgewerbes versprochen ist, kann nicht auf Grund der Vorschriften des § 343 des Bürgerlichen Gesetzbuchs herabgesetzt werden.

Schrifttum: Ahrens, Der Wettbewerbsprozess, 9. Aufl. 2021; Aigner, Beseitigung der Wiederholungsgefahr bei Abbedingung des § 348 HGB in der strafbewehrten Unterlassungserklärung?, GRUR 2007, 950; Föhlisch, Das Gesetz zur Stärkung des fairen Wettbewerbs – weder Fluch noch Segen, CR 2020, 796; Hohlweck, Das Gesetz zur Stärkung des fairen Wettbewerbs – Heilmittel oder Placebo?, WRP 2020, 266; Lettl, Der Entwurf des Gesetzes zur Stärkung des fairen Wettbewerbs, WM 2019, 289; Lindacher, Phänomenologie der Vertragsstrafe – Vertragsstrafe, Schadensersatzpauschalierung und schlichter Schadensbeweisvertrag, 1972; van Look, Vereinsstrafen als Vertragsstrafen, 1990; Melullis, Handbuch des Wettbewerbsprozesses, 3. Aufl. 2000; Möller, Das Gesetz zur Stärkung des fairen Wettbewerbs, NJW 2021, 1; Ostendorf, Vertragsstrafe und pauschalierter Schadensersatz als Instrumente der Vertragsgestaltung, JuS 2015, 977; Pamp, Rechtsfragen der Vertragsstrafe, FS Pause, 2022, 333; Rieble, Das Ende des Fortsetzungszusammenhangs im Recht der Vertragsstrafen, WM 1995, 281; Rieble, „Kinderwärmekissen" und Vertragsstrafendogmatik, GRUR 2009, 824; Schmeel, Bauvertrag – Die individuell vereinbarte kaufmännische Vertragsstrafe, MDR 2017, 1033; Teplitzky, Die wettbewerbsrechtliche Unterwerfung heute – Neuere Entwicklungen eines alten Streitbereinigungsmittels, GRUR 1996, 696; Vogel, Die Vertragsstrafe im privaten Baurecht, ZfIR 2005, 373; Wagner/Kefferpütz, Das Wettbewerbsrecht im Generalverdacht des Rechtsmissbrauchs, WRP 2021, 151; Weyer, Verteidigungsmöglichkeiten des Bauunternehmers gegenüber einer unangemessenen Vertragsstrafe, BauR 1988, 28.

Übersicht

I. Allgemeines

1 **1. Normzweck.** Gemäß § 343 BGB kann eine nach §§ 339–342 BGB verwirkte Vertragsstrafe auf Antrag des Schuldners durch rechtsgestaltendes Urteil im Wege der **Billigkeitskontrolle** auf einen angemessenen Betrag herabgesetzt werden, wenn sie unverhältnismäßig hoch ist. Die Herabsetzung kann auch inzident im Zahlungsprozess des Vertragsstrafegläubigers erfolgen, wenn der Schuldner einen entsprechenden Antrag stellt,[1] wofür es jedoch schon genügt, wenn sein Vortrag erkennen lässt, er halte die Vertragsstrafe für zu hoch.[2] Bei der Beurteilung der Angemessenheit ist jedes berechtigte Interesse des Gläubigers, nicht nur sein Vermögensinteresse, in Betracht zu ziehen (§ 343 Abs. 1 S. 3 BGB). § 348 schließt die Anwendung des § 343 BGB aus, wenn die Vertragsstrafe von einem Kaufmann im Betrieb seines Handelsgewerbes versprochen wurde.

2 Der damit verbundenen Verschlechterung der Rechtsstellung des Vertragsstrafeschuldners im kaufmännischen Verkehr liegt die gesetzgeberische Erwägung zu Grunde, ein Kaufmann als selbstständiger Gewerbetreibender werde ob seiner geschäftlichen Kenntnisse und Gewandtheit die **Tragweite eines solchen Versprechens** selbst hinreichend **zuverlässig beurteilen** können.[3] Hierdurch soll zugleich dem Bedürfnis des Handelsverkehrs nach **Flexibilität und Gestaltungsspielraum** Rechnung getragen werden.[4] Der Schutz der allgemeinen Rechtsvorschriften (zB § 138 BGB) gilt indes auch für den Kaufmann (→ Rn. 14), denn § 348 betrifft lediglich die Heranziehung von § 343 BGB, versagt dem Schuldner aber nicht zugleich alle anderen Einwendungen. Die praktische Bedeu-

[1] BGH 18.11.1982, BGHZ 85, 305 (314 f.) = NJW 1983, 385; 22.1.1993, WM 1993, 907 (908) = NJW-RR 1993, 464.
[2] BGH 22.5.1968, NJW 1968, 1625.
[3] Schlegelberger/Hefermehl Rn. 7; Ebenroth/Boujong/Fest Rn. 1; MüKoHGB/Maultzsch Rn. 1.
[4] GK-HGB/B. Schmidt Rn. 17.

tung von § 348 wird jedoch dadurch begrenzt, dass Vertragsstrafeversprechen im kaufmännischen Verkehr häufig in AGB enthalten[5] und unangemessen hohe Vertragsstrafen nach § 307 BGB unwirksam sind (→ Rn. 16 ff.), ohne dass es einer Herabsetzung nach § 343 BGB bedarf.[6]

2. Sachlicher Geltungsbereich. § 348 gilt – wie auch § 343 BGB – für Vertragsstrafen iSv §§ 339 ff., dh also für das akzessorische, an eine Hauptverbindlichkeit geknüpfte **unselbständige Strafversprechen** ebenso wie für das **selbstständige Strafversprechen** gem. § 343 Abs. 2 BGB, bei dem eine Vertragsstrafe für den Fall eines Tuns oder Unterlassens versprochen wird, ohne dass der Versprechende zu dem betreffenden Tun oder Unterlassen verpflichtet ist.[7] Auf andere, ähnliche Rechtsinstitute findet § 348 – ebenso wenig wie § 343 BGB – jedoch keine Anwendung (→ Rn. 18 ff.). § 348 gilt auch nicht für **Vereinsstrafen,** die nach hM als Ausfluss der satzungsgemäßen Ordnungsstrafgewalt des Vereins keine Vertragsstrafen iSv §§ 339 ff. BGB darstellen.[8] § 348 findet ferner weder unmittelbar noch analog Anwendung auf ein in der **Gemeinschaftsordnung** (WEG) enthaltenes Strafversprechen, denn der Eintritt in die Gemeinschaftsordnung erfolgt nicht durch ein Rechtsgeschäft, sondern von Gesetzes wegen mit dem Eigentumserwerb.[9] Für den Bereich des **Lauterkeitsrechts** sind die durch das **Gesetz zur Stärkung des fairen Wettbewerbs** vom 26.11.2020 (BGBl. 2020 I 2568) mit Wirkung vom 2.12.2020 eingeführten Neuregelungen in §§ 13a, 8c UWG in den Blick zu nehmen.[10] § 13a UWG enthält in Abs. 1 einen Katalog gesetzlich benannter Umstände, die bei der Festlegung einer angemessenen Vertragsstrafe zu berücksichtigen sind, schließt unter den in Abs. 2 genannten Voraussetzungen die Vereinbarung einer Vertragsstrafe nach Abs. 1 aus,[11] sieht in Abs. 3 die gesetzliche Festlegung einer maximalen Vertragsstrafenhöhe von 1.000 Euro für nur in unerheblichem Maße beeinträchtigende Zuwiderhandlungen vor, wenn der Abgemahnte in der Regel weniger als 100 Mitarbeiter beschäftigt, und ordnet schließlich in Abs. 4 an, dass der Abgemahnte ohne Weiteres lediglich eine Vertragsstrafe „in angemessener Höhe" schuldet, wenn er auf Verlangen des Abmahnenden eine „unangemessen hohe" Vertragsstrafe versprochen hat; damit soll eine bewusste Abweichung von § 348 verbunden sein. Bei Vereinbarung einer höhenmäßig nicht bezifferten Vertragsstrafe kann der Abgemahnte bei Uneinigkeit über die Höhe einseitig eine Einigungsstelle (vgl. § 15 UWG) anrufen; das Gleiche gilt, wenn der Abgemahnte nach Abs. 4 nur eine Vertragsstrafe in angemessener Höhe schuldet (§ 13a Abs. 5 UWG). Die Neuregelung in Abs. 5 nimmt Bezug auf nach dem „neuen Hamburger Brauch" (→ Rn. 15) vereinbarte Vertragsstrafen (S. 1); sie gilt ferner für in konkreter Höhe vereinbarte Vertragsstrafen, über deren Angemessenheit gestritten wird (S. 2). Abweichend von § 15 Abs. 3 S. 1 UWG ermöglicht § 13a Abs. 5 UWG eine Anrufung der Eingungsstelle auch ohne Zustimmung des Gegners. § 8c Abs. 3 UWG regelt für den Fall missbräuchlicher Anspruchsgeltendmachung einen Auslagenersatzanspruch des Anspruchsgegners. 3

II. Voraussetzungen

1. Vertragsstrafe. a) Begriff. Die Vertragsstrafe stellt nach § 339 BGB das Versprechen des Schuldners dar, in dem dieser dem Gläubiger die Zahlung einer Geldsumme oder eine andere Leistung (§ 342 BGB) für den Fall verspricht, dass er seine Verbindlichkeit nicht oder – in qualitativer bzw. zeitlicher Hinsicht – nicht in gehöriger Weise erfüllt (§ 339 S. 1 BGB, § 340 Abs. 1 BGB, § 341 Abs. 1 BGB). Das Vertragsstrafeversprechen hat eine zweifache Zielrichtung: Zum einen soll es als Druckmittel den Schuldner zur ordnungsgemäßen Erbringung der Leistung anhalten, zum anderen soll es im Verletzungsfalle dem Gläubiger die Möglichkeit einer erleichterten Schadensdurchsetzung ohne Einzelnachweis eröffnen.[12] Die Vertragsstrafe ist dadurch gekennzeichnet, dass sie kein selbstständiges Strafversprechen (§ 343 Abs. 2 BGB), sondern akzessorisch, dh an einen – wirksamen – Hauptanspruch geknüpft ist, dessen Erfüllung sie sichern will.[13] Die geschuldete Leistung, also der Hauptanspruch, kann in einem Tun oder Unterlassen (§ 339 S. 2 BGB) bestehen; er folgt als solcher 4

[5] BGH 28.9.1978, BGHZ 72, 174 (177) = NJW 1979, 105; 16.7.1998, NJW 1998, 3488 (3489).
[6] Ebenroth/Boujong/Fest Rn. 1.
[7] BGH 24.10.2025, BeckRS 2025, 32419 Rn. 27 = WM 2026, 84.
[8] BGH 4.10.1956, BGHZ 21, 370 (373 f.) = NJW 1956, 1893; 30.5.1983, BGHZ 87, 337 (344 f.) = NJW 1984, 918; Grüneberg/Grüneberg BGB § 339 Rn. 7; Ebenroth/Boujong/Fest Rn. 38 f.; **aA** van Look, Vereinsstrafen als Vertragsstrafen, 1990, 134 ff.
[9] BGH 24.10.2024, BeckRS 2025, 32419 Rn. 28 ff. = WM 2026, 84.
[10] Zum Gesetzgebungsverfahren BT-Drs. 19/12084; BT-Drs. 19/22238, BR-Drs. 232/19, BR-Drs. 529/20;. Lettl WM 2019, 289 (293). Zur Neuregelung vgl. Möller NJW 2021, 1; Wagner/Kefferpütz WRP 2021, 151; Föhlisch CR 2020, 796; Hohlweck WRP 2020, 266.
[11] Vgl. OLG Schleswig 3.5.2021, WRP 2021, 950.
[12] BGH 6.5.1993, NJW 1993, 2993 (2994); 3.4.1998, NJW 1998, 2600 (2602).
[13] BGH 30.6.1976, NJW 1976, 1886 (1887); Ebenroth/Boujong/Fest Rn. 3.

entweder aus einem Vertrag oder aus dem Gesetz.[14] Infolge seiner Akzessorietät ist der Anspruch auf die Vertragsstrafe solange nicht übertragbar, wie diese nicht verwirkt ist.[15] Auf denjenigen, der ein Handelsgeschäft übernimmt und unter der bisherigen Firma fortführt, geht gem. § 25 Abs. 1 S. 1 nicht nur die vom früheren Inhaber begründete Unterlassungsverpflichtung über; er ist vielmehr im Falle seiner Zuwiderhandlung auch zur Zahlung der versprochenen Vertragsstrafe verpflichtet.[16]

5 Der **Inhalt des Vertragsstrafeversprechens** ergibt sich aus der vertraglichen Festlegung durch die Parteien. Er ist im Zweifelsfalle nach allgemeinen Regeln (§§ 133, 157 BGB) im Wege der **Auslegung** zu ermitteln.[17] Maßgeblich ist danach der objektiv erkennbare Erklärungsinhalt des Versprechens.[18] Die Auslegung eines Vertragsstrafeversprechens kann zB ergeben, dass eine ganz allgemein gehaltene Strafbestimmung sich nicht auf Vertragsverletzungen bezieht, durch die die Interessen des Versprechensgläubigers allenfalls in geringem Umfang berührt werden.[19] Ist die Ermittlung des Versprechensinhalts auch durch Auslegung nicht möglich, ist das Versprechen **wegen inhaltlicher Unbestimmtheit unwirksam.**[20]

6 Die **Höhe der Vertragsstrafe** bedarf keiner Festlegung auf einen bestimmten festen Betrag. Die Bestimmung der Strafhöhe kann auch nach §§ 315, 317 BGB einer der Parteien oder einem Dritten überlassen werden. In einem solchen Fall muss zudem die Obergrenze der Strafe nicht von vornherein festgelegt sein. Einem Gericht allerdings, dessen gesetzlich festgelegter Aufgabenbereich nicht der Parteidisposition unterfällt, kann eine derartige vertragsgestaltende Tätigkeit durch die Parteien nicht übertragen werden.[21] Hat der Kaufmann eine gem. § 315 Abs. 1 BGB, § 317 Abs. 1 BGB nach billigem Ermessen festzusetzende Vertragsstrafe versprochen, wird die richterliche Nachprüfung der konkret festgesetzten Höhe nicht durch § 348 ausgeschlossen.[22]

7 **b) Verwirkung der Vertragsstrafe.** Die Vertragsstrafe ist verwirkt, wenn der Schuldner der – ggf. durch Auslegung zu ermittelnden (→ Rn. 5) – Verpflichtung aus dem Hauptanspruch **zuwiderhandelt.** § 339 BGB knüpft dabei grundsätzlich an ein **Verschulden** des Verpflichteten an,[23] wobei der Schuldner auch für das Verschulden seiner Erfüllungsgehilfen (§ 278 BGB) – zB einen für ihn tätigen freien Handelsvertreter[24] – einzutreten hat.[25] Durch individuelle Vereinbarung kann die Vertragsstrafe aber auch für **verschuldensunabhängige Verstöße** versprochen werden.[26] Soweit eine solche Regelung in AGB enthalten ist, verstößt sie jedoch auch im kaufmännischen Verkehr gegen § 307 BGB (früher § 9 AGBG).[27] Anderes gilt nur dann, wenn bedeutsame Umstände vorliegen, die eine solche Vertragsstrafenregelung trotz der Abweichung vom dispositiven Recht als mit Recht und Billigkeit noch vereinbar erscheinen lassen.[28]

8 Ist Gegenstand der durch ein Vertragsstrafeversprechen gesicherten Leistungspflicht des Schuldners ein **Unterlassen,** so erfasst die Unterlassungsverpflichtung im Zweifel – dh soweit sich im Wege der Auslegung nichts anderes ergibt – nicht nur identische, sondern alle im Kern bzw. im Wesentlichen gleichartigen Verletzungsformen, die jeweils zur Verwirkung der Strafe führen können.[29] Bestehen mehrere Unterlassungsversprechen zu Gunsten desselben Gläubigers, führt eine einzelne Zuwiderhandlung indes nur zur Verwirkung einer, und zwar der höheren bzw. höchsten Vertragsstrafe, **nicht** aber zur **Kumulation** mehrerer verwirkter Vertragsstrafen.[30]

---

[14] BGH 28.1.1993, NJW 1993, 1786 (1787).
[15] BGH 24.11.1989, BGHZ 109, 230 (234) = NJW 1990, 832; Staudinger/Rieble, 2020, BGB § 339 Rn. 481.
[16] BGH 25.4.1996, NJW 1996, 2866 (2867); GK-HGB/B. Schmidt Rn. 3.
[17] BGH 10.12.1992, BGHZ 121, 13 (16) = NJW 1993, 721; 18.9.1997, NJW 1998, 1144 (1145); Ebenroth/Boujong/Fest Rn. 4.
[18] BGH 12.7.1990, NJW-RR 1991, 112.
[19] RG 18.3.1919, JW 1923, 825; BGH 13.3.1975, WM 1975, 470 f.; GK-HGB/B. Schmidt Rn. 4.
[20] BGH 13.3.1975, WM 1975, 470 (471) = BeckRS 1975, 31118564.
[21] BGH 14.10.1977, WM 1978, 64; 3.2.1995, NJW 1995, 1360.
[22] OLG Frankfurt 9.6.2022, NJW-RR 2023, 48 Rn. 27; Heymann/Horn Rn. 15.
[23] BGH 28.9.1978, BGHZ 72, 174 (178) = NJW 1979, 105; 13.5.1982, NJW 1983, 167 (169); GK-HGB/B. Schmidt Rn. 5.
[24] OLG Hamm 29.9.1987, MDR 1988, 143.
[25] BGH 30.4.1987, NJW 1987, 3253; 22.1.1998, NJW 1998, 3342 (3343).
[26] BGH 13.3.1975, WM 1975, 470 = BeckRS 1975, 31118564; 28.1.1997, WM 1997, 560 (562) = NJW-RR 1997, 686.
[27] OLG Köln 23.6.1995, VersR 1996, 119 (120).
[28] BGH 11.7.1984, NJW 1985, 56 (57); 3.4.1998, NJW 1998, 2600 (2601); GK-HGB/B. Schmidt Rn. 5; s. auch BGH 16.7.1998, NJW 1998, 3488 (3489).
[29] BGH 9.11.1995, WRP 1996, 199 (201); 17.7.1997, NJW 1997, 3087 (3088).
[30] OLG Frankfurt 17.10.1991, NJW-RR 1992, 620; Ebenroth/Boujong/Fest Rn. 21; GK-HGB/B. Schmidt Rn. 7.

9 Dem Risiko unangemessener „Aufsummierung“ von Bestrafungen bei mehrfachen gleichen bzw. gleichartigen Verstößen gegen eine Unterlassungsverpflichtung begegnete die Rspr. in der Vergangenheit durch die Zusammenfassung zu einer Handlung im Rechtssinne unter dem Gesichtspunkt des **Fortsetzungszusammenhangs,** soweit die Vertragsauslegung nicht entgegen stand.[31] Als Voraussetzung hierfür wurde angesehen, dass die Einzelakte im Wesentlichen gleichartig waren, dh die gleichen äußeren Merkmale aufwiesen und sie nach Raum und Zeit in einem Wirkungszusammenhang standen.[32] In diesem Falle wurde der Fortsetzungszusammenhang auch bei fahrlässig begangenen Handlungen angenommen, zu deren Begehung es unabhängig von einem entsprechenden Schuldnerwillen kommt.[33] Nach der zwischenzeitlichen Aufgabe der Rechtsfigur des Fortsetzungszusammenhangs im Strafrecht[34] hat der BGH zunächst offen gelassen, ob an den entsprechenden Rechtsgrundsätzen für den kaufmännischen Verkehr gleichwohl festzuhalten sei.[35] Heute löst er die entsprechenden Fragen im Wege der **Vertragsauslegung,** wobei die in der früheren Rspr. zum Fortsetzungszusammenhang maßgeblichen Erwägungen weiterhin Berücksichtigung finden können.[36] Danach wird ein Summierungs- oder Kumulierungseffekt in der Regel nicht anzunehmen sein, ohne dass § 348 der damit verbundenen Beschränkung der Vertragsstrafe entgegensteht.[37]

10 **c) Durchsetzung der Vertragsstrafe.** Nach der – abdingbaren[38] – Regelung des **§ 340 BGB** erlischt, sofern die Vertragsstrafe für den Fall der Nichterfüllung der Verbindlichkeit versprochen wurde, diese Forderung, sobald der Gläubiger die Vertragsstrafe verlangt. Ein erfolgloses Erfüllungsverlangen nach Verwirkung der Vertragsstrafe hindert die spätere Geltendmachung des Strafversprechens hingegen nicht.[39] Gemäß § 341 BGB kann der Gläubiger die Erfüllung neben der Strafe fordern, wenn diese für den Fall nicht gehöriger Erfüllung versprochen wurde. Dieses Recht muss der Gläubiger sich jedoch, sofern nichts anderes vereinbart ist, bei der Annahme der Erfüllungsleistung des Schuldners vorbehalten, um den Vertragsstrafeanspruch zu erhalten (§ 341 Abs. 3 BGB). Das Erfordernis des Vorbehalts ist eng auszulegen; ein bereits zuvor oder erst nachträglich geäußerter Vorbehalt genügt daher in der Regel nicht.[40] Fordert der Versprechensgläubiger Schadensersatz, schließt das den Vertragsstrafenanspruch nicht aus; jedoch ist die Vertragsstrafe auf den Schaden anzurechnen (§ 340 Abs. 2 BGB, § 341 Abs. 2 BGB).

11 Hat der Gläubiger der Vertragsstrafe den Schuldner zu dessen **vertragswidrigem Verhalten veranlasst,** besteht aus dem Gesichtspunkt des Rechtsmissbrauchs kein Anspruch auf die Vertragsstrafe.[41] Im Ergebnis nichts anderes gilt, wenn der Gläubiger den erkennbar fahrlässig begangenen Zuwiderhandlungen des Schuldners tatenlos in der Hoffnung zusieht, hierdurch eine höhere Vertragsstrafe erhalten zu können. Ein solches Verhalten verstößt selbst dann gegen die Gebote von Treu und Glauben, wenn der Versprechensgläubiger grundsätzlich nicht verpflichtet ist, die Erfüllung der strafbewehrten Verpflichtung durch den Schuldner zu überwachen.[42]

12 **2. Kaufmann.** § 348 knüpft an die von einem Kaufmann als Versprechensschuldner versprochene Vertragsstrafe an und umschreibt insoweit den **persönlichen Geltungsbereich** der Norm. Die Vorschrift gilt für alle Kaufleute iSv §§ 1–6,[43] also auch für den Kaufmann kraft Eintragung (§ 5) sowie zu Lasten des **Scheinkaufmanns.**[44] Sie findet daher auch im Bauvertragsrecht Anwendung, soweit der Bauhandwerker als Versprechensschuldner unter den Kaufmannsbegriff fällt.[45] Als gesetzli-

[31] BGH 10.12.1992, BGHZ 121, 13 (18 f.) = NJW 1993, 721 (722); 1.6.1983, NJW 1984, 919 (921); 6.5.1993, NJW 1993, 2993 (2994).
[32] OLG Köln 8.11.1991, NJW-RR 1992, 873 (874).
[33] BGH 10.12.1992, BGHZ 121, 13 (20) = NJW 1993, 721.
[34] Grdl. BGH 3.5.1994, BGHSt 40, 138 = NJ 1994, 527 = LSK 1994, 250118.
[35] BGH 18.9.1997, NJW 1998, 1144 (1146).
[36] BGH 25.1.2001, BGHZ 146, 318 (324 f.) = NJW 2001, 2622 (2623 f.).
[37] BGH 25.1.2001, BGHZ 146, 318 (326 f.) = NJW 2001, 2622 (2624).
[38] BGH 13.3.1953, LM BGB § 339 Nr. 2.
[39] RG 7.1.1913, JW 1913, 319 (320); GK-HGB/B. Schmidt Rn. 9.
[40] BGH 3.11.1960, BGHZ 33, 236 (237) = NJW 1961, 115; 18.11.1982, BGHZ 85, 305 (309) = NJW 1983, 385.
[41] BGH 1.6.1983, NJW 1984, 919 (920); 23.1.1991, WM 1991, 897 (898); GK-HGB/B. Schmidt Rn. 10; Ebenroth/Boujong/Fest Rn. 20.
[42] BGH 18.9.1997, NJW 1998, 1144 (1147); OLG Koblenz 26.3.1992, WRP 1993, 44 (46).
[43] Ebenroth/Boujong/Fest Rn. 24.
[44] OLG Stuttgart 16.12.2004, MDR 2005, 518 f. = BeckRS 2005, 8432; Hopt/Leyens Rn. 6; Schlegelberger/Hefermehl Rn. 24; GK-HGB/B. Schmidt Rn. 18; KKD/Roth/Huber Rn. 3; RGHMW/Steimle/Dornieden Rn. 8; offengelassen in BGH 13.2.1951, BGHZ 5, 133 (135) = NJW 1952, 623.
[45] Schmeel MDR 2017, 1033. Zur Vertragsstrafe im privaten Baurecht vgl. Vogel ZfIR 2005, 373; Pamp FS Pause, 2022, 333.

che Abweichung von zwingendem Recht (§ 343 BGB)[46] ist § 348 grundsätzlich weder auf kaufmannsähnliche Personen noch auf Freiberufler analog anwendbar.[47] Nach der Rspr. des BGH kann jedoch in Ausnahmefällen unter ganz besonders gelagerten Umständen mit demselben Ergebnis wie bei einer Anwendung von § 348 – dh also nach dem Rechtsgedanken des § 348[48] – auch einem Nichtkaufmann die Berufung auf § 343 BGB verwehrt sein.[49]

13 Der Kaufmann muss das Versprechen im **Betrieb seines Handelsgewerbes** abgegeben haben. Die Abgrenzung zwischen einem Handels- und einem Privatgeschäft des Kaufmann erfolgt nach Maßgabe der §§ 343, 344.[50] Unerheblich ist dagegen, ob Adressat des Versprechens ein Kaufmann oder ein Nichtkaufmann ist; § 348 gilt daher auch für einseitige Handelsgeschäfte, wenn der Versprechende Kaufmann ist. Sowohl die Kaufmannseigenschaft des Versprechenden als auch die Zugehörigkeit des Versprechens zum Betriebe des Handelsgewerbes müssen im Zeitpunkt der **Abgabe des Vertragsstrafeversprechens** vorliegen.[51] § 348 findet auch auf die in einem (Haus-)Tarifvertrag enthaltene (verwirkte) Vertragsstrafe Anwendung, wenn der Kaufmann den **Tarifvertrag** als Tarifvertragspartei selbst abgeschlossen hat.[52]

III. Unwirksamkeit des Versprechens aus anderen Gründen

14 Die Unwirksamkeit des Vertragsstrafeversprechens kann sich zunächst aus einer **Unwirksamkeit der Hauptverbindlichkeit** (zB aus §§ 125, 126, 138, 142, 762–764 BGB, §§ 74 ff. § 75 f. oder infolge eines Verstoßes gegen das Kartellverbot, Art. 101 AEUV, früher Art. 81 EG-Vertrag, § 1 GWB)[53] ergeben. In einem solchen Falle ist wegen der Akzessorietät des Versprechens auch dieses selbst hinfällig (vgl. § 344 BGB). Ferner kann das **Vertragsstrafeversprechen seinerseits** zB aufgrund inhaltlicher Unbestimmtheit (→ Rn. 5) oder wegen Verstoßes gegen § 138 Abs. 1 bzw. Abs. 2 BGB[54] nichtig sein. Allerdings soll nach hM die übermäßige Höhe der Vertragsstrafe für sich genommen in der Regel noch nicht den Tatbestand der Sittenwidrigkeit iSv § 138 Abs. 1 BGB erfüllen, wenn und soweit die Vorschrift des § 343 BGB einen hinreichenden Ausgleich schafft.[55] Vielmehr soll die Annahme der Sittenwidrigkeit das Hinzutreten besonderer Umstände in Bezug auf Inhalt, Beweggrund oder Zweck der Abrede erforderlich machen.[56] Diese Betrachtungsweise begegnet indes Bedenken, weil § 343 BGB nur die Folgen bei unverhältnismäßiger Höhe der Vertragsstrafe regelt, nicht aber festlegt, ab welcher Höhe die Grenze zur Sittenwidrigkeit überschritten ist.[57] Die Sittenwidrigkeit einer Vertragsstrafeklausel aufgrund der Höhe der Strafe dürfte freilich in der Praxis eher eine seltene Ausnahme darstellen.

15 Darüber hinaus wird durch § 348 nicht der Einwand des Versprechensschuldners ausgeschlossen, die Vertragsstrafe sei nicht nach § 339 BGB verwirkt (→ Rn. 7) oder bei Annahme der Erfüllung nicht iSv § 341 Abs. 3 BGB vorbehalten worden.[58] Da § 348 nur Individualvereinbarungen betrifft, steht die Vorschrift überdies der AGB-rechtlichen Kontrolle einer Vertragsstrafeklausel nicht entgegen (→ Rn. 16).[59] In Betracht kommt auch die Berufung des Schuldners auf ein **Fehlen oder den Wegfall der Geschäftsgrundlage,** wenn zB beide Parteien über die Umstände im Irrtum waren,

[46] BGH 13.2.1952, BGHZ 5, 133 (137) = NJW 1952, 623; Grüneberg/Grüneberg BGB § 343 Rn. 3.

[47] GK-HGB/B. Schmidt Rn. 18; Ebenroth/Boujong/Fest Rn. 24; KKD/Roth/Huber Rn. 3; Canaris HandelsR § 21 Rn. II 2; zur Frage der analogen Anwendbarkeit auf Gesellschafter und Geschäftsführer s. MüKoHGB/Maultzsch Rn. 12 ff.; OLG Koblenz 22.2.2012, NZG 2012, 386 (388) zur Vertragsstrafe für Verstoß gegen Wettbewerbsverbot im Übertragungsvertrag einer Zahnarztpraxis.

[48] OLG Nürnberg 25.11.2009, GmbHR 2010, 141 (146) = MDR 2010, 277 (278).

[49] BGH 13.2.1952, BGHZ 5, 133 (137) = NJW 1952, 623 zum GmbH-Geschäftsführer, der sich gegenüber Dritten als „Kaufmann" bezeichnet und zur Unterlassung von Wettbewerb verpflichtet; hierzu MüKoHGB/Maultzsch Rn. 13; Heymann/Horn Rn. 13; s. auch Grüneberg/Grüneberg BGB § 343 Rn. 8.

[50] Ebenroth/Boujong/Fest Rn. 25; RGHMW/Steimle/Dornieden Rn. 9; zum Eingreifen der Vermutung nach § 344 s. RG 23.4.1932, HRR 1932 Nr. 1645.

[51] RG 14.1.1908, JW 1908, 148; BGH 5.10.1951, BGHZ 3, 193; 13.2.1952 = NJW 1952, 101, BGHZ 5, 133 (136) = NJW 1952, 623; Ebenroth/Boujong/Fest Rn. 25; RGHMW/Steimle/Dornieden Rn. 7; GK-HGB/B. Schmidt Rn. 18; HK-HGB/Ruß Rn. 2.

[52] LAG Baden-Württemberg 15.10.2021, BeckRS 2021, 47903 Rn. 70 f. mAnm Frahm ArbRAktuell 2022, 180.

[53] Heymann/Horn Rn. 4; MüKoHGB/Maultzsch Rn. 17.

[54] OLG Nürnberg 25.11.2009, GmbHR 2010, 141 (145 f.) = MDR 2010, 277.

[55] Staub/Koller, 4. Aufl. 2004, Rn. 2; GK-HGB/B. Schmidt Rn. 13; RGHMW/Steimle/Dornieden Rn. 11.

[56] RG 7.1.1913, JW 1913, 319 (320); BGH 30.3.1977, WM 1977, 641 (643) = BeckRS 1977, 31122440.

[57] Ebenroth/Boujong/Fest Rn. 5.

[58] MüKoHGB/Maultzsch Rn. 19; Heymann/Horn Rn. 5 ff.

[59] BGH 18.11.1982, BGHZ 85, 305 (315) = NJW 1983, 385; Schlegelberger/Hefermehl Rn. 30; RGHMW/Steimle/Dornieden Rn. 16, 18.

die den Maßstab für die Bestimmung der Höhe der Vertragsstrafe bildeten.[60] Tritt die Störung der Geschäftsgrundlage allerdings erst **nach Verwirkung der Vertragsstrafe** ein, kann die Strafe grundsätzlich in der vereinbarten Höhe verlangt werden.[61] Der Schuldner kann schließlich einwenden, die Inanspruchnahme der Vertragsstrafe verstoße unabhängig von ihrer Höhe – etwa wegen Geringfügigkeit der Verletzung und deren Folgen im Einzelfall oder wegen mitwirkenden Verschuldens des Gläubigers – gegen die **Grundsätze von Treu und Glauben (§ 242 BGB).**[62] Hierbei muss es sich jedoch mit Blick auf die für Kaufleute grundsätzlich strenge Regelung des § 348 um krasse Ausnahmefälle handeln.[63] Denn einerseits wird durch den in § 348 angeordneten Ausschluss von § 343 BGB als spezialgesetzlich geregeltem Sonderfall der Rechtsausübungskontrolle nicht zugleich der Rückgriff auf § 242 BGB als einem allgemeinem Rechtsgrundsatz von vornherein ausgeschlossen. Andererseits darf aber der vom Gesetzgeber in den Fällen des § 348 ausdrücklich gewollte Ausschluss von § 343 BGB nicht auf dem Umweg über § 242 BGB de facto beseitigt werden.[64] Die Anwendung von § 242 BGB oder der Grundsätze über das Fehlen bzw. den Wegfall der Geschäftsgrundlage muss nicht zwangsläufig zur Unwirksamkeit des Versprechens führen; vielmehr kommt auch eine bloße Anpassung der Höhe in Betracht. Eine Verringerung der Vertragsstrafenhöhe gem. § 242 BGB führt dabei nach der Rspr. des BGH nur zur Reduzierung auf einen nach Maßgabe der Grundsätze von Treu und Glauben noch hinnehmbaren, nicht aber auf den iSv § 343 BGB angemessenen Betrag; Anhaltspunkt soll insoweit grundsätzlich das Doppelte der nach § 343 BGB angemessenen Vertragsstrafe sein.[65] Zur Vermeidung der mit einer Anwendung von § 242 BGB oder der Grundsätze vom Wegfall der Geschäftsgrundlage im Einzelfall verbundenen Schwierigkeiten wird in der – wettbewerbsrechtlichen[66] – Kautelarpraxis insbesondere die Abbedingung von § 348 (→ Rn. 25) oder die Vereinbarung eines einseitigen Leistungsbestimmungsrechts nach §§ 315 ff. BGB an Stelle eines Vertragsstrafeversprechens **(„neuer Hamburger Brauch"),**[67] bei dem statt der Sonderkontrolle gem. § 343 BGB die Bestimmungskontrolle nach § 315 Abs. 3 BGB erfolgt, vorgeschlagen.[68] Der Ausschluss von § 348 in einer Unterwerfungserklärung lässt deren Eignung zur Ausräumung der Wiederholungsgefahr grundsätzlich nicht entfallen.[69] Bei einem Vertragsstrafeanspruch nach (neuem) „Hamburger Brauch" beginnt die regelmäßige Verjährungsfrist (§§ 195, 199 Abs. 1 BGB) nicht, bevor der Gläubiger die Höhe der vom Schuldner verwirkten Vertragsstrafe festgelegt hat und der Vertragsstrafeanspruch damit – anders als ein Anspruch auf Zahlung einer festen Vertragsstrafe, bei dem Fälligkeit mit der Zuwiderhandlung (Verwirkung) eintritt[70] – fällig geworden ist.[71]

---

[60] BGH 24.3.1954, NJW 1954, 998; OLG Karlsruhe 19.1.1967, BB 1967, 1181 f.; Grüneberg/Grüneberg BGB § 343 Rn. 8; Lindacher, Phänomenologie der Vertragsstrafe, 1972, 141 f.; zu Beispielen vgl. auch Melullis, Handbuch des Wettbewerbsprozesses, 3. Aufl. 2000, Rn. 633.

[61] BGH 18.10.1995, NJW-RR 1996, 362 (363); Ebenroth/Boujong/Fest Rn. 26.

[62] BGH 18.9.1997, NJW 1998, 1144 (1147); 17.7.2008, NJW 2009, 1882 (1885) = GRUR 2009, 181 mAnm Glozbach jurisPR-HaGesR 4/2009 Anm. 2; OLG Hamm 5.7.1994, BauR 1995, 548 (549); Ebenroth/Boujong/Fest Rn. 5; eingehend Melullis, Handbuch des Wettbewerbsprozesses, 3. Aufl. 2000, Rn. 633; Ostendorf JuS 2015, 977 (979). Krit. zur Rspr. des BGH insbes. Rieble GRUR 2009, 824 (826 ff.).

[63] GK-HGB/B. Schmidt Rn. 20; Rieble GRUR 2009, 824 (826); s. auch KBF/Bornkamm UWG § 12 Rn. 1.215: „ausnahmsweise"; **aA** OLG Karlsruhe 19.1.1967, BB 1967, 1181.

[64] Melullis, Handbuch des Wettbewerbsprozesses, 3. Aufl. 2000, Rn. 633; Rieble GRUR 2009, 824 (826).

[65] BGH 17.7.2008, NJW 2009, 1882 Rn. 41 = GRUR 2009, 181; hierzu krit. Rieble GRUR 2009, 824 (826); zum pauschalierten Ansatz des Doppelten der nach § 343 BGB angemessenen Vertragsstrafe vgl. bereits BGH 12.7.1984, NJW 1985, 191 (192); 14.2.1985, NJW 1985, 2021.

[66] Für gewerbliche Schutzrechte sowie das Urheberrecht dürfte insoweit allerdings nichts anderes gelten; vgl. Aigner GRUR 2007, 950 (951).

[67] BGH 12.7.1984, NJW 1985, 191 (192); 31.5.1990, NJW-RR 1990, 1390 (1391); 27.10.2022, ZIP 2023, 39 Rn. 15, 27 mAnm Würdinger jurisPR-BGHZivilR 1/2023 Anm. 1 und Jorcke/Kaßner jurisPR-WettbR 12/2022 Anm. 2; zum „neuen Hamburger Brauch" näher Ohly/Sosnitza UWG § 8 Rn. 16; Ohly/Sosnitza UWG § 12 Rn. 36; FBO/Büscher UWG § 8 Rn. 76, 86; Büscher/Dittmer/Schiwy UWG Vor § 12 Rn. 70; jurisPK-UWG/Spoenle, 5. Aufl. Stand 18.1.2022, UWG § 13a Rn. 8. Das Bestimmungsrecht kann dagegen nicht nach Maßgabe des „alten Hamburger Brauchs" dem staatlichen Gericht als Drittem iSv § 317 BGB überlassen werden, BGH 14.10.1977, GRUR 1978, 192 (193); → Rn. 6.

[68] Ahrens/Achilles, Der Wettbewerbsprozess, Kap. 8 Rn. 50; Teplitzky GRUR 1996, 696 (699); Rieble GRUR 2009, 824 (828).

[69] FBO/Büscher UWG § 8 Rn. 85; Götting/Nordemann/Schmitz-Fohrmann/Schwab UWG § 12 Rn. 77; enger Melullis, Handbuch des Wettbewerbsprozesses, 3. Aufl. 2000, Rn. 633: „nicht ohne weiteres"; **aA** Aigner GRUR 2007, 950 (951 ff.).

[70] BGH 19.5.2022, NJW 2022, 3347 Rn. 33 ff.

[71] BGH 27.10.2022, ZIP 2023, 39 Rn. 27 mAnm Würdinger jurisPR-BGHZivilR 1/2023 Anm. 1 und Jorcke/Kaßner jurisPR-WettbR 12/2022 Anm. 2.

IV. Vertragsstrafversprechen in AGB

16 Im kaufmännischen Geschäftsverkehr können Vertragsstrafeklauseln auch durch AGB begründet werden. § 309 Nr. 6 BGB, der Vertragsstrafen in AGB in bestimmten Fällen ausschließt, gilt gem. § 310 Abs. 1 S. 1 BGB nicht bei Verwendung von AGB gegenüber einem **Unternehmer** (§ 14 BGB). Ein Kaufmann ist stets Unternehmer iSv § 14 BGB.[72] Die Vereinbarung einer Vertragsstrafe in AGB unterliegt allerdings der **Inhaltskontrolle nach § 307 BGB;** die Vorschrift des § 348 steht dem nicht entgegen, wobei indes für die Anwendung von § 307 Abs. 1 BGB ein strengerer Maßstab anzulegen ist als bei der Herabsetzung individualvertraglich ausgehandelter Vertragsstrafeversprechen.[73] Ein verschuldensunabhängiges Vertragsstrafeversprechen kann hiernach unwirksam sein, wenn kein Bedürfnis für die Regelung erkennbar ist.[74] Die Inhaltskontrolle kann zur Unwirksamkeit der AGB-Klausel über die Vertragsstrafe führen, wenn diese **unangemessen hoch** ist.[75] Im kaufmännischen Verkehr wird hierfür ein krasses Missverhältnis von Vertragsstrafenhöhe und Leistungsumfang vorausgesetzt.[76] Zeitlich-prozentual an der Leistungshöhe ausgerichtete Vertragsstrafen im Baugewerbe müssen eine Beschränkung in Bezug auf Zeitdauer und Gesamthöhe aufweisen;[77] andernfalls sind sie unwirksam.[78] Ist die Höhe der Vertragsstrafe klauselmäßig pauschaliert, muss sie auch für den Fall des geringsten Verstoßes noch angemessen sein.[79]

17 Führt die Inhaltskontrolle zum Ergebnis, dass die Vertragsstrafe unangemessen hoch ist, folgt hieraus die **Unwirksamkeit der gesamten Klausel.** § 348 gilt nur für individuell ausgehandelte Vereinbarungen und hat daher keine Bedeutung für die Überprüfung von AGB. Das **Verbot der Kumulation** von Vertragsstrafe und zusätzlicher Erfüllung bzw. vollem Schadensersatz gilt auch für den Handelsverkehr; gegen dieses Verbot verstoßende AGB-Klauseln sind unwirksam (§ 307). Die Notwendigkeit des Vorbehalts bei Annahme der Erfüllung (§ 341 Abs. 3) kann durch AGB nicht umfassend ausgeschlossen werden.[80]

V. Ähnliche Rechtsinstitute

18 **1. Selbstständiges (uneigentliches) Strafversprechen.** Im Gegensatz zu der gesetzlich geregelten Vertragsstrafe setzt das selbstständige oder „uneigentliche" Strafversprechen (Strafgedinge) **keine bestehende und zu sichernde Hauptverbindlichkeit** voraus, sondern begründet die Verpflichtung zur Strafleistung selbstständig.[81] Das Versprechen ist alleiniger Gegenstand des Schuldverhältnisses.[82] Die Verbindung zu einem Verhalten des Schuldners, zu dem dieser – mittelbar – angehalten wird, wird lediglich durch die Voraussetzungen, unter denen nach dem Inhalt des Versprechens die Strafe zu zahlen ist, hergestellt.[83] Das selbstständige Strafversprechen kann sich auf ein Gefälligkeitsverhältnis oder auf das Verhalten eines Dritten beziehen.[84] Darüber hinaus kann ein selbstständiges Strafversprechen vorliegen, wenn eine Strafe für den Fall vorgesehen ist, dass ein Vertragsantrag nicht innerhalb bestimmter Zeit angenommen wird.[85] Entsprechend der Regelung bei der Vertragsstrafe erfordert auch das selbstständige Strafversprechen im Zweifel ein Verschulden.[86] Bei Verzicht auf das Verschuldenserfordernis kommt ein Verständnis als **Garantie** in Betracht.[87]

---

[72] Ebenroth/Boujong/Fest Rn. 27.

[73] BGH 26.5.1999, BGHZ 141, 391 (397) = NJW 1999, 2662; 16.7.1998, NJW 1998, 3488 (3489); 9.2.2000, ZIP 2000, 789 (790); 13.11.2013, NJW 2014, 2180 Rn. 12; eingehend Ebenroth/Boujong/Fest Rn. 27 ff.; Heymann/Horn Rn. 16 ff.

[74] BGH 28.9.1978, BGHZ 72, 174 (178 f.) = NJW 1979, 105; 26.5.1999, BGHZ 141, 391 (397) = NJW 1999, 2662; 18.4.1984, NJW 1985, 57 f.

[75] BGH 7.5.1997, NJW 1997, 3233 (3234); 13.11.2013, NJW 2014, 2180 Rn. 12, 19: Die Rechtsfolge der Unwirksamkeit nach § 307 Abs. 1 BGB ist auf Fälle zu beschränken, in denen die vereinbarte Vertragsstrafe „bereits auf den ersten Blick" außer Verhältnis zu dem mit ihr sanktionierten Verstoß und den mit möglichen künftigen Verstößen für den Unterlassungsgläubiger verbundenen Gefahren steht.

[76] BGH 21.3.1990, NJW-RR 1990, 1076 (1077).

[77] BGH 18.11.1982, BGHZ 85, 305 (313) = NJW 1983, 385 (387) (Zeitdauer); 25.9.1986, NJW 1987, 380; 22.10.1987, WM 1988, 170 (171) = NJW-RR 1988, 146; 19.1.1989, WM 1989, 449 = NJW 1989, 527 (Gesamthöhe).

[78] BGH 18.11.1982, BGHZ 85, 305 (312) = NJW 1985, 385 (387); 12.3.1981, NJW 1981, 1509; s. auch OLG Zweibrücken 10.3.1994, NJW-RR 1994, 1363 (1365).

[79] BGH 7.5.1997, NJW 1997, 3233 (3235); 13.11.2013, NJW 2014, 2180 Rn. 14.

[80] BGH 18.11.1982, NJW 1983, 385 (387).

[81] OLG Frankfurt 21.11.1985, WM 1986, 680 (681) = NJW-RR 1986, 895.

[82] BGH 18.12.1982, NJW 1983, 385.

[83] Schlegelberger/Hefermehl Rn. 11; GK-HGB/B. Schmidt Rn. 21.

[84] BGH 8.3.1967, NJW 1967, 1318 (1319); OLG Hamm 5.7.1994, BauR 1995, 548.

[85] RG 22.3.1919, RGZ 95, 199 (203).

[86] Heymann/Horn Rn. 22; Ebenroth/Boujong/Fest Rn. 32.

[87] Ebenroth/Boujong/Fest Rn. 32.

Die §§ 339 ff. BGB gelten für das selbstständige Strafversprechen grundsätzlich nicht. Vielmehr erstreckt lediglich **§ 343 Abs. 2 BGB** die Möglichkeit der Herabsetzung der Strafe aufgrund richterlicher Billigkeitsentscheidung ausdrücklich auch auf dieses Versprechen. Daher bezieht auch § 348 das im Betrieb seines Handelsgewerbes abgegebene selbstständige Strafversprechen eines Kaufmanns mit ein.[88] 19

2. Garantie. Auf eine Garantie, also das selbstständige Versprechen, für den Eintritt eines bestimmten tatsächlichen oder rechtlichen Erfolgs oder die Nichtverwirklichung der Gefahr eines bestimmten künftigen Schadens einstehen zu wollen, finden § 343 BGB und § 348 keine Anwendung.[89] 20

3. Verfallklausel. Aufgrund der Vereinbarung einer Verfallklausel verliert der Schuldner bei Nichterfüllung oder nicht gehöriger Erfüllung seiner Verbindlichkeit eigene Rechte. Im Unterschied zur Vertragsstrafe tritt also **keine Zahlungsverpflichtung,** sondern ein **Rechtsverlust** ein. Wegen der im Übrigen bestehenden Vergleichbarkeit mit der Vertragsstrafe ist jedoch der Verschuldensgrundsatz (§ 339 S. 1 BGB) auch auf eine Verfallklausel anwendbar.[90] § 343 BGB kann ebenfalls grundsätzlich analog angewandt werden.[91] Für den kaufmännischen Verkehr bedeutet dies, dass unter den Voraussetzungen des § 348 die analoge Anwendung von § 343 BGB auf eine Verfallklausel ausscheidet.[92] 21

4. Schadenspauschalabrede. Durch die Vereinbarung von Klauseln über pauschalierten Schadensersatz sollen für den Fall von Leistungsstörungen im Wege antizipierter Schadensschätzung[93] Streitigkeiten über den **Schadensumfang** ausgeschlossen werden.[94] Die Pauschalabrede, die keine Vertragsstrafevereinbarung darstellt,[95] dient daher der vereinfachten Durchsetzung des Schadensersatzanspruchs im Streitfalle.[96] Bei ihr steht im Unterschied zur Vertragsstrafe als Zweck die Schadensregelung im Vordergrund.[97] Die Abgrenzung beider Institute voneinander kann im Einzelfall schwierig sein. Auf eine Schadenspauschalabrede findet § 343 BGB – und damit auch § 348 – keine Anwendung.[98] Um dem Schuldner den Schutz des § 343 BGB nicht zu versagen, wird in der Lit. die Auffassung vertreten, die von einem Nichtkaufmann versprochene Schadenspauschale solle im Zweifel als Vertragsstrafe angesehen werden.[99] 22

5. Draufgabe. Die – heute selten vorkommende – Draufgabe (Aufgeld, Handgeld) ist in §§ 336–338 BGB geregelt. Unter dem Begriff ist die Hingabe einer Leistung als **Beweiszeichen** für den Vertragsschluss zu verstehen; insoweit unterscheidet sie sich von der Anzahlung als Teilerfüllung. Die Draufgabe begründet die **widerlegbare Vermutung (§ 292 ZPO)** für den Abschluss des Vertrages.[100] Ihre Rückgabe (§ 337 BGB) ist weder Vertragsstrafe noch Strafversprechen, sondern verhindert nur eine ungerechtfertigte Bereicherung des Gläubigers.[101] 23

6. Reugeld. Die Vereinbarung eines Reugeldes räumt dem Begünstigten ein Loslösungsrecht vom Vertrag gegen Zahlung des Reugelds ein (vgl. § 353 BGB). Im Gegensatz zur Vertragsstrafe, die den Fortbestand einer Leistungspflicht voraussetzt, knüpft das Reugeld an den Rücktritt vom Vertrag an.[102] Da das Reugeld keine Vertragsstrafe für einen Pflichtenverstoß darstellt, kommt die Herabsetzung nach § 343 BGB nicht in Betracht.[103] 24

VI. Abdingbarkeit

§ 348 ist seinem die vertragliche Gestaltungsfreiheit betonenden Grundgedanken entsprechend – anders als § 343 BGB – **kein zwingendes Recht,** sondern kann durch Vereinbarung abbedungen 25

[88] OLG Hamm 5.7.1994, BauR 1995, 548; Ebenroth/Boujong/Fest Rn. 32; MüKoHGB/Maultzsch Rn. 2.
[89] Näher Ebenroth/Boujong/Fest Rn. 33.
[90] RG 22.3.1919, RGZ 95, 199 (202); BGH 24.4.1991, NJW-RR 1991, 1013 (1015).
[91] BGH 22.5.1968, NJW 1968, 1625.
[92] GK-HGB/B. Schmidt Rn. 22.
[93] GK-HGB/B. Schmidt Rn. 23.
[94] Heymann/Horn Rn. 28.
[95] BGH 6.11.1967, BGHZ 49, 84 (89) = NJW 1968, 149 (150); 8.10.1969, NJW 1970, 29 (31).
[96] BGH 21.12.1995, BGHZ 131, 356 (359) = NJW 1996, 1209; 30.6.1976, NJW 1976, 1886 (1887).
[97] BGH 6.11.1967, BGHZ 49, 84 (89) = NJW 1968, 149; 24.4.1992, NJW 1992, 2625.
[98] BGH 8.10.1969, NJW 1970, 29 (32); Heymann/Horn Rn. 28; GK-HGB/B. Schmidt Rn. 23.
[99] Schlegelberger/Hefermehl Rn. 16; GK-HGB/B. Schmidt Rn. 23.
[100] Ebenroth/Boujong/Fest Rn. 34.
[101] Hopt/Leyens Rn. 8; Heymann/Horn Rn. 25; Ebenroth/Boujong/Fest Rn. 34.
[102] BGH 4.10.1956, BGHZ 21, 370 (372) = NJW 1956, 1793.
[103] Ebenroth/Boujong/Fest Rn. 35.

werden (allgM).[104] Hierzu bedarf es allerdings einer hinreichend eindeutigen Bekundung eines entsprechenden Parteiwillens.[105] Die Beteiligten können sowohl die Anwendung von § 343 Abs. 1 BGB vereinbaren als auch anderweitige außergerichtliche Herabsetzungsmöglichkeiten.[106] Die Einbeziehung von § 11 Nr. 1 VOB/B in einen Bauvertrag schließt die Anwendung von § 348 allerdings nicht aus.[107]

VII. Darlegungs- und Beweislast

26 Hinsichtlich der **anspruchsbegründenden** Voraussetzungen eines Vertragsstrafeanspruchs trägt der **Gläubiger** die Darlegungs- und Beweislast.[108] Bestreitet der **Schuldner** des Vertragsstrafeversprechens die Verwirkung der Strafe mit der Begründung, er habe seine (Haupt-)Pflicht erfüllt, so hat er die **Erfüllung** darzulegen und ggf. zu beweisen (§ 345 BGB).[109] Ihn trifft ferner die Beweislast, soweit es um die Frage der **Nichterfüllung** oder **verspäteten Erfüllung der Hauptverbindlichkeit** geht.[110] Des Weiteren muss der Schuldner sich vom **Verschuldensvorwurf** entlasten.[111] Besteht die geschuldete Leistung in einem Unterlassen, muss der **Gläubiger** die **Zuwiderhandlung** darlegen und ggf. beweisen.[112]

§ 349 [Keine Einrede der Vorausklage]

[1]Dem Bürgen steht, wenn die Bürgschaft für ihn ein Handelsgeschäft ist, die Einrede der Vorausklage nicht zu. [2]Das gleiche gilt unter der bezeichneten Voraussetzung für denjenigen, welcher aus einem Kreditauftrag als Bürge haftet.

Schrifttum: Fischer, Schutz vor missbräuchlicher Nutzung der Bürgschaft auf erstes Anfordern, WM 2005, 529; Foerste, Neues Recht für Prozessbürgschaften von Auslandsbanken, ZBB 2001, 483; Karst, Die Bürgschaft auf erstes Anfordern im Fadenkreuz des BGH, NJW 2004, 2059; Nielsen, Gefährdung der internationalen Anerkennung der von deutschen Banken ausgestellten Garantien, ZBB 2004, 491; H. Schmidt, Höchstrichterliche Rechtsprechung zur Bürgschaft auf erstes Anfordern, RIW 2004, 336; Schulze-Hagen, Übermäßige AGB-Klauseln: Kassation oder Reduktion, BauR 2003, 785; Strasser, Prozessbürgschaften EU-ausländischer Kreditinstitute – kein Grund zur Ungleichbehandlung in Zeiten unsicherer Banken, RIW 2009, 521; Graf v. Westphalen, Ist das rechtliche Schicksal der auf erstes Anfordern gestellten Bankgarantie besiegelt?, BB 2003, 116; v. Westphalen, der Bürgschaft auf erstes Anfordern – Wirksamkeit der Bankgarantie?, ZIP 2004, 1433.

Übersicht

I. Allgemeines

1 Nach den Bestimmungen des BGB über die Bürgschaft (§§ 765 ff. BGB) haftet der Bürge grundsätzlich nur subsidiär, dh nachrangig nach dem Hauptschuldner. Er kann durch Erhebung der Einrede der Vorausklage (§ 771 S. 1 BGB) die Befriedigung des Gläubigers verweigern, solange dieser nicht zumindest einmal[1] erfolglos die Zwangsvollstreckung gegen den Hauptschuldner versucht hat. Die Einrede der Vorausklage ist nur in den Fällen des § 773 BGB ausgeschlossen, also unter anderem

[104] MüKoHGB/Maultzsch Rn. 21; GK-HGB/B. Schmidt Rn. 17; Ebenroth/Boujong/Fest Rn. 23; Rieble WM 1995, 828 (832); Rieble GRUR 2009, 824 (828).

[105] LAG Baden-Württemberg 15.10.2021, BeckRS 2021, 47903 Rn. 72; BeckOGK/Ulrici, 1.9.2021, BGB § 343 Rn. 19 mwN.

[106] RGHMW/Steimle/Dornieden Rn. 10.

[107] GK-HGB/B. Schmidt Rn. 17; Weyer BauR 1988, 28 (32).

[108] BGH 10.5.1995, VersR 1995, 957 (959).

[109] Ebenroth/Boujong/Fest Rn. 19.

[110] BGH 29.1.1969, NJW 1969, 875.

[111] BGH 13.5.1982, NJW 1983, 167 (169); 18.9.1997, NJW 1998, 1144 (1146).

[112] Ebenroth/Boujong/Fest Rn. 19.

[1] RG 14.2.1918, RGZ 92, 219 (221); Grüneberg/Sprau BGB § 771 Rn. 1; GK-HGB/B. Schmidt Rn. 23; s. auch Mot. II 669.

dann, wenn der Bürge auf die Einrede verzichtet, insbesondere wenn er sich als Selbstschuldner verbürgt hat (§ 773 Abs. 1 Nr. 1 BGB). Dieselben Grundsätze gelten für den Kreditauftrag iSv 778 BGB, bei dem der Auftraggeber im Verhältnis zum Beauftragten „als Bürge" haftet, mithin in dieser Rechtsbeziehung die Bürgschaftsregeln Anwendung finden. § 349 verkehrt unter den dort genannten weiteren tatbestandlichen Voraussetzungen die Regelungen der §§ 771, 773 BGB gleichsam in ihr Gegenteil. Die Bürgschaft oder der Kreditauftrag eines Kaufmanns, die für ihn ein Handelsgeschäft darstellen, sind also **grundsätzlich kraft Gesetzes eine selbstschuldnerische Bürgschaft bzw. ein selbstschuldnerischer Kreditauftrag.** Der Gesetzgeber hat hier – ähnlich wie bei § 350 (→ § 350 Rn. 1) – die Kaufleute aufgrund ihrer größeren Geschäftserfahrung für **weniger schutzwürdig** als Privatpersonen erachtet.[2] Der einfachere Zugriff auf die Bürgenhaftung erleichtert zugleich die Liquiditätsbeschaffung durch den Gläubiger.[3] Gegenüber Art. 281 Abs. 2 ADHGB, wonach die Regelung auch anwendbar war, wenn nur auf Seiten des Gläubigers, zB der kreditgebenden Bank, ein Handelsgeschäft vorlag,[4] ist § 349 auf solche Fälle beschränkt, in denen die Bürgschaft oder der Kreditauftrag auf Seiten des Bürgen bzw. des Auftraggebers ein Handelsgeschäft darstellt. Aufgrund der Personenverschiedenheit von Gläubiger und Schuldner einerseits sowie dem Bürgen andererseits ist das **Bürgschaftsstatut** nach den Regeln des **IPR** unabhängig vom Statut der Hauptschuld anzuknüpfen. Sofern für den Bürgschaftsvertrag keine ausdrückliche oder konkludente[5] Rechtswahl (Art. 3 Rom I-VO bzw. Art. 27 Abs. 1 EGBGB aF) erfolgt ist, gilt grundsätzlich das Recht am gewöhnlichen Aufenthalt des Bürgen, da dieser die vertragscharakteristische Leistung erbringt (Art. 4 Abs. 2 Rom I-VO bzw. Art. 28 Abs. 2 EGBGB aF).[6] Art. 4 Abs. 2 Rom I-VO bzw. Art. 28 Abs. 2 EGBGB aF führen daher bei Bankbürgschaften grundsätzlich zur Anwendung des Rechts der Niederlassung der bürgenden Bank. Diese Grundsätze gelten auch für **Prozessbürgschaften.**[7] Hinsichtlich der Form der Bürgschaft ist international-privatrechtlich die alternative Anknüpfung nach Art. 11 Rom I-VO, insbesondere dessen für Distanzgeschäfte ergänzend maßgeblicher Abs. 2[8] (bei bis zum 17.12.2009 abgeschlossenen Verträgen Art. 11 EGBGB) zu beachten.

Die **praktische Bedeutung** von § 349 ist eher **gering,** da in der heutigen Kredit- und Formularpraxis sowohl innerhalb als auch außerhalb des Handelsverkehrs bei Bürgschaften der Verzicht auf die Einrede der Vorausklage durchweg zum Regelfall geworden ist.[9] Anderes gilt im Wesentlichen nur für den Kreditauftrag oder auch im Falle einer lediglich mündlich übernommenen Handelsbürgschaft (§ 350), wenn diese ohne ausdrücklichen Verzicht auf die Einrede nach § 771 S. 1 BGB erklärt wurde.[10] Die übrigen Vorschriften der §§ 765 ff. BGB gelten auch für die selbstschuldnerische Bürgschaft sowie den selbstschuldnerischen Kreditauftrag iSv § 349. Dem Bürgen bzw. Kreditauftraggeber bleiben also insbesondere **alle anderen Einwendungen und Einreden** sowohl bezüglich seiner eigenen Person als auch der Person des Hauptschuldners (vgl. §§ 767, 768, 770 BGB; → Rn. 7) erhalten.[11] 2

II. Tatbestandsvoraussetzungen

1. Bürgschaft. a) Grundsätze. Durch den Bürgschaftsvertrag verpflichtet sich der Bürge gegenüber dem Gläubiger eines Dritten (Hauptschuldner), für die Erfüllung einer Verbindlichkeit des Dritten einzustehen (§ 765 Abs. 1 BGB); die Bürgschaft kann auch für eine künftige oder bedingte Verbindlichkeit des Hauptschuldners übernommen werden (§ 765 Abs. 2 BGB). Die Bürgschaft wird daher ihrem **Wesen** nach zum einen dadurch gekennzeichnet, dass es sich um eine von der Haupt- 3

[2] RGHMW/Steimle/Dornieden Rn. 1; Ebenroth/Boujong/Dieckmann Rn. 1; KKD/Roth/Huber Rn. 1; Heymann/Horn Rn. 2.

[3] MüKoHGB/Maultzsch Rn. 1.

[4] MüKoHGB/Maultzsch Rn. 1.

[5] BGH 10.3.2003, BGHZ 154, 378 (384 f.) zur Ausrichtung des Texts der Bürgschaft am deutschen Recht.

[6] Grüneberg/Thorn Rom I-VO Art. 4 Rn. 27.

[7] Grüneberg/Thorn Rom I-VO Art. 4 Rn. 27; Foerste ZBB 2001, 483 (486); zu Prozessbürgschaften EU-ausländischer Kreditinstitute s. auch Strasser RIW 2009, 521.

[8] Grüneberg/Thorn Rom I-VO Art. 11 Rn. 13.

[9] MüKoHGB/Maultzsch Rn. 2 f.; Ebenroth/Boujong/Dieckmann Rn. 3. Noch weitergehend entfällt bei der Bürgschaft auf erstes Anfordern nicht nur die Einrede der Vorausklage, sondern der Bürge wird dort grds. mit allen Einreden und Einwendungen gegen die Hauptschuld auf deren Geltendmachung im Rückforderungsprozess verwiesen (→ Rn. 9).

[10] Ebenroth/Boujong/Dieckmann Rn. 3; MüKoHGB/Mautzsch Rn. 2.

[11] BGH 18.12.1997, BGHZ 137, 329 = NJW 1998, 597; 18.9.2001, NJW 2002, 1337 zu den Grundsätzen über die Sittenwidrigkeit von Bürgschaften und der Anwendung auf Handelsgesellschaften; RGHMW/Steimle/Dornieden Rn. 2; Schlegelberger/Hefermehl Rn. 44; MüKoHGB/Mautzsch Rn. 17.

schuld verschiedene, **eigene** und einseitig übernommene Verpflichtung des Bürgen handelt,[12] durch die der Gläubiger für den Fall der Leistungsunfähigkeit des Hauptschuldners abgesichert werden soll. Zum anderen ist für die Bürgschaft ihre **strenge Akzessorietät** kennzeichnend, dh ihre Abhängigkeit von der Hauptschuld sowohl im Hinblick auf deren Bestand und Umfang als auch in Bezug auf die Gläubigeridentität von Bürgschafts- und Hauptforderung.[13] Unter anderem mit Rücksicht auf den Grundsatz der Akzessorietät geht der BGH[14] in seiner neueren Rspr. jedenfalls für selbstschuldnerische Bürgschaften davon aus, dass die **Fälligkeit der Bürgschaftsforderung** mit der Fälligkeit der Hauptforderung eintritt und nicht von einer Leistungsaufforderung des Gläubigers abhängig ist. Bei gerichtlicher Inanspruchnahme des Bürgen muss der Bürgschaftsgläubiger Entstehen und Fälligkeit der gesicherten Hauptforderung darlegen und ggf. beweisen;[15] der Bürge kann den gesicherten Anspruch zulässigerweise (§ 138 Abs. 4 ZPO) mit Nichtwissen bestreiten, weil Tatsachen außerhalb seines eigenen unmittelbaren Wahrnehmungsbereichs betroffen sind.[16] Der außergerichtlich auf Zahlung in Anspruch genommene Bürge gerät allerdings nicht in Verzug, bevor ihm nicht der Gläubiger den Sicherungsfall nach Grund und Höhe schlüssig dargelegt hat;[17] ihm steht nach § 286 Abs. 4 BGB der Nachweis offen, vor schlüssiger Darlegung unverschuldet nicht gezahlt zu haben,[18] wobei ihm eine nach den Umständen des Einzelfalls zu bemessende[19] Prüfungsfrist zuzubilligen ist. Freilich muss der Bürge unverzüglich mit der Prüfung beginnen.[20] Den erstmals mit der Klage schlüssig dargelegten Anspruch kann der Bürge mit der Rechtsfolge des § 93 ZPO unter Verwahrung gegen die Kostenlast anerkennen.[21]

4 Mit dem **Erlöschen der Hauptverbindlichkeit,** zB durch Untergang des Hauptschuldners,[22] wird grundsätzlich auch der Bürge gegenüber dem Gläubiger frei. Das gilt freilich dann nicht, wenn an die Stelle des ursprünglichen Hauptschuldners im Rahmen der Gesamtrechtsnachfolge ein anderer Schuldner getreten[23] oder der Hauptschuldner in Vermögensverfall geraten ist.[24] Die Beendigung einer zahlungsunfähig gewordenen Handelsgesellschaft bewirkt daher nicht das Erlöschen der für eine Verbindlichkeit der Gesellschaft begründeten Bürgschaftsverpflichtung; aus dem akzessorischen Sicherungsrecht wird vielmehr ein selbstständiger Anspruch.[25] Eine Abtretung der Hauptforderung ohne die Rechte aus der Bürgschaft führt entsprechend § 1250 Abs. 2 BGB zum Erlöschen der Bürgschaft.[26] Umgekehrt ist die Abtretung der Bürgschaftsforderung ohne die gleichzeitige Abtretung der Hauptforderung grundsätzlich unwirksam; die Rechte aus der Bürgschaft verbleiben dann bei dem Gläubiger der Hauptforderung.[27] Eine isolierte Abtretung der Bürgschaftsforderung ist jedoch möglich, wenn die Hauptschuld wegen Vermögensverfalls des Hauptschuldners nicht mehr durchsetzbar ist.[28]

5 Gemäß § 766 S. 1 BGB bedarf die **Bürgschaftserklärung** grundsätzlich der Schriftform; § 350 hebt dieses Formerfordernis unter den dort geregelten Voraussetzungen auf. Die Erklärung muss den Verbürgungswillen ausdrücken und die Personen von Gläubiger und Hauptschuldner sowie die (Haupt-)Schuld des Dritten, für die gebürgt werden soll, in zumindest individuell bestimmbarer Weise erkennen lassen.[29] Die Hauptverbindlichkeit muss insbesondere auch **ihrem Umfang nach bestimmt** und von anderen Verbindlichkeiten abgegrenzt bzw. abgrenzbar sein; ob und inwieweit die Bürgschaft sich auch auf Nebenforderungen des Gläubigers (zB Zinsen) erstreckt, ist im Wege

---

[12] BGH 12.11.1996, BGHZ 134, 94 = NJW 1997, 654; 9.7.1998, WM 1998, 1766 (1767) = NJW 1998, 2972.

[13] BGH 20.6.1985, BGHZ 95, 88 (93) = NJW 1985, 2528; 19.9.1991, BGHZ 115, 177 (185) = NJW 1991, 3025.

[14] BGH 29.1.2008, NJW 2008, 1729 Rn. 24; 8.7.2008, NJW-RR 2009, 378 Rn. 18; ebenso OLG Stuttgart 18.12.2008, BauR 2009, 703 = IBR 2009, 201.

[15] BGH 18.12.2001, NJW-RR 2002, 986.

[16] BGH 21.3.2002, NJW 2002, 1946 (1947).

[17] LG Wiesbaden 29.8.2007, IBR 2007, 1348 mAnm Handschumacher jurisPR-PrivBauR 3/2008 Anm. 5.

[18] OLG Stuttgart 18.12.2008, BauR 2009, 703 = IBR 2009, 201 mAnm Vogel jurisPR-PrivBauR 7/2009, Anm. 6.

[19] MüKoBGB/Habersack BGB § 765 Rn. 80.

[20] OLG Köln 22.11.1999, OLGR 2000, 280.

[21] BGH 27.6.1979, NJW 1979, 2040 (2041).

[22] BGH 6.5.1993, NJW 1993, 1917 (1918).

[23] BGH 6.5.1993, NJW 1993, 1917 (1918).

[24] GK-HGB/B. Schmidt Rn. 5.

[25] BGH 25.11.1981, BGHZ 82, 323 (329) = NJW 1982, 875.

[26] BGH 19.9.1991, BGHZ 115, 177 (183) = NJW 1991, 3025.

[27] BGH 19.9.1991, BGHZ 115, 177 (180) = NJW 1991, 3025; 21.11.1991, NJW 1992, 1234.

[28] BGH 25.11.1981, BGHZ 82, 323 (329) = NJW 1982, 875; 24.9.1992, NJW 1992, 3228 (3229).

[29] BGH 5.1.1995, NJW 1995, 959; 30.3.1995, NJW 1995, 959.

der Auslegung zu ermitteln.[30] Eine ausdrückliche Annahmeerklärung des Gläubigers der Hauptforderung ist mit Rücksicht auf § 151 S. 2 BGB entbehrlich; die danach jedenfalls erforderliche Betätigung des Annahmewillens kann in der Entgegennahme der Bürgschaftsurkunde liegen.[31]

Für die **Auslegung** einer urkundlich verkörperten Bürgschaftserklärung ist selbst dann in erster Linie deren textlich niedergelegter Inhalt maßgeblich, wenn die Erklärung nach § 350 formfrei, dh auch mündlich hätte abgegeben werden können.[32] Außerhalb des Erklärungsakts liegende Umstände können in die Auslegung mit einbezogen werden, wenn und soweit sie dem Erklärungsempfänger den Schluss auf den Sinngehalt der Erklärung ermöglichen.[33] Soweit § 766 S. 1 BGB gilt, muss sich für den im Wege der Auslegung festzustellenden Parteiwillen jedoch irgendein Anhalt aus der Urkunde ergeben; ansonsten ist die Schriftform nicht eingehalten.[34] 6

Infolge des akzessorischen Charakters der Bürgschaft kann der Bürge gegenüber dem Gläubiger neben eigenen **Einwendungen und Einreden,** soweit sie nicht von Gesetzes wegen oder durch Vereinbarung ausgeschlossen sind, auch die dem Hauptschuldner zustehenden Einwendungen und Einreden geltend machen, soweit nicht der Sicherungszweck der Bürgschaft entgegen steht.[35] Nach § 770 BGB kann der Bürge sich insbesondere einredeweise[36] auf die **Anfechtbarkeit der Hauptverbindlichkeit** durch den Schuldner (Abs. 1) oder auf ein in Bezug auf die Hauptverbindlichkeit bestehendes **Aufrechnungsrecht des Gläubigers** (Abs. 2) berufen; die Befugnis zur **Ausübung** dieser Gestaltungsrechte durch den Bürgen ist hiermit aber **nicht** verbunden.[37] Ein Verzicht des Hauptschuldners auf sein Anfechtungsrecht lässt das Leistungsverweigerungsrecht des Bürgen ebenso entfallen wie ein Verzicht des Gläubigers auf seine Aufrechnungsbefugnis.[38] Nichts anderes gilt, wenn der Gläubiger die Gegenforderung erfüllt oder der Hauptschuldner sie erlässt sowie in vergleichbaren Fällen.[39] Für andere Gestaltungsrechte gilt § 770 BGB entsprechend.[40] Der Bürge verliert eine Einrede nicht dadurch, dass der Hauptschuldner auf sie verzichtet (§ 768 Abs. 2 BGB). Ein gegen den Hauptschuldner ergangenes Urteil entfaltet gegenüber dem Bürgen keine Bindungswirkung.[41] Im Rechtsstreit zwischen dem Gläubiger und dem Bürgen trifft ersteren die Darlegungs- und Beweislast für den Inhalt der Bürgschaftserklärung[42] und deshalb insbesondere dafür, dass die Bürgschaft sich auf die Hauptschuld bezieht;[43] hingegen muss der Bürge das Erlöschen der Hauptschuld darlegen und beweisen.[44] Soweit der Bürge den Gläubiger befriedigt, geht die Hauptforderung auf den Bürgen über (§ 774 S. 1 BGB) und kann nunmehr von ihm selbst gegen den Hauptschuldner geltend gemacht werden. Mit der Hauptforderung werden auch unselbstständige Nebenrechte – zB akzessorische Sicherheiten – vom Gläubiger auf den Bürgen übergeleitet (§§ 412, 401 BGB). In Bezug auf selbstständige Sicherungsrechte – beispielsweise Sicherungsgrundschulden – besteht im Grundsatz analog §§ 774, 412, 401 BGB eine Übertragungspflicht des Gläubigers zu Gunsten des Bürgen.[45] 7

b) Sonderformen der Bürgschaft. aa) Ausfallbürgschaft. Bei einer Ausfallbürgschaft haftet der Bürge nur dann, wenn und soweit der Gläubiger weder vom Hauptschuldner noch durch Verwertung anderer Sicherheiten eine Befriedigung seiner Forderung erlangen kann.[46] Der Ausfallbürge haftet in der Regel auch dann nicht, wenn der Gläubiger, zB durch verspätetes Betreiben der Zwangsvollstreckung oder verzögerliche Verwertung von (anderen) Sicherheiten, den Ausfall selbst zu vertreten hat.[47] Im Übrigen richten sich die Voraussetzungen, unter denen von einem Ausfall 8

---

[30] GK-HGB/B. Schmidt Rn. 4a.

[31] BGH 23.1.1986, NJW 1986, 1681 (1682); 6.5.1997, NJW 1997, 2233.

[32] BGH 12.3.1980, BGHZ 76, 187 (189) = NJW 1980, 1459; 18.2.1993, NJW-RR 1993, 945 (946).

[33] BGH 12.3.1992, NJW 1992, 1446 (1447); 16.10.1997, NJW-RR 1998, 259.

[34] BGH 24.1.1980, NJW 1980, 1572 (1574); 13.10.1994, NJW 1995, 43 (45); GK-HGB/B. Schmidt Rn. 4.

[35] BGH 21.1.1993, BGHZ 121, 173 (177) = NJW 1993, 1132.

[36] OLG Frankfurt 20.12.1994, NJW-RR 1995, 1388 (1390); GK-HGB/B. Schmidt Rn. 9.

[37] RG 28.10.1928, RGZ 122, 146 (147).

[38] GK-HGB/B. Schmidt Rn. 9.

[39] RG 28.10.1928, RGZ 122, 146 (147); BGH 19.9.1985, BGHZ 95, 350 (360) = BeckRS 9998, 100308; GK-HGB/B. Schmidt Rn. 9.

[40] Grüneberg/Sprau BGB § 770 Rn. 4.

[41] BGH 28.2.1989, BGHZ 107, 92 (96) = NJW 1989, 1276; OLG Koblenz 2.12.1997, WM 1998, 1992.

[42] BGH 30.3.1995, NJW 1995, 1886 (1887); 4.12.1997, WM 1998, 333 (334).

[43] BGH 2.7.1998, NJW 1998, 2815 (2816).

[44] BGH 13.12.1990, NJW-RR 1991, 817 (819); 7.12.1995, NJW 1996, 719.

[45] BGH 11.1.1990, BGHZ 110, 41 (43) = NJW 1990, 903; 23.6.1995, BGHZ 130, 101 (107) = NJW 1995, 2635.

[46] BGH 16.3.1989, NJW 1989, 1855; 25.6.1992, NJW 1992, 2629 (2630); 20.3.2012, NJW 2012, 1946 Rn. 22.

[47] BGH 19.3.1998, NJW 1998, 2138 (2141); 10.12.1998, WM 1999, 173 (177).

des Gläubigers auszugehen ist, nach der Parteivereinbarung im Einzelfall.[48] Für die Ausfallbürgschaft ist daher eine **verstärkte Subsidiarität** typisch; sie wird allgemein als das **Gegenstück zur selbstschuldnerischen Bürgschaft** verstanden.[49] Im Bestreitensfalle muss der Gläubiger sowohl den Ausfall als auch die Einhaltung der gebotenen Sorgfalt bei der Verfolgung des verbürgten Anspruchs darlegen und beweisen,[50] sofern keine anderweitige Vereinbarung besteht.[51] Da bei der Ausfallbürgschaft der **Ausfall des Gläubigers** eine **Anspruchsvoraussetzung** darstellt, bedarf es hier der Erhebung der Einrede der Vorausklage durch den Bürgen grundsätzlich nicht.[52] Eine die Rechtswirkung des § 349 ausschließende Vereinbarung (→ Rn. 22) ist daher bei der Ausfallbürgschaft nicht erforderlich.

9 **bb) Bürgschaft auf erstes Anfordern.** Die Rechtswirkungen der im Handelsverkehr besonders verbreiteten Bürgschaft auf erstes Anfordern[53] gehen über den Anwendungsbereich von § 349 noch hinaus. Bei dieser Bürgschaftsform entfällt nicht bloß die **Einrede der Vorausklage.** Vielmehr sind dem Bürgen grundsätzlich auch **Einwendungen gegen die Hauptschuld** genommen, weil er bereits auf erstes Anfordern des Gläubigers zahlen muss und er darauf verwiesen wird, solche Einwendungen in einem **Rückforderungsprozess** gem. § 812 BGB (so die hM) – nach vorzugswürdiger aA aus dem Bürgschaftsvertrag[54] – geltend zu machen;[55] auch eine Vollstreckungsgegenklage (§ 771 ZPO) ist ihm verwehrt.[56] Der Gläubiger muss bei Inanspruchnahme der Bürgschaft auf erstes Anfordern regelmäßig nur behaupten, die Hauptverbindlichkeit sei fällig;[57] er braucht diese auch nicht schlüssig darzutun, sondern es genügt, wenn er erkennbar dasjenige erklärt, was nach der Bürgschaftsvereinbarung Zahlungsvoraussetzung ist.[58] Der Bürge kann sich gegenüber der Inanspruchnahme aus der Bürgschaft auf erstes Anfordern grundsätzlich nur mit dem Einwand verteidigen, das Zahlungsverlangen des Gläubigers sei **rechtsmissbräuchlich.**[59] Dieser Einwand ist allerdings regelmäßig nur dann erfolgreich, wenn die missbräuchliche Ausnutzung der formalen Rechtsstellung offensichtlich, dh für jedermann klar erkennbar oder zumindest „liquide beweisbar"[60] ist. Hiervon ist auszugehen, wenn die fehlende Anspruchsberechtigung sich durch Auslegung der Bürgschaftsurkunde sowie ggf. unter Heranziehung sonstiger unstreitiger oder urkundlich belegter Umstände ergibt.[61] Die Klärung aller übrigen Streitfragen tatsächlicher oder rechtlicher Natur muss dem Rückforderungsprozess vorbehalten bleiben.[62] Befindet der Gläubiger sich in masseloser Insolvenz oder hat der Insolvenzverwalter Masseunzulänglichkeit angezeigt, entfällt das Recht des Gläubigers, Zahlung auf erstes Anfordern zu verlangen.[63]

10 Die Vereinbarung einer Bürgschaft auf erstes Anfordern durch Individualvereinbarung ist grundsätzlich mit jedermann möglich. Allerdings haftet der nicht hinreichend über die Rechtsfolgen einer solchen Bürgschaft aufgeklärte Bürge nur nach den gesetzlichen Bürgschaftsregeln.[64] Im **Verkehr unter Kaufleuten** kann jedoch davon ausgegangen werden, dass die Besonderheiten des Rechtsinstituts bekannt sind, sodass in der Regel keine besondere Aufklärungspflicht besteht.[65] In **AGB** kann die Bürgschaft auf erstes Anfordern auch gegenüber Kaufleuten nicht wirksam vereinbart werden

---

[48] RG 27.9.1934, RGZ 145, 167 (169); BGH 16.3.1989, NJW 1989, 1855 (1856); MüKoHGB/Maultzsch Rn. 24.

[49] BGH 19.3.1998, NJW 1998, 2138 (2141); GK-HGB/B. Schmidt Rn. 18; RGHMW/Steimle/Dornieden Rn. 19.

[50] BGH 10.12.1998, WM 1999, 173 (177).

[51] BGH 19.3.1998, NJW 1998, 2138 (2141).

[52] BGH 16.3.1989, NJW 1989, 1855; BeckOGK/Madaus, 15.7.2025, BGB § 765 Rn. 290; MüKoHGB/Maultzsch Rn. 18.

[53] H. Schmidt RIW 2004, 336.

[54] Zum Streitstand vgl. BeckOGK/Madaus, 15.7.2025, BGB § 765 Rn. 315 mwN; Graf von Westphalen/Thüsing/Pamp/Pamp, Vertragsrecht und AGB-Klauselwerke, 49. EL, Bürgschaft Rn. 12.

[55] BGH 2.5.1979, BGHZ 74, 244 (248) = NJW 1979, 1500; 27.2.1992, NJW 1992, 1881 (1883); 23.1.1997, NJW 1997, 1435 (1437); 5.3.2002, NJW 2002, 1453 = WM 2002, 743; stRspr.

[56] OLG Celle 22.11.1996, OLGR 1997, 109.

[57] BGH 17.10.1996, NJW 1997, 255.

[58] BGH 18.4.2002, BGHZ 150, 299 (303) = NJW 2002, 2388 (289).

[59] Fischer WM 2005, 529.

[60] Hopt/Leyens Rn. 6.

[61] BGH 14.12.1995, NJW 1996, 717 (718); bei Zweifeln zur Höhe des Anspruchs s. auch BGH 17.10.1996, NJW 1997, 255.

[62] BGH 13.7.1989, WM 1989, 1496 (1498); 14.12.1995, NJW 1996, 717 (718); 17.10.1996, NJW 1997, 255 (256).

[63] *BGH 4.7.2002, BGHZ 151, 236 = BKR 2002, 821 = NJW 2002, 3170.*

[64] BGH 10.2.2000, BGHZ 143, 381 = NJW 2000, 1563; 2.4.1998, NJW 1998, 2280 (2281).

[65] BGH 2.4.1998, NJW 1998, 2280 (2281).

(§§ 305c, 307 BGB).[66] Über die (Rechts-)Frage der Wirksamkeit der formularmäßigen Vereinbarung ist nicht erst im Rückgriffsprozess des Bürgen zu entscheiden.[67]

cc) Höchstbetragsbürgschaft. Die vor allem bei Kreditbürgschaften[68] verwendete Höchstbetragsbürgschaft erstreckt sich zwar auf die gesamte Hauptschuld, es ist jedoch in Form einer Höchstsumme eine **Haftungsgrenze** vereinbart, zu der je nach Verabredung der Vertragsparteien noch die Haftung für Zinsen, Kosten und Provision hinzutreten kann.[69] Kommt der Inhalt der Erhöhungsklausel hinreichend deutlich zum Ausdruck, kann eine Höchstbetragsbürgschaft wirksam auch in AGB vereinbart werden.[70] 11

dd) Zeitbürgschaft. Die für die Zeitbürgschaft kennzeichnende zeitliche Begrenzung kann in der Weise geregelt sein, dass entweder der Bürge für Forderungen haftet, die **in einem bestimmten Zeitraum entstehen bzw. fällig werden,** oder er nur **innerhalb eines bestimmten Zeitraums in Anspruch genommen** werden kann. Welche Variante vereinbart wurde, muss ggf. im Einzelfall durch Auslegung ermittelt werden.[71] Der erstgenannte Fall liegt regelmäßig vor, wenn die Bürgschaft für künftige bzw. in der Entwicklung begriffene Verbindlichkeiten des Hauptschuldners übernommen wurde (vgl. § 765 Abs. 2 BGB).[72] Die Angabe eines Fälligkeitstermins für die Hauptforderung im Bürgschaftsvertrag deutet ebenfalls auf eine solche – gegenständlich beschränkte – Zeitbürgschaft hin.[73] Anwendungsfälle sind zB die Bürgschaft für einen Kontokorrentkredit[74] oder die Gewährleistungsbürgschaft.[75] 12

Allein auf Bürgschaften der zweiten Fallgruppe bezieht sich die Vorschrift des § 777 BGB,[76] die eine Auslegungsregel zugunsten des Gläubigers enthält.[77] Eine Zeitbürgschaft in diesem Sinne ist etwa anzunehmen, wenn die verbürgte Verbindlichkeit im Zeitpunkt der Bürgschaftsübernahme schon vollständig entstanden ist[78] oder wenn die Bürgschaft vereinbarungsgemäß zu einem bestimmten Termin erlöschen soll.[79] Die Haftung des Bürgen erlischt, wenn die Voraussetzungen seiner Inanspruchnahme nicht innerhalb der bestimmten Zeit eintreten, insbesondere dann, wenn die verbürgte Forderung nicht innerhalb der Zeitbestimmung fällig wird.[80] 13

ee) Mitbürgschaft. Eine Mitbürgschaft liegt vor, wenn mehrere Bürgen für dieselbe Hauptschuld eintreten. Sie haften nach der dispositiven Regelung des § 769 BGB als **Gesamtschuldner** und insoweit in der Regel **gleichrangig.**[81] Das gilt unabhängig davon, ob eine gemeinschaftliche Bürgschaft für die eine Hauptforderung übernommen wird oder die Bürgschaften unabhängig voneinander und ggf. auch in Unkenntnis von der jeweils anderen zustande kommen.[82] Im Verhältnis der mehreren Mitbürgen zueinander gilt § 426 BGB (§ 774 Abs. 2 BGB); sie haften daher grundsätzlich zu gleichen Teilen. Bei Verbürgung mehrerer Gesellschafter für eine **Gesellschaftsschuld** richtet sich der Innenausgleich jedoch im Zweifel nach dem Verhältnis ihrer Beteiligungen.[83] 14

---

[66] BGH 18.4.2002, BGHZ 150, 299 = NJW 2002, 2388; 4.7.2002, BGHZ 151, 229 = NJW 2002, 3098; 24.5.2007, NJW-RR 2007, 1319 Rn. 6 f. = BauR 2007, 1575; 28.2.2008, NJW-RR 2008, 830 Rn. 5, jeweils zu als Bürgschaft auf erstes Anfordern ausgestalteten Vertragserfüllungsbürgschaften im Baugewerbe; RGHMW/Steimle/Dornieden Rn. 18; zur AGB-Problematik vgl. insbes. BeckOGK/Madaus, 15.7.2025, BGB § 765 Rn. 308; Graf von Westphalen/Thüsing/Pamp/Pamp, Vertragsrecht und AGB-Klauselwerke, 49 EL, Bürgschaft Rn. 16; Schulze-Hagen BauR 2003, 785; Graf v. Westphalen BB 2003, 116; Graf v. Westphalen ZIP 2004, 1433; Karst NJW 2004, 2059; Nielsen ZBB 2004, 491.

[67] GK-HGB/B. Schmidt Rn. 17b; **aA** OLG München 23.7.1997, WM 1997, 342 (345).

[68] Vgl. hierzu eingehend Hopt/Leyens Rn. 4; RGHMW/Steimle/Dornieden Rn. 7–11.

[69] GK-HGB/B. Schmidt Rn. 13.

[70] LG Stuttgart 27.11.1992, WM 1993, 1181; GK-HGB/B. Schmidt Rn. 13.

[71] BGH 30.1.1997, WM 1997, 625 (628).

[72] BGH 29.4.1974, WM 1974, 478 (479) = BeckRS 1974, 31125943; 17.12.1987, NJW 1988, 908.

[73] KG 29.5.1995, NJW-RR 1995, 1199.

[74] BGH 17.12.1987, NJW 1988, 908; GK-HGB/B. Schmidt Rn. 15; RGHMW/Steimle/Dornieden Rn. 14.

[75] OLG Köln 3.5.1985, NJW-RR 1986, 510.

[76] Grüneberg/Sprau BGB § 777 Rn. 2; RGHMW/Steimle/Dornieden Rn. 15; GK-HGB/B. Schmidt Rn. 16.

[77] BGH 9.1.1980, BGHZ 76, 81 (85) = NJW 1980, 830; 29.5.1995, NJW-RR 1995, 1199.

[78] BGH 17.12.1987, NJW 1988, 908; 6.5.1997, NJW 1997, 2233 (2234).

[79] BGH 29.5.1995, NJW-RR 1995, 1199 (1200).

[80] BGH 29.5.1995, NJW-RR 1995, 1199; 24.9.1998, NJW 1999, 55 (56).

[81] BGH 17.3.1994, NJW 1994, 2146 (2147).

[82] GK-HGB/B. Schmidt Rn. 19.

[83] RG 21.2.1916, RGZ 88, 122 (124); OLG Köln 26.8.1994, NJW 1995, 1685; zu Höchstbetragsbürgschaften vgl. BGH 11.12.1997, NJW 1998, 894.

15 **ff) Rückbürgschaft.** Als Rückbürgschaft wird eine Bürgschaft bezeichnet, die der Rückbürge gegenüber dem ersten Bürgen (Hauptbürgen) als dem künftigen Gläubiger des Rückgriffsanspruchs gegen den Hauptschuldner übernimmt. Der Rückbürge verpflichtet sich also, für diese Rückgriffsforderung einzustehen.[84] Die Haftung des Rückbürgen setzt daher die Befriedigung des Gläubigers durch den Hauptbürgen und den Forderungsübergang nach § 774 Abs. 1 S. 1 BGB auf den Hauptbürgen voraus.[85]

16 **gg) Nachbürgschaft.** Aufgrund einer Nachbürgschaft haftet der Bürge für die Bürgschaftsverpflichtung eines anderen Bürgen.[86] Die Nachbürgschaft sichert daher – anders als die Rückbürgschaft – nur die Hauptbürgschaft, nicht aber die Hauptschuld. Der Vertrag über die Nachbürgschaft besteht regelmäßig zwischen dem Gläubiger der Hauptschuld und dem Nachbürgen, nicht aber – wie bei der Rückbürgschaft – zwischen dem Hauptbürgen und dem Rückbürgen.[87] Ist der Gläubiger an dem Vertrag über die Nachbürgschaft nicht beteiligt, liegt ein echter Vertrag zugunsten Dritter vor (§ 328 BGB).

17 **hh) Wechsel- und Scheckbürgschaft.** Keine Bürgschaft iSv §§ 765 ff. BGB sind die Wechsel- und die Scheckbürgschaft (Art. 30 ff. WG; Art. 25 ff. ScheckG). Denn sie begründen eigene abstrakte wertpapierrechtliche Verpflichtungen des Wechsel- bzw. Scheckbürgen als Gesamtschuldner (Art. 47 WG; Art. 44 ScheckG). § 771 BGB und demgemäß auch § 349 finden auf die Wechsel- und Scheckbürgschaft daher keine Anwendung.[88]

18 **2. Kreditauftrag (§ 778 BGB).** Der Kreditauftrag ist ein nicht formbedürftiger[89] Auftragsvertrag als Unterfall von § 662 BGB, durch den ein anderer beauftragt wird, im eigenen Namen und für eigene Rechnung einem Dritten ein **Darlehen** (§ 488 Abs. 1 BGB) oder eine **Finanzierungshilfe** (§ 499 BGB) zu gewähren. Anlass der Kreditbegründung ist regelmäßig ein eigenes wirtschaftliches Interesse des Auftraggebers,[90] der nach der gesetzlichen Anordnung in § 778 BGB wie ein Bürge („als Bürge") gegenüber dem Beauftragten für den Kredit des Dritten haftet. Im Einzelfall kann die Abgrenzung zwischen dem Kreditauftrag iSv § 778 BGB auf der einen und einer unverbindlichen Aufforderung zur Kreditgewährung, dem unverbindlichen Nachweis einer Möglichkeit zur Kreditgewährung oder einer Kreditbürgschaft auf der anderen Seite schwierig sein. Bei der im Wege der Auslegung vorzunehmenden Abgrenzung zwischen diesen Gestaltungsformen spricht für das Vorliegen eines rechtsverbindlichen Kreditauftrags, wenn der Auftraggeber ein wirtschaftliches Eigeninteresse an der Gewährung des Darlehens bzw. der Finanzierungshilfe an den Dritten hat, ihm im Verhältnis zum Beauftragten auch ein diesbezüglicher Anspruch zusteht und der Beauftragte zudem einen entsprechenden Verpflichtungswillen hat.[91] Ist der Kreditauftrag entgeltlich, handelt es sich um ein Geschäftsbesorgungsverhältnis nach § 675 BGB.[92]

19 **3. Kaufmann.** Der **Bürge oder Kreditauftraggeber** muss **Kaufmann iSv §§ 1–6** sein. Entscheidend ist der **Zeitpunkt des Abschlusses** des Bürgschafts- bzw. Kreditauftragsvertrages.[93] Der nachträgliche Verlust der Kaufmannseigenschaft ist ebenso rechtlich unerheblich – gewährt also nicht im Nachhinein die Einrede der Vorausklage – wie deren späterer Erwerb, der die schon begründete Einrede nicht wieder nimmt. Ein Bürge, der erst nach Abschluss des Bürgschaftsvertrages Kaufmann wird, kann jedoch unter den Voraussetzungen des § 350 nachträglich mündlich **auf die Einrede der Vorausklage verzichten.**[94] Zu Lasten des **Scheinkaufmanns** findet § 349 Anwendung; er kann sich also hinsichtlich eines von ihm abgeschlossenen Bürgschaftsvertrags nicht auf die Einrede der Vorausklage berufen.[95] Auf die von § 383 Abs. 2 S. 2, § 407 Abs. 3 S. 2, § 453 Abs. 3 S. 2, § 467 Abs. 3 S. 2 erfassten nicht eingetragenen Kleingewerbetreibenden (Kommissionär, Frachtführer, Spediteur, Lagerhalter) findet § 349 keine Anwendung. Zur Frage der Anwendung auf Gesellschafter

---

84 BGH 19.9.1985, BGHZ 95, 375 (379) = NJW 1986, 310.
85 RG 3.12.1934, RGZ 146, 67 (70); GK-HGB/B. Schmidt Rn. 20; RGHMW/Steimle/Dornieden Rn. 20.
86 BGH 13.12.1978, BGHZ 73, 94 (96) = NJW 1979, 415.
87 RGHMW/Steimle/Dornieden Rn. 21; GK-HGB/B. Schmidt Rn. 21.
88 MüKoHGB/Maultzsch Rn. 7; Hopt/Leyens Rn. 21.
89 RG 31.1.1902, RGZ 50, 160; Ebenroth/Boujong/Dieckmann Rn. 5; GK-HGB/B. Schmidt Rn. 22.
90 BGH 23.5.1960, WM 1960, 879 (880).
91 Ebenroth/Boujong/Dieckmann Rn. 5.
92 Ebenroth/Boujong/Dieckmann Rn. 5.
93 BGH 28.1.1993, BGHZ 121, 224 (229) = NJW 1993, 1126; GK-HGB/B. Schmidt Rn. 26; Ebenroth/Boujong/Dieckmann Rn. 6; HK-HGB/Ruß Rn. 2; **aA** – Zeitpunkt der Abgabe der Verpflichtungserklärung – Staub/Koller, 4. Aufl. 2004, Rn. 10; KKD/Roth/Huber Rn. 4.
94 GK-HGB/B. Schmidt Rn. 26; Ebenroth/Boujong/Dieckmann Rn. 6.
95 OLG Hamburg 2.3.1927, JW 1927, 1109; GK-HGB/B. Schmidt Rn. 26; Schlegelberger/Hefermehl Rn. 39; Hopt/Leyens Rn. 12; Heymann/Horn Rn. 4; HK-HGB/Ruß Rn. 1; KKD/Roth/Huber Rn. 3.

von Handelsgesellschaften und andere Personen → § 350 Rn. 11 f.; zur Stellvertretung → § 343 Rn. 13; → § 350 Rn. 13). Auf die Kaufmannseigenschaft des **Hauptschuldners** oder des **Gläubigers** kommt es für die Anwendbarkeit von § 349 nicht an.

4. Handelsgeschäft. Die Bürgschaft oder der Kreditauftrag müssen für den Kaufmann **zum Betrieb seines Handelsgewerbes** (§ 343) gehören; die Betriebszugehörigkeit wird nach Maßgabe von § 344 im Zweifel vermutet. Die in einer Urkunde enthaltene Bürgschaftserklärung eines Kaufmanns ist ein Schuldschein iSv § 344 Abs. 2.[96] 20

III. Rechtsfolgen

Unter den Voraussetzungen des § 349 haftet der Bürge bzw. Kreditauftraggeber selbstschuldnerisch, dh ihm steht die Einrede der Vorausklage nicht zu (§ 773 Abs. 1 Nr. 1 BGB). § 349 hebt hierdurch allerdings nur die **Subsidiarität** der Bürgschaft auf, nicht auch deren **Akzessorietät.**[97] Zwischen dem Kaufmann als Bürgen bzw. Kreditauftraggeber und dem Hauptschuldner besteht auch keine gesamtschuldnerische Haftung.[98] 21

IV. Beweislast; Abdingbarkeit

Besteht Streit über die tatsächlichen Voraussetzungen der Anwendung von § 349, so trifft die Darlegungs- und Beweislast den **Gläubiger.**[99] § 349 stellt allgM zufolge kein zwingendes, sondern **nachgiebiges Recht** dar.[100] Die Rechtswirkung der Vorschrift kann daher durch entsprechende **Vereinbarung** ausgeschlossen werden. Dem Kaufmann kann also im Rahmen des Bürgschaftsvertrages oder durch eine gesonderte Abrede die Einrede der Vorausklage ausdrücklich zugestanden werden. In diesem Falle gelten für ihn, vorbehaltlich anderer von den Vertragschließenden getroffener Regelungen, die §§ 771–773 BGB.[101] 22

§ 350 [Formfreiheit]

Auf eine Bürgschaft, ein Schuldversprechen oder ein Schuldanerkenntnis finden, sofern die Bürgschaft auf der Seite des Bürgen, das Versprechen oder das Anerkenntnis auf der Seite des Schuldners ein Handelsgeschäft ist, die Formvorschriften des § 766 Satz 1 und 2, des § 780 und des § 781 Satz 1 und 2 des Bürgerlichen Gesetzbuchs keine Anwendung.

Schrifttum: Bröcker, Funktion und Begründung des abstrakten Schuldversprechens bei Giroüberweisung, Kreditkartengeschäft und POS-System, WM 1995, 468; Ehmann, Das Schuldanerkenntnis, WM 2007, 329; Gößmann, Aspekte der ec-Karten-Nutzung, WM 1998, 1264; Kümpel, Rechtliche Aspekte der neuen Geldkarte als elektronische Geldbörse, WM 1997, 1037; Pichler, Kreditkartenzahlung im Internet, NJW 1998, 3234.

Übersicht

I. Allgemeines

§ 350 setzt unter den dort geregelten Voraussetzungen verschiedene im BGB geregelte Formvorschriften außer Kraft. Mit der für das Bürgschaftsversprechen vorgesehenen Schriftform (§ 766 S. 1 BGB) ist eine Warnfunktion für den Bürgen verbunden, der vor der unüberlegten, übereilten Abgabe 1

[96] Ebenroth/Boujong/Dieckmann Rn. 7.
[97] Ebenroth/Boujong/Dieckmann Rn. 9.
[98] BGH 24.11.1983, WM 1984, 131 (132); Ebenroth/Boujong/Dieckmann Rn. 9.
[99] Schlegelberger/Hefermehl Rn. 40; Heymann/Horn Rn. 4; Ebenroth/Boujong/Dieckmann Rn. 9.
[100] MüKoHGB/Maultzsch Rn. 18; Hopt/Leyens Rn. 12; GK-HGB/B. Schmidt Rn. 25; Ebenroth/Boujong/Dieckmann Rn. 1.
[101] HK-HGB/Ruß Rn. 3; Ebenroth/Boujong/Dieckmann Rn. 1.

einer risikoreichen Erklärung geschützt werden soll.[1] Dieselbe Funktion soll nach einer Auffassung auch beim Schuldanerkenntnis bzw. -versprechen der gem. § 780 S. 1 BGB, § 781 S. 1 BGB für die Erklärung des Schuldners notwendigen Schriftform zukommen,[2] während nach anderer Ansicht die Formvorschriften hier keinen Übereilungsschutz bezwecken, sondern vielmehr im Interesse der Rechtssicherheit der Schaffung klarer Beweissituationen dienen sollen (arg. § 782 BGB).[3] Unabhängig von diesen Auffassungsunterschieden zum Hintergrund der im BGB vorgesehenen Schriftform (§ 126 Abs. 1 BGB) werden Kaufleute aufgrund ihrer Geschäftserfahrung für **weniger schutzwürdig** erachtet als Privatleute (→ § 349 Rn. 1).[4] Ausgehend hiervon will § 350 durch Freistellung von hinderlichen Formvorschriften den Handelsverkehr erleichtern und dem dort bestehenden **Bedürfnis nach einfacher und schneller Abwicklung** Rechnung tragen.[5] Soweit auch der Handelsverkehr ein Bedürfnis nach sicheren Beweisverhältnissen hat, wird den Kaufleuten zugetraut, hierfür selbst in geeigneter Weise Sorge zu tragen.[6]

2 In der kaufmännischen Praxis sind jedoch mündliche Bürgschaften, Schuldversprechen oder -anerkenntnisse eher selten, weil die Formerfordernisse in den maßgeblichen Verkehrskreisen in der Regel gar nicht als hinderlich empfunden werden; die **praktische Bedeutung der Vorschrift** dürfte daher eher **gering** sein.[7] Die durch § 350 geschaffene Formfreiheit betrifft zudem nur die dort ausdrücklich genannten Vorschriften der § 766 S. 1 und 2 BGB, § 780 S. 1 und 2 BGB, § 781 S. 1 und 2 BGB; aufgrund anderer Vorschriften bestehende Formzwänge (zB § 311b BGB bei Grundstücksgeschäften, § 518 BGB, wertpapierrechtliche Bestimmungen) werden nicht aufgehoben.[8] § 350 gilt deshalb nicht für den kaufmännischen Verpflichtungsschein (§ 363 Abs. 1 S. 2), der als Wertpapier der schriftlichen Form bedarf, wobei allerdings die Einhaltung der Schriftform nach § 126 BGB nicht erforderlich ist, sondern entsprechend § 793 Abs. 2 S. 2 BGB eine faksimilierte Unterschrift genügt.[9] Ebenso wenig gilt § 350 für die Annahme einer kaufmännischen Anweisung (§ 363 Abs. 1 S. 1 iVm § 784 Abs. 2 BGB).[10] Wird ein Schuldversprechen oder ein Schuldanerkenntnis aufgrund einer Abrechnung oder im Wege des Vergleichs erteilt, so bedarf es von vornherein nicht der in §§ 780, 781 BGB vorgesehenen Form (§ 782 BGB).

3 Die durch das Gesetz zur Anpassung der Formvorschriften des Privatrechts und anderer Vorschriften an den modernen Rechtsverkehr (FormVAnpG) vom 13.7.2001 (BGBl. 2001 I 1542) in § 350 eingefügten Verweisungen auf § 766 S. 2 BGB, § 780 S. 2 BGB und § 781 S. 2 BGB stellen klar, dass die betreffenden Einschränkungen im Handelsrecht ebenfalls nicht gelten. Soweit § 350 anwendbar ist, kann der Kaufmann die von der Vorschrift erfassten Verpflichtungserklärungen daher auch in **elektronischer Form** (§ 126a BGB), die die Schriftform ersetzt (§ 126 Abs. 3 BGB), abgeben.[11]

II. Tatbestandsvoraussetzungen

4 **1. Sachlicher Anwendungsbereich. a) Bürgschaft.** Zur Bürgschaft → § 349 Rn. 3 ff. Ebenso wie bei § 349 erfasst auch in § 350 der Bürgschaftsbegriff nur die **Bürgschaft iSv §§ 765 ff. BGB.** Keine Bürgschaften in diesem – zivilrechtlichen – Sinne sind die **Wechsel- und die Scheckbürgschaft** (Art. 30 ff. WG; Art. 25 ff. ScheckG). Das folgt zum einen schon aus der andersartigen Rechtsnatur der Wechsel- und der Scheckbürgschaft (→ § 349 Rn. 17), lässt sich zum anderen für § 350 aber auch daraus herleiten, dass diese Vorschrift nur von der Form des § 766 BGB befreit, nicht aber auch von den wertpapierrechtlichen Vorgaben der Art. 31 WG, Art. 26 ScheckG (→ Rn. 2).[12] Dagegen gilt § 350 auch für zum Zwecke der Abwendung der Zwangsvollstreckung abgegebene Bürgschaften (vgl. § 712 Abs. 2 ZPO, § 108 ZPO).[13] Die (stillschweigende) **Anpassung des Siche-**

[1] BGH 29.2.1996, BGHZ 132, 119 (122) = NJW 1996, 1467; 30.3.1995, NJW 1995, 1886 (1887); KKD/Roth/Huber Rn. 2.
[2] Heymann/Horn Rn. 3; Ebenroth/Boujong/Dieckmann Rn. 20.
[3] BGH 8.12.1992, BGHZ 121, 1 (4) = NJW 1993, 584; GK-HGB/B. Schmidt Rn. 11; KKD/Roth/Huber Rn. 2.
[4] Ebenroth/Boujong/Dieckmann Rn. 1.
[5] BGH 8.12.1992, BGHZ 121, 1 (5) = NJW 1993, 584; Hopt/Leyens Rn. 7; RGHMW/Steimle/Dornieden Rn. 2; MüKoHGB/Maultzsch Rn. 1.
[6] GK-HGB/B. Schmidt Rn. 12.
[7] Ebenroth/Boujong/Dieckmann Rn. 2, Rn. 11 zu Blankobürgschaften.
[8] RGHMW/Steimle/Dornieden Rn. 2; MüKoHGB/Maultzsch Rn. 7; HK-HGB/Ruß Rn. 3; Ebenroth/Boujong/Dieckmann Rn. 20; eingehend Hopt/Leyens Rn. 2 f.
[9] MüKoHGB/Maultzsch Rn. 7; Heymann/Horn Rn. 13.
[10] MüKoHGB/Maultzsch Rn. 7.
[11] Ebenroth/Boujong/Dieckmann Rn. 3.
[12] MüKoHGB/Maultzsch Rn. 3.
[13] RGHMW/Steimle/Dornieden Rn. 7; Ebenroth/Boujong/Dieckmann Rn. 21.

rungszwecks einer schon bestehenden Bürgschaft ist unter den Voraussetzungen des § 350 ebenfalls formfrei möglich.[14]

b) Schuldversprechen und Schuldanerkenntnis. Das abstrakte Schuldversprechen (§ 780 BGB) bezieht sich auf das Versprechen einer beliebigen Leistung, das abstrakte Schuldanerkenntnis (§ 781 BGB) auf das Anerkenntnis eines beliebigen Schuldverhältnisses. In beiden Fällen handelt es sich um inhaltlich gleichen Regeln unterliegende, nur durch die äußere Formulierung sich unterscheidende Verträge, durch die jeweils **selbstständige** – dh vom Grundgeschäft losgelöste – **Verpflichtungen des Schuldners** begründet werden.[15] Das abstrakte Schuldversprechen und das abstrakte Schuldanerkenntnis sind mithin **konstitutiv** und schaffen **neue Anspruchsgrundlagen.**[16] Sie werden regelmäßig erfüllungshalber gegeben und treten dann im Wege der Schuldverstärkung neben das Grundgeschäft. Die Ansprüche aus Schuldversprechen und Schuldanerkenntnis verjähren, unabhängig von einer etwaigen kürzeren Verjährungsfrist für das Grundgeschäft, in der Regelfrist von drei Jahren (§§ 195, 199 BGB).[17] Das ohne rechtlichen Grund erteilte abstrakte Schuldanerkenntnis bzw. -versprechen ist nach § 812 BGB **kondizierbar** bzw. der **Bereicherungseinrede (§ 821 BGB)** ausgesetzt.[18] Diese Voraussetzungen sind insbesondere gegeben, wenn eine Zweckvereinbarung zwischen Grundgeschäft und abstraktem Schuldversprechen/-anerkenntnis fehlt oder unwirksam ist. Die Bereicherungseinrede kann aber ausgeschlossen sein, wenn und soweit sie von einem vertraglichen Einwendungsausschluss erfasst wird.[19] Abstraktes Schuldversprechen und -anerkenntnis bewirken eine **Umkehr der Beweislast** mit der Folge, dass es Sache des Schuldners ist, etwaige Einwendungen aus dem Grundverhältnis darzutun und ggf. zu beweisen.[20] 5

Praktische Erscheinungsformen des abstrakten Schuldversprechens bzw. -anerkenntnisses sind das Saldoanerkenntnis,[21] die Gutschrift des überwiesenen Geldbetrages auf dem Girokonto durch die Empfängerbank,[22] die Bestätigung des Dokumentenakkreditivs gegenüber dem Akkreditivbegünstigten durch die Eröffnungsbank,[23] die Autorisierungsmeldung des kartenausgebenden Kreditinstituts an den Händler beim POS-System (electronic-cash-Zahlung),[24] die Zahlungsverpflichtung des Kreditkartenunternehmens gegenüber dem Vertragsunternehmen im Kreditkartengeschäft,[25] die Zahlungsautorisierung des Kartenherausgebers gegenüber dem Händler bei der Kreditkartenzahlung im Internet unter Verwendung von SET (Secure Electronic Transaction),[26] die Unterwerfungserklärung im gewerblichen Rechtsschutz[27] sowie unter Umständen die Übernahme der persönlichen Haftung für die Zahlung des Grundschuldbetrages bei der Kreditsicherung durch Grundschuldbestellung.[28] Unter den Voraussetzungen des § 140 BGB können die wechselrechtlich unwirksame Annahmeerklärung auf einem gezogenen Wechsel[29] oder ein formnichtiger eigener Wechsel[30] in ein abstraktes Schuldanerkenntnis umgedeutet werden. 6

---

[14] BGH 16.3.2004, BGHZ 158, 286 (294 f.) = NJW-RR 2004, 1128 (Prozessbürgschaft).

[15] Ebenroth/Boujong/Dieckmann Rn. 6; GK-HGB/B. Schmidt Rn. 2.

[16] BGH 18.12.1985, NJW-RR 1986, 649; 18.10.1990, NJW-RR 1991, 178 (179); 18.5.1995, NJW-RR 1995, 1391 f.

[17] Grüneberg/Sprau BGB § 780 Rn. 8; Ebenroth/Boujong/Dieckmann Rn. 6.

[18] BGH 16.4.1991, NJW 1991, 2140 (2141); Heymann/Horn Rn. 15; Ebenroth/Boujong/Dieckmann Rn. 7.

[19] BGH 8.6.1962, WM 1962, 1138 (1139); 19.3.1991, WM 1991, 797 (799) = NJW 1991, 2210; GK-HGB/B. Schmidt Rn. 14.

[20] BGH 8.12.1992, BGHZ 121, 1 (5) = NJW 1993, 584; 18.10.1990, NJW-RR 1991, 178 (179).

[21] Ehmann WM 2007, 329 (334).

[22] BGH 25.1.1988, BGHZ 103, 143 (146) = NJW 1988, 1320; 16.4.1991, NJW 1991, 2140; 7.12.2004, WM 2005, 325 (326) = NJW-RR 2005, 559; stRspr.

[23] BGH 21.3.1973, BGHZ 60, 262 (264) = NJW 1973, 899 (900); 26.9.1989, BGHZ 108, 348 (350) = NJW 1990, 255; 5.3.1992, NJW 1992, 1900; 16.4.1996, BGHZ 132, 313 (316) = NJW 1996, 1812; OLG Frankfurt 19.12.1994, WM 1996, 58; MüKoHGB/Maultzsch Rn. 6; GK-HGB/B. Schmidt Rn. 6; KKD/Roth/Huber Rn. 6.

[24] GK-HGB/B. Schmidt Rn. 6; Ebenroth/Boujong/Dieckmann Rn. 7; Gößmann WM 1998, 1264 (1267); Bröcker WM 1995, 468 (478); **aA** Kümpel WM 1997, 1037 (1040).

[25] BGH 16.4.2002, BGHZ 150, 286 = NJW 2002, 2234 (2236); 13.1.2004, NJW-RR 2004, 481; 16.3.2004, NJW-RR 2004, 1124 (1125); Ebenroth/Boujong/Dieckmann Rn. 7; Bröcker WM 1995, 468 (475); mittlerweile überholt ist BGH 2.5.1990, NJW 1990, 2880 (2881) (Forderungskauf).

[26] GK-HGB/B. Schmidt Rn. 6; Pichler NJW 1998, 3234 (3239).

[27] BGH 12.7.1995, BGHZ 130, 288 (292) = NJW 1995, 2788; 5.3.1998, WM 1998, 1412 (1413) = NJW 1998, 2439; 12.1.2023, GRUR 2023, 742 Rn. 20.

[28] BGH 19.9.1986, BGHZ 98, 256 (259) = NJW 1987, 319; 10.12.1991, NJW 1992, 971 (972).

[29] GK-HGB/B. Schmidt Rn. 6.

[30] BGH 1.10.1987, NJW 1988, 1468; OLG Zweibrücken 18.11.1997, BB 1998, 181; GK-HGB/B. Schmidt Rn. 6.

7 Ob von den Beteiligten die Begründung einer abstrakten Verpflichtung iSv §§ 780, 781 BGB gewollt ist, bedarf im Einzelfall der **Auslegung** nach allgemeinen Grundsätzen (Wortlaut, Anlass, Zweck der Erklärung; sonstige Umstände).[31] Als Indiz für den Abstraktionswillen kann der Umstand dienen, dass die Erklärung keinen konkreten Verpflichtungsgrund nennt,[32] wohingegen die Angabe eines bestimmten Grundes in der Regel gegen die Annahme eines abstrakten Leistungsversprechens streitet.[33]

8 Vom abstrakten Schuldanerkenntnis ist zunächst das lediglich **deklaratorische** (bestätigende, feststellende bzw. kausale) Schuldanerkenntnis zu unterscheiden, das keine selbstständige Haftungsgrundlage darstellt,[34] sondern mit dem bloß die endgültige Beseitigung bzw. Klärung von Streit und Ungewissheit in einer bestehenden Verpflichtung bezweckt wird.[35] Es findet seine Grundlage in den allgemeinen Vorschriften der §§ 311, 241 BGB, also letztlich in der Vertragsfreiheit,[36] und ist hiernach **stets formlos gültig,**[37] wird also von § 350 nicht erfasst.[38] Die Wirkung des deklaratorischen Schuldanerkenntnisses besteht darin, dass – im Rahmen des von den Beteiligten Gewollten – alle Einwendungen tatsächlicher oder rechtlicher Art, die der Schuldner bei Abgabe des Anerkenntnisses kannte oder mit denen er zumindest rechnete, für die Zukunft ausgeschlossen werden.[39] Im Übrigen bestimmen sich die Rechtsbeziehungen der Parteien weiterhin nach der für die anerkannte Schuld geltenden vertraglichen oder gesetzlichen Grundlage. Das deklaratorische Schuldanerkenntnis muss nicht ausdrücklich, sondern kann auch konkludent – zB durch Bezahlung einer Rechnung ohne Geltendmachung von Einwendungen[40] – erteilt werden.

9 Sowohl vom abstrakten als auch vom deklaratorischen Anerkenntnis als den beiden Erscheinungsformen eines rechtsgeschäftlichen Anerkenntnisses ist das bloß **tatsächliche Anerkenntnis** zu trennen. Es wird vom Schuldner regelmäßig zu dem Zweck abgegeben, den Gläubiger durch Mitteilung der Erfüllungsbereitschaft von (Rechtsverfolgungs-)Maßnahmen abzuhalten oder ihm die Beweisführung zu erleichtern.[41] Von einem solchen Anerkenntnis, das **Wissenserklärung** ist,[42] kann nur ausgegangen werden, wenn das Verhalten des Schuldners unzweideutig ergibt, dass er sich des Bestehens der Schuld **bewusst** ist.[43] Im Rechtsstreit stellt das tatsächliche Anerkenntnis ein im Rahmen der Beweiswürdigung beachtliches **Indiz** dar;[44] es kann auch Anlass geben, die **Beweislast** zu Lasten des Anerkennenden umzukehren.[45]

10 **2. Persönlicher Anwendungsbereich. a) Kaufmannseigenschaft.** § 350 befreit von den Formvorschriften nach §§ 766, 780, 781 BGB nur hinsichtlich der Erklärungen eines Kaufmanns. Die Kaufmannseigenschaft des Bürgen, Versprechenden oder Anerkennenden richtet sich nach den **§§ 1–6.** Auch die Erklärung eines **Scheinkaufmanns** wird grundsätzlich von § 350 erfasst.[46] Allerdings soll die bloße Verwendung der berufsbezogenen Bezeichnung „Kaufmann" nicht genügen.[47] Für die in § 383 Abs. 2, § 407 Abs. 3 S. 2, § 453 Abs. 3 S. 2 und § 467 Abs. 2 genannten Personen gilt § 350 nicht.

11 **b) Persönlich haftende Gesellschafter.** Auf persönlich haftende Gesellschafter von OHG, KG oder KGaA, die im eigenen Namen für Verbindlichkeiten der Gesellschaft eine Bürgschaft übernehmen oder ein Schuldversprechen bzw. ein Schuldanerkenntnis abgeben, wird § 350 zum Teil **unmit-**

---

[31] BGH 18.12.1985, NJW-RR 1986, 649 (650); Heymann/Horn Rn. 10; GK-HGB/B. Schmidt Rn. 3.
[32] RG 2.10.1905, RGZ 61, 318 (319).
[33] RG 19.12.1907, RGZ 67, 262 (263); OLG Saarbrücken 22.10.1997, MDR 1998, 828; GK-HGB/B. Schmidt Rn. 3.
[34] BGH 2.7.1981, WM 1981, 1075 (1076) = BeckRS 1981, 31070724.
[35] BGH 9.10.1997, NJW 1998, 306 (307); 19.2.1998, WM 1998, 1450 (1451) = NJW-RR 1998, 952; 24.6.1999, NJW 1999, 2889; 1.1.2007, NJW-RR 2007, 530.
[36] BGH 16.3.1988, BGHZ 104, 18 (24) = NJW 1988, 1781.
[37] BeckOGK/Beurskens, 1.12.2025, Rn. 13; Ebenroth/Boujong/Dieckmann Rn. 8.
[38] Ebenroth/Boujong/Dieckmann Rn. 8.
[39] BGH 11.10.1994, NJW 1995, 961; 9.2.1998, NJW 1998, 1492.
[40] BGH 11.7.1995, NJW 1995, 3311 (3312).
[41] BGH 24.3.1976, BGHZ 66, 250 (254) = NJW 1976, 1259; GK-HGB/B. Schmidt Rn. 10.
[42] GK-HGB/B. Schmidt Rn. 10.
[43] BGH 30.9.1993, NJW-RR 1994, 373; OLG Karlsruhe 14.2.1992, VersR 1993, 331.
[44] BGH 24.3.1976, BGHZ 66, 250 (255) = NJW 1976, 1259; 10.1.1984, NJW 1984, 799; OLG Düsseldorf 18.1.1990, NJW 1990, 2560.
[45] BGH 24.3.1976, BGHZ 66, 250 (255) = NJW 1976, 1259; 13.3.1974, WM 1974, 410 (411).
[46] OLG Düsseldorf 11.3.2008, VersR 2008, 979; LG Köln 10.7.1984, MDR 1985, 54; GK-HGB/B. Schmidt Rn. 13; Ebenroth/Boujong/Dieckmann Rn. 9; Hopt/Leyens Rn. 7; Heymann/Horn Rn. 4; RGHMW/Steimle/Dornieden Rn. 8; HK-HGB/Ruß Rn. 1; Schlegelberger/Hefermehl Rn. 18; MüKoHGB/Maultzsch Rn. 8; soweit Eintragung nach §§ 2 f. möglich wäre auch KKD/Roth/Huber Rn. 3; Staub/Koller, 4. Aufl. 2004, Rn. 4.
[47] OLG Düsseldorf 29.12.1993, NJW-RR 1995, 93.

telbar angewandt, soweit den Betreffenden Kaufmannseigenschaft zuerkannt wird (→ § 1 Rn. 90).[48] Nach aA soll auf **geschäftsführende Gesellschafter** unabhängig davon, ob sie persönlich haften (OHG-Gesellschafter, Komplementäre der KG) oder nicht (GmbH-Gesellschafter, Kommanditist), § 350 **analog** anwendbar sein, weil diese in einer Weise am Wirtschaftsleben teilnähmen, wie der Gesetzgeber des HGB sich dies beim Kaufmann iSv §§ 1 ff. vorgestellt habe.[49] Dem wird in der Lit. für geschäftsführende persönlich haftende Gesellschafter (auch solche von KGaA und EWIV) zugestimmt, weil sie quasi Unternehmensträger seien.[50] Die Rspr. lehnt den Analogieschluss indes ab, weil er die Grenzen zulässiger Rechtsfortbildung überschreite.[51] Nach stRspr des BGH erfasst § 350 deshalb insbesondere nicht die Übernahme einer Bürgschaft durch den Geschäftsführer/Gesellschafter einer GmbH für deren Verbindlichkeiten.[52]

c) Sonstige Personen. Auf **sonstige Gesellschafter von Handelsgesellschaften,** bei denen die Kombination von persönlicher Haftung und gleichzeitiger geschäftsführender Tätigkeit fehlt, wird § 350 auch in der Lit. überwiegend für unanwendbar erachtet. Das gilt etwa für Kommanditisten, Aktionäre, den geschäftsführenden Alleingesellschafter der GmbH, aber auch für den GmbH-Geschäftsführer sowie die Vorstände oder Aufsichtsräte einer AG.[53] Abzulehnen ist auch die analoge Anwendung von § 350 auf kaufmannsähnliche Personen, insbesondere Freiberufler, die der HGB-Gesetzgeber aus dem Anwendungsbereich des Gesetzes nach wie vor ausgeklammert hat.[54] 12

d) Stellvertretung. Im Rahmen der – grundsätzlich zulässigen[55] – Stellvertretung kommt es für die Anwendung von § 350 nach allgM auf die **Kaufmannseigenschaft des Vertretenen** an.[56] Das Vertreterhandeln muss allerdings das Offenkundigkeitsprinzip wahren. Bei unternehmensbezogenen Rechtsgeschäften wird der Unternehmensträger berechtigt und verpflichtet, wenn die Unternehmensbezogenheit offenkundig ist.[57] Der Kaufmannseigenschaft des Vertreters, den bei wirksamer Stellvertretung die Rechtsfolgen aus dem von ihm vorgenommenen Rechtsgeschäft nicht treffen, bedarf es daneben nicht. Im Falle der **Vertretung ohne Vertretungsmacht** besteht Streit, ob auch hier auf den Vertretenen abzustellen ist,[58] der – nichtkaufmännische – falsus procurator also zB aus von ihm mündlich abgegebener Bürgschaftserklärung haftet, wenn der angeblich Vertretene Kaufmann ist und die Bürgschaft zum Betriebe seines Handelsgewerbes gehören würde, oder ob für die Haftung des Vertreters ohne Vertretungsmacht dessen Kaufmannseigenschaft[59] zu fordern ist (→ § 343 Rn. 13). 13

e) Handelsgeschäft. Die Übernahme der Bürgschaft bzw. die Abgabe des Schuldversprechens oder des Schuldanerkenntnisses muss für den Kaufmann ein Handelsgeschäft iSv § 343 darstellen. Die Betriebszugehörigkeit der Erklärung des kaufmännischen Bürgen bzw. Schuldners wird nach § 344 **vermutet.** Bei der Bürgschaft ist es ohne Belang, ob auch die Hauptschuld ihrerseits aus einem Handelsgeschäft stammt.[60] 14

f) Zeitpunkt. Maßgebender Zeitpunkt ist derjenige der **Abgabe der Erklärung** des Bürgen, Versprechenden oder Anerkennenden.[61] Spätere Veränderungen sind unerheblich. Ebenso wenig wie der nachträgliche Verlust der Kaufmannseigenschaft hiernach die Wirksamkeit der formfrei begründeten Verpflichtung entfallen lässt, führt der nachträgliche Erwerb dieser Eigenschaft zur Heilung einer unwirksamen Verpflichtungserklärung.[62] Im letztgenannten Fall ist allerdings die formfreie Bestätigung (§ 141 BGB) oder die formfreie erneute Vornahme möglich, die nach dem Rechtsgedanken des § 141 Abs. 2 BGB rückwirkende Kraft entfalten dürfte.[63] 15

---

[48] Vgl. RGHMW/Steimle/Dornieden Rn. 9.
[49] MüKoHGB/K. Schmidt, 4. Aufl. 2018, Rn. 10 f.; anders MüKoHGB/Maultzsch Rn. 12.
[50] Ebenroth/Boujong/Dieckmann Rn. 12.
[51] BGH 28.1.1993, BGHZ 121, 224 (228) = NJW 1993, 1126; 8.11.2005, BGHZ 164, 43 (48) = NJW 2006, 431 (432); s. auch OLG Naumburg 22.12.2005, OLGR 2006, 901 (902 f.).
[52] BGH 8.11.2005, BGHZ 165, 43 (46 ff.) = NJW 2006, 431 (432).
[53] Ebenroth/Boujong/Dieckmann Rn. 13; RGHMW/Steimle/Dornieden Rn. 10; Hopt/Leyens Rn. 7.
[54] Ebenroth/Boujong/Dieckmann Rn. 14.
[55] BGH 29.2.1996, BGHZ 132, 119 (132) = NJW 1996, 1467.
[56] Ebenroth/Boujong/Dieckmann Rn. 17; GK-HGB/B. Schmidt Rn. 14; MüKoHGB/Maultzsch Rn. 8; Heymann/Horn Rn. 4.
[57] Vgl. auch BeckOGK/Beurskens, 1.12.2025, Rn. 22.
[58] Ebenroth/Boujong/Dieckmann Rn. 17; GK-HGB/B. Schmidt Rn. 14.
[59] KKD/Roth/Huber Rn. 3; Canaris HandelsR § 20 Rn. 5 f.
[60] RGHMW/Steimle/Dornieden Rn. 7; Hopt/Leyens Rn. 7.
[61] BGH 28.1.1993, BGHZ 121, 224 (28); KKD/Roth/Huber Rn. 4; Hopt/Leyens Rn. 7; GK-HGB/B. Schmidt Rn. 14; Ebenroth/Boujong/Dieckmann Rn. 16; MüKoHGB/Maultzsch Rn. 8.
[62] Ebenroth/Boujong/Dieckmann Rn. 16.
[63] Ebenroth/Boujong/Dieckmann Rn. 16; **aA** Staub/Koller, 4. Aufl. 2004, Rn. 10: Wirkung nur für die Zukunft.

III. Rechtsfolgen

16 Nach § 350 ist ein formlos abgegebenes Bürgschaftsversprechen, Schuldversprechen oder Schuldanerkenntnis nicht gem. § 125 BGB nichtig, sondern vielmehr **wirksam.** Die betreffenden Verpflichtungserklärungen können **mündlich** (insbesondere telefonisch), **in Textform** (Telefax, Computerfax, einfache E-Mail,[64] Autorisierungsmeldung im POS-System) **oder in elektronischer Form** abgegeben werden. Im Rahmen von § 350 ist danach auch die mit einer mündlichen Ausfüllungsvollmacht versehene **Blankobürgschaft** eines Kaufmanns wirksam.[65] Fraglich erscheint es, in der in Fernsehinterviews sowie einer Pressekonferenz abgegebenen Erklärung des Vorstandssprechers einer Großbank, alle von einem bestimmten Konkurs betroffenen Handwerker „erhielten ihr Geld", eine wirksame Bürgschaftserklärung zu sehen;[66] dies ist indes weniger ein Formproblem.

IV. Abdingbarkeit

17 § 350 ist dispositiv, die Beteiligten können also auch im kaufmännischen Verkehr für Bürgschaft, Schuldversprechen und Schuldanerkenntnis die Schriftform vereinbaren, für die § 127 BGB Auslegungsregeln enthält und die grundsätzlich nicht den Anforderungen des § 766 BGB entsprechen muss.[67] Durch mündliche Vereinbarung können die Parteien sich auch über einen Handelsbrauch hinwegsetzen, der abweichend von § 350 Schriftform vorsieht.[68] Die **gewillkürte Schriftform** hat allerdings regelmäßig nur **Klarstellungs- bzw. Beweisfunktion,** nicht aber Warnfunktion, deren es im Handelsverkehr grundsätzlich nicht bedarf. Auf sie finden daher die zum Schutze des Bürgen im Rahmen von § 766 BGB aufgestellten Anforderungen keine Anwendung, sondern es gilt **§ 127 BGB** mit den dort vorgesehenen Erleichterungen.[69] Der gewillkürten Schriftform genügen deshalb auch Telefax, Computerfax, einfache E-Mail, Telegramm oder Fernschreiben. Die Übermittlung eines eigenhändig unterschriebenen Originals ist nicht erforderlich.[70] Die schriftliche Bürgschaftserklärung eines Kaufmanns ist in einem solchen Fall auch dann wirksam, wenn Art und Umfang der Hauptschuld sich ausschließlich aus außerhalb der Bürgschaftsurkunde liegenden Umständen ergeben.[71]

§ 351 *[aufgehoben]*

§ 352 [Gesetzlicher Zinssatz]

(1) [1]Die Höhe der gesetzlichen Zinsen, mit Ausnahme der Verzugszinsen, ist bei beiderseitigen Handelsgeschäften fünf vom Hundert für das Jahr. [2]Das gleiche gilt, wenn für eine Schuld aus einem solchen Handelsgeschäfte Zinsen ohne Bestimmung des Zinsfußes versprochen sind.

(2) Ist in diesem Gesetzbuche die Verpflichtung zur Zahlung von Zinsen ohne Bestimmung der Höhe ausgesprochen, so sind darunter Zinsen zu fünf vom Hundert für das Jahr zu verstehen.

Schrifttum: Basedow, Die Aufgabe der Verzugszinsen in Recht und Wirtschaft, ZHR 143 (1979), 317; Diehr, Kein Ausschluss der kaufmännischen Fälligkeitszinsen durch die VOB/B, BauR 2004, 1040; Eckert, Die analoge Anwendung des Ausgleichsanspruchs nach § 89b HGB auf Vertragshändler und Franchisenehmer, WM 1991, 1237; Grimme, Rechnungserteilung und Fälligkeit der Werklohnforderung, NJW 1987, 468; Hanke/Adler, Keine Gleichbehandlung von Unternehmern und Verbrauchern bei der Rückforderung von Bearbeitungsentgelten, WM 2015, 1313; Heße, Der handelsrechtliche Provisionsanspruch des Zivilmaklers, NJW 2002, 1835; Kindler, Gesetzliche Zinsansprüche im Zivil- und Handelsrecht. Plädoyer für einen kreditmarktorientierten Fälligkeitszins,

[64] AG Frankfurt a.M. 13.10.2005, K&R 2006, 482 (483).
[65] Ebenroth/Boujong/Dieckmann Rn. 21; BeckOGK/Beurskens, 1.12.2025, Rn. 28.
[66] OLG Frankfurt 27.6.1996, NJW 1997, 136; vgl. hierzu Ebenroth/Boujong/Dieckmann Rn. 21.
[67] OLG Bremen 12.7.2013, BeckRS 2013, 17628; Ebenroth/Boujong/Dieckmann Rn. 22; KKD/Roth/Huber Rn. 6a; Hopt/Leyens Rn. 7.
[68] BGH 18.3.1964, NJW 1964, 1269 (1270); GK-HGB/B. Schmidt Rn. 17; zu einem etwaigen Handelsbrauch für Bürgschaften von Banken BGH 19.9.1991, WM 1992, 141; GK-HGB/B. Schmidt Rn. 17; Ebenroth/Boujong/Dieckmann Rn. 22.
[69] BGH 3.12.1992, NJW 1993, 724 (725); Ebenroth/Boujong/Dieckmann Rn. 22; Hopt/Leyens Rn. 7; KKD/Roth/Huber Rn. 6a; GK-HGB/B. Schmidt Rn. 17.
[70] OLG Köln 7.12.1990, WM 1992, 138 (140) = BeckRS 9998, 10877; OLG Hamburg 31.5.1995, WM 1996, 523 (524) = IBR 1997, 506 mAnm Moufang; Ebenroth/Boujong/Dieckmann Rn. 22.
[71] BGH 3.12.1992, NJW 1993, 724 (725); GK-HGB/B. Schmidt Rn. 17.

1996; Kindler, Entgeltklauseln in der Kreditwirtschaft, Bankrechtstag 2001, Schriftenreihe der Bankrechtlichen Vereinigung, Bd. 19, 1; Kindler, Zur Zulässigkeit einer AGB-Klausel, die den Bankkunden auch für den Fall der Nichtzuteilung gezeichneter Aktien zur Zahlung eines maßvollen Entgelts (Zeichnungsgebühr) verpflichtet, ZIP 2003, 620; Omlor, Mindestentgelte für geduldete Kontoüberziehungen, jM 2017, 234; Schmieder, Formularmäßig erhobene Bearbeitungsgebühren bei Verbraucherdarlehen – Zugleich Besprechung des Urteils des OLG Dresden vom 29.9.2011, WM 2011, 2320 –, WM 2012, 2358.

Übersicht

I. Allgemeines

1. Normzweck. § 352 enthält Bestimmungen über die **Höhe des gesetzlichen Zinssatzes** bei beiderseitigen Handelsgeschäften (Abs. 1 S. 1) und für die Zinstatbestände des HGB (Abs. 2) sowie eine gesetzliche **Auslegungsregel für Zinsvereinbarungen** (Abs. 1 S. 2). Der Umkehrschluss aus Abs. 2 („in diesem Gesetzbuche") ergibt, dass Abs. 1 S. 1 nur für Zinspflichten aus **anderen** Gesetzen als dem HGB gilt.[1] Die Vorschrift des § 352 ist selbst **keine Anspruchsgrundlage** für Zinsforderungen, sondern setzt solche Ansprüche vielmehr voraus. Fälligkeitszinsen (§ 353) werden sowohl von Abs. 1 S. 1 als auch von Abs. 2 erfasst. Bei der Umrechnung von Jahreszinsen auf Tageszinsen ist einem Handelsbrauch (§ 346) entsprechend regelmäßig das Jahr mit 360 Tagen zugrunde zu legen.[2] 1

Die gesetzlichen Zinsvorschriften des geltenden Rechts unterscheiden zwischen festen Zinssätzen (§ 246 BGB, § 352) und dynamischen, auf dem Basiszinssatz (§ 247 BGB) beruhenden Regelungen (zB § 288 Abs. 1 S. 1 BGB). § 352 Abs. 1, der den gesetzlichen Festzins bei beiderseitigen Handelsgeschäften festlegt, ist die handelsrechtliche Parallele zu § 246 BGB[3] und tritt innerhalb seines Anwendungsbereichs an dessen Stelle (§ 2 Abs. 1 EGHGB). Der Gesetzgeber des HGB hielt den gesetzlichen Zinsfuß von vier Prozent nach § 246 BGB, § 288 BGB aF für im Handelsverkehr unzureichend, weil für den Kaufmann die **Verfügbarkeit über das ihm geschuldete Geld** größere wirtschaftliche Bedeutung habe als für einen privaten Gläubiger,[4] entschied sich jedoch gegenüber dem in Art. 287 ADHGB vorgesehenen Zinssatz von sechs Prozent für einen im Verhältnis zum bürgerlichen Recht nur leicht erhöhten gesetzlichen Satz von fünf Prozent. In der unterschiedlichen Regelung gesetzlicher Zinssätze im bürgerlichen Recht einerseits und im Handelsrecht andererseits sieht ein Teil des Schrifttums einen **Verstoß gegen den allgemeinen Gleichheitssatz (Art. 3 GG),** weil die zur Rechtfertigung dieser Handhabung angeführte Prämisse größerer Erfahrung und Begabung des Kaufmanns im Umgang mit Geld sowie einer demgemäß höheren Produktivität von Geld in seinen Händen nicht empirisch belegt sei und dem Umstand einer historisch gewachsenen Disparität keine (verfassungs-)rechtlich beachtliche Legitimationskraft zukomme.[5] Seit der Neufassung durch das Gesetz zur Beschleunigung fälliger Zahlungen vom 30.3.2000 (BGBl. 2000 I 330) erfasst § 352 Abs. 1 S. 1 den Zinssatz für alle ab dem 1.5.2000 (Art. 229 § 1 Abs. 1 S. 3 EGBGB) fällig werdenden Forderungen **„mit Ausnahme der Verzugszinsen"** (zur Behandlung der Verzugszinsen → Rn. 12 ff.). 2

2. Geltungsbereich. § 352 verdrängt in seinem Anwendungsbereich § 246 BGB, nicht aber § 288 BGB. § 352 Abs. 1 S. 1 betrifft unter anderem alle im BGB geregelten Zinstatbestände, insbesondere § 291 BGB. Allerdings werden aus anderen Gesetzen sich ergebende höhere Zinssätze (zB Art. 48 3

[1] GK-HGB/B. Schmidt Rn. 2; Ebenroth/Boujong/Paulus Rn. 63.
[2] LG Darmstadt 23.1.1997, NJW 1997, 2869; GK-HGB/B. Schmidt Rn. 1a.
[3] Vgl. MüKoHGB/Maultzsch Rn. 2.
[4] Heymann/Horn Rn. 13; GK-HGB/B. Schmidt Rn. 1.
[5] Vgl. näher Ebenroth/Boujong/Paulus Rn. 4 f.; Canaris HandelsR § 28 Rn. 3; s. auch Basedow ZHR 143 (1979), 317 (335) Fn. 3. Zweifelnd auch BGH 27.2.2018, BGHZ 217, 374 Rn. 18 = NJW 2018, 2197: „Ungleichbehandlung von Kaufleuten und Nichtkaufleuten kaum nachzuvollziehen".

Abs. 1 Nr. 2 WG, Art. 49 Nr. 2 WG; Art. 45 Nr. 2 ScheckG, Art. 46 Nr. 2 ScheckG) durch § 352 Abs. 1 S. 1 nicht berührt (§ 2 Abs. 2 EGHGB). § 352 setzt die nach IPR-Regeln, insbesondere Art. 3 f. Rom I-VO bzw. früher Art. 27 f. EGBGB aF, zu ermittelnde **Anwendbarkeit deutschen Sachrechts** voraus. Im Rahmen **internationaler Warenkäufe** kann bei einem gem. Art. 1–5 CISG dem UN-Kaufrecht (CISG) unterliegenden Vertrag § 352 anwendbar sein, da Art. 78 CISG, wonach eine Partei zur Zahlung von Zinsen verpflichtet ist, wenn sie es versäumt, den Kaufpreis oder einen anderen fälligen Betrag zu zahlen, den Zinsanspruch nur dem Grunde nach regelt.[6] Mit Rücksicht auf § 352 ist die Vereinbarung eines Zinssatzes von 5 % für die Kapitalüberlassung bis zur tatsächlichen Gewinnabführung in einem Gewinnabführungs- und Beherrschungsvertrag auch unter Gläubigerschutzaspekten nicht zu beanstanden.[7]

4 **3. Zinsbegriff.** Der Zinsbegriff ist nicht gesetzlich definiert. Nach allgM wird unter Zinsen **eine nach der Laufzeit bemessene, gewinn- und umsatzunabhängige Vergütung für den Gebrauch eines auf Zeit überlassenen Kapitals** verstanden.[8] Dass es sich bei Zinsen um eine **fortlaufende Zahlung** handeln soll,[9] wird zwar als typisch, heute aber nicht mehr als begriffswesentlich angesehen.[10] Entscheidendes Kriterium für die Einordnung einer Leistung als Zins ist vielmehr die Bemessung nach der Zeitdauer (pro rata temporis) der Kapitalüberlassung; laufzeitunabhängige Leistungen werden daher grundsätzlich nicht vom Zinsbegriff erfasst.[11]

5 **Keine Zinsen** sind danach Zahlungen, die für andere Leistungen als für die Kapitalüberlassung erbracht werden, also zB Nutzungsvergütungen[12] oder für die Vorenthaltung von Sachen zu zahlende Nutzungsentschädigungen,[13] Umsatzbeteiligungen,[14] Renten,[15] Ratenzahlungen auf eine Schuld,[16] Tilgungsbeiträge,[17] Schadensersatzleitungen wie Nichtabnahme- oder Vorfälligkeitsentschädigung[18] sowie nur für die Beschaffung und Bereitstellung von Kapital erhobene (einmalige) Bearbeitungs- oder Vermittlungsgebühren[19] sowie Abschlussgebühren.[20] Das Bereitstellungsentgelt für die Kreditgewährung kann als Provision, aber auch zeitproportional zinsähnlich ausgestaltet sein,[21] sodass es letztlich auf die konkrete Ausgestaltung im Einzelfall ankommt. **Kreditgebühren und -kosten** sind dann keine Zinsen, soweit es sich um einmalige Bearbeitungs- und Abrechnungsgebühren, Vermittlungsprovisionen bzw. Kreditversicherungsprämien handelt;[22] anders verhält es sich hingegen, wenn sie – zB als „monatliche Kreditgebühren"[23] – nach der Zeitdauer der Kapitalüberlassung bemessen werden.[24] **Erbbauzinsen** stellen ebenfalls keine Zinsen im Rechtssinne dar, weil sie keine Vergütung für die Kapitalnutzung, sondern vielmehr Gegenleistung für die Bereitstellung des Erbbaurechts sind.[25]

---

6 OLG Frankfurt 18.1.1994, NJW 1994, 1013 (1014); OLG Düsseldorf 10.2.1994, NJW-RR 1994, 506 (507); LG Saarbrücken 25.11.2002, IHR 2003, 70 (71); GK-HGB/B. Schmidt Rn. 2; BeckOGK/Beurskens, 15.5.2025, Rn. 11; s. auch MüKoHGB/Mautzsch Rn. 3 aE; eingehend zu Art. 78 CISG Ebenroth/Boujong/Paulus Rn. 28–34.

7 LG Frankfurt a. M. 21.2.2006, AG 2007, 48.

8 RG 7.5.1915, RGZ 86, 399 (400 f.); BGH 19.10.1978, NJW 1979, 540 (542); 24.1.1992, NJW-RR 1992, 591 (592); 25.3.1998, NJW 1998, 2060 (2061); 13.5.2014, BGHZ 201, 168 Rn. 43 = NJW 2014, 2420 (stRspr); Ebenroth/Boujong/Paulus Rn. 65; MüKoHGB/Maultzsch Rn. 14; RGHMW/Steimle/Dornieden Rn. 2; GK-HGB/B. Schmidt Rn. 1a; Heymann/Horn Rn. 1; Omlor, jM 2017, 234 (235).

9 RG 7.5.1915, RGZ 86, 399 (400 f.); 30.9.1927, RGZ 118, 152 (155 f.); 25.2.1931/19.10.1932, RGZ 144, 1 (7); 29.1.1942, RGZ 168, 284 (285); KKD/Roth/Huber Rn. 1 (in der Regel).

10 RGHMW/Steimle/Dornieden Rn. 2.

11 BGH 9.11.1978, NJW 1979, 806 (808); RGHMW/Steimle/Dornieden Rn. 3; Schmieder, WM 2012, 2358 (2361).

12 Ebenroth/Boujong/Paulus Rn. 65.

13 BGH 14.11.1963, NJW 1964, 294.

14 BGH 27.9.1982, BGHZ 85, 61 (63) = NJW 1983, 111.

15 RG 25.2.1931/19.10.1932, RGZ 141, 1 (7); BGH 14.11.1963, NJW 1964, 294; 20.11.1970, DB 1971, 92 (93) = BeckRS 1970, 31123577.

16 BGH 20.11.1970, DB 1971, 92 (93) = BeckRS 1970, 31123577.

17 KKD/Roth/Huber Rn. 1.

18 Heymann/Horn Rn. 5.

19 BGH 9.11.1978, NJW 1979, 805 (806); OLG Frankfurt 11.4.1978, NJW 1978, 1927 (1928); GK-HGB/B. Schmidt Rn. 1a.

20 GK-HGB/B. Schmidt Rn. 2.

21 Heymann/Horn Rn. 3, 6.

22 Heymann/Horn Rn. 3.

23 BGH 29.6.1979, NJW 1979, 2089 (2090).

24 RGHMW/Steimle/Dornieden Rn. 3; Ebenroth/Boujong/Paulus Rn. 65.

25 BGH 27.10.1969, NJW 1970, 243; 24.1.1992, NJW-RR 1992, 591 (592); Ebenroth/Boujong/Paulus Rn. 67.

Bei einem **Disagio,** dh dem Abschlag, um den der Auszahlungsbetrag zB eines Darlehens hinter dem vom Schuldner zurückzuzahlenden Nennbetrag (ohne Zinsen) zurückbleibt, ist keine ausschließliche Zuordnung zu den Darlehensnebenkosten (Kapitalbeschaffungskosten) einerseits bzw. den Zinsen[26] andererseits möglich. Vielmehr kommt es für die Einordnung auf den ggf. durch Auslegung zu ermittelnden Willen der Beteiligten im Einzelfall an.[27] Denn während das Disagio früher in der Regel der Abdeckung der laufzeitunabhängigen Kreditbeschaffungskosten des Darlehensgebers diente, stehen die Höhe von Disagio einerseits und Zinsen andererseits in der heutigen Bankenpraxis häufig in einer Wechselbeziehung. Ist das Disagio hiernach Bestandteil der Zinskalkulation der Bank, so muss es **im Zweifel** als laufzeitabhängiger Ausgleich für einen niedrigen Nominalzins und damit als (vorweg gezahlter) Zins im Rechtssinne eingeordnet werden.[28] 6

II. Gesetzlicher Zinssatz bei beiderseitigen Handelsgeschäften (Abs. 1)

1. Beiderseitiges Handelsgeschäft. a) Kaufmannseigenschaft. § 352 Abs. 1 S. 1 regelt die gesetzlichen Zinsen bei beiderseitigen Handelsgeschäften. Gläubiger und Schuldner müssen daher **Kaufleute iSv §§ 1–6** sein. Bestimmte nicht eingetragene Kleingewerbetreibende – Kommissionäre (§ 383 Abs. 2), Frachtführer (§ 407 Abs. 2), Spediteure (§ 453 Abs. 3) und Lagerhalter (§ 467 Abs. 3) – sind für die Anwendung von § 352 den Kaufleuten gleichgestellt. Auf **Scheinkaufleute** findet die Vorschrift nur zu ihren Lasten, nicht jedoch zu ihren Gunsten Anwendung;[29] der wahre Kaufmann kann also vom Scheinkaufmann den höheren Zinssatz fordern, nicht aber umgekehrt der Scheinkaufmann vom anderen Teil. 7

b) Handelsgeschäft. Die zu verzinsende Forderung muss ihren **Ursprung** in einem Geschäft haben, das für beide Teile zum Betrieb ihres Handelsgewerbes gehört.[30] Der Tatbestand der Norm verweist damit grundsätzlich auf die §§ 343, 344. Daher wird in der Rspr. und von einem Teil der Lit. angenommen, § 352 Abs. 1 finde auf gesetzliche Ansprüche, die mit einem beiderseitigen Handelsgeschäft (bloß) in Zusammenhang stünden, also etwa auf **Bereicherungsansprüche,**[31] **Schadensersatzansprüche aus unerlaubter Handlung**[32] oder auch **Rückgewähransprüche** gem. § 143 InsO[33] – auch soweit die angefochtene Rechtshandlung ein beiderseitiges Handelsgeschäft war – keine Anwendung. Dieser Betrachtung ist mit einer neueren Auffassung richtigerweise nicht zu folgen.[34] Das ergibt sich indes noch nicht daraus, dass auch bloße Rechtshandlungen zu den Geschäften iSv § 343 gehören können; denn hieraus folgt nicht ohne weiteres, dass ein mit einem Handelsgeschäft in Zusammenhang stehender gesetzlicher Anspruch seinerseits unter die Vorschrift fällt (→ § 343 Rn. 8). Abzustellen ist vielmehr auf den Wortlaut von § 352 Abs. 1 S. 1, der die gesetzlichen Zinsen **„bei"** beiderseitigen Handelsgeschäften regelt. Hiervon werden nicht nur Erfüllungsansprüche, sondern auch Neben- und Schadensersatzansprüche, die sich aus dem Geschäft ergeben, sowie letztlich alle zur Abwicklung des beiderseitigen Handelsgeschäfts gehörenden Zahlungsansprüche, mithin auch Rückgewährschuldverhältnisse aus Rücktritt bzw. Leistungskondiktion (§ 812 Abs. 1 S. 1 Alt. 1 BGB) erfasst.[35] 8

c) Maßgeblicher Zeitpunkt. Die Kaufmannseigenschaft der Beteiligten ebenso wie die übrigen Kriterien des Handelsgeschäfts müssen allgM zufolge im Zeitpunkt der **Begründung der Schuld,** 9

---

[26] BFH 20.10.1999, DStRE 2000, 119 = NJW-RR 2000, 426.

[27] BGH 2.7.1981, BGHZ 81, 124 (126 f.) = NJW 1981, 2181 (2182); 9.11.1999, NJW 2000, 352; eingehend Ebenroth/Boujong/Paulus Rn. 66.

[28] BGH 29.5.1990, BGHZ 111, 287 (290) = NJW 1990, 2250 (2251); 27.1.1998, NJW 1998, 1062 (1063).

[29] Hopt/Leyens Rn. 1; HK-HGB/Ruß Rn. 1; BeckOGK/Beurskens, 1.12.2025, Rn. 12; KKD/Roth/Huber Rn. 2; GK-HGB/B. Schmidt Rn. 4; Schlegelberger/Hefermehl Rn. 15; Heymann/Horn Rn. 15; Ebenroth/Boujong/Paulus Rn. 8; RGHMW/Steimle/Dornieden Rn. 4; diff. Staub/Canaris, 4. Aufl. 2004, Rn. 7.

[30] RG 23.5.1919, RGZ 96, 53 (57); 10.2.1921, WarnR 1921 Nr. 58.

[31] RG 23.5.1919, RGZ 96, 53 (57); BGH 2.12.1982, NJW 1983, 1420 (1423); GK-HGB/B. Schmidt Rn. 3; Grüneberg/Sprau BGB Vor § 812 Rn. 29; Ebenroth/Boujong/Paulus Rn. 11 f. generell für Ansprüche aus gesetzlichen Schuldverhältnissen.

[32] *BGH 10.7.1986, NJW-RR 1987,* 181 (183); OLG Frankfurt, BeckRS 2025, 3497 Rn. 146; GK-HGB/B. Schmidt Rn. 3.

[33] RG 15.4.1902, JW 1902, 273 Nr. 19; BGH 11.1.1961, WM 1961, 387 (389); 9.7.1987, BGHZ 101, 286 (288) = NJW 1987, 2821 (1822); Schlegelberger/Hefermehl Rn. 16 (alle zu § 37 KO); GK-HGB/B. Schmidt Rn. 3; Ebenroth/Boujong/Paulus Rn. 12.

[34] MüKoHGB/Maultzsch Rn. 10; BeckOGK/Beurskens, 15.5.2025, Rn. 15 ff.; KKD/Roth/Huber Rn. 3; Staudinger/Omlor, 2021, BGB § 246 Rn. 9; Heymann/Horn Rn. 15.

[35] MüKoHGB/Maultzsch Rn. 10; **aA** Ebenroth/Boujong/Paulus Rn. 11a; offen für Rückgewähransprüche Heymann/Horn Rn. 15.

dh der Vornahme des Geschäfts, vorliegen.[36] Der spätere Erwerb der Kaufmannseigenschaft auf Seiten von Gläubiger bzw. Schuldner führt ebenso wenig zur Anwendbarkeit von § 352 Abs. 1 wie der spätere Verlust dieser Eigenschaft bei einem von ihnen der Anwendung der Vorschrift entgegen steht. Da die Eröffnung des Insolvenzverfahrens sich lediglich auf die Verfügungsbefugnis des Gemeinschuldners auswirkt (§ 80 Abs. 1 InsO), seine Kaufmannseigenschaft jedoch unberührt lässt, gilt § 352 Abs. 1 auch im **Insolvenzverfahren.**[37]

10 **2. Zinsverbindlichkeit.** Für die Hauptforderung aus einem beiderseitigen Handelsgeschäft muss – entweder aus Rechtsgeschäft oder kraft Gesetzes – die Verpflichtung zur Zahlung von Zinsen bestehen. Für rechtsgeschäftlich begründete Zinsverbindlichkeiten ist § 352 Abs. 1 nur anwendbar, wenn keine Vereinbarung über die Zinshöhe getroffen wurde (Abs. 1 S. 2). Gesetzliche Zinsen kommen nur bei Geldschulden in Betracht.[38]

11 **Gesetzliche Zinstatbestände,** die grundsätzlich auch im Handelsverkehr gelten,[39] sind zB die Verzinsung von Aufwendungen (§ 256 BGB iVm § 284 BGB, § 304 BGB, § 347 Abs. 2 BGB, § 536a Abs. 2 BGB, § 637 Abs. 1 BGB, § 652 Abs. 2 BGB, § 670 BGB, §§ 683 f. BGB), die Zinspflicht für den zu leistenden Wertersatz (§ 290 BGB), Rechtshängigkeitszinsen (§ 291 BGB), die Verzinsungspflicht des Rückgewährschuldners (§ 347 Abs. 1 S. 1 BGB), die Verpflichtung des Bestellers zur Verzinsung der Werklohnforderung ab Abnahme des Werkes (§ 641 Abs. 4 BGB), die an die eigennützige Verwendung herauszugebenden Geldes anknüpfenden Zinstatbestände der §§ 668, 675, 681 S. 2, 698, 713 BGB; § 675c Abs. 1 BGB iVm § 668 BGB, der Zinsanspruch gegen den Bereicherungsschuldner (§ 818 Abs. 4 BGB iVm § 291 BGB; §§ 819, 820 BGB) bzw. gegen den Deliktsschuldner unter den Voraussetzungen des § 849 BGB. Zinseszinsen sind bei gesetzlicher Verzinsung nicht zu zahlen (§§ 248, 289, 291 S. 2 BGB iVm § 353 S. 2).

III. Verzugszinsen

12 **1. Unanwendbarkeit von Abs. 1 S. 1.** Seit der Neufassung durch das Gesetz zur Beschleunigung fälliger Zahlungen vom 30.3.2000 erfasst § 352 Abs. 1 S. 1 ausdrücklich („mit Ausnahme der Verzugszinsen“) **nicht** mehr die für beiderseitige Handelsgeschäfte geschuldeten **Verzugszinsen** (§§ 286, 288 BGB). Für diese sind vielmehr mangels einer handelsrechtlichen Sonderregelung die Bestimmungen des § 288 BGB maßgebend. Danach sind Geldschulden bei beiderseitigen Handelsgeschäften grundsätzlich während des Verzuges in Höhe von **fünf Prozentpunkten über dem Basiszinssatz** für das Jahr zu verzinsen (§ 288 Abs. 1 BGB). Nach § 288 Abs. 2 BGB, der auf der Zahlungsverzugs-RL beruht,[40] sind bei Entgeltforderungen, an denen kein Verbraucher beteiligt ist und die wohl den typischen Fall des beiderseitigen Handelsgeschäfts darstellen dürften, **neun Prozentpunkte über dem Basiszinssatz** geschuldet. In dem davor liegenden Zeitraum ab der Fälligkeit bis zum Verzugseintritt sind Zinsen in Höhe von fünf Prozent für das Jahr zu zahlen (§ 352 Abs. 2 iVm § 353 S. 1).[41] Die Neufassung von § 352 Abs. 1 S. 1 gilt für alle ab dem 1.5.2000 fälligen Forderungen (Art. 229 § 1 Abs. 1 S. 3 EGBGB); auf die vor dem 1.5.2000 fällig gewordenen Zahlungsansprüche ist § 352 aF anwendbar, wonach auch im Verzugsfalle ein Zinssatz von fünf Prozent galt.[42] Zu grundpfandrechtlich gesicherten Verbraucherdarlehen s. § 497 Abs. 1 S. 2, 3 BGB.

13 Gemäß **§ 288 Abs. 3 BGB** wird die Zinsverpflichtung des Schuldners im Falle des Verzuges allerdings nicht durch die gesetzlichen Zinsen begrenzt; der Gläubiger kann vielmehr ihm aus einem anderen Rechtsgrunde, zB aufgrund vertraglicher Vereinbarung, zustehende höhere Zinsen verlangen. **§ 288 Abs. 4 BGB** stellt zudem klar, dass die Geltendmachung eines weiteren Schadens, etwa eines dem Gläubiger nach § 280 Abs. 1 und 2 BGB, § 286 BGB entstandenen Verzugsschadens, nicht ausgeschlossen ist. Ein solcher weiterer Schaden kann in der Praxis im Verlust von Anlagezinsen oder in der Aufwendung von Kreditzinsen, ggf. auch in beidem zusammen,[43] liegen. Hierbei sind insbesondere von der Rspr. entwickelte Beweiserleichterungen[44] zu beachten:

---

[36] Ebenroth/Boujong/Paulus Rn. 9; KKD/Roth/Huber Rn. 2; GK-HGB/B. Schmidt Rn. 4; Heymann/Horn Rn. 15.

[37] Ebenroth/Boujong/Paulus Rn. 9; **aA** RG 29.1.1902, JW 1902, 186 Nr. 24; Staub/Canaris, 4. Aufl. 2004, Rn. 3, jeweils zur Anwendung der KO.

[38] Ebenroth/Boujong/Paulus Rn. 15.

[39] Umfassender Überblick bei Ebenroth/Boujong/Paulus Rn. 16–27. Zur Verzinsung von Aufwendungen LG Frankfurt/M. 16.6.2025 ZIP 2025, 2055.

[40] RL 2000/35/EG vom 29.6.2000 zur Bekämpfung von Zahlungsverzug im Geschäftsverkehr, ABl. EG 2000 L 200, 35 = NJW 2001, 132.

[41] Ebenroth/Boujong/Paulus Rn. 35.

[42] HK-HGB/Ruß Rn. 4.

[43] BGH 30.11.1979, WM 1980, 85 = BeckRS 1979, 30377929; Ebenroth/Boujong/Paulus Rn. 39.

[44] GK-HGB/B. Schmidt Rn. 10–12; Hopt/Leyens Rn. 5; RGHMW/Steimle/Dornieden Rn. 9; umfassend Ebenroth/Boujong/Paulus Rn. 40–56.

Begehrt der Gläubiger **Ersatz von Anlageverlusten,** hat er bei einer **konkreten Schadensberechnung** seinen Schaden und die Kausalität des Verzuges hierfür grundsätzlich nach den allgemeinen Regeln darzulegen und zu beweisen. Er muss deshalb im Einzelnen vortragen und ggf. beweisen, wie er den Geldbetrag tatsächlich verwendet und welchen Gewinn er erzielt hätte, wenn ihm das Kapital rechtzeitig zur Verfügung gestellt worden wäre.[45] Der Kaufmann kann jedoch auch die Möglichkeit der **abstrakten Schadensberechnung (§ 252 S. 2 BGB)** nutzen und die in seinem Handelsgewerbe „übliche" Gewinnspanne ersetzt verlangen. Auch in diesem Falle bedarf es allerdings der konkreten Darlegung und ggf. des Beweises der Umstände, auf denen die abstrakte Schadensberechnung beruht.[46] Dem Schuldner ist der Gegenbeweis eröffnet, dass der Geschädigte unter den konkreten Umständen entsprechende Anlagezinsen nicht hätte erzielen können.[47] Beweiserleichterungen gewährt die Rspr. insbesondere auch dann, wenn es sich um **größere Geldbeträge** (die entschiedenen Fälle betrafen Summen zwischen 100.000 DM und 1,87 Millionen DM) handelt, bei denen nach der Lebenserfahrung davon auszugehen ist, dass der Gläubiger sie gewinnbringend angelegt hätte.[48] 14

Verlangt der Gläubiger im Wege des Schadensersatzes die **Erstattung von Kreditkosten,** zu denen auch die Kosten für Umsatz- und Überziehungsprovisionen gehören,[49] muss er im Grundsatz ebenfalls die Schadenshöhe darlegen und beweisen. Er hat daher den Umfang seiner Verschuldung, den Schuldzins sowie seine Absicht, bei rechtzeitiger Zurverfügungstellung des Kapitals durch den Schuldner den Kredit abzutragen, darzutun und im Bestreitensfalle auch den Beweis zu führen.[50] Geht es allerdings um die Inanspruchnahme von **Bankkredit,** ist eine konkrete Darlegung des Gläubigers erst dann erforderlich, wenn der Schuldner dessen Behauptung, einen Bankkredit mit dem geltend gemachten Zinssatz mindestens in Höhe der Forderung aufgenommen zu haben, hinsichtlich deren Verzug eingetreten ist, bestreitet.[51] Die Gerichtspraxis lässt in diesem Falle regelmäßig eine im Wege des Urkundenbeweises zu verwertende **Bankbescheinigung** genügen.[52] Ein Kaufmann indes muss den behaupteten Kredit nicht gerade wegen der ausstehenden Zahlung aufgenommen haben.[53] Da es bei Kaufleuten, die ständig Kredit in Anspruch nehmen, dem typischen Geschehensablauf entspricht, dass der rechtzeitige Zahlungseingang zur Verringerung des Kreditvolumens geführt hätte, besteht für sie eine **tatsächliche Vermutung,** dass sie eingehende Zahlungen zur Kreditrückführung verwendet hätten.[54] 15

2. AGB-Recht. Verzugszinspauschalen in AGB pauschalieren den Anspruch auf Ersatz des Verzugsschadens gem. § 280 Abs. 1, 2 BGB, § 280 BGB, § 288 BGB und unterliegen daher der Inhaltskontrolle nach **§ 309 Nr. 5 lit. a BGB.** Sie sind hiernach insbesondere dann unwirksam, wenn sie den nach dem gewöhnlichen Verlauf der Dinge zu erwartenden Schaden übersteigen. Sofern man den der Vorschrift zugrunde liegenden Gedanken, wonach die Höhe des zu leistenden Schadensersatzes nicht soll verbindlich festgelegt und einer Einzelfallprüfung entzogen werden können, über §§ 307, 310 Abs. 1 S. 2 BGB auch im unternehmerischen Verkehr für anwendbar erachtet, sind danach von vornherein solche Vertragsklauseln unwirksam, die den Zinsschaden in Gestalt eines festen, von der Entwicklung der Marktzinsen unabhängigen Zinssatzes pauschalieren.[55] Im Ausgangspunkt unbedenklich ist dagegen eine Verknüpfung der Zinspauschale mit einem geeigneten Referenzzins, zB dem Basiszinssatz (§ 247 BGB).[56] Die Klausel darf ferner weder unmittelbar noch konkludent, dh durch die gewählte Formulierung aus Sicht des Vertragspartners des Verwenders, den Nachweis abschneiden, dass der Schaden überhaupt nicht oder in einem gegenüber der Pauschale wesentlich niedrigerem Umfang entstanden ist.[57] 16

---

[45] BGH 8.11.1973, WM 1974, 128 (129) = BeckRS 1973, 31124939.

[46] BGH 11.10.1994, NJW 1994, 3344 (3345); 11.1.1995, NJW 1995, 954 (955); GK-HGB/B. Schmidt Rn. 10.

[47] BGH 28.4.1988, BGHZ 104, 337 (348, 351).

[48] BGH 6.5.1981, BGHZ 80, 269 (279) = NJW 1981, 1729; 8.3.1973, WM 1974, 128 (129) = BeckRS 1973, 31124939; 30.11.1979, WM 1980, 85 (86) = BeckRS 1979, 30377929; 9.4.1981, NJW 1981, 1732; 2.12.1991, NJW 1992, 1223; 20.12.1994, NJW 1995, 733.

[49] OLG Karlsruhe 16.8.1990, VersR 1992, 173.

[50] *BGH 27.2.1991,* WM *1991,* 1005 (1006) = NJW-RR 1991, 1406; GK-HGB/B. Schmidt Rn. 11.

[51] BGH 27.2.1991, WM 1991, 1005 (1006) = NJW-RR 1991, 1406.

[52] RGHMW/Steimle/Dornieden Rn. 9; Hopt/Leyens Rn. 5.

[53] BGH 26.10.1983, NJW 1984, 371; Hopt/Leyens Rn. 5; RGHMW/Steimle/Dornieden Rn. 9.

[54] BGH 12.12.1990, WM 1991, 498 (500) = NJW-RR 1991, 793.

[55] Ebenroth/Boujong/Paulus Rn. 57.

[56] BGH 8.10.1991, BGHZ 115, 268 (273) = NJW 1992, 109; 16.10.1986, NJW 1987, 184 (185); OLG Hamm 13.1.1995, NJW-RR 1995, 593 = BB 1995, 539.

[57] Zu weiteren Fragen vgl. eingehend Ebenroth/Boujong/Paulus Rn. 74–76; Heymann/Horn Rn. 22–26.

IV. Rechtsgeschäftliche Zinsschulden (Abs. 1 S. 2)

17 Vertraglich vereinbarte Zinsenschulden werden von § 352 Abs. 1 S. 2 nur erfasst, wenn sie – was allerdings in der Praxis eher ungebräuchlich ist – **keine Bestimmung des Zinssatzes** enthalten. Die Vorschrift betrifft Schulden „aus" einem Handelsgeschäft, was dafür spricht, sie auch auf vertraglich geregelte Rückgewährschuldverhältnisse anzuwenden.[58] Mit der Schuld „aus" einem Handelsgeschäft, an die § 352 Abs. 1 S. 2 anknüpft, ist die Zinsschuld gemeint. Weitergehende Ansprüche werden durch die Bestimmung des § 352, die nur einen unwiderleglich vermuteten **Mindestzinssatz** festlegt, nicht abgeschnitten.[59] Mit Rücksicht auf den aus der Vertragsfreiheit folgenden **Grundsatz der Zinsfreiheit** besteht keine generelle gesetzliche Höchstgrenze für vertraglich vereinbarte Zinssätze.[60] Rechtliche Schranken für Zinsvereinbarungen können sich aber insbesondere aus einem Verstoß gegen die guten Sitten (§ 138 Abs. 1 BGB) bzw. das Wucherverbot (§ 138 Abs. 2 BGB), aus dem AGB-Recht (→ Rn. 16) sowie aus § 242 BGB ergeben.[61] Behauptet der Schuldner die Vereinbarung eines geringeren Zinses als 5 % für das Jahr, so hat der Gläubiger das Fehlen der Abrede zu **beweisen,** da dieses nach dem Tatbestand des § 352 Abs. 1 S. 2 Anspruchsvoraussetzung ist („Zinsen ohne Bestimmung der Höhe versprochen").[62] Mit Rücksicht auf die hieraus folgenden Beweisführungsschwierigkeiten für den Gläubiger hat aber der Schuldner zunächst das Zustandekommen der von ihm geltend gemachten Abrede substantiiert darzulegen; der Gläubiger seinerseits muss diese Darstellung entkräften.[63]

V. Verzinsungspflicht (Abs. 2)

18 Nach § 352 Abs. 2 gilt der kaufmännische Zinssatz von fünf vom Hundert für das Jahr für **die im HGB ohne konkrete Festlegung der Zinshöhe geregelten Zinspflichten.** Es handelt sich hierbei um die Verzinsungspflichten für Aufwendungsersatzansprüche der Gesellschafter von OHG und KG (§ 110 Abs. 2, § 161 Abs. 2), bei nicht rechtzeitiger Erfüllung gesellschafterlicher Leistungen durch diese Gesellschafter (§ 111 Abs. 1, § 161 Abs. 2), nach § 353 (Fälligkeitszinsen), § 354 Abs. 2 (Verzinsung von Darlehen, Vorschüssen und Verwendungen), § 355 Abs. 1 (Kontokorrentverhältnisse), sowie § 500 Abs. 2 (Vorschüsse von Mitreedern). Hierbei kommt es – anders als nach § 352 Abs. 1 S. 1 – auf das Vorliegen eines beiderseitigen Handelsgeschäfts nur an, soweit der jeweilige Zinstatbestand dies erfordert (§ 353 S. 1).

VI. Abdingbarkeit

19 Die Vereinbarung eines anderen als des in § 352 geregelten Zinssatzes als 5 % für das Jahr ist mit Rücksicht auf den Grundsatz der Zinsfreiheit in den von der Rechtsordnung vorgegebenen allgemeinen Grenzen (→ Rn. 17) möglich.

§ 353 [Fälligkeitszinsen]

[1]Kaufleute untereinander sind berechtigt, für ihre Forderungen aus beiderseitigen Handelsgeschäften vom Tage der Fälligkeit an Zinsen zu fordern. [2]Zinsen von Zinsen können auf Grund dieser Vorschrift nicht gefordert werden.

Schrifttum: s. bei § 352.

Übersicht

[58] MüKoHGB/Maultzsch Rn. 15.
[59] GK-HGB/B. Schmidt Rn. 5.
[60] Ebenroth/Boujong/Paulus Rn. 68.
[61] GK-HGB/B. Schmidt Rn. 6; RGHMW/Steimle/Dornieden Rn. 10–13; Ebenroth/Boujong/Paulus Rn. 69–76; vgl. für den kaufmännischen Verkehr aber auch BGH 11.1.1995, BGHZ 128, 255 (268) = NJW 1995, 1019.
[62] GK-HGB/B. Schmidt Rn. 5.
[63] BGH 2.7.1992, VersR 1992, 1395 (1396); 8.10.1992, NJW-RR 1993, 746 (747).

I. Allgemeines

Abweichend von den für Nichtkaufleute geltenden allgemeinen bürgerlich-rechtlichen Regelungen, wonach – vorbehaltlich anderweitiger Abreden[1] – Zinsen ab Eintritt des Verzuges (§ 288 Abs. 1 BGB) bzw. ab dem Zeitpunkt der Rechtshängigkeit (§ 291 BGB) geschuldet werden, sieht § 353 S. 1 unter Kaufleuten eine Verzinsung bereits **vom Tage der Fälligkeit an** vor. Die Bestimmung ist Ausdruck des allgemeinen Prinzips, wonach der Kaufmann „nichts umsonst tut".[2] Sie beruht auf der Erwägung, dass der Kaufmann ihm zukommendes Geld stets **nutzbringend anlegen** wird und er deshalb eine Verzinsung verlangen kann, wenn es seinem Geschäftsbetrieb durch eine anderweitige Verwendung entzogen wird. Zugleich muss er selbst aber auch dasjenige verzinsen, was er seinerseits einem anderen schuldet, jedoch zunächst noch in seinem Betrieb verwendet.[3] Im Einzelnen ist dabei streitig, ob der Vorschrift der Gedanke einer Schadenspauschalierung zu Gunsten des Geldgläubigers zur Entschädigung für die Vorenthaltung von Kapital zugrunde liegt oder vielmehr ein bereicherungsrechtlicher Ausgleich für den Eingriff des Geldschuldners in die Kapitalnutzungsbefugnis des Gläubigers bezweckt ist.[4] Nach wieder anderer – vermittelnder – Meinung begründet § 353 S. 1 einen Anspruch sui generis, in dem sich bereicherungs- und schadensersatzrechtliche Aspekte miteinander verbinden.[5] Eine entsprechende Regelung enthielt bereits Art. 289 ADHGB, in dem der Gesetzgeber auf der Grundlage von Zinsgebräuchen im Kaufmannswesen eine gesetzliche Verzinsung aus **kaufmännischer Gepflogenheit** hergeleitet hatte.[6] Im nichtkaufmännischen Verkehr können Fälligkeitszinsen nicht durch AGB wirksam vereinbart werden.[7] Zum IPR → § 352 Rn. 3. Die Berechtigung einer zinsrechtlichen Besserstellung von Kaufleuten gegenüber Nichtkaufleuten sowie die zugrunde liegende Annahme einer höheren Produktivität des Geldes in den Händen von Kaufleuten werden inzwischen allerdings – etwa unter dem Aspekt des Art. 3 Abs. 1 GG – auch in Frage gestellt;[8] diese Zweifel bzw. die letztlich schwer fassbare ratio legis der Norm sollen es gebieten, § 353 jedenfalls eng auszulegen.[9] 1

§ 353 S. 2 enthält die Klarstellung, dass aus § 353 S. 1 keine Zinseszinspflicht folgt und begrenzt insoweit die danach geschuldeten **gesetzlichen** Zinsen. § 353 S. 2 ist vom sog. Zinseszinsverbot nach **§ 248 BGB** zu unterscheiden, das die Schranken **rechtsgeschäftlicher** Zinseszinsvereinbarung regelt.[10] 2

II. Fälligkeitszinsen (S. 1)

1. Voraussetzungen. a) Beiderseitiges Handelsgeschäft. Die Zinspflicht nach § 353 S. 1 setzt ein beiderseitiges Handelsgeschäft („Kaufleute untereinander") iSv §§ 343, 344 voraus, dh beide Parteien müssen Kaufleute iSv §§ 1–6 sein und das Geschäft muss jeweils zum Betrieb ihres Handelsgewerbes gehören. Der **Scheinkaufmann** schuldet selbst die Zinsen des § 353 S. 1, ohne sie seinerseits von einem Kaufmann verlangen zu können.[11] Als Gegenstand des beiderseitigen Geschäfts genügt freilich auch ein einseitig verpflichtender Vertrag zwischen zwei Kaufleuten (zB kaufmännischer Schuldschein, § 363 Abs. 1 S. 2)[12] oder eine bloße einseitige Rechtshandlung.[13] Angehörige freier Berufe werden von der hM den Kaufleuten nicht – auch nicht im Wege analoger Anwendung von § 353 – gleichgestellt.[14] § 353 S. 1 findet auf Primäransprüche, vertragliche Rückgewähransprüche, Nebenansprüche (zB § 384 Abs. 2) sowie Ersatzansprüche gleichermaßen Anwendung.[15] Der Charakter der Zinspflicht des § 353 S. 1 als einer vertypten stillschweigenden Zinsvereinbarung spricht dafür, die Vorschrift auf **(Zahlungs-)Ansprüche aus gesetzlichen Rückabwicklungsver-** 3

---

[1] Oetker HandelsR § 7 Rn. 66.
[2] Ebenroth/Boujong/Paulus Rn. 2.
[3] RG 3.8.1938, JW 1938, 3047 (3048); GK-HGB/B. Schmidt Rn. 1.
[4] Zu den unterschiedlichen Perspektiven näher Ebenroth/Boujong/Paulus Rn. 2 ff.
[5] BGH 27.2.2018, NJW 2018, 2197 Rn. 17 mwN zum Streitstand.
[6] MüKoHGB/Maultzsch Rn. 1; näher Kindler, Gesetzliche Zinsansprüche im Zivil- und Handelsrecht, 1996, 39 ff.
[7] BGH 11.12.1997, WM 1998, 295 = NJW 1998, 991.
[8] Näher Kindler, Gesetzliche Zinsansprüche im Zivil- und Handelsrecht, 1996, 150 ff.
[9] *Vgl. BGH 27.2.2018, NJW 2018, 2197 Rn. 18 mwN.*
[10] Zum Normzweck von § 353 S. 2 eingehend Ebenroth/Boujong/Paulus Rn. 30 f.
[11] Heymann/Horn Rn. 3; HK-HGB/Ruß Rn. 1; GK-HGB/B. Schmidt Rn. 2; RGHMW/Steimle/Dorniden Rn. 3; KKD/Roth/Huber Rn. 2; Ebenroth/Boujong/Paulus Rn. 7; MüKoHGB/Maultzsch Rn. 4; Schlegelberger/Hefermehl Rn. 2; ohne Differenzierung Hopt/Leyens Rn. 1.
[12] Hopt/Leyens Rn. 1; MüKoHGB/Maultzsch Rn. 4.
[13] Ebenroth/Boujong/Paulus Rn. 9.
[14] MüKoHGB/Maultzsch Rn. 4 mwN; krit. bzgl. der hM MüKoHGB/K. Schmidt, 4 Aufl., Rn. 6.
[15] MüKoHGB/Maultzsch Rn. 6.

hältnissen anzuwenden, wenngleich diese dem Wortsinne nach keine Ansprüche „aus" beiderseitigen Handelsgeschäften darstellen, § 353 S. 1 insofern also enger formuliert ist als § 352 Abs. 1 S. 1 („bei…Handelsgeschäften").[16] Dagegen ist eine Geldschuld aus unerlaubter Handlung nicht gem. § 353 S. 1 zu verzinsen, auch wenn sie im Zusammenhang mit einem (beiderseitigen) Handelsgeschäft entstanden ist.[17]

4 Die Kaufmannseigenschaft muss im **Zeitpunkt des Entstehens der zu verzinsenden Forderung** vorhanden sein.[18] Daher entfällt die Anwendbarkeit von § 353 S. 1 nicht durch den späteren Verlust der Kaufmannseigenschaft eines Beteiligten[19] noch entsteht sie nachträglich durch den späteren Erwerb dieser Eigenschaft. Selbst der Erbe eines verstorbenen Kaufmanns ist von den Fälligkeitszinsen nicht befreit.[20] Ohne Belang ist, ob die Forderung nach dem für § 353 S. 1 maßgeblichen Zeitpunkt an einen Nichtkaufmann abgetreten oder von ihm (zB im Wege der Schuldübernahme) übernommen wird.[21]

5 **b) Geldforderung.** Da nur Geldforderungen verzinslich sind, setzt § 353 S. 1 eine solche voraus.[22] Es genügt, wenn die Forderung nachträglich in eine Geldforderung übergeht (zB Schadensersatz wegen Nichterfüllung aufgrund von Leistungsstörungen).[23] Die Forderung muss nicht auf Euro lauten; § 353 gilt auch für **Fremdwährungsschulden,** da es sich hierbei ebenfalls um Geldschulden handelt.[24]

6 **c) Fälligkeit der Forderung.** Der Zinslauf beginnt mit dem Tag der Fälligkeit, dh dem Zeitpunkt, von dem ab der Gläubiger – aufgrund vertraglicher Vereinbarung oder kraft Gesetzes – die Leistung verlangen kann.[25] Die Fälligkeit begründet eine an die Hauptforderung angelehnte Nebenforderung.[26] Sofern für die Bestimmung der Leistungszeit im Einzelfall keine Parteivereinbarung – ggf. durch Verwendung von Handelsklauseln, die (wie zB „cash against documents" oder „cash on delivery")[27] eine Fälligkeitsregelung bezüglich der Zahlungsforderung enthalten – besteht, kann sich die Fälligkeit aus dem **Gesetz** (zB § 488 Abs. 2 und 3 BGB, § 614 BGB, § 641 Abs. 1 BGB) und weiter hilfsweise aus den **Umständen** (§ 271 Abs. 1 BGB), also etwa der Natur des Schuldverhältnisses, der Verkehrssitte oder einem Handelsbrauch (§ 346) bzw. der Beschaffenheit der Leistung ergeben. Ist auch danach keine Bestimmung der Leistungszeit möglich, ist die Leistung **„sofort"** fällig **(§ 271 Abs. 1 BGB).** Sofortige Fälligkeit bedeutet hierbei nicht, dass die Leistung „auf der Stelle" oder „unverzüglich" (§ 121 Abs. 1 S. 1 BGB) zu erbringen wäre. Vielmehr muss der Schuldner so schnell leisten, wie ihm dies nach Treu und Glauben und der im jeweiligen Einzelfall einschlägigen Verkehrssitte objektiv möglich ist. Einer danach grundsätzlich zu Gunsten des Schuldners denkbaren Vorbereitungszeit[28] bedarf es bei den hier betroffenen Geldschulden allerdings regelmäßig nicht.[29] Bei **Handelsvertreterausgleichsansprüchen (§ 89b)** ist für den Zinsbeginn auf den Zeitpunkt der Beendigung des Handelsvertretervertrages abzustellen, mit der der Ausgleichsanspruch entsteht; andernfalls hätte es der Unternehmer in der Hand, durch die Geltendmachung von Einwänden den Zinsbeginn (Fälligkeitszeitpunkt) hinauszuschieben.[30] Ein **Schiedsgutachtenvertrag** ieS enthält regelmäßig die stillschweigende Vereinbarung, dass die Begleichung der betroffenen Forderung für die Dauer der Gutachtenerstattung weder gerichtlich durchgesetzt noch außergerichtlich verlangt werden kann, sodass die Forderung in diesem Zeitraum noch nicht fällig ist;

---

[16] MüKoHGB/Maultzsch Rn. 6 (mit abw. Begründungsansatz); KKD/Roth/Huber Rn. 3; Kindler, Gesetzliche Zinsansprüche im Zivil- und Handelsrecht, 1996, 132 ff.

[17] BGH 27.2.2018, BGHZ 217, 374 Rn. 11–20 = NJW 2018, 2197 m. krit. Anm. Joost EWiR 208, 559; s. auch K. Schmidt JuS 2018, 1243.

[18] KKD/Roth/Huber Rn. 2.

[19] RG 31.1.1905, RGZ 60, 74 (78); Ebenroth/Boujong/Paulus Rn. 8; GK-HGB/B. Schmidt Rn. 2; diff. MüKoHGB/Maultzsch Rn. 4.

[20] RG 3.8.1938, JW 1938, 3047; GK-HGB/B. Schmidt Rn. 2.

[21] Heymann/Horn Rn. 3; Ebenroth/Boujong/Paulus Rn. 8.

[22] KKD/Roth/Huber Rn. 3; MüKoHGB/Maultzsch Rn. 7; Hopt/Leyens Rn. 1.

[23] RG 22.2.1888, RGZ 20, 118 (122); 15.12.1913, BankArch. 13 (1913/14), 170 (173); Schlegelberger/Hefermehl Rn. 5; Heymann/Horn Rn. 2.

[24] MüKoHGB/Maultzsch Rn. 8; RGHMW/Steimle/Dornieden Rn. 5; Ebenroth/Boujong/Paulus Rn. 12.

[25] BGH 17.2.1971, BGHZ 55, 340 (341) = NJW 1971, 979; 19.12.1990, BGHZ 113, 188 (191) = NJW 1991, 836.

[26] GK-HGB/B. Schmidt Rn. 3.

[27] RGHMW/Steimle/Dornieden Rn. 6.

[28] OLG München 12.11.1991, NJW-RR 1992, 818 (819).

[29] Ebenroth/Boujong/Paulus Rn. 15; GK-HGB/B. Schmidt Rn. 4.

[30] OLG Köln 29.4.1968, VersR 1968, 966 (969); OLG Oldenburg 30.1.2025, ZVertriebsR 2025, 171 Rn. 40.

diese Wirkung besteht fort, wenn die zur Bemessung der geschuldeten Geldleistung erforderliche Tatsachenfeststellung auf das Gericht übergeht.[31]

Kann der Gläubiger im Falle einer **Wahlschuld (§ 262 BGB)** sich zwischen einer Geldleistung und einer anderen Leistung entscheiden und wählt er die Geldschuld, so ist diese als von Anfang an geschuldet anzusehen (§ 263 Abs. 2 BGB). Der Anspruch auf die Zinsen nach § 353 S. 1 besteht daher in einem solchen Falle nicht erst ab der Ausübung des Wahlrechts, sondern rückwirkend ab dem **Zeitpunkt der Fälligkeit der Wahlschuld,**[32] sofern der Parteiwille nicht entgegensteht.[33] 7

Eine **Stundung** der Forderung bei Vertragsschluss schiebt vereinbarungsgemäß die Fälligkeit auf.[34] Hieraus kann indes nicht ohne weiteres auf ein Hinausschieben auch der Verzinsung geschlossen werden.[35] Vielmehr ist nach dem **Sinn und Zweck der Stundungsabrede,** dh danach zu differenzieren, ob sie nur die Beitreibbarkeit der Forderung oder auch den Zinslauf aufschieben soll.[36] Bei Forderungen aus beiderseitigen Handelsgeschäften dürfte regelmäßig nur Ersteres gelten, also die ohne Stundungsabrede bestehende Verzinsungspflicht nicht abbedungen sein, sondern weiterlaufen.[37] 8

Kann der Schuldner die Höhe des geschuldeten Betrages nicht ohne **Abrechnung durch den Gläubiger** bestimmen, so wird zum Teil – soweit nicht ohnehin Sonderregeln (§ 16 Abs. 3 Nr. 1 VOB/B; § 15 HOAI; § 12 Abs. 2 GOÄ) eingreifen – allgemein angenommen, die Fälligkeit trete erst mit Zugang der Abrechnung ein.[38] Nach hM ist dagegen die **Erteilung einer Rechnung** selbst dann **keine Fälligkeitsvoraussetzung,** wenn der Schuldner im Einzelfall einen Anspruch auf eine spezifizierte Abrechnung hat.[39] Gleichwohl widerspräche es der Verkehrsanschauung, vom Schuldner für einen Zeitraum, in dem er mangels Rechnungserteilung den genauen Betrag seiner Schuld noch gar nicht leisten kann, Verzinsung zu verlangen. Daher geht die hM letztlich davon aus, dass der Zinslauf in der Zeit bis zum Rechnungszugang ausgesetzt ist, wobei dieses Ergebnis aus einer kraft Handelsbrauchs anzunehmenden **stillschweigenden Abbedingung der Verzinsungspflicht** bzw. aus dem **Rechtsgedanken des § 301 BGB** hergeleitet wird.[40] 9

Die Fälligkeit ist ferner hinausgeschoben, wenn der **Gläubiger vorleistungspflichtig** ist oder der Schuldner sich auf die **Einrede des nicht erfüllten Vertrages (§ 320 BGB)** berufen kann, wobei schon das Bestehen des Einrederechts die Wirksamkeit der Forderung ausschließt.[41] Hingegen ist umstritten, ob auch das **Zurückbehaltungsrecht nach § 273 BGB,** soweit der Schuldner sich hierauf beruft, die Fälligkeit hinausschiebt.[42] Auf diese Streitfrage kommt es nicht an, wenn man die Durchsetzbarkeit des Hauptanspruchs als – ungeschriebenes – Tatbestandsmerkmal des § 353 S. 1 ansieht.[43] Jedenfalls dann entfällt die Verzinsungspflicht in beiden Varianten, also auch beim Zurückbehaltungsrecht nach § 273 Abs. 1 BGB, wenn der Schuldner sich hierauf beruft. 10

Rechtsvernichtende Einwendungen in Form der **Ausübung von Gestaltungsrechten** (Anfechtung, Rücktritt etc) bleiben für die Verzinsungspflicht nach § 353 S. 1 bis zu ihrer Ausübung unbeachtlich. Ihr bloßes Bestehen schließt mithin die Zinspflicht nicht aus.[44] Mit ordnungsgemäßer Geltendmachung des Gestaltungsrechts entfällt freilich – rückwirkend – die Hauptschuld als solche, also nicht lediglich die Fälligkeit, sondern schon der Bestand der Forderung.[45] Dasselbe gilt mit Rücksicht auf die Wirkung des § 389 BGB für die **Aufrechnung** durch den Geldschuldner.[46] 11

---

[31] BGH 4.7.2013, NJW-RR 2014, 492 Rn. 28 ff.

[32] OLG München 2.7.1997, NJW-RR 1998, 1189 = BB 1997, 1658; KKD/Roth/Huber Rn. 3; Schlegelberger/Hefermehl Rn. 6; Ebenroth/Boujong/Paulus Rn. 26; GK-HGB/B. Schmidt Rn. 3.

[33] MüKoHGB/Maultzsch Rn. 7; KKD/Roth/Huber Rn. 3 (konkludente Abbedingung von S. 1?).

[34] GK-HGB/B. Schmidt Rn. 3; Heymann/Horn Rn. 5.

[35] In diesem Sinne aber wohl GK-HGB/B. Schmidt Rn. 2; RGHMW/Steimle/Dornieden Rn. 7 diff. zwischen Verzugs- und Fälligkeitszinsen.

[36] MüKoHGB/Maultzsch Rn. 9.

[37] Heymann/Horn Rn. 5; MüKoHGB/Maultzsch Rn. 9.

[38] S. hierzu BGH 19.12.1990, BGHZ 113, 188 (194) = NJW 1991, 836; GK-HGB/B. Schmidt Rn. 4.

[39] BGH 18.12.1980, BGHZ 79, 176 (178 f.) = NJW 1981, 814; Grimme NJW 1987, 468 (470 f.); Ebenroth/Boujong/Paulus Rn. 25; Heymann/Horn Rn. 4.

[40] Heymann/Horn Rn. 4; Ebenroth/Boujong/Paulus Rn. 25.

[41] BGH 29.11.1995, NJW 1996, 923; 6.5.1999, NJW 1999, 2110; Ebenroth/Boujong/Paulus Rn. 20.

[42] Bejahend BGH 14.1.1971, BGHZ 55, 198 (200) = NJW 1971, 615; Heymann/Horn Rn. 5; GK-HGB/B. Schmidt Rn. 5; KKD/Roth/Huber Rn. 3; verneinend OLG Düsseldorf 25.10.1996, NJW-RR 1997, 757 (758); MüKoBGB/Krüger BGB § 273 Rn. 91; RGHMW/Steimle/Dornieden Rn. 8; Hopt/Leyens Rn. 1; HK-HGB/Ruß Rn. 1; zum Zurückbehaltungsrecht nach § 273 s. auch BGH 25.11.1970, NJW 1971, 421. Vgl. zur Problematik im Rahmen von § 353 auch OLG Hamm 29.4.1997, OLGR 1997, 225.

[43] Ebenroth/Boujong/Paulus Rn. 18, 21.

[44] BGH 21.1.1987, NJW 1987, 2435 (2436); Ebenroth/Boujong/Paulus Rn. 16.

[45] BGH 17.1.1997, NJW 1997, 1231 für Erlöschen des primären Erfüllungsanspruchs nach fruchtlosem Ablauf der Nachfrist gemäß § 326 BGB.

[46] Ebenroth/Boujong/Paulus Rn. 16.

12 **2. Rechtsfolge.** Vom Tage der Fälligkeit an ist die Forderung zu verzinsen. Die **Höhe** richtet sich in erster Linie nach einer etwaigen vertraglichen Abrede, ansonsten nach **§ 352 Abs. 2** (fünf vom Hundert für das Jahr). Haben die Parteien die Geltung der VOB/B vereinbart, so enthält § 16 Nr. 5 Abs. 3 VOB/B eine abschließende Sonderregelung zur Verzinsung von Bauforderungen, die daneben sowohl Verzugs- als auch Fälligkeitszinsen ausschließt.[47]

13 Die Zinspflicht endet, wenn die **Hauptschuld erlischt;** zu diesem Zeitpunkt rückständige Zinsen werden jedoch weiterhin geschuldet. Die Zinspflicht entfällt ferner für den Zeitraum, in dem der Gläubiger sich nach Maßgabe der §§ 293 ff. BGB in **Annahmeverzug** befindet (§ 301 BGB) oder wenn der hierzu berechtigte Schuldner gem. §§ 378, 379 Abs. 2 BGB hinterlegt.[48] Entsteht die Einrede aus § 320 BGB erst nach Fälligkeit, entsteht der Anspruch auf Fälligkeitszinsen mit der Entstehung der Einrede.[49] Schieben die Parteien den Leistungszeitpunkt einvernehmlich nachträglich hinaus, kann ein **pactum de non petendo** vorliegen, das den Anspruch auf Fälligkeitszinsen grundsätzlich nicht entfallen lässt. Ausnahmsweise kann sich aus der Abrede im Einzelfall ein Verzicht auf Fälligkeitszinsen ergeben.[50]

14 **3. Konkurrierende Zinsregelungen.** § 353 S. 1 legt für Geldforderungen aus beiderseitigen Handelsgeschäften lediglich den **spätesten Zeitpunkt** für den Verzinsungsbeginn fest. Eine früher einsetzende Verzinsung auf rechtsgeschäftlicher oder gesetzlicher Grundlage wird hierdurch nicht ausgeschlossen. Das hat Bedeutung insbesondere für die Zinstatbestände in § 256 BGB, § 347 Abs. 1 BGB, § 668 BGB, § 110 Abs. 2, § 354 Abs. 2. Nutzungszinsen nach § 641 Abs. 4 BGB, die die Fälligkeit der Geldforderung voraussetzen, stehen bei beiderseitigen Handelsgeschäften in alternativer Konkurrenz zu § 353 S. 1; eine Kumulation der Zinsansprüche ist ausgeschlossen. Nichts anderes gilt für das Verhältnis zu Verzugs- und Prozesszinsen.[51] Zu § 16 Nr. 5 Abs. 3 VOB/B → Rn. 12.

III. Zinseszinsverbot (S. 2)

15 § 353 S. 2 enthält eine den § 289 S. 1 BGB, § 291 S. 2 BGB zu Verzugs- und Prozesszinsen entsprechende – lediglich klarstellende[52] – Regelung für die gesetzlichen Fälligkeitszinsen nach § 353 S. 1. Danach findet der im bürgerlichen Recht bestehende Grundsatz, das kein gesetzlicher Anspruch auf Zinseszinsen besteht, auch im Handelsverkehr Anwendung. Für die vertragliche Vereinbarung von Zinseszinsen gilt hingegen auch im Handelsverkehr § 248 BGB.[53] Die Vorausvereinbarung von Zinseszinsen ist danach auch dort unwirksam, eine nach Fälligkeit vereinbarte Verzinsungspflicht für rückständige Zinsen hingegen wirksam.[54]

IV. Abdingbarkeit von S. 1

16 § 353 S. 1 stellt eine **dispositive Regelung** dar.[55] Ein früherer Beginn des Zinslaufs kann sich daher im Einzelfall aus einer Parteivereinbarung ergeben.[56] Die Abbedingung durch AGB unterfällt der Inhaltskontrolle (§ 307 BGB) und ist solange nicht unangemessen, wie jedenfalls die gesetzliche Verzinsung bei Verzug unberührt bleibt.[57]

§ 354 [Provision; Lagergeld; Zinsen]

(1) Wer in Ausübung seines Handelsgewerbes einem anderen Geschäfte besorgt oder Dienste leistet, kann dafür auch ohne Verabredung Provision und, wenn es sich um Aufbewahrung handelt, Lagergeld nach den an dem Orte üblichen Sätzen fordern.

(2) Für Darlehen, Vorschüsse, Auslagen und andere Verwendungen kann er vom Tage der Leistung an Zinsen berechnen.

Schrifttum: s. bei § 352.

[47] BGH 19.2.1964, NJW 1964, 1223; 8.12.1983, NJW 1984, 1460; **aA** Diehr BauR 2004, 1040.
[48] OLG Hamm 29.4.1997, OLGR 1997, 225 (226).
[49] BGH 24.1.1961, BGHZ 34, 191 (197) = NJW 1961, 1011; 16.3.1988, BGHZ 104, 6 (11) = NJW 1988, 1778; GK-HGB/B. Schmidt Rn. 6.
[50] RG 18.3.1927, RGZ 116, 368 (376).
[51] Ebenroth/Boujong/Paulus Rn. 29.
[52] Heymann/Horn Rn. 7; Ebenroth/Boujong/Paulus Rn. 32.
[53] RGHMW/Steimle/Dornieden Rn. 12; GK-HGB/B. Schmidt Rn. 10.
[54] Ebenroth/Boujong/Paulus Rn. 33 f.
[55] HK-HGB/Ruß Rn. 1; RGHMW/Steimle/Dornieden Rn. 11; KKD/Roth/Huber Rn. 1.
[56] Ebenroth/Boujong/Paulus Rn. 27.
[57] MüKoHGB/Maultzsch Rn. 13.

Übersicht

I. Allgemeines

1. Normzweck. Die auf Art. 290 ADHGB zurückgehende[1] Vorschrift ist in beiden Absätzen Ausdruck des **allgemeinen Erfahrungssatzes,** dass der Kaufmann sein Gewerbe in Gewinnerzielungsabsicht betreibt und daher für seine geschäftlichen Leistungen regelmäßig **ein Entgelt erwartet.**[2] Vor diesem Hintergrund erweitert **§ 354 Abs. 1** in zweifacher Weise die im bürgerlichen Recht für Dienst-, Werk-, Makler- und Verwahrungsverträge geltenden gesetzlichen Regelungen[3] nach § 612 Abs. 1 BGB, § 632 Abs. 1 BGB, § 653 Abs. 1 BGB, § 689 BGB.[4] Denn während danach eine Vergütung – lediglich – dann als vereinbart „gilt", wenn die jeweils betroffene Leistung „den Umständen nach" nur gegen Entgelt zu erwarten ist, knüpft § 354 Abs. 1 allein schon an die Zugehörigkeit der Tätigkeit des Kaufmanns zu seinem Handelsgewerbe an; zudem gilt die Vorschrift für jede im kaufmännischen Gewerbe für einen anderen erbrachte Geschäftsbesorgung oder Dienstleistung.[5] **§ 354 Abs. 2** muss im Zusammenhang mit § 353 gesehen werden, setzt jedoch abweichend hiervon weder beiderseitige Kaufmannseigenschaft noch die Fälligkeit der Geldforderung voraus, sondern knüpft bereits an den Tag der Leistung an. Es handelt sich um eine selbstständige, nicht auf § 354 Abs. 1 bezogene Norm. Auf eine Vergütung iSv Abs. 1 findet Abs. 2 daher nur Anwendung, sofern dessen besondere Tatbestandsvoraussetzungen vorliegen.[6] 1

2. Normcharakter. Nach zutreffender hM stellen beide Absätze des § 354 **eigenständige gesetzliche Anspruchsgrundlagen** dar,[7] nicht lediglich bloße Auslegungsregeln für ausdrückliche oder stillschweigende Vereinbarungen.[8] Für eine erlaubte Tätigkeit besteht ein (gesetzlicher) Vergü- 2

---

[1] MüKoHGB/Maultzsch Rn. 1; Ebenroth/Boujong/Paulus Rn. 1.

[2] BGH 4.4.1966, MDR 1966, 753 = BeckRS 1966, 31180016; 28.1.1993, NJW-RR 1993, 802; OLG München 4.2.1998, OLGR 1998, 133 = VersR 2000, 360; OLG Rostock 22.3.1999, NJW-RR 2000, 1005 = NZM 1999, 967; Hanke/Adler, WM 2015, 1313 (1314).

[3] Zu deren Einordnung als Fiktion, (unwiderleglicher) gesetzlicher Vermutung oder bloßer Auslegungsregel vgl. Grüneberg/Weidenkaff BGB § 612 Rn. 5; Grüneberg/Sprau BGB § 632 Rn. 1, 9; Grüneberg/Sprau BGB § 653 Rn. 2; Grüneberg/Sprau BGB § 689 Rn. 1; Ebenroth/Boujong/Paulus Rn. 1; GK-HGB/B. Schmidt Rn. 1.

[4] MüKoHGB/Maultzsch Rn. 1; Ebenroth/Boujong/Paulus Rn. 1.

[5] Ebenroth/Boujong/Paulus Rn. 1; RGHMW/Steimle/Dornieden Rn. 8.

[6] Schlegelberger/Hefermehl Rn. 17, 20.

[7] RG 6.11.1928, RGZ 122, 229 (232); 21.2.1938, WarnR 1938 Nr. 58 (S. 135); BGH 4.4.1966, DB 1966, 559; 25.9.1985, BGHZ 95, 393 (398) = NJW 1986, 177; 28.1.1993, NJW-RR 1993, 802; 7.7.2005, BGHZ 163, 332 (337 f.) = NJW-RR 2005, 1572; 23.11.2016, NJW 2017, 1388 Rn. 11 mAnm Mann; Ebenroth/Boujong/Paulus Rn. 2; RGHMW/Steimle/Dornieden Rn. 1; Heymann/Horn Rn. 6; GK-HGB/B. Schmidt Rn. 1 f.; BeckOK HGB/Lehmann-Richter, 47. Ed. 1.10.2025, Rn. 2 ff.; Heß NJW 2002, 1835 (1836 f.); (nur) für Abs. 2 wohl auch KKD/Roth/Huber Rn. 1, 6. Zu Abs. 1 s. auch OLG Dresden 17.2.1999, OLG-NL 1999, 147 (148 ff.); OLG Rostock 26.6.2006, OLGR 2006, 920 (922 ff.) zu Lagerkosten; OLG Karlsruhe 18.2.2022, BeckRS 2022, 2187 Rn. 22: „Provisionspflicht nach § 354 Abs. 1 HGB".

[8] In diesem Sinne BeckOGK/Beurskens, 1.12.2025, Rn. 31 (Abs. 1), Rn. 58 (Abs. 2); grds. auch MüKo/Maultzsch Rn. 2 f., der allerdings eine über eine „bloße" Auslegungsregel hinausgehende „stärkere[n] Regelungswirkung" der Norm im Sinne einer „eine gewisse[n] Leitbildfunktion" annimmt; für Abs. 1 ebenso KKD/Roth/Huber Rn. 1.

tungsanspruch des Kaufmanns daher grundsätzlich auch dann, wenn die Parteien keinen oder jedenfalls keinen wirksamen Vertrag über eine vergütungspflichtige Leistung abgeschlossen haben.[9] Wer also mit einem Kaufmann die in § 354 umschriebenen Geschäfte tätigt, kann sich in der Regel nicht darauf berufen, es sei mangels einer Vergütungsabrede kein Vertragsverhältnis begründet worden. Nach der neueren Rspr. des BGH gilt das im Falle der Nichtigkeit eines abgeschlossenen Vertrags jedenfalls dann, wenn die zur Nichtigkeit des Vertrages führende Vorschrift nicht den Schutz einer Vertragspartei im Blick hat.[10] Die Einordnung als eigenständige Anspruchsgrundlage wird hierbei schon durch den Wortlaut der Vorschrift nahegelegt, wonach der Kaufmann „auch ohne Verabredung" eine Vergütung „fordern" (vgl. § 194 Abs. 1 BGB) kann. Soweit die Gegenmeinung es für mit dem Wortlaut der Norm ohne Weiteres vereinbar hält, das Merkmal „auch ohne Verabredung" nur auf das (fehlende) Vergütungs- bzw. Verzinsungsmoment zu beziehen,[11] erscheint dies angesichts des davor stehenden Wortes „dafür" – das zweifellos die „Verabredung" mit den davor stehenden Tätigkeiten („Geschäfte besorgt oder Dienste leistet") verknüpft, also mit der Rechtsbeziehung der Geschäftsbesorgung bzw. Dienstleistung als solcher, nicht nur mit einem darin enthaltenen Entgelt- oder Zinsaspekt – nicht überzeugend. Anders als im Falle von § 612 Abs. 1 BGB, § 632 Abs. 1 BGB, § 653 Abs. 1 BGB, bei denen die Vergütungspflicht bereits aus einer anderen Bestimmung (§ 611 Abs. 1 BGB, § 631 Abs. 1 BGB, § 652 Abs. 1 BGB) bzw. dem zugrunde liegenden Vertragsverhältnis folgt, gewährt § 354 dem Kaufmann unmittelbar ein Forderungsrecht.[12] Angesichts des der Sache nach übereinstimmenden Wortlauts („kann … fordern" bzw. „kann … berechnen") besteht hinsichtlich ihrer rechtlichen Einordnung auch keine Veranlassung zu einer Differenzierung zwischen den beiden Absätzen der Norm. Der dogmatischen Einordnung nach wird in § 354 Abs. 1 zum Teil ein Bereicherungsanspruch,[13] nach aA ein vertraglicher, durch § 157 BGB iVm § 346 konkretisierter Erfüllungsanspruch gesehen.[14] § 354 Abs. 1 ist **gesetzliches Leitbild** im Rahmen der **AGB-Kontrolle,**[15] etwa für die Überprüfung von Klauseln zu Bankentgelten.[16]

II. Vergütungsanspruch nach Abs. 1

3 **1. Voraussetzungen. a) Kaufmannseigenschaft des Anspruchstellers.** § 354 Abs. 1 setzt die nach den §§ 1 ff. zu bestimmende Kaufmannseigenschaft des Leistenden, also des **Anspruchsberechtigten** voraus. Unerheblich ist hingegen, ob auch der Leistungsempfänger seinerseits Kaufmann ist; er kann daher zB auch Verbraucher (§ 13 BGB) sein.[17] Der **Scheinkaufmann** kann sich nicht auf die privilegierende Vorschrift des § 354 berufen,[18] da die Kaufmannseigenschaft nur zu Lasten, nicht aber zu Gunsten desjenigen wirkt, der den Rechtsschein setzt. Für ihn soll aber eine konkludente Vergütungsvereinbarung nach den Umständen in Betracht kommen können.[19] Die nicht eingetragenen kleingewerblichen Kommissionäre (§ 383 Abs. 2), Frachtführer (§ 407 Abs. 2), Spediteure (§ 453 Abs. 3) und Lagerhalter (§ 467 Abs. 3) sind im Rahmen von § 354 den Kaufleuten gleichgestellt.

4 Teilweise wird die **analoge Anwendung** der Vorschrift auf andere nicht eingetragene Kleingewerbetreibende,[20] sowie darüber hinaus auf Handelsvertreter (§ 84 Abs. 4), Handelsmakler (§ 93 Abs. 3)

[9] BGH 7.7.2005, BGHZ 163, 332 (337) = NJW-RR 2005, 1572; 23.11.2016, NJW 2017, 1388 Rn. 11 mAnm Mann; vgl. auch HK-HGB/Ruß Rn. 2.

[10] BGH 7.7.2005, BGHZ 163, 332 (337) für Nichtigkeit eines Kreditvermittlungsvertrags nach § 15 Abs. 2 VerbrKrG bzw. § 665b Abs. 2 BGB.

[11] MüKoHGB/Maultzsch Rn. 2. Davon, der Wortlaut der Norm gebe für deren Verständnis nichts her, geht auch BeckOK HGB/Lehmann-Richter, 47. Ed. 1.10.2025, Rn. 4 aus.

[12] Ebenroth/Boujong/Paulus Rn. 2.

[13] Ebenroth/Boujong/Paulus Rn. 3; Kindler, Gesetzliche Zinsansprüche im Zivil- und Handelsrecht, 1996, 126 ff.

[14] Zur Einordnung der Vorschrift vgl. näher Kindler, Gesetzliche Zinsansprüche im Zivil- und Handelsrecht, 1996, 126 ff.

[15] BGH 25.10.2006, BGHZ 170, 1 = NJW 2007, 1198; Ebenroth/Boujong/Paulus Rn. 2; KKD/Roth/Huber Rn. 1; hierfür auch MüKoHGB/Maultzsch Rn. 3: „gewisse Leitbildfunktion".

[16] ZB BGH 15.7.1997, BGHZ 136, 261 = NJW 1997, 2752; 4.7.2017, NJW 2017, 2986 Rn. 31; 4.7.2017, BeckRS 121112 Rn. 40; eingehend Kindler, Entgeltklauseln in der Kreditwirtschaft, Bankrechtstag 2001, 1 ff., 21 ff.; Kindler ZIP 2003, 620 f.

[17] BGH 25.10.2006, BGHZ 170, 1 = NJW 2007, 1198 (1201); GK-HGB/B. Schmidt Rn. 5; MüKoHGB/Maultzsch Rn. 4; HK-HGB/Ruß Rn. 2.

[18] Ebenroth/Boujong/Paulus Rn. 3; GK-HGB/B. Schmidt Rn. 5; Heymann/Horn Rn. 3; KKD/Roth/Huber Rn. 2; RGHMW/Steimle/Dornieden Rn. 7.

[19] Heymann/Horn Rn. 3.

[20] MüKoHGB/K. Schmidt, 4. Aufl. 2018, Rn. 5; KKD/Roth/Huber Rn. 2; Staub/Canaris, 4. Aufl. 2004, Rn. 6; wohl auch Heymann/Horn Rn. 4; offengelassen von BGH 5.4.2006, NJW-RR 2006, 976 (978) – bejahend OLG Jena 8.12.2004, OLG-NL 2005, 7 (10) als Vorinstanz.

sowie auf Freiberufler befürwortet.[21] Indes dürfte zweifelhaft sein, ob § 354 tatsächlich einen die Analogie rechtfertigenden allgemeinen Rechtsgedanken zum Ausdruck bringt.[22] Der Gesetzgeber hat den Aspekt der Entgeltlichkeit in § 354 über Einzelbestimmungen des bürgerlichen Rechts (→ Rn. 1) hinaus lediglich für Kaufleute verallgemeinert und die Vorschrift im Übrigen ausdrücklich nur für bestimmte nicht eingetragene Personen des Handelsverkehrs für anwendbar erklärt. Ferner ist fraglich, ob für die Analogie ein Bedarf besteht. Jedenfalls im Rahmen bestehender Vertragsverhältnisse kann bei fehlender Vergütungsvereinbarung die gewerbliche Tätigkeit des Leistenden als erhebliches Indiz für die (stillschweigende) Vereinbarung einer „üblichen" Vergütung herangezogen werden bzw. als Grundlage einer ergänzenden Vertragsauslegung dienen. Im Rahmen der Geschäftsführung ohne Auftrag wird zudem bei gewerblicher Tätigkeit ein Vergütungsanspruch schon aus der entsprechenden Anwendung der für den Betreuer geltenden Norm des § 1877 Abs. 3 BGB (§ 1835 Abs. 3 BGB aF zur früheren Vormundschaft) hergeleitet.[23]

Die Kaufmannseigenschaft muss nach hM zum **Zeitpunkt der Leistung** (Tätigkeit) vorliegen.[24] 5
Nach aA soll auf den Zeitpunkt des Vertragsschlusses abzustellen und der Leistungszeitpunkt nur in Fällen der Geschäftsführung ohne Auftrag maßgeblich sein.[25] Praktische Bedeutung kommt der Streitfrage kaum zu,[26] zumal der – konkludente – Vertragsschluss häufig in der Entgegennahme der Dienste des Kaufmanns liegt und in diesem Falle der Leistungszeitpunkt demjenigen des Vertragsschlusses entspricht.[27]

b) Tätigkeit in Ausübung des Handelsgewerbes. Der Kaufmann muss in Ausübung seines 6
Handelsgewerbes tätig werden. Die Zugehörigkeit zum Handelsgewerbe beurteilt sich nach Maßgabe des § 343, wobei die Vermutung des **§ 344 Abs. 1** gilt.[28] Da zum Betrieb des Handelsgewerbes auch **Nebengeschäfte** (→ § 343 Rn. 18) gehören, die nicht zum Geschäftszweig zählen, aber nebenbei mit erledigt werden,[29] erfasst die Vergütungsregelung nach § 354 Abs. 1 auch branchenfremde Geschäfte. Aus dem Anwendungsbereich der Vorschrift heraus fallen danach nur die **reinen Privatgeschäfte** des Kaufmanns sowie die **allein im öffentlichen Interesse** wahrgenommenen Aufgaben wie zB die Verwaltung von Freistellungsaufträgen oder die Bearbeitung von Kontopfändungen durch ein Geldinstitut.[30]

c) Geschäftsbesorgung oder Dienstleistung. aa) Grundsätze. Der Kaufmann muss für einen 7
anderen Geschäfte besorgen oder Dienste leisten. Beide Begriffe sind, wie auch die ausdrücklich genannte Aufbewahrung zeigt, **weit auszulegen** (allgM).[31] Einer näheren Abgrenzung zwischen der Geschäftsbesorgung einerseits und der Dienstleistung andererseits bedarf es bei der Anwendung der Bestimmung nicht.[32] Abs. 1 erfasst regelmäßig jede selbstständige Tätigkeit wirtschaftlicher Art zur Wahrnehmung fremder Vermögensinteressen (§ 675 Abs. 1 BGB) sowie alle sonstigen, für den anderen Teil objektiv nützlichen Tätigkeiten tatsächlicher oder rechtlicher Art.[33] Handelt es sich nicht um eine Hauptleistung des Kaufmanns, sondern um eine **Nebenleistung,** so ist allerdings im Wege der Vertragsauslegung unter Berücksichtigung etwaiger Handelsbräuche[34] zu prüfen, ob diese nicht durch die **Vergütung für die Hauptleistung** mit abgedeckt wird.[35] Beispielsweise können auch bei einem in Gestalt des asset deals erfolgenden Unternehmenskauf separate Lagerkosten nach § 354 anfallen; beim Kauf einen Neuwagens können die Kosten für den kommissionsweisen Verkauf

[21] MüKoHGB/K. Schmidt, 4. Aufl. 2018, Rn. 5.

[22] GK-HGB/B. Schmidt Rn. 7; Ebenroth/Boujong/Paulus Rn. 3; gegen eine Analogie nun MüKoHGB/Maultzsch Rn. 4.

[23] BeckOGK/Beurskens, 1.12.2025, Rn. 6; MüKoBGB/F. Schäfer BGB § 683 Rn. 38, jeweils mwN.

[24] Schlegelberger/Hefermehl Rn. 8; Hopt/Leyens Rn. 2; GK-HGB/B. Schmidt Rn. 5; Ebenroth/Boujong/Paulus Rn. 3; Heymann/Horn Rn. 3; RGHMW/Steimle/Dornieden Rn. 7.

[25] KKD/Roth/Huber Rn. 2; MüKoHGB/Maultzsch Rn. 4; BeckOGK/Beurskens, 1.12.2025, Rn. 27.

[26] BeckOGK/Beurskens, 1.12.2025, Rn. 27.

[27] Ebenroth/Boujong/Paulus Rn. 3.

[28] RG 7.12.1928, WarnR 1929 Nr. 38 S. 63; Staub/Canaris, 4. Aufl. 2004, Rn. 6; Ebenroth/Boujong/Paulus Rn. 5.

[29] RG 12.11.1930, RGZ 130, 233 (235); OLG Düsseldorf 9.2.1955, BB 1955, 239.

[30] BVerfG 28.8.2000, NJW 2000, 3635; BGH 15.7.1997, BGHZ 136, 261 = NJW 1997, 2752; 18.5.1999, BGHZ 141, 380 (383 ff.) = NJW 1999, 2276; 15.7.1997, NJW 1997, 2753; 19.10.1999, NJW 2000, 651; vgl. auch BeckOK HGB/Lehmann-Richter, 47. Ed. 1.10.2025, Rn. 14; BeckOGK/Beurskens, 1.12.2025, Rn. 8; krit. Heymann/Horn Rn. 5.

[31] BGH 23.11.2016, NJW 2017, 1388 Rn. 13 mAnm Mann; KRD/Roth/Huber Rn. 3; Heymann/Horn Rn. 4; Ebenroth/Boujong/Paulus Rn. 7; MüKoHGB/Maultzsch Rn. 6; GK-HGB/B. Schmidt Rn. 8.

[32] RGHMW/Steimle/Dornieden Rn. 8; Heymann/Horn Rn. 4.

[33] BGH 23.11.2016, NJW 2017, 1388 Rn. 13 mAnm Mann; Ebenroth/Boujong/Paulus Rn. 7.

[34] GK-HGB/B. Schmidt Rn. 3; Ebenroth/Boujong/Paulus Rn. 18.

[35] Hopt/Leyens Rn. 3; BeckOGK/Beurskens, 1.12.2025, Rn. 19; RGHMW/Steimle/Dornieden Rn. 8.

des Altfahrzeugs einerseits Bestandteil des Kaufpreises sein, es kann aber auch andererseits hierfür im Einzelfall eine gesonderte Provision geschuldet sein.

8 **bb) Einzelfälle.** Typischerweise fallen unter Tätigkeiten iSv § 354 Abs. 1 der Abschluss oder die **Vermittlung eines Geschäfts** für einen anderen,[36] die **Beschaffung von Kapital,**[37] sofern es nicht lediglich aus eigenen Mitteln des Kaufmanns aufgebracht wird,[38] die – in § 354 Abs. 1 unmittelbar genannte – **Aufbewahrung** von Sachen,[39] dies auch in dem Fall, dass der Kaufmann als Verkäufer die zu liefernde Ware im Annahmeverzug (§§ 293 ff. BGB) des Käufers in Obhut hält[40] oder bei Fortsetzung einer Einlagerung nach Beendigung des Verwahrungsvertrages,[41] die Verwaltung von Gütern für einen anderen sowie die **gebrauchsweise Überlassung von Gegenständen.**[42] Unter § 354 Abs. 1 einzuordnen sind daher zB die Vermittlung von Geschäften,[43] insbesondere die Vermittlung von Flugpassagen durch ein Reisebüro[44] oder die Vermittlung von Krankenversicherungen,[45] die Vermittlung eines Geschäfts als Makler,[46] die Vermittlung von Profisportlern,[47] die gelegentliche Vermittlungstätigkeit eines Handelsvertreters[48] (insbesondere auch außerhalb einer vertraglich vereinbarten Produktbeschränkung),[49] die Kreditvermittlung,[50] die Übernahme einer Bürgschaft,[51] die Erteilung von Auskünften,[52] die Beförderung von Waren,[53] die Einlösung von Transportpapieren,[54] das Bemühen um Zuteilung von Aktien aus einer Neuemission,[55] je nach den Umständen des Einzelfalls auch die Gewährung von Kredit bzw. Zahlungszielen im Zusammenhang mit der Ausstellung von Wechseln[56] sowie die auf Verlangen des Kunden erfolgende, mit Aufwand verbundene Berechnung der Vorfälligkeitsentschädigung durch eine Bank.[57]

9 Dagegen kann § 354 Abs. 1 keine Grundlage für ein Entgelt darstellen, das die Bank ihren Kunden für **Barabhebungen vom eigenen Girokonto** berechnet; denn die Auszahlung stellt in diesem Fall keine Geschäftsbesorgung oder Dienstleistung der Bank, sondern lediglich die Erfüllung der eigenen gesetzlichen Rückgabeverpflichtung gegenüber dem Kunden (§ 700 Abs. 1 BGB, § 695 BGB) dar.[58] § 354 Abs. 1 gilt ferner nicht, wenn die Tätigkeit – zB wegen Verstoßes gegen ein Verbotsgesetz (§ 134 BGB) – **rechtsgeschäftlich nicht wirksam vereinbart** werden kann, weil die Tätigkeit eines Kaufmanns nach § 354 Abs. 1 nur insoweit zu vergüten ist, als er auch nach einem zwischen den Beteiligten geschlossenen Vertrag einen Anspruch auf Vergütung hätte,[59] oder

---

[36] BGH 18.11.1957, NJW 1958, 180; 28.1.1993, NJW-RR 1993, 802.
[37] RG 6.11.1928, RGZ 122, 229 (232).
[38] BGH 11.6.1964, NJW 1964, 2343 = BB 1964, 906.
[39] RG 24.3.1880, RGZ 1, 282 (286); BGH 14.2.1996, NJW 1996, 1464 (1465); näher Ebenroth/Boujong/Paulus Rn. 8.
[40] BGH 14.2.1996, NJW 1996, 1464 (1465); GK-HGB/B. Schmidt Rn. 8; RGHMW/Steimle/Dornieden Rn. 9; BeckOGK/Beurskens, 1.12.2025, Rn. 4.
[41] KG 25.9.2007, MDR 2008, 139.
[42] BGH 23.11.2016, NJW 2017, 1388 Rn. 13 mAnm Mann; OLG Düsseldorf 19.1.1995, BB 1995, 1000 (1001) = NJW-RR 1996, 287 (288), sowie OLG Rostock 22.3.1999, NJW-RR 2000, 1005, wo jedoch § 354 Abs. 1 unzutr. nur analog angewandt wird; s. auch GK-HGB/B. Schmidt Rn. 8; Ebenroth/Boujong/Paulus Rn. 9; Heymann/Horn Rn. 4; für entsprechende Anwendung dagegen auch KKD/Roth/Huber Rn. 3; HK-HGB/Ruß Rn. 2.
[43] BGH 4.4.1966, MDR 1966, 753 = BeckRS 1966, 31180016.
[44] BGH 21.12.1973, BGHZ 62, 71 (78 ff.) = NJW 1974, 852 (854).
[45] KG 14.7.1995, BB 1995, 2287.
[46] RG 6.11.1928, RGZ 122, 229 (232); BGH 4.4.1966, WM 1966, 621 (623) = BeckRS 1966, 31180016; 12.2.1981, WM 1981, 495 (496) = BeckRS 1981, 31070261; 7.7.2005, NJW-RR 2005, 1572 = WM 2005, 1696.
[47] OLG Karlsruhe 18.2.2022, BeckRS 2022, 2187 Rn. 22 = SpuRt 2022, 256 mAnm Knauer.
[48] OLG Hamburg 19.9.1995, NJW-RR 1996, 869 (871).
[49] OLG München 4.2.1998, OLGR 1998, 133 = VersR 2000, 360; OLG Jena 8.12.2004, OLG-NL 2005, 7 (10).
[50] BGH 7.7.2005, ZIP 2004, 1516.
[51] ROHG 28.10.1873, ROHGE 11, 247 (248); OLG Düsseldorf 21.5.1993, TranspR 1993, 431 (433).
[52] OLG Düsseldorf 21.5.1993, TranspR 1993, 431 (433).
[53] LG Potsdam 12.11.2014, NJW-RR 2015, 490; Schlegelberger/Hefermehl Rn. 5; Ebenroth/Boujong/Paulus Rn. 9.
[54] RG 10.1.1910, WarnR 1910, Nr. 108.
[55] BGH 28.1.2003, BGHZ 153, 344 = BKR 2003, 340 = NJW 2003, 1447 = ZIP 2006, 617; s. dazu Kindler ZIP 2003, 620 f.
[56] Ebenroth/Boujong/Paulus Rn. 9.
[57] BGH 3.2.2004, NJW 2004, 1730 (1731).
[58] BGH 30.11.1993, NJW 1994, 318 (319); Heymann/Horn Rn. 4.
[59] BGH 29.3.2000, NJW 2000, 2272 (2275).

wenn ein vermittelter Vertrag wegen **Verstoßes gegen verbraucherschützende Formvorschriften** nichtig ist.[60]

d) Tätigkeit im Interesse des anderen Teils. Die Geschäftsbesorgung bzw. Dienstleistung des Kaufmanns muss im Einzelfall dem Interesse[61] des anderen dienen. Hierfür ist es unschädlich, wenn der Kaufmann **zugleich auch eigene Interessen** (zB Selbsthilfeverkauf) oder diejenigen **anderer Kunden** verfolgt;[62] erforderlich ist in diesem Falle nur, dass für den in Anspruch Genommenen erkennbar war, dass die Tätigkeit gerade auch für ihn entfaltet wurde.[63] Nimmt der Käufer einer Ware diese nicht ab, kann der Verkäufer nach § 354 Abs. 1 Lagergeld beanspruchen und ist nicht auf den Ersatz von Mehraufwendungen (§ 304 BGB) – zum Verhältnis beider Normen → Rn. 17 – oder von Verzugsschaden (§§ 280, 286 BGB) beschränkt; im Ergebnis nichts anderes gilt, wenn der Verkäufer die Waren in Ausübung eines Zurückbehaltungsrechts berechtigterweise behält. Für die Einlagerung von Ware durch den Verkäufer bei Annahmeverzug des Käufers (§ 373 Abs. 1) kann der Verkäufer gem. § 354 Abs. 1 regelmäßig Ersatz der üblichen Lagerkosten beanspruchen.[64] Ein Handeln (auch) im Interesse des anderen liegt ferner vor bei der **Aufbewahrung beanstandeter Ware** durch den Käufer im Falle von § 379 Abs. 1, dies selbst unter Berücksichtigung des Eigeninteresses des Käufers an der Aufbewahrung wegen eines ihm nach § 369 zustehenden Zurückbehaltungsrechts,[65] beim **Notverkauf beanstandeter Ware** (§ 379 Abs. 2), weil dieser der Verhinderung des völligen Untergangs der Ware und damit zumindest auch dem Interesse des Verkäufers dient,[66] sowie bei der **Einlagerung von Waren durch den Frachtführer** nach Beendigung des Transports.[67] Im Interesse auch des anderen Teils erfolgt zudem der **Selbsthilfeverkauf** durch den Verkäufer im Annahmeverzug des Käufers (§ 373 Abs. 2 S. 2); denn der Verkauf wird für Rechnung des Käufers (§ 373 Abs. 3) vorgenommen.[68] Die **Lagerung von Ware durch den Pfandgläubiger** erfolgt ebenfalls auch im Interesse des Pfandschuldners; das gilt unabhängig davon, ob ein vertragliches (vgl. § 1215 BGB) oder ein gesetzliches Pfandrecht besteht, weil in beiden Fällen die Rücksichtnahme auf die Interessen des Pfandschuldners durch den Gläubiger geboten ist (str.).[69] 10

Liegt die Tätigkeit des Kaufmanns dagegen **ausschließlich in seinem eigenen Interesse oder demjenigen eines Dritten** (zB eine Maklertätigkeit, die erkennbar allein im Interesse eines Dritten erfolgt; Tätigkeiten im ausschließlich öffentlichen Interesse),[70] so findet § 354 Abs. 1 selbst dann keine Anwendung, wenn die Tätigkeit im Ergebnis auch dem anderen Teil zugutekommt.[71] Kein Vergütungsanspruch nach § 354 Abs. 1 besteht daher für die Tätigkeit einer Bank bei der **Bearbeitung von Kontopfändungen,** insbesondere für die Abgabe einer Drittschuldnererklärung nach § 840 ZPO, mit deren Erteilung die Bank im eigenen Interesse zur Erfüllung einer gesetzlichen Pflicht handelt.[72] Allein im eigenen Interesse handelt des Weiteren der **Vorbehaltsverkäufer,** der die unter Eigentumsvorbehalt gelieferte Ware nach Zahlungseinstellung des Käufers zurücknimmt und **verwertet;** der Umstand, dass die Anrechnung des Verwertungserlöses auf die Kaufpreisschuld sich mittelbar für den Käufer günstig auswirkt, fällt demgegenüber für § 354 Abs. 1 nicht ins Gewicht (allgM).[73] Keine Vergütung schuldet der andere Teil in der Regel auch dann, wenn es sich um eine im eigenen Interesse des Kaufmanns in Erwartung des Vertragsabschlusses erbrachte **Vorleistung** 11

---

[60] BGH 7.7.2005, BGHZ 163, 332 (337) = NJW-RR 2005, 1572 zu § 655b Abs. 2 BGB.

[61] Zum Begriff vgl. BGH 29.7.2009, NJW 2009, 3239 Rn. 12 = MDR 2009, 1284.

[62] BGH 21.12.1973, BGHZ 62, 71 (79) = NJW 1974, 852; 23.11.2016, NJW 2017, 1388 Rn. 15 mAnm Mann.

[63] BGH 23.11.2016, NJW 2017, 1388 Rn. 15.

[64] BGH 25.10.2006, BGHZ 170, 1 = NJW 2007, 1198; 14.2.1996, NJW 1996, 1464 (1465); 22.3.2006, NJW-RR 2006, 1328; LG Flensburg, 14.4.2023, BeckRS 2023, 47497 Rn. 32.

[65] RG 24.3.1880, RGZ 1, 282 (284 f.).

[66] Ebenroth/Boujong/Paulus Rn. 11; Hopt/Leyens Rn. 5.

[67] BGH 29.7.2009, NJW 2009, 3239 Rn. 12 = MDR 2009, 1284; Ebenroth/Boujong/Paulus Rn. 11.

[68] Ebenroth/Boujong/Paulus Rn. 13; Hopt/Leyens Rn. 5.

[69] Ebenroth/Boujong/Paulus Rn. 14; Hopt/Leyens Rn. 5; **aA** Heymann/Horn Rn. 5; Schlegelberger/Hefermehl Rn. 6.

[70] *HK-HGB/Ruß Rn. 2;* Heymann/Horn Rn. 5; BeckOK HGB/Lehmann-Richter, 47. Ed. 1.10.2025, Rn. 15; BeckOGK/Beurskens, 1.12.2025, Rn. 10.

[71] BGH 12.2.1981, WM 1981, 495 (496) = BeckRS 1981, 31070261; 21.11.1983, NJW 1984, 435 (436) (Verwertung zurückgenommener Waren, die unter Eigentumsvorbehalt geliefert und vom Käufer nicht bezahlt wurden); s. dazu Heymann/Horn Rn. 5; BGH 23.11.2016, NJW 2017, 1388 Rn. 15 mAnm Mann; 4.7.2017, NJW 2017, 2986 Rn. 31; 4.7.2017, BeckRS 2017, 121112 Rn. 40.

[72] BGH 18.5.1999, BGHZ 141, 380 (383 ff.) = NJW 1999, 2276.

[73] BGH 21.11.1983, NJW 1984, 435 (436); Heymann/Horn Rn. 5; Ebenroth/Boujong/Paulus Rn. 12; Hopt/Leyens Rn. 5.

(zB Kalkulation) handelt.[74] Anders kann es sich dann verhalten, wenn im Rahmen von Vertragsverhandlungen aufwändige Vorarbeiten erbracht wurden, die für den anderen Teil auch ohne Vertragsschluss weiterhin nützlich sind.[75] Dass der Kaufmann seine Tätigkeit – auch – für den anderen entfaltet, muss **nach außen erkennbar** sein. Im Falle einer Maklertätigkeit ist diese Voraussetzung regelmäßig erst dann erfüllt, wenn der Makler sein Provisionsverlangen offenlegt.[76]

12 **e) Berechtigung.** Nach allgM kann der Kaufmann gem. § 354 Abs. 1 nur Vergütung für eine Tätigkeit fordern, zu der er gegenüber dem anderen Teil **berechtigt bzw. befugt** ist.[77] Die Berechtigung kann sich aus einer zwischen den Beteiligten bestehenden rechtsgeschäftlichen Beziehung – zB einem Vertrag, insbesondere einem Makler-[78] oder Geschäftsbesorgungsverhältnis, oder einem Auftrag – ergeben; es genügt aber auch, wenn der andere Teil die Dienste des Kaufmanns in der Erkenntnis, dass sie gerade ihm gegenüber erbracht werden, **in Anspruch nimmt.**[79] Befugt handelt der Kaufmann auch dann, wenn die Tatbestandsvoraussetzungen einer **berechtigten Geschäftsführung ohne Auftrag** (§§ 683, 679 BGB) vorliegen. In diesem Fall tritt der Vergütungsanspruch nach § 354 Abs. 1 neben den Aufwendungsersatzanspruch gem. § 683 BGB.[80] Keine Zahlungspflicht des anderen Teils besteht hingegen für Tätigkeiten, die der Kaufmann dem anderen Teil gegen dessen Willen aufgedrängt hat[81] oder wenn zB eine Maklertätigkeit gegenüber dem vollmachtlosen Vertreter erbracht wird und allein dieser, nicht aber der auf Zahlung in Anspruch genommene Vertretene von der Tätigkeit weiß.[82] Wegen des **Vorrangs vertraglicher Vereinbarungen** sowie mit Rücksicht auf die allgemeine Beweislastverteilung im Maklerrecht (§ 652 BGB) kann eine „befugte" (entgeltliche) Maklertätigkeit auch dann jedenfalls nicht ohne weiteres angenommen werden, wenn der Interessent die gewünschte Maklerleistung und deren Vergütung zuvor auf ein bestimmtes, vom schließlich zustande gekommenen Hauptvertrag verschiedenes Geschäft begrenzt hatte. Bei unbefugtem Handeln kommt allerdings unter den dort geregelten Voraussetzungen ein Anspruch des Kaufmanns aus Bereicherungsrecht (§§ 812 ff. BGB) in Betracht.[83]

13 **f) Kein Vergütungsausschluss.** Ein Anspruch nach § 354 Abs. 1 besteht allgM zufolge dann nicht, wenn er durch eine vorrangige **Vergütungsvereinbarung** der Beteiligten oder eine Vergütung für die in Rede stehende Tätigkeit **von Gesetzes wegen** ausgeschlossen ist.[84]

14 **aa) Subsidiarität.** Der Vergütungsanspruch aus § 354 Abs. 1 ist gegenüber einer – ausdrücklich oder konkludent getroffenen – Vergütungsvereinbarung der Parteien subsidiär (allgM),[85] auch soweit sie wirksam in AGB enthalten ist. Das gilt selbst dann, wenn die vereinbarte Vergütung niedriger ist als die übliche; der restliche Teil kann dann nicht aus § 354 Abs. 1 ergänzend geltend gemacht werden.[86] Im Ergebnis dasselbe gilt, wenn die in Rede stehende Tätigkeit kraft ausdrücklicher oder konkludenter Vereinbarung, **Handelsbrauchs oder Verkehrssitte** unentgeltlich zu erbringen ist.[87] Die Frage der Unentgeltlichkeit kann sich insbesondere in Bezug auf **Nebenleistungen,** vor allem

---

[74] BeckOK HGB/Lehmann-Richter, 47. Ed. 1.10.2025, Rn. 17.

[75] Heymann/Horn Rn. 9.

[76] BGH 12.2.1981, WM 1981, 495 (496) = BeckRS 1981, 31070261; 25.9.1985, BGHZ 95, 393 (398) = NJW 1986, 177.

[77] GK-HGB/B. Schmidt Rn. 10; BeckOK HGB/Lehmann-Richter, 47. Ed. 1.10.2025, Rn. 18 ff.; RGHMW/Steimle/Dornieden Rn. 11; HK-HGB/Ruß Rn. 2; Hopt/Leyens Rn. 3; Heße NJW 2002, 1835 (1836). Vgl. insbes. zum Maklervertrag BGH 25.9.1985, BGHZ 95, 393 (398) = NJW 1986, 177; 7.7.2005, BGHZ 163, 332 (336 ff.) = NJW-RR 2005, 1572; LG Düsseldorf 11.11.2014, BeckRS 2015, 06580.

[78] Zum Zivilmakler eingehend Heße NJW 2002, 1835.

[79] BGH 7.7.2005, BGHZ 163, 332 = NJW-RR 2005, 1572; 19.11.1962, WM 1963, 165 (167) = NJW 1963, 585; 12.2.1981, WM 1981, 495 (496) = BeckRS 1981, 31070261; 25.9.1985, BGHZ 95, 393 (398) = NJW 1986, 177; 28.1.1993, NJW-RR 1993, 802; 7.11.1994, NJW 1995, 398; OLG Hamm 6.2.1992, OLGR 1992, 117 f.; Ebenroth/Boujong/Paulus Rn. 16; Heymann/Horn Rn. 6; **aA** KKD/Roth/Huber Rn. 5: Vertrag oder gesetzliches Schuldverhältnis notwendig, da Abs. 1 nicht als eigenständige Anspruchsgrundlage angesehen wird.

[80] Ebenroth/Boujong/Paulus Rn. 16; GK-HGB/B. Schmidt Rn. 10; Heymann/Horn Rn. 6; offen BGH 21.12.1973, BGHZ 62, 71 (81) = NJW 1974, 852; 19.11.1962, WM 1963, 165 (167) = NJW 1963, 585; vgl. hierzu einerseits GK-HGB/B. Schmidt Rn. 10 und andererseits Ebenroth/Boujong/Paulus Rn. 16; verneinend für Anspruchskonkurrenz mit §§ 677, 683 BGB wohl KKD/Roth/Huber Rn. 5.

[81] RG 23.1.1901, JW 1901, 164; BGH 19.11.1962, WM 1963, 165 (167) = NJW 1963, 585; 12.2.1981, WM 1981, 495 (496) = BeckRS 1981, 31070261; Heymann/Horn Rn. 6; Ebenroth/Boujong/Paulus Rn. 16.

[82] OLG Dresden 17.2.1999, OLG-NL 1999, 147 (148 f.).

[83] BGH 7.7.2005, BGHZ 163, 332 (337 ff.) = NJW-RR 2005, 1572.

[84] BGH 7.7.2016, NJW 2017, 1024 Rn. 66 mAnm Hamm.

[85] MüKoHGB/Maultzsch Rn. 11; Ebenroth/Boujong/Paulus Rn. 18; GK-HGB/B. Schmidt Rn. 3.

[86] Heymann/Horn Rn. 7.

[87] Ebenroth/Boujong/Paulus Rn. 18 f.

auch solcher, die aus Gefälligkeit erbracht werden, stellen.[88] Wirtschaftliche Vorteile oder Chancen, die dem Auftraggeber als Nebenwirkung der ihm erbrachten Leistung entstanden sind, können ebenso wenig über § 354 Abs. 1 gesondert vergütet werden.[89]

bb) Gesetzlicher Ausschluss. Der Vergütungsanspruch nach § 354 Abs. 1 kann ferner von Gesetzes wegen ausgeschlossen sein. Das ist dann der Fall, wenn die vom Kaufmann erbrachte Tätigkeit **gegen das Gesetz oder die guten Sitten verstößt** (§§ 134, 138 BGB).[90] Darüber hinaus kann der Wirksamkeit der Entgeltvereinbarung unmittelbar ein gesetzliches Verbot entgegenstehen (zB §§ 656, 764, 655d BGB).[91] Der **Minderjährigenschutz** geht dem Anspruch aus § 354 Abs. 1 vor.[92] 15

2. Rechtsfolgen. a) Provision. Der Begriff der Provision in § 354 Abs. 1 bezieht sich nicht nur auf die §§ 65, 86b–87c, 394, 396, 403, sondern ist nach allgM im Sinne einer über diese gesetzlichen Anwendungsfälle hinausgehenden **„Vergütung"** für die Tätigkeit des Kaufmanns zu verstehen.[93] Üblicherweise wird sie in Gestalt eines **Vomhundertsatzes** vom Wert des Gegenstands der Geschäftsbesorgung bzw. Dienstleistung bemessen; möglich ist jedoch auch die Vereinbarung einer **festen Summe.** Die **Höhe der Provision** bemisst sich in erster Linie nach dem **(orts-)üblichen Satz,** also vorrangig nach einer Ortstaxe (§ 612 Abs. 2 BGB, § 632 Abs. 2 BGB, § 653 Abs. 2 BGB), ansonsten nach dem anhand des am Leistungsort geltenden **Orts- oder Handelsbrauchs** feststellbaren ortsüblichen Satz. Lässt sich eine ortsübliche Vergütung nicht ermitteln, ist eine **angemessene Vergütung** geschuldet. Bei Verträgen kommt die Bestimmung der angemessenen Vergütung durch den Kaufmann nach Maßgabe der **§§ 315, 316 BGB** in Betracht, wobei im Streitfall eine gerichtliche Überprüfung erfolgt; in den anderen Fällen obliegt die Bestimmung der angemessenen Vergütung richterlichem Ermessen nach Maßgabe der Umstände des Einzelfalls (zB Zeitaufwand, Risiko, Raumbedarf).[94] 16

b) Lagergeld. Der Begriff des Lagergelds in § 354 Abs. 1 ist ebenfalls – wie derjenige der Provision – allgemein im Sinne einer „Vergütung" zu verstehen und nicht auf die Begriffsverwendung beim Lagergeschäft (§ 467 Abs. 2) beschränkt. Zur Höhe gelten die Ausführungen betr. die Provision (→ Rn. 16) entsprechend. Haben Parteien für den Fall der Einlagerung von Getreide nach der Ernte verabredet, dass die Lagerkosten mit gesondertem Vertrag vereinbart werden sollen, dann besteht bei erfolgter Einlagerung ein Anspruch auf Lagerhaltungskosten gem. § 354 Abs. 1 auch dann, wenn es zum Abschluss dieses Vertrages bzw. einer ausdrücklichen Vergütungsvereinbarung nicht gekommen ist.[95] Ein nach § 354 Abs. 1 geschuldetes Lagergeld ist Mehraufwendung iSv § 304 BGB; auf eine genauere Abgrenzung beider Normen als möglicher Anspruchsgrundlage kann daher in der Regel verzichtet werden.[96] 17

3. Verjährung. Die Verjährungsfrist für den Vergütungsanspruch nach § 354 Abs. 1 beträgt gem. §§ 195, 199 Abs. 1 BGB drei Jahre. Ob die Tätigkeit für den Gewerbebetrieb des Schuldners erfolgte, ist nach heutiger Rechtslage unerheblich.[97] Nach näherer Maßgabe der Umstände des Einzelfalls kann der Kaufmann auch bereits vor Ablauf dieser Frist nach **Treu und Glauben** an der Durchsetzung des Anspruchs gehindert sein.[98] 18

4. Darlegungs- und Beweislast. Macht der vom Kaufmann auf Zahlung der Vergütung nach § 354 Abs. 1 in Anspruch genommene Leistungsempfänger geltend, die Tätigkeit des Kaufmanns sei aufgrund einer Vereinbarung oder kraft Handelsbrauchs **unentgeltlich** zu erbringen gewesen, so trägt er für die Behauptung der Unentgeltlichkeit die Darlegungs- und Beweislast. Denn § 354 Abs. 1 19

---

88 Ebenroth/Boujong/Paulus Rn. 18.

89 GK-HGB/B. Schmidt Rn. 3; Eckert WM 1991, 1237 (1241).

90 Vgl. LG Bonn, 12.12.2023, BeckRS 2024, 23024 Rn. 27 (für Verstoß gegen das gesetzliche Verbot aus § 656c BGB).

91 OLG Koblenz 11.5.1984, WM 1984, 1238 (1240); GK-HGB/B. Schmidt Rn. 14; Ebenroth/Boujong/Paulus Rn. 22.

92 GK-HGB/B. Schmidt Rn. 14.

93 BGH 23.11.2016, NJW 2017, 1388 Rn. 13 mAnm Mann; Heymann/Horn Rn. 10; KKD/Roth/Huber Rn. 6; Ebenroth/Boujong/Paulus Rn. 24; RGHMW/Steimle/Dornieden Rn. 12.

94 Ebenroth/Boujong/Paulus Rn. 25 f.; Heymann/Horn Rn. 11; GK-HGB/B. Schmidt Rn. 14.

95 OLG Brandenburg 12.4.2011, BeckRS 2011, 8301.

96 KG 25.9.2007, MDR 2008, 139 = NJOZ 2008, 1435.

97 Ebenroth/Boujong/Paulus Rn. 29.

98 BGH 21.12.1973, BGHZ 62, 71 (83) = NJW 1974, 852 (855).

geht von der Regel aus, dass bei Vorliegen der tatbestandlichen Voraussetzungen die Leistung des Kaufmanns (nur) gegen Entgelt erbracht wird.[99]

20 Verteidigt der vom Kaufmann auf Zahlung der üblichen bzw. angemessenen Vergütung in Anspruch genommene Leistungsempfänger sich mit der Behauptung, es sei eine **niedrigere Vergütung** vereinbart worden, trägt der Kaufmann als Anspruchsteller die Darlegungs- und Beweislast.[100] Denn das von § 354 Abs. 1 tatbestandlich vorausgesetzte Fehlen einer Vergütungsvereinbarung ist ein rechtsbegründendes – negatives – Tatbestandsmerkmal, dessen Vorliegen nach allgemeinen Regeln vom Anspruchsteller darzulegen und ggf. zu beweisen ist. Die – stets – mit dem Beweis negativer Tatsachen verbundenen Schwierigkeiten können hier keinen Anlass zu einer abweichenden Verteilung der Darlegungs- und Beweislast als solcher geben. Der in Anspruch genommene Leistungsempfänger hat allerdings zunächst substantiiert diejenigen Umstände darzulegen, aus denen sich die von ihm geltend gemachte abweichende Vergütungsregelung ergeben soll; der Kaufmann hat sodann diese Darstellung zu widerlegen.

21 Behauptet der Leistungsempfänger, eine niedrige als die übliche bzw. angemessene Vergütung sei (erst) **nachträglich** vereinbart worden, trifft ihn hierfür ebenfalls die Darlegungs- und Beweislast. In diesem Fall, in dem auch nach seiner Darstellung zunächst die Vergütungspflicht nach § 354 Abs. 1 entstanden ist, macht er eine spätere Vertragsänderung geltend, die er nach allgemeinen Grundsätzen darzulegen und im Bestreitensfalle auch zu beweisen hat.[101]

III. Zinsanspruch nach Abs. 2

22 **1. Grundsätze.** § 354 Abs. 2 stellt eine Erweiterung der Verzinsungspflichten zugunsten des Kaufmanns für die Rückzahlung von Darlehen, Vorschüssen und Verwendungen dar.[102] Für diese Ansprüche bestimmt die Vorschrift eine Verzinsung kraft Gesetzes **vom Tage der Leistung an,** dh der Beginn des Zinslaufs wird noch vor den Zeitpunkt der Fälligkeit gelegt. Der Kaufmannsbegriff in Abs. 2 („er") ist derselbe wie in Abs. 1. Der Anspruchsteller muss im **Zeitpunkt der Anspruchsentstehung** Kaufmann sein und den zu verzinsenden Anspruch in Ausübung seines Handelsgewerbes erworben haben; ein späterer Wegfall der Kaufmannseigenschaft ist unschädlich, beendet also den Zinslauf nicht.[103] Ausdrückliche oder konkludente Vereinbarungen der Parteien haben auch im Rahmen von § 354 Abs. 2 Vorrang.[104]

23 **2. Voraussetzungen. a) Darlehen.** Der Begriff des Darlehens folgt aus § 488 BGB. § 354 Abs. 2 erfasst auch das aus der Umschaffung einer bestehenden Schuld hervorgehende sog. **Vereinbarungsdarlehen** (§ 607 Abs. 2 BGB aF; jetzt: § 311 Abs. 1 BGB). Hierfür spricht der Gesichtspunkt, dass aus kaufmännischer Sicht nicht die Auszahlung des Darlehens, sondern die Belassung von Kapital im Vermögen des anderen Teils die entscheidende Leistung ist.[105] Eine bloße **Stundung** begründet allerdings noch kein Vereinbarungsdarlehen.[106]

24 **b) Vorschüsse.** Vorschüsse sind in Erfüllungsabsicht geleistete **Vorauszahlungen** auf eine künftig entstehende Forderung des Empfängers.[107] Zwar lässt sich dem Wortlaut der Bestimmung keine ausdrückliche Beschränkung auf bestimmte Vorschussarten entnehmen. Mit der hM ist jedoch davon auszugehen, dass durch den eng auszulegenden Vorschussbegriff, insbesondere durch den sprachlichen Zusammenhang mit dem gleichfalls genannten Darlehen, nicht ganz allgemein jedwede denkbaren Vorschüsse im eingangs umschriebenen Sinne erfasst werden sollen, also zB auch Gehaltsvorschüsse oder Vorschüsse auf Künstlerhonorare, sondern lediglich **Vorschüsse kreditähnlichen**

[99] OLG Düsseldorf 19.1.1995, NJW-RR 1996, 287 (288); OLG Rostock 22.3.1999, NJW-RR 2000, 1005; 26.6.2006, OLGR 2006, 920 (922 ff.); Ebenroth/Boujong/Paulus Rn. 30.

[100] BGH 31.3.1982, NJW 1982, 1523 zur strukturell vergleichbaren Vorschrift des § 653; Ebenroth/Boujong/Paulus Rn. 31; GK-HGB/B. Schmidt Rn. 4; Heymann/Horn Rn. 7.

[101] BGH 31.3.1982, NJW 1982, 1523; 11.10.1994, NJW 1995, 49 (50); GK-HGB/B. Schmidt Rn. 4; Ebenroth/BoujongPaulus Rn. 32; Heymann/Horn Rn. 7.

[102] Ebenroth/Boujong/Paulus Rn. 33 f.; Heymann/Horn Rn. 12 f.

[103] GK-HGB/B. Schmidt Rn. 17; Ebenroth/Boujong/Paulus Rn. 35.

[104] RGHMW/Steimle/Dornieden Rn. 17; Ebenroth/Boujong/Paulus Rn. 41.

[105] MüKoHGB/Maultzsch Rn. 22; Ebenroth/Boujong/Paulus Rn. 37; GK-HGB/B. Schmidt Rn. 18; **aA** Schlegelberger/Hefermehl Rn. 17.

[106] MüKoHGB/Maultzsch Rn. 22; zum Vereinbarungsdarlehen vgl. iÜ Grüneberg/Weidenkaff BGB § 488 Rn. 27.

[107] RG 11.5.1912, Recht 1912, Nr. 2027; 27.10.1921, LZ 1922, 69 (70); GK-HGB/B. Schmidt Rn. 18; MüKoHGB/Maultzsch Rn. 24.

Charakters wie etwa die vom Kommissionär, Spediteur oder Frachtführer auf das Gut ausgelegten und durch Pfandrechte abgedeckten Vorschüsse (§§ 397, 441).[108]

c) Auslagen und andere Verwendungen. Der Begriff der Auslagen in § 354 Abs. 2 bezeichnet lediglich einen Unterfall der Verwendungen. Mit **Auslagen** sind Zahlungen oder sonstige geldwerte Leistungen gemeint, die der Kaufmann aus seinem Vermögen an einen anderen für Rechnung des Geschäftsherrn erbringt.[109] **Verwendungen** sind hingegen solche Zahlungen oder geldwerte Leistungen des Kaufmanns, die dem Geschäftsherrn unmittelbar zugute kommen.[110] Der begriffliche Unterschied spielt im Rahmen der Norm keine Rolle.[111] § 354 Abs. 2 enthält in Bezug auf Auslagen und Verwendungen keine über **§ 256 BGB** hinausgehende Regelung.[112] Auslagen und Verwendungen iSv § 354 Abs. 2 sind Aufwendungen nach § 256 BGB. Der Aufwand des Kaufmanns an Zeit und Kraft ist dagegen nicht über § 354 Abs. 2 zu verzinsen; dasselbe gilt für den Verdienstausfall. Mit Rücksicht auf den Charakter des Zinsanspruchs als Nebenforderung sind Auslagen und Verwendungen nur zu verzinsen, wenn dem Kaufmann nach entsprechenden Bestimmungen – zB nach §§ 670, 675, 693, 683, 679 BGB – Verwendungsersatzansprüche zustehen.[113] 25

3. Rechtsfolgen. Nach § 354 Abs. 2 iVm § 352 Abs. 2 sind **Zinsen** in Höhe von **fünf Prozent für das Jahr** geschuldet. Weitergehende Ansprüche werden hierdurch nicht ausgeschlossen.[114] Erschöpft sich allerdings die Leistung des Kaufmanns in der Darlehensgewährung oder der Verwendung, kommt die Anwendung von § 354 Abs. 2 neben Abs. 1 der Vorschrift nicht in Betracht, weil er andernfalls einen doppelten Ausgleich erhielte.[115] 26

4. Verjährung. Für die Verjährung des Zinsanspruchs aus § 354 Abs. 2 ist § 187 Abs. 2 BGB iVm § 195 BGB maßgebend; es gilt also die dreijährige Verjährungsfrist, sofern nicht die Verjährung der Hauptschuld früher eintritt (§ 217). 27

IV. Abdingbarkeit

Die in beiden Absätzen des § 354 enthaltenen Regelungen sind abdingbar, treten also zurück, soweit eine vorrangige (ausdrückliche oder konkludente) Parteivereinbarung zB über die Unentgeltlichkeit der Leistung oder auch ein Handelsbrauch bzw. eine Verkehrssitte eingreift.[116] 28

§ 354a [Wirksamkeit der Abtretung einer Geldforderung]

(1) [1]Ist die Abtretung einer Geldforderung durch Vereinbarung mit dem Schuldner gemäß § 399 des Bürgerlichen Gesetzbuchs ausgeschlossen und ist das Rechtsgeschäft, das diese Forderung begründet hat, für beide Teile ein Handelsgeschäft, oder ist der Schuldner eine juristische Person des öffentlichen Rechts oder ein öffentlich-rechtliches Sondervermögen, so ist die Abtretung gleichwohl wirksam. [2]Der Schuldner kann jedoch mit befreiender Wirkung an den bisherigen Gläubiger leisten. [3]Abweichende Vereinbarungen sind unwirksam.

(2) Absatz 1 ist nicht auf eine Forderung aus einem Darlehensvertrag anzuwenden, deren Gläubiger ein Kreditinstitut im Sinne des Kreditwesengesetzes ist.

Schrifttum: A. Bauer, § 354a HGB – eine geglückte gesetzgeberische Lösung eines rechtspolitischen Problems?, 2001; Baukelmann, Der Ausschluß der Abtretbarkeit von Geldforderungen in AGB – Fragen zu § 354a HGB, FS Brandner, 1996, 185; Bruns, Die Dogmatik rechtsgeschäftlicher Abtretungsverbote im Lichte des § 354a HGB und der UNIDROIT Factoringkonvention, WM 2000, 505; Derleder, Absatzorganisation durch verlängerten Eigentumsvorbehalt: Wie ist die Hürde des § 354a HGB zu nehmen?, BB 1999, 1561; Früh, Übertragung von Kreditrisiken – Einzelübertragungen, Umwandlungsmaßnahmen et al., FS Hopt, Bd. II, 2010, 1823; Gundlach/Frenzel/N. Schmidt, Die Schranken des Wahlrechts aus § 354a S. 2 HGB in der Insolvenz des Vorbe-

[108] MüKoHGB/Maultzsch Rn. 24; Heymann/Horn Rn. 15; RGHMW/Steimle/Dornieden Rn. 16; Schlegelberger/Hefermehl Rn. 17; **aA** GK-HGB/B. Schmidt Rn. 18; Ebenroth/Boujong/Paulus Rn. 38.
[109] BGH 28.4.1975, WM 1975, 555 (556) = BeckRS 1975, 31114984; 7.3.1983, NJW 1983, 1729; GK-HGB/B. Schmidt Rn. 19.
[110] Ebenroth/Boujong/Paulus Rn. 40.
[111] MüKoHGB/Maultzsch Rn. 25.
[112] MüKoHGB/Maultzsch Rn. 25; Ebenroth/Boujong/Paulus Rn. 40.
[113] GK-HGB/B. Schmidt Rn. 19.
[114] RG 24.10.1928, LZ 1929, 329 (331); GK-HGB/B. Schmidt Rn. 20.
[115] BGH 11.6.1864, NJW 1964, 2343; GK-HGB/B. Schmidt Rn. 20; Schlegelberger/Hefermehl Rn. 20; vgl. zum Ganzen Ebenroth/Boujong/Paulus Rn. 43.
[116] Hopt/Leyens Rn. 4; HK-HGB/Ruß Rn. 4.

haltskäufers, KTS 2000, 519; Klein, Vertragliche Abtretungsverbote im multilateralen Rechtsvergleich, 2022; Lettl, Die Wirksamkeit der Abtretung einer Geldforderung trotz wirksamen Abtretungsverbots nach § 354a HGB, JA 2010, 109; Lieder, Die rechtsgeschäftliche Sukzession, 2015; Lieder, Die Übertragung von Bankdarlehen, Journal of Commercial and Intellectual Property Law 2017, 83; Maultzsch, Rechtspolitische Grundfragen und Anwendungsprobleme des § 354a HGB, FS Baums, Bd. II, 2017, 787; Metzing, Die Forderungsabtretung als Element der Unternehmensfinanzierung im internationalen Rechtsverkehr, FS Rauscher, 2025, 367; Nefzger, Vertragliche Abtretungsverbote, 2013; v. Olshausen, Konkursrechtliche Probleme um den neuen § 354a HGB, ZIP 1995, 1950; Petersen, Rechtsgeschäftliche Abtretungsverbote im Handelsrecht, Jura 2005, 680; Piekenbrock, Abtretungsausschlüsse von Gesellschaften bürgerlichen Rechts in der Insolvenz, NJW 2007, 1247; Saar, Zur Rechtsstellung des Schuldners nach § 354a Satz 2 HGB, ZIP 1999, 988; K. Schmidt, Gutgläubiger Eigentumserwerb trotz Abtretungsverbots in AGB – zur Bedeutung des § 354a HGB für die Praxis zu § 366 HGB, NJW 1999, 400; K. Schmidt, Zur Rechtsfolgenseite des § 354a HGB, FS Schimansky, 1999, 503; Seggewiße, Das kaufmännische Abtretungsverbot und seine Rechtsfolgen, NJW 2008, 3256; E. Wagner, Materiell-rechtliche und prozessuale Probleme des § 354a HGB, WM 1996, Sonderbeilage Nr. 1; E. Wagner, Verkehrsfähigkeit contra Schuldnerschutz im kaufmännischen Geschäftsverkehr mit Geldforderungen, WM 2010, 202.

Übersicht

I. Allgemeines

1 Die Vorschrift wurde durch Gesetz vom 25.7.1994 (BGBl. 1994 I 1682) in das HGB eingeführt[1] und regelt die widerstreitenden Interessen bei einem Abtretungsausschluss im Handelsverkehr. Nach der allgemeinen Vorschrift des § 399 Alt. 2 BGB ist ein solcher Abtretungsausschluss möglich und zumindest im unternehmerischen Verkehr auch bei einer Vereinbarung durch AGB des Schuldners (insbesondere durch Allgemeine Einkaufsbedingungen) grundsätzlich wirksam (für Unternehmer-Verbraucher-Geschäfte vgl. jedoch einschränkend § 308 Nr. 9 BGB).[2] Der Ausschluss führt nach hM zu einer absoluten Unwirksamkeit der Abtretung, sodass die Forderung auch im Verhältnis zu Drittgläubigern des Zedenten und des Zessionars dem Vermögen des Ersteren zugeordnet bleibt.[3] Diese Lösung wird den Erfordernissen des kaufmännischen Verkehrs jedoch nicht ohne Weiteres gerecht. Der Abtretungsausschluss, den durchsetzungsstarke Schuldner zu vereinbaren pflegen, um ihre Kreditorenbuchhaltung zu vereinfachen und das Risiko von Leistungen an Nichtberechtigte zu minimieren,[4] macht es dem Gläubiger weitgehend unmöglich, seine Forderung wirtschaftlich zu verwerten. Sowohl Factoring-Geschäfte als auch die Verwendung der Forderung als Sicherungsmittel, insbesondere im Rahmen eines verlängerten Eigentumsvorbehalts, sind aufgrund des Abtretungsausschlusses unmöglich. Dies führt zu einer **„Liquiditätsblockade"**, die insbesondere bei längerfristigen Zahlungszielen den Handlungsspielraum des Gläubigers erheblich beschränkt. Vor diesem Hin-

[1] Zum Gesetzgebungsverfahren A. Bauer, § 354a HGB – eine geglückte gesetzgeberische Lösung eines rechtspolitischen Problems?, 2001, 29 ff.; Nefzger, Vertragliche Abtretungsverbote, 2013, 57 ff.

[2] BGH 3.12.1987, BGHZ 102, 293 (300) = NJW 1988, 1210; 13.7.2006, NJW 2006, 3486 Rn. 13 ff. mAnm v. Westphalen; einschr. für formularmäßige Abtretungsausschlüsse jetzt aber MüKoBGB/Kieninger BGB § 399 Rn. 39 f. mwN.

[3] BGH 29.6.1989, BGHZ 108, 172 (176) = NJW 1990, 109; 31.10.1990, BGHZ 112, 387 (389 f.) = NJW 1991, 559; BeckOK BGB/Rohe, 76. Ed. 1.11.2025, BGB § 399 Rn. 20; krit. und für eine lediglich relative Unwirksamkeit gegenüber dem Schuldner insbes. Armgardt RabelsZ 73 (2009), 314 (318 ff.); Stamm JZ 2022, 1093 (1098 f.); Canaris FS Serick, 1992, 13 ff.; gegen jede Wirksamkeit von Abtretungsausschlüssen bei Geldforderungen de lege ferenda Eidenmüller AcP 204 (2004), 457 (470 ff.); eingehend zu den denkbaren Regelungsmodellen A. Bauer, § 354a HGB – eine geglückte gesetzgeberische Lösung eines rechtspolitischen Problems?, 2001, 285 ff. und Klein, Vertragliche Abtretungsverbote im multilateralen Rechtsvergleich, 2022, 65 ff.

[4] Vgl. Seggewiße NJW 2008, 3256; Müller-Chen FS Schlechtriem, 2003, 905; Heymann/Horn Rn. 1.

tergrund besteht ein deutlicher internationaler Trend, die Wirksamkeit von Abtretungsausschlüssen im Handelsverkehr zu beschneiden.[5] Auch § 354a Abs. 1 nimmt in diesem Sinne eine **partielle Einschränkung der Privatautonomie** dergestalt vor, dass eine Forderungsabtretung trotz des rechtsgeschäftlichen Ausschlusses wirksam ist (Abs. 1 S. 1). Da jedoch auch das Interesse des Schuldners an einem Abtretungsausschluss nicht generell als illegitim erscheint und ein solcher Ausschluss keineswegs stets eine gestörte Vertragsparität widerspiegelt, strebt die Regelung einen differenzierten Interessenausgleich an.[6] Vor diesem Hintergrund gestattet sie dem Schuldner, trotz der grundsätzlichen Unwirksamkeit des Abtretungsausschlusses mit befreiender Wirkung an den Zedenten zu leisten (Abs. 1 S. 2). Allerdings steht dieses Wahlrecht des Schuldners in einem Spannungsverhältnis zu dem Grundanliegen der Norm, den Handlungsspielraum des Gläubigers zu erweitern,[7] sodass Bestrebungen zu einer einschränkenden Anwendung des § 354a Abs. 1 S. 2 zu verzeichnen sind (→ Rn. 14 ff.). Für den Bereich von Bankdarlehen hat der Gesetzgeber durch die Anfügung des § 354a Abs. 2 wiederum den Weg für einen rein privatautonomen Interessenausgleich geebnet (→ Rn. 9 f.).

II. Voraussetzungen

1. Geldforderung. Die Vorschrift bezieht sich nur auf den Abtretungsausschluss bei Geldforderungen. Damit bleibt der Konflikt bei der wirtschaftlichen Verwertung sonstiger Forderungen ausgespart, der insbesondere für Warenlieferungsforderungen in mehrstufig organisierten Absatzketten durchaus relevant werden kann. Aufgrund des eindeutigen Wortlauts und der Gesetzgebungsgeschichte, die nur Geldforderungen in den Blick nahm,[8] ist eine **analoge Erstreckung auf sonstige Forderungen** jedoch **ausgeschlossen.**[9] Dies gilt auch für den Anspruch des Versicherungsnehmers auf Deckungsschutz in der Haftpflichtversicherung, der die Befriedigung von Schadensersatzansprüchen Dritter durch den Versicherer zum Gegenstand hat, aber keine Geldforderung des Versicherungsnehmers gegen den Versicherer begründet.[10] Für solche Deckungsansprüche kann somit ein vollwirksamer Abtretungsausschluss vereinbart werden, der insbesondere einer Abtretung der Deckungsforderung an den Geschädigten entgegensteht.[11] 2

2. Grundlage der Forderung. a) Beiderseitiges Handelsgeschäft. Nach § 354a Abs. 1 S. 1 muss es sich bei dem Geschäft, aus dem die betreffende Forderung resultiert, um ein beiderseitiges Handelsgeschäft handeln. Die Kaufmannseigenschaft der Beteiligten beurteilt sich dabei nach den §§ 1–7. **Kleingewerbetreibende** iSd § 1 Abs. 2 werden in den Grenzen der Verweisungen aus den § 383 Abs. 2 S. 2, § 407 Abs. 3 S. 2, § 453 Abs. 3 S. 2, § 467 Abs. 3 S. 2 erfasst. Handelt der Schuldner als **Scheinkaufmann,** findet § 354a zugunsten des Zedenten Anwendung.[12] Problematisch ist hingegen die Konstellation, in der der Zedent Scheinkaufmann ist. Soweit § 354a dem Schutz des Zedenten dient, kann die Norm hier keine Anwendung finden, da der Rechtsschein nicht zugunsten des Scheinkaufmanns wirkt.[13] Ein schutzwürdiges Interesse für die Anwendung der Norm könnte alternativ zwar in der Person des Zessionars vorliegen, der sich die Forderung von dem Scheinkaufmann abtreten lässt. Da sich der Anwendungsbereich des § 354a aber anhand des Rechtsverhältnisses zwischen dem Schuldner und dem Zedenten bemisst, ist der Zessionar lediglich reflexartig betroffen, sodass die Eigenschaft des Zedenten als Scheinkaufmann nicht ausreicht.[14] 3

[5] Hierzu näher Armgardt RabelsZ 73 (2009), 314 ff.; Basedow ZEuP 1997, 615 ff.; Bruns WM 2000, 505 ff.; Kieninger ZEuP 2010, 724 (732 ff.); Klein, Vertragliche Abtretungsverbote im multilateralen Rechtsvergleich, 2022, 97 ff.

[6] BT-Drs. 12/7912, 25; Armgardt RabelsZ 73 (2009), 314 (317); Lieder, Die rechtsgeschäftliche Sukzession, 2015, 198 ff.; BeckOGK/Feldhusen, 1.11.2025, Rn. 16 ff.; zur Kritik am Grundansatz des § 354a Maultzsch FS Baums, Bd. II, 2017, 788 ff. mwN.

[7] Canaris HandelsR § 26 Rn. 16; positiver in der Bewertung Lieder, Die rechtsgeschäftliche Sukzession, 2015, 199 ff.

[8] Vgl. BT-Drs. 12/7912, 24 f.

[9] IErg auch BGH 7.2.2007, BGHZ 171, 56 Rn. 34 = NJW 2007, 2258; GK-HGB/B. Schmidt Rn. 7; Heymann/Horn Rn. 5; Hopt/Leyens Rn. 1; RGHMW/Steimle/Dornieden Rn. 5 f.

[10] BGH 7.2.2007, BGHZ 171, 56 Rn. 34 = NJW 2007, 2258; OLG Köln 13.11.2007, VersR 2008, 1103 (1104); 22.1.2008, VersR 2008, 777 (778); MüKoHGB/Langenbucher Rn. 7; **aA** OLG Düsseldorf 26.2.2008, NJW-RR 2009, 205 (207).

[11] Zu einer möglichen Einschränkung von Abtretungsausschlüssen bei Versicherungsforderungen nach § 242 BGB bzw. im Wege der Vertragsauslegung Ludwig ZInsO 2015, 2164 (2166 ff.).

[12] BeckOGK/Feldhusen, 1.11.2025, Rn. 54; Heymann/Horn Rn. 2; MüKoHGB/Langenbucher Rn. 11; Staub/Canaris, 4. Aufl. 2004, Rn. 7.

[13] BeckOGK/Feldhusen, 1.11.2025, Rn. 54; BeckOK HGB/Lehmann-Richter, 48. Ed. 1.10.2025, Rn. 13; allg. Canaris HandelsR § 6 Rn. 80; K. Schmidt HandelsR § 10 Rn. 144.

[14] Heymann/Horn Rn. 2; MüKoHGB/Langenbucher Rn. 11; Staub/Canaris, 4. Aufl. 2004, Rn. 7.

4 **b) Analoge Anwendung auf sonstige Beteiligte?** Entgegen der allgemeinen Regelung in § 345 genügt es nach dem Wortlaut des § 354a Abs. 1 S. 1 nicht, wenn lediglich der Schuldner oder der Zedent Kaufmann iSd §§ 1 ff. ist; vielmehr bedarf es eines beiderseitigen Handelsgeschäfts. Dies wird kritisiert, da hierdurch eine **Einschränkung der Vertragsfreiheit** (dh die Unwirksamkeit des Abtretungsausschlusses) auf Rechtsgeschäfte unter Kaufleuten beschränkt bleibe, was sachlich nicht zu rechtfertigen sei.[15] Für die daraus resultierende Frage einer analogen Erstreckung des § 354a auf den nicht-beiderseitig-kaufmännischen Geschäftsverkehr muss zwischen der Stellung des Schuldners und der Stellung des Gläubigers unterschieden werden:

5 Die Nichtanwendbarkeit des § 354a im Fall eines **nicht-kaufmännischen Schuldners** erscheint grundsätzlich sachgerecht und wird auch durch die Rspr. bestätigt.[16] Gerade für **Verbraucher** wollte der Gesetzgeber die Möglichkeit eines Abtretungsausschlusses nicht einschränken.[17] Problematisch mag allenfalls erscheinen, dass **freiberufliche Unternehmer** und nicht-eingetragene **Kleingewerbetreibende** außerhalb der oa Verweisungen (→ Rn. 3) als Schuldner nicht von § 354a erfasst werden. Jedoch handelt es sich hierbei letztlich nicht um eine spezifische Problematik des § 354a, sondern um die allgemeine Frage, inwieweit auch nicht-kaufmännische Unternehmer „passenden" Regelungen des HGB unterworfen werden können (→ § 1 Rn. 13 ff.).[18] Der Gesetzgeber wollte die Wirkungen des § 354a ausdrücklich auf den kaufmännischen Verkehr beschränken.[19] Zudem besitzen Freiberufler und Kleingewerbetreibende typischerweise nicht die qualifizierte Durchsetzungsstärke bei der Vereinbarung von Abtretungsausschlüssen, die den Hintergrund der Regelung des § 354a bildet (→ Rn. 1).[20] Folglich fehlt es für eine analoge Erstreckung auf nicht-kaufmännische Schuldner sowohl an einer planwidrigen Regelungslücke als auch an einer teleologischen Vergleichbarkeit, sodass an dem Erfordernis eines kaufmännischen Schuldners festzuhalten ist. Eine Ausnahme kommt lediglich in dem Sonderfall einer Arbeitsgemeinschaft im Baugewerbe (ARGE) in Betracht,[21] wenn deren Mitglieder sämtlich Kaufleute sind, während die ARGE selbst aufgrund ihrer nur vorübergehenden unternehmerischen Tätigkeit nicht die Voraussetzungen eines Gewerbebetriebs erfüllt und daher als GbR anzusehen ist (→ § 1 Rn. 21 mwN).

6 Problematischer gestaltet sich die Frage, ob § 354a über seinen Wortlaut hinaus zugunsten eines **nicht-kaufmännischen Zedenten** analog angewendet werden kann, wenn der Schuldner Kaufmann ist. Die Rspr. verneint auch dies.[22] Sofern es sich bei dem Zedenten um einen **Verbraucher** handelt, mag die Nichtanwendbarkeit aus praktischer Sicht hinnehmbar sein, weil für ihn kein mit dem Handelsverkehr vergleichbares Bedürfnis nach einer Verwertbarkeit der Forderung besteht.[23] Wertungsmäßig problematisch erscheint die Zulässigkeit von Abtretungsausschlüssen hingegen bei **Freiberuflern** und nicht-eingetragenen **Kleingewerbetreibenden.** Letztere werden allerdings zum Teil über die oa Verweisungen (→ Rn. 3) von § 354a erfasst. Im Übrigen vermag die eingeschränkte Fassung der Norm zwar rechtspolitisch nicht zu überzeugen.[24] Dem klaren Wortlaut entspricht jedoch ein ebenso eindeutiger Wille des Gesetzgebers, nur den kaufmännischen Verkehr erfassen zu wollen.[25] Diese Vorgaben sind für die Rechtsanwendung verbindlich und schließen eine Analogie aus.[26] Insbesondere hat sich die wirtschaftliche Lage der Freiberufler und Kleingewerbetreibenden seit dem Erlass der Vorschrift im Jahr 1994 nicht so gravierend verändert, dass von einer Unbeachtlichkeit des gesetzgeberischen Willens ausgegangen werden könnte. Schließlich stellt das Erfordernis einer Kaufmannseigenschaft des Zedenten auch keinen

---

[15] Vor allem Staub/Canaris, 4. Aufl. 2004, Rn. 6, 20 ff.; ähnlich Baukelmann FS Brandner, 1996, 201; Lieder, Die rechtsgeschäftliche Sukzession, 2015, 201 ff.

[16] BGH 13.7.2006, NJW 2006, 3486 Rn. 10 ff. mAnm v. Westphalen; zust. GK-HGB/B. Schmidt Rn. 8; Heymann/Horn Rn. 14.

[17] BT-Drs. 12/7912, 25.

[18] Ausf. Siems, Kaufmannsbegriff und Rechtsfortbildung, 2003; Canaris HandelsR § 21; K. Schmidt HandelsR §§ 2 ff.

[19] BT-Drs. 12/7912, 25.

[20] Zust. BeckOGK/Feldhusen, 1.11.2025, Rn. 58; krit. aber Staub/Canaris, 4. Aufl. 2004, Rn. 23.

[21] Vgl. Piekenbrock NJW 2007, 1247 (1248 f.); MüKoHGB/Langenbucher Rn. 13 mit Fn. 47; **aA** OLG Karlsruhe 7.3.2006, BauR 2006, 1190.

[22] BGH 13.7.2006, NJW 2006, 3486 Rn. 11 – insoweit allerdings nur in einem obiter dictum; iErg ebenso GK-HGB/B. Schmidt Rn. 8; Heymann/Horn Rn. 14.

[23] K. Schmidt FS Schimansky, 1999, 504 f.; krit. Lieder, Die rechtsgeschäftliche Sukzession, 2015, 203; Ebenroth/Boujong/E. Wagner Rn. 10; Staub/Canaris, 4. Aufl. 2004, Rn. 22; vgl. auch Maultzsch FS Baums, Bd. II, 2017, 795.

[24] Eingehend Staub/Canaris, 4. Aufl. 2004, Rn. 21 f.; MüKoHGB/K. Schmidt, 4. Aufl. 2018, Rn. 8.

[25] Vgl. BT-Drs. 12/7912, 25.

[26] OLG Frankfurt 1.4.2021, IBR 2022, 412; Heymann/Horn Rn. 14; RGHMW/Steimle/Dornieden Rn. 8; **aA** Lieder, Die rechtsgeschäftliche Sukzession, 2015, 202; Staub/Canaris, 4. Aufl. 2004, Rn. 21 f.

Verstoß gegen Art. 3 Abs. 1 GG dar.[27] Dies würde eine objektiv willkürliche Differenzierung voraussetzen.[28] Jedoch handelt es sich bei der Frage, ob und inwieweit nicht-kaufmännische Unternehmer dem Regime des Handelsrechts zu unterstellen sind, um ein komplexes Problem, das eine Gesamtabwägung erfordert und nicht isoliert auf die Anwendbarkeit des § 354a begrenzt werden darf. Mit der getroffenen Entscheidung hat der Gesetzgeber daher die Willkürgrenze nicht überschritten.

Zusammenfassend bleibt somit festzuhalten, dass § 354a auf Rechtsgeschäfte, die nicht die Voraussetzungen eines beiderseitigen Handelsgeschäfts erfüllen, keine Anwendung findet. 7

c) Rechtsverkehr mit der öffentlichen Hand. Außerhalb beiderseitiger Handelsgeschäfte sind die Regelungen des § 354a einschlägig, wenn der Schuldner eine juristische Person des öffentlichen Rechts oder ein öffentlich-rechtliches Sondervermögen ist. Auch hier muss allerdings der Zedent Kaufmann sein, da anderenfalls der Anwendungsbereich der §§ 343 ff. nicht eröffnet ist.[29] 8

d) Bereichsausnahme für Bankdarlehen (Abs. 2). Nach § 354a Abs. 2 gelten die in Abs. 1 enthaltenen Einschränkungen von Abtretungsausschlüssen nicht für Forderungen aus Darlehensverträgen gemäß den §§ 488 ff. BGB, deren Gläubiger ein Kreditinstitut iSd KWG ist. Diese Regelung wurde durch Gesetz vom 12.8.2008 (BGBl. 2008 I 1666) eingefügt[30] und ist gem. Art. 64 EGHGB auf Vereinbarungen anzuwenden, die nach diesem Datum geschlossen wurden. Sie bezweckt den **Schutz von Kreditschuldnern** vor den Risiken, die sich aus der zunehmenden Praxis der Kreditinstitute ergeben, (Unternehmens-)Kredite an Dritte, insbesondere an Finanzinvestoren, zu veräußern.[31] Dieser Praxis stehen das Bankgeheimnis sowie datenschutzrechtliche Vorschriften regelmäßig nicht entgegen.[32] Vor diesem Hintergrund kann sich ein Kreditschuldner nur durch die Vereinbarung eines Abtretungsausschlusses vor einer Übertragung der gegen ihn gerichteten Forderung schützen. Für kaufmännische Schuldner und Schulden der öffentlichen Hand[33] scheiterte diese Lösung jedoch bis zur Neuregelung des § 354a Abs. 2 wiederum an § 354a Abs. 1. Obwohl auch Kreditinstitute aufgrund der bestehenden Eigenkapitalvorschriften („Basel IV") infolge von Abtretungsausschlüssen durchaus in eine „Liquiditätsblockade" geraten können (→ Rn. 1),[34] ging der Gesetzgeber bei der Neuregelung davon aus, dass diese Institute bei der Vergabe von Krediten in der Regel über eine ausreichende Verhandlungsstärke verfügen, um ihre Interessen im Rahmen einer **rein privatautonomen Lösung** hinreichend durchzusetzen.[35] Eine Rückausnahme enthält lediglich § 16 FMStBG aF bzw. jetzt § 20 WStBG für die Übertragung von risikobehafteten Kreditforderungen durch Kreditinstitute auf den **Finanzmarktstabilisierungsfonds (FMS).** Um in die Krise geratene Kreditinstitute umfassend stabilisieren zu können, steht ein Abtretungsausschluss nach § 399 Alt. 2 BGB einer Übertragung von Kreditforderungen an den FMS nicht entgegen (§ 16 Abs. 1 S. 2 FMStBG aF bzw. § 20 Abs. 1 S. 2 WStBG) und findet § 354a Abs. 2 HGB in dieser Konstellation keine Anwendung (§ 16 Abs. 1 S. 5 FMStBG aF bzw. § 20 Abs. 1 S. 5 WStBG).[36] Mit der Auflösung des FMS zum Ende des Jahres 2015 hat diese Regelung jedoch für die Zukunft ihre Bedeutung verloren. 9

Problematisch erscheint der Fall, in dem das Kreditinstitut iSd KWG nicht selbst **Partei des Darlehensvertrags** ist, sondern lediglich Zessionar einer durch beiderseitiges Handelsgeschäft begründeten Darlehensforderung und diese Forderung nun erneut abtreten möchte. Für diese weitere 10

[27] Seggewiße NJW 2008, 3256 f.; Heymann/Horn Rn. 14; RGHMW/Steimle/Dornieden Rn. 8; **aA** vor allem Staub/Canaris, 4. Aufl. 2004, Rn. 21 f.; Lettl JA 2010, 109 (110); KKD/Roth/Huber Rn. 2; wohl auch Bruns WM 2000, 505 (508).

[28] BVerfG 5.10.1993, BVerfGE 89, 132 (141) = NJW 1994, 1465; Sachs/Nußberger, 9. Aufl. 2021, GG Art. 3 Rn. 8 ff.

[29] IErg auch A. Bauer, § 354a HGB – eine geglückte gesetzgeberische Lösung eines rechtspolitischen Problems?, 2001, 80 ff.; GK-HGB/B. Schmidt Rn. 8; KKD/Roth/Huber Rn. 2; RGHMW/Steimle/Dornieden Rn. 9; **aA** E. Wagner WM 1996, Sonderbeilage Nr. 1, 1 (9); BeckOGK/Feldhusen, 1.11.2025, Rn. 62 f.; BeckOK HGB/Lehmann-Richter, 48. Ed. 1.10.2025, Rn. 15.

[30] Zur Gesetzgebungsgeschichte Nefzger, Vertragliche Abtretungsverbote, 2013, 159 ff.

[31] BT-Drs. 16/7438, 9; R. Koch ZBB 2008, 232 (237); BeckOGK/Feldhusen, 1.11.2025, Rn. 129; BeckOK HGB/Lehmann-Richter, 48. Ed. 1.10.2025, Rn. 6; MüKoHGB/Langenbucher Rn. 44; K. Schmidt HandelsR § 22 Rn. 34 f.

[32] Zu weiteren Einzelheiten BGH 27.2.2007, BGHZ 171, 180 = NJW 2007, 2106; Früh FS Hopt, Bd. II, 2010, 1831 f.; Metzing FS Rauscher, 2025, 373 f.

[33] Auch zu deren Gunsten findet die Ausnahmeregelung des § 354a Abs. 2 Anwendung: Ebenroth/Boujong/E. Wagner Rn. 3b; MüKoHGB/Langenbucher Rn. 45; **aA** Lieder Journal of Commercial and Intellectual Property Law 2017, 83 (88 f.); Nefzger, Vertragliche Abtretungsverbote, 2013, 172 f.

[34] Vgl. Früh FS Hopt, Bd. II, 2010, 1824; Ebenroth/Boujong/E. Wagner Rn. 20a.

[35] Krit. hierzu Lieder Journal of Commercial and Intellectual Property Law 2017, 83 (89 f.); R. Stürner ZHR 173 (2009), 363 (371).

[36] Hierzu Früh FS Hopt, Bd. II, 2010, 1842; Ebenroth/Boujong/E. Wagner Rn. 20b.

Zession wäre zwar der Wortlaut des § 354a Abs. 2 erfüllt. Der dargelegte Regelungshintergrund der Norm, der nur Darlehen betrifft, die bereits ursprünglich durch ein Kreditinstitut vergeben wurden, spricht hier aber für eine teleologische Reduktion des § 354a Abs. 2 und damit für eine Anwendung des § 354a Abs. 1 auch auf die weitere Abtretung durch die Bank.[37]

11 **3. Rechtsgeschäftlicher Abtretungsausschluss.** Der Abtretungsausschluss muss auf einer Vereinbarung zwischen den Parteien des forderungsbegründenden Geschäfts gem. § 399 Alt. 2 BGB beruhen. Gesetzliche Abtretungsausschlüsse, zB nach § 399 Alt. 1 BGB oder § 400 BGB, werden hingegen von § 354a nicht erfasst.[38] Dies gilt im Ergebnis auch für den **kontokorrentrechtlichen Abtretungsausschluss.**[39] Dieser Ausschluss beruht zwar auf einer vertraglichen Vereinbarung iSd § 399 Alt. 2 BGB, die in der Kontokorrentvereinbarung enthalten ist (→ § 355 Rn. 39). Jedoch beansprucht der anerkennenswerte Zweck eines Kontokorrents, die Geschäftsbeziehungen der Parteien durch eine Bindung der beiderseitigen Forderungen zu vereinfachen, Vorrang vor der Regelung des § 354a, die auf einen isolierten Abtretungsausschluss und nicht auf eine umfassende Kontokorrentbindung zugeschnitten ist.[40] Folgerichtig ist § 354a für kontokorrentgebundene Forderungen teleologisch zu reduzieren und kann nur dann ausnahmsweise angewendet werden, wenn die Kontokorrentvereinbarung gerade dem Zweck dient, die Regelung des § 354a zu umgehen.[41]

III. Rechtsfolgen

12 **1. Wirksamkeit der Abtretung.** Eine von § 354a Abs. 1 S. 1 erfasste Abtretung ist trotz des Abtretungsausschlusses voll wirksam.[42] Der Zessionar wird somit gem. § 398 S. 2 BGB auch im Verhältnis zum Schuldner neuer Gläubiger. Entsprechend ist ein Übergang der Forderung im Wege einer **Legalzession** auch insoweit möglich, als ein solcher Übergang nach der allgemeinen Vorschrift des § 412 BGB an § 399 Alt. 2 BGB scheitern würde.[43] Soweit das Wahlrecht des Schuldners aus § 354a Abs. 1 S. 2 reicht (→ Rn. 14 ff.), ist der Anspruch des Zessionars auf eine **alternative Leistung** an ihn oder an den Zedenten gerichtet. Dieser Umstand muss nach der neueren Rspr. jedoch bei der Formulierung eines Klageantrags nicht gesondert berücksichtigt werden, sodass eine Klage des Zessionars, mit der dieser ohne einen separaten Vorbehalt des Wahlrechts eine Zahlung an sich fordert, nicht teilweise unbegründet ist.[44] Die Forderung kann im Wege der **Einzel- und Gesamtvollstreckung** von den Gläubigern des Zessionars in Anspruch genommen werden.[45] Eine **Pfändung und Überweisung** der Forderung durch Gläubiger des Zedenten geht folgerichtig ins Leere und ist – unbeschadet eines Rechtsscheinschutzes zugunsten des Schuldners nach § 408 Abs. 2 BGB – unwirksam.[46] Aus Gründen der Klarstellung kann der Zessionar jedoch **Drittwiderspruchsklage** nach § 771 ZPO erheben.[47] Im Fall der **Insolvenz** des Zedenten gehört die abgetretene Forderung im Grundsatz nicht mehr zur Insolvenzmasse (→ Rn. 17), sodass ein **Aussonderungsrecht** des Zessionars nach § 47 InsO wiederum keine konstitutive Wirkung entfaltet, sondern allenfalls aus Klarstellungsgründen besteht.[48] Handelt es sich bei der Zession hingegen um eine **Sicherungszession,** gehört die Forderung im insolvenzrechtlichen Sinn noch zum Vermögen des

---

[37] Maultzsch FS Baums, Bd. II, 2017, 795 f.; zust. Lieder Journal of Commercial and Intellectual Property Law 2017, 83 (88); Metzing FS Rauscher, 2025, 373; BeckOGK/Feldhusen, 1.11.2025, Rn. 132; BeckOK HGB/Lehmann-Richter, 48. Ed. 1.10.2025, Rn. 19; MüKoHGB/Langenbucher Rn. 45.

[38] BeckOGK/Feldhusen, 1.11.2025, Rn. 83; MüKoHGB/Langenbucher Rn. 20.

[39] BGH 26.6.2002, NJW 2002, 2865 (2866); MüKoHGB/Langenbucher Rn. 19; RGHMW/Steimle/Dorniden Rn. 12; Staub/Canaris, 4. Aufl. 2004, Rn. 9.

[40] Maultzsch FS Baums, Bd. II, 2017, 793; Ebenroth/Boujong/E. Wagner Rn. 7; Heymann/Horn Rn. 4; iErg auch MüKoHGB/Langenbucher Rn. 19; Staub/Canaris, 4. Aufl. 2004, Rn. 9.

[41] Heymann/Horn Rn. 4; iErg für die Unanwendbarkeit des § 354a auf kontokorrentgebundene Forderungen auch BeckOGK/Feldhusen, 1.11.2025, Rn. 95; MüKoHGB/Langenbucher Rn. 19; K. Schmidt HandelsR § 22 Rn. 25.

[42] v. Olshausen ZIP 1995, 1950 (1953); Klein, Vertragliche Abtretungsverbote im multilateralen Rechtsvergleich, 2022, 162 f.; BeckOGK/Feldhusen, 1.11.2025, Rn. 98; Staub/Canaris, 4. Aufl. 2004, Rn. 4 f.

[43] Vgl. zu Letzterem Staudinger/Busche, 2022, BGB § 399 Rn. 75.

[44] BGH 25.11.2010, NJW 2011, 443 Rn. 17; K. Schmidt FS Schimansky, 1999, 514 f.; **aA** noch BGH 26.6.2002, NJW 2002, 2865 (2866); Hopt/Leyens Rn. 2; Canaris HandelsR § 26 Rn. 20.

[45] Bruns WM 2000, 505 (512); BeckOGK/Feldhusen, 1.11.2025, Rn. 102; Staub/Canaris, 4. Aufl. 2004, Rn. 19.

[46] Statt aller MüKoZPO/Smid ZPO § 829 Rn. 9.

[47] Bruns WM 2000, 505 (510); BeckOGK/Feldhusen, 1.11.2025, Rn. 103; Ebenroth/Boujong/E. Wagner Rn. 24; Heymann/Horn Rn. 7; Staub/Canaris, 4. Aufl. 2004, Rn. 18.

[48] Vgl. MüKoInsO/Ganter InsO § 47 Rn. 43; Gundlach/Frenzel/N. Schmidt KTS 2000, 519 (522); BeckOGK/Feldhusen, 1.11.2025, Rn. 102.

Zedenten,[49] sodass es einer konstitutiven **Absonderung** durch den Zessionar nach § 51 Nr. 1 InsO bedarf.

2. Unwirksamkeit anderweitiger Gläubigerbindungen. Die von § 354a Abs. 1 S. 1 bezweckte wirtschaftliche Betätigungsfreiheit des Zedenten kann nicht nur durch einen Abtretungsausschluss behindert werden. Gleich stehen Vereinbarungen, die eine Abtretung zwar zulassen, aber **von besonderen Voraussetzungen abhängig machen** (Form-, Anzeige-, Zustimmungserfordernisse etc).[50] Auch rein **schuldrechtlich wirkende Bindungen** des Zedenten gegenüber dem Schuldner, wie etwa eine Schadensersatzpflicht oder eine Vertragsstrafe im Fall der Abtretung, sind entsprechend § 354a Abs. 1 S. 1 und 3 ebenfalls unwirksam, sofern sie die Abtretbarkeit erheblich erschweren.[51] 13

3. Wahlrecht des Schuldners (Abs. 1 S. 2). a) Allgemeines. Zur Wahrung der Interessen des Schuldners sieht § 354a Abs. 1 S. 2 vor, dass dieser trotz wirksamer Abtretung mit befreiender Wirkung an den Zedenten leisten kann, wenn er einen Abtretungsausschluss iSd § 399 Alt. 2 BGB vereinbart hatte.[52] Dem Zedenten steht zwar kein Forderungsrecht mehr zu, doch bleibt er gegenüber dem Schuldner **empfangszuständig,**[53] sodass diesem eine **facultas alternativa** in Bezug auf die Leistung an den ursprünglichen oder den neuen Gläubiger eingeräumt wird.[54] Der Schuldner kann sein Wahlrecht vor einer Leistung an den Zedenten auch einredeweise gegenüber dem Zessionar geltend machen.[55] Die Regelung des § 354a Abs. 1 S. 2 ist dabei weniger geboten, um den Schuldner vor Unklarheiten über die Person des Gläubigers zu schützen, da insoweit bereits § 407 BGB eine angemessene Lösung enthält.[56] Vielmehr ging es dem Gesetzgeber vorrangig um das Interesse des Schuldners an einem möglichst einfachen und planbaren Kreditorenverkehr, das auch dann noch einschlägig ist, wenn der Schuldner bereits von der Abtretung Kenntnis erlangt hat.[57] Aufgrund dieser Ratio des § 354a Abs. 1 S. 2 sind Normen, die wie zB § 1156 S. 1 BGB die Anwendbarkeit des § 407 BGB gerade deshalb ausschließen, weil das Vertrauen des Schuldners auf eine fortbestehende Gläubigerstellung des Zedenten nicht schutzwürdig erscheint, auf das Wahlrecht aus § 354a Abs. 1 S. 2 nicht übertragbar.[58] Kritisch zu beurteilen ist darüber hinaus die Annahme, durch § 354a Abs. 1 S. 2 solle auch das etwaige Interesse des Schuldners geschützt werden, dem Zedenten im Zuge einer fortbestehenden Geschäftsverbindung unmittelbar Liquidität zuführen zu können.[59] Denn insoweit würde es sich nicht um eine bloße Einschränkung des § 354a Abs. 1 S. 1 handeln, sondern um einen direkten Widerspruch zu dieser Norm, die die Handlungsfreiheit des Zedenten gerade über das Liquiditätsbindungsinteresse des Schuldners stellt. 14

Generell bereitet die **Wahlmöglichkeit** des Schuldners in der praktischen Rechtsanwendung erhebliche Schwierigkeiten, da sie in verschiedener Hinsicht zu **Friktionen** mit dem Grundanliegen des § 354a Abs. 1 S. 1 führt, die Forderung dem Vermögen des Zessionars zuzuweisen. Eine extensive Anwendung des § 354a Abs. 1 S. 2 droht daher Ergebnisse zu bewirken, die faktisch einem Abtre- 15

---

[49] MüKoInsO/Ganter InsO § 51 Rn. 4 ff.

[50] BGH 26.1.2005, NJW-RR 2005, 624 (626); OLG Köln 20.1.2006, WM 2006, 1144 (1145); Nefzger, Vertragliche Abtretungsverbote, 2013, 144 f.; Hopt/Leyens Rn. 1; MüKoHGB/Langenbucher Rn. 17; **aA** für Anzeigeerfordernisse OLG Schleswig 8.11.2000, NJW-RR 2001, 818 (819 f.); für Anzeige- und Formerfordernisse BeckOK HGB/Lehmann-Richter, 48. Ed. 1.10.2025, Rn. 17.

[51] Hoffmann WM 2022, 945 (951); Metzing FS Rauscher, 2025, 372; Heymann/Horn Rn. 13; MüKoHGB/Langenbucher Rn. 18; RGHMW/Steimle/Dornieden Rn. 14; **aA** Basedow ZEuP 1997, 615 (634); Klein, Vertragliche Abtretungsverbote im multilateralen Rechtsvergleich, 2022, 165.

[52] Auch insoweit stehen sonstige Gläubigerbindungen einem Abtretungsausschluss gleich, → Rn. 13; Heymann/Horn Rn. 9.

[53] BeckOGK/Feldhusen, 1.11.2025, Rn. 108; BeckOK HGB/Lehmann-Richter, 48. Ed. 1.10.2025, Rn. 23; Ebenroth/Boujong/E. Wagner Rn. 12; MüKoHGB/Langenbucher Rn. 25; Heymann/Horn Rn. 8; Canaris HandelsR § 26 Rn. 19.

[54] Staub/Canaris, 4. Aufl. 2004, Rn. 11.

[55] Zu Einzelheiten Bruns WM 2000, 505 (510) mwN.

[56] Vgl. Stamm JZ 2022, 1093 (1094 f.); krit. insoweit allerdings E. Wagner WM 2010, 202 (206); Staub/Canaris, 4. Aufl. 2004, Rn. 13.

[57] *BT-Drs. 12/7912, 25.*

[58] Maultzsch FS Baums, Bd. II, 2017, 797; GK-HGB/B. Schmidt Rn. 14; **aA** Thomale WM 2007, 1916 (1917 f.); BeckOGK/Feldhusen, 1.11.2025, Rn. 106; Ebenroth/Boujong/E. Wagner Rn. 21 und MüKoBGB/Lieder BGB § 1156 Rn. 12, die allerdings nicht berücksichtigen, dass ein Schutz des Hypothekenzessionars gegenüber einer Leistung an den Zedenten nur dann geboten ist, wenn der Abtretungsausschluss weder im Grundbuch noch auf dem Hypothekenbrief vermerkt wurde und dass in diesem Fall bereits die §§ 1138, 1140 BGB eingreifen.

[59] So Lettl JA 2010, 109 (111); Nefzger, Vertragliche Abtretungsverbote, 2013, 213; Staub/Canaris, 4. Aufl. 2004, Rn. 13; wie hier wohl K. Schmidt FS Schimansky, 1999, 513 f.

tungsausschluss iSd § 399 Alt. 2 BGB nahe kommen (zu verbleibenden Unterschieden aber → Rn. 22). Vor diesem Hintergrund erscheint eine Auslegung des § 354a Abs. 1 S. 2 vorzugswürdig, die die Wirkungen der Norm einerseits auf solche Rechtshandlungen des Schuldners begrenzt, die er unmittelbar gegenüber dem Zedenten vornimmt, die aber andererseits die daraus resultierenden Befugnisse des Schuldners nicht zusätzlich noch einer umfangreichen „Billigkeitskontrolle" unterzieht. Auf diesem Wege wird – soweit als möglich – sowohl die einfache und klare Handhabbarkeit der Norm gewährleistet als auch dem Grundanliegen des § 354a Rechnung getragen, nach dem die Forderung im Fall einer Einzel- oder Gesamtvollstreckung nicht mehr dem Vermögen des Zedenten, sondern demjenigen des Zessionars zugerechnet werden soll. Im Einzelnen führt dies zu den folgenden Konsequenzen:[60]

16 **b) Erfüllung.** Nach § 354a Abs. 1 S. 2 kann der Schuldner durch eine Leistung an den Zedenten gem. § 362 Abs. 1 BGB mit Wirkung gegenüber dem Zessionar erfüllen. Die Kenntnis des Schuldners von der Abtretung ist in Abgrenzung zu § 407 BGB unerheblich (aber → Rn. 21 f. zu Einschränkungsversuchen).[61] Umgekehrt steht dem Schuldner, der sich zu einer Leistung an den Zedenten entschlossen hat, anders als bei § 407 BGB,[62] kein Recht zu, die Leistung von dem Zedenten zu kondizieren und dann doch noch an den Zessionar zu leisten.[63] Das Wahlrecht des § 354a Abs. 1 S. 2 ist auch dann noch gegeben, wenn der Schuldner bereits rechtskräftig zur Leistung an den Zessionar verurteilt wurde; § 767 Abs. 2 ZPO steht dem nicht entgegen, da den maßgeblichen Zeitpunkt für die Beurteilung der Präklusion erst die Erfüllungshandlung gegenüber dem Zedenten und nicht bereits deren Möglichkeit darstellt.[64] Eine Erfüllungswirkung kommt der Leistung an den Zedenten selbst dann zu, wenn die Empfangszuständigkeit des Zessionars durch eine **Einzelzwangsvollstreckung** bzw. **Insolvenz** auf dessen Gläubiger bzw. den Insolvenzverwalter übergegangen ist.[65] Hingegen kann der Schuldner selbst dann nicht mit befreiender Wirkung gegenüber dem Zessionar iSd § 354a Abs. 1 S. 2 iVm § 362 Abs. 2 BGB an einen Dritten leisten, wenn der Zedent diesem Dritten seinerseits eine **Empfangsermächtigung** erteilt hat.[66] Eine derartige Leistung an Dritte ist weder vom Wortlaut noch vom Schutzzweck des § 354a Abs. 1 S. 2 gedeckt, der dem Schuldner lediglich die Pflicht zur Auseinandersetzung mit einem anderen als dem ursprünglichen Gläubiger ersparen will. Vielmehr käme die Anwendung des § 362 Abs. 2 BGB jedenfalls im Verhältnis zu dem Zessionar einem Recht des Zedenten zu einer weiteren Verfügung über die Forderung nahe, was § 354a Abs. 1 S. 1 gerade ausschließen will.[67]

17 Die Empfangszuständigkeit des Zedenten kann daher auch nicht durch dessen Gläubiger im Wege der **Einzelzwangsvollstreckung** gepfändet und hierdurch eine Leistung des Schuldners an den Pfändungsgläubiger bewirkt werden (vgl. § 857 Abs. 3 ZPO).[68] Dementsprechend gestattet das Wahlrecht in der **Insolvenz** des Zedenten entgegen der hL[69] auch grundsätzlich keine Zahlung an den Insolvenzverwalter.[70] Einzig für den Fall der **Sicherungszession** ist eine Leistung in die Insolvenzmasse möglich; dies beruht jedoch nicht auf § 354a Abs. 1 S. 2, sondern auf dem Einziehungsrecht des Insolvenzverwalters aus **§ 166 Abs. 2 InsO.**[71] Für die übrigen Fälle folgt die Unanwendbarkeit des § 354a Abs. 1 S. 2 nicht erst aus § 242 BGB (→ Rn. 21 f.), sondern bereits aus einer Auslegung der Norm. Dabei lässt sich aus den Gesetzesmaterialien kein Argument für die Anwendbarkeit des § 354a Abs. 1 S. 2 in der Insolvenz des Zedenten ableiten, da die Materialien nur die Leistung an den Zedenten bei einer späteren Insolvenz desselben erwähnen, nicht aber die Leistung an den Insolvenzverwalter nach eingetretener Insolvenz.[72] Der einheitliche Grund für die Nichterstreckung des § 354a Abs. 1 S. 2 auf Leistungen an etwaige Pfändungsgläubiger oder an den Insolvenzverwalter

---

[60] Vgl. auch Maultzsch FS Baums, Bd. II, 2017, 798 ff.

[61] BGH 26.1.2005, NJW-RR 2005, 624 (626); 22.1.2015, K&R 2015, 258 Rn. 19; 21.3.2018, NJW 2018, 2254 Rn. 44; Heymann/Horn Rn. 10; Hopt/Leyens Rn. 2; RGHMW/Steimle/Dornieden Rn. 15; Staub/Canaris, 4. Aufl. 2004, Rn. 13.

[62] Dazu MüKoBGB/Kieninger BGB § 407 Rn. 10 f.

[63] BeckOGK/Feldhusen, 1.11.2025, Rn. 111; KKD/Roth/Huber Rn. 3.

[64] BeckOGK/Feldhusen, 1.11.2025, Rn. 107; MüKoHGB/Langenbucher Rn. 37; **aA** wohl Bruns WM 2000, 505 (510).

[65] Bruns WM 2000, 505 (511 f.); v. Olshausen ZIP 1995, 1950 (1962 f.); K. Schmidt FS Schimansky, 1999, 516; MüKoHGB/Langenbucher Rn. 37, 40; Staub/Canaris, 4. Aufl. 2004, Rn. 19.

[66] Zust. Nefzger, Vertragliche Abtretungsverbote, 2013, 188.

[67] Vgl. Ebenroth/Boujong/E. Wagner Rn. 13; Heymann/Horn Rn. 8; MüKoHGB/Langenbucher Rn. 32.

[68] Zust. Nefzger, Vertragliche Abtretungsverbote, 2013, 188 f.

[69] v. Olshausen ZIP 1995, 1950 (1961 f.); Saar ZIP 1999, 988 (994); GK-HGB/B. Schmidt Rn. 11.

[70] Zust. BeckOGK/Feldhusen, 1.11.2025, Rn. 109.

[71] Canaris HandelsR § 26 Rn. 30; ausf. Gundlach/Frenzel/N. Schmidt KTS 2000, 519 (523 ff.) mwN.

[72] Vgl. BT-Drs. 12/7912, 25.

des Zedenten besteht darin, dass die Norm dem Schuldner nach der hier vertretenen Auffassung nur Rechtshandlungen ermöglichen soll, die unmittelbar gegenüber dem Zedenten vorgenommen werden. Wenn hingegen durch einzel- oder gesamtvollstreckungsrechtliche Maßnahmen bereits unabhängig von der Abtretung eine andere Person als der ursprüngliche Gläubiger zum Leistungsadressaten würde, ist das durch das Wahlrecht geschützte Interesse des Schuldners an einer Kontinuität der Erfüllungsbeziehung ohnehin hinfällig geworden. Dass den Schuldner eine Leistung an einen Pfändungsgläubiger oder an den Insolvenzverwalter gegenüber dem Zedenten befreien würde, wenn dieser noch vollwertiger Gläubiger wäre, ist unerheblich, da vorliegend die Grenzen in Rede stehen, in denen die Erfüllung entgegen § 354a Abs. 1 S. 1 iVm § 398 S. 2 BGB auch gegenüber dem Zessionar wirksam ist. Möglich bleibt im Fall der Einzel- oder Gesamtvollstreckung gegen den Zedenten allerdings eine befreiende Leistung nach den § 407 BGB, § 408 Abs. 2 BGB, sofern der Schuldner von der Abtretung keine Kenntnis hat.[73]

Soweit der Schuldner nach dem Gesagten durch eine Erfüllung an den Zedenten von der Schuld frei geworden ist, bedarf es eines **schuldrechtlichen Ausgleichs** zwischen dem Zedenten und dem Zessionar.[74] Da der Zedent im Verhältnis zu dem Zessionar aufgrund der wirksamen Abtretung Nichtberechtigter ist, muss er das Erlangte nach § 816 Abs. 2 BGB an den Zessionar abführen (bzw. an einen etwaigen Pfändungsgläubiger oder Insolvenzverwalter des Zessionars). In der Insolvenz des Zedenten gibt dieser Anspruch dem Zessionar ein Ersatzaussonderungsrecht analog § 48 S. 2 InsO, sofern der durch den Schuldner geleistete Gegenstand in der Masse unterscheidbar vorhanden ist.[75] Daneben treten etwaige Ansprüche des Zessionars gegen den Zedenten aus dem der Abtretung zugrundeliegenden Kausalverhältnis. Angesichts der Möglichkeit einer befreienden Leistung des Schuldners an den Zedenten nach § 354a Abs. 1 S. 2 besteht auch bereits bei der Begründung dieses Kausalverhältnisses eine Pflicht des Zedenten, den Zessionar auf den Abtretungsausschluss hinzuweisen.[76] 18

c) Erfüllungssurrogate und Zahlungsvereinbarungen. Das Wahlrecht aus § 354a Abs. 1 S. 2 gilt analog für eine **Leistung an Erfüllungs statt**[77] und eine **Aufrechnung,**[78] die der Schuldner daher unabhängig von § 406 BGB mit einer Forderung gegen den Zedenten erklären kann.[79] Hingegen verneint der BGH die Möglichkeit eines **Vergleichs** und eines **Erlassvertrags** zwischen dem Schuldner und dem Zedenten.[80] Hierbei handele es sich um eine unzulässige Verfügung des Zedenten über die Forderung.[81] Dies überzeugt allerdings aus systematischer Sicht bereits deswegen nicht, weil auch die durch den BGH obiter dictum ausdrücklich zugelassene Annahme an Erfüllungs statt eine solche Verfügung in Gestalt einer Schuldänderung enthält.[82] Darüber hinaus wäre der Zweck des Wahlrechts, dem Schuldner keine Auseinandersetzung mit einem Dritten aufzudrängen, erheblich beeinträchtigt, wenn er mit seinem ursprünglichen Gläubiger keine streitbereinigenden Vergleiche schließen könnte.[83] Gerade in komplexen Problemlagen (zB Mängelstreitigkeiten bei Bauverträgen) werden die kontroversen Punkte am zweckmäßigsten einheitlich unter den Vertragsparteien bereinigt, anstatt die Unsicherheiten über § 404 BGB in das Rechtsverhältnis zu einem Zessionar zu tragen.[84] 19

[73] Maultzsch FS Baums, Bd. II, 2017, 799; BeckOGK/Feldhusen, 1.11.2025, Rn. 109.

[74] Ebenroth/Boujong/E. Wagner Rn. 12; Staub/Canaris, 4. Aufl. 2004, Rn. 17; restriktiv jedoch BeckOGK/Feldhusen, 1.11.2025, Rn. 120 ff.

[75] Bruns WM 2000, 505 (512); Derleder BB 1999, 1561 (1564); v. Olshausen ZIP 1995, 1950 f.; A. Bauer, § 354a HGB – eine geglückte gesetzgeberische Lösung eines rechtspolitischen Problems?, 2001, 240 ff.; BeckOGK/Feldhusen, 1.11.2025, Rn. 125; Staudinger/Busche, 2022, BGB § 399 Rn. 71; **aA** E. Wagner WM 1996, Sonderbeilage Nr. 1, 1 (23).

[76] BGH 22.1.2015, K&R 2015, 258 Rn. 19.

[77] BGH 13.11.2008, BGHZ 178, 315 Rn. 20 = NJW 2009, 438; BeckOGK/Feldhusen, 1.11.2025, Rn. 112; Heymann/Horn Rn. 10; Staub/Canaris, 4. Aufl. 2004, Rn. 12.

[78] BGH 15.10.2003, NJW-RR 2004, 50 (51 f.); 26.1.2005, NJW-RR 2005, 624 (626); 13.11.2008, BGHZ 178, 315 Rn. 20 = NJW 2009, 438; 22.1.2015, K&R 2015, 258 Rn. 27; E. Wagner WM 2010, 202 (204); Ebenroth/Boujong/E. Wagner Rn. 17; Heymann/Horn Rn. 10; Hopt/Leyens Rn. 2; MüKoHGB/Langenbucher Rn. 27; Staub/Canaris, 4. Aufl. 2004, Rn. 12.

[79] BGH 22.1.2015, K&R 2015, 258 Rn. 19. Die Aufrechnungserklärung kann sowohl gegenüber dem Zedenten als auch gegenüber dem Zessionar erfolgen: BGH 26.1.2005, NJW-RR 2005, 624 (626).

[80] BGH 13.11.2008, BGHZ 178, 315 Rn. 16 ff. = NJW 2009, 438 für den Vergleich; 25.11.2010, NJW 2011, 443 Rn. 18 für Erlass und Vergleich; ebenso Bruns WM 2000, 505 (509); Derleder BB 1999, 1561 (1562); Lettl JA 2010, 109 (111 f.); Ludwig ZInsO 2015, 2164 (2165 f.); GK-HGB/B. Schmidt Rn. 11; Hopt/Leyens Rn. 2.

[81] BGH 13.11.2008, BGHZ 178, 315 Rn. 21 = NJW 2009, 438; **aA** noch die Vorinstanz OLG Jena 10.10.2007, BeckRS 2008, 3672.

[82] Allg. hierzu Gernhuber, Die Erfüllung und ihre Surrogate, 2. Aufl. 1994, § 10/3 mwN.

[83] E. Wagner WM 2010, 202 (206).

[84] Vgl. Rodemann IBR 2009, 67; Schwenker ZfBR 2009, 218 (222).

Aus diesen Gründen sind nach zutreffender Auffassung alle genannten Erfüllungssurrogate von § 354a Abs. 1 S. 2 analog erfasst.[85] Gleiches gilt folgerichtig für **Zahlungsvereinbarungen** wie zB Stundungen.[86] Entsprechend dem zu § 362 BGB Gesagten (→ Rn. 17), können Erfüllungssurrogate bzw. Zahlungsvereinbarungen mit einem **Pfändungsgläubiger** oder **Insolvenzverwalter** des Zedenten allerdings nicht nach § 354a Abs. 1 S. 2, sondern nur unter den Voraussetzungen der §§ 406–408 BGB mit Wirkung gegenüber dem Zessionar vorgenommen werden.

20 Für den **schuldrechtlichen Ausgleich** zwischen dem Zessionar und dem Zedenten sind wiederum § 816 Abs. 2 BGB und Ansprüche aus dem Kausalverhältnis der Zession einschlägig (→ Rn. 18). Soweit die Verfügung über die Forderung für den Schuldner unentgeltlich erfolgt (zB bei einem Erlass), steht dem Zessionar allerdings eine Direktkondiktion nach § 816 Abs. 1 S. 2 BGB gegen den Schuldner zu.[87]

21 **d) Einschränkung des Wahlrechts?** Wenn der Schuldner seine Wahlbefugnis aus § 354a Abs. 1 S. 2 ausnutzt, werden der Zessionar und dessen Drittgläubiger grundsätzlich mit dem Insolvenzrisiko des Zedenten belastet, da dann eine Realisierung des Vermögenswerts der Forderung, wie dargelegt (→ Rn. 18, 20), nur über schuldrechtliche Ansprüche gegen den Zedenten möglich ist (aber → Rn. 18 zu einem denkbaren Ersatzaussonderungsrecht). Dies hat in der Lit. zu Bestrebungen geführt, das Wahlrecht des Schuldners einzuschränken. So soll eine Zahlung an den Zedenten nach § 242 BGB unwirksam sein, wenn der Zessionar hierdurch „willkürlich" mit dem Durchleitungsrisiko belastet werde.[88] Eine solche willkürliche Ausübung des Wahlrechts durch den Schuldner liege insbesondere dann vor, wenn ihm eine Zahlung an den Zessionar aufgrund einer Offenlegung der Abtretung unschwer möglich sei und er auch kein anderweitiges legitimes Interesse an einer Leistung an den Zedenten habe.[89] Dementsprechend wird vertreten, dass der Schuldner nach der Offenlegung eines **verlängerten Eigentumsvorbehalts** grundsätzlich, dh vorbehaltlich eines besonderen Eigeninteresses, nicht mehr an den Zedenten, sondern nur noch an den Zessionar leisten dürfe.[90]

22 Diesen Bestrebungen zu einer weitreichenden Einschränkung des § 354a Abs. 1 S. 2 ist jedoch de lege lata nicht zu folgen.[91] Bei genauer Betrachtung handelt es sich hierbei nicht um Versuche, einzelne Fallkonstellationen von den Rechtsfolgen des § 354a Abs. 1 S. 2 auszunehmen, die dem Geist der Norm iSd § 242 BGB widersprechen, sondern um eine unzulässige Korrektur der Norm selbst. Denn diese gewährt dem Schuldner nach ihrer Struktur das Wahlrecht gerade **unabhängig von einem konkreten Eigeninteresse** an einer Leistung an den Zedenten. Es kann nicht Aufgabe der den § 354a Abs. 1 S. 2 anwendenden Gerichte sein, im Wege einer Abwägung aller Einzelfallgesichtspunkte zu ermitteln, ob ein hinreichendes Eigeninteresse des Schuldners für eine solche Leistung vorliegt. Dass durch die Weite des Wahlrechts die Verkehrsfähigkeit der Forderung zu großen Teilen frustriert wird, ist eine hinzunehmende rechtspolitische Entscheidung des Gesetzgebers. Immerhin wird die Gestaltungsmacht des Schuldners durch § 354a Abs. 1 im Vergleich mit § 399 Alt. 2 BGB insoweit beschnitten, als der Schuldner im Fall mehrfacher Zessionen nun nur noch entscheiden kann, ob er an den ursprünglichen Gläubiger leistet oder an den ersten Zessionar, nicht aber nach seinem Belieben jede Zession gem. § 185 Abs. 2 BGB genehmigen kann.[92] Darüber hinaus steht dem Zessionar, wenn der Schuldner gem. § 354a Abs. 1 S. 2 an den Zedenten leistet und dieser nachfolgend in Insolvenz fällt, analog § 48 S. 2 InsO ein Ersatzaussonderungsrecht zu (→ Rn. 18), was im Fall des § 399 Alt. 2 BGB nicht gegeben wäre. Mit diesem Interessenausgleich muss es in der Regel sein Bewenden haben. Eine Versagung des Wahlrechts nach § 242 BGB kommt daher nur in ganz evidenten Fällen eines Missbrauchs in Betracht. Dies wäre zB zu bejahen, wenn der Schuldner gegenüber dem Zessionar mit der Ausübung seines Wahlrechts droht, um einen Teilerlass der Forderung zu bewirken oder wenn die Insolvenz des Zedenten unmittelbar bevorsteht.

[85] Maultzsch FS Baums, Bd. II, 2017, 799 f.; Petersen Jura 2005, 680 (681); E. Wagner WM 2010, 202 (204 ff.); BeckOGK/Feldhusen, 1.11.2025, Rn. 115; BeckOK HGB/Lehmann-Richter, 48. Ed. 1.10.2025, Rn. 27; MüKoHGB/Langenbucher Rn. 30; Staub/Canaris Rn. 12.

[86] E. Wagner WM 2010, 202 (205); Lieder, Die rechtsgeschäftliche Sukzession, 2015, 200; Canaris HandelsR § 26 Rn. 27; **aA** BeckOGK/Feldhusen, 1.11.2025, Rn. 116.

[87] Staub/Canaris, 4. Aufl. 2004, Rn. 12.

[88] Staub/Canaris, 4. Aufl. 2004, Rn. 14; ähnlich MüKoHGB/K. Schmidt, 4. Aufl. 2018, Rn. 18.

[89] Staub/Canaris, 4. Aufl. 2004, Rn. 14 f.

[90] Derleder BB 1999, 1561 (1565 f.); Petersen Jura 2005, 680 (681); K. Schmidt NJW 1999, 400 (401); K. Schmidt FS Schimansky, 1999, 514; Staub/Canaris, 4. Aufl. 2004, Rn. 15.

[91] Zust. Nefzger, Vertragliche Abtretungsverbote, 2013, 211 f.; BeckOGK/Feldhusen, 1.11.2025, Rn. 117 ff.; restriktiv gegenüber einer Einschränkung des Wahlrechts auch Ebenroth/Boujong/E. Wagner Rn. 15; GK-HGB/B. Schmidt Rn. 10; Heymann/Horn Rn. 11; HK-HGB/Ruß Rn. 4; MüKoHGB/Langenbucher Rn. 34; zur Einschätzung de lege ferenda Maultzsch FS Baums, Bd. II, 2017, 802.

[92] BT-Drs. 12/7912, 25; v. Olshausen ZIP 1995, 1950 (1961).

Ist die Insolvenz bereits eingetreten, kommt nach der hier vertretenen Auffassung eine Zahlung oder sonstige Leistung an den Insolvenzverwalter ohnehin nur unter den Voraussetzungen der §§ 406 ff. BGB in Betracht (→ Rn. 17, → Rn. 19). Hingegen bleibt es auch im Fall des **verlängerten Eigentumsvorbehalts** richtigerweise regelmäßig bei dem Wahlrecht des Schuldners.[93] Dies führt dazu, dass die **Weiterveräußerungsermächtigung** (§ 185 Abs. 1 BGB), die der Lieferant dem Vorbehaltskäufer einräumt, trotz der Regelung des § 354a im Wege der Auslegung solche Veräußerungen nicht umfasst, bei denen ein Abtretungsausschluss iSd § 399 Alt. 2 BGB vereinbart ist.[94] Denn der Vorbehaltsverkäufer bleibt dann mit dem Risiko einer Zahlung an den Vorbehaltskäufer belastet. Zu den Rückwirkungen auf einen – damit notwendigen – gutgläubigen Erwerb des Abnehmers → § 366 Rn. 39 ff.

IV. Abdingbarkeit (Abs. 1 S. 3)

Die Regelungen des § 354a Abs. 1 S. 1 und 2 sind nach Abs. 1 S. 3 nicht abdingbar. Das erscheint in Bezug auf das Wahlrecht des Schuldners aus Abs. 1 S. 2 fragwürdig, da dieser jedenfalls auf die Vereinbarung eines Abtretungsausschlusses iSd § 399 Alt. 2 BGB verzichten kann. Daher steht die zwingende Wirkung zumindest einem nachträglichen Verzicht des Schuldners auf das Wahlrecht nicht entgegen.[95] 23

§ 355 [Laufende Rechnung, Kontokorrent]

(1) Steht jemand mit einem Kaufmanne derart in Geschäftsverbindung, daß die aus der Verbindung entspringenden beiderseitigen Ansprüche und Leistungen nebst Zinsen in Rechnung gestellt und in regelmäßigen Zeitabschnitten durch Verrechnung und Feststellung des für den einen oder anderen Teil sich ergebenden Überschusses ausgeglichen werden (laufende Rechnung, Kontokorrent), so kann derjenige, welchem bei dem Rechnungsabschluß ein Überschuß gebührt, von dem Tage des Abschlusses an Zinsen von dem Überschusse verlangen, auch soweit in der Rechnung Zinsen enthalten sind.

(2) Der Rechnungsabschluß geschieht jährlich einmal, sofern nicht ein anderes bestimmt ist.

(3) Die laufende Rechnung kann im Zweifel auch während der Dauer einer Rechnungsperiode jederzeit mit der Wirkung gekündigt werden, daß derjenige, welchem nach der Rechnung ein Überschuß gebührt, dessen Zahlung beanspruchen kann.

Schrifttum: Beitzke, Probleme des Kontokorrents, FS J. v. Gierke, 1950, 9; Bitter, § 17. Kontenpfändung, in Ellenberger/Bunte (Hrsg.), Bankrechts-Handbuch, Bd. I, 6. Aufl. 2022; Blaurock, Das Anerkenntnis beim Kontokorrent, NJW 1971, 2206; Canaris, Die Auswirkungen der Anerkennung eines aktiven Kontokorrentsaldos auf unverbindliche Börsentermingeschäfte, ZIP 1987, 885; Canaris, Die Verrechnung beim Kontokorrent, DB 1972, 421 und 469; Canaris, Funktionen und Rechtsnatur des Kontokorrents, FS Hämmerle, 1972, 55; Fuchs, Zur Lehre vom Kontokorrent, ZHR 103 (1936), 211 und ZHR 106 (1939), 82; Göppert, Zur Vereinfachung der Lehre vom Kontokorrent, ZHR 102 (1936), 161; Göppert, Zur Lehre vom Kontokorrent, ZHR 103 (1936), 318; Hammen, Rechtshistorisches zur Saldofeststellung im kaufmännischen Kontokorrent, WM 1990, 1405; Hammen, Vorausabtretung versus Inrechnungstellung, JZ 1998, 1095; Hefermehl, Grundfragen des Kontokorrents, FS Lehmann, Bd. II, 1956, 547; Herz, Das Kontokorrent, Diss. Tübingen 1973; Kübler, Feststellung und Garantie, 1967, 150 ff.; Peckert, Das Girokonto und der Kontokorrentvertrag, 1985; Piper, Termin- und Differenzeinwand gegenüber Saldoanerkenntnis und Verrechnung im Kontokorrent, ZIP 1985, 725; Placzek, Die Verjährung von Ansprüchen des Kontoinhabers aufgrund rechtsgrundloser Belastungsbuchungen, WM 2017, 1835; Raisch, Geschichtliche Voraussetzungen, dogmatische Grundlagen und Sinnwandlung des Handelsrechts, 1965, 230 ff.; Scherner, Wandlungen im Bild des Kontokorrents, FS Bärmann, 1975, 171; Schick, Probleme der Einstellung der Einlageforderung einer GmbH in ein Kontokorrent im Hinblick auf das Gebot der Leistung zur freien Verfügbarkeit, GmbHR 1997, 1048; Schmieder, § 26. Girovertrag und Kontokorrent, in Ellenberger/Bunte (Hrsg.), Bankrechts-Handbuch, Bd. I, 6. Aufl. 2022; K. Schmidt, Kontokorrent und Zinseszinsverbot, JZ 1981, 126; K. Schmidt, Kontokorrentkredit, Zinseszins und Verbraucherschutz, FS Claussen, 1997, 483; Seifert, Kontokorrent im Konkurs, Diss. Göttingen 1965; Serick, Zur sicherungsrechtlichen Vorausabtretung der Schlußsaldofor-

[93] Ebenroth/Boujong/E. Wagner Rn. 14 f.; Heymann/Horn Rn. 11; MüKoHGB/Langenbucher Rn. 34.

[94] Vgl. BGH 18.6.1980, BGHZ 77, 274 (275 f.) = NJW 1980, 2245; auf der Grundlage eines Ausschlusses des Wahlrechts nach § 242 BGB konsequent **aA** K. Schmidt NJW 1999, 400 (401).

[95] BGH 13.11.2008, BGHZ 178, 315 Rn. 26 = NJW 2009, 438; 21.3.2018, NJW 2018, 2254 Rn. 44 ff., 48 ff.; Maultzsch FS Baums, Bd. II, 2017, 802; BeckOGK/Feldhusen, 1.11.2025, Rn. 127; GK-HGB/B. Schmidt Rn. 16; Heymann/Horn Rn. 12; MüKoHGB/Langenbucher Rn. 42; **aA** OLG Jena 10.10.2007, BeckRS 2008, 3672; wohl auch OLG Köln 3.11.2000, NJW-RR 2001, 539 (541); E. Wagner WM 2010, 202 (207); RGHMW/Steimle/Dornieden Rn. 4.

derung – eine grundsätzliche und überfällige konkursrechtliche Erörterung, BB 1978, 873; Stapper/Jacobi, Die Insolvenzanfechtung der Verrechnung im Kontokorrent, BB 2007, 2017; Stößer, Die Wirkung des periodischen Anerkenntnisses auf die Verjährung und Verwirkung von Bereicherungsansprüchen im Kontokorrent, 2025; E. Ulmer, Kontokorrent, in Schlegelberger (Hrsg.), Rechtsvergleichendes Handwörterbuch für das Zivil- und Handelsrecht, Bd. V, 1936, 194; Wagenknecht/Wagenknecht, Die Bedeutung des Refinanzierungsregisters für die Verbriefung von Kontokorrentkrediten, WM 2020, 485 und WM 2020, 529; Wessels, Die Saldoklage, WM 1997, 1509.

Übersicht

I. Allgemeines

1 **1. Regelungszusammenhang und Begriff.** Das Kontokorrent, auch als laufende Rechnung bezeichnet, ist eine Schöpfung der kaufmännischen Praxis und besitzt im Geschäftsverkehr eine große Bedeutung. Nach der **Legaldefinition** in § 355 Abs. 1 liegt ein Kontokorrent vor, wenn jemand mit einem Kaufmann derart in Geschäftsverbindung steht, dass die aus der Verbindung entspringenden beiderseitigen Ansprüche und Leistungen nebst Zinsen in Rechnung gestellt und in regelmäßigen Zeitabschnitten durch Verrechnung und Feststellung des für den einen oder anderen Teil sich ergebenden Überschusses ausgeglichen werden. Die Einzelheiten der laufenden Rechnung haben in den §§ 355–357 aber lediglich eine rudimentäre Regelung erfahren, die die Komplexität dieses Rechtsinstituts und seine Bedeutung im Wirtschaftsleben nur unzureichend widerspiegelt. Diese Diskrepanz erklärt sich daraus, dass die **Grundlagen** des Kontokorrents **bürgerlichrechtlicher Natur** sind und aus systematischer Sicht daher im BGB behandelt werden müssten.[1] In vergleichbarer Weise ist die Frage nach dem Schicksal des Kontokorrents in der Einzel- oder Gesamtvollstreckung, die in § 357 zum Teil geregelt ist, dem allgemeinen Zwangsvollstreckungs- bzw. Insolvenzrecht zuzuordnen. Hingegen erlangen die **handelsrechtlichen Besonderheiten** des Kontokorrents nur eine verhältnismäßig geringe Bedeutung und beschränken sich im Wesentlichen auf die Ausnahme von dem Zinseszinsverbot des § 248 Abs. 1 BGB, die § 355 Abs. 1 anordnet (→ Rn. 64). Aufgrund dieser nur fragmentarischen gesetzlichen Regelung des Kontokorrents bestehen zu seiner Rechtsnatur und seinen Rechtswirkungen zahlreiche Streitfragen, die sowohl die

[1] Ausf. hierzu und zu den entstehungsgeschichtlichen Hintergründen Raisch, Geschichtliche Voraussetzungen, dogmatische Grundlagen und Sinnwandlung des Handelsrechts, 1965, 230 ff.; vgl. auch BeckOGK/Feldhusen, 1.11.2025, Rn. 4.

dogmatische Durchdringung als auch die praktische Handhabung dieses Rechtsinstituts erschweren.[2] Eine angemessene Lösung dieser Streitfragen ergibt sich dabei weniger aus einem Rückgriff auf begriffliche Konstruktionen, als vielmehr aus einer **konsequenten Berücksichtigung des** tatsächlichen oder hypothetischen **Parteiwillens.**[3]

2 **2. Elemente des Kontokorrents.** Das Kontokorrent setzt sich im Grundsatz aus drei Rechtsgeschäften zusammen: der In-Rechnung-Stellung, der Verrechnung und der Feststellung des Überschusses. Von diesen Teilelementen des Kontokorrents ist das Kausalgeschäft zu unterscheiden, das seine schuldrechtliche Grundlage bildet (→ Rn. 6).

3 **a) In-Rechnung-Stellung.** Mittels einer vertraglichen Vereinbarung werden die beiderseitigen Ansprüche und Leistungen „in Rechnung gestellt", wodurch die sog. **Kontokorrentbindung** dieser Einzelposten eintritt. Die derart gebundenen Posten verlieren ihre rechtliche Selbständigkeit, weshalb die erfassten Ansprüche zB nicht mehr selbständig geltend gemacht und eingeklagt werden können (→ Rn. 37 ff.). Teilweise wird die In-Rechnung-Stellung auch als **Kontokorrentabrede** bezeichnet.[4] Jedoch setzt die Vereinbarung eines Kontokorrents neben der In-Rechnung-Stellung zumindest die Intention zu einer Verrechnung und einer Feststellung des Überschusses (Saldoanerkenntnis) voraus (→ Rn. 17 ff.). Daher empfiehlt es sich, den Begriff der Kontokorrentabrede als Oberbegriff für diese umfassendere Vereinbarung zu verwenden, die neben der tatsächlichen In-Rechnung-Stellung auch die beiderseitige Absicht zu einer Verrechnung und zu einem Saldoanerkenntnis umfasst.[5]

4 **b) Verrechnung.** Im Hinblick auf die in das Kontokorrent aufgenommenen Ansprüche findet in periodischen Abständen eine Verrechnung statt. Die Rechtsnatur und die Bedeutung der Verrechnung sind allerdings umstritten. Dies betrifft zum einen die Frage, ob eine aufrechnungsähnliche Wirkung eintritt, dh ob die sich deckenden Forderungen erlöschen und damit eine sog. kausale Saldoforderung entsteht (→ Rn. 45 ff.). Zum anderen herrscht Streit darüber, nach welchen Kriterien die Verrechnung erfolgt, wenn mehr als zwei wechselseitige Forderungen vorliegen (→ Rn. 53 ff.).

5 **c) Feststellung des Überschusses (Saldoanerkenntnis).** An die Verrechnung schließt sich regelmäßig die Feststellung des Überschusses an, der sich für den einen oder anderen Teil aus dem Kontokorrent ergibt. Dieser auch als Saldoanerkenntnis bezeichnete Vertrag bewirkt eine neue, abstrakte Saldoforderung. Uneinheitlich wird wiederum die Frage beurteilt, in welchem Verhältnis diese Saldoforderung zu den in das Kontokorrent aufgenommenen Ausgangsforderungen steht (→ Rn. 69 ff.).

6 **3. Kausalgeschäft.** Von den soeben umrissenen Rechtsgeschäften, welche die Teilelemente des Kontokorrents bilden, ist dessen obligatorische Grundlage zu unterscheiden.[6] Dieser Kausalvertrag, der als **Geschäftsvertrag** bezeichnet wird,[7] regelt die wechselseitigen schuldrechtlichen Pflichten zur In-Rechnung-Stellung, Verrechnung und Feststellung des Überschusses. Im Rahmen einer bankmäßigen Kontokorrentverbindung handelt es sich bei dem Geschäftsvertrag typischerweise um einen **Zahlungsdiensterahmenvertrag** iSd § 675f Abs. 2 BGB (entspricht dem Girovertrag iSd § 676f BGB aF). Daneben wird eine Kontokorrentvereinbarung nicht selten zur praktikablen Abwicklung eines **Handelsvertretervertrags,** eines **Kommissionsvertrags** oder einer **dauerhaften Warenlieferungsbeziehung** getroffen.[8]

---

[2] Vgl. dazu bereits die Denkschrift zu dem Entwurf eines Handelsgesetzbuchs, 1896, 196 f.

[3] E. Ulmer, Rechtsvergleichendes Handwörterbuch, 195 f.; Hefermehl FS Lehmann, Bd. II, 1956, 548; Schlegelberger/Hefermehl Rn. 6; Staub/Canaris, 4. Aufl. 2004, Rn. 1; aus entwicklungsgeschichtlicher Sicht Scherner FS Bärmann, 1975, 171 ff.

[4] Canaris FS Hämmerle, 1972, 71 ff.; MüKoHGB/Langenbucher Rn. 7; Staub/Canaris, 4. Aufl. 2004, Rn. 14, 22; Canaris HandelsR § 25 Rn. 4; Oetker HandelsR § 7 Rn. 72.

[5] Heymann/Horn Rn. 8; Hopt/Leyens Rn. 5; Schlegelberger/Hefermehl Rn. 4; K. Schmidt HandelsR § 21 Rn. 13.

[6] Peckert, Das Girokonto und der Kontokorrentvertrag, 1985, 23; Canaris FS Hämmerle, 1972, 69 ff.; GK-HGB/Herget Rn. 9; MüKoHGB/Langenbucher Rn. 21; Staub/Canaris, 4. Aufl. 2004, Rn. 20 f.; demgegenüber sehen Göppert ZHR 102 (1936), 161 (174) und Placzek WM 2017, 1835 (1836) die Kontokorrentabrede als unselbständigen Teil des Geschäftsvertrags an.

[7] GK-HGB/Herget Rn. 9; Staub/Canaris, 4. Aufl. 2004, Rn. 16; Canaris HandelsR § 25 Rn. 4; Oetker HandelsR § 7 Rn. 72.

[8] Heymann/Horn Rn. 4; HK-HGB/Ruß Rn. 1; RGHMW/Steimle/Dornieden Rn. 3; Schlegelberger/Hefermehl Rn. 2; Canaris HandelsR § 25 Rn. 2; K. Schmidt HandelsR § 21 Rn. 3.

7 **4. Funktionen des Kontokorrents. a) Vereinfachungsfunktion.** Hauptzweck des Kontokorrents ist die Vereinfachung komplexer Geschäftsbeziehungen mit zahlreichen wechselseitigen Forderungen der Beteiligten.[9] Diese Forderungen können in verschiedener Hinsicht unterschiedlichen Regelungen unterliegen, zB hinsichtlich der **Verzinsung,** der **Verjährung,** des **Erfüllungsorts** und des **Gerichtsstands.** Indem die Einzelforderungen im Zuge der Verrechnung und des Saldoanerkenntnisses zu einer einheitlichen Saldoforderung zusammengeführt werden, nivellieren sich diese Unterschiede mit Wirkung für die Zukunft. Zugleich wird durch die Saldierung eine **Vielzahl wechselseitiger Erfüllungshandlungen vermieden,** was das Kontokorrent mit dem Rechtsinstitut der Aufrechnung verbindet. Schließlich bewirkt das Saldoanerkenntnis auch eine **beweisrechtliche Vereinfachung.**[10] Gerade bei umfangreichen Geschäftsbeziehungen lassen sich die Anzahl und die Höhe der wechselseitigen Forderungen, zB aufgrund von Verzinsungseffekten, nach einem gewissen Zeitraum oft nur noch schwer nachvollziehen. Sobald aber im Rahmen eines Kontokorrents durch die periodische Feststellung die abstrakte Saldoforderung gebildet wurde, führt dies zu einer erhöhten Beweissicherheit, weil fortan diejenige Partei beweispflichtig ist, die die Richtigkeit des Saldos aufgrund einer fehlerhaften Verrechnung der Einzelforderungen bestreitet (→ Rn. 73, → Rn. 77).

8 **b) Sicherungsfunktion.** Neben einer Vereinheitlichung bewirkt das Kontokorrent auch eine weitgehende Sicherung der eingestellten Forderungen.[11] Soweit den eigenen Forderungen jeweils Forderungen des anderen Teils gegenüberstehen, ist der Gläubiger nicht auf eine Durchsetzung seiner Ansprüche durch Erfüllung verwiesen, sondern kann diese **im Wege der Verrechnung** mit seinen Schulden **befriedigen.** Auch in dieser Wirkung ist das Kontokorrent mit einer Aufrechnung vergleichbar.[12] Aufgrund der Nichtabtretbarkeit von Forderungen, die von der Kontokorrentabrede erfasst werden (→ Rn. 39), geht die Sicherungswirkung aber vor allem für eigene zukünftige Forderungen noch über den Schutz hinaus, den § 406 BGB im Fall einer Abtretung gewähren würde. Im Verhältnis zu **Drittgläubigern** des anderen Teils sind die Parteien des Kontokorrents hinsichtlich der Befriedigung ihrer bereits bestehenden Ansprüche im Wege der Verrechnung auch gegenüber einer Einzelzwangsvollstreckung oder Insolvenz abgesichert, nicht aber für Forderungen, die erst nach dem Vollstreckungsakt entstehen (→ Rn. 86; → § 357 Rn. 8 ff.).

9 **c) Kreditierungsfunktion.** Umstritten ist schließlich, inwieweit dem Kontokorrent auch eine Kreditierungsfunktion zukommt. Dies hängt zunächst mit der Frage zusammen, ob die Einstellung der Einzelforderungen in das Kontokorrent eine Stundung bewirkt. Verneint man dies mit der hier vertretenen Auffassung (→ Rn. 37), kann sich eine Kreditierungsfunktion allenfalls noch für den Saldo ergeben, weil dieser erst nach dem Ende der periodischen Abrechnung als Forderung entsteht.[13] Inwieweit hieraus allerdings eine Kreditierungsfunktion folgt, hängt von der separaten Frage ab, ob die Beteiligten auf schuldrechtlicher Grundlage jederzeit den Ausgleich eines rechnerischen Überschusses, des sog. **Tagessaldos,** verlangen können. Diese Frage ist durch eine **Auslegung des** zugrundeliegenden **Geschäftsvertrags** zu beantworten.[14] So besteht zB bei Kontokorrentverhältnissen aufgrund eines Zahlungsdiensterahmenvertrags iSd § 675f Abs. 2 BGB regelmäßig ein Anspruch auf Auszahlung des Tagessaldos, was einer Kreditierung zugunsten der Bank entgegensteht.[15] Umgekehrt folgt auch das Recht zu einer Kontoüberziehung – und damit eine Kreditierung zugunsten des Bankkunden – nicht aus der Kontokorrentvereinbarung, sondern bedarf einer separaten Begründung in dem Geschäftsvertrag.[16] Nur sofern dieser Vertrag die Pflicht zu einem Ausgleich des (Tages-)Saldos aufschiebt, kann im Zusammenhang mit dem Kontokorrent von einer Kreditierungsfunktion gesprochen werden.[17]

---

[9] Eingehend Canaris FS Hämmerle, 1972, 55 ff.; Ebenroth/Boujong/Menges Rn. 1; Heymann/Horn Rn. 4; RGHMW/Steimle/Dornieden Rn. 4; Schlegelberger/Hefermehl Rn. 2; Staub/Canaris, 4. Aufl. 2004, Rn. 3; K. Schmidt HandelsR § 21 Rn. 4.

[10] Ebenroth/Boujong/Menges Rn. 65 f.; Staub/Canaris, 4. Aufl. 2004, Rn. 4; Canaris HandelsR § 25 Rn. 28.

[11] Eingehend Canaris FS Hämmerle, 1972, 64 ff.; GK-HGB/Herget Rn. 2; Staub/Canaris, 4. Aufl. 2004, Rn. 6; K. Schmidt HandelsR § 21 Rn. 5.

[12] Heymann/Horn Rn. 4; KKD/Koller Rn. 1; Staub/Canaris, 4. Aufl. 2004, Rn. 6.

[13] Hefermehl FS Lehmann, Bd. II, 1956, 557.

[14] Canaris FS Hämmerle, 1972, 67 ff.; Hefermehl FS Lehmann, Bd. II, 1956, 557 ff.; Hopt/Leyens Rn. 9, 21; Schlegelberger/Hefermehl Rn. 51 f.; Staub/Canaris, 4. Aufl. 2004, Rn. 7.

[15] Zust. BeckOGK/Feldhusen, 1.11.2025, Rn. 14.

[16] BGH 28.6.1968, BGHZ 50, 277 (282) = NJW 1968, 2100; BGH 29.1.1979, BGHZ 73, 207 (209) = NJW 1979, 1164; BankR-HdB/Schmieder § 26 Rn. 67; Heymann/Horn Rn. 32; MüKoHGB/Langenbucher Rn. 60.

[17] RGHMW/Steimle/Dornieden Rn. 6; Schlegelberger/Hefermehl Rn. 7; Staub/Canaris, 4. Aufl. 2004, Rn. 8 f.; K. Schmidt HandelsR § 21 Rn. 6.

II. Voraussetzungen des Kontokorrents

1. Geschäftsverbindung. Nach § 355 Abs. 1 kann ein Kontokorrent nur aufgrund einer Geschäftsverbindung bestehen. Dabei setzt die Geschäftsverbindung eine auf **gewisse Dauer** angelegte Beziehung voraus, die den **wiederholten Abschluss von Verträgen** erwarten lässt.[18] Es handelt sich hierbei im Ausgangspunkt um eine tatsächliche Beziehung, die jedoch möglicherweise rechtlich flankiert ist, zB durch einen Rahmenvertrag.[19] Die beiderseitigen Ansprüche und Leistungen müssen aber aus einer Mehrzahl von Rechtsverhältnissen resultieren. Im Rahmen eines einzigen Dauerschuldverhältnisses, wie eines Dienst- oder Mietvertrags, kann daher kein Kontokorrent im rechtlichen Sinne begründet werden, selbst wenn eine Verrechnung und Saldierung von Ansprüchen vereinbart ist.[20] 10

2. Beiderseitige Ansprüche und Leistungen. Aus der Geschäftsverbindung müssen „beiderseitige" Ansprüche und Leistungen resultieren. Dies wirft die Frage auf, ob beide Seiten jeweils Ansprüche innehaben bzw. Leistungen erbringen müssen oder ob es ausreicht, wenn nur für eine Seite Ansprüche bestehen, während die andere Seite lediglich Leistungen erbringt. Diese durch den Wortlaut des § 355 Abs. 1 nicht entschiedene Frage ist vor dem Hintergrund zu sehen, dass die Norm eine Ausnahme von dem Zinseszinsverbot enthält und dass fraglich ist, ob diese Ausnahme durch Vereinbarung eines Kontokorrents auch dann herbeigeführt werden kann, wenn nur zugunsten einer Partei Ansprüche entstehen.[21] Mit der hM ist im Grundsatz davon auszugehen, dass auch eine Geschäftsverbindung mit nur einseitigen Ansprüchen als Grundlage eines Kontokorrents in Betracht kommt.[22] Dann besteht zwar kein Bedürfnis nach einer Sicherung wechselseitiger Ansprüche (→ Rn. 8); es kann aber gerade bei komplexen und langfristigen Beziehungen die Vereinheitlichungsfunktion des Kontokorrents einschlägig sein (→ Rn. 7). Der damit entstehenden **Gefahr einer Umgehung des Zinseszinsverbots** aus § 248 Abs. 1 BGB, die insbesondere bei der Tilgung von Darlehen mit Saldierungsabreden auftreten kann, ist auf zweifachem Wege zu begegnen: Zunächst muss die Geschäftsverbindung von vornherein auf mehr als eine Vertragsbeziehung angelegt sein (→ Rn. 10), sodass die ratenweise Tilgung eines Darlehens keine taugliche Grundlage für ein Kontokorrent bildet.[23] Auch wenn es sich um eine Mehrzahl von Rechtsverhältnissen handelt, zB um mehrere Darlehen, ist § 355 Abs. 1 aufgrund einer rechtsmissbräuchlichen Gesetzesumgehung des § 248 Abs. 1 BGB nicht anwendbar, wenn die Parteien mit ihrer Abrede lediglich eine Ausschaltung des Zinseszinsverbots bezweckt haben.[24] 11

Für ein Kontokorrent müssen die beiderseitigen Ansprüche oder Leistungen noch nicht entstanden oder erbracht worden sein. Es reicht aus, wenn sie aufgrund der Geschäftsverbindung als **bloß möglich** erscheinen.[25] Daher kann die Kontokorrentabrede antizipiert für zukünftige Ansprüche und Leistungen abgeschlossen werden, sodass bereits für den ersten Einzelposten die Kontokorrentbindung gilt, insbesondere der Ausschluss der Abtretbarkeit. Die Erwähnung von **Zinsen** in § 355 Abs. 1 bedeutet zudem nicht, dass ein Kontokorrent zwingend die Verzinslichkeit der Ansprüche voraussetzen würde.[26] 12

3. Beteiligung eines Kaufmanns. a) Allgemeines. Gemäß § 355 Abs. 1 muss an der Geschäftsbeziehung ein Kaufmann iSd §§ 1–7 beteiligt sein. Nicht-eingetragene Kleingewerbetreibende sind über die Verweisungen der § 383 Abs. 2 S. 2, § 407 Abs. 3 S. 2, § 453 Abs. 3 S. 2, § 467 Abs. 3 S. 2 erfasst. Die Kaufmannseigenschaft des anderen Teils ist nicht erforderlich (vgl. § 345).[27] Die 13

[18] GK-HGB/Herget Rn. 21 f.; MüKoHGB/Langenbucher Rn. 14; RGHMW/Steimle/Dornieden Rn. 10.

[19] Heymann/Horn Rn. 5; RGHMW/Steimle/Dornieden Rn. 10 f.

[20] BeckOGK/Feldhusen, 1.11.2025, Rn. 25; GK-HGB/Herget Rn. 22; Schlegelberger/Hefermehl Rn. 10; Staub/Canaris, 4. Aufl. 2004, Rn. 35 f.

[21] Vgl. Reifner NJW 1992, 337 (340); Staub/Canaris, 4. Aufl. 2004, Rn. 39; K. Schmidt HandelsR § 21 Rn. 12.

[22] RG 12.1.1927, RGZ 115, 393 (396); OLG Köln 23.8.2013, NJW 2014, 795 Rn. 15; K. Schmidt FS Claussen, 1997, 490 ff.; GK-HGB/Herget Rn. 25; Heymann/Horn Rn. 5; Hopt/Leyens Rn. 4; KKD/Koller Rn. 3; RGHMW/Steimle/Dornieden Rn. 11; Schlegelberger/Hefermehl Rn. 12; Staub/Canaris, 4. Aufl. 2004, Rn. 39 ff.; K. Schmidt HandelsR § 21 Rn. 12; **aA** noch RG 17.2.1919, RGZ 95, 18 (19); Reifner NJW 1992, 337 (340 f.).

[23] BGH 7.11.1985, NJW-RR 1986, 205 (206 f.); 4.12.1990, NJW 1991, 832 (833); Reifner NJW 1992, 337 (340 f.).

[24] Vgl. K. Schmidt FS Claussen, 1997, 492 f.; MüKoHGB/Langenbucher Rn. 17; Schlegelberger/Hefermehl Rn. 123; Staub/Canaris, 4. Aufl. 2004, Rn. 43.

[25] RG 6.7.1916, RGZ 88, 373 (375); HK-HGB/Ruß Rn. 2; Hopt/Leyens Rn. 4; KKD/Koller Rn. 3; Schlegelberger/Hefermehl Rn. 11; Staub/Canaris, 4. Aufl. 2004, Rn. 44.

[26] Heymann/Horn Rn. 11; RGHMW/Steimle/Dornieden Rn. 18; Schlegelberger/Hefermehl Rn. 20.

[27] Heymann/Horn Rn. 6; Schlegelberger/Hefermehl Rn. 9; Staub/Canaris, 4. Aufl. 2004, Rn. 26.

Kontobeziehung zu einer Bank als Hauptbeispiel des Kontokorrents unterfällt daher auch im Fall von Privatkonten dem persönlichen Anwendungsbereich des § 355, da Banken die Kaufmannseigenschaft nach den §§ 1, 6 besitzen.

14 **b) Bedeutung außerhalb des Handelsverkehrs.** Wie bereits angedeutet (→ Rn. 1), ist das Kontokorrent entgegen seiner Verortung in den §§ 355–357 als bürgerlichrechtliches Institut anzusehen. Die grundlegenden Rechtswirkungen des Kontokorrents sind somit auch bei entsprechenden Abreden unter Nicht-Kaufleuten, dem sog. **uneigentlichen Kontokorrent,** einschlägig.[28] Dies gilt auch für die Vorschriften der §§ 356, 357, die unter Nicht-Kaufleuten analog anzuwenden sind (→ § 356 Rn. 2; → § 357 Rn. 4).

15 Einzig die in § 355 Abs. 1 enthaltene **Ausnahme von dem Zinseszinsverbot** (→ Rn. 64) ist auf Kontokorrentverhältnisse unter Beteiligung mindestens eines Kaufmanns zu beschränken, da anderenfalls die Stellung der Norm im Handelsrecht vollständig übergangen würde.[29] Auch auf Rechtsverhältnisse, an denen kein Kaufmann, aber ein **nicht-kaufmännischer Unternehmer** (nicht-eingetragener Kleingewerbetreibender oder Freiberufler) beteiligt ist, findet § 355 Abs. 1 nach zutreffender Sichtweise keine Anwendung.[30] Eine solche zusätzliche Ausnahme von der zwingenden Vorschrift des § 248 Abs. 1 BGB müsste gesondert durch den Gesetzgeber angeordnet werden, wie dies in § 248 Abs. 2 BGB in einem anderen Zusammenhang auch geschehen ist. Allerdings ist nicht zu verkennen, dass das Zinseszinsverbot die Führung uneigentlicher Kontokorrente erschwert, soweit der Saldo verzinslich ist, da die Zinsbeträge aus den Einzelforderungen dann nicht in diesen Saldo eingehen dürfen. Bei **Verbraucherdarlehensverträgen** ist eine solche Gestaltung allerdings selbst im direkten Anwendungsbereich des § 355 Abs. 1 für Verzugszinsen durch die Regelung des § 497 Abs. 2 S. 1 BGB geboten.

16 Schließlich kann auch die **Beteiligung eines Scheinkaufmanns** an der (uneigentlichen) Kontokorrentbeziehung im Ergebnis nicht zu einer Anwendung des § 355 Abs. 1 und damit zu einer Unbeachtlichkeit des Zinseszinsverbots führen. Einen Zinseszins auf Forderungen des Scheinkaufmanns schließt bereits der Grundsatz aus, dass der Rechtsschein nur zulasten, nicht aber zugunsten des Scheinkaufmanns wirkt.[31] Damit ist die von § 355 Abs. 1 bezweckte Vereinheitlichungsfunktion ohnehin gestört, sodass das Zinseszinsverbot auch nicht einseitig zulasten des Scheinkaufmanns durchbrochen werden sollte.[32] Der Gedanke eines Rechtsscheinschutzes für den anderen Teil rechtfertigt die praktischen Verkomplizierungen nicht, die mit einer derartigen asymmetrischen Aufhebung des Zinseszinsverbots verbunden sind.

17 **4. Kontokorrentabrede.** Ein Kontokorrent iSd § 355 Abs. 1 setzt einen Vertrag voraus, nach dem (1.) beiderseitige Ansprüche und Leistungen in Rechnung gestellt werden und auf dieser Grundlage (2.) eine periodische Verrechnung sowie (3.) eine Feststellung des Überschusses (Saldoanerkenntnis) erfolgen sollen. Dieser Kontokorrentvertrag ist von seiner obligatorischen Grundlage, dem sog. Geschäftsvertrag, zu unterscheiden (→ Rn. 6).

18 **Inhaltlich** muss die Kontokorrentabrede nur die In-Rechnung-Stellung der Ansprüche und Leistungen (Kontokorrentbindung) bereits selbst enthalten, während die Verrechnung und die Feststellung des Überschusses (Saldoanerkenntnis) lediglich vertraglich intendiert sein müssen.[33] Daher schadet es dem fortdauernden Bestehen eines Kontokorrents zB nicht, wenn die Verrechnung oder das Saldoanerkenntnis in einzelnen Kontokorrentperioden an besonderen Umständen scheitern.

19 Ob die Parteien ein Kontokorrent iSd § 355 Abs. 1 vereinbart haben, ist im Zweifelsfall durch eine **Auslegung** gemäß den §§ 133, 157 BGB zu ermitteln.[34] Besondere Bedeutung kommt dabei der Frage zu, ob die Parteien die Hauptwirkungen der In-Rechnung-Stellung intendiert haben, nämlich

---

[28] Hopt/Leyens Rn. 3; KKD/Koller Rn. 5; Schlegelberger/Hefermehl Rn. 119; Staub/Canaris, 4. Aufl. 2004, Rn. 27 ff.; Canaris HandelsR § 25 Rn. 56; K. Schmidt HandelsR § 21 Rn. 10.

[29] GK-HGB/Herget Rn. 20; Heymann/Horn Rn. 6 f.; Schlegelberger/Hefermehl Rn. 9, 119; Staub/Canaris, 4. Aufl. 2004, Rn. 31; Canaris HandelsR § 25 Rn. 56; Oetker HandelsR § 7 Rn. 92; **aA** Neuner ZHR 157 (1993), 243 (251 ff.); BeckOK HGB/Moussa, 48. Ed. 1.10.2025, Rn. 7; Hopt/Leyens Rn. 18; MüKoHGB/Langenbucher Rn. 13.

[30] BeckOGK/Feldhusen, 1.11.2025, Rn. 21 f.; RGHMW/Steimle/Dornieden Rn. 7; Staub/Canaris, 4. Aufl. 2004, Rn. 31; **aA** K. Schmidt JZ 1981, 126 (129); K. Schmidt HandelsR § 21 Rn. 11.

[31] Allg. Canaris HandelsR § 6 Rn. 80; **aA** konsequent aufgrund der Prämisse, die Durchbrechung des Zinseszinsverbots sei auch auf uneigentliche Kontokorrentverhältnisse anwendbar, Hopt/Leyens Rn. 3 und wohl auch BeckOGK/Feldhusen, 1.11.2025, Rn. 18.

[32] IErg auch Schlegelberger/Hefermehl Rn. 9; diff. Staub/Canaris, 4. Aufl. 2004, Rn. 33 f.; **aA** HK-HGB/Ruß Rn. 1.

[33] BGH 19.12.1969, WM 1970, 184 (185); BeckOK HGB/Moussa, 48. Ed. 1.10.2025, Rn. 8; Staub/Canaris, 4. Aufl. 2004, Rn. 51, 54; ähnlich Heymann/Horn Rn. 8.

[34] Heymann/Horn Rn. 9; Schlegelberger/Hefermehl Rn. 14; Staub/Canaris, 4. Aufl. 2004, Rn. 59.

den Ausschluss einer selbständigen Geltendmachung und Klagbarkeit der einzelnen Forderungen (→ Rn. 37 ff.).[35] Behandeln die Parteien ihre Ansprüche und Leistungen nur noch als Rechnungsposten und nehmen periodische Verrechnungen vor, spricht dies somit für die Vereinbarung eines Kontokorrents.[36] Hingegen liegt keine Kontokorrentvereinbarung, sondern lediglich eine sog. **offene Rechnung** vor, wenn die Parteien zwar eine mehr oder weniger regelmäßige Verrechnung vornehmen, eine selbständige Geltendmachung der Ansprüche und Leistungen aber nicht ausschließen.[37]

Fehlt es nach dem Inhalt der vertraglichen Vereinbarung **an einem der** drei genannten **Elemente** (In-Rechnung-Stellung, Intention der Verrechnung und des Saldoanerkenntnisses), so liegt kein Kontokorrent gem. § 355 Abs. 1 vor.[38] Aus einer Auslegung der Parteivereinbarung kann sich dann zwar ergeben, dass die Beteiligten im Wege eines **uneigentlichen Kontokorrents** (→ Rn. 14) einzelne der mit einer Kontokorrentabrede verbundenen Wirkungen eintreten lassen wollten. Eine Ausnahme von dem Zinseszinsverbot des § 248 Abs. 1 BGB kann unter diesen Umständen aber nicht vereinbart werden, da diese Vorschrift nur dann keine zwingende Wirkung entfaltet, wenn alle sachlichen Voraussetzungen des § 355 Abs. 1 vorliegen.[39] 20

III. Umfang des Kontokorrents

Der Umfang der Kontokorrentabrede, dh die Frage, welche Ansprüche und Leistungen in die laufende Rechnung eingestellt werden, unterliegt zunächst den objektiven Grenzen der sog. Kontokorrentfähigkeit (→ Rn. 22 ff.). Im Übrigen bestimmen die Parteien privatautonom über den Umfang der Kontokorrentzugehörigkeit (→ Rn. 29 ff.). 21

1. Kontokorrentfähigkeit. a) Saldierbarkeit. Da das Kontokorrent auf eine Verrechnung der Ansprüche und Leistungen sowie eine daran anknüpfende Feststellung des Überschusses gerichtet ist, muss es sich zunächst um Ansprüche bzw. Leistungen handeln, für die eine **gemeinsame Verrechnungseinheit** besteht.[40] Bei **Geldleistungen** setzt dies eine einheitliche (Verrechnungs-)Währung voraus.[41] Eine Begrenzung der kontokorrentfähigen Ansprüche auf Geldzahlungsansprüche[42] ist aber weder vom Wortlaut des § 355 Abs. 1 noch vom Zweck des Kontokorrents geboten, sofern es sich um saldierbare **andersartige Ansprüche und Leistungen** handelt.[43] Die Saldierbarkeit kann sich dabei zum einen aus der objektiven Gleichartigkeit der Ansprüche ergeben. In Betracht kommt zB ein Kontokorrent über gleichartiges Transport- und Verpackungsmaterial, das im Rahmen einer Geschäftsverbindung regelmäßig ausgetauscht wird.[44] Daneben können die Parteien aber auch für objektiv nicht gleichartige Ansprüche und Leistungen einen einheitlichen Verrechnungsmaßstab privatautonom festlegen und somit die Kontokorrentfähigkeit herstellen.[45] Unter diesen Voraussetzungen ist es daher auch möglich, die Lieferung von „Äpfeln" mit der Lieferung von „Birnen" zu verrechnen. 22

Umstritten ist, ob die Kontokorrentfähigkeit voraussetzt, dass die betreffende Forderung nach den Grundsätzen kaufmännischer Buchführung verbucht werden kann.[46] Dies ist insbesondere problematisch bei Ansprüchen, die bedingt sind oder von einer noch nicht erbrachten Gegenleistung abhängen. Auch bei derartigen Ansprüchen besteht jedoch ein Bedürfnis nach einer In-Rechnung-Stellung mit den daran geknüpften Rechtsfolgen, zB eines Abtretungsausschlusses (→ Rn. 39). Somit ist die Kontokorrentfähigkeit **von der Buchungsfähigkeit unabhängig.**[47] Davon zu unterscheiden ist 23

[35] BGH 19.12.1969, WM 1970, 184 (185); GK-HGB/Herget Rn. 28; MüKoHGB/Langenbucher Rn. 21; Schlegelberger/Hefermehl Rn. 14; Staub/Canaris, 4. Aufl. 2004, Rn. 60; K. Schmidt HandelsR § 21 Rn. 13 f.

[36] RG 9.3.1929, RGZ 123, 384 (386); BGH 20.4.1956, BB 1956, 770; OLG Köln 19.4.2004, NZI 2004, 668 (670); MüKoHGB/Langenbucher Rn. 19; RGHMW/Steimle/Dornieden Rn. 13.

[37] BGH 7.3.1991, NJW-RR 1991, 995 (996); GK-HGB/Herget Rn. 7; Heymann/Horn Rn. 9; Hopt/Leyens Rn. 5; Schlegelberger/Hefermehl Rn. 14, 125 f.

[38] Schlegelberger/Hefermehl Rn. 118; Staub/Canaris, 4. Aufl. 2004, Rn. 48, 51, 54.

[39] Schlegelberger/Hefermehl Rn. 124; Staub/Canaris, 4. Aufl. 2004, Rn. 49, 51, 55; im Grundsatz auch MüKoHGB/Langenbucher Rn. 22 f.; zT **aA** K. Schmidt JZ 1981, 126 (129 f.).

[40] BeckOGK/Feldhusen, 1.11.2025, Rn. 32; Heymann/Horn Rn. 11; MüKoHGB/Langenbucher Rn. 34; RGHMW/Steimle/Dornieden Rn. 17.

[41] RG 15.12.1920, RGZ 101, 122 (125); GK-HGB/Herget Rn. 32; Heymann/Horn Rn. 11.

[42] So RG 25.9.1933, JW 1933, 2826 (2827); Fuchs ZHR 103 (1936), 211 (213); HK-HGB/Ruß Rn. 3.

[43] Hopt/Leyens Rn. 13; RGHMW/Steimle/Dornieden Rn. 17; Schlegelberger/Hefermehl Rn. 19; Staub/Canaris, 4. Aufl. 2004, Rn. 68.

[44] OLG Saarbrücken 7.1.2003, OLGR 2003, 262; NK-HGB/Eberl Rn. 13; einschr. zu sog. Palettenkontokorrenten Knorre RdTW 2019, 364 (365).

[45] Göppert ZHR 102 (1936), 161 (173); GK-HGB/Herget Rn. 32; Heymann/Horn Rn. 11; Staub/Canaris, 4. Aufl. 2004, Rn. 68.

[46] So Göppert ZHR 102 (1936), 161 ff.; Göppert ZHR 103 (1936), 318 ff.; Hopt/Leyens Rn. 13.

[47] GK-HGB/Herget Rn. 31; Heymann/Horn Rn. 11; Schlegelberger/Hefermehl Rn. 18; Staub/Canaris, 4. Aufl. 2004, Rn. 65; vgl. auch Raisch, Geschichtliche Voraussetzungen, dogmatische Grundlagen und Sinnwandlung des Handelsrechts, 1965, 247 ff.

der Umstand, dass eine Verrechnung von Ansprüchen in der Regel erst in einer Periode in Betracht kommt, in der diese bereits buchungsfähig sind.[48]

24 **b) Verfügungsmacht des Gläubigers.** Obwohl die Verrechnung der Ansprüche im Zuge des Kontokorrents in ihrer Wirkung einer Aufrechnung iSd § 389 BGB ähnelt (→ Rn. 7 f.), schließt die mangelnde Aufrechenbarkeit einer Forderung nicht zwingend auch deren Kontokorrentfähigkeit aus.[49] Dies folgt aus dem Umstand, dass die Aufrechnung gem. § 388 S. 1 BGB durch eine einseitige Gestaltungserklärung bewirkt wird, während das Kontokorrent auf einer vertraglichen Vereinbarung beruht. Allerdings erfolgt die Kontokorrentabrede mit der daran anknüpfenden Kontokorrentbindung typischerweise bereits, bevor die erfassten Ansprüche entstehen. Entscheidend für die Kontokorrentfähigkeit ist daher, ob der jeweilige Gläubiger über seine Forderung im Wege eines **antizipierten Aufrechnungsvertrags** im Voraus verfügen kann.[50]

25 Somit sind **Forderungen aus einer vorsätzlich begangenen unerlaubten Handlung** iSd § 393 BGB im Ergebnis nicht kontokorrentfähig, da diese Norm nach ihrem Zweck zwar einem Aufrechnungsvertrag über bereits entstandene deliktische Forderungen nicht entgegensteht, wohl aber einem antizipierten Aufrechnungsvertrag.[51]

26 Das Aufrechnungsverbot bei **unpfändbaren Forderungen** gem. § 394 S. 1 BGB soll eine effektive Erfüllung dieser Forderungen sicherstellen und schließt daher neben einem antizipierten Aufrechnungsvertrag auch eine Kontokorrentbindung aus.[52] Dies betrifft zB Ansprüche auf Arbeitslohn iSd §§ 850 ff. ZPO. Jedoch ist zu berücksichtigen, dass ein Anspruch auf Arbeitseinkommen mit der Überweisung auf das Bankkonto des Arbeitnehmers seine Unpfändbarkeit verliert, da es sich fortan nicht mehr um eine Forderung iSd §§ 850 ff. ZPO handelt, sondern um einen „neutralen" Auszahlungsanspruch gegen die Bank.[53] Dieser Anspruch kann daher im Rahmen eines Bankkontokorrents verrechnet werden, ohne dass dem der Pfändungsschutz entgegenstünde.[54] Wird das Konto als **Pfändungsschutzkonto** iSv § 850k ZPO geführt, so besteht nach näherer Maßgabe des § 901 ZPO ein Schutz des Kontoinhabers vor einer Verrechnung mit Gegenforderungen der Bank, der in diesem Umfang eine Kontokorrentfähigkeit ausschließt. Außerhalb von Pfändungsschutzkonten ist der vormals gem. § 55 SGB I bestehende Pfändungsschutz für Ansprüche aus Sozialleistungen, der zugleich deren Kontokorrentfähigkeit beschränkte,[55] zum 1.1.2012 außer Kraft getreten.[56]

27 In Bezug auf eine **offene Einlagepflicht bei Kapitalgesellschaften** ist wiederum nicht nur die einseitige Aufrechnung durch den Schuldner ausgeschlossen, sondern kann auch die Gesellschaft als Gläubigerin gemäß den § 66 Abs. 1 S. 1 AktG, § 19 Abs. 2 S. 1 GmbHG, § 22 Abs. 4 S. 1 GenG keine befreiende Verfügung vornehmen, was im Ergebnis neben einem antizipierten Aufrechnungsvertrag auch eine Kontokorrentbindung hindert.[57]

28 **c) Klagbarkeit.** Keine Voraussetzung der Kontokorrentfähigkeit ist hingegen die Klagbarkeit der betreffenden Forderung.[58] Bei unklagbaren, aber erfüllbaren Forderungen (zB §§ 656, 762 BGB) stellt sich allerdings das Problem, inwieweit ihre Verrechnung im Rahmen des Kontokorrents mit einer effektiven Leistung vergleichbar ist und daher wirksam vorgenommen werden kann (→ Rn. 51).

29 **2. Kontokorrentzugehörigkeit.** Die Kontokorrentzugehörigkeit betrifft die Frage, ob ein bestimmter Anspruch oder eine bestimmte Leistung nach dem Inhalt der Kontokorrentabrede

---

[48] MüKoHGB/Langenbucher Rn. 43; Schlegelberger/Hefermehl Rn. 18; Staub/Canaris, 4. Aufl. 2004, Rn. 66.

[49] Staub/Canaris, 4. Aufl. 2004, Rn. 70; iErg auch RGHMW/Steimle/Dornieden Rn. 22; **aA** wohl GK-HGB/Herget Rn. 33.

[50] Staub/Canaris, 4. Aufl. 2004, Rn. 71; Canaris HandelsR § 25 Rn. 11.

[51] MüKoBGB/Derstadt BGB § 393 Rn. 1; Staudinger/Bieder/Gursky, 2022, BGB § 393 Rn. 37 f.

[52] BGH 30.5.1988, BGHZ 104, 309 (311) = NJW 1988, 2670; 22.3.2005, BGHZ 162, 349 (351 f.) = NJW 2005, 1863; BeckOGK/Feldhusen, 1.11.2025, Rn. 35; MüKoHGB/Langenbucher Rn. 36; Canaris HandelsR § 25 Rn. 11.

[53] BGH 30.5.1988, BGHZ 104, 309 (313) = NJW 1988, 2670; BankR-HdB/Schmieder § 26 Rn. 70; Heymann/Horn Rn. 16.

[54] S. hierzu in Bezug auf die zum 1.1.2012 außer Kraft getretene Vorschrift des § 850l ZPO aF (§ 850k ZPO aF) BGH 22.3.2005, BGHZ 162, 349 (351 ff.) = NJW 2005, 1863; GK-HGB/Herget Rn. 33; Canaris HandelsR § 25 Rn. 11.

[55] BGH 30.5.1988, BGHZ 104, 309 (311) = NJW 1988, 2670; OVG Lüneburg 31.7.1986, NJW 1987, 91 f.; Bitter WM 2008, 141 (145); Heymann/Horn Rn. 16; **aA** Einsele JZ 2006, 48 (50 f.).

[56] Art. 7 Abs. 5 iVm Art. 10 Abs. 2 Gesetz vom 7.7.2009, BGBl. 2009 I 1707.

[57] Schick GmbHR 1997, 1048 ff.; Heymann/Horn Rn. 13; MüKoHGB/Langenbucher Rn. 37; RGHMW/Steimle/Dornieden Rn. 22; Schlegelberger/Hefermehl Rn. 29; Staub/Canaris, 4. Aufl. 2004, Rn. 72 ff.; Canaris HandelsR § 25 Rn. 12; **aA** für die AG unter Verweis auf die Neufassung des § 27 Abs. 4 AktG nunmehr aber MüKoAktG/Bayer AktG § 66 Rn. 71.

[58] Hopt/Leyens Rn. 13.

Bestandteil der laufenden Rechnung ist. Die Parteien können alle kontokorrentfähigen Forderungen, die zwischen ihnen bestehen, in das Kontokorrent einstellen oder auch nur bestimmte Ansprüche und Leistungen. Im Zweifel entscheidet eine **Auslegung der Vereinbarung** gemäß den §§ 133, 157 BGB.[59] Als Auslegungshilfe können dabei die folgenden Grundsätze dienen, die jedoch stets unter dem Vorbehalt besonderer Umstände des Einzelfalls stehen:

30 Typischerweise sollen in ein kaufmännisches Kontokorrent alle **Ansprüche und Leistungen aus der jeweiligen Geschäftsverbindung** eingestellt werden.[60] Führen die Parteien im Rahmen ihrer Beziehung jedoch **mehrere parallele Konten,** so spricht dies im Zweifel gegen ein einheitliches Kontokorrent, das alle Konten umspannt.[61] Darüber hinaus sind Ansprüche gegen den anderen Teil, die außerhalb der Geschäftsverbindung durch eine gesetzliche (zB § 1922 BGB) oder rechtsgeschäftliche (§ 398 BGB) **Rechtsnachfolge** erworben wurden, in der Regel nicht erfasst.[62] Allerdings reicht es aus, wenn der Anspruch in der Geschäftsverbindung seine Wurzel hat. Sichert zB eine Partei aufgrund der Geschäftsbeziehung eine Schuld der anderen Partei mit einer Bürgschaft ab und wird sie aus dieser in Anspruch genommen, so fällt der Rückgriffsanspruch aus § 774 Abs. 1 BGB im Zweifel in das Kontokorrent.[63]

31 Ansprüche, die nach ihrem Zweck auf eine **Leistung in bar** gerichtet sind, werden von der Kontokorrentabrede nicht erfasst.[64] Dies gilt etwa für den Anspruch auf Auszahlung eines Darlehens[65] oder auch für die Inanspruchnahme des Sicherungsgebers aus einer Personalsicherheit (Bürgschaft, Garantie).[66] Ein **Aufrechnungsausschluss** in Bezug auf die fragliche Forderung stellt, sofern es nicht bereits an der Kontokorrentfähigkeit fehlt (→ Rn. 24 ff.), ein starkes Indiz gegen die Kontokorrentzugehörigkeit dar.[67]

32 Bei der Verwendung von **Schecks und Wechseln** ist der Anspruch aus dem Papier im Zweifel nicht kontokorrentzugehörig, da dies dem Umlaufzweck dieser Wertpapiere und der korrespondierenden Möglichkeit widersprechen würde, die Ansprüche im Wege besonderer Verfahrensarten einzuklagen (§§ 592 ff. ZPO).[68] Hingegen fällt die dem Wertpapier zugrundeliegende Kausalforderung (zB ein Kaufpreisanspruch) in der Regel ebenso in ein Kontokorrent wie der Anspruch des Kunden gegen seine Bank auf die Auskehrung des Erlöses aus Schecks und Wechseln, die er zum Inkasso eingereicht hat.[69]

33 Das Kontokorrent setzt keine Stundung der Ansprüche voraus (→ Rn. 37). Deshalb spricht es nicht gegen die Kontokorrentzugehörigkeit, wenn ein Anspruch bereits vor dem nächsten Verrechnungstermin **fällig** wird.[70] Vielmehr lässt sich die vorherige Fälligkeit angemessen dadurch berücksichtigen, dass der Verrechnung im Zweifel eine Rückwirkung entsprechend § 389 BGB zukommt (→ Rn. 59). Ebenso wenig spricht es nach zutreffender, wenn auch nicht herrschender Auffassung gegen die Kontokorrentbindung einer Forderung, wenn diese erst nach dem nächsten Saldierungstermin fällig wird oder als **zukünftige bzw. bedingte Forderung** erst nach diesem Termin endgültig entsteht.[71]

---

[59] Denkschrift zu dem Entwurf eines Handelsgesetzbuchs, 1896, 197; Ebenroth/Boujong/Menges Rn. 25; Heymann/Horn Rn. 10; MüKoHGB/Langenbucher Rn. 39 f.; RGHMW/Steimle/Dornieden Rn. 27; Staub/Canaris, 4. Aufl. 2004, Rn. 77 ff.; Oetker HandelsR § 7 Rn. 78.

[60] BGH 27.1.1982, NJW 1982, 1150 (1151); GK-HGB/Herget Rn. 34; HK-HGB/Ruß Rn. 3; Hopt/Leyens Rn. 14; RGHMW/Steimle/Dornieden Rn. 27; Schlegelberger/Hefermehl Rn. 21; Staub/Canaris, 4. Aufl. 2004, Rn. 79.

[61] BGH 18.11.1993, BGHZ 124, 164 (167) = NJW 1994, 460; BankR-HdB/Schmieder § 26 Rn. 39; Hopt/Leyens Rn. 15; Schlegelberger/Hefermehl Rn. 30; Staub/Canaris, 4. Aufl. 2004, Rn. 98.

[62] MüKoHGB/Langenbucher Rn. 41; Schlegelberger/Hefermehl Rn. 23; Staub/Canaris, 4. Aufl. 2004, Rn. 79; **aA** bei einem Erwerb im normalen Geschäftsgang Hammen JZ 1998, 1095 (1099); Heymann/Horn Rn. 12.

[63] Vgl. Staub/Canaris, 4. Aufl. 2004, Rn. 85.

[64] BeckOGK/Feldhusen, 1.11.2025, Rn. 29; Schlegelberger/Hefermehl Rn. 22; diff. Heymann/Horn Rn. 13.

[65] GK-HGB/Herget Rn. 35; Canaris HandelsR § 25 Rn. 13.

[66] Staub/Canaris, 4. Aufl. 2004, Rn. 85.

[67] BGH 7.3.1991, NJW-RR 1991, 995 (996 f.) zu einem Abtretungsausschluss in AGB; Staub/Canaris, 4. Aufl. 2004, Rn. 90.

[68] Vgl. Denkschrift zu dem Entwurf eines Handelsgesetzbuchs, 1896, 197 f.; ROHG 5.4.1873, ROHGE 9, 243 (245); Heymann/Horn Rn. 13; RGHMW/Steimle/Dornieden Rn. 29; Schlegelberger/Hefermehl Rn. 25; Staub/Canaris, 4. Aufl. 2004, Rn. 86.

[69] S. zu Letzterem Heymann/Horn Rn. 13; MüKoHGB/Langenbucher Rn. 47; Schlegelberger/Hefermehl Rn. 26; Staub/Canaris, 4. Aufl. 2004, Rn. 87; Canaris HandelsR § 25 Rn. 14.

[70] Schlegelberger/Hefermehl Rn. 22; Staub/Canaris, 4. Aufl. 2004, Rn. 82; **aA** RG 25.9.1933, JW 1933, 2826 (2827); BeckOGK/Feldhusen, 1.11.2025, Rn. 30.

[71] MüKoHGB/Langenbucher Rn. 43; Staub/Canaris, 4. Aufl. 2004, Rn. 83 f.; nach Maßgabe des Parteiwillens auch Hopt/Leyens Rn. 13; **aA** Ebenroth/Boujong/Menges Rn. 25; GK-HGB/Herget Rn. 35; Heymann/Horn Rn. 13; KKD/Koller Rn. 4; RGHMW/Steimle/Dornieden Rn. 24, 28; Schlegelberger/Hefermehl Rn. 22.

Für solche Forderungen kann zwar nach dem Rechtsgedanken des § 387 BGB im Zweifel noch keine Verrechnung erfolgen (→ Rn. 50). Hingegen erscheint die mit der Kontokorrentbindung verbundene Vereinheitlichungswirkung, die zB eine (Voraus-)Abtretung ausschließt (→ Rn. 39 f.), auch für vorfällige und zukünftige Forderungen sinnvoll.[72]

34 Ist ein Anspruch oder eine Leistung nach dem Gesagten in das Kontokorrent eingebunden, steht es den Parteien aufgrund ihrer Privatautonomie gleichwohl frei, den betreffenden Posten durch eine verfügende Vereinbarung wieder **aus dem Kontokorrent herauszulösen** und ihm damit seine Selbständigkeit zurückzugeben.[73] Auch für die Zukunft kann der Zuschnitt der Kontokorrentabrede konsensual jederzeit geändert werden. Unerheblich für die Kontokorrentbindung ist hingegen die korrekte **Buchung** eines nach der Abrede erfassten bzw. nicht erfassten Anspruchs.[74] Zu den Rechtsfolgen einer unrichtigen buchungstechnischen Erfassung → Rn. 73, → Rn. 77 ff.

IV. Rechtsfolgen des Kontokorrents

35 **1. In-Rechnung-Stellung. a) Allgemeines.** Durch die Kontokorrentbindung verlieren die in Rechnung gestellten Ansprüche und Leistungen in verschiedener Hinsicht ihre rechtliche Selbständigkeit. Dies ist jedoch keine originär gesetzliche Wirkung des Kontokorrents, sondern eine **Folge des Parteiwillens,** der gemäß den §§ 133, 157 BGB zu ermitteln ist. Im Zweifelsfall kann allerdings davon ausgegangen werden, dass die Parteien mit einer Kontokorrentvereinbarung die sogleich näher zu erörternden Bindungswirkungen anstreben. Umgekehrt liegt zumindest kein eigentliches Kontokorrent iSd § 355 Abs. 1 vor, wenn nach der Parteivereinbarung die wesentlichen Wirkungen einer Kontokorrentbindung nicht eingreifen sollen (→ Rn. 20).

36 Aus dogmatischer Sicht handelt es sich bei der Kontokorrentbindung um eine **Verfügung** über die erfassten Forderungen.[75] Welche Forderungen oder Leistungen von der Kontokorrentbindung umfasst sind, bestimmt sich nach den Grundsätzen der Kontokorrentfähigkeit und der Kontokorrentzugehörigkeit (→ Rn. 21 ff.) und nicht nach den technischen Buchungsvorgängen.[76] Sind diese unzutreffend, so bedarf es im Grundsatz nur einer rein deklaratorischen Berichtigung.[77] Ist jedoch ein Saldoanerkenntnis auf der Grundlage einer unzutreffenden Verbuchung erfolgt, so trägt derjenige die Beweislast, der sich auf die Unrichtigkeit beruft (→ Rn. 73, → Rn. 77).

37 **b) Bindung inter partes.** Eine kontokorrentzugehörige Forderung kann weder außergerichtlich noch gerichtlich selbständig geltend gemacht werden.[78] Auch eine **Aufrechnung** außerhalb der Kontokorrentverrechnung ist ausgeschlossen.[79] Umgekehrt haben kontokorrentzugehörige Leistungen vor der Verrechnung **keine Tilgungswirkung** in Bezug auf einzelne Ansprüche.[80] Die „Lähmung" der Ansprüche schließt einen **Verzug** des Schuldners mit den Einzelansprüchen aus.[81] In prozessualer Hinsicht ist eine **Leistungsklage** aus der kontokorrentgebundenen Forderung als unbegründet abzuweisen, wobei es sich bei der Bindung um eine **Einwendung** handelt, die von Amts wegen zu berücksichtigen ist.[82] Die Gegenauffassung der Rspr., die von einer bloßen Einrede

---

[72] Staub/Canaris, 4. Aufl. 2004, Rn. 83 f.

[73] BGH 10.11.1986, NJW-RR 1987, 878 (879); 23.10.1997, NJW-RR 1998, 484 (485); GK-HGB/Herget Rn. 34; Hopt/Leyens Rn. 14; Schlegelberger/Hefermehl Rn. 36; Staub/Canaris, 4. Aufl. 2004, Rn. 78.

[74] BGH 17.12.1992, BGHZ 121, 98 (106) = NJW 1993, 735; 7.3.2002, BGHZ 150, 122 (128) = NJW 2002, 1722; Heymann/Horn Rn. 17; HK-HGB/Ruß Rn. 3; Hopt/Leyens Rn. 14; RGHMW/Steimle/Dornieden Rn. 32.

[75] BGH 4.5.1979, BGHZ 74, 253 (254 f.) = NJW 1979, 1658; BeckOGK/Feldhusen, 1.11.2025, Rn. 62; GK-HGB/Herget Rn. 39; Heymann/Horn Rn. 10; Schlegelberger/Hefermehl Rn. 31; Staub/Canaris, 4. Aufl. 2004, Rn. 14; Canaris HandelsR § 25 Rn. 7.

[76] OLG Köln 19.4.2004, NZI 2004, 668 (670); OLG Düsseldorf 5.4.2012, BeckRS 2012, 10387; Placzek WM 2017, 1835 (1837); BeckOK HGB/Moussa, 48. Ed. 1.10.2025, Rn. 12.

[77] Hierzu Stößer, Die Wirkung des periodischen Anerkenntnisses auf die Verjährung und Verwirkung von Bereicherungsansprüchen im Kontokorrent, 2025, 50 f.; vgl. auch BGH 3.6.2025, WM 2025, 1279 Rn. 32.

[78] RG 18.10.1922, RGZ 105, 233 (234); BGH 7.12.1995, NJW 1996, 719 (720); 22.3.2005, BGHZ 162, 349 (351) = NJW 2005, 1863; BankR-HdB/Schmieder § 26 Rn. 66; GK-HGB/Herget Rn. 39; MüKoHGB/Langenbucher Rn. 56; Staub/Canaris, 4. Aufl. 2004, Rn. 102.

[79] BGH 21.6.2005, NJW 2005, 3213 (3214); RGHMW/Steimle/Dornieden Rn. 30; Staub/Canaris, 4. Aufl. 2004, Rn. 105; Oetker HandelsR § 7 Rn. 75; K. Schmidt HandelsR § 21 Rn. 16.

[80] BGH 4.2.1992, BGHZ 117, 135 (141) = NJW 1992, 1630; 7.3.2002, BGHZ 150, 122 (128) = NJW 2002, 1722; GK-HGB/Herget Rn. 44; Hopt/Leyens Rn. 7; Schlegelberger/Hefermehl Rn. 37; Staub/Canaris, 4. Aufl. 2004, Rn. 108.

[81] GK-HGB/Herget Rn. 42; Heymann/Horn Rn. 20; HK-HGB/Ruß Rn. 6; Schlegelberger/Hefermehl Rn. 34; Staub/Canaris, 4. Aufl. 2004, Rn. 107.

[82] Wessels WM 1997, 1509 (1510 f.); GK-HGB/Herget Rn. 40; Heymann/Horn Rn. 18; KKD/Koller Rn. 6; MüKoHGB/Langenbucher Rn. 56; Schlegelberger/Hefermehl Rn. 32; Staub/Canaris, 4. Aufl. 2004, Rn. 104.

ausgeht,[83] überzeugt nicht, da der Ausschluss der Klagbarkeit aus der vertraglichen Kontokorrentvereinbarung resultiert und vertragliche Wirkungen prozessual grundsätzlich nicht im Sinne einer Einrede geltend gemacht werden müssen. Hingegen bleibt eine **Feststellungsklage** auf das Bestehen oder Nichtbestehen einer kontokorrentgebundenen Einzelforderung unter den Voraussetzungen des § 256 ZPO möglich.[84] Zudem ändert ein Anspruch durch das Kontokorrent nicht seine **Rechtsnatur** (zB aus Kaufvertrag, Zahlungsdiensterahmenvertrag etc) oder seine **Verzinslichkeit.**[85] Insbesondere sind unter den Voraussetzungen des § 353 Fälligkeitszinsen zu entrichten. Die häufig anzutreffende Bezeichnung der Bindungswirkung als „Stundung"[86] ist somit unpräzise.[87] Mangels selbständiger Klagbarkeit wird jedoch die **Verjährung** der Ansprüche analog § 205 BGB gehemmt.[88]

c) Drittwirkungen. Da die Wirkungen der Kontokorrentbindung nicht kraft Gesetzes, sondern aufgrund einer Verfügung der Beteiligten eintreten, kann diese Bindung die Rechtsstellung Dritter in Bezug auf die erfassten Forderungen nur insoweit schmälern, als dies nach allgemeinen Grundsätzen durch eine Vereinbarung zwischen dem Gläubiger und dem Schuldner möglich ist. 38

So ist die Kontokorrentbindung im Zweifel als **Abtretungsausschluss** iSd § 399 Alt. 2 BGB auszulegen, der gem. § 1274 Abs. 2 BGB zugleich eine Verpfändung hindert.[89] Nach einer Gegenauffassung folgt die Unabtretbarkeit bereits aus § 399 Alt. 1 BGB, da die Kontokorrentbindung zu einer Inhaltsänderung der Forderung führe.[90] Dies vermag jedoch nicht zu überzeugen, weil der Gegenstand und die Rechtsnatur des Anspruchs durch die Kontokorrentbindung gerade nicht verändert werden (→ Rn. 37), sondern lediglich dessen Selbständigkeit und Verkehrsfähigkeit eine Einschränkung iSd § 399 Alt. 2 BGB erfahren. Zugunsten eines gutgläubigen Zessionars oder Pfandnehmers greift daher die Schutzvorschrift des § 405 BGB ein.[91] Hingegen ist **§ 354a** auf Kontokorrentforderungen infolge einer teleologischen Reduktion dieser Vorschrift grundsätzlich nicht anwendbar (→ § 354a Rn. 11).[92] Dies beruht auf dem Umstand, dass an der Begründung von Kontokorrenten im Handelsverkehr ein berechtigtes Interesse besteht und die Vereinfachungsfunktion der laufenden Rechnung (→ Rn. 7) durch den mit § 354a verbundenen Übergang der Forderung auf einen Dritten empfindlich gestört würde. In dem seltenen Fall, dass die Vereinbarung eines Kontokorrents ausschließlich der Umgehung des § 354a dient, beansprucht diese Vorschrift allerdings Geltung.[93] Gewisse Probleme können schließlich auftreten, wenn ein **Kontokorrent in AGB** vereinbart wird, da **§ 308 Nr. 9 BGB** dann einem rechtsgeschäftlichen Abtretungsausschluss und somit potenziell auch einer AGB-mäßigen Kontokorrentbindung deutliche Grenzen zieht.[94] Diese Norm gilt jedoch nicht, wenn die AGB gegenüber einem Unternehmer verwendet werden (§ 310 Abs. 1 S. 1 BGB).[95] Bei der Verwendung gegenüber Nicht-Unternehmern löst sich das Spannungsverhältnis durch den Vorbehalt des § 308 Nr. 9 Hs. 2 BGB ebenfalls zugunsten der Möglichkeit einer klauselmäßigen Kontokorrentbindung auf, wenn diese im Zuge eines Zahlungsdiensterahmenvertrags iSd § 675f Abs. 2 BGB erfolgt (→ § 355 Rn. 6). Als problematisch verbleiben somit vor allem Fälle, in 39

---

[83] BGH 19.12.1969, NJW 1970, 560; zust. Ebenroth/Boujong/Menges Rn. 63; Hopt/Leyens Rn. 7; RGHMW/Steimle/Dornieden Rn. 30; Oetker HandelsR § 7 Rn. 74.

[84] Vgl. RG 3.10.1929, RGZ 125, 411 (416); HK-HGB/Ruß Rn. 4; MüKoHGB/Langenbucher Rn. 56; Schlegelberger/Hefermehl Rn. 32; Canaris HandelsR § 25 Rn. 8.

[85] BGH 2.2.2017, NJW-RR 2017, 366 Rn. 15; BeckOGK/Feldhusen, 1.11.2025, Rn. 66; GK-HGB/Herget Rn. 41; Heymann/Horn Rn. 20; KKD/Koller Rn. 6; RGHMW/Steimle/Dornieden Rn. 30; Schlegelberger/Hefermehl Rn. 36; Staub/Canaris, 4. Aufl. 2004, Rn. 101, 103.

[86] RG 17.6.1913, RGZ 82, 400 (404); BGH 11.6.1980, BGHZ 77, 256 (261) = NJW 1980, 2131.

[87] Heymann/Horn Rn. 20; Hopt/Leyens Rn. 7; Schlegelberger/Hefermehl Rn. 35; Staub/Canaris, 4. Aufl. 2004, Rn. 103.

[88] BGH 2.11.1967, BGHZ 49, 24 (27) = NJW 1968, 33; 17.2.1969, BGHZ 51, 346 (347 f.) = NJW 1969, 879; Ebenroth/Boujong/Menges Rn. 19, 45; Heymann/Horn Rn. 20; Hopt/Leyens Rn. 12; Staub/Canaris, 4. Aufl. 2004, Rn. 106.

[89] BGH 26.6.2002, NJW 2002, 2865 (2866); BGH 2.2.2017, NJW-RR 2017, 366 Rn. 15; Hammen JZ 1998, 1095 (1096 ff.); Wagenknecht/Wagenknecht WM 2020, 529 (534 f.); MüKoBGB/Kieninger BGB § 399 Rn. 37; Schlegelberger/Hefermehl Rn. 33; Staub/Canaris, 4. Aufl. 2004, Rn. 109.

[90] Bette WM 1994, 1909 (1919); Staudinger/Busche, 2022, BGB § 399 Rn. 55; ähnlich BeckOGK/Feldhusen, 1.11.2025, Rn. 63, 63.1: Unabtretbarkeit als gesetzliche Rechtsfolge sui generis.

[91] GK-HGB/Herget Rn. 43; Schlegelberger/Hefermehl Rn. 33; Staub/Canaris, 4. Aufl. 2004, Rn. 110.

[92] BGH 26.6.2002, NJW 2002, 2865 (2866); Wagenknecht/Wagenknecht WM 2020, 529 (534 f.); Maultzsch FS Baums, Bd. II, 2017, 793; BankR-HdB/Schmieder § 26 Rn. 68; Heymann/Horn Rn. 19; Staub/Canaris, 4. Aufl. 2004, Rn. 114.

[93] Heymann/Horn § 354a Rn. 4.

[94] Krit. zur mangelnden rechtspolitisch-dogmatischen Kohärenz des § 308 Nr. 9 BGB Stamm JZ 2022, 1093 f.

[95] Zu einer möglichen Indizwirkung der Norm im Rahmen der §§ 307, 310 Abs. 1 S. 2 BGB jedoch Stamm JZ 2022, 1093 (1095).

denen die Kontokorrentbindung AGB-mäßig gegenüber einem Nicht-Unternehmer und außerhalb eines Zahlungsdiensterahmenvertrags vorgesehen wird. Auch hier sollte jedoch aufgrund des berechtigten Interesses an kontokorrentmäßigen Geschäftsbeziehungen im Ergebnis von einer Zulässigkeit des mit der Kontokorrentbindung verbundenen Abtretungsausschlusses ausgegangen werden. Für nicht auf Geldzahlung gerichtete Ansprüche kann dies aus der in § 308 Nr. 9 lit. b BGB vorgesehenen Interessenbewertung und bei Geldzahlungsansprüchen iSd § 308 Nr. 9 lit. a BGB aus dem bei § 308 BGB allgemein bestehenden Wertungsspielraum bei der Klauselbeurteilung abgeleitet werden.[96] Diese Sichtweise harmoniert auch mit dem gesetzgeberischen Willen, nach dem § 308 Nr. 9 lit. a BGB funktional als Erstreckung des Regelungsgedankens des § 354a auf den klauselmäßigen Unternehmer-Verbraucher-Verkehr anzusehen ist.[97] Denn auch § 354a muss, wie vorstehend geschildert, hinter dem Interesse an einer Kontokorrentbindung zurückstehen.

40 Der Abtretungsausschluss gem. § 399 Alt. 2 BGB setzt sich auch gegenüber einer **Vorausabtretung** der Forderung, zB im Rahmen eines **verlängerten Eigentumsvorbehalts,** durch.[98] Dabei kommt es nicht darauf an, ob die Vorausabtretung oder die Kontokorrentbindung zeitlich zuerst vereinbart wurde. Denn aufgrund der Kontokorrentbindung entsteht die jeweilige Forderung von vornherein nur als unabtretbare. Hierin liegt regelmäßig auch kein Verstoß gegen § 138 Abs. 1 BGB, es sei denn, die Kontokorrentbindung dient einzig der Vereitelung der Rechtsposition des Vorbehaltslieferanten.[99] Dieser kann sich anstatt der Einzelforderungen eine etwaige Saldoforderung seines Schuldners aus dem Kontokorrent im Voraus abtreten lassen, wobei allerdings die Insolvenzfestigkeit dieser Zession problematisch ist (→ Rn. 87). Zu weit geht folglich die Auffassung, die Weiterveräußerung des Vorbehaltsguts erfolge auch bei einer Kontokorrentbindung der Erlösforderung im ordnungsgemäßen Geschäftsgang und sei daher von der Weiterveräußerungsermächtigung gedeckt, die der Vorbehaltsverkäufer dem Vorbehaltskäufer erteilt (→ § 366 Rn. 38 ff.).[100] Dies kann nur gelten, wenn der Vorbehaltsverkäufer bewusst auf eine Vorausabtretung der Erlösforderung zugunsten einer Übertragung der Saldoforderung verzichtet hat, die nur dann besteht, wenn das Kontokorrent einen Überschuss zugunsten des Vorbehaltskäufers ausweist und daher eine wesentlich schwächere Sicherheit als eine erfolgreiche Vorausabtretung der Erlösforderung bietet. Fehlt es an einer derartigen bewussten Entscheidung des Vorbehaltsverkäufers, überschreitet die Weiterveräußerung vielmehr die erteilte Ermächtigung, sodass dem Vorbehaltsverkäufer in der Insolvenz des Vorbehaltskäufers ein Recht auf Ersatzaussonderung gem. § 48 S. 2 InsO zusteht (→ Rn. 88).[101]

41 Erfolgt die **Kontokorrentabrede nach der Entstehung der Forderung,** berührt sie eine zuvor vereinbarte Zession hingegen nicht mehr, da der Zedent gem. § 398 S. 2 BGB die Befugnis zu der Vereinbarung eines Abtretungsausschlusses verloren hat.[102] Allerdings greift zugunsten des gutgläubigen Schuldners, der nach Entstehung der bereits abgetretenen Forderung eine Kontokorrentbindung vereinbart, der Rechtsscheinschutz des § 407 Abs. 1 BGB mit der Folge ein, dass die zuvor abgetretene Forderung nun Bestandteil des Kontokorrents ist.[103]

42 Für einen **gesetzlichen Forderungsübergang** gelten gem. § 412 BGB dieselben Regelungen wie bei der Abtretung, sodass die Kontokorrentzugehörigkeit einer cessio legis im Ausgangspunkt entgegensteht. Knüpft der gesetzliche Forderungsübergang jedoch an die Inanspruchnahme einer Sicherheit für die kontokorrentzugehörige Forderung an (zB § 426 Abs. 2 BGB, § 774 Abs. 1 BGB, § 1143 Abs. 1 BGB, § 1225 BGB), ist er trotz der Kontokorrentbindung zu bejahen, da der Zweck der Kontokorrentbindung sich nicht auf das Verhältnis zwischen dem kontokorrentbeteiligten Schuldner der besicherten Forderung und dem Sicherungsgeber erstreckt (zu weiteren Einzelheiten → § 356 Rn. 25).[104]

43 Eine **dingliche Surrogation der Forderung,** insbesondere nach § 2019 Abs. 1 BGB, wird durch die Kontokorrentabrede nicht gehindert. Denn hier entsteht die Forderung von vornherein nicht in der Person des Kontokorrentbeteiligten, sondern des durch die Surrogation Begünstigten, sodass

---

[96] Abl. zu einem bei § 308 Nr. 9 lit. a BGB bestehenden Wertungsspielraum jedoch Stamm JZ 2022, 1093.

[97] BT-Drs. 19/26915, 30; Kalisz WM 2022, 65 (67).

[98] BGH 7.2.1979, BGHZ 73, 259 (263) = NJW 1979, 1206; 26.6.2002, NJW 2002, 2865 (2866); Hammen JZ 1998, 1095 (1097 ff.); Heymann/Horn Rn. 19; Hopt/Leyens Rn. 13; RGHMW/Steimle/Dornieden Rn. 33; Staub/Canaris, 4. Aufl. 2004, Rn. 112.

[99] BGH 7.2.1979, BGHZ 73, 259 (265) = NJW 1979, 1206; Staub/Canaris, 4. Aufl. 2004, Rn. 112; Canaris HandelsR § 25 Rn. 10.

[100] So BGH 7.2.1979, BGHZ 73, 259 (264 ff.) = NJW 1979, 1206; Heymann/Horn Rn. 52; tendenziell auch Serick BB 1978, 873 (881 f.).

[101] Anders folgerichtig BGH 7.2.1979, BGHZ 73, 259 (266) = NJW 1979, 1206.

[102] Staub/Canaris, 4. Aufl. 2004, Rn. 111.

[103] BeckOK HGB/Moussa, 48. Ed. 1.10.2025, Rn. 15; Staub/Canaris, 4. Aufl. 2004, Rn. 111.

[104] Heymann/Horn Rn. 42.

der Abtretungsausschluss iSd § 399 Alt. 2 BGB keine Wirkung entfalten kann. Der Gedanke des Direkterwerbs zum Schutz des Surrogationsbegünstigten setzt sich somit gegen das Bindungsinteresse des Schuldners durch.[105] Lässt sich zB der Erbschaftsbesitzer (§ 2018 BGB) die Gegenleistung für die Veräußerung eines Erbschaftsgegenstands auf sein Girokonto überweisen, steht die daraus resultierende Einzelforderung gegen die Bank auf Auszahlung des erlangten Betrags aus § 667 BGB nicht im Kontokorrent, da ihr Gläubiger gem. § 2019 Abs. 1 BGB der Erbe ist. Die Bank wird allerdings gem. § 2019 Abs. 2 BGB nach Maßgabe des § 407 Abs. 1 BGB geschützt, wenn sie im Vertrauen auf die Kontokorrentzugehörigkeit der Forderung eine Auszahlung an den Erbschaftsbesitzer vornimmt. Entsprechendes gilt nach § 2111 Abs. 1 BGB im Fall der Vor- und Nacherbschaft.

Eine **Pfändung der Einzelforderungen,** die in das Kontokorrent eingestellt sind, ist **ausgeschlossen.** Dies folgt gem. § 851 Abs. 2 ZPO zwar nicht bereits aus dem Abtretungsausschluss. Doch trifft § 357 eine differenzierte Regelung für die Pfändung der Saldoforderung, die umgangen würde, wenn daneben eine Pfändung der Einzelforderungen möglich wäre.[106] Im Rahmen einer bankmäßigen Kontobeziehung folgt allerdings aus dem **Zahlungsdiensterahmenvertrag** als Kausalvertrag des Bankkontokorrents (→ Rn. 6) regelmäßig ein **Anspruch auf Auszahlung des Tagessaldos,** der nicht kontokorrentgebunden und damit pfändbar ist (→ § 357 Rn. 25).[107] Zu den Auswirkungen eines Kontokorrents in der Insolvenz → Rn. 85 ff. 44

2. Verrechnung. a) Grundlagen. Die Bedeutung und die Wirkungen der Verrechnung der kontokorrentgebundenen Ansprüche und Leistungen gehören zu den umstrittensten Fragen der Lehre vom Kontokorrent. Dabei besteht eine enge Wechselwirkung mit der ebenfalls strittigen Behandlung der Feststellung des Überschusses (Saldoanerkenntnis). 45

Nach einer **älteren Auffassung,**[108] die in ähnlicher Form vereinzelt auch in die Rspr. Eingang gefunden hat,[109] handelt es sich bei der Verrechnung um einen **rein buchungsmäßigen Vorgang,** dem keine eigenständige rechtliche Bedeutung zukommt. Vielmehr soll eine Saldierung bzw. Summierung der beiderseitigen Ansprüche und Leistungen erst im Rahmen der Feststellung des Überschusses (Saldoanerkenntnis) erfolgen. Diese Sichtweise lehnt sich an die Auffassung an, das Saldoanerkenntnis habe eine novierende Wirkung (→ Rn. 70).[110] Denn eine solche Novation führt ohnehin zu einem Erlöschen der einzelnen Posten des Kontokorrents, sodass auf dieser Grundlage eine vorangehende Saldierung der Einzelposten im Rahmen der Verrechnung nicht zwingend erforderlich erscheint. Damit sprechen gegen diese Auffassung jedoch zugleich diejenigen Einwände, die gegen die Novationstheorie im Rahmen des Saldoanerkenntnisses zu erheben sind (→ Rn. 71).[111] Darüber hinaus berücksichtigt die referierte Ansicht auch nicht hinreichend, dass die Verrechnung nach der Struktur des § 355 Abs. 1 ein selbständiges Element des Kontokorrents bildet, das neben das Saldoanerkenntnis tritt. 46

Der zuletzt genannte Gesichtspunkt steht zugleich der Ansicht Hefermehls entgegen, nach der die beiderseitigen Ansprüche, auch soweit sie sich decken, nicht schon durch die Verrechnung, sondern erst durch die Tilgung der Saldoforderung oder die Beendigung des Kontokorrents iSd § 355 Abs. 3 erlöschen.[112] Auch diese Sichtweise leugnet zu Unrecht eine selbständige rechtliche Bedeutung der Verrechnung und beruht zudem auf der zweifelhaften Annahme, der Ausgleich des rechnerischen Saldos führe zu einer Tilgung aller beiderseitigen Forderungen.[113] 47

Vielmehr ist der heute **hM** zuzustimmen, nach der bereits die Verrechnung einen sog. **kausalen Saldo** erzeugt und die beiderseitigen Ansprüche oder Leistungen zum Erlöschen bringt, soweit sich diese decken.[114] In dieser **Tilgungswirkung** spiegeln sich sowohl die Vereinfachungs- als auch die 48

[105] MüKoBGB/Helms BGB § 2019 Rn. 7; **aA** Staudinger/Raff, 2020, BGB § 2019 Rn. 43; vgl. auch BGH 21.11.1989, BGHZ 109, 214 (216 ff.) = NJW 1990, 514, wonach sogar eine Rechtsstellung als Kommanditist surrogationsfähig ist.

[106] BGH 13.3.1981, BGHZ 80, 172 (175 f.) = NJW 1981, 1611; 27.1.1982, NJW 1982, 1150 (1151); OLG Dresden 1.9.2005, WM 2007, 31 (33); Heymann/Horn Rn. 19; RGHMW/Steimle/Dornieden Rn. 33; Staub/Canaris, 4. Aufl. 2004, Rn. 115; K. Schmidt HandelsR § 21 Rn. 18.

[107] Grdl. BGH 30.6.1982, BGHZ 84, 325 (329 ff.) = NJW 1982, 2192; 8.7.1982, BGHZ 84, 371 (373 ff.) = NJW 1982, 2193; BankR-HdB/Bitter § 17 Rn. 44 mwN.

[108] J. v. Gierke, Handelsrecht und Schiffahrtsrecht, 8. Aufl. 1958, § 63 IV 4b.

[109] RG 25.3.1931, RGZ 132, 218 (222); BGH 24.1.1985, BGHZ 93, 307 (313 ff.) = NJW 1985, 1706 (I. ZS).

[110] BGH 24.1.1985, BGHZ 93, 307 (313 f.) = NJW 1985, 1706 (I. ZS).

[111] Canaris DB 1972, 421; Staub/Canaris, 4. Aufl. 2004, Rn. 119 ff.

[112] Hefermehl FS Lehmann, Bd. II, 1956, 553 ff.; Schlegelberger/Hefermehl Rn. 60.

[113] Staub/Canaris, 4. Aufl. 2004, Rn. 123.

[114] BGH 24.1.1985, BGHZ 93, 315 (323) = NJW 1985, 1218 (IX. ZS); 18.4.1989, BGHZ 107, 192 (197) = NJW 1989, 2120 (XI. ZS); 7.3.2002, BGHZ 150, 122 (128) = NJW 2002, 1722 (IX. ZS); BGH 12.7.2007, NJW-RR 2007, 1643 Rn. 10 (IX. ZS); Blaurock NJW 1971, 2206 (2207 f.); Canaris DB 1972, 421 (422 ff.); Wagenknecht/Wagenknecht WM 2020, 485 (487 f.); Heymann/Horn Rn. 21; Hopt/Leyens Rn. 8; MüKoHGB/Langenbucher Rn. 73; Staub/Canaris, 4. Aufl. 2004, Rn. 124.

Sicherungsfunktion des Kontokorrents wider (→ Rn. 7 f.). Bei der Verrechnung handelt es sich um eine **Verfügung über die kontokorrentgebundenen Forderungen,** die dogmatisch einem Aufrechnungsvertrag ähnelt.[115] Daher können die Wertungen der §§ 387 ff. BGB herangezogen werden, um die Einzelheiten der Verrechnung zu bestimmen. Sachlich handelt es sich bei der Verrechnungsabrede um einen selbständigen Bestandteil des Kontokorrents, der von der In-Rechnung-Stellung zu unterscheiden ist. Daher ist es möglich, dass nach der vertraglichen Vereinbarung nicht alle kontokorrentgebundenen Forderungen in die periodisch jeweils nächstfolgende Verrechnung eingehen (→ Rn. 50 ff.). Typischerweise erfolgt die **Verrechnungsabrede** in der Praxis jedoch bereits **antizipiert** und zugleich mit der Festlegung der Kontokorrentbindung für alle zukünftigen Verrechnungstermine, sodass es nach Abschluss der Verrechnungsperioden keiner weiteren Rechtshandlungen der Beteiligten mehr bedarf, um die Verrechnung zu bewirken.[116] Von dieser Konstruktion geht auch § 355 Abs. 3 für den Fall der Kündigung des Kontokorrents aus.[117] Nach dem Gesagten sind die Verrechnung und die damit verbundene Bildung des kausalen Saldos **unabhängig** davon, ob im Anschluss auch das – grundsätzlich intendierte (→ Rn. 17 f.) – **Saldoanerkenntnis** tatsächlich erfolgt.[118]

49 **b) Zeitpunkt.** Gemäß § 355 Abs. 2 erfolgen der Rechnungsabschluss und damit die Verrechnung vorbehaltlich einer abweichenden Vereinbarung einmal jährlich. Für das Bankkontokorrent ist ein vierteljährlicher Rechnungsabschluss verkehrsüblich (Nr. 7 Abs. 1 AGB-Banken). Eine zeitliche Untergrenze für die Verrechnungsperiode sieht das Gesetz nicht vor. Daher unterfällt auch ein sog. **Staffelkontokorrent,** bei dem immer dann ein kausaler Saldo gebildet wird, wenn ein neuer kontokorrentgebundener Anspruch entsteht oder eine kontokorrentgebundene Leistung erbracht wird, nach heute hL den §§ 355 ff. zumindest in analoger Anwendung.[119] Die Verrechnung erfolgt in diesem Fall lediglich zwischen dem letzten kausalen Saldo und einem neuen Anspruch oder einer neuen Leistung (→ Rn. 54).

50 **c) Umfang. aa) Allgemeines.** Welche der kontokorrentgebundenen Forderungen in die zu einem bestimmten Termin vereinbarte Verrechnung eingehen, bestimmt sich nach einer Auslegung der Verrechnungsvereinbarung.[120] Im Zweifel wird es dem Parteiwillen entsprechen, möglichst alle der kontokorrentgebundenen Ansprüche und Leistungen miteinander zu verrechnen. Nach dem **Rechtsgedanken der §§ 387, 390 BGB** sind mangels einer besonderen gegenteiligen Vereinbarung jedoch solche Forderungen nicht erfasst, die noch nicht fällig oder einredebehaftet sind, da nicht davon ausgegangen werden kann, dass der Schuldner solche Forderungen mit eigenen fälligen und einredefreien Ansprüchen saldieren möchte.[121] Die Verrechnung dieser Forderungen erfolgt somit im Zweifel erst zu dem Verrechnungstermin, der auf den Eintritt der Fälligkeit bzw. den Wegfall der Einrede folgt. Zu verjährten Ansprüchen → Rn. 52. Ist gegen eine Forderung die Aufrechnung nicht zulässig (insbesondere nach den §§ 393 f. BGB), so schließt dies entweder bereits die Kontokorrentfähigkeit aus (→ Rn. 24 ff.) oder hindert zumindest typischerweise die Kontokorrentzugehörigkeit (→ Rn. 31). Letztlich bestimmen **nur tatsächlich bestehende Forderungen** den kausalen Saldo, während lediglich scheinbar bestehende Posten für die Verrechnung irrelevant sind (zu den Auswirkungen bei einem anschließenden Saldoanerkenntnis → Rn. 73, → Rn. 77 ff.).[122]

51 **bb) Unklagbare Forderungen.** Problematisch gestaltet sich die Einbeziehung unklagbarer Forderungen in die Verrechnung, wobei sich die praktische Bedeutung dieser Frage mit der Umstellung des Anlegerschutzes bei Börsentermingeschäften von der Unklagbarkeit auf ein Informationsmodell durch das 4. Finanzmarktförderungsgesetz vom 21.6.2002 (BGBl. 2002 I 2010) allerdings erheblich reduziert

---

[115] K.P. Berger, Der Aufrechnungsvertrag, 1996, 173; Heymann/Horn Rn. 21; KKD/Koller Rn. 7; Staub/Canaris, 4. Aufl. 2004, Rn. 125; Canaris HandelsR § 25 Rn. 15; Oetker HandelsR § 7 Rn. 80; K. Schmidt HandelsR § 21 Rn. 25.

[116] K.P. Berger, Der Aufrechnungsvertrag, 1996, 173; Beitzke FS J. v. Gierke, 1950, 10 ff.; BeckOGK/Feldhusen, 1.11.2025, Rn. 73 f.; Ebenroth/Boujong/Menges Rn. 9; Heymann/Horn Rn. 21; Staub/Canaris, 4. Aufl. 2004, Rn. 128 f.; Canaris HandelsR § 25 Rn. 16; K. Schmidt HandelsR § 21 Rn. 25.

[117] Ebenroth/Boujong/Menges Rn. 54; GK-HGB/Herget Rn. 47; Staub/Canaris, 4. Aufl. 2004, Rn. 130.

[118] Heymann/Horn Rn. 21; Staub/Canaris, 4. Aufl. 2004, Rn. 126.

[119] BGH 28.6.1968, BGHZ 50, 277 (279 f.) = NJW 1968, 2100; BankR-HdB/Schmieder § 26 Rn. 72; BeckOGK/Feldhusen, 1.11.2025, Rn. 55; Heymann/Horn Rn. 3; Hopt/Leyens Rn. 8; KKD/Koller Rn. 7; MüKoHGB/Langenbucher Rn. 26; RGHMW/Steimle/Dornieden Rn. 14 f.; Schlegelberger/Hefermehl Rn. 15, 115; Staub/Canaris, 4. Aufl. 2004, Rn. 57; K. Schmidt HandelsR § 21 Rn. 70; **aA** RG 12.1.1927, RGZ 115, 393 (396); Fuchs ZHR 106 (1939), 82 (94 ff.); Oetker HandelsR § 7 Rn. 81.

[120] Staub/Canaris, 4. Aufl. 2004, Rn. 142.

[121] Staub/Canaris, 4. Aufl. 2004, Rn. 139 ff.

[122] Eingehend Placzek WM 2017, 1835 (1840 ff.).

hat. Das Problem tritt heute hauptsächlich in Bezug auf die **§§ 518, 656, 762 BGB** auf. Da Schulden aus einem formunwirksamen Schenkungsversprechen, einer Heiratsvermittlung oder aus Spiel und Wette nach diesen Vorschriften nicht klagbar sind, aber eine auf diese Schulden erfolgte Leistung rechtsbeständig ist, stellt sich die Frage, inwieweit die Verrechnung im Rahmen des Kontokorrents einer solchen Leistung entspricht. Eine **antizipierte Verrechnungsabrede** kann dabei nicht mit einer Leistung auf den unklagbaren Posten gleichgesetzt werden, da ein solcher Posten dem Schuldner zum Zeitpunkt der Verrechnungsabrede noch nicht plastisch vor Augen steht, sodass der mit den § 518 Abs. 2 BGB, § 656 Abs. 1 S. 2 BGB, § 762 Abs. 1 S. 2 BGB verbundene Warnzweck nicht erfüllt ist.[123] Folgerichtig können unklagbare Forderungen nur dann in die Verrechnung einbezogen werden, wenn nach ihrer Entstehung die **Verrechnung iSd § 141 Abs. 1 BGB bestätigt** wird.[124] Hierfür reicht die bloße widerspruchslose Hinnahme eines Rechnungsabschlusses, der die betreffenden Posten enthält, nicht aus.[125] Falls unklagbare Posten nach dem Gesagten ausnahmsweise doch in die Verrechnung einbezogen sind, spricht der mutmaßliche Parteiwille dafür, sie zunächst untereinander zu verrechnen und erst im Anschluss mit dem weiteren Teilsaldo aus den klagbaren Forderungen zu saldieren.[126] Soweit dann der endgültige kausale Saldo immer noch aus den unklagbaren Positionen besteht, unterliegt auch dieser den Vorschriften der §§ 518, 656, 762 BGB.[127]

cc) Verjährte Ansprüche. Fraglich sind schließlich die Auswirkungen einer Verjährung iSd § 214 BGB auf die Verrechnung eines Anspruchs. Da die Einstellung eines Anspruchs in das Kontokorrent die Verjährung analog § 205 BGB hemmt (→ Rn. 37), kann dieses Problem nur auftreten, wenn die Verjährung bereits vor der Kontokorrentbindung eingetreten ist. Wenn aber die Beteiligten eine bereits verjährte Forderung konsensual noch in das Kontokorrent einstellen, spricht dies dafür, die Verrechnung nicht nur unter den Voraussetzungen des § 215 BGB zuzulassen, sondern die spätere Verrechnung mit einer realen Leistung iSd § 214 Abs. 2 BGB gleichzusetzen und daher als wirksam anzusehen.[128] 52

d) Reihenfolge der Verrechnung. Neben der Rechtsnatur der Verrechnung ist auch die Reihenfolge, in der die beiderseitigen Ansprüche und Leistungen miteinander verrechnet werden, umstritten. In erster Linie entscheidet über den Modus der Anrechnung dabei wiederum die **Parteivereinbarung.**[129] Fehlt es an einer solchen, so muss zwischen einem Staffelkontokorrent (→ Rn. 54 ff.) und dem gesetzlichen Regelfall eines periodisch geführten Kontokorrents (→ Rn. 57 ff.) unterschieden werden. 53

aa) Staffelkontokorrent. Da im Fall eines Staffelkontokorrents mit jedem neuen kontokorrentgebundenen Anspruch oder mit jeder neuen kontokorrentgebundenen Leistung eine Verrechnung stattfindet (→ Rn. 49), entsteht hier kein Zuordnungsproblem. Der neue Posten wird jeweils mit dem letzten kausalen Saldo verrechnet und führt zu einer entsprechenden Veränderung des Überschusses. Aus diesem Grund ist ein Staffelkontokorrent aus praktischer Sicht besonders leicht handhabbar, weshalb eine Auffassung annimmt, dass im Zweifel stets von einem Staffelkontokorrent auszugehen sei.[130] 54

Jedoch gehen § 355 Abs. 1 und Abs. 2 ersichtlich von einem Periodenkontokorrent aus, während die in **§ 19 Abs. 4 DepotG** vorgesehene Staffelverrechnung einen gesondert geregelten Ausnahmefall darstellt.[131] Neben diesen gesetzessystematischen Aspekten sprechen aus Sicht der Parteiinteressen zwei weitere Gründe gegen die regelmäßige Annahme eines Staffelkontokorrents: Durch die Möglichkeit der Erhebung von Zinseszinsen auf die Saldoforderung (§ 355 Abs. 1) bevorteilt ein Staffel- 55

---

[123] Vgl. BGH 4.2.1992, BGHZ 117, 135 (141) = NJW 1992, 1630; 20.3.2001, BGHZ 147, 152 (156) = NJW 2001, 1863; 25.6.2002, NJW 2002, 3093 (3095); MüKoHGB/Langenbucher Rn. 86; RGHMW/Steimle/Dornieden Rn. 25 f.; Staub/Canaris, 4. Aufl. 2004, Rn. 162.

[124] BGH 18.4.1989, BGHZ 107, 192 (198) = NJW 1989, 2120; 3.2.1998, NJW 1998, 2526 (2527); Canaris DB 1972, 469; Heymann/Horn Rn. 15; KKD/Koller Rn. 9; MüKoHGB/Langenbucher Rn. 86; Staub/Canaris, 4. Aufl. 2004, Rn. 164.

[125] BGH 20.3.2001, BGHZ 147, 152 (156) = NJW 2001, 1863; 25.6.2002, NJW 2002, 3093 (3095); Canaris ZIP 1987, 885 ff.; **aA** Piper ZIP 1985, 725 (727).

[126] Canaris DB 1972, 469 f.; Schlegelberger/Hefermehl Rn. 91; Staub/Canaris, 4. Aufl. 2004, Rn. 171.

[127] Vgl. BGH 24.1.1985, BGHZ 93, 307 (312 ff.) = NJW 1985, 1706; Schlegelberger/Hefermehl Rn. 91; Staub/Canaris, 4. Aufl. 2004, Rn. 166.

[128] Zust. BeckOK HGB/Moussa, 48. Ed. 1.10.2025, Rn. 18.

[129] RG 25.3.1931, RGZ 132, 218 (220); NK-HGB/Eberl Rn. 26.

[130] Grdl. Göppert ZHR 102 (1936), 161 ff.; Göppert ZHR 103 (1936), 318 ff.; Brüggemann, Inhalt der Kontokorrentvereinbarung, 1939, 33 ff.; Herz, Das Kontokorrent, 1973, 46 ff.; ähnlich Heymann/Horn Rn. 24.

[131] BGH 28.6.1968, BGHZ 50, 277 (280) = NJW 1968, 2100; Schlegelberger/Hefermehl Rn. 103; Staub/Canaris, 4. Aufl. 2004, Rn. 150.

kontokorrent wirtschaftlich stark den Gläubiger der Saldoforderungen.[132] Daneben stehen bei der Frage, in welcher Reihenfolge die Verrechnung der beiderseitigen Ansprüche zu erfolgen hat, komplexe Interessen in Rede, die durch die Wertungen der § 366 Abs. 2 BGB, § 396 Abs. 1 S. 2 BGB aufgegriffen werden, bei einer rein zeitlich orientierten Verrechnung nach Art des Staffelkontokorrents aber weitgehend unberücksichtigt bleiben (→ Rn. 59).[133]

56 Im **Regelfall** ist daher von einem **Periodenkontokorrent** auszugehen.[134] Dies gilt auch für das Bankkontokorrent,[135] bei dem ungeachtet der staffelmäßigen Verzinsung[136] eine vierteljährliche Rechnungsperiode typisch ist (Nr. 7 Abs. 1 AGB-Banken). Der parallel dazu ausgewiesene und separat auszahlbare **Tagessaldo eines Bankkontos** beruht demgegenüber nicht auf dem Kontokorrent, sondern auf dem zugrundeliegenden Zahlungsdiensterahmenvertrag (→ Rn. 9). Dieser Vertrag bestimmt umgekehrt auch, ob und unter welchen Voraussetzungen ein etwaiges, außerhalb der Rechnungsperioden ausgewiesenes Debet auszugleichen ist oder ob insoweit ein Überziehungskredit besteht.

57 **bb) Periodenkontokorrent.** Erfolgt die Verrechnung in periodischen Zeitabschnitten und sind in diesem Zeitraum mehr als ein Anspruch oder eine Leistung neu in das Kontokorrent eingestellt worden, so werden für die Reihenfolge der Anrechnung im Wesentlichen zwei Auffassungen vertreten:

58 **(1) Verhältnismäßige Gesamtaufrechnung.** Die **ständige Rspr.** geht davon aus, dass in dem Saldoüberschuss alle einzelnen Ansprüche des Saldogläubigers in dem Verhältnis fortleben, in dem die Gesamtsumme seiner Ansprüche die Gesamtsumme der Ansprüche des Saldoschuldners übersteigt.[137] Somit gelten alle rechtlichen Unterschiede, die für die Einzelforderungen zB hinsichtlich der Verjährung, der Verzinsung und des Gerichtsstands bestehen, anteilig auch für die kausale Saldoforderung. Zudem soll sich die Gesamtverrechnung nur mit Wirkung ex nunc vollziehen,[138] sodass Zinsunterschiede der zu verrechnenden Forderungen bis zu dem Rechnungsabschluss fortgeschrieben werden.

59 **(2) Entsprechende Anwendung der § 366 BGB, § 396 Abs. 1 BGB.** Nach einer insbesondere durch Canaris entwickelten Auffassung, der die heute **hL** folgt, vollzieht sich die Verrechnung hingegen im Wege einer entsprechenden Anwendung der § 366 BGB, § 396 Abs. 1 BGB.[139] Danach entscheidet zunächst der Parteiwille über die Reihenfolge der Anrechnungen (§ 366 Abs. 1 BGB, § 396 Abs. 1 S. 1 BGB).[140] Dies ist dahin gehend zu präzisieren, dass es aufgrund des Vertragscharakters der Verrechnung (→ Rn. 48) hierfür einer Vereinbarung bedarf, wohingegen eine einseitige Tilgungsbestimmung des Schuldners, anders als bei einer Aufrechnung, nicht ausreicht.[141] Allerdings können die Kontokorrentparteien eine solche Anrechnungsvereinbarung nicht nur im Rahmen der antizipierten Verrechnungsabrede treffen, sondern diese auch später im Zuge einer konkreten Leistungshandlung modifizieren. Regelmäßig dürfte eine solche Modifikation bereits dann gegeben sein, wenn der Schuldner eine Tilgungsbestimmung vornimmt und der Gläubiger dieser in „beredter" Weise nicht widerspricht.[142] Liegt keine konsentierte Tilgungsbestimmung vor, beurteilt sich die Frage, welche der einzelnen kontokorrentgebundenen Ansprüche in dem kausalen Saldoüberschuss (teilweise) fortbestehen, nach der Reihenfolge, die in § 366 Abs. 2 BGB für die Anrechnung vorgesehen ist. Danach bleiben unter den fälligen Schulden die am besten besicherten bestehen. Im Übrigen gelten die dem Schuldner

---

[132] Vgl. Reifner NJW 1992, 337 (341); RGHMW/Steimle/Dornieden Rn. 52; Staub/Canaris, 4. Aufl. 2004, Rn. 137; gegen die Zulässigkeit von Zinseszinsen bei einem Staffelkontokorrent daher K. Schmidt JZ 1981, 126 (130).

[133] Canaris DB 1972, 421 (424 f.).

[134] GK-HGB/Herget Rn. 45; KKD/Koller Rn. 7; Canaris HandelsR § 25 Rn. 18; K. Schmidt HandelsR § 21 Rn. 15; aus rechtsvergleichender Sicht E. Ulmer, Rechtsvergleichendes Handwörterbuch für das Zivil- und Handelsrecht, Bd. V, 1936, 196 f.

[135] BGH 28.6.1968, BGHZ 50, 277 (279 f.) = NJW 1968, 2100; GK-HGB/Herget Rn. 92 ff.; HK-HGB/Ruß Rn. 8; Schlegelberger/Hefermehl Rn. 16; krit. Heymann/Horn Rn. 31.

[136] Dazu BankR-HdB/Schmieder § 26 Rn. 55.

[137] RG 14.11.1903, RGZ 56, 19 (24); 11.6.1940, RGZ 164, 212 (215); BGH 2.11.1967, BGHZ 49, 24 (29 f.) = NJW 1968, 33; 11.3.1999, BGHZ 141, 116 (120) = NJW 1999, 1709; zust. BeckOGK/Feldhusen, 1.11.2025, Rn. 76 f.; HK-HGB/Ruß Rn. 10; RGHMW/Steimle/Dornieden Rn. 36.

[138] Vgl. BGH 11.6.1980, BGHZ 77, 256 (261) = NJW 1980, 2131; 13.12.1990, WM 1991, 495 (497); 22.3.2005, BGHZ 162, 349 (351) = NJW 2005, 1863; HK-HGB/Ruß Rn. 7.

[139] Canaris DB 1972, 421 (425 f.); Staub/Canaris, 4. Aufl. 2004, Rn. 154 ff.; Canaris HandelsR § 25 Rn. 23 ff.; K.P. Berger, Der Aufrechnungsvertrag, 1996, 286 f.; BeckOK HGB/Moussa, 48. Ed. 1.10.2025, Rn. 21 f.; GK-HGB/Herget Rn. 50; MüKoHGB/Langenbucher Rn. 82 ff.; Schlegelberger/Hefermehl Rn. 56; Oetker HandelsR § 7 Rn. 82; K. Schmidt HandelsR § 21 Rn. 26.

[140] GK-HGB/Herget Rn. 50; Schlegelberger/Hefermehl Rn. 56; Staub/Canaris, 4. Aufl. 2004, Rn. 155.

[141] Vgl. K.P. Berger, Der Aufrechnungsvertrag, 1996, 288; vgl. auch Hopt/Leyens Rn. 14.

[142] Vgl. Canaris DB 1972, 421 (424); Staub/Canaris, 4. Aufl. 2004, Rn. 147, 156; Canaris HandelsR § 25 Rn. 24.

lästigeren (zB höher verzinslichen) Forderungen als getilgt, während das Alter der Schuld – anders als nach der Lehre vom Staffelkontokorrent (→ Rn. 54 f.) – erst in dritter Linie eine Rolle spielt. Einer vorrangigen Anrechnung auf Zinsen iSd § 367 BGB, § 396 Abs. 2 BGB bedarf es hingegen nicht, da diese Vorschriften die negativen Konsequenzen des Zinseszinsverbots aus § 248 Abs. 1 BGB für den Gläubiger abmildern sollen, das im Rahmen des § 355 Abs. 1 gerade nicht gilt.[143] Nach der Konzeption der hL hat die Verrechnung darüber hinaus entsprechend § 389 BGB im Zweifel **Rückwirkung,**[144] was insbesondere bei Zinsunterschieden der zu verrechnenden Forderungen eine Rolle spielt. In diesem Sinne kann aus der Vereinbarung einer Rechnungsperiode im Zweifel nicht geschlossen werden, dass hiermit die Zinsunterschiede bis zu dem Abschluss der Periode auch insoweit fortgeschrieben werden sollen, als sich die zu verrechnenden Ansprüche decken.

(3) Stellungnahme. Die Annahme einer verhältnismäßigen Gesamtverrechnung iSd Rspr. führt aufgrund der „mosaikartigen" Komposition des kausalen Saldos zu einer unnötigen Verkomplizierung.[145] Darüber hinaus ist es rechtssystematisch widersprüchlich, wenn die Rspr. sich zur Begründung der verhältnismäßigen Gesamtaufrechnung auf die Regelung des § 366 Abs. 2 BGB aE stützt, ohne die vorrangigen Anrechnungskriterien zu berücksichtigen, die in dieser Norm enthalten sind.[146] Auch die vermeintliche Gleichwertigkeit aller kontokorrentgebundenen Ansprüche und Leistungen vermag eine analoge Anwendung des gesamten § 366 Abs. 2 BGB nicht auszuschließen,[147] da diese Vorschrift einen Ausgleich zwischen den Schuldner- und den Gläubigerinteressen schafft, der mangels einer abweichenden Vereinbarung auch für die Konkretisierung der Verrechnungsabrede modellhaft erscheint.[148] Im Ergebnis ist somit der hL der Vorzug zu geben. 60

e) Rechtliche Behandlung der kausalen Saldoforderung. Die kausale Saldoforderung ist ihrerseits nicht notwendig kontokorrentgebunden, sondern grundsätzlich **rechtlich selbständig.**[149] Die Parteien können allerdings auch vereinbaren, dass der Saldo als erster Posten in die neue Verrechnungsperiode zu übertragen ist, was dann wiederum die unter → Rn. 35 ff. erläuterten Konsequenzen nach sich zieht. Zu den **Auswirkungen eines Saldoanerkenntnisses** → Rn. 69 ff. 61

Klagt eine Partei den kausalen Saldoüberschuss zu ihren Gunsten ein, so trifft sie bez. der Aktivposten, aus denen sich dieser Überschuss ergibt, die **Darlegungs- und Beweislast,** während der Beklagte für Passivposten beweispflichtig ist, die der Kläger nicht akzeptiert hat.[150] In jedem Fall muss der eingeklagte Saldo durch den Kläger rechnerisch nachvollziehbar dargelegt werden, sofern und soweit ihn der Beklagte bestreitet.[151] Im Säumnisverfahren genügt hingegen wegen § 331 Abs. 1 S. 1 ZPO die bloße Behauptung eines kausalen Saldos in bestimmter Höhe.[152] 62

Hinsichtlich der **Verjährung,** der **Verzinslichkeit** und des **Gerichtsstands** unterliegt die kausale Saldoforderung im Ausgangspunkt denselben Regelungen wie die Einzelforderungen, soweit diese in dem Saldo nach Maßgabe der anzuwendenden Verrechnungsreihenfolge (→ Rn. 53 ff.) noch enthalten sind.[153] Setzt sich der Überschuss aus mehreren Einzelforderungen zusammen, kommen somit bez. der genannten Aspekte für einzelne Teile des Saldos unterschiedliche Rechtsfolgen in Betracht. Hinsichtlich der Verjährung muss jedoch die Hemmung analog § 205 BGB beachtet werden (→ Rn. 37), die für die fortbestehenden Einzelforderungen erst endet, wenn der kausale Saldo nicht mehr kontokorrentgebunden ist.[154] 63

---

143 Herz, Das Kontokorrent, 1973, 93 f.; Staub/Canaris, 4. Aufl. 2004, Rn. 159.

144 Staub/Canaris, 4. Aufl. 2004, Rn. 156. Vgl. auch Hopt/Leyens Rn. 16, nach dem die Verzinsung nicht erst mit der Verrechnung endet, sondern sobald eine entsprechende Gegenforderung im Kontokorrent besteht.

145 BeckOK HGB/Moussa, 48. Ed. 1.10.2025, Rn. 21; GK-HGB/Herget Rn. 50; Heymann/Horn Rn. 24; Staub/Canaris, 4. Aufl. 2004, Rn. 146; Canaris HandelsR § 25 Rn. 21.

146 Canaris DB 1972, 421 (423); MüKoHGB/Langenbucher Rn. 79; Schlegelberger/Hefermehl Rn. 54; Staub/Canaris, 4. Aufl. 2004, Rn. 145.

147 In diese Richtung aber RGHMW/Steimle/Dornieden Rn. 36.

148 GK-HGB/Herget Rn. 50; Staub/Canaris, 4. Aufl. 2004, Rn. 145; Canaris HandelsR § 25 Rn. 25.

149 GK-HGB/Herget Rn. 43; Canaris HandelsR § 25 Rn. 20.

150 BGH 2.11.1967, BGHZ 49, 24 (26 f.) = NJW 1968, 33; 11.10.1988, BGHZ 105, 263 (265) = NJW 1989, 300; 30.1.2001, NJW 2001, 1486 (1487); Ebenroth/Boujong/Menges Rn. 65 f.; HK-HGB/Ruß Rn. 17; Hopt/Leyens Rn. 10; Staub/Canaris, 4. Aufl. 2004, Rn. 202.

151 BGH 28.5.1991, NJW 1991, 2908; 7.12.1995, NJW 1996, 719 (720); 22.1.2013, NJW-RR 2013, 948 Rn. 9; OLG München 12.8.2013, BeckRS 2013, 14517; Wessels WM 1997, 1509 (1513 f.); BankR-HdB/Schmieder § 26 Rn. 73; Heymann/Horn Rn. 23.

152 Vgl. OLG Oldenburg 21.4.1995, NJW-RR 1995, 1074 (1075).

153 BGH 2.11.1967, BGHZ 49, 24 (26 ff.) = NJW 1968, 33; Heymann/Horn Rn. 23; Staub/Canaris, 4. Aufl. 2004, Rn. 143, 196.

154 BGH 2.11.1967, BGHZ 49, 24 (28 f.) = NJW 1968, 33; Heymann/Horn Rn. 44.

64 Um die einheitliche Fortführung des Saldos zu gewährleisten und damit dem Vereinfachungszweck des Kontokorrents zu entsprechen, ordnet § 355 Abs. 1 jedoch eine **Ausnahme von dem Zinseszinsverbot** des § 248 Abs. 1 BGB an.[155] Die kausale Saldoforderung kann von dem Tag der Verrechnung an daher auch insoweit verzinst werden, als in ihr bereits Zinsansprüche enthalten sind. Der Anspruch auf eine Verzinsung des Saldos folgt allerdings nicht aus § 355 Abs. 1 selbst, sondern bedarf einer eigenen vertraglichen oder gesetzlichen Grundlage.[156] Soweit es sich bei dem Kontokorrent um ein beiderseitiges Handelsgeschäft handelt, findet sich eine solche Grundlage in § 353 S. 1; das Zinseszinsverbot aus S. 2 dieser Norm wird durch § 355 Abs. 1 wiederum derogiert. Darüber hinaus folgt aus § 355 Abs. 1 auch für einseitige Handelsgeschäfte eine **Vermutung,** dass die Parteien des Kontokorrents von der Möglichkeit einer Verzinsung der gesamten Saldoforderung Gebrauch gemacht haben, wenn sich in dieser Saldoforderung zumindest ein verzinslicher Einzelposten befindet.[157] Sofern die Höhe der Zinsen nicht gesondert bestimmt ist, werden bei einem einseitigen Handelsgeschäft vier Prozentpunkte (§ 246 BGB), bei einem beiderseitigen Handelsgeschäft fünf Prozentpunkte (§ 352) geschuldet. Eine Rückausnahme von der Zulässigkeit des Zinseszinses enthält § 497 Abs. 2 S. 1 BGB für Verzugszinsen bei **Verbraucherdarlehensverträgen.**[158]

65 **3. Feststellung des Überschusses (Saldoanerkenntnis). a) Bedeutung und Zustandekommen.** Die Bildung eines kausalen Saldos durch Verrechnung verwirklicht den Vereinfachungszweck des Kontokorrents (→ Rn. 7) noch nicht vollständig, da in diesem Saldo weiterhin Teile der Einzelposten fortleben und einer unterschiedlichen rechtlichen Behandlung unterliegen können (→ Rn. 63). Daher schließt sich an die Verrechnung typischerweise das sog. Saldoanerkenntnis an. Dieses ist nicht als kausaler Feststellungsvertrag,[159] sondern als **abstraktes Schuldanerkenntnis** iSd § 781 BGB einzuordnen.[160] Es begründet daher einen neuen Anspruch in Höhe des anerkannten Überschusses, des sog. **abstrakten Saldos.** Will der Schuldner, der aus einem anerkannten Saldoüberschuss in Anspruch genommen wird, geltend machen, dass dieser Saldo unzutreffend ist, kann er dies, wie allgemein bei abstrakten Schuldanerkenntnissen, nur im Rahmen der §§ 812 ff. BGB (→ Rn. 77 ff.).

66 Für das Zustandekommen des Anerkenntnisvertrags gelten die allgemeinen Regelungen über den Vertragsschluss. Das Formerfordernis des § 781 BGB ist gem. § 782 BGB nicht einschlägig, da das Saldoanerkenntnis im Rahmen einer Abrechnung erfolgt.[161] Der Anerkenntnisvertrag kann konkludent geschlossen werden, wobei die bloße Weiternutzung des Kontokorrentkontos nach Erteilung einer Überschussrechnung hierfür allerdings nur ausreicht, wenn der Kontoinhaber seine weiteren Dispositionen durch entsprechende Ab- oder Zubuchungen erkennbar an dem ermittelten Saldo ausrichtet.[162] Dies gilt zB, wenn in Kenntnis eines Debetsaldos liquiditätsschaffende Zubuchungen erfolgen, mit denen der Kontoinhaber eine ausreichende Deckung sicherstellen will.[163] Das bloße **Schweigen** auf eine Kontokorrentabrechnung begründet hingegen lediglich dann ein Anerkenntnis, wenn es ausnahmsweise als Willenserklärung anzusehen ist (→ § 362 Rn. 3). In den Grenzen der § 308 Nr. 5 BGB, § 307 BGB, § 310 Abs. 1 BGB können auch die **AGB** einer Partei vorsehen, dass der **Saldoabschluss** mangels Widerspruchs innerhalb einer bestimmten, angemessenen Frist **als genehmigt gilt.** Eine derartige Regelung verstößt nicht gegen das Verbot der Beweislaständerung aus § 309 Nr. 12 BGB, da Gegenstand der Klausel lediglich die Vereinbarung eines abstrakten Schuldanerkenntnisses ist und die Beweislast für dessen Unrichtigkeit nicht aus den AGB, sondern aus den allgemeinen gesetzlichen Regeln folgt (→ Rn. 77 ff.).[164] Eine Genehmigungsfiktion mangels eines Widerspruchs vor

---

[155] Weiter diff. zum Verhältnis zwischen den beiden Normen BeckOGK/Feldhusen, 1.11.2025, Rn. 7.

[156] BeckOGK/Feldhusen, 1.11.2025, Rn. 126; Heymann/Horn Rn. 35; Hopt/Leyens Rn. 18; Staub/Canaris, 4. Aufl. 2004, Rn. 207; wohl auch MüKoHGB/Langenbucher Rn. 106; **aA** HK-HGB/Ruß Rn. 15; Schlegelberger/Hefermehl Rn. 62.

[157] BeckOGK/Feldhusen, 1.11.2025, Rn. 127; Heymann/Horn Rn. 35; MüKoHGB/Langenbucher Rn. 106; Staub/Canaris, 4. Aufl. 2004, Rn. 208; K. Schmidt HandelsR § 21 Rn. 27.

[158] Zu weiteren Schutzmechanismen gegenüber Zinseszinsen bei Verbraucher-Kontokorrentkrediten K. Schmidt FS Claussen, 1997, 493 ff. mwN.

[159] So aber Kübler, Feststellung und Garantie, 1967, 157 ff.; ähnlich Blaurock NJW 1971, 2206 (2208): deklaratorisches Schuldanerkenntnis.

[160] Denkschrift zu dem Entwurf eines Handelsgesetzbuchs, 1896, 198; OLG Köln 23.8.2013, NJW 2014, 795 Rn. 15; Canaris FS Hämmerle, 1972, 58 ff.; BeckOGK/Feldhusen, 1.11.2025, Rn. 80; Ebenroth/Boujong/Menges Rn. 33 f.; Heymann/Horn Rn. 25; HK-HGB/Ruß Rn. 11; Hopt/Leyens Rn. 7; MüKoHGB/Langenbucher Rn. 89 ff.; RGHMW/Steimle/Dornieden Rn. 37 ff.; Schlegelberger/Hefermehl Rn. 43; Staub/Canaris, 4. Aufl. 2004, Rn. 182 ff.; K. Schmidt HandelsR § 21 Rn. 31.

[161] KKD/Koller Rn. 11; RGHMW/Steimle/Dornieden Rn. 43; Schlegelberger/Hefermehl Rn. 45; Staub/Canaris, 4. Aufl. 2004, Rn. 187.

[162] BGH 20.7.2010, BGHZ 186, 269 Rn. 47 = NJW 2010, 3510; 8.11.2011, NJW 2012, 306 Rn. 16 mwN.

[163] Vgl. BGH 3.4.2012, NJW 2012, 2507 Rn. 30 zur Genehmigung von Einzugsermächtigungslastschriften.

[164] Vgl. BGH 5.3.1991, BGHZ 114, 9 (12) = NJW 1991, 1677; MüKoBGB/Wurmnest BGB § 309 Nr. 12 Rn. 8.

Ablauf von sechs Wochen ist zB in Nr. 7 Abs. 2 AGB-Banken enthalten,[165] setzt jedoch den Zugang des Rechnungsabschlusses bei dem Kunden voraus.[166] Darüber hinaus bewirkt das Schweigen auch unter diesen Voraussetzungen nur das Zustandekommen des abstrakten Saldoanerkenntnisses, schließt jedoch nicht dessen Kondiktion im Fall eines nachweisbar unrichtigen Saldos aus.[167]

Nach einer verbreiteten Auffassung soll die Auslegungsregel des **§ 150 Abs. 2 BGB** für das Saldoanerkenntnis nicht gelten.[168] Dies hätte die Konsequenz, dass der Empfänger eines Antrags auf Feststellung des Überschusses einzelne, zu seinen Lasten angesetzte Passivposten bestreiten, sich hinsichtlich der in dem Antrag enthaltenen Schuldposten des anderen Teils aber voll auf dessen Anerkenntnis berufen könnte. Eine solche Interpretation des Antrags des übersendenden Teils, die dessen Rechtsposition erheblich schwächt, erscheint jedoch allenfalls dann tragfähig, wenn sich die „Einwendungen" des Empfängers auf einen verhältnismäßig geringen Teil der Einzelposten beziehen. 67

Zum **Abschluss des Anerkenntnisvertrags** sind die Parteien aufgrund des Geschäftsvertrags, der dem Kontokorrentvertrag zugrunde liegt, **verpflichtet** (→ Rn. 6).[169] Klagt eine Seite auf Abschluss eines Anerkenntnisvertrags in einer bestimmten Höhe, gelten für die Darlegungs- und Beweislast dieselben Grundsätze wie für eine Klage aus dem kausalen Saldo (→ Rn. 62).[170] Aus prozessualer Sicht können die Klagen auf Anerkennung des Saldos und auf Zahlung aus diesem Saldo jedoch miteinander verbunden werden.[171] 68

b) Auswirkungen auf die kausale Saldoforderung. Das Verhältnis des abstrakten Saldoanerkenntnisses zu der kausalen Saldoforderung unterliegt in erster Linie der Parteidisposition.[172] Nur soweit sich auch durch eine **Auslegung der Kontokorrentabrede** gemäß den §§ 133, 157 BGB kein Parteiwille hierzu ermitteln lässt, bedarf es daher einer objektiven Bestimmung des Verhältnisses der beiden Saldoforderungen zueinander. 69

aa) Keine Novation. Die **Rspr.** nimmt an, dass das Saldoanerkenntnis vorbehaltlich einer abweichenden Vereinbarung **novierende Wirkung** habe.[173] Danach geht mit der Feststellung des Überschusses die kausale Saldoforderung unter. Auch Einzelposten, die im Rahmen des Saldoanerkenntnisses fälschlicherweise nicht berücksichtigt wurden, sollen entsprechend § 397 Abs. 2 BGB erlöschen.[174] War dem Saldoanerkenntnis aus besonderen Gründen keine wirksame Verrechnung vorausgegangen, so erlöschen nach der Novationstheorie folgerichtig die bis dahin noch bestehenden kontokorrentgebundenen Einzelforderungen. 70

Diese Sichtweise ist jedoch mit der **hL** abzulehnen.[175] Da es sich bei den Auswirkungen des Saldoanerkenntnisses, wie dargelegt, um ein Problem der Auffüllung einer lückenhaften Kontokorrentabrede handelt, beansprucht die Wertung des **§ 364 Abs. 2 BGB** Beachtung, nach der die Übernahme einer neuen Verbindlichkeit im Zweifel nicht an Erfüllungs statt mit novierender Wirkung geschieht.[176] 71

---

[165] Zur Rechtswirksamkeit dieser Klausel und zu weiteren Einzelheiten s. Wessels WM 1997, 1509 f.; Hopt/Hopt AGB-Banken 7 Rn. 3 ff. mwN; zur Wirksamkeit des Schriftformerfordernisses in Bezug auf Einwendungen nach Nr. 7 Abs. 3 AGB-Sparkassen BGH 28.1.2014, BGHZ 200, 121 Rn. 17 ff. = NJW 2014, 1441.

[166] Näher BGH 28.1.2014, BGHZ 200, 121 Rn. 27 = NJW 2014, 1441; OLG Köln 18.1.2006, OLGR 2006, 92 f.

[167] BGH 6.6.2000, BGHZ 144, 349 (355 f.) = NJW 2000, 2667; vgl. auch BGH 23.7.2020, BeckRS 2020, 24303 Rn. 15.

[168] BGH 2.11.1967, BGHZ 49, 24 (28 f.) = NJW 1968, 33; GK-HGB/Herget Rn. 55; Schlegelberger/Hefermehl Rn. 49; Staub/Canaris, 4. Aufl. 2004, Rn. 191; **aA** KKD/Koller Rn. 11; RGHMW/Steimle/Dornieden Rn. 44.

[169] Placzek WM 2017, 1835 (1838); BeckOK HGB/Moussa, 48. Ed. 1.10.2025, Rn. 24; MüKoHGB/Langenbucher Rn. 97.

[170] Heymann/Horn Rn. 26; Schlegelberger/Hefermehl Rn. 49; Staub/Canaris, 4. Aufl. 2004, Rn. 204.

[171] BGH 30.6.1955, WM 1955, 1315 (1316).

[172] Hefermehl FS Lehmann, Bd. II, 1956, 550 ff.; MüKoHGB/Langenbucher Rn. 93; Schlegelberger/Hefermehl Rn. 58; Oetker HandelsR § 7 Rn. 86.

[173] RG 30.5.1911, RGZ 76, 330 (331 f.); 3.10.1929, RGZ 125, 411 (416); BGH 28.6.1968, BGHZ 50, 277 (279) = NJW 1968, 2100; 13.3.1981, BGHZ 80, 172 (176) = NJW 1981, 1611; 24.1.1985, BGHZ 93, 307 (313 f.) = NJW 1985, 1706; 6.6.2000, BGHZ 144, 349 (355) = NJW 2000, 2667; zust. BeckOGK/Feldhusen, 1.11.2025, Rn. 86 ff.; HK-HGB/Ruß Rn. 10; RGHMW/Steimle/Dornieden Rn. 37 ff.; zu den historischen Hintergründen Hammen WM 1990, 1405 ff.

[174] BGH 17.2.1969, BGHZ 51, 346 (348) = NJW 1969, 879; 24.4.1985, NJW 1985, 3010 f.; 18.10.1994, NJW 1995, 320 (321).

[175] Hefermehl FS Lehmann, Bd. II, 1956, 550 ff.; BeckOK HGB/Moussa, 48. Ed. 1.10.2025, Rn. 31; Heymann/Horn Rn. 27; Hopt/Leyens Rn. 7; MüKoHGB/Langenbucher Rn. 93; Schlegelberger/Hefermehl Rn. 58; Staub/Canaris, 4. Aufl. 2004, Rn. 175 ff.; Canaris HandelsR § 25 Rn. 30; Oetker HandelsR § 7 Rn. 85; K. Schmidt HandelsR § 21 Rn. 32.

[176] Heymann/Horn Rn. 27; Schlegelberger/Hefermehl Rn. 59; Staub/Canaris, 4. Aufl. 2004, Rn. 177 f.; Canaris HandelsR § 25 Rn. 30.

Dementsprechend erfolgt das Saldoanerkenntnis als abstraktes Schuldversprechen iSd § 781 BGB mangels einer besonderen Vereinbarung **erfüllungshalber.** Nur wenn die kausale Saldoforderung durch die Feststellung des Überschusses nicht untergeht, lässt sich auch die Regelung über das Fortbestehen von Sicherheiten gem. § 356 dogmatisch und wertungsmäßig befriedigend erklären (→ § 356 Rn. 1, → § 356 Rn. 10 ff.). Selbst die Rspr. leitet aus dem Rechtsgedanken des § 356 ab, dass die kausale Saldoforderung trotz des Saldoanerkenntnisses immer dann fortbestehe, wenn ihr Gläubiger oder ein gem. § 48 InsO zur Ersatzaussonderung Berechtigter (→ Rn. 88) hieran ein anerkennenswertes wirtschaftliches Interesse habe.[177] Aus § 364 Abs. 2 BGB folgt jedoch, dass das Fortbestehen des kausalen Saldos die Regel und keine gesondert zu begründende Ausnahme darstellt.

72 Aufgrund der Anwendung des § 364 Abs. 2 BGB können die Parteien des Kontokorrents nach dem Saldoanerkenntnis nur noch auf die abstrakte Saldoforderung zurückgreifen, während die **kausale Saldoforderung** zwar fortbesteht, aber **nicht mehr selbständig geltend gemacht werden kann.**[178] Dies gilt auch, soweit einzelne Forderungen bei der Bildung des abstrakten Saldos fälschlicherweise unberücksichtigt geblieben sind; ein Rückgriff auf diese Forderungen ist vielmehr erst nach einer Kondiktion des als **abschließend** zu verstehenden Anerkenntnisses[179] wieder möglich (→ Rn. 77 ff.). Erfüllt der jeweilige Schuldner die abstrakte Saldoforderung, so erlischt hiermit zugleich auch die kausale Saldoforderung.[180]

73 **bb) Keine Fehleridentität bei Mängeln der Verrechnung.** War die **Verrechnung** aus einem besonderen Grund **unwirksam,** so berührt dies nicht die Wirksamkeit des Saldoanerkenntnisses; § 139 BGB kann aufgrund der abstrakten Natur des Anerkenntnisses nicht angewendet werden.[181] Folgerichtig bleibt das Saldoanerkenntnis auch dann wirksam, wenn die Verrechnung bei der Feststellung des Saldoüberschusses **rechnerisch nicht richtig** nachvollzogen wurde und der abstrakte Saldo daher fehlerhaft ausfällt.[182] Dabei macht es keinen Unterschied, ob der Fehler lediglich den zugunsten einer Partei bestehenden Saldo zu hoch oder zu niedrig ausweist oder ob aufgrund des Fehlers sogar der Gläubiger des Überschusses falsch bestimmt wird. Auch eine **Irrtumsanfechtung** nach § 119 BGB ist in diesen Fällen ausgeschlossen, da die Annahme, das Saldoanerkenntnis stimme mit dem objektiven Ergebnis der Verrechnung überein, einen bloßen Motivirrtum bildet.[183] Die Unwirksamkeit der Verrechnung oder deren unzutreffende rechnerische Würdigung können nach einem erfolgten Saldoanerkenntnis vielmehr nur über die §§ 812 ff. BGB korrigiert werden (→ Rn. 77 ff.). Die Vereinfachungsfunktion des Kontokorrents drückt sich gerade auch darin aus, dass im Rahmen dieser Vorschriften die Beweislast bei derjenigen Partei liegt, die sich auf die Unrichtigkeit der Saldofeststellung beruft.

74 **c) Rechtliche Behandlung der abstrakten Saldoforderung.** Als abstraktes Schuldanerkenntnis iSd § 781 BGB ist die abstrakte Saldoforderung hinsichtlich der **Verjährung,** der **Verzinsung** und des **Gerichtsstands** von der kausalen Saldoforderung (→ Rn. 63) unabhängig.[184] Für die Verjährung gilt die allgemeine Regelung der §§ 195, 199 BGB, während sich der Erfüllungsort nach § 269 BGB bemisst.[185] Handelt es sich bei dem Kontokorrent um ein beiderseitiges Handelsgeschäft, sind auf den abstrakten Saldo Fälligkeitszinsen nach Maßgabe des § 353 zu entrichten. Das **Zinseszinsverbot** der § 248 Abs. 1 BGB, § 353 S. 2 wird durch § 355 Abs. 1 auch für die abstrakte Saldoforderung **aufgehoben** und steht somit einer einheitlichen Verzinsung nicht entgegen (zu Einzelheiten → Rn. 64).[186]

75 Grundsätzlich ist die abstrakte Saldoforderung **selbständig klagbar.** Die Kontokorrentabrede kann jedoch vorsehen, dass auch sie wiederum als unselbständiger Einzelposten in die nächste Kontokorrentperiode zu übertragen ist.[187] In diesem Fall stehen dem Gläubiger des Überschusses keine Zahlungsan-

[177] RG 11.6.1940, RGZ 164, 212 (215 f.); BGH 8.3.1972, BGHZ 58, 257 (262) = NJW 1972, 872; 11.3.1999, BGHZ 141, 116 (120 ff.) = NJW 1999, 1709.

[178] Hefermehl FS Lehmann, Bd. II, 1956, 552; Canaris HandelsR § 25 Rn. 30; zu den Einzelheiten der Konstruktion vgl. MüKoBGB/Schmidt BGB § 364 Rn. 14 mwN.

[179] OLG Köln 19.4.2004, NZI 2004, 668 (670); OLG Brandenburg 19.2.2010, BeckRS 2010, 20229; Placzek WM 2017, 1835 (1838); BeckOK HGB/Moussa, 48. Ed. 1.10.2025, Rn. 29.

[180] Allg. MüKoBGB/Schmidt BGB § 364 Rn. 15.

[181] Heymann/Horn Rn. 25; Hopt/Leyens Rn. 10; Staub/Canaris, 4. Aufl. 2004, Rn. 194.

[182] Hopt/Leyens Rn. 10; Staub/Canaris, 4. Aufl. 2004, Rn. 193.

[183] BankR-HdB/Schmieder § 26 Rn. 84; MüKoHGB/Langenbucher Rn. 102; Schlegelberger/Hefermehl Rn. 65; Staub/Canaris, 4. Aufl. 2004, Rn. 213.

[184] OLG Köln 19.4.2004, NZI 2004, 668 (671); GK-HGB/Herget Rn. 59; Schlegelberger/Hefermehl Rn. 61; Canaris HandelsR § 25 Rn. 34.

[185] Hopt/Leyens Rn. 11; KKD/Koller Rn. 10; Staub/Canaris, 4. Aufl. 2004, Rn. 197; K. Schmidt HandelsR § 21 Rn. 36.

[186] Heymann/Horn Rn. 39; MüKoHGB/Langenbucher Rn. 106.

[187] GK-HGB/Herget Rn. 64; Heymann/Horn Rn. 43; Schlegelberger/Hefermehl Rn. 61; Staub/Canaris, 4. Aufl. 2004, Rn. 201.

sprüche aus dem Kontokorrent selbst zu. Vielmehr ergeben sich die durchsetzbaren Forderungen dann ausschließlich aus dem kausalen Geschäftsvertrag, zB ein Anspruch auf Auszahlung des Tagessaldos aus einem Zahlungsdiensterahmenvertrag als Grundlage des Bankkontokorrents (→ Rn. 9).

Befinden sich unter den kontokorrentgebundenen Einzelforderungen **unklagbare Posten** 76
(§§ 518, 656, 762 BGB), bleibt auch die abstrakte Saldoforderung unverbindlich, soweit sie wirtschaftlich auf diesen Posten beruht.[188] Dies folgt aus den § 518 Abs. 1 S. 2 BGB, § 656 Abs. 2 BGB, § 762 Abs. 2 BGB, nach denen ein abstraktes Schuldversprechen im Hinblick auf die Klagbarkeit das Schicksal der Schuld teilt, zu deren Erfüllung es abgegeben wurde. Die Rechtsfolge der Unklagbarkeit des Saldoanerkenntnisses tritt selbst dann ein, wenn die unklagbaren Posten aufgrund einer Bestätigung iSd § 141 BGB ausnahmsweise zu Recht in die Verrechnung und damit in den kausalen Saldo eingegangen sind (→ Rn. 51). Fehlt es mangels einer Bestätigung der Verrechnung bereits an einer wirksamen Einbeziehung der unklagbaren Forderungen in den kausalen Saldo, so kann der Schuldner darüber hinaus das Saldoanerkenntnis gemäß den §§ 812 ff. BGB kondizieren, soweit es auf den unklagbaren Posten beruht (→ Rn. 77 ff.).

d) Korrektur bei unrichtigem Saldoanerkenntnis. Als abstraktes Schuldanerkenntnis iSd 77
§ 781 BGB bedarf das Saldoanerkenntnis eines Rechtsgrunds gem. § 812 Abs. 2 BGB iVm § 812 Abs. 1 S. 1 Alt. 1 BGB. Dieser **Rechtsgrund** ist im Ausgangspunkt in dem kausalen **Geschäftsvertrag** zu erblicken, der die Parteien des Kontokorrents zur Mitwirkung an der Feststellung des Überschusses verpflichtet (→ Rn. 6).[189] Die Pflicht und damit der Rechtsgrund iSd § 812 BGB bestehen aber nur insoweit, als das Saldoanerkenntnis mit dem objektiven Ergebnis der Verrechnung übereinstimmt. Wurden bei der Ermittlung des abstrakten Saldos einzelne Posten zu Unrecht einbezogen oder weggelassen, steht der dadurch belasteten Partei somit eine **Leistungskondiktion** (condictio indebiti) offen, soweit das abgegebene Schuldanerkenntnis von dem objektiven Ergebnis der Verrechnung divergiert.[190] Wird eine Partei von dem anderen Teil aus dem noch nicht kondizierten, unrichtigen abstrakten Saldo auf Zahlung in Anspruch genommen, steht ihr gem. § 821 BGB die **Einrede der ungerechtfertigten Bereicherung** zu.[191] Die **Beweislast** für die Unrichtigkeit trifft dabei allerdings stets denjenigen, der sich auf die Unrichtigkeit der Feststellung des Überschusses beruft, worin eine der Hauptwirkungen des Saldoanerkenntnisses besteht.[192]

Bei der Frage, inwieweit **Einreden** eine Kondiktion des Saldoanerkenntnisses ermöglichen, muss 78
differenziert werden: Bestand die Einrede gegenüber der Pflicht aus dem Geschäftsvertrag zur Abgabe des Saldoanerkenntnisses, so erlaubt dies unter den Voraussetzungen des § 813 BGB eine Kondiktion.[193] Waren hingegen einzelne Forderungen einredebehaftet, so schließt dies aufgrund einer Auslegung der Verrechnungsabrede gemäß den §§ 133, 157 BGB regelmäßig bereits deren Einbeziehung in die Verrechnung aus (→ Rn. 50). Wurden sie bei der Bildung des abstrakten Saldos rechnerisch zu Unrecht einbezogen, steht somit in der betreffenden Höhe gar keine Einrede iSd § 813 BGB in Rede, sondern fehlt es schlicht an einem Rechtsgrund für das Saldoanerkenntnis iSd § 812 Abs. 2 BGB (→ Rn. 77).[194]

---

[188] BGH 22.10.1984, BGHZ 92, 317 (325) = NJW 1985, 634; 24.1.1985, BGHZ 93, 307 (311 f.) = NJW 1985, 1706; 4.2.1992, BGHZ 117, 135 (140) = NJW 1992, 1630; BankR-HdB/Schmieder § 26 Rn. 81; MüKoHGB/Langenbucher Rn. 102; Staub/Canaris, 4. Aufl. 2004, Rn. 193.

[189] OLG Rostock 28.4.2004, OLG-NL 2005, 241 (242); OLG Brandenburg 19.2.2010, BeckRS 2010, 20229; Zeiss AcP 164 (1964), 50 (73 ff.); Ebenroth/Boujong/Menges Rn. 14; MüKoHGB/Langenbucher Rn. 103; Schlegelberger/Hefermehl Rn. 66; Staub/Canaris, 4. Aufl. 2004, Rn. 214.

[190] RG 29.6.1926, RGZ 114, 268 (273 f.); BGH 6.6.2000, BGHZ 144, 349 (355 f.) = NJW 2000, 2667; Placzek WM 2017, 1835 (1841 f.); Ebenroth/Boujong/Menges Rn. 36 ff., 42; Heymann/Horn Rn. 28; HK-HGB/Ruß Rn. 12; KKD/Koller Rn. 12 f.; RGHMW/Steimle/Dornieden Rn. 45; Schlegelberger/Hefermehl Rn. 65; Staub/Canaris, 4. Aufl. 2004, Rn. 214 ff.; **aA** Stößer, Die Wirkung des periodischen Anerkenntnisses auf die Verjährung und Verwirkung von Bereicherungsansprüchen im Kontokorrent, 2025, 55 ff. (condictio ob rem gem. § 812 Abs. 1 S. 2 Alt. 2 BGB bei unrichtigem Saldoanerkenntnis wegen Verfehlung des mit dem Anerkenntnis verbundenen Klageerleichterungszwecks) sowie Kübler, Feststellung und Garantie, 1967, 163 und Blaurock NJW 1971, 2206 (2208 f.), nach denen ohnehin nur ein kausaler Feststellungsvertrag bzw. ein deklaratorisches Schuldanerkenntnis vorliegt (→ Rn. 65).

[191] BGH 22.1.2013, NJW-RR 2013, 948 Rn. 13 f.; OLG Frankfurt 29.1.2020, BeckRS 2020, 3898 Rn. 10; 8.4.2022, BKR 2023, 873 Rn. 16; BeckOGK/Feldhusen, 1.11.2025, Rn. 92; NK-HGB/Eberl Rn. 33; KKD/Koller Rn. 13; MüKoHGB/Langenbucher Rn. 105; Staub/Canaris, 4. Aufl. 2004, Rn. 220; Canaris HandelsR § 25 Rn. 35; eingehend zu weiteren Einzelheiten Stößer, Die Wirkung des periodischen Anerkenntnisses auf die Verjährung und Verwirkung von Bereicherungsansprüchen im Kontokorrent, 2025, 95 ff. mwN.

[192] E. Ulmer, Rechtsvergleichendes Handwörterbuch für das Zivil- und Handelsrecht, Bd. V, 1936, 199; GK-HGB/Herget Rn. 67; Heymann/Horn Rn. 28; Schlegelberger/Hefermehl Rn. 66; zu weiteren Einzelheiten Stößer, Die Wirkung des periodischen Anerkenntnisses auf die Verjährung und Verwirkung von Bereicherungsansprüchen im Kontokorrent, 2025, 60 ff. mwN.

[193] Vgl. Staub/Canaris, 4. Aufl. 2004, Rn. 198.

[194] **AA** Blaurock NJW 1971, 2206 (2208 f.); RGHMW/Steimle/Dornieden Rn. 48.

79 **Ausgeschlossen** ist die Kondiktion eines unrichtigen Saldoanerkenntnisses **gem. § 814 Alt. 1 BGB,** wenn die belastete Partei bei der Abgabe ihrer Anerkenntniserklärung den Fehler kannte. Hierfür trägt wiederum der andere Teil die Beweislast.[195] Demgegenüber dürfte die Vorschrift des **§ 818 Abs. 3 BGB** bei unrichtigen Saldoanerkenntnissen kaum Bedeutung erlangen, da der Kondiktionsschuldner eine bestimmte Vermögensdisposition nur selten im Vertrauen darauf vornimmt, dass gerade der abstrakte Saldo zutreffend ermittelt wurde.[196] Demgegenüber kommt ein dispositionsleitendes Vertrauen auf die Korrektheit des rechnerisch angenommenen kausalen Saldos zwar eher in Betracht, wird aber über § 818 Abs. 3 BGB nicht geschützt. Ein Vertrauensschutz kommt somit wohl allenfalls auf der Ebene des Schadensersatzrechts und in der besonderen Konstellation in Betracht, in der die mangelnde Klarstellung eines unrichtig ausgewiesenen kausalen Saldos eine Pflichtverletzung der anderen Partei iSd §§ 280 ff. BGB im Rahmen des zugrundeliegenden Geschäftsvertrags darstellt.

80 Die **Verjährung des Kondiktionsanspruchs** auf Saldoberichtigung folgt den §§ 195, 199 BGB.[197] Hierbei tritt die Entstehung des Anspruchs als fristauslösendes Moment nicht bereits mit einer unrichtigen Buchung, sondern erst mit dem Anerkenntnis des unrichtigen Saldos ein.[198] Macht eine Partei im Rahmen des § 812 Abs. 2 BGB geltend, dass zu ihren Gunsten ein höherer kausaler Saldo bestehe, als in dem abstrakten Saldo nachvollzogen wurde, ist der Anspruch jedoch nur dann begründet, wenn der betreffende kausale Saldoüberschuss seinerseits noch nicht verjährt ist.[199] Denn mit der Verjährung der kausalen Saldoforderung endet zugleich auch die Pflicht des anderen Teils aus dem Geschäftsvertrag, den kausalen Saldo im Rahmen der Feststellung des Überschusses anzuerkennen, weshalb das zunächst unrichtige Saldoanerkenntnis mit dem Eintritt der Verjährung einen Rechtsgrund erlangt (→ Rn. 77).[200] Dabei ist die Verjährungsfrist des kausalen Saldos nach der hier vertretenen Verrechnung analog den § 366 BGB, § 396 Abs. 1 BGB (→ Rn. 59) nicht notwendig identisch mit der Verjährungsfrist der Einzelforderungen, die bei dem Saldoanerkenntnis zu Unrecht nicht berücksichtigt wurden.[201]

V. Beendigung des Kontokorrents

81 **1. Allgemeine Beendigungsgründe.** Als vertragliches Verhältnis unterliegt das Kontokorrent auch hinsichtlich seiner Beendigung der Parteidisposition.[202] So können die Parteien eine **Befristung** des Kontokorrentverhältnisses vereinbaren oder einen **Aufhebungsvertrag** abschließen.[203] Die **Beendigung des** zugrundeliegenden **Geschäftsvertrags** (→ Rn. 6) bewirkt nach dem Parteiwillen regelmäßig auch eine Beendigung des Kontokorrents.[204] Umgekehrt zieht aber nicht jeder Abschluss der Kontokorrentbeziehung zugleich auch die Auflösung des Geschäftsvertrags nach sich, insbesondere können für diesen abweichende Kündigungsfristen gelten.[205]

82 Eine **Kündigung** des Kontokorrents ist nach der Zweifelsregelung des § 355 Abs. 3 unabhängig von einem Kündigungsgrund und jederzeit möglich, dh auch innerhalb einer Rechnungsperiode. Im Einzelfall kann jedoch eine abweichende Vereinbarung vorliegen.[206] Beispielsweise mag konkludent vereinbart sein, dass das Kontokorrent nicht unabhängig von dem kausalen Geschäftsvertrag gekün-

---

[195] BGH 25.6.2013, BeckRS 2013, 11879 Rn. 15; Staub/Canaris, 4. Aufl. 2004, Rn. 216.

[196] MüKoHGB/Langenbucher Rn. 104; Staub/Canaris, 4. Aufl. 2004, Rn. 217; vgl. auch OLG München 2.6.2025, BeckRS 2025, 13315 Rn. 78.

[197] BGH 23.7.2020, BeckRS 2020, 24303 Rn. 15; eingehend Placzek WM 2017, 1835 (1843 ff.); Stößer, Die Wirkung des periodischen Anerkenntnisses auf die Verjährung und Verwirkung von Bereicherungsansprüchen im Kontokorrent, 2025, 74 ff., jeweils mwN.

[198] BGH 3.6.2025, WM 2025, 1279 Rn. 32 ff.

[199] IErg auch OLG Hamm 24.2.2021, BeckRS 2021, 3178 Rn. 82 ff.; Staub/Canaris, 4. Aufl. 2004, Rn. 226 f.; KKD/Koller Rn. 13.

[200] Vgl. Placzek WM 2017, 1835 (1846).

[201] Staub/Canaris, 4. Aufl. 2004, Rn. 225 ff.; auf die nicht berücksichtigte Einzelforderung stellen anhand einer anteiligen Gesamtverrechnung (→ Rn. 58) hingegen ab: BGH 17.2.1969, BGHZ 51, 346 (348) = NJW 1969, 879; LG Saarbrücken 18.4.2011, WM 2011, 2043 (2044); HK-HGB/Ruß Rn. 5; Hopt/Leyens Rn. 12; hierzu auch Stößer, Die Wirkung des periodischen Anerkenntnisses auf die Verjährung und Verwirkung von Bereicherungsansprüchen im Kontokorrent, 2025, 107 ff.

[202] BGH 20.5.2003, NJW-RR 2003, 1351 (1352); HK-HGB/Ruß Rn. 16; Schlegelberger/Hefermehl Rn. 93; K. Schmidt HandelsR § 21 Rn. 55.

[203] BeckOGK/Feldhusen, 1.11.2025, Rn. 107; Ebenroth/Boujong/Menges Rn. 49; Heymann/Horn Rn. 46; KKD/Koller Rn. 15; MüKoHGB/Langenbucher Rn. 111; RGHMW/Steimle/Dornieden Rn. 54.

[204] OLG Karlsruhe 22.1.2008, WM 2008, 632 (633); GK-HGB/Herget Rn. 11; Staub/Canaris, 4. Aufl. 2004, Rn. 20, 232; vgl. auch Wessels WM 1997, 1509 (1511).

[205] Vgl. Staub/Canaris, 4. Aufl. 2004, Rn. 21.

[206] Denkschrift zu dem Entwurf eines Handelsgesetzbuchs, 1896, 197; BeckOGK/Feldhusen, 1.11.2025, Rn. 133; GK-HGB/Herget Rn. 71; Schlegelberger/Hefermehl Rn. 97.

digt werden kann. Da es sich bei dem Kontokorrent um ein Dauerschuldverhältnis handelt, besteht gem. § 314 BGB aber stets das Recht zu einer **Kündigung aus wichtigem Grund.**[207] Bei einer konkludenten Kündigung muss der Wille zur Beendigung der laufenden Rechnung gemäß den §§ 133, 157 BGB hinreichend deutlich hervortreten. Die bloße Abhebung des kompletten Überschusssaldos genügt hierfür in der Regel nicht.[208]

Nach überwiegender Auffassung führt auch die **Beendigung der Geschäftsverbindung** zwischen den Parteien zu einem Abschluss des Kontokorrents, da diese Verbindung nach § 355 Abs. 1 Voraussetzung einer Kontokorrentbeziehung ist (→ Rn. 10).[209] Dies ist jedoch nur dann unproblematisch, wenn die Geschäftsverbindung rechtlich formalisiert wurde, zB in Gestalt eines Rahmenvertrags. Handelt es sich bei der Geschäftsverbindung hingegen um eine rein tatsächliche Beziehung, muss deren Ende **hinreichend deutlich** gemacht werden, um auch eine Beendigung des Kontokorrents zu bewirken.[210] So genügt es etwa nicht, wenn über einen längeren Zeitraum keine wechselseitigen Geschäfte und Buchungen mehr stattfinden.[211] Aufgrund des Erfordernisses einer hinreichend deutlichen Beendigung der Geschäftsbeziehung wird in diesen Fällen häufig bereits eine konkludente Kündigung des Kontokorrents vorliegen.[212] Das Ende des Kontokorrents kann aber dann an eine rein tatsächliche Beendigung der Geschäftsbeziehung ohne konkludente Kündigung geknüpft sein, wenn eine **Partei** der Geschäfts- und Kontokorrentbeziehung **wegfällt.** Zu denken ist dabei an die Schließung einer Bank[213] oder die Übertragung des Unternehmens eines Kontokorrentbeteiligten auf einen Dritten. Zu einer Fortsetzung der Geschäftsbeziehung und des Kontokorrents mit dem Dritten kommt es nur dann, wenn der andere Teil zustimmt.[214] Ein von dem Einverständnis unabhängiger Übergang nach § 25 findet hingegen nicht statt.[215] 83

2. Rechtsfolgen der Beendigung. Für den Fall einer Kündigung des Kontokorrents legt § 355 Abs. 3 fest, dass mit Eintritt der Kündigungswirkung automatisch ein **kausaler Saldo** gebildet wird, der sofort fällig ist.[216] Diese Regelung ist auf andere Beendigungsgründe zu übertragen.[217] Mangels Kontokorrentbindung ist der Schlusssaldo rechtlich selbständig und kann somit eingeklagt oder abgetreten werden.[218] Zugleich endet mit der Kündigung die Verjährungshemmung für die nicht durch Verrechnung untergegangenen Einzelforderungen (→ Rn. 37).[219] **Zinseszinsen** iSd § 355 Abs. 1 können zwar noch für die in dem Schlusssaldo enthaltenen Zinsbeträge erhoben werden, nicht aber bei späteren Verrechnungen des bereits verzinsten Schlusssaldos mit anderen Ansprüchen und Leistungen.[220] Hierzu bedarf es vielmehr einer neuen Kontokorrentabrede. 84

3. Beendigung durch Insolvenz. Wird über das Vermögen einer Partei des Kontokorrents das Insolvenzverfahren eröffnet, bestimmen sich die Auswirkungen auf das Kontokorrentverhältnis in erster Linie nach **§ 91 Abs. 1 InsO.** Gemäß dieser Vorschrift können an den Gegenständen der Insolvenzmasse nach der Eröffnung des Verfahrens Rechte nicht mehr wirksam erworben werden. Da 85

[207] BeckOGK/Feldhusen, 1.11.2025, Rn. 109; KKD/Koller Rn. 16; RGHMW/C. Wagner Rn. 54; Schlegelberger/Hefermehl Rn. 97; Staub/Canaris, 4. Aufl. 2004, Rn. 231.

[208] RG 4.4.1933, RGZ 140, 219 (221); MüKoHGB/Langenbucher Rn. 112.

[209] RG 4.4.1933, RGZ 140, 219 (221); BGH 21.10.1955, NJW 1956, 17; Ebenroth/Boujong/Menges Rn. 50; Hopt/Leyens Rn. 23; MüKoHGB/Langenbucher Rn. 115; RGHMW/Steimle/Dornieden Rn. 55; K. Schmidt HandelsR § 21 Rn. 9.

[210] BeckOGK/Feldhusen, 1.11.2025, Rn. 101; Heymann/Horn Rn. 47.

[211] BGH 19.12.1969, NJW 1970, 560; GK-HGB/Herget Rn. 22; Schlegelberger/Hefermehl Rn. 94; Staub/Canaris, 4. Aufl. 2004, Rn. 234.

[212] Heymann/Horn Rn. 47; vgl. auch OLG Stuttgart 1.3.2017, BeckRS 2017, 120803 Rn. 40.

[213] BGH 21.10.1955, NJW 1956, 17; 6.12.1956, BGHZ 22, 304 (309) = NJW 1957, 338; BankR-HdB/Schmieder § 26 Rn. 94; Hopt/Leyens Rn. 23.

[214] Vgl. BGH 28.11.1957, BGHZ 26, 142 (150) = NJW 1958, 217; GK-HGB/Herget Rn. 74; MüKoHGB/Langenbucher Rn. 116; Schlegelberger/Hefermehl Rn. 95; Staub/Canaris, 4. Aufl. 2004, Rn. 237.

[215] Vgl. BGH 28.11.1980, WM 1981, 238 f.; tendenziell **aA** K. Schmidt HandelsR § 7 Rn. 77 ff. mwN.

[216] BGH 2.11.1967, BGHZ 49, 24 (26) = NJW 1968, 33; 28.1.2014, BGHZ 200, 121 Rn. 12 = NJW 2014, 1441; Ebenroth/Boujong/Menges Rn. 54; HK-HGB/Ruß Rn. 17; Hopt/Leyens Rn. 21; Staub/Canaris, 4. Aufl. 2004, Rn. 239.

[217] GK-HGB/Herget Rn. 61; Heymann/Horn Rn. 48; MüKoHGB/Langenbucher Rn. 117; Schlegelberger/Hefermehl Rn. 50, 101.

[218] BGH 2.11.1967, BGHZ 49, 24 (26) = NJW 1968, 33; 7.12.1977, BGHZ 70, 86 (93) = NJW 1978, 538; GK-HGB/Herget Rn. 80; Schlegelberger/Hefermehl Rn. 101; Staub/Canaris, 4. Aufl. 2004, Rn. 240.

[219] BGH 2.11.1967, BGHZ 49, 24 (26 ff.) = NJW 1968, 33.

[220] BGH 6.12.1956, BGHZ 22, 304 (309) = NJW 1957, 338; 13.11.1990, NJW 1991, 1286 (1288); LG Halle 2.11.2020, BeckRS 2020, 46192 Rn. 35; Ebenroth/Boujong/Menges Rn. 55; GK-HGB/Herget Rn. 83; Heymann/Horn Rn. 48; MüKoHGB/Langenbucher Rn. 117; Staub/Canaris, 4. Aufl. 2004, Rn. 241; K. Schmidt HandelsR § 21 Rn. 55.

es sich bei der Vereinbarung der Kontokorrentbindung und der Verrechnung jeweils um (antizipierte) Verfügungen über die Forderungen und Leistungen handelt (→ Rn. 36, → Rn. 48), werden diese somit nach § 91 Abs. 1 InsO unwirksam, soweit sie sich auf Posten beziehen, die erst nach der Eröffnung des Insolvenzverfahrens begründet werden.[221] Einzig möglich wäre daher noch eine einseitige Kontokorrentbindung des Vertragspartners des Insolvenzschuldners, die aber nach dem Parteiwillen nicht in Betracht kommt. Deshalb **erlischt das Kontokorrentverhältnis** mit der Eröffnung des Insolvenzverfahrens.[222] Später begründete Ansprüche oder später erbrachte Leistungen sind nicht mehr kontokorrentgebunden. Will der Insolvenzverwalter die Rechtsbeziehung mit dem anderen Teil als Kontokorrent fortsetzen, bedarf es einer neuen Kontokorrentabrede.[223] Durch Ausübung des Wahlrechts aus **§ 103 InsO** in Bezug auf den Geschäftsvertrag kann die kontinuierliche Fortführung des Kontokorrents hingegen nicht bewirkt werden.[224]

86 Für die bereits **vor der Verfahrenseröffnung entstandenen Einzelposten** bleibt die Kontokorrentbindung jedoch bestehen. Analog § 355 Abs. 3 wird aus diesen Posten automatisch ein kausaler Saldo gebildet, der grundsätzlich sofort fällig ist.[225] Besteht ein Überschuss zugunsten des Insolvenzschuldners und war für die Kündigung des Kontokorrents eine Frist bestimmt, so kann der andere Teil aus Gründen des Vertrauensschutzes aber erst nach Ablauf dieser Frist auf Ausgleich des Saldos in Anspruch genommen werden.[226] Ein Überschuss zugunsten des Vertragspartners des Insolvenzschuldners stellt eine **Insolvenzforderung** iSd § 38 InsO dar, da der Saldo auf Ansprüche und Leistungen zurückgeht, die vor der Insolvenz entstanden sind.[227] Aktivposten, die erst nach der Eröffnung des Insolvenzverfahrens zugunsten des Insolvenzschuldners begründet wurden,[228] kann der Vertragspartner aufgrund der Beendigung des Kontokorrents nicht mehr mit seinem Saldoüberschuss verrechnen (vgl. § 96 Abs. 1 Nr. 1 InsO).[229] Auch ein **Saldoanerkenntnis** muss nach der Verfahrenseröffnung gem. § 80 InsO durch den Insolvenzverwalter abgegeben werden, um für und gegen die Masse zu wirken. Die etwaige Insolvenzanfechtung von Verrechnungen, die vor der Eröffnung des Insolvenzverfahrens erfolgt sind, beurteilt sich nach den §§ 129 ff. InsO.[230]

87 Ergibt sich aus dem Schlusssaldo eine Forderung zugunsten des Insolvenzschuldners, so tritt die Frage auf, ob eine **Vorausabtretung** dieser Forderung an einen Dritten wirksam ist. Dieses Problem kann sich insbesondere dann stellen, wenn der Insolvenzschuldner Waren im Rahmen eines verlängerten Eigentumsvorbehalts bezogen hat, da die Einzelforderungen aus dem Weiterverkauf aufgrund ihrer Kontokorrentbindung nicht abtretbar sind und daher an den Vorbehaltsverkäufer häufig die zukünftigen Saldoforderungen abgetreten werden (→ Rn. 40). Maßgebliches Kriterium für die Wirksamkeit der Vorausabtretung ist wiederum § 91 Abs. 1 InsO. Der BGH hatte die Wirksamkeit unter Geltung des § 15 KO noch mit dem Argument bejaht, dass sich der kausale Saldo aus Posten zusammensetze, die bereits vor der Insolvenz entstanden seien, sodass kein nachträglicher Erwerb im Rechtssinne vorliege.[231] Auf der Grundlage dieser Auffassung kann die Saldoforderung allenfalls durch eine Insolvenzanfechtung gemäß den §§ 129 ff. InsO wieder zu der Masse gezogen werden.

---

221 Heymann/Horn Rn. 50; Staub/Canaris, 4. Aufl. 2004, Rn. 243 ff.; Canaris HandelsR § 25 Rn. 51; allg. zur Unwirksamkeit der Vorausverfügung über künftige Ansprüche nach § 91 Abs. 1 InsO Braun/Kroth InsO § 91 Rn. 13.

222 RG 11.10.1935, RGZ 149, 19 (24 f.); BGH 7.12.1977, BGHZ 70, 86 (93) = NJW 1978, 538; 14.12.2006, BGHZ 170, 206 Rn. 19 = NJW 2007, 1067; Ebenroth/Boujong/Menges Rn. 52, 58; HK-HGB/Ruß Rn. 16; Hopt/Leyens Rn. 23; K. Schmidt HandelsR § 21 Rn. 65; zur Rechtslage bei einer Bankeninsolvenz vgl. Binder, Bankeninsolvenzen im Spannungsfeld zwischen Bankaufsichts- und Insolvenzrecht, 2005, 147 ff.

223 BGH 13.11.1990, NJW 1991, 1286 (1287); Heymann/Horn Rn. 50; HK-HGB/Ruß Rn. 16.

224 MüKoHGB/Langenbucher Rn. 123; zu § 17 KO auch Seifert, Kontokorrent im Konkurs, 1965, 27 ff. mwN; diff. Canaris FS Hämmerle, 1972, 75 ff. zu § 17 KO; Staub/Canaris, 4. Aufl. 2004, Rn. 251 ff.; offen BGH 22.1.2004, BGHZ 157, 350 (357) = NJW 2004, 1444.

225 BGH 4.5.1979, BGHZ 74, 253 (255) = NJW 1979, 1658; 20.7.2011, ZIP 2011, 1826 Rn. 10; Wagenknecht/Wagenknecht WM 2020, 485 (488); GK-HGB/Herget Rn. 79; Heymann/Horn Rn. 51; Schlegelberger/Hefermehl Rn. 99; Canaris HandelsR § 25 Rn. 52.

226 Vgl. Denkschrift zu dem Entwurf eines Handelsgesetzbuchs, 1896, 199 f.; Staub/Canaris, 4. Aufl. 2004, Rn. 246.

227 BeckOGK/Feldhusen, 1.11.2025, Rn. 118; Heymann/Horn Rn. 51; Schlegelberger/Hefermehl Rn. 99.

228 Eine „Begründung" der Forderung idS setzt jedoch nicht notwendig ihre Entstehung voraus, sondern liegt bereits dann vor, wenn der Gläubiger ein Anwartschaftsrecht an einer später entstehenden Forderung erworben hat; vgl. v. Hall KTS 2011, 343 (355 ff.) mwN.

229 BGH 25.2.1977, NJW 1977, 1346; 4.5.1979, BGHZ 74, 253 (255 f.) = NJW 1979, 1658; BankR-HdB/Schmieder § 26 Rn. 94; Heymann/Horn Rn. 50; KKD/Koller Rn. 17; MüKoHGB/Langenbucher Rn. 118; Canaris HandelsR § 25 Rn. 51.

230 Ausf. hierzu Stapper/Jacobi BB 2007, 2017 ff. mwN.

231 BGH 7.12.1977, BGHZ 70, 86 (94 ff.) = NJW 1978, 538 (VIII. ZS); zust. Serick BB 1978, 873 (877 ff.); Heymann/Horn Rn. 52; Jaeger/Windel, InsO, 1. Aufl. 2007, § 91 Rn. 60.

Die besseren Gründe sprechen jedoch für die mittlerweile auch durch den BGH vertretene Gegenauffassung, die einen nachträglichen und damit unwirksamen Erwerb iSd § 91 Abs. 1 InsO annimmt.[232] Dafür ist weniger das formale Argument ausschlaggebend, dass die Eröffnung des Insolvenzverfahrens die Voraussetzung der Entstehung des kausalen Abschlusssaldos sei und diesem daher eine „logische Sekunde" vorausgehe.[233] Maßgeblich ist vielmehr der Wertungsgesichtspunkt, dass der Zessionar des Saldos vor der Eröffnung des Insolvenzverfahrens deshalb keine gesicherte Rechtsposition erlangt, weil die Parteien des Kontokorrents bis zu diesem Zeitpunkt durch weitere Geschäfte den Saldo noch zu seinen Ungunsten beeinflussen können.[234]

Hat der spätere Insolvenzschuldner aus der unbefugten Veräußerung oder Verwendung fremder Gegenstände eine zunächst kontokorrentgebundene Forderung erlangt, stellt sich die Frage, ob der Berechtigte aus einem zugunsten des Insolvenzschuldners bestehenden Saldo die **Ersatzaussonderung** gem. § 48 S. 2 InsO verlangen kann. Die Rspr. muss auf der Grundlage der Novationstheorie eine Ersatzaussonderung mangels Unterscheidbarkeit der Gegenleistung iSd § 48 S. 2 InsO an sich verneinen, wenn nach dem Erwerb der Forderung noch ein Saldoanerkenntnis erfolgt ist und somit nach ihrer Auffassung nur noch eine abstrakte Saldoforderung besteht (→ Rn. 70).[235] Mittlerweile lässt sie eine Ersatzaussonderung gem. § 48 S. 2 InsO jedoch aufgrund eines anerkennenswerten wirtschaftlichen Interesses des Aussonderungsberechtigten an dem Fortbestand der betreffenden Einzelposten auch nach einem Saldoanerkenntnis zu.[236] Die Ersatzaussonderung soll allerdings in ihrer Höhe auf den niedrigsten Tagessaldo begrenzt sein, der zwischenzeitlich zugunsten des Insolvenzschuldners bestand.[237] Nach der hier vertretenen Auffassung, die einen Untergang der kausalen Saldoforderung durch das Saldoanerkenntnis ablehnt (→ Rn. 71), ist die Ersatzaussonderung aus der kausalen Saldoforderung begründet, soweit der Erlös, der aus der unberechtigten Veräußerung erlangt wurde, nach Maßgabe der § 366 BGB, § 396 Abs. 1 BGB noch in der Saldoforderung enthalten ist (→ Rn. 59).[238] 88

§ 356 [Sicherheiten]

(1) Wird eine Forderung, die durch Pfand, Bürgschaft oder in anderer Weise gesichert ist, in die laufende Rechnung aufgenommen, so wird der Gläubiger durch die Anerkennung des Rechnungsabschlusses nicht gehindert, aus der Sicherheit insoweit Befriedigung zu suchen, als sein Guthaben aus der laufenden Rechnung und die Forderung sich decken.

(2) Haftet ein Dritter für eine in die laufende Rechnung aufgenommene Forderung als Gesamtschuldner, so findet auf die Geltendmachung der Forderung gegen ihn die Vorschrift des Absatzes 1 entsprechende Anwendung.

Schrifttum: s. das Schrifttum zu § 355 sowie Bierhoff, Die Haftung eines ausgeschiedenen OHG-Gesellschafters für den Kontokorrentsaldo der OHG, Diss. Köln 1964; Bydlinski, Die Bürgschaft im österreichischen und deutschen Handels-, Gesellschafts- und Wertpapierrecht, 1991, 105; Römer, Die Auswirkungen des Kontokorrents auf die Haftung ausgeschiedener Personenhandelsgesellschafter, 1991; Schäfer, Bankkontokorrent und Bürgschaft, 1971.

Übersicht

[232] BGH 25.6.2009, BGHZ 181, 362 Rn. 11 = NJW 2009, 2677 (IX. ZS); KKD/Koller Rn. 17; MüKoHGB/Langenbucher Rn. 121; Staub/Canaris, 4. Aufl. 2004, Rn. 247; Canaris HandelsR § 25 Rn. 53; krit. jedoch Wagenknecht/Wagenknecht WM 2020, 485 (490).

[233] Vgl. Staub/Canaris, 4. Aufl. 2004, Rn. 245, 247; Canaris HandelsR § 25 Rn. 52.

[234] BGH 25.6.2009, BGHZ 181, 362 Rn. 11 = NJW 2009, 2677; Staub/Canaris, 4. Aufl. 2004, Rn. 247; Canaris HandelsR § 25 Rn. 53.

[235] So noch BGH 8.3.1972, BGHZ 58, 257 (262) = NJW 1972, 872 (VIII. ZS).

[236] BGH 11.3.1999, BGHZ 141, 116 (120 ff.) = NJW 1999, 1709 (IX. ZS); HK-HGB/Ruß Rn. 10; RGHMW/Steimle/Dornieden Rn. 38.

[237] BGH 11.3.1999, BGHZ 141, 116 (123) = NJW 1999, 1709.

[238] Staub/Canaris, 4. Aufl. 2004, Rn. 249 f.; Canaris HandelsR § 25 Rn. 31 f.

I. Allgemeines

1 Die Vorschrift regelt das **Fortbestehen von Sicherheiten und Mithaftungen,** die für kontokorrentgebundene Forderungen entstanden sind. Hierfür existiert ein besonderes Regelungsbedürfnis, weil die kontokorrentgebundenen Einzelforderungen im Rahmen der Verrechnung bzw. des Saldoanerkenntnisses nach iE umstrittenen Kriterien (→ § 355 Rn. 53 ff., → § 355 Rn. 69 ff.) erlöschen können. Es stellt sich daher die Frage, ob und inwieweit Sicherheiten für diese Einzelforderungen fortwirken. Der **entstehungsgeschichtliche Hintergrund** des § 356 liegt in der ursprünglichen Rspr. des RG, die auf dem Boden der Novationstheorie davon ausging, dass mit dem abstrakten Saldoanerkenntnis alle bis dahin entstandenen kontokorrentgebundenen Einzelforderungen erlöschen und mit ihnen auch die bestellten Sicherheiten.[1] Diese Sichtweise steht ausweislich der Gesetzesmaterialien mit den Bedürfnissen des Rechtsverkehrs nicht im Einklang und soll durch die Regelung des § 356 ausgeschlossen werden.[2] Die Norm dient daher der **Verwirklichung des mutmaßlichen Parteiwillens,** bezogen hier auf die Parteien des Sicherungsgeschäfts, dem im Rahmen kontokorrentrechtlicher Fragen grundsätzlich Priorität vor begrifflich-dogmatischen Konstruktionen zukommt (→ § 355 Rn. 1).[3] Gleichwohl bestehen zu § 356 **zahlreiche Streitfragen,** die ihren Kern in zwei sich überschneidenden Problemkreisen finden: Dies betrifft zunächst die Frage, ob die Sicherheit oder Mithaftung auch nach dem Saldoanerkenntnis noch für die jeweilige Einzelforderung besteht oder ob § 356 sie im Wege einer gesetzlichen Forderungsauswechslung auf die abstrakte Saldoforderung überleitet (→ Rn. 10 ff.). Nimmt man eine fortbestehende Sicherung der Einzelforderung an, stellt sich das Folgeproblem, ob diese Einzelforderung nach Maßgabe der anwendbaren Verrechnungsgrundsätze tatsächlich weiterbestehen muss oder ob sie durch § 356 unabhängig von der Verrechnungswirkung als fortexistierend fingiert wird, soweit der Saldo ihr summenmäßig noch entspricht (→ Rn. 13 ff.). Die Beantwortung dieser Streitfragen hat erhebliche Auswirkungen auf den Haftungsumfang des jeweiligen Sicherungsgebers.

II. Voraussetzungen

2 **1. Kontokorrentverhältnis.** Nach seinem Wortlaut („laufende Rechnung") und seiner systematischen Stellung setzt § 356 das Bestehen eines Kontokorrents iSd § 355 Abs. 1 voraus. Allerdings stellt sich das Problem der Auswirkungen auf Sicherungsrechte auch bei den sog. **uneigentlichen Kontokorrentverhältnissen,** insbesondere bei rein bürgerlichrechtlichen Beziehungen ohne Beteiligung eines Kaufmanns. Da die Vorschrift keinen spezifischen handelsrechtlichen Gehalt aufweist, sondern vielmehr der Verwirklichung des mutmaßlichen Parteiwillens dient, findet sie auf uneigentliche Kontokorrentverhältnisse **analoge Anwendung.**[4] Mindestvoraussetzung ist jedoch stets, dass das betreffende Rechtsverhältnis eine Verrechnung und Saldofeststellung umfasst, da die Regelungswirkungen des § 356 an diese Rechtsgeschäfte anknüpfen.[5]

3 **2. Sicherheit oder Mithaftung.** Die Norm regelt in Abs. 1 das Schicksal von Sicherheiten im Kontokorrent, wobei § 356 Abs. 1 beispielhaft das Pfandrecht und die Bürgschaft hervorhebt. Abs. 2 erweitert den Anwendungsbereich auf die Mithaftung eines Gesamtschuldners. Entsprechend dem Normzweck, die Auswirkungen der kontokorrentrechtlichen Saldobildung zu regeln (→ Rn. 1), sind im Ergebnis jedoch **alle rechtsgeschäftlichen und gesetzlichen Sicherungen im weitesten Sinne** erfasst.[6]

[1] RG 21.9.1883, RGZ 10, 53 ff.; 1.2.1887, RGZ 18, 246 (247 ff.).
[2] Denkschrift zu dem Entwurf eines Handelsgesetzbuchs, 1896, 198.
[3] Bydlinski, Die Bürgschaft im österreichischen und deutschen Handels-, Gesellschafts- und Wertpapierrecht, 1991, 109 ff.; Staub/Canaris, 4. Aufl. 2004, Rn. 3 f.
[4] Hopt/Leyens § 355 Rn. 3; KKD/Koller § 355 Rn. 5; Schlegelberger/Hefermehl § 355 Rn. 120; Canaris HandelsR § 25 Rn. 56.
[5] MüKoHGB/Langenbucher § 355 Rn. 22 f.; Staub/Canaris, 4. Aufl. 2004, § 355 Rn. 266.
[6] BGH 12.2.1959, BGHZ 29, 280 (284) = NJW 1959, 1127; MüKoHGB/Langenbucher Rn. 6; Canaris HandelsR § 25 Rn. 46.

a) Sicherheiten. Als Sicherheiten kommen daher **alle akzessorischen und nicht-akzessorischen Sicherungsrechte** in Betracht. Nicht-akzessorische Sicherheiten sind zwar in ihrem Bestand nicht unmittelbar an die jeweilige Forderung gebunden. Jedoch greift bei einer Veränderung im Bestand dieser Forderung ein Rückgewähranspruch aus der Sicherungsabrede ein, sodass auch insoweit ein Regelungsbedürfnis iSd § 356 Abs. 1 besteht.[7] Die Norm findet daher nicht nur auf Bürgschaften, Mobiliarpfandrechte und Hypotheken, sondern auch auf Garantien, Patronatserklärungen[8] und Grundschulden Anwendung.[9] Auch das Sicherungseigentum, die Sicherungszession sowie der Eigentumsvorbehalt sind erfasst.[10] Gleiches gilt für Zurückbehaltungsrechte, Vormerkungen und ein Absonderungsrecht nach § 51 InsO.[11] Schließlich ist auch eine Aufrechnungsbefugnis aufgrund ihrer Sicherungsfunktion als Sicherheit iSd § 356 Abs. 1 anzusehen.[12] 4

b) Mithaftung. Ebenso wie das Pfandrecht und eine Bürgschaft in Abs. 1 nur beispielhaft als Sicherheiten genannt sind, gilt dies für den Mithaftungstatbestand der Gesamtschuld in Abs. 2. Daher ist § 356 auch für die akzessorische **Mithaftung der Gesellschafter einer Personengesellschaft**[13] gem. § 721 BGB, § 126, § 161 Abs. 2, § 171 sowie für die **Haftung kraft Firmenübernahme** gem. § 25[14] einschlägig. 5

3. Sicherung einer kontokorrentgebundenen Forderung. § 356 betrifft nur Sicherungsrechte für Forderungen, die in das Kontokorrent aufgenommen worden sind, da nur diese Ansprüche in die Verrechnung bzw. in das Saldoanerkenntnis eingehen.[15] Im Ausgangspunkt **nicht erfasst** sind daher Sicherheiten, die für die (kausale oder abstrakte) Saldoforderung selbst bestellt wurden.[16] Soweit diese Saldoforderungen nach der jeweiligen Kontokorrentabrede aber pro futuro wieder in das Kontokorrent aufgenommen werden (→ § 355 Rn. 61, → § 355 Rn. 75), gilt § 356 auch für deren Besicherung.[17] 6

Jedenfalls nicht in die Regelung einbezogen sind aber Sicherheiten bzw. Mithaftungen, die für die **„jeweilige" Saldoforderung** bestehen, da diese Sicherungsrechte von den Verrechnungen und Saldoanerkenntnissen nicht berührt werden und daher der Regelungszweck des § 356 nicht einschlägig ist.[18] Beispiele für derartige, umfassende Kontokorrentsicherheiten sind das **Pfandrecht der Banken** gem. Nr. 14 AGB-Banken, ein Eigentumsvorbehalt in Form des **Kontokorrentvorbehalts** oder eine **Kontokorrentbürgschaft.**[19] 7

4. Maßgeblicher Zeitpunkt. Der Wortlaut des § 356 scheint zu bedingen, dass die Sicherheit bereits vor der Aufnahme der Forderung in das Kontokorrent bestellt wurde. Für den Ausschluss nachträglicher Sicherungsrechte aus der Regelung besteht jedoch kein sachlicher Grund. Allenfalls könnte umgekehrt argumentiert werden, dass der Sicherungsgeber für die Anwendung des § 356 die Kontokorrentbindung der besicherten Forderung kennen bzw. zumindest erkennen können muss, was sogar eine nachträgliche Bestellung der Sicherheit voraussetzen würde.[20] Die Relevanz dieses Arguments hängt jedoch davon ab, ob die Vorschrift des § 356 die Haftung des Sicherungsgebers gegenüber den allgemeinen Regeln erheblich erweitert.[21] Da dies nach der hier vertretenen Auffassung zu verneinen ist (→ Rn. 10 ff., → Rn. 13 ff.), findet die Norm unabhängig von dem Zeitpunkt 8

---

[7] NK-HGB/Eberl Rn. 4; Heymann/Horn Rn. 4; RGHMW/Steimle/Dornieden Rn. 4; Staub/Canaris, 4. Aufl. 2004, Rn. 31.

[8] Heymann/Horn Rn. 4.

[9] Vgl. Hopt/Leyens Rn. 1; Staub/Canaris, 4. Aufl. 2004, Rn. 30 f.

[10] HK-HGB/Ruß Rn. 1; RGHMW/Steimle/Dornieden Rn. 4; K. Schmidt HandelsR § 21 Rn. 37.

[11] GK-HGB/Herget Rn. 6; Heymann/Horn Rn. 4; MüKoHGB/Langenbucher Rn. 6, 9; Staub/Canaris, 4. Aufl. 2004, Rn. 30.

[12] BGH 21.6.1955, WM 1955, 1163 (1164); Schlegelberger/Hefermehl Rn. 8; Staub/Canaris, 4. Aufl. 2004, Rn. 33.

[13] BGH 28.6.1968, BGHZ 50, 277 (283) = NJW 1968, 2100; BeckOGK/Feldhusen, 1.11.2025, Rn. 22; BeckOK HGB/Moussa, 48. Ed. 1.10.2025, Rn. 6; Hopt/Leyens Rn. 1.

[14] GK-HGB/Herget Rn. 12; HK-HGB/Ruß Rn. 1; KKD/Koller Rn. 6; Schlegelberger/Hefermehl Rn. 10.

[15] OLG Karlsruhe 10.11.1987, NJW-RR 1988, 1194 f.; Heymann/Horn Rn. 3; KKD/Koller Rn. 1; Staub/Canaris, 4. Aufl. 2004, Rn. 14.

[16] BeckOGK/Feldhusen, 1.11.2025, Rn. 18; Staub/Canaris, 4. Aufl. 2004, Rn. 14.

[17] BeckOGK/Feldhusen, 1.11.2025, Rn. 14; Schlegelberger/Hefermehl Rn. 4; Staub/Canaris, 4. Aufl. 2004, Rn. 14.

[18] GK-HGB/Herget Rn. 4.

[19] Zu Einzelheiten s. Heymann/Horn Rn. 20 ff.; Staub/Canaris, 4. Aufl. 2004, Rn. 73 ff.

[20] Schäfer, Bankkontokorrent und Bürgschaft, 1971, 65 ff.; GK-HGB/Herget Rn. 2, 14; Schlegelberger/Hefermehl Rn. 4.

[21] Staub/Canaris, 4. Aufl. 2004, Rn. 36.

der Sicherheitenbestellung Anwendung.[22] Allerdings wirkt die Hemmung der Verjährung analog § 205 BGB (→ § 355 Rn. 37) bei einer späteren Einstellung der Forderung in das Kontokorrent entsprechend den § 767 Abs. 1 S. 3 BGB, § 1210 Abs. 1 S. 2 BGB nicht gegenüber dem Sicherungsgeber.[23]

III. Rechtsfolgen

9 Nach dem Wortlaut des § 356 Abs. 1 wird der Gläubiger durch die Anerkennung des Rechnungsabschlusses nicht gehindert, aus der Sicherheit insoweit Befriedigung zu suchen, als sein Guthaben aus der laufenden Rechnung und die gesicherte Forderung sich decken. Hieraus entstehen für den Umfang der Haftung des Sicherungsgebers verschiedene Streitfragen. Dies betrifft zum einen die Problematik, ob § 356 einen Übergang der Sicherung bzw. Mithaftung auf die jeweilige abstrakte Saldoforderung anordnet (→ Rn. 10 ff.). Sofern man dies verneint, stellt sich zum anderen die Frage, ob das Zugriffsrecht auf die Sicherheit daran gebunden ist, dass die gesicherte Einzelforderung nach Maßgabe der einschlägigen Verrechnungsgrundsätze tatsächlich fortbesteht oder ob es ausreicht, dass zugunsten des Sicherungsnehmers ein Saldo in entsprechender Höhe vorliegt (→ Rn. 13 ff.).

10 **1. Auswirkungen des Saldoanerkenntnisses. Nach einer Auffassung** bewirkt die Regelung des § 356 eine **gesetzliche Forderungsauswechslung,** sodass eine Sicherheit oder Mithaftung, die ursprünglich für eine kontokorrentgebundene Einzelforderung bestand, nach dem Saldoanerkenntnis nunmehr die abstrakte Saldoforderung sichert.[24] Diese Sichtweise steht in enger Beziehung zu der Novationstheorie, da nach diesem Ansatz mit dem Anerkenntnis sämtliche Einzelforderungen erlöschen (→ § 355 Rn. 70). Dementsprechend kommt als besicherter Gegenstand fortan nur noch das abstrakte Schuldanerkenntnis in Betracht.

11 Diese Sichtweise **vermag** jedoch **nicht zu überzeugen.**[25] Allerdings spricht gegen sie nicht schon zwingend der Wortlaut des § 356 Abs. 1, da die Formulierung „als sein Guthaben aus der laufenden Rechnung und die Forderung sich decken" nicht eindeutig erkennen lässt, ob das Gesetz von einem Fortbestehen der Einzelforderung als Sicherungsgegenstand ausgeht.[26] Jedoch wird bereits in den Gesetzgebungsmaterialien ein Übergang der Sicherheiten auf die abstrakte Saldoforderung abgelehnt.[27] Zudem stehen der referierten Auffassung die grundsätzlichen Einwände entgegen, die oben bereits gegen die Novationstheorie im Allgemeinen vorgebracht wurden (→ § 355 Rn. 71). Darüber hinaus sprechen auch spezifische Gründe der Sicherungsrechte gegen eine gesetzliche Forderungsauswechslung. Zum einen **widerspricht** diese Sichtweise zumindest bei der Sicherheitenbestellung bzw. der Mithaftung durch Dritte, dh nicht an dem Kontokorrentverhältnis Beteiligte, **dem mutmaßlichen Parteiwillen** (→ Rn. 1). Denn in diesem Fall würde dem Dritten ohne Mitwirkung an der kontokorrentrechtlichen Saldofeststellung nachträglich die Besicherung einer Forderung aufgedrängt, zu der er sich im Rahmen der Sicherheitenbestellung nicht verpflichtet hat.[28] Da die abstrakte Saldoforderung zB hinsichtlich der Verjährung oder des Gerichtsstands anderen Regeln folgen kann als die besicherte Einzelforderung (→ § 355 Rn. 74), würde es sich hierbei auch nicht nur um einen formalen, sondern um einen materialen Verstoß gegen die Privatautonomie handeln.[29] Zum anderen führt der Ansatz einer gesetzlichen Forderungsauswechslung immer dann zu **unbefriedigenden Ergebnissen,** wenn durch ein **fehlerhaftes Saldoanerkenntnis** eine abstrakte Saldoforderung begründet wird, die in ihrer Höhe hinter dem eigentlich besicherten, korrekten Saldoüberschuss zurückbleibt oder sogar zulasten des Sicherungsnehmers einen negativen Überschuss ausweist.[30] In diesem Fall wäre der Sicherungsnehmer nach einer Kondiktion des unrichtigen Saldoanerkenntnisses auf eine Neubestellung der Sicherheiten in Höhe der zutreffenden Saldoforderung angewiesen, was ihn gegenüber zwischenzeitlichen Verfügungen über das Sicherungsgut oder zwischenzeitlichen Vollstreckungszugriffen schutzlos stellen würde.

12 Aus diesen Gründen ist der Ansatz einer gesetzlichen Forderungsauswechslung abzulehnen. Selbst die **Rspr.,** die grundsätzlich der Novationstheorie folgt (→ § 355 Rn. 70), geht für den Anwen-

[22] Hopt/Leyens Rn. 2; MüKoHGB/Langenbucher Rn. 4; RGHMW/Steimle/Dornieden Rn. 5.
[23] BGH 6.7.2000, NJW-RR 2000, 1717; KKD/Koller Rn. 4; Staub/Canaris, 4. Aufl. 2004, Rn. 36.
[24] Ehrenbergs HdB Bd. IV 1/M. Wolff 66; E. Ulmer, Rechtsvergleichendes Handwörterbuch für das Zivil- und Handelsrecht, Bd. V, 1936, 199 f.; HK-HGB/Ruß Rn. 1; RGHMW/Steimle/Dornieden Rn. 8; K. Schmidt HandelsR § 21 Rn. 37.
[25] BeckOGK/Feldhusen, 1.11.2025, Rn. 24; BeckOK HGB/Moussa, 48. Ed. 1.10.2025, Rn. 2; Schlegelberger/Hefermehl Rn. 1; Staub/Canaris, 4. Aufl. 2004, Rn. 9 ff.
[26] **AA** Schlegelberger/Hefermehl Rn. 1; Staub/Canaris, 4. Aufl. 2004, Rn. 9; Canaris HandelsR § 25 Rn. 38.
[27] Denkschrift zu dem Entwurf eines Handelsgesetzbuchs, 1896, 199.
[28] Canaris DB 1972, 469 (472); MüKoHGB/Langenbucher Rn. 2; Staub/Canaris, 4. Aufl. 2004, Rn. 10.
[29] Staub/Canaris, 4. Aufl. 2004, Rn. 11.
[30] Staub/Canaris, 4. Aufl. 2004, Rn. 5 ff.; Canaris HandelsR § 25 Rn. 45.

dungsbereich des § 356 davon aus, dass keine gesetzliche Forderungsauswechslung zugunsten der abstrakten Saldoforderung erfolgt, sondern dass die besicherten Einzelforderungen aufgrund eines anerkennenswerten wirtschaftlichen Interesses des Gläubigers auch nach der Saldofeststellung fortbestehen.[31]

2. Auswirkungen der Verrechnung. Mit der Ablehnung einer gesetzlichen Forderungsaus- 13
wechslung zugunsten der abstrakten Saldoforderung sind jedoch die Streitfragen zum Umfang der Haftung der Sicherungsgeber nur teilweise geklärt. Fraglich ist weiterhin insbesondere, ob der Untergang der gesicherten Forderung im Zuge der periodischen Verrechnung (→ § 355 Rn. 45 ff.) zu einem Erlöschen bzw. bei nicht-akzessorischen Sicherheiten zu einer peremptorischen Einrede gegen die Geltendmachung des Sicherungsrechts führt oder ob die Sicherheit weiterhin in Anspruch genommen werden kann, solange und soweit ein Saldo in Höhe der gesicherten Forderung zugunsten des Sicherungsnehmers besteht.

a) Haftung für den niedrigsten Saldo. Nach der **hM** kommt es für das Fortbestehen der 14
Sicherheit bzw. der Mithaftung nicht notwendig darauf an, dass die ursprünglich gesicherte Forderung in dem kausalen Saldo, der am Ende der Rechnungsperiode gebildet wird, nach Maßgabe der anwendbaren Verrechnungsgrundsätze (→ § 355 Rn. 53 ff.) noch als solche enthalten ist. Vielmehr soll es ausreichen, wenn der Saldo summenmäßig die Höhe der gesicherten Forderung erreicht bzw. soll bei einem geringeren Saldo eine Haftung des Sicherungsgebers in entsprechender Höhe fortbestehen.[32] Maßgeblicher Bezugspunkt für die summenmäßige Haftungsgrenze ist dabei in erster Linie der kausale Saldo, nach einem Saldoanerkenntnis aber aufgrund der Novationswirkung, die die Rspr. annimmt (→ § 355 Rn. 70), der abstrakte Saldo.[33] Allerdings ist bisher ungeklärt, ob sich ein Sicherungsgeber, der nicht Partei des Kontokorrentverhältnisses ist, auch ein fehlerhaftes Saldoanerkenntnis entgegenhalten lassen muss, das zu seinen Ungunsten von dem wirklichen kausalen Saldo abweicht.[34] In diese Richtung weist die Auffassung des BGH, dass ein Saldoanerkenntnis zumindest beweisrechtlich auch gegenüber einem Bürgen wirken soll, der eine kontokorrentgebundene Forderung gesichert hat.[35] Fest steht nach der Ansicht der Rspr. hingegen, dass die Höhe der Haftung des Sicherungsgebers immer nur durch den – kausalen oder abstrakten – Schlusssaldo am Ende einer Rechnungsperiode begrenzt wird, nicht jedoch durch einen dazwischen liegenden, rechnerisch ermittelten Tagessaldo (→ § 355 Rn. 56).[36] Anderes gilt lediglich für ein Staffelkontokorrent, bei dem jeder Buchungsvorgang einen neuen kausalen Saldo bewirkt (→ § 355 Rn. 54 ff.). Die ursprünglich gesicherte Einzelforderung erlangt nach Ansicht der hM nur noch insoweit Bedeutung, als ihre Höhe (sowie die Höhe ihrer Verzinsung einschließlich etwaiger Zinseszinsen gem. § 355 Abs. 1)[37] eine zweite, neben den Saldo tretende, obere summenmäßige Grenze der Weiterhaftung des Sicherungsgebers bildet.[38] Dogmatisch stützt sich die Theorie der Haftung für den niedrigsten Saldo im Anschluss an die Gesetzgebungsmaterialien[39] darauf, dass das **Fortbestehen der gesicherten Forderung** trotz der Verrechnung bis zur Höhe des Saldos durch § 356 **fingiert** werde, weil ein anerkennenswertes wirtschaftliches Interesse des Kontokorrentgläubigers an dem Zugriff auf die Sicherheit auch nach der Bildung des Saldos bestehe.[40] Selbst die Unkenntnis des Sicherungsgebers von der Kontokorrentbindung der gesicherten Forderung soll nach dieser Ansicht eine Haftung für den niedrigsten Saldo grundsätzlich nicht ausschließen.[41] Vielmehr kann das Erlöschen der gesicher-

---

[31] RG 22.12.1939, RGZ 162, 244 (251); BGH 21.6.1955, WM 1955, 1163 (1164); 12.2.1959, BGHZ 29, 280 (287 f.) = NJW 1959, 1127; 13.12.1990, WM 1991, 495 (497).

[32] RG 30.5.1911, RGZ 76, 330 (333 f.); 7.1.1916, RGZ 87, 434 (438); 18.4.1932, RGZ 136, 178 (181); BGH 28.11.1957, BGHZ 26, 142 (150) = NJW 1958, 217; 28.6.1968, BGHZ 50, 277 (283 f.) = NJW 1968, 2100; 13.12.1990, WM 1991, 495 (497); 15.1.2004, NJW 2004, 2232 (2234); BeckOGK/Feldhusen, 1.11.2025, Rn. 34; Heymann/Horn Rn. 2, 6; Hopt/Leyens Rn. 2; KKD/Koller Rn. 2; RGHMW/Steimle/Dornieden Rn. 9; im Grundsatz auch Schlegelberger/Hefermehl Rn. 14 ff.

[33] Vgl. Heymann/Horn Rn. 7.

[34] Die Entscheidung BGH 4.7.1985, WM 1985, 969 (971) betraf einen Sachverhalt, in dem sich der Sicherungsgeber in der Sicherungsabrede explizit der Maßgeblichkeit der Saldoanerkenntnisse unterworfen hatte.

[35] BGH 18.12.2001, NJW-RR 2002, 986.

[36] RG 30.5.1911, RGZ 76, 330 (334); BGH 28.6.1968, BGHZ 50, 277 (283 f.) = NJW 1968, 2100; 7.10.2002, NJW 2003, 61 (62); 15.1.2004, NJW 2004, 2232 (2234); HK-HGB/Ruß Rn. 3; iErg auch Heymann/Horn Rn. 10.

[37] BGH 11.6.1980, BGHZ 77, 256 (259 f.) = NJW 1980, 2131.

[38] Heymann/Horn Rn. 6.

[39] Denkschrift zu dem Entwurf eines Handelsgesetzbuchs, 1896, 198 f.

[40] RG 7.1.1916, RGZ 87, 434 (437 f.); 22.12.1939, RGZ 162, 244 (251); BGH 21.6.1955, WM 1955, 1163 (1164); 12.2.1959, BGHZ 29, 280 (283, 288) = NJW 1959, 1127; Heymann/Horn Rn. 2.

[41] RG 18.4.1932, RGZ 136, 178 (181); KKD/Koller Rn. 4; krit. Heymann/Horn Rn. 14; Schlegelberger/Hefermehl Rn. 23.

ten Einzelforderung bei einem fortbestehenden, summenmäßig entsprechenden Saldoüberschuss iSd Rspr. nur in zwei Fällen zu einem Untergang der Sicherheit führen: Zum einen steht dem Sicherungsgeber eine dauernde Einrede gegen seine Inanspruchnahme zu, wenn er mit dem Gläubiger in der Sicherungsabrede gesondert vereinbart hat, dass die gesicherte Forderung nicht in ein Kontokorrent aufgenommen werden darf und die Forderung nach den maßgeblichen Verrechnungsgrundsätzen bereits getilgt ist.[42] Zum anderen wird der Sicherungsgeber frei, wenn die Einzelforderung nicht nur durch eine Verrechnung untergeht, sondern aufgrund einer besonderen Parteivereinbarung im Zusammenhang mit der Tilgung aus dem Kontokorrent herausgelöst wird.[43]

15 **b) Maßgeblichkeit der Verrechnungsgrundsätze.** Demgegenüber nimmt eine auf *Canaris* zurückgehende und in der Lit. verbreitete Auffassung an, dass § 356 nur eine negative Auswirkung des Saldoanerkenntnisses auf die Sicherungsrechte verhindern solle, während die Norm den Untergang dieser Rechte durch eine Tilgung der gesicherten Forderung im Zuge der Verrechnung unberührt lasse.[44] Da die Vertreter dieser Ansicht die Reihenfolge der Verrechnung einer Analogie zu den **§ 366 BGB, § 396 Abs. 1 BGB** entnehmen (→ § 355 Rn. 59), kommt es somit darauf an, ob die gesicherte Forderung nach Maßgabe dieser Anrechnungsregeln noch in dem kausalen Saldo enthalten ist.[45] Anderenfalls sollen die akzessorischen Sicherheiten trotz der Regelung des § 356 untergehen bzw. sollen nicht-akzessorische Sicherheiten einer Einrede aus dem jeweiligen Sicherungsvertrag unterliegen und zurückzugewähren sein.

16 **c) Stellungnahme.** Im Ergebnis sprechen die **besseren Gründe für die Maßgeblichkeit der Verrechnungsgrundsätze** und gegen eine Haftung bis zur Grenze des niedrigsten Saldos. Dies folgt zunächst aus dem Wortlaut des § 356 Abs. 1, nach dem der Gläubiger „durch die Anerkennung des Rechnungsabschlusses nicht gehindert" wird, aus der Sicherheit Befriedigung zu suchen. Daraus lässt sich ableiten, dass eine Beeinträchtigung der Sicherungsrechte, die nicht durch das Saldoanerkenntnis, sondern durch die kausale Verrechnung erfolgt, von dem Regelungsgehalt der Norm unberührt bleibt.[46] Der entstehungsgeschichtliche Hintergrund der Norm unterstützt diese Sichtweise zusätzlich, da mit der Regelung des § 356 lediglich ein solcher Untergang der Sicherungsrechte ausgeschlossen werden sollte, der aus einem novierenden Saldoanerkenntnis folgt (→ Rn. 1). Schließlich vermag die Auffassung der Rspr. auch aus teleologischer Sicht nicht zu überzeugen. Zwar stützt sich diese Auffassung formal auf eine Fiktion des Fortbestehens der verrechneten, besicherten Forderungen. Der Sache nach handelt es sich aber auch hierbei um eine Form der Forderungsauswechslung. Gesichert wird auf dieser Grundlage nämlich nicht mehr die kontokorrentgebundene Einzelforderung, sondern der jeweilige kausale Saldo bis zur Höhe der ursprünglich gesicherten Einzelforderung.[47] Dies ist jedoch mit der **Privatautonomie** des Sicherungsgebers bzw. Mithaftenden nicht vereinbar.[48] Selbst wenn dieser von der Kontokorrentbindung der besicherten Forderung wusste, was die Rspr. allerdings nicht einmal als notwendige Voraussetzung einer Haftung für den niedrigsten Saldo ansieht (→ Rn. 14), kann hierin kein Einverständnis in eine derartige Haftungsausweitung erblickt werden.[49] Vor diesem Hintergrund rechtfertigen auch die „anerkennenswerten wirtschaftlichen Interessen" des Saldogläubigers nicht, dass das betreffende Sicherungsrecht fortbesteht, obwohl die besicherte Forderung bereits durch Verrechnung untergegangen ist und der nunmehr bestehende kausale Saldo sich aus anderen Einzelforderungen zusammensetzt.

17 Folglich können Sicherungsrechte auch nach § 356 nur soweit in Anspruch genommen werden, als die besicherte Forderung in dem kausalen Saldo noch enthalten ist. Nach der hier vertretenen Auffassung erfolgt dabei im Rahmen der Verrechnung keine anteilige Gesamtverrechnung, sondern eine **analoge Anwendung der § 366 BGB, § 396 Abs. 1 BGB** (→ § 355 Rn. 59). Dies führt im Ausgangspunkt zu einer gewissen Annäherung an diejenigen Ergebnisse, die sich nach der Theorie der Haftung für den niedrigsten Saldo ergeben, da gemäß den § 366 Abs. 2 BGB, § 396 Abs. 1 S. 2 BGB die geringer besicherten Schulden im Zweifel zuerst getilgt werden und somit umgekehrt Forderungen, für die eine Sicherheit bzw. eine Mithaftung besteht, häufig in dem kausalen Saldo

---

[42] Vgl. BGH 24.11.1960, WM 1961, 58 (59); OLG Bamberg 22.3.1956, NJW 1956, 1240 f.

[43] BGH 13.12.1990, WM 1991, 495 (497); Heymann/Horn Rn. 6; HK-HGB/Ruß Rn. 4.

[44] Canaris DB 1972, 469 (470 ff.); Staub/Canaris, 4. Aufl. 2004, Rn. 16 ff.; Canaris HandelsR § 25 Rn. 40 ff.; BeckOK HGB/Moussa, 48. Ed. 1.10.2025, Rn. 9; GK-HGB/Herget Rn. 3, 10; MüKoHGB/Langenbucher Rn. 13; K. Schmidt HandelsR § 21 Rn. 40.

[45] Canaris DB 1972, 469 (472); Staub/Canaris, 4. Aufl. 2004, Rn. 27; Canaris HandelsR § 25 Rn. 40, 42; K. Schmidt HandelsR § 21 Rn. 40.

[46] Canaris DB 1972, 469 (471); MüKoHGB/Langenbucher Rn. 13; Staub/Canaris, 4. Aufl. 2004, Rn. 21.

[47] Vgl. Hopt/Leyens Rn. 2.

[48] Canaris DB 1972, 469 (471); Staub/Canaris, 4. Aufl. 2004, Rn. 16.

[49] Staub/Canaris, 4. Aufl. 2004, Rn. 19; Canaris HandelsR § 25 Rn. 41.

noch enthalten sind.[50] Eine vorrangige Verrechnung der besicherten Forderungen und damit ein Wegfall der Sicherungsrechte kann sich aber aus einer besonderen **Verrechnungsvereinbarung** iSd § 366 Abs. 1 BGB, § 396 Abs. 1 S. 1 BGB ergeben. Dies ist zB der Fall, wenn für ein kontokorrentgebundenes, besichertes Darlehen ein bestimmter Ratenrückzahlungsplan vereinbart ist. Die geleisteten Raten sind dann ausschließlich auf das Darlehen anzurechnen.[51] Gleiches gilt, wenn ein Bankkunde einen Betrag auf sein Kontokorrentkonto überweist, der summenmäßig genau dem Betrag einer besicherten Schuld entspricht und der andere Teil diese Leistung widerspruchslos akzeptiert (→ § 355 Rn. 59).[52] Hingegen ist zweifelhaft, ob derartige Vorgänge auch den strengen Maßstäben[53] genügen würden, welche die Rspr. an eine tilgende Herauslösung der besicherten Einzelforderungen aus dem Kontokorrent stellt (→ Rn. 14).

3. Besondere Anwendungsfälle. a) Beendigung der Mithaftung durch Ausscheiden eines persönlich haftenden Gesellschafters. Sofern ein nach Maßgabe der § 126, § 161 Abs. 2, § 171 persönlich haftender Gesellschafter aus einer Personengesellschaft ausscheidet, begrenzt die **Rspr.** seine Weiterhaftung für kontokorrentgebundene Gesellschaftsschulden in zweifacher Weise: Zum einen soll seine Haftung durch den im Zeitpunkt seines Ausscheidens bestehenden **debitorischen Tagessaldo** der Gesellschaft begrenzt sein. Zum anderen soll sich eine Haftungsgrenze aus der Höhe des **niedrigsten Schlusssaldos** ergeben, der in der Folge besteht.[54] Hingegen soll es im Rahmen der Haftung für den niedrigsten Saldo keine Rolle spielen, ob in dem kausalen Saldo nach Maßgabe der anwendbaren Verrechnungsgrundsätze noch die Schuldposten enthalten sind, die gem. § 137 Abs. 1 bis zum Ausscheiden des Gesellschafters bereits begründet waren. Vielmehr haftet der Ausgeschiedene danach auch für Neuverbindlichkeiten, die in den nachfolgenden Salden enthalten sind, soweit der jeweilige Saldo nur nicht den im Zeitpunkt des Ausscheidens bestehenden Tagessaldo übersteigt. 18

Diese Sichtweise **vermag** jedoch **nicht zu überzeugen.** Aus den bereits genannten Gründen (→ Rn. 16) ist es insbesondere mit dem Prinzip der Privatautonomie nicht vereinbar, dass der ausgeschiedene Gesellschafter bis zur Höhe des niedrigsten Saldos auch für Neuschulden haftet, deren Entstehung er nicht mehr zu beeinflussen vermag.[55] Dies läuft dem in § 137 Abs. 1 enthaltenen Rechtsgedanken zuwider, woran entgegen der Ansicht der Rspr.[56] auch der Umstand nichts ändert, dass die Kontokorrentabrede als solche noch zu Zeiten der Gesellschaftszugehörigkeit des später Ausgeschiedenen geschlossen wurde.[57] Eine Weiterhaftung kommt daher nur insoweit in Betracht, als die vor dem Ausscheiden begründeten Verbindlichkeiten nach Maßgabe der § 366 BGB, § 396 Abs. 1 BGB noch in den folgenden kausalen Schlusssalden enthalten sind.[58] Sofern dies jedoch der Fall ist, besteht umgekehrt kein Grund, die Haftung des ausgeschiedenen Gesellschafters zusätzlich auf den rechnerischen Tagessaldo zu begrenzen, den das Kontokorrent im Zeitpunkt des Ausscheidens aufweist.[59] Denn wenn Aktivposten der Gesellschaft, die in diesem Tagessaldo enthalten sind, gemäß den § 366 BGB, § 396 Abs. 1 BGB im nächsten Verrechnungstermin nicht mit den Altverbindlichkeiten zu verrechnen sind, darf der ausgeschiedene Gesellschafter hiervon nicht profitieren. Vielmehr kann der Umstand, dass er für die Neuverbindlichkeiten nicht mehr mithaftet, dazu führen, dass diese Neuverbindlichkeiten dem Gläubiger geringere Sicherheit iSd § 366 Abs. 2 BGB bieten und daher in dem folgenden Verrechnungstermin vorrangig vor den Altverbindlichkeiten mit Aktivposten der Gesellschaft zu verrechnen sind, die bereits im Zeitpunkt des Ausscheidens existierten und die daher den Tagessaldo mitbestimmten.[60] 19

b) Sonstige Veränderungen des Sicherungs- bzw. Mithaftungsverhältnisses. Die soeben für das Ausscheiden eines persönlich haftenden Gesellschafters dargelegten Grundsätze gelten entsprechend auch für sonstige Veränderungen des Sicherungs- bzw. Mithaftungsverhältnisses. In Betracht 20

---

[50] Canaris DB 1972, 469 (472); MüKoHGB/Langenbucher Rn. 14; Staub/Canaris, 4. Aufl. 2004, Rn. 29.

[51] Canaris DB 1972, 469 (471); Staub/Canaris, 4. Aufl. 2004, Rn. 16.

[52] Canaris DB 1972, 469 (471); GK-HGB/Herget Rn. 8.

[53] BGH 11.6.1980, BGHZ 77, 256 (262 f.) = NJW 1980, 2131; 13.12.1990, WM 1991, 495 (497).

[54] RG 30.5.1911, RGZ 76, 330 (333 f.); BGH 28.6.1968, BGHZ 50, 277 (284) = NJW 1968, 2100; zust. BeckOGK/Feldhusen, 1.11.2025, Rn. 35 f.; HK-HGB/Ruß Rn. 6; Schlegelberger/Hefermehl Rn. 18.

[55] Canaris DB 1972, 469 (471); Heymann/Horn Rn. 12; Staub/Canaris, 4. Aufl. 2004, Rn. 44; Canaris HandelsR § 25 Rn. 44; K. Schmidt HandelsR § 21 Rn. 41 ff.

[56] BGH 28.6.1968, BGHZ 50, 277 (284) = NJW 1968, 2100.

[57] Staub/Canaris, 4. Aufl. 2004, Rn. 44.

[58] Staub/Canaris, 4. Aufl. 2004, Rn. 45; MüKoHGB/Langenbucher Rn. 18; K. Schmidt HandelsR § 21 Rn. 41 ff.; für eine verhältnismäßige Gesamtaufrechnung hingegen Römer, Die Auswirkungen des Kontokorrents auf die Haftung ausgeschiedener Personenhandelsgesellschafter, 1991, 98 ff.

[59] K. Schmidt HandelsR § 21 Rn. 46; ähnlich Bierhoff, Die Haftung eines ausgeschiedenen OHG-Gesellschafters für den Kontokorrentsaldo der OHG, 1964, 83 f.

[60] MüKoHGB/Langenbucher Rn. 18; Staub/Canaris, 4. Aufl. 2004, Rn. 45; Canaris HandelsR § 25 Rn. 44.

kommen hierbei zB die **Kündigung einer Sicherheit** durch den Sicherungsgeber oder die gesamtschuldnerische Mithaftung aufgrund einer **Firmenübernahme iSd § 25.** Auch in diesen Fällen ist somit die Haftung – entgegen der Rspr.[61] – nicht auf den Tagessaldo im Zeitpunkt des Wirksamwerdens der Kündigung bzw. der Firmenübernahme begrenzt, sondern es kommt darauf an, ob in den nachfolgenden kausalen Schlusssalden entsprechend den § 366 BGB, § 396 Abs. 1 BGB noch die Schuldposten enthalten sind, für welche die betreffende Sicherheit übernommen wurde bzw. für die der Firmenübernehmer gem. § 25 haftet.[62] Ist dies nicht der Fall, kann umgekehrt keine Haftung dadurch begründet werden, dass der Schlusssaldo summenmäßig noch die Höhe der ursprünglichen Forderungen erreicht, für welche die Sicherheit gewährt wurde[63] bzw. für die gem. § 25 mitgehaftet wird.

21 **c) Mehrere Sicherheiten.** Waren für mehrere der kontokorrentgebundenen Forderungen Sicherheiten bestellt bzw. Mithaftungstatbestände erfüllt, bestehen diese nach der Theorie der Haftung für den niedrigsten Saldo (→ Rn. 14) unabhängig von dem Schicksal der gesicherten Einzelforderung fort, soweit noch ein kausaler Saldo besteht, dessen Höhe diejenige der jeweiligen Einzelforderung erreicht oder übersteigt. Der Saldogläubiger soll sich in diesem Fall wahlweise an die Sicherungsgeber halten können, die nun bis zur Höhe der Einzelforderung, die sie ursprünglich gesichert haben, alle für die Erfüllung der Saldoforderung haften würden.[64]

22 Nach der hier vertretenen Auffassung, die die Zusammensetzung des kausalen Saldos aufgrund der Verrechnung für maßgeblich hält (→ Rn. 15 ff.), endet die Haftung der Sicherungsgeber hingegen, wenn die jeweils besicherte Einzelforderung in dem kausalen Saldo nicht mehr analog den § 366 BGB, § 396 Abs. 1 BGB enthalten ist.[65]

23 **4. Geltendmachung der Sicherungsrechte.** Im Rahmen der Geltendmachung einer Sicherheit oder Mithaftung kann der Sicherungsgeber dem Gläubiger alle **Einreden und Einwendungen** entgegenhalten, die in Bezug auf das Sicherungsrecht selbst oder in Bezug auf die gesicherte Forderung bestehen.[66] Letzteres folgt bei akzessorischen Sicherheiten aus den jeweils anwendbaren gesetzlichen Vorschriften (zB §§ 768, 1137, 1211 BGB sowie § 128) und bei nicht-akzessorischen Sicherheiten aus einer Auslegung des Sicherungsvertrags.

24 Fraglich ist, inwieweit der Sicherungsgeber dem Gläubiger die **Kontokorrentbindung** der gesicherten Forderung einredeweise entgegenhalten kann. Dies ist innerhalb einer laufenden Rechnungsperiode grundsätzlich zu bejahen, sodass auch die Sicherheiten erst nach der Verrechnung der gesicherten Forderung in Anspruch genommen werden können.[67] Ist die Rechnungsperiode abgeschlossen und ist die gesicherte Forderung noch in dem kausalen Saldo enthalten (→ Rn. 15 ff.), kann sich der Sicherungsgeber allerdings gegenüber seiner Inanspruchnahme nicht mehr darauf berufen, dass auch die kausale Saldoforderung nach Maßgabe der jeweiligen Kontokorrentabrede kontokorrentgebunden sei (→ § 355 Rn. 61).[68] Vielmehr reicht es für die Geltendmachung der Sicherheit in einem solchen Fall aufgrund einer ergänzenden Auslegung der Sicherungsvereinbarung gemäß den §§ 157, 242 BGB regelmäßig aus, wenn dem Saldogläubiger Zahlungsansprüche aus dem abstrakten Saldoanerkenntnis oder aus dem kausalen Geschäftsvertrag zustehen (→ § 355 Rn. 75).[69]

25 Erlangt der Gläubiger aus einer Sicherheit oder einer Mithaftung Befriedigung von einem nicht an dem Kontokorrent beteiligten Sicherungsgeber, so führt dies bei akzessorischen Sicherheiten zu einer **cessio legis des besicherten Anspruchs** (§ 426 Abs. 2 BGB, § 774 BGB, § 1143 BGB, § 1225 BGB) bzw. besteht bei nicht-akzessorischen Sicherheiten eine Pflicht des Gläubigers aus dem Sicherungsvertrag, die gesicherte Forderung auf den Sicherungsgeber zu übertragen.[70] Dem steht der Abtretungsausschluss, der mit dem Kontokorrent verbunden ist (→ § 355 Rn. 39), trotz des in § 412 BGB enthaltenen Verweises auf § 399 Alt. 2 BGB nicht kategorisch entgegen, da der Zweck des Abtretungsausschlusses sich nicht auf das Verhältnis zwischen dem kontokorrentbeteiligten

[61] BGH 4.7.1985, WM 1985, 969 (970); 7.10.2002, NJW 2003, 61 (62); 15.1.2004, NJW 2004, 2232 (2234).

[62] Staub/Canaris, 4. Aufl. 2004, Rn. 46 f.

[63] So jetzt wohl auch BGH 7.10.2002, NJW 2003, 61 (62).

[64] Denkschrift zu dem Entwurf eines Handelsgesetzbuchs, 1896, 198 f.; Heymann/Horn Rn. 15; HK-HGB/Ruß Rn. 5; RGHMW/Steimle/Dornieden Rn. 11.

[65] Canaris DB 1972, 469 (471); MüKoHGB/Langenbucher Rn. 16; Staub/Canaris, 4. Aufl. 2004, Rn. 48 f.

[66] BeckOGK/Feldhusen, 1.11.2025, Rn. 38; Heymann/Horn Rn. 17; KKD/Koller Rn. 5; RGHMW/Steimle/Dornieden Rn. 12; Schlegelberger/Hefermehl Rn. 24; Staub/Canaris, 4. Aufl. 2004, Rn. 66.

[67] BGH 15.1.2004, NJW 2004, 2232 (2234); GK-HGB/Herget Rn. 18; Heymann/Horn Rn. 16; RGHMW/Steimle/Dornieden Rn. 7; Staub/Canaris, 4. Aufl. 2004, Rn. 50.

[68] **AA** KKD/Koller Rn. 5; RGHMW/Steimle/Dornieden Rn. 8.

[69] IErg auch Bydlinski, Die Bürgschaft im österreichischen und deutschen Handels-, Gesellschafts- und Wertpapierrecht, 1991, 129; Staub/Canaris, 4. Aufl. 2004, Rn. 51.

[70] GK-HGB/Herget Rn. 17; MüKoHGB/Langenbucher Rn. 25; Staub/Canaris, 4. Aufl. 2004, Rn. 69 f.

Schuldner und dem Sicherungsgeber erstreckt.[71] Allerdings kann der Schuldner gem. § 404 BGB auch dem Sicherungsgeber einredeweise die Kontokorrentbindung des übergegangenen Anspruchs entgegenhalten, solange die betreffende Rechnungsperiode noch nicht abgeschlossen ist.[72] Dabei gelten die in → Rn. 24 dargelegten Grundsätze. Hingegen geht die **abstrakte Saldoforderung** auch in der Höhe, in der sie der gesicherten Kausalforderung entspricht, von vornherein nicht auf den leistenden Sicherungsgeber über.[73] Eine Analogie zu § 401 BGB ist hier nicht gerechtfertigt, da die abstrakte Saldoforderung nicht den Zweck einer Sicherung der kausalen Saldoforderung verfolgt, sondern lediglich der Vereinfachung der Rechtsbeziehungen unter den Parteien des Kontokorrents dient (→ § 355 Rn. 7). Vielmehr ist die Leistung des Sicherungsgebers in der entsprechenden Höhe als Tilgung auf die abstrakte Saldoforderung anzurechnen und bewirkt insoweit deren Erlöschen.[74]

Befriedigt sich der Gläubiger aus einer Sicherheit, die durch seinen Kontokorrentschuldner selbst 26
gestellt wurde, so erlischt hiermit nicht nur die kausale Saldoforderung in der jeweiligen Höhe, sondern wiederum auch die abstrakte Saldoforderung (→ § 355 Rn. 72).[75]

IV. Beweislast

Für die Beweislast hinsichtlich des (Fort-)Bestehens einer gesicherten Einzelforderung bzw. eines 27
bestimmten Saldos gelten die zu § 355 dargelegten Grundsätze (→ § 355 Rn. 62, → § 355 Rn. 77 ff.). Behauptet ein Sicherungsgeber den Untergang seiner Sicherheit mit dem Argument, dass zugunsten des Hauptschuldners weitere Aktivposten anzurechnen seien, die der andere Teil der Kontokorrentabrede nicht akzeptiert hat, so ist er für diese Aktivposten beweispflichtig.[76]

§ 357 [Pfändung des Saldos]

[1]Hat der Gläubiger eines Beteiligten die Pfändung und Überweisung des Anspruchs auf dasjenige erwirkt, was seinem Schuldner als Überschuß aus der laufenden Rechnung zukommt, so können dem Gläubiger gegenüber Schuldposten, die nach der Pfändung durch neue Geschäfte entstehen, nicht in Rechnung gestellt werden. [2]Geschäfte, die auf Grund eines schon vor der Pfändung bestehenden Rechtes oder einer schon vor diesem Zeitpunkte bestehenden Verpflichtung des Drittschuldners vorgenommen werden, gelten nicht als neue Geschäfte im Sinne dieser Vorschrift.

Schrifttum: s. das Schrifttum zu § 355 sowie K.P. Berger, Nochmals – Pfändung von Giroguthaben, ZIP 1981, 583; Bitter, Neues zur Pfändbarkeit des Dispositionskredits, WM 2004, 1109; Bitter, Pfändung des Dispositionskredits?, WM 2001, 889; Bitter, Der Kontokorrentkredit: Pfändbarkeit und Insolvenzanfechtung, FS G. Fischer, 2008, 15; Erman, Zur Pfändbarkeit der Ansprüche eines Kontokorrentkunden gegen seine Bank aus deren Kreditzusage, GS Schmidt, 1966, 261; Felke, Die Pfändung der „offenen Kreditlinie" im System der Zwangsvollstreckung, WM 2002, 1632; Grunsky, Zur Durchsetzung einer Geldforderung durch Kreditaufnahme des Schuldners in der Zwangsvollstreckung, ZZP 95 (1982), 264; Jungmann, Die Pfändung in das Bankkonto, ZInsO 1999, 64; Lwowski/Bitter, Grenzen der Pfändbarkeit von Girokonten, FG Hellner, 1994, 57; Lwowski/Weber, Pfändung von Ansprüchen auf Kreditgewährung, ZIP 1980, 609; E. Wagner, Neue Argumente zur Pfändbarkeit des Kontokorrentkredits, WM 1998, 1657; E. Wagner, Pfändung der Deckungsgrundlage – ungeklärte Fragen bei der Zwangsvollstreckung in Girokonten, ZIP 1985, 849.

Übersicht

[71] Schäfer, Bankkontokorrent und Bürgschaft, 1971, 97 ff.; Heymann/Horn Rn. 18; Schlegelberger/Hefermehl Rn. 25; Staub/Canaris, 4. Aufl. 2004, Rn. 69; **aA** RGHMW/Steimle/Dornieden Rn. 15.

[72] Bydlinski, Die Bürgschaft im österreichischen und deutschen Handels-, Gesellschafts- und Wertpapierrecht, 1991, 134.

[73] **AA** Bydlinski, Die Bürgschaft im österreichischen und deutschen Handels-, Gesellschafts- und Wertpapierrecht, 1991, 131; KKD/Koller Rn. 5; RGHMW/Steimle/Dornieden Rn. 15.

[74] Staub/Canaris, 4. Aufl. 2004, Rn. 70; **aA** Bydlinski, Die Bürgschaft im österreichischen und deutschen Handels-, Gesellschafts- und Wertpapierrecht, 1991, 131; KKD/Koller Rn. 5; RGHMW/Steimle/Dornieden Rn. 15.

[75] Staub/Canaris, 4. Aufl. 2004, Rn. 52.

[76] BGH 7.12.1995, NJW 1996, 719 f.; anders noch BGH 10.12.1987, NJW 1988, 906 mwN.

I. Allgemeines

1 Die Regelung des § 357 schafft einen **Interessenausgleich** zu der Frage, inwieweit der Gläubiger einer Kontokorrentpartei zur Befriedigung seiner Ansprüche eine Pfändung in das Kontokorrent vornehmen kann. Hierbei kollidieren einerseits das Interesse des Gläubigers an einem Zugriff auf die Vermögenswerte seines Schuldners und andererseits das Interesse des Drittschuldners, dh der anderen Partei des Kontokorrents, die Vereinfachungs- und Sicherungsfunktion des Kontokorrents nicht einzubüßen (→ § 355 Rn. 7 f.).[1]

2 Ausgangspunkt ist dabei die Regelung des **§ 851 Abs. 2 ZPO,** nach der ein Abtretungsausschluss iSd § 399 Alt. 2 BGB die Pfändung der betreffenden Forderung nicht hindert. Nach dieser allgemeinen Regelung könnte ein Gläubiger somit im Wege der Einzelzwangsvollstreckung auf alle kontokorrentgebundenen Forderungen seines Schuldners zugreifen, wenn man die Kontokorrentbindung mit der zutreffenden Sichtweise als Fall eines vereinbarten Abtretungsausschlusses einordnet (→ § 355 Rn. 39). In diesem Fall wäre es dem Drittschuldner zwar analog § 1275 BGB iVm §§ 404 ff. BGB möglich, sich gegenüber dem Gläubiger auf Einreden und Einwendungen zu berufen, die ihm aufgrund des Kontokorrentverhältnisses gegenüber dem Schuldner zustehen,[2] wodurch die Sicherungsfunktion des Kontokorrents im Grundsatz gewahrt bliebe (→ § 355 Rn. 8). Jedoch wäre zumindest die Vereinfachungsfunktion des Kontokorrents (→ § 355 Rn. 7) empfindlich gestört, wenn durch eine Pfändung und Überweisung gemäß den §§ 829, 835 ZPO einzelne Forderungen aus dem Kontokorrent herausgelöst werden könnten. Aus diesem Grund gestattet **§ 357** dem Gläubiger eine Pfändung desjenigen, was dem Schuldner „als Überschuß aus der laufenden Rechnung zukommt" und **schließt** damit zugleich implizit **eine Pfändung der kontokorrentgebundenen Einzelforderungen aus.**[3] Umgekehrt werden die Interessen des pfändenden Gläubigers dadurch gewahrt, dass der Drittschuldner nach § 357 S. 1 solche Aktivposten nicht mehr mit Wirkung gegenüber dem Gläubiger in Rechnung stellen kann, die erst nach der Pfändung durch neue Geschäfte entstehen. Das Gesetz enthält insoweit eine Ausnahme von dem verfügungs- und vollstreckungsrechtlichen Prioritätsprinzip, da es die Wirkungen des antizipierten Verrechnungsvertrags, der in aller Regel zeitlich vor der Pfändung abgeschlossen wird (→ § 355 Rn. 48), hinter das Vollstreckungsinteresse des Gläubigers zurücktreten lässt.[4] Somit kann sich der Drittschuldner für zukünftige Forderungen, deren Rechtsgrund erst nach dem Pfändungsakt entsteht, gegenüber dem pfändenden Gläubiger nicht mehr auf die Sicherungsfunktion des Kontokorrents berufen.[5] Insoweit kommt lediglich ein Rechtsscheinschutz gem. § 1275 BGB analog iVm §§ 406 f. BGB in Betracht (→ Rn. 17). § 357 S. 2 stellt schließlich klar, dass Rechnungsposten, deren Wurzel bereits vor dem Zeitpunkt der Pfändung angelegt war, nicht als neue Geschäfte gelten. Im Ergebnis gestattet § 357 dem Drittgläubiger daher die Pfändung des **fiktiven, im Zeitpunkt der Zustellung bestehenden Tagessaldos,** der entsprechend dem Rechtsgedanken des § 404 BGB um Vorgänge ergänzt wird, deren Rechtsgrund bereits vor der Pfändung angelegt war (→ Rn. 8 ff.).

---

[1] Staub/Canaris, 4. Aufl. 2004, Rn. 1 ff.

[2] Allg. MüKoZPO/Smid ZPO § 829 Rn. 78 ff. mwN.

[3] BGH 13.3.1981, BGHZ 80, 172 (175 f.) = NJW 1981, 1611; 24.1.1985, BGHZ 93, 315 (323) = NJW 1985, 1218; Beitzke FS J. v. Gierke, 1950, 15; Ebenroth/Boujong/Menges Rn. 1; GK-HGB/Herget Rn. 1; Heymann/Horn Rn. 8; HK-HGB/Ruß Rn. 1; Hopt/Leyens Rn. 1; MüKoHGB/Langenbucher Rn. 2; RGHMW/Steimle/Dornieden Rn. 3; Schlegelberger/Hefermehl Rn. 2; Staub/Canaris, 4. Aufl. 2004, Rn. 3; K. Schmidt HandelsR § 21 Rn. 57.

[4] Grdl. Staub/Canaris, 4. Aufl. 2004, Rn. 5 ff.

[5] Denkschrift zu dem Entwurf eines Handelsgesetzbuchs, 1896, 199; Ebenroth/Boujong/Menges Rn. 2; Staub/Canaris, 4. Aufl. 2004, Rn. 7.

Von einer Pfändung des fiktiven Tagessaldos iSd § 357 sind die **Pfändung zukünftiger periodischer Salden** sowie die **Pfändung von Zahlungsansprüchen aus dem Geschäftsvertrag,** der dem Kontokorrent zugrunde liegt (→ § 355 Rn. 6), zu unterscheiden, die abweichenden Regelungen unterliegen (→ Rn. 23 ff.). In ihrer praktischen Bedeutung haben diese Formen der Pfändung die Pfändung des fiktiven Tagessaldos allerdings zu großen Teilen verdrängt, da sie dem Gläubiger häufig einen umfassenderen und effektiveren Zugriff auf das Kontokorrentvermögen des Schuldners gestatten. Eine in der Vollstreckungspraxis immer wichtigere Rolle spielt schließlich der **Zugriff auf Kontokorrentkredite** (→ Rn. 27 ff.). 3

II. Voraussetzungen

1. Kontokorrentverhältnis. Nach seinem Wortlaut („laufende Rechnung") und seiner systematischen Stellung setzt § 357 das Bestehen eines Kontokorrents iSd § 355 Abs. 1 voraus. Allerdings stellt sich das Problem der Grenzen und Wirkungen einer Einzelzwangsvollstreckung auch bei den sog. **uneigentlichen Kontokorrentverhältnissen,** insbesondere bei rein bürgerlichrechtlichen Beziehungen ohne Beteiligung eines Kaufmanns. Da die Vorschrift keinen spezifischen handelsrechtlichen Gehalt aufweist, sondern vielmehr einen verallgemeinerungsfähigen Interessenausgleich zwischen dem Gläubiger und dem kontokorrentbeteiligten Drittschuldner anstrebt (→ Rn. 1 f.), ist sie auf uneigentliche Kontokorrentverhältnisse **analog anwendbar.**[6] 4

2. Anforderungen an den Vollstreckungsakt. Die Vorschrift des § 357 ist einschlägig, wenn der Gläubiger den Anspruch seines Schuldners auf den Überschuss aus der laufenden Rechnung pfänden lässt und überwiesen bekommt. Die Voraussetzungen der Pfändung und Überweisung beurteilen sich dabei nach den allgemeinen zwangsvollstreckungsrechtlichen Regelungen, insbesondere nach den §§ 829, 835 ZPO. Soweit das Kontokorrent über andere Ansprüche als Geldzahlungsansprüche geführt wird (→ § 355 Rn. 22), gilt § 357 auch für die Vollstreckung in den daraus resultierenden Überschuss.[7] Hierbei sind ggf. besondere vollstreckungsrechtliche Vorschriften zu beachten, wie zB die §§ 846 ff. ZPO bei der Pfändung von Ansprüchen auf Sachleistungen. Der Schutz, den § 357 S. 1 dem Gläubiger gewährt, setzt nach der Fassung der Norm voraus, dass nicht nur eine **Pfändung** iSd § 829 ZPO erfolgt ist, sondern auch eine **Überweisung** gemäß den §§ 835 f., 849 ZPO.[8] Ist dies der Fall und wird die Überweisung ausnahmsweise nicht bereits in einem einheitlichen Beschluss mit der Pfändung, sondern erst später verfügt, so greift die Sperrwirkung gegenüber der Verrechnung neuer Schuldposten iSd § 357 S. 1 (→ Rn. 11 ff.) allerdings rückwirkend für den Zeitpunkt der Zustellung der Pfändung iSd § 829 Abs. 3 ZPO ein.[9] 5

Von einem vollstreckungsrechtlichen Zugriff auf den „Überschuß aus der laufenden Rechnung" sind eine Pfändung zukünftiger Aktivsalden des Schuldners aus dem Kontokorrent und eine Pfändung von Zahlungsansprüchen aus dem kausalen Geschäftsvertrag (→ § 355 Rn. 6) zu unterscheiden, die jeweils nicht den Regelungen des § 357 unterliegen (→ Rn. 23 ff.). Ebenfalls nicht erfasst, sondern rechtlich unzulässig ist eine Vollstreckung in kontokorrentgebundene Einzelansprüche (→ Rn. 2). Gegenstand einer Pfändung iSd § 357 ist vielmehr ein fiktiver Tagessaldo im Zeitpunkt der Zustellung der Pfändung, sog. **Zustellungssaldo,** in den später gebuchte Posten lediglich noch nach Maßgabe des § 357 S. 2 einzubeziehen sind.[10] Ob im Einzelfall dieser fiktive Tagessaldo Gegenstand der Pfändung und Überweisung war, ist anhand des **vollstreckungsrechtlichen Bestimmtheitsgrundsatzes** zu ermitteln.[11] Hierfür bedarf es allerdings weder einer Angabe des genauen Überschussbetrags[12] noch muss bei der Pfändung in ein Bankkontokorrent zwingend die Kontonummer angegeben sein, wenn der durch die Vollstreckung erfasste Anspruch aufgrund anderer Umstände eindeutig identifizierbar ist.[13] Allerdings genügt ein Pfändungs- und Überweisungsbeschluss, der lediglich pauschal alle Ansprüche einer schuldnerischen Bank gegen eine andere, drittschuldnerische 6

[6] BeckOGK/Feldhusen, 1.11.2025, Rn. 9; Hopt/Leyens § 355 Rn. 3; KKD/Koller § 355 Rn. 5; Schlegelberger/Hefermehl § 355 Rn. 121; Staub/Canaris, 4. Aufl. 2004, Rn. 9; Canaris HandelsR § 25 Rn. 56.

[7] Heymann/Horn Rn. 2.

[8] BeckOGK/Feldhusen, 1.11.2025, Rn. 13; GK-HGB/Herget Rn. 27; MüKoHGB/Langenbucher Rn. 9; Schlegelberger/Hefermehl Rn. 5; Staub/Canaris, 4. Aufl. 2004, Rn. 18.

[9] Staub/Canaris, 4. Aufl. 2004, Rn. 18.

[10] BGH 13.3.1981, BGHZ 80, 172 (176 ff.) = NJW 1981, 1611; GK-HGB/Herget Rn. 24; HK-HGB/Ruß Rn. 2; Hopt/Leyens Rn. 2; Schlegelberger/Hefermehl Rn. 4; Staub/Canaris, 4. Aufl. 2004, Rn. 11 ff.; Canaris HandelsR § 25 Rn. 48; K. Schmidt HandelsR § 21 Rn. 60.

[11] GK-HGB/Herget Rn. 27; Heymann/Horn Rn. 2; MüKoHGB/Langenbucher Rn. 7; Staub/Canaris, 4. Aufl. 2004, Rn. 17.

[12] Heymann/Horn Rn. 2.

[13] BGH 8.7.1982, NJW 1982, 2193 (2195); KKD/Koller Rn. 2; vgl. auch BGH 28.4.1988, NJW 1988, 2543 (2544 f.).

Bank „aus Bankverbindung" umfasst, aufgrund der Vielzahl der in Betracht kommenden Forderungen im Interbankenverkehr nicht dem Bestimmtheitserfordernis.[14] Auch die Umdeutung eines Pfändungs- und Überweisungsbeschlusses, der unzulässigerweise für eine kontokorrentgebundene Einzelforderung ergangen ist (→ Rn. 2), in eine Pfändung des Überschusses gem. § 357 scheidet aus Gründen der Bestimmtheit aus.[15] Richtet sich der Vollstreckungsakt inhaltlich auf den „Saldo" aus einer bestimmten Kontokorrentverbindung, so ist hierunter nicht nur der nächste periodische Saldo zu verstehen – dessen Pfändung wie dargelegt nicht den Regelungen des § 357 unterliegt –, sondern zumindest auch der Zustellungssaldo.[16] Denn im Zweifel ist davon auszugehen, dass der Gläubiger die ihm vorteilhafte Regelung des § 357 in Anspruch nehmen möchte.

7 **3. Bestehen eines aktiven Tagessaldos.** Schließlich muss im Zeitpunkt des Wirksamwerdens der Pfändung nach Maßgabe der Regelungen des § 357 S. 1 und 2 auch ein aktiver Tagessaldo zugunsten des Schuldners bestehen, da es anderenfalls an einer pfändbaren Forderung fehlt.[17] War das Kontokorrent in dem genannten Zeitpunkt hingegen ausgeglichen oder für den Vollstreckungsschuldner debitorisch, so kommt lediglich eine Vollstreckung in etwaige zukünftige periodische Aktivsalden oder in ein zukünftiges Tagesguthaben aus dem Geschäftsvertrag in Betracht (→ Rn. 23 ff.).

III. Rechtsfolgen

8 **1. Bildung eines fiktiven Zustellungssaldos.** Gemäß § 357 S. 1 können dem Gläubiger neue Aktivposten des Drittschuldners, die nach der Pfändung entstehen, nicht in Rechnung gestellt werden. Die **Rechtsstellung des Gläubigers gegenüber dem Drittschuldner** beurteilt sich daher nach dem fiktiven Saldo im Zeitpunkt der Zustellung des Pfändungs- und Überweisungsbeschlusses an den Drittschuldner (§ 829 Abs. 3 ZPO).[18] Für das **Verhältnis unter den Kontokorrentparteien** selbst hat dieser buchungsmäßig ermittelte Saldo hingegen keine eigenständige Bedeutung neben den periodischen Rechnungsabschlüssen.[19]

9 Folgerichtig bewirkt die Pfändung und Überweisung des Überschusses – anders als die Eröffnung des Insolvenzverfahrens (→ § 355 Rn. 85) – **keine Beendigung des Kontokorrents.**[20] Über eine etwaige **Kündigung** iSd § 355 Abs. 3 entscheiden allein die Kontokorrentparteien, dh der Schuldner und der Drittschuldner.[21] Aus der Pfändung erwächst dem Gläubiger auch kein paralleles Recht zur Kündigung des Kontokorrents analog § 725 BGB bzw. § 132,[22] da seine Interessen an einer Erhaltung der gepfändeten Vermögensmasse bereits durch die Regelung des § 357 ausreichend geschützt werden.[23]

10 Nach einer teilweise vertretenen Auffassung beenden die Pfändung und Überweisung allerdings die **laufende Rechnungsperiode,** sodass Gegenstand der Pfändung nicht ein fiktiver Tagessaldo, sondern ein kausaler Schlusssaldo (→ § 355 Rn. 48) wäre.[24] Für diese Sichtweise spricht zwar, dass sie sich möglichst eng an die Konzeption des Periodenkontokorrents anlehnt, bei dem die einzelnen Tagessalden innerhalb einer Rechnungsperiode grundsätzlich nur informatorische Bedeutung haben (→ § 355 Rn. 56). Jedoch stellt § 357 eine spezielle Regelung des Interessenkonflikts bei einer Pfändung in das Kontokorrent dar, sodass es keinen unerträglichen dogmatischen Bruch hervorruft, wenn das Gesetz die Rechtsstellung des pfändenden Gläubigers, der keine Partei des Kontokorrents ist, ausnahmsweise nach dem jeweiligen Tagessaldo bemisst. Zudem ist auch die aA genötigt, den kausalen Saldo, der nach ihrer Sichtweise im Zeitpunkt der Zustellung des Pfändungs- und Überwei-

---

[14] OLG Frankfurt 29.8.1980, NJW 1981, 468; Heymann/Horn Rn. 2.

[15] BGH 27.1.1982, NJW 1982, 1150 (1151); BeckOGK/Feldhusen, 1.11.2025, Rn. 16; Hopt/Leyens Rn. 1; MüKoHGB/Langenbucher Rn. 8.

[16] Heymann/Horn Rn. 2; Schlegelberger/Hefermehl Rn. 4; Staub/Canaris, 4. Aufl. 2004, Rn. 17.

[17] BGH 13.3.1981, BGHZ 80, 172 (176 ff.) = NJW 1981, 1611; Ebenroth/Boujong/Menges Rn. 7; Hopt/Leyens Rn. 2; Staub/Canaris, 4. Aufl. 2004, Rn. 19.

[18] BGH 13.3.1981, BGHZ 80, 172 (176 ff.) = NJW 1981, 1611; Ellenberger/Bunte BankR-HdB/Bitter § 17 Rn. 35; BeckOGK/Feldhusen, 1.11.2025, Rn. 17; Heymann/Horn Rn. 8; Schlegelberger/Hefermehl Rn. 3; Staub/Canaris, 4. Aufl. 2004, Rn. 11 ff.; Canaris HandelsR § 25 Rn. 48 f.

[19] BGH 13.3.1981, BGHZ 80, 172 (176) = NJW 1981, 1611; Ellenberger/Bunte BankR-HdB/Bitter § 17 Rn. 35; Schultheiß JuS 2014, 516 (519); GK-HGB/Herget Rn. 24.

[20] RG 4.4.1933, RGZ 140, 219 (222); Hopt/Leyens Rn. 3; Staub/Canaris, 4. Aufl. 2004, Rn. 33.

[21] Heymann/Horn Rn. 4; MüKoHGB/Langenbucher Rn. 10; RGHMW/Steimle/Dornieden Rn. 12; Schlegelberger/Hefermehl Rn. 7; Staub/Canaris, 4. Aufl. 2004, Rn. 35.

[22] In diese Richtung aber Beitzke FS J. v. Gierke, 1950, 20.

[23] Herz, Das Kontokorrent, 1973, 155; BeckOGK/Feldhusen, 1.11.2025, Rn. 25; GK-HGB/Herget Rn. 33; Schlegelberger/Hefermehl Rn. 9; Staub/Canaris, 4. Aufl. 2004, Rn. 36; K. Schmidt HandelsR § 21 Rn. 60.

[24] Beitzke FS J. v. Gierke, 1950, 15 ff.; Herz, Das Kontokorrent, 1973, 141 ff.

sungsbeschlusses entstehen soll, noch durch spätere Schuldposten zu modifizieren, sofern diese auf Altgeschäften iSd § 357 S. 2 beruhen. Somit sprechen die besseren Gründe für die überwiegende Ansicht,[25] nach der sich die Pfändung auf einen Tagessaldo im Zeitpunkt der Zustellung bezieht, der eigens für vollstreckungsrechtliche Zwecke gebildet wird.

2. Auswirkungen späterer Rechnungsposten. a) Grundsatz. Rechnungsposten, die erst nach dem Wirksamwerden der Pfändung durch Zustellung iSd § 829 Abs. 3 ZPO entstehen, sind für die Rechtsstellung des Gläubigers **grundsätzlich unerheblich.** Soweit es sich bei den nachträglichen Posten um **Schuldposten** des Vollstreckungsschuldners handelt, wird dies durch § 357 S. 1 ausdrücklich angeordnet. Hierbei handelt es sich um eine Fortschreibung des Rechtsgedankens des § 829 Abs. 1 S. 2 ZPO, da die Begründung neuer Schuldposten durch den Vollstreckungsschuldner eine Verfügung über die fiktive Saldoforderung darstellt, die aufgrund der Pfändung nicht mehr gegenüber dem Gläubiger wirkt.[26] Ebenso wäre eine Auszahlung des Überschusses durch den Drittschuldner an den Schuldner nach § 829 Abs. 1 S. 1 ZPO unwirksam.[27] 11

Nicht ausdrücklich durch § 357 geregelt ist die Frage, ob dem pfändenden Gläubiger **neue Aktivposten,** die später zugunsten seines Schuldners entstehen, zugutekommen und den Wert der gepfändeten Vermögensmasse erhöhen. Dies ist jedoch, wie bereits die Gesetzesmaterialien zum Ausdruck bringen,[28] aus allgemeinen vollstreckungsrechtlichen Erwägungen zu verneinen.[29] Denn Gegenstand der Pfändung ist, wie dargelegt, der Überschuss im Zeitpunkt der Zustellung des Pfändungs- und Überweisungsbeschlusses. Anders als bei Schuldposten spielt es dabei auch keine Rolle, ob die nachträglich entstandenen Aktivposten auf Rechtsverhältnissen beruhen, die iSd § 357 S. 2 bereits vor der Pfändung begründet wurden.[30] Geht der Gläubiger davon aus, dass sich das Kontokorrent für seinen Schuldner in der Zukunft positiv entwickeln wird, ist vielmehr die Pfändung eines zukünftigen, an einem bestimmten Datum bestehenden Tagessaldos in Erwägung zu ziehen. Eine derartige Pfändung stellt jedoch keine Vollstreckung in den Überschuss aus dem Kontokorrent iSd § 357 dar, die sich immer auf den Zustellungssaldo bezieht. Vielmehr pfändet der Gläubiger dann den Anspruch seines Schuldners auf Auszahlung des (zukünftigen) Tagesguthabens aus dem Geschäftsvertrag, der dem Kontokorrent zugrunde liegt (→ Rn. 25 f.). 12

b) Beachtlichkeit späterer Schuldposten (S. 2). Nach § 357 S. 1 können dem Gläubiger durch den Drittschuldner diejenigen Schuldposten nicht in Rechnung gestellt werden, die nach der Pfändung durch neue Geschäfte entstehen. § 357 S. 2 präzisiert dies dahingehend, dass Geschäfte dann nicht als neue gelten, wenn sie aufgrund eines Rechts oder einer Verpflichtung des Drittschuldners vorgenommen werden, die bereits vor der Wirksamkeit der Pfändung bestanden. Nach dem **Rechtsgedanken des § 404 BGB** kommt es somit darauf an, ob der Rechtsgrund für den später gebuchten Schuldposten bereits vor der Pfändung angelegt war.[31] In diesem Fall muss die Sicherungsfunktion des Kontokorrents zugunsten des Drittschuldners auch gegenüber dem pfändenden Gläubiger eingreifen. Stellt der später gebuchte Schuldposten im Zeitpunkt der Pfändung hingegen eine rein zukünftige Forderung des Drittschuldners ohne feste Rechtsgrundlage dar, kann er dem Gläubiger nicht entgegengehalten werden. 13

Nicht auf neuen Geschäften iSd § 357 beruhen insbesondere Ansprüche, die aus der **Stornierung oder Rückabwicklung** vorangegangener Rechtsverhältnisse beruhen, zB die Rückbelastung eines ungedeckten Schecks, dessen Nennbetrag dem Schuldner zuvor durch den Drittschuldner in einem (Bank-)Kontokorrent gutgeschrieben wurde.[32] Auch wenn der Drittschuldner vor der Pfändung einen Wechsel des Schuldners angenommen oder für die Zahlung eines durch diesen ausgestellten Schecks garantiert hat[33] und nach der Pfändung aus diesen Gründen von Dritten in Anspruch 14

---

[25] GK-HGB/Herget Rn. 31; Heymann/Horn Rn. 4; MüKoHGB/Langenbucher Rn. 11 f.; Schlegelberger/Hefermehl Rn. 6; Staub/Canaris, 4. Aufl. 2004, Rn. 34.

[26] Heymann/Horn Rn. 10.

[27] Heymann/Horn Rn. 10.

[28] Denkschrift zu dem Entwurf eines Handelsgesetzbuchs, 1896, 200.

[29] BGH 13.3.1981, BGHZ 80, 172 (177) = NJW 1981, 1611; GK-HGB/Herget Rn. 25; Heymann/Horn Rn. 11; HK-HGB/Ruß Rn. 2; MüKoHGB/Langenbucher Rn. 22; RGHMW/Steimle/Dornieden Rn. 3; Staub/Canaris, 4. Aufl. 2004, Rn. 31 f.; Canaris HandelsR § 25 Rn. 50.

[30] KKD/Koller Rn. 2.

[31] BGH 29.11.1984, BGHZ 93, 71 (78 ff.) = NJW 1985, 863; Ellenberger/Bunte BankR-HdB/Bitter § 17 Rn. 37; Hopt/Leyens Rn. 4; KKD/Koller Rn. 2; Staub/Canaris, 4. Aufl. 2004, Rn. 26; Canaris HandelsR § 25 Rn. 48.

[32] GK-HGB/Herget Rn. 37; Hopt/Leyens Rn. 4; Staub/Canaris, 4. Aufl. 2004, Rn. 24 f.; Canaris HandelsR § 25 Rn. 48.

[33] Zum alten Euroschecksystem BGH 29.11.1984, BGHZ 93, 71 (78 ff.) = NJW 1985, 863.

genommen wird, handelt es sich bei dem Rückgriffsanspruch des Drittschuldners gegen den Schuldner um einen Altanspruch iSd § 357 S. 2.[34]

15 Nach dem Wortlaut des § 357 S. 2 ist ein später entstehender Schuldposten bereits immer dann in den gepfändeten Saldo einzubeziehen, wenn er auf einer Verpflichtung des Drittschuldners beruht, die dieser vor der Pfändung übernommen hat. Dies bedarf jedoch einer **Einschränkung** für den Fall, dass es sich lediglich um eine **schuldrechtliche Verpflichtung gegenüber dem Schuldner aufgrund des Kontokorrentverhältnisses** handelt.[35] Anderenfalls könnte zB eine Bank noch nach der Pfändung mit Wirkung gegenüber dem Gläubiger eine Auszahlung an den Schuldner vornehmen oder einen Überweisungsauftrag ausführen, sofern nur die Auszahlung vor der Pfändung zugesagt bzw. die Überweisung durch den Schuldner vor der Pfändung in Auftrag gegeben wurde. Dies widerspräche aber dem Zahlungs- und Verfügungsverbot der § 829 Abs. 1 S. 1 und S. 2 ZPO, das mit der Zustellung des Pfändungs- und Überweisungsbeschlusses an den Drittschuldner wirksam wird.[36] Somit ist § 357 S. 2 bei der Erfüllung rein schuldrechtlicher Verpflichtungen, die den Drittschuldner gegenüber dem Schuldner aus dem kontokorrenttragenden Geschäftsvertrag treffen, aufgrund einer teleologischen Reduktion nicht anwendbar.

16 Umstritten ist darüber hinaus, ob die vorangehende Verpflichtung des Drittschuldners iSd § 357 S. 2 zumindest auch gegenüber dem Schuldner als seinem Kontokorrentpartner bestehen muss[37] oder ob eine bloße **Verpflichtung gegenüber einem Dritten** ausreicht.[38] Zu denken wäre etwa an den Fall, dass der Drittschuldner vor der Pfändung einem Dritten gegenüber die Pflicht übernommen hat, mit dem Schuldner nach der Pfändung einen bestimmten Kaufvertrag abzuschließen, aus dem eine Kaufpreisforderung des Drittschuldners gegen den Schuldner entsteht. Da der Drittschuldner die Pflicht zum Abschluss des Kaufvertrags gerade im Vertrauen auf die Sicherung seiner Kaufpreisforderung durch das Kontokorrent übernommen haben kann, ist richtigerweise auch in einem solchen Fall § 357 S. 2 anwendbar.

17 **c) Rechtsscheinschutz.** Nimmt der Drittschuldner gegenüber dem Schuldner nach der Pfändung Rechtshandlungen in Bezug auf den gepfändeten Saldo vor, die nicht dem § 357 S. 2 unterfallen, kommt gleichwohl noch ein Rechtsscheinschutz nach den **§§ 406 f. BGB** in Betracht, da diese Vorschriften bei gepfändeten Forderungen über eine analoge Anwendung des § 1275 BGB eingreifen.[39] Tatbestandlich setzen die §§ 406 f. BGB dabei jedoch die Unkenntnis des Drittschuldners von der Pfändung voraus, was im Wesentlichen nur bei einer Ersatzzustellung des Pfändungs- und Überweisungsbeschlusses gemäß den §§ 178 ff. ZPO in Betracht kommt.

18 **3. Rechtsstellung des Gläubigers aufgrund der Pfändung und Überweisung. a) Allgemeines.** Die Rechtsstellung des Gläubigers in Bezug auf den gepfändeten Zustellungssaldo beurteilt sich nach den allgemeinen vollstreckungsrechtlichen Vorschriften der §§ 829 ff. ZPO. Er kann die überwiesene Forderung iSd § 836 Abs. 1 ZPO gegenüber dem Drittschuldner sowohl gerichtlich als auch außergerichtlich geltend machen. **Pfändungsschutz** zugunsten des Schuldners besteht nach Maßgabe des § 850k ZPO (→ § 355 Rn. 26).[40] Bedarf es näherer **Auskünfte** über den Umfang des Saldos, so sind der Schuldner gem. § 836 Abs. 3 ZPO und der Drittschuldner nach Maßgabe des § 840 ZPO auskunfts- bzw. erklärungspflichtig. Eine Erteilung von **Kontoauszügen** schuldet der Drittschuldner dem Gläubiger allerdings nicht.[41] Der diesbezügliche Anspruch des Schuldners gegen den Drittschuldner kann als untrennbarer Bestandteil des Geschäftsvertrags von dem Gläubiger gem. § 851 Abs. 1 ZPO auch nicht separat gepfändet werden.[42]

19 **b) Einreden und Einwendungen.** Im Verhältnis zu dem Drittschuldner muss sich der Gläubiger analog § 1275 BGB iVm § 404 BGB alle Einreden und Einwendungen gegen den Zustellungssaldo

---

[34] Ebenroth/Boujong/Menges Rn. 17; Heymann/Horn Rn. 12; Schlegelberger/Hefermehl Rn. 14.

[35] BGH 13.5.1997, NJW 1997, 2322 (2323); BeckOGK/Feldhusen, 1.11.2025, Rn. 34; GK-HGB/Herget Rn. 39; Heymann/Horn Rn. 12; Hopt/Leyens Rn. 4; Staub/Canaris, 4. Aufl. 2004, Rn. 28.

[36] BGH 13.5.1997, NJW 1997, 2322 (2323); Heymann/Horn Rn. 12; MüKoHGB/Langenbucher Rn. 19; Schlegelberger/Hefermehl Rn. 13; Staub/Canaris, 4. Aufl. 2004, Rn. 28.

[37] So Heymann/Horn Rn. 14.

[38] Schlegelberger/Hefermehl Rn. 12; für eine analoge Anwendung des § 357 S. 2 Staub/Canaris, 4. Aufl. 2004, Rn. 27.

[39] BeckOK HGB/Moussa, 48. Ed. 1.10.2025, Rn. 5; KKD/Koller Rn. 2; Staub/Canaris, 4. Aufl. 2004, Rn. 21.

[40] Näher hierzu Ellenberger/Bunte BankR-HdB/Bitter § 17 Rn. 28 ff.

[41] LG Frankfurt a.M. 20.1.1986, WM 1986, 1008; Ellenberger/Bunte BankR-HdB/Bitter § 17 Rn. 48 ff.; Heymann/Horn Rn. 3.

[42] BGH 8.11.2005, BGHZ 165, 53 (57 ff.) = NJW 2006, 217; LG Itzehoe 10.5.1988, NJW-RR 1988, 1394 f.; KKD/Koller Rn. 4.

entgegenhalten lassen, die bereits im Zeitpunkt der Pfändung begründet waren. Dies gilt im Ausgangspunkt auch für die **Kontokorrentbindung** des gepfändeten Saldos. Daher kann der Gläubiger von dem Drittschuldner Zahlung erst nach dem Abschluss der laufenden Rechnungsperiode verlangen, die durch die Pfändung nicht beendet wird (→ Rn. 10).[43] Dies ändert jedoch nichts daran, dass nach der Pfändung entstehende Schuldposten gegenüber dem Gläubiger gem. § 357 S. 1 ohne Wirkung sind. Hingegen kann der Gläubiger das Kontokorrent weder selbst kündigen (→ Rn. 9) noch steht ihm ein Zahlungsanspruch schon vor Abschluss der Rechnungsperiode zu, selbst wenn der Schuldner das Kontokorrent jederzeit kündigen kann. Eine solche Regelung war zwar ursprünglich vorgesehen, ging jedoch nicht in die Fassung des § 357 ein.[44] Allerdings muss sich der Gläubiger in Bezug auf seinen Anspruch aus dem gepfändeten Saldo nicht entgegenhalten lassen, dass die periodischen kausalen Saldoforderungen nach der Kontokorrentvereinbarung wiederum in die nächste Periode als Rechnungsposten vorzutragen seien (→ § 355 Rn. 61). Denn eine solche Verrechnung des gepfändeten Saldos mit zukünftigen Posten schließt § 357 S. 1 gerade aus, sodass dem Gläubiger jedenfalls am Ende der laufenden Rechnungsperiode ein Zahlungsanspruch gegen den Drittschuldner zusteht.[45]

c) Auswirkungen eines Saldoanerkenntnisses. Für den Abschluss der nachfolgenden Saldoanerkenntnisse bleibt trotz der Pfändung der Schuldner zuständig.[46] Die Rechtsstellung des Gläubigers wird durch spätere Saldoanerkenntnisse aber nicht berührt, da Gegenstand der Pfändung der fiktive Tagessaldo ist.[47] Soweit die Höhe und die Zusammensetzung dieses Zustellungssaldos in Streit stehen, wird man dem Gläubiger jedoch gestatten müssen, sich zu Beweiszwecken auf Saldoanerkenntnisse zu stützen, welche der Schuldner und der Drittschuldner in der Vergangenheit abgeschlossen haben.[48] 20

d) Rangfragen. Der Rang des Pfändungspfandrechts bemisst sich gem. § 804 Abs. 2 und 3 ZPO iVm den § 1273 Abs. 2 S. 1 BGB, § 1209 BGB nach dem Prioritätsprinzip. Daher geht bei der Pfändung in ein Bankkontokorrent das früher bestellte **Pfandrecht der Bank gem. Nr. 14 AGB-Banken** dem Pfändungspfandrecht grundsätzlich vor.[49] Soweit durch das AGB-Pfandrecht jedoch gem. Nr. 14 Abs. 2 AGB-Banken auch zukünftige Ansprüche der Bank gegen den Schuldner gesichert sind, die erst nach der Pfändung entstehen, würde der Vorrang des AGB-Pfandrechts dem Rechtsgedanken des § 357 widersprechen, da die Bank dem Gläubiger über den Vorrang ihres rechtsgeschäftlichen Pfandrechts nun doch mittelbar die späteren Schuldposten entgegenhalten könnte. Um eine solche Konsequenz zu vermeiden, die unter Umständen die Wirksamkeit des AGB-Pfandrechts der Banken berühren könnte, ist dieses Pfandrecht in dem Sinne einschränkend auszulegen, dass es für zukünftige Ansprüche der Bank gegen den Schuldner dem Pfändungspfandrecht des Gläubigers im Rang nachsteht.[50] 21

e) Sicherheiten. Die Wirkung der Überweisung gem. § 836 Abs. 1 ZPO erlaubt dem Gläubiger auch den Zugriff auf Sicherheiten, die für die gepfändete Saldoforderung bestehen.[51] Inwieweit dabei Sicherheiten fortbestehen, die für die kontokorrentgebundenen Einzelforderungen des Schuldners bestellt wurden, beurteilt sich nach den zu § 356 dargelegten Grundsätzen. Hierbei ist jedoch zu berücksichtigen, dass Gegenstand der Pfändung nicht der letzte periodische kausale Saldo ist, sondern der fiktive Zustellungssaldo (→ Rn. 8 ff.). Soweit eine gesicherte Forderung, die in dem letzten periodischen kausalen Saldo noch enthalten war, im Zuge einer hypothetischen Verrechnung im Zeitpunkt der Pfändung erloschen ist, kann der Gläubiger nach der hier vertretenen Auslegung des § 356 somit auch nicht auf die betreffende Sicherheit zugreifen (→ § 356 Rn. 13 ff.).[52] 22

---

[43] RGHMW/Steimle/Dornieden Rn. 13; Staub/Canaris, 4. Aufl. 2004, Rn. 34; Canaris HandelsR § 25 Rn. 49; K. Schmidt HandelsR § 21 Rn. 60; **aA** Beitzke FS J. v. Gierke, 1950, 15 ff.; Herz, Das Kontokorrent, 1973, 155 ff.

[44] Denkschrift zu dem Entwurf eines Handelsgesetzbuchs, 1896, 199 f.

[45] Beitzke FS J. v. Gierke, 1950, 19; Heymann/Horn Rn. 5; HK-HGB/Ruß Rn. 2; KKD/Koller Rn. 2; MüKoHGB/Langenbucher Rn. 14; RGHMW/Steimle/Dornieden Rn. 9; Staub/Canaris, 4. Aufl. 2004, Rn. 37; **aA** Schlegelberger/Hefermehl Rn. 8.

[46] BGH 8.11.2005, BGHZ 165, 53 (59) = NJW 2006, 217; Heymann/Horn Rn. 5; Staub/Canaris, 4. Aufl. 2004, Rn. 40.

[47] MüKoHGB/Langenbucher Rn. 15; Staub/Canaris, 4. Aufl. 2004, Rn. 41.

[48] So wohl auch MüKoHGB/Langenbucher Rn. 15; Staub/Canaris, 4. Aufl. 2004, Rn. 43.

[49] BGH 29.11.1984, BGHZ 93, 71 (78 ff.) = NJW 1985, 863; 24.1.1985, BGHZ 93, 315 (326 f.) = NJW 1985, 1218.

[50] Vgl. BGH 13.5.1997, NJW 1997, 2322 (2323 f.); GK-HGB/Herget Rn. 8, 26; Heymann/Horn Rn. 13; Staub/Canaris, 4. Aufl. 2004, Rn. 22.

[51] GK-HGB/Herget Rn. 46; Heymann/Horn Rn. 9; Schlegelberger/Hefermehl Rn. 17; Staub/Canaris, 4. Aufl. 2004, Rn. 44.

[52] Anders wohl Heymann/Horn Rn. 9.

IV. Pfändung periodischer Salden und der Zahlungsansprüche aus dem Geschäftsvertrag

23 **1. Pfändung zukünftiger periodischer Salden.** Neben dem Zustellungssaldo oder an seiner Stelle kann der Gläubiger auch die zukünftigen kausalen oder abstrakten Salden pfänden, die jeweils am Ende der kommenden Verrechnungsperioden gebildet werden. Die vollstreckungsrechtlich erforderliche Bestimmtheit liegt hierbei nicht nur für den jeweils nächstfolgenden Saldo vor, sondern für **alle Salden bis zur vollständigen Befriedigung des Gläubigers.**[53] Eine solche Pfändung zukünftiger Salden untersteht jedoch nicht dem Schutz des § 357 S. 1, weshalb sich der Gläubiger auch diejenigen Schuldposten entgegenhalten lassen muss, die nach der Pfändung, aber vor dem Abschluss der betreffenden Rechnungsperiode zulasten seines Schuldners entstehen.[54] Der Gläubiger ist somit dem Risiko ausgesetzt, dass der Schuldner Beträge, die nach der Pfändung zu seinen Gunsten eingehen, auf ein anderes Kontokorrent umleitet oder bereits gutgeschriebene Beträge weiterüberweist. Um die Rechtsstellung des Gläubigers zu verbessern, gestattet die Rspr. ihm daher, im Wege einer **Annexpfändung** auch auf die Ansprüche des Schuldners gegen den Drittschuldner auf Gutschrift eingehender Beträge[55] sowie auf die Ausführung von Überweisungen[56] mit der Wirkung der §§ 829, 836 ZPO zuzugreifen. Diese wirtschaftlich plausible Lösung wird zum Teil mit dem Argument angezweifelt, dass es sich bei den betreffenden Ansprüchen um dienst- und geschäftsbesorgungsrechtliche Ansprüche aus dem Geschäftsvertrag handele, der dem Kontokorrent zugrunde liegt, und die gem. § 851 Abs. 1 ZPO iVm § 613 S. 2 BGB, § 675 Abs. 1 BGB daher an sich unpfändbar seien.[57] Jedoch ist das besondere dienstvertragliche Vertrauensverhältnis, auf dem die Regelung des § 613 S. 2 BGB beruht, durch die – zweifellos zulässige – Pfändung der Saldoansprüche ohnehin bereits zugunsten des Gläubigers relativiert, weshalb die Zweifelsregelung des § 613 S. 2 BGB hier nicht passt.[58]

24 Aus prozessualer Sicht kann ein Antrag auf Pfändung und Überweisung des Zustellungssaldos iSd § 357 mit einer Pfändung künftiger periodischer Salden verbunden werden (sog. **Doppelpfändung**).[59] Begehrt der Gläubiger die Pfändung „aller Ansprüche" aus einem Kontokorrent, so ist im Zweifel von einer Doppelpfändung auszugehen.[60] Sofern die Pfändung ein Konto betrifft, das bei einem Kreditinstitut geführt wird, wirkt die Regelung des **§ 833a ZPO** vereinfachend. Nach dieser umfasst eine Pfändung des „Guthabens" auch alle „Tagesguthaben der auf die Pfändung folgenden Tage", wozu nach dem ausdrücklichen Willen des Gesetzgebers nicht nur Tagesguthaben im engeren Sinne (→ Rn. 25 f.), sondern auch zukünftige periodische Rechnungsabschlusssalden zählen sollen.[61]

25 **2. Pfändung der Zahlungsansprüche aus dem Geschäftsvertrag.** Jenseits des § 357 ist es dem Gläubiger auch möglich, Zahlungsansprüche seines Schuldners gegen den Drittschuldner zu pfänden, die nicht aus dem Kontokorrent selbst resultieren, sondern aus dem zugrundeliegenden Geschäftsvertrag. Das praktisch wichtigste Beispiel ist dabei die Pfändung des **Anspruchs auf Auszahlung des Tagesguthabens,** der sich zugunsten eines Bankkunden aus einem Zahlungsdiensterahmenvertrag iSd § 675f Abs. 2 BGB gegenüber seiner Bank ergibt.[62] Die Regelung des § 851

[53] BGH 13.3.1981, BGHZ 80, 172 (181 f.) = NJW 1981, 1611; Ebenroth/Boujong/Menges Rn. 8; Heymann/Horn Rn. 16; Hopt/Leyens Rn. 5 f.; MüKoHGB/Langenbucher Rn. 27; Schlegelberger/Hefermehl Rn. 20; Staub/Canaris, 4. Aufl. 2004, Rn. 45 f.; K. Schmidt HandelsR § 21 Rn. 61; einschr. auf den nächstfolgenden Schlusssaldo noch RG 4.4.1933, RGZ 140, 219 (222 f.); Beitzke FS J. v. Gierke, 1950, 18 f.

[54] BGH 13.3.1981, BGHZ 80, 172 (178 f.) = NJW 1981, 1611; Ellenberger/Bunte BankR-HdB/Bitter § 17 Rn. 41; Ebenroth/Boujong/Menges Rn. 8; GK-HGB/Herget Rn. 43; RGHMW/Steimle/Dornieden Rn. 4; Schlegelberger/Hefermehl Rn. 21; Staub/Canaris, 4. Aufl. 2004, Rn. 47 f.

[55] BGH 24.1.1985, BGHZ 93, 315 (322 f.) = NJW 1985, 1218; GK-HGB/Herget Rn. 12; KKD/Koller Rn. 4.

[56] BGH 1.12.1982, BGHZ 86, 23 (25) = NJW 1983, 687; 24.1.1985, BGHZ 93, 315 (323 f.) = NJW 1985, 1218; Jungmann ZInsO 1999, 64 (68); Hopt/Leyens Rn. 9; **aA** Ellenberger/Bunte BankR-HdB/Bitter § 17 Rn. 47.

[57] K.P. Berger ZIP 1981, 583 (586); E. Wagner ZIP 1985, 849 (851); Heymann/Horn Rn. 18.

[58] Vgl. Erman GS Schmidt, 1966, 263 f.

[59] BGH 13.3.1981, BGHZ 80, 172 (175) = NJW 1981, 1611; Hopt/Leyens Rn. 5; KKD/Koller Rn. 3; Schlegelberger/Hefermehl Rn. 21.

[60] Staub/Canaris, 4. Aufl. 2004, Rn. 51.

[61] Begr. RegE, BT-Drs. 16/7615, 17; Musielak/Voit/Flockenhaus ZPO § 833a Rn. 3.

[62] Grdl. BGH 30.6.1982, BGHZ 84, 325 (329 ff.) = NJW 1982, 2192; 8.7.1982, BGHZ 84, 371 (373 ff.) = NJW 1982, 2193; OLG Düsseldorf 12.11.2015, ZIP 2015, 2490 (2491); Ellenberger/Bunte BankR-HdB/Bitter § 17 Rn. 44 mwN.

Abs. 1 ZPO iVm § 613 S. 2 BGB, § 675 Abs. 1 BGB steht dem nicht entgegen, da sich der Auszahlungsanspruch auf eine Geldleistung ohne besonderen personenrechtlichen Bezug richtet.[63]

Gepfändet werden kann dabei jeder beliebige **gegenwärtige oder zukünftige Tagessaldo** bzw. eine Mehrzahl derselben.[64] Der Pfändungs- und Überweisungsbeschluss muss jedoch mit hinreichender Deutlichkeit zu erkennen geben, ob und welche Tagessalden erfasst sind.[65] Eine Pfändung aller „künftigen Eingänge" in das Kontokorrent soll nach der Rspr. allerdings alle künftigen Tagessalden umfassen.[66] Für Konten, die bei Kreditinstituten geführt werden, reicht gem. § **833a ZPO** sogar eine Pfändung des „Guthabens" aus, um auch die zukünftigen Tagessalden zu erfassen.[67] Als wertsichernder Annex können wiederum die Ansprüche des Schuldners auf die Gutschrift von Zahlungseingängen sowie auf die Ausführung von Überweisungsaufträgen mitgepfändet werden (→ Rn. 23).[68] Nach einer noch weitergehenden Ansicht sind Überweisungen, die der Schuldner nach der Pfändung des künftigen Tagesguthabens vornimmt, gegenüber dem Gläubiger eo ipso gem. § 829 Abs. 1 S. 2 ZPO, §§ 135 f. BGB unwirksam (sog. Verfügungssperre).[69] Dies überzeugt jedoch nicht, da die schuldnerischen Überweisungen in diesem Fall keine Verfügung über das künftige Tagesguthaben iSd § 829 Abs. 1 S. 2 ZPO darstellen, sondern bereits dessen Entstehen verhindern.[70] 26

V. Pfändung von Kontokorrentkrediten

Bei der Frage, inwieweit ein Kontokorrentkredit des Schuldners gepfändet werden kann, sind verschiedene Konstellationen zu unterscheiden. Grundvoraussetzung für einen vollstreckungsrechtlichen Zugriff ist dabei in jedem Fall ein vertraglich vorab vereinbarter Kredit, während die bloß **geduldete Überziehung** eines Bankkontos (vgl. § 505 BGB) keinen tauglichen Pfändungsgegenstand bildet.[71] 27

War der betreffende **Kredit** zwar bereits für das gepfändete Kontokorrent eingeräumt, durch den Schuldner aber **noch nicht abgerufen,** so ist die Kreditlinie von der Pfändung nicht umfasst.[72] Denn für die Aktivierung des Kontokorrentkredits bedarf es dann noch einer höchstpersönlichen Abrufentscheidung des Schuldners, die gem. § 851 Abs. 1 ZPO selbst nicht gepfändet werden kann. 28

Hatte hingegen der Schuldner **bereits über den Anspruch auf Auszahlung des Kredits verfügt,** zB einen entsprechenden Auszahlungs- oder Überweisungsauftrag erteilt, so kann der Gläubiger den Anspruch auf Auszahlung der Summe aus § 488 Abs. 1 S. 1 BGB nach hM pfänden, wenn die Verwendung des Kredits nicht ausnahmsweise einer besonderen Zweckbindung iSd § 399 Alt. 1, § 851 Abs. 1 ZPO unterliegt.[73] Zahlt der Drittschuldner den Kredit unter Missachtung der Pfändung gleichwohl an den Schuldner aus, ist dies gegenüber dem Gläubiger nach § 829 Abs. 1 S. 1 ZPO unwirksam. Praktisch kann sich der Schuldner vor diesem Hintergrund neue Liquidität, die nicht dem Vollstreckungszugriff eines Altgläubigers unterliegt, nur noch im Wege treuhänderisch gebundener Kreditvereinbarungen beschaffen.[74] Eine solche Bindung liegt zB vor, wenn der Kredit bestim- 29

[63] BGH 30.6.1982, BGHZ 84, 325 (329 f.) = NJW 1982, 2192; 8.7.1982, BGHZ 84, 371 (373 f.) = NJW 1982, 2193; GK-HGB/Herget Rn. 3; **aA** K.P. Berger ZIP 1981, 583 (585).

[64] Ebenroth/Boujong/Menges Rn. 9; Staub/Canaris, 4. Aufl. 2004, Rn. 50.

[65] BGH 13.3.1981, BGHZ 80, 172 (179 f.) = NJW 1981, 1611; Hopt/Leyens Rn. 8; Staub/Canaris, 4. Aufl. 2004, Rn. 50.

[66] BGH 1.12.1982, BGHZ 86, 23 (29) = NJW 1983, 687.

[67] Schultheiß JuS 2014, 516 (519); Musielak/Voit/Flockenhaus ZPO § 833a Rn. 3.

[68] BGH 24.1.1985, BGHZ 93, 315 (322 ff.) = NJW 1985, 1218; RGHMW/Steimle/Dornieden Rn. 6.

[69] BGH 30.6.1982, BGHZ 84, 325 (333) = NJW 1982, 2192; GK-HGB/Herget Rn. 15; Heymann/Horn Rn. 18; K. Schmidt HandelsR § 21 Rn. 64.

[70] Ellenberger/Bunte BankR-HdB/Bitter § 17 Rn. 55; Lwowski/Bitter FS Hellner, 1994, 60 ff.; GK-HGB/Herget Rn. 32; krit. auch Ebenroth/Boujong/Menges Rn. 10.

[71] BGH 24.1.1985, BGHZ 93, 315 (325) = NJW 1985, 1218; 29.3.2001, BGHZ 147, 193 (202) = NJW 2001, 1937; Hopt/Leyens Rn. 10; krit. zu dieser Differenzierung und den damit verbundenen Unsicherheiten aber Bitter WM 2001, 889 (892); Bitter WM 2004, 1109 (1110); Bitter FS G. Fischer, 2008, 16 ff., jeweils mwN; zur Abgrenzung auch OLG Hamm 10.12.2001, NJW-RR 2002, 1477 f.; für die Pfändbarkeit auch bei bloß geduldeten Überziehungen jetzt Ebenroth/Boujong/Menges Rn. 12.

[72] BGH 22.1.2004, BGHZ 157, 350 (355 ff.) = NJW 2004, 1444; 17.2.2004, WM 2004, 669 (670); Bitter WM 2001, 889 (891); Bitter WM 2004, 1109 (1112); Felke WM 2002, 1632 (1635 f.); GK-HGB/Herget Rn. 16; Heymann/Horn Rn. 20; Hopt/Leyens Rn. 10; **aA** Grunsky ZZP 95 (1982), 264 (277 ff.); wohl auch Erman GS Schmidt, 1966, 263.

[73] BGH 29.3.2001, BGHZ 147, 193 (194 ff.) = NJW 2001, 1937; Felke WM 2002, 1632 (1636 ff.); E. Wagner WM 1998, 1657 ff.; Ebenroth/Boujong/Menges Rn. 13; Heymann/Horn Rn. 24; Hopt/Leyens Rn. 10; **aA** Bitter WM 2001, 889 (892 ff.); Bitter WM 2004, 1109 (1112 ff.); Bitter FS G. Fischer, 2008, 33 ff.; GK-HGB/Herget Rn. 16.

[74] BGH 29.3.2001, BGHZ 147, 193 (201) = NJW 2001, 1937; sehr krit. hierzu Ellenberger/Bunte BankR-HdB/Bitter § 17 Rn. 83 ff.; Bitter WM 2001, 889 (892 ff.); Bitter WM 2004, 1109 (1112 ff.); GK-HGB/Herget Rn. 20.

mungsgemäß auf ein anderes debitorisches Konto ausgezahlt werden und damit eine Umschuldung bewirken soll.[75] Auch wenn keine derartige besondere Zweckbindung vorliegt, ist der Erfolg der Pfändung eines Kontokorrentkredits allerdings unsicher: Zum einen kann der Drittschuldner aufgrund der Pfändung den abgerufenen Kredit unter Umständen gem. § 490 Abs. 1 BGB oder Nr. 19 Abs. 3 AGB-Banken kündigen, was den Vollstreckungszugriff im Ergebnis vereitelt.[76] Zum anderen wird in der Regel nur ein uninformierter Schuldner, dem die Konsequenzen der Kreditpfändung unklar sind, den Kredit überhaupt abrufen und damit erst die Voraussetzungen der Pfändbarkeit schaffen. Diese „Schlechterstellung" des uninformierten Schuldners erscheint vor dem Hintergrund des Prinzips der Privatautonomie durchaus problematisch.[77] Zumindest wird man, wenn ein Kontokorrentkredit in Rede steht, der geschäftsmäßig von einer Bank als Drittschuldnerin gewährt wird, eine Aufklärungspflicht der Bank gegenüber ihrem Kreditnehmer (= Vollstreckungsschuldner) über die dargelegten Konsequenzen eines Abrufs des gepfändeten Kredits annehmen müssen.[78]

30 Vergleichbare Grundsätze wie für einen abgerufenen, aber noch nicht ausgezahlten Kontokorrentkredit gelten auf der Grundlage der hM schließlich in den Fällen, in denen eine vereinbarte **Kreditsumme auf ein gesondertes Kontokorrentkonto ausgezahlt** wurde. Dann ist der Kreditbetrag grundsätzlich von der Pfändung des gegenwärtigen Saldos dieses Kontokorrents erfasst, es sei denn, der Schuldner und der Drittschuldner haben im Rahmen des Kreditvertrags eine besondere Zweckbindung für die Verwendung des Kredits vereinbart.[79]

§ 358 [Zeit der Leistung]

Bei Handelsgeschäften kann die Leistung nur während der gewöhnlichen Geschäftszeit bewirkt und gefordert werden.

I. Allgemeines

1 Während **§ 271 BGB** die Leistungszeit in der Hinsicht betrifft, ob eine geschuldete Leistung sofort bewirkt werden muss und kann oder ob eine Frist zur Erbringung bzw. zur Annahme der Leistung besteht (Fälligkeit und Erfüllbarkeit),[1] regelt § 358 die Frage, zu welchem Zeitpunkt innerhalb eines Tages eine Leistung gefordert und bewirkt werden muss.[2] Allerdings kann die Regelung auch zu einem längeren Aufschub der Leistung führen, sofern an bestimmten Tagen überhaupt keine gewöhnlichen Geschäftszeiten bestehen (zB Sonn- und Feiertage; vgl. auch § 193 BGB).

2 Die Norm konkretisiert einen Rechtsgedanken, der an sich bereits aus **Treu und Glauben** (§ 242 BGB) folgt.[3] Sie wird überwiegend als **Auslegungsregel** angesehen.[4] Der Wortlaut der Vorschrift, der anders als zB die §§ 359, 361 keine bloße Zweifelsregelung vorsieht, legt es hingegen näher, sie als eine **dispositive Regelung** zu verstehen.[5] Die praktischen Unterschiede zwischen diesen beiden Auffassungen sind jedoch gering; abweichende individualvertragliche Vereinbarungen sind jedenfalls möglich. Eine Rolle spielt die Frage hingegen im Rahmen des § 307 BGB bei einer anderweitigen Regelung der Leistungszeit in **AGB.** Sieht man § 358 als bloße Auslegungsregel an, so stellt die betreffende Klausel schon keine Abweichung von gesetzlichen Vorschriften iSd § 307 Abs. 3 S. 1 BGB dar,[6] während bei dem hier bevorzugten Verständnis als dispositives Recht eine Inhaltskontrolle in Betracht kommt. Dies erscheint auch angemessen, da der Begrenzung einer Leistung auf die typische Geschäftszeit durchaus ein gewisses Ordnungsmoment zukommt, das über die reine Verwirklichung des mutmaßlichen Parteiwillens hinausgeht.[7]

---

[75] OLG Saarbrücken 20.7.2006, WM 2006, 2212 (2213).

[76] BGH 29.3.2001, BGHZ 147, 193 (200) = NJW 2001, 1937; Felke WM 2002, 1632 (1638); Ellenberger/Bunte BankR-HdB/Bitter § 17 Rn. 88; Heymann/Horn Rn. 24.

[77] Ellenberger/Bunte BankR-HdB/Bitter § 17 Rn. 87; Bitter WM 2004, 1109 (1115); Bitter FS G. Fischer, 2008, 34 f.

[78] Ellenberger/Bunte BankR-HdB/Bitter § 17 Rn. 89; vgl. auch Bitter FS G. Fischer, 2008, 33 f.

[79] Peckert, Das Girokonto und der Kontokorrentvertrag, 1985, 181 ff.; Heymann/Horn Rn. 21; Staub/Canaris, 4. Aufl. 2004, Rn. 29; **aA** Lwowski/Weber ZIP 1980, 609 (612).

[1] Vgl. MüKoBGB/Krüger BGB § 271 Rn. 1 ff.

[2] Statt aller Heymann/Horn Rn. 1; Schlegelberger/Hefermehl Rn. 1.

[3] Ebenroth/Boujong/H.-W. Eckert Rn. 1; MüKoHGB/Martens Rn. 1; Staub/Canaris, 4. Aufl. 2004, Rn. 1.

[4] RG 25.10.1917, RGZ 91, 60 (67); GK-HGB/Weber Rn. 8; KKD/Roth/Huber Rn. 3; Schlegelberger/Hefermehl Rn. 4; Staub/Canaris, 4. Aufl. 2004, Rn. 1.

[5] BeckOGK/Lorz, 1.11.2025, Rn. 4 f.; BeckOK HGB/Moussa, 48. Ed. 1.10.2025, Rn. 1; wohl auch Heymann/Horn Rn. 3; MüKoHGB/Martens Rn. 2; K. Schmidt HandelsR § 18 Rn. 50.

[6] Vgl. Canaris HandelsR § 26 Rn. 3.

[7] Allg. Neuner BGB AT § 35 Rn. 56 f.

II. Voraussetzungen

3 Es muss sich um ein **Handelsgeschäft** iSd §§ 343 ff. handeln. Auch ein einseitiges Handelsgeschäft ist gem. § 345 erfasst. Es besteht kein Grund, hiervon mit der hL für den Fall eine Ausnahme zu machen, dass der Gläubiger kein Kaufmann ist,[8] da sich die Rechtsfolge der Norm nicht nur auf die gewöhnliche Geschäftszeit des Empfängers der Leistung, sondern auch auf die Geschäftszeit des Schuldners bezieht (→ Rn. 5). Im Übrigen kann die Norm bei nicht-eingetragenen Kleingewerbetreibenden über die Verweisungen der § 383 Abs. 2 S. 2, § 407 Abs. 3 S. 2, § 453 Abs. 3 S. 2, § 467 Abs. 3 S. 2 zur Anwendung gelangen.

4 Als **Leistung** kommen nur geschuldete Gegenstände in Betracht. Für den Zeitpunkt der Abgabe und des Zugangs von Willenserklärungen, rechtsgeschäftsähnlichen Handlungen oder Prozesshandlungen gelten hingegen die allgemeinen Regelungen (insbesondere die §§ 130 ff. BGB) und nicht § 358.[9]

III. Rechtsfolgen

5 Die Leistung kann nur während der **gewöhnlichen Geschäftszeit** bewirkt und gefordert werden. Das Forderungsrecht des Gläubigers wird somit in zeitlicher Hinsicht auf die gewöhnliche Geschäftszeit des Schuldners beschränkt, während das Leistungsrecht des Schuldners auf die gewöhnliche Geschäftszeit des Gläubigers begrenzt ist. Maßstab des Gewöhnlichen sind nicht die individuellen Verhältnisse der beteiligten Parteien, sondern die **Gepflogenheiten** innerhalb des jeweiligen **Geschäftszweigs am Erfüllungsort.**[10] Etwaige Handelsbräuche sind gem. § 346 zu berücksichtigen.[11] Bei der Bestimmung des Geschäftszweigs spielen ua auch die Größe des Gewerbebetriebs (Einkaufszentrum oder Kleingeschäft) und dessen Lage (Großstadt oder ländlicher Raum) eine Rolle. Sind die regelmäßigen Geschäftszeiten eines Beteiligten ausgedehnter, als dies in dem maßgeblichen Geschäftszweig üblich ist, kann sich der andere Teil hierauf jedoch gemäß den §§ 133, 157 BGB unabhängig davon verlassen, ob die abweichenden Geschäftszeiten im Rahmen der Vereinbarungen gesondert thematisiert wurden. Hingegen bedarf es für die Maßgeblichkeit einer Geschäftszeit, die gegenüber dem Branchenüblichen reduziert ist, eines konkreten Hinweises bei Vertragsschluss.

6 Fordert der Gläubiger die Leistung außerhalb der gewöhnlichen Geschäftszeiten des Schuldners, kommt dieser erst mit Wiederbeginn der Geschäftszeiten in **Schuldnerverzug.** Umgekehrt kann der Gläubiger die ihm angebotene Leistung außerhalb seiner gewöhnlichen Geschäftszeiten zurückweisen, ohne in **Annahmeverzug** zu geraten.[12] Erfolgt kein neues Angebot des Schuldners zur richtigen Zeit, tritt unter den Voraussetzungen des § 286 BGB wiederum Schuldnerverzug ein. Ein Verstoß gegen **Treu und Glauben** durch die Zurückweisung der Leistung außerhalb der Geschäftszeiten kommt nur unter ganz besonderen Umständen in Betracht.[13] Lässt sich hingegen der Gläubiger auf ein unzeitiges Leistungsangebot des Schuldners ein, so führt dies trotz § 358 zu einer Erfüllung iSd § 362 BGB.[14]

§ 359 [Vereinbarte Zeit der Leistung; „acht Tage“]

(1) Ist als Zeit der Leistung das Frühjahr oder der Herbst oder ein in ähnlicher Weise bestimmter Zeitpunkt vereinbart, so entscheidet im Zweifel der Handelsgebrauch des Ortes der Leistung.

(2) Ist eine Frist von acht Tagen vereinbart, so sind hierunter im Zweifel volle acht Tage zu verstehen.

---

[8] So Ebenroth/Boujong/H.-W. Eckert Rn. 5; Heymann/Horn Rn. 6; Staub/Canaris, 4. Aufl. 2004, Rn. 3; wie hier BeckOGK/Lorz, 1.11.2025, Rn. 9; BeckOK HGB/Moussa, 48. Ed. 1.10.2025, Rn. 2; MüKoHGB/Martens Rn. 7.

[9] Vgl. RG 20.11.1902, RGZ 53, 59 (61 f.); MüKoHGB/Martens Rn. 8; Staub/Canaris, 4. Aufl. 2004, Rn. 4.

[10] BeckOGK/Lorz, 1.11.2025, Rn. 12; GK-HGB/Weber Rn. 7; Hopt/Leyens Rn. 3; MüKoHGB/Martens Rn. 9; Schlegelberger/Hefermehl Rn. 5; Staub/Canaris, 4. Aufl. 2004, Rn. 5.

[11] BeckOGK/Lorz, 1.11.2025, Rn. 13; Heymann/Horn Rn. 4; RGHMW/Steimle/Dornieden Rn. 3.

[12] BeckOGK/Lorz, 1.11.2025, Rn. 16; Ebenroth/Boujong/H.-W. Eckert Rn. 8; MüKoHGB/Martens Rn. 12; Heymann/Horn Rn. 8; Schlegelberger/Hefermehl Rn. 6.

[13] Vgl. RG 12.2.1918, RGZ 92, 208 (210 f.).

[14] Vgl. LG Hamburg 23.7.1986, VersR 1988, 513; BeckOGK/Lorz, 1.11.2025, Rn. 17; Hopt/Leyens Rn. 3; Staub/Canaris, 4. Aufl. 2004, Rn. 6.

I. Allgemeines

1 Die Norm enthält **Auslegungsregeln**[1] („im Zweifel") für die Bestimmung von Leistungsterminen und für eine Frist von „acht Tagen". Eine anderweitige vertragliche Regelung stellt keine Abweichung von Rechtsvorschriften iSd § 307 Abs. 3 S. 1 BGB dar und unterliegt daher auch bei der Verwendung von **AGB** keiner Inhaltskontrolle.[2] § 359 gilt für beiderseitige und einseitige **Handelsgeschäfte** (vgl. § 345),[3] des Weiteren über die Verweisungen aus den § 383 Abs. 2 S. 2, § 407 Abs. 3 S. 2, § 453 Abs. 3 S. 2, § 467 Abs. 3 S. 2 auch bei nicht-eingetragenen Kleingewerbetreibenden.

II. Zeit der Leistung (Abs. 1)

2 Ist als Zeit der Leistung das Frühjahr, der Herbst oder ein ähnlicher Zeitpunkt (Sommer, Winter, Messe etc) bestimmt, so ist zur Konkretisierung der Handelsbrauch am Ort der Leistung heranzuziehen. Da sich die Maßgeblichkeit von Handelsbräuchen bereits aus der allgemeinen Vorschrift des § 346 ergibt, besteht die Hauptbedeutung der Regelung in der Klarstellung, dass es bei divergierenden Bräuchen auf den **Erfüllungsort** ankommt.[4] Hierbei handelt es sich um einen allgemeinen Rechtsgedanken, der im Zweifel auch im Bürgerlichen Rechtsverkehr über § 157 BGB Anwendung findet.[5] Erst wenn es an einem entsprechenden Handelsbrauch fehlt und auch keine abweichende rechtsgeschäftliche Regelung vorliegt, gelten die **kalendarischen Fristen,** zB zu dem Beginn und Ende der Jahreszeiten.[6] Eine vorrangige **abweichende Vereinbarung** kann sich vor allem aus dem Vertragszweck ergeben, etwa bei Landwirtschaftsgütern aus den entsprechenden Saat- und Erntezyklen.[7]

III. Frist von „acht Tagen" (Abs. 2)

3 Ist eine Frist von „acht Tagen" vereinbart, so sind hierunter nach § 359 Abs. 2 im Zweifel volle acht Tage zu verstehen. Dies entspricht der gesetzlichen Fristberechnungsregel des § 187 Abs. 1 BGB, nach welcher der Tag der Vereinbarung nicht in den Fristlauf eingerechnet wird.[8] Da diese Regelung von einem verbreiteten Sprachgebrauch abweicht, der unter „acht Tagen" lediglich eine Woche versteht,[9] kann sie auf das Bürgerliche Recht nur nach Maßgabe der Umstände des Einzelfalls und nicht als generelle Auslegungsregel übertragen werden.[10] Im **Handelsverkehr** folgt aus Abs. 2 hingegen ein **allgemeiner Rechtsgedanke,** sodass zB auch unter einer Frist von „vierzehn Tagen" volle zwei Wochen unter Ausschluss des Tages der Vereinbarung (§ 187 Abs. 1 BGB) zu verstehen sind.[11] Die weiteren Einzelheiten der Fristberechnung folgen aus den §§ 187 ff. BGB.[12]

4 Gerade weil ein verbreitetes Verkehrsverständnis bei der Vereinbarung einer Frist von „acht" oder „vierzehn" Tagen den Tag der Vereinbarung entgegen der geschilderten Rechtslage mit in den Fristlauf einbezieht, stellt sich die Frage einer **Anfechtbarkeit** der Erklärung, wenn zwar nicht beide Parteien (dann wäre die Vereinbarung abweichend von § 359 Abs. 2 auszulegen: falsa demonstratio non nocet),[13] wohl aber eine Partei subjektiv dem verbreiteten Sprachgebrauch folgen wollte. Die Natur des § 359 als bloße Auslegungsregel würde hier an sich einen beachtlichen **Inhaltsirrtum** gem. § 119 Abs. 1 Alt. 1 BGB nahelegen.[14] Jedoch stellt die von § 359 Abs. 2 BGB vorgesehene Fristberechnung letztlich nur eine Bestätigung der gesetzlichen Regel des § 187 Abs. 1 BGB dar (→ Rn. 3), sodass die besseren Gründe für einen **unbeachtlichen Rechtsfolgenirrtum**[15] sprechen.

---

[1] BeckOGK/Lorz, 1.11.2025, Rn. 2; Ebenroth/Boujong/H.-W. Eckert Rn. 1; Heymann/Horn Rn. 1; RGHMW/Steimle/Dornieden Rn. 1; Staub/Canaris, 4. Aufl. 2004, Rn. 1, 3.

[2] Canaris HandelsR § 26 Rn. 3.

[3] Ebenroth/Boujong/H.-W. Eckert Rn. 6; KKD/Roth/Huber Rn. 2; MüKoHGB/Martens Rn. 2; Staub/Canaris, 4. Aufl. 2004, Rn. 2, 3.

[4] BeckOGK/Lorz, 1.11.2025, Rn. 12 f.; Schlegelberger/Hefermehl Rn. 2; Staub/Canaris, 4. Aufl. 2004, Rn. 1.

[5] Staub/Canaris, 4. Aufl. 2004, Rn. 2.

[6] KKD/Roth/Huber Rn. 3; MüKoHGB/Martens Rn. 6; Schlegelberger/Hefermehl Rn. 2; Staub/Canaris, 4. Aufl. 2004, Rn. 1.

[7] Vgl. RG 20.9.1919, JW 1920, 47 (48).

[8] BeckOGK/Lorz, 1.11.2025, Rn. 17; NK-HGB/Eberl Rn. 4; MüKoHGB/Martens Rn. 7.

[9] Ebenroth/Boujong/H.-W. Eckert Rn. 5; Hopt/Leyens Rn. 2; RGHMW/Steimle/Dornieden Rn. 3; Staub/Canaris, 4. Aufl. 2004, Rn. 3.

[10] Krit. auch Heymann/Horn Rn. 3; RGHMW/Steimle/Dornieden Rn. 4.

[11] Heymann/Horn Rn. 3; Schlegelberger/Hefermehl Rn. 3; Staub/Canaris, 4. Aufl. 2004, Rn. 4; Oetker HandelsR § 7 Rn. 64.

[12] GK-HGB/Weber Rn. 3; KKD/Roth/Huber Rn. 4.

[13] Allg. Neuner BGB AT § 35 Rn. 27 f.

[14] Canaris HandelsR § 26 Rn. 4.

[15] Hierzu Neuner BGB AT § 41 Rn. 89 ff.; MüKoBGB/Armbrüster BGB § 119 Rn. 85 ff.; zust. BeckOGK/Lorz, 1.11.2025, Rn. 18; BeckOK HGB/Moussa, 48. Ed. 1.10.2025, Rn. 3.

§ 360 [Gattungsschuld]

Wird eine nur der Gattung nach bestimmte Ware geschuldet, so ist Handelsgut mittlerer Art und Güte zu leisten.

Übersicht

I. Allgemeines

1 Im Fall einer **Gattungsschuld** besteht nach der allgemeinen Vorschrift in § 243 Abs. 1 BGB die Pflicht, Sachen mittlerer Art und Güte zu leisten. § 360 konkretisiert dies dahingehend, dass im Handelsverkehr „Handelsgut" mittlerer Art und Güte geleistet werden muss. Hiermit wird der **geschuldete Leistungsstandard** modifiziert, während die Rechtsfolgen einer Einhaltung oder Verfehlung des danach geschuldeten Standards nicht aus § 360 abzuleiten sind, sondern wiederum aus § 243 Abs. 2 BGB und den einschlägigen Vorschriften des Leistungsstörungsrechts.[1]

2 Nach § 345 findet die Norm auf beiderseitige und einseitige **Handelsgeschäfte** Anwendung.[2] Wenn an dem Geschäft kein Kaufmann, wohl aber ein nicht-eingetragener Kleingewerbetreibender beteiligt ist, ist § 360 in den Grenzen der Verweisungen aus den § 383 Abs. 2 S. 2, § 407 Abs. 3 S. 2, § 453 Abs. 3 S. 2, § 467 Abs. 3 S. 2 anwendbar. Handelt jedoch der **Schuldner** der Ware nicht als Kaufmann, wird häufig eine (konkludente) Abbedingung der Vorschrift in Betracht kommen (→ Rn. 11), die vorbehaltlich einer sonstigen individuellen Vereinbarung zur Rechtsfolge des § 243 Abs. 1 BGB zurückführt.[3]

II. Voraussetzungen

3 **1. Gattungsschuld.** Eine Gattungsschuld setzt grundsätzlich voraus, dass die geschuldete Leistung nur nach bestimmten Merkmalen beschrieben ist, die sie von anderen Gattungen abgrenzt, und dass die Auswahl des konkreten Leistungsgegenstands dem Schuldner überlassen bleibt.[4] Hierdurch unterscheidet sich die Gattungsschuld von einem **Bestimmungskauf** iSd § 375, bei dem die Auswahlbefugnis dem Gläubiger zusteht. Die **Grenzen der Gattung** richten sich nach den durch die Parteien festgelegten Eigenschaftsmerkmalen und können daher unterschiedlich weit gezogen sein (zB ein bestimmter Rohstoff schlechthin oder nur ein solcher Rohstoff aus einer besonderen Region).[5]

4 War hingegen der Leistungsgegenstand von Beginn an durch die Parteien individualisiert, liegt selbst dann eine **Stückschuld** mit der Folge der Nichtanwendbarkeit des § 360 vor, wenn es sich um eine **vertretbare Sache** iSd § 91 BGB handelt.[6] Zwar ist vorgeschlagen worden, in solchen Fällen § 360 zumindest dann analog anzuwenden, wenn die individualisierte vertretbare Ware vor oder bei dem Vertragsschluss nicht in Augenschein genommen wurde.[7] Die gewünschte Rechtsfolge, nämlich dass die betreffende Sache den typischen Qualitätsstandards von Handelsgut entsprechen muss, ergibt sich dann aber bereits aus den einschlägigen Sachmängelvorschriften, insbesondere aus § 434 Abs. 3 S. 1 Nr. 2 BGB.[8] Denn auch im Rahmen dieser Regelung beurteilt sich die übliche Beschaffenheit von „Sachen derselben Art", die der Käufer im Rahmen eines Handelskaufs erwarten kann, nach den durchschnittlichen Qualitätskriterien der Handelsgattung, der die Stücksache angehört.[9]

---

[1] Im Überblick MüKoBGB/Emmerich BGB § 243 Rn. 17 ff.

[2] BGH 11.3.1987, NJW 1987, 1886; RGHMW/Steimle/Dornieden Rn. 14; Staub/Canaris, 4. Aufl. 2004, Rn. 5.

[3] Staub/Canaris, 4. Aufl. 2004, Rn. 5; bereits gegen eine Anwendbarkeit des § 360 in diesen Fällen BeckOGK/Lorz, 1.11.2025, Rn. 4; HK-HGB/Ruß Rn. 1; Hopt/Leyens Rn. 3; KKD/Roth/Huber Rn. 2; MüKoHGB/Martens Rn. 4.

[4] BeckOK BGB/Sutschet, 76. Ed. 1.11.2025, BGB § 243 Rn. 4; MüKoBGB/Emmerich BGB § 243 Rn. 6.

[5] Statt aller MüKoBGB/Emmerich BGB § 243 Rn. 7 mwN.

[6] Vgl. BeckOGK/Lorz, 1.11.2025, Rn. 12; MüKoHGB/Martens Rn. 9.

[7] ROHG 17.11.1871, ROHGE 4, 36 f.; Ebenroth/Boujong/H.-W. Eckert Rn. 14; Heymann/Horn Rn. 3; Staub/Canaris, 4. Aufl. 2004, Rn. 3.

[8] Zust. BeckOK HGB/Moussa, 48. Ed. 1.10.2025, Rn. 3.

[9] Vgl. BeckOK BGB/Faust, 76. Ed. 1.11.2025, BGB § 434 Rn. 76; Oetker/Maultzsch, Vertragliche Schuldverhältnisse, 5. Aufl. 2018, § 2 Rn. 70.

5 Eine Gattungsschuld kann nicht nur durch Merkmale eingegrenzt werden, die sich auf die Beschaffenheit der Ware iSd § 434 BGB beziehen, sondern auch durch sonstige Umstände, wie etwa eine bestimmte Form der Verfügbarkeit. Man spricht in diesem Fall von einer **begrenzten Gattungsschuld,** deren Hauptbeispiel die **Vorratsschuld** ist.[10] Bei dieser verspricht der Schuldner zwar nicht nur die Leistung eines oder mehrerer individualisierter Gegenstände, wohl aber ist seine Pflicht auf die Lieferung eines Teils der bei ihm vorrätigen Stücke begrenzt. Anders als bei einem Vertrag über den gesamten Vorrat, der mangels eines Auswahlrechts des Schuldners wiederum zu einer Stückschuld führt,[11] ist § 360 bei der Vorratsschuld anwendbar. Die Begrenzung der Gattungsschuld führt hier auch nicht etwa dazu, dass der Schuldner nur den Qualitätsstandard schuldet, den sein Vorrat aufweist, wenn dieser hinter Handelsgut mittlerer Art und Güte zurückbleibt.[12] Denn der Charakter der Schuld als Vorratsschuld beeinflusst als solcher nicht den nach § 360 geschuldeten Qualitätsstandard, sondern beseitigt nur die Leistungspflicht des Schuldners, wenn der Vorrat erschöpft ist.[13] Soll zusätzlich eine etwaige Minderqualität des Vorrats als vertragsgemäß gelten, bedarf es hierzu einer gesonderten, ggf. konkludenten Vereinbarung (→ Rn. 11 f.).

6 Von der Gattungsschuld ist eine **Wahlschuld** gemäß den §§ 262 ff. BGB im Ausgangspunkt zu unterscheiden. Bei der Wahlschuld sind die verschiedenen wählbaren Gegenstände nach dem Willen der Parteien in ihrem Verhältnis zueinander nicht nur nach gattungsmäßigen Merkmalen bestimmt, sondern weisen eine gewisse „Individualität" auf.[14] Dies schließt allerdings nicht aus, dass die einzelnen wählbaren Leistungsgegenstände ihrerseits wiederum nur gattungsmäßig umrissen sind (zB ein Wahlrecht bez. der Lieferung verschiedener Ölsorten).[15] Dann findet § 360 auch auf den gewählten Leistungsgegenstand Anwendung.

7 **Zusammenfassend** entscheidet die Einordnung der Schuld als Gattungsschuld zwar über die Anwendbarkeit des § 360, jedoch im Endergebnis kaum über die Frage der geschuldeten Qualität. Denn auch bei vertretbaren Stückschulden ergibt sich im Handelsverkehr über den Mangelbegriff grundsätzlich eine Pflicht, Handelsgut mittlerer Art und Güte zu leisten (§ 434 Abs. 3 S. 1 Nr. 2 BGB), die jedoch ebenso wie bei Gattungsschulden unter dem Vorbehalt einer abweichenden Vereinbarung steht.

8 **2. Warenschuld.** Die Regelung des § 360 gilt unmittelbar nur für solche Gattungsschulden, die Waren zum Gegenstand haben. Als Waren sind in Anlehnung an § 1 Abs. 2 Nr. 1 HGB aF bewegliche Sachen zu verstehen.[16] In analoger Anwendung werden jedoch **Wertpapiere** (arg. § 381 Abs. 1) und die **Nutzungsüberlassung** an beweglichen Sachen (zB im Rahmen von Mietverträgen) gleichgestellt.[17] Auch bei **Dienst- und Werkleistungen** kommt eine entsprechende Anwendung in Betracht.[18] Hingegen kann bei einem **Frachtvertrag** der Befrachter nicht über § 360 für die Qualität der zu transportierenden Gegenstände verantwortlich gemacht werden.[19]

III. Rechtsfolgen

9 **1. Leistung von Handelsgut.** Als Handelsgut kommt nur **umsatzfähige Ware** in Betracht.[20] Daher muss die Qualität der Ware eine Verkäuflichkeit entweder an einen anderen Kaufmann oder an spätere Glieder in der Absatzkette gestatten, was sich nach den Marktgepflogenheiten am **Erfüllungsort** beurteilt.[21] Dies setzt jedenfalls bei rein nationalen Kaufverträgen auch eine Übereinstimmung mit den **zwingenden gesetzlichen Vorschriften** am Erfüllungsort voraus (Sicherheitsstan-

[10] BeckOK BGB/Sutschet, 76. Ed. 1.11.2025, BGB § 243 Rn. 8 f.; MüKoBGB/Emmerich BGB § 243 Rn. 13 ff.

[11] Ebenroth/Boujong/H.-W. Eckert Rn. 5; Heymann/Horn Rn. 2; MüKoBGB/Emmerich BGB § 243 Rn. 12.

[12] Vgl. RG 22.6.1938, JW 1938, 2411 (2412); BGH 31.1.1973, WM 1973, 363 (364); Ebenroth/Boujong/H.-W. Eckert Rn. 5; Hopt/Leyens Rn. 1.

[13] BGH 31.1.1973, WM 1973, 363 (364); MüKoBGB/Emmerich BGB § 243 Rn. 13.

[14] MüKoBGB/Emmerich BGB § 243 Rn. 9.

[15] Vgl. BGH 2.2.1960, NJW 1960, 674 f.

[16] Ebenroth/Boujong/H.-W. Eckert Rn. 10; GK-HGB/Weber Rn. 5; NK-HGB/Eberl Rn. 4.

[17] BeckOGK/Lorz, 1.11.2025, Rn. 6; Ebenroth/Boujong/H.-W. Eckert Rn. 11 f.; Heymann/Horn Rn. 3; MüKoHGB/Martens Rn. 8.

[18] Heymann/Horn Rn. 3; Staub/Canaris, 4. Aufl. 2004, Rn. 4.

[19] OLG Hamburg 5.1.1961, NJW 1961, 1537 (1539).

[20] Ebenroth/Boujong/H.-W. Eckert Rn. 6; Heymann/Horn Rn. 10; MüKoHGB/Martens Rn. 11; Schlegelberger/Hefermehl Rn. 8.

[21] BeckOGK/Lorz, 1.11.2025, Rn. 14; RGHMW/Steimle/Dornieden Rn. 2; Staub/Canaris, 4. Aufl. 2004, Rn. 1.

dards, Lebensmittelvorschriften etc).[22] Bei grenzüberschreitenden Verträgen bedarf diese Frage hingegen einer differenzierten Behandlung.[23]

2. „Mittlerer Art und Güte". Ob das Handelsgut die Qualitätsanforderungen mittlerer Art und Güte erfüllt, beurteilt sich wiederum nach den Maßstäben am **Erfüllungsort.**[24] Weder darf der Schuldner nur die schlechtesten Stücke aus der betreffenden Gattung leisten noch der Gläubiger nur die besten verlangen.[25] Im Verhältnis zu der allgemeinen Regelung des § 243 Abs. 1 BGB kann sich der geschuldete Standard dabei je nach den Umständen entweder gleich belaufen, erhöhen oder absenken.[26] Sofern die Waren nach ihrem bestimmungsgemäßen Zweck am Ende der Handelskette ausschließlich für eine private Nutzung vorgesehen sind, werden sich die Anforderungen gleichen. Zu Abweichungen kann es aber insbesondere bei einem **gewerblichen Endnutzungszweck** kommen, der teils höhere Qualitätsanforderungen begründen kann (Verschleißresistenz etc), teils aber auch niedrigere Qualitätsanforderungen (ästhetische Erscheinung etc). 10

IV. Abdingbarkeit

1. Allgemeines. Die Regelung des § 360 ist **dispositiv** und kann auf verschiedenem Wege durch die Parteien modifiziert werden.[27] Zum einen können bestimmte – über oder unter dem Standard mittlerer Art und Güte liegende – Qualitätsmerkmale bereits als konkretisierendes Merkmal der geschuldeten Gattung festgelegt werden.[28] Bei einer Abweichung fehlt es dann bereits an einer Lieferung aus der vereinbarten Gattung. Zum anderen mögen die Parteien insbesondere bei begrenzten Gattungsschulden (→ Rn. 5) vorsehen, dass die zu leistende Ware nicht dem üblichen Qualitätsniveau von Handelsware mittlerer Art und Güte entsprechen muss.[29] Unter Umständen kann auch eine nachträgliche Modifikation erfolgen, zB im Zuge der Annahme nicht vertragsgemäßer Ware, wenn die Qualitätsabweichung beiden Parteien bewusst ist (→ § 377 Rn. 129). 11

2. Typische Qualitätsklauseln. Im Handelsverkehr erfolgt die Festlegung der geschuldeten Qualität häufig durch standardisierte Klauseln. Bei der Klausel **„Ware, wie sie steht und liegt"** hat der Gläubiger jedwede Beschaffenheit zu akzeptieren, solange die Ware noch als Handelsgut aus der vereinbarten Gattung betrachtet werden kann.[30] Sie dient daher häufig dazu, die Mangelstücke aus einer Großproduktion zu verkaufen.[31] Zu ähnlichen Ergebnissen führt die vor allem im Überseehandel gebräuchliche Klausel **„tel quel".** Bei ihr sind alle am Herkunftsort der Ware üblichen Mängel als vertragsgemäß abgedeckt, nicht aber atypische Schäden, Verschlechterungen auf dem (See-)Transport oder solche Mängel, die die Eigenschaft als Handelsgut ausschließen.[32] Wird eine Ware **„nach Muster"** verkauft, bestimmen die erkennbaren Eigenschaften des Musters die Grenzen der erfüllungstauglichen Gattung.[33] Schließlich kann sich der Gläubiger bei der Vereinbarung **„wie besehen"** auf solche negativen Eigenschaften nicht berufen, die bei einer dem jeweiligen Vertragsverhältnis angemessenen Untersuchung erkennbar waren.[34] Versteckte Mängel können hingegen nach ihrer Entdeckung geltend gemacht werden, wofür jedoch die Rügeobliegenheit des § 377 Abs. 3 gilt. Generell schützen die genannten Klauseln den Schuldner nicht, wenn er die betreffende Qualitätseinbuße **arglistig verschwiegen** oder eine bestimmte Qualität iSd § 276 Abs. 1 BGB aE **garantiert** hat.[35] 12

---

[22] Heymann/Horn Rn. 10; KKD/Roth/Huber Rn. 3; MüKoHGB/Martens Rn. 11; Staub/Canaris, 4. Aufl. 2004, Rn. 1.

[23] Vgl. BGH 8.3.1995, BGHZ 129, 75 = NJW 1995, 2099; Schlechtriem/Schwenzer/Schroeter/Schwenzer/Fountoulakis CISG Art. 35 Rn. 17 f.

[24] BeckOGK/Lorz, 1.11.2025, Rn. 15; Heymann/Horn Rn. 11; MüKoHGB/Martens Rn. 13; Schlegelberger/Hefermehl Rn. 9; Staub/Canaris, 4. Aufl. 2004, Rn. 1.

[25] Vgl. Hopt/Leyens Rn. 3; MüKoHGB/Martens Rn. 13.

[26] GK-HGB/Weber Rn. 5; Hopt/Leyens Rn. 3; Staub/Canaris, 4. Aufl. 2004, Rn. 1.

[27] Ebenroth/Boujong/H.-W. Eckert Rn. 15; Heymann/Horn Rn. 13; Schlegelberger/Hefermehl Rn. 11.

[28] Ebenroth/Boujong/H.-W. Eckert Rn. 7; Heymann/Horn Rn. 13; RGHMW/Steimle/Dornieden Rn. 2.

[29] Heymann/Horn Rn. 13.

[30] RG 22.6.1938, JW 1938, 2411 (2412); Ebenroth/Boujong/H.-W. Eckert Rn. 20; KKD/Roth/Huber Rn. 5.

[31] Staub/Canaris, 4. Aufl. 2004, Rn. 7.

[32] RG 4.12.1886, RGZ 19, 30 (31 f.); Ebenroth/Boujong/H.-W. Eckert Rn. 18; Staub/Canaris, 4. Aufl. 2004, Rn. 6.

[33] Vgl. BGH 11.3.1987, NJW 1987, 1886; Heymann/Horn Rn. 14.

[34] RG 26.6.1906, JW 1906, 549 (550); BeckOGK/Lorz, 1.11.2025, Rn. 21; Ebenroth/Boujong/H.-W. Eckert Rn. 17; Heymann/Horn Rn. 14.

[35] BGH 18.12.1953, LM § 346 HGB (D) Nr. 5; Schlegelberger/Hefermehl Rn. 11; Staub/Canaris, 4. Aufl. 2004, Rn. 6, 8.

§ 361 [Maß, Gewicht, Währung, Zeitrechnung und Entfernungen]

Maß, Gewicht, Währung, Zeitrechnung und Entfernungen, die an dem Orte gelten, wo der Vertrag erfüllt werden soll, sind im Zweifel als die vertragsmäßigen zu betrachten.

Übersicht

I. Allgemeines

1 Die Norm enthält **Auslegungsregeln**[1] („im Zweifel") in Bezug auf Maß, Gewicht, Währung, Zeitrechnung und Entfernungen. In persönlicher Hinsicht gilt § 361 für **beiderseitige oder einseitige** (vgl. § 345) **Handelsgeschäfte.**[2] Ist an dem Geschäft zwar kein Kaufmann, aber ein nichteingetragener Kleingewerbetreibender beteiligt, sind die Verweisungen aus den § 383 Abs. 2 S. 2, § 407 Abs. 3 S. 2, § 453 Abs. 3 S. 2, § 467 Abs. 3 S. 2 zu beachten. Im rein bürgerlichrechtlichen Verkehr kommt eine analoge Anwendung in Betracht.[3]

2 Die **praktische Bedeutung** der Vorschrift ist differenziert zu beurteilen. Typischerweise pflegen die Parteien im Handelsverkehr die maßgeblichen Rechen- und Währungseinheiten entweder ausdrücklich oder konkludent zu vereinbaren (→ Rn. 7 f.). Im Einzelfall können jedoch Zweifelsfälle auftreten, die über § 361 zu lösen sind. Daneben erlangt die Norm über ihre entsprechende Anwendung auf Sekundärpflichten (→ Rn. 12 f.) erhebliche praktische Bedeutung.

II. Verhältnis zum Kollisionsrecht

3 Da die Einheiten, die § 361 in Bezug nimmt, innerhalb eines Staates heute typischerweise standardisiert sind (anderes kann allerdings im Einzelfall bez. der „Zeitrechnung" zutreffen, nämlich für lokale Feiertage),[4] entfaltet die Vorschrift ihre hauptsächliche Bedeutung im **internationalen Geschäftsverkehr.** Allerdings enthält sie selbst **kein Kollisionsrecht,** sondern setzt die Anwendbarkeit des deutschen Rechts bereits voraus.[5]

4 Aus **kollisionsrechtlicher Sicht** werden Schuldverträge vorbehaltlich einer Rechtswahl in der Regel dem Recht des Staates unterworfen, in dem diejenige Partei ihren Sitz hat, die die charakteristische Vertragsleistung zu erbringen hat (vgl. Art. 3 f. Rom I-VO). Für den Fall eines Kaufvertrags bedeutet dies zB, dass § 361 kollisionsrechtlich anwendbar ist, wenn der Verkäufer als Schuldner der vertragstypischen Leistung seinen Sitz in Deutschland hat. Liegen die Anwendungsvoraussetzungen des **UN-Kaufrechts** nach Art. 1 CISG vor, insbesondere wenn beide Vertragsparteien ihre Niederlassung in einem Vertragsstaat haben (Art. 1 Abs. 1 lit. a CISG), gilt das HGB zwar nicht, soweit das CISG Regelungen enthält. Da dies für Maß-, Mess- und Währungseinheiten vorbehaltlich einschlägiger Handelsbräuche iSd Art. 9 CISG aber nach zutreffender Auffassung nicht der Fall ist, gilt im Ergebnis wiederum nationales Recht[6] und somit nach Maßgabe des Art. 4 Rom I-VO der § 361.[7] Im Rahmen dieser Norm kann es aber aufgrund der Inbezugnahme des Erfüllungsorts vor allem für die Frage der geschuldeten Währung wiederum eine Rolle spielen, ob auf den jeweiligen Vertrag allgemeines deutsches Schuldrecht oder das CISG Anwendung findet. Zu weiteren Einzelheiten → Rn. 9 ff.

---

[1] BeckOGK/Lorz, 1.11.2025, Rn. 2; Heymann/Horn Rn. 1; MüKoHGB/Martens Rn. 1; Schlegelberger/Hefermehl Rn. 1; Staub/Canaris, 4. Aufl. 2004, Rn. 3.

[2] BeckOGK/Lorz, 1.11.2025, Rn. 4; Ebenroth/Boujong/H.-W. Eckert Rn. 10; HK-HGB/Ruß Rn. 1; Schlegelberger/Hefermehl Rn. 6; Staub/Canaris, 4. Aufl. 2004, Rn. 6.

[3] Staub/Canaris, 4. Aufl. 2004, Rn. 6; Canaris HandelsR § 21 Rn. 1.

[4] Ebenroth/Boujong/H.-W. Eckert Rn. 4; Heymann/Horn Rn. 4.

[5] Grothe, Fremdwährungsverbindlichkeiten, 1999, 247; BeckOGK/Lorz, 1.11.2025, Rn. 8; Heymann/Horn Rn. 2; KKD/Roth/Huber Rn. 1; MüKoHGB/Martens Rn. 3; Schlegelberger/Hefermehl Rn. 1; Staub/Canaris, 4. Aufl. 2004, Rn. 3.

[6] Zur Währungseinheit vgl. BeckOK BGB/Saenger, 76. Ed. 1.8.2025, CISG Art. 54 Rn. 3 f. mwN; zur **aA** Schlechtriem/Schwenzer/Schroeter/Mohs CISG Art. 53 Rn. 5 f.

[7] Zust. BeckOK HGB/Moussa, 48. Ed. 1.10.2025, Rn. 2a.

III. Maß- und Messeinheiten

5 Trotz fortschreitender Vereinheitlichungsprozesse bestehen für Maß, Gewicht, Zeitrechnung und Entfernungen international immer noch Unterschiede. Zu nennen ist etwa die unterschiedliche Längenmessung nach dem in **Europa** gebräuchlichen **metrischen System** (Millimeter, Zentimeter, Meter, Kilometer) einerseits und nach dem in den **USA** vorherrschenden **angloamerikanischen Maßsystem** (inch, foot, yard, mile) andererseits. Ähnliches gilt für das **Gewicht,** das in Europa nach Gramm, Kilogramm, Tonne etc bemessen wird, während in den USA die Einheiten ounce, pound, ton gebräuchlich sind. In **Deutschland** regelt das **EinhZeitG**[8] die Ermittlung von Maß, Gewicht, Zeitrechnung und Entfernungen.

IV. Währung

6 In Bezug auf die geschuldete Währung können Probleme nur dann entstehen, wenn der Vertrag einen Berührungspunkt zu Staaten außerhalb des Euro-Raums aufweist.[9] Gesetzliche Grundlage des Euro ist die VO (EG) 974/98 über die Einführung des Euro vom 3.5.1998 (ABl. EG 1998 L 139, 1).[10] Nur selten wird die Auslegungsregel des § 361 gerade deswegen zur Anwendung gelangen, weil die Parteien keinerlei Abreden über die geschuldete Währung getroffen haben, da sich eine solche Regelung typischerweise jedenfalls aus einer Vertragsauslegung ergibt.[11] Bedeutung kann § 361 aber insbesondere bei **Unklarheiten über Währungsbezeichnungen** erlangen, die in unterschiedlichen Staaten verschiedene Bedeutungen haben (zB „Dollar", „Pfund", „Rial").[12] Daneben tritt die Währungsbestimmung bei Sekundäransprüchen (→ Rn. 12 f.). Für sog. **Kryptowährungen** ist § 361 nur einschlägig, soweit diese am jeweiligen Erfüllungsort (→ Rn. 9 f.) als gesetzliche Zahlungsmittel anerkannt sind, was bisher nur selten der Fall ist.[13]

V. Vorrangige Parteiabreden

7 **1. Allgemeines.** Ausdrückliche oder konkludente **Parteiabreden gehen** der Auslegungsregel des § 361 **vor.**[14] Dabei sind unmittelbare Abreden über die Maß- oder Recheneinheiten von einer nur mittelbaren Beeinflussung der Rechtsfolgen des § 361 durch die privatautonome Vereinbarung eines Erfüllungsorts zu unterscheiden (→ Rn. 9, → Rn. 12). Gerade für die **Währungsbestimmung** wird die in der Auslegungsregel des § 361 enthaltene Anknüpfung an den Erfüllungsort der Zahlungspflicht mit beachtlichen Gründen als überholt kritisiert und der Schwerpunkt des Vertrags (vgl. Art. 4 Rom I-VO) als sachgerechterer Anknüpfungspunkt angesehen.[15] Zwar können diese rechtspolitischen Erwägungen de lege lata keine unmittelbare Berücksichtigung finden. Es bedarf aber auf der Ebene der Vertragsauslegung stets einer **sorgfältigen Analyse der Parteivereinbarungen,** ob nicht eine Abweichung von dem Kriterium des Erfüllungsorts gewollt war. Dabei kommt auch eine **ergänzende Vertragsauslegung** gemäß den §§ 157, 242 BGB in Betracht, die die Anwendung des § 361 ausschließt.[16] Eine anderweitige vertragliche Regelung stellt aufgrund der Rechtsnatur der Vorschrift als bloße Auslegungsregel zudem keine Abweichung von Rechtsvorschriften iSd § 307 Abs. 3 S. 1 BGB dar und unterliegt daher auch bei der Verwendung von **AGB** keiner Inhaltskontrolle.[17]

8 **2. Beispielsfälle.** Eine gegenüber dem nach § 361 maßgeblichen Erfüllungsort vorrangige Vereinbarung ist vor allem in den folgenden Konstellationen in Erwägung zu ziehen: Bei Geschäften an **ausländischen Börsen** oder bei der Einlösung von **Wertpapieren in Fremdwährung** ist in der Regel unabhängig von dem Erfüllungsort die Währung des Börsenplatzes bzw. die Wertpapierwährung konkludent vereinbart.[18] Ein **Darlehen** muss grundsätzlich in der Währung zurückerstattet

[8] Gesetz über Einheiten im Messwesen und die Zeitbestimmung idF vom 22.2.1985, BGBl. 1985 I 408.

[9] Zu Vertragsklauseln, die für den Fall des Ausscheidens bestimmter Staaten aus dem Euro-Raum vorsorgen sollen, Kindler NJW 2012, 1617 ff. mwN.

[10] Zu den Rechtsfragen der Euro-Einführung umfassend MüKoBGB/Grundmann BGB §§ 244, 245 Rn. 35 ff.

[11] Vgl. aber RG 27.1.1928, RGZ 120, 76 (81).

[12] Statt aller Ebenroth/Boujong/H.-W. Eckert Rn. 6; MüKoHGB/Martens Rn. 11.

[13] Vgl. BeckOGK/Lorz, 1.11.2025, Rn. 18 mit Verweis auf den „Bitcoin" als gesetzliches Zahlungsmittel in El Salvador.

[14] BeckOGK/Lorz, 1.11.2025, Rn. 5; Ebenroth/Boujong/H.-W. Eckert Rn. 2; GK-HGB/Weber Rn. 1; KKD/Roth/Huber Rn. 2; Schlegelberger/Hefermehl Rn. 1; Staub/Canaris, 4. Aufl. 2004, Rn. 5.

[15] Eingehend MüKoHGB/Welter, 5. Aufl. 2021, Rn. 22 ff., 37 ff. mwN.

[16] Staub/Canaris, 4. Aufl. 2004, Rn. 5.

[17] Canaris HandelsR § 26 Rn. 3.

[18] Staub/Canaris, 4. Aufl. 2004, Rn. 5 mwN.

werden, in der es gewährt wurde, selbst wenn der Erfüllungsort der Rückerstattungspflicht aus § 488 Abs. 1 S. 2 BGB bei dem Darlehensnehmer liegt[19] und an dessen Sitz eine andere Währung gilt.[20] Ergibt sich der **Erfüllungsort** aus einer **Vereinbarung,** kann dies häufig nur den Zweck haben, an dem betreffenden Ort einen **Gerichtsstand** zu begründen (vgl. § 29 ZPO, Art. 7 Nr. 1 Brüssel Ia-VO, Art. 5 Nr. 1 EuGVÜ). In einem solchen Fall, der anhand des Parteiwillens zu ermitteln ist, entfaltet die Vereinbarung **keine weiterreichende Wirkung** für die anwendbaren Maß- und Währungseinheiten, sondern es bleibt im Zweifel bei der Maßgeblichkeit des Orts, der vorbehaltlich der Vereinbarung der Erfüllungsort gewesen wäre (§ 269 BGB).[21] Haben die Parteien schließlich für eine Zahlungspflicht eine **Währung vereinbart,** die von derjenigen am Erfüllungsort abweicht, so ist diese Vereinbarung gemäß den §§ 133, 157 BGB auch auf einen **Schadensersatz wegen Verzögerung** der Zahlung bzw. einen **Schadensersatz statt der Leistung** zu erstrecken, da diese Rechtsbehelfe die primäre Zahlungspflicht funktional ersetzen.[22] Hingegen erstreckt sich eine Währungsvereinbarung für die Kaufpreiszahlungspflicht nicht automatisch auf diejenige Währung, in der dem Käufer nach den §§ 280 ff. BGB Schadensersatz wegen einer Nichterfüllung der Lieferpflicht geschuldet wird.[23]

VI. Rechtsfolgen

9 **1. Maßgeblichkeit des Erfüllungsorts.** Welche Maß-, Mess- und Währungseinheiten maßgeblich sind, beurteilt sich gem. § 361 bei fehlenden Parteivereinbarungen nach den am Erfüllungsort geltenden Einheiten. Trotz des nicht ganz eindeutigen Wortlauts der Norm, der sich auf die Erfüllung des „Vertrags" bezieht, ist der **Erfüllungsort** dabei für jede Vertragspflicht **separat** zu bestimmen.[24] Die Parteien können den Erfüllungsort für ihre Pflichten zunächst **vereinbaren** oder dieser kann sich aus den **Umständen** ergeben. Fehlt es hieran, ist nach den § 269 BGB, § 270 Abs. 4 BGB grundsätzlich der **Sitz des** jeweiligen **Schuldners** maßgeblich.[25]

10 Für einen **internationalen Kaufvertrag** mit Sitz des Verkäufers in Deutschland ergeben sich hieraus beispielhaft die folgenden Konsequenzen: Da Erfüllungsort der Verkäuferpflicht nach § 269 BGB regelmäßig der Sitz des Verkäufers ist, beurteilen sich Fragen des Maßes und des Gewichts des Kaufgegenstands somit nach den deutschen Einheiten. Eine etwaige Erfüllungszeit folgt ebenfalls der deutschen Zeitzone. Hingegen ist der Erfüllungsort für die Kaufpreisschuld gemäß den § 269 BGB, § 270 Abs. 4 BGB grundsätzlich der Sitz des Käufers,[26] sodass § 361 im Zweifel zur Währung des Käuferstaates führt. Jedoch ist zu berücksichtigen, dass im Anwendungsbereich des **UN-Kaufrechts** nach Art. 57 Abs. 1 lit. a CISG der Erfüllungsort abweichend von den § 269 BGB, § 270 Abs. 4 BGB bei dem Verkäufer liegt. Danach ist im Ergebnis die Währung des Verkäuferstaates, dh für einen deutschen Verkäufer der Euro, maßgeblich.[27]

11 **2. Irrtümer der Parteien.** Irrt sich eine der Parteien über den nach § 361 einschlägigen Anknüpfungspunkt (Beispiel: der Käufer ging davon aus, den Kaufpreis in seiner eigenen Währung zu schulden, während nach § 361 iVm Art. 57 Abs. 1 lit. a CISG die Verkäuferwährung maßgeblich ist), stellt sich die Frage einer **Anfechtbarkeit** des Vertrags. Da § 361 als Auslegungsregel (→ Rn. 1) lediglich den mutmaßlichen Parteiwillen wiedergibt und somit einer Vertragsauslegung iSd §§ 133, 157 BGB funktional nahesteht, ist ein solcher Irrtum nicht als – in der Regel unbeachtlicher[28] – Rechtsfolgenirrtum anzusehen, sondern als **Inhaltsirrtum,** der unter den Voraussetzungen der § 119 Abs. 1 Alt. 1 BGB, § 122 BGB zur Anfechtung berechtigt.[29]

12 **3. Anwendung auf Sekundärpflichten.** Für die Folgen von Vertragsstörungen, insbesondere Schadensersatz- und Bereicherungsansprüche, gilt § 361 mit der Maßgabe **entsprechend,** dass auch

[19] Vgl. MüKoBGB/Krüger BGB § 269 Rn. 25 mwN.
[20] RG 30.11.1922, RGZ 105, 406 (407).
[21] Vgl. MüKoHGB/Welter, 5. Aufl. 2021, Rn. 21 mwN.
[22] **AA** wohl RG 8.4.1921, RGZ 102, 60 (62).
[23] Schlegelberger/Hefermehl Rn. 5.
[24] RG 20.12.1922, RGZ 106, 99 (100); Ebenroth/Boujong/H.-W. Eckert Rn. 8; GK-HGB/Weber Rn. 7; Heymann/Horn Rn. 1; HK-HGB/Ruß Rn. 1; MüKoHGB/Martens Rn. 17; RGHMW/Steimle/Dornieden Rn. 5; Schlegelberger/Hefermehl Rn. 5.
[25] RG 27.1.1928, RGZ 120, 76 (81); Grothe, Fremdwährungsverbindlichkeiten, 1999, 244; Ebenroth/Boujong/H.-W. Eckert Rn. 8; Hopt/Leyens Rn. 2.
[26] Vgl. MüKoBGB/Krüger BGB § 270 Rn. 7.
[27] Näher BeckOK BGB/Saenger, 76. Ed. 1.8.2025, CISG Art. 54 Rn. 3 f.; Schlechtriem/Schwenzer/Schroeter/Mohs CISG Art. 53 Rn. 5 f., jeweils mwN.
[28] Statt aller MüKoBGB/Armbrüster BGB § 119 Rn. 85 ff.; Neuner BGB AT § 41 Rn. 89 ff.
[29] BeckOGK/Lorz, 1.11.2025, Rn. 28; BeckOK HGB/Moussa, 48. Ed. 1.10.2025, Rn. 5; Ebenroth/Boujong/H.-W. Eckert Rn. 10; Staub/Canaris, 4. Aufl. 2004, Rn. 4.

hier – vorbehaltlich einer abweichenden vertraglichen Vereinbarung (→ Rn. 8 aE) – der **Erfüllungsort** der jeweiligen Pflicht über die geschuldete Währung entscheidet.[30] Der Erfüllungsort bemisst sich dabei nicht automatisch nach demjenigen für die Primärleistungspflichten, sondern ist im Ausgangspunkt selbständig zu bestimmen.[31] Somit muss auch eine etwaige **Vereinbarung über den Erfüllungsort** der Primärleistungspflichten dahingehend ausgelegt werden, ob und inwieweit sie sich nach dem Parteiwillen auf Sekundärpflichten beziehen soll.[32] Subsidiär folgt der Erfüllungsort der Sekundärpflichten wiederum aus § 269 BGB.

Für einen **Schadensersatz statt der Leistung** oder einen **Verzugsschaden** greift dementsprechend aufgrund der Natur des geltend gemachten Interesses (vgl. § 269 Abs. 1 BGB) der Erfüllungsort der jeweils verletzten Pflicht ein.[33] Bei einem **einfachen Schadensersatz** gem. § 280 Abs. 1 BGB oder bei einer **unerlaubten Handlung** im Zusammenhang mit dem Vertrag, die zu Integritätsschäden führt, ist hingegen gem. § 249 BGB das Restitutionsinteresse und somit in der Regel die Gläubigerwährung maßgeblich.[34] **Bereicherungsschulden** sind grundsätzlich am Wohnsitz des jeweiligen Schuldners zu erfüllen,[35] was im Fall des Wertersatzes nach § 818 Abs. 2 BGB zu der Währung des Schuldners führt.[36] 13

VII. Das Zusammenspiel mit § 244 BGB bei Fremdwährungsschulden

Wenn eine Geldschuld trotz eines Erfüllungsorts im Inland in einer Fremdwährung zu entrichten ist, gewährt § 244 BGB dem Schuldner grundsätzlich eine **Ersetzungsbefugnis,**[37] die Schuld gleichwohl in Euro zu begleichen. Als „Inland" gilt für diese Zwecke die **gesamte Eurozone.**[38] 14

Das durch § 244 Abs. 1 BGB vorausgesetzte Auseinanderfallen der geschuldeten Währung von der Währung am Erfüllungsort kann nicht eintreten, wenn § 361 Anwendung findet, da die Schuld dann gerade in der am Erfüllungsort geltenden Währung zu entrichten ist (→ Rn. 9).[39] § 244 BGB ist daher nur dann einschlägig, wenn die Parteien gesondert die Zahlung in einer **Fremdwährung vereinbart** haben.[40] Gerade dann besteht die Ersetzungsbefugnis des Schuldners gem. § 244 Abs. 1 BGB aE allerdings nicht, wenn die Parteien die Zahlung in anderer Währung **„ausdrücklich vereinbart"** haben. Für eine solche Vereinbarung reicht es aus, wenn der Gläubiger hinreichend klar zum Ausdruck gebracht hat, dass die Zahlung in der Fremdwährung für ihn wichtig ist.[41] Dies ist zB bei den Formulierungen „effektiv"[42] oder „zahlbar in"[43] gegeben. 15

Zusammenfassend besteht die Ersetzungsbefugnis des Schuldners daher im Zusammenspiel mit § 361 nur in dem eher seltenen Fall, in dem eine Vereinbarung über das Bestehen einer Fremdwährungsschuld vorliegt, diese aber nicht die genannten Voraussetzungen einer „ausdrücklichen Vereinbarung" erfüllt. 16

§ 362 [Schweigen des Kaufmanns auf Anträge]

(1) [1]Geht einem Kaufmanne, dessen Gewerbebetrieb die Besorgung von Geschäften für andere mit sich bringt, ein Antrag über die Besorgung solcher Geschäfte von jemand zu,

[30] BeckOGK/Lorz, 1.11.2025, Rn. 33; Ebenroth/Boujong/H.-W. Eckert Rn. 11; GK-HGB/Weber Rn. 3; RGHMW/Steimle/Dornieden Rn. 3; Staub/Canaris, 4. Aufl. 2004, Rn. 8 ff.; zT krit. Grothe, Fremdwährungsverbindlichkeiten, 1999, 326 f.

[31] Staub/Canaris, 4. Aufl. 2004, Rn. 9.

[32] Vgl. Staub/Canaris, 4. Aufl. 2004, Rn. 9.

[33] RGHMW/Steimle/Dornieden Rn. 5; allg. MüKoBGB/Krüger BGB § 269 Rn. 43; Staudinger/Bittner/Kolbe, 2019, BGB § 269 Rn. 35.

[34] RG 27.2.1924, JW 1925, 1477 f.; allg. v. Hoffmann FS Firsching, 1985, 132 f.; MüKoBGB/Krüger BGB § 269 Rn. 43.

[35] MüKoBGB/Krüger BGB § 269 Rn. 44; Staudinger/Bittner/Kolbe, 2019, BGB § 269 Rn. 34.

[36] RG 27.1.1928, RGZ 120, 76 (81); BeckOGK/Lorz, 1.11.2025, Rn. 37; Schlegelberger/Hefermehl Rn. 5; Staub/Canaris, 4. Aufl. 2004, Rn. 11.

[37] RG 24.1.1921, RGZ 101, 312 (313); MüKoBGB/Grundmann BGB §§ 244, 245 Rn. 119.

[38] BeckOK BGB/Grothe, 76. Ed. 1.11.2024, BGB § 244 Rn. 41; MüKoBGB/Grundmann BGB §§ 244, 245 Rn. 118.

[39] MüKoHGB/Welter, 5. Aufl. 2021, Rn. 31; **aA** MüKoHGB/Martens Rn. 15, der in den Zahlungsort iSd *§ 244 Abs. 1 BGB auch den uU vom Erfüllungsort* abw. Erfolgsort der Zahlung einbeziehen will.

[40] Zust. BeckOGK/Lorz, 1.11.2025, Rn. 23.

[41] RG 6.7.1923, RGZ 107, 110 (111); BGH 25.1.1954, LM BGB § 275 Nr. 5; BeckOK BGB/Grothe, 76. Ed. 1.11.2024, BGB § 244 Rn. 42; MüKoBGB/Grundmann BGB §§ 244, 245 Rn. 117; Staudinger/Omlor, 2024, BGB § 244 Rn. 18.

[42] RG 16.3.1936, RGZ 151, 35 (36); BeckOK BGB/Grothe, 76. Ed. 1.11.2024, BGB § 244 Rn. 43; Staudinger/Omlor, 2024, BGB § 244 Rn. 18.

[43] MüKoBGB/Grundmann BGB §§ 244, 245 Rn. 117; **aA** BeckOK BGB/Grothe, 76. Ed. 1.11.2024, BGB § 244 Rn. 43.

mit dem er in Geschäftsverbindung steht, so ist er verpflichtet, unverzüglich zu antworten; sein Schweigen gilt als Annahme des Antrags. [2]Das gleiche gilt, wenn einem Kaufmann ein Antrag über die Besorgung von Geschäften von jemand zugeht, dem gegenüber er sich zur Besorgung solcher Geschäfte erboten hat.

(2) Auch wenn der Kaufmann den Antrag ablehnt, hat er die mitgesendeten Waren auf Kosten des Antragstellers, soweit er für diese Kosten gedeckt ist und soweit es ohne Nachteil für ihn geschehen kann, einstweilen vor Schaden zu bewahren.

Schrifttum: Canaris, Die Vertrauenshaftung im deutschen Privatrecht, 1971, 197 ff.; Canaris, Die Vertrauenshaftung im Lichte der Rechtsprechung des Bundesgerichtshofs, FS 50 Jahre BGH, Bd. I, 2000, 129; Canaris, Schweigen im Rechtsverkehr als Verpflichtungsgrund, FS Wilburg, 1975, 77; Fabricius, Stillschweigen als Willenserklärung, JuS 1966, 50; Hanau, Objektive Elemente im Tatbestand der Willenserklärung, AcP 165 (1965), 220; Hopt, Nichtvertragliche Haftung außerhalb von Schadens- und Bereicherungsausgleich, AcP 183 (1983), 608; Krause, Schweigen im Rechtsverkehr, 1933; Mues, Die Irrtumsanfechtung im Handelsverkehr, 2004, 94 ff.

Übersicht

I. Allgemeines

1 **1. Normzweck.** Die Vorschrift des § 362 dient der **Verkehrssicherheit.**[1] Indem unter den dort geregelten Voraussetzungen das Schweigen des Kaufmanns auf einen Antrag im Geschäftsbesorgungsverkehr zu einem wirksamen Vertragsschluss führt bzw. indem selbst im Fall der unverzüglichen Ablehnung des Antrags die Obhutspflichten des Abs. 2 eingreifen, werden die Leichtigkeit und Schnelligkeit des Handelsverkehrs befördert. Insbesondere beseitigen bzw. mildern diese Regelungen die Rechtsunsicherheit, die sich aus der Schwebelage nach der Erklärung eines Antrags ergeben kann.[2] Deshalb sieht § 362, anders als die bürgerlichrechtliche Parallelnorm des **§ 663 BGB,** auch nicht lediglich eine Anzeigepflicht mit der Konsequenz einer Schadensersatzpflicht in Höhe des negativen Interesses im Verletzungsfall vor, sondern führt bei einem Schweigen des Kaufmanns zu einem Vertragsschluss mit Erfüllungspflichten.[3]

2 **2. Grundlagen der Rechtsbedeutung des Schweigens. a) Allgemeines.** § 362 Abs. 1 enthält eine Ausnahme von der **Grundregel,** dass Schweigen weder die Wirkung einer Zustimmung noch einer Ablehnung hat.[4] Diese aus den §§ 145 ff. BGB ableitbare Grundregel gilt auch für den Handels-

[1] BeckOGK/Lorz, 1.11.2025, Rn. 4; Hopt/Leyens Rn. 3; KKD/Roth/Huber Rn. 1; MüKoHGB/Martens Rn. 1; RGHMW/Steimle/Dornieden Rn. 4; Oetker HandelsR § 7 Rn. 23; zu den historischen Hintergründen K. Schmidt HandelsR § 19 Rn. 31.

[2] Heymann/Horn Rn. 1; Schlegelberger/Hefermehl Rn. 1; K. Schmidt HandelsR § 19 Rn. 39.

[3] MüKoHGB/Martens Rn. 10; Staub/Canaris 4. Aufl. Anh. § 362 Rn. 18.

[4] Zu dieser Grundregel GK-HGB/Weber Rn. 1; Staub/Canaris 4. Aufl. Anh. § 362 Rn. 2; Flume BGB AT II § 5/2b; K. Schmidt HandelsR § 19 Rn. 26; Neuner BGB AT § 31 Rn. 11; vgl. auch RG 27.2.1923, RGZ 106, 330 (333); rechtsvergleichender Überblick bei Rothermel/Dahmen RIW 2018, 179 ff.

verkehr.[5] Allerdings kann dem Schweigen sowohl im bürgerlichrechtlichen Verkehr als auch im Handelsverkehr unter besonderen Voraussetzungen eine rechtserhebliche Bedeutung zukommen. Hierbei ist wiederum zu unterscheiden, ob diese Bedeutung an einen konkludenten Erklärungsgehalt des passiven Verhaltens anknüpft oder ob es sich um eine rein objektivrechtliche Folge des Schweigens handelt.

b) Schweigen als Willenserklärung. Im Fall des sog. **beredten Schweigens** kommt diesem selbst ein eigener Erklärungsgehalt zu.[6] Eine solche Auslegung des Schweigens als Zustimmung oder Ablehnung ist zunächst möglich, wenn die Parteien vorab eine entsprechende **Vereinbarung** getroffen haben, zB dass ein Antrag als angenommen gilt, wenn er nicht binnen einer bestimmten Frist abgelehnt wird.[7] In AGB setzen die § 307 BGB, § 308 Nr. 5 BGB, § 310 BGB derartigen Vereinbarungen jedoch Grenzen. Weiterhin kommt eine Auslegung des Schweigens als Zustimmung unabhängig von einer dahingehenden Vereinbarung unter besonderen Voraussetzungen nach **Treu und Glauben** (§ 242 BGB) in Betracht.[8] Dies kann etwa der Fall sein, wenn eine Annahmeerklärung nur ganz geringfügig verspätet oder modifiziert iSd § 150 BGB zugeht; dann ist ein Schweigen des Empfängers unter Umständen als Zustimmung zu der modifizierten Annahmeerklärung zu interpretieren.[9] Gleiches kann gelten, wenn die Parteien im Zuge einer längeren Geschäftsverbindung die Praxis entwickelt haben, Aufträge ohne gesonderte Bestätigung durchzuführen.[10] In allen diesen Fällen des beredten Schweigens kommen aufgrund der rechtsgeschäftlichen Natur des Verhaltens die **Regelungen für Willenserklärungen** (§§ 104 ff., 116 ff. BGB etc) unmittelbar zur Anwendung.[11] 3

c) Normiertes Schweigen. Von diesen Fällen des beredten Schweigens ist das sog. normierte Schweigen zu unterscheiden. Hier folgt die Rechtserheblichkeit nicht aus einem vereinbarten oder an Treu und Glauben geknüpften Erklärungswert des Schweigens, sondern aus einer entsprechenden Rechtsnorm, die das Schweigen nicht als Willenserklärung, sondern als bloß tatsächliche Voraussetzung ihrer Rechtsfolge in Bezug nimmt.[12] So gilt zB gemäß den § 108 Abs. 2 S. 2 BGB, § 177 Abs. 2 S. 2 BGB ein Schweigen als Verweigerung der Genehmigung. Umgekehrt gelten unter den Voraussetzungen des § 455 S. 2 BGB bei einem Kauf auf Probe das Schweigen des Käufers und gem. § 516 Abs. 2 S. 2 BGB bei einer bewirkten Zuwendung das Schweigen des Beschenkten als Zustimmung. Da das Gesetz in den Fällen des normierten Schweigens ein besonderes Bedürfnis nach Verkehrsschutz anerkennt, löst es sich von den allgemeinen rechtsgeschäftlichen Kategorien. Das Schweigen stellt keine Willenserklärung dar, sondern wird allenfalls als eine solche fingiert.[13] Dementsprechend können die **Regelungen für Willenserklärungen,** insbesondere zu Willensmängeln, keine unmittelbare Anwendung finden. Dies schließt es jedoch nicht kategorisch aus, diese Regelungen im Einzelfall aufgrund des Gedankens entsprechend anzuwenden, dass aus wertender Sicht kein Grund besteht, den Geschäftspartner des Schweigenden besser zu stellen, als er bei einer positiven Erklärung stünde.[14] Ob und inwieweit dieser Gedanke trägt, ist jeweils anhand einer Analyse des Zwecks der betreffenden Vorschrift zu ermitteln, die dem Schweigen normative Bedeutung zumisst (→ Rn. 29 f.). 4

3. Dogmatische Einordnung des § 362 Abs. 1. Wie die Vorschrift über das Schweigen eines Kaufmanns, das als Annahme des Antrags „gilt“, vor dem soeben skizzierten Hintergrund einzuordnen ist, wird nicht einheitlich beurteilt.[15] Die hierzu vertretenen Sichtweisen haben Auswirkungen auf verschiedene Rechtsanwendungsprobleme im Rahmen des § 362. 5

---

[5] BGH 29.9.1955, BGHZ 18, 212 (216) = NJW 1955, 1794; 26.9.1973, BGHZ 61, 282 (285) = NJW 1973, 2106; 24.9.1980, NJW 1981, 43 (44); 2.11.1995, NJW 1996, 919 (920 f.); Schlegelberger/Hefermehl Rn. 1.

[6] MüKoBGB/Busche BGB § 147 Rn. 7; Staub/Canaris 4. Aufl. Anh. § 362 Rn. 3 ff.; Neuner BGB AT § 31 Rn. 12 ff.

[7] MüKoBGB/Busche BGB § 147 Rn. 7; Flume BGB AT II § 5/2a; Neuner BGB AT § 31 Rn. 13.

[8] BGH 4.4.1951, BGHZ 1, 353 (355 f.) = NJW 1951, 711; LG Mannheim 10.12.2004, VersR 2005, 1532 (1533); Hopt/Leyens § 346 Rn. 36; MüKoBGB/Busche BGB § 147 Rn. 9; restriktiv aber OLG Hamm 14.3.1994, NJW-RR 1994, 1474 f.; Staub/Canaris 4. Aufl. Anh. § 362 Rn. 9 ff.; K. Schmidt HandelsR § 19 Rn. 26; krit. MüKoHGB/Martens Rn. 3.

[9] Vgl. RG 7.10.1921, RGZ 103, 11 (13); OLG Jena 18.1.2006, OLG-NL 2006, 54 (55); BeckOGK/Lorz, 1.11.2025, Rn. 8; Neuner BGB AT § 31 Rn. 14; **aA** MüKoHGB/Martens Rn. 3.

[10] Schlegelberger/Hefermehl § 346 Rn. 101; K. Schmidt HandelsR § 19 Rn. 30.

[11] Statt aller Staub/Canaris 4. Aufl. Anh. § 362 Rn. 5 ff.; Neuner BGB AT § 31 Rn. 15; zT modifizierend Flume BGB AT II § 5/2e.

[12] MüKoBGB/Busche BGB § 147 Rn. 10; Flume BGB AT II § 5/2d; Neuner BGB AT § 31 Rn. 20 ff.

[13] Flume BGB AT II § 10/2; Neuner BGB AT § 31 Rn. 20.

[14] Vgl. Canaris, Die Vertrauenshaftung im deutschen Privatrecht, 1971, 217 ff.; MüKoBGB/Armbrüster BGB § 119 Rn. 76 ff.; Flume BGB AT II § 10/2.

[15] Eingehend Canaris, Die Vertrauenshaftung im deutschen Privatrecht, 1971, 197 ff.

6 Der Vorschlag, die Vertragswirksamkeit als Folge einer in dem Schweigen liegenden **Pflichtverletzung** des Kaufmanns anzusehen,[16] scheitert bereits an Kausalitätsgesichtspunkten. Denn dann dürfte die andere Partei nur so gestellt werden, wie sie im Fall einer rechtzeitigen Ablehnung gestanden hätte, was zu einem Ersatz des negativen Interesses führen würde.[17] Genau dies ist über § 280 Abs. 1 BGB die Rechtsfolge des § 663 BGB bei einer Verletzung der Anzeigepflicht im bürgerlichrechtlichen Auftrags- bzw. Geschäftsbesorgungsverkehr (vgl. § 675 Abs. 1 BGB).[18] Auch der Gedanke einer **Obliegenheitsverletzung** des Kaufmanns durch sein Schweigen[19] erscheint nicht weiterführend, da die Verletzung einer Obliegenheit grundsätzlich nur eigene Rechtspositionen schmälert,[20] nicht aber neue (Erfüllungs-)Pflichten iSd durch § 362 Abs. 1 vorgesehenen Wirksamkeit des Geschäftsbesorgungsvertrags begründet.[21]

7 Folglich sind die dogmatischen Grundlagen der Norm an der Schnittstelle zur Rechtsgeschäftslehre zu suchen. Die Gesetzgebungsmaterialien waren noch von der Vorstellung geprägt, dass das Schweigen des Kaufmanns in den geregelten Konstellationen nach den Anschauungen des Handelsverkehrs die Bedeutung einer Annahme habe.[22] Danach läge es an sich nahe, § 362 Abs. 1 als Fall eines **beredten Schweigens** anzusehen (→ Rn. 3). Zwar steht dieser Sichtweise nicht entscheidend entgegen, dass der Kaufmann möglicherweise kein Erklärungsbewusstsein hat, da ein solches nach heute hM keine zwingende Voraussetzung einer Willenserklärung darstellt.[23] Gegen die Annahme einer konkludenten Willenserklärung spricht jedoch, dass es in den Fällen des § 362 Abs. 1 um einen sehr **abstrakt gestalteten Verkehrsschutz** geht, der mit den anerkannten Fällen einer Auslegung des Schweigens als Willenserklärung wenig gemein hat und der überdies eine Anfechtung wegen eines Irrtums über die rechtserhebliche Bedeutung des Schweigens nach § 119 Abs. 1 Alt. 1 BGB ausschließt (→ Rn. 30).[24] Auch die von *Canaris* begründete und wohl vorherrschende Auffassung, nach der es sich um den **Rechtsschein** einer zustimmenden Willenserklärung des schweigenden Kaufmanns handelt,[25] bemisst die Tragweite der Norm im Ergebnis zu eng. Es geht bei § 362 Abs. 1 nicht lediglich um den Schutz eines etwaigen Vertrauens des Antragenden darauf, dass der Kaufmann sein Schweigen zustimmend meint. Vielmehr **modifiziert das Gesetz** aufgrund der Art der Geschäftstätigkeit des Kaufmanns und zur Stärkung eines schnellen und effektiven Handelsverkehrs (→ Rn. 1) die **Vertragsschlussvoraussetzungen.**[26] Somit handelt es sich um einen Fall des **normierten Schweigens,** bei dem eine Willenserklärung des Kaufmanns weder wirklich noch „scheinbar" vorliegt, sondern durch das Gesetz für entbehrlich erklärt wird.[27]

8 **4. Abgrenzung zum kaufmännischen Bestätigungsschreiben.** Unterschieden werden muss die Regelung des § 362 von dem richterrechtlich entwickelten und gewohnheitsrechtlich anerkannten Institut des kaufmännischen Bestätigungsschreibens. Bei diesem geht es um Situationen, in denen der Absender des Schreibens davon ausgeht, dass ein Vertrag mit dem Empfänger bereits geschlossen worden ist und diesen Vertrag lediglich bestätigt bzw. geringfügig modifiziert. Anders als bei § 362 stellt das Bestätigungsschreiben somit keinen Antrag zum Abschluss eines Vertrags seitens des Absenders dar, sondern der Vertrag kommt infolge eines Schweigens des Adressaten aus Verkehrsschutzgründen unabhängig von Antrag und Annahme zustande. Ausführlich zu den Rechtsfragen kaufmännischer Bestätigungsschreiben → § 346 Rn. 38 ff.

[16] Fabricius JuS 1966, 50 (51 ff.).

[17] Canaris, Die Vertrauenshaftung im deutschen Privatrecht, 1971, 197 f.; Staub/Canaris, 4. Aufl. 2004, Rn. 3; Canaris HandelsR § 23 Rn. 2.

[18] Statt aller BeckOK BGB/D. Fischer, 76. Ed. 1.2.2025, BGB § 663 Rn. 4; MüKoBGB/F. Schäfer BGB § 663 Rn. 16.

[19] Hanau AcP 165 (1965), 220 (236 ff.); R. Schmidt, Die Obliegenheiten, 1953, 122 f.

[20] MüKoBGB/Ernst BGB Einl. SchuldR Rn. 14; Neuner BGB AT § 19 Rn. 29.

[21] Ähnlich Canaris, Die Vertrauenshaftung im deutschen Privatrecht, 1971, 198 f. mwN.

[22] Materialien zum Handelsgesetzbuche für das Deutsche Reich, 1897, S. 97.

[23] BGH 7.6.1984, BGHZ 91, 324 (327) = NJW 1984, 2279; 2.11.1989, BGHZ 109, 171 (177) = NJW 1990, 454; MüKoBGB/Armbrüster BGB § 119 Rn. 103 ff.; diff. Flume BGB AT II § 23/1; **aA** in jüngerer Zeit Canaris FS 50 Jahre BGH, Bd. I, 2000, 139 ff.; Neuner BGB AT § 32 Rn. 19 ff.

[24] Canaris FS 50 Jahre BGH, Bd. I, 2000, 139 ff.; Staub/Canaris, 4. Aufl. 2004, Rn. 1.

[25] Canaris, Die Vertrauenshaftung im deutschen Privatrecht, 1971, S. 200 ff.; Staub/Canaris, 4. Aufl. 2004, Rn. 4; Canaris HandelsR § 23 Rn. 3; zust. BeckOK HGB/Moussa, 48. Ed. 1.10.2025, Rn. 1; Ebenroth/Boujong/H.-W. Eckert Rn. 2; Schlegelberger/Hefermehl Rn. 16; Oetker HandelsR § 7 Rn. 24; ähnlich Hopt AcP 183 (1983), 608 (686).

[26] Flume BGB AT II § 10/2; K. Schmidt HandelsR § 19 Rn. 40 f.

[27] Flume BGB AT II § 10/2; BeckOGK/Lorz, 1.11.2025, Rn. 13; Heymann/Horn Rn. 1; KKD/Roth/Huber Rn. 4; wohl auch K. Schmidt HandelsR § 19 Rn. 41.

II. Voraussetzungen

1. Kaufmann. § 362 setzt voraus, dass derjenige, dem die Übernahme der Geschäftsbesorgung angetragen wird, Kaufmann iSd §§ 1–7 ist. Dabei wirkt die Norm auch zulasten eines Antragsempfängers, der als **Scheinkaufmann** im Rechtsverkehr auftritt.[28] Maßgeblicher Zeitpunkt für die Kaufmannseigenschaft ist der **Zugang** des Antrags, da aus Gründen der Verkehrssicherheit die Frage der Vertragsschlussmodalitäten in diesem Zeitpunkt rechtlich fixiert wird.[29] Der **Antragende** als durch die Norm Geschützter muss hingegen kein Kaufmann sein (vgl. § 345).[30] 9

Umstritten bleibt, ob § 362 analog bei Anträgen gegenüber **nicht-kaufmännischen Unternehmern,** insbesondere nicht-eingetragenen Kleingewerbetreibenden und Freiberuflern, angewendet werden kann. Bei Kleingewerbetreibenden kommt jedoch vorrangig eine Anwendung über die Verweisungen aus den § 383 Abs. 2 S. 2, § 407 Abs. 3 S. 2, § 453 Abs. 3 S. 2, § 467 Abs. 3 S. 2 in Betracht. Im Übrigen ist eine **analoge Anwendung abzulehnen.**[31] Eine solche Erstreckung wäre zwar folgerichtig, wenn man den Grund des § 362 Abs. 1 in dem Rechtsschein einer Annahme durch Schweigen erblicken würde, da ein solcher Rechtsschein kaum von der Eigenschaft als kaufmännischer oder vielmehr als sonstiger Unternehmer abhängen könnte.[32] Jedoch stellt die Norm nach der hier vertretenen Auffassung eine Modifikation der Vertragsschlussvoraussetzungen in Form eines normierten Schweigens dar (→ Rn. 7) und enthält insoweit eine atypische Ausnahmeregelung. Vor diesem Hintergrund ist es nicht willkürlich, wenn der Gesetzgeber diese Abweichung von den allgemeinen rechtsgeschäftlichen Regeln auf Kaufleute und die kraft Verweisung erfassten Kleingewerbetreibenden beschränkt wissen will.[33] Zulasten der nicht-kaufmännischen Unternehmer kann ein Vertragsschluss durch Schweigen daher nur unter den qualifizierten Voraussetzungen eines beredten Schweigens erfolgen (→ Rn. 3). Die mangelnde Geltung des § 362 für nicht-kaufmännische Unternehmer führt zudem dazu, dass Letztere im Fall einer Ablehnung des Antrags auch nicht die Obhutspflicht aus Abs. 2 trifft (→ Rn. 36 ff.). Jedoch kann aufgrund der laufenden Geschäftsverbindung bzw. des vorangehenden Erbietens zu einer Geschäftsbesorgung eine Schutzpflicht des Unternehmers aus § 311 Abs. 2 Nr. 3 BGB iVm § 241 Abs. 2 BGB bestehen, die zu vergleichbaren Ergebnissen führt. 10

2. Antrag auf Geschäftsbesorgung. Dem Kaufmann muss ein Antrag zugehen, der hinreichend bestimmt ist, dh der die **essentialia negotii** des beabsichtigten Geschäfts enthält.[34] Inhaltlich kann der Antrag nur auf die Besorgung eines Geschäfts durch den Kaufmann für den Antragenden gerichtet sein und der Gewerbebetrieb des Kaufmanns muss die Besorgung solcher Geschäfte mit sich bringen. Durch diese sachliche Begrenzung auf Geschäftsbesorgungsverträge gerät § 362 in das Spannungsfeld des **umstrittenen Begriffs der Geschäftsbesorgung.** Im Bürgerlichen Recht fasst die hM den Geschäftsbegriff dabei in § 662 BGB wesentlich weiter als in § 675 BGB: Während im Auftragsrecht jedes unentgeltliche Tätigwerden für einen anderen dem Geschäftsbegriff unterfallen soll,[35] wird der Begriff der entgeltlichen Geschäftsbesorgung auf „eine selbständige Tätigkeit wirtschaftlicher Art zur Wahrung fremder Vermögensinteressen" begrenzt.[36] Ziel dieser Unterscheidung ist es insbesondere, nicht jede entgeltliche Dienst- oder Werkleistung dem Geschäftsbesorgungsbegriff iSd § 675 Abs. 1 BGB zuzuordnen, während diese Leistungen bei einer Unentgeltlichkeit durchaus dem § 662 BGB unterfallen sollen.[37] Die für entgeltliche Geschäftsbesorgungsverträge im Bürgerlichen Recht anerkannte Ausgrenzung reiner Leistungen „an einen anderen" ist auch für § 362 Abs. 1 maßgeblich. Erforderlich ist, dass dem Kaufmann eine Tätigkeit übertragen werden soll, die an sich dem **Geschäftskreis des Antragenden** zuzurechnen ist, sodass eine Leistung „für einen anderen" in 11

---

[28] BeckOGK/Lorz, 1.11.2025, Rn. 21; Ebenroth/Boujong/H.-W. Eckert Rn. 8; GK-HGB/Weber Rn. 10; NK-HGB/Eberl Rn. 3; Staub/Canaris, 4. Aufl. 2004, Rn. 6.

[29] Ebenroth/Boujong/H.-W. Eckert Rn. 7; GK-HGB/Weber Rn. 12; MüKoHGB/Martens Rn. 14; RGHMW/Steimle/Dornieden Rn. 10; Schlegelberger/Hefermehl Rn. 8.

[30] BGH 11.10.2017, NJW 2018, 296 Rn. 23; Ebenroth/Boujong/H.-W. Eckert Rn. 7; MüKoHGB/Martens Rn. 17; Schlegelberger/Hefermehl Rn. 8; Staub/Canaris, 4. Aufl. 2004, Rn. 6.

[31] BeckOGK/Lorz, 1.11.2025, Rn. 25; Ebenroth/Boujong/H.-W. Eckert Rn. 9 f.; Heymann/Horn Rn. 5; Schlegelberger/Hefermehl Rn. 8; **aA** K. Schmidt NJW 1998, 2161 (2163 f.); Hopt/Leyens Rn. 3; KKD/Roth/Huber Rn. 5; Staub/Canaris, 4. Aufl. 2004, Rn. 8; K. Schmidt HandelsR § 19 Rn. 43.

[32] Canaris HandelsR § 23 Rn. 7; ähnlich BeckOK HGB/Moussa, 48. Ed. 1.10.2025, Rn. 5.

[33] Vgl. BT-Drs. 13/8444, 30; krit. K. Schmidt NJW 1998, 2161 (2163 f.).

[34] BGH 3.3.1988, NJW-RR 1988, 925 (926); BeckOGK/Lorz, 1.11.2025, Rn. 26; Ebenroth/Boujong/H.-W. Eckert Rn. 17; Hopt/Leyens Rn. 3; RGHMW/Steimle/Dornieden Rn. 19.

[35] BGH 17.5.1971, BGHZ 56, 204 (207); MüKoBGB/F. Schäfer BGB § 662 Rn. 20 ff., 54.

[36] BGH 25.4.1966, BGHZ 45, 223 (228 f.); Staudinger/Martinek/Omlor, 2017, BGB § 675 Rn. A 9.

[37] Vgl. zu Letzterem krit. Oetker/Maultzsch, Vertragliche Schuldverhältnisse, 5. Aufl. 2018, § 11 Rn. 7 ff. mwN.

Rede steht.[38] Anders als bei § 675 Abs. 1 BGB wird für § 362 jedoch kein besonderer vermögenswahrender Bezug der Tätigkeit im Sinne „höherer Dienste" verlangt. Vielmehr genügt jede selbständige wirtschaftliche Tätigkeit des Kaufmanns, die außerhalb eines dauernden Dienstverhältnisses im Interesse des Antragenden erbracht wird und die rechtsgeschäftlicher oder rein tatsächlicher Art sein kann.[39] Die angetragene Geschäftsbesorgung muss zudem nicht zwingend entgeltlich sein.[40] **Hauptbeispiele** für Verträge, die § 362 unterfallen, bilden Kommissionsgeschäfte,[41] Transportgeschäfte,[42] Maklergeschäfte,[43] Lagergeschäfte,[44] Inkassogeschäfte,[45] Treuhandverträge[46] oder Bank- und Börsengeschäfte, sofern diese Geschäftsbesorgungen zum Gegenstand haben.[47]

12 **Nicht** von § 362 erfasst ist nach dem Gesagten hingegen die Leistungserbringung an einen anderen im Rahmen **bloßer Austauschbeziehungen,** bei denen der Kaufmann nicht im Geschäftskreis des Antragenden tätig wird.[48] Dies gilt ua für Kaufgeschäfte, Darlehensgeschäfte sowie reine Dienst- und Werkleistungen.[49] In diesen Fällen kommt ein Vertragsschluss wiederum lediglich nach den Grundsätzen des beredten Schweigens in Betracht (→ Rn. 3).[50]

13 **3. Grundlage der Verkehrserwartung.** Die Vorschrift des § 362 Abs. 1 regelt zwei alternative Fälle, in denen die Verkehrserwartung eine Modifizierung des Vertragsschlusses dahingehend rechtfertigt, dass ein Schweigen des Kaufmanns als Annahme des Antrags gilt. Entweder muss der Kaufmann mit dem Antragenden in einer Geschäftsverbindung stehen und der Antrag muss sich auf ein Geschäft beziehen, das der Gewerbebetrieb des Kaufmanns mit sich bringt (S. 1, → Rn. 14 ff.), oder der Kaufmann muss sich gegenüber dem Antragenden zuvor zur Besorgung derartiger Geschäfte erboten haben (S. 2, → Rn. 18 ff.).

14 **a) § 362 Abs. 1 S. 1. aa) Geschäftsverbindung.** Eine Geschäftsverbindung zwischen den Parteien setzt eine auf eine **gewisse Dauer** angelegte Beziehung voraus, aufgrund derer in der **Zukunft** wiederholt Geschäftsabschlüsse zu erwarten sind.[51] Ob und in welchem Umfang es in der Vergangenheit bereits zu Geschäftsabschlüssen gekommen ist, kann dabei lediglich in Zweifelsfällen als **Indiz** für das (Fort-)Bestehen einer Geschäftsverbindung herangezogen werden.[52] Eine eindeutig, zB durch entsprechende Absichtserklärungen (Letter of Intent etc), begründete Geschäftsverbindung scheitert daher nicht daran, dass es bisher noch zu keinem Geschäftsabschluss gekommen ist.[53] Umgekehrt kann auch eine rege Geschäftstätigkeit in der Vergangenheit die Geschäftsverbindung nicht perpetuieren, wenn zukünftig nicht mehr mit Geschäftsabschlüssen zu rechnen ist, etwa weil der Kaufmann mit Wissen des Antragenden die Branche gewechselt oder sein Geschäft aufgegeben hat.[54] Eine rein einseitige Aufgabe der Geschäftstätigkeit ohne Wissen des anderen Teils schließt die Anwendbarkeit des § 362 jedoch nicht aus. Dann fällt regelmäßig auch nicht die erforderliche Kaufmannseigenschaft weg, da der bisherige Geschäftsinhaber gegenüber seinen Geschäftspartnern jedenfalls noch Scheinkaufmann ist (→ Rn. 9).

15 **bb) Bezug des Antrags auf die Geschäftstätigkeit des Kaufmanns.** Der Antrag muss auf die Besorgung solcher Geschäfte gerichtet sein, die der Gewerbebetrieb des Kaufmanns mit sich bringt. Hierfür ist unerheblich, ob sich das nun angetragene Geschäft in den Grenzen bewegt, die

---

[38] RGHMW/Steimle/Dornieden Rn. 12; Staub/Canaris, 4. Aufl. 2004, Rn. 9.

[39] BGH 11.7.1966, BGHZ 46, 43 (47) = NJW 1966, 1966; 11.10.2017, NJW 2018, 296 Rn. 24; Ebenroth/Boujong/H.-W. Eckert Rn. 11; Heymann/Horn Rn. 6; Schlegelberger/Hefermehl Rn. 9; K. Schmidt HandelsR § 19 Rn. 47.

[40] BGH 3.3.1988, NJW-RR 1988, 925 (926).

[41] RG 13.12.1911, RGZ 78, 91 (94); Heymann/Horn Rn. 6.

[42] BGH 11.7.1966, BGHZ 46, 43 (47) = NJW 1966, 1966; GK-HGB/Weber Rn. 14; RGHMW/Steimle/Dornieden Rn. 12.

[43] MüKoHGB/Martens Rn. 19; Schlegelberger/Hefermehl Rn. 11.

[44] Vgl. BGH 11.7.1966, BGHZ 46, 43 (47) = NJW 1966, 1966.

[45] BGH 3.3.1988, NJW-RR 1988, 925 (926).

[46] Ebenroth/Boujong/H.-W. Eckert Rn. 12; K. Schmidt HandelsR § 19 Rn. 47.

[47] RG 29.6.1926, RGZ 114, 268 (270 f.); BGH 15.3.2005, NJW 2005, 1771 (1772); HK-HGB/Ruß Rn. 2.

[48] BGH 11.10.2017, NJW 2018, 296 Rn. 24; BeckOGK/Lorz, 1.11.2025, Rn. 30; Heymann/Horn Rn. 6; Schlegelberger/Hefermehl Rn. 10; Oetker HandelsR § 7 Rn. 26.

[49] OLG Brandenburg 12.4.2011, BeckRS 2011, 8301; Ebenroth/Boujong/H.-W. Eckert Rn. 13; NK-HGB/Eberl Rn. 4; RGHMW/Steimle/Dornieden Rn. 12; Staub/Canaris, 4. Aufl. 2004, Rn. 10.

[50] BGH 12.12.2006, BeckRS 2007, 2309 Rn. 16.

[51] BeckOGK/Lorz, 1.11.2025, Rn. 32; Ebenroth/Boujong/H.-W. Eckert Rn. 14; Heymann/Horn Rn. 8; MüKoHGB/Martens Rn. 22; Schlegelberger/Hefermehl Rn. 13; Staub/Canaris, 4. Aufl. 2004, Rn. 11.

[52] Staub/Canaris, 4. Aufl. 2004, Rn. 11.

[53] Ebenroth/Boujong/H.-W. Eckert Rn. 14; Staub/Canaris, 4. Aufl. 2004, Rn. 11.

[54] Staub/Canaris, 4. Aufl. 2004, Rn. 11.

sich aus der in der Vergangenheit praktizierten Geschäftsbeziehung ergeben.[55] So ist § 362 Abs. 1 S. 1 beispielsweise auch dann einschlägig, wenn einem Maklerunternehmen, das im Rahmen einer Geschäftsverbindung dem betreffenden Kunden bisher nur Gewerbeimmobilien vermittelt hat, nun ein Antrag auf Vermittlung einer Wohnimmobilie zugeht.

Im Übrigen beurteilt sich die Frage, welche Art von Geschäften der Gewerbebetrieb des Kaufmanns mit sich bringt, im Ausgangspunkt nicht nach den individuellen Verhältnissen des Kaufmanns, sondern nach der **Verkehrsauffassung** darüber, welche Geschäfte ein Gewerbebetrieb dieser Art **typischerweise** besorgt.[56] Dies führt dazu, dass Kaufleute, deren Geschäft nur bestimmte allgemeine Typen von Geschäftsbesorgungen umfasst (Maklerdienste, Transportgeschäfte, Bankgeschäfte etc), den Modalitäten des § 362 nur für diese Geschäftstypen unterfallen, nicht aber, wenn sich der Antrag auf eine andere Form der Geschäftsbesorgung bezieht.[57] Hat sich hingegen ein Kaufmann innerhalb eines Geschäftstyps **spezialisiert,** führt dies nicht ohne Weiteres zu einer Beschränkung der Wirkungen des § 362.[58] So muss zB eine Bank, die nur Wertpapiergeschäfte betreibt, grundsätzlich auch auf einen Antrag zur Geschäftsbesorgung im allgemeinen Giroverkehr reagieren, der ihr im Rahmen einer laufenden Geschäftsverbindung zugeht. 16

Diese typisierende Betrachtung der tauglichen Geschäftsbesorgungsanträge schließt jedoch nicht aus, dass der Kaufmann **innerhalb der Geschäftsverbindung** klarstellt, dass er nur ganz spezielle Geschäftsbesorgungen vornimmt und damit die Rechtswirkungen des § 362 Abs. 1 S. 1 beschränkt. Ob eine entsprechende **Konkretisierung** erfolgt ist, beurteilt sich gemäß den §§ 133, 157 BGB analog aus dem objektivierten Horizont des Antragenden, sodass auch allgemein **verkehrsbekannte Spezialisierungen** des Kaufmanns den Handlungsspielraum des Antragenden einschränken. Jenseits dieser Grenzen fehlt es bereits an einem „solchen Geschäft" iSd Norm.[59] Die hL gelangt in diesen Fällen zu einem identischen Ergebnis, jedoch mit der außertatbestandlichen Begründung, der Antragende dürfe unter diesen Voraussetzungen nicht mit einer Vertragsschlusswirkung des Schweigens rechnen.[60] 17

b) § 362 Abs. 1 S. 2. Einem Antrag im Zuge einer bestehenden Geschäftsverbindung stellt die Norm einen solchen Antrag gleich, der auf ein **Erbieten des Kaufmanns zur Geschäftsbesorgung** folgt. Dabei muss das Erbieten, das den Charakter einer **invitatio ad offerendum** hat, spezifisch gegenüber dem Antragenden erfolgt sein.[61] Im Fall von Werbesendungen ist dies nur erfüllt, wenn sie an den Antragenden adressiert sind, nicht jedoch bei allgemein verteilten Postwurfsendungen.[62] Auch sonstige werbende Informationen über die eigene Geschäftstätigkeit gegenüber der Öffentlichkeit, zB auf Plakaten, in Zeitungsannoncen oder im Internet, erfüllen die Voraussetzungen des § 362 Abs. 1 S. 2 nicht, sondern führen lediglich zu einer Anzeigepflicht nach § 663 BGB.[63] 18

Der Antrag löst die Rechtsfolgen des § 362 nur für solche Geschäfte aus, zu denen sich der Kaufmann erboten hat. Anders als bei S. 1 ergeben sich die **Grenzen** daher nicht aus der typisiert verstandenen Geschäftstätigkeit des Kaufmanns (→ Rn. 16), sondern aus dem **Inhalt der invitatio ad offerendum,** die analog den §§ 133, 157 BGB auszulegen ist.[64] Daher ist S. 2 auch dann einschlägig, wenn der Erbietende normalerweise überhaupt keine Geschäftsbesorgungen vornimmt (zB: ein Warenhändler bietet ausnahmsweise Transportvermittlungen an). Umgekehrt kann der Antragende nach S. 2 nicht alle Geschäftsbesorgungen einleiten, die der Kaufmann typischerweise anbietet, sondern ist auf den Kreis derjenigen Geschäfte beschränkt, der sich aus dem konkreten Erbieten ergibt. 19

Darüber hinaus muss es dem Kaufmann auch gestattet sein, in seiner invitatio ad offerendum festzulegen, dass ein Vertragsschluss durch sein Schweigen auf einen nachfolgenden Antrag nicht in Betracht kommt, sondern dass es einer **rechtsgeschäftlichen Annahmeerklärung bedarf.** Wenn 20

---

55 MüKoHGB/Martens Rn. 22.

56 OLG Hamburg 25.2.2002, ZMR 2002, 453; GK-HGB/Weber Rn. 15; Heymann/Horn Rn. 6 f.; Hopt/Leyens Rn. 3; KKD/Roth/Huber Rn. 7; MüKoHGB/Martens Rn. 21; RGHMW/Steimle/Dornieden Rn. 16; Schlegelberger/Hefermehl Rn. 12; Staub/Canaris, 4. Aufl. 2004, Rn. 12; **aA** wohl HK-HGB/Ruß Rn. 2.

57 Staub/Canaris, 4. Aufl. 2004, Rn. 12.

58 BeckOGK/Lorz, 1.11.2025, Rn. 35; Staub/Canaris, 4. Aufl. 2004, Rn. 12.

59 So wohl auch Staub/Canaris, 4. Aufl. 2004, Rn. 27.

60 Vgl. BeckOK HGB/Moussa, 48. Ed. 1.10.2025, Rn. 9; Heymann/Horn Rn. 13.

61 BeckOGK/Lorz, 1.11.2025, Rn. 36; GK-HGB/Weber Rn. 18; RGHMW/Steimle/Dornieden Rn. 18; Staub/Canaris, 4. Aufl. 2004, Rn. 13.

62 Hopt/Leyens Rn. 4; Staub/Canaris, 4. Aufl. 2004, Rn. 13; K. Schmidt HandelsR § 19 Rn. 50.

63 Ebenroth/Boujong/H.-W. Eckert Rn. 16; Heymann/Horn Rn. 9; MüKoHGB/Martens Rn. 23; Schlegelberger/Hefermehl Rn. 14.

64 Ebenroth/Boujong/H.-W. Eckert Rn. 15; Heymann/Horn Rn. 9; RGHMW/Steimle/Dornieden Rn. 18; Schlegelberger/Hefermehl Rn. 15; Staub/Canaris, 4. Aufl. 2004, Rn. 14.

eine solche Bestimmung anhand der §§ 133, 157 BGB analog erfolgt ist, besteht keine relevante Rechtsunsicherheit, die es durch die Wirkung des § 362 Abs. 1 S. 2 zu beseitigen gelten könnte. Aus dogmatischer Sicht fehlt es dann bereits an einem „Erbieten“ iSd Norm.[65] Die hL gelangt in diesen Fällen zu einem identischen Ergebnis, jedoch mit der außertatbestandlichen Begründung, der Antragende dürfe unter diesen Voraussetzungen nicht mit einer Vertragsschlusswirkung des Schweigens rechnen.[66]

21 **4. Rechtserhebliches Schweigen. a) Keine unverzügliche Antwort.** Eine Annahmewirkung iSd § 362 Abs. 1 tritt nur dann ein, wenn der Kaufmann den Antrag nicht unverzüglich beantwortet.

22 **aa) Keine unverzügliche Annahme.** Dabei kommt als Antwort nicht nur eine Ablehnung des Antrags in Betracht, sondern auch dessen **rechtsgeschäftliche Annahme.** In diesem Fall erfolgt der Vertragsschluss nicht nach § 362 Abs. 1, sondern nach den allgemeinen Regeln der §§ 147 ff. BGB.[67] Da der Antragende regelmäßig konkludent auf einen Zugang der Annahmeerklärung verzichtet haben dürfte bzw. dieser Zugang in den Konstellationen des § 362 nach der Verkehrssitte nicht zu erwarten ist, kann der Vertrag auch durch die bloße Betätigung des Annahmewillens gem. **§ 151 BGB** zustande kommen. Zwar wird teilweise unter Bezug auf Art. 2 Abs. 1 EGHGB ein Vorrang des § 362 Abs. 1 gegenüber § 151 BGB angenommen.[68] Dies ist aber nicht überzeugend, da im Fall des § 151 BGB trotz der Entbehrlichkeit des Zugangs gerade kein „Schweigen“, sondern eine rechtsgeschäftliche Annahme vorliegt.[69] Bei einer Annahme nach den §§ 147 ff. BGB gelten die allgemeinen Regelungen für Willenserklärungen, insbesondere die §§ 104 ff., 116 ff. BGB, unmittelbar. Liegen die sonstigen Voraussetzungen des § 362 Abs. 1 vor, kommt ein derartiger rechtsgeschäftlicher Vertragsschluss jedoch nur durch eine **unverzügliche Annahmeerklärung** zustande, da anderenfalls der Vertragsschluss bereits durch das vorangehende Schweigen des Kaufmanns bewirkt wird (zum Begriff der Unverzüglichkeit → Rn. 24). Auch bei Unklarheiten über das Vorliegen einer rechtsgeschäftlichen Annahme, die vor allem in den Fällen des § 151 BGB auftreten können, greift jedenfalls § 362 Abs. 1 ein, sodass die bestrittene Behauptung einer rechtsgeschäftlichen Annahme in der Regel nicht entscheidungserheblich ist.[70]

23 **bb) Keine unverzügliche Ablehnung.** Der Kaufmann kann das Zustandekommen des Geschäftsbesorgungsvertrags durch eine unverzügliche Ablehnung verhindern. Ob eine bestimmte Reaktion inhaltlich eine solche Ablehnung darstellt, beurteilt sich nach einer **Auslegung** gemäß den §§ 133, 157 BGB,[71] ggf. iVm § 150 Abs. 2 BGB. Eine bloße **Eingangsbestätigung** erfüllt dabei nicht die Voraussetzungen einer konkludenten Ablehnung, da sie die durch § 362 Abs. 1 aufgegriffene Schwebelage nicht beseitigt.[72] Bringt der Kaufmann in seiner Reaktion hingegen zum Ausdruck, dass die Verhandlungen noch nicht abschlussreif seien, genügt dies für eine konkludente Ablehnung.[73] Ein weiteres Schweigen kann dann allenfalls noch einen Schadensersatzanspruch des Antragenden auf das negative Interesse gem. § 280 Abs. 1 BGB iVm § 311 Abs. 2 Nr. 1 BGB begründen.[74] Eine **unklare Antwort** wird aufgrund der Deutung des § 362 Abs. 1 als Rechtsscheintatbestand verbreitet einer Ablehnung gleichgestellt.[75] Jedoch besteht der Normzweck nach dem hier vertretenen Standpunkt ua gerade darin, Unklarheiten im Sinne eines wirksamen Vertragsschlusses aufzulösen (→ Rn. 1). Entscheidend ist somit, ob sich die „unklare“ Reaktion gemäß den §§ 133, 157 BGB als wenigstens konkludente Ablehnung auslegen lässt; anderenfalls kommt über § 362 Abs. 1 ein Vertrag zustande.[76] Unterbreitet der andere Teil nach einer Ablehnung erneut einen **inhaltlich** im Wesentlichen **identischen Antrag,** muss der Kaufmann hierauf nach § 242 BGB

---

[65] Wie hier RGHMW/Steimle/Dornieden Rn. 18.

[66] Vgl. BeckOGK/Lorz, 1.11.2025, Rn. 38; Heymann/Horn Rn. 13.

[67] BeckOGK/Lorz, 1.11.2025, Rn. 42; NK-HGB/Eberl Rn. 8; KKD/Roth/Huber Rn. 8; MüKoHGB/Martens Rn. 24.

[68] So Ebenroth/Boujong/H.-W. Eckert Rn. 4; Schlegelberger/Hefermehl Rn. 23.

[69] Vgl. K. Schmidt HandelsR § 19 Rn. 35.

[70] OLG Hamburg 22.12.1983, VersR 1984, 691.

[71] Vgl. BGH 3.3.1988, NJW-RR 1988, 925 (926); Ebenroth/Boujong/H.-W. Eckert Rn. 21; Staub/Canaris, 4. Aufl. 2004, Rn. 15.

[72] Ebenroth/Boujong/H.-W. Eckert Rn. 24; Schlegelberger/Hefermehl Rn. 17; Staub/Canaris, 4. Aufl. 2004, Rn. 16.

[73] BGH 17.10.1983, NJW 1984, 866 (867).

[74] BGH 17.10.1983, NJW 1984, 866 (867).

[75] BeckOGK/Lorz, 1.11.2025, Rn. 40; BeckOK HGB/Moussa, 48. Ed. 1.10.2025, Rn. 11; Ebenroth/Boujong/H.-W. Eckert Rn. 24; Hopt/Leyens Rn. 5; Staub/Canaris, 4. Aufl. 2004, Rn. 16; iErg auch Heymann/Horn Rn. 11; KKD/Roth/Huber Rn. 8.

[76] So wohl auch Schlegelberger/Hefermehl Rn. 17.

nicht noch einmal reagieren.[77] Anderes gilt, wenn der Antragende aufgrund geänderter Konditionen von einer erneuten Antwort ausgehen konnte.[78]

Unverzüglich ist die Ablehnungserklärung gem. § 121 Abs. 1 S. 1 BGB nur dann, wenn sie **ohne schuldhaftes Zögern** erfolgt. Bei der Bemessung einer **angemessenen Antwortfrist** sind die Besonderheiten des Handelsverkehrs zu berücksichtigen.[79] Aufgrund des Bedürfnisses nach einem schnellen und leichten Geschäftsverkehr, das durch § 362 geschützt wird (→ Rn. 1), muss eine Antwort jedoch in der Regel kurzfristig, zumeist innerhalb weniger Tage, erfolgen.[80] Die genaue Frist variiert aber nach Art und Inhalt des Geschäfts, wobei insbesondere der Grad der Eilbedürftigkeit mit der Komplexität des beabsichtigten Vertrags abzuwägen ist. Bei Anträgen im Bankverkehr kann unter Umständen auf die Fristen des § 675s Abs. 1 BGB zurückgegriffen werden.[81] 24

Das Erfordernis unverzüglichen Handelns bezieht sich nur auf eine **ordnungsgemäße Absendung** der Ablehnung.[82] Geht die Erklärung dem Antragenden aufgrund von Umständen, die der Kaufmann nicht zu vertreten hat, verspätet oder gar nicht zu, fällt dies in den Risikobereich des Antragenden.[83] 25

b) Unkenntnis des Antrags. Umstritten ist, unter welchen Voraussetzungen den Kaufmann eine Unkenntnis des Antrags entlastet, dh seinem (ggf. zeitweisen) Schweigen die Erheblichkeit iSd § 362 Abs. 1 nimmt. Die wohl **hL** stellt in Anlehnung an das Erfordernis einer unverzüglichen Reaktion auch insoweit darauf ab, ob die **Unkenntnis schuldhaft** war.[84] Hingegen knüpft eine **abweichende Auffassung** an das sog. **Risikoprinzip** an.[85] Danach bezieht sich das Kriterium eines schuldhaften Zögerns in § 362 Abs. 1 nur auf die Länge der Antwortspanne, während der Kaufmann in Bezug auf eine Unkenntnis des Antrags für alle Umstände verantwortlich sei, die rein objektiv in seinem betrieblichen Organisationsrisiko liegen.[86] 26

Bei näherer Betrachtung sind die **praktischen Unterschiede** zwischen den beiden Auffassungen jedoch **gering.**[87] So liegt im normativen Sinne bereits keine Unkenntnis des Antrags vor, wenn die Informationen über den Antrag nach den Maßstäben einer **Wissenszurechnung in Unternehmen** in die Betriebsorganisation des Kaufmanns eingegangen sind.[88] Nur wenn daher ein eigenes oder zugerechnetes Wissen des Kaufmanns fehlt, kann der Streit zwischen der Verschuldens- und der Risikolehre in Bezug auf das Schweigen überhaupt Relevanz erlangen. Einigkeit besteht aber selbst in diesem Fall darüber, dass die Rechtsfolge des § 362 Abs. 1 nicht eintritt, wenn der Kaufmann durch einen Umstand von dem Antrag keine Kenntnis erlangt, den er nicht iSd § 347, §§ 276 ff. BGB zu vertreten hat und der auch nicht aus einem spezifischen kaufmännischen Organisationsrisiko resultiert, sondern aus dem **allgemeinen Lebensrisiko** (Beispiel: Der schriftliche Antrag wird vor der üblichen Leerungszeit des Unternehmensbriefkastens durch einen Brand vernichtet oder gestohlen.).[89] Umgekehrt muss der Kaufmann gemäß den § 347, §§ 276 ff. BGB für jede fahrlässige Unkenntnis einstehen, wobei auch eine Zurechnung des Verschuldens seiner Mitarbeiter nach § 278 BGB erfolgt, weil mit der Geschäftsverbindung (S. 1) bzw. dem Erbieten (S. 2) gegenüber dem Antragenden ein Schutz- und Interessenwahrungsverhältnis iSd § 311 Abs. 2 BGB begründet wurde.[90] Da der **Fahrlässigkeitsmaßstab** gerade im unternehmerischen Verkehr zunehmend **typi-** 27

---

[77] GK-HGB/Weber Rn. 21; Schlegelberger/Hefermehl Rn. 18; Staub/Canaris, 4. Aufl. 2004, Rn. 16.
[78] RG 13.6.1925, BankArch. 25 (1925), 27 (28).
[79] Heymann/Horn Rn. 10; MüKoHGB/Martens Rn. 25; RGHMW/Steimle/Dornieden Rn. 21; Staub/Canaris, 4. Aufl. 2004, Rn. 15.
[80] Ebenroth/Boujong/H.-W. Eckert Rn. 22; MüKoHGB/Martens Rn. 25.
[81] OLG Koblenz 2.10.2003, ZIP 2004, 353 (355) zu § 676a Abs. 2 S. 2 BGB aF.; BeckOGK/Lorz, 1.11.2025, Rn. 45.
[82] GK-HGB/Weber Rn. 20; MüKoHGB/Martens Rn. 27; Staub/Canaris, 4. Aufl. 2004, Rn. 15.
[83] Ebenroth/Boujong/H.-W. Eckert Rn. 21; Heymann/Horn Rn. 10; Hopt/Leyens Rn. 5; KKD/Roth/Huber Rn. 8; MüKoHGB/Martens Rn. 27; Schlegelberger/Hefermehl Rn. 18.
[84] Krause, Schweigen im Rechtsverkehr, 1933, 131 ff.; BeckOGK/Lorz, 1.11.2025, Rn. 46 f.; Ebenroth/Boujong/H.-W. Eckert Rn. 23; Heymann/Horn Rn. 11; HK-HGB/Ruß Rn. 3; MüKoHGB/Martens Rn. 26; RGHMW/Steimle/Dornieden Rn. 22; Schlegelberger/Hefermehl Rn. 20.
[85] Canaris, Die Vertrauenshaftung im deutschen Privatrecht, 1971, 202 ff.; Canaris FS Wilburg, 1975, 91; Canaris HandelsR § 23 Rn. 5; Staub/Canaris, 4. Aufl. 2004, Rn. 17 ff.; zust. Hopt AcP 183 (1983), 608 (688); K. Schmidt HandelsR § 19 Rn. 53.
[86] Staub/Canaris, 4. Aufl. 2004, Rn. 17 ff.
[87] Vgl. Ebenroth/Boujong/H.-W. Eckert Rn. 23; MüKoHGB/Martens Rn. 26; Schlegelberger/Hefermehl Rn. 20; K. Schmidt HandelsR § 19 Rn. 53.
[88] BGH 2.2.1996, BGHZ 132, 30 (37); Neuner BGB AT § 49 Rn. 79 ff.
[89] Statt aller Canaris, Die Vertrauenshaftung im deutschen Privatrecht, 1971, 204 f.; Canaris HandelsR § 23 Rn. 5.
[90] Vgl. Heymann/Horn Rn. 11; RGHMW/Steimle/Dornieden Rn. 23.

siert ist,[91] kommt es auch insoweit zu einer starken Konvergenz mit dem Risikogedanken. Beispielsweise muss der Kaufmann auch iSd § 276 Abs. 2 BGB dafür sorgen, dass während seiner Geschäfts- und Urlaubsreisen oder während einer längeren Erkrankung seiner Person eine ordnungsgemäße Verarbeitung von Geschäftspost erfolgt.[92]

28 Ein praktisch bedeutsamer Unterschied zwischen dem Verschuldens- und dem Risikomodell ist daher nur in wenigen Fällen denkbar, etwa dann, wenn ein Einzelkaufmann schwer erkrankt, bevor er von dem Antrag Kenntnis nehmen konnte. Gerade in solchen Fällen sprechen die **besseren Gründe** aber für eine **Anwendung des Verschuldensprinzips.** Denn auch die Risikolehre müsste die Rechtswirkungen des § 362 Abs. 1 dann verneinen, wenn die Krankheit in dem Beispiel zwar nach der Kenntnisnahme von dem Antrag, aber vor dem Ablauf einer angemessenen Reaktionsfrist eintritt. Dann muss der Kaufmann im Sinne des Unverzüglichkeitskriteriums erst reagieren, wenn seine Gesundheit ein eigenes Tätigwerden erlaubt oder Vorsorgemaßnahmen eingreifen mussten, die nach den Regeln verkehrsgemäßer Sorgfalt für derartige Fälle zu treffen sind. Dass anderes gelten soll, wenn die Krankheit vor der Kenntnisnahme eintritt, erscheint nicht überzeugend.

29 **c) Willensmängel.** Eng mit der Rechtsnatur des § 362 Abs. 1 verbunden ist die Frage, ob sich der schweigende Kaufmann einem wirksamen Vertragsschluss mit dem Verweis auf Willensmängel entziehen kann, die sein Schweigen beeinflusst haben. Da das Schweigen keine rechtsgeschäftliche Erklärung darstellt, sondern kraft Gesetzes zu einem Geschäftsbesorgungsvertrag führt (→ Rn. 7), kommt keine direkte, sondern allenfalls eine analoge Anwendung der **§§ 104 ff., 116 ff. BGB** in Betracht.[93] Da kein Grund ersichtlich ist, warum der Antragende über § 362 Abs. 1 eine stärkere Rechtsstellung als im Fall einer rechtsgeschäftlichen Annahmeerklärung erlangen sollte, ist die **Analogie zu bejahen.**[94] Die Norm will den Antragenden nur vor dem Risiko einer Schwebelage aufgrund des Schweigens schützen, nicht aber vor dem Risiko etwaiger Willensmängel in der Person des Kaufmanns.

30 Allerdings kann nach dem Gesagten ein Willensmangel nur dann relevant sein, wenn er auch im Fall einer rechtsgeschäftlichen Annahmeerklärung beachtlich gewesen wäre.[95] Daher bildet ein **Irrtum** des Kaufmanns **über die Rechtserheblichkeit des Schweigens keinen** tauglichen **Anfechtungsgrund.**[96] Auch eine Unkenntnis des Antrags kann folgerichtig nicht über § 119 Abs. 1 BGB geltend gemacht werden,[97] sofern sie nicht bereits die Vertragsschlusswirkung nach § 362 Abs. 1 ausschließt (→ Rn. 26 ff.). Hingegen kann der Kaufmann anfechten, wenn er den Inhalt des Antrags iSd § 119 Abs. 1 Alt. 1 BGB missverstanden hat oder wenn sein Schweigen auf einer nach § 123 BGB erheblichen Täuschung oder Drohung beruht.[98] Das Anfechtungsrecht wird auch nicht dadurch ausgeschlossen, dass dem Kaufmann in Bezug auf seinen Willensmangel ein Verschulden zur Last fällt, da es keinen allgemeinen Rechtssatz des Handelsrechts gibt, nach dem verschuldete Willensmängel unbeachtlich sind.[99]

III. Rechtsfolgen des Schweigens (Abs. 1)

31 **1. Vertragsschluss.** Reagiert der Kaufmann nicht in dem geschilderten Sinne unverzüglich auf den Antrag (→ Rn. 23 ff.), so kommt ein Geschäftsbesorgungsvertrag nach den inhaltlichen Vorga-

---

[91] MüKoBGB/Grundmann BGB § 276 Rn. 54 ff.; K. Schmidt HandelsR § 19 Rn. 58.

[92] Vgl. Ebenroth/Boujong/H.-W. Eckert Rn. 23; MüKoHGB/Martens Rn. 26; krit. Canaris, Die Vertrauenshaftung im deutschen Privatrecht, 1971, 203 f.

[93] Vgl. Canaris, Die Vertrauenshaftung im deutschen Privatrecht, 1971, 205; Schlegelberger/Hefermehl Rn. 21.

[94] Canaris, Die Vertrauenshaftung im deutschen Privatrecht, 1971, 205 f.; Krause, Schweigen im Rechtsverkehr, 1933, 134 ff.; GK-HGB/Weber Rn. 3; Hopt/Leyens Rn. 6; KKD/Roth/Huber Rn. 11; MüKoHGB/Martens Rn. 32; RGHMW/Steimle/Dornieden Rn. 28 ff.; Schlegelberger/Hefermehl Rn. 19, 21; Staub/Canaris, 4. Aufl. 2004, Rn. 22; Oetker HandelsR § 7 Rn. 30; K. Schmidt HandelsR § 19 Rn. 63; **aA** Fabricius JuS 1966, 50 (51 ff.).

[95] Canaris, Die Vertrauenshaftung im deutschen Privatrecht, 1971, 206; Canaris HandelsR § 23 Rn. 6; BeckOGK/Lorz, 1.5.2025, Rn. 55; RGHMW/Steimle/Dornieden Rn. 30.

[96] BGH 27.10.1953, BGHZ 11, 1 (5); BeckOGK/Lorz, 1.11.2025, Rn. 57; MüKoHGB/Martens Rn. 32; RGHMW/Steimle/Dornieden Rn. 30; Schlegelberger/Hefermehl Rn. 19; Staub/Canaris, 4. Aufl. 2004, Rn. 21; Canaris HandelsR § 23 Rn. 4; K. Schmidt HandelsR § 19 Rn. 63; eingehend Mues, Die Irrtumsanfechtung im Handelsverkehr, 2004, 94 ff.

[97] Canaris, Die Vertrauenshaftung im deutschen Privatrecht, 1971, 206; Staub/Canaris, 4. Aufl. 2004, Rn. 24.

[98] Ebenroth/Boujong/H.-W. Eckert Rn. 33 f.; Heymann/Horn Rn. 12; MüKoHGB/Martens Rn. 32; Staub/Canaris, 4. Aufl. 2004, Rn. 22; Canaris HandelsR § 23 Rn. 6.

[99] Hopt/Leyens Rn. 6; Staub/Canaris, 4. Aufl. 2004, Rn. 23; Canaris HandelsR § 23 Rn. 6; **aA** Flume BGB AT II § 21/9c.

ben des Antrags zustande.[100] Die **AGB** des Kaufmanns werden folgerichtig kein Vertragsbestandteil.[101] Da es sich bei § 362 Abs. 1 nicht um einen bloßen Rechtsscheinschutz zugunsten des Antragenden handelt, sondern um die Fiktion eines Vertrags aus abstrakten Gesichtspunkten der Verkehrssicherheit, steht dem Antragenden **kein Wahlrecht** zu, ob er den Vertrag gegen sich gelten lassen will und er kann daher auch nicht auf den Schadensersatzanspruch aus § 663 BGB zurückgreifen.[102] Vielmehr ist er seinerseits an das Geschäftsbesorgungsverhältnis gebunden. Eine abw. Sicht würde nicht zuletzt deswegen große Rechtsunsicherheit erzeugen, weil es dann auf den ggf. bestrittenen Umstand ankäme, ob der Kaufmann nicht doch gem. § 151 BGB einen Annahmewillen betätigt und den Vertragsschluss auf diesem Wege herbeigeführt hat (→ Rn. 22). Derartige Streitigkeiten soll § 362 Abs. 1 aber gerade vermeiden helfen.[103]

2. Das Problem der „Bösgläubigkeit". Differenziert zu beurteilen ist die umstrittene Frage, inwieweit ein Vertragsschluss nach § 362 Abs. 1 daran scheitern kann, dass der Antragende „bösgläubig" war. Richtigerweise sind hierbei verschiedene Sachprobleme zu unterscheiden: 32

Gehört das angetragene Geschäft bei § 362 Abs. 1 S. 1 zwar typischerweise zu der Art des Geschäftsbetriebs, den der Kaufmann betreibt, war aber für den Antragenden im Rahmen der Geschäftsverbindung analog den §§ 133, 157 BGB erkennbar, dass sich der Kaufmann anderweitig spezialisiert hat, fehlt es bereits an einem tauglichen Geschäft (→ Rn. 17). Parallel liegt bereits kein „Erbieten" iSd § 362 Abs. 1 S. 2 vor, wenn der Kaufmann klargestellt hatte, dass ein Vertragsschluss durch Schweigen nicht in Betracht kommt (→ Rn. 20). In diesen Fällen fehlt es am Tatbestand der Norm, sodass es auf eine „Bösgläubigkeit" des Antragenden nicht ankommt.[104] 33

Die **hL** plädiert aufgrund ihrer Deutung des § 362 Abs. 1 als Rechtsscheintatbestand (→ Rn. 7) jedoch für eine wesentlich **weiterreichende Einschränkung** der Norm. Danach soll die Vertragsschlusswirkung schon immer dann entfallen, wenn der Antragende zuvor von Umständen erfahren hatte, die gegen einen Vertragsschlusswillen des Kaufmanns sprechen.[105] Dies betrifft zum einen jede, wenn auch rein zufällige Kenntnis von einer Spezialisierung des Kaufmanns auf Geschäfte jenseits des Antrags. Zum anderen geht es um Konstellationen, in denen der Antragende vor dem Ablauf der Antwortfrist erfährt, dass der Kaufmann den Antrag nicht zur Kenntnis genommen hat oder aus anderen Gründen mit seinem Schweigen keine Zustimmung signalisieren will. Teilweise wird diese Beschränkung der Rechtsfolgen des § 362 Abs. 1 sogar auf Fälle ausgedehnt, in denen die besagten Umstände für den Antragenden objektiv evident waren.[106] 34

Diese **weiteren Einschränkungen** sind aufgrund der hier vertretenen Sicht, nach der die Norm nicht nur einen Rechtsscheinschutz, sondern einen abstrakteren Verkehrsschutz bezweckt (→ Rn. 7), **abzulehnen.** Nur wenn die betreffenden Umstände, die gegen den Vertragsschlusswillen des Kaufmanns sprechen, durch diesen analog den §§ 133, 157 BGB kommuniziert wurden, hindert dies wie dargelegt einen Vertragsschluss. Eine rein einseitig-zufällige „Bösgläubigkeit" des Antragenden ist hingegen in der Regel unbeachtlich.[107] Es würde dem Anliegen des § 362 Abs. 1, für Vereinfachung und Rechtsklarheit zu sorgen, widersprechen, diesbezügliche Behauptungen des Kaufmanns überhaupt als rechtserheblich zuzulassen. Krasse Fälle lassen sich befriedigend auf anderem Wege lösen. So ist zB dem Kaufmann die Unkenntnis des Antrags nicht als schuldhaft zuzurechnen, wenn einer seiner Mitarbeiter das Schriftstück in Kollusion mit dem Antragenden unterschlägt. Dann fehlt es bereits an einem rechtserheblichen Schweigen (→ Rn. 26 ff.). 35

---

[100] Ebenroth/Boujong/H.-W. Eckert Rn. 28; MüKoHGB/Martens Rn. 29; RGHMW/Steimle/Dornieden Rn. 24; Schlegelberger/Hefermehl Rn. 19; Staub/Canaris, 4. Aufl. 2004, Rn. 25.

[101] RG 23.12.1925, BankArch. 25 (1926), 262 (263); KKD/Roth/Huber Rn. 9; Staub/Canaris, 4. Aufl. 2004, Rn. 25.

[102] IErg ebenso BeckOGK/Lorz, 1.11.2025, Rn. 51; Ebenroth/Boujong/H.-W. Eckert Rn. 26; Heymann/Horn Rn. 13; HK-HGB/Ruß Rn. 1; Hopt/Leyens Rn. 5; KKD/Roth/Huber Rn. 10; MüKoHGB/Martens Rn. 29; RGHMW/Steimle/Dornieden Rn. 25; Staub/Canaris, 4. Aufl. 2004, Rn. 28; **aA** Rothermel/Dahmen RIW 2018, 179 (180); Raisch, Geschichtliche Voraussetzungen, dogmatische Grundlagen und Sinnwandlung des Handelsrechts, 1965, 250.

[103] Canaris, Die Vertrauenshaftung im deutschen Privatrecht, 1971, 201 f.; KKD/Roth/Huber Rn. 2, 9; K. Schmidt HandelsR § 19 Rn. 61.

[104] Vgl. Staub/Canaris, 4. Aufl. 2004, Rn. 27.

[105] Hopt AcP 183 (1983), 608 (689); Canaris, Die Vertrauenshaftung im deutschen Privatrecht, 1971, 201; BeckOGK/Lorz, 1.11.2025, Rn. 58; Ebenroth/Boujong/H.-W. Eckert Rn. 35 f.; Heymann/Horn Rn. 13; Hopt/Leyens Rn. 5; RGHMW/Steimle/Dornieden Rn. 27; Staub/Canaris, 4. Aufl. 2004, Rn. 26.

[106] Staub/Canaris, 4. Aufl. 2004, Rn. 26.

[107] So wohl auch KKD/Roth/Huber Rn. 10; diff. MüKoHGB/Martens Rn. 30: teleologische Reduktion des § 362 Abs. 1 immer dann, „wenn der Antragende weiß, dass der Kaufmann tatsächlich nicht rechtzeitig auf den Antrag reagieren kann".

IV. Rechtsfolgen der unverzüglichen Ablehnung (Abs. 2)

36 Lehnt der Kaufmann den Antrag unverzüglich ab, kommt zwar kein Vertrag zustande, doch muss er unter gewissen Voraussetzungen Waren, die der Antragende mitgesendet hat, vor Schaden bewahren. Diese Schutz- und Erhaltungspflicht stellt eine Konkretisierung der § 311 Abs. 2 BGB, § 241 Abs. 2 BGB dar.[108] Im Fall einer verspäteten Ablehnung folgt diese Pflicht bereits aus dem dann gegebenen Geschäftsbesorgungsvertrag.

37 **1. Mitgesendete Waren.** Als mitgesendet gelten Waren nicht nur dann, wenn sie dem Antrag unmittelbar beigefügt waren. Es reicht aus, dass die Waren vor der Ablehnung in den Besitz des Kaufmanns gelangt sind und einen Bezug zu dem Antrag aufweisen.[109] Dies wäre etwa dann der Fall, wenn ein Lagerhalter, der zugleich Transportgeschäfte durchführt, Waren im Zuge einer Einlagerung erlangt hat und ihm der Eigentümer zum Ablauf der Einlagerungsperiode einen Antrag auf Transport der Waren zusendet.

38 **2. Inhalt der Pflicht.** Die Pflicht zur Schadensabwendung kann in erster Linie in einer **Verwahrung** bestehen, sei es durch den Kaufmann selbst oder durch die Veranlassung einer Drittverwahrung.[110] Gegebenenfalls kommen auch **Erhaltungspflichten** in Betracht, zB in Form einer zusätzlichen Verpackung bei fallenden Temperaturen. Mitunter ist auch eine **Versicherung** der Waren geboten.[111] Ein Notverkauf kann hingegen selbst bei verderblichen Waren nicht mehr als „einstweiliger" Schutz iSd § 362 Abs. 2 verstanden werden, sodass den Kaufmann keine entsprechende Pflicht trifft.[112] Ein Recht zum Notverkauf steht ihm nach Maßgabe der Regelungen der §§ 677 ff. BGB über die GoA zu.[113]

39 **3. Grenzen der Pflicht. a) Kostendeckung.** Für die Kosten der Schutz- und Erhaltungsmaßnahmen hat der Antragende einzustehen und den Kaufmann trifft eine Pflicht zum Tätigwerden grundsätzlich nur, soweit diese Kosten gedeckt sind. Eine solche Deckung folgt typischerweise aus dem Wert der Waren und ist durch ein Zurückbehaltungsrecht aus § 273 BGB bzw. den §§ 369 ff. gesichert.[114] Der Umfang der Kostenerstattungspflicht ist dabei analog § 670 BGB auf die erforderlichen Aufwendungen zu begrenzen, denen typische Schäden gleichstehen, die bei dem Kaufmann im Zuge der Erfüllung seiner Pflicht eintreten.[115] Nach § 354 Abs. 1 steht ihm zudem für Aufbewahrungen ein Lagergeld zu. Bei mangelnder Kostendeckung ergibt sich eine Schutz- und Erhaltungspflicht allenfalls aus § 242 BGB, wenn die Zahlungsfähigkeit des Antragenden außer Zweifel steht.[116]

40 **b) Keine sonstigen Nachteile.** Im Übrigen muss der Kaufmann keine erheblichen sonstigen Nachteile für den Schutz der Waren iSd § 362 Abs. 2 in Kauf nehmen. Daher kommt eine Grenze der Pflicht ua dann in Betracht, wenn der Umgang mit den Waren besonders gefährlich ist oder einen unangemessenen zeitlichen Aufwand erfordern würde.[117]

41 **4. Folgen einer Pflichtverletzung.** Verletzt der Kaufmann seine Schutz- und Erhaltungspflicht schuldhaft iSd § 347, §§ 276 ff. BGB, so haftet er dem Antragenden nach § 280 Abs. 1 BGB auf Ersatz des dadurch entstehenden Schadens.[118] Die bestehende Sonderverbindung schließt einen parallelen Anspruch aus den §§ 989, 990 BGB mangels Vindikationslage aus, während § 823 Abs. 1 BGB anwendbar bleibt.[119]

---

[108] Staub/Canaris, 4. Aufl. 2004, Rn. 29.

[109] BeckOGK/Lorz, 1.11.2025, Rn. 60; Ebenroth/Boujong/H.-W. Eckert Rn. 37; Hopt/Leyens Rn. 7; MüKoHGB/Martens Rn. 35; Schlegelberger/Hefermehl Rn. 24; Staub/Canaris, 4. Aufl. 2004, Rn. 29.

[110] GK-HGB/Weber Rn. 23; Heymann/Horn Rn. 15; Hopt/Leyens Rn. 7; MüKoHGB/Martens Rn. 36.

[111] Ebenroth/Boujong/H.-W. Eckert Rn. 38; Heymann/Horn Rn. 15; restriktiv Schlegelberger/Hefermehl Rn. 24.

[112] GK-HGB/Weber Rn. 23; Heymann/Horn Rn. 15; MüKoHGB/Martens Rn. 36; Schlegelberger/Hefermehl Rn. 24; **aA** Staub/Canaris, 4. Aufl. 2004, Rn. 29.

[113] RG 7.6.1907, RGZ 66, 196 f.; Ebenroth/Boujong/H.-W. Eckert Rn. 39; MüKoHGB/Martens Rn. 36; RGHMW/Steimle/Dornieden Rn. 35.

[114] Heymann/Horn Rn. 17; RGHMW/Steimle/Dornieden Rn. 36; Schlegelberger/Hefermehl Rn. 26; Staub/Canaris, 4. Aufl. 2004, Rn. 30.

[115] Vgl. MüKoHGB/Martens Rn. 37; allg. BGH 7.11.1960, BGHZ 33, 251 (257); Staudinger/Martinek/Omlor, 2017, BGB § 670 Rn. 23.

[116] Staub/Canaris, 4. Aufl. 2004, Rn. 30.

[117] BeckOGK/Lorz, 1.11.2025, Rn. 64; Ebenroth/Boujong/H.-W. Eckert Rn. 43; Heymann/Horn Rn. 17.

[118] Hopt/Leyens Rn. 7; MüKoHGB/Martens Rn. 38; RGHMW/Steimle/Dornieden Rn. 37; Schlegelberger/Hefermehl Rn. 27; Staub/Canaris, 4. Aufl. 2004, Rn. 29.

[119] BeckOGK/Lorz, 1.11.2025, Rn. 65; Ebenroth/Boujong/H.-W. Eckert Rn. 40; MüKoHGB/Martens Rn. 39; RGHMW/Steimle/Dornieden Rn. 37 f.; Schlegelberger/Hefermehl Rn. 27.

V. Beweislast

Für die Beweislast im Rahmen des § 362 gelten die **allgemeinen Regelungen.** Danach ist für das Vorliegen einer Geschäftsverbindung iSd Abs. 1 S. 1 und ein Erbieten nach Abs. 1 S. 2 der Antragende beweispflichtig. Gleiches gilt für die Fragen, ob der Inhalt des Antrags im Fall des Abs. 1 S. 1 dem Geschäftstypus des Kaufmanns entspricht und ob diesem der Antrag zugegangen ist.[120] Hingegen liegt die Beweislast für die unverzügliche Absendung einer Ablehnung bei dem Kaufmann.[121] Da der Zugang der Ablehnung im Risikobereich des Antragenden liegt (→ Rn. 25), stellt sich insoweit schließlich keine Beweislastfrage. 42

§ 363 [Kaufmännische Orderpapiere]

(1) [1]Anweisungen, die auf einen Kaufmann über die Leistung von Geld, Wertpapieren oder anderen vertretbaren Sachen ausgestellt sind, ohne daß darin die Leistung von einer Gegenleistung abhängig gemacht ist, können durch Indossament übertragen werden, wenn sie an Order lauten. [2]Dasselbe gilt von Verpflichtungsscheinen, die von einem Kaufmann über Gegenstände der bezeichneten Art an Order ausgestellt sind, ohne daß darin die Leistung von einer Gegenleistung abhängig gemacht ist.

(2) Ferner können Konnossemente der Verfrachter, Ladescheine der Frachtführer, Lagerscheine sowie Transportversicherungspolicen durch Indossament übertragen werden, wenn sie an Order lauten.

Schrifttum: Basedow, Dokumentelose Wertbewegungen im Gütertransport, in Kreuzer (Hrsg.), Abschied vom Wertpapier? Dokumentelose Wertbewegungen im Effekten-, Gütertransport- und Zahlungsverkehr, 1988, 67; v. Bernstorff, Das „reine Konnossement" im Seefrachtverkehr und die Ersatzmöglichkeit durch das elektronische „Bolero – bill of lading", RIW 2001, 504; Geis, Die Gesetzgebung zum elektronischen Geschäftsverkehr und die Konsequenzen für das Transportrecht, TranspR 2002, 89; Heymann, Die dingliche Wirkung der handelsrechtlichen Traditionspapiere, FS Dahn, Bd. III, 1905, 135; Jacobi, Die Wertpapiere, in Ehrenberg (Hrsg.), Handbuch des gesamten Handelsrechts, Bd. IV 1, 1917, 125; Kühlberg, Der Verkehrsschutz bei den Traditionspapieren, Diss. Hamburg 1970; Mankowski, Neue internationalprivatrechtliche Probleme des Konnossements, TranspR 1988, 410; Ramming, Ermöglichen die neuen § 126 Abs. 3 BGB, § 126a BGB die Ausstellung elektronischer Konnossemente?, VersR 2002, 539; Saive, Die Zukunft der Beförderungsdokumente, RdTW 2023, 132; Schnauder, Sachenrechtliche und wertpapierrechtliche Wirkungen der kaufmännischen Traditionspapiere, NJW 1991, 1642; Wittmann/Toldo, Elektronische Wertpapiere zur See – Die Digitalisierung maritimer Lieferketten, JZ 2025, 26.

Übersicht

I. Allgemeines

1. Normzweck. Die §§ 363–365 enthalten allgemeine Vorschriften zu kaufmännischen Wertpapieren. Sie sind von dem Grundgedanken getragen, dass im Handelsverkehr ein besonderes Bedürfnis der **Verkehrsfähigkeit** der betreffenden Papiere besteht.[1] Dieses Bedürfnis betrifft die Form der Übertra- 1

[120] Vgl. BGH 7.12.1994, NJW 1995, 665 (666); BeckOGK/Lorz, 1.11.2025, Rn. 70; Ebenroth/Boujong/H.-W. Eckert Rn. 25.

[121] Heymann/Horn Rn. 18; Schlegelberger/Hefermehl Rn. 18.

[1] BeckOGK/Saive, 15.12.2023, Rn. 2; Heymann/Horn Rn. 1; HK-HGB/Ruß Rn. 4; KKD/Koller §§ 363–365 Rn. 1.

gung der verbrieften Rechte und, damit verbunden, den Schutz des Rechtsverkehrs bei dem Erwerb der verbrieften Rechte. Vor diesem Hintergrund ermöglicht es § 363, die von der Norm erfassten Wertpapiere an Order auszustellen. Dadurch sind die verbrieften Rechte durch Indossament übertragbar (§ 363, § 364 Abs. 1), während der Schutz des Rechtsverkehrs bei dem Erwerb solcher Papiere durch die Möglichkeit eines gutgläubigen Erwerbs und durch eine Beschränkung von Einwendungen gegen die verbrieften Rechte (§ 364 Abs. 2) gewährleistet wird. Ergänzend finden auf die Orderpapiere verschiedene Vorschriften des Wechselrechts entsprechend Anwendung (§ 365 Abs. 1).

2 **2. Stellung im System des Wertpapierrechts.** Als Wertpapiere iwS gelten alle Urkunden, in denen ein Recht dergestalt verbrieft ist, dass zu seiner Ausübung grundsätzlich die Innehabung der Urkunde erforderlich ist.[2] Innerhalb dieser weiten Gruppe von Wertpapieren sind drei Grundformen zu unterscheiden:

3 **a) Inhaberpapiere.** Inhaberpapiere werden nach den sachenrechtlichen Normen der §§ 929 ff. BGB übertragen, wobei das verbriefte Recht jeweils der Berechtigung an dem Papier folgt. Hauptbeispiel ist die Inhaberschuldverschreibung iSd §§ 793 ff. BGB. Inhaberpapiere begründen eine weitgehende **Legitimationswirkung,** die sich zum einen in der Möglichkeit eines gutgläubigen Erwerbs nach den §§ 932 ff. BGB niederschlägt. Zum anderen kann der Schuldner mit befreiender Wirkung auch an einen nichtberechtigten Inhaber des Wertpapiers leisten (§ 793 Abs. 1 S. 2 BGB). Schließlich können Einreden und Einwendungen gegen das verbriefte Recht, die nicht aus dem Papier selbst ersichtlich sind, gegenüber einem gutgläubigen Erwerber in der Regel nicht geltend gemacht werden (§ 796 BGB).

4 **b) Rektapapiere.** Den Inhaberpapieren stehen die sog. Rektapapiere gegenüber, bei denen das verbriefte Recht als solches nach den jeweils einschlägigen Vorschriften unmittelbar übertragen wird, während die Berechtigung an dem Wertpapier der Inhaberschaft des verbrieften Rechts folgt (§ 952 BGB). Aufgrund des Vorrangs der Berechtigung aus dem Papier sind Rektapapiere in der Regel auf den Namen eines bestimmten Berechtigten ausgestellt. Beispiele für Rektapapiere bilden die bürgerlichrechtliche Anweisung (§§ 783 ff. BGB) und die Grundpfandrechtsbriefe (§ 1116 Abs. 1 BGB, § 1192 Abs. 1 BGB, § 1199 Abs. 1 BGB).

5 **c) Orderpapiere.** Orderpapiere nehmen schließlich eine **Mittelstellung** zwischen den Inhaber- und den Rektapapieren ein. Der jeweils aus dem Papier Berechtigte ist hier wie bei Rektapapieren in der Regel (außer im Fall eines Blankoindossaments) namentlich benannt, was eine Übertragung durch Nichtberechtigte unwahrscheinlicher macht als bei Inhaberpapieren.[3] Die Übertragung der Rechte sowohl an als auch aus dem Papier erfolgt durch Indossierung und Übergabe des Orderpapiers. Dabei wird der Rechtsverkehr durch einen weitgehenden Ausschluss von Einreden und Einwendungen, die nicht aus dem Papier selbst ersichtlich sind, geschützt, was die Orderpapiere wiederum mit den Inhaberpapieren verbindet.

6 Die spezifischen Wirkungen eines Orderpapiers, insbesondere die Übertragbarkeit durch Indossament, können nicht für jedes beliebige Wertpapier privatautonom vereinbart werden. Vielmehr bedarf es iSd **wertpapierrechtlichen Enumerationsprinzips** einer gesetzlichen Anerkennung des jeweiligen Orderpapiers.[4] Dabei besitzt ein sog. **geborenes Orderpapier** die Indossabilität automatisch, sofern nicht ausnahmsweise eine negative Orderklausel seine Übertragung durch Indossament ausschließt. Zu den geborenen Orderpapieren zählen der Wechsel (Art. 11 WG), der Namensscheck (Art. 14 ScheckG) und die Namensaktie (§ 68 AktG). Hingegen wird ein sog. **gekorenes Orderpapier** erst dadurch indossabel, dass ihm der Aussteller diese Eigenschaft mittels einer gesonderten, positiven Orderklausel verleiht. Hierzu zählen die kaufmännischen Papiere des § 363. Das wertpapierrechtliche Enumerationsprinzip schließt jedoch nur aus, dass die Parteien kraft ihrer Privatautonomie ein bestimmtes Wertpapier ohne eine entsprechende Regelung des objektiven Rechts mit den Wirkungen eines Orderpapiers ausstatten. Demgegenüber hindert es nicht kategorisch die **Analogiefähigkeit des § 363,**[5] die heute insbesondere im Bereich des internationalen Transports eine Rolle spielt (→ Rn. 26).

7 **3. Praktische Bedeutung.** Die praktische Bedeutung der gekorenen Orderpapiere iSd § 363 ist im Schwinden begriffen. Dabei spielen die Papiere des § 363 Abs. 1, die kaufmännische Anweisung

[2] Hueck/Canaris WertpapierR § 1 I.
[3] Hueck/Canaris WertpapierR § 2 III 2a.
[4] RG 9.2.1921, RGZ 101, 297 (299); BGH 15.12.1976, BGHZ 68, 18 (22) = NJW 1977, 499; Ulmer WertpapierR 27; Heymann/Horn Rn. 6; HK-HGB/Ruß Rn. 2; KKD/Koller §§ 363–365 Rn. 2; RGHMW/Steimle/Dornieden Rn. 11; Schlegelberger/Hefermehl Rn. 60; Hueck/Canaris WertpapierR § 2 III 2c; K. Schmidt HandelsR § 24 Rn. 9.
[5] Eingehend hierzu Staub/Canaris, 4. Aufl. 2004, Rn. 78 ff.

und der kaufmännische Verpflichtungsschein, bereits seit geraumer Zeit nur noch eine begrenzte Rolle im Handelsverkehr.[6] Demgegenüber kam den transport- und lagerrechtlichen Papieren des § 363 Abs. 2 in der Vergangenheit eine herausgehobene Bedeutung zu. Insbesondere durch die Entwicklung der Datenverarbeitung werden auch diese Wertpapiere jedoch in immer stärkerem Maße durch **elektronische Dokumente** verdrängt.[7] Den Grund hierfür bilden Kosten- und Geschwindigkeitsvorteile sowie die Anfälligkeit der Traditionspapiere für Fälschungen und betrügerische Verwendungen, die vor allem im internationalen Handel ein großes Risiko darstellen.[8] Im Ausgangspunkt unterfallen elektronische Dokumente nicht dem § 363, da sie keine Urkundenqualität besitzen.[9] Dies gilt selbst dann, wenn diese Dokumente in der elektronischen Form des § 126a BGB ausgestellt werden.[10] Hieran hat sich auch durch das Gesetz über elektronische Wertpapiere (eWpG) vom 3.6.2021 (BGBl. 2021 I 1423) nichts geändert, da dieses nach § 1 eWpG nur Schuldverschreibungen auf den Inhaber, nicht aber Orderpapiere regelt.[11] Allerdings sind durch das Seehandelsrechtsreformgesetz (→ Einl. Rn. 4) **elektronische Ladescheine** (§ 443 Abs. 3), **Lagerscheine** (§ 475c Abs. 4), **Konnossemente** (§ 516 Abs. 2 und 3) und nunmehr durch § 365a auch elektronische **Transportversicherungspolicen** unter bestimmten Voraussetzungen den klassischen Papierurkunden gleichgestellt worden, sodass sich die Frage stellt, ob dies auch für die Indossabilität iSd § 363 Abs. 2 gilt. Hierfür spricht der erkennbare Wille des Gesetzgebers, die elektronischen Dokumente als eine vollwertige Alternative zu den klassischen Urkunden zuzulassen und hierdurch den Bedürfnissen des Wirtschaftsverkehrs zu genügen.[12] Allerdings bedürfen die Einzelheiten der elektronischen Dokumente einer Ausformung durch die in § 365 S. 2, § 443 Abs. 3 S. 2, § 475c Abs. 4 S. 2, § 516 Abs. 3 vorgesehene Rechtsverordnung, sodass auch die Indossabilität näher im Verordnungswege auszugestalten ist.[13]

II. Die erfassten Wertpapiere

1. Kaufmännische Anweisung (Abs. 1 S. 1). a) Allgemeine Voraussetzungen. Eine Anweisung iSd § 363 Abs. 1 muss zunächst alle Voraussetzungen einer **bürgerlichrechtlichen Anweisung** nach § 783 BGB erfüllen.[14] Nach dieser Norm ist es erforderlich, dass der Anweisende einem Dritten (dem Anweisungsempfänger) eine Urkunde aushändigt, in welcher er einen anderen (den Angewiesenen) anweist, an den Anweisungsempfänger Geld, Wertpapiere oder andere vertretbare Sachen zu leisten. Neben der tatsächlichen Aushändigung der Urkunde setzt die Entstehung der Anweisung wie allgemein im Wertpapierrecht den Abschluss eines **Begebungsvertrags** zwischen dem Anweisenden und dem Anweisungsempfänger voraus.[15] Unmittelbare Folge der Anweisung ist, dass der Angewiesene eine Leistung, die er dem Anweisenden aufgrund eines Deckungsverhältnisses schuldet, mit befreiender Wirkung an den Anweisungsempfänger erbringen kann. Einen Anspruch des Letzteren gegen den Angewiesenen begründet die Anweisung hingegen erst, wenn sie gem. § 784 BGB durch den Angewiesenen angenommen wurde. 8

Bei den durch die § 783 BGB, § 363 Abs. 1 S. 1 geforderten **vertretbaren Sachen** kann es sich auch um eine **Stückschuld** handeln, sofern diese nur die Voraussetzungen des § 91 BGB erfüllt.[16] Praktische Bedeutung erlangt eine Anweisung über vertretbare Warenschulden insbesondere in Gestalt des sog. **Lieferscheins** (Delivery Order), mittels dessen ein Verkäufer (= Anweisender) 9

---

[6] Heymann/Horn Rn. 1.

[7] Näher Saive RdTW 2023, 132 (133 ff.); Wittmann/Toldo JZ 2025, 26 ff.; K. Schmidt HandelsR § 24 Rn. 2; allg. zu unverbrieften Wertrechten Einsele, Wertpapierrecht als Schuldrecht, 1995, 198 ff.; Lehmann, Finanzinstrumente, 2009, 228 ff.

[8] Grdl. Basedow in Kreuzer, Abschied vom Wertpapier? Dokumentelose Wertbewegungen im Effekten-, Gütertransport- und Zahlungsverkehr, 1988, 82 ff.; v. Bernstorff RIW 2001, 504 (508 ff.); Wittmann/Toldo JZ 2025, 26 (27 f.).

[9] Heymann/Horn Rn. 17.

[10] Geis TranspR 2002, 89 (92); Ramming VersR 2002, 539 (540 f.); BeckOGK/Saive, 15.12.2023, Rn. 25; MüKoHGB/Langenbucher Rn. 17; MüKoBGB/Einsele BGB § 126 Rn. 26 mwN.

[11] Vgl. Saive/Karschau TranspR 2021, 321 (325 f.).

[12] BT-Drs. 17/10309, 92 f.; BT-Drs. 20/5237, 90 f.; vgl. auch BeckOK HGB/Moussa, 48. Ed. 1.10.2025, Rn. 2.

[13] Krit. zum zögerlichen Vorgehen des Gesetzgebers Saive RdTW 2023, 132 (136); BeckOGK/Saive, 15.12.2023, Rn. 5; vgl. auch Wittmann/Toldo JZ 2025, 26 (30 f.).

[14] Ebenroth/Boujong/Hakenberg/Rock Rn. 7; Heymann/Horn Rn. 7; Hopt/Leyens Rn. 3; MüKoHGB/Langenbucher Rn. 11; Hueck/Canaris WertpapierR § 22 I 1a.

[15] BeckOGK/Saive, 15.12.2023, Rn. 27; Ebenroth/Boujong/Hakenberg/Rock Rn. 7; Heymann/Horn Rn. 7.

[16] Heymann/Horn Rn. 8; Staub/Canaris, 4. Aufl. 2004, Rn. 14; **aA** RG 9.2.1921, RGZ 101, 297 (299); 15.4.1931, JW 1931, 3079 (3080); Schlegelberger/Hefermehl Rn. 9.

zugunsten des Käufers (= Anweisungsempfänger) über Waren disponiert, die bei dem Angewiesenen eingelagert sind.[17] Im Bereich der Geldleistungen kommt die **Umdeutung eines nichtigen gezogenen Wechsels,** der die formellen Voraussetzungen des Art. 1 WG nicht vollständig erfüllt, in eine (kaufmännische) Anweisung in Betracht.[18]

10 **b) Zusätzliche Voraussetzungen der Indossabilität. aa) Kaufmannseigenschaft.** Während die bürgerlichrechtliche Anweisung iSd §§ 783 ff. BGB ein Rektapapier darstellt (→ Rn. 4), kann die kaufmännische Anweisung iSd § 363 Abs. 1 S. 1 fakultativ als Orderpapier ausgestellt werden, wenn die zusätzlichen Voraussetzungen dieser Norm erfüllt sind. Hierzu muss der Angewiesene Kaufmann iSd §§ 1–7 sein, wobei die erstmalige Begebung der Anweisung den **maßgeblichen Zeitpunkt** bildet.[19] Auch auf einen **Scheinkaufmann** kann nach bestrittener, aber zutreffender Auffassung eine Anweisung gem. § 363 Abs. 1 S. 1 ausgestellt werden.[20] Zwar begründet das Erfordernis der Kaufmannseigenschaft im Rahmen dieser Norm einen zwingenden Schutz, der nicht privatautonom disponibel ist. Die Anwendbarkeit des Handelsrechts beruht im Fall des Scheinkaufmanns aber nicht auf einer unmittelbaren privatautonomen Disposition über das Eingreifen bestimmter Regelungen, sondern auf einem legitime Verkehrserwartungen weckenden Rechtsschein, der als solcher dem Handelnden zurechenbar ist.[21] Hingegen ist § 363 auf **nicht-kaufmännische Unternehmensträger** nicht anwendbar.[22] Ob der Anweisende und der Anweisungsempfänger Kaufleute sind, ist hingegen unerheblich.[23] Daher ist es auch nicht erforderlich, dass es sich bei der Anweisung für den Anweisenden und den Anweisungsempfänger um ein Handelsgeschäft gem. §§ 343 ff. handelt.[24] Problematisch ist, inwieweit für den angewiesenen Kaufmann ein **Handelsgeschäft** in Rede stehen muss. Da dieser an der Begründung der Anweisung nicht unmittelbar beteiligt ist, kann die Rechtsnatur des Deckungsverhältnisses (→ Rn. 8) für den Anwendungsbereich des § 363 Abs. 1 S. 1 keine Rolle spielen. Das Erfordernis der Kaufmannseigenschaft erklärt sich vielmehr daraus, dass eine indossable Anweisung aufgrund des Verkehrsschutzes der §§ 364 f. für den Angewiesenen mit besonderen Risiken verbunden ist, wenn er die Anweisung gem. § 784 BGB annimmt und damit eine persönliche Verpflichtung eingeht.[25] Dies spricht dafür, den Anwendungsbereich des § 363 Abs. 1 S. 1 davon abhängig zu machen, ob ein solches Akzept durch den Angewiesenen – sofern es erfolgt – für ihn ein Handelsgeschäft iSd §§ 343 ff. darstellt.[26] Hierbei gilt freilich die Fiktion des § 344 Abs. 2.[27]

11 **bb) Keine Abhängigkeit von einer Gegenleistung.** Weiterhin darf die Leistung des Angewiesenen **in der Anweisung** nicht von einer Gegenleistung abhängig gemacht worden sein. Diese Voraussetzung wird weithin als rechtspolitisch verfehlt angesehen,[28] ist aufgrund der eindeutigen Fassung der Norm jedoch zu respektieren. Unschädlich ist es hingegen, wenn **außerhalb der Anweisung** verabredet wurde, dass der Angewiesene nur Zug-um-Zug mit einer Gegenleistung leisten muss.[29] Zugunsten eines gutgläubigen Anweisungserwerbers gilt dann jedoch der Einwendungsausschluss des § 364 Abs. 2.

12 **2. Kaufmännischer Verpflichtungsschein (Abs. 1 S. 2).** Als gekorenes Orderpapier kommt nach § 363 Abs. 1 S. 2 auch ein Verpflichtungsschein in Betracht, der von einem Kaufmann über

[17] Eingehend Schlegelberger/Hefermehl Rn. 16 ff.; Staub/Canaris, 4. Aufl. 2004, Rn. 37 ff.; GK-HGB/Weber Rn. 4; HK-HGB/Ruß Rn. 5; Hueck/Canaris WertpapierR § 22 I 2b.

[18] Ebenroth/Boujong/Hakenberg/Rock Rn. 9; Heymann/Horn Rn. 10; Hopt/Leyens Rn. 3; MüKoHGB/Langenbucher Rn. 18; Staub/Canaris, 4. Aufl. 2004, Rn. 33; **aA** RG 8.10.1929, JW 1930, 1376.

[19] Ebenroth/Boujong/Hakenberg/Rock Rn. 8; Heymann/Horn Rn. 9; HK-HGB/Ruß Rn. 5; MüKoHGB/Langenbucher Rn. 26; RGHMW/Steimle/Dornieden Rn. 9; diff. Staub/Canaris, 4. Aufl. 2004, Rn. 9 f.

[20] Ebenroth/Boujong/Hakenberg/Rock Rn. 8; **aA** BeckOGK/Saive, 15.12.2023, Rn. 13, 13.2; BeckOK HGB/Moussa, 48. Ed. 1.10.2025, Rn. 6; Hopt/Leyens Rn. 3; KKD/Koller §§ 363–365 Rn. 3; RGHMW/Steimle/Dornieden Rn. 9; Schlegelberger/Hefermehl Rn. 7; auch noch → 6. Aufl. 2019, Rn. 10.

[21] Allg. K. Schmidt HandelsR § 10 Rn. 141; diff. je nach Art des Scheinkaufmanns (nicht-eingetragener Kleingewerbetreibender, Freiberufler, sonstige Personen) Canaris HandelsR § 6 Rn. 23 ff.

[22] Staub/Canaris, 4. Aufl. 2004, Rn. 7; Hueck/Canaris WertpapierR § 22 I 1a; **aA** K. Schmidt HandelsR § 24 Rn. 15 ff.

[23] Denkschrift zu dem Entwurf eines Handelsgesetzbuchs, 1896, 204 f.; Heymann/Horn Rn. 9; Staub/Canaris, 4. Aufl. 2004, Rn. 6.

[24] NK-HGB/Eberl Rn. 5; Hopt/Leyens Rn. 3; MüKoHGB/Langenbucher Rn. 24.

[25] Denkschrift zu dem Entwurf eines Handelsgesetzbuchs, 1896, 204 f.; Staub/Canaris, 4. Aufl. 2004, Rn. 6.

[26] Vgl. Ebenroth/Boujong/Hakenberg/Rock Rn. 8; **aA** Schlegelberger/Hefermehl Rn. 8, Staub/Canaris, 4. Aufl. 2004, Rn. 5.

[27] OLG Hamm 26.6.1981, ZIP 1982, 48 (50) zu einem kaufmännischen Verpflichtungsschein.

[28] Staub/Canaris, 4. Aufl. 2004, Rn. 17; Hueck/Canaris WertpapierR § 22 I 1a.

[29] BeckOGK/Saive, 15.12.2023, Rn. 29; GK-HGB/Weber Rn. 3; Hopt/Leyens Rn. 3; MüKoHGB/Langenbucher Rn. 22.

Geld, Wertpapiere oder andere vertretbare Sachen ausgestellt ist, ohne dass darin die Leistung von einer Gegenleistung abhängig gemacht wird. Bei der Verpflichtung des Kaufmanns muss es sich um eine **wertpapierrechtliche Schuld** handeln, die zwar nicht zwingend iSd § 780 BGB von dem Kausalverhältnis abstrakt sein muss, sich nach dem Parteiwillen aber auch nicht in der bloß urkundlichen Fixierung der kausalen Schuld erschöpfen darf.[30] Daher ist es erforderlich, dass die Geltendmachung der Schuld von der Vorlage der Urkunde abhängig sein soll (→ Rn. 2).[31] Umgekehrt ist es jedoch möglich, in dem Verpflichtungsschein einen kausalen Schuldgrund anzugeben, was die Wirkungen des Einwendungsausschlusses aus § 364 Abs. 2 begrenzt.[32] Der erforderlichen **schriftlichen Form** genügt der Verpflichtungsschein analog § 793 Abs. 2 S. 2 BGB auch dann, wenn die Namensunterschrift im Wege einer mechanischen Vervielfältigung hergestellt wird.[33] Neben dem Skripturakt und der Aushändigung des Verpflichtungsscheins an den Berechtigten, der in der Urkunde namentlich benannt sein muss,[34] bedarf es zur Begründung der wertpapierrechtlichen Verbindlichkeit eines **Begebungsvertrags.**[35]

Hinsichtlich der Voraussetzungen der **Kaufmannseigenschaft,** die sich im Rahmen des § 363 Abs. 1 S. 2 auf den Verpflichteten bezieht, und der Unzulässigkeit einer in der Urkunde vereinbarten **Gegenleistung** gilt das zu § 363 Abs. 1 S. 1 Gesagte entsprechend (→ Rn. 10 f.). 13

Als **Beispiele** für Verpflichtungsscheine iSd § 363 Abs. 1 S. 2 kommen **Reiseschecks**[36] sowie **umgedeutete formunwirksame eigene Wechsel**[37] in Betracht, während ein formunwirksamer gezogener Wechsel in eine Anweisung gem. §§ 783 ff. BGB, § 363 Abs. 1 S. 1 umzudeuten ist (→ Rn. 9).[38] 14

3. Transport- und lagerrechtliche Papiere (Abs. 2). a) Verhältnis zur Traditionswirkung. Zu den gekorenen Orderpapieren zählen auch die Konnossemente, Ladescheine, Lagerscheine und Transportversicherungspolicen (zu elektronischen Varianten → Rn. 7). Dabei kommt den Konnossementen, Ladescheinen und Lagerscheinen häufig eine **Doppelfunktion** zu:[39] 15

In erster Linie **verbriefen** diese Papiere den **Herausgabeanspruch** gegen den Verfrachter, Frachtführer oder Lagerhalter in Bezug auf die transportierten oder eingelagerten Güter.[40] Dieser Anspruch kann gem. § 363 Abs. 2 mit den Wirkungen der §§ 364, 365 durch Indossament übertragen werden, wenn das betreffende Papier an Order ausgestellt ist. 16

Hiervon zu unterscheiden ist die in den §§ 363 ff. nicht geregelte **Verwendung** dieser Wertpapiere **als sog. Traditionspapiere.**[41] Nach den § 448, § 475g und § 524 hat die Begebung bzw. Übertragung des Ladescheins, Lagerscheins oder Konnossements an denjenigen, der durch das Wertpapier zum Empfang des Guts legitimiert ist, für den Erwerb von Rechten an dem Gut dieselben Wirkungen wie die Übergabe des Guts. Dies betrifft vor allem eine Übereignung oder Verpfändung der transportierten oder eingelagerten Güter mittels des Wertpapiers. Über die genauen Voraussetzungen und Konsequenzen der Traditionswirkung herrscht allerdings ein Streit, der lange Zeit stark begrifflich-konstruktiv geprägt war. So nimmt eine Sichtweise an, dass die Papierbegebung bzw. -übertragung eine Übergabe der Güter iSd § 929 S. 1 BGB, § 1205 Abs. 1 S. 1 BGB vollständig substituiert (sog. absolute Theorie),[42] während es sich nach einer anderen Auffassung lediglich um einen besonderen Anwendungsfall der Verfügung durch Abtretung des Herausgabeanspruchs iSd § 931 BGB, § 1205 Abs. 2 BGB handelt (sog. relative Theorie).[43] Nach der lange Zeit hM schließlich „repräsentiert" die Papierbegebung bzw. -übertragung im Zuge eines Erwerbs nach den § 929 S. 1 BGB, § 1205 17

---

[30] IErg auch Ulmer WertpapierR 25; Heymann/Horn Rn. 12; Staub/Canaris, 4. Aufl. 2004, Rn. 23.

[31] Staub/Canaris, 4. Aufl. 2004, Rn. 23.

[32] RG 9.6.1899, RGZ 44, 228 (230); BeckOGK/Saive, 15.12.2023, Rn. 33; Staub/Canaris, 4. Aufl. 2004, Rn. 19; restriktiv Heymann/Horn Rn. 12.

[33] Heymann/Horn Rn. 13; KKD/Koller §§ 363–365 Rn. 4; Schlegelberger/Hefermehl Rn. 27; Staub/Canaris, 4. Aufl. 2004, Rn. 21; gegen jedes Schriftformerfordernis unter Verweis auf § 350 BeckOGK/Saive, 15.12.2023, Rn. 36 f.

[34] RG 15.4.1931, JW 1931, 3079 (3080).

[35] Allg. Hueck/Canaris WertpapierR § 3 I 2.

[36] RG 10.5.1912, RGZ 79, 342 (343 f.); **aA** Saria/Stessl RIW 2002, 35 (41); offen Heymann/Horn Rn. 14.

[37] RG 5.6.1901, RGZ 48, 223 (229 f.); BGH 15.5.1970, WM 1970, 1023 (1024); Ebenroth/Boujong/Hakenberg/Rock Rn. 10; Staub/Canaris, 4. Aufl. 2004, Rn. 34; Hueck/Canaris WertpapierR § 22 I 2.

[38] Heymann/Horn Rn. 14; Schlegelberger/Hefermehl Rn. 34.

[39] Schnauder NJW 1991, 1642 ff.; Ebenroth/Boujong/Hakenberg/Rock Rn. 17; MüKoHGB/Langenbucher Rn. 2, 10; Staub/Canaris, 4. Aufl. 2004, Rn. 4.

[40] Zu Einzelheiten Schnauder NJW 1991, 1642 ff.; Staub/Canaris, 4. Aufl. 2004, Rn. 57 ff., jeweils mwN.

[41] Eingehend Schlegelberger/Hefermehl Rn. 47 ff.; Staub/Canaris, 4. Aufl. 2004, Rn. 95 ff.

[42] Insbesondere Heymann FS Dahn, Bd. III, 1905, 160 ff.; Kühlberg, Der Verkehrsschutz bei den Traditionspapieren, 1970, 54 ff.

[43] So noch Hellwig, Die Verträge auf Leistung an Dritte, 1899, 344 ff.

Abs. 1 S. 1 BGB einen mittelbaren Besitz an dem Gut (sog. Repräsentationstheorie).[44] Praktische Bedeutung hat die Streitfrage dabei vor allem für die Voraussetzungen eines gutgläubigen Erwerbs nach den §§ 932 ff. BGB und die Frage, ob bei einer Verpfändung das Anzeigeerfordernis des § 1205 Abs. 2 BGB eingreift. Die nunmehr überwiegende Auffassung löst sich bei der Interpretation der § 448, § 475g und § 524, wenn auch wiederum mit Unterschieden im Einzelnen, von einer strengen Anlehnung an die §§ 929 ff. BGB und nimmt an, dass die Papierbegebung bzw. -übertragung dann ohne ein weiteres Publizitätserfordernis zu dem Erwerb des Guts führen kann, wenn sich dieses Gut noch im Besitz des Verfrachters, Frachtführers oder Lagerhalters befindet, mag Letzterer seinen Besitz auch eigenmächtig in einen Eigenbesitz verwandelt haben.[45] Dieses Erfordernis eines fortdauernden Besitzes an dem Gut ist im Zuge der Neufassung der § 448, § 475g und § 524 durch das Seehandelsrechtsreformgesetz (→ Einl. Rn. 4) auch ausdrücklich im Gesetzeswortlaut verankert worden, was der Lesart der überwiegenden Auffassung eine zusätzliche Legitimation verleiht.[46]

18 Durch die gesetzliche Neuregelung ist auch der **Anwendungsbereich** des § 363 Abs. 2 einerseits sowie der § 448, § 475g und § 524 andererseits harmonisiert worden. Während § 363 Abs. 2 festlegt, dass alle Konnossemente, Ladescheine und Lagerscheine an Order ausgestellt werden können, aber nicht an Order ausgestellt werden müssen, kam dem Lagerschein die Traditionswirkung nach § 475g aF nur dann zu, wenn er tatsächlich als Orderlagerschein ausgestellt wurde, wogegen es für Ladescheine und Konnossemente hierauf schon nach den § 448 aF, § 650 aF nicht ankam. Nach der neuen Rechtslage stellen Lager- und Ladescheine sowie Konnossemente gem. §§ 448, 475g, 524 einheitlich und unabhängig davon Traditionspapiere dar, ob sie an Order ausgestellt wurden.

19 **b) Konnossemente.** Im Rahmen eines Seefrachtvertrags bestätigt das Konnossement einerseits im Sinne einer Vermutung, dass die Güter durch den Verfrachter von dem Ablader in dem Zustand übernommen wurden, der in dem Dokument festgehalten ist (§ 517 Abs. 1 S. 1), und begründet andererseits am Zielhafen einen Anspruch desjenigen auf Herausgabe der Güter, der durch das Konnossement als Empfänger legitimiert ist (§ 521 Abs. 1 S. 1 iVm § 519). Die weiteren Einzelheiten zu einem Anspruch des Abladers gegen den Verfrachter auf Ausstellung eines Konnossements, zu dessen Inhalt und zu dessen Rechtswirkungen sind in den §§ 513 ff. enthalten.

20 **c) Ladescheine.** Der in den §§ 443 ff. geregelte Ladeschein übernimmt für den Land-, Binnenschifffahrts- und Luftfrachtvertrag die Funktion, die das Konnossement im Seefrachtgeschäft ausfüllt. Dementsprechend bewirkt er die Vermutung, dass die Güter wie im Ladeschein beschrieben übernommen wurden (§ 444 Abs. 1 und 2), und begründet zugunsten des aus dem Ladeschein Legitimierten einen Anspruch auf Herausgabe der Ware am Zielort des Frachtgeschäfts (§ 445 Abs. 1 S. 1 iVm § 444 Abs. 3).

21 **d) Lagerscheine.** Ein Lagerschein iSd §§ 475c ff. wird im Rahmen eines Lagervertrags durch den Lagerhalter ausgestellt und hat vergleichbare Rechtswirkungen wie ein Konnossement oder ein Ladeschein, dh er begründet eine Vermutung dafür, dass das eingelagerte Gut wie beschrieben übernommen wurde (§ 475d Abs. 1), und berechtigt den aus dem Wertpapier Legitimierten zur Empfangnahme des Guts (§ 475e Abs. 1 iVm § 475d Abs. 3).

22 **e) Transportversicherungspolicen.** Der Transportversicherungsvertrag stellt einen Spezialfall des Versicherungsvertrags dar, der in den §§ 130 ff. VVG geregelt ist. Sofern der Versicherungsschein gem. § 3 Abs. 1 VVG als Urkunde ausgestellt wird, handelt es sich um ein Wertpapier. Die Transportversicherungspolice kann dabei gem. § 363 Abs. 2 auch als Orderpapier ausgestellt werden. Dies beruht auf dem Umstand, dass im Zuge einer Disposition über die transportierten Güter die Transportversicherung in der Regel zugleich mit dem Konnossement oder dem Ladeschein übertragen wird und hierbei eine einheitliche Übertragungsform wünschenswert erscheint.[47] Zu elektronischen Transportversicherungspolicen s. § 365a.

23 **f) Multimodaler Transport.** Transporte über größere Strecken werden nicht selten im Wege eines sog. multimodalen Transports auf Teilstrecken durch verschiedene Transportmittel durchgeführt (See- und Binnenschiffe, Straßen-, Schienen- und Lufttransport). Sofern die gesamte Wegstrecke dabei aufgrund eines einheitlichen Frachtvertrags abgewickelt wird, besteht ein Bedürfnis, für die

[44] BGH 27.10.1967, BGHZ 49, 160 (163) = NJW 1968, 591; Ehrenbergs HdB Bd. IV 1/Jacobi 539 ff.; Schlegelberger/Hefermehl Rn. 50.

[45] Schnauder NJW 1991, 1642 (1646 ff.); Tiedtke, Gutgläubiger Erwerb, 1985, 281 ff.; BeckOGK/Saive, 15.12.2023, Rn. 43 ff.; Ebenroth/Boujong/Hakenberg/Rock Rn. 18; Heymann/Horn Rn. 24 ff.; MüKoHGB/Langenbucher Rn. 65 f.; Staub/Canaris, 4. Aufl. 2004, Rn. 108 ff.; K. Schmidt HandelsR § 24 Rn. 30 ff.

[46] Dazu Rabe TranspR 2015, 429 (431).

[47] Ulmer WertpapierR 26; Staub/Canaris, 4. Aufl. 2004, Rn. 55; Hueck/Canaris WertpapierR § 22 I 5.

gesamte Beförderung ein einheitliches transportrechtliches (Traditions-)Papier ausstellen zu können.[48] Dieses Interesse wird durch § 452 anerkannt, der durch das Transportrechtsreformgesetz vom 25.6.1998 (BGBl. 1998 I 1588) in das HGB eingefügt wurde. Nach dieser Norm findet auf den gesamten Vertrag das Recht des Frachtvertrags Anwendung (§§ 407 ff.), was die Ausstellung eines **einheitlichen Ladescheins** iSd §§ 443 ff. ermöglicht. Bei einem Transportvertrag, der eine Beförderung sowohl auf Binnen- als auch auf Seegewässern ohne Umladung zum Gegenstand hat, gilt alternativ für den gesamten Vertrag gem. § 450 Seefrachtrecht mit der Möglichkeit zur Ausstellung eines **einheitlichen Konnossements,** wenn die auf Seegewässern zurückgelegte Strecke die größere ist. Diese einheitlichen Papiere unterliegen ihrerseits wiederum der Regelung des § 363 Abs. 2.[49]

g) Internationaler Transport. Erfolgt ein internationaler Transport, so entscheidet das **IPR** über die Anwendbarkeit des § 363 Abs. 2 auf transportrechtliche Wertpapiere, sofern nicht ein vorrangiges international-sachrechtliches Übereinkommen vorliegt. Dabei muss für Wertpapiere im Ausgangspunkt zwischen **zwei Teilfragen** unterschieden werden: Die erste Teilfrage betrifft die Rechtsordnung, nach der sich der Erwerb des Papiers selbst beurteilt (sog. Wertpapiersachstatut; → Rn. 25), während die zweite Teilfrage die Rechtsordnung betrifft, nach der sich die Rechte aus dem Papier beurteilen (sog. Wertpapierrechtsstatut oder Hauptstatut; → Rn. 26).[50] 24

Das **Wertpapiersachstatut** folgt gem. Art. 43 Abs. 1 EGBGB dem jeweiligen Belegenheitsort des Wertpapiers. Nach diesem Anknüpfungspunkt beurteilt sich im Grundsatz auch die Wirksamkeit der Übertragung eines Orderpapiers.[51] Da sich **bezüglich der Indossabilität,** die durch § 363 Abs. 2 geregelt wird, jedoch Fragen des Erwerbs des Papiers selbst und der Rechte aus dem Papier auf das Engste verknüpfen (vgl. § 364), **gilt** hierfür im Ergebnis gleichwohl das **Wertpapierrechtsstatut.**[52] 25

Hinsichtlich der **Ermittlung des Wertpapierrechtsstatuts** nimmt Art. 1 Abs. 2 lit. d Rom I-VO Verpflichtungen, die aus handelbaren Wertpapieren entstehen, von dem Anwendungsbereich des Vertragsstatuts aus. Gleichwohl wendet die hM Art. 3 Abs. 1 und 5 Rom I-VO (früher Art. 27 Abs. 1 und 4 EGBGB aF) als allgemeine Rechtsgedanken auf **Rechtswahlklauseln** an, die in dem Wertpapier enthalten sind.[53] Fehlt es jedoch an einer wirksamen Rechtswahl, so gilt das Recht des **Bestimmungsorts der transportierten Ware.**[54] Soweit danach das deutsche Recht auf die Frage der Indossabilität anwendbar ist, können internationale Papiere, die wie zB das FIATA-Konnossement für den multimodalen Transport (Multimodal Transport Bill of Lading)[55] oder das Dokument der ICC für den kombinierten Transport (CT-Document) den deutschen transportrechtlichen Wertpapieren ähneln, in **analoger Anwendung des § 363 Abs. 2** wirksam als Orderpapiere ausgestaltet werden.[56] Hingegen erfüllt die FIATA-Spediteur-Übernahmebescheinigung (Forwarder's Certificate of Receipt), die bei Auslieferung der Ware nicht vorgelegt werden muss, nicht die Anforderungen an ein Wertpapier (→ Rn. 2) und kann daher auch nicht an Order ausgestellt werden.[57] 26

III. Rechtsfolgen

1. Zulässigkeit einer Orderklausel. Die von § 363 erfassten Wertpapiere können als gekorene Orderpapiere (→ Rn. 6) **fakultativ an Order** ausgestellt werden. Das Papier kann dabei auch an eigene Order des Ausstellers lauten.[58] Die wesentliche Rechtsfolge einer Orderklausel ist die 27

[48] Heymann/Horn Rn. 20.

[49] Statt aller Staub/Canaris, 4. Aufl. 2004, Rn. 83.

[50] MüKoBGB/Wendehorst EGBGB Art. 43 Rn. 200; Staudinger/Mansel, 2015, EGBGB Anh. Art. 43 Rn. 23 ff.

[51] BGH 26.9.1989, BGHZ 108, 353 (356) = NJW 1990, 242; Mankowski TranspR 1988, 410 (413 f.); Staudinger/Mansel, 2015, EGBGB Anh. Art. 43 Rn. 49.

[52] MüKoBGB/Wendehorst EGBGB Art. 43 Rn. 201; Staudinger/Mansel, 2015, EGBGB Anh. Art. 43 Rn. 50.

[53] BGH 15.12.1986, BGHZ 99, 207 (209 f.) = NJW 1987, 1145; MüKoBGB/Martiny Rom I-VO Art. 1 Rn. 70; v. Bar, Internationales Privatrecht, Bd. II, 1991, Rn. 455.

[54] BGH 14.4.1953, BGHZ 9, 221 (224) = NJW 1953, 1140; Mankowski in Reithmann/Martiny IntVertragsR Rn. 15.193 und 15.267.

[55] Auf der Grundlage des österreichischen Rechts die Indossabilität bejahend öOGH 29.4.1992, IPRax 1993, 252 (253 f.) m. zust. Anm. Koller IPRax 1993, 257.

[56] Heymann/Horn Rn. 36; KKD/Koller §§ 363–365 Rn. 2; K. Schmidt HandelsR § 24 Rn. 11; **aA** BeckOK HGB/Moussa, 48. Ed. 1.10.2025, Rn. 10; offen Ebenroth/Boujong/Hakenberg/Rock Rn. 16.

[57] BGH 15.12.1976, BGHZ 68, 18 (22) = NJW 1977, 499; Heymann/Horn Rn. 36; Staub/Canaris, 4. Aufl. 2004, Rn. 85; **aA** Hueck/Canaris WertpapierR § 22 I 6.

[58] RG 8.10.1929, JW 1930, 1376 (1377); BeckOGK/Saive, 15.12.2023, Rn. 15; Heymann/Horn Rn. 5; Hopt/Leyens Rn. 1; RGHMW/Steimle/Dornieden Rn. 12.

Indossabilität des Wertpapiers iSd § 364 Abs. 1. Daher muss eine wirksame Orderklausel nicht zwingend die Worte „an Order" enthalten, sondern kann auch in der Formulierung „Übertragbar durch Indossament" bestehen.[59] Ist das Papier hingegen nur auf einen bestimmten Berechtigten ausgestellt, so wird es nicht dadurch zum Orderpapier, dass dieser bei einer Abtretung des verbrieften Anspruchs den Namen des neuen Gläubigers auf dem Papier offen lässt.[60] Zu den einzelnen Rechtsfolgen, die gem. §§ 364, 365 an die Indossabilität geknüpft sind, s. die Kommentierungen dort.

28 **2. Rechtslage bei Fehlen einer Orderklausel.** Wird ein Wertpapier iSd § 363 nicht mit einer Orderklausel versehen, so muss unterschieden werden:[61] Ist das Papier auf den Namen eines bestimmten Berechtigten ausgestellt, so handelt es sich um ein Rektapapier (→ Rn. 4). Lautet es hingegen auf den jeweiligen Inhaber, so folgt es den Regelungen, die für Inhaberpapiere gelten (→ Rn. 3).

§ 364 [Indossament]

(1) Durch das Indossament gehen alle Rechte aus dem indossierten Papier auf den Indossatar über.

(2) Dem legitimierten Besitzer der Urkunde kann der Schuldner nur solche Einwendungen entgegensetzen, welche die Gültigkeit seiner Erklärung in der Urkunde betreffen oder sich aus dem Inhalte der Urkunde ergeben oder ihm unmittelbar gegen den Besitzer zustehen.

(3) Der Schuldner ist nur gegen Aushändigung der quittierten Urkunde zur Leistung verpflichtet.

Schrifttum: s. das Schrifttum zu § 363 sowie Helm, Haftung für Schäden an Frachtgütern, 1966.

Übersicht

I. Allgemeines

1 Die Regelungen des § 364 sind Ausdruck der **Transport- und Legitimationsfunktion des Indossaments**[1] bei den kaufmännischen Orderpapieren und begründen deren besondere Verkehrsfähigkeit. Dabei stellt das Indossament eine Möglichkeit zur Übertragung der verbrieften Rechte dar (Abs. 1), die neben eine Übertragung durch Abtretung iSd §§ 398 ff. BGB tritt (→ Rn. 13). Soweit eine Indossierung erfolgt, wird das Vertrauen des Rechtsverkehrs in die Legitimation des Übertragenden in erhöhtem Maße geschützt, weshalb **Einreden und Einwendungen des Schuldners** gegen den verbrieften Anspruch nur in einem begrenzten Maße zulässig sind (Abs. 2), das hinter der allgemeinen Regelung des § 404 BGB zurückbleibt. Aufgrund der besonderen Gefahren, die demnach mit einem Indossament für den Schuldner verbunden sind, muss dieser nur gegen **Aushändigung des quittierten Orderpapiers** leisten (Abs. 3).

2 Die Transport- und Legitimationsfunktion des Indossaments bei den kaufmännischen Orderpapieren bildet eine **Parallele zum Wechselrecht,** das gem. § 365 Abs. 1 zum Teil auch auf die Papiere des § 363 anwendbar ist. Allerdings besteht keine vollständige Übereinstimmung mit den wechselrechtlichen Vorschriften. Insbesondere sehen die §§ 364, 365, anders als Art. 15 WG, **keine Garantiehaftung** des Indossanten gegenüber dem Indossatar für die Erfüllung der verbrieften Rechte vor.[2]

[59] Ulmer WertpapierR 24 f.; Heymann/Horn Rn. 5; vgl. auch ROHG 2.2.1878, ROHGE 23, 293 (294 ff.): an den „sonstigen getreuen Inhaber".
[60] RG 25.5.1927, RGZ 117, 143 (146); Hopt/Leyens Rn. 2.
[61] Ebenroth/Boujong/Hakenberg/Rock Rn. 4 f.; K. Schmidt HandelsR § 24 Rn. 12.
[1] Hierzu allg. Hueck/Canaris WertpapierR § 8 IV 1 und 2.
[2] Heymann/Horn Rn. 9; Hopt/Leyens Rn. 7; KKD/Koller §§ 363–365 Rn. 6; MüKoHGB/Langenbucher § 365 Rn. 1; Staub/Canaris, 4. Aufl. 2004, Rn. 8; K. Schmidt HandelsR § 24 Rn. 14.

II. Übertragung der kaufmännischen Orderpapiere

1. Übertragung durch Indossament. a) Allgemeines. Das Indossament stellt einen **schriftlichen Vermerk** auf dem kaufmännischen Orderpapier dar, der sich inhaltlich auf eine Übertragung des Papiers und der daraus folgenden Rechte durch den Indossanten an den Indossatar richtet.[3] Typischerweise lautet die Formulierung dabei „an die Order des [Name des Indossatars]". Es genügt aber auch jede andere Formulierung, der sich gem. **§§ 133, 157 BGB** der Wille des Indossanten entnehmen lässt, die verbrieften Rechte in wertpapierrechtlicher Form zu übertragen.[4] Dies ist zB auch bei der Kurzform „an [Name des Indossatars]" gegeben.[5] Anders als im Wechselrecht (Art. 11 Abs. 2 WG, Art. 15 Abs. 2 WG) kann die Indossabilität eines kaufmännischen Papiers iSd § 363, das als Orderpapier ausgestellt wurde, **nicht** durch eine **negative Orderklausel** wieder ausgeschlossen werden.[6] Hierfür besteht kein praktisches Bedürfnis, weil es der Aussteller eines gekorenen Orderpapiers ohnehin in der Hand hat, ob er das Papier indossabel begibt, und weil einen späteren Indossanten – anders als bei einem Wechsel (Art. 15 Abs. 1 WG) – keine Garantiehaftung trifft, die ihn veranlassen könnte, eine negative Orderklausel aufzunehmen. 3

Entgegen dem Anschein, den der Wortlaut des § 364 Abs. 1 erweckt, stellt der einseitige Skripturakt des Indossanten jedoch keine hinreichende Voraussetzung für eine wirksame **Übertragung der Rechte aus dem Papier und an dem Papier** dar. Vielmehr bedarf es hierzu auch einer sog. **Begebung des Papiers,** dh einer Übereignung desselben an den Indossatar gem. §§ 929 ff. BGB.[7] Dabei kann die Übergabe des Papiers durch ein Übergabesurrogat iSd § 929 S. 2 BGB, §§ 930 f. BGB ersetzt werden.[8] Zur Rechtsübertragung bei einem Blankoindossament → § 365 Rn. 5 ff. 4

Das Indossament führt nach heute allgM zu einem **derivativen Rechtserwerb** des Indossatars.[9] Verschiedene Versuche, einen originären Erwerb von Ansprüchen gegen den Wertpapierschuldner zu begründen, haben sich nicht durchgesetzt.[10] Sie sind im Anwendungsbereich des § 364 um so weniger überzeugend, als ihr Zweck zu einem großen Teil darin bestand, im Wechselrecht den Ablauf des Regresses bei nicht eingelösten Wechseln dogmatisch befriedigend zu erklären. Derartige Regressprobleme stellen sich bei den kaufmännischen Orderpapieren mangels einer mit Art. 15 WG vergleichbaren Garantiefunktion des Indossaments (→ Rn. 2) jedoch kaum. Das Vorliegen eines derivativen Erwerbs ändert allerdings nichts daran, dass der Indossatar aus Gründen des **Verkehrsschutzes** im Wege eines gutgläubigen Erwerbs (→ § 365 Rn. 10 ff.) oder durch einen Einwendungsausschluss gem. § 364 Abs. 2 mehr Rechte erlangen kann, als dem Indossanten zustanden. 5

b) Umfang der Rechtsübertragung. Gemäß § 364 Abs. 1 gehen durch das Indossament alle Rechte aus dem indossierten Papier über. Dies sind neben den primären Ansprüchen auf Leistung aus einer angenommenen kaufmännischen Anweisung und einem kaufmännischen Verpflichtungsschein (§ 363 Abs. 1) bzw. neben den Herausgabeansprüchen im Fall der transport- und lagerrechtlichen Papiere des § 363 Abs. 2 auch Sekundäransprüche, die aus einer **Leistungsstörung** in Bezug auf den verbrieften Anspruch resultieren.[11] Dabei macht es keinen Unterschied, ob diese Ansprüche aus den allgemeinen Normen der §§ 280 ff. BGB oder aus handelsrechtlichen Spezialnormen (zB §§ 425, 475) folgen. Soweit für den verbrieften Anspruch **akzessorische Sicherheiten** bestehen, gilt § 401 BGB analog.[12] 6

Hingegen sind Ansprüche, die aus einem von dem verbrieften Anspruch verschiedenen **Kausalverhältnis** resultieren, nicht von der Übertragungswirkung des § 364 Abs. 1 erfasst. Insoweit bedarf es vielmehr einer separaten Abtretung gem. §§ 398 ff. BGB.[13] Gleiches gilt für gesetzliche Ansprüche 7

---

[3] Allg. Ulmer WertpapierR 211 ff.; Hueck/Canaris WertpapierR § 8 III.

[4] Hopt/Leyens § 365 Rn. 1; Schlegelberger/Hefermehl § 365 Rn. 2; Hueck/Canaris WertpapierR § 8 III 3.

[5] Ebenroth/Boujong/Hakenberg/Rock Rn. 2; Heymann/Horn § 365 Rn. 4.

[6] Heymann/Horn Rn. 1; Schlegelberger/Hefermehl Rn. 5; Staub/Canaris, 4. Aufl. 2004, Rn. 4.

[7] Ebenroth/Boujong/Hakenberg/Rock Rn. 2; GK-HGB/Weber Rn. 2; Heymann/Horn Rn. 1; Schlegelberger/Hefermehl Rn. 2; allg. Ehrenbergs HdB Bd. IV 1/Jacobi 455 f.; Ulmer WertpapierR 211 f.; Hueck/Canaris WertpapierR § 8 IV 2a.

[8] Hopt/Leyens Rn. 1; MüKoHGB/Langenbucher Rn. 3; RGHMW/Steimle/Dornieden Rn. 3; Staub/Canaris, 4. Aufl. 2004, Rn. 1.

[9] BeckOK HGB/Moussa, 48. Ed. 1.10.2025, Rn. 1; Heymann/Horn Rn. 2; Schlegelberger/Hefermehl Rn. 4; Staub/Canaris, 4. Aufl. 2004, Rn. 2.

[10] Hierzu Staub/Canaris, 4. Aufl. 2004, Rn. 2; allg. Hueck/Canaris WertpapierR § 8 II.

[11] BGH 26.9.1957, BGHZ 25, 250 (256 ff.) = NJW 1957, 1838; 5.2.1962, BGHZ 36, 329 (332 f.) = NJW 1962, 861; MüKoHGB/Langenbucher Rn. 7; RGHMW/Steimle/Dornieden Rn. 4; Staub/Canaris, 4. Aufl. 2004, Rn. 5.

[12] Ebenroth/Boujong/Hakenberg/Rock Rn. 3; Heymann/Horn Rn. 2; HK-HGB/Ruß Rn. 2; Schlegelberger/Hefermehl Rn. 4.

[13] GK-HGB/Weber Rn. 4; Heymann/Horn Rn. 3; MüKoHGB/Langenbucher Rn. 8; Staub/Canaris, 4. Aufl. 2004, Rn. 5.

wie zB **deliktische Ansprüche,** die wegen einer Beschädigung der eingelagerten oder transportierten Güter im Fall des § 363 Abs. 2 bestehen.[14] Ob die somit erforderliche Abtretung mit dem Indossament konkludent verbunden ist, bedarf einer Auslegung im Einzelfall gem. §§ 133, 157 BGB. Im Zweifel kann von einem Zessionswillen ausgegangen werden, wenn der Indossant und der Indossatar bei der Vornahme des Rechtsgeschäfts um das Bestehen von Schadensersatzansprüchen aus dem Kausalverhältnis oder aus Delikt wussten.[15] Der Schuldner kann Einreden und Einwendungen gegen die parallel abgetretenen Ansprüche allerdings nicht nur in dem engen Rahmen des § 364 Abs. 2, sondern gem. § 404 BGB geltend machen. Umgekehrt berührt die zusätzliche Abtretung von Ansprüchen aus dem Kausalverhältnis nicht die Eigenständigkeit des übertragenen wertpapierrechtlichen Anspruchs, sodass diesem gegenüber Einwendungen nur nach Maßgabe des § 364 Abs. 2 bestehen.[16]

8 **c) Sonderformen des Indossaments. aa) Pfandindossament.** Eine Verpfändung der kaufmännischen Orderpapiere ist unter den Voraussetzungen des **§ 1292 BGB** möglich. Ähnlich wie bei der Übertragung von Orderpapieren bedarf es hierzu neben eines Indossaments wiederum einer dinglichen Einigung in Bezug auf die Verpfändung und einer Übergabe des Papiers (→ Rn. 4). Letztere kann durch Übergabesurrogate iSd § 1205 Abs. 1 S. 2 und Abs. 2 BGB, § 1206 BGB ersetzt werden.[17] Soll die Begrenzung des Indossaments auf eine Verpfändung offen gelegt werden (sog. **offenes Pfandindossament**), so bedarf es eines entsprechenden Vermerks (zB „Wert zum Pfand").[18] Zulässig ist jedoch auch ein sog. **verdecktes Pfandindossament** ohne inhaltliche Einschränkung; in diesem Fall ergibt sich die Begrenzung der Verfügungswirkung auf eine Verpfändung lediglich aus dem Inhalt der dinglichen Einigung iSd § 1292 BGB.[19] Die Verpfändung berechtigt den Pfandnehmer nach § 1294 BGB bereits vor dem Eintritt der Verwertungsreife iSd § 1228 Abs. 2 BGB zur **Einziehung der verbrieften Rechte** und der Schuldner darf nur an ihn leisten. Im Fall einer solchen Leistung setzt sich das Pfandrecht im Wege der **dinglichen Surrogation** gem. § 1287 S. 1 BGB an dem geleisteten Gegenstand fort (zB an den geleisteten Gütern im Fall eines transport- oder lagerrechtlichen Orderpapiers iSd § 363 Abs. 2).[20]

9 Eine **Weiterindossierung** durch den Pfandindossatar hat analog Art. 19 Abs. 1 Hs. 2 WG lediglich die Wirkung eines **Vollmachtsindossaments** (→ Rn. 10).[21] Umgekehrt kann der Schuldner gem. Art. 19 Abs. 2 WG analog gegenüber einem gutgläubigen Pfandindossatar keine **persönlichen Einreden und Einwendungen** geltend machen, die sich aus seinem Rechtsverhältnis zu dem Indossanten ergeben.[22] Dieser Einwendungsausschluss ist jedoch durch das Sicherungsinteresse des Pfandindossatars begrenzt, dh er greift nur bis zur Höhe der gesicherten Forderung ein (Rechtsgedanke des § 1282 Abs. 1 S. 2 BGB).[23] Soweit ein verdecktes Pfandindossament vorliegt, ist im Rahmen einer Weiterindossierung allerdings ein gutgläubiger Vollrechtserwerb gem. § 365 Abs. 1 iVm Art. 16 Abs. 2 WG möglich.[24]

10 **bb) Vollmachtsindossament.** In Analogie zu Art. 18 Abs. 1 WG kann sich das Indossament auch auf ein sog. **offenes Vollmachtsindossament** beschränken, durch das die verbrieften Rechte nicht übertragen werden, sondern durch das der Vollmachtsindossatar lediglich die Rechtsmacht erlangt, diese Rechte im Namen des Indossanten geltend zu machen.[25] Folgerichtig ist für die Geltendmachung von **persönlichen Einreden und Einwendungen** analog Art. 18 Abs. 2 WG das Rechtsverhältnis zwischen dem Schuldner und dem Indossanten, nicht aber zwischen dem Schuldner und dem Vollmachtsindossatar maßgeblich.[26] Im Fall eines sog. **verdeckten Vollmachtsindossaments** legen die Beteiligten die begrenzte Wirkung des Indossaments nicht durch einen

[14] RG 13.7.1910, RGZ 74, 47 (49); BGH 19.2.1971, VersR 1971, 623; Ebenroth/Boujong/Hakenberg/Rock Rn. 3; **aA** Helm, Haftung für Schäden an Frachtgütern, 1966, 311 f.

[15] Heymann/Horn Rn. 3; MüKoHGB/Langenbucher Rn. 8; Staub/Canaris, 4. Aufl. 2004, Rn. 6.

[16] RG 20.3.1941, RGZ 166, 306 (313 f.); BGH 29.10.1952, NJW 1953, 219; Schlegelberger/Hefermehl Rn. 32; **aA** noch RG 8.6.1934, JW 1934, 2551.

[17] Ehrenbergs HdB Bd. IV 1/Jacobi 468; BeckOK BGB/Schärtl, 76. Ed. 1.11.2025, BGB § 1292 Rn. 3; MüKoBGB/F. Schäfer BGB § 1292 Rn. 6.

[18] Heymann/Horn Rn. 5; Staub/Canaris, 4. Aufl. 2004, Rn. 11.

[19] Staub/Canaris, 4. Aufl. 2004, Rn. 12.

[20] BeckOK HGB/Moussa, 48. Ed. 1.10.2025, Rn. 5.

[21] Heymann/Horn Rn. 5; Staub/Canaris, 4. Aufl. 2004, Rn. 11.

[22] Staub/Canaris, 4. Aufl. 2004, Rn. 11.

[23] Heymann/Horn Rn. 5; Staub/Canaris, 4. Aufl. 2004, Rn. 11.

[24] Heymann/Horn Rn. 5; Staub/Canaris, 4. Aufl. 2004, Rn. 12.

[25] Heymann/Horn Rn. 4; MüKoHGB/Langenbucher Rn. 11; RGHMW/Steimle/Dornieden Rn. 5; Staub/Canaris, 4. Aufl. 2004, Rn. 9.

[26] Ehrenbergs HdB Bd. IV 1/Jacobi 465; Heymann/Horn Rn. 4; Schlegelberger/Hefermehl Rn. 7.

entsprechenden Zusatz offen, sondern ermächtigen den Indossatar, die Rechte des Indossanten aus dem Papier im eigenen Namen bei dem Schuldner geltend zu machen.[27] Es liegt dann ein besonderer Fall des Treuhandindossaments vor (→ Rn. 11 f.).

cc) Treuhandindossament. Ein Treuhandindossament kann entweder ausschließlich den Interessen des Indossanten dienen (sog. Verwaltungstreuhand) oder zumindest auch den Interessen des Indossatars (Sicherungstreuhand). Im Fall einer Verwaltungstreuhand entspricht es regelmäßig dem Parteiwillen, die Rechte aus dem Papier mittels des Indossaments nicht auf den Indossatar zu übertragen, sondern diesen im Sinne einer **Ermächtigungstreuhand** nur gem. § 185 BGB zur Ausübung der Rechte zu ermächtigen, während im Fall einer Sicherungstreuhand regelmäßig eine Übertragung der verbrieften Rechte auf den Indossatar als **Vollrechtstreuhand** erfolgt.[28] Die **Abgrenzung** zwischen einer Ermächtigungstreuhand und einer Vollrechtstreuhand setzt im Einzelfall jedoch stets eine Auslegung gem. §§ 133, 157 BGB voraus, für die die vorstehenden Kriterien nur als Leitlinien dienen können.[29] Bei einer bloßen Ermächtigungstreuhand wird der gute Glaube eines späteren Indossatars an die Vollrechtsinhaberschaft seines Vormanns allerdings gem. § 365 Abs. 1 iVm Art. 16 Abs. 2 WG geschützt.[30] 11

Für die Geltendmachung von **persönlichen Einreden und Einwendungen** des Schuldners entscheidet bei einer Ermächtigungstreuhand das Rechtsverhältnis zu dem Indossanten, während bei einer Vollrechtstreuhand gem. § 364 Abs. 2 im Grundsatz das Rechtsverhältnis zu dem Indossatar als dem neuen Rechtsinhaber maßgeblich ist.[31] Nach hM kann der Schuldner allerdings auch bei der Vollrechtstreuhand persönliche Einreden und Einwendungen, die ihm gegenüber dem Indossanten zustehen, insoweit dem Indossatar entgegenhalten, als dieser mit der Ausübung der verbrieften Rechte **keine legitimen eigenen Interessen** verfolgt.[32] Daher soll zB bei einer Sicherungstreuhand der Einwendungsausschluss nach § 364 Abs. 2 nur bis zu der Höhe der gesicherten Forderung eingreifen.[33] 12

2. Übertragung durch Abtretung. Neben einer Rechtsübertragung durch Indossament und Begebung des Papiers können die Rechte aus dem Orderpapier auch durch eine normale Abtretung gem. **§§ 398 ff. BGB** übertragen oder gem. **§ 1274 BGB** verpfändet werden.[34] Die besonderen Rechtswirkungen der §§ 364, 365 einschließlich der Möglichkeit eines gutgläubigen Erwerbs greifen in diesen Fällen jedoch nicht ein.[35] Einwendungen und Einreden kann der Schuldner dem Zessionar daher in dem weiten Umfang der §§ 404, 1275 BGB entgegenhalten.[36] Weil das betreffende Recht in einem Orderpapier verbrieft ist, muss allerdings auch bei einer Rechtsübertragung in den allgemeinen Formen die **Übergabe des Wertpapiers** als Wirksamkeitsvoraussetzung hinzutreten.[37] Der Schuldner ist gem. § 404 BGB nur gegen Aushändigung der Urkunde zur Leistung verpflichtet, was im Fall einer Leistung an den Zedenten, der sich nicht mehr im Besitz des Orderpapiers befindet, einen Rechtsscheinschutz nach § 407 BGB im Ergebnis ausschließt.[38] 13

III. Einwendungsausschluss (Abs. 2)

1. Allgemeines. § 364 Abs. 2 begrenzt in Abweichung von der allgemeinen Vorschrift des § 404 BGB die Einwendungen, die der Schuldner dem legitimierten Besitzer des kaufmännischen Orderpapiers entgegenhalten kann und zieht damit die **Konsequenzen aus der besonderen Umlauffähigkeit** dieser Wertpapiere.[39] Der Begriff „Einwendungen" umfasst dabei neben Einwen- 14

---

[27] BGH 5.2.1962, BGHZ 36, 329 (335 f.) = NJW 1962, 861; Ulmer WertpapierR 223; GK-HGB/Weber Rn. 7; Staub/Canaris, 4. Aufl. 2004, Rn. 10.

[28] Heymann/Horn Rn. 7; Staub/Canaris, 4. Aufl. 2004, Rn. 15; vgl. auch Schlegelberger/Hefermehl Rn. 7.

[29] BGH 5.2.1962, BGHZ 36, 329 (336) = NJW 1962, 861; Staub/Canaris, 4. Aufl. 2004, Rn. 15.

[30] Staub/Canaris, 4. Aufl. 2004, Rn. 16.

[31] Heymann/Horn Rn. 8; Staub/Canaris, 4. Aufl. 2004, Rn. 16 f.

[32] RG 6.5.1927, RGZ 117, 69 (71 f.); Heymann/Horn Rn. 8; HK-HGB/Ruß Rn. 2; Staub/Canaris, 4. Aufl. 2004, Rn. 17; eingehend Bitter, Rechtsträgerschaft für fremde Rechnung, 2006, 413 ff.

[33] Vgl. BGH 26.3.1952, BGHZ 5, 285 (293 f.) = NJW 1952, 819.

[34] RG 8.12.1927, RGZ 119, 215 (217); Ebenroth/Boujong/Hakenberg/Rock Rn. 4; Heymann/Horn Rn. 10; Hopt/Leyens Rn. 2; Staub/Canaris, 4. Aufl. 2004, Rn. 18, 23.

[35] KKD/Koller §§ 363–365 Rn. 7; MüKoHGB/Langenbucher Rn. 10; Staub/Canaris, 4. Aufl. 2004, Rn. 24.

[36] Vgl. BGH 12.12.1957, NJW 1958, 302 (303); GK-HGB/Weber Rn. 5; HK-HGB/Ruß Rn. 1; Schlegelberger/Hefermehl Rn. 6.

[37] BGH 12.12.1957, NJW 1958, 302 (303); Ehrenbergs HdB Bd. IV 1/Jacobi 467; Heymann/Horn Rn. 10; Hopt/Leyens Rn. 2; Staub/Canaris, 4. Aufl. 2004, Rn. 18.

[38] Vgl. EBJS/Hakenberg, 4. Aufl. 2020, Rn. 4.

[39] GK-HGB/Weber Rn. 8; Heymann/Horn Rn. 11; MüKoHGB/Langenbucher Rn. 21; RGHMW/Steimle/Dornieden Rn. 7.

dungen im technischen Sinne **auch Einreden.**[40] Der Anwendungsbereich des § 364 Abs. 2 hat sich durch das Seehandelsrechtsreformgesetz (→ Einl. Rn. 4) allerdings erheblich reduziert, da die **§§ 447, 475f und 522** für Lade- und Lagerscheine sowie Konnossemente nun eigenständige Regelungen zu Einwendungsausschlüssen enthalten, die für die genannten Papiere **leges speciales** darstellen, auch soweit es sich um indossable Orderpapiere handelt.[41]

15 Grundvoraussetzung der Anwendbarkeit des § 364 Abs. 2 ist ein **Erwerb** des legitimierten Besitzers **in der wertpapierrechtlichen Form** des § 364 Abs. 1, dh durch Indossament.[42] Die wertpapiermäßige Legitimation beurteilt sich dabei nach den Voraussetzungen des § 365 Abs. 1 iVm Art. 16 Abs. 1 WG (→ § 365 Rn. 8 f.). Sofern der gegenwärtige Gläubiger seine Rechte hingegen durch eine Zession gem. §§ 398 ff. BGB oder im Wege der gesetzlichen Rechtsnachfolge erlangt hat, kann der Schuldner ihm gem. § 404 BGB (iVm § 412 BGB) alle Einwendungen entgegensetzen, die gegenüber den Vormännern des jetzigen Gläubigers begründet waren.[43] Neben einem Erwerb durch Indossament setzt § 364 Abs. 2 darüber hinaus ein sog. **Verkehrsgeschäft** voraus, dh der neue Gläubiger darf mit dem Vormann weder rechtlich oder wirtschaftlich identisch sein noch darf er aus wirtschaftlicher Sicht ausschließlich die Interessen des Vormanns wahrnehmen.[44] Wurde das kaufmännische Orderpapier dem neuen Gläubiger zB im Rahmen einer reinen Verwaltungstreuhand zum Inkasso für den alten Gläubiger übertragen, so kann sich der Schuldner gem. § 404 BGB weiterhin auf alle persönlichen Einwendungen berufen, die ihm gegenüber dem alten Gläubiger zustanden.[45]

16 Die Vorschrift des § 364 Abs. 2 unterscheidet in ihrem Anwendungsbereich zwischen **drei Grundformen von Einwendungen:** Sog. Gültigkeitseinwendungen (→ Rn. 17 ff.) und Einwendungen, die sich aus dem Inhalt der Urkunde ergeben (→ Rn. 20 f.), können auch dem legitimierten Besitzer grundsätzlich entgegengehalten werden, während dies für sog. persönliche Einwendungen im Ausgangspunkt nur zutrifft, sofern diese unmittelbar gegenüber dem jeweiligen Inhaber des Orderpapiers bestehen (→ Rn. 22). Diese Unterscheidung relativiert sich allerdings insoweit, als auch verschiedene Gültigkeitseinwendungen zugunsten eines gutgläubigen Inhabers ausgeschlossen sein können, während sich ein bösgläubiger Inhaber ggf. auch persönliche Einwendungen entgegenhalten lassen muss, die der Schuldner gegen einen der Vormänner hatte. Dabei ist allerdings der Maßstab der Bösgläubigkeit für Gültigkeitseinwendungen und persönliche Einwendungen jeweils unterschiedlich (→ Rn. 18).[46] Im Einzelnen gilt Folgendes:

17 **2. Gültigkeitseinwendungen.** Gültigkeitseinwendungen schließen eine wirksame Begründung der Verpflichtung aus dem kaufmännischen Orderpapier aus.[47] In gleicher Weise behandelt werden Einwendungen, die einer wirksamen Übertragung des Orderpapiers auf den legitimierten Besitzer entgegenstehen (→ Rn. 19). Nach dem Wortlaut des § 364 Abs. 2 kann der Schuldner derartige Einwendungen dem Inhaber des Papiers stets entgegenhalten. Gemäß § 365 Abs. 1 iVm Art. 16 Abs. 2 WG sind auch diese Einwendungen jedoch unter Umständen durch einen **guten Glauben des Indossatars** präkludiert, wobei Letzterem Vorsatz und grobe Fahrlässigkeit schaden. In diesem Zusammenhang sind sog. **absolute Gültigkeitseinwendungen,** die nicht präklusionsfähig sind, von sog. **relativen Gültigkeitseinwendungen** zu unterscheiden, die einem gutgläubig-einredefreien Erwerb unterliegen.[48]

18 Die Präklusionsfähigkeit setzt dabei voraus, dass dem Schuldner der **Rechtsschein** einer wirksamen und einwendungsfreien Begründung der Rechte aus dem Orderpapier **zurechenbar ist.**[49] Daher gehören zB die mangelnde Geschäftsfähigkeit des Schuldners, eine Unterschriftenfälschung sowie eine vis absoluta oder das Handeln eines Vertreters ohne Vertretungsmacht bei der erstmaligen Begebung des Orderpapiers zu den absoluten Gültigkeitseinwendungen, die nicht durch einen gut-

---

[40] Schlegelberger/Hefermehl Rn. 8.

[41] Vgl. BT-Drs. 17/10309, 96.

[42] Heymann/Horn Rn. 12; Schlegelberger/Hefermehl Rn. 31.

[43] Ebenroth/Boujong/Hakenberg/Rock Rn. 7; vgl. auch KKD/Koller §§ 363–365 Rn. 7.

[44] Vgl. BGH 21.4.1998, NJW-RR 1998, 1124 f.; KKD/Koller §§ 363–365 Rn. 8; diff. Staub/Canaris, 4. Aufl. 2004, Rn. 38.

[45] RG 6.5.1927, RGZ 117, 69 (71 f.); Heymann/Horn Rn. 12; MüKoHGB/Langenbucher Rn. 16, 26; Staub/Canaris, 4. Aufl. 2004, Rn. 38.

[46] Staub/Canaris, 4. Aufl. 2004, Rn. 34, 36, 50; Heymann/Horn Rn. 13.

[47] Heymann/Horn Rn. 14; RGHMW/Steimle/Dornieden Rn. 8.

[48] Ebenroth/Boujong/Hakenberg/Rock Rn. 9; GK-HGB/Weber Rn. 9; Hopt/Leyens Rn. 4; RGHMW/Steimle/Dornieden Rn. 8.

[49] Grdl. Staub/Canaris, 4. Aufl. 2004, Rn. 31 f.; s. auch RGHMW/Steimle/Dornieden Rn. 10; Schlegelberger/Hefermehl Rn. 10 ff.

gläubigen Erwerb überwunden werden können.[50] Demgegenüber stellen Willensmängel iSd §§ 116–124 BGB nur relative Gültigkeitseinwendungen dar, die nach Maßgabe des § 365 Abs. 1 iVm Art. 16 Abs. 2 WG präklusionsfähig sind.[51] Auch die Erfüllung der verbrieften Schuld oder das Vorliegen eines Erfüllungssurrogats sind – sofern sie nicht aus einer Quittierung auf der Urkunde ersichtlich sind (→ Rn. 20) – richtigerweise den präklusionsfähigen Gültigkeitseinwendungen und nicht den persönlichen Einwendungen[52] zuzurechnen, da sie ipso iure zu einem Eigentumserwerb des leistenden Schuldners an dem Wertpapier führen.[53] Praktische Bedeutung hat diese Einordnung insoweit, als die Erfüllung einem Indossatar daher gem. § 365 Abs. 1 iVm Art. 16 Abs. 2 WG bereits bei grob fahrlässiger Unkenntnis entgegengehalten werden kann und nicht erst bei einem bewussten Handeln zum Nachteil des Schuldners, wie dies analog Art. 17 WG, Art. 22 ScheckG bei persönlichen Einwendungen der Fall ist (→ Rn. 22).

Im Ergebnis parallel zu den relativen Gültigkeitseinwendungen behandelt wird die Frage, unter 19 welchen Voraussetzungen ein Indossatar gutgläubig erwerben kann, wenn sein Vormann aufgrund eines **Mangels in der Übertragungskette** die verbrieften Rechte nicht wirksam erlangt hatte.[54] Auch hier kommt ein gutgläubiger Erwerb gem. § 365 Abs. 1 iVm Art. 16 Abs. 2 WG in Betracht (→ § 365 Rn. 10 ff.).

3. Inhaltseinwendungen. Einwendungen, die sich aus dem Inhalt der Urkunde ergeben, werfen 20 im Hinblick auf die Umlauffähigkeit der kaufmännischen Orderpapiere und den Schutz des Rechtsverkehrs keine Probleme auf, sodass sie gem. § 364 Abs. 2 auch einem Indossatar entgegengehalten werden können.[55] Beispiele bilden eine aus dem Ausstellungsdatum der Urkunde ersichtliche **Verjährung** oder **quittierte Zahlungen** auf die verbriefte Schuld.[56] Umstände, die wie das Fehlen einer Orderklausel oder die Abhängigkeit der verbrieften Schuld von einer Gegenleistung in den Fällen des § 363 Abs. 1 bereits die Indossabilität des Papiers hindern, stellen hingegen nicht nur Inhaltseinwendungen iSd § 364 Abs. 2 dar,[57] sondern schließen bereits die Anwendbarkeit der §§ 363 ff. aus, sodass für sie § 404 BGB gilt.[58]

Besonderheiten hinsichtlich der Inhaltseinwendungen sind schließlich bei den **Papieren des § 363 Abs. 2** zu beachten. Aufgrund der neugeschaffenen Spezialregelungen der § 447, § 475f und § 522 (→ Rn. 14) hat § 364 Abs. 2 insoweit allerdings von vornherein nur noch für **Transportversicherungspolicen** Bedeutung, die an Order lauten. Bei derartigen Papieren ist zu beachten, dass sie einen Anspruch begründen, der zwar wertpapierrechtlichen Regeln folgt, aber nicht gänzlich „farblos" ist, sondern bereits aufgrund des Inhalts des Wertpapiers einen gewissen Bezug zu dem zugrundeliegenden Vertragsverhältnis aufweist.[59] Dies führt zunächst dazu, dass sich der Inhaber nach hM alle diejenigen **Einwendungen** als Inhaltseinwendungen entgegenhalten lassen muss, **die für den betreffenden Vertrag typisch sind** und mit denen er daher rechnen musste.[60] Dies gilt bei Transportversicherungspolicen beispielsweise für eine schuldhafte Herbeiführung des Versicherungsfalls durch den Versicherungsnehmer gem. § 137 VVG.[61] Nach früher hM galten als beachtliche Inhaltseinwendungen darüber hinaus auch solche Einwendungen, die sich zwar nicht unmittelbar aus dem Papier selbst ergeben, die aber aus einer vertraglichen Vereinbarung folgen, wenn das Orderpapier auf die Vertragsbestimmungen Bezug nimmt.[62] Für Fracht-, Lager- und Seefrachtverträge schließen 21

[50] Heymann/Horn Rn. 15; Hopt/Leyens Rn. 4; KKD/Koller §§ 363–365 Rn. 8; Staub/Canaris, 4. Aufl. 2004, Rn. 45 ff.

[51] Ebenroth/Boujong/Hakenberg/Rock Rn. 9; HK-HGB/Ruß Rn. 4; Hopt/Leyens Rn. 4; MüKoHGB/Langenbucher Rn. 42; RGHMW/Steimle/Dornieden Rn. 10; Staub/Canaris, 4. Aufl. 2004, Rn. 51; vgl. auch RG 7.12.1915, RGZ 87, 365 (367).

[52] So aber Hopt/Leyens Rn. 6; RGHMW/Steimle/Dornieden Rn. 12.

[53] Heymann/Horn Rn. 20; HK-HGB/Ruß Rn. 4; KKD/Koller §§ 363–365 Rn. 9; MüKoHGB/Langenbucher Rn. 43; Staub/Canaris, 4. Aufl. 2004, Rn. 55; wohl auch Schlegelberger/Hefermehl Rn. 25.

[54] Heymann/Horn Rn. 21.

[55] Ebenroth/Boujong/Hakenberg/Rock Rn. 8; Schlegelberger/Hefermehl Rn. 23; Staub/Canaris, 4. Aufl. 2004, Rn. 30.

[56] Hopt/Leyens Rn. 5; MüKoHGB/Langenbucher Rn. 29; RGHMW/Steimle/Dornieden Rn. 11; Staub/Canaris, 4. Aufl. 2004, Rn. 41.

[57] So aber GK-HGB/Weber Rn. 10; Heymann/Horn Rn. 17.

[58] BeckOK HGB/Moussa, 48. Ed. 1.10.2025, Rn. 10; MüKoHGB/Langenbucher Rn. 29; Schlegelberger/Hefermehl Rn. 16.

[59] Heymann/Horn Rn. 18; MüKoHGB/Langenbucher Rn. 30; Staub/Canaris, 4. Aufl. 2004, Rn. 43.

[60] Ebenroth/Boujong/Hakenberg/Rock Rn. 10; Staub/Canaris, 4. Aufl. 2004, Rn. 43; K. Schmidt HandelsR § 24 Rn. 13.

[61] GK-HGB/Weber Rn. 11; HK-HGB/Ruß Rn. 5; Schlegelberger/Hefermehl Rn. 24.

[62] BGH 18.12.1958, BGHZ 29, 120 (122 ff.) = NJW 1959, 720; Hopt/Leyens Rn. 5; RGHMW/Steimle/Dornieden Rn. 11.

die § 447 Abs. 1 S. 2, § 475f S. 2 und § 522 Abs. 1 S. 2 diese Sichtweise nun jedoch ausdrücklich aus. Diese Wertentscheidung beruht auf dem Gedanken, dass einen späteren Erwerber des Wertpapiers keine Obliegenheit treffen soll, sich mit dem Inhalt eines fremden Vertrags zu befassen[63] und ist unter Geltung der neuen Rechtslage auch in die Auslegung des § 364 Abs. 2 zu übertragen.

22 **4. Persönliche Einwendungen.** Die persönlichen Einwendungen berühren nicht unmittelbar den Bestand der wertpapierrechtlich verbrieften Forderung, sondern beruhen auf einer hinzutretenden Rechtsbeziehung. Hierzu zählen neben **Stundungsvereinbarungen** vor allem **Einwendungen aus dem Kausalverhältnis,** das der wertpapierrechtlichen Schuld zugrunde liegt.[64] Denn sofern diese Einwendungen nicht ausnahmsweise Inhaltseinwendungen darstellen (→ Rn. 21), berühren sie die wertpapierrechtliche Schuld nur über die Einrede der ungerechtfertigten Bereicherung gem. § 821 BGB iVm § 812 Abs. 2 BGB.[65] Gemäß § 364 Abs. 2 kann der Schuldner persönliche Einwendungen gegenüber dem legitimierten Besitzer des Papiers nur dann erheben, wenn sie aus der unmittelbaren Rechtsbeziehung zwischen diesen beiden Beteiligten hervorgehen. Resultieren die persönlichen Einwendungen aus dem Rechtsverhältnis des Schuldners zu einem Vormann, können sie dem neuen Inhaber allerdings **analog Art. 17 WG, Art. 22 ScheckG** zumindest dann entgegengehalten werden, wenn dieser bei dem Erwerb bewusst zum Nachteil des Schuldners gehandelt hat.[66]

IV. Leistung gegen Aushändigung der quittierten Urkunde (Abs. 3)

23 Nach § 364 Abs. 3 muss der Schuldner den verbrieften Anspruch nur Zug um Zug gegen Aushändigung der quittierten Urkunde erfüllen. Auch wenn der Gläubiger seine Rechtsposition im Rahmen der Indossierung durch ein Übergabesurrogat iSd §§ 930 f. BGB, § 1205 Abs. 2 BGB, § 1206 BGB erlangt hat (→ Rn. 4, 8), kann er den Anspruch gem. § 364 Abs. 3 daher erst dann geltend machen, wenn er den unmittelbaren Besitz an dem Papier erhalten hat und zu dessen Aushändigung in der Lage ist.[67] Die Vorschrift verlangt, anders als die allgemeine Regelung des § 371 BGB zu Schuldscheinen, dass die Leistung **direkt auf der Urkunde** quittiert wird.[68] Sofern der Gläubiger zur Aushändigung des Wertpapiers an den Schuldner außer Stande ist, kann er seinen Anspruch nur über ein **Aufgebotsverfahren** iSd § 365 Abs. 2 durchsetzen.[69]

§ 365 [Anwendung des Wechselrechts; Aufgebotsverfahren]

(1) In betreff der Form des Indossaments, in betreff der Legitimation des Besitzers und der Prüfung der Legitimation sowie in betreff der Verpflichtung des Besitzers zur Herausgabe, finden die Vorschriften der Artikel 13, 14 Absatz 2, Artikel 16 und 40 Absatz 3 Satz 2 des Wechselgesetzes entsprechende Anwendung.

(2) [1]Ist die Urkunde vernichtet oder abhanden gekommen, so unterliegt sie der Kraftloserklärung im Wege des Aufgebotsverfahrens. [2]Ist das Aufgebotsverfahren eingeleitet, so kann der Berechtigte, wenn er bis zur Kraftloserklärung Sicherheit bestellt, Leistung nach Maßgabe der Urkunde von dem Schuldner verlangen.

Schrifttum: s. das Schrifttum zu § 363 sowie J. Hager, Verkehrsschutz durch redlichen Erwerb, 1990; Ramming, Das abhandengekommene Inhaberpapier (Ladeschein, Konnossement), RdTW 2018, 161.

Übersicht

[63] BT-Drs. 17/10309, 96 f.

[64] BGH 25.9.1986, BGHZ 98, 284 (287) = NJW 1987, 588; Heymann/Horn Rn. 19; MüKoHGB/Langenbucher Rn. 46 f.; Staub/Canaris, 4. Aufl. 2004, Rn. 56 ff.

[65] Staub/Canaris, 4. Aufl. 2004, Rn. 56; Nachweise zu anderen Konstruktionen bei Schlegelberger/Hefermehl Rn. 26.

[66] Ebenroth/Boujong/Hakenberg/Rock Rn. 11; Heymann/Horn Rn. 13; KKD/Koller §§ 363–365 Rn. 9; Schlegelberger/Hefermehl Rn. 34; Staub/Canaris, 4. Aufl. 2004, Rn. 33.

[67] Heymann/Horn Rn. 1; Hopt/Leyens Rn. 1; RGHMW/Steimle/Dornieden Rn. 3; Schlegelberger/Hefermehl Rn. 3.

[68] NK-HGB/Eberl Rn. 14; MüKoHGB/Langenbucher Rn. 48; RGHMW/Steimle/Dornieden Rn. 14.

[69] Staub/Canaris, 4. Aufl. 2004, Rn. 63.

I. Allgemeines

Die Regelung des § 365 Abs. 1 erklärt verschiedene Vorschriften des WG auf kaufmännische Orderpapiere für entsprechend anwendbar. Dies betrifft Regelungen zu **Form und Inhalt des Indossaments** (Art. 13, 14 Abs. 2 WG) sowie **verschiedene Ausprägungen der Legitimationsfunktion** der Orderpapiere, nämlich die Legitimationswirkung zugunsten des Papierinhabers (Art. 16 Abs. 1 WG), die Möglichkeit eines gutgläubigen Erwerbs (Art. 16 Abs. 2 WG) sowie die befreiende Leistung an einen nichtberechtigten Papierinhaber (Art. 40 Abs. 3 WG). Schließlich enthält § 365 Abs. 2 eine Vorschrift zur Durchführung eines Aufgebotsverfahrens bei vernichteten und abhanden gekommenen Orderpapieren, die Art. 90 Abs. 1 WG entspricht. 1

Die in § 365 Abs. 1 enthaltene Aufzählung verbietet es nicht generell, **andere Vorschriften des WG** ggf. analog auf die kaufmännischen Orderpapiere anzuwenden.[1] Die Analogiefähigkeit muss vielmehr separat für die jeweilige wechselrechtliche Norm anhand der Voraussetzungen für eine gesetzesimmanente Rechtsfortbildung beantwortet werden. So kommt zB dem Indossament bei den kaufmännischen Orderpapieren **keine Garantiefunktion** iSd Art. 15 WG zu (→ § 364 Rn. 2), weil eine derartig gravierende Rechtsfolge des Indossaments in der Verweisungsnorm des § 365 angeordnet sein müsste. Auch die Vorschrift des Art. 39 Abs. 2 WG über die Zulässigkeit von **Teilzahlungen** findet keine analoge Anwendung, sodass die allgemeine Vorschrift des § 266 BGB eingreift.[2] Demgegenüber sind die Regelungen der Art. 18, 19 WG zu einem **Pfand- oder Vollmachtsindossament** grundsätzlich analogiefähig (→ § 364 Rn. 8 ff.). Gleiches gilt nach allerdings umstrittener Auffassung für die Nichtigkeit einer **Indossamentsbedingung** (Art. 12 Abs. 1 WG)[3] oder eines **Teilindossaments** (Art. 12 Abs. 2 WG).[4] 2

II. Form und Inhalt des Indossaments

1. Allgemeines (Art. 13 Abs. 1 WG). Das Indossament muss auf das Orderpapier oder auf einen mit diesem verbundenen Anhang geschrieben werden (Art. 13 Abs. 1 S. 1 WG). Gemäß Art. 13 Abs. 1 S. 2 WG bedarf es einer **eigenhändigen Unterschrift** durch den Indossanten, deren Fehlen nach § 125 S. 1 BGB zur Nichtigkeit des Indossaments führt. Im Fall einer gemischten Firma mit Namens- und Sachbestandteilen genügt es jedoch, wenn der Namensteil eigenhändig geschrieben ist.[5] Eine Indossierung in der elektronischen Form des § 126a BGB ist nicht möglich (→ § 363 Rn. 7).[6] 3

Inhaltlich muss sich das Indossament auf eine Übertragung der verbrieften Rechte richten.[7] Einer bestimmten Formulierung bedarf es dabei nicht, vielmehr ist das Indossament einer Auslegung gemäß den §§ 133, 157 BGB zugänglich (→ § 364 Rn. 3). 4

2. Blankoindossament (Art. 13 Abs. 2, 14 Abs. 2 WG). Gemäß Art. 13 Abs. 2 S. 1 WG muss das Indossament den Indossatar nicht bezeichnen, sondern kann als sog. Blankoindossament in der bloßen Unterschrift des Indossanten bestehen. Der Wortlaut des Art. 13 Abs. 2 S. 2 WG schließt die **Anbringung** des Blankoindossaments **auf der Vorderseite** des Orderpapiers aus. Da diese Regelung eine Verwechslung zwischen einem Indossament und einem Akzept des Bezogenen verhindern soll und ein solches Akzept bei den kaufmännischen Orderpapieren nicht stets, sondern nur im Fall einer kaufmännischen Anweisung in Betracht kommt (→ § 363 Rn. 8), ist die Regelung im Wege einer teleologischen Reduktion auf die anderen Papiere des § 363 entgegen der hL nicht 5

[1] Heymann/Horn Rn. 2; RGHMW/Steimle/Dornieden Rn. 1.

[2] Ebenroth/Boujong/Hakenberg/Rock § 364 Rn. 12; Heymann/Horn § 364 Rn. 22; MüKoHGB/Langenbucher § 364 Rn. 49.

[3] Ebenroth/Boujong/Hakenberg/Rock Rn. 3; Heymann/Horn Rn. 7; Hopt/Leyens Rn. 1; **aA** MüKoHGB/Langenbucher Rn. 12; Staub/Canaris, 4. Aufl. 2004, Rn. 9.

[4] RGHMW/Steimle/Dornieden Rn. 4; Schlegelberger/Hefermehl Rn. 9; **aA** Heymann/Horn Rn. 7; MüKoHGB/Langenbucher Rn. 12; Staub/Canaris, 4. Aufl. 2004, Rn. 10.

[5] RG 5.1.1901, RGZ 47, 165 (167); Ebenroth/Boujong/Hakenberg/Rock Rn. 3; Heymann/Horn Rn. 4; Hopt/Leyens Rn. 1; Schlegelberger/Hefermehl Rn. 2; Staub/Canaris, 4. Aufl. 2004, Rn. 3.

[6] Heymann/Horn Rn. 4.

[7] MüKoHGB/Langenbucher Rn. 3; Schlegelberger/Hefermehl Rn. 2; Staub/Canaris, 4. Aufl. 2004, Rn. 5.

anwendbar.[8] Bei diesen Papieren kann das Indossament somit auch auf die Vorderseite des Papiers gesetzt werden.

6 Die **Weiterübertragung** eines blankoindossierten Orderpapiers ist nach Art. 14 Abs. 2 WG in verschiedenen Formen möglich: Der Inhaber kann das Blankoindossament mit dem Namen des nächsten Indossatars ausfüllen (Art. 14 Abs. 2 Nr. 1 Alt. 2 WG) oder das Orderpapier durch ein weiteres Blankoindossament (Art. 14 Abs. 2 Nr. 2 Alt. 1 WG) bzw. durch ein neues Vollindossament (Art. 14 Abs. 2 Nr. 2 Alt. 2 WG) weiter indossieren. Schließlich kann der Inhaber das blankoindossierte Papier gem. Art. 14 Abs. 2 Nr. 3 WG auch durch eine schlichte Weiterübereignung iSd §§ 929 ff. BGB (→ § 364 Rn. 4) auf einen neuen Gläubiger übertragen (sog. Blankotradition).[9]

7 Da für den Inhaber eines blankoindossierten Orderpapiers somit ein hohes **Risiko des Missbrauchs** durch einen Nichtberechtigten mit der Folge eines gutgläubigen Erwerbs (→ Rn. 10 ff.) besteht, gestattet ihm Art. 14 Abs. 2 Nr. 1 Alt. 1 WG auch, das Indossament mit seinem eigenen Namen auszufüllen. Diese Vorgehensweise bewirkt keine Änderung der Rechtsinhaberschaft an dem Papier, sondern verwandelt lediglich das Blankoindossament in ein Vollindossament und begrenzt damit die Missbrauchsmöglichkeiten.[10]

III. Legitimationswirkung zugunsten des Inhabers (Art. 16 Abs. 1 WG)

8 Art. 16 Abs. 1 WG begründet eine **widerlegbare Vermutung** dafür, dass der Besitzer des Orderpapiers auch der an und aus dem Papier materiell Berechtigte ist.[11] Sofern die Voraussetzungen dieser Norm vorliegen, trägt somit derjenige die Beweislast, der die materielle Berechtigung des formell legitimierten Besitzers bestreitet. Soweit es sich bei dem Orderpapier um einen Ladeschein, Lagerschein oder ein Konnossement handelt, enthalten nunmehr die **§ 444 Abs. 3 S. 2 und 3, § 475d Abs. 3 S. 2 und 3, § 519 S. 2 und 3** inhaltlich gleichgerichtete Spezialregelungen.

9 Voraussetzung für die formelle Legitimation, die eine Vermutung der materiellen Legitimation nach sich zieht, ist grundsätzlich, dass der Besitzer sich auf eine **ununterbrochene Reihe von Indossamenten** stützen kann. Die Indossamente müssen eine lückenlose Erwerbskette bilden, die von dem gegenwärtigen Besitzer auf den Aussteller des Wertpapiers zurückführt. Gemäß Art. 16 Abs. 1 S. 1 und S. 3 WG kann diese Kette jedoch auch Blankoindossamente enthalten. Ist die Indossamentenkette durch einen Erwerb kraft Zession (→ § 364 Rn. 13) oder kraft Gesetzes (zB § 1922 BGB) **unterbrochen,** so trägt der Papierbesitzer die volle Beweislast für die Wirksamkeit dieses Erwerbsakts. Hingegen hindert die Unterbrechung weder die Wirksamkeit einer späteren Weiterindossierung[12] noch entfällt für die späteren Erwerbsakte, für die ein Indossament besteht, die Vermutungswirkung des Art. 16 Abs. 1 WG.[13]

IV. Legitimationswirkung zugunsten des Erwerbers (Art. 16 Abs. 2 WG)

10 **1. Allgemeines.** Die Verweisung des § 365 Abs. 1 auf Art. 16 Abs. 2 WG ermöglicht einen **gutgläubigen Erwerb** der kaufmännischen Orderpapiere von einem Nichtberechtigten. Diese Regelung ergänzt den Ausschluss von Gültigkeitseinwendungen nach § 364 Abs. 2. Während durch die letztere Regelung Mängel in der Begründung der wertpapierrechtlichen Schuld zugunsten eines gutgläubigen Indossatars überwunden werden (→ § 364 Rn. 17 f.), gleicht der gutgläubige Erwerb die mangelnde Berechtigung des Indossanten zur Übertragung der verbrieften Rechte aus.

11 **2. Voraussetzungen.** Ein gutgläubiger Erwerb setzt grundsätzlich voraus, dass der Indossatar, der sich auf einen solchen Erwerb beruft, durch eine **ununterbrochene Indossamentenkette** iSd Art. 16 Abs. 1 WG formell legitimiert ist. Sofern sein eigener Erwerb nicht durch Indossament, sondern durch eine Zession erfolgt (→ § 364 Rn. 13), scheidet ein Gutglaubensschutz somit aus.[14] Betrifft die Lücke in der Indossamentenkette einen vorangehenden Übertragungsakt, so kommt ein gutgläubiger Erwerb nach dem zu Art. 16 Abs. 1 WG Gesagten (→ Rn. 9) allerdings dann in Betracht, wenn dieser Übertragungsakt materiell wirksam war und die Nichtberechtigung des jetzi-

[8] Staub/Canaris, 4. Aufl. 2004, Rn. 6; **aA** Ebenroth/Boujong/Hakenberg/Rock Rn. 3; GK-HGB/Weber Rn. 7; Heymann/Horn Rn. 5; MüKoHGB/Langenbucher Rn. 6.

[9] MüKoHGB/Langenbucher Rn. 11.

[10] Schlegelberger/Hefermehl Rn. 5; Staub/Canaris, 4. Aufl. 2004, Rn. 7.

[11] Ebenroth/Boujong/Hakenberg/Rock Rn. 5; Heymann/Horn Rn. 11; Schlegelberger/Hefermehl Rn. 10; Staub/Canaris, 4. Aufl. 2004, Rn. 11.

[12] Heymann/Horn Rn. 10; Schlegelberger/Hefermehl Rn. 13; Staub/Canaris, 4. Aufl. 2004, Rn. 16; im Fall einer Zession **aA** RG 10.12.1898, RGZ 43, 39 (44); 8.10.1926, RGZ 114, 365 (367 f.).

[13] Staub/Canaris, 4. Aufl. 2004, Rn. 16; Hueck/Canaris WertpapierR § 8 V 2c; begrenzt auf Fälle der gesetzlichen Rechtsnachfolge auch HK-HGB/Ruß Rn. 3.

[14] Heymann/Horn Rn. 16 f.; MüKoHGB/Langenbucher Rn. 20.

gen Indossanten auf dem Mangel eines späteren Übertragungsakts beruht, der wiederum durch ein Indossament gedeckt ist.[15] Der gute Glaube des Indossatars wird gem. Art. 16 Abs. 2 WG vermutet und ist nur durch Vorsatz (in der Terminologie des Art. 16 Abs. 2 WG: „böser Glaube") oder grobe Fahrlässigkeit in Bezug auf die Nichtberechtigung des Indossanten ausgeschlossen.

3. Umfang des Gutglaubensschutzes. Der Wortlaut des Art. 16 Abs. 2 WG erwähnt als Umstand, der durch den guten Glauben überwunden werden kann, dass das Orderpapier „einem früheren Inhaber irgendwie abhanden gekommen" ist. Aufgrund des besonderen Bedürfnisses nach der Verkehrsfähigkeit der kaufmännischen Orderpapiere (→ § 363 Rn. 1) sind hiervon alle Mängel in der Erwerbskette erfasst, soweit die vorhandenen Indossamente einen **Rechtsschein** für ihr Fehlen begründen.[16] 12

Hieraus folgt zunächst, dass **Mängel, die unmittelbar dem Übertragungsakt** zwischen dem jetzigen Indossanten und dem jetzigen Indossatar **anhaften,** nach zutreffender Auffassung durch den guten Glauben nicht überwunden werden können.[17] Dies gilt zB für eine mangelnde Verfügungsbefugnis des Indossanten gem. § 81 Abs. 1 S. 1 InsO,[18] die fehlende Geschäftsfähigkeit des Indossanten[19] oder Willensmängel im Rahmen des Übertragungsakts.[20] Vielmehr begründet die formelle Legitimation durch eine Indossamentenkette nur dafür einen Rechtsschein, dass auf einer **früheren Stufe** kein Wirksamkeitsmangel vorlag, der nun die Berechtigung des Indossanten zu einer Weiterübertragung der verbrieften Rechte ausschließt. 13

Inhaltlich schützt Art. 16 Abs. 2 WG in erster Linie den **guten Glauben** des Indossatars **an die Vollinhaberschaft der Rechte an und aus dem Orderpapier** durch den Indossanten. Die Art des Mangels, der dieser Rechtsinhaberschaft entgegensteht, ist unerheblich.[21] Insbesondere setzt Art. 16 Abs. 2 WG aufgrund des erhöhten Umlaufcharakters der Orderpapiere dabei nicht voraus, dass der Rechtsschein dem wahren Berechtigten zurechenbar ist, sodass – ebenso wie bei Inhaberpapieren gem. § 935 Abs. 2 BGB – auch das **Abhandenkommen** iSd § 935 Abs. 1 BGB einen gutgläubigen Erwerb nicht hindert. 14

Daneben wird auch der **gute Glaube an eine Verfügungsbefugnis** des Indossanten über die verbrieften Rechte geschützt,[22] was vor allem dann der Fall sein kann, wenn das kaufmännische Orderpapier zugunsten des Indossanten ein materiell unwirksames Ermächtigungsindossament enthält (→ § 364 Rn. 11). Anders als im Rahmen des § 366 Abs. 1 kommt es hierbei nicht darauf an, ob der Indossant Kaufmann iSd §§ 1–7 ist, sofern nur das Orderpapier selbst die Voraussetzungen des § 363 erfüllt.[23] 15

Ebenfalls anders als bei § 366 (→ § 366 Rn. 26 ff.) wird durch Art. 16 Abs. 2 WG auch der **gute Glaube an eine Vertretungsmacht** des Indossanten geschützt, sofern dieser durch ein offenes oder verdecktes Vollmachtsindossament (→ § 364 Rn. 10) förmell legitimiert ist.[24] Dabei erstrecken sich die Wirkungen des Gutglaubensschutzes nach zutreffender Auffassung jedoch nicht auf die Ebene des Kausalverhältnisses, weshalb der vollmachtlos Vertretene das Papier im Wege einer **Leistungskondiktion** zurückfordern kann (→ § 366 Rn. 30).[25] Lässt man den bereicherungsrechtlichen Ausgleich zu, wird der gutgläubige Erwerb gleichwohl nicht funktionslos, da er sowohl für die inhaltliche Ausgestaltung des Rückabwicklungsverhältnisses inter partes als auch für die Rechtsstellung Dritter im Fall einer späteren Weiterveräußerung des Wertpapiers oder im Fall einer Insolvenz des gutgläubigen Indossatars Bedeutung erlangt.[26] 16

Tritt der Indossant bei der Rechtsübertragung im Wege einer **Identitätstäuschung** unter dem Namen desjenigen auf, der aus der Indossamentenkette legitimiert ist, so kann der Indossatar das 17

[15] Ulmer WertpapierR 228 f., 236; Staub/Canaris, 4. Aufl. 2004, Rn. 18; Hueck/Canaris WertpapierR § 8 V 2c.

[16] Heymann/Horn Rn. 13; Staub/Canaris, 4. Aufl. 2004, Rn. 26.

[17] Heymann/Horn Rn. 15; Hopt/Leyens Rn. 3; Staub/Canaris, 4. Aufl. 2004, Rn. 26.

[18] Heymann/Horn Rn. 15; MüKoHGB/Langenbucher Rn. 23.

[19] BeckOK HGB/Moussa, 48. Ed. 1.10.2025, Rn. 9; Heymann/Horn Rn. 15; MüKoHGB/Langenbucher Rn. 23; Staub/Canaris, 4. Aufl. 2004, Rn. 26; **aA** BGH 19.10.1967, WM 1968, 4; Tiedtke, Gutgläubiger Erwerb, 1985, 279; Ulmer WertpapierR 237; Schlegelberger/Hefermehl Rn. 22 f.

[20] Ulmer WertpapierR 237; MüKoHGB/Langenbucher Rn. 24; Schlegelberger/Hefermehl Rn. 23.

[21] Ulmer WertpapierR 235 f.; Heymann/Horn Rn. 14.

[22] BGH 19.10.1967, WM 1968, 4; Tiedtke, Gutgläubiger Erwerb, 1985, 279; KKD/Koller §§ 363–365 Rn. 7; Schlegelberger/Hefermehl Rn. 22; Staub/Canaris, 4. Aufl. 2004, Rn. 22.

[23] Heymann/Horn Rn. 9; Staub/Canaris, 4. Aufl. 2004, Rn. 22.

[24] BGH 19.10.1967, WM 1968, 4; Tiedtke, Gutgläubiger Erwerb, 1985, 279; Ulmer WertpapierR 237; Heymann/Horn Rn. 14; **aA** J. Hager, Verkehrsschutz durch redlichen Erwerb, 1990, 414 f.

[25] J. Hager, Verkehrsschutz durch redlichen Erwerb, 1990, 415; Tiedtke, Gutgläubiger Erwerb, 1985, 245 f.; wohl auch Schlegelberger/Hefermehl Rn. 24; **aA** Staub/Canaris, 4. Aufl. 2004, Rn. 23.

[26] Hierzu allg. im Überblick U. Huber FS Canaris, Bd. I, 2007, 503 ff.

Orderpapier dann gutgläubig erwerben, wenn ihn hinsichtlich der Identitätstäuschung keine grobe Fahrlässigkeit trifft.[27] Allerdings ist nach den Grundsätzen des Handelns unter fremdem Namen das Kausalgeschäft in diesem Fall – vorbehaltlich einer Rechtsscheinhaftung des wahren Namensinhabers – analog § 177 Abs. 1 BGB schwebend unwirksam,[28] sodass dem Letzteren nach der hier vertretenen Auffassung wie bei dem Auftreten eines falsus procurator die Leistungskondiktion offensteht (→ Rn. 16).[29]

18 **4. Rechtsfolgen.** Nach dem Wortlaut des Art. 16 Abs. 2 WG muss der legitimierte Inhaber das Orderpapier einem früheren Inhaber nicht „herausgeben". Dies ist so zu verstehen, dass der Indossatar durch das Indossament und die Begebung des Wertpapiers trotz der Nichtberechtigung des Indossanten **alle Rechte an und aus dem Papier erwirbt.**[30] Nur sofern die Voraussetzungen des gutgläubigen Erwerbs nicht vorliegen, fehlt dem Indossatar gegenüber dem Wertpapierschuldner die Aktivlegitimation zur Geltendmachung der verbrieften Rechte und besteht gegenüber dem wahren Papiereigentümer eine Herausgabepflicht aus § 985 BGB. Ist der Inhaber gleichwohl formell legitimiert iSd § 365 Abs. 1 iVm Art. 16 Abs. 1 WG, tragen der Schuldner bzw. der wahre Papiereigentümer allerdings die Beweislast für den mangelnden Rechtserwerb (→ Rn. 8).

V. Legitimationswirkung zugunsten des Leistenden (Art. 40 Abs. 3 WG)

19 § 365 Abs. 1 iVm Art. 40 Abs. 3 WG statuiert einen Gutglaubensschutz zugunsten desjenigen, der einen fälligen[31] Anspruch aus einem kaufmännischen Orderpapier befriedigt. Unter den Voraussetzungen dieser Norm hat auch die **Leistung an einen materiell Nichtberechtigten** befreiende Wirkung.[32] Geschützt wird dabei nicht nur der unmittelbare Wertpapierschuldner, sondern auch Drittverpflichtete (wie zB Bürgen) sowie Personen, die gem. § 267 BGB ohne eigene Verpflichtung gegenüber dem Papierinhaber leisten.[33] Daher kann sich der Angewiesene bei einer kaufmännischen Anweisung iSd § 363 Abs. 1 auch dann auf Art. 40 Abs. 3 WG berufen, wenn er die Anweisung nicht angenommen hat und ihn daher keine Verpflichtung aus dem Orderpapier trifft (→ § 363 Rn. 8).[34] Soweit es sich bei dem Orderpapier um einen Ladeschein, Lagerschein oder ein Konnossement handelt, enthalten nunmehr die **§ 445 Abs. 2, § 475e Abs. 2, § 521 Abs. 2** inhaltlich gleichgerichtete Spezialregelungen.[35]

20 Voraussetzung des Gutglaubensschutzes ist eine **formelle Legitimation des Inhabers,** an den die Leistung erfolgt,[36] wobei die zu Art. 16 Abs. 1 WG dargelegten Grundsätze entsprechend gelten (→ Rn. 9). Neben dem guten Glauben an eine Vollrechtsinhaberschaft werden auch der gute Glaube an eine Einziehungsbefugnis oder Vertretungsbefugnis zum Empfang der geschuldeten Leistung sowie an die Identität des Leistungsempfängers geschützt (→ Rn. 15 ff.).[37]

21 Die befreiende Wirkung tritt nach Art. 40 Abs. 3 S. 1 WG ein, wenn dem Leistenden hinsichtlich der mangelnden Berechtigung des Inhabers **weder Arglist noch grobe Fahrlässigkeit** zur Last fallen. Art. 40 Abs. 3 S. 2 WG konkretisiert die dabei einzuhaltenden Sorgfaltsanforderungen im Hinblick auf die formelle Legitimation dahingehend, dass der Leistende die Ordnungsmäßigkeit der Indossamentenkette, nicht aber die Echtheit der Unterschriften der Indossanten überprüfen muss. Selbst wenn der Leistende Zweifel an der materiellen Legitimation des Inhabers hat, schließen diese einen guten Glauben mangels eines Sorgfaltsverstoßes nicht aus, sofern dem Leistenden keine ausreichenden Beweismittel zur Verfügung stehen, um die aus Art. 16 Abs. 1 WG folgende Legitimationsvermutung zugunsten des Inhabers zu widerlegen.[38] Folgerichtig gilt dies allerdings nur zugunsten

[27] Heymann/Horn Rn. 14; KKD/Koller §§ 363–365 Rn. 7; MüKoHGB/Langenbucher Rn. 22; mit restriktiver Tendenz bezüglich der Gutgläubigkeit auch Staub/Canaris, 4. Aufl. 2004, Rn. 24; **aA** J. Hager, Verkehrsschutz durch redlichen Erwerb, 1990, 416 f.

[28] Statt aller MüKoBGB/Schubert BGB § 177 Rn. 7 mwN.

[29] Vgl. auch J. Hager, Verkehrsschutz durch redlichen Erwerb, 1990, 414 f.

[30] RG 8.12.1925, RGZ 112, 202 (204); Ebenroth/Boujong/Hakenberg/Rock Rn. 7; GK-HGB/Weber Rn. 12; Heymann/Horn Rn. 14; HK-HGB/Ruß Rn. 4; Staub/Canaris, 4. Aufl. 2004, Rn. 17.

[31] Ebenroth/Boujong/Hakenberg/Rock Rn. 6.

[32] Ebenroth/Boujong/Hakenberg/Rock Rn. 6; MüKoHGB/Langenbucher Rn. 26; RGHMW/Steimle/Dornieden Rn. 8.

[33] Ebenroth/Boujong/Hakenberg/Rock Rn. 6; GK-HGB/Weber Rn. 14; Staub/Canaris, 4. Aufl. 2004, Rn. 29, 31.

[34] Heymann/Horn Rn. 20; Staub/Canaris, 4. Aufl. 2004, Rn. 30.

[35] Vgl. BT-Drs. 17/10309, 96.

[36] GK-HGB/Weber Rn. 14; Heymann/Horn Rn. 21; KKD/Koller §§ 363–365 Rn. 7; Staub/Canaris, 4. Aufl. 2004, Rn. 27.

[37] Ebenroth/Boujong/Hakenberg/Rock Rn. 6; Heymann/Horn Rn. 21; KKD/Koller §§ 363–365 Rn. 7.

[38] Heymann/Horn Rn. 22; Schlegelberger/Hefermehl Rn. 17; Staub/Canaris, 4. Aufl. 2004, Rn. 32.

ten eines solchen Leistenden, der als Wertpapierschuldner oder Sicherungsgeber zu einer Leistung verpflichtet ist, während im Fall einer freiwilligen Leistung ernstliche Zweifel an der materiellen Berechtigung unabhängig von der Beweislage eine grobe Fahrlässigkeit begründen können.[39]

VI. Aufgebotsverfahren (Abs. 2)

Weil der Schuldner des verbrieften Anspruchs gem. § 364 Abs. 3 nur gegen Aushändigung des quittierten Wertpapiers leisten muss, eröffnet § 365 Abs. 2 bei vernichteten oder abhanden gekommenen Urkunden das Aufgebotsverfahren. Aufgrund dieses systematischen Zusammenhangs mit § 364 Abs. 3 greift das Aufgebotsverfahren über den unmittelbaren Wortlaut der Vorschrift hinaus in allen Fällen ein, in denen eine Vorlage der Urkunde dauerhaft ausgeschlossen ist.[40] 22

Die Einzelheiten des Aufgebotsverfahrens sind in den **§§ 433 ff. FamFG** geregelt. Der Antrag zur Eröffnung eines Aufgebotsverfahrens kann nach § 467 Abs. 1 FamFG durch den bisherigen Inhaber des kaufmännischen Orderpapiers gestellt werden. Zur Begründung des Antrags muss der Antragsteller den wesentlichen Inhalt der Urkunde angeben sowie den Verlust derselben und seine bisherige Inhaberschaft glaubhaft machen und erforderlichenfalls an Eides statt versichern (§ 468 FamFG). Sofern der Antragsteller dartun kann, dass er bis zu dem Verlust des Papiers formell legitimiert war, wird seine Rechtsinhaberschaft entsprechend Art. 16 Abs. 1 WG wiederum vermutet. Während des Aufgebotsverfahrens kann der bisherige Inhaber den Schuldner bereits aus dem Wertpapier in Anspruch nehmen, soweit er Sicherheit gemäß den §§ 232 ff. BGB leistet.[41] 23

Nach Ablauf der in § 476 FamFG geregelten Aufgebotsfrist von bis zu einem Jahr wird die Urkunde in einem **Ausschließungsbeschluss** für kraftlos erklärt (§ 478 FamFG). Gemäß § 479 FamFG iVm § 364 Abs. 3 ist der Antragsteller nun in der Lage, Zug um Zug gegen Aushändigung des Beschlusses die verbrieften Rechte geltend zu machen.[42] Nach zutreffender Sichtweise **restituiert** der Ausschließungsbeschluss jedoch nur **die formelle Legitimation** des Inhabers, enthält aber keine Feststellungen über dessen materielle Berechtigung.[43] Diese können der Schuldner oder der wahre Rechtsinhaber daher in den Grenzen des § 364 Abs. 2 sowie des § 365 Abs. 1 iVm Art. 16 WG bestreiten. 24

§ 365a [Elektronische Transportversicherungspolice]

[1]Der Transportversicherungspolice nach § 363 Absatz 2 gleichgestellt ist eine elektronische Aufzeichnung, die dieselben Funktionen erfüllt wie die Transportversicherungspolice, sofern sichergestellt ist, dass die Authentizität und Integrität der Aufzeichnung gewahrt bleiben (elektronische Transportversicherungspolice). [2]Das Bundesministerium der Justiz wird ermächtigt, im Einvernehmen mit dem Bundesministerium des Innern und für Heimat durch Rechtsverordnung, die nicht der Zustimmung des Bundesrates bedarf, die Einzelheiten der Ausstellung, Vorlage, Rückgabe und Übertragung einer elektronischen Transportversicherungspolice sowie die Einzelheiten des Verfahrens einer nachträglichen Eintragung in eine elektronische Transportversicherungspolice zu regeln.

Schrifttum: Ramming, Die neuen Regelungen über die elektronische Transportversicherungspolice, RdTW 2023, 93.

I. Allgemeines

Die Vorschrift wurde durch Gesetz vom 22.2.2023 (BGBl. 2023 I 51) mWv 1.3.2023 eingeführt und soll die Durchführung von transportbezogenen Versicherungsverhältnissen im zunehmend **elektronisierten Handelsverkehr erleichtern.**[1] Den Hintergrund der Regelung bildet der Umstand, dass seit dem Seehandelsrechtsreformgesetz (→ Einl. Rn. 4) zwar verschiedene elektronisch ausgestellte Transportdokumente den klassischen handelsrechtlichen Wertpapieren iSd § 363 Abs. 2 gleichgestellt sind, insbesondere Ladescheine, Lagerscheine und Konnossemente (→ § 363 Rn. 7), dies 1

---

[39] Heymann/Horn Rn. 22; Staub/Canaris, 4. Aufl. 2004, Rn. 33.
[40] Staub/Canaris, 4. Aufl. 2004, Rn. 37; **aA** MüKoHGB/Langenbucher Rn. 33.
[41] Ausf. Ramming RdTW 2018, 161 (166 ff.).
[42] HK-HGB/Ruß Rn. 5; Hopt/Leyens Rn. 5; Schlegelberger/Hefermehl Rn. 32.
[43] RG 12.9.1941, RGZ 168, 1 (8 f.); eingehend Staub/Canaris, 4. Aufl. 2004, Rn. 40 ff.; GK-HGB/Weber Rn. 17; Heymann/Horn Rn. 24; MüKoHGB/Langenbucher Rn. 35; RGHMW/Steimle/Dornieden Rn. 11; **aA** für das Rechtsverhältnis zu dem Schuldner BGH 18.9.1958, JZ 1958, 746.
[1] BT-Drs. 20/5237, 90 f.; zum Gang der Gesetzgebung Ramming RdTW 2023, 93 f.

bisher aber nicht für Transportversicherungspolicen galt.[2] Dies erschwerte vor allem eine Weiterveräußerung der auf dem Transport befindlichen Güter, da diese aus Sicht des Wirtschaftsverkehrs regelmäßig nicht nur eine Übertragung der betreffenden transportrechtlichen Papiere, sondern auch der dazugehörigen Versicherungen voraussetzt.[3] Durch die Neuregelung des § 365 S. 1 können nun beide Arten von Dokumenten einheitlich elektronisch ausgestellt und übertragen und die Transportvorgänge somit umfassend digital abgewickelt werden. Zur Ausgestaltung der weiteren Einzelheiten (Ausstellung, Vorlage, Rückgabe, Übertragung und Änderung des elektronischen Dokuments) enthält § 365a S. 2 eine **Verordnungsermächtigung** für das Bundesministerium der Justiz, von der noch Gebrauch gemacht werden muss.[4]

II. Voraussetzungen

2 Nach § 365a S. 1 werden im Zuge einer **Legaldefinition** der elektronischen Transportversicherungspolice solche elektronischen Dokumente einer klassischen Transportversicherungspolice iSd § 363 Abs. 2 gleichgestellt, die dieselben Funktionen wie eine papierhafte Police erfüllen und bei denen die Authentizität und Integrität der Aufzeichnung gewahrt ist. Das Erfordernis der funktionalen Äquivalenz bezieht sich dabei auf die von den Beteiligten mit dem Dokument verbundenen Zwecke, während die Anforderungen an die Authentizität und Integrität eigenständige objektivrechtliche Anforderungen an die Verlässlichkeit der Dokumente betreffen.[5] Die konkrete Ausgestaltung wird dabei der nach § 365a S. 2 vorgesehenen **Rechtsverordnung** überlassen (→ Rn. 1). Diese Regelungsstruktur entspricht, mit gewissen sachlich-terminologischen Anpassungen, den **Parallelregelungen** in den § 408 Abs. 3 (Frachtbriefe), § 443 Abs. 3 (Ladescheine), § 475c Abs. 4 (Lagerscheine), § 516 Abs. 2 und 3 (Konnossemente) und § 526 Abs. 4 (Seefrachtbriefe).[6]

3 Da die Gleichstellung iSd § 365a S. 1 lediglich mit „Transportversicherungspolice[n] nach § 363 Abs. 2" erfolgt, kann auch eine elektronische Police nur dann wertpapierrechtliche Anerkennung erfahren, wenn sie als **Orderpapier** ausgestaltet wird.[7] Die Schaffung von elektronischen Inhaber- oder Namens-Transportversicherungspolicen erlaubt die Regelung daher nicht. Im Übrigen ist der **Begriff der Transportversicherungspolice** aber auch im Rahmen des § 365a **weit zu verstehen.** Er umfasst sowohl die Dokumentation von, durch die §§ 130 ff. VVG geregelten, Versicherungsverhältnissen für den Land- und Binnenschifftransport als auch für den, nach § 209 VVG eigenständig zu beurteilenden, Seetransport.[8] In der Sache sind dabei sowohl Versicherungen von Gütern gegen die Gefahren des Transports und einer damit verbundenen Lagerung (vgl. § 130 Abs. 1 VVG) als auch die Versicherung von Binnen- und Seeschiffen gegen Schifffahrtsgefahren (vgl. § 130 Abs. 2 VVG) erfasst.[9]

III. Rechtsfolgen

4 Elektronische Transportversicherungspolicen, die den Anforderungen des § 365a S. 1 entsprechen (→ Rn. 2 f.), werden für die wertpapierrechtlichen Zwecke der §§ 363 ff. **umfassend** den klassischen urkundenbasierten **Policen iSd § 363 Abs. 2 gleichgestellt.**[10] Wie sich aus einer Gesamtschau mit der in S. 2 enthaltenen Verordnungsermächtigung (→ Rn. 1) ergibt, betrifft dies insbesondere die Modalitäten der Ausstellung, Vorlage, Rückgabe und Übertragung des Dokuments sowie die Durchführung nachträglicher Eintragungen. Als „Rückgabe" ist dabei die Aushändigung iSd § 364 Abs. 3 zu verstehen.[11] Dem Begriff der „Vorlage" dürfte daneben für die Zwecke der (elektronischen) Transportversicherungspolice kaum eigenständige Bedeutung zukommen.[12] Im Hinblick auf die „Übertragung" wird von der Gleichstellung auch die **Indossabilität** iSd § 363 Abs. 2 erfasst

[2] Krit. zu der bisher bestehenden Diskrepanz Saive/Karschau TranspR 2021, 321 (325 f.); zu den im Vorfeld der Schaffung des § 365a diskutierten Regelungsoptionen für elektronische Transportversicherungspolicen näher Ramming RdTW 2022, 193 (195 ff.).

[3] BT-Drs. 20/5237, 91; Fritz LogR 2023, 52; MüKoHGB/Langenbucher Rn. 2.

[4] Zum Stand des Verfahrens s. Ramming RdTW 2023, 93.

[5] Ramming RdTW 2023, 93.

[6] BT-Drs. 20/5237, 91.

[7] Ramming RdTW 2023, 93 (95); Ebenroth/Boujong/Hakenberg/Rock Rn. 1; MüKoHGB/Langenbucher Rn. 4.

[8] BT-Drs. 20/5237, 91; Ramming RdTW 2023, 93 (94); Hopt/Leyens Rn. 2.

[9] Ramming RdTW 2023, 93 (94); MüKoHGB/Langenbucher Rn. 4.

[10] Ramming RdTW 2023, 93 (94); Hopt/Leyens Rn. 3; MüKoHGB/Langenbucher Rn. 3.

[11] BT-Drs. 20/5237, 92; Ramming RdTW 2023, 93 (95).

[12] Ramming RdTW 2023, 93 (95).

(→ § 363 Rn. 7).[13] Zu den versicherungsrechtlichen Implikationen elektronischer Transportversicherungspolicen s. § 210a VVG.

§ 366 [Gutgläubiger Erwerb von beweglichen Sachen]

(1) Veräußert oder verpfändet ein Kaufmann im Betriebe seines Handelsgewerbes eine ihm nicht gehörige bewegliche Sache, so finden die Vorschriften des Bürgerlichen Gesetzbuchs zugunsten derjenigen, welche Rechte von einem Nichtberechtigten herleiten, auch dann Anwendung, wenn der gute Glaube des Erwerbers die Befugnis des Veräußerers oder Verpfänders, über die Sache für den Eigentümer zu verfügen, betrifft.

(2) Ist die Sache mit dem Rechte eines Dritten belastet, so finden die Vorschriften des Bürgerlichen Gesetzbuchs zugunsten derjenigen, welche Rechte von einem Nichtberechtigten herleiten, auch dann Anwendung, wenn der gute Glaube die Befugnis des Veräußerers oder Verpfänders, ohne Vorbehalt des Rechtes über die Sache zu verfügen, betrifft.

(3) [1]Das gesetzliche Pfandrecht des Kommissionärs, des Frachtführers oder Verfrachters, des Spediteurs und des Lagerhalters steht hinsichtlich des Schutzes des guten Glaubens einem gemäß Absatz 1 durch Vertrag erworbenen Pfandrecht gleich. [2]Satz 1 gilt jedoch nicht für das gesetzliche Pfandrecht an Gut, das nicht Gegenstand des Vertrages ist, aus dem die durch das Pfandrecht zu sichernde Forderung herrührt.

Schrifttum: Bechtloff, Gesetzliche Verwertungsrechte, 2003; Benöhr, Kann ein Dritter mit Zustimmung des Eigentümers das gesetzliche Unternehmerpfandrecht begründen?, ZHR 135 (1971), 144; W. Bosch, Nochmals: Schützt § 366 HGB auch das Vertrauen auf die Vertretungsmacht im Handelsverkehr?, JuS 1988, 439; Bülow, Gutgläubiger Erwerb vom Scheinkaufmann, AcP 186 (1986), 576; Goldschmidt, Über den Erwerb dinglicher Rechte von dem Nichteigentümer und die Beschränkung der dinglichen Rechtsverfolgung, insbesondere nach handelsrechtlichen Grundsätzen, ZHR 8 (1865), 225 und ZHR 9 (1866), 1; J. Hager, Verkehrsschutz durch redlichen Erwerb, 1990; Jacobi, § 366 HGB in bezug auf den Erwerb einer als Pfand vom Kaufmann veräußerten Sache, ZHR 88 (1926), 269; Joost, Der gute Glaube an die Verfügungsbefugnis, FS Fiedler, 2011, 889; Ogris, Guter Glaube an die Vertretungsmacht, 1987; Petersen, Der gute Glaube an die Verfügungsmacht im Handelsrecht, Jura 2004, 247; Raisch, Bereicherungs- und schadensersatzrechtliche Konsequenzen einer Erstreckung des § 366 Abs. 1 HGB auf vollmachtlose Vertreter, FS Hagen, 1999, 449; Raisch, Geschichtliche Voraussetzungen, dogmatische Grundlagen und Sinnwandlung des Handelsrechts, 1965, 260 ff.; Ramming, Der gutgläubig lastenfreie Erwerb des Gutes, RdTW 2023, 82; Reinicke, Schützt § 366 Abs. 1 HGB den guten Glauben an die Vertretungsmacht?, AcP 189 (1989), 79; Risch, Die Begründung gesetzlicher Pfandrechte an Dritteigentum im Speditions- und Frachtrecht, TranspR 2005, 108; Schilken, Die Neuregelung der handelsrechtlichen Pfandrechte und des § 366 Abs. 3 HGB – Durchbruch für den gutgläubigen Erwerb des Werkunternehmerpfandrechts?, FS W.-H. Roth, 2015, 511; K. Schmidt, Gutgläubiger Eigentumserwerb trotz Abtretungsverbots in AGB – Zur Bedeutung des § 354a HGB für die Praxis zu § 366 HGB, NJW 1999, 400; K. Schmidt, Neues über gesetzliche Pfandrechte an Sachen Dritter – Gesetzesänderung in und um § 366 HGB, NJW 2014, 1; K. Schmidt, Schützt § 366 HGB auch das Vertrauen auf die Vertretungsmacht im Handelsverkehr?, JuS 1987, 936; Stamm, Zu den Anforderungen an Verpfändungsklauseln in Werkverträgen – Unrecht schlägt seinen eigenen Herrn, ZfPW 2025, 159; Tiedtke, Gutgläubiger Erwerb, 1985; Wiegand, Fälle des gutgläubigen Erwerbs außerhalb der §§ 932 ff. BGB, JuS 1974, 545; Wilhelm, Durchbruch für den gutgläubigen Erwerb des Werkunternehmerpfandrechts, DB 2014, 406; M. Wolff, Die Ware, in Ehrenberg (Hrsg.), Handbuch des gesamten Handelsrechts, Bd. IV 1, 1917, 7.

Übersicht

[13] Vgl. BT-Drs. 20/5237, 90; RGHMW/Steimle/Dornieden Rn. 3.

I. Allgemeines

1 **1. Bürgerlichrechtlicher Hintergrund.** Die allgemeinen bürgerlichrechtlichen Vorschriften der §§ 932 ff., 1207 f. BGB schützen den guten Glauben desjenigen, dem das Eigentum oder ein Pfandrecht an einer beweglichen Sache von einem Nichtberechtigten übertragen wird, nur dann, wenn dieser Glaube sich auf die Rechtsinhaberschaft und die hieraus fließende Verfügungsbefugnis des Verfügenden bezieht.[1] Hingegen bleibt der gute Glaube an eine isolierte Verfügungsbefugnis iSd § 185 Abs. 1 BGB ungeschützt. Diese gesetzgeberische Wertentscheidung beruht darauf, dass im allgemeinen bürgerlichrechtlichen Verkehr ein Auseinanderfallen von Rechtsinhaberschaft und Verfügungsbefugnis als atypischer Ausnahmefall erscheint, der keinen Gutglaubensschutz zugunsten des Rechtsverkehrs und zulasten des wirklich Berechtigten rechtfertigt.[2] Folgerichtig resultiert aus dem Besitz nach der allgemeinen Vorschrift des § 1006 BGB auch nur eine Vermutung dafür, dass der Besitzer mit dem Besitzerwerb das Eigentum erworben hat, nicht aber dafür, dass er als Nichteigentümer mit dem Besitz eine Verfügungsbefugnis erlangt hat.[3] Demgegenüber stellen Übereignungen oder Verpfändungen durch Nichtberechtigte, die gem. § 185 Abs. 1 BGB mit dem Willen des Berechtigten erfolgen, aufgrund der **arbeitsteiligen Absatzstruktur im Handelsverkehr** alltägliche Fälle dar, sodass ein Bedürfnis besteht, zur Gewährleistung eines sicheren und leichten Geschäftsverkehrs auch den guten Glauben an eine im Einzelfall nicht bestehende Verfügungsbefugnis zu schützen.[4] Dieses Bedürfnis greift § 366 auf. Dabei werden die Voraussetzungen eines gutgläubigen Erwerbs in der Norm allerdings nicht abschließend geregelt. Vielmehr wird lediglich der Bezugspunkt des guten Glaubens auf die Verfügungsbefugnis erweitert, während die übrigen Erwerbsvoraussetzungen aus den allgemeinen Vorschriften der §§ 929 ff., 932 ff., 1205 f., 1207 f. BGB folgen.[5] Dementsprechend bemisst sich auch die **kollisionsrechtliche Anwendbarkeit** des § 366 nach der allgemeinen Regel des Art. 43 EGBGB.[6]

2 **2. Grundgehalt der Norm. a) Abs. 1.** In § 366 Abs. 1 werden die §§ 932 ff., 1207 BGB um einen Schutz des guten Glaubens an „die Befugnis des Veräußerers oder Verpfänders, über die Sache für den Eigentümer zu verfügen", erweitert. Dabei kommen vor allem die folgenden, verkehrstypischen Konstellationen in Betracht:

3 Der Absatz von Waren erfolgt häufig nicht durch Eigenhändler ieS, welche die Waren ihrerseits von den Lieferanten zu Eigentum erwerben, sondern durch **Verkaufskommissionäre.** Soweit eine derartige Vertriebsstruktur typisch ist, kann sich ein guter Glaube der Erwerber folgerichtig nicht auf das Eigentum, sondern nur auf die Verfügungsbefugnis des Veräußerers beziehen.[7]

4 Bei Waren, die unter **Eigentumsvorbehalt** geliefert werden, erfolgt die Weiterveräußerung häufig durch den Vorbehaltskäufer im eigenen Namen mit einer Weiterveräußerungsermächtigung des Vorbehaltsverkäufers. Soweit ein Eigentumsvorbehalt in bestimmten Absatzzweigen typisch ist, kann sich der gute Glaube des Erwerbers somit wiederum nicht auf das Eigentum des Veräußerers, sondern nur auf seine Verfügungsbefugnis beziehen. Verkompliziert wird die Lage in diesen Fällen dadurch, dass der Vorbehaltsverkäufer seine Rechtsposition im Rahmen eines **verlängerten Eigentumsvorbehalts** dadurch abzusichern pflegt, dass die Weiterveräußerungsermächtigung an eine Vorausabtre-

[1] Allg. zum Verhältnis von Rechtsinhaberschaft und Verfügungsbefugnis im Kontext des Gutglaubensschutzes Joost FS Fiedler, 2011, 890 ff.

[2] Vgl. Wolff/Raiser SachenR, 10. Bearb. 1957, § 69 II 1; krit. Joost FS Fiedler, 2011, 889 ff.

[3] MüKoBGB/Raff BGB § 1006 Rn. 44 ff.

[4] Denkschrift zu dem Entwurf eines Handelsgesetzbuchs, 1896, 207; Wiegand JuS 1974, 545 (548); Tiedtke, Gutgläubiger Erwerb, 1985, 227 f.; GK-HGB/Weber Rn. 1; Heymann/Horn Rn. 1; HK-HGB/Ruß Rn. 1; Schlegelberger/Hefermehl Rn. 1; Staub/Canaris, 4. Aufl. 2004, Rn. 2; Oetker HandelsR § 7 Rn. 93 f.; K. Schmidt HandelsR § 23 Rn. 2 ff.; umfassend zu den historischen Wurzeln Goldschmidt ZHR 8 (1865), 225 ff.; Goldschmidt ZHR 9 (1866), 1 ff.

[5] Statt aller BeckOGK/Julius, 15.10.2025, Rn. 10.

[6] BGH 10.6.2009, NJW 2009, 2824 Rn. 9.

[7] Vgl. Denkschrift zu dem Entwurf eines Handelsgesetzbuchs, 1896, 207; Joost FS Fiedler, 2011, 899 f.

tung der Forderungen geknüpft ist, die der Vorbehaltskäufer aus der Weiterveräußerung erlangt. Dabei können Störungen in der Wirksamkeit dieser Forderungsabtretung nicht nur objektiv die Weiterveräußerungsermächtigung des Vorbehaltskäufers beseitigen, sondern haben ggf. auch Rückwirkungen auf den guten Glauben des Erwerbers an die Verfügungsbefugnis iSd § 366 Abs. 1 (→ Rn. 38 ff.).

Gehören die Konstellationen der Verkaufskommission und des verlängerten Eigentumsvorbehalts zu dem gesicherten Anwendungsbereich des § 366 Abs. 1, ist dessen Erstreckung auf eine **Vertretung ohne Vertretungsmacht** umstritten (→ Rn. 26 ff.). Dies kann insbesondere dann relevant werden, wenn ein bloßer **Vermittlungsvertreter** iSd § 84 Abs. 1 S. 1 Alt. 1 oder ein **Handelsmakler** iSd § 93 kompetenzwidrig Waren im Namen des Geschäftsherrn veräußert. 5

Jenseits der Problematik einer fehlenden Vertretungsmacht stellt sich das **generelle Problem,** dass die **abstrakte tatbestandliche Fassung des § 366,** die nur an den Erwerb von einem Kaufmann in dessen Handelsgewerbe anknüpft, **wesentlich weiter reicht als** die skizzierten typischen Handelskonstellationen, die **das teleologische Fundament der Norm** bilden.[8] Folgerichtig ist im Rahmen der Rechtsanwendung eine gewisse Einschränkung des Gutglaubensschutzes geboten, die zum Teil über teleologische Reduktionen (→ Rn. 24 f.) und zum Teil im Rahmen der Ermittlung eines guten Glaubens (→ Rn. 33 ff.) erzielt werden kann. 6

b) Abs. 2. Auch wenn der Verfügungsgegenstand mit einem beschränkten dinglichen Recht belastet ist, schützen die §§ 936, 1208 BGB den Erwerber nur, sofern sich sein guter Glaube auf das Nichtvorhandensein der Belastung bezieht. Im Handelsverkehr kann es sich aber wiederum so verhalten, dass derartige Belastungen – insbesondere Pfandrechte – zwar typisch sind, der Rechtsinhaber den Verfügenden jedoch häufig nach § 185 Abs. 1 BGB dazu ermächtigt hat, ohne den Vorbehalt des Rechts zu verfügen. Daher erstreckt § 366 Abs. 2 den Gutglaubensschutz auch auf die Befugnis zu einer solchen vorbehaltlosen Verfügung (→ Rn. 48 ff.). 7

c) Abs. 3. Schließlich stellt § 366 Abs. 3 die gesetzlichen Pfandrechte eines Kommissionärs, Frachtführers oder Verfrachters, Spediteurs und Lagerhalters hinsichtlich des Gutglaubensschutzes einem vertraglich erworbenen Pfandrecht gleich, wobei jedoch der Gutglaubensschutz für die Sicherung inkonnexer Forderungen wiederum erheblich begrenzt wird. Insoweit ist die Norm durch das Seehandelsrechtsreformgesetz (→ Einl. Rn. 4) neu gefasst worden. Dabei besteht ein enges Wechselverhältnis des § 366 Abs. 3 mit der allgemeineren Problematik, inwieweit de lege lata ein gutgläubiger Erwerb gesetzlicher Besitzpfandrechte in Betracht kommt (→ Rn. 54). 8

II. Voraussetzungen des Abs. 1

1. Kaufmannseigenschaft. Derjenige, der über das Eigentum oder das Pfandrecht verfügt, muss Kaufmann iSd §§ 1–7 sein. Umstritten ist, ob § 366 Abs. 1 auch dann Anwendung findet, wenn der Veräußerer oder Verpfänder lediglich **Scheinkaufmann** iSd allgemeinen Rechtsscheinlehre ist. Dies wird hauptsächlich mit dem Argument bestritten, dass die Rechtsfolgen des § 366 nicht zulasten des (Schein-)Kaufmanns, sondern des wahren Berechtigten wirken würden und dass eine solche Drittbelastung dem Grundgedanken der Rechtsscheinlehre zuwiderlaufe.[9] Von Teilen der Vertreter dieser Auffassung wird die Anwendung des § 366 Abs. 1 allerdings zugelassen, sofern sich der Rechtsschein der Kaufmannseigenschaft aus einer unrichtigen Eintragung oder Bekanntmachung iSd **§ 15** ergibt.[10] Überzeugend ist jedoch die Sichtweise, nach der die Eigenschaft als Scheinkaufmann – sei es iSd allgemeinen Rechtsscheinlehre oder der speziellen registerrechtlichen Regelung des § 15 – generell für eine Anwendung der Norm ausreicht.[11] Dies ergibt sich zum einen daraus, dass der Erwerber unabhängig davon gleichermaßen schutzwürdig ist, ob er mit einem wirklichen Kaufmann 9

[8] Raisch, Geschichtliche Voraussetzungen, dogmatische Grundlagen und Sinnwandlung des Handelsrechts, 1965, 274 ff.; Joost FS Fiedler, 2011, 900; BeckOGK/Julius, 15.10.2025, Rn. 5; Heymann/Horn Rn. 1; Staub/Canaris, 4. Aufl. 2004, Rn. 3 f.; Canaris HandelsR § 27 Rn. 3.

[9] OLG Düsseldorf 18.11.1998, NJW-RR 1999, 615 (616); Bülow AcP 186 (1986), 576 (581 ff.); Tiedtke, Gutgläubiger Erwerb, 1985, 228; BeckOGK/Julius, 15.10.2025, Rn. 25 ff.; Ebenroth/Boujong/Dieckmann Rn. 6; GK-HGB/Weber Rn. 7; Heymann/Horn Rn. 4; HK-HGB/Ruß Rn. 2; Hopt/Leyens Rn. 4; RGHMW/Steimle/Dornieden Rn. 5; Schlegelberger/Hefermehl Rn. 26; K. Schmidt HandelsR § 23 Rn. 11.

[10] Heymann/Horn Rn. 4; HK-HGB/Ruß Rn. 2; RGHMW/Steimle/Dornieden Rn. 5; für eine Behandlung des Eingetragenen als Kaufmann in erweiternder Anwendung des § 5 K. Schmidt HandelsR § 23 Rn. 11; **aA** Tiedtke, Gutgläubiger Erwerb, 1985, 228 f.; BeckOGK/Julius, 15.10.2025, Rn. 28; Ebenroth/Boujong/Dieckmann Rn. 7; Schlegelberger/Hefermehl Rn. 26.

[11] Canaris, Die Vertrauenshaftung im deutschen Privatrecht, 1971, 182; Petersen Jura 2004, 247 (248); KKD/Koller Rn. 2; MüKoHGB/Martens Rn. 12; Staub/Canaris, 4. Aufl. 2004, Rn. 12 f.; Canaris HandelsR § 27 Rn. 5; offen BGH 9.11.1998, NJW 1999, 425 (426).

oder einem bloßen Scheinkaufmann kontrahiert. Zum anderen sind die Interessen des wahren Rechtsinhabers nicht im Zusammenhang mit der Kaufmannseigenschaft des Veräußerers zu wahren, sondern bei der Frage nach der Zurechenbarkeit des Rechtsscheins gemäß den § 935 BGB, § 936 Abs. 3 BGB.[12]

10 Keine unmittelbare Anwendung findet § 366 Abs. 1 dann, wenn der Veräußerer oder Verpfänder zwar unternehmerisch tätig ist, aber als **Freiberufler** oder **nicht-eingetragener Kleingewerbetreibender** keine Kaufmannseigenschaft besitzt. Für Kleingewerbetreibende ist die Norm aber in den Grenzen der Verweisungen aus den § 383 Abs. 2 S. 2, § 407 Abs. 3 S. 2, § 453 Abs. 3 S. 2, § 467 Abs. 3 S. 2 einschlägig. Die durch diese Normen vorgesehene Anwendung der §§ 343 ff. „in Ansehung" des Kommissions-, Fracht-, Speditions- oder Lagervertrags erstreckt sich auch auf eine Verfügung gegenüber Dritten iSd § 366 Abs. 1, die in Ausführung des jeweiligen Vertrags erfolgt.[13] Im Übrigen ist eine **Analogie** zu § 366 für nicht-kaufmännische Unternehmer hingegen **abzulehnen.**[14] Da Freiberufler nicht typischerweise im eigenen Namen über fremde Sachen zu verfügen pflegen und kleingewerbliche Kommissionäre über § 383 Abs. 2 erfasst sind, wird diese Streitfrage aus praktischer Sicht vor allem bei nicht-eingetragenen kleingewerblichen Warenhändlern relevant.[15] Jedoch hat der Gesetzgeber gerade mit der unveränderten Beibehaltung des persönlichen Anwendungsbereichs des § 366 im Rahmen des Handelsrechtsreformgesetzes 1998 zum Ausdruck gebracht, dass über den erweiterten Verkehrsschutz nicht die Unternehmereigenschaft, sondern die Kaufmannseigenschaft entscheiden soll.[16] Somit fehlt es an einer planwidrigen Regelungslücke für eine Analogie.

11 Tritt auf der Seite des Verfügenden ein **Stellvertreter** auf, kommt es nicht auf die Kaufmannseigenschaft des Vertreters, sondern auf diejenige des Vertretenen an.[17] Hiervon ist die Problematik zu unterscheiden, ob § 366 Abs. 1 nicht nur eine mangelnde Verfügungsbefugnis desjenigen überwindet, der im eigenen Namen über fremde Sachen verfügt, sondern auch eine mangelnde Vertretungsbefugnis desjenigen, der die Verfügung im Namen des wirklich Berechtigten vornimmt (→ Rn. 26 ff.).

12 **Unerheblich** ist, **ob** auch der gutgläubige **Erwerber Kaufmann** iSd §§ 1–7 ist (vgl. § 345).[18] § 366 Abs. 1 schützt gerade auch Privatpersonen, die auf eine Verfügungsbefugnis des Kaufmanns vertrauen.

13 **Maßgeblicher Zeitpunkt** für die Kaufmannseigenschaft des Veräußerers ist derjenige, auf den es im Rahmen der §§ 932 ff., 1207 f. BGB für den guten Glauben ankommt.[19]

14 **2. Verfügung im Betrieb des Handelsgewerbes.** Die Veräußerung oder Verpfändung muss zu dem Betrieb des Handelsgewerbes des Verfügenden iSd § 343 gehören, da bei Privatgeschäften keine Ausweitung des Gutglaubensschutzes gerechtfertigt ist (→ Rn. 1). Allerdings kann sich der Erwerber insoweit auf die Vermutung des § 344 Abs. 1 stützen. Ist diese Vermutung widerlegt, wird hingegen ein guter Glaube an die Zugehörigkeit des Geschäfts zu dem Handelsgewerbe des Veräußerers grundsätzlich nicht geschützt.[20] Hiervon soll in Anlehnung an die Anwendung des § 366 Abs. 1 auf Scheinkaufleute (→ Rn. 9) eine Ausnahme für den Fall eingreifen, dass der Verfügende durch ausdrückliche oder konkludente Erklärungen den Eindruck erweckt, die Verfügung gehöre zu seinem Handelsgewerbe.[21] Dem ist im Grundsatz zuzustimmen. Jedoch wird unter diesen Umständen häufig

---

[12] MüKoHGB/Martens Rn. 12; vgl. insoweit auch Bülow AcP 186 (1986), 576 (580 f.).

[13] K. Schmidt NJW 1998, 2161 (2163); BeckOGK/Julius, 15.10.2025, Rn. 18 ff.; Heymann/Horn Rn. 4; MüKoHGB/Martens Rn. 9; Staub/Canaris, 4. Aufl. 2004, Rn. 8; Canaris HandelsR § 27 Rn. 6; K. Schmidt HandelsR § 23 Rn. 11.

[14] OLG Düsseldorf 18.11.1998, NJW-RR 1999, 615 (616); Heymann/Horn Rn. 4; RGHMW/Steimle/Dornieden Rn. 8 f.; Oetker HandelsR § 7 Rn. 96; wohl auch BGH 9.11.1998, NJW 1999, 425 (426); **aA** K. Schmidt NJW 1998, 2161 (2163 f.); Hopt/Leyens Rn. 4; KKD/Koller Rn. 2; K. Schmidt HandelsR § 23 Rn. 12.

[15] Für eine Analogie bei kleingewerblichen Warenhändlern R. Schmitt, Die Rechtsstellung der Kleingewerbetreibenden nach dem Handelsrechtsreformgesetz, 2003, 296 f.; BeckOGK/Julius, 15.10.2025, Rn. 21; MüKoHGB/Martens Rn. 11; Staub/Canaris, 4. Aufl. 2004, Rn. 10; Canaris HandelsR § 27 Rn. 7.

[16] Vgl. BT-Drs. 13/8444, 30 f.; krit. K. Schmidt NJW 1998, 2161 (2163 f.).

[17] Ehrenbergs HdB Bd. IV 1/M. Wolff 40; BeckOGK/Julius, 15.10.2025, Rn. 14; GK-HGB/Weber Rn. 10; RGHMW/Steimle/Dornieden Rn. 11; Schlegelberger/Hefermehl Rn. 27; Staub/Canaris, 4. Aufl. 2004, Rn. 14.

[18] BeckOGK/Julius, 15.10.2025, Rn. 15; Ebenroth/Boujong/Dieckmann Rn. 3; NK-HGB/Eberl Rn. 2; Heymann/Horn Rn. 4; Schlegelberger/Hefermehl Rn. 27.

[19] Ehrenbergs HdB Bd. IV 1/M. Wolff 40; BeckOGK/Julius, 15.10.2025, Rn. 29; HK-HGB/Ruß Rn. 2; MüKoHGB/Martens Rn. 13; RGHMW/Steimle/Dornieden Rn. 12; Staub/Canaris, 4. Aufl. 2004, Rn. 15.

[20] RG 6.4.1929, LZ 1929, 778; Ebenroth/Boujong/Dieckmann Rn. 8; GK-HGB/Weber Rn. 12; Heymann/Horn Rn. 6; Schlegelberger/Hefermehl Rn. 28; K. Schmidt HandelsR § 23 Rn. 16.

[21] MüKoHGB/Martens Rn. 16; Staub/Canaris, 4. Aufl. 2004, Rn. 17; vgl. auch BeckOK HGB/Moussa, 48. Ed. 1.10.2025, Rn. 12.

bereits objektiv ein Handelsgeschäft vorliegen, wenn die Veräußerung oder Verpfändung ihrem äußeren Zuschnitt nach im Zusammenhang mit dem Handelsgewerbe erfolgt.[22]

3. Rechtserwerb an beweglichen Sachen. Der Schutz des guten Glaubens wird durch § 366 Abs. 1 nur ausgedehnt, soweit es um den Erwerb des Eigentums oder eines Pfandrechts an beweglichen Sachen geht. 15

a) Bewegliche Sachen. Durch die gegenständliche Beschränkung des § 366 Abs. 1 auf bewegliche Sachen fällt der Erwerb von Grundstücken und Rechten bzw. von Rechten an diesen Gegenständen aus dem Anwendungsbereich der Norm heraus.[23] **Schiffe** stellen nur dann bewegliche Sachen iSd Vorschrift dar, wenn sie nicht in das Schiffsregister eingetragen sind und sich der Eigentumserwerb an ihnen nach den §§ 929, 929a BGB vollzieht.[24] 16

In Bezug auf **Wertpapiere** ist zu unterscheiden: **Inhaberpapiere** werden wie bewegliche Sachen behandelt, sodass neben den §§ 929 ff., 1205 ff., 1293 BGB auch § 366 Abs. 1 Anwendung auf sie findet.[25] Hingegen unterliegt der gutgläubige Erwerb von **Orderpapieren** nicht dem Recht über bewegliche Sachen, sondern den Grundsätzen der Legitimation durch eine Indossamentenkette (→ § 364 Rn. 3 ff.).[26] **Rektapapiere** stellen keine eigenständigen Gegenstände des Rechtsverkehrs dar, sodass der Erwerb hier dem Erwerb des verbrieften Rechts folgt und nicht auf § 366 gestützt werden kann.[27] Bei **Traditionspapieren** ist schließlich maßgeblich, ob eine Verfügung über die in Bezug genommenen Waren in Rede steht oder eine Verfügung über das Papier selbst. Bei einer Verfügung über die Waren mittels Traditionspapier gilt § 366 Abs. 1 in jedem Fall, während es bei einer Verfügung über das Traditionspapier darauf ankommt, um welche Art von Wertpapier es sich handelt.[28] Da Traditionspapiere typischerweise keine Inhaberpapiere, sondern Order- oder Rektapapiere sind (→ § 363 Rn. 17, → § 363 Rn. 27 f.), findet § 366 nach dem soeben Gesagten insoweit keine Anwendung. 17

b) Eigentums- oder Pfandrechtserwerb. Gemäß § 366 Abs. 1 greift der erweiterte Gutglaubensschutz dann ein, wenn das betreffende Rechtsgeschäft auf den Erwerb des Eigentums oder eines Vertragspfandrechts gerichtet ist. Dies erklärt sich daraus, dass Kaufleute in Bezug auf fremde Gegenstände typischerweise nur Veräußerungen oder Verpfändungen mit einer Ermächtigung durch den Berechtigten vornehmen, während dies für die Begründung anderer Rechte eher einen Ausnahmefall darstellt, der keinen Schutz des guten Glaubens an die Verfügungsmacht des Kaufmanns rechtfertigt.[29] Daher findet die Norm zB auf die **Bestellung eines Nießbrauchs** keine (analoge) Anwendung.[30] Auch für den gesetzlichen Erwerb anderer als der in § 366 Abs. 3 S. 1 genannten Rechte ist eine Analogie abzulehnen. Dies gilt insbesondere für die Entstehung eines **kaufmännischen Zurückbehaltungsrechts** iSd § 369 zugunsten des Gläubigers der gesicherten Forderung (→ § 369 Rn. 32). 18

4. Kein Eigentum des Verfügenden. Nach dem Wortlaut des § 366 Abs. 1 muss es sich um eine Sache handeln, die nicht im Eigentum des Veräußerers oder Verpfänders steht („eine ihm nicht gehörige bewegliche Sache"). Der gute Glaube an das Nichtvorliegen **gesetzlicher Verfügungsbeschränkungen** zulasten des verfügenden Eigentümers wird daher von der Norm nicht geschützt.[31] Dies gilt unabhängig davon, ob der potentielle Erwerber die betreffende Beschränkung nicht kennt oder ob er von einer Ermächtigung des Kaufmanns durch denjenigen ausgeht, zugunsten dessen die Beschränkung besteht.[32] Daher können insbesondere die Verfügungsbeschränkungen des **§ 81 InsO** 19

[22] Vgl. auch BeckOGK/Julius, 15.10.2025, Rn. 37.

[23] BeckOGK/Julius, 15.10.2025, Rn. 39; Staub/Canaris, 4. Aufl. 2004, Rn. 20; K. Schmidt HandelsR § 23 Rn. 14.

[24] BGH 25.6.1990, BGHZ 112, 4 (5) = NJW 1990, 3209; KKD/Koller Rn. 1; MüKoHGB/Martens Rn. 14; RGHMW/Steimle/Dornieden Rn. 15; vgl. auch OLG Brandenburg 17.3.2022, RdTW 2022, 168 Rn. 27, 53.

[25] Ehrenbergs HdB Bd. IV 1/M. Wolff 40; BeckOGK/Julius, 15.10.2025, Rn. 40; Staub/Canaris, 4. Aufl. 2004, Rn. 20.

[26] Staub/Canaris, 4. Aufl. 2004, Rn. 20; **aA** Ebenroth/Boujong/Dieckmann Rn. 10.

[27] GK-HGB/Weber Rn. 13; Staub/Canaris, 4. Aufl. 2004, Rn. 20.

[28] Staub/Canaris, 4. Aufl. 2004, Rn. 20.

[29] Staub/Canaris, 4. Aufl. 2004, Rn. 19.

[30] Staub/Canaris, 4. Aufl. 2004, Rn. 19.

[31] Petersen Jura 2004, 247 (248); BeckOGK/Julius, 15.10.2025, Rn. 50; Ebenroth/Boujong/Dieckmann Rn. 2, 13; RGHMW/Steimle/Dornieden Rn. 30; Schlegelberger/Hefermehl Rn. 45 f.; Staub/Canaris, 4. Aufl. 2004, Rn. 34 f.; Canaris HandelsR § 27 Rn. 15.

[32] Für den letzteren Fall **aA** Ehrenbergs HdB Bd. IV 1/M. Wolff 46 f.

in Insolvenzverfahren, der **§§ 1365, 1369 BGB** als güterrechtliche Verfügungsbeschränkungen[33] und des **§ 1984 BGB** bei einer Nachlassverwaltung nicht durch § 366 überwunden werden. Neben dem Wortlaut der Vorschrift folgt dies auch aus der teleologischen Erwägung, dass die Vornahme der Verfügung in dem Handelsgeschäft eines Kaufmanns kein hinreichendes Indiz für das Fehlen derartiger Verfügungsbeschränkungen bildet (→ Rn. 24 f., → Rn. 33). Folgerichtig ist der Verweis auf die Gutglaubensvorschriften bei **relativen Verfügungsverboten** in § 135 Abs. 2 BGB nur als solcher auf die §§ 932 ff., 1207 BGB, nicht aber als Verweis auf § 366 Abs. 1 zu verstehen.[34] Der Erwerber wird daher in diesen Fällen nur dann geschützt, wenn er das Verfügungsverbot nicht kennt, nicht aber, wenn er unrichtigerweise von einer Zustimmung des Verbotsgeschützten zu der Verfügung ausgeht.[35] Entsprechendes gilt für den gutgläubigen Erwerb bei einer **Testamentsvollstreckung** iSd § 2211 Abs. 2 BGB, wo sich der gute Glaube des Erwerbers folglich nur auf das Nichtvorliegen einer Testamentsvollstreckung für den betreffenden Gegenstand beziehen kann, nicht aber auf eine vermeintliche Zustimmung des Testamentsvollstreckers zu der Verfügung.[36]

20 Von einem guten Glauben an das Nichtvorliegen einer gesetzlichen Verfügungsbeschränkung zulasten des verfügenden Eigentümers, den § 366 Abs. 1 nach dem soeben Gesagten nicht erfasst, sind die Fälle zu unterscheiden, in denen die bewegliche Sache dem verfügenden Kaufmann von dem Eigentümer mit einer **Ermächtigung** zur Weiterveräußerung überlassen wurde, diese Ermächtigung aber ihrerseits **wegen einer Verfügungsbeschränkung unwirksam ist.** Hier ist § 366 Abs. 1 anwendbar, da es um das Fehlen einer hinreichenden Verfügungsermächtigung des Kaufmanns geht und hierbei unerheblich ist, ob der Berechtigte die Ermächtigung überhaupt nicht ausgesprochen hatte oder ob eine ausgesprochene Ermächtigung an Wirksamkeitsmängeln leidet.[37]

21 **5. Fehlende Verfügungsbefugnis.** Da § 366 den guten Glauben an eine Verfügungsbefugnis schützt, setzt die Norm stillschweigend voraus, dass der Veräußerer oder Verpfänder nicht bereits objektiv gem. § 185 BGB oder einer anderweitigen Bestimmung zu Verfügungen über die bewegliche Sache befugt ist. Hierbei kommt in Anlehnung an den Rechtsgedanken der §§ 170 ff. BGB und die Grundsätze einer Duldungs- oder Anscheinsvollmacht auch eine **Rechtsscheinermächtigung** durch den Berechtigten in Betracht.[38] Sind jedoch die Tatsachen, die eine objektive Verfügungsbefugnis begründen, streitig, fehlt es aufgrund des § 366 Abs. 1 an der Entscheidungserheblichkeit, wenn jedenfalls die Voraussetzungen eines Gutglaubensschutzes zugunsten des Erwerbers vorliegen.

III. Reichweite des Gutglaubensschutzes nach Abs. 1

22 **1. Verweis auf die allgemeinen bürgerlichrechtlichen Vorschriften.** Die Regelung des § 366 Abs. 1 erweitert lediglich den tauglichen Bezugspunkt eines guten Glaubens des Erwerbers auf die Befugnis des Veräußerers oder Verpfänders, über eine ihm nicht gehörige Sache verfügen zu können, und nimmt im Übrigen die allgemeinen Erwerbsvoraussetzungen der §§ 929 ff., 932 ff. BGB bzw. der §§ 1205 f., 1207 BGB in Bezug. Ein Gutglaubensschutz scheidet daher insbesondere dann aus, wenn die Sache dem Berechtigten iSd § 935 Abs. 1 BGB abhanden gekommen ist und es sich nicht um Geld oder Inhaberpapiere handelt (§ 935 Abs. 2 BGB). Dabei schränkt § 367 die Möglichkeit eines gutgläubigen Erwerbs von abhanden gekommenen Inhaberpapieren noch einmal ein. Darüber hinaus bedarf es für den Gutglaubensschutz eines **Verkehrsgeschäfts,** dh Veräußerer und Erwerber dürfen wirtschaftlich nicht identisch sein.[39] Ebenso wenig vermag § 366 Abs. 1 einen Mangel in der **Geschäftsfähigkeit** des Kaufmanns auszugleichen.[40] Die Einzelheiten der bürgerlichrechtlichen Erwerbsvoraussetzungen sind an dieser Stelle nicht darzustellen. Die folgenden Ausführungen betreffen lediglich die Besonderheiten, die sich aus der Erweiterung des Bezugspunkts des guten Glaubens durch § 366 Abs. 1 ergeben.

---

[33] Näher Rittner FamRZ 1961, 185 (193 f.); MüKoHGB/Martens Rn. 17; Staub/Canaris, 4. Aufl. 2004, Rn. 35.

[34] Ebenroth/Boujong/Dieckmann Rn. 16; RGHMW/Steimle/Dornieden Rn. 30; Staub/Canaris, 4. Aufl. 2004, Rn. 36; **aA** Ehrenbergs HdB Bd. IV 1/M. Wolff 46.

[35] Offen BeckOK HGB/Moussa, 48. Ed. 1.10.2025, Rn. 15.

[36] Vgl. MüKoBGB/Zimmermann BGB § 2211 Rn. 14 f.

[37] Rittner FamRZ 1961, 185 (194) in Fn. 114; Petersen Jura 2004, 247 (248); Staub/Canaris, 4. Aufl. 2004, Rn. 35; **aA** wohl Boehmer FamRZ 1959, 1 (4 f.).

[38] Näher Joost FS Fiedler, 2011, 893 ff.; Staub/Canaris, 4. Aufl. 2004, Rn. 23 ff.; einschr. Bülow AcP 186 (1986), 576 (588 f.).

[39] Näher hierzu mwN und mit Kritik an der Lehre vom Verkehrsgeschäft MüKoBGB/Oechsler BGB § 932 Rn. 35 ff.

[40] Ebenroth/Boujong/Dieckmann Rn. 16; Schlegelberger/Hefermehl Rn. 32; K. Schmidt HandelsR § 23 Rn. 15. Zur abw. Rechtslage unter dem – in Deutschland nicht in Kraft befindlichen – UNIDROIT-Übereinkommen über materielle Bestimmungen für kontoverbuchte Wertpapiere Eichholz WM 2013, 250 (254).

2. Besonderheiten des erweiterten Gutglaubensschutzes. a) Rechtsgeschäftliche Verfügungsbefugnis als Bezugspunkt. In den Kernbereich des Schutzes des § 366 Abs. 1 fällt der gute Glaube an eine zeitlich vorangehende Veräußerungsermächtigung iSd **§ 185 Abs. 1 BGB.** Paradigmatische Anwendungsfälle sind die Verkaufskommission und die Weiterveräußerungsermächtigung im Rahmen eines verlängerten Eigentumsvorbehalts (→ Rn. 3 f.). Dabei kommt eine Einwilligung bis zu demjenigen Zeitpunkt in Betracht, in dem der Rechtserwerb nach Maßgabe der §§ 932 ff., 1207 BGB vollendet wird.[41] Die Tatbestände des **§ 185 Abs. 2 BGB** spielen im Rahmen des § 366 Abs. 1 hingegen aus folgenden Gründen keine Rolle:[42] Da der **gute Glaube im Zeitpunkt der Vollendung des Erwerbsgeschäfts** iSd §§ 932 ff., 1207 BGB vorliegen muss[43] und eine zuvor erteilte Zustimmung des Berechtigten, wie soeben dargelegt, bereits dem § 185 Abs. 1 BGB unterfällt, ist der gute Glaube an eine spätere Genehmigung der Verfügung durch den Berechtigten iSd § 185 Abs. 2 S. 1 Alt. 1 BGB nicht geschützt. Soweit der Erwerber schließlich vor der Vollendung des Rechtserwerbs davon ausgeht, dass der Veräußerer oder Verpfänder mittlerweile iSd § 185 Abs. 2 S. 1 Alt. 2 BGB den Gegenstand erworben hat, steht hingegen nicht mehr ein guter Glaube an die Verfügungsbefugnis, sondern an das Eigentum in Rede, sodass die §§ 932 ff., 1207 BGB unmittelbar gelten.[44] Bei einer Konvaleszenz durch Erbfall iSd § 185 Abs. 2 S. 1 Alt. 3 BGB beruht die Wirksamkeit der Verfügung schließlich nicht auf einer (angenommenen) Verfügungsbefugnis des Kaufmanns, sondern wird vielmehr umgekehrt die Verfügung des nichtberechtigten Kaufmanns dem Berechtigten als seinem Erben zugerechnet, sodass § 366 Abs. 1 von vornherein tatbestandlich nicht einschlägig ist. 23

Nach dem Wortlaut des § 366 Abs. 1 wird allerdings der gute Glaube an jegliche Form einer zeitlich vorangehenden Verfügungsbefugnis des Veräußerers oder Verpfänders geschützt, sodass neben einer rechtsgeschäftlichen Ermächtigung iSd § 185 Abs. 1 BGB auch die irrige Annahme einer **gesetzlichen Verfügungsbefugnis kraft Amtes** erfasst wäre,[45] zB aus § 80 InsO oder den §§ 1985, 2205 BGB. Dem steht jedoch die teleologische Erwägung entgegen, dass einem Kaufmann in seinem Handelsbetrieb die Befugnis zu der Verfügung über fremde Sachen typischerweise nur aufgrund eines rechtsgeschäftlichen Einverständnisses des Berechtigten iSd § 185 Abs. 1 BGB zusteht (→ Rn. 19). Da zudem nicht ersichtlich ist, dass der Gesetzgeber die Problematik der gesetzlichen Verfügungsbefugnisse vor Augen hatte, sind diese im Wege einer **teleologischen Reduktion** von dem Anwendungsbereich der Norm auszunehmen.[46] Ein gutgläubiger Erwerb kommt somit nur dann in Betracht, wenn eine eigenständige Norm den guten Glauben an die betreffende gesetzliche Verfügungsbefugnis schützt, wie beispielsweise § 2368 Abs. 3 BGB iVm § 2366 BGB im Fall eines Testamentsvollstreckerzeugnisses. 24

Aus den genannten Erwägungen greift § 366 Abs. 1 entgegen der hM[47] auch dann nicht ein, wenn die **Voraussetzungen eines gesetzlichen Verwertungsrechts** (§ 383 BGB, § 966 Abs. 2 BGB, § 979 BGB, § 371, § 373 Abs. 2, § 389, § 419 Abs. 3 S. 3) nicht vorliegen, der Erwerber hiervon aber gutgläubig ausgeht.[48] Wie Canaris überzeugend dargelegt hat, lassen sich diese Konstellationen am sachgerechtesten durch eine Analogie zu § 1244 BGB lösen.[49] Denn es geht in diesen Fällen nicht um ein Vertrauen, das sich spezifisch auf eine Verfügungsbefugnis des Kaufmanns in seinem Handelsgewerbe stützt, sondern das die Voraussetzungen eines formalisierten Verwertungsverfahrens betrifft. Daher spielt zB die Kaufmannseigenschaft des Verwertenden für den Gutglaubensschutz analog § 1244 BGB lediglich dann eine Rolle, wenn das betreffende Verwertungsrecht nur zugunsten eines Kaufmanns bestehen kann. Folgerichtig wird auch der gute Glaube an die **Veräuße-** 25

---

[41] Vgl. Staudinger/Klumpp, 2024, BGB § 183 Rn. 4 mwN.

[42] Ehrenbergs HdB Bd. IV 1/M. Wolff 42 f.; KKD/Koller Rn. 4; Schlegelberger/Hefermehl Rn. 31; teilweise **aA** BeckOGK/Julius, 15.10.2025, Rn. 43; Staub/Canaris, 4. Aufl. 2004, Rn. 27.

[43] BGH 21.5.1953, BGHZ 10, 69 (73) = NJW 1953, 1099; Ebenroth/Boujong/Dieckmann Rn. 25; MüKoBGB/Oechsler BGB § 932 Rn. 30, 38.

[44] Vgl. Staudinger/Klumpp, 2024, BGB § 185 Rn. 52.

[45] So RG 4.3.1913, BankArch. 12 (1913), 250 (251); Ehrenbergs HdB Bd. IV 1/M. Wolff 43 ff.; Wiegand JuS 1974, 545 (548); BeckOGK/Julius, 15.10.2025, Rn. 48; Heymann/Horn Rn. 15; Hopt/Leyens Rn. 5; RGHMW/Steimle/Dornieden Rn. 17; Schlegelberger/Hefermehl Rn. 31.

[46] *HK-HGB/Ruß* Rn. 8; KKD/Koller Rn. 4; Staub/Canaris, 4. Aufl. 2004, Rn. 32 f.; Canaris HandelsR § 27 Rn. 14; offen BGH 2.7.1992, BGHZ 119, 75 (92) = NJW 1992, 2570.

[47] BGH 23.4.1951, BGHZ 2, 37 (49 f.) = NJW 1952, 219; Ehrenbergs HdB Bd. IV 1/M. Wolff 44 ff.; BeckOGK/Julius, 15.10.2025, Rn. 45 ff.; Ebenroth/Boujong/Dieckmann Rn. 15; Heymann/Horn Rn. 15; Hopt/Leyens Rn. 5; RGHMW/Steimle/Dornieden Rn. 17; offen aber BGH 2.7.1992, BGHZ 119, 75 (92) = NJW 1992, 2570.

[48] BeckOK HGB/Moussa, 48. Ed. 1.10.2025, Rn. 20; KKD/Koller Rn. 4; Staub/Canaris, 4. Aufl. 2004, Rn. 30 f.; Canaris HandelsR § 27 Rn. 13.

[49] Staub/Canaris, 4. Aufl. 2004, Rn. 31; Canaris HandelsR § 27 Rn. 13.

rungsbefugnis kraft eines Pfandrechts (§ 1242 Abs. 1 S. 1 BGB) nicht nach § 366 Abs. 1, sondern nur in den Grenzen des § 1244 BGB geschützt.[50] Somit können Mängel im Verwertungsakt selbst, zB das Fehlen der Öffentlichkeit einer Versteigerung (§ 1235 Abs. 1 BGB), nicht durch einen guten Glauben überwunden werden.

26 **b) Das Problem fehlender Vertretungsmacht.** Nach seinem Wortlaut setzt § 366 Abs. 1 ein Handeln des Nichtberechtigten im eigenen Namen voraus und schützt den guten Glauben an eine Verfügungsmacht des Veräußerers oder Verpfänders. Umstritten ist daher, ob die Norm ihren Schutz auch dann entfaltet, wenn der Kaufmann zwar iSd § 164 BGB im Namen des Berechtigten handelt, ihm aber die notwendige Vertretungsmacht für die Veräußerung oder Verpfändung der Sache fehlt. Wie bereits angedeutet, kommen als praktische Anwendungsfälle hierbei insbesondere Konstellationen in Betracht, in denen ein Vermittlungsvertreter iSd § 84 Abs. 1 S. 1 Alt. 1 oder ein Handelsmakler iSd § 93 kompetenzwidrig im Namen des Geschäftsherrn bewegliche Sachen veräußert (→ Rn. 5).

27 Eine in jüngerer Zeit insbesondere von K. Schmidt vertretene Auffassung will den Anwendungsbereich des § 366 auch auf ein Handeln ohne Vertretungsmacht erstrecken.[51] Sie kann sich hierfür auf die Gesetzesmaterialien stützen, die neben einer Verfügung im eigenen Namen des Kaufmanns auch eine solche „im Namen des Eigentümers" dem Regelungsbereich der Norm zuordnen.[52] Vor dem Hintergrund, dass die begriffliche Trennung zwischen einem Handeln im Namen des Berechtigten und einem Handeln im eigenen Namen mit Ermächtigung des Berechtigten im Handelsrecht historisch weitaus weniger verfestigt ist als im allgemeinen Bürgerlichen Recht,[53] sollen die Fälle der fehlenden Vertretungsmacht von § 366 Abs. 1 entweder analog[54] oder sogar bereits im Wege einer extensiven Auslegung[55] erfasst sein. Schließlich wird aus pragmatischer Sicht ergänzt, dass durch die Einbeziehung einer fehlenden Vertretungsmacht auch die im Handelsverkehr häufig schwierige Beurteilung entbehrlich werde, ob der Veräußerer oder Verpfänder im eigenen Namen oder im Namen des Berechtigten gehandelt habe.[56]

28 Die hL geht jedoch zutreffend davon aus, dass die **Fälle einer fehlenden Vertretungsmacht durch § 366 nicht erfasst** sind.[57] Zunächst mag die Abgrenzung eines Handelns im eigenen Namen von einem konkludenten Handeln im fremden Namen zwar im Einzelfall Schwierigkeiten bereiten, doch gewährleisten die zu § 164 Abs. 1 BGB entwickelten Abgrenzungskriterien[58] einen hinreichend klaren Entscheidungsmaßstab. Gerade in den typischen Fällen des Handelsvertreters oder des Handelsmaklers (→ Rn. 5) dürfte das Handeln im fremden Namen hinreichend verifizierbar sein.[59] Zudem ist die Abgrenzung zwischen einem Handeln im eigenen oder im fremden Namen auf der Ebene des zugrundeliegenden Kausalverhältnisses ohnehin erforderlich, zB um die Person des Schuldners bei Leistungsstörungen zu ermitteln, sodass es auch auf der Verfügungsebene nicht als unlösbar bezeichnet werden kann.[60]

29 Weiterhin bedarf es des § 366 Abs. 1 zur Begründung einer wirksamen Verfügung bei einem Vertreterhandeln jedenfalls dann nicht, wenn die Voraussetzungen der **§§ 54–56** bzw. einer **Duldungs- oder Anscheinsvollmacht** vorliegen. Gerade das Institut der Anscheinsvollmacht wird im Handelsverkehr relativ großzügig gehandhabt und stellt somit einen effektiven Verkehrsschutz

---

50 Grdl. Jacobi ZHR 88 (1926), 269 ff.; Hopt/Leyens Rn. 3; Schlegelberger/Hefermehl Rn. 47; Staub/Canaris, 4. Aufl. 2004, Rn. 29; K. Schmidt HandelsR § 23 Rn. 15; **aA** Ehrenbergs HdB Bd. IV 1/M. Wolff 43 f.

51 K. Schmidt JuS 1987, 936 (937 ff.); K. Schmidt HandelsR § 23 Rn. 33 ff.; ebenso Ogris, Guter Glaube an die Vertretungsmacht, 1987, 85 ff.; Heymann/Horn Rn. 16; HK-HGB/Ruß Rn. 1; Hopt/Leyens Rn. 5; MüKoHGB/Martens Rn. 22 ff.; Schlegelberger/Hefermehl Rn. 32; wohl auch OLG Düsseldorf 18.11.1998, NJW-RR 1999, 615 (618); offen BGH 2.7.1992, BGHZ 119, 75 (92) = NJW 1992, 2570.

52 Denkschrift zu dem Entwurf eines Handelsgesetzbuchs, 1896, 207; umfassend zu dem entstehungsgeschichtlichen Hintergrund Ogris, Guter Glaube an die Vertretungsmacht, 1987, 7 ff.

53 Näher Ogris, Guter Glaube an die Vertretungsmacht, 1987, 90 ff. mwN.

54 Heymann/Horn Rn. 16; wohl auch Schlegelberger/Hefermehl Rn. 32.

55 K. Schmidt JuS 1987, 936 (937 f.); MüKoHGB/Martens Rn. 22; K. Schmidt HandelsR § 23 Rn. 33.

56 K. Schmidt JuS 1987, 936 (938); Schlegelberger/Hefermehl Rn. 32; K. Schmidt HandelsR § 23 Rn. 35; s. auch Raisch, Geschichtliche Voraussetzungen, dogmatische Grundlagen und Sinnwandlung des Handelsrechts, 1965, 276.

57 Reinicke AcP 189 (1989), 79 (82 ff.); Tiedtke, Gutgläubiger Erwerb, 1985, 229 ff.; Ehrenbergs HdB Bd. IV 1/M. Wolff 41 f.; BeckOGK/Julius, 15.10.2025, Rn. 51.4 ff.; Ebenroth/Boujong/Dieckmann Rn. 16; KKD/Koller Rn. 2; RGHMW/Steimle/Dornieden Rn. 24 ff.; Staub/Canaris, 4. Aufl. 2004, Rn. 37 ff.; Canaris HandelsR § 27 Rn. 16; Oetker HandelsR § 7 Rn. 101; in einem obiter dictum auch RG 22.12.1921, LZ 1922, 288 (289).

58 Im Überblick dazu MüKoBGB/Schubert BGB § 164 Rn. 119 ff.

59 Staub/Canaris, 4. Aufl. 2004, Rn. 37; Canaris HandelsR § 27 Rn. 16.

60 Vgl. Reinicke AcP 189 (1989), 79 (86); Tiedtke, Gutgläubiger Erwerb, 1985, 230 f.

sicher.[61] Ein unabweisbares Bedürfnis, potentielle Erwerber auch jenseits dieses Bereichs über § 366 zu schützen, besteht nicht. Erstens indiziert die Vornahme der Verfügung im Handelsbetrieb des Kaufmanns eine etwaige Vertretungsmacht für den Berechtigten weniger stark als eine etwaige Verfügungsermächtigung.[62] Zweitens hat der potentielle Erwerber im Fall des Handelns im fremden Namen bessere Selbstschutzmöglichkeiten, da er sich bei dem Berechtigten über die Vertretungsmacht informieren kann, während bei einer Verfügung des Kaufmanns im eigenen Namen die Person des Berechtigten nach den Gepflogenheiten des Handelsverkehrs häufig ungenannt bleibt.

Schließlich stellen sich bei der Anwendung des § 366 Abs. 1 auf eine fehlende Vertretungsmacht 30 auch im Rahmen des **Bereicherungsausgleichs** dogmatische Schwierigkeiten, die nicht befriedigend zu bewältigen sind.[63] Wenn der Berechtigte das Vertretergeschäft auf der schuldrechtlichen Ebene nicht gem. § 177 BGB genehmigt, so fehlt es dem dinglichen Erwerb im Grundsatz an einer causa, da aus § 366 Abs. 1 jedenfalls nicht abgeleitet werden kann, dass das Handeln des falsus procurator auch auf der schuldrechtlichen Ebene für und gegen den Berechtigten wirkt.[64] Nach K. Schmidt soll die Vorschrift des § 366 Abs. 1 aber selbst einen Rechtsgrund für den dinglichen Erwerb bilden und somit einen Kondiktionsanspruch des zuvor Berechtigten aus § 812 Abs. 1 S. 1 Alt. 1 BGB[65] ausschließen.[66] Dies erscheint jedoch problematisch, weil nach den Wertungen des Bereicherungsrechts, insbesondere des § 816 Abs. 1 BGB, ein dinglicher Erwerbstatbestand wie § 366 Abs. 1 zwar gegenüber einer Nichtleistungskondiktion, nicht aber im Rahmen einer Leistungsbeziehung einen Behaltensgrund bilden kann.[67] Selbst wenn man § 366 Abs. 1 im Ansatz als Rechtsgrund anerkennen würde, wäre die Problematik damit aber noch nicht erschöpft. Vielmehr müsste zusätzlich noch gewährleistet sein, dass wenigstens zwischen dem Kaufmann als falsus procurator und dem Erwerber ein wirksames schuldrechtliches Kausalverhältnis entsteht, damit der Erwerber das Eigentum oder das Pfandrecht nicht dauerhaft ohne jegliche schuldrechtliche Rechtfertigung erlangt. Dies ist zwar der Fall, wenn der Kaufmann nach § 179 Abs. 1 Alt. 1 BGB auf Erfüllung haftet.[68] Sofern diese Norm jedoch nicht eingreift, weil der Erwerber Schadensersatz iSd § 179 Abs. 1 Alt. 2 BGB wählt oder eine Erfüllungshaftung des falsus procurator an § 179 Abs. 2 oder 3 BGB scheitert, müsste dem Berechtigten nun doch ein Kondiktionsanspruch gewährt werden, um eine ungerechtfertigte Bereicherung des Erwerbers zu verhindern.[69] Eine derartige kondiktionsrechtliche Vermengung der Leistungsbeziehungen ist aber dogmatisch und wertungsmäßig unbefriedigend.[70] Nicht zuletzt aus diesem Grund ist der Schutz des § 366 somit auf ein Handeln des Kaufmanns im eigenen Namen zu begrenzen.

c) Konkretisierung des guten Glaubens und seiner Grenzen. aa) Allgemeines. Für die 31 Bestimmung des guten Glaubens gelten im Ausgangspunkt die Maßstäbe des § 932 Abs. 2 BGB, dh dem Erwerber schaden Kenntnis oder grob fahrlässige Unkenntnis der mangelnden Verfügungsmacht des Kaufmanns. Dabei wird nach der Systematik des in Bezug genommenen § 932 BGB die **Gutgläubigkeit vermutet.**[71] In einem Prozess kann sich der Erwerber auch in erster Linie auf seinen guten Glauben an das Eigentum des Kaufmanns berufen und nur hilfsweise einen guten Glauben an die Verfügungsmacht gem. § 366 Abs. 1 geltend machen.[72] Sofern jedenfalls ein guter Glaube an

---

[61] Staub/Canaris, 4. Aufl. 2004, Rn. 38; Oetker HandelsR § 7 Rn. 101.

[62] Reinicke AcP 189 (1989), 79 (102 ff.); Wiegand JuS 1974, 545 (548); Staub/Canaris, 4. Aufl. 2004, Rn. 37; Canaris HandelsR § 27 Rn. 16.

[63] Eingehend Reinicke AcP 189 (1989), 79 (93 ff.); BeckOGK/Julius, 15.10.2025, Rn. 51.5; Staub/Canaris, 4. Aufl. 2004, Rn. 38; Canaris HandelsR § 27 Rn. 17.

[64] Raisch FS Hagen, 1999, 456 f.; MüKoHGB/Martens Rn. 24; Schlegelberger/Hefermehl Rn. 32; K. Schmidt HandelsR § 23 Rn. 37; **aA** jetzt nur noch Ogris, Guter Glaube an die Vertretungsmacht, 1987, 113 f.

[65] Zur Einschlägigkeit der Leistungskondiktion s. Raisch FS Hagen, 1999, 460 ff.; W. Bosch JuS 1988, 439 (440); Reinicke AcP 189 (1989), 79 (89).

[66] K. Schmidt JuS 1987, 936 (939); K. Schmidt HandelsR § 23 Rn. 37.

[67] Vgl. Larenz/Canaris SchuldR BT II § 67 III; abl. daher zu § 366 Abs. 1 auch HK-HGB/Ruß Rn. 6; Hopt/Leyens Rn. 5; MüKoHGB/Martens Rn. 25; Schlegelberger/Hefermehl Rn. 32; Staub/Canaris, 4. Aufl. 2004, Rn. 38; nach Verschuldens- und Zurechnungskriterien diff. Raisch FS Hagen, 1999, 465 ff.

[68] K. Schmidt JuS 1987, 936 (939); K. Schmidt HandelsR § 23 Rn. 37; Heymann/Horn Rn. 16.

[69] Heymann/Horn Rn. 16; K. Schmidt HandelsR § 23 Rn. 37.

[70] Eingehend Reinicke AcP 189 (1989), 79 (93 ff.); Staub/Canaris, 4. Aufl. 2004, Rn. 38; Canaris HandelsR § 27 Rn. 17.

[71] BGH 23.4.1951, BGHZ 2, 37 (53) = NJW 1952, 219; Ebenroth/Boujong/Dieckmann Rn. 26; MüKoHGB/Martens Rn. 43; Schlegelberger/Hefermehl Rn. 36; allg. MüKoBGB/Oechsler BGB § 932 Rn. 70 f.

[72] BGH 8.7.1954, LM HGB § 366 Nr. 4; 18.6.1980, BGHZ 77, 274 (276) = NJW 1980, 2245; OLG Brandenburg 17.3.2022, RdTW 2022, 168 Rn. 52; Ebenroth/Boujong/Dieckmann Rn. 17; Heymann/Horn Rn. 23; Hopt/Leyens Rn. 2.

die Verfügungsmacht nachgewiesen ist, kann somit die Gutgläubigkeit hinsichtlich des Eigentums dahinstehen.[73]

32 Die Frage, ob sich der gute Glaube neben einem Irrtum über die tatsächlichen Voraussetzungen einer Verfügungsbefugnis auch aus einem **Rechtsirrtum** ergeben kann,[74] relativiert sich, wenn man § 366 Abs. 1 mit der hier vertretenen Auffassung auf den guten Glauben an eine rechtsgeschäftliche Verfügungsbefugnis reduziert (→ Rn. 23 ff.). Denn insoweit wird regelmäßig ein Tatsachenirrtum über die Erteilung einer Ermächtigung durch den Berechtigten in Rede stehen, während sich Rechtsirrtümer typischerweise auf das Vorliegen einer gesetzlichen Verfügungsbefugnis beziehen.

33 Besonderheiten ergeben sich bei der Anwendung des § 932 Abs. 2 BGB iVm § 366 weiterhin daraus, dass in vielen Fällen, die formal dem Tatbestand des § 366 Abs. 1 unterfallen, ein Gutglaubensschutz sachlich nicht gerechtfertigt erscheint, weil kein hinreichender Rechtsschein für eine Verfügungsbefugnis des Kaufmanns besteht (→ Rn. 6). Soweit diese Diskrepanz nicht wie im Fall gesetzlicher Verfügungsbefugnisse über eine teleologische Reduktion gelöst werden kann (→ Rn. 24 f.), kommt eine **fallgruppenbezogene Verneinung des guten Glaubens** auf tatsächlicher Ebene in Betracht.[75] Bei den dafür maßgeblichen Umständen kann grob danach unterschieden werden, ob an die berufliche Stellung des Kaufmanns angeknüpft wird (→ Rn. 34 ff.) oder an den Inhalt des konkreten Übereignungs- oder Verpfändungsgeschäfts (→ Rn. 45 ff.), wobei allerdings Wechselwirkungen zwischen den beiden Bezugspunkten bestehen. Es gelten iE die folgenden Grundsätze:

34 **bb) Relevanz der beruflichen Stellung des Kaufmanns.** Die **Verkaufskommission** stellt den paradigmatischen Anwendungsfall des § 366 Abs. 1 dar (→ Rn. 3). Wer von einem Verkaufskommissionär erwirbt, kann daher in aller Regel ohne grobe Fahrlässigkeit von einer Verfügungsbefugnis des Kaufmanns ausgehen, ohne besonderen Nachfrage- oder Nachforschungsobliegenheiten zu unterliegen.[76] Uneingeschränkt gilt dies allerdings nur für Übereignungen, während Verpfändungen durch einen Verkaufskommissionär weniger typisch und daher in Bezug auf den guten Glauben strenger zu beurteilen sind.[77]

35 Gleichsam am anderen Ende der Skala stehen Gewerbetreibende, die wie **Frachtführer, Spediteure oder Lagerhalter** fremde Sachen typischerweise lediglich transportieren oder aufbewahren sollen, ohne eine Verfügungsbefugnis zu haben. Hier kann sich ein guter Glaube des Erwerbers nur aus besonderen Umständen des Einzelfalls ergeben.[78] Auch wenn ein Unternehmen, das typischerweise als **Vermietungsunternehmen** operiert, besonders hochwertige Baumaschinen veräußert, bedarf es näherer Erkundigungen über die Verfügungsbefugnis, um eine grobe Fahrlässigkeit des Erwerbers auszuschließen.[79]

36 Schwierig zu handhaben ist der Gutglaubensmaßstab schließlich bei **Warenhändlern.** Ein guter Glaube an das Eigentum scheidet dabei aus, wenn im kaufmännischen Verkehr aufgrund der branchenüblichen Verhältnisse mit einem **Eigentumsvorbehalt oder einer Sicherungsübereignung** zu rechnen ist oder der Kaufmann ein solches Drittrecht gegenüber dem Erwerber sogar aufgedeckt hat. Dabei muss nach den Grundlinien der Rspr. mit einer Sicherungsübereignung allerdings seltener als mit einem Eigentumsvorbehalt gerechnet werden und etwaige Nachforschungsobliegenheiten des Erwerbers werden in Bezug auf einen Eigentumsvorbehalt weitaus strenger gehandhabt.[80]

37 Kann der gute Glaube an das Eigentum des Kaufmanns im Fall des Eigentumsvorbehalts wesentlich leichter zerstört werden als im Fall einer Sicherungsübereignung, verhalten sich die Konsequenzen dieser Sicherungsrechte für einen guten Glauben an die Verfügungsmacht iSd § 366 Abs. 1 gerade umgekehrt: Weiß der Erwerber von der **Sicherungsübereignung** der beweglichen Sache an einen Dritten oder ist seine Unkenntnis von einer solchen ausnahmsweise grob fahrlässig, darf er häufig auch nicht mehr auf eine Verfügungsbefugnis des Kaufmanns vertrauen. Denn ein Sicherungsnehmer

---

[73] BGH 10.3.1959, NJW 1959, 1080 f.; 5.2.1975, NJW 1975, 735 (736); Schlegelberger/Hefermehl Rn. 36; Staub/Canaris, 4. Aufl. 2004, Rn. 39; K. Schmidt HandelsR § 23 Rn. 9.

[74] Bejahend BGH 23.4.1951, BGHZ 2, 37 (52) = NJW 1952, 219; Ehrenbergs HdB Bd. IV 1/M. Wolff 41; Ebenroth/Boujong/Dieckmann Rn. 14; MüKoHGB/Martens Rn. 27.

[75] Ausf. Staub/Canaris, 4. Aufl. 2004, Rn. 40 ff.; s. auch Oetker HandelsR § 7 Rn. 98.

[76] BGH 5.2.1975, NJW 1975, 735 (736); BeckOGK/Julius, 15.10.2025, Rn. 61; Heymann/Horn Rn. 18; HK-HGB/Ruß Rn. 7; Hopt/Leyens Rn. 6; RGHMW/Steimle/Dornieden Rn. 20; Canaris HandelsR § 27 Rn. 19.

[77] Ebenroth/Boujong/Dieckmann Rn. 19; Staub/Canaris, 4. Aufl. 2004, Rn. 4, 42, 70; Canaris HandelsR § 27 Rn. 20.

[78] BeckOGK/Julius, 15.10.2025, Rn. 62; RGHMW/Steimle/Dornieden Rn. 20; Staub/Canaris, 4. Aufl. 2004, Rn. 43; Canaris HandelsR § 27 Rn. 3, 19.

[79] BGH 9.11.1998, NJW 1999, 425 (426).

[80] Zum Eigentumsvorbehalt BGH 18.6.1980, BGHZ 77, 274 (278) = NJW 1980, 2245; zur Sicherungsübereignung BGH 24.1.1983, BGHZ 86, 300 (311 ff.) = NJW 1983, 1114.

gestattet dem Sicherungsgeber typischerweise nicht die Weiterveräußerung oder Verpfändung des Sicherungsguts iSd § 185 Abs. 1 BGB.[81] Anders kann es sich aber bei globalen, revolvierenden Sicherungsübereignungen, zB von Warenlagern, verhalten, bei denen der Sicherungsnehmer jeweils nur auf den aktuellen Lagerbestand zurückgreifen können will und der Veräußerung einzelner Gegenstände zustimmt. Im Fall des Erwerbs aus einem solchen Warenlager schließt die Kenntnis oder das grob fahrlässige Kennenmüssen einer Sicherungsübereignung den guten Glauben iSd § 366 Abs. 1 somit in der Regel nicht aus.[82]

Bei einem **Eigentumsvorbehalt** zulasten eines Warenhändlers darf der Erwerber typischerweise ohne grobe Fahrlässigkeit darauf vertrauen, dass dem Kaufmann eine **Weiterveräußerung im ordnungsgemäßen Geschäftsgang** gestattet ist.[83] Häufig liegt eine solche Ermächtigung sogar objektiv vor, sodass ein Erwerb vom Berechtigten iSd § 185 Abs. 1 BGB erfolgt. Umgekehrt fällt bei einem Geschäft außerhalb der Grenzen des ordnungsgemäßen Geschäftsgangs nicht nur objektiv die Ermächtigung zur Weiterveräußerung weg, sondern kommt in der Regel auch kein guter Glaube an die Verfügungsbefugnis des Kaufmanns in Betracht, sodass die Konkretisierung des ordnungsgemäßen Geschäftsgangs zentrale Bedeutung für die Anwendung des § 366 erlangt.[84] Da sich der Vorbehaltsverkäufer, der dem Kaufmann eine Weiterveräußerung gestattet, in der Regel im Sinne eines **verlängerten Eigentumsvorbehalts** durch eine Vorausabtretung der Ansprüche aus dem Weiterverkauf absichert, hat auch die effektive Wirksamkeit dieser Zession Bedeutung für ein Handeln im ordnungsgemäßen Geschäftsgang und somit mittelbar für den guten Glauben des Erwerbers.[85] 38

Diese Verquickung des guten Glaubens mit dem Schicksal der Vorausabtretung betrifft zunächst die **Rückwirkungen eines Abtretungsausschlusses,** den sich der Erwerber im Rahmen des Ankaufs des Vorbehaltsguts ausbedingt. Greift § 354a nicht ein – beispielsweise weil der schuldnerische Erwerber kein Kaufmann ist (→ § 354a Rn. 5) – und schließt der Erwerber gem. § 399 Alt. 2 BGB wirksam eine Abtretung der gegen ihn gerichteten Kaufpreisforderung aus, scheidet ein guter Glaube an die Verfügungsbefugnis des Kaufmanns grundsätzlich aus, sofern der Erwerber nach den branchenüblichen Verhältnissen mit einem verlängerten Eigentumsvorbehalt rechnen muss und keine hinreichenden Erkundigungen über die Bindung des Kaufmanns gegenüber dem Vorbehaltsverkäufer vornimmt.[86] Eine formularvertragliche Klausel des Erwerbers, nach der der Kaufmann das Nichtvorliegen eines Eigentumsvorbehalts versichert, erfüllt diese Nachforschungsobliegenheit jedenfalls nicht.[87] 39

Umstritten ist hingegen, ob bei einer **Unwirksamkeit des Abtretungsausschlusses nach § 354a Abs. 1 S. 1** das Hindernis für den guten Glauben des Erwerbers wegfällt. Die hL bejaht dies,[88] da sie das Wahlrecht des Erwerbers aus § 354a Abs. 1 S. 2 im Fall eines offengelegten verlängerten Eigentumsvorbehalts regelmäßig nach § 242 BGB ausschließt, sodass der Erwerber seine Kaufpreisschuld im Ergebnis nur gegenüber dem Vorbehaltsverkäufer als Zessionar, nicht aber gegenüber dem veräußernden Kaufmann (= Vorbehaltskäufer und Zedent) begleichen kann. Damit würde der Vorbehaltsverkäufer in Bezug auf die Realisierung der Forderung aus der Weiterveräußerung hinreichend geschützt, sodass diese Weiterveräußerung dem ordnungsgemäßen Geschäftsgang zuzurechnen wäre und – falls eine entsprechende Weiterveräußerungsermächtigung im Einzelfall aus besonderen Gründen nicht vorläge – ein gutgläubiger Erwerb in Betracht käme. Nach der hier vertretenen Auffassung ist eine so weitgehende Einschränkung des Wahlrechts aus § 354a Abs. 1 S. 2 aber de lege lata nicht begründbar (→ § 354a Rn. 21 f.). Folglich führt die Anwendbarkeit des § 354a nicht dazu, dass trotz des vereinbarten Abtretungsausschlusses die Grenzen einer ordnungsgemäßen Wirtschaft eingehalten würden und der Erwerber generell als gutgläubig anzusehen wäre. 40

Aus dem Gesagten ergibt sich jedoch noch nicht zwingend, **ob ein Abtretungsausschluss den guten Glauben in jedem Fall hindert.** Denn nur dann, wenn der Kaufmann (= Vorbehaltskäufer) dem Erwerber die Kaufpreisschuld kreditiert, dh die Verfügung iSd § 366 Abs. 1 vor der Entrichtung 41

---

[81] BeckOGK/Julius, 15.10.2025, Rn. 69; Staub/Canaris, 4. Aufl. 2004, Rn. 45.

[82] BeckOGK/Julius, 15.10.2025, Rn. 70; Staub/Canaris, 4. Aufl. 2004, Rn. 5, 46.

[83] BGH 9.11.1998, NJW 1999, 425 (426); BeckOGK/Julius, 15.10.2025, Rn. 65; Ebenroth/Boujong/Dieckmann Rn. 21; Heymann/Horn Rn. 19; MüKoHGB/Martens Rn. 33; Staub/Canaris, 4. Aufl. 2004, Rn. 44.

[84] OLG Düsseldorf 18.11.1998, NJW 1999, 615 (617); Petersen Jura 2004, 247 (249); MüKoHGB/Martens Rn. 33 f.; Staub/Canaris, 4. Aufl. 2004, Rn. 51 ff.; Canaris HandelsR § 27 Rn. 21.

[85] BGH 18.6.1980, BGHZ 77, 274 (278) = NJW 1980, 2245; MüKoHGB/Martens Rn. 35.

[86] BGH 18.6.1980, BGHZ 77, 274 (278 f.) = NJW 1980, 2245; 9.11.1998, NJW 1999, 425 (426); Heymann/Horn Rn. 19; Hopt/Leyens Rn. 6; Staub/Canaris, 4. Aufl. 2004, Rn. 58; Canaris HandelsR § 27 Rn. 27.

[87] BGH 18.6.1980, BGHZ 77, 274 (279) = NJW 1980, 2245; BeckOGK/Julius, 15.10.2025, Rn. 73; BeckOK HGB/Moussa, 48. Ed. 1.10.2025, Rn. 27.

[88] K. Schmidt NJW 1999, 400 (401); Lieder, Die rechtsgeschäftliche Sukzession, 2015, 198; Heymann/Horn Rn. 19; Staub/Canaris, 4. Aufl. 2004, Rn. 58; Canaris HandelsR § 27 Rn. 27; offen jetzt K. Schmidt HandelsR § 23 Rn. 24.

des Kaufpreises erfolgt,[89] wird dem Berechtigten (= Vorbehaltsverkäufer) durch den Abtretungsausschluss die sonst bestehende Chance genommen, zwischen der Verfügung und der Entrichtung des Kaufpreises die Vorausabtretung offenzulegen und damit zu verhindern, dass der Erwerber den Kaufpreis wirksam an den Kaufmann leistet, sei es aufgrund einer mit dem verlängerten Eigentumsvorbehalt verbundenen Einziehungsermächtigung, sei es iSd § 407 Abs. 1 BGB.[90] Dies könnte dafür sprechen, die Weiterveräußerungsermächtigung, die der Berechtigte in Bezug auf das Vorbehaltsgut erteilt, gemäß den §§ 133, 157 BGB typischerweise so auszulegen, dass sie aufgrund eines Abtretungsausschlusses nur dann wegfällt, wenn der Kaufpreis im Rahmen der Weiterveräußerung kreditiert wird. Denn nur in diesem Fall wirkt sich der Abtretungsausschluss, wie soeben dargelegt, im Ergebnis nachteilig für den Berechtigten aus. Eine derart typologisch ausgelegte Weiterveräußerungsermächtigung würde folgerichtig auch im Rahmen des § 366 Abs. 1, dh wenn es im konkreten Einzelfall an einer solchen Ermächtigung fehlt, den Maßstab für eine grobe Fahrlässigkeit des Erwerbers bilden. Somit würde dessen guter Glaube aufgrund des Abtretungsausschlusses wiederum nur dann wegfallen, wenn der Kaufpreis zu seinen Gunsten kreditiert ist. Allerdings bewirkt jeder wirksame Abtretungsausschluss bereits eine **abstrakte Risikosteigerung** für den Vorbehaltsverkäufer, insbesondere weil die Frage der Kreditierung des Kaufpreises zwischen dem Erwerber und dem Kaufmann häufig noch durch kurzfristige Absprachen im Zuge der Erfüllungshandlungen geändert werden kann. Letztlich sprechen daher die besseren Gründe doch für die Sichtweise, nach der bei einem branchenüblichen verlängerten Eigentumsvorbehalt jeder Abtretungsausschluss in der Regel zu einem Wegfall der Weiterveräußerungsermächtigung führt und daher auch dem guten Glauben des Erwerbers entgegensteht.[91]

42 Vor diesem Hintergrund ist auch der Auffassung der Rspr. zuzustimmen, nach der ein guter Glaube im Fall eines branchenüblichen verlängerten Eigentumsvorbehalts ausgeschlossen ist, sofern der Erwerber zwar keinen Abtretungsausschluss vereinbart, aber seine Kaufpreisschuld bereits tilgt, bevor sich der Kaufmann bei seinem Vorbehaltsverkäufer mit dem Kaufgegenstand eindeckt und in diesem Zuge die – bereits erloschene – Kaufpreisforderung abtreten kann.[92] Denn durch diese Gestaltung wird die Chance des Vorbehaltsverkäufers vereitelt, im Wege der Offenlegung des verlängerten Eigentumsvorbehalts sicherzustellen, dass der Kaufpreis nur an ihn wirksam entrichtet werden kann.

43 Auch wenn die unter einem verlängerten Eigentumsvorbehalt gelieferte Sache nicht entgeltlich veräußert, sondern **zur Sicherheit übereignet oder verpfändet** wird, ist dies typischerweise nicht von einer Ermächtigung iSd § 185 Abs. 1 BGB gedeckt, sodass regelmäßig auch ein gutgläubiger Erwerb ausscheidet (→ Rn. 46). Eine Veräußerung im **Sale-and-Lease-Back-Verfahren** beurteilt die Rspr. wie ein Sicherungsgeschäft, da dem erlangten Verkaufserlös die eingegangene Pflicht zur Zahlung der Leasingraten als Passivposten gegenüberstehe.[93] Hingegen schließt ein **Erwerb unter dem üblichen Marktpreis** den guten Glauben an eine bestehende Weiterveräußerungsermächtigung nicht ohne Weiteres aus, da der Erwerber auch bei einer Vorausabtretung der gegen ihn gerichteten Kaufpreisforderung davon ausgehen darf, dass der Vorbehaltsverkäufer dem Kaufmann einen gewissen Spielraum in seiner Preisgestaltung lässt (aber → Rn. 45).[94] Wenn allerdings ein **unmittelbar bevorstehender wirtschaftlicher Zusammenbruch des Kaufmanns** für den Erwerber evident ist, muss dieser iSd § 932 Abs. 2 BGB mit einem erfolgten Widerruf der Weiterveräußerungsermächtigung durch den Vorbehaltsverkäufer rechnen und kann nicht mehr gutgläubig erwerben.[95]

44 **Kollidiert der verlängerte Eigentumsvorbehalt** nicht mit einem von dem Erwerber vereinbarten Abtretungsausschluss, sondern **mit einer anderweitigen Abtretung** der Kaufpreisforderung durch den Kaufmann, hindert dies einen guten Glauben des Erwerbers in der Regel nur dann, wenn er die anderweitige Abtretung kennt; eine Erkundigungsobliegenheit besteht insoweit nicht.[96] Selbst bei Kenntnis von einer parallelen Abtretung werden die Grenzen des ordnungsgemäßen Geschäftsgangs und damit des guten Glaubens aber dann nicht überschritten, wenn die andere Zession gegen-

---

[89] So die Konstellation in BGH 9.11.1998, NJW 1999, 425.

[90] Zu dem Wechselspiel zwischen § 366 Abs. 1 und § 407 Abs. 1 BGB bei einem verlängerten Eigentumsvorbehalt s. Serick, Eigentumsvorbehalt und Sicherungsübertragung, Bd. V, 1982, § 66 V 3.

[91] Weitgehend zust. BeckOGK/Julius, 15.10.2025, Rn. 76 (Abtretungsausschluss auch vor dem Hintergrund des § 354a als Indiz für Bösgläubigkeit des Erwerbers).

[92] BGH 22.9.2003, NJW-RR 2004, 555 (556); GK-HGB/Weber Rn. 15.

[93] BGH 30.3.1988, BGHZ 104, 129 (133 f.) = NJW 1988, 1774.

[94] KKD/Koller Rn. 3; Staub/Canaris, 4. Aufl. 2004, Rn. 60; Canaris HandelsR § 27 Rn. 22; vgl. aber auch BGH 30.3.1988, BGHZ 104, 129 (133) = NJW 1988, 1774.

[95] BeckOGK/Julius, 15.10.2025, Rn. 78; Staub/Canaris, 4. Aufl. 2004, Rn. 61, 66.

[96] Schlegelberger/Hefermehl Rn. 34; Staub/Canaris, 4. Aufl. 2004, Rn. 58.

über dem Vorbehaltsverkäufer aus Prioritätsgründen oder unter sonstigen Gesichtspunkten keine Wirkung entfaltet. So ist nach der Rspr. eine **Globalzession** zugunsten einer Kreditorenbank des Kaufmanns im Verhältnis zu einem Warenlieferanten, der sich durch einen verlängerten Eigentumsvorbehalt abgesichert hat, gem. § 138 Abs. 1 BGB nichtig.[97] Allerdings hält sich der Kaufmann in diesen Fällen dann regelmäßig schon im Rahmen seiner Weiterveräußerungsermächtigung, sodass ein Erwerb nach den § 929 ff. BGB, § 185 Abs. 1 BGB in Rede steht. § 366 Abs. 1 kommt daher nur dann in Betracht, wenn die Weiterveräußerungsermächtigung aus einem sonstigen, dem Erwerber unbekannten Grund nicht wirksam besteht.

cc) Relevanz des Geschäftsinhalts. Weiterhin kann der gute Glaube des Erwerbers an eine Verfügungsbefugnis auch an dem Inhalt des Veräußerungs- oder Verpfändungsgeschäfts bzw. des zugrundeliegenden Kausalverhältnisses scheitern. So wird der Erwerber bei einem **Kauf zu Schleuderpreisen**[98] oder bei einem Kauf, der sowohl erheblich unter Wert als auch an einem ungewöhnlichen Ort bzw. zu einer ungewöhnlichen Zeit erfolgt,[99] häufig nicht darauf vertrauen dürfen, dass eine Verfügungsermächtigung derartige Geschäfte deckt. 45

Auch reine **Sicherungsgeschäfte,** seien es Sicherungsübereignungen oder Verpfändungen, sind von Weiterveräußerungsermächtigungen häufig nicht erfasst, sodass der Sicherungsnehmer eine solche Ermächtigung nicht ohne Weiteres ohne grobe Fahrlässigkeit annehmen darf.[100] Anders liegt es aber zB, wenn der Erwerber plausiblerweise davon ausgeht, dass dem Kaufmann eine rein eigennützige Verfügungsermächtigung erteilt wurde, bei der der Berechtigte kein eigenes wirtschaftliches Interesse an dem weiteren Schicksal der Sache hat.[101] Dies kann ua dann der Fall sein, wenn im Zuge eines Streckengeschäfts der Erstkäufer (= Kaufmann iSd § 366 Abs. 1) ohne eigenen Zwischenerwerb zu einer weiteren Verfügung über die Kaufsache ermächtigt wird.[102] Auch wenn die Sicherungsübereignung oder Verpfändung aus der Sicht des Erwerbers mittelbar dem Interesse des Eigentümers dient (zB Besicherung eines Darlehens, mit dem die Forderungen des Vorbehaltsverkäufers (= Eigentümers) bedient werden sollen), kommt ein guter Glaube häufiger in Betracht.[103] Darüber hinaus kann der Erwerber eines Sicherungsrechts regelmäßig dann von einer entsprechenden Verfügungsbefugnis des Kaufmanns ausgehen, wenn die Verfügung mittels eines **Traditionspapiers** erfolgt, das in Bezug auf die betreffenden Sachen ausgestellt wurde, da er annehmen darf, dass der Berechtigte das Papier anderenfalls zurückgehalten hätte.[104] Umgekehrt zerstört die Kenntnis von einem über das Gut ausgestellten Traditionspapier den guten Glauben, wenn der Erwerber sich das Papier nicht vorlegen lässt.[105] 46

Besondere Grundsätze für den guten Glauben gelten schließlich bei dem **Erwerb von Kraftfahrzeugen.** Soweit der Erwerb eines **Neuwagens** von einem Vertragshändler in Rede steht, setzt der gute Glaube an die Verfügungsbefugnis in der Regel weder besondere Nachforschungen noch eine Vorlage des Kraftfahrzeugbriefs (jetzt: Zulassungsbescheinigung Teil II) durch den Händler voraus.[106] Eine nähere Erkundigung ist hingegen geboten, wenn es sich bei dem Erwerber um eine geschäftserfahrene Leasinggesellschaft handelt, der bekannt sein muss, dass der Hersteller die Verfügungsbefugnis des Vertragshändlers bis zur Zahlung des Kaufpreises besonders einschränkt und zu diesem Zweck den Brief zurückhält.[107] Generell wesentlich strengere Voraussetzungen gelten bei dem Erwerb eines **Gebrauchtwagens.** Nach der Rspr. zu den §§ 932 ff. BGB kommt ein guter Glaube an das Eigentum dabei nicht in Betracht, wenn sich der Käufer den Kraftfahrzeugbrief nicht vorlegen lässt.[108] 47

[97] BGH 30.4.1959, BGHZ 30, 149 (152 f.) = NJW 1959, 1533; krit. Baur/Stürner SachenR § 59 Rn. 53 ff. mwN.

[98] OLG Hamburg 5.3.1970, MDR 1970, 506; OLG Düsseldorf 18.11.1998, NJW-RR 1999, 615 (617); BeckOGK/Julius, 15.10.2025, Rn. 36; Hopt/Leyens Rn. 6; Staub/Canaris, 4. Aufl. 2004, Rn. 59.

[99] Vgl. OLG München 12.12.2002, NJW 2003, 673; OLG Schleswig 1.9.2006, NJW 2007, 3007 (3008); OLG Hamm 20.7.2010, BeckRS 2010, 22726.

[100] Vgl. RG 15.3.1935, RGZ 147, 321 (331); BGH 8.7.1954, LM HGB § 366 Nr. 4; BeckOGK/Julius, 15.10.2025, Rn. 88; Ebenroth/Boujong/Dieckmann Rn. 18; Staub/Canaris, 4. Aufl. 2004, Rn. 67 ff.

[101] Staub/Canaris, 4. Aufl. 2004, Rn. 54, 69.

[102] Schlegelberger/Hefermehl Rn. 8; Staub/Canaris, 4. Aufl. 2004, Rn. 54.

[103] Ebenroth/Boujong/Dieckmann Rn. 18; Staub/Canaris, 4. Aufl. 2004, Rn. 72; Canaris HandelsR § 27 Rn. 20; restriktiv aber OLG Frankfurt 6.3.2018, BeckRS 2018, 13812 Rn. 23.

[104] *Staub/Canaris, 4. Aufl. 2004, Rn. 78.*

[105] RG 8.12.1927, RGZ 119, 215 (219 f.); Staub/Canaris, 4. Aufl. 2004, Rn. 79.

[106] BGH 21.9.1959, BGHZ 30, 374 (380); Schlechtriem NJW 1970, 2088 (2090); BeckOGK/Julius, 15.10.2025, Rn. 81; MüKoHGB/Martens Rn. 40; so auch für den Erwerb eines ursprünglich geleasten Neuwagens nach Abschluss der Leasingzeit AG Neuss 13.7.2010, NZV 2010, 621 (623).

[107] BGH 9.2.2005, NJW 2005, 1365 (1366).

[108] BGH 21.9.1959, BGHZ 30, 374 (380); 20.2.1967, BGHZ 47, 207 (213) = NJW 1967, 1022; 1.3.2013, NJW 2013, 1946 Rn. 13; 18.9.2020, NJW 2020, 3711 Rn. 29; zur diesbezüglichen Beweislast BGH 23.9.2022, BB 2022, 2575 Rn. 12 ff.

Auch im Rahmen des § 366 Abs. 1 ist die Vorlage des Briefs bei einem Gebrauchtwagenerwerb für den guten Glauben zwingend erforderlich, da der Briefbesitz eines Dritten deutlich gegen eine Verfügungsmacht des Kaufmanns spricht.[109] Jedoch kann auch ein gefälschter Kraftfahrzeugbrief die Grundlage eines gutgläubigen Erwerbs bilden, wenn sich die Fälschung dem Erwerber nicht aufdrängen musste.[110] Zudem steht die Eintragung eines Dritten in dem Brief dem guten Glauben des Erwerbers nicht kategorisch entgegen,[111] sondern es kommt auf die Umstände des Einzelfalls an: Bestehen besondere Verdachtsmomente, so zB bei einem Gelegenheitsverkauf auf der Straße, muss der Erwerber auch im Rahmen des § 366 Abs. 1 Erkundigungen über die Verfügungsmacht des Kaufmanns bei dem eingetragenen Dritten einholen.[112] Findet die Veräußerung hingegen auf dem Geschäftsgelände eines Gebrauchtwagenhändlers statt, kann der Erwerber auch bei der Briefeintragung eines Dritten ohne grobe Fahrlässigkeit davon ausgehen, dass der Dritte den Händler zu einer Weiterveräußerung ermächtigt hat.[113] Anderes gilt wiederum für eine bloße Sicherungsübereignung oder Verpfändung (→ Rn. 46).[114]

IV. Gutglaubensschutz bei Belastungen (Abs. 2)

48 **1. Allgemeines.** § 366 Abs. 2 erweitert die Möglichkeit eines **gutgläubig lastenfreien Erwerbs** gegenüber den §§ 936, 1208 BGB. Während der gute Glaube nach diesen Vorschriften das Fehlen der Belastung betreffen muss, greift § 366 Abs. 2 bereits bei einem guten Glauben daran ein, dass der Inhaber des belastenden Rechts den Veräußerer oder Verpfänder iSd § 185 Abs. 1 BGB ermächtigt hat, ohne Vorbehalt des Rechts über die Sache zu verfügen.

49 Hinsichtlich der allgemeinen tatbestandlichen Voraussetzungen (Kaufmannseigenschaft, Erwerbsgegenstand etc) sowie der Reichweite und der Besonderheiten des Gutglaubensschutzes gelten die Ausführungen zu § 366 Abs. 1 entsprechend (→ Rn. 9 ff.).

50 **2. Praktische Bedeutung.** Der praktische Anwendungsbereich der Norm ist im Ergebnis gering.[115] Als gutgläubig „wegzuerwerbende" Belastungen kommen im Ausgangspunkt ein Nießbrauch, vertragliche und gesetzliche Pfandrechte sowie – in analoger Anwendung – ein kaufmännisches Zurückbehaltungsrecht nach § 369 in Betracht. Über die Verweisung auf § 936 Abs. 3 BGB scheidet ein gutgläubig lastenfreier Erwerb dabei aber aus, wenn der Inhaber des Rechts im Besitz der Sache bleibt.[116] Befindet sich hingegen der verfügende Kaufmann im Besitz, sind folgende Konsequenzen denkbar: Hat der Rechtsinhaber den Besitz freiwillig aufgegeben, erlöschen Vertragspfandrechte (§ 1253 BGB), besitzgebundene gesetzliche Pfandrechte (§ 1257 BGB iVm § 1253 BGB) und kaufmännische Zurückbehaltungsrechte (→ § 369 Rn. 27)[117] ohnehin, sodass es auf einen gutgläubigen Erwerb nicht mehr ankommt. Im Fall eines unfreiwilligen Besitzverlusts tritt bei kaufmännischen Zurückbehaltungsrechten wiederum ein Erlöschen ein (→ § 369 Rn. 27), während bei Pfandrechten hingegen in der Regel § 935 Abs. 1 BGB einem lastenfreien Erwerb entgegensteht.[118] In den verbleibenden Restfällen (zB besitzlose Pfandrechte, freiwilliger Besitzverlust bei einem Nießbrauch oder unfreiwilliger Besitzverlust bei Geld oder Inhaberpapieren, s. § 935 Abs. 2 BGB) darf der Erwerber schließlich nur selten ohne grobe Fahrlässigkeit von einer Zustimmung des Rechtsinha-

---

[109] BGH 5.2.1975, NJW 1975, 735 (736); 13.5.1996, NJW 1996, 2226 (2227); 13.9.2006, NJW 2006, 3488 Rn. 17; OLG Karlsruhe 7.4.1989, NJW-RR 1989, 1461; OLG Stuttgart 21.7.2021, MDR 2021, 1263 (1264); Schlechtriem NJW 1970, 2088 (2089); GK-HGB/Weber Rn. 15; Heymann/Horn Rn. 20; Schlegelberger/Hefermehl Rn. 35; Staub/Canaris, 4. Aufl. 2004, Rn. 76.

[110] BGH 1.3.2013, NJW 2013, 1946 Rn. 14; 18.9.2020, NJW 2020, 3711 Rn. 30; OLG Stuttgart 21.7.2021, MDR 2021, 1263 (1264).

[111] Das gilt bereits für den guten Glauben an das Eigentum iRd § 932 Abs. 2 BGB; vgl. BGH 13.12.2013, BGHZ 199, 227 Rn. 2, 7 = NJW 2014, 1524.

[112] BGH 5.2.1975, NJW 1975, 735 (736 f.); 1.7.1987, NJW-RR 1987, 1456 (1457 f.); OLG Stuttgart 21.11.1989, NJW-RR 1990, 635; Schlegelberger/Hefermehl Rn. 35.

[113] OLG Hamburg 20.2.1986, NJW-RR 1987, 1266 f.; BeckOGK/Julius, 15.10.2025, Rn. 83; Ebenroth/Boujong/Dieckmann Rn. 23; Heymann/Horn Rn. 20; MüKoHGB/Martens Rn. 39; K. Schmidt HandelsR § 23 Rn. 21; in diese Richtung auch BGH 5.2.1975, NJW 1975, 735 (736).

[114] Staub/Canaris, 4. Aufl. 2004, Rn. 77 mwN; vgl. auch OLG Frankfurt 6.3.2018, BeckRS 2018, 13812 Rn. 23.

[115] Tiedtke, Gutgläubiger Erwerb, 1985, 231; BeckOGK/Julius, 15.10.2025, Rn. 94; Schlegelberger/Hefermehl Rn. 38; Staub/Canaris, 4. Aufl. 2004, Rn. 85 ff.

[116] Ramming RdTW 2023, 82 (86); BeckOGK/Julius, 15.10.2025, Rn. 94; BeckOK HGB/Moussa, 48. Ed. 1.10.2025, Rn. 38.

[117] IErg auch, wenngleich unter Rückgriff auf § 936 BGB Ramming RdTW 2023, 82 (88).

[118] Zur Anwendbarkeit des § 935 BGB im Rahmen des § 366 Abs. 2 Ramming RdTW 2023, 82 (86) sowie im Rahmen des § 936 BGB MüKoBGB/Oechsler BGB § 936 Rn. 13 mwN.

bers zu der lastenfreien Verfügung ausgehen.[119] Jedenfalls finden die zu § 366 Abs. 1 dargelegten Grenzen des guten Glaubens entsprechende Anwendung (→ Rn. 31 ff.).[120] Letztlich schränkt § 367 die Wirkungen des § 366 Abs. 2 für Inhaberpapiere zusätzlich ein.

V. Gutglaubensschutz bei gesetzlichen Pfandrechten (Abs. 3)

1. Allgemeines. Nach § 366 Abs. 3 S. 1 stehen das gesetzliche Pfandrecht des Kommissionärs (§ 397), des Frachtführers (§ 440) oder Verfrachters (§ 495), des Spediteurs (§ 464) und des Lagerhalters (§ 475b) hinsichtlich des Schutzes des guten Glaubens einem Vertragspfandrecht iSd § 366 Abs. 1 gleich. Im Ergebnis wird daher, wenn das betreffende Sicherungsgut nicht im Eigentum des Vertragspartners des Kommissionärs, Frachtführers, Verfrachters, Spediteurs oder Lagerhalters steht bzw. mit dem Recht eines Dritten belastet ist, ein guter Glaube daran geschützt, dass der Vertragspartner gleichwohl befugt ist, durch sein Verhalten die Entstehung eines gesetzlichen Pfandrechts zulasten des Eigentümers zu bewirken (§ 366 Abs. 1), bzw. befugt ist, die Entstehung ohne den Vorbehalt des Drittrechts herbeizuführen (§ 366 Abs. 2). 51

Teleologisch basiert die Vorschrift auf der Prämisse, dass ein Gutglaubensschutz zugunsten der Kommissionäre, Frachtführer oder Verfrachter, Spediteure und Lagerhalter nicht nur in den Fällen des Glaubens an das Eigentum des Vertragspartners, sondern auch des Glaubens an eine bloße Befugnis zur Bewirkung der Pfandrechtsentstehung geboten ist, weil diese Gruppen von Kaufleuten nach der Struktur des Handelsverkehrs häufig nicht unmittelbar mit den Eigentümern der Sachen kontrahieren, sondern mit Mittelsmännern, die im eigenen Namen handeln.[121] Ein genaues Verständnis der Norm setzt dabei jedoch die Berücksichtigung der zum Teil sehr umstrittenen Fragen der Entstehung und des Gutglaubensschutzes bei gesetzlichen Besitzpfandrechten voraus. 52

2. Entstehungsvoraussetzungen. a) Grundsatz. Regelmäßig entstehen die Pfandrechte aus den §§ 397, 440, 464, 475b oder § 495, indem ein entsprechender Schuldvertrag abgeschlossen wird, dem Kommissionär, Frachtführer, Spediteur, Lagerhalter oder Verfrachter zur Durchführung dieses Vertrags der Besitz an bestimmten beweglichen Sachen von seinem Vertragspartner verschafft wird und die Sachen im Eigentum des Vertragspartners stehen.[122] Sind diese Voraussetzungen erfüllt, besteht an den Sachen nach näherer Maßgabe der §§ 397, 440, 464, 475b oder § 495 ein gesetzliches Pfandrecht, auf das dann gem. § 1257 BGB wiederum die Vorschriften über ein Vertragspfandrecht Anwendung finden. 53

b) Gutgläubiger Erwerb gemäß §§ 1207 f. BGB. Ein erstes Problem stellt sich, wenn die Sachen nicht im Eigentum des Vertragspartners stehen (oder mit einem vorrangigen Drittrecht belastet sind), der Kommissionär, Frachtführer, Spediteur, Lagerhalter oder Verfrachter aber insoweit gutgläubig ist. Die Anwendbarkeit des Gutglaubensschutzes aus den §§ 1207 f. BGB ergibt sich in diesen Fällen nicht schon aus § 1257 BGB, da diese Norm die Regelungen über das Vertragspfandrecht nur für ein bereits entstandenes gesetzliches Pfandrecht in Bezug nimmt, nicht aber hinsichtlich der Entstehungsvoraussetzungen selbst.[123] Dementsprechend ist umstritten, ob und inwieweit die §§ 1207 f. BGB auf gesetzliche Besitzpfandrechte analog angewendet werden können. Für das praktisch bedeutsame Werkunternehmerpfandrecht aus § 647 BGB wird dies zwar von der hL[124] bejaht, aber von der Rspr.[125] verneint. Da § 366 Abs. 3 S. 1 jedoch für die dort geregelten Besitzpfandrechte des Handelsrechts einen Gutglaubensschutz sogar in Bezug auf eine Verfügungsbefugnis des Vertragspartners anordnet, **setzt die Norm** zumindest für diese handelsrechtlichen Pfandrechte **eine Anwendbarkeit der §§ 1207 f. BGB** im Fall des guten Glaubens an das Eigentum bzw. an die Lastenfreiheit denknotwendig **voraus.**[126] Dieses Verständnis erfährt durch die Gesetzesbegründung 54

[119] Ramming RdTW 2023, 82 (87); Staub/Canaris, 4. Aufl. 2004, Rn. 85; vgl. zum Vermieterpfandrecht auch Fehrenbach NZM 2012, 1 (3).

[120] Weiterführend Ramming RdTW 2023, 82 (86 f.).

[121] BeckOGK/Julius, 15.10.2025, Rn. 98; Schlegelberger/Hefermehl Rn. 41; Staub/Canaris, 4. Aufl. 2004, Rn. 95 ff.; Canaris HandelsR § 27 Rn. 31.

[122] Statt aller Risch TranspR 2005, 108 f. mwN.

[123] MüKoBGB/Busche BGB § 647 Rn. 11 mwN.

[124] J. Hager, Verkehrsschutz durch redlichen Erwerb, 1990, 108 ff.; K. Schmidt NJW 2014, 1 ff.; Wilhelm DB 2014, 406 (407 ff.); *Schilken FS W.-H. Roth*, 2015, 518 ff.; Ebenroth/Boujong/Dieckmann Rn. 35; Schlegelberger/Hefermehl Rn. 44; Staub/Canaris, 4. Aufl. 2004, Rn. 113 ff.; Baur/Stürner SachenR § 55 Rn. 40; Canaris HandelsR § 27 Rn. 37.

[125] BGH 21.12.1960, BGHZ 34, 122 (124) = NJW 1961, 499; 18.5.1983, BGHZ 87, 274 (280) = NJW 1983, 2140; 25.2.1987, BGHZ 100, 95 (101) = NJW 1987, 1880; zust. Stamm ZfPW 2025, 159 (161 f.).

[126] Denkschrift zu dem Entwurf eines Handelsgesetzbuchs, 1896, 208; Tiedtke, Gutgläubiger Erwerb, 1985, 232 f.; K. Schmidt NJW 2014, 1 (2 f.); BeckOGK/Julius, 15.10.2025, Rn. 105; Heymann/Horn Rn. 28; MüKoHGB/Martens Rn. 47; Schlegelberger/Hefermehl Rn. 41; Staub/Canaris, 4. Aufl. 2004, Rn. 94; Canaris HandelsR § 27 Rn. 33 f.; K. Schmidt HandelsR § 23 Rn. 28; vgl. auch Stamm ZfPW 2025, 159 (165).

zu § 366 Abs. 3 S. 2 eine Bestätigung, nach der die dort vorgesehene Einschränkung bei sog. inkonnexen Forderungen (→ Rn. 60 ff.) gerade einen Schutz des guten Glaubens an die Verfügungsbefugnis ausschließen soll, was den Gutglaubensschutz in Bezug auf das (lastenfreie) Eigentum im Umkehrschluss unberührt lässt.[127]

55 **c) Erwerb analog § 185 BGB.** Wie der Schutz des guten Glaubens an die Verfügungsmacht durch § 366 Abs. 3 S. 1 den Schutz eines guten Glaubens an das (lastenfreie) Eigentum voraussetzt, so impliziert die Norm auch die Möglichkeit, dass das betreffende gesetzliche Pfandrecht analog § 185 BGB ohne Rücksicht auf einen guten Glauben durch eine tatsächliche Ermächtigung oder Genehmigung seitens des Eigentümers bzw. des Inhabers eines vorrangigen Rechts (vgl. § 366 Abs. 2) entstehen kann.[128] Denn der Schutz des guten Glaubens kann nicht weiter reichen als ein paralleler Erwerb vom Berechtigten. Die Möglichkeit einer Pfandrechtsentstehung an Drittgut durch Zustimmung des Eigentümers ist in den neu gefassten § 397 S. 1, § 440 Abs. 1 S. 1, § 464 S. 1, § 475b Abs. 1 S. 1 und § 495 Abs. 1 S. 1 dementsprechend ausdrücklich vorgesehen, sodass für diese Fälle ein separater Rückgriff auf eine Analogie zu § 185 BGB entbehrlich ist.[129] Für den Fall einer Zustimmung des Inhabers eines vorrangigen Rechts iSd § 366 Abs. 2 ist eine solche Analogie hingegen auch nach der neuen Gesetzesfassung erforderlich und angezeigt. **Inhaltlich** muss sich die Ermächtigung oder Genehmigung des Berechtigten dabei nicht auf die Entstehung des Pfandrechts beziehen, die ja kraft Gesetzes erfolgt, sondern auf den Abschluss eines Kommissions-, Fracht-, Speditions-, Lager- oder Seefrachtvertrags in Bezug auf die Sache und die daran anknüpfende Besitzüberlassung.[130] Die § 397 S. 1, § 440 Abs. 1 S. 1, § 464 S. 1, § 475b Abs. 1 S. 1 und § 495 Abs. 1 S. 1 beschränken die Pfandrechtsentstehung kraft Drittzustimmung dabei auf eine Sicherung konnexer Forderungen aus dem jeweiligen Kommissions-, Lager- oder Transportvertrag. Diese Regelung beruht auf dem Gedanken, dass der Dritte von anderen Vertragsverhältnissen zwischen seinem Mittelsmann und dem Kommissionär, Frachtführer, Spediteur, Lagerhalter oder Verfrachter, aus denen inkonnexe Forderungen resultieren, regelmäßig nicht selbst profitiert.[131] Dies schließt richtigerweise zwar nicht aus, dass der Dritte eine rechtsgeschäftliche Zustimmung analog § 185 BGB ausdrücklich auch auf die Sicherung inkonnexer Forderungen erstrecken kann, was aber aufgrund der genannten Interessenlage regelmäßig nicht der Fall sein dürfte.

56 Die Frage nach der analogen Anwendbarkeit des § 185 BGB, die für die §§ 397, 440, 464, 475b und § 495 nach dem Gesagten bejaht werden muss, ist bei sonstigen gesetzlichen Besitzpfandrechten, insbesondere bei § 647 BGB, hingegen ebenso wie die Möglichkeit eines gutgläubigen Erwerbs (→ Rn. 54) umstritten.[132]

57 **d) Gutgläubiger Erwerb gemäß § 366 Abs. 3.** Vor dem skizzierten Hintergrund betrifft § 366 Abs. 3 die Situation, in der der potentielle Pfandgläubiger zwar weiß bzw. grob fahrlässig nicht weiß, dass die im Rahmen des Vertrags überlassenen beweglichen Sachen im Eigentum eines Dritten stehen oder mit dem Recht eines Dritten belastet sind (vgl. § 366 Abs. 2), er jedoch ohne grobe Fahrlässigkeit von einer Befugnis seines Vertragspartners ausgeht, ihm die Sachen im Rahmen eines Kommissions-, Fracht-, Speditions-, Lager- oder Seefrachtvertrags überlassen zu dürfen (→ Rn. 55). Hieran knüpft das Gesetz dann wiederum die Folge eines (vorrangigen) Pfandrechts.

58 **aa) Voraussetzungen.** Hinsichtlich des **persönlichen Anwendungsbereichs** ist eine Besonderheit gegenüber § 366 Abs. 1 und 2 zu beachten. Während dort der Verfügende Kaufmann sein muss und die Kaufmannseigenschaft des Rechtserwerbers unerheblich ist (→ Rn. 9 ff.), greift § 366 Abs. 3

[127] BT-Drs. 17/10309, 51 und 57; vgl. auch K. Schmidt NJW 2014, 1 (4 f.); Hopt/Leyens Rn. 10; K. Schmidt HandelsR § 23 Rn. 32; zweifelnd Wilhelm DB 2014, 406 mit Fn. 3; **aA** Schilken FS W.-H. Roth, 2015, 513 f.

[128] Tiedtke, Gutgläubiger Erwerb, 1985, 233 f.; K. Schmidt NJW 2014, 1 (2 f.); Heymann/Horn Rn. 29; Hopt/Leyens Rn. 8; Staub/Canaris, 4. Aufl. 2004, Rn. 90; Canaris HandelsR § 27 Rn. 35; K. Schmidt HandelsR § 23 Rn. 27.

[129] K. Schmidt NJW 2014, 1 (3 f.); MüKoHGB/Martens Rn. 47; K. Schmidt HandelsR § 23 Rn. 27.

[130] BGH 10.6.2010, NJW-RR 2010, 1546 Rn. 26; OLG Düsseldorf 29.4.2008, MDR 2008, 1365 f.; 10.9.2012, BeckRS 2012, 20204; OLG Köln 19.3.2002, MDR 2002, 957 f.; OLG Stuttgart 5.5.1978, WM 1978, 1330 (1332 f.); Tiedtke, Gutgläubiger Erwerb, 1985, 233; Heymann/Horn Rn. 29; Hopt/Leyens Rn. 8; Schlegelberger/Hefermehl Rn. 42; Staub/Canaris, 4. Aufl. 2004, Rn. 89; K. Schmidt HandelsR § 23 Rn. 27; krit. Risch TranspR 2005, 108 (110 f.).

[131] K. Schmidt HandelsR § 23 Rn. 31; vgl. zur alten Rechtslage auch BGH 10.6.2010, NJW-RR 2010, 1546 Rn. 47 ff.; Risch TranspR 2005, 108 (110).

[132] Befürwortend Benöhr ZHR 135 (1971), 144 ff.; K. Schmidt NJW 2014, 1 (2 f. und 5); Stamm ZfPW 2025, 159 (164 f.); Wilhelm DB 2014, 406 (407 f.); Schilken FS W.-H. Roth, 2015, 517 f.; Staub/Canaris, 4. Aufl. 2004, Rn. 116 ff.; Canaris HandelsR § 27 Rn. 39 f.; Medicus/Petersen, Bürgerliches Recht, 30. Aufl. 2025, Rn. 594; abl. BGH 21.12.1960, BGHZ 34, 122 (125 f.) = NJW 1961, 499; MüKoBGB/Busche BGB § 647 Rn. 13.

nur zugunsten eines Kommissionärs, Frachtführers, Spediteurs, Lagerhalters oder Verfrachters ein, während die **Kaufmannseigenschaft seines Vertragspartners,** dh des Schuldners der pfandrechtlich gesicherten Forderungen, **nicht erforderlich** ist.[133] Dies folgt daraus, dass die durch Abs. 3 bewirkte Gleichstellung nicht nur den vertraglichen Charakter des Pfandrechts entbehrlich macht, sondern auch den Erwerb des Pfandrechts von einem Kaufmann in dessen Handelsgewerbe („steht […] einem gem. Abs. 1 durch Vertrag erworbenen Pfandrecht gleich"). Als Kommissionäre, Frachtführer, Spediteure, Lagerhalter und Verfrachter kommen gemäß den § 383 Abs. 2, § 407 Abs. 3 S. 2, § 453 Abs. 3 S. 2, § 467 Abs. 3 S. 2 und § 481 Abs. 3 S. 2 auch nicht-eingetragene Kleingewerbetreibende in Betracht.

bb) Reichweite. (1) Allgemeine Grundsätze. Die Besonderheiten des im Verhältnis zu den 59
§§ 1207 f. BGB erweiterten Gutglaubensschutzes, die bei § 366 Abs. 1 entwickelt wurden, gelten für § 366 Abs. 3 weitgehend entsprechend (→ Rn. 23 ff., → Rn. 31 ff.). So kann sich der gute Glaube aufgrund einer teleologischen Reduktion beispielsweise wiederum nur auf eine **rechtsgeschäftliche Ermächtigung** iSd § 185 Abs. 1 BGB beziehen, nicht aber auf etwaige gesetzliche Verfügungsbefugnisse (→ Rn. 23 ff.). Ein guter Glaube an die Vertretungsmacht wird nach der hier vertretenen Auffassung nicht geschützt (→ Rn. 26 ff.). Aus prozessualer Sicht kann der potentielle Pfandgläubiger seinen Pfandrechtserwerb auch in erster Linie auf einen guten Glauben an das Eigentum seines Vertragspartners stützen (→ Rn. 54) und hilfsweise einen guten Glauben an die Befugnis des anderen Teils, ihm die Sache im Rahmen eines der genannten Vertragstypen überlassen zu dürfen, geltend machen (→ Rn. 31).[134] Bei der einzelfallbezogenen Prüfung des guten Glaubens spielen die berufliche Stellung des Vertragspartners sowie der Inhalt der jeweiligen Vertragsbeziehungen eine erhebliche Rolle dafür, ob der Kommissionär, Frachtführer, Spediteur, Lagerhalter oder Verfrachter ohne grobe Fahrlässigkeit davon ausgehen darf, der Berechtigte habe eine Befugnis zum Abschluss des Vertrags und zur Besitzübertragung erteilt (→ Rn. 34 ff.). So ist eine solche Befugnis im mehrstufigen Transport durchaus typisch, während es bei dem Vertragsschluss mit einem Vorbehaltskäufer darauf ankommt, ob sich der Kommissions-, Fracht-, Speditions-, Lager- oder Seefrachtvertrag – scheinbar – in den Grenzen einer ordnungsgemäßen Wirtschaft hält.[135] **Maßgeblicher Zeitpunkt** für den guten Glauben ist derjenige, in dem das gesetzliche Pfandrecht nach den sonstigen Voraussetzungen der §§ 397, 440, 464, 475b oder § 495 entsteht.[136] Über die Verweisungskette des § 366 Abs. 3 S. 1 und Abs. 1 auf die §§ 1207 f. BGB gelten auch hier die **Erwerbssperren der § 935 BGB, § 936 Abs. 3 BGB.**

(2) Sonderregelung für inkonnexe Forderungen. Schließlich folgt eine weitere Beschränkung 60
des Gutglaubensschutzes aus der Regelung des **§ 366 Abs. 3 S. 2,** die durch das Seehandelsrechtsreformgesetz (→ Einl. Rn. 4) geschaffen wurde. Danach ist der gute Glaube des Kommissionärs, Frachtführers bzw. Verfrachters, Spediteurs oder Lagerhalters an eine Verfügungsbefugnis – anders als der gute Glaube an das Eigentum iSd §§ 1207 f. BGB (→ Rn. 54) – nicht geschützt, sofern das gesetzliche Pfandrecht Ansprüche sichern soll, die nicht aus dem Vertrag resultieren, dessen Gegenstand das betreffende Sicherungsgut ist. Hiermit wurde die noch in § 366 Abs. 3 aF enthaltene differenzierende Regelung beseitigt, die in fragwürdiger Weise nur den Gutglaubensschutz des Frachtführers, Spediteurs und Lagerhalters hinsichtlich inkonnexer Forderungen begrenzt hatte.[137]

Dabei kommen nach den § 440 Abs. 1 S. 2, § 464 S. 2, § 475b Abs. 1 S. 2, § 495 Abs. 1 S. 2 als 61
gesicherte inkonnexe Forderungen ohnehin nur unbestrittene Forderungen aus anderen **Fracht-, Seefracht-, Speditions- oder Lagerverträgen** in Betracht. Auch sofern derartige Forderungen bestehen, ist eine Einwilligung des von dem Vertragspartner verschiedenen Berechtigten in die Voraussetzungen der Pfandrechtsentstehung aber aufgrund der mangelnden Konnexität so unwahrscheinlich, dass das Gesetz den Gutglaubensschutz an die Verfügungsbefugnis generell und nicht nur nach Maßgabe des § 932 Abs. 2 BGB im Einzelfall ausschließt.[138] Dies hat beispielsweise zur Folge, dass ein gutgläubiger Pfandrechtserwerb eines Frachtführers, der im Rahmen eines Untervertrags

[133] Denkschrift zu dem Entwurf eines Handelsgesetzbuchs, 1896, 208; Ebenroth/Boujong/Dieckmann Rn. 29; Heymann/Horn Rn. 28; KKD/Koller Rn. 6; MüKoHGB/Martens Rn. 49; RGHMW/Steimle/Dornieden Rn. 33; *Schlegelberger/Hefermehl* Rn. 43; Staub/Canaris, 4. Aufl. 2004, Rn. 95; **aA** GK-HGB/Weber Rn. 19; krit. auch Wilhelm DB 2014, 406 (409).

[134] Vgl. OLG Düsseldorf 29.4.2008, MDR 2008, 1365 f.

[135] Staub/Canaris, 4. Aufl. 2004, Rn. 99 f.; Canaris HandelsR § 27 Rn. 32.

[136] BeckOGK/Julius, 15.10.2025, Rn. 109; BeckOK HGB/Moussa, 48. Ed. 1.10.2025, Rn. 53; Heymann/Horn Rn. 30.

[137] Vgl. BT-Drs. 17/10309, 51; Wilhelm DB 2014, 406; K. Schmidt HandelsR § 23 Rn. 32; zur Kritik an der alten Rechtslage s. Staub/Canaris, 4. Aufl. 2004, Rn. 105.

[138] S. BT-Drs. 17/10309, 56 f.; zur alten Rechtslage BT-Drs. 13/8445, 33 f.

seinerseits von einem Spediteur oder Frachtführer beauftragt wird, für inkonnexe Forderungen in aller Regel ausscheidet, da der Frachtführer in diesen Konstellationen nicht von einem Eigentum seines Vertragspartners an dem beförderten Gut ausgehen darf.[139]

62 Bei **Kommissionären** erstreckt sich das Pfandrecht gem. § 397 S. 2 grundsätzlich auf alle Forderungen aus laufender Rechnung in Kommissionsgeschäften, sofern nicht die Sonderregelungen der **§ 4 Abs. 1 S. 2 DepotG, § 30 DepotG** für Wertpapierkommissionen anwendbar sind. Auch insoweit schließt die Neuregelung des § 366 Abs. 3 S. 2 aber einen Schutz des guten Glaubens an die Verfügungsbefugnis aus, da es sehr unwahrscheinlich ist, dass der Berechtigte in die Voraussetzungen einer Pfandrechtsentstehung zur Sicherung von Forderungen einwilligt, die nicht aus demjenigen Kommissionsvertrag resultieren, der auf seine Sachen bezogen ist (→ Rn. 55).[140]

63 Hinsichtlich des für alle Vertragstypen in dem Fall **verbleibenden Gutglaubensschutzes iSd §§ 1207 f. BGB,** dass sich der gute Glaube auf das Eigentum des Vertragspartners an dem Sicherungsgut bezieht (→ Rn. 54), werden schließlich weitere Bedenken vor dem Hintergrund des verfassungsrechtlichen Verhältnismäßigkeitsprinzips geltend gemacht, insbesondere weil der BGH[141] die Erstreckung des vertraglichen AGB-Pfandrechts zur Sicherung inkonnexer Forderungen aus § 50 lit. a ADSp aF auf schuldnerfremde Sachen mit einem Verweis auf Treu und Glauben sowie auf die guten Sitten verworfen hat.[142] Diese Kritik mag zwar rechtspolitisch von Gewicht sein. Ein Verfassungsverstoß kann in der gesetzlichen Regelung aber gleichwohl nicht erblickt werden,[143] da einerseits die Zurechenbarkeit der Pfandrechtsentstehung zu dem Berechtigten über § 935 BGB gewährleistet bleibt (→ Rn. 59) und dem Gesetzgeber andererseits ein Ermessensspielraum dabei zukommt, wie er den Interessenkonflikt bei der Entstehung gesetzlicher Pfandrechte an fremden Sachen löst.[144]

VI. Beweislast

64 Die Beweislast für die Voraussetzungen des gutgläubigen Erwerbs nach § 366 trägt grundsätzlich der Erwerber. Jedoch sind das Vorliegen eines Handelsgeschäfts gem. § 344 Abs. 1 (→ Rn. 14) und der gute Glaube gem. § 932 BGB (→ Rn. 31) jeweils zu vermuten.

§ 367 [Gutgläubiger Erwerb gewisser Wertpapiere]

(1) [1]Wird ein Inhaberpapier, das dem Eigentümer gestohlen worden, verlorengegangen oder sonst abhanden gekommen ist, an einen Kaufmann, der Bankier- oder Geldwechslergeschäfte betreibt, veräußert oder verpfändet, so gilt dessen guter Glaube als ausgeschlossen, wenn zur Zeit der Veräußerung oder Verpfändung der Verlust des Papiers im Bundesanzeiger bekanntgemacht und seit dem Ablauf des Jahres, in dem die Veröffentlichung erfolgt ist, nicht mehr als ein Jahr verstrichen war. [2]Für Veröffentlichungen vor dem 1. Januar 2007 tritt an die Stelle des Bundesanzeigers der Bundesanzeiger in Papierform. [3]Inhaberpapieren stehen an Order lautende Anleiheschuldverschreibungen sowie Namensaktien und Zwischenscheine gleich, falls sie mit einem Blankoindossament versehen sind.

(2) Der gute Glaube des Erwerbers wird durch die Veröffentlichung nach Absatz 1 nicht ausgeschlossen, wenn der Erwerber die Veröffentlichung infolge besonderer Umstände nicht kannte und seine Unkenntnis nicht auf grober Fahrlässigkeit beruht.

(3) Auf Zins-, Renten- und Gewinnanteilscheine, die nicht später als in dem nächsten auf die Veräußerung oder Verpfändung folgenden Einlösungstermin fällig werden, auf unverzinsliche Inhaberpapiere, die auf Sicht zahlbar sind, und auf Banknoten sind diese Vorschriften nicht anzuwenden.

Schrifttum: Einsele, Wertpapierrecht als Schuldrecht, 1995; Kümpel, Zur Unzulässigkeit einer Verlustmeldung (Opposition) bei Wertpapieren nach deren Einlieferung in die Girosammelverwahrung, WM 1978, 1194; Lehmann, Finanzinstrumente, 2009; M. Wolff, Die Ware, in Ehrenberg (Hrsg.), Handbuch des gesamten Handelsrechts, Bd. IV 1, 1917, 7; Ziganke, Der Schutz des Verlierers von Wertpapieren in der Bankpraxis, WM 1966, 846; Ziganke, Der Schutz des Verlierers von Wertpapieren durch das Gesetz, WM 1967, 838.

---

139 BGH 10.6.2010, NJW-RR 2010, 1546 Rn. 50.

140 Vgl. auch BeckOGK/Julius, 15.10.2025, Rn. 112.

141 BGH 8.3.1955, BGHZ 17, 1 (3 ff.) = NJW 1955, 1145; 24.1.1983, BGHZ 86, 300 (304) = NJW 1983, 1114; **aA** RG 14.5.1926, RGZ 113, 427 (429).

142 Staub/Canaris, 4. Aufl. 2004, Rn. 107 ff.; Canaris HandelsR § 27 Rn. 44 ff.; allg. krit. auch K. Schmidt NJW 2014, 1 (5).

143 So auch Bechtloff, Gesetzliche Verwertungsrechte, 2003, 137 f.

144 Umfassend zu der Bedeutung der Drittwirkung der Grundrechte im Privatrecht für die Voraussetzungen eines gutgläubigen Erwerbs J. Hager, Verkehrsschutz durch redlichen Erwerb, 1990, 9 ff.

Übersicht

I. Allgemeines

1. Normzweck. Das Eigentum oder ein Pfandrecht an Inhaberpapieren können nach den §§ 932 ff., 1207 f. BGB oder § 366 gutgläubig bzw. gutgläubig lastenfrei von einem Nichtberechtigten erworben werden und dies gem. § 935 Abs. 2 BGB sogar unabhängig davon, ob die Papiere dem Berechtigten (Eigentümer, Pfandgläubiger, Nießbraucher) abhanden gekommen sind. Für Orderpapiere, die durch Indossament übertragen werden, besteht gem. Art. 16 Abs. 2 WG, Art. 21 ScheckG, § 68 Abs. 1 AktG und § 365 Abs. 1 eine vergleichbare Rechtslage. Diese weitreichende Möglichkeit eines gutgläubigen Erwerbs beruht darauf, dass bei umlauffähigen Wertpapieren ein besonderes Interesse des Rechtsverkehrs an Erwerbssicherheit besteht, das das Erhaltungsinteresse des wahren Berechtigten überwiegt.[1] Eine solche Interessenbewertung ist jedoch dann nicht angemessen, wenn es sich bei dem Erwerber um einen in Wertpapiergeschäften versierten Kaufmann handelt, dem hinsichtlich der Rechtsverhältnisse an den zu erwerbenden Papieren zumutbare Überprüfungsmöglichkeiten offenstehen. Dementsprechend **begrenzt § 367 die Möglichkeit eines gutgläubigen Erwerbs** an „abhanden gekommenen" Inhaberpapieren und bestimmten Orderpapieren für den Fall, dass der Verlust des Wertpapiers vor der Veräußerung oder der Verpfändung im Bundesanzeiger bekannt gemacht worden ist. Sachlich statuiert die Norm damit für die erfassten Kaufleute (→ Rn. 10) eine Obliegenheit, diese Bekanntmachungen des Bundesanzeigers zu verfolgen.[2] Da der Begriff des Abhandenkommens in § 367 Abs. 1 S. 1 weiter zu interpretieren ist als in § 935 Abs. 1 BGB (→ Rn. 8), limitiert diese Obliegenheit im Ergebnis nicht nur den auf § 935 Abs. 2 BGB gestützten erweiterten Gutglaubensschutz, sondern jedweden gutgläubigen Erwerb der erfassten Wertpapiere. Aus dogmatischer Sicht handelt es sich bei § 367 entgegen dem Wortlaut des Abs. 1 („gilt dessen guter Glaube als ausgeschlossen") nicht um eine Fiktion,[3] sondern um eine **qualifizierte Vermutung der Bösgläubigkeit,** die nur unter den Voraussetzungen des Abs. 2 widerlegt werden kann (→ Rn. 16 f.).[4] 1

2. Praktische Bedeutung. Die praktische Bedeutung des § 367 ist aus mehreren Gründen begrenzt: 2

a) Oppositionsliste. Die Recherche abhanden gekommener Wertpapiere im Bundesanzeiger gestaltet sich selbst nach der Einführung der elektronischen Version immer noch relativ aufwendig, da die Papiere dort nicht systematisch, sondern in den einzelnen Ausgaben chronologisch nach dem Eingang der Anzeige des Abhandenkommens aufgelistet werden. Als **praktikableres Alternativinstrument** hat sich daher die Oppositionsliste der WM erwiesen, die alle abhanden gekommenen Inhaberpapiere in einer Liste systematisch erfasst.[5] Die Auflistung eines Papiers in der Oppositionsliste steht zwar der Veröffentlichung im Bundesanzeiger nicht iSd § 367 gleich.[6] Aber die Banken haben sich gegenüber ihren Kunden in Nr. 17 SoBedWp (Sonderbedingungen für Wertpapiergeschäfte) verpflichtet, die Oppositionsliste zu beachten. Da es sich bei der Berücksichtigung der Oppositions- 3

[1] Statt aller MüKoBGB/Oechsler BGB § 935 Rn. 1.

[2] *Ehrenbergs HdB Bd. IV 1/M. Wolff* 50; BeckOGK/Julius, 15.10.2025, Rn. 3; Heymann/Horn Rn. 1; Staub/Canaris, 4. Aufl. 2004, Rn. 1.

[3] So aber Ebenroth/Boujong/Dieckmann Rn. 1.

[4] NK-HGB/Eberl Rn. 1; Heymann/Horn Rn. 1; Hopt/Leyens Rn. 1; Schlegelberger/Hefermehl Rn. 1; Staub/Canaris, 4. Aufl. 2004, Rn. 1; für die Einordnung als Regelung sui generis MüKoHGB/Martens Rn. 3.

[5] Einsele, Wertpapierrecht als Schuldrecht, 1995, 137 f.; Ziganke WM 1966, 846; BeckOGK/Julius, 15.10.2025, Rn. 5.3; MüKoHGB/Martens Rn. 6.

[6] LG Wiesbaden 19.4.1990, NJW 1991, 45 f.; Heymann/Horn Rn. 8; Hopt/Leyens Rn. 5; RGHMW/Steimle/Dornieden Rn. 8; Schlegelberger/Hefermehl Rn. 7.

liste um eine Frage der **allgemeinen Obliegenheiten am Wertpapiermarkt** handelt, deren Strenge sinnvollerweise nicht davon abhängen kann, ob es sich bei dem wahren Berechtigten um einen Kunden der erwerbenden Bank handelt, führt die Nichtbeachtung der Oppositionsliste durch Banken generell zu einer groben Fahrlässigkeit iSd § 932 Abs. 2 BGB.[7] Umgekehrt verdrängt die Beachtung der Oppositionsliste allerdings nicht die Regelung des § 367, sodass dessen Anwendung nicht ausgeschlossen ist, wenn ein Abhandenkommen im Einzelfall nur im Bundesanzeiger, nicht aber in der Oppositionsliste angeführt ist.[8] Dies kommt insbesondere bei solchen Papieren in Betracht, die weder in Deutschland ausgestellt wurden noch an deutschen Wertpapierbörsen gehandelt werden, weil solche Wertpapiere nicht durch die Oppositionsliste erfasst werden.[9] Ein – mittlerweile gekündigtes – europäisches Übereinkommen über die Opposition bei international gehandelten Wertpapieren[10] hatte die Bundesrepublik Deutschland zwar am 28.5.1970 unterzeichnet, aber nicht ratifiziert.

4 **b) Auswirkungen des Effektensammelverkehrs.** Neben den Vorzügen der Oppositionsliste wird die praktische Bedeutung des § 367 dadurch weiter eingeschränkt, dass der Wertpapierhandel immer seltener mit effektiven Einzelstücken vorgenommen wird, sondern vermehrt durch global verwahrte Sammelanteile.[11] Hier vollzieht sich der Eigentums- und Pfandrechtserwerb nicht mehr an einzelnen Stücken, sondern über Miteigentumsanteile an Sammelbeständen.[12] Somit existieren zum einen immer seltener identifizierbare abhanden gekommene Wertpapiere, was mittelbar die Bedeutung des § 367 schmälert. Zum anderen erlangt die Norm selbst bei der erstmaligen Einfügung abhanden gekommener Wertpapiere in den Sammelbestand keine Bedeutung, da insoweit kein rechtsgeschäftlicher Erwerb erfolgt, sondern nach § 6 Abs. 1 DepotG an dem Sammelbestand kraft Gesetzes Miteigentumsanteile der Depotgemeinschaft unter Einschluss des wahren Berechtigten der nun eingelieferten Papiere entstehen.[13] Nachfolgend kann somit nicht mehr über einzelne Wertpapiere verfügt werden, sondern nur noch über Miteigentumsanteile an dem Sammelbestand, was einer Anwendung des § 367 selbst dann entgegensteht, wenn sich in dem Bestand Papiere befinden, die ursprünglich abhanden gekommen waren.[14]

4a **c) Auswirkungen der Digitalisierung des Wertpapierverkehrs.** Schließlich können Wertpapiere nach Maßgabe des **eWpG** mittlerweile auch in **elektronischer Form** ausgegeben werden. Zwar ist damit nach der gesetzlichen Konzeption keine vollständige Abkehr von den sachenrechtlich strukturierten Prinzipien des Wertpapierverkehrs verbunden, da auch elektronische Wertpapiere nach § 2 Abs. 3 eWpG weiterhin als Sachen iSd § 90 BGB gelten. Hiermit einher geht aber zum einen im Fall einer **Sammeleintragung** (§ 8 Abs. 1 Nr. 1 eWpG) die Fortschreibung der vorstehend skizzierten Besonderheiten des Sammelbestandsverkehrs, die einer Anwendung des § 367 entgegenstehen (→ Rn. 4).[15] Zum anderen gelten auch bei einer **Einzeleintragung** elektronischer Wertpapiere (§ 8 Abs. 1 Nr. 2 eWpG) nach Maßgabe des § 26 eWpG eigenständige Voraussetzungen für einen gutgläubigen Erwerb, die sich an den Grundsätzen der Registerpublizität orientieren und eine Anwendung der qualifizierten Vermutung des § 367 ebenfalls ausschließen.[16]

II. Voraussetzungen

5 **1. Erfasste Wertpapiere. a) Inhaberpapiere.** Die Vorschriften des § 367 gelten grundsätzlich für alle Inhaberpapiere, auch wenn diese im Ausland begeben wurden.[17] Erfasst sind vor allem

[7] OLG Frankfurt 24.10.1996, OLGR 1997, 197 (199); LG Essen 26.11.1976, WM 1977, 433 (434); Einsele, Wertpapierrecht als Schuldrecht, 1995, 138; Ziganke WM 1966, 846 (848); BeckOGK/Julius, 15.10.2025, Rn. 22; Ebenroth/Boujong/Dieckmann Rn. 8; GK-HGB/Weber Rn. 6; MüKoHGB/Martens Rn. 6; Schlegelberger/Hefermehl Rn. 7, 9; Staub/Canaris, 4. Aufl. 2004, Rn. 20.

[8] MüKoHGB/Martens Rn. 6; Schlegelberger/Hefermehl Rn. 9; Staub/Canaris, 4. Aufl. 2004, Rn. 26.

[9] Einsele, Wertpapierrecht als Schuldrecht, 1995, 137; MüKoHGB/Martens Rn. 16. Nach OLG Frankfurt 20.10.1994, WM 1995, 50 (52) besteht bei ausländischen Wertpapieren eine Obliegenheit, die einschlägige ausländische Oppositionsliste zu verfolgen.

[10] Dazu Einsele, Wertpapierrecht als Schuldrecht, 1995, 138 f.; Gördel JZ 1971, 217 f.; Herber WM 1971, Sonderbeilage Nr. 3.

[11] Eingehend Einsele, Wertpapierrecht als Schuldrecht, 1995, 12 ff.; Lehmann, Finanzinstrumente, 2009, 16 ff.

[12] Vgl. BGH 16.7.2004, BGHZ 160, 121 (124); 12.12.2007, WM 2008, 400 Rn. 7 ff.

[13] Näher Einsele, Wertpapierrecht als Schuldrecht, 1995, 145 f.; Kümpel WM 1978, 1194 (1196 f.); MüKoHGB/Martens Rn. 5; Staub/Canaris, 4. Aufl. 2004, Rn. 28 f.

[14] Einsele, Wertpapierrecht als Schuldrecht, 1995, 146 ff.; Kümpel WM 1978, 1194 (1200 f.); BeckOGK/Julius, 15.10.2025, Rn. 5.1 f.; MüKoHGB/Martens Rn. 5; Staub/Canaris, 4. Aufl. 2004, Rn. 30.

[15] MüKoHGB/Martens Rn. 14; vgl. auch Begr. RegE, BT-Drs. 19/26925, 50.

[16] MüKoHGB/Martens Rn. 15.

[17] Ehrenbergs HdB Bd. IV 1/M. Wolff 50; Ebenroth/Boujong/Dieckmann Rn. 2; HK-HGB/Ruß Rn. 2; Hopt/Leyens Rn. 2; MüKoHGB/Martens Rn. 10; RGHMW/Steimle/Dornieden Rn. 3; Schlegelberger/Hefermehl Rn. 3; Staub/Canaris, 4. Aufl. 2004, Rn. 7.

Inhaberschuldverschreibungen (§§ 793 ff. BGB), Inhaberaktien (§ 10 Abs. 1 S. 2 AktG), Inhabergrundschuldbriefe (§ 1195 BGB), Inhaberrentenschuldbriefe (§§ 1199, 1195 BGB) und Inhaberinvestmentanteilscheine (§ 95 Abs. 1 S. 2 KAGB). Nicht erfasst ist im Ergebnis der Inhaberscheck (Art. 5 Abs. 1 ScheckG), da es sich um ein bei Sicht zahlbares Papier handelt (Art. 28 Abs. 1 ScheckG), bei dem ein Zinsvermerk als nicht geschrieben gilt (Art. 7 ScheckG), sodass hier stets die Ausnahmeregelung des § 367 Abs. 3 Alt. 2 eingreift (→ Rn. 6).[18] Von den Inhaberpapieren abzugrenzen sind bloße Legitimationspapiere iSd §§ 805, 807 f. BGB, insbesondere Talons (Erneuerungsscheine), auf die § 367 ebenfalls nicht anwendbar ist.[19]

Darüber hinaus nimmt § 367 Abs. 3 Alt. 1 **Zins-, Renten- und Gewinnanteilscheine** von der 6
Regelung aus, wenn sie nicht später als in dem nächsten auf die Veräußerung oder Verpfändung folgenden Einlösungstermin fällig werden. Für derartige kurzlaufende, in großer Zahl auftretende Papiere wäre die formalisierte Prüfungsobliegenheit anhand des Bundesanzeigers unverhältnismäßig.[20] Bei **auf Sicht zahlbaren, zinslosen Inhaberpapieren** (Abs. 3 Alt. 2) und **Banknoten** (Abs. 3 Alt. 3) schließt wiederum das besondere Bedürfnis nach Umlauffähigkeit eine Einschränkung des Gutglaubensschutzes aus.[21]

b) Orderpapiere. Den Inhaberpapieren stehen nach § 367 Abs. 1 S. 3 bestimmte **blankoindossierte** Orderpapiere gleich, nämlich Anleiheschuldverschreibungen (vgl. § 363 Abs. 1 S. 2), Namensaktien (§ 68 Abs. 1 AktG) und Zwischenscheine (§ 68 Abs. 4 AktG). Investmentanteilscheine auf den Namen sind nach § 95 Abs. 2 S. 2 KAGB wiederum wie Namensaktien zu behandeln und damit ebenfalls erfasst.[22] Aufgrund des Blankoindossaments besitzen die genannten Orderpapiere einen erhöhten, mit Inhaberpapieren vergleichbaren Umlaufcharakter.[23] Für sie gelten neben den Regelungen des § 367 Abs. 1 S. 1 und Abs. 2 auch die Ausnahmen des Abs. 3.[24] Darüber hinaus ist die Aufzählung des § 367 Abs. 1 S. 3 abschließend, sodass § 367 auf andere Orderpapiere nicht analog anwendbar ist.[25] Für diese anderen Papiere gelten hinsichtlich der Gutgläubigkeit die allgemeinen Grundsätze des § 932 Abs. 2 BGB, sodass eine dem Kaufmann nicht bekannte Veröffentlichung im Bundesanzeiger in der Regel unschädlich ist.[26] 7

2. Abhandenkommen. Der Begriff des Abhandenkommens ist in § 367 Abs. 1 weiter auszulegen 8
als bei § 935 Abs. 1 BGB.[27] Denn § 367 betrifft nicht die Zurechenbarkeit eines Rechtsscheintatbestands gegenüber dem Berechtigten, sondern die Grenzen des guten Glaubens aufgrund der Veröffentlichung im Bundesanzeiger und die daran anknüpfenden Prüfungsobliegenheiten des Erwerbers.[28] Anders als bei § 935 Abs. 1 BGB ist somit nicht erforderlich, dass der Berechtigte (Eigentümer, Pfandgläubiger, Nießbraucher) oder der unmittelbare Besitzer unfreiwillig den Besitz an dem Wertpapier verloren hat. Vielmehr reicht es auch aus, wenn ein Besitzmittler das Papier unterschlägt[29] oder der Berechtigte das Papier aufgrund eines zur Anfechtung berechtigenden Willensmangels oder als Geschäftsunfähiger weitergegeben hat.[30] Allgemein formuliert ist ein Abhandenkommen iSd § 367 Abs. 1 S. 1 immer dann anzunehmen, wenn sich das Papier im Besitz eines Dritten befindet und dieser kein Besitzrecht hat oder sein Besitzrecht überschreitet. Denn dann besteht zulasten des Berechtigten die Gefahr eines gutgläubigen Erwerbs gemäß den §§ 932 ff., 1207 f. BGB oder § 366.

[18] Ehrenbergs HdB Bd. IV 1/M. Wolff 50; Ebenroth/Boujong/Dieckmann Rn. 4; MüKoHGB/Martens Rn. 11; Staub/Canaris, 4. Aufl. 2004, Rn. 10; offen zu diesem Punkt hingegen GK-HGB/Weber Rn. 2; Heymann/Horn Rn. 2; HK-HGB/Ruß Rn. 2; **aA** RGHMW/Steimle/Dornieden Rn. 3; Schlegelberger/Hefermehl Rn. 3.

[19] BeckOGK/Julius, 15.10.2025, Rn. 12; Ebenroth/Boujong/Dieckmann Rn. 4; KKD/Koller Rn. 2; Schlegelberger/Hefermehl Rn. 3; Staub/Canaris, 4. Aufl. 2004, Rn. 8.

[20] BeckOGK/Julius, 15.10.2025, Rn. 13; Heymann/Horn Rn. 4; Hopt/Leyens Rn. 2; MüKoHGB/Martens Rn. 11; RGHMW/Steimle/Dornieden Rn. 5; Staub/Canaris, 4. Aufl. 2004, Rn. 9.

[21] Heymann/Horn Rn. 4; Schlegelberger/Hefermehl Rn. 11; Staub/Canaris, 4. Aufl. 2004, Rn. 10.

[22] Ebenroth/Boujong/Dieckmann Rn. 3; MüKoHGB/Martens Rn. 12; Staub/Canaris, 4. Aufl. 2004, Rn. 13.

[23] Heymann/Horn Rn. 4; Staub/Canaris, 4. Aufl. 2004, Rn. 11.

[24] KKD/Koller Rn. 2; RGHMW/Steimle/Dornieden Rn. 4.

[25] BeckOGK/Julius, 15.10.2025, Rn. 16; Heymann/Horn Rn. 3; MüKoHGB/Martens Rn. 12; Schlegelberger/Hefermehl Rn. 3; Staub/Canaris, 4. Aufl. 2004, Rn. 14.

[26] Staub/Canaris, 4. Aufl. 2004, Rn. 11, 14.

[27] BeckOGK/Julius, 15.10.2025, Rn. 17 f.; Ebenroth/Boujong/Dieckmann Rn. 5; Hopt/Leyens Rn. 3; MüKoHGB/Martens Rn. 18; Schlegelberger/Hefermehl Rn. 4; Staub/Canaris, 4. Aufl. 2004, Rn. 15.

[28] Einsele, Wertpapierrecht als Schuldrecht, 1995, 135; RGHMW/Steimle/Dornieden Rn. 6; Staub/Canaris, 4. Aufl. 2004, Rn. 15.

[29] Ebenroth/Boujong/Dieckmann Rn. 5; Heymann/Horn Rn. 5; MüKoHGB/Martens Rn. 18; Schlegelberger/Hefermehl Rn. 4.

[30] Einsele, Wertpapierrecht als Schuldrecht, 1995, 135 f.; Ehrenbergs HdB Bd. IV 1/M. Wolff 51; Staub/Canaris, 4. Aufl. 2004, Rn. 16.

9 **3. Übereignung oder Verpfändung.** § 367 Abs. 1 betrifft nach seinem Wortlaut nur den guten Glauben bei einer Verpfändung oder Übereignung des Wertpapiers. Der nach § 1032 S. 2 BGB auch mögliche gutgläubige **Erwerb eines Nießbrauchs** ist daher nicht unmittelbar erfasst. Dies wirft die Frage nach einem sachlichen Grund für diese Differenzierung und damit nach einer analogen Erstreckung der Norm auf den Erwerb eines Nießbrauchs auf.[31] Jedoch ist zu berücksichtigen, dass in dem Bereich der Bankier- und Geldwechslergeschäfte, auf den § 367 begrenzt ist (→ Rn. 10), Wertpapiere typischerweise übereignet oder verpfändet werden, während die Bestellung eines Nießbrauchs einen atypischen Ausnahmefall darstellt. Dies rechtfertigt die durch den Wortlaut vorgezeichnete Einschränkung, sodass eine Analogie abzulehnen ist.[32]

10 **4. Rechtserwerb durch Kaufmann.** Der Erwerber muss zunächst Kaufmann iSd §§ 1–7 sein,[33] wobei auch die Eigenschaft als Scheinkaufmann ausreicht.[34] Weiterhin muss der Erwerber in seinem Handelsgewerbe **Bankier- oder Geldwechslergeschäfte** „betreiben", was sich an den Kaufmannsbegriff in § 1 Abs. 2 Nr. 4 aF anlehnt. Der Begriff der Bankgeschäfte ist in § 1 Abs. 1 S. 2 KWG definiert, während Geldwechslergeschäfte neben Banken auch von sog. Wechselstuben vorgenommen werden.[35] Umstritten ist, ob ein „Betreiben" dieser Geschäfte nur dann vorliegt, wenn die Bankier- oder Geldwechslergeschäfte den Schwerpunkt des jeweiligen Handelsgewerbes bilden.[36] Überzeugend erscheint die Sichtweise, nach der es ausreicht, dass die betreffenden Geschäfte neben anderen **mit einiger Regelmäßigkeit und in einigem Umfang** durchgeführt werden, da auch dann die Obliegenheit zur Verfolgung des Bundesanzeigers (→ Rn. 1) zumutbar erscheint.[37] In Gesamtschau mit § 343 muss der Eigentums- oder Pfandrechtserwerb für den Kaufmann ein **Handelsgeschäft** darstellen,[38] wobei wiederum die Vermutung des § 344 Abs. 1 eingreift. Nicht erfasst wird daher insbesondere der Erwerb eines Wertpapiers kraft eines Vermächtnisses.[39] Unerheblich ist, ob der nichtberechtigte Veräußerer oder Verpfänder seinerseits Kaufmann ist (vgl. § 345).[40]

11 Wird der Kaufmann, der Bankier- oder Geldwechslergeschäfte betreibt, bei dem Eigentums- oder Pfandrechtserwerb als **Vertreter** für einen selbst nicht durch § 367 erfassten Dritten tätig, was insbesondere im Bankgewerbe der Fall sein kann, ist die Norm nach Maßgabe des § 166 Abs. 1 BGB anwendbar.

12 **5. Bekanntmachung im Bundesanzeiger.** Die Rechtsfolgen des § 367 Abs. 1 S. 1 und Abs. 2 treten nur dann ein, wenn zur Zeit der Veräußerung oder Verpfändung der Verlust des Papiers im Bundesanzeiger bekannt gemacht und seit dem Ablauf des Jahres der Veröffentlichung nicht mehr als ein Jahr verstrichen ist. Dabei wird der Bundesanzeiger seit dem 1.4.2012 nur noch in elektronischer Form geführt, sodass die frühere Zweiteilung in eine elektronische und eine gedruckte Fassung entfallen ist.[41] Für Veröffentlichungen vor dem 1.1.2007 ist allerdings noch der gedruckte Bundesanzeiger maßgeblich (Abs. 1 S. 2).

13 Die Möglichkeit eines gutgläubigen Erwerbs wird durch jede **tatsächliche Veröffentlichung** im Bundesanzeiger eingeschränkt. Ob diese von einer antragsbefugten Person oder Stelle ausging, zu denen typischerweise Behörden, der Berechtigte und der aus dem Papier Verpflichtete gezählt werden,[42] ist unerheblich.[43]

---

[31] Bejahend Staub/Canaris, 4. Aufl. 2004, Rn. 22.

[32] So wohl auch BeckOGK/Julius, 15.10.2025, Rn. 19.

[33] Für eine analoge Ausdehnung auf nicht-eingetragene Kleingewerbetreibende Staub/Canaris, 4. Aufl. 2004, Rn. 5.

[34] Staub/Canaris, 4. Aufl. 2004, Rn. 3.

[35] MüKoHGB/Martens Rn. 7.

[36] So Heymann/Horn Rn. 6; Schlegelberger/Hefermehl Rn. 5.

[37] Ebenroth/Boujong/Dieckmann Rn. 6; Hopt/Leyens Rn. 4; Staub/Canaris, 4. Aufl. 2004, Rn. 4; ähnlich MüKoHGB/Martens Rn. 8.

[38] BeckOGK/Julius, 15.10.2025, Rn. 9; Ebenroth/Boujong/Dieckmann Rn. 6; Heymann/Horn Rn. 6; Schlegelberger/Hefermehl Rn. 5; Staub/Canaris, 4. Aufl. 2004, Rn. 6; **aA** Ehrenbergs HdB Bd. IV 1/M. Wolff 53.

[39] Hopt/Leyens Rn. 4; Schlegelberger/Hefermehl Rn. 5; Staub/Canaris, 4. Aufl. 2004, Rn. 6, 23; **aA** Ehrenbergs HdB Bd. IV 1/M. Wolff 53.

[40] Ehrenbergs HdB Bd. IV 1/M. Wolff 53; BeckOGK/Julius, 15.10.2025, Rn. 10; Heymann/Horn Rn. 6; Hopt/Leyens Rn. 4; Schlegelberger/Hefermehl Rn. 5.

[41] Zu der daraus folgenden sprachlichen Anpassung des § 367 Abs. 1 s. Art. 2 Abs. 39 Nr. 7 Gesetz vom 22.12.2011, BGBl. 2011 I 3044.

[42] GK-HGB/Weber Rn. 7; RGHMW/Steimle/Dornieden Rn. 7; Schlegelberger/Hefermehl Rn. 6; weiter Ziganke WM 1967, 838 (842 f.); BeckOK HGB/Moussa, 48. Ed. 1.10.2025, Rn. 9.

[43] BeckOGK/Julius, 15.10.2025, Rn. 21; Ebenroth/Boujong/Dieckmann Rn. 7; Heymann/Horn Rn. 7; MüKoHGB/Martens Rn. 20; Staub/Canaris, 4. Aufl. 2004, Rn. 19.

Die **zeitliche Beschränkung** der Nachforschungsobliegenheit des erwerbenden Kaufmanns auf binnen des letzten Jahres erfolgte Veröffentlichungen erklärt sich dadurch, dass der Bundesanzeiger keine einheitliche umfassende Liste aller derzeit als abhanden gekommen gemeldeten Wertpapiere enthält, sondern in der jeweiligen Ausgabe nur die neu gemeldeten Papiere auflistet und es dem Rechtsverkehr nicht zuzumuten ist, den Bundesanzeiger bei dem Erwerb für einen unbestimmten Zeitraum zurückzuverfolgen (→ Rn. 3). Erfolgt die Veräußerung oder Verpfändung später als ein Jahr seit dem Schluss des Jahres der Veröffentlichung, wird der gute Glaube somit nach der allgemeinen Vorschrift des § 932 Abs. 2 BGB wieder vermutet.[44] Allerdings ist im Ergebnis in der Regel gleichwohl Bösgläubigkeit des Kaufmanns anzunehmen, wenn das Wertpapier noch in der **Oppositionsliste** aufgeführt wird (→ Rn. 3). 14

III. Rechtsfolgen

1. Vermutungswirkung. Unter den Voraussetzungen des § 367 Abs. 1 besteht aufgrund der Veröffentlichung im Bundesanzeiger eine **qualifizierte Vermutung für die Bösgläubigkeit** des Erwerbers (→ Rn. 1). Dies ergibt sich aus einer Gesamtschau mit Abs. 2, nach dem der gute Glaube durch die Veröffentlichung nicht ausgeschlossen wird, wenn sie dem Erwerber infolge besonderer Umstände unbekannt war und diese Unkenntnis auch nicht auf grober Fahrlässigkeit beruht. 15

2. Entkräftung nach Abs. 2. Die Vermutung kann seitens des Kaufmanns nur durch **Umstände die die Kenntnis der Veröffentlichung betreffen,** widerlegt werden, nicht aber durch andere Gesichtspunkte, wie zB die besondere Vertrauenswürdigkeit des Veräußerers oder Verpfänders.[45] Als **„besonderer Umstand"** iSd Abs. 2 kommt im Wesentlichen nur ein zeitweises Unvermögen des Kaufmanns in Betracht, den Bundesanzeiger zur Kenntnis zu nehmen.[46] Im Fall des elektronisch geführten Bundesanzeigers wäre an einen längeren Serverausfall zu denken, bei der früheren Druckfassung an einen verspäteten Zugang des Exemplars.[47] Diese Umstände dürfen zudem nicht auf grober Fahrlässigkeit des Kaufmanns beruhen (zB auf der Angabe einer falschen Postadresse). Hingegen fehlt es bereits an „besonderen Umständen", die den Kaufmann entlasten könnten, wenn er den Bundesanzeiger nicht oder nicht unverzüglich nach dem Erscheinen verfolgt.[48] 16

Selbst in den seltenen Fällen, in denen sich der Kaufmann nach § 367 Abs. 2 entlasten kann, schließt dies seinen bösen Glauben nur mit Bezug auf die Veröffentlichung des Abhandenkommens aus. Im Übrigen **gilt wieder die allgemeine Regel des § 932 Abs. 2 BGB,** dh der Berechtigte kann nachweisen, dass der Kaufmann aus sonstigen Gründen von der Nichtberechtigung des Veräußerers oder Verpfänders wusste bzw. insoweit grob fahrlässig war.[49] Grobe Fahrlässigkeit kann sich daher aus dem Erwerb von einer wenig vertrauenswürdigen Person ergeben[50] oder auch aus dem Inhalt des Geschäfts. So beruht zB der Erwerb von Stammpapieren ohne die zugehörigen Nebenpapiere regelmäßig auf grober Fahrlässigkeit, da der Erwerber unter diesen Umständen damit rechnen muss, dass die Papiere dem Veräußerer nur zur Verwahrung übergeben wurden.[51] Zudem schließt auch eine Veröffentlichung in der **Oppositionsliste** den guten Glauben einer Bank aus (→ Rn. 3). 17

IV. Beweislast

Für die Voraussetzungen des Abs. 1 ist derjenige beweispflichtig, der den Erwerb des Kaufmanns in Abrede stellt. Hingegen muss der Kaufmann die Umstände beweisen, aus denen eine Entlastung 18

---

[44] Ebenroth/Boujong/Dieckmann Rn. 9; Staub/Canaris, 4. Aufl. 2004, Rn. 24.

[45] Vgl. RG 25.1.1898, RGZ 37, 69 (73); Ebenroth/Boujong/Dieckmann Rn. 10; Schlegelberger/Hefermehl Rn. 9; Staub/Canaris, 4. Aufl. 2004, Rn. 26.

[46] Schlegelberger/Hefermehl Rn. 9.

[47] Ehrenbergs HdB Bd. IV 1/M. Wolff 54; BeckOGK/Julius, 15.10.2025, Rn. 30 f.; Ebenroth/Boujong/Dieckmann Rn. 10; Heymann/Horn Rn. 9; Hopt/Leyens Rn. 1; MüKoHGB/Martens Rn. 22; Schlegelberger/Hefermehl Rn. 9.

[48] Ehrenbergs HdB Bd. IV 1/M. Wolff 54; Schlegelberger/Hefermehl Rn. 9; Staub/Canaris, 4. Aufl. 2004, Rn. 26.

[49] *Ehrenbergs HdB Bd. IV 1/M. Wolff* 54; Ebenroth/Boujong/Dieckmann Rn. 10; GK-HGB/Weber Rn. 9; HK-HGB/Ruß Rn. 3; RGHMW/Steimle/Dornieden Rn. 10; Schlegelberger/Hefermehl Rn. 10; Staub/Canaris, 4. Aufl. 2004, Rn. 27.

[50] Restriktiv jedoch BGH 10.5.1994, NJW 1994, 2093 (2094), wonach eine Bank trotz des Erwerbs wertvoller Inhaberpapiere von einem 19-Jährigen, der keine Angabe zu seinem Beruf macht, nicht grob fahrlässig handelt; vgl. auch RG 1.11.1907, RGZ 67, 27 (29): keine Obliegenheit des Erwerbers, die Verteilung der Verfügungsbefugnisse innerhalb einer Erbengemeinschaft zu prüfen.

[51] RG 6.2.1896, RGZ 36, 120 (121 f.); 20.5.1904, RGZ 58, 162 (165 f.); BeckOGK/Julius, 15.10.2025, Rn. 33; Staub/Canaris, 4. Aufl. 2004, Rn. 27.

für seine mangelnde Kenntnis von der Veröffentlichung gem. Abs. 2 folgt, was den Nachweis einer fehlenden groben Fahrlässigkeit einschließt (→ Rn. 16). Ist dieser Beweis gelungen, wird der gute Glaube des Kaufmanns in Bezug auf die Berechtigung seines Geschäftspartners wiederum nach § 932 Abs. 2 BGB vermutet (→ Rn. 17).

§ 368 [Pfandverkauf]

(1) Bei dem Verkauf eines Pfandes tritt, wenn die Verpfändung auf der Seite des Pfandgläubigers und des Verpfänders ein Handelsgeschäft ist, an die Stelle der in § 1234 des Bürgerlichen Gesetzbuchs bestimmten Frist von einem Monat eine solche von einer Woche.

(2) Diese Vorschrift ist auf das gesetzliche Pfandrecht des Kommissionärs, des Frachtführers oder Verfrachters, des Spediteurs und des Lagerhalters entsprechend anzuwenden, auf das Pfandrecht des Frachtführers, Verfrachters und Spediteurs auch dann, wenn nur auf ihrer Seite der Vertrag ein Handelsgeschäft ist.

I. Allgemeines

1 Die Realisierung eines Pfandrechts im Wege des Pfandverkaufs wird in den §§ 1228 ff. BGB an verschiedene Voraussetzungen geknüpft. Dabei betreffen die in § 1243 Abs. 1 BGB genannten Vorschriften die **Rechtmäßigkeit des Pfandverkaufs,** wobei wiederum zwischen den Vorbedingungen einer rechtmäßigen Verwertung (zB Pfandreife gem. § 1228 Abs. 2 BGB) und der Rechtmäßigkeit des Verkaufsverfahrens selbst (zB öffentliche Versteigerung gem. § 1235 BGB) unterschieden werden kann. Fehlt es an den Vorbedingungen einer rechtmäßigen Verwertung, kommt nach Maßgabe des § 1244 BGB ein gutgläubiger Erwerb durch den Pfandersteher in Betracht, während die Voraussetzungen der Rechtmäßigkeit des Verkaufsverfahrens selbst nicht durch einen guten Glauben überwunden werden können.

2 Neben den in § 1243 Abs. 1 BGB angeführten Rechtmäßigkeitsbedingungen des Pfandverkaufs enthalten die §§ 1233 ff. BGB verschiedene **Ordnungsvorschriften** zum Schutz des Eigentümers der verpfändeten Sache. Deren Verletzung berührt zwar nicht die Wirkungen des Pfandverkaufs, verpflichtet den Pfandgläubiger aber nach Maßgabe des § 1243 Abs. 2 BGB zum Schadensersatz. So muss der Pfandgläubiger dem Eigentümer die **Verwertung nach § 1234 BGB** grundsätzlich **mit einer einmonatigen Frist androhen,** um dem Eigentümer etwaige rechtliche Schritte gegen die geplante Verwertung oder eine Ablösung des Pfands (vgl. § 1249 BGB) zu ermöglichen. Diese Frist erscheint im kaufmännischen Verkehr als zu lang, sodass **§ 368** sie durch eine **einwöchige Frist** ersetzt. Die Norm soll die Schnelligkeit und Leichtigkeit des Handelsverkehrs fördern.[1]

II. Voraussetzungen

3 **1. Pfandrechtsverwertung.** § 368 betrifft in Abs. 1 nur die Verwertung aufgrund eines vertraglichen Pfandrechts an beweglichen Sachen iSd §§ 1205 ff. BGB.[2] Dies ergibt sich sowohl aus dem Wortlaut des Abs. 1 („Verpfändung") als auch aus einer Abgrenzung zu Abs. 2, der bestimmte gesetzliche Pfandrechte des Handelsverkehrs gleichstellt. Dies gilt für die gesetzlichen Pfandrechte des Kommissionärs (§ 397), des Frachtführers (§ 440) oder Verfrachters (§ 495), des Spediteurs (§ 464) und des Lagerhalters (§ 475b).

4 **2. Handelsgeschäft.** Grundsätzlich muss die Verpfändung nach **§ 368 Abs. 1** in Abweichung von § 345 sowohl für den Verpfänder als auch für den Pfandgläubiger ein Handelsgeschäft darstellen. Dies setzt gem. § 343 Abs. 1 die Kaufmannseigenschaft der Beteiligten iSd §§ 1–7 voraus. Für die Zuordnung der Verpfändung zu dem Handelsgewerbe der Beteiligten kann dann auf die Vermutung des § 344 Abs. 1 zurückgegriffen werden. Auch bei der Verpfändung durch einen **Scheinkaufmann** gilt § 368 Abs. 1 zu seinen Lasten, während er sich umgekehrt als Pfandnehmer nicht zu seinen Gunsten auf die privilegierte Androhungsfrist berufen kann.[3] Wenn die Person des Verpfänders und des Pfandeigentümers auseinanderfallen, zB aufgrund einer Pfandrechtsbestellung im Wege der Ermächtigung (§ 185 BGB), kommt es nur auf die Person des Verpfänders an, während der Eigentü-

---

[1] Ebenroth/Boujong/Dieckmann Rn. 1; Heymann/Horn Rn. 1; MüKoHGB/Martens Rn. 1; RGHMW/Steimle/Dornieden Rn. 1; Schlegelberger/Hefermehl Rn. 3; Staub/Canaris, 4. Aufl. 2004, Rn. 1.

[2] Ebenroth/Boujong/Dieckmann Rn. 4; Heymann/Horn Rn. 3; Schlegelberger/Hefermehl Rn. 4.

[3] BeckOGK/Christiansen, 1.10.2025, Rn. 7; allg. Canaris HandelsR § 6 Rn. 80; K. Schmidt HandelsR § 10 Rn. 141 ff.

mer kein Kaufmann sein muss.[4] Ob die durch das Pfandrecht gesicherte Forderung aus einem beiderseitigen Handelsgeschäft erwächst, ist für die Anwendbarkeit des § 368 ebenfalls unerheblich.[5]

Das Erfordernis eines beiderseitigen Handelsgeschäfts gilt im Ausgangspunkt auch im Rahmen des **§ 368 Abs. 2** für die dort genannten gesetzlichen Pfandrechte, wobei sich dieses Erfordernis hier auf den Kommissions-, Fracht-, Speditions-, Lager- oder Seefrachtvertrag bezieht.[6] Soweit es sich bei dem Kommissionär, Frachtführer, Spediteur, Lagerhalter oder Verfrachter um einen nicht-eingetragenen **Kleingewerbetreibenden** handelt, kann § 368 über die Verweisungen der § 383 Abs. 2 S. 2, § 407 Abs. 3 S. 2, § 453 Abs. 3 S. 2, § 467 Abs. 3 S. 2 oder § 481 Abs. 3 S. 2 zur Anwendung gelangen. 5

Darüber hinaus sieht § 368 Abs. 2 Hs. 2 für **Frachtführer bzw. Verfrachter und Spediteure** eine weitere Privilegierung hinsichtlich des persönlichen Anwendungsbereichs vor. Da sie ihre Verträge häufig mit nicht-kaufmännischen Vertragspartnern abschließen, aber gleichwohl ein Interesse an der zügigen Realisierung ihrer Pfandrechte haben, kommt es nur darauf an, ob der Fracht-, Speditions- oder Seefrachtvertrag auf ihrer Seite ein Handelsgeschäft darstellt.[7] 6

Soweit nach dem Gesagten auf einer oder auf beiden Seiten der Pfandrechtsbeziehung die Kaufmannseigenschaft erforderlich ist, kommt eine analoge Anwendung auf **nicht-kaufmännische Unternehmensträger,** insbesondere auf Freiberufler, nicht in Betracht.[8] 7

III. Rechtsfolgen

Nach § 368 tritt an die Stelle der einmonatigen Frist des § 1234 Abs. 2 BGB eine einwöchige Frist. In der Regel läuft diese Frist ab der Androhung des Pfandverkaufs gegenüber dem Eigentümer iSd § 1234 Abs. 1 BGB. Bei dem gesetzlichen Pfandrecht aus einem Fracht-, Speditions- oder Seefrachtvertrag hat die Androhung allerdings nach den § 440 Abs. 4, § 464 S. 3, § 495 Abs. 4 vorrangig gegenüber dem Empfänger des Frachtguts zu erfolgen. Sofern die Androhung iSd § 1234 Abs. 2 S. 2 BGB untunlich ist, läuft die einwöchige Frist ab dem Eintritt der Verkaufsberechtigung gem. § 1228 Abs. 2 BGB. 8

Hält der Pfandgläubiger die gebotene Wartefrist nicht ein, so ist er unter den Voraussetzungen des § 1243 Abs. 2 BGB, dh bei einem Verschulden, zum Schadensersatz verpflichtet. Diese Schadensersatzpflicht besteht grundsätzlich gegenüber dem Eigentümer.[9] Sofern nach den § 440 Abs. 4, § 464 S. 3, § 495 Abs. 4 die Androhung gegenüber dem Empfänger der Ware zu erfolgen hat, ist jedoch dieser ersatzberechtigt. 9

IV. Abdingbarkeit

Von der Frist des § 368 kann nach Maßgabe des § 1245 Abs. 1 BGB sowohl im Sinne einer Verlängerung als auch einer Verkürzung oder einer gänzlichen Entbehrlichkeit der Androhung abgewichen werden.[10] Ist die Entbehrlichkeit einer Androhung und einer Wartefrist in **AGB** des Pfandgläubigers vorgesehen, so stellt dies aber eine unzulässige unangemessene Benachteiligung iSd § 307 Abs. 2 Nr. 1 BGB dar.[11] 10

§ 369 [Kaufmännisches Zurückbehaltungsrecht]

(1) [1]Ein Kaufmann hat wegen der fälligen Forderungen, welche ihm gegen einen anderen Kaufmann aus den zwischen ihnen geschlossenen beiderseitigen Handelsgeschäften zustehen, ein Zurückbehaltungsrecht an den beweglichen Sachen und Wertpapieren des Schuld-

[4] BeckOK HGB/Moussa, 48. Ed. 1.10.2025, Rn. 2; Ebenroth/Boujong/Dieckmann Rn. 4; Heymann/Horn Rn. 3; Hopt/Leyens Rn. 1.

[5] Heymann/Horn Rn. 3; HK-HGB/Ruß Rn. 2; Hopt/Leyens Rn. 1; MüKoHGB/Martens Rn. 7; Schlegelberger/Hefermehl Rn. 4; Staub/Canaris, 4. Aufl. 2004, Rn. 2.

[6] BeckOGK/Christiansen, 1.10.2025, Rn. 8; Ebenroth/Boujong/Dieckmann Rn. 5; Staub/Canaris, 4. Aufl. 2004, Rn. 3.

[7] Denkschrift zu dem Entwurf eines Handelsgesetzbuchs, 1896, 210; BeckOGK/Christiansen, 1.10.2025, Rn. 9; MüKoHGB/Martens Rn. 9; RGHMW/Steimle/Dornieden Rn. 2; Schlegelberger/Hefermehl Rn. 6; Staub/Canaris, 4. Aufl. 2004, Rn. 4.

[8] So auch BeckOGK/Christiansen, 1.10.2025, Rn. 5.

[9] RG 13.12.1924, RGZ 109, 324 (327); Heymann/Horn Rn. 5; MüKoHGB/Martens Rn. 12; Schlegelberger/Hefermehl Rn. 9.

[10] Ebenroth/Boujong/Dieckmann Rn. 2; Heymann/Horn Rn. 5; HK-HGB/Ruß Rn. 1; Hopt/Leyens Rn. 1; Schlegelberger/Hefermehl Rn. 7.

[11] BGH 7.7.1992, NJW 1992, 2626 (2627); BeckOGK/Christiansen, 1.10.2025, Rn. 12; Ebenroth/Boujong/Dieckmann Rn. 2; Heymann/Horn Rn. 6; MüKoHGB/Martens Rn. 6.

ners, welche mit dessen Willen auf Grund von Handelsgeschäften in seinen Besitz gelangt sind, sofern er sie noch im Besitze hat, insbesondere mittels Konnossements, Ladescheins oder Lagerscheins darüber verfügen kann. [2]Das Zurückbehaltungsrecht ist auch dann begründet, wenn das Eigentum an dem Gegenstande von dem Schuldner auf den Gläubiger übergegangen oder von einem Dritten für den Schuldner auf den Gläubiger übertragen, aber auf den Schuldner zurückzuübertragen ist.

(2) Einem Dritten gegenüber besteht das Zurückbehaltungsrecht insoweit, als dem Dritten die Einwendungen gegen den Anspruch des Schuldners auf Herausgabe des Gegenstandes entgegengesetzt werden können.

(3) Das Zurückbehaltungsrecht ist ausgeschlossen, wenn die Zurückbehaltung des Gegenstandes der von dem Schuldner vor oder bei der Übergabe erteilten Anweisung oder der von dem Gläubiger übernommenen Verpflichtung, in einer bestimmten Weise mit dem Gegenstande zu verfahren, widerstreitet.

(4) [1]Der Schuldner kann die Ausübung des Zurückbehaltungsrechts durch Sicherheitsleistung abwenden. [2]Die Sicherheitsleistung durch Bürgen ist ausgeschlossen.

Schrifttum: Ahrens, Zivilrechtliche Zurückbehaltungsrechte, 2003; Altmeppen, Zur Rechtsnatur der handelsrechtlichen Pfandrechte, ZHR 157 (1993), 541; Bechtloff, Gesetzliche Verwertungsrechte, 2003; Göppert, Vom kaufmännischen Zurückbehaltungsrecht an eigenen Sachen, ZHR 95 (1930), 52; Jabornegg, Zurückbehaltungsrecht und Einrede des nicht erfüllten Vertrages, 1982; Schlegelberger, Das Zurückbehaltungsrecht, 1904; Schwabe, Kaufmännisches Zurückbehaltungsrecht an zu Erfüllungszwecken angebotenen Waren und Wertpapieren, insbesondere an erfüllungs- oder sicherungshalber angebotenen Wechseln, JherJb 58 (1911), 303; Steege, Das kaufmännische Zurückbehaltungsrecht – ein vernachlässigtes Sicherungsmittel im Transportrecht?, NZV 2021, 458; M. Wolff, Das kaufmännische Zurückbehaltungsrecht, in Ehrenberg (Hrsg.), Handbuch des gesamten Handelsrechts, Bd. IV 1, 1917, 76.

Übersicht

I. Allgemeines

1 Das kaufmännische Zurückbehaltungsrecht dient als **Sicherungsmittel** für bestimmte Forderungen im Handelsverkehr.[1]

2 Aufgrund der Bedürfnisse des kaufmännischen Verkehrs unterscheidet es sich sowohl in den Voraussetzungen als auch in den Rechtsfolgen nicht unerheblich von dem **allgemeinen Zurückbehaltungsrecht** aus den §§ 273, 274 BGB, das allerdings durch die §§ 369–372 nicht verdrängt

[1] Heymann/Horn Rn. 1; KKD/Koller §§ 369–372 Rn. 1; MüKoHGB/Martens Rn. 3; zum historischen Hintergrund Steege NZV 2021, 458 ff.; Schlegelberger, Das Zurückbehaltungsrecht, 1904, 76 ff.; Ehrenbergs HdB Bd. IV 1/M. Wolff 77.

wird, sondern parallele Anwendung findet.[2] Das allgemeine Zurückbehaltungsrecht sichert jegliche konnexe Forderungen (§ 273 Abs. 1 und 2 BGB), bewirkt jedoch lediglich eine Einschränkung der Leistungspflicht auf eine Erfüllung Zug um Zug (§ 274 Abs. 1 BGB). Demgegenüber ist das kaufmännische Zurückbehaltungsrecht in gegenständlicher Hinsicht zwar auf bewegliche Sachen und Wertpapiere des Schuldners der gesicherten Forderung begrenzt (→ Rn. 20 ff.), setzt aber keine Konnexität der Herausgabepflicht des Berechtigten mit der gesicherten Forderung voraus. Vielmehr bedarf es lediglich einer Wurzel der wechselseitigen Forderungen in beiderseitigen Handelsgeschäften (→ Rn. 9 ff.) und gem. § 369 Abs. 3 darf die Zurückbehaltung nicht einem besonderen Zweck der Besitzerlangung an den beweglichen Sachen oder Wertpapieren widersprechen (→ Rn. 45 ff.). Diese Abweichung beruht auf dem Gedanken, dass im Handelsverkehr die gemeinsame Wurzel der Forderungen in beiderseitigen Handelsgeschäften eine abstraktere „Verklammerung" zu Sicherungszwecken rechtfertigt, als es § 273 BGB im allgemeinen Rechtsverkehr mit dem Erfordernis der Konnexität vorsieht.[3]

Darüber hinaus bewirkt das kaufmännische Zurückbehaltungsrecht nicht nur eine Einschränkung der Leistungspflicht auf die Erfüllung Zug um Zug, sondern gewährt dem Gesicherten in der Insolvenz seines Schuldners mit dem generellen Absonderungsrecht aus § 51 Nr. 3 InsO eine wesentlich stärkere Position als das allgemeine Zurückbehaltungsrecht (§ 51 Nr. 2 InsO). Ergänzend zieht es unter den Voraussetzungen des § 371 ein besonderes, pfandrechtsähnliches Befriedigungsrecht nach sich. Dabei tritt das kaufmännische Zurückbehaltungsrecht wiederum neben die gesetzlichen Pfandrechte des Handelsrechts aus den §§ 397, 440, 464, 475b, die ihrerseits inkonnexe Forderungen in der Regel nur für den Fall sichern, dass diese unbestritten sind. 3

Die Insolvenzfestigkeit und das Befriedigungsrecht führen zu einer **hybriden Natur** des kaufmännischen Zurückbehaltungsrechts, die zwischen einem schuldrechtlichen und einem dinglichen Charakter steht.[4] Dies wirft die Frage auf, inwieweit das kaufmännische Zurückbehaltungsrecht im Wege der Rechtsfortbildung auch in anderen Zusammenhängen einem Pfandrecht angenähert werden kann (→ Rn. 24, → Rn. 43, → Rn. 55). 4

Keine Funktion des kaufmännischen Zurückbehaltungsrechts ist hingegen die Erzwingung einer Erfüllung der gesicherten Forderung, da seine Ausübung gem. § 369 Abs. 4 durch eine Sicherheitsleistung abgewendet werden kann (→ Rn. 57).[5] Hierdurch unterscheidet sich das kaufmännische Zurückbehaltungsrecht ua von der **Einrede des nicht erfüllten Vertrags** aus § 320 BGB, die neben der Sicherungsfunktion auch eine Druckfunktion erfüllt.[6] 5

II. Voraussetzungen

1. Kaufmannseigenschaft. Sowohl der Inhaber als auch der Schuldner der gesicherten Forderungen müssen Kaufleute iSd §§ 1–7 sein. Ein **Scheinkaufmann** kann sich nicht zu seinen Gunsten auf das Zurückbehaltungsrecht berufen, wohl aber kann umgekehrt der Geschäftspartner eines Scheinkaufmanns ein solches Recht erwerben, und zwar mit den vollen Drittwirkungen der §§ 371 f. und § 51 Nr. 3 InsO.[7] **Nicht-kaufmännische Unternehmensträger** (nicht-eingetragene Kleingewerbetreibende und Freiberufler) sind aufgrund der eindeutigen Regelung des § 369 Abs. 1 S. 1 auch nicht im Wege der Analogie erfasst.[8] Für nicht-eingetragene Kleingewerbetreibende erweitern allerdings die Verweisungen der § 383 Abs. 2 S. 2, § 407 Abs. 3 S. 2, § 453 Abs. 3 S. 2, § 467 Abs. 3 S. 2 den Anwendungsbereich der Norm. 6

[2] RG 25.9.1934, JW 1934, 2971 (2973); Ebenroth/Boujong/Dieckmann Rn. 2; Heymann/Horn Rn. 3; HK-HGB/Ruß Rn. 1; Hopt/Leyens Rn. 1; RGHMW/Steimle/Dornieden Rn. 2.

[3] Jabornegg, Zurückbehaltungsrecht und Einrede des nicht erfüllten Vertrages, 1982, 135 ff.; Ehrenbergs HdB Bd. IV 1/M. Wolff 85 f.; Schlegelberger/Hefermehl Rn. 1; ausf. und teils krit. Bechtloff, Gesetzliche Verwertungsrechte, 2003, 179 ff.

[4] Vgl. Steege NZV 2021, 458; Ehrenbergs HdB Bd. IV 1/M. Wolff 100 f.; BeckOGK/Christiansen, 1.10.2025, Rn. 6 f.; MüKoHGB/Martens Rn. 4; Staub/Canaris, 4. Aufl. 2004, §§ 369–372 Rn. 2 ff.; Canaris HandelsR § 28 Rn. 2; K. Schmidt HandelsR § 22 Rn. 43.

[5] BGH 3.11.1965, WM 1966, 115 (117); Steege NZV 2021, 458 (463); BeckOGK/Christiansen, 1.10.2025, Rn. 3; Heymann/Horn Rn. 1; **aA** MüKoHGB/Martens Rn. 3.

[6] Statt aller MüKoBGB/Emmerich BGB § 320 Rn. 1.

[7] GK-HGB/Weber Rn. 7; Heymann/Horn Rn. 7; HK-HGB/Ruß Rn. 2; RGHMW/Steimle/Dornieden Rn. 8; Schlegelberger/Hefermehl Rn. 13; Staub/Canaris, 4. Aufl. 2004, §§ 369–372 Rn. 9; Canaris HandelsR § 28 Rn. 3; einschr. auf das Verhältnis inter partes hingegen Ahrens, Zivilrechtliche Zurückbehaltungsrechte, 2003, Rn. 254; Ebenroth/Boujong/Dieckmann Rn. 3; Hopt/Leyens Rn. 3; gänzlich abl. Ehrenbergs HdB Bd. IV 1/ M. Wolff 80.

[8] BeckOGK/Christiansen, 1.10.2025, Rn. 19; MüKoHGB/Martens Rn. 9; Staub/Canaris, 4. Aufl. 2004, §§ 369–372 Rn. 6; Canaris HandelsR § 28 Rn. 3; Oetker HandelsR § 7 Rn. 104; **aA** K. Schmidt HandelsR § 22 Rn. 45.

7 Ob ein kaufmännisches Zurückbehaltungsrecht auch gegenüber den persönlich haftenden **Gesellschaftern einer Personenhandelsgesellschaft** bestehen kann, hängt zum einen von der umstrittenen Qualifizierung dieser Personen als Kaufleute ab (→ § 1 Rn. 90). Selbst wenn man diese bejaht, wird es allerdings regelmäßig an den weiteren Voraussetzungen des § 369 fehlen, insbesondere an einem beiderseitigen Handelsgeschäft zwischen dem Gläubiger der Gesellschaft und dem persönlich haftenden Gesellschafter, da die akzessorische Haftung aus § 126 aufgrund der Selbständigkeit der Gesellschaft nicht mit einem solchen Geschäft gleichzusetzen ist.[9]

8 Den **maßgeblichen Zeitpunkt** für das Vorliegen der Kaufmannseigenschaft stellt die Vollendung der sonstigen tatbestandlichen Voraussetzungen des kaufmännischen Zurückbehaltungsrechts dar, einschließlich der Fälligkeit der gesicherten Forderung.[10]

9 **2. Gesicherte Forderung. a) Beiderseitiges Handelsgeschäft.** Die Grundlage der gesicherten Forderung muss ein Geschäft bilden, das sowohl für den Gläubiger als auch für den Schuldner ein Handelsgeschäft iSd §§ 343, 344 ist. Hierdurch soll jedoch nur ausgeschlossen werden, dass auch aus einem nicht-unternehmensbezogenen Handeln von Kaufleuten im allgemeinen bürgerlichrechtlichen Verkehr ein weitreichendes Zurückbehaltungsrecht nach den §§ 369–372 entsteht.[11] Nicht erforderlich ist daher, dass das Handelsgeschäft rechtswirksam war oder dass der Gläubiger seinen Anspruch auf eine rechtsgeschäftliche Anspruchsgrundlage stützt, sofern nur ein innerer Zusammenhang mit dem Handelsverkehr gewahrt bleibt.[12] Erfasst sind daher auch bereicherungsrechtliche Ansprüche,[13] deliktische Ansprüche, die im Zuge eines (beabsichtigten) Handelsgeschäfts entstehen, und ggf. auch dingliche Herausgabeansprüche.[14] Ansprüche, die aus einer Geschäftsführung ohne Auftrag in Bezug auf den Geschäftsbetrieb des anderen Teils entstehen, wird man einem beiderseitigen Handelsgeschäft allerdings nur dann gleichstellen können, wenn die Voraussetzungen einer berechtigten Geschäftsführung nach § 683 BGB vorliegen.[15]

10 **b) Unmittelbarkeit des Geschäftsabschlusses.** Nach dem Wortlaut der Norm muss das beiderseitige Handelsgeschäft unmittelbar zwischen den beteiligten Kaufleuten abgeschlossen worden sein. Dies wirft Probleme in den Fällen eines Gläubiger- oder Schuldnerwechsels auf. Die Lösung dieser Fälle hat dabei von dem Zweck des Unmittelbarkeitserfordernisses auszugehen.[16] Dieser wird überwiegend darin gesehen, die missbräuchliche Herbeiführung von Zurückbehaltungsrechten durch den Gläubiger zu verhindern.[17] Jedoch soll das Erfordernis, dass die gesicherte Forderung aus einem Handelsgeschäft zwischen den Beteiligten resultiert, richtigerweise nicht nur die missbräuchliche Begründung von Zurückbehaltungsrechten durch einen (neuen) Gläubiger ausschließen, sondern generell verhindern, dass das Sicherungsrecht für den Schuldner überraschend entsteht, dh in einer Weise, mit der er nicht rechnen musste. Daher ist das kaufmännische Zurückbehaltungsrecht in den Konstellationen eines Gläubiger- oder Schuldnerwechsels nur in denjenigen Fällen analog[18] § 369 Abs. 1 S. 1 anzuerkennen, in denen der Schuldner an der Entstehung des (erweiterten) Sicherungsrechts willentlich mitgewirkt hat.[19] Dieser Gedanke führt iE zu den folgenden Ergebnissen:

11 **aa) Schuldnerwechsel.** An einem Schuldnerwechsel wirkt der neue Schuldner sowohl im Fall einer rechtsgeschäftlichen **Schuldübernahme** nach den §§ 414 ff. BGB als auch im Fall eines

[9] BeckOGK/Christiansen, 1.10.2025, Rn. 18.3; Ebenroth/Boujong/Dieckmann Rn. 4; K. Schmidt HandelsR § 22 Rn. 49; **aA** MüKoHGB/Martens Rn. 19; Schlegelberger/Hefermehl Rn. 16; Staub/Canaris, 4. Aufl. 2004, §§ 369–372 Rn. 50; diff. BeckOK HGB/Moussa, 48. Ed. 1.10.2025, Rn. 13.

[10] Ehrenbergs HdB Bd. IV 1/M. Wolff 80; Ebenroth/Boujong/Dieckmann Rn. 13; Heymann/Horn Rn. 16; Schlegelberger/Hefermehl Rn. 21; auf die Fälligkeit verzichtend Staub/Canaris, 4. Aufl. 2004, §§ 369–372 Rn. 10, 42.

[11] Vgl. BGH 5.5.2011, BGHZ 189, 299 Rn. 21 = NJW 2011, 2960.

[12] BGH 27.3.1985, NJW 1985, 2417 (2418); Ehrenbergs HdB Bd. IV 1/M. Wolff 81; BeckOGK/Christiansen, 1.10.2025, Rn. 25.1.

[13] BGH 27.3.1985, NJW 1985, 2417 (2418); Ebenroth/Boujong/Dieckmann Rn. 7; Hopt/Leyens Rn. 6.

[14] Ehrenbergs HdB Bd. IV 1/M. Wolff 86 f.; Heymann/Horn Rn. 9; RGHMW/Steimle/Dornieden Rn. 11; Staub/Canaris, 4. Aufl. 2004, §§ 369–372 Rn. 44; Canaris HandelsR § 28 Rn. 15; K. Schmidt HandelsR § 22 Rn. 50; mit Ausnahme dinglicher Ansprüche auch Schlegelberger/Hefermehl Rn. 20.

[15] BeckOGK/Christiansen, 1.10.2025, Rn. 25.1; weiter hingegen Ehrenbergs HdB Bd. IV 1/M. Wolff 81; Heymann/Horn Rn. 9; Staub/Canaris, 4. Aufl. 2004, §§ 369–372 Rn. 44.

[16] Gegen jede Ausdehnung aber Schlegelberger, Das Zurückbehaltungsrecht, 1904, 211 ff.

[17] Ahrens, Zivilrechtliche Zurückbehaltungsrechte, 2003, Rn. 257; Ehrenbergs HdB Bd. IV 1/M. Wolff 81; Ebenroth/Boujong/Dieckmann Rn. 8; GK-HGB/Weber Rn. 11; Heymann/Horn Rn. 11; HK-HGB/Ruß Rn. 4; KKD/Koller §§ 369–372 Rn. 4; MüKoHGB/Martens Rn. 12; RGHMW/Steimle/Dornieden Rn. 14 ff.; Staub/Canaris, 4. Aufl. 2004, §§ 369–372 Rn. 45; K. Schmidt HandelsR § 22 Rn. 52 ff.

[18] Vgl. Staub/Canaris, 4. Aufl. 2004, §§ 369–372 Rn. 45; Canaris HandelsR § 28 Rn. 16.

[19] Im Ansatz bereits Schlegelberger/Hefermehl Rn. 17, der jedoch in den Einzelfragen mit der hL übereinstimmt.

gesetzlichen Schuldnerwechsels, zB infolge einer Firmenübernahme gem. § 25 oder einer Verschmelzung, typischerweise willentlich mit. Dies rechtfertigt es, das Zurückbehaltungsrecht des Gläubigers auf Gegenstände des neuen Schuldners zu erstrecken, und zwar auch auf solche, die der Gläubiger bereits vor dem Schuldnerwechsel erlangt hatte.[20] Gleiches gilt im Ergebnis für den Schuldnerwechsel durch einen Erbfall;[21] hier ist das Unterlassen einer Ausschlagung der Erbschaft iSd §§ 1942 ff. BGB einer Mitwirkung des Erben an dem Schuldnerwechsel gleichzustellen.

bb) Gläubigerwechsel. Im Fall einer **Abtretung** der gesicherten Forderung wirkt der Schuldner an der Erstreckung des Zurückbehaltungsrechts auf den neuen Gläubiger nur dann willentlich mit, wenn er der Abtretung zugestimmt hat oder wenn die Überlassung der Sache oder des Wertpapiers erst nach der Abtretung und in deren Kenntnis erfolgt, ohne dass der Schuldner dem Zessionar zu der Überlassung bereits vorher verpflichtet war (zB aus einem Mietvertrag). Nur in diesen Fällen wirkt das Zurückbehaltungsrecht analog § 369 zugunsten des Zessionars.[22] 12

Ähnlich ist bei einer **cessio legis** zu entscheiden, **die an ein Rechtsgeschäft anknüpft,** das der neue Gläubiger zuvor mit dem alten Gläubiger abgeschlossen hat (Eingehung einer Gesamtschuld mit dem Schuldner gegenüber dem alten Gläubiger bei § 426 Abs. 2 BGB, Übernahme einer Bürgschaft zur Sicherung eines Anspruchs des alten Gläubigers gegenüber dem Schuldner bei § 774 BGB). Hier ist das Zurückbehaltungsrecht auf Sachen und Wertpapiere zu begrenzen, die der neue Gläubiger von dem Schuldner erst nach der Vornahme des zugrundeliegenden Rechtsgeschäfts mit dem alten Gläubiger erlangt hat (dh nach der Eingehung der Gesamtschuld bei § 426 Abs. 2 BGB bzw. der Übernahme der Bürgschaft bei § 774 BGB).[23] Anhand der hier vertretenen Sichtweise, die nicht nur einen Missbrauch auf der Gläubigerseite verhindern will, sondern an eine zurechenbare Mitwirkung des Schuldners anknüpft, ist aber zudem erforderlich, dass der Schuldner bei der Überlassung des Sicherungsgegenstands an den (späteren) neuen Gläubiger Kenntnis von dem jeweiligen Rechtsgeschäft zwischen dem alten und dem neuen Gläubiger hatte und dem Letzteren auch noch nicht vor der Kenntniserlangung zu der Überlassung des Gegenstands verpflichtet war. 13

Ist die übertragene Forderung in einem **Inhaber- oder Orderpapier** verkörpert, so muss der Schuldner aufgrund des Umlaufzwecks derartiger Forderungen stets mit einem Gläubigerwechsel rechnen. Er ist daher einer Person gleichzustellen, die der konkreten Übertragung zugestimmt hat. Daher kann der neue Gläubiger das Zurückbehaltungsrecht hier auch an Gegenständen ausüben, die ihm der Schuldner bereits vor der Forderungserlangung überlassen hat (→ Rn. 12).[24] 14

Es verbleiben die Fälle eines Gläubigerwechsels im Wege einer **(partiellen) Gesamtrechtsnachfolge,** insbesondere durch Erbschaft, Verschmelzung oder Firmenübernahme nach § 25. Die hL plädiert hier in der Regel für ein Zurückbehaltungsrecht zugunsten des neuen Gläubigers, da die missbräuchliche Herbeiführung einer gesetzlichen Rechtsnachfolge zum Zweck der Erlangung eines kaufmännischen Zurückbehaltungsrechts fernliegt (→ Rn. 10).[25] Richtigerweise sollte es jedoch auch hier wieder darauf ankommen, inwieweit die Erstreckung des Zurückbehaltungsrechts auf die übergegangene Forderung dem Schuldner zurechenbar war. Dies führt, wenn der Schuldner nicht ausnahmsweise an dem gesetzlichen Gläubigerwechsel mitgewirkt hat, dazu, dass das Zurückbehaltungsrecht wiederum nur für Gegenstände eingreift, die der neue Gläubiger im Zuge der Rechtsnachfolge von dem Schuldner erlangt hat oder die ihm Letzterer erst danach und in Kenntnis des Forderungsübergangs überlassen hat (→ Rn. 12).[26] 15

Eine Stütze findet die hier vertretene Auffassung, nach der es auf die willentliche Mitwirkung des Schuldners an der Erstreckung des Zurückbehaltungsrechts auf die übergegangene Forderung 16

---

[20] Ehrenbergs HdB Bd. IV 1/M. Wolff 81 f.; BeckOGK/Christiansen, 1.10.2025, Rn. 29; MüKoHGB/Martens Rn. 13; RGHMW/Steimle/Dornieden Rn. 16; Canaris HandelsR § 28 Rn. 17.

[21] Ehrenbergs HdB Bd. IV 1/M. Wolff 81; Ebenroth/Boujong/Dieckmann Rn. 9; Heymann/Horn Rn. 11; MüKoHGB/Martens Rn. 13; Schlegelberger/Hefermehl Rn. 18; Staub/Canaris, 4. Aufl. 2004, §§ 369–372 Rn. 46.

[22] IErg ebenso die hL: Ehrenbergs HdB Bd. IV 1/M. Wolff 83; BeckOGK/Christiansen, 1.10.2025, Rn. 30.2; GK-HGB/Weber Rn. 14; Heymann/Horn Rn. 13; RGHMW/Steimle/Dornieden Rn. 17; Staub/Canaris, 4. Aufl. 2004, §§ 369–372 Rn. 48.

[23] Ehrenbergs HdB Bd. IV 1/M. Wolff 82 f.; Heymann/Horn Rn. 13; MüKoHGB/Martens Rn. 16; RGHMW/Steimle/Dornieden Rn. 20; Staub/Canaris, 4. Aufl. 2004, §§ 369–372 Rn. 49; Canaris HandelsR § 28 Rn. 19.

[24] RG 17.3.1883, RGZ 9, 44 (49); Ehrenbergs HdB Bd. IV 1/M. Wolff 84; BeckOGK/Christiansen, 1.10.2025, Rn. 32; Heymann/Horn Rn. 14; Schlegelberger/Hefermehl Rn. 18; Staub/Canaris, 4. Aufl. 2004, §§ 369–372 Rn. 47.

[25] Ehrenbergs HdB Bd. IV 1/M. Wolff 82; Ebenroth/Boujong/Dieckmann Rn. 10; Heymann/Horn Rn. 11; Hopt/Leyens Rn. 6; RGHMW/Steimle/Dornieden Rn. 16; Schlegelberger/Hefermehl Rn. 18; Staub/Canaris, 4. Aufl. 2004, §§ 369–372 Rn. 46.

[26] So für § 25 auch MüKoHGB/Martens Rn. 15; Canaris HandelsR § 28 Rn. 18.

ankommt, darin, dass es in dem umgekehrten Fall eines Personenwechsels, in dem der Gesicherte nicht die Forderung, sondern den Gegenstand, an dem das Zurückbehaltungsrecht entstehen soll, von einem Dritten erlangt hat, unstrittig darauf ankommt, ob diese Besitzerlangung mit dem Willen des Schuldners erfolgt ist (→ Rn. 29 ff.).

17 **c) Inhalt der Forderung.** Weil das kaufmännische Zurückbehaltungsrecht gem. § 371 auch zu einem Befriedigungsrecht führt, fordert die hL über den Wortlaut des § 369 hinaus, dass die gesicherte Forderung entweder auf Geld gerichtet sein oder in eine solche Forderung übergehen können muss.[27] Dem wird von einer abw. Auffassung[28] zwar entgegengehalten, dass das Zurückbehaltungsrecht neben dem Befriedigungsrecht auch zu der Rechtsfolge des § 274 BGB führe (→ Rn. 50 f.) und kein Grund ersichtlich sei, warum dem Gläubiger anderer Forderungen dieses Leistungsverweigerungsrecht versagt bleiben solle, wenn das allgemeine Zurückbehaltungsrecht aus § 273 BGB mangels Konnexität nicht parallel eingreife (→ Rn. 2). Jedoch ist zu berücksichtigen, dass ein Leistungsverweigerungsrecht bei Forderungen, die nicht in Geld übergehen können, der Sache nach nicht mehr einer Sicherung der Forderung, sondern der Erzwingung ihrer Erfüllung dient, was dem begrenzten Zweck des kaufmännischen Zurückbehaltungsrechts widerspricht (→ Rn. 5). Die praktische Relevanz der Streitfrage ist jedoch gering, da die meisten Ansprüche aus Handelsbeziehungen in Geldforderungen übergehen können (vgl. die §§ 280 ff., 989 f. BGB).[29]

18 **d) Fälligkeit.** Die gesicherte Forderung muss für die Entstehung des Zurückbehaltungsrechts fällig sein.[30] Hingegen kommt es nicht darauf an, ob sie im Zeitpunkt der Besitzerlangung an den zurückgehaltenen Gegenständen bereits fällig oder auch nur entstanden war.[31] Teilweise wird zwar gefordert, die gesicherte Forderung müsse in diesem Zeitpunkt zumindest hinreichend bestimmbar sein.[32] Diese Einschränkung vermag aber nicht zu überzeugen, da sich ein Kaufmann gerade deswegen auf den Abschluss eines neuen Geschäfts einlassen kann, weil er legitimerweise auf eine Sicherung seiner daraus resultierenden Forderungen durch ein Zurückbehaltungsrecht an den bereits früher erlangten beweglichen Sachen oder Wertpapieren des Schuldners vertraut. Eine **Stundungsabrede** beseitigt die Fälligkeit der Forderung und damit vorübergehend auch das Zurückbehaltungsrecht.[33]

19 Über die Fälligkeit hinaus muss die Forderung **klagbar** und **einredefrei** sein.[34] Eine nach der Entstehung des Zurückbehaltungsrechts eintretende **Verjährung** schließt die Geltendmachung dieses Rechts aber gem. § 215 BGB nicht aus. Mit dem **Erlöschen** der gesicherten Forderung endet auch das kaufmännische Zurückbehaltungsrecht.[35]

20 **3. Sicherungsgegenstand. a) Bewegliche Sachen und Wertpapiere.** Anders als im Rahmen des § 273 BGB kann das kaufmännische Zurückbehaltungsrecht nicht an jeglichen Gegenständen des Rechtsverkehrs bestehen, sondern nur an beweglichen Sachen und Wertpapieren. Der Grund hierfür dürfte in den dinglichen Wirkungen des kaufmännischen Zurückbehaltungsrechts liegen (§ 371, § 51 Nr. 3 InsO), die eine hinreichende Verkörperung des Zurückbehaltungsgegenstands voraussetzen, welche zugleich die Grundlage des Besitzerfordernisses bildet (→ Rn. 23 ff.).[36]

21 Als **bewegliche Sachen** kommen alle körperlichen Gegenstände iSd § 90 BGB mit Ausnahme von Grundstücken und deren wesentlichen Bestandteilen in Betracht.[37] Ausgenommen sind daneben in das Schiffsregister eingetragene Seeschiffe, die im Hinblick auf Sicherheiten einem Grundstück gleichgestellt werden (vgl. § 647a BGB).[38]

---

27 Ehrenbergs HdB Bd. IV 1/M. Wolff 86; Ebenroth/Boujong/Dieckmann Rn. 12; GK-HGB/Weber Rn. 9; Heymann/Horn Rn. 10; KKD/Koller §§ 369–372 Rn. 4; Staub/Canaris, 4. Aufl. 2004, §§ 369–372 Rn. 51.

28 BeckOGK/Christiansen, 1.10.2025, Rn. 21; HK-HGB/Ruß Rn. 4a; Hopt/Leyens Rn. 4; MüKoHGB/Martens Rn. 20.

29 Heymann/Horn Rn. 10.

30 Ehrenbergs HdB Bd. IV 1/M. Wolff 84 f.; BeckOK HGB/Moussa, 48. Ed. 1.10.2025, Rn. 15; **aA** Staub/Canaris, 4. Aufl. 2004, §§ 369–372 Rn. 40 ff., nach dem die Fälligkeit nicht die Entstehung, sondern nur die Geltendmachung des Zurückbehaltungsrechts berührt.

31 BeckOGK/Christiansen, 1.10.2025, Rn. 23; Ebenroth/Boujong/Dieckmann Rn. 13; NK-HGB/Eberl Rn. 8; Heymann/Horn Rn. 16.

32 RGHMW/C. Wagner, 4. Aufl. 2014, Rn. 7.

33 Ehrenbergs HdB Bd. IV 1/M. Wolff 120; Heymann/Horn Rn. 45; **aA** Staub/Canaris, 4. Aufl. 2004, §§ 369–372 Rn. 107.

34 Heymann/Horn Rn. 16; HK-HGB/Ruß Rn. 3; Hopt/Leyens Rn. 5; MüKoHGB/Martens Rn. 23; RGHMW/Steimle/Dornieden Rn. 12; Staub/Canaris, 4. Aufl. 2004, §§ 369–372 Rn. 52.

35 BeckOGK/Christiansen, 1.10.2025, Rn. 100; Heymann/Horn Rn. 45; Hopt/Leyens Rn. 2; Staub/Canaris, 4. Aufl. 2004, §§ 369–372 Rn. 106.

36 MüKoHGB/Martens Rn. 26.

37 NK-HGB/Eberl Rn. 9; MüKoHGB/Martens Rn. 26.

38 OLG Hamburg 16.7.1986, VersR 1987, 404; Bechtloff, Gesetzliche Verwertungsrechte, 2003, 191 f.; Ebenroth/Boujong/Dieckmann Rn. 16; **aA** offenbar OLG Hamburg 1.7.1987, MDR 1988, 235.

Wertpapiere iSd § 369 Abs. 1 S. 1 sind nur solche im engeren Sinne, dh **Inhaber- und Orderpapiere,** nicht aber Rektapapiere oder Legitimationspapiere gem. § 808 BGB.[39] Denn nur Wertpapiere im engeren Sinne bilden eigenständige Gegenstände des Rechtsverkehrs, über die separat verfügt werden kann und die dementsprechend die Grundlage einer quasi-dinglichen Position bilden können (→ Rn. 3 f.).[40] Somit werden zB Inhaberschuldverschreibungen, Aktien, kaufmännische Orderpapiere (§ 363), Schecks und Wechsel von § 369 erfasst. Für Letztere gilt dies auch dann, wenn sie durch den Schuldner akzeptiert wurden (aber → Rn. 48).[41] Keine tauglichen Gegenstände eines kaufmännischen Zurückbehaltungsrechts sind hingegen Kraftfahrzeugbriefe (jetzt: Zulassungsbescheinigungen Teil II),[42] Sparbücher[43] und Grundpfandrechtsbriefe.[44] Sie stellen mangels Verwertbarkeit auch keine beweglichen Sachen iSd § 369 Abs. 1 S. 1 dar.[45] Eine Ausnahme bildet wiederum der Inhabergrundschuldbrief, der nach § 1195 S. 2 BGB einer Inhaberschuldverschreibung gleichsteht und daher die Voraussetzungen eines Wertpapiers iSd § 369 erfüllt.[46] 22

b) Besitz des Gläubigers. Die beweglichen Sachen oder Wertpapiere müssen in den Besitz des Gläubigers der gesicherten Forderung gelangt sein und sich noch in diesem befinden. 23

Aufgrund der pfandrechtsähnlichen Wirkungen des kaufmännischen Zurückbehaltungsrechts (→ Rn. 3) bemessen sich die Einzelheiten des Besitzerfordernisses analog den §§ 1205 f. BGB. Im Fall des **mittelbaren Besitzes** darf der unmittelbare Besitzer daher nicht der Schuldner sein[47] und muss die Besitzerlangung dem Besitzmittler angezeigt werden, um die Entstehung des Zurückbehaltungsrechts zu bewirken.[48] Ein **Mitbesitz** des Gläubigers und des Schuldners muss den Anforderungen des § 1206 BGB genügen, dh der Schuldner darf nicht die Möglichkeit haben, den Gegenstand einseitig an sich zu nehmen.[49] 24

Ein Gläubiger, der zwar nicht die beweglichen Sachen selbst, wohl aber ein über diese ausgestelltes **kaufmännisches Traditionspapier** (Konnossement, Ladeschein, Lagerschein) in Besitz hat, erwirbt dann ein Zurückbehaltungsrecht, wenn er kraft des Traditionspapiers über die Sachen verfügen kann. Dies setzt zunächst einen Besitz des jeweiligen Transporteurs oder Lagerhalters, der das Traditionspapier begeben hat, an den Sachen voraus.[50] Ob der Gläubiger daneben aus dem Papier formell oder materiell legitimiert sein muss, ist umstritten. Richtigerweise ist anhand des Wortlauts des § 369 Abs. 1 S. 1 entscheidend, ob der Gläubiger „mittels" des Traditionspapiers über die Gegenstände verfügen „kann". Dies ist selbst bei einer fehlenden materiellen Legitimation aufgrund der formellen Legitimation durch Indossament der Fall, sodass ein tauglicher Besitz im Fall des formell Legitimierten stets gegeben ist.[51] Umgekehrt bedarf der materiell Legitimierte nicht notwendig auch einer formellen Legitimation, da deren Fehlen eine Verfügung des materiell Berechtigten durch Indossament nicht unwirksam macht,[52] sodass auch in diesem Fall eine Verfügung „mittels" des Wertpapiers möglich ist. 25

---

[39] BeckOGK/Christiansen, 1.10.2025, Rn. 34; Hopt/Leyens Rn. 7; MüKoHGB/Martens Rn. 28; RGHMW/Steimle/Dornieden Rn. 23, 26; iErg auch Ehrenbergs HdB Bd. IV 1/M. Wolff 88 f.

[40] Denkschrift zu dem Entwurf eines Handelsgesetzbuchs, 1896, 211; Ehrenbergs HdB Bd. IV 1/M. Wolff 87; Heymann/Horn Rn. 18; Schlegelberger/Hefermehl Rn. 26; Staub/Canaris, 4. Aufl. 2004, §§ 369–372 Rn. 15.

[41] KKD/Koller §§ 369–372 Rn. 2; RGHMW/Steimle/Dornieden Rn. 27; Schlegelberger/Hefermehl Rn. 27; Staub/Canaris, 4. Aufl. 2004, §§ 369–372 Rn. 17; **aA** RG 25.10.1927, JW 1928, 231 (232); Schwabe JherJb. 58 (1911), 303 (307 ff.); Heymann/Horn Rn. 18; HK-HGB/Ruß Rn. 5; Hopt/Leyens Rn. 7.

[42] OLG Frankfurt 9.5.1969, NJW 1969, 1719 (1720).

[43] Vgl. RG 3.4.1908, RGZ 68, 277 (282).

[44] Vgl. RG 18.10.1935, RGZ 149, 93 (94 f.); BGH 26.1.1973, BGHZ 60, 174 (175) = NJW 1973, 514.

[45] RG 3.5.1892, RGZ 29, 297 (302); Ebenroth/Boujong/Dieckmann Rn. 17; Schlegelberger/Hefermehl Rn. 26.

[46] Staub/Canaris, 4. Aufl. 2004, §§ 369–372 Rn. 15.

[47] RG 13.10.1934, BankArch. 34 (1934), 190 (192); GK-HGB/Weber Rn. 16; Heymann/Horn Rn. 20; Hopt/Leyens Rn. 9.

[48] KKD/Koller §§ 369–372 Rn. 2; MüKoHGB/Martens Rn. 30; Staub/Canaris, 4. Aufl. 2004, §§ 369–372 Rn. 20; Canaris HandelsR § 28 Rn. 6; **aA** RG 13.10.1934, BankArch. 34 (1934), 190 (192); Ehrenbergs HdB Bd. IV 1/M. Wolff 92; Heymann/Horn Rn. 20.

[49] BGH 1.4.1963, WM 1963, 560 (561 f.); BeckOGK/Christiansen, 1.10.2025, Rn. 37.1; HK-HGB/Ruß Rn. 8; Staub/Canaris, 4. Aufl. 2004, §§ 369–372 Rn. 21.

[50] BeckOGK/Christiansen, 1.10.2025, Rn. 38; Heymann/Horn Rn. 21; Schlegelberger/Hefermehl Rn. 36; Staub/Canaris, 4. Aufl. 2004, §§ 369–372 Rn. 29.

[51] RG 21.10.1893, RGZ 32, 26 (30); Ebenroth/Boujong/Dieckmann Rn. 24; MüKoHGB/Martens Rn. 31; Schlegelberger/Hefermehl Rn. 36; Staub/Canaris, 4. Aufl. 2004, §§ 369–372 Rn. 30; **aA** KKD/Koller §§ 369–372 Rn. 2; einschr. auch Heymann/Horn Rn. 21.

[52] BeckOGK/Christiansen, 1.10.2025, Rn. 38; Heymann/Horn Rn. 21; Staub/Canaris, 4. Aufl. 2004, §§ 369–372 Rn. 29; **aA** wohl Schlegelberger, Das Zurückbehaltungsrecht, 1904, 202.

26 Von einem Zurückbehaltungsrecht an den beweglichen Sachen kraft Innehabung eines Traditionspapiers, das sich auf die Herausgabe dieser Sachen bezieht, ist ein **Zurückbehaltungsrecht an dem Traditionspapier** zu unterscheiden. Ein solches besteht, wenn für das Papier selbst die Voraussetzungen des § 369 erfüllt sind.[53]

27 Da § 369 Abs. 1 S. 1 einen **fortdauernden Besitz** des Gläubigers an den beweglichen Sachen oder Wertpapieren voraussetzt, führt eine freiwillige Besitzaufgabe zum Erlöschen des Zurückbehaltungsrechts.[54] Bei einem unfreiwilligen Besitzverlust tritt diese Rechtsfolge zunächst ebenfalls ein, doch lebt das Zurückbehaltungsrecht bei einer Rückerlangung des Besitzes wieder auf.[55] Letzteres berührt allerdings nicht etwaige Drittrechte, die während der Phase des Besitzverlusts wirksam an der Sache begründet worden sind und die dem Zurückbehaltungsrecht dementsprechend vorgehen.[56]

28 **c) Art der Besitzerlangung. aa) Aufgrund Handelsgeschäfts.** Der Besitz muss im Rahmen eines Handelsgeschäfts erlangt worden sein. Anders als in Bezug auf die gesicherte Forderung reicht hierbei grundsätzlich ein einseitiges Handelsgeschäft iSd § 345, das jedoch auf Seiten des Gläubigers gegeben sein muss.[57] Nicht erforderlich ist, dass der im Handelsverkehr wurzelnden Besitzerlangung eine wirksame causa zugrunde liegt.[58] Auch die Zusendung unbestellter Waren oder eine Leistung aufgrund eines nichtigen Vertrags stellt daher eine taugliche Besitzerlangung dar.[59]

29 **bb) Mit Willen des Schuldners.** Der gesicherte Gläubiger muss den Besitz mit dem Willen des Schuldners erlangt haben. Neben einer unmittelbaren Besitzverschaffung durch den Schuldner ist dieses Kriterium auch dann erfüllt, wenn der Schuldner in eine Besitzübertragung durch Dritte oder eine Ansichnahme der Gegenstände durch den Gläubiger **einwilligt** oder diese später **genehmigt.**[60] Wenn der Besitz an der Sache von dem Schuldner zunächst nicht dem Gläubiger der zu sichernden Forderung, sondern einem Dritten überlassen war, der die Sache dann an den Gläubiger weitergibt, entsteht ein kaufmännisches Zurückbehaltungsrecht somit nur unter der Voraussetzung, dass der Schuldner dieser Weitergabe zustimmt (Beispiel: Der Schuldner S vermietet dem Dritten D eine Maschine und gestattet diesem eine Untervermietung, woraufhin D die Maschine einem Gläubiger des S überlässt.). Die Zustimmung kann gem. § 164 BGB auch durch einen **Stellvertreter** erfolgen.[61] Eine einseitige Ansichnahme des Gegenstands durch den Gläubiger bewirkt hingegen unabhängig davon kein Zurückbehaltungsrecht, ob sie nach Maßgabe des § 229 BGB berechtigt war.[62] Vielmehr muss der Gläubiger dann einen dinglichen Arrest nach § 230 Abs. 2 BGB beantragen.

30 Wenn die Besitzübertragung rechtsgeschäftlich erfolgt (§ 854 Abs. 2 BGB, § 870 BGB, auch bei Zustimmung zu der Besitzüberlassung durch einen Dritten), gelten hierfür die §§ 104 ff., 116 ff. BGB unmittelbar. Erfolgt die Übertragung hingegen im Wege eines Realakts (§ 854 Abs. 1 BGB), ist umstritten, ob die **Vorschriften über Willenserklärungen** analoge Anwendung finden. Für die Analogie wird durch die hL zwar die Nähe des kaufmännischen Zurückbehaltungsrechts zu einer Pfandrechtsbestellung angeführt.[63] Doch ändert die Pfandrechtsähnlichkeit des Zurückbehaltungsrechts nichts daran, dass das Sicherungsrecht nicht rechtsgeschäftlich, sondern kraft Gesetzes entsteht.

---

[53] Ehrenbergs HdB Bd. IV 1/M. Wolff 93; BeckOGK/Christiansen, 1.10.2025, Rn. 38; Schlegelberger/Hefermehl Rn. 36; **aA** Staub/Canaris, 4. Aufl. 2004, §§ 369–372 Rn. 31.

[54] Altmeppen ZHR 157 (1993), 541 (556 ff.); BeckOGK/Christiansen, 1.10.2025, Rn. 43; Heymann/Horn Rn. 45; Staub/Canaris, 4. Aufl. 2004, §§ 369–372 Rn. 103.

[55] Ahrens, Zivilrechtliche Zurückbehaltungsrechte, 2003, Rn. 262; Ebenroth/Boujong/Dieckmann Rn. 39; HK-HGB/Ruß Rn. 15; Staub/Canaris, 4. Aufl. 2004, §§ 369–372 Rn. 104; Canaris HandelsR § 28 Rn. 36; K. Schmidt HandelsR § 22 Rn. 73.

[56] Steege NZV 2021, 458 (461); MüKoHGB/Martens Rn. 70; Canaris HandelsR § 28 Rn. 36; vgl. auch BeckOGK/Christiansen, 1.10.2025, Rn. 36.

[57] RG 13.10.1934, BankArch. 34 (1934), 190 (192); Ehrenbergs HdB Bd. IV 1/M. Wolff 94 f.; Ebenroth/Boujong/Dieckmann Rn. 26; MüKoHGB/Martens Rn. 37; Schlegelberger/Hefermehl Rn. 40; Staub/Canaris, 4. Aufl. 2004, §§ 369–372 Rn. 24; für eine Anwendbarkeit auf alle einseitigen Handelsgeschäfte Schlegelberger, Das Zurückbehaltungsrecht, 1904, 206 f.

[58] RG 4.6.1890, RGZ 26, 58 (59 f.); BGH 11.6.1956, WM 1956, 1214 (1215); Hopt/Leyens Rn. 9; Staub/Canaris, 4. Aufl. 2004, §§ 369–372 Rn. 24; K. Schmidt HandelsR § 22 Rn. 69.

[59] Vgl. ROHG 2.10.1872, ROHGE 7, 213 (214 f.); OLG Frankfurt 28.10.1975, BB 1976, 333; OLG Hamburg 5.6.1963, DB 1963, 1214.

[60] Hopt/Leyens Rn. 9; MüKoHGB/Martens Rn. 33; Schlegelberger/Hefermehl Rn. 37; Staub/Canaris, 4. Aufl. 2004, §§ 369–372 Rn. 22.

[61] BeckOGK/Christiansen, 1.10.2025, Rn. 40; Staub/Canaris, 4. Aufl. 2004, §§ 369–372 Rn. 22.

[62] ROHG 2.2.1876, ROHGE 19, 369 (372); RG 28.4.1900, RGZ 46, 193 (202); Schlegelberger, Das Zurückbehaltungsrecht, 1904, 203 f.; Hopt/Leyens Rn. 9.

[63] Heymann/Horn Rn. 22; Hopt/Leyens Rn. 9; KKD/Koller §§ 369–372 Rn. 2; MüKoHGB/Martens Rn. 33; Staub/Canaris, 4. Aufl. 2004, §§ 369–372 Rn. 22.

Eine Analogie zu den §§ 104 ff., 116 ff. BGB ist daher abzulehnen.[64] Vielmehr kommt es nur darauf an, ob die Besitzüberlassung im natürlichen Sinne willentlich erfolgt ist.[65]

Grundsätzlich **nicht erforderlich** ist, dass der **Schuldner** bis zur Entstehung der gesicherten Forderung bzw. bis zu deren Fälligwerden noch **fortdauernd** mit der Besitzüberlassung an den Gläubiger **einverstanden ist.**[66] Vielmehr muss der Schuldner nach der Grundkonzeption des kaufmännischen Zurückbehaltungsrechts, die auf eine Konnexität verzichtet, gerade damit rechnen, dass eine einmal hingegebene Sache auch als Sicherheit für erst später begründete Forderungen dient. Anders wird nur für Ansprüche zu entscheiden sein, die erst zu einem Zeitpunkt fällig werden, in dem der Gläubiger bereits **kein Recht zum Besitz** an der Sache oder dem Wertpapier mehr hat, da er aus einer pflichtwidrigen Nichtherausgabe keinen Vorteil ziehen darf.[67] 31

d) Eigentumsverhältnisse. aa) Grundsatz. Die Gegenstände des Zurückbehaltungsrechts müssen grundsätzlich im Eigentum des Schuldners der gesicherten Forderung stehen. Befindet sich der Gegenstand im **Miteigentum** des Schuldners, bezieht sich das Zurückbehaltungsrecht auf dessen Miteigentumsanteil.[68] Ein **gutgläubiger Erwerb** bei Dritteigentum ist trotz des pfandrechtsähnlichen Charakters des kaufmännischen Zurückbehaltungsrechts jedenfalls deshalb **nicht möglich,** weil dieses Recht weder rechtsgeschäftlich entsteht noch eine Vertrauensschutznorm existiert, die wie § 366 Abs. 3 S. 1 ausnahmsweise von einem rechtsgeschäftlichen Erwerb absieht.[69] Entgegen der hL führt auch eine **Verfügungsermächtigung** (§ 185 Abs. 1 BGB) des Schuldners im Hinblick auf die betreffenden Gegenstände nicht zu einer Entstehung des Zurückbehaltungsrechts.[70] Denn die Besitzüberlassung an den Gläubiger im Rahmen der gesetzlichen Entstehung des Zurückbehaltungsrechts ist nicht mit einer Verfügung vergleichbar und § 366 Abs. 3 setzt die Möglichkeit eines Ermächtigungserwerbs wiederum nur für die gesetzlichen Pfandrechte des Handelsverkehrs voraus (→ § 366 Rn. 55). Ausnahmsweise kann das Eigentum eines Dritten jedoch unschädlich sein, wenn der Vertrag, aus dem die zu sichernde Forderung resultiert, im Wege einer **mittelbaren Stellvertretung** zwar nicht im Namen des Eigentümers, aber mit dessen Willen für seine Rechnung abgeschlossen worden ist.[71] Umgekehrt kann der Gläubiger das Zurückbehaltungsrecht bei einem bloß **treuhänderischen Eigentum** des Schuldners, welches dieser bei der Besitzüberlassung offen gelegt hat, nur für Forderungen im Zusammenhang mit dem Treuhandverhältnis ausüben.[72] Wenn der Schuldner Inhaber eines **Anwartschaftsrechts** an der beweglichen Sache oder an dem Wertpapier ist, entsteht das Zurückbehaltungsrecht in Bezug auf dieses Anwartschaftsrecht und kann, solange dieses Recht existiert, auch gegenüber dem Eigentümer geltend gemacht werden.[73] 32

Ein **späteres Auseinanderfallen der gesicherten Schuld und des Eigentums** an den Sachen oder Wertpapieren, das erst nach der Entstehung des Zurückbehaltungsrechts eintritt, wird überwiegend für unschädlich gehalten.[74] Für den Fall einer Eigentumsübertragung durch den Schuldner auf 33

---

[64] Ehrenbergs HdB Bd. IV 1/M. Wolff 93 f.

[65] Vgl. zu § 935 BGB Baur/Stürner SachenR § 52 Rn. 41 ff. mwN.

[66] BeckOGK/Christiansen, 1.10.2025, Rn. 41; GK-HGB/Weber Rn. 17; Heymann/Horn Rn. 22; HK-HGB/Ruß Rn. 9; KKD/Koller §§ 369–372 Rn. 6; MüKoHGB/Martens Rn. 34; Schlegelberger/Hefermehl Rn. 38; **aA** OLG Hamburg 5.6.1963, DB 1963, 1214; Hopt/Leyens Rn. 9; Staub/Canaris, 4. Aufl. 2004, §§ 369–372 Rn. 23.

[67] Ähnlich bereits Bechtloff, Gesetzliche Verwertungsrechte, 2003, 195 f.; Schlegelberger, Das Zurückbehaltungsrecht, 1904, 206; Ehrenbergs HdB Bd. IV 1/M. Wolff 94; einschr. auf die Fälle des Verzugs Ebenroth/Boujong/Dieckmann Rn. 25; zu § 320 BGB auch BGH 8.11.1994, NJW-RR 1995, 564 (565); **aA** Schlegelberger/Hefermehl Rn. 48; wohl auch MüKoHGB/Martens Rn. 35.

[68] Ehrenbergs HdB Bd. IV 1/M. Wolff 89; BeckOGK/Christiansen, 1.10.2025, Rn. 45.1; MüKoHGB/Martens Rn. 38; Schlegelberger/Hefermehl Rn. 29.

[69] ROHG 7.1.1875, ROHGE 15, 421 (422); RG 29.5.1908, RGZ 69, 13 (17); Steege NZV 2021, 458 (460 f.); Hopt/Leyens Rn. 8; MüKoHGB/Martens Rn. 38, 43; Staub/Canaris, 4. Aufl. 2004, §§ 369–372 Rn. 36; Canaris HandelsR § 28 Rn. 10; vgl. auch BGH 8.3.1955, BGHZ 17, 1 (2) = NJW 1955, 1145; eingehend Schlegelberger, Das Zurückbehaltungsrecht, 1904, 198 ff.

[70] So bereits Ehrenbergs HdB Bd. IV 1/M. Wolff 90; zust. BeckOK HGB/Moussa, 48. Ed. 1.10.2025, Rn. 23; diff. Bechtloff, Gesetzliche Verwertungsrechte, 2003, 193 f.; **aA** Schlegelberger, Das Zurückbehaltungsrecht, 1904, 198; BeckOGK/Christiansen, 1.10.2025, Rn. 47; Ebenroth/Boujong/Dieckmann Rn. 20; MüKoHGB/Martens Rn. 43; RGHMW/Steimle/Dornieden Rn. 33. Zu der parallelen Problematik bei dem Erwerb eines Werkunternehmerpfandrechts gem. § 647 BGB s. MüKoBGB/Busche BGB § 647 Rn. 13 mwN.

[71] RG 4.9.1936, RGZ 152, 119 (121 f.); BeckOGK/Christiansen, 1.10.2025, Rn. 47; Heymann/Horn Rn. 24; HK-HGB/Ruß Rn. 6; K. Schmidt HandelsR § 22 Rn. 58 f.

[72] Staub/Canaris, 4. Aufl. 2004, §§ 369–372 Rn. 33; Canaris HandelsR § 28 Rn. 12; vgl. auch BGH 25.6.1973, BGHZ 61, 72 (77) = NJW 1973, 1754 für die Aufrechnung.

[73] Ebenroth/Boujong/Dieckmann Rn. 19; MüKoHGB/Martens Rn. 38; RGHMW/Steimle/Dornieden Rn. 34; Staub/Canaris, 4. Aufl. 2004, §§ 369–372 Rn. 34; K. Schmidt HandelsR § 22 Rn. 58.

[74] GK-HGB/Weber Rn. 18; Heymann/Horn Rn. 26; MüKoHGB/Martens Rn. 40; Schlegelberger/Hefermehl Rn. 31.

Dritte folgt dies regelmäßig bereits aus § 369 Abs. 2 (→ Rn. 36 ff.). Aber auch in den übrigen Fällen, insbesondere bei einem Wechsel des Schuldners durch Schuldübernahme, ist dieser Sichtweise aufgrund des quasi-dinglichen Charakters des Zurückbehaltungsrechts zuzustimmen.[75] Umstritten bleibt freilich, ob den maßgeblichen Zeitpunkt für die Entstehung des Zurückbehaltungsrechts in diesem Sinne, das zu einer von den Voraussetzungen des § 369 Abs. 2 unabhängigen Perpetuierung des Sicherungsrechts führt, die Fälligkeit der gesicherten Forderung[76] oder bereits deren Begründung[77] bildet. Da der Gläubiger bis zum Zeitpunkt der Fälligkeit nicht von einer so weitreichenden, gesicherten Rechtsposition ausgehen darf, ist der ersteren Ansicht zuzustimmen (→ Rn. 52 zu der Parallelfrage im Insolvenzrecht).

34 **bb) Eigene Gegenstände des Gläubigers (Abs. 1 S. 2).** Gegebenenfalls kann für den Gläubiger auch dann ein Interesse an einem kaufmännischen Zurückbehaltungsrecht bestehen, wenn er selbst Eigentümer der betreffenden beweglichen Sachen oder der Wertpapiere ist. Aufgrund des Verwertungsrechts aus § 371 und der insolvenzrechtlichen Wirkung des § 51 Nr. 3 InsO trifft dies insbesondere dann zu, wenn der Gläubiger zwar Eigentümer ist, er dem Schuldner des gesicherten Anspruchs aber die Übertragung des Gegenstands schuldet. § 369 Abs. 1 S. 2 erweitert das Zurückbehaltungsrecht insoweit für zwei spezielle Konstellationen, die jeweils an eine Rückübertragungspflicht des Gläubigers gegenüber dem Schuldner anknüpfen: Hatten entweder (1) der Schuldner oder (2) ein Dritter für den Schuldner das Eigentum auf den Gläubiger übertragen und schuldet dieser dem Schuldner die Rückübertragung, steht ihm gleichwohl ein kaufmännisches Zurückbehaltungsrecht zu. Der erste Fall kann etwa bei einer Sicherungsübereignung an den Gläubiger eintreten oder infolge einer Übereignung durch den Schuldner an den Gläubiger im Zuge eines Austauschvertrags, der nun schuldrechtlich rückabzuwickeln ist.[78] Der zweite Fall kommt insbesondere bei der schuldrechtlichen Rückabwicklung von Streckengeschäften in Betracht, wenn die Übereignung direkt von dem Erstverkäufer an den Letztkäufer als den Gläubiger iSd § 369 erfolgt ist.[79]

35 Die **hL** wendet § 369 Abs. 1 S. 2 in **einzelnen sonstigen Fällen analog** an, in denen der Gläubiger Eigentümer des zurückzuhaltenden Gegenstands ist, dem Schuldner aber obligatorisch die Verschaffung schuldet.[80] Dies soll zB im Fall einer Einkaufskommission durch den Gläubiger für den Schuldner gelten, und zwar in Bezug auf die Gegenstände, die der Gläubiger durch das Ausführungsgeschäft erlangt hat.[81] Hier soll dem Kommissionär nicht nur das Pfandrecht aus den §§ 397, 398 für Forderungen aus dem Kommissionsverhältnis zustehen, sondern auch das kaufmännische Zurückbehaltungsrecht für andere Forderungen gegen den Schuldner. Jedoch fordert die hL für eine Analogie stets, dass der Gegenstand mit dem Willen des Schuldners in das Eigentum des Gläubigers gelangt ist.[82] Nicht erfasst wird nach dieser Sichtweise vor allem der Fall, in dem der Gläubiger eine ihm gehörige Sache an den Schuldner verkauft, aber noch nicht übereignet hat und nun ein Zurückbehaltungsrecht an dieser geltend machen will.[83] Da jedoch generell nicht einleuchtet, warum der Eigentümer hinsichtlich der Rechte aus § 371 bzw. § 51 Nr. 3 InsO schlechter gestellt werden sollte als ein bloßer Besitzer iSd § 369 Abs. 1 S. 1, ist das kaufmännische Zurückbehaltungsrecht analog Abs. 1 S. 2 richtigerweise **auf alle Fälle auszudehnen,** in denen der Eigentümer-Gläubiger dem Schuldner obligatorisch zur Übereignung von beweglichen Sachen oder Wertpapieren verpflichtet ist, die er im Rahmen seines Handelsgewerbes erlangt hat.[84]

---

[75] Ehrenbergs HdB Bd. IV 1/M. Wolff 90.

[76] Bechtloff, Gesetzliche Verwertungsrechte, 2003, 189 f.; Ehrenbergs HdB Bd. IV 1/M. Wolff 90; wohl auch Hopt/Leyens Rn. 8 iVm Rn. 5.

[77] Heymann/Horn Rn. 26; KKD/Koller §§ 369–372 Rn. 4; Staub/Canaris, 4. Aufl. 2004, §§ 369–372 Rn. 35.

[78] Denkschrift zu dem Entwurf eines Handelsgesetzbuchs, 1896, 211; Ebenroth/Boujong/Dieckmann Rn. 21; Ehrenbergs HdB Bd. IV 1/M. Wolff 91; MüKoHGB/Martens Rn. 42.

[79] Ehrenbergs HdB Bd. IV 1/M. Wolff 91; BeckOGK/Christiansen, 1.10.2025, Rn. 52.1; Heymann/Horn Rn. 28; Schlegelberger/Hefermehl Rn. 32.

[80] Göppert ZHR 95 (1930), 52 (55); HK-HGB/Ruß Rn. 7; Hopt/Leyens Rn. 10; MüKoHGB/Martens Rn. 42; offen BGH 27.3.1985, NJW 1985, 2417 (2418); gänzlich abl. Schlegelberger, Das Zurückbehaltungsrecht, 1904, 210.

[81] BeckOGK/Christiansen, 1.10.2025, Rn. 53.1; GK-HGB/Weber Rn. 21; Heymann/Horn Rn. 29; Schlegelberger/Hefermehl Rn. 33; K. Schmidt HandelsR § 22 Rn. 67.

[82] Göppert ZHR 95 (1930), 52 (68); Ahrens, Zivilrechtliche Zurückbehaltungsrechte, 2003, Rn. 264; BeckOK HGB/Moussa, 48. Ed. 1.10.2025, Rn. 26; Ebenroth/Boujong/Dieckmann Rn. 22; Heymann/Horn Rn. 29.

[83] ROHG 29.11.1875, ROHGE 19, 57 f.; BeckOGK/Christiansen, 1.10.2025, Rn. 53, 53.1; Schlegelberger/Hefermehl Rn. 33.

[84] Ehrenbergs HdB Bd. IV 1/M. Wolff 91 f., 95; KKD/Koller §§ 369–372 Rn. 3; Staub/Canaris, 4. Aufl. 2004, §§ 369–372 Rn. 39; Canaris HandelsR § 28 Rn. 11.

III. Drittwirkung und Übergang des Zurückbehaltungsrechts

1. Drittwirkung gem. Abs. 2. Wie bereits dargelegt, erlischt ein einmal entstandenes Zurückbehaltungsrecht nicht dadurch, dass der Schuldner sein Eigentum an den Sicherungsgegenständen später wieder verliert oder sein Eigentum belastet; allerdings bedarf es insoweit nach der hier vertretenen Auffassung auch einer vorherigen Fälligkeit der gesicherten Forderung (→ Rn. 33). § 369 Abs. 2 legt darüber hinaus fest, dass das Zurückbehaltungsrecht Dritten gegenüber „besteht", soweit dem Dritten die Einwendungen gegen den Anspruch des Schuldners auf Herausgabe des Gegenstands entgegengesetzt werden können. Praktische Bedeutung hat die Vorschrift daher vor allem in den Fällen, in denen der Dritte sein Recht erwirbt, bevor das Zurückbehaltungsrecht vollständig entstanden ist (→ Rn. 39). 36

a) Erstreckung der Einwendungen auf den Dritten. Die Einwendungen gegen den Herausgabeanspruch des Schuldners können Dritten, die ein dingliches Recht an den zurückgehaltenen Gegenständen haben (Eigentümern, Nießbrauchern, Pfandgläubigern), iSd § 369 Abs. 2 und gem. § 986 Abs. 2 BGB, § 1065 BGB, § 1227 BGB dann entgegengesetzt werden, wenn diese ihr Recht durch eine **Abtretung des Herausgabeanspruchs** (§ 931 BGB, § 1032 S. 2 BGB, § 1205 Abs. 2 BGB) erlangt haben. Einem gutgläubigen „Wegerwerb" des Zurückbehaltungsrechts steht dann jedenfalls § 936 Abs. 3 BGB entgegen.[85] Dem Erwerb durch Abtretung des Herausgabeanspruchs sind alle weiteren Fälle gleichzustellen, in denen der Besitz des Gläubigers im Zuge des Rechtserwerbs des Dritten fortbesteht. Dies trifft etwa bei einer Veräußerung nach § 930 BGB zu, wenn der Schuldner als mittelbarer Besitzer erster Stufe dem Dritten einen mittelbaren Besitz zweiter Stufe einräumt und der unmittelbare Besitz bei dem Gläubiger verbleibt.[86] Gleiches gilt bei einer Veräußerung gem. § 929 S. 2 BGB, wenn der Dritte bereits vor dieser Übereignung mittelbarer Besitzer des Sicherungsguts war und ihm der Besitz durch den Gläubiger vermittelt wird.[87] 37

Kein Fall des § 369 Abs. 2 liegt hingegen vor, wenn der Schuldner dem Dritten das Recht mittels eines **kaufmännischen Traditionspapiers** (§ 363 Abs. 2) überträgt.[88] Dies gilt unabhängig davon, ob man in diesen Fällen dogmatisch von einem Erwerb kraft Übergabe (§ 929 S. 1 BGB) oder kraft Abtretung des Herausgabeanspruchs (§ 931 BGB) ausgeht (→ § 363 Rn. 17). Denn auch in letzterem Fall steht der Einwendungsausschluss nach § 364 Abs. 2 einer Wirkung der Einwendungen zulasten des Dritten iSd § 986 Abs. 2 BGB entgegen.[89] 38

b) Grenzen der Drittwirkung. Umstritten ist, ob und inwieweit § 369 Abs. 2 nicht nur ein bereits entstandenes Zurückbehaltungsrecht zulasten eines Dritterwerbers ausdehnt, sondern auch zu dessen erstmaliger Entstehung führen kann. Dies betrifft insbesondere Fälle, in denen der Dritte das Eigentum oder ein anderes dingliches Recht bereits vor der Begründung bzw. der Fälligkeit der gesicherten Forderung (→ Rn. 33) erlangt hat. Mit der hL ist davon auszugehen, dass § 369 Abs. 2 zwar keine Fälligkeit der gesicherten Forderung vor der Begründung des Drittrechts voraussetzt, grundsätzlich aber nur dann eingreift, wenn die Forderung zuvor bereits entstanden bzw. als künftige Forderung analog § 1204 Abs. 2 BGB ihrem Grund nach angelegt war.[90] Derjenige Gläubiger, dessen Forderung erst nach dem Drittrecht begründet wurde, genießt den Schutz des § 369 Abs. 2 allerdings ausnahmsweise dann, wenn es sich um eine rechtsgeschäftliche Forderung handelt und er bei deren Begründung analog den §§ 406, 407 BGB gutgläubig war, dh von der Entstehung des Drittrechts durch Abtretung des Herausgabeanspruchs keine Kenntnis hatte.[91] 39

Besteht das Recht des Dritten in einem **gesetzlichen Pfandrecht** aus den §§ 397, 440, 464, 475b, so geht es einem kaufmännischen Zurückbehaltungsrecht analog § 442 in der Regel unabhän- 40

[85] BeckOGK/Christiansen, 1.10.2025, Rn. 65; Heymann/Horn Rn. 33; MüKoHGB/Martens Rn. 55; Staub/Canaris, 4. Aufl. 2004, §§ 369–372 Rn. 73.

[86] Vgl. BGH 19.4.1990, BGHZ 111, 142 (146) = NJW 1990, 1914; Ehrenbergs HdB Bd. IV 1/M. Wolff 102; MüKoHGB/Martens Rn. 55; RGHMW/Steimle/Dornieden Rn. 40.

[87] BeckOGK/Christiansen, 1.10.2025, Rn. 66; Staub/Canaris, 4. Aufl. 2004, §§ 369–372 Rn. 74.

[88] Ehrenbergs HdB Bd. IV 1/M. Wolff 104; Heymann/Horn Rn. 34; Schlegelberger/Hefermehl Rn. 56; **aA** Ahrens, Zivilrechtliche Zurückbehaltungsrechte, 2003, Rn. 270; KKD/Koller §§ 369–372 Rn. 6; MüKoHGB/Martens Rn. 56; Staub/Canaris, 4. Aufl. 2004, §§ 369–372 Rn. 76 f.; Canaris HandelsR § 28 Rn. 28; K. Schmidt HandelsR § 22 Rn. 62.

[89] Ebenroth/Boujong/Dieckmann Rn. 29; Heymann/Horn Rn. 34.

[90] Ehrenbergs HdB Bd. IV 1/M. Wolff 101 f.; RGHMW/Steimle/Dornieden Rn. 41; Schlegelberger/Hefermehl Rn. 53; Staub/Canaris, 4. Aufl. 2004, §§ 369–372 Rn. 71; vgl. auch BGH 17.3.1975, BGHZ 64, 122 (125) = NJW 1975, 1121 zu § 273 BGB.

[91] Ehrenbergs HdB Bd. IV 1/M. Wolff 102; Schlegelberger/Hefermehl Rn. 54; mit Bezug auf § 406 BGB auch BeckOGK/Christiansen, 1.10.2025, Rn. 68; MüKoHGB/Martens Rn. 58 f.; Staub/Canaris, 4. Aufl. 2004, §§ 369–372 Rn. 72; **aA** BeckOK HGB/Moussa, 48. Ed. 1.10.2025, Rn. 36; Ebenroth/Boujong/Dieckmann Rn. 28.

gig davon vor, welches der Rechte zuerst entstanden ist.[92] Zwar regelt § 442 unmittelbar nur das Verhältnis mehrerer gesetzlicher kaufmännischer Pfandrechte untereinander, doch kann dem Gläubiger des Zurückbehaltungsrechts keine stärkere Position zustehen.

41 **c) Verhältnis zwischen mehreren Zurückbehaltungsrechten.** Bestehen mehrere Zurückbehaltungsrechte an dem betreffenden Gegenstand, was in Betracht kommt, wenn ein Gläubiger des Schuldners den unmittelbaren Besitz an der Sache innehat und ein anderer Gläubiger den mittelbaren Besitz, gelten die vorstehend dargelegten Grundsätze der Drittwirkung entsprechend. Daher wirkt das jeweilige Zurückbehaltungsrecht gegenüber dem anderen Gläubiger, soweit diesem gegenüber die Voraussetzungen des § 369 Abs. 2 vorliegen.[93]

42 **2. Übergang.** Ein einmal entstandenes Zurückbehaltungsrecht geht nach zutreffender Sichtweise automatisch auf einen Dritten über, wenn diesem **sowohl** die gesicherte **Forderung als auch** der **Besitz** an der beweglichen Sache oder dem Wertpapier übertragen werden oder kraft Gesetzes auf ihn übergehen (vgl. § 1922 BGB und § 25).[94] Die Gegenauffassung fordert eine gesonderte Abtretung des Zurückbehaltungsrechts nach den §§ 398, 413 BGB.[95]

43 Überträgt der Gläubiger nur die Forderung und nicht den Besitz an dem Sicherungsgut, so geht das Zurückbehaltungsrecht auch dann **nicht analog § 401 BGB** auf den Zessionar über, wenn der Zedent das Zurückbehaltungsrecht bereits zuvor ausgeübt hatte.[96] Damit wird der Zessionar einer durch Zurückbehaltungsrecht gesicherten Forderung zwar im Vergleich mit dem Zessionar einer pfandrechtlich gesicherten Forderung schlechter gestellt.[97] Dies ist jedoch eine konsequente Folge des Umstands, dass das Zurückbehaltungsrecht stärker als ein Pfandrecht an den fortdauernden Besitz des Berechtigten an dem Sicherungsgut gebunden ist, indem es zB auch bei einem unfreiwilligen Besitzverlust erlischt (→ Rn. 27).

44 Von der Frage des Übergangs eines bereits entstandenen Zurückbehaltungsrechts ist die Frage zu trennen, inwieweit ein solches Recht nach einem Parteiwechsel erstmals für oder gegen einen Dritten entstehen kann (→ Rn. 10 ff.).

IV. Ausschluss des Zurückbehaltungsrechts

45 **1. Ausschluss ge. Abs. 3.** Das Zurückbehaltungsrecht greift grundsätzlich unabhängig davon ein, zu welchem Zweck der Gläubiger den Besitz an den beweglichen Sachen oder den Wertpapieren erlangt hat. Jedoch schließt § 369 Abs. 3 das Zurückbehaltungsrecht dann aus, wenn die Zurückbehaltung entweder einer bis zu der Übergabe erteilten Anweisung des Schuldners oder einer von dem Gläubiger übernommenen Verpflichtung zuwiderläuft, mit dem Gegenstand in bestimmter Weise zu verfahren.

46 Um den Anwendungsbereich des Zurückbehaltungsrechts nicht über Gebühr auszuhöhlen, dürfen an diesen Ausschlusstatbestand keine zu geringen Anforderungen gestellt werden, sondern **Treu und Glauben** müssen einen Vorrang der Herausgabepflicht gebieten.[98] Die bloße Pflicht des Gläubigers zur Herausgabe der Sache an den Schuldner reicht für einen Ausschluss des Zurückbehaltungsrechts daher naturgemäß nicht aus.[99] Weiterhin muss eine Anweisung des Schuldners auf einem Weisungsrecht beruhen; eine rein eigenmächtige Zwecksetzung ist unbeachtlich.[100] War die Sache dem Gläubiger zunächst zur Sicherung einer bestimmten Forderung gegen den Schuldner überlassen, schließt dies ihre spätere Zurückhaltung nach § 369 im Hinblick auf eine weitere Schuld nicht aus, dh die Pflicht zur Herausgabe nach Erreichung des ursprünglichen Sicherungszwecks stellt keine besondere Verpflichtung iSd § 369 Abs. 3 dar und berührt das Zurückbehaltungsrecht daher nicht.[101] Auch

[92] Steege NZV 2021, 458 (464 f.); Heymann/Horn Rn. 35; Hopt/Leyens Rn. 12; MüKoHGB/Martens Rn. 61.

[93] Ehrenbergs HdB Bd. IV 1/M. Wolff 105 ff.; MüKoHGB/Martens Rn. 60; Schlegelberger/Hefermehl Rn. 63.

[94] BeckOGK/Christiansen, 1.10.2025, Rn. 106, 108; Ebenroth/Boujong/Dieckmann Rn. 40; Heymann/Horn Rn. 44; Schlegelberger/Hefermehl Rn. 67.

[95] Ehrenbergs HdB Bd. IV 1/M. Wolff 118 f.; Hopt/Leyens Rn. 6.

[96] Ehrenbergs HdB Bd. IV 1/M. Wolff 118; Ebenroth/Boujong/Dieckmann Rn. 40; Schlegelberger/Hefermehl Rn. 67; K. Schmidt HandelsR § 22 Rn. 54; **aA** BeckOK HGB/Moussa, 48. Ed. 1.10.2025, Rn. 43; Staub/Canaris, 4. Aufl. 2004, §§ 369–372 Rn. 96 ff.; Canaris HandelsR § 28 Rn. 33 ff.; Oetker HandelsR § 7 Rn. 108.

[97] Krit. hierzu insbes. Canaris HandelsR § 28 Rn. 33.

[98] ROHG 2.2.1876, ROHGE 19, 369 (373); Ebenroth/Boujong/Dieckmann Rn. 33; Hopt/Leyens Rn. 13; MüKoHGB/Martens Rn. 45; Staub/Canaris, 4. Aufl. 2004, §§ 369–372 Rn. 56.

[99] RG 8.10.1900, JW 1900, 756; Heymann/Horn Rn. 36; Hopt/Leyens Rn. 13.

[100] BeckOGK/Christiansen, 1.10.2025, Rn. 83; Heymann/Horn Rn. 36; ähnlich iErg Ebenroth/Boujong/Dieckmann Rn. 33.

[101] Ehrenbergs HdB Bd. IV 1/M. Wolff 91; Ebenroth/Boujong/Dieckmann Rn. 35; Heymann/Horn Rn. 39.

wenn die Gegenstände wegen des Scheiterns oder der Unwirksamkeit einer anvisierten Vertragsbeziehung zurückzugeben sind (§§ 346, 812 BGB), fehlt es an einer Anweisung oder einer besonderen Verpflichtung nach § 369 Abs. 3.[102]

Muss hingegen der Gläubiger nach dem Inhalt des Vertrags, aufgrund dessen er den Besitz erlangt hat, die Sache jederzeit **an einen Dritten weitergeben,** würde ein Zurückbehaltungsrecht den vertraglichen Pflichten des Gläubigers widersprechen.[103] Dies gilt etwa für Transportunternehmer, die bewegliche Sachen für den Schuldner an Dritte auszuliefern haben, oder für einen Verkaufskommissionär, dem eine Ware von dem Schuldner zum schnellen Absatz überlassen wurde. In diesen Fällen können allerdings die gesetzlichen Pfandrechte der §§ 397, 440, 464, 475b eingreifen, die jedoch in der Regel keine inkonnexen Forderungen sichern. 47

Wenn die Sache **an den Schuldner selbst herauszugeben** ist, dann kommt eine besondere Verpflichtung gem. § 369 Abs. 3 insbesondere in Betracht, sofern die Gegenstände dem Gläubiger treuhänderisch zu einem bestimmten, genau definierten Zweck überlassen wurden (aber → Rn. 46 zu Sicherungsgeschäften).[104] Auch in bankvertraglichen Beziehungen kann die besondere Interessenwahrungspflicht der Bank ein Zurückbehaltungsrecht gegenüber dem Kunden vor allem für inkonnexe Forderungen ausschließen.[105] Eine gesetzliche Sonderregelung findet sich insoweit in den **§ 4 Abs. 1 DepotG, § 30 DepotG.** Schließlich ist von einer konkludenten, das Zurückbehaltungsrecht hindernden Anweisung des Schuldners auszugehen, wenn dieser seinem Wechselgläubiger einen neuen Wechsel zum Zweck der Prolongation zusendet; lehnt der Gläubiger die Prolongation ab, darf er den neuen Wechsel nicht zurückhalten.[106] 48

2. Sonstige Fälle. Neben § 369 Abs. 3 kommt ein Ausschluss des Zurückbehaltungsrechts auch gem. **§ 242 BGB** in Betracht. Dies gilt zB dann, wenn die gesicherte Forderung im Verhältnis zu dem Wert der Gegenstände sehr gering ist[107] oder wenn sie bereits in anderer Weise hinreichend abgesichert ist.[108] Ein Verstoß gegen Treu und Glauben liegt zudem bei der Zurückhaltung von Gegenständen ohne Vermögenswert vor, auf deren Vorhandensein der Schuldner der gesicherten Forderung besonders angewiesen ist.[109] Auch wenn der Gläubiger den Besitz an den Gegenständen zwar mit dem Willen des Schuldners, aber aufgrund einer arglistigen Täuschung oder widerrechtlichen Drohung erlangt hat, kommt ein Zurückbehaltungsrecht nicht in Betracht.[110] Der weiterhin diskutierte Fall, dass die Forderung des Gläubigers erst zu einem Zeitpunkt fällig wird, in dem sich dieser mit der Herausgabe der Sache in Verzug befindet,[111] betrifft hingegen nach der hier vertretenen Auffassung keinen besonderen Ausschluss des Zurückbehaltungsrechts nach § 242 BGB. Vielmehr ist die Entstehung eines kaufmännischen Zurückbehaltungsrechts immer dann ausgeschlossen, wenn der Gläubiger im Fälligkeitszeitpunkt kein Recht zum Besitz mehr hat (→ Rn. 31). Eine gesetzlich speziell geregelte Einschränkung des Zurückbehaltungsrechts enthält schließlich **§ 88a Abs. 2** für beendete Handelsvertreterverträge. 49

V. Rechtsfolgen

1. Einschränkung der Leistungspflicht. Das kaufmännische Zurückbehaltungsrecht begründet, ebenso wie das allgemeine Zurückbehaltungsrecht, ein **Leistungsverweigerungsrecht,** das durch eine Einrede geltend zu machen ist.[112] Das Leistungsverweigerungsrecht führt zu einer Einschränkung der Herausgabepflicht des Gläubigers der gesicherten Forderung auf eine Leistung Zug 50

---

[102] RG 4.6.1890, RGZ 26, 58 (60); 23.1.1920, RGZ 98, 69 (70).

[103] BGH 3.11.1965, WM 1966, 115 (117); OLG Düsseldorf 2.2.1990, DB 1990, 830 f.; Ehrenbergs HdB Bd. IV 1/M. Wolff 97; BeckOGK/Christiansen, 1.10.2025, Rn. 84; GK-HGB/Weber Rn. 23; Hopt/Leyens Rn. 13.

[104] BGH 17.12.1962, BB 1963, 160; Heymann/Horn Rn. 38.

[105] Vgl. RG 28.11.1934, RGZ 146, 57 (59); BeckOGK/Christiansen, 1.10.2025, Rn. 85.1; Schlegelberger/Hefermehl Rn. 46.

[106] Schlegelberger/Hefermehl Rn. 45; K. Schmidt HandelsR § 22 Rn. 56 f.

[107] *BGH 3.11.1965, WM 1966, 115 (117)*; RGHMW/Steimle/Dornieden Rn. 48.

[108] Vgl. RG 10.3.1932, RGZ 136, 19 (26); BGH 14.7.1952, BGHZ 7, 123 (127) = NJW 1952, 1175; MüKoHGB/Martens Rn. 49; krit. Schlegelberger, Das Zurückbehaltungsrecht, 1904, 238 f.

[109] OLG Karlsruhe 8.8.1972, BB 1972, 1163; Hopt/Leyens Rn. 7.

[110] Heymann/Horn Rn. 40; KKD/Koller §§ 369–372 Rn. 5; Staub/Canaris, 4. Aufl. 2004, §§ 369–372 Rn. 25.

[111] Staub/Canaris, 4. Aufl. 2004, §§ 369–372 Rn. 59; K. Schmidt HandelsR § 22 Rn. 72.

[112] OLG Köln 10.6.1998, MDR 1999, 319; Ehrenbergs HdB Bd. IV 1/M. Wolff 98; Hopt/Leyens Rn. 2; KKD/Koller §§ 369–372 Rn. 7; MüKoHGB/Martens Rn. 52; Staub/Canaris, 4. Aufl. 2004, §§ 369–372 Rn. 60.

um Zug iSd § 274 BGB.[113] Demgegenüber begründet das Zurückbehaltungsrecht nach richtiger, wenn auch nicht herrschender Auffassung kein eigenständiges **Besitzrecht.**[114] Insbesondere wäre ein solches Besitzrecht nur schwer mit dem Umstand zu vereinbaren, dass das Zurückbehaltungsrecht nach einhelliger Auffassung auch mit einem unfreiwilligen Besitzverlust des Gläubigers untergeht (→ Rn. 27). Im Umkehrschluss zu § 205 BGB tritt auch **keine Hemmung der Verjährung** der gesicherten Forderung ein.[115]

51 Die Geltendmachung des Zurückbehaltungsrechts schließt den Eintritt eines **Verzugs mit der Herausgabepflicht** aus.[116] War der Verzug bereits vor der Geltendmachung eingetreten, wird er durch die Ausübung des Zurückbehaltungsrechts nur dann ex nunc[117] geheilt, wenn der Berechtigte die Herausgabe der beweglichen Sachen oder Wertpapiere Zug um Zug gegen Erfüllung seines Anspruchs anbietet.[118] Die Entstehung von **Sekundärrechten aus den §§ 281, 323 BGB** in Bezug auf einen schuldrechtlichen Herausgabeanspruch des Schuldners der gesicherten Forderung (→ Rn. 34 f.) wird ebenfalls nicht schon durch die Zurückbehaltungslage ausgeschlossen, sondern erst durch die Ausübung des Zurückbehaltungsrechts.[119] Umgekehrt muss der Schuldner der gesicherten Forderung seine Leistung richtig und vollständig anbieten, um die Wirkung eines geltend gemachten Zurückbehaltungsrechts wieder zu beseitigen.[120]

52 **2. Wirkung in der Insolvenz und der Einzelzwangsvollstreckung.** In der **Insolvenz** des Schuldners der gesicherten Forderung gewährt das kaufmännische Zurückbehaltungsrecht ein Recht auf **abgesonderte Befriedigung** (§ 51 Nr. 3 InsO). Problematisch ist, ob dieses Absonderungsrecht nur voraussetzt, dass die gesicherte Forderung vor der Eröffnung des Insolvenzverfahrens begründet war oder ob es einer vorherigen Fälligkeit bedarf. Da nach der hier vertretenen Auffassung (→ Rn. 8, → Rn. 18, → Rn. 33) das Zurückbehaltungsrecht erst mit der Fälligkeit entsteht, spricht die Regelung des § 91 Abs. 1 InsO für ein Abstellen auf den Fälligkeitszeitpunkt.[121] Demgegenüber bildet die Fälligkeitsfiktion des § 41 Abs. 1 InsO ein Argument dafür, dass die vorherige Fälligkeit entbehrlich sein könnte.[122] Entscheidend ist letztlich ein Blick auf die im Zuge der Insolvenzrechtsreform gestrichene Vorschrift des § 370 Nr. 1 aF, nach der im Fall des Konkurses ein kaufmännisches Zurückbehaltungsrecht auch wegen nicht fälliger Forderungen geltend gemacht werden konnte. Dies sah der Reformgesetzgeber als nicht mehr gerechtfertigt an,[123] sodass unter Geltung des § 51 Nr. 3 InsO eine vorherige Fälligkeit erforderlich ist.[124] Die Verwertung des Sicherungsguts erfolgt nach § 173 InsO außerhalb des Insolvenzverfahrens.

53 In der **Einzelzwangsvollstreckung** geht das Zurückbehaltungsrecht später entstandenen Pfändungspfandrechten vor (vgl. § 804 Abs. 2 ZPO). Aufgrund seines Gewahrsams an den Gegenständen kann der Gläubiger einer Pfändung widersprechen (§§ 808, 809 ZPO) und im Verletzungsfall **Erinnerung** nach § 766 ZPO einlegen.[125] Daneben steht ihm die **Drittwiderspruchsklage** gem. § 771 ZPO sowie – als Minus – die **Klage auf vorzugsweise Befriedigung** gem. § 805 ZPO zu.[126]

---

[113] GK-HGB/Weber Rn. 25; HK-HGB/Ruß Rn. 12; Schlegelberger/Hefermehl Rn. 50; Oetker HandelsR § 7 Rn. 105.

[114] Köbl, Das Eigentümer-Besitzer-Verhältnis im Anspruchssystem des BGB, 1971, 110 ff.; BeckOGK/Christiansen, 1.10.2025, Rn. 58; MüKoBGB/Baldus BGB § 986 Rn. 53 f., jeweils mwN; **aA** Ehrenbergs HdB Bd. IV 1/M. Wolff 98; MüKoHGB/Martens Rn. 50 (im Fall der Geltendmachung eines Befriedigungsrechts nach § 371); Staub/Canaris, 4. Aufl. 2004, §§ 369–372 Rn. 61; zu § 273 BGB auch BGH 17.3.1975, BGHZ 64, 122 (124) = NJW 1975, 1121.

[115] BeckOGK/Christiansen, 1.10.2025, Rn. 57; Heymann/Horn Rn. 4; RGHMW/Steimle/Dornieden Rn. 38.

[116] BeckOGK/Christiansen, 1.10.2025, Rn. 56; NK-HGB/Eberl Rn. 17; Heymann/Horn Rn. 4.

[117] Für ex tunc-Wirkung analog § 389 BGB Staub/Canaris, 4. Aufl. 2004, §§ 369–372 Rn. 61 f.; Canaris HandelsR § 28 Rn. 23.

[118] Heymann/Horn Rn. 4; RGHMW/Steimle/Dornieden Rn. 36; Schlegelberger/Hefermehl Rn. 5; vgl. auch RG 22.2.1928, RGZ 120, 193 (197); BGH 25.11.1970, NJW 1971, 421 f. zu § 273 BGB.

[119] Herresthal Jura 2008, 561 (568); zu § 273 BGB MüKoBGB/Ernst BGB § 281 Rn. 28; MüKoBGB/Ernst BGB § 323 Rn. 51.

[120] Vgl. BGH 28.4.1983, WM 1983, 863 (864); Heymann/Horn Rn. 45.

[121] So Heymann/Horn § 371 Rn. 2; HK-HGB/Ruß Rn. 14.

[122] So BeckOGK/Christiansen, 1.10.2025, Rn. 78; Staub/Canaris, 4. Aufl. 2004, §§ 369–372 Rn. 92; vgl. auch OLG Köln 23.6.1993, NJW-RR 1994, 544 f. zur KO.

[123] BT-Drs. 12/3803, 83 und 136.

[124] Zust. BeckOK HGB/Moussa, 48. Ed. 1.10.2025, Rn. 52; MüKoHGB/Martens Rn. 63.

[125] Ebenroth/Boujong/Dieckmann Rn. 31; HK-HGB/Ruß Rn. 14; Hopt/Leyens Rn. 12; Staub/Canaris, 4. Aufl. 2004, §§ 369–372 Rn. 93.

[126] BeckOGK/Christiansen, 1.10.2025, Rn. 76; Ebenroth/Boujong/Dieckmann Rn. 31; MüKoHGB/Martens Rn. 64; Schlegelberger/Hefermehl Rn. 61.

3. Befriedigungsrecht. Eine der Hauptwirkungen des kaufmännischen Zurückbehaltungsrechts bildet das pfandrechtsähnliche Befriedigungsrecht aus den §§ 371, 372 (s. dort). 54

4. Schutz des Zurückbehaltungsrechts. Nach einhelliger Auffassung begründet das kaufmännische Zurückbehaltungsrecht **keinen** eigenständigen **Herausgabeanspruch** analog den §§ 985, 1227 BGB.[127] Dies ist insbesondere deswegen folgerichtig, weil das Zurückbehaltungsrecht anders als ein Pfandrecht auch mit einem unfreiwilligen Besitzverlust – vorbehaltlich einer Rückerlangung des Besitzes – erlischt (→ Rn. 27). Wird dem Berechtigten der Besitz an dem Zurückbehaltungsgut entzogen, stehen ihm jedoch die Herausgabeansprüche aus den §§ 861, 1007 BGB zu. 55

Darüber hinaus ist das kaufmännische Zurückbehaltungsrecht aufgrund seiner absoluten Wirkungen aus § 371 und § 51 Nr. 3 InsO als sonstiges Recht iSd § 823 Abs. 1 BGB **gegen deliktische Verletzungen geschützt.**[128] 56

VI. Abwendung durch Sicherheitsleistung (Abs. 4)

Da das kaufmännische Zurückbehaltungsrecht nur der Sicherung, nicht aber der Erzwingung der gesicherten Forderung dient, kann es gem. § 369 Abs. 4 durch Sicherheitsleistung iSd §§ 232 ff. BGB abgewendet werden, mit Ausnahme einer Sicherheitsleistung durch Bürgschaft. Überwiegend wird dabei angenommen, dass die zu leistende Sicherheit durch die Höhe des Werts der zurückgehaltenen Gegenstände begrenzt sei.[129] Dies erscheint zumindest in den Fällen fraglich, in denen der Wert möglicherweise schwankt und dem Gläubiger damit durch die Sicherheitsleistung die Chance auf eine Erhöhung der Werthaltigkeit seiner Sicherheit entzogen wird.[130] Darüber hinaus hindert die Sicherheitsleistung nur die Ausübung des Zurückbehaltungsrechts, während dessen endgültiges Erlöschen erst mit der Befriedigung des Gläubigers eintritt (→ Rn. 19).[131] 57

VII. Abdingbarkeit und rechtsgeschäftliche Bestellung

Die Norm des § 369 ist – vorbehaltlich der Sonderregelung in § 88a Abs. 1 für das Handelsvertreterrecht – **abdingbar,** dh die Parteien können das Entstehen eines kaufmännischen Zurückbehaltungsrechts ausschließen oder einschränken,[132] beispielsweise durch das Erfordernis einer Konnexität der Forderungen. Auch bei der Verwendung von AGB sind die Regelungen des § 369 in der Regel nicht als wesentliche Grundgedanken iSd § 307 Abs. 2 Nr. 1 BGB anzusehen, sodass ein formularmäßiger Ausschluss nur dann an den §§ 307, 310 BGB scheitert, wenn die gesicherte Forderung unbestritten oder rechtskräftig festgestellt ist.[133] Möglich ist auch ein Verzicht des Gläubigers auf das Zurückbehaltungsrecht im Verhältnis zu anderen Kreditgebern des Schuldners.[134] 58

Umgekehrt kann das Zurückbehaltungsrecht durch eine Vereinbarung zwischen den Parteien der Handelsbeziehung auch im Vergleich mit den Voraussetzungen des § 369 **privatautonom erweitert** werden, zB durch die Erstreckung auf andere Vermögensrechte als bewegliche Sachen und Wertpapiere, durch einen Verzicht auf das Fälligkeitserfordernis oder durch einen Ausschluss der Abwendungsbefugnis mittels Sicherheitsleistung.[135] Nach der zutreffenden hM zieht ein derart erweitertes Zurückbehaltungsrecht jedoch **nur schuldrechtliche Wirkungen** nach sich, insbesondere ein Leis- 59

[127] Steege NZV 2021, 458 (461); Ehrenbergs HdB Bd. IV 1/M. Wolff 99; BeckOGK/Christiansen, 1.10.2025, Rn. 74; Staub/Canaris, 4. Aufl. 2004, §§ 369–372 Rn. 83; Canaris HandelsR § 28 Rn. 32; K. Schmidt HandelsR § 22 Rn. 73.

[128] BeckOGK/Christiansen, 1.10.2025, Rn. 75; Ebenroth/Boujong/Dieckmann Rn. 27; MüKoHGB/Martens Rn. 50; Staub/Canaris, 4. Aufl. 2004, §§ 369–372 Rn. 84 ff.; Canaris HandelsR § 28 Rn. 31; Oetker HandelsR § 7 Rn. 106.

[129] RG 21.7.1936, RGZ 152, 71 (75); Ehrenbergs HdB Bd. IV 1/M. Wolff 124; HK-HGB/Ruß Rn. 16; RGHMW/Steimle/Dornieden Rn. 49.

[130] Zust. BeckOGK/Christiansen, 1.10.2025, Rn. 97. Auch nach RG 9.7.1932, RGZ 137, 324 (355) soll eine Sicherheit in Höhe des Werts des Sicherungsgegenstands, aber unterhalb der gesicherten Forderung nur in Ausnahmefällen hinreichen, insbes. wenn der Gläubiger bereits über andere werthaltige Sicherungsmittel verfügt; dem zust. MüKoHGB/Martens Rn. 67.

[131] Staub/Canaris, 4. Aufl. 2004, §§ 369–372 Rn. 108; **aA** Ebenroth/Boujong/Dieckmann Rn. 38; MüKoHGB/Martens Rn. 68.

[132] OLG Hamburg 1.10.1997, NJW-RR 1998, 586 (587); Ehrenbergs HdB Bd. IV 1/M. Wolff 96; GK-HGB/Weber Rn. 5; Heymann/Horn Rn. 42; HK-HGB/Ruß Rn. 1.

[133] OLG Hamburg 1.10.1997, NJW-RR 1998, 586 (587); vgl. auch BGH 10.10.1991, BGHZ 115, 324 (327) = NJW 1992, 575 zu § 273 BGB; BeckOGK/Christiansen, 1.10.2025, Rn. 92, 92.1; Ebenroth/Boujong/Dieckmann Rn. 37; Heymann/Horn Rn. 42 mwN.

[134] BGH 18.10.1962, WM 1962, 1350 (1351 f.).

[135] RG 22.10.1927, RGZ 118, 250 (252); Heymann/Horn Rn. 46; RGHMW/Steimle/Dornieden Rn. 4; Staub/Canaris, 4. Aufl. 2004, §§ 369–372 Rn. 110 ff.

tungsverweigerungsrecht (→ Rn. 50 f.), nicht aber die quasi-dinglichen Wirkungen der §§ 371, 372 und § 51 Nr. 3 InsO.[136] Für derartige dingliche Wirkungen bedarf es somit außerhalb der gesetzlichen Reichweite des § 369 der Bestellung eines Pfandrechts an den Sicherungsgegenständen.

VIII. Beweislast

60 Im Rahmen des § 369 gelten die allgemeinen Grundsätze der Beweislastverteilung. Daher hat der Gläubiger im Streitfall alle Voraussetzungen des § 369 Abs. 1 und 2 zu beweisen,[137] während für einen Ausschluss des Zurückbehaltungsrechts nach Abs. 3 der Schuldner beweispflichtig ist.

§ 370 [aufgehoben]

1 § 370 wurde aufgehoben durch Art. 40 EGInsO vom 5.10.1994 (BGBl. 1994 I 2911).

§ 371 [Befriedigungsrecht]

(1) [1]Der Gläubiger ist kraft des Zurückbehaltungsrechts befugt, sich aus dem zurückbehaltenen Gegenstande für seine Forderung zu befriedigen. [2]Steht einem Dritten ein Recht an dem Gegenstande zu, gegen welches das Zurückbehaltungsrecht nach § 369 Abs. 2 geltend gemacht werden kann, so hat der Gläubiger in Ansehung der Befriedigung aus dem Gegenstande den Vorrang.

(2) [1]Die Befriedigung erfolgt nach den für das Pfandrecht geltenden Vorschriften des Bürgerlichen Gesetzbuchs. [2]An die Stelle der in § 1234 des Bürgerlichen Gesetzbuchs bestimmten Frist von einem Monate tritt eine solche von einer Woche.

(3) [1]Sofern die Befriedigung nicht im Wege der Zwangsvollstreckung stattfindet, ist sie erst zulässig, nachdem der Gläubiger einen vollstreckbaren Titel für sein Recht auf Befriedigung gegen den Eigentümer oder, wenn der Gegenstand ihm selbst gehört, gegen den Schuldner erlangt hat; in dem letzteren Falle finden die den Eigentümer betreffenden Vorschriften des Bürgerlichen Gesetzbuchs über die Befriedigung auf den Schuldner entsprechende Anwendung. [2]In Ermangelung des vollstreckbaren Titels ist der Verkauf des Gegenstandes nicht rechtmäßig.

(4) Die Klage auf Gestattung der Befriedigung kann bei dem Gericht, in dessen Bezirke der Gläubiger seinen allgemeinen Gerichtsstand oder den Gerichtsstand der Niederlassung hat, erhoben werden.

Schrifttum: s. zu § 369.

Übersicht

I. Allgemeines

1 § 371 regelt mit dem Befriedigungsrecht des Gläubigers eine der Hauptwirkungen, die aus dem kaufmännischen Zurückbehaltungsrecht folgen. In enger Anlehnung an die pfandrechtlichen Vorschriften (vgl. Abs. 2) erfolgt die Befriedigung regelmäßig durch eine Verwertung des Sicherungsguts im Wege des Verkaufs. Eine wesentliche Besonderheit besteht jedoch darin, dass eine solche Verwer-

[136] RG 17.11.1917, RGZ 91, 155 (157); OLG Köln 23.6.1993, NJW-RR 1994, 544 (545); Ahrens, Zivilrechtliche Zurückbehaltungsrechte, 2003, Rn. 263; BeckOGK/Christiansen, 1.10.2025, Rn. 16; Heymann/Horn Rn. 46; Schlegelberger/Hefermehl Rn. 41; **aA** Ehrenbergs HdB Bd. IV 1/M. Wolff 97 f.; Staub/Canaris, 4. Aufl. 2004, §§ 369–372 Rn. 110; Canaris HandelsR § 28 Rn. 37; diff. Hopt/Leyens Rn. 1.

[137] Vgl. Schlegelberger, Das Zurückbehaltungsrecht, 1904, 198; BeckOGK/Christiansen, 1.10.2025, Rn. 110; GK-HGB/Weber Rn. 19.

tung, anders als im Fall des Pfandrechts, einen vollstreckbaren Titel voraussetzt (Abs. 3). Wegen dieses ohnehin bestehenden Erfordernisses kommt für den Gläubiger als alternative Form der Befriedigung auch eine Zwangsvollstreckung in die zurückbehaltenen Gegenstände aufgrund der gesicherten Forderung in Betracht (Abs. 3 S. 1). Besonderheiten sind dann zu beachten, wenn entweder das Sicherungsgut im Eigentum des Gläubigers selbst steht (→ Rn. 3, → Rn. 12, → Rn. 20 f.) oder wenn Dritte dingliche Rechte an den beweglichen Sachen oder Wertpapieren innehaben (→ Rn. 4, → Rn. 16, → Rn. 18).

II. Vollstreckungsbefriedigung

Die Regelung des § 371 Abs. 3 S. 1 stellt klar, dass sich der Gläubiger der gesicherten Forderung zu seiner Befriedigung nicht auf die Verwertungsbefugnis aus dem kaufmännischen Zurückbehaltungsrecht stützen muss, sondern auch die Zwangsvollstreckung betreiben kann. Hierzu muss er einen **vollstreckbaren Titel über die gesicherte Forderung** erlangen, den zurückbehaltenen Gegenstand gem. § 809 ZPO pfänden und nach den §§ 814 ff. ZPO durch den Gerichtsvollzieher verwerten lassen.[1] Bezieht sich das kaufmännische Zurückbehaltungsrecht auf ein **Inhaberpapier,** so erfolgt die Verwertung gem. § 821 ZPO, während für die Pfändung und Verwertung eines **Orderpapiers** die §§ 828 ff. ZPO gelten (vgl. § 831 ZPO). In allen Fällen der Vollstreckungsbefriedigung spielt das Zurückbehaltungsrecht für die Zwangsvollstreckung keine konstitutive Rolle.[2] Vielmehr entfaltet es gem. **§ 777 ZPO** insoweit eine einschränkende Wirkung, als der Schuldner die Zwangsvollstreckung wegen der gesicherten Forderung in sein sonstiges, nicht von dem Zurückbehaltungsrecht erfasstes Vermögen durch eine Erinnerung verhindern kann, soweit der Wert der zurückbehaltenen Gegenstände die gesicherten Forderungen deckt. 2

Auch wenn der **Gläubiger** iSd § 369 Abs. 1 S. 2 **selbst der Eigentümer** der beweglichen Sachen oder Wertpapiere ist, auf die sich das Zurückbehaltungsrecht erstreckt (→ § 369 Rn. 34 f.), steht dies einer Befriedigung im Wege der Zwangsvollstreckung nicht entgegen.[3] Dies folgt entweder daraus, dass man ein Pfändungspfandrecht auch an eigenen Sachen des Vollstreckungsgläubigers zulässt[4] oder dass man als Grundlage der Verwertung in der Vollstreckung nur die wirksame Verstrickung ansieht, die jedenfalls auch die eigenen Gegenstände des Gläubigers erfasst.[5] 3

Haben **Dritte** das Eigentum oder ein sonstiges dingliches Recht an den Gegenständen des Zurückbehaltungsrechts inne, entscheidet über den Erfolg der Zwangsvollstreckung die Frage, ob das kaufmännische Zurückbehaltungsrecht auch den Dritten gegenüber wirkt (→ § 369 Rn. 33, → § 369 Rn. 36 ff.). Soweit dies, insbesondere nach § 369 Abs. 2, der Fall ist, genießt der Gläubiger in Ansehung der Befriedigung den Vorrang gegenüber den Dritten (§ 371 Abs. 1 S. 2), sodass diese keine erfolgreiche Drittwiderspruchsklage nach § 771 ZPO erheben können.[6] Wirkt hingegen das Zurückbehaltungsrecht nicht gegenüber den Dritten, so greift § 771 ZPO grundsätzlich ein, wenn nicht das betreffende Drittrecht in einem besitzlosen Pfandrecht iSd § 805 ZPO besteht.[7] In letzterem Fall kann der Dritte lediglich eine Klage auf vorzugsweise Befriedigung erheben. 4

III. Verkaufsbefriedigung

Kraft des Zurückbehaltungsrechts kann sich der Gläubiger aus dem Sicherungsgut auch im Wege der Verwertung befriedigen, die § 371 Abs. 2 grundsätzlich den Vorschriften über das Pfandrecht unterstellt. Daher erfolgt die Verwertung gem. § 1228 Abs. 1 BGB durch Verkauf. Neben den allgemeinen Voraussetzungen der Pfandverwertung (→ Rn. 6) bedarf es nach § 371 Abs. 3 jedoch eines vollstreckbaren Titels über das Recht auf Befriedigung (→ Rn. 7 ff.). 5

1. Allgemeine Voraussetzungen. Gemäß § 1228 Abs. 2 BGB setzt die **Befriedigungsreife** die Fälligkeit der gesicherten Forderung voraus, die zudem in eine Geldforderung übergegangen sein muss, sofern sie ursprünglich einen anderen Inhalt hatte.[8] 6

---

[1] Statt aller Schlegelberger/Hefermehl Rn. 5.

[2] Ebenroth/Boujong/Dieckmann Rn. 5; Heymann/Horn Rn. 5; K. Schmidt HandelsR § 22 Rn. 76.

[3] Ebenroth/Boujong/Dieckmann Rn. 5; Schlegelberger/Hefermehl Rn. 5; Staub/Canaris, 4. Aufl. 2004, *§§ 369–372 Rn. 67; K. Schmidt HandelsR § 22 Rn. 76;* **aA** noch Ehrenbergs HdB Bd. IV 1/M. Wolff 108.

[4] So Staub/Canaris, 4. Aufl. 2004, §§ 369–372 Rn. 67; allg. Baur/Stürner/Bruns, Zwangsvollstreckungsrecht, 13. Aufl. 2006, 27/13 mwN.

[5] So BeckOGK/Christiansen, 1.10.2025, Rn. 10; Schlegelberger/Hefermehl Rn. 5; allg. MüKoZPO/Gruber ZPO § 804 Rn. 20 mwN.

[6] Heymann/Horn Rn. 1.

[7] BeckOGK/Christiansen, 1.10.2025, Rn. 7.

[8] Ehrenbergs HdB Bd. IV 1/M. Wolff 107; BeckOGK/Christiansen, 1.10.2025, Rn. 6; Ebenroth/Boujong/Dieckmann Rn. 3; Heymann/Horn Rn. 2; Hopt/Leyens Rn. 1.

7 **2. Vollstreckungstitel.** Anders als die Verwertung aufgrund eines Mobiliarpfandrechts erfordert die Befriedigung aufgrund des kaufmännischen Zurückbehaltungsrechts einen vollstreckbaren Titel. Dies dient dem Schutz des Eigentümers der zu verwertenden Sache, da das kaufmännische Zurückbehaltungsrecht einerseits nicht auf einer Vereinbarung beruht und andererseits der gesetzliche Entstehungstatbestand des § 369 durchaus komplexe Voraussetzungen enthält.[9] Daher besteht ein besonderes Bedürfnis, das Vorliegen eines kaufmännischen Zurückbehaltungsrechts vor der Verwertung in titulierter Form festzuhalten.

8 Da das Titelerfordernis nur dem Schutz des typischerweise vorhandenen Klarstellungsinteresses der Beteiligten, insbesondere des Eigentümers der zu verwertenden Sache, dient, kann es – parallel zu der Rechtslage bei einem Pfandrecht an Rechten gem. § 1277 BGB[10] – durch eine **Entbehrlichkeitsvereinbarung** zwischen dem Gläubiger und dem Verwertungsbetroffenen ausgeschlossen werden.[11]

9 **a) Inhalt des Titels.** Der erforderliche Titel bezieht sich bei der Verkaufsbefriedigung – anders als bei der Vollstreckungsbefriedigung (→ Rn. 2) – nicht auf die gesicherte Forderung, sondern umfasst die **Gestattung der Befriedigung** (§ 371 Abs. 4).[12] Umstritten ist die Rechtsnatur einer entsprechenden Klage. Eine Ansicht geht von einer Gestaltungsklage aus, da gem. § 369 Abs. 3 erst der Titel die materiellen Voraussetzungen des Befriedigungsrechts schaffe.[13] Überzeugender erscheint jedoch in Parallele zu den § 1147 BGB, § 1233 Abs. 2 BGB, § 1277 BGB die Sichtweise, nach der es sich um eine **Leistungsklage** handelt, die **auf Duldung der Befriedigung** gerichtet ist.[14] Der Klageantrag und der spätere Titel müssen die Objekte der Verwertung bezeichnen.[15] Im Rahmen des Verfahrens ist der Gläubiger für alle Entstehungsvoraussetzungen des kaufmännischen Zurückbehaltungsrechts beweispflichtig, einschließlich des Bestehens einer gesicherten Forderung.[16] Analog § 254 ZPO kann er seine Klage daher mit einer Klage auf Auskunft über die gesicherte Forderung verbinden.[17] Darüber hinaus ist auch eine inzidente Feststellungsklage über das Bestehen der Forderung gem. § 256 Abs. 2 ZPO denkbar.[18]

10 Die **Höhe der gesicherten Forderung** muss durch den Gläubiger grundsätzlich nicht beziffert werden.[19] Aufgrund des unmittelbaren Zusammenhangs mit der gesicherten Geldforderung kann die Klage auf Duldung der Befriedigung aber nach Wahl des Gläubigers im Wege des **Urkunden- und des Mahnverfahrens** betrieben werden (§ 592 ZPO, § 688 Abs. 1 ZPO).[20] In diesen Fällen ist folgerichtig auch die Forderung in dem Klageantrag und später in dem Titel zu beziffern.[21] Hingegen muss eine **vollstreckbare Urkunde** gem. § 794 Abs. 1 Nr. 5 ZPO einzig die Duldung der Verwertung titulieren, sodass es hier keiner summenmäßigen Bezifferung der gesicherten Forderung bedarf.[22]

11 **b) Passivlegitimation.** Der Titel muss nach § 371 Abs. 3 S. 1 grundsätzlich gegenüber dem Eigentümer der zu verwertenden Sache erlangt werden, der insbesondere in den Fällen des § 369 Abs. 2 von dem Schuldner der gesicherten Forderung abweichen kann.[23] Unter den Voraussetzungen

---

[9] Denkschrift zu dem Entwurf eines Handelsgesetzbuchs, 1896, 213; BeckOGK/Christiansen, 1.10.2025, Rn. 12; Ebenroth/Boujong/Dieckmann Rn. 6; Heymann/Horn Rn. 6; MüKoHGB/Martens Rn. 7; Schlegelberger/Hefermehl Rn. 6; K. Schmidt HandelsR § 22 Rn. 76.

[10] Dazu MüKoBGB/F. Schäfer BGB § 1277 Rn. 5.

[11] Ehrenbergs HdB Bd. IV 1/M. Wolff 111 f.; BeckOGK/Christiansen, 1.10.2025, Rn. 13.2; Ebenroth/Boujong/Dieckmann Rn. 6; HK-HGB/Ruß Rn. 4; Hopt/Leyens Rn. 3; Schlegelberger/Hefermehl Rn. 7; K. Schmidt HandelsR § 22 Rn. 76; **aA** Heymann/Horn Rn. 6.

[12] RG 6.5.1919, RGZ 95, 334 (336); BeckOGK/Christiansen, 1.10.2025, Rn. 14.

[13] OLG Hamburg 14.1.1958, MDR 1958, 343; Ehrenbergs HdB Bd. IV 1/M. Wolff 109 f.; HK-HGB/Ruß Rn. 4; Hopt/Leyens Rn. 4; Schlegelberger/Hefermehl Rn. 9.

[14] Ebenroth/Boujong/Dieckmann Rn. 7; Heymann/Horn Rn. 7; MüKoHGB/Martens Rn. 10; Staub/Canaris, 4. Aufl. 2004, §§ 369–372 Rn. 68; Canaris HandelsR § 28 Rn. 24; K. Schmidt HandelsR § 22 Rn. 76.

[15] NK-HGB/Eberl Rn. 5; Hopt/Leyens Rn. 4.

[16] Vgl. RG 6.5.1919, RGZ 95, 334 (336 f.); OLG Hamburg 14.1.1958, MDR 1958, 343; Ehrenbergs HdB Bd. IV 1/M. Wolff 110; Heymann/Horn Rn. 7; Hopt/Leyens Rn. 4; Schlegelberger/Hefermehl Rn. 8.

[17] OLG Hamburg 14.1.1958, MDR 1958, 343.

[18] OLG Hamburg 20.11.1959, MDR 1960, 315 f.

[19] RG 6.5.1919, RGZ 95, 334 (336 f.); OLG Hamburg 14.1.1958, MDR 1958, 343; 20.11.1959, MDR 1960, 315; Heymann/Horn Rn. 7; KKD/Koller §§ 369–372 Rn. 9; MüKoHGB/Martens Rn. 15; Schlegelberger/Hefermehl Rn. 9.

[20] Hopt/Leyens Rn. 4; MüKoHGB/Martens Rn. 11; Schlegelberger/Hefermehl Rn. 9.

[21] BeckOGK/Christiansen, 1.10.2025, Rn. 16.

[22] Ebenroth/Boujong/Dieckmann Rn. 12; anders noch die Rechtslage unter Geltung des § 794 Abs. 1 Nr. 5 ZPO aF: vgl. Heymann/Horn Rn. 7; Schlegelberger/Hefermehl Rn. 9.

[23] Vgl. BeckOGK/Christiansen, 1.10.2025, Rn. 18; BeckOK HGB/Moussa, 48. Ed. 1.10.2025, Rn. 10; Staub/Canaris, 4. Aufl. 2004, §§ 369–372 Rn. 88.

des § 372 wirkt ein gegenüber dem ursprünglichen Eigentümer-Schuldner erstrittenen Titel jedoch auch gegenüber einem neuen Eigentümer.

12 Wird ein **Zurückbehaltungsrecht an eigenen Sachen** des Gläubigers iSd § 369 Abs. 1 S. 2 (analog) geltend gemacht (→ § 369 Rn. 34 f.), bedarf es eines Titels gegen den Schuldner (§ 371 Abs. 3 S. 1 Hs. 1). Diese Regelung ist im Zusammenhang mit dem Verschaffungsanspruch des Schuldners in Bezug auf die Gegenstände zu sehen, der durch die Verwertung beeinträchtigt wird. Handelt es sich bei dem Schuldner um eine **Personengesellschaft,** der die zurückbehaltenen Gegenstände zu verschaffen sind, muss der Titel folgerichtig nur gegen die Gesellschaft und nicht auch gegen die Gesellschafter erwirkt werden, da diese zwar gem. § 128 für die gesicherte Schuld haften, ihnen aber kein Verschaffungsanspruch zusteht.[24] Im Fall einer **Abtretung des Verschaffungsanspruchs** durch den Schuldner ist nach dem Gesagten nicht mehr dieser, sondern der Zessionar passivlegitimiert.[25] Dann findet allerdings auch § 372 zugunsten eines Gläubigers, der keine Kenntnis von der Abtretung hat, entsprechende Anwendung.[26]

13 **c) Gerichtsstand.** Soll der erforderliche Titel auf dem Klageweg erlangt werden, so sieht § 371 Abs. 4 einen zusätzlichen besonderen Gerichtsstand zugunsten des Gläubigers vor. Dieser kann die Klage an seinem allgemeinen Gerichtsstand iSd §§ 12 ff. ZPO oder an dem besonderen Gerichtsstand seiner Niederlassung iSd § 21 ZPO erheben. Bei mehreren Niederlassungen ist diejenige maßgeblich, in deren Geschäftsbetrieb die gesicherte Forderung entstanden ist (vgl. § 21 Abs. 1 ZPO).[27] Neben der Sonderregelung des § 371 Abs. 4 bleibt eine Klage an dem Gerichtsstand des Eigentümers bzw. des Schuldners (→ Rn. 11 f.) gem. §§ 12 ff. ZPO möglich (§ 35 ZPO).[28] Ob eine Prorogation nach § 38 Abs. 1 ZPO die gesetzlichen Gerichtsstände verdrängt, ist durch Auslegung zu ermitteln.[29]

14 **d) Kosten.** Die Kosten einer Klage auf Duldung der Verwertung treffen im Erfolgsfall den beklagten Eigentümer bzw. Schuldner, anderenfalls den Kläger (§ 91 Abs. 1 ZPO). Nach § 93 ZPO kann den Gläubiger aber auch im Erfolgsfall eine Kostentragungspflicht treffen, wenn der Beklagte seine Duldungspflicht sofort anerkennt und ihm der Gläubiger vorprozessual nicht die Gelegenheit gegeben hatte, die Verwertung auch ohne einen gerichtlichen Titel zu gestatten (→ Rn. 8).[30]

15 **3. Durchführung der Verwertung. a) Allgemeines.** Gemäß § 1233 BGB hat der Gläubiger die Wahl, ob er den Verkauf des Sicherungsguts nach den Vorschriften der §§ 1234–1240 BGB durchführt (→ Rn. 17 ff.) oder nach den zwangsvollstreckungsrechtlichen Regelungen über den Verkauf einer gepfändeten Sache (→ Rn. 23). Bezieht sich das Zurückbehaltungsrecht auf ein Wertpapier (→ § 369 Rn. 22), sind im Fall der Verwertung nach BGB die Sondervorschriften der §§ 1292 ff. BGB zu beachten.

16 Wenn das Zurückbehaltungsrecht dem Eigentum oder einem sonstigen dinglichen Recht eines Dritten an dem zu verwertenden Gegenstand iSd § 371 Abs. 1 S. 2 vorgeht, steht dem Dritten ein **Ablösungsrecht** nach § 1249 BGB zu. Macht er von diesem Recht Gebrauch, geht gem. § 268 Abs. 3 BGB iVm § 1249 S. 2 BGB die gesicherte Forderung auf ihn über. Das Zurückbehaltungsrecht erlischt hingegen, da § 401 BGB keine Anwendung findet (→ § 369 Rn. 43).[31]

17 **b) Verwertung nach BGB. aa) Allgemeines.** Der Pfandverkauf ist gem. § 1235 Abs. 1 BGB grundsätzlich in **öffentlicher Versteigerung** nach näherer Maßgabe der §§ 1236 ff. BGB zu bewirken. Bei einem Börsen- oder Marktpreis für das Sicherungsgut kommt gem. § 1235 Abs. 2 BGB, § 1221 BGB alternativ ein **freihändiger Verkauf** in Betracht. Auch in sonstigen Fällen kann nach § 1246 Abs. 1 BGB eine schadensersatzbewehrte Pflicht des Eigentümers (bzw. des Insolvenzverwalters) bestehen, einem freihändigen Verkauf zuzustimmen, wenn aus einem solchen Verkauf ein höherer Erlös als aus einer Versteigerung zu erwarten ist.[32] Der Gläubiger muss den Verkauf dem Eigentümer bzw. im Fall des § 371 Abs. 3 S. 1 Hs. 2 dem von diesem verschiedenen Schuldner

---

[24] LG Hamburg 23.1.1952, NJW 1952, 826 f. mAnm Duden.

[25] BeckOGK/Christiansen, 1.10.2025, Rn. 21; HK-HGB/Ruß Rn. 4; Schlegelberger/Hefermehl Rn. 8; eingehend Göppert ZHR 95 (1930), 52 ff.

[26] Ebenroth/Boujong/Dieckmann Rn. 9; Schlegelberger/Hefermehl Rn. 8; für eine Anwendung des § 407 Abs. 2 BGB MüKoHGB/Martens Rn. 14.

[27] BeckOGK/Christiansen, 1.10.2025, Rn. 24; Heymann/Horn Rn. 9; Schlegelberger/Hefermehl Rn. 11.

[28] Ehrenbergs HdB Bd. IV 1/M. Wolff 110; Ebenroth/Boujong/Dieckmann Rn. 11; Hopt/Leyens Rn. 5; RGHMW/Steimle/Dornieden Rn. 6.

[29] OLG Hamburg 20.11.1959, MDR 1960, 315.

[30] BeckOGK/Christiansen, 1.10.2025, Rn. 28; Heymann/Horn Rn. 8; Hopt/Leyens Rn. 4; Schlegelberger/Hefermehl Rn. 10.

[31] Ehrenbergs HdB Bd. IV 1/M. Wolff 107; Ebenroth/Boujong/Dieckmann Rn. 4; **aA** BeckOGK/Christiansen, 1.10.2025, Rn. 7; Staub/Canaris, 4. Aufl. 2004, §§ 369–372 Rn. 101.

[32] BGH 5.5.2011, BGHZ 189, 299 Rn. 32 = NJW 2011, 2960.

androhen, es sei denn, dies ist untunlich (§ 1234 Abs. 1 BGB). Die ab dem Zeitpunkt der Androhung laufende Wartefrist wird durch § 371 Abs. 2 S. 2 jedoch gegenüber der Regelung in § 1234 Abs. 2 BGB von einem Monat auf eine Woche verkürzt.

18 **bb) Rechtmäßiger Verkauf.** Die Veräußerung des Sicherungsguts ist rechtmäßig, wenn die in § 1243 BGB in Bezug genommenen Voraussetzungen eingehalten werden und die Verwertung aufgrund eines wirksamen Titels iSd § 371 Abs. 3 erfolgt bzw. dessen Entbehrlichkeit vereinbart ist (→ Rn. 8).[33] In diesem Fall wird der Erwerber gem. § 1242 BGB Eigentümer der verwerteten Sachen. In Höhe der gesicherten Forderung gebührt der Erlös dem Gläubiger; soweit er befriedigt wird, gilt seine Forderung als berichtigt (§ 1247 S. 1 BGB). Ein Übererlös tritt im Wege der dinglichen Surrogation an die Stelle der verwerteten Gegenstände und ist grundsätzlich an den Eigentümer auszukehren (§ 1247 S. 2 BGB). Bestand an der verwerteten Sache hingegen ein Drittrecht iSd § 369 Abs. 2, so steht der Übererlös dem Dritten zu.[34]

19 **cc) Rechtswidriger Verkauf.** War die Verwertung nicht rechtmäßig, weil die Voraussetzungen des § 1243 BGB nicht eingehalten wurden oder weil der nach § 371 Abs. 3 erforderliche vollstreckbare Titel fehlte, so ist die Veräußerung zugunsten eines **gutgläubigen Erwerbers** nach Maßgabe des § 1244 BGB gleichwohl wirksam. Dabei umfasst der Gutglaubensschutz auch einen Mangel in den Voraussetzungen des Zurückbehaltungsrechts selbst, etwa weil es an einer sicherungsfähigen Forderung fehlt oder eine schuldnerfremde Sache verwertet wird und die Voraussetzungen des § 369 Abs. 2 nicht erfüllt sind (→ § 366 Rn. 25). In diesen Fällen einer rechtswidrigen Verwertung gebührt der Erlös aber nicht dem Gläubiger, sondern tritt gem. § 1247 S. 2 BGB vollständig an die Stelle des Sicherungsguts. Folgerichtig setzt sich – wenn nicht der Mangel gerade im Fehlen eines Zurückbehaltungsrechts bestand – das **Zurückbehaltungsrecht an dem Erlös** fort, sofern es sich bei dem Erlös um Bargeld und damit um einen tauglichen Gegenstand für ein kaufmännisches Zurückbehaltungsrecht handelt.[35] War der Erwerber hingegen nicht gutgläubig, kann der Eigentümer von diesem die Herausgabe der verwerteten Gegenstände verlangen, in Anlehnung an § 986 Abs. 1 S. 2 BGB jedoch grundsätzlich nur an den gesicherten Gläubiger.[36] In allen Fällen der unrechtmäßigen Verwertung macht sich der Gläubiger unter den Voraussetzungen des § 1243 Abs. 2 BGB **schadensersatzpflichtig.**

20 **dd) Verkauf eigener Sachen (§ 369 Abs. 1 S. 2).** Im Fall der Verwertung eigener Sachen des Gläubigers finden die den Eigentümer betreffenden Vorschriften der §§ 1228 ff. BGB über die Verwertung auf den Schuldner entsprechende Anwendung (§ 371 Abs. 3 S. 1 Hs. 2). Beispielsweise ist die Verwertung dem Schuldner gem. § 1234 BGB iVm § 371 Abs. 2 S. 2 anzudrohen. Hat der Schuldner seinen Verschaffungsanspruch auf die Sachen abgetreten, so tritt allerdings der Zessionar an die Stelle des Schuldners (→ Rn. 12).[37]

21 Verwertet der Gläubiger eigene Gegenstände, so erlangt der Erwerber unabhängig von der Rechtmäßigkeit des Pfandverkaufs das Eigentum, da die Verwertung durch den dinglich Berechtigten erfolgt.[38] War die Veräußerung rechtmäßig, schuldet der Gläubiger dem Schuldner nach § 1247 BGB anstelle der Verschaffung des Sicherungsguts nun nur noch die Verschaffung eines etwaigen Übererlöses.[39] Im Fall der Rechtswidrigkeit der Veräußerung bezieht sich die Verschaffungspflicht gem. § 1247 S. 2 BGB auf den gesamten Erlös, an dem jedoch wiederum ein kaufmännisches Zurückbehaltungsrecht nach § 369 Abs. 1 S. 2 besteht (→ Rn. 19).[40] Daneben tritt die Schadensersatzpflicht nach Maßgabe des § 1243 Abs. 2 BGB.

22 **ee) Verwertung von Wertpapieren.** Bei Wertpapieren ist für die Verwertung nach BGB zwischen Inhaber- und Orderpapieren zu unterscheiden. Für **Inhaberpapiere** gelten gem. § 1293 BGB im Grundsatz wiederum die Vorschriften der §§ 1233 ff. BGB. Daneben kann sich der Gläubiger nach Maßgabe des § 1294 BGB durch Einziehung der verbrieften Forderung befriedigen, was jedoch nicht von dem Erfordernis eines vollstreckbaren Titels gem. § 371 Abs. 3 entbindet.[41] Bei **Orderpa-**

---

33 Ehrenbergs HdB Bd. IV 1/M. Wolff 112; Ebenroth/Boujong/Dieckmann Rn. 13; GK-HGB/Weber Rn. 8; Heymann/Horn Rn. 13; MüKoHGB/Martens Rn. 21; Schlegelberger/Hefermehl Rn. 16.

34 BeckOGK/Christiansen, 1.10.2025, Rn. 37; Heymann/Horn Rn. 1.

35 Ebenroth/Boujong/Dieckmann Rn. 15; Heymann/Horn Rn. 13; MüKoHGB/Martens Rn. 23; Schlegelberger/Hefermehl Rn. 17.

36 BeckOGK/Christiansen, 1.10.2025, Rn. 39; vgl. auch MüKoBGB/F. Schäfer BGB § 1244 Rn. 9.

37 BeckOK HGB/Moussa, 48. Ed. 1.10.2025, Rn. 16.

38 Ehrenbergs HdB Bd. IV 1/M. Wolff 115; Heymann/Horn Rn. 14; Schlegelberger/Hefermehl Rn. 16.

39 Schlegelberger/Hefermehl Rn. 17.

40 Ehrenbergs HdB Bd. IV 1/M. Wolff 115; MüKoHGB/Martens Rn. 23.

41 Ebenroth/Boujong/Dieckmann Rn. 16; Heymann/Horn Rn. 17; MüKoHGB/Martens Rn. 26; Schlegelberger/Hefermehl Rn. 23; **aA** OLG Stuttgart 2.7.1931, JW 1931, 3143 (3144) m. krit. Anm. Hirsch.

pieren kommt im Fall eines Börsen- oder Marktpreises nach § 1295 S. 1 BGB ein freihändiger Verkauf iSd § 1221 BGB in Betracht.[42] Anderenfalls erfolgt die Befriedigung wiederum durch Einziehung der verbrieften Forderung gem. § 1294 BGB.

c) Verwertung nach ZPO. Entscheidet sich der Gläubiger aufgrund seines Titels gem. § 1233 Abs. 2 BGB für einen Verkauf nach den für gepfändete Sachen geltenden Vorschriften, so erfolgt die **Verwertung durch den Gerichtsvollzieher** gem. §§ 806, 814 ff. ZPO. Die Pfändung selbst (§§ 803 ff. ZPO) ist aufgrund des vorliegenden Titels auf Duldung der Verwertung (→ Rn. 7 ff.) allerdings entbehrlich.[43] Dies gilt auch dann, wenn der Titel wegen einer entsprechenden Vereinbarung nicht erforderlich ist (→ Rn. 8). Die Verwertung erfolgt gem. §§ 814 ff. ZPO wiederum grundsätzlich durch eine öffentliche Versteigerung, die hier in den Händen des Gerichtsvollziehers liegt. Besteht das Sicherungsgut in **Inhaberpapieren,** richtet sich die Verwertung nach § 821 ZPO, während für **Orderpapiere** § 835 ZPO gilt (vgl. § 831 ZPO). 23

§ 372 [Eigentumsfiktion und Rechtskraftwirkung bei Befriedigungsrecht]

(1) In Ansehung der Befriedigung aus dem zurückbehaltenen Gegenstande gilt zugunsten des Gläubigers der Schuldner, sofern er bei dem Besitzerwerbe des Gläubigers der Eigentümer des Gegenstandes war, auch weiter als Eigentümer, sofern nicht der Gläubiger weiß, daß der Schuldner nicht mehr Eigentümer ist.

(2) Erwirbt ein Dritter nach dem Besitzerwerbe des Gläubigers von dem Schuldner das Eigentum, so muß er ein rechtskräftiges Urteil, das in einem zwischen dem Gläubiger und dem Schuldner wegen Gestattung der Befriedigung geführten Rechtsstreit ergangen ist, gegen sich gelten lassen, sofern nicht der Gläubiger bei dem Eintritte der Rechtshängigkeit gewußt hat, daß der Schuldner nicht mehr Eigentümer war.

I. Allgemeines

Das Befriedigungsrecht aus § 371 besteht gegenüber einem dritten Eigentümer, der nicht zugleich Schuldner der gesicherten Forderung ist, regelmäßig nur unter den Voraussetzungen des § 369 Abs. 2. In diesen Konstellationen überträgt der Schuldner das Eigentum ohne Mitwirkung des besitzenden Gläubigers auf den Dritten (→ § 369 Rn. 37). Dem Gläubiger kann daher der Eigentumswechsel verborgen bleiben, was im Rahmen einer Verwertung des Sicherungsguts nach § 371 Abs. 2 und 3 problematisch ist, da diese Normen verschiedene Rechtshandlungen des Gläubigers gegenüber dem Eigentümer der zurückbehaltenen Gegenstände erfordern. Die Regelungen des § 372 schützen daher den Gläubiger, indem sie die Rechtswirkungen von Verwertungsmaßnahmen, die er in Unkenntnis des Eigentumswechsels gegenüber dem Schuldner vorgenommen oder erwirkt hat, auf den neuen Eigentümer erstrecken. Dabei betrifft § 372 Abs. 2 die Rechtskraftwirkung eines Urteils, das gem. § 371 Abs. 3 als Grundlage der Verkaufsbefriedigung dienen soll (→ Rn. 6 ff.). Demgegenüber regelt § 372 Abs. 1 die Wirksamkeit anderweitiger Rechtshandlungen des Gläubigers im Rahmen der Verwertung (→ Rn. 2 ff.). 1

II. Eigentumsfiktion (Abs. 1)

1. Voraussetzungen. War der Schuldner bei dem Besitzerwerb des Gläubigers der Eigentümer der zu verwertenden Gegenstände, so gilt er trotz eines Eigentumswechsels in Ansehung der Befriedigung zugunsten des Gläubigers weiter als Eigentümer, sofern nicht der Gläubiger von dem Eigentumswechsel positive Kenntnis hat. Nach dieser, mit der pfandrechtlichen Regelung des § 1248 BGB übereinstimmenden, Regelung schadet dem Gläubiger reine Fahrlässigkeit nicht, mag sie auch den Grad grober Fahrlässigkeit erreichen.[1] Zudem trägt nach der Regelungssystematik des § 372 Abs. 1 („sofern nicht") der neue Eigentümer die Beweislast für die positive Kenntnis des Gläubigers von dem Eigentumsübergang. 2

Aus dem Wortlaut des § 372 Abs. 1 („in Ansehung der Befriedigung") und der systematischen Stellung nach § 371 folgt jedoch, dass der **Gutglaubensschutz nur für die Durchsetzung eines** bereits vor dem Eigentumswechsel **entstandenen Zurückbehaltungsrechts** gilt, nicht aber für die 3

[42] BeckOGK/Christiansen, 1.10.2025, Rn. 33.

[43] BeckOGK/Christiansen, 1.10.2025, Rn. 40; Heymann/Horn Rn. 16; Hopt/Leyens Rn. 4; Schlegelberger/Hefermehl Rn. 19.

[1] BeckOGK/Christiansen, 1.10.2025, Rn. 5; Ebenroth/Boujong/Dieckmann Rn. 2; GK-HGB/Weber Rn. 2; Heymann/Horn Rn. 1; MüKoHGB/Martens Rn. 2; RGHMW/Steimle/Dornieden Rn. 4.

Entstehung dieses Rechts selbst.[2] War somit der jetzige Schuldner bei der Besitzerlangung des jetzigen Gläubigers zwar Eigentümer der zu verwertenden Gegenstände, ist die gesicherte Forderung aber erst nach dem Eigentumswechsel begründet worden (→ § 369 Rn. 39), so kann der Gläubiger trotz seines guten Glaubens kein kaufmännisches Zurückbehaltungsrecht erwerben (→ § 369 Rn. 32).

4 Nach dem Wortlaut des § 372 Abs. 1 wird der Gläubiger nur dann geschützt, wenn er eine erstmalige Eigentumsübertragung durch den Schuldner auf einen Dritten nicht kennt. Denkbar ist jedoch auch, dass der Gläubiger von dieser Übertragung zwar Kenntnis hat, aber nicht weiß, dass der Dritte den Gegenstand seinerseits wiederum nach § 931 BGB weiterveräußert hat. Da der Gläubiger in diesen Konstellationen in gleicher Weise schutzbedürftig ist, findet § 372 Abs. 1 mit der Maßgabe entsprechend Anwendung, dass zugunsten des Gläubigers nun der Ersterwerber weiterhin als Eigentümer gilt.[3]

5 **2. Rechtsfolgen.** Soweit der Gutglaubensschutz reicht, muss der neue Eigentümer Verwertungsmaßnahmen gegen sich gelten lassen, die der Gläubiger noch gegenüber dem Schuldner vorgenommen hat. Dies betrifft insbesondere (aber → Rn. 9) eine Verkaufsandrohung nach § 1234 BGB iVm § 371 Abs. 2 S. 2 oder eine Benachrichtigung nach § 1241 BGB über das Ergebnis des Pfandverkaufs.[4] Auch die Abführung eines Übererlöses an den Schuldner nach § 1247 S. 2 BGB hat gegenüber dem neuen Eigentümer befreiende Wirkung.[5]

III. Rechtskrafterstreckung (Abs. 2)

6 Für den Fall, dass der Gläubiger den nach § 371 Abs. 3 zur Verwertung erforderlichen Titel im Klageweg erwirkt, kommt eine Erstreckung der Rechtskraft des Titels auf einen neuen Eigentümer des Sicherungsguts in Betracht.

7 **1. Eigentumswechsel nach Rechtshängigkeit.** Überträgt der Schuldner das Eigentum erst nach der Rechtshängigkeit der Befriedigungsklage, so folgt die Rechtskraftwirkung des gegen den Schuldner ergangenen Urteils gegenüber dem Erwerber bereits aus **§ 325 Abs. 1 ZPO.** Ein Gutglaubensschutz zugunsten des Erwerbers gem. § 325 Abs. 2 ZPO kommt aufgrund des Besitzes des Gläubigers in Analogie zu § 936 Abs. 3 BGB nicht in Betracht (→ § 369 Rn. 37).[6] Der Gläubiger kann nach Maßgabe der §§ 727, 731 ZPO eine vollstreckbare Ausfertigung des rechtskräftigen Gestattungsurteils gegen den neuen Eigentümer erlangen.

8 **2. Eigentumswechsel vor Rechtshängigkeit.** § 372 Abs. 2 erweitert die Rechtskrafterstreckung im Vergleich mit § 325 ZPO auf den Fall, dass der Eigentumswechsel zwar nach der Besitzerlangung durch den Gläubiger, aber vor der Rechtshängigkeit eintritt, es sei denn, der Gläubiger wusste bei Eintritt der Rechtshängigkeit von der Übertragung. Die Beweislast für die Bösgläubigkeit des Gläubigers trifft wiederum den neuen Eigentümer (→ Rn. 2). Wenn der Gläubiger gutgläubig ist, bedarf es keiner neuen, auf die Rechtskraft des Urteils gegen den Schuldner gestützten Klage gegen den Erwerber,[7] sondern es muss lediglich gegen den Erwerber analog den §§ 727, 731 ZPO eine vollstreckbare Ausfertigung des rechtskräftigen Gestattungsurteils erteilt werden.[8] Die Erteilung einer solchen Klausel gegen den Rechtsnachfolger ist erforderlich, sofern man das Urteil mit der hier vertretenen Auffassung (→ § 371 Rn. 9) nicht als selbst-exekutierendes Gestaltungsurteil, sondern als vollstreckungsbedürftiges Leistungsurteil auf Duldung der Befriedigung ansieht.[9] Bei Kettenveräußerungen gilt § 372 Abs. 2 entsprechend (→ Rn. 4).

9 **3. Befriedigung aus vollstreckbaren Urkunden.** Nicht von § 372 Abs. 2 erfasst ist der Fall, dass der Gläubiger die Befriedigung aufgrund einer vollstreckbaren Urkunde gem. § 794 Abs. 1 Nr. 5 ZPO betreibt, die ihm der ursprüngliche Eigentümer-Schuldner erteilt hat. Hier muss der Gläubiger mangels Rechtskraftwirkung der Urkunde die Verwertung jedenfalls ab Erlangung der Kenntnis von dem Eigentumswechsel einstellen und einen neuen Titel gegen den Erwerber erwir-

[2] Heymann/Horn Rn. 2; MüKoHGB/Martens Rn. 2 f.; Schlegelberger/Hefermehl Rn. 2; Staub/Canaris, 4. Aufl. 2004, §§ 369–372 Rn. 90.

[3] BeckOGK/Christiansen, 1.10.2025, Rn. 6; so zu der Parallelproblematik bei § 1248 BGB auch Staudinger/Wiegand, 2019, BGB § 1248 Rn. 1; Wolff/Raiser, Sachenrecht, 10. Bearb. 1957, § 166 VIII.

[4] HK-HGB/Ruß Rn. 2; Schlegelberger/Hefermehl Rn. 2; Staub/Canaris, 4. Aufl. 2004, §§ 369–372 Rn. 89.

[5] Ehrenbergs HdB Bd. IV 1/M. Wolff 115; Ebenroth/Boujong/Dieckmann Rn. 3; Heymann/Horn Rn. 2.

[6] BeckOGK/Christiansen, 1.10.2025, Rn. 7.

[7] So aber GK-HGB/Weber Rn. 3; Schlegelberger/Hefermehl Rn. 3.

[8] NK-HGB/Eberl Rn. 4; Heymann/Horn Rn. 3; HK-HGB/Ruß Rn. 3; Hopt/Leyens Rn. 1; KKD/Koller §§ 369–372 Rn. 9; MüKoHGB/Martens Rn. 6; RGHMW/Steimle/Dornieden Rn. 6; Staub/Canaris, 4. Aufl. 2004, §§ 369–372 Rn. 91; Canaris HandelsR § 28 Rn. 29.

[9] Ebenroth/Boujong/Dieckmann Rn. 5; vgl. auch BeckOGK/Christiansen, 1.10.2025, Rn. 8.

ken.[10] Fraglich ist aber, ob die Verwertung wenigstens rechtmäßig bleibt (zu den Konsequenzen → § 371 Rn. 18 f.), solange der Gläubiger von der Veräußerung – fahrlässig oder nicht-fahrlässig – keine Kenntnis hat. Richtigerweise ist der Gläubiger in diesen Fällen nach § 372 Abs. 1 geschützt, dh die Verwertung bleibt rechtmäßig, da kein Grund ersichtlich ist, warum diese Norm nur auf die Verwertungsmodalitäten der §§ 1234 ff. BGB und nicht auch auf das Titelerfordernis aus § 371 Abs. 3 Anwendung finden sollte, soweit § 372 Abs. 2 keine speziellere Regelung enthält.[11]

[10] BeckOGK/Christiansen, 1.10.2025, Rn. 9.
[11] Vgl. auch Schlegelberger/Hefermehl Rn. 3; Staub/Canaris, 4. Aufl. 2004, §§ 369–372 Rn. 90.

Zweiter Abschnitt. Handelskauf

Vor § 373: Überblick zu den §§ 373–381

Schrifttum: Blanke-Roeser, Der Unternehmerregress im digitalen Schuldrecht, JZ 2024, 126; Dreier, Handelsrechtliche Untersuchungs- und Rügeobliegenheit beim Grundstückskauf, ZfIR 2004, 416; Grundmann, Europäisches Handelsrecht, ZHR 163 (1999), 635; Hadding, Zur Falschlieferung beim beiderseitigen Handelskauf nach „modernisiertem" Schuldrecht, FS Kollhosser, Bd. II, 2004, 175; Herresthal, Der Anwendungsbereich der Regelungen über den Fixhandelskauf (§ 376 HGB) unter Berücksichtigung des reformierten Schuldrechts, ZIP 2006, 883; J. Hoffmann, Das Zusammentreffen von Handelskauf und Verbrauchsgüterkauf: Wertungswidersprüche und Korrekturbedarf, BB 2005, 2090; U. Huber, Wandlungen im Recht des Handelskaufs, ZHR 161 (1997), 160; U. Huber, Die Praxis des Unternehmenskaufs im System des Kaufrechts, AcP 202 (2002), 179; Mönkemöller, Die „Kleingewerbetreibenden" nach neuem Kaufmannsrecht, JuS 2002, 30; Oetker, Der Handelskauf als Verbrauchsgüterkauf – ein Wertungskonflikt zwischen zwei Sonderprivatrechten, FS Martinek, 2020, 555; K. Schmidt, Fünf Jahre „neues Handelsrecht", JZ 2003, 585; Schröcker, Unternehmenskauf und Anteilskauf nach der Schuldrechtsreform, ZGR 2005, 63; Tonikidis, Das Zusammentreffen von Verbrauchsgüterkauf (§ 474 I BGB) und Handelskauf (§§ 373 ff. HGB), Jura 2018, 556; Zimmermann, Der Verbrauchsgüterhandelskauf, JuS 2018, 842.

Übersicht

I. Stellung und Funktion der Regeln über den Handelskauf

1 **1. Gesetzliche Systematik des Abschnitts über den Handelskauf.** Der zweite Abschnitt des vierten Buches des HGB enthält **Sondervorschriften** für den Handelskauf. Dieser zählt zu den gesetzlich geregelten **Handelsgeschäften** iSv §§ 343 ff. Die §§ 373 ff. **ergänzen** und **modifizieren** die allgemeinen Leistungsstörungsregeln sowie die kaufrechtlichen Gewährleistungsregeln des BGB. Sie tragen dem besonderen Bedürfnis des Handelsverkehrs an einer schnellen und endgültigen Abwicklung von Kaufverträgen Rechnung, indem sie dem Verkäufer im Falle des Annahmeverzugs des Käufers (§§ 373, 374) und beim Bestimmungskauf (§ 375) Sonderrechte einräumen, dem Käufer Untersuchungs- und Rügeobliegenheiten (§ 377) sowie Aufbewahrungspflichten (§ 379) auferlegen und die Rechte des Gläubigers (in der Regel der Käufer) beim Fixgeschäft (§ 376) stärken.

2 Die §§ 373 ff. sind wegen ihres engen Regelungsbereichs – auch unter Heranziehung der allgemeinen Vorschriften über Handelsgeschäfte, von Handelsbräuchen und von Handelsgewohnheitsrecht – aus sich allein heraus nicht verständlich. Sie bedienen sich Begrifflichkeiten (Annahmeverzug, Schuldnerverzug, Mangel), ohne diese zu definieren, und setzen Rechtswirkungen (Haftung für

Mängel) voraus, ohne diese anzuordnen. Der bruchstückhaft geregelte Handelskauf lässt sich von daher nur durch Rückgriff auf die Bestimmungen des BGB verstehen, die nach Art. 2 Abs. 1 EGHGB auch für den Handelskauf gelten.[1] Bei kaufrechtlichen Problemen empfiehlt es sich deshalb für den **Rechtsanwender,** sich zunächst die Rechtslage auf Grundlage des BGB zu vergegenwärtigen, um sodann der Frage nachzugehen, ob die Regeln zum Handelskauf eingreifen und zu einer Korrektur des gefundenen Ergebnisses Anlass geben.[2]

Diese Vorgehensweise entspricht auch der Vorgabe des Art. 2 Abs. 1 EGHGB, demzufolge die Vorschriften des BGB „nur insoweit zur Anwendung kommen, als nicht im HGB […] ein anderes bestimmt ist". Den **§§ 373 ff. gebührt** somit **im Konfliktfall der Vorrang gegenüber dem BGB.** Dieser Vorrang umfasst auch alle diejenigen Rechtssätze, die durch Auslegung der Vorschriften über den Handelskauf gewonnen werden und solche, die sich durch analoge Anwendung ergeben. 3

Von der so verstandenen **HGB-autonomen Anwendung** der §§ 373 ff. zu unterscheiden ist deren Anwendung **kraft bürgerlich-rechtlichen Verweises** auf die Vorschriften über den (Sach-)Kauf. So erklärt § 480 BGB die Vorschriften über den Kauf auf den Tausch für entsprechend anwendbar. Nach § 453 Abs. 1 S. 1 BGB finden die Vorschriften über den Kauf von Sachen auf den Kauf von Rechten und sonstigen Gegenständen entsprechende Anwendung. Als Folge dieser Verweisung sind unter der Voraussetzung, dass ein (ein-/beiderseitiges) Handelsgeschäft vorliegt, die §§ 373 ff. auch auf den Tausch und den Kauf von Rechten und sonstigen Gegenständen anwendbar, **soweit es dem Sinn der jeweiligen HGB-Regelung entspricht.** Dabei ist zu beachten, dass die bürgerlich-rechtliche Differenzierung zwischen dem Kauf von Sachen gem. § 433 BGB und dem von sonstigen Gegenständen iSv § 453 Abs. 1 Alt. 2 BGB keinen Eingang in das HGB gefunden hat. Soweit die sonstigen Gegenstände handelsrechtlich als Waren zu qualifizieren sind, kommen die §§ 373 ff. kraft HGB-autonomen Anknüpfungsbefehls zur Anwendung. Gleiches gilt für Werklieferungsverträge, auf die die §§ 373 ff. gem. § 381 Abs. 2 unmittelbar und nicht nur auf Grund des Verweises in § 650 S. 1 BGB auf die Vorschriften über den Kauf Anwendung finden. 4

Der Unterschied zwischen der HGB-autonomen Anknüpfung und der Anknüpfung kraft bürgerlich-rechtlicher Verweisung ist insoweit von Bedeutung, als bei Normenkonflikten zwischen den Regelungen des bürgerlich-rechtlichen Kaufs und des Handelskaufs der Vorrang des Art. 2 Abs. 1 EGHGB nicht eingreift, wenn die Regelungen über den Handelskauf nur kraft bürgerlich-rechtlicher Verweisung anwendbar sind. 5

2. Verhältnis zum Verbrauchsgüterkaufrecht. a) Vorschriften über den einseitigen Handelskauf. Ein Kaufmann iSv §§ 1–6, der ein Handelsgeschäft abschließt, ist stets auch **Unternehmer** iSv § 14 BGB.[3] Handelt es sich bei dem Verkäufer um einen Kaufmann und beim Käufer um einen Verbraucher iSv § 13 BGB, treffen somit die Verbrauchsgüterkaufregeln nach den §§ 474 ff. BGB – bei einem Kaufvertrag über digitale Produkte iSv § 475a BGB die Regeln über Verbraucherverträge über digitale Produkte (§§ 327 ff. BGB) – und diejenigen Normen, die auf den **einseitigen Handelskauf** anwendbar sind (§§ 373–376, 380), zusammen. Es kommt jedoch zu keinem Normenkonflikt, da die Vorschriften über den einseitigen Handelskauf nicht zum Nachteil des Verbrauchers von den §§ 327–327t, 433–435, 437, 439–443 BGB sowie den §§ 474–477, 479 BGB abweichen (zur Vereinbarkeit von § 376 Abs. 1 S. 2 HGB mit Art. 18 Abs. 2 UAbs. 2 Verbraucherrechte-RL → § 376 Rn. 26). 6

Die Anwendung der Vorschriften über den einseitigen Handelskauf wird in der Lit. als **Wertungswiderspruch** zum Gedanken des Verbraucherschutzes angesehen, der dem Recht des Verbrauchsgüterkaufs zugrunde liegt.[4] Der Beschleunigungszweck, der diesen Vorschriften innewohne, führe nämlich in der Regel zu einer Bevorzugung des Verkäufers.[5] Diese Betrachtung scheint zu kurz gegriffen. Die Vorschriften über den Handelskauf sind insgesamt auf einen **angemessenen Interessenausgleich** angelegt, was seinen Ausdruck in der Verpflichtung des Verkäufers zur Anzeige (§ 373 Abs. 5, § 375 Abs. 2, § 376 Abs. 1 S. 2), vorgängiger Androhung (§ 373 Abs. 2) und Fristsetzung (§ 375 Abs. 2) findet. Dadurch wird dem Käufer (Verbraucher) die Gelegenheit gegeben, den Eintritt nachteiliger rechtlicher und wirtschaftlicher Folgen zu verhindern. 7

Abzulehnen ist deshalb eine aus **§ 242 BGB** hergeleitete Aufklärungsobliegenheit des Kaufmanns, den Verbraucher auf die handelsrechtlichen Rechtsfolgen hinzuweisen, die von denjenigen des BGB 8

---

[1] Vgl. Canaris HandelsR § 29 Rn. 5; Oetker HandelsR § 8 Rn. 1; K. Schmidt HandelsR § 29 Rn. 1.

[2] Vgl. Oetker HandelsR § 8 Rn. 1.

[3] Zu den Unterschieden zwischen dem statusbezogenen Kaufmannsbegriff und den auf Rechtsgeschäftslagen bezogenen Unternehmensbegriff s. K. Schmidt BB 2005, 837 ff.

[4] Hopt/Leyens Einl. vor § 373 Rn. 8; Hoffmann BB 2005, 2090 (2091).

[5] Ebenroth/Boujong/Müller, 3. Aufl. 2015, Rn. 2.

abweichen.[6] Abgesehen von den Belehrungspflichten über Widerruf und Rückgabe bei Verträgen, die außerhalb von Geschäftsräumen geschlossen werden, und Fernabsatzverträgen, deren situative Voraussetzungen auch beim einseitigen Handelskauf vorliegen können, wird Auskunft nach Treu und Glauben nur dort geschuldet, wo der Berechtigte in entschuldbarer Weise über Bestehen und Umfang seines Rechts im Ungewissen ist und der Verpflichtete die zur Beseitigung der Ungewissheit erforderlichen tatsächlichen Angaben unschwer machen kann.[7] Diese Voraussetzungen liegen hinsichtlich solcher Rechtsfolgen von Vertragsverletzungen nicht vor, die sich aus dem HGB ergeben.

9 **b) Vorschriften über den beiderseitigen Handelskauf. aa) Vermutungsregel des § 344 Abs. 1.** Sind beide Vertragsparteien Kaufleute, erwirbt der Käufer den Gegenstand jedoch **ausschließlich für private Zwecke,** liegt wegen der Vermutungsregel des § 344 Abs. 1 ein beiderseitiger Handelskauf vor. Nach § 344 Abs. 1 gelten die von einem Kaufmanne vorgenommenen Rechtsgeschäfte **im Zweifel als zum Betriebe seines Handelsgewerbes** gehörig. Damit kommt es zu einem Konflikt zwischen den Verbrauchsgüterkaufregeln und der Untersuchungs- und Rügeobliegenheit aus § 377. Für die Widerlegung der Vermutung des § 344 Abs. 1 reicht nämlich der Nachweis nicht aus, dass das Rechtsgeschäft zu einem Zwecke abgeschlossen wurde, der nicht der gewerblichen Tätigkeit des Kaufmanns zugerechnet werden kann. Der Kaufmann muss darüber hinaus beweisen, dass die andere Vertragspartei **den privaten Charakter des Geschäfts kannte oder kennen musste.**[8] Dieser Nachweis wird ihm nur gelingen, wenn der private Charakter des Geschäfts mit hinreichender Eindeutigkeit feststeht.[9] Demgegenüber kommt es für die Anwendung der §§ 474 ff. BGB nicht darauf an, ob der Verkäufer den (privaten) Verwendungszweck kennt.[10] Deshalb beschränkt sich die Beweislast des Käufers auf das Vorliegen der objektiven Voraussetzungen der §§ 474 ff. BGB.[11]

10 Gelingt dem Käufer im Streitfall zwar der Nachweis, dass er den Gegenstand zu ausschließlich privaten Zwecken erworben hat, bleibt er jedoch beweisfällig hinsichtlich der Kenntnis oder des Kennenmüssens des Verkäufers hiervon, haben die unterschiedlichen Beweisvoraussetzungen zur Folge, dass der Kauf nicht als Verbrauchsgüterkauf/einseitiger Handelskauf, sondern als beiderseitiger Handelskauf zu qualifizieren ist mit der Folge, dass § 377 Anwendung findet. Die Vermutungsregel des § 344 Abs. 1 kann insoweit den Schutz des Verbrauchers verkürzen, da er als Kaufmann behandelt wird. Es ist deshalb eine **Verbrauchsgüterkauf-richtlinienkonforme Auslegung des § 344 Abs. 1** dahingehend geboten, dass es für die Widerlegung der Vermutung bei Kaufverträgen, die ausschließlich privaten Zwecken dienen, nicht des Nachweises der Kenntnis oder des Kennenmüssens des Verkäufers von dem privaten Charakter des Kaufs bedarf.[12]

11 **bb) Gemischte Zwecksetzung („dual use").** Eine Überschneidung von Handelskauf und Verbrauchsgüterkauf wird darüber hinaus problematisiert für die Fälle, in denen die Kaufsache von einem Kaufmann sowohl für private Zwecke als auch für den Betrieb seines Handelsgewerbes erworben wird (sog. „dual use").[13] Das bloße Überwiegen des privaten Zwecks reicht für die Annahme eines Verbrauchsgüterkaufs freilich nicht aus.[14] Vielmehr muss der **gewerbliche Zweck** nach der Rspr. des EuGH objektiv derart nebensächlich sein, dass er im Gesamtzusammenhang des betreffenden Geschäfts nur eine ganz **untergeordnete Rolle** spielt (→ § 343 Rn. 19 f.)[15] Ist ein solcher Sachverhalt gegeben, ist eine **Verbrauchsgüterkauf-richtlinienkonforme Auslegung (Reduktion) der §§ 343, 344 Abs. 1** dahingehend geboten, das Vorliegen eines Handelsgeschäfts zu verneinen mit der Folge, dass § 377 keine Anwendung findet.[16] In Art. 2 Nr. 1 Verbraucherrechte-RL[17]

[6] So Hoffmann BB 2005, 2090 (2091); GK-HGB/Achilles Rn. 7; wie hier MüKoHGB/Grunewald Rn. 21; Oetker FS Martinek, 2020, 562 f.; Staub/Koller Rn. 5.

[7] StRspr, vgl. BGH 2.6.2005, NJW-RR 2005, 1714 (1715) mwN.

[8] BGH 8.1.1976, WM 1976, 424 (425); OLG Köln 31.5.1972, MDR 1972, 865.

[9] Pfeiffer NJW 1999, 169 (174).

[10] KG 11.9.2006, ZGS 2007, 78 = BeckRS 2006, 13918; OLG Düsseldorf 22.11.2005, ZGS 2006, 119 (120); offengelassen in BGH 22.12.2004, NJW 2005, 1045; hL, zB MüKoBGB/S. Lorenz BGB § 474 Rn. 38; Soergel/Pfeiffer BGB § 13 Rn. 27; Schroeter JuS 2006, 682 (684); vgl. auch EuGH 20.1.2005, NJW 2005, 653.

[11] Vgl. OLG Celle 11.8.2004, NJW-RR 2004, 1645.

[12] **AA** Zimmermann JuS 2018, 842 (846 f.).

[13] Vgl. Oetker FS Martinek, 2020, 557 ff.; Hoffmann BB 2005, 2090 ff.

[14] So aber Pfeiffer NJW 1999, 169 (173); Staudinger/Matusche-Beckmann, 2013, BGB § 474 Rn. 7; Grüneberg/Weidenkaff BGB § 474 Rn. 4.

[15] Vgl. EuGH 20.1.2005, NJW 2005, 653 zu Art. 13 Abs. 1 EuGVÜ; BeckOGK/Höpfner, 1.3.2025, § 373 Rn. 9.

[16] Vgl. auch BeckOGK/Höpfner, 1.3.2025, § 373 Rn. 9; Hopt/Leyens Einl. vor § 373 Rn. 10; Oetker FS Martinek, 2020, 564 ff.

[17] RL 2011/83/EU v. 25.10.2011 über die Rechte der Verbraucher, zur Abänderung der Richtlinie 93/13/EWG und der Richtlinie 1999/44/EG sowie zur Aufhebung der Richtlinie 85/577/EWG und der Richtlinie 97/7/EG, ABl. EU 2011 L 304, 64.

wird diese Rspr. nicht aufgenommen. Es findet sich lediglich in Erwägungsgrund 17 Verbraucherrechte-RL der Hinweis darauf, dass bei Verträgen mit doppeltem Zweck der gewerbliche Zweck im Gesamtzusammenhang des Vertrags nicht überwiegen darf. Hier bleibt abzuwarten, ob der EuGH seine zum Prozessrecht ergangene Rspr. aufgeben wird.[18]

Zu beachten ist jedoch, dass in den Fällen, in denen zwar der gewerbliche Zweck tatsächlich eine untergeordnete Rolle spielt, der Käufer durch sein eigenes Verhalten gegenüber dem Verkäufer jedoch einen **gegenteiligen Eindruck** erweckt, kein Verbrauchsgüterkauf vorliegt.[19] Dies ist der Fall, wenn der Käufer Gegenstände bestellt, die tatsächlich der Ausübung seines Gewerbes dienen können, zu diesem Zweck Briefpapier mit Geschäftsbriefkopf verwendet, sich Waren an seine Geschäftsadresse liefern lässt oder die Möglichkeit der Mehrwertsteuererstattung erwähnt.[20] Eine Überschneidung der Vorschriften über den beiderseitigen Handelskauf und den Verbrauchsgüterkauf in sog. „dual use"-Fällen dürfte daher eher von theoretischer als von praktischer Bedeutung sein.[21] 12

cc) Lieferantenregress. Im Rahmen des Lieferantenregresses wegen eines Mangels der Ware nach §§ 445a, 445b, 478 BGB (§§ 478, 479 BGB aF) kommen die **Vorschriften über den einseitigen Handelskauf** zum Tragen, wenn mindestens einer der Beteiligten in der Lieferkette Kaufmann ist. Da diese Vorschriften nicht die Lieferung einer mangelhaften Sache betreffen, scheidet ein Konflikt mit §§ 445a, 445b, 478 BGB und – soweit es um digitale Produkte geht – mit § 327u BGB aus. Sind beide Parteien Kaufleute, verliert der Lieferant für den Fall, dass er seiner Rügeobliegenheit nicht nachkommt, zwar wegen § 377 den Anspruch aus § 445a Abs. 1 BGB oder § 327u Abs. 1 BGB gegen seinen Vorlieferanten bzw. Vertriebspartner (→ § 377 Rn. 118). Jedoch bestimmen § 445a Abs. 4 BGB und § 327u Abs. 5 BGB ausdrücklich, dass die Anwendung von § 377 unberührt bleibt, sodass es auch insoweit zu keinem Konflikt kommt.[22] 13

3. Anwendung der Vorschriften über den Handelskauf auf den nicht-kaufmännischen Verkehr. Eine Ausdehnung der §§ 373 ff. auf den nicht-kaufmännischen Verkehr zB nach dem Vorbild des österreichischen Unternehmensgesetzbuchs (UGB) käme nur de lege ferenda in Betracht. Eine **analoge Anwendung der Vorschriften über den einseitigen Handelskauf** auf den Verkehr zwischen Unternehmern oder sogar zwischen Verbrauchern und Unternehmern, soweit die am Handelskauf beteiligten Unternehmer nicht zugleich Kaufleute sind, ist abzulehnen. Abzulehnen ist auch eine **analoge Anwendung der Regelungen über den beiderseitigen Handelskauf** auf den Verkehr zwischen Unternehmern oder zwischen Kaufleuten und Unternehmern. Anderslautenden Stimmen in der Lit.[23] ist zwar zuzugeben, dass auch Unternehmer in der Regel Interesse an einer schnellen und endgültigen Abwicklung von Kaufverträgen haben und in der Geschäftserfahrung Kaufleuten nicht unbedingt nachstehen. Im Hinblick auf die unterschiedlichen Anknüpfungspunkte der §§ 343 ff. und des § 14 BGB fehlt es jedoch an einem **rechtsähnlichen Tatbestand,** der eine Analogie rechtfertigte. Während die Vorschriften über Handelsgeschäfte und somit auch über den Handelskauf an den Status des Kaufmanns (subjektiv) anknüpfen, hängt die Qualifikation einer Vertragspartei als Unternehmer iSv § 14 BGB (objektiv) von der Zuordnung zum unternehmerischen Bereich ab. 14

Darüber hinaus ist eine **planwidrige Regelungslücke** nicht erkennbar. Insoweit ist der Hinweis darauf geboten, dass das Allgemeine Deutsche Handelsgesetzbuch (ADHGB) von 1861 die Definition der Handelsgeschäfte in den Mittelpunkt stellte (Art. 271 ff. ADHGB) und denjenigen zum „Kaufmann" erklärte, der solche Geschäfte abschließt (Art. 4 ADHGB). Der historische Gesetzgeber ist umgekehrt verfahren, indem das HGB von 1897 den Kaufmann definiert (§§ 1 ff.) und dessen Rechtsgeschäfte zu Handelsgeschäften (§§ 343 ff.) erklärt. Der Gesetzgeber ist somit dem „objektiven System", das das ADHGB charakterisiert hat, nicht gefolgt. Er hat sich stattdessen für ein subjektives, statusbezogenes System entschieden und somit auch die Anwendbarkeit der §§ 373 ff. BGB vom Status mindestens einer Partei als Kaufmann abhängig gemacht (→ § 343 Rn. 15).[24] 15

4. Anwendung der Vorschriften über den Handelskauf auf Scheinkaufleute und nicht ins Handelsregister eingetragene Ist-Kaufleute. a) Scheinkaufleute. Auf Scheinkaufleute 16

[18] Vgl. hierzu Bülow WM 2014, 1 f.; Wendehorst NJW 2014, 577; Möller BB 2014, 1411 (1412).
[19] MüKoBGB/Lorenz BGB § 474 Rn. 38.
[20] Vgl. EuGH 20.1.2005, NJW 2005, 653 (655).
[21] Vgl. MüKoBGB/Lorenz, 6. Aufl. 2012, BGB § 474 Rn. 25.
[22] Vgl. Blanke-Roser JZ 2024, 126 (130).
[23] ZB Hoffmann BB 2005, 2090 (2091); K. Schmidt JZ 2003, 585 (596).
[24] Vgl. Raisch, Geschichtliche Voraussetzungen, dogmatische Grundlagen und Sinnwandlung des Handelsrechts, 1965, 25 ff.; K. Schmidt, Das HGB und die Gegenwartsaufgaben des Handelsrechts, 1983, 13 ff.; K. Schmidt BB 2005, 837 ff.; NK-HGB/Stöber Vor §§ 373–381 Rn. 16.

(→ § 1 Rn. 106) sind die §§ 373 ff. nur insoweit anwendbar, als sie **zu ihren Lasten** eingreifen.[25] Deshalb kann sich der Scheinkaufmann in seiner Stellung als Verkäufer oder Gläubiger (vgl. § 376) nicht auf die Regeln über den Handelskauf berufen, muss sich jedoch umgekehrt in den Fällen, in denen er die Stellung als Käufer oder Schuldner (vgl. § 376) einnimmt, an den vorgenannten Bestimmungen messen lassen.

17 **b) Nicht ins Handelsregister eingetragene Ist- und Kannkaufleute.** Vorstehendes gilt entsprechend für den Fall, dass der Ist-Kaufmann iSv § 1 entgegen § 29 nicht ins Handelsregister eingetragen ist. Sofern der Vertragsgegner die Kaufmannseigenschaft nicht kennt, kann er sich auf § 15 Abs. 1 – Nichteintragung einer eintragungspflichtigen Tatsache – berufen, mit der Konsequenz, dass der Ist-Kaufmann ihm gegenüber nicht als Kaufmann gilt.[26] Keine Anwendung finden die §§ 373 ff. zugunsten von Kleingewerbetreibenden iSv § 2, die nicht in das Handelsregister eingetragen sind.[27]

18 **5. Internationale Kaufverträge.** Ein internationaler Kaufvertrag liegt vor, wenn Verkäufer und Käufer ihren Sitz in **verschiedenen Staaten** haben. Ob die §§ 373 ff. Anwendung finden, bestimmt sich im Rahmen der staatlichen Gerichtsbarkeit nach den Regeln des internationalen Privatrechts (IPR) des jeweils angerufenen zuständigen Gerichts. Haben die Parteien eine Schiedsgerichtsvereinbarung getroffen, ist diese Frage nach Maßgabe des nationalen Schiedsverfahrensrechts (lex arbitri) zu beantworten, das am vereinbarten Schiedsort (Sitz des Schiedsgerichts) gilt. Aus der Perspektive des deutschen staatlichen Gerichts/des Schiedsgerichts mit Sitz in Deutschland beurteilt sich die Anwendbarkeit der §§ 373 ff. wie folgt:

19 **a) Deutsche staatliche Gerichtsbarkeit. aa) Innerhalb des Anwendungsbereichs des UN-Kaufrechts.** Kein Raum für einen Rückgriff auf die §§ 373 ff. besteht, wenn UN-Kaufrecht (BGBl. 1989 II 588) eingreift.[28] Das UN-Kaufrecht findet auf internationale **Kaufverträge** und diesen nach Art. 3 Abs. 1 CISG gleichgestellte **Werklieferungsverträge** Anwendung. Es regelt nach Art. 4 CISG den Abschluss des Kaufvertrages und die aus ihm erwachsenden Rechte und Pflichten des Verkäufers und des Käufers. Der durch **Art. 3 Nr. 2 EGBGB** bewirkte **Vorrang des UN-Kaufrechts** hat zur Folge, dass in seinem Anwendungsbereich über Art. 3, 4 Rom I-VO weder die bürgerlich-rechtlichen Bestimmungen über den Kauf noch die Vorschriften über Handelsgeschäfte und den Handelskauf (= unvereinheitlichtes deutsches Recht) Anwendung finden.

20 Etwas anderes gilt nur dann, wenn die Parteien das UN-Kaufrecht nach **Art. 6 CISG** ausdrücklich oder – zB durch Verweis auf §§ 373 ff. – konkludent ausgeschlossen haben oder ein Fall des **Art. 2 CISG** vorliegt. Nach letztgenannter Vorschrift ist das UN-Kaufrecht nicht anwendbar auf den Kauf lit. a von Ware für den privaten Gebrauch, es sei denn, dass der Verkäufer vor oder bei Vertragsabschluss diesen Verwendungszweck weder wusste noch wissen musste, lit. b bei Versteigerungen, lit. c aufgrund von Zwangsvollstreckungs- oder anderen gerichtlichen Maßnahmen, lit. d von Wertpapieren (→ § 381 Rn. 14) oder Zahlungsmitteln, lit. e von Seeschiffen, Binnenschiffen, Luftkissenfahrzeugen oder Luftfahrzeugen und lit. f von elektrischer Energie. Fehlt es an einem Ausschluss nach Art. 6 CISG, sind die §§ 373 ff. somit nur bei Verträgen über den **Kauf von Wertpapieren und Elektrizität** anwendbar.

21 **bb) Außerhalb des Anwendungsbereichs des UN-Kaufrechts.** Kommt UN-Kaufrecht nicht zur Anwendung, weil die Parteien es wirksam ausgeschlossen haben oder sich der Kauf auf Wertpapiere und Elektrizität bezieht, bestimmt sich die Anwendbarkeit der §§ 373 ff. nach **Art. 3, 4 Rom I-VO.** Die Regeln über den Handelskauf geben das Maß, wenn die Parteien deutsches Recht gewählt haben (Art. 3 Rom I-VO). Falls eine Rechtswahl nicht wirksam zustande gekommen ist, hängt die Anwendbarkeit der §§ 373 ff. gem. Art. 4 Abs. 1 lit. a, Abs. 2 Rom I-VO davon ab, ob der Verkäufer die Lieferung von seiner (Haupt-)Niederlassung in Deutschland aus erbracht hat, da der Verkäufer beim Kaufvertrag die vertragscharakteristische Leistung erbringt. Das gilt gleichermaßen für Waren und Wertpapiere.

22 Handelt es sich beim Käufer um einen Verbraucher iSv § 13 BGB, ist die **Sonderregelung nach Art. 6 Rom I-VO** zu beachten. Fehlt es an einer Rechtswahl, so unterliegt der Verbrauchervertrag dem Recht des Staates, in dem der Verbraucher seinen gewöhnlichen Aufenthalt hat (Art. 6

---

[25] BeckOGK/Höpfner, 1.3.2025, § 373 Rn. 10; MüKoHGB/Grunewald § 374 Rn. 1.

[26] Ebenroth/Boujong/Achilles § 377 Rn. 11; MüKoHGB/K. Schmidt/Fleischer § 1 Rn. 83; Canaris HandelsR § 3 Rn. 11; D. Kaiser JZ 1999, 495 (51); Hübner HandelsR § 7 Rn. 582; vgl. auch Mönkemöller JuS 2002, 30 (32); Lieb NJW 1999, 35 (36).

[27] Vgl. BT-Drs. 13/8444, 30.

[28] LG Wuppertal 11.3.2020, BeckRS 2020, 9809; NK-HGB/Stöber Vor §§ 373–381 Rn. 18.

Abs. 1 Rom I-VO).[29] Im Übrigen bestimmt Art. 6 Abs. 2 Rom I-VO, dass durch Rechtswahl dem Verbraucher nicht der Schutz entzogen werden kann, der ihm durch Verbraucherschutzrecht des Staates zusteht, in dem er seinen gewöhnlichen Aufenthalt hat.[30] Hierzu zählen die §§ 373 ff. nicht.

Eine Besonderheit besteht bei der Rügeobliegenheit iSv § 377 Abs. 1 und 3. **Art. 12 Abs. 2 Rom I-VO** bestimmt, dass in Bezug auf die Art und Weise der Erfüllung und die vom Gläubiger im Fall mangelhafter Erfüllung zu treffenden Maßnahmen (auch) das Recht des Staates, in dem die Erfüllung erfolgt, zu berücksichtigen ist. Zu diesen Maßnahmen zählt auch die Mängelrüge.[31] Soweit das Recht am Erfüllungsort keine mit § 377 vergleichbare Rügepflicht oder unterschiedliche Anforderungen für Frist und Form der Mängelrüge aufstellt, stellt sich die Frage, des Verhältnisses der insoweit konfligierenden Rechte. Da Art. 12 Abs. 2 Rom I-VO nur eine Berücksichtigung des Rechts am Erfüllungsort verlangt und somit keine echte Sonderanknüpfung wie zB in Art. 10 Abs. 2 Rom I-VO statuiert, ist dem **Vertragsstatut grundsätzlich Vorrang einzuräumen.**[32] Eine Modifikation kommt nur hinsichtlich Frist und Form der Mängelrüge in Betracht.[33] 23

b) Schiedsgerichtsbarkeit. Bei Streitigkeiten vor Schiedsgerichten bestimmt sich das anwendbare Recht nicht nach den Regeln des deutschen IPR, sondern nach § 1051 ZPO, soweit der Schiedsort in Deutschland liegt (§ 1025 Abs. 1 ZPO). Gemäß § 1051 Abs. 1 ZPO hat das Schiedsgericht die Streitigkeit nach dem von den Parteien gewählten (Sach-)Recht zu entscheiden. Mangelt es an einer Rechtswahl, hat das Schiedsgericht nach § 1051 Abs. 2 ZPO zu verfahren und das Recht des Staates anzuwenden, mit dem der Gegenstand des Verfahrens die engsten Verbindungen aufweist. Abweichend von Art. 4 Abs. 1 Rom I-VO wird also nicht auf den Vertrag, sondern auf den **Gegenstand des Verfahrens** abgestellt. Handelt es sich um vertragliche Streitigkeiten, ist damit jedoch sachlich kein Unterschied verbunden und die Anknüpfungsregeln des EGBGB können als Auslegungshilfe zur Bestimmung des anwendbaren Rechts herangezogen werden.[34] Da das UN-Kaufrecht Bestandteil des deutschen Rechts ist, wird das Schiedsgericht, wenn der Verkäufer seinen Sitz in Deutschland hat, §§ 373 ff. nur dann anwenden, wenn das UN-Kaufrecht nicht eingreift.[35] 24

6. Abweichende Vereinbarungen. Die Vorschriften über den Handelskauf sind dispositiv. Sie können durch Handelsgewohnheitsrecht und Handelsbräuche sowie durch vertragliche Vereinbarungen (zB Handelsklauseln) abbedungen, modifiziert, konkretisiert und/oder ergänzt werden. Erfolgt dies formularvertraglich zB in Einkaufs- oder Verkaufs-AGB oder durch Qualitätssicherungsvereinbarungen, sind Abweichungen vornehmlich an § 307 Abs. 2 Nr. 1 BGB und am Transparenzgebot des § 307 Abs. 1 S. 2 BGB zu messen (→ § 377 Rn. 147 ff.).[36] 25

II. Begriff und Gegenstand des Handelskaufs

1. Begriff. Der Gesetzgeber hat sich darauf beschränkt, den zweiten Abschnitt des vierten Buches des HGB mit der Überschrift „Handelskauf" zu versehen, ohne diesen Begriff zu definieren. Jedoch ergibt sich aus den §§ 373, 375, 377, 379–381, dass es sich um einen Kaufvertrag über die Lieferung von (noch herzustellenden oder zu erzeugenden, § 381 Abs. 2) **Waren** oder von **Wertpapieren** (§ 381 Abs. 1) handelt, den ein Kaufmann als Verkäufer oder Käufer zum Betrieb seines Handelsgewerbes abschließt.[37] Ein Kauf, der zwar ein Handelsgeschäft ist, aber weder ein Wertpapier noch eine Ware zum Gegenstand hat, unterliegt den allgemeinen Regeln der §§ 343–372 sowie den Regeln des BGB. 26

---

[29] NK-HGB/Stöber Vor §§ 373–381 Rn. 18.

[30] Hierzu MüKoBGB/Martiny Rom I-VO Art. 6 Rn. 60 ff.

[31] Vgl. Heymann/Emmerich/Hoffmann § 377 Rn. 6; Hopt/Leyens § 377 Rn. 61; Staudinger/Magnus, 2021, Rom I-VO Art. 12 Rn. 88; MüKoBGB/Spellenberg Rom I-VO Art. 12 Rn. 174; BeckOK BGB/Spickhoff, 75. Ed. 1.5.2025, Rom I-VO Art. 12 Rn. 17.

[32] Heymann/Emmerich/Hoffmann § 377 Rn. 6; Hopt/Leyens § 377 Rn. 61.

[33] Vgl. Heymann/Emmerich/Hoffmann § 377 Rn. 6; diff. Staudinger/Magnus, 2021, Rom I-VO Art. 12 Rn. 93 ff. (soweit Vertragsstatut und Recht am Erfüllungsort Rügepflicht vorsehen); **aA** MüKoBGB/Kleinschmidt Rom I-VO Art. 12 Rn. 174.

[34] Musielak/Voit/Voit ZPO § 1051 Rn. 6.

[35] Zur Bestimmung des anwendbaren Sachrechts in Schiedsverfahren MüKoBGB/Martiny Rom I-VO Vor Art. 1 Rn. 101 ff.

[36] Vgl. auch NK-HGB/Stöber Vor §§ 373–381 Rn. 1.

[37] Vgl. Canaris HandelsR § 29 Rn. 3; MüKoHGB/Grunewald Rn. 1; K. Schmidt HandelsR § 29 Rn. 3; Staub/Koller Vor § 373 Rn. 10 f.; Ebenroth/Boujong/Achilles Rn. 3.

27 **Alle Arten des Kaufs** können Handelskauf sein, zB Stückkauf und Gattungskauf,[38] Bar- und Kreditkauf, Verpflichtungs- und Handkauf, Kauf auf Probe oder Besichtigung (§ 454 BGB), Kauf nach Probe oder Muster, Kauf mit Umtauschvorbehalt, Vorkauf (§§ 463 ff. BGB), Wiederkauf (§ 456 BGB), Verbrauchsgüterkauf und Rückkauf sowie der gesondert im HGB geregelte Spezifikationskauf (§ 375) und der Fixkauf (§ 376).[39]

28 Auf die **Vertriebsform** kommt es nicht an. Erfasst werden auch Kaufverträge, die im Fernabsatz (§ 312c BGB), außerhalb von Geschäftsräumen (§ 312b BGB), im elektronischen Geschäftsverkehr (§§ 312i, 312j BGB), im Rahmen einer privatrechtlichen Versteigerung (§ 156 BGB) oder einer Internet-Auktion (zB eBay) zustande gekommen sind.[40] Nicht erfasst werden **öffentlich-rechtliche Verträge** über den Erwerb von Sachen im Rahmen von Zwangsvollstreckungsmaßnahmen.[41]

29 Irrelevant für die Einordnung als Kaufvertrag ist die **rechtliche oder tatsächliche Ausgestaltung** als Kauf unter (erweitertem) Eigentumsvorbehalt oder einer sonstigen (aufschiebenden oder auflösenden) Bedingung, als Streckengeschäft,[42] als Kauf im Rahmen von Finanzierungsleasingverträgen mit Kaufoption oder bei „sale-and-lease-back"-Verträgen, im Rahmen des Mietkaufs oder im Rahmen eines Prozessvergleichs.[43]

30 **2. Gegenstand des Handelskaufs. a) Waren. aa) Abgrenzung zur Sache im bürgerlich-rechtlichen Sinne.** Unter den Begriff der Ware fallen „ganz allgemein bewegliche körperliche Sachen, die Gegenstand des Handelsverkehrs sind oder die nach der Anschauung des Verkehrs als Gegenstände des Warenumsatzes in Betracht kommen können" (vgl. auch §§ 375, 381 Abs. 2, die von beweglichen Sachen sprechen).[44] Ausgangspunkt für die Bestimmung des Warenbegriffs ist die bürgerlich-rechtliche Definition der **Sache iSv § 90 BGB.** Dabei kommt der **Verkehrsanschauung,** die sich innerhalb eines Verkehrskreises herausbildet und nur in seltenen Fällen völlig identisch ist mit derjenigen eines anderen Verkehrskreises, entscheidende Bedeutung zu.[45] Im Hinblick auf die unterschiedlichen Verkehrskreise bei (auch einseitigen) Handelsgeschäften einerseits und Unternehmer- und/oder Verbrauchergeschäften andererseits verwundert es nicht, dass der bürgerlich-rechtliche Sachbegriff in seinen Randbereichen von dem handelsrechtlichen Begriff der Ware iSd §§ 373 ff. abweicht. Dies zeigt sich beispielsweise bei der rechtlichen Einordnung von Elektrizität und Fernwärme sowie bei verkehrsunfähigen Sachen.

31 Sachen im bürgerlich-rechtlichen Sinne sind **abgrenzbare und beherrschbare körperliche Gegenstände.**[46] Ohne Bedeutung ist der Aggregatzustand, sodass auch Gas und Wasser unter den Sachbegriff fallen, sofern sie in einem Raume abgegrenzt (und deshalb beherrschbar) sind.[47] Elektrizität ist hingegen keine Sache im bürgerlich-rechtlichen Sinne, da sie keine körperliche Existenz hat.[48] Auch Fernwärme ist keine Sache im bürgerlich-rechtlichen Sinne, da sie durch Rohrleitungsnetze fließt und insoweit nicht anders zu beurteilen ist als in der Natur fließendes Wasser.[49] Demgegenüber fallen sowohl **Elektrizität**[50] als auch **Fernwärme**[51] als Gegenstände des Warenumsatzes unter den handelsrechtlichen Begriff der Sache.

32 Nur **verkehrsfähige Sachen** können Gegenstand des Handelsverkehrs sein oder kommen nach der Anschauung des Verkehrs als Gegenstand des Warenumsatzes in Betracht.[52] Demgegenüber umfasst der bürgerlich-rechtliche Sachbegriff auch bewegliche Sachen, deren Verkehrsfähigkeit auf Grund ausdrücklicher oder tatsächlicher öffentlich-rechtlicher Widmung oder Indienststellung zur

[38] MüKoHGB/Grunewald Rn. 6.
[39] Vgl. auch NK-HGB/Stöber Vor §§ 373–381 Rn. 3.
[40] Vgl. auch NK-HGB/Stöber Vor §§ 373–381 Rn. 3.
[41] Zur Einordnung der Zuschlagserteilung im Rahmen der Zwangsversteigerung s. MüKoZPO/Gruber ZPO § 817 Rn. 3 ff.; Zöller/Seibel ZPO § 817 Rn. 7.
[42] Zur Definition des Streckengeschäfts s. etwa Staub/Brüggemann, 4. Aufl. 1983, Rn. 38; Ebenroth/Boujong/Achilles § 377 Rn. 99; Heymann/Emmerich/Hoffmann § 377 Rn. 60; K. Schmidt HandelsR § 29 Rn. 95, 101 f., der insoweit von einer „Durchlieferung" spricht.
[43] MüKoHGB/Grunewald Rn. 18.
[44] RG 14.10.1930, RGZ 130, 85 (88); vgl. auch BeckOK HGB/Schwartze, 47. Ed. 1.7.2025, § 373 Rn. 7; Staub/Koller Vor § 373 Rn. 11; NK-HGB/Stöber Vor §§ 373–381 Rn. 4.
[45] Vgl. Grüneberg/Ellenberger BGB § 90 Rn. 1; BeckOK BGB/Fritzsche, 75. Ed. 1.8.2025, BGB § 90 Rn. 7.
[46] Vgl. auch BGH 14.7.1993, NJW 1993, 2346 (2437); OLG München 14.11.1966, NJW 1967, 1326 (1328).
[47] Vgl. OLG Brandenburg 19.12.2001, RdE 2004, 20 (23); MüKoBGB/Stresemann BGB § 90 Rn. 8.
[48] Vgl. RG 16.12.1871, RGZ 67, 229 (232); MüKoBGB/Stresemann BGB § 90 Rn. 24; Staudinger/Stieper, 2024, BGB § 90 Rn. 2; MüKoHGB/Grunewald Rn. 3.
[49] Vgl. OLG Frankfurt 9.1.1980, NJW 1980, 2531 (2532).
[50] RG 16.12.1871, RGZ 67, 229 (232); BGH 10.11.1960, NJW 1961, 453 (455); 8.7.1981, NJW 1982, 930 (931 f.).
[51] OLG Frankfurt 9.1.1980, NJW 1980, 2531 (2532); vgl. auch NK-HGB/Stöber Vor §§ 373–381 Rn. 4.
[52] **AA** MüKoHGB/Grunewald Rn. 3 (auch nicht oder nur eingeschränkt verkehrsfähige Sachen).

Erfüllung öffentlicher Zwecke (zB in Gemeingebrauch stehende Sachen) sowie durch Widmung für kirchliche Zwecke beschränkt ist.[53] Von diesen Ausnahmefällen abgesehen lässt sich der Grundsatz aufstellen, dass bewegliche Sachen im bürgerlich-rechtlichen Sinne stets auch als Sachen im handelsrechtlichen Sinne zu qualifizieren sind.

bb) Sachen im handelsrechtlichen Sinne. Unter dem handelsrechtlichen Begriff der Sache lassen sich alle beweglichen Sachen iSv § 90 BGB subsumieren, die bei objektiver Betrachtung **wirtschaftlich verwertbar** sind. Hierzu zählen nicht nur Endprodukte, die im Rahmen der Lieferkette weiterveräußert werden, sondern auch Sachen, die im Rahmen tierischer oder pflanzlicher Produktion zu erzeugen sind (Urproduktion) sowie Ausgangsstoffe (Zuliefererprodukte), die Gegenstand einer weiteren gewerblichen/industriellen Tätigkeit (zB Verbindung, Vermischung, Verarbeitung, Bearbeitung) sind oder der Herstellung von Produkten dienen (zB Maschinen). **Grundstücksgeschäfte** stellen keine Handelskäufe dar.[54] 33

Entscheidend für die Qualifikation als wirtschaftlich verwertbare bewegliche Sachen ist der **Zeitpunkt der Lieferung,** nicht der des Vertragsschlusses. Es ist also unerheblich, ob die Sachen bei Abschluss des Kauf- oder Werklieferungsvertrages bereits vorhanden waren oder auf Grund der Verbindung mit einem Grundstück als noch „unbeweglich" anzusehen sind (zB Pflanzen). **Tiere** können ebenfalls Gegenstand des Handelskaufs sein (§ 90a S. 3 BGB).[55] Nach dem Wegfall der Viehkaufregelungen (§§ 481–492 BGB aF) und der zugehörigen Verordnung infolge der Schuldrechtsreform finden auf den Kauf von Nutztieren wie Luxustieren sämtliche Vorschriften über den Handelskauf Anwendung. Eine handelsfähige Sache liegt auch dann vor, wenn es sich um eine **technische Anlage** handelt, die frei transportierbar ist und nicht der Herstellung des Bauwerks dient, in dem sie – ggf. mit fester Installation – aufgestellt wird.[56] Zu den handelsfähigen Sachen zählen auch **Abfälle.** Als Gegenstand des Handelskaufs kommt auch eine Vielzahl handelsfähiger Sachen in Betracht, sodass die §§ 373 ff. auf den Kauf von Sachgesamtheiten wie zB Warenlager, Inventar oder Sammlungen Anwendung finden.[57] Trotz der Anlehnung in § 452 BGB an die Regeln über den „Kauf von Grundstücken" können auch **Schiffe** (See- und Binnenschiffe), die im SchiffRG eingetragen sind, handelsfähige Sachen sein.[58] 34

Daten und Computerprogramme sind als handelsfähige Sachen anzusehen, wenn sie **auf einem Datenträger gespeichert** und insoweit verkörpert sind (vgl. § 327 Abs. 5 BGB).[59] Auf Grund der Maßgeblichkeit der Verkehrsanschauung kommt es für die Beurteilung der Körperlichkeit nicht auf den Überlassungsvorgang an. Es ist deshalb auch unerheblich, wenn die Daten vorübergehend – nämlich im Rahmen der für ihren Abruf (zB Herunterladen aus dem Internet, Übersendung per E-Mail) erforderlichen Übertragungs- oder Speichervorgängen außerhalb (Datenfernübertragung) oder innerhalb des Computers (Datenbus) – ihre Körperlichkeit verlieren.[60] 35

cc) Unternehmenskäufe. Für Unternehmenskäufe gelten die Regeln des Handelskaufs beim **asset deal** kraft HGB-autonomer Anknüpfung, soweit es sich bei den zu übertragenden Vermögenswerten um handelsfähige Sachen handelt.[61] Anderenfalls kommt eine Anwendung kraft bürgerlichrechtlicher Verweisung (§ 453 Abs. 1 S. 1 Alt. 2 BGB) in Betracht, soweit der Sinn der jeweiligen HGB-Regelung dem nicht entgegensteht. Beim Kauf von Gesellschaftsanteilen **(share deal)** liegt ein Rechtskauf vor,[62] auf den die Vorschriften über den Handelskauf ebenfalls kraft bürgerlichrechtlicher Verweisung (§ 453 Abs. 1 S. 1 Alt. 1 BGB) entsprechend Anwendung finden. Soweit die 36

---

[53] Näher zu den aus verschiedensten Gründen verkehrsunfähigen Sachen MüKoBGB/Stresemann BGB § 90 Rn. 36 ff.; Staudinger/Stieper, 2024, BGB Vor §§ 90–103 ff. Rn. 12 ff.; BeckOK BGB/Fritzsche, 75. Ed. 1.8.2025, BGB § 90 Rn. 9.

[54] BGH 15.9.2023, NJW 2023, 3423 Rn. 36, bezogen auf § 377; Ebenroth/Boujong/Achilles Rn. 4.

[55] Vgl. auch NK-HGB/Stöber Vor §§ 373–381 Rn. 4.

[56] OLG Düsseldorf 30.9.2002, BauR 2003, 409; zur Abgrenzung Werkvertrag und Werklieferungsvertrag s. § 381 Rn. 6 ff.

[57] MüKoHGB/Grunewald Rn. 4; Hopt/Leyens Rn. 12 **aA** GK-HGB/Achilles Rn. 5.

[58] Fetsch RNotZ 2004, 450 (453); MüKoHGB/K. Schmidt, 1. Aufl. 1996, § 1 Rn. 66.

[59] BGH 15.11.2006, NJW 2007, 2394; 22.12.1999, NJW 2000, 1415; 14.7.1993, NJW 1993, 2436 (2438); *4.11.1987, BGHZ 102, 135 (144)* = NJW 1988, 406; 18.10.1989, BGHZ 109, 97 (100 f.) = NJW 1990, 320; OLG München 22.3.2000, NJW-RR 2001, 1712; LG Hamburg 18.7.2001, NJW 2001, 3486 (3487).

[60] OLG München 8.10.2009, BeckRS 2009, 27252; NK-HGB/Stöber Vor §§ 373–381 Rn. 5; MüKoHGB/Grunewald Rn. 3.

[61] MüKoHGB/Grunewald Rn. 4; Hiddemann ZGR 1982, 435 (442); **aA** BeckOGK/Höpfner, 1.3.2025, § 373 Rn. 13; Ebenroth/Boujong/Müller, 3. Aufl. 2015, Rn. 9; Ebenroth/Boujong/Achilles Rn. 5; K. Schmidt HandelsR § 29 Rn. 3; Canaris HandelsR § 8 Rn. 1; Heymann/Emmerich/Hoffmann Rn. 4; KKD/Roth/Huber Vor §§ 377–381 Rn. 1; NK-HGB/Stöber Vor §§ 373–381 Rn. 7; Schröcker ZGR 2005, 63 (95 ff.).

[62] Vgl. BGH 26.9.2018, NJW 2019, 145 Rn. 19 ff.

Nichtanwendbarkeit insbesondere von § 377 HGB damit begründet wird, die Rügeobliegenheit würde den Unternehmenskäufer in der Mehrzahl der Fälle überfordern,[63] überzeugt dieses Argument nicht. Wenn überhaupt, ließe sich das nur für die Obliegenheit zur Untersuchung behaupten, und diese ist beschränkt durch die Tunlichkeit nach ordnungsgemäßen Geschäftsgang (→ § 377 Rn. 38 ff.).[64] In der Regel werden erst nach dem Kauf zu Tage tretende Mängel als verdeckt zu qualifizieren sein und deshalb ein Tätigwerden des Käufers erst nach Entdeckung erfordern.

37 **dd) Unbewegliche Sachen und unkörperliche Vermögenswerte.** Nicht zu den beweglichen Sachen im handelsrechtlichen Sinne zählen **Immobilien.**[65] Forderungen,[66] Grundpfandrechte, Geschäftsanteile an Personen- oder Kapitalgesellschaften, gewerbliche Schutzrechte, Urheberrechte und Markenrechte sowie öffentlich-rechtliche Befugnisse (Konzessionen) stellen keine Sachen, sondern **Rechte** dar.[67] Als solche können sie Gegenstand eines Rechtskaufs und kraft der Verweisung in § 453 Abs. 1 S. 1 Alt. 1 BGB auch Gegenstand der §§ 373 ff. sein. Gleiches gilt für **sonstige unkörperliche Vermögenswerte** wie zB Know-how, Kundschaft, (nicht geschützte) Erfindungen, Kundenbeziehungen, E-Mail-Adresse[68] oder Domain-Adressen etc, die als sonstige Gegenstände iSv § 453 Abs. 1 S. 1 Alt. 2 BGB zu qualifizieren sind.[69] Demgegenüber sind die schriftlich oder auf Datenträgern fixierten wissenschaftlich-technischen Ergebnisse (zB Konstruktionsunterlagen, Forschungsprojekte) ebenso wie Datenträger selbst[70] als Sachen zu qualifizieren.

38 **b) Wertpapiere.** Der Begriff des Wertpapiers ist weder im HGB noch im BGB definiert. Um den Anwendungsbereich des § 381 Abs. 1 festzulegen, ist eine auf den **Normzweck** bezogene Auslegung geboten.[71] Danach fallen nur Wertpapiere unter diese Vorschrift, die in hohem Maße verkehrsfähig sind und deshalb den besonderen Bedürfnissen des Handelsverkehrs Rechnung tragen. Hierzu zählen die **Wertpapiere ieS,** bei denen das in der Urkunde verbriefte Recht an den Besitz der Urkunde geknüpft ist und mit der Urkunde übertragen wird, dh dass das Recht aus dem Papier dem Recht am Papier folgt. Zu dieser Gruppe von Wertpapieren zählen Inhaberschuldverschreibungen (§ 793 BGB), Wechsel, Schecks, die in § 363 aufgeführten kaufmännischen Orderpapiere, Aktien jeder Gattung samt ihren Zins- und Gewinnanteilscheinen sowie Zwischenscheine iSd § 8 Abs. 6 AktG.[72]

39 Reine **Beweisurkunden** (zB Schuldschein, GmbH-Anteile),[73] einfache (zB Gepäckschein) und qualifizierte **Legitimationspapiere** (zB Sparbücher, Versicherungspolicen) sowie **Rektapapiere** (zB Hypotheken- und Grundschuldbrief, bürgerlich-rechtliche Anweisung iSv § 783 BGB) fallen nicht unter den Begriff des Wertpapiers iSd § 381 Abs. 1, weil bei ihnen die Übertragung des in der Urkunde verbrieften Rechts nur durch Abtretung nach §§ 398 ff. BGB erfolgt, mit der das Eigentum an der Urkunde kraft Gesetzes übergeht (§ 952 BGB).

III. Anwendbarkeit der §§ 373 ff. auf kaufähnliche Verträge

40 Die §§ 373 ff. finden auf kaufähnliche Verträge entsprechend Anwendung, soweit es dem Sinn der jeweiligen Regelung entspricht. Entscheidend für die Qualifikation als kaufähnlicher Vertrag sind die materielle Betrachtungsweise und ein interessengerechtes Verständnis, nicht rein formale Kriterien. Dementsprechend kann nicht allein darauf abgestellt werden, dass ein Kaufvertrag seiner Formaldefinition nach ein Vertrag über den Austausch einer Sache oder die Übertragung eines Rechts gegen Geld ist.[74] **Kaufähnlich ist jeder Vertrag, der wie ein Kauf darauf gerichtet ist, der anderen Vertragspartei als Gegenleistung die rechtliche Verfügungsgewalt über die Ware dauerhaft zu verschaffen.** Aufgrund des Erfordernisses der Gegenleistung sind die §§ 373 ff. nicht auf unentgeltliche Verträge (zB Schenkung) anwendbar.

41 **1. Tausch.** Kaufähnlich im vorstehenden Sinne ist der Tauschvertrag iSv § 480 BGB, dessen Kennzeichen darin besteht, dass die vereinbarte **Gegenleistung nicht in Geld,** sondern in anderen

[63] Ebenroth/Boujong/Achilles § 377 Rn. 2.
[64] MüKoHGB/Grunewald Rn. 4.
[65] RG 23.9.1904, RGZ 59, 19 (21); Ebenroth/Boujong/Achilles Rn. 5; Canaris HandelsR § 29 Rn. 2; **aA** Dreier ZfIR 2004, 416 (418 ff.).
[66] RG 11.1.1887, RGZ 17, 7 (58); 17.5.1890, RGZ 26, 43 (44).
[67] Vgl. OLG München 14.11.1966, NJW 1967, 1327 (1328).
[68] Vgl. auch NK-HGB/Stöber Vor §§ 373–381 Rn. 5.
[69] Staudinger/Löwisch, 2024, BGB § 453 Rn. 85 ff.
[70] OLG Köln 6.3.1998, NJW-RR 1999, 565 f.
[71] MüKoBGB/Habersack BGB Vor § 793 Rn. 7 ff.
[72] Ebenroth/Boujong/Achilles § 381 Rn. 1; BeckOGK/Höpfner, 1.3.2025, § 373 Rn. 11.
[73] OLG München 14.11.1966, NJW 1966, 1326 (1328).
[74] Vgl. BGH 11.10.1991, NJW 1992, 236 (237) zu § 504 BGB aF.

Vermögenswerten (nicht beschränkt auf Sachen und Rechten) erbracht wird. Insoweit finden die §§ 373 ff. nicht nur aufgrund der bürgerlich-rechtlichen Verweisung, sondern kraft HGB-autonomen Anknüpfungsbefehls entsprechend Anwendung.[75] Eine entsprechende Anwendung ist ferner geboten, wenn anstelle einer Vergütung die **Übereignung von Ware als (atypische) Gegenleistung** versprochen wird (zB Warenlieferung gegen Dienstleistung oder gegen Werkleistungen etc).[76] Den Empfänger der Ware treffen somit die Untersuchungs- und Rügepflichten analog § 377.[77]

Soweit die vereinbarte **Gegenleistung** – wie zB bei Wertpapieren – **geldähnlich** ist, gleicht der Tauschvertrag materiell einem Kaufvertrag. Der Käufer kann die Wertpapiere (die für den Verkäufer nur wegen ihres Geldwertes, nicht wegen eines Sachwertes von Interesse sind) zu einem von vornherein abschätzbaren Geldbetrag jederzeit ohne Schwierigkeiten erwerben, der Verkäufer sie nach Erhalt ebenso leicht zur Erlangung eines Geldbetrages veräußern.[78] Ein solcher Tauschvertrag ist bei interessengerechter Betrachtung unter Berücksichtigung des Zwecks der §§ 373 ff. als Handelskauf anzusehen. 42

2. Sachdarlehen. Die Regeln über den Handelskauf finden entsprechend Anwendung auf das Sachdarlehen iSd § 607 BGB, da der Darlehensgeber verpflichtet ist, dem Darlehensnehmer nicht nur die Sachen zu überlassen, sondern ihm auch das Eigentum an den Sachen zu verschaffen.[79] 43

3. Sicherungsverträge. Sicherungsverträge, die einer Sicherungsübereignung zugrunde liegen, enthalten zwar auch die Pflicht zur Übereignung, jedoch sind sie nicht auf dauerhafte Überlassung von Sachen an den Erwerber gerichtet. Nach Erfüllung der gesicherten Forderung entfällt der Sicherungszweck und der Sicherungsgeber hat – soweit nicht ausnahmsweise auflösend bedingt übereignet worden ist – einen schuldrechtlichen Anspruch auf Rückübereignung. Es liegt kein kaufähnlicher Vertrag vor.[80] 44

4. Leasingverträge. Kein Raum für die entsprechende Anwendung der §§ 373 ff. besteht beim **Finanzierungsleasing,** da es nicht auf die dauerhafte Überlassung der Leasingsache gerichtet ist.[81] Soweit dem Leasingnehmer eine **Kaufoption** nach Ablauf der Leasingzeit eingeräumt wird und er diese Option ausübt, kommt Kaufrecht zur Anwendung.[82] Dies gilt auch beim **Mietkauf,** bei dem der Vermieter dem Mieter das Recht einräumt, innerhalb einer bestimmten Frist die Kaufsache zu einem vorher bestimmten Preis zu kaufen, wobei die gezahlten Mietraten ganz oder teilweise auf den Kaufpreis angerechnet werden. Ist ein **Andienungsrecht** zugunsten des Leasinggebers vereinbart, kommt der Kaufvertrag durch dessen Ausübung zustande.[83] 45

5. Vertriebsverträge. Die Vorschriften über den Handelskauf kommen auf Vertriebsverträge (Alleinvertriebs-/Vertragshändlerverträge, Eigenhändlerverträge) nicht zur Anwendung, da es sich hierbei um **Rahmenvereinbarungen** zur Organisation des Warenabsatzes handelt, innerhalb derer konkrete Einzellieferungen abgewickelt werden. Die Einzellieferungen unterliegen den §§ 373 ff.[84] 46

6. Gesellschaftsrechtliche Verpflichtungen. Keine Anwendung finden die §§ 373 ff. auf die Pflicht eines Gesellschafters zur **Erbringung von Sacheinlagen** im Rahmen der Gründung einer Gesellschaft oder der Kapitalerhöhung. Gleiches gilt für die Ausschüttung einer **Sachdividende.**[85] Demgegenüber sind die Regeln des Handelskaufs entsprechend anwendbar, wenn dem ausscheidenden Gesellschafter Waren oder Wertpapiere aus dem Gesellschaftsvermögen als **Abfindung** übereignet werden.[86] 47

---

[75] BeckOGK/Bodenheimer, 1.5.2024, BGB § 480 Rn. 18; MüKoHGB/Grunewald Rn. 8.

[76] MüKoHGB/Grunewald Rn. 9; NK-HGB/Stöber Vor §§ 373–381 Rn. 12; **aA** Staub/Koller § 373 Rn. 27.

[77] BeckOGK/Bodenheimer, 1.5.2024, BGB § 480 Rn. 18; MüKoHGB/Grunewald Rn. 8.

[78] Vgl. BGH 11.10.1991, NJW 1992, 236 f.; OLG Frankfurt 19.10.1995, MittRhNotK 1996, 333.

[79] BGH 27.3.1985, NJW 1985, 2417 (2418); MüKoHGB/Grunewald Rn. 14; BeckOGK/Höpfner, 1.3.2025, § 373 Rn. 16; **aA** Staub/Koller Rn. 24.

[80] MüKoHGB/Grunewald Rn. 15.

[81] Heymann/Emmerich/Hoffmann § 377 Rn. 10; GK-HGB/Achilles Rn. 4; BeckOK HGB/Schwartze, 47. Ed. 1.7.2025, § 373 Rn. 2; NK-HGB/Stöber HGB Vor §§ 373–381 Rn. 14; Staub/Koller Rn. 21.

[82] MüKoHGB/Grunewald Rn. 16.

[83] BGH 4.2.2004, NZM 2004, 340 (342).

[84] GK-HGB/Achilles Rn. 3; MüKoHGB/Grunewald Rn. 10; Staub/Koller Rn. 18; NK-HGB/Stöber Rn. 14.

[85] MüKoHGB/Grunewald Rn. 17; Heymann/Emmerich/Hoffmann Vor § 373 Rn. 4; Ebenroth/Boujong/Achilles Rn. 9; BeckOGK/Höpfner, 1.3.2025, § 373 Rn. 18.

[86] MüKoHGB/Grunewald Rn. 17; Ebenroth/Boujong/Müller, 3. Aufl. 2015, Rn. 18; BeckOGK/Höpfner, 1.3.2025, § 373 Rn. 18; **aA** Ebenroth/Boujong/Achilles Rn. 9; Staub/Koller Rn. 16.

IV. Anwendbarkeit der §§ 373 ff. auf gemischte Verträge

48 Haben die Parteien einen Vertrag geschlossen, der Bestandteile verschiedener (typischer oder atypischer) Vertragstypen enthält, die nur in ihrer Gesamtheit ein sinnvolles Ganzes ergeben (gemischter oder zusammengesetzter Vertrag),[87] sind die §§ 373 ff. stets anwendbar, wenn die Vertragsparteien eine entsprechende Abrede getroffen haben. Fehlt es daran, ist auf die besonderen Umstände des Einzelfalls, auf die Interessenlage der Vertragsparteien sowie auf Sinn und Zweck der vertraglichen Vereinbarungen abzustellen.[88] Steht im **Mittelpunkt** der vertraglichen Beziehungen die mit dem Warenumsatz verbundene Übertragung von Eigentum und Besitz, finden die §§ 373 ff. auf den gesamten Vertrag Anwendung (→ § 381 Rn. 6 ff.). Steht diese Leistung (nur) **gleichbedeutend** neben anderen, greifen die §§ 373 ff. bezüglich dieser Leistung ebenfalls ein, da der mutmaßliche Wille der Vertragsparteien in der Regel dahingeht, auf die jeweilige Leistungspflicht diejenigen Rechtsvorschriften anzuwenden, die für diese zur Geltung kämen, wenn sie in einem gesonderten Vertrag begründet worden wäre.[89] Insoweit gelten die Regeln über den Handelskauf auch dann, wenn sich eine Partei im Rahmen eines (Prozess-)Vergleichs zur Lieferung von Ware verpflichtet.[90]

V. Entwicklungen im Unionsrecht

Schrifttum (Auswahl): Bach, Neue Richtlinien zum Verbrauchsgüterkauf und zu Verbraucherverträgen über digitale Inhalte, NJW 2019, 1705; Gsell, Der europäische Richtlinienvorschlag zu bestimmten vertragsrechtlichen Aspekten der Bereitstellung digitaler Inhalte, ZUM 2018, 75; Gsell, Europäischer Richtlinien-Entwurf für vollharmonisierte Mängelrechte beim Verbraucherkauf – Da capo bis zum Happy End?, ZEuP 2018, 501; Herrler, Schuldrechtsreform 2.0 – Neuerungen im BGB aufgrund der Umsetzung der Warenkaufrichtlinie und der Richtlinie über digitale Inhalte –, DNotZ 2022, 491; Meller-Hannich, Die Warenkaufrichtlinie und ihre Umsetzung, DAR 2021, 493; Pfeiffer, Neues Kaufrecht – Die Umsetzung der Warenkaufrichtlinie in Deutschland, GPR 2022, 223; Remien/Herrler/Limmer, Gemeinsames Europäisches Kaufrecht für die EU?, 2012; Schmidt-Kessel, Ein einheitliches europäisches Kaufrecht? Eine Analyse des Vorschlags der Kommission, 2012; Schulte-Nölke/Zoll/Jansen/Schulze, Der Entwurf für ein optionales europäisches Kaufrecht, 2012; Spindler, Verträge über digitale Inhalte – Anwendungsbereich und Ansätze – Vorschlag der EU-Kommission zu einer Richtlinie über Verträge zur Bereitstellung digitaler Inhalte, MMR 2016, 147; Staudenmayer, Kauf von Waren mit digitalen Elementen – Die Richtlinie zum Warenkauf, NJW 2019, 2889; Wilke, Das neue Kaufrecht nach Umsetzung der Warenkauf-Richtlinie, VuR 2021, 283; Zöchling-Jud, Das neue Europäische Gewährleistungsrecht für den Warenhandel, GPR 2019, 115.

49 **1. Vorschlag für eine Verordnung über ein Gemeinsames Europäisches Kaufrecht (GEKR).** Am 11.10.2011 hatte die Europäische Kommission ihren Vorschlag für eine Verordnung über ein Gemeinsames Europäisches Kaufrecht (GEKR) vorgelegt.[91] Nach dem Willen der Kommission sollte das GEKR als **sog. optionales Instrument** ausgestaltet werden. Für die Anwendung des GEKR hätte es einer entsprechenden Vereinbarung der Vertragsparteien bedurft, die einen **Rückgriff auf §§ 373 ff. HGB** ausgeschlossen hätte. Ausdrücklich enthielt das GEKR Regelungen zur (Nicht-)Annahme der Ware (vgl. Art. 97, 129 f. GEKR), zu Prüfungs- und Mitteilungspflichten des Käufers (Art. 121 f. GEKR) sowie zum Schadensersatz bei Vornahme von Deckungsgeschäften (Art. 164 f. GEKR). Der Kommissionsvorschlag stieß in den EU-Mitgliedstaaten insbesondere im Hinblick auf die Einbeziehung von Unternehmerverträgen ganz überwiegend auf Ablehnung, sodass sich die Kommission Ende 2014 dazu entschloss, den Vorschlag nicht in gleicher Form weiterzuverfolgen.[92]

50 **2. Richtlinien über bestimmte vertragsrechtliche Aspekte des Warenkaufs und Bereitstellung digitaler Inhalte und digitaler Dienstleistungen.** Stattdessen unterbreitete die Kommission im Jahr 2015 Vorschläge für zwei Richtlinien über bestimmte vertragsrechtliche Aspekte des Online-Warenhandels und andere Formen des Fernabsatzes[93] sowie des Erwerbs digitaler Inhalte.[94]

---

[87] Zur Abgrenzung Grüneberg/Grüneberg Überblick BGB § 311 Rn. 11 ff.
[88] BGH 13.9.2007, NJW 2008, 1072 (1073) mwN.
[89] BGH 13.9.2007, NJW 2008, 1072 (1073) mwN; vgl. auch NK-HGB/Stöber Vor §§ 373–381 Rn. 15.
[90] MüKoHGB/Grunewald Rn. 18; **aA** Staub/Koller Rn. 23.
[91] Vorschlag für eine Verordnung des Europäischen Parlaments und des Rates über ein Gemeinsames Europäisches Kaufrecht, KOM (2011) 635 endg.
[92] Mitteilung der Kommission an das Europäische Parlament, den Rat, den Europäischen Wirtschafts- und Sozialausschuss und den Ausschuss der Regionen KOM (2014) 910 final, Annex 2, Nr. 60.
[93] Vorschlag für eine Richtlinie des Europäischen Parlaments und des Rates über bestimmte vertragsrechtliche Aspekte des Online-Warenhandels und andere Formen des Fernabsatzes von Waren v. 9.12.2015, KOM(2015) 635 endg.
[94] Vorschlag für eine Richtlinie des Europäischen Parlaments und des Rates über bestimmte vertragsrechtliche Aspekte der Bereitstellung digitaler Inhalte v. 9.12.2015, KOM(2015) 634 endg.; zu den Inhalten s. Gsell ZUM 2018, 75 ff.

Den Richtlinienvorschlag zum Online-Warenhandel dehnte die Kommission später auf den **stationären Handel** aus.[95] Am 20.5.2019 wurden die Richtlinie über bestimmte vertragsrechtliche Aspekte des Warenkaufs (Warenkauf-RL)[96] und die Richtlinie über bestimmte vertragsrechtliche Aspekte der Bereitstellung digitaler Inhalte und digitaler Dienstleistungen (Digitale Inhalte-RL)[97] verabschiedet. Abweichend von dem GEKR ist der **persönliche Anwendungsbereich** der beiden Richtlinien auf Verträge zwischen Unternehmern und Verbrauchern beschränkt (Art. 3 Abs. 1 Warenkauf-RL, Art. 3 Abs. 1 Digitale-Inhalte-RL). Im Grundsatz kommt es deshalb zu keinen Überschneidungen mit §§ 373 ff.

51 Die Digitale Inhalte-RL wurde durch das Gesetz zur Umsetzung der Richtlinie über bestimmte vertragsrechtliche Aspekte der Bereitstellung digitaler Inhalte und digitaler Dienstleistungen vom 25.6.2021 (BGBl. 2021 I 2123) und die Warenkauf-RL wurde durch das Gesetz zur Regelung des Verkaufs von Sachen mit digitalen Elementen und anderer Aspekte des Kaufvertrags[98] vom 25.6.2021 (BGBl. 2021 I 2133) umgesetzt. Die **Digitale Inhalte-RL** hat im Wesentlichen Eingang in den neu eingefügten **§§ 327–327u BGB** gefunden. Die Umsetzung erfolgte bewusst im Allgemeinen Teil des Schuldrechts, weil der Gesetzgeber eine vertragstypologische Einordnung der von der Richtlinie erfassten Verträge weder für nötig noch für sachgerecht hielt.[99] Die Umsetzung der **Warenkauf-RL,** die im Gegensatz zu den Regelungen der abgelösten Verbrauchsgüterkauf-RL im Grundsatz auf Vollharmonisierung ausgerichtet ist, hat zu Änderungen im allgemeinen Kaufrecht und zu Neuregelungen im Recht des Verbrauchsgüterkaufs geführt.[100] Die Änderungen im allgemeinen Kaufrecht betreffen die **Definition des Sachmangels** (§ 434 BGB), die Nacherfüllung (§ 439 BGB) und den Unternehmerregress (§§ 445a und 445b BGB). Die Neuregelungen im Recht des Verbrauchsgüterkaufs betreffen insbesondere die **Aktualisierungsverpflichtung** für Sachen mit digitalen Elementen (§ 475b Abs. 3–5 BGB), Sachen, für die eine dauerhafte Bereitstellung digitaler Elemente vereinbart ist (§§ 475c und 477 Abs. 2 BGB), die Rückabwicklung des Kaufvertrages nach Rücktritt (§ 475 Abs. 6 BGB), die Vereinbarung einer Abweichung von objektiven Anforderungen an die Kaufsache (§ 476 Abs. 1 BGB), die Verlängerung der Beweislastumkehr bei Mängeln auf ein Jahr (§ 477 Abs. 1 BGB) und Garantien (§ 479 BGB).

52 Die nach Erwägungsgrund 16 Digitale-Inhalte-RL und Erwägungsgrund 21 Warenkauf-RL ausdrücklich zulässige Erweiterung auf den unternehmerischen Verkehr hat der deutsche Gesetzgeber nicht aufgegriffen. In der Lit. wird sich für eine Heranziehung der §§ 327–327s BGB **im unternehmerischen Verkehr** als Ergebnis **ergänzender Vertragsauslegung** ausgesprochen, soweit es sich nicht um spezifisch verbraucherschützende Vorschriften handelt. Eine analoge Anwendung kommt mangels planwidriger Regelungslücke nicht in Betracht.[101]

§ 373 [Annahmeverzug des Käufers]

(1) Ist der Käufer mit der Annahme der Ware im Verzuge, so kann der Verkäufer die Ware auf Gefahr und Kosten des Käufers in einem öffentlichen Lagerhaus oder sonst in sicherer Weise hinterlegen.

(2) [1]Er ist ferner befugt, nach vorgängiger Androhung die Ware öffentlich versteigern zu lassen; er kann, wenn die Ware einen Börsen- oder Marktpreis hat, nach vorgängiger Androhung den Verkauf auch aus freier Hand durch einen zu solchen Verkäufen öffentlich ermächtigten Handelsmakler oder durch eine zur öffentlichen Versteigerung befugte Person zum laufenden Preise bewirken. [2]Ist die Ware dem Verderb ausgesetzt und Gefahr im Verzuge, so bedarf es der vorgängigen Androhung nicht; dasselbe gilt, wenn die Androhung aus anderen Gründen untunlich ist.

---

[95] Geänderter Vorschlag für eine Richtlinie des Europäischen Parlaments und des Rates über bestimmte vertragsrechtliche Aspekte des Warenhandels und anderer Formen des Fernabsatzes von Waren, zur Änderung der Verordnung (EG) Nr. 2006/2004 des Europäischen Parlaments und des Rates und der Richtlinie 2009/22/EG des Europäischen Parlaments und des Rates sowie zur Aufhebung der Richtlinie 1999/44/EG des Europäischen Parlaments und des Rates, COM (2017) 637 final.

[96] RL (EU) 2019/771 v. 20.5.2019 über bestimmte vertragsrechtliche Aspekte des Warenkaufs, zur Änderung der Verordnung (EU) 2017/2394 und der RL 2009/22/EG sowie zur Aufhebung der RL 1999/44/EG, ABl. *EU 2019 L 136, 28;* hierzu Bach NJW 2019, 1705 ff.; Zöchling-Jud GPR 2019, 115 ff.; Staudenmayer NJW 2019, 2889 ff.

[97] RL (EU) 2019/770 v. 20.5.2019 über bestimmte vertragsrechtliche Aspekte der Bereitstellung digitaler Inhalte und digitaler Dienstleistungen, ABl. EU 2019 L 136, 1.

[98] Hierzu Pfeiffer GPR 2022, 223 ff.

[99] BT-Drs. 19/27653, 24.

[100] Lorenz NJW 2021, 2065 ff.; Meller-Hannich DAR 2021, 493 ff.

[101] BeckOK BGB/Wendland, 75. Ed. 1.5.2025, BGB § 327 Rn. 26 ff.; Stiegler MMR 2021, 753 ff.; vgl. auch Meller-Hannich DAR 2021, 493 (497).

(3) Der Selbsthilfeverkauf erfolgt für Rechnung des säumigen Käufers.

(4) Der Verkäufer und der Käufer können bei der öffentlichen Versteigerung mitbieten.

(5) [1]Im Falle der öffentlichen Versteigerung hat der Verkäufer dem Käufer die in § 383 Absatz 3 Nummer 1 bis 3 des Bürgerlichen Gesetzbuchs bezeichneten Informationen vorher mitzuteilen; von dem vollzogenen Verkaufe hat er bei jeder Art des Verkaufs dem Käufer unverzüglich Nachricht zu geben. [2]Im Falle der Unterlassung ist er zum Schadensersatze verpflichtet. [3]Die Benachrichtigungen dürfen unterbleiben, wenn sie untunlich sind.

Schrifttum: Grunewald, Der Umfang der Haftungsmilderung für den Schuldner im Annahmeverzug des Gläubigers, FS Canaris, Bd. II, 2007, 329; Weyer, Handelsgeschäfte (§§ 343 ff. HGB) und Unternehmergeschäfte (§ 14 BGB), WM 2005, 490.

Übersicht

I. Allgemeines

§ 373 erweitert das Recht des Verkäufers zur Hinterlegung und zum Selbsthilfeverkauf, wenn der Käufer mit der Annahme der Ware im Verzuge ist. Hierdurch wird ihm die Möglichkeit gegeben, sich zügig von seiner Aufbewahrungslast zu befreien und seine Liquidität zu schonen, indem er sich aus dem Erlös des Verkaufs bis zur Höhe der vom Käufer vertraglich geschuldeten Summe selbst befriedigen kann und nur noch eine etwaig verbleibende Differenz zwischen dem Veräußerungserlös und dem Vertragspreis geltend machen muss.[1] Gemäß § 381 bezieht sich § 373 auch auf den **Kauf von Wertpapieren** (Abs. 1) und auf **Werklieferungsverträge** (Abs. 2). 1

Unter welchen Voraussetzungen Annahmeverzug vorliegt, ist im HGB nicht geregelt. Insoweit geben die Vorschriften der **§§ 293 ff. BGB** das Maß. § 374 stellt klar, dass die Befugnisse des Verkäufers wegen Annahmeverzugs aus §§ 300–304 BGB, § 323 Abs. 6 BGB, § 326 Abs. 2 BGB, §§ 372, 383 BGB und § 446 S. 3 BGB durch § 373 nicht beschränkt werden.[2] Der Verkäufer kann deshalb sowohl die Rechte aus BGB als auch die aus HGB geltend machen. Unberührt von § 373 bleiben auch die Rechte des Verkäufers aus §§ 280, 281, 286 BGB und § 323 BGB bei Schuldnerverzug des Käufers mit seiner Abnahmepflicht gem. § 433 Abs. 2 BGB, wegen verzögerten Abrufs beim Kauf auf Abruf[3] oder wegen Nichtvornahme der Spezifikation beim Bestimmungskauf nach § 375. 2

II. Vorliegen eines (einseitigen) Handelskaufs

Die Anwendung des § 373 setzt voraus, dass zumindest eine der beiden Parteien des Kaufvertrags, kaufähnlichen Vertrags (→ Vor § 373 Rn. 40 ff.) oder Werklieferungsvertrags Kaufmann ist. Auf welcher Seite die Kaufmannseigenschaft vorliegt, ist gleichgültig. **§ 373 kommt** deshalb **auch gegenüber Verbrauchern iSv § 13 BGB zur Anwendung.** Eine (teleologische) Reduktion des Anwendungsbereichs gegenüber Verbraucher-Käufern ist nicht geboten, da das Interesse von Kaufleuten als Verkäufer an schneller Umwälzung ihrer Lagerbestände nicht von der Person des Käufers abhängig ist.[4] Selbst ein Verbraucher-Verkäufer kann ein Interesse an der zügigen Entledigung der Kaufsache haben, zB wenn er beim Verkauf eines gebrauchten Kfz an einen Autohändler den Garagenstellplatz für das neu erworbene Kfz benötigt.[5] 3

Handelt es sich bei dem Verkäufer um einen Scheinkaufmann, ist ihm gegenüber Nichtkaufleuten die Berufung auf § 373 verwehrt, da er durch ein Vorspiegeln der Kaufmannseigenschaft keine Vorteile erlangen soll.[6] Dasselbe gilt nach der Wertung des § 15 Abs. 1 für den Fall, dass der Ist-Kaufmann entgegen § 29 nicht ins Handelsregister eingetragen ist. Keine Anwendung findet § 377 zudem auf nicht in das Handelsregister eingetragene Kleingewerbetreibende iSv § 2 (→ Vor § 373 Rn. 17). Demgegenüber muss sich der Scheinkaufmann in der Rolle des Käufers gegenüber dem Nicht-Kaufmann an dem von ihm gesetzten Rechtsschein festhalten lassen.[7] 4

III. Voraussetzungen des Annahmeverzugs des Käufers

Die Voraussetzungen des Annahmeverzugs bestimmen sich nach §§ 293–299 BGB. Gemäß § 293 BGB kommt der Gläubiger (= Käufer) in Verzug, wenn er die ihm vom Schuldner (= Verkäufer) angebotene Leistung nicht annimmt. Wie der Verkäufer seine Leistung anzubieten hat, regeln die §§ 294, 295 BGB. Grundsätzlich ist ein **tatsächliches Angebot** (§ 294 BGB) des Verkäufers erforderlich. Ausnahmsweise genügt ein **wörtliches Angebot** (§ 295 BGB), wenn der Käufer erklärt hat, dass er die Leistung nicht annehmen werde, oder wenn für die Leistung eine Mitwirkungshandlung des Käufers erforderlich ist, insbesondere wenn er die geschuldete Sache abzuholen hat. Der Käufer kommt ferner dadurch in Annahmeverzug, dass er zwar die ihm angebotene Leistung annehmen will, aber nicht die von ihm Zug-um-Zug geschuldete Gegenleistung (Zahlung des Kaufpreises) anbietet (§ 298 BGB). 5

1. Tatsächliches Angebot der Ware. Nach **§ 294 BGB** muss dem Gläubiger die Leistung so, „wie sie zu bewirken ist, tatsächlich angeboten werden". Der Verkäufer muss dem Käufer somit 6

---

[1] Vgl. RG 27.1.1925, RGZ 110, 127 (129 f.); Ebenroth/Boujong/Achilles Rn. 1; BeckOK HGB/Schwartze, 47. Ed. 1.7.2025, Rn. 1.

[2] *Vgl. BGH 14.2.1996, NJW 1996, 1464 (1465).*

[3] BGH 30.9.1971, NJW 1972, 99 (100); OLG Köln 28.10.1996, NJW-RR 1997, 1533.

[4] Staub/Koller § 374 Rn. 1; MüKoHGB/Grunewald § 374 Rn. 3; BeckOGK/Höpfner, 1.3.2025, Rn. 7; Ebenroth/Boujong/Achilles Rn. 3; BeckOK HGB/Schwartze, 47. Ed. 1.7.2025, Rn. 2; NK-HGB/Stöber Rn. 2; **aA** K. Schmidt HandelsR § 29 Rn. 2, 12.

[5] BeckOK HGB/Schwartze, 47. Ed. 1.7.2025, Rn. 2.

[6] MüKoHGB/Grunewald § 374 Rn. 1; Ebenroth/Boujong/Achilles Rn. 3; BeckOK HGB/Schwartze, 47. Ed. 1.7.2025, Rn. 2.

[7] MüKoHGB/Grunewald § 374 Rn. 1; Ebenroth/Boujong/Achilles Rn. 3.

erfüllungstaugliche, dh vertragsgemäße Ware zur rechten Zeit (§ 271 BGB),[8] am rechten Ort (§ 269 BGB) und in rechter Weise tatsächlich anbieten.

7 **a) Tatsächliches Angebot.** Tatsächlich iSv § 294 BGB angeboten ist die Leistung, wenn der Käufer **nichts weiter zu tun braucht, als zuzugreifen** und die angebotene Leistung anzunehmen.[9] Das tatsächliche Angebot markiert somit den **Beginn der Leistung.**[10] Es handelt sich nicht um eine Willenserklärung, sondern um einen **Realakt,** sodass es auf den Zugang nicht ankommt.[11] Bloße Leistungsbereitschaft des Verkäufers reicht nicht aus.[12] Bei Gattungsschulden ist es deshalb grundsätzlich notwendig, dass der Verkäufer die zu leistenden Stücke vorher gem. § 243 Abs. 2 BGB aussondert.[13] Es genügt nicht, wenn er die zu liefernde Ware erst noch beschaffen muss.[14] Bei Nachnahmesendungen ist es erforderlich, dass der Postbedienstete die Sendung beim Empfänger vorweist.[15]

8 Bei **Bringschulden** muss die Ware zum Käufer oder zu einer von ihm bestimmten Empfangsperson gebracht und vorgelegt werden.[16] Hat der Verkäufer die Montage übernommen, so muss er diese Leistung am vereinbarten Ort vornehmen (vgl. § 434 Abs. 2 BGB). Bei einer **Schickschuld,** insbesondere bei einem Versendungskauf, liegt ein Angebot vor, wenn die Sache dem Käufer am Bestimmungsort im vertragsgemäßen Zustand angedient wird. Zwar ist der Verkäufer bei einer Schickschuld nur verpflichtet, die Ware an die richtige Anschrift abzusenden. Zum tatsächlichen Angebot gehört aber auch, dass die Ware angeliefert wird, weil nur dann die Erfüllung noch davon abhängt, dass der Käufer zugreift.[17] Liegt eine **Holschuld** vor, genügt hingegen nach § 295 S. 1 BGB ein wörtliches Angebot.

9 **b) Vertragsgemäßes Angebot.** Der Käufer kommt nicht in Annahmeverzug, wenn das Angebot des Verkäufers nicht vertragsgemäß und er deshalb zur Zurückweisung der Ware berechtigt ist. Vertragswidrige (und als solche vom Verkäufer bestimmte) **Teillieferungen** (§ 266 BGB) braucht der Käufer grundsätzlich nicht zu akzeptieren, soweit ihm nicht ausnahmsweise die Annahme bei verständiger Würdigung der Lage des Verkäufers und seiner eigenen schutzwürdigen Interessen nach § 242 BGB zumutbar ist.[18] Bei **Mehrlieferungen** liegt kein ordnungsgemäßes Angebot vor, wenn für den Käufer die Aussonderung der geschuldeten Menge aus der Gesamtmenge mit besonderen Schwierigkeiten verbunden ist und der Verkäufer nicht bereit ist, sein Angebot auf den tatsächlich geschuldeten Teil zu beschränken.[19] Verknüpft der Verkäufer sein Angebot einseitig mit einer Bedingung, gerät der Käufer nicht in Annahmeverzug.[20] Ein Angebot unter Vorbehalt begründet demgegenüber Annahmeverzug, wenn der Verkäufer sich wegen § 814 BGB mit dem Vorbehalt lediglich die Möglichkeit offen halten will, das Geleistete wieder zurückzufordern.[21]

10 Die Ware muss **frei von Sach- oder Rechtsmängeln** sein (§ 433 Abs. 1 S. 2 BGB). Bei Gattungsschulden muss der Verkäufer nach § 360 Handelsgut mittlerer Art und Güte anbieten.[22] Da es nur darauf ankommt, dass der Mangel tatsächlich vorhanden ist, ist es nicht erforderlich, dass der Käufer Kenntnis vom Mangel hat oder sich auf den Mangel beruft.[23] Weist der Käufer die Ware zu Unrecht wegen eines vermuteten Mangels zurück, gerät er dagegen mit der Zurückweisung in Annahmever-

---

[8] Vgl. auch BGH 11.5.2016, BeckRS 2016, 10118 Rn. 31.

[9] BGH 6.12.1991, BGHZ 116, 244 (249); 22.3.1984, BGHZ 90, 354 (359); RG 13.12.1924, RGZ 109, 324 (328); 3.11.1914, RGZ 85, 416.

[10] Grüneberg/Grüneberg BGB § 294 Rn. 2; BeckOK BGB/Lorenz, 76. Ed. 1.11.2025, BGB § 294 Rn. 2.

[11] AllgM, vgl. Grüneberg/Grüneberg BGB § 294 Rn. 2; BeckOK BGB/Lorenz, 76. Ed. 1.11.2025, BGB § 294 Rn. 2.

[12] BGH 8.7.1983, BGHZ 88, 91 (94) = NJW 1983, 2437; RG 31.12.1924, RGZ 109, 324 (328).

[13] RG 9.1.1889, RGZ 23, 126 (128); Staudinger/Feldmann, 2019, BGB § 294 Rn. 11; MüKoBGB/Ernst BGB § 294 Rn. 2.

[14] RG 22.12.1903, RGZ 56, 173 (176); BeckOK BGB/Lorenz, 76. Ed. 1.11.2025, BGB § 294 Rn. 2.

[15] RG 16.9.1921, RGZ 102, 370 (372).

[16] Staudinger/Feldmann, 2019, BGB § 294 Rn. 18; BeckOK BGB/Lorenz, 76. Ed. 1.11.2025, BGB § 294 Rn. 3.

[17] RG 13.2.1923, RGZ 106, 294 (297); BGH 22.3.1984, BGHZ 90, 354 (359); OLG München 5.7.1996, NJW-RR 1997, 944 (945).

[18] Vgl. nur BGH 28.4.1954, VersR 1954, 297 (298); Staudinger/Bittner/Kolbe, 2019, BGB § 266 Rn. 30 mwN.

[19] RG 15.12.1880, RGZ 4, 7; 9.1.1889, RGZ 23, 126 (128).

[20] Vgl. Staub/Koller § 373 Rn. 5.

[21] BGH 6.5.1982, NJW 1982, 2301 (2302).

[22] OLG Frankfurt 20.12.1983, DB 1984, 1521.

[23] RG 9.6.1925, RGZ 111, 86 (89 f.); Grüneberg/Grüneberg BGB § 294 Rn. 4; Staudinger/Feldmann, 2019, BGB § 294 Rn. 9.

zug.[24] Zu beachten ist, dass der Käufer auch dann in Annahmeverzug kommt, wenn die Verletzung der Pflicht zur Lieferung mangelfreier Ware[25] sich als **unerheblich iSv § 323 Abs. 5 S. 2 BGB/ § 281 Abs. 1 S. 3 BGB** darstellt und **Nacherfüllung ausgeschlossen** ist.[26] Haben die Parteien wirksam einen Gewährleistungsausschluss vereinbart oder die Sachmängelhaftung auf Minderung beschränkt, muss der Käufer die mangelhafte Ware ebenfalls annehmen und kommt durch ihre Ablehnung in Annahmeverzug.[27] Eine Annahmepflicht ohne Rücksicht auf die Beschaffenheit der Ware besteht, wenn die Kaufvertragsparteien die Zahlungsklausel „cash against documents" (Kasse gegen Dokumente) vereinbart haben.[28]

c) Ort und Zeitpunkt des Angebots. Der Verkäufer hat dem Käufer die Ware am Leistungsort anzubieten (§ 269 BGB). Hat der Verkäufer die Sache am **falschen Ort** angeboten, kommt der Käufer nicht in Annahmeverzug, soweit nicht die Verweigerung der Annahme unter Berücksichtigung aller Umstände treuwidrig erscheint, zB weil das Angebot am falschen Ort für den Käufer vorteilhaft ist. Ist die **Leistungszeit nicht genau bestimmt,** muss der Käufer die Lieferung der Ware rechtzeitig ankündigen.[29] Der Verkäufer hat dem Käufer eine angemessene Zeitspanne für die Prüfung der Ware einzuräumen.[30] Annahmeverzug tritt erst nach Ablauf dieser Zeitspanne ein. Was angemessen ist, richtet sich nach den Umständen und den Erfordernissen des ordnungsgemäßen Geschäftsgangs. 11

2. Wörtliches Angebot. Statt eines tatsächlichen Angebots genügt nach **§ 295 S. 1 BGB** ein wörtliches Angebot des Verkäufers, wenn der Käufer ihm erklärt hat, die Ware nicht anzunehmen **(Annahmeverweigerung),** oder wenn zur Bewirkung der Leistung die **Mitwirkung des Käufers** erforderlich ist. Dem Angebot der Leistung steht gem. § 295 S. 2 BGB die Aufforderung an den Käufer gleich, die erforderliche Handlung vorzunehmen. Bei dem wörtlichen Angebot handelt es sich abweichend vom tatsächlichen Angebot um eine **geschäftsähnliche Handlung,** deren Wirksamwerden sich nach §§ 130 ff. BGB bestimmt. Es bedarf keiner Form.[31] Der Annahmeverzug tritt mit Zugang des Angebots ein. Bei Gattungsschulden ist es anders als beim tatsächlichen Angebot nicht notwendig, dass der Verkäufer die zu leistenden Stücke vorher gem. § 243 Abs. 2 BGB aussondert.[32] 12

Die Erklärung des Käufers, die Ware nicht anzunehmen, muss **bestimmt und eindeutig** sein.[33] Dies ist der Fall, wenn der Käufer Nichtigkeit des Vertrages behauptet oder sich vom Vertrag durch Rücktritt oder Kündigung lossagt.[34] Eine Annahmeverweigerung liegt auch dann vor, wenn der Käufer ein Schreiben und diesem folgende mündliche Anfragen unbeantwortet lässt, in denen er zu Erklärungen über die Abnahme der Leistung aufgefordert wird.[35] Die **Annahmeverweigerung** des Käufers **hat dem wörtlichen Angebot vorauszugehen** („wenn der Gläubiger ihm erklärt hat"). Macht der Verkäufer vor der Annahmeverweigerung des Käufers ein wörtliches Angebot, setzt er den Käufer dadurch nicht in Annahmeverzug,[36] selbst wenn der Käufer später erklärt, er werde die Leistung nicht annehmen.[37] Etwas anderes gilt nur in der Zwangsvollstreckung: Nach § 756 Abs. 2 ZPO reicht bei Zug-um-Zug-Leistungen ein wörtliches Angebot, wenn der Käufer (hier Vollstreckungsschuldner) vor dem tatsächlichen Angebot erklärt hat, er lehne die Annahme der Gegenleistung ab. 13

Ob und wieweit eine Mitwirkung des Käufers zur Bewirkung der Leistung des Verkäufers erforderlich ist, bestimmt sich nach den vertraglichen Vereinbarungen. Die Mitwirkung kann in rein tatsächlichen Handlungen bestehen oder durch Erklärung erfolgen. Die tatsächliche Handlung liegt typi- 14

---

[24] BAG 10.5.1973, NJW 1973, 1949.

[25] Nicht der Mangel selbst, vgl. BGH 24.3.2006, NJW 2006, 1960 (1961).

[26] Wie hier BeckOK BGB/Lorenz, 76. Ed. 1.11.2025, BGB § 294 Rn. 6; diff. Jud JuS 2004, 841 (846): Zurückweisungsrecht bei unbehebbaren Mängeln; **aA** Grüneberg/Grüneberg BGB § 294 Rn. 4; offengelassen von BGH 17.2.2010, NJW-RR 2010, 1289 Rn. 21; zur Unerheblichkeit BGH 28.5.2014, NJW 2014, 3229.

[27] RG 18.3.1910, RGZ 73, 259 (260).

[28] BGH 21.1.1987, NJW 1987, 2435 (2436).

[29] Vgl. RG 30.4.1924, RGZ 108, 158 (160).

[30] Hopt/Leyens § 374 Rn. 3.

[31] Grüneberg/Grüneberg BGB § 295 Rn. 1; MüKoBGB/Ernst BGB § 295 Rn. 2; vgl. auch BGH 15.10.1998, NJW 1999, 1110 (1112).

[32] RG 8.11.1899, RGZ 45, 29 (30); 23.1.1895, RGZ 34, 98 (99); Staudinger/Feldmann, 2019, BGB § 295 Rn. 19; Grüneberg/Grüneberg BGB § 295 Rn. 3.

[33] BGH 15.11.1996, NJW 1997, 581.

[34] RG 23.2.1904, RGZ 57, 106 f.

[35] BGH 14.2.1958, MDR 1958, 335.

[36] BGH 29.11.1995, NJW 1996, 923 (924).

[37] RG 15.2.1902, RGZ 50, 28.

scherweise in der Abholung **(Holschuld).**[38] Ein weiteres Beispiel ist die Bereitstellung von Verpackungsmaterial.[39] Durch Erklärung erfolgt die Mitwirkung zB bei der Spezifikation gem. § 375,[40] bei Ausübung eines gesetzlichen (§ 262 BGB) oder vertraglichen[41] Wahlrechts oder durch Abruf der Ware.[42]

15 Gibt der Käufer zu erkennen, dass er unter gar keinen Umständen bereit ist, die Ware abzunehmen, ist ein wörtliches Angebot **ausnahmsweise entbehrlich.**[43] Von vornherein keines wörtlichen Angebots des Verkäufers bedarf es nach **§ 296 BGB** auch in den Fällen, in denen für die dem Käufer obliegende Mitwirkungshandlung iSv § 295 BGB ein Kalendertag bestimmt oder bestimmbar ist (zB Nichteinhaltung des Übergabetermins).[44]

16 **3. Leistungsbereitschaft und -fähigkeit des Verkäufers.** Weitere Voraussetzung für den Annahmeverzug des Käufers ist nach § 297 BGB, dass der Verkäufer bereit und imstande ist, die Ware zu liefern.[45] Der maßgebliche Zeitpunkt für das Leistungsvermögen ist der **Zeitpunkt des Angebots,** dh beim tatsächlichen Angebot dessen Vornahme, beim wörtlichen Angebot dessen Zugang und im Falle des § 296 BGB der für die Gläubigerhandlung vorgesehene Termin. Dass sich der Verkäufer die Ware erst noch beschaffen muss, steht der Wirksamkeit des wörtlichen Angebots ebenso wenig entgegen[46] wie eine noch nicht vorgenommene Aussonderung bei Gattungsschulden.[47]

17 **4. Beendigung des Annahmeverzugs.** Der Annahmeverzug endet, wenn eine seiner Voraussetzungen entfällt, zB weil der Käufer die **Ware abnimmt** oder die ihm obliegende **Mitwirkungshandlung vornimmt.** Ist eine Mitwirkungshandlung des Käufers nicht erforderlich, endet der Annahmeverzug dadurch, dass sich der Käufer dem Verkäufer gegenüber zur Annahme der Ware bereit erklärt. Das Setzen einer Frist für die Nacherfüllung ist als Bereiterklärung anzusehen.[48] Der Annahmeverzug endet nicht schon mit dem Zugang der Bereiterklärung, sondern erst mit dem Ablauf des Zeitraumes, den der Verkäufer unter normalen Umständen benötigt, um die Leistung nunmehr zu erbringen.[49]

18 Hatte der Verkäufer infolge des Annahmeverzugs **Mehraufwendungen** iSv § 304 BGB, hat die Beendigung des Verzugs im Grundsatz nicht zur Voraussetzung, dass der Käufer den Ersatz dieser Aufwendungen anbietet.[50] Jedoch hat der Verkäufer wegen des ihm insoweit zustehenden Gegenanspruchs ein **Zurückbehaltungsrecht** (§ 273 BGB) hinsichtlich der Ware. Der Käufer bleibt deshalb nach § 298 BGB im Annahmeverzug, wenn er keinen Ausgleich für die Aufwendungen anbietet.[51]

19 Der Annahmeverzug endet des Weiteren, wenn dem Verkäufer die geschuldete Leistung unmöglich iSv § 275 Abs. 1 BGB wird[52] oder er von einem Leistungsverweigerungsrecht nach § 275 Abs. 2 oder Abs. 3 BGB Gebrauch macht.[53] Begründet der Käufer durch sein Verhalten die rechtlichen Voraussetzungen eines Rücktrittsrechts oder eines Schadensersatzanspruchs statt der Leistung, endet der Annahmeverzug des Käufers, wenn der Verkäufer diese Rechtsbehelfe ausübt und so den Erfüllungsanspruch ausschließt (vgl. § 281 Abs. 4 BGB).[54]

20 **5. Rechtswirkungen der Beendigung.** Die Beendigung des Annahmeverzugs wirkt nicht zurück. Die nach § 300 Abs. 2 BGB eingetretene Konkretisierung der Gattungsschuld bleibt bestehen.[55] Der Übergang der Vergütungsgefahr auf den Käufer endet nach § 326 Abs. 2 BGB.

---

38 Vgl. OLG München 9.6.2016, BeckRS 2016, 11024; Staudinger/Feldmann, 2019, BGB § 295 Rn. 13.
39 Grüneberg/Grüneberg BGB § 295 Rn. 5.
40 Grüneberg/Grüneberg BGB § 295 Rn. 5.
41 BGH 4.7.2002, NJW 2002, 3541.
42 RG 18.3.1910, RGZ 73, 260.
43 Vgl. BGH 9.10.2000, NJW 2001, 287 (288); offengelassen von BGH 14.11.1990, NJW-RR 1991, 267 (268).
44 Vgl. BGH 14.11.1990, NJW-RR 1991, 267 (268).
45 Vgl. BGH 12.2.2015, BeckRS 2015, 05007.
46 RG 11.4.1902, RGZ 50, 255 (260 f.); 23.1.1895, RGZ 34, 98 (99); 18.5.1892, RGZ 29, 61 (66).
47 RG 8.11.1899, RGZ 45, 29 (30); 23.1.1895, RGZ 34, 98 (99).
48 OLG Naumburg 28.9.2001, OLGR 2002, 427.
49 OLG Naumburg 28.9.2001, OLGR 2002, 427.
50 Grüneberg/Grüneberg BGB § 293 Rn. 11; MüKoBGB/Ernst BGB § 293 Rn. 22.
51 BGH 6.12.1991, BGHZ 116, 244 (249) = NJW 1992, 556; BAG 21.5.1981, NJW 1982, 121 (122); Staudinger/Feldmann, 2019, BGB § 293 Rn. 30; MüKoBGB/Ernst BGB § 293 Rn. 24; Grüneberg/Grüneberg BGB § 293 Rn. 11.
52 BGH 19.12.1991, BGHZ 117, 1 (6) = NJW 1992, 1172; BAG 18.8.1961, AP BGB § 615 Nr. 20; Staudinger/Feldmann, 2019, BGB § 293 Rn. 33.
53 Staudinger/Feldmann, 2019, BGB § 293 Rn. 33.
54 RG 23.2.1904, RGZ 57, 105 (107).
55 Staudinger/Feldmann, 2019, BGB § 293 Rn. 34; Grüneberg/Grüneberg BGB § 293 Rn. 13.

6. Beweislast. Die Beweislast für die Voraussetzungen des Annahmeverzugs trägt der Verkäufer. Wendet der Käufer fehlende Leistungsfähigkeit des Verkäufers iSv § 297 BGB ein, hat er deren tatsächlichen Umstände darzulegen und zu beweisen.[56] 21

IV. Rechtsfolgen des Annahmeverzugs nach BGB

Kommt der Käufer in Annahmeverzug, kann der Verkäufer die Sache selbst aufbewahren (und den Käufer auf Abnahme und Zahlung verklagen), hinterlegungsfähige Sachen hinterlegen oder bei hinterlegungsunfähigen Sachen den Selbsthilfeverkauf betreiben.[57] Bei der **Ausübung seines Wahlrechts** hat er die berechtigten Interessen des Käufers angemessen zu berücksichtigen. Dies folgt aus der Rücksichtspflicht gem. § 241 Abs. 2 BGB. In Ausnahmefällen, insbesondere wenn es sich um verderbliche Ware handelt, kann der Verkäufer deshalb zum Selbsthilfeverkauf verpflichtet sein.[58] 22

1. Selbstaufbewahrung. a) Mehraufwendungen (§ 304 BGB). Entscheidet sich der Verkäufer zur Selbstaufbewahrung, hat er nach § 304 BGB Anspruch auf Ersatz seiner Mehraufwendungen, „die er für das erfolglose Angebot sowie die Aufbewahrung und Erhaltung des geschuldeten Gegenstands machen musste". 23

aa) Aufbewahrung und Erhaltung. Nach der Rspr. ist der Ersatzanspruch beschränkt auf die **objektiv erforderlichen Aufwendungen.**[59] Als objektiv erforderlich sind diejenigen Aufwendungen anzusehen, die ein **verständig, wirtschaftlich denkender Mensch in der Lage des Verkäufers** machen würde.[60] Nicht angemessen sind deshalb Aufwendungen, wenn eine billigere Art des Angebots, der Aufbewahrung oder Erhaltung möglich war. Dass der Verkäufer die Aufwendungen für angemessen halten durfte, genügt – abweichend von § 670 BGB – nicht,[61] weshalb insoweit ein Rückgriff auf die Regeln der Geschäftsführung ohne Auftrag (§§ 677 ff. BGB) unzulässig ist.[62] 24

Objektiv erforderlich und somit vom Käufer zu ersetzen sind Aufwendungen zum **Schutz der Ware vor Beschädigungen und Abhandenkommen.** Auch Prämien für eine weitergeführte oder neu abgeschlossene Versicherung sind als Aufwendungen erstattungsfähig.[63] **Lagerkosten**[64] und Standplatzkosten – zB für ein nicht abgenommenes Fahrzeug – zählen zu den ersatzfähigen Aufwendungen für die Aufbewahrung.[65] Aufwendungen für den Einsatz eigener Arbeitskraft sind nur erstattungsfähig, wenn die Leistung des Verkäufers zu seinem gewerblichen oder beruflichen Tätigkeitsbereich gehört.[66] Handelt es sich bei dem Verkäufer um einen Kaufmann, greift **ergänzend § 354** ein, wonach der Verkäufer, der die vom Käufer grundlos abgelehnten Kaufsachen bei sich verwahrt, grundsätzlich auch Ersatz der üblichen Lagerkosten verlangen kann.[67] Allgemeine Vermögenseinbußen, die dem Schuldner durch die Lagerung entstehen (zB eine Beeinträchtigung der Produktion), fallen nicht unter § 304 BGB.[68] Hier kommt nur ein Schadensersatzanspruch nach § 280 Abs. 1 und 2 BGB, § 286 BGB wegen Schuldnerverzugs mit der Abnahmepflicht in Betracht.[69] 25

---

[56] AllgM, vgl. KG 17.9.1996, NJW-RR 1997, 1059 mwN.

[57] Vgl. auch BGH 14.2.1996, NJW 1996, 1464 (1465).

[58] Vgl. MüKoBGB/Fetzer BGB § 383 Rn. 4 (aus § 254 oder, wenn ein Fall des § 372 S. 2 vorliegt, aus Treu und Glauben); Staudinger/Kern, 2022, BGB § 383 Rn. 7 (Rechtsgedanke des § 254 BGB).

[59] BGH 14.2.1996, NJW 1996, 1464 (1465); RG 2.3.1900, RGZ 45, 300 (32).

[60] Vgl. OLG Frankfurt 16.7.2008, BeckRS 2008, 19227 zur Frage, unter welchen Umständen eine Bank nach erfolglosem ersten Zwangsversteigerungstermin einen Makler einschalten und den Bankkunden mit den entsprechenden Kosten belasten darf; LG Offenburg 17.7.2007, BeckRS 2008, 11479 zum Ersatz der objektiv erforderlichen Mietwagenkosten nach § 249 Abs. 2 S. 1 BGB als Herstellungsaufwand; Grüneberg/Grüneberg BGB § 670 Rn. 4.

[61] Staudinger/Feldmann, 2019, BGB § 304 Rn. 2; Soergel/Wiedemann BGB § 304 Rn. 2; Ebenroth/Boujong/Achilles § 374 Rn. 3; **aA** Staub/Koller § 374 Rn. 24.

[62] **AA** MüKoBGB/Ernst BGB § 304 Rn. 4; Grüneberg/Grüneberg BGB § 304 Rn. 2; Staudinger/Feldmann, 2019, BGB § 304 Rn. 2.

[63] Grüneberg/Grüneberg BGB § 304 Rn. 2; Staudinger/Feldmann, 2019, BGB § 304 Rn. 34; MüKoBGB/Ernst BGB § 304 Rn. 2; vgl. auch MüKoHGB/Grunewald § 374 Rn. 7; Ebenroth/Boujong/Achilles § 374 Rn. 3.

[64] Vgl. BGH 14.2.1996, NJW 1996, 1464 f.; OLG Nürnberg 25.6.1974, MDR 1975, 52.

[65] Vgl. OLG Düsseldorf 1.4.2014, BeckRS 2015, 00595; OLG Hamm 25.2.1997, NJW-RR 1997, 1418 (1419).

[66] Vgl. BGH 21.10.1999, BGHZ 143, 9 (16) = NJW 1999, 422; Grüneberg/Retzlaff BGB § 683 Rn. 8, jeweils zur Ersatzfähigkeit derartiger Aufwendungen im Bereich der Geschäftsführung ohne Auftrag; MüKoBGB/Ernst BGB § 304 Rn. 2.

[67] BGH 14.2.1996, NJW 1996, 1464 (1465); RG 2.3.1900, RGZ 45, 300 (32).

[68] Ebenroth/Boujong/Achilles § 374 Rn. 3; Staudinger/Feldmann, 2019, BGB § 304 Rn. 5.

[69] Staudinger/Feldmann, 2019, BGB § 304 Rn. 5.

26 **bb) Erfolgloses Angebot.** Zu den ersatzfähigen Aufwendungen zählen auch die Kosten des „erfolglosen Angebots", die der Verkäufer gemacht hat, um die Leistung tatsächlich oder wörtlich anzubieten. Im Falle der Holschuld sind somit die Kosten der Bereitstellung, bei der Bring- und Schickschuld die Kosten für die Aussonderung sowie des Transports und der Versendung zu ersetzen.[70] Nicht zu den Kosten des erfolglosen Angebots zählen Schäden, die der Verkäufer infolge des Annahmeverzugs zB beim Rücktransport der angedienten Ware erleidet. Diese sind wiederum nur bei Schuldnerverzug mit der Abnahmepflicht nach § 280 Abs. 1 und 2 BGB, § 286 BGB zu ersetzen.[71]

27 Nach dem Wortlaut des § 304 BGB sind allein die **Kosten des erfolglosen Erstangebots,** nicht aber eines erfolgreichen Zweitangebots ersatzfähig.[72] Ebenso wenig sind die Kosten zu ersetzen, die ohnehin, dh auch dann hätten aufgewendet werden müssen, wenn das Angebot zum Erfolg geführt hätte. Deshalb gehören Wiegekosten nicht zu den Kosten eines erfolglosen Angebotes, wenn die Wiegung für die spätere Leistungsbewirkung nicht wiederholt werden muss.[73]

28 **cc) Zurückbehaltungsrecht.** Der Anspruch gem. § 304 BGB begründet ein Zurückbehaltungsrecht des Verkäufers nach § 273 BGB. Will der Käufer den Annahmeverzug beenden, muss er deshalb auch Ersatz der Mehraufwendungen anbieten (→ Rn. 18).[74] § 256 BGB (Verzinsung von Aufwendungen) und § 257 BGB (Befreiung bei Eingehung einer Verbindlichkeit) finden Anwendung.

29 **b) Haftungsminderung (§ 300 Abs. 1 BGB).** Gemäß § 300 Abs. 1 BGB hat der Schuldner während des Verzugs des Gläubigers nur **Vorsatz und grobe Fahrlässigkeit** zu vertreten. Als grob fahrlässig hat die Rspr. zB angesehen, wenn der Verkäufer eines Kfz dieses einfach dem Verfall preisgibt.[75] Keine grobe Fahrlässigkeit liegt dagegen zB vor, wenn ein Kfz auf dem mit einem Zaun umfriedeten Grundstück des Verkäufers gestohlen wird.[76] Umstritten ist, ob sich die Haftungsminderung nur auf Pflichtverletzungen erstreckt, die im Zusammenhang mit der Aufbewahrung und Erhaltung der Ware stehen (→ Rn. 55 f.). Die Haftungsminderung ist nicht beschränkt auf vertragliche Schadensersatzansprüche, sondern greift **auch bei deliktischer Haftung** ein.[77]

30 **c) Zinsen und Nutzungen (§§ 301, 302 BGB).** Keine Rolle im Annahmeverzug des Käufers spielen §§ 301, 302 BGB, da allenfalls der Käufer eine verzinsliche Geldschuld schuldet (Kaufpreis) und der Verkäufer wohl kaum Nutzungen aus der Ware ziehen wird.

31 **d) Übergang der Leistungsgefahr bei Gattungsschulden (§ 300 Abs. 2 BGB).** Bei Gattungsschulden geht die Leistungsgefahr (= Gefahr, die Kaufsache nicht zu erhalten) nach § 300 Abs. 2 BGB mit Annahmeverzug des Käufers auf diesen über.[78] Der Käufer verliert somit gem. § 275 Abs. 1 BGB seinen Anspruch auf die Lieferung der Ware, wenn die ihm angebotene Ware durch Zufall oder leichtes Verschulden (§ 300 Abs. 1 BGB) untergeht oder verschlechtert wird.[79] Das bedeutet, dass er auch nicht berechtigt ist, Beschädigungen der Kaufsache, die nach Eintritt des Annahmeverzugs erfolgt sind, zum Anlass zu nehmen, die Entgegennahme der Sache zu verweigern oder Ansprüche wegen Sachmängeln gem. § 437 BGB geltend zu machen.

32 § 300 Abs. 2 BGB spielt bei **Schickschulden** nur eine geringe Rolle, da die Schuld mit der Absendung nach § 243 Abs. 2 BGB konkretisiert wird und damit die Leistungsgefahr in der Regel übergeht, bevor Annahmeverzug eintritt. Lediglich in den Fällen, in denen der Käufer an der Versendung infolge fehlender Mitwirkung des Käufers gehindert ist und insoweit ein wörtliches Angebot iSv § 295 BGB genügt, sowie im Fall des § 296 BGB, bleibt Raum für § 300 Abs. 2 BGB.[80] Bei **Bringschulden** fallen Konkretisierung und Annahmeverzug in der Regel zeitlich zusammen. Bei **Holschulden** ist für die Konkretisierung die Aussonderung und Bereitstellung der Sache sowie

[70] Staudinger/Feldmann, 2019, BGB § 304 Rn. 6.

[71] Staudinger/Feldmann, 2019, BGB § 304 Rn. 6.

[72] Staudinger/Feldmann, 2019, BGB § 304 Rn. 7; Grüneberg/Grüneberg BGB § 304 Rn. 1.

[73] Staudinger/Feldmann, 2019, BGB § 304 Rn. 7.

[74] Grüneberg/Grüneberg BGB § 304 Rn. 2; Staudinger/Feldmann, 2019, BGB § 304 Rn. 9.

[75] OLG Oldenburg 4.6.1975, MDR 1976, 41; zu dem Fall, dass der Verkäufer während des Annahmeverzugs des Käufers das diesem verkaufte Unternehmen aufgibt, vgl. RG 22.11.1918, RGZ 94, 140.

[76] LG Bonn 17.6.2016, BeckRS 2016, 14110.

[77] OLG Köln 6.6.1994, NJW-RR 1995, 52 (53); OLG Saarbrücken 29.6.2001, NJW-RR 2002, 528 (529).

[78] Bei Stückschulden trägt die Leistungsgefahr von vornherein der Käufer; vgl. Staudinger/Beckmann, 2014, BGB § 446 Rn. 4.

[79] Grüneberg/Grüneberg BGB § 300 Rn. 3; MüKoBGB/Ernst BGB § 300 Rn. 4; BeckOK HGB/Schwartze, 46. Ed. 1.4.25, Rn. 10; NK-HGB/Stöber Rn. 10; Staudinger/Feldmann, 2019, BGB § 300 Rn. 16.

[80] Grüneberg/Grüneberg BGB § 300 Rn. 6; Staudinger/Feldmann, 2019, BGB § 300 Rn. 18; **aA** MüKoBGB/Ernst BGB § 300 Rn. 4.

eine Mitteilung hierüber an den Gläubiger geboten.[81] Da für ein wörtliches Angebot Aussonderung nicht erforderlich ist (→ Rn. 16), kann die Leistungsgefahr daher bei Holschulden nach § 300 Abs. 2 BGB vor Konkretisierung übergehen.

33 **e) Übergang der Gegenleistungsgefahr (§ 326 Abs. 2 S. 1 Alt. 2 BGB iVm § 446 S. 3 BGB).** Die Gegenleistungsgefahr **(Vergütungsgefahr)** geht beim Annahmeverzug des Käufers gem. § 326 Abs. 2 S. 1 Alt. 2 BGB vom Verkäufer auf den Käufer über. Der Verkäufer behält also bei einem von ihm nicht oder nur leicht fahrlässig zu vertretenden (§ 300 Abs. 1 BGB) Umstand, auf Grund dessen er nach § 275 Abs. 1–3 BGB nicht zu leisten braucht, den Anspruch auf den Kaufpreis,[82] muss sich aber die durch den Wegfall seiner eigenen Leistungspflicht entstehenden Vorteile anrechnen lassen (§ 326 Abs. 2 S. 2 BGB).

34 § 446 S. 3 BGB, der die Gegenleistungsgefahr bei Hol- und Bringschulden auf den Käufer übergehen lässt, indem er den Annahmeverzug des Käufers gleichstellt mit der Übergabe der Sache, kommt gegenüber § 326 Abs. 2 BGB nur eine klarstellende Funktion zu.[83] Eigenständige Bedeutung hat § 446 S. 3 BGB insoweit, als dass Beschädigungen am Kaufgegenstand, die nach Eintritt des Annahmeverzugs erfolgen, nicht als Mangel iSv § 434 BGB anzusehen sind und somit den Käufer nicht zur Einrede aus § 320 BGB gegenüber dem Kaufpreisanspruch des Verkäufers berechtigen.

35 **f) Auswirkungen auf Vorleistungspflicht (§ 322 Abs. 2 BGB).** Nach § 322 Abs. 2 BGB kann der vorleistungspflichtige Verkäufer gegen den in Annahmeverzug befindlichen Käufer „auf Leistung nach Empfang der Gegenleistung" klagen. Der Käufer kann sich somit durch Ablehnung der (Vor-)Leistung des Verkäufers nicht der eigenen Leistungspflicht entziehen.

36 **2. Hinterlegung. a) Gegenstand der Hinterlegung.** Handelt es sich bei der Kaufsache um **Geld, Wertpapiere** oder **Kostbarkeiten,** ist der Verkäufer nach § 372 BGB bei Annahmeverzug des Käufers grundsätzlich zur Hinterlegung berechtigt. Nur ausnahmsweise ist eine Hinterlegung wegen Verstoßes gegen § 242 BGB ausgeschlossen, wenn zB der Käufer die Ordnungsgemäßheit der Ware deshalb nicht prüfen kann, weil der Verkäufer eine ihm obliegende Auskunftspflicht verletzt hat.[84] Unter „Geld" sind gesetzliche und gesetzlich zugelassene Zahlungsmittel zu verstehen. Auch ausländisches Geld kann hinterlegt werden (vgl. nur § 6 HambHintG, § 9 BayHintG). Der Begriff „Wertpapiere" erfasst Urkunden, bei denen der Besitz des Papiers Voraussetzung für die Ausübung des Rechts ist (Namens- oder Rektapapiere, Order- und Inhaberpapiere).[85] Legitimationspapiere iSd § 808 BGB zählen hierzu nicht. Sie können aber als „Urkunden" hinterlegt werden.[86] Zu Urkunden zählen auch Vollmachtsurkunden[87] und Handakten.[88] Als Kostbarkeiten sind nicht nur Gold- und Silbersachen, Edelsteine, Schmuck, sondern auch andere wertvolle, unverderbliche und leicht aufzubewahrende Gegenstände, wie Kunstwerke, kostbare Bücher, Münzen, Wertzeichen und dgl. anzusehen.[89] Entscheidend ist, ob nach der **Verkehrsanschauung** – nicht nach der subjektiven Einschätzung des Hinterlegers – der Wert der Sache im Verhältnis zu Größe und Gewicht besonders hoch ist.[90] Ein Pelzmantel soll diese Voraussetzung nicht erfüllen,[91] ebenso nicht Videokassetten.[92]

37 **b) Verfahren.** Der Verkäufer hat dem Käufer die Hinterlegung gem. § 374 Abs. 2 BGB anzuzeigen. Das Verfahren für die Hinterlegung ist in Hinterlegungsgesetzen der Bundesländer geregelt. Zuständig für die Verwahrung der hinterlegten Gegenstände ist das **Amtsgericht am Leistungsort** (vgl. § 1 Abs. 2 HmbHintG, § 2 Abs. 2 BayHintG), soweit die Parteien nicht eine andere Hinterlegungsstelle vereinbart haben. Durch die Annahme des Hinterlegungsgegenstandes entsteht ein **öffentlich-rechtliches Verwahrungsverhältnis.**[93]

---

[81] HM, vgl. RG 29.3.1904, RGZ 57, 402 (404 f.); Staudinger/Schiemann, 2019, BGB § 243 Rn. 37; Grüneberg/Grüneberg BGB § 243 Rn. 5; MüKoBGB/Emmerich BGB § 243 Rn. 29.

[82] BeckOK HGB/Schwartze, 47. Ed. 1.7.2025, § 374 Rn. 2; MüKoHGB/Grunewald § 374 Rn. 12; Staub/Koller § 374 Rn. 23.

[83] Grüneberg/Weidenkaff BGB § 446 Rn. 17; Huber/Faust/Huber Kap. 12 Rn. 15; **aA** Staudinger/Schwarze, 2015, BGB § 326 Rn. C 73; Staudinger/Beckmann, 2014, BGB § 446 Rn. 31: lex specialis.

[84] Vgl. BGH 15.11.1957, LM BGB § 2314 Nr. 2; MüKoBGB/Fetzer BGB § 372 Rn. 7.

[85] Vgl. MüKoBGB/Fetzer BGB § 372 Rn. 3; Staudinger/Kern, 2022, BGB § 372 Rn. 3.

[86] Grüneberg/Grüneberg BGB § 372 Rn. 2.

[87] Vgl. KG 5.1.1957, NJW 1957, 755.

[88] Grüneberg/Grüneberg BGB § 372 Rn. 2.

[89] Vgl. Staudinger/Kern, 2022, BGB § 372 Rn. 5.

[90] MüKoBGB/Fetzer BGB § 372 Rn. 3.

[91] Vgl. OLG Hamburg 26.6.1981, VersR 1982, 1081 zu § 72.

[92] OLG Frankfurt 6.1.1987, NJW-RR 1988, 443.

[93] BGH 14.7.1966, MDR 1966, 917; vgl. auch MüKoBGB/Fetzer BGB § 372 Rn. 27; Staudinger/Kern, 2022, BGB Vor §§ 372 ff. Rn. 11.

38 **c) Rechtsfolgen der Hinterlegung.** Die Rechtsfolgen der Hinterlegung bestimmen sich danach, ob der Verkäufer auf sein **Recht zur Rücknahme aus § 376 BGB verzichtet** oder nicht. Erklärt der Verkäufer den Verzicht, tritt gem. § 376 Abs. 2 Nr. 1 BGB, § 378 BGB **Erfüllungswirkung** ein. Der Hinterlegung kommt in diesem Fall schuldbefreiende Wirkung zu. Im anderen Fall gewährt § 379 Abs. 1 BGB dem Verkäufer eine Einrede gegen den Anspruch des Käufers. Er darf diesen auf den hinterlegten Gegenstand verweisen. Zugleich bestimmt § 379 Abs. 2 BGB, dass mit der Hinterlegung die Gegenleistungsgefahr auf den Käufer übergeht und Ansprüche auf Zinsen sowie Nutzungsersatz ausgeschlossen sind. Da diese Rechtsfolgen aufgrund § 300 Abs. 2 BGB, § 326 Abs. 2 BGB, §§ 301, 302 BGB bereits mit dem Annahmeverzug eingetreten sind, läuft § 379 Abs. 2 BGB leer.

39 Liegen die Voraussetzungen des § 372 BGB nicht vor, kommt der Hinterlegung schuldbefreiende Wirkung nur dann zu, wenn der Käufer die Hinterlegung gem. § 376 Abs. 2 Nr. 2 BGB annimmt oder die Parteien eine von § 372 BGB abweichende Regelung getroffen haben.[94] Hinterlegt der Verkäufer die Kaufsache am falschen Ort oder zeigt er die Hinterlegung dem Käufer nicht an, hat er dem Käufer nach § 374 BGB den daraus entstandenen Schaden zu ersetzen. Die schuldbefreiende Wirkung der Hinterlegung bleibt hiervon unberührt.[95]

40 **d) Kosten der Hinterlegung.** Die Kosten der Hinterlegung fallen nach **§ 381 BGB** dem Käufer zur Last. Die Vorschrift regelt die **Kostenpflicht im Verhältnis zwischen Verkäufer und Käufer,** nicht gegenüber der Hinterlegungsstelle.[96] Zu den Kosten der Hinterlegung, zu deren Ersatz der Verkäufer berechtigt ist, zählen die Gebühren der Hinterlegungsstelle, die Kosten der Übersendung an die Hinterlegungsstelle, die Kosten einer nach § 380 BGB abzugebenden Erklärung des Verkäufers sowie einer Anzeige nach § 374 Abs. 2 S. 1 BGB.[97] Etwaige Aufwendungen für eine rechtliche Beratung des Verkäufers werden nicht von § 381 BGB erfasst, da diese nicht durch die Hinterlegung verursacht wurden, sondern ihr vorausgehen. Sie können jedoch als Mehraufwendungen nach § 304 BGB erstattungsfähig sein, der ergänzend eingreift.[98] Ein Anspruch auf Aufwendungsersatz nach den Grundsätzen der Geschäftsführung ohne Auftrag kommt nicht in Betracht (→ Rn. 24).[99]

41 **e) Beweislast.** Den Verkäufer trifft die Beweislast für das Vorliegen der Voraussetzungen der § 372 BGB. Beruft sich der Verkäufer auf die schuldbefreiende Wirkung der Hinterlegung, muss er die Unwiderruflichkeit gem. § 376 Abs. 2 BGB beweisen.[100]

42 **3. Selbsthilfeverkauf. a) Gegenstand des Selbsthilfeverkaufs. Hinterlegungsunfähige bewegliche Sachen** kann der Verkäufer im Wege des Selbsthilfeverkaufs nach Maßgabe der §§ 383 ff. BGB auf Kosten des Käufers öffentlich versteigern oder ausnahmsweise freihändig verkaufen lassen und den Erlös hinterlegen.

43 **b) Arten des Selbsthilfeverkaufs. aa) Öffentliche Versteigerung.** § 383 Abs. 3 BGB gibt eine gesetzliche Definition der öffentlichen Versteigerung. Danach hat eine Versteigerung durch einen für den Versteigerungsort bestellten Gerichtsvollzieher oder durch einen zu Versteigerungen befugten anderen Beamten oder öffentlich bestellten Versteigerer (§ 34b Abs. 5 GewO iVm VerstV) öffentlich, also für jedermann zugänglich,[101] zu erfolgen. Der Begriff der öffentlichen Versteigerung iSd § 383 Abs. 3 BGB setzt nicht voraus, dass ein nach § 34b Abs. 5 GewO öffentlich bestellter Versteigerer, der eine Auktion durchführt, auch Veranstalter der Auktion ist.[102] Notare sind nach § 20 Abs. 3 S. 1 BNotO nur zuständig für „freiwillige“ Versteigerungen. Hierzu zählt die „öffentliche“, auf einer gesetzlichen Ermächtigung beruhende Versteigerung nicht.[103] Im Übrigen bestimmt § 20 Abs. 3 S. 2 BNotO, dass Notare eine Versteigerung beweglicher Sachen nur vornehmen sollen, „wenn diese durch die Versteigerung unbeweglicher Sachen oder durch eine von dem Notar beurkundete oder vermittelte Vermögensauseinandersetzung veranlasst ist“. Ebenfalls nicht zur öffentlichen Versteigerung befugt sind Handelsmakler.[104]

---

[94] BGH 29.9.1992, NJW 1993, 55.
[95] Grüneberg/Grüneberg BGB § 374 Rn. 1.
[96] Grüneberg/Grüneberg BGB § 381 Rn. 1.
[97] Staudinger/Kern, 2022, BGB § 381 Rn. 4.
[98] Staudinger/Kern, 2022, BGB § 381 Rn. 4; MüKoBGB/Ernst BGB § 304 Rn. 2.
[99] **AA** Staudinger/Kern, 2022, BGB § 381 Rn. 4.
[100] Staudinger/Kern, 2022, BGB § 378 Rn. 35.
[101] BGH 5.10.1989, NJW 1990, 899 (900); BeckOK HGB/Schwartze, 47. Ed. 1.7.2025, Rn. 18.
[102] BGH 24.2.2010, BeckRS 2010, 7174 Rn. 14.
[103] Schippel/Bracker/Reithmann, 9. Aufl. 2011, BNotO § 20 Rn. 77; vgl. auch MüKoBGB/Fetzer BGB § 383 Rn. 6; BeckOK HGB/Schwartze, 47. Ed. 1.7.2025, Rn. 18.
[104] BeckOK HGB/Schwartze, 47. Ed. 1.7.2025, Rn. 18; Hopt/Leyens § 374 Rn. 11.

bb) Freihändiger Verkauf. Hat die Ware einen Börsen- oder Marktpreis, berechtigt § 385 BGB den Verkäufer zum freihändigen Verkauf durch öffentlich ermächtigte Handelsmakler (vgl. §§ 93 ff.) oder zur öffentlichen Versteigerung befugte Personen zum laufenden Preis. Ein **Marktpreis** ist vorhanden, wenn sich für Sachen der geschuldeten Art und Güte aus einer größeren Anzahl von Geschäften am Ort, an dem der Verkauf nach § 383 Abs. 1 und 2 BGB durchzuführen ist, ein Durchschnittspreis zuverlässig ermitteln lässt.[105] **Börsenpreise** sind gem. § 24 BörsG Preise, die während der Börsenzeit an einer Börse festgestellt werden. Kann an dem Verkaufsort kein Börsen- oder Marktpreis ermittelt werden, kommt nach der Verkehrssitte derjenige eines anderen Ortes in Betracht.[106] Die Veräußerung ist zum **laufenden Preis** zu bewirken. Darunter ist der **Durchschnittspreis am Tag des Verkaufs am Verkaufsort** zu verstehen.[107] Hierdurch soll sichergestellt werden, dass die Sachen nicht unter Preis verschleudert werden.[108] Deshalb soll beim freihändigen Verkauf der erzielte Erlös mindestens dem Durchschnittspreis entsprechen.[109] Ist dieser Preis voraussichtlich nicht zu erzielen, ist die Ware öffentlich zu versteigern.[110] 44

c) Androhung des Selbsthilfeverkaufs. Die Versteigerung ist nach § 384 Abs. 1 Hs. 1 BGB erst zulässig, nachdem sie dem Käufer angedroht worden ist. Bei der Androhung handelt es sich um eine **rechtsgeschäftsähnliche Handlung,**[111] auf die die Regeln über Willenserklärungen analog Anwendung finden. Sie bedarf keiner Form[112] und wird wirksam mit Zugang beim Käufer (analog § 130 BGB).[113] Zwischen der Androhung und dem Selbsthilfeverkauf muss eine **angemessene Frist** liegen, um den Käufer in die Lage zu versetzen, die Versteigerung zu verhindern und die Sache sich zu erhalten.[114] Die Androhung kann frühestens zusammen mit dem Angebot der Ware oder in der Aufforderung zur Mitwirkung (§§ 294, 295 BGB) erfolgen.[115] 45

Eine Androhung ist **entbehrlich,** wenn die Sache dem Verderb ausgesetzt und mit dem Aufschub der Versteigerung Gefahr verbunden ist (§ 384 Abs. 1 Hs. 2 BGB) oder wenn die Androhung der Versteigerung untunlich ist (§ 384 Abs. 3 BGB). Untunlich ist eine Androhung, wenn der Aufenthaltsort des Käufers nicht ermittelbar und eine Zustellung an einen Vertreter oder Zustellungsbevollmächtigten nicht möglich ist.[116] § 384 BGB gilt auch für den freihändigen Verkauf, da es sich hierbei nur um eine besondere Art des Selbsthilfeverkaufs handelt.[117] 46

d) Durchführung des Selbsthilfeverkaufs. Der Selbsthilfeverkauf – gleich in welcher Form – hat gem. § 383 Abs. 1 BGB am **Leistungsort** (§ 269 BGB) zu erfolgen. Ist ein angemessener Erfolg nicht zu erwarten, so ist nach § 383 Abs. 2 BGB der Selbsthilfeverkauf ausnahmsweise an einem geeigneten anderen Ort durchzuführen. 47

Zeit und Ort des Selbsthilfeverkaufs sind unter allgemeiner Bezeichnung der Sache vorher **öffentlich bekannt** zu geben (§ 383 Abs. 3 S. 2 BGB). Nach Durchführung des Selbsthilfeverkaufs hat der Verkäufer den Käufer **unverzüglich** (§ 121 Abs. 1 S. 1 BGB) zu benachrichtigen, insbesondere über die Höhe des Erlöses.[118] Die Art und Weise der vorherigen Bekanntmachung ist im Gesetz selbst nicht vorgeschrieben. Sie hat in Abhängigkeit von dem Wert der Ware durch Anschlag oder Bekanntmachung in (überregionalen) Tageszeitungen zu erfolgen. Bei Gegenständen, deren Erwerb nur für bestimmte Unternehmen oder Berufsgruppen in Frage kommt (zB Rohstoffe, Maschinen, kaufmännische und gewerbliche Einrichtungen, Halbfabrikate), wird vielfach die Bekanntmachung in einer Fachzeitschrift oder Fachzeitung zu bevorzugen sein (vgl. § 246 Nr. 3 S. 5 iVm § 143 Nr. 3 GVGA). Sie muss in angemessener Zeit vor dem Versteigerungstermin erfolgen und die Kaufsache hinreichend 48

---

[105] RG 23.1.1895, RGZ 34, 117 (121); MüKoBGB/Fetzer BGB § 385 Rn. 2; Staub/Koller § 374 Rn. 40; BeckOGK/Höpfner, 1.3.2025, Rn. 52.

[106] Staudinger/Kern, 2022, BGB § 385 Rn. 2.

[107] Staudinger/Kern, 2022, BGB § 385 Rn. 5; MüKoBGB/Fetzer BGB § 385 Rn. 2; BeckOK HGB/Schwartze, 47. Ed. 1.7.2025, Rn. 20; BeckOGK/Höpfner, 1.3.2025, Rn. 54.

[108] OLG Köln 6.6.1994, NJW-RR 1995, 52 (54); BeckOGK/Höpfner, 15.1.2023, Rn. 54.

[109] OLG Köln 6.6.1994, NJW-RR 1995, 52 (54).

[110] Staub/Koller § 374 Rn. 42; GK-HGB/Achilles Rn. 14; NK-HGB/Stöber Rn. 21.

[111] BGH 18.9.2018, MDR 2019, 692 Rn. 27; Hopt/Leyens § 374 Rn. 15; Staub/Koller § 374 Rn. 35; Ebenroth/Boujong/Achilles Rn. 33.

[112] RG 22.11.1918, RGZ 94, 140 (143); der Nachweis gegenüber dem Grundbuchamt gem. § 29 GBO eine öffentliche Urkunde, OLG München 24.2.2014, Rpfleger 2014, 369.

[113] GK-HGB/Achilles Rn. 8.

[114] RG 22.11.1918, RGZ 94, 140 (144).

[115] KG 10.6.1907, OLGE 16, 124; Ebenroth/Boujong/Achilles Rn. 33; Hopt/Leyens § 374 Rn. 16; MüKoHGB/Grunewald § 374 Rn. 21; Staub/Koller § 374 Rn. 35.

[116] Staudinger/Kern, 2022, BGB § 384 Rn. 4; **aA** MüKoHGB/Grunewald § 374 Rn. 24.

[117] Staudinger/Kern, 2022, BGB § 385 Rn. 1; MüKoBGB/Fetzer BGB § 385 Rn. 1.

[118] Staudinger/Kern, 2022, BGB § 384 Rn. 5.

deutlich beschreiben (vgl. § 246 Nr. 3 S. 1 iVm § 238 Nr. 4 GVGA). Zuständig für die Durchführung öffentlicher Versteigerungen sind hauptsächlich die für den Versteigerungsort bestellten Gerichtsvollzieher sowie die von den zuständigen Landesbehörden gem. § 34b Abs. 5 GewO bestellten Personen.[119]

49 Bei der Versteigerung kommt ein Kaufvertrag zwischen dem Verkäufer und dem Ersteher durch den **Zuschlag** zustande (§ 156 BGB). Der Verkäufer darf mitbieten. Dies folgt als Umkehrschluss aus §§ 450, 451 BGB und § 34b Abs. 6 Nr. 1 GewO, wonach beim Selbsthilfeverkauf nur die mit der Vornahme des Verkaufs betrauten Personen (Gerichtsvollzieher, gewerbliche Versteigerer, beim freihändigen Verkauf auch Handelsmakler) grundsätzlich nicht zum Mitbieten berechtigt sind.[120] Erhält der Verkäufer den Zuschlag, schließt er den Kaufvertrag mit sich im eigenen Namen ab. Insoweit liegt einer der in § 181 BGB vorgesehenen Ausnahmefälle vor.[121] Erwirbt der Verkäufer die Sache zu einem unter dem Kaufpreis liegenden Preis, muss er sich dies gegenüber dem Käufer nicht nach den Regeln der Vorteilsausgleichung anrechnen lassen.[122]

50 **e) Rechtsfolgen des Selbsthilfeverkaufs.** Waren die Voraussetzungen zur Durchführung des Selbsthilfeverkaufs im Zeitpunkt der Versteigerung gegeben und würde der Verkauf ordnungsgemäß durchgeführt, so ist der Schuldner nach § 383 Abs. 1 S. 1 BGB berechtigt, den Erlös zu hinterlegen. Der Hinterlegung kommen die gleichen Wirkungen zu wie sonst einer Hinterlegung der geschuldeten Sache. Ist das Recht zur Rücknahme gem. § 378 BGB ausgeschlossen, tritt **Schuldbefreiung** ein, dh der Verkäufer wird von seiner Lieferpflicht frei. Der Erlös tritt in entsprechender Anwendung des **§ 1247 BGB** an die Stelle der ursprünglich geschuldeten Sache. Der Anspruch des Käufers wandelt sich in einen Geldanspruch in Höhe des Erlöses um.[123]

51 Von dem Recht zur Hinterlegung des Erlöses wird der Verkäufer in der Praxis jedoch kaum Gebrauch machen. Insoweit ist der Hinweis darauf geboten, dass der Selbsthilfeverkauf – auch wenn es in § 383 BGB abweichend von § 373 nicht ausgesprochen ist – für Rechnung des säumigen Käufers erfolgt.[124] Dies folgt aus § 450 BGB. Dort ist unter den Fällen, in denen jemand durch gesetzliche Vorschrift ermächtigt ist, eine Sache für Rechnung eines anderen verkaufen zu lassen, der Selbsthilfeverkauf nach Maßgabe der §§ 383, 385 BGB ausdrücklich aufgeführt.[125] Der Verkäufer hat somit auch beim bürgerlich-rechtlichen Selbsthilfeverkauf die **Rechtsstellung eines Beauftragten.** An Stelle der ursprünglich geschuldeten Sache tritt nach § 667 BGB der Anspruch des Käufers auf Herausgabe des Erlöses. Gegen diesen Anspruch kann der Verkäufer mit seinem Kaufpreisanspruch aufrechnen, soweit dieser bereits fällig ist.[126] Anderenfalls muss er den Erlös an den Käufer herausgeben oder hinterlegen.

52 **f) Verstöße bei der Abwicklung des Selbsthilfeverkaufs. aa) Abgrenzung zwischen Schutz- und Ordnungsvorschriften.** Nicht jede Verletzung der §§ 383 ff. BGB führt dazu, dass der Selbsthilfeverkauf unverbindlich wird. Dies folgt mittelbar aus § 384 Abs. 2 Hs. 2 BGB, der für den Fall der unterbliebenen Benachrichtigung von der Versteigerung den Käufer (nur) zum Schadensersatz berechtigt. Die hM unterscheidet deshalb in Anlehnung an den **Rechtsgedanken des § 1243 BGB** zwischen (wesentlichen) Schutzvorschriften und bloßen Ordnungsvorschriften.[127] Fehler bei der Durchführung der öffentlichen Versteigerung machen den Verkauf nur dann unverbindlich, wenn Schutzvorschriften zugunsten des Gläubigers verletzt worden sind.[128] Auf ein Verschulden des Verkäufers kommt es nicht an. Unverbindlich ist ein Selbsthilfeverkauf, wenn hinterlegungsfähige Sachen verkauft wurden (§ 383 Abs. 1 BGB) oder die Androhung unterblieben ist, ohne dass die Sache dem Verderb ausgesetzt und mit dem Aufschub der Versteigerung Gefahr verbunden war (§ 384 Abs. 1 BGB).[129] Unverbindlich ist ein Selbsthilfeverkauf ferner, wenn die Regeln einer öffentlichen Versteige-

---

[119] MüKoBGB/Fetzer BGB § 383 Rn. 6; Staudinger/Kern, 2022, BGB § 383 Rn. 13.

[120] Staudinger/Kern, 2022, BGB § 383 Rn. 15; MüKoBGB/Fetzer BGB § 383 Rn. 6: Rechtsgedanke der § 1239 BGB, § 374 Abs. 4 HGB.

[121] Vgl. auch Staudinger/Kern, 2022, BGB § 383 Rn. 15.

[122] Staub/Koller § 374 Rn. 39.

[123] Vgl. MüKoBGB/Fetzer BGB § 383 Rn. 8; Looschelders SchuldR AT § 19 Rn. 5; Staudinger/Kern, 2022, BGB § 383 Rn. 13, 16; Erman/Buck-Heeb BGB § 383 Rn. 4; **aA** BeckOGK/Ulrici, 1.1.2025, BGB § 383 Rn. 48 ff.

[124] So ausdrücklich RG 29.11.1906, RGZ 64, 366 (370).

[125] Vgl. RG 29.11.1906, RGZ 64, 366 (370).

[126] Staudinger/Kern, 2022, BGB § 383 Rn. 18; Soergel/Schreiber BGB § 383 Rn. 6.

[127] RG 18.2.1919, RGZ 95, 116 (117); Staudinger/Kern, 2022, BGB § 383 Rn. 20; MüKoBGB/Fetzer BGB § 383 Rn. 7; BeckOK BGB/Dennhardt, 76. Ed. 1.11.2025, BGB § 383 Rn. 6; Anknüpfung an § 1243 BGB abl.: MüKoHGB/Grunewald § 374 Rn. 28.

[128] MüKoBGB/Fetzer BGB § 383 Rn. 7; Staudinger/Kern, 2022, BGB § 383 Rn. 20; BeckOK BGB/Dennhardt, 76. Ed. 1.11.2025, BGB § 383 Rn. 6.

[129] MüKoBGB/Fetzer BGB § 383 Rn. 7; BeckOK BGB/Dennhardt, 76. Ed. 1.11.2025, BGB § 383 Rn. 5.

rung gem. § 383 Abs. 3 BGB nicht eingehalten wurden, weil etwa die Versteigerung nicht ordnungsgemäß öffentlich bekannt gemacht wurde,[130] nicht von einem zugelassenen öffentlichen Versteigerer durchgeführt wurde oder nicht öffentlich zugänglich war.[131] Der freihändige Verkauf ist unverbindlich, wenn die Veräußerung nicht durch öffentlich ermächtigte Handelsmakler oder zur öffentlichen Versteigerung befugte Personen erfolgte.[132] Zu bloßen Ordnungsvorschriften zählen die Pflicht zur **Versteigerung am Leistungsort** (§ 383 Abs. 1 S. 1, Abs. 2 BGB) und zur **Benachrichtigung des Gläubigers** von der Versteigerung (§ 384 Abs. 2 Hs. 1 BGB).

Ist die Sache mit einem Mangel behaftet, soll der Selbsthilfeverkauf nach teilweise vertretener 53 Ansicht jedenfalls dann unverbindlich sein, wenn dadurch der Erlös geschmälert wurde.[133] Nach anderer Ansicht berührt die Erzielung eines Mindererlöses die Verbindlichkeit des Selbsthilfeverkaufs nicht, da der Käufer durch (entsprechende) Anwendung der einschlägigen Gewährleistungsvorschriften hinreichend geschützt sei. Er könne im Falle eines durch den Sachmangel geschmälerten Erlöses seine Gegenleistung nach § 441 BGB mindern, ggf. aber auch den Kaufvertrag nach §§ 440, 323, 326 Abs. 5 BGB rückabwickeln.[134] Demgegenüber wird zu Recht darauf hingewiesen, dass in den Fällen, in denen der Käufer zur Zurückweisung der Sache wegen eines Mangels berechtigt gewesen sei,[135] es bereits an dem für einen Selbsthilfeverkauf erforderlichen Annahmeverzug fehle und der Verkauf deshalb unverbindlich sein müsse.[136]

Der **unverbindliche Selbsthilfeverkauf** bringt die Lieferverpflichtung des Verkäufers zwar nach 54 § 275 Abs. 1 BGB zum Erlöschen, da auch bei Gattungsschulden wegen § 300 Abs. 2 BGB Konkretisierung eingetreten ist, entfaltet jedoch keine schuldbefreiende Wirkung (soweit nicht der Käufer den Verkauf genehmigt).[137] Es liegt ein Fall der nachträglichen subjektiven Unmöglichkeit der Leistung vor.[138] Etwas andere gilt nur dann, wenn es sich um eine Gattungsschuld handelt und noch keine Konkretisierung eingetreten war.[139] Hat der Verkäufer, den zur Unverbindlichkeit des Selbsthilfeverkaufs führenden Gesetzesverstoß nicht zu vertreten oder kommt ihm die Haftungserleichterung des § 300 Abs. 1 BGB zugute (→ Rn. 29), behält er nach § 326 Abs. 2 S. 1 BGB seinen Kaufpreisanspruch, mit dem er – bei Fälligkeit – gegen den Anspruch des Käufers auf Herausgabe des Erlöses aus § 285 BGB aufrechnen kann. Hat der Verkäufer den Verstoß zu vertreten, ist der Käufer gem. § 326 Abs. 1 S. 1 BGB von seiner Pflicht zur Kaufpreiszahlung befreit. Er kann vom Verkäufer unter Anrechnung des ersparten Kaufpreises Schadensersatz nach § 280 Abs. 1 und 3 BGB, § 283 BGB verlangen.

bb) Eingreifen der Haftungsminderung gemäß § 300 Abs. 1 BGB. Fraglich ist, ob die 55 Haftungsminderung nach § 300 Abs. 1 BGB eingreift, wenn der Verkäufer die Schutz- und/oder Ordnungsvorschriften zum Selbsthilfeverkauf schuldhaft verletzt und der Käufer hierdurch einen Schaden erleidet. Dem Wortlaut nach erstreckt sich § 300 Abs. 1 BGB auf jede Pflichtverletzung des Verkäufers nach Eintritt des Annahmeverzuges, also auch auf Verstöße gegen die Vorschriften zum Selbsthilfeverkauf. Das RG hat diese Norm jedoch einschränkend in dem Sinne ausgelegt, dass die Haftungsminderung nur eingreift, sofern es sich um **Pflichtverletzungen mit Bezug auf den Leistungsgegenstand** handelt, mit anderen Worten die Pflichtverletzung kausal ist für den Untergang oder die Beschädigung des Leistungsgegenstands.[140] Der BGH hat die Anwendung des § 300 Abs. 1 BGB in den wenigen veröffentlichten Entscheidungen nicht problematisiert.[141] Die Lit. ist der Ansicht des RG ganz überwiegend gefolgt.[142] In der obergerichtlichen Judikatur hat sich in jüngerer Zeit das OLG Braunschweig ausdrücklich zu diesem Verständnis von § 300 Abs. 1 BGB

---

[130] Vgl. RG 13.12.1900, SächsArch. 191, 226; Soergel/Schreiber BGB § 383 Rn. 3; Staudinger/Kern, 2022, BGB § 383 Rn. 21.

[131] Staudinger/Kern, 2022, BGB § 383 Rn. 21; Soergel/Schreiber BGB § 383 Rn. 3.

[132] BeckOK BGB/Dennhardt, 76. Ed. 1.11.2025, BGB § 385 Rn. 2; Staudinger/Kern, 2022, BGB § 383 Rn. 21; s. auch Grüneberg/Grüneberg BGB § 383 Rn. 5; BeckOGK/Höpfner, 1.3.2025, Rn. 56; **aA** offenbar OLG Köln 6.6.1994, NJW-RR 1995, 52 (53).

[133] Vgl. Staudinger/Kern, 2022, BGB § 383 Rn. 18; MüKoBGB/Fetzer BGB § 383 Rn. 7.

[134] BeckOK BGB/Dennhardt, 76. Ed. 1.11.2025, BGB § 383 Rn. 7.

[135] Vgl. BGH 6.12.2017, NJW-RR 2018, 822 Rn. 24, 41; 26.10.2016, NJW 2017, 1100 Rn. 14, 38.

[136] MüKoHGB/Grunewald § 374 Rn. 28; Ebenroth/Boujong/Achilles § 374 Rn. 9.

[137] MüKoBGB/Fetzer BGB § 383 Rn. 9; Staudinger/Kern, 2022, BGB § 383 Rn. 24.

[138] Ebenroth/Boujong/Achilles § 374 Rn. 11.

[139] MüKoBGB/Fetzer BGB § 383 Rn. 9; Ebenroth/Boujong/Achilles § 374 Rn. 11.

[140] RG 29.11.1920, JW 1921, 394: keine Haftungsminderung bei nicht ordnungsgemäß bekannt gemachtem Selbsthilfeverkauf; 15.10.1923, Recht 1923 Nr. 1227: keine Haftungsminderung bei inflationsbedingter Entwertung des erzielten Erlöses aufgrund Umtausches in eine andere Währung.

[141] BGH 10.1.1983, BGHZ 86, 204 = NJW 1983, 1049; 14.2.1958, LM BGB § 651 Nr. 3.

[142] MüKoBGB/Ernst BGB § 300 Rn. 2; Grüneberg/Grüneberg BGB § 300 Rn. 2; Staudinger/Feldmann, 2019, BGB § 300 Rn. 5 mwN.

bekannt.[143] Demgegenüber hat das OLG Köln[144] in einem Fall, in dem der Verkäufer den Verkauf selbst durchführte, ohne hiermit einen öffentlich ermächtigten Handelsmakler zu beauftragen, die Ansicht vertreten, der Verkäufer hafte auch beim Selbsthilfeverkauf nur für grobe Fahrlässigkeit und Vorsatz. Dieser Sichtweise haben sich Teile der Lit. mittlerweile angeschlossen.[145]

56 Die hM rechtfertigt die einschränkende Auslegung mit der **Entstehungsgeschichte** des § 300 BGB. Nach den Motiven zum BGB tritt die „Abschwächung … nicht unbedingt, sondern nur insofern ein, als es sich um die Sorge für einen in den Händen des Schuldners befindlichen Leistungsgegenstand handelt; die Abschwächung erstreckt sich also nicht auch auf die von dem Schuldner in Erfüllung seiner fortdauernden Verpflichtung vorzunehmenden sonstigen Handlungen".[146] Das Abstellen auf die Sorge für den Leistungsgegenstand spricht jedoch eher gegen eine zu enge Auslegung des § 300 Abs. 1 BGB. Insbesondere der Selbsthilfeverkauf von verderblichen Waren erfolgt durchaus auch aus Sorge um den Leistungsgegenstand.[147]

57 Selbst wenn man mit der hM die hier als vorzugswürdig erachtete weite Auslegung des § 300 Abs. 1 ablehnt, gilt es zu beachten, dass die **Gerichtsvollzieher** bei der Durchführung der Versteigerung **in Ausübung ihres öffentlichen Amtes handeln.** Sie sind keine Erfüllungsgehilfen (§ 278 BGB) des Verkäufers.[148] Gewerbliche Versteigerer oder Handelsmakler sind ebenfalls keine Erfüllungsgehilfen. Pflichtverletzungen dieses Personenkreises (zB Nichtbenachrichtigung des Käufers vom Versteigerungstermin, § 189 Nr. 4 GVGA; freihändiger Verkauf nicht zum laufenden Preis, § 189 Nr. 7 GVGA) muss sich der Verkäufer nur in Anwendung des Rechtsgedankens aus § 664 Abs. 1 S. 2 BGB unter dem Gesichtspunkt des Auswahlverschuldens zurechnen lassen.[149] Die Frage der Haftungsminderung nach § 300 Abs. 1 BGB wird somit praktisch nur für Fehler bei Maßnahmen relevant, die im Rahmen der Durchführung des Selbsthilfeverkaufs im Zuständigkeitsbereich des Verkäufers verbleiben (zB Androhung des Selbsthilfeverkaufs, vgl. § 189 Nr. 2 GVGA bezogen auf die Versteigerung). Bei der Verletzung der Pflicht zur Benachrichtigung von der Versteigerung nach § 384 Abs. 2 BGB greift § 300 Abs. 1 BGB nicht ein, da es bei der Vollzugsmitteilung nicht mehr um die Sorge für die Ware geht.[150] Irrt der Verkäufer über das Bestehen der Androhungspflicht oder beruft sich auf Unkenntnis, hilft dem Verkäufer die Berufung auf § 300 Abs. 1 BGB nicht, da sowohl Irrtum als auch Unkenntnis den Vorwurf der groben Fahrlässigkeit begründen.

58 **g) Kosten.** Nach **§ 386 BGB** trägt der Gläubiger die Kosten des Selbsthilfeverkaufs, sofern nicht der Schuldner den hinterlegten Erlös zurücknimmt. Wie bei § 381 BGB bezieht sich § 386 BGB auf die Kostenpflicht nur im Verhältnis zwischen Verkäufer und Käufer.[151] Zu den Kosten des Selbsthilfeverkaufs zählen die Gebühren des Versteigerers oder des mit dem freihändigen Verkauf betrauten Handelsmaklers, die Kosten der öffentlichen Bekanntmachung sowie der Androhung und der Benachrichtigung nach § 384 BGB.[152] Zu den ersatzfähigen Versteigerungskosten zählt auch die Mehrwertsteuer.[153] Da dem Verkäufer die Stellung eines Beauftragten zukommt, sind die Kosten ergänzend auch als **Aufwendungen nach § 670 BGB ersatzfähig.** Der Verkäufer kann seinen Anspruch auf Aufwendungsersatz gegen die Kaufpreisforderung aufrechnen.[154]

59 **h) Beweislast.** Die Verbindlichkeit, dh die Einhaltung der wesentlichen Schutzvorschriften, des Selbsthilfeverkaufs muss grundsätzlich der Verkäufer beweisen.[155] Hierzu zählt auch die Ungeeignetheit der Sache zur Hinterlegung.[156] Macht der Käufer Schadensersatzansprüche wegen Verstoßes gegen §§ 383 ff. BGB geltend, muss der Verkäufer gem. § 280 Abs. 1 S. 2 BGB beweisen, dass er die Verstöße nicht (grobfahrlässig) zu vertreten oder die Pflichtwidrigkeit den Erlös nicht geschmälert hat.[157]

[143] OLG Braunschweig 23.11.2015, BeckRS 2015, 121143 Rn. 34 f.; vgl. auch OLG Saarbrücken 29.6.2001, NJW-RR 2002, 528 (529).
[144] OLG Köln 16.6.1994, NJW-RR 1995, 52 (53).
[145] MüKoHGB/Grunewald § 374 Rn. 5, 26 und 34 f.; NK-HGB/Stöber Rn. 27; NK-HGB/Stöber § 374 Rn. 6; offenlassend Staudinger/Kern, 2022, BGB § 383 Rn. 20; **aA** Ebenroth/Boujong/Achilles § 374 Rn. 11.
[146] Mot. II 73.
[147] Zu enge Sichtweise Ebenroth/Boujong/Achilles Rn. 11.
[148] MüKoHGB/Grunewald § 374 Rn. 34; Staub/Koller § 374 Rn. 22.
[149] Vgl. Staub/Koller § 374 Rn. 22.
[150] Vgl. auch Staub/Koller § 374 Rn. 22; Ebenroth/Boujong/Achilles Rn. 44.
[151] Grüneberg/Grüneberg BGB § 386 Rn. 1.
[152] Vgl. MüKoBGB/Fetzer BGB § 386 Rn. 1.
[153] BGH 12.5.1980, WM 1980, 778.
[154] Vgl. Staudinger/Kern, 2022, BGB § 386 Rn. 3.
[155] Vgl. Staudinger/Kern, 2022, BGB § 383 Rn. 25.
[156] BeckOK BGB/Dennhardt, 76. Ed. 1.11.2025, BGB § 383 Rn. 10.
[157] RG 14.3.1925, RGZ 110, 268 (270); BeckOK BGB/Dennhardt, 76. Ed. 1.11.2025, BGB § 383 Rn. 10; Ebenroth/Boujong/Achilles Rn. 52; Staub/Koller § 374 Rn. 62; **aA** BeckOGK/Ulrici, 1.1.2025, BGB § 383 Rn. 34.

V. Erweiterte Rechte des Verkäufers nach HGB

§ 373 erweitert das Recht des Verkäufers zur Hinterlegung und zum Selbsthilfeverkauf im Annahmeverzug des Käufers, indem die Ausübung dieser Rechte nicht mehr von der **Hinterlegungsfähigkeit** der Ware abhängig gemacht wird. Der Verkäufer kann sich der Ware somit schneller entledigen. 60

1. Wahlrecht des Verkäufers. Grundsätzlich kann der Verkäufer frei entscheiden, ob er die vom Käufer nicht abgenommene Ware nach § 373 Abs. 1 hinterlegt oder den Weg des Selbsthilfeverkaufs geht („ferner", § 373 Abs. 2).[158] Der Verkäufer kann die Ware auch zunächst hinterlegen und erst später verkaufen lassen.[159] **Sein Ermessen wird nur durch die Verpflichtung zur Rücksicht nach § 241 Abs. 2 BGB beschränkt.**[160] Handelt es sich um leicht verderbliche Ware und ist unklar, ob der Käufer sie schnell abholen kann, darf der Verkäufer deshalb nicht den Weg der Hinterlegung wählen, sondern muss stattdessen den Selbsthilfeverkauf betreiben.[161] Verletzt der Verkäufer diese Rücksichtspflicht schuldhaft, so ist dem Käufer der daraus entstandene Schaden gem. § 280 Abs. 1 BGB zu ersetzen. Hinsichtlich des Verschuldensmaßstabs gilt § 300 Abs. 1 BGB (→ Rn. 29), weil im Rahmen der Abwägung zwischen den verschiedenen Handlungsalternativen die Sorge für die Ware eine Rolle spielt.[162] 61

2. Hinterlegung. Die Hinterlegung iSv § 373 Abs. 1 unterscheidet sich hinsichtlich des Gegenstands, des Verfahrens und der Rechtswirkungen von der Hinterlegung nach §§ 372 ff. BGB. 62

a) Gegenstand der Hinterlegung. Nach § 373 Abs. 1 ist **jede Ware** hinterlegungsfähig. Gemäß § 381 erstreckt sich das Hinterlegungsrecht auch auf **Wertpapiere** und vom Verkäufer **herzustellende oder zu erzeugende Sachen.** 63

b) Hinterlegungsverfahren. Die Hinterlegungsgesetze der Länder müssen beim handelsrechtlichen Hinterlegungsverfahren nicht beachtet werden. Verkäufer und Lagerhalter schließen einen **privatrechtlichen Verwahrungsvertrag.**[163] Der Verkäufer ist nicht berechtigt, den Verwahrungsvertrag im Namen des Käufers abzuschließen. Eine entsprechende Vollmacht ist aus dem Gesetz nicht herzuleiten.[164] Der Vergütungsanspruch des Lagerhalters für die Verwahrung richtet sich demgemäß nur gegen den Verkäufer. Eigene Rechte aus dem Verwahrungsvertrag kann der Käufer nur unter den Voraussetzungen des § 328 Abs. 2 BGB herleiten. 64

c) Hinterlegungsort. Gemäß § 373 hat der Verkäufer die Ware in einem **öffentlichen Lagerhaus oder sonst in sicherer Weise** zu hinterlegen. Unter einem „öffentlichen Lagerhaus" versteht man eine gegenüber jedermann (öffentlich) betriebene Einlagerungsstelle, mit anderen Worten einen Lagerhalter iSd § 467, wenn er sein Geschäft öffentlich betreibt.[165] Grundsätzlich darf die Ware auch einem zuverlässigen Privatmann in Verwahrung gegeben werden.[166] Was sonst „sicher" iSd § 373 Abs. 1 Alt. 2 ist, beurteilt sich nach den objektiv voraussehbaren Gefahren für die zu hinterlegende Sache.[167] Bei der Wahl des Lagers sind Art und Eigenheiten der einzulagernden Ware vor allem hinsichtlich Helligkeit, Feuchtigkeit, Temperatur, Licht usw. zu berücksichtigen. Der Lagerhalter muss organisatorisch und personell in der Lage sein, die Ware angemessen zu bewachen und unter Umständen die nötigen Erhaltungsmaßnahmen zu ergreifen.[168] Die Hinterlegung braucht abweichend von § 374 Abs. 1 BGB nicht am Leistungsort zu erfolgen.[169] Handelt es sich um nach § 372 BGB hinterlegungsfähige Ware ist die Hinterlegung jedoch auch beim Amtsgericht am Leistungsort (→ Rn. 37) möglich.[170] 65

---

[158] NK-HGB/Stöber Rn. 14; BeckOK HGB/Schwartze, 47. Ed. 1.7.2025, Rn. 6; BeckOGK/Höpfner, 1.3.2025, Rn. 99.

[159] Staub/Koller § 374 Rn. 27.

[160] BeckOK HGB/Schwartze, 47. Ed. 1.7.2025, Rn. 6; Ebenroth/Boujong/Achilles Rn. 10.

[161] MüKoHGB/Grunewald § 374 Rn. 16; BeckOGK/Höpfner, 1.3.2025, Rn. 49; BeckOK HGB/Schwartze, 47. Ed. 1.7.2025, Rn. 6; Ebenroth/Boujong/Achilles Rn. 10; Staub/Koller § 374 Rn. 27; vgl. auch NK-HGB/Stöber Rn. 14 (Herleitung aus § 242 BGB).

[162] Vgl. Staub/Koller § 374 Rn. 27; NK-HGB/Stöber Rn. 14; BeckOGK/Höpfner, 1.3.2025, Rn. 49, 99; **aA** Ebenroth/Boujong/Achilles Rn. 10.

[163] BeckOK HGB/Schwartze, 47. Ed. 1.7.2025, Rn. 8; NK-HGB/Stöber Rn. 8.

[164] AllgM, Hopt/Leyens § 374 Rn. 10; Ebenroth/Boujong/Achilles Rn. 13; BeckOGK/Höpfner, 1.3.2025, Rn. 37.

[165] AllgM, vgl. Ebenroth/Boujong/Achilles Rn. 11.

[166] Ebenroth/Boujong/Achilles Rn. 11.

[167] MüKoHGB/Grunewald § 374 Rn. 17.

[168] Vgl. Ebenroth/Boujong/Achilles Rn. 11.

[169] Hopt/Leyens § 374 Rn. 8; NK-HGB/Stöber Rn. 8; BeckOK HGB/Schwartze, 47. Ed. 1.7.2025, Rn. 8.

[170] Hopt/Leyens § 374 Rn. 8.

66 Die **Rücksichtspflicht aus § 241 Abs. 2 BGB** gebietet es dem Verkäufer, bei der Auswahl der Einlagerungsstelle die Interessen des Käufers zu berücksichtigen.[171] Wiederum stellt sich die Frage, ob sich die dabei vom Verkäufer zu beachtenden Sorgfalt nach § 276 BGB, § 347 Abs. 1 beurteilt oder das nach § 347 Abs. 2 anwendbare Haftungsprivileg des § 300 Abs. 1 BGB Anwendung findet. Die **wohl hL lehnt eine Haftungsprivilegierung ab.**[172] Begründet wird dies im Wesentlichen damit, dass sich die Haftungsbeschränkung nach Wortlaut und Entstehungsgeschichte auf die durch den Annahmeverzug eintretende Verlängerung der Leistungspflicht beziehe, dieser Zweck aber bei einer Verletzung der Pflicht zur „sicheren" Hinterlegung nicht einschlägig sei.[173] Nach anderer Ansicht findet § 300 Abs. 1 BGB entsprechend Anwendung.[174] Zur Begründung wird darauf verwiesen, dass der Verkäufer ohne Eingreifen der Haftungsprivilegierung im Zweifel den sichersten und teuersten Weg wählen und dem säumigen Käufer die entsprechenden Kosten in Rechnung stellen würde.[175] Durch die entsprechende Anwendung des § 300 Abs. 1 BGB sei sichergestellt, dass der Anspruch auf Erstattung der „angemessenen" Auslagen begrenzt werde.[176]

67 Für die hL spricht, dass es dem Verkäufer – anders als beim Selbsthilfeverkauf – bei der Hinterlegung und somit auch bei der Auswahl der Hinterlegungsstelle in der Regel nicht um die Vorsorge für die Ware geht, sondern in erster Linie um deren Entledigung.[177] Es sind freilich Fälle denkbar, in denen die Hinterlegung auch die Vorsorge für den Leistungsgegenstand betrifft, wenn nämlich eine **Selbstaufbewahrung der Ware nicht möglich oder unzumutbar** ist.[178] Zumindest in solchen Fällen ist es wertungswidersprüchlich, unterschiedliche Verschuldensmaßstäbe zwischen der Selbstaufbewahrung und der Fremdeinlagerung anzuwenden.[179] Im Übrigen gilt auch hier, dass sich der Verkäufer Pflichtverletzungen des Verwahrers nur in Anwendung des Rechtsgedankens aus § 664 Abs. 1 S. 2 BGB unter dem Gesichtspunkt des Auswahlverschuldens zurechnen lassen muss.[180]

68 **d) Gefahrtragung.** Die Hinterlegung der Ware erfolgt nach § 373 Abs. 1 auf Gefahr des Käufers. Gemeint ist die **Leistungsgefahr.**[181] Da bei Stückschulden stets der Käufer die Leistungsgefahr trägt und bei Gattungsschulden vielfach Konkretisierung nach § 243 Abs. 2 BGB eingetreten ist (→ Rn. 32), kommt der Gefahrtragungsregel des § 373 Abs. 1 kein großes praktisches Gewicht zu. Sie ist insoweit von Bedeutung, als sie klarstellt, dass der Lagerverwalter kein Erfüllungsgehilfe (§ 278 BGB) des Verkäufers ist.[182]

69 **e) Kosten.** Nach § 373 Abs. 1 erfolgt die Hinterlegung auf Kosten des Käufers. Hinsichtlich der Höhe der Kosten macht § 373 Abs. 1 keine Vorgaben. Die überwiegende Lit. will die Erstattungsfähigkeit der Aufwendungen an § 670 BGB messen, wie wenn der Verkäufer von dem Käufer beauftragt worden wäre.[183] Diesem Ansatz ist nicht zu folgen. Soweit die Hinterlegung nicht auch der Vorsorge für den Leistungsgegenstand dient, liegt die Hinterlegung ausschließlich im Interesse des Verkäufers. Es handelt sich mithin nicht um eine Fremdgeschäftsführungsmaßnahme. Dient die Hinterlegung ausnahmsweise auch der Vorsorge für den Leistungsgegenstand (→ Rn. 67), beurteilt sich die Erstattungsfähigkeit allein nach § 304 BGB, der seinem Wortlaut nach nicht auf die Selbstaufbewahrung beschränkt ist.[184] Ersatzfähig sind somit nur die **objektiv erforderlichen Aufwendungen** und nicht auch die Aufwendungen, die der Verkäufer für erforderlich halten durfte (→ Rn. 24 f.).[185] Nach diesen Grundsätzen richtet sich auch, ob der Verkäufer die Ware versichern und der Käufer

---

[171] BeckOGK/Höpfner, 1.3.2025, Rn. 40.

[172] S. etwa Schlegelberger/Hefermehl Rn. 17; Hopt/Leyens § 374 Rn. 8; Oetker HandelsR § 8 Rn. 9; Heymann/Emmerich/Hoffmann Rn. 7; Ebenroth/Boujong/Achilles Rn. 11; K. Schmidt HandelsR § 29 Rn. 9.

[173] So ausdrücklich Oetker HandelsR § 8 Rn. 9; vgl. auch Ebenroth/Boujong/Achilles Rn. 11.

[174] Staub/Koller § 374 Rn. 30; KKD/Roth/Huber § 374 Rn. 7; MüKoHGB/Grunewald § 374 Rn. 17; Ebenroth/Boujong/Müller, 3. Aufl. 2015, § 373 Rn. 23; NK-HGB/Stöber Rn. 9; BeckOK HGB/Schwartze, 47. Ed. 1.7.2025, Rn. 9.

[175] Staub/Koller § 374 Rn. 30; KKD/Roth/Huber § 374 Rn. 7; MüKoHGB/Grunewald § 374 Rn. 17.

[176] Staub/Koller § 374 Rn. 30; zust. KKD/Roth/Huber § 374 Rn. 7; MüKoHGB/Grunewald § 374 Rn. 17.

[177] So zu Recht Ebenroth/Boujong/Müller, 3. Aufl. 2015, § 373 Rn. 23.

[178] Ebenroth/Boujong/Müller, 3. Aufl. 2015, § 373 Rn. 23.

[179] Staub/Koller § 374 Rn. 30; KKD/Roth/Huber § 374 Rn. 7; MüKoHGB/Grunewald § 374 Rn. 17; Ebenroth/Boujong/Müller, 3. Aufl. 2015, § 373 Rn. 23; BeckOGK/Höpfner, 1.3.2025, Rn. 44.

[180] Vgl. auch Ebenroth/Boujong/Achilles Rn. 12.

[181] MüKoHGB/Grunewald § 374 Rn. 18; BeckOGK/Höpfner, 1.3.2025, Rn. 45.

[182] Hopt/Leyens § 374 Rn. 8; Ebenroth/Boujong/Achilles Rn. 12; Staub/Koller § 374 Rn. 31; MüKoHGB/Grunewald § 374 Rn. 19; KKD/Roth/Huber Rn. 7; NK-HGB/Stöber Rn. 10; BeckOK HGB/Schwartze, 47. Ed. 1.7.2025, Rn. 10; BeckOGK/Höpfner, 1.3.2025, Rn. 45.

[183] Ebenroth/Boujong/Müller, 3. Aufl. 2015, § 373 Rn. 25; Staub/Koller § 374 Rn. 31; Hopt/Leyens § 374 Rn. 10; NK-HGB/Stöber Rn. 11; offenlassend BeckOK HGB/Schwartze, 47. Ed. 1.7.2025, Rn. 11.

[184] Vgl. auch Ebenroth/Boujong/Achilles Rn. 13.

[185] Vgl. auch Ebenroth/Boujong/Achilles Rn. 13.

ihm die Prämien hierfür erstatten muss.[186] Hinsichtlich der Kosten steht dem Verkäufer ein Zurückbehaltungsrecht nach § 273 Abs. 1 BGB zu.

f) Anzeigepflicht. Die Hinterlegung der Kaufsache ist dem Käufer grundsätzlich unverzüglich (ohne schuldhaftes Zögern, § 121 Abs. 1 S. 1 BGB) anzuzeigen. Diese Verpflichtung resultiert aus der Rücksichtspflicht gem. § 241 Abs. 2 BGB des Verkäufers, die insoweit ihren Ausdruck in § 374 Abs. 2 BGB findet.[187] 70

g) Rechtsfolgen der Hinterlegung. Entsprechend dem Zweck des § 373 Abs. 1, den Verkäufer (nur) von der Last der Aufbewahrung zu befreien, kommt der Hinterlegung nach § 373 Abs. 1 – vorbehaltlich anderweitiger Abreden[188] – **keine Erfüllungswirkung** zu.[189] Will der Verkäufer diese herbeiführen, muss er das Hinterlegungsverfahren nach Maßgabe der §§ 372 ff. BGB betreiben oder den Weg des Selbsthilfeverkaufs nach Maßgabe der §§ 383 ff. BGB gehen. Bei Verstößen gegen § 373 Abs. 1 oder gegen die Rücksichtspflicht aus § 241 Abs. 2 BGB haftet er dem Käufer auf Schadensersatz. Das gem. § 347 Abs. 2 auch auf Handelsgeschäfte anwendbare **Haftungsprivileg** des § 300 Abs. 1 BGB kommt dem Verkäufer nur ausnahmsweise zugute, wenn die Fremdeinlagerung aus Sorge um die Ware erfolgt (→ Rn. 67). 71

h) Beweislast. Verlangt der Verkäufer Ersatz der Kosten für die Hinterlegung, muss er darlegen und ggf. beweisen, dass sich der Käufer in Annahmeverzug befindet. 72

3. Selbsthilfeverkauf. a) Arten des Selbsthilfeverkaufs. Der Selbsthilfeverkauf iSv § 373 Abs. 2–5 kann ebenso wie der bürgerlich-rechtliche Selbsthilfeverkauf im Wege der **öffentlichen Versteigerung** oder – wenn die Ware einen Börsen- oder Marktpreis (→ Rn. 44) hat – im Wege des **freihändigen Verkaufs** durch einen zu solchen Verkäufen öffentlich ermächtigten Handelsmakler oder durch eine zur öffentlichen Versteigerung befugte Person zum laufenden Preis (→ Rn. 44) erfolgen. Verkäufer und Käufer dürfen gem. § 373 Abs. 4 bei der öffentlichen Versteigerung mitbieten. Der Begriff der öffentlichen Versteigerung entspricht der Legaldefinition des § 383 Abs. 3 S. 1 BGB. Der handelsrechtliche Selbsthilfeverkauf unterscheidet sich im Wesentlichen hinsichtlich des Gegenstands und des Orts des Verkaufs von dem Selbsthilfeverkauf nach §§ 383 ff. BGB. Bezogen auf die Durchführung, insbesondere der Androhung und Benachrichtigung, folgt er weitgehend den Regeln des bürgerlich-rechtlichen Selbsthilfeverkaufs. 73

b) Gegenstand des Selbsthilfeverkaufs. Der Selbsthilfeverkauf ist nicht auf hinterlegungsunfähige Gegenstände iSv § 383 Abs. 1 BGB beschränkt, sondern umfasst **Waren aller Art** sowie nach § 381 **Wertpapiere** und vom Verkäufer **herzustellende oder zu erzeugende Sachen.** Gegenstand des Selbsthilfeverkaufs ist die Ware, nicht der Anspruch des Verkäufers auf Lieferung der Ware gegen einen Dritten (zB seinen Verkäufer in der Lieferkette).[190] Demgegenüber können **Traditionspapiere** (Orderlagerschein, Ladeschein und Konnossement) Gegenstand eines Selbsthilfeverkaufs sein, da diese Papiere nicht nur den Anspruch auf Auslieferung der Ware verbriefen, sondern auch eine Verfügung über die Ware selbst ermöglichen (ohne dass diese übergeben werden muss). Voraussetzung ist jedoch eine Vereinbarung zwischen den Kaufvertragsparteien, dass zur Erfüllung des Kaufvertrages die Übergabe dieser Papiere genügt (zB „Sie zahlen gegen Konnossemente"; „Kasse gegen Dokumente").[191] 74

Beim **Bestimmungskauf** iSd § 375 darf die Kaufsache zusammen mit dem Recht zur Spezifikation veräußert werden.[192] Beim **Gattungskauf** muss der Verkäufer nicht vom Käufer zurückgewiesene Stücke zum Selbsthilfeverkauf bringen. Er ist berechtigt, andere gleichartige Stücke zum Verkauf zu geben.[193] Auch eine erst noch auszuscheidende Gattungsware (bei der Holschuld) kann zum Selbsthilfeverkauf gestellt werden, soweit sie sich im Besitz des Verkäufers befindet oder er sich diesen jederzeit aus dem Gewahrsam eines Dritten verschaffen kann.[194] Der Versteigerer hat in diesem Fall den Lageort dem Erwerber zum Zwecke der Untersuchung der Ware bekannt zu geben.[195] 75

---

[186] Vgl. auch BeckOGK/Höpfner, 1.3.2025, Rn. 46; BeckOK HGB/Schwartze, 47. Ed. 1.7.2025, Rn. 10.
[187] Vgl. Ebenroth/Boujong/Achilles Rn. 14; Hopt/Leyens § 374 Rn. 8; NK-HGB/Stöber Rn. 9.
[188] Vgl. BGH 29.9.1992, NJW 1993, 55 zu § 372 BGB.
[189] Staub/Koller § 374 Rn. 32; Ebenroth/Boujong/Achilles Rn. 15; NK-HGB/Stöber Rn. 12; BeckOK HGB/Schwartze, 47. Ed. 1.7.2025, Rn. 13; BeckOGK/Höpfner, 1.3.2025, Rn. 48.
[190] RG 23.1.1895, RGZ 34, 98 (99); 20.2.1895, RGZ 35, 1 (3).
[191] RG 16.3.1906, DJZ 1906, 541; Staub/Koller § 374 Rn. 48; Ebenroth/Boujong/Achilles Rn. 21; Schlegelberger/Hefermehl Rn. 35; BeckOGK/Höpfner, 1.3.2025, Rn. 72; **aA** MüKoHGB/Grunewald § 374 Rn. 27.
[192] RG 21.2.1899, RGZ 43, 101 (103); Ebenroth/Boujong/Achilles Rn. 21; BeckOGK/Höpfner, 1.3.2025, Rn. 70.
[193] Staub/Koller § 374 Rn. 47; BeckOGK/Höpfner, 1.3.2025, Rn. 70.
[194] RG 8.11.1899, RGZ 45, 2 (30); 23.1.1895, RGZ 34, 98 (99); 24.9.1881, RGZ 5, 58 (66).
[195] Vgl. dazu RG 11.10.1912, JW 1913, 47; s. auch Ebenroth/Boujong/Achilles Rn. 22.

76 **Teillieferungen** können im Wege des Selbsthilfeverkaufs veräußert werden, wenn sie als solche mit dem Käufer vereinbart waren.[196] Hat der Käufer mehrere oder alle Teillieferungen nicht angenommen, steht es dem Verkäufer frei, jede einzelne Teillieferung oder alle zusammen zum Selbsthilfeverkauf zu stellen. Die Interessenwahrungspflicht, die aus der Stellung des Verkäufers als Beauftragter des Käufers folgt (→ Rn. 84), kann es gebieten, von einem Gesamtverkauf abzusehen, wenn hierdurch die Preise zu stark gedrückt werden.[197] Von dem Selbsthilfeverkauf von Teillieferungen zu unterscheiden ist der Teilverkauf von Ware bei einem einheitlichen Geschäft. Hier muss die ganze Ware nicht auf einmal verkauft werden, da auch ein Teilverkauf im Interesse des Käufers liegen kann.[198]

77 **c) Androhung des Selbsthilfeverkaufs. aa) Inhalt der Androhung.** Unabhängig von der Art des Selbsthilfeverkaufs hat der Verkäufer diesen nach § 373 Abs. 2 S. 1 dem Käufer vorher anzudrohen (zur Rechtsnatur und **Formfreiheit der Androhung** → Rn. 45).[199] Ebenso wie beim bürgerlichrechtlichen Selbsthilfeverkauf soll dem Käufer dadurch die Möglichkeit gegeben werden, sich zu überlegen, ob er die Ware nicht doch annehmen will und falls nicht, einen möglichst günstigen Verkauf sicherzustellen.[200] Der Zweck der Androhung kann nur erreicht werden, wenn die Androhung hinreichend erkennen lässt, **welche Waren** betroffen sind. Die Mitteilung, dass „Waren gleicher Art verkauft werden sollen", reicht somit nicht aus.[201] Allein die Androhung, man werde nach Handelsrecht verfahren, genügt grundsätzlich nicht,[202] da damit auch Hinterlegung gemeint sein könnte.[203]

78 Fraglich ist, ob die Androhung bei Waren, die freihändig verkauft werden können, beinhalten muss, welche **Art des Selbsthilfeverkaufs** beabsichtigt ist.[204] Für eine Ankündigung auch der Art und Weise des Selbsthilfeverkaufs ließe sich anführen, dass die Reaktion des Käufers von der Art des Selbsthilfeverkaufs beeinflusst sein kann.[205] Auch die Tatsache, dass § 373 Abs. 2 bei jeder der beiden Möglichkeiten die vorhergehende Androhung besonders vorgeschrieben hat, scheint eher dafür zu sprechen, dass die Androhung auch die Art des Selbsthilfeverkaufs bezeichnen muss. Aus der Entstehungsgeschichte lässt sich ein dahingehender Wille des Gesetzgebers freilich nicht entnehmen.[206] Entscheidend gegen eine dahingehende Konkretisierungspflicht spricht, dass Zurückhaltung geboten ist, Wirksamkeitserfordernisse in das Gesetz hineinzulegen, welches dieses selbst mit unzweideutigen Ausdrücken nicht aufstellt.[207] Abzulehnen ist daher auch die Ansicht, nur der freihändige Verkauf müsse dem Käufer eindeutig angedroht werden.[208]

79 Durch die Androhung des Selbsthilfeverkaufs tritt hinsichtlich des Ob oder des Wie **keine Selbstbindung** des Verkäufers ein.[209] Der Verkäufer kann die Androhung jederzeit widerrufen und anderweitig verfahren, dh die Ware selbst aufbewahren, hinterlegen[210] oder den Käufer auf Abnahme und Zahlung verklagen. Auch kann er vom freihändigen Verkauf auf eine öffentliche Versteigerung übergehen und umgekehrt. Hat der Verkäufer dem Käufer die Art des Selbsthilfeverkaufs in der Androhung mitgeteilt, ist er allerdings verpflichtet, einen solchen Wechsel dem Käufer mitzuteilen.[211]

---

196 Staub/Koller § 374 Rn. 49; Ebenroth/Boujong/Achilles Rn. 23; BeckOGK/Höpfner, 1.3.2025, Rn. 71.

197 Staub/Koller § 374 Rn. 49; BeckOGK/Höpfner, 1.3.2025, Rn. 71.

198 Ebenroth/Boujong/Achilles Rn. 23; Staub/Koller § 374 Rn. 49.

199 Ebenroth/Boujong/Achilles Rn. 16.

200 MüKoHGB/Grunewald § 374 Rn. 21; Ebenroth/Boujong/Achilles Rn. 34; Staub/Koller § 374 Rn. 35; BeckOGK/Höpfner, 1.3.2025, Rn. 57.

201 RG 6.6.1913, RGZ 13, 675 Nr. 3; Hopt/Leyens § 374 Rn. 14; NK-HGB/Stöber Rn. 15; BeckOGK/Höpfner, 1.3.2025, Rn. 60.

202 Offengelassen in RG 22.11.1924, JW 1925, 946 (947).

203 So MüKoHGB/Grunewald § 374 Rn. 21; Ebenroth/Boujong/Achilles Rn. 37.

204 Bejahend MüKoHGB/Grunewald § 374 Rn. 21; abl. RG 1.11.1879, RGZ 1, 5 (7); 5.11.1924, RGZ 109, 134 (135 f.); Ebenroth/Boujong/Achilles Rn. 35; Hopt/Leyens § 374 Rn. 14; NK-HGB/Stöber Rn. 15; BeckOK HGB/Schwartze, 47. Ed. 1.7.2025, Rn. 22; Staub/Koller § 374 Rn. 34: unbestimmt gehaltene Androhung ist als Androhung der öffentlichen Versteigerung auszulegen.

205 RG 5.11.1924, RGZ 109, 134 (135 f.).

206 RG 1.11.1879, RGZ 1, 5 (7).

207 Vgl. RG 1.11.1879, RGZ 1, 5 (7); NK-HGB/Stöber Rn. 15; Ebenroth/Boujong/Achilles Rn. 36; BeckOGK/Höpfner, 1.3.2025, Rn. 61.

208 So aber RG 22.11.1924, JW 1925, 946 (947); GK-HGB/Achilles Rn. 8; BeckOK HGB/Schwartze, 47. Ed. 1.7.2025, Rn. 22; wie hier Ebenroth/Boujong/Achilles Rn. 36.

209 RG 24.9.1921, RGZ 102, 388 (389); 11.12.1907, LZ 1908, 224; Hopt/Leyens § 374 Rn. 14; NK-HGB/Stöber Rn. 16; BeckOK HGB/Schwartze, 1.3.2025, Rn. 22.

210 Staub/Koller § 374 Rn. 34.

211 RG 5.11.1924, RGZ 109, 134 (135 f.); Staub/Koller § 374 Rn. 34; MüKoHGB/Grunewald § 374 Rn. 23; NK-HGB/Stöber Rn. 16; BeckOGK/Höpfner, 1.3.2025, Rn. 62.

bb) Zeitpunkt der Androhung. Die Androhung muss so **rechtzeitig** erfolgen, dass der Käufer in die Lage versetzt wird, den Selbsthilfeverkauf zu verhindern, indem er zB den Annahmeverzug beendet.[212] Dem Käufer muss hinreichend Zeit bleiben, um sich auf die Situation angemessen einstellen zu können. Die Länge der Frist richtet sich nach den Umständen des Einzelfalls.[213] Die Androhung ist an **keine Form** gebunden. Da der Verkäufer für die ordnungsgemäße Androhung darlegungs- und beweispflichtig ist, empfiehlt sich jedoch die Wahl eines Mediums, mit dem Zugang nachgewiesen werden kann.[214] Eine **formularmäßige Androhung** bereits im Vertrag ist **überraschend iSv § 305c Abs. 1 BGB.** Sie wird deshalb kein Vertragsbestandteil. Ebenso wie beim bürgerlich-rechtlichen Selbsthilfeverkauf kann der Verkäufer die Androhung bereits mit dem den Annahmeverzug begründenden Angebot aussprechen (→ Rn. 45). Der Verkäufer kann sie auch mit der nach § 373 Abs. 5 vorgeschriebenen Benachrichtigung vom Versteigerungstermin und -ort verbinden. Beim Spezifikationskauf iSv § 375 kann die Androhung mit der Ersatzbestimmung erklärt werden.[215] 80

cc) Entbehrlichkeit der Androhung. Bei der Androhung handelt es sich auch beim handelsrechtlichen Selbsthilfeverkauf um eine für den Schutz der Käuferinteressen wesentliche Vorschrift.[216] Sie darf nur in Ausnahmefällen unterbleiben, wenn die Ware dem **Verderb ausgesetzt** und **Gefahr im Verzug** ist (§ 373 Abs. 2 S. 2 Hs. 1) oder wenn die Androhung **aus sonstigen Gründen untunlich** ist (§ 373 Abs. 2 S. 2 Hs. 2). In der ersten Fallvariante müssen beide Voraussetzungen vorliegen, dh es muss die nahe Gefahr des Verderbs bestehen.[217] Insoweit entspricht § 373 Abs. 2 S. 2 trotz des leicht abweichenden Wortlauts inhaltlich § 384 Abs. 1 BGB. Unter Verderb ist die Zerstörung der objektiven Brauchbarkeit zu verstehen (zB bei Lebensmitteln deren Verfaulen).[218] 81

In der zweiten Fallvariante muss die Androhung „aus anderen Gründen" untunlich sein. Diese Regelung entspricht § 384 Abs. 3 BGB. Hierzu zählt der Fall, dass der **Aufenthaltsort des Käufers** oder eines Vertreters oder Zustellungsbevollmächtigten **unbekannt** ist (→ Rn. 46) oder eine **nachteilige Verwertung infolge der mit der Androhung verbundenen Verzögerung** sehr wahrscheinlich ist (zB wesentliche Wertminderung infolge Preissturzes,[219] Gefahr der Beschlagnahme).[220] Ist eine schnelle Kontaktaufnahme mit dem Käufer möglich und zumutbar, liegt in der Regel weder eine Gefahr iSv § 384 Abs. 1 Hs. 2 BGB vor, noch ist die Androhung untunlich iSv § 384 Abs. 3 BGB. 82

dd) Benachrichtigung von Zeit und Ort. Erfolgt der Selbsthilfeverkauf im Wege der **öffentlichen Versteigerung,** hat der Verkäufer den Käufer gem. § 373 Abs. 5 S. 1 Hs. 1 nach § 383 Abs. 3 BGB Zeitpunkt und Versteigerungsort sowie im Falle virtueller oder hybrider Versteigerungen außerdem deren Zugangsdaten mitzuteilen.[221] Die Benachrichtigung kann mit der Androhung verbunden werden und darf bei Untunlichkeit unterbleiben (§ 373 Abs. 5 S. 3). Im Falle der Unterlassung der Benachrichtigung ist der Verkäufer nach § 373 Abs. 5 S. 2 zum Schadensersatz verpflichtet. Haftungsmaßstab ist hier ebenso wie bei der Pflicht zur Androhung § 347 Abs. 2 iVm § 300 Abs. 1 BGB.[222] Erlangt der Käufer anderweitig Kenntnis, entfällt jedoch der Schadensersatzanspruch mangels Kausalität.[223] 83

---

212 Staub/Koller § 374 Rn. 35; MüKoHGB/Grunewald § 374 Rn. 21; Ebenroth/Boujong/Achilles Rn. 34; RGHMW/Steimle/Dornieden Rn. 23; Heymann/Emmerich/Hoffmann Rn. 11; BeckOK HGB/Schwartze, 47. Ed. 1.7.2025, Rn. 23.

213 Ebenroth/Boujong/Achilles Rn. 34; vgl. auch BeckOK HGB/Schwartze, 47. Ed. 1.7.2025, Rn. 23: grds. ca. zwei Tage; RGHMW/Steimle/Dornieden Rn. 23; MüKoHGB/Grunewald § 374 Rn. 21 und Fn. 37: kürzer.

214 Ebenroth/Boujong/Achilles Rn. 33; RGHMW/Steimle/Dornieden Rn. 24; BeckOGK/Höpfner, 1.3.2025, Rn. 58.

215 Vgl. RG 20.2.1895, RGZ 35, 1 (3); 21.2.1899, RGZ 43, 11 (103 f.); Staub/Koller § 374 Rn. 35; NK-HGB/Stöber Rn. 15.

216 Vgl. Staub/Koller § 374 Rn. 36: „kann ausnahmsweise verzichtet werden"; Schlegelberger/Hefermehl Rn. 33; MüKoHGB/Grunewald § 374 Rn. 24; Hopt/Leyens § 374 Rn. 17.

217 Staub/Koller § 374 Rn. 36.

218 Ebenroth/Boujong/Achilles Rn. 39.

219 Vgl. Ebenroth/Boujong/Achilles Rn. 39; KKD/Roth/Huber § 374 Rn. 9; Heymann/Emmerich/Hoffmann Rn. 14; MüKoHGB/Grunewald § 374 Rn. 24; BeckOK HGB/Schwartze, 47. Ed. 1.7.2025, Rn. 24; vgl. auch OLG Köln 6.6.1994, NJW-RR 1995, 52 (54); Staub/Koller § 374 Rn. 36; Hopt/Leyens § 374 Rn. 17: bloße Rückläufigkeit der Konjunktur reicht nicht aus.

220 MüKoHGB/Grunewald § 374 Rn. 24.

221 BeckOK HGB/Schwartze, 46. Ed. 1.1.2026, Rn. 25; Hopt/Leyens § 374 Rn. 11, 18.

222 MüKoHGB/Grunewald § 374 Rn. 25; **aA** NK-HGB/Stöber Rn. 18; Ebenroth/Boujong/Achilles Rn. 43; Staub/Koller § 374 Rn. 46; BeckOGK/Höpfner, 1.3.2025, Rn. 84.

223 Staub/Koller § 374 Rn. 46.

84 **d) Durchführung des Selbsthilfeverkaufs.** § 373 Abs. 3 bestimmt ausdrücklich, dass der Selbsthilfeverkauf **für Rechnung des säumigen Käufers** erfolgt. Bei der Durchführung (vom Zeitpunkt der Androhung bis zum Abschluss) des Selbsthilfeverkaufs kommt dem Verkäufer – ebenso wie beim bürgerlich-rechtlichen Selbsthilfeverkauf – die **Rechtsstellung eines Beauftragten** zu.[224] Demzufolge trifft den Verkäufer die Pflicht, die Interessen des Käufers wie ein Beauftragter zu wahren. Diese Interessenwahrungspflicht geht über die allgemeine Rücksichtspflicht nach § 241 Abs. 2 BGB hinaus. Der Verkäufer muss sich um die für den Käufer vorteilhafteste Verwertung der Ware **(„günstigste Verkaufsmöglichkeit")** bemühen. Dabei spielen die Bedingungen, zu denen der Verkauf erfolgt, der Verkaufsort und die Verkaufszeit eine Rolle. Hinsichtlich der Kosten, die dem Verkäufer bei der Durchführung des Selbsthilfeverkaufs entstehen, ist er nach § 670 BGB zum Ersatz berechtigt, soweit er diese den Umständen nach für erforderlich halten durfte.

85 **aa) Ort des Selbsthilfeverkaufs.** Abweichend von § 383 Abs. 1 BGB gibt es keine Vorgabe hinsichtlich des Verkaufsorts. In der Regel wird sich der Selbsthilfeverkauf an dem Ort anbieten, **an welchem sich die Ware** bei der Annahmeverweigerung **befindet.**[225] Verspricht ein Verkauf dort keinen Erfolg, weil es keinen Markt (keine Nachfrage) gibt, hat der Verkäufer den Verkauf an dem Ort vorzunehmen, welcher sich als Markt für die betreffende Ware darstellt.[226] Lässt sich an einem anderen Ort ein besserer Preis erzielen, sind die Kosten des Transports zu berücksichtigen.[227] Sie sind nur insoweit nach § 670 BGB ersatzfähig, als der voraussichtlich zu erzielende Preisvorteil mindestens dem Betrag der Transportkosten entspricht. Ist dies nicht der Fall, kann der Verkäufer sie nicht ersetzt verlangen, weil er sie nicht für erforderlich halten durfte.

86 **bb) Zeitpunkt des Selbsthilfeverkaufs.** Auch für den Zeitpunkt der Vornahme des Selbsthilfeverkaufs gibt es keine gesetzliche Vorgabe. Der Zeitpunkt ist vom Verkäufer so zu wählen, dass ein **möglichst hoher Kaufpreis** erzielt wird.[228] Frühestmöglicher Beginn ist der Tag der Fälligkeit der Lieferung.[229] Eine zeitliche Begrenzung besteht nicht. Der Verkäufer kann den Selbsthilfeverkauf auf unbestimmte Zeit hinausschieben. Hierdurch wird der Käufer nicht benachteiligt, da er den Annahmeverzug jederzeit beenden kann.[230] Einen dem Käufer bereits angezeigten Verkauf kann der Verkäufer verschieben. Allerdings darf der Verkäufer den Nothilfeverkauf nicht absichtlich verzögern, um den Vertragspartner zu schädigen. Auch kann eine grob fahrlässige Verzögerung eine Schadensersatzhaftung auslösen.[231] Eine Verwirkung des Rechts zum Selbsthilfeverkauf kommt nur ausnahmsweise in Betracht, weil auch eine übermäßige Verzögerung für sich genommen beim Käufer nicht den Eindruck erwecken wird, der Verkäufer wolle Ware auf unabsehbare Zeit aufbewahren oder hinterlegen.[232]

87 **cc) Bedingungen des Selbsthilfeverkaufs.** Das Gesetz enthält keine Bestimmung darüber, unter welchen Bedingungen der Selbsthilfeverkauf abzuschließen ist. Bei dem Verkauf der Ware muss sich der Verkäufer im Interesse des Käufers darum bemühen, den nach den Umständen **höchstmöglichen Preis zu erzielen.**[233] Er hat alles zu unterlassen, was geeignet ist, diesem Ziel zuwider zu laufen. Der Verkäufer darf deshalb nicht einen im ursprünglichen Vertrag nicht vorgesehenen Gewährleistungsausschluss aufnehmen, da dieser geeignet ist, Interessenten vom Kauf abzuhalten oder den Kaufpreis zu drücken.[234] Gleiches gilt bei einer Verschärfung der Untersuchungs- und Rügefrist iSd § 377. Ist nach dem ursprünglichen Kaufvertrag die Fälligkeit der Kaufpreiszahlung hinausgeschoben, im Selbsthilfekaufvertrag hingegen „gegen Kasse" verkauft worden, kann darin eine nachteilige Beeinflussung liegen. Entscheidend ist, ob die Abweichungen von dem mit dem

---

224 AllgM, vgl. MüKoHGB/Grunewald § 374 Rn. 29; Ebenroth/Boujong/Achilles Rn. 45; Oetker HandelsR § 8 Rn. 16; NK-HGB/Stöber Rn. 22.

225 RG 1.10.1901, JW 1901, 756; 24.9.1881, RGZ 5, 58 (66 f.); Ebenroth/Boujong/Achilles Rn. 24; Hopt/Leyens § 374 Rn. 21; KKD/Roth/Huber § 374 Rn. 12; BeckOK HGB/Schwartze, 46. Ed. 1.4.2025, Rn. 15.

226 RG 24.9.1881, RGZ 5, 58 (66 f.).

227 Vgl. Ebenroth/Boujong/Achilles Rn. 24; Staub/Koller § 374 Rn. 51.

228 **AA** Hopt/Leyens § 374 Rn. 22; BeckOK HGB/Schwartze, 47. Ed. 1.7.2025, Rn. 16; NK-HGB/Stöber Rn. 23.

229 Staub/Koller § 374 Rn. 53; Ebenroth/Boujong/Achilles Rn. 26; BeckOGK/Höpfner, 1.3.2025, Rn. 75.

230 S. zB Ebenroth/Boujong/Achilles Rn. 26; Hopt/Leyens § 374 Rn. 22; Heymann/Emmerich/Hoffmann Rn. 22; Staub/Koller § 374 Rn. 53; BeckOK HGB/Schwartze, 47. Ed. 1.7.2025, Rn. 16.

231 RG 7.6.1907, RGZ 66, 186 (192), nach BeckOGK/Höpfner, 1.3.2025, Rn. 75.1 genügt einfache Fahrlässigkeit, da § 300 Abs. 1 BGB nicht einschlägig sei.

232 RG 11.12.1895, RGZ 36, 83 (86 ff.); Staub/Koller § 374 Rn. 53.

233 RG 28.10.1887, RGZ 19, 198 (200).

234 RG 28.10.1887, RGZ 19, 198 (200); vgl. auch Ebenroth/Boujong/Achilles Rn. 28; BeckOK HGB/Schwartze, 47. Ed. 1.7.2025, Rn. 17.

Käufer Vereinbarten geeignet sind, das Ergebnis zu verbessern oder wenigstens nicht nachteilig zu beeinflussen.[235]

dd) Benachrichtigungspflichten. Nach der Durchführung der Versteigerung muss der Verkäufer den Käufer nach § 373 Abs. 5 S. 1 Hs. 2 von der Versteigerung unverzüglich, dh ohne schuldhaftes Zögern (§ 121 Abs. 1 S. 1 BGB) unterrichten. Während die Pflicht zur Vorabbenachrichtigung auf die Versteigerung beschränkt ist, trifft die Vollzugsmitteilungspflicht auch den freihändigen Verkauf.[236] Die Vorabbenachrichtigung darf ebenso wie die Vollzugsmitteilung bei Untunlichkeit unterbleiben. Bei der Vollzugsmitteilung kommt Untunlichkeit wegen der Abrechnungspflicht des Verkäufers praktisch nur im Hinblick auf das Erfordernis der Unverzüglichkeit in Betracht.[237] 88

e) Rechtswirkungen des Selbsthilfeverkaufs. Durch den Selbsthilfeverkauf „erfüllt" der Verkäufer seine Pflicht aus dem Kaufvertrag, dh er wird gegenüber dem Käufer von seiner **Lieferpflicht frei.**[238] Es handelt sich um ein Erfüllungssurrogat.[239] Der **Kaufpreisanspruch bleibt bestehen.** Ist der Veräußerungserlös geringer als der Kaufpreis, kann der Verkäufer deshalb Zahlung des Restkaufpreises verlangen.[240] Aufgrund seiner Rechtsstellung als Beauftragter des Käufers ist der Verkäufer nach § 667 BGB zur Herausgabe des erzielten Erlöses (und gem. § 666 BGB zur Auskunfts- und Rechenschaftserteilung) verpflichtet.[241] Im Gegenzug hat er nach § 670 BGB Anspruch auf Ersatz seiner Aufwendungen wie zB Reisekosten, Auslagen für Warentransport, Porto.[242] 89

Der Verkäufer kann seinen Anspruch auf den **Kaufpreis** und auf **Aufwendungsersatz** gegen die Forderung des Käufers auf **Herausgabe des Erlöses aufrechnen.**[243] Ist der Anspruch auf den Kaufpreis noch nicht fällig, kann der Verkäufer den Erlös nach § 383 Abs. 1 BGB hinterlegen. Hierfür ist nicht Voraussetzung, dass die öffentliche Versteigerung am Erfüllungsort stattgefunden hat, da die Versteigerung am falschen Ort die Verbindlichkeit des bürgerlich-rechtlichen Selbsthilfeverkaufs nicht berührt (→ Rn. 52).[244] Übersteigt der Veräußerungserlös den Kaufpreis und die Aufwendungen des Verkäufers, gebührt der Mehrerlös dem Käufer.[245] Die Rechtslage beim Selbsthilfeverkauf unterscheidet sich insoweit von derjenigen beim Deckungsverkauf, bei dem der Mehrerlös dem Verkäufer zusteht.[246] 90

Umstritten ist, ob der Verkäufer gem. § 354 **Provision für den Selbsthilfeverkauf** in Rechnung stellen kann. Zum Teil wird die Frage mit der Begründung verneint, der Verkäufer habe die Wahl, die Ware zu hinterlegen oder sich des Kostenrisikos der Hinterlegung zu entledigen und im eigenen Interesse einen Selbsthilfeverkauf vorzunehmen.[247] Im Fall eines Deckungsverkaufs sei es dem Verkäufer auch nicht erlaubt, eine Provision in Rechnung zu stellen, obwohl es auch hier kaum jemals dazu kommen werde, dass der Deckungsverkauf einen höheren Erlös bringen werde, als er im Kaufvertrag vereinbart worden sei.[248] Andere Autoren sehen zu Recht keinen Grund, dem Verkäufer einen eigenen Provisionsanspruch zu versagen, da der Selbsthilfeverkauf zumindest auch im Interesse des säumigen Käufers erfolgt.[249] 91

---

[235] Hopt/Leyens § 374 Rn. 20.

[236] Ebenroth/Boujong/Achilles Rn. 41; Hopt/Leyens § 374 Rn. 18; BeckOGK/Höpfner, 1.3.2025, Rn. 83; **aA** MüKoHGB/Grunewald § 374 Rn. 32.

[237] Vgl. Staub/Koller § 374 Rn. 46; Ebenroth/Boujong/Achilles Rn. 41; BeckOK HGB/Schwartze, 47. Ed. 1.7.2025, Rn. 25; BeckOGK/Höpfner, 1.3.2025, Rn. 87.

[238] Staub/Koller § 374 Rn. 55; Ebenroth/Boujong/Achilles Rn. 45; NK-HGB/Stöber Rn. 30.

[239] Vgl. RG 22.11.1924, JW 1925, 946 (947); Heymann/Emmerich/Hoffmann Rn. 26; Ebenroth/Boujong/Achilles Rn. 45; BeckOGK/Höpfner, 1.3.2025, Rn. 88.

[240] RG 25.3.1898, RGZ 41, 64; 23.2.1904, RGZ 57, 106; 27.1.1925, RGZ 110, 129 f.; vgl. auch BeckOK HGB/Schwartze, 47. Ed. 1.7.2025, Rn. 26; MüKoHGB/Grunewald § 374 Rn. 29; Ebenroth/Boujong/Achilles Rn. 45.

[241] BeckOK HGB/Schwartze, 47. Ed. 1.7.2025, Rn. 27; MüKoHGB/Grunewald § 374 Rn. 29.

[242] Staub/Koller § 374 Rn. 55; BeckOK HGB/Schwartze, 47. Ed. 1.7.2025, Rn. 28; MüKoHGB/Grunewald § 374 Rn. 29; BeckOGK/Höpfner, 1.3.2025, Rn. 90.

[243] S. Heymann/Emmerich/Hoffmann Rn. 27; Staub/Koller § 374 Rn. 55; Schlegelberger/Hefermehl Rn. 40; Ebenroth/Boujong/Achilles Rn. 45; Oetker HandelsR § 8 Rn. 16; NK-HGB/Stöber Rn. 30; vgl. auch RG 27.1.1925, JW 1925, 946 (948).

[244] Dies übersieht Staub/Koller § 374 Rn. 55, der verlangt, dass die Versteigerung am Erfüllungsort stattgefunden hat.

[245] RG 24.9.1921, RGZ 102, 388 (390); BeckOGK/Höpfner, 1.3.2025, Rn. 89.

[246] Vgl. BGH 6.6.1997, DNotZ 1998, 60 (62 f.); 20.5.1994, BGHZ 126, 131 (132) = NJW 1994, 2480; 13.3.1981, NJW 1981, 1834.

[247] Staub/Koller § 374 Rn. 55; GK-HGB/Achilles Rn. 17; offengelassen von BGH 21.11.1983, NJW 1984, 435 (436).

[248] Staub/Koller § 374 Rn. 55.

[249] Vgl. BeckOGK/Höpfner, 1.3.2025, Rn. 90; Hopt/Leyens § 374 Rn. 24; Canaris HandelsR § 29 Rn. 10.; Ebenroth/Boujong/Achilles Rn. 46.

92 **f) Verstöße bei der Abwicklung des Selbsthilfeverkaufs.** Hinsichtlich der Rechtsfolgen von Verstößen gegen die gesetzlichen Erfordernisse des Selbsthilfeverkaufs ist wie beim bürgerlich-rechtlichen Selbsthilfeverkauf zu unterscheiden zwischen der Verletzung (wesentlicher) **Schutzvorschriften** und bloßer **Ordnungsregeln** (→ Rn. 52).[250]

93 **aa) Verletzung von Schutzvorschriften.** Verstöße gegen Schutzvorschriften führen dazu, dass der Käufer den Selbsthilfeverkauf nicht als für seine Rechnung erfolgt gegen sich gelten lassen muss (soweit er nicht den Verkauf genehmigt). So liegt der Fall, wenn der Selbsthilfeverkauf durch eine nach § 373 Abs. 2 **unzuständige Person, ohne vorherige Androhung** oder im Rahmen der **Versteigerung nicht öffentlich** erfolgt. Der Selbsthilfeverkauf ist in diesen Fällen gegenüber dem Käufer unverbindlich, dh er entfaltet keine Rechtswirkungen (→ Rn. 52).[251]

94 **Ohne Bedeutung** für die Verbindlichkeit des Selbsthilfeverkaufs ist, **ob der Verkäufer den Verstoß** gegen Schutzvorschriften etwa in Bezug auf die Beauftragung einer für den Selbsthilfeverkauf unzuständigen Person **zu verschulden hat.**[252] Die Verbindlichkeit des Selbsthilfeverkaufs hängt grundsätzlich auch nicht davon ab, ob der Käufer widerspricht,[253] selbst mitbietet oder die Ware selbst ersteigert.[254] Unter Umständen kann darin jedoch ein stillschweigendes Einverständnis des Käufers gesehen werden.[255] Ausnahmsweise kann die Berufung auf die Unverbindlichkeit des Selbsthilfeverkaufs rechtsmissbräuchlich und damit unbeachtlich sein (§ 242 BGB). Hierfür reicht jedoch nicht der Nachweis aus, dass mit einem formell einwandfreien Verkauf mit Sicherheit kein besseres Ergebnis erzielt worden wäre.[256]

95 **bb) Verletzung von Ordnungsregeln.** Verstöße gegen bloße Ordnungsregeln lassen die Verbindlichkeit des Selbsthilfeverkaufs unberührt. Verkäufe zu **interessenwidrigen Konditionen, nicht zum laufenden Preis,** am **falschen Ort,** zur **unrechten Zeit** oder unter Verstoß gegen die **Benachrichtigungspflichten** (§ 373 Abs. 5 S. 2) muss der Käufer deshalb gegen sich gelten lassen.[257] Wäre ohne den Pflichtverstoß ein höherer Preis erzielt worden, haftet der schuldhaft handelnde Verkäufer dem Käufer in Höhe der Differenz zum tatsächlichen erzielten Kaufpreis zuzüglich der Aufwendungen des Verkäufers auf Schadensersatz.[258] Der Käufer kann den Schadensersatzanspruch gegen die Kaufpreisforderung oder den Aufwendungsersatzanspruch aufrechnen.[259] Zugunsten des Verkäufers greift mit Ausnahme einer Verletzung der Pflicht zur Benachrichtigung vom Selbsthilfeverkauf nach § 375 Abs. 5 S. 1 Hs. 2 die Haftungserleichterung des § 300 Abs. 1 BGB ein (→ Rn. 56 f.).[260]

96 **g) Behandlung des Selbsthilfeverkaufs als Deckungsverkauf.** Ist der Selbsthilfeverkauf **unverbindlich,** lagen zum Zeitpunkt des Verkaufs jedoch wegen der Verletzung der Pflicht zur Abnahme und/oder Zahlung des Kaufpreises die Voraussetzungen der § 281 BGB vor, so ist der Verkäufer berechtigt, den Selbsthilfeverkauf als Deckungsverkauf zu behandeln.[261] Dies hat für den Verkäufer den Vorteil, dass er einen etwaig erzielten Mehrerlös in der Regel behalten darf.[262]

97 **h) Kosten.** Da dem Verkäufer die Stellung eines Beauftragten zukommt, kann er die Kosten des Selbsthilfeverkaufs als Aufwendungen nach § 670 BGB ersetzt verlangen (→ Rn. 58). Ist der Selbsthilfeverkauf wegen Verletzung von Schutzpflichten unverbindlich, muss der Verkäufer die Kosten selbst tragen. Bei Verletzung von Ordnungsregeln kann er vom Käufer Kostenerstattung verlangen. Der Käufer kann aber ggf. mit seinem Schadensersatzanspruch aufrechnen.

[250] Vgl. Staub/Koller § 374 Rn. 54 ff.; Ebenroth/Boujong/Achilles Rn. 48; NK-HGB/Stöber Rn. 25.

[251] Ebenroth/Boujong/Achilles Rn. 49; Heymann/Emmerich/Hoffmann Rn. 28; NK-HGB/Stöber Rn. 26; BeckOK HGB/Schwartze, 47. Ed. 1.7.2025, Rn. 24.

[252] Ebenroth/Boujong/Achilles Rn. 49; Staub/Koller § 374 Rn. 56.

[253] Vgl. RG 19.4.1884, Gruchot 28, 1067; 22.1.1895, SeuffA 50 Nr. 196.

[254] Vgl. ROHG 1.5.1876, ROHGE 20, 23 (24).

[255] Staub/Koller § 374 Rn. 56; Ebenroth/Boujong/Achilles Rn. 49.

[256] Ebenroth/Boujong/Achilles Rn. 49; **aA** offenbar OLG Köln 6.6.1994, NJW-RR 1995, 52 (54).

[257] Staub/Koller § 374 Rn. 59; Ebenroth/Boujong/Achilles Rn. 47; BeckOK HGB/Schwartze, 47. Ed. 1.7.2025, Rn. 17.

[258] Vgl. OLG Köln 6.6.1994, NJW-RR 1995, 52 (54); Ebenroth/Boujong/Achilles Rn. 25, 29, 32; MüKoHGB/Grunewald § 374 Rn. 34; BeckOK HGB/Schwartze, 47. Ed. 1.7.2025, Rn. 21 und 26; BeckOGK/Höpfner, 1.3.2025, Rn. 92.

[259] Ebenroth/Boujong/Achilles Rn. 51; Staub/Koller § 374 Rn. 59.

[260] Staub/Koller § 374 Rn. 44; **aA** BeckOK HGB/Schwartze, 47. Ed. 1.7.2025, Rn. 21; NK-HGB/Stöber Rn. 29; BeckOGK/Höpfner, 1.3.2025, Rn. 55.

[261] AllgM, s. etwa RG 5.11.1924, RGZ 109, 134 (136); 3.2.1925, RGZ 110, 155 (156 f.); Ebenroth/Boujong/Achilles Rn. 51; Schlegelberger/Hefermehl Rn. 45; Hopt/Leyens § 374 Rn. 25; Staub/Koller § 374 Rn. 61; KKD/Roth/Huber § 374 Rn. 14; Heymann/Emmerich/Hoffmann Rn. 28.

[262] Vgl. BGH 6.6.1997, DNotZ 1998, 60 (62 f.); 20.5.1994, BGHZ 126, 131 (132) = NJW 1994, 2480; 13.3.1981, NJW 1981, 1834; BeckOGK/Höpfner, 1.3.2025, Rn. 98.

i) Beweislast. Hinsichtlich der Beweislast gelten dieselben Grundsätze wie beim bürgerlich-rechtlichen Selbsthilfeverkauf (→ Rn. 59). 98

VI. Sonstige Rechte des Verkäufers

1. Aufwendungsersatz nach den Regeln der Geschäftsführung ohne Auftrag. a) Selbstaufbewahrung und Hinterlegung. Ansprüche nach den §§ 677 ff. BGB setzen die Besorgung eines Geschäfts für einen anderen und einen dahingehenden Willen des Handelnden voraus.[263] Selbstaufbewahrung und Hinterlegung der Ware berühren ebenso wie der Selbsthilfeverkauf im Hinblick auf die damit einhergehenden Rechtsfolgen nicht nur den Rechts- und Interessenkreis des Verkäufers, sondern auch den des Käufers. Diese Maßnahmen lassen sich deshalb als sog. **„auch-fremde" Geschäfte** qualifizieren,[264] bei denen regelmäßig ein **Fremdgeschäftsführungswille vermutet** wird.[265] Ob diese Vermutung bei der Hinterlegung berechtigt ist, ist jedoch sehr fraglich. Dies gilt insbesondere bei der bürgerlich-rechtlichen Hinterlegung iSv § 372 BGB, bei der es dem Verkäufer in der Regel nur um die Herbeiführung der Erfüllungswirkung geht. 99

Letztlich kann diese Frage offen bleiben, da sich der Anspruch des Verkäufers auf Aufwendungsersatz im Fall der Selbstaufbewahrung aus § 304 BGB (→ Rn. 23 ff.), bei der bürgerlich-rechtlichen Hinterlegung zudem aus § 381 BGB (→ Rn. 40) und bei der handelsrechtlichen Hinterlegung zudem aus § 373 Abs. 1 (→ Rn. 69) ergibt. Diese **Sonderregelungen** schließen einen Rückgriff auf die Regeln der §§ 677 ff. BGB selbst für den Fall aus, dass die Voraussetzungen einer Hinterlegung nach § 372 BGB oder § 373 Abs. 1 nicht vorliegen. Der unrechtmäßig handelnde Verkäufer darf nämlich nicht besser gestellt werden als der rechtmäßig handelnde. Die gesetzliche Risikoverteilung würde unterlaufen. 100

b) Selbsthilfeverkauf. Beim **verbindlichen Selbsthilfeverkauf** folgt der Anspruch auf Aufwendungsersatz beim bürgerlich-rechtlichen Verkauf aus § 670 BGB iVm § 386 BGB, beim handelsrechtlichen Verkauf aus § 670 BGB iVm § 373 Abs. 3. Eines Rückgriffs auf die Regeln der §§ 677 ff. BGB bedarf es nicht. Ob beim **unverbindlichen Selbsthilfeverkauf** auf die allgemeinen Regeln der Geschäftsführung ohne Auftrag iSd §§ 677 ff. BGB zurückgegriffen werden kann, ist fraglich. Selbst wenn man mit der hM einen Rückgriff auf die §§ 677 ff. BGB neben § 373 allgemein für zulässig hielte,[266] darf bezweifelt werden, ob ein unter Verletzung der gesetzlichen Vorschriften erfolgter Selbsthilfeverkauf dem wirklichen oder mutmaßlichen Willen des Käufers entspricht und darüber hinaus auch ein Interesse nach § 683 BGB gegeben ist.[267] Dies wird man nur in Ausnahmefällen bejahen können, in denen ein Selbsthilfeverkauf in den dafür vorgesehenen Formen der Versteigerung oder des freihändigen Verkaufs nachteilig für den Verkäufer gewesen wäre, zB weil die Ware unmittelbar vor dem Verderb stand oder sich dem Käufer eine besondere, voraussichtlich nicht wiederkehrende Gelegenheit zum Verkauf darbot.[268] 101

2. Schadensersatz und Rücktritt wegen Schuldnerverzugs. Bei der Pflicht zur Abnahme (oder zum Abruf oder der Spezifikation) der Kaufsache handelt es sich um eine (echte) **Rechtspflicht** und nicht nur um eine bloße Obliegenheit. Nimmt der Käufer die Ware nicht ab, ruft er sie nicht ab oder nimmt er die nach § 375 Abs. 1 geschuldete Bestimmung der Ware nicht vor, kommt er unter den Voraussetzungen des § 286 BGB in (Schuldner-)Verzug. Der Verkäufer ist zum Ersatz des daraus erwachsenden Schadens nach § 280 Abs. 1 und 2 BGB und, unter den Voraussetzungen des §§ 281, 323 BGB, auch zum Schadensersatz statt der Leistung und zum Rücktritt berechtigt. 102

VII. Abweichende Vereinbarungen

§ 373 ist dispositiv.[269] Formularmäßige Abweichungen von Schutzvorschriften, deren Verletzung den Selbsthilfeverkauf oder die Hinterlegung unverbindlich machen, sind nach § 307 Abs. 2 Nr. 1 BGB unwirksam.[270] 103

---

[263] Vgl. Grüneberg/Retzlaff BGB § 677 Rn. 3.

[264] Vgl. Grüneberg/Retzlaff BGB § 677 Rn. 6.

[265] ZB BGH 26.1.2005, NJW-RR 2005, 639 (641).

[266] *Vgl. BGH 18.6.1957, MDR 1958,* 93; Ebenroth/Boujong/Achilles Rn. 50; wohl auch MüKoHGB/Grunewald § 374 Rn. 38; s. ferner Schlegelberger/Hefermehl Rn. 43; Würdinger/Röhricht Rn. 44.

[267] Vgl. Ebenroth/Boujong/Achilles Rn. 50; Heymann/Emmerich/Hoffmann Rn. 25; BeckOK HGB/Schwartze, 47. Ed. 1.7.2025, Rn. 28.

[268] Heymann/Emmerich/Hoffmann Rn. 25; vgl. auch Ebenroth/Boujong/Achilles Rn. 50.

[269] Staub/Koller § 374 Rn. 63; KKD/Roth/Huber Rn. 2; NK-HGB/Stöber Rn. 1; BeckOK HGB/Schwartze, 47. Ed. 1.7.2025, Rn. 3; BeckOGK/Höpfner, 1.3.2025, Rn. 101.

[270] Vgl. Staub/Koller § 374 Rn. 63; Hopt/Leyens § 374 Rn. 30; BeckOK HGB/Schwartze, 47. Ed. 1.7.2025, Rn. 3; BeckOGK/Höpfner, 1.3.2025, Rn. 101; **aA** MüKoHGB/Grunewald § 374 Rn. 41 f.

VIII. UN-Kaufrecht (Überblick)

104 **1. Aufbewahrungspflicht.** Nach **Art. 60 lit. b CISG** ist der Käufer verpflichtet, die Ware zu übernehmen. Nimmt er die Ware nicht rechtzeitig ab, so hat der Verkäufer gem. **Art. 85 S. 1 CISG** die den Umständen angemessenen Maßnahmen zu ihrer Erhaltung zu treffen. Der Verkäufer kann gem. **Art. 87 CISG** die Ware auf Kosten der anderen Partei in den Lagerräumen eines Dritten einlagern, sofern daraus keine unverhältnismäßigen Kosten entstehen.[271] Er ist nach **Art. 85 S. 2 CISG** berechtigt, die Ware zurückzubehalten, bis ihm der Käufer seine angemessenen Aufwendungen einschließlich etwaiger Fremdeinlagerungskosten erstattet hat.

105 **2. Selbsthilfeverkauf.** Der zur Aufbewahrung der Ware verpflichtete Verkäufer kann die Ware nach **Art. 88 Abs. 1 CISG** auf jede geeignete Weise verkaufen, wenn der Käufer die Inbesitznahme der Ware oder die Zahlung der Erhaltungskosten ungebührlich hinauszögert. Voraussetzung ist lediglich, dass der Verkäufer dem Käufer seine Verkaufsabsicht in vernünftiger Weise angezeigt hat. Eine öffentliche Versteigerung der Ware oder sonst eine besondere Form des Verkaufs (etwa durch Handelsmakler wie nach § 373 Abs. 2) ist nicht erforderlich.[272] Die gewählte Verkaufsform muss nur einen angemessenen Preis erwarten lassen. Der Verkäufer kann die Ware auch selbst verkaufen oder sie zum marktüblichen Preis selbst übernehmen.[273]

106 Gemäß **Art. 88 Abs. 3 CISG** darf der Verkäufer aus dem Erlös des Verkaufs seine angemessenen Aufwendungen einbehalten. Den Rest schuldet er dem Käufer. Jedoch kann er mit seinem Anspruch auf Kaufpreiszahlung nach Maßgabe des Rechts aufrechnen, das nach den Regeln des Internationalen Privatrechts anwendbar ist.[274] Ist der nach Abzug der Aufwendungen verbleibende Veräußerungserlös geringer als der Kaufpreis, kann der Verkäufer aus dem Kaufvertrag Zahlung des Restkaufpreises verlangen.[275]

107 **3. Notverkauf.** Ist die Ware einer raschen Verschlechterung ausgesetzt (zB weil Verderb droht) oder würde ihre Erhaltung unverhältnismäßige Kosten (für die Aufbewahrung) verursachen, so hat der Verkäufer nach **Art. 88 Abs. 2 CISG** sich in angemessener Weise um ihren Verkauf zu bemühen. Im Gegensatz zu § 373 kann den Verkäufer somit die **Pflicht zum Notverkauf** treffen.[276] Eine wirtschaftliche Verschlechterung der Ware (zB Wertverlust durch rasch sinkende Marktpreise) fällt nicht unter den Begriff der Verschlechterung.[277] Soweit möglich hat der Verkäufer dem Käufer seine Verkaufsabsicht anzuzeigen. Bei Unterlassung gebotener und möglicher Verkaufsbemühungen macht sich der Verkäufer schadensersatzpflichtig.[278]

§ 374 [Vorschriften des BGB über Annahmeverzug]

Durch die Vorschriften des § 373 werden die Befugnisse nicht berührt, welche dem Verkäufer nach dem Bürgerlichen Gesetzbuche zustehen, wenn der Käufer im Verzuge der Annahme ist.

1 Zur Kommentierung → § 373 Rn. 1 ff.

§ 375 [Bestimmungskauf]

(1) Ist bei dem Kaufe einer beweglichen Sache dem Käufer die nähere Bestimmung über Form, Maß oder ähnliche Verhältnisse vorbehalten, so ist der Käufer verpflichtet, die vorbehaltene Bestimmung zu treffen.

---

[271] BeckOGK/Höpfner, 1.3.2025, Rn. 102; BeckOK HGB/Schwartze, 47. Ed. 1.7.2025, Rn. 30.

[272] BeckOK HGB/Schwartze, 47. Ed. 1.7.2025, Rn. 103.

[273] Staudinger/Magnus, 2025, CISG Art. 88 Rn. 13; MüKoHGB/Sommerfeld CISG Art. 88 Rn. 8; Schlechtriem/Schwenzer/Schroeter/Bacher CISG Art. 88 Rn. 9.

[274] HM, vgl. BeckOK BGB/Saenger, 75. Ed. 1.5.2025, CISG Art. 88 Rn. 9; MüKoBGB/Huber CISG Art. 88 Rn. 16; MüKoHGB/Huber CISG Art. 88 Rn. 16; Schlechtriem/Schwenzer/Schroeter/Bacher CISG Art. 88 Rn. 18; Soergel/Dettmeier, 13. Aufl. 2000, CISG Art. 88 Rn. 7; **aA** Staudinger/Magnus, 2025, CISG Art. 88 Rn. 25; Herber/Czerwenka CISG Art. 88 Rn. 8: Recht zur Aufrechnung folgt aus dem CISG.

[275] BeckOK HGB/Schwartze, 47. Ed. 1.7.2025, Rn. 104.

[276] Vgl. Staudinger/Magnus, 2025, CISG Art. 88 Rn. 14; Ebenroth/Boujong/Achilles Vor §§ 373–381 Rn. 22.

[277] AllgM, vgl. nur MüKoBGB/Huber CISG Art. 88 Rn. 9; Schlechtriem/Schwenzer/Schroeter/Bacher CISG Art. 88 Rn. 11; BeckOK BGB/Saenger, 75. Ed. 1.5.2025, CISG Art. 88 Rn. 6.

[278] MüKoBGB/Huber CISG Art. 88 Rn. 13; Staudinger/Magnus, 2025, CISG Art. 88 Rn. 17; vgl. MüKoHGB/Sommerfeld CISG Art. 88 Rn. 13.

(2) [1]Ist der Käufer mit der Erfüllung dieser Verpflichtung in Verzug, so kann der Verkäufer die Bestimmung statt des Käufers vornehmen oder gemäß den §§ 280, 281 des Bürgerlichen Gesetzbuchs Schadensersatz statt der Leistung verlangen oder gemäß § 323 des Bürgerlichen Gesetzbuchs vom Vertrag zurücktreten. [2]Im ersteren Falle hat der Verkäufer die von ihm getroffene Bestimmung dem Käufer mitzuteilen und ihm zugleich eine angemessene Frist zur Vornahme einer anderweitigen Bestimmung zu setzen. [3]Wird eine solche innerhalb der Frist von dem Käufer nicht vorgenommen, so ist die von dem Verkäufer getroffene Bestimmung maßgebend.

Schrifttum: Canaris, Auswirkungen des Gesetzes zur Modernisierung des Schuldrechts auf das Recht des Handelskaufs und der Kommission, FS Konzen, 2006, 43; Rieble/Gutfried, Spezifikationskauf und BGB-Schuldrecht, JZ 2008, 593.

Übersicht

I. Allgemeines

§ 375 behandelt den Bestimmungskauf (Spezifikationskauf). Darunter ist ein Kaufvertrag über bewegliche Sachen zu verstehen, bei dem dem Käufer „die nähere Bestimmung über Form, Maß oder ähnliche Verhältnisse vorbehalten ist". Der Käufer ist somit befugt, nachträglich die Leistungspflicht des Verkäufers zu konkretisieren. Es handelt sich um einen **Sonderfall der Leistungsbestimmung iSv § 315 BGB.**[1] § 375 Abs. 1 gestaltet die Konkretisierungsbefugnis des Käufers zu einer (echten) **Rechtspflicht** aus.[2] § 375 Abs. 2 bestimmt, dass der Verkäufer nicht nur die allgemeinen Rechte auf Schadensersatz und Rücktritt geltend machen, sondern auch anstelle des Käufers eine Ersatzbestimmung vornehmen kann, wenn der Käufer seiner Verpflichtung nicht nachkommt. 1

§ 375 verfolgt **verschiedene Zwecke.** § 375 Abs. 1 stellt klar, dass der Vertrag bei einem Bestimmungskauf wirksam ist, obwohl die Kaufsache noch nicht genau bestimmt ist.[3] Der **Käufer** wird durch die ihm eingeräumte Bestimmungsbefugnis **in die Lage versetzt, flexibel auf** bestimmte **Marktparameter** (zB Kundennachfrage bei Erwerb der Ware zum Weiterverkauf, Rohstoffpreisschwankungen) zu reagieren.[4] § 375 Abs. 2 ermächtigt den Verkäufer die für die Durchführung des 2

[1] Ebenroth/Boujong/Achilles Rn. 1; Rieble/Gutfried JZ 2008, 593 (595); KKD/Roth/Huber Rn. 1; Staudinger/Rieble, 2020, BGB § 315 Rn. 252; MüKoBGB/Würdinger BGB § 315 Rn. 34; Oetker HandelsR § 8 Rn. 25; Staub/Koller Rn. 9.

[2] Vgl. Ebenroth/Boujong/Achilles Rn. 1; MüKoHGB/Grunewald Rn. 2.

[3] Vgl. BeckOGK/Höpfner, 1.3.2025, Rn. 4; NK-HGB/Stöber Rn. 1; Ebenroth/Boujong/Müller, 3. Aufl. 2015, Rn. 5; **aA** MüKoHGB/Grunewald Rn. 2; BeckOK HGB/Schwartze, 47. Ed. 1.7.2025, Rn. 1.

[4] Vgl. Rieble/Gutfried JZ 2008, 593; Ebenroth/Boujong/Achilles Rn. 3.

Vertrages notwendigen Spezifikationen selbst vorzunehmen, um im Anschluss daran den Käufer auf Zahlung des Kaufpreises in Anspruch zu nehmen. Hierdurch kann der Verkäufer einerseits sein **Warenabsatzinteresse** wahren. Andererseits verschafft er sich eine **Grundlage für die Berechnung des Schadensersatzanspruchs statt der Leistung,** falls der Käufer seinen Zahlungspflichten nicht nachkommt (→ Rn. 40). Alternativ zur Ersatzbestimmung kann der Verkäufer den Vertrag durch Rücktritt und/oder die Geltendmachung von Schadensersatz statt der Leistung beenden, wenn er die mit der Selbstbestimmung – und der danach erforderlichen Erfüllung – verbundenen Aufwendungen vermeiden will.[5] Insoweit dient § 375 Abs. 2 auch dem Interesse des Verkäufers an einer **zügigen Abwicklung des Vertragsverhältnisses.**[6]

3 § 375 ist vornehmlich von Bedeutung beim **Gattungskauf,** findet aber auch auf den Stückkauf Anwendung, etwa wenn dem Käufer das Recht eingeräumt wird, eine besondere Ausstattung der gekauften Sache zu verlangen.[7] Bestimmungskäufe kommen heutzutage vornehmlich in der **Eisen-, Textil-, Papier- und Chemieindustrie** vor.[8] Zumeist handelt es sich um Sukzessivlieferungsverträge, bei denen auf Abruf des Käufers zu liefern ist. Mit dem Abruf nimmt der Käufer zugleich die erforderliche Spezifikation vor.[9] Gemäß § 381 bezieht sich § 375 auch auf den **Kauf von Wertpapieren** (Abs. 1) und auf **Werklieferungsverträge** (Abs. 2).[10]

II. Vorliegen eines (einseitigen) Handelskaufs

4 Die Anwendung des § 375 setzt voraus, dass zumindest eine der beiden Parteien des **Kaufvertrags, kaufähnlichen Vertrags** (→ Vor § 373 Rn. 40 ff.) oder **Werklieferungsvertrags** Kaufmann ist und den Vertrag im Rahmen ihres Handelsgewerbes abschließt (§ 343), was im Zweifel vermutet wird (§ 344 Abs. 1).[11] Nach dem Gesetzeswortlaut ist es gleichgültig, ob der Verkäufer oder der Käufer Kaufmann ist. **§ 375 kommt** deshalb **auch gegenüber Verbraucher-Käufern iSv § 13 BGB** zur Anwendung, wenn diese von ihrer Bestimmungsbefugnis keinen Gebrauch machen.[12] Eine (teleologische) Reduktion des Anwendungsbereichs ist nicht geboten, da die zuvor beschriebene Interessenlage nicht von dem Status der beteiligten Vertragsparteien abhängt.[13]

5 Handelt es sich bei dem Verkäufer um einen **Scheinkaufmann,** ist ihm gegenüber Nichtkaufleuten die Berufung auf § 375 verwehrt, da er durch ein Vorspiegeln der Kaufmannseigenschaft keine Vorteile erlangen soll.[14] Dasselbe gilt nach der Wertung des § 15 Abs. 1 für den Fall, dass der Ist-Kaufmann entgegen § 29 nicht ins Handelsregister eingetragen ist. Keine Anwendung findet § 377 zudem auf nicht in das Handelsregister eingetragene Kleingewerbetreibende iSv § 2 (→ Vor § 373 Rn. 17). Demgegenüber muss sich der Scheinkaufmann in der Rolle des Käufers gegenüber dem Nicht-Kaufmann an dem von ihm gesetzten Rechtsschein festhalten lassen.

III. Begriff des Bestimmungskaufs

6 **1. Bestimmung durch den Käufer.** § 375 Abs. 1 setzt voraus, dass es dem Käufer vorbehalten ist, einzelne Merkmale der Ware zu bestimmen. Obliegt die Bestimmung dem **Verkäufer oder einem** – nicht vom Käufer hierzu ermächtigten – **Dritten,** liegt kein Bestimmungskauf vor. Vielmehr greifen die §§ 315, 317 BGB ein.[15] Haben die Parteien Form, Maß oder ähnliche Verhältnisse bereits festgelegt, bleibt für die Anwendung von § 375 kein Raum.[16]

---

[5] Staub/Koller Rn. 3; Canaris HandelsR § 29 Rn. 23.

[6] MüKoHGB/Grunewald Rn. 2; Hopt/Leyens Rn. 1; Ebenroth/Boujong/Achilles Rn. 1; Canaris HandelsR § 29 Rn. 23; NK-HGB/Stöber Rn. 2; BeckOK HGB/Schwartze, 47. Ed. 1.7.2025, Rn. 1; BeckOGK/Höpfner, 1.3.2025, Rn. 5; **aA** Staub/Koller Rn. 3.

[7] Staub/Koller Rn. 6; Ebenroth/Boujong/Achilles Rn. 3; BeckOK HGB/Schwartze, 47. Ed. 1.7.2025, Rn. 4.

[8] Heymann/Emmerich/Hoffmann Rn. 1; MüKoHGB/Grunewald Rn. 4 Fn. 9.

[9] **AA** Ebenroth/Boujong/Achilles Rn. 7; offengelassen von BGH 30.9.1971, NJW 1972, 99 (100).

[10] Vgl. Ebenroth/Boujong/Achilles § 381 Rn. 3; ausf. Rieble/Gutfried JZ 2008, 593 (61 f.).

[11] Ebenroth/Boujong/Achilles Rn. 8; weitergehend Heymann/Emmerich/Hoffmann Rn. 4: entsprechende Anwendung von § 375 HGB auch bei Kaufverträgen zwischen Unternehmern iSv § 14 BGB; Canaris HandelsR § 29 Rn. 24: Verortung im HGB ist verfehlt; für eine analoge Anwendung auf Filmlizenzverträge Raitz von Frentz/Becker ZUM 2001, 382 (387 f.).

[12] Heymann/Emmerich/Hoffmann Rn. 4; NK-HGB/Stöber Rn. 4.

[13] Vgl. Canaris HandelsR § 29 Rn. 24.

[14] MüKoHGB/Grunewald Rn. 1.

[15] Staub/Koller Rn. 7; MüKoHGB/Grunewald Rn. 6; KKD/Roth/Huber Rn. 2; BeckOGK/Höpfner, 1.3.2025, Rn. 13.

[16] BGH 2.2.1960, NJW 1960, 674 f.

Die vom Käufer vorzunehmende Bestimmung stellt eine **einseitige, empfangsbedürftige Gestaltungserklärung** dar,[17] die vorbehaltlich abweichender Abreden oder Handelsbräuche (§ 346) gegenüber dem Verkäufer formlos und damit auch konkludent möglich ist. Sie ist als solche grundsätzlich unwiderruflich,[18] kann aber vom Berechtigten gem. §§ 119 ff. BGB angefochten werden. Aus der Leistungsbestimmung des Käufers muss für den Verkäufer hinreichend deutlich werden, welche Merkmale die Ware aufweisen muss.[19] 7

Bei der Ausübung seiner Bestimmungsbefugnis ist der Käufer nicht auf billiges Ermessen beschränkt. Für beide Parteien ist die Ausstattung oder Qualität der Ware letztlich nur eine **Frage der Preisbemessung.** Hat die besondere Ausstattung oder Qualität der Ware Auswirkungen auf den Preis, werden die Parteien Preisdifferenzierungen zwischen den verschiedenen Ausstattungen vereinbaren. Anderenfalls werden sie einen festen Preis vereinbaren. Der Käufer braucht deshalb nicht auf die Interessen des Verkäufers Rücksicht zu nehmen und kann nach **freiem Ermessen** entscheiden.[20] Für einen Rückgriff auf die Auslegungsregel des § 315 BGB ist kein Raum.[21] Die mit der Verpflichtung auf das billige Ermessen des § 315 Abs. 1 BGB einhergehende richterliche Inhaltskontrolle der Leistungsbestimmung und Ersatzvornahme nach § 315 Abs. 3 ließe sich im Übrigen mit dem **Beschleunigungszweck** des § 375 Abs. 2 **nicht vereinbaren.**[22] 8

2. Verpflichtung des Käufers zur Ausübung des Bestimmungsrechts. Der Käufer muss gem. § 375 Abs. 1 nach dem Vertrag **verpflichtet** sein, von seiner ihm eingeräumten Befugnis Gebrauch zu machen. An einer solchen Verpflichtung fehlt es, wenn die Abnahme der Ware ins Belieben des Käufers gestellt wird oder ein Kauf mit Änderungsvorbehalt vereinbart wurde.[23] 9

3. Gegenstand des Bestimmungsrechts des Käufers. a) Eigenschaften der Kaufsache. Die Bestimmungsbefugnis des Käufers muss sich auf **„Form, Maß oder ähnliche Verhältnisse"** der Sache beziehen. Der Begriff „ähnliche Verhältnisse" iSd § 375 ist zunächst im Zusammenhang mit den weiteren Begriffen „Form" oder „Maß" auszulegen.[24] Ergänzend ist die Verkehrsanschauung in der jeweiligen Branche heranzuziehen.[25] 10

Die Form bezieht sich auf die äußere Gestalt eines Gegenstands. Der Begriff „Maß" steht für Messwert, Größenangabe und Abmessung und bezieht sich folglich auf (messbare) Eigenschaften eines Gegenstands wie zB Größe und Gewicht.[26] Sowohl Form als auch Maß sind Eigenschaften, die der Ware unmittelbar anhaften, sodass unter dem Begriff „ähnliche Verhältnisse" alle **Eigenschaften** zu verstehen sind, **die in der Beschaffenheit der Kaufsache selbst ihren Grund haben, von ihr ausgehen oder ihr für eine gewisse Dauer anhaften,**[27] wie zB Farbe, Zuschnitt (zB Draht oder Stifte),[28] Materialbeschaffenheit (zB Schweißeisenkesselblech oder Flussblech),[29] Herstellungsart (zB Garnnummer),[30] Herkunft, Zusammensetzung der Grundstoffe,[31] Ausstattung von Maschinen,[32] Zelltypen und Zellklassen von Solarzellen,[33] Sonderausstattung beim Kfz.[34] 11

b) Leistungsmodalitäten. Leistungsmodalitäten wie zB **Kaufpreis, Liefermenge, Leistungsort, -zeit, Transportart und Zahlungsweise** beschreiben **keine Eigenschaften der Ware.** Sie 12

[17] Vgl. Staudinger/Rieble, 2020, BGB § 315 Rn. 349; Grüneberg/Grüneberg BGB § 315 Rn. 11; BeckOK HGB/Schwartze, 47. Ed. 1.7.2025, Rn. 6.

[18] Vgl. Staudinger/Rieble, 2020, BGB § 315 Rn. 349; Grüneberg/Grüneberg BGB § 315 Rn. 11.

[19] Vgl. Grüneberg/Grüneberg BGB § 315 Rn. 11.

[20] NK-HGB/Stöber Rn. 5; Rieble/Gutfried JZ 2008, 593; BeckOGK/Höpfner, 1.3.2025, Rn. 19; vgl. auch Staub/Koller Rn. 25; BeckOK HGB/Schwartze, 47. Ed. 1.7.2025, Rn. 6; **aA** Ebenroth/Boujong/Achilles Rn. 15 ff.

[21] **AA** offenbar MüKoHGB/Grunewald Rn. 6; RGHMW/Steimle/Dornieden Rn. 10.

[22] Rieble/Gutfried JZ 2008, 593 (596); NK-HGB/Stöber Rn. 5; BeckOGK/Höpfner, 1.3.2025, Rn. 19.

[23] Vgl. MüKoHGB/Grunewald Rn. 4 Fn. 10; Soergel/Huber BGB Vor § 433 Rn. 112; vgl. auch Ebenroth/Boujong/Achilles Rn. 19.

[24] Ebenroth/Boujong/Achilles Rn. 11; Hopt/Leyens Rn. 2; Staub/Koller Rn. 9 stellt darauf ab, ob der Verkäufer für den Käufer im Einzelfall erkennbar oder typischerweise nach der Spezifikation nicht unerhebliche Kosten aufwenden muss, um entsprechend der Spezifikation leistungsbereit zu werden.

[25] RG 6.6.1905, Recht 1905, 475 Nr. 1889; Ebenroth/Boujong/Achilles Rn. 11.

[26] Vgl. auch NK-HGB/Stöber Rn. 6; Ebenroth/Boujong/Achilles Rn. 11; BeckOGK/Höpfner, 1.3.2025, Rn. 14.

[27] BeckOGK/Höpfner, 1.3.2025, Rn. 14; NK-HGB/Stöber Rn. 6.

[28] RG 12.12.1883, RGZ 10, 95.

[29] RG 27.5.1892, RGZ 30, 97.

[30] RG 24.11.1885, RGZ 14, 243; BeckOGK/Höpfner, 1.3.2025, Rn. 14.

[31] RG 6.6.1905, Recht 1905, 475 Nr. 1889; BGH 2.2.1960, NJW 1960, 674 f.

[32] RG 15.5.1934, HRR 1934 Nr. 1302; BGH 10.12.1975, WM 1976, 124: Heizleistung von Gasheizkesseln.

[33] OLG München 16.6.2016, BeckRS 2016, 11118.

[34] OLG München 3.7.2018, BeckRS 2018, 17618.

zählen daher nicht zu den ähnlichen Verhältnissen,[35] soweit sich nicht ausnahmsweise aus der Verkehrsanschauung der jeweiligen Branche etwas anderes ergibt. Ist der Käufer berechtigt, die Leistungsmodalitäten zu bestimmen, beurteilt sich sein Bestimmungsrecht nach **§ 315 BGB.**[36] In Betracht kommt auch die Anwendung der Regeln über die Wahlschuld **(§ 262 BGB),** die nicht nur bei der Wahl zwischen verschiedenen Leistungsgegenständen eingreifen, sondern auch bei verschiedenen Modalitäten der Leistung.[37]

13 **4. Abgrenzung zur Wahlschuld (§ 262 BGB). a) Unterschiede zwischen Wahlschuld und Bestimmungskauf.** Kein Bestimmungskauf, sondern eine Wahlschuld iSd § 262 BGB in Form des **Wahlkaufs** liegt vor, wenn sich die Parteien bereits über individuell abschließend bestimmte Leistungsgegenstände geeinigt haben, zwischen denen der Käufer frei wählen kann (zB verschiedene Arten von Maschinen[38] oder Währungen).[39] Während beim Bestimmungskauf der Leistungsgegenstand dem Grunde nach feststeht und nur noch offen gelassene Eigenschaften iSv § 375 Abs. 1 festgelegt werden müssen,[40] liegt eine Wahlschuld vor, wenn mehrere Leistungen in der Weise geschuldet werden, dass nur die eine oder die andere zu bewirken ist.[41]

14 Wie beim Bestimmungskauf geht das Wahlrecht auf den Verkäufer über, wenn der wahlberechtigte Käufer dieses trotz Eintritt des Verzugs nicht binnen einer vom Verkäufer gesetzten angemessenen Frist ausgeübt hat. Im Unterschied zum Bestimmungskauf begründet die Wahlschuld jedoch **keine Pflicht des Berechtigten zur Wahl,** sodass weder der Gläubiger noch der Schuldner auf Vornahme der Wahl klagen können.[42] Die gewählte Leistung gilt nach § 263 Abs. 2 BGB als von Anfang an geschuldet. Es findet also eine rückwirkende Konzentration des Schuldverhältnisses auf die gewählte Leistung statt. Demgegenüber konkretisiert § 375 den bis dahin „schwebenden" Anspruch auf die unbestimmte Leistung rechtsgestaltend **ex nunc.**[43]

15 **b) Warengattungen.** In der Regel handelt es sich bei einem Bestimmungskauf um eine Gattungsschuld. Diese wird zum Bestimmungskauf, wenn **innerhalb einer festliegenden Gattung** der Käufer die Bestimmungsbefugnis hinsichtlich offen gelassener Eigenschaften iSv § 375 Abs. 1 hat. Ein Bestimmungskauf ist deshalb anzunehmen, wenn dem Käufer die Befugnis eingeräumt wird, die Ausstattung der Ware zu bestimmen (zB Maschinen desselben Maschinentyps, Farbe und Größe von Bekleidungsgegenständen, Heizleistung von Heizkesseln, Typ und Klasse von Solarzellen).[44] Unschädlich für die Einordnung als Bestimmungskauf ist, dass die nähere Bestimmung über die Beschaffenheit der Gattungsware (zB Kraftstoff) zu einer spezielleren Untergattung (zB Diesel) führt. Ein Wahlkauf iSd § 262 BGB liegt dagegen vor, wenn der Käufer die **Wahl zwischen verschiedenen festliegenden Gattungen** hat.[45]

16 **c) Bestimmung der Menge unterschiedlicher Warengattungen.** Der BGH hat einen Vertrag, bei dem die Parteien nur die **Gesamtmenge für Waren, die gattungsmäßig bezeichnet waren,** festgelegt und dem Käufer eine Wahlbefugnis hinsichtlich der abzunehmenden Waren und/oder Teilmengen eingeräumt hatten (15.000 ltr./kg Autoöle, Getriebeöle, Spülole, Schmierfette, Graphitsprüher nach Wahl in gleichmäßigen Bezügen von jährlich 2.500 ltr./kg zu den jeweils gültigen Wiederverkäuferpreislisten), als Wahlkauf beurteilt. Dies hat der BGH damit begründet, dass „die Form und das Maß durch den Vertrag in Verbindung mit den Preislisten bestimmt [waren] und […] damit fest [lagen]. In dieser Hinsicht war der Beklagten keine andere Wahl gelassen. Sie war auch nicht befugt, die Zusammensetzung der Waren hinsichtlich der Grundstoffe zu bestimmen.

[35] Hopt/Leyens Rn. 2; Canaris HandelsR § 29 Rn. 25; **aA** hinsichtlich der Menge MüKoHGB/Grunewald Rn. 7; für eine entsprechende Anwendung des § 375 HGB bei unbestimmt gebliebener Menge Soergel/Huber BGB Vor § 433 Rn. 112.

[36] Staub/Koller Rn. 12; NK-HGB/Stöber Rn. 6; Ebenroth/Boujong/Achilles Rn. 15; BeckOGK/Höpfner, 1.3.2025, Rn. 16; vgl. BGH 14.7.1983, NJW 1983, 2934 (2935).

[37] RG 25.2.1904, RGZ 57, 138 (141); BeckOK BGB/Lorenz, 76. Ed. 1.11.2025, BGB § 262 Rn. 2; abl. BeckOK HGB/Schwartze, 47. Ed. 1.7.2025, Rn. 3.

[38] Vgl. RG 31.1.1928, Recht 1928, 136 Nr. 523.

[39] RG 15.1.1942, RGZ 142, 240 (247); vgl. auch OLG München 16.6.2016, BeckRS 2016, 11118.

[40] Heymann/Emmerich/Hoffmann Rn. 6.

[41] Vgl. Ebenroth/Boujong/Achilles Rn. 4.

[42] Vgl. Grüneberg/Grüneberg BGB § 264 Rn. 1; Staudinger/Bittner/Kolbe, 2019, BGB § 264 Rn. 5; NK-HGB/Stöber Rn. 7; **aA** Rieble/Gutfried JZ 2008, 593 (597 f.).

[43] Ebenroth/Boujong/Achilles Rn. 5 f.; Staudinger/Rieble, 2020, BGB § 315 Rn. 489.

[44] Vgl. RG 6.6.1905, Recht 1905, 475 Nr. 1889; 15.5.1934, HRR 1934 Nr. 1302; BGH 10.12.1975, WM 1976, 124; OLG München 16.6.2016, BeckRS 2016, 11118; Hopt/Leyens Rn. 2.

[45] BeckOK HGB/Schwartze, 47. Ed. 1.7.2025, Rn. 4; Staub/Koller Rn. 6; Hopt/Leyens Rn. 3; Ebenroth/Boujong/Achilles Rn. 5; NK-HGB/Stöber Rn. 7; RGHMW/Steimle/Dornieden Rn. 7; **aA** MüKoHGB/Grunewald Rn. 7; KKD/Roth/Huber Rn. 2d; Rieble/Gutfried JZ 2008, 599.

Sind aber die Einzelheiten des Kaufvertrages bereits durch die in Bezug genommenen Preislisten nach Warensorten und Gestaltung der Ware festgelegt, so findet § 375 keine Anwendung."[46]

17 Diese Begründung steht grundsätzlich im Einklang mit der hier vorgenommenen Auslegung des Begriffs „ähnliche Verhältnisse", der die zu liefernde (Teil-)Menge nicht erfasst, da es sich hierbei nicht um eine Wareneigenschaft handelt. Insoweit lagen aus der Sicht des BGH mehrere abschließend festgelegte Gattungen vor. Zu kritisieren ist jedoch, dass der BGH nicht geprüft hat, ob nicht nach der **Verkehrsanschauung der Branche** die Festlegung der Gesamtmenge mit Wahlbefugnis zwischen verschiedenen Ölsorten und Teilmengen einer Bestimmung über Form, Maß und ähnlichen Verhältnissen gleichsteht.[47] Da § 375 in seinem Anwendungsbereich dem Wahlkauf vorgeht, hätte der BGH dieser Frage aus dogmatischen Gründen nachgehen müssen.

18 Unabhängig davon ist nach dem **Normzweck des § 375** eine (zumindest analoge) Anwendung in den Fällen geboten, in denen *erstens* die Veräußerung verschiedener Warengattungen für den Verkäufer nur eine Frage der Preisbemessung ist, weil er die verschiedenen Warengattungen besitzt oder zu beschaffen vermag, es *zweitens* dem Käufer nur darauf ankommt, sich den Bezug der Waren aus verschiedenen Gattungen zu festen Preisen zu sichern und diese Rücksichtnahmen *drittens* zum Abschluss von Verträgen führen, bei denen nur die Gesamtmenge und die Art der Ware für gewisse einzelne Warengattungen fest bestimmt sind, die Auswahl der Warengattungen und die damit einhergehende Bestimmung der Menge der Waren aus den verschiedenen Gattungen jedoch ins Belieben des Käufers gestellt ist.

19 **5. Abgrenzung zur Gattungsschuld mit Konkretisierungsbefugnis des Käufers.** Nicht unter § 375 fällt die Vereinbarung, dass der Käufer aus einer Gattung die zu liefernden Stücke wählen kann (Gattungsschuld mit Konkretisierungsbefugnis des Käufers).[48] Hier ist der Käufer zum einen nicht frei in der Bestimmung der Beschaffenheit der vom Verkäufer geschuldeten Warengattung, da im Falle der Gattungsschuld nach § 360 Handelsgut mittlerer Art und Güte ausgewählt werden muss. Die geschuldete Leistung ist somit von Anfang an bestimmt. Zum anderen handelt es sich bei der **Konkretisierung durch Aussonderung** um einen **Realakt** im Zuge der Erfüllung, nicht um ein Rechtsgeschäft.[49]

20 **6. Kauf auf Abruf.** Der Kauf auf Abruf fällt ebenfalls nicht unter § 375, da der Abruf sich auf Leistungsmodalitäten (in der Regel vor allem Liefermenge und Leistungszeit) bezieht.[50]

IV. Schuldner- und Annahmeverzug des Käufers

21 **1. Annahmeverzug.** Unterlässt der Käufer die Leistungsbestimmung, droht ihm zunächst der Annahmeverzug (§ 293 BGB).[51] Bei der Leistungsbestimmung des Käufers handelt es sich nämlich um eine **Mitwirkungshandlung iSv § 295 S. 1 Alt. 2 BGB.**[52] Der Verkäufer kann somit den Annahmeverzug herbeiführen, indem er den Käufer zur Leistungsbestimmung auffordert (§ 295 S. 2 BGB). Zwar steht der Inhalt seiner Leistungspflicht noch nicht fest, da der Käufer die zu liefernde Ware nicht spezifiziert hat. Deshalb kann der Verkäufer die Leistung im Zeitpunkt des wörtlichen Angebots noch nicht bewirken. Gleichwohl verhindert dieser Umstand nicht den Eintritt des Annahmeverzugs. Ist nämlich für die Leistung eine Mitwirkungshandlung des Gläubigers erforderlich, liegt kein Fall des § 297 BGB vor, wenn der Schuldner zur Zeit des wörtlichen Angebotes im Stande ist, die Leistung für den Fall, dass der Gläubiger die Mitwirkungshandlung vornimmt, in gehöriger Weise zu erfüllen.[53] Nur dann, wenn im Zeitpunkt des wörtlichen Angebotes feststeht, dass der Verkäufer die Ware mit keiner der in Betracht kommenden Ausstattungsvarianten liefern kann, kommt der Käufer nicht in Annahmeverzug. War für die Leistungsbestimmung ein fester Zeitpunkt vorgesehen, so tritt der Annahmeverzug zu diesem Zeitpunkt ein (§ 296 BGB).

---

[46] BGH 2.2.1960, NJW 1960, 674 f.
[47] Vgl. auch Ebenroth/Boujong/Achilles Rn. 11.
[48] Heymann/Emmerich/Hoffmann Rn. 5; Hopt/Leyens Rn. 4; MüKoHGB/Grunewald Rn. 8; BeckOGK/Höpfner, 1.3.2025, Rn. 10.
[49] Rieble/Gutfried JZ 2008, 593 (594); BeckOGK/Höpfner, 1.3.2025, Rn. 10.
[50] Vgl. BGH 30.9.1971, NJW 1972, 99 (100): Anwendbarkeit von § 375 offengelassen; BeckOGK/Höpfner, 1.3.2025, Rn. 16; MüKoHGB/Grunewald Rn. 8.
[51] Vgl. RG 21.2.1899, RGZ 43, 11 (13); Hopt/Leyens Rn. 13; RGHMW/Steimle/Dornieden Rn. 8; BeckOK HGB/Schwartze, 47. Ed. 1.7.2025, Rn. 7; MüKoHGB/Grunewald Rn. 12; BeckOGK/Höpfner, 1.3.2025, Rn. 29.
[52] Staub/Koller Rn. 36; NK-HGB/Stöber Rn. 10; MüKoHGB/Grunewald Rn. 12; Ebenroth/Boujong/Achilles Rn. 23; BeckOGK/Höpfner, 1.3.2025, Rn. 29.
[53] Vgl. RG 21.2.1899, RGZ 43, 11 (103); Staudinger/Feldmann, 2019, BGB § 297 Rn. 24.

22 Mangels Leistungsbestimmung geht die Leistungsgefahr nicht nach **§ 300 Abs. 2 BGB** auf den Käufer über. Die Haftungsminderung gem. **§ 300 Abs. 1 BGB** greift jedoch bereits ein.[54]

23 **2. Schuldnerverzug.** Bei der Leistungsbestimmung iSv § 375 Abs. 1 handelt es sich um eine (echte) Rechtspflicht. Der Schuldner kann deshalb unter den Voraussetzungen des § 286 BGB mit deren Vornahme in Schuldnerverzug geraten. Hierzu muss der Anspruch des Verkäufers auf Vornahme der Leistungsbestimmung *erstens* **fällig** sein. Die Fälligkeit bestimmt sich gem. § 271 Abs. 1 Alt. 1 BGB nach der Parteivereinbarung. Fehlt es daran, ist nach § 271 Abs. 1 Alt. 2 BGB auf die Umstände des Einzelfalls abzustellen. Unter Berücksichtigung brancheneinschlägiger Handelsbräuche sind das Interesse des Verkäufers an einer möglichst schnellen Vornahme der Spezifikation und das Interesse des Käufers an einer angemessenen Überlegungsfrist abzuwägen.[55] Eine sofortige Bestimmung kann im Zweifel nicht verlangt werden.[56] Mit einer nur **teilweisen** Leistungsbestimmung erfüllt der Käufer seine Verpflichtung nicht (vgl. § 266 BGB).[57] *Zweitens* muss der Verkäufer den Käufer frühestens bei Fälligkeit **gemahnt** haben (§ 286 Abs. 1 BGB), soweit die Mahnung nicht nach § 286 Abs. 2 BGB entbehrlich war. Ist der Verkäufer zur Lieferung bis zu einem bestimmten Termin verpflichtet, hat er den Käufer innerhalb dieser Frist zur Leistungsbestimmung aufzufordern.[58]

24 Schließlich muss der Käufer *drittens* das Unterlassen der Leistungsbestimmung nach § 286 Abs. 4 BGB **zu vertreten** haben. Das Verschulden wird vermutet und bezieht sich ausschließlich auf den Bestimmungsakt.[59] Als Umstände, die dazu führen, dass er die Nichtvornahme der Leistungsbestimmung nicht zu vertreten hat, kommen Verhinderungen durch äußere Einwirkungen (zB Naturkatastrophen, Krieg, Unfälle) oder Krankheit in Betracht.[60] Das Verschulden des Käufers entfällt nicht etwa deshalb, weil der Käufer die Bestimmung wegen verspäteter Mitteilung der Wünsche seiner Abnehmer oder wegen Unklarheiten über den Verwendungszweck der Ware unterlässt.[61] Zu beachten ist, dass hinsichtlich des Zeitpunkts, für den der **Entlastungsbeweis** gem. § 286 Abs. 4 BGB zu führen ist, nicht der Zeitpunkt der Pflichtverletzung maßgeblich ist, sondern der **Zeitpunkt, in dem alle objektiven Voraussetzungen des Verzugs vorliegen.**[62] Insoweit muss der Käufer die unterlassene Bestimmung auch noch im Zeitpunkt des Zugangs der Mahnung zu vertreten haben. Bestreitet der Käufer den Zugang der Mahnung, berührt dies nicht erst das Verschulden, sondern schließt – sofern nicht die Voraussetzungen des § 286 Abs. 2 BGB vorliegen – bereits den Bestimmungsverzug aus.[63]

V. Rechte des Verkäufers bei unterlassener Bestimmung

25 **1. Allgemeine Rechtsbehelfe. a) Vertragserfüllung.** Nimmt der Käufer die Bestimmung nicht vor, kann der Verkäufer auf Erfüllung des Vertrags bestehen, da der Käufer gem. § 375 Abs. 1 zur Ausübung seines Bestimmungsvorbehalts verpflichtet ist. Die Bestimmungspflicht ist grundsätzlich auch klagbar (und als vertretbare Handlung nach § 887 ZPO vollstreckbar).[64] Einer Klage des Verkäufers auf Leistungsbestimmung fehlt es jedoch am **Rechtsschutzbedürfnis,** da § 375 Abs. 2 S. 1 den Verkäufer für den Fall des Verzuges berechtigt, die notwendige Bestimmung „statt des Käufers" vorzunehmen.[65]

26 **b) Aufwendungsersatz, Hinterlegung und Selbsthilfeverkauf.** Der Verkäufer kann vom Käufer im Fall des **Annahmeverzugs** nach § 304 BGB Ersatz der Mehraufwendungen verlangen, die er für das erfolglose Angebot sowie für die Aufbewahrung und Erhaltung des geschuldeten Gegenstands machen musste.[66] Obgleich es sich bei der noch nicht spezifizierten Ware noch nicht

---

[54] Hopt/Leyens Rn. 13; vgl. auch Ebenroth/Boujong/Achilles Rn. 24.

[55] Staub/Koller Rn. 13; BeckOGK/Höpfner, 1.3.2025, Rn. 24.

[56] Ebenroth/Boujong Achilles Rn. 20; BeckOGK/Höpfner, 1.3.2025, Rn. 47.

[57] Vgl. KG 23.11.1909, OLGE 19, 398; Staub/Koller Rn. 10; Ebenroth/Boujong/Achilles Rn. 18.

[58] Staub/Koller Rn. 14 f.

[59] Ebenroth/Boujong/Achilles Rn. 22; Staub/Koller Rn. 14, 17 unter Anknüpfung an die vor der Schuldrechtsreform unstreitige Rechtslage; vgl. auch Staub/Koller Rn. 15 f. zu abweichenden Auffassungen nach der Schuldrechtsreform; Schlegelberger/Hefermehl Rn. 15; **aA** Würdinger/Röhricht Rn. 10.

[60] Ebenroth/Boujong/Achilles Rn. 22; BeckOGK/Höpfner, 1.3.2025, Rn. 26.

[61] Ebenroth/Boujong/Achilles Rn. 22; Staub/Koller Rn. 17.

[62] HM, vgl. Grüneberg/Grüneberg BGB § 286 Rn. 32; MüKoBGB/Ernst BGB § 286 Rn. 129; BeckOK BGB/Lorenz, 76. Ed. 1.11.2025, BGB § 286 Rn. 54; Erman/Hager BGB § 286 Rn. 56.

[63] Ebenroth/Boujong/Achilles Rn. 22; BeckOGK/Höpfner, 1.3.2025, Rn. 26; vgl. auch Staub/Koller Rn. 17 f.

[64] Vgl. Rieble/Gutfried JZ 2008, 593.

[65] AllgM, vgl. RG 24.11.1885, RGZ 14, 243 (247); OLG Dresden 3.12.1901, OLGE 4, 224 (225 ff.); OLG Jena 14.3.1914, LZ 1914, 967 f.; Heymann/Emmerich/Hoffmann Rn. 13; KKD/Roth/Huber Rn. 2; Staub/Koller Rn. 21; BeckOK HGB/Schwartze, 47. Ed. 1.7.2025, Rn. 5; NK-HGB/Stöber Rn. 8.

[66] Vgl. auch NK-HGB/Stöber Rn. 10; BeckOGK/Höpfner, 1.3.2025, Rn. 33.

um den „geschuldeten“ Gegenstand handelt, soll der Verkäufer Ersatz der Kosten verlangen können, die ihm durch die Aufbewahrung der „Basisversion“ entstehen.[67] Dann wird man ihm auch das Recht zu deren Hinterlegung (§ 373 Abs. 1)[68] und zum Selbsthilfeverkauf (samt der Befugnis zur Leistungsbestimmung, § 373 Abs. 2–5)[69] zugestehen müssen.

c) Ersatz des Verzögerungsschadens. Befindet sich der Käufer mit der Vornahme der Leistungsbestimmung in Schuldnerverzug (→ Rn. 23 f.), kann der Verkäufer gem. § 280 Abs. 1 und 2 BGB, § 286 BGB Ersatz des Schadens verlangen, der ihm durch die Verzögerung der Bestimmung entstanden ist. Der Verkäufer ist so zu stellen, als wäre die Leistungsbestimmung rechtzeitig vorgenommen worden. Hätte der Käufer die Leistungsbestimmung rechtzeitig vorgenommen und der Verkäufer die Leistung deshalb früher erbringen können, hat der Käufer den Schaden zu ersetzen, der sich aus der verspäteten Leistungserbringung für den Verkäufer ergibt, **zB weil sich die Herstellungskosten verteuert haben.**[70] Macht der Käufer später Schadensersatz statt der Leistung aus § 375 Abs. 2 S. 1 Alt. 2 iVm §§ 280, 281 BGB geltend, geht der Verspätungsschaden anders als nach der Rechtslage vor der Schuldrechtsreform nicht im Schadensersatz statt der Leistung auf.[71] Zu beachten ist, dass den Verkäufer nach § 254 Abs. 2 S. 1 BGB die Obliegenheit zur Schadenminderung trifft.[72] 27

2. Rechte aus § 375 Abs. 2. a) Erfordernis des Bestimmungsverzugs. § 375 Abs. 2 gibt dem Verkäufer dem Wortlaut nach das Recht zur Ersatzbestimmung, zum Schadensersatz statt der Leistung und zum Rücktritt nur unter der Voraussetzung, dass der Käufer sich mit seiner Pflicht zur Leistungsbestimmung im **Schuldnerverzug iSv § 286 BGB** befindet.[73] Damit hat der Gesetzgeber § 375 Abs. 2 auf der Rechtsfolgenseite an die Schuldrechtsreform angepasst. Auf der Tatbestandsseite ist indes eine Anpassung unterblieben, weil sowohl das Rücktrittsrecht als auch das Recht zum Schadensersatz statt der Leistung nicht von dem Verzugserfordernis abgekoppelt wurden. 28

In der Lit. hat die **Beibehaltung des Verzugserfordernisses** starke Kritik erfahren.[74] Es wird hervorgehoben, dass im Rahmen der Schuldrechtsreform der Anspruch auf Schadensersatz statt der Leistung ebenso wie das Recht zum Rücktritt abweichend von § 326 BGB aF von den förmlichen Voraussetzungen des Verzugs iSd § 286 BGB gelöst werden sollte. Durch die Beibehaltung stünde der Käufer schlechter als bei unmittelbarer Anwendung von § 281 Abs. 1 BGB, § 323 Abs. 1 BGB. Dies sei von Seiten des Gesetzgebers nicht beabsichtigt gewesen. Deshalb handele es sich um ein bloßes **Redaktionsversehen,** das im Wege der Rechtsfortbildung zu korrigieren sei.[75] Die Frage, wie weit diese Korrektur gehen soll, wird unterschiedlich beantwortet. Teilweise wird lediglich verlangt, das Verzugserfordernis als Rücktrittsvoraussetzung zu eliminieren.[76] Weitergehende Stimmen sprechen sich für dessen Beseitigung auch als Voraussetzung für den Anspruch auf Schadensersatz[77] und sogar für den Anspruch zur Ersatzbestimmung aus.[78] Andere Autoren widersprechen der Annahme eines Redaktionsversehens bei der Anpassung des § 375 Abs. 2 an die Regeln über den Schadensersatz statt der Leistung gem. § 281 BGB[79] sowie an das Rücktrittsrecht nach § 323 BGB[80] und wollen am Verzugserfordernis festhalten. 29

---

[67] Hopt/Leyens Rn. 13; Staub/Koller Rn. 22.

[68] NK-HGB/Stöber Rn. 10; BeckOGK/Höpfner, 1.3.2025, Rn. 34; abl. BeckOK HGB/Schwartze, 47. Ed. 1.7.2025, Rn. 7; GK-HGB/Achilles Rn. 5; zweifelnd Rieble/Gutfried JZ 2008, 593 (597).

[69] Vgl. RG 21.2.1899, RGZ 43, 11 (103); Staub/Koller Rn. 36; BeckOK HGB/Schwartze, 47. Ed. 1.7.2025, Rn. 7; BeckOGK/Höpfner, 1.3.2025, Rn. 34; Rieble/Gutfried JZ 2008, 593 (597).

[70] Rieble/Gutfried JZ 2008, 593 (61).

[71] Grüneberg/Grüneberg BGB § 281 Rn. 17; Rieble/Gutfried JZ 2008, 593 (61); MüKoBGB/Ernst BGB § 281 Rn. 125 ff.; wohl auch Staudinger/Schwarze, 2019, BGB § 281 Rn. B 147, der allerdings bei der Schadensbemessung auf eine genaue Zuordnung der Schadensanteile verzichten will.

[72] BeckOGK/Höpfner, 1.3.2025, Rn. 28; Staub/Koller Rn. 22.

[73] **AA** Canaris HandelsR § 29 III Rn. 18: Annahmeverzug zur Vermeidung eines „untragbaren Wertungswiderspruchs“ genügt; Canaris FS Konzen, 2006, 46.

[74] Canaris HandelsR § 29 III Rn. 20; Canaris FS Konzen, 2006, 45 f.; ihm folgend MüKoHGB/Grunewald Rn. 22; auf diesen Streit nicht eingehend OLG München 16.6.2016, BeckRS 2016, 11118.

[75] Canaris HandelsR § 29 III Rn. 20; Canaris FS Konzen, 2006, 45 f.; MüKoHGB/Grunewald Rn. 22; Rieble/Gutfried JZ 2008, 593 (599 f.).

[76] Rieble/Gutfried JZ 2008, 593 (600); Hopt/Leyens Rn. 10.

[77] Canaris HandelsR § 29 III Rn. 20; Canaris FS Konzen, 2006, 45 f.; Lettl HandelsR § 12 Rn. 37; MüKoHGB/Grunewald Rn. 22.

[78] Canaris HandelsR § 29 III Rn. 20; Canaris FS Konzen, 2006, 46.

[79] Ebenroth/Boujong/Achilles Rn. 28; KKD/Roth/Huber Rn. 5; Hopt/Leyens Rn. 9; NK-HGB/Stöber Rn. 11.

[80] Ebenroth/Boujong/Achilles Rn. 28; Heymann/Emmerich/Hoffmann Rn. 10, 19 f.; KKD/Roth/Huber Rn. 5; NK-HGB/Stöber Rn. 11.

30 Die **Gesetzgebungsmaterialien** geben keinen Anlass zur Annahme eines Redaktionsversehens. Der Umstand, dass „ein umfassendes Durchdenken solcher Annex- und Folgeprobleme schon wegen des außerordentlichen Zeitdrucks […] nur sehr eingeschränkt möglich [war]“,[81] reicht hierfür nicht aus, weil sich unter diesem Aspekt nahezu jede gesetzliche Regelung kippen ließe. Ein Redaktionsversehen ließe sich nur damit begründen, dass das Verzugserfordernis nicht dem vom Gesetzgeber verfolgten Sinn und Zweck entspricht.[82] Hier gewinnt das Argument der Kritiker, infolge der Beibehaltung des Verzugserfordernisses stünde der Käufer schlechter als bei unmittelbarer Anwendung von § 281 Abs. 1 BGB, § 323 Abs. 1 BGB, an Bedeutung. Denn eine Schlechterstellung des Verkäufers im Rahmen eines handelsrechtlichen Bestimmungskaufs im Vergleich zum bürgerlichrechtlichen Kauf war sicherlich nicht vom Gesetzgeber beabsichtigt. Jedenfalls deuten die Gesetzgebungsmaterialien auf einen solchen Willen nicht hin. Von einer ungewollten Schlechterstellung lässt sich freilich nur dann sprechen, wenn es hierfür keinen sachlichen Grund gibt. Wie sogleich aufzuzeigen sein wird, rechtfertigen die **Besonderheiten des Bestimmungskaufs** – das Recht des Verkäufers zur Ersatzbestimmung nach freiem Ermessen (→ Rn. 32) – ein Festhalten am Verzugserfordernis als Voraussetzung für einen Anspruch auf Schadensersatz statt der Leistung (→ Rn. 42 ff.), nicht jedoch beim Rücktritt (→ Rn. 52 ff.).

31 **b) Recht des Verkäufers zur Ersatzbestimmung.** Nach § 375 Abs. 2 S. 1 Alt. 1 kann der Verkäufer die Bestimmung (Spezifikation) selbst vornehmen, wenn der Käufer mit der Erfüllung dieser Verpflichtung in Verzug ist. Den Weg der Ersatzbestimmung wird der Käufer beschreiten, wenn es ihm darum geht, den Käufer auf Zahlung des Kaufpreises Zug-um-Zug gegen Lieferung der von ihm selbst bestimmten Ware zu verklagen und der Käufer solvent ist.

32 **aa) Vornahme der Ersatzbestimmung.** Umstritten ist, ob der Verkäufer die Ersatzbestimmung **nach freiem Ermessen**[83] oder nur nach billigem Ermessen, dh unter Berücksichtigung der Käuferinteressen vorzunehmen hat.[84] Der erstgenannten Ansicht, die dem Verkäufer im Grundsatz ein freies Ermessen einräumt und damit eine Billigkeitskontrolle ablehnt, gebührt der Vorzug. Der Verkäufer muss nicht gleichsam in die Schuhe des Käufers treten und sich in diesen hineindenken. Letztlich lassen sich hier die gleichen Argumente bemühen, die Anlass dazu gegeben haben, dem Käufer eine freies Ermessen bei der Leistungsbestimmung einzuräumen (→ Rn. 8).[85]

33 Der Käufer hat *erstens* die in Betracht kommenden Ausstattungsvarianten in aller Regel bei seiner Preiskalkulation berücksichtigt. Es kommt *zweitens* hinzu, dass er nach § 375 Abs. 2 S. 2 nach Mitteilung der Spezifikation unter Wahrung angemessener Frist eine anderweitige Bestimmung treffen kann. Indem ihm seinerseits die (letzte) Chance zur eigenen Bestimmung eingeräumt wird, werden seine Interessen ausreichend geschützt, sodass es eines Rückgriffs weder auf § 315 Abs. 1 BGB[86] noch auf § 242 BGB[87] bedarf. Dies gilt selbst dann – um ein Beispiel aus der Kommentarliteratur zu Art. 65 Abs. 1 CISG, der Parallelregelung zu § 375 zu zitieren –, wenn ein Einzelhändler einen Kaufvertrag über 1.000 Paar Damenschuhe mit nachträglicher Spezifizierung der Größen und Modelle abschließt und der Verkäufer bei der Ersatzbestimmung nicht eine Auswahl gängiger Größen und verschiedener Modelle vornimmt, sondern nur eine Größe und ein Modell.[88] Hierbei kann nicht unberücksichtigt bleiben, dass der **Käufer durch das Verzugserfordernis** davor **geschützt wird,**[89] an der Vornahme einer Bestimmung durch unverschuldete äußere Einwirkungen – zB Koma infolge eines Verkehrsunfalls – gehindert zu sein (→ Rn. 24). Schließlich gilt *drittens* auch hier, dass die mit der Verpflichtung auf das billige Ermessen des § 315 Abs. 1 BGB einhergehende richterliche Inhaltskontrolle der Leistungsbestimmung und Ersatzvornahme nach § 315 Abs. 3 BGB nicht im Einklang mit dem Beschleunigungszweck des § 375 Abs. 2 steht.[90]

34 Ist der Käufer zur Abnahme einer Mindestmenge verpflichtet, kann der Verkäufer nicht durch die Ersatzbestimmung dem Käufer eine größere Menge aufzwingen.[91] Dies folgt daraus, dass die

---

[81] Canaris FS Konzen, 2006, 46.
[82] Vgl. MüKoBGB/Säcker BGB Einl. Rn. 139.
[83] HL, vgl. Schlegelberger/Hefermehl Rn. 18; NK-HGB/Stöber Rn. 12; Staub/Koller Rn. 25; KKD/Roth/Huber Rn. 4; MüKoHGB/Grunewald Rn. 14; Heymann/Emmerich/Hoffmann Rn. 15; BeckOK HGB/Schwartze, 47. Ed. 1.7.2025, Rn. 9; vgl. auch Lettl HandelsR § 12 Rn. 35: „eigenes“ Ermessen.
[84] Ebenroth/Boujong/Achilles Rn. 15 ff.; RGHMW/Steimle/Dornieden Rn. 12; Hopt/Leyens Rn. 7.
[85] BeckOGK/Höpfner, 1.3.2025, Rn. 50.
[86] Ebenroth/Boujong/Achilles Rn. 16.
[87] Ebenroth/Boujong/Müller, 3. Aufl. 2015, Rn. 32.
[88] Vgl. Staudinger/Magnus, 2025, CISG Art. 65 Rn. 13.
[89] Vgl. auch NK-HGB/Stöber Rn. 12.
[90] Rieble/Gutfried JZ 2008, 593 (596); **aA** Ebenroth/Boujong/Achilles Rn. 17.
[91] MüKoHGB/Grunewald Rn. 14; BeckOGK/Höpfner, 1.3.2025, Rn. 51.

Menge einer Sache nicht zu deren Eigenschaften (→ Rn. 12) zählt und somit weder von Seiten des Käufers noch des Verkäufers im Rahmen des § 375 bestimmt werden kann.

bb) Mitteilung. Der Verkäufer hat nach § 375 Abs. 2 S. 2 die von ihm getroffene Ersatzbestimmung dem Käufer mitzuteilen. Die Mitteilung darf erst nach Eintritt des Verzugs des Käufers erfolgen. Der Verkäufer kann sie jedoch mit der Mahnung verbinden, die zum Bestimmungsverzug führt.[92] Ebenso wie die Bestimmung durch den Käufer (→ Rn. 7) stellt die Ersatzbestimmung durch den Verkäufer eine einseitige, empfangsbedürftige Willenserklärung dar, die gegenüber dem Käufer formlos und damit auch konkludent möglich ist.[93] **Für die Spezifikation des Verkäufers gelten dieselben Anforderungen an Bestimmtheit oder Bestimmbarkeit wie für die Bestimmung durch den Käufer.**[94] Die Erklärung des Verkäufers, er werde selbst nach „eigener Wahl" die Ware spezifizieren oder „er nehme an, der Käufer sei mit jeder Art von Spezifikation einverstanden", genügt deshalb nicht.[95] Nicht ausreichend ist auch die bloße Androhung der Ersatzbestimmung.[96] Der Verkäufer kann bis zum Fristablauf seine Ersatzbestimmung abändern, muss dann allerdings dem Käufer die Abänderung unter erneuter Fristsetzung mitteilen.[97] 35

cc) Fristsetzung. Der Verkäufer hat dem Käufer mit der Mitteilung eine angemessene Frist zur Vornahme einer von der Ersatzbestimmung durch den Verkäufer abweichenden eigenen Bestimmung zu setzen. Nach dem Wortlaut des § 375 Abs. 2 S. 2 hat die Fristsetzung **„zugleich"** mit der Mitteilung der vom Verkäufer vorgenommenen Ersatzbestimmung zu erfolgen. Teile der Lit. sprechen sich für eine wortgetreue Gesetzesanwendung zum Schutz des Käufers aus und halten eine Trennung von Fristsetzung und Mitteilung für unzulässig.[98] Diese Ansicht vermag nicht zu überzeugen. Es ist schon fraglich, ob dem Käufer die **Konsequenzen** einer weiteren Säumnis ausschließlich bei Verbindung von Mitteilung über die Ersatzbestimmung und Fristsetzung hinreichend deutlich vor Augen geführt werden können. Indes handelt es sich um ein Scheinproblem. Eine spätere Fristsetzung wird nämlich stets auf die früher mitgeteilte Ersatzbestimmung Bezug nehmen, da anderenfalls keine Zuordnung der Fristsetzung möglich ist. Dann aber stellt die Fristsetzung eine gleichzeitige, erneute Mitteilung der Ersatzbestimmung dar.[99] **Unzulässig** ist, dem Käufer zuerst eine angemessene Frist zur Bestimmung zu setzen und danach die Selbstbestimmung mitzuteilen.[100] Hat der Verkäufer die Ersatzbestimmung mit der Fristsetzung nicht mitgeteilt, hat die Fristsetzung nur Warnfunktion.[101] 36

Die Frist muss objektiv **angemessen** sein. Sie muss dem Käufer ausreichend Zeit geben, die Bestimmung zu treffen.[102] Welche Zeitspanne angemessen ist, hängt von den Umständen des Einzelfalls, insbesondere von der Ware, dem Umfang des Bestimmungsrechts und dem erkennbaren Interesse des Verkäufers an einer zügigen Bestimmung ab. Eine zu kurze Frist setzt eine angemessene Frist in Lauf.[103] In der Lit. werden wenige Tage (zwei bis drei) bis hin zu einer Woche als ausreichend angesehen.[104] **Trifft der Käufer innerhalb der gesetzten Frist eine eigene Bestimmung, wird diese maßgeblich** (Umkehrschluss aus § 375 Abs. 2 S. 3) und sein Bestimmungsverzug entfällt ex nunc.[105] 37

---

[92] AllgM, vgl. MüKoHGB/Grunewald Rn. 15; Ebenroth/Boujong/Achilles Rn. 31; Staub/Koller Rn. 24; BeckOGK/Höpfner, 1.3.2025, Rn. 56.

[93] BeckOGK/Höpfner, 1.3.2025, Rn. 53 f.

[94] Ebenroth/Boujong/Achilles Rn. 32; BeckOGK/Höpfner, 1.3.2025, Rn. 54.

[95] Ebenroth/Boujong/Achilles Rn. 32; Schlegelberger/Hefermehl Rn. 19; Heymann/Emmerich/Hoffmann Rn. 15; MüKoHGB/Grunewald Rn. 15; NK-HGB/Stöber Rn. 13.

[96] RG 9.3.1903, JW 1903, 185; BeckOGK/Höpfner, 1.3.2025, Rn. 55.

[97] Ebenroth/Boujong/Achilles Rn. 32; MüKoHGB/Grunewald Rn. 19.

[98] Staub/Koller Rn. 27; ebenso KKD/Roth/Huber Rn. 4; Lettl HandelsR § 12 Rn. 35; Rieble/Gutfried JZ 2008, 593 (599): ohne Mitteilung der Ersatzbestimmung hat die Fristsetzung nur Warnfunktion.

[99] Vgl. auch BeckOGK/Höpfner, 1.3.2025, Rn. 60; Staub/Koller Rn. 27; Ebenroth/Boujong/Achilles Rn. 33; MüKoHGB/Grunewald Rn. 16; Heymann/Emmerich/Hoffmann Rn. 16; NK-HGB/Stöber Rn. 14.

[100] Staub/Koller Rn. 27; Ebenroth/Boujong/Achilles Rn. 33; MüKoHGB/Grunewald Rn. 16; BeckOK HGB/Schwartze, 47. Ed. 1.7.2025, Rn. 10.

[101] *Rieble/Gutfried JZ 2008, 593 (599).*

[102] BeckOGK/Höpfner, 1.3.2025, Rn. 57; NK-HGB/Stöber Rn. 14.

[103] AllgM, s. ua Ebenroth/Boujong/Achilles Rn. 34; MüKoHGB/Grunewald Rn. 17; BeckOGK/Höpfner, 1.3.2025, Rn. 58; Hopt/Leyens Rn. 7; Heymann/Emmerich/Hoffmann Rn. 16; KKD/Roth/Huber Rn. 4; Staub/Koller Rn. 28; RGHMW/Steimle/Dornieden Rn. 13; GK-HGB/Achilles Rn. 7; Lettl HandelsR § 12 Rn. 35.

[104] Ebenroth/Boujong/Achilles Rn. 34; MüKoHGB/Grunewald Rn. 17; BeckOK HGB/Schwartze, 47. Ed. 1.7.2025, Rn. 10; BeckOGK/Höpfner, 1.3.2025, Rn. 57.

[105] Ebenroth/Boujong/Achilles Rn. 38.

38 **Weigert sich der Käufer ernsthaft und endgültig,** die ihm vorbehaltene **Bestimmung vorzunehmen,** ist umstritten, ob der Verkäufer dem Käufer gleichwohl eine Frist zur Vornahme der Spezifikation setzen muss. Hiergegen ließe sich anführen, dass eine Fristsetzung nach allgemeinen Grundsätzen, die durch die Schuldrechtsreform in § 281 Abs. 2 Alt. 1 BGB, § 286 Abs. 2 Nr. 3 BGB, § 323 Abs. 2 Nr. 1 BGB kodifiziert worden sind, entbehrlich ist,[106] denn dann wäre sie reine Förmelei.[107] Nach hL ist die Fristsetzung jedoch unverzichtbar. Zur Begründung wird angeführt, der Schuldner könne die aus der Leistungsverweigerung resultierenden Rechtsfolgen im Bereich des BGB regelmäßig absehen, während dies bei der nach § 375 Abs. 2 auf den Verkäufer übergehenden Befugnis zur Vornahme der Spezifikation gewöhnlich nicht der Fall sei.[108] Diese Begründung überzeugt. Selbst wenn dem Käufer die in Betracht kommenden Ausstattungsvarianten und Preise bekannt sind, ist ihm im Hinblick auf das freie Ermessen des Verkäufers bei der Leistungsbestimmung grundsätzlich die Möglichkeit einzuräumen, auf diese „neue" Situation mit der Ausübung seines noch nicht erloschenen Bestimmungsrechts zu reagieren.[109]

39 **dd) Rechtsfolgen der Ersatzbestimmung nach Fristablauf.** Lässt der Käufer die wirksam gesetzte Frist fruchtlos verstreichen, wird nach § 375 Abs. 2 S. 3 die vom Verkäufer vorgenommene **Ersatzbestimmung maßgebend** und der Verzug des Käufers endet.[110] Der **Verkäufer schuldet** nunmehr die **Lieferung der** von ihm **spezifizierten Sache** und verliert die in § 375 Abs. 2 Alt. 2 und 3 genannten Rechte auf Schadensersatz statt der Leistung und/oder Rücktritt.[111] Fruchtlos abgelaufen ist die Frist im Übrigen nicht nur, wenn sich der Käufer schweigend verhält, sondern auch dann, wenn er der Ersatzbestimmung lediglich widerspricht und/oder seine eigene Bestimmung nicht hinreichend spezifiziert.[112] Unberührt von der Ersatzbestimmung bleibt der Anspruch des Käufers auf Ersatz eines Verzögerungsschadens gem. § 280 Abs. 1 und 2 BGB, § 286 BGB (→ Rn. 27).

40 Der **Käufer muss die Ware** entsprechend der Ersatzbestimmung **abnehmen** und **bezahlen.**[113] Unterlässt er dies, gerät er mit der Annahme und Abnahme der durch den Verkäufer bestimmten Ware in Verzug. Der Verkäufer kann die Rechte aus §§ 373, 374 wegen (erneuten) Annahmeverzugs des Käufers oder die Rechte aus §§ 280, 281 BGB auf Schadensersatz statt der Leistung oder aus Rücktritt nach § 323 BGB wegen nicht erbrachter Leistung geltend machen.[114] Beschreitet er den Weg des Selbsthilfeverkaufs, ist zu beachten, dass er aufgrund der Bindungswirkung keine andere Leistungsbestimmung mehr vornehmen kann. Deshalb ist er nicht berechtigt, die Ware wieder mit der Befugnis zur Leistungsbestimmung zu verkaufen.[115]

41 Haben die Parteien einen Grundpreis zB für die „Basisversion" vereinbart, ist der Verkäufer für den Fall, dass der Käufer keine Bestimmung über die (Sonder-)Ausstattung trifft, nicht berechtigt, Zahlung des **Grundpreises** zu verlangen. Der Verkäufer muss die (Sonder-)Ausstattung entweder selbst bestimmen oder von seinen Rechten aus § 375 Abs. 2 S. 1 Gebrauch machen.[116]

42 **c) Schadensersatz statt Leistung.** Anstelle der Ersatzbestimmung kann der Verkäufer nach § 375 Abs. 2 S. 1 Alt. 2 unter den Voraussetzungen der §§ 280, 281 BGB Schadensersatz statt der Leistung verlangen. Diesen Weg wird der Verkäufer gehen, wenn er sich in jedem Fall vom säumigen Käufer trennen und seinen Gewinn aus dem gescheiterten Geschäft abrechnen will (→ Rn. 50).[117]

---

[106] Bejahend für den Fall des unberechtigten Rücktritts: OLG München 16.6.2016, BeckRS 2016 11118; vgl. auch Ebenroth/Boujong/Müller Rn. 40; MüKoHGB/Grunewald Rn. 18; KKD/Roth/Huber Rn. 4; Lettl HandelsR § 12 Rn. 36.

[107] Vgl. BGH 12.9.2002, NJW-RR 2003, 13 zu § 634 Abs. 1 BGB aF; BeckOK HGB/Schwartze, 47. Ed. 1.7.2025, Rn. 10; KKD/Roth/Huber Rn. 4; Ebenroth/Boujong/Müller, 3. Aufl. 2015, Rn. 40; MüKoHGB/Grunewald Rn. 18; BeckOGK/Höpfner, 1.3.2025, Rn. 62.

[108] S. etwa Ebenroth/Boujong/Achilles Rn. 35; Staub/Koller Rn. 29; Hopt/Leyens Rn. 7; Heymann/Emmerich/Hoffmann Rn. 16; Schlegelberger/Hefermehl Rn. 18; NK-HGB/Stöber Rn. 14.

[109] Vgl. Ebenroth/Boujong/Achilles Rn. 35.

[110] Ebenroth/Boujong/Achilles Rn. 36; BeckOK HGB/Schwartze, 47. Ed. 1.7.2025, Rn. 11; NK-HGB/Stöber Rn. 15; BeckOGK/Höpfner, 1.3.2025, Rn. 66.

[111] BeckOK HGB/Schwartze, 47. Ed. 1.7.2025, Rn. 11; Staub/Koller Rn. 30; BeckOGK/Höpfner, 1.3.2025, Rn. 68.

[112] AllgM, zB Ebenroth/Boujong/Achilles Rn. 36; Staub/Koller Rn. 30; KKD/Roth/Huber Rn. 4; BeckOGK/Höpfner, 1.3.2025, Rn. 64.

[113] Ebenroth/Boujong/Achilles Rn. 37; BeckOK HGB/Schwartze, 47. Ed. 1.7.2025, Rn. 11; Hopt/Leyens Rn. 8; KKD/Roth/Huber Rn. 4; BeckOGK/Höpfner, 1.3.2025, Rn. 65.

[114] Staub/Koller Rn. 32, 35; NK-HGB/Stöber Rn. 15.

[115] Ebenroth/Boujong/Achilles Rn. 37; Schlegelberger/Hefermehl Rn. 24.

[116] Schlegelberger/Hefermehl Rn. 26; s. auch Staub/Koller Rn. 34.

[117] BeckOGK/Höpfner, 1.3.2025, Rn. 69; Rieble/Gutfried JZ 2008, 593.

Verlangt der Verkäufer Schadensersatz statt der Leistung, verliert er nach § 281 Abs. 4 BGB sein Recht auf Ersatzbestimmung.[118]

43 **aa) Voraussetzungen.** Nach allgemeiner Ansicht handelt es sich bei § 375 Abs. 2 S. 1 Alt. 2 um eine **Rechtsgrundverweisung.**[119] Der Verkäufer ist somit erst dann zum Schadensersatz statt der Leistung berechtigt, wenn er dem Käufer erfolglos eine angemessene Frist zur Bestimmung gesetzt hat (§ 281 Abs. 1 S. 1 BGB) oder die Fristsetzung wegen der Käuferverweigerung entbehrlich ist (§ 281 Abs. 2 BGB).[120]

44 Der Verweis in § 375 Abs. 2 S. 1 Alt. 2 auf § 281 BGB wirft wegen der unterschiedlichen Voraussetzungen Fragen auf. Verzug ist – abweichend von der früheren Fassung von § 281 BGB (§ 326 BGB aF) – nicht (mehr) Voraussetzung des Schadensersatzanspruchs statt der Leistung gem. § 281 Abs. 1 BGB. Es genügt vielmehr irgendeine schuldhafte Pflichtverletzung. Durch das Verzugserfordernis kann sich der Schadensersatzgläubiger beim Bestimmungskauf schlechter stellen als der Schadensersatzgläubiger beim bürgerlich-rechtlichen Kauf. **Auf den ersten Blick** ist eine **Benachteiligung des Verkäufers** zwar **nicht erkennbar.** Nimmt der Käufer die von ihm nach § 375 Abs. 1 bei Fälligkeit geschuldete Leistungsbestimmung nicht vor, liegt darin eine Pflichtverletzung iSv § 280 Abs. 1 S. 1 BGB. Hat er das Ausbleiben der Leistungsbestimmung zu vertreten und holt er sie nicht innerhalb angemessener Frist nach, haftet er gem. § 280 Abs. 1 und 3 BGB, § 281 BGB auf Schadensersatz statt der Leistung. Da die nach § 281 Abs. 1 BGB erforderliche Fristsetzung zugleich den Anforderungen einer Mahnung iSv § 286 Abs. 1 BGB genügt, scheinen stets auch die Voraussetzungen des Verzugs mit der Bestimmungspflicht nach § 375 Abs. 2 gegeben zu sein.[121]

45 Jedoch gilt es die **unterschiedlichen (zeitlichen) Bezugspunkte des Vertretenmüssens** im Rahmen von § 286 Abs. 4 BGB und § 280 Abs. 1 und 3 BGB, § 281 Abs. 1 BGB zu beachten. Hinsichtlich des Zeitpunkts, für den der Entlastungsbeweis gem. § 286 Abs. 4 BGB zu führen ist, ist nicht der Zeitpunkt der Pflichtverletzung maßgeblich, sondern der Zeitpunkt, in dem alle objektiven Voraussetzungen des Verzugs vorliegen (→ Rn. 24). Insoweit muss der Käufer die unterlassene Bestimmung auch noch im Zeitpunkt des Zugangs der Mahnung zu vertreten haben.

46 Im Rahmen des Anspruchs auf Schadensersatz statt der Leistung gem. § 280 Abs. 1 und 3 BGB, § 281 BGB wird überwiegend die Ansicht vertreten, dass das Ereignis, dessen Eintritt der Schuldner zu vertreten haben muss, das Ausbleiben der geschuldeten Leistung im Zeitpunkt des **Ablaufs der Nachfrist** ist.[122] Umstritten ist, über welchen Zeitraum das Verhalten des Schuldners zu bewerten ist, um zu dem Urteil zu kommen, der Schuldner habe (oder habe nicht) das Ausbleiben der geschuldeten Leistung im Zeitpunkt des Ablaufs der Nachfrist zu vertreten. Einige Autoren wollen das **Schuldnerverhalten** nur während des Laufs der Nachfrist beurteilen.[123] Überwiegend wird jedoch der gesamte Zeitraum, dh auch der Zeitraum, der dem **erstmaligen Eintritt der Pflichtverletzung** vorangeht, zu Grunde gelegt. Nach dieser vorzugswürdigen Ansicht kann das Vertretenmüssen seine Grundlage sowohl im Verhalten haben, das es zur erstmaligen Pflichtverletzung hat kommen lassen, als auch in dem Verhalten, auf dem die Nichtbeseitigung der Pflichtverletzung (während der Nachfrist) beruht.[124]

47 Hat der Käufer zwar das Ausbleiben der Bestimmung zum Fälligkeitszeitpunkt, nicht aber das weitere Ausbleiben zum Zeitpunkt des Mahnungszugangs zu vertreten, wirkt sich das Verzugserfordernis nach § 375 Abs. 2 S. 1 somit für den Verkäufer nachteilig aus (soweit die Mahnung nicht nach § 286 BGB entbehrlich ist). Man könnte deshalb geneigt sein, – einen Vorschlag aus der Lit. aufgreifend – den Bestimmungsverzug als „hinreichende, nicht jedoch notwendige Voraussetzung für den Schadensersatzanspruch statt der Leistung" anzusehen.[125] Indes ist das Anknüpfen an den Verzug und die damit möglicherweise einhergehende Schlechterstellung sachlich gerechtfertigt, weil der Verkäufer seiner Schadensberechnung die für ihn günstigste Bestimmungsmöglichkeit zugrunde legen

---

[118] BeckOGK/Höpfner, 1.3.2025, Rn. 69; MüKoHGB/Grunewald Rn. 22; Staub/Koller Rn. 33.

[119] Ebenroth/Boujong/Achilles Rn. 39; MüKoHGB/Grunewald Rn. 22; Hopt/Leyens Rn. 9; RGHMW/Steimle/Dornieden Rn. 14; Canaris HandelsR § 29 III Rn. 19; Oetker HandelsR § 8 Rn. 26; NK-HGB/Stöber Rn. 17.

[120] Vgl. OLG München 16.6.2016, BeckRS 2016, 11118.

[121] Vgl. Grüneberg/Grüneberg BGB § 281 Rn. 7; MüKoBGB/Ernst BGB § 281 Rn. 26.

[122] Vgl. OLG Celle 28.6.2006, NJW-RR 2007, 353; MüKoBGB/Ernst BGB § 281 Rn. 58; Grüneberg/Grüneberg BGB § 281 Rn. 16; **aA** U. Huber, der allein auf die erstmalige Pflichtverletzung abstellen will; auf das Vertretenmüssen während des Laufs der Nachfrist komme es nicht an, FS Schlechtriem, 2003, 521 (528).

[123] St. Lorenz FS U. Huber, 2006, 423 ff.; St. Lorenz Karlsruher Forum 2006, 49 ff.; Dauner-Lieb FS Konzen, 2006, 63 (79); Überblick über die Ansichten auch bei Tiedtke/Schmitt BB 2005, 621 ff.

[124] MüKoBGB/Ernst BGB § 281 Rn. 60; Tiedtke/Schmitt BB 2005, 615 (621 ff.); Schmieder/Volz JA 2005, 778 (780); Hirsch Jura 2003, 289 (293); Canaris DB 2001, 1815 (1816).

[125] Rieble/Gutfried JZ 2008, 593 (600).

kann (→ Rn. 50). Der Verkäufer kann also so abrechnen, als ob er eine verbindliche Ersatzbestimmung vorgenommen und später Ansprüche auf Schadensersatz statt der Leistung wegen der Nichtabnahme der Ware/Nichtzahlung des Kaufpreises gegen den Käufer geltend gemacht hätte. Ein **Festhalten am Verzugserfordernis** bei Schadensersatzanspruch § 375 Abs. 2 S. 1 Alt. 2 ist deshalb **zur Vermeidung eines Wertungswiderspruchs zum Ersatzbestimmungsrecht** nach § 375 Abs. 2 S. 1 Alt. 1 und zum Schutz des Käufers geboten.[126]

48 **bb) Schadensberechnung.** Für die Berechnung des Schadens gelten die allgemeinen Grundsätze. Der Schaden ist nach der **Differenzmethode** zu ermitteln.[127] Ein Rückgriff auf die Surrogationsmethode ist dem Verkäufer verwehrt. Da sein Anspruch gegen den Käufer auf Leistungsbestimmung infolge des Schadensersatzverlangens nach § 281 Abs. 4 BGB ausgeschlossen ist, kann er seine Leistung nämlich nicht mehr erbringen.[128] Konkret lassen sich allerdings nur die nutzlos gewordenen Aufwendungen für die Anschaffung oder Herstellung der Ware (Basisversion) beziffern. Der entgangene Gewinn lässt sich nicht ermitteln, da wegen der unterbliebenen Leistungsbestimmung nicht exakt bestimmt werden kann, mit welcher Ausstattung und zu welchen Preisen die Ware an den Käufer veräußert worden wäre. Eine sich auf die Umstände des konkreten Einzelfalls[129] stützende Betrachtungsweise ist nicht praktikabel.[130] Der Vorschlag, ausgehend von der geschuldeten Basisversion (als „kleinsten gemeinsamen Nenner") die Preise für hypothetische Deckungsverkäufe abstrakt zu ermitteln und in Relation zu den vereinbarten Kaufpreisen für den Grundstoff zu setzen,[131] lässt die Antwort auf die Frage offen, welcher Deckungsverkauf zugrunde gelegt werden soll.[132]

49 Der Verkäufer kann seinen auf der Nichtdurchführung des Vertrages beruhenden Schaden abstrakt oder konkret berechnen.[133] Berechnet der Verkäufer seinen Schaden abstrakt, kann er den Unterschied zwischen dem Vertragspreis und dem niedrigeren Marktverkaufspreis berechnen.[134] Dabei ist der Schadensberechnung die **für den Verkäufer günstigste Bestimmungsmöglichkeit** zugrunde zu legen[135] und der Verkäufer – wie soeben dargelegt – so zu behandeln, als ob er eine verbindliche Ersatzbestimmung vorgenommen hätte. Für die Zugrundelegung der für den Verkäufer unter Schadensgesichtspunkten günstigsten Bestimmungsmöglichkeit spricht, dass ihm die Rechte des § 375 alternativ zur Verfügung stehen und dieses gesetzlich normierte Wahlrecht zwar nicht entwertet, jedoch zumindest beeinträchtigt würde, wenn man den Anspruch auf Schadensersatz statt der Leistung auf den entgangenen Gewinn für die „Basisversion" beschränkte. Insoweit kommen dieselben Gesichtspunkte zum Tragen, die allgemein und zu Recht gegen eine Kürzung des Schadensersatzanspruchs nach § 254 BGB wegen Unterlassen der Ersatzbestimmung angeführt werden.[136] Dem Käufer ist nach Sinn und Zweck des Ersatzbestimmungsrechts des Verkäufers der Nachweis verwehrt, dass er die vom Verkäufer der Schadensberechnung zugrunde gelegte Ersatzbestimmung nicht getroffen hätte und somit seine Pflichtverletzung für diesen Schaden nicht kausal geworden sei.[137]

50 **d) Rücktritt vom Kaufvertrag. aa) Voraussetzungen.** Will sich der Verkäufer nur vom säumigen Käufer lösen, kann er nach § 375 Abs. 2 S. 1 Alt. 3 vom Kaufvertrag zurücktreten. Das Verzugserfordernis aus § 375 benachteiligt den Verkäufer, weil der Rücktritt nach § 323 BGB – anders als der Verzug (§ 286 Abs. 4 BGB) – kein Verschulden zur Voraussetzung hat.[138] Da die hier geschilderten Besonderheiten des Bestimmungskaufs beim Rücktritt nicht zum Tragen kommen, gibt es keine Rechtfertigung für diese Schlechterstellung. Ein Redaktionsversehen lässt sich somit begründen. Der Verkäufer kann nach fruchtlosem Ablauf der Frist zur Ersatzbestimmung gem. § 323 Abs. 1

---

[126] IE auch BeckOK HGB/Schwartze, 47. Ed. 1.7.2025, Rn. 12; Hopt/Leyens Rn. 9; Ebenroth/Boujong/Achilles Rn. 39; **aA** MüKoHGB/Grunewald Rn. 22; zum Meinungsstreit ausf. Staub/Koller Rn. 15 ff.; vgl. auch Tiedtke/Schmitt BB 2005, 621 ff.; Tetenberg JA 2009, 1 ff.

[127] BeckOK HGB/Schwartze, 47. Ed. 1.7.2025, Rn. 13; NK-HGB/Stöber Rn. 19; Ebenroth/Boujong/Achilles Rn. 40; **aA** BeckOGK/Höpfner, 1.3.2025, Rn. 74 f.

[128] Riebel/Gutfried JZ 2008, 593 (601); **aA** MüKoHGB/Grunewald Rn. 22.

[129] So vor allem Schlegelberger/Hefermehl Rn. 29.

[130] Zu Recht Ebenroth/Boujong/Müller, 3. Aufl. 2015, Rn. 51; **aA** Ebenroth/Boujong/Achilles Rn. 40.

[131] So Staub/Koller Rn. 26; diese Ansicht hat Koller in der 5. Aufl. 2013 ausdrücklich aufgegeben; vgl. auch Ebenroth/Boujong/Achilles Rn. 40.

[132] Vgl. MüKoHGB/Grunewald Rn. 23 Fn. 69.

[133] Ebenroth/Boujong/Achilles Rn. 40; MüKoHGB/Grunewald Rn. 22.

[134] OLG München 16.6.2016, BeckRS 2016, 11118; BeckOGK/Höpfner, 1.3.2025, Rn. 73.

[135] Ebenroth/Boujong/Achilles Rn. 40; MüKoHGB/Grunewald Rn. 23.

[136] AllgM, vgl. MüKoHGB/Grunewald Rn. 23; Staub/Koller Rn. 34; Ebenroth/Boujong/Achilles Rn. 40; BeckOK HGB/Schwartze, 47. Ed. 1.7.2025, Rn. 13; BeckOGK/Höpfner, 1.3.2025, Rn. 77.

[137] Ebenroth/Boujong/Müller, 3. Aufl. 2015, Rn. 51; **aA** MüKoHGB/Grunewald Rn. 23; Ebenroth/Boujong/Achilles Rn. 40; BeckOGK/Höpfner, 1.3.2025, Rn. 77.

[138] **AA** Ebenroth/Boujong/Achilles Rn. 41.

BGB vom Kaufvertrag zurücktreten, ohne dass zugleich die Voraussetzungen des Schuldnerverzugs vorliegen müssen.[139]

bb) Verhältnis zum Anspruch auf Schadensersatz statt der Leistung. Tritt der Verkäufer zurück, so kann er – wenn das erforderliche Vertretenmüssen zum Zeitpunkt des Verzugseintritts gegeben ist – Schadensersatz statt der Leistung verlangen. **Beide Rechtsbehelfe** stehen trotz der Formulierung „oder" nicht im Verhältnis der Alternativität, sondern **können nebeneinander (kumulativ) geltend gemacht werden.** Es handelt sich bei der Konjunktion „oder" also nicht um ein exklusives „oder", sondern um ein „oder" im Sinne von „und". Insoweit gilt § 325 BGB.[140] 51

e) Sukzessivlieferungsvertrag. Beim Sukzessivlieferungsvertrag in Form des **Ratenlieferungsvertrags** („echter" Sukzessivlieferungsvertrag) stehen dem Verkäufer die vorgenannten Rechtsbehelfe hinsichtlich jeder einzelnen Rate zu, die vom Käufer nicht bestimmt wurde.[141] Zum Schadensersatz statt der ganzen Leistung für die noch ausstehenden Raten ist der Verkäufer nur unter den Voraussetzungen des § 281 Abs. 1 S. 2 BGB,[142] zum Rücktritt vom gesamten Vertrag nur unter den Voraussetzungen des § 323 Abs. 5 S. 1 BGB berechtigt.[143] Handelt es sich um einen Sukzessivlieferungsvertrag in Form eines **Bezugsvertrags,** tritt an die Stelle des Rechts zum Rücktritt vom gesamten Vertrag das Recht zur Kündigung gem. § 314 BGB.[144] 52

3. Vorgehen nach § 315 BGB. § 375 sperrt auf der Rechtsfolgenseite die Anwendung von § 315 BGB, weil diese Vorschrift mit dem Beschleunigungszweck, der § 375 zugrunde liegt, unvereinbar ist.[145] Es liegt nicht im Interesse der Parteien, für die Durchführung eines Spezifikationskaufes einen langwierigen Streit über die Billigkeit der getroffenen Leistungsbestimmung mit anschließender richterlicher Ersatzleistungsbestimmung führen zu müssen. Raum für die Anwendung des § 315 BGB bleibt nur in den Fällen, die tatbestandlich nicht von § 375 erfasst werden,[146] also wenn es um Leistungsmodalitäten geht, die nicht mit der Beschaffenheit der Ware zusammenhängen (→ Rn. 12). 53

VI. Abweichende Vereinbarungen

§ 375 ist abdingbar.[147] Haben die Parteien von dieser Möglichkeit Gebrauch gemacht, kommen hinsichtlich der Ausübung der Befugnis zur Leistungsbestimmung die §§ 315 ff. BGB, im Falle von Leistungsstörungen die allgemeinen Rechte auf Schadensersatz und Rücktritt zur Anwendung. Einseitige formularmäßige Bestimmungsvorbehalte, die die Ausstattung der Ware betreffen, unterliegen den Grenzen von § 307 BGB[148] und § 308 Nr. 4 BGB, der im unternehmerischen – und somit auch im kaufmännischen – Rechtsverkehr Anwendung findet (§ 310 Abs. 1 S. 2 BGB).[149] 54

VII. Beweislast

Der **Verkäufer** hat die Vereinbarung eines Bestimmungskaufs und die Nichtvornahme der Bestimmung durch den Käufer sowie die Voraussetzungen für den von ihm geltend gemachten Rechtsbehelf aus § 375 Abs. 2 zu beweisen. Dem **Käufer** obliegt der Beweis dafür, dass er die Bestimmung rechtzeitig vorgenommen oder den Verzug mit der unterlassenen Bestimmung nicht zu vertreten hat.[150] 55

---

[139] Canaris HandelsR § 29 III Rn. 20; BeckOGK/Höpfner, 1.3.2025, Rn. 78; MüKoHGB/Grunewald Rn. 25; Rieble/Gutfried JZ 2008, 593 (600); Hopt/Leyens Rn. 10; vgl. auch Staub/Koller Rn. 18; **aA** KKD/Roth/Huber Rn. 5; Ebenroth/Boujong/Achilles Rn. 41; BeckOK HGB/Schwartze, 47. Ed. 1.7.2025, Rn. 14.

[140] Canaris FS Konzen, 2006, 43 (44 f.); Hopt/Leyens Rn. 10; MüKoHGB/Grunewald Rn. 26; Oetker HandelsR § 8 Rn. 27; BeckOGK/Höpfner, 1.3.2025, Rn. 80.

[141] Hopt/Leyens Rn. 12; Ebenroth/Boujong/Achilles Rn. 42; NK-HGB/Stöber Rn. 18; BeckOK HGB/Schwartze, 47. Ed. 1.7.2025, Rn. 12; BeckOGK/Höpfner, 1.3.2025, Rn. 81; vgl. auch BGH 10.12.1975, WM 1976, 124 (125); RG 14.7.1904, RGZ 58, 419 (420).

[142] Ebenroth/Boujong/Achilles Rn. 42; MüKoHGB/Grunewald Rn. 24; NK-HGB/Stöber Rn. 18.

[143] Grüneberg/Grüneberg Überblick BGB § 311 Rn. 31; Ebenroth/Boujong/Achilles Rn. 42; BeckOGK/Höpfner, 1.3.2025, Rn. 81.

[144] Ebenroth/Boujong/Achilles Rn. 42; MüKoHGB/Grunewald Rn. 24; BeckOGK/Höpfner, 1.3.2025, Rn. 81.

[145] v. Hoyningen-Huene Jura 1982, 8 (11); Soergel/Wolf BGB § 315 Rn. 68; NK-HGB/Stöber Rn. 3; MüKoHGB/Grunewald Rn. 27.

[146] Vgl. MüKoHGB/Grunewald Rn. 27.

[147] Hopt/Leyens Rn. 14; BeckOGK/Höpfner, 1.3.2025, Rn. 84.

[148] Vgl. BGH 20.7.2005, NJW-RR 2005, 1496 (1500 f.); 19.10.1999, NJW 2000, 651 (652); Hopt/Leyens Rn. 14.

[149] MüKoBGB/Wurmnest BGB § 308 Nr. 4 Rn. 8; BeckOGK/Höpfner, 1.3.2025, Rn. 85.

[150] Vgl. Ebenroth/Boujong/Achilles Rn. 44; NK-HGB/Stöber Rn. 20; BeckOGK/Höpfner, 1.3.2025, Rn. 86.

VIII. UN-Kaufrecht (Überblick)

56 Nach **Art. 65 Abs. 1 CISG** kann der Verkäufer „unbeschadet aller ihm zustehenden sonstigen Rechte die Spezifizierung nach den Bedürfnissen des Käufers, soweit ihm diese bekannt sind, selbst vornehmen", wenn der Käufer „die Form, die Maße oder andere Merkmale der Ware nicht zu dem vereinbarten Zeitpunkt oder innerhalb einer angemessenen Frist nach Eingang einer Aufforderung durch den Verkäufer bestimmt". Nimmt der Verkäufer die Ersatzbestimmung vor, so hat er gem. Art. **65 Abs. 2 CISG** dem Käufer deren Einzelheiten mitzuteilen und ihm eine angemessene Frist zu setzen, innerhalb deren der Käufer eine abweichende Spezifizierung vornehmen kann. Lässt der Käufer auch diese Frist fruchtlos verstreichen, so ist die vom Verkäufer vorgenommene Spezifizierung verbindlich.[151] Ebenso wie § 375 setzt somit auch Art. 65 Abs. 1 CISG voraus, dass der Käufer verpflichtet ist, bestimmte **Beschaffenheitsmerkmale** der bestellten Ware zu dem vertraglich vorgesehenen Zeitpunkt oder innerhalb angemessener Frist nach Zugang der Aufforderung des Verkäufers zu spezifizieren. Vereinzelte Stimmen der deutschen Lit. wollen die Regelungen des Art. 65 CISG über ihren Wortlaut hinaus auf andere Mitwirkungshandlungen des Käufers entsprechend anwenden (zB Lieferzeit, Menge von Teilleistungen).[152]

57 Abweichend von § 375 Abs. 2 hat der Verkäufer bei der Ersatzbestimmung diejenigen **Notwendigkeiten und Belange** („requirements", „besoins") **des Käufers zu berücksichtigen,** die er kennt oder die er – wie die englische und französische Originalfassung ausdrücken – erkennen kann. Der Verkäufer darf somit nicht nach freiem Ermessen, sondern nur nach **billigem Ermessen** verfahren. Tut er das nicht, entfaltet die Ersatzbestimmung keine Bindungswirkung.[153] In dem oben angeführten Beispiel des Kaufvertrags über 1.000 Paar Damenschuhe mit nachträglicher Spezifizierung der Größen und Modelle (→ Rn. 33) soll der Verkäufer bei der Ersatzbestimmung deshalb eine vernünftige Auswahl gängiger Größen und verschiedener Modelle vorsehen müssen, weil für ihn erkennbar sei, dass ein Einzelhändler nicht nur Bedarf für eine Größe und ein Modell habe.[154] Die dem Verkäufer für den Fall der Nichtbestimmung zustehenden **allgemeinen Rechtsbehelfe** gem. Art. 61–64 CISG setzen kein Verschulden voraus.

§ 376 [Fixhandelskauf]

(1) [1]Ist bedungen, daß die Leistung des einen Teiles genau zu einer festbestimmten Zeit oder innerhalb einer festbestimmten Frist bewirkt werden soll, so kann der andere Teil, wenn die Leistung nicht zu der bestimmten Zeit oder nicht innerhalb der bestimmten Frist erfolgt, von dem Vertrage zurücktreten oder, falls der Schuldner im Verzug ist, statt der Erfüllung Schadensersatz wegen Nichterfüllung verlangen. [2]Erfüllung kann er nur beanspruchen, wenn er sofort nach dem Ablaufe der Zeit oder der Frist dem Gegner anzeigt, daß er auf Erfüllung bestehe.

(2) Wird Schadensersatz wegen Nichterfüllung verlangt und hat die Ware einen Börsen- oder Marktpreis, so kann der Unterschied des Kaufpreises und des Börsen- oder Marktpreises zur Zeit und am Orte der geschuldeten Leistung gefordert werden.

(3) [1]Das Ergebnis eines anderweit vorgenommenen Verkaufs oder Kaufes kann, falls die Ware einen Börsen- oder Marktpreis hat, dem Ersatzanspruche nur zugrunde gelegt werden, wenn der Verkauf oder Kauf sofort nach dem Ablaufe der bedungenen Leistungszeit oder Leistungsfrist bewirkt ist. [2]Der Verkauf oder Kauf muß, wenn er nicht in öffentlicher Versteigerung geschieht, durch einen zu solchen Verkäufen oder Käufen öffentlich ermächtigten Handelsmakler oder eine zur öffentlichen Versteigerung befugte Person zum laufenden Preise erfolgen.

(4) [1]Auf den Verkauf mittels öffentlicher Versteigerung findet die Vorschrift des § 373 Abs. 4 Anwendung. [2]Von dem Verkauf oder Kaufe hat der Gläubiger den Schuldner unverzüglich zu benachrichtigen; im Falle der Unterlassung ist er zum Schadensersatze verpflichtet.

---

[151] BeckOK HGB/Schwartze, 47. Ed. 1.7.2025, Rn. 17; NK-HGB/Stöber Rn. 21.

[152] S. etwa Honsell/Schnyder/Straub, 2. Aufl. 2009, CISG Art. 65 Rn. 15; **aA** Staudinger/Magnus, 2025, CISG Art. 65 Rn. 7; MüKoHGB/Wertenbruch CISG Art. 65 Rn. 3; Schlechtriem/Schwenzer/Schroeter/Mohs CISG Art. 65 Rn. 24.

[153] Staudinger/Magnus, 2025, CISG Art. 65 Rn. 13; Schlechtriem/Schwenzer/Schroeter/Mohs CISG Art. 65 Rn. 14.

[154] Staudinger/Magnus, 2025, CISG Art. 65 Rn. 14; BeckOK HGB/Schwartze, 47. Ed. 1.7.2025, Rn. 15.

Schrifttum: Bassler/Büchler, Die Reform des Rücktrittsrechts, AcP 214 (2014), 888; Canaris, Auswirkungen des Gesetzes zur Modernisierung des Schuldrechts auf das Recht des Handelskaufs und der Kommission, FS Konzen, 2006, 43; Herresthal, Der Anwendungsbereich der Regelungen über den Fixhandelskauf (§ 376 HGB) unter Berücksichtigung des reformierten Schuldrechts, ZIP 2006, 883; Leßmann, Der Fixhandelskauf, JA 1990, 143; Magnus/Lüsing, CISG und INCOTERMS, Leistungsverzug und Fixgeschäft, IHR 2007, 1; Müller § 376 Abs. 2 HGB – Ausnahmevorschrift oder Leitbild für die „abstrakte" Schadensberechnung, WM 2013, 1; Ostendorf, Noch einmal: Führt die Vereinbarung einer CIF-Klausel zum Fixgeschäft?, IHR 2009, 100; Schwarze, „Steht und fällt" – Das Rätsel der relativen Fixschuld, AcP 207 (2007), 437.

Übersicht

I. Allgemeines

1 § 376 enthält **Sonderregelungen gegenüber §§ 323, 281 BGB** für den Fall, dass ein Handelskauf als „relatives" Fixgeschäft abgeschlossen wird, dh die Leistung des einen Teiles genau zu einer festbestimmten Zeit oder innerhalb einer festbestimmten Frist (Fixzeit) bewirkt werden soll. Erbringt der Schuldner seine Leistung nicht fristgemäß, ist der Gläubiger nach § 376 Abs. 1 S. 1 zum Rücktritt und Schadensersatz wegen Nichterfüllung berechtigt, ohne dafür zuvor dem Schuldner eine Frist zur Nachholung der Leistung setzen zu müssen. § 376 liegt insoweit die Annahme zugrunde, dass bei Ausbleiben der Leistung zur vereinbarten Zeit der Gläubiger an der Durchführung des Geschäfts in der Regel kein Interesse mehr hat.[1] Im Gegenzug dafür, dass dem Schuldner die Möglichkeit zur Nachholung genommen wird, verliert der Gläubiger seinen Anspruch auf Erfüllung nach § 376 Abs. 1 S. 2, wenn er dem Schuldner nicht sofort nach Ablauf der Fixzeit anzeigt, dass er auf Erfüllung besteht. In dem **Verlust des Erfüllungsanspruchs** liegt der wesentliche Unterschied zum bürgerlich-rechtlichen Fixgeschäft iSv § 323 Abs. 2 Nr. 2 BGB. § 376 Abs. 1 S. 2 soll verhindern, dass der Gläubiger zu Lasten des Schuldners spekuliert.[2] Der Schuldner, bei dem es sich in der Regel, aber nicht notwendigerweise um den Verkäufer handelt, soll schnell Klarheit darüber erhalten, ob er weiterhin zur Leistung verpflichtet ist oder seinerseits anderweitig disponieren kann.[3] Der Verhinderung von Spekulationen dienen auch die § 376 Abs. 2–3, die spezielle Regelungen zur Schadensberechnung enthalten, wenn die Ware einen Börsen- oder Marktpreis hat.[4] Gemäß § 381 bezieht sich § 376 auch auf den Kauf von Wertpapieren (Abs. 1) und auf Werklieferungsverträge (Abs. 2).

2 Will der Gläubiger seinen Schaden konkret berechnen, zB auf der Basis eines anderweitig (tatsächlich) vorgenommenen Deckungsgeschäfts (Kauf oder Verkauf), muss er gem. § 376 Abs. 3 den Kauf sofort nach Ablauf der Fixzeit im Wege der öffentlichen Versteigerung oder durch einen öffentlich ermächtigten Handelsmakler oder eine zur öffentlichen Versteigerung befugte Person zum laufenden

---

[1] BGH 10.3.1998, NJW 1998, 1489 (1490).

[2] Vgl. KKD/Roth/Huber Rn. 3; NK-HGB/Stöber Rn. 1; BeckOK HGB/Schwartze, 47. Ed. 1.7.2025, Rn. 1; BeckOGK/Höpfner, 1.3.2025, Rn. 9.

[3] Canaris HandelsR § 29 Rn. 34; BeckOK HGB/Schwartze, 47. Ed. 1.7.2025, Rn. 1; Staub/Koller Rn. 1.

[4] BeckOGK/Höpfner, 1.3.2025, Rn. 9 f.; BeckOK HGB/Schwartze, 47. Ed. 1.7.2025, Rn. 1; KKD/Roth/Huber Rn. 3.

Preise bewirken. Durch die zeitlichen und formalen Vorgaben wird sichergestellt, dass das Deckungsgeschäft zu den Konditionen abgewickelt wird, die zum Zeitpunkt des Leistungstermins bestehen.[5] Die Sonderregelungen des § 376 tragen somit insgesamt dem Bedürfnis des Handelsverkehrs nach **schneller Rechtsklarheit und zügiger Abwicklung der Geschäfte** Rechnung.[6]

II. Vorliegen eines (einseitigen) Handelskaufs

3 Die Anwendung des § 376 setzt voraus, dass zumindest eine der beiden Parteien des Kaufvertrags, kaufähnlichen Vertrags (→ Vor § 373 Rn. 40 ff.) oder Werklieferungsvertrags Kaufmann ist und den Vertrag im Rahmen ihres Handelsgewerbes abschließt (§ 343), was im Zweifel vermutet wird (§ 344 Abs. 1). Nach dem Gesetzeswortlaut ist es gleichgültig, ob der Verkäufer oder der Käufer Kaufmann ist.[7] **§ 376 kommt** deshalb nicht nur gegenüber Unternehmern iSv § 14 BGB, sondern **auch gegenüber Verbrauchern iSv § 13 BGB zur Anwendung.**[8] Eine (teleologische) Reduktion des Anwendungsbereichs gegenüber Verbrauchern – sei es in ihrer Rolle als Käufer, sei es in ihrer Rolle als Verkäufer – ist nicht geboten.[9]

4 **Verletzt ein Verbraucher** eine **fix geschuldete Vertragspflicht,** steht er bezogen auf das Recht seines kaufmännischen Vertragspartners zum Rücktritt im Vergleich zur Rechtslage nach dem BGB nicht schlechter, da der nicht säumige Vertragsteil auch nach bürgerlich-rechtlichen Regeln bei Terminsüberschreitung ohne Nachfristsetzung zum Rücktritt berechtigt ist und nach allgemeiner Ansicht[10] keine Unterschiede bei § 323 Abs. 2 Nr. 2 BGB und § 376 hinsichtlich der Voraussetzungen für das Vorliegen eines relativen Fixgeschäfts bestehen (zum Verhältnis von § 323 Abs. 2 Nr. 2 BGB zu § 376 → Rn. 29 ff.).[11] Da im Zuge der Umsetzung der Verbraucherrechte-RL ein relatives Fixgeschäft gem. § 323 Abs. 2 Nr. 2 BGB nunmehr auch ohne vertragliche Einigung allein durch Mitteilung der Wesentlichkeit der Leistungszeit zustande kommt, steht der Verbraucher sogar besser da.[12] Der Schadensersatzanspruch nach § 376 Abs. 1 S. 1 führt im Allgemeinen ebenfalls nicht zu einer Schlechterstellung des Verbrauchers, da er bei einem relativen Fixgeschäft im Regelfall gem. § 281 Abs. 2 Alt. 2 BGB ebenfalls zum Schadensersatz statt der Leistung ohne Nachfristsetzung nach Überschreitung des Leistungszeitpunktes verpflichtet ist.[13] Die Regelungen zur Schadensberechnung, insbesondere die Möglichkeit den Schaden abstrakt zu berechnen, belasten den Verbraucher nicht, da Kaufleute hierzu auch bei Nichteingreifen des § 376 berechtigt sind.[14]

5 **Verletzt der kaufmännische Vertragsteil gegenüber einem Verbraucher** eine Vertragspflicht, die fix geschuldet ist, steht der Verbraucher im Vergleich zur Rechtslage nach dem BGB insoweit schlechter, als er nach § 376 Abs. 1 S. 2 bei Versäumung rechtzeitiger Anzeige seines Erfüllungsverlangens nach Terminüberschreitung seinen Erfüllungsanspruch verliert[15] und – sofern es sich um Ware handelt, die einen Börsen- oder Marktpreis hat – etwaige Verluste aus einem Deckungsgeschäft nur ersetzt verlangen kann, wenn er dies sofort nach Ablauf der Fixzeit bewirkt hat (→ Rn. 43 ff.). Demgegenüber bestehen nach § 281 BGB keine formalen oder zeitlichen Grenzen für ein Deckungsgeschäft. Lediglich die Schadenminderungsobliegenheit aus § 254 Abs. 2 S. 1 BGB wirkt beschränkend. Zugunsten des Verbrauchers kann sich die in § 376 Abs. 2 eröffnete Möglichkeit der abstrakten Schadensberechnung auswirken, die nach bürgerlich-rechtlichen Regeln nur Schadensersatzgläubigern zugute kommt, die Kaufmann sind (→ Rn. 45).[16]

6 Der Verbraucher kann durch unverzügliches Handeln sowohl den drohenden Verlust des Erfüllungsanspruchs verhindern als auch die Obliegenheit eines sofortigen Deckungsgeschäfts erfüllen. Von einer schlechterdings „unzumutbaren Belastung" des privaten Käufers durch § 376 wird man

---

[5] Herresthal JZ 2006, 883 (887).
[6] MüKoHGB/Grunewald Rn. 2; Hopt/Leyens Rn. 4; Herresthal JZ 2006, 883 (887).
[7] Vgl. auch NK-HGB/Stöber Rn. 3.
[8] Ebenroth/Boujong/Achilles Rn. 8; NK-HGB/Stöber Rn. 3.
[9] **AA** Herresthal JZ 2008, 883 (886).
[10] S. zB Grüneberg/Grüneberg BGB § 323 Rn. 20; Ebenroth/Boujong/Achilles Rn. 6; Hopt/Leyens Rn. 2; KKD/Roth/Huber Rn. 2; Herresthal ZIP 2006, 883 (884); Oetker HandelsR § 8 Rn. 19.
[11] Zum Verhältnis zwischen § 376 und § 323 Abs. 2 Nr. 2 BGB Canaris HandelsR § 29 Rn. 35; Canaris FS Konzen, 2006, 49; Hopt/Leyens Rn. 3 f.
[12] Zu den Änderungen beim Rücktrittsrecht nach § 323 BGB infolge der Umsetzung der Verbraucherrechte-RL s. Schmitt VuR 2014, 90 ff.
[13] Canaris HandelsR § 29 Rn. 38; Herresthal ZIP 2006, 883 (885).
[14] Vgl. BGH 19.10.2005, NJW-RR 2006, 243 (244); 29.6.1994, BGHZ 126, 305 (308) = NJW 1994, 2478.
[15] Vgl. Ebenroth/Boujong/Achilles Rn. 8 f.
[16] BGH 29.6.1994, BGHZ 126, 305 (308) = NJW 1994, 2478; vgl. auch MüKoBGB/Oetker BGB § 252 Rn. 47.

daher insgesamt kaum sprechen können.[17] Schließlich haben die Parteien das **Interesse an pünktlicher Leistung** zum **wesentlichen Vertragsinhalt** erhoben und damit zum Ausdruck gebracht, dass ihnen an einer verspäteten Leistung nicht mehr gelegen ist. Der Umstand, dass dem Verbraucher die nach § 376 bestehende Rechtslage „kaum je bekannt sein dürfte" und deshalb „überraschend" sei,[18] mag rechtstatsächlich zutreffen, gibt aber kein Anlass zu einer anderen Bewertung.

Handelt es sich bei dem Gläubiger um einen **Scheinkaufmann,** ist ihm gegenüber Nichtkaufleuten die Berufung auf § 376 verwehrt, da er durch ein Vorspiegeln der Kaufmannseigenschaft keine Vorteile erlangen soll.[19] Dasselbe gilt nach der Wertung des § 15 Abs. 1 für den Fall, dass der Ist-Kaufmann entgegen § 29 nicht ins Handelsregister eingetragen ist.[20] Keine Anwendung findet § 376 zudem auf nicht in das Handelsregister eingetragene Kleingewerbetreibende iSv § 2 (→ Vor § 373 Rn. 17). Demgegenüber muss sich der Scheinkaufmann in der Rolle des Schuldners gegenüber dem Nicht-Kaufmann an dem von ihm gesetzten Rechtsschein festhalten lassen. 7

III. Voraussetzungen des Fixhandelskaufs

1. Relativer Fixcharakter der Schuld. Ein Fixhandelskauf iSv § 376 erfordert über den Wortlaut von S. 1 Hs. 1 hinausgehend nicht nur die Festlegung einer bestimmten oder bestimmbaren Leistungszeit oder -frist, sondern darüber hinaus Einigkeit der Parteien darüber, dass der Vertrag mit der Einhaltung oder Nichteinhaltung der Leistungszeit/-frist **stehen oder fallen** soll.[21] Im Hinblick auf die Rechtsfolgenregelung nach S. 1 Hs. 2 ist ein solcher Zusammenhang nur dann zu bejahen, wenn die Leistungszeit/-frist nach der Vereinbarung der Parteien für das Geschäft so wesentlich ist, dass der Vertragspartner bei nicht rechtzeitiger Leistung ohne weiteres vom Vertrag zurücktreten können soll.[22] 8

Von dem (relativen) Fixgeschäft iSv § 376 Abs. 1 zu unterscheiden sind sog. **absolute Fixgeschäfte.** Absolute Fixgeschäfte sind Verträge, bei denen – über die Rechtswirkungen des § 376 Abs. 1 hinaus – die Leistungszeit/-frist so wesentlich ist, dass die Leistung nur zu einer bestimmten Zeit erbracht werden kann, die Verfehlung dieses Zeitpunkts die Leistung also dauernd unmöglich iSv § 275 Abs. 1 BGB macht.[23] Ob ein relatives Fixgeschäft iSv § 376 oder ein absolutes Rechtsgeschäft vorliegt, hängt somit von den Rechtsfolgen ab, die die Parteien an die Nichteinhaltung der Leistungszeit/-frist knüpfen. Soll der Gläubiger trotz Ablauf der Frist noch die Möglichkeit haben, Erfüllung zu verlangen, liegt ein relatives Fixgeschäft vor. Dies ist im Zweifel zu bejahen, wenn die geschuldete Leistung aufschieb- und nachholbar ist. Bei Kaufverträgen wird von daher nur **sehr selten** eine absolute Fixschuld vorliegen (zB beim Verkauf von Losen bis zur Ziehung).[24] Beim Kauf von „Saisonartikeln" (zB Weihnachtsbäume) handelt es sich nur um relative Fixschulden.[25] Bei Terminabsprachen von Herstellern, die sich die Einzelteile für ihre Produkte von ihren Zulieferern ohne Zwischenlagerung direkt in die Produktion liefern lassen (sog. Just-in-Time-Verträge), handelt es sich bei den einzeln geschuldeten Lieferungen in der Regel ebenfalls nur um relative Fixschulden.[26] 9

2. Vereinbarung eines relativen Fixgeschäfts. a) Gegenstand des Fixgeschäfts. Gegenstand eines Fixgeschäfts kann grundsätzlich jede Leistung sein, zu der sich die Parteien verpflichtet haben. Ob es sich hierbei um eine **Hauptleistungspflicht** oder **Nebenleistungspflicht** handelt, ist unerheblich.[27] Entscheidend ist allein, dass der Gläubiger Erfüllung verlangen kann (arg. ex § 376 Abs. 1 S. 2), weshalb bloße Rücksichtspflichten iSv § 241 Abs. 2 BGB keine Fixschuld begründen. Beispiele 10

[17] MüKoHGB/Grunewald Rn. 4; Staub/Koller Rn. 8; NK-HGB/Stöber Rn. 3; BeckOK HGB/Schwartze, 47. Ed. 1.7.2025, Rn. 2; **aA** KKD/Roth/Huber Rn. 2; Canaris FS Konzen, 2006, 43 (48); Herresthal ZIP 2006, 883 (889).

[18] Canaris HandelsR § 29 Rn. 35.

[19] MüKoHGB/Grunewald Rn. 1; BeckOGK/Höpfner, 1.3.2025, Rn. 17.

[20] BeckOGK/Höpfner, 1.3.2025, Rn. 17.

[21] BGH 25.1.2001, NJW 2001, 2878; OLG Köln 18.1.2000, BeckRS 2000, 30091086; OLG Düsseldorf 20.1.1995, NJW-RR 1996, 40 (41), jeweils zu § 361 BGB aF; vgl. auch OLG Karlsruhe 15.2.2016, BeckRS 2016, 03859.

[22] BGH 28.1.2003, NJW 2003, 1600; 17.1.1990, BGHZ 110, 88 (96 f.) = NJW 1990, 2065; 18.4.1989, NJW-RR 1989, 1373; 14.3.1984, WM 1984, 639 (641); 27.10.1982, WM 1982, 1384 (1385); OLG Köln 18.1.2000, BeckRS 2000, 30091086.

[23] BGH 25.1.2001, NJW 2001, 2878; 30.11.1972, BGHZ 60, 14 (16) = NJW 1973, 318.

[24] MüKoHGB/Grunewald Rn. 11.

[25] MüKoHGB/Grunewald Rn. 7; Ebenroth/Boujong/Achilles Rn. 13.

[26] MüKoHGB/Grunewald Rn. 11; Ebenroth/Boujong/Achilles Rn. 14; Hopt/Leyens Rn. 7; BeckOK HGB/Schwartze, 47. Ed. 1.7.2025, Rn. 6.

[27] Vgl. Hopt/Leyens Rn. 4; NK-HGB/Stöber Rn. 5; BeckOK HGB/Schwartze, 47. Ed. 1.7.2025, Rn. 7; BeckOGK/Höpfner, 1.3.2025, Rn. 19.

für Fixschulden sind Abruf der Ware, Abholung der Ware, Abnahme der Ware, Spezifikation der Ware,[28] Bestellung eines Akkreditivs,[29] Übergabe des Kraftfahrzeugbriefes,[30] Übertragung der Taxikonzession beim Verkauf einer Taxe,[31] Andienung einer vertragsgemäßen Ware beim Kauf auf Probe.[32] Denkbar ist auch, dass beide Parteien Leistungen fix schulden, zB wenn der Käufer seinerseits verpflichtet ist, ein Akkreditiv bis zu einem bestimmten Termin zu eröffnen.[33]

11 **b) Festbestimmte Leistungszeit oder -frist.** Die Leistung muss **genau zu einer festbestimmten Zeit oder innerhalb einer festbestimmten Frist** bewirkt werden. Hierfür reicht es aus, wenn sich die Leistungszeit oder -frist kalendermäßig bestimmen lassen. Möglich ist es daher auch, die Frist an ein zukünftiges Ereignis anzuknüpfen, zB 30 Tage ab Abruf[34] oder ab Zugang der Kündigungserklärung.[35] Der Ablauf der Leistungszeit oder -frist muss so exakt bestimmt oder bestimmbar sein, dass hinsichtlich des Endpunkts kein (Auslegungs-)Spielraum verbleibt.[36] Dies ist der Fall, wenn zB „im Mai" zu leisten ist, da dann die Frist am 31.5. 24 Uhr abläuft.[37] Lieferzeitbestimmungen wie zB „Lieferzeit 23. Kalenderwoche",[38] „per Oktober, November und Dezember",[39] „Ende Februar/Anfang März",[40] „Liefertermin-Ernte 1991",[41] „lieferbar bis …"[42] begründen dagegen kein Fixgeschäft, weil der Endpunkt nicht genau bestimmt oder bestimmbar ist. Sie verpflichten lediglich zur schnellen Lieferung.[43] Jedenfalls in der Lebensmittelbranche spricht bereits die Vereinbarung „Lieferung prompt, nach Absprache" ohne weitere Datumsangabe für die Annahme eines Fixgeschäfts, da grundsätzlich eine sofortige Lieferverpflichtung begründet wird, bei der lediglich noch ein enger zeitlicher Rahmen für die genaue Bestimmung des Lieferzeitpunktes besteht.[44] Muss zwar die Gesamtmenge zu einem bestimmten Kalendertermin abgenommen werden, ist für die Teillieferungen aber nur Abruf in möglichst gleichen Monatsmengen vereinbart, liegt bezüglich der Teillieferungen ebenfalls kein Fixgeschäft vor.[45] Einem Fixgeschäft steht nicht entgegen, dass dem Gläubiger das Recht zusteht, die Leistung vor dem Fixtermin zu verlangen.[46]

12 **c) Erfüllung innerhalb der Leistungszeit-/frist.** Allein aus der Vereinbarung einer fest bestimmten Leistungszeit/-frist folgt noch nicht, dass der Vertrag mit deren Einhaltung oder Nichteinhaltung stehen oder fallen soll. Hierzu bedarf es einer darüber hinaus gehenden **Einigung** der Parteien, die sich darauf erstreckt, dass der Vertrag bei Nichteinhaltung der Leistungszeit/-frist ohne weiteres vom Gläubiger beendet werden kann. **Einseitige Vorstellungen und Erwartungen** einer Vertragspartei zur Zeit des Kaufvertragsabschlusses sind dabei für sich allein genommen ohne Bedeutung.[47]

13 Fehlt eine ausdrückliche Leistungszeitabrede als Fixgeschäft, muss durch **Auslegung unter Berücksichtigung aller Umstände** ermittelt werden, ob die Parteien der vereinbarten Leistungsfrist/-zeit eine so weitgehende Bedeutung beimessen wollten. Zweifel wirken sich gegen die Annahme eines Fixgeschäftes aus.[48] Gegen die Vereinbarung einer Fixschuld sprechen Formulierungen wie zB „umgehend", „so bald wie möglich", „rasch", „schnellstens", „schleunigst", „bei offener Schifffahrt", „schnellstmöglich", „binnen kürzester Frist", „prompt", „innerhalb der Saison".[49] Die

---

[28] MüKoHGB/Grunewald Rn. 13.
[29] Hopt/Leyens Rn. 7.
[30] BGH 25.6.1953, NJW 1953, 1347.
[31] OLG München 30.10.1979, VersR 1980, 94 (94).
[32] OLG Hamm 26.11.1993, BB 1995, 1925.
[33] Vgl. OLG Hamburg 18.5.1954, BB 1954, 613; Heymann/Emmerich/Hoffmann Rn. 10.
[34] BGH 10.3.1998, NJW-RR 1998, 1489.
[35] KG 19.6.1909, OLGE 19, 398 f.
[36] RG 11.12.1895, RGZ 36, 83 (84); Staub/Koller Rn. 12.
[37] Vgl. RG 25.2.1921, RGZ 11, 361 (363); Staub/Koller Rn. 12.
[38] BGH 28.1.2003, NJW 2003, 1600.
[39] RG 11.12.1895, RGZ 36, 83 (84).
[40] OLG Düsseldorf 31.10.2005, BeckRS 2006, 1775; vgl. RG 29.6.1909, RGZ 71, 307 (308 f.).
[41] OLG Hamm 15.12.1994, NJW-RR 1995, 350 (351).
[42] RG 23.3.1919, Recht 1919 Nr. 731.
[43] Ebenroth/Boujong/Achilles Rn. 11; Staub/Koller Rn. 12.
[44] OLG München 2.10.2013, BeckRS 2013, 17417 unter II.1.
[45] Vgl. RG 26.10.1932, WarnR 1933 Nr. 5.
[46] ZB Vereinbarung des Liefertermins und die Worte „und täglich", Staub/Koller Rn. 12 Fn. 37.
[47] BGH 18.4.1989, NJW-RR 1989, 1373 (1374); Ebenroth/Boujong/Achilles Rn. 12; NK-HGB/Stöber Rn. 6.
[48] BGH 28.1.2003, NJW 2003, 1600; 17.1.1990, BGHZ 110, 88 (96 f.) = NJW 1990, 2065; 18.4.1989, NJW-RR 1989, 1373; 14.3.1984, WM 1984, 639 (641); 27.10.1982, WM 1982, 1384 (1385); OLG Köln 18.1.2000, BeckRS 2000, 30091086; **aA** Schmitt VuR 2014, 90 (92).
[49] Ebenroth/Boujong/Achilles Rn. 11; Hopt/Leyens Rn. 8; KKD/Roth/Huber Rn. 4; MüKoHGB/Grunewald Rn. 7; Canaris HandelsR § 29 Rn. 40.

Klausel „ohne Nachfrist" soll kein Fixgeschäft begründen, sondern nur die Bedeutung haben, dass dem Gläubiger die Rechte aus § 326 BGB aF (vgl. jetzt § 281 Abs. 1 S. 1 BGB) sofort bei Verzugseintritt – ohne vorherige Nachfristsetzung – zustehen.[50] Die unterbliebene Geltendmachung von Rücktritt oder sofortiger Schadensersatzforderung bei Fristüberschreitung in früheren Fällen ist kein Indiz gegen ein Fixgeschäft.[51]

Die Vereinbarung der **C&F-, CIF- oder FOB-Klausel** verleiht der Lieferverpflichtung des Verkäufers für sich allein genommen keinen Fixcharakter. Im Zusammenhang mit einem Abladetermin ist ein Fixgeschäft dagegen zu bejahen, soweit es um Ware geht, die starken Preisschwankungen ausgesetzt ist (→ Rn. 17).[52] Gleiches gilt, falls vereinbart wurde, dass die Ware zu einem bestimmten Termin im Bestimmungshafen eintreffen soll (zB „Lieferung: zwischen 20.–31.5. ohne Nachfrist eintreffend CIF B.").[53] Nicht ausreichend ist die bloße Vereinbarung „CIF Bestimmungshafen" mit „ETA"-Klausel (estimated or expected time of arrival).[54] 14

Für die Vereinbarung eines Fixgeschäfts spricht die Verwendung von bestimmten Klauseln und Wendungen wie „fix", „präzise", „genau", „spätestens", soweit nicht besondere Umstände gegen diesen objektiven Erklärungswert sprechen.[55] Bestellungen, die **Saisonartikel** zum Gegenstand haben oder für bestimmte Anlässe wie zB Festtage („Nüsse zu Weihnachten") getätigt werden, deuten ebenso auf eine Fixschuld hin wie die Lieferung **leicht verderblicher Waren.**[56] Insbesondere in der Lebensmittelbranche ist aufgrund ihrer Natur als Tages- und Saisongeschäft sowie aufgrund der Gefahr der Verderblichkeit der Ware regelmäßig davon auszugehen, dass der Vertrag mit der Fristeinhaltung stehen und fallen soll und somit ein Fixhandelskauf vorliegt.[57] War dem Verkäufer die Bedeutung des Liefertermins bekannt, zB weil er Kenntnis davon hatte, dass der Käufer gegenüber seinem Abnehmer zur pünktlichen Ablieferung verpflichtet war, spricht dies für eine Fixschuld.[58] Relative Fixgeschäfte sind auch die **Just-in-time-Vereinbarungen.**[59] Der Vereinbarung einer Vertragsstrafe oder Verfallklausel soll ebenfalls indizielle Bedeutung für eine Fixschuld zukommen.[60] 15

Der **spekulative Charakter** eines Geschäfts spricht für eine Fixschuld. Der Umstand, dass die gehandelte Ware Preisschwankungen unterworfen ist, genügt für sich allein jedoch nicht, ein Fixgeschäft als gewollt anzunehmen, da im Warenhandel die Spekulation auf das Fallen oder Steigen der Preise sehr oft das Motiv zum Abschluss des Vertrages ist.[61] Demgegenüber haben **Devisentermingeschäfte,**[62] **Börsen- und Finanztermingeschäfte**[63] regelmäßig Fixschuldcharakter, allerdings ist der Fixcharakter bei ihnen kein zwingendes Erfordernis.[64] 16

Der Fixschuldcharakter kann sich schließlich aus **Handelsbräuchen** ergeben.[65] Sie spielen vor allem bei **Abladegeschäften** eine Rolle. Darunter ist ein Überseekauf oder ein Verkauf im Binnenverkehr[66] zu verstehen, bei dem die Ware von einem (überseeischen) Hafen (Abladehafen) nach einem Bestimmungshafen abzuladen bzw. zu verschiffen ist und dem Käufer die Abladedokumente 17

---

[50] BGH 22.1.1959, NJW 1959, 933; krit. Ebenroth/Boujong/Achilles Rn. 11.

[51] BGH 27.10.1982, ZIP 1982, 1444 (1446).

[52] Hopt/Leyens Rn. 7; vgl. auch Staub/Koller Rn. 16, 188; MüKoHGB/Grunewald Rn. 10; BeckOGK/Höpfner, 1.3.2025, Rn. 25; **aA** Ostendorf IHR 2009, 100 (102).

[53] BGH 22.1.1959, NJW 1959, 533; Schiedsgericht der Hamburger Freundschaftlichen Arbitrage 12.2.1985, RIW 1985, 328; Staub/Koller Rn. 15; MüKoHGB/Grunewald Rn. 10 Fn. 42.

[54] OLG Hamburg 2.9.1974, MDR 1975, 845; OLG Celle 21.12.1972, MDR 1973, 412.

[55] BGH 27.10.1982, ZIP 1982, 1444 (1446); vgl. aber auch OLG Köln 19.7.2024, NJOZ 2024 1390 (1395): Verwendung des Begriffs „‚spätestens' in Verbindung mit einer festen Lieferfrist" kann auf ein relatives Fixgeschäft hindeuten, kann aber auch „die bloße Mitteilung eines Liefertermins" sein; OLG Hamm 12.12.2002, MDR 2003, 882: Angabe des Liefertermins (Saisontextilien) „15.3.2001 fix" hat nicht die Bedeutung eines Fixhandelskaufes iSv § 376; OLG Brandenburg 3.5.2012, BeckRS 2012, 25570: „‚spätestens' im Nachtrag ist kein Begriff, der auf ein Fixgeschäft hinweist".

[56] Ebenroth/Boujong/Achilles Rn. 13.

[57] OLG München 2.10.2013, BeckRS 2013, 17417.

[58] Vgl. OLG Celle 27.4.2000, OLGR 2000, 199.

[59] Ebenroth/Boujong/Achilles Rn. 14; MüKoHGB/Grunewald Rn. 7; K. Schmidt HandelsR § 29 Rn. 29 f.; Nagel DB 1991, 319 (320 f.); Emmerich JuS 1997, 98 (100); Heymann/Emmerich/Hoffmann Rn. 10.

[60] *Staub/Koller Rn. 18.*

[61] RG 11.12.1895, RGZ 36, 83 (85); OLG Hamburg 9.7.1980, RIW 1981, 262 (264).

[62] RG 30.4.1924, RGZ 108, 158 (159).

[63] OLG Jena 22.2.2005, BeckRS 2011, 18099; OGH 28.1.1987, EvBl. 1987/21, 755.

[64] BGH 22.10.1984, BGHZ 92, 317 (321); vgl. Ebenroth/Boujong/Achilles Rn. 11; MüKoHGB/Grunewald Rn. 7; Hopt/Leyens Rn. 5; KKD/Roth/Huber Rn. 5.

[65] BGH 12.12.1990, NJW 1991, 1292 (1293); 27.10.1982, DB 1983, 385 (386); 4.2.1955, MDR 1955, 343 (344) = LM § 376 Nr. 1; OLG Köln MDR 1955, 422.

[66] RG 16.2.1917, RGZ 89, 419 (420 f.).

anzudienen sind.[67] Enthält die **Abladeklausel** einen genauen Zeitpunkt oder eine Frist für die Abladung, ist ein solcher Kauf nach Handelsbrauch als Fixgeschäft oder zumindest als „fixgeschäftsähnlich" anzusehen.[68] Der Käufer hat ein für den Verkäufer erkennbares, erhebliches Interesse daran, dass die Ware so früh wie möglich verschifft wird, damit nicht im Hinblick auf die Risiken und Unsicherheiten der Schiffsreise die Erfüllung der Lieferpflicht gegenüber seinen eigenen Abnehmern gefährdet wird.[69] Versäumt der Verkäufer die Abladefrist, hat er in Bezug auf die Abladung kein Recht auf eine Nachfrist. Der Käufer kann, wenn ihm ein die verspätete Abladung ausweisendes Konnossement angedient wird, die Andienung als nicht vertragsgemäß zurückweisen und seine Rechte aus § 376 geltend machen.[70]

18 **d) Verlängerung der Leistungszeit/-frist.** Haben die Parteien die ursprüngliche fix vereinbarte Lieferfrist verlängert, kann darin eine **neue Fixzeitvereinbarung** liegen.[71] Allein der Umstand, dass der neue Termin durch eine Verlängerung der ursprünglichen Fixvereinbarung zustande gekommen ist, bedeutet jedoch nicht, dass auch der neue Termin als „Fixtermin" anzusehen ist.[72] Vielmehr muss sich die Abänderung des ursprünglichen Fixgeschäfts an den strengen Voraussetzungen des § 376 Abs. 1 messen lassen. Wiederum muss durch Auslegung unter Berücksichtigung aller Umstände ermittelt werden, ob die Parteien der neuen Lieferfrist eine so weitgehende Bedeutung beimessen wollten und auch hier wirkt sich jeder Zweifel gegen die Annahme eines Fixgeschäftes aus.[73] Haben die Parteien sich darauf verständigt, der Verkäufer solle die Waren nicht wie ursprünglich fix vereinbart, sondern einige Tage später „auf Abruf" liefern, so stellt diese Vereinbarung kein Abschluss eines neuen Fixgeschäftes dar.[74]

19 **e) Aufhebung der Fixschuldabrede.** Nimmt der Gläubiger die verspätete Leistung vorbehaltlos an, liegt darin ggf. eine Aufhebung der Fixschuldabrede.[75]

20 **3. Formularmäßige Fixvereinbarungen.** Ein Fixgeschäft kann grundsätzlich **nicht formularmäßig, sondern nur individualvertraglich** begründet werden, da die besondere Bedeutung der Leistungszeit/-frist für den Vertragszweck nicht abstrakt-generell, sondern nur konkret-individuell, dh unter Berücksichtigung aller den Vertragsschluss begleitenden Umstände bestimmt werden kann.[76] Eine Fixklausel, die keinen Raum mehr für die Berücksichtigung dieser Umstände lässt,[77] ist unvereinbar mit dem Vorrang der Individualabrede und entfaltet deshalb gem. § 305b BGB keine Wirkung. Dies gilt grundsätzlich auch für **branchenübliche Fixklauseln** in Verträgen mit fixgeschäftsähnlichem Charakter zB in Qualitätssicherungsvereinbarungen und bei Just-in-time-Geschäften.[78] Dort, wo Fixgeschäfte branchenüblicher Weise nicht vorkommen, ist die Verwendung der Fixklausel zudem **überraschend iSv § 305c Abs. 1 BGB** (und wird deshalb nicht Vertragsbestandteil)[79] und wegen des Ausschlusses des Nachfristsetzungserfordernisses zudem unwirksam gem. § 309 Nr. 4 BGB, der gem. § 310 Abs. 1 S. 2 BGB, § 307 Abs. 2 Nr. 1 BGB auch im unternehmerischen Verkehr Anwendung findet.[80]

---

67 K. Schmidt HandelsR § 29 Rn. 24; zur Unterscheidung zwischen echten (eigentlichen) und unechten (uneigentlichen) Abladegeschäften Staub/Koller Vor § 373 Rn. 5.

68 Vgl. RG 1.11.1892, RGZ 30, 59 (60); 29.6.1909, RGZ 71, 307 (308 f.); 4.2.1916, RGZ 88, 71 (73); OLG Karlsruhe 12.2.1975, VersR 1975, 1042 (1043) zum FOB-Geschäft; OLG Hamburg 9.7.1980, RIW 1981, 262 (264); Schiedsgericht der Hamburger Freundschaftlichen Arbitrage 12.2.1985, RIW 1985, 328; Hopt/Leyens Rn. 7; **aA** Ostendorf IHR 2009, 100 (102); Magnus/Lüsing IHR 2007, 1 (9).

69 BGH 12.12.1990, NJW 1991, 1292 (1293).

70 Ebenroth/Boujong/Achilles Rn. 16.

71 Vgl. Ebenroth/Boujong/Achilles Rn. 20.

72 BGH 10.3.1998, NJW-RR 1998, 1489 (1491).

73 BGH 25.1.2001, NJW 2001, 2878.

74 OLG Celle 27.4.2000, OLGR 2000, 199.

75 Staub/Koller Rn. 21; **aA** MüKoHGB/Grunewald Rn. 8.

76 Graf v. Westphalen, AGB-Recht und Klauselwerke, Einkaufsbedingungen, Rn. 9; NK-HGB/Stöber Rn. 8; BeckOK HGB/Schwartze, 47. Ed. 1.7.2025, Rn. 5.

77 Vgl. BGH 17.1.1990, BGHZ 110, 88 (97 f.) = NJW 1990, 2065: „Die vereinbarten Lieferfristen und Liefertermine gelten fix.".

78 Offengelassen von BGH 17.1.1990, BGHZ 110, 88 (97 f.) = NJW 1990, 2065; **aA** Ebenroth/Boujong/Achilles Rn. 15; BeckOK HGB/Schwartze, 47. Ed. 1.7.2025, Rn. 5; Staub/Koller Rn. 22; BeckOGK/Höpfner, 1.3.2025, Rn. 30.

79 Vgl. BGH 17.1.1990, BGHZ 110, 88 (97 f.) = NJW 1990, 2065; BeckOK HGB/Schwartze, 47. Ed. 1.7.2025, Rn. 5; MüKoHGB/Grunewald Rn. 14; OLG Köln 19.7.2024, NJOZ 2024, 1390 (1396).

80 Vgl. BGH 17.1.1990, BGHZ 110, 88 (97 f.) = NJW 1990, 2065; **aA** BeckOK HGB/Schwartze, 47. Ed. 1.7.2025, Rn. 5.

Ist der Kauf nach **Handelsbrauch** als Fixgeschäft aufzufassen (zB Abladeklausel mit Abladezeitpunkt/-frist),[81] kann ein Einverständnis des Vertragspartners des Verwenders vermutet werden, sodass eine Fixklausel weder gegen § 305b BGB noch gegen § 305c Abs. 1 BGB und/oder § 310 Abs. 1 S. 2 BGB, § 309 Nr. 4 BGB, § 307 Abs. 2 Nr. 1 BGB verstößt.[82] Zweifel, die zur Ablehnung eines Fixgeschäfts führen, sind auch hier nicht ausgeschlossen. Sie müssen sich aber auf Umstände gründen, die schlüssig und überzeugend gerade dafür sprechen, warum kein Fixgeschäft gewollt war.[83] Formularklauseln, die **Fixgeschäfte ausschließen** (zB „Fixgeschäfte werden nicht getätigt"), sind ebenfalls mit dem Vorrang der Individualabrede nicht vereinbar und entfalten deshalb gem. § 305b BGB keine Wirkung.[84] 21

IV. Rechtsfolgen verspäteter Leistung

Bewirkt eine Vertragspartei die von ihr geschuldete Leistung nicht zum vereinbarten Zeitpunkt oder innerhalb der vereinbarten Frist, kann die andere Partei gem. § 376 Abs. 1 S. 1 vom Vertrag zurücktreten oder Schadensersatz wegen Nichterfüllung verlangen. Will der Gläubiger am Vertrag festhalten, muss er sich seinen Erfüllungsanspruch durch die in § 376 Abs. 1 S. 2 vorgesehene Anzeige erhalten.[85] Anderenfalls erlischt der Erfüllungsanspruch des Gläubigers abweichend von §§ 323, 281 Abs. 4 BGB auch ohne Rücktritt oder der Geltendmachung des Schadensersatzanspruchs statt der Leistung.[86] 22

1. Anspruch auf Vertragserfüllung. a) „Sofortige" Anzeige des Erfüllungsverlangens. „Sofort" bedeutet mehr als „unverzüglich" iSv § 121 Abs. 1 S. 1 BGB (ohne schuldhaftes Zögern). Das Erfüllungsverlangen muss **ohne jede Verzögerung** gestellt und kann später nicht mehr nachgeholt werden.[87] In den Fällen, in denen der Gläubiger von der Fristversäumung erst später Kenntnis erlangt (zB beim überseeischen Abladegeschäft), reicht es aus, wenn er die Erklärung, er verlange Erfüllung, „sofort" nach Kenntnis abgibt.[88] Im Übrigen spielt es keine Rolle, ob den Gläubiger an der Verzögerung der Erklärung ein Verschulden trifft.[89] 23

Bei der Anzeige handelt es sich um eine **einseitige, empfangsbedürftige Willenserklärung,** die keiner besonderen Form bedarf. Durch die Anzeige erlischt das Recht des Gläubigers zum Rücktritt und ein etwa bestehendes Recht zum Schadensersatz wegen Nichterfüllung. Beim Erfüllungsverlangen handelt es sich deshalb um ein **Gestaltungsgeschäft,** das als solches bedingungsfeindlich und unwiderruflich ist.[90] Da die Anzeige auf die Rechtsstellung des Erklärungsgegners ohne dessen zutun einwirkt, muss aus der Anzeige für den Erklärungsgegner **eindeutig** hervorgehen, dass der Gläubiger trotz der Fristüberschreitung eine Erfüllung des Vertrages verlangt wird. Dies kann auch durch eine Nachfristsetzung geschehen, da der Gläubiger damit konkludent erklärt, trotz eingetretener Verzögerung der Leistung weiterhin auf Erfüllung des Vertrages zu bestehen.[91] Die bloße Anzeige des Ausbleibens der Leistung[92] oder ein allgemeiner Protest gegen die Nichterfüllung reichen nicht aus.[93] Eine Irrtumsanfechtung, die sich auf die Unkenntnis der Rechtsfolge des § 376 Abs. 1 S. 2 stützt, ist nicht möglich, da es sich nur um einen unbeachtlichen Irrtum über ex lege eintretende Rechtsfolgen handelt.[94] 24

Nach heute hM kann auf die Anzeige des Erfüllungsbegehrens nur **ausnahmsweise verzichtet** werden. Es muss eindeutig feststehen, dass der Gläubiger auf eine Erfüllung des Vertrages besteht.[95] 25

---

[81] Zur Abgrenzung zwischen Branchenüblichkeit und Handelsbrauch Staudinger/Mäsch, 2022, BGB § 305 Rn. 213 f.; krit. zum Fixcharakter von Abladegeschäften kraft Handelsbrauchs Ebenroth/Boujong/Achilles Rn. 19.

[82] BeckOGK/Höpfner, 1.3.2025, Rn. 71.

[83] Vgl. BGH 27.10.1982, ZIP 1982, 1444 (1446).

[84] BGH 27.10.1982, ZIP 1982, 1444 (1446); MüKoHGB/Grunewald Rn. 15; vgl. auch Ebenroth/Boujong/Achilles Rn. 20.

[85] BGH 10.3.1998, NJW-RR 1998, 1489 (1490); 27.10.1982, ZIP 1982, 1444 (1446).

[86] KKD/Roth/Huber Rn. 7.

[87] Vgl. BGH 27.10.1982, ZIP 1982, 1444 (1446).

[88] Ebenroth/Boujong/Achilles Rn. 24; vgl. auch RG 1.11.1892, RGZ 30, 59 (61 f.); Staub/Koller Rn. 27.

[89] MüKoHGB/Grunewald Rn. 27; Staub/Koller Rn. 27; Hopt/Leyens Rn. 9; Ebenroth/Boujong/Achilles Rn. 24.

[90] Vgl. nur Grüneberg/Ellenberger Überblick BGB § 104 Rn. 17.

[91] BGH 10.3.1998, NJW 1998, 1489 (1490); 27.10.1982, ZIP 1982, 1444 (1446); BeckOK HGB/Schwartze, 47. Ed. 1.7.2025, Rn. 9.

[92] BGH 10.3.1998, NJW 1998, 1489 (1490).

[93] Ebenroth/Boujong/Achilles Rn. 23; BeckOK HGB/Schwartze, 47. Ed. 1.7.2025, Rn. 9.

[94] Ebenroth/Boujong/Achilles Rn. 21; Hopt/Leyens Rn. 9.

[95] Ebenroth/Boujong/Achilles Rn. 25; Staub/Koller Rn. 27; Heymann/Emmerich/Hoffmann Rn. 11; BeckOK HGB/Schwartze, 47. Ed. 1.7.2025, Rn. 9; **aA** Schlegelberger/Hefermehl Rn. 16.

Diese „absolute Gewissheit“ soll sich grundsätzlich auch aus einer vorher gemachten Anzeige ergeben können.[96] Dies scheint zweifelhaft. Je nach der Formulierung der Anzeige, kann auch ein bloßes Angebot zur Verschiebung des Fixtermins oder zur Umwandlung des Fixgeschäfts in einen Handelskauf ohne Fixcharakter gemeint sein.[97]

26 **b) Wirkungen der Anzeige.** Durch das **rechtzeitige Erfüllungsverlangen** wandelt sich das Fixgeschäft in einen gewöhnlichen Handelskauf um.[98] Die Rechtsbehelfe des Rücktritts und des Schadensersatzes statt der Leistung stehen dem Gläubiger dann nicht mehr gem. § 376 Abs. 1 S. 1 wegen Nichteinhaltung des Fixtermins, sondern nur unter den Voraussetzungen der §§ 281, 323 BGB zu. Diese Rechtsfolge steht nicht im Widerspruch zu Art. 18 Abs. 2 UAbs. 2 Verbraucherrechte-RL,[99] der den Verbraucher zum **sofortigen Rücktritt** berechtigt, wenn der Unternehmer nicht fristgemäß liefert. Wenn der Verbraucher nicht sofort zurücktritt, sondern stattdessen Erfüllung verlangt, ist Art. 18 Abs. 2 UAbs. 2 Verbraucherrechte-RL nicht berührt. Verlangt der Gläubiger **Teilleistung,** beschränkt sich der Erfüllungsanspruch auf die Teilleistung.[100] Erfolgt die Anzeige **nicht rechtzeitig,** tritt keine Umwandlung des Fixhandelsgeschäfts ein. Anhand der Umstände des Einzelfalls ist zu prüfen, ob die Anzeige als ein **neues Vertragsangebot,** möglicherweise verbunden mit einer neuen Fixfrist, aufzufassen ist, das der Schuldner angenommen hat.[101]

27 **c) Ersatz des Verzugsschadens.** Unberührt von den Rechtswirkungen einer (nicht) rechtzeitigen Anzeige bleibt der Anspruch des Gläubigers auf Ersatz seines Verzugsschadens. Insoweit enthält das **Erfüllungsverlangen keinen Verzicht** auf die Rechte aus § 280 Abs. 1 und 2 BGB, § 286 BGB.[102] Da die Leistung bei einem Fixhandelskauf genau zu einer bestimmten/bestimmbaren Zeit/Frist bewirkt werden muss, ist eine Mahnung gem. § 286 Abs. 2 Nr. 1 BGB stets entbehrlich. Mit der Fristüberschreitung tritt zugleich Verzug ein, soweit der Schuldner die Verzögerung der Leistung zu vertreten hat (§ 286 Abs. 4 BGB). Handelt es sich bei dem Gläubiger – wie regelmäßig – um den Käufer, ist er zum Ersatz der Differenz zwischen dem Markt- und Börsenpreis (→ § 374 Rn. 44) zum Zeitpunkt des Verzugseintritts und dem niedrigeren Markt- und Börsenpreis zum Zeitpunkt der tatsächlichen Lieferung berechtigt.[103] Hat die Ware ausnahmsweise keinen Markt- und Börsenpreis muss der Käufer den Verzugsschaden konkret berechnen, indem er zB (Weiter-)Verkaufsmöglichkeiten zur Zeit des Verzugseintritts und der tatsächlichen Lieferung darlegt.[104] Ist der Käufer infolge der nicht rechtzeitigen Selbstbelieferung gegenüber seinem Abnehmer zum Schadensersatz verpflichtet, kann er beim Verkäufer Regress nehmen.

28 **2. Recht zum Rücktritt. a) Voraussetzungen.** Der Gläubiger ist gem. § 376 Abs. 1 S. 1 Alt. 1 zum Rücktritt berechtigt, wenn die fix geschuldete Leistung nicht termingemäß erfolgt. Auf ein **Verschulden** des Schuldners **kommt es nicht an.**[105] Eine **Nachfristsetzung** iSv § 323 Abs. 1 BGB ist **nicht erforderlich.**[106] Dies folgt nicht zuletzt daraus, dass eine sofortige Nachfristsetzung als Erfüllungsverlangen iSv § 376 Abs. 1 S. 2 zu qualifizieren wäre, was das Recht des Gläubigers zum Rücktritt zum Erlöschen brächte. Haben die beiderseitigen Leistungen Zug-um-Zug zu erfolgen, braucht der Gläubiger zur Begründung seines Rücktrittsrechts nur zu behaupten, dass die ihm geschuldete Leistung nicht termingerecht erfolgt sei. Er braucht nicht darzulegen, dass er die von ihm geschuldete Leistung dem säumigen Vertragsteil in einer Annahmeverzug begründenden Weise angeboten hat.[107]

---

[96] Staub/Koller Rn. 27; MüKoHGB/Grunewald Rn. 27; Heymann/Emmerich/Hoffmann Rn. 11; BeckOK HGB/Schwartze, 47. Ed. 1.7.2025, Rn. 9.

[97] Vgl. BeckOK HGB/Schwartze, 47. Ed. 1.7.2025, Rn. 9; Ebenroth/Boujong/Achilles Rn. 25.

[98] BGH 10.3.1998, NJW 1998, 1489 (1490); 27.10.1982, ZIP 1982, 1444 (1446); LG Bonn 19.1.2022, BeckRS 2022, 596.

[99] Ebenroth/Boujong/Achilles Rn. 9; **aA** MüKoHGB/Grunewald Rn. 30; BeckOGK/Höpfner, 1.3.2025, Rn. 16; Bassler/Büchler AcP 214 (2014), 888 (902), die auf § 242 BGB zurückgreifen wollen; BeckOGK/Looschelders, 1.11.2022, BGB § 323 Rn. 184; Zimmermann JuS 2018, 842 (847); Schmitt VuR 2014, 90.

[100] Staub/Koller Rn. 17.

[101] BGH 10.3.1998, NJW 1998, 1489 (1490).

[102] Unklar BGH 10.3.1998, NJW 1998, 1489 (1490).

[103] Staub/Koller Rn. 35.

[104] Vgl. BGH 2.12.1994, NJW 1995, 587 (589).

[105] Vgl. MüKoHGB/Grunewald Rn. 16; NK-HGB/Stöber Rn. 17; BeckOK HGB/Schwartze, 47. Ed. 1.7.2025, Rn. 11.

[106] Canaris HandelsR § 29 Rn. 27; NK-HGB/Stöber Rn. 17; BeckOK HGB/Schwartze, 47. Ed. 1.7.2025, Rn. 11; Staub/Koller Rn. 30.

[107] RG 30.4.1924, RGZ 108, 158 (159); vgl. Ebenroth/Boujong/Achilles 27; Staub/Koller Rn. 30.

b) Beschränkungen des Rücktrittsrechts nach den allgemeinen Regelungen des BGB. 29
Soweit § 376 Abs. 1 S. 1 Alt. 1 den Gläubiger zum Rücktritt berechtigt, handelt es sich um eine Sonderregelung zu § 323 BGB. § 323 BGB wird jedoch nicht vollständig verdrängt, sondern nur in dem Umfang, in dem § 376 Abs. 1 S. 1 Alt. 1 Geltungsvorrang zukommt.[108] Nicht anwendbar sind danach die § 323 Abs. 1–3 BGB, die die Fristsetzung betreffen. Anwendbar ist dagegen **§ 323 Abs. 4 BGB,** sodass der Gläubiger bereits vor Eintritt der Fälligkeit des Leistungsanspruchs zurücktreten kann, wenn offensichtlich ist, dass der Schuldner den vereinbarten Leistungstermin unmöglich einhalten kann.[109]

§ 323 Abs. 5 S. 1 BGB ist ebenfalls anwendbar, wenn der Gläubiger eine Teilleistung angenommen hat. 30 Er kann seinen Rücktritt auf den ausgebliebenen Teil beschränken.[110] **§ 323 Abs. 5 S. 2 BGB** erfasst nach allgemeiner Ansicht unmittelbar nur die sach- oder rechtsmängelbehaftete Leistung,[111] obgleich man grundsätzlich auch die verzögerte Lieferung als nicht „vertragsgemäße" Leistung ansehen könnte.[112] Der hinter § 323 Abs. 5 S. 2 BGB stehende Gedanke der Verhältnismäßigkeit greift aber auch bei der verzögerten Leistung ein, sodass zumindest eine Analogie zulässig erscheint. Zwar handelt es sich bei dem Fixtermin um eine wesentliche Vertragspflicht, sodass man geneigt ist, die Nichteinhaltung grundsätzlich als erhebliche Pflichtverletzung zu qualifizieren. Jedoch ist anerkannt, dass bei **geringfügigen Fristüberschreitungen** die Ausübung des Rücktrittsrechts wegen Rechtsmissbrauchs gem. § 242 BGB ausgeschlossen sein kann.[113] Diese Wertung ist bei der Beurteilung der Erheblichkeit der Pflichtverletzung zu berücksichtigten. Insoweit bedarf es eines Rückgriffs auf § 242 BGB (unter dem Gesichtspunkt des Rechtsmissbrauchs) nicht mehr.[114]

Schließlich ist auch **§ 323 Abs. 6 BGB** anwendbar, wenn der Gläubiger für die Verspätung allein 31 oder weit überwiegend verantwortlich ist oder wenn der vom Schuldner nicht zu vertretende Umstand zu einer Zeit eintritt, zu welcher der Gläubiger im Verzug der Annahme ist.[115] Damit haben die unter dem Stichwort **eigene Vertragsuntreue** aus § 242 BGB hergeleiteten Beschränkungen des Rücktrittsrechts durch die Schuldrechtsreform ihre Kodifikation erfahren. Der Käufer kann deshalb nicht vom Kaufvertrag zurücktreten, wenn er die Verspätung selbst zu vertreten hat, zB weil er die rechtzeitige vorherige Stellung eines Akkreditivs versäumt hat,[116] eine ihm obliegende Mitwirkungspflicht nicht oder nicht rechtzeitig erbracht oder wenn der Verkäufer ein Leistungsverweigerungsrecht hat.[117] Raum für § 242 BGB bleibt nur noch für die Fallgruppe des Verstoßes gegen das **Verbot widersprüchlichen Verhaltens,** das zB zum Tragen kommt, wenn der Käufer einerseits die verspätet gelieferte Ware abnimmt und weiterverkauft und anderseits den Rücktritt erklärt und damit die Rückabwicklung des Kaufvertrages begehrt.[118] Eine ausreichende Bevorratung des Gläubigers ist im Rahmen der nach § 242 BGB anzustellenden Zumutbarkeitsprüfung nicht zu berücksichtigen.[119] Ein verspätetes Angebot des Schuldners lässt das Recht des Gläubigers zum Rücktritt unberührt.[120]

c) Geltendmachung des Rücktrittsrechts. Die Geltendmachung des Rücktrittsrechts erfolgt 32 gem. § 349 BGB durch **formlose, einseitige, empfangsbedürftige Willenserklärung** des Gläubigers gegenüber dem Schuldner. Die Rücktrittserklärung ist grundsätzlich bedingungsfeindlich und unwiderruflich. Die Frage, ob das Rücktrittsrecht iSd § 376 Abs. 1 S. 1 **innerhalb einer bestimmten Frist** geltend gemacht werden muss, wird unterschiedlich beantwortet. Nach Ansicht des RG und ihm folgend eines Teils des Schrifttums ist das Recht zum Rücktritt von einem Fixgeschäft

---

[108] Vgl. Ebenroth/Boujong/Achilles Rn. 28; Hopt/Leyens Rn. 4; BeckOK HGB/Schwartze, 47. Ed. 1.7.2025, Rn. 3; KKD/Roth/Huber Rn. 2; Staub/Koller Rn. 6 zum Verhältnis von § 376 zu § 323 Abs. 2 Nr. 2 BGB); weitergehend Canaris FS Konzen, 2006, 43 (49): alternative Konkurrenz; Wahlrecht der Parteien zwischen BGB- und HGB-Fixgeschäft.

[109] Vgl. Staub/Koller Rn. 32; KKD/Roth/Huber Rn. 8; Hopt/Leyens Rn. 10; Canaris HandelsR § 29 Rn. 28; Hübner HandelsR Rn. 576; NK-HGB/Stöber Rn. 17.

[110] Vgl. Grüneberg/Grüneberg BGB § 323 Rn. 25; BGH 27.10.1982, ZIP 1982, 1444 (1446).

[111] MüKoBGB/Ernst BGB § 323 Rn. 247; Grüneberg/Grüneberg BGB § 323 Rn. 27; BeckOK BGB/Schmidt, 75. Ed. 1.8.2022, BGB § 323 Rn. 47.

[112] Vgl. auch Grüneberg/Grüneberg BGB § 323 Rn. 32: analoge Anwendung auf den Fall der Nichterfüllung.

[113] Vgl. RG 29.6.1927, RGZ 117, 354 (356): Verspätung der Beladung um eine halbe Stunde.

[114] So aber Ebenroth/Boujong/Achilles Rn. 28; MüKoHGB/Grunewald Rn. 19; Staub/Koller Rn. 20; BeckOK HGB/Schwartze, 47. Ed. 1.7.2025, Rn. 12.

[115] Vgl. Ebenroth/Boujong/Achilles Rn. 30; MüKoHGB/Grunewald Rn. 17; NK-HGB/Stöber Rn. 17.

[116] BGH 12.12.1990, NJW 1991, 1292 (1293).

[117] BGH 23.11.1964, MDR 1965, 377; Hopt/Leyens Rn. 10; Ebenroth/Boujong/Achilles Rn. 30.

[118] Heymann/Emmerich/Hoffmann Rn. 13; Ebenroth/Boujong/Achilles Rn. 30.

[119] Ebenroth/Boujong/Achilles Rn. 29; **aA** MüKoHGB/Grunewald Rn. 19.

[120] Ebenroth/Boujong/Achilles Rn. 29; Hopt/Leyens Rn. 10.

„sofort“[121] bzw. „alsbald“[122] auszuüben. Die überwiegende Lit. spricht sich gegen das Unverzüglichkeitserfordernis aus, will aber zum Teil dem Schuldner analog § 350 BGB das Recht einräumen, dem Gläubiger eine angemessene Frist zur Ausübung zu setzen.[123]

33 Indes liegen die **Voraussetzungen für eine Analogie** nicht vor.[124] Es fehlt *erstens* an einer planwidrigen Regelungslücke. Der Gesetzgeber hat den Vorschlag der Schuldrechtsreformkommission, die eine Sondervorschrift für das gesetzliche Rücktrittsrecht vorgeschlagen hatte,[125] nicht aufgegriffen und sich auf den Standpunkt gestellt, die Unsicherheit könne dem Schuldner zugemutet werden, weil er vertragsbrüchig gewesen sei und überdies eine Frist zur Nacherfüllung ergebnislos habe verstreichen lassen.[126] *Zweitens* fehlt es bei § 376 Abs. 1 S. 1 Alt. 1 an einer mit dem Rücktritt nach § 323 BGB vergleichbaren Interessenlage.[127] Bei § 350 BGB geht es darum, dem Rücktrittsgegner die Ungewissheit zu ersparen, die sich für ihn daraus ergibt, dass der Berechtigte zwischen Rücktritt und Erfüllung wählen kann.[128] Eine derartige Ungewissheit besteht bei § 376 Abs. 1 S. 1 Alt. 1 nicht, da der Schuldner durch das Erfordernis einer „sofortigen Anzeige“ des Erfüllungsverlangens hinreichend geschützt ist.[129]

34 Eine zeitliche Beschränkung des Rücktrittsrechts – vor Eintritt der Gestaltungsverjährung – lässt sich somit nur aus **§ 242 BGB** herleiten. Allerdings gilt für Gestaltungsrechte kein allgemeiner Grundsatz, dass eine Verwirkung bereits nach einem kurzen Zeitablauf eintritt. Treu und Glauben können es allerdings verlangen, dass der Berechtigte im Interesse der anderen Vertragspartei alsbald Klarheit darüber schafft, ob er beabsichtigt, sein Gestaltungsrecht auszuüben, und damit nicht länger zögert als notwendig.[130] Entscheidend sind letztlich die Umstände des Einzelfalls.[131] Ein berechtigtes Interesse des Schuldners ist beim Fixhandelskauf jedenfalls dann nicht gegeben, wenn der Schuldner noch **keine Leistungen** erbracht hat. Da der Erfüllungsanspruch des Gläubigers wegen nicht rechtzeitiger Anzeige erloschen ist, geht es dann nur noch um die Frage, ob der Gläubiger gem. § 376 Abs. 1 S. 1 Alt. 2 Schadensersatz wegen Nichterfüllung geltend macht.[132] Raum für eine Befristung nach § 242 BGB bleibt nur für den Fall, dass der Schuldner **Teilleistungen** erbracht hat und die Voraussetzungen des § 323 Abs. 5 S. 1 BGB vorliegen.

35 **3. Schadensersatz „wegen Nichterfüllung“. a) Terminologisches.** Gemäß § 376 Abs. 1 S. 1 Alt. 2 kann der Gläubiger anstelle („oder“) zurückzutreten auch Schadensersatz „wegen Nichterfüllung“ verlangen, wenn der Schuldner den Fixtermin nicht einhält. Schadensersatz wegen Nichterfüllung ist gleichbedeutend mit dem Begriff **„Schadensersatz statt der Leistung“** iSv § 280 Abs. 3 BGB.[133] Der Wortlaut des § 376 Abs. 1 S. 1 Alt. 2 ist wegen eines Redaktionsversehens nicht der Terminologie des reformierten Schuldrechts angepasst worden.[134]

36 **b) Verhältnis zum Rücktrittsrecht.** Das Recht zum Schadensersatz statt der Leistung und zum Rücktritt stehen trotz der Formulierung „oder“ nicht im Verhältnis der Alternativität, sondern können **nebeneinander** (kumulativ) geltend gemacht werden. Es handelt sich bei der Konjunktion „oder“ also nicht um ein exklusives „oder“, sondern um ein „oder“ im Sinne von „und“.[135]

---

[121] RG 1.11.1892, RGZ 30, 59 (62).

[122] RG 28.3.1930, Recht 1930, 365 Nr. 1245; Würdinger/Röhricht Rn. 16; vgl. auch KKD/Roth/Huber Rn. 8; offengelassen in BGH 12.12.1990, NJW 1991, 1292 (1294).

[123] MüKoHGB/Grunewald Rn. 18; Staub/Koller Rn. 32; offenlassend Hopt/Leyens Rn. 10; abl. Ebenroth/Boujong/Achilles Rn. 32; KKD/Roth/Huber Rn. 8; Heymann/Emmerich/Hoffmann Rn. 14; Canaris HandelsR § 29 Rn. 41.

[124] NK-HGB/Stöber Rn. 18; Ebenroth/Boujong/Achilles Rn. 32; Heymann/Emmerich/Hoffmann Rn. 14; **aA** MüKoHGB/Grunewald Rn. 18; Staub/Koller Rn. 32.

[125] Abschlussbericht 171, 191.

[126] Begr. RegE, BT-Drs. 14/6040, 185.

[127] Zu diesem Erfordernis für eine Gesetzesanalogie BGH 13.7.1988, BGHZ 105, 140 (143) = NJW 1988, 2734; **aA** MüKoHGB/Grunewald Rn. 18.

[128] MüKoBGB/Gaier BGB § 350 Rn. 2; Staudinger/Kaiser, 2012, BGB § 350 Rn. 2.

[129] Canaris HandelsR § 29 Rn. 41.

[130] BGH 18.10.2001, NJW 2002, 669 (670); 11.3.1969, WM 1969, 721 (723).

[131] Vgl. BGH 18.10.2001, NJW 2002, 669 (670); 30.3.1996, NJW-RR 1996, 949 (950).

[132] Vgl. BGH 27.10.1982, ZIP 1982, 1444 (1446).

[133] Ebenroth/Boujong/Achilles Rn. 34; Hopt/Leyens Rn. 11; KKD/Roth/Huber Rn. 9; MüKoHGB/Grunewald Rn. 21; Hübner HandelsR § 7 Rn. 569; Canaris HandelsR § 29 Rn. 29; NK-HGB/Stöber Rn. 19.

[134] Ebenroth/Boujong/Achilles Rn. 34; Canaris HandelsR § 29 Rn. 29; BeckOGK/Höpfner, 1.3.2025, Rn. 42.

[135] Hopt/Leyens Rn. 11; NK-HGB/Stöber Rn. 13; KKD/Roth/Huber Rn. 8; Heymann/Emmerich/Hoffmann Rn. 15; BeckOK HGB/Schwartze, 47. Ed. 1.7.2025, Rn. 13; BeckOGK/Höpfner, 1.3.2025, Rn. 42. Da § 376 Abs. 1 S. 1 HGB lex specialis nicht nur zu § 323 Abs. 1 BGB, § 281 Abs. 1 S. 1 BGB, sondern auch zu § 325 BGB ist, ist der Grundsatz „lex posterior derogat legi priori“ entgegen Oetker HandelsR § 8 Rn. 21 nicht anzuwenden.

c) Voraussetzungen. Der Anspruch auf Schadensersatz wegen Nichterfüllung gem. § 376 Abs. 1 S. 1 Alt. 2 ist eine **Sonderregelung zu § 281 Abs. 1 S. 1 BGB.**[136] Abweichend von § 281 Abs. 1 S. 1 BGB muss der Gläubiger dem Schuldner keine Nachfrist setzen.[137] Dies folgt wiederum daraus, dass eine sofortige Nachfristsetzung als Erfüllungsverlangen iSv § 376 Abs. 1 S. 2 zu qualifizieren wäre, was nicht nur das Recht des Gläubigers zum Rücktritt (→ Rn. 28), sondern auch den Anspruch auf Schadensersatz statt der Leistung wegen Überschreitung des Leistungszeitpunkts zum Erlöschen brächte. Keine Anwendung finden § 281 Abs. 1 S. 3,[138] der sich nur auf unerhebliche Pflichtverletzungen bezieht, § 281 Abs. 2 und 3 BGB, die an die Fristsetzung anknüpfen, sowie § 281 Abs. 4 BGB. Anwendbar sind jedoch § 281 Abs. 1 S. 2 BGB und § 281 Abs. 5 BGB.[139] 37

Nach dem Wortlaut des § 376 Abs. 1 S. 1 Alt. 2 setzt der Schadensersatzanspruch **Verzug des Schuldners iSv § 286 BGB** voraus, was wiederum im Widerspruch dazu steht, dass der Anspruch auf Schadensersatz statt der Leistung im Rahmen der Schuldrechtsreform von den förmlichen Voraussetzungen des Verzugs gelöst werden sollte.[140] Wie bei § 375 Abs. 2 S. 1 ist jedoch auch hier an dem Verzugserfordernis und damit auch an dem Verschulden iSd § 286 Abs. 4 BGB festzuhalten.[141] Praktisch hat das Verzugserfordernis keine die Entstehung des Schadensersatzanspruchs beschränkende Wirkung, da eine Mahnung bei einem Fixgeschäft nach § 286 Abs. 2 Nr. 1 BGB entbehrlich ist und es deshalb auch für das Vertretenmüssen nach § 286 Abs. 4 BGB allein auf den Zeitpunkt ankommt, zu dem die Leistung zu erbringen war.[142] 38

d) Geltendmachung. Die Geltendmachung des Schadensersatzanspruchs erfolgt durch **formlose, empfangsbedürftige Erklärung** gegenüber dem Schuldner. Sie stellt kein Rechtsgeschäft, sondern eine geschäftsähnliche Handlung dar,[143] auf die – wie bei der Mahnung nach § 286 BGB – die Vorschriften über Rechtsgeschäfte und Willenserklärungen entsprechend anwendbar sind. Das Verlangen nach Schadensersatz wegen Nichterfüllung ist ebenso wie der Rücktritt an keine bestimmte Frist gebunden und wird insoweit vor dem Eintritt der Verjährung nur durch den Grundsatz von Treu und Glauben beschränkt.[144] 39

e) Berechnung des Schadens. aa) Ausgangspunkt. Der Gläubiger, der einen Anspruch auf Schadensersatz wegen Nichterfüllung hat, kann gem. § 249 Abs. 1 BGB verlangen, wirtschaftlich so gestellt zu werden, wie er stehen würde, wenn der Schuldner den Vertrag ordnungsgemäß erfüllt hätte.[145] Zur Berechnung des Nichterfüllungsschadens bedarf es daher eines Vergleichs zwischen der Vermögenslage, die eingetreten wäre, wenn der Schuldner ordnungsgemäß erfüllt hätte, und der durch die Nichterfüllung tatsächlich entstandenen Vermögenslage **(Differenzmethode/-hypothese).**[146] Der Nichterfüllungsschaden erfasst auch den entgangenen Gewinn (§ 252 S. 1 BGB). Nach § 252 S. 2 BGB gilt als entgangen der Gewinn, welcher nach dem gewöhnlichen Lauf der Dinge oder nach den besonderen Umständen mit Wahrscheinlichkeit erwartet werden konnte. Ist der **Schadensersatzgläubiger Kaufmann,** so entspricht es nach der Rspr. dem „gewöhnlichen Lauf der Dinge", dass er gewisse Geschäfte im Rahmen seines Gewerbes tätigt und daraus Gewinn erzielt.[147] 40

Bei dieser **abstrakten Art der Schadensberechnung** ist die volle Gewissheit, dass der Gewinn gezogen worden wäre, nicht erforderlich. Der Nachweis einer gewissen Wahrscheinlichkeit reicht aus. Ist ersichtlich, dass der Gewinn nach dem gewöhnlichen Lauf der Dinge mit Wahrscheinlichkeit erwartet werden konnte, wird vermutet, dass er erzielt worden wäre. Insoweit handelt es sich bei 41

---

136 Canaris HandelsR § 29 Rn. 28, 32.

137 AllgM, vgl. Ebenroth/Boujong/Achilles Rn. 34; Hopt/Leyens Rn. 11; KKD/Roth/Huber Rn. 9; Oetker HandelsR § 8 Rn. 21; MüKoHGB/Grunewald Rn. 21; Heymann/Emmerich/Hoffmann Rn. 15; Canaris HandelsR § 29 Rn. 29.

138 **AA** MüKoHGB/Grunewald Rn. 21; BeckOGK/Höpfner, 1.3.2025, Rn. 42.

139 Vgl. MüKoHGB/Grunewald Rn. 21; Canaris HandelsR § 29 Rn. 32; Lettl HandelsR § 12 Rn. 40.

140 Ebenroth/Boujong/Achilles Rn. 35.

141 Vgl. OLG Bamberg 5.3.2012, ZVertriebsR 2021, 309 (313); NK-HGB/Stöber Rn. 20; BeckOK HGB/Schwartze, 47. Ed. 1.7.2025, Rn. 13; Ebenroth/Boujong/Achilles Rn. 35; Staub/Koller Rn. 34; RGHMW/Wagner Rn. 17; **aA** MüKoHGB/Grunewald Rn. 21.

142 Vgl. auch Ebenroth/Boujong/Achilles Rn. 35.

143 Grüneberg/Grüneberg BGB § 281 Rn. 50; MüKoBGB/Ernst BGB § 281 Rn. 108; Ebenroth/Boujong/Achilles Rn. 37.

144 Vgl. Ebenroth/Boujong/Achilles Rn. 37; Leßmann JA 1990, 143 (148).

145 Grdl. RG 22.6.1917, RGZ 91, 30 (31).

146 BGH 9.7.1986, BGHZ 98, 212 (217) = NJW 1987, 50; 19.4.1991, BGHZ 114, 193 (196) = NJW 1991, 2277; 6.6.1997, NJW 1997, 2378; 20.5.1994, BGHZ 126, 131 (133 f.) = NJW 1994, 2480.

147 BGH 19.10.2005, NJW-RR 2006, 243 (244); 29.6.1994, BGHZ 126, 305 (308) = NJW 1994, 2478 mwN.

§ 252 S. 2 BGB nur um eine **Beweiserleichterung.**[148] Für den Schuldner besteht die Möglichkeit, den Nachweis zu führen, dass dem Schadensersatzgläubiger kein oder ein geringerer Schaden entstanden ist. Daneben kann der Schadensersatzgläubiger den Schaden stets **konkret berechnen,** indem er nachweist, welchen Gewinn er bei pflichtgemäßem Verhalten des Schuldners gemacht hätte oder welchen Verlust er durch das pflichtwidrige Verhalten erlitten hat.[149] Dem **Verbraucher** kommt nach bürgerlich-rechtlichen Regeln die Beweiserleichterung nicht zugute. Er muss/darf seinen Schaden grundsätzlich nur konkret berechnen.[150]

42 Diese Grundsätze der bürgerlich-rechtlichen Schadensberechnung gelten beim Fixhandelskauf nur insoweit, als Gegenstand der Lieferung Waren **ohne Börsen- und Marktpreis** (→ § 374 Rn. 40) sind. Bei Waren **mit Börsen- oder Marktpreis** gelten die nachstehenden Sonderregeln.

43 **bb) Waren mit Börsen- oder Marktpreis.** Besitzt die Ware einen Markt- oder Börsenpreis, unterliegt der Schadensersatzgläubiger bei der **Berechnung des konkreten Schadens,** der ihm durch die **Säumnis des anderen Vertragsteils** entstanden ist, den **Beschränkungen des § 376 Abs. 3.** Der Schadensersatzgläubiger kann das Ergebnis eines durchgeführten Deckungsgeschäfts (Verkauf oder Kauf) nach § 376 Abs. 3 S. 1 dem Ersatzanspruch nur dann zugrunde legen, wenn er das Deckungsgeschäft **„sofort"** nach dem Ablaufe der Leistungszeit/-frist nach Maßgabe der § 376 Abs. 3 S. 2 und Abs. 4 bewirkt hat. „Sofort" ist in dem gleichen Sinne zu verstehen wie beim Erfüllungsverlangen gem. § 376 Abs. 1 S. 2. Der Gläubiger muss das Deckungsgeschäft **ohne jede Verzögerung,** dh so schnell wie nach den Umständen möglich, vornehmen. Auf ein Verschulden kommt es nicht an.[151] Durch diese Regelungen wird verhindert, dass der Schadensersatzgläubiger eine für ihn günstige Preisentwicklung abwartet und insoweit auf Kosten des Schuldners spekuliert.[152]

44 Das Deckungsgeschäft muss zudem durch einen zu solchen Geschäften **öffentlich ermächtigten Handelsmakler** oder durch eine zur **öffentlichen Versteigerung befugte Person** zum laufenden Preise (→ § 374 Rn. 40) erfolgen. Hierdurch soll sichergestellt werden, dass der Verkauf oder Kauf tatsächlich zum Marktpreis erfolgt. Die öffentliche Versteigerung kommt nur beim Deckungsverkauf, nicht hingegen beim Deckungskauf in Betracht.[153] Im Fall des Deckungsverkaufs mittels öffentlicher Versteigerung findet gem. § 376 Abs. 4 S. 1 die Vorschrift des § 373 Abs. 4 Anwendung. Verkäufer und Käufer können also bei der öffentlichen Versteigerung der Ware mitbieten. Im Unterschied zum Selbsthilfeverkauf nach § 373 Abs. 2–5 bedarf es jedoch keiner vorherigen Androhung und Information über Zeit und Ort des Deckungsgeschäfts. Der Käufer ist gem. § 376 Abs. 4 S. 2 lediglich von der Durchführung des Geschäfts unverzüglich zu benachrichtigen.[154] Unterbleibt die Benachrichtigung, ist das Deckungsgeschäft gleichwohl gültig. Jedoch haftet der Verkäufer auf Schadensersatz, sofern die unterlassene Benachrichtigung zu einem Schaden beim Käufer geführt hat.[155]

45 Liegen die Voraussetzungen des § 376 Abs. 3 S. 1 nicht (mehr) vor, kann der Schadensersatzgläubiger nach **§ 376 Abs. 2** den Unterschied des Kaufpreises und des Börsen- oder Marktpreises zur Zeit und am Orte der geschuldeten Leistung fordern. Dem Schuldner ist abweichend von § 252 S. 2 BGB der Nachweis verwehrt, dass dem Gläubiger ein geringerer Schaden entstanden ist.[156] Insoweit handelt es sich bei § 376 Abs. 2 nicht nur um eine Beweisregel, sondern um eine Regel, die den **Mindestschaden des Schadensersatzgläubigers abstrakt festsetzt.**[157] Zudem ist nicht nur der

---

[148] StRspr, vgl. BGH 26.7.2005, NJW 2005, 3348 f.; 18.2.2002, WM 2002, 909 (910); 30.5.2001, NJW-RR 2001, 1542; 17.6.1998, WM 1998, 1787 (1788); 28.2.1996, NJW-RR 1996, 1077; 16.3.1959, BGHZ 29, 393 (397 ff.) = NJW 1959, 1079, und hL, vgl. MüKoBGB/Oetker BGB § 252 Rn. 31 mwN.

[149] BGH 19.10.2005, NJW-RR 2006, 243 (244); 30.5.2001, NJW-RR 2001, 1542; vgl. auch MüKoBGB/Oetker BGB § 252 Rn. 44 ff.

[150] BGH 29.6.1994, BGHZ 126, 305 (308) = NJW 1994, 2478; vgl. auch MüKoBGB/Oetker BGB § 252 Rn. 47.

[151] Hopt/Leyens Rn. 12; MüKoHGB/Grunewald Rn. 24; Ebenroth/Boujong/Achilles Rn. 42; BeckOK HGB/Schwartze, 47. Ed. 1.7.2025, Rn. 15.

[152] MüKoHGB/Grunewald Rn. 24; BeckOK HGB/Schwartze, 47. Ed. 1.7.2025, Rn. 15; NK-HGB/Stöber Rn. 22.

[153] Heymann/Emmerich/Hoffmann § 376 Rn. 19; BeckOK HGB/Schwartze, 47. Ed. 1.7.2025, Rn. 15; MüKoHGB/Grunewald Rn. 25.

[154] BeckOK HGB/Schwartze, 47. Ed. 1.7.2025, Rn. 15; RGHMW/Wagner Rn. 20.

[155] BeckOK HGB/Schwartze, 47. Ed. 1.7.2025, Rn. 15; Ebenroth/Boujong/Achilles Rn. 43; vgl. auch MüKoHGB/Grunewald Rn. 25.

[156] Hopt/Leyens Rn. 13; Heymann/Emmerich/Hoffmann § 376 Rn. 16; NK-HGB/Stöber Rn. 23; Leßmann JA 1990, 143 (148).

[157] Vgl. BGH 2.12.1994, BB 1995, 588; vgl. auch MüKoBGB/Oetker BGB § 252 Rn. 45; BeckOK HGB/Schwartze, 47. Ed. 1.7.2025, Rn. 14; Ebenroth/Boujong/Achilles Rn. 41.

kaufmännische Geschädigte zur abstrakten Schadensberechnung berechtigt, sondern auch der Verbraucher.[158]

V. Sukzessivlieferungsvertrag

Beim Sukzessivlieferungsvertrag in Form des **Ratenlieferungsvertrags** („echter" Sukzessivlieferungsvertrag) stehen dem Verkäufer die vorgenannten Rechtsbehelfe hinsichtlich jeder einzelnen Rate zu, die nicht fristgemäß geliefert wurde. Zum Schadensersatz für die noch ausstehenden Raten ist der Verkäufer nur unter den Voraussetzungen des § 281 Abs. 1 S. 2 BGB berechtigt,[159] zum Rücktritt vom gesamten Vertrag nur unter den Voraussetzungen des § 323 Abs. 5 S. 1 BGB berechtigt.[160] Handelt es sich um einen Sukzessivlieferungsvertrag in Form eines **Bezugsvertrags,** tritt an die Stelle des Rechts zum Rücktritt vom gesamten Vertrag das Recht zur Kündigung gem. § 314 BGB. 46

VI. Beweislast

Die Beweislast für die Vereinbarung eines Fixgeschäfts trägt diejenige Partei, die aus § 376 Rechte herleiten will.[161] Der Schuldner muss beweisen, dass er den Verzug nicht zu vertreten hat (§ 286 Abs. 4 BGB). 47

VII. Abweichende Vereinbarungen

§ 376 ist abdingbar. Dies gilt insbesondere auch für das Erfordernis der sofortigen Anzeige zum Erhalt des Erfüllungsanspruchs nach § 376 Abs. 1 S. 2.[162] Ein formularmäßiger Ausschluss des § 376 unterliegt der Einbeziehungs- und Inhaltskontrolle gem. §§ 305 ff. BGB. Da die Leistungszeit typischerweise von den Parteien ausgehandelt wird, ist auch die daran anknüpfende Fixabrede als **Individualvereinbarung** zu behandeln, der nach § 305b BGB Vorrang gegenüber einem formularmäßigen Ausschluss zukommt (→ Rn. 20 f.).[163] Liegen die Voraussetzungen eines Fixgeschäfts auf der Grundlage der individualvertraglichen Abrede nicht vor, ist eine Formularbestimmung, die der Vereinbarung gleichwohl den Charakter eines Fixhandelskaufs beilegt, **überraschend iSv § 305c Abs. 1 BGB,** weil der Vertragspartner des Verwenders vernünftiger Weise nicht damit zu rechnen braucht, dass in den AGB die Abhängigkeit des Geschäfts von der strikten Fristwahrung festgelegt wird.[164] Daneben ist eine solche Klausel auch **unangemessen iSd § 307 Abs. 2 Nr. 1 BGB,** da durch die formularmäßige Festlegung eines Fixhandelskaufs der Verwender von der Pflicht zur Nachfristsetzung gem. § 281 Abs. 1 S. 1 BGB bzw. § 323 Abs. 1 BGB befreit wäre.[165] 48

VIII. UN-Kaufrecht

Das UN-Kaufrecht enthält keine speziellen Regelungen zum Fixhandelskauf. Haben die Parteien eine bestimmte oder bestimmbare Leistungszeit/-frist festgelegt, mit deren Einhaltung oder Nichteinhaltung der Kaufvertrag stehen oder fallen soll, stellt die Fristüberschreitung eine **wesentliche Vertragsverletzung iSv Art. 25 CISG** dar.[166] Die jeweils nachteilig betroffene Partei hat unabhängig vom Verschulden der säumigen Partei Anspruch auf **Schadensersatz** (Art. 45 Abs. 1 lit. b CISG, Art. 61 Abs. 1 lit. b CISG) und ist berechtigt, ohne Fristsetzung den **Vertrag aufzuheben** (Art. 49 49

---

158 Vgl. BGH 2.12.1994, BB 1995, 588; BeckOK HGB/Schwartze, 47. Ed. 1.7.2025, Rn. 14; Staub/Koller Rn. 35; für eine analoge Anwendung auf Kaufverträge ohne Fixvereinbarung unter Kaufleuten s. Müller WM 2013, 1 (6 ff.).

159 Hopt/Leyens Rn. 11; NK-HGB/Stöber Rn. 20; KKD/Roth/Huber Rn. 8; Heymann/Emmerich/Hoffmann Rn. 15; Herresthal ZIP 2006, 883 (889); Hübner HandelsR § 7 Rn. 573. Da § 376 Abs. 1 S. 1 HGB lex specialis nicht nur zu § 323 Abs. 1 BGB, § 281 Abs. 1 S. 1 BGB, sondern auch zu § 325 BGB ist, ist der Grundsatz „lex posterior derogat legi priori" entgegen Oetker HandelsR § 8 Rn. 21 nicht anzuwenden.

160 Ebenroth/Boujong/Achilles Rn. 51 iVm § 375 Rn. 42: § 314 BGB.

161 NK-HGB/Stöber Rn. 25.

162 Canaris HandelsR § 29 Rn. 35; Hopt/Leyens Rn. 4.

163 **AA** BeckOGK/Höpfner, 1.3.2025, Rn. 30.

164 BGH 17.1.1990, NJW 1990, 2065 (2067); OLG Köln 19.7.2024, NJOZ 2024 1390 (1395); OLG Hamburg 23.1.2013, BeckRS 2014, 17529.

165 BGH 17.1.1990, NJW 1990, 2065 (2067); OLG Köln 19.7.2024, NJOZ 2024 1390 (1395); OLG Hamburg 23.1.2013, BeckRS 2014, 17529.

166 Vgl. OLG Karlsruhe 15.2.2016, BeckRS 2016, 03859; OLG Köln 24.4.2013, IHR 2015, 60 (64); BeckOGK/Höpfner, 1.3.2025, Rn. 51; vgl. auch OLG Celle 19.3.2019, IWRZ 2021, 33 (134).

Abs. 1 lit. a CISG, Art. 64 Abs. 1 lit. a CISG).[167] Die formularmäßige Vereinbarung eines absoluten Fixgeschäfts ist gem. § 307 Abs. 2 Nr. 1 BGB unwirksam.[168]

§ 377 [Untersuchungs- und Rügepflicht]

(1) Ist der Kauf für beide Teile ein Handelsgeschäft, so hat der Käufer die Ware unverzüglich nach der Ablieferung durch den Verkäufer, soweit dies nach ordnungsmäßigem Geschäftsgange tunlich ist, zu untersuchen und, wenn sich ein Mangel zeigt, dem Verkäufer unverzüglich Anzeige zu machen.

(2) Unterläßt der Käufer die Anzeige, so gilt die Ware als genehmigt, es sei denn, daß es sich um einen Mangel handelt, der bei der Untersuchung nicht erkennbar war.

(3) Zeigt sich später ein solcher Mangel, so muß die Anzeige unverzüglich nach der Entdeckung gemacht werden; anderenfalls gilt die Ware auch in Ansehung dieses Mangels als genehmigt.

(4) Zur Erhaltung der Rechte des Käufers genügt die rechtzeitige Absendung der Anzeige.

(5) Hat der Verkäufer den Mangel arglistig verschwiegen, so kann er sich auf diese Vorschriften nicht berufen.

Schrifttum: Altmeppen/Reichard, Die aliud-Lieferung beim Kauf, FS U. Huber, 2006, 73; Barnert, Mängelhaftung und Unternehmenskauf zwischen Sachgewährleistung und Verschulden bei Vertragsschluss im neuen Schuldrecht, WM 2003, 416; Barnert, Auswirkungen des Gesetzes zur Modernisierung des Schuldrechts auf das Recht des Handelskaufs und der Kommission, FS Konzen, 2006, 43; Bredemeyer, Der Anwendungsbereich von § 377 HGB im Folge- und Begleitschadensbereich, JA 2009, 161; Büdenbender, Grundlagen der Gewährleistung beim Unternehmenskauf, in Dauner-Lieb/Henssler (Hrsg.), Unternehmenskauf und Schuldrechtsmodernisierung, 2003, 5; Conrads, Rügeobliegenheit und Beweislast in Einkaufsbedingungen, IHR 2022, 1; Dastis/Werner, Übertragung der Rügeobliegenheit des § 377 HGB auf Verbraucher-Leasingnehmer, ZMR 2018, 654; Dreier, Handelsrechtliche Untersuchungs- und Rügeobliegenheit beim Grundstückskauf, ZfIR 2004, 416; St. Ernst, Gewährleistungsrecht – Ersatzansprüche des Verkäufers gegen den Hersteller auf Grund von Mangelfolgeschäden, MDR 2003, 4; W. Ernst, Sachmängelhaftung und Gefahrtragung, FS U. Huber, 2006, 165 f.; Gabius, Zur Rügelast des § 377 HGB bei Verletzung von vertraglichen Nebenpflichten, VersR 1995, 761; Gaul, Mangelhafte Standardsoftware-Untersuchungs- und Rügepflichten bei Lieferung, MDR 2000, 549; Grigoleit/Herresthal, Grundlagen der Sachmängelhaftung im Kaufrecht, JZ 2003, 118; Grigoleit/Herresthal, Die Beschaffenheitsvereinbarung und ihre Typisierungen in § 434 I BGB, JZ 2003, 233; Grunewald, Just-in-time-Geschäfte-Qualitätssicherungsvereinbarungen und Rügelast, NJW 1995, 1777; Grunewald, Der Verdacht als Mangel, FS Konzen, 2006, 131; Hadding, Zur Falschlieferung beim beiderseitigen Handelskauf nach „modernisiertem" Schuldrecht, FS Kollhosser, Bd. II, 2004, 175; U. Huber, Die Praxis des Unternehmenskaufs im System des Kaufrechts, AcP 202 (2002), 179; Kessel/Passauer, Einkaufsbedingungen in der Automobilindustrie, BB 2004, 1974; Lange, Die Untersuchungs- und Rügeobliegenheit beim Streckengeschäft, JZ 2008, 661; Lettl, Die Falschlieferung durch den Verkäufer nach der Schuldrechtsreform, JuS 2002, 866; Lettl, Die Untersuchungs- und Rügepflicht des Käufers nach § 377 HGB, Jura 2006, 721; Lomb, Arglist(-anfechtung) im Kaufrecht bei abweichenden Verkäuferangaben von technischer Produktbeschreibung, ZfPC 2023, 9; St. Lorenz, Aliud peius und indebitum im neuen Kaufrecht, JuS 2003, 37; St. Lorenz, Der Unternehmenskauf nach der Schuldrechtsreform, FS Heldrich, 2005, 305; Mankowski, Das Zusammenspiel der Nacherfüllung mit den kaufmännischen Untersuchungs- und Rügeobliegenheiten, NJW 2006, 865; Marburger, Die Sachmängelhaftung beim Handelskauf, JuS 1983, 1; Mönkemöller, Die „Kleingewerbetreibenden" nach neuem Kaufmannsrecht, JuS 2002, 30; G. Müller, Zu den 64 Folgen des Rügeversäumnisses iSd. § 377 HGB, ZIP 2002, 1178; G. Müller, Zur Haftung des Verkäufers von GmbH-Anteilen für falsche Auskünfte über den Wert des Unternehmens, ZIP 2000, 817; G. Müller, Zu den Auswirkungen der Schuldrechtsreform auf die Rügeobliegenheit i.S.d. § 377 HGB, WM 2011, 1249; G. Müller, Das Mysterium der „höherwertigen Lieferung", WM 2018, 1673; Musielak, Die Falschlieferung beim Stückkauf nach dem neuen Schuldrecht, NJW 2003, 89; Oetker, Quantitätsabweichungen beim Handelskauf nach der Schuldrechtsreform, FS Canaris, Bd. II, 2007, 313; Peters, Zum Anwendungsbereich des § 377 HGB, JZ 2006, 230; W. H. Roth, Vertragsordnung, außervertragliche Haftung und Rügeversäumnis (§ 377 II HGB) – BGHZ 101, 337, JuS 1988, 938; W. H. Roth, Die Rügelast des § 377 bei mehrstufigen Verkaufsketten, FS Canaris, Bd. II, 2007, 365; Schmidt-Räntsch, Die Haftung des Verkäufers nach der Schuldrechtsreform am Beispiel des Unternehmenskaufs, AnwBl. 2003, 529; Schroeter, Untersuchungspflicht und Vertretenmüssen des Händlers bei Lieferung sachmangelhafter Ware, JZ 2010, 495; Schubel, Mysterium Lieferkette, ZIP 2002, 2061; Schwark, Auswirkungen einer Verletzung der Rügeobliegenheit des § 377 HGB auf deliktische Ansprüche, JZ 1990, 374; Schwark, Kaufvertragliche Mängelhaftung und deliktische Ansprüche, AcP 179 (1979), 57; Srock, § 377 HGB im Wandel – Mängelrüge zwischen

---

[167] Vgl. OLG Düsseldorf 21.4.2004, IHR 2005, 24 (25); OLG Hamm 12.11.2001, OLGR 2002, 185 (588); Staudinger/Magnus, 2025, CISG Art. 45 Rn. 26; Staudinger/Magnus, 2025, CISG Art. 61 Rn. 26; BeckOK BGB/Saenger, 75. Ed. 1.8.2022, CISG Art. 25 Rn. 5, 8.

[168] OLG Köln 9.1.2025, BeckRS 2025, 1707.

Nachhaltigkeit, Digitalisierung und globalem Wettbewerb, RFamU 2025, 203; Thier, Aliud- und Minus-Lieferung im neuen Kaufrecht des Bürgerlichen Gesetzbuches, AcP 203 (2003), 399; Tiedtke, Ablieferung der Kaufsache und Verjährungsbeginn der Gewährleistungsansprüche, NJW 1988, 2578; Tiedtke, Verjährungsbeginn der Gewährleistungsansprüche, JZ 1996, 549; Tiedtke, Die Rügelast des Käufers bei Verletzung von Nebenpflichten durch den Verkäufer, NJW 1990, 14; Tonikidis, Das Zusammentreffen von Verbrauchsgüterkauf (§ 474 I BGB) und Handelskauf (§§ 373 ff. HGB), Jura 2018, 556; Ulbrich/Ulbrich, Probleme der kaufmännischen Rügepflicht bei Werklieferungsverträgen in Verbindung mit Bauwerken, FS Thode, 2005, 181; Wäßle/Gatzweiler, Die Mängelrüge bei Software, K&R 2010, 18; Weitzel, Die Rügeobliegenheit nach § 377 HGB im Stoffrecht – ein Überblick, StoffR 2018, 7; Graf v. Westphalen, Qualitätssicherungsvereinbarungen: Rechtsprobleme des „Just-in-Time-Delivery", FS 40 Jahre Betriebsberater, 1988, 223; Graf v. Westphalen, Der Leasingnehmer als Nichtkaufmann: Einbeziehung der Lieferanten-AGB und Rügepflichten, BB 1990, 1; Graf v. Westphalen, Beschaffungs-AGB und Klauseln Höherer Gewalt, ZIP 2020, 2037; Woitkewitsch, Rügeobliegenheiten bei Verbrauchsgüterkauf, MDR 2005, 841; Zirkel, Sind Ausschlussfristen für erkennbare Mängel in AGB für werkvertragliche Leistungen passé?, NZBau 2006, 412.

Übersicht

I. Allgemeines

§ 377 behandelt die **Rügeobliegenheit des Käufers** mangelhafter Ware beim beiderseitigen Handelskauf. Um seine Ansprüche wegen der Mangelhaftigkeit der Ware zu erhalten, muss der Käufer die Ware gem. § 377 Abs. 1 unverzüglich nach Ablieferung auf etwaige Mängel hin untersuchen und dabei zu Tage tretende Mängel dem Verkäufer unverzüglich anzeigen. Diese Regelung 1 wird ergänzt durch § 377 Abs. 3 Hs. 1, demzufolge der Käufer Mängel, die bei der Untersuchung nicht erkennbar waren, unverzüglich nach deren späteren Entdeckung rügen muss. Unterlässt er dies, gilt die Ware als ordnungsgemäß genehmigt (§ 377 Abs. 2 und Abs. 3 Hs. 2) und der Käufer verliert seine Ansprüche wegen der Lieferung der mangelhaften Ware, soweit nicht der Verkäufer den Mangel arglistig verschwiegen hat (§ 377 Abs. 5). Einen solchen Ausschluss sieht das bürgerlich-rechtliche Kaufrecht, das weder eine Untersuchungs- noch eine Rügeobliegenheit kennt, nur bei Kenntnis oder grobfahrlässiger Unkenntnis des Käufers vom Mangel vor (§ 442 Abs. 1 BGB). Eine Obliegenheit zur unverzüglichen Rüge erkannter Mängel, nicht aber zur Untersuchung der Ware auf Mängel hin, kann sich beim **einseitigen Handelskauf** jedoch aus der allgemeinen Rücksichtspflicht **(§ 241 Abs. 2 BGB)** ergeben,[1] soweit es sich bei dem Käufer nicht um einen Verbraucher iSd § 13 BGB handelt.[2] § 377 gilt entsprechend beim **Kauf von Wertpapieren** (§ 381 Abs. 1) und für das Verhältnis von Werkbesteller und Unternehmer beim **Werklieferungsvertrag** (§ 381 Abs. 2). Entsprechende Anwendung findet § 377 im Fall des § 391 (Untersuchungs- und Rügefrist des Einkaufskommissionärs).[3] § 377 findet keine Anwendung auf **Grundstücksgeschäfte.**[4]

2 § 377 dient vornehmlich den **Belangen des Verkäufers.** Er soll davor bewahrt werden, sich noch längere Zeit nach der Ablieferung Ansprüchen des Käufers wegen etwaiger, mit zunehmendem Zeitablauf nur unsicher feststellbarer Mängel ausgesetzt zu sehen. Durch die Rüge soll der Verkäufer in die Lage versetzt werden, **Feststellungen zum Vorliegen des behaupteten Mangels** und notwendige **Dispositionen zur Schadenabwendung** zu treffen.[5] Indem ihm die Möglichkeit gegeben wird, zu prüfen, ob er den als sicher oder möglicherweise berechtigt erkannten Beanstandungen nachkommen will, dient § 377 zudem der **Vermeidung von Rechtsstreitigkeiten** mit seinem Abnehmer.[6]

II. Vorliegen eines beiderseitigen Handelskaufs

3 Die Anwendung des § 377 setzt voraus, dass **beide Parteien** des Kaufvertrags, kaufähnlichen Vertrags oder Werklieferungsvertrags (§ 381) **Kaufleute** sind. Handelt es sich bei dem Verkäufer um einen Scheinkaufmann, ist ihm die Berufung auf § 377 verwehrt, da er durch ein Vorspiegeln der Kaufmannseigenschaft keine Vorteile erlangen soll. Dasselbe gilt nach der Wertung des § 15 Abs. 1 für den Fall, dass der Ist-Kaufmann entgegen § 29 nicht in das Handelsregister eingetragen ist. Keine Anwendung findet § 377 zudem auf nicht in das Handelsregister eingetragene Kleingewerbetreibende iSv § 2 (→ Vor § 373 Rn. 17).[7] Demgegenüber ist § 377 anwendbar, wenn es sich bei dem Käufer um einen Scheinkaufmann handelt.[8] Eine entsprechende Anwendung des § 377 auf Unternehmer[9] ist unzulässig, da die Voraussetzungen für eine Analogie nicht vorliegen (→ Vor § 373 Rn. 14 f.).[10] Beim Kauf von Ware zu privaten Zwecken oder in sog. „dual use"-Fällen kann die verbrauchsgüter-

---

[1] Vgl. BGH 2.7.2019, NJW-RR 2019, 1202 Rn. 31; RG 21.2.1922, RGZ 104, 95 (96); OLG Düsseldorf 8.2.1996, OLGR 1996, 196; OLG Stuttgart 14.7.1958, MDR 1958, 774; LG Bonn 17.3.2021, BeckRS 2021, 4814; BeckOK HGB/Schwartze, 47. Ed. 1.4.2025, Rn. 8; Hopt/Leyens Rn. 4; NK-HGB/Stöber Rn. 2; Lange JZ 2008, 661 (664), jeweils zu § 242 BGB; weitergehend – auch Obliegenheit zur Untersuchung – Peters JZ 2006, 230 (231 f.); Oetker HandelsR § 8 Rn. 28, 71.

[2] BeckOK HGB/Schwartze, 47. Ed. 1.4.2025, Rn. 8; vgl. LG Karlsruhe 19.10.2009, WRP 2010, 568 – Unwirksamkeit einer Versandhandelsklausel, wonach offensichtliche Mängel der Ware innerhalb von zwei Wochen nach Erhalt schriftlich mitzuteilen sind, nach § 307 BGB.

[3] BGH 2.7.2019, NJW-RR 2019, 1202 Rn. 30.

[4] BGH 15.9.2023, NJW 2023, 3423 Rn. 36; Ebenroth/Boujong/Achilles Rn. 4; BeckOGK/Höpfner, 1.3.2025, Rn. 6.

[5] BGH 13.5.1987, BGHZ 11, 49 (53) = NJW 1987, 2235; vgl. auch 30.5.1984, BGHZ 91, 293 (299 f.) = NJW 1984, 1964; 27.3.1985, NJW 1985, 2417; 30.4.1975, NJW 1975, 211; Ebenroth/Boujong/Achilles Vor § 377 Rn. 1 ff.; Hopt/Leyens Rn. 42; Heymann/Emmerich/Hoffmann Rn. 91; K. Schmidt HandelsR § 29 Rn. 36; BeckOGK/Höpfner, 1.3.2025, Rn. 2; Oetker HandelsR § 8 Rn. 50; KKD/Roth/Huber Rn. 12; BeckOK HGB/Schwartze, 47. Ed. 1.4.2025, Rn. 1; Srock RFamU 2025, 203 (204 f.).

[6] Vgl. BGH 17.12.1997, NJW-RR 1998, 680 (682); 21.6.1978, BB 1978, 1489; 20.4.1977, LM § 377 Nr. 19 = BB 1977, 119; BeckOK HGB/Schwartze, 47. Ed. 1.4.2025, Rn. 3; Ebenroth/Boujong/Achilles Vor § 377 Rn. 4.

[7] Canaris HandelsR § 29 Rn. 47; Hopt/Leyens Rn. 3; Oetker HandelsR § 8 Rn. 31.

[8] Ebenroth/Boujong/Achilles Rn. 11; Staub/Brüggemann, 4. Aufl. 1983, Rn. 17; MüKoHGB/Grunewald Rn. 10; Hopt/Leyens Rn. 3; KKD/Roth/Huber Rn. 4; Heymann/Emmerich/Hoffmann Rn. 12; BeckOK HGB/Schwartze, 47. Ed. 1.4.2025, Rn. 6; BeckOGK/Höpfner, 1.3.2025, Rn. 12.

[9] Dafür K. Schmidt HandelsR § 29 Rn. 45; vgl. auch Leyens AcP 183 (1983), 608 (689 f.); Deckert JuS 1998, 121 f.; R. Schmitt, Die Rechtsstellung der Kleingewerbetreibenden nach dem Handelsreformgesetz, 2003, 298 ff.

[10] BeckOGK/Höpfner, 1.3.2025, Rn. 11; Heymann/Emmerich/Hoffmann Rn. 12; MüKoHGB/Grunewald Rn. 11.

kaufrichtlinienkonforme Auslegung der §§ 343, 344 zur Nichtanwendung des § 377 führen (→ Vor § 373 Rn. 11 f.).[11]

4 Maßgeblich für die Kaufmannseigenschaft ist grundsätzlich der **Zeitpunkt des Vertragsschlusses,** nicht der Zeitpunkt der Ablieferung.[12] Ein zwischenzeitlicher Wegfall der Kaufmannseigenschaft vermag an der Rügeobliegenheit ebenso wenig etwas zu ändern, wie der nach Abschluss des Kaufvertrages aber vor Erhalt der Sache gefasste Entschluss, diese ausschließlich zu privaten Zwecken zu benutzen.[13] Das Abstellen auf die Kaufmannseigenschaft sowohl im Zeitpunkt des Kaufabschlusses wie auch im Zeitpunkt der Ablieferung der Ware ließe sich mit dem Zweck des § 377, die Belange des Verkäufers zu wahren, nicht vereinbaren.[14] Zu beachten ist jedoch, dass nach der Rspr. des BGH § 377 auch dann gilt, wenn ein Kaufmann zum Zweck des Abschlusses eines **Leasingvertrages** auf Seiten des Käufers (Leasingnehmer), der kein Kaufmann ist, in einen **Kaufvertrag** mit einem Kaufmann (Lieferant) **eintritt,** und zwar gleichviel, ob eine derartige Vertragsübernahme durch Aufhebung des alten und Abschluss eines neuen Kaufvertrages, durch dreiseitigen Vertrag oder durch zweiseitige Vereinbarung unter Zustimmung des dritten Teils zustande kommt.[15]

III. Anwendungsbereich

5 Die Rügeobliegenheit dient dem Erhalt der **vertraglichen Ansprüche** des Käufers wegen der Lieferung mangelhafter Ware. Dogmatisch ist § 377 deshalb als **Teil des Gewährleistungsrechts** einzuordnen.[16] Für eine analoge Anwendung von § 377 auf das **Rückgewährschuldverhältnis** (§ 346 BGB) nach Ausübung des Rechts zum Rücktritt von einem Kaufvertrag besteht kein Raum. Es fehlt es an der erforderlichen Vergleichbarkeit der Situationen, da es keinen Anknüpfungspunkt für die Mangelhaftigkeit der zurückgewährten Sache iSv § 434 BGB gibt.[17] Schadensersatzansprüche des Käufers gegen den Verkäufer wegen Verletzung der in **§ 823 Abs. 1 BGB/§ 1 Abs. 1 ProdHaftG** genannten Rechtsgüter infolge der Schlechtlieferung **bleiben** von der Verletzung der Rügeobliegenheit **unberührt.**[18] Eine Kürzung bis hin zum Verlust solcher Schadensersatzansprüche kommt nur wegen Mitverschuldens iSv § 254 BGB/§ 6 ProdHaftG in Betracht.[19] Anknüpfungspunkt für das Mitverschulden ist jedoch anders als bei § 377 nicht das Unterlassen der Mängelanzeige, sondern das **Unterlassen der Untersuchung** der schädlichen Ware.[20] Ob und in welchem Umfang eine Untersuchung geboten ist, hängt von den Umständen des Falls ab.[21]

IV. Voraussetzungen der Rügeobliegenheit

6 Die Rügeobliegenheit hat gem. § 377 Abs. 1 die Ablieferung der Ware und das Vorliegen eines Mangels zur Voraussetzung.

---

[11] BeckOK HGB/Schwartze, 47. Ed. 1.4.2025, Rn. 5; MüKoHGB/Grunewald Rn. 7; Heymann/Emmerich/Hoffmann Rn. 8 ff.; BeckOGK/Höpfner, 1.3.2025, Rn. 17, wenn der gewerbliche Zweck objektiv derart nebensächlich ist, dass er im Gesamtzusammenhang des betreffenden Geschäfts eine nur ganz untergeordnete Rolle spielt, und dies für den Verkäufer bei Vertragsschluss erkennbar ist; **aA** Ebenroth/Boujong/Achilles Rn. 16, der für eine richtlinienkonforme Auslegung keine Veranlassung sieht, die Vermutungswirkung in § 344 Abs. 1 jedoch nicht gelten lassen will; Canaris HandelsR § 29 Rn. 48.

[12] MüKoHGB/Grunewald Rn. 13; Ebenroth/Boujong/Achilles Rn. 14; Heymann/Emmerich/Hoffmann Rn. 13; Oetker HandelsR § 8 Rn. 31; BeckOGK/Höpfner, 1.3.2025, Rn. 15; NK-HGB/Stöber Rn. 2; BeckOK HGB/Schwartze, 47. Ed. 1.4.2025, Rn. 9; **aA** Staub/Brüggemann, 4. Aufl. 1983, Rn. 14; Graf v. Westphalen BB 1990, 1 (3): Zeitpunkt der Ablieferung.

[13] Vgl. auch OLG Brandenburg 22.2.2012, BeckRS 2012, 5192 – nur gelegentlicher und vorübergehender Zusammenschluss zweier Vollkaufleute entbindet nicht von den Obliegenheiten gem. § 377; BeckOK HGB/Schwartze, 47. Ed. 1.4.2025, Rn. 9.

[14] Vgl. MüKoHGB/Grunewald Rn. 13; Ebenroth/Boujong/Achilles Rn. 14.

[15] BGH 24.1.1990 NJW 1990, 1290 (1292); KG 27.3.2013 NJOZ 2014, 658 (659).

[16] Canaris HandelsR § 29 Rn. 44; vgl. auch BGH 26.4.1989, BGHZ 107, 249 (252); 28.4.1976, BGHZ 68, 208 (212 f.) = NJW 1976, 1353.

[17] MüKoHGB/Grunewald Rn. 16; **aA** BeckOGK/Höpfner, 1.3.2025, § 377 Rn. 18 f.; Peters JZ 2006, 230 (232 f.); offenlassend OLG München 14.1.2015, BeckRS 2015, 01639.

[18] *Grdl. BGH 16.9.1987, BGHZ* 11, 337 = NJW 1988, 52 unter Hinweis auf die Gesetzessystematik sowie Wortlaut und Entstehungsgeschichte von § 377; BGH 27.2.2018, NJW 2018, 2197 Rn. 13; ebenso Ebenroth/Boujong/Achilles Rn. 223 ff.; Heymann/Emmerich/Hoffmann Rn. 109; Hopt/Leyens Rn. 50; KKD/Roth/Huber Rn. 26; MüKoHGB/Grunewald Rn. 113; Oetker HandelsR § 8 Rn. 58; Canaris HandelsR § 29 Rn. 76, 81; Lettl HandelsR § 12 Rn. 92; vgl. auch G. Müller ZIP 1997, 661 (667); G. Müller ZIP 2002, 1178 (1181 ff.), jeweils mwN.

[19] Vgl. OLG Köln 28.3.2003, NJW-RR 2004, 1141 (1142).

[20] BGH 16.9.1987, BGHZ 101, 337 (346) = NJW 1988, 52.

[21] Vgl. BGH 16.9.1987, BGHZ 101, 337 (349 f.); 5.7.1978, NJW 1978, 2241 (2243).

7 **1. Ablieferung der gekauften Ware. a) Begriff und Bedeutung.** Bei der Ablieferung der Ware handelt es sich um einen **Realakt.**[22] Stets abgeliefert ist die Ware, wenn die Sache dem Käufer übergeben wird. Nach Sinn und Zweck des § 377 Abs. 1 ist die Verschaffung/Erlangung unmittelbaren Besitzes (§ 854 Abs. 1 BGB) jedoch nicht Voraussetzung für die Ablieferung. Vielmehr reicht es aus, dass der Verkäufer die Ware durch einseitige Handlung in Erfüllungsabsicht aus seiner Verfügungsgewalt entlässt und die Ware so in den **Machtbereich des Käufers** gelangt, dass dieser sie an dem Ort, an dem sie sich nunmehr befindet, untersuchen kann.[23] Der Käufer muss in die Lage versetzt werden, sich durch einseitige Handlung, jederzeit den Besitz an ihr zu verschaffen.[24] Ohne Belang für die Frage der Ablieferung ist, ob der Gefahrübergang erfolgt ist, das Eigentum an der Kaufsache bereits übergegangen ist oder zugleich übergeht oder der Käufer in Annahmeverzug geraten ist.[25] Eine Ablieferung liegt auch dann vor, wenn der Käufer sie **unter Vorbehalt** annimmt.[26] Insoweit deckt sich der Begriff der Ablieferung iSv § 377 Abs. 1 mit dem der Ablieferung iSv § 438 Abs. 2 BGB.[27]

8 Die **Übergabe von Traditionspapieren** stellt keine Ablieferung iSv § 377 Abs. 1 dar, da dem Käufer die Untersuchung der Ware zu diesem Zeitpunkt noch nicht möglich ist.[28] Nimmt der Käufer die Ware ohne diese Papiere entgegen, so ist abgeliefert.[29] Erhält der Käufer die Ware nicht auf Grund der Veranlassung des Verkäufers (etwa durch verbotene Eigenmacht, im Wege der Zwangsvollstreckung oder sonst ohne Wissen des Verkäufers), fehlt es an der Ablieferung iSd § 377 Abs. 1.[30]

9 Die Möglichkeit zur Untersuchung genügt nur in den Fällen, in denen die Bereitstellung **in jeder Hinsicht vertragsgemäß** ist oder die Abweichungen vom Käufer gebilligt werden.[31] Ist dies nicht der Fall, kommt es auf die Erlangung des unmittelbaren Besitzes an. Erfolgt die Bereitstellung **am falschen Ort,** liegt deshalb erst dann eine Ablieferung vor, wenn der Käufer die Ware dort tatsächlich in Besitz nimmt.[32] Erfolgt sie **zur falschen Zeit,** ist die Ware erst zu dem vereinbarten Termin abgeliefert, sofern nicht der Käufer sie zuvor tatsächlich in Gewahrsam nimmt.[33] Weist der Käufer die **mangelhafte Ware** zurück, liegt keine Ablieferung vor.[34] Ist die Ware mangelfrei, kommt der Käufer allerdings in Annahmeverzug (§§ 293 ff. BGB) und unter den Voraussetzungen des § 286 BGB in Schuldnerverzug. Ist die **Ware unvollständig** oder erfolgt sie abredewidrig in **Teillieferungen** und nimmt der Käufer sie deshalb nicht an, ist eine Ablieferung nicht gegeben (→ Rn. 18). Wird die Übergabe der Ware abredewidrig davon abhängig gemacht, dass der Käufer noch bestimmte Leistungen zu erbringen oder Voraussetzungen zu erfüllen hat, etwa die Bezahlung der Lagerkosten des Dritten oder die Zahlung des Kaufpreises, liegt eine Ablieferung ebenfalls nicht vor.[35]

---

[22] BGH 11.10.1995, NJW 1995, 3381 (3383).

[23] StRspr, vgl. BGH 8.4.2014, CR 2015, 434 (435); 22.12.1999, NJW 2000, 1415 f.; 11.10.1995, JZ 1996, 257; 20.4.1988, NJW 1988, 2608 (2609); 30.1.1985, BGHZ 93, 338 (345 f.) = NJW 1985, 1333; 29.11.1972, BGHZ 60, 5 (6) = NJW 1973, 189; 21.12.1960, NJW 1961, 730; s. auch MüKoHGB/Grunewald Rn. 18; Ebenroth/Boujong/Achilles Rn. 23; Hopt/Leyens Rn. 5; KKD/Roth/Huber Rn. 6a; NK-HGB/Stöber Rn. 5; BeckOK HGB/Schwartze, 47. Ed. 1.7.2025, Rn. 11; BeckOGK/Höpfner, 1.3.2025, Rn. 26.

[24] BGH 30.1.1985, BGHZ 93, 338 (345 f.) = NJW 1985, 1333; OLG München 22.3.2000, NJW-RR 2001, 1712.

[25] BGH 11.10.1995, NJW 1995, 3381 (3383); RG 11.6.1881, RGZ 5, 28 (32); 99, 56 (59); MüKoHGB/Grunewald Rn. 18; Staub/Brüggemann, 4. Aufl. 1983, Rn. 27; BeckOGK/Höpfner, 1.3.2025, Rn. 26.

[26] BeckOK HGB/Schwartze, 47. Ed. 1.7.2025, Rn. 12; Ebenroth/Boujong/Achilles Rn. 26; MüKoHGB/Grunewald Rn. 20.

[27] BGH 11.10.1995, NJW 1995, 3381 (3383); 30.1.1985, BGHZ 93, 338 (345) = NJW 1985, 1333; MüKoHGB/Grunewald Rn. 17; Hopt/Leyens Rn. 5; Heymann/Emmerich/Hoffmann Rn. 37; Staub/Brüggemann, 4. Aufl. 1983, Rn. 24 ff.; Staudinger/Matusche-Beckmann, 2014, BGB § 438 Rn. 58; BeckOK BGB/Faust, 75. Ed. 1.8.2025, BGB § 438 Rn. 30; K. Schmidt HandelsR § 29 Rn. 48.

[28] MüKoHGB/Grunewald Rn. 19; Heymann/Emmerich/Hoffmann Rn. 37; Ebenroth/Boujong/Achilles Rn. 25; Staudinger/Matusche-Beckmann, 2014, BGB § 438 Rn. 58; NK-HGB/Stöber Rn. 5; BeckOGK/Höpfner, 1.3.2025, Rn. 29.

[29] MüKoHGB/Grunewald Rn. 19; BeckOK HGB/Schwartze, 47. Ed. 1.7.2025, Rn. 11; BeckOGK/Höpfner, 1.3.2025, Rn. 29.

[30] Vgl. RG 11.6.1881, RGZ 5, 28 (33); Staub/Brüggemann, 4. Aufl. 1983, Rn. 29; MüKoHGB/Grunewald Rn. 18; Ebenroth/Boujong/Achilles Rn. 23.

[31] BGH 21.12.1960, NJW 1961, 730 (731); OLG Köln 6.3.1998, NJW-RR 1999, 565; Ebenroth/Boujong/Achilles Rn. 26; MüKoHGB/Grunewald Rn. 15.

[32] BeckOK BGB/Faust, 75. Ed. 1.8.2025, BGB § 438 Rn. 31; NK-HGB/Stöber Rn. 6.

[33] BeckOK BGB/Faust, 75. Ed. 1.8.2025, BGB § 438 Rn. 31; Staudinger/Bach, 2023, BGB § 438 Rn. 118; Soergel/U. Huber BGB § 477 Rn. 38.

[34] RG 11.6.1881, RGZ 5, 28 (32); Hopt/Leyens Rn. 6; Schlegelberger/Hefermehl Rn. 16.

[35] Vgl. Tiedtke NJW 1988, 2578 (2581).

Schwierigkeiten bei der Entdeckung von Mängeln zB bei umfangreicher und differenzierter Software und EDV-Anlagen oder beim Kauf anderer komplizierter technischer Anlagen **führen nicht zur Hinausschiebung des Zeitpunktes der Ablieferung.** Vielmehr ist solchen Schwierigkeiten in einer die Interessen des Käufers wahrender Weise durch hinreichend großzügige Bemessung der Untersuchungsfrist des § 377 Abs. 1 Rechnung zu tragen.[36] 10

b) Besondere Sachlagen. aa) Ablieferung beim Versendungskauf. Beim Versendungskauf erfolgt die Ablieferung dadurch, dass dem Käufer[37] oder einem von diesem beauftragten Transportunternehmen[38] die **Ware am Bestimmungsort zur sofortigen Abholung zur Verfügung gestellt wird.** Die Übergabe an den vom Verkäufer beauftragten Spediteur oder Frachtführer bewirkt dagegen noch keine Ablieferung der Ware.[39] Gleiches gilt, wenn der Verkäufer die Ware vereinbarungsgemäß oder auf Weisung des Käufers an einen namentlich benannten Dritten (zB beim **Streckengeschäft**) liefert[40] oder der Verkäufer dazu berechtigt ist, die Leistung nach seinem Belieben auch an einen Dritten zu erbringen und er von dieser Befugnis Gebrauch macht.[41] Die Ware ist an den Käufer abgeliefert, wenn die Ware dem Dritten oder einem von diesem beauftragten Transportunternehmen am vorgesehenen Ort zur Verfügung gestellt wird.[42] Auf den Zeitpunkt der Weisung des Käufers zur Auslieferung der Ware an den Dritten kommt es dabei für die Ablieferung an den Käufer nicht an. Deshalb muss der Käufer auch eine erst nach Vertragsabschluss erteilte Weisung in Bezug auf das Merkmal der „Ablieferung" iSd § 377 Abs. 1 gegen sich gelten lassen.[43] Dies gilt auch dann, wenn es sich bei dem Dritten nicht um einen Kaufmann handelt.[44] 11

Beim **Abladegeschäft** (→ § 376 Rn. 17) erfolgt die Ablieferung **CIF-verkaufter Ware** nicht im Abladehafen, sondern im Bestimmungshafen.[45] Bei einem **FOB-Verkauf** kommt es nach Ansicht des BGH für die Bestimmung des Ablieferungsorts – sofern keine besondere Vereinbarung vorliegt oder ein Handelsbrauch besteht – darauf an, ob dem Käufer zuzumuten ist, die Ware im Abladehafen zu untersuchen.[46] Ist die Untersuchung dem Käufer zumutbar, ist der Abladehafen Ort der Ablieferung, anderenfalls der Bestimmungshafen. Unzumutbarkeit liegt zB vor, wenn Lieferung in verstärkter seemännischer Verpackung vereinbart ist[47] oder wenn die Ziehung von Stichproben nach Lieferung an Bord untunlich oder zweckwidrig ist.[48] Erfolgt die Versendung per Container (zB „frei im Container gestaut"), ist die Kaufsache nach feststehendem Handelsbrauch mit Eintreffen im Lager abgeliefert.[49] 12

---

[36] BGH 22.12.1999, BGHZ 143, 307 (313) = NJW 2000, 1415; 4.1.1992, NJW 1993, 461; OLG Saarbrücken 9.9.2010, NJOZ 2011, 1011 (1013); Wäßle/Gatzweiler K&R 2010, 18 (19).

[37] BGH 11.10.1995, NJW 1995, 3381 (3382); 30.1.1985, BGHZ 93, 338 (345) = NJW 1985, 1333; OLG Celle 7.2.2002, BeckRS 2002, 3023871 – FCA-Kauf; Hopt/Leyens Rn. 6; MüKoHGB/Grunewald Rn. 24; BeckOGK/Höpfner, 1.3.2025, Rn. 34.

[38] BGH 20.4.1988, NJW 1988, 2608 (2610); OLG Celle 7.2.2002, BeckRS 2002, 3023871; OLG Nürnberg 27.7.1989, NJW-RR 1990, 294; OLG Köln 12.5.1975, DB 1975, 2124 (2125); Hopt/Leyens Rn. 5; BeckOK HGB/Schwartze, 47. Ed. 1.7.2025, Rn. 14; Heymann/Emmerich/Hoffmann Rn. 41; Canaris HandelsR § 29 Rn. 65; **aA** MüKoHGB/Grunewald Rn. 23: Übergabe an Transportperson ist keine Ablieferung; vgl. auch BGH 11.10.1995, NJW 1995, 3381 (3382).

[39] RG 1.3.1918, RGZ 92, 271 (273); vgl. auch BGH 11.10.1995, NJW 1995, 3381 (3382); BeckOGK/Höpfner, 1.3.2025, Rn. 34.

[40] Vgl. BGH 29.3.1978, NJW 1978, 2394; 17.9.1954, NJW 1954, 1841; RG 26.6.1903, RGZ 55, 210 (211); Ebenroth/Boujong/Achilles Rn. 27; BeckOK HGB/Schwartze, 47. Ed. 1.7.2025, Rn. 16; BeckOGK/Höpfner, 1.3.2025, Rn. 37.

[41] Wie hier Ebenroth/Boujong/Achilles Rn. 28; MüKoHGB/Grunewald Rn. 24; **aA** BGH 29.6.1993, NJW-RR 1993, 1461 (1463).

[42] Heymann/Emmerich/Hoffmann Rn. 41; Canaris HandelsR § 29 Rn. 65; BeckOK HGB/Schwartze, 47. Ed. 1.7.2025, Rn. 15; Ebenroth/Boujong/Achilles Rn. 36 f.

[43] Ebenroth/Boujong/Achilles Rn. 27; MüKoHGB/Grunewald Rn. 24; BeckOK HGB/Schwartze, 47. Ed. 1.7.2025, Rn. 16; **aA** Staub/Brüggemann, 4. Aufl. 1983, Rn. 38; Hopt/Leyens Rn. 6.

[44] BGH 24.1.1990, BGHZ 110, 130 (138) = NJW 1990, 1290; BeckOK HGB/Schwartze, 47. Ed. 1.7.2025, Rn. 16.

[45] Staub/Brüggemann, 4. Aufl. 1983, Rn. 37; Hopt/Leyens Rn. 10; Ebenroth/Boujong/Achilles Rn. 39; MüKoHGB/Grunewald Rn. 25; NK-HGB/Stöber Rn. 11; BeckOGK/Höpfner, 1.3.2025, Rn. 36.

[46] BGH 6.5.1981, DB 1981, 1816 f.; 29.11.1972, BGHZ 60, 5 (8) = NJW 1973, 189; vgl. auch BGH 29.3.1978, NJW 1978, 2394; OLG Hamburg 24.1.2019, RdTW 2020, 34 (36); OLG Köln 6.5.1994, NJW-RR 1995, 28 (29); zust. NK-HGB/Stöber Rn. 11; BeckOK HGB/Schwartze, 47. Ed. 1.7.2025, Rn. 15; **aA** MüKoHGB/Grunewald Rn. 25; Ebenroth/Boujong/Achilles Rn. 39: Bestimmungshafen ist stets Ort der Ablieferung.

[47] Vgl. BGH 9.11.1972, BGHZ 60, 5 (8) = NJW 1973, 189; 20.1.1953, BB 1953, 186.

[48] Vgl. BGH 6.5.1981, DB 1981, 1816 f.

[49] BGH 6.5.1981, DB 1981, 1816 f.; Schiedsgericht des Waren-Vereins der Hamburger Börse 20.6.1980, Hs. G E 6 Nr. 79; s. auch Ebenroth/Boujong/Achilles Rn. 40; Hopt/Leyens Rn. 8; GK-HGB/Achilles Rn. 25; BeckOGK/Höpfner, 1.3.2025, Rn. 36.

13 **bb) Ablieferung bei Bringschuld.** Bei der Bringschuld erfolgt die Ablieferung in der Regel mit der **Übergabe der Ware** an den Käufer. Hat der Verkäufer den Käufer zu dem vereinbarten Zeitpunkt und am vereinbarten Ort nicht angetroffen und die Ware deshalb wieder mitgenommen, liegt gleichwohl eine Ablieferung iSd § 377 Abs. 1 vor.[50] Dies wird zu Recht damit begründet, dass man anderenfalls dem Verkäufer raten müsste, die Sache beim Käufer zurückzulassen, da dann Ablieferung auf jeden Fall erfolgt sei. Ein solches Verhalten liegt weder im Interesse des Käufers noch des Verkäufers.[51]

14 **cc) Ablieferung bei Holschuld.** Bei der Holschuld ist zu unterscheiden: Hat die Abholung der Kaufsache am **Ort der Niederlassung des Verkäufers** zu erfolgen, so fällt die Ablieferung mit der tatsächlichen Übergabe zusammen.[52] Die bloße Bereitstellung der Kaufsache zur Abholung und die entsprechende Mitteilung an den Käufer, stellt keine Ablieferung dar, da sich die Ware noch im Machtbereich des Verkäufers befindet.[53] Demgegenüber liegt eine Ablieferung vor, wenn die Ware dem Käufer oder dem von ihm beauftragten Spediteur oder Frachtführer in der Art zugänglich gemacht wird, dass er sie auf ihre Beschaffenheit prüfen kann.[54]

15 Hat der Käufer die Ware **bei einem Dritten** (zB Lagerhalter) abzuholen, so ist die tatsächliche Situation und die Interessenlage bei der Holschuld nicht anders als beim Versendungskauf, weil sich im einen wie im anderen Fall der Verkäufer seiner Verfügungsgewalt entäußert und es der Käufer in der Hand hat, sich einseitig Besitz zu verschaffen. Es genügt für die Ablieferung, dass die Ware beim Dritten zur Verfügung des Käufers steht.[55] Hat der Verkäufer den Dritten angewiesen, die Ware des Käufers nur gegen Zahlung des Kaufpreises herauszugeben, liegt eine Ablieferung vor, wenn der Käufer vorleistungspflichtig ist. Dies ist der Fall, wenn er vor Zahlung des Kaufpreises weder die Übergabe der Ware noch deren Untersuchung verlangen konnte, etwa weil die Parteien „sofortige netto Kasse gegen Rechnung" vereinbart haben.[56]

16 **dd) Ablieferung von Sachgesamtheiten.** Sind mehrere Sachen als zusammengehörig verkauft (zB beim gemeinsamen Kauf mehrerer Komponenten einer EDV-Anlage), liegt eine Ablieferung aller Teile erst mit Ablieferung des letzten Teils vor.[57] Beim Kauf einer aus Hard- und Software bestehenden Computeranlage fehlt es deshalb an der Ablieferung, wenn die zur **Hauptleistungspflicht** des Verkäufers gehörende Lieferung der Hard- und Softwarehandbücher nicht erfolgt ist.[58]

17 **ee) Ablieferung und Montage.** Haben die Kaufvertragsparteien die **Montage** oder **Installation** der Sache (zB Software auf der EDV-Anlage des Käufers) oder die **Einweisung** des Personals des Käufers durch den Verkäufer vereinbart, so ist die Ablieferung erst mit Erbringung dieser Zusatzleistungen erfolgt.[59] Ruft der Käufer die vertraglich vereinbarte Einweisung in die Benutzung der Anlage nicht ab, so tritt nach Treu und Glauben die Rügeobliegenheit nach angemessener Zeit

[50] MüKoHGB/Grunewald Rn. 26; vgl. Hopt/Leyens Rn. 11; **aA** BeckOK HGB/Schwartze, 47. Ed. 1.7.2025, Rn. 13; KKD/Roth/Huber Rn. 6b; Ebenroth/Boujong/Achilles Rn. 42; BeckOGK/Höpfner, 1.3.2025, Rn. 35.

[51] MüKoHGB/Grunewald Rn. 26.

[52] BGH 11.10.1995, NJW 1995, 3381 (3382).

[53] BGH 30.1.1985, BGHZ 93, 338 (346) = NJW 1985, 1333; Ebenroth/Boujong/Achilles Rn. 30; BeckOK HGB/Schwartze, 47. Ed. 1.7.2025, Rn. 13; NK-HGB/Stöber Rn. 8; BeckOGK/Höpfner, 1.3.2025, Rn. 32; **aA** MüKoHGB/Grunewald Rn. 24.

[54] BGH 25.9.1985, NJW 1986, 316 (317); OLG Nürnberg 27.7.1989, NJW-RR 1990, 294; OLG Köln 12.5.1975, VersR 1976, 197; Canaris HandelsR § 29 Rn. 65; Heymann/Emmerich/Hoffmann Rn. 41; Staub/Brüggemann, 4. Aufl. 1983, Rn. 33; NK-HGB/Stöber Rn. 8; **aA** MüKoHGB/Grunewald Rn. 23; Ebenroth/Boujong/Achilles Rn. 28; BeckOK HGB/Schwartze, 47. Ed. 1.7.2025, Rn. 13.

[55] BGH 11.10.1995, NJW 1995, 3381 (3382); MüKoHGB/Grunewald Rn. 24; Hopt/Leyens Rn. 7; NK-HGB/Stöber Rn. 8; **aA** Tiedtke NJW 1988, 2578 (2580); Tiedtke JZ 1996, 549 (552 f.); BeckOK HGB/Schwartze, 47. Ed. 1.7.2025, Rn. 13; BeckOGK/Höpfner, 1.3.2025, Rn. 33; diff. Ebenroth/Boujong/Achilles Rn. 32 – Ablieferung nur bei Abrede zu Gunsten Dritter.

[56] BGH 20.4.1988, NJW 1988, 2608 (2610); vgl. zu den ähnlichen Klauseln „cash against documents" BGH 21.1.1987, NJW 1987, 2435 f. und „cash on delivery" BGH 19.9.1984, NJW 1985, 550; Ebenroth/Boujong/Achilles Rn. 32.

[57] BGH 27.4.1994, NJW 1994, 1720 (1721); 22.12.1999, NJW 2000, 1415 (1416) – insoweit in BGHZ 143, 307 nicht abgedruckt.

[58] BGH 29.6.1993, NJW-RR 1993, 1461 (1463); 4.11.1992, NJW 1993, 461 (462 f.); vgl. auch BGH 8.4.2014, BeckRS 2014, 12900 Rn. 6.

[59] BGH 22.12.1999, BGHZ 143, 307 (313) = NJW 2000, 1415; 21.12.1960, NJW 1961, 730; OLG München 22.3.2000, NJW-RR 2001, 1712; OLG Köln 31.3.1995, NJW-RR 1995, 1457 (1458); Wäßle/Gatzweiler K&R 2010, 18 (20); NK-HGB/Stöber Rn. 7; BeckOK HGB/Schwartze, 47. Ed. 1.7.2025, Rn. 12; BeckOGK/Höpfner, 1.3.2025, Rn. 42.

ein.[60] Die Ablieferung setzt nicht voraus, dass die Sache im Betrieb des Käufers in einer ausführlichen Erprobungsphase letztlich fehlerfrei gelaufen ist.[61] Fehlt bei einer umfangreichen, aus zahlreichen Einzelkomponenten bestehenden Anlage gut ein Drittel der dazugehörigen Bedienungsanleitung, liegt keine Ablieferung vor.[62] Hat der Käufer die Maschine zusammenzubauen, dann ist die Ablieferung der Kaufsache dadurch bewirkt, dass der Verkäufer die tatsächliche Verfügungsgewalt über die dem Käufer zu liefernden Teile der Maschine aufgibt und diese in den Gewahrsam des Käufers übergehen.[63]

ff) Teil- und Sukzessivlieferungen. Ist Teillieferung **vereinbart** oder liegt ein Sukzessivliefe- 18
rungsvertrag – in Form des Ratenlieferungsvertrags („echter" Sukzessivlieferungsvertrag) oder in Form eines Bezugsvertrags – vor, sind die einzelnen Teillieferungen voneinander unabhängig und werden jeweils einzeln abgeliefert.[64] Liefert der Verkäufer **abredewidrig** in Teilen, so kann der Käufer die einzelnen Teillieferungen zurückweisen. Eine Ablieferung ist dann nicht gegeben. Nimmt er die Teillieferungen in Besitz, ist zu unterscheiden zwischen der Lieferung selbständiger Teile, die für sich allein verwendbar sind, und der Lieferung unselbständiger (Einzel-)Teile eines zusammenhängenden Ganzen, die zB aus Gründen der Verpackung oder der zur Verfügung stehenden Transportmittel in kurzen Abständen nacheinander erfolgt. Im letzteren Fall ist der Ablieferungsvorgang erst mit der Entgegennahme des letzten Einzelteiles bewirkt. Sind die Lieferungen dagegen für sich allein verwendbar, ist die Ablieferung für jede Teillieferung bewirkt.[65]

gg) Ablieferung im Rahmen der Nacherfüllung. Als (erneute) Ablieferung iSd § 377 Abs. 1 19
ist der **Erhalt einer Ersatzsache** im Rahmen der Nacherfüllung gem. § 439 Abs. 1 Alt. 2 BGB zu qualifizieren.[66] Bei der Mangelbeseitigung gem. § 439 Abs. 1 Alt. 1 BGB tritt der **Abschluss der Nachbesserungsarbeiten** an die Stelle der Ablieferung, wenn die Mangelbeseitigung innerhalb des Machtbereichs des Käufers erfolgt.[67] Dies gilt auch dann, wenn der Käufer im Einverständnis mit dem Verkäufer und auf dessen Kosten einen Nachbesserungsversuch unternimmt.[68] Wird die Mangelbeseitigung außerhalb des Machtbereichs des Käufers vorgenommen, erfolgt die Ablieferung mit dem zur Verfügung stellen der reparierten Sache.

2. Vorliegen eines Mangels. a) Mangelbegriff. Unstreitig erfasst der Mangelbegriff des § 377 20
Sachmängel iSd § 434 BGB. Ob ein Sachmangel vorliegt, hängt davon ab, ob die Ware bei Gefahrübergang **kumulativ** den subjektiven Anforderungen, den objektiven Anforderungen und den Montageanforderungen des § 434 Abs. 1 BGB entspricht (zur Rechtslage vor Umsetzung der WarenkaufRL → 7. Aufl. 2021, Rn. 20). Die subjektiven Anforderungen sind in § 434 Abs. 2 BGB definiert. Danach muss die Kaufsache die vereinbarte Beschaffenheit haben, sich für die nach dem Vertrag vorausgesetzte Verwendung eignen und mit dem vereinbarten Zubehör und den vereinbarten Anleitungen, einschließlich Montage- und Installationsanleitungen, übergeben werden. § 434 Abs. 3 BGB bestimmt die objektiven Anforderungen an die Kaufsache. Danach wird für eine mangelfreie Kaufsache vorausgesetzt, dass sie sich für die gewöhnliche Verwendung eignet, eine Beschaffenheit aufweist, die bei Sachen derselben Art üblich ist und die der Käufer erwarten kann, einer Probe oder eines Musters entspricht und mit dem Zubehör sowie Bedienungs- und Montageanleitungen übergeben wird, die der Käufer erwarten kann. „Beschaffenheit" meint dabei jegliche Merkmale einer Sache, die der Sache selbst anhaften oder sich aus ihrer Beziehung zur Umwelt ergeben. Beispielhaft sind

[60] OLG Naumburg 25.6.2009, IBR 2010, 204; OLG Stuttgart 25.9.2003, OLGR 2004, 458; BeckOK HGB/Schwartze, 47. Ed. 1.7.2025, Rn. 12.

[61] BGH 22.12.1999, BGHZ 143, 307 (313) = NJW 2000, 1415; **aA** OLG Köln 26.10.1990, NJW 1991, 2156; OLG Düsseldorf 12.7.1990, CR 1991, 538; 7.12.1988, WM 1989, 459.

[62] OLG Bremen 8.11.2000, NJOZ 2002, 1432 (1436); vgl. auch BGH 14.1.2025, BeckRS 2025, 1000; OLG Düsseldorf 7.7.2011, BeckRS 2012, 24671.

[63] BGH 21.12.1960, NJW 1961, 730 (731); OLG Düsseldorf 7.7.2011, BeckRS, 24671.

[64] Vgl. BGH 25.6.2002, BeckRS 2002, 30267865; 16.9.1987, BGHZ 11, 337 (339) = NJW 1988, 52; OLG München 29.1.2015, BeckRS 2015 03555; OLG Düsseldorf 30.9.2002, BauR 2003, 409; Ebenroth/Boujong/Achilles Rn. 52; MüKoHGB/Grunewald Rn. 29; NK-HGB/Stöber Rn. 7; BeckOGK/Höpfner, 1.3.2025, Rn. 39, 41.

[65] Vgl. BGH 25.6.2002, BeckRS 2002, 30267865; RG 18.11.1932, RGZ 138, 331 (338 f.); Ebenroth/Boujong/Achilles Rn. 53.

[66] OLG Düsseldorf 26.11.2004, NJW-RR 2005, 32 (833); vgl. auch OLG Hamm 8.6.2015, BeckRS 2015, 20815; zum früheren Recht BGH 10.1.1983, NJW 1983, 1495 (1496) – insoweit nicht in BGHZ 86, 198; 22.5.1985, NJW 1985, 2526; OLG München 6.12.1985, NJW 1986, 1111 f.; Mankowski NJW 2006, 865; NK-HGB/Stöber Rn. 12; BeckOGK/Höpfner, 1.3.2025, Rn. 38.

[67] BGH 22.12.1999, BGHZ 143, 307 (313) = NJW 2000, 1415; OLG Düsseldorf 21.7.1995, NJW-RR 1996, 304; Ebenroth/Boujong/Achilles Rn. 23; NK-HGB/Stöber Rn. 12.

[68] OLG Düsseldorf 21.7.1995, NJW-RR 1996, 34.

in § 434 Abs. 2 S. 2 und Abs. 3 S. 2 BGB Art, Menge, Qualität, Funktionalität, Kompatibilität und Interoperabilität als Beschaffenheitsmerkmale genannt.[69] Ist der Verkäufer nicht nur zur Lieferung, sondern auch zur Montage der gekauften Sache verpflichtet, so entspricht die Sache gem. § 434 Abs. 4 BGB den Montageanforderungen, wenn diese entweder sachgerecht erfolgt ist, oder aber die unsachgemäße Montage nicht vom Verkäufer durchgeführt wurde und nicht auf einer fehlerhaften Montageanleitung beruht.

21 Umstritten ist, ob auch **Rechtsmängel** iSd § 435 BGB von § 377 umfasst sind. Dem Wortlaut nach ist § 377 nicht auf die Untersuchung und Rüge von Sachmängeln beschränkt, sondern erfasst auch Rechtsmängel. Dennoch spricht sich die Lit. überwiegend gegen die Anwendung von § 377 auf Rechtsmängel aus.[70] Diese Ansicht stützt sich auf die Entstehungsgeschichte der Vorschrift[71] und die Rechtslage vor der Schuldrechtsreform 2002, nach der es weitgehend unstreitig war, dass der Käufer ausschließlich die sachliche Beschaffenheit der angedienten Ware auf ihre Ordnungsmäßigkeit hin zu überprüfen hat.[72]

22 Nach anderer Auffassung erfasst § 377 nunmehr auch Rechtsmängel.[73] Dieser Ansicht hat sich das OLG Düsseldorf – soweit ersichtlich als erstes und bislang einziges Obergericht – angeschlossen.[74] Zur Begründung wird angeführt, dass die **Rechtsfolgen von Sach- und Rechtsmängeln** durch die Schuldrechtsreform insbesondere auch hinsichtlich der Verjährung **gleichgestellt** worden seien und diese Bewertung wegen der „funktionellen und teleologischen Verwandtschaft" mit § 438 BGB auf § 377 durchschlagen müsse.[75] Hiergegen wird eingewandt, der Gesetzgeber habe mit der Gleichstellung nicht beabsichtigt, die kaufmännische Untersuchungs- und Rügepflicht zu erweitern.[76] Rechtsmängel beruhten nicht auf der physischen Beschaffenheit, sondern auf der „Vorgeschichte" der Kaufsache.[77] Da die Kenntnis von der Vorgeschichte nicht durch den Besitz vermittelt werde, sondern diese im Verborgenen liege, entfalle die Untersuchungsobliegenheit.[78] Ihre Ausdehnung auf die Vorgeschichte stünde im Widerspruch mit der Zielsetzung des § 377, möglichst schnell für klare Rechtsverhältnisse zu sorgen.[79]

23 Der sich für eine **Ausdehnung der Untersuchungs- und Rügeobliegenheit auf Rechtsmängel** aussprechenden Ansicht **gebührt der Vorzug.** Bei einer Abwägung des Für und Wider der Untersuchungs- und Rügeobliegenheit auf Rechtsmängel sollte dem historischen Willen des Gesetzgebers kein Gewicht mehr beigemessen werden.[80] Schließlich hat nicht nur eine Gleichstellung hinsichtlich der Rechtsfolgen von Sach- und Rechtsmängeln stattgefunden, sondern gehört die Lieferung einer sach- und rechtsmängelfreien Sache nunmehr zur vertragsgemäßen Erfüllungspflicht. Zudem kommt es bei Falschlieferungen für die Anwendung von § 377 nicht mehr auf deren Genehmigungsfähigkeit (§ 378 aF) an. Angesichts dieser veränderten dogmatischen Strukturen existiert der konzeptionelle Zusammenhang des § 377 mit § 459 BGB aF, dessen Anwendungsbereich auf Sachmängel beschränkt war, nicht mehr.

24 Selbst wenn die Obliegenheit zur Untersuchung der Ware vornehmlich auf deren tatsächliche Beschaffenheit gerichtet ist und für Rechtsmängel weniger passt, besteht unzweifelhaft auch bei Rechtsmängeln ein **Interesse des Verkäufers** daran, dass der Käufer diese, wenn sie ohne Untersuchung erkennbar sind (zB Markenverletzungen), sofort rügt, anderenfalls alsbald nach deren zu Tage treten (zB auf Grund einer Abmahnung).[81] Der **Käufer** wird durch die Ausdehnung der

---

[69] Vgl. BT-Drs. 19/27424, 23.

[70] Oetker HandelsR § 8 Rn. 33 ff.; BeckOGK/Höpfner, 1.3.2025, Rn. 44; Heymann/Emmerich/Hoffmann Rn. 35; KKD/Roth/Huber Rn. 5; MüKoHGB/Grunewald Rn. 53; G. Müller WM 2011, 1249 (1256 f.); Pick ZIP 2001, 1173 (1180); Ebenroth/Boujong/Achilles Rn. 60 ff.; BeckOK HGB/Schwartze, 47. Ed. 1.4.2025, Rn. 18.

[71] Denkschrift 228.

[72] OLG Köln 18.9.1998, VersR 1999, 1430; Staub/Brüggemann, 4. Aufl. 1983, § 377 Rn. 42; Hopt/Leyens, 30. Aufl. 2000, Rn. 2; **aA** offenbar OLG Bremen 13.4.1995, NJWE-WettbR 1996, 90 (92) – Verletzung von §§ 24, 25 WZG = § 14 MarkenG.

[73] Hopt/Leyens Rn. 12; NK-HGB/Stöber Rn. 17; Hübner HandelsR § 7 Rn. 595; Canaris HandelsR § 29 Rn. 52; Canaris FS Konzen, 2006, 52; Steinbeck HandelsR § 35 Rn. 6; Lettl Jura 2006, 721 (722); Staudinger/Magnus, 2018, CISG Art. 43 Rn. 4a.

[74] OLG Düsseldorf 4.12.2012, BeckRS 2013, 06665; vgl. auch OLG Düsseldorf 20.2.2015, BeckRS 2015, 17117.

[75] Canaris HandelsR § 29 Rn. 52; Canaris FS Konzen, 2006, 52.

[76] MüKoHGB/Grunewald Rn. 53; vgl. auch G. Müller WM 2011, 1249 (1256 f.).

[77] Ebenroth/Boujong/Achilles Rn. 62; BeckOGK/Gutzeit BGB § 435 Rn. 12.

[78] Ebenroth/Boujong/Achilles Rn. 62.

[79] Ebenroth/Boujong/Achilles Rn. 62.

[80] Hopt/Leyens Rn. 12; **aA** Ebenroth/Boujong/Achilles Rn. 64 ff.

[81] Canaris HandelsR § 29 Rn. 52; **aA** Ebenroth/Boujong/Achilles Rn. 62.

Untersuchungs- und Rügeobliegenheit auf Rechtsmängel auch **nicht unzumutbar belastet,** weil er nur zur Untersuchung verpflichtet ist, „soweit diese nach ordnungsgemäßen Geschäftsgange tunlich ist".[82] Dies gilt grundsätzlich auch für die von § 438 Abs. 1 S. 1 Nr. 1 lit. a BGB erfassten Rechte.[83] Es spricht somit nichts dagegen, dem Käufer, der von einem vermeintlichen oder tatsächlichen Rechteinhaber abgemahnt wird, ebenso wie im Anwendungsbereich des UN-Kaufrechts (→ Rn. 154) die Obliegenheit zur Anzeige aufzuerlegen, um auf diese Weise auch dem Verkäufer die Gelegenheit zur schnellen Klärung, vor allem zur Schadensabwendung zu geben. Warum diesbezüglich unterschiedliche Maßstäbe für nationale und internationale Kaufgeschäfte gelten sollen, ist nicht einsichtig.[84]

b) Falschlieferung. Gemäß § 434 Abs. 5 BGB **steht** es **einem Sachmangel gleich,** wenn der Verkäufer eine andere als die geschuldete Ware (aliud) liefert.[85] Auf die vor der Schuldrechtsreform 2002 für das Eingreifen der Untersuchungs- und Rügeobliegenheit erforderliche Abgrenzung zwischen genehmigungsfähigen und nicht genehmigungsfähigen Abweichungen (§ 378 aF) kommt es somit nicht mehr an.[86] Die Lieferung einer **höherwertigen Ware** (melius) ist ein Sachmangel iSv § 434 Abs. 2 S. 2 und Abs. 3 S. 2 BGB.[87] 25

Die Gleichstellung von aliud und Sachmangel gilt nach dem Wortlaut des § 434 Abs. 5 BGB uneingeschränkt, also nicht nur für den im Handel üblichen Gattungskauf, sondern auch für den Stückkauf (Identitäts-aliud).[88] Beim **Stückkauf** liegt eine Falschlieferung vor, wenn nicht genau die ihrer Identität nach bezeichnete geschuldete Sache geliefert wird.[89] 26

Beim **Gattungskauf** kommt es darauf an, ob die Ware einer anderen Gattung als vereinbart angehört. Für die Abgrenzung, ob es sich um eine mangelhafte oder um eine andere als die geschuldete Ware (Qualifikations-aliud) handelt, ist in erster Linie auf den ausdrücklich vereinbarten oder dem Verkäufer wenigstens bekannten Vertragszweck und die danach erforderlichen Merkmale der zu liefernden Ware abzustellen, wobei auf die Verkehrsauffassung Rücksicht zu nehmen ist.[90] Da nach § 434 Abs. 2 S. 2 BGB eine Artabweichung ein Sachmangel ist, liegt bei einer Vereinbarung über die Zugehörigkeit der Sache zu einer bestimmten Gattung keine Falschlieferung iSv § 434 Abs. 5 BGB, sondern ein Sachmangel iSv § 434 Abs. 2 S. 1 Nr. 1 BGB vor.[91] 27

Fraglich ist, ob beim Stückkauf jede noch so **gravierende Abweichung** einem Sachmangel gleichzustellen ist oder ob nicht vielmehr ein Fall der Nichtleistung vorliegt mit der Folge, dass es keiner Untersuchung und Rüge nach § 377 Abs. 1 bedarf. Um zwei Beispiele aus der Lit. zu bemühen: Muss der Käufer, der ein Rind gekauft hat und dem ein Pferd geliefert wird, diese Lieferung als (ersten) Erfüllung(sversuch) hinnehmen und zum Erhalt seiner Gewährleistungsrechte rügen?[92] 28

Die besseren Argumente sprechen dafür, grundsätzlich **auch Extremabweichungen als Falschlieferung iSd § 434 Abs. 5 BGB zu qualifizieren,** soweit der Verkäufer seine Leistung in Erfüllung des Kaufvertrages erbringt.[93] *Erstens* spielt nach dem Wortlaut des § 434 Abs. 5 BGB der Grad der Abweichung für die Gleichstellung keine Rolle. *Zweitens* spricht die Entstehungsgeschichte gegen die Ausnahme von Extremabweichungen. In dem vom BMJ vorgelegten ersten Entwurf (Diskussionsentwurf) eines Schuldrechtsmodernisierungsgesetzes hatte § 434 Abs. 5 BGB nämlich noch fol- 29

[82] Canaris HandelsR § 29 Rn. 52; **aA** BeckOGK/Höpfner, 1.3.2025, Rn. 45; MüKoHGB/Grunewald Rn. 53.

[83] **AA** Canaris HandelsR § 29 Rn. 53, der auf diese Rechtsmängel § 377 nicht anwenden will.

[84] Vgl. auch Staudinger/Magnus, 2018, CISG Art. 43 Rn. 4a.

[85] Vgl. OLG Karlsruhe 19.7.2016, BeckRS 2016, 13273; OLG Frankfurt 28.3.2007, NJW-RR 2007, 1423 (1424).

[86] Zur Frage, ob diese Unterscheidung nach § 242 Berücksichtigung finden kann, vgl. Oetker HandelsR § 8 Rn. 37.

[87] Vgl. OLG Hamm 29.11.2002, NJW-RR 2003, 613 zu § 378 aF; Canaris HandelsR § 29 Rn. 55; MüKoHGB/Grunewald Rn. 110; BeckOK BGB/Faust, 75. Ed. 1.8.2025, BGB § 434 Rn. 149.

[88] BeckOGK/Höpfner, 1.3.2025, Rn. 47; BeckOK BGB/Faust, 75. Ed. 1.8.2025, BGB § 434 Rn. 147.

[89] BeckOK BGB/Faust, 75. Ed. 1.8.2025, BGB § 434 Rn. 147.

[90] BGH 12.3.1997, NJW 1997, 1914 (1915); 23.3.1994, NJW 1994, 2230; 18.9.1985, NJW 1986, 659 (660); BeckOK BGB/Faust, 75. Ed. 1.8.2025, § 434 Rn. 144.

[91] BeckOK BGB/Faust, 75. Ed. 1.8.2025, § 434 Rn. 38, 146; vgl. auch Wilke VuR 2021, 283, 283).

[92] Vgl. Grüneberg/Weidenkaff BGB § 434 Rn. 40 f.

[93] Vgl. OLG Hamburg 15.11.2019, BeckRS 2019, 45572; BeckOGK/Höpfner, 1.3.2025, Rn. 47; BeckOK BGB/Faust, 75. Ed. 1.8.2025, BGB § 434 Rn. 146; Musielak NJW 2003, 89 (92); Staudinger/Matusche-Beckmann, 2014, BGB § 434 Rn. 144; Tiedtke/Schmitt JZ 2004, 1092 (1094); NK-HGB/Stöber Rn. 14; einschr. – nicht bei „Erfüllungsuntauglichkeit" – Ebenroth/Boujong/Achilles Rn. 68; Hopt/Leyens Rn. 16; BeckOK HGB/Schwartze, 47. Ed. 1.4.2025, Rn. 20; MüKoHGB/Grunewald Rn. 54; nicht bei Zusendung unbestellter Ware iSd § 241a BGB; KKD/Roth/Huber Rn. 5a.

genden Wortlaut: „Einem Sachmangel steht es gleich, wenn der Verkäufer eine andere Sache oder eine zu geringe Menge liefert, es sei denn, dass sie als Erfüllung offensichtlich nicht in Betracht kommt". Diese Einschränkung hinsichtlich der Lieferung einer offensichtlich erfüllungsuntauglichen Sache wurde später gestrichen, nachdem ua moniert worden war, dass die **Unterscheidung zwischen einem erfüllungsuntauglichen und einem sonstigen aliud** zu ähnlichen **Abgrenzungsschwierigkeiten** führen würde, wie sie sich im Rahmen des § 378 aF ergeben hätten.[94] Es würde *drittens* im Widerspruch zu der Zielsetzung des Gesetzgebers stehen, die er mit der Streichung des § 378 aF verfolgt hat, wenn man die Lieferungen eines aliud nur dann als Falschlieferung qualifiziert, wenn es einen bestimmten (welchen?) Grad der Abweichung von der geschuldeten Sache nicht übersteigt. Dem kaufmännischen Käufer ist in jedem Fall zu raten, auch extreme Falschlieferungen stets sofort zu rügen.

30 **c) Zuweniglieferung.** Nach § 434 Abs. 2 S. 2 und Abs. 3 S. 2 BGB ist die Lieferung einer zu geringen Menge (minus) ein Sachmangel. Eine Zuweniglieferung liegt vor, wenn die gelieferte Ware nach **Zahl, Maß oder Gewicht** von den vertraglichen Vereinbarungen abweicht,[95] so zB wenn anstelle der vereinbarten 100 Flaschen Wein nur 90 geliefert werden.[96] Besteht das Lieferobjekt aus mehreren Einzelstücken und weisen diese gegenüber der Bestellung Maßabweichungen oder Umschichtungen der Stückzahl innerhalb der Kollektion, im Gewicht oder im Volumen auf, so liegt keine Minderlieferung vor.[97]

31 Von der Zuweniglieferung ist die **Teilleistung** iSd § 266 BGB abzugrenzen, die ohne eine entsprechende Vereinbarung zwischen den Kaufvertragsparteien keine gehörige Erfüllung darstellt und somit einer Nichtleistung gleichsteht.[98] Folgerichtig fällt die Teilleistung nach der Gesetzesbegründung nicht unter § 434 Abs. 3 BGB aF.[99] Mit Teilleistung iSd § 266 BGB ist jedoch nur die bewusste und als solche, zB durch vorher oder gleichzeitig zugestellte Rechnung oder Lieferschein mit Preisangabe, auch deklarierte Teillieferung (sog. **„offene" Teilleistung**) zu verstehen.[100] Ist die Lieferung demgegenüber nicht als Teilleistung deklariert (sog. **„verdeckte" Teilleistung**), kann diese vom Käufer nur als Versuch vollständiger Erfüllung angesehen werden und fällt als Minderleistung iSd § 434 Abs. 2 S. 2 und Abs. 3 S. 2 BGB unter § 377.[101]

32 **d) Zuviellieferung.** Ob eine Zuviellieferung (plus) vorliegt, beurteilt sich nach denselben Kriterien wie bei der Zuweniglieferung, nämlich nach der Abweichung der gelieferten Ware nach Zahl, Maß oder Gewicht von den vertraglichen Vereinbarungen.[102] Ein Fall der Zuviellieferung ist zB gegeben, wenn anstatt 100.000 kg 110.000 kg schwarze Johannisbeeren geliefert werden.[103] Die Zuviellieferung wurde von § 434 Abs. 3 BGB aF nicht umfasst und musste deshalb auch nicht nach § 377 gerügt werden. Nach Änderung des § 434 BGB zum 1.1.2022 stellt § 434 Abs. 2 S. 2 und Abs. 3 S. 2 BGB pauschal auf die gelieferte Menge ab, sodass auch bei Zuviellieferung ein Sachmangel vorliegt, für den die Rügeobliegenheit gilt.[104]

V. Untersuchung der Ware

33 **1. Untersuchungsobliegenheit. a) Rechtsnatur und Verhältnis zur Mängelanzeige.** Nach dem Wortlaut des § 377 Abs. 1 „hat der Käufer die Ware unverzüglich nach der Ablieferung durch den Verkäufer … zu untersuchen". Diese Formulierung ist missverständlich, weil suggeriert wird, dass es sich bei dem Gebot der Untersuchung zumindest um eine Obliegenheit, wenn nicht gar um eine Rechtspflicht handelt. Zumindest dann, wenn man mit den Vertretern der „Voraussetzungs-

94 Zimmer in Ernst/Zimmermann, Zivilrechtswissenschaft und Schuldrechtsreform, 2001, 198.

95 BGH 13.3.1996, NJW 1996, 1826 (1827); 6.11.1991, NJW 1992, 912 (913); vgl. auch Heymann/Emmerich/Hoffmann Rn. 27; BeckOK HGB/Schwartze, 47. Ed. 1.4.2025, Rn. 21.

96 BT-Drs. 16/6040, 187.

97 BGH 13.3.1996, NJW 1996, 1826 (1827); BeckOGK/Höpfner, 1.3.2025, Rn. 48; vgl. auch BeckOK BGB/Faust, 75. Ed. 1.8.2025, BGB § 434 Rn. 40.

98 MüKoBGB/Krüger BGB § 266 Rn. 18; Soergel/Foerster BGB § 266 Rn. 9.

99 BT-Drs. 14/6040, 216.

100 Vgl. BeckOGK/Höpfner, 1.3.2025, Rn. 48.

101 Vgl. BeckOGK/Höpfner, 1.3.2025, Rn. 48; Ebenroth/Boujong/Achilles Rn. 68; Canaris HandelsR § 29 Rn. 57; Heymann/Emmerich/Hoffmann Rn. 30; Oetker FS Canaris, Bd. II, 2007, 320; BeckOK HGB/Schwartze, 47. Ed. 1.4.2025, Rn. 21; auch Hopt/Leyens Rn. 18; KKD/Roth/Huber Rn. 19e; MüKoHGB/Grunewald Rn. 56.

102 Vgl. BGH 13.3.1996, NJW 1996, 1826 (1827); 6.11.1991, NJW 1992, 912 (913).

103 Vgl. OLG Stuttgart 9.2.2006, BeckRS 2006, 10647.

104 Vgl. BeckOGK/Höpfner, 1.3.2025, Rn. 49; BeckOK BGB/Faust, 75. Ed. 1.8.2025, BGB § 434 Rn. 44; Pfeiffer GPR 2022, 223 (227); **aA** Grüneberg/Weidenkaff BGB § 434 Rn. 10; zweifelnd Wilke VuR 2021, 283 (285).

bzw. Bedingungstheorie“[105] das Vorliegen einer Obliegenheit davon abhängig macht, dass deren Beachtung zur Entstehung oder Erhaltung des Gläubigerrechts erforderlich ist,[106] handelt es sich bei diesem Gebot nicht einmal um eine echte Obliegenheit,[107] geschweige denn um eine echte Rechtspflicht des Käufers. Zum Erhalt der Gewährleistungsrechte ist nämlich nur die Mängelrüge, nicht hingegen die Untersuchung der Ware erforderlich.[108] Eine **ordnungsgemäße Mängelrüge setzt** wiederum **keine Untersuchung der Ware voraus.** Selbst eine fristgemäß, mit dem Gebot kaufmännischer Sorgfalt (§ 347 Abs. 1) freilich kaum zu vereinbarende, weil ins „Blaue hinein“ erhobene Mängelrüge, kann rechtsbewahrend sein, sofern sie **zufälligerweise das Richtige trifft.**[109]

Die Mängelrüge hat jedoch nur dann rechtsbewahrende Wirkung, wenn sie hinreichend erkennen 34 lässt, in welchen Punkten der Käufer mit der gelieferten Ware nicht einverstanden ist (→ Rn. 98 ff.). Zu einer solchermaßen **substantiierten Mängelrüge** ist der mit kaufmännischer Sorgfalt handelnde Käufer in der Regel nur nach einer Untersuchung der Ware in der Lage, sodass sich das Untersuchungsgebot im Hinblick auf die mit der Nichtvornahme der Untersuchung einhergehenden negativen Folgen für die Rechtsposition des Käufers noch als **Obliegenheit (im weiteren Sinne)** qualifizieren lässt.[110] Zu beachten ist, dass im Fall des Weiterverkaufs der Ware die Untersuchungsobliegenheit des Käufers gem. § 377 Abs. 1 keine entsprechende (Rechts-) Pflicht gegenüber seinen Abnehmern auslöst, die Anknüpfungspunkt für Schadensersatzansprüche sein kann. Eine Pflicht zur Prüfung und Untersuchung der verkauften Ware vor ihrer Übergabe durch den Verkäufer besteht nämlich grundsätzlich nicht.[111] Etwas anderes kann dann gelten, wenn eine entsprechende Verkehrssitte, eine Beratungspflicht oder ein besonderer Anlass besteht, zB drohende Gefahr für den Käufer infolge besonderer Beschaffenheit oder besonderer Vorrichtungen, wenn es sich um besonders hochwertige oder fehleranfällige Produkte handelt oder der Verkäufer besondere Sachkunde hat.[112]

b) Bedeutung. Der Obliegenheit zur Untersuchung kommt in dreierlei Hinsicht rechtliche Bedeutung zu. Da die Mängelrüge nach § 377 Abs. 1 nur rechtzeitig ist, wenn sie unverzüglich nach Ablauf der für eine ordnungsmäßige Untersuchung erforderlichen Zeitspanne erfolgt, markiert die Untersuchungsobliegenheit *erstens* den **Beginn und die Dauer der Gesamtrügefrist,** die sich aus der Frist für die Untersuchung und für die daran anschließende (Abfassung der) Mängelanzeige zusammensetzt. Der Beginn der Gesamtrügefrist fällt mit dem Beginn der Untersuchungsobliegenheit zusammen. Die Dauer der Gesamtrügefrist wird maßgeblich von Inhalt und Umfang der Untersuchungsobliegenheit bestimmt.[113] Die Untersuchungsobliegenheit dient *zweitens* der **Festlegung,** ob es sich um einen **„offenen“** oder **„verdeckten“ Mangel** handelt (vgl. § 377 Abs. 2 und 3),[114] die bedeutsam für die Rechtzeitigkeit der Mängelrüge ist. War der Mangel bei ordnungsmäßiger Untersuchung erkennbar, handelt es sich um einen offenen Mangel und die Frist zur Anzeige des Mangels beginnt nach § 377 Abs. 1 unmittelbar im Anschluss an die Frist, die für die Untersuchung zur Verfügung steht. Hat der Käufer die Ware nicht untersucht, so beginnt die Frist für die Anzeige des Mangels zu dem Zeitpunkt, zu dem der Käufer eine ordnungsmäßige Untersuchung abgeschlossen hätte. War der Mangel nicht erkennbar, beginnt die Anzeigefrist erst unverzüglich nach der Entdeckung des Mangels. *Drittens* bestimmt sich nach Inhalt und Umfang der Untersuchungsobliegenheit, inwieweit der **Käufer befugt ist,** die **Ware zum Zwecke der Prüfung zu gebrauchen oder zu verbrauchen** und in ein etwa noch bestehendes Eigentum des Verkäufers einzugreifen.[115] Die Untersuchungsobliegenheit des Verkäufers gegenüber seinem Lieferanten begründet **keine vertragliche drittschützende Sorgfaltspflicht** iSd § 276 Abs. 2 BGB gegenüber seinem Abnehmer.[116] 35

[105] Vgl. Langheid/Wandt MüKoVVG/Wandt VVG § 28 Rn. 15 f.

[106] Vgl. Nachweise bei Staudinger/Kern, 2019, BGB § 241 Rn. 125 ff.

[107] Wie hier: BeckOK HGB/Schwartze, 47. Ed. 1.4.2025, Rn. 23; **aA** NK-HGB/Stöber Rn. 21; Hopt/Leyens Rn. 20, 21; KKD/Roth/Huber Rn. 7.

[108] BGH 16.3.1977, NJW 1977, 1150 (1151); 18.3.1952, LM § 377 Nr. 1 = BB 1952, 330; RG 18.11.1932, RGZ 138, 331 (336 f.); 2.7.1920, RGZ 99, 247 (249); OLG Koblenz 24.6.2004, NJW-RR 2004, 1553.

[109] OLG Zweibrücken 12.7.2024, RdTW 2024, 459 (460); Ebenroth/Boujong/Achilles Rn. 56; Staub/Brüggemann, 4. Aufl. 1983, Rn. 70; BeckOGK/Höpfner, 1.3.2025, Rn. 54.

[110] Vgl. BGH 2.2.1982, NJW 1982, 273 (2731) zu Art. 39 EKG; s. auch Staub/Brüggemann, 4. Aufl. 1983, Rn. 69 ff.; Hopt/Leyens Rn. 21; Roth FS Canaris, Bd. II, 2007, 363; Lomb ZfPC 2023, 9 (13).

[111] BGH 25.9.1968, NJW 1968, 2238 (2239); OLG Nürnberg 25.11.2009, BeckRS 2010, 67; Schroeter JZ 2010, 495 (496); Hösker/Lomb ZfPC 2022, 110 (113).

[112] OLG Nürnberg 25.11.2009, BeckRS 2010, 67.

[113] Vgl. BGH 18.3.1952, LM § 377 Nr. 1 = BB 1952, 330; Heymann/Emmerich/Hoffmann Rn. 46; MüKoHGB/Grunewald Rn. 34; BeckOK HGB/Schwartze, 47. Ed. 1.4.2025, Rn. 24; Marburger JuS 1983, 1 (5).

[114] MüKoHGB/Grunewald Rn. 36; BeckOK HGB/Schwartze, 47. Ed. 1.4.2025, Rn. 24; Marburger JuS 1983, 1 (5).

[115] Vgl. Staub/Brüggemann, 4. Aufl. 1983, Rn. 73; Marburger JuS 1983, 1 (5).

[116] OLG Brandenburg 18.2.2020, BeckRS 2020, 5439; OLG Köln 25.3.2015, BeckRS 2016, 1704.

36 Im Falle einer als Verschlechterung zu qualifizierenden Beschädigung der Ware infolge der Untersuchung schuldet der Käufer **keinen Wertersatz gem. § 346 Abs. 2 S. 1 Nr. 3 Hs. 2 BGB.**[117] Ist eine Verarbeitung oder Umgestaltung erforderlich, entfällt die Pflicht zum Wertersatz gem. § 346 Abs. 3 Nr. 1 BGB,[118] der analog Anwendung auf den bestimmungsgemäßen Verbrauch einer Sache findet.[119] Eine **Haftung aus § 823 Abs. 1 BGB** zB beim Kauf unter Eigentumsvorbehalt **besteht nicht.** Die Kosten der Untersuchung hat gem. § 437 Nr. 3 BGB, § 280 Abs. 1 BGB der Verkäufer zu tragen, soweit er die Lieferung mangelhafter Ware zu vertreten hat.[120] Fehlt es am Verschulden, kann der Käufer die ihm durch die Untersuchung der Ware entstandenen Kosten nicht ersetzt verlangen, da es sich um Kosten der Abnahme handelt, die nach § 448 Abs. 1 BGB der Käufer zu tragen hat.[121] Dies gilt auch für den Fall, dass der Käufer wegen des Mangels zurücktritt. Bei der Untersuchung handelt es sich nämlich nicht um Verwendungen iSd § 347 Abs. 2 BGB, da die Aufwendungen nicht der Ware zugute kommen.[122]

37 Eine Besonderheit weist der **Kauf auf Probe** iSd § 454 BGB auf, der im Zweifel unter der aufschiebenden Bedingung der Billigung des Käufers geschlossen ist.[123] Gemäß § 454 Abs. 2 BGB ist der Verkäufer während der Schwebezeit verpflichtet, **dem Käufer die Untersuchung der Kaufsache zu gestatten.** Ob darüber hinaus eine Pflicht zur Übergabe besteht, bestimmt sich nach den vertraglichen Vereinbarungen. Mangels besonderer Vereinbarung ist die Untersuchungspflicht nach § 269 BGB am Sitz des Verkäufers zu erfüllen.[124] Der Käufer kann dann nicht die Übergabe der Kaufsache verlangen. Der Verkäufer muss sich dasjenige gefallen lassen, was am Kaufgegenstand im normalen Lauf des Untersuchungsvorgangs geändert wird.[125] Ist für die Prüfung ein teilweiser Verbrauch erforderlich, so ist dieser zu gestatten.[126] Einen Anspruch auf Entschädigung für die Nutzung des zu erprobenden Gegenstandes hat der Verkäufer nicht.[127] Die Kosten der Untersuchung sind aber im Zweifel vom Käufer zu tragen.[128]

38 **2. Art und Umfang der Untersuchung. a) Allgemeine Maßstäbe.** Die Untersuchung erfordert den Vergleich zwischen der konkret bestellten und der gelieferten (und in Rechnung gestellten) Ware. Art und Umfang der Untersuchungsobliegenheit richten sich zunächst nach dem **vertraglich Vereinbarten.**[129] Denkbar sind zB Vereinbarungen über sog. Ausfallproben oder -muster, die die ganze Ware vertreten. Mängel, die bereits das Ausfallmuster hat, können, soweit sie nicht gerügt werden, in Bezug auf die eigentliche Ware dann nicht mehr geltend gemacht werden.[130] In Betracht kommen ferner Vereinbarungen über die Zahl der zu entnehmenden Stichproben oder über die Art und die Dauer von Probeläufen. Die Untersuchung ist dabei stets so auszurichten, dass Mängel bei einer mit **verkehrsüblicher Sorgfalt durchgeführten Überprüfung der Ware sichtbar** werden. Es gilt der Standard von § 347 Abs. 1.[131] Hat sich hinsichtlich Art und Umfang der Untersuchung im jeweiligen Geschäftszweig ein **Handelsbrauch** oder eine **Handelsübung** herausgebildet, geben diese das Maß. Handelsbrauch und -übung können den Käufer aber nicht von jeder Untersuchungsobliegenheit entbinden. Gäbe es einen solchen, so wäre dies ein unbeachtlicher Missbrauch.[132]

---

[117] Vgl. Heymann/Emmerich/Hoffmann Rn. 67; Ebenroth/Boujong/Achilles Rn. 59.

[118] MüKoBGB/Gaier BGB § 346 Rn. 58; Grüneberg/Grüneberg BGB § 346 Rn. 11; MüKoHGB/Grunewald Rn. 113; Ebenroth/Boujong/Achilles Rn. 59; BeckOGK/Schall, 1.3.2022, BGB § 346 Rn. 580.

[119] MüKoBGB/Gaier BGB § 346 Rn. 114; Staudinger/Kaiser, 2012, BGB § 346 Rn. 175; **aA** BeckOGK/Schall, 1.3.2022, BGB § 346 Rn. 581.

[120] Ebenroth/Boujong/Müller, 3. Aufl. 2015, Rn. 59; Heymann/Emmerich/Hoffmann Rn. 49; **aA** BeckOGK/Höpfner, 1.3.2025, Rn. 55; Ebenroth/Boujong/Achilles Rn. 59; NK-HGB/Stöber Rn. 36, weil Sowieso-Kosten.

[121] Vgl. BeckOK BGB/Faust, 75. Ed. 1.8.2025, BGB § 448 Rn. 7; MüKoBGB/Maultzsch BGB § 448 Rn. 9.

[122] MüKoHGB/Grunewald Rn. 94; Heymann/Emmerich/Hoffmann Rn. 49.

[123] Vgl. OLG Hamm 9.3.2010, BeckRS 2010, 25410 – Vereinbarung einer Ankaufsuntersuchung.

[124] Staudinger/Mader/Schermaier, 2014, BGB § 454 Rn. 16; BeckOK BGB/Faust, 75. Ed. 1.8.2025, BGB § 454 Rn. 7; BeckOK HGB/Schwartze, 47. Ed. 1.4.2025, Rn. 31.

[125] Staudinger/Mader/Schermaier, 2014, BGB § 454 Rn. 20.

[126] Staudinger/Mader/Schermaier, 2014, BGB § 454 Rn. 20; Würdinger/Röhricht § 373 Rn. 131.

[127] OLG Schleswig 20.7.1999, NJW-RR 2000, 1656 zu § 495 BGB aF; BeckOK HGB/Schwartze, 47. Ed. 1.4.2025, Rn. 31.

[128] Staudinger/Mader/Schermaier, 2014, BGB § 454 Rn. 20; MüKoBGB/Maultzsch BGB § 454 Rn. 9.

[129] BeckOK HGB/Schwartze, 47. Ed. 1.4.2025, Rn. 33; NK-HGB/Stöber Rn. 22.

[130] Vgl. OLG Düsseldorf 26.11.2004, NJW-RR 2005, 832 (833); MüKoHGB/Grunewald Rn. 125.

[131] MüKoHGB/Grunewald Rn. 36; Heymann/Emmerich/Hoffmann Rn. 61.

[132] BGH 17.9.2002, BGHR 2003, 285 (287); 3.12.1975, NJW 1976, 625; OLG München 16.3.2020, BeckRS 2020, 10642; LG Gera 8.7.2004, MDR 2005, 11 f.; Hopt/Leyens Rn. 8; BeckOK HGB/Schwartze, 47. Ed. 1.4.2025, Rn. 33.

39 Bestehen keine Abreden und fehlt es auch an einem Handelsbrauch oder einer Handelsübung, kommt es gem. § 377 Abs. 1 auf die **Tunlichkeit der Untersuchung im ordnungsmäßigen Geschäftsgang** an. Die Tunlichkeit bestimmt sich im Wesentlichen danach, was einem ordentlichen Kaufmann im konkreten Einzelfall zur Erhaltung seiner Gewährleistungsansprüche zugemutet werden kann. Es ist ein objektiver Maßstab anzulegen.[133] Die Anforderungen an die vorzunehmende Untersuchung ergeben sich aus einer Interessenabwägung.[134] Die Zumutbarkeit für den Käufer beurteilt sich dabei vor allem an dem für eine Überprüfung erforderlichen **Kosten- und Zeitaufwand.** Dieser bestimmt sich maßgeblich danach, ob der Käufer über eigene technische Kenntnisse verfügt (zB weil es sich um einen Fachbetrieb handelt[135]) oder besondere technische Vorkehrungen treffen und/oder Dritte mit der Untersuchung beauftragen muss.[136] Deshalb können hinsichtlich Art und Umfang der gebotenen Untersuchung an den fachmännischen Käufer weitergehende Anforderungen zu stellen sein als an den Nichtfachmann.[137]

40 Grundsätzlich aber gilt, dass Art und Umfang der Untersuchung **nicht von den individuellen Fähigkeiten des Käufers** abhängen. Vielmehr geben auch insoweit objektive Kriterien das Maß.[138] Fehlt dem Käufer für die Untersuchung die erforderliche Sachkunde, muss er notfalls einen Fachkundigen hinzuziehen.[139] Neben der **Heranziehung von Sachverständigen** kommt eine Untersuchung durch **neutrale Prüfstellen** (zB TÜV)[140] oder **staatliche Behörden** (zB Eichamt) in Betracht. Bedient sich der Käufer für die Überprüfung einer Ware auf Fehlerfreiheit eines anderen Kaufmanns, kann ihm, wenn letzterer fehlerhaft arbeitet, nicht entgegengehalten werden, er habe dessen Arbeit zur Meidung von Rechtsnachteilen aus § 377 unverzüglich prüfen und den Fehler selbst bemerken müssen.[141] Zu beachten ist, dass die Anforderungen an die Untersuchungslast sich nicht allein deshalb verringern, weil eine Untersuchung komplizierter technischer Anlagen oder umfangreicher und differenzierter Software tatsächlich oder technisch schwierig oder aufwendig ist. Solche **Schwierigkeiten bei der Entdeckung von Mängeln** können nur zu einer Verlängerung der Untersuchungs- und damit einhergehend der Mängelanzeigefrist führen.[142]

41 Stets zumutbar ist dem Käufer die **Inaugenscheinnahme der Ware** wegen etwaiger auffälliger Transportschäden und eine Untersuchung der Identität und der Menge der Ware anhand der überreichten Papiere.[143] Ergeben sich dabei bereits **Verdachtsmomente,** sind weitergehende Untersuchungen erforderlich.[144] Insoweit wird sich die Untersuchung vielfach in Stufen vollziehen. Je nach den Umständen des Einzelfalls können weitergehende Maßnahmen auch aus der Natur der Ware, aus dem Verwendungszweck, aus Branchengepflogenheiten, aus dem Gewicht der zu erwartenden Mangelfolgen oder aus früheren, nach wie vor als Verdacht fortwirkenden Mangelfällen geboten sein.[145] Bestehen keinerlei Verdachtsmomente hinsichtlich bestimmter Mängel, ist eine „Rundum-

---

133 OLG Zweibrücken 12.7.2024, RdTW 2024, 459; OLG Nürnberg 25.11.2009, BeckRS 2010, 67; Hösker/Lomb ZfPC 2022, 110 (116).

134 BGH 24.2.2016, BeckRS 2016, 05746 Rn. 20; OLG Karlsruhe 19.7.2016, BeckRS 2016, 13273; OLG Koblenz 7.7.2016, BeckRS 2016, 12760.

135 OLG Düsseldorf 8.5.2015, BeckRS 2015, 17115.

136 Vgl. BGH 24.2.2016, BeckRS 2016, 05746 Rn. 22; 17.9.2002, BGHR 2003, 285 (287); 20.4.1977, LM § 377 Nr. 19 = BB 1977, 119; 16.3.1977, NJW 1977, 1150; 3.12.1975, NJW 1976, 625 (626); 11.11.1974, WM 1974, 1204 (1205); 14.10.1970, LM § 377 Nr. 13 = BB 1970, 1416; OLG Hamm 25.6.2010, BeckRS 2010, 19479; OLG Celle 7.2.2002, BeckRS 2002, 3023871; OLG Frankfurt 12.8.1999, BauR 2000, 423; OLG Köln 6.3.1998, NJW-RR 1999, 565 (566); KG 19.6.1986, NJW-RR 1986, 1162; LG Aschaffenburg 17.8.2007, BeckRS 2008, 1161; Hopt/Leyens Rn. 24 f.

137 BGH 3.12.1975, NJW 1976, 625 (626); RG 14.10.1904, RGZ 59, 75.

138 BGH 14.10.1970, LM § 377 Nr. 13 = BB 1970, 1416; OLG Nürnberg 25.11.2009, BeckRS 2010, 67.

139 OLG München 14.9.2005, NJOZ 2006, 861 (866); OLG Hamm 31.8.2004, NJOZ 2005, 2220 (2222); Hopt/Leyens Rn. 28; Ebenroth/Boujong/Achilles Rn. 75.

140 Vgl. OLG München 22.4.2015, BeckRS 2015, 09719; OLG Dresden 15.1.2015, BeckRS 2016, 05770. Staub/Brüggemann, 4. Aufl. 1983, Rn. 99.

141 LG Hamburg 18.7.2001, MMR 2001, 831 (832).

142 BGH 22.12.1999, BGHZ 143, 307 (310, 312) = NJW 2000, 1415; vgl. auch OLG München 14.9.2005, NJOZ 2006, 861 (865); OLG Naumburg 3.4.2001, OLGR 2001, 417; OLG München 11.3.1998, NJW-RR 1999, 331; vgl. auch Wäßle/Gatzweiler K&R 2010, 18 (20 f.).

143 BeckOK HGB/Schwartze, 47. Ed. 1.4.2025, Rn. 34; MüKoHGB/Grunewald Rn. 37; NK-HGB/Stöber Rn. 22; Steinmann BB 1993, 873 (878); vgl. OLG Brandenburg 7.11.2008, IBR 2010, 262.

144 LG Essen 23.6.2023, BeckRS 2023, 15039.

145 BGH 24.2.2016, BeckRS 2016, 05746 Rn. 23; 17.9.2002, BGHR 2003, 285 (287); 3.12.1975, NJW 1976, 625 (626); 14.10.1970, LM § 377 Nr. 13 = BB 1970, 1416; vgl. auch 19.6.1991, NJW 1991, 2633 f.; 20.4.1977, LM § 377 Nr. 19 = BB 1977, 1408; OLG Köln 18.3.2014, BeckRS 2016, 11623; OLG Nürnberg 25.11.2009, BeckRS 2010, 67; OLG Stuttgart 16.6.2009, NJW-RR 2010, 933; OLG Frankfurt 12.8.1999, BauR 2000, 423; OLG Düsseldorf MDR 1972, 330 (331).

Untersuchung" nicht geschuldet (zur Wirksamkeit der formularmäßigen Ausweitung der Untersuchungsobliegenheit → Rn. 146).[146] Der Käufer kann sich vielmehr auf das Vorhandensein solcher Eigenschaften beschränken, die durch den Verwendungszweck gefordert sind.[147]

42 Kann ein Fehler nur dadurch ermittelt werden, dass ein **Teil der Ware be- oder verarbeitet**[148] oder sogar **verbraucht** wird, ist abzuwägen zwischen dem Interesse des Käufers daran, dass die Ware möglichst unbeschädigt bleibt und durch die Untersuchung keine groben Verzögerungen eintreten, und dem Interesse des Verkäufers daran, dass er nicht nachträglich nach Abwicklung des Geschäfts mit Mängelrügen konfrontiert wird.[149] Diese am Grundsatz der Verhältnismäßigkeit orientierte Interessenabwägung kann zu Lasten des Käufers gehen, wenn er nur durch die Verarbeitung einen bestimmten Fehler aufdecken kann.[150] Verfahren, die eine größere Warenmenge verbrauchen, sind dem Käufer in der Regel nicht zumutbar.[151] Als **Faustregel** gilt, dass vom Käufer grundsätzlich umso intensivere Untersuchungsanstrengungen verlangt werden können, je größer der aus einer Mangelhaftigkeit drohende Schaden ist.[152] Des Weiteren sind an einen Verarbeiter strengere Anforderungen zu stellen als an einen bloßen Wiederverkäufer.[153]

43 Die Übernahme einer **Garantie für die Beschaffenheit** einer Sache (Zusicherung einer Eigenschaft) durch den Verkäufer entbindet den Käufer nicht von seiner Obliegenheit zur Untersuchung.[154] **CE-Kennzeichnungen** (vgl. § 7 ProdSG) auf technischen Geräten entbinden den Käufer ebenfalls nicht von seiner Untersuchungsobliegenheit, weil die CE-Kennzeichnung weder dazu bestimmt noch geeignet ist, handwerkliche Fehler und Verarbeitungsmängel auszuschließen.[155] Mit der Anbringung des CE-Kennzeichens erklärt der Hersteller namentlich im Produktbereich von Maschinen, Spielzeug und/oder elektrischer Betriebsmittel lediglich, dass die Ware mit dem technischen Regelwerk konform geht.[156] Deshalb vermag die fehlende Überprüfung der Durchführung eines ordnungsgemäßen Konformitätsverfahrens gem. VO (EU) 2016/425 für sich allein genommen keinen Verstoß gegen § 377 Abs. 1 zu begründen.[157] Entsprechendes gilt für Ware, die mit einem **„GS"-Zeichen** (= geprüfte Sicherheit) versehen ist (vgl. § 20 ProdSG), weil Gegenstand der Prüfung nach § 21 ProdSG vornehmlich die Einhaltung der Sicherheitsanforderungen aus §§ 3, 6 ProdSG ist.

44 **b) Besondere Fallgestaltungen. aa) Lieferung von Massengütern.** Handelt es sich bei der Kaufsache um **gleichartige (Massen-)Güter,** so genügt der Käufer für die Feststellung von Qualitätsmängeln (nicht aber für die Feststellung von Quantitätsmängeln) seiner Obliegenheit zur Untersuchung durch Entnahme von **Stichproben,** sofern diese repräsentativ sind, dh sinnvoll auf die Gesamtmenge verteilt werden.[158] Wie viele Stichproben zu ziehen sind, lässt sich nicht generell, sondern nur unter dem Blickwinkel des Einzelfalles entscheiden und wird maßgeblich von der Bedeutung der Einhaltung bestimmter Eigenschaften und vom Gesichtspunkt der Zumutbarkeit für den Käufer bestimmt.[159] Bei ungleichartigen (Massen-)Gütern reichen Stichproben nicht aus.[160] Ist die Ware

---

[146] Vgl. BGH 6.12.2017, NJW 2018, 1957 Rn. 26; OLG Frankfurt 19.10.2021, BeckRS 2021, 33154; Hösker/Lomb ZfPC 2022, 110 (116).

[147] Vgl. OLG Nürnberg 25.11.2009, BeckRS 2010, 67.

[148] LG Krefeld 27.5.2014, BeckRS 2015, 20759.

[149] OLG Bremen 17.3.2023, RdTW 2023, 357 (362); OLG Oldenburg 5.9.1997, NJW 1998, 388; vgl. auch OLG Naumburg 3.4.2001, OLGR 2001, 417.

[150] Vgl. OLG Nürnberg 25.11.2009, BeckRS 2010, 67; OLG Oldenburg 5.9.1997, NJW 1998, 388; vgl. auch RG 12.5.1908, RGZ 68, 368 (370).

[151] MüKoHGB/Grunewald Rn. 38; Heymann/Emmerich/Hoffmann Rn. 67; vgl. auch Staub/Brüggemann, 4. Aufl. 1983, Rn. 91; vgl. auch OLG Koblenz 7.7.2016, BeckRS 2016, 12760.

[152] Vgl. BGH 24.2.2016, BeckRS 2016, 05746 Rn. 25; OLG Bremen 17.3.2023, RdTW 2023, 357 (360); OLG Hamm 25.6.2010, BeckRS 2010, 19479; Hösker/Lomb ZfPC 2022, 110 (116).

[153] Vgl. BGH 3.12.1975, NJW 1976, 625 (626); OLG Nürnberg 25.11.2009, BeckRS 2010, 67.

[154] BGH 17.9.2002, BGHR 2003, 285 (287); 19.6.1991, NJW 1991, 2633; OLG Bremen 17.3.2023, RdTW 2023, 357 (362); OLG Hamm 25.6.2010, BeckRS 2010, 19479; BeckOK HGB/Schwartze, 47. Ed. 1.4.2025, Rn. 33; BeckOGK/Höpfner, 1.3.2025, Rn. 57.

[155] OLG Köln 28.3.2003, NJW-RR 2004, 1141 (1142).

[156] Klindt, 2. Aufl. 2015, GPSG § 7 Rn. 6.

[157] Offengelassen von OLG Frankfurt 25.6.2025, BeckRS 2025, 15731.

[158] Vgl. BGH 20.4.1977, LM § 377 Nr. 19 = BB 1977, 119; 16.3.1977, NJW 1977, 1150 (1151); RG 13.3.1923, RGZ 106, 359 (362); OLG Bremen 17.3.2023, RdTW 2023, 357 (362); OLG München 18.11.2015, LMuR 2016, 26 (29); OLG Köln 6.3.1998, NJW-RR 1999, 565 (566); OLG Frankfurt 3.12.1985, NJW-RR 1986, 838 (839); MüKoHGB/Grunewald Rn. 38.

[159] Vgl. BGH 20.4.1977, LM § 377 Nr. 19 = BB 1977, 119; OLG Köln 6.3.1998, NJW-RR 1999, 565 (566); OLG München 31.3.1955, BB 1955, 748; Staub/Brüggemann, 4. Aufl. 1983, Rn. 81.

[160] OLG Bremen 17.3.2023, RdTW 2023, 357 (359).

zur Weiterverarbeitung bestimmt, kann der Käufer gehalten sein, einen Teil der Ware sogar unter den Bedingungen des späteren Einsatzes zu untersuchen.[161] Belaufen sich die Kosten für aussagekräftige Stichproben auf mindestens 15% des eigentlichen Warenwerts, ist die Untersuchung im Rahmen eines ordnungsmäßigen Geschäftsgangs nicht mehr als tunlich einzustufen.[162]

Führt die Entnahme von Stichproben dazu, dass der geprüfte Warenteil wertlos und/oder unverkäuflich wird, so genügen in aller Regel wenige Stichproben.[163] Wenige Stichproben reichen auch dann aus, wenn die Ware nur in **Originalverpackung** weiterverkauft werden kann, die durch die Untersuchung zerstört wird.[164] Hier stellt sich die Situation für den Käufer nicht anders dar als bei Ware, die zur Weiterverarbeitung bestimmt ist. Nur vereinzelte Stichproben sollen genügen, wenn die Ware seemäßig verpackt und für den Seetransport bestimmt ist.[165] Bei **Waren von hohem Wert** (zB Neu-Kfz) und **Lieferungen in kleinen Mengen** kann die Untersuchung **eventuell** nahezu ganz entfallen.[166] Dagegen reicht allein die Tatsache, dass Fehler selten sind, nicht aus, um die Untersuchung überflüssig werden zu lassen.[167] Dies gilt grundsätzlich auch dann, wenn es sich um **Markenware** handelt.[168] 45

Handelt es sich um die Lieferung größerer Partien **chemischer Erzeugnisse** (zB 23 t chemisch reine Essigsäure), so ist es zur Erfüllung der Untersuchungsobliegenheit nicht erforderlich, dass der Käufer die gesamte Ware am Ort der Übergabe labortechnisch analysieren lässt.[169] 46

bb) Lieferung von Maschinen. Bei Lieferung einer Maschine ist der Käufer grundsätzlich gehalten, die Maschine ggf. nach Montage und möglicherweise Einweisung des Bedienungspersonals **in Gang zu setzen und längere Zeit zu beobachten.**[170] Den vom Käufer bei einer Warenlieferung vorzunehmenden Stichproben entspricht hier die stichprobenweise Fertigung der mit der Maschine herzustellenden Erzeugnisse unter ähnlichen Bedingungen wie bei einer serienmäßigen Produktion, insbesondere im Zeittakt. Mängel, die sich nicht bei einer solchen Fertigung, sondern erst bei einer „echten" Serienproduktion zeigen, sind nicht als bei einer ordnungsmäßigen Untersuchung „erkennbare", sondern als „verborgene" Mängel anzusehen, die gem. § 377 Abs. 3 erst nach ihrer Entdeckung angezeigt werden müssen.[171] 47

cc) Teil- und Sukzessivlieferungen. Bei Teillieferungen erstreckt sich die Obliegenheit zur Untersuchung grundsätzlich auf **jede einzelne Lieferung,**[172] selbst wenn alle Lieferungen gleichgeartete Sachmängel aufweisen.[173] Etwas anderes gilt nur, wenn aus dem Mangel einer Teillieferung auf die Mangelhaftigkeit der restlichen Lieferungen geschlossen werden kann[174] oder die Einzellieferungen Teil einer Gesamtheit sind, die erst nach ihrem Zusammenfügen funktionsfähig ist (zB EDV-Anlage, bei der zunächst nur die PC-Bildschirme geliefert werden).[175] In letzterem Fall muss der Käufer die Funktionsfähigkeit erst dann überprüfen, wenn ihm die gesamte EDV-Anlage zur Verfügung steht. 48

---

[161] OLG Naumburg 3.4.2001, OLGR 2001, 417.

[162] OLG Koblenz 7.7.2016, BeckRS 2016, 12760.

[163] BGH 20.4.1977, LM § 377 Nr. 19 = BB 1977, 119; OLG Köln 6.3.1998, NJW-RR 1999, 565 (566).

[164] MüKoHGB/Grunewald Rn. 41; vgl. auch OLG Frankfurt 28.3.2007, NJW-RR 2007, 1423 (1424).

[165] MüKoHGB/Grunewald Rn. 41; Ebenroth/Boujong/Achilles Rn. 89.

[166] Ebenroth/Boujong/Achilles Rn. 89; MüKoHGB/Grunewald Rn. 41; Heymann/Emmerich/Hoffmann Rn. 67; Steck NJW 2002, 321 (3203); vgl. ferner K. Schmidt HandelsR § 29 Rn. 76 ff.: Untersuchungspflicht grds. nur bei konkreten Verdachtsmomenten; **aA** OLG München 25.5.2020, BeckRS 2020, 10644; OLG München 16.3.2020, BeckRS 2020, 10642; OLG Hamm 6.2.2006, MDR 2006, 858.

[167] RG 26.6.1929, RGZ 125, 76 (79); 12.5.1908, RGZ 68, 368 (369); Staub/Brüggemann, 4. Aufl. 1983, Rn. 85; Ebenroth/Boujong/Achilles Rn. 89; MüKoHGB/Grunewald Rn. 42; vgl. auch OLG München 25.5.2020, BeckRS 2020, 10644 (Rügeobliegenheit bei Neuwagen).

[168] MüKoHGB/Grunewald Rn. 42; Ebenroth/Boujong/Achilles Rn. 89; einschr. Hopt/Leyens Rn. 26: äußerliche Prüfung kann genügen.

[169] OLG Celle 7.2.2002, BeckRS 2002, 3023871.

[170] RG 20.11.1908, WarnR 1909 Nr. 152; Ebenroth/Boujong/Achilles Rn. 90.

[171] BGH 16.3.1977, NJW 1977, 1150 (1151).

[172] BGH 25.6.2002, BeckRS 2002, 30267865; 16.9.1987, BGHZ 101, 337 (339) = NJW 1988, 52; RG 2.1.1907, RGZ 65, 49 (53); OLG Bremen 17.3.2023, RdTW 2023, 357 (360); OLG Brandenburg 22.2.2012, BeckRS 2012, 5192; OLG Düsseldorf 30.9.2002, BauR 2003, 49; BeckOK HGB/Schwartze, 47. Ed. 1.4.2025, Rn. 36; KKD/Roth/Huber Rn. 8b.

[173] OLG Bremen 17.3.2023, RdTW 2023, 357 (364); BeckOK HGB/Schwartze, 47. Ed. 1.4.2025, Rn. 36; Ebenroth/Boujong/Achilles Rn. 95.

[174] BeckOK HGB/Schwartze, 47. Ed. 1.4.2025, Rn. 36.

[175] Vgl. RG 18.11.1932, RGZ 138, 331 (338 f.); vgl. auch LG Münster 18.2.2015, BeckRS 2015, 03360; Staub/Brüggemann, 4. Aufl. 1983, Rn. 119; Hopt/Leyens Rn. 30.

49 Auch bei Sukzessivlieferungen **innerhalb einer ständigen Geschäftsverbindung** muss der Käufer grundsätzlich jede einzelne Lieferung gesondert untersuchen.[176] Nach Ansicht des BGH darf der Käufer, der in langjähriger Geschäftsbeziehung vom Verkäufer regelmäßig gleichartige, mangelfreie Ware bezieht, jedoch darauf vertrauen, dass der Verkäufer ihn auf Änderungen der Beschaffenheit der Ware hinweist. Solange dieser Vertrauenstatbestand bestehe, treffe den Käufer nicht die Obliegenheit, die Ware auf Beschaffenheitsänderungen und ihre Auswirkungen auf den vertraglich vorgesehenen Gebrauch der Ware zu untersuchen.[177]

50 **dd) Kauf nach Probe oder Muster.** Bei einem Kauf nach Probe oder Muster ist die Beschaffenheit von Probe oder Muster lediglich für die Mangelfreiheit der Ware iSd § 434 Abs. 1, Abs. 3 S. 1 Nr. 3 BGB von Bedeutung und befreit den Käufer – vorbehaltlich abweichender Vereinbarungen – nicht von der Untersuchung der Hauptlieferung.[178]

51 **ee) Nacherfüllung.** Hat der Verkäufer den Mangel im Rahmen der Nacherfüllung im Wege der Ersatzlieferung (§ 439 Abs. 1 Alt. 2 BGB) beseitigt, ändert sich an Art und Umfang der Untersuchung der gelieferten Ersatzsache grundsätzlich nichts.[179] Gleiches gilt für die Nacherfüllung im Wege der Mangelbeseitigung (§ 439 Abs. 1 Alt. 1 BGB). Eine Beschränkung der Untersuchungsobliegenheit auf den ursprünglich monierten Fehler besteht nicht.[180]

52 **ff) Streckengeschäft.** Für die Bestimmung von **Art und Umfang** der nach § 377 Abs. 1 gebotenen Untersuchung ist der Umstand, dass die Sache nicht beim Käufer, sondern vereinbarungsgemäß an dessen Abnehmer (= Zweitkäufer) abgeliefert wird, ohne Bedeutung.[181] Entsprechend dem Grundsatz der **Relativität des Schuldverhältnisses** beurteilt sich die Untersuchungsobliegenheit grundsätzlich aus der Person des obliegenheitsbelasteten Käufers und seiner vertraglichen Beziehung zum Verkäufer, nicht aus der Person seines Abnehmers.[182] Wenn der Erstkäufer die Ware direkt an seinen Abnehmer ausliefern lässt, **ändert** dies den für die Untersuchung der Ware geltenden **Prüfungsmaßstab,** der sich an der Abwägung der Interessen von Verkäufer und Erstkäufer orientiert, grundsätzlich **nicht.** Denn insoweit kann dem Verkäufer nicht zum Nachteil geraten, dass die Sache direkt an einen Dritten ausgeliefert wird.[183]

53 Ohne Bedeutung ist, ob es sich bei dem Zweitkäufer um einen Kaufmann handelt.[184] Denn eine ordnungsgemäße und damit wirksame Rüge setzt überhaupt keine Untersuchung – durch wen auch immer – voraus. Deshalb steht es auch im Belieben des Erstkäufers, ob er dem Zweitkäufer die Untersuchung überlässt und das Risiko einer verspäteten Mängelanzeige infolge unterlassener Untersuchung seitens des Zweitkäufers eingeht oder ob er die Untersuchung und Rüge vorsichtshalber selbst vornimmt.[185] Insoweit ist die in der Lit. gebrauchte Formulierung, der Erstkäufer werde „von seiner Untersuchungsobliegenheit befreit"[186] mindestens missverständlich. Der Verkäufer „verzichtet" auch nicht etwa auf die Untersuchung seitens des Erstkäufers,[187] sondern allenfalls auf die Rechtsfolgen aus § 377 Abs. 2 und 3.[188]

---

[176] BGH 17.9.2002, BGHR 2003, 285 (287); 16.9.1987, BGHZ 11, 337 (339) = NJW 1988, 52; 31.3.1955, BB 1955, 490; RG 30.5.1922, RGZ 104, 382 (384); vgl. auch MüKoHGB/Grunewald Rn. 39; Ebenroth/Boujong/Achilles Rn. 95 mwN.

[177] BGH 13.3.1996, NJW 1996, 1537 (1538); zust. Ebenroth/Boujong/Achilles Rn. 82; krit. MüKoHGB/Grunewald Rn. 39; Hopt/Leyens Rn. 49.

[178] OLG Köln 14.7.1986, VersR 1988, 139.

[179] Mankowski NJW 2006, 865 f.; BeckOK HGB/Schwartze, 47. Ed. 1.4.2025, Rn. 38.

[180] Mankowski NJW 2006, 865 (867); BeckOK HGB/Schwartze, 47. Ed. 1.4.2025, Rn. 38; NK-HGB/Stöber Rn. 12.

[181] Roth FS Canaris, Bd. II, 2007, 367.

[182] Vgl. BGH 24.1.1999, BGHZ 110, 130 (139) = NJW 1990, 1290; Lange JZ 2008, 661 (663) Fn. 3; vgl. auch NK-HGB/Stöber Rn. 28; BeckOK HGB/Schwartze, 47. Ed. 1.4.2025, Rn. 39.

[183] Vgl. BGH 24.1.1999, BGHZ 110, 130 (139) = NJW 1990, 1290; OLG Köln 13.4.2015, NJW-RR 2015, 859; Ebenroth/Boujong/Achilles Rn. 100; BeckOK HGB/Schwartze, 47. Ed. 1.4.2025, Rn. 39; KKD/Roth/Huber Rn. 8b.

[184] BGH 24.1.1999, BGHZ 110, 130 (139) = NJW 1990, 1290 – bezogen auf Auslieferung an nichtkaufmännischen Leasingnehmer; OLG Köln 13.4.2015, NJW-RR 2015, 859; Ebenroth/Boujong/Achilles Rn. 101.

[185] Vgl. BGH 22.9.1993, NJW-RR 1994, 114 (115): 24.1.1990, BGHZ 110, 130 (139) = NJW 1990, 1290; BGH 29.3.1978, NJW 1978, 2394 (2395); RG 12.4.1921, RGZ 102, 91 (92); OLG Köln 13.4.2015, NJW-RR 2015, 859; OLG Köln 6.3.1998, NJW-RR 1999, 565 f.; 6.5.1994, NJW-RR 1995, 28 (29); vgl. auch Roth FS Canaris, Bd. II, 2007, 367; BeckOK HGB/Schwartze, 47. Ed. 1.4.2025, Rn. 39.

[186] Lange JZ 2008, 661 (663).

[187] So aber OLG Brandenburg 7.11.2008, IBR 2010, 262; OLG Naumburg 25.6.2009, IBR 2010, 204; Lange JZ 2008, 661 (663).

[188] Vgl. BGH 19.6.1991, NJW 1991, 2633 (2634).

gg) Absatzketten mit Zwischenhändlern. Stimmen in der Lit. sprechen sich dafür aus, **im Bereich der Fertigung und des Vertriebs industrieller Massenprodukte** über Absatzketten von den zuvor für das Streckengeschäft dargestellten Grundsätzen abzuweichen und den Zwischenhändler (Groß-, Einzelhändler) von der Untersuchungsobliegenheit weitgehend zu befreien.[189] Erst bei Verdachtsmomenten müsse er Stichproben nehmen. Ansonsten blieben seine Rechte gewahrt, wenn er Mängelanzeigen seiner Abnehmer unverzüglich an den Hersteller/Lieferanten weiterleite. Diese Ansicht läuft im Ergebnis darauf hinaus, Mängel im Verhältnis zwischen Zwischenhändler und Hersteller/Lieferanten als verdeckte Mängel iSv § 377 Abs. 3 zu behandeln, die der Zwischenhändler erst infolge der Mängelanzeige seines Abnehmers „entdeckt". Einer solchen **Aufspaltung der Rügeobliegenheit unter weitgehender Verlagerung auf den Endabnehmer** begegnen Bedenken. Handelt es sich bei dem Endabnehmer nämlich um einen Kaufmann, hat sie zur Konsequenz, dass bei an sich offensichtlichen Mängeln, die nur im Verhältnis zwischen Zwischenhändler und Hersteller/Lieferanten als „verdeckt" zu behandeln sind, nicht aber im Verhältnis zwischen dem Zwischenhändler und dessen Abnehmer, letzterer seine Rechte gegenüber dem Zwischenhändler im Falle verspäteter Rüge gem. § 377 Abs. 1 verlieren kann, während der Zwischenhändler seine Gewährleistungsansprüche gegen den Hersteller/Lieferanten behält. Darin liegt eine unangemessene Benachteiligung des Herstellers/Lieferanten.[190] 54

Der Vorschlag, zum Schutz des Herstellers/Lieferanten auch dem Zwischenhändler die Gewährleistungsrechte im Wege der **teleologischen Extension des § 377 Abs. 1** zu nehmen, wenn dessen Abnehmer ihm gegenüber verspätet rügt, wahrt die Interessen von Hersteller/Lieferanten nicht hinreichend.[191] Abgesehen davon, dass damit Streitfragen aus einem fremden Vertragsverhältnis in das Verhältnis zwischen Zwischenhändler und Hersteller/Lieferanten hineingetragen würden, was zu beweisrechtlichen Problemen führen kann,[192] vermag eine solche Extension nicht zu verhindern, dass der Zwischenhändler auf die Geltendmachung der Verspätung gegenüber seinem Abnehmer verzichtet, um einerseits seine Geschäftsbeziehung zu diesem nicht zu belasten und andererseits sich die Möglichkeit eines Regresses beim Hersteller/Lieferanten offen zu halten. 55

c) Rechtsprechungspraxis. Zu Art und Umfang der Untersuchungsobliegenheit existiert eine umfangreiche Kasuistik. Die nachstehende Darstellung der Rspr. erhebt deshalb keinen Anspruch auf Vollständigkeit.[193] Bei älterer Rspr. ist zu berücksichtigen, dass sich die Erkenntnisquellen und Untersuchungsmethoden ständig verbessern und damit den Maßstab für die Zumutbarkeit der Untersuchung in der Regel zu Lasten des Käufers verschieben. 56

aa) Lebensmittel. Lebensmittel muss der Käufer nach **Aussehen, Geruch** und **Geschmack** prüfen. Gibt es keine Beanstandungen, ist eine weitergehende chemische oder technische Untersuchung nicht erforderlich, solange nicht ein sonstiger Verdacht auf Genussuntauglichkeit besteht.[194] Leicht verderbliche Waren wie **Südfrüchte, Gemüse und Obst** sind grundsätzlich sofort nach Anlieferung stichprobenartig zu untersuchen, wobei sich der Käufer, wenn ihm ein ganzer Wagon geliefert wird, nicht mit der Untersuchung einiger Kisten direkt an der Tür des Wagons begnügen darf.[195] **Konserven** mit Lebensmitteln sind in aller Regel stichprobenartig zu öffnen und zu untersuchen. Die Rspr. hat überwiegend Stichproben für ausreichend angesehen, die sich gemessen an der Gesamtlieferung im unteren einstelligen **Promillebereich** bewegen. So hat das RG bei einer Lieferung von 5.000 Konservendosen mit **Apfelmus** die probeweise Öffnung von zehn Dosen für ausreichend erachtet.[196] Der BGH hat bei einem Lieferungsumfang von 2.400 äußerlich gleichen Dosen **Champignons** die Entnahme von fünf bis sechs Stichproben für eine Prüfung im ordnungsgemäßen Geschäftsgang als ausreichend angesehen.[197] Beim Kauf von 150 Kartons zu je 24 Dosen **Erdbeeren,** Dosenpreis 1,33 DM müssen 10–15 Dosen untersucht werden.[198] Die Untersuchung von nur einem 57

[189] Canaris HandelsR § 29 Rn. 62; KKD/Roth/Huber Rn. 8b; Roth FS Canaris, Bd. II, 2007, 370 ff.; Lange JZ 2008, 661 (666 f.); abl. Ebenroth/Boujong/Achilles Rn. 106 ff.

[190] **AA** Roth FS Canaris, Bd. II, 2007, 376 ff.

[191] Canaris HandelsR § 29 Rn. 62 schlägt als ungeschriebenen Abs. 4 vor: „Hat der Käufer die Sache weiterverkauft, so gelten in seinem Verhältnis zum Verkäufer Abs. 2 und Abs. 3 Hs. 2 entsprechend, soweit er seinerseits nach diesen Vorschriften frei geworden ist.".

[192] Roth FS Canaris, Bd. II, 2007, 376 f.

[193] *S. Beispiele insbes.* auch aus der österreichischen Rspr. bei Heymann/Emmerich/Hoffmann Rn. 72 ff.; MüKoHGB/Grunewald Rn. 48 ff.

[194] BGH 19.6.1991, NJW 1991, 2633 f. – gelieferte Salami; Ebenroth/Boujong/Achilles Rn. 86; Hopt/Leyens Rn. 26; Staub/Brüggemann, 4. Aufl. 1983, Rn. 97.

[195] BGH 8.7.1955, BB 1955, 748; 13.5.1957, BB 1957, 663; 5.8.1955, NJW 1955, 1560 (1561).

[196] RG 13.3.1923, RGZ 106, 359 (362).

[197] BGH 20.4.1977, LM § 377 Nr. 19 = BB 1977, 119.

[198] Straatmann/Ulmer Handelsrechtliche Schiedsgerichts-Praxis, Schiedsgericht der Hamburger Freundschaftlichen Arbitrage Hs. G E 6b Nr. 54.

Karton bei 400 gelieferten Kartons **Walnusskernbruch** reicht nicht aus.[199] Bei **Pfeffer** muss die Gesamtasche zur Feststellung des Sandanteils bestimmt werden.[200] Bei Lieferung von vier Partien zu je 750 Kartons **Aprikosenpulpe** genügt es, wenn den vier Partien einmal acht, dann zehn, dann sieben und dann vier Muster entnommen werden.[201] Das Öffnen von 4 % der gekauften Konserven **(Gurken),** Wert 70 DM, Gesamtwert der Lieferung 1.800 DM, ist zumutbar.[202] **Braugerste, Mehl und ähnliche Produkte** müssen stichprobenweise verarbeitet werden.[203] Bei tiefgekühltem **Fleisch** ist eine Stichprobe zu nehmen und aufzutauen, um das Fleisch dann im gebrauchsfertigen Zustand zu untersuchen.[204]

58 **bb) Maschinen, technisches und elektrisches Gerät.** Bei Lieferung einer **Sickenmaschine,** einer Vorrichtung zum Binden geradliniger Ausbuchtungen auf einem geraden Blech oder an Rohren aus Blech (= Sicken), ist ein alsbaldiger Beginn mit der Serienproduktion nicht erforderlich. Ein Probelauf genügt.[205] Bei Anlagen zum Lackieren von metallischen Gegenständen genügt die erstmalige Inbetriebnahme.[206] Beim Kauf von **Öfen** zur Beheizung eines Gewächshauses muss nicht über mehrere Tage mit voller Kraft geheizt werden.[207] Bei **Schaltnetzteilen** muss der Käufer nicht mit teuren Prüfungsgeräten, mit denen künstlich alle möglichen Überspannungen erzeugt werden können, eine Störimpulsfestigkeit feststellen oder die Einhaltung mit VDE-Bestimmungen prüfen.[208] Die Hitzebeständigkeit von **Heizmatten** ist durch Vornahme von elektrischen Durchgangsmessungen im Zuge der abschnittsweise vorgenommenen Verarbeitung zu untersuchen.[209] **Leiterplatten** sind im Rahmen einer Wareneingangsprüfung stichprobenmäßig auf Vorhandensein der vereinbarten Stärke zu prüfen.[210] Eine Brauerei, die **Bierfilterplatten** erwirbt, ist nicht gehalten, diese in „ein mit Alufolie abgedecktes Wasserbad von 90 Grad in einem Edelstahlbecken einzutauchen", weil eine solche Untersuchung nach den technischen Möglichkeiten und dem erforderlichen Arbeitsaufwand über das hinausgeht, was von einer Brauerei verlangt werden kann.[211] Sie muss auch nicht besondere Testvorrichtungen, die den Filtervorgang simulieren, in ihrem Betrieb haben oder diese anschaffen. Das wäre für sie ein unzumutbarer Kostenaufwand.[212] Bei **Netzteilen** für den Einbau in den Computer bedarf es einer Öffnung und Überprüfung auf handwerkliche Mängel bezüglich der Isolation, Kabelführung, Verlötungen etc auch dann, wenn die Geräte mit einer CE-Kennzeichnung versehen sind.[213] **Computerdisketten** sind auf ihre Lesbarkeit hin zu überprüfen. Da eine Überprüfung ohne Einbuße von Wert und Verkaufsfähigkeit möglich ist, sind bei einer Gesamtlieferungsmenge von 20.000 Stück 15–20 Stichproben nicht ausreichend, 200 aber eher angemessen.[214] Die Untersuchung eines für die **Kfz-Herstellung** bestimmten Teils muss sich auf stichprobenartige Kontrollen nicht nur der Kriterien „Maß" und „Werkstoff", sondern auch „Funktion" erstrecken, wenn bei einem Fehler des Teils Gefahr für Leib und Leben besteht.[215] Bei dem Kauf eines Umbaukitts für eine **Autogasanlage** hat der Käufer zu überprüfen, ob der Anlage eine unmissverständliche und qualifizierte Montageanleitung beiliegt.[216] **Ventilatoren** für den Einsatz in einem Rückkühlwerk sind innerhalb von zwei Monaten auf das Erreichen der vertraglichen Leistungsdaten unter den vereinbarten sowie den technischen Normbedingungen ggf. durch Hinzuziehung eines Sachverständigen oder durch Betrieb in einem den vertraglichen Bedingungen entsprechenden Untersuchungslabor zu prüfen.[217] Bei einem **Anhänger** genügt Inaugenscheinnahme ebenso wenig wie das einmalige Fahren in unbeladenem Zustand. Erforderlich ist eine Inbetriebnahme des Anhängers mit Ladung im Verkehr.[218]

---

199 OLG Köln 12.5.1975, DB 1975, 2124 (2125).
200 LG Nürnberg-Fürth 22.3.1990, NJW 1990, 3023.
201 Straatmann/Ulmer Handelsrechtliche Schiedsgerichts-Praxis, Schiedsgericht der Hamburger Freundschaftlichen Arbitrage Hs. G E 6b Nr. 36.
202 OLG Hamburg 12.11964 MDR 1965, 390 (391).
203 RG 12.5.1908, RGZ 68, 368 (369 f.).
204 OLG Oldenburg 5.9.1997, NJW 1988, 388.
205 BGH 16.3.1977, NJW 1977, 1151 (1151).
206 OLG Düsseldorf 6.11.2012, NJW-RR 2013, 460 (462).
207 BGH 19.1.1977, WM 1977, 365 (366).
208 OLG München 8.11.1991, NJW-RR 1992, 1523 (1524).
209 OLG Frankfurt 12.8.1999, BauR 2000, 423.
210 LG Gera 8.7.2004, MDR 2005, 11 f.
211 KG 19.6.1986, NJW-RR 1986, 1162.
212 KG 19.6.1986, NJW-RR 1986, 1162.
213 OLG Köln 28.3.2003, NJW-RR 2004, 1141 (1143).
214 OLG Köln 6.3.1998, NJW-RR 1999, 565 (566).
215 OLG Düsseldorf 31.5.1996, NJW-RR 1997, 1344 (1346).
216 OLG München 7.2.2013, BeckRS 2013, 03054.
217 OLG Düsseldorf 18.9.1998, NJW-RR 1999, 1714 Ls.
218 OLG Zweibrücken 12.7.2024, RdTW 2024, 459 (460).

cc) Textilien. Vom Käufer kann erwartet werden, dass er **Stoffe** für Damenoberbekleidung mit einem feuchten Lappen auf Farbechtheit prüft.[219] Erforderlich ist eine Untersuchung auf Farbfaserbeimischungen, wenn eine solche Probe einfach und billig ist und erhebliche Mangelfolgeschäden drohen.[220] Bei **gefärbtem Wäschestoff** ist ein Wasch- und Kochtest erforderlich.[221] Die Vorabtestung eines Stoffmusterstücks ersetzt die Untersuchung der in Teilchargen gelieferten Gesamtmenge nicht. Die Käuferin darf sich insoweit nicht darauf verlassen, dass die nach den Musterstücken gelieferten Stoffe die gleiche Qualität aufweisen wie die Musterstücke, sondern muss stichprobenartige Kontrollen durchführen.[222] Lässt sich die Beschaffenheit der Ware (Leinenstoff) nur durch ihre Verarbeitung erkennen, so ist Probeverarbeitung geboten.[223] Bei ausländischer Ware muss der Käufer prüfen, ob die **Größenauszeichnungen** zutreffen.[224] Beim Großhandel mit **Strümpfen** muss der Käufer nicht durch eine chemische Untersuchung untersuchen, ob die Perlonstrümpfe aus Nylon sind.[225] **Schuhe** müssen darauf untersucht werden, ob sich auf ihnen unrechtmäßig verwendete Markenzeichen befinden.[226] Vom Hersteller von Jagd-, Berg- und Wanderschuhen kann erwartet werden, dass er das gelieferte Leder auf seine Wasserundurchlässigkeit mit Hilfe des sog. „Wassertropfentestes" untersucht.[227] 59

dd) Sonstige Produkte. Die Nassabriebfestigkeit von auf Türen aufgetragener **Farbe** ist durch einen Reibeversuch mit einem feuchten Tuch zu prüfen.[228] Vom Käufer kann erwartet werden, dass er **Flaschenkorken** durch Zerschneiden auf ihre Tauglichkeit hin überprüft,[229] **Spanplatten** probeweise in einem geschlossenen Raum aufstellt, um festzustellen, ob Formaldehyd-Gase aus der Lackierung austreten[230] sowie **Messer** zur Probe einspannt.[231] Bei Holz oder Platten, die zur Verarbeitung oder Verlegung bestimmt sind, ist eine Probeverarbeitung/-verlegung durchzuführen.[232] **Metallbolzen,** die als Massenware geliefert werden und einen Mangel aufweisen, der nur durch ein komplexes, kostenintensives und nicht branchenübliches Sachverständigengutachten aufgedeckt werden kann, sind nicht unmittelbar nach Anlieferung dieser Prüfung zu unterziehen. Vielmehr genügt eine Warensichtkontrolle bei Eingang der Ware.[233] Bei **Kunststoffabfällen** müssen 10 % der angelieferten Säcke untersucht werden.[234] Bei Anlieferung von **Rollen-Zellglas** ist der Käufer verpflichtet, die Ware stichprobenartig, notfalls durch Sachverständige, auf ihre Siegelbarkeit zu untersuchen, selbst wenn dabei nicht alle tatsächlichen Mängel entdeckt werden können.[235] Dem Käufer ist die Einholung eines Sachverständigengutachtens, das Kosten von 50 Euro verursacht und binnen 24 Stunden zu beschaffen ist, zur Prüfung des vereinbarten Kohlenstoffgehalts des gelieferten Stahls zumutbar.[236] Eine chemische Untersuchung ist häufig bei **Öl** geboten, selbst wenn sie lange dauert.[237] Eine virologische Untersuchung von **lebenden Tieren,** die bei Ablieferung keinen kranken Eindruck machen, ist nicht erforderlich.[238] Ein Feinkostunternehmen muss die von ihm zur Abfüllung seiner Produkte bezogenen Dosen auf einen möglichen Mangel der Innenbeschichtung (Rostbildung) untersuchen.[239] Dem Käufer von **FFP2-Masken** muss unter der gebotenen Aufmerksamkeit der durchzuführenden Stichprobe auffallen, dass angebrachte Produktionsdaten auf Außen- und Innenverpackung voneinander abweichen.[240] 60

---

219 BGH 3.12.1975, NJW 1976, 625.
220 BGH 14.10.1970, LM § 377 Nr. 13 = WM 1970, 1400 (142).
221 OLG Düsseldorf 12.11.1971, MDR 1972, 330.
222 OLG München 29.7.2009, BeckRS 2009, 22695.
223 OLG München 29.7.2009, BeckRS 2009, 22695.
224 OLG Frankfurt 3.12.1985, NJW-RR 1986, 838 (839).
225 BGH 17.2.1959, NJW 1959, 1081 (1082).
226 OLG Bremen 13.4.1995, NJWE-WettbR 1996, 90 (92).
227 BGH 13.3.1996, NJW 1996, 1537 (1538).
228 OLG Nürnberg 11.10.2005, BauR 2007, 122.
229 BGH 16.9.1987, BGHZ 11, 337 (340) = NJW 1988, 52; OLG Frankfurt 26.9.1986, WM 1986, 1566.
230 BGH 11.11.1974, WM 1974, 1204 (1205).
231 OLG Köln 14.7.1986, VersR 1988, 139.
232 OLG München 24.9.2015, RdTW 2016 224, 225; OLG Köln 25.6.2015, BeckRS 2016, 02003; OLG Düsseldorf 21.5.1993, BeckRS 1993, 09363.
233 OLG Düsseldorf 7.2.2013, BeckRS 2014, 04861.
234 OLG Hamburg 5.3.1964, MDR 1964, 61.
235 OLG Frankfurt 14.8.1984, ZIP 1985107, 18, vgl. auch OLG München 24.9.2015, RdTW 2016 224, 225.
236 OLG Hamm 25.6.2010, BeckRS 2010, 19479.
237 BGH 29.11.1972, BGHZ 60, 5 (6) = NJW 1973, 189; RG 30.5.1922, RGZ 104, 382 (383).
238 BGH 3.7.1985, NJW-RR 1986, 52 (53); vgl. Staub/Brüggemann, 4. Aufl. 1983, Rn. 86.
239 Vgl. OLG Koblenz, 15.10.2014, NJW-RR 2015, 376.
240 LG Köln 25.3.2021, BeckRS 2021, 5858.

61 **3. Frist zur Untersuchung. a) Erfordernis der Unverzüglichkeit.** Die Untersuchung hat gem. § 377 Abs. 1 unverzüglich nach der Ablieferung zu erfolgen. Das Erfordernis der Unverzüglichkeit bezieht sich nicht nur auf den **Beginn,** sondern auch auf die **Dauer der Untersuchung.**[241] Es wird eingeschränkt durch das Merkmal der Tunlichkeit im ordnungsmäßigen Geschäftsgang.[242] Da sich die Tunlichkeit nach objektiven Kriterien bestimmt,[243] fragt es sich, ob auch „unverzüglich" rein objektiv zu verstehen ist, also die objektive Fristversäumung ausreicht, oder auch das Verschulden des Käufers zu berücksichtigen ist. Die hL spricht sich für eine Berücksichtigung des Verschuldens aus und misst dem Merkmal „unverzüglich" dieselbe Bedeutung zu wie bei § 121 Abs. 1 S. 1 BGB, nämlich „ohne schuldhaftes Zögern".[244] Nach einer vereinzelt gebliebenen Ansicht soll es auf ein Verschulden des Käufers (gegen sich selbst) nicht ankommen.[245]

62 Die hL beruft sich für ihre Ansicht auf eine Reihe von Urteilen des BGH. In diesen Urteilen hat der BGH sich jedoch nicht ausdrücklich auf die Untersuchungsfrist bezogen, sondern auf die Frist zur Anzeige des Mangels, die erst nach Abschluss der Untersuchung beginnt. Die Anzeige des Mangels hat gem. § 377 Abs. 1 ebenfalls unverzüglich zu erfolgen und dies bedeutet nach Ansicht des BGH „ohne schuldhaftes Zögern" iSd § 121 Abs. 1 S. 1 BGB.[246] Für die Obliegenheit zur unverzüglichen Mängelanzeige kommt es jedoch nach dem Wortlaut des § 377 Abs. 1 nicht darauf an, ob die Mängelrüge nach ordnungsmäßigem Geschäftsgang tunlich ist, sodass das Merkmal der Unverzüglichkeit bezüglich der Untersuchung nicht zwingend in demselben Sinne ausgelegt werden muss wie in Bezug auf die Mängelrüge. Für eine solche gleichlaufende Auslegung spricht jedoch, dass dem Käufer bei der Anzeige des Mangels weniger abverlangt wird als bei der Untersuchung, die unter Umständen ein komplexer Vorgang ist.[247] Zu Recht wird in der Rspr. und im Schrifttum darauf hingewiesen, dass es bei (Abfassung) der Mängelanzeige der Sache nach (nur noch) um sachgemäße Abwicklung der eigenen Geschäftskorrespondenz gehe,[248] für die immer Zeit zur Verfügung stehen müsse. Wenn aber für die weniger belastende Obliegenheit zur unverzüglichen Mängelanzeige die objektive Fristversäumung nicht ausreicht, sondern Verschulden erforderlich ist, muss dies erst recht für die stärker belastende Obliegenheit zur Untersuchung gelten. Maßstab für das Verschulden ist die Sorgfaltspflicht eines ordentlichen Kaufmanns (§ 347 Abs. 1).[249]

63 **b) Fristbeginn und -dauer. aa) Auslieferung an Käufer.** Vorbehaltlich abweichender Parteivereinbarung beginnt die Untersuchungsfrist mit der **Ablieferung der Ware** (→ Rn. 7 ff.). Auf die näheren Umstände des Transports kommt es für den Beginn der Untersuchungsfrist nicht an. Bei der Bemessung der Dauer der Untersuchungsfrist darf nicht der eigentliche Zweck der Untersuchung aus den Augen verloren werden. Der Käufer soll sich dadurch selbst in die Lage versetzen, eine ordnungsgemäße Mängelanzeige vorzunehmen. Die Mängelanzeige muss Art und Umfang des Mangels so beschreiben, dass der Verkäufer ihr entnehmen kann, in welchem Punkt und in welchem Umfang der Käufer die gelieferte Ware als nicht vertragsgemäß beanstandet (→ Rn. 98 ff.). Ist die Untersuchung von der Übersendung begleitender technischer Unterlagen abhängig, kann deren spätere Übersendung nach Ablieferung die Dauer der zuzubilligenden Untersuchungsfrist beeinflussen.[250] Die Untersuchungsfrist **endet** dann, wenn der Käufer zu einer diesen Anforderungen genügenden **Mangelbeschreibung** selbst in der Lage ist oder ein sachverständiger Dritter den Mangel festgestellt hat. Zur **Anzeige der Mängelursache** ist der Käufer **nicht verpflichtet.**[251] Der Zeitraum für eine auf die Mängelursache erstreckende Untersuchung verlängert die Frist deshalb nicht.

---

241 RG 2.10.1990, RGZ 47, 20 (21); vgl. auch MüKoHGB/Grunewald Rn. 33; BeckOGK/Höpfner, 1.3.2025, Rn. 81; BeckOK HGB/Schwartze, 47. Ed. 1.4.2025, Rn. 25; NK-HGB/Stöber Rn. 31; Staub/Brüggemann, 4. Aufl. 1983, Rn. 100; Marburger JuS 1983, 1 (6).

242 Staub/Brüggemann, 4. Aufl. 1983, § 377 Rn. 95: „modifiziert".

243 BGH 14.10.1970, LM § 377 Nr. 13 = WM 1970, 1402; 16.3.1977, NJW 1977, 1150 (1151); Ebenroth/Boujong/Achilles Rn. 123; KKD/Roth/Huber Rn. 8a: „objektive Sachlage"; s. ferner Hopt/Leyens Rn. 25; Heymann/Emmerich/Hoffmann Rn. 61.

244 MüKoHGB/Grunewald Rn. 33; Hopt/Leyens Rn. 23; Ebenroth/Boujong/Achilles Rn. 122; BeckOGK/Höpfner, 1.3.2025, Rn. 81.

245 K. Schmidt HandelsR § 29 Rn. 75.

246 BGH 18.3.2003, NJOZ 2003, 867 (869); 30.1.1985, BGHZ 93, 338 (348 ff.) = NJW 1985, 1333; vgl. auch 24.1.1990, BGHZ 110, 130 (139, 143 f.) = NJW 1990, 1290.

247 Staub/Brüggemann, 4. Aufl. 1983, Rn. 14.

248 BGH 16.11.2022, BeckRS 2022, 38267 Rn. 21; BGH 10.1.2006, NJW-RR 2006, 851 (853); OLG Hamm 6.2.2006, MDR 2006, 858; OLG Koblenz 24.6.2004, NJW-RR 2004, 1553; Ebenroth/Boujong/Achilles Rn. 141; Schlegelberger/Hefermehl Rn. 74.

249 BGH 16.11.2022, BeckRS 2022, 38267 Rn. 21; 10.1.2006, NJW-RR 2006, 851 (853).

250 OLG Bremen 17.3.2023, RdTW 2023, 357 (360).

251 Vgl. BGH 4.1.1987, NJW 1988, 406 (409); 18.6.1986, NJW 1986, 3136 (3137 f.); RG 13.3.1923, RGZ 102, 359 (361); OLG Zweibrücken 12.7.2024, RdTW 2024, 459 (460).

Von einer zu kleinlichen, tag- oder sogar stundengenauen Bemessung der Untersuchungsfrist sollte abgesehen werden, soweit es nicht um verderbliche Ware (Lebensmittel, Tierfutter etc) geht.

Bereits **offen bei der Ablieferung zu Tage tretende (offensichtliche) Mängel** bedürfen keiner weiteren Untersuchung.[252] Der Käufer muss unverzüglich rügen. In allen anderen Fällen, hängt die für die Untersuchung zur Verfügung stehende Zeit maßgeblich von Art und Umfang der nach § 377 Abs. 1 gebotenen Untersuchung ab (→ Rn. 38 ff.).[253] Hierbei kommt der **Art der Ware** besondere Bedeutung zu.[254] Für **leicht verderbliche Ware** (Blumen, Lebensmittel)[255] oder Schlachtvieh[256] gilt eine kürzere Untersuchungsfrist als bei **langlebigen Wirtschaftsgütern.** Bei **Saisonware** wird ebenfalls ein schnelles Reagieren des Käufers zu verlangen sein, um dem Verkäufer ggf. die Verwertung der Ware für die Saison zu ermöglichen. Handelt es sich um **komplizierte technische Maschinen oder Anlagen** oder umfangreiche und differenzierte Software, deren Untersuchung ein aufwendiges Prüfverfahren oder mehrfache Tests erfordert, so muss die dafür notwendige Zeitdauer eingerechnet werden.[257] 64

Als Umstände, die die Fristdauer beeinflussen, kommen auch **Störungen des Geschäftsbetriebs** in Betracht, die sich auch bei ordnungsmäßiger Organisation des Unternehmens ergeben können. Hierzu zählen grundsätzlich auch **Streiks** im Unternehmen des Käufers.[258] Die **Unternehmensgröße** kann eine Rolle spielen. So ist von einem Großunternehmen eine schnellere Untersuchung zu erwarten als von einem Betrieb, in welchem der Inhaber als einziger die zur Untersuchung der Ware erforderliche Sachkenntnis besitzt oder bei dem es sich um ein Ein-Mann-Geschäft handelt und der Einsatz sachverständiger Dritter erforderlich ist.[259] Abzulehnen, weil praxisfremd, ist die Ansicht,[260] dem Käufer stünde für die Einschaltung eines Sachverständigen keine Überlegungsfrist zu.[261] Wie die (schieds-)gerichtliche Praxis zeigt, gestaltet sich insbesondere die Auswahl des Sachverständigen oftmals als schwierig. Zu Recht hat der BGH deshalb dem Käufer in einer zu Art. 39 CISG ergangenen Entscheidung einen Zeitraum von einer Woche zugebilligt.[262] 65

Gesetzliche Feiertage, an denen nicht gearbeitet wird, sind in die Untersuchungsfrist nicht einzurechnen, da der Käufer an ihnen keine zumutbare Gelegenheit zur Untersuchung hat.[263] **Persönliche Hinderungsgründe** oder **interne Organisationsschwierigkeiten** sind bei der Bemessung der Frist grundsätzlich nicht zu beachten.[264] Insoweit ist von dem kaufmännischen Verkäufer zu erwarten, Vorsorge für den Fall zu treffen, dass es zu unvorhergesehenen Ausfällen kommt, sei es, dass er selbst wegen Krankheit ausfällt, sei es, dass es zu Ausfällen beim Personal oder der Technik kommt. Je höher die Wahrscheinlichkeit eines Ausfalls ist und je größer der daraus erwachsende Schaden ausfallen kann, desto eher sind Vorsorgemaßnahmen zu treffen. Fehler des Personals bei der Untersuchung entlasten den Käufer ebenso wenig wie technische Störungen. 66

Hat der Verkäufer den Mangel im Rahmen der **Nacherfüllung** iSd § 439 Abs. 1 BGB im Wege der Nachbesserung oder der Ersatzlieferung beseitigt, verkürzt sich die Frist zur Untersuchung, ob die Nachbesserung erfolgreich war oder die gelieferte Ersatzsache mangelfrei ist, nicht.[265] 67

bb) Streckengeschäft. Liefert der Verkäufer vereinbarungsgemäß direkt an den Abnehmer des Käufers, ist zunächst zu klären, ob Ort der Ablieferung an den Käufer für Zwecke des § 377 Abs. 1 der Geschäftssitz des Abnehmers ist.[266] Ist dies der Fall, beginnt die Frist erst mit dem Eintreffen 68

---

[252] OLG Koblenz 24.6.2004, NJW-RR 2004, 1553; OLG Düsseldorf 30.9.2002, BauR 2003, 409; Hopt/Leyens Rn. 35; BeckOK HGB/Schwartze, 47. Ed. 1.4.2025, Rn. 27.

[253] OLG Bremen 17.3.2023, RdTW 2023, 357 (360).

[254] Vgl. Hopt/Leyens Rn. 23; BeckOK HGB/Schwartze, 47. Ed. 1.4.2025, Rn. 27; BeckOGK/Höpfner, 1.3.2025, Rn. 82.

[255] Vgl. OLG München 5.8.1955, NJW 1955, 1560 (1561); MüKoHGB/Grunewald Rn. 34; BeckOK HGB/Schwartze, 47. Ed. 1.4.2025, Rn. 27.

[256] Vgl. BeckOK HGB/Schwartze, 47. Ed. 1.4.2025, Rn. 27.

[257] MüKoHGB/Grunewald Rn. 34; Wäßle/Gatzweiler K&R 2010, 18 (21).

[258] Staub/Brüggemann, 4. Aufl. 1983, Rn. 77; Ebenroth/Boujong/Achilles Rn. 139; MüKoHGB/Grunewald Rn. 34; BeckOGK/Höpfner, 1.3.2025, Rn. 83.

[259] Staub/Brüggemann, 4. Aufl. 1983, Rn. 77; Ebenroth/Boujong/Achilles Rn. 126; Hopt/Leyens Rn. 23; NK-HGB/Stöber Rn. 33.

[260] Heymann/Emmerich/Hoffmann Rn. 54; MüKoHGB/Grunewald Rn. 43; BeckOGK/Höpfner, 1.3.2025, Rn. 84.

[261] Ebenroth/Boujong/Achilles Rn. 129; BeckOK HGB/Schwartze, 47. Ed. 1.4.2025, Rn. 27.

[262] BGH 3.11.1999, NJW-RR 2000, 1361 (1362).

[263] MüKoHGB/Grunewald Rn. 34; Ebenroth/Boujong/Achilles Rn. 139; Hopt/Leyens Rn. 23; vgl. OLG Köln 18.3.2014, BeckRS 2016, 11623 – bei einer in den Jahreswechsel fallenden Frist.

[264] Staub/Brüggemann, 4. Aufl. 1983, Rn. 77; EJBS/Achilles Rn. 142.

[265] Mankowski NJW 2006, 865 (866, 868); BeckOK HGB/Schwartze, 47. Ed. 1.4.2025, Rn. 27.

[266] Vgl. Roth FS Canaris, Bd. II, 2007, 367; Hopt/Leyens Rn. 23.

der Ware am Sitz des Abnehmers. Anderenfalls beginnt die Frist, wenn die Ware dem Abnehmer oder einem von diesem beauftragten Transportunternehmen am vorgesehenen Ort zur Verfügung gestellt wird. Zu berücksichtigen ist, dass die Untersuchung – abgesehen von den Fällen, in denen der Mangel offen zu Tage tritt – in Stufen erfolgt. Bei der Übernahme der Ware zum Zwecke des Transports durch Beauftragte des Käufers genügt in der Regel zunächst die Inaugenscheinnahme der Ware und eine Prüfung der Identität und Menge der Ware anhand der überreichten Papiere. Lässt sich die vertragsgemäße Beschaffenheit nur durch eine labortechnische Untersuchung (chemische Erzeugnisse) feststellen, kann darüber hinaus die Entnahme einer untersuchungsfähigen Probe bei der Übernahme erforderlich sein, die der Käufer nach ihrem Eintreffen an seinem Sitz unverzüglich labortechnisch untersuchen lassen muss.[267] Nichts anderes gilt, wenn der Abnehmer den Transport der Ware durch eigenes Transportpersonal vornimmt. Eine Verlängerung der Untersuchungsfrist kann sich nur daraus ergeben, dass die Transportzeit zum Abnehmer länger ist als zum Käufer und sich deshalb weiter erforderliche Untersuchungsmaßnahmen und damit einhergehend die Mängelrüge entsprechend verzögern. Diese Verzögerung muss der Verkäufer hinnehmen.[268]

69 **cc) Auslieferung an Leasingnehmer.** Hat der Käufer die Ware zum Zweck des Leasings erworben und erfolgt die Auslieferung direkt an den Leasingnehmer, beginnt die Frist mit dem Eintreffen der Ware an dem vom Käufer/Leasinggeber bestimmten Ort (in der Regel Sitz des Leasingnehmers). Dies gilt auch dann, wenn es sich bei dem Leasingnehmer nicht um einen Kaufmann handelt.[269]

70 **c) Ort der Untersuchung.** § 377 macht keine Vorgaben zum Ort der Untersuchung. Wo der Käufer die Ware untersucht, ist grundsätzlich seine Sache,[270] soweit nicht eine Festlegung durch besondere Abrede getroffen wurde oder nach Handelsbrauch gegeben ist.[271] Beschränkungen hinsichtlich der Ortswahl ergeben sich jedoch mittelbar aus dem Erfordernis der Unverzüglichkeit der Untersuchung, das nicht nur für deren Beginn, sondern auch für deren Dauer bedeutsam ist. Für die Bemessung der Frist ist nur die Zeit anzusetzen, die für eine Sicht- und Identitätsprüfung sowie erforderlichenfalls die Entnahme einer untersuchungsfähigen Probe am Ort der Ablieferung notwendig ist.[272]

71 **d) Rechtsprechungspraxis.** Nur selten macht die Rspr. konkrete Aussagen über die dem Käufer zur Verfügung stehende Frist zur Untersuchung der Ware.[273] In der Regel wird nur auf die Dauer der sich aus der Untersuchung und der daran anschließenden Mängelanzeige ergebenden Gesamtrügefrist eingegangen. Da dem Käufer für die (Abfassung der) Mängelanzeige nur die Zeit zur Verfügung steht, die er üblicherweise zur sachgemäßen Abwicklung der eigenen Geschäftskorrespondenz benötigt (ein bis zwei Tage, bei verderblicher Ware wenige Stunden), ist die Rspr. gleichwohl nicht ohne Erkenntniswert für eine selbstverständlich stets vom Einzelfall abhängige Bemessung der Dauer der Untersuchungsfrist. Anhaltspunkte bietet nicht nur die Rspr. zu § 377, sondern auch zu Art. 38, 39 CISG, wenngleich auch das UN-Kaufrecht in der Tendenz großzügiger bei den Untersuchungsfristen, vor allem aber bei der Frist zur Anzeige des Mangels verfährt (→ Rn. 154 f.).

72 **§ 377:** Der Käufer des Serienmusters eines **Rechners** muss einen durch Untersuchung feststellbaren Mangel spätestens fünf Wochen nach Ablieferung des Geräts nebst Bedienungsanleitung rügen.[274] Bei der Lieferung von **Standardhardware** und **-software** darf sich der Käufer mit der Untersuchung nicht mehr als zwei Wochen Zeit lassen.[275] Ein Zeitraum von 13 Tagen zwischen der Kenntniserlangung von der Inkompatibilität der **Hardware** mit dem Betriebssystem und der Erhebung der Mängelrüge steht der Annahme der Unverzüglichkeit der Rüge entgegen; bei einer Folgelieferung ist ein Zeitraum von acht Tagen schon zu lang, wenn es sich um denselben Mangel der Inkompatibilität

---

[267] OLG Celle 7.2.2002, BeckRS 2002, 3023871.

[268] Vgl. Ebenroth/Boujong/Achilles Rn. 103; MüKoHGB/Grunewald Rn. 64.

[269] BGH 24.1.1990, NJW 1990, 1290 (1292); Ebenroth/Boujong/Achilles Rn. 15; MüKoHGB/Grunewald Rn. 15; Hopt/Leyens Rn. 34; **aA** BeckOGK/Höpfner, 1.3.2025, Rn. 23.

[270] Zu Recht MüKoHGB/Grunewald Rn. 46; Heymann/Emmerich/Hoffmann Rn. 50; BeckOGK/Höpfner, 1.3.2025, Rn. 89.

[271] Vgl. BGH 25.9.1985, NJW 1986, 316 (317); 29.11.1972, BGHZ 60, 1 (5) = NJW 1973, 189; OLG Köln 6.3.1998, NJW-RR 1999, 565; umfänglich Ebenroth/Boujong/Achilles Rn. 114 ff.

[272] Vgl. Ebenroth/Boujong/Achilles Rn. 114; Staub/Brüggemann, 4. Aufl. 1983, Rn. 74; Hopt/Leyens Rn. 6; KKD/Roth/Huber Rn. 6a; Heymann/Emmerich/Hoffmann Rn. 50; BeckOK HGB/Schwartze, 47. Ed. 1.4.2025, Rn. 29; s. auch OLG Celle 7.2.2002, BeckRS 2002, 3023871; OLG Hamm 31.8.2004, NJOZ 2005, 2220 (2222); LG Frankfurt 11.4.2005, IHR 2005, 163 (164 f.) zu Art. 38 CISG.

[273] ZB RG 2.10.1900, RGZ 47, 20 (21) (Untersuchung von Gerste auf Keime: drei bis vier Tage); OLG Hamm 31.8.2004, NJOZ 2005, 2220 (2222) (Untersuchung von Druckern: drei Wochen).

[274] OLG München 11.3.1998, NJW-RR 1999, 331.

[275] BGH 24.1.1990, BGHZ 110, 130 (143) = NJW 1990, 1290.

handelt.[276] Dem softwarekundigen Käufer steht eine Untersuchungsfrist von maximal vier Wochen für behauptete grundlegende **Softwarefehler** zu.[277] Die Rüge des Käufers einer **Toranlage,** die sich nicht jederzeit ordnungsgemäß öffnen und schließen lässt, ist nach neun Tagen nicht mehr unverzüglich.[278] Bei einer **Anlage zum Lackieren** von metallischen Gegenständen ist eine drei Wochen nach ihrer Inbetriebnahme erfolgende Mängelrüge nicht unverzüglich.[279] Rügt der Besteller Mängel des gelieferten **Betons** erst vier Wochen nach der erfolgten Lieferung, erweist sich dieser Zeitraum als nicht mehr unverzüglich.[280] Fehlt bei **Absperrarmaturen** die erforderliche vollständige Dokumentation, was die Untersuchung erschwert, ist eine Rüge nach zehn Tagen noch rechtzeitig.[281] Die Rüge mangelhafter **Parketthölzer** ist neun Tage nach Ablieferung bereits verspätet.[282] Beim Verkauf von **Sandentwässerungssilos**[283] ist eine Rüge mit zweiwöchiger Verzögerung verspätet. **Ventilatoren,** die für ein zu errichtendes Rückkühlwerk erworben werden, sind spätestens innerhalb von zwei Monaten nach Lieferung darauf zu untersuchen, ob die vertraglichen Leistungsdaten erreicht werden.[284] Bei der Lieferung eines **Wohnmobils** ist eine Rüge erst nach vier Wochen verspätet.[285] Erfolgt die Lieferung eines Kfz in der Winterzeit, genügt es, wenn der Käufer das Fahrzeug erst im Frühjahr vollständig ausfährt und auf die schwer erkennbare Motorleistung hin untersucht.[286] Leuchtet bei einem **Lkw** eine Warnmeldung auf, ist eine Verbringung in die Werkstatt und Mangelrüge nach mehr als zwei Wochen nicht rechtzeitig.[287] Erkennt der Käufer eines **gebrauchten Kfz,** dass es eine höhere Laufleistung aufweist als angezeigt, ist eine drei Wochen später erfolgte Rüge verspätet.[288] Eine Rüge, die innerhalb von sechs Tagen nach der Mitteilung erhoben wird, dass das Kfz möglicherweise mit einer Manipulationssoftware ausgestattet ist, ist nicht verspätet.[289] Eine über zwei Wochen nach Entdeckung des Mangels einer Hebebühne erfolgende Rüge ist in der Regel nicht mehr unverzüglich.[290] Die Rüge von **Getreide** als nicht als Bio-Ware handelbar ist nach vier Wochen verspätet.[291] Bei **Obst und Gemüse** ist spätestens innerhalb zwölf Stunden, bei leicht verderblicher Ware innerhalb von vier Stunden nach Eingang der Benachrichtigung von der Ankunft der Ware und Laderechtstellung am Bestimmungsort des Empfängers zu rügen. Bei verdeckten Mängeln beträgt die Frist zwei Tage bzw. (bei leicht verderblicher Ware) sechs Stunden.[292]

Art. 38, 39 CISG: Die Vertragswidrigkeit von **Kartoffeln** ist innerhalb von 24 Stunden zu rügen.[293] Bei der Lieferung von **lebendem Vieh** (Schlachtschafe) muss dessen Zustand bereits bei der Auslieferung oder spätestens am Folgetag überprüft werden.[294] Eine Rüge hinsichtlich der Genetik von Zuchtsauen ist nach zweieinhalb Monaten nicht mehr rechtzeitig.[295] Beim Handel verderblicher **Blumen** ist dem Käufer zuzumuten, noch am Tag der Empfangnahme vorhandene Mängel durch eine genaue Bezeichnung der Vertragswidrigkeit zu rügen.[296] Bei **Stecklingen,** die sich bereits bei der ersten Sichtung als vertragswidrig ergeben, besteht für den Käufer eine Untersuchungs- und Anzeigefrist von insgesamt nicht mehr als zwei Wochen.[297] Eine Woche bei erkennbar ungleichmäßigem Fadenverlauf von **Glasfasergewebe** ist angemessen.[298] Die Untersuchung eines technisch komplizierten Gerätes (**Tiefenlockerer** zur Bearbeitung von Sportplätzen) muss innerhalb von zwei Wochen erfolgen.[299] Eine Mängelanzeige zwei Monate nach einer Beschädigung der Ware wegen nicht ord- 73

[276] LG Baden-Baden 15.9.1993, CR 1994, 288.
[277] LG Heilbronn 7.12.1993, CR 1994, 290.
[278] LG Paderborn 25.9.2013, BeckRS 2014, 12950.
[279] OLG Düsseldorf 6.11.2012, NJW-RR 2013, 460 (462); vgl. auch Jansen NZBau 2017, 639 (641).
[280] OLG Frankfurt 29.12.2017, BeckRS 2017, 154398.
[281] BGH 18.3.2003, NJOZ 2003, 868 (869).
[282] LG Freiburg 17.12.2012, BeckRS 2012, 25563.
[283] BGH 30.1.1985, BGHZ 93, 338 (348) = NJW 1985, 1333.
[284] OLG Düsseldorf 18.9.1998, NJW-RR 1999, 1714.
[285] OLG München 7.12.1998, NJW 1989, 1286.
[286] OLG Köln 2.12.2010, BeckRS 2011, 22571.
[287] OLG Köln 18.3.2014, BeckRS 2016, 11623.
[288] OLG Rostock 1.6.2021, NJW-RR 2021, 1283 (1284).
[289] LG Köln 31.5.2017, BeckRS, 2017, 121955.
[290] OLG Köln 26.3.2015, BeckRS 2016, 01703.
[291] OLG München 13.11.2013, BeckRS 2013, 19645.
[292] OLG München 5.8.1955, NJW 1955, 1560 (1561).
[293] OLG Köln 14.8.2006, IHR 2007, 68.
[294] OLG Schleswig 22.8.2002, IHR 2002, 20.
[295] OLG Hamm 30.11.2010, BeckRS 2011, 5896.
[296] OLG Saarbrücken 3.6.1998, NJW-RR 1999, 780.
[297] OLG Brandenburg 3.7.2014, BeckRS 2014, 14273.
[298] OLG Koblenz 18.11.1999, IHR 2001, 19.
[299] OLG Oldenburg 5.12.2000, IHR 2001, 112.

nungsgemäßer Verpackung ist verspätet.[300] Bei unverderblicher oder nicht starken Preisschwankungen unterworfener, dauerhafter Ware **(Rohrofen)** ist regelmäßig eine Untersuchungsfrist von zwei Wochen, mindestens aber einer Woche oder fünf Arbeitstagen angemessen.[301] Maximal einen Monat beträgt die Rügefrist bei der Lieferung von **Fliesen.**[302] Wenn **Holzmöbel** zerlegt an den Käufer ausgeliefert werden, hat dieser eine Untersuchungsfrist von zehn Tagen.[303] **Stühle,** die keine Besonderheiten aufweisen, sind spätestens innerhalb einer Frist von ein bis zwei Wochen zu untersuchen.[304] **Parkettboden** ist innerhalb von 14 Tagen zu untersuchen und zu rügen.[305] Bei der Lieferung von **Fenstern und Türen** beträgt die Rügefrist zwischen zwei Wochen und einem Monat.[306] Besteht bei **Textilien** schon bei einer Griffprobe der Verdacht, dass die Ware mangels Herstellung aus dem vereinbarten Material nicht vertragskonform ist, ist nach Ansicht des OLG München als Untersuchungs- und Rügefrist eine äußerste Frist von einem Monat anzunehmen.[307] Das Obergericht des Kantons Appenzell-Ausserrhoden sieht dagegen eine Prüfungsfrist von zwei Wochen und eine Rügefrist von vier Wochen als angemessen an.[308] Eine Monatsfrist ist ebenfalls anzunehmen, wenn Stoff geliefert wird, der zu Hosen verarbeitet werden soll und im Anschluss an den Waschvorgang der Hosen aufgrund der Fehlerhaftigkeit des Stoffes Löcher entstehen.[309] Bei einer **Mahlgarnitur** für eine Papiermaschine ist dem Besteller für die Auswahl und Beauftragung des Sachverständigen ein Zeitraum von rund einer Woche zuzubilligen, woran sich eine zweiwöchige Dauer einer gutachterlichen Untersuchung anschließt.[310] Die Frist zur Untersuchung von **Oberflächenschutzfolie** beträgt maximal elf Tage.[311] Beim Gebrauchtwagenkauf ist eine Rüge nach mehr als sechs Wochen nicht mehr angemessen.[312] Bei Hart-PVC-Folie 9 beträgt die Untersuchungsfrist ein bis zwei Wochen.[313]

VI. Anzeige des Mangels

74 **1. Zweck der Mängelanzeige.** Zeigt sich bei der Untersuchung der Ware ein offener Mangel oder entdeckt der Käufer später einen verdeckten Mangel, hat er diesen dem Verkäufer gem. § 377 Abs. 1 und 3 Hs. 1 unverzüglich anzuzeigen, um sich seine Gewährleistungsrechte zu erhalten. Die Mängelanzeige dient dazu, den Verkäufer über die festgestellten Mängel zu unterrichten **(Informationsfunktion).** Er soll in die Lage versetzt werden, den Beanstandungen nachzugehen und deren Berechtigung zu prüfen,[314] notwendige Dispositionen – vor allem zur Schadensabwendung – zu treffen, und davor bewahrt werden, sich noch längere Zeit nach der Ablieferung Ansprüchen wegen etwaiger Mängel ausgesetzt zu sehen.[315] Gleichzeitig soll die Mängelanzeige den Verkäufer gegen ein Nachschieben anderer Beanstandungen durch den Käufer nach Ablauf der Rügefrist schützen **(Präklusionsfunktion).**[316] Deshalb muss der Käufer bei **mehreren Mängeln** jeden Mangel gesondert rügen.[317] Auch Mängel einer Nacherfüllung iSd § 439 BGB müssen erneut angezeigt werden.[318] Schließlich dient die Mängelanzeige dazu, dem durch Schweigen entstehenden Anschein, der Käufer billige die Ware, vorzubeugen **(Protestfunktion).**[319]

75 **2. Rechtsnatur der Mängelanzeige.** Bei der Mängelrüge handelt es sich um eine Obliegenheit, deren Nicht-/Beachtungsfolgen sich vollständig aus dem Gesetz (§ 377 Abs. 2 und 3) ergeben.[320]

[300] OLG Saarbrücken 17.1.2007, IHR 2008, 55.
[301] Obergericht des Kantons Zug 19.12.2006, IHR 2007, 129.
[302] LG Saarbrücken 2.7.2002, IHR 2003, 27.
[303] LG Darmstadt 29.5.2001, IHR 2001, 160.
[304] LG Lübeck 17.1.2011, IHR 2012, 61 (62).
[305] OGH 31.8.2010, IHR 2011, 85 (88).
[306] OLG Saarbrücken 14.2.2001, IHR 2001, 64.
[307] OLG München 11.3.1998, OLGR 1998, 298.
[308] Obergericht Kanton Appenzell-Ausserrhoden 18.8.2008, IHR 2009, 251.
[309] OLG Düsseldorf 30.6.2015, BeckRS 2016, 07921.
[310] BGH 3.11.1999, NJW-RR 2000, 1361.
[311] OLG Karlsruhe 25.6.1997, BB 1998, 393.
[312] OLG Hamm 2.4.2009, NJW-RR 2010, 708 (710).
[313] OLG Naumburg 24.4.2019, NJW 2020, 476 (480).
[314] BGH 14.5.1996, NJW 1996, 2228; OLG Hamburg 15.11.2019, BeckRS 2019, 45572; OLG Hamm 21.1.2010, NJW-RR 2010, 930 (932).
[315] BGH 13.5.1987, BGHZ 11, 49 (52) = NJW 1987, 2235.
[316] Vgl. BGH 10.1.2006, NJW-RR 2006, 851 (853); 17.12.1997, NJW-RR 1998, 680 (681); 14.5.1996, NJW 1996, 2228.
[317] BGH 17.12.1997, NJW-RR 1998, 681; OLG Rostock 1.6.2021, NJW-RR 2021, 1283 (1284).
[318] BGH 17.12.1997, NJW-RR 1998, 681 f.; 10.1.1983, NJW 1983, 1495 (1496) (insoweit in BGHZ 86, 198 nicht abgedruckt).
[319] Marburger JuS 1983, 1 (6).
[320] BeckOGK/Höpfner, 1.3.2025, Rn. 90; Hopt/Leyens Rn. 32; BeckOK HGB/Schwartze, 47. Ed. 1.4.2025, Rn. 41.

Sie ist keine Willenserklärung iSd Allgemeinen Teils des BGB,[321] sondern **Wissenserklärung** und **geschäftsähnliche Handlung,**[322] die eine Vorstellung und/oder Tatsache des Käufers zum Gegenstand hat.[323] Jedoch können auf sie die Vorschriften über Willenserklärungen entsprechend angewendet werden.[324] Deshalb ist zur Wirksamkeit der Mängelrüge grundsätzlich die **Geschäftsfähigkeit des Anzeigenden** erforderlich. Ein Geschäftsunfähiger kann nicht wirksam rügen. Insofern gilt § 165 BGB analog.[325] Da die Rüge keinen rechtlichen Nachteil zur Folge hat, sie bei Unsubstantiiertheit lediglich wirkungslos ist (→ Rn. 116), kann sie vom beschränkt Geschäftsfähigen ohne Zustimmung des gesetzlichen Vertreters erstattet werden (§ 107 BGB analog).[326] Vielfach wird § 113 BGB analog eingreifen.[327]

Die Mängelanzeige ist als rein tatsächliche Wissenserklärung **nicht anfechtbar.**[328] Hat der Käufer **76**
auf Grund eines Versehens den Mangel nicht hinreichend substantiiert oder unrichtig beschrieben, kann er die Anzeige entweder richtigstellen oder eine vollständig neue Anzeige machen, sofern die Rügefrist nicht bereits abgelaufen ist.[329]

3. Absender und Adressat der Mängelanzeige. a) Absender. Die Rüge muss vom **Käufer** **77**
veranlasst sein. Nimmt sie der Käufer nicht persönlich vor, hängt die Wirksamkeit der Mängelrüge davon ab, ob die anzeigende Person analog § 164 BGB mit Vertretungsmacht[330] handelte.[331] Für den Verkäufer muss nämlich erkennbar sein, wer die Rüge erhoben hat.[332] Wurde ein Handlungsgehilfe oder Handelsvertreter tätig, bestimmt sich deren Vollmacht nach § 54 und konkreten Vollmachtsabreden (→ § 55 Rn. 20). Eine von einem Nichtbevollmächtigten erstattete Mängelrüge wirkt nur unter den Voraussetzungen des § 180 S. 2 BGB, der entsprechend Anwendung findet.[333] Eine Rüge kann auch mittels Boten überbracht werden. Sind die Mängelansprüche an einen Dritten abgetreten, wie das regelmäßig beim Leasing der Fall ist, kann die Rüge sowohl vom Käufer als auch – im eigenen Namen – vom hierzu ermächtigten Dritten (Leasingnehmer) vorgenommen werden.[334] Nichts anderes gilt beim Streckengeschäft. Zwar haben auch bei einem Streckengeschäft die Mängelrügen grundsätzlich entlang der Kaufvertragsverhältnisse zu erfolgen. Bei einer Direktlieferung an den Abnehmer (= Zweitkäufer) des Erstkäufers sind jedoch beide zur Rüge gegenüber

---

[321] Ebenroth/Boujong/Achilles Rn. 152; Schlegelberger/Hefermehl Rn. 53; RGHMW/Steimle/Dornieden Rn. 31; KKD/Roth/Huber Rn. 11; Heymann/Emmerich/Hoffmann Rn. 82; Beckmann/Glose BB 1989, 857 f.

[322] OLG Frankfurt 19.10.2021, BeckRS 2021, 33154; Hopt/Leyens Rn. 32; BeckOGK/Höpfner, 1.3.2025, Rn. 90; Ebenroth/Boujong/Achilles Rn. 153; NK-HGB/Stöber Rn. 37; BeckOK HGB/Schwartze, 47. Ed. 1.4.2025, Rn. 42.

[323] Staub/Brüggemann, 4. Aufl. 1983, Rn. 129; Ebenroth/Boujong/Achilles Rn. 153; Beckmann/Glose BB 1989, 857.

[324] Ebenroth/Boujong/Achilles Rn. 153; Beckmann/Glose BB 1989, 857 (858); Schlegelberger/Hefermehl Rn. 53; Heymann/Emmerich/Hoffmann Rn. 82; KKD/Roth/Huber Rn. 11; vgl. auch BGH 17.10.2000, NJW 2001, 289 (291).

[325] MüKoHGB/Grunewald Rn. 70.

[326] BeckOGK/Höpfner, 1.3.2025, Rn. 90; Marburger JuS 1983, 1 (6); Heymann/Emmerich/Hoffmann Rn. 82; NK-HGB/Stöber Rn. 37; BeckOK HGB/Schwartze, 47. Ed. 1.4.2025, Rn. 42; MüKoHGB/Grunewald Rn. 70; **aA** RGHMW/Steimle/Dornieden Rn. 56.

[327] Marburger JuS 1983, 1 (6).

[328] Hopt/Leyens Rn. 32; Heymann/Emmerich/Hoffmann Rn. 82; NK-HGB/Stöber Rn. 37; BeckOGK/Höpfner, 1.3.2025, Rn. 114; **aA** MüKoHGB/Grunewald Rn. 76; Ebenroth/Boujong/Achilles Rn. 153; Beckmann/Glose BB 1989, 857 (859), jeweils ein praktisches Bedürfnis für eine Anfechtung verneinend.

[329] K. Schmidt HandelsR § 29 Rn. 94; Hopt/Leyens Rn. 32; Ebenroth/Boujong/Achilles Rn. 153; Heymann/Emmerich/Hoffmann Rn. 82; Staub/Brüggemann, 4. Aufl. 1983, Rn. 129; Stewing/Schütze BB 1989, 2130 (2131); MüKoHGB/Grunewald Rn. 76; BeckOK HGB/Schwartze, 47. Ed. 1.4.2025, Rn. 43.

[330] Zur analogen Anwendung der §§ 164 ff. BGB auf Wissenserklärungen des Bevollmächtigten MüKoBGB/Schubert BGB § 164 Rn. 72.

[331] LG Bonn 3.6.2016, BeckRS 2016, 1281; Ebenroth/Boujong/Achilles Rn. 154; KKD/Roth/Huber Rn. 11; BeckOK HGB/Schwartze, 47. Ed. 1.4.2025, Rn. 44; BeckOGK/Höpfner, 1.3.2025, Rn. 92; Heymann/Emmerich/Hoffmann Rn. 83; ähnlich MüKoHGB/Grunewald Rn. 69: „vergleichbar einer Vollmacht"; zu eng OLG Rostock 1.6.2021, NJW-RR 2021, 1283 (1284): „Erklärungen oder Anzeigen eines Dritten zu einem Mangel sind *[…] nicht ausreichend*".

[332] OLG München 23.4.2013, BeckRS 2014, 02262; BeckOGK/Höpfner, 1.3.2025, Rn. 92.

[333] Staub/Brüggemann, 4. Aufl. 1983, Rn. 138.

[334] BGH 24.1.1990, BGHZ 110, 130 (141) = NJW 1990, 1290 – Leasingvertrag; OLG Düsseldorf 18.1.2008, NJW-RR 2008, 1230 (1231) (Leasingvertrag); OLG Hamm 6.2.2006, BeckRS 2006, 4919 = MDR 2006, 858 – Leasingvertrag; OLG Hamm 31.8.2004, NJOZ 2005, 2220 (2222) – Mietkaufvertrag; BeckOGK/Höpfner, 1.3.2025, Rn. 93; Staub/Brüggemann, 4. Aufl. 1983, Rn. 138; BeckOK HGB/Schwartze, 47. Ed. 1.4.2025, Rn. 46; **aA** unter irrtümlicher Berufung auf das vorgenannte Urteil des OLG Hamm KKD/Roth/Huber Rn. 14: Rügelast trifft nur den Zessionar; ebenso Ebenroth/Boujong/Achilles Rn. 155.

dem Verkäufer ermächtigt.[335] Baut der (Letzt-)Käufer die gelieferte Ware ein, ist der Bauherr nur unter den Voraussetzungen analog § 164 BGB zur Rüge gegenüber dem Verkäufer berechtigt, soweit er die Rüge nicht als Bote des Käufers übermittelt.[336] **Geber akzessorischer Sicherheiten** für die Kaufpreisschuld (zB Bürge) sind nicht allein auf Grund ihrer Rechtsstellung zur Mängelrüge für die Kaufpreisschuld ermächtigt.[337]

78 Fraglich ist, ob der Verkäufer die Mängelanzeige **entsprechend § 174 BGB** zurückweisen kann, wenn der im fremden Namen Handelnde seine Vertretungsmacht für den Käufer oder der im eigenen Namen Handelnde seine Ermächtigung nicht nachweist.[338] Diese Frage wird zum Teil bejaht[339] unter Hinweis auf ein Urteil des BGH zu § 651g BGB aF, in dem dieser § 174 BGB auf die Reisemängelanmeldung für entsprechend anwendbar hielt und obiter feststellte, „die Anwendbarkeit des § 174 BGB für den vergleichbaren Fall der Mängelrüge nach den §§ 377 ff. HGB [sei] anerkannt".[340] Nach anderer Ansicht kommt § 174 BGB nicht zur Anwendung, da Urkunden zum Nachweis der Rügeberechtigung nicht ausgestellt würden und die Rüge nicht dieselbe umfassende Bedeutung wie eine Willenserklärung habe, sodass auf ein so förmliches und zugleich wenig praktisches Verfahren verzichtet werden könne.[341]

79 Der zuletzt genannten Ansicht ist im Ergebnis zu folgen. Bei der Frage, in welchem Umfang die für Willenserklärungen geltenden Vorschriften auf geschäftsähnliche Handlungen anzuwenden sind, ist jeweils den spezifischen Eigenarten und der Interessenlage bei der in Frage stehenden Handlung Rechnung zu tragen.[342] § 174 BGB erfasst nur solche einseitigen Erklärungen, die bei dem Erklärungsempfänger bestimmte nachteilige Rechtsfolgen auslösen, weil sie vom Erklärenden gewollt sind. § 174 BGB trägt damit einem erhöhten Schutzbedürfnis des Erklärungsempfängers bei Erklärungen Rechnung, die durch einen Vertreter oder Ermächtigten abgegeben werden. Der Empfänger soll sich Gewissheit über die Berechtigung der Handelnden und damit über den Eintritt oder Nichteintritt der mit der Erklärung bezweckten Rechtswirkung verschaffen, indem er die ohne Vorlage der Vollmachts-/Ermächtigungsurkunde abgegebene Erklärung des Handelnden zurückweist und damit die Unwirksamkeit des einseitigen Rechtsgeschäfts herbeiführt.[343] Die **Mängelrüge bewirkt jedoch keine unmittelbaren Rechtswirkungen auf Seiten des Erklärungsempfängers,** wie dies bei einseitigen Gestaltungserklärungen wie zB Kündigung, Widerruf, Anfechtung und Aufrechnung der Fall ist.

80 Der Umstand, dass der Verkäufer sich infolge der Anzeige genötigt sieht, der Beanstandung nachzugehen, rechtfertigt keine entsprechende Anwendung des § 174 BGB. Hat ein bevollmächtigter Vertreter/Ermächtigter – wenn auch ohne Vorlage der Vollmachts-/Ermächtigungsurkunde – Mängel gerügt, so ist der Verkäufer informiert und kann die erforderlichen Dispositionen treffen. Die Urkunde kann ohne Nachteil für den Verkäufer nachgebracht werden. Handelt dagegen der Vertreter/Ermächtigte eigenmächtig, dh ohne Auftrag und Vollmacht/Ermächtigung, liegt keine wirksame Mängelrüge vor. Wie bei der Verfolgung aller sonstigen Ansprüche, die von einem Vertreter/Ermächtigten geltend gemacht werden, kann ein Streit um dessen Bevollmächtigung/Ermächtigung auch nachträglich im Rahmen der Auseinandersetzung über den geltend gemachten Anspruch geklärt werden.[344]

81 Wendete man § 174 BGB entsprechend auf die Mängelanzeige an, könnte der Verkäufer eine per (Computer-)Telefax, telefonisch oder per E-Mail nicht vom Käufer persönlich vorgenommene Mängelrüge stets zurückweisen. Damit entfiele die Möglichkeit, in besonders dringenden Fällen die Rüge durch einen Mitarbeiter auf diesen schnellen Kommunikationswegen vornehmen zu lassen. Der Käufer müsste also stets persönlich rügen, die Rüge durch einen organschaftlichen oder gesetzlichen

[335] Vgl. BGH 8.4.2014, CR 2015, 434 (435); OLG Karlsruhe 19.7.2016, BeckRS 2016, 13273; OLG Frankfurt 21.6.2012 NJOZ 2013, 376 (378); MüKoHGB/Grunewald Rn. 69; Staub/Brüggemann, 4. Aufl. 1983, Rn. 138; BeckOGK/Höpfner, 1.3.2025, Rn. 93; offen Hopt/Leyens Rn. 34.

[336] Vgl. OLG München 23.4.2013, BeckRS 2014, 02262.

[337] MüKoHGB/Grunewald Rn. 69; BeckOGK/Höpfner, 1.3.2025, Rn. 93; **aA** Staub/Brüggemann, 4. Aufl. 1983, Rn. 138.

[338] Zur entsprechenden Anwendbarkeit des § 174 BGB auf die Ermächtigung MüKoBGB/Schubert BGB § 174 Rn. 3; Staudinger/Schilken, 2019, BGB § 174 Rn. 2; BeckOK BGB/Schäfer, 1.5.2025, BGB § 174 Rn. 2; Grüneberg/Ellenberger BGB § 174 Rn. 4.

[339] Ebenroth/Boujong/Achilles Rn. 157; Heymann/Emmerich/Hoffmann Rn. 83; NK-HGB/Stöber Rn. 40; BeckOK HGB/Schwartze, 47. Ed. 1.4.2025, Rn. 44.

[340] BGH 17.10.2000, NJW 2001, 289 (291).

[341] MüKoHGB/Grunewald Rn. 70.

[342] BGH 17.10.2000, NJW 2001, 289 (290).

[343] MüKoBGB/Schubert BGB § 174 Rn. 1; Staudinger/Schilken, 2019, BGB § 174 Rn. 1; Grüneberg/Ellenberger BGB § 174 Rn. 1.

[344] Vgl. OLG Karlsruhe 3.8.1990, NJW-RR 1991, 54 zu § 651g Abs. 1 BGB aF.

Vertreter vornehmen lassen oder dem Bevollmächtigten/Ermächtigten die Vollmachts-/Ermächtigungsurkunde mit aushändigen. Insbesondere bei leicht verderblicher Ware bestünde somit die Gefahr, dass die neuerliche Rüge verbunden mit der Vorlage der Vollmachtsurkunde im Original verspätet erfolgt, da die Übermittlung der Urkunde per (Computer-)Telefax oder als E-Mail (Anlage) nicht genügte.[345] Bei Übermittlung durch einen Erklärungsboten müsste dieser sein Berechtigungsverhältnis zum Erklärenden durch eine Originalurkunde dartun.[346] Die **analoge Anwendung des § 174 BGB** trüge der **Interessenlage bei einer Mängelrüge** damit **nicht hinreichend Rechnung.**[347]

b) Adressat der Mängelanzeige. Die Rüge muss – vorbehaltlich besonderer Abreden – an den **Verkäufer** gerichtet sein. Geht die Rüge einer anderen Person als dem Verkäufer zu, ist sie nur dann wirksam, wenn der Betreffende Vertretungsmacht hat oder zur Entgegennahme von Mängelrügen mit Wirkung gegen den Verkäufer ermächtigt ist (zB § 55 Abs. 1 und 4, § 75g und § 91 Abs. 2).[348] Bei einem Streckengeschäft ist der Hersteller/Zulieferer grundsätzlich nicht Empfangsvertreter des Zwischenhändlers (= Erstabnehmers).[349] Bei einer Gesellschaft reicht die Rüge gegenüber einem von möglicherweise mehreren vertretungsberechtigten Gesellschaftern aus.[350] Nicht zur Entgegennahme ermächtigt ist der Handelsmakler, der den Geschäftsabschluss vermittelt hat[351] sowie der Kommittent.[352] Ebenfalls keine Empfangsvollmacht besitzt eine Vertragswerkstatt, die vom Verkäufer zur Durchführung der Nacherfüllung anerkannt wird.[353] Die Rüge kann auch an einen Empfangsboten übermittelt werden. Hierzu zählen Personen, die zur Bedienung des Telefons befugt sind, nicht jedoch das Personal, das die Kaufsache abliefert, beispielsweise ein Fahrer oder Monteur des Verkäufers.[354] Transportpersonen können jedoch als Erklärungsboten des Käufers fungieren.[355] 82

4. Rechtzeitigkeit der Mängelanzeige. Die Mängelrüge muss gem. § 377 Abs. 1 unverzüglich, dh ohne schuldhaftes Zögern erfolgen.[356] Der Käufer kann sich somit grundsätzlich auf fehlendes Verschulden für eine eingetretene Verzögerung (zB durch Streik, höhere Gewalt oder vertragswidriges Verhalten des Verkäufers) berufen.[357] Allerdings vermögen persönliche Hinderungsgründe (zB Krankheit, Abwesenheit) ihn nicht zu entschuldigen, da er hierfür – ebenso wie für die Untersuchung – Vorsorge treffen muss (→ Rn. 66).[358] 83

a) Fristbeginn. Hinsichtlich des Beginns der Rügefrist ist zwischen offensichtlichen Mängeln, sonstigen offenen und verdeckten Mängeln zu unterscheiden.[359] 84

345 Vgl. Staudinger/Schilken, 2019, BGB § 174 Rn. 3; BeckOK BGB/Schäfer, 1.5.2025, BGB § 174 Rn. 6; MüKoBGB/Schubert BGB § 174 Rn. 6; Grüneberg/Ellenberger BGB § 174 Rn. 5.

346 Staudinger/Schilken, 2019, BGB § 174 Rn. 4; BeckOK BGB/Schäfer, 1.5.2025, BGB § 174 Rn. 6; MüKoBGB/Schubert BGB § 174 Rn. 2; Grüneberg/Ellenberger BGB § 174 Rn. 5; Erman/Maier-Reimer BGB § 174 Rn. 5.

347 IErg. auch BeckOGK/Höpfner, 1.3.2025, Rn. 94; MüKoHGB/Grunewald Rn. 70; MüKoBGB/Schubert BGB § 174 Rn. 9; **aA** NK-HGB/Stöber Rn. 40; Ebenroth/Boujong/Achilles Rn. 157.

348 Vgl. BGH 30.1.1985, BGHZ 93, 338 (348) = NJW 1985, 1333; OLG Saarbrücken 3.2.1993, BeckRS 1993, 09781; Heymann/Emmerich/Hoffmann Rn. 84; MüKoHGB/Grunewald Rn. 71; BeckOK HGB/Schwartze, 47. Ed. 1.4.2025, Rn. 45.

349 Vgl. OLG Karlsruhe 19.7.2016, BeckRS 2016, 13273.

350 Heymann/Emmerich/Hoffmann Rn. 84; Ebenroth/Boujong/Achilles Rn. 156.

351 Vgl. LG Kassel 15.2.1996, NJW-RR 1996, 1146 zu Art. 39 CISG; Heymann/Emmerich/Hoffmann Rn. 84; Hopt/Leyens Rn. 33; Staub/Brüggemann, 4. Aufl. 1983, Rn. 141; BeckOK HGB/Schwartze, 47. Ed. 1.4.2025, Rn. 45.

352 Hopt/Leyens Rn. 33; Staub/Brüggemann, 4. Aufl. 1983, Rn. 141; BeckOK HGB/Schwartze, 47. Ed. 1.4.2025, Rn. 45.

353 OLG Hamm 12.4.2012, BeckRS 2012, 11708.

354 Vgl. RG 24.6.1921, RGZ 102, 295 (296); OLG Köln 13.7.1954, BB 1954, 613; Staub/Brüggemann, 4. Aufl. 1983, Rn. 138; Heymann/Emmerich/Hoffmann Rn. 84; Ebenroth/Boujong/Achilles Rn. 156; BeckOGK/Höpfner, 1.3.2025, Rn. 95.1; **aA** MüKoHGB/Grunewald Rn. 71 auch für einen Monteur des Verkäufers.

355 Hopt/Leyens Rn. 33; Heymann/Emmerich/Hoffmann Rn. 84; Ebenroth/Boujong/Achilles Rn. 156; BeckOK HGB/Schwartze, 47. Ed. 1.4.2025, Rn. 45.

356 BGH 18.3.2003, NJOZ 2003, 867 (869); 30.1.1985, BGHZ 93, 338 (348 ff.) = NJW 1985, 1333; vgl. auch BGH 24.1.1990, BGHZ 110, 130 (139, 143 f.) = NJW 1990, 1290.

357 BeckOK HGB/Schwartze, 47. Ed. 1.4.2025, Rn. 47; MüKoHGB/Grunewald Rn. 62.

358 Heymann/Emmerich/Hoffmann Rn. 87.

359 Zu dieser Unterscheidung vgl. Hopt/Leyens Rn. 35; Heymann/Emmerich/Hoffmann Rn. 84; BeckOGK/Höpfner, 1.3.2025, Rn. 51.

85 **aa) Offensichtliche Mängel.** Offensichtlich sind Mängel, die offen zu Tage liegen, also auf den ersten Blick zu erkennen sind.[360] Als offensichtlich sind darüber hinaus auch solche Mängel anzusehen, von denen der Käufer bereits vor oder zum Zeitpunkt der Ablieferung **Kenntnis** hat.[361] Bei solchen Mängeln bedarf es keiner Untersuchung. Die Rügefrist beginnt mit der Ablieferung der Ware.[362] Bereits zuvor erkannte Mängel kann der Käufer vor Ablieferung rügen, muss es aber nicht.[363]

86 **bb) Offene Mängel.** Offen sind Mängel, die bei sachgemäßer und im ordnungsmäßigen Geschäftsgang tunlicher Untersuchung erkennbar sind.[364] Die Rügefrist beginnt **unmittelbar im Anschluss an die Frist, die für die Untersuchung zur Verfügung steht,** ohne dass es darauf ankommt, ob der Käufer eine Untersuchung der Ware tatsächlich durchgeführt hat oder nicht.[365] Grundsätzlich ist jeder sich bei der Untersuchung zeigende Mangel unverzüglich zu rügen, auch wenn mit Aufdeckung weiterer Mängel zu rechnen ist. Zum Zweck der Gewinnung eines zusammenfassenden Urteils darf der Käufer jedoch bis zum Abschluss der Untersuchung warten.[366] Dies gilt auch bei Teillieferungen, wenn nur die Gesamtlieferung verwendbar ist.[367]

87 **cc) Verdeckte Mängel.** Verdeckt sind Mängel, die im Rahmen ordnungsmäßiger Untersuchung nicht erkennbar waren (§ 377 Abs. 2 letzter Hs.),[368] oder falls eine Untersuchung nicht erfolgt ist, bei einer solchen Untersuchung nicht erkannt worden wären. Ein Mangel ist somit auch dann verdeckt, wenn der Käufer keine Stichproben entnommen hat, er aber auch bei der Entnahme von Stichproben mit an Sicherheit grenzender Wahrscheinlichkeit diesen Mangel nicht entdeckt hätte.[369] Dabei richtet sich die Erkennbarkeit des Mangels nach **objektiven Kriterien.** Ein Irrtum über die Erkennbarkeit entlastet den Käufer deshalb nicht.[370]

88 Bei verdeckten Mängeln beginnt die Rügefrist nach § 377 Abs. 3 mit deren **Entdeckung.**[371] Ein Mangel ist entdeckt, wenn der Käufer oder Personen, die in seinem Bereich tätig sind und von denen eine Weiterleitung der entsprechenden Information an den Käufer erwartet werden kann, den Mangel wahrnehmen.[372] Ein verdeckter Mangel wird sich in aller Regel erst beim Gebrauch (zB Maschinen), bei der Verarbeitung (zB Ausgangsstoffe), dem Einbau oder beim Verbrauch (zB Lebensmittel) der Ware beim (Erst-)Käufer oder dessen Abnehmer (= Zweitkäufer) oder durch eine Mitteilung des Verkäufers über die Notwendigkeit einer Nachbesserung der Kaufsache (etwa des Aufspielens eines Softwareupdates, verbunden mit der Information über den Umstand, dass das Kraftfahrtbundesamt die Nachbesserung verpflichtend für die Erhaltung der Zulassung des betroffenen Kfz ansieht)[373] zeigen. Da die aus einem Mangel resultierenden sichtbaren Folgen vielfältige Ursachen haben können, lassen sie nicht zwangsläufig Rückschlüsse auf einen Mangel zu. So muss

---

[360] Staub/Brüggemann, 4. Aufl. 1983, Rn. 64; BeckOGK/Höpfner, 1.3.2025, Rn. 5146.

[361] BeckOGK/Höpfner, 1.3.2025, Rn. 103; Staub/Brüggemann, 4. Aufl. 1983, Rn. 67; Ebenroth/Boujong/Müller Rn. 148.

[362] OLG Koblenz 24.6.2004, NJW-RR 2004, 1553; OLG Düsseldorf 30.9.2002, BauR 2003, 409; Hopt/Leyens Rn. 35; Heymann/Emmerich/Hoffmann Rn. 87; Staub/Brüggemann, 4. Aufl. 1983, Rn. 64.

[363] Vgl. BGH 8.4.2014, CR 2015, 434 (435); BGH 4.11.1992, NJW 1993, 461 (462); OLG Brandenburg 3.6.2009, LNR 2009, 19859; BeckOGK/Höpfner, 1.3.2025, Rn. 102; Staub/Brüggemann, 4. Aufl. 1983, Rn. 24; MüKoHGB/Grunewald Rn. 60; BeckOK HGB/Schwartze, 47. Ed. 1.4.2025, Rn. 51; NK-HGB/Stöber Rn. 42.

[364] Nach OLG Zweibrücken 24.7.2014, BeckRS 2014, 19909 ist das Übergewicht eines Fahrzeugs kein „offener", sondern ein „verdeckter Mangel" iSd § 377 Abs. 1 HGB, weil die Überprüfung des Gewichts eine Verwiegung auf einer LKW-Waage erforderlich gemacht hätte, für die es keinen Anlass gab.

[365] BGH 18.3.1952, LM § 377 Nr. 1 = BB 1952, 330; RG 18.11.1932, RGZ 138, 331 (336); 13.3.1923, RGZ 106, 359 (360); MüKoHGB/Grunewald Rn. 32; Heymann/Emmerich/Hoffmann Rn. 88; Staub/Brüggemann, 4. Aufl. 1983, Rn. 66.

[366] Staub/Brüggemann, 4. Aufl. 1983, Rn. 100; vgl. RG 5.1.1906, RGZ 62, 255 (256).

[367] Vgl. RG 18.11.1932, RGZ 138, 331 (336); s. auch BGH 25.6.2002, BeckRS 2002, 30267865.

[368] Staub/Brüggemann, 4. Aufl. 1983, Rn. 66: „alles, was nicht offener Mangel ist, hat als verdeckter zu gelten".

[369] MüKoHGB/Grunewald Rn. 77; Grunewald NJW 1995, 1777 (1780); vgl. auch Ebenroth/Boujong/Achilles Rn. 149.

[370] RG 18.3.1910, RGZ 73, 165 (168).

[371] OLG Frankfurt 29.12.2017, BeckRS 2017, 154398; OLG Koblenz 4.1.2012, BeckRS 2012, 09537; Hopt/Leyens Rn. 39; RGHMW/Steimle/Dornieden Rn. 63; NK-HGB/Stöber Rn. 43; BeckOK HGB/Schwartze, 47. Ed. 1.4.2025, Rn. 48; MüKoHGB/Grunewald Rn. 78.

[372] Vgl. OLG Frankfurt 29.12.2017, BeckRS 2017, 154398; MüKoHGB/Grunewald Rn. 78; Grunewald NJW 1995, 1777 (1780); Ebenroth/Boujong/Achilles Rn. 148; enger OLG Köln 26.8.2020, BeckRS 2020, 32055: nur Käufer.

[373] LG Dortmund 22.2.2019, BeckRS 2019, 4967; BeckOGK/Höpfner, 1.3.2025, Rn. 104.

der Ausfall zB einer Maschine nicht auf einem Mangel beruhen, sondern kann auch das Ergebnis von Überbeanspruchung, Materialermüdung, Fehlbedienung usw sein.

Damit stellt sich die Frage nach dem Beginn der Rügefrist in solchen Fällen, in denen ein **Mangelverdacht** besteht, der Mangel aber noch nicht festgestellt worden ist. Nach der Rspr. ist der Käufer bei einem sich aufdrängenden Mangelverdacht gehalten, sich durch die unverzügliche (erneute) sachdienliche Untersuchung Gewissheit zu verschaffen.[374] Zwar ist dem Wortlaut des § 377 Abs. 3 eine Obliegenheit zur nochmaligen Untersuchung (Nachuntersuchung) nicht zu entnehmen. Sinn und Zweck des § 377 gebieten es jedoch, den Verkäufer bei verspäteter Rüge eines verdeckten Mangels, den der Käufer bei einer sich aufdrängenden Prüfung früher hätte erkennen können, genau so zu stellen wie bei der verspäteten Rüge eines offenen Mangels.[375] Dabei gelten für die **Nachuntersuchung** dieselben Kriterien wie bei der (Erst-)Untersuchung nach Ablieferung der Ware.[376] Lässt er den Verdacht (zunächst) auf sich beruhen, hätte eine Nachuntersuchung ihn dagegen bestätigt, beginnt die Frist zur Anzeige des Mangels ab dem Zeitpunkt zu laufen, zu dem der Käufer den Fehler hätte feststellen können. **89**

Erfährt der Käufer erst durch **Kundenreklamationen** von Mängeln, die vorher nicht zu erkennen waren, beginnt die Rügefrist, wenn ernstzunehmende, glaubhafte Reklamationen eingegangen sind.[377] Sind diese Reklamationen zu unspezifisch und versetzen den Käufer nicht in die Lage, eine ordnungsmäßige Mängelrüge vorzunehmen, verschiebt sich der Beginn der Rügefrist um die Zeit, die der Käufer für Rückfragen bei seinen Abnehmern benötigt.[378] Bedürfen eingehende Reklamationen tatsächlicher Aus- oder rechtlicher Bewertung, verzögert sich der Beginn um den Zeitraum, der hierfür angemessen ist.[379] **90**

Vorstehendes gilt entsprechend bei verdeckten **Rechtsmängeln.** Dem Käufer ist ein angemessener Zeitraum zuzubilligen, in dem er sich ein ungefähres Bild von der Rechtslage machen kann. Dabei gilt es die Art des Rechtsmangels zu berücksichtigen.[380] **91**

b) Fristdauer. aa) Auslieferung an den Käufer. Hinsichtlich des Zeitraums, der dem Käufer nach Entdeckung des Mangels zur Anzeige desselben zur Verfügung steht, bestehen keine Unterschiede zwischen offensichtlichen, sonstigen offenen und verdeckten Mängeln. Die Mängelanzeige ist innerhalb der Frist vorzunehmen, die der Kaufmann für die Abwicklung der **eigenen, eiligen Geschäftskorrespondenz** benötigt.[381] Angesichts der heutigen modernen Kommunikationsmittel ist dem Käufer nur eine Erklärungspflicht von **ein bis zwei Tagen** zuzubilligen,[382] soweit es sich nicht um leicht verderbliche Ware handelt. Bei der Fristberechnung wird das Wochenende analog § 193 BGB nicht mitgerechnet.[383] Die Frist verlängert sich nicht, wenn unklar ist, ob der Mangel schon bei Gefahrübergang vorlag. Die gegenteilige Ansicht in der Lit.[384] ist abzulehnen. Das Argument, dem Käufer könne nicht zugemutet werden, seine Geschäftsbeziehungen mit dem Verkäufer durch eine Rüge zu belasten, obwohl er noch nicht wisse, ob er wirklich Ansprüche gegen den Verkäufer habe,[385] lässt sich mit dem von § 377 bezweckten Schutz des Verkäufers nicht vereinbaren. Hat der Käufer die Ware ohne Untersuchung an seinen Abnehmer weiter versandt, muss er den Mangel ebenso schnell anzeigen, wie wenn er die Ware selbst untersucht hätte, dh innerhalb der Frist von ein bis zwei Tagen.[386] **92**

---

[374] RG 2.7.1920, RGZ 99, 247 (249); OLG München 5.8.1955, NJW 1955, 1560 (1561); Staub/Brüggemann, 4. Aufl. 1983, Rn. 124, vgl. auch OLG Zweibrücken 24.7.2014, BeckRS 2014, 19909; OLG Koblenz 4.1.2012, BeckRS 2012, 9537.

[375] RG 2.7.1920, RGZ 99, 247 (250); OLG München 5.8.1955, NJW 1955, 1560 (1561); BeckOK HGB/Schwartze, 47. Ed. 1.4.2025, Rn. 49.

[376] MüKoHGB/Grunewald Rn. 79; Staub/Brüggemann, 4. Aufl. 1983, Rn. 124.

[377] OLG Hamm 26.2.2006, BeckRS 2006, 4919; NK-HGB/Stöber Rn. 45; BeckOK HGB/Schwartze, 47. Ed. 1.4.2025, Rn. 49.

[378] Staub/Brüggemann, 4. Aufl. 1983, Rn. 124.

[379] BGH 10.1.2006, NJW-RR 2006, 851 (853); LG Essen 23.6.2023, BeckRS 2023, 15039.

[380] Vgl. BGH 11.1.2006, NJW 2006, 1343 zu Art. 43 CISG.

[381] BGH 10.1.2006, NJW-RR 2006, 851 (853); 3.7.1985, NJW-RR 1986, 52 (35); OLG Hamm 6.2.2006, MDR 2006, 858; OLG Koblenz 24.6.2004, NJW-RR 2004, 1553; Ebenroth/Boujong/Achilles Rn. 141; BeckOGK/Höpfner, 1.3.2025, Rn. 101.

[382] OLG Rostock 1.6.2021, NJW-RR 2021, 1283, 1284; OLG München 24.9.2015, RdTW 2016, 224 (227); OLG Koblenz 24.6.2004, NJW-RR 2004, 1553; MüKoHGB/Grunewald Rn. 81; Ebenroth/Boujong/Achilles Rn. 141; BeckOK HGB/Schwartze, 47. Ed. 1.4.2025, Rn. 50; BeckOGK/Höpfner, 1.3.2025, Rn. 101.

[383] BGH 13.3.1996, NJW 1996, 1537, 1538; OLG Frankfurt 19.10.2021, BeckRS 2021, 33154; OLG Brandenburg 12.12.2012, BeckRS 2013, 04070 = MDR 2013, 534; BeckOK HGB/Schwartze, 47. Ed. 1.4.2025, Rn. 50.

[384] MüKoHGB/Grunewald Rn. 81.

[385] MüKoHGB/Grunewald Rn. 81.

[386] Vgl. Ebenroth/Boujong/Achilles Rn. 144; Marburger JuS 1983, 1 (8).

93 **bb) Streckengeschäft.** Anders liegt der Fall, wenn die Ware vereinbarungsgemäß vom Käufer ungeprüft weitergeleitet und von seinem Abnehmer (= Zweitkäufer) untersucht werden soll oder der Käufer mit dem Verkäufer die direkte Übersendung an seinen Abnehmer vereinbart. In diesen Fällen kann sich der Verkäufer nicht auf Verspätung berufen, wenn zunächst der Zweitkäufer den Mangel gegenüber dem Erstkäufer (nach Vornahme der Untersuchung) unverzüglich rügt und sodann der Erstkäufer den Mangel unverzüglich beim Verkäufer anzeigt.[387] Der Erstkäufer muss den Mangel also nicht ebenso schnell anzeigen, wie wenn er die Ware selbst untersucht hätte.[388] Er hat nur dafür zu sorgen, dass ihn der Zweitkäufer so bald wie möglich von Mängeln unterrichtet, damit er diese rechtzeitig dem Verkäufer anzeigen kann.[389] Der für die Verständigung zwischen dem Erst- und Zweitkäufer erforderliche Zeitraum ist ebenso lang zu bemessen wie der Zeitraum, den der Erstkäufer für seine Erklärung gegenüber dem Verkäufer hat. Insoweit ist als Faustregel von einer Verdopplung der Mängelanzeigefrist von ein bis zwei Tagen auszugehen.[390] Dies setzt jedoch voraus, dass es sich bei dem Abnehmer um einen Kaufmann handelt, da nur diesen die Obliegenheiten aus § 377 treffen.

94 **cc) Auslieferung an Leasingnehmer.** Hat der Käufer die Ware zum Zweck des Leasings erworben und erfolgt die Auslieferung direkt an den Leasingnehmer, kommt eine Verlängerung der Rügefrist nur dann in Betracht, wenn der Leasingnehmer zur Untersuchung und Rüge der Ware wirksam verpflichtet worden ist.[391] Fehlt es an einer wirksamen Verpflichtung, muss der Käufer/Leasinggeber den Mangel ebenso schnell anzeigen, wie wenn er die Ware selbst untersucht hätte, dh innerhalb der Frist von ein bis zwei Tagen.[392] Hat der Käufer/Leasinggeber den Leasingnehmer weder in dem Leasingvertrag über seine Rügeobliegenheit informiert noch die Rügeobliegenheit durch einen Ausschluss des § 377 HGB mit der Lieferantin vereinbart, macht sich der Käufer/Leasinggeber gegenüber dem Leasingnehmer schadensersatzpflichtig und hat diesen so zu stellen, wie er bei Beachtung der Untersuchungs- und Rügepflicht stehen würde.[393]

95 **5. Rechtzeitige Absendung der Rüge (Abs. 4).** Bei der Mängelanzeige handelt es sich um eine **empfangsbedürftige Wissenserklärung,** die – wenn sie gegenüber Abwesenden erklärt wird – analog § 130 Abs. 1 S. 1 BGB zu ihrer Wirksamkeit des Zugangs bedarf.[394] Dies folgert der BGH aus dem Wortlaut des § 377 Abs. 1, wonach „dem Verkäufer unverzüglich Anzeige zu machen" ist und dem Sinn und Zweck der Rügeobliegenheit, den eine zwar abgesandte, den Verkäufer aber nicht erreichende Anzeige nicht erfüllen könne.[395] Hinsichtlich der **Rechtzeitigkeit der Mängelanzeige** weicht § 377 Abs. 4 (vgl. auch § 121 Abs. 1 S. 2 BGB) von dieser Regel ab und bestimmt, dass für die Rechtzeitigkeit **unverzügliche Absendung genügt.** Der Zweck dieser Regelung besteht darin, den Käufer von der Gefahr der Verzögerung des Zugangs der Anzeige auf dem Beförderungsweg freizustellen, wenn er die Mängelanzeige rechtzeitig abgesandt hat.[396] Das Verlustrisiko wird dem Käufer jedoch nicht abgenommen.[397]

96 Der dieser Regelung innewohnende Schutzgedanke ist jedoch nur insoweit gerechtfertigt, als dem Käufer das Risiko einer bei **Übermittlungen geschäftsüblicher Art** eintretenden Verzögerung abgenommen wird.[398] Es kann dem Käufer jedoch nicht die Wahl einer Übermittlungsart gestattet

---

[387] Vgl. BGH 17.9.1954, NJW 1954, 1841; RG 12.4.1921, RGZ 102, 91 f.; 13.5.1919, RGZ 96, 13 (15); OLG Frankfurt 29.12.2017, BeckRS 2017, 154398; Hopt/Leyens Rn. 37; Ebenroth/Boujong/Achilles Rn. 143.

[388] Offengelassen von BGH 29.3.1978, NJW 1978, 2394.

[389] BGH 8.4.2014, CR 2015, 434 (435); BGH 24.1.1990, NJW 1990, 1290 (1291); 29.3.1978, NJW 1978, 2394; 17.9.1954, NJW 1954, 1841; OLG Frankfurt 29.12.2017, BeckRS 2017, 154398; OLG Köln 6.5.1994, NJW-RR 1995, 28 (29); OLG Karlsruhe 5.11.2008, NZG 2009, 395 (396).

[390] BeckOK HGB/Schwartze, 47. Ed. 1.4.2025, Rn. 50; NK-HGB/Stöber Rn. 47; vgl. auch BeckOGK/Höpfner, 15.8.2022, § 377 Rn. 104.

[391] Zur Wirksamkeit der Vereinbarung der Rügeobliegenheit im Verbraucher-Leasing s. Dastis/Werner ZMR 2018, 654.

[392] Vgl. Ebenroth/Boujong/Achilles Rn. 19; MüKoHGB/Grunewald Rn. 15; **aA** BeckOGK/Höpfner, 1.3.2025, Rn. 23.

[393] Vgl. KG 27.3.2013, NJOZ 2014, 658 (659).

[394] BGH 13.5.1987, BGHZ 11, 49 (51 f.) = NJW 1987, 2235; 30.1.1985, BGHZ 93, 338 (349) = NJW 1985, 1333; Schlegelberger/Hefermehl Rn. 76; Staub/Brüggemann, 4. Aufl. 1983, Rn. 142; MüKoHGB/Grunewald Rn. 71; KKD/Roth/Huber Rn. 11; Canaris HandelsR § 29 Rn. 69; NK-HGB/Stöber Rn. 48; **aA** Ebenroth/Boujong/Achilles Rn. 163; BeckOGK/Höpfner, 1.3.2025, Rn. 99; Heymann/Emmerich/Hoffmann Rn. 98; Hopt/Leyens Rn. 41; zweifelnd K. Schmidt HandelsR § 29 Rn. 92.

[395] BGH 13.5.1987, BGHZ 11, 49 (52) = NJW 1987, 2235.

[396] BGH 30.1.1985, BGHZ 93, 338 (349) = NJW 1985, 1333; NK-HGB/Stöber Rn. 48.

[397] **AA** Ebenroth/Boujong/Achilles Rn. 163 f.; Heymann/Emmerich/Hoffmann Rn. 98; Hopt/Leyens Rn. 41.

[398] Vgl. BGH 8.11.1979, NJW 1980, 782 (783); 20.11.1961, LM § 377 Nr. 8 = MDR 1962, 399 f.

sein, bei der ein unmittelbarer und umgehender Zugang an den Verkäufer überhaupt nicht in Betracht kommt. Geschäftsüblich ist die Übermittlung per **Post, Kurierdienst** oder **E-Mail,** ggf. die elektronische Übermittlung per WhatsApp-Nachricht oder LinkedIn.[399] Grundsätzlich ist auch eine Übermittlung per SMS denkbar,[400] allerdings wegen der Zeichenbegrenzung ungeeignet. Die Mängelanzeige muss an die richtige Adresse gerichtet und ausreichend frankiert sein. § 377 Abs. 4 greift zugunsten des Käufers nicht ein, wenn dieser weiß, dass die schriftliche Anzeige den Verkäufer nicht kurzfristig erreichen kann.[401] Schaltet der Käufer anstelle eines Kurierdienstes sein eigenes Personal zur Übermittlung der schriftlichen Mängelanzeige ein, trägt er das Risiko der Verzögerung.[402]

Bedient sich der Käufer eines **geschäftsunüblichen Übermittlungswegs,** kann er sich gleich- **97** wohl auf § 377 Abs. 4 berufen, wenn der Verstoß zu keiner Verzögerung geführt hat,[403] die Rüge also auch bei ordnungsgemäßer Versendung nicht schneller angekommen wäre, weil zB der Postbote die richtige Adresse kannte, der Verkäufer den nicht (ausreichend) frankierten Brief angenommen hat, das Unternehmen liquidiert wurde oder den Sitz verlegt hat.[404]

6. Inhalt der Mängelanzeige. Die Mängelanzeige kann ihre Zwecke (→ Rn. 74) nur erfüllen, **98** wenn der Verkäufer ihr entnehmen kann, in welchem Punkt und in welchem Umfang der Käufer die gelieferte Ware als nicht vertragsgemäß beanstandet.[405] Die Mängelanzeige muss deshalb **Art und Umfang der Mängel mindestens in allgemeiner Form benennen** und darf nicht nur allgemeine Beanstandungen aussprechen. Das ungefähre Ausmaß der Abweichung ist anzugeben.[406] Eine in alle Einzelheiten gehende, genaue und fachlich richtig bezeichnete Rüge kann dabei vom Käufer nicht verlangt werden. Insbesondere bei **Funktionsstörungen** reicht es aus, wenn der Käufer die aus seiner Sicht bestehenden **Mängel(symptome) beschreibt.** Über die Ursachen und Zusammenhänge muss sich der Käufer keine Gedanken machen.[407] Insoweit dürfen die Anforderungen an die Substantiierung der Mängelrüge nicht überspannt werden, weil das Risiko der mangelhaften Vertragserfüllung, für das der Verkäufer einzustehen hat, sonst weitgehend dem Käufer zugewiesen würde, ohne dass eine solche Entlastung des Verkäufers gerechtfertigt wäre.[408]

Die Mängelanzeige muss **keine Mitteilung** darüber enthalten, welche Rechte der Käufer wegen **99** des Mangels geltend machen will.[409] Der Käufer muss in der Anzeige auch nicht erkennen lassen, ob er überhaupt von seinen Gewährleistungsrechten Gebrauch machen will, weil die Mängelanzeige allein dem Zweck der Rechtserhaltung dient und insoweit für sich spricht.[410] Nur in besonderen Ausnahmefällen kann deshalb trotz der Übersendung einer Anzeige nach Treu und Glauben eine Genehmigung der Ware angenommen werden.[411] Allein die Weiterveräußerung der Ware trotz gerügter Mängel oder die Bestellung weiterer Ware trotz mangelhafter Probe genügen hierfür nicht.[412] Andererseits genügt das Nacherfüllungsverlangen nach § 439 BGB den Anforderungen, die an eine Mängelanzeige zu stellen sind (→ Rn. 106).

---

[399] Vgl. MüKoHGB/Grunewald Rn. 74; Ebenroth/Boujong/Achilles Rn. 159; BeckOGK/Höpfner, 1.3.2025, Rn. 97; Staub/Brüggemann, 4. Aufl. 1983, Rn. 143.

[400] BeckOGK/Höpfner, 1.3.2025, Rn. 97.

[401] BGH 30.1.1985, BGHZ 93, 338 (349) = NJW 1985, 1333; vgl. auch 11.10.1974, NJW 1975, 39 zu § 121 BGB.

[402] Hopt/Leyens Rn. 40; Ebenroth/Boujong/Achilles Rn. 168; BeckOK HGB/Schwartze, 47. Ed. 1.4.2025, Rn. 53; **aA** MüKoHGB/Grunewald Rn. 74; f.; Staub/Brüggemann, 4. Aufl. 1983, Rn. 143.

[403] Vgl. BGH 20.11.1961, LM § 377 Nr. 8 = MDR 1962, 399 f.

[404] Vgl. BGH 20.11.1961, LM § 377 Nr. 8 = MDR 1962, 399 f.; Heymann/Emmerich/Hoffmann Rn. 98; MüKoHGB/Grunewald Rn. 74; Hopt/Leyens Rn. 40; BeckOGK/Höpfner, 1.3.2025, Rn. 97.

[405] BGH 14.5.1996, NJW 1996, 2228; 18.6.1986, NJW 1986, 3136 (3137); OLG Hamburg 15.11.2019, BeckRS 2019, 45572; OLG Hamm 21.1.2010, NJW-RR 2010, 930 (931); OLG Brandenburg 19.7.2006, IBRRS 55373; OLG Köln 12.2.1993, NJW 1993, 2627; OLG Nürnberg 19.3.1974, NJW 1974, 1912.

[406] Vgl. OLG Hamm 21.1.2010, NJW-RR 2010, 930 (932).

[407] Vgl. BGH 18.6.1986, NJW 1986, 3136 (3137); OLG Bremen 17.3.2023, RdTW 2023, 357 (364); OLG Frankfurt 19.10.2021, BeckRS 2021, 33154; RGHMW/Steimle/Dornieden Rn. 59; BeckOK HGB/Schwartze, 47. Ed. 1.4.2025, Rn. 56; BeckOGK/Höpfner, 1.3.2025, Rn. 108.

[408] BGH 2.6.1982, NJW 1982, 2730 (2731) zu Art. 39 EKG; BeckOK HGB/Schwartze, 47. Ed. 1.4.2025, Rn. 56.

[409] BGH 14.5.1996, NJW 1996, 2228 (2229); 12.12.1958, LM § 377 Nr. 4 = BB 1959, 295; OLG Bremen 17.3.2023, RdTW 2023, 357 (364); NK-HGB/Stöber Rn. 51.

[410] So auch BeckOGK/Höpfner, 1.3.2025, Rn. 107; **aA** OLG Rostock 1.6.2021, NJW-RR 2021, 1283 (1284); OLG Hamburg 15.11.2019, BeckRS 2019, 45572; OLG Koblenz 4.1.2012, BeckRS 2012, 9537; Hopt/Leyens Rn. 42; MüKoHGB/Grunewald Rn. 68.

[411] BGH 12.12.1958, LM § 377 Nr. 4 = BB 1959, 295; RG 24.3.1903, RGZ 54, 67 (68).

[412] BeckOGK/Höpfner, 1.3.2025, Rn. 107; MüKoHGB/Grunewald Rn. 68; weitergehend Heymann/Emmerich/Hoffmann Rn. 113.

100 Jeder Mangel, aus dem der Käufer Rechte herleiten will, muss gesondert genannt werden.[413] Das gilt auch für **Teil- und Sukzessivlieferungen.**[414] Bei vielen **Einzelstücken** und verschiedenartigen Mängeln ist näher anzugeben, welche Menge mit welchen Mängeln behaftet ist.[415] Hat der Kaufvertrag **mehrere selbständige Lieferungen** unterschiedlicher Art und Qualität zum Inhalt, so muss die Rüge erkennen lassen, auf welche sie sich beziehen soll.[416] Ist eine Sendung nur zum Teil mangelhaft, so muss der Käufer deutlich angeben, welcher und ein wie großer Teil derselben beanstandet wird.[417] Konkrete Zahlen sind jedoch bei größeren Lieferungen nicht zu verlangen. Es reicht aus, den **ungefähren quantitativen Umfang** der bemängelten Ware anzugeben.[418]

101 **Missverständlichkeiten,** auf welchen Mangel sich eine Rüge beziehen soll, **gehen zu Lasten des Rügenden.** Macht zB der Käufer eines aus verschiedenen Komponenten bestehenden Druckersystems fehlende „Dokumentation des Druckers" geltend, kann er sich nicht darauf berufen, er habe die fehlende Dokumentation für die Gesamtanlage aus Drucker, Monitor, Rechner und Software gemeint.[419] Bei Beanstandungen, die Abweichungen der gelieferten Ware von einer (zB technischen) Norm zum Inhalt haben, muss das ungefähre Ausmaß der Abweichung angegeben werden. Dies gilt insbesondere dann, wenn die versprochene Qualität von der Natur der Sache her oder ausdrücklich eine bestimmte Marge beinhaltet und der Verkäufer als Fachmann daher ein berechtigtes Interesse an der Prüfung hat, ob die behauptete Abweichung sich noch innerhalb der handelsüblichen Grenzen hält.[420]

102 **Pauschale Beanstandungen** zur Vertragswidrigkeit begründen keine ordnungsgemäße Mängelanzeige. Unzureichend sind Formulierungen und Beschreibungen wie zB „Schund", „derselbe Mist wieder geliefert",[421] „nicht einsatzbereit" bzw. „nicht funktionsfähig";[422] „ihren Verpflichtungen nicht nachgekommen", „falsche Teile", „nicht oder schwer verwertbar", „zweite Wahl",[423] „mit verschiedenen Qualitätsmängeln",[424] „schlechte Verarbeitung und Passform",[425] „Das Blatt ist oftmals zu lang.", „Die Schuhwaren sind teilweise sehr unsauber vernäht …",[426] „Schuhe sind in sämtlichen Ausführungen mangelhaft … mal gesteppt, mal umgeschlagen"[427] oder „miserabel".[428] Solche Formulierungen und Beschreibungen lassen den genauen Mangel und das Ausmaß, in dem die Lieferung betroffen ist, nicht hinreichend erkennen und sind deshalb **unsubstantiiert.**

103 Bei **Mängelrügen auf Grund von Kundenreklamationen** muss der Käufer, der die Reklamation seines Abnehmers an den Verkäufer weitergibt, Angaben dazu machen, wann seinem Abnehmer der beanstandete Gegenstand geliefert und aus welcher Lieferung des Ausgangsmaterials (zB Laufräder, Stützräder und Sitze) das reklamierte Erzeugnis (zB Zweiräder und Dreiräder) hergestellt worden ist. Der Käufer braucht auch hier die Ursache des Mangels nicht aufzudecken. Er darf sich jedoch nicht unbesehen darauf verlassen, dass ihm der Abnehmer die Bemängelung erschöpfend mitteilt. Vielmehr ist er gehalten, sich ggf. durch Rückfragen über Einzelheiten zu informieren. Die Nachricht, es gebe eine „Reklamation" reicht nicht aus.[429]

104 Die Anforderungen an die Substantiiertheit der Mängelanzeige gelten auch für die **fehlerhafte Nacherfüllung** iSd § 439 Abs. 1 BGB in Form der Ersatzlieferung oder Nachbesserung.[430] Ist die

[413] Hopt/Leyens Rn. 42; BeckOGK/Höpfner, 1.3.2025, Rn. 109.

[414] BGH 16.9.1987, BGHZ 101, 337 (339) = NJW 1988, 52; OLG München 29.1.2015, BeckRS 2015, 03555.

[415] OLG Köln 7.11.1997, BB 1998, 386; OLG Nürnberg 19.3.1974, NJW 1974, 1912.

[416] BGH 21.6.1978, BB 1978, 1489; RG 2.4.1925, LZ 1925, 654 f.; OLG Bremen 17.3.2023, RdTW 2023, 357 (364); OLG Brandenburg 23.5.2007, BeckRS 2008, 9706; 19.7.2006, IBRRS 55373; BeckOGK/Höpfner, 1.3.2025, Rn. 109.

[417] OLG Nürnberg 19.3.1974, NJW 1974, 1912.

[418] Vgl. BGH 23.4.2024, NJW 2024, 2393 Rn. 16; MüKoHGB/Grunewald Rn. 66; **aA** BeckOK HGB/Schwartze, 47. Ed. 1.4.2025, Rn. 56.

[419] BGH 4.12.1996, NJW-RR 1997, 690 (691) zu Art. 39 CISG.

[420] BGH 21.6.1978, BB 1978, 1489.

[421] OLG Düsseldorf 19.1.2002, NJW-RR 2001, 821.

[422] OLG Hamm 31.8.2004, NJOZ 1990, 2220 (2222); vgl. auch LG Bonn 3.6.2016, BeckRS 2016, 1281.

[423] OLG Oldenburg 28.4.2000, IHR 2001, 159 zu Art. 39 CISG.

[424] LG Erfurt 29.7.1998, IHR 2001, 200 zu Art. 39 CISG.

[425] LG München I 3.7.1989, IPRax 1990, 316 zu Art. 39 CISG.

[426] LG Stuttgart 31.8.1989, IPRax 1990, 317.

[427] OLG Frankfurt 18.1.1994, RIW 1994, 240 f. zu Art. 39 CISG.

[428] OLG Saarbrücken 3.6.1998, NJW-RR 1999, 780 zu Art. 39 CISG.

[429] LG Saarbrücken 2.7.2002, IHR 2003, 27 zu Art. 39 CISG.

[430] BGH 22.12.1999, BGHZ 143, 307 (313) = NJW 2000, 1415; OLG Düsseldorf 26.11.2004, NJW-RR 2005, 832 (833); Mankowski NJW 2006, 865; BeckOK HGB/Schwartze, 47. Ed. 1.4.2025, Rn. 58; zur Rechtslage vor Inkrafttreten des SchRModG BGH 10.1.1983, NJW 1983, 1495 (1496) – insoweit in BGHZ 86, 198 nicht abgedruckt) 22.5.1985, NJW 1985, 2526; OLG Düsseldorf 21.7.1995, NJW-RR 1996, 304; OLG Saarbrücken 3.2.1993, BeckRS 1993, 9781; OLG München 6.12.1985, NJW 1986, 1111 f.

gem. § 439 Abs. 1 Alt. 2 BGB als Ersatz gelieferte Sache mit dem gleichen Mangel wie die erste Lieferung behaftet, genügt jedoch die Bezugnahme auf den ersten Fehler.[431] Bei der Nachbesserung iSd § 439 Abs. 1 Alt. 1 BGB reicht es aus, wenn der Käufer in seiner erneuten Mängelanzeige dem Verkäufer mitteilt, die Nachbesserung sei fehlgeschlagen oder habe ihren Zweck nicht erfüllt.[432] Etwas anderes kann gelten, wenn der ursprüngliche Mangel teilweise behoben wurde und nur noch teilweise vorliegt. Hier kann es geboten sein, in der zweiten Rüge anzugeben, inwieweit der Mangel noch besteht.[433] Unternimmt der Käufer im Einverständnis mit dem Verkäufer und auf dessen Kosten einen Nachbesserungsversuch, ist der Käufer auf Grund des § 377 gehalten, den Verkäufer von einem Scheitern des Nachbesserungsversuchs unverzüglich in Kenntnis zu setzen. Unterlässt er dies, verliert er etwa noch bestehende Gewährleistungsrechte.[434]

Hat der Verkäufer bereits Kenntnis vom Mangel oder ergibt sich für ihn aus den Umständen, was gemeint ist, kann sich der Verkäufer ausnahmsweise auf die fehlende Bestimmtheit der Rüge nicht berufen. Dies ergibt sich aus Sinn und Zweck der Mängelanzeige (→ Rn. 74). So liegt der Fall bei einem **Serienfehler** oder wenn der Käufer die gekaufte Maschine nicht mit ihrem Typ und Lieferdatum bezeichnet, obwohl er im Jahr der Rüge nur die gerügte Maschine vom Verkäufer bezogen hat.[435] 105

Ist der Käufer mangels ausreichender Untersuchung nicht in der Lage, den Mangel zu substantiieren und steht der Ablauf der Rügefrist unmittelbar bevor, kann er sich den Rechtsfolgen des § 377 Abs. 1 nicht dadurch entziehen, dass er vom Verkäufer ohne weitere Begründung Nacherfüllung iSv § 439 Abs. 1 BGB verlangt. Verlangt der Käufer Beseitigung des Mangels oder Lieferung einer mangelfreien Sache, so hat er den Mangel konkret zu bezeichnen. Zwar sieht § 439 Abs. 1 BGB nicht vor, dass der Käufer das Nachfüllungsverlangen begründet und den Mangel spezifiziert. Der Zwang hierzu folgt jedoch daraus, dass der Verkäufer ansonsten nicht über seine Rechte nach § 439 Abs. 4 BGB entscheiden kann.[436] Eine **Flucht in die Nacherfüllung** ist also nicht möglich. 106

7. Form der Mängelanzeige. Die Mängelanzeige bedarf **keiner bestimmten Form.**[437] Sie muss vorbehaltlich abweichender Vereinbarungen nicht in Schriftform, sondern kann grundsätzlich auch mündlich, fernmündlich, in elektronischer Form oder in Textform (Computer-/Telefax, E-Mail, SMS) erfolgen.[438] Ein Vermerk auf dem Übergabeprotokoll kann genügen.[439] Die Wahl der zur Verfügung stehenden Übertragungswege (zB bei leichtverderblicher Ware) unterliegt durch die Obliegenheit zur unverzüglichen Rüge jedoch de facto gewissen Einschränkungen.[440] Kommt die telefonische Verbindung nicht zustande, muss der Käufer versuchen, dem Empfänger die Erklärung auf einem anderen Weg, insbesondere schriftlich, zu übermitteln. Hiervon kann nur abgesehen werden, wenn der Käufer inzwischen erfahren hat, dass der Verkäufer nicht mehr erreichbar und die Absendung einer Mängelrüge daher jedenfalls zur Zeit zwecklos ist.[441] Die Rüge kann grundsätzlich auch noch schriftsätzlich im Prozess erfolgen, soweit die Rügefrist gewahrt bleibt, etwa durch Klageerhebung oder Streitverkündung.[442] 107

8. Entbehrlichkeit der Mängelanzeige. a) Verzicht auf Mängelanzeige. Eine Mängelanzeige ist entbehrlich, wenn die Parteien dies vereinbart haben[443] oder der Verkäufer einseitig auf die Rechtsfolgen aus § 377 Abs. 2 und 3 verzichtet hat.[444] Erklärt er den Verzicht nicht ausdrücklich, müssen für 108

---

[431] Mankowski NJW 2006, 865 (866); Staub/Brüggemann, 4. Aufl. 1983, Rn. 154; MüKoHGB/Grunewald Rn. 95.
[432] Mankowski NJW 2006, 865 (868); Staub/Brüggemann, 4. Aufl. 1983, Rn. 154; MüKoHGB/Grunewald Rn. 96.
[433] Mankowski NJW 2006, 865 (868).
[434] OLG Düsseldorf 21.7.1995, NJW-RR 1996, 34.
[435] Vgl. LG Marburg 12.12.1995, RIW 1996, 328 zu Art. 39 CISG.
[436] Vgl. OLG Saarbrücken 29.5.2008, NJW 2009, 369 (371); Grüneberg/Weidenkaff BGB § 439 Rn. 14; MüKoBGB/Maultzsch BGB § 439 Rn. 6.
[437] Vgl. BGH 8.11.1979, NJW 1980, 782 (783); BeckOGK/Höpfner, 1.3.2025, Rn. 106; MüKoHGB/Grunewald Rn. 75.
[438] Ebenroth/Boujong/Achilles Rn. 159; MüKoHGB/Grunewald Rn. 75; Heymann/Emmerich/Hoffmann Rn. 96; *KKD*/Roth/Huber Rn. 13; Hopt/Leyens Rn. 43.
[439] BGH 14.5.1996, NJW 1996, 2228 (2229); BeckOK HGB/Schwartze, 47. Ed. 1.4.2025, Rn. 59.
[440] Heymann/Emmerich/Hoffmann Rn. 96; MüKoHGB/Grunewald Rn. 75; BeckOGK/Höpfner, 1.3.2025, Rn. 106.
[441] Vgl. BGH 8.11.1979, NJW 1980, 782 (783).
[442] BeckOK HGB/Schwartze, 47. Ed. 1.4.2025, Rn. 59; MüKoHGB/Grunewald Rn. 75; Ebenroth/Boujong/Achilles Rn. 158.
[443] MüKoHGB/Grunewald Rn. 83.
[444] BGH 19.6.1991, NJW 1991, 2633 (2634); vgl. auch OLG Saarbrücken 11.9.2014, NJW-RR 2015, 117.

die Annahme eines stillschweigenden Verzichts eindeutige Anhaltspunkte vorliegen.[445] Ein stillschweigender Verzicht kommt nach allgemeinen Grundsätzen nur bezüglich solcher Rechte in Betracht, die dem Erklärenden bekannt sind oder mit deren Bestehen er zumindest rechnet.[446] Bezogen auf die sich für ihn aus einer verspäteten oder nicht ordnungsgemäßen Mängelrüge ergebenden Rechtsvorteile ist somit grundsätzlich zu verlangen, dass der Verkäufer um die Rügeobliegenheit des Käufers und damit um den Mangel weiß.[447] Zumindest die erstgenannte Voraussetzung ist stets erfüllt, da das Erfordernis der Rüge zum Standardwissen des Kaufmanns zählt. Die weitere Voraussetzung der positiven Kenntnis vom Mangel wird dagegen eher selten gegeben sein, ist aber zB bei Serienfehlern denkbar. Ein stillschweigender Verzicht ist zu bejahen, wenn sich der Verkäufer bei Abschluss des Kaufvertrages zur Beseitigung von Mängeln der bereits beim Käufer befindlichen Kaufsache verpflichtet hat.[448] Allein aus der Übernahme einer Garantie für die Beschaffenheit oder Haltbarkeit der Ware, folgt jedoch kein Verzicht auf das Rügeerfordernis.[449] Die Vornahme einer Reparatur im Rahmen einer Herstellergarantie (insoweit als Erfüllungsgehilfin der Herstellerin) beinhaltet keinen Verzicht auf den Schutz des § 377 HGB.[450] Die Erklärung, dass die für das technische Update des Kfz benötigte Software zur Verfügung stehe und das Motorsteuerungsgerät auf Kosten der Kfz-Herstellerin umprogrammiert werde, stellt kein Verzicht auf § 377 Abs. 3 dar, selbst wenn der Verkäufer dem Käufer für die Dauer der Maßnahme anbietet, ein Ersatz-Kfz kostenlos zur Verfügung zu stellen.[451] Auch eine Vereinbarung, die dem Käufer gestattet, die Ansprüche auf Mängelbeseitigung gegenüber einem vom Hersteller ausgewählten Betrieb zur Betreuung des Kaufgegenstandes geltend zu machen, beinhaltet keinen Verzicht des Verkäufers auf die Mängelanzeige;[452] ebenso wenig der Hinweis des Verkäufers auf eine Rückrufaktion des Herstellers oder die Vornahme und Bescheinigung einer „Übergabedurchsicht" durch den Verkäufer.[453] Ein unwirksamer Gewährleistungsausschluss führt noch nicht dazu, dass eine Rüge obsolet ist bzw. sich der Verkäufer hierauf nicht berufen kann.[454]

109 **b) Verzicht auf Geltendmachung der Verspätung.** In der Mehrzahl der Fälle geht es nicht um den Verzicht auf die Mängelanzeige, sondern um die Feststellung, ob der Verkäufer nachträglich darauf verzichtet hat, die Verspätung der Rüge geltend zu machen. Ein solcher nachträglicher Verzicht auf den Einwand, die Mängelanzeige sei verspätet, ist zulässig,[455] setzt aber nach zuvor dargelegten Anforderungen an das Vorliegen eines stillschweigenden Verzichts zumindest voraus, dass der Verkäufer die Verspätung erkennen konnte, was in der Regel der Fall ist.[456] Nur dann kann der Käufer aus der vorbehaltlosen Rücknahme der Waren oder in dem vorbehaltlosen Versprechen der Nachbesserung auf einen Verzichtswillen des Verkäufers schließen, der diesem den Verspätungseinwand nimmt.[457]

110 Allein in der **Aufnahme von Verhandlungen** über die vom Käufer gerügten Mängel ist noch kein Verzicht zu sehen, da hierin auch nur der Wunsch des Verkäufers liegen kann, zunächst eine gütliche Beilegung des Streits über die Mängel zu versuchen.[458] Zu Recht weist der BGH darauf

[445] BGH 16.11.2022, BeckRS 2022, 38267 Rn. 31; 29.3.1978, NJW 1978, 2394 (2395); OLG Saarbrücken 11.9.2014, NJW-RR 2015, 117.

[446] Vgl. BGH 25.11.1998, NJW 1999, 1259 (1260); 22.11.1996, NJW 1997, 516; 28.10.1993, NJW 1994, 379 (380).

[447] MüKoHGB/Grunewald Rn. 85; Hopt/Leyens Rn. 47; BeckOK HGB/Schwartze, 47. Ed. 1.4.2025, Rn. 61; allg. Krämer ZIP 1997, 93 (97 f.).

[448] Vgl. BGH 27.6.1990, NJW-RR 1990, 1462 (1464); OLG Brandenburg 30.6.2011, BeckRS 2011, 17734.

[449] Vgl. OLG Frankfurt 14.8.1984, ZIP 1985, 107 (108); Staub/Brüggemann, 4. Aufl. 1983, Rn. 147; Canaris HandelsR § 29 Rn. 82.

[450] Vgl. OLG München 12.1.2022, BeckRS 2022, 10509.

[451] BGH 16.11.2022, BeckRS 2022, 38267 Rn. 35.

[452] LG Krefeld 13.3.2014, BeckRS 2014, 14245.

[453] OLG München 25.5.2020, BeckRS 2020, 10644 – Neuwagenverkauf.

[454] LG Traunstein 10.8.2016, DAR 2016, 705 (707).

[455] BGH 19.6.1991, NJW 1991, 2633 (2634); 24.1.1990, BGHZ 110, 130 = NJW 1990, 1290; 29.3.1978, NJW 1978, 2394 (2395); 26.2.1964, MDR 1964, 412; 14.10.1952, NJW 1953, 22; 18.3.1952, LM § 377 Nr. 1 = BB 1952, 330; OLG Brandenburg 30.6.2011, BeckRS 2011, 17734.

[456] MüKoHGB/Grunewald Rn. 88; weitergehend OLG Brandenburg 30.6.2011, BeckRS 2011, 17734 und OLG Köln 2.12.2010, BeckRS 2011, 22571, die keine Erkennbarkeit fordern, sondern die vorbehaltlose Rücknahme oder Nachbesserung ausreichen lassen.

[457] Vgl. BGH 25.11.1998, NJW 1999, 1259 (1260); 19.6.1991, NJW 1991, 2633 (2634); 29.3.1978, NJW 1978, 2394 (2395); 26.2.1964, MDR 1964, 412; 14.10.1952, NJW 1953, 22; LM § 377 Nr. 1; vgl. auch OGH 2.4.2009, IHR 2009, 246; OLG München 16.3.2020, BeckRS 2020, 10642; OLG Nürnberg 24.4.2018, BeckRS 2018, 7699.

[458] BGH 17.9.2002, BGHR 2003, 285 (287); 26.2.1964, MDR 1964, 412; 18.3.1952, BB 1952, 330; OLG München 24.9.2015, RdTW 2016, 224 (227); OLG München 29.1.2015, BeckRS 2015, 03555; OLG Hamm 12.4.2012, BeckRS 2012, 11708; OLG Oldenburg 5.12.2000, DB 2001, 1088 (1089) zu Art. 39 CISG.

hin, dass anderenfalls jede Verhandlungsbereitschaft – auch aus Kulanzgründen – für den Verkäufer die Gefahr mit sich brächte, den Verspätungseinwand zu verlieren.[459] Folgerichtig hat die Rspr. auch in der nachträglichen Vereinbarung eines Probelaufs ohne Verzicht auf unverzügliche Zahlung, keinen Verzicht gesehen, weil der Verkäufer in Bezug auf die Verspätung keine Aussage getroffen hatte.[460] Eine Klausel, in der der Verkäufer die Abwicklung der Mängelbeseitigung durch einen Dritten anerkennt, ist ebenfalls nicht als Verzicht auf eine Mängelanzeige zu werten.[461] Ebenso lässt sich aus dem Umstand, dass der Verkäufer den Verspätungseinwand erst im zweiten Rechtszug erhoben hat, noch nicht ein vorangegangener Verzicht entnehmen.[462]

c) Kenntnis vom Mangel. Die Mängelanzeige wird nicht dadurch entbehrlich, dass der Verkäufer bereits zum Zeitpunkt des Vertragsschlusses oder der Ablieferung Kenntnis vom Mangel der Kaufsache hat. Dies folgt daraus, dass § 377 Abs. 5 diese Rechtsfolge nur bei arglistigem Verschweigen des Mangels durch den Verkäufer vorsieht.[463] Die Obliegenheit zur Mängelrüge entfällt auch nicht dadurch, dass der Verkäufer den Käufer nicht auf ihm nach Gefahrübergang bekannt gewordene Mängel der Kaufsache hingewiesen hat.[464] Bei offenen Mängeln besteht nämlich keine nachvertragliche Hinweispflicht und bei verdeckten Mängeln beruht der Verlust der Gewährleistungsrechte infolge Rügeversäumnisses nicht auf dem unterbliebenen Hinweis, sondern auf dem nachlässigen Verhalten des Käufers nach Entdeckung des Mangels. **111**

d) Arglistiges Verschweigen des Mangels. Nach § 377 Abs. 5 kann sich der Verkäufer auf § 377 Abs. 1–4 nicht berufen, wenn er den Mangel arglistig verschwiegen hat. In diesem Fall bleibt eine nicht rechtzeitig oder nicht ordnungsmäßig erfolgte Mängelrüge für den Käufer folgenlos. Die Arglist braucht weder für den Vertragsschluss[465] noch für das Unterlassen der Rüge kausal gewesen zu sein.[466] Der Verkäufer muss sich die Arglist des **Vertreters** nach § 166 Abs. 1 BGB oder seiner **Erfüllungsgehilfen** nach § 278 BGB zurechnen lassen. Zu den Erfüllungsgehilfen zählen in der Regel all diejenigen, die der Verkäufer mit der Ablieferung der Ware an den Käufer betraut oder die dabei mitwirken.[467] Der **Hersteller** ist kein Erfüllungsgehilfe des Verkäufers.[468] **112**

Arglist setzt voraus, dass der Verkäufer den Mangel kennt oder doch mit dieser Möglichkeit rechnet und ihm bewusst ist, dass dem Käufer der Mangel unbekannt sein könne und er bei Kenntnis der Sachlage die angebotene Ware nicht als Vertragserfüllung annehmen werde.[469] Im Hinblick auf die Untersuchungs- und Rügeobliegenheit des Käufers nach § 377 Abs. 1 verneint die Rspr. ein arglistiges Verschweigen iSd § 377 Abs. 5, wenn der Mangel offensichtlich ist, also entweder offen zu Tage liegt oder bei einer § 377 Abs. 1 genügenden Untersuchung entdeckt worden wäre.[470] Dies wird in fragwürdiger Weise damit begründet, der Verkäufer könne grundsätzlich davon ausgehen, dass der Käufer eine Untersuchung vornehme und einen offensichtlichen Mangel dann auch erkenne. Deshalb fehle dem Verkäufer in einem solchen Fall der Täuschungsvorsatz. Etwas anderes soll nur dann gelten, wenn es für den Verkäufer erkennbare Anhaltspunkte dafür gebe, dass der Käufer keine Untersuchung vornehmen werde, und der Verkäufer damit die Rügeversäumnis des Käufers bewusst mit einkalkuliere.[471] Dem **113**

[459] BGH 29.3.1978, NJW 1978, 2394 (2395).

[460] BGH 18.3.1952, LM § 377 Nr. 1 = BB 1952, 330.

[461] OLG Hamm 12.4.2012, BeckRS 2012, 11708.

[462] BGH 19.6.1991, NJW 1991, 2633 (2634); 29.3.1978, NJW 1978, 2394 (2395); 26.2.1964, MDR 1964, 412; 18.3.1952, LM § 377 Nr. 1 = BB 1952, 330.

[463] BGH 27.6.1990, NJW-RR 1990, 1462 (1464); 24.1.1990, BGHZ 110, 130 (141) = NJW 1990, 1290; 25.9.1985, NJW 1986, 316 (317); BeckOGK/Höpfner, 1.3.2025, Rn. 113; MüKoHGB/Grunewald Rn. 67.

[464] MüKoBGB/Maultzsch BGB § 433 Rn. 59; Müller/Hempel AcP 205 (2005), 246 (263 f.).

[465] BGH 25.9.1985, NJW 1986, 316 (317).

[466] RG 26.6.1903, RGZ 55, 214 (217).

[467] BGH 12.10.2006, NZBau 2007, 96 (97); 30.11.2004. NJW 2005, 893; 12.3.1992, BGHZ 117, 318 (320) = NJW 1992, 1754 (jeweils zu § 638 BGB aF); OLG Bremen 17.3.2023, RdTW 2023, 357 (366).

[468] StRspr, vgl. nur BGH 24.10.2018, NJW 2019, 292 Rn. 97; OLG Hamm 10.12.2019, BeckRS 2019, 35115 Rn. 200; OLG Brandenburg 18.2.2020, BeckRS 2020, 5439, jeweils mwN; **aA** Fröhlich ZVertriebsR 2021, 151, 154.

[469] *BGH 25.3.1992*, NJW-RR 1992, 1076 (1077); 25.9.1985, NJW 1986, 316 (317); OLG München 16.3.2020, BeckRS 2020, 10642; OLG Düsseldorf 19.1.2001, NJW-RR 2001, 821 (822); LG Düsseldorf 20.7.2009, BeckRS 2009, 20866.

[470] BGH 24.1.1990, BGHZ 110, 130 (144) = NJW 1990, 1290; 25.9.1985, NJW 1986, 316 (317); OLG Naumburg 3.4.2001, BeckRS 2001, 3172719; vgl. OLG München 22.3.2000, NJW-RR 2001, 1712; Hopt/Leyens Rn. 53.

[471] BGH 24.1.1990, BGHZ 110, 130 (144) = NJW 1990, 1290; 25.9.1985, NJW 1986, 316 (317); OLG Naumburg 3.4.2001, BeckRS 2001, 3172719; ebenfalls krit. BeckOK HGB/Schwartze, 47. Ed. 1.4.2025, Rn. 81; NK-HGB/Stöber Rn. 75.

arglistigen Verschweigen von Fehlern steht das **arglistige Vorspiegeln günstiger Eigenschaften** der Kaufsache gleich.[472]

114 Umstritten ist, welcher **Zeitpunkt für das Vorhandensein der Arglist** maßgeblich ist. In Betracht kommen und werden in der Lit. als maßgeblich genannt der Zeitpunkt des Vertragsschlusses,[473] der Konkretisierung (bei Gattungsschulden), des Gefahrübergangs,[474] der Ablieferung[475] oder der Erfüllung.[476] Der BGH hat bei einem Gattungskauf auf den Zeitpunkt des Gefahrübergangs abgestellt.[477] In einer späteren Entscheidung hat er ausgeführt, dass es für die Anwendung des § 377 Abs. 5 ausreiche, wenn die Arglist des Verkäufers erst im Zeitpunkt der Ablieferung gegeben sei.[478] Dieser Ansicht ist zu folgen. Im Hinblick darauf, dass die Rspr. Arglist des Verkäufers verneint, wenn der Mangel bei einer § 377 Abs. 1 genügenden Untersuchung entdeckt worden wäre, ist es sachgerecht, auf den **Zeitpunkt der Ablieferung** abzustellen, der den Beginn der Untersuchungs- und Rügefrist markiert. Insoweit unterscheidet sich die § 377 Abs. 5 zugrunde liegende Situation von § 442 Abs. 1 S. 1 BGB, der auf den Zeitpunkt des Vertragsschlusses abstellt.

VII. Rechtsfolgen der ordnungsgemäßen und rechtzeitigen Rüge

115 Durch ordnungsgemäße und rechtzeitige Absendung der Mängelanzeige erhält der Käufer gem. § 377 Abs. 4 seine Rechte wegen des gerügten Mangels. In erster Linie geht es um die **Gewährleistungsansprüche des Käufers aus § 437 BGB** sowie um den **Aufwendungsersatzanspruch aus § 445a Abs. 1 BGB** (§ 478 Abs. 2 BGB aF). Weist eine Sache mehrere Mängel auf, beschränkt der Käufer seine Anzeige jedoch nur auf einen einzelnen Mangel und verlangt vom Verkäufer **Ersatzlieferung** nach § 439 Abs. 1 Alt. 2 BGB, hat der Verkäufer gleichwohl eine Ersatzsache in einwandfreier, nach dem Kaufvertrag geschuldeter Qualität zu liefern. Er darf sich nicht darauf beschränken, bei der neuen Lieferung nur den gerügten Mangel zu vermeiden, es im Übrigen aber bei dem nicht gerügten bewenden zu lassen.[479] Der Käufer ist insoweit nicht verpflichtet, die zunächst gelieferte Sache komplett auf ihre vertragsgemäße Beschaffenheit zu untersuchen. Es reicht aus, dass er nur einen Mangel der Sache – ordnungsgemäß – anzeigt.[480] Die Gewährleistungsrechte wegen der anderen Mängel bleiben dem Käufer erhalten. Im Unterschied hierzu verliert der Käufer, wenn er **Nachbesserung iSv § 439 Abs. 1 Alt. 1 BGB** verlangt, seine Gewährleistungsrechte wegen Verspätung hinsichtlich solcher Mängel, die er ursprünglich nicht gerügt hatte.[481]

VIII. Rechtsfolgen der nicht ordnungsgemäßen oder verspäteten Rüge

116 **1. Bedeutung der „Genehmigungsfiktion".** Versäumt der Käufer die rechtzeitige Mängelrüge, „gilt die Ware als genehmigt" (§ 377 Abs. 2 und 3). Mit dieser Formulierung wird die Frage der vertragsmäßigen Beschaffenheit der Ware nach einer Rügeversäumung dem Streit der Parteien entzogen.[482] Die Ware gilt als vertragsgerecht.[483] Dasselbe gilt, wenn die Mängelanzeige unsubstantiiert und deshalb nicht ordnungsgemäß ist. Der Versuch, die Substantiierung nachzuholen, käme insoweit zu spät.[484] Rechtstechnisch wird diese Vorschrift als gesetzliche Fiktion einer Genehmigung durch den

---

[472] Vgl. BGH 8.11.1979, NJW 1980, 782 (784); OLG München 22.3.2000, NJW-RR 2001, 1712; Staub/Brüggemann, 4. Aufl. 1983, Rn. 175; BeckOGK/Höpfner, 1.3.2025, Rn. 120; MüKoHGB/Grunewald Rn. 89; Ebenroth/Boujong/Achilles Rn. 200; Hopt/Leyens Rn. 51; vgl. RG 7.12.1920, RGZ 11, 64 (72).

[473] Vgl. Staub/Brüggemann, 4. Aufl. 1983, Rn. 188, der für den Fall, dass der Fehler der ganzen Gattung anhaftet und bei arglistigem Vorspiegeln einer Eigenschaft den Zeitpunkt des Vertragsschlusses, anderenfalls den Moment der Konkretisierung als maßgeblich erachtet.

[474] MüKoHGB/Grunewald Rn. 90; BeckOGK/Höpfner, 1.3.2025, Rn. 121.

[475] Hopt/Leyens Rn. 52; KKD/Roth/Huber Rn. 28; BeckOK HGB/Schwartze, 47. Ed. 1.4.2025, Rn. 79; K. Schmidt HandelsR § 29 Rn. 68 f. für den Gattungskauf.

[476] Heymann/Emmerich/Hoffmann Rn. 68.

[477] BGH 25.3.1992, NJW-RR 1992, 1076.

[478] BGH 13.3.1996, NJW 1996, 1826 (1827); 25.9.1985, NJW 1986, 316 (317); OLG Bremen 17.3.2023, RdTW 2023, 357 (366).

[479] OLG Düsseldorf 26.11.2004, NJW-RR 2005, 832 (833); Mankowski NJW 2006, 865 (866); Staub/Brüggemann, 4. Aufl. 1983, Rn. 110, 152; MüKoHGB/Grunewald Rn. 95.

[480] OLG Düsseldorf 21.7.1995, NJW-RR 1996, 304; MüKoHGB/Grunewald Rn. 95.

[481] Mankowski NJW 2006, 865 (868); MüKoHGB/Grunewald Rn. 96.

[482] BGH 16.9.1987, BGHZ 11, 337 (343) = NJW 1988, 52.

[483] BGH 16.11.2022, BeckRS 2022, 38267 Rn. 18; 16.9.1987, BGHZ 11, 337 (348) = NJW 1988, 52.

[484] Oetker HandelsR § 8 Rn. 53.

Käufer („Genehmigungsfiktion") eingeordnet.[485] Der Sache nach geht es jedoch nicht darum, ein fehlendes Einverständnis des Käufers mit der mangelhaften Ware durch eine fingierte Genehmigung zu ersetzen, sondern dem Käufer die Berufung auf den Mangel abzuschneiden,[486] mit anderen Worten um den **Ausschluss (Präklusion) von Ansprüchen wegen der Lieferung mangelhafter Ware.** Zu Recht wird § 377 Abs. 2 und 3 deshalb beschrieben als „um die in die Sprachform der Fiktion gekleidete gesetzliche Sanktion für das Unterlassen der rechtzeitigen [und ordnungsgemäßen] Mangelrüge".[487] Da das Gesetz die Fiktion der Genehmigung unmittelbar an die unterlassene oder verspätete Rüge knüpft, tritt der Ausschluss unabhängig davon ein, ob sich der Verkäufer darauf beruft.[488] In Ausnahmefällen kann die Geltendmachung der aus dem Rügeversäumnis folgenden Rechtsposition gegen Treu und Glauben (§ 242 BGB) verstoßen, zB wenn der Käufer durch ein Verhalten des Verkäufers von einer früheren Anzeige des Mangels abgehalten wurde.[489]

2. Reichweite der „Genehmigungsfiktion". a) Ausschluss von Ansprüchen des Käufers gegenüber dem Verkäufer. aa) Rechte aus § 437 BGB. Der Käufer verliert hinsichtlich der nicht gerügten Mängel sämtliche in § 437 BGB genannten Rechtsbehelfe, namentlich den Anspruch auf Nacherfüllung (§ 437 Nr. 1 BGB, § 439 BGB), in dessen Rahmen nach der Reform des Kaufvertragsrechts auch Aus- und Einbaukosten vom Verkäufer zu ersetzen sind (§ 437 Abs. 3 BGB, § 439 Abs. 3 BGB), das Recht zum Rücktritt (§ 437 Nr. 2 BGB, §§ 440, 323 BGB) oder zur Minderung (§ 437 Nr. 2 BGB, § 441 BGB), den Anspruch auf Schadensersatz statt der Leistung (§ 437 Nr. 3 BGB, §§ 440, 281, 280 BGB) oder auf Ersatz vergeblicher Aufwendungen (§ 437 Nr. 3 BGB, § 284 BGB) und den Anspruch aus § 437 Nr. 3 BGB, § 280 BGB auf Ersatz von (Folge-)Schäden, die nicht (mehr) durch Nacherfüllung in Form der Nachbesserung oder Ersatzlieferung beseitigt werden können (Schadensersatz neben der Leistung).[490] Ausgeschlossen sind auch Ansprüche aus verschuldensunabhängiger Schadensersatzhaftung wegen Fehlens einer Beschaffenheits- oder Haltbarkeitsgarantie iSd § 443 BGB.[491] Bezieht sich die Garantie nicht auf die Beschaffenheit oder die Verwendung der Ware, bleiben Ansprüche auf Schadensersatz jedoch unberührt.[492] Auch der Anspruch auf Aufwendungsersatz aus § 439 Abs. 2 BGB ist ausgeschlossen.[493] 117

Mit dem Ausschluss des Anspruchs auf Nacherfüllung entfällt das Recht des Käufers nach **§ 320 BGB,** die Zahlung des Kaufpreises zu verweigern.[494] Infolge des Ausschlusses des Rücktrittsrechts kann sich der Käufer nicht auf ein **Zurückbehaltungsrecht** zB nach § 369 Abs. 1 S. 2 HGB berufen, wenn er gegen den Verkäufer eine Forderung hat.[495] Durch § 445a Abs. 4 BGB wird klargestellt, dass die Rügeobliegenheit nach § 377 HGB unberührt bleibt, sodass der Anspruch des Käufers gegen den Lieferanten aus **§ 445a Abs. 1 BGB** auf Ersatz der Aufwendungen, die der Käufer im Verhältnis zu seinem Abnehmer nach § 439 Abs. 2, 3 und Abs. 6 S. 2 BGB und nach § 475 Abs. 4 BGB zu tragen hatte, präkludiert ist.[496] Von der Präklusionswirkung des § 377 Abs. 2 und 3 HGB werden auch die Aufwendungsersatzansprüche des Unternehmers gegen seinen Vertriebspartner aus 118

---

485 BGH 16.9.1987, BGHZ 11, 337 (347 f.) = NJW 1988, 52; KKD/Roth/Huber Rn. 21; Heymann/Emmerich/Hoffmann Rn. 103; Hopt/Leyens Rn. 45; **aA** K. Schmidt HandelsR § 29 Rn. 112.

486 Staub/Brüggemann, 4. Aufl. 1983, Rn. 163.

487 Marburger JuS 1983, 1 (10); vgl. auch v. Caemmerer FS M. Wolff, 1952, 8 (21); Peters AcP 164 (1964), 340 (343).

488 BGH 8.11.1979, NJW 1980, 782 (784); vgl. auch BeckOK HGB/Schwartze, 47. Ed. 1.4.2025, Rn. 67; KKD/Roth/Huber Rn. 21; MüKoHGB/Grunewald Rn. 97; Ebenroth/Boujong/Achilles Rn. 188; BeckOGK/Höpfner, 1.3.2025, Rn. 127; **aA** Ebenroth/Boujong/Müller, 3. Aufl. 2015, Rn. 214: Einrede.

489 BGH 16.11.2022, BeckRS 2022, 38267 Rn. 44; 19.6.1991, NJW 1991, 2633 (2634); OLG München 17.1.2024, Beck RS 2024, 581 Rn. 16.

490 BGH 16.11.2022, BeckRS 2022, 38267 Rn. 18; OLG Bremen 17.3.2023, RdTW 2023, 357 (360); OLG Saarbrücken 25.7.2007, NJW 2007, 3503 (3504); vgl. MüKoHGB/Grunewald Rn. 102; BeckOGK/Höpfner, 1.3.2025, Rn. 128; Heymann/Emmerich/Hoffmann Rn. 103; Hopt/Leyens Rn. 48; Oetker HandelsR § 8 Rn. 55; KKD/Roth/Huber Rn. 24; NK-HGB/Stöber Rn. 61; BeckOK HGB/Schwartze, 47. Ed. 1.4.2025, Rn. 70; Ebenroth/Boujong/Achilles Rn. 187 f.

491 Ebenroth/Boujong/Achilles Rn. 191, 218; G. Müller ZIP 2002, 1178 (1181); dem folgend Hopt/Leyens Rn. 49; BeckOK HGB/Schwartze, 47. Ed. 1.4.2025, Rn. 69; BeckOGK/Höpfner, 1.3.2025, Rn. 135; **aA** KKD/Roth/Huber Rn. 25; Hübner HandelsR § 7 Rn. 639; Canaris HandelsR § 29 Rn. 83.

492 MüKoHGB/Grunewald Rn. 98; Ebenroth/Boujong/Achilles Rn. 218; BeckOK HGB/Schwartze, 47. Ed. 1.4.2025, Rn. 75.

493 MüKoHGB/Grunewald Rn. 97.

494 Hopt/Leyens Rn. 48; MüKoHGB/Grunewald Rn. 97; BeckOGK/Höpfner, 1.3.2025, Rn. 129.

495 Vgl. BGH 5.4.2022, BeckRS 2022, 9255; MüKoHGB/Martens § 369 Rn. 41.

496 Hopt/Leyens Rn. 38; Ebenroth/Boujong/Achilles Rn. 190; MüKoHGB/Grunewald Rn. 97, 80; BeckOK BGB/Faust, 75. Ed. 1.8.2025, BGB § 445a Rn. 34; vgl. auch Mediger NJW 2018, 577 (580); Huber NZBau 2018, 72 (77); Weidt NJW 2018, 263 (264); Jansen NZBau 2017, 639 (641); Nietsch/Osmanovic NJW 2018, 1 (5); Looschelders JA 2018, 81 (85).

§ 327u Abs. 1 S. 1 und S. 2 BGB erfasst. Ansprüche aus **Vertragsstrafe** entfallen, soweit sie mit dem nicht gerügten Sachmangel zusammenhängen.[497]

119 **bb) Von §§ 437 ff. BGB verdrängte Rechtsbehelfe.** Sonstige vertragliche Rechtsbehelfe des Käufers werden durch § 377 Abs. 2 und 3 grundsätzlich nicht tangiert. Jedoch ist zu beachten, dass der Ausschluss der Gewährleistungsrechte nicht zu einem Wiederaufleben von Rechtsbehelfen führt, die durch die Sonderregelungen der §§ 437 ff. BGB verdrängt werden. Irrt der Käufer über die Beschaffenheit der Ware oder die Eignung der Ware zu einem bestimmten Verwendungszweck, bleibt ihm deshalb trotz des Ausschlusses der Gewährleistungsrechte die Anfechtung nach **§ 119 Abs. 2 BGB** wegen Eigenschaftsirrtums verwehrt.[498] Ebenso wenig kann sich der Käufer auf eine Störung der Geschäftsgrundlage nach **§ 313 BGB** berufen.[499]

120 Auf Ansprüche auf Schadensersatz nach **§ 311 Abs. 2 BGB, § 241 Abs. 2 BGB, § 280 Abs. 1 BGB** wegen Verletzung vorvertraglicher Aufklärungspflichten (culpa in contrahendo) kann der Käufer nicht zurückgreifen, sofern sich diese auf die **Beschaffenheit** oder die **Verwendbarkeit der Kaufsache** beziehen.[500] Diese Beschränkung gilt nur dann nicht, wenn der Verkäufer den Käufer über die Beschaffenheit der Sache arglistig getäuscht hat.[501] Insoweit hat sich an der Rechtslage, die vor Inkrafttreten des SchRModG bestanden hat,[502] nichts geändert.[503] Eine Haftung aus culpa in contrahendo scheidet auch dann aus, wenn sich die fahrlässige Falschangabe auf ein Beschaffenheitsmerkmal der Kaufsache bezieht, das nach dem Kaufvertrag nicht geschuldet ist.[504] Infolge der Gleichstellung der Rechtsfolgen bei Sach- und Rechtsmängeln ist nunmehr auch bei **Rechtsmängeln** kein Raum für die Haftung aus § 311 Abs. 2 BGB, § 241 Abs. 2 BGB, § 280 BGB.[505]

121 **Vom Vorrang** der kaufrechtlichen Gewährleistungsrechte **unberührt** und somit nicht per se von der Genehmigungsfiktion erfasst bleiben indes die Fälle, in denen der Käufer erkennbar auf die besondere Sachkunde des Verkäufers angewiesen ist und den Verkäufer deshalb eine gesteigerte Aufklärungs- und Beratungspflicht trifft. Hier muss der Verkäufer den Käufer insbesondere über solche Umstände aufklären, die den Vertragszweck vereiteln können oder aus denen sich besondere Gefahren bei der Vertragsdurchführung ergeben können.[506] Verletzt der Verkäufer diese Aufklärungspflicht schuldhaft, haftet er dem Käufer gem. § 311 Abs. 2 BGB, § 241 Abs. 2 BGB, § 280 Abs. 1 BGB auf Schadensersatz. Auch insoweit hat das SchRModG zu keiner Änderung der Rechtslage geführt.[507] Vor der Schuldrechtsreform hat der BGH die Frage der Haftung aus culpa in contrahendo vielfach offen gelassen und die Haftung des Verkäufers wegen Verletzung der kaufvertraglichen Nebenpflicht zur Beratung des Käufers angenommen.[508]

---

[497] MüKoHGB/Grunewald Rn. 97; KKD/Roth/Huber Rn. 24; BeckOK HGB/Schwartze, 47. Ed. 1.4.2025, Rn. 71.

[498] MüKoHGB/Grunewald Rn. 97; Heymann/Emmerich/Hoffmann Rn. 104; Ebenroth/Boujong/Achilles Rn. 220; Oetker HandelsR § 8 Rn. 54; BeckOK HGB/Schwartze, 47. Ed. 1.4.2025, Rn. 72; BeckOGK/Höpfner, 1.3.2025, Rn. 131; **aA** BeckOK BGB/Faust, 75. Ed. 1.8.2025, BGB § 437 Rn. 182.

[499] Vgl. BGH 7.2.1992, BGHZ 117, 159 (162 ff.) = NJW 1992, 1384; 6.6.1986, BGHZ 98, 100 (103 f.) = NJW 1986, 2824; 15.1.1975, BGHZ 63, 369 (377) = NJW 1975, 970; 14.10.1966, WM 1966, 1183 (1185); Grüneberg/Weidenkaff BGB § 437 Rn. 55; Grüneberg/Grüneberg BGB § 313 Rn. 12; BeckOK BGB/Faust, 75. Ed. 1.8.2025, BGB § 437 Rn. 185; Staudinger/Matusche-Beckmann, 2014, BGB § 437 Rn. 43; BeckOK HGB/Schwartze, 47. Ed. 1.4.2025, Rn. 72.

[500] Vgl. OLG Hamm 13.5.2003, NJW-RR 2003, 1360; 1361; BeckOGK/Höpfner, 1.3.2025, Rn. 136; MüKoHGB/Grunewald Rn. 99; Grüneberg/Weidenkaff BGB § 437 Rn. 51a; Staudinger/Matusche-Beckmann, 2014, BGB § 437 Rn. 73 ff.; BeckOK HGB/Schwartze, 47. Ed. 1.4.2025, Rn. 70; **aA** BeckOK BGB/Faust, 75. Ed. 1.8.2025, BGB § 437 Rn. 190.

[501] Vgl. BGH 27.3.2009, NJW 2009, 2120 (2122).

[502] Vgl. BGH 31.1.1996, NJW 1996, 1205; 26.4.1991, BGHZ 114, 263 (266 ff.) = NJW 1991, 2556; 16.1.1991, NJW 1991, 1223; 30.3.1990, NJW 1990, 1658 f.; 10.7.1987, NJW-RR 1988, 10 f.; 13.7.1983, BGHZ 88, 130 (136 f.) = NJW 1983, 2697; 16.3.1973, BGHZ 60, 319 (322 f.) = NJW 1973, 1234.

[503] RegE, BT-Drs. 14/6040, 210; MüKoHGB/Grunewald Rn. 99; BeckOK BGB/Faust, 75. Ed. 1.8.2025, BGB § 437 Rn. 177; MüKoBGB/Westermann BGB § 437 Rn. 58; Grigoleit/Herresthal JZ 2003, 126.

[504] BeckOK BGB/Faust, 75. Ed. 1.8.2025, BGB § 437 Rn. 179; Grüneberg/Weidenkaff BGB § 437 Rn. 54; Reinicke/Tiedtke KaufR Rn. 860; **aA** MüKoBGB/Westermann BGB § 437 Rn. 58.

[505] OLG Jena 9.8.2006, NJOZ 2006, 4463 (4465); allgM, vgl. nur Erman/Kindl BGB § 311 Rn. 50; Grüneberg/Grüneberg BGB § 311 Rn. 27; zur Rechtslage vor Inkrafttreten des SchRModG vgl. BGH 6.4.2001, NJW 2001, 2875 (2876).

[506] BGH 13.6.2007, NJW 2007, 3057 (3059); 4.4.2001, NJW 2001, 2163 (2164).

[507] BGH 13.6.2007, NJW 2007, 3057 (3059); vgl. auch Grüneberg/Grüneberg BGB § 311 Rn. 17; MüKoBGB/Emmerich BGB § 311 Rn. 200; zur Rechtslage vor Inkrafttreten des SchRModG vgl. BGH 4.4.2001, NJW 2001, 2163 (2164).

[508] BGH 2.3.2005, NJW-RR 2005, 866 (867); 12.6.1985, NJW 1985, 2472; 13.7.1983, BGHZ 88, 130 (134) = NJW 1983, 2697; 29.6.1977, BB 1977, 1373; 19.10.1964, NJW 1965, 148 (150); 13.1.1962, NJW 1962, 1196 (1197); 25.3.1958, NJW 1958, 866.

cc) Ansprüche wegen Verletzung vorvertraglicher Aufklärungspflichten. Beziehen sich die unrichtigen oder fehlenden Angaben **nicht auf die Beschaffenheit oder Verwendbarkeit der Kaufsache,** zB weil es um die Aufklärung über die Durchführbarkeit eines Geschäftes oder die Erforderlichkeit von Genehmigungen geht, haftet der Verkäufer wegen vorvertraglicher Pflichtverletzung gem. § 311 Abs. 2 BGB, § 241 Abs. 2 BGB, § 280 Abs. 1 BGB, ohne dass er zum Erhalt seiner Ansprüche eine Rüge erheben muss.[509] 122

Etwas anderes gilt in den zuvor angesprochenen Fällen, in denen der Verkäufer wegen **Verletzung einer gesteigerten Aufklärungs- und Beratungspflicht, die sich auf die Verwendbarkeit der Kaufsache bezieht,** aus § 311 Abs. 2 BGB, § 241 Abs. 2 BGB, § 280 Abs. 1 BGB in Anspruch genommen wird. Nach Sinn und Zweck des § 377 greift hier die Rügeobliegenheit ein, da sich an der Schutzbedürftigkeit des Verkäufers im Vergleich zur Sachmängelhaftung nichts ändert und die Verletzung der Aufklärungspflicht nicht schwerer wiegt als die Pflicht zur Lieferung einer mangelfreien Sache.[510] Ganz im Gegenteil erscheint hier zur Vermeidung von Wertungswidersprüchen die Anwendung von § 377 geboten, da es nicht angehen kann, dass der Verkäufer für eine unterlassene Aufklärung oder Beratung schärfer haftet als für eine von ihm übernommene Beschaffenheitsgarantie. Es ist dem Käufer auch ohne weiteres zumutbar, die fehlende Eignung der Kaufsache unverzüglich zu rügen. Insoweit lassen sich hier ähnliche Argumente anführen, wie sie die Rspr. zur Anwendung des § 477 BGB aF auf Ansprüche aus culpa in contrahendo oder wegen Verletzung einer (unselbständigen) Beratungspflicht bemüht hat, wenn sich das Verschulden auf Angaben über Eigenschaften der Kaufsache bezog.[511] 123

dd) Ansprüche wegen Verletzung von Nebenpflichten. Die Verletzung (leistungsbezogener) Nebenpflichten iSv § 241 Abs. 1 BGB muss der Käufer nach § 377 rügen, um sich seine Schadensersatzansprüche aus § 281 Abs. 1 BGB, § 280 Abs. 1 und 3 BGB zu erhalten. Zu diesen Nebenpflichten zählen alle Pflichten, die der Vorbereitung, Durchführung und Sicherung der Hauptleistung dienen.[512] Neben der hier bereits mehrfach angesprochenen **(unselbständigen) Beratungspflicht über die Eignung der Kaufsache** zur vorausgesetzten oder gewöhnlichen Verwendung lassen sich als weitere Beispiele für Nebenpflichten aus der Rspr. anführen die Aufklärung über Risiken des gelieferten Produkts,[513] die Beibringung einer gültigen Typengenehmigung für die Kaufsache oder einer Bescheinigung über die Durchführung einer Druckprüfung,[514] die sichere Verpackung der Ware zum Schutz vor Schäden während des verkehrsüblichen Transports[515] oder während der Lagerung.[516] Hängt von der Verpackung die Haltbarkeit der Ware, ihr Wert oder die Möglichkeit des Weiterverkaufs ab oder kennzeichnet die Originalverpackung die Ware, liegt zugleich ein Mangel iSv § 434 Abs. 3 S. 1 Nr. 4 BGB der Ware selbst vor,[517] der zum Erhalt der Ansprüche aus § 437 BGB gerügt werden muss. 124

In ähnlicher enger Beziehung zur Hauptpflicht der Lieferung mangelfreier Ware steht die **Pflicht zur Mitteilung über eine geänderte Beschaffenheit der Ware,** wie sie die Rspr. im Rahmen einer laufenden Geschäftsverbindung bejaht.[518] Begründet die Änderung einen Mangel iSv § 434 Abs. 1, Abs. 2 S. 1 Nr. 1, S. 2 BGB oder iSv § 434 Abs. 1, Abs. 3 S. 1 Nr. 1 BGB, weil die Parteien die Beschaffenheit vereinbart haben oder die Verwendbarkeit der Ware beeinträchtigt wird,[519] hat der Käufer diesen Mangel anzuzeigen, wenn er sich seine Ansprüche aus § 437 BGB erhalten will.[520] Wegen des unterlassenen Hinweises muss der Verkäufer sich nach Treu und Glauben (§ 242 BGB) allerdings so behandeln lassen, als ob er mit dem Käufer eine (stillschweigende) Vertragsabrede 125

---

509 Vgl. auch NK-HGB/Stöber Rn. 18.

510 Vgl. BGH 31.5.1989, BGHZ 107, 331 (338) = NJW 1989, 2532.

511 Vgl. BGH 13.7.1983, BGHZ 88, 130 (134) = NJW 1983, 2697; 19.10.1964, NJW 1965, 148 (150).

512 Grüneberg/Grüneberg BGB § 241 Rn. 5; zur unterschiedlichen Terminologie und Systematik MüKoBGB/Bachmann BGB § 241 Rn. 33, 55; Müller/Hempel AcP 205 (2005), 258 ff.

513 BGH 29.6.1977, BB 1977, 1373; 19.2.1975, BGHZ 64, 46 (49) = NJW 1975, 1457; 20.10.1959, VersR 1960, 342; 14.4.1959, VersR 1960, 342.

514 Vgl. BGH 22.2.1984, BGHZ 90, 198 (203) = NJW 1984, 2287.

515 BGH 7.3.1983, BGHZ 87, 91 (92) = NJW 1983, 1496; 19.9.1983, WM 1983, 1155; 7.3.1983, NJW 1983, 1496 (1497); 18.6.1968, NJW 1968, 1929 f.; Staudinger/Beckmann, 2014, BGB § 447 Rn. 30.

516 MüKoHGB/Grunewald Rn. 105.

517 OLG Nürnberg 22.2.2017, RdTW 2017, 218 (225); BeckOK BGB/Faust, 75. Ed. 1.8.2025, BGB § 434 Rn. 128; Staudinger/Matusche-Beckmann, 2014, BGB § 434 Rn. 251; vgl. auch BGH 7.3.1983, NJW 1983, 1496 (1497) zu § 459 BGB aF.

518 Vgl. BGH 31.5.1989, BGHZ 107, 331 (338) = NJW 1989, 2532.

519 BGH 13.3.1996, BGHZ 132, 175 (177 ff.) = NJW 1996, 1537 – Produktionsänderung – Leder für Jagd-, Berg- und Wanderschuhe – führt zu Aufwölbungen des Leders bei Berührung mit Wasser.

520 BGH 13.3.1996, BGHZ 132, 175 (177 ff.) = NJW 1996, 1537; **aA** BGH 31.5.1989, BGHZ 107, 331 (338) = NJW 1989, 2532; vgl. auch BGH 13.7.1983, BGHZ 88, 130 (136 f.) = NJW 1983, 2697.

getroffen hätte, dass der Lauf der Mängelrügefrist nicht bereits mit der Ablieferung iSv § 377 Abs. 1, sondern iSd § 377 Abs. 3 erst mit der Entdeckung der Mängel beginnen sollte. Der Mangel wird also als verdeckter Mangel behandelt.[521]

126 **ee) Ansprüche wegen Verletzung von Rücksichtspflichten.** Der Käufer muss die Verletzung von (nicht leistungsbezogenen) Rücksichtspflichten iSv § 241 Abs. 2 BGB nicht nach § 377 rügen. Führt zB die unsachgemäße Verpackung der Ware oder das Verpackungsmaterial nicht zu Schäden an der Ware, sondern an anderen Rechtsgütern des Käufers, bleiben die Ansprüche aus § 280 Abs. 1 BGB trotz Unterlassung der Rüge bestehen.[522] Etwas anderes gilt nur dann, wenn die unsachgemäße Verpackung zugleich einen Mangel iSv § 434 Abs. 3 S. 1 Nr. 4 BGB darstellt, weil es sich dann um einen (Mangel-)Folgeschaden handelt, der von § 377 erfasst wird (→ Rn. 117).[523]

127 **ff) Teil- und Sukzessivlieferungsverträge.** Bei Teil- und Sukzessivlieferungsverträgen stellt sich die Frage, welche Auswirkungen die nicht rechtzeitige oder nicht ordnungsmäßige Mangelrüge einzelner Teillieferungen auf den Gesamtvertrag hat. Konkret geht es darum, ob sich der Käufer auf diese als „genehmigt" geltenden Teillieferungen berufen kann, wenn er sich vom gesamten Vertrag im Wege des **Rücktritts** gem. § 324 BGB oder der außerordentlichen **Kündigung** nach § 314 BGB lösen will. Der BGH hat diese Frage offen gelassen.[524]

128 Ein Teil der Lit. spricht sich für eine **Gesamtschau** aus und führt zur Begründung an, der Anknüpfungspunkt für das Vertragslösungsrecht läge weniger in dem Mangel, sondern in dem wiederholt vertragswidrigem Verhalten, das den Zweck des Gesamtvertrages und seine reibungslose Durchführung gefährde.[525] Nach anderer Ansicht können die „genehmigten" mangelhaften Teillieferungen bei der Frage der Zuverlässigkeit des Verkäufers oder anderer das Kündigungsrecht begründender Umstände nicht mit herangezogen werden.[526] Die infolge des Rügeversäumnisses akzeptierte Mangelhaftigkeit der Ware dürfe nicht über den „Umweg" des Wegfalls des Vertrauens in die Person des Verkäufers berücksichtigt werden. Andernfalls würde der Schutzzweck des § 377 nicht erreicht.[527] Dieser Ansicht ist nicht zu folgen. Insbesondere verlangt es der Schutzzweck des § 377 Abs. 2 und 3 nicht, der verspäteten Rüge Rechtswirkungen beizumessen, die über den Ausschluss der Gewährleistungsrechte wegen der mangelhaften Einzellieferung hinausgehen.[528]

129 **gg) Falschlieferung.** Die Falschlieferung wird wegen der Gleichstellung mit der Schlechtlieferung gem. § 434 Abs. 5 BGB (→ Rn. 25 ff.) von § 377 Abs. 2 und 3 erfasst. Der Käufer muss das aliud behalten und kann nicht gem. § 439 Abs. 1 Alt. 2 BGB Ersatzlieferung der „richtigen" Ware verlangen. Ist das aliud geringwertiger als die geschuldete Ware, ist der Käufer nicht berechtigt, eine Preisreduktion zu verlangen, soweit nicht ausnahmsweise eine Vertragsänderung angenommen werden kann.[529] Eine solche kommt in Betracht, wenn die vorher oder gleichzeitig zugestellte Rechnung oder der Lieferschein mit Preisangabe die Lieferung offen als aliud ausgewiesen haben. Dann konnte die Lieferung als konkludentes Angebot des Verkäufers zur Vertragsänderung (unter Verzicht auf den Zugang der Annahmeerklärung, § 151 S. 1 BGB) verstanden werden (§§ 133, 157 BGB), das vom Käufer durch die unterlassene Rüge stillschweigend akzeptiert worden ist, sodass er nunmehr nur den niedrigeren Preis schuldet.[530]

130 Liegt keine Vertragsänderung vor, stellt sich die Frage, **ob der Verkäufer die Falschlieferung rückgängig machen kann** (weil zB die Ware für einen anderen Kunden bestimmt ist), indem er die Sache nach § 812 Abs. 1 S. 1 Alt. 1 BGB zurückfordert. Im Ergebnis wird diese Frage ganz überwiegend unter Hinweis auf die Genehmigungsfiktion des § 377 Abs. 2 und 3 bejaht. Da der

---

[521] Vgl. BGH 13.3.1996, BGHZ 132, 175 (177 ff.) = NJW 1996, 1537: § 377 analog; Heymann/Emmerich/Hoffmann Rn. 105; KKD/Roth/Huber Rn. 25; MüKoHGB/Grunewald Rn. 100; BeckOK HGB/Schwartze, 47. Ed. 1.4.2025, Rn. 70; krit. Müller ZIP 2002, 1178 (1181); Niedrig, Die Mängelrüge, 1994, 181; v. Olshausen JR 1997, 63 (64).

[522] Vgl. Bredemeyer JA 2009, 161 (162 ff.); vgl. auch NK-HGB/Stöber Rn. 18.

[523] Vgl. BGH 28.4.1976, BGHZ 66, 208 (209 ff.) = NJW 1976, 1353; Heymann/Emmerich/Hoffmann Rn. 105; Oetker HandelsR § 8 Rn. 56; Canaris HandelsR § 29 Rn. 77 f.; **aA** MüKoHGB/Grunewald Rn. 105.

[524] BGH 31.5.1989, BGHZ 107, 331 (339) = NJW 1989, 2532.

[525] Oetker HandelsR § 8 Rn. 57; Staub/Brüggemann, 4. Aufl. 1983, Rn. 155; Hopt/Leyens Rn. 49; vgl. auch Canaris HandelsR § 29 Rn. 58, 80.

[526] Ebenroth/Boujong/Achilles Rn. 231; MüKoHGB/Grunewald Rn. 107; NK-HGB/Stöber Rn. 62; BeckOK HGB/Schwartze, 47. Ed. 1.4.2025, Rn. 74.

[527] Canaris HandelsR § 29 Rn. 58, 80; **aA** Ebenroth/Boujong/Achilles Rn. 231.

[528] Zu Recht Canaris HandelsR § 29 Rn. 58.

[529] Heymann/Emmerich/Hoffmann Rn. 117; K. Schmidt HandelsR § 29 Rn. 118; **aA** Schlegelberger/Hefermehl § 378 Rn. 23.

[530] Vgl. OLG Hamm 29.11.2002, NJW-RR 2003, 613 zu § 378 aF im Fall der Lieferung höherwertiger Ware; Marburger JuS 1983, 1 (11).

Käufer durch die Nichtvornahme der Mängelrüge keinen Vorteil erlangen solle, sei diese Fiktion teleologisch dahingehend zu reduzieren, dass der Lieferung des aliuds Erfüllungswirkung erst mit Eintritt der Genehmigungsfiktion zukomme, auf deren Geltendmachung der Verkäufer jedoch verzichten könne.[531] Der Verkäufer habe somit die Wahl, entweder die Rechtsfolgen der Genehmigungsfiktion eintreten zu lassen und den Kaufpreis zu verlangen oder auf den Schutz der Genehmigungsfiktion zu verzichten und zum Bereicherungsausgleich überzugehen. Im Falle des Verzichts könne der Käufer seine Rechte aus § 437 BGB (wieder) geltend machen, insbesondere auch Ersatzlieferung der ursprünglichen geschuldeten Ware verlangen. Dieser Anspruch begründe ein Zurückbehaltungsrecht (§ 273 BGB) am aliud.[532] Ab dem Zeitpunkt des Herausgabeverlangens hafte der Käufer nach § 819 Abs. 1 BGB, § 818 Abs. 4 BGB verschärft.[533]

Dieser Lösungsweg ist für die Behandlung der aliud-Lieferung beim beiderseitigen Handelskauf vertretbar. Dass durch die Einräumung einer Leistungskondiktion der Anspruch des Käufers auf Nachbesserung (§ 439 Abs. 1 Alt. 1 BGB), unter Umständen auf Minderung (§ 441 BGB) vereitelt wird,[534] ist angesichts des Vorrangs der handelskaufrechtlichen Bestimmungen (Art. 2 Abs. 1 EGHGB) hinzunehmen. Allerdings ist darauf hinzuweisen, dass bei einer wissentlichen aliud-Lieferung, die nicht zugleich als (konkludentes) Angebot zur Vertragsänderung angesehen werden kann, das Rückforderungsverbot aus **§ 814 BGB** eingreift.[535] Handelte der Verkäufer hinsichtlich der Falschlieferung arglistig iSv **§ 377 Abs. 5,** scheidet dieser Lösungsweg von vornherein aus, da die Genehmigungsfiktion nicht eintreten kann. Im Übrigen bedarf es der vorgeschlagenen Reduktion nicht in den Fällen, in denen der Käufer einen Rechtsbehelf geltend macht, der ihn zur Rückgabe der Kaufsache verpflichtet (Ersatzlieferung, Schadensersatz statt der ganzen Leistung, Rücktritt). Weist der Verkäufer dieses Verlangen nicht als verspätet zurück und fordert stattdessen seinerseits vom Käufer Rückgabe des aliuds, so liegt darin ein Verzicht auf den Einwand der Verspätung mit der Folge, dass der Käufer einerseits mit seinen Rechtsbehelfen durchdringt, andererseits aus § 346 Abs. 1 BGB verpflichtet ist, die Ware dem Verkäufer zurückzugeben. Auch hier hat der Verkäufer insoweit ein „Wahlrecht", das er binnen angemessener Frist ausüben muss.[536] 131

Bei der **Lieferung einer höherwertigen Ware,** die ebenfalls als Falschlieferung zu qualifizieren ist (→ Rn. 25), schuldet der Käufer den höheren Kaufpreis nur dann, wenn eine (stillschweigende) Einigung zur Vertragsänderung vorliegt.[537] Ist dies nicht der Fall, treten die vorstehend skizzierten Rechtsfolgen ein. 132

hh) Zuweniglieferung. Die Zuweniglieferung begründet einen Sachmangel gem. § 434 Abs. 2 S. 2, Abs. 3 S. 2 BGB (→ Rn. 30) und wird deshalb von § 377 Abs. 2 und 3 erfasst. Versäumt der Käufer die Rüge, kann er aus der Zuweniglieferung keine Rechte mehr herleiten oder Lieferung der Restmenge verlangen und muss den **vollen Kaufpreis bezahlen.**[538] Etwas anders gilt nur bei der **offen,** dh auf der Rechnung oder auf dem Lieferschein mit Preisangabe als Teillieferung **ausgewiesenen Zuweniglieferung,** bei der es sich der Sache nach um eine Teilleistung iSd § 266 BGB handelt, die ohne eine entsprechende Vereinbarung zwischen den Kaufvertragsparteien keine gehörige Erfüllung darstellt und somit als Nichtleistung zu qualifizieren ist (→ Rn. 31). Folglich ist eine Rüge nicht Voraussetzung für ein Verlangen nach Lieferung der Restmenge.[539] Zu Recht wird in der Lit. darauf hingewiesen, dass man vom Käufer nicht erwarten könne, dass er dem Verkäufer ein Defizit anzeige, das dieser nach der berechtigten Erwartung des Käufers ohnehin auszugleichen 133

[531] MüKoHGB/Grunewald Rn. 108; Heymann/Emmerich/Hoffmann Rn. 115; Canaris HandelsR § 29 Rn. 74; Oetker HandelsR § 8 Rn. 61 zur Lieferung eines höherwertigen aliuds; KKD/Roth/Huber Rn. 27a.

[532] Oetker HandelsR § 8 Rn. 61; Heymann/Emmerich/Hoffmann Rn. 115; MüKoHGB/Grunewald Rn. 108.

[533] MüKoHGB/Grunewald Rn. 108; Staub/Brüggemann, 4. Aufl. 1983, § 378 Rn. 47; Marburger JuS 1983, 1 (11); tendenziell auch K. Schmidt HandelsR § 29 Rn. 120.

[534] BeckOK BGB/Faust, 75. Ed. 1.8.2025, BGB § 437 Rn. 215; vgl. auch Heymann/Emmerich/Hoffmann Rn. 117.

[535] Marburger JuS 1983, 1 (11 Fn. 3); St. Lorenz JuS 2003, 36 (39).

[536] Heymann/Emmerich/Hoffmann Rn. 116.

[537] Vgl. OLG Hamm 29.11.2002, NJW-RR 2003, 613 zu § 378 aF; MüKoHGB/Grunewald Rn. 110; Heymann/Emmerich/Hoffmann Rn. 115; Canaris HandelsR § 29 Rn. 73; Oetker HandelsR § 8 Rn. 61; KKD/Roth/Huber Rn. 27a; K. Schmidt HandelsR § 29 Rn. 118; BeckOK BGB/Faust, 75. Ed. 1.8.2025, BGB § 434 Rn. 149; **aA** Schlegelberger/Hefermehl § 378 Rn. 23.

[538] MüKoHGB/Grunewald Rn. 111; BeckOGK/Höpfner, 1.3.2025, Rn. 130; Oetker HandelsR § 8 Rn. 62; Hopt/Leyens Rn. 17; KKD/Roth/Huber Rn. 27b; zur Rechtlage vor Inkrafttreten des SchRModG BGH 30.5.1984, BGHZ 91, 293 (300 f.) = NJW 1984, 1964; Staub/Brüggemann, 4. Aufl. 1983, § 378 Rn. 52.

[539] Vgl. Hopt/Leyens Rn. 18; BeckOGK/Höpfner, 1.3.2025, Rn. 130; MüKoHGB/Grunewald Rn. 111.

beabsichtige.[540] Der Käufer schuldet daher nur Zahlung des ihm vom Verkäufer in Rechnung gestellten Betrags.[541]

134 **ii) Zuviellieferung.** Bei der Zuviellieferung handelt es sich ebenfalls um einen Mangel (→ Rn. 32), sodass § 377 Anwendung findet. Ist die **Zuviellieferung offen ausgewiesen,** ist zu prüfen, ob nicht in der Annahme oder Ingebrauchnahme der Ware eine Vertragsänderung gesehen werden kann, weil der Käufer die Mehrlieferung als Angebot zur Änderung des Kaufvertrages (unter Verzicht auf den Zugang der Annahmeerklärung, § 151 S. 1 BGB) auffassen musste (§§ 133, 157 BGB).[542] Liegt keine Vertragsänderung vor, richtet sich die Rückabwicklung nach Bereicherungsrecht (§ 812 Abs. 1 S. 1 Alt. 1 BGB),[543] wobei § 814 BGB zu beachten ist.[544] Hat er die Ware bereits weiterveräußert, muss er den Wert herausgeben (§ 818 Abs. 2 BGB). Im Übrigen haftet der die Mehrlieferung erkennende Käufer verschärft nach § 819 Abs. 1 BGB, § 818 Abs. 4 BGB.[545]

135 **jj) Deliktische Ansprüche.** Deliktische Ansprüche des Käufers aus § 823 BGB oder § 1 Abs. 1 ProdHaftG infolge von Schäden, die er durch die mangelhafte Ware erlitten hat, werden von dem Ausschluss in § 377 Abs. 2 und 3 nicht erfasst (→ Rn. 5). Die **Verletzung der Untersuchungsobliegenheit** (nicht der Rügeobliegenheit![546]) kann allenfalls unter dem **Gesichtspunkt des Mitverschuldens (§ 254 BGB/§ 6 ProdHaftG)** Berücksichtigung finden, wenn für den Käufer Anlass zur Untersuchung der Ware bestanden hat.[547]

136 **kk) Gesamtschuldnerausgleich.** Unberührt von einer Rügeobliegenheitsverletzung bleiben auch Ansprüche des Käufers gegen den Verkäufer aus § 426 Abs. 1 und 2 BGB oder § 5 S. 2 ProdHaftG im Falle einer gesamtschuldnerischen Haftung gegenüber dem Abnehmer des Käufers (= Zweitkäufer).[548] Eine solche gesamtschuldnerische Haftung kommt bei **Mangelfolgeschäden** in Betracht, wenn der Käufer von dem Zweitkäufer aus Vertrag (§ 437 Nr. 3 BGB, § 280 Abs. 1 BGB) und Delikt (§ 823 Abs. 1 BGB, § 1 Abs. 1 ProdHaftG) und der Verkäufer vom Zweitkäufer aus Delikt in Anspruch genommen (§ 823 Abs. 1 BGB, § 1 Abs. 1 ProdHaftG) wird oder – weil eine längere Lieferkette vorliegt und keiner von beiden in unmittelbaren vertraglichen Beziehungen zum Endabnehmer steht – beide gemeinsam deliktisch haften (§ 840 BGB, § 5 S. 1 ProdHaftG). Man denke hier an den Fall, dass ein mangelhaftes Zulieferteil, das bei ordnungsmäßiger Untersuchung als fehlerhaft erkannt worden wäre, verarbeitet oder montiert wird und es später zu Sach- oder Personenschäden bei Dritten kommt. Diese werden sich in der Regel an den Hersteller des Gesamtprodukts halten, der wiederum Regress nach § 426 Abs. 1 und 2 BGB/§ 5 S. 2 ProdHaftG beim Zulieferer nehmen wird.

137 Ebenso wie bei der Haftung des Verkäufers für Folgeschäden an deliktisch geschützten Rechtsgütern des Käufers spielt der Ausgleichsgedanke des § 254 BGB auch bei der gesamtschuldnerischen Schadensersatzhaftung eine Rolle („soweit nicht ein anderes bestimmt ist"). Bei mehreren Schädigern – gleich auf welcher Grundlage (Vertrag oder Delikt) sie haften – bestimmt sich die Haftungsquote entsprechend § 254 BGB danach, welcher Verantwortliche dem anderen gegenüber der allein oder vorwiegend Schuldige ist.[549] Dabei sind **Verursachungsbeiträge** und in zweiter Linie **Verschulden** abzuwägen.[550] Eine entsprechende Regelung findet sich in § 5 S. 2 ProdHaftG, der bestimmt, dass sich der Innenausgleich nach den Umständen, insbesondere danach bestimmt, inwieweit der Schaden vorwiegend von dem einen oder dem anderen Teil verursacht worden ist. Der

---

540 Canaris HandelsR § 29 Rn. 57.

541 MüKoHGB/Grunewald Rn. 111; Oetker HandelsR § 8 Rn. 63; Hopt/Leyens Rn. 18; vgl. auch Heymann/Emmerich/Hoffmann Rn. 121.

542 Vgl. OLG Stuttgart 9.2.2006, BeckRS 2006, 10647; OLG Oldenburg 10.5.1995, NJW-RR 1996, 1528 (1529); OLG Hamm 29.5.1978, BB 1978, 1748; Hopt/Leyens Rn. 19; Heymann/Emmerich/Hoffmann Rn. 33; Oetker HandelsR § 8 Rn. 38; KKD/Roth/Huber Rn. 27b.

543 Heymann/Emmerich/Hoffmann Rn. 33; Grüneberg/Weidenkaff BGB § 434 Rn. 44; HK-BGB/Saenger, 9. Aufl. 2016, BGB § 434 Rn. 22; Oetker FS Canaris, Bd. II, 2007, 322.

544 Vgl. Werner BB 1984, 221 (224).

545 K. Schmidt HandelsR § 29 Rn. 120; vgl. auch MüKoHGB/Grunewald Rn. 113; Werner BB 1984, 221 (224).

546 **AA** BeckOK HGB/Schwartze, 47. Ed. 1.4.2025, Rn. 76; MüKoHGB/Grunewald Rn. 114.

547 Vgl. BGH 16.9.1987, BGHZ 101, 337 (349 f.) = NJW 1988, 52; 5.7.1978, NJW 1978, 2241 (2243) – Mitverschulden des Käufers verneint; NK-HGB/Stöber Rn. 70; MüKoHGB/Grunewald Rn. 115.

548 MüKoHGB/Grunewald Rn. 116; Hopt/Leyens Rn. 50; BeckOGK/Höpfner, 1.3.2025, Rn. 144; KKD/Roth/Huber Rn. 25; Ebenroth/Boujong/Achilles Rn. 226 ff.; NK-HGB/Stöber Rn. 71.

549 BGH 13.5.1955, BGHZ 17, 214 (222) = NJW 1955, 1314; 3.2.1954, BGHZ 12, 213 (220) = NJW 1954, 875; Ebenroth/Boujong/Achilles Rn. 227.

550 BeckOK BGB/Gehrlein, 1.5.2025, BGB § 426 Rn. 9; Grüneberg/Grüneberg BGB § 426 Rn. 14; Erman/Böttcher BGB § 426 Rn. 18; MüKoBGB/Wagner ProdHaftG § 5 Rn. 10.

Verweis auf die Umstände wird dabei allgemein so verstanden, dass auch das Verschulden eine Rolle spielt.[551] In dem zuvor gebildeten Beispiel wird das zwar dazu führen, dass der Gesamtprodukthersteller auf Grund der ihn treffenden Überwachungspflicht im Innenverhältnis den größeren Teil des Schadens zu tragen hat. Völlig frei wird der Zulieferer aber im Verhältnis zum Hersteller nicht werden. Der Hersteller kann den auf den Zulieferer entfallenden Teil trotz Verletzung der Rügeobliegenheit regressieren. In den Fällen, in denen der Hersteller und (ausnahmsweise) auch sein Abnehmer gegenüber Dritten aus § 823 Abs. 1 BGB/§ 1 Abs. 1 ProdHaftG haften, wird der Hersteller im Innenverhältnis den größeren Teil – wenn nicht gar den gesamten Schaden – zu tragen haben.[552] Haften Zwischenhändler in der Absatzkette (ausnahmsweise) gemeinsam aus § 823 Abs. 1 BGB gegenüber Dritten, weil sie beide die von ihnen vertriebenen Waren auf gefahrenfreie Beschaffenheit nicht untersucht haben, obgleich hierzu aus besonderen Gründen Anlass bestand, zB weil ihnen etwa bereits Schadensfälle bei der Produktverwendung bekannt waren,[553] dürfte die Berücksichtigung von Verursachungsbeitrag und Verschulden zu keiner Abweichung, sondern eher zu einer Bestätigung der Ausgleichsregel des § 426 Abs. 1 S. 1 BGB führen, dh Verkäufer und Käufer bleiben dem Geschädigten zu gleichen Teilen verpflichtet. Befriedigt der Käufer den Geschädigten, kann er trotz Verletzung der Rügeobliegenheit den hälftigen Betrag vom Verkäufer verlangen.

Eine Verschiebung der Ausgleichsquote zu Gunsten des Verkäufers wegen Verletzung der Rügeobliegenheit, kommt nicht in Betracht.[554] Es handelt sich bei § 377 nicht um eine anderweitige Bestimmung iSd § 426 Abs. 1 S. 1 BGB/§ 5 S. 2 ProdHaftG, die im Rahmen des deliktischen Gesamtschuldnerausgleichs zu beachten ist.[555] Hierbei kann nicht unberücksichtigt bleiben, dass die Anknüpfung für die deliktische Haftung des Käufers gegenüber dem Geschädigten nicht die Verletzung der Rügeobliegenheit ist, sondern die **unterlassene Untersuchung der Ware.** Man wird auch nicht so weit gehen können, eine stillschweigende Vereinbarung dahin anzunehmen, dass der Verkäufer im Falle der Verletzung der Untersuchungsobliegenheit durch den Käufer aus seiner internen Mithaftung entlassen wird. 138

b) Ausschluss von Ansprüchen des Käufers gegenüber Dritten. Die Genehmigungsfiktion wirkt nicht nur im Verhältnis zwischen Verkäufer und Käufer, sondern bei einem **finanzierten Kauf** auch **zwischen dem Käufer und dem Darlehensgeber.** Dies hat zur Folge, dass der Käufer, der nicht rechtzeitig oder nicht ordnungsmäßig rügt, nicht auch gegenüber dem Darlehensgeber Rechte aus dem Mangel herleiten kann.[556] Diese Rechtsfolge ergibt sich zwar nicht aus § 359 BGB, da diese Norm nur für Verbraucher iSd § 13 BGB gilt. Jedoch lässt sich ein solcher **Einwendungsdurchgriff** bei Kaufleuten aus § 242 BGB herleiteten, da § 359 BGB eine Sperrwirkung nur bei Darlehen entfaltet, bei denen ein Verbraucher Darlehensnehmer ist.[557] 139

c) Auswirkungen im Verhältnis zu Dritten. Die nicht rechtzeitige oder nicht ordnungsmäßige Mängelrüge entfaltet auch Rechtswirkungen gegenüber Dritten, die eine akzessorische Sicherheit zur Sicherung des Kaufpreisanspruchs gegeben haben. Betroffen sind **Bürgen** und **(Grund-) Pfandrechtsbesteller,** die sich im Falle ihrer Inanspruchnahme durch den Verkäufer nicht mehr auf die Mangelhaftigkeit der Ware berufen können (§ 768 Abs. 1 BGB, § 1211 Abs. 1 BGB, § 1137 Abs. 1 BGB).[558] Es liegt auch kein Verzicht iSv § 768 Abs. 2 BGB, § 1211 Abs. 2 BGB, § 1137 Abs. 2 BGB vor, da es an einem bewussten rechtsgeschäftlichen Handeln des Käufers fehlt.[559] Ebenso ist den **Gesellschaftern einer Personen(handels)gesellschaft** (GbR, OHG, KG) eine Berufung auf den Mangel versagt (§ 129 Abs. 1).[560] Nach Ansicht des KG macht sich der Leasinggeber, der den nichtkaufmännischen Leasingnehmer nicht auf eine bestehende Rügeobliegenheit gem. § 377 HGB gegenüber dem Lieferanten im Rahmen der Geltendmachung abgetretener Mängelansprüche hinweist, gegenüber dem Leasingnehmer schadensersatzpflichtig.[561] 140

---

551 Vgl. nur MüKoBGB/Wagner ProdHaftG § 5 Rn. 10.

552 **AA** Ebenroth/Boujong/Müller, 3. Aufl. 2015, Rn. 295: zu gleichen Teilen.

553 Vgl. OLG Celle 1.12.2005, NJW-RR 2006, 526 (527); Molitoris/Klindt NJW 2008, 1203 (1205).

554 **AA** MüKoHGB/Grunewald Rn. 115.

555 Wie hier NK-HGB/Stöber Rn. 71; MüKoHGB/Grunewald Rn. 116; Ebenroth/Boujong/Achilles Rn. 227; **aA** offenbar LG Nürnberg-Fürth 22.3.1990, NJW 1990, 3023 (3024).

556 Vgl. BGH 8.11.1979, NJW 1980, 782 (784); Staub/Brüggemann, 4. Aufl. 1983, Rn. 169; KKD/Roth/Huber Rn. 21.

557 BGH 16.5.2006, NJW 2006, 2099 (211); 27.1.2004, NJW 2004, 1376 (1377); vgl. auch MüKoHGB/Grunewald Rn. 117; Staub/Brüggemann, 4. Aufl. 1983, Rn. 169; BeckOK HGB/Schwartze, 47. Ed. 1.4.2025, Rn. 66.

558 Vgl. MüKoHGB/Grunewald Rn. 118; Staub/Brüggemann, 4. Aufl. 1983, Rn. 169; BeckOK HGB/Schwartze, 47. Ed. 1.4.2025, Rn. 66; NK-HGB/Stöber Rn. 72; BeckOGK/Höpfner, 1.3.2025, Rn. 145.

559 Vgl. MüKoHGB/Grunewald Rn. 118; Staub/Brüggemann, 4. Aufl. 1983, Rn. 169.

560 Vgl. MüKoHGB/Grunewald Rn. 118.

561 KG 27.3.2013, NJOZ 2014, 658 f.

141 **d) Schadensersatzansprüche des Verkäufers.** Die nicht rechtzeitige oder nicht ordnungsmäßige Mängelrüge begründet keine Schadensersatzansprüche des Verkäufers. Der Käufer schuldet dem Verkäufer somit nicht Ersatz der Schäden, die der Verkäufer auf Grund deliktischer Ansprüche Dritter erleidet, weil er auf Grund der Unkenntnis von dem Mangel weiterhin Lieferungen getätigt hat.[562] Etwas anderes gilt nur dann, wenn die Rügeobliegenheit als (echte) Rechtspflicht vereinbart worden ist.[563]

142 **3. Rückgriff in der Lieferkette.** Die Regeln über den Rückgriff in der Lieferkette, die nunmehr in §§ 445a, 445b BGB (§§ 478, 479 BGB aF) enthalten und nicht mehr auf den Fall beschränkt sind, dass am Ende der Kette ein Verbraucher steht, lassen die Rügeobliegenheit des Käufers (= Letztverkäufers) gegenüber seinem Lieferanten gem. § **445a Abs. 4 BGB** unberührt. Zum Erhalt seiner Mängelrechte muss der Letztverkäufer die Ware auch dann unverzüglich untersuchen und dabei erkannte Mängel unverzüglich rügen, wenn es sich bei seinem Abnehmer um einen Verbraucher handelt. Unterlässt er dies, verliert er nicht nur seine Ansprüche aus § 437 BGB, sondern auch den Anspruch nach § 445a Abs. 1 BGB auf Ersatz der Aufwendungen, die er im Verhältnis zum Käufer nach § 439 Abs. 2 und 3 BGB sowie § 475 Abs. 4 und 6 tragen muss. § 377 ist daher geeignet, die Rückgriffskette zu unterbrechen.

143 **Verdeckte Mängel,** auf die der Letztverkäufer erst durch die Reklamation seines Abnehmers aufmerksam gemacht wird, muss er seinem Lieferanten nach § 377 Abs. 3 unverzüglich anzeigen, um sich seine Regressansprüche zu sichern. Auch insoweit bestehen keine Besonderheiten.[564] Der Lieferant muss sich wiederum an seinen (Vor-)Lieferanten halten und den Mangel unverzüglich anzeigen. Hier kann es zu einer Unterbrechung der Rückgriffskette kommen, wenn der Mangel sich nur im Verhältnis des Lieferanten zum Letztverkäufer als verdeckter Mangel darstellt, nicht hingegen im Verhältnis des Lieferanten zu seinem Vorlieferanten. Dies ist durchaus denkbar, weil Inhalt und Umfang der Untersuchungsobliegenheit, die maßgeblich für die Festlegung eines Mangels als offen oder verdeckt sind (→ Rn. 35), in den jeweiligen Vertragsverhältnissen unterschiedlich ausfallen können (→ Rn. 52). Soweit Rechtzeitigkeit gegeben ist, kann der Lieferant von seinem Vorlieferanten gem. § 445a Abs. 1 BGB, § 478 Abs. 3 BGB auch Ersatz der Aufwendungen verlangen, die er dem Letztverkäufer für eine Nacherfüllung geleistet hat.[565]

IX. Beweislast

144 Der **Verkäufer** ist beweispflichtig dafür, dass es sich um ein beiderseitiges Handelsgeschäft handelt.[566] Er ist auch beweispflichtig für die Ablieferung der Ware,[567] und zwar bei Teillieferungen für jede einzelne Lieferung.[568] Die Beweislast kehrt sich jedoch gem. § 363 BGB um, wenn der Käufer die Abnahme schriftlich und ohne Einschränkung dem Verkäufer gegenüber bestätigt hat.[569] Den **Käufer** trifft die Darlegungs- und Beweislast dafür, dass er etwaige Mängel rechtzeitig gerügt hat.[570] Er muss im Einzelnen dartun, wann und wie er nach Ablieferung die Untersuchung vorgenommen hat, welche Zeitdauer diese beanspruchte, welche Ergebnisse die Untersuchung zutage gefördert hat und schließlich wann und wie und mit welchem Inhalt daraufhin die Mängelanzeige erfolgt ist.[571]

---

562 Vgl. MüKoHGB/Grunewald Rn. 119.

563 Vgl. RG 1.3.1918, RGZ 92, 268 (270 f.).

564 Vgl. OLG Frankfurt 29.12.2017, BeckRS 2017, 154398; Oetker HandelsR § 8 Rn. 68.

565 Ernst/Gsell ZIP 2001, 1389 (1395); H.P. Westermann NJW 2002, 241 (252); für analoge Anwendung des § 478 Abs. 2 BGB Maultzsch JuS 2002, 1171 (1174).

566 BGH 11.10.1995, NJW 1995, 3381 (3382); BeckOK HGB/Schwartze, 47. Ed. 1.4.2025, Rn. 83; BeckOGK/Höpfner, 1.3.2025, Rn. 147.

567 BGH 4.11.1992, NJW 1993, 461 (463); 30.1.1985, BGHZ 93, 338 (347) = NJW 1985, 1333; RG 11.6.1881, RGZ 5, 28 (30); OLG Bremen 17.3.2023, RdTW 2023, 357 (362); LG Dortmund 12.7.2023, RdTW 2024, 470 (474); BeckOK HGB/Schwartze, 47. Ed. 1.4.2025, Rn. 84; Ebenroth/Boujong/Achilles Rn. 257.

568 Vgl. OLG Düsseldorf 10.1.1990, NJW 1990, 1306 (137); BeckOK HGB/Schwartze, 15.1.2023, Rn. 84; BeckOGK/Höpfner, 1.3.2025, Rn. 147.

569 BGH 4.11.1992, NJW 1993, 461 (463); BeckOK HGB/Schwartze, 47. Ed. 1.4.2025, Rn. 84; MüKoHGB/Grunewald Rn. 148; RGHMW/Steimle/Dornieden Rn. 98.

570 BGH 22.12.1999, NJW 2000, 1415 (1417); 17.12.1997, NJW-RR 1998, 680 (682); 30.1.1985, BGHZ 93, 338 (347) = NJW 1985, 1333; 10.1.1983, BGHZ 86, 198 (200) = NJW 1983, 1495; 18.3.1952, BB 1952, 330 = LM § 377 Nr. 1; OLG Bremen 17.3.2023, RdTW 2023, 357 (362); OLG Hamm 10.12.2019, BeckRS 2019, 35115 Rn. 194.

571 Vgl. OLG Dresden 15.1.2015, BeckRS 2016, 05770; OLG Düsseldorf 10.1.1990, NJW 1990, 1306 (1307); BeckOK HGB/Schwartze, 47. Ed. 1.4.2025, Rn. 86; **aA** MüKoHGB/Grunewald Rn. 150; LG Bonn BeckRS 2024, 32330 Rn. 23.

Darüber hinaus ist der Käufer für den Zugang der Rüge beweispflichtig.[572] Beruft er sich darauf, dass es sich um einen verdeckten Mangel iSd § 377 Abs. 3 gehandelt hat, muss er darlegen und beweisen, dass der Mangel bei der Untersuchung nicht erkennbar war, sowie den Zeitpunkt seiner Entdeckung.[573] Der Käufer ist darüber hinaus beweispflichtig für die Arglist des Verkäufers gem. § 377 Abs. 5.[574]

X. Abweichende Vereinbarungen

1. Individualvereinbarung. § 377 ist abdingbar. Die Untersuchungs- und Rügepflicht kann zugunsten des Käufers völlig ausgeschlossen werden.[575] Ort, Art und Umfang der Untersuchung sowie die Dauer der Rügefrist können unter Beachtung der Grenzen des **§ 138 Abs. 1 BGB** vertraglich festgelegt werden.[576] Diese Grenzen sind erst dann überschritten, wenn dem Käufer durch die Abreden die Möglichkeit zur Geltendmachung von Mängelrechten faktisch genommen wird.[577] Die Tragung des Zugangs- und Verzögerungsrisikos kann ebenfalls durch Individualvereinbarung festgelegt werden.[578] Vereinbaren die Parteien, dass die Mängelanzeige in Schriftform zu erfolgen hat, ist dies wirksam.[579] Die Berufung auf die fehlende Form kann aber gegen § 242 BGB verstoßen. Die Rügeobliegenheit kann individualvertraglich auch als (echte) Rechtspflicht vereinbart werden.[580] **145**

2. Formularvereinbarungen. Formularmäßige Abweichungen von § 377 zugunsten oder zu Lasten des Verkäufers/Käufers sind im Rahmen der **Inhaltskontrolle** allein an **§ 307 BGB** zu messen. § 309 Nr. 8 lit. b ee) BGB ist im Verhältnis zwischen Kaufleuten nicht – auch nicht über § 310 Abs. 1 S. 2 BGB – anwendbar.[581] **146**

a) Verkaufs-AGB. aa) Festlegung von Untersuchungs- und Rügefrist. Im Hinblick darauf, dass § 377 Abs. 1 bereits den besonderen Bedürfnissen des kaufmännischen Verkehrs Rechnung trägt, indem er einerseits dem Käufer die Obliegenheit zur unverzüglichen Untersuchung und Rüge der Ware auferlegt, andererseits Art und Umfang der dem Käufer obliegenden Untersuchung und damit die Dauer der Untersuchungsfrist von der Tunlichkeit im ordnungsmäßigen Geschäftsgang abhängig macht, ist die formularmäßige **Festlegung von Untersuchungsfristen** (in Form von starren Fristen oder in Form von Spätestfristen), die keinen Raum für die Berücksichtigung der Besonderheiten des Einzelfalls zulassen, mit den wesentlichen Grundgedanken des § 377 nicht vereinbar und deshalb nach § 307 Abs. 2 Nr. 1 BGB **unwirksam.**[582] Fristen für die eigentliche Mängelanzeige, die sich an dem Zeitraum orientieren, der zur sachgemäßen Abwicklung der eigenen Geschäftskorrespondenz benötigt wird (→ Rn. 92), sind nur dann wirksam, soweit sie *erstens* an die **Entdeckung des offenen/verdeckten Mangels** anknüpfen und *zweitens* entsprechend der Regelung des § 121 Abs. 1 **147**

---

[572] MüKoHGB/Grunewald Rn. 148; NK-HGB/Stöber Rn. 82; BeckOK HGB/Schwartze, 47. Ed. 1.4.2025, Rn. 86; **aA** BeckOGK/Höpfner, 1.3.2025, Rn. 149.

[573] OLG Bremen 17.3.2023, RdTW 2023, 357 (362); OLG Hamm 10.12.2019, BeckRS 2019, 35115 Rn. 194; OLG Hamburg 15.11.2019, BeckRS 2019, 45572; OLG Frankfurt 29.12.2017, BeckRS 2017, 154398; LG Freiburg 17.12.2012, BeckRS 2012, 25563; Hopt/Leyens Rn. 55; MüKoHGB/Grunewald Rn. 148; Ebenroth/Boujong/Achilles Rn. 259.

[574] BGH 13.3.1996, NJW 1996, 1826 (1827); BeckOK HGB/Schwartze, 47. Ed. 1.4.2025, Rn. 86; Ebenroth/Boujong/Achilles Rn. 259.

[575] MüKoHGB/Grunewald Rn. 133; Ebenroth/Boujong/Achilles Rn. 237 ff.; Hopt/Leyens Rn. 57; Heymann/Emmerich/Hoffmann Rn. 130; KKD/Roth/Huber Rn. 33; BeckOGK/Höpfner, 1.3.2025, Rn. 150.

[576] Vgl. BGH 14.1.2025, BeckRS 2025, 1000 – Beginn der einwöchigen Rügefrist ab Inbetriebnahme der Maschine.

[577] MüKoHGB/Grunewald Rn. 120 f.; vgl. auch Ebenroth/Boujong/Achilles Rn. 237; Heymann/Emmerich/Hoffmann Rn. 130; Hopt/Leyens Rn. 57; BeckOGK/Höpfner, 1.3.2025, Rn. 151.

[578] MüKoHGB/Grunewald Rn. 120; Ebenroth/Boujong/Achilles Rn. 237.

[579] MüKoHGB/Grunewald Rn. 120; Ebenroth/Boujong/Achilles Rn. 237; Hopt/Leyens Rn. 57; BeckOK HGB/Schwartze, 47. Ed. 1.4.2025, Rn. 89; RGHMW/Steimle/Dornieden Rn. 57; NK-HGB/Stöber § 377 Rn. 83.

[580] Vgl. RG 1.3.1918, RGZ 92, 268 (270 f.); NK-HGB/Stöber Rn. 83; BeckOK HGB/Schwartze, 47. Ed. 1.4.2025, Rn. 88.

[581] AllgM, vgl. Grüneberg/Grüneberg BGB § 309 Rn. 73; Staudinger/Coester-Waltjen, 2022, BGB § 309 Nr. 8 Rn. 86; MüKoBGB/Wurmnest BGB § 309 Nr. 8 Rn. 74; Lange JZ 2008, 661 (664); Grunewald NJW 1995, 1777 (1781).

[582] Vgl. auch KKD/Roth/Huber Rn. 32; **aA** BGH 23.2.1984, NJW 1985, 3016 – Rügefrist für offene Mängel spätestens innerhalb 14 Tagen, für verborgene Mängel spätestens innerhalb von sechs Monaten wirksam; OLG Hamm 13.1.1992, NJW-RR 1992, 112 (113) – Rügefrist von fünf Arbeitstagen wirksam; NK-HGB/Stöber Rn. 85.

S. 1 BGB Raum für die **Berücksichtigung fehlenden Verschuldens** des Käufers lassen.[583] Wird nicht zwischen Untersuchungs- und Mängelanzeigefrist unterschieden, sondern ist nur allgemein von der Rügefrist die Rede, ist im Zweifel die sich aus beiden Fristen zusammensetzende Gesamtrügefrist gemeint. Eine solche Klausel ist unwirksam, weil sie nicht zwischen offenen und verdeckten Mängeln unterscheidet[584] und bei der Prüfung der Zumutbarkeit der Untersuchung keinen Raum für eine Berücksichtigung der Besonderheiten des Einzelfalls zulässt.[585]

148 **bb) Festlegung von Ort, Art und Umfang der Untersuchung.** Regelungen, die den Ort der Untersuchung und/oder das Untersuchungsverfahren betreffen, dürfen die Untersuchung im ordnungsmäßigen Geschäftsgang nicht untunlich machen. Klauseln, die ohne nähere Differenzierung nach Anlass und Zumutbarkeit stets eine vollständige Untersuchung der Ware auf ein Vorhandensein aller nicht sofort feststellbarer Mängel fordern und keinen Raum für Abweichungen lassen, in denen eine Untersuchung vernünftigerweise unangemessen ist oder dem Käufer sonst billigerweise nicht mehr zugemutet werden kann, sind gem. § 307 Abs. 2 Nr. 1 BGB, § 307 Abs. 1 S. 1 BGB unwirksam.[586] Letzteres gilt auch dann, wenn die vorgeschriebene Untersuchung und die Übermittlung des dabei gewonnenen Untersuchungsergebnisses zu einem eigenständigen Wirksamkeitserfordernis für die Ausbringung einer tauglichen Mängelrüge erhoben sind.[587]

149 **cc) Form, Inhalt und Adressat der Mängelanzeige.** Form und Inhalt der Mängelanzeige (Mindestangaben im Sinne einer Konkretisierung des Mangelbefunds) können grundsätzlich formularmäßig vereinbart werden. Solche Klauseln verstoßen nicht gegen § 309 Nr. 13 BGB, da diese Vorschrift im kaufmännischen Verkehr nicht anwendbar ist.[588] Im Zweifel handelt es sich bei solchen Klauseln jedoch nur um bloße Ordnungsvorschriften, die die Wirksamkeit einer zB in mündlicher Form abgegebenen Mängelanzeige nicht berühren.[589] Die Vereinbarung, dass Mängel ausschließlich gegenüber der Betriebsleitung zu rügen sind, benachteiligt den Käufer unangemessen iSv § 307 Abs. 1 S. 1 BGB, weil sie das Risiko, ob eine an die Verkäuferin gerichtete Mängelrüge unternehmensintern die „Betriebsleitung“ erreicht, dem Käufer auferlegt.[590]

150 **b) Einkaufs-AGB.**[591] **aa) Abbedingung der Untersuchungs- und Rügefrist.** Das **Abbedingen der unverzüglichen Untersuchungs- und Rügeobliegenheit** ist mit wesentlichen Grundgedanken von § 377 unvereinbar und damit gem. § 307 Abs. 2 Nr. 1 BGB grundsätzlich unwirksam,[592] und zwar auch dann, wenn sie sich auf verdeckte Mängel bezieht.[593] Unwirksam sind auch Vereinbarungen, die im Ergebnis auf eine Abbedingung hinauslaufen, zB wenn die **Ablieferung im Werk des Verkäufers** erfolgen soll.[594]

151 **bb) Festlegung von Untersuchungs- und Rügefrist.** Klauseln, die die Frist für die Untersuchung der Ware oder die Gesamtrügefrist festlegen, halten einer Inhaltskontrolle nicht stand, wenn sich der Käufer dadurch eine längere Frist zur Untersuchung einräumt als nach ordnungsmäßigem Geschäftsgang erforderlich ist. Nicht zu beanstanden ist eine Regelung, die den Käufer zB bei

---

583 **AA** MüKoHGB/Grunewald Rn. 128; BGH 27.10.1976, BB 1977, 14; vgl. auch BGH 23.2.1984, NJW 1985, 3016.

584 Vgl. BGH 10.10.1991, BGHZ 115, 324 (326 f.) = NJW 1992, 575; 3.7.1985, NJW-RR 1986, 52 f.; OLG Hamm 25.6.2010, BeckRS 2010, 19479; OLG Hamburg 28.2.1974, MDR 1974, 577; MüKoHGB/Grunewald Rn. 132; KKD/Roth/Huber Rn. 32.

585 Vgl. auch BeckOK HGB/Schwartze, 47. Ed. 1.4.2025, Rn. 93.

586 BGH 6.12.2017, NJW 2018, 1957 Rn. 37 mAnm R. Koch LMK 2018, 405114; vgl. auch NK-HGB/Stöber Rn. 85; BeckOK HGB/Schwartze, 47. Ed. 1.4.2025, Rn. 94; BeckOGK/Höpfner, 1.3.2025, Rn. 153; **aA** MüKoHGB/Grunewald Rn. 131.

587 BGH 6.12.2017, NJW 2018, 1957 Rn. 37 mAnm R. Koch LMK 2018, 405114.

588 Vgl. auch BGH 23.2.1984, NJW 1985, 3016; LG Freiburg 17.12.2012, BeckRS 2012, 25563; MüKoHGB/Grunewald Rn. 128; BeckOK HGB/Schwartze, 47. Ed. 1.4.2025, Rn. 92; BeckOGK/Höpfner, 1.3.2025, Rn. 155.

589 Vgl. OLG Koblenz 22.6.2004, NJW-RR 2004, 1553; OLG Saarbrücken 3.2.1993 – 1 U 76/92; Staub/Brüggemann, 4. Aufl. 1983, Rn. 140; **aA** OLG Brandenburg 9.1.2019, BeckRS 2019, 124.

590 Vgl. BGH 8.1.2019, BeckRS 2019, 573 Rn. 2.

591 Zu Klauseln in Einkaufs-AGB in der Automobilindustrie, die § 377 modifizieren, s. Kessel/Passauer BB 2004, 1974 ff.

592 BGH 19.6.1991, NJW 1991, 2633 (2634); OLG Hamm 26.1.2023, LMuR 2023, 590 (593); MüKoHGB/Grunewald Rn. 137, 142; BeckOGK/Höpfner, 1.3.2025, Rn. 156; Ebenroth/Boujong/Achilles Rn. 247; Lange JZ 2008, 661 (664); Hopt/Leyens Rn. 59; BeckOK HGB/Schwartze, 47. Ed. 1.4.2025, Rn. 95, jeweils jedenfalls für offenkundige Mängel.

593 **AA** BGH 29.10.1980, NJW 1981, 222 (223); BeckOK HGB/Schwartze, 47. Ed. 1.4.2025, Rn. 95; wie hier: MüKoHGB/Grunewald Rn. 147; NK-HGB/Stöber Rn. 85.

594 MüKoHGB/Grunewald Rn. 135.

Streckengeschäften berechtigt, die Untersuchung bis nach dem Eintreffen der Ware am Geschäftssitz seines Abnehmers aufzuschieben. Dagegen ist eine Klausel, die dem Verwender gestattet bei verpackter Ware einen Mangel erst bei Öffnung der Verpackung bzw. Weiterverarbeitung zu rügen, nach § 307 Abs. 2 Nr. 1 BGB unwirksam, da sie nicht zwischen offenen und verdeckten Mängeln differenziert.[595] Ein berechtigtes Interesse des Käufers an einer Verlängerung der Frist für die Mängelanzeige nach Entdeckung des (offenen/verdeckten) Mangels ist in Ausnahmefällen denkbar. Eine Regelung, durch die sich der Käufer unabhängig von dem Vorliegen von Ausnahmefällen, eine bestimmte Frist einräumt, innerhalb derer die Mängelanzeige rechtzeitig ist, ist jedoch unwirksam.[596]

cc) Festlegung von Ort, Art und Umfang der Untersuchung. Klauseln, die den Ort, Art 152 und Umfang der Untersuchung festlegen, sind unbedenklich, soweit sie nicht geeignet sind, die Untersuchungsfrist über das nach ordnungsmäßigem Geschäftsgang zumutbare Maß hinaus zu verlängern.[597]

c) Qualitätssicherungsvereinbarungen. Hat sich der Verkäufer (Zulieferer) gegenüber dem 153 Käufer (Hersteller) zur Qualitätssicherung durch eine Ausgangskontrolle verpflichtet, wie in der Regel bei **Just-in-time-Geschäften,** kann sich der Käufer nach herrschender Ansicht auf die bloße Mindestkontrolle anhand des Lieferscheins und auf Transportschäden beschränken.[598] Mehr sei in solchen Fällen nicht tunlich iSv § 377 Abs. 1.[599] Diese Argumentation scheint zu pauschal. Da die formularmäßige Verlagerung der Wareneingangskontrolle beim Käufer zur Ausgangskontrolle beim Verkäufer das Pflichtenprogramm des Käufers herabsenkt, liegt der Fall auf den ersten Blick wertungsmäßig nicht viel anders als bei der Abbedingung der Rügeobliegenheit. Die durch den Verstoß gegen § 307 Abs. 2 Nr. 1 BGB indizierte („im Zweifel") unangemessene Benachteiligung lässt sich nur dadurch ausgleichen, dass die mit der Klausel verbundenen Nachteile für den Verkäufer kompensiert werden.[600] Eine solche Kompensation kann dadurch geschaffen werden, dass der Käufer ein Qualitätssicherungssystem beim Verkäufer einrichtet oder sich dieser gegenüber dem Käufer verpflichtet, ein bestimmtes Qualitätssicherungssystem zu installieren, und die Parteien im Rahmen einer Qualitätssicherungsvereinbarung festlegen, dass der Käufer die Ware nur noch auf Mängel, die dann trotz des vereinbarten Qualitätssicherungssystems eintreten können, untersucht und rügt.[601]

XI. UN-Kaufrecht (Überblick)

Das UN-Kaufrecht enthält im Ausgangspunkt mit § 377 vergleichbare Regelungen. Nach **Art. 38** 154 **Abs. 1 CISG** hat der Käufer die Ware „innerhalb einer so kurzen Frist zu untersuchen oder untersuchen zu lassen, wie es die Umstände erlauben". **Art. 39 Abs. 1 CISG** bestimmt, dass der Käufer „das Recht [verliert], sich auf eine Vertragswidrigkeit der Ware zu berufen, wenn er sie dem Verkäufer nicht innerhalb einer angemessenen Frist nach dem Zeitpunkt, in dem er sie festgestellt hat oder hätte feststellen müssen, anzeigt und dabei die Art der Vertragswidrigkeit genau bezeichnet". Auch das UN-Kaufrecht unterscheidet somit zwischen der Obliegenheit zur Untersuchung und zur eigentlichen Mängelanzeige und knüpft den Rechtsverlust an die Verspätung letzterer an.[602] Betrachtet man (nicht nur) die deutsche Rspr. zu Art. 38 Abs. 1 CISG, so bedient sich diese im Wesentlichen derselben Kriterien zur Bestimmung von Inhalt und Umfang der Untersuchungsobliegenheit, die auch für § 377 Abs. 1 maßgeblich sind.[603] Es verwundert daher nicht, dass sich die Bemessung der

---

595 OLG Hamm 20.12.2011, BeckRS 2012, 2945.

596 **AA** MüKoHGB/Grunewald Rn. 136, 143; BeckOK HGB/Schwartze, 47. Ed. 1.4.2025, Rn. 96; Wellenhofer-Klein, Zulieferverträge im Privat- und Wirtschaftsrecht, 1999, 342; Hopt/Leyens Rn. 59; Lange JZ 2008, 661 (664): pauschale Frist „bis zu zwei Wochen" bei verdeckten Mängeln zulässig.

597 Vgl. Ebenroth/Boujong/Achilles Rn. 250; MüKoHGB/Grunewald Rn. 134, 143.

598 Vgl. Hopt/Leyens Rn. 59; KKD/Roth/Huber Rn. 32; BeckOGK/Höpfner, 1.3.2025, Rn. 157; Canaris HandelsR § 29 Rn. 63; BeckOK HGB/Schwartze, 47. Ed. 1.4.2025, Rn. 97; Heymann/Emmerich/Hoffmann Rn. 132; Kessel/Passauer BB 2004, 1974 (1975); Wellenhofer-Klein, Zulieferverträge im Privat- und Wirtschaftsrecht, 1999, 344; Steinmann BB 1993, 873 (874); Lehmann BB 1990, 1849 (1852); **aA** Graf v. Westphalen FS 40 Jahre DB, 1988, 223 (228 ff.); MüKoHGB/Grunewald Rn. 135 ff.; D. Schmidt NJW 1991, 144 (148 f.).

599 Vgl. Canaris HandelsR § 29 R. 63.

600 Vgl. BGH 29.11.2002, NJW 2003, 889 (890 f.); 23.4.1991, BGHZ 114, 238 (246 f.) = NJW 1991, 1886.

601 Ensthaler NJW 1994, 817 (820); vgl. auch (einschr.) MüKoHGB/Grunewald Rn. 144; St. Ernst MDR 2003, 4 (9 f.); Kreifels ZIP 1990, 489 (495); Migge VersR 1992, 665 (672); K. Schmidt HandelsR § 29 Rn. 129.

602 Zur analogen Anwendung von Art. 38, 39 CISG bei Mängeln von Dokumenten iSv Art. 58 Abs. 1 S. 1 CISG s. AG Geldern 17.8.2011, BeckRS 2011, 21875.

603 Vgl. Darstellung bei Staudinger/Magnus, 2025, CISG Art. 38 Rn. 40 ff.; BeckOK BGB/Saenger, 1.5.2025, CISG Art. 38 Rn. 3; Schlechtriem/Schwenzer/Schroeter/Schwenzer CISG Art. 38 Rn. 15 ff.; vgl. OLG Naumburg 24.4.2019, NJW 2020, 476 (480); OLG München 10.1.2017, BeckRS 2017, 100087; OLG Hamm 28.4.2006, BeckRS 2010, 22927; LG Kleve 15.11.2017, BeckRS 2017, 138219.

Untersuchungsfrist – wie die Beispiele aus der Rspr. zeigen (→ Rn. 73) – nicht sonderlich von § 377 Abs. 1 unterscheidet und in der Tendenz nur unwesentlich großzügiger bemessen wird.[604] Jedoch nimmt Art. 38 Abs. 3 CISG auf die Fälle der Umleitung der Ware und ihrer Weiterversendung besondere Rücksicht, indem er den Käufer berechtigt, die Untersuchung bis nach dem Eintreffen der Ware an ihrem neuen Bestimmungsort aufzuschieben, wenn er nicht ausreichend Gelegenheit hatte, sie zu untersuchen, und der Verkäufer bei Vertragsabschluss die Möglichkeit einer solchen Umleitung oder Weiterversendung kannte oder sie für ihn erkennbar war. Ein Verzicht auf die Mängelanzeige ist auch konkludent zulässig und kann auf einzelne Ansprüche oder Mängelrechte beschränkt werden.[605]

155 **Art und Intensität der Untersuchung** bestimmen sich vorrangig nach den Parteivereinbarungen. Fehlen konkrete Vereinbarungen, kann sich die erforderliche Art und Weise der Untersuchung aus Gepflogenheiten und Handelsbräuchen ergeben. Im Grundsatz gilt dabei ein **objektiver Maßstab.** Auszugehen ist von einem Käufer, der den Anforderungen des internationalen Wirtschaftsverkehrs gewachsen ist. Expertenwissen wird allerdings nicht gefordert.[606] Bei der Bestimmung des Maßstabes des Erforderlichen und Zumutbaren sind sämtliche – dem Käufer bekannten oder zumindest erkennbaren – Besonderheiten des Einzelfalles zu beachten.[607] Kosten und Aufwand der Untersuchung müssen in einem vernünftigen Verhältnis zu dem erwarteten Ertrag der Untersuchung stehen. Vom Käufer können deshalb grundsätzlich umso intensivere Untersuchungsanstrengung verlangt werden, je größer der aus der Vertragswidrigkeit drohende Schaden ist.[608] Im Regelfall kann sich die Untersuchung auf typische bzw. naheliegende Vertragswidrigkeiten konzentrieren. Der Käufer muss die Ware nicht auf Mängel untersuchen, die nur im Ausnahmefall vorkommen und nur mit größerem Aufwand feststellbar sind.[609]

156 Wesentlich von § 377 Abs. 1 unterscheidet sich die **Dauer der Frist für die Mängelanzeige.** Wie schon der Wortlaut von Art. 39 Abs. 1 CISG („angemessene Frist") andeutet, steht dem Käufer nach UN-Kaufrecht eine sehr viel längere Frist für die Anzeige des Mangels zur Verfügung. Im Falle der Zurückweisung der Ware ist sie aber kürzer zu bemessen als im Fall der Minderung, weil nicht nur dem Verkäufer die Möglichkeit zur Nachlieferung gegeben werden muss, sondern damit dieser auch Vorsorge für einen etwaigen Rücktransport der Ware treffen kann.[610] Hier wird „wegen der unterschiedlichen nationalen Rechtstraditionen"[611] sowohl in der deutschen Rspr.[612] als auch in der deutschen Lit.[613] – zusätzlich zur Untersuchungsfrist(!)[614] – eine **Rügefrist** von etwa **einem Monat** als Ausgangspunkt für angemessen angesehen. Bei **Rechtsmängeln,** für die **Art. 43 CISG** ausdrücklich eine Rügeobliegenheit statuiert, kann die Rügefrist sogar darüber hinausgehen, da dem Käufer Gelegenheit gegeben werden muss, sich ein ungefähres Bild von der Rechtslage zu machen.[615]

157 Abweichend vom deutschen unvereinheitlichten Recht kann der Käufer ungeachtet der Nichteinhaltung der Rügefrist iSd Art. 39 Abs. 1 CISG, Art. 43 Abs. 1 CISG nach **Art. 44 CISG** Schadensersatz verlangen, wenn er eine **vernünftige Entschuldigung** dafür hat, dass er die erforderliche Anzeige eines Sach- oder Rechtsmangels unterlassen hat. Bei der Anwendung des Art. 44 CISG ist jedoch im Hinblick auf seinen Charakter als Ausnahmevorschrift Zurückhaltung geboten. Entschul-

---

[604] Staudinger/Magnus, 2025, CISG Art. 38 Rn. 50 aE; BeckOGK/Höpfner, 1.3.2025, Rn. 158.

[605] Schweiz. BG 26.3.2013, IHR 2014, 22 (24).

[606] OLG Schleswig 28.5.2020, BeckRS 2020, 44042; MüKoBGB/Gruber CISG Art. 38 Rn. 22.

[607] OLG Schleswig 28.5.2020, BeckRS 2020, 44042.

[608] OLG München 25.10.2023, BeckRS 2023, 32938; OLG Schleswig 28.5.2020, BeckRS 2020, 44042; MüKoBGB/Gruber CISG Art. 38 Rn. 26.

[609] OLG Schleswig 28.5.2020, BeckRS 2020, 44042.

[610] OLG Köln 9.1.2025, BeckRS 2025, 1707; Schlechtriem/Schwenzer/Schroeter/Schwenzer CISG Art. 39 Rn. 16.

[611] BGH 8.3.1995, BGHZ 129, 75 (85) = NJW 1995, 2099.

[612] BGH 3.11.1999, NJW-RR 2000, 1361; 8.3.1995, BGHZ 129, 75 (85 f.) = NJW 1995, 2099; OLG Köln 9.1.2025, BeckRS 2025, 1707; OLG München 25.10.2023, BeckRS 2023, 32938; OLG Dresden 27.5.2010, IHR 2011, 185 (190); OLG Hamm 2.4.2009, NJW-RR 2010, 708 (710) – Zeitspanne, die einen Monat deutlich übersteigt; OLG München 13.11.2002, NJW-RR 2003, 849 (850) – zwei bis vier Wochen; OLG Saarbrücken 17.1.2007, IHR 2008, 55 – zwei Monate ist verspätet; 14.2.2001, IHR 2001, 64 – zwei bis vier Wochen; OLG Oldenburg 5.12.2000, DB 2001, 1088 – mehr als ein Monat nicht angemessen; LG Berlin 21.3.2003, IHR 2003, 228.

[613] MüKoBGB/Gruber CISG Art. 39 Rn. 34; Schlechtriem/Schwenzer/Schroeter/Schwenzer CISG Art. 39 Rn. 17; BeckOK BGB/Saenger, 1.5.2025, CISG Art. 39 Rn. 8; **aA** Staudinger/Magnus, 2025, CISG Art. 39 Rn. 49 – zwei bis vier Wochen.

[614] Vgl. BGH 3.11.1999, NJW-RR 2000, 1361; OLG Oldenburg 5.12.2000, DB 2001, 1088.

[615] BGH 11.1.2006, NJW 2006, 1343 – Klärung der Eigentumslage an Kfz; vgl. Schlechtriem/Schwenzer/Schroeter/Schwenzer CISG Art. 43 Rn. 3; Staudinger/Magnus, 2025, CISG Art. 43 Rn. 20.

digt ist nur ein solches Verhalten des Käufers, das nach den Umständen des Einzelfalls billigerweise ein gewisses Verständnis und eine gewisse Nachsicht verdient.[616] Dies ist zB der Fall, wenn der Verstoß gegen die Rügeobliegenheit – insbesondere auch im Hinblick auf persönliche Umstände des Käufers – im Ergebnis so leicht wiegt, dass dieser Verstoß einem Käufer im redlichen Geschäftsverkehr üblicherweise nachgesehen wird und deshalb billigerweise nicht die schwerwiegende Folge eines vollständigen Gewährleistungsausschlusses rechtfertigt.[617] Die **Art. 38 ff. CISG** sind somit **insgesamt käuferfreundlicher** als der vergleichbare § 377.[618] Dies gilt umso mehr, als Art. 40 CISG den Käufer von seiner Untersuchungs- und Rügeobliegenheit bereits dann befreit, wenn der Verkäufer den Mangel (grobfahrlässig) nicht kannte. Arglist ist somit nicht erforderlich.

Keine Entsprechung im deutschen unvereinheitlichten Recht hat **Art. 49 Abs. 2 lit. b Ziff. i** **158**
CISG, dem zufolge der Käufer das Recht verliert, die Aufhebung des Vertrages zu erklären, wenn er im Falle einer anderen Vertragsverletzung als verspäteter Lieferung die Aufhebung nicht innerhalb einer angemessenen Frist erklärt, nachdem er die Vertragsverletzung kannte oder kennen musste. Die angemessene Dauer der Frist ergibt sich aus einer Abwägung der jeweiligen Interessen beider Vertragspartner und ist nicht identisch mit der Frist der Rügeobliegenheit.[619] Der Käufer soll sich erst nach der Rüge und der Reaktion des Verkäufers entscheiden müssen, welchen Rechtsbehelf er wählt.[620] Er muss genug Zeit haben, die Sach- und Rechtslage klären und Überlegungen zu seinem weiteren Vorgehen anstellen zu können.[621] Der Verkäufer soll andererseits rasch Gewissheit darüber erlangen können, ob er die Ware zurücknehmen und anderweitig verwerten muss, wobei dieses Interesse besonders großes Gewicht erlangt, wenn der Verkäufer schnell am Markt agieren muss, etwa weil dieser erheblichen Preisschwankungen unterliegt. In diesem Fall muss eine rasche Entscheidung des Käufers erwartet werden können.[622]

§ 378 *[aufgehoben]*

§ 379 [Einstweilige Aufbewahrung; Notverkauf]

(1) Ist der Kauf für beide Teile ein Handelsgeschäft, so ist der Käufer, wenn er die ihm von einem anderen Orte übersendete Ware beanstandet, verpflichtet, für ihre einstweilige Aufbewahrung zu sorgen.

(2) Er kann die Ware, wenn sie dem Verderb ausgesetzt und Gefahr im Verzug ist, unter Beobachtung der Vorschriften des § 373 verkaufen lassen.

Schrifttum: Ernst, Sachmängelhaftung und Gefahrtragung, FS U. Huber, 2006, 165.

Übersicht

[616] BGH 11.1.2006, NJW 2006, 1343; OLG Saarbrücken 17.1.2007, IHR 2008, 55; Conrads IHR 2022, 1 (3).
[617] BGH 11.1.2006, NJW 2006, 1343 f.; OLG Saarbrücken 17.1.2007, IHR 2008, 55; Staudinger/Magnus, 205, CISG Art. 44 Rn. 10.
[618] Conrads IHR 2022, 1 (3 ff.).
[619] Vgl. BGH 15.2.1995, NJW 1995, 2101 – fünf Monate; OLG Köln 9.1.2025, BeckRS 2025, 1707 – 4 Wochen; OLG München 25.10.2023, BeckRS 2023, 32938 – drei Wochen; OLG Koblenz 31.1.1997, IHR 2003, 172 – knapp zwei Monate; vgl. aber auch LG Freiburg 22.8.2002, IHR 2003, 22 – Aufhebungserklärung drei Monate nach Beschlagnahme eines gestohlenen Kfz noch angemessen, da die Klärung der Fakten einige Zeit beanspruchte.
[620] Staudinger/Magnus, 2025, CISG Art. 49 Rn. 38.
[621] OLG Köln 9.1.2025, BeckRS 2025, 1707.
[622] OLG Köln 9.1.2025, BeckRS 2025, 1707.

I. Allgemeines

1 § 379 betrifft den Fall, dass der Käufer **Ware erhalten und in Besitz genommen** hat, die **vertragswidrig** ist und die er deshalb **wieder zurückgeben will.**[1] § 379 Abs. 1 verpflichtet ihn in diesem Fall dazu, die Ware vorläufig („einstweilig“) für den Verkäufer aufzubewahren, um sie vor Verlust oder Beschädigung zu schützen und dem Verkäufer die Möglichkeit zu geben, die Ware wieder an sich zu nehmen und/oder anderweitig über die Ware zu disponieren.[2] Ist die Ware dem Verderb ausgesetzt und Gefahr im Verzug, berechtigt § 379 Abs. 2 den Käufer zum Notverkauf. § 379 dient somit dem Interesse des Verkäufers[3] und nicht etwa dem Beweissicherungsinteresse des Käufers.[4] Gemäß § 381 bezieht sich § 379 auch auf den Kauf von Wertpapieren (Abs. 1) und auf Werklieferungsverträge (Abs. 2). Entsprechende Anwendung findet § 379 im Fall des § 391 (Aufbewahrungspflicht des Einkaufskommissionärs).[5]

2 § 379 ist auch nach Inkrafttreten des SchuldRModG von Bedeutung. Erfolgt die Beanstandung wegen eines Mangels iSv § 434 BGB, entsteht zwar hinsichtlich der vertragswidrigen Ware in der Regel zugleich ein **Rückgewährschuldverhältnis iSd §§ 346 ff. BGB** (→ Rn. 13), das den Käufer aus § 241 Abs. 2 BGB verpflichtet, die für die unversehrte Rückgabe der Ware erforderlichen Maßnahmen zu treffen. Hierzu zählt insbesondere auch die sorgfältige Aufbewahrung der Ware bis zu deren Rückgabe.[6] § 379 Abs. 1 bewirkt, dass die bürgerlich-rechtliche Verpflichtung des Verkäufers zur Rücknahme der Ware[7] hinausgeschoben wird, bis die Aufbewahrungspflicht des Käufers endet.[8] Der Verkäufer gerät bis zum Ablauf dieser Frist mit der Rücknahme weder in Annahmeverzug (§§ 293 ff. BGB) noch unter den Voraussetzungen der § 280 Abs. 1 und 2 BGB, § 286 BGB in Schuldnerverzug.

II. Vorliegen eines beiderseitigen Handelskaufs

3 Die Anwendung des § 379 setzt voraus, dass **beide Parteien** des Kaufvertrags, kaufähnlichen Vertrags (→ Vor § 373 Rn. 40 ff.) oder Werklieferungsvertrags (§ 381) **Kaufmannseigenschaft** haben. Handelt es sich bei dem Verkäufer um einen Scheinkaufmann, ist ihm die Berufung auf § 379 Abs. 1 verwehrt, da er durch ein Vorspiegeln der Kaufmannseigenschaft keine Vorteile erlangen soll.[9] Dasselbe gilt nach der Wertung des § 15 Abs. 1 für den Fall, dass der Ist-Kaufmann entgegen § 29 nicht ins Handelsregister eingetragen ist.[10] Keine Anwendung findet § 377 zudem auf nicht in das Handelsregister eingetragene Kleingewerbetreibende iSv § 2 (→ Vor § 373 Rn. 17). Der Scheinkaufmann in der Rolle des Käufers ist einerseits an die ihn belastende Regelung des § 379 Abs. 1 gebunden, kann sich andererseits aber auf die ihn begünstigende Vorschrift des § 379 Abs. 2 nicht

---

[1] Vgl. BGH 20.12.1978, NJW 1979, 811 (812).
[2] BGH 20.12.1978, NJW 1979, 811 (812); vgl. auch RG 3.11.1886, RGZ 17, 65 (67); Denkschrift zum HGB 225.
[3] RG 23.11.1920, RGZ 11, 18 (19); 3.11.1886, RGZ 17, 65 (67).
[4] Staub/Brüggemann, 4. Aufl. 1983, Rn. 3.
[5] BeckOGK/Höpfner, 1.3.2025, Rn. 9.
[6] Vgl. BGH 29.1.1993, NJW-RR 1993, 626 (628); Staudinger/Kaiser/Sittmann-Haury, 2022, BGB § 346 Rn. 228; BeckOK BGB/Schmidt, 75. Ed. 1.8.2025, BGB § 346 Rn. 60; MüKoBGB/Gaier BGB § 346 Rn. 71.
[7] Vgl. BGH 9.3.1983, NJW 1983, 1479 (1480); BeckOK BGB/Faust, 76. Ed. 1.11.2026, BGB § 437 Rn. 52 und BGB § 439 Rn. 25; Staudinger/Bach, 2023, BGB § 439 Rn. 44; Grüneberg/Weidenkaff BGB § 439 Rn. 25.
[8] Heymann/Emmerich/Hoffmann § 379 Rn. 15; **aA** MüKoHGB/Grunewald Rn. 6.
[9] BeckOGK/Höpfner, 1.3.2025, Rn. 11; MüKoHGB/Grunewald Rn. 1; NK-HGB/Stöber Rn. 2.
[10] Ebenroth/Boujong/Achilles Rn. 4.

berufen.[11] Rechte aus einem Notverkauf kann er nur nach den Grundsätzen über die Geschäftsführung ohne Auftrag iSd §§ 677 ff. BGB herleiten (→ Rn. 40). Beim einseitigen Handelskauf ergibt sich eine **vorübergehende Aufbewahrungspflicht des Käufers aus § 241 Abs. 2 BGB.**[12]

III. Übersendung an einen anderen Ort

§ 379 Abs. 1 setzt voraus, dass die Ware dem Käufer „von einem anderen Ort übersandt" wird, es muss also ein sog. **Distanzkauf** vorliegen. 4

1. Verschiedenheit der Orte. Mit Ort ist in erster Linie die **politische Gemeinde** gemeint. Ein Versand innerhalb einer Stadt fällt somit nicht unter § 379.[13] Ausnahmsweise sollen auch räumlich eng zusammenhängende politische Gemeinden als ein Ort gelten, wenn sich zwischen ihnen enge Handelsbeziehungen und integrierte Verkehrsverhältnisse herausgebildet haben, sodass sie im Handelsverkehr als **ein Handelsplatz**[14] oder als **einheitlicher Wirtschaftsraum**[15] angesehen werden. 5

2. Übersendung. Die Ware muss **zum Zweck der Erfüllung des Kaufvertrags** vom Verkäufer oder auf dessen Anordnung dem Käufer oder dem von diesem benannten Dritten übersandt worden sein.[16] Was ursprünglich vereinbart worden ist, ist unerheblich.[17] War nach dem Kaufvertrag unter Anwesenden zu erfüllen, so braucht zwar der Verkäufer die spätere Weisung des Käufers, ihm die Ware zu übersenden, nicht zu befolgen. Tut er das, kommt § 379 zur Anwendung. Soll nach dem ursprünglichen Vertrag der Verkäufer dem Käufer die Ware übersenden, greift § 379 nicht ein, wenn er sie ihm stattdessen übergibt.[18] Lässt sich der Verkäufer die Ware von einem Dritten zusenden, um sie alsdann am selben Ort dem Käufer zu übergeben, greift § 379 ebenfalls nicht ein.[19] 6

Ohne Bedeutung für die Frage, ob tatsächlich eine Übersendung vorliegt, ist der Sitz der Vertragsparteien oder der Erfüllungsort für die Verpflichtungen des Verkäufers. Unerheblich ist zudem, wer die Gefahr und die Kosten der Übersendung trägt.[20] Für den Begriff der Übersendung kommt es auch nicht darauf an, wer die Person, welche den Transport ausführt (Frachtführer, Verfrachter) oder die Besorgung der Ausführung übernimmt (Spediteur) auswählt und die entsprechenden Verträge abschließt. Unerheblich ist ferner, ob der Transport durch die Leute des Käufers vorgenommen wird.[21] Wird die Ware allerdings bereits am Ort des Verkäufers von Beauftragten des Käufers in Empfang genommen, liegt kein Übersendungskauf vor.[22] 7

IV. Inbesitznahme der Ware

Der Käufer kann die Ware nur beanstanden und seiner Pflicht zur Aufbewahrung nachkommen, wenn er oder der von ihm Beauftragte an der Ware **Gewahrsam erlangt** hat (§ 854 BGB).[23] Verweigert der Käufer die Entgegennahme der Ware, kommt eine Beanstandung nicht in Betracht und ihn trifft auch keine Pflicht zur Aufbewahrung.[24] Hat der Käufer **die Ware zu Unrecht zurückgewiesen,** kommt er in Annahmeverzug (§§ 293 ff. BGB) und unter den Voraussetzungen 8

[11] Vgl. MüKoHGB/Grunewald Rn. 1; NK-HGB/Stöber Rn. 2; Ebenroth/Boujong/Achilles Rn. 4; BeckOGK/Höpfner, 1.3.2025, Rn. 11.

[12] Vgl. KKD/Roth/Huber § 379 Rn. 2; BeckOGK/Höpfner, 1.3.2025, Rn. 8; vorübergehende Aufbewahrungspflicht aus § 242 BGB herleitend: Heymann/Emmerich/Hoffmann § 379 Rn. 5; BeckOK HGB/Schwartze, 47. Ed. 1.7.2025, Rn. 2; Hopt/Leyens Rn. 1; NK-HGB/Stöber Rn. 2; vgl. MüKoHGB/Grunewald Rn. 3, die die Einschränkung auf beiderseitige Handelsgeschäfte nicht für sinnvoll hält.

[13] Ebenroth/Boujong/Achilles Rn. 8; Staub/Brüggemann, 4. Aufl. 1983, Rn. 11; Hopt/Leyens Rn. 4; **aA** MüKoHGB/Grunewald Rn. 8; NK-HGB/Stöber Rn. 3; für analoge Anwendung BeckOGK/Höpfner, 1.3.2025, Rn. 18.

[14] Staub/Brüggemann, 4. Aufl. 1983, Rn. 11.

[15] Heymann/Emmerich/Hoffmann Rn. 7; Ebenroth/Boujong/Achilles Rn. 8; KKD/Roth/Huber Rn. 2; BeckOK HGB/Schwartze, 47. Ed. 1.7.2025, Rn. 3; RGHMW/Steimle/Dornieden Rn. 6; weitergehend MüKoHGB/Grunewald Rn. 8; NK-HGB/Stöber Rn. 3: Anwendung bei jeder Versendung.

[16] RG 2.11.1881, RGZ 6, 60; NK-HGB/Stöber Rn. 4.

[17] RG 2.11.1881, RGZ 6, 60.

[18] RG 2.11.1881, RGZ 6, 60.

[19] Heymann/Emmerich/Hoffmann Rn. 9.

[20] Heymann/Emmerich/Hoffmann Rn. 8; Staub/Brüggemann, 4. Aufl. 1983, Rn. 7.

[21] RG 2.11.1881, RGZ 6, 60 f.; RGHMW/Steimle/Dornieden Rn. 5; NK-HGB/Stöber Rn. 4; BeckOK HGB/Schwartze, 47. Ed. 1.7.2025, Rn. 4; Ebenroth/Boujong/Achilles Rn. 8.

[22] RG 2.11.1881, RGZ 6, 60 (61); vgl. auch Staub/Brüggemann, 4. Aufl. 1983, Rn. 9.

[23] Vgl. BGH 20.12.1978, NJW 1979, 811 (812); **aA** BeckOGK/Höpfner, 1.3.2025, Rn. 35: Inbesitznahme nicht erforderlich.

[24] Vgl. MüKoHGB/Grunewald Rn. 5; NK-HGB/Stöber Rn. 5.

der § 280 Abs. 1 und 2 BGB, § 286 BGB auch in Schuldnerverzug mit seiner Abnahmepflicht aus § 433 Abs. 2 BGB. Er muss sich so behandeln lassen, als ob er die Ware angenommen hätte.[25]

V. Beanstandung der Ware

9 **1. Beanstandungsgrund.** Der Käufer muss die Ware als vertragswidrig beanstanden. Die **Vertragswidrigkeit** kann sich zum einen daraus ergeben, dass die Ware **mangelhaft iSv § 434 BGB** ist.[26] Umfasst werden somit auch Beanstandungen wegen Zuweniglieferungen und aliud-Lieferungen sowie Beanstandungen, die sich auf die fehlerhafte Montage einer Sache oder eine fehlerhafte Montageanleitung beziehen. Darüber hinaus gehend kann auch eine **Zuviellieferung** beanstandet werden, die anders als die Zuweniglieferung (vgl. § 434 Abs. 3 BGB) einem Mangel nicht gleichgestellt ist (→ § 377 Rn. 32). Dem steht nicht entgegen, dass § 379 nicht auf die Lieferung unbestellter Ware anwendbar ist.[27] Denn auch in den Fällen der aliud-Lieferung hat der Käufer die gelieferte Ware nicht bestellt. Entscheidend für die Anwendung von § 379 ist, dass der Verkäufer zwecks Erfüllung des Kaufvertrages geliefert und damit die Erfüllung versucht hat.[28] Nur die **arglistige Falsch- oder Mehrlieferung** ist vom Anwendungsbereich des § 379 auszunehmen.[29]

10 **2. Beanstandungserklärung.** Eine Beanstandung iSv § 379 Abs. 1 hat zur Voraussetzung, dass aus der Erklärung des Käufers deutlich hervorgeht, dass er die Ware nicht als vertragsgemäß anerkennt und sie deshalb nicht behalten will.[30] Der **Rückgabewille** des Käufers muss also **klar erkennbar** sein, weshalb eine bloße Mängelrüge iSv § 377 nicht genügt.[31] Die Beanstandung kann jedoch mit der Mängelrüge verbunden werden.[32] Im Unterschied zur Mängelrüge unterliegt sie jedoch grundsätzlich keiner **zeitlichen Begrenzung.**[33] Dies ergibt sich daraus, dass die Beanstandung nicht dazu dient, Rechte des Käufers zu bewahren.[34]

11 Fraglich ist, welche bürgerlich-rechtlichen Folgen sich aus der Beanstandung ergeben. Nach einer Ansicht im Schrifttum kommt dem Merkmal der „Beanstandung" keine konstitutive Wirkung zu.[35] Es diene vornehmlich der Klarstellung, dass die Ware wegen ihrer Mangelhaftigkeit wieder zurückgegeben werden solle. Die Anzeige iSd § 379 Abs. 1 führe jedoch dazu, dass sich der Käufer nach dem allgemeinen Grundsatz von Treu und Glauben (§ 242 BGB) an seinem manifestierten Rückgabewillen festhalten lassen müsse.[36]

12 Diese Ansicht überzeugt angesichts der Neuregelung des Gewährleistungsrechts nicht (mehr). Während der Käufer vor Inkrafttreten des SchuldRModG von einer einmal getroffenen Wahl nachträglich abstehen und auf einen anderen Gewährleistungsanspruch übergehen konnte, solange die Wahl noch nicht vertraglich vollzogen war (§§ 465, 480 Abs. 1 S. 2 BGB aF) oder mit der Rechtskraft des dem Begehren des Käufers im Gewährleistungsprozess entsprechenden Urteils endgültig geworden ist, handelt es sich bei den Rechtsbehelfen, die nunmehr eine Rückgabe der Sache zur Folge haben, um **Gestaltungsrechte** (Ersatzlieferung, Rücktritt)[37] oder **gestaltungsähnliche Rechte** (Schadensersatz statt der Leistung).[38] Nach deren Ausübung ist der Käufer zumindest insoweit festge-

---

[25] Hopt/Leyens Rn. 5; Heymann/Emmerich/Hoffmann Rn. 12; Schlegelberger/Hefermehl Rn. 5; KKD/Roth/Huber Rn. 2; Ebenroth/Boujong/Achilles Rn. 5; BeckOK HGB/Schwartze, 47. Ed. 1.7.2025, Rn. 5; BeckOGK/Höpfner, 1.3.2025, Rn. 36; vgl. auch BGH 20.12.1978, NJW 1979, 811 (812); RG 19.3.1926, WarnR 1926 Nr. 180 S. 265.

[26] BeckOGK/Höpfner, 1.3.2025, Rn. 22; NK-HGB/Stöber Rn. 8.

[27] Vgl. MüKoHGB/Grunewald Rn. 7; Heymann/Emmerich/Hoffmann Rn. 11; NK-HGB/Stöber Rn. 8.

[28] Vgl. Staub/Brüggemann, 4. Aufl. 1983, Rn. 12; BeckOGK/Höpfner, 1.3.2025, Rn. 23; MüKoHGB/Grunewald Rn. 7; Ebenroth/Boujong/Achilles Rn. 8; **aA** Heymann/Emmerich/Hoffmann Rn. 10, der auf den Fall der Mehrlieferung § 242 BGB anwendet.

[29] Vgl. Ebenroth/Boujong/Müller, 3. Aufl. 2015, Rn. 12; NK-HGB/Stöber Rn. 8; BeckOK HGB/Schwartze, 47. Ed. 1.7.2025, Rn. 8: keine Aufbewahrungspflicht bei arglistig fehlerhafter Lieferung; **aA** NK-HGB/Stöber Rn. 9; Ebenroth/Boujong/Achilles Rn. 3; MüKoHGB/Grunewald Rn. 15.

[30] Staub/Brüggemann, 4. Aufl. 1983, Rn. 13; Ebenroth/Boujong/Achilles Rn. 12.

[31] Vgl. Staub/Brüggemann, 4. Aufl. 1983, Rn. 13; BeckOK HGB/Schwartze, 47. Ed. 1.7.2025, Rn. 6; KKD/Roth/Huber Rn. 2; NK-HGB/Stöber Rn. 6.

[32] Staub/Brüggemann, 4. Aufl. 1983, Rn. 14.

[33] Ebenroth/Boujong/Achilles Rn. 13; BeckOK HGB/Schwartze, 47. Ed. 1.7.2025, Rn. 7; NK-HGB/Stöber Rn. 6; BeckOGK/Höpfner, 1.3.2025, Rn. 26.

[34] Staub/Brüggemann, 4. Aufl. 1983, Rn. 15.

[35] Ebenroth/Boujong/Müller, 3. Aufl. 2015, Rn. 17.

[36] Vgl. Ebenroth/Boujong/Achilles Rn. 13; NK-HGB/Stöber Rn. 7; MüKoHGB/Grunewald Rn. 11.

[37] Vgl. Grüneberg/Weidenkaff BGB § 439 Rn. 2; Grüneberg/Weidenkaff BGB § 439 Rn. 6.

[38] MüKoBGB/Ernst BGB § 325 Rn. 26; BeckOGK/Herresthal, 1.3.2025, BGB § 325 Rn. 123; BeckOK BGB/H. Schmidt, 75. Ed. 1.8.2025, BGB § 325 Rn. 8.

legt, als dass er keine Rechtsbehelfe mehr geltend machen kann, die zu dem gewählten Rechtsbehelf im Widerspruch stehen.[39]

Erklärt der Käufer gegenüber dem Verkäufer, die Ware wegen ihrer Mangelhaftigkeit nicht behalten zu wollen, kann letzterer diese Erklärung gem. §§ 133, 157 BGB nur als **Verlangen nach Ersatzlieferung** (§ 437 Nr. 1 BGB, § 439 Abs. 1 Alt. 2 BGB), als **Rücktrittserklärung** (§ 437 Nr. 2 BGB, §§ 440, 323 BGB) und/oder als die **Geltendmachung von Schadensersatz statt der ganzen Leistung** (§ 437 Nr. 3 BGB, §§ 440, 280, 281 BGB)[40] verstehen. Soweit die Voraussetzungen für diese Rechtsbehelfe gegeben sind, lässt die „Beanstandung" der Ware somit zugleich ein Rückgewährschuldverhältnis iSd §§ 346 ff. BGB entstehen.[41] 13

3. Adressat der Beanstandung. Die Beanstandung in Form des Verlangens nach Ersatzlieferung, der Rücktrittserklärung oder der Geltendmachung von Schadensersatz statt der ganzen Leistung muss gegenüber dem **Verkäufer** ausgesprochen werden.[42] Wird die Beanstandung gegenüber einer anderen Person ausgesprochen, ist sie nur dann wirksam, wenn der Betreffende Vertretungsmacht hat oder zur Entgegennahme nach § 55 Abs. 1 und 4, § 75g und § 91 Abs. 2 mit Wirkung gegen den Verkäufer ermächtigt ist. Die Beanstandung kann an einen Empfangsboten übermittelt werden. Hierzu zählen auch Personen, die zur Bedienung des Telefons befugt sind, nicht jedoch das Personal, das die Kaufsache abliefert, beispielsweise ein Fahrer oder Monteur des Verkäufers.[43] Sie können jedoch als Erklärungsboten des Käufers fungieren.[44] 14

VI. Aufbewahrungspflicht

Der Käufer ist bei einer berechtigten Beanstandung der Ware gem. § 379 Abs. 1 verpflichtet, „für ihre einstweilige Aufbewahrung zu sorgen". 15

1. Art der Aufbewahrung. Die Aufbewahrung muss so erfolgen, dass die **Ware vor Verlust oder Beschädigung geschützt** ist und der Verkäufer die Möglichkeit hat, die Ware wieder zu erlangen oder anderweitig über sie zu disponieren.[45] Dies bedeutet, dass der Käufer die Ware sich nicht selbst überlassen darf. Er darf die Ware auch nicht einfach zurücksenden, weil er damit in die Dispositionsbefugnis des Verkäufers eingreift. Eine Pflicht zum Abschluss einer Versicherung lässt sich aus § 379 Abs. 1 nicht herleiten,[46] da die Versicherung nur einen finanziellen Ausgleich für den Fall des Verlusts oder der Beschädigung gewährt, die Ware hiergegen jedoch nicht schützt. Eine solche Pflicht kann sich nur aus Handelsbrauch ergeben. 16

2. Ort der Aufbewahrung. Das Gesetz verlangt vom Käufer nicht, die beanstandete Ware selbst zu verwahren. Er kann die Ware auch bei Dritten einlagern, insbesondere in Lagerhäuser usw bringen.[47] Die mit der Aufbewahrung beauftragten Personen sind **keine Erfüllungsgehilfen** iSd § 278 BGB des Käufers. Die Haftung des Käufers ist insoweit beschränkt auf die ordentliche Auswahl der Lagerhäuser oder sonstiger Hilfspersonen **(Auswahlverschulden).**[48] 17

3. Dauer. Der Käufer ist nach § 379 Abs. 1 (nur) zur **„einstweiligen"**, dh vorübergehenden Aufbewahrung der beanstandeten Ware verpflichtet. Welchen Zeitraum der Verkäufer zur Disposition benötigt, ist eine Frage des Einzelfalls und hängt vor allem von der Art und dem Aufenthaltsort der Ware ab. Nach ganz überwiegender Ansicht hat der Verkäufer eine Frist von **bis zu einer Woche** nach Kenntniserlangung von der Beanstandung.[49] 18

[39] Ebenroth/Boujong/Achilles Rn. 13; iErg. auch BeckOGK/Höpfner, 1.3.2025, Rn. 32 ff.

[40] Vgl. Staudinger/Schwarze, 2020, BGB § 325 Rn. 17; BeckOGK/Höpfner, 1.3.2025, Rn. 28; MüKoBGB/Ernst BGB § 325 Rn. 28; BeckOK BGB/Schmidt, 75. Ed. 1.8.2025, BGB § 325 Rn. 9: im Regelfall wird der Gläubiger sowohl Rücktritt als auch Schadensersatz statt der Leistung geltend machen wollen.

[41] Vgl. auch OLG München 31.5.2000, NJOZ 2001, 991 (992); BeckOGK/Höpfner, 1.3.2025, Rn. 33 f.

[42] BeckOGK/Höpfner, 1.3.2025, Rn. 25.

[43] Vgl. RG 24.6.1921, RGZ 102, 295 (296); OLG Köln 13.7.1954, BB 1954, 613; Staub/Brüggemann, 4. Aufl. 1983, § 377 Rn. 138; Heymann/Emmerich/Hoffmann § 377 Rn. 84.

[44] Hopt/Leyens § 377 Rn. 33; Heymann/Emmerich/Hoffmann Rn. 84.

[45] BGH 20.12.1978, NJW 1979, 811 (812).

[46] *NK-HGB*/Stöber Rn. 9; **aA** wohl Staub/Brüggemann, 4. Aufl. 1983, Rn. 25; Ebenroth/Boujong/Achilles Rn. 14; vgl. auch BeckOK HGB/Schwartze, 1.1.2025, Rn. 7: ausnahmsweise.

[47] RG 23.1.1920, RGZ 98, 69 (70).

[48] RG 23.1.1920, RGZ 98, 69 (70); Ebenroth/Boujong/Achilles Rn. 14; MüKoHGB/Grunewald Rn. 17; Hopt/Leyens Rn. 7; KKD/Roth/Huber Rn. 6; Heymann/Emmerich/Hoffmann Rn. 13.

[49] RG 8.12.1898, RGZ 43, 27 (32): zur Dauer der Aufbewahrungspflicht des Käufers nach Art. 348 Abs. 1 ADHGB; KKD/Roth/Huber Rn. 4; Ebenroth/Boujong/Achilles Rn. 15; Schlegelberger/Hefermehl Rn. 6; Hopt/Leyens Rn. 8; Heymann/Emmerich/Hoffmann Rn. 14; BeckOK HGB/Schwartze, 47. Ed. 1.7.2025, Rn. 10; kürzer MüKoHGB/Grunewald Rn. 13; NK-HGB/Stöber Rn. 10.

19 Befreit der Verkäufer den Käufer innerhalb dieser Dispositionsfrist nicht von der Aufbewahrungslast, weil er die Ware nicht abholt, nicht abholen lässt oder anderweitig darüber verfügt, endet die Aufbewahrungspflicht des Käufers aus § 379 Abs. 1.[50] Der Verkäufer ist zur Rücknahme der Ware verpflichtet.[51] Der Käufer kann die Ware auf Gefahr und Kosten des Verkäufers zurücksenden.[52] **Nur in Ausnahmefällen ist der Käufer zur Rücksendung verpflichtet.**[53] In der Lit. wird eine entsprechende Pflicht aus Handelsbrauch oder zB bei einer Kostenübernahmezusage des Verkäufers hergeleitet.[54]

20 Nimmt der Verkäufer die Ware nicht zurück, bleibt der Käufer aus dem **Rückgewährschuldverhältnis** zunächst einmal weiterhin zur Verwahrung und sorgfältigen Aufbewahrung verpflichtet (→ Rn. 2). Für eine etwaig eintretende Verschlechterung oder den Untergang der Ware haftet er jedoch wegen des Annahmeverzugs des Verkäufers nur nach Maßgabe des § 300 Abs. 1 BGB.[55]

21 **4. Kosten.** § 379 enthält keine Kostentragungsregelung. Insoweit gibt **§ 354** das Maß. Ist die Beanstandung begründet, muss der Verkäufer dem Käufer die aufgewendeten Kosten nebst Zinsen erstatten. Er muss dem Käufer nicht nur dessen eigene **Lagerkosten** ersetzen, sondern für den Fall der Einlagerung bei Dritten auch noch **Provision** zahlen.[56] Hinsichtlich der Lagerkosten tritt der Käufer in Vorleistung. Er ist deshalb berechtigt, wegen dieser Kosten die Ware zurück zu behalten (§ 273 BGB).[57] Das Zurückbehaltungsrecht berechtigt den Käufer jedoch nicht, sich der Aufbewahrungspflicht zu entziehen.[58] Unter den Voraussetzungen der § 437 Nr. 3 BGB, § 280 BGB schuldet der Verkäufer Ersatz dieser Kosten als Schadensersatz.[59] Stellt sich heraus, dass die Beanstandung zu Unrecht erfolgt ist, muss der Käufer die Kosten der Aufbewahrung selbst tragen (vgl. § 446 S. 1 BGB).[60] **Nach Ablauf der Aufbewahrungspflicht** ergibt sich der Anspruch auf Ersatz der üblichen Lagerkosten wegen des Annahmeverzugs des Verkäufers aus **§ 304 BGB** (→ § 374 Rn. 23 ff.).[61]

22 **5. Rechtsfolgen eines Verstoßes gegen die Aufbewahrungs- und Rückgewährpflicht. a) Veräußerung der Ware.** Veräußert der Käufer die Ware innerhalb der Dispositionsfrist, ohne dass die Voraussetzungen des § 379 Abs. 2 vorliegen, haftet er dem Verkäufer aus § 280 Abs. 1 BGB auf Schadensersatz wegen Verletzung der Aufbewahrungspflicht aus § 379 Abs. 1. Der Schaden kann darin bestehen, dass der Verkäufer mit unnützen Transportkosten für eine anderweitige Disposition belastet wird.[62] Wird ein zwischenzeitlich vom Verkäufer eingeleiteter Weiterverkauf vereitelt, weil sein Abnehmer vom Kaufvertrag zurücktritt, umfasst der Schadensersatzanspruch des Verkäufers auch den entgangenen Gewinn (§ 252 BGB)[63] sowie einen möglichen Haftungsschaden gegenüber seinem Abnehmer. Ist der objektive Wert der Ware (trotz deren Mangelhaftigkeit) höher als der Kaufpreis, kann der Verkäufer vom Käufer den Differenzbetrag ersetzt verlangen.[64]

23 Zugleich haftet der Käufer auch wegen Verletzung seiner Rückgewährpflicht aus § 346 Abs. 1 BGB. Der Verkäufer ist nach § 346 Abs. 4 BGB, § 280 Abs. 1 und 3 BGB, § 281 BGB zum Schadensersatz berechtigt, dh er muss dem Käufer zunächst über eine angemessene Nachfrist die Möglichkeit zur Wiederbeschaffung der Ware gegeben haben.[65] Braucht der Käufer nach § 275 BGB nicht zu leisten, etwa weil ihm die Wiederbeschaffung nicht möglich ist, besteht ein Anspruch auf Schadensersatz gem. § 346 Abs. 4 BGB, § 280 Abs. 1 und 3 BGB, § 283 BGB. Der Verkäufer kann Schadenser-

---

[50] Vgl. BGH 20.12.1978, NJW 1979, 811 (812); ferner KKD/Roth/Huber Rn. 4; BeckOK HGB/Schwartze, 47. Ed. 1.7.2025, Rn. 10.

[51] Vgl. Staudinger/Kaiser/Sittmann-Haury, 2022, BGB § 346 Rn. 91 ff.; BeckOK BGB/Faust, 75. Ed. 1.8.2025, BGB § 437 Rn. 52 f.; MüKoBGB/Maultzsch BGB § 439 Rn. 48.

[52] Hopt/Leyens Rn. 8; KKD/Roth/Huber Rn. 4; BeckOK HGB/Schwartze, 47. Ed. 1.7.2025, Rn. 10.

[53] Vgl. Ebenroth/Boujong/Achilles Rn. 16.

[54] Hopt/Leyens Rn. 8.

[55] Heymann/Emmerich/Hoffmann Rn. 15; Ebenroth/Boujong/Achilles Rn. 16; NK-HGB/Stöber Rn. 11; BeckOK HGB/Schwartze, 47. Ed. 1.7.2025, Rn. 10.

[56] Ebenroth/Boujong/Achilles Rn. 18; Hopt/Leyens Rn. 5; Staub/Brüggemann, 4. Aufl. 1983, Rn. 25; BeckOGK/Höpfner, 1.3.2025, Rn. 43.

[57] Vgl. auch NK-HGB/Stöber Rn. 12; BeckOK HGB/Schwartze, 47. Ed. 1.7.2025, Rn. 11; BeckOGK/Höpfner, 1.3.2025, Rn. 43.

[58] Staub/Brüggemann, 4. Aufl. 1983, Rn. 25; vgl. auch RG 23.1.1920, RGZ 98, 69 (70).

[59] MüKoHGB/Grunewald Rn. 14: ergänzend greift Geschäftsführung ohne Auftrag ein.

[60] Vgl. BeckOGK/Höpfner, 1.3.2025, Rn. 44.

[61] Vgl. auch NK-HGB/Stöber Rn. 12.

[62] Vgl. BeckOGK/Höpfner, 1.3.2025, Rn. 46; Staub/Brüggemann, 4. Aufl. 1983, Rn. 26.

[63] Vgl. BGH 29.1.1993, NJW-RR 1993, 626 (627); Ebenroth/Boujong/Achilles Rn. 26; Staudinger/Kaiser/Sittmann-Haury, 2022, BGB § 346 Rn. 286; BeckOGK/Höpfner, 1.3.2025, Rn. 46.

[64] Heymann/Emmerich/Hoffmann Rn. 23.

[65] Vgl. auch NK-HGB/Stöber Rn. 14.

satz verlangen, ohne dem Käufer zuvor eine angemessene Nachfrist zur Rückgewähr gesetzt haben zu müssen.

b) Verlust oder Beschädigung der Ware. Kommt es unter der Obhut des Käufers zu einem Verlust oder einer Beschädigung der Ware, liegt ebenfalls eine Verletzung der Aufbewahrungs- und Rückgewährspflicht vor, die den Verkäufer bei Verschulden zum Schadensersatz berechtigt.[66] Lagert der Käufer die Ware bei einem Dritten ein, haftet er nur für ordnungsgemäße Auswahl des Fremdverwahrers (→ § 374 Rn. 67). 24

c) Verschuldensmaßstab. Fraglich ist, welcher Verschuldensmaßstab hinsichtlich der Verletzung der Pflicht zur Aufbewahrung und zur unversehrten Rückgewähr anzulegen ist. In der handelsrechtlichen Lit. wird das Verschuldensmaß nur hinsichtlich der Verletzung der Aufbewahrungspflicht (aus § 379 Abs. 1), nicht jedoch in Bezug auf die Verletzung der Pflicht zur Rückgewähr (aus § 346 BGB) behandelt. Ganz überwiegend wird § 347 Abs. 1 BGB iVm § 276 BGB zugrunde gelegt. Einzelne Autoren sprechen sich unter Berufung auf die in § 690 BGB niedergelegten Wertungen dafür aus, **§ 277 BGB (Sorgfalt in eigenen Angelegenheiten)** anzuwenden.[67] Gegen die Anwendung von § 690 BGB spricht jedoch, dass der Käufer gem. § 354 Ersatz seiner Lagerkosten vom Verkäufer verlangen kann, mithin kein Fall einer unentgeltlichen Aufbewahrung vorliegt.[68] 25

Im Rahmen des Anspruchs aus § 346 Abs. 4 BGB kommt der Käufer ebenfalls nicht in den Genuss einer Haftungsprivilegierung. Zum einen greift § 346 Abs. 3 S. 1 Nr. 3 BGB bei der Veräußerung von Ware nicht ein, sondern nur bei Verschlechterung und Untergang. Zum anderen gilt die Privilegierung des § 346 Abs. 3 S. 1 Nr. 3 BGB lediglich für den Wertersatzanspruch. Schadensersatzansprüche des Rücktrittsgegners bleiben von der Privilegierung unberührt, da § 346 Abs. 4 BGB auf die §§ 280 ff. BGB verweist, ohne die Haftungsprivilegierung aufzugreifen.[69] Selbst wenn man § 346 Abs. 3 S. 1 Nr. 3 BGB mit dem Argument, dass die Freistellung von der Wertersatzpflicht ihrer Bedeutung beraubt wäre, wenn der Rücktrittsberechtigte für das gleiche Verhalten Schadensersatz leisten müsste,[70] grundsätzlich für anwendbar hielte, gilt dies jedenfalls nicht für den Fall, dass die Verschlechterung oder der Untergang **nach Abgabe der das Rückgewährschuldverhältnis auslösenden Erklärung** eintreten. Nach den Vorstellungen des Gesetzgebers treffen den Rücktrittsberechtigten spätestens dann die allgemeinen Sorgfaltspflichten, da er ab diesem Zeitpunkt nicht mehr davon ausgehen kann, dass der Leistungsgegenstand endgültiger Bestandteil seines Vermögens geworden ist.[71] Gleiches gilt für den Fall, dass der Käufer Ersatzlieferung oder Schadensersatz statt der ganzen Leistung verlangt. 26

Eine Haftungserleichterung greift somit erst nach Ablauf der Entscheidungsfrist ein, da der Verkäufer in Annahmeverzug gerät und der Verschuldensmaßstab sich erst ab diesem Zeitpunkt bei Verlust oder Beschädigung nach § 300 Abs. 1 BGB bestimmt.[72] 27

VII. Notverkaufsrecht (Abs. 2)

1. Voraussetzungen. Ist die aufzubewahrende Ware dem Verderb ausgesetzt und Gefahr im Verzug (→ § 374 Rn. 81), so kann der Käufer die Ware nach Maßgabe der für den Selbsthilfeverkauf maßgeblichen Bestimmungen des § 373 verkaufen lassen. Ist eine schnelle Kontaktaufnahme mit dem Käufer möglich und zumutbar, liegt im Zweifel keine Gefahr im Verzuge vor.[73] Das Notverkaufsrecht berechtigt den Käufer somit ausnahmsweise zum Eingriff in die dem Verkäufer nach § 379 Abs. 2 vorübergehend eingeräumte Dispositionsbefugnis über die Ware. Das Recht zum Notverkauf besteht, solange der Käufer nach § 379 Abs. 1 zur Aufbewahrung verpflichtet ist.[74] Es endet somit mit Ablauf der Entscheidungsfrist des Verkäufers. 28

Eine **wirtschaftliche Verschlechterung** der Sache berechtigt den Käufer nicht aus § 379 Abs. 2 zum Notverkauf. Der drohende „Verderb“ muss sich vielmehr aus der sachlichen Beschaffenheit der angedienten Ware ergeben.[75] Liegen die Voraussetzungen gem. § 379 Abs. 2 nur für einen Teil der 29

---

66 BeckOGK/Höpfner, 1.3.2025, Rn. 45; MüKoHGB/Grunewald Rn. 16; NK-HGB/Stöber Rn. 13.

67 MüKoHGB/Grunewald Rn. 16.

68 Ebenroth/Boujong/Achilles Rn. 27; BeckOGK/Höpfner, 1.3.2025, Rn. 45.

69 Kamanabrou NJW 2003, 30 (31).

70 Heinrichs FS E. Schmidt, 2005, 159 (178); Grüneberg/Grüneberg BGB § 346 Rn. 18.

71 Vgl. Begr. RegE, BT-Drs. 14/6040, 196: § 346 Abs. 4 BGB stelle klar, „dass für Schadensersatzansprüche ausschließlich die Vorschriften des allgemeinen Leistungsstörungsrechts maßgebend sind“; s. auch MüKoBGB/Gaier BGB § 346 Rn. 131.

72 Ebenroth/Boujong/Achilles Rn. 16; BeckOGK/Höpfner, 1.3.2025, Rn. 47.

73 Staub/Brüggemann, 4. Aufl. 1983, Rn. 29.

74 RG 7.6.1907, RGZ 66, 186 (196).

75 Ebenroth/Boujong/Achilles Rn. 19; BeckOGK/Höpfner, 1.3.2025, Rn. 51.

Ware vor, darf der Rest verkauft werden, wenn eine Teilbarkeit der gelieferten Ware nicht gegeben ist und/oder die Trennung dem Käufer besondere Mühe abverlangt.[76]

30 Ob er einen Notverkauf vornimmt, steht im **Ermessen** des Käufers („kann"). Dieses Ermessen wird in zweierlei Richtung eingeschränkt. Zum einen darf der Käufer von der ihm eingeräumten Befugnis nicht gegen den Willen des Verkäufers Gebrauch machen.[77] Zum anderen darf der Käufer den Notverkauf nicht absichtlich verzögern, um den Verkäufer zu schädigen.[78] Daraus folgt, dass der Käufer im Grundsatz nicht zum Notverkauf verpflichtet ist.[79] Hat der Käufer die Sache wegen Mangelhaftigkeit beanstandet, dürfte es dem Käufer vielfach auch nicht zumutbar sein, mangelhafte Ware – als solche kenntlich gemacht – in seinem Namen weiterverkaufen zu lassen.

31 Soweit nicht der Verkäufer dem Notverkauf widersprochen hat, kann sich für den Käufer aus kaufmännischer Rücksichtspflicht iSv § 241 Abs. 2 BGB **in Ausnahmefällen** – unter Abwägung der beiderseitigen Interessen – aus § 379 Abs. 2 eine **Pflicht zum Selbsthilfeverkauf** ergeben (Ermessensreduzierung auf Null).[80] Zu denken ist an solche Fälle, in denen nicht nur der Verderb unmittelbar droht, sondern der Verkäufer auch nicht in der Lage ist, seine Dispositionsbefugnis auszuüben, zB weil er nicht erreichbar ist und seine Anschrift nicht schnell genug ermittelt werden kann.[81]

32 **2. Durchführung des Notverkaufs.** Der Notverkauf ist unter Beachtung der Vorschriften des § 373 Abs. 2–5 durchzuführen. Er kann stets in Form der **öffentlichen Versteigerung** iSd § 383 BGB erfolgen. Hat die Ware einen Börsen- oder Marktpreis (→ § 374 Rn. 44), kann der Notverkauf darüber hinaus auch im Wege des **freihändigen Verkaufs** durch einen zu solchen Verkäufen öffentlich ermächtigten Handelsmakler oder durch eine zur öffentlichen Versteigerung befugte Person zum laufenden Preis erfolgen. Einer vorgängigen **Androhung** des Verkaufs (§ 373 Abs. 2 S. 1) bedarf es nicht, da unter den Voraussetzungen des Notverkaufs nach § 379 Abs. 2 eine Androhung nach § 373 Abs. 2 S. 2 **entbehrlich** ist.[82] Ebenso wenig bedarf es im Falle der öffentlichen Versteigerung der vorgängigen Benachrichtigung des Verkäufers von der Zeit und dem Orte der Versteigerung (§ 373 Abs. 5 S. 1 Hs. 1), da ein Fall der Untunlichkeit iSv § 373 Abs. 5 S. 3 vorliegt.[83] Von dem vollzogenen Verkaufe hat er den Verkäufer unverzüglich Nachricht zu geben (§ 373 Abs. 5 S. 1 Hs. 2).

33 **3. Rechtsfolgen des Notverkaufs. a) Rechtmäßiger Notverkauf.** Liegen die Voraussetzungen für die Vornahme des Notverkaufs iSd § 379 Abs. 2 iVm § 373 Abs. 2 vor, erfolgt der Verkauf **für Rechnung des säumigen Verkäufers** (§ 373 Abs. 3). Der Käufer haftet gegenüber dem Verkäufer nicht wegen der ihm unmöglich gewordenen Rückgabe der Ware. Zu beachten ist, dass § 379 Abs. 2 grundsätzlich keine gesetzliche Vertretungsmacht für den Käufer begründet, den Notverkauf im Namen des Verkäufers durchführen zu lassen.[84] Hiervon ausgenommen hat das RG den Fall, dass der Käufer von seinem Mitbietungsrecht gem. § 373 Abs. 4 Gebrauch macht und die Ware selbst ersteigert.[85] Ersteigert er die Ware, sind neue Beanstandungen und ein neuer Notverkauf wegen der alten Mängel wegen § 442 Abs. 1 BGB nicht mehr zulässig.[86]

34 Der **Erlös aus dem Notverkauf** tritt an die Stelle der Ware und gebührt dem Verkäufer.[87] Die **Gewährleistungsansprüche** des Käufers **bleiben unberührt.**[88] Der Käufer kann weiterhin auf der Primärebene auf Ersatzlieferung (§ 439 Abs. 1 Alt. 2 BGB) bestehen und bei Vorliegen der gesetzlichen Voraussetzungen auf der Sekundärebene mindern (§ 441 BGB), den Rücktritt erklären (§ 323 BGB) und/oder Schadensersatz statt der (ganzen) Leistung (§§ 280, 281 BGB) geltend machen

---

[76] Ebenroth/Boujong/Achilles Rn. 19; NK-HGB/Stöber Rn. 15; BeckOGK/Höpfner, 1.3.2025, Rn. 52.
[77] RG 23.11.1920, RGZ 11, 18 (19); 27.5.1919, RGZ 96, 72 (73); BeckOGK/Höpfner, 1.3.2025, Rn. 53.
[78] RG 7.6.1907, RGZ 66, 186 (192).
[79] Staub/Brüggemann, 4. Aufl. 1983, Rn. 30; Heymann/Emmerich/Hoffmann Rn. 21; Ebenroth/Boujong/Achilles Rn. 20.
[80] Hopt/Leyens Rn. 10; MüKoHGB/Grunewald Rn. 19; NK-HGB/Stöber Rn. 16; BeckOK HGB/Schwartze, 47. Ed. 1.7.2025, Rn. 12; BeckOGK/Höpfner, 1.3.2025, Rn. 54.
[81] Vgl. Ebenroth/Boujong/Achilles Rn. 20.
[82] BeckOGK/Höpfner, 1.3.2025, Rn. 56; Hopt/Leyens Rn. 12; MüKoHGB/Grunewald Rn. 20.
[83] BeckOGK/Höpfner, 1.3.2025, Rn. 56.
[84] Ebenroth/Boujong/Achilles Rn. 22 BeckOGK/Höpfner, 1.3.2025, Rn. 58; Heymann/Emmerich/Hoffmann Rn. 20; Hopt/Leyens Rn. 12; Schlegelberger/Hefermehl Rn. 12; vgl. auch KKD/Roth/Huber Rn. 10; MüKoHGB/Grunewald Rn. 20; NK-HGB/Stöber Rn. 18; **aA** Staub/Brüggemann, 4. Aufl. 1983, Rn. 33; wohl auch Düringer/Hachenburg/Hoeniger Anm. 16, 17; RGHMW/Steimle/Dornieden Rn. 18.
[85] RG 7.6.1907, RGZ 66, 186 (194); BeckOGK/Höpfner, 1.3.2025, Rn. 58.
[86] Vgl. auch RG 7.6.1907, RGZ 66, 186 (194 f.); BeckOGK/Höpfner, 1.3.2025, Rn. 58.1.
[87] BeckOGK/Höpfner, 1.3.2025, Rn. 59; BeckOK HGB/Schwartze, 47. Ed. 1.7.2025, Rn. 14.
[88] BeckOGK/Höpfner, 1.3.2025, Rn. 60; MüKoHGB/Grunewald Rn. 20.

und gegen den auf Herausgabe des Erlöses gerichteten Anspruch des Verkäufers aus § 667 BGB aufrechnen.[89] Soweit dem Käufer das Recht zur Minderung versagt wird mit der Begründung, er besitze die Sache nicht mehr,[90] ist diese Ansicht abzulehnen, weil eine solche Beschränkung des Rechts auf Minderung dem Gesetz nicht zu entnehmen ist.[91]

Der Käufer kann vom Verkäufer nach § 670 BGB die Aufwendungen, die im Zusammenhang mit der Ausführung des Notverkaufs stehen, ersetzt verlangen und nach § 354 Abs. 1 Provision fordern.[92] **35**

b) Rechtswidriger Notverkauf. aa) Verstoß gegen § 379 Abs. 2. Liegen die Voraussetzungen des § 379 Abs. 2 nicht vor, erfolgt der Notverkauf nicht für Rechnung des Verkäufers, sondern auf **eigene Rechnung des Käufers.** Dieser hat deshalb auch die Kosten des Notverkaufs zu tragen und ist dem Verkäufer zum Schadensersatz verpflichtet (→ Rn. 22).[93] Fraglich ist, ob zugunsten des Käufers das Haftungsprivileg gem. §§ 680, 277 BGB eingreift. Hierfür ließe sich anführen, dass es sich bei § 379 Abs. 2 um einen Fall der Notgeschäftsführung iSv § 680 BGB handelt und diese Vorschrift nicht auf Ansprüche aus Geschäftsführung ohne Auftrag (§§ 677 ff. BGB), sondern auch auf konkurrierende Ansprüche Anwendung findet.[94] Für die Anwendung des § 680 BGB genügt eine drohende dringende Gefahr für das Vermögen des Geschäftsherrn.[95] Zu Recht wird in der Lit. gegen eine Anwendung des § 680 BGB vorgebracht, dass die Haftungsprivilegierung schon bei einer irrtümlichen Annahme einer Gefahrenlage eingreife, während es nach § 379 Abs. 2 auf die objektive Gefahr für das Vermögen des Verkäufers und nicht auf subjektive Vorstellungen des Käufers ankomme. Die Spezialregelungen des § 379 Abs. 2 dürften insoweit nicht durch die §§ 677 ff. BGB unterlaufen werden.[96] Letzteres Argument verdient uneingeschränkte Zustimmung. Schon das RG hat eine Anwendung der §§ 677 ff. BGB im Fall des Widerspruchs des Verkäufers abgelehnt, selbst wenn die Geschäftsführung dem in § 680 BGB bezeichneten Zweck gedient hat.[97] **36**

Unberührt von dem rechtswidrigen Notverkauf bleibt das Recht des Käufers auf Ersatzlieferung (§ 439 Abs. 1 Alt. 2 BGB), zum Rücktritt (§ 323 BGB) oder zum Schadensersatz statt der Leistung (§§ 280, 281 BGB), wie § 346 Abs. 2 S. 1 Nr. 2 BGB zu entnehmen ist.[98] Der Käufer bleibt auch zur Minderung (§ 441 BGB) oder zum Schadensersatz neben der Leistung (§ 437 Nr. 3 BGB, § 280 BGB) berechtigt.[99] **37**

Verlangt der Käufer **Ersatzlieferung,** hat er nach § 439 Abs. 4 BGB, § 346 Abs. 2 S. 1 Nr. 2 BGB Wertersatz zu leisten, und zwar gem. § 346 Abs. 2 S. 2 BGB in Höhe des Kaufpreises. Der Käufer muss also, auch wenn er im Rahmen des Notverkaufs nur einen viel geringeren Preis erzielen konnte, nochmals den gesamten Kaufpreis als Wertersatz leisten, darf aber den Erlös des Notverkaufs vereinnahmen und erhält zudem die (mangelfreie) Ersatzlieferung.[100] Macht er **Schadensersatz statt der ganzen Leistung** geltend, ist ebenfalls der objektive Kaufpreis in der Berechnung des Schadens zugunsten des Verkäufers in Ansatz zu bringen. **Tritt der Käufer** vom Vertrag **zurück,** so kann er im Ergebnis aus § 346 BGB nichts verlangen, da sich die Rückgewähransprüche hinsichtlich Kaufpreis und Wertersatz in gleicher Höhe gegenüberstehen.[101] **38**

bb) Verstoß gegen § 373. Liegen zwar die Voraussetzungen des § 379 Abs. 2 vor, verletzt der Käufer jedoch wesentliche **Schutzvorschriften** des § 373 Abs. 2 S. 1, gilt Vorstehendes entspre- **39**

---

[89] Heymann/Emmerich/Hoffmann Rn. 22; Hopt/Leyens Rn. 13; vgl. auch BeckOGK/Höpfner, 1.3.2025, Rn. 60.

[90] Vgl. OLG Stuttgart 14.10.1910, Recht 1910, Nr. 4180; Heymann/Emmerich/Hoffmann Rn. 22; Hopt/Leyens Rn. 13.

[91] IE Ebenroth/Boujong/Achilles Rn. 23.

[92] Staub/Brüggemann, 4. Aufl. 1983, Rn. 34; NK-HGB/Stöber Rn. 19; BeckOK HGB/Schwartze, 47. Ed. 1.7.2025, Rn. 14; BeckOGK/Höpfner, 1.3.2025, Rn. 61.

[93] BeckOGK/Höpfner, 1.3.2025, Rn. 62 f.; Staub/Brüggemann, 4. Aufl. 1983, Rn. 37; vgl. auch NK-HGB/Stöber Rn. 20; BeckOK HGB/Schwartze, 47. Ed. 1.7.2025, Rn. 15.

[94] Grüneberg/Retzlaff BGB § 680 Rn. 1.

[95] MüKoBGB/Schäfer BGB § 680 Rn. 6.

[96] Ebenroth/Boujong/Achilles Rn. 24.

[97] RG 23.11.1920, RGZ 11, 18 (19).

[98] **AA** – nur Minderung und Recht zum Schadensersatz neben der Leistung – Hopt/Leyens Rn. 14; BeckOK HGB/Schwartze, 47. Ed. 1.7.2025, Rn. 15; wie hier BeckOGK/Höpfner, 1.3.2025, Rn. 63; Ebenroth/Boujong/Achilles Rn. 25; Heymann/Emmerich/Hoffmann Rn. 23; KKD/Roth/Huber Rn. 11; NK-HGB/Stöber Rn. 21.

[99] **AA** NK-HGB/Stöber Rn. 21.

[100] Heymann/Emmerich/Hoffmann Rn. 23; Ebenroth/Boujong/Achilles Rn. 25.

[101] Heymann/Emmerich/Hoffmann Rn. 23; Ebenroth/Boujong/Achilles Rn. 25.

chend.[102] Bei einem Verstoß gegen bloße **Ordnungsregeln** des § 373 Abs. 5 muss der Verkäufer den Notverkauf auf seine Rechnung gelten lassen, kann aber Ersatz des hierdurch entstandenen Schadens verlangen (zur Abgrenzung zwischen Schutzvorschriften und Ordnungsregeln (→ § 374 Rn. 52 ff.).[103]

VIII. Notverkaufsähnliche Maßnahmen

40 **1. Geschäftsführung ohne Auftrag.** Der Notverkauf iSv § 379 Abs. 2 dient dem Interesse des Verkäufers. Der Anwendungsbereich der Regeln über die Geschäftsführung ohne Auftrag ist somit grundsätzlich eröffnet.[104] Jedoch finden die §§ 677 ff. BGB wegen § 379 Abs. 2 nicht im Hinblick auf die **Übernahme des fremden Geschäfts,** sondern nur hinsichtlich dessen **Durchführung nach § 373** Anwendung.[105] Auf die §§ 677 ff. BGB kann deshalb in den Fällen zurückgegriffen werden, in denen ein Notverkauf in den dafür vorgesehenen Formen der Versteigerung oder des freihändigen Verkaufs nachteilig für den Verkäufer gewesen wäre, zB weil die Ware unmittelbar vor dem Verderb stand oder sich dem Käufer eine besondere, voraussichtlich nicht wiederkehrende Gelegenheit zum Verkauf darbot.[106]

41 **2. Bürgerlich-rechtlicher Selbsthilfeverkauf.** Mit dem Ablauf der Aufbewahrungspflicht endet das Recht des Käufers zum Notverkauf nach § 379 Abs. 2. Zugleich gerät der Verkäufer in Annahmeverzug, wenn er die ihm angebotene Ware nicht zurücknimmt. Der Käufer ist daher unter den Voraussetzungen des § 383 BGB zum Selbsthilfeverkauf berechtigt[107] und kann sich durch Hinterlegung des Erlöses von der Pflicht zur Rückgabe der Ware befreien.

42 **3. Kaufmännisches Zurückbehaltungsrecht.** Ein Recht des Käufers zum Verkauf kann sich zudem aus dem kaufmännischen Zurückbehaltungsrecht nach §§ 369, 371 ergeben. Eine Befriedigung nach den bürgerlich-rechtlichen Pfandvorschriften ist gem. § 371 Abs. 3 allerdings erst zulässig, nachdem der Käufer einen vollstreckbaren Titel für sein Recht auf Befriedigung gegen den Verkäufer erlangt hat.

IX. Beweislast

43 Verlangt der Käufer Ersatz der Kosten für die Aufbewahrung, hat er den Beweis für die Voraussetzungen des § 379 Abs. 1 und die Höhe der Kosten zu führen, da nach § 446 S. 2 BGB der Käufer von der Übergabe an die Lasten der Sache trägt. Das Vorliegen der Voraussetzungen eines Notverkaufs nach § 379 Abs. 2 und das Einhalten der § 373 Abs. 2 und 5 hat der Käufer ebenfalls zu beweisen. Macht der Verkäufer Schadensersatzansprüche wegen Verletzung der Aufbewahrungs- und Rückgabepflicht geltend und beruft sich der Käufer auf die Haftungsmilderung, muss er schließlich auch den Ablauf der Dispositionsfrist beweisen.

X. Abweichende Vereinbarungen

44 § 379 ist **individualvertraglich** abdingbar. Eine entsprechende Vereinbarung ergreift im Zweifel auch die Pflicht zur Aufbewahrung aus dem infolge der Beanstandung eingetretenen Rückgewährschuldverhältnis.[108] Eine **formularmäßige** Abbedingung der Pflicht zur Aufbewahrung (zB in Einkaufs-AGB) ist unvereinbar mit § 307 Abs. 2 Nr. 1 BGB.[109] Im Übrigen gilt es die auch im kaufmännischen Verkehr (§ 310 Abs. 1 S. 2 BGB, § 307 Abs. 2 Nr. 1 BGB) geltenden Grenzen des § 309 Nr. 7 lit. b BGB zu beachten, da für Beschränkungen des Pflichtenumfangs die gleichen Wirksamkeitsgrenzen gelten wie hinsichtlich Beschränkungen der Haftung.[110]

---

[102] Staub/Brüggemann, 4. Aufl. 1983, Rn. 37.

[103] Staub/Brüggemann, 4. Aufl. 1983, Rn. 37.

[104] RG 7.6.1907, RGZ 66, 186 (197 f.); 23.11.1920, RGZ 11, 18 (19); Ebenroth/Boujong/Achilles Rn. 24; Schlegelberger/Hefermehl Rn. 10; Staub/Brüggemann, 4. Aufl. 1983, Rn. 29; Hopt/Leyens Rn. 11; KKD/Roth/Huber Rn. 8, 12; Heymann/Emmerich/Hoffmann Rn. 18.

[105] Weitergehend MüKoHGB/Grunewald Rn. 21; Ebenroth/Boujong/Achilles Rn. 24; BeckOGK/Höpfner, 1.3.2025, Rn. 55; Hopt/Leyens Rn. 14.

[106] RG 23.11.1920, RGZ 11, 18 (19); Staub/Brüggemann, 4. Aufl. 1983, Rn. 39.

[107] Vgl. Staub/Brüggemann, 4. Aufl. 1983, Rn. 38.

[108] **AA** BeckOGK/Höpfner, 1.3.2025, Rn. 64.

[109] Vgl. Hopt/Leyens Rn. 15; NK-HGB/Stöber Rn. 1; Ebenroth/Boujong/Achilles Rn. 28; **aA** MüKoHGB/Grunewald Rn. 22; BeckOGK/Höpfner, 1.3.2025, Rn. 65.

[110] Vgl. Grüneberg/Grüneberg BGB § 307 Rn. 42; Grüneberg/Grüneberg BGB § 309 Rn. 48.

XI. UN-Kaufrecht (Überblick)

1. Inbesitznahme- und Erhaltungspflicht. Die Pflicht des Käufers zur Inbesitznahme und Erhaltung der Ware ist Gegenstand von Art. 86 CISG. Hat der Käufer die Ware bereits empfangen und beabsichtigt er, die Ware zurückzugeben, so hat er nach Art. 86 Abs. 1 CISG die den Umständen angemessenen Maßnahmen zu ihrer Erhaltung zu treffen. Er ist berechtigt, die Ware zurückzubehalten, bis ihm der Verkäufer seine angemessenen Aufwendungen erstattet hat. Ist dem Käufer die Ware zugesandt worden, ist er gem. Art. 86 Abs. 2 CISG verpflichtet, die Ware für Rechnung des Verkäufers in Besitz zu nehmen. Das Recht des Käufers, die Entgegennahme mangelhafter Ware abzulehnen, ist gegenüber dem deutschen unvereinheitlichten Recht eingeschränkt. Er ist hierzu nur unter der Voraussetzung berechtigt, dass die die Vertragswidrigkeit der Ware eine **wesentliche Vertragsverletzung** iSd Art. 25 CISG darstellt.[111] 45

Während § 437 BGB dem Käufer mit Ausnahme unerheblicher Pflichtverletzungen (§ 281 Abs. 1 S. 3 BGB) ein Recht zur Ersatzlieferung, zum Rücktritt oder zum Schadensersatz statt der Leistung grundsätzlich bei jedem Fehler gewährt, wird nach UN-Kaufrecht vom Käufer in weitergehendem Umfang erwartet, **auch vertragswidrige Ware hinzunehmen** und sich wegen des Leistungsdefizits anderer Rechtsbehelfe (Herabsetzung des Kaufpreises, Schadensersatz) zu bedienen. An einer wesentlichen Vertragsverletzung kann es zB fehlen, wenn der Käufer letztlich nicht einwandfreie Ware zumutbar verwerten kann.[112] Der Käufer ist nach Art. 87 CISG berechtigt, die Ware auf Kosten der anderen Partei in den Lagerräumen eines Dritten einzulagern, sofern daraus keine unverhältnismäßigen Kosten entstehen. 46

Verletzt der Käufer die Pflicht zur Inbesitznahme oder zur Erhaltung, so macht er sich **schadensersatzpflichtig,** wenn die Ware dadurch in einer Weise verschlechtert wird, die bei angemessener Obhut vermieden worden wäre.[113] Ein Schadensersatzanspruch des Verkäufers (Art. 74 CISG) scheidet jedoch aus, wenn es dem Käufer infolge der Pflichtverletzung unmöglich ist, die Ware im Wesentlichen in dem Zustand zurückzugeben, in dem er sie erhalten hat. Abweichend vom deutschen unvereinheitlichten Recht verliert der Käufer gem. Art. 82 Abs. 1 CISG in diesem Fall nämlich sein Recht zur Vertragsaufhebung oder Ersatzlieferung.[114] 47

2. Recht zum Selbsthilfeverkauf. Der zur Erhaltung der Ware verpflichtete Käufer kann diese nach Art. 88 Abs. 1 CISG auf **jede geeignete Weise** verkaufen, wenn der Verkäufer die Rücknahme der Ware oder die Zahlung der Erhaltungskosten ungebührlich hinauszögert. Voraussetzung ist lediglich, dass der Käufer dem Verkäufer seine Verkaufsabsicht in vernünftiger Weise angezeigt hat. Eine öffentliche Versteigerung der Ware oder sonst eine besondere Form des Verkaufs (etwa durch Handelsmakler wie nach § 373 Abs. 2) ist nicht erforderlich. Die gewählte Verkaufsform muss nur einen angemessenen Preis erwarten lassen. Der Käufer kann die Ware auch selbst verkaufen oder sie zum marktüblichen Preis selbst übernehmen.[115] Gemäß Art. 88 Abs. 3 CISG darf der Käufer aus dem Erlös des Verkaufs den Betrag behalten, der den angemessenen Kosten der Erhaltung und des Verkaufs der Ware entspricht. Den Überschuss schuldet er dem Verkäufer. 48

3. Pflicht zum Notverkauf. Ist die Ware einer **raschen Verschlechterung** ausgesetzt (zB weil Verderb droht) oder würde ihre Erhaltung unverhältnismäßige Kosten (für die Aufbewahrung) verursachen, so hat der Käufer nach Art. 88 Abs. 2 CISG sich in angemessener Weise um ihren Verkauf zu bemühen. Im Gegensatz zu § 379 Abs. 2 trifft den Käufer in der Regel die **Pflicht zum Notverkauf.**[116] Ebenso wie bei § 379 Abs. 2 fällt eine wirtschaftliche Verschlechterung der Ware (zB Wertverlust durch rasch sinkende Marktpreise) nicht unter den Begriff der Verschlechterung.[117] Soweit möglich hat er dem Verkäufer seine Verkaufsabsicht anzuzeigen. Bei Unterlassung gebotener und möglicher Verkaufsbemühungen macht sich der Käufer schadensersatzpflichtig.[118] 49

---

[111] Staudinger/Magnus, 2025, CISG Art. 60 Rn. 21 mwN.
[112] OLG Frankfurt 18.1.1994, NJW 1994, 113f.
[113] Vgl. MüKoHGB/Sommerfeld CISG Art. 86 Rn. 16.
[114] Vgl. Staudinger/Magnus, 2025, CISG Art. 86 Rn. 12; MüKoHGB/Sommerfeld CISG Art. 86 Rn. 12.
[115] Staudinger/Magnus, 2025, CISG Art. 88 Rn. 13; MüKoHGB/Sommerfeld CISG Art. 88 Rn. 8; Schlechtriem/Schwenzer/Schroeter/Bacher CISG Art. 88 Rn. 9.
[116] Vgl. Staudinger/Magnus, 2025, CISG Art. 88 Rn. 14.
[117] AllgM, vgl. nur MüKoHGB/Sommerfeld CISG Art. 88 Rn. 10; Schlechtriem/Schwenzer/Schroeter/Bacher CISG Art. 88 Rn. 11; BeckOK BGB/Saenger, 75. Ed. 1.8.2025, CISG Art. 88 Rn. 6.
[118] MüKoBGB/Huber CISG Art. 88 Rn. 13; Staudinger/Magnus, 2025, CISG Art. 88 Rn. 17; vgl. MüKoHGB/Sommerfeld CISG Art. 88 Rn. 11.

§ 380 [Taragewicht]

(1) Ist der Kaufpreis nach dem Gewicht der Ware zu berechnen, so kommt das Gewicht der Verpackung (Taragewicht) in Abzug, wenn nicht aus dem Vertrag oder dem Handelsgebrauche des Ortes, an welchem der Verkäufer zu erfüllen hat, sich ein anderes ergibt.

(2) Ob und in welcher Höhe das Taragewicht nach einem bestimmten Ansatz oder Verhältnisse statt nach genauer Ausmittelung abzuziehen ist, sowie, ob und wieviel als Gutgewicht zugunsten des Käufers zu berechnen ist oder als Vergütung für schadhafte oder unbrauchbare Teile (Refaktie) gefordert werden kann, bestimmt sich nach dem Vertrag oder dem Handelsgebrauche des Ortes, an welchem der Verkäufer zu erfüllen hat.

I. Allgemeines

1 § 380 Abs. 1 enthält eine **Auslegungsregel,** der zufolge beim Kauf nach Gewicht das Nettogewicht maßgebend ist. Der Käufer soll vorbehaltlich abweichender Vereinbarung oder abweichenden Handelsbrauchs im Zweifel nicht für das Gewicht des Verpackungsmaterials bezahlen müssen.[1] Die Nichtberücksichtigung der Verpackung bei der Berechnung des Kaufpreises sagt nichts darüber aus, ob der Käufer ein Entgelt für die Verpackung schuldet. Aus § 380 Abs. 1 folgt des Weiteren, dass sich das Entgelt für die Verpackung ohne entsprechende Abrede nicht nach dem Preis der Ware richtet. Dies ist von Bedeutung, wenn die Ware im Vergleich zur Verpackung zwar ein geringeres Gewicht, jedoch einen hohen Wert hat. In der Praxis kommt der Auslegungsregel nur geringe Bedeutung zu, da die Parteien hierüber Vereinbarungen treffen. § 380 Abs. 2 betrifft die **Ermittlung des Warengewichts** und verweist diesbezüglich auf Vertrag und Handelsbrauch. Gemäß § 381 Abs. 2 bezieht sich § 380 auch auf **Werklieferungsverträge.**

II. Vorliegen eines (einseitigen) Handelskaufs

2 Für die Anwendung des § 380 genügt es, dass der Kauf- oder Werklieferungsvertrag zumindest für eine Vertragspartei ein Handelsgeschäft gem. §§ 343, 344 ist.[2]

III. Verpackungskosten

3 **1. Allgemeines.** Nach § 448 Abs. 1 BGB trägt der **Verkäufer die Kosten der Übergabe** der Sache, der **Käufer die Kosten der Abnahme und der Versendung** der Sache nach einem anderen Ort als dem Erfüllungsort. Zu den Kosten der Übergabe (Holschuld) oder Versendung der Sache (Bringschuld, Schickschuld) zählt auch die zum Schutz der Ware vor Beschädigung oder Verlust erforderliche Verpackung. Sofern die Parteien keine andere Vereinbarung treffen, hat somit der Verkäufer bei der Holschuld (zB Kauf „ab Lager") sowie bei der Bringschuld[3] die Kosten für die notwendige und angemessene Verpackung zu tragen.[4] Beim Versendungskauf hat der Käufer die Kosten der Verpackung zu tragen.[5] Trägt der Käufer die Kosten, können sie Bestandteil des Kaufpreises der Ware oder der Transportkosten sein.[6] **In Ausnahmefällen** kann das Verpackungsmaterial auch **Gegenstand eines eigenständigen Kaufvertrags** sein. Dann greift die Auslegungsregel des § 380 Abs. 1 nicht ein.

4 **2. Das Prinzip der Nettoberechnung.** Nach § 380 Abs. 1 ist beim Kauf nach Gewicht für die Berechnung des Kaufpreises **im Zweifel das Nettogewicht** der Ware maßgebend. Nettogewicht ist das Gesamtgewicht (brutto) abzüglich des Gewichts der Verpackung („Taragewicht"). Ausdrücklich bestimmt dies die Klausel „rein netto Tara". Im Gegensatz zu dieser Auslegungsregel steht das Bruttoprinzip, nach dem die Ware verwogen und der Kaufpreis nach dem Bruttogewicht ohne Abzug der Tara berechnet wird („brutto für netto"). Die Verpackung wird also wie Ware bezahlt.[7]

[1] Ebenroth/Boujong/Achilles Rn. 1; BeckOK HGB/Schwartze, 47. Ed. 1.7.2025, Rn. 1; BeckOGK/Höpfner, 1.3.2025, Rn. 2.

[2] BeckOK HGB/Schwartze, 47. Ed. 1.7.2025, Rn. 2; BeckOGK/Höpfner, 1.3.2025, Rn. 5.

[3] Hopt/Leyens Rn. 6; BeckOK BGB/Faust, 75. Ed. 1.8.2025, BGB § 448 Rn. 5.

[4] BeckOK BGB/Faust, 75. Ed. 1.8.2025, BGB § 448 Rn. 5 f.

[5] Grdl. ROHG 15.9.1871, ROHGE 3, 112 (115); zust. ua Staub/Brüggemann, 4. Aufl. 1983, Rn. 1; Heymann/Emmerich/Hoffmann Rn. 5; KKD/Roth/Huber Rn. 1; vgl. auch Hopt/Leyens Rn. 6; **aA** NK-HGB/Stöber Rn. 4; Ebenroth/Boujong/Achilles Rn. 1: Auslegungsregel ist durch Handelsbrauch im kaufmännischen Verkehr außer Kraft gesetzt.

[6] MüKoBGB/H.P. Westermann BGB § 448 Rn. 6.

[7] Ebenroth/Boujong/Achilles Rn. 2; Staub/Brüggemann, 4. Aufl. 1983, Rn. 5; BeckOGK/Höpfner, 1.3.2025, Rn. 2.1.

Die Berechnung des Kaufpreises nach dem Bruttogewicht ist nur bei entsprechender Vereinbarung oder bei existierendem Handelsbrauch am Ort, an welchem der Verkäufer zu erfüllen hat (§ 269 BGB), zulässig.[8]

IV. Gewichtsermittlung

§ 380 Abs. 2 betrifft die **Ermittlung des abzuziehenden Verpackungsgewichts** (Taragewicht), der Gewichtszugabe im Falle des Gewichtsschwunds (Gutgewicht) sowie des Abzugs vom Nettogewicht für typisch zu erwartende Schäden an der Ware (Refaktie).[9] Maßgeblich sind Parteivereinbarung oder Handelsbrauch am Erfüllungsort des Verkäufers (§ 269 BGB).[10] Das Gewicht der Verpackung kann durch Abwiegen der bloßen Verpackung genau (konkret) oder pauschalisierend (abstrakt) ermittelt werden, indem die Parteien das Nettogewicht ohne Rücksicht auf das wirkliche Gewicht der Verpackung durch Abzug eines bestimmten Prozentsatzes des Bruttogewichts festsetzen.[11] 5

Unter dem Begriff „Gutgewicht" ist eine **unentgeltliche Zugabe** zu verstehen, die der Verkäufer dem Käufer als Ausgleich für eintretenden Gewichtsschwund, wie er insbesondere bei Massengütern (zB Kohlen oder Kartoffeln) erfahrungsgemäß auftritt, gewährt.[12] Anstelle eines Mehrgewichts kann der Ausgleich auch auf anderer Basis (zB Menge oder Stückzahl) erfolgen.[13] 6

„Refaktie" ist ein **Preis- oder Gewichtsabzug** für mehr oder weniger unvermeidbare schadhafte oder unbrauchbare Teile, die auf Grund ihrer Beschaffenheit als wahrscheinlich angesehen werden. Ist der Abzug prozentual bestimmt, erfolgt er ohne Rücksicht darauf, ob ein Mangel der Ware vorliegt oder nicht. Eine Rüge nach § 377 ist nicht notwendig.[14] 7

V. Beweislast

Diejenige Partei, die sich auf eine von der Auslegungsregel des § 380 Abs. 1 abweichende Vereinbarung oder einen abweichenden Handelsbrauch beruft, muss sowohl das Bestehen als auch den Inhalt der Vereinbarung oder des Handelsbrauchs behaupten und im Bestreitensfall beweisen.[15] Entsprechendes gilt für diejenige Partei, die sich auf eine Vereinbarung über eine pauschalisierende Ermittlung des Taragewichts, über Gutgewicht oder Refaktie oder einen entsprechenden Handelsbrauch gem. § 380 Abs. 2 beruft. 8

VI. Abweichende Vereinbarungen

§ 380 ist abdingbar. 9

VII. UN-Kaufrecht

Art. 56 CISG enthält eine mit § 380 Abs. 1 praktisch inhaltsgleiche Auslegungsregel. Danach bestimmt sich der Kaufpreis im Zweifel nach dem Nettogewicht, wenn er nach dem Gewicht der Ware festgesetzt ist. 10

§ 381 [Kauf von Wertpapieren; Werklieferungsvertrag]

(1) Die in diesem Abschnitte für den Kauf von Waren getroffenen Vorschriften gelten auch für den Kauf von Wertpapieren.

(2) Sie finden auch auf einen Vertrag Anwendung, der die Lieferung herzustellender oder zu erzeugender beweglicher Sachen zum Gegenstand hat.

Schrifttum: Ulbrich/Ulbrich, Probleme der kaufmännischen Rügepflicht bei Werklieferungsverträgen in Verbindung mit Bauwerken, FS Thode, 2005, 181; Winz/Scheef, Die Rügepflicht im Anlagenbau, BauR 2013, 655.

---

[8] Ebenroth/Boujong/Achilles Rn. 2.

[9] *KKD/Roth/Huber* Rn. 3.

[10] BeckOGK/Höpfner, 1.3.2025, Rn. 2.

[11] Ebenroth/Boujong/Achilles Rn. 3; vgl. BeckOK HGB/Schwartze, 47. Ed. 1.7.2025, Rn. 4.

[12] Ebenroth/Boujong/Achilles Rn. 4; BeckOK HGB/Schwartze, 47. Ed. 1.7.2025, Rn. 5; BeckOGK/Höpfner, 1.3.2025, Rn. 11.

[13] Hopt/Leyens Rn. 4; Ebenroth/Boujong/Achilles Rn. 4; BeckOGK/Höpfner, 1.3.2025, Rn. 11.

[14] Hopt/Leyens Rn. 5; BeckOK HGB/Schwartze, 47. Ed. 1.7.2025, Rn. 5; RGHMW/Steimle/Dornieden Rn. 3; BeckOGK/Höpfner, 1.3.2025, Rn. 12.

[15] BeckOGK/Höpfner, 1.3.2025, Rn. 14.

Übersicht

I. Allgemeines

1 § 381 **erweitert den sachlichen Anwendungsbereich der Regeln des Handelskaufs** auf den Kauf von Wertpapieren (Abs. 1) und auf Werklieferungsverträge (Abs. 2). Der personelle Anwendungsbereich von § 381, also die Frage, ob beide Parteien des Vertrags Kaufmannseigenschaft haben müssen, ergibt sich aus den §§ 373–380.[1] § 381 Abs. 2 entspricht § 650 S. 1 BGB (vormals § 651 S. 1 BGB), demzufolge auf einen Werklieferungsvertrag generell Kaufrecht Anwendung findet. § 381 Abs. 2 stellt klar, dass die §§ 373–380 kraft HGB-autonomen Anknüpfungsbefehls und nicht (nur) aufgrund bürgerlich-rechtlicher Verweisung Anwendung finden.[2]

II. Kauf von Wertpapieren

2 **1. Erfasste Wertpapiere.** § 381 Abs. 1 erfasst nur **Wertpapiere ieS,** bei denen das in der Urkunde verbriefte Recht an den Besitz der Urkunde geknüpft ist und mit der Urkunde übertragen wird, dh dass das Recht aus dem Papier dem Recht am Papier folgt (→ Vor § 373 Rn. 38).[3] Hierzu zählen Inhaberschuldverschreibungen (§ 793 BGB), Wechsel, Schecks, die in § 363 aufgeführten kaufmännischen Orderpapiere, Aktien jeder Gattung samt ihren Zins- und Gewinnanteilscheinen sowie Zwischenscheine iSd § 8 Abs. 6 AktG.[4] Keine Anwendung findet § 381 auf reine **Beweisurkunden** (zB Schuldschein, GmbH-Anteile),[5] einfache (zB Gepäckschein) und qualifizierte **Legitimationspapiere** (zB Sparbücher, Versicherungspolicen) sowie **Rektapapiere** (zB Hypotheken- und Grundschuldbrief, bürgerlich-rechtliche Anweisung iSv § 783 BGB).[6]

3 **2. Anwendung der §§ 373–380.** Mit Ausnahme von § 380 (Taragewicht) sind alle anderen Vorschriften über den Handelskauf auf den Kauf von Wertpapieren iSd § 381 Abs. 1 grundsätzlich anwendbar. Befindet sich der Käufer in Annahmeverzug, hat der Käufer nach §§ 373, 374 das Recht zur Hinterlegung und zum Selbsthilfeverkauf. Droht ein Kurssturz kann der Verkauf auch ohne Androhung wegen Gefahr im Verzug analog § 373 Abs. 2 S. 2 (Verderb einer Ware) zulässig sein.[7] Der Bestimmungskauf iSv § 375 dürfte bei Wertpapieren keine Rolle spielen.[8] Wertpapiere können Gegenstand eines Fixhandelskaufs nach § 376 sein.[9] Da § 377 nach hier vertretener Ansicht auch auf Rechtsmängel Anwendung findet (→ § 377 Rn. 21 ff.), spielt die Einordnung von Fehlern hinsichtlich der Beschaffenheit der Urkunde (zB Beschädigung, Unleserlichkeit), der Vollständigkeit der Urkunde (zB Fehlen von Teilen der Urkunde selbst, ihrer Anlagen, von Anhängen, Erneuerungs-

[1] BeckOGK/Höpfner, 1.3.2025, Rn. 4.

[2] Es handelt sich also nicht um eine eigentlich überflüssige Regelung; so aber Ebenroth/Boujong/Müller, 3. Aufl. 2015, Rn. 18; KKD/Roth/Huber Rn. 2; MüKoHGB/Grunewald Rn. 3; Heymann/Emmerich/Hoffmann Rn. 77; BeckOK HGB/Schwartze, 47. Ed. 1.7.2025, Rn. 8; wie hier BeckOGK/Höpfner, 1.3.2025, Rn. 3; NK-HGB/Stöber § 381 Rn. 1.

[3] BeckOGK/Höpfner, 1.3.2025, Rn. 5; **aA** RGHMW/Steimle/Dornieden Rn. 1.

[4] BeckOGK/Höpfner, 1.3.2025, Rn. 5.1; Ebenroth/Boujong/Achilles Rn. 1; Staub/Brüggemann, 4. Aufl. 1983, Rn. 2.

[5] OLG München 14.11.1966, NJW 1966, 1326 (1328); RGHMW/Steimle/Dornieden Rn. 1; BeckOK HGB/Schwartze, 47. Ed. 1.7.2025, Rn. 4.

[6] BeckOGK/Höpfner, 1.3.2025, Rn. 5.2; Hopt/Leyens Rn. 1; Ebenroth/Boujong/Achilles Rn. 1; Staub/Brüggemann, 4. Aufl. 1983, Rn. 2.

[7] Hopt/Leyens Rn. 2; RGHMW/Steimle/Dornieden Rn. 3; vgl. auch Staub/Brüggemann, 4. Aufl. 1983, Rn. 4; **aA** Ebenroth/Boujong/Achilles Rn. 3.

[8] Ebenroth/Boujong/Achilles Rn. 3; BeckOK HGB/Schwartze, 47. Ed. 1.7.2025, Rn. 5; s. aber Beispiel bei Staub/Brüggemann, 4. Aufl. 1983, Rn. 4.

[9] Ebenroth/Boujong/Achilles Rn. 3; Staub/Brüggemann, 4. Aufl. 1983, Rn. 4; BeckOK HGB/Schwartze, 47. Ed. 1.7.2025, Rn. 5; KKD/Roth/Huber Rn. 1.

scheinen, Zinsbogen, Dividendenscheinen)[10] oder des Bestands des verbrieften Rechts (zB Fälschung,[11] vom Staat verhängte Zahlungssperre über verkaufte Schuldverschreibungen,[12] nachträgliche Kraftloserklärung von Effekten im Wertpapierbereinigungsverfahren)[13] als Sachmangel iSv § 434 BGB oder Rechtsmangel iSv § 435 BGB keine Rolle.[14] Auch eine einstweilige Aufbewahrung nach § 379 kommt in Betracht.[15]

III. Werklieferungsvertrag

1. Vertrag über die Lieferung noch herzustellender oder zu erzeugender beweglicher Sachen. § 381 Abs. 2 setzt einen Vertrag über die Lieferung herzustellender oder zu erzeugender beweglicher Sachen voraus. Unter dem Begriff der Lieferung ist die **Verschaffung von Eigentum und Besitz** zu verstehen.[16] Der Eigentumserwerb nach § 950 BGB wird vom Anwendungsbereich des § 381 Abs. 2 nicht erfasst.[17] Ohne Bedeutung ist die Herkunft des Materials und die (Un-)Vertretbarkeit der herzustellenden Sache.[18] Durch die werkvertragstypische Pflicht zur Herstellung der zu liefernden beweglichen Sache unterscheidet sich der Werklieferungsvertrag vom Kaufvertrag iSv § 433 BGB, der auf die Übereignung eines bereits fertig gestellten Gegenstandes gerichtet ist.[19] Kein Werklieferungsvertrag, sondern ein Kaufvertrag liegt vor, wenn Montagearbeiten lediglich als Nebenleistung im Rahmen eines Kaufvertrages erbracht werden (vgl. § 434 Abs. 2 BGB). 4

Mit Herstellung und Erzeugung ist die **Erschaffung zuvor nicht existenter beweglicher Sachen** gemeint.[20] Die Lieferpflicht muss sich auf Sachen beziehen, die entweder nach der Art eines Werkes herzustellen sind[21] oder im Rahmen tierischer oder pflanzlicher Produktion zu erzeugen sind (Urproduktion).[22] Nicht erforderlich für die Anwendung des § 381 Abs. 2 ist, dass der Vertragspartner des Erwerbers die Sachen selbst herstellt oder erzeugt. Ein Werklieferungsvertrag liegt somit auch dann vor, wenn der Unternehmer sich nur zur Lieferung einer – von einem Dritten herzustellenden – Sache verpflichtet.[23] 5

2. Abgrenzung zum Werkvertrag. Nicht erfasst von § 381 Abs. 2 sind Werkverträge iSv § 631 BGB, bei denen nicht die mit dem Warenumsatz verbundene Übertragung von Eigentum und Besitz, sondern die für den Werkvertrag typische **Schöpfung eines Werkes** gerade für den Besteller **im Mittelpunkt der vertraglichen Beziehungen** steht.[24] Für eine analoge Anwendung auf „reine" Werkverträge fehlt es nach der Anpassung des § 381 Abs. 2 an § 650 BGB (§ 651 BGB aF) im Zuge der Schuldrechtsreform an einer planwidrigen Regelungslücke.[25] Die Parteien eines Werkvertrages können jedoch die Anwendung der Regeln über den Handelskauf auf Werkverträge vereinbaren.[26] 6

[10] Vgl. Hopt/Leyens Rn. 3; Ebenroth/Boujong/Achilles Rn. 5; Heymann/Emmerich/Hoffmann Rn. 3; KKD/Roth/Huber Rn. 1; **aA** MüKoHGB/Grunewald Rn. 2.

[11] Vgl. RG 30.10.1925, RGZ 112, 46 (48); 25.6.1924, RGZ 108, 316 (318); 9.11.1918, Recht 1919 Nr. 238; Hopt/Leyens Rn. 3; KKD/Roth/Huber Rn. 1; Ebenroth/Boujong/Achilles Rn. 5.

[12] Vgl. RG 10.12.1924, RGZ 109, 295 (297).

[13] Vgl. BGH 16.12.1952, BGHZ 8, 222 (232).

[14] Im Einzelnen wie hier Hopt/Leyens Rn. 3; **aA** Staub/Brüggemann, 4. Aufl. 1983, Rn. 6 f.; KKD/Roth/Huber Rn. 1; MüKoHGB/Grunewald Rn. 1; BeckOGK/Höpfner, 1.3.2025, Rn. 9.

[15] Hopt/Leyens Rn. 2; Staub/Brüggemann, 4. Aufl. 1983, Rn. 4; RGHMW/Steimle/Dornieden Rn. 2.

[16] BeckOGK/Höpfner, 1.3.2025, Rn. 13; BeckOK BGB/Voit, 75. Ed. 1.2.2024, BGB § 650 Rn. 8; Erman/Schwenker/Rodemann BGB § 650 Rn. 13b; Jauernig/Mansel BGB § 650 Rn. 1; MüKoBGB/Busche BGB § 650 Rn. 7; Grüneberg/Retzlaff BGB § 650 Rn. 5.

[17] Voit BauR 2002, 145 (147); **aA** Staudinger/Leupertz/Popescu, 2024, BGB § 650 Rn. 21, die sich dafür aussprechen, den Begriff der Lieferung „wirtschaftlich" zu verstehen; Grüneberg/Retzlaff BGB § 650 Rn. 5.

[18] S. OLG Köln 13.4.2015, NJW-RR 2015, 859.

[19] Vgl. Staudinger/Leupertz/Popescu, 2024, BGB § 650 Rn. 13.

[20] MüKoBGB/Busche BGB § 650 Rn. 6; Staudinger/Leupertz/Popescu, 2024, BGB § 650 Rn. 13, 20; BeckOGK/Höpfner, 1.3.2025, Rn. 14.

[21] MüKoBGB/Busche BGB § 650 Rn. 9; Staudinger/Leupertz/Popescu, 2024, BGB § 650 Rn. 21.

[22] Staudinger/Leupertz/Popescu, 2024, BGB § 650 Rn. 20; MüKoBGB/Busche BGB § 650 Rn. 9; BeckOK BGB/Voit, 75. Ed. 1.2.2024, BGB § 650 Rn. 7; Grüneberg/Retzlaff BGB § 650 Rn. 5; BeckOK HGB/Schwartze, 47. Ed. 1.7.2025, Rn. 7.

[23] MüKoBGB/Busche BGB § 650 Rn. 8; BeckOK BGB/Voit, 75. Ed. 1.2.2024, BGB § 650 Rn. 13.

[24] BGH 15.4.2004, NJW-RR 2004, 1205 mwN; vgl. auch OLG Köln 26.3.2015, BeckRS 2016, 01703; OLG Naumburg 26.6.2014, BeckRS 2014, 16164; 25.6.2009, IBR 2010, 204.

[25] Vgl. OLG Düsseldorf 25.7.2014, BeckRS 2014, 22426; OLG Koblenz 3.7.2014, NJW-RR 2015, 52; OLG Naumburg 26.6.2014, BeckRS 2014, 16164; OLG Nürnberg 17.6.2008, BeckRS 2008, 25190; LG Mönchengladbach 17.6.2015, BeckRS 2015, 12238; iE auch BeckOGK/Höpfner, 1.3.2025, Rn. 15; MüKoHGB/Grunewald Rn. 6; Hopt/Leyens § 381 Rn. 4; BeckOK HGB/Schwartze, 47. Ed. 1.7.2025, Rn. 9; RGHMW/Steimle/Dornieden Rn. 7.

[26] Vgl. KG 9.2.2007, NJW-RR 2007, 998 (999) zur Verteilung von Werbeflyern.

7 Anhaltspunkte für die Abgrenzung zwischen Werklieferungs- und Werkvertrag liefert die Verjährungsregelung des § 634a Abs. 1 BGB. Nach § 634a Abs. 1 Nr. 1 BGB sind ua Verträge, die (nur) die **Wartung** oder **Veränderung einer Sache** oder Erbringung von **Planungs- oder Überwachungsleistungen** zum Gegenstand haben, als Werkverträge zu qualifizieren. Bei diesen Verträgen fehlt es an der Verpflichtung zur Lieferung. Bei Reparatur- und Wartungsarbeiten an Sachen des Bestellers lässt sich zudem auch nicht von einer Herstellung oder Erzeugung einer Sache sprechen. Es handelt sich vielmehr um Arbeiten an bereits hergestellten/erzeugten Sachen.[27]

8 Verträge, die die **Planung und Herstellung von Bauwerken** iSd § 634a Abs. 1 Nr. 2 BGB betreffen, sind Werkverträge.[28] Unter einem „Bauwerk" versteht die Rspr. eine unbewegliche, durch Verwendung von Arbeit und Material in Verbindung mit dem Erdboden hergestellte Sache.[29] **Anlagenverträge** sind Werkverträge, wenn die Anlage selbst (als Ganzes) nach ihrer Beschaffenheit als Bauwerk anzusehen ist (zB Förderanlage für die Automobilproduktion),[30] die Anlage Bauteil oder Bauglied einer Sache ist, die ihrerseits die Kriterien eines Bauwerks erfüllt (zB Steuerungsanlage einer Hängebahn),[31] die Sache, deren Teil oder Glied die Anlage ist, zwar nicht selbst als Bauwerk angesehen wird, ihrerseits aber Bauteil oder Bauglied eines Bauwerks ist,[32] oder wenn die technische Anlage mit dem Erdboden unmittelbar oder mittelbar über ein Gebäude fest verbunden ist, ohne dass es sich um wesentliche Bestandteile (§§ 93, 94 BGB) handeln muss. Es genügt eine Verbindung der Anlage mit dem Erdboden oder dem Gebäude allein durch ihr Gewicht, sodass eine Trennung nur mit einem größeren Aufwand möglich ist. Schließlich muss eine dauernde Nutzung der technischen Anlage beabsichtigt sein.[33]

9 Verträge, die allein die Lieferung von herzustellenden Bau- oder Anlagenteilen zum Gegenstand haben, sind gem. § 650 BGB (§ 651 BGB aF) nach Kaufrecht zu beurteilen.[34] Zu beachten ist ferner, dass solche Planungsleistungen, die als **Vorstufe** zu der im Mittelpunkt des Vertrags stehenden Lieferung herzustellender Anlagenteile anzusehen sind, der Qualifikation des Vertrags als Werklieferungsvertrag nicht entgegenstehen, weil jeder Herstellung eine gewisse Planungsleistung vorausgeht.[35] Eine Ausnahme kann deshalb allenfalls dann gelten, wenn die Planungsleistung so dominiert, dass sie den Schwerpunkt des Vertrags bildet und deshalb die Anwendung des Werkvertragsrechts erfordert. So liegt der Fall, wenn es bei der Beauftragung im Wesentlichen um die allgemein planerische Lösung eines konstruktiven Problems geht.[36]

10 Bei **Lieferverträgen mit Montageverpflichtung** kommt es auf die Umstände des Einzelfalls an. Stets ist zu fragen, ob die mit dem Warenumsatz verbundene Übertragung von Eigentum und Besitz auf den „Besteller" im Vordergrund steht oder die individuellen Anforderungen des Bestellers und die geschuldete Montageleistung das Gesamtbild des Vertragsverhältnisses prägen.[37] Hier kann das Wertverhältnis von Lieferung und Montage eine Rolle spielen.[38] Entstammt die Anlage einer **Serienproduktion,** die nur in wenigen Einzelheiten den Wünschen des Bestellers angepasst wurde, liegt ein Werklieferungsvertrag vor.[39]

11 **Softwareverträge** sind nach ihrem Gegenstand wie folgt zu unterscheiden.[40] Es handelt sich um Werkverträge, wenn ein spezielles, auf den Besteller zugeschnittenes Programm entwickelt werden soll **(Individualsoftware).**[41] Dies gilt auch dann, wenn das Programm in verkörperter Form dem

---

[27] MüKoHGB/Grunewald Rn. 4; Staudinger/Leupertz/Popescu, 2024, BGB § 650 Rn. 24; Grüneberg/Retzlaff BGB § 650 Rn. 5; BeckOK BGB/Voit, 75. Ed. 1.2.2024, BGB § 650 Rn. 9.

[28] Vgl. BGH 22.12.2005, NJW 2006, 904 (905): Lieferung und Errichtung eines Ausbauhauses; 10.3.1983, BGHZ 87, 112 (117) = NJW 1983, 1489; 8.11.1994, NJW 1985, 632: Errichtung eines Fertighauses; Ebenroth/Boujong/Achilles Rn. 8.

[29] BGH 16.9.1971, BGHZ 57, 60 (61) = NJW 1971, 2219 mwN.

[30] BGH 3.12.1998, NJW 1999, 2434 f.

[31] Vgl. BGH 20.2.1997, NJW 1997, 1982.

[32] BGH 20.5.2003, NJW-RR 2003, 1320.

[33] BGH 7.12.2017, MDR 2018, 200 Rn. 52: industrielle Anlage zur Produktion von Kartoffelchips; vgl. auch BGH 2.2.2016, NZBau 2016, 558 Rn. 29 – Photovoltaikanlage.

[34] BGH 23.7.2009, NJW 2009, 2877 (2878); hierzu G. Müller WM 2011, 1249 (1257 f.).

[35] OLG Düsseldorf 6.11.2012, NJW-RR 2013, 460 (461).

[36] BGH 23.7.2009, NJW 2009, 2877 (2880); vgl. auch BGH 9.2.2010, BeckRS 2010, 5468 Rn. 9; OLG Naumburg 26.6.2014, BeckRS 2014, 16164.

[37] Vgl. OLG Dresden 2.2.2016, NJW-RR 2016 724, 725 – Lieferung und Einbau einer Schließanlage: Werkvertrag); OLG Köln 13.4.2015, NJW-RR 2015, 859 – Einbau der Tür: Werklieferungsvertrag; OLG Bremen 19.3.2010, BeckRS 2011, 19501.

[38] Ebenroth/Boujong/Achilles Rn. 9; NK-HGB/Stöber § 381 Rn. 7.

[39] BGH 15.4.2004, NJW-RR 2004, 1205; 22.7.1998, NJW 1998, 3197 (3199).

[40] Vgl. BeckOK BGB/Voit, 75. Ed. 1.2.2024, BGB § 631 Rn. 3; MüKoBGB/Busche BGB § 631 Rn. 143; Staudinger/Leupertz/Popescu, 2024, BGB Vor §§ 631–650v Rn. 138 ff.

[41] BGH 4.11.1987, BGHZ 102, 135 (141) = NJW 1988, 406; OLG Köln 22.9.1995, NJW 1996, 1067; NK-HGB/Stöber § 381 Rn. 8; BeckOGK/Höpfner, 1.3.2025, Rn. 25.

Besteller ausgehändigt werden soll, da die geistige Leistung gegenüber der Lieferung einer beweglichen Sache im Vordergrund steht. Das Vorhandensein eines Pflichtenhefts, in welchem der geschuldete Erfolg fixiert wird, kann Indiz für einen Werkvertrag sein.[42] Ein Vertrag über den Erwerb von **Standardsoftware** unterliegt Werkvertragsrecht, wenn eine Anpassung in nicht geringem Umfang erforderlich ist. Die Geringfügigkeitsgrenze ist jedenfalls bei einem Wert der Anpassungsleistung von knapp 10 % der Gesamtleistung überschritten.[43] Ansonsten findet Kaufrecht Anwendung. Die Verpflichtung zur **Installation der Standardsoftware** und Einweisung in die Bedienung reicht für sich genommen nicht aus, um den Vertrag als Werkvertrag einzuordnen.[44] Auf einen Vertrag über die Generierung von E-Mail-Adressen Dritter im Internet und deren anschließende Veräußerung finden Kaufvertragsrecht und § 377 Anwendung.[45]

3. Anwendung der §§ 373–380. Die §§ 373–380 finden auf Werklieferungsverträge uneinge- 12
schränkt Anwendung.[46]

IV. Beweislast

Das Vorliegen eines Werklieferungsvertrages hat nach allgemeinen Grundsätzen diejenige Partei 13
zu beweisen, die sich auf §§ 373 ff. beruft.[47]

V. Abweichende Vereinbarungen

§ 381 ist sowohl individual- als auch formularvertraglich abdingbar. 14

VI. UN-Kaufrecht

1. Wertpapiere. Nach Art. 2 lit. d CISG fällt der Kauf von Wertpapieren nicht unter das UN- 15
Kaufrecht. Zu den **Wertpapieren** im Sinne dieser Vorschrift zählen grundsätzlich alle handelbaren verbrieften Forderungen, Anteile oder Rechte, die Gegenstand selbständiger Kaufgeschäfte sein können (zB Aktien, Investmentzertifikate und Inhaberschuldverschreibungen sowie Wechsel und Schecks),[48] nicht dagegen **Dokumente, die die Ware vertreten.**[49] Vom UN-Kaufrecht erfasst wird somit der Kauf von Konnossementen, Ladescheinen und Orderlagerscheinen.

2. Werklieferungsvertrag. Gemäß **Art. 3 Abs. 1 CISG** stehen Verträge über die Lieferung 16
herzustellender oder zu erzeugender Ware Kaufverträgen gleich, es sei denn, dass der Besteller einen wesentlichen Teil der für die Herstellung oder Erzeugung notwendigen Stoffe selbst zur Verfügung zu stellen hat. Das entspricht dem Begriff des Werklieferungsvertrags iSv § 381 Abs. 2.[50]

Unanwendbar ist das CISG nach **Art. 3 Abs. 2 CISG** auf Verträge, bei denen der überwiegende 17
Teil der Pflichten der Partei, die die Ware liefert, in der Ausführung von Arbeiten oder anderen Dienstleistungen besteht. Ein „Überwiegen" ist immer anzunehmen, wenn der **Wert der „Arbeiten und anderen Dienstleistungen"** den Wert der herzustellenden und zu liefernden Ware (deutlich) übersteigt.[51] Zusätzlich ist der **Wille der Vertragsparteien** und sind ihre Interessen von wesentlicher Bedeutung. Stehen aus der für den Lieferanten erkennbaren Sicht des Erwerbers die „Arbeiten und anderen Dienstleistungen" im Mittelpunkt, ist es nicht erforderlich, dass der Wert dieser Arbeiten

---

[42] OLG Düsseldorf 18.7.1997, NJW-RR 1998, 345 (346).

[43] OLG Köln 25.6.1993, NJW-RR 1993, 1529.

[44] OLG Köln 2.4.1993, NJW-RR 1993, 1140 f.: standardisiertes Programm mit Liefer- und Installationspflicht; 11.12.1992, NJW-RR 1993, 1398 (1399); **aA** OLG Hamm 10.3.2006, MMR 2007, 626 (627) (wirtschaftliche Schwerpunkt liege in der werkvertraglichen Komponente, da die Installations- und Umstellungsarbeiten die gelieferte Software für den Besteller erst nutzbar machen sollten).

[45] OLG München 18.10.2009, BeckRS 2009, 27252.

[46] Vgl. BGH 14.5.1996, NJW 1996, 2228; Hopt/Leyens Rn. 5; BeckOGK/Höpfner, 1.3.2025, Rn. 26; Staub/Brüggemann, 4. Aufl. 1983, Rn. 12 f.; speziell zur Anwendbarkeit des § 375 auf Werklieferungsverträge Rieble/Gutfried JZ 2008, 593 (61 f.).

[47] BeckOGK/Höpfner, 1.3.2025, Rn. 27.

[48] Staudinger/Magnus, 2025, CISG Art. 2 Rn. 40.

[49] Staudinger/Magnus, 2025, CISG Art. 2 Rn. 41; BeckOK BGB/Saenger, 75. Ed. 1.8.2025, CISG Art. 2 Rn. 10; Schlechtriem/Schwenzer/Schroeter/Ferrari CISG Art. 2 Rn. 34.

[50] Staudinger/Magnus, 2025, CISG Art. 3 Rn. 13.

[51] BGH 7.12.2017, MDR 2018, 200 Rn. 44; Schlechtriem/Schwenzer/Schroeter/Ferrari CISG Art. 3 Rn. 15; Ferrari/Kieninger/Mankowski/Saenger, Internationales Vertragsrecht, 3. Aufl. 2018, CISG Art. 3 Rn. 6.

den Wert der Ware erreicht.[52] Entscheidend ist, dass nach dem Vertragsinhalt die Beschaffung von Material zur Verwirklichung des Hauptzwecks nur nebenbei geschuldet wird,[53] was zB bei Anlagelieferverträgen anzunehmen sein dürfte.[54]

§ 382 *[aufgehoben]*

[52] BGH 7.12.2017, MDR 2018, 200 Rn. 44; Schlechtriem/Schwenzer/Schroeter/Ferrari CISG Art. 3 Rn. 14; Ferrari/Kieninger/Mankowski/Saenger, Internationales Vertragsrecht, 3. Aufl. 2018, CISG Art. 3 Rn. 6; Staudinger/Magnus, 2025, CISG Art. 3 Rn. 21; MüKoBGB/Huber CISG Art. 3 Rn. 14; MüKoHGB/Köhler CISG Art. 3 Rn. 13.

[53] BGH 7.12.2017, MDR 2018, 200 Rn. 44; Soergel/Lüderitz/Fenge, 13. Aufl. 2000, CISG Art. 3 Rn. 4.

[54] Vgl. BGH 7.12.2017, MDR 2018, 200 Rn. 44.

Dritter Abschnitt. Kommissionsgeschäft

§ 383 [Begriff und Rechtsstellung des Kommissionärs]

(1) Kommissionär ist, wer es gewerbsmäßig übernimmt, Waren oder Wertpapiere für Rechnung eines anderen (des Kommittenten) in eigenem Namen zu kaufen oder zu verkaufen.

(2) [1]Die Vorschriften dieses Abschnittes finden auch Anwendung, wenn das Unternehmen des Kommissionärs nach Art oder Umfang einen in kaufmännischer Weise eingerichteten Geschäftsbetrieb nicht erfordert und die Firma des Unternehmens nicht nach § 2 in das Handelsregister eingetragen ist. [2]In diesem Fall finden in Ansehung des Kommissionsgeschäfts auch die Vorschriften des Ersten Abschnittes des Vierten Buches mit Ausnahme der §§ 348 bis 350 Anwendung.

Schrifttum (zu §§ 383 ff.): Altmeppen, Provisionsansprüche bei Vertragsauflösung, 1987; Bergmann, Nam qui fines mandati excessit, aliud quid facere videtur, ZWE 2023, 111; Bergmann, Kartenvorverkauf und Kommission, WM 2021, 1209; Ebenroth/Obermann, Absatzmittlungsverträge im Spannungsverhältnis von Kartell- und Zivilrecht, 1980; Fleckner, Schadensausgleich beim Handeln in eigenem Namen für fremde Rechnung, in Baum ua (Hrsg.), Perspektiven des Wirtschaftsrechts, Beiträge für Klaus J. Hopt, 2008, 3; Hadding/Wagner, Börsentermingeschäfte an ausländischen Börsen und in ausländischen Wertpapieren, WM 1976, 310; Hager, Die Prinzipien der mittelbaren Stellvertretung, AcP 180 (1980), 239; Heinsius/Horn/Than, Depotgesetz, 1975; Hopt, Das Vertragsverhältnis zwischen Verlag und Pressegrossisten – Ein Beispiel für einen Kommissionsagentenvertrag, FS Hadding, 2004, 443; Jenny, Die Außenseite der Warenkommission in der Rechtsvereinheitlichung unter Berücksichtigung des deutschen, schweizerischen, englischen und amerikanischen Rechts, 1962; Knütel, Weisungen bei Geschäftsbesorgungsverhältnissen, insbes. bei Kommission und Spedition, ZHR 137 (1973), 285; Köndgen, Wieviel Aufklärung braucht ein Wertpapierkunde?, ZBB 1996, 361; Koller, Interessenkonflikte im Kommissionsverhältnis, BB 1987, 1733; Koller, Das Provisions- und Aufwendungsrisiko bei der Kommission, BB 1979, 1725; Kumpan, Vorteilsabschöpfung bei Interessenkonflikten am Beispiel der kommissionsrechtlichen Herausgabepflicht, in Baum ua (Hrsg.), Perspektiven des Wirtschaftsrechts, Beiträge für Klaus J. Hopt, 2008, 33; Landwehr, Das Kommissionsgeschäft in Rechtswissenschaft, Gesetzgebung und Rechtspraxis vom 16. bis zum Ende des 18. Jahrhunderts, 2003; Lang, Die neuere Rechtsprechung des Bundesgerichtshofs zu Auftrag, Geschäftsbesorgung und Geschäftsführung ohne Auftrag, WM-Sonderbeilage 9/1988; Martinek, Franchising, 1986; K. Schmidt, Wertpapierhandel im Kommissionsgeschäft, JuS 2003, 198; Rasmus, Der Selbsteintritt des Effektenkommissionärs, 1968; Schneiders, Anlegerschutz im Recht der Effektenkommission, 1977; Schütte, Leistungsstörungen im Kommissionsrecht, 1988; Schwark, Rechtsprobleme der mittelbaren Stellvertretung, JuS 1980, 777; Ulmer, Der Vertragshändler, 1969.

Hinweis: Für das Verständnis der dogmatisch-konstruktiven Grundlagen des Kommissionsgeschäfts, die vor allem in der zweiten Hälfte des 19. und der ersten Hälfte des 20. Jahrhunderts gelegt wurden, erscheint nach wie vor die ältere Lit. besonders hilfreich, insbesondere: Grünhut, Das Recht des Commissionshandels, 1879; Jacoby, Das Recht der Bank- und Warenkommission, 1891; Jung, Eigentumserwerb beim Kommissionskauf, 1892; Langen, Eigentumserwerb und Verlust bei Kommissionsgeschäften, 1900; Lepa, Über den Ursprung des Kommissionshandels, ZHR 26 (1881), 438; Lepa, Die Lehre vom Selbsteintritte des Kommissionärs in Einkaufs- und Verkaufsverträge, 1883; Müller-Erzbach, Die Grundsätze der mittelbaren Stellvertretung aus der Interessenlage entwickelt, 1905; Müller-Erzbach, Deutsches Handelsrecht, 2./3. Aufl. 1928, 161; Nussbaum, Tatsachen und Begriffe im deutschen Kommissionsrecht, 1917; Petri, Zur Frage der Eigentumsverhältnisse am Kommissionsgute, AcP 111 (1914), 359; Schmidt-Rimpler, Geschichte des Kommissionsgeschäfts in Deutschland, Bd. 1, 1915; Schmidt-Rimpler, Das Kommissionsgeschäft, in Ehrenbergs Handbuch des gesamten Handelsrechts, Bd. V/1, 2. Hälfte, 1928; Schütte, Leistungsstörungen im Kommissionsrecht, 1988; Vogel, Die sachenrechtlichen Wirkungen des Kommissionsgeschäfts, 1919; Weidmann, Das Kommissionsgeschäft, 1909; Wolter, Effektenkommission und Eigentumserwerb, 1979.

Übersicht

I. Allgemeines

1 **1. Kommissionär und Kommissionsgeschäft.** Die seit Inkrafttreten des HGB unveränderte Vorschrift des § 383 enthält in **Abs. 1** eine **Definition des Kommissionärs** sowie inzident eine Definition seines Vertragspartners und Auftraggebers, des Kommittenten, um damit den persönlichen und sachlichen Anwendungsbereich des dritten Abschnitts des vierten Buches des HGB festzulegen und abzugrenzen. Dabei ist die Legaldefinition des Kommissionärs nach wie vor vom traditionellen subjektiven, am **Kaufmannsstatus** („Kommissionär") orientierten Anknüpfungssystem beherrscht. Das Kommissionsrecht der §§ 383 ff. ist von dem partiellen Paradigmawechsel des HGB in Richtung auf ein objektives, am Geschäftsinhalt orientiertes Anknüpfungssystem unbeeinflusst geblieben, der sich seit der Transportrechtsreform von 1998 vor allem bei der Definition des Frachtvertrags in § 407 Abs. 1 (früher des Frachtführers, § 425 aF) oder des Speditionsvertrags in § 453 Abs. 1 (früher des Spediteurs, § 407 Abs. 1 aF) bemerkbar gemacht hat. Erst in § 383 Abs. 2 wird das „Kommissionsgeschäft" erwähnt. Indes lässt sich aus der Definition des Kommissionärs leicht diejenige des Kommissionsgeschäfts ableiten: Das **Kommissionsgeschäft** iSd §§ 383 ff. ist ein Handelsgeschäft, durch das sich ein Gewerbetreibender (der Kommissionär) gegenüber einem anderen (dem Kommittenten) zum Abschluss eines Ausführungsgeschäfts in Form eines Kaufvertrags über bewegliche Sachen (Waren) oder über Wertpapiere verpflichtet, wobei der Kommissionär auf Verkäuferseite (Verkaufskommission) oder auf Käuferseite (Einkaufskommission) auftreten kann und im Außenverhältnis gegenüber dem Dritten als mittelbarer Stellvertreter im eigenen Namen sowie im Verhältnis zum Kommittenten für dessen (fremde) Rechnung handelt. Mit der Bezugnahme auf einen Kauf bzw. Verkauf als Ausführungsgeschäft sind im weiteren Sinne auch Tauschgeschäfte gemeint. Zudem behandelt das Gesetz nach § 406 Abs. 2 auch „eine Kommission, welche die Lieferung einer nicht vertretbaren beweglichen Sache, die aus einem von dem Unternehmer zu beschaffenden Stoffe herzustellen ist, zum Gegenstande hat", mithin die **Kommission für eine Werklieferung,** als Einkaufs- bzw. Verkaufskommission. Wenn nach § 383 Abs. 1 als Gegenstände des Kommissionsgeschäfts **nur Waren und Wertpapiere,** nicht aber Immobilien oder sonstige Rechte wie Immaterialgüterrechte oder GmbH-Anteile in Betracht kommen, dann stellt das Kommissionsrecht insoweit die Parallele zu den Gegenständen des Handelskaufs der §§ 373 ff. her. Mit Waren sind im Handelsrecht immer nur bewegliche Sachen gemeint; der Wertpapierbegriff bezieht sich hier allein auf Wertpapiere ieS der Inhaber- und Orderpapiere.

2 **2. Kleingewerbliche Kommission.** Die Regelung in § 383 **Abs. 2** erklärt in **S. 1** die kommissionsrechtlichen Vorschriften der §§ 383 ff. auch auf nicht ins Handelsregister eingetragene Kleingewerbetreibende für anwendbar. Nach S. 2 gelten für diese kleingewerbliche Kommission auch die Vorschriften des allgemeinen Handelsgeschäftsrechts der §§ 343–372, jedoch mit Ausnahme des

§ 348 (keine Herabsetzung von Vertragsstrafen), des § 349 (keine Einrede der Vorausklage bei Bürgschaften) und des § 350 (Formfreiheit bei Bürgschaften, Schuldversprechen und Schuldanerkenntnissen). Die Ausnahmen erklären sich durch die **hohen Risiken,** die eine Anwendbarkeit der genannten Vorschriften auf Nichtkaufleute mit sich brächten.[1]

3. Gewerbsmäßigkeit des Kommissionsgeschäfts. Das Kommissionsgeschäft ist – auch bei einem kleingewerblichen Kommissionär nach § 383 Abs. 2 – dadurch gekennzeichnet, dass der Kauf oder Verkauf von Waren oder Wertpapieren für Rechnung des Kommittenten vom Kommissionär im eigenen Namen gewerbsmäßig übernommen wird. Diese Gewerbsmäßigkeit verlangt, dass der Kommissionär auf Dauer und mit der Absicht der Gewinnerzielung selbständig tätig sein will, mag er dabei auch noch am Beginn seiner Geschäftstätigkeit stehen. Die nur gelegentliche Übernahme von Kommissionsgeschäften ist nicht ausreichend, doch eröffnet § 406 Abs. 1 S. 2 die Anwendung kommissionsrechtlicher Vorschriften auch für „Gelegenheitskommissionäre" (→ Rn. 5), die dann zwar nicht als Kommissionäre, aber wegen ihrer anderweitigen Tätigkeit Gewerbetreibende sind. Der Kommissionär muss zwar nicht mehr (wie nach früherem Recht, § 1 Abs. 2 Nr. 6 aF) Kaufmann („Musskaufmann") sein, muss aber jedenfalls Gewerbetreibender – und sei es auch nur Kleingewerbetreibender – sein.[2] 3

4. Uneigentliche, unregelmäßige Kommission und Privatkommission. Die Vorschrift des § 383 regelt in Abs. 1 die **kaufmännische Kommission** und in Abs. 2 die **kleingewerbliche Kommission,** die man beide als Unterformen der **„eigentlichen" und „regelmäßigen" Kommission** verstehen kann.[3] Mit „eigentlicher" Kommission sind die Fälle gemeint, in denen eine Einkaufs- oder Verkaufskommission über Waren oder Wertpapiere in Rede steht. Von einer **„uneigentlichen" Kommission** spricht man folgerichtig in den Fällen des § 406 Abs. 1 S. 1, in denen die Kommission andere Geschäfte als solche des Erwerbs oder der Veräußerung von Waren- oder Wertpapieren zum Gegenstand hat.[4] Das Speditionsgeschäft als Güterversendung im eigenen Namen für fremde Rechnung ist ein in §§ 453 ff. geregelter Spezialfall der uneigentlichen Kommission.[5] Mit „regelmäßiger" Kommission sind die Fälle bezeichnet, die den gewerbsmäßigen Übernehmer solcher Geschäfte zum Kommissionär im Sinne des Handelsrechts machen. Als **„unregelmäßige" Kommission** lassen sich dann die Fälle des § 406 Abs. 1 S. 2 ansehen, die auch als **„Gelegenheitskommission"** bezeichnet werden. Sie wird nach dem Gesetzeswortlaut von einem „Kaufmann, der nicht Kommissionär ist, im Betriebe seines Handelsgeschäfts" übernommen. Der Kaufmann, der nicht nach § 383 Kommissionär „nach Gewerbe" ist, aber nach § 406 Abs. 1 S. 2 einen Kommissionsvertrag abschließt, kann Kommissionär „kraft Geschäfts" genannt werden. 4

Bei der Regelung des § 406 Abs. 1 S. 2 ist allerdings dem Gesetzgeber der Handelsrechtsreform von 1998 ein Versehen unterlaufen, denn konsequenterweise hätte er die „unregelmäßige" oder Gelegenheitskommission auch dem nicht eingetragenen Kleingewerbetreibenden zugänglich machen müssen, anstatt in § 406 Abs. 1 S. 2 den Wortlaut des S. 1 aufzugreifen und allein auf den Kaufmann und sein Handelsgewerbe abzustellen. Diese „Lücke" lässt sich indes unschwer per analogiam schließen: Zu Recht ist in der Lit. eine analoge Anwendung des § 406 Abs. 1 S. 2 vorgeschlagen worden, so dass auch der nicht eingetragene Kleingewerbetreibende „unregelmäßiger" Kommissionär sein kann.[6] Man kann dieses Ergebnis auch daraus ableiten, dass die Regelung zum kleingewerblichen Kommissionär in § 383 Abs. 2 mit ihrem Verweis auf die „Vorschriften dieses Abschnitts" auch § 406 einbezieht.[7] Zu beachten ist, dass auch die Gelegenheitskommission nur durch einen Gewerbetreibenden vorgenommen werden kann, wenn auch die Gewerbsmäßigkeit hier nicht durch eine Tätigkeit als Kommissionär – der in Gelegenheitskommission Tätige ist eben kein Kommissionär „nach Gewerbe" –, sondern durch die anderweitige Tätigkeit begründet ist (→ Rn. 3). 5

Neben diesen Unterscheidungen ist diejenige zwischen der **Einkaufs- und der Verkaufskommission** bedeutsam, die schon in § 383 Abs. 1, aber auch in § 400 und § 406 Abs. 2 angesprochen wird (zur Einkaufskommission vgl. insbesondere § 391). Als **bürgerlich-rechtliche Kommission** oder **Privatkommission** lassen sich Geschäftsformen bezeichnen, die – etwa wegen fehlender Gewerblichkeit oder wegen der Natur des Kommissionsguts – außerhalb der §§ 383, 406 liegen, 6

[1] Hopt/Kumpan Rn. 2.
[2] BT-Drs. 13/8444, 29, 69.
[3] Jung HandelsR § 39 Rn. 1; K. Schmidt HandelsR § 31 Rn. 19 ff.
[4] Vgl. etwa RG 14.2.1912, RGZ 78, 298 (330): Buchverlag im eigenen Namen des Verlegers (Kommissionsverlags), aber für fremde Rechnung des Autors; vgl. dazu v. Gierke/Sandrock HandelsR/WirtschaftsR § 27 II 1 (456).
[5] Hopt/Kumpan Rn. 1.
[6] P. Bydlinski ZIP 1998, 1169 (1174); Jung HandelsR § 39 Rn. 2.
[7] Hopt/Kumpan Rn. 2.

aber ansonsten der Kennzeichnung des Kommissionsgeschäfts entsprechen. Kommissionsverträge über den Kauf oder Verkauf von **Grundstücken** sind mangels eines Warencharakters des Kommissionsguts immer außerhalb der handelsrechtlichen Kommission anzusiedeln. Bürgerlich-rechtliche Kommissionsverträge kommen ansonsten sowohl als Verkaufs- wie als Einkaufskommission im Bereich privater Geschäftstätigkeit vor. Hierauf findet bei unentgeltlicher Tätigkeit des **„Privatkommissionärs"** das Vertragsrecht des Auftrags (§§ 662 ff. BGB), ansonsten das Geschäftsbesorgungsvertragsrecht (§ 675 Abs. 1 BGB, §§ 611 ff. BGB bzw. §§ 631 ff. BGB) sowie das Recht der mittelbaren Stellvertretung Anwendung. Der entgeltliche zivilrechtliche Kommissionsvertrag kann ein Dienst- oder ein Werkvertrag mit Geschäftsbesorgungscharakter sein.

7 **5. Dreiphasigkeit des Kommissionsgeschäfts.** Am Kommissionsgeschäft iwS sind nicht nur der Kommissionär und der ihn beauftragende Kommittent beteiligt, die beide durch den Kommissionsvertrag miteinander verbunden sind. Beteiligt ist auch der Dritte, der als **Geschäftspartner des Kommissionärs** beim Ausführungsgeschäft auftritt, und zwar bei der Verkaufskommission als Käufer und bei der Einkaufskommission als Verkäufer. Genau genommen lässt sich bei der idealtypischen Kommission ein dreiphasiger Ablauf erkennen. **Auftragsgeschäft, Ausführungsgeschäft, Abwicklungsgeschäft.** Konstruktiv stellt der Kommissionsvertrag das Auftragsgeschäft dar, zu dem sich das Ausführungs- und das Abwicklungsgeschäft als Vollzugsphasen darstellen.[8] Dabei können allerdings die zweite und die dritte Phase miteinander verzahnt werden bzw. ineinandergreifen. Keineswegs nämlich vollziehen sich die dinglichen Erfüllungsakte des Ausführungsgeschäfts immer und zwingend lediglich im Verhältnis zwischen dem Kommissionär und dem Dritten, so dass sich erst an die Übereignung und Besitzübertragung der Kaufsache vom Dritten an den Kommissionär (Einkaufskommission) bzw. an die Zahlung des Kaufpreises an den Kommissionär (Verkaufskommission) die Auskehrung und Weiterübertragung des Erlangten an den Kommittenten anschließt. Vielmehr kann es bei den dinglichen Erfüllungsakten des Ausführungsgeschäfts sowohl bei der Einkaufs- wie bei der Verkaufskommission zu einer unmittelbaren Beteiligung des Kommittenten kommen. Dabei können sich einzelne Erfüllungsakte des Ausführungsgeschäfts zugleich als Abwicklungsvorgänge im Kommissionsverhältnis darstellen.

8 **6. Kommission als Interessenwahrung.** Von der systematischen Stellung der §§ 383 ff. her ist das Kommissionsgeschäft im dritten Abschnitt des vierten Buches des HGB unter der Überschrift „Handelsgeschäfte" im Anschluss an den Handelskauf geregelt. Vorzugswürdig wäre es gewesen, den Kommissionär parallel zum Handelsvertreter und zum Handelsmakler im ersten Buch zu erfassen. Denn der Kommissionär ist wie der Handelsvertreter, der Handelsmakler, der Vertragshändler, der Kommissionsagent und der Franchisenehmer ein **interessenwahrender Umsatzvermittler** und **weisungsgebundener Geschäftsbesorger** und unterscheidet sich insofern von den eigentlichen Geschäftspartnern des Kaufmanns, die ihre Entscheidungen autonom und vom Eigeninteresse geleitet treffen.[9] Der Kommissionär hat die Hauptaufgabe, mit kaufmännischer Sorgfalt einen geeigneten Gegenkontrahenten (Käufer bzw. Verkäufer) am Markt zu ermitteln und auszuwählen. Diese Aufgabe ist „ausgesprochene Vertrauenssache"[10] und muss vom Kommissionär demgemäß auch persönlich in weisungsgebundener Interessenwahrung erfüllt werden.

9 **7. Kommission als mittelbare Stellvertretung.** Kennzeichnend für die Kommission ist die mittelbare (verdeckte) Stellvertretung. Der Kommissionär „lässt entweder überhaupt nicht ersehen, dass er für einen Dritten abschließt, oder, wenn er es bekanntgibt, so ist es doch für den Vertragsschluss unwesentlich".[11] Der Kommissionär wird im Außenverhältnis aus dem Ausführungsgeschäft mit dem Dritten allein berechtigt und verpflichtet. Er tritt nach außen im eigenen Namen auf. Da er aber im Innenverhältnis zum Kommittenten für dessen Rechnung handelt, muss er die wirtschaftlichen Ergebnisse des Ausführungsgeschäfts durch ein Abwicklungsgeschäft an den Kommittenten weiter- oder durchleiten, also bei der Einkaufskommission die vom Dritten gekaufte und ihm übereignete Sache dem Kommittenten übereignen oder bei der Verkaufskommission den gegen den Dritten erworbenen Kaufpreiszahlungsanspruch dem Kommittenten abtreten. Die Qualifizierung der Kommission als verdeckte Stellvertretung rechtfertigt die (analoge) Anwendung einzelner Regelungen des Stellvertretungsrechts wie etwa des § 167 Abs. 2 BGB. Das BGB hat – erstaunlicherweise[12] – nur die unmittelbare Stellvertretung in den §§ 164 ff. BGB geregelt und von einer eigenständigen Behandlung der mittelbaren Stellvertretung abgesehen. Das Auftreten des Kommissionärs als (nur)

---

[8] Hopt/Kumpan Rn. 1.

[9] v. Gierke/Sandrock HandelsR/WirtschaftsR § 26, S. 421.

[10] Müller-Erzbach, Deutsches Handelsrecht, 2./3. Aufl. 1928, 168.

[11] So Müller-Erzbach, Deutsches Handelsrecht, 2./3. Aufl. 1928, 163.

[12] Müller-Erzbach, Deutsches Handelsrecht, 2./3. Aufl. 1928, 165.

mittelbarer Stellvertreter ermöglicht es ihm, seinen **eigenen Kredit** und seine eigenen Geschäftsbeziehungen für seinen Auftraggeber nutzbar zu machen. Auch ist hiermit ein **Beschleunigungseffekt** für das Umsatzgeschäft verbunden: Der beauftragte Kommissionär ist nach außen, gegenüber dem Drittkontrahenten, **vollkommen legitimiert,** kann ohne umständliche und zeitraubende Bevollmächtigungen gegen den Drittkontrahenten vorgehen, ihn notfalls verklagen oder gegen ihn mit der Zwangsvollstreckung vorgehen. Freilich ist es auch vielfach für die Wahl der Kommission entscheidend, dass der Kommittent bei der mittelbaren Stellvertretung seine eigene Beteiligung am Geschäft als **verdeckter Hintermann** im Dunkeln lassen kann.

8. Kommission als untypische Treuhand. Das Kommissionsgeschäft ist zudem eng mit der Rechtsfigur der Treuhand verbunden, bei der es um die Ausübung von Rechten in eigener Rechtszuständigkeit und in eigenem Namen, aber nicht – oder wenigstens nicht ausschließlich – im eigenen Interesse, sondern zumindest auch im Interesse des Treugebers geht, an den der Treuhänder schuldrechtlich fiduziarisch gebunden ist.[13] Während der Kommissionsvertrag das schuldrechtliche Innenverhältnis der Parteien regelt und während für die Rechtsmacht des Kommissionärs im Außenverhältnis bei Verfügungsgeschäften seine dingliche Rechtsinhaberschaft oder seine Ermächtigung (Verfügungsbefugnis) bestimmend ist, bringt die Rechtsfigur der Treuhand das Innen- und das Außenverhältnis miteinander in eine Sinnbeziehung, die an das **Dürfen (nach innen)** und an das **Können (nach außen)** des Kommissionärs anknüpft. Die Treuhand ist dadurch gekennzeichnet, dass der Treuhänder (Kommissionär) in seiner Rechtsstellung gegenüber Dritten (Außenverhältnis) schuldrechtlichen Beschränkungen im Innenverhältnis zum Treugeber (Kommittenten) unterliegt. **Seine Rechtsmacht im Außenverhältnis ist im Innenverhältnis gebunden,** so dass er kraft seiner Rechtsstellung nach außen mehr tun „kann" als er kraft seiner Treuebindung im Innenverhältnis tun „darf". Das rechtliche Können übersteigt das rechtliche Dürfen.[14] Die im Kommissionsvertrag konkretisierte schuldrechtliche Interessenbindung des Kommissionärs bewirkt das **treuhandtypische Minus** im Verhältnis zu seiner sachenrechtlichen Rechtsmacht (überschießende Außentendenz). Bei der Verkaufskommission darf der Kommissionär mit dem Kommissionsgut und Treugut, an dem er Eigentum hat oder über das er doch verfügungsbefugt ist, nicht nach Belieben verfahren, sondern muss darüber ein Ausführungsgeschäft (Verkauf) abschließen und weisungsgemäß verfügen. Bei der Einkaufskommission darf der Kommissionär mit dem Kommissionsgut und Treugut, das er im Rahmen des Ausführungsgeschäfts von dem Dritten zu Eigentum erlangt hat, nicht nach Belieben verfügen, sondern muss dem Kommittenten daran das Eigentum verschaffen. 10

Wie für die rechtsgeschäftliche Treuhand im Allgemeinen sind für das Kommissionsgeschäft als Treuhandverhältnis zwei konstituierende Elemente kennzeichnend.[15] Das **persönliche Element** besteht in der Bindung des Kommissionärs (Treuhänders) durch die im Kommissionsvertrag enthaltene **Treuhandabrede,** in der er sich dazu verpflichtet, das Kommissionsgut (Treugut) für bestimmte fremde Interessen zu halten und mit ihm entsprechend dieser Verpflichtung zu verfahren. Das **sachliche Element** wird dadurch begründet, dass sich die Verpflichtung des Kommissionärs (Treuhänders) gerade auf bestimmte Rechte (das Sondervermögen) bezieht **(Objektbezogenheit der Treuhand).** Bei der Verkaufskommission enthält der Kommissionsvertrag regelmäßig eine schuldrechtliche Treuhandabrede (pactum fiduciae) und wird von einem oder mehreren dinglichen Rechtsgeschäften flankiert, die die Verfügungsmacht des Kommissionärs und Treuhänders herstellen. Bei der Einkaufskommission bezieht sich die Treuhandabrede darauf, das vom Dritten erlangte Eigentum fiduziarisch sofort an die Interessen des Kommittenten zu binden (sog. Erwerbstreuhand). Im Kommissionsgeschäft finden sich die Rechtsfiguren der mittelbaren Stellvertretung und der Treuhand miteinander kombiniert. Dabei bezieht sich die mittelbare Stellvertretung auf die **Veräußerungsmodalität** (Verkaufskommission) bzw. **Erwerbsmodalität** (Einkaufskommission), während die **Treuhand die Verwaltungsmodalität** der fiduziarischen Bindung kennzeichnet. 11

Allerdings kann man das Kommissionsverhältnis nur als **untypisches,** nämlich kurzfristiges und **auf Abwicklung angelegtes Treuhandverhältnis,** nicht als typisches, langfristiges, auf Verwaltung angelegtes Treuhandverhältnis ansehen. Denn bei der typischen oder „klassischen" Treuhand soll der Treuhänder seine fiduziarisch gebundene Rechtsposition für den Treugeber eine gewisse Zeit lang innehaben. Gerade wegen ihrer Längerfristigkeit und Dauer bedarf die typische Treuhand der fiduzia- 12

---

[13] Vgl. dazu RG 6.3.1930, RGZ 127, 341; BGH 5.11.1953, BGHZ 11, 37; 21.4.1955, BGHZ 17, 140; 17.11.1955, BGHZ 19, 51 (69); 25.2.1987, NJW 1987, 2071.

[14] Staudinger/Martinek/Omlor, 2017, BGB Vor §§ 662 ff. Rn. 40 ff.; Siebert, Das rechtsgeschäftliche Treuhandverhältnis, 2. Aufl. 1933, Nachdruck 1959; Kötz, Trust und Treuhand, 1963; J. Thomas NJW 1968, 1705; Coing, Die Treuhand kraft privaten Rechtsgeschäfts, 1973; Liebich/Mathews, Treuhand und Treuhänder in Recht und Wirtschaft, 2. Aufl. 1983, 92.

[15] Coing, Die Treuhand kraft privaten Rechtsgeschäfts, 1973, 85 ff.

rischen Bindung als Steuerungsmittel. Der Kommissionär als mittelbarer Stellvertreter, der nur untypischer und kurzfristiger Treuhänder ist, erfüllt dagegen regelmäßig nur die mehr oder weniger überschaubare Aufgabe, für den Kommittenten ein Rechtsgeschäft vorzunehmen, und soll die daraus erlangten Gegenstände möglichst schnell an ihn weitergeben. Die zeitlich überschaubare, von voraussehbaren Vollzugsakten beherrschte Rechtsbeziehung zwischen Kommittent und Kommissionär, die bis zur vollständigen Abwicklung besteht, ist schon deshalb nicht als typisches, „klassisches" Treuhandverhältnis anzusehen, weil für Treuebeweise des Kommissionärs als eines „isolierten" Geschäftsbesorgers, die erst in einer Krise erbracht werden könnten, schon zeitlich kaum hinreichender Raum bereitsteht. Zwar hat der Kommissionär als mittelbarer Stellvertreter uU für einen gewissen Zeitraum die erlangten Gegenstände zu verwalten, doch ist dieser Zustand gerade auf seine Beendigung angelegt. Dieser Verwaltungszustand bildet, anders als bei der typischen Treuhand, nicht Inhalt und Ziel der von den Parteien getroffenen Regelung, sondern lediglich ein notwendiges, häufig gar lästiges Zwischenstadium. Es geht bei der kommissionsrechtlichen Treuhand um eine kurzfristige, **sich selbst beendende Abwicklungstreuhand,** nicht um eine langfristige, **sich weiter fortsetzende Verwaltungs- und Gestaltungstreuhand.**

13 Weil das Kommissionsverhältnis nur ein untypisches Treuhandverhältnis begründet, steht dem Kommittenten nicht schon wie bei der typischen, klassischen Treuhand in der Insolvenz des Kommissionärs **ein insolvenzrechtliches Aussonderungsrecht** (§ 47 InsO) und bei der Einzelzwangsvollstreckung von Gläubigern des Kommissionärs **eine einzelzwangsvollstreckungsrechtliche Drittwiderspruchsklage** (§ 771 ZPO) zu, wenn das zu veräußernde (Verkaufskommission) oder das erworbene (Einkaufskommission) Kommissionsgut im (Durchgangs-)Eigentum des Kommissionärs steht. Dem Kommittenten hilft aber bei der Verkaufskommission, dass er regelmäßig kein Eigentum am Kommissionsgut auf den Kommissionär überträgt, sondern ihm nur eine Verfügungsbefugnis nach §§ 929 ff. BGB, § 185 BGB erteilt (→ Rn. 36); bei der Einkaufskommission kann er sich durch die Institute des Insichgeschäfts und des antizipierten Besitzmittlungsverhältnisses schützen (→ Rn. 39 f.). Im Übrigen hilft ihm die Regelung des **§ 392 Abs. 2,** die nach richtiger Ansicht als Ausdruck eines allgemeinen Rechtsgedankens und als weitgehend analogiefähig anzusehen ist.[16]

14 **9. Abgrenzung vom Vertragshändler und Franchisenehmer.** Der Kommissionär ist mit der Vermittlung von Einkaufs- oder Verkaufsgeschäften betraut und muss von anderen Vermittlern vor allem von Verkaufsgeschäften abgegrenzt werden. Vom Vertragshändler und Franchisenehmer, die beide aufgrund von Rahmenverträgen im eigenen Namen und für eigene Rechnung ankaufen und weiterverkaufen, unterscheidet sich der Kommissionär in erster Linie dadurch, dass er, auch wenn er wie diese im eigenen Namen auftritt, anders als diese nicht für eigene Rechnung, sondern für fremde Rechnung (des Kommittenten) tätig wird.[17] Die wirtschaftlichen Folgen seiner Tätigkeit treffen im Ergebnis nicht ihn selbst, sondern den Kommittenten als den verdeckten Hintermann. Der Kommissionär realisiert nicht wie der Eigenhändler, Vertragshändler oder Franchisenehmer einen Gewinn aus einer Handelsspanne, sondern erhält für seine Tätigkeit ein regelmäßig erfolgsabhängiges Entgelt in Form der Provision (§ 396).

15 **10. Abgrenzung vom Handelsvertreter und Handelsmakler.** Vom Handelsvertreter (§§ 84 ff.) unterscheidet sich der Kommissionär dadurch, dass er das Ausführungsgeschäft mit dem Dritten im eigenen Namen abschließt. Demgegenüber schließt der Handelsvertreter, wenn er Vermittlungsvertreter ist, den Vertrag mit dem Kunden nicht selbst ab, weder im eigenen noch im fremden Namen, sondern bringt nur den Unternehmer und den Kunden als Vertragsparteien vermittelnd zusammen. Als Abschlussvertreter tritt der Handelsvertreter anders als der Kommissionär im fremden Namen, mithin als unmittelbarer (offener) Stellvertreter iSd §§ 164 ff. BGB auf, wird also nicht selbst Vertragspartei. Der Kommissionär wird zwar wie der Handelsvertreter für Rechnung des Auftraggebers tätig, tritt dabei aber immer im eigenen Namen auf (mittelbare Stellvertretung) und wird zudem vom Auftraggeber nur „fallweise" mit einem Einzelgeschäft, nicht aber wie der Handelsvertreter (§§ 84, 86) mit Absatzförderungsaufgaben „ständig betraut". Der Handelsmakler nach § 93 Abs. 1 schließlich wird zwar wie der Kommissionär nur einzelgeschäftsbezogen eingesetzt, ist wie dieser nicht „ständig betraut", beschränkt sich aber (außerhalb der Ausnahmefälle einer ihm erteilten gesonderten Vertretungsmacht zum Abschluss der von ihm vermittelten Verträge) auf seine Vermittlungstätigkeit, ohne Vertragspartner des Geschäfts zu werden.

16 **11. Abgrenzung vom Arbeitnehmer.** Die Abgrenzung des Kommissionärs vom Arbeitnehmer kann Schwierigkeiten aufwerfen, wenn die vom Auftraggeber auferlegten Beschränkungen der Tätigkeitsgestaltung und der Arbeitszeitbestimmung eine Scheinselbständigkeit des Beauftragten nahele-

[16] Martinek FS Musielak, 2004, 355 (362 ff.).
[17] BGH 20.3.2003, NJW-RR 2003, 981; MüKoHGB/Häuser § 406 Rn. 46.

gen; zudem ist die Figur der arbeitnehmerähnlichen Person (§ 5 ArbGG) zu berücksichtigen. Im Einzelfall ist darauf abzustellen, ob dem Beauftragten noch genügend eigenunternehmerische Gestaltungsspielräume und eine hinreichende persönliche Unabhängigkeit verbleiben, um ihn als einen selbständigen Kommissionär jenseits der für ein Arbeitsverhältnis charakteristischen persönlichen Abhängigkeit und organisatorischen Eingliederung qualifizieren zu können. Die ausreichende Selbständigkeit ist wie beim Handelsvertreter nach § 84 Abs. 1 S. 2 zu beurteilen. Anders als der Arbeitnehmer nimmt der Kommissionär am Markt **eigenständig Chancen** wahr und geht **Risiken** ein. Das geschäftsbesorgungsrechtliche Weisungsrecht lässt gegenüber dem arbeitsrechtlichen Direktionsrecht einen größeren Freiraum in der zeitlichen Aufgabenerfüllung und in der Wahl des Mitteleinsatzes sowie der Art und Weise der Tätigkeit bestehen. Dabei ist die Festsetzung von einzelnen Bedingungen und Vorgaben des Ausführungsgeschäfts, insbesondere hinsichtlich eines Höchst- oder Mindestpreises als kommissionstypisch anzusehen.[18] Ein Arbeitsverhältnis liegt nur dann vor, wenn Vereinbarungen getroffen und praktiziert werden, die zur Folge haben, dass der betreffende Kommissionär nicht mehr im Wesentlichen frei seine Tätigkeit gestalten und seine Arbeitszeit bestimmen kann.[19]

12. Abgrenzung vom Eigengeschäft. Was schließlich die Abgrenzung der Kommission vom Eigengeschäft oder Propergeschäft angeht, die insbesondere bei der Verkaufskommission angesichts des Selbsteintrittsrechts des Kommissionärs nach § 400 Abs. 1 im Einzelfall problematisch sein kann, ist das Augenmerk darauf zu richten, ob das Vertragsverhältnis den Charakter eines kaufrechtlichen Veräußerungsgeschäfts oder eines **geschäftsbesorgungsrechtlichen Interessenwahrungsverhältnisses** hat.[20] Auch bei einem Selbsteintritt liegt ein vom Kommissionsvertrag verschiedenes Ausführungsgeschäft vor und bleibt der Kommissionär Interessenwahrer des Kommittenten. Die Verwendung des Provisionsbegriffs allein kann wegen seiner Bedeutungsvielfalt trügerisch sein und nicht immer schon als hinreichendes Indiz für eine Kommission angesehen werden, denn eine Provision kann nicht nur Entgeltcharakter (Tätigkeits- bzw. Erfolgsvergütung) haben, sondern auch als Preisbestimmungsfaktor für ein kaufrechtliches Veräußerungsgeschäft zwischen den Parteien eingesetzt werden, etwa in Form eines Abschlags vom Händlereinkaufspreis.[21] Zu beachten ist auch, dass ein Kaufvertrag und ein Kommissionsgeschäft miteinander verbunden werden können, was vor allem bei einem Neuwagenkauf mit Verkaufskommission hinsichtlich des Gebrauchtwagens vorkommt.[22] Ein Auftreten des Kommissionärs „als für fremde Rechnung Handelnder" oder ausdrücklich „als Kommissionär" lässt im kaufmännischen Verkehr regelmäßig keinen Zweifel an der Kommissionärsstellung. Zu beachten ist ferner, dass selbst bei einem späteren (vertragswidrigen) Auftreten gegenüber dem Geschäftspartner im fremden Namen durchaus eine Kommission vorliegen kann, solange sich nur der Kommissionär vorher zum Ausführungsgeschäft im eigenen Namen und für fremde Rechnung verpflichtet hatte. Vor allem für die Abgrenzung einer Kommission vom Kauf mit Rückgaberecht, auch als Konditionenkauf oder Kauf „in Kommission" bezeichnet, ist nicht die von den Vertragsparteien gewählte Bezeichnung, sondern der auszulegende Inhalt ihrer Vereinbarung entscheidend, insbesondere, für wessen Rechnung die Ware verkauft werden soll und ob eine Abrechnungspflicht hinsichtlich der Verkäufe vereinbart ist.[23] Ansonsten können als **Indizien für ein kaufrechtliches Veräußerungsgeschäft** genannt werden: Vereinbarung eines bestimmten oder bestimmbaren Preises zwischen den Parteien;[24] Leistung einer Abschlagszahlung nach Übernahme der Ware unabhängig von der Weiterveräußerung;[25] Vereinbarung eines Selbstbelieferungsvorbehalts zugunsten des Lieferanten;[26] Fehlen von Weisungsrechten zur Preiskalkulation oder zu den Konditionen der weiteren Veräußerung;[27] Ausschluss einer Rückgabe der Ware.[28] Dagegen sind als **Indizien für ein Kommissionsverhältnis** zu nennen: Verabredung von Abrechnungen und bloßen Preisgrenzen;[29] Weisungsbefugnisse zum Ausführungsgeschäft und seiner Preisgestaltung;[30] Durchführung 17

[18] BAG 4.12.2002, AP BGB § 611 Abhängigkeit Nr. 115.
[19] So BAG 4.12.2002, AP BGB § 611 Abhängigkeit Nr. 115.
[20] RG 19.5.1926, RGZ 114, 9; BGH 19.2.1975, NJW 1975, 776; Hopt/Kumpan Rn. 7.
[21] RG 4.3.1921, RGZ 101, 380; BGH 9.12.1958, WM 1959, 269; OLG Köln 28.5.2001, OLGR 2002, 21 = BeckRS 2001, 30183037.
[22] BGH 30.11.1983, BGHZ 89, 126 (128); OLG Oldenburg 16.12.1998, NJW-RR 2000, 507.
[23] OLG Köln 28.5.2001, OLGR 2002, 21 = BeckRS 2001, 30183037.
[24] BGH 27.2.1991, NJW-RR 1991, 994.
[25] OLG Köln 28.5.2001, OLGR 2002, 21 = BeckRS 2001, 30183037.
[26] RG 5.1.1981, RGZ 3, 109; 4.3.1921, RGZ 101, 380; 24.1.1925, RGZ 110, 113.
[27] BGH 19.1.1951, BGHZ 1, 75; 19.2.1975, NJW 1975, 776.
[28] OLG Frankfurt 1.12.1981, BB 1982, 208.
[29] Müller-Erzbach, Deutsches Handelsrecht, 2./3. Aufl. 1928, 163.
[30] BGH 20.3.2003, NJW-RR 2003, 1056.

der Weiterveräußerung auf Provisionsbasis;[31] Vereinbarung zusätzlicher Gebühren oder eines Aufwendungsersatzes in Ergänzung zum Veräußerungspreis;[32] Verbleib eines Mehrerlöses gegenüber einem Festpreis als Entgelt;[33] Rechnungslegungspflichten zur Weiterveräußerung.[34] Hat der Kommissionär zunächst vertragsgemäß ein Ausführungsgeschäft oder zunächst vertragswidrig ein Eigengeschäft durchgeführt, dann können sich die Parteien im Wege einer vertraglichen Vereinbarung auf eine **nachträgliche Umwidmung** in ein Eigen- bzw. in ein Ausführungsgeschäft verständigen; dagegen bleibt dem Kommissionär eine einseitige Umwidmung versperrt.[35]

18 **13. Der Kommissionsagent.** Nach dem gesetzlichen Leitbild der §§ 383 ff. wird der Kommissionär immer nur von Fall zu Fall, mithin einzelgeschäftsbezogen eingeschaltet. Der Kommissionär ist daher **kein Absatzmittler.** Denn der Absatzmittler (zB der Handelsvertreter, der autorisierte Fachhändler, der Vertragshändler oder der Franchisenehmer) ist durch einen langfristigen Rahmenvertrag mit dem Absatzherrn (Hersteller, Großhändler, Systemzentrale) verbunden und mit Absatzförderungspflichten zugunsten des Produkts „ständig betraut" (vgl. § 84 Abs. 1, § 86 für den Handelsvertreter). Absatzmittler sind durch ihre dauerhafte Position im Absatzkanal *(marketing channel)* und durch ihre Einbettung in eine systemisch organisierte, vertriebsvertragliche Absatzkooperation gekennzeichnet. Dies ist beim Kommissionär nicht der Fall. Schon zu Beginn des vergangenen Jahrhunderts setzte sich in der absatzwirtschaftlichen Praxis als neuer Absatzmittlertyp aber der Kommissionsagent durch, der bis heute keine gesetzliche Regelung erfahren hat. Die Wirtschaftspraxis benötigte in Ergänzung vor allem zum Handelsvertreter einen ständig tätigen Absatzmittler mit der Stellung eines indirekten (verdeckten) Stellvertreters, durch dessen Einschaltung für den Absatzherrn eine direkte Vertragsbeziehung mit den Abnehmern vermieden wird.[36] Der Kommissionsagent bildet gleichsam einen **Zwischentypus** zwischen dem Handelsvertreter der §§ 84 ff. und dem Kommissionär der §§ 383 ff. Wie ein Handelsvertreter ist er „ständig betraut" und wie ein Kommissionär verkauft er im eigenen Namen und für fremde Rechnung.[37] Konsequenz der verdeckten Stellvertretung ist, dass bei diesem Zwischentypus Innen- und Außenverhältnis auseinanderfallen. Nur im Außenverhältnis gegenüber den Abnehmern ist dem Kommissionsagenten das unternehmerische Risiko zugewiesen; als nach außen im eigenen Namen Handelnder hat er anders als der Handelsvertreter dem Kunden selbst einzustehen. Aber als für fremde Rechnung Handelnder ist der Kommissionsagent wie der Handelsvertreter vom Absatz-, Transport-, Lagerhaltungs-, Vorausdispositions-, Gewährleistungs-, Garantie- und Kreditrisiko entlastet; diese Risiken verbleiben grundsätzlich beim Unternehmer. Außer beim Delkredere (§§ 86b, 394) trägt der Kommissionsagent wie der Handelsvertreter **kein unternehmerisches Risiko.** Typisches Beispiel für den Kommissionsagenten ist der Pressegrossist.[38] Der Kommissionsagentenvertrag ist ebenso wie der Handelsvertretervertrag regelmäßig ein Dienstvertrag, der Geschäftsbesorgungen (Absatzmittlung und -förderung) zum Gegenstand hat. Das Verhältnis ist von einer Weisungsbefugnis des Geschäftsherrn gekennzeichnet (§ 675 Abs. 1 BGB, § 665 BGB). Dem steht das Tätigwerden des Kommissionsagenten im eigenen Namen nicht entgegen. Ein Tätigwerden im Namen des Geschäftsherrn gehört nicht zu den Voraussetzungen der vertraglichen Geschäftsbesorgung nach § 675 Abs. 1 BGB. Aus dem Handelsvertreterrecht finden auf den Kommissionsagenturvertrag die Vorschriften der § 87 Abs. 2, §§ 89, 89a, 89b, 90 und § 90a analoge Anwendung.[39] Die Kommissionärsstellung wird vor allem bei der Geschäftsabwicklung im Außenverhältnis bedeutsam, weil auf die Behandlung der Ausführungsgeschäfte des Kommissionsagenten die kommissionsrechtlichen Vorschriften uneingeschränkt Anwendung finden. Ein formularmäßiger Kommissionsagenturvertrag, etwa über den Betrieb eines Einzelhandelsmarktes, unterliegt der AGB-rechtlichen Kontrolle im Hinblick auf unangemessen benachteiligende Bestimmungen zu Lasten des Kommissionsagenten sowie der Sittenwidrigkeitskontrolle nach § 138 Abs. 1 BGB.[40]

II. Rechtstatsachen – Praktische Bedeutung

19 **1. Finanz-/Effektenkommission.** Das Kommissionsgeschäft findet nach wie vor eine beachtliche praktische Bedeutung im **Wertpapierhandel** der Kreditinstitute. Beim Finanzkommissionsge-

[31] OLG München 26.5.1955, BB 1955, 682.
[32] BGH 25.6.2002, ZIP 2002, 1436 = NJW-RR 2002, 1344; 30.4.2003, NJW-RR 2003, 1582.
[33] RG 24.1.1925, RGZ 110, 119.
[34] OLG Köln 28.5.2001, OLGR 2002, 21 = BeckRS 2001, 30183037; OLG München 26.5.1955, BB 1955, 682.
[35] Hopt/Kumpan Rn. 16.
[36] Ebenroth/Obermann, Absatzmittlungsverträge im Spannungsverhältnis von Kartell- und Zivilrecht, 1980, 29 ff.; Ulmer, Der Vertragshändler, 1969, 44; Martinek, Franchising, 1986, 203.
[37] Hopt/Kumpan Rn. 3.
[38] Hopt FS Hadding, 2004, 443 ff.
[39] BGH 26.9.1980, BGHZ 79, 89 (97); 20.3.2003, NJW-RR 2003, 1056 (1058).
[40] BGH 20.3.2003, NJW-RR 2003, 981.

schäft (früher: Effektengeschäft), dh der Anschaffung und der Veräußerung von Finanzinstrumenten für andere (§ 1 Abs. 1 S. 2 Nr. 4 KWG), wird die Bank in eigenem Namen für fremde Rechnung in mittelbarer Stellvertretung, mithin als Kommissionärin gemäß §§ 383 ff. tätig.[41] Das Finanzkommissionsgeschäft bezieht sich vor allem auf Wertpapiere in Form von „Effekten", dh auf Kapitalmarktpapiere, die nach § 91 BGB vertretbar sind. Der Finanzkommissionsvertrag (früher: Effektenkommissionsvertrag) ist als ein kaufmännischer Geschäftsbesorgungsdienstvertrag zu qualifizieren, auf den subsidiär zu den §§ 383 ff. HGB die § 675 Abs. 1 BGB, §§ 611 ff. BGB zur Anwendung kommen.[42] Die Tätigkeit zur Herbeiführung eines Kaufvertrages stellt eine Geschäftsbesorgung dar. Rein kaufrechtlich ist demgegenüber der Erwerb oder die Veräußerung von Wertpapieren als Eigenhändlertätigkeit zu qualifizieren, die außerhalb der Begriffsbestimmung des Finanzkommissionsgeschäfts liegt und als Eigen- oder Propergeschäft bezeichnet wird (vgl. auch § 31 DepotG). Hierunter fällt insbesondere die Veräußerung einer von der Bank übernommenen Emission an ihre Kunden (zum Emissionsgeschäft nach § 1 Abs. 1 S. 2 Nr. 10 KWG). Bei der Effektenkommission, dh der Anschaffung und Veräußerung von Wertpapieren für andere, sind die §§ 18 ff. DepotG sowie die Sonderbedingungen für Wertpapiergeschäfte der Banken einschlägig. Regelmäßig wird heute (anders als bis 1995) die Auftragsabwicklung im Wertpapierhandel als **Kommissionsgeschäft ohne Selbsteintrittsrecht** durchgeführt, während Eigengeschäfte nur ausnahmsweise bei Festpreisgeschäften vorkommen (→ § 400 Rn. 3).[43] Neuerdings werden Effektenkommissionsgeschäfte auch per Computer von Direktbanken getätigt, die Wertpapieraufträge ihrer Kunden online im Internet, auch für das *Daytrading* oder den „Sekundenhandel", entgegennehmen.[44]

2. Konsignationskommission. Im Außenhandel spielt die Übersee-Exportkommission, dh der Einsatz von Kommissionären bei der Ausfuhr von Waren über See, und hier insbesondere die sog. Konsignation nach wie vor eine Rolle, auch wenn ihre Bedeutung gegenüber der ersten Hälfte des vergangenen Jahrhunderts stark abgenommen hat.[45] Bei der **direkten Konsignation** versendet der deutsche Hersteller oder Händler die Ware an einen Verkaufskommissionär im Ausland, was aber häufig recht riskant ist. Bei der **indirekten Konsignation (Exportkonsignation)** bedient er sich eines Exportkommissionärs (Konsignaten), damit dieser für ihn, den Konsignanten, im Exportland einen lokalen Verkaufskommissionär, den Konsignatär, sucht und einschaltet.[46] Der Exportkommissionär versteht sich vielfach dazu, dem Konsignanten einen Vorschuss auf die in Konsignation genommenen Waren (zB 80 % des Fakturawerts) zu zahlen, wenn die Abwicklung der überseeischen Konsignation längere Zeit beansprucht. Hier sind also mit dem inländischen Exportkommissionär und dem ausländischen Konsignatär im Bestimmungsland **zwei Verkaufskommissionäre** eingeschaltet; der Konsignat ist **Zwischenkommissionär.** 20

3. Weitere Einsatzfelder. Das Kommissionsgeschäft kann auf eine wirtschaftsgeschichtlich und handelsrechtsgeschichtlich eindrucksvolle Vergangenheit zurückblicken, die mit dem gewerbsmäßigen Kommissionshandel als Instrument des Fernhandels ihren Ausgangspunkt im Mittelalter nahm und im 18. und 19. Jahrhundert zu einem bedeutenden wirtschaftlichen Faktor führte.[47] Dabei ist zu berücksichtigen, dass das Handeln im eigenen Namen bis ins 19. Jahrhundert hinein noch kein Wesensmerkmal des Kommissionsgeschäfts war. Jedenfalls hat das Kommissionsgeschäft im Laufe des vergangenen Jahrhunderts stark an Bedeutung eingebüßt, vor allem in seiner früheren Domäne, dem Warenhandel. Dieser **Bedeutungsverlust** erklärt sich vor allem durch die verkehrs- und informationstechnologischen Innovationsprozesse. Immerhin hat sich der Kommissionshandel etwa bei **Modeartikeln,** bei denen sich nach der Produktion rasch die Absatzmöglichkeiten verringern können, sowie bei Massengütern wie **Getreide, Baumwolle** etc, die erhebliche Lagerkosten verursachen und Absatzrisiken bergen können, noch lange gehalten. Auch heute noch findet der Kommissionär in verschiedenen Branchen der Wirtschaft Verwendung. Der **Vertrieb von Eintrittskarten** kann in Kommission erfolgen.[48] Im **Kunst- und Antiquitätenhandel** ist die Kommission wie eh und 21

[41] Vgl. dazu BVerwG 27.2.2008, ZIP 2008, 911; HessVGH 28.8.2013, WM 2014, 206 = BeckRS 2013, 57176.

[42] Canaris, Bankvertragsrecht, 1981, Rn. 1822.

[43] BGH 25.6.2002, ZIP 2002, 1436 = NJW-RR 2002, 1344; OLG Köln 28.5.2001, OLGR 2002, 21 = BeckRS 2001, 30183037; OLG Nürnberg 10.7.2015, WM 2015, 2146 (2148).

[44] BGH 25.6.2002, ZIP 2002, 1436 = NJW-RR 2002, 1344.

[45] Müller-Erzbach, Deutsches Handelsrecht, 2./3. Aufl. 1928, 162, 164.

[46] Vgl. dazu RG 14.5.1906, RGZ 63, 301 (303); zu weiteren Konstellationen der Konsignations- oder Exportkommission vgl. v. Gierke/Sandrock HandelsR/WirtschaftsR § 27 I 2 (454 f.).

[47] Landwehr, Das Kommissionsgeschäft in Rechtswissenschaft, Gesetzgebung und Rechtspraxis, 2003, 1 ff.; Lepra ZHR 26 (1881), 438 ff.; Müller-Erzbach, Deutsches Handelsrecht, 2./3. Aufl. 1928, 174 ff.; v. Gierke/Sandrock HandelsR/WirtschaftsR § 27 II 1, S. 456 f.

[48] BGH 13.7.2022, NJW 2022, 2830; Bergmann WM 2021, 1209.

je verbreitet, weil hier die Erwerber bzw. Veräußerer oftmals ein hohes Inkognito-Interesse haben.[49] Im **Gebrauchtwagenhandel** wird gern auf die Kommission zurückgegriffen, um einen Umsatzsteuer-Anfall beim Händler zu vermeiden.[50] Ferner kommen Kommissionsgeschäfte etwa im **Weinhandel** oder im **Briefmarkenhandel,** eher vereinzelt noch im **Instrumentenhandel** und **Viehhandel** vor. Auch **Warentermingeschäfte** können – außer als Vermittlungs- und als Eigengeschäfte – als Kommissionsgeschäfte durchgeführt werden, bei denen die Bank besondere Beratungs- und Aufklärungspflichten trifft.[51] Bei der **Inkassokommission** übernehmen insbesondere Banken im eigenen Namen, aber für Rechnung ihrer Kunden das Inkasso von Forderungen, Wechseln oder Schecks.[52]

III. Das Kommissionsverhältnis im Überblick

22 **1. Ausführungspflicht.** Will man das Kommissionsverhältnis in zusammenfassender Betrachtung der Vorschriften der §§ 383–406 überblicken, so steht zunächst die Ausführungspflicht des Kommissionärs im Vordergrund, die in § 384 Abs. 1 näher geregelt wird, und sich ieS auf das „übernommene Geschäft" (zweite Phase; → Rn. 7) bezieht.[53] Danach trifft den Kommissionär gegenüber dem Kommittenten die Pflicht, das übernommene Geschäft in Wahrnehmung von dessen Interessen und unter Befolgung von dessen Weisungen sowie mit der Sorgfalt eines ordentlichen Kaufmanns auszuführen. Die Ausführungspflicht ist die **Hauptpflicht des Kommissionärs,** der die Hauptpflicht des Kommittenten zur Provisionszahlung synallagmatisch gegenübersteht.[54] Man kann von einer interessenwahrenden und weisungsgebundenen Ausführungspflicht sprechen bzw. in Anlehnung an die Normstruktur des § 384 Abs. 1 die Ausführungspflicht (Hauptpflicht) durch die **Interessenwahrungs- und die Weisungsbefolgungspflicht** (Nebenpflichten) flankieren, die ihr freilich erst Form und Inhalt geben (→ § 384 Rn. 1 und 16 ff.). Die besondere Weisungsgebundenheit der Ausführungspflicht wird in § 385 Abs. 1 und Abs. 2 (mit Hinweis auf den „unberührt" bleibenden § 665 BGB) nochmals ausdrücklich betont. Es hängt von der Ausgestaltung des Kommissionsvertrags im Einzelfall ab, ob der Kommissionär lediglich eine **Abschlussbemühung** oder aber einen **Abschlusserfolg** schuldet. Im ersten Fall ist er dazu verpflichtet, sich für den Abschluss eines möglichst vorteilhaften Ausführungsgeschäfts nach Kräften einzusetzen. Bleiben seine Abschlussbemühungen erfolglos, so kann der Kommissionär immerhin einen Aufwendungsersatzanspruch nach § 675 Abs. 1 BGB, § 670 BGB iVm § 396 Abs. 2 HGB, einen Provisionsanspruch dagegen nur bei Sondervereinbarung einer „unbedingten Provision" erheben. Haben seine Bemühungen Erfolg, so ist jedenfalls eine Provision verdient. Im zweiten Fall, bei geschuldetem Abschlusserfolg, stehen ihm Provisions- und Aufwendungsersatzansprüche zu. Der Kommissionär kann sich bei pflichtwidriger Auswahl des Dritten, dh des Partners des Ausführungsgeschäfts, nach § 280 Abs. 1 BGB schadensersatzpflichtig machen. Wenn er nach § 384 Abs. 3 und § 393 Abs. 3 die Selbsthaftung oder nach § 394 die Delkrederehaftung übernommen hat, muss der Kommissionär selbst für die Durchführung des Ausführungsgeschäfts durch den Dritten einstehen.

23 **2. Nebenpflichten.** Den Kommissionär treffen hinsichtlich des Kommissionsguts besondere **Sorgfalts- und Obhutspflichten.** So muss er nach § 388 Abs. 1 bei der Einkaufs- wie Verkaufskommission für dessen mangelfreie Beschaffenheit Sorge tragen und die Rechte des Kommittenten gegenüber Spediteuren, Frachtführern oder Lagerhaltern wahrnehmen. Auch trägt er bei der Einkaufskommission die Last der **Untersuchungs- und Rügeobliegenheit** nach § 377 für den Kommittenten. Bei einer Einkaufskommission kann auch den Kommittenten gegenüber dem Kommissionär eine Untersuchungs- und Rügeobliegenheit treffen (§ 391). In Notfällen wie dem eines drohenden Verderbs des Kommissionsguts steht dem Kommissionär das Recht des Selbsthilfeverkaufs nach § 388 Abs. 2 iVm § 373 zu. Vor allem aber ist er für den Verlust und die Beschädigung des von ihm verwahrten Kommissionsguts unter der Erschwerung einer Beweislastumkehr nach § 390 verantwortlich. Die Vorschrift des § 384 Abs. 2 Hs. 1 betont die Pflicht des Kommissionärs, dem Kommittenten die „erforderlichen Nachrichten" zu geben **(allgemeine Benachrichtigungspflicht)** sowie von der Ausführung der Kommission unverzüglich Anzeige zu machen **(besondere Anzeigepflicht).** Hierbei muss er vor allem den Dritten als Partner des Ausführungsgeschäfts nam-

[49] BGH 1.7.1999, WM 1999, 2553 = NJW 2001, 600.

[50] BGH 24.11.1980, BB 1981, 1670 = NJW 1981, 388.

[51] BGH 16.2.1981, BGHZ 80, 80 = NJW 1981, 1266.

[52] v. Gierke/Sandrock HandelsR/WirtschaftsR § 27 I 3, S. 455; Staub/Koller Rn. 56; zweifelnd – „wohl in der Regel keine echten Kommissionsfälle" – K. Schmidt HandelsR § 31 Rn. 28.

[53] v. Gierke/Sandrock HandelsR/WirtschaftsR § 27 IV 2, S. 462: „Diese gesetzliche Terminologie ist unglücklich".

[54] K. Schmidt HandelsR § 31 Rn. 21.

haft machen, andernfalls trifft den Kommissionär selbst nach § 384 Abs. 3 die Erfüllungshaftung. Zudem sieht § 384 Abs. 2 Hs. 2 eine **Rechenschaftspflicht** des Kommissionärs gegenüber dem Kommittenten vor. Weitere Nebenpflichten können sich im Einzelfall aus dem Kommissionsvertrag ergeben. So kann der Kommissionär zur **Beratung** und zur **Aufklärung** des Kommittenten verpflichtet sein, wie etwa bei der Effektenkommission der Banken und Sparkassen.

3. Abwicklungspflicht. Ist das Ausführungsgeschäft als zweite Phase des Kommissionsgeschäfts 24
abgeschlossen, schließt sich idealtypischerweise als dritte Phase das Abwicklungsgeschäft an, das auch mit dem Ausführungsgeschäft bereits verzahnt sein kann (→ Rn. 7). Dabei hat der Kommissionär dem Kommittenten das aus der Ausführung der Kommission Erlangte, aber auch das zur Ausführung der Kommission Erhaltene nach § 384 Abs. 2 Hs. 2 HGB, § 675 Abs. 1 BGB, § 667 BGB herauszugeben. Im Rahmen dieses Abwicklungsgeschäfts muss er (bei fehlender anderweitiger Vereinbarung) dem Kommittenten auch die erzielten Überschüsse aufgrund von Abschlüssen zu unerwartet vorteilhaften Bedingungen auskehren (§ 387). Bei der **Einkaufskommission** richtet sich die Abwicklungspflicht in erster Linie auf die Übertragung des Eigentums und des Besitzes an dem erworbenen Kommissionsgut auf den Kommittenten nach §§ 929 ff. BGB. Bei der **Verkaufskommission** muss dem Kommittenten der erzielte Kaufpreis ausgezahlt oder die Kaufpreisforderung gegen den Dritten abgetreten werden. Dagegen liegt es im Regelfall jenseits der Abwicklungspflicht, dass der Kommissionär bei Säumigkeit des Dritten mit der Bezahlung des Kaufpreises die ausstehende Forderung aus dem Ausführungsgeschäft einklagen müsste.[55]

4. Selbsteintrittsrecht. Zu den kommissionstypischen Rechtsinstituten gehört (neben der mit- 25
telbaren Stellvertretung, → Rn. 9) das Selbsteintrittsrecht des Kommissionärs nach § 400 Abs. 1, das sowohl im Falle der Einkaufs- wie der Verkaufskommission ausgeübt werden kann, falls dem nicht eine Weisung des Kommittenten oder ein vertraglicher Ausschluss entgegensteht. Macht der Kommissionär von diesem Gestaltungsrecht[56] nach §§ 400, 405 Gebrauch, so tritt er damit an die Stelle des Dritten und wird selbst **Partei des Ausführungsgeschäfts,** dh er verkauft selbst (als Verkäufer) dem Kommittenten das von ihm für den Kommittenten einzukaufende Kommissionsgut bzw. kauft selbst (als Käufer) das von ihm für den Kommittenten zu verkaufende Kommissionsgut. Damit sichert er sich zugleich seine Ansprüche auf Provision sowie Aufwendungsersatz und behält seine Sicherungsrechte.[57]

5. Provisions- und Aufwendungsersatzanspruch. Nicht schon mit dem Abschluss des Kom- 26
missionsvertrags, sondern erst mit dem Abschluss des Ausführungsgeschäfts kommt der **Provisionsanspruch** des Kommissionärs zur Entstehung, der aber noch unter der **aufschiebenden Bedingung der Ausführung** des Ausführungsgeschäfts steht, also regelmäßig von der Leistung des Dritten an den Kommissionär abhängig ist (§ 396 Abs. 1 S. 1). Der Kommissionär geht seines Provisionsanspruchs verlustig bzw. ihn trifft eine bereicherungsrechtliche Rückzahlungspflicht bezüglich einer etwa bereits erhaltenen Provision, falls der Dritte nicht vertragsgemäß leistet oder falls es zum Rücktritt einer Partei (des Dritten oder des Kommissionärs) vom Ausführungsgeschäft kommt. Der Grundsatz „Keine Provision ohne Ausführungsgeschäft" kennt aber drei Ausnahmen, von denen die erste ungeregelt geblieben ist und die beiden anderen in § 396 Abs. 1 S. 2 erwähnt sind: Er kann *erstens* durch Sondervereinbarung einer „unbedingten Provision", dh einer vom Ausführungsgeschäft unabhängigen Provision, *zweitens* durch Ortsüblichkeit sowie *drittens* bei einem vom Kommittenten zu verantwortenden Ausbleiben des Ausführungsgeschäfts durchbrochen werden. Der **Aufwendungsersatzanspruch** des Kommissionärs nach § 396 Abs. 2 HGB, § 675 Abs. 1 BGB, § 670 BGB steht neben dem Provisionsanspruch und erfasst alle für das Ausführungsgeschäft getätigten und den Umständen nach erforderlichen freiwilligen Vermögensopfer des Kommissionärs. Hierzu können vor allem die in § 396 Abs. 2 besonders erwähnten Transport- und Lagerkosten gehören, aber auch etwa Kosten für Versicherung oder Verzollung des Kommissionsguts. Ausgespart bleiben Kosten für den eigenen Arbeitseinsatz sowie **allgemeine Betriebskosten** des Kommissionärs, die durch die Provision als mitabgegolten anzusehen sind, wie Miete und Unterhalt des Geschäftslokals, Löhne

---

[55] GK-HGB/Achilles § 391 Rn. 1 ff.; GK-HGB/Achilles § 384 Rn. 1.

[56] Zum Selbsteintrittsrecht als Gestaltungsrecht vgl. BGH 1.2.1988, WM 1988, 402 = NJW-RR 1988, 749.

[57] Der Draft Common Frame of Reference (v. Bar/Clive/Schulte-Nölke/Bele/Herre/Huet/Storme/Swann/Varul/Veneziano/Zoll (Hrsg.), Principles, Definitions and Model rules of European Private Law, Draft Common Frame of Reference, Outline Edition, 2009) geht ausweislich seines Art IV.D.-1:101 Abs. 3 DCFR für den Regelfall von der Entgeltlichkeit der „Auftragswahrnehmung" aus. Im Unterschied zu den Fällen des Selbsteintritts im deutschen Recht verliert der Agent allerdings gemäß Art IV.D.-5:101 Abs. 5 DCFR seinen Entgeltanspruch, sofern er das Ausführungsgeschäft als Geschäftspartner seines Auftraggebers abschließt. Ein solches „self-contracting" soll nach dem DCFR jedoch nur unter den Voraussetzungen von dessen Art IV.D.-5:101 Abs. 2 und 3 DCFR zulässig sein.

und Gehälter für Arbeitnehmer oder Kosten der Telekommunikation. Zur Sicherung seiner Forderungen kann der Kommissionär nach § 397 auf ein gesetzliches Besitzpfandrecht am Kommissionsgut, nach § 398 auf ein pfandähnliches Befriedigungsrecht, nach § 399 auf ein bevorzugtes Befriedigungsrecht an den Forderungen aus dem Ausführungsgeschäft sowie auf Zurückbehaltungsrechte nach §§ 369 ff. bzw. nach § 273 BGB zurückgreifen.

IV. Rechtsnatur, Abschluss und Beendigung des Kommissionsvertrags

27 **1. Rechtsnatur und Regelungen.** Das Kommissionsverhältnis zwischen Kommissionär und Kommittenten wird durch den Kommissionsvertrag begründet, der seiner Rechtsnatur nach ein **entgeltlicher,** mithin **gegenseitiger Vertrag,** und zwar ein **Geschäftsbesorgungsvertrag** nach § 675 Abs. 1 BGB ist und je nach Ausgestaltung (→ Rn. 28) dienst- oder werkvertraglichen Charakter hat.[58] Auf ihn finden zunächst die Spezialregelungen der §§ 383 ff. und sodann über § 675 Abs. 1 BGB die dort genannten auftragsrechtlichen Vorschriften der §§ 663, 665–670, 672–674 BGB Anwendung. Die Vorschrift des § 666 BGB (Auskunfts- und Rechenschaftspflicht) wird durch § 384 Abs. 2 HGB bzw. – bei Selbsteintritt – durch § 400 Abs. 2 HGB ersetzt, die Vorschrift des § 665 BGB (Abweichung von Weisungen) wird wohl wegen ihrer Wichtigkeit von § 385 Abs. 2 HGB ausdrücklich für das Kommissionsrecht in Erinnerung gerufen und durch § 385 Abs. 1 ergänzt. Die Vorschrift des § 670 BGB (Aufwendungsersatz) findet durch § 396 Abs. 2 HGB eine zusätzliche Klarstellung.

28 Dem Kommissionsvertrag als Geschäftsbesorgungsvertrag kommt **werkvertraglicher Charakter** zu, wenn eine einzelgeschäftsbezogene Geschäftsbesorgung auf einen konkreten Erfolg (Verkauf oder Einkauf) gerichtet ist und dieser Erfolg vom Kommissionär versprochen wird. Ein solcher werkvertraglicher Charakter ist vor allem bei Kommissionsgeschäften anzunehmen, die auf ein einzelnes Ver- oder Einkaufsgeschäft über einen bestimmten Gegenstand (Ware oder Wertpapier) ausgerichtet sind, weil dann die Parteien regelmäßig vom Zustandekommen des angestrebten Ausführungsgeschäfts und damit vom Eintritt des angestrebten Erfolgs ausgehen. Damit sind auch die werkvertraglichen Regelungen der §§ 631 ff. BGB ergänzend anwendbar.[59] Dem Kommissionsvertrag kann (wie stets dem Kommissionsagentenvertrag) aber auch ein tätigkeitsbezogener und damit **dienstvertraglicher Charakter** eignen; hierbei verpflichtet sich der Kommissionär nicht zum Erfolg (Abschluss) eines Ausführungsgeschäfts, sondern nur zu einem sorgfältigen Bemühen um das Zustandekommen eines Ausführungsgeschäfts.[60] Dies ist anzunehmen, wenn den Parteien der Abschluss des angestrebten Ausführungsgeschäfts **unsicher und zweifelhaft** erscheint oder wenn das Kommissionsverhältnis bei Erfassung mehrerer Geschäfte **auf Dauer** angelegt ist. Dann sind die dienstvertraglichen Vorschriften der §§ 611 ff. BGB zur subsidiären Anwendung berufen. Mit Blick auf die Häufigkeitstypen und die praktischen Einsatzfelder der Kommission (→ Rn. 19 ff.) wird man weder für die Kommissionsgeschäfte werkvertraglichen noch für diejenigen dienstvertraglichen Charakters eine überwiegende Bedeutung reklamieren können. Allerdings bildet die Effektenkommission einen bedeutenden Anwendungsfall für den dienstvertraglichen Charakter eines Kommissionsvertrags, weil sich die Bank nur zu einem sorgfältigen Bemühen um die Ausführung des Kundengeschäfts verpflichtet.[61] Zu berücksichtigen ist, dass ungeachtet einer dienst- oder werkvertraglichen Ausrichtung des Kommissionsvertrags der Kommissionär (wie der Handelsvertreter) seine Provision regelmäßig erst dann erhält, wenn das aufgetragene Geschäft nicht nur abgeschlossen, sondern auch ausgeführt ist (§ 396); der Kommissionär trägt insoweit mithin wie der Werkunternehmer das **Unternehmerrisiko.** Wegen dieser Erfolgsabhängigkeit der Provision wohnt auch bei einer dienstvertraglichen Bemühenszusage dem Kommissionsvertrag letztlich immer auch eine werkvertragliche Komponente inne. Ungeachtet gewisser Einordnungs- und Abgrenzungsschwierigkeiten im Einzelfall lässt sich zusammenfassend zur Rechtsnatur sagen: Der handelsrechtliche Kommissionsvertrag der §§ 383 ff. ist ein kaufmännischer Geschäftsbesorgungsvertrag dienstvertraglichen Charakters (bei längerem Bemühen und Tätigkeitsbezug) nach § 675 Abs. 1 BGB, §§ 611 ff. BGB[62] oder werkvertraglichen Charakters (bei Einzelgeschäften mit Erfolgsbezogenheit) nach § 675 Abs. 1 BGB, §§ 631 ff. BGB,[63] durch den es der Kommissionär übernimmt, Waren oder Wertpapiere für Rechnung des Kommittenten im eigenen Namen zu kaufen oder zu verkaufen.

---

[58] Staub/Koller Rn. 100 ff.; v. Gierke/Sandrock HandelsR/WirtschaftsR § 27 III, S. 460 f.; K. Schmidt HandelsR § 31 Rn. 10, 21.

[59] RG 17.4.1909, RGZ 71, 76.

[60] RG 24.1.1925, RGZ 110, 119; 27.4.1932, JW 1932, 2607; OLG Oldenburg 16.12.1998, NJW-RR 2000, 507.

[61] BGH 28.5.2002, NJW-RR 2002, 1272; LG Düsseldorf 4.9.2024, BKR 2025, 237 (238).

[62] Zur dienstvertraglichen Kommission vgl. RG 24.1.1925, RGZ 110, 119.

[63] Zur werkvertraglichen Kommission vgl. RG 17.4.1909, RGZ 71, 76.

2. Vertragsabschluss und Formfragen. Der Abschluss des Kommissionsvertrags richtet sich nach der allgemeinen Rechtsgeschäftslehre der §§ 145 ff. BGB. Dabei kommt es indes häufig nach § 362 Abs. 1 HGB durch Schweigen des Kommissionärs oder nach § 151 S. 1 BGB im Wege einer Willensbetätigung (durch die Vornahme des Ausführungsgeschäfts) zur Annahme des Vertragsangebots des Kommittenten. Für das Zustandekommen des Kommissionsvertrags ist – auch im Bankverkehr – **kein gesetzliches Formerfordernis** iSd § 125 BGB vorgesehen.[64] Dies gilt auch dann, wenn das angestrebte Ausführungsgeschäft des Kommissionärs mit dem Dritten seinerseits einem Formerfordernis unterliegt; insoweit gilt § 167 Abs. 2 BGB analog. Ist allerdings ein Recht des Kommissionärs zum **Selbsteintritt** bezüglich eines formbedürftigen Ausführungsgeschäfts vorgesehen, wird man von einer analogen Anwendung des § 167 Abs. 2 BGB Abstand nehmen und bereits den Kommissionsvertrag dem entsprechenden Formerfordernis unterwerfen müssen.[65] Im Übrigen kann eine Schriftform bisweilen von einer örtlichen bzw. branchenweiten Verkehrssitte gefordert sein.[66] 29

3. Anwendbares Recht und Gerichtsstand. Nur der Kommissionsvertrag ohne Auslandsberührung unterliegt zweifelsfrei dem deutschen Recht. In Fällen **mit Auslandsberührung** greift hingegen seit dem 17.12.2009 die Rom I-VO ein, im Wege derer europaweit einheitliche kollisionsrechtliche Bestimmungen des auf vertragliche Schuldverhältnisse anzuwendenden Rechts geschaffen wurden. Art. 4 Rom I-VO enthält eine Regelung bezüglich des mangels Rechtswahl anzuwendenden Rechts. Problematisch erscheint im vorliegenden Kontext allerdings, ob es sich bei dem zwischen Kommissionär und Kommittent geschlossenen Vertrag um einen Vertriebsvertrag iSd Rom I-VO handelt. Vertriebsverträge unterliegen gemäß Art. 4 Abs. 1 lit. f Rom I-VO dem Recht des Staates, in dem der Vertriebshändler seinen gewöhnlichen Aufenthaltsort hat. Gegen eine Einbeziehung des Kommissionsvertrages lässt sich derweil anführen, dass in Art. 4 Abs. 1 lit. e Rom I-VO eine eigenständige Regelung für Franchisenehmer geschaffen wurde und eine solche Sonderregelung bei Zugrundelegung eines besonders weiten Verständnisses des Begriffs der Vertriebsverträge an sich obsolet wäre. Zudem spricht auch das Bedürfnis nach einer einheitlichen Auslegung der Rom I-VO und der Begriffe „Vertriebshändler"[67] und „Vertriebsverträge"[68] dafür, dass von dieser Regelung lediglich der Eigenhändler erfasst wird.[69] Dennoch scheint erwägenswert, den Kommissionsvertrag als Dienstleistungsvertrag iSd Art. 4 Abs. 1 lit. b Rom I-VO zu klassifizieren und Kommissionsverträge auf diesem Wege dem Recht des Staates des gewöhnlichen Aufenthaltsorts des Kommissionärs zu unterstellen. Ungeachtet einer Einordnung nach Art. 4 Abs. 1 Rom I-VO ist überdies gemäß Abs. 2 in Fällen, in denen der Vertrag nicht unter Abs. 1 fällt, das Recht des Staates anzuwenden, in welchem die die vertragscharakteristische Leistung erbringende Partei ihren gewöhnlichen Aufenthaltsort hat. Gemäß Art. 19 Abs. 1 S. 2 Rom I-VO ist der gewöhnliche Aufenthalt einer natürlichen Person, die im Rahmen der Ausübung ihrer beruflichen Tätigkeit handelt, der Ort ihrer (Haupt-)Niederlassung. Demzufolge ergibt sich ebenfalls aus der allgemeinen Auffangnorm des Abs. 2, dass auf den Kommissionsvertrag das Recht am Niederlassungsort des Kommissionärs Anwendung findet. Zu berücksichtigen bleibt aber, dass nach Art. 4 Abs. 3 Rom I-VO jedenfalls das Recht desjenigen Staates Anwendung findet, zu dem sich aus der Gesamtheit aller Umstände eine engere sachliche Verbindung ergibt. Obschon dieser gesetzlichen Regelungen, bleibt es den Vertragsparteien des Kommissionsvertrages – ausweislich der Überschrift des Art. 4 Rom I-VO und dessen Abs. 1 – grundsätzlich unbenommen, eine freie Rechtswahlbestimmung nach Art. 3 Rom I-VO zu treffen und auf diesem Wege das anzuwendende Recht in autonomer Entscheidung zu bestimmen. 30

Der **Gerichtsstand** für Klagen aus dem Kommissionsverhältnis richtet sich regelmäßig nach dem **Erfüllungsort,** also nach dem Wohnsitz bzw. der gewerblichen Niederlassung (§ 269 Abs. 1 und 2 BGB) des Schuldners der vertraglichen Haupt- und Nebenpflichten. Nicht nur für die weisungsgebundene Ausführungspflicht, sondern auch für die Rechenschafts- und Herausgabepflichten sowie für sonstige Nebenpflichten des Kommissionärs ist mithin sein Wohnsitz bzw. der Ort seiner gewerblichen Niederlassung der Erfüllungsort.[70] Dementsprechend bestimmen der Wohnsitz bzw. die Niederlassung des Kommittenten den Erfüllungsort für die von ihm zu erbringenden Leistungen wie die Zahlung von Vorschüssen, Provisionen und von Aufwendungsersatz. Vielfach drängt aber der 30a

---

[64] BGH 25.2.1994, BGHZ 125, 218 = NJW 1994, 1344.

[65] GK-HGB/Achilles Rn. 9; Staub/Koller Rn. 95.

[66] Hopt/Kumpan Rn. 9.

[67] Distributor (engl.); distributeur (franz.).

[68] Distribution contracts (engl.); contrats de distribution (franz.).

[69] Ebenso MüKoBGB/Martiny Rom I-VO Art. 4 Rn. 146.

[70] RG 7.11.1925, RGZ 112, 81; BGH 30.4.2003, NJW-RR 2003, 1582; OLG Düsseldorf 18.6.1974, NJW 1974, 2185.

Kommissionär auf eine Gerichtsstandsklausel, die auch für seine Provisions- oder Aufwendungsersatzansprüche seinen Niederlassungssitz als Gerichtsstand vorsieht. Betreffend Vertriebsverträge mit Auslandsbezug ergibt sich die internationale Zuständigkeit bei Fehlen ausschließlicher Gerichtsstände primär aus Gerichtsstandsvereinbarungen, subsidiär nach der gesetzlich normierten Zuständigkeit iSd Brüssel Ia-VO oder mangels Anwendbarkeit nach der deutschen Zivilprozessordnung.[71] Die Gerichtsstandsvereinbarungen richten sich nach Art. 25 Brüssel Ia-VO, Art. 23 LugÜ 2007 oder außerhalb dieser oder sonstiger vorrangiger Verträge nach den §§ 38, 40 ZPO.[72] Wurde innerhalb des Kommissionsverhältnisses keine Gerichtsstandsvereinbarung getroffen, richtet sich die Klage nach dem allgemeinen Gerichtsstand (Art. 4 Brüssel Ia-VO der Gerichtsstand des Wohnsitzes; für juristische Personen iVm Art. 62 Abs. 1 Brüssel Ia-VO, Art. 63 Brüssel Ia-VO, wonach als deren „Wohnsitz" der satzungsmäßige Sitz, die Hauptverwaltung oder die Hauptniederlassung angesehen wird) oder dem besonderen Gerichtsstand, der innerhalb von Vertriebsverträgen hinsichtlich des Gerichtsstands des Erfüllungsorts (Art. 7 Nr. 1 Brüssel Ia-VO) relevant ist.[73]

31 **4. Allgemeine Beendigungsgründe.** Das Kommissionsverhältnis endet nicht schon mit der Ausführung der vereinbarten Kommission (zweite Phase), sondern erst nach der Durchführung des Abwicklungsgeschäfts (dritte Phase, → Rn. 7). Allgemeine Beendigungsgründe können sich aus einem **Rücktritt** nach §§ 323 ff. BGB, aus dem Eintritt einer auflösenden Bedingung nach § 158 Abs. 2 BGB[74] oder aus dem fruchtlosen Ablauf einer vertraglich vorgesehenen bzw. vom Kommittenten vereinbarungsgemäß gesetzten Ausführungsfrist ergeben. Das Kommissionsverhältnis kann auch durch eine Rücktrittserklärung des Kommissionärs beendet werden, wenn die Parteien bei einer Verkaufskommission die Anwendung der kaufrechtlichen Gewährleistungsregelungen vereinbart haben und sich das Kommissionsgut als mangelhaft erweist.[75] Zur Beendigung des Kommissionsverhältnisses kann es ferner im Falle der **Unmöglichkeit** der Kommissionsausführung nach §§ 275, 326 BGB kommen. Ist diese von keiner der Parteien zu vertreten, fällt der Provisionsanspruch nach § 326 Abs. 1 BGB bzw. § 396 Abs. 1 S. 1 fort, während dem Kommissionär ein bereits entstandener Aufwendungsersatzanspruch aus § 675 Abs. 1 BGB, § 670 BGB, § 396 Abs. 2 verbleibt. Ist die Unmöglichkeit der Kommissionsausführung vom Kommittenten zu vertreten, behält der Kommissionär seinen Provisionsanspruch nach § 326 Abs. 2 BGB, § 396 Abs. 1 S. 2 Hs. 2. Beim Tod des Kommittenten erlischt nach § 675 Abs. 1 BGB, § 672 BGB die Kommission im Zweifel nicht, wohl aber nach § 675 Abs. 1 BGB, § 673 BGB beim Tod des Kommissionärs; letzteres gilt allerdings nur beim Tod natürlicher Personen und ist nicht etwa auf die Insolvenz gesellschaftsrechtlich organisierter Kommissionsunternehmen übertragbar.[76] Wenn sich aus dem Kommissionsvertrag nichts anderes ergibt, lässt eine **Insolvenz des Kommissionärs** den Kommissionsvertrag vor dessen Ausführung bzw. Abwicklung (vollständiger Erfüllung) unberührt, doch kann der Kommittent aus wichtigem Grund kündigen. Bleibt die Kündigung aus, hat der Insolvenzverwalter nach § 103 InsO ein Wahlrecht zwischen Eintritt oder Ablehnung mit Ersatzpflicht. In der **Insolvenz des Kommittenten** vor der Kommissionsausführung erlischt der Kommissionsvertrag sowohl in den Fällen der Verkaufs- wie denen der Einkaufskommission; es gelten §§ 116, 115 InsO.

32 **5. Kündigung.** Das Kommissionsverhältnis kann uU schon vorzeitig, dh vor dem Ausführungsgeschäft durch eine Kündigung beendet werden. Bei der Frage des auf das Kommissionsverhältnis anwendbaren Kündigungsrechts, zu dem die handelsrechtlichen Vorschriften der §§ 383 ff. keine Regelung enthalten, wird nur selten die Regelung der § 675 Abs. 1 BGB, § 671 BGB bedeutsam, wonach das Recht zur jederzeitigen Kündigung des Vertrags dem Geschäftsbesorger lediglich im Fall einer ausdrücklichen Vereinbarung zusteht; zu allermeist fehlt es im Kommissionsvertrag an einer solchen Vereinbarung von Kündigungsrechten. Bei einem **werkvertraglichen Charakter** des Kommissionsverhältnisses kommt aber ein **Kündigungsrecht** nach § 649 BGB in Betracht, das freilich nur dem Kommittenten zustehen kann, der insoweit die Position des „Bestellers" einnimmt, und zwar nur bis zur Vornahme des Ausführungsgeschäfts bzw. zur Erklärung des Selbsteintritts durch den Kommissionär.[77] Dabei wird allerdings die Vergütungsregelung des § 649 S. 2 BGB durch die kommissionsrechtliche Vorschrift des § 396 verdrängt, da ja der Kommissionär das Abschlussrisiko für das Ausführungsgeschäft tragen soll.[78] Bisweilen kann aber klärungsbedürftig sein, ob der Kom-

---

[71] Lakkis in MSF VertriebsR-HdB § 76 Rn. 3, 35 ff.
[72] Lakkis in MSF VertriebsR-HdB § 76 Rn. 15, 31.
[73] Lakkis in MSF VertriebsR-HdB § 76 Rn. 36 f.
[74] BGH 28.5.2002, NJW-RR 2002, 1272.
[75] OLG Zweibrücken 7.5.1977, NJW 1998, 1409.
[76] Hopt/Kumpan Rn. 13.
[77] Hopt/Kumpan Rn. 12.
[78] GK-HGB/Achilles Rn. 11; OLG Koblenz 14.7.2005, BeckRS 2005, 09590.

missionsvertrag als Geschäftsbesorgungsvertrag einen **dienstvertraglichen Charakter** hat und damit für eine fristlose Kündigung die §§ 626 f. BGB einschlägig sind. Dabei begründet die Kommission wegen der besonderen Vertrauensstellung des Kommissionärs einen Dienst „höherer Art" gemäß § 627 BGB. Danach kann sowohl dem Kommittenten wie dem Kommissionär bis zum Abschluss des Ausführungsgeschäfts ein dienstvertragliches fristloses Kündigungsrecht zustehen.[79] Beide können sich schadensersatzpflichtig machen, wenn sie die Beziehungen zur Unzeit und ohne ausreichenden Grund lösen. Wieder richtet sich aber eine Provisionspflichtigkeit der geleisteten Tätigkeit nach § 396. Zu denken ist ferner an eine Kündigung wegen Wegfalls der Geschäftsgrundlage nach § 313 Abs. 3 S. 2 BGB. Aus wichtigem Grund ist das Kommissionsverhältnis als Dauerschuldverhältnis zudem nach § 314 BGB kündbar.

V. Das schuldrechtliche Ausführungsgeschäft

1. Relativitätsprinzip. Anders als das Kommissionsverhältnis im Sinne der schuldrechtlichen 33
Beziehung zwischen dem Kommissionär und dem Kommittenten hat das schuldrechtliche Ausführungsgeschäft zwischen dem Kommissionär und dem Dritten in den §§ 383 ff. nur eine bruchstückhafte Regelung erfahren. Die Vorschrift des § 392 Abs. 1 betont, dass aus dem Ausführungsgeschäft allein der Kommissionär berechtigt ist; ihm stehen die Forderungsrechte aus dem Ausführungsgeschäft zu, so dass der Kommittent diese erst nach einer Abtretung gegen den Dritten erheben kann, zu der freilich der Kommissionär nach § 384 Abs. 2 HGB, § 675 Abs. 1 BGB, § 667 BGB verpflichtet ist. Bis zu einer solchen Abtretung sind allein dem Kommissionär als Partei (Käufer oder Verkäufer) des Ausführungsgeschäfts die Rechte und die Pflichten zugewiesen. Bei der **Einkaufskommission** ist der Kommissionär Gläubiger des Anspruchs auf Übereignung und Verschaffung des Besitzes der Kaufsache (des Kommissionsguts) sowie Schuldner der Kaufpreiszahlungspflicht; bei der **Verkaufskommission** ist der Kommissionär der *Gläubiger* der Kaufpreisforderung und der *Schuldner* der Pflicht zur Übereignung und Besitzverschaffung. Das Prinzip der Relativität der Schuldverhältnisse zieht eine **klare Trennungslinie** zwischen dem Kommissionsverhältnis und dem Ausführungsgeschäft. Zwischen dem Kommittenten und dem Dritten bestehen keine Rechts- und Pflichtbeziehungen. Gerade auf diese **Verborgenheit des Hintermanns** (Kommittenten) ist die Kommission angelegt. Der Dritte wird nur durch die Leistung an den Kommissionär als seinen Vertragspartner befreit. Sämtliche Rechtsbeziehungen des Dritten einschließlich seiner gestaltungs- und gewährleistungsrechtlichen, seiner leistungsstörungs-, rücktritts- und bereicherungsrechtlichen Positionen verdichten sich auf das Verhältnis zum Kommissionär. Erst durch eine Abtretung der Rechte des Kommissionärs an den Kommittenten wird diese Relativität gelöst. Soweit es um das Kennen oder Kennenmüssen von Umständen des Ausführungsgeschäfts oder des Kommittenten geht, zählt allein die Person des Kommissionärs; die Vorschrift des § 166 Abs. 2 BGB ist auf den weisungsgebundenen Kommissionär, solange er vertragsgemäß im eigenen und nicht im fremden Namen handelt, nicht anwendbar, so dass sich der „wissende" Kommittent durchaus hinter seinem unwissenden Kommissionär „verstecken" kann.[80] Auch für **Willensmängel** iSd §§ 119 ff. BGB beim Ausführungsgeschäft kommt es auf die Person des Kommissionärs an. Hier ist allerdings im Interesse des Schutzes privatautonomer Willensbildung des Vertragspartners eine wichtige Ausnahme vom Relativitätsgrundsatz zu berücksichtigen: Wird nämlich eine arglistige Täuschung oder widerrechtliche Täuschung beim Ausführungsgeschäft gegenüber dem Vertragspartner vom Kommittenten vorgenommen, kann der Vertragspartner anfechten, denn der Kommittent ist nicht als „Dritter" iSd § 123 Abs. 2 BGB anzusehen. Zu einer Durchbrechung des Relativitätsprinzips kann es auch nach § 826 BGB bei einem sittenwidrigen Mitwirken eines Kommittenten an der Vereitelung des Kaufpreisanspruchs durch den Einkaufskommissionär kommen: Der Kommittent, der von der finanziellen Bedrängnis seines Einkaufskommissionärs Kenntnis hat, handelt sittenwidrig und macht sich nach § 826 BGB schadensersatzpflichtig, wenn er das Kaufgeld für die gelieferte Ware an die Bank des Kommissionärs zur Gutschrift auf dessen Konto einzahlt und damit die Absicht der Bank, die Zahlung mit einem Debetsaldo des Kommissionärs zu verrechnen, unterstützen will, so dass der Verkäufer im nachfolgenden Konkurs des Kommissionärs auf die Konkursquote angewiesen ist.[81]

2. Drittschadensliquidation. Die Relativität der Schuldverhältnisse (Kommissionsverhältnis und 34
Ausführungsgeschäft) erfährt zudem eine Durchbrechung durch die Grundsätze der Drittschadensliquidation, die an die kommissionstypische Figur der mittelbaren Stellvertretung anknüpfen.[82] Kommt

[79] BGH 14.3.1991, WM 1991, 1472 = NJW-RR 1991, 1053; OLG Schleswig 9.1.2004, WM 2004, 1280.
[80] Hopt/Kumpan Rn. 20; **aA** aber Staub/Koller Rn. 70.
[81] BGH 8.10.1964, NJW 1965, 249.
[82] BGH 23.11.1954, BGHZ 15, 224 = NJW 1955, 257; 10.7.1963, BGHZ 40, 91 = NJW 1963, 2071; 26.11.1968, BGHZ 51, 91 = NJW 1969, 269; LG Düsseldorf 4.9.2024, BKR 2025, 237 (239).

es zu einem Schaden an dem (noch oder schon) im Eigentum des Kommittenten stehenden Kommissionsgut, dann dürfen die vertraglichen Ersatzansprüche, die dem Kommissionär gegen den Dritten als Partner des Ausführungsgeschäfts zustehen, nicht daran scheitern, dass nicht der Kommissionär, sondern der Kommittent den Schaden erleidet. Der schädigende Dritte darf keinen Vorteil daraus ziehen, dass sich durch die mittelbare Stellvertretung bei der Kommission eine **Schadensverlagerung** von seinem Vertragspartner (dem Kommissionär) auf dessen Hintermann (den Kommittenten) ergibt. Vielmehr muss „der Schaden zum Anspruch wandern", so dass der Kommissionär den beim Kommittenten entstandenen Schaden gegenüber dem Dritten wie einen eigenen Schaden geltend machen kann.[83] Terminologisch muss dabei beachtet werden, dass sich die „*Dritt*schadensliquidation" hier auf den Schaden des Kommittenten als des „Dritten" gegenüber dem Vertragsverhältnis zwischen dem Kommissionär und dem Partner des Ausführungsgeschäfts (nicht etwa auf letzteren als „Dritten") bezieht. Tritt sodann der Kommissionär seinen Schadensersatzanspruch aus Drittschadensliquidation an den Kommittenten ab, dann „wandert der Anspruch mit dem Schaden" zu diesem als Zessionar.

35 **3. Vorausabtretungsfiktion.** Als weitere kommissionstypische Besonderheit, die richtiger Ansicht nach auf alle Fälle einer geschäftsbesorgungsvertraglichen mittelbaren Stellvertretung auszudehnen ist,[84] muss die Vorausabtretungsfiktion des § 392 Abs. 2 angesehen werden. Nach dieser Vorschrift gelten die Forderungen aus dem Ausführungsgeschäft im Innenverhältnis zwischen dem Kommittenten und dem Kommissionär sowie im Verhältnis zu den Gläubigern des Kommissionärs als Forderungen des Kommittenten. Durch diese *praesumptio iuris et de iure* wird der Kommittent davor geschützt, dass die ihm noch nicht abgetretenen Forderungen dem Zugriff der Gläubiger des Kommissionärs ausgesetzt sind. Die Abtretung einer Forderung aus dem Ausführungsgeschäft durch den Kommissionär ist gegenüber dem Kommittenten unwirksam; der Kommittent kann gegen eine Pfändung der Forderung aus dem Ausführungsgeschäft die Drittwiderspruchsklage nach § 771 ZPO erheben; der Kommittent kann ein Aussonderungsrecht nach § 47 InsO in der Insolvenz des Kommissionärs geltend machen; eine Aufrechnung des Kommissionärs mit der Forderung aus dem Ausführungsgeschäft gegen eine Forderung des Dritten ist mangels Gegenseitigkeit unwirksam. Die Konsequenzen und die Reichweite der Vorausabtretungsfiktion des § 392 Abs. 2 im Einzelnen sind freilich stark umstritten (→ § 392 Rn. 1, → § 392 Rn. 4 ff. und → § 392 Rn. 9 ff.), insbesondere was Surrogate betrifft, die aufgrund der Forderung aus dem Ausführungsgeschäft erlangt werden, wie den vereinnahmten Kaufpreis bei der Verkaufs- oder das übereignete Kommissionsgut bei der Einkaufskommission.

VI. Die dingliche Ausführung und Abwicklung der Verkaufskommission

36 **1. Verfügungsermächtigung statt Eigentumsübertragung.** Bei der Verkaufskommission kann der Kommittent dem Kommissionär das Eigentum und den Besitz an dem Kommissionsgut verschaffen und ihn damit in die Lage versetzen, als berechtigter Veräußerer nach §§ 929 ff. BGB zu Gunsten des Dritten zu verfügen. Dieser Weg wird jedoch eher selten beschritten. Zu allermeist verbleibt das Eigentum an dem Kommissionsgut regelmäßig beim Kommittenten und wird nicht auf den Kommissionär übertragen, auch nicht im Wege der Begründung eines (gestuften) Besitzmittlungsverhältnisses nach § 929 S. 1 BGB, § 930 BGB unter Verbleib des unmittelbaren (oder mittelbaren) Besitzes am Kommissionsgut beim Kommittenten. Vielmehr erteilt der Kommittent dem Kommissionär eine Verfügungsermächtigung nach § 929 S. 1 BGB, § 185 Abs. 1 BGB, so dass dieser die Ware im eigenen Namen als zwar Nichtberechtigter, wohl aber Verfügungsbefugter nach §§ 929–931 BGB an den Erwerber veräußern kann. Eine solche Verfügungsermächtigung, die auch konkludent erteilt werden kann, ist bei der Verkaufskommission üblich und typisch.[85]

37 **2. Gutgläubiger Erwerb.** Fehlt es an einer wirksamen Verfügungsermächtigung, kommt ein gutgläubiger Erwerb des Dritten in Betracht, weil der Kommissionär dann sowohl Nichtberechtigter wie auch Nichtbefugter ist. Der gute Glaube des Dritten an ein Eigentum des Veräußerers wird dabei nach §§ 932–934 BGB geschützt. Dies wird dem Dritten aber allein oft nicht helfen. Denn der Dritte kennt zu allermeist die Stellung des Veräußerers als Kommissionär und damit dessen Nichtberechtigung am Kommissionsgut; selbst wenn er sie nicht kennt und den Kommissionär für den Eigentümer hält, bleibt sein gutgläubiger Erwerb noch von der Erlangung des Besitzes abhängig.

[83] Vgl. schon ROHG 28.10.1873, ROHGE 11, 260; 13.10.1874, ROHGE 14, 400.

[84] Staudinger/Martinek/Omlor, 2017, BGB § 675 Rn. A 57 ff.; vgl. auch Müller-Erzbach, Deutsches Handelsrecht, 2./3. Aufl. 1928, 167: „Diese Vorschrift hätte, wie folgerichtig auch die das Außenverhältnis ergreifende des schweizerischen OR Art. 401, in das allgemeine Recht des Auftrags und der Geschäftsbesorgung gestellt werden müssen".

[85] RG 24.1.1925, RGZ 110 (119); BGH 9.6.1959, WM 1959, 1004 = BeckRS 1959, 31197209.

Allerdings erweitert § 366 HGB den Gutglaubenserwerb auf die gerade beim Kommissionsgeschäft einschlägigen Fälle, dass sich der gute Glaube des Erwerbers auf die **Verfügungsbefugnis** des Kommissionärs als des Veräußerers bezieht. Erwirbt der Dritte nach § 366 Abs. 1 HGB iVm §§ 932 ff. BGB kraft seines guten Glaubens an die Verfügungsbefugnis des Kommissionärs von diesem als Nichtberechtigtem und Nichtbefugtem das Eigentum, hat der Alt-Eigentümer einen Anspruch gegen den Kommissionär auf Herausgabe des durch die Verfügung Erlangten nach § 816 Abs. 1 S. 1 BGB, dh auf den Verkaufserlös.[86] Gegen den Kommittenten kann der Alt-Eigentümer dagegen nicht aus § 816 Abs. 1 S. 1 BGB vorgehen, mag dieser auch „etwas erlangt“ haben, denn der Kommittent hat nicht verfügt. Verfügt hat nur der Kommissionär. War allerdings der Kommissionär aufgrund eines Kommissionsvertrags mit einem Nicht-Eigentümer als Kommittenten seinerseits gutgläubig und hat er nach dem gutgläubigen Eigentumserwerb des Dritten den von diesem erlangten Veräußerungserlös bereits abzüglich seiner Provision an den Nicht-Eigentümer (Kommittenten) abgeführt, dann scheitert der Herausgabeanspruch des Alt-Eigentümers aus § 816 Abs. 1 S. 1 BGB gegen den nichtberechtigt und nicht-befugt verfügenden Kommissionär hinsichtlich des bereits weitergeleiteten Verkaufserlöses an der Entreicherung des Kommissionärs nach § 818 Abs. 3 BGB. Auch auf die einbehaltene Provision kann der Alt-Eigentümer nicht zugreifen, da diese nicht aus unbefugter Verfügung, sondern aus dem Vermögen des Schein-Eigentümers und Kommittenten erlangt und nur im Verrechnungswege in das Vermögen des Kommissionärs gelangt ist. Der Alt-Eigentümer muss sich deshalb an den Schein-Eigentümer und Kommittenten halten und gegen ihn aus § 822 BGB vorgehen.[87] Hat der Kommittent vom Kommissionär weder den Kaufpreis ausgezahlt noch den Kaufpreisanspruch abgetreten erhalten, muss er dem Dritten seinen Herausgabeanspruch aus § 384 Abs. 2 aE abtreten.

VII. Die dingliche Ausführung und Abwicklung der Einkaufskommission

1. Zwischenerwerb. Bei der Einkaufskommission handelt der Kommissionär nicht nur beim Abschluss des schuldrechtlichen Ausführungsgeschäfts als Käufer, sondern auch beim dinglichen Erfüllungsgeschäft als Erwerber im eigenen Namen. Er erwirbt damit Eigentum an dem Kommissionsgut, das er aber nach den §§ 929 ff. BGB auf den Kommittenten in Erfüllung seiner Herausgabepflicht aus § 384 Abs. 2 übertragen muss. Mit diesem Zwischenerwerb des Kommissionärs ist für den Kommittenten die Gefahr verbunden, dass Gläubiger des Kommissionärs auf das Kommissionsgut zugreifen. Hiervor könnte eine analoge Anwendung des § 392 Abs. 2 auf das Kommissionsgut als Surrogat des kaufvertraglichen Anspruchs auf Eigentums- und Besitzverschaffung schützen. Indes soll § 392 Abs. 2 nach der Rspr. nicht auf Surrogate anwendbar sein, die aufgrund von Forderungen aus dem Ausführungsgeschäft erlangt werden.[88] 38

2. Insichgeschäft. Wohl aber kann der Kommissionär das Kommissionsgut dem Kommittenten im Wege eines Insichgeschäfts nach § 181 BGB übereignen: Als Eigentümer und Besitzer der Ware bietet er dem Kommittenten eine Eigentumsübertragung durch Begründung eines Besitzmittlungsverhältnisses nach §§ 929, 930, 868 BGB an und erklärt die Annahme dieses Angebots als Vertreter des Kommittenten unter Markierung und Aussonderung der Ware unter Beobachtung der sachenrechtlichen Publizitäts- und Bestimmtheitsgrundsätze. Dieses Insichgeschäft ist von § 181 BGB gedeckt, da es der Erfüllung einer Verbindlichkeit des Kommissionärs, nämlich seiner Herausgabepflicht nach § 384 Abs. 2 dient. Es kommt bei dieser Eigentumsübertragung zu einem Durchgangserwerb des Kommissionärs.[89] 39

3. Antizipiertes Besitzkonstitut. Neben der Gestaltungsvariante des Insichgeschäfts kommt auch der Weg über ein antizipiertes Besitzkonstitut in Betracht: Hierbei erwirbt der Kommittent das Eigentum bei der Einkaufskommission in folgender Weise: Schon im Kommissionsvertrag vereinbaren Kommittent und Kommissionär nach §§ 929, 930, 868 BGB ein künftiges (antizipiertes) Besitzmittlungsverhältnis, wonach der Kommissionär das künftig vom Dritten im Rahmen des Ausführungsgeschäfts zu erwerbende Eigentum im Zeitpunkt des Erwerbs (nach § 929 S. 1 BGB) sofort an den Kommittenten (nun nach §§ 929, 930, 868 BGB) weiterüberträgt, indem der Kommissionär unmittelbarer Fremdbesitzer und der Kommittent mittelbarer Eigenbesitzer wird. Der Kommissionär 40

---

[86] So die hM, vgl. Staub/Koller § 384 Rn. 98; OLG Hamburg 12.3.1954, MDR 1954, 356 (357); OLG Karlsruhe 6.7.2000, WM 2003, 584 (585); diff. K. Schmidt HandelsR § 31 Rn. 115 sowie Hopt/Kumpan Rn. 23, die dem Alt-Eigentümer auch einen Anspruch aus § 816 Abs. 1 BGB gegen den Kommittenten geben wollen, soweit dieser etwas erlangt hat.

[87] Vgl. zu dieser Fallkonstellation Jung HandelsR § 41 Rn. 14; Hopt/Kumpan Rn. 23; Staub/Koller § 384 Rn. 98; BGH 1.3.1967, BGHZ 47, 128 (131) = NJW 1967, 1021; OLG Hamburg 12.3.1954, MDR 1954, 356 (357); Rabe JuS 1968, 211 (215).

[88] BGH 26.9.1980, BGHZ 79, 89 (94) = NJW 1981, 918; **aA** aber K. Schmidt HandelsR § 31 Rn. 138 ff.

[89] RG 2.3.1906, RGZ 63, 16; 22.2.1927, RGZ 116, 198 (204).

erlangt mithin nur für eine „logische Sekunde" das Eigentum vom Dritten, das sogleich nach §§ 929, 930 BGB auf den Kommittenten übergeht. Erforderlich hierfür ist allerdings, dass das zur Weiterübereignung vorgesehene Kommissionsgut markiert oder an besonders gekennzeichnetem Ort aufbewahrt wird und damit identifizierbar ist. Weil das Interesse der Parteien des Kommissionsverhältnisses typischerweise auf einen möglichst umgehenden Weitererwerb des dem Kommissionär vom Dritten übereigneten Kommissionsguts gerichtet ist, wird man ein solches antizipiertes Besitzkonstitut als regelmäßig mit einem Einkaufskommissionsvertrag verbunden ansehen müssen. Auch bei dieser Gestaltungsform findet ein Durchgangserwerb „durch den Kommissionär" statt.

41 **4. Eigentumsübergang ohne Durchgangserwerb.** Wenn der Kommissionär beim dinglichen Erfüllungsgeschäft statt – wie beim obligatorischen Kausalgeschäft – im eigenen Namen nunmehr **im fremden Namen** des Kommittenten, also in unmittelbarer (offener) Stellvertretung auftritt, kommt es sogleich ohne Durchgangserwerb beim Kommissionär zu einem Eigentumserwerb des Kommittenten. Hierfür ist freilich eine Vertretungsmacht des Kommissionärs erforderlich, die ihm der Kommittent nur in solchen Ausnahmefällen erteilen wird, in denen ihm am fortbestehenden Inkognito-Schutz nicht mehr gelegen ist. Denn der Kommissionär muss in Wahrung des vertretungsrechtlichen Offenkundigkeitsprinzips nach § 164 Abs. 2 BGB den Kommittenten offenbaren. Hat der Kommittent dem Kommissionär die Erteilung der Vertretungsmacht untersagt, ist der gleichwohl im fremden Namen handelnde Kommissionär nach §§ 177, 179 BGB vollmachtloser Vertreter und uU der Erfüllungs- bzw. Schadensersatzhaftung ausgesetzt. Als weitere Form des Eigentumsübergangs ohne Durchgangserwerb wird im Kommissionsrecht noch die **Übereignung an den, den es angeht,** diskutiert. Ihr steht jedoch zuallermeist entgegen, dass dem Partner des Ausführungsgeschäfts kaum jemals die Person und damit der Kredit des Vertragspartners gleichgültig sein wird und dass zudem der Kommissionär vielfach zur Sicherung seiner Ansprüche gegen den Kommittenten an einem Durchgangserwerb interessiert sein wird.

§ 384 [Kommissionärspflichten und Erfüllungshaftung]

(1) Der Kommissionär ist verpflichtet, das übernommene Geschäft mit der Sorgfalt eines ordentlichen Kaufmanns auszuführen; er hat hierbei das Interesse des Kommittenten wahrzunehmen und dessen Weisungen zu befolgen.

(2) Er hat dem Kommittenten die erforderlichen Nachrichten zu geben, insbesondere von der Ausführung der Kommission unverzüglich Anzeige zu machen; er ist verpflichtet, dem Kommittenten über das Geschäft Rechenschaft abzulegen und ihm dasjenige herauszugeben, was er aus der Geschäftsbesorgung erlangt hat.

(3) Der Kommissionär haftet dem Kommittenten für die Erfüllung des Geschäfts, wenn er ihm nicht zugleich mit der Anzeige von der Ausführung der Kommission den Dritten namhaft macht, mit dem er das Geschäft abgeschlossen hat.

Schrifttum: Huber, Schadensersatz und Haftung bei Mistrades, ZIP 2024, 1165; Knütel, Weisungen bei Geschäftsbesorgungsverhältnissen, ZHR 137 (193), 285; s. bei § 383.

Übersicht

I. Allgemeines

1. Pflichtenkatalog des Kommissionärs. Die Vorschrift des § 384 regelt in Abs. 1 und 2 verschiedene, sich ergänzende, aber auch teilweise überschneidende Pflichten des Kommissionärs, die man in die Ausführungspflicht (Abs. 1 Hs. 1), die Interessenwahrungspflicht (Abs. 1 Hs. 2 Alt. 1), die Weisungsbefolgungspflicht (Abs. 1 Hs. 2 Alt. 2), die allgemeine Benachrichtigungspflicht (Abs. 2 Hs. 1 Alt. 1), die besondere Anzeigepflicht (Abs. 2 Hs. 1 Alt. 2), die Rechenschaftspflicht (Abs. 2 Hs. 2 Alt. 1) und die Herausgabepflicht (Abs. 2 Hs. 2 Alt. 2) unterteilen kann. In Abs. 3 wird in Ergänzung zur Anzeigepflicht des Abs. 2 Hs. 2 eine Pflicht des Kommissionärs zur Namhaftmachung des Partners des Ausführungsgeschäfts statuiert und für den Fall der Pflichtverletzung eine Erfüllungshaftung des Kommissionärs gegenüber dem Kommittenten vorgesehen. Man kann die Vorschrift des § 384 als die **Magna Charta der Kommissionärspflichten** ansehen. 1

2. Unvollständigkeit und Ergänzungsbedarf. Der umfangreiche Pflichtenkatalog des § 384 ist indes in mehrfacher Hinsicht unvollständig und ergänzungsbedürftig. So fällt ins Auge, dass die Pflichtenstellung des Kommissionärs durch spätere Regelungen in den §§ 385 ff. noch ergänzt oder doch konkretisiert wird. Dies gilt schon für die Grundsätze zur Weisungsbefolgung und Weisungsabweichung nach § 385, aber auch für die Sorgfalts- und Obhutspflichten bezüglich des Kommissionsguts nach § 388. Darüber hinaus spart § 384 auch Beratungs- und Aufklärungspflichten des Kommissionärs gegenüber dem Kommittenten aus (→ § 383 Rn. 23), die sich häufig auch ohne ausdrückliche Vereinbarung aus § 242 BGB als vertragliche Nebenpflichten ergeben. Vor allem aber findet die Pflicht des Kommissionärs zur **Abwicklung** des Kommissionsgeschäfts, also zur Zuweisung der wirtschaftlichen Ergebnisse des Ausführungsgeschäfts an den Kommittenten im Innenverhältnis als dritte Phase des Kommissionsgeschäfts (→ § 383 Rn. 7 und 24) keine ausdrückliche Erwähnung in § 384. Die Ausführungspflicht des § 384 Abs. 1 Hs. 1 bezieht sich jedenfalls im engeren Sinne nur auf das Ausführungsgeschäft („das übernommene Geschäft") als die zweite Phase des Kommissionsgeschäfts. Auch die Interessenwahrungspflicht und die Weisungsbefolgungspflicht scheinen sich wegen des Wortes „hierbei" in § 384 Abs. 1 Hs. 2 nur auf die Ausführungspflicht des Hs. 1 zu beziehen. Genau besehen, erfasst aber § 384 Abs. 2 der Sache nach einzelne Teile der weitergehenden Abwicklungspflicht des Kommissionärs in der dritten Phase. Dies gilt jedenfalls teilweise für die allgemeine Benachrichtigungspflicht (Abs. 2 Hs. 1 Alt. 1), die sowohl die Ausführung wie auch die Abwicklung betrifft, und sodann uneingeschränkt für die besondere Anzeigepflicht (Abs. 2 Hs. 1 Alt. 2), die Rechenschaftspflicht (Abs. 2 Hs. 2 Alt. 1) und die Herausgabepflicht (Abs. 2 Hs. 2 Alt. 2). Unerwähnt geblieben ist als Teil der Abwicklung in der dritten Phase des Kommissionsgeschäfts die Pflicht zur Herausgabe desjenigen, was der Kommissionär zur Durchführung des Geschäfts erhalten, aber nicht gebraucht hat; sie ergibt sich erst aus § 675 Abs. 1 BGB, § 667 Alt. 1 BGB. Vor allem aber erweckt die Normstruktur des § 384 den Eindruck, dass die in § 384 Abs. 2 geregelten sowie die dort unerwähnt gebliebenen Abwicklungspflichten außerhalb der Interessenwahrungs- und der Weisungsbefolgungspflicht des § 384 Abs. 1 stünden. In Wirklichkeit ergibt sich aus der geschäftsbesorgungsvertraglichen Rechtsnatur des Kommissionsvertrags, dass auch die Abwicklungspflichten der dritten Phase von der Pflicht des geschäftsbesorgenden Kommissionärs zur weisungsgebundenen Interessenwahrung geprägt sind. Vor allem ist der Kommissionär auch bei seinen Abwicklungspflichten den geschäftsbesorgungsrechtlichen Grundsätzen der Weisungsbindung und Weisungsabweichung nach § 675 Abs. 1 BGB, § 385 Abs. 2 HGB iVm § 665 BGB unterworfen (→ § 385 Rn. 3). 2

3. Haupt- und Nebenpflichten. Der Pflichtenkatalog des Kommissionärs nach § 384 erscheint zudem inhomogen. Nur die interessenwahrende und weisungsgebundene Ausführungspflicht im 3 engeren Sinne des § 384 Abs. 1 ist als die im Gegenseitigkeitsverhältnis stehende Haupt(leistungs)pflicht des Kommissionärs anzusehen. Dagegen haben die Abwicklungspflichten des § 384 Abs. 2 den Charakter von Nebenpflichten. Auch die Pflicht zur Namhaftmachung des Partners des Ausführungsgeschäfts nach § 384 Abs. 3 ist als Nebenpflicht anzusehen. Man kann die (allgemeine) Benachrichtigungspflicht (Abs. 2 Hs. 1 Alt. 1), die (besondere) Anzeigepflicht (Abs. 2 Hs. 1 Alt. 2) und die Rechenschaftspflicht (Abs. 2 Hs. 2 Alt. 1) zusammenfassend als die **Informationspflichten des Kommissionärs** bezeichnen, die in der auftrags- bzw. geschäftsbesorgungsrechtlichen Regelung des § 666 BGB mit ihren drei Varianten eine Entsprechung findet. Danach schuldet schon der (unentgeltlich) Beauftragte und der (entgeltliche) Geschäftsbesorger drei Arten von Informationen: die erforderlichen Nachrichten (§ 666 Var. 1 BGB), die verlangten Auskünfte über den Stand des Geschäfts (§ 666 Var. 2 BGB) und die abschließende Rechenschaft (§ 666 Var. 3 BGB). Diese allgemeine Regelung zu den geschäftsbesorgungsrechtlichen Informationspflichten erfahren in § 384 Abs. 2 eine kommissionsrechtliche Konkretisierung. Insbesondere muss der Kommissionär, anders als der Beauftragte oder Geschäftsbesorger im Allgemeinen, nicht erst „auf Verlangen" (§ 666 Var. 2 und 3 BGB), sondern auf Eigeninitiative Anzeige vom Ausführungsgeschäft machen und darüber Rechenschaft ablegen.

II. Die Ausführungspflicht (Abs. 1 Hs. 1)

4 **1. Tätigkeits- oder Erfolgsbezogenheit.** Die Pflicht zur Ausführung des übernommenen Geschäfts, also zur Herbeiführung des Ausführungsgeschäfts in Form eines Kaufvertrags mit einem Dritten als Verkäufer (Einkaufskommission) oder als Käufer (Verkaufskommission) muss im Lichte der jeweiligen Rechtsnatur des Kommissionsvertrags im Einzelfall konkretisiert werden. Der Kommissionsvertrag ist zwar immer ein Geschäftsbesorgungsvertrag nach § 675 Abs. 1 BGB, §§ 663 ff. BGB, kann aber sowohl **dienstvertraglichen** als auch **werkvertraglichen** Charakter aufweisen, was im einen Fall zur Anwendung der §§ 611 ff. BGB, im anderen zur Anwendung der §§ 631 ff. BGB führt (→ § 383 Rn. 28). Die Ausführungspflicht des § 384 Abs. 1 Hs. 1 kann demnach entweder tätigkeits- oder erfolgsbezogen ausgerichtet sein. Wenn § 384 Abs. 1 Hs. 1 von der Pflicht des Kommissionärs spricht, „das übernommene Geschäft … auszuführen", dann ist damit die zweite Phase des Kommissionsgeschäfts (→ § 383 Rn. 7), also der erfolgreiche Abschluss bzw. das tätige Bemühen um einen Abschluss des Ausführungsgeschäfts in Form eines Kaufvertrags mit einem Dritten als Verkäufer (Einkaufskommission) oder als Käufer (Verkaufskommission) in Bezug genommen. Nur diese Ausführungspflicht ist spätestens mit der Durchführung des Ausführungsgeschäfts im Außenverhältnis (zweite Phase) auch gegenüber dem Kommittenten im Innenverhältnis erfüllt; die Abwicklungspflicht (dritte Phase) dauert hingegen während des gesamten Kommissionsverhältnisses bis zum letzten Abwicklungsakt an. Kann der Kommissionär den Kommissionsauftrag nicht ausführen, weil ihm der Abschluss des Ausführungsgeschäfts unmöglich ist, wird er gem. § 275 Abs. 1 BGB von seiner Ausführungspflicht frei.[1]

5 **2. Kaufmännische Sorgfaltspflicht.** Die Regelung des § 384 Abs. 1 Hs. 1 erlegt dem Kommissionär für die Ausführung des übernommenen Geschäfts ausdrücklich die Beobachtung der „Sorgfalt eines ordentlichen Kaufmanns" auf. Damit ist der Sorgfaltsmaßstab des § 347 für die Ausführung der Kommission in Bezug genommen.[2] Ohne weiteres gilt dieser Sorgfaltsmaßstab ebenso für die dritte Phase (Abwicklung) wie für die zweite Phase der Ausführung des Kommissionsgeschäfts. Bei dieser erhöhten Pflichtenbindung ist zu berücksichtigen, dass der Kommissionär vielfach, wenn nicht sogar regelmäßig einen **Expertenstatus** hat: Er wird vom Kommittenten gerade wegen seiner Kenntnisse und Erfahrungen bezüglich der Besonderheiten des jeweiligen Marktes in Anspruch genommen. Diese Expertise betrifft nicht nur die in Betracht kommenden Partner des Ausführungsgeschäfts, sondern erstreckt sich zumeist auch auf die Eigenarten des Kommissionsguts.

6 **3. Marktbeobachtung und Abschlussoptimierung.** Der Kommissionär nimmt seine Ausführungspflicht wahr, indem er die Marktentwicklung beobachtet und auswertet, die Abschlusschancen für das „übernommene Geschäft" gegenüber uU verschiedenen möglichen Geschäftspartnern und zu uU unterschiedlichen Bedingungen eruiert, um schließlich die im Lichte der Vorgaben und der Umstände optimale Abschlussgelegenheit zu finden und zu ergreifen. Auch wenn er geeignete Abschlusschancen versäumt hat, ist er zur Suche nach weiteren Abschlussgelegenheiten aufgerufen.[3] Geht es bei dem „übernommenen Geschäft" um den Kauf oder Verkauf von Wertpapieren, muss der Kommissionär bei drohenden Kursveränderungen zu Lasten des Auftraggebers unverzüglich die

[1] LG Düsseldorf 9.4.2024, BKR 2025, 237 (238).
[2] BGH 9.12.1958, WM 1959, 269 (271).
[3] BGH 28.5.2002, NJW-RR 2002, 1272.

Ausführung in die Wege leiten, um den bei Auftragserteilung bestehenden Kurs möglichst „halten" zu können.[4] Wird der Kommissionär für mehrere Kommittenten tätig, kann es bei der Suche nach optimalen Abschlüssen der konkurrierenden „übernommenen Geschäfte" zu prekären Wettbewerbssituationen kommen, aus denen sich der Kommissionär grundsätzlich durch die Einhaltung der zeitlichen **Reihenfolge seiner Auftragseingänge** (Prioritätsprinzip) befreien kann.[5]

4. Ausführungspflicht und Mitwirkungsanspruch. Der Kommissionär steht bei der Erfüllung seiner Ausführungspflicht nicht allein, sondern hat einen Anspruch auf angemessene und zumutbare Mitwirkung und Unterstützung gegen den Kommittenten. Aus § 675 Abs. 1 BGB, § 669 BGB ergibt sich für den Kommissionär vor allem ein Anspruch gegen den Kommittenten auf Vorschusszahlung, etwa durch Bereitstellung der finanziellen Mittel zur Zahlung des Kaufpreises bei der Einkaufskommission oder durch Akkreditivstellung. Darüber hinaus aber ist der Kommittent verpflichtet, dem Kommissionär alle zur Ausführung des übernommenen Geschäfts erforderlichen Informationen und Gegenstände auszuhändigen.[6] 7

III. Kommission, Substitution und Erfüllungsgehilfen

1. Allgemeines. Das Kommissionsrecht der §§ 383 ff. enthält keine Regelung zur Übertragbarkeit des Kommissionsgeschäfts durch den Kommissionär auf einen Dritten als Substituten. Die Vorschrift des § 664 Abs. 1 BGB sieht für das (unentgeltliche) Auftragsrecht „im Zweifel" eine Unzulässigkeit der Übertragung der Auftragsausführung und im Falle der Gestattung eine Haftung nur für Auswahlverschulden vor. Diese Regelung soll allerdings nach § 675 Abs. 1 BGB nicht auf die (entgeltliche) Geschäftsbesorgung anwendbar sein, denn sie ist aus dem Katalog der Verweisungsvorschriften ausgespart. Ungeachtet dieser von § 675 Abs. 1 BGB vorgesehenen „Unanwendbarkeit" des § 664 BGB ist indes für **Dienstverträge** – ob mit oder ohne Geschäftsbesorgungscharakter – jedenfalls nach § 613 S. 1 BGB im Zweifel die **Höchstpersönlichkeit** der Leistung des Dienstverpflichteten vorgesehen. Die entsprechende Anwendung der Auftragsregelung des § 664 Abs. 1 S. 1 BGB (Substitutionsverbot des Beauftragten) ist mithin für die dienstvertragliche Geschäftsbesorgung entbehrlich.[7] Bei **Werkverträgen** mit Geschäftsbesorgungscharakter ist die Lage im Ergebnis nicht anders. Zwar fehlt im Werkvertragsrecht eine dem § 613 S. 1 BGB entsprechende Regelung, doch schließt bei auf Geschäftsbesorgung gerichteten Werkverträgen das mit dem Interessenwahrungscharakter verknüpfte besondere Treueverhältnis zwischen den Parteien eine Einschaltung Dritter in die Leistungserbringung auf Dritte regelmäßig aus.[8] Die Rechtsfolgen des auftragsrechtlichen Substitutionsverbots nach § 664 Abs. 1 BGB brauchen also nicht erst durch entsprechende Anwendung dieser Vorschrift herbeigeführt zu werden, weil sie sich schon aus § 675 Abs. 1 BGB, § 613 S. 1 BGB oder im Wege der Vertragsauslegung aus § 242 BGB ergeben. 8

2. Die Substitutionsgestattung. Danach ist die Einschaltung eines **Unter- oder Zwischenkommissionärs** grundsätzlich nur bei Gestattung durch den Kommittenten zulässig. Will der Kommissionär mithin einen Zwischenkommissionär einschalten, muss er grundsätzlich die Zustimmung des Kommittenten einholen, falls nicht nach Handelsbrauch eine solche Einschaltung verkehrsüblich ist.[9] Bei der gestatteten Substitution ist zwischen der **Substitutionsgestattung** im Verhältnis zwischen Kommittenten und Kommissionär und der Substitution selbst im Sinne der **Substitutionsvornahme** im Verhältnis zwischen dem Kommissionär und dem Dritten (Substituten) zu unterscheiden. Die Substitutionsgestattung kann der **Rechtsnatur** nach eine **vertragliche Vereinbarung** zwischen Kommissionär und Kommittenten in Ergänzung zum Kommissionsvertrag darstellen (supplemente vertragliche Substitutionsgestattung). Häufig, wenn nicht im Regelfall werden sich die Parteien aber schon bei Begründung des Kommissionsverhältnisses darüber verständigen, ob und ggf. in welchem Umfang eine Ausführungsübertragung der Kommission zulässig oder gar geboten ist (originäre vertragliche Substitutionsgestattung). Die Substitutionsgestattung kann aber auch auf einem **einseitigen Vorgehen des Kommittenten** beruhen, der – auch nach vorher begründetem Kommissionsverhältnis – die Handlungsmöglichkeiten des Kommissionärs durch die Substitutionsgestattung erweitern will (originäre bzw. supplemente unilaterale Substitutionsgestattung). Sie ist dann oft als Willenserklärung mit der Folge der Anwendbarkeit der §§ 104 ff. zu qualifizieren, denn sie ist auf 9

[4] BGH 28.5.2002, NJW-RR 2002, 1272; OLG Oldenburg 22.5.1992, WM 1993, 1879.
[5] GK-HGB/Achilles Rn. 1; BankR-HdB/Seiler/Geier § 84 Rn. 121 ff.; Koller BB 1978, 1733; Hopt/Kumpan Rn. 1.
[6] OLG Oldenburg 16.12.1998, NJW-RR 2000, 507.
[7] RG 4.7.1939, RGZ 161, 68 (70).
[8] Larenz SchuldR BT II 1, 13. Aufl. 1986, § 56 V.
[9] RG 14.5.1906, RGZ 63, 301 (303).

eine einseitig rechtsgestaltende **Änderung des Vertragsinhalts** gerichtet. Die Änderung des Vertragsinhalts zieht nicht etwa eine Haftungsbeschränkung entsprechend § 664 Abs. 1 S. 2 BGB nach sich, denn diese tritt erst infolge der (vom Kommissionär vorgenommenen) Substitution, nicht aber schon infolge der (vom Kommittenten erklärten) Substitutionsgestattung ein. Weil die Substitution nach § 675 Abs. 1 BGB, § 613 S. 1 und S. 2 BGB bzw. nach § 664 BGB im Zweifel unzulässig, also verboten und nur ausnahmsweise zulässig, also erlaubt ist, verbietet sich eine Substitutionsgestattung im Allgemeinen im Wege formularvertraglicher Regelung.[10]

10 **3. Die Substitutionsvornahme.** Die Substitutionsvornahme im Verhältnis zwischen Kommissionär und Substituten, dh die auf der Grundlage der Substitutionsgestattung vollzogene **Ausführungsübertragung** des Kommissionsgeschäfts ist dadurch gekennzeichnet, dass der Erstkommissionär die Kommissionsausführung an einen Dritten (Substituten) weitergibt, den damit als Selbstbeauftragten eine eigenständige Pflicht zur Geschäftsbesorgung in Form der Ausführung des Kommissionsgeschäfts trifft. Eine solche **Übertragung an einen Dritten** ist von der **Übernahme des Kommissionsvertrags durch einen Dritten** nach den Regeln der **Schuldübernahme** gem. §§ 414 ff. BGB zu unterscheiden. Bei der (privativen) Schuldübernahme scheidet der Erstkommissionär aus dem Schuldverhältnis völlig aus. Dagegen bleibt bei der Substitution die Stellung des Erstkommissionärs als Partei des Kommissionsverhältnisses bestehen, wenn auch mit verändertem Inhalt: Die gestattete Substitution führt lediglich zur Beschränkung der Haftung des Erstkommissionärs, der jetzt nur noch für sein eigenes Verschulden bei der Übertragung des Kommissionsgeschäfts, insbesondere für **Auswahlverschulden** hinsichtlich des Substituten, nicht jedoch nach § 278 BGB für das Verschulden des Substituten haftet.

11 **4. Das Übertragungsverschulden.** Rechtsfolge der Substitutionsvornahme ist entsprechend der Vorschrift des § 664 Abs. 1 S. 2 BGB, dass die Haftung des erstbeauftragten Kommissionärs auf „ein ihm bei der Übertragung zur Last fallendes Verschulden" (Übertragungsverschulden) beschränkt wird. Keineswegs ist die analoge Anwendung der Haftungsbeschränkung nach § 664 Abs. 1 S. 2 BGB auf Geschäftsbesorgungsverträge durch die Nichterwähnung dieser Regelung in § 675 Abs. 1 BGB ausgeschlossen (→ Rn. 8). Zu beachten ist, dass nicht schon die Substitutionsgestattung, sondern **erst die Substitutionsvornahme** zur Haftungsbeschränkung führt. Der erstbeauftragte Kommissionär haftet dann nicht für einen durch Verschulden des Substituten entstandenen Schaden, sondern für denjenigen Schaden, der dem Kommittenten dadurch entsteht, dass der erstbeauftragte Kommissionär bei der Übertragung der Kommissionsausführung eine schuldhafte Pflichtverletzung begeht. Dieses **Übertragungsverschulden** wird vielfach ein **Auswahlverschulden** sein, weil der Kommissionär die Ausführung des Geschäfts schuldhaft einem ungeeigneten Dritten übertragen hat (vgl. noch → Rn. 5). Es kann aber auch ein **Informations- oder Instruktionsverschulden** sein, wenn dem erstbeauftragten Kommissionär etwa bei der erforderlichen Unterweisung und Anleitung des Substituten ein Verschulden zur Last fällt. Denn der Kommissionär hat den Substituten grundsätzlich über den Gegenstand und Inhalt des „übernommenen Geschäfts" und die etwaigen Vorgaben des Kommittenten in Kenntnis zu setzen und ggf. zu „unterrichten". Je nach den Umständen des Falles kann ferner zwischen Kommittenten und erstbeauftragtem Kommissionär vereinbart werden, dass der Kommissionär den Unterkommissionär zu **überwachen** hat, so dass als Übertragungsverschulden auch ein **Überwachungsverschulden** in Betracht kommt. In der Regel wird sich allerdings für den Kommissionär, dem eine vollständige Übertragung der Ausführung des „übernommenen Geschäfts" auf einen Dritten gestattet ist, das Übertragungsverschulden auf ein Auswahlverschulden beschränken. Das Übertragungsverschulden in seinen Erscheinungsformen des Auswahl-, Anleitungs- und Überwachungsverschuldens *(culpa in eligendo, instruendo vel custodiendo)* nach § 664 Abs. 1 S. 2 BGB findet eine gewisse Parallele in der Verrichtungsgehilfenhaftung des § 831 Abs. 1 BGB, auch wenn diese konstruktiv abweichend als **vermutete** Haftung für eigenes Verschulden ausgestaltet ist. Die Frage eines **Entlastungsbeweises** nach Art des § 831 Abs. 1 S. 2 BGB, etwa durch Nachweis der Beobachtung der Sorgfalt eines ordentlichen Kaufmanns bei der Geschäftsübertragung, stellt sich freilich bei § 664 Abs. 1 S. 2 nicht; für das – hier nicht vermutete – Übertragungsverschulden des Kommissionärs ist vielmehr nach allgemeinen Grundsätzen der Kommittent beweislastpflichtig.

12 Für den Kommittenten bedeutet die Haftungsbeschränkung des Kommissionärs nach § 664 Abs. 1 S. 2 BGB analog uU eine **Rechtsverkürzung.** Er hat im Schadensfalle zwar möglicherweise – je nach Ausgestaltung der Substitution – den Substituten als neuen Anspruchsgegner gewonnen; der erstbeauftragte Kommissionär als „primärer" Vertragspartner steht ihm gegenüber jedoch nicht mehr in der vollen Verantwortung. Diese Rechtsverkürzung hat der Kommittent zu tragen, hat er doch

[10] Hansen BB 1989, 2424; Kümpel WM 1996, 1896.

hierfür selbst durch die Gestattung der Ausführungsübertragung des Kommissionsgeschäfts den Grund gelegt. Für den Kommissionär selbst wirkt die Haftungsbeschränkung entsprechend § 664 Abs. 1 S. 2 freilich als eine **Rechtswohltat.** Im Übrigen ist zu beachten, dass der Hauptkommissionär die an den Zwischenkommissionär gezahlte **Provision** nur dann auf den Kommittenten abwälzen darf, wenn er nach § 396 Abs. 2 HGB iVm § 675 Abs. 1 BGB, § 670 BGB einen dahingehenden Aufwendungsersatzanspruch hat. Dies setzt neben der Zulässigkeit, insbesondere der Genehmigung der Zwischenkommission auch voraus, dass der Hauptprovisionsanspruch nicht schon eine solche notwendige Aufwendung mit abdecken sollte.

5. Einschaltung von Erfüllungsgehilfen. Ohne besondere Gestattung durch den Kommittenten steht es dem Kommissionär frei, sich zur Erfüllung seiner Ausführungspflicht Hilfspersonen als Erfüllungsgehilfen zu bedienen, für deren Pflichtverletzungen er freilich nach § 278 BGB haftet.[11] In der Tat ist der Erfüllungsgehilfe gegenüber dem Substituten der Rechtsstellung nach sehr verschieden. Substitution ist verboten, falls sie nicht ausnahmsweise erlaubt ist; Erfüllungsgehilfenschaft ist grundsätzlich erlaubt, falls sie nicht ausnahmsweise verboten ist. Im Gegensatz zum Substituten wird der Gehilfe nicht in eigener Verantwortung, sondern als **Hilfsperson des Kommissionärs** bei der Ausführung des „übernommenen Geschäfts" (sowie uU bei der Abwicklung des Kommissionsgeschäfts) tätig, wobei die Verantwortung für die Geschäftsausführung beim Kommissionär verbleibt, der von dem eingeschalteten Gehilfen **lediglich unterstützt** wird. Anders als bei der befugten Kommissionsübertragung an einen Dritten wird der Kommissionär nicht aus seinen Sorgfaltspflichten als kaufmännischer Geschäftsbesorger entlassen und in seiner Haftung auf ein Übertragungsverschulden beschränkt. Die Pflichtenstellung des Kommissionärs bleibt von der Einschaltung eines Erfüllungsgehilfen völlig unabhängig. Bei einem Fehlverhalten des Erfüllungsgehilfen gelten deshalb die üblichen Haftungsregeln; es findet eine Verschuldenszurechnung an den Kommissionär nach §§ 276, 278 BGB iVm §§ 347, 384 Abs. 1 S. 1 Hs. 1 statt. 13

Für den Kommissionär ist die Einschaltung eines Erfüllungsgehilfen immer dann zulässig, sofern sich nichts Abweichendes aus dem vereinbarten Kommissionsverhältnis oder aus der Eigenart des aufgetragenen Geschäfts ergibt. Sollte dem Kommissionär freilich nach der vertraglichen Ausgestaltung des Kommissionsverhältnisses (auch) eine **Einschaltung von Erfüllungsgehilfen untersagt** sein, dann ist der Kommissionär für jeden Schaden haftbar, den der Kommittent infolge der vertragswidrigen Einschaltung des Gehilfen erleidet. Die Unzulässigkeit der Zuziehung von Gehilfen kann sich im Wege der Auslegung aus dem Vertragszweck (zB besondere Verschwiegenheitspflicht) ergeben oder auf einer entsprechenden Weisung des Kommittenten (§ 384 Abs. 1 Hs. 2 Alt. 2, § 385 Abs. 2 HGB iVm § 665 BGB) beruhen. Die Haftung des Kommissionärs beruht dann nicht auf der Zurechnungsnorm des § 278 BGB, sondern auf seinem schuldhaft vertragswidrigen Verhalten. Er haftet für die eigene vertragliche Pflichtverletzung nach § 280 BGB auch dann, wenn dem Gehilfen bei der Schadensverursachung kein Verschulden zur Last fällt. Im Einzelfall kann dies auf eine **Zufallshaftung oder Risikohaftung** des Kommissionärs hinauslaufen, der für sämtliche, auch als solche schuldlos verursachten Schäden verantwortlich ist, nachdem ihm die verbotene Gehilfeneinschaltung als schuldhafte Pflichtverletzung anzulasten ist. Allerdings haftet der Kommissionär mangels Kausalität nicht, wenn der Schaden auch ohne Gehilfeneinschaltung eingetreten wäre. 14

6. Abgrenzungsfragen. Die Abgrenzung zwischen einer (gestatteten) **Substitution** und einer **Erfüllungsgehilfenschaft** kann im Einzelfall schwierig sein, ist aber vielfach wegen der stark divergierenden Haftungskonsequenzen unvermeidlich.[12] Es ist Tatfrage, ob vom Kommittenten eine Ausführungsübertragung des Kommissionsgeschäfts gestattet und vom Kommissionär vorgenommen wurde, womit sich dann der Kommissionär seiner Haftung bis auf das Übertragungsverschulden entledigt hätte, oder ob der Kommissionär **lediglich einen Erfüllungsgehilfen** hinzugezogen hat, für den er nach § 278 BGB haftet. Die Abgrenzungsfrage wird vielfach besonders brisant, wenn die Ausführung des Kommissionsgeschäfts mit Gestattung des Kommittenten einem Dritten überlassen wird. Dann kommt es vor allem darauf an, ob das **Vertrauensverhältnis** zu dem mit der Geschäftsbesorgung zunächst betrauten Kommissionär und damit dessen Verantwortung erhalten bleiben soll oder nicht. Bejahendenfalls haftet der Erstkommissionär für den Dritten als Erfüllungsgehilfen nach § 278 BGB. Kann hingegen die Geschäftsbesorgung dem Dritten nicht überlassen werden, ohne dass ein eigenständiges Vertrauensverhältnis des Kommittenten zum Dritten begründet und der bisherige Kommissionär aus der weiteren Verantwortung für die Ausführung des Geschäfts entlassen wird, dann gilt § 664 Abs. 1 S. 2 BGB entsprechend. Das RG hat daher § 664 Abs. 1 S. 2 BGB zu Recht 15

[11] LG Düsseldorf 9.4.2024, BKR 2025, 237 (238 f.): Eine Handelsplattform ist nicht Erfüllungsgehilfe des Online-Brokers (Effektenkommission).

[12] Vgl. dazu RG 10.5.1930, WarnR 1930 Nr. 134; 5.3.1931, WarnR 1931 Nr. 57; 4.7.1939, RGZ 161, 68 (73).

auf einen Kommissionsvertrag angewandt, dessen Ausführung mit Einverständnis des Kommittenten auf einen Dritten übertragen wurde.[13] Bei zulässiger Einschaltung eines Zwischenkommissionärs wird mithin den Hauptkommissionär eine Haftung (nur) für Auswahlverschulden treffen.[14] Ein starkes **Indiz für eine gestattete Substitution** kann man dann annehmen, wenn der Kommissionär an der zugesagten persönlichen Ausführung des Auftrags wider Erwarten verhindert ist und mit Einverständnis des Kommittenten oder – in engen Ausnahmefällen – aufgrund einer Eilentscheidung nach § 385 Abs. 2 HGB iVm § 665 BGB einen Dritten zuzieht; keineswegs wird aber in unerwarteten „Notfällen" regelmäßig eine Übertragung des Kommissionsgeschäfts anzunehmen sein. Umgekehrt spricht es für eine **Erfüllungsgehilfenschaft,** wenn der Kommissionär von vornherein selbst nur eingeschränkt einsatzfähig und/oder -willig ist und nach Art des Auftrags Hilfspersonen zu seiner Unterstützung benötigt. Besondere Vorsicht mit der Annahme einer Substitution ist geboten, wenn juristische Personen einen Kommissionsauftrag auszuführen haben und sich dabei dritter Personen (anderer als ihrer gesetzlichen Vertreter) bedienen. Hier verbietet sich vielfach die Annahme einer Substitution, während nach der Verkehrssitte eine Erfüllungsgehilfenschaft naheliegt.

IV. Interessenwahrungs- und Weisungsbefolgungspflicht (Abs. 1 Hs. 2)

16 **1. Interessenwahrungspflicht.** Die ausgeprägte Interessenwahrungspflicht des Kommissionärs (→ § 383 Rn. 8, 22), die in § 384 Abs. 1 Hs. 2 Alt. 1 besonders betont und sodann in §§ 387 ff. näher konkretisiert wird, ergibt sich bereits aus der geschäftsbesorgungsvertraglichen Rechtsnatur des Kommissionsverhältnisses.[15] Der Kommissionär hat die Interessen seines Auftragsgebers wahrzunehmen.[16] Denn der **Interessenwahrungscharakter,** genauer: die die Tätigkeit des Geschäftsbesorgers tragende und leitende **Wahrnehmung der Vermögensinteressen des Geschäftsherrn,** ist das wohl wichtigste typologische Qualifikationsmerkmal jeder entgeltlichen Geschäftsbesorgung und mithin auch des Kommissionsverhältnisses. Bei der entgeltlichen Geschäftsbesorgung hat die selbständige Tätigkeit wirtschaftlicher Art des Geschäftsbesorgers nicht nur fremden Vermögensbezug, sondern ist inhaltlich auf die Förderung und Wahrung des Geschäftsherrninteresses ausgerichtet. Man kann insoweit von **subjektiver Fremdnützigkeit** sprechen. Gemeint ist damit, dass der Geschäftsführer „mit dem ihm anvertrauten Vermögen treu und gewissenhaft umzugehen" und „im fremden Interesse fürsorglich tätig zu sein" hat.[17] Der Interessenwahrungscharakter der Geschäftsbesorgertätigkeit **prägt entscheidend den Geschäftsbesorgungsvertrag** nach § 675 Abs. 1 BGB als **Subordinationsvertrag** und damit als einen eigenartigen, von anderen Verträgen abgehobenen Rechtsstrukturtyp.[18] Dies ist deshalb besonders bedeutsam, weil sich die spezielle Interessenwahrungspflicht des § 384 Abs. 1 Hs. 2 Alt. 1 nur auf „das übernommene Geschäft", dh das Ausführungsgeschäft der zweiten Phase bezieht, während die allgemeine geschäftsbesorgungsrechtliche Interessenwahrungspflicht auch das Abwicklungsgeschäft der dritten Phase prägt. Der Kommissionär ist Interessenwahrer des Kommittenten.[19] Er hat im Konfliktfall zwischen den Interessen des Kommittenten und seinen eigenen Interessen denen seines Vertragspartners Vorrang einzuräumen.[20]

17 **2. Untersuchungs- und Rügepflicht.** Aus der Interessenwahrungspflicht lässt sich ableiten, dass der Kommissionär bei der Einkaufskommission nicht nur die Ware vom Dritten entgegennehmen, zwischenlagern und für die Weiterleitung an den Kommittenten bereithalten, sondern auch seine **Untersuchungs- und Rügeobliegenheiten,** die ihn nach § 377 gegenüber dem Dritten zur Sicherung seiner Gewährleistungsrechte treffen, im Interesse des Kommittenten wahrnehmen muss.[21] Diese Wahrnehmung der Untersuchungs- und Rügeobliegenheiten, die im Außenverhältnis des Ausführungsgeschäfts gegenüber dem Dritten bloßes Gebot des eigenen Interesses ist, stellt sich im Innenverhältnis zum Kommittenten als **Rechtspflicht** dar, die unter Beobachtung der Sorgfalt eines ordentlichen Kaufmanns wahrzunehmen ist.

18 **3. Beratungs- und Aufklärungspflicht.** Die Interessenwahrungspflicht kann sich im Einzelfall auch zu einer Beratungs- und Aufklärungspflicht konkretisieren: Der Kommissionär muss den Kommittenten auf besondere Bedenken gegen die Ausführung des Geschäfts aufmerksam machen, ihn vor Gefahren und Risiken warnen, ihm den sichersten Weg zur Zielerreichung empfehlen und

[13] RG 2.3.1912, RGZ 78, 310 (313).
[14] RG 2.3.1912, RGZ 8, 310; 10.12.1924, RGZ 109, 299.
[15] v. Gierke/Sandrock HandelsR/WirtschaftsR § 27 IV 2, S. 462.
[16] Staub/Koller Rn. 5; Ebenroth/Boujong/Füller Rn. 10.
[17] Larenz SchuldR BT II 1, 13. Aufl. 1986, § 56 I.
[18] Staudinger/Martinek/Omlor, 2017, BGB Vor §§ 662 ff. Rn. 23 ff., 28 ff.
[19] BGH 25.6.2002, ZIP 2002, 1436 = NJW-RR 2002, 1344.
[20] RG 13.4.1901, JW 1901, 408; BGH 20.3.2003, NJW-RR 2003, 1056.
[21] GK-HGB/Achilles Rn. 1; GK-HGB/Achilles § 391 Rn. 1 ff.

ihn auf überzogene Gewinnerwartungen hinweisen.[22] Auch insoweit spielt der Expertenstatus des Kommissionärs eine Rolle (→ Rn. 5), insbesondere wenn der Kommittent erkennbar über geringe Sachkunde verfügt und sich mit besonderem Vertrauen an den erfahrenen Kommissionär wendet, der dessen Schutzbedürftigkeit vor riskanten Vermögensdispositionen erkennt.[23] Geht der Kommittent freilich auf der Grundlage eigener Sachkunde bewusst Risiken, etwa Spekulationsrisiken im Wertpapier- oder Warentermingeschäft ein, kann sich der Kommissionär mit seiner Beratung zurückhalten.[24]

4. Weisungsbefolgungspflicht. Auch die in § 384 Abs. 1 Hs. 2 Alt. 2 besonders betonte Weisungsbefolgungspflicht des Kommissionärs ergibt sich bereits aus der **geschäftsbesorgungsvertraglichen Rechtsnatur** des Kommissionsverhältnisses. In der Tat folgt die grundsätzliche Weisungsbindung bereits unmittelbar aus der geschäftsbesorgungsvertraglichen Interessenwahrungs- und Treuepflicht des Kommissionärs gegenüber dem Kommittenten. Der Kommissionär schuldet dem Kommittenten Gehorsam, insofern er sich bei der inhaltlichen Ausgestaltung und der Art und Weise der Auftragsausführung nach dessen Vorgaben und Instruktionen zu richten hat. Hieran anknüpfend regelt sodann § 385 die Einzelheiten. Besonders zu beachten ist, dass sich die Grundsätze der Weisungsgebundenheit und Weisungsabweichung nach § 384 Abs. 1 Hs. 2 Alt. 2, § 385 HGB, § 675 Abs. 1 BGB, § 665 BGB nicht nur auf das Ausführungs-, sondern auch auf das Abwicklungsgeschäft beziehen (→ § 385 Rn. 3). 19

V. Informationspflichten (Abs. 2)

1. Übersicht. Die (allgemeine) Benachrichtigungspflicht (Abs. 2 Hs. 1 Alt. 1), die (besondere) Anzeigepflicht (Abs. 2 Hs. 1 Alt. 2) und die Rechenschaftspflicht (Abs. 2 Hs. 2 Alt. 1) bilden die **Informationspflichten des Kommissionärs** (→ Rn. 3). Diese Einzelregelungen des § 384 Abs. 2 lassen sich als Ausdruck des **subordinationsrechtlichen Charakters des Kommissionsverhältnisses** verstehen. Während die allgemeine **Benachrichtigungspflicht nach § 384 Abs. 2 Hs. 1 Alt. 1 nicht selbständig einklagbar** ist, sondern eine reine Schutzpflicht ist und im Verletzungsfall einen Schadensersatzanspruch nach § 280 BGB begründet, sind die besondere Anzeigepflicht (§ 384 Abs. 2 Hs. 1 Alt. 2) und die Rechenschaftspflicht (§ 384 Abs. 2 Hs. 2 Alt. 1) als einklagbare **Erfüllungsansprüche** ausgestaltet, deren Vollstreckung sich nach § 887 ZPO bzw. § 888 ZPO richtet und die auch im Wege einer einstweiligen Verfügung geltend gemacht werden können. Die Vorschriften der §§ 259–261 BGB sowie der §§ 809, 810 BGB haben im Verhältnis zu den eigenständigen Anspruchsgrundlagen des § 384 Abs. 2 lediglich eine ergänzende Funktion, die freilich vielfach bedeutsam werden kann. Allerdings sind die Informationsrechte insofern dem Kommittenten selbständig zustehende Rechte, als sie keinen weitergehenden Anspruch voraussetzen, zu dessen Vorbereitung die begehrte Information dienen soll. Bei berechtigtem Interesse kann der Kommittent sogar mehrfach Auskunft über dieselbe Angelegenheit begehren, etwa wenn die hierfür bereits früher erteilte Information verloren ging.[25] 20

2. Abdingbarkeit. Weil die Regelungen zu den Informationspflichten nach § 384 Abs. 2 dem **dispositiven Recht** zuzurechnen sind, können sie die Parteien ganz oder teilweise durch – ausdrückliche oder stillschweigende – **Individualvereinbarung** einschränken oder völlig ausschließen. So kann die Benachrichtigungspflicht abbedungen sein, wenn dem Kommissionär die eigenverantwortliche Kommissionsausführung vollständig anvertraut wird und der Kommittent von vornherein nicht durch Weisungen eingreifen will; eine gleichwohl erfolgte Benachrichtigung ist dann in aller Regel gleichsam gegenstandslos, was freilich den Kommittenten nicht hindert, die überraschende und „überobligationsmäßige" Benachrichtigung doch zum Anlass für eine korrigierende Weisung zu nehmen. Kommissionär und Kommittent mögen gute Gründe für einen vollständigen Ausschluss der Informationspflichten haben. Der Kommittent kann etwa „vollkommenes Vertrauen" in den Kommissionär setzen und sich nicht mit für ihn nutzlosen Informationen belasten wollen. **Formularvertragliche** Einschränkungs- oder Ausschlussklauseln sind freilich an § 307 BGB zu messen. Es versteht sich, dass nicht nur eine Einschränkung oder ein Ausschluss, sondern auch eine **Erweiterung der Informationspflichten** vereinbart werden kann; namentlich können sich die Parteien des Kommissionsverhältnisses darauf verständigen, dass der Kommissionär nicht nur die „erforderlichen Nachrichten", sondern auch zusätzliche, den Kommittenten interessierende Informationen mitzuteilen hat. 21

---

[22] BGH 25.6.2002, ZIP 2002, 1436 = NJW-RR 2002, 1344; 16.12.1952, BGHZ 8, 222 = NJW 1953, 377; 11.7.1988, BGHZ 105, 108 = NJW 1988, 2882; OLG Brandenburg 24.3.1999, OLGR 1999, 265; Hopt/Kumpan Rn. 2; v. Gierke/Sandrock HandelsR/WirtschaftsR § 27 IV 3, S. 463.

[23] BGH 28.1.2003, NJW 2003, 1447.

[24] BGH 7.11.1985, WM 1986, 8.

[25] Vgl. BGH 30.1.2001, NJW 2001, 1486.

22 **3. Verzicht.** Der Kommittent hat auch keinen Anspruch auf Benachrichtigung, Anzeige oder Rechenschaftslegung, wenn er hierauf – durch einseitige empfangsbedürftige Willenserklärung – **wirksam verzichtet** hat. Der Verzicht braucht nicht ausdrücklich, sondern kann auch konkludent erfolgen. Er wird allerdings gegenstandslos, wenn die Vertrauensgrundlage, auf der er beruht, erschüttert ist.[26] Ein **stillschweigender Verzicht** des Kommittenten auf Benachrichtigung, Anzeige oder Rechenschaftslegung wird freilich auch gegenüber einem besonders vertrauenswürdigen Kommissionär nur in engen Ausnahmefällen und bei ganz besonderen Umständen angenommen werden dürfen, etwa dann, wenn der Kommissionär während langjähriger Zusammenarbeit niemals Nachrichten, Auskunft und Rechnungslegung gegeben und sie der Kommittent niemals verlangt hat.

23 **4. Unselbständige Benachrichtigungspflicht.** Die Vorschrift des § 384 Abs. 2 Hs. 1 Alt. 1 belastet den Kommissionär mit einer allgemeinen Benachrichtigungspflicht hinsichtlich der „erforderlichen Nachrichten".[27] Die allgemeine Pflicht zu notwendigen Nachrichten folgt aus der **Interessenwahrungs- und Treuepflicht** des Kommissionärs gegenüber dem Kommittenten, der als Geschäftsherr jederzeit die Kontrolle über Ablauf und Vollzug des Kommissionsverhältnisses behalten muss, um etwa korrigierend einzugreifen und weitere Dispositionen treffen zu können. Weil Grundlage der Pflicht zu notwendigen Nachrichten letztlich die Verpflichtung zur sorgfältigen interessenwahrenden Ausführung des Kommissionsgeschäfts ist, bemessen sich ihre inhaltlichen Einzelheiten nach den Umständen des Einzelfalls; die Pflicht zu notwendigen Nachrichten kann danach in eine weitergehende Aufklärungs-, Beratungs- oder Warnpflicht münden. So ist der Kommissionär bei Aufhebung des Ausführungsgeschäfts wegen **Mistrade** zur Unterrichtung des Kommittenten verpflichtet. Eine von den Weisungen des Kommittenten unabhängige Pflicht, der Aufhebung unverzüglich zu widersprechen, besteht dagegen nicht. Auch trifft den Kommissionär keine Pflicht zur Rechtsberatung über mögliche Rechtsbehelfe gegen die Aufhebungsentscheidung (→ § 394 Rn. 9).[28] Wie auch bei der Pflicht zur unverzüglichen Anzeige nach § 384 Abs. 2 Hs. 1 Alt. 2 und bei der abschließenden Rechenschaftspflicht nach § 384 Abs. 2 Hs. 2 Alt. 1 muss der Kommissionär seiner Pflicht zu laufenden notwendigen Nachrichten nach § 384 Abs. 2 Hs. 1 Alt. 1 von sich aus, **aus eigener Initiative** nach pflichtgemäßem Ermessen genügen. Insbesondere hat er dem Kommittenten auch **unaufgefordert** die der Sachlage entsprechenden erforderlichen Nachrichten zu geben.[29] Je nach Zuschnitt und Gegenstand des Kommissionsgeschäfts kann bzw. muss die Benachrichtigung **fallweise, bedarfsweise, periodisch oder ständig** erfolgen.

24 Weil die allgemeine Benachrichtigungspflicht des Kommissionärs als **unselbständige Nebenpflicht** (→ Rn. 20) mit dem Anspruch des Kommittenten auf Ausführung des Kommissionsgeschäfts verbunden ist, kann dessen Informationsanspruch grundsätzlich **nicht isoliert übertragen** (§ 399 BGB), verpfändet (§ 1274 Abs. 2 BGB), gepfändet und zur Einziehung überwiesen (§ 851 ZPO) werden, es sei denn, dass der Anspruch auf Ausführung des Kommissionsgeschäfts ausnahmsweise übertragbar ist. Es versteht sich, dass die allgemeine Benachrichtigungspflicht den Schranken des Schikaneverbots nach § 226 BGB und der unzulässigen Rechtsausübung nach § 242 BGB unterliegt. Eine **schuldhafte Verletzung der Benachrichtigungspflichten,** etwa durch unterlassene oder unrichtige Benachrichtigung stellt die **Verletzung einer Nebenpflicht** dar und macht den Kommissionär gegenüber dem Kommittenten aus § 280 Abs. 1 BGB schadensersatzpflichtig. Auch einen etwaigen Verzugsschaden muss er ersetzen.

25 **5. Die erforderlichen Nachrichten.** Wenn § 384 Abs. 2 Hs. 1 Alt. 1 den Kommissionär dazu verpflichtet, dem Kommittenten „die erforderlichen Nachrichten" zu geben, dann sind damit solche laufenden Informationen gemeint, die für die Herrschaft des Kommittenten über die Ausführung des Kommissionsgeschäfts notwendig sind. Das Verständnis der erforderlichen Nachrichten als der **laufenden notwendigen Informationen** während der Kommissionsausführung und -abwicklung lässt sich insbesondere aus der Gegenüberstellung zu der unverzüglichen Anzeige von der Ausführung der Kommission (§ 384 Abs. 2 Hs. 1 Alt. 2) und der abschließenden Rechenschaft über das Geschäft (§ 384 Abs. 2 Hs. 2 Alt. 1), aber auch aus Sinn und Zweck der Regelung gewinnen. Die Erforderlichkeit von Nachrichten kann sich etwa daraus ergeben, dass der Kommittent für seine den Auftrag **steuernden Weisungen** bestimmte Informationen von der „operativen Front" der Kommissionsausführung benötigt. Der Benachrichtigungsanspruch dient namentlich dazu, dem Kommittenten als Geschäftsherrn eine Intervention in die Ausführung des Kommissionsgeschäfts durch Weisungen zu ermöglichen, Steuerungsmaßnahmen und anderweitige Dispositionen vorzubereiten oder vorzunehmen, sich auf den erreichten Stand der Geschäftsbesorgung einzustellen und ihm die Wahrung seiner

[26] Vgl. dazu BGH 21.1.1988, LM BGB § 242 Be Nr. 19.
[27] BGH 22.9.2020, BKR 2021, 108 Rn. 25 = ZIP 2020, 2279.
[28] BGH 22.9.2020, BKR 2021, 108 Rn. 25, 32 = ZIP 2020, 2279.
[29] RG 9.10.1926, RGZ 114, 375 (378); Müller-Erzbach, Deutsches Handelsrecht, 2./3. Aufl. 1928, 169.

Rechte bei etwaiger mangelhafter Geschäftsbesorgung durch den Kommissionär zu erleichtern.[30] Denn die ordnungsgemäße Durchführung der Kommission kann davon abhängig sein, dass der Kommittent vom Kommissionär mit gewissen Informationen versorgt wird. Auch für etwaige sonstige **Mitwirkungshandlungen** mag der Kommittent auf Nachrichten angewiesen sein. Allerdings bedeutet dies nicht, dass die Benachrichtigungspflicht nur während der laufenden Kommissionsausführung und immer nur *vor* der Rechenschaftspflicht und Rechnungslegung besteht. Sie kann vielmehr durchaus noch *nach* der Rechenschafts- und Rechnungslegung bedeutsam werden, wenn der Kommittent eine rückbezügliche Information oder Erläuterung begehrt. Eine Benachrichtigung kann im Übrigen bisweilen schon **vor Beginn der Ausführung** des Kommissionsgeschäfts erforderlich sein. Die **allgemeine Pflicht zu notwendigen Informationen** findet in der Anzeigepflicht des Beauftragten vor **geplanten Weisungsabweichungen** außerhalb einer Gefahr im Verzug nach § 385 Abs. 2 HGB iVm § 665 S. 2 BGB noch eine spezielle Ausprägung (→ § 385 Rn. 18 ff.).

6. Rechenschaft als Gesamtbericht. Die Pflicht des Kommissionärs nach § 384 Abs. 2 Hs. 2 Alt. 1, „dem Kommittenten über das Geschäft Rechenschaft abzulegen", dient der **vollständigen Abwicklung des Kommissionsgeschäfts** im Innenverhältnis zum Kommittenten. Sie entspricht weitgehend der Rechenschaftspflicht des Beauftragten bzw. Geschäftsbesorgers nach § 666 Var. 3 BGB, die allerdings nur „auf Verlangen" besteht, während der Kommissionär „unverlangt" rechenschaftspflichtig ist. Die Rechenschaftspflicht soll insbesondere die Geltendmachung von Herausgabeansprüchen des Kommittenten vorbereiten, diesem also einen Überblick darüber verschaffen, was der Kommissionär aus dem Ausführungsgeschäft erlangt hat und was er von dem zur Ausführung des Kommissionsgeschäfts Erhaltenen etwa noch behalten hat. Auch soll sich der Kommittent durch die Rechenschaftslegung auf Art und Umfang von Provisions- und Aufwendungsersatzansprüchen des Kommissionärs vorbereiten und diese überprüfen können. Die Rechenschaftspflicht ist deshalb als Pflicht zur Erstellung eines **umfassenden Gesamtberichts über das Kommissionsgeschäft** zu verstehen. Damit erklärt sich, dass Rechnungslegung grundsätzlich erst nach Beendigung des Geschäfts verlangt werden kann, wobei es gleichgültig ist, ob das Kommissionsgeschäft durch Ausführung und Abwicklung oder aus sonstigem Grund sein Ende findet.[31] Der Kommissionär kann die Erfüllung seiner Pflicht zur Rechenschafts- und Rechnungslegung nicht von der Erfüllung seiner Provisions- und Aufwendungsersatzansprüche abhängig machen, sondern ist **vorleistungspflichtig.** Das **Zurückbehaltungsrecht** des § 273 BGB findet **keine Anwendung,** da sich aus dem Schuldverhältnis insoweit etwas anderes ergibt.[32] 26

Wenn auch der Rechnungslegungsanspruch der Geltendmachung von Herausgabeansprüchen des Kommittenten gegen den Kommissionär dient (vgl. § 254 ZPO – Stufenklage), so ist doch keineswegs die Geltendmachung solcher Ansprüche umgekehrt von einer vorherigen Rechnungslegung durch den Kommissionär abhängig. Der Kommittent kann vielmehr, statt vom Kommissionär Rechnungslegung nach § 384 Abs. 2 Hs. 2 Alt. 1 zu erwarten oder zu fordern, auch **selbst „die Rechnung aufmachen".**[33] Es bleibt dann Sache des Kommissionärs, den Nachweis über den Verbleib der Einnahmen zu erbringen. Falls der Kommittent die Prüfung und Beanstandung der Rechnungslegung in angemessener Zeit unterlässt, kann sich hieraus nach § 242 BGB (Fallgruppe: Verbot des *venire contra factum proprium*) eine Entlastung des Kommissionärs ergeben. Dies kann dann zum Ausschluss von Schadensersatzansprüchen wegen pflichtwidriger Ausführung des Kommissionsgeschäfts führen, wenn die Mängel bei ordnungsgemäßer und rechtzeitiger Überprüfung der Rechnungslegung erkennbar gewesen wären. 27

7. Rechenschaft als Rechnungslegung. Da sich die Rechenschaftspflicht in ihrem Umfang und Inhalt nach den allgemeinen Vorschriften der § 259 BGB und § 261 BGB bemisst, ist mit ihr zugleich die Pflicht zur **Rechnungslegung** im Sinne einer Darlegung und Erläuterung, Nachweisung und Begründung der vermögensmäßigen Auftragsabwicklung (Einnahmen und Ausgaben) verbunden. Der Kommissionär ist verpflichtet, dem Kommittenten die wesentlichen Einzelheiten seiner Tätigkeit bei der Kommissionsausführung in verkehrsüblicher Weise darzulegen und ihm eine Übersicht über das übernommene Geschäft zu verschaffen. Die Abrechnung muss eine erschöpfende, übersichtliche und verständliche Darlegung der geführten Geschäfte enthalten und dem Kommittenten die Prüfung ermöglichen, ob und in welcher Höhe ihm Ansprüche gegen den Kommissionär zustehen bzw. Ansprüche des Kommissionärs gegen ihn begründet sind. Sie muss dem Kommittenten 28

---

[30] Hopt/Kumpan Rn. 7; Ebenroth/Boujong/Füller Rn. 22; BGH 25.6.2002, ZIP 2002, 1436.
[31] RG 28.10.1903, RGZ 56, 116 (118); BGH 12.7.1967, LM BGB § 666 Nr. 8.
[32] RG 13.4.1921, RGZ 102, 110.
[33] Vgl. dazu RG 3.11.1910, JW 1911, 95; 3.5.1915, WarnR 1915 Nr. 169.

eine Kontrolle ihrer Richtigkeit erlauben.[34] Die Einzelheiten hierzu richten sich mangels besonderer Vereinbarung nach Treu und Glauben und der Verkehrssitte (§ 242 BGB) sowie nach den Umständen des Einzelfalles. Die für die Rechnungslegung erforderlichen Belege sind dem Kommittenten gem. § 675 Abs. 1 BGB, § 667 BGB (über § 259 BGB hinausgehend) auch auszuhändigen.

VI. Herausgabepflichten (Abs. 2 aE)

29 **1. Überblick und Normzweck.** Die in § 384 Abs. 2 Hs. 2 Alt. 2 angesprochene Herausgabepflicht des Kommissionärs hinsichtlich desjenigen, „was er aus der Geschäftsbesorgung erlangt hat", ist in erster Linie als Erinnerungsposten an die umfassenderen geschäftsbesorgungsrechtlichen Herausgabepflichten nach § 675 Abs. 1 BGB, § 667 BGB zu verstehen, die insbesondere auch das zur Geschäftsbesorgung vom Kommittenten Erhaltene (aber nicht Gebrauchte) umfassen. Das aus der Geschäftsbesorgung **Erlangte** bezieht sich vor allem auf das Kommissionsgut bei der Einkaufskommission bzw. auf die Kaufpreisforderung bei der Verkaufskommission, aber auch auf Schadensersatzansprüche und auf Surrogatsansprüche nach § 285 BGB; das zur Geschäftsführung **Erhaltene** erfasst namentlich die unverbrauchten Vorschüsse und nicht verkauftes Kommissionsgut. Der Herausgabepflicht des Kommissionärs steht eine **Abnahmepflicht** des Kommittenten gegenüber.[35] Falls der Kommissionär bei der Einkaufskommission vom Dritten fehlerhafte Waren entgegengenommen hat, sind die § 384 Abs. 1 Hs. 1, § 388 Abs. 1, § 390, § 391 zu beachten.

30 Die Verpflichtung des Kommissionärs zur Herausgabe des (vom Kommittenten im Innenverhältnis) **zur Ausführung des Kommissionsgeschäfts Erhaltenen** und des (von Dritten im Außenverhältnis oder auch anderweitig) **aus dem Kommissionsgeschäft Erlangten** findet ihre Grundlage in der Fremdnützigkeit des Kommissionsgeschäfts, die dem Kommissionär die Stellung eines Interessenwahrers des ihn beauftragenden Kommittenten zuweist. Was der Kommissionär vom Kommittenten zur Ausführung des Geschäfts erhält, verwaltet er ohne eigenes Vermögensinteresse für ihn, so dass er ihm alles, was er nicht zur Auftragsausführung benötigt, zurückzugeben hat. Was der Kommissionär im Zuge seiner Ausführung des Geschäfts von dritter Seite erlangt, soll im Ergebnis nicht seinem Vermögen, sondern dem des Kommittenten zufließen, denn die fremdnützig erlangten Vorteile gebühren im Ergebnis dem Kommittenten. Damit wird zugleich erkennbar, dass § 384 Abs. 2 Hs. 2 Alt. 2 HGB ebenso wie § 675 Abs. 1 BGB, § 667 BGB vor allem als eine **Abwicklungs- und Auseinandersetzungsnorm** für die Zeit nach Durchführung des Kommissionsgeschäfts bzw. des Auftrags konzipiert ist. Im Innenverhältnis zwischen Kommissionär und Kommittenten sollen durch die Herausgabeansprüche die **Vermögensverhältnisse bereinigt** und hinsichtlich des zur Geschäftsausführung (übrig gebliebenen) Erhaltenen und des aus der Geschäftsausführung Erlangten die **abschließenden Konsequenzen** aus dem Kommissionsgeschäft gezogen werden. Neben der Abwicklungs- und Auseinandersetzungsfunktion zielt die Vorschrift zur kommissionsrechtlichen Herausgabepflicht gleichsam präventiv auf eine Vorteilsabschöpfung bei Interessenkonflikten: Die drohende Abschöpfung von Vorteilen, die der Kommissionär im Zusammenhang mit dem Ausführungsgeschäft zusätzlich zu seiner Provision erlangt, soll allfälligen Interessenkonflikten des Kommissionärs begegnen, der ansonsten versucht sein könnte, bei seiner Geschäftsausführung die zusätzlichen Einnahmequellen eigennützig zu berücksichtigen und damit sein Verhalten nicht mehr uneingeschränkt fremdnützig auszurichten.[36] Mit dieser Präventivfunktion soll einem Interessenkonflikt bereits im Vorfeld die Grundlage entzogen werden. Die Vorschrift setzt im Übrigen nicht voraus, dass das Erhaltene oder Erlangte noch im Vermögen des Kommissionärs vorhanden ist, denn der Herausgabeanspruch soll nicht zuletzt bei auftragswidriger Verwendung des Empfangenen zum Zuge kommen, wobei es auf ein Verschulden des Kommissionärs nicht ankommt.[37] Verletzt der Kommissionär seine Herausgabepflicht durch Nichtleistung oder Verzögerung, stehen dem Kommittenten die Rechte aus §§ 280, 281, 286 BGB zu.

31 **2. Das zur Kommissionsausführung Erhaltene.** Wenn der Kommissionär nach § 675 Abs. 1 BGB, § 667 Alt. 1 BGB zur Herausgabe des (vom Kommittenten im Innenverhältnis) **zur Kommissionsausführung Erhaltenen** verpflichtet ist, dann sind damit die ihm zur vertragsgemäßen und interessenwahrenden Verfügung überlassenen Mittel gemeint, soweit diese nicht bei der ordnungsgemäßen Geschäftsbesorgung verbraucht worden sind. Der Kommissionär bedarf des zur Geschäftsbesorgung Erhaltenen insbesondere dann nicht mehr, wenn er das Ausführungsgeschäft bereits ohne

[34] Vgl. dazu RG 9.1.1903, RGZ 53, 252 (254); 12.2.1930, RGZ 127, 243; BGH 12.7.1967, LM BGB § 666 Nr. 8.

[35] OGH 30.6.1050, NJW 1950, 786.

[36] Dazu ausf. Kumpan in Baums ua, Perspektiven des Wirtschaftsrechts, 2008, 33.

[37] BGH 13.6.1983, BGHZ 87, 376 (380) = NJW 1983, 2944; 13.6.1995, BGHZ 130, 87 (91) = NJW 1995, 2483; 12.10.1999, NJW-RR 2000, 272.

diese Mittel erfüllt hat oder wenn ihm die Vertragserfüllung nach § 275 Abs. 1 BGB unmöglich geworden ist. In erster Linie ist bei dem zur Geschäftsbesorgung Erhaltenen an einen nicht verwendeten Vorschuss (§ 669 BGB) – sei es in Form von Bargeld, sei es als Giroguthaben – zu denken, der vom Kommissionär nach § 667 BGB zurückzugewähren ist; der Kommittent ist also nicht auf einen bloßen Bereicherungsanspruch nach § 812 Abs. 1 S. 2 Alt. 1 BGB verwiesen. Die Herausgabepflicht bezieht sich sowohl auf ins Eigentum des Kommissionärs übergegangene als auch auf ihm lediglich zum Besitz überlassene Sachen. Für den Verbleib der von ihm erlangten Gelder hat der Kommissionär die Darlegungslast und muss deren **vertragsgemäße Verwendung** beweisen. Geht es um die Rückgabe eines Vorschusses, so hat der Kommittent den Inhalt des Kommissionsvertrags und die Hingabe des Vorschusses zu beweisen; der Kommissionär hat dann nachzuweisen, dass er das Erhaltene zur Erfüllung des Kommissionsgeschäfts verwendet hat.[38] Die Herausgabepflicht (Rückgabepflicht) umfasst auch immaterielle Güter wie etwa Kundendaten und Adressenlisten und kann nach § 242 BGB von einer Unterlassungspflicht der Weiterverwendung flankiert werden.[39]

3. Das aus dem Kommissionsgeschäft Erlangte. Wenn der Kommissionär nach § 384 Abs. 2 Hs. 2 Alt. 2 zur Herausgabe des (von Dritten im Außenverhältnis oder anderweitig) **„aus der Geschäftsbesorgung" Erlangten** verpflichtet ist, dann sind damit alle Vorteile gemeint, die ihre Grundlage in der Ausführung des Kommissionsgeschäfts finden und in einem inneren Zusammenhang mit ihm stehen. Das „aus" der Geschäftsbesorgung Erlangte muss also **nicht kausal** im Sinne einer *conditio sine qua non* „durch" die Geschäftsbesorgung erlangt sein; vielmehr kommt es entscheidend auf eine wertungsmäßige Zuweisung des vom Kommissionär Erlangten an den Kommittenten an. Die Vorschrift, die nach Sinn und Zweck in erster Linie schuldrechtlich der Abwicklung der fremdnützigen Ausführung des Kommissionsgeschäfts dienen soll (→ Rn. 30), darf nicht als eine schuldrechtliche oder gar dingliche Surrogationsregelung missverstanden werden, auch wenn der Kommissionär vielfach das aus der Geschäftsbesorgung Erlangte mit ihm vom Kommittenten überlassenen Mitteln erworben haben mag. Ein etwaiger enger geschäftlicher Zusammenhang zwischen der Verwendung von Mitteln des Kommittenten und einem dafür von dritter Seite erlangten Gegenstand wird von der Regelung des § 384 Abs. 2 Hs. 2 Alt. 2 nicht aufgegriffen; vielmehr steht dieser Anspruch auf Herausgabe des extern Erlangten unverbunden und unabhängig neben dem Anspruch aus § 675 Abs. 1 BGB, § 667 Alt. 1 BGB auf Herausgabe des intern Erhaltenen. 32

Die herausgabepflichtigen Gegenstände umfassen zunächst alle **Sachen und Rechte,** die der Kommissionär durch die Ausführung des Kommissionsgeschäfts selbst als Eigentümer bzw. Inhaber **rechtsgeschäftlich** erworben hat.[40] Ein Vermögenswert braucht ihnen nicht zuzukommen. Der Herausgabepflicht unterliegen auch **Ansprüche,** die im Zusammenhang mit dem Auftrag in der Person des Kommissionärs gegen Dritte entstanden sind, wie etwa Ersatzansprüche gegen den Zwischenkommissionär oder gegen Hilfspersonen sowie Schadensersatz- oder Bereicherungsansprüche gegen Dritte. Auch hinsichtlich solcher Sachen, die der Kommissionär durch die Ausführung des Kommissionsgeschäfts **gesetzlich erwirbt,** etwa nach §§ 937 ff. BGB (Ersitzung), §§ 946 ff. BGB (Verbindung, Vermischung, Verarbeitung), §§ 953 ff. BGB (Erwerb von Erzeugnissen und sonstigen Bestandteilen), §§ 958 ff. BGB (Aneignung) oder §§ 965 ff. BGB (Fund), ist er herausgabepflichtig. Schließlich unterfallen der Herausgabepflicht auch die ihm **für den Kommittenten übergebenen Sachen** sowie die **von ihm selbst bei der Ausführung des Geschäfts hervorgebrachten** Sachen. So hat der Kommissionär nicht nur die von Dritten erhaltenen, sondern auch die selbst über die Geschäftsbesorgung angelegten **Urkunden** und **Belege, Aufzeichnungen und Unterlagen, Akten und Notizen,** soweit sie nicht nur für ihn selbst bedeutsam sind, herauszugeben.[41] 33

Aus der Geschäftsbesorgung erlangt sind auch die vom Kommissionär gezogenen **Nutzungen** (§ 100 BGB); auch das **Zubehör** (§ 97 BGB) muss, soweit erlangt, dem Kommittenten herausgegeben werden. Allgemein ist, was **den Gegenstand und den Umfang der Herausgabepflicht des Erlangten** betrifft, darauf hinzuweisen, dass der Anspruch **gegenständlich-objektiv** und **nicht lediglich wertmäßig-vermögensbezogen** ausgerichtet ist. Dies bedeutet, dass keinesfalls von vornherein nur Wertersatz zu leisten, sondern **das Erlangte selbst gegenständlich an den Kommittenten auszukehren** ist. Die Verpflichtung zur Herausgabe von Geldmitteln errechnet sich üblicherweise nach der Höhe des Erlangten abzüglich der Auslagen und abzüglich dessen, was auftrags- bzw. weisungsgemäß an einen Dritten ausgezahlt worden ist.[42] Dabei wird die Herausgabe 34

[38] RG 30.4.1920, WarnR 1920 Nr. 158; BGH 3.2.1988, WM 1988, 761 (763); 4.2.1991, NJW 1991, 1884.
[39] BGH 17.4.1996, LM Nr. 26 = EWiR 1996, 803 (Martinek).
[40] Vgl. BGH 30.11.1989, BGHZ 109, 260 (264) = NJW 1990, 510; 30.5.2000, NJW 2000, 2669 (2672).
[41] Vgl. RG 26.9.1922, RGZ 105, 392 (395); BGH 30.11.1989, BGHZ 109, 260 (264) = NJW 1990, 510; 17.2.1988, NJW 1988, 2607.
[42] Vgl. RG 17.3.1936, RGZ 150, 371 (373); BGH 26.9.1963, LM BGB § 667 Nr. 17.

einer Geldsumme, nicht nur die der erlangten Zahlungsmittel geschuldet. Auch **Ersatzwerte (Surrogate)** sind nach § 285 BGB herauszugeben.[43]

35 **4. Das bei Gelegenheit des Kommissionsgeschäfts Erlangte.** Negativ formuliert umfasst die Herausgabepflicht solche Vorteile nicht, die dem Kommissionär nur bei Gelegenheit oder **außerhalb der Geschäftsbesorgung,** dh ohne inneren sachlichen Zusammenhang mit ihr zugeflossen sind.[44] Die Abgrenzung fällt bisweilen nicht leicht. Ein innerer sachlicher Zusammenhang ist schon dann zu bejahen, wenn objektiv die Gefahr besteht, dass der Kommissionär infolge der Zuwendung das Interesse seines Kommittenten vernachlässigen könnte.[45] **Rein persönliche Geschenke,** die der Kommissionär anlässlich der Geschäftsbesorgung empfängt, wird man von der Herausgabepflicht im Regelfall ausnehmen müssen, soweit sie die Fremdnützigkeit der Auftragsausführung ungefährdet erscheinen lassen. Anders ist die Lage aber bei Sondervorteilen, Sonderprovisionen, Kick-back-Zahlungen und vor allem **Schmiergeldern,** die der Kommissionär an den Kommittenten nach § 384 Abs. 2 Hs. 2 Alt. 2 herausgeben muss.[46] Das gilt auch dann, wenn solche Sondervorteile einem Strohmann des Kommissionärs zugeflossen sind.[47] Dabei ist unbeachtlich, dass die Sondervorteile nach dem Willen des Dritten gerade nicht dem Kommittenten zufließen sollten.[48] In der Annahme von Schmiergeldern liegt zudem jedenfalls eine Verletzung der **kommissionsvertraglichen Treuepflicht.** Entsteht dem Kommittenten durch die Vertragsverletzung ein Schaden, dann hat er neben dem Anspruch auf Herausgabe auch einen Schadensersatzanspruch, wobei die an den Kommittenten abgeführten Schmiergelder auf den Schadensersatzanspruch anzurechnen sind. Zu berücksichtigen ist, dass ein Rechtsgeschäft, bei dessen Abschluss Schmiergelder gezahlt worden sind, nach §§ 134, 138 BGB nichtig oder nach § 123 BGB anfechtbar sein kann. Die Herausgabepflicht des § 384 Abs. 2 Hs. 2 Alt. 2 erstreckt sich auch auf **sonstige** von einem Dritten eingeräumte **Sondervorteile,** die eine Willensbeeinflussung zum Nachteil des Kommittenten befürchten lassen.[49]

36 Bei der **Einkaufskommission** hat der Kommissionär nach §§ 387, 401 bei einem **Geschäftsabschluss zu günstigeren Bedingungen** die Vorteile an den Kommittenten auszukehren. Was der Kommissionär in mittelbarer Stellvertretung zwar **mit Geldmitteln** des Kommittenten, aber nicht im Rahmen der Geschäftsbesorgung für Rechnung des Kommittenten, sondern **für sich selbst außerhalb der Auftragsausführung** erwirbt, unterliegt nicht der Herausgabepflicht nach § 384 Abs. 2 Hs. 2 Alt. 2. In diesem Fall kommt aber ein Herausgabeanspruch aus § 675 Abs. 1 BGB, § 667 Alt. 1 BGB in Betracht, der sich auf Rückgewähr der zur Geschäftsbesorgung erhaltenen Geldmittel richtet. Zudem kann eine vertragliche Schadensersatzpflicht wegen Verletzung der kommissionsvertraglichen Treuepflicht oder gar ein deliktsrechtlicher Schadensersatzanspruch nach § 823 Abs. 2 BGB iVm § 266 StGB (Untreue) begründet sein. Kommt es im Ausführungsgeschäft zu einer Leistungsstörung, etwa Nichtlieferung oder Verzug des Dritten, kann der Kommissionär den Schaden seines Kommittenten nach den Regeln der **Drittschadensliquidation** geltend machen und muss dann das Erlangte an den Kommittenten herausgeben. Freilich kann der Kommittent auch die Abtretung der Ersatzansprüche des Kommissionärs gegen den Dritten verlangen, um sodann selbst gegen den Dritten vorgehen zu können.

37 **5. Entstehung, Fälligkeit und Verjährung.** Der Herausgabeanspruch aus § 384 Abs. 2 Hs. 2 Alt. 2 HGB **entsteht** erst, wenn der Kommissionär etwas aus der Geschäftsbesorgung erlangt hat. Der Kommissionär muss den herausgabepflichtigen Vorteil mithin **bereits tatsächlich erlangt und nicht nur in Aussicht haben.**[50] Was der Kommissionär einzuziehen, aber noch nicht eingezogen hat, schuldet er bis zur Einziehung weder bedingt noch betagt, da die Einziehung weder die rechtliche Natur einer Bedingung noch die einer Zeitbestimmung hat, vielmehr den Inhalt des Rechtsgeschäfts bildet. Der Anspruch auf Herausgabe des Erlangten **entfällt,** wenn der Kommittent wegen weisungswidriger Kommissionsausführung von seinem **Zurückweisungsrecht** nach § 385 Abs. 1 Hs. 2 Gebrauch macht. **Fällig** wird der Herausgabeanspruch aus § 384 Abs. 2 Hs. 2 Alt. 2 HGB erst mit Beendigung des Ausführungsgeschäfts. Setzt sich das Kommissionsverhältnis aus einer Reihe von Einzelaufträgen zusammen, so wird der Herausgabeanspruch mit der Ausführung jedes einzelnen

---

[43] Vgl. BGH 4.2.2000, BGHZ 143, 373 (378) = NJW 2000, 1496.

[44] Vgl. BGH 30.11.1989, BGHZ 109, 260 (264) = NJW 1990, 510; 30.6.2000, NJW 2000, 2669 (2672).

[45] BGH 7.1.1963, BGHZ 39, 1 (4) = NJW 1963, 649.

[46] Prot. II 360; RG 27.4.1920, RGZ 99, 31 (33); BGH 7.1.1963, BGHZ 39, 1 (4) = NJW 1963, 649.

[47] BGH 1.4.1987, NJW-RR 1987, 1380; 18.12.1990, NJW 1991, 1224.

[48] BGH 7.1.1963, BGHZ 39, 1 = NJW 1963, 649; 17.10.1991, NJW-RR 1992, 560; 20.5.2000, NJW 2000, 2669 (2672); 26.4.2001, NJW 2001, 2477; OLG Koblenz 18.12.1990, NJW-RR 91, 921; vgl. dazu Medicus JuS 1985, 662.

[49] BGH 24.2.1982, NJW 1982, 1752.

[50] Vgl. BGH 30.11.1989, BGHZ 109, 260 (264) = NJW 1990, 510; 30.5.2000, NJW 2000, 2669 (2672).

Ausführungsgeschäfts fällig, kann aber bei einer andauernden Kommissionstätigkeit mit mehreren Ausführungsgeschäften vereinbarungsgemäß auch in näher bestimmten Zeitabständen (periodisch) fällig werden. Der Herausgabeanspruch **verjährt** nach §§ 195, 199 Abs. 1 BGB in drei Jahren. Die Verjährungsfrist beginnt mit der Anspruchsfälligkeit, dh mit dem Herausgabeverlangen bzw. spätestens mit der Beendigung des Ausführungsgeschäfts.

6. Konkurrenzfragen. Der Herausgabeanspruch aus § 384 Abs. 2 Hs. 2 Alt. 2 HGB ist übertragbar und pfändbar.[51] Er kann mit kondiktionsrechtlichen, vindikatorischen oder deliktischen Herausgabeansprüchen aus §§ 812 ff. BGB, §§ 985 ff. BGB bzw. §§ 823 ff. BGB konkurrieren. Er setzt aber immer ein wirksames, sei es auch ein inzwischen gekündigtes Kommissionsverhältnis voraus. Sollte der Kommissionsvertrag rechtsunwirksam sein, kann eine Herausgabepflicht nach § 667 BGB unter den Voraussetzungen einer berechtigten Geschäftsführung ohne Auftrag nach § 683 S. 1 BGB, § 681 S. 2 BGB in Betracht kommen. Ansonsten erfolgt lediglich ein bereicherungsrechtlicher Ausgleich zwischen den Parteien, in dessen Rahmen freilich auch ein Anspruch des vermeintlichen Kommittenten auf Herausgabe des zur Ausführung des unwirksamen Kommissionsvertrags Erlangten erhoben werden kann. 38

7. Holschuld oder Schickschuld. Die Herausgabepflicht aus § 384 Abs. 2 Hs. 2 Alt. 2 ist mangels abweichender Vereinbarung eine **Holschuld** gem. § 269 BGB. Bei Geldschulden ist die Vorschrift des § 270 BGB zur **Schickschuld** auf diesen Anspruch (sowie auf den Herausgabeanspruch aus § 675 Abs. 1 BGB, § 667 BGB) jedenfalls nicht uneingeschränkt anwendbar.[52] Die Verpflichtung des Kommissionärs zur Auskehr von Geld ist nämlich **keine gewöhnliche Geldschuld.**[53] Denn anders als bei der normalen Geldschuld muss der Kommissionär zur Erfüllung seiner Verpflichtung die erforderlichen Mittel wirtschaftlich nicht aus seinem unabhängig vom Kommissionsverhältnis bestehenden Vermögen aufbringen. Vielmehr ist er nur Durchgangsstelle für eine zwar zu seinen Händen geleistete, aber für Rechnung des Kommittenten entgegen genommene Zahlung, die er ohne Inanspruchnahme seines eigenen Vermögens weiterzuleiten hat.[54] Wie auch § 675 Abs. 1 BGB, § 668 BGB zeigen, ist der entsprechende Betrag im Innenverhältnis zwischen den Parteien des Geschäftsbesorgungsverhältnisses bereits der Vermögens- und Risikosphäre des Geschäftsherrn zuzurechnen. Dies hat zur Folge, dass § 270 Abs. 1 BGB auf den Geldherausgabeanspruch nicht anzuwenden ist, wenn die Gefahr des vom Geschäftsbesorger bzw. Kommissionärs nicht verschuldeten Untergangs des Leistungsgegenstands von Anbeginn vom Geschäftsherrn bzw. Kommittenten zu tragen ist. Man wird deshalb unterscheiden müssen: Die **Gefahr des zufälligen Untergangs** des aus der Geschäftsbesorgung von Dritten erlangten Geldes muss der **Kommittent** nach § 275 Abs. 1 BGB tragen.[55] Diese Gefahr trägt er aber hinsichtlich des zur Ausführung des Geschäfts erhaltenen Geldes nur im Normalfall der Rückforderung nicht verwendeten Geldes, nicht aber bei **bestimmungswidriger Verwendung** (Ausgabe), bei der der **Kommissionär** für den zurückzuerstattenden Ersatzbetrag nach § 270 Abs. 1 BGB die Gefahr trägt. Der Kommissionär übernimmt durch den Kommissionsvertrag allein nicht schon eine Garantie für die Herausgabe des Erhaltenen oder Erlangten nach § 276 Abs. 1 S. 1 BGB. Trägt der Kommittent die Versendungsgefahr auch dann, wenn die Herausgabepflicht in einer Zahlungsverpflichtung besteht, muss der Kommissionär im Streitfall beweisen, dass er das Geld ordnungsgemäß abgesandt hat. 39

8. Zurückbehaltungsrecht, Aufrechnung und Verletzung der Herausgabepflicht. Dem § 384 Abs. 2 Hs. 2 Alt. 2 HGB bzw. aus § 675 Abs. 1 BGB, § 667 Alt. 1 BGB herausgabepflichtigen Kommissionär steht wegen seiner Provisions- und/oder Aufwendungsersatzansprüche, sofern sie fällig sind, ein **Zurückbehaltungsrecht** nach Maßgabe der §§ 273, 274 BGB zu. Zwischen den Provisions- und/oder Aufwendungsersatzansprüchen des Kommissionärs einerseits und den Herausgabeansprüchen des Kommittenten aus § 384 Abs. 2 Hs. 2 Alt. 2 HGB bzw. aus § 667 Alt. 1 BGB fehlt es für eine **Aufrechnung** in der Regel an der **Gleichartigkeit** (§ 387 BGB), es sei denn, dass auch die Herausgabepflichten in Zahlungsverpflichtungen bestehen. Ein Geldherausgabeanspruch nach § 384 Abs. 2 Hs. 2 Alt. 2 HGB wird freilich bei der **Aufrechnung** wie eine übliche Geldschuld, dh als mit einer ihm entgegen gestellten Geldforderung gleichartig iSv § 387 BGB behandelt.[56] Auch bei Gleichartigkeit kann aber die Aufrechnung im Einzelfall mit Rücksicht auf den besonderen 40

[51] Vgl. RG 15.6.1928, RGZ 121, 294 (297); BGH 5.11.1953, BGHZ 11, 37 = NJW 1954, 190.

[52] Vgl. dazu BGH 14.7.1958, BGHZ 28, 123 = NJW 1958, 1681; 4.2.2000, BGHZ 143, 373 (378) = NJW 2000, 1496.

[53] BGH 15.9.2005, ZGS 2005, 479; 23.9.2002, NJW 2003, 741 (744); 16.5.2002, NJW 2002, 2316; 14.7.1958, BGHZ 28, 123 (128); 4.2.2000, BGHZ 143, 373 (378) = NJW 2000, 1496.

[54] So BGH 14.7.1958, BGHZ 28, 123 (128) = NJW 1958, 1681.

[55] EBJS/Krüger, 2. Aufl. 2009, Rn. 29; Erman/Berger BGB § 667 Rn. 12.

[56] BGH 1.6.1978, BGHZ 71, 380 (382) = NJW 1978, 1807; 7.2.1995, NJW 1995, 2039 (2042).

Charakter des Kommissionsverhältnisses ausgeschlossen oder wegen des Vorliegens besonderer Umstände nach Treu und Glauben unzulässig sein.[57]

41 Verletzt der Kommissionär seine Herausgabepflicht durch Nichtleistung oder Leistungsverzögerung, haftet er nach den allgemeinen Vorschriften der §§ 280, 281, 286 BGB. Gerät der Kommissionär mit der Herausgabepflicht in **Verzug,** so hat er dem Kommittenten den hieraus entstehenden Schaden zu ersetzen. **Beweisrechtlich** genügt bei einem Anspruch auf Herausgabe einer bestimmten, für den Kommittenten erworbenen Einzelsache grundsätzlich – abgesehen vom Nachweis des Kommissionsverhältnisses – der Beweis, dass der Kommissionär die Sache erworben hat; dass der Erwerb gerade **in Ausführung des Kommissionsgeschäfts** erfolgt sei, braucht der Kommittent im Regelfall nicht zu beweisen. Es ist vielmehr Sache des Kommissionärs, wenn er das Gegenteil behauptet, in dieser Hinsicht den Gegenbeweis zu führen.[58] Ist der Anspruch aus § 384 Abs. 2 Hs. 2 Alt. 2 HGB auf die Herausgabe von Geld gerichtet, ist dieser Geldherausgabeanspruch als eine **Geldforderung iSv § 288 Abs. 1 BGB** anzusehen und entsprechend zu verzinsen, wenn der Kommissionär mit der Leistung der geschuldeten Summe in Verzug kommt, denn das Bedürfnis nach pauschalierter Schadensberechnung besteht unabhängig von einer Mittelaufbringung des Schuldners aus wirtschaftlich eigenem oder bereits dem Gläubiger zuzurechnendem Vermögen; der Kommittent braucht deshalb nicht nach § 280 Abs. 1, 2 BGB, § 286 BGB seinen Schaden infolge der verspäteten Leistung konkret darzulegen.[59] Die lediglich obligatorischen Herausgabeansprüche aus § 384 Abs. 2 Hs. 2 Alt. 2 HGB bzw. aus § 675 Abs. 1 BGB, § 667 Alt. 1 BGB gewähren dem Kommittenten in der Einzelzwangsvollstreckung gegen den Kommissionär an und für sich keine Drittwiderspruchsklage nach § 771 ZPO und in der Insolvenz des Beauftragten kein Aussonderungsrecht nach § 47 InsO, doch ist der Kommittent durch die weitgehend analog anwendbare Vorschrift des § 392 Abs. 2 HGB besonders geschützt.

VII. Drittbenennungspflicht und Erfüllungshaftung (Abs. 3)

42 **1. Allgemeines.** Die in § 384 Abs. 3 genannte Verpflichtung des Kommissionärs, dem Kommittenten den Geschäftspartner des Ausführungsgeschäfts im Wege einer **Ausführungsanzeige** namentlich zu benennen (Drittbenennungspflicht), ergibt sich bereits aus der besonderen Anzeigepflicht des § 384 Abs. 2 Hs. 1 Alt. 2.[60] Im Anschluss hieran normiert § 384 Abs. 3 für den Fall eines Verstoßes gegen die Drittbenennungspflicht eine **Eigenhaftung** des Kommissionärs gegenüber dem Kommittenten „für die Erfüllung des Geschäfts".[61] Der Kommittent hat regelmäßig ein erhebliches Interesse an dem Namen und den Kontaktdaten des Geschäftspartners, schon im Hinblick auf die Behandlung der Forderungen des Kommissionärs aus dem Ausführungsgeschäft nach § 392 Abs. 2. Die „Verborgenheit" der mittelbaren Stellvertretung wirkt im Regelfall nur einseitig: dem Geschäftspartner des Ausführungsgeschäfts bleibt zwar der hinter dem Kommissionär als seinem alleinigen Vertragspartner stehende Kommittent regelmäßig verborgen; der Kommittent aber hat aus dem fiduziarischen Kommissionsverhältnis heraus zu allermeist ein Interesse an und ein Recht auf Benachrichtigung und Aufklärung über den Dritten. Dies schließt nicht aus, dass der Kommissionär und/oder der Dritte selbst im Einzelfall ein durchgreifendes Interesse an Geheimhaltung des Namens und der Anschrift des Vertragspartners gegenüber dem Kommittenten haben können; diesem Interesse kann Rechnung getragen werden, wenn dadurch die Rechte des Kommittenten ungefährdet bleiben. Auch ist nicht ausgeschlossen, dass der Kommittent im Einzelfall auf die Namhaftmachung des Dritten verzichtet (was auch konkludent geschehen kann), um sich ganz auf die Eigenhaftung des Kommissionärs nach § 384 Abs. 3 zu stützen. Gewiss wird man deshalb den Verzicht des Kommittenten auf die Namhaftmachung des Dritten nicht zugleich als Verzicht auf die Eigenhaftung des Kommissionärs ansehen können; im Gegenteil: der Kommittent wird in aller Regel nur unter der Voraussetzung der Eigenhaftung auf die Namhaftmachung verzichten. Unbenommen bleibt es aber den Parteien des Kommissionsvertrags, die Regelung des § 384 Abs. 2 Hs. 1 Alt. 2 und § 384 Abs. 3 über die

[57] Vgl. dazu RG 27.3.1939, RGZ 160, 52 (60); BGH 29.9.1954, BGHZ 14, 342 (346 f.) = NJW 1954, 1722; 13.7.1970, BGHZ 54, 244 (247) = NJW 1970, 2019; 1.6.1978, BGHZ 71, 380 (383) = NJW 1978, 1807; 15.10.1971, WM 1972, 49 (52) = NJW 1972, 43; 4.4.1973, NJW 1973, 1368.

[58] Vgl. zur Beweislast RG 3.5.1915, WarnR 1915 Nr. 169; 2.4.1917, RGZ 90, 129 (134 ff.); 3.2.1920, RGZ 98, 98 (100); BGH 18.11.1986, NJW-RR 1987, 963; 13.6.1995, BGHZ 130, 87 (94) = NJW 1995, 2483; 10.10.1996, NJW 1997, 47 (48).

[59] BGH 15.9.2005, ZGS 2005, 479 = NJW 2005, 3709 (3710).

[60] Müller-Erzbach, Deutsches Handelsrecht, 2./3. Aufl. 1928, 169: „Diese Ausführungsanzeige reist auf Gefahr des Kommittenten, da sie allein in dessen Interesse erfolgt".

[61] In Art IV.D.-3:403 DCFR ist eine Offenlegungspflicht bzgl. der Identität des Dritten hingegen grds. nur gegeben, sofern eine entsprechende Nachfrage seitens des Auftraggebers erfolgt. Diese Regelung greift überdies im Falle der mittelbaren Stellvertretung („indirect representation") ausschließlich dann, wenn der Agent insolvent ist.

namentliche Bekanntmachung des Dritten sowie über die Eigenhaftung des Kommissionärs ganz oder teilweise vertraglich abzubedingen. Ein Handelsbrauch nach § 346 in dieser Richtung dürfte allerdings für keines der kommissionstypischen Einsatzfelder festzustellen sein, insbesondere auch nicht für den Wertpapierhandel.[62] Die Sonderbedingungen der Banken für den Wertpapierhandel sehen sogar einen besonderen Haftungstatbestand zur Einstandspflicht für die ordnungsgemäße Erfüllung des Ausführungsgeschäfts vor.

2. Einzelheiten. Die Vorschrift des § 384 Abs. 3 verlangt ausdrücklich, dass die Drittbenennung „zugleich mit der Anzeige von der Ausführung der Kommission" erfüllt werden muss, wenn der Kommissionär der Eigenhaftung entgehen will. Diese Regelung ermöglicht zwar, dass die Drittbenennung schon *vor* der Anzeige vom Ausführungsgeschäft erfolgt. Wenn der Kommissionär aber erst *nach* der Ausführungsanzeige den Dritten namhaft macht, ist seine Erfüllungshaftung bereits entstanden und kann nur noch durch einen Erlassvertrag wieder beseitigt werden. Immer setzt die Eigenhaftung nach § 384 Abs. 3 voraus, dass dem Kommittenten eine (unbestimmte) Ausführungsanzeige zugegangen ist.[63] Es versteht sich, dass der Kommissionär seine Drittbenennungspflicht nur erfüllt, wenn er den Namen und die Anschrift des Geschäftspartners **richtig, dh fehlerfrei und vollständig,** bekannt gibt. Eine spätere Berichtigung bzw. Vervollständigung ändert nichts an der schon begründeten Eigenhaftung des Kommissionärs. In der Lit. wird allerdings vorgeschlagen, bei zunächst fehlerhafter oder unvollständiger Namhaftmachung eine Anfechtung nach §§ 119 ff. BGB zuzulassen und im Erfolgsfalle die Erfüllungshaftung des § 384 Abs. 3 durch eine Haftung für Vertrauensschaden nach § 122 BGB zu ersetzen.[64] Dem steht jedoch entgegen, dass die Namhaftmachung keine Willenserklärung ist. Die Erfüllungshaftung des Kommissionärs kann im Übrigen nicht zum Zuge kommen, wenn der Kommittent sein Zurückweisungsrecht nach § 385 Abs. 1 aE ausübt (→ § 385 Rn. 31). In diesem Fall ist der Kommittent auf einen Schadensersatzanspruch aus § 280 BGB verwiesen. Für die Namhaftmachung liegt die Beweislast beim Kommissionär.[65] 43

§ 385 [Weisungsbindung des Kommissionärs]

(1) Handelt der Kommissionär nicht gemäß den Weisungen des Kommittenten, so ist er diesem zum Ersatze des Schadens verpflichtet; der Kommittent braucht das Geschäft nicht für seine Rechnung gelten zu lassen.

(2) Die Vorschriften des § 665 des Bürgerlichen Gesetzbuchs bleiben unberührt.

Schrifttum: Bergmann, Nam qui fines mandati excessit, aliud quid facere videtur, ZWE 2023, 111; s. bei § 383.

Übersicht

[62] BGH 18.1.1952, LM BGB § 675 Nr. 3.

[63] Hopt/Kumpan Rn. 12; nach Ansicht von Staub/Koller Rn. 153 soll sich der maßgebliche Zeitpunkt der Namhaftmachung nicht nach dem Zugang, sondern nach der Absendung der Ausführungsanzeige bestimmen.

[64] GK-HGB/Achilles Rn. 19.

[65] BGH 22.3.1984, WM 1984, 930.

I. Allgemeines

1 **1. Norminhalt und Regelungszweck.** Die Vorschrift des § 385 hat unmittelbar nur das **nicht weisungsgemäße Handeln** des Kommissionärs, also **Weisungsabweichungen,** mittelbar aber auch die **Weisungsgebundenheit** des Kommissionärs und ihre Grenzen zum Gegenstand. In **Abs. 1** regelt sie die Rechtsfolgen des nicht weisungsgemäßen Handelns, die einerseits in einer Schadensersatzpflicht des Kommissionärs (Abs. 1 Hs. 1), andererseits in einem Zurückweisungsrecht des Kommittenten hinsichtlich der Folgen des Ausführungsgeschäfts (Abs. 1 Hs. 2) bestehen. Mit seinem **Abs. 2** weist § 385 auf die auftrags- und geschäftsbesorgungsrechtlichen Vorschriften des § 665 BGB und ihre Anwendbarkeit auf das Kommissionsverhältnis hin; wenn es danach heißt, diese Vorschriften „bleiben unberührt", ist dies dahingehend zu verstehen, dass sie „anwendbar bleiben". Regelungsgegenstand dieser „Vorschriften des § 665 BGB" ist die Abweichungsbefugnis des Beauftragten/Geschäftsbesorgers gegenüber den vom Auftraggeber/Geschäftsherrn im Rahmen des Auftrags bzw. der Geschäftsbesorgung erteilten Weisungen. Sie lauten:

§ 665 BGB Abweichung von Weisungen

[1]Der Beauftragte ist berechtigt, von den Weisungen des Auftraggebers abzuweichen, wenn er den Umständen nach annehmen darf, dass der Auftraggeber bei Kenntnis der Sachlage die Abweichung billigen würde. [2]Der Beauftragte hat vor der Abweichung dem Auftraggeber Anzeige zu machen und dessen Entschließung abzuwarten, wenn nicht mit dem Aufschub Gefahr verbunden ist.

2 Die Regelung des § 385 (einschließlich des Verweises auf § 665 BGB) knüpft an die grundsätzliche **Weisungsbefolgungspflicht** des Kommissionärs an, die in § 384 Abs. 1 Hs. 2 Alt. 2 besonders betont wird, sich aber bereits unmittelbar aus der geschäftsbesorgungsvertraglichen Rechtsnatur des Kommissionsverhältnisses, genauer: aus der geschäftsbesorgungsvertraglichen Interessenwahrungs- und Treuepflicht des Kommissionärs gegenüber dem Kommittenten ableitet. Die Vorschrift des § 385 fußt ganz und gar auf dieser grundsätzlichen Weisungsbefolgungspflicht nach § 384 Abs. 1 Hs. 2 Alt. 2, ist ohne diese nicht erklärbar, konkretisiert, relativiert und modifiziert diese mit dem Hinweis auf § 665 BGB zugleich und behandelt obendrein die Rechtsfolgen nicht weisungsgemäßen Verhaltens des Kommissionärs. Genau genommen wäre auch § 385 (ebenso wie § 384 Abs. 1 Hs. 2 Alt. 2) entbehrlich: Die in Abs. 1 genannten Rechtsfolgen lassen sich bereits aus allgemeinem Geschäftsbesorgungsrecht ableiten; die in § 675 Abs. 1 BGB erwähnten Vorschriften des § 665 BGB kämen auf das Kommissionsverhältnis auch ohne die „Gedächtnisstütze" des § 385 Abs. 2 zur Anwendung. Der HGB-Gesetzgeber ruft aber mit § 384 Abs. 1 Hs. 2 Alt. 2 und mit § 385 nicht nur das geschäftsbesorgungsvertragliche Recht der Weisungsbindung und Weisungsabweichung deklaratorisch in Erinnerung; er betont damit vor allem mit § 385 Abs. 2 und mit der „Unberührtheit" des § 665 BGB zugleich ostentativ die herausragende Bedeutung der geschäftsbesorgungsrechtlichen **Grundsätze der Weisungsbindung und Weisungsabweichung** für das Kommissionsverhältnis.

3 **2. Ausführung und Abwicklung.** Diese Grundsätze der Weisungsbindung und Weisungsabweichung beanspruchen richtiger Ansicht nach sowohl für die Ausführung des Kommissionsgeschäfts, dh für den Abschluss und die Erfüllung des Ausführungsgeschäfts zwischen dem Kommissionär und dem Dritten (Phase 2), als auch für die Abwicklung des Kommissionsgeschäfts, dh für die Zuweisung der wirtschaftlichen Ergebnisse des Ausführungsgeschäfts an den Kommittenten (Phase 3; → § 383 Rn. 7), Geltung. Unzutreffend ist demgegenüber die Ansicht, dass die Abwicklungsphase den Grundsätzen der Weisungsbindung und Weisungsabweichung entzogen sei und sich allein nach den gesetzlichen Bestimmungen und den getroffenen Vereinbarungen richte.[1] Wie die Ausführung ist vielmehr auch die Abwicklung des Kommissionsgeschäfts von der geschäftsbesorgungsvertraglichen Rechtsnatur des Kommissionsverhältnisses und damit von der Interessenwahrungspflicht und Weisungsbefolgungspflicht des Kommissionärs geprägt.[2] Dies betrifft auch die **Einzelheiten der Herausgabepflichten** des Kommissionärs nach § 384 Abs. 2 aE bzw. § 675 Abs. 1 BGB, § 667 BGB. Zu beachten ist freilich, dass es bei den Weisungen immer um nähere Konkretisierungen der bereits bestehenden Pflicht des Kommissionärs zur Ausführung und Abwicklung des Kommissionsgeschäfts gehen muss.[3] Das Weisungsrecht füllt den Vertrag aus, aber es ändert ihn nicht ab.

4 **3. Weisungsfreie Ausführungs- und Abwicklungsregelungen.** Fehlsam ist auch die Auffassung, den Grundsätzen der Weisungsbindung und Weisungsabweichung seien die im Kommissionsvertrag vereinbarten Einzelheiten zur Ausführung und Abwicklung der Kommission allgemein entzo-

[1] So aber Heymann/Herrmann Rn. 3; GK-HGB/Achilles Rn. 1.
[2] Hopt/Kumpan § 384 Rn. 4.
[3] Hopt/Kumpan § 384 Rn. 1.

gen.[4] Vielmehr stellen solche **vertraglichen Ausführungs- und Abwicklungsregeln** bereits Konkretisierungen der geschäftsbesorgungsvertraglichen Weisungsbefugnis des Kommittenten dar. Sie bleiben, sofern sie nicht ausdrücklich als weisungsfest oder weisungsfrei vereinbart werden, den Grundsätzen der Weisungsbindung und der Weisungsabweichung unterworfen, wonach der Kommittent eine ursprüngliche Weisung uU widerrufen und abändern kann und der Kommissionär uU davon abweichen kann oder gar muss. Weisungsfreie Ausführungs- und Abwicklungsregelungen müssen als solche **ausdrücklich vereinbart und deutlich kenntlich** gemacht sein.

II. Die grundsätzliche Weisungsbindung des Kommissionärs

1. Grundsatz und Ausnahmen. Die Weisungsbefolgungspflicht des § 384 Abs. 1 Hs. 2 Alt. 2 formuliert die kommissionsvertragliche Verpflichtung des Kommissionärs, anfängliche oder nachträgliche Weisungen des Kommittenten zur Ausführung und Abwicklung des „übernommenen Geschäfts" **grundsätzlich strikt und abweichungslos** zu befolgen. Der Kommissionär schuldet dem Kommittenten Gehorsam, insofern er sich bei der inhaltlichen Ausgestaltung und der Art und Weise der Ausführung und Abwicklung des Kommissionsgeschäfts nach dessen **Vorgaben und Instruktionen** zu richten hat. Dies betrifft sowohl **anfängliche,** schon bei der Auftragserteilung erteilte Weisungen in Konkretisierung des Auftragsinhalts, als auch **nachträgliche,** erst während der Auftragsausführung steuernd eingreifende Weisungen in laufender Verfolgung der Entwicklung und Anpassung an die Ereignisse. Nach diesem **Grundsatz der Weisungsbindung** darf sich der Kommissionär über die Weisungen des Kommittenten keineswegs deshalb hinwegsetzen, weil er sie für unzweckmäßig hält und eine andersartige, aber weisungswidrige Auftragsausführung selbst als vorzugswürdig ansieht, mag diese sogar nach objektiven Maßstäben tatsächlich sachdienlicher erscheinen.[5] Der **Kommittent ist und bleibt Herr** des dem Kommissionär anvertrauten Geschäfts. 5

Die Regelung des § 385 Abs. 2 HGB iVm § 665 BGB zur Zulässigkeit von Weisungsabweichungen ist als ein **Korrektiv oder Ventil** zum Grundsatz der Weisungsbindung zu verstehen. Ihr liegt die Erfahrungstatsache zugrunde, dass bei Auftragserteilung des Kommissionsgeschäfts zukünftige Ereignisse nur mehr oder weniger eingeschränkt vorhergesehen, vorab bedacht und eingeplant werden können; die Zukunft ist niemals völlig sicher. Die Vorschrift will der Möglichkeit Rechnung tragen, dass bei der Ausführung und Abwicklung des Kommissionsgeschäfts Umstände auftreten, die eine Abweichung von früheren Weisungen, eine anpassende Ergänzung durch neue Weisung oder auch erstmals steuernd eingreifende Weisungen des Kommittenten erforderlich machen, um die Interessenwahrung und -förderung in jeweils **situationsgerechter Reaktion** zu optimieren. Dies impliziert zugleich, dass der Kommissionär bei veränderten Umständen oder unvorhergesehenen Ereignissen nicht mehr an ursprünglich erteilten, jetzt aber als interessenwidrig und nicht mehr sachdienlich erscheinenden Weisungen „stur" festhalten und im Vertrauen auf die früheren Instruktionen einen längst unangemessenen Kurs der Auftragsausführung weiterverfolgen darf. 6

Dabei wird die Regelung des § 385 Abs. 2 HGB iVm § 665 S. 1 und S. 2 BGB von einem **Kooperationsmodell** auf der Basis des zwischen Kommittenten und Kommissionärs bestehenden Vertrauensverhältnisses getragen. Keineswegs wird das Weisungsrecht des Kommittenten etwa bei veränderten Umständen während der Auftragsausführung verdrängt und dem Kommissionär ein Freibrief für Abweichungen nach eigenem Gutdünken ausgestellt. Die dem Kommissionär eingeräumte Abweichungsbefugnis bleibt an das Weisungsrecht des Kommittenten angekoppelt. Der Kommissionär darf nur nach seinem Ermessen handeln, wenn und soweit er berechtigterweise das Einverständnis des Kommittenten mit der Abweichung voraussetzen kann **und** wenn es um eine unaufschiebbare Maßnahme geht, die Entschließung des Kommittenten nach vorheriger Unterrichtung also wegen der mit der Verzögerung verbundenen Gefahr nicht abgewartet werden kann. Man kann den Regelungsinhalt des § 385 Abs. 2 HGB iVm § 665 S. 1 und S. 2 BGB mit dem Schlagwort vom „denkenden Gehorsam" veranschaulichen: Das Gesetz verlangt vom Kommissionär zwar nach dem Grundsatz der Weisungsbindung Gehorsam gegenüber dem Kommittenten, aber **keinen blinden, sondern einen denkenden Gehorsam.** Mit denkendem Gehorsam ist gemeint, dass sich der Geschäftsbesorger (Kommissionär) in wechselnden Situationen „völlig mit den Interessen des Geschäftsherrn identifizieren muss, um so zu handeln, wie dies nach seiner besten möglichen Einschätzung der Geschäftsherr selbst tun oder anordnen würde".[6] 7

---

[4] So aber wohl RG 19.1.1940, Warn 1940 Nr. 20; GK-HGB/Achilles Rn. 1: „weisungsfeste Ausführungsregeln"; vgl. auch Heymann/Herrmann Rn. 1 f.

[5] BGH 15.12.1975, WM 1976, 630 = BeckRS 1975, 31115095; 20.3.1984, WM 1984, 1024 = NJW 1985, 42.

[6] Esser/Weyers SchuldR BT II, 8. Aufl. 1998, § 35 II 3.

8 Die Regelungen zur Weisungsbindung und Weisungsabweichung schützen einerseits den Kommittenten durch die **Zuerkennung einer Weisungskompetenz;** er soll nach Maßgabe der sich im Vertragsvollzug zeigenden Umstände das **Monopol zur Konkretisierung seiner Interessen** innehaben. Die Vorschriften **belasten** den Kommittenten aber zugleich durch die **Reservezuständigkeit,** die dem Kommissionär für die Konkretisierung der Interessen des Geschäftsherrn eingeräumt wird. Andererseits schützen die Vorschriften die Interessen des Kommissionärs, der unter den Voraussetzungen seiner Reservezuständigkeit und unter Berücksichtigung seiner Interessenwahrungspflicht **selbst zur eigenverantwortlichen Entscheidung berechtigt** ist. Sie **belasten** aber auch ihn zugleich, weil sie ihm nicht nur eine umsichtige Vergewisserung des Vorliegens der Voraussetzungen seiner Reservezuständigkeit, sondern gleichzeitig – oder später – die eigene fremdnützige Entscheidung an Stelle des Kommittenten abverlangen. Der **„denkende Gehorsam"** des Kommissionärs ist sowohl für ihn selbst wie für den Kommittenten **zugleich Chance und Risiko.**

9 Mit dem Schlagwort vom „denkenden Gehorsam" ist ein Spannungsfeld von Weisungsbindung und Eigenverantwortlichkeit bezeichnet, in dem der Kommissionär tätig wird. Aus § 384 Abs. 1 Hs. 2 Alt. 2, § 385 Abs. 2 HGB iVm § 665 S. 1 und S. 2 BGB folgt eine **grundsätzliche Weisungsbindung des Kommissionärs** sowie – bei Gefahr im Verzug – eine **ausnahmsweise Berechtigung zur Abweichung von Weisungen** nach Maßgabe des hypothetischen Interesses und einer mutmaßlichen Billigung des Kommittenten, wenn dieser bei unvorhergesehenen Gegebenheiten sein Weisungsrecht etwa mangels Erreichbarkeit nicht ausüben kann. Die Regelung hat vor allem die Konstellation im Visier, dass der Kommissionär bei Durchführung des übernommenen Geschäfts mit einer Situation und mit einem Handlungsbedarf konfrontiert ist, für die ihm die generellen Weisungen des Kommittenten keine oder keine eindeutigen Orientierungen geben. Sie schließt aber auch den Fall ein, dass der Kommissionär in einer konkreten Entscheidungssituation einen Widerspruch zwischen den ihm erteilten Weisungen des Kommittenten einerseits und dem seiner Meinung nach im Interesse des Kommittenten Erforderlichen ahnt. Auch sind die Vorschriften im Lichte der Pflicht des Kommissionärs zur fremdnützigen Interessenwahrung und im Lichte der geschäftsbesorgungsrechtlichen Bedeutung von Treu und Glauben zu verstehen. Erst hieraus lassen sich im Einzelfall die Maßstäbe für die Anforderungen an ein pflichtgemäßes Verhalten des Kommissionärs bei der Weisungsbefolgung und -abweichung ableiten.

10 Der Norminhalt des § 385 Abs. 2 HGB iVm § 665 BGB geriete in ein „schiefes Licht", wenn man in ihn einen „Grundsatz der Abweichungsbefugnis" hineininterpretieren und ihn zu einem Gegenprinzip zum Grundsatz der Weisungsbindung hochstilisieren wollte. In Wirklichkeit ist er immer nur als Korrektiv und Ventil zur grundsätzlichen Weisungsbefolgungspflicht und Weisungsbindung des Kommissionärs nach § 384 Abs. 1 Hs. 2 Alt. 2 zu verstehen. Denn die immer nur eingeschränkte Abweichungsbefugnis des Kommissionärs ist als Ausnahme gedacht und begründet nur eine **Reservezuständigkeit** für die Ermessensentscheidung des Kommissionärs. Nur „notfalls" ist er zu Abweichungen von Weisungen berechtigt oder gar verpflichtet. Das Kooperationsmodell des § 385 Abs. 2 HGB iVm § 665 BGB ist in die subordinationsrechtliche Rechtsnatur des Kommissionsverhältnisses eingebettet.

11 **2. Weisungsrecht und Weisungswiderruf.** Der Weisungsbindung des Kommissionärs entspricht auf Seiten des Kommittenten das Weisungsrecht. Es kann in vertraglicher Form etwa durch begleitende Instruktionen bei Abschluss des Kommissionsvertrags oder durch einseitige Erklärungen bei oder nach der Begründung des Kommissionsverhältnisses ausgeübt werden. Die Weisung kann der **Rechtsnatur** nach ein einseitiges oder ein zweiseitiges Rechtsgeschäft, eine geschäftsähnliche Handlung oder auch ein Realakt sein. Sie kann **ausdrücklich oder konkludent** erfolgen. Vielfach wird sich die vom Kommittenten während der Ausführung und Abwicklung des Kommissionsgeschäfts erteilte Weisung als eine einseitige empfangsbedürftige Willenserklärung darstellen.[7] Immer geht es um eine Konkretisierung oder Aktualisierung der Interessenwahrungspflicht des Kommissionärs. Die Weisung ist darauf gerichtet, vom Kommissionär die Vornahme einzelner **Tätigkeiten zu verlangen,** die zur Ausführung und Abwicklung des Kommissionsgeschäfts gehören, die Art und Weise der Ausführung und Abwicklung zu bestimmen, aber uU auch einzelne **Tätigkeiten zu untersagen.** Am häufigsten richten sich die Weisungen des Kommittenten auf **bestimmte Modalitäten oder Mindestbedingungen** des Ausführungsgeschäfts, vor allem auf die Beobachtung von Höchstpreisen oder Mindestpreisen.[8]

12 Es versteht sich, dass das Weisungsrecht des Kommittenten und die entsprechende Weisungsbindung des Kommissionärs von Inhalt, Zweck und Gegenstand des Kommissionsvertrags begrenzt sind. Der Kommittent darf keine Weisungen erteilen und der Kommissionär braucht keine Weisungen zu

[7] GK-HGB/Achilles Rn. 1.
[8] BGH 20.3.2002, NJW-RR 2003, 1056.

befolgen, die **außerhalb des Kommissionsverhältnisses** liegen. Vor allem an nachträglich erteilte Weisungen ist der Kommissionär nur gebunden, wenn sie in den Rahmen des vertraglichen Kommissionsverhältnisses fallen. Weisungen, die sich nachhaltig mindernd auf seine Provisionsansprüche auswirken oder ihn unzumutbaren Kosten- oder Kreditrisiken aussetzen, braucht der Kommissionär nicht zu befolgen.[9] Allgemein lässt sich zudem sagen, dass die Weisungsbefugnis des Kommittenten durch §§ 134, 138, 242 BGB begrenzt ist. Bei einer Überschreitung der Weisungsbefugnis durch den Kommittenten sowie bei unzulässigen, rechtswidrigen oder unzumutbaren Weisungen mag der Kommissionär an ein außerordentliches Kündigungsrecht nach § 314 BGB denken.

Weisungen sind im Grundsatz vom Kommittenten **widerrufbar.** Mit der Widerrufbarkeit der 13 Weisung gewinnt der Kommittent einen erheblichen zusätzlichen Spielraum bei der Beeinflussung, Gestaltung und Steuerung der Auftragsausführung durch den Kommissionär. Weil er an die zunächst erteilte Weisung nicht ein für allemal gebunden ist, kann er sich eines Besseren besinnen, kann **umdisponieren und rearrangieren.** Der Widerruf einer Weisung stellt sich zunächst als reiner *actus contrarius* zur ursprünglich erteilten Weisung dar, die damit aus der Welt geschafft wird. Der Widerruf ist als eine **Gegenweisung** anzusehen. Allerdings ist mit dem Widerruf einer Weisung vielfach, wenn nicht regelmäßig die Erteilung einer neuen, anderen Weisung verbunden. Denn zu allermeist wird der Kommittent eine etwa als unzweckmäßig oder auch nur verbesserungsbedürftig erkannte Weisung durch eine andere ersetzen. Der **Weisungswiderruf** wird dann von einer **Weisungsneuerteilung** begleitet, mit der er sich zu einer **Weisungskorrektur** verbindet. Freilich kann der Kommittent mit dem Widerruf einer Weisung, die etwa die Art und Weise der Ausführung und Abwicklung des Kommissionsgeschäfts betrifft, auch auf eine neue Weisung verzichten und damit die Gestaltung und Durchführung der pflichtgemäßen Beurteilung des Kommissionärs überlassen. Bei alledem versteht sich aber, dass der Widerruf stets nur für die Zukunft wirkt. Es ist dem Kommittenten versperrt, ein zunächst weisungskonformes Kommissionärshandeln nachträglich in ein weisungswidriges Handeln umzuwidmen und die vollendeten Tatsachen einer Neubewertung zuzuführen. Deshalb ist eine Weisung auch nur bis zur Ausführung und Abwicklung des Kommissionsgeschäfts, genauer: bis zur Durchführung des weisungsgebundenen Teils des Kommissionsgeschäfts, widerrufbar. Das Widerrufsrecht **erlischt** mithin, wenn das Kommissionsgeschäft ganz oder auch nur in dem der Weisung unterliegenden Teil bereits ausgeführt bzw. abgewickelt ist.

3. Weisungsauslegung und Rücksprachepflicht. Zumeist begegnen Weisungen in der Form 14 von sprachlichen (schriftlichen oder mündlichen) Äußerungen (Erklärungen) und sind dann entsprechend §§ 133, 157 BGB nach dem erkennbaren Willen des Kommittenten aus der Sicht eines objektiven Erklärungsempfängers und unter Berücksichtigung der Verkehrssitte **auszulegen.**[10] Bleibt das Verständnis der Weisung zweifelhaft und unsicher, so ist der Kommissionär aufgrund seiner Interessenwahrungs- und Treuepflicht gehalten, sich um eine Klärung im Wege der **Rücksprache** mit dem Kommittenten zu bemühen. Zu bedenken ist, dass die Weisungen des Kommittenten nicht immer klar bestimmt zu sein brauchen; sie können sich darauf beschränken, dem Kommissionär einen Beurteilungs- und Ermessensspielraum einzuräumen und abzugrenzen, innerhalb dessen dieser sodann pflichtgemäß und interessenwahrend tätig werden muss.

4. Warnpflicht. Den Kommissionär kann bei seiner weisungsgebundenen Tätigkeit eine Warn- 15 pflicht gegenüber dem Kommittenten treffen, wenn sich Zweifel an der fortbestehenden Gültigkeit oder Angemessenheit der früher erteilten Weisungen einstellen. Erscheint eine Weisung etwa angesichts geänderter Umstände oder unvorhergesehener Ereignisse nicht (mehr) sach- oder interessengerecht, dann hat der Kommissionär den Kommittenten von der Lage zu unterrichten, ihm die **Möglichkeit einer Weisungskorrektur** einzuräumen und ihn uU davor zu warnen, auf der Aufrechterhaltung der fragwürdig gewordenen Weisung zu bestehen. Ob eine solche Warnpflicht des Kommissionärs im Einzelfall besteht, ist eine Frage seiner kommissionsvertraglichen Treuepflicht und nach §§ 157, 242, 241 Abs. 2 BGB zu beurteilen. In besonders gelagerten Fällen kann den Kommissionär über die Warnpflicht hinaus sogar eine Verpflichtung zur Nichtbefolgung bzw. zur Abweichung von Weisungen treffen (zur **Weisungsabweichungspflicht** → Rn. 20). Diese Warnpflicht, die bereits bei Zweifeln an der fortbestehenden Gültigkeit oder Angemessenheit der erteilten Weisung entsteht, ist konstruktiv von der Anzeigepflicht und Wartepflicht nach § 385 Abs. 2 HGB iVm § 665 S. 2 BGB zu unterscheiden. Letztere entsteht erst, wenn der Kommissionär selbst bereits eine Weisungsabweichung im Sinn hat („vor der Abweichung"), die er dem Kommittenten noch zur „Entschließung" vorlegen muss, falls nicht Gefahr im Verzuge ist (§ 665 S. 2 aE BGB). Allerdings können die Warnpflicht, die Anzeige- und die Wartepflicht praktisch auch zusammenfallen.

---

[9] OLG München 26.5.1955, BB 1955, 682.

[10] BGH 22.9.2020, BKR 2021, 108 Rn. 28 = ZIP 2020, 2279.

16 Zwar trägt der Kommittent grundsätzlich die Verantwortung für seine Weisungen, sowohl für die anfängliche Erteilung wie auch für spätere Ergänzungen und Änderungen. Doch gebietet die situative Problemnähe des Kommissionärs, dass er den Kommittenten, wenn möglich, auf **weisungsbedingte Nachteile** hinweist und ihm eine Möglichkeit zur Weisungskorrektur einräumt. Erkennt der Kommissionär die Sachwidrigkeit der ihm erteilten Weisungen oder erkennt er sie schuldhaft nicht und befolgt er die Weisungen gleichwohl ohne Unterrichtung des Kommittenten, verletzt er seine Interessenwahrungspflicht.

17 **5. Weisungsfreies Handeln und Weisungseinholung.** Lässt der Kommittent den Kommissionär bei seiner Ausführung und Abwicklung des Kommissionsgeschäfts ohne nähere Weisungen, dann genießt der Kommissionär zwar einen **Beurteilungs- und Ermessensspielraum** für seine Tätigkeit. Indes hat er auch das weisungsfreie Handeln an den Interessen des Kommittenten auszurichten und hierbei stets seine kommissionsvertraglichen Treuepflichten zu beobachten. Hieraus kann insbesondere die Verpflichtung erwachsen, in einer „kritischen Situation" Weisungen des Kommittenten einzuholen, falls der Kommissionär nicht ausdrücklich und bedingungslos ohne jede Weisung handeln darf.

III. Die Weisungsabweichung des Kommissionärs

18 **1. Weisungsabweichungsrecht und Weisungsabweichungspflicht.** Die Vorschriften des § 385 Abs. 2 HGB iVm § 665 S. 1 BGB regeln unmittelbar nur das **Recht** des Kommissionärs zur Abweichung von Weisungen („Der Beauftragte ist berechtigt …") und bindet dieses an eine redlicherweise vermutbare Billigung der Abweichung durch den Kommittenten. Nach § 385 Abs. 2 HGB iVm § 665 S. 2 BGB trifft den Kommissionär „vor der Abweichung" eine Anzeigepflicht und eine Wartepflicht, um dem Kommittenten die Möglichkeit einer eigenen „Entschließung" über die Abweichung einzuräumen, „wenn nicht mit dem Aufschub Gefahr verbunden ist". Genau besehen, enthält die Vorschrift des § 665 S. 2 BGB eine **versteckte Stufenregelung:** Nach dem engen Zusammenhang der S. 1 und 2 besteht das Abweichungsrecht des S. 1 nämlich nur **vorbehaltlich der Anzeige- und Wartepflicht** des S. 2. Der negative Bedingungssatz in § 665 S. 2 aE BGB ist in seiner positiven Form bereits auf S. 1 zu beziehen. Dies bedeutet: Nur wenn mit dem Aufschub der (weiteren) Auftragsausführung „Gefahr verbunden ist", also nur bei Gefahr im Verzug, steht dem Kommissionär das Weisungsabweichungsrecht des S. 1 zu. Ist dagegen keine Gefahr im Verzug, besteht kein Weisungsabweichungsrecht, sondern die Anzeige- und Wartepflicht des S. 2. Diese Wartepflicht dauert entweder bis zu einer „Entschließung" des Kommittenten oder bis zur Gefahr im Verzug an. Im Fall der Entschließung des Kommittenten ist der Kommissionär an die aufrechterhaltene alte oder an die neue Weisung des Kommittenten gebunden, wobei letztere möglicherweise, aber nicht notwendigerweise mit der vom Kommissionär selbst geplanten und angezeigten Weisungsabweichung konform ist. Im Fall **ausbleibender Entschließung** des Kommittenten gerät die Ausführung bzw. Abwicklung des Kommissionsgeschäfts ins Stocken. Denn erst bei auftretender Gefahr im Verzug steht dem Kommissionär das Weisungsabweichungsrecht des S. 1 zu. In aller Regel darf der Kommissionär jedoch, wenn er innerhalb einer angemessenen Frist (§ 147 Abs. 2 BGB) nichts Gegenteiliges vom Kommittenten hört, von dessen Einverständnis mit der geplanten Abweichung ausgehen. Zusammenfassend lässt sich mithin sagen: Der Kommissionär ist zur Abweichung von Weisungen berechtigt, wenn er den Umständen nach annehmen darf, der Kommittent werde die Abweichung bei Kenntnis der Sachlage billigen, **und** wenn Gefahr im Verzuge ist **oder** wenn er den Kommittenten von der geplanten Abweichung unterrichtet, aber innerhalb angemessener Frist keine gegenteilige Entschließung mitgeteilt erhält.

19 Aus der richtig verstandenen Normstruktur mit der versteckten Stufenregelung nach § 385 Abs. 2 HGB iVm § 665 S. 1 und 2 BGB folgt mithin: Der Kommissionär darf nicht sogleich auf § 665 S. 1 BGB zusteuern und die Voraussetzungen eines Weisungsabweichungsrechts allein von der vermuteten Billigung der Abweichung abhängig machen. Die **erste Frage,** die er sich zu stellen hat, ist diejenige nach der Gefahr im Verzug. Solange eine solche Gefahr nicht besteht, besteht auch kein Weisungsabweichungsrecht nach § 665 S. 1 BGB, sondern die Anzeige- und Wartepflicht nach § 665 S. 2 BGB.[11] Erst wenn Gefahr im Verzug vorliegt, kann sich die **zweite Frage** nach der vermuteten Billigung der Abweichung stellen. Die Stufenregelung des § 665 BGB wirkt sich auch auf die **Darlegungs- und Beweislast** der Beteiligten aus. Denn den Kommissionär, der ein Weisungsabweichungsrecht für sich in Anspruch nimmt, trifft die Beweislast *erstens* für die Unaufschiebbarkeit der (weiteren) Auftragsausführung und *zweitens* dafür, dass er aus seiner Sicht zu Recht angenommen hat, die

[11] Vgl. BGH 7.10.1976, VersR 1977, 421.

Abweichung entspreche dem vermuteten Willen oder den Interessen des Kommittenten und würde deshalb gebilligt.

20 Das Weisungsabweichungsrecht ist von der **Weisungsabweichungspflicht** des Kommissionärs zu unterscheiden (→ Rn. 15), die nur in engen Ausnahmefällen besteht:[12] Lediglich in besonders gelagerten Fällen kann den Kommissionär eine Verpflichtung zur Nichtbefolgung bzw. zur Abweichung von Weisungen treffen, wenn er in Wahrnehmung seiner Interessenwahrungs- und Treuepflicht – von den Umständen der Ausführung bzw. Abwicklung des Kommissionsgeschäfts alarmiert – erkennt, dass seine Befolgung der Weisung zu einer höchstwahrscheinlich unwillkommenen Verletzung der Interessen oder gar zu einem Schaden an Rechtsgütern des Kommittenten führte. In solchen Ausnahmefällen überlagert die kommissionsvertragliche Interessenwahrungs- und Treuepflicht die grundsätzliche Pflicht zur Weisungsbefolgung und begründet eine über § 385 Abs. 2 HGB iVm § 665 BGB hinausgehende Verpflichtung zur Abweichung von Weisungen. Eine derartige Weisungsabweichungspflicht wird sich wohl **nur in Ausnahmefällen** annehmen lassen, in denen *erstens* die alte Weisung des Kommittenten durch die Umstände evident überholt und obsolet geworden ist, *zweitens* die abweichende Maßnahme unaufschiebbar und für die Ausführung bzw. Abwicklung des Kommissionsgeschäfts unerlässlich ist, *drittens* der Kommittent bei Kenntnis der Sachlage die abweichende Ausführung selbst anordnen würde und *viertens* die Weisungsabweichung nicht zu einer wesentlichen Erschwerung der Tätigkeit des Kommissionärs führt. Auch die Weisungsabweichungspflicht kann nur bei Gefahr im Verzug bestehen. Solange keine Gefahr im Verzug besteht, ist es immer Sache des Kommittenten, den Kommissionär mit den notwendigen Weisungen zu versehen, so dass der Kommissionär sich vorrangig um eine Weisungseinholung bemühen muss.

21 Als Weisungsabweichung ist jedes Abrücken des Kommissionärs von den ursprünglichen oder nachträglichen (weit gefassten) Instruktionen und Richtlinien oder (detailliert erteilten) Vorgaben und Maßregeln, Anordnungen und Direktiven des Kommittenten zur Ausführung und Abwicklung des Kommissionsgeschäfts anzusehen, wobei sich deren genauer Inhalt nach dem ausdrücklichen oder stillschweigenden, durch Weisungsauslegung zu ermittelnden (dazu oben → Rn. 14) Willen des Kommittenten bestimmt. Auch die Befolgung einer ursprünglich erteilten, dann aber vom Kommittenten widerrufenen Weisung stellt sich als eine Weisungsabweichung dar. Ist das Kommissionsgeschäft bzw. der weisungsgebundene Auftragsteil bereits ausgeführt und abgewickelt, dann ist zur Feststellung einer Weisungsabweichung ein **Ist-/Soll-Vergleich** anzustellen: Bei einer Inkongruenz zwischen der vom Kommissionär tatsächlich vorgenommenen und der vom weisungsgebenden Kommittenten geplanten Auftragsausführung liegt eine Weisungsabweichung vor. Steht die Ausführung bzw. Abwicklung des Kommissionsgeschäfts bzw. dessen weisungsgebundenen Teils erst noch bevor – wie bei der Anzeige- und Wartepflicht des § 665 S. 2 BGB („vor der Abweichung") –, dann bemisst sich die Frage einer Weisungsabweichung nach einem Vergleich zwischen der vom Kommissionär nunmehr geplanten und der vom Kommittenten ursprünglich vorgegebenen Ausführung bzw. Abwicklung des Kommissionsgeschäfts. Für die Frage, ob eine Abweichung vorliegt, kommt der **Übung und Verkehrssitte** des geschäftlichen Lebens maßgebliche Bedeutung zu. Ein Handeln des Kommissionärs, das sich mit dem durch Auslegung des Auftrags zu ermittelnden Willen des Kommittenten deckt – mag es auch ursprünglich nicht ausdrücklich vorgesehen gewesen sein – ist keine Weisungsabweichung. Führt der Kommissionär das Geschäft unter günstigeren Bedingungen aus, als ihm vorgeschrieben ist, so wird in der Regel eine Abweichung von den Weisungen des Kommittenten zu verneinen sein, weil der Abschluss zu den günstigeren Bedingungen als letztlich weisungskonform, nämlich im Inhalt des Kommissionsvertrags enthalten angesehen werden kann; die zusätzlichen Vorteile kommen dem Kommittenten nach § 387 HGB bzw. § 667 BGB zugute. Ist bei Vorliegen besonderer Umstände ein Geschäftsabschluss bzw. eine sonstige Durchführung bzw. Abwicklung des Kommissionsgeschäfts zu den günstigeren als den ursprünglich vom Kommittenten anvisierten Bedingungen nicht von den Weisungen abgedeckt, greifen die Regelungen der Geschäftsführung ohne Auftrag (§§ 677 ff. BGB) ein.

22 **2. Weisungsabweichungsrecht bei Gefahr im Verzug.** Das Weisungsabweichungsrecht des Kommissionärs und damit die Zulässigkeit einer Weisungsabweichung wird von § 385 Abs. 2 HGB iVm § 665 S. 1 BGB an die Bedingung („wenn") geknüpft, dass der Kommissionär den Umständen nach annehmen darf, der Kommittent würde bei Kenntnis der Sachlage die Abweichung billigen. Die weitere, im Grunde sogar vorrangige Bedingung für das Weisungsabweichungsrecht ergibt sich aus der Rückwirkung des § 665 S. 2 auf S. 1 BGB (→ Rn. 18), weil die Abweichungsbefugnis auch davon abhängig ist, dass mit der durch eine Benachrichtigung des Kommittenten und durch ein Abwarten seiner Entschließung eintretenden Verzögerung „Gefahr verbunden" ist. Entgegen dem ersten Anschein besteht das Weisungsabweichungsrecht des § 665 S. 1 BGB nur dann, wenn mit

[12] BGH 22.9.2020, BKR 2021, 108 Rn. 31 = ZIP 2020, 2279.

dem „Aufschub" der Ausführung und Abwicklung des Kommissionsgeschäfts, zu dem es bei einer Anzeige der geplanten Abweichung und bei einem Abwarten bis zur Entschließung des Kommittenten käme, „Gefahr verbunden" ist. Man darf daher nicht sogleich auf § 665 S. 1 BGB zugreifen und die Voraussetzungen eines Weisungsabweichungsrechts ohne Rücksicht auf S. 2 allein von der **vermuteten Billigung der Abweichung** abhängig machen. Die erste Frage, die sich dem Kommissionär stellt, ist diejenige nach der Gefahr im Verzug. Wenn und solange eine solche Gefahr nicht auszumachen ist, kann kein Weisungsabweichungsrecht nach § 385 Abs. 2 HGB iVm § 665 S. 1 BGB in Betracht kommen. Dann muss der Kommissionär vielmehr der Anzeige- und Wartepflicht nach § 665 S. 2 BGB entsprechen. Erst wenn und sobald Gefahr im Verzug auftritt, kann sich der Kommissionär die zweite Frage nach der redlicherweise vermuteten Billigung der Abweichung durch den Kommittenten stellen.

23 Im Gegensatz zu der Vorschrift des § 683 S. 1 BGB für die berechtigte Geschäftsführung ohne Auftrag stellt die kommissionsrechtliche Regelung des § 385 Abs. 2 HGB iVm § 665 BGB nicht, auch nicht hilfsweise, darauf ab, ob die Abweichung objektiv dem mutmaßlichen Willen des Kommittenten entspricht, sondern auf die den Umständen nach berechtigte Annahme des Kommissionärs, das Einverständnis des Kommittenten voraussetzen zu können. Das **Risiko eines schuldlosen Irrtums** trägt daher der Kommittent. Ist die Maßnahme ohne Gefahr im Verzug aufschiebbar, so ist der Kommissionär verpflichtet, vor der Abweichung den Kommittenten zu benachrichtigen und seine Entschließung abzuwarten, selbst wenn er das Einverständnis des Kommittenten mit der Abweichung annehmen darf. Ebenso wenig begründet die Unaufschiebbarkeit der Maßnahme allein die Befugnis des Kommissionärs zur Abweichung, wenn nicht mit dem Einverständnis des Kommittenten gerechnet werden kann.

24 **3. Anzeige- und Wartepflicht ohne Gefahr im Verzug.** Solange keine Gefahr im Verzug ist, hat der Kommissionär dem Kommittenten eine für sachdienlich und empfehlenswert erachtete, uU bereits geplante Weisungsabweichung anzuzeigen und dessen Entschließung abzuwarten (→ Rn. 22). Diese Anzeige- und Wartepflicht des Kommissionärs vor geplanten Weisungsabweichungen außerhalb einer Gefahr im Verzug nach § 385 Abs. 2 HGB iVm § 665 S. 2 BGB versteht sich als eine spezielle Ausprägung der in § 384 Abs. 2 Hs. 1 Alt. 1 normierten allgemeinen Pflicht zu notwendigen Informationen über die laufende Ausführung und Abwicklung des Kommissionsgeschäfts. Die Normstruktur des § 665 BGB mit ihrer versteckten Stufenregelung verschleiert eher, dass die Anzeige- und Wartepflicht des S. 2 **Vorrang** gegenüber dem Weisungsabweichungsrecht des S. 1 zukommt, solange mit dem Aufschub des Kommissionsgeschäfts (noch) keine Gefahr verbunden ist.

25 Die **Anzeigepflicht** des Kommissionärs bezieht sich auf die veränderten oder überraschenden Umstände, die sich vor oder im Zuge der Ausführung bzw. Abwicklung des Kommissionsgeschäfts eingestellt haben und die aus der Sicht des Kommissionärs die ursprünglich erteilten Weisungen nicht mehr als sachdienlich und angemessen, als veränderungs- oder verbesserungsbedürftig erscheinen lassen. Das Vorstellungsbild des Gesetzgebers ging ausweislich des Wortlauts der Norm, in dem von einer Anzeige „vor der Abweichung" die Rede ist, wohl dahin, dass der Beauftragte/Kommissionär auch die schon von ihm geplante Abweichung anzeigen und damit für die Entschließung des Auftraggebers/Kommittenten zur Diskussion stellen soll.

26 Die **Wartepflicht nach der Anzeige** hält grundsätzlich bis zu einer „Entschließung" des Kommittenten an. Mit der Anzeige liegt gleichsam der „Schwarze Peter" beim Kommittenten, ohne dessen Entschließung über die (weitere) Auftragsausführung der Kommissionär weitgehend der Verantwortung enthoben ist. Im Fall der Entschließung des Kommittenten ist der Kommissionär an die vom Kommittenten schließlich verlautbarte, aufrechterhaltene, alte oder veränderte, neue Weisung gebunden, wobei letztere möglicherweise, aber nicht notwendigerweise mit der vom Kommissionär selbst geplanten und angezeigten Weisungsabweichung konform ist. Damit hat der Kommissionär wieder eine klare Direktive für die (weitere) Durchführung des Kommissionsgeschäfts. Bleibt die Entschließung des Kommittenten aus, stockt die Durchführung des Kommissionsgeschäfts, was dem Verantwortungsbereich des Kommittenten zuzuweisen ist. Allerdings kann nach den Umständen auch in Betracht kommen, dass der Kommissionär nach Ablauf einer gewissen Wartefrist von einer Entschließung des Kommittenten ausgehen und dessen Einverständnis mit der vorgeschlagenen Abweichung annehmen darf. Bleibt die Entschließung des Kommittenten bewusst dauerhaft aus, dann kann dies je nach den Umständen des Falles als eine Kündigung des Kommissionsvertrags, möglicherweise aber auch als Annahmeverzug des Kommittenten gewürdigt werden. Die Wartepflicht des Kommissionärs nach § 385 Abs. 2 HGB iVm § 665 S. 2 BGB kann allerdings auch dadurch enden, dass durch den Aufschub des Kommissionsgeschäfts eine Gefahr im Verzug auftritt, mit der das Weisungsabweichungsrecht des § 665 S. 1 BGB entsteht.

Auch wenn die ursprünglichen Weisungen des Kommittenten sich als **ungenau** oder als **nicht befolgbar** erweisen, etwa weil der Kommittent von rechtsirrigen Voraussetzungen ausging, und der Kommissionär annehmen darf, der Kommittent werde bei Rechtsbelehrung die Abweichung von seinen Weisungen billigen, hat der Kommissionär dennoch vor der Abweichung dem Kommittenten Anzeige zu machen, solange keine Gefahr im Verzug ist. Kann der Kommissionär dem Kommittenten keine Anzeige von der (geplanten) Weisungsabweichung machen und dessen Entschließung nicht abwarten, weil mit dem Aufschub des Kommissionsgeschäfts Gefahr verbunden ist, so trifft ihn nach § 384 Abs. 2 Hs. 1 Alt. 1 die Pflicht zur unverzüglichen nachträglichen Benachrichtigung, deren Verletzung schadensersatzpflichtig machen kann. 27

IV. Schadensersatz bei unberechtigter Weisungsabweichung

1. Schuldhafte Pflichtverletzung. Nach § 385 Abs. 1 Hs. 1 ist der Kommissionär dem Kommittenten zum Schadensersatz verpflichtet, wenn er nicht gemäß dessen Weisungen handelt. Im Lichte der vorstehenden Ausführungen ist diese Regelung dahingehend zu verstehen, dass der Kommissionär, der durch seine unberechtigte und schuldhafte Weisungsabweichung einen Schaden des Kommittenten verursacht, schadensersatzpflichtig ist. Damit enthält § 385 Abs. 1 Hs. 1 als *lex specialis* eine Regelung, die sich bereits aus dem allgemeinen Vertragsrecht ergibt: Der Kommissionär verhält sich bei der Ausführung und Abwicklung des Kommissionsgeschäfts in unberechtigter Weisungsabweichung **vertragswidrig** und begeht eine **Pflichtverletzung,** für die er bei Verschulden dem Kommittenten nach § 280 Abs. 1 BGB, §§ 249 ff. BGB schadensersatzpflichtig ist. Insoweit enthält die Vorschrift des § 385 in ihrem Abs. 1 nur die Ausprägung eines allgemeinen geschäftsbesorgungsrechtlichen Grundsatzes. Ein nicht nur weisungs-, sondern auch interessenwidriges Verhalten des Kommissionärs begründet nicht nur bei nachteiligen Konsequenzen, sondern auch bei *ex post* vorteilhaften Folgen eine Pflichtverletzung. Keinesfalls rechtfertigen es **allein die im Ergebnis vorteilhaften Folgen,** ein interessenwidriges Verhalten nicht (mehr) als Verletzung der Interessen des Kommittenten zu würdigen; der Kommissionär drohte sonst zum „Spieler" zu werden. Die *ex post*-Betrachtung kann die *ex ante*-Pflichtverletzung nicht umqualifizieren. 28

2. Schadensumfang. Der Kommissionär muss den Kommittenten so stellen, wie dieser bei weisungsgemäßer Ausführung und Abwicklung des Kommissionsgeschäfts gestanden hätte. Der Schadensersatz richtet sich im Regelfall auf das **positive (Erfüllungs-)Interesse** des Kommittenten.[13] Erleidet der Kommittent aber einen Schaden dadurch, dass er auf den Bestand eines Ausführungsgeschäfts vertraut hat, das bei weisungsgemäßer Ausführung zu besseren Bedingungen zustande gekommen wäre, kann er Ersatz seines **negativen (Vertrauens-)Schadens** verlangen.[14] Insbesondere gehört nach § 252 BGB auch ein entgangener Gewinn des Kommittenten zum Schadensumfang. Der Kommittent muss sich uU ein Mitverschulden nach § 254 BGB schadensersatzmindernd anrechnen lassen, etwa wenn seine Weisungen ungenau oder unausführbar waren oder wenn er auf offensichtliche Anhaltspunkte für eine Weisungsabweichung nicht reagiert.[15] Nur ausnahmsweise kann dem Kommittenten ein Mitverschulden vorgeworfen werden, wenn er es unterlassen hat, durch einen eigenen Deckungskauf den durch einen Weisungsverstoß eingetretenen Schaden zu mindern bzw. den dadurch drohenden Schaden abzuwenden.[16] Einem solchen Vorwurf wird vielfach entgegenstehen, dass der Kommittent gerade die Expertise des Kommissionärs in Anspruch nehmen und eine Selbstvornahme vermeiden wollte. 29

Zu dem ersatzfähigen Schaden gehören auch **Aufwendungen,** die der Kommittent im Vertrauen auf die weisungsgemäße Ausführung und Abwicklung des Kommissionsgeschäfts gemacht hat. Ist die Weisungsabweichung allein deshalb unberechtigt, weil der Kommissionär gegen die Anzeige- und Wartepflicht des § 385 Abs. 2 HGB iVm § 665 S. 2 BGB verstoßen hat, so steht dem Kommittenten ein Schadensersatzanspruch nur zu, wenn er bei Erfüllung der Anzeige- und Wartepflicht eine andere Weisung erteilt hätte oder sich auf die weisungsgemäße Ausführung und Abwicklung des Kommissionsgeschäfts eingestellt hat. Der Kommittent kann seinen Schadensersatzanspruch neben seinen sonstigen Rechten geltend machen, die ihm bei weisungswidrigem Verhalten des Kommissionärs zustehen. An einem ersatzfähigen Schaden fehlt es, wenn der Kommittent trotz der Weisungsabweichung des Kommissionärs im Ergebnis mit dem abgewickelten Kommissionsgeschäft die vereinbarungsgemäß vorgesehenen und erwarteten wirtschaftlichen Ergebnisse erzielt hat. Ein Schadensersatzanspruch aus § 385 Abs. 1 entfällt, wenn der Kommittent die unberechtigte Weisungs- 30

---

[13] BGH 28.5.2002, NJW-RR 2002, 1272.
[14] BGH 25.6.2002, NJW-RR 2002, 1344.
[15] BGH 11.5.1981, ZIP 1981, 719 = WM 1981, 712 = BeckRS 1981, 31068492.
[16] BGH 28.5.2002, NJW-RR 2002, 1272.

abweichung bzw. in deren Kenntnis das Kommissionsgeschäft **genehmigt** und sich nicht ausdrücklich einen Schadensersatzanspruch vorbehält.

V. Das Zurückweisungsrecht bei unberechtigter Weisungsabweichung

31 **1. Zurückweisungsrecht im Innenverhältnis.** Weicht der Kommissionär von den Weisungen des Kommittenten ab, ohne dass ihm das Recht hierzu zur Seite steht, so braucht der Kommittent die (weitere) Ausführung und Erledigung des Kommissionsgeschäfts nicht als Erfüllung der dem Kommissionär obliegenden Verpflichtungen gelten zu lassen; der Kommittent hat damit ein Zurückweisungsrecht. Dies ergibt sich bereits aus allgemeinem Geschäftsbesorgungsrecht,[17] wird aber für das Recht der handelsrechtlichen Kommission in der speziellen Regelung des § 385 Abs. 1 aE mit der besonderen Wendung festgeschrieben, wonach der Kommittent das weisungswidrig ausgeführte „Geschäft nicht für seine Rechnung gelten zu lassen (braucht)“.[18] Für Abweichungen von der **Preisbegrenzung** sieht § 386 Abs. 1 ein spezielles Zurückweisungsrecht vor, das – anders als dasjenige nach § 385 Abs. 1 aE – „unverzüglich auf die Anzeige von der Ausführung des Geschäfts“ ausgeübt werden muss. Das Zurückweisungsrecht setzt ein **weisungswidriges Verhalten ieS** voraus: Ein Verstoß gegen die allgemeine Interessenwahrungspflicht oder niedergelegtes dispositives Recht ist nicht gleichbedeutend mit einem Zuwiderhandeln des Kommissionärs gegen die Weisungen des Kommittenten.[19]

32 Die Regelung des § 385 Abs. 1 aE verdrängt die allgemeinen geschäftsbesorgungsrechtlichen Grundsätze zum Zurückweisungsrecht nicht, denn sie enthält mit jener besonderen Wendung **nur eine Teilregelung.** So kann der Kommittent durchaus das ausgeführte Geschäft „für seine Rechnung gelten lassen“, aber einen Aufwendungsersatz des Kommissionärs nach § 675 Abs. 1 BGB, § 670 BGB für weisungswidrige Aufwendungen „zurückweisen“. Das Zurückweisungsrecht des Kommittenten entfaltet **nur im Innenverhältnis** zum Kommissionär Wirkung, nicht aber im Außenverhältnis gegenüber dem dritten Geschäftspartner des Ausführungsgeschäfts. Dem Kommissionär steht, wenn der Kommittent die weisungswidrige Ausführung des Kommissionsgeschäfts zurückweist, weder ein Provisionsanspruch noch ein Aufwendungsersatzanspruch nach § 670 BGB zu.[20] Es versteht sich, dass er einen etwa schon erhaltenen Vorschuss, auf den er nunmehr keinen Anspruch (mehr) aus § 669 BGB hat, nach § 667 BGB zurückzuerstatten hat. Dagegen braucht der Kommissionär dem Kommittenten nach § 667 BGB nicht diejenigen Vorteile herauszugeben, die er aus einem weisungswidrigen Ausführungsgeschäft erlangt, es sei denn, dass der Kommittent dieses genehmigt und damit doch noch „für seine Rechnung gelten lässt“. Ansonsten lässt die Ausübung des Zurückweisungsrechts den Kommissionsvertrag in seinem Bestand unangetastet, solange kein Widerruf, keine Kündigung und kein Erlöschensgrund nach §§ 323 ff. BGB vorliegt. Solange ist der Kommissionär – ungeachtet seiner Schadensersatzverpflichtung für die zurückgewiesene weisungswidrige Ausführung – auch weiterhin zur Ausführung des übernommenen Geschäfts berechtigt und verpflichtet.[21]

33 **2. Einschränkungen.** Das Zurückweisungsrecht des Kommittenten bei unberechtigter Weisungsabweichung kann allerdings nach § 242 BGB entfallen, wenn durch die unberechtigte Weisungsabweichung die Interessen des Kommittenten nicht verletzt werden, etwa weil die Abweichung nur sehr geringfügig ist oder weil der Zweck des Kommissionsgeschäfts trotz der Abweichung in vollem Umfang erreicht wird.[22] Denn dann verstieße es gegen Treu und Glauben, wenn der Kommittent die Ausführung nicht als Erfüllung des Kommissionsvertrags und das Ausführungsgeschäft nicht für seine Rechnung gelten ließe. Dies gilt vor allem dann, wenn die Weisungsabweichung nur deshalb unberechtigt ist, weil der Kommissionär gegen die Anzeige- und Wartepflicht des § 385 Abs. 2 HGB iVm § 665 S. 2 BGB verstoßen hat, ohne hierdurch im Ergebnis die Interessen des Kommittenten verletzt zu haben. Freilich obliegt die **Darlegungs- und Beweislast** dafür, dass die Ausübung des Zurückweisungsrechts gegen Treu und Glauben verstößt, dem Kommissionär.[23] Der Kommittent muss nach § 242 BGB und in entsprechender Anwendung des § 386 Abs. 2 S. 1 HGB das weisungswidrig ausgeführte Geschäft schließlich auch dann als Erfüllung und für seine Rechnung

---

[17] Staudinger/Martinek/Omlor, 2017, BGB § 665 Rn. 1 ff.; RG 14.4.1904, RGZ 57, 392 (395); 27.6.1912, JW 1912, 910; 29.6.1926, RGZ 114, 268 (270 f.); 11.11.1930, HRR 1931 Nr. 405; BGH 11.6.1980, NJW 1980, 2131; 10.12.1970, LM BGB § 665 Nr. 5, 7; OLG Hamm 30.3.1992, NJW-RR 1992, 1138.

[18] Vgl. Knütel ZHR 137 (1973), 286 ff.

[19] Bergmann ZWE 2023, 111 (113).

[20] RG 12.12.1922, RGZ 106, 26.

[21] RG 27.4.1932, JW 1932, 2607.

[22] BGH 15.12.1975, WM 1976, 630 = BeckRS 1975, 31115095.

[23] Vgl. dazu BGH 15.12.1975, WM 1976, 630 = BeckRS 1975, 31115095.

gelten lassen, wenn der Kommissionär sich anerbietet, die Nachteile des Kommittenten auszugleichen.[24] Insoweit kann der Gedanke des § 386 Abs. 2 verallgemeinert werden.

VI. Die Genehmigung der unberechtigten Weisungsabweichung

Der Kommittent kann die unberechtigte Weisungsabweichung nachträglich genehmigen.[25] Die **34** Regelung des § 386 Abs. 1 behandelt zu diesem Grundsatz lediglich einen Spezialfall. Eine solche Genehmigung kann auch konkludent erklärt werden, indem der Kommittent es unterlässt, die Nichtbefolgung der Weisungen zu rügen, und sich das Geschäft ungeachtet der unberechtigten Weisungswidrigkeit zu eigen macht. Insbesondere in der **vorbehaltlosen Entgegennahme** von Erfüllungsleistungen des Kommissionärs in der Abwicklungsphase wird man eine konkludente Genehmigung sehen können. In der Genehmigung ist meist eine Annahme als Erfüllung iSd § 363 BGB zu sehen. Einen den ursprünglichen Kommissionsvertrag abändernden Vertrag wird man nur dann für erforderlich halten müssen, wenn der Kommissionär mit seiner Weisungsabweichung ein völlig andersartiges, dem Kommittenten aber durchaus willkommenes Geschäft besorgt. Allerdings ist das bloße Schweigen des Kommittenten in Kenntnis der Weisungsabweichung noch nicht ohne weiteres als Genehmigung anzusehen; eine Sonderregelung ist für Abweichungen von der Preisbestimmung in § 386 Abs. 1 aE vorgesehen. Ob im Einzelfall bereits das **Schweigen** des Kommittenten als Genehmigung verstanden werden kann, hängt davon ab, ob eine sofortige Rüge der unberechtigten Weisungsabweichung und damit der Vertragswidrigkeit der Kommissionsausführung nach Treu und Glauben und der Verkehrssitte, insbesondere nach Handelsbrauch, zu erwarten und geboten war. Im Falle der Genehmigung kann der Kommittent aus der Weisungswidrigkeit keine Rechte herleiten, sondern bleibt auf die sich aus dem Kommissionsverhältnis ergebenden Rechte, insbesondere auf den Anspruch aus § 667 BGB beschränkt. Er kann aber, wenn sich das weisungswidrig durchgeführte Geschäft für ihn als günstig erweist, durch die Genehmigung über § 667 BGB auf diejenigen Vorteile zugreifen, die der Kommissionär durch die zunächst weisungswidrige Ausführung des Geschäfts erlangt hat und die diesem ohne die Genehmigung ansonsten verblieben.

§ 386 [Preisgrenzen]

(1) Hat der Kommissionär unter dem ihm gesetzten Preise verkauft oder hat er den ihm für den Einkauf gesetzten Preis überschritten, so muß der Kommittent, falls er das Geschäft als nicht für seine Rechnung abgeschlossen zurückweisen will, dies unverzüglich auf die Anzeige von der Ausführung des Geschäfts erklären; anderenfalls gilt die Abweichung von der Preisbestimmung als genehmigt.

(2) [1]Erbietet sich der Kommissionär zugleich mit der Anzeige von der Ausführung des Geschäfts zur Deckung des Preisunterschieds, so ist der Kommittent zur Zurückweisung nicht berechtigt. [2]Der Anspruch des Kommittenten auf den Ersatz eines den Preisunterschied übersteigenden Schadens bleibt unberührt.

Übersicht

I. Allgemeines

Der Kommissionär unterliegt im Verhältnis zum Kommittenten einem Weisungsrecht (§ 384 **1** Abs. 1). Das Weisungsrecht umfasst auch die Befugnis, Mindest- oder Höchstpreise zu setzen **(Limi-**

---

[24] Bergmann ZWE 2023, 111 (115); vgl. Enneccerus/Lehmann SchuldR § 161 I 4; RG 14.4.1904, RGZ 57, 392; Mot. II 535; GK-HGB/Achilles Rn. 7: „taugliches Ausgleichserbieten".

[25] Bergmann ZWE 2023, 111 (116).

tierung);[1] kartellrechtlich ist das Weisungsrecht des Kommittenten trotz des Verbots vertikaler Preisbindungen durch § 1 GWB (§ 14 GWB aF) grundsätzlich unproblematisch.[2] Preissetzungen sind für den Kommissionär verbindlich, gleichgültig, ob sie bereits im Vertrag oder nachfolgend durch Weisung erfolgen. Verstößt der Kommissionär hiergegen, so ist der Kommittent nach den allgemeinen Grundsätzen zur Zurückweisung des Geschäfts und zum Schadensersatz berechtigt (§ 385 Abs. 1).[3] § 386 modifiziert diese Rechte für den Fall der Verletzung von Preisgrenzen in teilweiser **Umkehrung des Regel-Ausnahme-Verhältnisses des § 385 Abs. 1:** Während im Rahmen des § 385 das Schweigen des Kommittenten auf die Ausführungsanzeige grundsätzlich als Ablehnung aufzufassen ist, gilt es bei § 386 Abs. 1 als Genehmigung.[4] Der Kommittent ist also bei Über- oder Unterschreitung des Limits zur unverzüglichen Zurückweisung angehalten. Versäumt er diese, so gilt die Abweichung von der Preisbestimmung als genehmigt (Abs. 1), wobei die Genehmigungsfiktion auch einen auf den Verstoß gegen die gesetzte Preisgrenze gestützten Schadensersatzanspruch ausschließt. Noch weitergehend schließt **§ 386 Abs. 2** das Zurückweisungsrecht des Kommittenten überhaupt aus für den Fall, dass sich der Kommissionär zur Deckung des Preisunterschieds bereit erklärt.

II. Nichteinhaltung der Preisgrenze

2 **1. Gesetzter Preis.** Der vom Kommittenten vorgeschriebene Mindest- oder Höchstpreis ist das sog. **Limit.** Ob dem Kommissionär ein bestimmter Preis gesetzt ist, ist Auslegungsfrage.[5] Nicht in jeder Preisangabe liegt eine bindende Preissetzung; die Preisangabe kann auch nur die Erwartung des Kommittenten zum Ausdruck bringen, dass möglichst zu dem angegebenen Preis gekauft oder verkauft werden soll.[6] Die Bestimmung, bestmöglich zu verkaufen, stellt keine Preisfestsetzung dar, sondern beschreibt lediglich die selbstverständliche Pflicht des Kommissionärs zur Interessenwahrung (§ 384 Abs. 1). Nennt aber der Kunde seiner Bank einen Preis, für den er ein Wertpapier weggeben will, so bildet der genannte Preis die untere Grenze, bis zu der die Bank unter Ausnutzung aller Möglichkeiten zur Erzielung des höchsten Preises einen Verkauf vornehmen darf.[7]

3 Grundsätzlich wird der Kommittent nicht als berechtigt angesehen, dem Kommissionär **einseitig Preisgrenzen** zu setzen. Eine verbindliche Preissetzung sei Bestandteil des Kommissionsvertrages, da sich der Kommissionär erst dann auf die Übernahme der Kommission einlasse, wenn er die Ausführbarkeit des Geschäfts und seine Verdienstmöglichkeiten geprüft habe. Sollte sich der Kommissionär auf die Preissetzung aber nicht einlassen wollen, so verbleibt dem Kommittenten aber grundsätzlich die Möglichkeit, den Kommissionsvertrag zu kündigen.[8] Unbenommen ist es selbstverständlich, dass sich der Kommittent bei Vertragsschluss ein einseitiges Recht zur Preisfestsetzung vorbehält.

4 **2. Verletzung der Preisgrenzen.** Nur die unbefugte Verletzung von Preisgrenzen löst die Rechtsfolgen aus. Daran kann es fehlen, wenn die Voraussetzungen des § 385 Abs. 2 iVm § 665 BGB vorliegen. Der Kommissionär hat daher darzutun, dass der Verkauf oder der Einkauf zu dem festgesetzten Preis nicht möglich war und die sofortige Vornahme des Geschäfts Schaden von dem Kommittenten abgewendet hat. Der Umstand allein aber, dass für die zu verkaufende Ware ein höherer Preis nicht zu erzielen oder die einzukaufende Ware unter dem gesetzten Preis nicht zu haben ist, genügt nicht, um dem Kommittenten das Recht zur Zurückweisung zu nehmen.[9]

5 Keinen Verstoß gegen die Preisfestsetzung stellt es selbstverständlich dar, wenn der Kommissionär noch **günstiger abschließt,** also einen höheren Verkaufspreis oder einen niedrigeren Einkaufspreis erzielt. Der Vorteil gebührt dem Kommittenten (§ 387). Etwas anderes gilt nur im Falle des verschärften oder **potenzierten Limits,** das dem Kommissionär weder ein Abweichen nach oben oder unten erlaubt. Der vorteilhaftere, aber weisungswidrige Abschluss macht den Verkäufer nach Maßgabe des § 385 verantwortlich; § 386 greift hier nicht.[10]

III. Rechtsfolgen der Nichteinhaltung des Limits

6 **1. Abweichung von § 385.** § 386 Abs. 1 modifiziert in Umkehrung des Regel-Ausnahme-Verhältnisses des § 385 Abs. 1 die tatbestandlichen Voraussetzungen des Zurückweisungsrechts. Während

[1] BGH 20.3.2003, ZIP 2003, 1707 (1710) = NJW-RR 2003, 1056.
[2] BGH 20.3.2003, ZIP 2003, 1707 (1710) = NJW-RR 2003, 1056; MSH VertriebsR-HdB/Flohr/Pohl § 34 Rn. 76 f.
[3] Vgl. Canaris HandelsR § 30 Rn. 20.
[4] Canaris HandelsR § 30 Rn. 35; Weidmann, Das Kommissionsgeschäft I, 1908, 102.
[5] Weidmann, Das Kommissionsgeschäft I, 1908, 107 ff.
[6] KG 22.9.1983, MDR 1984, 143; ROHG 15.11.1872, ROHGE 8, 31; 28.11.1872, ROHGE 8, 119.
[7] RG 29.5.1926, RGZ 114, 9 (11).
[8] RG 24.1.1925, RGZ 110, 119 (123).
[9] Weidmann, Das Kommissionsgeschäft I, 1908, 111 f.
[10] Schlegelberger/Hefermehl Rn. 7.

bei § 385 allein das weisungswidrig geschlossene Geschäft das Zurückweisungsrecht begründet und das Schweigen auf die Ausführungsanzeige grundsätzlich keine Genehmigung darstellt, steht bei der Abweichung vom Limit dem Kommittenten das Zurückweisungsrecht nur zu, wenn er das Geschäft unverzüglich nach Empfang der Ausführungsanzeige zurückweist.

2. Unverzügliche Zurückweisung. Der Kommittent muss unverzüglich, also ohne schuldhaftes Zögern (§ 121 BGB) nach Zugang der Ausführungsanzeige sein Zurückweisungsrecht ausüben. Die **Frist beginnt** aber nur, wenn die Ausführungsanzeige alle für die Entschließung des Kommittenten wesentlichen Informationen (Preis und sonstige Bedingungen des Ausführungsgeschäfts) enthält. Fehlen diese Angaben, so wird die Frist nicht ins Laufen gesetzt; erst durch die nachfolgende Mitteilung kann der Kommissionär die Erklärungsfrist doch noch in Gang setzen. Die Zurückweisung ist eine empfangsbedürftige Willenserklärung. Eine rechtzeitig abgesandte, aber durch Zufall nicht zugegangene Zurückweisungserklärung kann nach allgM unverzüglich wiederholt werden.[11] Die Zurückweisungserklärung muss **eindeutig** erkennen lassen, dass der Kommittent das Geschäft als nicht für seine Rechnung abgeschlossen betrachten will. Eine Erklärung expressis verbis, dass er das Geschäft zurückweise oder nicht für seine Rechnung gelten lasse, ist aber nicht erforderlich. Erklärt der Kommittent etwa seine Missbilligung der Nichteinhaltung des Limits, so versteht sich eine Zurückweisung des Geschäfts von selbst.[12] 7

3. Keine Anfechtung. Ob die fingierte Genehmigung angefochten werden kann, wird unterschiedlich beurteilt. Während ein Teil des Meinungsspektrums eine Anfechtung per se ausschließt,[13] will die wohl überwiegende Lehre eine Anfechtung zulassen, wenn der Kommittent mit seinem Schweigen tatsächlich genehmigen wollte und sich diese Genehmigung auf einen in Wirklichkeit nicht vorhandenen Inhalt der Ausführungsanzeige bezog.[14] Zutreffend ist die hM freilich nicht, denn es handelt sich bei § 386 um einen Fall des sog. normierten Schweigens. Das bedeutet, dass das Gesetz – unabhängig davon, wie ein Schweigen im konkreten Fall zu verstehen ist oder ob überhaupt ein Erklärungsbewusstsein vorliegt – eine bestimmte Rechtsfolge (hier: die Genehmigungsfiktion) allein an die Tatsache des Schweigens knüpft. Eine Anfechtung einer derart fingierten Erklärung ist nicht möglich.[15] Der Grund, warum der Gesetzgeber mit der dogmatischen Figur des normierten Schweigens arbeitet, liegt auf der Hand: Es soll im Sinne einer Beschleunigung der Verhältnisse ein größtmöglicher Vertrauensschutz erreicht werden. 8

4. Folgen der verspäteten Zurückweisung. Weist der Kommittent das Geschäft nicht unverzüglich zurück, so gilt die Abweichung von der Preisbestimmung als genehmigt (§ 386 Abs. 1 Hs. 2). Infolge dieser fingierten Genehmigung verliert der Kommittent seine in § 385 Abs. 1 genannten Rechte. Er muss das Geschäft als für seine Rechnung erfolgt anerkennen und darf auch einen Schaden, der ihm durch die Überschreitung der gesetzten Preisgrenze entstanden ist, nicht mehr geltend machen.[16] Das Recht des Kommittenten, Schadensersatz wegen anderer Vertragswidrigkeiten geltend zu machen, bleibt aber selbstverständlich unberührt. 9

5. Folgen der unverzüglichen Zurückweisung. Weist der Kommittent das Geschäft unverzüglich zurück, so kann er seine in § 385 Abs. 1 genannten Rechte in vollem Umfange geltend machen. Er kann das Geschäft als nicht für seine Rechnung abgeschlossen zurückweisen und Schadensersatz verlangen. Allerdings verliert der Kommittent sein Recht zur Zurückweisung, wenn sich der Kommissionär zugleich mit der Ausführungsanzeige zur Deckung des Preisunterschieds bereit erklärt (§ 386 Abs. 2 S. 1). Der Anspruch des Kommittenten auf einen weitergehenden Schaden bleibt aber unberührt (§ 386 Abs. 2 S. 2). 10

IV. Deckungszusage (Abs. 2)

Die Verletzung des Limits berechtigt den Kommittenten unter den Voraussetzungen des § 386 Abs. 1, seine in § 385 Abs. 1 genannten Rechte geltend zu machen, also das Geschäft als nicht für seine Rechnung geschlossen zurückzuweisen und Schadensersatz zu verlangen. § 386 Abs. 2 S. 1 schränkt das Zurückweisungsrecht ein, wenn sich der Kommissionär zur Deckung des Preisunter- 11

[11] Schlegelberger/Hefermehl Rn. 10.
[12] ROHG 12.1.1875, ROHGE 16, 247 (252).
[13] EBJS/Krüger, 2. Aufl. 2009, Rn. 6.
[14] MüKoHGB/Häuser Rn. 16; Hopt/Kumpan Rn. 1.
[15] Larenz/Wolf BGB AT § 28 Rn. 77; BGH 27.10.1953, BGHZ 11, 1 (4) zum kaufmännischen Bestätigungsschreiben; **aA** Ebenroth/Boujong/Füller Rn. 8.
[16] K. Schmidt HandelsR § 31 Rn. 61; Weidmann, Das Kommissionsgeschäft I, 1908, 115; Hopt/Kumpan Rn. 1; Ebenroth/Boujong/Füller Rn. 9; Schlegelberger/Hefermehl Rn. 12.

schieds bereit erklärt. § 386 Abs. 2 S. 2 stellt aber klar, dass Schadensersatzansprüche des Kommittenten unberührt bleiben.

12 **1. Deckungszusage.** Das Zurückweisungsrecht besteht nicht, wenn sich der Kommissionär zur Deckung des Preisunterschieds erbietet. Das Erbieten muss sich auf den vollen Preisunterschied beziehen und darf sich nicht auf den Ausgleich des dem Kommittenten entstandenen Schadens beziehen, der größer oder kleiner als der Preisunterschied sein kann. Das Erbieten muss unbedingt sein. Ausreichend ist dann aber zunächst das Erbieten: Eine mit der Ausführungsanzeige verbundene bare Zahlung ist nicht notwendig.[17] Ist der Kommissionär allerdings zur Deckung – etwa mangels Leistungsfähigkeit – nicht in der Lage, so kann er sich auf die Deckungszusage gemäß § 242 BGB nicht berufen.[18]

13 Die wirksame Deckungszusage begründet eine Haftung des Kommissionärs in Höhe des Preisunterschieds. Hierbei handelt es sich entgegen der Auffassung von *Krüger* um keinen (abstrakten) Anspruch gemäß § 780 BGB iVm § 350[19] – eine Lösung die überdies im Fall des Kleingewerbetreibenden als Kommissionär gemäß § 383 Abs. 2 S. 2 aE versagen muss –, sondern um einen kausalen, verschuldensunabhängigen Ausgleichsanspruch.[20]

14 **2. Zugang zugleich mit der Ausführungsanzeige.** Die Deckungszusage ist eine einseitige, empfangsbedürftige Willenserklärung, die dem Kommittenten zugleich mit der Ausführungsanzeige zugehen muss. **Nach dem Zugang** der Ausführungsanzeige kann der Kommissionär die Zurückweisung des Geschäfts nicht mehr mit einer Deckungszusage vereiteln; allerdings verbietet sich formalistische Strenge: Eine telefonische Vorankündigung ohne Preisnennung kann unschädlich sein; manche wollen sogar noch weiter gehen und dem Kommissionär auch bei komplizierten Preiskalkulationen eine nachträgliche Deckungszusage gestatten.[21] Über den Wortlaut des § 386 Abs. 2 S. 1 schließt eine Deckungszusage eine Zurückweisung selbstverständlich auch dann aus, wenn sie bereits **vor Zugang** der Ausführungsanzeige angeboten wurde.[22]

15 **3. Schadensersatzanspruch.** Ist dem Kommittenten infolge der Deckungszusage die Zurückweisung des Geschäft als auf seine Rechnung abgeschlossen verwehrt, so bleibt ihm ein Anspruch auf Ersatz eines den Preisunterschied übersteigenden Schadens unbenommen (§ 386 Abs. 2 S. 2).[23]

§ 387 [Vorteilhafterer Abschluß]

(1) Schließt der Kommissionär zu vorteilhafteren Bedingungen ab, als sie ihm von dem Kommittenten gesetzt worden sind, so kommt dies dem Kommittenten zustatten.

(2) Dies gilt insbesondere, wenn der Preis, für welchen der Kommissionär verkauft, den von dem Kommittenten bestimmten niedrigsten Preis übersteigt oder wenn der Preis, für welchen er einkauft, den von dem Kommittenten bestimmten höchsten Preis nicht erreicht.

I. Allgemeines

1 Die Vorschrift ist ein selbständiger Anwendungsfall des § 384 Abs. 2 Hs. 2. Bereits nach dieser Vorschrift hat der Kommissionär alles herauszugeben, was er aus der Geschäftsführung erlangt hat. Der Gesetzgeber sah sich dennoch veranlasst, eine besondere Vorschrift in das Gesetz aufzunehmen, um den teilweise abweichenden Gewohnheiten der Kommissionäre entgegenzuwirken, nur den gesetzten Preis zu berechnen und den sog. „Schnitt" zu behalten.[1] – § 387 geht vom gesetzlichen Regelfall aus, dass die Kommission durch den Abschluss eines Ausführungsgeschäfts ausgeführt wird. Für den Fall des Selbsteintritts gilt eine modifizierte Regelung, vgl. § 401.[2]

II. Abschluss zu vorteilhafteren Bedingungen

2 **1. Bemühen um Abschluss zu bestmöglichen Bedingungen.** Das Setzen von Bedingungen hat regelmäßig nicht die Bedeutung, dass der Kommissionär ohne weiteres berechtigt sein soll, zu

[17] Weidmann, Das Kommissionsgeschäft I, 1908, 114.
[18] K. Schmidt HandelsR § 31 Rn. 62; Schlegelberger/Hefermehl Rn. 15.
[19] EBJS/Krüger, 2. Aufl. 2009, Rn. 8.
[20] Ebenroth/Boujong/Füller Rn. 11.
[21] K. Schmidt HandelsR § 31 Rn. 62.
[22] MüKoHGB/Häuser Rn. 19; Schlegelberger/Hefermehl Rn. 14.
[23] Weidmann, Das Kommissionsgeschäft I, 1908, 114.
[1] Weidmann, Das Kommissionsgeschäft I, 1908, 103.
[2] Staub/Koller § 400 Rn. 78.

diesen Bedingungen abzuschließen. Der Kommissionär hat sich vielmehr weiterhin um einen Abschluss zu den bestmöglichen Bedingungen zu bemühen. Das folgt aus seiner Interessenförderungspflicht (§ 384 Abs. 1 Hs. 2 Alt. 1).[3] Der Abschluss zu günstigeren Bedingungen kommt damit dem Kommittenten zustatten. § 387 greift auch, wenn ein erstes Ausführungsgeschäft aus irgendeinem Grund rückabgewickelt und ein weiteres Geschäft zu günstigeren Bedingungen geschlossen wird.[4]

2. Günstigerer Preis. Abschluss zu vorteilhafteren Bedingungen meint insbesondere den Abschluss zu einem vorteilhafteren Preis. Dementsprechend bestimmt § 387 Abs. 2 ausdrücklich, dass es dem Kommittenten zustatten kommt, wenn der Preis, für welchen der Kommissionär verkauft, den von dem Kommittenten bestimmten niedrigsten Preis übersteigt oder wenn der Preis, für welchen er einkauft, den von dem Kommittenten bestimmten höchsten Preis nicht erreicht. § 387 greift auch im Falle des **verschärften Limits,** das den Kommissionär verpflichtet, vom gesetzten Limit weder nach unten noch nach oben abzuweichen. Der günstigere Abschluss kommt auch hier dem Kommittenten zugute. Allerdings bleibt der Kommittent gemäß § 385 Abs. 1 berechtigt, das Geschäft als nicht für seine Rechnung geschlossen zurückzuweisen oder Schadensersatz zu verlangen.[5] 3

3. Sonstige vorteilhaftere Bedingungen. Zu den sonstigen vorteilhafteren Bedingungen gehört bei der Einkaufskommission das Erreichen von Preisnachlass oder Stundung, bei der Verkaufskommission ein Barverkauf statt der gestatteten Einräumung eines Zahlungsziels.[6] Auch **nach Abschluss des Ausführungsgeschäfts** gewährte vorteilhaftere Bedingungen fallen unter § 387.[7] 4

4. Vorteile bei Gelegenheit der Kommissionsausführung. Nicht unter § 387 fallen Vorteile, die nur aus Anlass oder bei Gelegenheit der Kommission dem Kommissionär persönlich gewährt werden, jedoch in **keinem inneren Zusammenhang mit der Geschäftsbesorgung** stehen. Solche Vorteile sind nicht iSd § 384 Abs. 2 Hs. 2 aus der Geschäftsbesorgung erlangt und damit nicht herauszugeben. Die Abgrenzung zwischen herauszugebenden Vorteilen und nur bei Gelegenheit der Geschäftsbesorgung gewährten Vorteilen richtet sich nach dem jeweiligen Einzelfall unter Berücksichtigung der Verkehrsanschauung.[8] Allein die Tatsache, dass dem **Kommissionär persönlich der Vorteil zugewandt** wurde, schließt die Herausgabepflicht nicht aus. Entscheidend ist allein, ob der Vorteil in der Geschäftsbesorgung seine wirtschaftliche Erklärung und seinen wirtschaftlichen Grund findet. Auch der für den Kommissionär persönlich bestimmte Vorteil ist daher herauszugeben, wenn der Vorteil dem Kommissionär aus einem mit der Geschäftsführung in Zusammenhang stehenden Grund zugewandt wurde und die Besorgnis besteht, der Kommissionär könnte durch den Vorteil dazu verleitet werden, die Interessen des Kommittenten nicht nach jeder Richtung hin gewissenhaft zu berücksichtigen.[9] Insbesondere Schmiergelder sind nach diesen Grundsätzen herauszugeben. 5

III. Rechtsfolgen

1. Vorteilhaftere Bedingungen kommen dem Kommittenten zustatten. Die vom Kommissionär erzielten vorteilhafteren Bedingungen kommen dem Kommittenten zustatten. Bei der Verkaufskommission ist daher der erzielte (höhere) Verkaufspreis gemäß § 384 Abs. 2 Hs. 2 vollständig an den Kommittenten auszukehren; bei der Einkaufskommission kann der Kommissionär nur den tatsächlich zu zahlenden (niedrigeren) Preis als Aufwendung geltend machen (§ 396 Abs. 2 HGB, §§ 675, 667 BGB). 6

2. Abdingbarkeit. Die Vorschrift ist kein zwingendes Recht. Es kann auch das Gegenteil vereinbart werden, in dem Sinne, dass ein Teil oder der gesamte Mehrerlös dem Kommissionär als Provision oder Zuschlag zufallen soll. Dies entspricht im Kern dem früheren, dem BGB nicht mehr bekannten Trödelvertrag (contractus aestimatorum).[10] Es wird auch immer genau zu prüfen sein, ob nicht ein Konditionsgeschäft vorliegt. Beim Konditionsgeschäft, das etwa im Sortimentsbuchhandel häufig 7

---

[3] BGH 26.6.2012, NJW 2012, 2873 Rn. 41; Grünhut, Das Recht des Commissionshandels, 1879, 139 f.
[4] Vgl. ROHG 16.2.1875, ROHGE 16, 133; Weidmann, Das Kommissionsgeschäft I, 1908, 84.
[5] MüKoHGB/Häuser Rn. 3; Schlegelberger/Hefermehl Rn. 3.
[6] Weidmann, Das Kommissionsgeschäft I, 1908, 83.
[7] MüKoHGB/Häuser Rn. 4; Schlegelberger/Hefermehl Rn. 4.
[8] MüKoHGB/Häuser Rn. 6; Schlegelberger/Hefermehl Rn. 5.
[9] RG 27.4.1920, RGZ 99, 31 (33); 7.12.1934, RGZ 146, 195 (204); 30.5.1930, RGZ 164, 98 (102).
[10] Zum Trödelvertrag im gemeinen Recht Dernburg/Sokolowski, System des Römischen Rechts II, 8. Aufl. 1912, § 377 = S. 803 mwN. Für Österreich s. §§ 1086 ff. ABGB.

anzutreffen ist, ist der (Buch-)Händler selber Käufer und Weiterverkäufer der Ware, handelt also auf eigene Rechnung, aber der Kaufvertrag steht unter der Bedingung des Weiterverkaufs.[11]

§ 388 [Beschädigtes oder mangelhaftes Kommissionsgut]

(1) Befindet sich das Gut, welches dem Kommissionär zugesendet ist, bei der Ablieferung in einem beschädigten oder mangelhaften Zustande, der äußerlich erkennbar ist, so hat der Kommissionär die Rechte gegen den Frachtführer oder Schiffer zu wahren, für den Beweis des Zustandes zu sorgen und dem Kommittenten unverzüglich Nachricht zu geben; im Falle der Unterlassung ist er zum Schadensersatze verpflichtet.

(2) Ist das Gut dem Verderb ausgesetzt oder treten später Veränderungen an dem Gute ein, die dessen Entwertung befürchten lassen, und ist keine Zeit vorhanden, die Verfügung des Kommittenten einzuholen, oder ist der Kommittent in der Erteilung der Verfügung säumig, so kann der Kommissionär den Verkauf des Gutes nach Maßgabe der Vorschriften des § 373 bewirken.

Übersicht

I. Allgemeines

1 Die Vorschrift des § 388 Abs. 1 ist lediglich selbständige **Konsequenz der allgemeinen Interessenwahrungspflicht des Kommissionärs** (§ 384). Bereits aus der allgemeinen Interessenwahrungspflicht lässt sich die Verpflichtung des Kommissionärs ableiten, die Interessen des Kommittenten gegenüber Beförderungspersonen (Frachtführer oder Schiffer) zu wahren. Man kann insoweit mit Blick auf § 384 von einem Auffangtatbestand sprechen. Liegen die tatbestandlichen Voraussetzungen des § 388 Abs. 1 nicht vor, ist daher immer zu prüfen, ob sich entsprechende Pflichten nicht unmittelbar aus § 384 Abs. 1 herleiten lassen.

2 § 388 Abs. 2 gibt dem Kommissionär unter bestimmten Voraussetzungen eine im Interesse des Kommittenten auszuübende Befugnis zum **Notverkauf.** § 388 Abs. 2 ist im Gesamtzusammenhang der allgemeinen Interessenförderungspflicht des Kommissionärs zu verstehen. Der Notverkauf hat nur zu erfolgen, wenn es das Interesse des Kommittenten gebietet; ja die Interessenlage des Kommittenten kann sich sogar so verdichten, dass der Kommissionär zum Notverkauf nicht nur befugt, sondern sogar verpflichtet ist. Im Gegensatz zum **fremdnützigen Notverkaufsrecht** des § 388 gewährt § 389 dem Kommissionär ein eigennütziges Recht zum Selbsthilfeverkauf.

II. Rechtswahrung gegenüber der Transportperson (Abs. 1)

3 **1. Zusendung des Kommissionsguts. a) Kommissionsgut.** § 388 Abs. 1 unterscheidet nicht zwischen Einkaufs- und Verkaufskommission.[1] Unter den Begriff des Kommissionsgutes fallen daher alle Waren oder Wertpapiere, die dem Kommissionär entweder vom Kommittenten im Rahmen einer Verkaufskommission überlassen worden sind oder die er bei der Ausführung einer Einkaufskommission von dem Dritten erhalten hat.

4 **b) Zusendung.** Der Kommissionär muss das Gut aufgrund der Vermittlung einer Zwischenperson erhalten, wofür es ausreicht, dass er das Gut bei der Zwischenperson in Empfang nimmt; es

[11] Vgl. K. Schmidt HandelsR § 31 Rn. 43 ff.; Staub/Koller § 383 Rn. 76.
[1] Weidmann, Das Kommissionsgeschäft I, 1908, 168.

muss also keine weitere Versendung von der Zwischenperson an den Kommissionär stattfinden. Umgekehrt scheidet § 388 Abs. 1 aus, wenn der Kommissionär das Gut unmittelbar vom Kommittenten oder dem Partner des Ausführungsgeschäfts ohne Einschaltung einer Transportperson in Empfang nimmt.[2] Ebenso ist kein Raum für § 388, wenn der Kommissionär nur das Ausführungsgeschäft vornimmt, und das Gut unter Aussparung seiner Person direkt dem Dritten bzw. dem Kommittenten zugesandt wird.[3]

2. Beförderungsperson. Frachter oder Schiffer sind nur Beispiele für Beförderungspersonen. 5
Zwischenperson kann **jedermann** sein, zB Spediteure, Boten oder überhaupt sonstige Dritte, die das Gut vom Kommittenten oder dem Partner des Ausführungsgeschäfts erhalten haben und nunmehr an den Kommissionär ausliefern.[4]

3. Beschädigter oder mangelhafter Zustand. a) Mangel und Beschädigung. Das Gut muss 6
sich in einem beschädigten oder mangelhaften Zustand befinden, wobei es aber nicht weiter erforderlich ist, dass die Beschädigung oder die Mangelhaftigkeit auf den Transport zurückzuführen ist. Mangelhafter Zustand meint die **Mangelhaftigkeit** des Kommissionsgegenstandes iSd §§ 434 ff. BGB, erfasst also neben dem Fall des Qualitätsmangels auch die Fälle der Aliud- und der Minus-Lieferung (§ 434 Abs. 3 BGB). Der Begriff der **Beschädigung** bezieht sich auf den Fall, dass auf das (mangelfreie) Gut von außen eingewirkt wurde.[5]

b) Erkennbarkeit. Die Beschädigung oder der Mangel muss äußerlich erkennbar, dh ohne beson- 7
dere Untersuchung wahrnehmbar sein. Der Sorgfaltsmaßstab, mit dem der Kommissionär bei der äußeren Untersuchung vorzugehen hat, bestimmt sich nach den Umständen des Einzelfalles. Die Öffnung der Verpackung ist grundsätzlich nicht notwendig; anders, wenn die Verpackung beschädigt ist oder sonstige Verdachtsmomente bestehen. Besondere Fachkenntnisse können vom Kommissionär in der Regel nicht erwartet werden. Ist der Mangel äußerlich nicht erkennbar, aber erfährt der Kommissionär davon, so folgt die Pflicht des Kommissionärs, die Rechte des Kommittenten wahrzunehmen, bereits unmittelbar aus § 384 Abs. 1. Für eine analoge Anwendung des § 388 ist gar kein Bedarf.[6]

4. Pflichten des Kommissionärs. Der Kommissionär ist zur Wahrung der Interessen des Kom- 8
mittenten gegenüber der Transportperson verpflichtet (§ 384). Welches Mittel bei Beschädigung oder Mangelhaftigkeit des Kommissionsguts zu ergreifen ist, ist eine Frage des Einzelfalles. § 388 Abs. 1 Hs. 1 greift gewisse, typische Maßnahmen im Sinne von Handlungsbeispielen heraus. Ob die vorgeschlagenen Maßnahmen zu ergreifen oder sogar weitere Handlungen notwendig sind, hat der Kommissionär nach der Sorgfalt eines ordentlichen Kaufmanns (§ 384 Abs. 1 Hs. 1) zu entscheiden.

a) Wahrung der Rechte gegen die Beförderungsperson. Der Kommissionär hat seine 9
Ansprüche, die ihm gegen die Zwischenperson – § 388 nennt Frachtführer und Schiffer nur als Beispiele – zustehen, im Interesse des Kommittenten zu wahren. Hierher gehören insbesondere seine **Ansprüche** wegen Beschädigung und ggf. wegen Verspätung gegen Frachtführer (§§ 421, 425 ff.), Schiffer (§§ 511 ff.), Verfrachter (§§ 606 ff.), Spediteur (§ 461) und Lagerhalter (§ 475). Über die Art und Weise, wie der Kommissionär die **Rechte zu wahren** hat, gibt § 388 keine besondere Auskunft. Insoweit verbleibt es bei § 384 Abs. 1, sodass der Kommissionär darüber mit der Sorgfalt eines ordentlichen Kaufmanns zu entscheiden hat. Sicherlich hat der Kommissionär jederzeit einer unter Umständen bestehenden Obliegenheit zur rechtzeitigen **Schadensanzeige** nachzukommen (§§ 438, 611). Ansonsten entscheidet der Einzelfall, so dass einmal ein bloßer Vorbehalt oder Protest ausreichen, ein anderes Mal dagegen sogar Arrest und einstweilige Verfügungen notwendig werden können.[7] Bei der Einkaufskommission hat der Kommissionär überdies seine **Mängelansprüche gegenüber dem Verkäufer** durch Untersuchung und Rüge gem. § 377 zu wahren, wobei diese Pflicht unmittelbar auf § 384 Abs. 1 zu stützen ist. Für eine Analogie zu § 388 ist also weder Raum noch Bedarf.[8]

b) Sorge für den Beweis des Zustandes. Die Art und Weise der Beweissicherung steht dem 10
Kommissionär im Grundsatz frei, doch wird die Sorgfalt eines ordentlichen Kaufmanns eine gerichtliche Beweissicherung nach § 485 ZPO verlangen.[9]

---

[2] MüKoHGB/Häuser Rn. 4; Schlegelberger/Hefermehl Rn. 4.
[3] Weidmann, Das Kommissionsgeschäft I, 1908, 172.
[4] Ebenroth/Boujong/Füller Rn. 2; Schlegelberger/Hefermehl Rn. 4.
[5] Weidmann, Das Kommissionsgeschäft I, 1908, 169.
[6] MüKoHGB/Häuser Rn. 7; Schlegelberger/Hefermehl Rn. 7.
[7] Weidmann, Das Kommissionsgeschäft I, 1908, 170; vgl. RG 10.12.1900, RGZ 47, 118.
[8] Vgl. MüKoHGB/Häuser Rn. 12; Schlegelberger/Hefermehl Rn. 10.
[9] Weidmann, Das Kommissionsgeschäft I, 1908, 170 f.; MüKoHGB/Häuser Rn. 13.

11 **c) Anzeigepflicht.** Der Kommissionär hat den Kommittenten unverzüglich, dh ohne schuldhaftes Zögern (§ 121 BGB) zu benachrichtigen, um den Kommittenten in die Lage zu setzen, weitere Instruktionen zu erteilen.

12 **5. Pflichtverletzung (Abs. 1 Hs. 2).** Kommt der Kommissionär seinen Pflichten nicht nach, so haftet er gem. **§ 280 BGB** wegen Pflichtverletzung. § 388 Abs. 1 Hs. 2 hat insoweit nur deklaratorische Bedeutung. Keinesfalls begründet § 388 eine verschuldensunabhängige Haftung, so dass sich der Kommissionär gem. § 280 Abs. 1 S. 2 BGB exkulpieren kann.[10] Zu ersetzen ist der auf der Pflichtverletzung beruhende **Schaden,** der darin besteht, dass nicht mehr gegen die Zwischenperson vorgegangen werden kann. Dagegen wird der Kommissionär durch die Pflichtverletzung nicht gehindert, sich gegenüber dem Kommittenten auf den mangelhaften Zustand der Ware zu berufen.[11] Der Verkaufskommissionär, der das Delkredere übernommen hat, kann daher dem Kommittenten gegenüber die Mangelhaftigkeit des Gutes auch dann geltend machen, wenn er gegen seine Benachrichtigungspflicht verstoßen hat.[12] Allein die Pflichtverletzung berechtigt den Kommittenten noch nicht, das Geschäft gem. § 385 Abs. 1 Hs. 2 zurückzuweisen.[13] Anders kann es aber sein, wenn der Kommissionär zusätzlich gegen Weisungen iSd § 385 verstoßen hat.

13 **6. Abdingbarkeit.** Diese Pflichten können selbstverständlich durch Vertrag ganz oder teilweise ausgeschlossen werden.[14]

III. Notverkauf (Abs. 2)

14 **1. Tatbestand. a) Kommissionsgut.** Es wird kontrovers beurteilt, ob § 388 Abs. 2 nur greift, wenn es sich um zugesandtes Gut iSd § 388 Abs. 1 handelt.[15] In der Tat legt der systematische Zusammenhang mit Abs. 1 und das Wort „später" eine Beschränkung auf **zugesandtes Gut** nahe, doch lässt sich nicht verkennen, dass sich dieselbe Problematik in derselben Weise auch stellen kann, wenn der Kommissionär das Gut unmittelbar vom Kommittenten oder dem Partner des Ausführungsgeschäfts erhalten hat, was eine extensivere Handhabung der Vorschrift rechtfertigt, zumal Wortlaut und Systematik nicht zwingend sind.[16]

15 **b) Verderb oder Veränderung.** Das Gut muss bei Besitzerlangung des Kommissionärs dem Verderb ausgesetzt sein oder es müssen nach Besitzerlangung Veränderungen am Gut eingetreten sein, die seine Entwertung befürchten lassen. Der Begriff des Verderbs und der Veränderung wird überwiegend nur auf **stoffliche Veränderungen** bezogen.[17] Äußere Vorgänge, wie Preisänderungen oder Modewechsel, die auf die Qualität keinen Einfluss haben, sollen dagegen nicht unter § 388 Abs. 2 fallen.[18] Allerdings ist vor dem Hintergrund der allgemeinen Interessenwahrungspflicht des § 384 Abs. 1 durchaus eine extensivere Handhabung geboten. Daher sind vom Kommissionär auch sonstige drohende, nicht unerhebliche Vermögensschäden zu berücksichtigen, so dass etwa auch ein Preisverfall, der sich nicht mehr im Rahmen des Marktüblichen hält, zum Notverkauf berechtigen kann. Unstreitig ist jedenfalls der Anwendungsbereich des § 388 Abs. 2 eröffnet, wenn Veränderungen im Raum stehen, die einen Mangel iSd §§ 434 f. BGB begründen.

16 **c) Weisung des Kommittenten.** Es darf entweder keine Zeit sein, Weisungen des Kommittenten einzuholen, oder der Kommittent muss mit der Erteilung der erbetenen Weisung säumig sein. Auf ein Verschulden des Kommittenten kommt es nicht an. Erfolgt die Weisung vor Durchführung des Notverkaufs, so muss sich der Kommissionär danach richten.[19]

17 **2. Rechtsfolgen.** Die Befugnis des Kommissionärs zum Notverkauf ist vor dem Hintergrund der **Interessenwahrungspflicht** des Kommissionärs (§ 384 Abs. 1) zu sehen. Der Kommissionär hat daher trotz Vorliegens der in § 388 niedergelegten Voraussetzungen nicht in jedem Falle ein Recht zum Notverkauf. Der Kommissionär darf nur dann zum Notverkauf schreiten, wenn es im Interesse des Kommittenten liegt.[20] Umgekehrt kann sich die Interessenwahrungspflicht sogar zu

[10] Ebenroth/Boujong/Füller Rn. 5; Schlegelberger/Hefermehl Rn. 13.
[11] OLG München 28.3.1957, MDR 1957, 678 (679).
[12] MüKoHGB/Häuser Rn. 16; Schlegelberger/Hefermehl Rn. 13.
[13] Hopt/Kumpan Rn. 3.
[14] Weidmann, Das Kommissionsgeschäft I, 1908, 170.
[15] Vgl. Weidmann, Das Kommissionsgeschäft I, 1908, 182; MüKoHGB/Häuser Rn. 20.
[16] Ebenso Ebenroth/Boujong/Füller Rn. 8; Schlegelberger/Hefermehl Rn. 15.
[17] Weidmann, Das Kommissionsgeschäft I, 1908, 183; MüKoHGB/Häuser Rn. 21; Schlegelberger/Hefermehl Rn. 15.
[18] Vgl. Grünhut, Das Recht des Commissionshandels, 1879, 224.
[19] Weidmann, Das Kommissionsgeschäft I, 1908, 184, 185.
[20] ROHG 16.3.1872, ROHGE 5, 283 (293); Grünhut, Das Recht des Commissionshandels, 1879, 223.

einer **Pflicht des Kommissionärs zum Notverkauf** verdichten.[21] Verstößt der Kommissionär gegen diese Pflichten, haftet er auf Schadensersatz. Überhaupt ist der Selbsthilfeverkauf nicht die einzige Maßnahme, die dem Kommissionär unter den Voraussetzungen des § 388 Abs. 2 zur Verfügung steht. Unter Umständen kann auch eine **andere als der in § 373 vorgesehenen Verwertungsformen** geboten sein, etwa ein freihändiger Verkauf. Die rechtliche Bedeutung des § 388 Abs. 2 erscheint also beschränkt. Doch wird man der Vorschrift eine Restbedeutung zuweisen können, als man darin eine **typisierte Interessenbewertung** sehen kann. Liegen die Voraussetzungen des § 388 Abs. 2 vor, so ist der Kommissionär grundsätzlich zur Verwertung nach § 373 berechtigt und verpflichtet. Wer eine abweichende Pflichtenrichtung behauptet, muss dies besonders begründen und die tragenden tatsächlichen Umstände darlegen und ggf. beweisen. So ist es etwa am Kommissionär nach einem freihändigen Verkauf darzutun, dass nur oder zumindest auch diese Art der Verwertung dem Interesse des Kommittenten entsprochen hat.[22]

3. Durchführung des Notverkaufs. Die Durchführung des Notverkaufs folgt den § 372 Abs. 2– 18
5. In der Lit. wird kontrovers beurteilt, ob der Kommissionär zur **„Androhung des Selbsthilfeverkaufs"** gem. § 373 Abs. 2 S. 1 verpflichtet ist. Während die ganz überwiegende Lehre eine solche Pflicht annimmt und hiervon nur in den Fällen des § 373 Abs. 2 S. 2 absehen will (Anzeige ist untunlich, zB weil Gefahr im Verzuge ist),[23] geht die Gegenauffassung davon aus, dass an die Stelle der Androhung des § 373 Abs. 2 die Pflicht des § 388 Abs. 2 zur Einholung einer Weisung getreten sei, also eine weitere „Androhung" nicht erforderlich ist.[24] Die Frage kann nur vor dem Hintergrund des Subordinationscharakters des Kommissionsgeschäfts und der Interessenwahrungspflicht des Kommissionärs beantwortet werden. Dann aber ist klar, dass den Kommissionär eine permanente Pflicht zur Einholung von Weisungen und der Ankündigung der weiteren geplanten Schritte trifft. Denn der Kommissionär wird für den Kommittenten tätig; auf ein eigenes Interesse kann sich der Kommissionär im Rahmen des § 388 Abs. 2 nicht berufen (anders § 389). Daher spricht man im Rahmen des § 388 Abs. 2 besser auch nicht von Selbsthilfeverkauf, sondern von einem Notverkauf im Interesse des Kommittenten. Daher ist es eine Selbstverständlichkeit, dass der Kommissionär, sofern ausreichend Zeit ist, den anvisierten Notverkauf anzeigt („androht") und dem Kommittenten Möglichkeit zur abweichenden Weisung gibt.

§ 389 [Hinterlegung; Selbsthilfeverkauf]

Unterläßt der Kommittent über das Gut zu verfügen, obwohl er dazu nach Lage der Sache verpflichtet ist, so hat der Kommissionär die nach § 373 dem Verkäufer zustehenden Rechte.

I. Allgemeines

Der Kommissionsvertrag ist **kein Verwahrungsvertrag.** Diese Vorschrift gibt dem Kommissionär 1
daher das Recht zur Hinterlegung (§ 373 Abs. 1) oder zum Selbsthilfeverkauf (§ 373 Abs. 2–5), wenn es der Kommittent unterlässt, über das Kommissionsgut zu verfügen, obwohl er dazu nach Lage der Sache verpflichtet ist. Anders als § 388 Abs. 2, der den Notverkauf im Interesse des Kommittenten regelt, will § 389 dem **Interesse des Kommissionärs** entgegenkommen. Der Kommissionär ist daher auch dann zur Hinterlegung oder zum Selbsthilfeverkauf berechtigt, wenn dies dem Interesse des Kommittenten widerspricht. Die Interessenwahrungspflicht tritt in die zweite Reihe, wirkt aber weiterhin im Sinne eines Verhältnismäßigkeitsprinzips fort: Auch bei Wahrnehmung seiner Rechte aus § 373 hat der Kommissionär die Interessen des Kommittenten zu wahren, allerdings nur insoweit, als dadurch seine Interessen nicht beeinträchtigt werden.[1]

II. Tatbestand

1. Verfügungspflicht. Der Kommittent muss zur Verfügung über das Gut verpflichtet sein. Das 2
ist nicht rechtstechnisch zu verstehen. Entscheidend ist, ob für den weiteren Verbleib des Kommissionsguts beim Kommissionär noch Anlass besteht und dem Kommissionär eine weitere Aufbewahrung

---

[21] Weidmann, Das Kommissionsgeschäft I, 1908, 187 f.; MüKoHGB/Häuser Rn. 26; Schlegelberger/Hefermehl Rn. 19.
[22] Vgl. OLG München 28.3.1957, MDR 1957, 678 (679).
[23] Weidmann, Das Kommissionsgeschäft I, 1908, 186; Hopt/Kumpan Rn. 4; Ebenroth/Boujong/Füller Rn. 11.
[24] Ebenroth/Boujong/Joost/Strohn/Krüger, 2. Aufl. 2009, Rn. 9; Staub/Koller Rn. 20.
[1] Ebenroth/Boujong/Füller Rn. 1; Schlegelberger/Hefermehl Rn. 1.

zugemutet werden kann.[2] Ist das nicht (mehr) der Fall, so ist der Kommittent gehalten, über das Gut zu verfügen, dh Weisung zu erteilen, wie mit dem Gut weiter zu verfahren ist. Entscheidend ist die „Lage der Sache“, dh die Umstände des Einzelfalles. Für eine weitere Aufbewahrung beim Kommissionär besteht etwa Anlass, wenn mit der Ausführung der Kommission demnächst zu rechnen ist. Umgekehrt trifft den Kommittenten die „Verfügungspflicht“, wenn ihm die erfolgreiche Durchführung einer Einkaufskommission oder das endgültige Scheitern einer Verkaufskommission angezeigt wurde.[3]

3 **2. Unterlassen der Verfügung.** Der Kommittent muss es unterlassen, über das Kommissionsgut zu verfügen. Auf ein Verschulden kommt es nicht an.[4] Ist der Zeitpunkt verstrichen, in dem spätestens mit dem Zugang einer Weisung zu rechnen war, so ist der Kommissionär zur Hinterlegung oder zum Selbsthilfeverkauf berechtigt. Kommt der Kommittent aber seiner Verfügungspflicht durch die Erteilung von Weisungen nach, bevor der Kommissionär seine Rechte aus § 373 ausüben kann, so verliert der Kommissionär seine entsprechenden Rechte.

III. Rechtsfolge

4 **1. Rechte aus § 373.** Kommt der Kommittent seiner Verfügungspflicht nicht nach, so hat der Kommissionär die nach § 373 dem Verkäufer zustehenden Rechte. Der Kommissionär ist also zur Hinterlegung (§ 373 Abs. 1) oder zum Selbsthilfeverkauf (§ 373 Abs. 2–5) berechtigt. Dabei darf der Kommissionär in erster Linie seine eigenen Interessen verfolgen, muss aber im Rahmen des Möglichen und Zumutbaren auf die Belange des Kommittenten Rücksicht nehmen (Verhältnismäßigkeitsprinzip). Es handelt sich bei § 389 insoweit um eine Rechtsfolgenverweisung, als das Vorliegen eines Annahmeverzuges nicht mehr besonders zu prüfen ist. Von einer Rechtsgrundverweisung im Übrigen lässt sich sprechen, als der Kommissionär grundsätzlich gehalten ist, das in § 373 geregelte Verfahren einzuhalten; dh insbesondere, dass der Kommissionär einen Selbsthilfeverkauf gemäß § 373 Abs. 2 S. 1 androhen muss, sofern die Androhung nicht ausnahmsweise untunlich ist (§ 373 Abs. 2 S. 2). Verletzt der Kommittent diese Vorschriften, haftet er dem Kommittenten gemäß § 280 BGB auf Schadensersatz.

5 **2. Schuldnerverzug, Annahmeverzug.** Ob der Kommissionär wegen Verletzung der Verfügungspflicht des Kommittenten nach § 280 Abs. 2, § 286 berechtigt ist, einen weitergehenden Verfügungsschaden geltend zu machen, hängt davon ab, ob sich die vom Gesetzgeber als Verfügungspflicht bezeichneten Mitwirkungshandlungen des Kommittenten als echte Rechtspflichten darstellen, oder lediglich – was die hM für den Regelfall hält – im Bereich der Obliegenheit verbleiben.[5] Da sich der Kommittent regelmäßig im Annahmeverzug befindet, kommen dem Kommissionär auch die §§ 300 ff. BGB, §§ 383 ff. BGB zugute.

§ 390 [Haftung des Kommissionärs für in seiner Verwahrung befindliches Gut]

(1) Der Kommissionär ist für den Verlust und die Beschädigung des in seiner Verwahrung befindlichen Gutes verantwortlich, es sei denn, daß der Verlust oder die Beschädigung auf Umständen beruht, die durch die Sorgfalt eines ordentlichen Kaufmanns nicht abgewendet werden konnten.

(2) Der Kommissionär ist wegen der Unterlassung der Versicherung des Gutes nur verantwortlich, wenn er von dem Kommittenten angewiesen war, die Versicherung zu bewirken.

Übersicht

[2] Ebenroth/Boujong/Füller Rn. 2; Schlegelberger/Hefermehl Rn. 2.
[3] Vgl. Weidmann, Das Kommissionsgeschäft I, 1908, 184 f.
[4] Weidmann, Das Kommissionsgeschäft I, 1908, 184.
[5] Staub/Koller Rn. 7.

I. Allgemeines

1 Die Durchführung des Kommissionsgeschäfts bringt die Verwahrung des gekauften oder zu verkaufenden Kommissionsguts mit sich. § 390 Abs. 1 stellt die Verantwortlichkeit des Kommissionärs für den Verlust oder die Beschädigung des in seiner Verwahrung befindlichen Kommissionsguts besonders heraus. Die Vorschrift ist in zweifacher Hinsicht ein selbstständiger Anwendungsfall allgemeiner Vorschriften. Die materielle Pflicht des Kommissionärs zur ordentlichen Verwahrung des Kommissionsguts folgt unmittelbar aus seiner allgemeinen Interessenwahrungspflicht gegenüber dem Kommittenten gemäß § 384 Abs. 1. Rechtstechnisch konkretisiert § 390 Abs. 1 nur die allgemeine Schadensersatzhaftung wegen Pflichtverletzung gemäß § 280 Abs. 1 BGB.

2 § 390 Abs. 2 schränkt die allgemeine Interessenwahrungspflicht des Kommissionärs gemäß § 384 Abs. 1 dahin ein, dass der Kommissionär grundsätzlich nicht zur Versicherung des Kommissionsguts verpflichtet ist. Anderes gilt nur, wenn der Kommissionär besonders angewiesen wurde.

II. Haftung bei Beschädigung und Verlust des Gutes (Abs. 1)

3 **1. Kommissionsvertrag.** Die Haftung nach § 390 Abs. 1 setzt das Bestehen eines Kommissionsvertrags voraus.[1] Hat der Kommittent mit der Offerte zum Abschluss eines Kommissionsvertrags zugleich Waren und Wertpapiere übersandt und lehnt der Kommissionär die Übernahme der Kommission ab, so hat der Kommissionär nach § 362 Abs. 2 – und nicht nach § 390 – die Waren auf Kosten des Kommittenten einstweilen vor Schaden zu bewahren.[2] Dagegen bleibt es auch nach Beendigung des Kommissionsvertrags bei der Anwendung des § 390 Abs. 1, wenn der Kommissionär aufgrund des Kommissionsvertrags das Kommissionsgut bis zur Rückgabe weiterhin für den Kommittenten aufbewahrt; entsprechendes gilt, wenn der Kommissionär nach Beendigung des Kommissionsvertrages das Gut kraft seines Pfand- oder Retentionsrechts weiter besitzt.[3]

4 **2. Verwahrung.** Die Verwahrung muss (als Nebenpflicht) aufgrund des Kommissionsvertrages erfolgen. Erfolgt die Verwahrung aus einem anderen Rechtsgrund, zB aufgrund eines besonderen mit einem Dritten oder dem Kommittenten geschlossenen Vertrages, ist für eine Anwendung des § 390 kein Raum, da insoweit nicht mehr von einem Kommissionsgut gesprochen werden kann.[4] Übergibt der Kommissionär auf Weisung oder mit Einverständnis das Gut einem Dritten (Lagerhalter, Frachtführer, Spediteur) zur selbständigen und eigenverantwortlichen Aufbewahrung oder zur Weiterleitung, so endet die Verpflichtung zur Verwahrung. Der Kommissionär schuldet dann nur die ordentliche Auswahl des Dritten (vgl. § 664 Abs. 1 BGB).[5]

5 **3. Verlust und Beschädigung.** Verlustig ist das Kommissionsgut, wenn es, aus welchen rechtlichen oder tatsächlichen Gründen auch immer, nicht mehr an den Kommittenten herausgegeben werden kann.[6] Beschädigung ist jede Wertminderung durch Veränderung der Substanz. Eine Wertminderung durch Kursverfall ist weder ein Verlust noch eine Beschädigung iSd § 390.[7]

6 Nach § 280 Abs. 1 S. 1 BGB obliegt die **Darlegungs- und Beweislast** für die Pflichtverletzung dem Gläubiger. Die Anforderungen daran sind ganz unterschiedlich, je nachdem, ob eine erfolgsbezogene oder eine verhaltensbezogene Pflicht betroffen ist.[8] Bei erfolgsbezogenen Pflichten ergibt sich die Pflichtverletzung bereits daraus, dass die Leistung nicht rechtzeitig oder nicht wie geschuldet erbracht wurde; bei verhaltensbezogenen Pflichten ist dagegen voller Beweis der Pflichtverletzung zu erbringen. Die Vorschrift des § 390 Abs. 1 ordnet nunmehr an, dass den Kommittenten ausschließlich die Darlegungs- und Beweislast dafür trifft, dass der Verlust oder die Beschädigung des Kommissionsgutes während der Verwahrungszeit eingetreten ist. Letztlich muss damit der Kommittent lediglich darlegen und beweisen, dass dem Kommissionär die Ware übergeben worden ist und dieser die Ware nicht mehr unbeschädigt herausgeben kann.[9] War das Gut bereits vor der Verwahrung beschädigt, kommt ein Anspruch wegen Verletzung der Verwahrungspflicht nicht in Betracht.

---

[1] Zur Aufbewahrungspflicht eines Galeristen aufgrund eines Galerievertrags, der als typengemischter Vertrag auch Elemente des Kommissionsvertrages beinhaltet: OLG München 9.2.2012, IPRB 2012, 103; vgl. auch OLG Frankfurt 3.11.2003, NJW-RR 2004, 835.

[2] Weidmann, Das Kommissionsgeschäft I, 1908, 172 f.

[3] Weidmann, Das Kommissionsgeschäft I, 1908, 173; Schlegelberger/Hefermehl Rn. 3.

[4] Weidmann, Das Kommissionsgeschäft I, 1908, 173.

[5] Weidmann, Das Kommissionsgeschäft I, 1908, 174; Staub/Koller Rn. 7.

[6] BGH 1.3.2007, NJW-RR 2007, 1177 (1178).

[7] Ebenroth/Boujong/Füller Rn. 4; Schlegelberger/Hefermehl Rn. 6.

[8] Vgl. Lorenz NJW 2005, 1989 (1990).

[9] BGH 1.3.2007, NJW-RR 2007, 1177 (1178); OLG Düsseldorf 26.2.2009, BeckRS 2009, 27109.

7 **4. Verschulden.** Wie bei § 280 Abs. 1 BGB ist die Feststellung des Verschuldens kein positives Tatbestandsmerkmal. Es wird vielmehr dem Kommissionär die Möglichkeit eingeräumt, Umstände darzulegen und ggf. zu beweisen, dass der Verlust oder die Beschädigung des Guts auch mit der Sorgfalt eines ordentlichen Kaufmanns nicht hätten abgewendet werden können.[10]

8 **5. Rechtsfolge.** Verantwortlichkeit bedeutet in diesem Zusammenhang die Verpflichtung zum Schadensersatz.[11] Die Berechnung des Schadensersatzes folgt den allgemeinen Regeln der §§ 249 ff. BGB. Bei der (Verkaufs-)Kommission haftet der Kommissionär auf den vollen Verkehrswert; seine **hypothetische Provision** ist grundsätzlich nicht in Abzug zu bringen.[12] Allein das Bestehen einer Versicherung enthebt den Kommissionär nicht von seiner prinzipiellen Verantwortlichkeit, mindert aber den Schaden des Kommittenten.[13]

9 **6. Freizeichnung.** Individualvertraglich ist eine Haftungsfreizeichnung im Rahmen des § 276 Abs. 3 BGB möglich. Bei der Verwendung von AGB setzen die §§ 307, 309 Nr. 7, 12 BGB Grenzen.[14]

III. Versicherungspflicht (Abs. 2)

10 **1. Versicherungspflicht.** Der Kommissionär ist grundsätzlich zur Versicherung des Kommissionsguts nicht verpflichtet, und zwar selbst dann nicht, wenn eine Versicherung des Kommissionsguts nach den Umständen geboten gewesen wäre.[15] Auch ein ordentlicher Kaufmann muss nicht mehr tun, als das Gesetz von ihm verlangt. Eine Versicherungspflicht trifft den Kommissionär nur, wenn er entsprechend vom Kommittenten angewiesen wurde, wobei der Begriff der Weisung nicht im technischen Sinne zu verstehen ist, sondern auch vertragsmäßig übernommene Versicherungspflichten erfasst. Allerdings muss eine Weisung nicht expressis verbis erfolgen, sondern kann sich auch im Wege der Auslegung ergeben.[16] Eine **„stillschweigende"** Weisung ist etwa dann anzunehmen, wenn im Rahmen einer längeren Geschäftsbeziehung in der Vergangenheit in ähnlichen Fällen eine Versicherung vom Kommittenten immer gewünscht war.[17] Auch auf ggf. bestehende Handelsbräuche (§ 346 BGB) ist zu achten: Ein Handelsbrauch kann auch dispositives Recht modifizieren.[18]

11 **2. Ausführung eines Versicherungsauftrags.** Liegt ein Versicherungsauftrag vor, so ist dieser unverzüglich und mit der Sorgfalt eines ordentlichen Kaufmanns auszuführen; insbesondere muss der Versicherer sorgfältig ausgewählt werden. Der Vertrag kann auf Rechnung des Kommittenten (§§ 43 ff. VVG) oder auf eigene Rechnung des Kommissionärs abgeschlossen werden; Forderungen aus dem Versicherungsvertrag sind dann gemäß § 384 Abs. 2 Hs. 2 abzutreten.[19] § 392 Abs. 2 findet insoweit Anwendung.[20] Der Umfang der abzuschließenden Versicherung richtet sich primär nach der Weisung des Kommittenten, subsidiär nach bestehenden Usancen. Bei nur allgemeiner Weisung hat sich die Versicherung zu den üblichen Bedingungen auf alle für den konkreten Fall typischen Gefahren zu erstrecken.[21] Ohne abweichende Weisung hat der Kommissionär grundsätzlich nur den eigentlichen Wert der Ware, nicht aber einen imaginären Gewinn zu versichern.[22]

12 **3. Aufwendungsersatz.** Auch bei **fehlender Weisung** des Kommittenten kann der Kommissionär seine Auslagen für die Versicherung im Rahmen seines Aufwendungsersatzanspruchs gemäß § 396 Abs. 2 geltend machen, wenn die Versicherung im wohlverstandenen Interesse des Kommittenten lag.[23] Eines Rückgriffs auf § 683 S. 1 BGB bedarf es insoweit nicht.[24] Handelte der Kommissionär

[10] BGH 1.3.2007, NJW-RR 2007, 1177 (1178). Dazu ausf. Weidmann, Das Kommissionsgeschäft I, 1908, 178 ff.; vgl. OLG Stuttgart 5.2.1982, VersR 1983, 644.

[11] OLG Frankfurt 3.11.2003, NJW-RR 2004, 835 (836).

[12] OLG Frankfurt 3.11.2003, NJW-RR 2004, 835 (836); OLG Stuttgart 5.2.1982, VersR 1983, 644.

[13] Weidmann, Das Kommissionsgeschäft I, 1908, 175; Hopt/Kumpan Rn. 2.

[14] Dazu Schlegelberger/Hefermehl Rn. 10; Staub/Koller Rn. 14 ff.

[15] Grünhut, Das Recht des Commissionshandels, 1879, 230 f.; Weidmann, Das Kommissionsgeschäft I, 1908, 191.

[16] Weidmann, Das Kommissionsgeschäft I, 1908, 194.

[17] Vgl. ROHG 17.4.1872, ROHGE 7, 356 (360 ff.); Burchard, Das Recht der Spedition, 1894, 247 f.; Grünhut, Das Recht des Commissionshandels, 1879, 227 ff.

[18] Schlegelberger/Hefermehl Rn. 12.

[19] OLG Koblenz 27.1.1967, MDR 1967, 770.

[20] Ebenroth/Boujong/Füller Rn. 7; Schlegelberger/Hefermehl Rn. 13.

[21] Vgl. RG 1.4.1882, RGZ 6, 114 (116); Burchard, Das Recht der Spedition, 1894, 273 ff.

[22] ROHG 17.10.1876, ROHGE 21171, 173; Weidmann, Das Kommissionsgeschäft I, 1908, 195 f.

[23] Vgl. ROHG 17.4.1872, ROHGE 7, 356 (360 ff.).

[24] Vgl. Staudinger/Bergmann, 2020, BGB Vor § 677 Rn. 188. So aber noch die ältere Lehre, Grünhut, Das Recht des Commissionshandels, 1879, 231.

aber **gegen eine Weisung** des Kommittenten, die die Aufnahme einer Versicherung untersagt, scheidet ein Aufwendungsersatzanspruch grundsätzlich aus.[25] Unter Umständen kann aber aus § 385 HGB, § 665 BGB etwas anderes folgen.[26]

§ 391 [Untersuchungs- und Rügepflicht; Aufbewahrung; Notverkauf]

[1]Ist eine Einkaufskommission erteilt, die für beide Teile ein Handelsgeschäft ist, so finden in bezug auf die Verpflichtung des Kommittenten, das Gut zu untersuchen und dem Kommissionär von den entdeckten Mängeln Anzeige zu machen, sowie in bezug auf die Sorge für die Aufbewahrung des beanstandeten Gutes und auf den Verkauf bei drohendem Verderbe die für den Käufer geltenden Vorschriften der §§ 377 bis 379 entsprechende Anwendung. [2]Der Anspruch des Kommittenten auf Abtretung der Rechte, die dem Kommissionär gegen den Dritten zustehen, von welchem er das Gut für Rechnung des Kommittenten gekauft hat, wird durch eine verspätete Anzeige des Mangels nicht berührt.

Übersicht

I. Allgemeines

1 Gerade bei der Einkaufskommission bestehen seitens des Kommissionärs mit Blick auf das Kommissionsgut zahlreiche Fehlerquellen. In erster Linie ist an drei Fälle zu denken: (1) Da der Kommissionär im eigenen Namen handelt, treten die Wirkungen des im Rahmen einer Einkaufskommission mit dem Dritten geschlossenen Kaufvertrags in seiner Person ein. Ist die eingekaufte Ware mangelhaft, stehen die Mängelrechte gemäß § 437 BGB unmittelbar dem Kommissionär zu. Da er aber für Rechnung und im Interesse des Kommittenten handelt (§ 384 Abs. 1 Hs. 2), hat er die Mängelrechte im Interesse des Kommittenten zu wahren; das bedeutet für den Kommissionär insbesondere, dass er zur Erhaltung der Mängelrechte der Untersuchungs- und Rügeobliegenheit des § 377 genügen muss, wie er auch schon auf der vorgelagerten Ebene des Abschlusses des Ausführungsgeschäfts vermeiden muss, wissentlich oder grob fahrlässig eine mangelhafte Sache zu erwerben (§ 440 Abs. 1 BGB). Verletzt der Kommissionär die Interessenwahrungspflicht und gehen die Mängelrechte gegen den Verkäufer verloren, haftet er dem Kommittenten gegenüber auf Schadensersatz (§ 280 BGB). (2) Der Kommissionär ist gemäß § 390 Abs. 1 für Beschädigungen des in seiner Verwahrung befindlichen Kommissionsguts verantwortlich. (3) Weicht der Kommissionär, was die Beschaffenheit des Kommissionsguts angeht, vom Inhalt des Kommissionsvertrages oder von Weisungen des Kommittenten ab, so kann der Kommittent Schadensersatz verlangen oder sogar das Geschäft zurückweisen (§ 385 Abs. 1). Im **Interesse des Kommissionärs** begründet nun § 391 S. 1 mit Verweis auf § 377 eine eigene **Untersuchungs- und Rügeobliegenheit zu Lasten des Kommittenten.** Will dieser aufgrund der genannten Fehlerquellen gegen den Kommissionär vorgehen, muss er die Ware unverzüglich untersuchen und Fehler sofort rügen.

2 Im Falle des **Selbsteintritts** gelten die §§ 373 ff., also auch § 377 unmittelbar (§ 400 Abs. 1); des Rückgriffs auf § 391 bedarf es nicht.[1] Im Falle der **Selbsthaftung** (§ 384 Abs. 3) wird im Ergebnis ohne Konsequenz darüber gestritten, ob die Anwendung der §§ 373 ff. aus § 384 Abs. 3 oder § 391 S. 1 folgt.[2]

3 § 391 S. 1 wurde im Rahmen der **Schuldrechtsmodernisierung,** in deren Gefolge § 378 aufgehoben wurde, nicht angepasst, und verweist daher weiterhin auf die „§§ 377 bis 379". Insoweit liegt ein – freilich folgenloses – Redaktionsversehen vor.

---

[25] Vgl. Burchard, Das Recht der Spedition, 1894, 287; Grünhut, Das Recht des Commissionshandels, 1879, 232.

[26] Weidmann, Das Kommissionsgeschäft I, 1908, 192 f.

[1] Weidmann, Das Kommissionsgeschäft I, 1908, 198; Staub/Koller § 400 Rn. 83.

[2] Ebenroth/Boujong/Füller Rn. 2; Schlegelberger/Hefermehl Rn. 4.

II. Tatbestand

4 **1. Einkaufskommission.** § 391 gilt nur für die Einkaufskommission. Für die **Verkaufskommission** gibt die Vorschrift nichts her.[3] Eine Obliegenheit oder gar Rechtspflicht des Verkaufskommissionärs, die ihm vom Kommittenten übersandte Ware zu untersuchen, besteht grundsätzlich nicht.[4] Insoweit trifft den Kommissionär nur die echte Pflicht, bei äußerlich erkennbaren oder ihm bekannten Beschädigungen oder Mängeln die Rechte gegen die Transportperson zu wahren (vgl. § 388 Abs. 1). Dagegen ist der Verkaufskommissionär gemäß § 384 Abs. 1 zur unverzüglichen Weitergabe einer vom Dritten erhobenen Mängelrüge und zur Einholung weiterer Instruktionen verpflichtet.

5 **2. Beiderseitiges Handelsgeschäft.** Das Kommissionsgeschäft muss für Kommissionär und Kommittent ein Handelsgeschäft iSd § 343 sein. Kommissionär und Kommittent müssen also Kaufmann sein. Allein die Tätigkeit als Kommissionär macht den Kommissionär noch nicht zum Kaufmann (vgl. § 383 Abs. 2 S. 1); notwendig ist, dass die weiteren Voraussetzungen der §§ 1 ff. vorliegen. Die Frage, ob das Ausführungsgeschäft Handelsgeschäft ist, ist für § 391 S. 1 ohne Bedeutung. Greift § 391 S. 1 nicht, so bestimmen sich die Pflichten des Kommittenten nach bürgerlichem Recht.[5] In eine verzwickte Lage kann der kaufmännische Kommissionär geraten, wenn zwar auch der Partner des Ausführungsgeschäfts Kaufmann, aber der Kommittent nicht Kaufmann ist. Hier hat der Kommissionär zwar im Interesse des Kommittenten die Untersuchungs- und Rügeobliegenheit gemäß § 377 gegenüber dem Dritten zu wahren, dagegen ist der Kommittent mangels Eingreifen der § 391 S. 1, § 377 gegenüber dem Kommissionär nicht zur Untersuchung und Rüge angehalten. Manche versuchen sich damit zu behelfen, dass sie dem Kommittenten – wie dem Käufer des einseitigen Handelskaufs – aufgeben, gemäß § 242 BGB innerhalb angemessener Zeit zu rügen.[6]

6 **3. Ablieferung der Ware.** Die Rügeobliegenheit gemäß § 377 setzt die Ablieferung der Ware voraus, der Kommittent muss also die Verfügungsgewalt über das Kommissionsgut bekommen haben, wobei es gleichgültig ist, ob der Kommittent die Ware unmittelbar vom Kommissionär oder vom Vertragspartner des Ausführungsgeschäfts bekommen hat. Gerade im zweiten Fall ist der Kommittent gehalten, den Kommissionär von der Mangelhaftigkeit in Kenntnis zu setzen, damit dieser seine Mängelrechte aus dem Ausführungsgeschäft (§ 437 BGB) gegen den Verkäufer überhaupt geltend machen kann.

7 **4. Gegenstand der Untersuchungs- und Rügeobliegenheit.** Der Kommittent hat die Ware unverzüglich, soweit tunlich, auf Mängel zu untersuchen, und wenn sich ein Mangel zeigt, diesen unverzüglich anzuzeigen. Dabei sind Mängel iSd Kommissionsgeschäfts gemeint. Hierunter fallen nicht nur Mängel des Kommissionsguts iSd §§ 434 ff. BGB, wozu gemäß § 434 Abs. 3 BGB auch die Aliud- und die Minus-Lieferung zählen,[7] sondern etwa auch Beschädigungen, für die der Kommissionär gemäß § 490 Abs. 1 einzustehen hat, oder sonstige Abweichungen des eingekauften Kommissionsguts vom Kommissionsvertrag oder den Weisungen des Kommittenten.[8]

III. Rechtsfolge

8 **1. Rechtzeitige Rüge.** Die nach § 377 rechtzeitige Rüge wahrt die Rechte des Kommittenten gegen den Kommissionär. Dh insbesondere, dass der Kommittent Schadensersatzansprüche gemäß § 280 BGB geltend machen kann, wenn der Kommissionär seiner Interessenwahrungspflicht (§ 384 Abs. 1) zuwider die in seiner Person entstandenen Mängelrechte (§ 437 BGB) nicht gewahrt hat oder es in seinem Verantwortungsbereich zu einer nicht entschuldigten Beschädigung des Kommissionsgutes gekommen ist (§ 390 Abs. 1). Unter den Voraussetzungen des § 385 Abs. 1 kann der Kommittent das Geschäft dann auch zurückweisen.

9 **2. Einstweilige Aufbewahrung; Notverkauf.** Bei beanstandeter Ware trifft den Kommittenten die Aufbewahrungspflicht und das Recht zum Notverkauf gemäß § 379.

10 **3. Verspätete Rüge.** Bei entsprechend § 377 nicht rechtzeitiger Rüge gilt das Kommissionsgut als genehmigt (§ 377 Abs. 2, Abs. 3); anders nur, wenn der Kommissionär arglistig gehandelt hat (§ 373 Abs. 5). Schadensersatzansprüche gemäß § 280 BGB, § 384 Abs. 1 HGB wegen Verlustes der

---

[3] Weidmann, Das Kommissionsgeschäft I, 1908, 199; Schlegelberger/Hefermehl Rn. 5, 14 f.
[4] Anders bei Verkaufskommission mit Mindestpreisgarantie Schlegelberger/Hefermehl Rn. 14.
[5] Weidmann, Das Kommissionsgeschäft I, 1908, 200. Nach bürgerlichem Recht trifft den Käufer grds. keine Rügeobliegenheit, Staudinger/Matusche-Beckmann, 2014, BGB § 434 Rn. 262.
[6] Vgl. Weidmann, Das Kommissionsgeschäft I, 1908, 200 f.
[7] Canaris HandelsR § 30 Rn. 37.
[8] Schlegelberger/Hefermehl Rn. 8; Staub/Koller Rn. 7.

Mängelrechte gegenüber dem Partner des Ausführungsgeschäfts (§ 437 BGB) oder wegen nicht entschuldigter Beschädigung des Kommissionsgutes (§ 390 Abs. 1) können ebenso wenig geltend gemacht werden, wie Schadensersatzansprüche oder sogar eine Zurückweisung gemäß § 385, falls die Ware nicht dem Kommissionsvertrag oder den Weisungen des Kommittenten entspricht. Unberührt bleiben aber Ansprüche, die mit einer Mangelhaftigkeit oder Beschädigung des Kommissionsguts nicht in Zusammenhang stehen.[9]

IV. Abtretungsansprüche des Kommittenten (S. 2)

Gemäß § 384 Abs. 2 Hs. 2 ist der Kommissionär verpflichtet, dem Kommittenten das aus der Geschäftsbesorgung Erlangte herauszugeben.[10] Hierher gehören auch eventuelle Mängelrechte gemäß § 437 BGB, die er gegen den Partner des Ausführungsgeschäfts hat. § 391 S. 2 stellt nun klar, dass der Kommittent selbstverständlich auch dann noch Abtretung (Herausgabe) bestehender Mängelrechte verlangen kann, wenn er die Rügeobliegenheit gemäß § 391 S. 1, § 373 verletzt hat. Die Genehmigungsfiktion der § 377 Abs. 2, Abs. 3 bezieht sich nur auf das Verhältnis zwischen Kommissionär und Kommittent und erfasst keinesfalls „mittelbar" das vom Kommissionär auf seine Rechnung vorgenommene Ausführungsgeschäft. Der Kommittent bleibt daher zwar mit eigenen Schadensersatzansprüchen gegen den Kommissionär ausgeschlossen, kann aber weiterhin die Abtretung der dem Kommissionär gegen den Dritten zustehenden Mängelrechte fordern. 11

§ 392 [Forderungen aus dem Kommissionsgeschäft]

(1) Forderungen aus einem Geschäfte, das der Kommissionär abgeschlossen hat, kann der Kommittent dem Schuldner gegenüber erst nach der Abtretung geltend machen.

(2) Jedoch gelten solche Forderungen, auch wenn sie nicht abgetreten sind, im Verhältnisse zwischen dem Kommittenten und dem Kommissionär oder dessen Gläubigern als Forderungen des Kommittenten.

Schrifttum: Bitter, Rechtsträgerschaft für fremde Rechnung, 2006, insbesondere 189 ff.; Boehm, Die Auslegung und systematische Einordnung des § 392 Abs. 2 HGB, 1971; Fridgen, Zum Aussonderungsrecht bei der fremdnützigen Verwaltungstreuhand, ZInsO 2004, 530; Ganter, Der Surrogationsgedanke bei der Aus- und Absonderung, NZI 2008, 583; Gundlach/Frenzel/Schmidt, Die Anwendbarkeit des § 392 Abs. 2 HGB auf das aus dem Ausführungsgeschäft Erlangte in der Insolvenz des Kommissionärs, DZWiR 2000, 449; Hüffer, Vorrang des Kommittenten bei Mehrfachabtretung durch den Kommissionär, JuS 1991, 195; Lieder/Wüstenberg, Kommissionsgeschäft und Forderungszuordnung, Jura 2016, 1229; Piekenbrock, Insolvenzprivilegien im deutschen, ausländischen und europäischen Recht, ZZP 122 (2009), 63; Vrbaski, Forderungszuständigkeit und Insolvenzschutz beim Handel in Kommission, 2005.

Übersicht

I. Allgemeines

§ 392 Abs. 1 zieht die Konsequenz aus der Grundkonzeption der mittelbaren Stellvertretung: Der Kommissionär handelt im eigenen Namen, wenn auch auf fremde Rechnung. Partner des Ausführungsgeschäfts mit dem Dritten ist damit ausschließlich der Kommissionär; Forderungen aus dem Ausführungsgeschäft sind entsprechend dem Grundsatz der **Relativität der Schuldverhältnisse** ausschließlich seiner Person zugeordnet.[1] Da das Geschäft nun auf Rechnung und im Interesse 1

[9] Schlegelberger/Hefermehl Rn. 12; Staub/Koller Rn. 10.

[10] Krit. gegenüber der gesetzlichen Regelung Canaris HandelsR § 30 Rn. 38.

[1] KG 26.6.2012, WM 2013, 158 (160); K. Schmidt HandelsR § 31 Rn. 93; Weidmann, Das Kommissionsgeschäft I, 1908, 238.

des Kommittenten abgeschlossen wurde, gebührt dem Kommittenten im Verhältnis zu seinem Interessenwahrer (Kommissionär) das Erlangte. Aber er hat doch nur einen schuldrechtlichen Anspruch gegen den Kommissionär auf Herausgabe des Erlangten (vgl. § 384 Abs. 2 Hs. 2), dh insbesondere auf Abtretung (§ 398 BGB) der „wirtschaftlich" für ihn begründeten, aber „rechtlich" in der Person des Kommissionärs entstandenen Forderung. § 392 Abs. 1 stellt vor diesem Hintergrund klar, dass der Kommittent die Forderung aus dem Ausführungsgeschäft erst nach Abtretung gegenüber dem Schuldner geltend machen kann.[2] Im Verhältnis zum Schuldner und Dritten hat es dabei sein Bewenden.

2 Im Verhältnis aber zum Kommissionär und dessen Gläubigern erhält der Kommittent vermittels **§ 392 Abs. 2** weitreichende **vollstreckungsrechtliche Privilegien** (§ 771 ZPO, § 47 InsO) und einen **Sukzessionsschutz.** Denn im Verhältnis zum Kommissionär und dessen Gläubigern gilt die Forderung aus dem Ausführungsgeschäft bereits als Forderung des Kommittenten (§ 392 Abs. 2). Insoweit gilt die wirtschaftliche (schuldrechtliche) Zuordnung bereits als die dingliche Zuordnung.[3] Ihre natürliche Rechtfertigung finden die durch § 392 Abs. 2 gewährten Privilegien im besonderen Treuhandcharakter des Kommissionsgeschäfts im Besonderen und der mittelbaren Stellvertretung im Allgemeinen.[4] § 392 Abs. 2 verkörpert daher mehr als eine kommissionsrechtliche Sondervorschrift. Vielmehr steht dahinter ein allgemeiner Rechtsgedanke, der in seiner vollen Konsequenz sowohl in vertikaler als auch in horizontaler Richtung ein erweitertes Verständnis des zu engen Wortlauts des § 392 Abs. 2 verlangt. Davon wird unter den Stichworten der dinglichen Surrogation (→ Rn. 6 f.) und der Ausdehnung auf weitere Rechtsverhältnisse der mittelbaren Stellvertretung zu handeln sein (→ § 406 Rn. 6 f.).

3 Nicht anwendbar ist § 392 beim **Selbsteintritt** und beim Eigengeschäft; hier fehlt es am Tätigwerden für einen anderen.[5] Bei der Selbsthaftung (§ 384 Abs. 3) und bei der Delkrederehaftung bleibt es dagegen bei § 392.[6] § 392 Abs. 2 ist **dispositives Recht.** Kommissionär und Kommittent können einzelne oder alle Forderungen aus dem Ausführungsgeschäft von der Regel ausnehmen.[7]

II. Anwendungsbereich

4 **1. Mittelbare Stellvertretung.** § 392 findet unmittelbare Anwendung, wenn der Kommissionär im **eigenen Namen** und auf **fremde Rechnung** handelt. Denn hier besteht die für die Kommission und die mittelbare Stellvertretung typische Konstellation, dass (absolute) rechtliche und (relative) wirtschaftliche Zuordnung auseinanderfallen. Handelt der Kommissionär im eigenen Namen und **auf eigene Rechnung,** erledigt er also ein Eigengeschäft, so ist der unmittelbare Anwendungsbereich des § 392 nicht eröffnet:[8] Die Forderung steht nicht nur rechtlich, sondern auch wirtschaftlich dem Kommissionär zu. Schwierig werden die Verhältnisse, wenn der Kommissionär im Verhältnis zum Kommittenten pflichtwidrig auf eigene Rechnung handelt.[9] Auf jeden Fall haftet er dann dem Kommittenten auf Schadensersatz. Man nimmt an, dass dieser Schadensersatzanspruch auf Abtretung der Ansprüche gegen den Dritten geht; denn der Kommittent ist so zu stellen, als habe der Kommissionär das Geschäft auf fremde Rechnung getätigt. Auf diesen Fall wollen nun einige § 392 – dh im Kern: § 392 Abs. 2 – analog anwenden.[10] Handelt der Kommissionär mit Vertretungsmacht im **Namen des Kommittenten,** so entsteht die Forderung unmittelbar in der Person des Kommittenten (§ 164 BGB). Weiteres ist hier nicht zu veranlassen. Rechtliche und wirtschaftliche Zuordnung stimmen überein.

5 **2. Forderung. a) Erfasste Ansprüche.** In den Anwendungsbereich des § 392 fallen die Forderungen aus dem Ausführungsgeschäft. Hierhin gehören nicht nur (a) die primären Hauptleistungsansprüche auf Lieferung der Kaufsache bzw. auf Zahlung des Kaufpreises und (b) die Nebenleistungsansprüche aus dem Ausführungsvertrag, sondern auch (c) die Sekundäransprüche wegen Leistungsstörung, ggf. inklusive korrespondierender deliktsrechtlicher Ansprüche.[11] Auch (d)

[2] BGH 21.7.2016, NJW 2017, 475 Rn. 12, 16.
[3] KG 26.6.2012, WM 2013, 158 (161): „Das Gesetz fingiert eine Vorausabtretung der Forderung an den Kommittenten zu seinem Schutz".
[4] K. Schmidt HandelsR § 31 Rn. 124; Hopt/Kumpan Rn. 1; unter zusätzlicher Betonung der Offenkundigkeit der mittelbaren Stellvertretung beim Kommissionär Canaris HandelsR § 30 Rn. 74.
[5] Weidmann, Das Kommissionsgeschäft I, 1908, 239; Schlegelberger/Hefermehl Rn. 2 aE.
[6] Hopt/Kumpan Rn. 2; Ebenroth/Boujong/Füller Rn. 3.
[7] Hopt/Kumpan Rn. 13; Ebenroth/Boujong/Füller Rn. 13; Schlegelberger/Hefermehl Rn. 27.
[8] Hopt/Kumpan Rn. 2.
[9] Grünhut, Das Recht des Commissionshandels, 1879, 240 ff.
[10] So Staub/Koller Rn. 9; **aA** Ebenroth/Boujong/Füller Rn. 4.
[11] Hopt/Kumpan Rn. 3; Ebenroth/Boujong/Füller Rn. 5; Schlegelberger/Hefermehl Rn. 6.

Ansprüche aus Hilfs- und Nebengeschäften kommen in Betracht, sofern sie auf Kosten des Kommittenten abgeschlossen wurden. Dazu gehören insbesondere Speditions-, Lager- und Frachtverträge oder auch Versicherungsverträge.[12] Ist aber eine Forderung nicht übertragbar, etwa weil sie in ein Kontokorrent eingestellt ist, so kann auch § 392 keine Anwendung finden.[13]

b) Kommissionsgut. § 392 Abs. 2 bezieht sich ausdrücklich nur auf Forderungen aus dem Ausführungsgeschäft. Die Frage nach dem Kommittentenschutz stellt sich nicht weniger, wenn der Partner des Ausführungsgeschäfts an den Kommissionär **auf die Forderung geleistet** hat und die Gläubiger des Kommissionärs aus dem Kommissionsgut oder der erlangten Zahlung Befriedigung suchen. Lässt sich kein Eigentumserwerb des Kommittenten konstruieren, kommt es darauf an, ob sich der Kommittent in der Gesamt- oder Einzelvollstreckung gegen den Kommissionär auf § 392 Abs. 2 berufen kann und so in der Insolvenz gem. § 47 InsO Aussonderung verlangen und in der Zwangsvollstreckung einer Pfändung gem. § 771 ZPO widersprechen kann. Die Frage ist zwischen zwei annähernd gleichstarken Meinungslagern heftig umstritten. Die wohl noch **hM lehnt eine entsprechende Anwendung ab,**[14] wobei man sich einmal darauf beruft, dass der Gesetzgeber das Problem gesehen, aber eben von einer Regelung abgesehen habe, zum anderen darauf, dass dem geltenden Recht das Rechtsinstitut einer dinglichen Surrogation grundsätzlich fremd sei. Zutreffend ist in der Tat der erste Hinweis auf die Gesetzgebungsarbeiten zum HGB. Im Rahmen der Verhandlungen der „Kommission Handel" wurde laut über eine Ausdehnung der Vorschrift des heutigen § 392 Abs. 2 auf dingliche Surrogate im Bereich der Einkaufskommission nachgedacht.[15] Aber der Gesetzgeber griff den Gedanken nicht weiter auf und folgte der Meinung, dass sich der Kommittent durch einen Eigentumserwerb mittels (antizipiertem) Besitzkonstitut hinreichend schützen könne, für eine Erweiterung des § 392 Abs. 2 also ein dringendes Bedürfnis fehle. 6

Mit dieser rigiden Haltung setzte sich die hM seit jeher der **Kritik** aus, die im Kern auf die in der Tat wenig einsichtige Schieflage verweist, dass zwar der Kaufpreis- oder Lieferungsanspruch kraft gesetzlicher Anordnung dem Zugriff der Gläubiger des Kommissionärs entzogen sei, der an den Kommissionär bezahlte Kaufpreis oder die ihm gelieferte Sache aber mangels einer rechtsgeschäftlichen Eigentumsverschaffung sehr wohl dem Gläubigerzugriff ausgesetzt bleibe.[16] Und in der Tat ist die hM schon im Ansatz verfehlt. § 392 Abs. 2 mit seinen vollstreckungsrechtlichen Privilegien (§ 771 ZPO, § 47 InsO) und seinem Sukzessionsschutz ist eine **unmittelbare und natürliche Folge aus dem Prinzip der mittelbaren Stellvertretung.** Diese Erkenntnis weist die Richtung. Hinter § 392 Abs. 2 steht ein allgemeiner Rechtsgedanke, der sowohl in horizontaler Hinsicht – also soweit es um die Anwendung über den Bereich der echten Kommission hinaus geht (→ § 406 Rn. 6 f.) – als auch in vertikaler Hinsicht – also soweit es um die Anwendung auf dingliche Surrogate geht – eine erweiternde Auslegung der Vorschrift über ihren unmittelbaren, vom Gesetzgeber zu eng gefassten Wortlauts gebietet. Auch wenn der hM zuzugeben ist, dass es kein generelles Prinzip der dinglichen Surrogation gibt, so ist ein solches doch für den Bereich der mittelbaren Stellvertretung als besondere Treuhand anzuerkennen. Diese Erkenntnis wurde mittlerweile auch vom Gesetzgeber rezipiert, der unter ausdrücklicher Berufung auf das kommissionsrechtliche Prinzip der mittelbaren Stellvertretung in bewusster **Fortschreibung des Rechtsgedankens des § 392 Abs. 2** im Rahmen der Neuregelung des Transportrechts[17] in den § 421 Abs. 2, § 457 S. 2 das dingliche Surrogationsprinzip ausdrücklich angeordnet hat.[18] Eindeutig ist § 457 S. 2, der an den bis dato in § 407 aF allgemein enthaltenen Verweis auf § 392 anknüpft: „Der Versender kann Forderungen aus einem Vertrag, den der Spediteur für Rechnung des Versenders im eigenen Namen abgeschlossen hat, erst nach der Abtretung geltend machen. Solche Forderungen sowie das in Erfüllung solcher Forderungen 7

[12] Weidmann, Das Kommissionsgeschäft I, 1908, 238 f.; Hopt/Kumpan Rn. 3; Schlegelberger/Hefermehl Rn. 3; Staub/Koller Rn. 12.

[13] Ebenroth/Boujong/Füller Rn. 5.

[14] BGH 26.9.1980, BGHZ 79, 89 (94) = NJW 1981, 918; 26.11.1973, NJW 1974, 456 (457); OLG Hamm 7.10.2003, ZIP 2003, 2262 (2263); Weidmann, Das Kommissionsgeschäft I, 1908, 240; Schlegelberger/Hefermehl Rn. 2; unklar MüKoHGB/Häuser Rn. 44.

[15] Protokolle der Kommission Handel, bei Schubert/Schmiedel/Krampe II/1, 259, 518 f.

[16] LG Bonn 1.4.2004, *Rechtsbeistand* 2004, 59; Canaris HandelsR § 30 Rn. 82 f.; K. Schmidt HandelsR § 31 Rn. 140 ff.; Hopt/Kumpan Rn. 7; sympathisierend Hüffer JuS 1991, 195 (197); zuletzt offengelassen von OLG Köln 25.8.2004, NZI 2005, 37 mit dem allerdings zutreffenden Hinweis darauf, dass eine Anwendung des § 392 Abs. 2 auf das Surrogat dessen Unterscheidbarkeit vom sonstigen Vermögen des Kommissionärs voraussetzt. Hinzu kommt, dass im Grundsatz eine antizipierte Forderungsabtretung an den Kommittenten nicht weniger möglich ist als die (nachfolgende) Übereignung gem. § 930 BGB mittels antizipierter Einigung und antizipiertem Besitzkonstitut.

[17] TRG vom 25.6.1998 (BGBl. 1998 I 1588).

[18] Begr. RegE des TRG, BT-Drs. 13/8445, 56, 109.

Erlangte gelten jedoch im Verhältnis zu den Gläubigern des Spediteurs als auf den Versender übertragen". Die Konsequenzen der mittelbaren Stellvertretung müssen daher spätestens mit dem TRG auch für das Kommissionsrecht und über den zu engen Wortlaut des § 392 Abs. 2 hinaus gezogen werden.[19]

8 **c) Leistung an Erfüllungs statt; Leistung erfüllungshalber; Sicherheiten.** Entgegen der hM fallen gleich dem geschuldeten Kommissionsgut auch alle Leistungen, die an Erfüllung statt erbracht werden, in den Anwendungsbereich des § 392 Abs. 2.[20] Für erfüllungshalber erbrachte Leistungen war dies seit jeher anerkannt;[21] in den Anwendungsbereich des § 392 Abs. 2 fällt daher unzweifelhaft auch die vom Dritten durch **Wechsel- oder Scheckhingabe** – zur Sicherung der unmittelbar von § 392 Abs. 2 geschützten Hauptforderung – begründete zusätzliche Verbindlichkeit.[22] Auch sonstige zur Sicherung der Forderung aus dem Ausführungsgeschäft begründete Forderungen (Bürgschaft, Pfandrecht) fallen in den Anwendungsbereich des § 392 Abs. 2, wobei es keinen Unterschied machen soll, ob die Sicherungsrechte akzessorisch sind oder nicht.[23]

III. Rechtsfolgen

9 **1. Forderungszuständigkeit. a) Gegenüber Dritten (Abs. 1).** Vor der Abtretung ist der **Kommissionär** der ausschließliche Forderungsinhaber.[24] Nur er kann die Forderung geltend machen; grundsätzlich kann der Geschäftspartner des Ausführungsgeschäfts nur an ihn mit befreiender Wirkung leisten. Inhaltsänderungen (Stundung) oder Erlass können nur zwischen dem Geschäftspartner und dem Kommissionär ausgehandelt werden.[25] Als Schuldner des Ausführungsgeschäfts ist der **Geschäftspartner** ausschließlich „Dritter" (§ 392 Abs. 1); trotz seiner konnexen Gegenforderung aus dem Ausführungsgeschäft gilt er nicht etwa als Gläubiger des Kommissionärs (§ 392 Abs. 2) – das gilt nach zutreffender hM auch dann, wenn der Geschäftspartner mit inkonnexen Forderungen gegenüber der Forderung des Kommissionärs aus dem Ausführungsgeschäft aufrechnen will (→ Rn. 12). Auch ansonsten kann der Kommissionär gegenüber anderen Dritten, solange es sich um keine Altgläubiger handelt, über die Forderung frei verfügen (Abtretung, Belastung). Die Befugnis zur freien Verfügung gegenüber Dritten wird nicht dadurch tangiert, dass der Kommissionär im Verhältnis zum Kommittenten pflichtwidrig handelt. Da der Kommissionär Inhaber der Forderung ist, ist für die Grundsätze über den Missbrauch der Vertretungsmacht kein Platz. Die Grenze setzt § 138 BGB bei einem sittenwidrigen Zusammenwirken von Kommissionär und Drittem. Ein Dritter, der weiß, dass der Kommissionär seine Befugnis zum Nachteil des Kommittenten missbraucht, kann sich unter dem Gesichtspunkt der Verleitung zum Vertragsbruch gem. § 826 BGB schadensersatzpflichtig machen.[26] Gegenüber Dritten ändert sich die Forderungszuständigkeit erst mit erfolgter **Abtretung.** Die Abtretung ist jederzeit möglich; auch als Vorausabtretung im Kommissionsvertrag.[27]

10 **b) Verhältnis des Kommittenten zum Kommissionär oder dessen Gläubigern (Abs. 2).** Nach den allgemeinen Grundsätzen der mittelbaren Stellvertretung ist auf dinglicher Ebene der Kommissionär ausschließlicher Inhaber der Forderung gegen den Partner des Ausführungsgeschäfts. Grundsätzlich kann er frei über die Forderung verfügen, auch zu Lasten des Kommittenten, unabhängig von der Frage, ob er gegenüber dem Kommittenten seine Pflichten aus dem Kommissionsvertrag verletzt. Diese allgemeinen Grundsätze werden aber gem. § 392 Abs. 2 zugunsten des Kommittenten im Verhältnis des Kommittenten zum Kommissionär und den Gläubigern des Kommissionärs durchbrochen. Diesen Personen gegenüber gilt der Kommittent auch schon vor Abtretung der Forderung aus dem Ausführungsgeschäft als Inhaber der Forderung. Dies bedeutet vor allem, dass Verfügungen des Kommissionärs zugunsten seiner Gläubiger (Verpfändung, Sicherungszession) relativ unwirksam sind; und zwar nicht nur im Verhältnis zwischen Kommissionär und Kommittenten, sondern – wie § 392 Abs. 2 ausdrücklich klarstellt – auch im Verhältnis zwischen den begünstigten Gläubigern des Kommissionärs und dem Kommittenten.[28] Der Kommittent braucht also die Abtretung der Forderung an einen Gläubiger des Kommissionärs zu dessen Deckung oder Sicherung nicht gegen sich

[19] Ebenroth/Boujong/Füller Rn. 7; **aA** OLG Hamm 7.10.2003, ZIP 2003, 2262 (2263).
[20] Hopt/Kumpan Rn. 7; Ebenroth/Boujong/Füller Rn. 9.
[21] Hopt/Kumpan Rn. 3; Ebenroth/Boujong/Füller Rn. 9.
[22] RG 26.1.1898, RGZ 41, 1 (4 f.).
[23] Hopt/Kumpan Rn. 7; Ebenroth/Boujong/Füller Rn. 9; **aA** Schlegelberger/Hefermehl Rn. 6, 7.
[24] BGH 30.3.1988, BGHZ 104, 123 (127) = NJW 1998, 3203; RG 25.5.1935, RGZ 149, 190 (191).
[25] Hopt/Kumpan Rn. 4.
[26] BGH 9.6.1959, LM HGB § 392 Nr. 1.
[27] Vgl. BGH 19.11.1968, LM HGB § 392 Nr. 1a; Schlegelberger/Hefermehl Rn. 12.
[28] BGH 30.3.1988, BGHZ 104, 123 (127) = NJW 1998, 3203; Canaris HandelsR § 30 Rn. 75; Schlegelberger/Hefermehl Rn. 23; **aA** Böhm NJW 1973, 196 (197).

gelten zu lassen (Entsprechendes gilt, wenn der Kommissionär einen Gläubiger zur Einziehung der Forderung beauftragt, damit er sich aus ihr bezahlt mache). Einer von Gläubigern des Kommissionärs betriebenen Zwangsvollstreckung in die Forderung kann er nach § 771 ZPO widersprechen und in der Insolvenz des Kommissionärs Aussonderung verlangen (§ 47 InsO).[29] Hat der Dritte, dem nicht bekannt war, dass der Kommissionär für fremde Rechnung handelt, arglos nach Pfändung, Abtretung oder Ermächtigung an den scheinbar Berechtigten bezahlt, so wird man den Dritten entsprechend dem Rechtsgedanken der §§ 407, 408 BGB schützen müssen, gleich dem Fall, dass der Kommissionär die Forderung zunächst an den Kommittenten und an einen eigenen Gläubiger abgetreten hätte. Hat der Dritte so an den scheinbar Berechtigten mit befreiender Wirkung gezahlt, so muss Letzterer das Erlangte nach § 816 Abs. 2 BGB an den Kommittenten herausgeben.[30]

Über den in § 392 Abs. 2 genannten Personenkreis hinaus hat die Vorschrift keine Kraft. Eine **11**
Person, die nicht zum Zeitpunkt des Abschlusses des Ausführungsgeschäfts Gläubiger des Kommissionärs ist, kann daher auch im Verhältnis zum Kommittenten die Forderung wirksam erwerben.[31] **Neugeschäfte** des Kommissionärs, wie etwa Verkauf der Forderung an einen Dritten, sind daher wirksam; entsprechendes gilt für eine rechtsgeschäftliche Sicherungsabtretung, soweit die gesicherte Forderung nach Abschluss des Ausführungsgeschäfts entstanden ist. Diese Missbrauchsmöglichkeit seitens des Kommissionärs liegt im Wesen der mittelbaren Stellvertretung und sei vom Kommittenten zu tragen; § 392 Abs. 2 ändere daran nichts. Dagegen sollen Zwangsvollstreckungsmaßnahmen von Gläubigern, auch wenn sie ihre Forderungen erst nach Abschluss des Ausführungsgeschäfts erlangt haben, weiterhin an § 392 Abs. 2 scheitern; denn anders als bei der pflichtwidrigen Abtretung der Forderung sei der Kommissionär hier an der Verwertung der Forderung nicht beteiligt, so dass die Forderungspfändung nicht mehr in den dem Kommittenten zugeordneten Bereich der Missbrauchsmöglichkeiten seitens des Kommissionärs gehöre.[32]

c) Insbesondere die Aufrechnung. Nach hM kann der **Kommissionär** gegen eine gegen ihn **12**
gerichtete Forderung des Partners des Ausführungsgeschäfts aufrechnen, und zwar unabhängig davon, ob es sich um eine konnexe oder eine inkonnexe Forderung handelt.[33] Ob der **Dritte** gegenüber dem Kommissionär aufrechnen kann, wird unterschiedlich beurteilt. Unstreitig ist wohl nur, dass eine Aufrechnung des Dritten mit konnexen, also aus dem Ausführungsgeschäft selbst stammenden Forderungen gegenüber dem Kommissionär zulässig ist.[34] Die hM gesteht dem Dritten das Recht zur Aufrechnung auch mit inkonnexen Forderungen zu, und zwar selbst für den Fall, dass der Dritte wusste, dass der Kommissionär auf fremde Rechnung handelt.[35] Die abweichende Auffassung macht dagegen geltend, als Gläubiger des Kommissionärs falle der Dritte wie jeder andere Gläubiger unter § 392 Abs. 2. Eine Aufrechnung des Dritten mit einer inkonnexen Forderung sei daher gegenüber dem Kommittenten per se unwirksam.[36] Eine vermittelnde Meinung will unter Berufung auf die Wertung des § 406 BGB darauf abstellen, ob der Dritte wusste, dass der Kommissionär für fremde Rechnung tätig wurde.[37] Zu folgen ist der hM. Dies lässt sich an zwei Erwägungen festmachen: Einmal ist zu bedenken, dass der Dritte trotz § 392 jederzeit an den Kommissionär leisten kann; § 392 gewährt insoweit keinen Schutz. Es liegt nahe, diese Wertung anzuerkennen, wenn der Dritte nicht durch Erbringung der geschuldeten Leistung erfüllt, sondern durch Aufrechnung.[38] Im Übrigen ist es wohl auch nicht gerechtfertigt, den Dritten schlechter zu stellen, als er stehen würde, wenn der Kommissionär im Wege der Vorausabtretung bereits zugunsten des Kommittenten über die Forderung verfügt hätte. Denn dann könnte sich der Dritte gem. § 406 BGB auf seine Aufrechnungsmöglichkeit berufen. Dies muss aber erst recht gelten, wenn er gegenüber seinem unmittelbaren Vertragspartner (Kommissionär) aufrechnen will.[39] Ist die Aufrechnung durch den Dritten wirksam,

---

[29] BGH 30.3.1988, BGHZ 104, 123 (127) = NJW 1998, 3203; 9.6.1959, LM HGB § 392 Nr. 1; RG 25.5.1935, RGZ 149, 190 (191); ROHG 28.3.1873, ROHGE 9, 231 (233); 28.6.1872, ROHGE 7, 16 (23); OLG Nürnberg 23.6.1972, NJW 1972, 2044; Schwark JuS 1980, 777 (781); Grünhut, Das Recht des Commissionshandels, 1879, 337; Weidmann, Das Kommissionsgeschäft I, 1908, 245 ff.; Hopt/Kumpan Rn. 9; Schlegelberger/Hefermehl Rn. 17 ff.

[30] Dressler JuS 1969, 170 (173); K. Schmidt HandelsR § 31 Rn. 132.

[31] Weidmann, Das Kommissionsgeschäft I, 1908, 247.

[32] Canaris HandelsR § 30 Rn. 76.

[33] Hopt/Kumpan Rn. 4; Ebenroth/Boujong/Füller Rn. 12; Schlegelberger/Hefermehl Rn. 25; **aA** BGH 19.11.1968, LM HGB § 392 Nr. 1a; Schwark JuS 1980, 777 (781); K. Schmidt HandelsR § 31 Rn. 135.

[34] Vgl. nur Schwarz NJW 1969, 1942 (1943); K. Schmidt HandelsR Rn. 135.

[35] BGH 19.11.1968, LM HGB § 392 Nr. 1a; RG 23.5.1928, RGZ 121, 177 (178); 11.11.1893, RGZ 32, 39 (42); Hüffer JuS 1991, 195 (197); Canaris HandelsR § 30 Rn. 78; Hopt/Kumpan Rn. 12.

[36] K. Schmidt HandelsR § 31 Rn. 135; Schlegelberger/Hefermehl Rn. 24.

[37] Schwark JuS 1980, 777 (781); Schwarz NJW 1969, 1942 (1943).

[38] EBJS/Krüger, 2. Aufl. 2009, Rn. 11.

[39] Canaris HandelsR § 30 Rn. 78; Ebenroth/Boujong/Füller Rn. 12.

so kann der Kommissionär die Forderung nicht mehr an den Kommittenten abtreten. Dieser hat aber gem. § 285 BGB – und wie Canaris meint: zusätzlich analog § 816 Abs. 2 BGB – einen Anspruch gegen den Kommissionär auf Herausgabe der Schuldbefreiung, die er durch die Aufrechnung erlangt hat.[40]

13 **2. Schuldrechtliches Verhältnis zwischen Kommissionär und Kommittent.** Der Kommissionär hat die Forderung aus dem Ausführungsgeschäft an den Kommittenten abzutreten; der Kommittent kann die Abtretung grundsätzlich jederzeit fordern,[41] soweit die §§ 397, 399 nicht entgegenstehen. Der Kommissionär ist nicht berechtigt, eigenmächtig über Forderungen aus dem Ausführungsgeschäft zu verfügen, insbesondere sie eigenmächtig einzuziehen oder anderweitig abzutreten. Durch solche eigenmächtigen Verfügungen verletzt der Kommissionär seine Pflichten aus § 384 Abs. 2 Hs. 2 und haftet ggf. gem. § 280 BGB auf Schadensersatz.[42]

§ 393 [Vorschuß; Kredit]

(1) Wird von dem Kommissionär ohne Zustimmung des Kommittenten einem Dritten ein Vorschuß geleistet oder Kredit gewährt, so handelt der Kommissionär auf eigene Gefahr.

(2) Insoweit jedoch der Handelsgebrauch am Orte des Geschäfts die Stundung des Kaufpreises mit sich bringt, ist in Ermangelung einer anderen Bestimmung des Kommittenten auch der Kommissionär dazu berechtigt.

(3) [1]Verkauft der Kommissionär unbefugt auf Kredit, so ist er verpflichtet, dem Kommittenten sofort als Schuldner des Kaufpreises die Zahlung zu leisten. [2]Wäre beim Verkaufe gegen bar der Preis geringer gewesen, so hat der Kommissionär nur den geringeren Preis und, wenn dieser niedriger ist als der ihm gesetzte Preis, auch den Unterschied nach § 386 zu vergüten.

I. Allgemeines

1 Nach den allgemeinen Regeln hätte der Kommissionär die Frage, ob er bei der Einkaufskommission dem Dritten Vorschuss leistet oder bei der Verkaufskommission dem Dritten einen Zahlungsaufschub gewährt, mit der Sorgfalt eines ordentlichen Kaufmanns zu entscheiden. Eine Vorschussleistung oder Kreditgewährung kann im Einzelfall sehr wohl im Interesse des Kommittenten liegen; die Einräumung eines großzügigen Zahlungsziels vermag den Absatz gerade kostspieliger Ware zu begünstigen, zumal die Einräumung von Zahlungserleichterungen meist durch einen höheren Verkaufspreis kompensiert wird (§ 384 Abs. 1). Die Schattenseite der Vorleistung durch Vorschuss oder Stundung des Kaufpreises ist der Verlust der Vorteile, die die **§§ 320, 322 BGB** bringen. Die Sicherungs- und die Druckfunktion der Erfüllung Zug-um-Zug gehen verloren. Da bereits geleistet wurde, kann durch Zurückhaltung der eigenen Leistung kein Druck mehr auf den Partner des Ausführungsgeschäfts ausgeübt werden, seinerseits die ihm obliegende Leistung zu erbringen. Zudem wird der Vorleistende, was die Rückforderung der eigenen Leistung anbetrifft, mit dem Insolvenzrisiko des Geschäftsgegners belastet **(§ 103 InsO).** Da der Kommissionär auf Rechnung des Kommittenten handelt, würde letztlich diesen das wirtschaftliche Risiko treffen. In Abweichung zu den allgemeinen Grundsätzen des § 384 Abs. 1, demzufolge die Umstände des Einzelfalles über die Zulässigkeit von Vorschuss oder Kredit entscheiden würden, trifft § 393 eine grundsätzliche Entscheidung gegen die Zulässigkeit von Kreditgewährung und Vorschussleistung und bindet ihre Berechtigung gegenüber dem Kommittenten an dessen Zustimmung (Abs. 1). Verletzt der Kommissionär seine Pflichten aus dem Innenverhältnis mit dem Kommittenten, so ist das Ausführungsgeschäft dennoch wirksam mit dem Inhalt und den Leistungsmodalitäten, die Kommissionär und Dritter ihm gegeben haben. Der Kommissionär aber trägt nun die Gefahr der Vorleistung. Dies gilt selbst dann, wenn der Kommissionär bei der Vorteilsgewährung die Sorgfalt eines ordentlichen Kaufmanns eingehalten hat, ja selbst, wenn die Vorteilsgewährung wirtschaftlich geboten war.[1]

[40] Canaris HandelsR § 30 Rn. 80.

[41] Vgl. ROHG 28.3.1873, ROHGE 9, 231 (233); Grünhut, Das Recht des Commissionshandels, 1879, 239.

[42] BGH 9.6.1959, LM HGB § 392 Nr. 1; Weidmann, Das Kommissionsgeschäft I, 1908, 241; Schlegelberger/Hefermehl Rn. 14.

[1] Grünhut, Das Recht des Commissionshandels, 1879, 143.

II. Tatbestand

1. Vorschuss; Kredit. § 393 ist missverständlich formuliert. Die Leistung eines Vorschusses ist rechtlich nichts anderes als die Gewährung eines Kredits. Wenn § 393 dennoch zwischen Vorschussleistung und Kreditgewährung unterscheidet, so will er damit die gedachten Hauptanwendungsfälle hervorheben: der Einkaufskommissionär soll nicht einen Teil oder den ganzen Kaufpreis vorleisten **(Vorschuss);** dem Verkaufskommissionär ist es grundsätzlich untersagt, den Kaufpreis ganz oder teilweise zu stunden **(Kreditgewährung).** Insgesamt ist der Tatbestand des § 393 – angesichts des Zwecks des § 393, dem Kommittenten die Druck- und Sicherungsfunktion des § 320 BGB zu erhalten – weit aufzufassen; auch die Stellung eines Akkreditivs kann hierher gehören.[2] Erfasst wird mithin jede Vorleistung in Durchbrechung des Grundsatzes, dass die Leistungen eines gegenseitigen Vertrages nur Zug-um-Zug zu erbringen sind (§§ 320, 322 BGB). Der Einkaufskommissionär hat etwa den Kaufpreis nur Zug-um-Zug gegen Übergabe und Übereignung der Kaufsache zu zahlen, der Verkaufskommissionär hat das Kommissionsgut nur Zug-um-Zug gegen Zahlung zu liefern. 2

2. Zustimmung des Kommittenten (Abs. 1). Nach der gesetzlichen Regel des § 393 Abs. 1 darf der Kommissionär nur bei Zustimmung des Kommittenten Vorschuss leisten oder Kredit gewähren. Dabei kann die Zustimmung als vorherige Einwilligung oder nachfolgende Genehmigung erfolgen.[3] Die Zustimmung muss nicht ausdrücklich geschehen.[4] Gemeinhin nimmt man eine **konkludente** Einwilligung an, wenn der Kommittent bei Vertragsschluss oder Weisungserteilung weiß, dass das Geschäft nur gegen Kreditgewährung oder Vorschussleistung durchgeführt werden kann. Bei Vereinbarung des Delkredere ist von einer Zustimmung auszugehen, da hier der Kommissionär verspricht, für die Erfüllung der Verbindlichkeit des Dritten einzustehen und der Kommittent daher hinreichend gegenüber dem Insolvenzrisiko des Dritten abgesichert ist.[5] 3

3. Handelsbrauch (Abs. 2). Von der Notwendigkeit einer individuellen Zustimmung des Kommittenten macht § 393 Abs. 2 eine Ausnahme für den Fall, dass ein Handelsbrauch am Ort des Abschlusses des Ausführungsgeschäfts die Stundung des Kaufpreises mit sich bringt.[6] Hier ist es am Kommittenten, einer Stundung des Kaufpreises trotz Üblichkeit zu widersprechen.[7] Auf den Handelsbrauch soll es auch ankommen, wenn weder Kommissionär noch Kommittent Kaufleute sind. Die Usance entscheide auch über die Modalitäten, inwieweit der Kommissionär den Kaufpreis stunden darf.[8] Die Ausnahmevorschrift des § 393 Abs. 2 gilt nur für die handelsgebräuchliche Stundung, dh nicht für andere Fälle der Kreditgewährung oder Vorschussleistung.[9] Allerdings wird für den Fall, dass dem Kommittenten eine entsprechende Praxis bekannt ist, eine konkludente Einwilligung des Kommittenten naheliegen.[10] **Darlegungs- und beweisbelastet** für das Vorliegen eines entsprechenden Handelsbrauchs ist der Kommissionär.[11] 4

III. Rechtsfolge

1. Unberechtigte Kreditgewährung oder Vorschussleistung. Bei unberechtigter Vorschussleistung oder Kreditgewährung handelt der Kommissionär auf eigene Gefahr, und zwar unabhängig davon, ob ihn insoweit ein Verschulden trifft.[12] Unberechtigt sind Kredit oder Vorschuss, wenn der Kommittent nicht zugestimmt hat oder für die Stundung ein entsprechender Handelsbrauch nicht besteht. Nicht notwendig ist, dass der Kommissionär einer ausdrücklichen Weisung des Kommittenten zuwider handelt.[13] § 393 regelt die Rechtsfolgen der unberechtigten Vorteilsgewährung an den 5

---

[2] BGH 9.12.1958, LM HGB § 384 Nr. 2.

[3] Weidmann, Das Kommissionsgeschäft I, 1908, 120; Hopt/Kumpan Rn. 1.

[4] Grünhut, Das Recht des Commissionshandels, 1879, 142; Weidmann, Das Kommissionsgeschäft I, 1908, 119.

[5] Grünhut, Das Recht des Commissionshandels, 1879, 143; Weidmann, Das Kommissionsgeschäft I, 1908, 119 f.; Hopt/Kumpan Rn. 1; Ebenroth/Boujong/Füller Rn. 3; Staub/Koller Rn. 4.

[6] Grünhut, Das Recht des Commissionshandels, 1879, 421 m. Fn. 3. Weiter Schlegelberger/Hefermehl Rn. 6, der hierhin auch den Ort zählt, an dem das Geschäft zu erfüllen ist.

[7] Schlegelberger/Hefermehl Rn. 8.

[8] Weidmann, Das Kommissionsgeschäft I, 1908, 120 f.

[9] Hopt/Kumpan Rn. 1; Schlegelberger/Hefermehl Rn. 6; **aA** Weidmann, Das Kommissionsgeschäft I, 1908, 122.

[10] Hopt/Kumpan Rn. 1 aE; Schlegelberger/Hefermehl Rn. 6.

[11] Weidmann, Das Kommissionsgeschäft I, 1908, 122.

[12] OLG Hamburg 24.2.1965, MDR 1960, 580; K. Schmidt HandelsR § 31 Rn. 73; Hopt/Kumpan Rn. 2; Ebenroth/Boujong/Füller Rn. 5; Schlegelberger/Hefermehl Rn. 16; **aA** Staub/Koller Rn. 7.

[13] Weidmann, Das Kommissionsgeschäft I, 1908, 122.

Dritten nicht abschließend. Der Kommittent kann unter den Voraussetzungen des § 280 BGB wegen Pflichtverletzung Schadensersatz verlangen und bei Verstoß gegen Weisungen gemäß § 385 Abs. 1 Hs. 2 das Geschäft als nicht für seine Rechnung geschlossen zurückweisen.[14]

6 **a) Einkaufskommission (Abs. 1).** Der Kommissionär muss sich gegenüber dem Kommittenten so behandeln lassen, als hätte er dem Dritten die unberechtigte Vergünstigung nicht gewährt. Gibt etwa der Einkaufskommissionär dem Dritten auf den Kaufpreis Vorschuss, so kann er Erstattung des Kaufpreises erst verlangen, wenn der Dritte seine Gegenleistung erbracht hat.[15] Der Kommissionär trägt also die Gefahr, dass die Lieferung des Dritten ausbleibt und der geleistete Kaufpreis zB wegen Insolvenz des Dritten verloren ist.

7 **b) Verkaufskommission (Abs. 3).** Bei der Verkaufskommission muss der Kommissionär bei unberechtigter Kreditgewährung an den Dritten sofort mit Überlassung des Kommissionsguts an den Dritten den im Ausführungsgeschäft ausgehandelten Kaufpreis an den Kommittenten abführen. Er muss mithin den Kommittenten so stellen, als ob ein Bargeschäft abgeschlossen wurde. Insoweit aber kann er dem Kommittenten gegenüber alle Einreden geltend machen, die der Dritte ihm gegenüber geltend machen kann; zB kann er sich auf einen Mangel des Kommissionsguts berufen.[16] Mit einer Ausnahme: Auf die Kreditgewährung (zB Stundung) darf sich der Kommissionär nicht berufen. Durch die Zahlung nimmt der Kommissionär dem Kommittenten das Recht, das Geschäft ggf. nach § 385 zurückzuweisen. Mit der unverzüglichen Zahlung soll der Kommissionär auch eine schon erklärte Zurückweisung abwenden können.[17]

8 Kann der Kommissionär darlegen und ggf. beweisen, dass die Stundung zu einer Erhöhung des Kaufpreises geführt hat, so muss er dem Kommittenten nur den geringeren Barpreis entrichten (Abs. 3 S. 2 Hs. 1); im Falle einer für den Verkauf gesetzten Preisgrenze (§ 386) muss er aber das Limit entrichten (Abs. 3 S. 2 Hs. 2).[18] Im Zweifel wird regelmäßig anzunehmen sein, dass der erreichte (höhere) Preis durch Kreditgewährung bedingt ist, da die Natur der Handelsgeschäfte einen solchen Kausalnexus mit sich bringt.[19] Will der Kommittent den Mehrerlös haben, bleibt ihm die Möglichkeit, die unberechtigte Kreditgewährung nachträglich zu genehmigen.

9 **2. Berechtigte Kreditgewährung und Vorschussleistung.** Die Kreditgewährung oder die Vorschussleistung ist berechtigt, wenn sie mit Zustimmung des Kommittenten oder im Falle der Stundung aufgrund Handelsbrauchs erfolgt. Hier bleibt es bei den allgemeinen Grundsätzen. Kreditgewährung und Vorschussleistung erfolgen auf Rechnung und Gefahr des Kommittenten. Allerdings schuldet der Kommissionär auch dann, wenn ihm Kreditgewährung und Vorschussleistung zugestanden sind, die ordentliche Auswahl eines kreditwürdigen Partners des Ausführungsgeschäfts.[20] Auch haftet der Kommissionär nach den vorangestellten Grundsätzen *insoweit* wegen unberechtigter Vorteilsgewährung, als er sich nicht an die vom Kommittenten vorgegebenen Modalitäten der Kreditgewährung oder der Vorschussleistung hält.[21] Hat der Kommissionär etwa zu lange gestundet, beginnt seine Verantwortlichkeit mit Ablauf der richtigen Stundungszeit.

§ 394 [Delkredere]

(1) Der Kommissionär hat für die Erfüllung der Verbindlichkeit des Dritten, mit dem er das Geschäft für Rechnung des Kommittenten abschließt, einzustehen, wenn dies von ihm übernommen oder am Orte seiner Niederlassung Handelsgebrauch ist.

(2) [1]Der Kommissionär, der für den Dritten einzustehen hat, ist dem Kommittenten für die Erfüllung im Zeitpunkte des Verfalls unmittelbar insoweit verhaftet, als die Erfüllung aus dem Vertragsverhältnisse gefordert werden kann. [2]Er kann eine besondere Vergütung (Delkredereprovision) beanspruchen.

---

[14] Hopt/Kumpan Rn. 2; Schlegelberger/Hefermehl Rn. 17; **aA** Weidmann, Das Kommissionsgeschäft I, 1908, 126: Zurückweisungsrecht nur im Einzelfall.

[15] Schlegelberger/Hefermehl Rn. 9.

[16] Weidmann, Das Kommissionsgeschäft I, 1908, 125; Schlegelberger/Hefermehl Rn. 11.

[17] Grünhut, Das Recht des Commissionshandels, 1879, 422 ff.; Hopt/Kumpan Rn. 3.

[18] So noch ausdrücklich Art. 369 Abs. 3 S. 2 ADHGB; Weidmann, Das Kommissionsgeschäft I, 1908, 124; Hopt/Kumpan Rn. 3.

[19] Grünhut, Das Recht des Commissionshandels, 1879, 424 f.; Treitschke, Rechtsgrundsätze vom Commissionshandel, 1839, 26.

[20] Grünhut, Das Recht des Commissionshandels, 1879, 143; Weidmann, Das Kommissionsgeschäft I, 1908, 120.

[21] Grünhut, Das Recht des Commissionshandels, 1879, 143.

Übersicht

I. Allgemeines

1 Der Kommissionär handelt auf Rechnung des Kommittenten. Grundsätzlich hat der Kommissionär daher für die Erfüllung der Verbindlichkeit des Dritten nicht einzustehen. Den Kommissionär trifft zwar die Verpflichtung, die Forderung aus dem Ausführungsgeschäft an den Kommittenten abzutreten (§ 384 Abs. 2 Hs. 2, § 392 Abs. 1), eine besondere Haftung für die Bonität der Forderung ist damit aber nicht verbunden. Hat der Kommissionär den Dritten mit der Sorgfalt eines ordentlichen Kaufmanns ausgesucht, trägt allein der Kommittent die Gefahr der Leistungsfähigkeit des Dritten.[1] Allerdings kann – wie § 394 Abs. 1 klarstellt – eine Einstandspflicht des Kommissionärs für die Erfüllung der Drittverbindlichkeit durch besondere Vereinbarung oder Handelsbrauch begründet werden **(Delkrederehaftung).**

2 Die **dogmatische Einordnung** der Delkrederehaftung wurde viel früher diskutiert.[2] Haben die Parteien keine besonderen Absprachen getroffen, geht man heute von einer bürgschaftsähnlichen Haftung aus.[3] Damit ist die grundsätzliche Anwendung der §§ 765 ff. BGB eröffnet, soweit handelsrechtliche Besonderheiten keine Korrektur im Einzelnen verlangen.

3 An einigen Stellen sieht das Gesetz als besondere Sanktion für Pflichtverletzungen des Kommissionärs gegenüber dem Kommittenten eine Einstandspflicht des Kommissionärs für die Verbindlichkeit des Dritten aus dem Ausführungsgeschäft vor (§ 384 Abs. 3, § 393 Abs. 3). Im Regelfall ließe sich diese Einstandspflicht schon mehr oder weniger aus § 280 Abs. 1 BGB herleiten, doch besteht die Besonderheit, dass die handelsrechtlichen Vorschriften der § 384 Abs. 3, § 393 Abs. 3 keine Möglichkeit der Exkulpation eröffnen.

II. Voraussetzung der Delkrederehaftung

4 Das Delkredere kann entweder durch besondere Vereinbarung oder Handelsbrauch übernommen werden.

5 **1. Verabredung.** Die Übernahme des Delkredere kann bereits bei Abschluss des Kommissionsvertrags vereinbart werden, aber auch später nachfolgen.[4] Die Frage, ob der Kommissionär das Delkredere übernommen hat, ist durch Auslegung zu klären (§§ 133, 157 BGB).[5] Etwa Nr. 9 BedWp 2018 begründet eine Delkrederehaftung der Bank bei **Wertpapiergeschäften.**[6] Eine besondere Form ist nicht zu beachten; insbesondere findet § 766 S. 1 BGB keine entsprechende Anwendung.[7] Das gilt auch für den nichtkaufmännischen Kleinunternehmer (vgl. § 383 Abs. 2).[8] Dies folgt schon unmittelbar daraus, dass § 394 Abs. 1 auf eine besondere Formvorschrift verzichtet. Einen Rückgriff auf § 350 bedarf es insoweit nicht. Allein die Zusage, sich für eine vertragsmäßige Erfüllung des Ausführungsgeschäfts einsetzen zu wollen, begründet die besondere Haftung für das Delkredere noch nicht; sich um die Erfüllung zu kümmern, folgt schon aus der Interessenwahrungspflicht des Kommissionärs (§ 384 Abs. 1). Auf der anderen Seite muss die Übernahme des Delkredere nicht durch ausdrückliche Willenserklärung geschehen, sondern kann auch stillschweigend geschehen.

---

[1] Grünhut, Das Recht des Commissionshandels, 1879, 344 f.

[2] Vgl. Grünhut, Das Recht des Commissionshandels, 1879, 350 ff.; Weidmann, Das Kommissionsgeschäft I, 1908, 260 ff.

[3] Canaris HandelsR § 30 Rn. 26; Grünhut, Das Recht des Commissionshandels, 1879, 350; K. Schmidt HandelsR § 31 Rn. 71; Hopt/Kumpan Rn. 2; Schlegelberger/Hefermehl Rn. 3.

[4] Weidmann, Das Kommissionsgeschäft I, 1908, 263; Hopt/Kumpan Rn. 1.

[5] Vgl. OLG Köln 16.12.1997, OLGR 1998, 199.

[6] BGH 22.9.2020, BKR 2021, 108 Rn. 18 = ZIP 2020, 2279; 25.6.2002, NJW-RR 2002, 1344 (1345); OLG Nürnberg 10.7.2015, WM 2015, 2146 (2148).

[7] Weidmann, Das Kommissionsgeschäft I, 1908, 264; Schlegelberger/Hefermehl Rn. 7.

[8] Hopt/Kumpan Rn. 1.

Insbesondere die Vereinbarung einer Delkredereprovision lässt auf die Übernahme des Delkredere schließen.[9] Allerdings sind an eine konkludente Haftungsübernahme durchaus strenge Anforderungen zu stellen.[10] So kann allein aus der Indossierung eines Wechsels (§ 395) nicht auf die Übernahme des Delkredere geschlossen werden.[11]

6 **2. Handelsbrauch.** Eine Haftung kraft Handelsbrauchs setzt voraus, dass am Ort der Niederlassung des Kommissionärs ein entsprechender Handelsbrauch besteht. Der Handelsbrauch soll auch dann maßgebend sein, wenn weder Kommissionär noch Kommittent Kaufleute sind. Insoweit geht § 394 Abs. 1 über § 346 hinaus. Die Parteien können selbstverständlich vom Handelsbrauch abweichende Vereinbarungen treffen.[12]

III. Inhalt der Delkrederehaftung (Abs. 2 S. 1)

7 **1. Verhältnis zur Verbindlichkeit des Dritten.** Durch die Übernahme des Delkredere wird der Kommissionär nicht von seiner Pflicht befreit, die Forderung des Ausführungsgeschäfts an den Kommittenten abzutreten (§ 384 Abs. 2 Hs. 2). Die Haftung des Kommissionärs aus dem Delkredere steht neben der Verbindlichkeit des Dritten. Der Kommittent hat die Wahl, ob er gegen den Dritten oder den Kommissionär vorgehen will: Nimmt er den Dritten in Anspruch, erlischt das Delkredere. Hält er sich an den Kommissionär, geht der Anspruch gegen den Dritten entsprechend § 774 BGB auf den Kommissionär über.[13]

8 **2. Persönliche und unmittelbare Haftung.** Der Kommissionär haftet persönlich mit seinem gesamten Vermögen für die Verbindlichkeit des Dritten. Er haftet auch unmittelbar, dh er kann sich nicht etwa entsprechend § 771 BGB auf eine **Einrede der Vorausklage** berufen.[14]

9 **3. Erfüllung der Verbindlichkeit.** Der Kommissionär hat für die Erfüllung der Verbindlichkeit des Dritten aus dem Ausführungsgeschäft einzustehen. Hier bewährt sich der **bürgschaftsähnliche** Charakter der Delkrederehaftung: Für die Verpflichtung des Kommissionärs ist der jeweilige Bestand der Hauptverbindlichkeit maßgebend (§ 767 Abs. 1 S. 1 BGB). Sekundäransprüche aus der Verletzung vertraglicher Pflichten fallen daher in die Haftung des Kommissionärs (§ 767 Abs. 1 S. 2 BGB).[15] Freilich setzt die Delkrederehaftung überhaupt eine wirksame Verbindlichkeit voraus (§ 392 Abs. 2 S. 1). Hieran fehlt es etwa, wenn die Geschäftsführung der Börse (§ 2 BörsG) durch wirksamen privatrechtsgestaltenden Verwaltungsakt das Ausführungsgeschäft wegen **Mistrade** aufhebt (§ 15 Abs. 4 BörsG).[16] Sinn und Zweck des Delkredere ist nicht die Fiktion eines wirksamen Ausführungsgeschäfts, sondern die Entlastung des Kommittenten vom Risiko der Leistungsbereitschaft des Dritten: Das Delkredere ist eben Bürgschaft, nicht Garantie.[17] Eine allgemeine Pflicht des Kommissionärs, auch ohne konkrete Weisung des Kommittenten Widerspruch gegen die Mistradeentscheidung einzulegen, besteht grundsätzlich nicht. Auch schuldet der Kommissionär dem Kommittenten keine Rechtsberatung hinsichtlich der gegen die Mistradeentscheidung möglichen Rechtsmittel,[18] unter Umständen aber den Hinweis, dass die Sache jetzt am Kommittenten ist.[19] Freilich kann in diesen Fällen – tatbestandlich vorgelagert – eine Haftung des Kommissionärs gem. § 280 Abs. 1 BGB in Betracht kommen. Denn der Kommissionär hat gem. § 384 Abs. 1 Hs. 2 die Interessen des Kommittenten wahrzunehmen. Hierzu gehört auch, dass er das Ausführungsgeschäft zu Bedingungen abschließt, die den Interessen des Kommittenten angemessen Rechnung tragen. Hiergegen kann die

[9] Grünhut, Das Recht des Commissionshandels, 1879, 348; Weidmann, Das Kommissionsgeschäft I, 1908, 264; Ebenroth/Boujong/Füller Rn. 3.

[10] KG 13.12.1993, KGR 1994, 29.

[11] Grünhut, Das Recht des Commissionshandels, 1879, 519 ff.; Weidmann, Das Kommissionsgeschäft I, 1908, 258; Schlegelberger/Hefermehl Rn. 7.

[12] Weidmann, Das Kommissionsgeschäft I, 1908, 264 f.

[13] Vgl. Grünhut, Das Recht des Commissionshandels, 1879, 360 ff.; K. Schmidt HandelsR § 31 Rn. 71; Hopt/Kumpan Rn. 5; Schlegelberger/Hefermehl Rn. 16.

[14] ROHG 28.3.1873, ROHGE 9, 231 (233); 20.11.1875, ROHGE 19, 52 (55); Grünhut, Das Recht des Commissionshandels, 1879, 353; K. Schmidt HandelsR § 31 Rn. 71; Weidmann, Das Kommissionsgeschäft I, 1908, 266; Hopt/Kumpan Rn. 3; Schlegelberger/Hefermehl Rn. 14.

[15] OLG Nürnberg 10.7.2015, WM 2015, 2146 (2148); K. Schmidt HandelsR § 31 Rn. 71; Hopt/Kumpan Rn. 3; **aA** Weidmann, Das Kommissionsgeschäft I, 1908, 265 f.

[16] BGH 22.9.2020, BKR 2021, 108 Rn. 17 ff. = ZIP 2020, 2279; 25.6.2002, NJW-RR 2002, 1344 (1345); OLG Nürnberg 10.7.2015, WM 2015, 2146 (2148).

[17] OLG Schleswig 20.12.2018, WM 2020, 126 Rn. 33, 43.

[18] BGH 22.9.2020, BKR 2021, 108 Rn. 24 ff. = ZIP 2020, 2279.

[19] Schäfer BKR 2021, 111 (114).

Vereinbarung mit dem Dritten, die ein Stornierungsrecht begründet, verstoßen.[20] – Nicht einzustehen hat der Kommissionär überhaupt für flankierende bereicherungs- und deliktsrechtliche Ansprüche des Kommittenten, da es sich insoweit nicht um Ansprüche aus dem Ausführungsgeschäft handelt; auch haftet er ohne besondere zusätzliche Abrede nicht für Ansprüche aus Hilfs- und Nebengeschäften.[21]

4. Einreden und Einwendungen. Der Kommissionär kann sich auf alle Einwendungen berufen und alle Einreden geltend machen, die dem Dritten aus dem Ausführungsgeschäft zustehen (§ 767 Abs. 1 S. 1 BGB, § 768 BGB, § 770 BGB). Eine Ausnahme gilt für Einreden und Einwendungen des Dritten, die an ein pflichtwidriges Verhalten des Kommissionärs anknüpfen. Denn der Kommissionär ist in diesem Fall wegen Verletzung seiner Interessenwahrungspflicht (§ 384 Abs. 1 Hs. 2) dem Kommittenten gegenüber verpflichtet, diesen so zu stellen, als habe er die Einrede oder Einwendung des Dritten nicht begründet (§§ 280, 249 BGB).[22] 10

5. Erweiterung des Delkredere. Ohne weiteres kann aufgrund Parteivereinbarung eine Erweiterung oder eine Beschränkung der Delkrederehaftung vorgenommen werde.[23] So können die Parteien etwa in Abweichung vom bürgschaftsähnlichen Leitbild vereinbaren, dass der Kommissionär gleich einer Garantiehaftung in jedem Fall für die Leistung des Dritten einzustehen hat, ohne sich auf dessen Einreden und Einwendungen berufen zu dürfen. 11

IV. Delkredereprovision (Abs. 2 S. 2)

Als Ausgleich für die Übernahme des Delkredere kann der Kommissionär eine besondere Vergütung, die sog. Delkredereprovision verlangen, und zwar unabhängig davon, ob das Delkredere auf Vertrag oder auf Handelsbrauch beruht. Einer besonderen Vereinbarung bedarf es nicht; umgekehrt bedarf es einer besonderen Vereinbarung, wenn die Parteien den Anspruch auf die Delkredereprovision abbedingen wollen.[24] Der Anspruch auf die Provision entsteht mit Ausführung des Drittgeschäfts (§ 396 Abs. 1 S. 1).[25] Der Anspruch auf die Delkredereprovision setzt nicht voraus, dass der Kommissionär aus dem Delkredere in Anspruch genommen wird;[26] teilweise wird aber als zusätzliche Voraussetzung des Provisionsanspruchs verlangt, dass im Einzelfall überhaupt die konkrete Gefahr bestanden hat, dass der Dritte nicht leistet. Es muss also tatsächlich kreditiert werden; daran fehlt es, wenn das Kommissionsgut unmittelbar nach Abschluss des Ausführungsgeschäfts Zug-um-Zug gegen Zahlung des Kaufpreises übergeben wird.[27] Nach weit verbreiteter Meinung soll der Kommissionär auch im Falle des Selbsteintritts oder der Erfüllung nach § 384 Abs. 3 Anspruch auf Delkredereprovision haben.[28] Zutreffend ist das freilich nicht.[29] Die Höhe der Provision richtet sich in erster Linie nach der Verabredung, subsidiär nach üblichen Sätzen an der Niederlassung des Kommissionärs (§ 354 Abs. 1).[30] Fehlt es daran, so kann der Kommissionär nach den allgemeinen Regeln gem. §§ 316, 315 BGB nach billigem Ermessen eine Vergütung bestimmen.[31] 12

§ 395 [Wechselindossament]

Ein Kommissionär, der den Ankauf eines Wechsels übernimmt, ist verpflichtet, den Wechsel, wenn er ihn indossiert, in üblicher Weise und ohne Vorbehalt zu indossieren.

I. Allgemeines

Nach **Art. 15 Abs. 1 WG** haftet der Indossant mangels eines entgegenstehenden Vermerks auf dem Wechsel für die Annahme und die Zahlung. § 395 spricht nun aus, dass der Kommissionär, der 1

[20] BGH 25.6.2002, NJW-RR 2002, 1344 (1345); OLG Nürnberg 10.7.2015, WM 2015, 2146 (2159 f.).

[21] Hopt/Kumpan Rn. 4; Ebenroth/Boujong/Füller Rn. 5; Schlegelberger/Hefermehl Rn. 10 f.

[22] ROHG 23.11.1876, ROHGE 21, 146; Grünhut, Das Recht des Commissionshandels, 1879, 356; K. Schmidt HandelsR § 31 Rn. 71; Hopt/Kumpan Rn. 5; Ebenroth/Boujong/Füller Rn. 6; Schlegelberger/Hefermehl Rn. 13.

[23] Vgl. Weidmann, Das Kommissionsgeschäft I, 1908, 267 ff.; Hopt/Kumpan Rn. 2; Schlegelberger/Hefermehl Rn. 18.

[24] Vgl. RG 8.2.1888, RGZ 20, 112 (113).

[25] Weidmann, Das Kommissionsgeschäft I, 1908, 283.

[26] Weidmann, Das Kommissionsgeschäft I, 1908, 283 f.

[27] Grünhut, Das Recht des Commissionshandels, 1879, 364 ff.; **aA** Schlegelberger/Hefermehl Rn. 20.

[28] Hopt/Kumpan Rn. 6; EBJS/Krüger, 2. Aufl. 2009, Rn. 7; Schlegelberger/Hefermehl Rn. 20.

[29] Ebenroth/Boujong/Füller Rn. 13; Staub/Koller Rn. 19.

[30] Weidmann, Das Kommissionsgeschäft I, 1908, 285.

[31] Ebenroth/Boujong/Füller Rn. 8; **aA** EBJS/Krüger, 2. Aufl. 2009, Rn. 8: angemessene, verkehrsübliche Vergütung.

den Ankauf eines Wechsels übernimmt, verpflichtet ist, den Wechsel, wenn er ihn denn indossiert, in üblicher Weise ohne Vorbehalt zu indossieren. § 395 begründet **keine Verpflichtung** des Kommissionärs **zur Indossierung** eines auf Rechnung des Kommittenten erworbenen Wechsels;[1] nur wenn er den Wechsel indossiert – sei es aufgrund einer Verabredung im Kommissionsvertrag, sei es freiwillig –, soll er ihn ohne haftungsbeschränkende Zusätze, insbesondere ohne sog. Angstklauseln („ohne Gewähr") indossieren.[2] Dadurch soll die Umlauffähigkeit des Wechsels erhalten werden, da durch ein „anormales" Indossament ein Wechsel allzu leicht diskreditiert werden kann.[3] Um einer eigenen wechselmäßigen Haftung zu entgehen, wird der Kommissionär regelmäßig den Dritten veranlassen, den Wechsel direkt an den Kommittenten zu indossieren oder den Wechsel mit einem Blankoindossament zu versehen, und den Wechsel so dem Kommittenten zu übermitteln (Art. 13 Abs. 2 WG, Art. 14 Abs. 2 WG).[4] Ist der Wechsel aber auf den Namen des Kommissionärs indossiert, so muss der Kommissionär den Wechsel mit Voll- oder Blankoindossament an den Kommittenten weitergeben.[5]

2 Nach allgemeiner Meinung ist § 395 auch auf den Fall der **Verkaufskommission** anzuwenden, wenn der Partner des Ausführungsgeschäfts einen **Wechsel zahlungshalber** an den Kommissionär übergibt.[6] Ebenfalls anerkannt ist, dass die Vorschrift entsprechend auf **andere Orderpapiere** anzuwenden ist.[7]

II. Indossierung

3 **1. Ordnungsgemäßes Indossament.** Das ordnungsgemäße Indossament des Kommissionärs begründet eine wechselmäßige Haftung des Kommissionärs (Art. 15 WG). Eine Übernahme des Delkredere liegt aber nicht schon in der Indossierung.[8] Wird der Kommissionär aus dem Wechsel in Anspruch genommen, so hat er gegen den Kommittenten aus dem Kommissionsvertrag – nicht aus dem Wechsel – einen Aufwendungsersatz (§§ 675, 670 BGB).[9] Dem wechselrechtlichen Rückgriffsanspruch des Kommittenten (Art. 43 WG) kann er gemäß § 242 BGB seinen korrespondierenden Anspruch auf Aufwendungsersatz entgegenhalten.[10] Etwas anderes soll nach *Hefermehl* dann gelten, wenn der Kommissionär seinerseits gemäß §§ 384 Abs. 3, 393 Abs. 3, 394 für die Erfüllung der Verbindlichkeit des Dritten einzustehen hat oder sonst wegen Pflichtverletzung auf Schadensersatz haftet.[11] Aber zu Unrecht: Der Kommissionär muss seine Haftung nicht in eine Wechselschuld umfunktionieren lassen.[12]

4 **2. Unübliches Indossament.** Indossiert der Kommissionär entgegen § 395, so haftet er gemäß § 280 BGB auf Schadensersatz; auch kann der Kommittent die Annahme des pflichtwidrig indossierten Wechsels verweigern und vorbehaltslose Indossierung verlangen, sofern der Kommissionär zur Indossierung verpflichtet ist.[13] Eine Zurückweisung des Ausführungsgeschäfts gemäß § 385 kommt nur in Betracht, wenn die pflichtwidrige Indossierung zugleich einer Weisung des Kommittenten widerspricht.[14]

§ 396 [Provision und Aufwendungsersatz]

(1) [1]Der Kommissionär kann die Provision fordern, wenn das Geschäft zur Ausführung gekommen ist. [2]Ist das Geschäft nicht zur Ausführung gekommen, so hat er gleichwohl

[1] Grünhut, Das Recht des Commissionshandels, 1879, 518; Weidmann, Das Kommissionsgeschäft I, 1908, 255.
[2] Grünhut, Das Recht des Commissionshandels, 1879, 516; Weidmann, Das Kommissionsgeschäft I, 1908, 256.
[3] Grünhut, Das Recht des Commissionshandels, 1879, 515; Weidmann, Das Kommissionsgeschäft I, 1908, 256.
[4] Grünhut, Das Recht des Commissionshandels, 1879, 518; Weidmann, Das Kommissionsgeschäft I, 1908, 254 f.
[5] Weidmann, Das Kommissionsgeschäft I, 1908, 255.
[6] RG 8.2.1888, RGZ 20, 112 (113); Grünhut, Das Recht des Commissionshandels, 1879, 518; Weidmann, Das Kommissionsgeschäft I, 1908, 154; Ebenroth/Boujong/Füller Rn. 2; Schlegelberger/Hefermehl Rn. 3.
[7] Ebenroth/Boujong/Füller Rn. 2; Schlegelberger/Hefermehl Rn. 2.
[8] Grünhut, Das Recht des Commissionshandels, 1879, 519 ff.; Weidmann, Das Kommissionsgeschäft I, 1908, 258; Schlegelberger/Hefermehl Rn. 7.
[9] Weidmann, Das Kommissionsgeschäft I, 1908, 253, 257.
[10] Ebenroth/Boujong/Füller Rn. 4; vgl. Weidmann, Das Kommissionsgeschäft I, 1908, 256 f.
[11] Schlegelberger/Hefermehl Rn. 6.
[12] Staub/Koller Rn. 6.
[13] Weidmann, Das Kommissionsgeschäft I, 1908, 253.
[14] Schlegelberger/Hefermehl Rn. 8; einschr. Weidmann, Das Kommissionsgeschäft I, 1908, 257; überhaupt abl. Ebenroth/Boujong/Füller Rn. 5.

den Anspruch auf die Auslieferungsprovision, sofern eine solche ortsgebräuchlich ist; auch kann er die Provision verlangen, wenn die Ausführung des von ihm abgeschlossenen Geschäfts nur aus einem in der Person des Kommittenten liegenden Grunde unterblieben ist.

(2) Zu dem von dem Kommittenten für Aufwendungen des Kommissionärs nach den §§ 670 und 675 des Bürgerlichen Gesetzbuchs zu leistenden Ersatze gehört auch die Vergütung für die Benutzung der Lagerräume und der Beförderungsmittel des Kommissionärs.

Schrifttum: Koller, Das Provisionsrisiko und Aufwendungsrisiko bei der Kommission, BB 1979, 1725.

Übersicht

I. Allgemeines

1 **1. Provisionsanspruch.** Die Provision ist das Entgelt für die Leistungen des Kommissionärs.[1] § 396 Abs. 1 begründet keinen Provisionsanspruch, sondern setzt einen Provisionsanspruch voraus. Grund und Höhe des Provisionsanspruchs können sich unmittelbar aus dem Kommissionsvertrag ergeben, folgen aber bei Fehlen einer entsprechenden Vereinbarung aus § 354 Abs. 1. Grundsätzlich kann der Kommissionär erst dann Provision verlangen, wenn das mit dem Dritten auf Rechnung des Kommittenten geschlossene Geschäft **zur Ausführung gekommen** ist. Damit stellt das Gesetz sicher, dass der Kommissionär sich in einem besonderen Maße aus einer eigennützigen Motivation heraus nicht nur für den Abschluss, sondern auch für die Ausführung des Geschäfts einsetzt.[2] Keine weitere Voraussetzung des Provisionsanspruchs ist, dass das aus dem Ausführungsgeschäft Erlangte an den Kommittenten herausgegeben wird (§ 384 Abs. 2 Hs. 2). **Herausgabepflicht** und Provisionspflicht stehen auch **nicht im Synallagma** (§ 320). Freilich kann der Kommittent nach §§ 273, 274 BGB die Provisionszahlung so lange verweigern, bis der Kommissionär das aus der Geschäftsbesorgung Erlangte herausgibt.[3] – Kommt es nicht zur Ausführung des Geschäfts mit dem Dritten, so kann der Kommissionär dennoch volle Provision fordern, wenn die Ausführung des abgeschlossenen Geschäfts aus einem nur in der Person des Kommittenten liegenden Grund unterblieben ist (Abs. 1 S. 1 Hs. 2). Lässt sich nach diesen Grundsätzen ein Anspruch auf die volle Provision nicht begründen, kann dem Kommissionär bei Ortsüblichkeit wenigstens eine sog. **Auslieferungsprovision** zustehen (Abs. 1 S. 2 Hs. 1), die allerdings im Regelfall geringer ausfällt als die „normale" Provision.[4]

2 **2. Aufwendungsersatz.** Der Anspruch des Kommissionärs auf Aufwendungsersatz erwächst unmittelbar aus §§ 675, 670 BGB und ist weder an den Abschluss noch an die Ausführung des Geschäfts mit dem Dritten geknüpft. § 396 Abs. 2 knüpft an der Regelung des BGB an und stellt klar, dass abweichend von den allgemeinen Grundsätzen auch die **Eigenkosten** des Kommissionärs für Lagerung und Beförderung als Aufwendungen des Kommissionärs gelten.

II. Provisionsanspruch (Abs. 1)

3 **1. Provisionsanspruch (Abs. 1 S. 1). a) Kommissionsvertrag.** Grundlage des Provisionsanspruchs ist der Kommissionsvertrag; selbst wenn darin keine besondere Verabredung über die Provi-

[1] BGH 21.7.2016, NJW 2017, 475 Rn. 12.
[2] Weidmann, Das Kommissionsgeschäft I, 1908, 271.
[3] OLG Saarbrücken 7.5.2015, IHR 2017, 28 (38).
[4] Vgl. OLG Hamburg 5.11.1908, SeuffA 64 (1909) Nr. 137.

sion getroffen ist, kann der Kommissionär aufgrund der Vorschrift des § 354 Abs. 1 Provision verlangen: Der Handelsverkehr wird eben vom Grundsatz der Entgeltlichkeit beherrscht.[5] Doch § 354 kann noch mehr. Bei **Unwirksamkeit** des Kommissionsvertrages kann der Provisionsanspruch nach zutreffender hM unmittelbar auf § 354 gestützt werden.[6] Die daran in der Lehre geübte Kritik,[7] dass § 354 nur das Fehlen einer Provisionsvereinbarung, nicht aber das Fehlen eines wirksamen Kommissionsvertrages überwinden kann, ist unzutreffend. Der nichtige Kommissionsvertrag unterfällt dem Regime der *negotiorum gestio* (§§ 677 ff. BGB). Auf die sog. *actio contraria* (§ 683 S. 1 BGB) findet § 354 aber entsprechend den Vorstellungen der Nürnberger Kommission unmittelbare Anwendung.[8] **Kündigt** der Kommittent vor der Ausführung des mit dem Dritten abgeschlossenen Geschäfts, kommt ein Provisionsanspruch ebenfalls nicht zustande; eine Anwendung der §§ 628, 649 S. 2 BGB kommt wegen der Besonderheiten des Kommissionsgeschäfts nicht in Betracht.[9] Zur Kompensation kann dem Kommissionär aber ein Anspruch auf Auslieferungsprovision zustehen.

4 **b) Abschluss des Ausführungsgeschäfts.** Das Ausführungsgeschäft mit dem Dritten muss wirksam sein und darf von keiner Seite erfolgreich angefochten worden sein (§ 142 BGB); bei Abschluss unter aufschiebender Bedingung muss die Bedingung eingetreten sein. Fehlt es am wirksamen Abschluss, kommt ein Provisionsanspruch nicht in Betracht, ohne dass es besonders darauf ankäme, warum das Geschäft unwirksam ist. Dies erklärt sich schon daraus, dass das wirksame Ausführungsgeschäft der rechtliche Grund zum Behalten der Leistung des Dritten darstellt, und nur seine Beständigkeit den Provisionsanspruch rechtfertigt. Auch § 396 Abs. 1 S. 2 Hs. 2 hilft nicht weiter, da diese Vorschrift einen wirksamen Abschluss des Ausführungsgeschäfts voraussetzt. Allerdings kann dem Kommissionär trotz unterbliebenen Abschlusses ein Anspruch auf Auslieferungsprovision zustehen. Der Unwirksamkeit des Ausführungsgeschäfts steht es gleich, wenn der Dritte vom Vertrag **zurücktritt;** anders nur aufgrund der Ausnahmevorschrift des § 396 Abs. 1 S. 2 Hs. 2, wenn der Rücktritt aus einem nur in der Person des Kommittenten liegenden Grund erfolgt, etwa weil bei der Verkaufskommission der Dritte wegen der Lieferung mangelhafter Ware durch den Kommittenten gem. § 437 Nr. 2 BGB, § 323 BGB vom Vertrag zurücktritt.[10] Ebenfalls steht dem Kommissionär kein Provisionsanspruch zu, wenn aufgrund einer Pflichtverletzung des Dritten der Kommissionär oder der Kommittent nach den §§ 323 ff. BGB vom Vertrag zurücktritt.[11] Für den besonderen Fall, dass Kommissionär oder Kommittent Schadensersatz statt der ganzen Leistung fordern, → Rn. 6.

5 **c) Ausführung des Geschäfts.** § 396 Abs. 1 S. 1 knüpft den Provisionsanspruch nicht allein an den erfolgreichen Abschluss des Geschäfts mit dem Dritten, sondern das Geschäft muss auch zur Ausführung gekommen sein; fehlt es an der Ausführung, so hat der Kommissionär keinen Anspruch auf die Provision, unabhängig wie groß seine Mühewaltung zur Herbeiführung des Abschlusses war. Ausführung ist nicht stets gleichbedeutend mit Erfüllung.[12] Sieht man den Zweck der Vorschrift darin, den Kommissionär **im Interesse des Kommittenten** einen besonderen Anreiz dafür zu setzen, nicht nur für den Abschluss, sondern auch für die reibungslose Durchführung des Geschäfts mit dem Dritten zu sorgen, so kann man von einer Ausführung sprechen, wenn der **wirtschaftliche Erfolg** des Geschäfts im Wesentlichen eingetreten ist.[13] Das ist sicherlich anzunehmen, wenn der Dritte die ihm obliegende Leistung erbracht hat, wobei es nicht weiter notwendig ist, dass auch die Gegenleistung erbracht wird (vgl. § 396 Abs. 1 S. 2 Hs. 1).[14] An der Ausführung des Geschäfts fehlt es daher etwa, wenn es beim Auftrag zur Zeichnung von Aktien aus einer Neuemission zu keiner Zuteilung von Aktien kommt.[15] Erfüllt dagegen der Kommissionär aufgrund eines übernommenen Delkredere (§ 394) oder aufgrund seiner Selbsthaftung gem. § 384 Abs. 3, so steht dies einer Ausführung iSd § 396 As. 1 S. 1 gleich.[16]

---

[5] Grünhut, Das Recht des Commissionshandels, 1879, 263 f.; Schlegelberger/Hefermehl Rn. 1.

[6] BGH 28.9.1961, LM HGB § 396 Nr. 2; MüKoHGB/Häuser Rn. 4; Schlegelberger/Hefermehl Rn. 5.

[7] Ebenroth/Boujong/Füller Rn. 4; Staub/Koller Rn. 7.

[8] Prot. zum ADHGB 426 f.; Staudinger/Bergmann, 2020, BGB Vor § 677 Rn. 329 ff.; Staudinger/Bergmann, 2020, BGB § 683 Rn. 54 ff.

[9] Hopt/Kumpan Rn. 3; Schlegelberger/Hefermehl Rn. 5, 21; Staub/Koller Rn. 8; **aA** K. Schmidt HandelsR § 31 Rn. 76.

[10] OLG Zweibrücken 22.8.1986, OLGZ 1986, 486; MüKoHGB/Häuser Rn. 12; 14.

[11] MüKoHGB/Häuser Rn. 13; Staub/Koller Rn. 13.

[12] Vgl. Grünhut, Das Recht des Commissionshandels, 1879, 264 ff.

[13] Hopt/Kumpan Rn. 2.

[14] Weidmann, Das Kommissionsgeschäft I, 1908, 271; Canaris HandelsR § 30 Rn. 42; K. Schmidt HandelsR § 31 Rn. 76; Ebenroth/Boujong/Füller Rn. 7; Schlegelberger/Hefermehl Rn. 9.

[15] BGH 28.1.2003, BGHZ 153, 344 (348).

[16] Ebenroth/Boujong/Füller Rn. 9 aE.

Erbringt der Dritte seine Leistung nicht wie geschuldet, so ist weiter zu differenzieren. Eine **Teilleistung** schließt die Provision aus, wenn der Kommittent an der Teilleistung kein Interesse hat (vgl. § 323 Abs. 5 S. 1 BGB). Besteht dagegen ein entsprechendes Interesse des Kommittenten, so kann der Kommissionär entsprechend dem Rechtsgedanken des § 87a Abs. 1 S. 1 anteilige Provision verlangen.[17] Bei der **nicht vertragsgemäßen Leistung** (Mangel, Verletzung leistungsbezogener Nebenpflichten) kommt es entsprechend darauf an, ob die Pflichtverletzung erheblich ist (vgl. § 323 Abs. 5 S. 2 BGB). Bei nur unwesentlicher Pflichtverletzung will die Lehre dem Kommissionär den vollen Provisionsanspruch zusprechen.[18] Dies erscheint gerechtfertigt, da der Kommissionär im Interesse des Kommittenten gehalten ist, wegen der (unwesentlichen) Pflichtverletzung Schadensersatz zu verlangen (§§ 280, 281 BGB) oder zu mindern (§ 437 Nr. 2 BGB, § 441 BGB), und so die fehlende Leistung aufgestockt wird. Überhaupt steht es der Erfüllung durch den Dritten gleich, wenn der Dritte **Schadensersatz** statt der Leistung erbringt. Denn auch hier tritt der wirtschaftliche Erfolg für den Kommittenten ein. Dies gilt entgegen einer teilweise vertretenen Auffassung[19] auch dann, wenn Kommissionär oder Kommittent Schadensersatz **statt der gesamten Leistung** (§ 281 Abs. 1 S. 2, S. 3 BGB), also den ehemals großen Schadensersatz fordern. Zwar liegt darin zugleich ein Rücktritt (§ 281 Abs. 5 BGB, § 325 BGB), dennoch wird dem Kommittenten letztlich der wirtschaftliche Vorteil des Geschäfts gesichert.[20] 6

Die Anbindung des Provisionsanspruchs des Kommissionärs an die Ausführung des Geschäfts kann von den Parteien **abbedungen** werden in dem Sinne, dass sich der Kommissionär bereits mit Abschluss seinen Lohn verdient hat.[21] 7

d) Verlust der Provision. Nach der früher von Hefermehl vertretenen Lehre erlosch der einmal entstandene Provisionsanspruch nicht allein dadurch, dass der Kommissionär mit seinen Pflichten aus dem Kommissionsvertrag in Verzug geriet, ihm die Herausgabe des Kommissionsguts unmöglich wurde oder er allgemein gegen seine Interessenwahrungspflicht verstieß. Der Kommittent konnte nur mit seinen Ersatzansprüchen gem. §§ 280, 286 BGB aF oder pFV aufrechnen.[22] Diese Auffassung war früher tatsächlich gut begründet, da insbesondere die §§ 323 ff. BGB aF nicht eingriffen, da die Herausgabepflicht des Kommissionärs wohl nicht im Synallagma stand. Die Ausgangslage hat sich aber mit der Schuldrechtsreform geändert.[23] **Pflichtverletzungen** seitens des Kommissionärs rechtfertigen nunmehr allgemein und unabhängig von einem Verschulden des Kommissionärs den Kommittenten unter den weiteren Voraussetzungen der §§ 323 ff. BGB nF zum **Rücktritt.** Wird dem Kommissionär etwa zurechenbar die Herausgabe des Kommissionsguts unmöglich (§ 326 Abs. 5 BGB) oder kommt er seiner Pflicht zur Herausgabe aus anderen Gründen nicht oder nicht vertragsgemäß nach, so kann der Kommittent ggf. nach Fristsetzung vom Kommissionsvertrag zurücktreten (§ 323 BGB). Mit dem Rücktritt **erlischt der Provisionsanspruch** des Kommissionärs. Daneben steht es dem Kommittenten frei, zusätzlich nach den §§ 280 ff. BGB Schadensersatz zu fordern (§ 325 BGB nF). Kommt ein Rücktritt – etwa wegen Unerheblichkeit der Pflichtverletzung des Kommissionärs (§ 323 Abs. 5 S. 2 BGB nF) – nicht in Betracht, so kann der Kommittent seinen Schadensersatzanspruch auf den Provisionsanspruch anrechnen. Außer nach den allgemeinen Vorschriften der §§ 323 ff. BGB kann der Kommissionär seinen Provisionsanspruch auch aufgrund der Sondervorschriften der **§§ 26, 27 DepotG** verlieren. Der Kommissionär, der einen Auftrag zum Umtausch von **Wertpapieren** oder von Sammelbestandanteilen gegen Wertpapiere oder einen Auftrag zur Geltendmachung eines Bezugsrechts auf Wertpapiere ausführt, hat binnen zwei Wochen nach dem Empfang der neuen Stücke dem Kommittenten ein Verzeichnis der Stücke zu übersenden, soweit er ihm die Stücke nicht innerhalb dieser Frist aushändigt. Kommt er dieser Pflicht nicht nach, verliert er seinen Provisionsanspruch. 8

e) Provision trotz Nichtausführung des Geschäfts (Abs. 1 S. 2 Hs. 2). Trotz Nichtausführung des Geschäfts mit dem Dritten kann der Kommissionär volle Provision verlangen, wenn die Ausführung des wirksam geschlossenen Ausführungsgeschäfts aus einem *nur* in der Person des Kommittenten liegenden Grund unterblieben ist.[24] Dabei kommt es nicht darauf an, ob der Kommittent 9

[17] MüKoHGB/Häuser Rn. 9; Schlegelberger/Hefermehl Rn. 11; iE ebenso, aber gegen die Berufung auf § 87a, Staub/Koller Rn. 19; vgl. Grünhut, Das Recht des Commissionshandels, 1879, 274 f.
[18] MüKoHGB/Häuser Rn. 9; Schlegelberger/Hefermehl Rn. 11; Staub/Koller Rn. 19.
[19] EBJS/Krüger, 2. Aufl. 2009, Rn. 9.
[20] Ebenroth/Boujong/Füller Rn. 5, 9.
[21] Weidmann, Das Kommissionsgeschäft I, 1908, 271.
[22] Schlegelberger/Hefermehl Rn. 28.
[23] Vgl. Canaris FS Konzen, 2006, 43.
[24] K. Schmidt HandelsR § 31 Rn. 76.

die Nichtausführung im Sinne von Vorsatz oder Fahrlässigkeit verschuldet hat;[25] es genügt, dass die Nichtausführung bei wertender Betrachtung ihren Grund ausschließlich in seiner Sphäre findet,[26] insbesondere weil der die Ausführung hindernde Umstand vom Kommittenten objektiv beherrschbar war.[27] So etwa, wenn der Dritte die gelieferte Ware des Kommittenten wegen Mangels zurückweist[28] oder beim Kartenvorverkauf in Kommission die Veranstaltung des Kommittenten abgesagt werden muss.[29] Vereitelt der Kommittent durch eigenen Abschluss das Zustandekommen des Ausführungsgeschäfts, so will man dem Kommissionär gem. § 242 BGB die Provision zusprechen, wenn er durch seine Tätigkeit den Dritten abschlussbereit gemacht hat.[30]

10 **2. Auslieferungsprovision (Abs. 1 S. 2 Hs. 1).** Lässt sich nach den obigen Grundsätzen ein Provisionsanspruch nicht begründen (Abs. 1 S. 1, S. 2 Hs. 2), so kann dem Kommissionär uU wenigstens eine sog. Auslieferungsprovision zustehen. § 396 Abs. 1 S. 2 Hs. 1 bezieht sich zwar allgemein auf die Kommission, doch kommt in der Praxis die Auslieferungsprovision überwiegend bei der Verkaufskommission vor.[31]

11 **a) Voraussetzungen.** Sofern die Parteien eine Auslieferungsprovision nicht besonders vereinbart haben, muss sie am Ort der Niederlassung des Kommissionärs ortsüblich sein,[32] wobei es dann aber gleichgültig ist, ob der Kommittent Kaufmann oder Unternehmer ist. Unmittelbar aus § 354 lässt sich die Auslieferungsprovision nicht begründen. Positiv setzt die Auslieferungsprovision weder den Abschluss des Ausführungsgeschäfts noch dessen Ausführung voraus.[33] Notwendig ist allein die Übergabe des Kommissionsguts an den Kommissionär. Die Auslieferungsprovision ist damit letztlich eine Vergütung für die Entgegennahme und Aufbewahrung des Kommissionsguts.[34] Die Fortdauer des Kommissionsvertrages setzt die Auslieferungsprovision nicht voraus: Es reicht, dass das Kommissionsgut zur Zeit der Entgegennahme des Kommissionsguts noch bestanden hat. Praktischer Hauptanwendungsfall ist die Kündigung des Kommissionsvertrags durch den Kommittenten vor Ausführung der Kommission.[35] Die Auslieferungsprovision will damit die gefühlte „Ungerechtigkeit" ausgleichen, dass dem Kommissionär trotz all seiner Mühe um den Abschluss des Geschäfts die Provision durch eine Kündigung des Kommittenten entzogen werden kann.[36]

12 **b) Höhe der Auslieferungsprovision.** Lässt sich der Vereinbarung oder dem Ortsgebrauch eine Höhe der Provision nicht entnehmen, so ist nach Auffassung des OLG Hamburg die Provision nach billigem Ermessen festzusetzen.[37]

13 **c) Subsidiarität.** Die Auslieferungsprovision ist gegenüber der „normalen" Provision subsidiär. Für sie ist nur Raum, wenn der Provisionsanspruch nicht besteht.[38]

III. Aufwendungsersatz (Abs. 2)

14 Die Voraussetzungen des Aufwendungsersatzanspruchs des Kommissionärs bestimmen sich nach den allgemeinen bürgerlich-rechtlichen Vorschriften für Geschäftsbesorgungsverträge gem. §§ 675, 670 BGB.[39]

15 **1. Tatbestand. a) Kommissionsvertrag; Ausführungsgeschäft.** Vorausgesetzt ist ein wirksamer Kommissionsvertrag. Fehlt es daran, bestimmt sich der Aufwendungsersatz nach § 683 S. 1 BGB.[40] Eine Kündigung des Kommissionsvertrages entzieht nachfolgenden Aufwendungen die Grundlage; der Erstattungsanspruch für bis dahin entstandene Aufwendungen bleibt unberührt.[41] Keine Voraussetzungen für den Aufwendungsersatzanspruch ist, dass das Geschäft mit dem Dritten

[25] Hopt/Kumpan Rn. 3; Schlegelberger/Hefermehl Rn. 16.
[26] Canaris HandelsR § 30 Rn. 43; Weidmann, Das Kommissionsgeschäft I, 1908, 275.
[27] Ebenroth/Boujong/Füller Rn. 11; Staub/Koller Rn. 27.
[28] Weidmann, Das Kommissionsgeschäft I, 1908, 276.
[29] LG München I 9.6.2021, MDR 2021, 1055 = ZVertriebsR 2021, 229.
[30] K. Schmidt HandelsR § 31 Rn. 76.
[31] Grünhut, Das Recht des Commissionshandels, 1879, 425 Fn. 3; Schlegelberger/Hefermehl Rn. 17.
[32] RG 29.10.1886, RGZ 17, 31; OLG Hamburg 5.11.1908, SeuffA 64 (1909) Nr. 137.
[33] Ebenroth/Boujong/Füller Rn. 10.
[34] Grünhut, Das Recht des Commissionshandels, 1879, 426.
[35] OLG Hamburg 5.11.1908, SeuffA 64 (1909) Nr. 137; Schlegelberger/Hefermehl Rn. 17.
[36] Grünhut, Das Recht des Commissionshandels, 1879, 427.
[37] OLG Hamburg 5.11.1908, SeuffA 64 (1909) Nr. 137.
[38] Schlegelberger/Hefermehl Rn. 17.
[39] Vgl. grdl. Grünhut, Das Recht des Commissionshandels, 1879, 245 ff.
[40] Staudinger/Bergmann, 2020, BGB Vor § 677 Rn. 329 ff.
[41] Hopt/Kumpan Rn. 5; Schlegelberger/Hefermehl Rn. 33.

ausgeführt oder überhaupt abgeschlossen worden ist: Auch Aufwendungen, die dem Abschluss des Ausführungsgeschäfts dienen, sind – soweit die weiteren Voraussetzungen des § 670 BGB vorliegen – erstattungsfähig.

b) Aufwendungen. Nach heute allgemeinem Verständnis sind Aufwendungen des Kommissionärs freiwillige Vermögensopfer zum Zwecke der Ausführung der Kommission. Typische Aufwendungen sind etwa anfallende Kosten für Kommunikation, Lagerung und Beförderung, Versicherungen und insbesondere die Übernahme der vertraglichen Verpflichtungen aus dem Ausführungsgeschäft. Nach verbreiteter Lehre kann der Kommissionär **Schäden,** in denen sich ein mit der Durchführung der konkreten Kommission verbundenes besonderes Risiko verwirklicht, entsprechend den allgemeinen bürgerlich-rechtlichen Grundsätzen zum Mandat und der negotiorum gestio analog § 683 S. 1 BGB, § 670 BGB beim Kommittenten liquidieren.[42] Doch passen diese Gedanken nicht ohne weiteres auf die entgeltliche und unternehmerische (selbständige) Geschäftsbesorgung. Hier ist richtigerweise zu differenzieren zwischen (a) Schäden aus dem Ausführungsgeschäft mit dem Dritten und aus der Innehabung des Kommissionsgutes, und (b) solchen Schäden, die sich der Kommissionär durch eigene Handlungen im Rahmen seiner Geschäftsbesorgung für den Kommittenten zugezogen hat.[43] Posten der Gruppe (a), wie etwa **Schadensersatzansprüche des Dritten** wegen Nicht- oder Schlechtleistung oder Verzögerung der Leistung fallen, soweit sie nicht auf einer Pflichtverletzung des Kommissionärs beruhen, sicherlich dem Kommittenten zur Last. Dies folgt nun allerdings schon – ohne dass ein Rückgriff auf § 670 BGB nötig wäre – allein daraus, dass der Kommissionär auf Rechnung des Kommittenten tätig wird.[44] Positionen der Gruppe (b) sind dem Kommissionär dagegen grundsätzlich nicht ohne weiteres zu ersetzen. Das übernommene, der Kommission inhärente besondere Risiko wird gerade auch durch die Provision abgedeckt und vergütet. Das von Canaris und Koller entwickelte Prinzip, wonach derjenige (Kommittent), auf dessen Veranlassung ein anderer (Kommissionär) in seinem Interesse Risiken übernimmt, dem anderen für solche Schäden einzustehen hat, die auf dem tätigkeitsspezifischen Risiko beruhen,[45] passt für die selbständige, unternehmerische und entgeltliche Geschäftsbesorgung nicht. Hinzu kommt, dass der Kommissionär sein Risiko leicht und kostengünstig – und zwar kostengünstiger, als dies der Kommittent könnte – versichern kann (cheapest insurer). 16

c) Allgemeine Geschäftskosten. Der auftrags- und geschäftsbesorgungsvertragsrechtliche Aufwendungsersatzanspruch umfasst Vermögensopfer, die der Beauftragte oder Geschäftsbesorger zur Ausführung der von ihm geschuldeten Tätigkeit erbracht hat, nicht aber ein Entgelt für seinen eigenen Arbeitsaufwand oder seine allgemeinen Geschäfts- oder Betriebsunkosten. Dieser Aufwendungsbegriff ist nach § 396 Abs. 2 auch für das Kommissionsgeschäft maßgeblich. Personalkosten, Miete für die Geschäftsräume, Vergütung der eigenen Arbeitskraft kann der Kommissionär daher grundsätzlich nicht verlangen.[46] Sie werden mit der Provision abgegolten. Insoweit trägt der Kommissionär die Gefahr der Ausführung des Geschäfts. Daher kann der Kommissionär, der mit Zeichnung von Aktien aus einer Neuemission beauftragt ist, bei Nichtzuteilung für die Inanspruchnahme seines Geschäftsbetriebs und des Arbeitseinsatzes seiner Mitarbeiter, der mit der massenhaften Zeichnung von Aktien-Neuemissionen verbunden ist, grundsätzlich keinen Aufwendungsersatz verlangen.[47] Durch Parteivereinbarung kann selbstverständlich Abweichendes bestimmt werden. Auch Klauseln in AGB von Kreditinstituten, in denen für Kundenaufträge zur Zeichnung von Aktien aus Neuemissionen ein auch im Falle der Nichtzuteilung der Aktien zu zahlendes maßvolles Entgelt vorgesehen wird, verstoßen nicht gegen § 307 BGB.[48] Eine Ausnahme von diesen Grundsätzen gilt gem. § 396 Abs. 2 für die **Inanspruchnahme von Lagerräumen und Beförderungsmitteln** des Kommissionärs: Diese werden nicht den allgemeinen, nicht erstattungsfähigen Geschäftskosten zugerechnet, 17

[42] Mit Unterschieden iE Canaris HandelsR § 30 Rn. 50 f.; MüKoHGB/Häuser Rn. 53; Staub/Koller Rn. 58; schon Grünhut, Das Recht des Commissionshandels, 1879, 258 ff.; zum Schadensersatz im Rahmen des § 670 BGB Staudinger/Martinek, 2006, BGB § 670 Rn. 17 ff.; im Rahmen des § 683 BGB Staudinger/Bergmann, 2020, BGB § 683 Rn. 62 ff.

[43] Vgl. K. Schmidt HandelsR § 31 Rn. 80.

[44] *Ebenso BGH 16.12.1952, BGHZ 8, 222 (228 f.)*; K. Schmidt HandelsR § 31 Rn. 80; Hopt/Kumpan Rn. 5. Unter Hinweis auf den auftragsrechtlichen Aufwendungsersatzanspruch ROHG 6.12.1876, ROHGE 21, 309 (310 f.); Ebenroth/Boujong/Füller Rn. 15.

[45] Canaris HandelsR § 30 Rn. 51 mwN; Staub/Koller Rn. 52 mwN.

[46] BGH 28.1.2003, BGHZ 153, 344 (348 f.) = NJW 20003, 1447; Weidmann, Das Kommissionsgeschäft I, 1908, 289 ff.; Schlegelberger/Hefermehl Rn. 35.

[47] Vgl. BGH 28.1.2003, BGHZ 153, 344 (348 f.) = NJW 2003, 1447.

[48] BGH 28.1.2003, BGHZ 153, 344 = NJW 2003, 1447 mAnm Kindler ZIP 2003, 620; Steppeler BKR 2003, 343.

sondern den zu erstattenden Aufwendungen.[49] Die Benutzung eigener Lagerräume und Beförderungsmittel verliert ihren Aufwendungscharakter auch nicht dadurch, dass der Kommissionär hierzu gegenüber dem Kommittenten verpflichtet war.[50]

18 **d) Erforderlichkeit.** Der Kommissionär kann nur Ersatz solcher Aufwendungen fordern, die er gem. § 670 BGB für erforderlich halten durfte; dabei kommt es für die Beurteilung auf den Zeitpunkt der Vornahme der Aufwendung an (ex-ante-Perspektive). Entscheidend ist, ob der Kommissionär bei Anwendung der Sorgfalt eines ordentlichen Kaufmanns die konkrete Aufwendung für erforderlich halten durfte. Es können daher auch solche Aufwendungen zu ersetzen sein, bei denen sich später herausstellt, dass sie nicht erforderlich waren. Bei begründeten Zweifeln über die Zweckmäßigkeit von Aufwendungen muss der Kommissionär beim Kommittenten Rückfrage halten und dessen Entschließung abwarten.[51] Sittenwidrige oder unerlaubte Maßnahmen darf der Kommissionär niemals für erforderlich halten, selbst wenn diese wie etwa Schmiergeldzahlungen faktisch das Geschäft fördern.[52]

19 **e) Leistungsstörungen.** Wird dem Kommissionär die Ausführung (Abschluss des Ausführungsgeschäfts) oder die Durchführung (insbesondere Herausgabe des Kommissionsguts) der Kommission unmöglich, so kann der Kommittent – je nachdem ob man ggf. die Herausgabepflicht des Kommissionärs als synallagmatische Hauptpflicht betrachtet – gem. § 326 Abs. 1 BGB bzw. § 326 Abs. 1 BGB, § 323 BGB vom Vertrag zurücktreten. Nach zutreffender Auffassung verbleibt dem Kommissionär aber trotz der Rückabwicklung der nicht im Gegenseitigkeitsverhältnis stehende, schon entstandene Aufwendungsersatzanspruch erhalten. Dies entspricht bei unverschuldeter Unmöglichkeit auch der Risikostruktur der Kommission (auf fremde Rechnung). Hat der Kommissionär die Unmöglichkeit zu vertreten, so kann der Kommittent den Aufwendungsersatz gem. §§ 280, 284 BGB verweigern oder gem. §§ 280, 283 BGB unter Anrechnung der Aufwendungen Schadensersatz fordern.[53]

20 **2. Rechtsfolge.** Der Kommittent schuldet den Ersatz berechtigter Aufwendungen. Besteht die Aufwendung in der Eingehung einer Verbindlichkeit, so kann der Kommissionär gem. § 257 BGB Befreiung verlangen.[54] Aufgewendetes Geld oder, wenn andere Gegenstände als Geld aufgewendet werden, der entsprechende Geldbetrag sind nach Maßgabe der § 256 BGB, § 354 Abs. 2 HGB zu **verzinsen.**[55] Für erforderliche Aufwendungen kann der Kommissionär grundsätzlich, soweit nicht (auch konkludent) etwas anderes vereinbart ist, unter den weiteren Voraussetzungen der §§ 675, 669 BGB **Vorschuss** verlangen;[56] gestützt auf § 273 BGB kann der Kommissionär von der Vorschussleistung die Ausführung der Kommission abhängig machen.[57] In der Weigerung des Kommittenten, Vorschuss zu leisten, kann eine Kündigung des Kommissionsvertrages liegen.[58]

§ 397 Pfandrecht des Kommissionärs

[1]Der Kommissionär hat wegen der auf das Gut verwendeten Kosten, der Provision, der auf das Gut gegebenen Vorschüsse und Darlehen sowie der mit Rücksicht auf das Gut gezeichneten Wechsel oder in anderer Weise eingegangenen Verbindlichkeiten ein Pfandrecht an dem Kommissionsgut des Kommittenten oder eines Dritten, der dem Kauf oder Verkauf des Gutes zugestimmt hat. [2]An dem Gut des Kommittenten hat der Kommissionär auch ein Pfandrecht wegen aller Forderungen aus laufender Rechnung in Kommissionsgeschäften. [3]Das Pfandrecht nach den Sätzen 1 und 2 besteht jedoch nur an Kommissionsgut, das der Kommissionär im Besitz hat oder über das er mittels Konnossements, Ladescheins oder Lagerscheins verfügen kann.

---

49 BGH 28.1.2003, BGHZ 153, 344 (348 f.) = NJW 2003, 1447; Grünhut, Das Recht des Commissionshandels, 1879, 249 ff.; Weidmann, Das Kommissionsgeschäft I, 1908, 290.

50 Ebenroth/Boujong/Füller Rn. 16.

51 OLG München 14.1.2000, TranspR 2000, 426.

52 Ebenroth/Boujong/Füller Rn. 17; Schlegelberger/Hefermehl Rn. 34, 40; BGH 9.11.1964, NJW 1965, 293 für Makler; diff. K. Schmidt HandelsR § 31 Rn. 77.

53 Canaris HandelsR § 30 Rn. 52 ff.

54 Weidmann, Das Kommissionsgeschäft I, 1908, 297; Hopt/Kumpan Rn. 7; Schlegelberger/Hefermehl Rn. 44.

55 Grünhut, Das Recht des Commissionshandels, 1879, 258; Weidmann, Das Kommissionsgeschäft I, 1908, 296.

56 Weidmann, Das Kommissionsgeschäft I, 1908, 293; vgl. Grünhut, Das Recht des Commissionshandels, 1879, 252.

57 RG 17.7.1913, RGZ 82, 400 (403); Hopt/Kumpan Rn. 6; Ebenroth/Boujong/Füller Rn. 18.

58 Ebenroth/Boujong/Füller Rn. 18.

Schrifttum: Altmeppen, Zur Rechtsnatur der handelsrechtlichen Pfandrechte, ZHR 157 (1993), 541; K. Schmidt, Neues über die gesetzlichen Pfandrechte an Sachen Dritter, NJW 2014, 1.

Übersicht

I. Allgemeines

1. Die Sicherungsrechte des Kommissionärs. Zur **Sicherung** seiner **Forderungen gegen den Kommittenten** stehen dem Kommissionär einmal das bürgerlich-rechtliche Zurückbehaltungsrecht des § 273 BGB und – soweit es sich beim Kommissionsgeschäft um ein beiderseitiges Handelsgeschäft handelt – auch das kaufmännische Zurückbehaltungsrecht der §§ 369 ff. zur Verfügung.[1] In Ergänzung zu diesen allgemeinen Sicherungsrechten gewährt § 397 dem Kommissionär ein **gesetzliches Pfandrecht** am Kommissionsgut. Der Kommissionär erwirbt damit kraft Gesetzes eine dingliche Rechtsposition mit Verwertungsmöglichkeit (§§ 1257, 1220 ff. BGB). Seine jetzige Gestalt hat § 397 im Gefolge der **Reform des Seehandelsrechts** erlangt: Das gesetzliche Pfandrecht des Kommissionärs wurde demjenigen des Frachtführers in § 440 Abs. 1 angepasst (vgl. auch § 366 Abs. 3 nF). In Fortführung der das Frachtführerpfandrecht betreffenden Entscheidung BGH NJW-RR 2010, 1546 verfügt der Kommissionär nunmehr für alle **konnexen Forderungen** nicht nur über ein gesetzliches Pfandrecht am Kommissionsgut des Kommittenten, sondern auch am Kommissionsgut, das im Eigentum eines Dritten steht, soweit dieser sich damit einverstanden erklärt hat, dass das Gut zum Zwecke des Kaufs oder Verkaufs dem Kommissionär übergeben wird (S. 1). Wegen **inkonnexen Forderungen** aus laufender Rechnung in Kommissionsgeschäften hat der Kommissionär dagegen nur ein gesetzliches Pfandrecht am Kommissionsgut des Kommittenten; das Gut des Dritten haftet grundsätzlich nicht für inkonnexe Forderungen des Kommissionärs (S. 2).[2] Liegen die Voraussetzungen von S. 1 oder S. 2 nicht vor, kommt ein gutgläubiger Erwerb gem. § 366 Abs. 3 in Betracht, wobei die Einschränkung des § 366 Abs. 3 S. 2 nF für inkonnexe Forderungen zu beachten ist. Für Banken ist der Kreis der gesicherten Forderungen durch AGB erweitert. **Nr. 14 Abs. 1 AGB-Banken** begründet für Banken ein weitgehendes **rechtsgeschäftliches Pfandrecht** an Wertpapieren und Sachen für alle Ansprüche der Bank aus der bankmäßigen Geschäftsverbindung zu ihrem Kunden (Nr. 14 Abs. 2 AGB-Banken). Die Sicherungsrechte des Kommissionärs aus Zurückbehaltungsrechten (§ 273 BGB, §§ 369 ff. HGB) und Pfandrecht (§ 397) werden ergänzt durch die §§ 398, 399: Nach § 398 hat der Kommissionär ein pfandähnliches Befriedigungsrecht auch dann, wenn er selbst Eigentümer des Kommissionsguts ist; § 399 erstreckt das pfandähnliche Befriedigungsrecht auf die Forderungen des Kommissionärs aus dem Ausführungsgeschäft. 1

2. Rücktritt des Kommissionärs bei Leistungsverzug des Kommittenten. Häufig wird die Auffassung vertreten, dem Kommissionär stehe nicht das Recht zu, sich bei Leistungsverzug des Kommittenten gem. § 323 BGB (= § 326 BGB aF) vom Vertrag zu lösen; vielmehr wird er auf seine Pfand- und Befriedigungsrechte der §§ 396 ff. verwiesen.[3] Gestützt wurde diese Lehre auf **ROHG 11, 9.** In dieser Entscheidung hatte das ROHG einem Einkaufskommissionär, der das Kommissionsgut zu Eigentum erworben hatte und besaß, untersagt, sich wegen Leistungsverzuges des Kommittenten vom Vertrag zu lösen und verwies ihn auf die Verwertung gem. Art. 375 ADHGB (= § 398):[4] Zur Begründung verwies das ROHG darauf, dass weder das Handelsrecht noch das Preußische ALR dem Kommissionär das Recht gebe, sich vom Vertrag zu lösen. Insbesondere seien die handelskaufrechtlichen Vorschriften der Art. 355, 357 ADHGB, die in etwa dem § 326 BGB aF bzw. § 323 2

[1] Vgl. Weidmann, Das Kommissionsgeschäft I, 1908, 326.

[2] K. Schmidt NJW 2014, 1 (3 f.).

[3] Schlegelberger/Hefermehl § 398 Rn. 4; **aA** Canaris HandelsR § 30 Rn. 57 f.; Hopt/Kumpan Rn. 1; Staub/Koller § 398 Rn. 6.

[4] ROHG 27.9.1873, ROHGE 11, 9 (12 ff.).

BGB nF entsprechen, nicht anwendbar, da das Kommissionsgeschäft nun mal kein Kauf sei. Zu folgen ist dieser Auffassung jedenfalls für die Zeit nach der Schuldrechtsreform nicht. Die Entscheidung des ROHG ist vor dem Hintergrund zu sehen, dass das gemeine Recht des 19. Jahrhunderts – sofern nicht etwas Abweichendes bedungen war – bei Verzug eines Mitkontrahenten dem anderen Teil grundsätzlich kein Rücktrittsrecht einräumte und die Art. 354 f. ADHGB als Ausnahmevorschriften betrachtete.[5] Diese Zeiten sind angesichts der §§ 323 ff. BGB, die noch wesentlich weiter gehen als § 326 BGB aF vorüber. Die Vorzeichen sind heuer genau umgekehrt als zur Zeit der Entscheidung des ROHG. Grundsätzlich berechtigen Pflichtverletzungen nach weiterer Maßgabe der §§ 323 ff. BGB zum Rücktritt. Das gilt auch zugunsten des Kommissionärs. Aus den §§ 383 ff. oder dem Wesen des Kommissionsvertrages folgt nichts Abweichendes.[6]

II. Entstehungsvoraussetzungen

3 **1. Kommissionsvertrag.** Das gesetzliche Pfandrecht des Kommissionärs setzt einen wirksamen Kommissionsvertrag voraus.[7] Die spätere Kündigung des Kommissionsvertrags lässt das Pfandrecht für bereits bestehende Forderungen, insbesondere solche auf Aufwendungsersatz, unberührt; nachfolgende Forderungen werden aber nicht mehr gesichert.[8] Die ex tunc-Vernichtung des Kommissionsvertrags im Wege der Anfechtung (§ 142 Abs. 1 BGB) beseitigt auch das Pfandrecht mit Rückwirkung.[9] Durch die Eröffnung des **Insolvenzverfahrens über das Vermögen des Kommittenten** erlischt der noch nicht ausgeführte Kommissionsvertrag gem. §§ 115, 116 InsO mit Wirkung für die Zukunft.[10] Am Kommissionsgut, das nach diesem Zeitpunkt in den Besitz des Kommissionärs gelangt, kann der Kommissionär daher kein Pfandrecht mehr nach § 397 erwerben (auch § 91 Abs. 1 InsO). Hatte der Kommissionär aber bereits vor Eröffnung des Insolvenzverfahrens Besitz am Kommissionsgut erlangt, steht ihm für die bis zum Erlöschen des Kommissionsvertrages entstandenen Ansprüche ein Absonderungsrecht zu (§ 50 Abs. 1 InsO).[11]

4 **2. Kommissionsgut.** Gegenstand des Pfandrechts ist ausschließlich das Kommissionsgut. In einer ersten Annäherung ist Kommissionsgut alles, was Gegenstand der Kommission ist, und zwar unabhängig davon, ob es sich um eine Einkaufs- oder Verkaufskommission handelt.[12] Insoweit soll auch die für einen eventuellen Verkauf übergebene Ware Kommissionsgut sein.[13] Gegenstände, die lediglich bei Durchführung der Kommission in den Besitz des Kommissionärs geraten (Verpackung, Transportmittel), werden dagegen vom gesetzlichen Pfandrecht nicht erfasst;[14] anders natürlich, wenn sie mitzuverkaufen sind. Da § 397 zur Begründung des Pfandrechts den Besitz am Kommissionsgut voraussetzt, kommen nur körperliche Gegenstände, also Sachen und Wertpapiere in Betracht.[15] Nichtverkörperte Rechte scheiden damit ebenso aus wie Papiere iSd § 952 BGB, da diese Urkunden nicht selbständig verwertet werden können;[16] allerdings kann hier § 399 greifen. Unerheblich für die Entstehung des gesetzlichen Pfandrechts ist, ob das Kommissionsgut pfändbar ist, solange es verpfändbar ist.[17]

5 **3. Besitz des Kommissionärs.** Das Kommissionsgut muss sich tatsächlich im Besitz des Kommissionärs befinden (S. 3). Geht das Kommissionsgut auf dem Weg zum Kommissionär unter, steht das dem Besitz nicht gleich.[18] Der Kommissionär muss nicht unbedingt unmittelbar Besitzer sein; mittelbarerer Besitz genügt, solange nicht gerade der Kommittent den Besitz vermittelt.[19] Dem Besitz steht es gleich, wenn der Kommissionär mittels Konnossement (§ 524 nF), Ladeschein (§ 448) oder Lagerschein (§ 475g) über das Kommissionsgut verfügen kann; das Traditionspapier muss übergeben sein.[20] Der Frachtbrief gehört nicht hierher, da es sich insoweit um kein Traditionspapier

---

[5] Dernburg, Pandekten II, 3. Aufl. 1892, § 41 aE = S. 114; vgl. Leser, Rücktritt vom Vertrag, 1975, 1 ff.
[6] Vgl. Hopt/Kumpan Rn. 1; Staub/Koller § 398 Rn. 6.
[7] Hopt/Kumpan Rn. 3.
[8] Ebenroth/Boujong/Füller Rn. 2.
[9] Schlegelberger/Hefermehl Rn. 28.
[10] BGH 6.7.2006, BGHZ 168, 276 Rn. 9 = NJW-RR 2007, 50; vgl. RG 17.4.1909, RGZ 71, 76 (77 f.).
[11] RG 17.4.1909, RGZ 71, 76 (77 ff.); K. Schmidt HandelsR § 31 Rn. 83; Hopt/Kumpan Rn. 9; Schlegelberger/Hefermehl Rn. 10.
[12] Weidmann, Das Kommissionsgeschäft I, 1908, 299, 300 f.
[13] ROHG 11.5.1876, ROHGE 20, 86 (88 ff.).
[14] K. Schmidt HandelsR § 31 Rn. 82.
[15] RG 12.2.1881, RGZ 3, 152 (154); MüKoHGB/Häuser Rn. 7; Staub/Koller Rn. 7.
[16] Weidmann, Das Kommissionsgeschäft I, 1908, 300; Schlegelberger/Hefermehl Rn. 7.
[17] Ebenroth/Boujong/Füller Rn. 3; MüKoHGB/Häuser Rn. 7; Staub/Koller Rn. 7.
[18] RG 21.6.1922, RGZ 105, 126 (127).
[19] Schlegelberger/Hefermehl Rn. 8.
[20] RG 22.3.1884, RGZ 13, 119 (120 f.).

handelt; allerdings kann uU in der Übergabe des Frachtbriefs die Übertragung des mittelbaren Besitzes liegen (§ 870 BGB).[21] Die Entstehung des Pfandrechts setzt voraus, dass der Besitz am Kommissionsgut erlangt wird, solange der Kommissionsvertrag besteht. Wird der Besitz erst nach Beendigung des Vertrages durch Kündigung oder Insolvenz erlangt, kommt kein Pfandrecht mehr zur Entstehung (→ Rn. 2). Die Geltendmachung des Pfandrechts setzt den **fortbestehenden Besitz** voraus. Gibt der Kommissionär das Kommissionsgut an den Kommittenten heraus, erlischt das Pfandrecht gem. §§ 1257, 1253 BGB. Ebenso geht das Pfandrecht unter, wenn der Kommissionär im Interesse des Kommittenten das Gut weiterveräußert;[22] dies lässt sich als stillschweigende Aufgabe des Pfandrechts gem. §§ 1257, 1255 BGB konstruieren. Auch der (dauernde) unfreiwillige Besitzverlust soll nach hM zum **Erlöschen des Pfandrechts** führen.[23] Ist das Pfandrecht einmal aufgrund Besitzverlustes erloschen, so lebt es nicht allein dadurch wieder auf, dass der Kommissionär ein weiteres Mal das Kommissionsgut in die Hand bekommt.[24]

4. Eigentum des Kommittenten. Das gesetzliche Pfandrecht entsteht einmal, wenn der Kom- 6
mittent selbst Eigentümer des Kommissionsgutes ist. Bei der **Einkaufskommission** entsteht das Pfandrecht daher erst dann, wenn der Kommissionär das Eigentum auf den Kommittenten übertragen hat. Das Pfandrecht am Kommissionsgut des Kommittenten sichert alle konnexen Forderungen (S. 1) sowie inkonnexe Forderungen aus laufender Rechnung in Kommissionsgeschäften (S. 2). Solange der **Kommissionär** noch **selbst Eigentümer** des Kommissionsgutes ist, greift § 397 nicht, da ein Pfandrecht an eigenen Sachen grundsätzlich ausgeschlossen ist. Hier hilft aber § 398, der dem Kommissionär das Recht einräumt, sich aus dem in seinem Eigentum stehenden Kommissionsgut zu befriedigen.

5. Eigentum eines Dritten. Das gesetzliche Pfandrecht kann gem. § 397 S. 1 auch am Gut 7
eines Dritten entstehen, sofern sich der Dritte damit einverstanden erklärt hat, dass das Kommissionsgut dem Kommissionär zum Zwecke des Kaufs oder Verkaufs übergeben wird. Damit wird die Rspr. des BGH zu § 441 Abs. 1 aF (§ 440 nF – Verfrachterpfandrecht) rezipiert. Hier hatte der BGH seinerzeit entschieden, dass das Verfrachterpfandrecht auch an Gut entstehen kann, das nicht im Eigentum des Absenders steht, sofern der Eigentümer mit dem Transport uneingeschränkt einverstanden ist, was sich seinerseits ohne weiteres auch aus einem **konkludent** erklärten (generellen) Einverständnis ergeben kann. Eine stillschweigende Einwilligung liegt bei der Verfrachtung in der Tat nahe, da der Eigentümer häufig nicht nur mit einer Beförderung durch seinen unmittelbaren Vertragspartner, sondern auch mit einem Transport durch einen Dritten rechnen muss.[25] Im Kommissionsgeschäft können vergleichbare Mehrpersonenverhältnisse gerade bei einer Zwischenkommission auftreten, also für den Fall, dass der Kommissionär einen anderen Kommissionär (Zwischenkommissionär) beauftragt, das Ausführungsgeschäft abzuschließen. Allerdings wird ein Kommittent nicht ohne weiteres mit der Beauftragung eines Zwischenkommissionärs rechnen müssen; jedenfalls dann nicht, wenn es ihm auf die Tätigkeit gerade seines Vertragspartners ankommt (vgl. § 664 Abs. 1 S. 1 BGB). Die Einschaltung eines Zwischenkommissionärs wird umso eher in Betracht kommen, als das Kommissionsgut über einen Markt- oder Börsenpreis verfügt (vgl. § 400 Abs. 1; Nr. 1.2 BedWp 2018).

Das Gut eines Dritten taugt nach § 397 S. 1 überhaupt **nur** zur Sicherung **konnexer Forderun-** 8
gen. Im Anschluss an die Entscheidung des BGH NJW-RR 2010, 1546 geht der Gesetzgeber davon aus, dass sich eine Erstreckung auf inkonnexe Forderungen nicht rechtfertigen lässt: Denn der Dritte wisse im Regelfalle gar nicht, welche offenen Forderungen dem Kommissionär gegen den Kommittenten zustehen.[26] Im Bereich der **Effektenkommission** schließen die §§ 30, 4 DepotG bei der Einschaltung eines Zwischenkommissionärs inkonnexe Forderungen von der Sicherung aus.

6. Gutgläubiger Erwerb. Liegen die Voraussetzungen des § 397 S. 1 und S. 2 nicht vor, so kann 9
nach breiter handelsrechtlicher Lehre und der Auffassung des (historischen) Gesetzgebers gem. § 366 Abs. 3 HGB, §§ 1207, 932 BGB ein gutgläubiger Erwerb des Pfandrechts in Betracht kommen.[27]

---

[21] MüKoHGB/Häuser Rn. 17.

[22] Staub/Koller Rn. 25.

[23] Grünhut, Das Recht des Commissionshandels, 1879, 297; Ebenroth/Boujong/Krüger, 2. Aufl. 2009, Rn. 4; Schlegelberger/Hefermehl Rn. 27; vgl. RG 21.6.1922, RGZ 105, 126 (127); **aA** Canaris HandelsR § 30 Rn. 60; *Hopt/Kumpan Rn. 10; Ebenroth/*Boujong/Füller Rn. 4; Staub/Koller Rn. 26.

[24] RG 28.10.1895, RGZ 44, 116 (120) für das Pfandrecht des Spediteurs; Hopt/Kumpan Rn. 10; Ebenroth/Boujong/Joost/Strohn/Krüger, 2. Aufl. 2009, Rn. 4.

[25] BGH 10.6.2010, NJW-RR 2010, 1546 Rn. 26, 32.

[26] BGH 10.6.2010, NJW-RR 2010, 1546 Rn. 48 f. (für § 441 aF); Begr. RegE eines Gesetzes zur Reform des Seehandelsrechts, BT-Drs. 17/10309, 56 f.

[27] Begr. RegE eines Gesetzes zur Reform des Seehandelsrechts, BT-Drs. 17/10309, 51, 56 f.; Denkschrift 239; K. Schmidt HandelsR § 31 Rn. 82; Weidmann, Das Kommissionsgeschäft I, 1908, 302; Hopt/Kumpan Rn. 4; Schlegelberger/Hefermehl Rn. 11; Staub/Koller Rn. 8.

Hier ist entsprechend der Maßgabe des § 366 Abs. 3 S. 2 zu unterscheiden. Ist der Kommissionär im guten Glauben hinsichtlich des **Eigentums** des Kommittenten, so erstreckt sich das Pfandrecht auch auf inkonnexe Forderungen aus laufender Rechnung in Kommissionsgeschäften.[28] Bezieht sich der gute Glaube dagegen nur auf die **Verfügungsbefugnis** des Kommittenten, so beschränkt sich das Pfandrecht – in Fortsetzung der Wertung des § 397 S. 1 – gem. § 366 Abs. 3 S. 2 auf konnexe Forderungen.[29]

III. Gesicherte Forderungen

10 Das Pfandrecht sichert im Falle des § 397 S. 1 die konnexen und im Falle des § 397 S. 2 auch die dort genannten inkonnexen Forderungen des Kommissionärs gegen den Kommittenten. Auch wenn eine Forderung nicht durch das gesetzliche Pfandrecht gesichert ist, kann dennoch uU ein Zurückbehaltungsrecht (§ 273 BGB, §§ 369 ff. HGB) bestehen.

11 **1. Konnexe Forderungen.** Forderungen aus dem konkreten, das verhaftete Gut betreffenden Kommissionsgeschäft werden einschränkungslos gesichert. § 397 S. 1 zählt zur Verdeutlichung typische Forderungen des Kommissionärs auf, die diesem gegen den Kommittenten aus der Ausführung des Kommissionsgeschäfts erwachsen können. Damit sichert das gesetzliche Pfandrecht also die Ansprüche des Kommissionärs auf Provision, Aufwendungsersatz (hierher gehören aus dem Katalog des § 397 S. 1: Forderungen wegen auf das Gut verwendeten Kosten; Forderungen wegen der mit Rücksicht auf das Gut gezeichneten Wechsel; als Generalklausel: sonstige hinsichtlich des Gutes eingegangene Verbindlichkeiten)[30] und die Erstattungsansprüche des Kommissionärs wegen auf das Gut gegebenen Darlehen.

12 **2. Inkonnexe Forderungen.** Ein gesetzliches Pfandrecht für inkonnexe Forderungen des Kommissionärs gegen den Kommittenten kann gem. § 397 S. 2 nur am Kommissiongut des Kommittenten, nicht aber am Gut eines Dritten entstehen. Es werden auch nicht alle inkonnexen Forderungen abgedeckt. Nur Forderungen aus laufender Rechnung in Kommissionsgeschäften werden gesichert. Dabei ist unter dem Ausdruck „laufende Rechnung" keinesfalls nur das eigentliche Kontokorrent iSd § 355 zu verstehen.[31] Eine laufende Rechnung liegt auch vor, wenn die Parteien bloß in Geschäftsbeziehungen stehen und darauf verzichten, die Forderung für jedes Geschäft gesondert geltend zu machen.[32] Allerdings sind Posten aus anderen als Kommissionsverhältnissen bei Ermittlung derjenigen Posten, für die das Pfandrecht in Anspruch genommen werden kann, unberücksichtigt zu lassen (vgl. § 356).[33]

IV. Inhalt und Wirkung des Pfandrechts

13 Das Kommissionspfandrecht entspricht in seinen Wirkungen einem vertraglichen Pfandrecht (§ 1257 BGB).[34] Gegenüber dem Kommittenten gibt es ein Recht zum Besitz. In der Insolvenz des Kommittenten gibt es ein Absonderungsrecht (§ 50 InsO). In der Einzelvollstreckung gewährt es bei unmittelbarem Besitz des Kommissionsguts oder des Traditionspapiers ein Widerspruchsrecht gem. § 771 ZPO; bei mittelbarem Besitz steht dem Kommissionär nach § 805 ZPO die Klage auf vorzugsweise Befriedigung zu.[35] Die Befriedigung des Kommissionärs aus dem Pfand erfolgt durch Pfandverkauf (§§ 1257, 1228 BGB).[36] Gestritten wird über die Frage, ob der Kommissionär bei der Verwertung weiterhin der Pflicht unterliegt, mit der Sorgfalt eines ordentlichen Kaufmanns die Interessen des Kommittenten zu wahren (§ 384 Abs. 1) und in der Konsequenz – da er ja auch die Interessen des Kommittenten wahrte – gem. § 354 Provision fordern darf.[37] Dies ist abzulehnen. Der Kommissionär hat die Interessen des Kommittenten allenfalls im Sinne eines Übermaßverbots zu beachten, wird aber ansonsten ausschließlich im eigenen Interesse tätig. Für eine Anwendung des

---

[28] Krit. K. Schmidt NJW 2014, 1 (5).

[29] Begr. RegE eines Gesetzes zur Reform des Seehandelsrechts, BT-Drs. 17/10309, 51, 56 f.; BGH 10.6.2010, NJW-RR 2010, 1546 Rn. 50.

[30] Schlegelberger/Hefermehl Rn. 18.

[31] RG 10.3.1883, RGZ 9, 424 (430); vgl. ROHG 11.5.1876, ROHGE 20, 86 (87).

[32] **AA** Grünhut, Das Recht des Commissionshandels, 1879, 289 ff.

[33] RG 10.3.1883, RGZ 9, 424 (430); Weidmann, Das Kommissionsgeschäft I, 1908, 304 ff.; Hopt/Kumpan Rn. 8.

[34] K. Schmidt HandelsR § 31 Rn. 83; Weidmann, Das Kommissionsgeschäft I, 1908, 306.

[35] RG 10.3.1883, RGZ 9, 424 (426 f.); K. Schmidt HandelsR § 31 Rn. 83; MüKoHGB/Häuser Rn. 32; Schlegelberger/Hefermehl Rn. 24.

[36] Weidmann, Das Kommissionsgeschäft I, 1908, 306 ff.

[37] Schlegelberger/Hefermehl Rn. 26; vgl. auch ROHG 10.5.1873, ROHGE 20, 187 (194, 197).

§ 354 ist daher kein Raum.[38] Entsprechend hat der BGH im Falle der Verwertung durch den Vorbehaltsverkäufer entschieden, die Frage aber für den Fall des Verkaufs des Pfandgutes durch den Pfandgläubiger ausdrücklich offen gelassen.[39]

V. Rang des Pfandrechts

Gemäß §§ 1257, 1209 BGB ist für den Rang des Pfandrechts die Zeit seiner Entstehung maßgebend **(Prioritätsprinzip).** Das gilt sowohl im Verhältnis zu anderen gesetzlichen wie rechtsgeschäftlichen Pfandrechten. Lässt man den gutgläubigen Erwerb eines gesetzlichen Pfandrechts zu, so kann der bessere Rang auch gutgläubig erworben werden (§ 366 Abs. 3 HGB, §§ 1257, 1208 BGB).[40] Eine Ausnahme vom Prioritätsprinzip besteht aufgrund des **§ 442** beim Zusammentreffen der Pfandrechte von Kommissionär (§ 397), Frachtführer (§ 440), Spediteur (§ 464), Lagerhalter (§ 475b) und Verfrachter (§ 495). Nach § 442 Abs. 2 haben die Pfandrechte aus Versendung und Beförderung Vorrang vor den nicht aus Versendung entstandenen Pfandrechten von Kommissionär und Lagerhalter. Würde auch hier das Prioritätsprinzip gelten, würde sich ein Frachtführer nur dann auf die Beförderung einlassen, wenn er noch damit rechnen kann, sich aus dem Gut zu befriedigen. Dadurch würde aber der Transport erheblich erschwert. Auf den Aufwendungsersatzanspruch des Kommissionärs für den mit eigenen Transportmitteln durchgeführten Transport wendet man § 442 Abs. 2 analog an.[41] 14

§ 398 [Befriedigung aus eigenem Kommissionsgut]

Der Kommissionär kann sich, auch wenn er Eigentümer des Kommissionsguts ist, für die in § 397 bezeichneten Ansprüche nach Maßgabe der für das Pfandrecht geltenden Vorschriften aus dem Gute befriedigen.

I. Allgemeines

Dem Fahrnispfandrecht sind anders als dem Hypothekenrecht (vgl. §§ 1163, 1177 BGB) Eigentümerpfandrechte grundsätzlich unbekannt. Selbst das nachträgliche Zusammenfallen von Pfandrecht und Eigentum (sog. Konsolidation) führt grundsätzlich zum Erlöschen des Pfandrechts (§ 1256 Abs. 1 S. 1 BGB). Solange der Einkaufskommissionär Eigentum am Kommissionsgut hat, kann ihm daher nach den allgemeinen bürgerlich-rechtlichen Grundsätzen ein gesetzliches Pfandrecht am Kommissionsgut gemäß § 397 nicht erwachsen. Das Ergebnis erscheint ungereimt, denn die Eigentümerposition ist für den Kommissionär nachteiliger als das gesetzliche Pfandrecht nach § 397. Denn greift auch § 369 nicht ein, kann der Kommissionär einem Herausgabeverlangen des Kommittenten (§ 384 Abs. 2) kein Zurückbehaltungsrecht wegen inkonnexer Forderungen aus laufender Rechnung in Kommissionsgeschäften entgegenhalten. § 398 reagiert auf diese Schieflage und gewährt dem Kommissionär ein besonderes, **pfandrechtsähnliches Befriedigungsrecht**[1] für die in § 397 bezeichneten Ansprüche am Kommissionsgut. Das durch § 398 begründete Verwertungsrecht (§§ 1257, 1228 ff. BGB) besteht ausschließlich im **Interesse des Kommissionärs** und begründet keinesfalls nach dem Vorbild des § 388 Abs. 2 eine Verwertungspflicht im Interesse des Kommittenten.[2] Der Kommissionär ist daher nur zur Verwertung nach den Vorschriften über den Pfandverkauf berechtigt, aber nicht verpflichtet.[3] Dem korrespondiert, dass der Kommittent den Kommissionär nicht auf das Kommissionsgut verweisen kann: Der Kommittent bleibt zur Zahlung von Provision und Aufwendungsersatz verpflichtet.[4] – Insgesamt ist die praktische Bedeutung des § 398 gering, wenn man bei der Einkaufskommission von einem regelmäßigen Eigentumserwerb des Kommittenten durch antizipiertes Besitzkonstitut ausgeht und sich damit im Anwendungsbereich des § 397 befindet.[5] Die Bedeutung des § 398 reduziert sich weiter, wenn man **§ 392 Abs. 2** in erweiterter Auslegung auf das dingliche Surrogat anwendet (→ § 392 Rn. 6 f.): Denn insoweit greift dann im Verhältnis zum Kommittenten unmittelbar das gesetzliche Pfandrecht gemäß § 397. 1

[38] Ebenso Ebenroth/Boujong/Füller Rn. 9; Hopt/Kumpan Rn. 9.
[39] BGH 21.11.1983, *ZIP* 1984, 339 (341).
[40] Ebenroth/Boujong/Füller Rn. 9.
[41] Grünhut, Das Recht des Commissionshandels, 1879, 563 f.; Ebenroth/Boujong/Füller Rn. 10; Staub/Koller Rn. 22.
[1] HM, Weidmann, Das Kommissionsgeschäft I, 1908, 302; Hopt/Kumpan.
[2] Grünhut, Das Recht des Commissionshandels, 1879, 225 f.
[3] Schlegelberger/Hefermehl Rn. 4.
[4] Hopt/Kumpan.
[5] Vgl. K. Schmidt HandelsR § 31 Rn. 85.

II. Voraussetzungen

2 Die Entstehungsvoraussetzungen des pfandrechtsähnlichen Befriedigungsrechts des § 398 sind identisch mit dem Tatbestand des gesetzlichen Pfandrechts; mit einer Abweichung: Das Kommissionsgut muss im Eigentum des Kommissionärs stehen. Das Befriedigungsrecht des § 398 setzt daher einen wirksamen Kommissionsvertrag voraus (→ § 397 Rn. 3) und kann nur am Kommissionsgut bestehen (→ § 397 Rn. 4), das sich im Besitz des Kommissionärs befindet (→ § 397 Rn. 5). Das pfandrechtsähnliche Befriedigungsrecht des § 398 wandelt sich in das gesetzliche Pfandrecht nach § 397 um, wenn der Kommissionär unter Beibehaltung seiner Besitzposition das Eigentum am Kommissionsgut auf den Kommittenten nach §§ 929, 930 BGB überträgt.[6]

III. Inhalt und Wirkung

3 Macht der Kommissionär seine Rechte gemäß § 398 geltend, so kann er sich durch Verkauf des Kommissionsguts nach Maßgabe der §§ 1228 ff. BGB **(Pfandverkauf)** befriedigen. Nach der hier vertretenen Auffassung kann der Kommissionär aber auch nach weiterer Maßgabe der §§ 323 ff. BGB **vom Kommissionsvertrag zurücktreten** und das für fremde Rechnung erworbene Kommissionsgut behalten; die §§ 397 ff. sind nicht abschließend (→ § 397 Rn. 2).

§ 399 [Befriedigung aus Forderungen]

Aus den Forderungen, welche durch das für Rechnung des Kommittenten geschlossene Geschäft begründet sind, kann sich der Kommissionär für die in § 397 bezeichneten Ansprüche vor dem Kommittenten und dessen Gläubigern befriedigen.

I. Allgemeines

1 § 399 ergänzt die durch §§ 397, 398 geschaffene Rechtsposition, indem sie dem Kommissionär ein **pfandrechtsähnliches Befriedigungsrecht** an den Forderungen des Kommissionärs aus dem Ausführungsgeschäft gewährt. Diese Forderungen werden nicht schon von §§ 397, 398 erfasst, da sich diese Vorschriften nur auf das Kommissionsgut beziehen und Forderungen als unkörperliche Gegenstände per se nicht erfassen. Andererseits gelten die Forderungen aus dem Ausführungsgeschäft, auch wenn sie noch nicht abgetreten sind, gemäß **§ 392 Abs. 2** im Verhältnis zwischen dem Kommittenten und dem Kommissionär als Forderung des Kommittenten. Ohne eine weitere Bestimmung könnte daher der Kommissionär für seine in § 397 bezeichneten Ansprüche keine Befriedigung in den Forderungen aus dem Ausführungsgeschäft suchen.[1] Diese Lücke wird durch § 399 geschlossen, der dem Kommissionär in Einschränkung des § 392 Abs. 2 ein pfandrechtsähnliches Befriedigungsrecht an den Forderungen aus dem Ausführungsgeschäft gewährt. Tatbestandlich und vom Schutzbereich der gesicherten Forderung her ist § 399 an die §§ 397, 398 angelehnt. Ebenso wie diese setzt es einen wirksamen Kommissionsvertrag voraus (→ § 397 Rn. 3) und gewährt Sicherung für alle auch von §§ 397, 398 bedachten Ansprüche (→ § 397 Rn. 10 ff.).

II. Gegenstand des Befriedigungsrechts

2 Das pfandrechtsähnliche Befriedigungsrecht ergreift die Forderungen des Kommissionärs, die durch das für Rechnung des Kommittenten mit einem Dritten abgeschlossene Geschäft begründet sind. Hierhin gehören sicherlich die **Forderungen aus dem Ausführungsgeschäft,** und zwar nicht nur die Forderung auf die primäre Leistung, sondern auch Sekundäransprüche.[2] Das Reichsgericht hat den Anwendungsbereich des § 399 auf Forderungen aus dem Ausführungsgeschäft beschränkt,[3] während die Lehre hierher auch die Ansprüche aus Neben- und Hilfsgeschäften zählt, soweit diese auf Rechnung des Kommittenten geschlossen wurden.[4] Fasst man § 399 zutreffend als Gegengewicht zu § 392 Abs. 2, so sollte man hierher alle Forderungen fassen, die nach dieser Vorschrift im Verhältnis zum Kommissionär und dessen Gläubigern dem Kommittenten zugeordnet sind.

[6] Schlegelberger/Hefermehl Rn. 2.
[1] Weidmann, Das Kommissionsgeschäft I, 1908, 316.
[2] Ebenroth/Boujong/Füller Rn. 2; Schlegelberger/Hefermehl Rn. 3.
[3] RG 21.6.1922, RGZ 105, 125 (127); wohl auch Weidmann, Das Kommissionsgeschäft I, 1908, 317.
[4] Hopt/Kumpan Rn. 1; Ebenroth/Boujong/Füller Rn. 2; MüKoHGB/Häuser Rn. 2; Schlegelberger/Hefermehl Rn. 3; Staub/Koller Rn. 3.

III. Inhalt und Wirkung

1. Zurückbehaltungsrecht. Das Befriedigungsrecht gibt dem Kommissionär das Recht, die Erfüllung des Herausgabeanspruchs (§ 384 Abs. 2) zu verweigern, bis der Kommittent seinen Verpflichtungen aus den in § 397 genannten Forderungen nachgekommen ist.[5] Ist die Forderung aus dem Ausführungsgeschäft teilbar und vollwertig, so soll das Zurückbehaltungsrecht nur bis zur Höhe der zu sichernden Forderung begründet sein. Ist die Forderung unteilbar, so kann der Kommissionär vollständig die Abtretung verweigern.[6] 3

2. Einzugsrecht. Kraft seines Befriedigungsrechts kann der Kommissionär die Forderung aus dem Ausführungsgeschäft einziehen, unabhängig davon, ob ihm nach dem Kommissionsvertrag die Einziehung gestattet war.[7] Handelt es sich bei der gesicherten wie der sichernden Forderung um eine Geldforderung, so soll dem Kommissionär das Recht zur Einziehung aber nur in Höhe des gesicherten Geldbetrages zustehen (vgl. § 1682 Abs. 1 S. 2 BGB); nachdem er das Geld eingezogen hat, kann er aufrechnen.[8] Geht die sichernde Forderung nicht auf Geld, so kann der Kommissionär die gesamte Forderung einziehen: Seine weiteren Rechte bestimmen sich dann nach den §§ 397, 398, je nachdem ob er das Eigentum an der Drittleistung erlangt.[9] 4

3. Anderweitige Verwertung. Dem Kommissionär steht nicht das Recht zu, sich unmittelbar durch den **Verkauf der Forderung** zu befriedigen: Dieses Recht steht selbst einem Pfandrechtsgläubiger nicht zu und es ist kaum anzunehmen, dass § 399 den Kommissionär besser stellen will.[10] Allerdings gewährt man dem Kommissionär in Analogie zu § 1282 Abs. 2 BGB, § 1277 BGB die Möglichkeit, sich nach Vollstreckungsrecht aus der Forderung zu befriedigen: Aufgrund eines vollstreckbaren Titels kann der Kommissionär dann die Forderung pfänden und unter den Voraussetzungen des § 844 ZPO vom Vollstreckungsgericht eine **anderweitige Verwertung** der Forderung anordnen lassen.[11] 5

4. Insolvenz. In der Insolvenz des Kommittenten behält das Befriedigungsrecht des Kommissionärs seine Wirkung. Er ist entsprechend §§ 50, 51 InsO zur abgesonderten Befriedigung berechtigt.[12] In der Insolvenz des Kommissionärs kann der Insolvenzverwalter das Befriedigungsrecht zugunsten der Insolvenzmasse ausüben: Der Insolvenzverwalter kann ein auf § 392 Abs. 2 gestütztes Begehren des Kommittenten auf Aussonderung ablehnen und die Forderung aus dem Ausführungsgeschäft selber geltend machen.[13] 6

IV. Erlöschen des Befriedigungsrechts

Das Befriedigungsrecht erlischt mit Wegfall der gesicherten Forderungen oder mit Abtretung der sichernden Forderungen an den Kommittenten;[14] keinesfalls entsteht ein Pfandrecht an der abgetretenen Forderung.[15] Tritt der Kommissionär seine gesicherte Forderung gegen den Kommittenten an einen Dritten ab, so erwirbt der Zessionar grundsätzlich nicht das Befriedigungsrecht aus § 399. Selbst eine entsprechende Anwendung des § 401 BGB hilft hier nicht weiter, da dem Zessionar rechtstatsächlich die Möglichkeit fehlt, sich aus der dem Kommissionär gegen den Dritten zustehenden Forderung zu befriedigen. Anders ist es aber, wenn mit der gesicherten zugleich die sichernde Forderung abgetreten wird.[16] 7

§ 400 [Selbsteintritt]

(1) Die Kommission zum Einkauf oder zum Verkaufe von Waren, die einen Börsen- oder Marktpreis haben, sowie von Wertpapieren, bei denen ein Börsen- oder Marktpreis

---

[5] RG 21.6.1922, RGZ 105, 125 (127).

[6] Ebenroth/Boujong/Füller Rn. 3.

[7] Canaris HandelsR § 30 Rn. 61.

[8] Hopt/Kumpan Rn. 3; Ebenroth/Boujong/Füller Rn. 4; Staub/Koller Rn. 9; **aA** Schlegelberger/Hefermehl Rn. 8.

[9] Weidmann, Das Kommissionsgeschäft I, 1908, 319 f.; Staub/Koller Rn. 9.

[10] Ebenroth/Boujong/Füller Rn. 5; Schlegelberger/Hefermehl Rn. 9; Staub/Koller Rn. 10.

[11] Hopt/Kumpan Rn. 3; Ebenroth/Boujong/Füller Rn. 5; Schlegelberger/Hefermehl Rn. 9; Staub/Koller Rn. 10.

[12] Weidmann, Das Kommissionsgeschäft I, 1908, 318; Hopt/Kumpan Rn. 3; Schlegelberger/Hefermehl Rn. 13; Staub/Koller Rn. 11.

[13] MüKoHGB/Häuser Rn. 14; Schlegelberger/Hefermehl Rn. 12; Staub/Koller Rn. 11.

[14] Grünhut, Das Recht des Commissionshandels, 1879, 302; Weidmann, Das Kommissionsgeschäft I, 1908, 320.

[15] Ebenroth/Boujong/Füller Rn. 6.

[16] Hopt/Kumpan Rn. 4; Schlegelberger/Hefermehl Rn. 10.

amtlich festgestellt wird, kann, wenn der Kommittent nicht ein anderes bestimmt hat, von dem Kommissionär dadurch ausgeführt werden, daß er das Gut, welches er einkaufen soll, selbst als Verkäufer liefert oder das Gut, welches er verkaufen soll, selbst als Käufer übernimmt.

(2) [1]Im Falle einer solchen Ausführung der Kommission beschränkt sich die Pflicht des Kommissionärs, Rechenschaft über die Abschließung des Kaufes oder Verkaufs abzulegen, auf den Nachweis, daß bei dem berechneten Preise der zur Zeit der Ausführung der Kommission bestehende Börsen- oder Marktpreis eingehalten ist. [2]Als Zeit der Ausführung gilt der Zeitpunkt, in welchem der Kommissionär die Anzeige von der Ausführung zur Absendung an den Kommittenten abgegeben hat.

(3) Ist bei einer Kommission, die während der Börsen- oder Marktzeit auszuführen war, die Ausführungsanzeige erst nach dem Schlusse der Börse oder des Marktes zur Absendung abgegeben, so darf der berechnete Preis für den Kommittenten nicht ungünstiger sein als der Preis, der am Schlusse der Börse oder des Marktes bestand.

(4) Bei einer Kommission, die zu einem bestimmten Kurse (ersten Kurs, Mittelkurs, letzter Kurs) ausgeführt werden soll, ist der Kommissionär ohne Rücksicht auf den Zeitpunkt der Absendung der Ausführungsanzeige berechtigt und verpflichtet, diesen Kurs dem Kommittenten in Rechnung zu stellen.

(5) Bei Wertpapieren und Waren, für welche der Börsen- oder Marktpreis amtlich festgestellt wird, kann der Kommissionär im Falle der Ausführung der Kommission durch Selbsteintritt dem Kommittenten keinen ungünstigeren Preis als den amtlich festgestellten in Rechnung stellen.

Schrifttum: Breit, Das Selbsteintrittsrecht des Kommissionärs nach dem neuen deutschen Handelsgesetzbuche, 1899; Kiehnle, Das Selbsteintrittsrecht des Kommissionärs und das Verbot des Selbstkontrahierens (§ 181 BGB), AcP 212 (2012), 875.

Übersicht

I. Allgemeines

1 **1. Selbsteintritt.** Der Selbsteintritt stellt eine besondere Art der Ausführung der Kommission dar.[1] Während das gesetzliche **Leitbild des § 383 Abs. 1** davon ausgeht, dass der Kommissionär die Kommission durch den Abschluss eines Ausführungsgeschäfts mit einem Dritten ausführt, liefert der Kommissionär beim Selbsteintritt das zu kaufende Kommissionsgut selbst als Verkäufer bzw. nimmt das zu verkaufende Kommissionsgut selbst als Käufer ab.[2] Wirtschaftliche Erwägungen scheinen für die grundsätzliche Zulässigkeit des Selbsteintritts zu sprechen. Bereits zur Vermeidung weiterer Transaktionskosten kann es sich anbieten, dass der **Kommissionär,** der das Kommissionsgut selbst auf Lager hat oder auf Lager nehmen will, in das Geschäft als Käufer oder Verkäufer eintritt; und in der Tat liegen in dieser Konstellation auch hier die historischen Wurzeln des Selbsteintritts.[3] Auch entgegengesetzte Orders können durch Selbsteintritt gegenüber einem oder beiden Kommittenten auf einfachem Weg kompensiert werden.[4] Überhaupt ermöglicht es der Selbsteintritt dem Kommissionär, etwaige Deckungsgeschäfte auf eigene Rechnung vorzunehmen. Das bringt dem Kommissionär ua den Vorteil, dass er dem Kommittenten nicht den Namen des Dritten offenbaren muss, mit dem

[1] Vgl. RG 10.4.1880, RGZ 1, 286 (289); 18.1.1890, RGZ 25, 69 (71 f.).
[2] Vgl. Weidmann, Das Kommissionsgeschäft II, 1909, 35 ff.
[3] Weidmann, Das Kommissionsgeschäft II, 1909, 2 ff.; (krit.) Kiehnle AcP 212 (2012), 875 (879 ff.).
[4] Canaris HandelsR § 30 Rn. 93.

er das Deckungsgeschäft geschlossen hat.[5] So kann der Kommissionär nicht nur verhindern, dass der Kommittent in Zukunft unter Ausschaltung seiner Vertriebsstufe unmittelbar mit dem Dritten in geschäftlichen Kontakt tritt, sondern er kann auch seinen allgemeinen Verwaltungsaufwand minimieren, da sich seine Rechenschaftspflicht gemäß § 400 Abs. 2 S. 2 nunmehr darauf beschränkt, nachzuweisen, dass er die bestehenden Markt- und Börsenpreise eingehalten hat (vgl. auch § 403 Alt. 2).

Für den **Kommittenten** ist dagegen der Selbsteintritt mit erheblichen Gefahren verbunden. 2
Zwar darf der Kommittent in der Theorie durch den Selbsteintritt nicht schlechter stehen als bei kommissionstypischer Ausführung der Kommission durch Abschluss eines Ausführungsgeschäfts mit einem Dritten,[6] und die Option des Selbsteintritts mag den Kreis potentieller Abnehmer oder Lieferanten erweitern, zumal er die Solvenz des Kommissionärs besser beurteilen kann, als die eines Dritten,[7] doch verliert er im Gegenzug beim Selbsteintritt aufgrund der beschränkten Rechenschaftspflicht des Kommissionärs (vgl. § 400 Abs. 2 S. 1) die Möglichkeit, eingehender zu überprüfen, ob der Kommissionär bei der Ausführung der Kommission seiner Interessenwahrungspflicht gefolgt ist (§ 384 Abs. 1 Hs. 2). Gebühren rechtlich aufgrund der auch beim Selbsteintritt fortdauernden geschäftsbesorgungsrechtlichen Komponente Vorteile eines günstigen Deckungsgeschäfts dem Kommittenten (vgl. § 401), so läuft der Kommittent doch faktisch Gefahr, dass der Kommissionär die Vorteile eines günstigen Deckungsgeschäfts nicht an ihn weiterleitet (Kursschnitt);[8] selbst das Anknüpfen an ein System der Markt- und Börsenpreise (§ 400 Abs. 1) verspricht hier nur teilweise Abhilfe, zumal hier trotz aller Vorkehrungen der Möglichkeit von Kursmanipulationen Tür und Tor geöffnet ist.

2. Gesetzliche Regelung des Selbsteintritts. Durch die Zulassung des Selbsteintritts werden 3
die Interessen des Kommittenten in weitem Umfang negativ tangiert. Die §§ 400 ff. versuchen daher dem Kommittenten eine gewisse Grundsicherung zu geben, um so die dem Kommittenten durch den Selbsteintritt erwachsenden Gefahren auszugleichen. Dies geschieht im Wesentlichen durch eine Beschränkung der Zulässigkeit des Selbsteintritts und die Aufstellung zwingender Preisvorschriften, die Kursschnitte zuungunsten des Kommittenten verhindern sollen.[9] Insgesamt empfindet man die gesetzliche Regelung der §§ 400 ff. als unzureichend,[10] ja teilweise – insbesondere mit Blick auf die beschränkte Rechenschaftspflicht des Kommissionärs – sogar als zu Lasten des Kommittenten evident unausgewogen.[11] Von daher stand man seit jeher gerade dem **Selbsteintrittsrecht der Kreditinstitute** im Bereich der Effektenkommission äußerst misstrauisch gegenüber. Bis Januar 1995 sahen die AGB der Banken und Sparkassen vor, dass alle Aufträge zum Kauf oder Verkauf von Wertpapieren, die an der Börse des Ausführungsplatzes zum amtlichen Handel oder zum geregelten Markt zugelassen waren, als Kommissionär durch Selbsteintritt ausgeführt werden (Nr. 29 AGB-Banken aF). Schließlich reagierten die Banken auf die teils scharfen Vorhalte aus der Lit. und sahen von einem weiteren Gebrauch der Möglichkeit der Kommissionsausführung durch Selbsteintritt ab. Nach den neuen Sonderbedingungen für Wertpapiergeschäfte führen die Banken Kundengeschäfte nunmehr nur noch als einfacher Kommissionär durch oder tätigen mit dem Kunden Festpreisgeschäfte (nunmehr **Nr. 1.1 BedWp 2018**).[12] Rechtstatsächlich wird der Auftrag zum Kauf von Wertpapieren durch die Bank regelmäßig im Wege der Kommission durchgeführt. Ein Festpreisgeschäft liegt grundsätzlich nur vor, wenn die Parteien einen festen bestimmten Preis vereinbaren und die Bank keine zusätzlichen Gebühren für eine Geschäftsbesorgung in Rechnung stellt.[13]

II. Voraussetzungen des Selbsteintritts (Abs. 1)

1. Eintrittsrecht. Das Selbsteintrittsrecht ist ein (gesetzliches) **Gestaltungsrecht,** das durch ein- 4
seitige Willenserklärung ausgeübt wird.[14] § 400 Abs. 1 knüpft das Selbsteintrittsrecht an enge Voraussetzungen. Notwendig ist eine Kommission zum Einkauf oder Verkauf von Waren, die einen Börsen- oder Marktpreis haben, oder von Wertpapieren, bei denen ein Börsen- oder Marktpreis amtlich

[5] Vgl. RG 4.1.1881, RGZ 4, 92 (94 f.).
[6] Vgl. RG 11.7.1923, RGZ 108, 191 (193); 24.10.1925, RGZ 112, 27 (31).
[7] Krit. gegenüber diesem Gesichtspunkt Canaris HandelsR § 30 Rn. 95.
[8] RG 19.5.1926, RGZ 114, 9 (13); K. Schmidt HandelsR § 31 Rn. 148.
[9] Vgl. *Weidmann,* Das Kommissionsgeschäft II, 1909, 9.
[10] Ebenroth/Boujong/Füller Rn. 3; Schlegelberger/Hefermehl Rn. 6 ff.; Kiehnle AcP 212 (2012), 875 (918): „Das Selbsteintrittsrecht des Kommissionärs beruht aber eben auf der ziemlich groben Vorstellung, die Beachtung des Marktpreises schütze den Kommittenten ausreichend".
[11] Canaris HandelsR § 30 Rn. 96.
[12] Vgl. Schwintowski/Schäfer, Bankrecht, 1997, § 11 Rn. 14 ff., 22 ff.; BGH 26.6.2012, NJW 2012, 2873 Rn. 40; OLG Nürnberg 10.7.2015, WM 2015, 2146 (2148).
[13] BGH 25.6.2002, NJW-RR 2002, 1344; OLG Frankfurt 4.3.2009, WM 2009, 1032.
[14] Canaris HandelsR § 30 Rn. 98.

festgestellt wird.[15] Liegen die Voraussetzungen des § 400 Abs. 1 nicht vor, fehlt insbesondere ein Markt- oder Börsenpreis für das Kommissionsgut, so kann sich der Kommissionär im Einzelfall nicht darauf berufen, dass er durch seinen Selbsteintritt die Kommission in einer den Interessen des Kommittenten entsprechenden Weise durchgeführt hat.[16]

5 § 400 Abs. 1 ist aber **nicht zwingend.** Der Kommissionär kann daher aufgrund einer mit dem Kommittenten getroffenen Absprache auch dann zum Selbsteintritt berechtigt sein, wenn die Voraussetzungen des § 400 Abs. 1 nicht vorliegen (vgl. § 402); dabei kann die **Vereinbarung** eines solchen erweiterten Selbsteintrittsrechts sowohl ausdrücklich als auch stillschweigend erfolgen.[17] Umgekehrt können die Parteien das Selbsteintrittsrecht auch überhaupt ausschließen. Aber selbst wenn die Parteien keinen Ausschluss des Selbsteintrittsrechts vereinbart haben, hat der Kommittent die Möglichkeit, dem Kommissionär auch nach Abschluss des Kommissionsvertrages durch einseitige empfangsbedürftige Erklärung den **Selbsteintritt zu untersagen;**[18] ein solches Verbot kann auch stillschweigend erfolgen.[19] Eine Klausel, dass der Kommissionär „bestens" verkaufen soll, steht einem Selbsteintritt aber ebenso wenig entgegen,[20] wie das Setzen eines Limits durch den Kommittenten oder der Übernahme des Delkredere durch den Kommissionär.[21] Selbst wenn im Einzelfall der Selbsteintritt grundsätzlich zulässig ist, kann aus der **Interessenwahrungspflicht** des Kommissionärs folgen, von einem Selbsteintritt abzusehen; das ist etwa anzunehmen, wenn die Erfüllung durch den Kommissionär – zB wegen finanzieller Schwierigkeiten – zweifelhaft ist.[22]

6 **2. Börsen- und Marktpreis.** Der Selbsteintritt ist gemäß § 400 Abs. 1 nur zulässig bei Waren, die einen Markt- oder Börsenpreis haben und bei amtlich notierten Papieren. Der Gesetzgeber will damit dort den Selbsteintritt verhindern, wo die Preisfeststellung nicht nachprüfbar ist.[23] Gemeinhin versteht man unter dem Börsen- oder Marktpreis den Preis, der für eine Ware an einem Handelsplatz mit einem Markt oder einer Börse zu einer gewissen Zeit durchschnittlich gezahlt wird.[24] Der Preis muss aufgrund tatsächlich abgeschlossener Geschäfte zustande gekommen sein: Die bloße Geldnotierung, dass für die Ware eine Nachfrage bestanden hat, der Nachfragende aber die Ware selbst zu seinem höchsten notierten Gebot nicht erhalten hat, reicht nicht aus.[25] Nach § 24 Abs. 1 S. 1 BörsG sind Börsenpreise die Preise, die während der Börsenzeit an einer Börse festgestellt werden. Börsenpreise müssen ordnungsgemäß zustande gekommen sein und der wirklichen Marktlage entsprechen (§ 24 Abs. 2 S. 1 BörsG). Auch hier gilt: Reine Geld-, Brief- oder Taxkurse ohne Börsenumsatz sind keine Börsenkurse.[26] Entscheidend ist, dass der Börsenpreis manipulationsfrei gebildet wird und Chancengleichheit der Handelsteilnehmer und Transparenz herrscht. Bei Wertpapieren muss nach dem Gesetz die amtliche Feststellung des Börsenpreises (sog. **amtlichen Notierung**) hinzukommen. Allerdings wurden die Regeln über die Preisermittlung an den Börsen im Gefolge des Vierten Finanzmarktförderungsgesetzes vom 21.6.2002 (BGBl. 2002 I 2010) auf eine neue Grundlage gestellt. Die vormals zwingende Preisfestsetzung durch Kursmakler (amtlicher Handel) – als Akt des öffentlichen Rechts – ist aufgegeben. Der bisher im amtlichen Handel tätige **Kursmakler wurde abgeschafft.**[27] Mithin fehlt die Möglichkeit der amtlichen Feststellung des Börsenpreises. § 400 Abs. 1 ist daher nunmehr so zu lesen, dass die formale Preisfeststellung an einer Börse genügt, zumal § 24 Abs. 2–2b BörsG Mindestanforderungen für das Zustandekommen des Börsenpreises aufstellt und die Preisermittlung grundsätzlich der Aufsicht durch die Börsenaufsichtsbehörde unterliegt (§ 3

---

15 Vgl. ROHG 7.1.1874, ROHGE 12, 180 (182 ff.); Weidmann, Das Kommissionsgeschäft II, 1909, 56 f.

16 RG 23.1.1895, RGZ 34, 117 (120 f.); Grünhut, Das Recht des Commissionshandels, 1879, 463 ff. (aber auch 480); Weidmann, Das Kommissionsgeschäft II, 1909, 91 f.

17 RG 7.5.1919, RGZ 96, 4 (7); Hopt/Kumpan Rn. 2; Ebenroth/Boujong/Füller Rn. 4; Schlegelberger/Hefermehl Rn. 23.

18 Grünhut, Das Recht des Commissionshandels, 1879, 460 f.; Weidmann, Das Kommissionsgeschäft II, 1909, 78 ff.; Schlegelberger/Hefermehl Rn. 18 ff.

19 Weidmann, Das Kommissionsgeschäft II, 1909, 81; Hopt/Kumpan Rn. 3; Schlegelberger/Hefermehl Rn. 19.

20 OGH 17.11.1949, OHGZ 3, 10 (14).

21 ROHG 20.11.1875, ROHGE 19, 52 (55); 14.12.1877, ROHGE 23, 103 (104); Weidmann, Das Kommissionsgeschäft II, 1909, 82 ff.; Hopt/Kumpan Rn. 3.

22 Hopt/Kumpan Rn. 4; Schlegelberger/Hefermehl Rn. 8.

23 K. Schmidt HandelsR § 31 Rn. 150; zur Entstehungsgeschichte Kiehnle AcP 212 (2012), 875 (883 ff.).

24 RG 23.1.1895, RGZ 34, 117 (121); Weidmann, Das Kommissionsgeschäft II, 1909, 63 ff.; Ebenroth/Boujong/Füller Rn. 5; MüKoHGB/Häuser Rn. 19; Schlegelberger/Hefermehl Rn. 10.

25 RG 23.1.1895, RGZ 34, 117 (121 f.); Weidmann, Das Kommissionsgeschäft II, 1909, 67.

26 BGH 3.7.1990, ZIP 1990, 1189 (1191).

27 Vgl. Fleischer NJW 2002, 2977 (2982); s. auch BVerfG 21.8.2002, NJW 2002, 3460 zur Verfassungsmäßigkeit der Aufgabe der amtlichen Börsenpreisfeststellung.

Abs. 1 S. 3 BörsG).[28] Die Preisfeststellung ist damit zwar kein Akt des öffentlichen Rechts mehr, aber sie führt doch zu einem „überwachten" Preis. Selbstverständlich besteht überhaupt die Möglichkeit, da § 400 Abs. 1 nicht zwingend ist, im Kommissionsvertrag den Selbsteintritt auch bei Wertpapieren ohne „amtliche Kursfeststellung", bzw. genauer: ohne „überwachte Preisfeststellung", zuzulassen.

3. Ort und Zeit. Der Markt- oder Börsenpreis muss an dem Ort bestehen, an dem die Kommission nach Inhalt des Vertrages oder aufgrund Weisung auszuführen ist.[29] Liegt keine Weisung des Kommittenten vor, so ist auf den Markt oder die Börse abzustellen, die der Kommissionär nach pflichtgemäßen Ermessen mit Blick auf seine Interessenförderungspflicht (§ 384 Abs. 1, § 400 Abs. 1) zur bestmöglichen Ausführung des Auftrages zugunsten des Kommittenten hätte wählen müssen.[30] Die früher gerade mit Blick auf Effektengeschäfte bedeutsame Regelung des **Börsenzwangs** in § 22 Abs. 1 BörsG aF wurde aufgehoben durch das Finanzmarkt-RL-Umsetzungsgesetz vom 16.7.2007 (BGBl. 2007 I 1330). Sämtliche Regelungen über die Ausführung von Kundenaufträgen sind nunmehr zur Vereinheitlichung der Gesetzessystematik und zur Umsetzung des neugefassten Art. 27 RL 2014/65/EU umfassend in **§ 82 WpHG** und den Art. 65 ff. VO (EU) 2017/565 enthalten. Der Börsen- oder Marktpreis muss zum Zeitpunkt der Ausführung der Kommission durch Selbsteintritt tatsächlich vorhanden sein.[31] Zeitpunkt der Ausführung der Kommission ist nach § 400 Abs. 2 S. 2 der Zeitpunkt der Absendung der Ausführungsanzeige, so dass grundsätzlich der zu diesem Zeitpunkt gültige Markt- oder Börsenpreis in Rechnung zu stellen ist. Eine Ausnahme hiervon normiert § 401 Abs. 2. Hat sich der Kommissionär bereits vor der Absendung der Ausführungsanzeige aus Anlass der erteilten Kommission an der Börse oder am Markt mit dem Kommissionsgut eingedeckt, so darf er dem Kommittenten keinen ungünstigeren als den hierbei vereinbarten Preis berechnen. 7

4. Ausübung des Selbsteintritts. Der Selbsteintritt erfolgt durch die ausdrückliche und **empfangsbedürftige Willenserklärung,** das Ausführungsgeschäft selbst tätigen zu wollen (§ 405 Abs. 1).[32] Die Eintrittserklärung wird nach den allgemeinen Grundsätzen wirksam mit ihrem Zugang (§ 130 Abs. 1 BGB), sie darf dem Kommittenten aber nicht später zugehen als die Ausführungsanzeige (§ 405 Abs. 2). Auch wenn Selbsteintrittserklärung und Ausführungsanzeige regelmäßig in einer Erklärung zusammenfallen mögen, so ist doch der Zeitpunkt des Wirksamwerdens der Eintrittserklärung nach § 130 BGB zu unterscheiden vom Zeitpunkt der Abgabe der Ausführungsanzeige, der bei Fragen der Preisfeststellung (§ 400 Abs. 2, Abs. 3) und der Widerruflichkeit der Kommission durch den Kommittenten entscheidet (§ 405 Abs. 3).[33] 8

III. Wirkung des Selbsteintritts

1. Grundlehre. Die Folgen des Selbsteintritts waren lange Zeit dogmatisch umstritten.[34] Es hat sich aber schließlich die sog. v. Hansche Theorie durchgesetzt. Danach wandelt sich durch die Ausübung des Selbsteintritts der Kommissionsvertrag nicht vollständig in einen Kaufvertrag, sondern er wird lediglich dem Umstand angepasst, dass die Ausführung der Kommission nun in Abweichung vom gesetzlichen Leitbild der §§ 383 ff. unmittelbar zwischen Kommissionär und Kommittenten stattfindet.[35] Es liegt ein typengemischter Vertrag vor, auf den entsprechend der Kombinationsmethode teils Kommissions- und Geschäftsbesorgungsrecht, teils Kaufrecht Anwendung findet.[36] Der Kommissionär bekommt eine **Doppelfunktion:** Er bleibt Kommissionär und Geschäftsbesorger, erhält aber zugleich die Stellung des zur Lieferung oder Abnahme verpflichteten Dritten, wird also insoweit Verkäufer oder Käufer.[37] Von einem Überwiegen des Kaufrechts sollte man daher besser nicht sprechen.[38] Denn neben den typisch kaufrechtlichen Pflichten zur Lieferung und Zahlung des 9

[28] MüKoHGB/Häuser Rn. 8.
[29] Weidmann, Das Kommissionsgeschäft II, 1909, 72; Ebenroth/Boujong/Füller Rn. 7; Schlegelberger/Hefermehl Rn. 14.
[30] Ebenso MüKoHGB/Häuser Rn. 26; abw. Weidmann, Das Kommissionsgeschäft II, 1909, 73 f.
[31] RG 23.1.1895, RGZ 34, 117 (119).
[32] Weidmann, Das Kommissionsgeschäft II, 1909, 113 ff.
[33] Vgl. Schlegelberger/Hefermehl § 405 Rn. 16.
[34] Dazu Weidmann, Das Kommissionsgeschäft II, 1909, 45 ff.; Kiehnle AcP 212 (2012), 875 (886 ff.).
[35] OLG Oldenburg 22.5.1992, WM 1993, 1879; Weidmann, Das Kommissionsgeschäft II, 1909, 54 f., 155 f.; Ebenroth/Boujong/Füller Rn. 9; Schlegelberger/Hefermehl Rn. 32; vgl. RG 10.4.1880, RGZ 1, 286 (289); 18.1.1890, RGZ 25, 69 (71 f.).
[36] Canaris HandelsR § 30 Rn. 103.
[37] K. Schmidt HandelsR § 31 Rn. 155.
[38] Vgl. Weidmann, Das Kommissionsgeschäft II, 1909, 158.

Kaufpreises, bleibt die **Interessenwahrungspflicht**[39] seitens des Kommissionärs ebenso bestehen, wie die Pflicht des Kommittenten zur Provisionszahlung und zum Aufwendungsersatz. Deutlich wird dies bei der Befugnis zum Selbst- bzw. Nothilfeverkauf. **§ 388 Abs. 2** gilt auch für den selbsteintretenden Kommissionär. Da der Kommissionär trotz Selbsteintritts weiter zur Interessenwahrung verpflichtet ist, können sich die Verhältnisse derart verdichten, dass er zu einem Notverkauf gemäß § 388 Abs. 2, § 373 verpflichtet ist (→ Rn. 2; → § 388 Rn. 17).[40]

10 **2. Kaufrecht.** Mit dem wirksamen Selbsteintritt wandelt sich der Anspruch des Kommittenten auf Herausgabe des Kommissionsgutes oder des Verkaufserlöses (§ 384 Abs. 2 Hs. 2) in einen Lieferungs- oder Zahlungsanspruch nach Maßgabe des § 433 BGB; der Kommissionär erhält den korrespondierenden Gegenanspruch aus § 433 BGB.[41] Die Höhe des Zahlungsanspruchs bestimmt sich nach Maßgabe der § 400 Abs. 2–5 (→ Rn. 14 ff.). Bei Mängeln der Kaufsache gelten die allgemeinen bürgerlich-rechtlichen und handelsrechtlichen Vorschriften nach weiterer Maßgabe der §§ 434 ff. BGB, § 377 HGB;[42] insbesondere § 377 setzt voraus, dass beide Parteien Kaufleute sind; § 383 Abs. 2 S. 2 erklärt für den kleingewerblichen Kaufmann die kaufrechtlichen Sondervorschriften §§ 373 ff. nicht für anwendbar.

11 **3. Kommissionsrecht.** Neben dem Kaufrecht bleibt aber Kommissionsrecht anwendbar. Der Anspruch des Kommissionärs auf **Provision und Aufwendungsersatz** bleibt grundsätzlich bestehen (§ 403).[43] Die Delkredereprovision kann der Kommissionär allerdings nicht fordern. Denn die Provision will gerade das Einstehen eines Dritten für die Verbindlichkeit aus dem Ausführungsgeschäft honorieren; daran fehlt es aber beim Selbsteintritt.[44] Auch der Aufwendungsersatzanspruch erfasst nicht die Kosten des Deckungsgeschäfts; das Deckungsgeschäft geht ausschließlich auf Rechnung und Gefahr des selbsteintretenden Kommissionärs.[45] Die Sicherungsrechte der §§ 397, 398 kommen dem Kommissionär zustatten (§ 404).[46] Die **Interessenwahrungspflicht** des Kommissionärs gemäß § 384 Abs. 2 Hs. 2 entscheidet darüber, ob überhaupt ein Selbsteintritt in Frage kommt und bestimmt den genauen Zeitpunkt, der im Interesse des Kommittenten zu wählen ist (→ Rn. 4 f.). Nach Ausübung des Selbsteintritts beschränkt sich die Interessenwahrungspflicht im Allgemeinen darauf alles zu unterlassen, was die Durchführung des Geschäfts gefährdet. **Weisungen** hat der Kommissionär auch im Falle des Selbsteintritts zu beachten. Erklärt der Kommissionär den Selbsteintritt zu Bedingungen, die den ihm vom Kommittenten gesetzten Weisungen zuwiderlaufen, so muss der Kommittent den Selbsteintritt nicht gegen sich gelten lassen (§ 385 Abs. 1).[47]

12 **4. Insbesondere Rechenschaftspflicht (Abs. 2).** Die Rechenschaftspflicht des Kommissionärs im Falle des Selbsteintritts beschränkt sich nach § 400 Abs. 2 S. 1 auf den Nachweis, dass bei dem berechneten Preis der zurzeit der Ausführung der Kommission (→ Rn. 7) bestehende Börsen- oder Marktpreis eingehalten ist.[48] Dahinter steht einmal die Absicht, dem Kommittenten keinen Einblick in die Geschäftsbeziehungen des Kommissionärs zu gewähren, und auf der anderen Seite die – allerdings unzutreffende – Vorstellung des Gesetzgebers, dass der Kommittent durch die maßgeblichen Markt- oder Börsenpreise hinreichend geschützt ist.[49] Auch wenn es gerade diese Beschränkung der Rechenschaftspflicht ist, die faktischen Missbräuchen Tür und Tor öffnet, so wird man angesichts des klaren Wortlauts des § 402 Abs. 2 die Rechenschaftspflicht nicht auf etwaige Deckungsgeschäfte ausdehnen können.[50]

13 **5. Unberechtigter Selbsteintritt.** Zeigt der Kommissionär trotz Fehlens der Eintrittsvoraussetzungen den Selbsteintritt an, so kann der Kommittent den Selbsteintritt als unberechtigt zurückwei-

[39] Grünhut, Das Recht des Commissionshandels, 1879, 470 ff.; Weidmann, Das Kommissionsgeschäft II, 1909, 163 ff.; Schlegelberger/Hefermehl Rn. 42.
[40] Grünhut, Das Recht des Commissionshandels, 1879, 477; Weidmann, Das Kommissionsgeschäft II, 1909, 168; Schlegelberger/Hefermehl Rn. 53.
[41] Vgl. BGH 26.9.1980, BGHZ 79, 89 (96); Ebenroth/Boujong/Füller Rn. 10.
[42] Schlegelberger/Hefermehl Rn. 36.
[43] Grünhut, Das Recht des Commissionshandels, 1879, 480 ff.; Weidmann, Das Kommissionsgeschäft II, 1909, 201 ff.
[44] Grünhut, Das Recht des Commissionshandels, 1879, 483; Weidmann, Das Kommissionsgeschäft II, 1909, 203 f.
[45] OGH 2.6.1949, OHGZ 2, 81 (91); Schlegelberger/Hefermehl Rn. 61.
[46] Grünhut, Das Recht des Commissionshandels, 1879, 483; Weidmann, Das Kommissionsgeschäft II, 1909, 208.
[47] Schlegelberger/Hefermehl Rn. 49.
[48] Weidmann, Das Kommissionsgeschäft II, 1909, 173 ff., 180.
[49] Ebenroth/Boujong/Füller Rn. 12.
[50] Vgl. Grünhut, Das Recht des Commissionshandels, 1879, 477 ff.

sen und einen ggf. entstandenen Schaden unter den weiteren Voraussetzungen des § 280 BGB liquidieren. Es ist ihm natürlich aber unbenommen, den ungültigen Selbsteintritt als wirksam anzuerkennen.[51]

IV. Preisbestimmung (Abs. 2–5)

Die mit dem Selbsteintritt für den Kommittenten verbundenen Gefahren realisieren sich gerade in der Preisgestaltung. Dem versucht das Gesetz durch eine Objektivierung der Preisbestimmung entgegenzuwirken. Die Bedeutung der Vorschriften über die Preisbestimmung ist aber begrenzt, denn sie setzen voraus, dass der Börsen- oder Marktpreis richtig zustande gekommen ist,[52] vgl. § 20a WpHG: Verbot der Marktmanipulation.[53] Die Bedeutung der Preisvorschriften reduziert sich weiter, soweit der Kommissionär – zwar pflichtwidrig, aber ohne faktische Kontrollmöglichkeit – den Zeitpunkt der Ausführung der Kommission und damit den Markt- und Börsenpreis selbst bestimmen kann. 14

Die Regeln für die Preisbestimmung der Abs. 2–5 sind **zwingendes Recht (§ 402),** finden somit grundsätzlich auch auf den **vereinbarten Selbsteintritt** Anwendung. Etwas anderes gilt nur, wenn der vertragliche Selbsteintritt auch bei Waren zulässig ist, die keinen Markt- oder Börsenwert besitzen; hier kommt eine Anwendung der § 400 Abs. 2–5 nicht in Betracht.[54] Eine Preisstellung des Kommissionärs im Widerspruch zu § 400 Abs. 2–5, § 401, § 403 erlaubt dem Kommittenten nicht die Zurückweisung des Selbsteintritts; dieser bleibt wirksam, der Kommittent hat nur einen Anspruch auf vorschriftsgemäße Preisbestimmung.[55] 15

Die **Grundregel der Preisbestimmung** beim Selbsteintritt stellt § 400 Abs. 2 S. 1 auf: Es gilt der zum Zeitpunkt der Ausführung der Kommission bestehende Börsen- oder Marktpreis; dabei gilt als Zeitpunkt der Ausführung der Kommission der Zeitpunkt, in dem der Kommissionär die Anzeige vom Selbsteintritt zur Absendung an den Kommittenten abgegeben hat; es kommt also nicht auf den Zugang an (§ 400 Abs. 2 S. 2).[56] Verzögert der Kommissionär pflichtwidrig – was der Kommittent darzulegen und zu beweisen hat – die Abgabe der Anzeige, so darf er aber einen höheren Preis nicht berechnen (§§ 280, 249 BGB).[57] Ein günstigerer Preis aus einem tatsächlichen oder möglichen Deckungsgeschäft kommt gemäß § 401 dem Kommittenten zugute;[58] aber auch hier ist der Kommittent darlegungs- und beweisbelastet. War die Kommission während der Börsen- oder Marktzeit auszuführen, gibt der Kommissionär die Ausführungsanzeige aber erst nach Schluss der Börse oder des Marktes ab, so darf gemäß § 400 Abs. 3 der berechnete Preis für den Kommittenten nicht ungünstiger sein als der Kurs bei Schluss des Marktes oder der Börse. Diese Regelung ist aber für die Effektenkommission gewohnheitsrechtlich derogiert: Die Bank berechnet den Kunden den tatsächlichen – ggf. aber auch ungünstigeren – Preis des Deckungsgeschäfts.[59] Ist ein bestimmter Kurs für die Ausführung vereinbart, so ist dieser Kurs dem Kommittenten in Rechnung zu stellen, unabhängig von dem Zeitpunkt, in dem die Ausführungsanzeige abgesandt wurde (§ 400 Abs. 4); dies gilt selbst dann, wenn etwa der Schlusskurs oder Kurs bei Abgabe der Ausführungsanzeige für den Kommittenten günstiger gewesen wäre.[60] Bei amtlich festgestellten Kursen kann der Kommissionär bei Selbsteintritt keinen den Kommittenten ungünstigeren Kurs in Rechnung stellen als den amtlich festgestellten (§ 400 Abs. 5). Allerdings findet an deutschen Börsen eine amtliche Feststellung von Kursen nicht mehr statt (→ Rn. 6). 16

§ 401 [Deckungsgeschäft]

(1) Auch im Falle der Ausführung der Kommission durch Selbsteintritt hat der Kommissionär, wenn er bei Anwendung pflichtmäßiger Sorgfalt die Kommission zu einem günstigeren als dem nach § 400 sich ergebenden Preise ausführen konnte, dem Kommittenten den günstigeren Preis zu berechnen.

(2) Hat der Kommissionär vor der Absendung der Ausführungsanzeige aus Anlaß der erteilten Kommission an der Börse oder am Markte ein Geschäft mit einem Dritten abge-

[51] Weidmann, Das Kommissionsgeschäft II, 1909, 92 f.
[52] K. *Schmidt HandelsR* § 31 Rn. 153.
[53] Dazu Fleischer NJW 2002, 2977 (2978 f.).
[54] Schlegelberger/Hefermehl Rn. 72.
[55] Hopt/Kumpan Rn. 7; Schlegelberger/Hefermehl Rn. 73.
[56] Hopt/Kumpan Rn. 9.
[57] Hopt/Kumpan Rn. 9.
[58] Canaris HandelsR § 30 Rn. 101.
[59] Hopt/Kumpan Rn. 9; Schlegelberger/Hefermehl Rn. 68.
[60] Hopt/Kumpan Rn. 8.

schlossen, so darf er dem Kommittenten keinen ungünstigeren als den hierbei vereinbarten Preis berechnen.

I. Allgemeines

1 **1. Interessenwahrung.** Da der Selbsteintritt seitens des Kommissionärs missbrauchsanfällig ist, versuchen die Preisvorschriften der § 400 Abs. 2–5 einen Mindestschutz des Kommittenten: Der Kommissionär hat dem Kommittenten grundsätzlich den zur Zeit der Ausführung der Kommission bestehenden Markt- oder Börsenpreis in Rechnung zu stellen (vgl. § 400 Abs. 2). Doch handelt es sich hierbei nur um eine Grundsicherung. Die allgemeinen kommissionsrechtlichen Grundsätze werden nicht verdrängt. Auch beim Selbsteintritt bleibt der Kommissionär zur **Wahrnehmung der Interessen des Kommittenten verpflichtet** (§ 384 Abs. 1). Er muss daher stets bemüht sein, für den Kommittenten den günstigsten Kurs zu erzielen. Die Vorteile eines anlässlich der Kommission geschlossenen günstigeren Ausführungsgeschäfts gebühren selbstverständlich dem Kommittenten (§ 401 Abs. 1); keinesfalls darf der Kommissionär pflichtwidrig einen Kursschnitt machen und dem Kommittenten den ungünstigeren Markt- oder Börsenpreis nach näherer Maßgabe des § 400 berechnen. Eine Rektifizierung des Preises findet aber auch dann statt, wenn der Kommissionär bei Anspannung pflichtgemäßer Sorgfalt die Kommission zu einem günstigeren als dem nach § 400 sich ergebenden Preis hätte ausführen können (§ 401 Abs. 1). Auch wenn der Kommissionär bei der Preisberechnung gegen die Vorgaben des § 401 verstoßen hat, ist der Kommittent nicht berechtigt, den Selbsteintritt allein deswegen zurückzuweisen. Die Richtigkeit der Preisberechnung ist keine Wirksamkeitsvoraussetzung des Selbsteintritts. Der Kommittent kann nur Berichtigung der Preisbestimmung und unter den weiteren Voraussetzungen des § 280 BGB Schadensersatz fordern.

2 **2. Darlegungs- und Beweislast.** Die rechtstatsächliche Bedeutung des § 401 ist gering. Denn den Kommittenten trifft grundsätzlich die volle Darlegungs- und Beweislast für die Voraussetzungen des § 401;[1] dies korrespondiert mit der engen Rechenschaftspflicht des Kommissionärs nach § 400 Abs. 2, die sich nicht auf ein geschlossenes Deckungsgeschäft bezieht.

II. Günstigere Deckungsmöglichkeit (Abs. 1)

3 Hätte der Kommissionär bei Anwendung der Sorgfalt eines ordentlichen Kaufmanns (§ 384 Abs. 1 Hs. 1) einen günstigeren als den nach § 400 Abs. 2–5 sich ergebenden Preis erzielen können, so hat er dem Kommittenten diesen günstigeren Preis zu berechnen. Ein günstigerer Preis ist bereits dann gegeben, wenn der Kommissionär zum gleichen Preis, aber zu besseren Konditionen (Lieferfristen, Zahlungsziele) hätte abschließen können.[2] Gleichgültig ist grundsätzlich, ob der günstigere Preis an der Börse oder am Markt oder auch „unter der Hand" zu erreichen gewesen wäre.[3]

III. Günstigeres Anlassgeschäft (Abs. 2)

4 § 401 Abs. 2 betrifft das tatsächlich vorgenommene Deckungsgeschäft. Die Vorschrift hat im Vergleich zu § 401 Abs. 1 durchaus einen eigenen Regelungsgehalt. Denn nach § 401 Abs. 2 kann der Kommittent auch dann seinen Anspruch auf einen günstigeren Preis geltend machen, wenn die pflichtgemäße Sorgfalt den Abschluss des Geschäfts nicht erfordert hat (§ 401 Abs. 1). Insoweit ist der Anwendungsbereich des Abs. 2 aber auch enger als Abs. 1, als die Vorschrift auf tatsächlich vorgenommene Deckungsgeschäfte an Börse und Markt abstellt, also nicht vorteilhaftere Geschäfte „unter der Hand" erfasst (→ Rn. 3).

5 **1. Anlassgeschäft.** Hat der Kommissionär vor der Absendung der Ausführungsanzeige aus Anlass der erteilten Kommission an der Börse oder am Markt ein Deckungsgeschäft getätigt (sog. Anlassgeschäft) und war der hier vereinbarte Preis günstiger als der nach § 400 Abs. 2–5 oder § 401 Abs. 1 sich ergebende Preis, so darf er dem Kommittenten nur den tatsächlich vereinbarten Preis berechnen. Das Deckungsgeschäft muss aus Anlass der erteilten Kommission vorgenommen worden sein, es muss also bereits ein Kommissionsvertrag mit dem Kommittenten bestanden haben;[4] allein die Möglichkeit, dass es alsbald zu einem Abschluss kommt, genügt nicht. Früher abgeschlossene Kaufgeschäfte können vom Kommissionär selbstverständlich zur Deckung herangezogen werden, sind aber nicht als Ausführungsgeschäfte dem Kommittenten zugewiesen. Es ist also gerade notwendig, dass

[1] OLG Oldenburg 22.5.1992, WM 1993, 1879; LG Aachen 29.1.1988, WM 1988, 864; Ebenroth/Boujong/Füller Rn. 1.

[2] Ebenroth/Boujong/Füller Rn. 2; Schlegelberger/Hefermehl Rn. 3; Staub/Koller Rn. 4 f.

[3] MüKoHGB/Häuser Rn. 8; Staub/Koller Rn. 8.

[4] Weidmann, Das Kommissionsgeschäft II, 1909, 184.

die erteilte Kommission ursächlich für das Kaufgeschäft mit dem Dritten war.[5] Schließt der Kommissionär für mehrere gleichartige Kommissionen mehrere Deckungsgeschäfte, so kann der Kommissionär sie den Kommittenten frei zuteilen; nur einen Kursschnitt darf er dabei nicht machen.[6]

2. Vor Absendung der Ausführungsanzeige. Das Deckungsgeschäft muss auch vor Abgabe 6
der Eintrittserklärung abgeschlossen sein. Ist die Erklärung vor Abschluss des Deckungsgeschäfts abgegeben worden, so entfällt das Recht des Kommittenten auf den günstigeren Preis; etwas anders gilt aber dann, wenn der Kommissionär die Eintrittserklärung pflichtwidrig zu früh abgegeben hat (§§ 280, 249 BGB).[7]

3. An der Börse oder am Markt. Das Geschäft muss an der Börse oder am Markt abgeschlossen 7
sein, wobei es gleichgültig ist, an welcher Börse oder an welchem Markt.[8] Keine Anwendung findet § 401 Abs. 2 auf Geschäfte außerhalb von Börse und Markt (sog. Gelegenheitsgeschäfte); ein außerhalb von Börse und Markt abgeschlossenes günstigeres Deckungsgeschäft kommt dem Kommittenten also nicht stets zugute.[9] Allerdings kann der Kommittent im Einzelfall einen Anspruch auf den günstigeren Preis haben, wenn der Kommissionär das Geschäft bei Anwendung der Sorgfalt eines ordentlichen Kaufmanns hätte abschließen müssen.[10]

4. Darlegungs- und Beweislast. Beweispflichtig ist auch hier der Kommittent für den Zusam- 8
menhang von Kommissionsauftrag und Deckungsgeschäft. Allerdings soll eine widerlegliche Vermutung für diesen Zusammenhang bestehen, wenn Deckungsgeschäft und Kommissionsauftrag sich inhaltlich decken.[11]

§ 402 [Zwingendes Recht]

Die Vorschriften des § 400 Abs. 2 bis 5 und des § 401 können nicht durch Vertrag zum Nachteile des Kommittenten abgeändert werden.

I. Das gesetzliche Eintrittsrecht

Die Vorschriften der § 400 Abs. 2–5, § 401 über die Preisbestimmung und Rechnungslegung sind 1
zwingende Schutzvorschriften zugunsten des Kommissionärs; eine Abänderung zum Nachteil des Kommittenten durch Vertrag oder Handelsbrauch ist kraft Normbefehls ausgeschlossen.[1] Möglich bleiben aber **Modifizierungen zu Lasten des Kommissionärs.** So kann etwa die Rechenschaftspflicht des Kommissionärs dahin erweitert werden, dass er auch den Nachweis zu erbringen hat, dass er keinen günstigeren Preis erzielen konnte und zu keinem günstigeren Preis abgeschlossen hat.[2] Nicht ausgeschlossen wird durch § 402, dass der Kommittent nachträglich auf den besonderen Schutz der §§ 400, 401 verzichtet;[3] nur *Koller* will die Möglichkeit eines nachträglichen Verzichts insoweit einschränken, als die Geschäftsbeziehung zwischen Kommissionär und Kommittent beendet sein muss.[4] Soweit die vertraglichen Abreden gegen diese zwingenden Vorschriften der §§ 400, 401 verstoßen, sind sie unwirksam; an ihre Stelle tritt die gesetzliche Regelung. Ansonsten bleibt der Vertrag unberührt; § 139 BGB kommt nicht zur Anwendung.[5]

II. Das vertragliche Eintrittsrecht

§ 400 Abs. 1 ist in § 402 absichtlich nicht aufgeführt. Damit wird klargestellt, dass der Selbsteintritt 2
auch dort vereinbart werden kann, wo die gesetzlichen Voraussetzungen eines Selbsteintritts nicht vorliegen (vertraglicher Selbsteintritt).[6] Inwieweit § 402 beim vertraglichen Selbsteintritt greift, wird

[5] Canaris HandelsR § 30 Rn. 101.
[6] Weidmann, Das Kommissionsgeschäft II, 1909, 189; **aA** Hopt/Kumpan unter 1a; Ebenroth/Boujong/Füller Rn. 4.
[7] Weidmann, Das Kommissionsgeschäft II, 1909, 185.
[8] Schlegelberger/Hefermehl Rn. 12; **aA** Weidmann, Das Kommissionsgeschäft II, 1909, 185 ff.
[9] Weidmann, Das Kommissionsgeschäft II, 1909, 187.
[10] Hopt/Kumpan unter 1b; Schlegelberger/Hefermehl Rn. 12.
[11] Ebenroth/Boujong/Füller Rn. 3.
[1] RG 19.5.1926, JW 1926, 2077 (2078); Breit JW 1926, 2077.
[2] Weidmann, Das Kommissionsgeschäft II, 1909, 198 f.; Schlegelberger/Hefermehl Rn. 1.
[3] Weidmann, Das Kommissionsgeschäft II, 1909, 199; Ebenroth/Boujong/Füller Rn. 1; Schlegelberger/Hefermehl Rn. 3.
[4] Staub/Koller.
[5] Hopt/Kumpan; Ebenroth/Boujong/Füller Rn. 2; Staub/Koller.
[6] Weidmann, Das Kommissionsgeschäft II, 1909, 199; Schlegelberger/Hefermehl Rn. 2.

unterschiedlich beurteilt.[7] Richtigerweise kommt § 401 immer zur Anwendung, § 400 Abs. 2–5 dagegen nur insoweit, als eine sinngemäße Anwendung überhaupt möglich ist; an letzterem fehlt es, wenn das Kommissionsgut keinen Markt- oder Börsenpreis hat.[8]

§ 403 [Provision und Aufwendungsersatz bei Selbsteintritt]

Der Kommissionär, der das Gut selbst als Verkäufer liefert oder als Käufer übernimmt, ist zu der gewöhnlichen Provision berechtigt und kann die bei Kommissionsgeschäften sonst regelmäßig vorkommenden Kosten berechnen.

Schrifttum: Koller, Das Provisionsrisiko und Aufwendungsrisiko bei der Kommission, BB 1979, 1725.

I. Allgemeines

1 Durch den Selbsteintritt wandelt sich die Kommission nicht in einen Kaufvertrag. Es kommt nur zu Modifikationen, die dadurch notwendig werden, dass der Kommissionär das Kommissionsgut nunmehr als Verkäufer liefert oder als Käufer übernimmt (→ § 400 Rn. 9). Trotz des Selbsteintritts schuldet der Kommissionär weiterhin, die Interessen des Kommittenten wahrzunehmen. Als Entgelt für die Geschäftsbesorgung kann der Kommissionär Provision verlangen.[1] Sind dem Kommissionär bei der Wahrnehmung der Interessen des Kommittenten Aufwendungen entstanden, so kann er diese selbstverständlich nach den allgemeinen Grundsätzen der §§ 675, 670 BGB liquidieren. Um den Kommissionär aber von einer Offenlegung seiner Geschäftsverhältnisse zu befreien (vgl. § 400 Abs. 2 S. 1), gestattet § 403 dem Kommissionär, ohne weiteren Nachweis die bei Kommissionsgeschäften regelmäßig vorkommenden Kosten zu berechnen.

II. Provision

2 Auch beim Ausführen der Kommission durch Selbsteintritt steht dem Kommissionär die **gewöhnliche Provision** zu, also diejenige Provision, die er sich bei Vornahme eines Ausführungsgeschäfts verdient hätte. Der Anspruch entsteht gemäß § 396 Abs. 1 S. 1 mit **Ausführung der Kommission** (→ § 396 Rn. 5).[2] Ausgeführt ist die Kommission beim Selbsteintritt, wenn der Kommissionär seine Pflichten als Käufer bzw. Verkäufer erfüllt hat, dh mit Zahlung des Kaufpreises oder Lieferung des Kommissionsgutes. Im Falle der Nichtausführung der Kommission gilt § 396 Abs. 1 S. 2. Eine **Delkredereprovision** kann der Kommissionär dagegen nicht verlangen, da es an der Drittsicherung des Lieferungs- oder Zahlungsanspruchs fehlt.[3]

III. Aufwendungsersatz

3 **1. Aufwendungsersatz gemäß §§ 675, 670 BGB.** Auch der selbsteintretende Kommissionär kann wie der einfache Kommissionär gemäß §§ 675, 670 BGB Ersatz derjenigen Aufwendungen fordern, die er für erforderlich halten durfte. Es ist aber grundsätzlich an ihm, die einzelnen Aufwendungen auf Verlangen nachzuweisen.

4 **2. Ersatz der gewöhnlichen Kosten.** Entsprechend der verkürzten Rechenschaftspflicht beim Selbsteintritt (§ 400 Abs. 2 S. 1) kommt § 403 dem Kommissionär auch insoweit entgegen, als dieser die gewöhnlichen, dh die regelmäßig vorkommenden Kosten berechnen kann, ohne weiteren Nachweis zu erbringen. Der Ersatz dieser Kosten steht ihm zu, unabhängig davon ob sie tatsächlich entstanden sind;[4] hierher gehören etwa: Maklergebühren, Lagermiete, Frachten, Zölle, Wiegegelder. § 403 will damit sicherstellen, dass der Kommissionär nicht die Umstände seines Deckungsgeschäfts und seine eigenen Geschäftsverhältnisse offenlegen muss.[5]

---

[7] Vgl. Weidmann, Das Kommissionsgeschäft II, 1909, 199 Fn. 3 mwN.
[8] Schlegelberger/Hefermehl Rn. 2.
[1] Weidmann, Das Kommissionsgeschäft II, 1909, 201 f.
[2] OGH 2.6.1949, OHGZ 2, 81 (91).
[3] Grünhut, Das Recht des Commissionshandels, 1879, 483; Weidmann, Das Kommissionsgeschäft II, 1909, 203 f.; Ebenroth/Boujong/Füller Rn. 2; **aA** Hopt/Kumpan Rn. 1; Schlegelberger/Hefermehl Rn. 3.
[4] ROHG 28.5.1872, ROHGE 6, 182 (190); Grünhut, Das Recht des Commissionshandels, 1879, 480 ff.; Weidmann, Das Kommissionsgeschäft II, 1909, 204 f.; Hopt/Kumpan Rn. 2.
[5] Ebenroth/Boujong/Füller Rn. 3.

§ 404 [Befriedigungsrechte]

Die Vorschriften der §§ 397 und 398 finden auch im Falle der Ausführung der Kommission durch Selbsteintritt Anwendung.

§ 404 positiviert die herrschende Rechtsüberzeugung zum ADHGB und hat damit vor allem klarstellende Bedeutung.[1] Im Anschluss an die überkommene Lehre stehen die Sicherungsrechte der §§ 397, 398 auch dem selbsteintretenden Kommissionär zu. § 397 greift ein, solange der Kommittent im Eigentum des Kommissionsgutes ist; § 398 ist einschlägig, wenn der Kommissionär Eigentum am Kommissionsgut hat.[2] Gesichert wird auch der Anspruch auf **Zahlung des Kaufpreises;**[3] dies rechtfertigt sich aus der Erwägung, dass auch dem Kommissionär bei der einfachen Einkaufskommission ein gesicherter Aufwendungsersatzanspruch bzgl. des Einkaufspreises zusteht.[4] Für § 399 ist kein Raum. Die Vorschrift ist zugeschnitten auf ein tatsächlich auf Rechnung des Kommittenten abgeschlossenes Ausführungsgeschäft; aber daran fehlt es beim Selbsteintritt, da der Kommissionär auf eigene Rechnung tätig wird.[5] 1

§ 405 [Eintrittserklärung; Widerruf der Kommission]

(1) Zeigt der Kommissionär die Ausführung der Kommission an, ohne ausdrücklich zu bemerken, daß er selbst eintreten wolle, so gilt dies als Erklärung, daß die Ausführung durch Abschluß des Geschäfts mit einem Dritten für Rechnung des Kommittenten erfolgt sei.

(2) Eine Vereinbarung zwischen dem Kommittenten und dem Kommissionär, daß die Erklärung darüber, ob die Kommission durch Selbsteintritt oder durch Abschluß mit einem Dritten ausgeführt sei, später als am Tage der Ausführungsanzeige abgegeben werden dürfe, ist nichtig.

(3) Widerruft der Kommittent die Kommission und geht der Widerruf dem Kommissionär zu, bevor die Ausführungsanzeige zur Absendung abgegeben ist, so steht dem Kommissionär das Recht des Selbsteintritts nicht mehr zu.

I. Eintrittserklärung (Abs. 1, Abs. 2)

1. Die Eintrittserklärung. a) Ausdrücklich. Der Selbsteintritt erfolgt durch die ausdrückliche und empfangsbedürftige Willenserklärung, das Ausführungsgeschäft selbst tätigen zu wollen (§ 405 Abs. 1);[1] weitere Formerfordernisse bestehen nicht.[2] Ausdrücklich meint in diesem Zusammenhang, dass der Kommissionär unzweideutig durch Worte zum Ausdruck zu bringen hat, dass er von seinem Recht zum Selbsteintritt Gebrauch macht;[3] das Wort „Selbsteintritt" muss allerdings nicht fallen. Eine konkludente Eintrittserklärung reicht unter keinen Umständen.[4] Die Eintrittserklärung wird nach den allgemeinen Grundsätzen wirksam mit Zugang (§ 130 Abs. 1 BGB). 1

b) Das Verhältnis zur Ausführungsanzeige. Ausführungsanzeige und Selbsteintrittserklärung sind – auch wenn sie in der Regel in einer einheitlichen Erklärung zusammenfallen – **zu trennen;**[5] insbesondere müssen Ausführungsanzeige und Selbsteintrittserklärung nicht gleichzeitig abgesandt werden. § 405 Abs. 1 stellt aber für die Erklärung des Selbsteintritts eine zwingende zeitliche Schranke auf: Der Selbsteintritt muss spätestens mit der Ausführungsanzeige erklärt werden, wobei der Zeitpunkt des Zugangs entscheidend ist.[6] Fehlt die rechtzeitige und ausdrückliche Erklärung des Selbsteintritts, so bleibt die Eintrittserklärung wirkungslos. An ihre Stelle tritt die zwingende Auslegung der Ausführungsanzeige, dass die Ausführung der Kommission durch Drittgeschäft erfolgt sei. 2

---

[1] Vgl. Grünhut, Das Recht des Commissionshandels, 1879, 483; Weidmann, Das Kommissionsgeschäft II, 1909, 207.
[2] Weidmann, Das Kommissionsgeschäft II, 1909, 207 ff.
[3] Hopt/Kumpan; Ebenroth/Boujong/Füller Rn. 1; Schlegelberger/Hefermehl Rn. 2.
[4] Weidmann, Das Kommissionsgeschäft II, 1909, 209.
[5] Ebenroth/Boujong/Füller Rn. 1; Schlegelberger/Hefermehl Rn. 3.

[1] Weidmann, Das Kommissionsgeschäft II, 1909, 113 ff.
[2] Weidmann, Das Kommissionsgeschäft II, 1909, 122.
[3] RG 28.1.1903, RGZ 53, 363 (368); 6.3.1906, RGZ 63, 30 f.; 17.4.1926, JW 1926, 1961.
[4] Canaris HandelsR § 30 Rn. 99.
[5] Canaris HandelsR § 30 Rn. 99.
[6] Schlegelberger/Hefermehl Rn. 10.

3 **2. Vertragliche Modifizierungen (Abs. 2).** Die Parteien können die „förmlichen" Anforderungen an die Selbsteintrittserklärung modifizieren. So können die Parteien vereinbaren, dass eine konkludente Eintrittserklärung genügen soll oder dass in der Ausführungsanzeige die Erklärung des Selbsteintritts liegen soll, wenn nicht ausdrücklich der Abschluss mit einem Dritten mitgeteilt wird.[7] Unterliegt damit auch die Art und Weise der Eintrittserklärung der Disposition der Vertragsparteien, so gilt dies kraft der zwingenden Vorschrift des § 405 Abs. 2 nicht für den zeitlichen Rahmen. Es kann nicht im Kommissionsvertrag vorgesehen werden, dass das Selbsteintrittsrecht auch noch nach der Ausführungsanzeige ausgeübt werden kann. Eine solche Vereinbarung wäre nichtig; die Wirksamkeit des Vertrags im Übrigen bliebe aber unberührt.[8] Die Parteien sind aber nicht gehindert, die verspätete und damit unwirksame Selbsteintrittserklärung als wirksam zu betrachten.[9]

4 **3. Folge der unzureichenden Eintrittserklärung.** Die zwingende Auslegung als Ausführungsanzeige dahingehend, dass die Kommission durch Abschluss des Geschäfts mit einem Dritten ausgeführt wurde, hat zur Folge, dass der Kommissionär ein wirklich getätigtes Deckungsgeschäft als auf Rechnung des Kommittenten vorgenommen gelten lassen muss.[10] Wurde kein Deckungsgeschäft abgeschlossen, so bleiben dem Kommittenten die Rechte nach § 384 Abs. 3.

II. Widerruf des Kommittenten (Abs. 3)

5 Grundsätzlich kann der Kommittent gemäß §§ 627, 649 BGB **bis zum Abschluss des Ausführungsgeschäfts** die Kommission kündigen. Nach § 400 Abs. 2 gilt beim Selbsteintritt als Zeit der Ausführung der Kommission der Zeitpunkt, in dem der Kommissionär die Ausführungsanzeige (und nicht notwendig auch die Eintrittserklärung) abgegeben hat; auf den Zugang kommt es nicht an. Insoweit zieht § 405 Abs. 3 die Konsequenz, dass die Kündigung des Kommittenten, die ihrerseits erst mit Zugang wirksam wird (§ 130 BGB), nur bis zum Zeitpunkt der Abgabe der Ausführungsanzeige möglich ist.[11] Eine vor Abgabe der Ausführungsanzeige zugegangene Kündigungserklärung (§ 130 BGB) beendet das Selbsteintrittsrecht des Kommissionärs. Hat er bereits auf eigene Rechnung ein Deckungsgeschäft getätigt, so kann er keine Kompensation verlangen; überwiegend wird ihm auch die Möglichkeit versagt, das auf eigene Rechnung vorgenommene Deckungsgeschäft als auf fremde Rechnung vorgenommen zu bestimmen, um auf diese Weise die Kündigungserklärung als verspätet, da nach Abschluss des Ausführungsgeschäfts, zurückzuweisen.[12]

§ 406 [Ähnliche Geschäfte]

(1) [1]Die Vorschriften dieses Abschnitts kommen auch zur Anwendung, wenn ein Kommissionär im Betriebe seines Handelsgewerbes ein Geschäft anderer als der in § 383 bezeichneten Art für Rechnung eines anderen in eigenem Namen zu schließen übernimmt. [2]Das gleiche gilt, wenn ein Kaufmann, der nicht Kommissionär ist, im Betriebe seines Handelsgewerbes ein Geschäft in der bezeichneten Weise zu schließen übernimmt.

(2) Als Einkaufs- und Verkaufskommission im Sinne dieses Abschnitts gilt auch eine Kommission, welche die Lieferung einer nicht vertretbaren beweglichen Sache, die aus einem von dem Unternehmer zu beschaffenden Stoffe herzustellen ist, zum Gegenstande hat.

Schrifttum: v. Olshausen, Die Kunst der Gesetzesformulierung – oder – Welche Rechtsnormen gelten für kleingewerbliche Gelegenheitskommissionäre nach dem Handelsrechtsreformgesetz?, NJW 2001, 1842.

I. Allgemeines

1 § 406 erweitert den sachlichen (Abs. 1 S. 1, Abs. 2) und den persönlichen (Abs. 1 S. 2) Anwendungsbereich der kommissionsrechtlichen Vorschriften der §§ 383–405. Wenig einheitlich ist die Terminologie.[1] Es empfiehlt sich im Falle des § 406 Abs. 1 S. 1 von uneigentlicher Kommission, und im Falle des § 406 Abs. 1 S. 2 von Gelegenheitskommission zu sprechen. **Rechtsdogmatisch**

[7] RG 7.5.1919, RGZ 96, 4 (7); 17.4.1926, JW 1926, 1961; Hopt/Kumpan Rn. 1; Ebenroth/Boujong/Füller Rn. 2; Schlegelberger/Hefermehl Rn. 4.
[8] Schlegelberger/Hefermehl Rn. 12.
[9] Ebenroth/Boujong/Füller Rn. 4; Schlegelberger/Hefermehl Rn. 13.
[10] Ebenroth/Boujong/Füller Rn. 3.
[11] Weidmann, Das Kommissionsgeschäft II, 1909, 148 f.
[12] Ebenroth/Boujong/Füller Rn. 7; **aA** Schlegelberger/Hefermehl Rn. 25.
[1] Vgl. BGH 5.5.1960, NJW 1960, 1852 (1853).

spielt § 406 eine besondere Rolle bei der Anerkennung des in § 392 Abs. 2 verkörperten, für alle Verhältnisse der mittelbaren Stellvertretung geltenden allgemeinen Rechtsgedanken der Zuweisung vollstreckungsrechtlicher Privilegien und eines Sukzessionsschutzes zugunsten des mittelbar Vertretenen. Denn in der Erweiterung des kommissionsrechtlichen Regelungsbereichs auf uneigentliche und gelegentliche Kommissionen ist der Grundstein gelegt für die horizontal ausdehnende Anwendung des § 392 Abs. 2.

II. Sachlicher Anwendungsbereich

1. Uneigentliche Kommission (Abs. 1 S. 1). § 406 erweitert die sachliche Anwendbarkeit der gesetzlichen Vorschriften über das Kommissionsgeschäft auf sog. **kommissionsähnliche Geschäfte** (Abs. 1 S. 2). Voraussetzung der Ähnlichkeit ist, dass es der Kommissionär übernimmt, ein Umsatzgeschäft **im eigenen Namen,** aber auf **fremde Rechnung** zu schließen. Der Gegenstand des Ausführungsgeschäfts ist keineswegs auf Ware oder Wertpapier beschränkt; selbst Immobilien können Gegenstand des übernommenen Geschäftsabschlusses sein.[2] Das aufgetragene Geschäft muss auch kein Kaufgeschäft sein.[3] Kommissionsähnlich ist etwa die Vermietung im eigenen Namen, aber auf fremde Rechnung,[4] der Auftrag, den GmbH-Geschäftsanteil eines anderen im eigenen Namen für dessen Rechnung zu veräußern,[5] oder der sog. Kommissionsverlag, dh der Verlag eines Werkes auf Rechnung des Autors (vgl. § 1 VerlG).[6] Weiter sind zu nennen die sog. Konsignationskommission, bei der der Exportkommissionär nicht selbst oder durch Vertreter die Ware im Ausland verkauft, sondern seinerseits im Ausland einen weiteren Kommissionär beauftragt, der das Gut in Verkaufskommission nimmt, oder der Abschluss von Werbeverträgen, Aufführungs- und Filmverleihverträgen oder Kreditverträgen im eigenen Namen, aber eben für Rechnung des Kommittenten.[7] Dagegen gehört die Vermittlungstätigkeit digitaler Plattformen nicht hierher.[8] 2

2. Kommissionsmäßige Beschaffung herzustellender Sachen (Abs. 2). Der Gesetzgeber hat es übersehen, § 406 Abs. 2 gleich dem § 381 Abs. 2 nF der Neufassung des Rechts der Werklieferungsverträge (§ 651 BGB idF des SchuldRModG 2001, jetzt § 650) durch die **Schuldrechtsreform** anzupassen. Überhaupt war schon vor der Schuldrechtsreform die Bedeutung des § 406 Abs. 2 gering, da die angesprochenen Fälle der Beschaffung herzustellender unvertretbare Sachen bereits unter Abs. 1 S. 1 hätten gefasst werden können; Werklieferungsverträge über vertretbare bewegliche Sachen fielen überhaupt aus dem Anwendungsbereich des § 406, da aufgrund der Vorschrift des § 651 Abs. 1 S. 2 Hs. 2 BGB aF für diese Verträge Kaufrecht galt, sie also unmittelbar in den Anwendungsbereich des § 383 hineinfielen.[9] Seit der Schuldrechtsreform hat § 406 Abs. 2 auch seine klarstellende Restbedeutung eingebüßt und ist insgesamt eher missverständlich, denn gemäß § 650 BGB nF findet auf alle Werklieferungsverträge gleichmäßig Kaufrecht Anwendung – unabhängig davon, ob er sich auf die Herstellung vertretbarer oder unvertretbarer Sachen bezieht –, so dass unmittelbar der Anwendungsbereich des § 383 eröffnet ist.[10] 3

III. Persönlicher Anwendungsbereich (Abs. 1 S. 2)

1. Der Gelegenheitskommissionär. Die Vorschriften der §§ 383 ff. finden auch dann Anwendung, wenn ein Kaufmann, der nicht Kommissionär ist, im Betrieb seines Handelsgewerbes ein Geschäft für fremde Rechnung im eigenen Namen zu schließen übernimmt (sog. Gelegenheitskommissionär).[11] Gelegenheitskommissionär kann grundsätzlich auch der persönlich haftende Gesellschafter einer OHG oder KG als Gesellschafterkaufmann sein, allerdings handelt er nicht im Betrieb seines Handelsgewerbes, wenn er im eigenen und nicht im Namen der Gesellschaft auftritt.[12] 4

2. Uneigentliche Gelegenheitskommission; Nichtkaufleute. § 406 Abs. 1 S. 2 gilt nicht nur für die eigentliche Kommission, sondern auch bei der uneigentlichen Kommission des § 406 Abs. 1 S. 1.[13] Diese beiden Erweiterungen des § 406 Abs. 1 auf uneigentliche und Gelegenheitskommission 5

---

[2] Grünhut, Das Recht des Commissionshandels, 1879, 37.
[3] Weidmann, Das Kommissionsgeschäft I, 1908, 36.
[4] Vgl. BGH 30.3.1988, BGHZ 104, 123 = NJW 1998, 3203.
[5] BGH 5.5.1960, NJW 1960, 1852 (1853).
[6] RG 14.2.1912, RGZ 78, 298 (301).
[7] Vgl. K. Schmidt HandelsR § 31 Rn. 27 mwN.
[8] Dreyer/Haskamp ZVertriebsR 2017, 359 (361 f.).
[9] Vgl. K. Schmidt HandelsR § 31 Rn. 1; Schlegelberger/Hefermehl Rn. 5.
[10] Steck NJW 2002, 3201 (3203).
[11] BGH 16.10.2012, NJW-RR 2013, 244 Rn. 38; 5.5.1960, NJW 1960, 1852 (1853).
[12] BGH 5.5.1960, NJW 1960, 1852 (1853).
[13] K. Schmidt HandelsR § 31 Rn. 1, 6.

finden gemäß § 383 Abs. 2 S. 1 eine weitere Ausdehnung auch für Kleingewerbetreibende, so dass auch auf den uneigentlichen, kleingewerblichen Gelegenheitskommissionär die Vorschriften des Kommissionsrechts anwendbar sind.[14]

IV. Anwendbarkeit des § 392 Abs. 2 auf uneigentliche und gelegentliche Kommission; allgemeiner Rechtsgedanke

6 § 392 Abs. 2 mit seinen vollstreckungsrechtlichen Privilegien (§ 771 ZPO, § 47 InsO) und seinem Sukzessionsschutz ist eine **unmittelbare und natürliche Folge des Prinzips der mittelbaren Stellvertretung,** also des geschäftsbesorgungsrechtlichen Handelns im eigenen Namen auf fremde Rechnung.[15] Bei dieser Vorschrift handelt es sich nicht nur um eine „kommissionsrechtliche", nicht weiter verallgemeinerungsfähige Sonderreglung.[16] Hinter § 392 Abs. 2 steht ein allgemeiner Rechtsgedanke, der sowohl in vertikaler Hinsicht – also soweit es um die Extension auf dingliche Surrogate geht (→ § 392 Rn. 6 f.) – als auch in **horizontaler Hinsicht** – also soweit es um die Anwendung über den Bereich der echten Kommission hinausgeht – eine erweiternde Auslegung verlangt. Die Norm rechtfertigt sich aus dem besonderen Treuhandcharakter der mittelbaren Stellvertretung und verlangt überall Geltung, wo ein Geschäftsbesorger im eigenen Namen, aber auf fremde Rechnung tätig wird. Die horizontale Erweiterung ist unmittelbar in § 406 Abs. 1 angelegt, wenn diese Norm die Anwendung der kommissionsrechtlichen Vorschriften der §§ 383 f., also auch des § 392 Abs. 2, auf **kommissionsähnliche Geschäfte** und die **Gelegenheitskommission** befiehlt. Auf eine besondere Offenkundigkeit der mittelbaren Stellvertretung kommt es nicht an.[17] Dementsprechend hat sich auch die Rspr. entgegen vereinzelten Stimmen in der Lehre[18] nie gescheut, § 392 auf Fälle der Gelegenheitskommission des § 406 Abs. 1 S. 2 anzuwenden.[19] In der Entscheidung BGHZ 104, 123 greift der BGH für ein kommissionsähnliches Geschäft mit Selbstverständlichkeit auf § 392 Abs. 2 zu, ohne die Frage einer Reduktion des § 406 Abs. 1 auch nur anzusprechen.[20] Für das kommissionsähnliche Geschäft ist die Anwendung des § 392 Abs. 2 zweifellos. Die mit § 392 wortgleiche Vorläuferbestimmung des Art. 368 ADHGB war bereits in ihrem unmittelbaren Anwendungsbereich weiter und erfasste per se alle Fälle gewerbsmäßigen Abschlusses von Geschäften im eigenen Namen auf fremde Rechnung. Denn der Grundtatbestand und Spitzenparagraph des Kommissionsrechts des Art. 360 Abs. 1 ADHGB („Kommissionär ist derjenige, welcher gewerbsmäßig im eigenen Namen für Rechnung eines Auftraggebers [Kommittenten] *Handelsgeschäfte* schließt") kannte die dem § 383 Abs. 1 eigentümliche Beschränkung auf Kaufgeschäfte nicht.[21] Aber auch für die Gelegenheitskommission gilt nichts anderes, da es nicht zum gewachsenen Wesen der handelsrechtlichen Kommission gehört, dass der Kommissionär die mittelbare Stellvertretung offenlegt oder auch überhaupt nur erkennbar als Kommissionär nach außen auftritt.[22] Eine weitere Ausdehnung erfährt § 392 Abs. 2 durch das Zusammenspiel des § 406 mit § 383 Abs. 2: Auch auf **kleingewerbliche Unternehmen,** die (gelegentlich) im eigenen Namen für fremde Rechnung Geschäfte schließen, findet § 392 Abs. 2 Anwendung.[23]

7 Bereits aufgrund einfacher Gesetzesanwendung kann von einer allgemeinen Geltung des § 392 Abs. 2 im Bereich der gewerblichen mittelbaren Stellvertretung gesprochen werden. Aber hier ist nicht Halt zu machen, sondern die Vorschrift ist in einem nächsten Schritt – entgegen dem tradierten Meinungsspektrum[24] und in Übereinstimmung mit einigen richtungsweisenden Arbeiten von *Martinek* – überhaupt auf den unternehmerischen, also auch den **freiberuflichen Bereich** auszudehnen.[25] Zwar wurde in den Beratungen der Zweiten Kommission die Aufnahme einer § 392 Abs. 2 entsprechenden Vorschrift in das BGB nach ausgiebiger Diskussion als handelsrechtliche Sondervorschrift noch verworfen,[26] aber der Gesetzgeber begreift nunmehr selbst § 392 Abs. 2 als verallgemeinerungs-

---

[14] v. Olsenhausen NJW 2001, 1842 ff.; Canaris HandelsR § 30 Rn. 2.
[15] K. Schmidt HandelsR § 31 Rn. 124.
[16] So aber MüKoHGB/Häuser § 392 Rn. 49.
[17] So aber Canaris HandelsR § 30 Rn. 74.
[18] Hüffer JuS 1991, 195 (198); Staub/Koller Rn. 7 für die Gelegenheitskommission.
[19] BGH 5.5.1960, NJW 1960, 1852 (1853); K. Schmidt HandelsR § 31 Rn. 124.
[20] BGH 30.3.1988, BGHZ 104, 123 = NJW 1998, 3203 mAnm K. Schmidt JuS 1989, 409 aE.
[21] Vgl. Grünhut, Das Recht des Commissionshandels, 1879, 46 ff.
[22] Vgl. Prot. zum ADHGB 743, 1452 (ad b.); daher unzutr. die diesbezüglichen Erwägungen der Zweiten Kommission (Mugdan II 950); dazu Staudinger/Martinek, 2006, BGB § 675 Rn. A 63.
[23] Ebenroth/Boujong/Füller Rn. 4.
[24] RG 19.2.1914, RGZ 84, 214 (216); 5.3.1880 RGZ 1, 314 (315); Schlegelberger/Hefermehl § 392 Rn. 1 aE, 28.
[25] Staudinger/Martinek, 2006, BGB § 675 Rn. A 57 ff. mwN.
[26] Prot. Mugdan II 948 ff.; dazu Staudinger/Martinek, 2006, BGB § 675 Rn. A 61 ff.

fähigen Rechtsgedanken und betreibt seine horizontale Ausweitung. Im Speditionsrecht wurde die früher bereits aufgrund der allgemeinen Verweisung des § 407 Abs. 2 aF gegebene Anwendbarkeit des § 392 in § 457 S. 2 ausdrücklich klargestellt; im Frachtgeschäft hat der Gesetzgeber in bewusster Anlehnung an § 392 Abs. 2 in § 422 Abs. 2 bestimmt, dass das aufgrund der Einziehung einer Nachnahme Erlangte im Verhältnis zu den Gläubigern des Frachtführers als auf den Absender übertragen gilt. Die Rechtfertigung für die Anleihe im Kommissionsrecht nahm der Gesetzgeber daraus, dass der die Nachnahme einziehende Frachtführer wie ein Kommissionär als Geschäftsbesorger im eigenen Namen, aber auf fremde Rechnung tätig werde.[27] Damit sind Weichen für eine Anwendung des § 392 Abs. 2 im unternehmerischen Bereich, der sowohl Gewerbetreibende wie Freiberufler umfasst, gestellt. Denn der tragende Gedanke passt im gewerblichen ebenso gut wie im freiberuflichen Bereich. Ist man aber gezwungen, dies anzuerkennen, so gibt es keinen Grund mehr, § 392 nicht auch auf den **unentgeltlichen Auftrag** des § 662 BGB anzuwenden. Denn der Gedanke der mittelbaren Stellvertretung setzt eine Entgeltlichkeit nicht voraus.

V. Selbsteintritt

Noch nicht abschließend geklärt ist die Zulässigkeit des Selbsteintritts im Falle des § 406. Übereinstimmung besteht mittlerweile aber immerhin insoweit, als der Selbsteintritt im Falle der Gelegenheitskommission gemäß § 406 Abs. 1 S. 2 grundsätzlich zulässig ist. Bei kommissionsähnlichen Geschäften (§ 406 Abs. 1 S. 1) wird dagegen ein gesetzliches Selbsteintrittsrecht gemäß § 400 Abs. 1 überwiegend abgelehnt, da die Vorschrift nur vom Kauf oder Verkauf von Waren und Wertpapieren spreche. Zutreffend erscheint mir das nicht. 8

[27] Begr. RegE TRG, BT-Drs. 13/8445, 56.

Vierter Abschnitt. Frachtgeschäft

Erster Unterabschnitt. Allgemeine Vorschriften

§ 407 Frachtvertrag

(1) Durch den Frachtvertrag wird der Frachtführer verpflichtet, das Gut zum Bestimmungsort zu befördern und dort an den Empfänger abzuliefern.

(2) Der Absender wird verpflichtet, die vereinbarte Fracht zu zahlen.

(3) [1]Die Vorschriften dieses Unterabschnitts gelten, wenn

1. das Gut zu Lande, auf Binnengewässern oder mit Luftfahrzeugen befördert werden soll und

2. die Beförderung zum Betrieb eines gewerblichen Unternehmens gehört.

[2]Erfordert das Unternehmen nach Art oder Umfang einen in kaufmännischer Weise eingerichteten Geschäftsbetrieb nicht und ist die Firma des Unternehmens auch nicht nach § 2 in das Handelsregister eingetragen, so sind in Ansehung des Frachtgeschäfts auch insoweit die Vorschriften des Ersten Abschnitts des Vierten Buches ergänzend anzuwenden; dies gilt jedoch nicht für die §§ 348 bis 350.

Schrifttum: Andresen/Valder, Speditions-, Fracht- und Lagerrecht, Loseblatt, 2019; Basedow, Die Tragweite des zwingenden Rechts im neuen deutschen Gütertransportrecht, TranspR 1998, 58; Basedow, Hundert Jahre Transportrecht, ZHR 161 (1997), 186; Braun, Das frachtrechtliche Leistungsstörungsrecht nach dem Transportrechtsreformgesetz, 2002; Freise, Das Transportrecht – Stand und Entwicklungslinien, RdTW 2013, 80; Gran, Regelungsbereiche und Klauselanregungen für Logistikverträge, NJW 2018, 1717; Harings/Jürgens, Die Auswirkungen des Lieferkettensorgfaltspflichtengesetzes auf die Transportwirtschaft, RdTW 2021, 297; Hartenstein/Reuschle (Hrsg.), Transport- und Speditionsrecht, 3. Aufl. 2015; Hein/Eichoff/Pukall/Krien, Güterkraftverkehrsrecht, Loseblattwerk mit Aktualisierungen. 2020; Knorre/Demuth/Schmid, Handbuch des Transportrechts, 3. Aufl. 2022; Koller, Transportrecht, 11. Aufl. 2023; Korioth, Auswirkungen des Frachtrechts auf die Binnenschiffahrt, ZfB 1998, 13; Mankowski, Neues aus Europa zum Internationalen Privatrecht für Transportverträge: Art. 5 Rom I-VO, TranspR 2009, 339; Ovie/Berger/Harnischmacher (Hrsg.), Praxishandbuch Transport, 2. Aufl. 2017; Paschke/Furnell, Transportrecht, 2012; Paschke/Graf/Olbrisch (Hrsg.), Hamburger Handbuch des Exportrechts, 2. Aufl. 2014; Pokrant/Gran, Transport- und Logistikrecht, 12. Aufl. 2019; Ramming, Papier- und elektronische Form von Fracht- und Ladedokumenten, RdTW 2021, 450 ff.; Ramming, Die Ablieferung von Containern durch Freistellung, RdTW 2020, 241; Ramming, Hamburger Handbuch zum Binnenschifffahrtsfrachtrecht, 2009; Ramming, Hamburger Handbuch Multimodaler Transport, 2011; Rühl, AGB im Transport – Einführung, TranspR 2018, 165; Valder/Wieske, Logistik AGB: Ein neues Klauselwerk, TranspR 2006, 221; Thume/Schwampe, Transportversicherung, 3. Aufl. 2024; Wagner, Neue kollisionsrechtliche Vorschriften für Beförderungsverträge in der Rom I-VO, TranspR 2008, 221; Graf v. Westphalen, Gegen eine Lockerung der Regeln des AGB-Rechts im unternehmerischen Verkehr, TranspR 2018, 268; Graf v. Westphalen, Vertragsrecht und AGB-Klauselwerke, Transportrecht, 2022.

Übersicht

I. Überblick

Der Vierte Abschnitt des HGB regelt das Recht der Frachtgeschäfte. Mit dem **Oberbegriff** „Frachtgeschäft" bezeichnet der Gesetzgeber sämtliche im Ersten bis Dritten Unterabschnitt geregelten Geschäfte, die auf einem Frachtvertrag beruhen, der durch ein gewerbliches Unternehmen mittels einer Beförderung zu Lande, auf Binnengewässern oder mit Luftfahrzeugen durchgeführt wird. In der Rechtspraxis sind anstelle des Begriffs „Frachtvertrag" die Begriffe „Transportvertrag" bzw. „Beförderungsvertrag" oder „Verkehrsvertrag" gebräuchlich; sie werden synonym verwendet.[1] Mit dem insofern bahnbrechenden **Transportrechtsreformgesetz von 1998** (TRG) hat der Gesetzgeber eine die Verträge der Frachtgeschäfte einheitlich erfassende gesetzliche Ordnung geschaffen; die vormals geltende transportmittel- und streckenabhängige Differenzierung der Rechtsregeln wurde aufgegeben. Das für (innerdeutsche) Transporte konzipierte Frachtvertragsrecht sieht nunmehr übereinstimmende Regeln für grundsätzlich sämtliche Frachtverträge vor. Diese sind im Unterabschnitt Allgemeine Vorschriften (§§ 407–450) geregelt; daneben finden sich Sonderregeln nur noch für Frachtverträge, welche die Beförderung von Umzugsgut (§§ 451–451h) und die Beförderung mit verschiedenartigen Beförderungsmitteln (§§ 452–452d) betreffen. Für **grenzüberschreitende Transporte** gelten die Vorschriften des HGB regelmäßig nicht; sie werden von den Regeln der für das jeweils verwendete Transportmittel einschlägigen internationalen Konventionen verdrängt (näher → Rn. 14). 1

Das Frachtrecht für den **Seeverkehr** hat seine **rechtliche Sonderstellung** von der Reform des deutschen Transportrechts unbenommen behalten; es bleibt im Fünften Buch des HGB in den Vorschriften der §§ 476 ff. gesondert geregelt (→ Vor § 476 Rn. 1 ff.). 2

II. Grundlagen des HGB-Transportrechts

1. Anwendungsbereich. § 407 regelt die Anwendungsvoraussetzungen des HGB-Frachtrechts. Die Vorschrift stellt für die Anwendung des Frachtrechts – anders als vor dem Transportrechtsreformgesetz 1998 – nicht mehr auf das Geschäft eines Frachtführers ab (sog. subjektives System), sondern nunmehr (objektiv) auf die vertragscharakteristische Leistung der Beförderung. Der **sachlich-gegenständliche Anwendungsbereich** der Vorschrift erfasst sämtliche Transportarten bzw. Transportmittel, mit denen ein Gut zu Lande, auf Binnengewässern oder mit Luftfahrzeugen befördert werden soll (Abs. 3 S. 1 Nr. 1; → Rn. 6 ff.). In **subjektiver Hinsicht** sind die §§ 407 ff. anwendbar, wenn die Beförderung auf Seiten des Frachtführers zum Betrieb seines gewerblichen Unternehmens gehört (→ Rn. 19 ff.). In **räumlicher Hinsicht** wird der Anwendungsbereich der Vorschriften durch die für internationale Transporte geltenden Sonderregelungen begrenzt (→ Rn. 12 ff.). In **zeitlicher Hinsicht** gilt das HGB-Frachtrecht in der geltenden Fassung für Frachtverträge, die ab dem 25.4.2013 geschlossen wurden (vgl. Art. 71 EGHGB).[2] 3

Im Hinblick auf das **„Soll"-Merkmal** in **Abs. 3 S. 1 Nr. 1** ist für die Anwendung des HGB-Frachtrechts auf die vertraglich vereinbarte Art der Beförderung abzustellen. Mangels Vereinbarung ist auf die typische Beförderungsleistung des Frachtführers bzw. die übliche Art und Weise der Beförderung abzustellen; die vereinbarte oder gewollte Geschwindigkeit der Beförderung ist zu berücksichtigen. Wurde keine Vereinbarung über die Art der Beförderung getroffen, kann der Frachtführer das Transportmittel und den Transportweg nach billigem Ermessen auswählen.[3] 4

Nicht geregelt ist, welche Vorschriften anzuwenden sind, wenn der Frachtführer die Beförderung auf eine Transportart oder mit Transportmitteln durchführt, die **nicht der vertraglichen Vereinbarung entsprechen.** Nach der schon vor dem Transportrechtsreformgesetz ergangenen Rspr. musste sich der Frachtführer in diesen Fällen primär nach dem Recht der vertragsgemäßen Beförderung behandeln lassen; daneben sollte er auch nach dem Recht des tatsächlich durchgeführten Transports in Anspruch genommen werden können.[4] An dieser Rspr. ist nach geltendem Recht festzuhalten; mit ihr kann vermieden werden, dass der Frachtführer bei vertragswidrigem Verhalten besser steht 5

---

[1] Paschke/Furnell Rn. 1.
[2] Vgl. Hopt/Merkt Rn. 3.
[3] BGH 4.3.2004, TranspR 2004, 460 (463); 13.4.1989, NJW-RR 1989, 1270 (1271).
[4] BGH 17.5.1989, VersR 1990, 331.

als bei vertragsgemäßem.[5] Im haftungsrechtlichen Bereich sind die Regeln der Haftung für vertragskonforme Beförderungsmittel anzuwenden.[6] Durch die Vereinheitlichung des Transportrechts für die verschiedenen Transportmittel bleibt der Frachtführer bei Verwendung eines nicht vertragskonformen Transportmittels regelmäßig den Regeln der §§ 407 ff. unterworfen, sodass insbesondere Schadensersatz gem. §§ 425 ff. zu leisten ist; die Wahl eines vertragswidrigen Transportmittels stellt keine Verletzung einer mit der Ausführung der Beförderung zusammenhängenden Vertragspflicht dar, weshalb § 433 keine Anwendung findet.[7]

6 **a) Sachlicher Anwendungsbereich.** Die §§ 407 ff. erfassen nach ihrem sachlichen Anwendungsbereich grundsätzlich sämtliche Beförderungen zu Lande, auf Binnengewässern und mit Luftfahrzeugen. Die Güterbeförderung zur See wird in § 407 nicht miterfasst und ist in den besonderen Vorschriften des Seefrachtrechts im Fünften Buch des HGB geregelt (→ Vor § 476 Rn. 1 ff.).

7 **aa) Beförderung zu Lande.** Der Landtransport umfasst **sämtliche Transporte** auf der Straße, auf der Schiene und auf eine sonstige bodengebundene Art und Weise. Damit fallen auch sämtliche Paket-, Post- und Kurierbeförderungen[8] und selbst der Gütertransport durch Pipelines in den Anwendungsbereich des Frachtvertragsrechts. Die Güterbeförderung mit Eisenbahnen des öffentlichen Verkehrs unterliegt keinen Sonderbestimmungen mehr; die EVO bezieht sich vor allem auf die Personenbeförderung.[9]

8 **bb) Beförderung auf Binnengewässern.** Die Binnengewässerbeförderung betrifft die Beförderung auf Flüssen und Seen. Sie ist **abzugrenzen** von der **Seebeförderung.** Nach § 1 FlRV vom 4.7.1990 (BGBl. 1990 I 1389) werden die Grenzen der Seefahrt durch die Festland- und Inselküstenlinie bei mittlerem Hochwasser bestimmt; im Übrigen ist auf die seewärtige Begrenzung der Binnenwasserstraßen abzustellen, bei an der Küste gelegenen Häfen ist auf die Verbindungslinie der Molenköpfe und bei Mündungen von Flüssen, die keine Binnenwasserstraßen sind, ist auf die Verbindungslinie der äußeren Uferausläufe abzustellen. Erforderlichenfalls ist zur Abgrenzung auf eine „natürliche Betrachtungsweise" zurückzugreifen.[10] Auf das Transportmittel (Binnenschiff, Seeschiff, Floß) kommt es nicht an. Ein auf Binnengewässern erfolgender Gütertransport mit einem Seeschiff unterfällt den §§ 407 ff. Erfolgt der Transport teils auf Binnengewässern, teils auf See, ohne dass eine Umladung der Güter erfolgt, kommen ebenfalls grundsätzlich die §§ 407–449 zur Anwendung; die Multimodalverkehrsregeln kommen in diesen Fällen wegen der Benutzung desselben Beförderungsmittels nicht zur Anwendung, während das Seefrachtrecht nach Maßgabe des § 450 anwendbar sein kann.

9 **cc) Beförderung mit Luftfahrzeugen.** Unbeschadet des Eingreifens internationalrechtlicher Bestimmungen für grenzüberschreitende Beförderungen mit Luftfahrzeugen hat der Gesetzgeber die innerdeutschen Güterbeförderungen mit Luftfahrzeugen dem allgemeinen Frachtrecht unterstellt. Der Rechtsbegriff „Luftfahrzeug" ist in § 1 Abs. 2 **LuftVG** geregelt; auf dessen weite Begriffsbestimmung ist im Frachtvertragsrecht zurückzugreifen.

10 **b) Personeller Anwendungsbereich.** Das Frachtrecht des HGB erfasst nach Abs. 3 S. 1 Nr. 2 Beförderungsleistungen, die von **gewerblichen Unternehmen** erbracht werden. Auf die Größe des Unternehmens kommt es dabei nicht an. Beförderungsleistungen von Unternehmen, die nach Art oder Umfang einen in kaufmännischer Weise eingerichteten Geschäftsbetrieb nicht erfordern, sind nach Abs. 3 S. 2 ebenfalls nach dem Frachtrecht der §§ 407–450 zu behandeln. Zum gesetzlichen Begriff des Frachtführers näher → Rn. 19.

11 An den **Vertragspartner** des Frachtführers stellt das HGB-Frachtrecht keine besonderen Anforderungen. Absender kann sowohl ein Unternehmer als auch ein Verbraucher sein. Für Verbraucher-Absender sieht das Frachtrecht bestimmte Schutzvorschriften vor (vgl. zB § 414 Abs. 3, § 449 Abs. 1 sowie die Verbraucherschutzbestimmungen im zweiten Unterabschnitt).

12 **c) Räumlicher Anwendungsbereich.** Grundsätzlich findet das HGB-Frachtrecht zunächst auf **innerdeutsche** Transporte Anwendung. Für innerdeutsche Seetransporte sind die Regeln des See-

---

[5] So OLG München 23.9.2004, VersR 2005, 962; Koller Rn. 25 f.; Ebenroth/Boujong/Reuschle Rn. 9; Thume/de la Motte CMR Art. 1 Rn. 19 wollen diese Konsequenz nur für Vorsatzfälle anerkennen.

[6] Koller Rn. 26; **aA** MüKoHGB/Dubischar, 1. Aufl. 1997, § 425 Rn. 110 ff. (zu § 425 aF) zum Recht vor Inkrafttreten des TRG.

[7] Ebenso Koller Rn. 25 ff.

[8] Vgl. LAG Mecklenburg-Vorpommern 13.7.2015, RdTW 2015, 395 für Einordnung von Kurierfahrern als Arbeitnehmer und nicht als Subunternehmer.

[9] Vgl. Beck AEG/Wagner, 2. Aufl. 2014, AEG § 26 Rn. 17; Freise TranspR 1998, 89.

[10] BGH 13.3.1980, BGHZ 76, 201 (204) = NJW 1980, 1747.

frachtrechts der §§ 476 ff. anzuwenden. Für die Binnenschifffahrt sind die Besonderheiten der §§ 4 ff. zu beachten; sie betreffen die haftungsrechtliche Verantwortung des Schiffseigners für Ansprüche wegen Personen- und Sachschäden, die an Bord oder in unmittelbarem Zusammenhang mit dem Betrieb des Schiffes oder mit einer Bergung einschließlich einer Wrackbeseitigung iSd § 4 Abs. 4 BinSchG eingetreten sind.[11]

Die Vorschriften der §§ 407 ff. gelten ferner für die in Ausübung der Kabotagefreiheit durchgeführte gewerbliche Güterbeförderung innerhalb Deutschlands durch einen ausländischen Transportunternehmer (sog. **Kabotagetransporte**[12]). Unionsrechtlich unterliegen internationale Kabotagetransporte der **VO (EG) 1072/2009** (ABl. EG 2009 L 300, 72) und erfassen sowohl die sog. kleine Kabotage, nämlich Transporte durch EU-Transportunternehmer ausschließlich auf dem Gebiet eines Mitgliedstaats, in dem der Transportunternehmer nicht ansässig ist, als auch die sog. große Kabotage, also die Beförderung von Gütern durch in der EU ansässige Transportunternehmen zwischen zwei Mitgliedstaaten der EU, in denen das Beförderungsunternehmen nicht ansässig ist.[13] 13

Im Übrigen beurteilt sich der räumliche Anwendungsbereich des HGB-Frachtvertragsrechts nach den Regeln des **IPR** (näher → Rn. 72 ff.) unter Beachtung des **Vorrangs internationaler Übereinkommen** für grenzüberschreitende Transporte. Das anwendbare Recht der bestehenden internationalen Übereinkommen ist vom jeweiligen Transportmittel abhängig. Für den grenzüberschreitenden Verkehr mit Kraftfahrzeugen, die Güter von Deutschland in das Ausland oder vom Ausland nach Deutschland befördern, gilt die CMR.[14] Für Lufttransporte von oder nach Deutschland gelten das Warschauer Abkommen (WA) sowie unter Umständen das Zusatzabkommen von Guadalajara (ZAGWAbk); Deutschland hat im Jahr 2004 das Montrealer Übereinkommen ratifiziert, das in seinem Anwendungsbereich dem WA und dem ZAGWAbk vorgeht.[15] Grenzüberschreitende Eisenbahntransporte können den Regeln der COTIF/CIM 1999 unterliegen.[16] Grenzüberschreitende Binnenschiffstransporte können den Regeln der CMNI unterfallen.[17] Besonderen Regeln des internationalen Rechts unterliegen ferner die grenzüberschreitenden Transporte im Seehandel (→ Vor § 476 Rn. 1 ff.). Für internationale Postsendungen ist gem. § 3 PostG der völkerrechtliche Weltpostvertrag zu beachten.[18] 14

2. Charakteristika des Frachtvertrages. a) Rechtsnatur. Mit dem Frachtvertrag verpflichtet sich der Frachtführer gegenüber dem Absender das zu transportierende Gut „zum Bestimmungsort zu befördern und dort an den Empfänger abzuliefern". Damit charakterisiert § 407 Abs. 1 den Frachtvertrag als **Variante des Werkvertrages** iSd §§ 631 ff. BGB, mit dem der Frachtführer den Erfolg der Ortsveränderung und der Ablieferung des Gutes verspricht. Die Bestimmungen des bürgerlich-rechtlichen Werkvertragsrechts können deshalb in Fällen der Lückenfüllung auf den Frachtvertrag angewendet werden.[19] Sog **Logistikverträge** haben umfassendere Inhalte und werden deshalb als typengemischte Verträge eigener Art angesehen,[20] in denen spezifisch sanktionierte Service Level Agreements (SLA) und Key Performance Indicators (KPI) vereinbart werden.[21] Dafür 15

---

[11] Vgl. dazu Koller BinSchG § 4 Rn. 1 ff.

[12] Zum Rechtsbegriff des Kabotagetransports EuGH 12.4.2018, EuZW 2018, 735 = BeckRS 2018, 5009; vgl. auch Knorre TranspR 2017, 448 ff.; Knorre TranspR 2019, 129 f.

[13] Vgl. dazu Boettge VersR 2011, 21.

[14] Dazu Clarke, International Carriage of Goods By Road: CMR, 6. Aufl. 2014; FA-TransportR/Koch/Shariatmadar, 2. Aufl. 2012, 399; Koller Teil B 1. Abschnitt; Lamy, Transport „Route", Tome I, 2007; MüKoHGB/Jesser-Huß CMR; Thume (Hrsg.), Kommentar zur CMR, 3. Aufl. 2013; Yates, Contracts for the Carriage of Goods By Land, Sea and Air, Teil 3.1., Loseblatt.

[15] Dazu Clarke/Yates, Contracts of Carriage by Land and Air, 2004; Giemulla/Schmid, Frankfurter Kommentar zum Luftverkehrsrecht, Bd. 3, MÜ; FA-TransportR/Müller-Rostin Kap. 14; Koller Teil B 2. Abschnitt; Lamy, Transport, Tome I – Route, 2002; MüKoHGB/Müller-Rostin MÜ; Müller-Rostin, GPR 2004, 266;Reuschle, Montrealer Übereinkommen, 2. Aufl. 2011; Littger/Kisch ZLW 2003, 563; Ruhwedel TranspR 2006, 421.

[16] Dazu Koller Teil B 7. Abschnitt; Freise TranspR 1999, 417; FA-TransportR/Polanetzki Kap. 13; MüKoHGB/Freise COTIF/CIM; zu den Liberalisierungsschritten vgl. Fuglinszky TranspR 2020, 322 ff.

[17] Dazu FA-TransportR/Trost Kap. 15; Koller Teil B 8. Abschnitt; MüKoHGB/Otte CMNI; Ramming, Hamburger Handbuch zum Binnenschifffahrtsfrachtrecht, 2009.

[18] BGH 19.12.2002, NJW 2003, 1602 (1603); Rode TranspR 2005, 301.

[19] AllgM, vgl. nur Koller Rn. 35; zur Anwendung zivilrechtlicher Haftungsregeln für Güterschäden, die vor der, die frachtvertragliche Obhut begründenden Übernahme verursacht werden, aber erst nach der Übernahme entstehen, s. Koller TranspR 2013, 173 ff.

[20] Gilke TranspR 2008, 380 ff.; Gran NJW 2018, 1717; Gran TranspR 2004, 1 ff.; Koller § 453 Rn. 25a; Krins TranspR 2007, 269 ff.; Pokrant/Gran, Transport- und Logistikrecht, 12. Aufl. 2019; Schriefers TranspR 2009, 11 ff.; Temme TranspR 2008, 374 ff.; Valder TranspR 2013, 133 ff.; Valder TranspR 2008, 383 ff.; Valder/Wieske TranspR 2006, 221; Wieske TranspR 2008, 388 ff.; speziell zum Lebensmittelsektor vgl. Scavio/Wallau TranspR 2014, 89 ff.

[21] Dazu Bodis TranspR 2014, 98 (100).

werden nicht frachtrechtsspezifische AGB herangezogen[22] oder die besonders entwickelten Logistik-AGB[23] vereinbart, die für alle logistischen (Zusatz-) Leistungen gelten, die nicht von einem Verkehrsvertrag nach Ziffer 2.1 ADSp oder von einem Fracht-, Speditions- oder Lagervertrag erfasst werden, jedoch vom Auftragnehmer im wirtschaftlichen Zusammenhang mit einem solchen Vertrag erbracht werden.[24]

16 Der Frachtvertrag enthält **Elemente des Geschäftsbesorgungsvertrages** iSd § 675 BGB. Die vertraglich geschuldete Beförderungsleistung stellt ein Geschäft des Absenders dar, das dieser durch den Frachtführer besorgen lässt. In Konkretisierung der §§ 675, 670 BGB regelt § 420 Abs. 1 S. 2 einen Anspruch auf Ersatz der Aufwendungen des Frachtführers, die dieser für das Gut getätigt hat und den Umständen nach für erforderlich halten durfte.

17 Der Frachtvertrag ist regelmäßig als **echter Vertrag zugunsten Dritter** geschlossen. Ein Empfänger, der nicht mit dem Absender, der den Frachtvertrag mit dem Frachtführer geschlossen hat, identisch ist, hat die Rechte aus §§ 328 ff. BGB. Der Frachtführer hat somit die Pflicht, bei der Ablieferung die Rechtsgüter des Empfängers nicht zu schädigen und für Verletzungen dieser Pflicht nach § 280 BGB einzustehen.[25] Die Anwendung der bürgerlich-rechtlichen Vorschriften kommt im Übrigen in Fällen der Lückenfüllung in Betracht, soweit nicht die heranzuziehenden Vorschriften der §§ 407 ff. bzw. die Vereinbarungen im Frachtvertrag Regelungen enthalten.[26] Vorrangig bestimmt § 418 Abs. 2, dass nach Ankunft des Gutes an der Ablieferungsstelle das Verfügungsrecht über das Gut dem Empfänger zusteht. Ferner ist der Empfänger gem. § 421 Abs. 1 S. 1 nach der Ankunft des Gutes an der Ablieferungsstelle berechtigt, vom Frachtführer die Ablieferung des Gutes Zug-um-Zug gegen Erfüllung der Verpflichtungen aus dem Frachtvertrag zu verlangen. Der Empfänger kann nach § 421 Abs. 1 S. 2 überdies Ersatzansprüche aus dem Frachtvertrag im eigenen Namen gegen den Frachtführer geltend machen; das Frachtvertragsrecht sieht insofern einen Fall der gesetzlichen Drittschadensliquidation vor.

17a Eine **Schutzwirkung des Frachtvertrages zugunsten Dritter** kommt nur ausnahmsweise in Betracht, weil die Parteien des Frachtvertrages es in der Hand haben, den Schutz Dritter explizit vertraglich zu vereinbaren.[27] Eine drittschützende Wirkung kommt insbesondere dann nicht in Betracht, wenn dem Dritten eigene vertragliche Ansprüche zustehen.[28] Hinsichtlich der Ansprüche des Eigentümers des zu befördernden oder beförderten Gutes sind gem. § 421 Abs. 1 S. 2, 3 allein der Absender bzw. Empfänger berechtigt.[29] Sie sind ggf. gehalten, den zu Lasten des Eigentümers eingetretenen Schaden im Wege der Drittschadensliquidation beim Frachtführer geltend zu machen und ihre Ansprüche an den Eigentümer abzutreten. Die Einbeziehung eines Dritten in den Schutzbereich des Vertrags kommt in Betracht, wenn der Frachtführer infolge der Verletzung von frachtvertraglichen Haupt- oder Nebenpflichten die Rechtsgüter oder das Vermögen anderer Personen schädigt, deren Einbeziehung in den Schutzbereich des Frachtvertrages für den Frachtführer erkennbar war, und der Frachtführer Gesundheit oder Leben des Empfängers oder dessen Mitarbeiter verletzt[30] oder nicht zum Transportgut gehörendes Eigentum des Empfängers schädigt.[31] Im Bereich der Nebenpflichtverletzung kommt eine drittschützende Wirkung in Betracht, wenn der Frachtführer es pflichtwidrig unterlässt, dem Empfänger den Zeitpunkt der voraussichtlichen Ankunft des Gutes mitzuteilen.[32] Ebenso ist der Fall zu behandeln, dass der Frachtführer dem Empfänger Fehlinformationen zum Standort des Guts mitteilt.[33] Entschieden wurde, dass der Binnenschiffsfrachtvertrag keinen Vertrag mit Schutzwirkung zugunsten des Eigentümers eines Hafens darstellt.[34] Dagegen soll der zwischen dem Absender und dem Umschlagsbetrieb abgeschlossene Umschlagsvertrag Schutzwirkung zugunsten des Schiffseigners entfalten.[35]

18 **b) Beteiligte.** Am Frachtgeschäft sind typischerweise **drei Personen** beteiligt. Der Absender schließt mit dem Frachtführer einen Frachtvertrag über die Beförderung der Güter. Der Frachtführer

---

[22] Vgl. Valder TranspR 2013, 133 ff.
[23] Insbes. die auf Verbandsebene entwickelten Logistik-AGB 2019; dazu Vyvers NZV 2019, 520 ff.
[24] Vgl. Ziff. 1.1 Logistik AGB.
[25] OLG Dresden 7.12.2011, RdTW 2012, 286 Rn. 10.
[26] OLG Köln 19.8.2003, TranspR 2004, 120.
[27] So OLG Karlsruhe Schifffahrtsobergericht 5.11.1996, VersR 1998, 212.
[28] So BGH 7.12.2017, NJW 2018, 1537 Rn. 16–18 mwN.
[29] Ramming RdTW 2020, 152 ff. in Anm. zu LG Bonn 1.10.2018, RdTW 2020, 149; Koller Rn. 37.
[30] Risch VersR 2001, 948 (949).
[31] OLG Dresden 7.12.2011, RdTW 2013, 286.
[32] Koller Rn. 37.
[33] Koller Rn. 37.
[34] OLG Karlsruhe Schifffahrtsobergericht 5.11.1996, VersR 1998, 212.
[35] OLG Köln Schifffahrtsobergericht 6.3.2012, BinSchiff 2012, Nr. 9, 75.

liefert das zu transportierende Gut an den Empfänger aus. Zwischen dem Frachtführer und dem Empfänger besteht kein Vertrag. Dagegen besteht zwischen dem Absender und dem Empfänger regelmäßig eine vertragliche Beziehung, wenn auch kein Frachtvertrag; vielmehr handelt es sich um eine sonstige schuldrechtliche Beziehung, vielfach etwa um einen Kauf- oder Liefervertrag, zu dessen Erfüllung der Frachtführer eingeschaltet wird. Die Abreden im Kaufvertrag sind für die Bestimmung der Parteien des Frachtvertrages nicht von maßgeblicher Bedeutung. Insbesondere trägt der Verkäufer nach den FOB Ziff. A 3a Incoterms® gegenüber dem Käufer keine Verpflichtung, einen Beförderungsvertrag abzuschließen; der Verkäufer ist aber berechtigt, den Beförderungsvertrag zu üblichen Bedingungen auf Gefahr und auf Kosten des Käufers abzuschließen, wenn dieser es verlangt oder dies der Handelspraxis entspricht.[36]

Frachtführer ist derjenige, der sich vertraglich zur Beförderung des Gutes und zu dessen Ablieferung an den Empfänger verpflichtet. Ist ein Frachtbrief ausgestellt, so ergibt sich bis zum Beweis des Gegenteils (§ 409 Abs. 1) die Person des Frachtführers aus den Angaben im Frachtbrief (§ 408 Abs. 1 Nr. 3). Nach § 407 Abs. 3 S. 1 Nr. 2 knüpft die Anwendung des HGB-Frachtrechts daran, dass die „Beförderung zum Betrieb eines gewerblichen Unternehmens" gehört. Der Gesetzgeber wollte damit zum Ausdruck bringen, dass der Transport zum **gewerblichen Betrieb** des Beförderers gehören muss.[37] Die gewählte Formulierung nimmt den Begriff des gewerblichen Unternehmens iSd § 2 auf; Frachtführer ist im Hinblick auf den Gewerbebetriebsbegriff (→ § 1 Rn. 10 ff.; → § 2 Rn. 22 ff.) nach § 407 Abs. 3 S. 1, wer unternehmerisch und damit auf Dauer und mit Gewinnerzielungsabsicht Frachtgeschäfte betreibt. Nach § 407 Abs. 3 S. 2 kommt es nicht darauf an, dass der Frachtführer ein **Unternehmen** betreibt, das einen in kaufmännischer Weise eingerichteten Gewerbetrieb hat (→ § 1 Rn. 10 ff.); Frachtführer kann deshalb auch sein, wer als **Kleingewerbetreibender** oder als **Gelegenheitsfrachtführer** tätig wird.[38] Für diese „nichtkaufmännischen" Frachtführer gelten nach § 407 Abs. 3 S. 2 sowohl die Frachtgeschäftsregeln der §§ 407–450 als auch die allgemeinen Vorschriften über Handelsgeschäfte in den §§ 342–372; ausgenommen sind die Regeln der §§ 348–350. 19

Der **Absender** ist der Vertragspartner des Frachtführers. Ihm gegenüber verpflichtet sich der Frachtführer zur Beförderung; der Absender hat dafür nach Abs. 2 als Gegenleistung die vereinbarte Fracht zu entrichten. Hier gilt – wie beim Frachtführer (→ Rn. 19) –, dass dann, wenn ein von beiden Parteien unterzeichneter Frachtbrief vorliegt, die Person des Absenders bis zum Beweis des Gegenteils (§ 409 Abs. 1) aus den Angaben im Frachtbrief ersichtlich ist (§ 408 Abs. 1 Nr. 2). 20

Empfänger ist derjenige, an den das Gut nach dem ursprünglichen Frachtvertrag bzw. aufgrund wirksamer Weisung nach § 418 Abs. 1 abgeliefert werden soll. Die Person des Empfängers ergibt sich im Fall der Ausstellung eines Frachtbriefs bis zum Beweis des Gegenteils (§ 409 Abs. 1) aus den Angaben im Frachtbrief (§ 408 Abs. 1 Nr. 3). Der Empfänger kann insbesondere auch ein Spediteur sein (sog. Empfangsspediteur).[39] Die Rechte- und Pflichtenstellung des Empfängers ist im Gesetz vor allem durch Zahlungs- und Dokumentationspflichten sowie einzelne Schutzpflichten geprägt.[40] Wird eine sog. **Ersatzzustellung** vereinbart, ist der Frachtführer berechtigt, das Gut hilfsweise an eine andere Person als den benannten Empfänger abzuliefern. Damit ist regelmäßig keine Änderung des vertraglich berechtigten Empfängers verbunden, sondern lediglich der Dritte zur empfangsberechtigten Person erklärt.[41] Eine AGB-Klausel des Inhalts, dass das Gut an einen Nachbarn abgeliefert werden darf, ist gem. § 307 Abs. 1 S. 2 BGB unwirksam.[42] Ebenso unwirksam ist eine AGB-Klausel, nach der ein Frachtführer nicht verpflichtet ist, im Fall einer Ersatzzustellung den Empfänger zu benachrichtigen.[43] 21

c) Entgeltlichkeit. Sie ist keine im HGB-Frachtrecht ausdrücklich geforderte Anwendungsvoraussetzung der §§ 407 ff. Nach der Regelung des § 407 Abs. 2 wird der Absender zur Zahlung der vereinbarten Fracht verpflichtet; der Begriff „Fracht" bezeichnet das zu entrichtende Entgelt. In der Entgeltlichkeit liegt ein den Vertragstypus Frachtvertrag prägendes Merkmal, ohne dessen Vorliegen die Vorschriften der §§ 407 ff. nicht anwendbar sind. 22

Bei unentgeltlich durchgeführten Transporten kann sich die Frage nach dem Rechtsbindungswillen der Parteien stellen,[44] während nicht prinzipiell in Frage steht, dass der Beförderer ein gewerbli- 23

[36] OLG München 12.7.2018, RdTW 2018, 306 Rn. 40.
[37] Vgl. Begr. RegE TRG, BT-Drs. 13/8445, 34, 35.
[38] Vgl. Begr. RegE TRG, BT-Drs. 13/8445, 35.
[39] Vgl. nur OLG Hamburg 19.8.1982, TranspR 1984, 99 (100).
[40] Näher Wilting TranspR 2016, 172.
[41] Vgl. OLG Düsseldorf 14.3.2007, VersR 2008, 1377.
[42] BGH 25.1.2017, RdTW 2017, 101; 24.3.2016, RdTW 2017, 70.
[43] OLG Köln 2.3.2011, BeckRS 2011, 4703.
[44] BGH 15.3.2005, TranspR 2005, 257; OLG München 4.11.2016, TransR 2017, 172; Brecke TranspR 2017, 246 f.

ches Unternehmen iSd § 407 Abs. 3 S. 1 Nr. 2 betreibt.[45] Eine unentgeltliche Güterbeförderung entspricht aber nicht dem **gesetzlichen Leitbild** des Frachtgeschäfts iSd §§ 407 ff. Das Freizeichnungsverbot des § 449 in AGB wurde vom Gesetzgeber auf die entgeltliche Beförderung durch Gelegenheitsfrachtführer erstreckt; die Anwendung derselben Regel auf unentgeltlich tätige Beförderer gehört bei wertender Betrachtung nicht mehr zum Regelungsplan des Gesetzgebers.[46]

24 **d) Beförderungsgegenstand.** Beförderungsgegenstand muss ein **Gut** sein. Erfasst werden grundsätzlich alle Sachen und Tiere, wenn nicht – wie bei Umzugsgut (§ 451) und Reisegepäck (§§ 25 ff. EVO, § 44 Abs. 2 LuftVG) – Besonderheiten gelten.[47] Das Beförderungsgut umfasst insbesondere auch dessen Verpackung sowie vom Absender gestellte Lademittel (zB Paletten, Container), sodass dem Frachtführer die Obhut über das Lademittel obliegt. Für eine Beschädigung des Lademittels haftet der Verfrachter im Obhutszeitraum nach den allgemeinen frachtrechtlichen Normen; für verzögerte Stand- und Rückgabezeiten insbesondere für Container werden spezielle vertragliche Abreden getroffen (Container-Demurrage, Container-Detention).[48] Stellt der Frachtführer Lademittel zur Beförderung zur Verfügung, sind diese nicht Teil des vom Frachtführer zu transportierenden Gutes, sondern technisches Zubehör des Transportmittels.[49] Gut ist auch ein vom Auftraggeber zur Verfügung gestellter Sattelauflieger.[50] Damit grenzt der Gesetzgeber die im HGB geregelte Güterbeförderung von der Personenbeförderung ab. Die Personenbeförderung ist – auch wenn sie gewerblich betrieben wird – nicht Regelungsgegenstand des HGB. Der Vertrag über die Beförderung von Personen und ihrem Gepäck ist als Werkvertrag iSd § 631 BGB zu qualifizieren.[51] Einschlägig sind ferner die strecken- bzw. transportmittelabhängig konzipierten Vorschriften des PersBefG für die Personenbeförderung zu Lande,[52] die EVO für die Personenbeförderung durch Eisenbahnen des öffentlichen Verkehrs,[53] das LuftVG nebst internationalen Übereinkommen für die Personenbeförderung in der Luft[54] und für die Beförderung von Personen und Gepäck auf See die §§ 536 ff.[55]

25 **3. Merkmale des Frachtvertrages. a) Beförderung.** Charakteristisches Merkmal des Frachtvertrages ist die Übernahme einer Pflicht zur Beförderung des in seine Obhut genommenen Gutes durch den Frachtführer. Die Beförderung unterscheidet sich dadurch von bloßen Rangier- bzw. Verbringungsleistungen, die ein Bewegungselement, aber kein **Obhutselement** kennen und deswegen als einfache Werkleistungen nach den Regeln der §§ 631 ff. BGB zu beurteilen sind.[56] Beförderung des in Obhut genommenen Gegenstandes bedeutet **zielgerichtete Ortsveränderung,** also die Verbringung vom Ausgangs- zum Bestimmungsort. Unbeachtlich sind die Distanz[57] (erfasst werden die Beförderung innerhalb einer Immobilie bzw. innerhalb eines Betriebes, insbesondere Kranarbeiten[58] – etwa verbunden mit Transportleistungen im Zusammenhang mit (De-)Montagearbeiten[59]), der Umfang der Beförderungsleistung (das Umsortieren von Ware aus einem Flächenlager in ein Hochregal durch Fremdpersonal kann eine Beförderung darstellen) sowie auf das eingesetzte Transportmittel.[60] Der Einsatz technischen Geräts ist keine Voraussetzung für das Vorliegen einer frachtrechtlichen Beförderungsleistung; die Beförderung durch menschliche Kraft (sog. Trageumzüge) unterfallen ebenso den §§ 407 ff. wie die Beförderung des Gutes mittels eigener Fortbewegungsmittel.[61] Die Überführung von Fahrzeugen auf eigenen Rädern und aus eigener Kraft stellt

[45] So KKD/Roth/Huber § 343 Rn. 4; Koller Rn. 31.
[46] Ebenso Koller Rn. 31; **aA** Canaris HandelsR § 31 Rn. 10; Hopt/Merkt Rn. 8.
[47] Koller Rn. 14.
[48] Näher Koller TranspR 2023, 57 ff.
[49] Koller Rn. 19e.
[50] LG Bielefeld 11.12.2013, RdTW 2015, 188.
[51] OLG Saarbrücken 13.3.2013, RdTW 2014, 367 zur Beförderung eines Orchesters.
[52] Fielitz/Grätz, Personenbeförderungsgesetz, Loseblatt, 2022; Fromm/Sellmann/Zuck, Personenbeförderungsrecht, 5. Aufl. 2022; Heinze/Fehling/Fiedler, Personenbeförderungsgesetz, 2. Aufl. 2014; Bidinger, Personenbeförderungsgesetz, Loseblatt, 2021.
[53] Goltermann, Eisenbahn-Beförderungsrecht, Loseblatt, 2001.
[54] Vgl. Grabherr/Reidt/Wysk, Luftverkehrsgesetz, Loseblatt, 22. Aufl. 2021; Giemulla/Schmid/Müller-Rostin, Luftverkehrsgesetz, Loseblatt, 2017; Giemulla/Schmid, Frankfurter Kommentar zum Luftverkehrsrecht, Loseblatt, 2018.
[55] Vgl. die Nachweise zum Schrifttum bei § 536.
[56] Heymann/Joachim Rn. 20.
[57] BGH 29.4.2014, RdTW 2014, 271 Rn. 8, 9 = TranspR 2014, 283 (284).
[58] BGH 26.3.1996, WM 1996, 1785; 15.12.1995, VersR 1995, 364; Saller TranspR 2017, 285 ff.; Saller VersR 2013, 147.
[59] BGH 28.2.2016, RdTW 2016, 141 Rn. 18 ff.
[60] BGH 15.12.1994, NJW-RR 1995, 415.
[61] OLG Düsseldorf 14.3.1991, TranspR 1991, 233 (235).

ungeachtet des Zusammenfallens von Transportgut und Transportmittel eine Beförderung iSd HGB (nicht aber iSd CMR) dar.[62]

26 Bei (beförderungsnahen) **Umschlagsleistungen** ist von Fall zu Fall zu beurteilen, ob es sich um eine eigenständige Beförderungsleistung handelt und damit das Abladen von einem Beförderungsmittel, das Verbringen zu einem anderen und das dortige Aufladen bzw. vom Beförderungsmittel in ein Lager oder vice versa rechtlich zu beurteilen ist.[63] Regelmäßig stellt der Umschlagsvertrag einen Werkvertrag (mit Schutzwirkung für Dritte) dar;[64] eine (eigenständige) frachtrechtliche Beurteilung kommt insbesondere in dem (tatsächlich eher seltenen) Fall in Betracht, dass die Umschlagsleistung isoliert und unabhängig von anderen (Transport-)Dienstleistungen vereinbart wird, auch wenn mit dem Umschlag nur eine geringe Distanz der Ortsveränderung verbunden ist.[65] Übernimmt der Umschlagsunternehmer, der einen Leichter beladen soll, auch dessen Verholen entlang des Liegeplatzes, um eine gleichmäßige Beladung in Längsrichtung zu ermöglichen, liegt kein Frachtvertrag mit dem Schubleichter als zu transportierendes Gut, vor; diese Pflicht stellt lediglich eine unselbstständige Nebenpflicht des Umschlagsvertrages dar.[66] Wird neben dem Abladen vom Beförderungsmittel auch das Zwischenlagern des Gutes vereinbart, liegt kein isolierter Umschlagsvertrag vor; wird der Umschlag in Verbindung mit einem Fracht-, Speditions- oder Lagervertrag vereinbart, stellt dieser im Zweifel eine (unselbstständige) Nebenleistung dar, die nach den Regeln des gemischten Vertrages zu beurteilen ist.[67] Auch in diesem Fall „muss" nach der Rspr. des BGH erwogen werden, die Haftungsfragen nach Frachtrecht zu beurteilen; in Betracht kommt aber auch, den Umschlag als Nebenleistung den für die Hauptleistung geltenden Regeln zu unterwerfen.[68] Die gebotene Abgrenzung ist eine Frage des Einzelfalls. Kurzfristige transportbedingte Zwischenlagerungen werden regelmäßig nicht dem Lagerrecht unterworfen sein; andererseits ist nicht gesichert, ab welcher Zeitdauer eine Zwischenlagerung vorliegt, die als Hauptleistung eines Umschlagsvertrages qualifiziert werden kann.[69] Bei einer entsprechenden Vertragsgestaltung kann auch ein (typengemischter) Kombinationsvertrag vorliegen, der sowohl Elemente des Lagervertrages als auch des (frachtrechtlich zu beurteilenden) Umschlagsvertrages umfasst.

27 Die Zuordnung der verschiedenen Umschlagvorgänge als unselbstständige Nebenleistung, als von der Hauptleistung absorbierte Annexverpflichtung oder als selbständige Beförderung ist vom Gesetzgeber nicht ausdrücklich geklärt worden.[70] Angesichts der Fülle der auftretenden Fallvarianten treten **Zuordnungsschwierigkeiten** auf, die höchstrichterlich sukzessive durch die Entscheidung von Einzelfällen geklärt wurden. Diese Fälle betrafen den (Seehafen-)Umschlag bei Multimodaltransporten unter Einschluss einer Seestrecke; der Erste Senat des **BGH** hat dabei eine Zuordnung der jeweiligen Beförderungssituation im Einzelfall vorgenommen.[71] Sie lassen sich wie folgt zusammenfassen: (1) Der Güterumschlag, der nach dem Löschen der Ladung aus dem Transportmittel erfolgt, wird grundsätzlich dem Transportgeschäft selbst zugeordnet und stellt keine gesonderte Beförderung iSd Frachtvertragsrechts dar. Darin liegt eine charakteristische Eigenart der Beförderung im Seeverkehr, die das Löschen von Seeschiffen nebst der Lagerung und etwaiger Umlagerung von Gütern im Hafengelände einschließt.[72] (2) Der Umschlag im Seehafen ab der Beendigung des Ausladens aus einem Landfahrzeug und bis zum Beginn des Ladens auf ein Landfahrzeug wird vom BGH ebenfalls als unselbstständige Umschlagsleistung dem Seetransport zugeordnet.[73] (3) Das Beladen des auf einen Seetransport folgenden Transportmittels stellt einen (unselbstständigen) Umschlagsvorgang dar, der dem nachfolgenden Beförderungsgeschäft zugeordnet wird.[74] (4) Die Lagerung eines mit Gütern bestückten Containers am Hafenterminal und die dort vorgenommene Stauung der Güter

[62] Vgl. OGH Wien 19.12.2012, RdTW 2015, 19 Rn. 13 ff.

[63] Überblick über die bestehenden Haftungsrechtsfragen bei Thume TranspR 2014, 179 ff.; Beiträge von Drews, Freise, Kirchhof und v. Waldstein in TranspR 2013, 253 ff.

[64] OLG Köln Schifffahrtsobergericht 6.3.2012, HmbSchRZ 2012, 72 Nr. 29; 6.3.2012, HmbSchRZ 2012, 75 Nr. 30; AG St. Goar 8.10.2015, RdTW 2016, 237 Rn. 22 ff.; vgl. auch OLG Hamburg 29.4.2013, TranspR 2014, 284 f.: kein echter Vertrag zugunsten Dritter.

[65] BGH 10.4.2014, RdTW 2014, 271 Rn. 8 = TranspR 2014, 283; OLG Hamburg 24.3.2016, RdTW 2016, 385; LG Düsseldorf 6.12.2013, RdTW 2015, 38 Rn. 11; vgl. auch Koller Rn. 10a.

[66] OLG Köln 8.5.2018, RdTW 2020, 389 Rn. 28 ff.

[67] BGH 10.4.2014, RdTW 2014, 271 Rn. 8 = TranspR 2014, 283 (284).

[68] BGH 10.4.2014, RdTW 2014, 271 Rn. 8 = TranspR 2014, 283 (284).

[69] Vgl. Thume TranspR 2014, 287 (288 f.).

[70] Begr. RegE TRG, BT-Drs. 13/8445, 102.

[71] BGH 3.11.2005, BGHZ 164, 394 (396 f.) = NJW-RR 2006, 616; 18.10.2007, NJW-RR 2008, 549 (550).

[72] BGH 3.11.2005, BGHZ 164, 394 (396 f.) = NJW-RR 2006, 616; OLG Hamburg 24.3.2016, RdTW 2016, 385 Rn. 28.

[73] BGH 18.10.2007, NJW-RR 2008, 549 (550).

[74] BGH 18.10.2007, NJW-RR 2008, 549 (550); **aA** Rabe TranspR 2017, 349 ff.

in Container stellen Vorarbeiten für Verfrachtung des Transportguts dar; sie werden regelmäßig der Seestrecke zugeordnet.[75] (5) Diese Zuordnung zur Seestrecke gilt auch als typische Umschlagsleistung im Hafengelände, soweit dabei Waren aus einem für einen bestimmten Seehafen vorgesehenen Container ausgeladen und in einem für einen anderen Seehafen bestimmten Container eingeladen werden.[76] Nicht entschieden ist, ob diese Grundsätze über die Multimodaltransportfälle hinaus verallgemeinerungsfähig sind.[77]

28 Angesichts der ergangenen höchstrichterlichen Rspr. erscheint die Beurteilung der Frage, ob (beförderungsnahe) **Umschlagsleistungen** eine selbstständige Beförderung zum Gegenstand haben, danach, wer den Auftrag zum Umschlag erteilt hat, nicht mehr gerechtfertigt. Der BGH hat seine Rspr. objektiv an der Charakteristik des jeweiligen Transportgeschehens und den insoweit ggf. bestehenden „besonderen Umständen" orientiert.[78]

29 Ob der beförderungsnahe Güterumschlag eine eigenständige Beförderungsleistung zum Gegenstand hat, die nach §§ 407 ff. zu beurteilen ist, kann letztlich nur **im Einzelfall** unter Berücksichtigung der jeweiligen Umstände entschieden werden. Dabei kommt es darauf an, ob die in Frage stehende Umschlagsleistung bei wertender Betrachtung eine eigenständige Beförderungsleistung darstellt. Dabei ist nicht allein auf die Ortsveränderung, sondern entscheidend darauf abzustellen, ob Besonderheiten bzw. Indizien vorliegen, welche die Umschlagsleistung als (unselbstständigen) Annex eines kombinierten Transport- und Umschlaggeschehens oder aber als eigenständige Beförderungsleistung erscheinen lassen. Für die Beurteilung der Umschlagsleistung als rechtlich selbstständige Beförderungsleistung sprechende Indizien können vor allem sein ein besonderer wirtschaftlicher oder technischer Aufwand der Umschlagsleistung sowie ein neben dem Streckentransport bestehendes eigenständiges Risiko der Umschlagsleistung. Diese Indizien können sich bei der Verwendung besonderer Transportgeräte (Einsatz von besonderer Umladetechnik, von Kränen, Spezialtransportern, Hebegeräten usw) bzw. besonderen Umschlagspersonals verdichten. Zu beachten ist ferner, ob für (beförderungsnahe) Umschlagsleistungen üblicherweise ein selbstständiger Vertrag abgeschlossen wird.[79]

30 **b) Obhut.** Ein weiteres Charakteristikum bildet das ungeschriebene Merkmal der Obhut des Frachtführers über das zu befördernde Gut. Nur wenn der Frachtführer die Verpflichtung übernimmt, das Transportgut vor Schäden zu bewahren, liegt ein Frachtvertrag iSd § 407 vor. Nach der Rspr. des BGH ist der Frachtführer verpflichtet, zumutbare und im Frachtgewerbe übliche Maßnahmen zur Sicherung des Gutes zu treffen.[80] Obwohl die Obhut über das Gut keinen ausdrücklichen gesetzlichen Niederschlag gefunden hat, ist insbesondere das Haftungsrecht des Frachtvertrages von der Wertung geprägt, dass der Frachtführer deswegen für die Unversehrtheit des Transportguts ohne Verschulden einzustehen hat, weil er das Gut in seine Herrschafts- und Risikosphäre übernimmt und es damit unter seiner Obhut, nämlich seiner Fürsorge über das fremde Gut steht (zur sog. Obhutshaftung → § 425 Rn. 6 ff.).[81]

31 Der **Lohnfuhrvertrag,** bei dem der Unternehmer das Transportmittel und ggf. auch den Fahrer stellt, wird deshalb nicht als Frachtvertrag charakterisiert, sofern das Personal der **Weisungsbefugnis** des Auftraggebers untersteht;[82] das Gut wird vom Unternehmer dann nicht in Obhut genommen. Lohnfuhrverträge werden rechtlich als Dienst- oder Mietverträge eingeordnet.[83] Bleibt der Lohnfuhrunternehmer im Besitz des Fahrzeugs, dürfte eine Obhutübernahme objektiv gegeben sein; dennoch liegt kein Frachtvertrag vor, wenn und weil sich der Unternehmer nicht verpflichtet, einen Transporterfolg herbeizuführen.[84] Ziff. 1.14 ADSp 2017 stellt den Lohnfuhrvertrag dem Frachtvertrag gleich.[85]

---

[75] BGH 1.12.2016, RdTW 2017, 127 Rn. 33.

[76] BGH 1.12.2016, RdTW 2017, 127 Rn. 33.

[77] Vgl. Drews TranspR 2009, 18 ff.; Herber TranspR 2006, 435 (437 f.); Koller Rn. 10; Koller TranspR 2008, 333 ff.; MüKoHGB/Herber § 452a Rn. 31.

[78] BGH 3.11.2005, BGHZ 164, 394 (396 f.) = NJW-RR 2006, 616.

[79] Bartels TranspR 2005, 203 (205).

[80] BGH 24.9.1987, NJW-RR 1988, 479 (480).

[81] Zum Obhutsmerkmal ferner Koller Rn. 15.

[82] BGH 4.4.2016, RdTW 2016, 215 Rn. 10; OLG Düsseldorf 5.10.2016, TranspR 2017, 72; OLG Nürnberg 14.4.2015, RdTW 2015, 300; BGH 26.3.1996, NJW-RR 1996, 1203 (1204); 15.2.1978, VersR 1978, 522; vgl. auch Schmidt TranspR 2019, 249; Saller TranspR 2017, 406 f.; Müller TranspR 2017, 252 f.; Koller TranspR 2013, 140 ff.

[83] Näher BeckOGK/Paschke, 15.8.2025, § 407 Rn. 286 ff.

[84] Vgl. Koller Rn. 18, der aber wegen der „starken beförderungsrechtlichen Elemente" das Haftungsrecht der §§ 425 ff. entsprechend heranzieht; ebenso Fremuth/Thume/Fremuth Rn. 84; diff. auch Temme TranspR 2012, 419.

[85] Zu Wirksamkeitsbedenken vgl. Grass TranspR 2018, 133 (135 f.).

Beim **Schleppvertrag** (zur Bewegung eines Fahrzeugs) kommt ein Frachtvertrag (mit den frachtlichen Haftungsbeschränkungen) zu Stande, wenn der Schlepper die Obhut über das geschleppte Fahrzeug übernimmt; bei unbemannten Fahrzeugen ist dies regelmäßig der Fall.[86] Beim Abschleppen von unberechtigt abgestellten Fahrzeugen oder Pannenfahrzeugen liegt ein Frachtvertrag auch dann vor, wenn der Fahrer im abgeschleppten Fahrzeug verbleibt.[87] Beim Schleppvertrag in der Binnenschifffahrt kommt eine Qualifizierung als Werk-, Fracht- oder Dienstvertrag in Betracht.[88] 32

4. Erscheinungsformen von Frachtverträgen. a) Unimodal-/Multimodalfrachtvertrag. 33
Beim Unimodalfrachtvertrag erfolgt die Beförderung mit nur einem Transportmittel; er ist der Regelungsgegenstand der **§§ 407 ff.** Der Multimodalfrachtvertrag ist dadurch gekennzeichnet, dass die Beförderung mit verschiedenartigen Beförderungsmitteln auf der Grundlage eines einheitlichen Transportvertrages durchgeführt wird; die Bezeichnung „kombinierter Verkehr“ wird synonym verwendet.[89] Für den Multimodalfrachtvertrag sind die **Sonderregelungen** der §§ 452–452d zu beachten.

Als **unechter Multimodal- oder Durchfrachtvertrag** werden Frachtgeschäfte bezeichnet, bei denen die Beförderung durch Verwendung verschiedener Transportmittel erfolgen soll, die entsprechende Verpflichtung aber nicht in einem einheitlichen Vertrag enthalten ist, sondern über jede Teilstrecke ein gesonderter Frachtvertrag abgeschlossen wird.[90] Ein gemeinschaftlicher Durchfrachtvertrag bezeichnet die Verpflichtung mehrerer Transportunternehmer zur gemeinsamen Durchführung eines mehrere Abschnitte umfassenden Frachtgeschäfts, bei der jeder einzelne Frachtführer nur für die Durchführung eines bestimmten Transportabschnitts vertraglich verpflichtet ist.[91] 34

b) Haupt- und Unterfrachtvertrag. Wird die Beförderung nicht durch den Frachtführer selbst geschuldet, ist dieser berechtigt, zur Durchführung der übernommenen Beförderungspflicht einen anderen Frachtführer zu beauftragen. Dabei kommt es neben dem Abschluss des sog. Hauptfrachtvertrages zum Abschluss eines oder mehrerer Unterfrachtverträge. Dabei kann die Beförderung ganz oder teilweise durch Unterfrachtführer bzw. von diesen gebildeten Unterfrachtführerketten ausgeführt werden. Vertragsrechtlich bestehen bei diesen Konstellationen vertragliche Beziehungen grundsätzlich[92] nur im jeweiligen (Fracht-)Vertragsverhältnis zwischen dem Absender und dem (Haupt-)Frachtführer, dem Hauptfrachtführer und dem Unterfrachtführer, dem Unterfrachtführer (erster Stufe) und dem Unterfrachtführer (zweiter Stufe) usw. **Haftungsrechtlich** hat der Hauptfrachtführer für die von ihm eingeschalteten Unterfrachtführer einzustehen (§ 428 S. 2). 35

Für den Absender können durch solche Unterfrachtführerketten im Schadensfall erhebliche haftungs- und beweisrechtliche Schwierigkeiten entstehen. Um sie zu bewältigen, hat der Gesetzgeber in **§ 437** die Rechtsfigur des ausführenden Frachtführers eingeführt. Der **ausführende Frachtführer**[93] steht mit dem **Hauptfrachtführer** in einem Unterfrachtverhältnis; nach § 437 hat der ausführende Frachtführer neben dem Hauptfrachtführer gegenüber dem geschädigten Absender haftungsrechtlich direkt einzustehen, obwohl eine vertragliche Vereinbarung zwischen dem ausführenden Frachtführer und dem Absender nicht besteht. Haftungserweiternde Vereinbarungen des beauftragenden Frachtführers mit dem Absender oder Empfänger wirken gegen den ausführenden Frachtführer nach § 437 Abs. 1 S. 2 nur, soweit er ihnen schriftlich zugestimmt hat (→ § 437 Rn. 19). Ergänzend anerkennt die Rspr. direkte Ersatzansprüche des Empfängers gegen den abliefernden Unterfrachtführer (→ § 437 Rn. 20). 36

c) Teil-/Samtfrachtvertrag. Ein **Teilfrachtvertrag** liegt vor, wenn eine Mehrzahl von Beförderungsleistungen durch mehrere Frachtführer in der Weise übernommen werden, dass jeder Frachtführer nur einen bestimmten Teil der insgesamt durchzuführenden Beförderungsleistung übernimmt. Teilfrachtverträge können insbesondere dadurch zustande kommen, dass der erste Frachtführer einen anderen Frachtführer im Namen des Absenders mit einer vom ersten Frachtführer nicht geschuldeten (andernfalls wird ein Unterfrachtvertrag geschlossen) Beförderungsleistung beauftragt. 37

Verpflichten sich mehrere Frachtführer gegenüber dem Absender, die Beförderung über die gesamte Strecke in der Weise durchzuführen, dass jeder einzelne das Gut über eine bestimmte 38

---

[86] BGH 16.3.1956, VersR 1956, 357; LG Augsburg 31.1.2017, TranspR 2017, 417.
[87] OLG Köln 29.7.2003, VersR 2004, 1438.
[88] BGH 13.3.1956, NJW 1956, 1065 (1066); vgl. auch Berufungskammer Zentralkomission für die Rheinschifffahrt 7.12.2016, TranspR 2017, 318; Holland TranspR 2017, 303.
[89] Vgl. nur BGH 24.6.1987, BGHZ 101, 172 (176) = NJW 1988, 640.
[90] Vgl. Fremuth/Thume/Fremuth Anh. II Rn. 50 ff.
[91] MüKoHGB/Bydlinsky MMT Rn. 14.
[92] Zu abweichenden Vereinbarungen vgl. BeckOGK/Paschke, 15.8.2025, Rn. 66 f.
[93] Zum Begriff vgl. Zapp TranspR 2000, 106.

Teilstrecke befördert, hat jeder Frachtführer gegenüber dem Absender als Gesamtschuldner einzustehen; es liegt ein **Samtfrachtvertrag** vor.[94]

39 **d) Zwischenfrachtvertrag.** Ein sog. Zwischenfrachtvertrag kommt dadurch zustande, dass der Frachtführer im eigenen Namen einen Zwischenfrachtführer beauftragt, eine vom Frachtführer selbst gegenüber dem Absender nicht geschuldete Transportleistung zu erbringen. Der Frachtführer wird dabei als Spediteur tätig; sein Rechtsverhältnis zum Absender unterliegt insofern dem Speditionsrecht (→ § 453 Rn. 19 ff.).[95]

40 **e) Dauer- und Rahmenfrachtvertrag. Dauerfrachtverträge** sind dadurch gekennzeichnet, dass der Frachtführer sich gegenüber dem Absender zu wiederkehrenden Beförderungsleistungen verpflichtet hat, ohne dass in jedem Einzelfall ein gesonderter Frachtvertrag abgeschlossen wird. Die Beförderungspflicht wird im Frachtvertrag als Dauerschuldverhältnis vereinbart und auf Abruf oder zeitlich vorab festgelegte Leitungspflicht konkretisiert. Der Absender sichert sich damit dauerhafte Beförderungsleistungen, der Frachtführer eine dauerhafte Auslastung seiner Transportkapazitäten und dies jeweils zu zuvor festgelegten Konditionen.

41 Im Falle des **Rahmenfrachtvertrages** werden die Bedingungen regelmäßig für künftig erst noch abzuschließende Frachtverträge geregelt. Der Rahmenfrachtvertrag ist somit selbst kein Frachtvertrag iSd § 407,[96] verpflichtet aber die Parteien zum Abschluss von Frachtverträgen nach den im Rahmenvertrag festgelegten Maßgaben.[97] Eine andere Beurteilung ist gerechtfertigt, wenn der Rahmenvertrag bereits die konkreten frachtvertraglichen Einzelabreden enthält und somit ein frachtvertragliches Dauerschuldverhältnis begründet.[98] Ein Exklusivitätsrecht zur Beförderung ist mit der Vereinbarung eines Rahmenvertrages nicht notwendig verbunden.[99] Kündigt der Auftraggeber in unberechtigter Weise einen Rahmenvertrag über Transportleistungen, bestimmt sich der Anspruch des Auftragnehmers aus § 280 Abs. 1 BGB nach den §§ 249 ff. BGB.[100] In diesem Falle der vertragswidrigen Beendigung eines auf bestimmte Zeit eingegangenen Dauerschuldverhältnisses wird der Zeitraum, für den nach § 280 Abs. 1 BGB Schadensersatz zu leisten ist, grundsätzlich durch den Zeitpunkt des Ablaufs einer Kündigungsfrist oder der vereinbarten Beendigung des Vertragsverhältnisses beschränkt.[101]

42 **f) Besondere Ausführungsvarianten.** Eine der tatsächlich bedeutendsten Varianten des Frachtvertrages bildet der Frachtvertrag im **Containerfrachtverkehr.** Die Ladung der Güter im Container hat sich als eine das Frachtgeschäft revolutionierende Grundlage für die Beförderung mit allen Transportmitteln erwiesen. Beförderungs- und Umschlagsleistungen können beim Einsatz der standardisierten Container in der Regel am effizientesten erbracht werden. Die im Container verstauten Güter lassen sich insbesondere beim Einsatz verschiedener Transportmittel und damit im multimodalen Frachtgeschäft effizienzsteigernd einsetzen, da nicht mehr die einzelnen Güter, sondern die Container umgeschlagen und befördert werden. Ein spezieller Vertragstypus hat sich für den Frachtvertrag im Containerverkehr nicht entwickelt. Der Container ist rechtlich zugleich Verpackung der zu transportierenden Ware und er bildet zusammen mit dieser Ware regelmäßig das zu befördernde Gut iSd Frachtvertrages.[102] Überlässt der Frachtführer dem Absender den Container, damit dieser ihn mit dem Beförderungsgut belädt und dieser vom Frachtführer zur Beförderung übernommen und am Bestimmungsort an den Empfänger abgeliefert wird, liegt dem typischerweise eine **sog. Container-Gestellungsabrede** zugrunde, die regelmäßig als Nebenabrede zum Frachtvertrag getroffen wird.[103] Wird vom Absender nur die Ware zur Beförderung übergeben und der Container vom Frachtführer im eigenen Interesse zum Zwecke der Beförderung eingesetzt, ist der Container kein Frachtgut, selbst dann nicht, wenn der Absender dem Frachtführer den Container zur Verfügung gestellt hatte.[104] Von der frachtvertraglichen Beförderung mittels Container ist die Überlassung des Containers selbst zu unterscheiden. Sie kann auf der Grundlage eines eigenständigen, nicht frachtver-

---

94 Vgl. Fremuth/Thume/Fremuth Vor § 437 Rn. 6 ff.

95 So Ebenroth/Boujong/Reuschle Rn. 37.

96 BGH, 2.12.1991, VersR 1992, 595.

97 Vgl. LG Hamburg 17.7.2015, RdTW 2015, 387; OLG Karlsruhe 6.6.2003, TranspR 2004, 316 zu den Haftungsfragen für die Einhaltung des rahmenvertraglich festgelegten Frachtvolumens.

98 BGH 15.1.2009, TranspR 2009, 132; OLG Düsseldorf 11.1.2017, RdTW 2017, 213 Rn. 25; LG Hamburg 17.7.2015, RdTW 2015, 387.

99 OLG München 14.1.2017, RdTW 2017, 27 Rn. 26 ff.

100 OLG Hamm 24.1.2019, RdTW 2019, 429 Rn. 49 ff.

101 OLG Hamm 24.1.2019, RdTW 2019, 429 Rn. 94.

102 Koller Rn. 60.

103 Eingehend Ramming RdTW 2023, 13 ff.

104 BGH 27.10.1983, TranspR 1984, 6 f.; Koller Rn. 14.

traglichen Überlassungsvertrages erfolgen[105] oder auch – wie insbesondere im Seehandel – Teil der vom Beförderer übernommenen Leistung sein.[106]

Gefahrguttransporte stellen einen besonderen Anwendungsfall des allgemeinen Frachtvertrages dar. Das Gesetzesrecht unterscheidet zwischen den (öffentlich-rechtlichen) Anforderungen an Gefahrguttransporte insbesondere nach dem Gefahrgutbeförderungsgesetz (GGBefG) vom 7.7.2009 (BGBl. 2009 I 1774) und den auf seiner Grundlage erlassenen Gefahrgut-Verordnungen[107] und den einschlägigen internationalen Übereinkommen[108] einerseits und den frachtrechtlichen Sonderregeln für „gefährliches Gut" in § 410 (→ § 410 Rn. 1 ff.). 43

Huckepack-Verkehr stellt eine vor allem im internationalen Frachtrecht gebräuchliche Variante der Durchführung des Frachtgeschäfts mittels Kraftfahrzeugen dar, die dadurch gekennzeichnet ist, dass das Transportgut zusammen mit dem Kraftfahrzeug auf einen Güterzug ohne vorherige oder spätere Entladung verbracht und sodann befördert wird. Im Seeverkehr sind die nämlichen Gestaltungen als Roll on/Roll off-Verkehre bekannt, bei denen das Gut zusammen mit dem Kraftfahrzeug ohne Umladung mit einem Schiff weiterbefördert wird. Dabei wird ein einheitlicher Frachtvertrag über den Transport des Gutes samt Kraftfahrzeug geschlossen. In Art. 2 CMR sind besondere Regeln für die grenzüberschreitende Beförderung mit dem Kfz im Huckepackverkehr mit anderen Beförderungsmitteln getroffen.[109] 44

Bei **Kurier-/Expressdiensten** ist im Einzelfall zu überprüfen, ob die geschuldeten Dienste dem Frachtrecht oder dem Speditionsrecht zuzuordnen sind. Typischerweise schulden Kurier- oder Expressdienste die Organisation des Transports, erforderlichenfalls unter Verwendung verschiedener Transportmittel. Ein Frachtvertrag kommt in Betracht, wenn die Beförderungsleistung selbst Vertragsgegenstand ist; dies kommt insbesondere in den Fällen von Haus-zu-Haus-Sendungen in Betracht.[110] 45

Paketdienste führen im Bereich der Paketbeförderung für Private regelmäßig frachtvertragliche Beförderungsleistungen durch.[111] Im Paketdienst für gewerbliche Auftraggeber ist jeweils zu prüfen, ob frachtrechtliche oder speditionelle Leistungen geschuldet werden. 46

Bei der Verwendung von Paletten für Transportzwecke ist der Frachtführer ohne besondere Abrede grundsätzlich nicht gehalten, anstelle der ihm vom Absender übergebenen Paletten solche gleicher Zahl und Beschaffenheit zurückzugeben (vgl. § 38 VBGL).[112] Vor diesem Hintergrund werden **Palettentausch-**[113] **oder Paletten-Rückgabeverträge** geschlossen,[114] die zwar frachtvertragsbegleitend vereinbart werden, aber eine eigenständige Rechtsgrundlage im Sachdarlehensrecht haben[115] und in verschiedenen Varianten gebräuchlich sind.[116] Der Palettentauschvertrag mit bestimmten Inhalt kann im Hinblick auf die zwischen den Geschäftspartnern geübte Praxis konkludent zustande kommen;[117] die Anerkennung eines Palettensaldos kann über ein kaufmännisches Bestätigungsschreiben erfolgen; der Widerspruch dagegen ist unverzüglich zu erklären.[118] 47

III. Vertragsschluss

1. Einigung. Der Abschluss des Frachtvertrages setzt übereinstimmende Willenserklärungen des Absenders und des Frachtführers voraus. Für sie gelten die allgemeinen Grundsätze der Rechtsgeschäftslehre. Das Schweigen des Frachtführers kann nach den Grundsätzen des § 362 als Annahme des Vertragsangebots des Absenders gelten. Für eine **Vertretungsmacht** zum Abschluss von Fracht- 48

---

105 Vgl. Koller Rn. 60.

106 Vgl. OLG Hamburg 22.4.2010, TranspR 2011, 113 (Multimodaltransport über See) mAnm Herber TranspR 2011, 115; vgl. auch Eckoldt TranspR 2008, 245.

107 Für Straße, Eisenbahnen und Binnengewässer: GGVSEB idF der Bek. vom 26.3.2021 (BGBl. 2021 I 475); für Seeschiffe: GGVSee idF der Bek. vom 21.10.2019 (BGBl. 2019 I 1475); ferner Gefahrgut-Ausnahmeverordnung (GGAV) idF der Bek. vom 11.3.2019 (BGBl. 2019 I 229).

108 Für den Straßenverkehr: ADR; für den Schienenverkehr: RID; für die Seeschifffahrt; IMDG-Code; für Wasserstraßen: ADN; für die Luftfahrt: ICAO-TI.

109 Dazu Koller CMR Art. 2 Rn. 3.

110 BGH 13.4.1989, NJW-RR 1989, 1270; OLG Karlsruhe 4.2.1993, TranspR 1994, 273.

111 OLG Düsseldorf 11.11.1993, NJW-RR 1994, 996.

112 *Vgl. BGH 15.1.1987, BGHZ 99*, 321 (323 f.) = NJW 1987, 1641.

113 Vgl. OLG Bremen 16.8.2007, TranspR 2008, 167 (169) zugleich zu den AGB-Wirksamkeitsgrenzen.

114 Näher Knorre RdTW 2019, 364; Knorre TranspR 2016, 188; Knorre/Hector, Paletten-Handbuch, 3. Aufl. 2015; Leu, Rechtsfragen des Palettentausches, 2014; Leu TranspR 2016, 180.

115 OLG Karlsruhe 21.12.2017, TranspR 2018, 222; OLG Hamm 24.9.1998, TranspR 2000, 229; **aA** OLG Celle 6.3.2003, TranspR 2003, 450 (451); näher Koller Rn. 55 ff.

116 Knorre/Demuth/Schmid/Knorre, Handbuch des Transportrechts, 3. Aufl. 2022, Rn. K 114 ff.

117 OLG Karlsruhe 21.12.2017, TranspR 2018, 222 Rn. 19 ff.

118 OLG Köln 29.8.2014, RdTW 2015, 430 Rn. 23 ff.

verträgen zugunsten angestellter Mitarbeiter des Frachtführers ist derzeit keine generell bestehende Verkehrssitte nachgewiesen.[119] Die Vertretungsmacht zum Vertragsabschluss muss im Einzelfall geprüft werden; sie besteht auch nicht generell für den angestellten Fahrer eines Frachtführerfahrzeugs.[120] Ein Frachtfracht kann ausnahmsweise stillschweigend zustande kommen, etwa wenn der Fahrer des Frachtführers auf Veranlassung des Absenders Gut zulädt, befördert und abliefert.[121]

49 **2. Wirksamkeit.** Der Vertragsschluss ist grundsätzlich **formlos** gültig. Die Ausstellung eines Frachtbriefs (§ 408) oder Ladescheins (§ 444) ist keine Wirksamkeitsvoraussetzung für den Vertragsschluss; der wirksam begründete Frachtvertrag rechtfertigt vielmehr ein entsprechendes Verlangen.

50 Die Wirksamkeit des Frachtvertrages wird bei Nichtbeachtung von Vertragsklauseln, die bestimmte Güter von der Beförderung ausschließen (sog. **Verbotsgutklauseln**) nicht berührt,[122] werden nach dem intendierten Sinn aber ein Leistungsverweigerungsrecht des Frachtführers begründen.[123] Lässt der Absender dennoch Verbotsgut transportieren, kann dies den Ausschluss der Haftungsansprüche nach § 425 Abs. 2 zur Folge haben,[124] selbst bei qualifiziertem Verschulden des Frachtführers iSd § 435.[125]

51 Bei Verletzung der allgemeinen zivilrechtlichen Schranken der §§ 134, 138 BGB sind Frachtverträge **nichtig.** Dies betrifft Frachtverträge über Güter, die unter Umgehung der einschlägigen Zoll- und Einfuhrregeln befördert werden sollen,[126] und solche Frachtverträge, die im Gegenzug für eine unrichtige Ausstellung von Transportdokumenten abgeschlossen werden.[127] Der Umstand, dass der Fracht die Beförderung von markenrechtsverletzendem Gut zum Gegenstand hat, führt grundsätzlich nicht zur Nichtigkeit des Frachtvertrages.[128] Bedeutenden Einfluss auf Frachtverträge haben bestehende **Sanktionsregelungen.**[129] Sektorale Sanktionsvorschriften der EU enthalten – zB Art. 2 ff. VO (EU) 833/2014 für Dual Use-Güter, sonstige Technologiegüter, maritime Güter sowie Güter der Luft- und Raumfahrt (sog. Russland-Sanktionen) – stets neben dem eigentlichen Verkaufs- und Exportverbot auch ein Verbot, die gelisteten Güter zu liefern oder zu verbringen. Auch im Hinblick auf die Regelungen zu sog. Umgehungsverboten sind EU-Unternehmen bei Geschäften mit einem möglichen Bezug zu Sanktionsregeln zumindest zu erhöhten Sorgfaltspflichten angehalten, um die an der Transaktion beteiligten Personen sowie die betroffenen Güter auf mögliche Verstöße gegen Sanktionsregeln zu prüfen und diese Prüfungen zu dokumentieren.[130]

IV. Pflichten des Frachtführers

52 **1. Hauptpflichten.** Der Frachtführer hat zunächst die **Pflicht zur Beförderung** (→ Rn. 25). Das zu verwendende Transportmittel und der Transportweg sind vom Frachtführer mangels vertraglicher Abreden nach billigem Ermessen auszuwählen.[131] Die Parteien haben die Möglichkeit, im Frachtvertrag besondere Abreden über Transportmittel, Transportwege und die Transportdauer zu treffen. Sofern solche Abreden über die Art und Weise der Beförderung in **AGB** enthalten sind, können sie nach hM[132] gegen § 449 verstoßen. Im Hinblick auf den Wortlaut und den Sinn der Vorschrift wird diese Rspr. zu Recht kritisiert; sie nimmt dem Frachtführer die vom Gesetzgeber in § 449 belassene und einer Inhaltskontrolle nach § 307 Abs. 1 S. 1 BGB grundsätzlich standhaltende Möglichkeit, seine Primärpflichten vertraglich zu regeln.[133] Zulässig sollte es deshalb auch sein, vertragliche Umladeverbote vorzusehen bzw. wenn eine vertragliche Regelung nicht getroffen ist, eine Umladung vorzunehmen, wenn dadurch das Transportgut nicht gefährdet wird.

---

119 Koller Rn. 38.
120 So Koller Rn. 38; offengelassen von OLG Düsseldorf 29.4.1993, TranspR 1994, 284 (285).
121 LG Potsdam 12.11.2014, RdTW 2015, 193 Rn. 33.
122 BGH 4.7.2013, RdTW 2014, 55 (57); 30.3.2006, BGHZ 167, 64 (70) = NJW-RR 2006, 1210.
123 BGH 3.5.2007, TranspR 2007, 405 (40); 13.7.2006, TranspR 2006, 448 (450).
124 BGH 13.7.2006, NJW-RR 2007, 179.
125 BGH 15.2.2007, NJW-RR 2007, 1110 = TranspR 2007, 164.
126 BGH 23.6.1955, WM 1955, 1324 (1326); OLG Köln 3.3.1999, TranspR 2001, 122 (123).
127 OLG München 29.10.1982, RIW 1983, 957.
128 Näher Ramming RdTW 2019, 121 (127 f.).
129 Dazu Friton/Wolf/Ackermann RdTW 2022, 418 (420 ff.) sowie die Beiträge in RdTW 2022, 177 ff. (Heft 5).
130 Zu den sog. Russland-Sanktion der EU vgl. Schwendinger/Göcke EuZW 2022, 499 ff.
131 BGH 4.3.2004, TranspR 2004, 460 (463).
132 BGH 20.7.2006, TranspR 2006, 394 (395); 1.12.2005, TranspR 2006, 169 (171); 1.12.2005, TranspR 2006, 171 (173).
133 So eingehend Koller Rn. 46a–46c; Koller § 449 Rn. 5; Koller TranspR 2006, 265; Ettrich TranspR 2003, 443.

Ferner übernimmt der Frachtführer im Frachtvertrag eine **Ablieferungspflicht** (§ 407 Abs. 1). Hierin kommt der erfolgsbezogene Charakter des Frachtvertrages zum Ausdruck. Bei der Ablieferung im Rechtssinne handelt es sich nicht um ein rein tatsächliches Geschehen; vielmehr beschreibt der Rechtsbegriff einen Vorgang, durch den der Frachtführer die übernommene Obhut über das Gut im Einvernehmen mit dem Verfügungsberechtigten aufgibt und den Verfügungsberechtigten in die Lage versetzt, die tatsächliche Gewalt über das Gut auszuüben.[134] Diese Voraussetzungen liegen im Containerverkehr auch dann vor, wenn der Frachtführer die **sog. Freistellung des Containers** erklärt, nämlich die Weisung des Frachtführers an den Terminal erteilt, den Container an denjenigen abzuliefern, zu dessen Gunsten die Freistellung erfolgt ist.[135] Mit der Freistellung kann die Ausstellung eines PIN Codes durch den Frachtführer einhergehen, den der Berechtigte bei der Abholung des Containers verwenden muss. Die gegenteilige Auffassung vertritt das OLG Hamburg in einer Grundlagenentscheidung vom 4.5.2017.[136] Die **Übergabe an einen nicht berechtigten Empfänger** stellt deshalb ebenso wenig eine Ablieferung iSd § 407 dar wie die Aushändigung des Gutes vor dem vereinbarten Zeitpunkt.[137] 53

Abzuliefern hat der Frachtführer das Gut an den Empfänger (§ 407 Abs. 1; → Rn. 67). Als Ort der Ablieferung bestimmt § 407 Abs. 1 den **Bestimmungsort;** aus den Regelungen der § 418 Abs. 1 S. 1, Abs. 2, § 419 Abs. 1, § 421 ergibt sich, dass der Frachtführer das Gut nicht nur bis zur geografischen Gemeinde, dem sog. Bestimmungsort, zu befördern hat, sondern dass die Ablieferung an der **Ablieferungsstelle,** der konkret angegebenen oder nachträglich zu bestimmenden Adresse des Empfängers zu erfolgen hat. Vertraglich kann vereinbart werden, dass das Gut nur gegen Vorlage bestimmter Dokumente oder gegen Bezahlung ausgehändigt werden darf. Eine Vereinbarung, nach der im Falle von Ablieferungshindernissen an eine andere Person abgeliefert werden darf, unterliegt als AGB-Klausel ggf. der Inhaltskontrolle nach § 307 Abs. 1 BGB; ihre Wirksamkeit hängt im Hinblick auf § 307 Abs. 1 S. 2 BGB davon ab, dass der Absender klar und deutlich auf die Empfängerklausel hingewiesen wird. 54

Ferner trägt der Frachtführer die im Frachtvertrag übernommene (→ Rn. 30) **Obhutspflicht.** Danach obliegt dem Frachtführer die Verpflichtung, das Gut in geschäftsüblicher Weise vor Schäden zu bewahren. Die Rspr. stellt an die Obhutspflichten strenge, bis an die Grenze der Zumutbarkeit reichende Anforderungen. Sie umfasst den Schutz vor Diebstahl, Witterungseinflüssen und Verderb. Nähere Erl. erfolgen bei der Darstellung der Haftungsverantwortung des Frachtführers gem. §§ 425 ff. 55

Die Verpflichtung zur Befolgung von **Weisungen** konkretisiert die aus dem Geschäftsbesorgungscharakter (→ Rn. 16) des Frachtvertrages resultierende Hauptpflicht des Frachtführers zur Wahrung der Interessen des Absenders. Sie besteht nach Maßgabe des § 418 in Bezug auf die Weisungen des Absenders; nach Ankunft des Gutes hat der Frachtführer nach Maßgabe des § 418 Abs. 2 die Weisungen des Empfängers zu befolgen. 56

2. Nebenpflichten. Der Frachtführer hat zunächst ein geeignetes Transportmittel zu stellen und dies am vereinbarten oder einem unter Beachtung der Billigkeitsanforderungen des § 315 BGB bestimmten Ort bereitzustellen. Er hat nach § 412 Abs. 1 S. 2 für die Betriebssicherheit der Verladung, ohne besondere Abrede aber nicht für die beförderungssichere Verladung zu sorgen; letztere obliegt dem Absender (§ 412 Abs. 1 S. 1). Eine Übernahmekontrollpflicht in Bezug auf die Eigenschaften bzw. den Zustand des zu befördernden Guts ist dem Frachtführer grundsätzlich nur auf der Grundlage einer ausdrücklichen vertraglichen Abrede auferlegt, während den Frachtführer zumindest im Rahmen einer dauernden Geschäftsverbindung eine Verpflichtung zur Kontrolle der Identität des verladenen mit dem vertraglich zu transportierenden Gut zumindest dort besteht, wo der Frachtführer angesichts der äußerlichen Ähnlichkeit der Frachtstücke mit der Möglichkeit einer „Vertauschung" rechnen muss und wo er zugleich selbst unproblematisch die Identität prüfen kann; es sei denn eine diesbezügliche Pflichtverletzung tritt im Einzelfall hinter dem Fehlverhalten der Absenderin vollständig zurück.[138] Bei Beförderungs- und Ablieferungshindernissen hat der Frachtführer den Absender zu informieren und von diesem Weisungen einzuholen (§ 419). Er ist nach § 408 Abs. 2 S. 2 verpflichtet, einen Frachtbrief zu unterzeichnen. Nach § 409 Abs. 3 S. 2 hat er auf Verlangen Gewicht, Menge und Inhalt der Güter zu überprüfen. 57

Der im Rahmen eines Fracht- oder Speditionsvertrages vereinbarte Güterumschlag stellt regelmäßig eine unselbstständige Nebenleistungsverpflichtung des Frachtführers dar (näher → Rn. 26 ff.). 58

---

[134] BGH 9.11.1979, NJW 1980, 833.

[135] Grdl. Ramming RdTW 2020, 241 (246 ff.).

[136] OLG Hamburg 4.5.2017, RdTW 2018, 21; zust. Herber/Eckardt TranspR 2018, 142 ff.; Koller § 425 Rn. 27a.

[137] BGH 23.10.1981, NJW 1982, 1284.

[138] OLG Hamm 9.12.2019, BeckRS 2019, 43477 Rn. 50 ff. = TranspR 2020, 357 (360 f.) zur CMR.

Hinsichtlich der Lagerung des Gutes besteht zunächst eine Pflicht des Frachtführers das zur Beförderung angenommene Gut bis zum Beginn der Beförderung zu **lagern.** Bei dieser Verpflichtung handelt es sich um eine Nebenpflicht im Rahmen der frachtvertraglichen Obhutsverpflichtung; die §§ 467 ff. sind nicht anzuwenden. Diese unselbstständige Verpflichtung ist zeitlich beschränkt auf die verkehrsüblichen Lieferfristen (→ Rn. 51). Die Frachtvertragsparteien können aber auch eine selbstständige Lagerpflicht des Frachtführers vereinbaren; eine solche Vereinbarung kommt insbesondere dann in Betracht, wenn die Parteien sich darüber einig werden, dass die Güter nach Übergabe zunächst noch gelagert werden und erst später zur Beförderung kommen sollen.[139] Die Zwischenlagerung des Gutes – etwa im Zuge einer Umladung – oder die am Bestimmungsort erforderlich werdende Nachlagerung gehören regelmäßig zu den verkehrsbedingten und deshalb frachtvertraglichen Nebenpflichten, zumindest wenn es sich um kürzere Lagerzeiten handelt.[140] Lagermaßnahmen in der Folge einer entsprechenden Weisung des Absenders nach § 418 sind dagegen regelmäßig nicht mehr als frachtvertragliche Nebenpflicht anzusehen.[141] Eine Haftung aus einer Nebenpflichtverletzung kommt ebenfalls in den Fällen in Betracht, in denen der Frachtführer einen ungeeigneten oder mangelhaften Container zur Verfügung stellt.[142] Den Frachtführer kann zumindest im Rahmen einer dauernden Geschäftsbedingung die (vorvertragliche) Verpflichtung treffen, die Identität des „aufgeladenen" Containers mit demjenigen Container zu überprüfen, auf den sich der Frachtvertrag beziehen sollte; eine diesbezügliche Pflichtverletzung kann jedoch im Einzelfall hinter dem Fehlverhalten des Absenders (zB wegen Vertauschens eines Containers im Rahmen der Abläufe im Terminal) vollständig zurücktreten.[143]

59 Der Frachtführer hat die Pflicht, das Gut zu **verzollen,** wenn während der Beförderung eine Verzollung erforderlich wird (vgl. die hinter den § 408 Abs. 1 S. 1 Nr. 11, § 413 Abs. 1 stehende Wertung).

V. Pflichten des Absenders

60 Der Absender hat die Pflicht zur Zahlung der vereinbarten Fracht (§ 407 Abs. 2). Fehlt eine ausdrückliche Entgeltvereinbarung, ist das übliche Entgelt zu entrichten (§ 354 HGB, § 632 BGB). Ist eine übliche Fracht nicht feststellbar, ist ein angemessenes Entgelt geschuldet.[144] Einzelheiten der Zahlungspflicht regelt **§ 420.** Nach Maßgabe des § 420 Abs. 1 S. 2 hat der Frachtführer gegen den Absender einen Anspruch auf **Ersatz von Aufwendungen.** Verpflichtungen zur Zahlung von **Standgeld** ergeben sich aus § 412 Abs. 3, § 415 Abs. 3 Nr. 1, § 418 Abs. 1 S. 3, § 419 Abs. 4, § 420 Abs. 3, § 421 Abs. 3.

61 Die **Verpackung** gehört nach Maßgabe des § 411 zu den Pflichten des Absenders. Die bedeutendste Form der Verpackung bildet der **Container.** Der Absender ist verpflichtet, einen mangelfreien Container zu verwenden; andernfalls kann sowohl ein Verpackungsfehler iSd § 427 Abs. 1 Nr. 2 als auch ein besonderer Mangel des Gutes iSd § 425 Abs. 2 vorliegen. Nach § 411 S. 2 obliegt dem Absender die Verpflichtung zur Kennzeichnung des Beförderungsgutes. Der Absender hat dem Frachtführer alle Angaben zu dem Gut zu machen, die für die Durchführung des Transports benötigt werden.[145] Er hat die Pflicht, vor und nach dem Vertragsschluss in zumutbarem Umfang dafür zu sorgen, dass Rechtsgüter und Vermögen des Frachtführers nicht beeinträchtigt werden und insbesondere über bekannte Risiken aufzuklären.[146]

VI. Rechte und Pflichten des Empfängers

62 Der Empfänger steht zwar außerhalb des frachtvertraglichen Pflichtenverhältnisses zwischen Absender und Frachtführer (→ Rn. 18); ihm stehen aber aus dem als **Vertrag zugunsten Dritter** gestalteten Frachtvertrag bestimmte Rechte zu. Insbesondere ist der Empfänger nach § 421 Abs. 1 berechtigt, vom Frachtführer die Ablieferung des Beförderungsgutes an sich zu verlangen; dieses Recht besteht Zug um Zug gegen Erfüllung der Verpflichtungen aus dem Frachtvertrag.

63 Nach der Ankunft des Beförderungsgutes geht nach § 418 Abs. 2 das Verfügungsrecht über das Gut auf den Empfänger über. Infolge der Ausübung des Verfügungsrechts entstehen die Ersatz- und

[139] BGH 15.9.2005, NJW-RR 2006, 267.
[140] Vgl. BGH 10.3.1994, TranspR 1994, 279 (281).
[141] Koller Rn. 72, 73.
[142] Vgl. OLG Hamburg 22.4.2010, TranspR 2011, 112 mAnm Herber TranspR 2011, 115 ff.
[143] OLG Hamm 9.12.2019, RdTW 2020, 381 Rn. 50 ff. mAnm Koller.
[144] BGH 4.4.2006, ZIP 2006, 1493 (1494 f.); 13.3.1985, BGHZ 94, 98 (104) = NJW 1985, 1895.
[145] BGH 17.9.2015, RdTW 2015, 409 Rn. 38.
[146] BGH 28.1.2016, RdTW 2016, 141 Rn. 55.

Vergütungspflichten des § 418 Abs. 1 S. 3. Nach Maßgabe des § 419 Abs. 2 tritt der Empfänger nach Erteilung einer Weisung auf der Grundlage des Verfügungsrechts an die Stelle des Absenders.

VII. Beendigung des Frachtvertrages

Der Frachtvertrag kann durch den **Absender** jederzeit durch **Kündigung** beendet werden (§ 415 Abs. 1). Kündigt der Absender den Frachtvertrag, kann der Frachtführer nach Maßgabe des § 415 Abs. 2 Ansprüche auf Fracht, Standgeld und Aufwendungsersatz geltend machen. 64

Der **Frachtführer** kann den Frachtvertrag nicht ohne weiteres kündigen; insbesondere wird das werkvertragliche Kündigungsrecht nach § 649 BGB durch die Sonderregelung in § 417 Abs. 2 verdrängt. Anwendbar ist die Kündigungsmöglichkeit des Frachtführers nach § 643 BGB in den Fällen, in denen der Absender endgültig die Bereitstellung oder Verladung von Beförderungsgut verweigert[147] oder keine in Betracht zu ziehende Verladestelle benennt.[148] 65

Im Falle der **Insolvenz des Absenders** erlischt der Frachtvertrag gem. §§ 116, 115 InsO mit der Eröffnung des Insolvenzverfahrens. Die Insolvenz des Frachtführers führt zur Anwendung des Wahlrechts des Insolvenzverwalters nach § 103 InsO. 66

VIII. Abdingbarkeit und AGB

Die Regeln des Frachtrechts der §§ 407 ff. sind nicht ohne weiteres abdingbar. Der Gesetzgeber des Transportrechtsreformgesetzes hat **in § 449 Grenzen** für vom Gesetzesrecht abweichende Vereinbarungen gesetzt, die mit dem Seehandelsrechtsreformgesetz umgestaltet wurden. Diese Regelung unterscheidet Grenzen für die Abbedingung des Gesetzesrechts durch einzelvertragliche Vereinbarung und durch AGB (vgl. § 449). 67

Im Transportrecht sind mannigfaltig verbreitete **AGB** zu beachten. Ihre Einbeziehung ist nach den allgemeinen Regeln der §§ 305 ff. BGB zu beurteilen.[149] Sie können im kaufmännischen Geschäftsverkehr auch bei Unkenntnis des Vertragspartners Vertragsbestandteil werden;[150] eine Einbeziehung kraft Handelsbrauch iSd § 346 ist in Betracht zu ziehen.[151] Eine stillschweigende Einbeziehung der ADSp in einen Fracht- oder Speditionsvertrag hat der BGH für die ADSp in den bis 1998 jeweils geltenden Fassungen in ständiger Rspr. angenommen; begründet wurde diese Auffassung damit, dass es sich bei den ADSp um eine fertig bereitliegende Rechtsordnung handele, die von den großen Verbänden der Marktbeteiligten ausgehandelt wurde und deren Verwendung allgemein üblich und bekannt sei.[152] Im Hinblick auf dien mit dwem TRG eingetrtenen Rechtsänderungen wird diese Auffassung in Lit. und Rspr. überwiegend in Frage gestellt. Dabei wird vor allem betont, dass das TRG ein umfgassende gesetzliche Regelung bereitstelle, die einen Rückgriff auf die ADSp entbehrlich mache und überdies konkurrierende Bedingungswerke vorlägen; eine Abkehr von der Rechtsgeschäftslehre über die Fiktion einer stillschweigenden Einbeziehung der ADSp wird deshalb heute für nicht mehr überzeugend erachtet.[153] Beim Vertragsschluss mittels elektronischer Kommunikationsmittel muss der Frachtführer dem Vertragspartner nach § 312i BGB die Möglichkeit verschaffen, die AGB bei Vertragsschluss abzurufen und in wiedergabefähiger Form zu speichern;[154] die AGB sind im Hinblick auf § § 305 Abs. 2 Nr. 2 BGB dann in den Vertrag einbezogen, wenn sich auf der Bestellseite ein Link zu den Beförderungsbedingungen befindet und deutlich darauf hingewiesen wird, dass der Vertrag gemäß diesen Beförderungsbedingungen erteilt wird.[155] Internationalprivatrechtlich richtet sich die Einbeziehung von AGB nach dem auf den Vertrag anwendbaren Recht.[156] Die Kontrolle ihrer Wirksamkeit richtet sich neben den Sonderregeln des § 449 nach §§ 307 ff. BGB. Eine Klausel, die eine Mitnahme von weiterem Gut von Zwischenstationen der geschuldeten Beförderung ohne weitere Frachtzahlung vorsieht, ist mit § 407 Abs. 2 nicht vereinbar und gem. § 307 BGB unwirksam.[157] 68

---

[147] Koller § 417 Rn. 12 unter Anwendung von § 323 Abs. 2 S. 1 BGB, § 324 BGB.

[148] Ramming TranspR 2003, 419 (425).

[149] Vgl. Rühl TranspR 2018, 265; krit. zur Einbeziehungskontrolle von AGB im kaufmännischen Bereich Müller TranspR 2018, 276 ff.; dagegen Graf v. Westphalen TranspR 2018, 268 ff.

[150] AG Hamburg 11.9.2014, RdTW 2015, 151 Rn. 8.

[151] OLG Köln 24.8.1999, TranspR 2000, 472.

[152] Vgl. nur BGH 26.9.1985, BGHZ 96, 136 (138) = NJW 1986, 1434; 10.5.1984, NJW 1985, 2411, 2412.

[153] So insbes. Ebenroth/Boujong/Bahnsen ADSp Vor § 1 Rn. 29; im Anschluss daran OLG Hamburg 11.3.2021, RdTW 2021, 477 Rn. 32; vgl. MüKoHGB/Thume Rn. 124.

[154] MüKoHGB/Thume Rn. 123.

[155] BGH 14.6.2006, NJW 2006, 2976 Rn. 16 = TranspR 2006, 345.

[156] LG Kleve 1.10.2013, RdTW 2015, 275 Rn. 14 ff.

[157] LG Potsdam 12.11.2014, RdTW 2015, 193 Rn. 31.

69 Von besonderer Bedeutung sind die Allgemeinen Deutschen Spediteurbedingungen (ADSp), die seit dem 1.1.2017 in der Fassung von 2017 vom DSLV und mehreren anderen Verbänden zur Verwendung empfohlen werden,[158] die Deutschen Transport- und Lagerbedingungen (DTLB 2015),[159] die Vertragsbedingungen für den Güterkraftverkehrs- und Logistikunternehmer (VBGL 2015),[160] die AGB der Bundesfachgruppe Schwertransporte und Kranarbeiten, 2013 (BSK Kran+Transport 2021),[161] die Allgemeinen Leistungsbedingungen (ALB) der Deutschen Bahn AG (DB Cargo), 2025,[162] die Bedingungen für das Bergen und Abschleppen von Kraftfahrzeugen und Anhängern, das Verwahren der Ladungen sowie die Gewährung von Pannenhilfe des Verbandes der Bergungs- und Abschleppunternehmen eV, 2015 (Abschleppbedingungen 2015).[163]

IX. Gerichtsstand

70 Bei innerdeutschen Streitigkeiten ist der Gerichtsstand nach § 440 zu bestimmen. Spezielle Gerichtsstandsklauseln sind geregelt in Nr. 30 ADSp 2017, § 41 VBGL, Nr. 24 ASB BSK, Nr. VII Abschleppbedingungen 2015. Für grenzüberschreitende Streitigkeiten regeln die Brüssel Ia-VO bzw. das LugÜ die internationale Zuständigkeit.[164]

X. Beweislast

71 Die Beweislast für das Zustandekommen des Frachtvertrages trägt **nach allgemeinen Grundsätzen** derjenige, der für sich aus dem Frachtvertrag günstige Rechtsfolgen herleiten will. Insbesondere hat der Transportunternehmer den Beweis zu führen, dass er sich als Frachtführer eines Frachtvertrages gem. §§ 407 ff. auf die Haftungsausschlüsse und -beschränkungen der §§ 426 ff. berufen kann. Für den Inhalt des Frachtvertrages wird die Beweislast nach den nämlichen Grundsätzen beurteilt.

XI. Internationales Privatrecht

72 Das anwendbare Recht für grenzüberschreitende Beförderung bestimmt sich für die nach dem 17.12.2009 abgeschlossenen Frachtverträge nach der Rom I-VO.[165] Danach ist im Hinblick auf Art. 25 Rom I-VO **vorrangig** die Anwendung des Frachtrechts der **internationalen Übereinkommen** (→ Rn. 14) zu beachten. Soweit diese Übereinkommen nicht anwendbar sind oder Lücken aufweisen, kann das nach nationalem IPR maßgebliche nationale Recht eingreifen. Dabei ist bei der Frage, ob eine Streitigkeit aus einer einem internationalen Abkommen unterliegenden Beförderung resultiert, auf den zwischen dem Hauptfrachtführer und seinem Auftraggeber geschlossenen Gesamtbeförderungsvertrag, nicht hingegen auf einen zwischen Haupt- und Unterfrachtführer geschlossenen Vertrag abzustellen.[166]

73 Im Übrigen gilt in erster Linie die **Rechtswahlfreiheit** des Art. 3 Rom I-VO. Die Rechtswahl kann konkludent insbesondere durch die Bezugnahme auf spezifische Vorschriften des deutschen Rechts[167] und auch nachträglich wirksam getroffen werden (Art. 3 Abs. 2 Rom I-VO).[168] Eine ausdrückliche Rechtswahl iSv Art. 3 Abs. 1 S. 2 Rom I-VO ist auch durch eine Rechtswahlklausel in AGB möglich, die Rom I-VO erlegt den Parteien diesbezüglich keinerlei Beschränkungen auf. Ihr Zustandekommen und ihre wirksame Einbeziehung sind gem. Art. 3 Abs. 4 Rom I-VO iVm Art. 10 Abs. 1 Rom I-VO nach dem von den Parteien voraussichtlich gewählten Vertragsstatut, dem nach der Rechtswahlklausel von den Parteien für den Hauptvertrag angenommenen Recht zu beurteilen.[169] Insbesondere kann die Geltung der ADSp; die Wirksamkeit der Einbeziehung richtet

[158] S. www.dslv.org (zuletzt abgerufen am 25.2.2026); dazu Grass TranspR 2018, 133 ff.; Ramming RdTW 2017, 41 ff.; Neufang/Valder TranspR 2017, 45 ff.; vgl. auch Valder TranspR 2016, 213; Schmidt TranspR 2016, 227; Temme TranspR 2016, 232, jeweils zu den ADSp 2016; zu ihrer haftungsrechtlichen Problematik im Seefrachtbereich vgl. Zarth/Fischer TranspR 2016, 45.

[159] S. www.transportrecht.org (zuletzt abgerufen am 25.2.2026); dazu Peltzer TranspR 2016, 218; Schmidt TranspR 2016, 227; Temme TranspR 2016, 232; Vyvers TranspR 2016, 13.

[160] Dazu Koller A., 4. Abschnitt 3. Unterabschnitt.

[161] S. https://www.bsk-ffm.de/fileadmin/user_upload/AGB-BSK_B_G_2021__1.10.2021_.pdf (zuletzt abgerufen am 25.2.2026); vgl. auch Saller TranspR 2013, 408.

[162] S. https://www.dbcargo.com/rail-de-de/agb (zuletzt abgerufen am 25.2.2026).

[163] Dazu Koller A., 4. Abschnitt 6. Unterabschnitt.

[164] Dazu Mankowski TranspR 2008, 67 ff.; Wagner TranspR 2009, 281 ff.

[165] Dazu Wagner TranspR 2009, 281 (286 ff.); Hartenstein TranspR 2008, 143 ff.

[166] BGH 20.11.2008, TranspR 2009, 26 zur CMR.

[167] OLG Düsseldorf 11.11.1993, TranspR 1994, 441 zum EGBGB.

[168] BGH 25.10.1995, TranspR 1996, 118 zum EGBGB.

[169] BGH 24.3.2022, RdTW 2022, 358 Rn. 28; BeckOGK/Wendland, 1.9.2022, Rom I-VO Art. 3 Rn. 285.

sich dabei gem. Art. 3 Abs. 5 Rom I-VO iVm Art. 10 Abs. 1 Rom I-VO nach deutschem Recht.[170] In Beförderungsfällen, in denen **keine Rechtswahl** getroffen wurde, erfolgt die objektive Anknüpfung nach Art. 5 Abs. 1 S. 1 Rom I-VO, subsidiär nach Art. 5 Abs. 1 S. 2 Rom I-VO. Angeknüpft wird danach an das Recht des Staates, in dem der Beförderer seinen gewöhnlichen Aufenthalt hat, sofern sich in diesem Staat auch der Übernahmeort oder der Ablieferungsort oder der gewöhnliche Aufenthalt des Absenders befindet (sog. kumulative Anknüpfung).[171] Andernfalls ist das Recht des Staates des von den Parteien vereinbarten Ablieferungsortes anzuwenden.[172]

Besondere Beachtung erfordert **§ 449 Abs. 3.** Danach finden § 449 Abs. 1 und Abs. 2 unbeschadet 74
der grundsätzlichen Anwendbarkeit ausländischen Rechts auf den Frachtvertrag Anwendung, wenn nach dem Frachtvertrag der Ort der Übernahme und der Ort der Ablieferung der Güter in Deutschland liegen. Die Vorschrift betrifft vor allem innerdeutsche Kabotagetransporte durch ausländische Unternehmen, damit diese nicht besser stehen als inländische.[173] Nicht unter § 449 Abs. 3 fallen echte grenzüberschreitende Transporte.[174] Abzustellen ist auf den vereinbarten Übernahme- und Ablieferungsort;[175] abweichende nachträgliche Weisungen sind grundsätzlich unerheblich.[176]

§ 408 Frachtbrief. Verordnungsermächtigung

(1) [1]Der Frachtführer kann die Ausstellung eines Frachtbriefs mit folgenden Angaben verlangen:

1. Ort und Tag der Ausstellung;
2. Name und Anschrift des Absenders;
3. Name und Anschrift des Frachtführers;
4. Stelle und Tag der Übernahme des Gutes sowie die für die Ablieferung vorgesehene Stelle;
5. Name und Anschrift des Empfängers und eine etwaige Meldeadresse;
6. die übliche Bezeichnung der Art des Gutes und die Art der Verpackung, bei gefährlichen Gütern ihre nach den Gefahrgutvorschriften vorgesehene, sonst ihre allgemein anerkannte Bezeichnung;
7. Anzahl, Zeichen und Nummern der Frachtstücke;
8. das Rohgewicht oder die anders angegebene Menge des Gutes;
9. die bei Ablieferung geschuldete Fracht und die bis zur Ablieferung anfallenden Kosten sowie einen Vermerk über die Frachtzahlung;
10. den Betrag einer bei der Ablieferung des Gutes einzuziehenden Nachnahme;
11. Weisungen für die Zoll- und sonstige amtliche Behandlung des Gutes;
12. eine Vereinbarung über die Beförderung in offenem, nicht mit Planen gedecktem Fahrzeug oder auf Deck.

[2]In den Frachtbrief können weitere Angaben eingetragen werden, die die Parteien für zweckmäßig halten.

(2) [1]Der Frachtbrief wird in drei Originalausfertigungen ausgestellt, die vom Absender unterzeichnet werden. [2]Der Absender kann verlangen, daß auch der Frachtführer den Frachtbrief unterzeichnet. [3]Nachbildungen der eigenhändigen Unterschriften durch Druck oder Stempel genügen. [4]Eine Ausfertigung ist für den Absender bestimmt, eine begleitet das Gut, eine behält der Frachtführer.

(3) [1]Dem Frachtbrief gleichgestellt ist eine elektronische Aufzeichnung, die dieselben Funktionen erfüllt wie der Frachtbrief, sofern sichergestellt ist, dass die Authentizität und die Integrität der Aufzeichnung gewahrt bleiben (elektronischer Frachtbrief). [2]Das Bundesministerium der Justiz wird ermächtigt, im Einvernehmen mit dem Bundesministerium des Innern und für Heimat durch Rechtsverordnung, die nicht der Zustimmung des Bundesrates bedarf, die Einzelheiten der Ausstellung, des Mitführens und der Vorlage eines elektronischen Frachtbriefs sowie des Verfahrens einer nachträglichen Eintragung in einen elektronischen Frachtbrief zu regeln.

---

170 OLG Düsseldorf 4.10.2018, RdTW 2018, 473 Rn. 28 ff.
171 Vgl. Mankowski TranspR 2009, 339 (346 f.).
172 Dazu Mankowski TranspR 2009, 339 (347 f.).
173 Begr. RegE TRG, BT-Drs. 13/8445, 88.
174 Begr. RegE TRG, BT-Drs. 13/8445, 88.
175 Fremuth/Thume/Fremuth § 449 Rn. 47.
176 Reithmann/Martiny IntVertragsR/Mankowski Rn. 6.1943.

Schrifttum: Belger/Saive, E-Government im Kontext elektronischer Frachtbriefe und Frachtinformationen in der EU – Die eFTI-Verordnung (EU) 2020/1056, EuZW 2022, 299; Ramming, Überlegungen zur Funktionsäquivalenz elektronischer Fracht- und Lagerdokumente RdTW 2022, 2 und RdTW 2022, 100: Ramming, Papier- und elektronische Form von Fracht- und Lagerdokumenten, RdTW 2021, 450; Saive, Der „neue" eCMR-Frachtbrief kommt – Eine Gegenüberstellung, RdTW 2021, 187; Saive, Das elektronische Konnossement, 2020; Saive/Janicke, Datenschutz in elektronischen Frachtdokumenten, RdTW 2019, 201.

Übersicht

I. Allgemeines

1 Der Frachtbrief ist grundsätzlich kein Wertpapier;[1] er dient vor allem der Unterrichtung des Frachtführers und des Empfängers über beförderungserhebliche Umstände; er wird deshalb als **Instruktionspapier** bezeichnet. Der Frachtbrief, dessen Ausstellung der Frachtführer vom Absender verlangen kann, ist überdies ein sog. **Beweispapier.** Als Beweisurkunde hat der Frachtbrief keine konstitutive Funktion; insbesondere begründet eine unzutreffende Bezeichnung als Absender keine frachtrechtliche Verfügungsbefugnis.[2] Wird der Frachtbrief von beiden Parteien des Frachtvertrages unterzeichnet ist, ein sog. qualifiziertes Beweispapier (§ 409; → § 409 Rn. 1). Durch den Vermerk auf dem beiderseits unterzeichneten Frachtbrief, dass das Weisungsrecht nur gegen Vorlage der Absenderausfertigung des Frachtbriefs ausgeübt werden könne, wird der Frachtbrief zum sog. **Sperrpapier** (§ 418 Abs. 4).

2 Abs. 1 bringt zum Ausdruck, dass es keinen Frachtbriefzwang gibt, eröffnet aber dem Frachtführer einen Anspruch gegen den Absender auf Ausstellung eines Frachtbriefs mit den Angaben des Abs. 1 S. 1. Dem Absender steht gem. Abs. 2 S. 2 ein Anspruch auf Unterzeichnung des Frachtbriefs zu. Der von beiden Parteien des Frachtvertrages unterzeichnete Frachtbrief hat die Beweiskraft des § 409.

3 Rechtsnatur und Bedeutung des Frachtbriefs sind in der Transportrechtsordnung nicht einheitlich geregelt. Insbesondere das **Seetransportrecht** hat das sog. Konnossement kreiert, das als echtes Wertpapier konzipiert ist und dem Inhaber einen Besitzverschaffungsanspruch gegen den Verfrachter verbrieft (§ 648; → Vor § 476 Rn. 4 ff.). Im Bereich des Multimodaltransports findet das von der FIATA entwickelte FIATA Bill of Lading (FBL) breite Verwendung; es hat die wertpapierrechtliche Qualifikation eines kaufmännischen Orderpapiers iSd § 363 Abs. 2 und die sachenrechtlichen Wirkungen eines Traditionspapiers iSd § 448.

II. Funktion und Bedeutung des Frachtbriefs

4 Als **Instruktionspapier** dient der Frachtbrief der Information der am Frachtgeschäft beteiligten Personen. Die Angaben gem. Abs. 1 Nr. 1–12 unterrichten insbesondere über den Empfänger und die Ablieferungsstelle, die Anzahl der Frachtstücke, deren Gewicht und über die Transportstrecke. Damit dokumentiert der Frachtbrief den Abschluss und den Inhalt des Frachtvertrages; dem Frachtbrief kommt insofern eine **Beweisfunktion** zu (§ 409 Abs. 1). Überdies hat der Frachtbrief die Funktion einer Quittung für die Menge und den Zustand des übernommenen Gutes (§§ 368 ff. BGB, § 409 Abs. 3). Ohne Ausstellung eines Frachtbriefs kann der Beweis für die Anzahl der übergebenen Frachtstücke auch durch eine vom Frachtführer (oder seinem Fahrer) ausgestellte Empfangsquittung geführt werden; die materielle Beweiskraft dieser Quittung bezieht sich regelmäßig nicht auf den Inhalt der verschlossenen Sendung.[3]

III. Inhalt des Frachtbriefs

5 **1. Allgemeines.** Abs. 1 S. 1 listet die Angaben auf, deren Aufnahme der Frachtführer in den Frachtbrief verlangen kann. Die Aufzählung ist **nicht abschließend;** weitere, von den Parteien für zweckmäßig erachtete Angaben können nach Abs. 1 S. 2 in den Frachtbrief aufgenommen werden. Die Parteien können auch auf einzelne Angaben im Frachtbrief verzichten, ohne dass dadurch der Charakter der Urkunde des Frachtbriefs beeinträchtigt wird, wenn die für den Frachtführer ausgefer-

[1] OLG Naumburg 27.9.2024, RdTW 2025, 222 Rn. 46.
[2] BGH 27.4.2006, GRUR 2006, 863 (865); 12.1.1982, TranspR 1982, 105.
[3] BGH 22.5.2014, RdTW 2014, 471 Rn. 21; Freise TranspR 2015, 337.

tigte Urkunde nur vom Absender unterzeichnet ist und wenigstens eine der Angaben des S. 1 enthält.[4]

2. Angaben gemäß Abs. 1. Der Frachtbrief enthält nach Abs. 1 S. 1 folgende Angaben: 6

Nr. 1. Ort und Tag der Ausstellung: Gemeint sind der Ort und der Tag der Ausstellung des 7 Frachtbriefs, nicht dagegen Ort und Tag des Vertragsschlusses über den Frachtvertrag. Das Ausstellungsdatum beweist nicht den Zeitpunkt des Vertragsschlusses; es kann aber vermutet werden, dass der Frachtvertrag nicht später als am Tag der Frachtbriefausstellung geschlossen wurde.

Nr. 2. Name und Anschrift des Absenders: Einzutragen ist der Name des Vertragspartners des 8 Absenders. Nicht aufzunehmen ist der Name des Versenders (§ 453 Abs. 2) bzw. des Abladers.[5]

Nr. 3. Name und Anschrift des Frachtführers: Im Falle der Einschaltung von Unterfrachtführern 9 ist der Vertragspartner des Absenders einzutragen.

Nr. 4. Stelle und Tag der Übernahme des Gutes sowie die für die Ablieferung vorgesehene Stelle: 10 Einzutragen ist nicht nur der geografisch bezeichnete Ort der Übernahme und der Ablieferung, regelmäßig also die politische Gemeinde, die Straße und die Hausnummer, sondern auch die genaue Stelle der Übernahme oder Ablieferung im Hafen, Bahnhof usw. Ist die genaue Stelle nicht bekannt, genügt die Angabe des Ortes.

Tag der Übernahme ist der Tag, an dem das Gut tatsächlich übernommen wurde, nicht dagegen 11 der, an dem die Übernahme erfolgen sollte.

Nr. 5. Name und Anschrift des Empfängers und eine etwaige Meldeadresse: Empfänger ist die 12 Person, an die das Gut abzuliefern ist. Die Bestimmung des Empfängers kann durch eine nach Ankunft des Gutes an der Ablieferungsstelle einzuholende Weisung des Absenders erfolgen.[6]

Meldeadresse (im Seetransport sog. notify address) ist der Name und die Anschrift einer Person, mit 13 der der Frachtführer Kontakt aufnehmen kann, um nähere Informationen über die Modalitäten der Ablieferung einzuholen. Die Angabe der Meldeadresse erlaubt somit eine flexible Vertragsdurchführung, bei der die Einzelheiten der Übernahme oder Ablieferung nicht von vornherein festgelegt sein müssen.[7]

Nr. 6. Bezeichnung der Art des Gutes und der Verpackung sowie des Gefahrgutes: Verpackung 14 ist die das Gut umhüllende Außenhaut. Dies können auch Container oder Wechselbrücken und Trailer sein. Container sind nicht nur dann Verpackung, wenn sie versiegelt sind, sondern auch dann, wenn deren Türen zugänglich sind.[8] Ausreichend ist die Angabe von Gattungsbezeichnungen. Bei Gefahrgut sind in erster Linie die in den Gefahrgutvorschriften vorgesehenen Bezeichnungen (Abkürzungen) zu verwenden. Im Übrigen sind die Regelungen des § 410 zu beachten.

Nr. 7. Anzahl, Zeichen und Nummern der Frachtstücke: Die Angaben dienen der Identifizierung 15 des abzuliefernden Gutes. Was Frachtstück ist, wird danach beurteilt, wie der Absender die Güter übergeben hat (zB einzelne Packstücke oder zu versendende Einheiten auf Paletten oder in Containern) und was im Frachtbrief vermerkt ist.

Eine Pflicht, die Frachtstücke mit Zeichen und Nummern zu versehen, ergibt sich aus dieser 16 Regelung nicht. Ohne die Angaben läuft der Absender das sich aus § 414 Abs. 1 Nr. 1 ergebende Haftungsrisiko und das Risiko des § 427 Abs. 1 Nr. 5.

Nr. 8. Rohgewicht oder die anders angegebene Menge des Gutes: Rohgewicht ist das Nettogewicht 17 des Gutes zuzüglich des Gewichts der Verpackung und der Ladehilfsmittel (zB Paletten, Container).[9] Anstelle des Rohgewichts kann die Menge des Gutes in Raumeinheiten angegeben werden. Allerdings hat der Frachtführer regelmäßig ein Interesse an der Kenntnis vom Gewicht der Ladung, um einen Schutz vor Überladung zu haben, sodass Mengenangaben in Raumeinheiten regelmäßig nicht zulässig sind. Beim Transport von Flüssigkeiten sind Raumangaben üblich und ausreichend.[10]

Nr. 9. Fracht, Kosten, Art der Frachtzahlung: Zu den Kosten gehören insbesondere sämtliche für 18 den Transport des Gutes nach den Umständen erforderlichen Aufwendungen (§ 420 Abs. 1 S. 2). Einzutragen ist – seit der Neuregelung der Ziff. 9 durch das Seehandelsrechtsreformgesetz insbesondere die bei Ablieferung des Gutes geschuldete Fracht, die den Empfänger darüber informieren soll, in welcher Höhe er zur Frachtzahlung verpflichtet ist.

Angaben zur Frachtzahlung sind im Hinblick auf § 409 Abs. 1 geboten, wenn vom dispositiven 19 Gesetzesrecht abgewichen wird. Einzutragen sind somit sämtliche von den § 420 Abs. 1, § 421

---

4 Koller Rn. 3.
5 Ebenroth/Boujong/Reuschle Rn. 14.
6 Ebenroth/Boujong/Reuschle Rn. 16.
7 Begr. RegE TRG, BT-Drs. 13/8445, 36.
8 Koller § 409 Rn. 17.
9 Koller Rn. 11.
10 Koller Rn. 11.

abweichenden Abreden zu Art, Höhe und Zeitpunkt der Zahlung. Anzugeben ist ferner, ob die Fracht bezahlt wurde, sowie der Freivermerk darüber, dass die Fracht nicht beim Empfänger eingezogen werden darf.

20 **Nr. 10.** Nachnahme: Die Angabe ist bei Warenlieferungen mit Nachnahmevereinbarung iSd § 422 einzutragen. Damit wird der Frachtführer beauftragt und ermächtigt, den Nachnahmebetrag einzuziehen (→ § 422 Rn. 3 ff.).

21 **Nr. 11.** Weisungen für die Verzollung des Frachtguts, die zu den typischen gesetzlichen Pflichten des Frachtführers gehört,[11] und die sonstige amtliche Behandlung des Gutes: Die Regelung hat vor allem für grenzüberschreitende Transporte Bedeutung. Sie betrifft neben den frachtvertraglichen Weisungen auch Weisungen nach § 418.

22 **Nr. 12.** Vereinbarung über die Beförderung in offenem, nicht mit Planen gedecktem Fahrzeug oder auf Deck: Die Regelung gewährleistet im Hinblick auf das besondere Risiko offener und Deckladungstransporte den Anspruch des Frachtführers auf Eintragung einer entsprechenden Vereinbarung im Frachtbrief. Sie hat Bedeutung für die Geltendmachung des Haftungsausschlussgrundes des § 427 Abs. 1 Nr. 1 (→ § 427 Rn. 4 ff.).

IV. Form des Frachtbriefs

23 Der Frachtbrief ist in **drei Originalausfertigungen** auszustellen und vom Absender zu unterzeichnen. Jeweils eine Ausfertigung ist dem Absender und Frachtführer zuzuleiten; die dritte Ausfertigung begleitet das Gut (Abs. 2 S. 4).

24 Gemäß Abs. 2 S. 2 kann der Absender die **Unterzeichnung** des Frachtbriefs durch den Frachtführer verlangen; mit dessen Unterschrift werden die Voraussetzungen für die erhöhte Beweiswirkung nach § 409 geschaffen. Der Anspruch ist davon abhängig, dass der Frachtführer die Ausstellung eines Frachtbriefs nach Abs. 1 verlangt hat.

25 Nach Abs. 2 S. 3 genügt die **gedruckte Unterschrift** (Faksimile) oder die Unterschriftsleistung durch Stempel, nicht aber der bloße Firmenstempel.

26 **Elektronische Frachtbriefe** können zu herkömmlichen papiergebundenen funktionsäquivalent sein[12] und schon nach geltendem Recht den Formanforderungen genügen, wenn sie mit einer qualifizierten elektronischen Signatur versehen sind (§ 126a BGB).[13] Im Hinblick auf die sich anbahnende internationalrechtliche Entwicklung[14] ermöglicht die Verordnungsermächtigung in Abs. 3, eine Sonderrechtsordnung für elektronische Frachtbriefe auf dem Verordnungswege zu entwickeln, ohne dass die elektronische Form nach § 126a BGB eingehalten werden muss. Damit können datenschutzrechtliche Anforderungen einhergehen.[15] Seit dem SHR-ReformG sieht das Landtransportrecht in Parallele zu den Neuregelungen über das Konnossement und den Seefrachtbrief eine Regelung über einen elektronischen Frachtbiref und Ladeschein vor. Die Vorschrift wird deshalb – zusammen mit den auf den Seeverkehr bezogenen Regelungen der § 516 Abs. 3, § 526 Abs. 4 S. 2 – als Wegbereiter für digitale Traditionspapiere verstanden,[16] die über den numerus clausus der papiergestützten Papiere hinausgehen und den Weg für den Einsatz der Blockchain-Technologie im Transportgeschehen[17] ebenen.[18] Die wichtigsten Eigenschaften, auf die es für die Annahme einer Funktionsäquivalenz ankommt, werden in der Verordnungsermächtigung des Abs. 3 S. 2 angeführt. Elektronische Lagerscheine müssen ausgestellt, vorgelegt, zurückgegeben und mitgeführt werden, außerdem müssen nachträgliche Eintragungen möglich sein. Geeignete technische Vorkehrungen müssen deshalb vor allem ermöglichen: (1) die ausschließliche Verfügungsbefugnis über eine elektronische Aufzeichnung, die dem Besitz an dem betreffenden elektronischen Lagerdokument entspricht, (2) die Befugnis, in der elektronischen Aufzeichnung nachträglich Eintragungen vorzunehmen, (3) die Freigabe einer elektronischen Aufzeichnung an Dritte sowie (4) die Möglichkeit, einer anderen Person Kenntnis von dem Inhalt der elektronischen Aufzeichnung zu geben. Darüber hinaus muss die elektronische Aufzeichnung, um zu dem betreffenden Dokument in Papierform funktionsäquivalent zu sein, bestimmte weitere Eigenschaften haben, nämlich (5) dass an ihr Besitz verschafft und dass sie im Rahmen der Zwangsvollstreckung in Besitz genommen werden kann und (6) dass elektronische Kopien erstellt werden können.[19] Nähere Regelungen, insbeson-

---

[11] BGH 7.3.2013, RdTW 2013, 319 Rn. 16.

[12] Näher Ramming RdTW 2022, 2 ff.; Ramming RdTW 2022, 100 ff.

[13] Dazu Ramming RdTW 2021, 450 ff.

[14] Zum eCMR-Frachtbrief vgl. Saive RdTW 2021, 187 ff.; vgl. auch Saive, Das elektronische Konnossement, 2020.

[15] Vgl. Saive/Janicki RdTW 2019, 201 ff.

[16] Saive TranspR 2018, 224 (236).

[17] Vgl. Saive RdTW 2018, 85 ff.; Furre Jusletter 4.12.2017.

[18] BT-Drs. 17/10309, 93.

[19] Eingehend Ramming RdTW 2022, 2 ff.; Ramming RdTW 2022, 100 ff.

dere dazu wie elektronische Papiere unterzeichnet, „vorgelegt", „zurückgegeben" und „übertragen" werden kann, sind einer Rechtsverordnung vorbehalten, die in Abs. 3 S. 2 die erforderliche Ermächtigungsgrundlage hat, aber noch nicht verabschiedet ist.

§ 409 Beweiskraft des Frachtbriefs

(1) Der von beiden Parteien unterzeichnete Frachtbrief dient bis zum Beweis des Gegenteils als Nachweis für Abschluß und Inhalt des Frachtvertrages sowie für die Übernahme des Gutes durch den Frachtführer.

(2) [1]Der von beiden Parteien unterzeichnete Frachtbrief begründet ferner die Vermutung, daß das Gut und seine Verpackung bei der Übernahme durch den Frachtführer in äußerlich gutem Zustand waren und daß die Anzahl der Frachtstücke und ihre Zeichen und Nummern mit den Angaben im Frachtbrief übereinstimmen. [2]Der Frachtbrief begründet diese Vermutung jedoch nicht, wenn der Frachtführer einen begründeten Vorbehalt in den Frachtbrief eingetragen hat; der Vorbehalt kann auch damit begründet werden, daß dem Frachtführer keine angemessenen Mittel zur Verfügung standen, die Richtigkeit der Angaben zu überprüfen.

(3) [1]Ist das Rohgewicht oder die anders angegebene Menge des Gutes oder der Inhalt der Frachtstücke vom Frachtführer überprüft und das Ergebnis der Überprüfung in den von beiden Parteien unterzeichneten Frachtbrief eingetragen worden, so begründet dieser auch die Vermutung, daß Gewicht, Menge oder Inhalt mit den Angaben im Frachtbrief übereinstimmt. [2]Der Frachtführer ist verpflichtet, Gewicht, Menge oder Inhalt zu überprüfen, wenn der Absender dies verlangt und dem Frachtführer angemessene Mittel zur Überprüfung zur Verfügung stehen; der Frachtführer hat Anspruch auf Ersatz seiner Aufwendungen für die Überprüfung.

Schrifttum: Bästlein/Bästlein, Beweisfragen in Rechtsstreitigkeiten gegen den HGB-Frachtführer wegen Güterschäden, TranspR 2003, 413; Freise, Die Übernahme des Gutes: Fragen der „blind" erteilten Übernahmequittung, TranspR 2015, 337.

Übersicht

I. Allgemeines

1 Die Vorschrift weist dem von beiden Parteien des Frachtvertrages unterzeichneten Frachtbrief eine gesteigerte Beweiswirkung zu; der Frachtbrief ist dann ein **qualifiziertes Beweispapier** (→ § 408 Rn. 1). Die Qualifikation besteht darin, dass die Richtigkeit der urkundlichen Erklärung nicht nur auf einem einfachen und deshalb ohne weiteres erschütterbaren Erfahrungssatz beruht, sondern bis zum Beweis des Gegenteils kraft Gesetzes vermutet wird. Mit den an den Regelungen der Art. 8, 9 CMR orientierten[1] Vermutungen des § 409 ist somit eine **Umkehr der Beweislast** verbunden, bis der volle Gegenbeweis erbracht ist, dass die Frachtbriefangaben unzutreffend sind (§ 292 ZPO). Hat nicht der Frachtführer, sondern ein Mitarbeiter des Unterfrachtführers den Frachtbrief unterzeichnet, liefert dieser keinen ausreichenden Nachweis für die Übernahme des Gutes durch den Frachtführer; allerdings kann sich aus den Umständen ergeben, dass das Gut vom Unterfrachtführer übernommen wurde und diese dem Frachtführer zuzurechnen ist.[2]

2 Als Privaturkunde begründet der Frachtbrief zusätzlich die Beweiswirkung des **§ 416 ZPO** zwischen den Vertragsparteien des Frachtvertrages und gegenüber dem Empfänger, nicht aber gegenüber Dritten, besteht die Vermutung der Richtigkeit und Vollständigkeit der Urkunde.[3]

3 § 409 begründet dagegen **keine negative Vermutung** in dem Sinne, dass dann, wenn bestimmte Angaben im Frachtbrief fehlen, zu vermuten ist, dass diesbezüglich keine Vereinbarungen getroffen

[1] Begr. RegE TRG, BT-Drs. 13/8445, 37.
[2] OLG Brandenburg 29.5.2019, RdTW 2019, 256 Rn. 33 ff.
[3] Ebenroth/Boujong/Reuschle Rn. 4.

wurden.[4] Eine Vermutung dafür, dass die Vereinbarungen der Parteien des Frachtvertrages vollständig wiedergegeben werden, enthält der Frachtbrief ebenfalls nicht.[5]

4 Die Beweiswirkung des Frachtbriefs entfällt, wenn und soweit dieser **wirksame Vorbehalte** enthält. In diesen Fällen gelten allein die allgemeinen Beweisregeln. Die Vorbehalte für die Vermutung des Abs. 1 müssen nicht begründet werden; auf ihre Richtigkeit kommt es nicht an. In den Fällen des Abs. 2 ist dagegen der Vorbehalt nur wirksam, wenn er begründet wird (Abs. 2 S. 2); auf die Richtigkeit des Vorbehalts kommt es auch hier nicht an. Die notwendige Begründung muss für Außenstehende nachvollziehbar sein; sie kann auch in Gestalt eines Unbekannt-Vermerks erfolgen, wenn der Frachtführer diesen damit begründet, dass ihm keine angemessenen Mittel zur Verfügung standen, die Richtigkeit der Angaben des Absenders zu überprüfen (Abs. 2 S. 2 Hs. 2).

II. Beweiskraft des Frachtbriefs

5 **1. Abschluss und Inhalt des Frachtvertrages.** Die Vermutung hinsichtlich des **Abschlusses** des Frachtvertrages bezieht sich sowohl auf die als Absender und Frachtführer beteiligten Personen als auch darauf, dass ein Angebot auf Beförderung zur Ablieferungsstelle angenommen worden ist.

6 Die Beweiswirkung hinsichtlich des **Inhalts** bezieht sich auf sämtliche in § 408 Abs. 1 S. 1 genannten Angaben. Der Inhalt des Frachtbriefs wird deshalb als Inhalt des Frachtvertrages vermutet; die Vermutung bezieht sich auf den Bestimmungsort, die Lieferfrist, aufgeführte Weisungen, auf Haftungshöchstbeträge sowie auf den Gerichtsstand. Die Vermutung bezieht sich überdies auf die iSd § 408 Abs. 1 S. 2 von den Parteien für zweckmäßig erachteten sonstigen Angaben.

7 **2. Übernahme des Gutes.** Nach **Abs. 1** wird die Übernahme des Gutes vermutet; dem Frachtbrief kommt insofern die Funktion einer **Quittung** iSd §§ 368 ff. BGB zu. Die Vermutung bezieht sich auf den Übernahmevorgang als solchen und die Übernahme des Beförderungsgutes; sie hat somit auch im Verlustfalle Bedeutung.[6] Die nämliche Beweisvermutung gilt auch für die Übergabe der Begleitpapiere, die zum übernommenen Gut gehören.[7]

8 Die **Vermutung** der Übernahme ist **widerlegt,** wenn der Frachtführer den Beweis führt, dass der Brief schuldlos „blind unterschrieben" wurde und entgegen dem Bestätigungsvermerk eine Überprüfung der Angaben nicht stattgefunden hat.[8]

9 **3. Zustand und Verpackung des Gutes.** Für den **Zustand** der Güter und die Verpackung gilt die Vermutung nach **Abs. 2.** Die Regelung betrifft die Vermutung, dass der Frachtführer das Gut samt Verpackung vom Absender in äußerlich gutem Zustand, in der richtigen Anzahl der Frachtstücke und mit den richtigen Zeichen und Nummern übernommen hat. Zum Begriff des Frachtstücks (Packstücks) nach § 408 Nr. 7 → § 408 Rn. 15.

10 Die Vermutung nach Abs. 2 S. 1 bezieht sich auf den **äußerlichen Zustand** des Gutes und der Verpackung. Von waren- und verpackungsbezogenen Grundkenntnissen abgesehen, wird vom Frachtführer keine spezielle Untersuchung des Gutes verlangt.[9] Strengere Anforderungen gelten für Kühltransporte.[10] Ist das Gut wegen der Verpackung nicht zu erkennen, spricht die Vermutung nur für den äußerlichen Zustand der Verpackung, nicht aber für den verpackten Inhalt.[11]

11 Zum Begriff der **Verpackung** gilt § 408 Abs. 1 Nr. 6. Die Vermutung bezieht sich – ohne dass ein Vorbehalt erforderlich ist – nur auf den **äußeren Zustand** der Verpackung, da der Frachtführer regelmäßig nicht befugt ist, die Verpackung zu öffnen.[12] Weist der Frachtbrief einen Container mit einer in ihm enthaltenen bestimmten Zahl von Stücken aus, bewirkt Abs. 2 S. 1 eine Vermutung des äußerlich guten Zustandes dieser Stücke, sofern der Frachtführer keinen wirksamen Unbekannt-Vorbehalt erklärt hat.[13]

12 **4. Gewicht, Menge, Inhalt der Frachtstücke.** Für diese Frachtbriefangaben gelten die Sonderregeln des **Abs. 3.** Die gesetzliche Vermutungswirkung ist insofern abhängig davon, dass der Frachtführer die entsprechenden Angaben überprüft hat und das Ergebnis der Prüfung in den Frachtbrief eingetragen wurde. Eine Verpflichtung zur Überprüfung kann sich aus dem Frachtvertrag ergeben.

---

[4] Heymann/Schlüter Rn. 4.
[5] Begr. RegE TRG, BT-Drs. 13/8445, 37.
[6] Vgl. BGH 24.10.2002, TranspR 2003, 156 (159).
[7] Ebenroth/Boujong/Reuschle Rn. 7.
[8] OLG Köln 20.6.1997, TranspR 1998, 303 (304).
[9] Bästlein/Bästlein TranspR 2003, 413 (415); Koller Rn. 16.
[10] Koller Rn. 16.
[11] Bästlein/Bästlein TranspR 2003, 413 (415).
[12] Koller Rn. 17.
[13] Koller Rn. 17.

Im Übrigen ist der Frachtführer nach Abs. 2 S. 2 zur Überprüfung nur verpflichtet, wenn der Absender dies verlangt und dem Frachtführer angemessene Prüfmittel zur Verfügung stehen. Der Frachtführer darf Experten zuziehen und die Kosten auf den Absender abwälzen (Abs. 3 S. 2 letzter Hs.). Ein Recht zur Überprüfung hat der Frachtführer grundsätzlich nicht. In begründeten Fällen (zB um eine Überladung des Transportfahrzeugs zu vermeiden) kann ein Recht zur Überprüfung als vertragliche Nebenpflicht anerkannt werden.[14]

III. Abdingbarkeit

Die Vorschrift ist grundsätzlich abdingbar. Ausweislich des **§ 449** kann dies auch durch **AGB** 13 erfolgen.[15] Eine unangemessene Benachteiligung des Absenders iSd § 307 BGB geht damit nicht einher, weil sich der Absender durch eine Übernahmequittung schützen kann.[16]

§ 410 Gefährliches Gut

(1) Soll gefährliches Gut befördert werden, so hat der Absender dem Frachtführer rechtzeitig in Textform die genaue Art der Gefahr und, soweit erforderlich, zu ergreifende Vorsichtsmaßnahmen mitzuteilen.

(2) Der Frachtführer kann, sofern ihm nicht bei Übernahme des Gutes die Art der Gefahr bekannt war oder jedenfalls mitgeteilt worden ist,
1. **gefährliches Gut ausladen, einlagern, zurückbefördern oder, soweit erforderlich, vernichten oder unschädlich machen, ohne dem Absender deshalb ersatzpflichtig zu werden, und**
2. **vom Absender wegen dieser Maßnahmen Ersatz der erforderlichen Aufwendungen verlangen.**

Schrifttum: Schindler, Zivilrechtliche Verantwortlichkeit beim Gefahrguttransport auf der Straße, FG Herber, 1999, 119.

Übersicht

I. Allgemeines

1 Die Vorschrift soll Schäden bei der Beförderung von Gefahrgut vermeiden und den Frachtführer vor den Risiken des Gefahrguttransports schützen. Er soll nur solche Risiken tragen, die ihm bekannt waren (Abs. 2) oder über die er gem. Abs. 1 informiert wurde. Die Vorschrift regelt in Anlehnung an Art. 22 CMR[1] in Abs. 1 eine Mitteilungspflicht des Absenders von gefährlichem Gut; Abs. 2 regelt bestimmte Rechte des Frachtführers im Zusammenhang mit Gefahrguttransporten.

II. Mitteilungspflichten des Absenders (Abs. 1)

2 **1. Gegenstand.** Die Mitteilungspflicht des Absenders bezieht sich auf gefährliche Güter. Gefahrgut sind zunächst die in den einschlägigen **Gefahrgutgesetzen und -verordnungen** aufgeführten Güter.[2]

[14] Heymann/Schlüter Rn. 13.
[15] Koller Rn. 32; **aA** Lammich/Pöttinger Rn. 27.
[16] *Koller* Rn. 32; *Ebenroth/Boujong/Reuschle* Rn. 22.
[1] Begr. RegE TRG, BT-Drs. 13/8445, 39.
[2] Vgl. insbes. die Regeln des Gefahrgutbeförderungsgesetzes vom 7.7.2009 (BGBl. 2009 I 1774) sowie die Gefahrgutverordnungen für: Straße, Eisenbahnen und Binnengewässer: GGVSEB idF der Bek. vom 26.3.2021 (BGBl. 2021 I 475); für Seeschiffe: GGVSee idF der Bek. vom 21.10.2019 (BGBl. 2019 I 1475); ferner Gefahrgut-Ausnahmeverordnung (GGAV) idF der Bek. vom 11.3.2019 (BGBl. 2019 I 229). Zu beachten sind ferner die internationalen Regeln für den Straßenverkehr: ADR; für den Schienenverkehr: RID; für die Seeschifffahrt: IMDG-Code; für Wasserstraßen: ADN; für die Luftfahrt: ICAO-TI. Vgl. dazu Niebusch/Rakowski, Gefahrgut Straße, 2023; Busch (Hrsg.), Gefahrgut für die Praxis (Loseblatt), 2022; Kühn/Birett, Gefahrgut-Schlüssel (Loseblatt), 2022.

§ 410 erfasst im Interesse des Frachtführerschutzes **zusätzlich** alle Güter, die aus beförderungsspezifischer Sicht gefährlich sind.[3] Das sind diejenigen Güter, die im Rahmen eines normalen Transports eine unmittelbare Gefahr für Personen, Transportmittel oder andere Rechtsgüter darstellen, mit denen ein ordentlicher Frachtführer üblicherweise nicht zu rechnen braucht.[4] Die gebotene Unterscheidung ist danach zu treffen, wann der Bereich verlassen wird, der zu der von jedem ordentlichen Frachtführer zu tragenden Normalgefahr der Beförderung gehört. Allgemeingültige Aussagen lassen sich insofern nicht treffen; maßgeblich ist die Gefährlichkeit unter den im Einzelfall gegebenen Umständen.[5]

3 **2. Umfang.** Die Mitteilungspflicht umfasst Informationen über die Art und den Umfang der Gefahr sowie Informationen über erforderliche Vorsichtsmaßnahmen. Ist das Gefahrgut in Gefahrgutgesetzen und -verordnungen enthalten, genügt der Absender seiner Mitteilungspflicht durch die den Vorschriften entsprechende Bezeichnung des Gefahrgutes bzw. der Gefahrenklasse oder die Angabe der gesetzlichen Vorschrift.[6] Die Mitteilung von **Vorsichtsmaßnahmen** ist in diesem Fall entbehrlich, weil dies gegenüber einem ordentlichen Frachtführer nicht erforderlich ist. Vorsichtsmaßnahmen sind generell nur „soweit erforderlich" mitzuteilen. Dabei gilt, dass der Absender davon ausgehen kann, dass ein ordentlicher Frachtführer die zu ergreifenden Vorsichtsmaßnahmen kennt.

4 **3. Zeitpunkt.** Die Mitteilung muss „rechtzeitig" erfolgen. Der Maßstab soll flexible Handhabungen ermöglichen, weil konkrete Vorschriften nicht generell getroffen werden sollten.[7] **Rechtzeitig** erfolgt die Mitteilung, wenn sie den Frachtführer in die Lage versetzt, sich auf die Beförderung des gefährlichen Gutes vorzubereiten und die erforderlichen Vorsichtsmaßnahmen zu ergreifen. Für die Rechtzeitigkeit der (rechtsgeschäftsähnlichen) Mitteilung ist deren **Zugang** beim Frachtführer (§ 130 BGB analog) maßgeblich, nicht dessen tatsächliche Kenntnisnahme.[8] Die Möglichkeit der Kenntnisnahme unter zumutbaren Umständen als Voraussetzung des Zugangs kann nicht gegeben sein, wenn der Gefahrenhinweis in einem Bündel von Informationen verborgen ist und von einem ordentlichen Frachtführer nicht erwartet werden kann, dass er die Gefahreninformation ohne besonderen Hinweis des Absenders zur Kenntnis nimmt.[9]

5 **4. Form.** Die Mitteilung ist in **Textform** iSd § 126b BGB zu geben. Danach kommt die Mitteilung in unterzeichneten Schriftstücken, aber auch per E-Mail oder Telefax in Betracht, wenn sie die Person des Mitteilenden und den Abschluss der Erklärung durch Nachbildung der Namensunterschrift erkennen lässt. Die **telefonische Mitteilung** oder die Aufzeichnung der Mitteilung auf einem Anrufbeantworter genügt den Textformanforderungen **nicht.**[10]

III. Rechte des Frachtführers (Abs. 2)

6 Kennt der Frachtführer die Art der Gefahr bei der Übernahme des Gutes nicht und ist ihm diese auch nicht rechtzeitig mitgeteilt worden, eröffnet das Gesetz bestimmte Rechte des Frachtführers. Diese Rechte stehen ihm also nicht schon immer dann zu, wenn die nach Abs. 1 gebotenen Mitteilungen unterbleiben. Eine ohne die gebotene Mitteilung durch den Frachtführer bestehende Kenntnis von der Art der Gefahr schließt die Anwendung von Abs. 2 aus. Die **Beweislast** für die Kenntnis liegt beim Absender.[11]

7 In Betracht kommt ein **Schadensersatzanspruch** des Frachtführers gem. § 414 Abs. 1 Nr. 3 (→ § 414 Rn. 8). Außerdem stehen ihm die Befugnisse gem. Abs. 2 Nr. 1 zu; ggf. hat er einen Anspruch auf **Aufwendungsersatz** (Abs. 2 Nr. 2).

8 **1. Maßnahmenbefugnisse.** Der Frachtführer kann unter den genannten Voraussetzungen des Abs. 2 das gefährliche Gut ausladen, einlagern, zurückbefördern, vernichten oder unschädlich machen.

9 Die Befugnis zum **Ausladen** schließt die Befugnis zur sicheren Verwahrung ein (vgl. Art. 16 Abs. 2 S. 2 CMR). Regelmäßig verstößt der Frachtführer gegen die ihm obliegenden vertraglichen Sorgfaltspflichten, wenn gefährliches Gut nur ausgeladen, nicht aber sicher verwahrt wird. Dann kann der Frachtführer für sein pflichtwidriges Verhalten haftbar gemacht werden; Abs. 1 Nr. 1 letzter

---

[3] Begr. RegE TRG, BT-Drs. 13/8445, 39.
[4] Koller Rn. 2.
[5] Vgl. Koller Rn. 2.
[6] Koller Rn. 6.
[7] Begr. RegE TRG, BT-Drs. 13/8445, 39.
[8] Koller Rn. 5.
[9] Koller Rn. 5.
[10] Heymann/Schlüter Rn. 2.
[11] Heymann/Schlüter Rn. 5.

Hs. steht dem nicht entgegen, weil dieser nur eine Ersatzpflicht für ordnungsgemäßes Handeln des Frachtführers ausschließt.

10 Die Handlungsmöglichkeiten des Frachtführers umfassen eine **Einlagerung** des gefährlichen Gutes. Er kann das Gut bei sich oder einem Dritten im eigenen Namen und auf fremde Rechnung einlagern.

11 Die Befugnis zur **Zurückbeförderung** begründet eine Rücknahmepflicht des Absenders.

12 Die Befugnis zur **Vernichtung oder Unschädlichmachung** ist nur „soweit erforderlich" eröffnet. Der Frachtführer kann diese Varianten nur bei pflichtgemäßer Prüfung der anderen Handlungsalternativen anwenden. Nach verbreiteter Auffassung soll diese Verhältnismäßigkeitsprüfung mit Rücksicht auf den gebotenen Schutz der Interessen des Absenders bei allen Handlungsalternativen des Abs. 2 Nr. 1 stattfinden müssen.[12] Der Frachtführer hat deshalb jedenfalls zu prüfen, welche Maßnahme unter Berücksichtigung der Interessen des Absenders zu ergreifen ist. Nicht durchweg ist allerdings das schonendste Mittel anzuwenden,[13] weil der Frachtführer auch berechtigt ist, für eine effektive Gefahrenbeseitigung zu sorgen.

13 **2. Aufwendungsersatz.** Wegen der Maßnahmen iSd Nr. 1 steht dem Frachtführer ein Anspruch auf Ersatz der erforderlichen Aufwendungen zu (Abs. 1 Nr. 2). Insofern können Auslagen für das Ausladen und die Einlagerung, die Beförderungskosten und die Kosten für die Vernichtung oder Unschädlichmachung verlangt werden. Die Beweislast für die Erforderlichkeit der Auslagen und deren Höhe trägt der diese beanspruchende Frachtführer. Der Aufwendungsersatzanspruch besteht neben dem Anspruch gem. § 414 Abs. 1 Nr. 3.[14]

IV. Abdingbarkeit

14 Die Vorschrift ist abdingbar. Dies folgt daraus, dass § 410 in § 449 nicht aufgeführt wird. Eine Klauselkontrolle nach § 307 BGB bleibt davon unbenommen.[15] Die Vorschrift ist **konkludent** abbedungen, wenn der Frachtführer (oder seine insofern vertretungsberechtigten Hilfspersonen) mündliche Informationen entgegennehmen, ohne die Form der Mitteilung zu beanstanden.

§ 411 Verpackung, Kennzeichnung

[1]Der Absender hat das Gut, soweit dessen Natur unter Berücksichtigung der vereinbarten Beförderung eine Verpackung erfordert, so zu verpacken, daß es vor Verlust und Beschädigung geschützt ist und daß auch dem Frachtführer keine Schäden entstehen. [2]Soll das Gut in einem Container, auf einer Palette oder in oder auf einem sonstigen Lademittel, das zur Zusammenfassung von Frachtstücken verwendet wird, zur Beförderung übergeben werden, hat der Absender das Gut auch in oder auf dem Lademittel beförderungssicher zu stauen und zu sichern. [3]Der Absender hat das Gut ferner, soweit dessen vertragsgemäße Behandlung dies erfordert, zu kennzeichnen.

Schrifttum: Mittelhammer, Verpackung und Verpackungsmängel, TranspR 2014, 140; Thume, Der Container – ein haftungsträchtiges Chamäleon des Frachtrechts, TranspR 2021, 1; Thume, Verpackungsmängel und ihre Folgen im allgemeinen deutschen Frachtrecht und im grenzüberschreitenden Straßengüterverkehr, TranspR 2013, 8; Willinger, Rechtliche Grundlage für die Verpackung gefährlicher Güter, TranspR 1981, 81; Zapp, Rechtsprobleme im Zusammenhang mit der Verpackung in der CMR und im deutschen Handelsgesetzbuch, TranspR 2004, 333.

Übersicht

[12] Heymann/Schlüter Rn. 6.
[13] So Heymann/Schlüter Rn. 6.
[14] Koller Rn. 17.
[15] Koller Rn. 22.

I. Allgemeines

1 Die Vorschrift statuiert unter bestimmten Voraussetzungen eine von der kaufrechtlichen Verpflichtung[1] zu unterscheidende, frachtrechtliche Pflicht zur Verpackung und legt diese dem Absender auf. Die Kennzeichnung des Gutes obliegt unter bestimmten Voraussetzungen ebenfalls dem Absender. Die Regelungen schaffen eine an den vertraglich geschuldeten Transportbedingungen orientierte Pflichtenbindung.[2] Die Zuweisung der Verpackungspflicht an den Absender dient nicht nur der Entlastung des Frachtführers;[3] sie folgt der Vorstellung einer regelmäßig größeren Sachkunde des Absenders für die Aufgabe.[4] Mit dem Seehandelsrechtsreformgesetz wurde die für den Containerverkehr geschaffene Regelung des S. 2 neu eingeführt.

II. Pflicht zur Verpackung

2 **1. Voraussetzungen.** Eine Rechtspflicht des Absenders zur Verpackung besteht nur unter den Voraussetzungen des S. 1. Der Absender hat danach das Gut zu verpacken, wenn dieses nach seiner Natur und unter Berücksichtigung der vereinbarten Beförderung eine Verpackung erfordert.

3 Die Verpackungsbedürftigkeit ist in erster Linie nach der Art der Güter („Natur" des Gutes) zu beurteilen. Abzustellen ist auf die **jeweilige Empfindlichkeit** der Güter. Allgemeine Grundsätze lassen sich insoweit nicht formulieren. Letztlich ist die Verpackungsbedürftigkeit für jedes Gut gesondert festzustellen. Für verderbliche Ware, robuste Maschinen oder empfindliche Einzelteile und im Hinblick auf den Aggregatzustand gelten jeweils besondere Maßstäbe.[5]

4 Ferner sind die Umstände der vereinbarten Beförderung zu berücksichtigen. Dabei sind die **üblichen Beförderungsverhältnisse** zugrunde zu legen. Zu berücksichtigen sind die typischen transportbedingten Erschütterungen,[6] die Einwirkungen der typischen Witterungsverhältnisse und die Belastungen infolge erforderlicher Umladungen.[7] Die Gefahren durch Mängel des Transportmittels, durch Unfälle oder unübliche Verzögerung oder von Raub und Diebstahl sind für die Frage der Verpackungsbedürftigkeit nicht zu berücksichtigen.[8]

5 **2. Umfang.** Für den Umfang der geschuldeten Verpackung gilt nach S. 1, dass das Gut vor Verlust oder Beschädigung zu schützen ist und dass auch dem Frachtführer keine Schäden entstehen. Generell ist zu berücksichtigen, dass der Verpackungsaufwand in einem angemessenen Verhältnis zum Wert der verpackten Ware stehen muss.[9] Transportempfindliche Güter sind vom Absender auch dann sicher zu verpacken, wenn die hierfür erforderliche Verpackung erhebliche Kosten verursacht, weil vom Frachtführer mangels besonderer Vereinbarung nicht erwartet werden darf, dass er besonders vorsichtig oder besonders gefahrlos transportiert.[10] Ein Schutz gegen ungewöhnliche und nicht vorhersehbare Gefahren des Transports wird nicht geschuldet. Die Qualität der Verpackung hängt somit auch vom **Wert des Gutes** ab.[11]

6 Für Container und Paletten bzw. ähnliche zur Ladungszusammenfassung geeignete Lademittel ist die durch das Seehandelsrechtsreformgesetz eingeführte Regelung des S. 2 zu beachten, die der des § 484 S. 2 entspricht. Danach besteht die dem Vorbild der nicht in Kraft getretenen Rotterdam Regeln des Seehandelsrechts nachgebildete Pflicht,[12] das Gut nicht nur beförderungssicher zu verpacken, sondern es auch in oder auf dem Lademittel beförderungssicher zu stauen und zu befestigen. Auf **Paletten** angelieferte Frachtstücke müssen in der Regel durch Bänder oder Folien zusammengehalten und gesichert werden.[13] Der Frachtführer, der kein Warenfachmann ist, muss die Beförderungssicherheit der Verladung durch den Absender nicht kontrollieren; ist aber die unsichere Verladung offensichtlich, hat der Frachtführer den Absender darauf hinzuweisen.[14] Die Prüfung der

---

1 Vgl. BGH 23.3.1977, DB 1977, 1500; 18.6.1968, NJW 1968, 1929; OLG Nürnberg 22.2.2017, TranspR 2017, 382 mAnm Piltz.
2 Begr. RegE TRG, BT-Drs. 13/8445, 40.
3 Begr. RegE TRG, BT-Drs. 13/8445, 40.
4 Ebenroth/Boujong/Reuschle Rn. 2; Heymann/Schlüter Rn. 1.
5 Ebenroth/Boujong/Reuschle Rn. 4.
6 BGH 12.11.1992, NJW-RR 1992, 606.
7 Koller Rn. 4 mit weiteren Beispielen.
8 Koller Rn. 4; Ebenroth/Boujong/Reuschle Rn. 8.
9 Begr. RegE TRG, BT-Drs. 13/8445, 39.
10 Koller Rn. 4; Ebenroth/Boujong/Reuschle Rn. 10.
11 OLG Düsseldorf 27.10.1983, TranspR 1984, 109 (111).
12 Die Begr. RegE SHR-ReformG spricht unklar von „Oliegenheit und Pflicht", BT-Drs. 17/10309, 68 zu § 484.
13 So bereits Ebenroth/Boujong/Reuschle Rn. 13 für § 411 aF.
14 OLG Bamberg 9.4.2014, RdTW 2015, 103 Rn. 39.

Geeignetheit von Hilfsmitteln für die Verladung ist ebenfalls Sache des Absenders, es sei denn, dass die mangelnde Kompatibilität für den Frachtführer offensichtlich ist.[15]

Auf güter- oder branchenspezifische **Verkehrssitten** ist schon nach den allgemeinen Regeln der § 157 BGB, § 346 Rücksicht zu nehmen.[16] Technische Normen über Verpackungsstandards bzw. Verpackungsoptimierungen sind ebenfalls zu berücksichtigen.[17] 7

3. Rechtsfolgen. a) Haftung des Absenders für Schäden. Der verpackungspflichtige Absender haftet nach Maßgabe des § 414 Abs. 1 für Schäden und Aufwendungen des Frachtführers bei unzureichender Verpackung. Die gesetzliche Pflicht des Absenders zur sorgfältigen Verpackung des Gutes hat dagegen keine Schutzwirkung zugunsten der Beteiligten anderer geschädigter Ladung.[18] 8

b) Zurückweisung des Gutes. In den Fällen, in denen dem Frachtführer infolge eines Verpackungsmangels ein Schaden droht, kann er die Durchführung des Transports nach § 273 Abs. 1 BGB solange verweigern, bis der Absender seiner Verpackungspflicht nach S. 1 nachkommt. 9

c) Rücktrittsrecht. Der Frachtführer kann vom Frachtvertrag nach Maßgabe des § 323 Abs. 2 BGB zurücktreten, wenn der Absender sich weigert, das Gut ordnungsgemäß zu verpacken. 10

d) Haftungsausschluss gemäß § 427 Abs. 1 Nr. 2. Die ungenügende Verpackung durch den Absender stellt nach § 427 Abs. 1 Nr. 2 einen besonderen Grund für den Ausschluss der Frachtführerhaftung dar. 11

4. Abweichende Vereinbarungen. Den Parteien steht es frei, von der gesetzlichen Regelung des § 411 abweichende Vereinbarungen zu treffen und insbesondere dem Frachtführer die Verpackungspflicht aufzuerlegen. Verpflichtet sich der Frachtführer zur Verpackung oder zu deren Überprüfung, ist diese übernommene Verpflichtung regelmäßig nicht frachtrechtlicher Natur und fällt dann nicht in den Obhutszeitraum des § 425.[19] Weitergehende Verpackungspflichten für den Absender sieht Nr. 6 ADSp vor. Übernimmt abweichend von S. 3 der Frachtführer die Kennzeichnung des Gutes, liegt darin kein selbständiger Werkvertrag, sondern eine bloße Nebenleistung, für die der Frachtführer nach Maßgabe der frachtrechtlichen Bestimmungen verantwortlich ist.[20] 12

III. Pflicht zur Kennzeichnung (S. 3)

1. Voraussetzungen. Die Kennzeichnungspflicht des Absenders besteht nach § 411 S. 3, wenn die vertragsgemäße Behandlung des Gutes dies erfordert. Die Kennzeichnung dient der Information der unmittelbar mit der Verladung, Verstauung, Einlagerung und Entladung befassten Personen und soll dem Frachtführer die Überprüfung der Identität und Vollständigkeit der Sendung erleichtern. Überhaupt keiner Kennzeichnung bedarf es, wenn nach der Art des Gutes **keinerlei Verwechselungsgefahr** besteht.[21] Andererseits genügt eine doppelte Kennzeichnung mit zwei Labeln wegen der Verwechselungsfahr genügt nicht den Anforderungen von § 411 S. 3 HGB und ist deshalb regelmäßig ungenügend iSv § 427 Abs. 1 Nr. 5.[22] 13

2. Ausführung. Die Kennzeichnung braucht nach S. 3 **nur auf dem Gut** angebracht zu werden. In den Frachtbrief erfolgt die Aufnahme der Kennzeichnung nach Maßgabe des § 408 Abs. 1 S. 1 Nr. 7. Eine Verpflichtung zur Kennzeichnung mit bestimmten Warnsymbolen besteht nach S. 3 grundsätzlich nicht, sofern den Absender eine schadensvermeidende Verpackungspflicht trifft.[23] Eine Verpflichtung zur Kennzeichnung des Gutes als Nachnahmegut sieht das Gesetz nicht vor. 14

3. Rechtsfolgen. Der kennzeichnungspflichtige Absender **haftet** für die infolge unzureichender Kennzeichnung entstehenden Schäden (§ 414 Abs. 1 Nr. 1 Alt. 2). Der Frachtführer kann sich bei Güter- oder Verspätungsschäden auf den Einwand des § 425 Abs. 2 Alt. 1 und den Einwand des § 427 Abs. 1 Nr. 5 berufen. Wird die unzureichende Kennzeichnung bei der Ablieferung entdeckt, stellt dies ein Ablieferungshindernis iSd § 419 dar. 15

---

[15] *OLG Bamberg 9.4.2014*, RdTW 2015, 103 Rn. 41 ff.
[16] Begr. RegE TRG, BT-Drs. 13/8445, 39.
[17] Willinger TranspR 1981, 81; Ebenroth/Boujong/Reuschle Rn. 2.
[18] OLG Hamburg 12.8.2019, RdTW 2020, 224 Rn. 30 ff. zu § 484; zust. Ramming RdTW 2020, 210 ff.
[19] Vgl. OLG München 15.3.2006, TranspR 2006, 355 (357); Zapp TranspR 2004, 333 (336).
[20] BGH 4.2.2016, RdTW 2016, 340; OLG Stuttgart 28.6.2017, RdTW 2017, 435.
[21] Koller Rn. 19.
[22] LG Bonn 15.5.2020, RdTW 2020, 271 Rn. 28.
[23] So Koller Rn. 20.

16 **4. Abdingbarkeit.** Abweichende Parteivereinbarungen sind zulässig. Die Erläuterungen zur Verpackungspflicht nach S. 1 gelten entsprechend (→ Rn. 12). Zu beachten sind die Kennzeichnungspflichten nach Nr. 3.6 ADSp, § 16 VBGL.

§ 412 Verladen und Entladen. Verordnungsermächtigung

(1) [1]Soweit sich aus den Umständen oder der Verkehrssitte nicht etwas anderes ergibt, hat der Absender das Gut beförderungssicher zu laden, zu stauen und zu befestigen (verladen) sowie zu entladen. [2]Der Frachtführer hat für die betriebssichere Verladung zu sorgen.

(2) Für die Lade- und Entladezeit, die sich mangels abweichender Vereinbarung nach einer den Umständen des Falles angemessenen Frist bemißt, kann keine besondere Vergütung verlangt werden.

(3) Wartet der Frachtführer auf Grund vertraglicher Vereinbarung oder aus Gründen, die nicht seinem Risikobereich zuzurechnen sind, über die Lade- oder Entladezeit hinaus, so hat er Anspruch auf eine angemessene Vergütung (Standgeld).

(4) Das Bundesministerium der Justiz wird ermächtigt, im Einvernehmen mit dem Bundesministerium für Digitales und Verkehr durch Rechtsverordnung, die nicht der Zustimmung des Bundesrates bedarf, für die Binnenschiffahrt unter Berücksichtigung der Art der zur Beförderung bestimmten Fahrzeuge, der Art und Menge der umzuschlagenden Güter, der beim Güterumschlag zur Verfügung stehenden technischen Mittel und der Erfordernisse eines beschleunigten Verkehrsablaufs die Voraussetzungen für den Beginn der Lade- und Entladezeit, deren Dauer sowie die Höhe des Standgeldes zu bestimmen.

Schrifttum: Braun, Das frachtrechtliche Leistungsstörungsrecht nach dem Transportrechtsreformgesetz, Diss. Regensburg 2002; Didier, Risikozurechnung bei Leistungsstörungen im Gütertransportrecht, Diss. Mannheim 2001; Neufang/Valder, Laden und Ladungssicherung im Straßengüterrecht, TranspR 2002, 325; Risch, Personenschäden und Schäden an nicht zum Transportgut gehörenden Sachen bei Be- und Entladetätigkeiten im Rahmen eines Frachtvertrages, VersR 2001, 948; Thonfeld, Verantwortlichkeit für das Be- und Entladen im Straßengüterverkehr, TranspR 1998, 19.

Übersicht

I. Überblick

1 Die Vorschrift verpflichtet den Absender in Abs. 1 S. 1 grundsätzlich zur beförderungssicheren Be- und Entladung und den Frachtführer in Abs. 1 S. 2 dazu, für die Betriebssicherheit der Verladung zu sorgen. Diese schwierig zu differenzierende Pflichtenaufteilung entspricht der vom Gesetzgeber generell unterstellten unterschiedlichen Expertise der Beteiligten am Transportgeschehen. Abs. 2 enthält die Klarstellung, dass für die vertraglich vereinbarte oder sonst angemessene Lade- und Entladezeit keine besondere Vergütung verlangt werden kann, während für darüber hinaus gehende Wartezeiten vom Frachtführer unter den Voraussetzungen des Abs. 3 ein Standgeld beansprucht werden kann. Abs. 4 enthält eine Verordnungsermächtigung iSd Art. 80 GG für den Bereich der Binnenschifffahrt; von der Ermächtigung hat das BMJV mit dem Erlass der VO über die Lade- und Löschzeiten sowie das Liegegeld in der Binnenschifffahrt (BinSchLV) vom 23.11.1999 (BGBl. 1999 I 2389) Gebrauch gemacht.[1] Rechts- und Haftungsfragen der Verantwortlichkeiten für Gefälligkeiten des zum Ver- und Entladen nicht verpflichteten Frachtführers sind nach allgemeinen schuldrechtlichen Regeln zu behandeln.[2]

---

[1] Vgl. dazu die Kommentierung bei Koller Teil A., 2. Abschnitt 2. Unterabschnitt.
[2] Näher Koller TranspR 2014, 169 ff.

II. Verlade- und Entladepflicht des Absenders (Abs. 1 S. 1)

1. Verladen. Die Regelung definiert den Begriff der Verladung als Vorgänge des beförderungssicheren Ladens, Stauens und Befestigens des Beförderungsgutes. Der genauere Inhalt der Ladevorgänge ist im Einzelfall festzulegen. Zu beachten ist die VDI-RL 2700 über Ladungssicherung auf Straßenfahrzeugen. 2

Beginn und Ende des Verladevorgangs werden vom Gesetz nicht näher geregelt. Die zeitliche Fixierung insbesondere des Abschlusses des Verladevorgangs hat Einfluss auf den Beginn des Haftungszeitraums iSd § 425 Abs. 1 (→ § 425 Rn. 6 ff.). Die Verladung ist spätestens dann abgeschlossen, wenn der Absender das Gut auf das Transportmittel verbracht hat und die erforderlichen Maßnahmen zur Befestigung durchgeführt hat.[3] 3

Beförderungssicher ist die Verladung, wenn der Absender das Gut nicht nur auf oder in das Transportmittel verbringt, sondern es dort in einer Weise verstaut, dass es unter normalen, vorhersehbaren Transportbedingungen nicht beschädigt werden kann.[4] Vorhersehbar sind insbesondere schlechte Straßenverhältnisse,[5] Fliehkräfte in Kurven[6] und Notbremsungen,[7] nicht dagegen Verkehrsunfälle.[8] Kann eine beförderungssichere Verladung nur in Spezialfahrzeugen erfolgen, trägt ausnahmsweise der Frachtführer die Pflicht zur beförderungssicheren Verladung, da er in diesem Fall dem Normzweck der Regelung entsprechend als der zuständige Experte für die fahrzeugtechnischen Belange der Verladung anzusehen ist.[9] Das zur Beförderungssicherung erforderliche Material hat der Frachtführer im Rahmen seiner Verpflichtung, ein vertragsgerechtes Beförderungsmittel zu stellen, vorzuhalten.[10] 4

2. Entladen. Den Absender und nicht den Empfänger trifft auch die Pflicht zur Entladung des Guts; diese gesetzliche Regelung ist mit Rücksicht auf das Verbot von Verträgen zu Lasten Dritter bewusst eingeführt worden.[11] Dass der Empfänger tatsächlich nicht selten selbst entlädt, ändert mangels einer entsprechenden vertraglichen Vereinbarung bzw. ohne besondere Umstände[12] also die gesetzliche Risikoverteilung nicht; der Empfänger wird dann regelmäßig als Erfüllungsgehilfe des Absenders tätig. 5

3. Abweichende Regelungen. Von Abs. 1 kann durch ausdrückliche oder konkludente Parteivereinbarung abgewichen werden. Der nach § 425 maßgebliche Haftungszeitraum beginnt ggfs. bereits zu dem Zeitpunkt, in dem der Frachtführer das Gut zum Zwecke der Verladung in seine Obhut nimmt und nicht erst mit Beendigung des Beladevorgangs.[13] Eine abweichende Vereinbarung kann sich auch aus den Umständen ergeben.[14] „Aus den Umständen" kann sie eine Verladepflicht des Frachtführers insbesondere daraus ergeben, dass der Absender erkennbar nicht über die hinreichende Expertise und Erfahrung im Umgang mit dem Ladehilfsmittel verfügt, während dies beim Frachtführer ersichtlich der Fall ist.[15] Mit dem gesetzlichen Hinweis auf die Verkehrssitte sind solche Fälle gemeint, in denen der Frachtführer wegen der Beschaffenheit des Transportmittels, etwa dem Vorhandensein von technischen Ladeeinrichtungen oder sonstigen Hilfsmitteln, die Verlade- oder Entladepflicht übernimmt.[16] Aus dem Umstand allein, dass ein Transportfahrzeug mit besonderen technischen Verladevorrichtungen einschließlich einer Hebebühne zum Einsatz kommt und die Parteien des Frachtvertrags keine Bedienung der Verladevorrichtung durch den Absender vereinbart haben, kann auf eine solche konkludente Vereinbarung nicht geschlossen werden.[17] Der Fahrer ist in der 6

---

[3] Hopt/Merkt Rn. 1.
[4] BGH 21.4.1960, BGHZ 32, 194 (197) = NJW 1960, 1201.
[5] OLG Hamburg 18.12.1986, TranspR 1987, 434 (435).
[6] OLG Düsseldorf 21.4.1994, TranspR 1995, 347 (348).
[7] OLG Düsseldorf 2.4.1984, MDR 1984, 945.
[8] Neufang/Valder TranspR 2002, 325 (326).
[9] OLG München 22.3.1995, TranspR 1996, 159 f.
[10] Neufang/Valder TranspR 2002, 325 (326).
[11] Begr. RegE TRG, BT-Drs. 13/8445, 41.
[12] *OLG Dresden* 7.12.2011, RdTW 2013, 286 Rn. 11 zur Benutzung des Kompressors des Tankfahrzeugs des Frachtführers.
[13] OLG Hamm 14.12.2020, RdTW 2022, 252 Rn. 18; OLG Köln 8.5.2018, RdTW 2020, 389 Rn. 24 ff.
[14] Koller Rn. 7.
[15] OLG Brandenburg 7.11.2018, RdTW 2019, 132 Rn. 10 ff. zur Verladung eines Mobilheims.
[16] BGH 6.12.2007, TranspR 2008, 205 Rn. 18 ff. = TranspR 2008, 205; OLG Karlsruhe 2.6.2017, RdTW 2018, 430 Rn. 50.
[17] BGH 6.12.2007, NJW-RR 2008, 1209 = TranspR 2008, 205; OLG Stuttgart 25.8.2021, RdTW 2022, 486 Rn. 20.

Regel nicht bevollmächtigt, eine Vereinbarung zu treffen, die den Frachtführer zur Ladetätigkeit verpflichtet.[18]

7 **4. Mithilfe durch den Frachtführer oder Fahrer.** Erfolgt die Ver- oder Entladung unter Mithilfe des Frachtführers, so liegt darin grundsätzlich eine Gefälligkeit des Frachtführers; sie erfolgt damit auf eigenes Risiko des Absenders, sofern nicht die Hilfeleistung im Einzelfall aufgrund einer vertraglichen Nebenpflicht geschuldet ist.[19] Verlädt der Frachtführer (oder eine Hilfsperson) das Gut eigenmächtig, begründet dies im Schadensfall einen Ersatzanspruch des Auftraggebers gegen den Frachtführer gem. § 280 Abs. 1 BGB; der Frachtführer nimmt bei der eigenmächtigen Verladung das Gut noch nicht iSv § 425 in seine Obhut.[20] Davon unbenommen können den Frachtführer nach Treu und Glauben (§ 242 BGB) bestimmte Sorgfaltspflichten treffen, für deren Einhaltung durch seine Leute der Frachtführer nach Mitverschuldensgrundsätzen (§ 254 BGB) einzustehen hat; anerkannt ist dies für Hinweis- und Warnpflichten[21] in Fällen, in denen der Frachtführer Mängel der Beförderungssicherheit erkennt, sowie für Schadensverhütungspflichten[22] bei Kenntnis von der fehlenden Beförderungssicherheit der Ladung. Eine Ersatzverpflichtung wegen Verletzung der Schutzpflichten gem. § 311 Abs. 3 Nr. 3 BGB kann bestehen, wenn die Hilfspersonen gefälligkeitshalber tätig werden; dies gilt zumindest dann, wenn der Subfrachtführer aus der Sicht des Absenders nicht auf eigene Faust, sondern für den Frachtführer handeln wollte.[23]

8 Weisungen des Fahrers sind vom Absender regelmäßig nur dann zu beachten, wenn sie die Verkehrssicherheit des Transportmittels betreffen (zB Weisungen zur Gewährleistung gleichmäßiger Gewichtsverteilung). Hinweise des Fahrers, welche die Beförderungssicherheit betreffen, gehören in den Risikobereich des Absenders.[24]

III. Betriebssicherungspflicht des Frachtführers (Abs. 1 S. 2)

9 Der Frachtführer hat für die Betriebssicherheit der Verladung zu sorgen. Betriebssicher ist die Verladung, wenn das Beförderungsmittel nach der Verladung und während der Beförderung jeder Verkehrslage gewachsen ist.[25]

10 Der Frachtführer ist berechtigt, dem Absender für die Verladung Weisungen zu erteilen, welche die Betriebssicherheit des Fahrzeugs betreffen.[26] Der Frachtführer ist ferner berechtigt, den Transport nicht betriebssicher verladenen Gutes zu verweigern,[27] und er ist verpflichtet, auf die Verladung Einfluss zu nehmen oder den Transport zu unterbrechen, wenn er erkennt, dass die Betriebssicherheit des Transportmittels durch die Verladung des Gutes beeinträchtigt ist.[28]

IV. Verlade- und Entladezeiten (Abs. 2)

11 Nach Abs. 2 ist für eine angemessene Verlade- und Entladezeit kein besonderes Entgelt zu entrichten; diese Zeiten sind mit der vereinbarten Fracht abgegolten. Angemessen ist ein Zeitraum, den ein ordentlicher Absender benötigt, um das Gut sicher und schadensfrei zu verladen bzw. zu entladen.[29] Die Bemessung des Zeitraumes hat im Einzelfall unter Berücksichtigung der maßgeblichen Umstände zu erfolgen. Dabei ist zu berücksichtigen, ob der Frachtführer das Transportmittel zur vereinbarten Zeit am vereinbarten Ort zur Verfügung stellt.[30] Ohne besondere Vereinbarung kann nicht davon ausgegangen werden, dass der Absender unmittelbar nach Ankunft des Gutes mit der Verladung oder der Entladung des Gutes beginnt; erst recht nicht, wenn die Lieferung außerhalb der gewöhnlichen Geschäftszeiten (§ 358 HGB) erfolgt.[31] Für eine Faustformel des Inhalts, dass im Straßengütertransport eine Zeitspanne von 20 Minuten je angefangene 1.000 kg Ladung als angemessen anzusehen sind,[32] gibt es keine hinreichende tatsächliche Grundlage.

[18] BGH 25.1.2007, NJW-RR 2007, 1481 zur CMR; OLG Stuttgart 25.8.2021, RdTW 2022, 486 Rn. 25.
[19] BGH 28.5.1971, VersR 1971, 755.
[20] BGH 28.11.2013, RdTW 2014, 52 Rn. 13 ff.
[21] BGH 24.9.1987, NJW-RR 1988, 479 zu Art. 17 CMR.
[22] OLG Düsseldorf 15.11.1990, TranspR 1991, 9 (11); BGH 21.11.1992, NJW-RR 1993, 606.
[23] OLG Stuttgart 25.8.2021, RdTW 2022, 486 Rn. 30.
[24] BGH 24.9.1987, NJW-RR 1988, 479 zu Art. 17 CMR.
[25] BGH 20.3.1979, VersR 1970, 459 (460); OLG Bamberg 9.4.2014, RdTW 2015, 103 Rn. 29.
[26] OLG Stuttgart 22.1.2003, TranspR 2003, 104 (105).
[27] OLG Bamberg 9.4.2014, RdTW 2015, 103 Rn. 32.
[28] BGH 9.4.1981, VersR 1981, 748 (749).
[29] Koller Rn. 46.
[30] Koller Rn. 46.
[31] Dazu OLG Düsseldorf 16.6.1992, TranspR 1993, 97 (98).
[32] So Ebenroth/Boujong/Reuschle Rn. 33.

V. Standgeld (Abs. 3)

12 Standgeld (in der Binnenschifffahrt als Liegegeld bezeichnet, § 4 BinSchLV) stellt nach der gesetzlichen Regelung eine besondere Vergütung des Frachtführers dafür dar, dass er sein Transportmittel über die angemessene Verlade- und Entladezeit hinaus zur Verfügung stellt. Die gesetzliche Standgeldregelung kommt deshalb nur zur Anwendung, wenn der Frachtführer wartet, weil die Ver- oder Entladung nicht begonnen wurde.[33] Nicht gesichert ist, dass ein Fall des Wartens nur gegeben ist, wenn der Frachtführer daran gehindert wird, anderweitige Einnahmen zu erzielen,[34] weil dem Standgeld keine Schadensersatzfunktion hat.[35]

13 Aus § 417 Abs. 1 und 2 folgt, dass der Frachtführer im Falle von Verzögerungen der Beladung bis zum Zeitpunkt der von ihm ausgesprochenen Kündigung (§ 417 Abs. 2) zu warten verpflichtet ist. Da er zur Kündigung nicht verpflichtet ist, kann er stattdessen Standgeld beanspruchen; der Absender kann darauf seinerseits mit der Kündigung nach § 415 reagieren. Kann wegen des Beladehindernisses der Transport nicht mehr durchgeführt werden, liegt ein Fall des § 419 vor. Liegt ein Ablieferungshindernis vor, darf der Frachtführer nicht einfach warten; vielmehr hat er Weisungen vom Empfänger einzuholen (§ 418) oder nach § 419 Abs. 3 zu verfahren.[36]

14 Der Gesetzgeber stellt für den Anspruch des Frachtführers auf Standgeld darauf ab, ob dieses vereinbart wurde oder die Wartezeit auf Gründen beruht, die nicht in den Risikobereich des Frachtführers (sog. Sphärengedanke) fallen. Abzustellen ist darauf, in welchen Risikobereich die Überschreitung der Lade- oder Entladezeit fällt.[37] Obliegt die Verladung oder Entladung dem Absender, fallen Verzögerungen in die Sphäre des Frachtführers, wenn nachträglich eine Betriebssicherung der Ladung vorgenommen werden muss, weil es der Frachtführer versäumt hat, rechtzeitig gebotene Weisungen zu erteilen.[38] Hat umgekehrt der Frachtführer die Verladung und Entladung übernommen, sind ihm Mängel der Ladeeinrichtungen und -hilfsmittel bzw. Erkrankungen oder der Streik von Mitarbeitern zuzurechnen.[39] Die Höhe des Standgelds hat nicht nur die Kosten des Frachtführers abzudecken, sie umfasst auch eine Gewinnspanne zur Abdeckung des unternehmerischen Risikos.[40]

15 Standgeldklauseln in **AGB**, die das Verzögerungsrisiko auf den Frachtführer abwälzen und den gesetzlichen Anspruch auf Standgeld einschränken, unterliegen der Inhaltskontrolle nach § 307 BGB.[41] Klauseln, die vorsehen, dass Standzeiten des Frachtführers überhaupt nicht gesondert vergütet werden, benachteiligen den Frachtführer unangemessen iSv § 307 Abs. 1 S. 1, Abs. 2 Nr. 1 BGB.[42]

§ 413 Begleitpapiere

(1) Der Absender hat dem Frachtführer alle Urkunden zur Verfügung zu stellen und Auskünfte zu erteilen, die für eine amtliche Behandlung, insbesondere eine Zollabfertigung, vor der Ablieferung des Gutes erforderlich sind.

(2) [1]Der Frachtführer ist für den Schaden verantwortlich, der durch Verlust oder Beschädigung der ihm übergebenen Urkunden oder durch deren unrichtige Verwendung verursacht worden ist, es sei denn, daß der Verlust, die Beschädigung oder die unrichtige Verwendung auf Umständen beruht, die der Frachtführer nicht vermeiden und deren Folgen er nicht abwenden konnte. [2]Seine Haftung ist jedoch auf den Betrag begrenzt, der bei Verlust des Gutes zu zahlen wäre.

I. Normzweck

1 Die Vorschrift regelt in Abs. 1 die Verpflichtung des Absenders, alle nach öffentlichem Recht für die Abfertigung des Gutes (beim grenzüberschreitenden Verkehr) erforderlichen Begleitpapiere zur

[33] Braun, Das frachtrechtliche Leistungsstörungsrecht nach dem Transportrechtsreformgesetz, 2002, 249 f.; Didier, Risikozurechnung bei Leistungsstörungen im Gütertransportrecht, 2001, 188 f.; Koller Rn. 52.
[34] So OLG Karlsruhe 12.6.2017, RdTW 2017, 428 Rn. 33 (Binnenschifffahrt).
[35] Vgl. Ramming RdTW 2017, 431 (432 f.).
[36] Braun, Das frachtrechtliche Leistungsstörungsrecht nach dem Transportrechtsreformgesetz, 2002, 250 ff.; Koller Rn. 50.
[37] Dazu OLG Karlsruhe 12.6.2017, RdTW 2017, 428 Rn. 33 (Binnenschifffahrt) m. abl. Anm. Ramming RdTW 2017, 431 (433 f.).
[38] Koller Rn. 57; Ebenroth/Boujong/Reuschle Rn. 38.
[39] Ebenroth/Boujong/Reuschle Rn. 39; Koller Rn. 53 ff., 57; Braun, Das frachtrechtliche Leistungsstörungsrecht nach dem Transportrechtsreformgesetz, 2002, 95 ff.; Didier, Risikozurechnung bei Leistungsstörungen im Gütertransportrecht, 2001, 156 ff.
[40] AG Aachen 2.6.2021, RdTW 2022, 493 f.
[41] BGH 12.5.2010, TranspR 2010, 432 Rn. 11.
[42] BGH 12.5.2010, TranspR 2010, 432 Rn. 12, 13 ff.; AG Hamburg 11.9.2014, RdTW 2015, 151 Rn. 9; anders für eine vergütungsfreie Zeit; so AG Mannheim 19.2.2015, RdTW 2015, 240 Rn. 11.

Verfügung zu stellen und die erforderlichen Auskünfte zu erteilen. Abs. 2 statuiert eine grundsätzlich verschuldensunabhängige Haftung des Frachtführers für Schäden wegen des Verlusts, der Beschädigung oder der unrichtigen Verwendung der Begleitpapiere. Die Regelungen dienen der Gewährleistung eines reibungslosen Transports.

II. Pflicht des Absenders (Abs. 1)

2 **1. Begleitpapiere.** Der Absender hat dem Frachtführer nach Abs. 1 die für die Durchführung des Transports erforderlichen Begleitpapiere zur Verfügung zu stellen. Die Vorschrift ist vor allem für grenzüberschreitende Transporte von Bedeutung, bei denen insbesondere für die Zollabfertigung die erforderlichen Papiere vorzulegen sind. Die Verpflichtung bezieht sich auf sämtliche Dokumente, die von den Behörden verlangt werden können.[1] Dabei handelt es sich insbesondere um Zoll- und Warenbegleitscheine, Ein- und Ausfuhrbescheinigungen, Gesundheitszeugnisse und Devisendokumente ebenso wie Gefahrgutzeugnisse.[2] Eine Einschränkung des Umfangs des Pflichteninhalts ergibt sich daraus, dass die erforderlichen Urkunden zur Verfügung zu stellen sind.

3 **2. Auskünfte.** Dem Absender obliegt ferner die Verpflichtung, dem Frachtführer alle beförderungserheblichen Auskünfte zu erteilen. Entgegen verbreiteter Ansicht sieht der Gesetzgeber keine die Klagbarkeit betreffende Einschränkung des Verpflichtungsinhalts vor.[3] Die Auskünfte müssen richtig und vollständig erteilt werden.

4 Auf welche Weise die Auskunft zu erteilen ist, regelt die Vorschrift nicht. In Betracht kommen deshalb sowohl mündliche, schriftliche oder auf elektronischem Wege übermittelte Auskünfte.

5 **3. Rechtsfolgen.** Verletzt der Absender seine Verpflichtungen haftet er für sämtliche entstehenden Schäden gem. § 414 Abs. 1 Nr. 4.

6 **4. Abdingbarkeit.** Die Vorschrift ist gem. § 449 Abs. 1 abdingbar. Deshalb können auch weitergehende Auskunftspflichten vereinbart werden (vgl. Ziff. 3.3, 3.4 ADSp). Vereinbarungen in AGB unterliegen der Inhaltskontrolle nach § 307 BGB.

III. Haftung des Frachtführers (Abs. 2)

7 Für Schäden aus Verlust, Beschädigung und unrichtiger Verwendung der übergebenen Urkunden haftet der Frachtführer gegenüber dem Absender. Hinsichtlich der zu erteilenden Auskünfte ist eine solche Haftung nicht vorgesehen; sie kann deshalb auch nicht in rechtsanaloger Anwendung begründet werden.[4]

8 Bei der Haftung handelt es sich um eine verschuldensunabhängige; sie unterscheidet sich insofern von der entsprechenden Haftungsregelung in Art. 11 Nr. 3 CMR iVm § 390 Abs. 1, nimmt aber die auch in der CMR vorgesehene Begrenzung der Haftung in S. 2 auf. Der Frachtführer hat die Möglichkeit sich zu entlasten (S. 1 Hs. 2). Die Kriterien, nach denen eine Entlastung erfolgen kann, entsprechen denen des § 426. Die Beweislast für die Entlastung liegt beim Frachtführer.

9 Für die Abdingbarkeit sind die von § 449 gezogenen Schranken zu beachten.

§ 414 Verschuldensunabhängige Haftung des Absenders in besonderen Fällen

(1) Der Absender hat, auch wenn ihn kein Verschulden trifft, dem Frachtführer Schäden und Aufwendungen zu ersetzen, die verursacht werden durch

1. **ungenügende Verpackung oder Kennzeichnung,**
2. **Unrichtigkeit oder Unvollständigkeit der in den Frachtbrief aufgenommenen Angaben,**
3. **Unterlassen der Mitteilung über die Gefährlichkeit des Gutes oder**
4. **Fehlen, Unvollständigkeit oder Unrichtigkeit der in § 413 Abs. 1 genannten Urkunden oder Auskünfte.**

(2) Hat bei der Verursachung der Schäden oder Aufwendungen ein Verhalten des Frachtführers mitgewirkt, so hängen die Verpflichtung zum Ersatz sowie der Umfang des zu leistenden Ersatzes davon ab, inwieweit dieses Verhalten zu den Schäden und Aufwendungen beigetragen hat.

(3) Ist der Absender ein Verbraucher, so hat er dem Frachtführer Schäden und Aufwendungen nach den Absätzen 1 und 2 nur zu ersetzen, soweit ihn ein Verschulden trifft.

---

[1] Ebenroth/Boujong/Reuschle Rn. 3.
[2] Ebenroth/Boujong/Reuschle Rn. 3.
[3] Wie hier MüKoHGB/Thume § 413 Rn. 3, 18 ff.; **aA** Koller Rn. 6.
[4] Ebenroth/Boujong/Reuschle Rn. 14.

Schrifttum: Zapp, Rechtsprobleme im Zusammenhang mit der Verpackung in der CMR und im deutschen Handelsgesetzbuch, TranspR 2004, 333.

Übersicht

I. Überblick

Die Vorschrift begründet für die geregelten vier besonderen Konstellationen eine grundsätzlich verschuldensunabhängige Haftung des Absenders gegenüber dem Frachtführer. Ist der Absender ein Verbraucher iSd § 13 BGB, haftet er im Interesse eines erweiterten Verbraucherschutzes nur bei Verschulden (Abs. 3). Damit wird – für das Frachtrecht neuartig – die Einheitlichkeit des Haftungstatbestandes im Interesse des Verbraucherschutzes aufgegeben. 1

Die ursprünglich in Parallele zu der Frachtführerhaftung gem. § 431 vorgesehene auf das Gewicht des Gutes bezogene Höchstsumme ist durch das SHR-ReformG abgeschafft worden.[1] Dies erscheint nicht unbedenklich, weil darin keine willkürliche Verknüpfung zwischen dem Gewicht des Gutes und dem Umfang des zu ersetzenden Schadens lag,[2] sondern eine sachgerechte Parallele zur Begrenzung der Frachtführerhaftung für die Folgen von Verlust, Beschädigung oder unrichtiger Dokumentenverwendung gem. § 413 Abs. 2 S. 2.[3] 2

In Abs. 2 wird die Mitverantwortlichkeit eines Verhaltens des Frachtführers bei der Schadensentstehung geregelt, indem der Rechtsgedanke des § 254 BGB aufgegriffen wird. 3

II. Haftungsvoraussetzungen (Abs. 1)

Die Haftungstatbestände werden in Abs. 1 abschließend aufgezählt. Eine entsprechende Anwendung der geregelten Haftungstatbestände etwa auf die in § 412 geregelten Verlade- und Entladepflichten kommt wegen der auch im Interesse des Verbraucherschutzes bewusst getroffenen Entscheidung des Gesetzgebers für die Reichweite der Tatbestände nicht in Betracht.[4] Die für Verbraucher entstehenden Härten werden durch das Verschuldenskorrektiv in Abs. 3 aufgewogen. 4

Die Haftung ist als grundsätzlich verschuldensunabhängige Kausalhaftung konzipiert. Sie setzt dementsprechend voraus, dass der Schadenseintritt ursächlich auf der Verwirklichung eines der vier Haftungstatbestände beruht. 5

1. Abs. 1 Nr. 1. Verpackungsmängel begründen nach dem im Wortlaut der Regelung nicht klar[5] zum Ausdruck gebrachten sachgerechten Verständnis die Haftung des Absenders nur dann, wenn dem Absender die Pflicht zur Verpackung oder Kennzeichnung oblag.[6] Hat der Frachtführer die Pflicht zur Verpackung übernommen, ist es wertungsmäßig nicht zu rechtfertigen, den Absender für Verpackungsmängel haften zu lassen. Die Haftungsregelung ist somit nicht einschlägig, wenn der Frachtführer verpackungs- oder kennzeichnungspflichtig ist. Der Absender kann dann allenfalls verschuldensabhängig nach § 280 BGB haften, etwa wenn er bewusst unzureichend verpacktes Gut verlädt.[7] Für die Frage, wem die Verpackungspflicht obliegt, ist auf die Vereinbarungen im Frachtvertrag bzw. auf § 411 abzustellen. 6

2. Abs. 1 Nr. 2. Die Regelung betrifft sämtliche Angaben des Absenders im Frachtbrief, nicht nur die Pflichtangaben des § 408 Abs. 1 S. 1 Nr. 1–12, weil sich der Frachtführer letztlich auf sämtliche Angaben verlassen können muss, wenn diese für den Transport erheblich sind. Unrichtig sind alle Angaben, die nicht den Tatsachen entsprechen. Unvollständig sind die Angaben, wenn eine 7

---

[1] RegE SHR-ReformG, BT-Drs. 17/10309, 53.

[2] So Canaris HandelsR § 31 Rn. 58; ebenso Koller, 7. Aufl. 2010, Rn. 15.

[3] Vgl. auch Ebenroth/Boujong/Reuschle Rn. 2; Fischinger, Haftungsbeschränkungen im Bürgerlichen Recht, 2015, 75 ff. kritisiert die Abschaffung der Haftungsbegrenzung als verfassungswidrig.

[4] **AA** Ebenroth/Boujong/Reuschle Rn. 25, allerdings im Hinblick auf die nicht mehr geltenden Haftungshöchstsummen des Abs. 1 S. 2.

[5] Nach BT-Drs. 13/8445, Anlage 3, 138 soll allerdings im Begriff „ungenügende Verpackung" ein Verschuldenselement geregelt sein.

[6] So eingehend Koller Rn. 6.

[7] Koller Rn. 7.

Angabe vorhanden ist, diese aber inhaltlich unvollkommen oder lückenhaft ist. Gänzlich fehlende Angaben führen nicht zur Haftung nach § 414.[8]

8 **3. Abs. 1 Nr. 3.** Das Unterlassen umfasst – ungeachtet des nicht eindeutigen Wortlauts der Regelung – sowohl den Fall des gänzlichen Fehlens von Mitteilungen als auch den Fall, dass die Mitteilung über die Gefährlichkeit des Gutes unrichtig ist. Im letzteren Fall hat es der Absender unterlassen, die gebotenen richtigen Angaben mitzuteilen.[9]

9 **4. Abs. 1 Nr. 4.** Der Haftungstatbestand korrespondiert mit dem Haftungstatbestand des § 413 Abs. 1; seine Reichweite folgt der nämlichen Regelung.

III. Rechtsfolgen

10 Die Haftung des Absenders besteht gegenüber dem Frachtführer. **Drittschäden** sind aber vom Absender insofern zu ersetzen, als der Frachtführer von Dritten in Anspruch genommen wird und dadurch einen eigenen Schaden erleidet. Davon zu unterscheiden ist die Frage, ob die in Abs. 1 sanktionierten Pflichten einen drittschützenden Charakter haben, mit der Folge, dass auch andere Ladungseigentümer den pflichtverletzenden Absender schadensersatzrechtlich in Anspruch nehmen könnten, insbesondere in den Fällen, in denen der Frachtführer ihnen gegenüber nicht haftet. Der Gesetzgeber des TRG-RG hat allerdings einer solchen drittschützenden Wirkung explizit eine Absage erteilt.[10] Angesichts der Strenge der verschuldensunabhängigen Haftung erscheint dieses Ergebnis angemessen;[11] eine erweiternde Rechtsfortbildung durch den Rechtsanwender ist danach nicht gerechtfertigt.[12]

11 Die Absenderhaftung bezieht sich auf die unfreiwillig erlittenen Vermögenseinbußen, die Schäden, und die freiwilligen Vermögensopfer, die sog. Aufwendungen des Frachtführers, infolge der Verletzung des Haftungstatbestandes. Die ursprünglich vorgesehene gesetzliche Begrenzung der Schadensersatzverpflichtung auf die der Haftung des Frachtführers nach § 431 entsprechenden Haftungshöchstbeträge wurde durch das Seehandelsrechtsreformgesetz abgeschafft.[13] Nunmehr besteht gem. § 449 Abs. 1 S. 2 die Möglichkeit, die Höhe der vom Absender zu zahlenden Entschädigung auf durch vorformulierte Vertragsbedingungen festgelegte Höhe zu beschränken.

12 Abs. 2 statuiert eine **Mitverantwortlichkeit des Frachtführers** nach Maßgabe der zu § 254 BGB entwickelten Grundsätze. In § 414 Abs. 2 wird aber nicht auf ein Verschulden des Frachtführers abgestellt, sondern darauf, ob objektiv sein Verhalten zu den Schäden und Aufwendungen beigetragen hat. Maßgeblich für die Mitverantwortung des Frachtführers ist, ob dieser erkennt, dass das Gut nicht beförderungssicher oder betriebssicher verpackt ist, oder ob die Gefahr eines Schadenseintritts nach den Umständen für ihn ohne weiteres ersichtlich ist; ggf. muss er dem Absender einen Hinweis geben, damit dieser Gelegenheit zu Weisungen erhält.[14]

§ 415 Kündigung durch den Absender

(1) Der Absender kann den Frachtvertrag jederzeit kündigen.

(2) [1]Kündigt der Absender, so kann der Frachtführer entweder

1. **die vereinbarte Fracht, das etwaige Standgeld sowie zu ersetzende Aufwendungen unter Anrechnung dessen, was er infolge der Aufhebung des Vertrages an Aufwendungen erspart oder anderweitig erwirbt oder zu erwerben böswillig unterläßt, oder**
2. **ein Drittel der vereinbarten Fracht (Fautfracht)**

verlangen. [2]Beruht die Kündigung auf Gründen, die dem Risikobereich des Frachtführers zuzurechnen sind, so entfällt der Anspruch auf Fautfracht nach Satz 1 Nr. 2; in diesem Falle entfällt auch der Anspruch nach Satz 1 Nr. 1, soweit die Beförderung für den Absender nicht von Interesse ist.

(3) [1]Wurde vor der Kündigung bereits Gut verladen, so kann der Frachtführer auf Kosten des Absenders Maßnahmen entsprechend § 419 Abs. 3 Satz 2 bis 4 ergreifen oder vom

---

[8] Hopt/Merkt Rn. 2.

[9] Zu den Gründen vgl. Begr. RegE TRG, BR-Drs. 368/97, 43 = BT-Drs. 13/8445, 44.

[10] Begr. RegE TRG-RG, BT-Drs. 13/8445, 43.

[11] Ebenso Koller Rn. 13; Thume TranspR 2013, 8 (10).

[12] Abl. auch OLG Hamm 15.6.1998, NJW-RR 1999, 1123 (1124): Anspruch des Unterfrachtführers gegen Absender.

[13] Vgl. Begr. RegE SHR-ReformG zu § 414, BT-Drs. 17/10309, 53.

[14] OLG Saarbrücken 8.2.2017, TranspR 2017, 453 (456 f.) mAnm Grimme; vgl. auch Zapp TranspR 2004, 333 (339).

Absender verlangen, daß dieser das Gut unverzüglich entlädt. [2]Der Frachtführer braucht das Entladen des Gutes nur zu dulden, soweit dies ohne Nachteile für seinen Betrieb und ohne Schäden für die Absender oder Empfänger anderer Sendungen möglich ist. [3]Beruht die Kündigung auf Gründen, die dem Risikobereich des Frachtführers zuzurechnen sind, so ist abweichend von den Sätzen 1 und 2 der Frachtführer verpflichtet, das Gut, das bereits verladen wurde, unverzüglich auf eigene Kosten zu entladen.

Schrifttum: Andresen, Die Fautfracht bei Kündigung des Frachtvertrages, GS Helm, 2001, 3; Koller, Verlust, Unmöglichkeit, Verzögerung und Rücktritt, TranspR 2018, 1; Ramming, Die vorzeitige Beendigung von Frachtverträgen, RdTW 2019, 7; Ramming, Die Nicht-Zurverfügungstellung des Transportmittels zur vorgesehenen Zeit, TranspR 2003, 419; Scheel, Zweckmäßigkeitsüberlegungen zu § 415 Abs. 2 HGB, TranspR 2017, 446; Schmidt, „Corona", die frachtrechtlichen Risikobereiche und die Geschäftsgrundlage, TranspR 2022, 10.

Übersicht

I. Kündigungsrecht des Absenders (Abs. 1)

Der Gesetzgeber gewährt dem Absender – in Anlehnung an entsprechende Vorschriften im Seehandelsrecht (§§ 580, 582) – eine Dispositionsbefugnis über den Fortbestand des Frachtvertrages. Nach Abs. 1 kann der Absender den Frachtvertrag jederzeit und ohne Angabe von Gründen kündigen. 1

Andere Formen der Beendigung des Frachtvertrages kommen in Gestalt von Rücktrittsrechten in Betracht; stehen der Beförderung oder Ablieferung Hindernisse entgegen, ist nach § 419 vorzugehen. Im Falle der Unmöglichkeit (§ 275 BGB) kommen auch die Anwendung der Rechtsbehelfe des allgemeinen Schuldrechts in Betracht, deren Geltendmachung ohne Rücksicht auf die Rechtsfolgen des § 415 möglich ist.[1] Da die Vorschrift des § 415 keine Spezialität im Verhältnis zu den allgemeinen Rechtsbehelfen des bürgerlichen Rechts vorsieht, hat der Absender unter den Voraussetzungen des § 648a BGB das Recht, den Frachtvertrag aus wichtigem Grunde zu kündigen[2] bzw. unter den Voraussetzungen der § 323 BGB, § 326 Abs. 5 BGB das Recht vom Vertrag zurückzutreten.[3] Jeweils ist die Wertentscheidung des Gesetzgebers zu berücksichtigen, dass dem Frachtführer ein Rechtsbehelf gem. Abs. 1 S. 1 Nr. 1 nicht zusteht, wenn die Ursache für die Kündigung in der Sphäre des Frachtführers liegt bzw. die Beförderung für den Absender gem. Abs. 2 S. 2 Hs. 2 nicht von Interesse ist.[4] 2

II. Rechtsfolgen der Kündigung (Abs. 2, 3)

1. Vertragsaufhebung. Die Kündigung des Vertrages beseitigt das Vertragsverhältnis nicht rückwirkend, sondern sie führt zu dessen Aufhebung für die Zukunft (sog. ex nunc-Wirkung). 3

2. Wahlrecht des Frachtführers. Im Falle der Kündigung kann der Frachtführer Ansprüche gegen den Absender nach einer der beiden im Gesetz vorgesehenen Abrechnungsmethoden geltend machen. Das Wahlrecht wird durch entsprechende Erklärung ausgeübt. Mit der Ausübung ist das Wahlrecht nicht verbraucht; ein Wechsel von der einen zur anderen Berechnungsart ist möglich.[5] 4

a) Konkrete Abrechnungsmethode (Nr. 1). Danach kann der Frachtführer die vereinbarte Fracht abzüglich der ersparten Aufwendungen bzw. abzüglich eines anderweitig getätigten oder *böswillig* unterlassenen Erwerbs verlangen. Gegen Einzelnachweis kann der Frachtführer die vereinbarte Fracht geltend machen; zusätzlich kann er unter den Voraussetzungen des § 412 Abs. 3 das 5

[1] Eingehend Koller Rn. 3 ff.
[2] Ramming RdTW 2019, 7 (14 ff.); Thume TranspR 2019, 373 ff.; Maurer, Transportrecht in der Corona-Krise, 2020, 205 (217 ff.).
[3] Koller TranspR 2018, 1 (4 f.); Koller Rn. 27; **aA** Staub/P. Schmidt Rn. 42.
[4] P. Schmidt TranspR 2022, 10 (14).
[5] BGH 28.7.2016, RdTW 2017, 15 Rn. 12 ff.; dazu Scheel TranspR 2017, 446.

„etwaige" Standgeld beanspruchen. Ein Aufwendungsersatzanspruch kann von ihm geltend gemacht werden, wenn dafür eine gesetzliche oder vertragliche Grundlage gegeben ist.

6 Auf diese Beträge muss er sich bestimmte Positionen anrechnen lassen. Die **Anrechnungspflicht** bezieht sich zunächst auf ersparte Aufwendungen, also die freiwillige Vermögensopfer darstellenden Kosten, die beim Frachtführer im Zuge der Erbringung der Beförderungsleistung angefallen wären, nicht hingegen auf Aufwendungen für das Gut iSd § 420.[6] Ferner sind solche Vermögensvorteile anzurechnen, deren Erwerb der Frachtführer böswillig unterlassen hat. In Betracht zu ziehen ist insofern vor allem, dass der Frachtführer konkrete Geschäftschancen wissentlich nicht wahrnimmt.

7 Die **Beweislast** für den Umfang der ersparten Aufwendungen trägt der Frachtführer.[7] Der **Anspruch entfällt,** wenn die Kündigung auf Gründen beruht, die dem Risikobereich des Frachtführers zuzurechnen sind und die Beförderung für den Absender nicht von Interesse ist (Abs. 2 S. 2 Hs. 2). Solche Konstellationen kommen insbesondere in Betracht, wenn der Frachtführer ein geeignetes Beförderungsmittel nicht oder nicht rechtzeitig stellt. Hat der Frachtführer die Beförderung bereits begonnen und wird die Kündigung nunmehr aus Gründen ausgesprochen, die im Risikobereich des Frachtführers liegen, so soll der Frachtführer ausnahmsweise dennoch den Vergütungsanspruch nach S. 1 Nr. 1 haben, wenn die Beförderung für den Absender von Interesse ist. Wurde das Gut von einem Spediteur versandt, kommt es auf das Interesse seines Vertragspartners an.[8]

8 **b) Pauschale Abrechnungsmethode, sog. Fautfracht (Nr. 2).** Alternativ eröffnet die Nr. 2 eine pauschale Abrechnungsmethode. Danach kann pauschal ein Drittel der vereinbarten Fracht iSd § 407 Abs. 2, § 420 Abs. 1 S. 1 geltend gemacht werden. Die Umsatzsteuer findet dabei keine Berücksichtigung.[9] Zusätzliche Ansprüche auf Standgeld oder Aufwendungsersatz kommen dann nicht in Betracht. Eine Verpflichtung zur Anrechnung ersparter Aufwendungen besteht bei dem Anspruch auf Fautfracht allerdings auch nicht.

9 Der Anspruch auf die Fautfracht entfällt nach S. 2, sofern die Kündigung des Absenders auf Gründen beruht, die dem Risikobereich des Frachtführers zuzurechnen sind. Dies ist regelmäßig der Fall, wenn die Kündigung auf Mängeln im Organisationsbereich des Frachtführers oder auf Störungsursachen beruht, die der Frachtführer besser als der Absender beherrschen oder zumindest vorhersehen kann.[10] Ein solcher Fall ist gegeben, wenn das Beförderungsmittel bei Abschluss des Frachtvertrages bereits voll ausgelastet war.[11] oder die Beförderung mehrerer Güter anders als erforderlich gleichzeitig, sondern sukzessive durchgeführt wird.[12] Die Beweislast für die Zurechnung zum Risikobereich des Frachtführers trägt der Absender. Ein bei zweifelhafter Rechtslage gegebenes Anerkenntnis, um die Freigabe des Gutes durch den Frachtführer zu bewirken, kann nicht nach § 812 Abs. 2 BGB kondiziert, sondern allenfalls bei rechtswidriger Drohung angefochten werden, insbesondere wenn die Freigabe des Gutes verweigert wird, obwohl der Kündigungsgrund in den Risikobereich des Frachtführers fällt.[13] Gemäß Hs. 2 von S. 2 scheiden die Ersatzansprüche des Frachtführers nur aus, soweit die Beförderung für den Absender „nicht von Interesse" ist. Ein notwendiger (Um-)Ladevorgang für einen beabsichtigten Transport entspricht zumindest dann dem Absenderinteresse, wenn dieser Transport später durchgeführt wurde.[14]

10 **3. Entladung und weitere Maßnahmen (Abs. 3).** Wurde das Gut im Zeitpunkt der Kündigung bereits verladen, hat der Frachtführer das Wahlrecht, die Entladung vom Absender zu verlangen oder auf Kosten des Absenders Maßnahmen nach § 419 Abs. 3 S. 2–4 zu ergreifen. Beruht die Kündigung auf Gründen, die dem Risikobereich des Frachtführers zuzurechnen sind (→ Rn. 7), besteht das Wahlrecht nicht; der Frachtführer hat vielmehr nach Abs. 3 S. 3 das Gut unverzüglich (§ 121 BGB) auf eigene Kosten zu entladen.

11 Die Wahlmaßnahmen nach § 419 Abs. 3 umfassen das Recht, das Gut zu entladen und selbst zu verwahren, für Rechnung des Absenders bei einem Dritten verwahren zu lassen oder es zurückzubefördern. Unter den Voraussetzungen des Abs. 3 S. 3 ist er zum Selbsthilfeverkauf (§ 373 Abs. 2–4) berechtigt. Unverwertbares Gut kann er vernichten. Über die Wahl der Maßnahme hat der Frachtführer nach pflichtgemäßem Ermessen zu entscheiden; seine betrieblichen Belange und die des

6 Koller Rn. 16.
7 Koller Rn. 16.
8 Koller Rn. 16.
9 Andresen GS Helm, 2001, 10 f.
10 OLG Hamm 26.2.2015, RdTW 2015, 253 Rn. 34.
11 Vgl. BGH 22.6.1998, TranspR 1998, 365.
12 OLG Hamm 26.2.2015, RdTW 2015, 253 Rn. 31 ff.
13 OLG Hamm 26.2.2015, RdTW 2015, 253 Rn. 41 ff.
14 OLG Hamm 26.2.2015, RdTW 2015, 253 Rn. 50 ff.

Absenders oder Empfängers sind nach Abs. 3 S. 2 zu berücksichtigen. Dem Frachtführer steht dabei ein Ermessensspielraum zur Verfügung.[15]

Der Frachtführer kann die nach pflichtgemäßem Ermessen getroffenen Maßnahmen **auf Kosten** des Absenders ausführen. Wegen der verauslagten Kosten hat er einen Aufwendungsersatzanspruch. 12

III. Abdingbarkeit

Die Vorschrift ist auch mittels AGB abdingbar. Die Beschränkungen des § 449 gelten für § 415 nicht. In AGB kann eine höhere Kündigungsentschädigung vorgesehen bzw. eine Stornogebühr vorgesehen werden.[16] 13

§ 416 Anspruch auf Teilbeförderung

[1]Wird das Gut nur teilweise verladen, so kann der Absender jederzeit verlangen, dass der Frachtführer mit der Beförderung des bereits verladenen Teils des Gutes beginnt. [2]In diesem Fall gebührt dem Frachtführer die volle Fracht, das etwaige Standgeld sowie Ersatz der Aufwendungen, die ihm durch das Fehlen eines Teils des Gutes entstehen; von der vollen Fracht kommt jedoch die Fracht für dasjenige Gut in Abzug, welches der Frachtführer mit demselben Beförderungsmittel anstelle des nicht verladenen Gutes befördert. [3]Der Frachtführer ist außerdem berechtigt, soweit ihm durch das Fehlen eines Teils des Gutes die Sicherheit für die volle Fracht entgeht, die Bestellung einer anderweitigen Sicherheit zu fordern. [4]Beruht die Unvollständigkeit der Verladung auf Gründen, die dem Risikobereich des Frachtführers zuzurechnen sind, so steht diesem der Anspruch nach den Sätzen 2 und 3 nur insoweit zu, als tatsächlich Gut befördert wird.

I. Allgemeines

Der Gesetzgeber wollte mit § 416 die Dispositionsbefugnis des Absenders in den Fällen unvollständiger Verladung über § 415 hinaus erweitern.[1] Der Absender erhält einen gesetzlichen Anspruch auf Teilbeförderung. Die Rechte des Frachtführers werden dabei durch die Sonderregeln in S. 2 und 3 gewahrt. Der Umfang des Anspruchs auf die Fracht richtet sich nach S. 4 danach, wessen Risikobereich die Unvollständigkeit der Verladung zuzurechnen ist. 1

II. Rechte des Absenders (S. 1)

Der Absender hat das Recht, eine Beförderung von Teilen der vereinbarten Ladung zu verlangen. Das Verlangen stellt eine rechtsgestaltende Willenserklärung dar. Das Verlangen kann nur bis zum Beginn der Reise gestellt werden; danach stellt es eine Weisung iSd § 418 dar. Weigert sich der ladepflichtige Frachtführer, nur teilweise bereitgestelltes Gut zu verladen, kann die Vorschrift entsprechend angewendet werden.[2] 2

III. Rechte des Frachtführers

1. Fracht, Standgeld, Aufwendungen (S. 2). Der Frachtführer hat grundsätzlich Anspruch auf die volle Fracht; Einschränkungen ergeben sich aus S. 2 Hs. 2 und S. 4. Standgeld kann er zusätzlich unter den Voraussetzungen des § 412 Abs. 3 geltend machen. Wartet der Frachtführer auf Verlangen des Absenders über die vereinbarte Ladezeit hinaus, wird er regelmäßig Standgeld beanspruchen können. Für Mehrkosten, die dem Frachtführer wegen der Unvollständigkeit der Ladung entstehen (zB durch zusätzliche Sicherungsmaßnahmen gegen Verrutschen oder für eine notwendig werdende Neubeladung), steht dem Frachtführer ein Aufwendungsersatzanspruch zu. 3

2. Anderweitige Sicherheiten (S. 3). Zur Herstellung der Werthaltigkeit seines Pfandrechts gem. § 441 im Falle der Verladung von Teilen der vereinbarten Ladung kann der Frachtführer einen Anspruch auf Ausgleich in Form einer anderweitigen Sicherheit für das wirtschaftlich wegen der Teilladung geminderte Pfandrecht verlangen. Die Sicherheit ist nach Maßgabe der §§ 232 ff. BGB zu bestellen; bis zur Bestellung der Sicherheit ist der Frachtführer zur Verweigerung der Teilbeförderung (§ 273 BGB) oder zur Geltendmachung der Rechte gem. §§ 323, 642, 643 BGB berechtigt. 4

---

[15] Ebenroth/Boujong/Reuschle Rn. 19.
[16] LG Berlin 2.12.2021, RdTW 2022, 210 Rn. 24 f. mAnm Wilting.
[1] Begr. RegE TRG, BT-Drs. 13/8445, 46.
[2] Ramming RdTW 2019, 7 (19).

5 **3. Beschränkungen (S. 4).** Beschränkungen der Ansprüche des Frachtführers bestehen, wenn die Unvollständigkeit der Sphäre des Frachtführers zuzurechnen ist. Er hat dann nur einen Anspruch auf die Fracht, die auf die tatsächlich beförderte Ladung entfällt. Ein Standgeldanspruch besteht in diesem Fall nach § 412 Abs. 3 nicht. Die Bestellung einer anderweitigen Sicherheit wird regelmäßig nicht in Betracht kommen, weil die Ladung regelmäßig ausreichen wird, um die geminderte Fracht zu sichern.

6 Der Frachtführer muss sich dasjenige **Entgelt anrechnen** lassen, das er für den Transport von Ersatzgut mit demselben Beförderungsmittel erhält (S. 2 Hs. 2). Eine Rechtspflicht zur Ausschöpfung der freibleibenden Beförderungskapazitäten durch Beiladung von Gut anderer Beförderer besteht – ebenso wie nach § 587 S. 1 und abweichend von § 415 Abs. 2 S. 1 Nr. 1 Hs. 2 – nicht. Die gesetzliche Regelung schafft damit einen wenig sachgerechten Anreiz, die Beförderung von Ersatzfracht mit demselben Beförderungsmittel zu unterlassen.[3]

§ 417 Rechte des Frachtführers bei Nichteinhaltung der Ladezeit

(1) Verlädt der Absender das Gut nicht innerhalb der Ladezeit oder stellt er, wenn ihm das Verladen nicht obliegt, das Gut nicht innerhalb der Ladezeit zur Verfügung, so kann ihm der Frachtführer eine angemessene Frist setzen, innerhalb derer das Gut verladen oder zur Verfügung gestellt werden soll.

(2) Wird bis zum Ablauf der nach Absatz 1 gesetzten Frist kein Gut verladen oder zur Verfügung gestellt oder ist offensichtlich, dass innerhalb dieser Frist kein Gut verladen oder zur Verfügung gestellt wird, so kann der Frachtführer den Vertrag kündigen und die Ansprüche nach § 415 Abs. 2 geltend machen.

(3) Wird das Gut bis zum Ablauf der nach Absatz 1 gesetzten Frist nur teilweise verladen oder zur Verfügung gestellt, so kann der Frachtführer mit der Beförderung des bereits verladenen Teils des Gutes beginnen und die Ansprüche nach § 416 Satz 2 und 3 geltend machen.

(4) [1]Der Frachtführer kann die Rechte nach Absatz 2 oder 3 auch ohne Fristsetzung ausüben, wenn der Absender sich ernsthaft und endgültig weigert, das Gut zu verladen oder zur Verfügung zu stellen. [2]Er kann ferner den Vertrag nach Absatz 2 auch ohne Fristsetzung kündigen, wenn besondere Umstände vorliegen, die ihm unter Abwägung der beiderseitigen Interessen die Fortsetzung des Vertragsverhältnisses unzumutbar machen.

(5) Dem Frachtführer stehen die Rechte nicht zu, wenn die Nichteinhaltung der Ladezeit auf Gründen beruht, die seinem Risikobereich zuzurechnen sind.

Schrifttum: Braun, Das frachtrechtliche Leistungsstörungsrecht nach dem Transportrechtsreformgesetz, Diss. Regensburg 2002; Didier, Risikozurechnung bei Leistungsstörungen im Gütertransportrecht, Diss. Mannheim 2001; Ramming, Die vorzeitige Beendigung von Frachtverträgen, RdTW 2019, 7.

I. Allgemeines

1 Die Vorschrift regelt komplementär zu den Befugnissen des Absenders zur Umgestaltung des Frachtvertrages gem. § 415, § 416 ein Dispositionsrecht des Frachtführers bei Nichteinhaltung der Ladezeit durch den Absender. Dem Frachtführer wird allerdings kein umfassendes Kündigungsrecht eingeräumt, sondern eine begrenzte Maßnahmenbefugnis für den Fall, dass die Ladezeit nicht eingehalten wird. Die Regelungen sollen dem Frachtführer Dispositionsmöglichkeiten insbesondere im Hinblick auf die weitere Verwendung des Transportmittels verschaffen. Der Gesetzgeber greift dabei das Interesse des Frachtführers auf, sich nicht mit einem Standgeldanspruch begnügen zu wollen, wenn er andere Aufträge übernehmen kann und dafür das frei werdende Transportmittel benötigt. Die Vorschrift sieht eine Berücksichtigung des Schutzes des Absenders vor, insbesondere dadurch, dass die Befugnisse des Frachtführers grundsätzlich von einer Nachfristsetzung abhängig gemacht werden, wenn diese nicht ausnahmsweise entbehrlich ist, Abs. 2 und 3. In diesem Zusammenhang bemüht der Gesetzgeber auch den Sphärengedanken in Abs. 4, indem die Rechte des Frachtführers diesem nicht zustehen, wenn die Nichteinhaltung der Ladezeit auf aus seinem Risikobereich stammenden Gründen beruhen.

[3] Ebenso Koller Rn. 6.

II. Anwendungsbereich (Abs. 1, 5)

Die Regelung betrifft die Fälle, in denen der Absender entweder die von ihm als Mitwirkungshandlung[1] geschuldete Verladung nicht innerhalb der Ladezeit erbringt oder das Gut dem entgegen der gesetzlichen Regel des § 412 verladepflichtigen Frachtführer nicht rechtzeitig zur Verfügung stellt. Zum Beginn der Ladezeit enthält das HGB anders als die BinSchLV (§ 1 BinSchLV, § 5 BinSchLV) keine Regelung; maßgeblich sind deswegen die Parteivereinbarung bzw. die Umstände des Einzelfalles.[2] Die Dauer der Ladezeit ist nach § 412 Abs. 2 zu bestimmen (→ § 412 Rn. 11). 2

Die Vorschrift ist nach Abs. 5 nur anwendbar, wenn die Nichtüberlassung des Ladeguts nicht auf Umständen beruht, die der Frachtführer selbst zu vertreten hat. Der dem Frachtführer zuzuordnende Risikobereich betrifft insbesondere die Bereitstellung eines vertragsgerechten Beförderungsmittels (→ § 412 Rn. 9) und die Ermöglichung des ungehinderten Zugangs zum Beförderungsmittel für die Zwecke der Beladung.[3] Dagegen stehen Störungen der Verladung, die aus der Sphäre des Absenders stammen, der Anwendung der Vorschrift nicht entgegen. Der Absender ist dafür verantwortlich, dass ihm das Gut von seinem Lieferanten oder Versender rechtzeitig zur Verfügung gestellt wird.[4] Auch unbeherrschbare Umstände (Witterungsverhältnisse, Erkrankungen usw) sind nicht dem Risikobereich des Frachtführers zuzuordnen. 3

Nicht anwendbar ist § 417 in Fällen, in denen die Verladung von Anfang an unmöglich war. Diese Fälle sind in §§ 419, 420 besonders geregelt. 4

III. Fristsetzung und Kündigung (Abs. 2–4)

Nach Abs. 2 steht dem Frachtführer ein gesetzliches Kündigungsrecht zu; dieses setzt in allen Tatbestandsvarianten grundsätzlich eine Fristsetzung nach Abs. 1 voraus. Die vormals erforderliche Ablehnungsandrohung ist im geltenden Gesetzestext nicht mehr vorgesehen. Die Fristsetzung ist grundsätzlich erst zulässig, nachdem die Ladezeit abgelaufen ist. Die Fristsetzung ist ausnahmsweise entbehrlich, wenn offensichtlich ist, dass die Ladezeit – auch bezüglich eines Ladungsteils – keinesfalls eingehalten oder kein Ladungsgut zur Verfügung gestellt werden wird.[5] In diesem Fall kommt auch eine Kündigung vor Ablauf der Ladezeit in Betracht.[6] 5

Die Fristsetzung soll dem Absender eine letzte Gelegenheit zur Vertragserfüllung geben. An die Angemessenheit der Frist werden keine hohen Anforderungen gestellt; selbst die Aufforderung zur unverzüglichen Erbringung der Mitwirkungshandlung des Absenders wird als hinreichend angesehen.[7] Eine nicht angemessene Frist setzt eine angemessene in Lauf.[8] 6

Wird innerhalb der Nachfrist nur ein Teil des vereinbarten Ladungsgutes verladen oder dem Frachtführer zur Verfügung gestellt, kann der Frachtführer nach Abs. 3 mit der Beförderung dieses unvollständigen Teils der Ladung beginnen. In diesem Fall stehen ihm die Ansprüche nach § 416 S. 2 und 3 zu (→ § 416 Rn. 3 f.). 7

Die Fristsetzung kann nach Abs. 4 entbehrlich sein. Dies ist nach S. 1 zunächst der Fall, wenn der Absender sich endgültig und ernsthaft weigert, an der Verladung mitzuwirken.[9] S. 2 regelt einen weiteren Fall der Kündigung des Frachtvertrages mit sofortiger Wirkung ohne Fristsetzung, der aber nur für die Fälle der Kündigung gem. Abs. 2 gilt. Diese Regelung, die §§ 314, 324 BGB nachgebildet ist, sieht einen Fall der Kündigung aus wichtigem Grund vor, die nur unter der Voraussetzung einschlägig ist, dass über die Nichterfüllung der Mitwirkungshandlung hinaus weitere Umstände vorliegen, nach denen dem Frachtführer ein Festhalten am Vertrag nicht mehr zuzumuten ist. 8

Ist eine Fristsetzung erforderlich, ist die Kündigung erst nach Ablauf der angemessenen Nachfrist zulässig. Eine zuvor abgegebene Kündigungserklärung ist wirkungslos. Die Kündigung ist im zeitlichen Zusammenhang mit dem Ablauf der Nachfrist auszusprechen; andernfalls kommt eine Verwirkung des Kündigungsrechts in Betracht. Die Einhaltung einer Frist ist für die Kündigung nicht nötig. Die Kündigungsbefugnis des Frachtführers besteht nicht mehr, wenn der Absender von seinem Kündigungsrecht Gebrauch gemacht hat. 9

---

[1] Eine Rechtspflicht liegt nach der klarstellenden Formulierung („obliegt") durch das Seehandelsrechtsreformgesetz weder in der Verladung noch im Zur-Verfügung-Stellen des Gutes; vgl. Begr. RegE SHR-ReformG zu Nr. 10a, BT-Drs. 17/10309, 53.

[2] Ramming RdTW 2019, 7.

[3] Heymann/Schlüter Rn. 3.

[4] BGH 26.5.1975, MDR 1975, 825 = BeckRS 1975, 31114926.

[5] So Koller Rn. 7a in Analogie zu § 417 Abs. 2.

[6] Koller Rn. 7a.

[7] Ebenroth/Boujong/Reuschle Rn. 4.

[8] Ebenroth/Boujong/Reuschle Rn. 4; Koller Rn. 6.

[9] Vgl. dazu OLG Köln 21.3.1997, ZfB 1998, 34 f.

10 Im Falle einer wirksamen Kündigung stehen dem Frachtführer nach der gesetzlichen Anordnung in Abs. 2 die Ansprüche auf Fautfracht oder auf Fracht, Standgeld und Aufwendungsersatz nach § 415 zu (→ § 415 Rn. 5 ff.).

§ 418 Nachträgliche Weisungen

(1) [1]Der Absender ist berechtigt, über das Gut zu verfügen. [2]Er kann insbesondere verlangen, daß der Frachtführer das Gut nicht weiterbefördert oder es an einem anderen Bestimmungsort, an einer anderen Ablieferungsstelle oder an einen anderen Empfänger abliefert. [3]Der Frachtführer ist nur insoweit zur Befolgung solcher Weisungen verpflichtet, als deren Ausführung weder Nachteile für den Betrieb seines Unternehmens noch Schäden für die Absender oder Empfänger anderer Sendungen mit sich zu bringen droht. [4]Er kann vom Absender Ersatz seiner durch die Ausführung der Weisung entstehenden Aufwendungen sowie eine angemessene Vergütung verlangen; der Frachtführer kann die Befolgung der Weisung von einem Vorschuß abhängig machen.

(2) [1]Das Verfügungsrecht des Absenders erlischt nach Ankunft des Gutes an der Ablieferungsstelle. [2]Von diesem Zeitpunkt an steht das Verfügungsrecht nach Absatz 1 dem Empfänger zu. [3]Macht der Empfänger von diesem Recht Gebrauch, so hat er dem Frachtführer die entstehenden Mehraufwendungen zu ersetzen sowie eine angemessene Vergütung zu zahlen; der Frachtführer kann die Befolgung der Weisung von einem Vorschuß abhängig machen.

(3) Hat der Empfänger in Ausübung seines Verfügungsrechts die Ablieferung des Gutes an einen Dritten angeordnet, so ist dieser nicht berechtigt, seinerseits einen anderen Empfänger zu bestimmen.

(4) Ist ein Frachtbrief ausgestellt und von beiden Parteien unterzeichnet worden, so kann der Absender sein Verfügungsrecht nur gegen Vorlage der Absenderausfertigung des Frachtbriefs ausüben, sofern dies im Frachtbrief vorgeschrieben ist.

(5) Beabsichtigt der Frachtführer, eine ihm erteilte Weisung nicht zu befolgen, so hat er denjenigen, der die Weisung gegeben hat, unverzüglich zu benachrichtigen.

(6) [1]Ist die Ausübung des Verfügungsrechts von der Vorlage des Frachtbriefs abhängig gemacht worden und führt der Frachtführer eine Weisung aus, ohne sich die Absenderausfertigung des Frachtbriefs vorlegen zu lassen, so haftet er dem Berechtigten für den daraus entstehenden Schaden. [2]Die Haftung ist auf den Betrag begrenzt, der bei Verlust des Gutes zu zahlen wäre.

Schrifttum: Braun, Das frachtrechtliche Leistungsstörungsrecht nach dem Transportrechtsreformgesetz, Diss. Regensburg 2002; Helm, Probleme der CMR: Geltungsbereich – ergänzendes Recht – Frachtbrief – Weisungsbefugnis – aufeinanderfolgende Frachtführer, VersR 1988, 548: Koller, Rechtsnatur und Rechtswirkungen frachtrechtlicher Sperrpapiere, TranspR 1994, 181; Meyer-Rehfuß, Das frachtvertragliche Weisungsrecht, 1995.

Übersicht

I. Nachträgliche Weisungen des Absenders (Abs. 1)

1 Abs. 1 begründet ein Weisungsrecht des Absenders und eine korrespondierende Folgepflicht des Frachtführers. Bei dem Weisungsrecht handelt es sich unbeschadet der uneinheitlichen Formulierungen im Gesetzestext, die von „verfügen", „Verfügungsrecht" und „Weisungen" handeln, um die einseitige Befugnis, durch rechtsgeschäftliche Erklärung bestehende Pflichten des Frachtführers aus dem Frachtvertrag zu ändern. Keine Befolgungspflicht besteht deshalb für „Weisungen", den Vertrag zu beenden, oder solche, welche eine Ergänzung bisher nicht geregelter Leistungspflichten zum Inhalt haben.[1] Insofern ist zu prüfen, ob der Frachtführer in eine Vertragsänderung eingewilligt hat.

[1] Heymann/Schlüter Rn. 2; Koller Rn. 4.

Inhaltlich sind **Weisungen „über das Gut"** zulässig. Die Beförderung zusätzlicher oder anderer Güter als im Frachtvertrag vorgesehen kann deshalb nicht angewiesen werden. Die Inhalte zulässiger Weisungen werden in Abs. 1 S. 2 beispielhaft aufgezählt: anderer Empfänger, andere Ablieferungsstelle, anderer Bestimmungsort. Diese Beispiele betreffen ausnahmslos beförderungsbezogene Inhalte; auf diese ist die Weisungsbefugnis begrenzt. Deshalb ist es unzulässig, den Frachtführer anzuweisen, eine Versicherung[2] oder Begleitpapiere[3] zu beschaffen, ebenso wie die Weisung, das Gut zu verkaufen oder zu vernichten.[4] Zulässige beförderungsbezogene Inhalte betreffen die Weisung, das Gut nur gegen Nachnahme auszuhändigen, nur gegen Aushändigung von Dokumenten abzuliefern oder das Gut zum Lieferanten zurückzubefördern.[5] 2

Die Weisung, das Gut nicht weiter zu befördern (Abs. 1 S. 2), den Transport ruhen zu lassen, das Gut zu entladen und zu verwahren (§ 419 Abs. 3 S. 2), beendet den Frachtvertrag (§ 419 Abs. 3 S. 5). 3

Grenzen der Weisungsbefugnis und damit der Folgepflicht für den Frachtführer ergeben sich aus Abs. 1 S. 3. Nachteilig im Sinne dieser Bestimmung ist insbesondere die Gefahr, dass Schäden an anderen Gütern entstehen. Ferner kann der Frachtführer im begründeten Einzelfall entgegenhalten, dass sein Betrieb eine Befolgung der Weisung aus Kapazitäts- und Auslastungsgründen nicht zulässt. Eine Pflicht zur Befolgung von Weisungen, die nicht durchführbar und damit im Rechtssinne unmöglich sind, besteht nach § 275 BGB nicht. 4

Der Frachtführer ist berechtigt, die Befolgung der Weisung von einem **Vorschuss** abhängig zu machen (Abs. 1 S. 4 iVm § 369). Überdies hat der Frachtführer danach einen Anspruch auf Ersatz seiner durch die Befolgung der Weisung entstehenden **Aufwendungen** (zB zusätzliche Reisekosten; allgemein zum Begriff → § 415 Rn. 4) sowie einer angemessenen **Vergütung.** Inhaltliche Maßstäbe für die Berechnung der zusätzlichen Vergütung hat der Gesetzgeber in Abs. 1 S. 4 nicht vorgesehen. Insofern ist auf § 632 BGB, § 354 zurückzugreifen. Keine Regelung findet sich für die Fälle, in denen die Weisung dazu führt, dass der Frachtführer geringere Aufwendungen im Verhältnis zu der Situation ohne Weisung hat. Eine Ersatzpflicht für ersparte Aufwendungen ist vom Gesetzgeber nicht vorgesehen. Eine solche Ersatzpflicht würde sich nachteilig auf den Betrieb des Frachtführers auswirken und ist deshalb im Hinblick auf die Wertung des Abs. 1 S. 3 nicht anzuerkennen.[6] 5

Das Weisungsrecht des Absenders **erlischt** im Zeitpunkt der Ablieferung des Gutes an der Ablieferungsstelle (Abs. 2 S. 1). Bei der Ablieferungsstelle handelt es sich um die am vertraglich festgelegten Bestimmungsort liegende konkrete Adresse des berechtigten Empfängers (→ § 407 Rn. 59). 6

II. Verfügungsrecht des Empfängers (Abs. 2, 3)

Mit dem Erlöschen des Weisungsrechts des Absenders (→ Rn. 6) entsteht kraft Gesetzes das Verfügungsrecht des Empfängers (Abs. 2 S. 2). Der Inhalt dieses Rechts entspricht dem des Absenders nach Abs. 1; insbesondere kann der Empfänger dem Frachtführer einen weiteren Empfänger benennen. 7

Der vom ursprünglichen Empfänger benannte (Dritt-)Empfänger ist seinerseits weisungsberechtigt. Sein Weisungsrecht ist im Interesse des Frachtführers nach Abs. 3 in der Weise eingeschränkt, dass der (Dritt-)Empfänger nicht berechtigt ist, einen weiteren Empfänger zu benennen. 8

III. Verfügungsrecht bei Sperrvermerk (Abs. 4, Abs. 6)

Durch einen sog. Sperrvermerk kann der Absender in der Ausübung seines Weisungsrechts beschränkt werden. Ein solcher Sperrvermerk liegt vor, wenn der ausgestellte und von beiden Parteien des Frachtvertrages unterschriebene Frachtbrief den Vermerk enthält, dass das Verfügungsrecht nur gegen Vorlage der Absenderausfertigung des Frachtbriefs (§ 408 Abs. 2 S. 4) ausgeübt werden kann (Abs. 4); der Frachtbrief wird damit zum sog. Sperrpapier. Die gesetzliche Formulierung muss nicht exakt verwendet werden; es reicht aus, wenn die gewählte Formulierung den entsprechenden Bedeutungsinhalt objektiv zum Ausdruck bringt.[7] 9

[2] Koller Rn. 6; **aA** Ebenroth/Boujong/Reuschle Rn. 7.

[3] Koller Rn. 6; Lammich/Pöttinger § 418 Rn. 6.

[4] Ebenroth/Boujong/Reuschle Rn. 10.

[5] Koller Rn. 6.

[6] **AA** Ebenroth/Boujong/Reuschle Rn. 18; ebenso Koller Rn. 28 unter Hinweis auf § 415 Abs. 2 S. 1 Nr. 1; die dort geregelte Anrechnungspflicht besteht aber nur bei gekündigtem Frachtvertrag; im Weisungsfall bei ungekündigtem Frachtvertrag kann der Frachtführer auf den ungekürzten Bestand seines Frachtanspruchs vertrauen, solange keine Vertragsänderung mit dem Absender vereinbart wird.

[7] Koller Rn. 38 mit Hinweis darauf, dass es bei der gebotenen wertpapierrechtlichen Auslegung des Inhalts des Umlaufpapiers nicht auf den Willen der Beteiligten ankommt.

10 Die **Vorlage der Absenderausfertigung** erfolgt durch die Verschaffung der Möglichkeit, das Papier einzusehen. Der Frachtführer muss in die Lage versetzt werden, die Echtheit des Frachtbriefs zu prüfen, sodass eine Vorlage des Originals verlangt werden kann. Geht die Absenderausfertigung verloren, ist die Ausübung des Weisungsrechts nicht möglich.[8]

11 Befolgt der Frachtführer rechtswidrig eine Weisung, trifft ihn eine **verschuldensunabhängige Schadensersatzhaftung (Abs. 6 S. 1).** Der Umfang der Schadensersatzverpflichtung ist gemäß der durch das Seehandelsrechtsreformgesetz eingeführten Regelung des S. 2 auf den Betrag begrenzt, der bei Verlust des Gutes zu zahlen wäre, damit der Frachtführer nicht weitergehend haftet als in den Fällen ohne Vorlage eines Frachtbriefs.

IV. Benachrichtigungspflicht des Frachtführers (Abs. 5)

12 Der Frachtführer muss den zulässigen Weisungen des Absenders und den Verfügungen des Empfängers Folge leisten. Verweigert er die Befolgung, haftet er auf Schadensersatz nach § 280 BGB. Nach § 418 Abs. 5 ist der Frachtführer überdies verpflichtet, den die Weisung erteilenden (Absender oder Empfänger) unverzüglich zu informieren, damit dieser rechtzeitig anderweitige Dispositionen treffen kann; die Verletzung der Informationspflicht begründet eine eigenständige Pflichtverletzung iSd § 280 BGB.

V. Abdingbarkeit

13 Ein individuelles Weisungsrecht kann durch Vereinbarung und AGB ausgeschlossen, verkürzt oder erweitert werden. Der vollständige Ausschluss des Weisungsrechts durch AGB des Versenders gegenüber Verbrauchern bei der Besorgung von Paketversendungen im Massengeschäft ist wirksam.[9]

§ 419 Beförderungs- und Ablieferungshindernisse

(1) [1]Wird nach Übernahme des Gutes erkennbar, dass die Beförderung oder Ablieferung nicht vertragsgemäß durchgeführt werden kann, so hat der Frachtführer Weisungen des nach § 418 oder § 446 Verfügungsberechtigten einzuholen. [2]Ist der Empfänger verfügungsberechtigt und ist er nicht zu ermitteln oder verweigert er die Annahme des Gutes, so ist, wenn ein Ladeschein nicht ausgestellt ist, Verfügungsberechtigter nach Satz 1 der Absender; ist die Ausübung des Verfügungsrechts von der Vorlage eines Frachtbriefs abhängig gemacht worden, so bedarf es in diesem Fall der Vorlage des Frachtbriefs nicht. [3]Der Frachtführer ist, wenn ihm Weisungen erteilt worden sind und das Hindernis nicht seinem Risikobereich zuzurechnen ist, berechtigt, Ansprüche nach § 418 Abs. 1 Satz 4 geltend zu machen.

(2) Tritt das Beförderungs- oder Ablieferungshindernis ein, nachdem der Empfänger auf Grund seiner Verfügungsbefugnis nach § 418 die Weisung erteilt hat, das Gut an einen Dritten abzuliefern, so nimmt bei der Anwendung des Absatzes 1 der Empfänger die Stelle des Absenders und der Dritte die des Empfängers ein.

(3) [1]Kann der Frachtführer Weisungen, die er nach § 418 Abs. 1 Satz 3 befolgen müßte, innerhalb angemessener Zeit nicht erlangen, so hat er die Maßnahmen zu ergreifen, die im Interesse des Verfügungsberechtigten die besten zu sein scheinen. [2]Er kann etwa das Gut entladen und verwahren, für Rechnung des nach § 418 oder § 446 Verfügungsberechtigten einem Dritten zur Verwahrung anvertrauen oder zurückbefördern; vertraut der Frachtführer das Gut einem Dritten an, so haftet er nur für die sorgfältige Auswahl des Dritten. [3]Der Frachtführer kann das Gut auch gemäß § 373 Abs. 2 bis 4 verkaufen lassen, wenn es sich um verderbliche Ware handelt oder der Zustand des Gutes eine solche Maßnahme rechtfertigt oder wenn die andernfalls entstehenden Kosten in keinem angemessenen Verhältnis zum Wert des Gutes stehen. [4]Unverwertbares Gut darf der Frachtführer vernichten. [5]Nach dem Entladen des Gutes gilt die Beförderung als beendet.

(4) Der Frachtführer hat wegen der nach Absatz 3 ergriffenen Maßnahmen Anspruch auf Ersatz der erforderlichen Aufwendungen und auf angemessene Vergütung, es sei denn, daß das Hindernis seinem Risikobereich zuzurechnen ist.

[8] Koller TranspR 1994, 181 (183).
[9] BGH 7.4.2022, RdTW 2022, 274; anders noch OLG Frankfurt 19.11.2020, RdTW 2022, 116 Rn. 21 ff.

I. Überblick

1 Die Vorschrift regelt die Rechtslage in den Fällen, in denen Beförderungs- oder Ablieferungshindernisse der ordnungsgemäßen Erfüllung des Frachtvertrages entgegenstehen. Entsprechend der Regelungen in Art. 14 CMR hat der Frachtführer bei Vorliegen solcher Hindernisse in erster Linie Weisungen beim verfügungsberechtigten Absender oder Empfänger einzuholen (Abs. 1). Sind solche Weisungen nicht rechtzeitig zu erlangen, spricht der Gesetzgeber dem Frachtführer bestimmte Maßnahmenbefugnisse zu (Abs. 3). Für die rechtmäßig getroffenen Maßnahmen kann der Frachtführer Ersatz seiner Aufwendungen und Vergütung verlangen, sofern nicht das Hindernis seinem Risikobereich zuzuordnen ist.

II. Beförderungs- und Ablieferungshindernisse (Abs. 1)

2 Ein **Beförderungshindernis** iSd Abs. 1 ist gegeben, wenn der Frachtführer seinen vertraglich versprochenen Beförderungsverpflichtungen nicht nachkommen kann, ohne dass es darauf ankommt, dass ein Fall der Nichterbringbarkeit der Leistung (Unmöglichkeit iSd § 275 Abs. 1 BGB) vorliegen muss.[1] Ein Beförderungshindernis iSd Vorschrift ist schon dann gegeben, wenn die vertragsgemäße Beförderung nicht mehr vertragsgemäß[2] bzw. nur mit unzumutbarem Aufwand durchgeführt werden kann. Auf die Zuordnung zu dem Risikobereich eines Beteiligten kommt es für die Frage des Vorliegens eines Hindernisses nicht an; sie ist erst für die Frage bedeutsam, ob ihm Aufwendungsersatzansprüche oder Vergütungsansprüche zustehen (Abs. 4). Typische Beförderungshindernisse stellen die Nichtnutzbarkeit der vorgesehenen Transportstrecke, auftretende Mängel des Transportmittels[3] oder das Fehlen der notwendigen Begleitdokumente insbesondere für die Zollformalitäten dar.[4] Das Hindernis ist beachtlich, wenn es vor der Ankunft des Gutes an der Ablieferungsstelle vorliegt oder zumindest „erkennbar" wird, etwa wegen Pandemie bedingter Umstände[5] oder wegen des EU-Sanktionsrechts für gelistete Waren.[6]

3 Ein **Ablieferungshindernis** liegt vor, wenn an der Ablieferungsstelle (nicht am Bestimmungsort) ein Hindernis besteht, das die Entgegennahme des Guts durch den Empfänger bzw., wenn dieser entladepflichtig ist, die Entladung durch den Empfänger unmöglich oder unzumutbar macht.[7] Typische Fälle bilden ein Defekt der Ladegerätschaften oder die fehlende Verfügbarkeit der Entladeplätze. Das Nichteinhalten der vereinbarten Lieferzeit[8] und ein wesentliches Überschreiten der Entladefrist wird ebenfalls als Ablieferungshindernis anerkannt, sodass der Absender in die Lage versetzt wird, durch die Erteilung von Weisungen die Zeit zu verkürzen.[9] Ein Ablieferungshindernis begründet auch die Verweigerung des Empfängers, das Gut anzunehmen;[10] der Anspruch des Empfängers auf Ablieferung (vgl. § 328 Abs. 2 BGB) entsteht allerdings erst mit der Ankunft des Gutes an der Ablieferungsstelle iSd § 421. Macht der Markenrechtsinhaber Ansprüche aus § 14 Abs. 5 MarkenG auf Unterlassung gegen den Frachtführer geltend, ggf. im Wege einer einstweiligen Verfügung (§§ 935 ff. ZPO), liegt ein Beförderungs- bzw. Ablieferungshindernis vor; dies gilt ebenso, wenn die Zollbehörden im Rahmen einer Grenzbeschlagnahme nach Art. 17 Abs. 1 VO (EU) 608/2013, Art. 18 Abs. 1 VO (EU) 608/2013 die Überlassung der Ware aussetzen bzw. sie zurückhalten.[11] Die Rechtslage zum Verbringungsverbot nach dem EU-Sanktionsrecht aus Russland in die EU und in Drittländer ist noch rechtssicher geklärt.[12]

III. Pflichten des Frachtführers (Abs. 1 und Abs. 3)

4 Wird ein Beförderungs- oder Ablieferungshindernis nach Übernahme des Gutes erkennbar, hat der Frachtführer Weisungen des Berechtigten einzuholen (Abs. 1 S. 1). Die Weisungs- oder Verfügungsberechtigung ist nach § 418 zu beurteilen; wurde ein Ladeschein ausgestellt, ist Verfügungsberechtigter stets der durch den Ladeschein legitimierte Besitzer.

---

[1] Begr. RegE TRG, BT-Drs. 13/8445, 51.
[2] OLG Hamm 14.2.2019, RdTW 2020, 338 Rn. 64.
[3] OLG Brandenburg 7.11.2018, RdTW 2019, 132 f.
[4] Ebenroth/Boujong/Reuschle Rn. 10.
[5] Schmidt COVID-19/Thume § 13 Rn. 38 ff.
[6] Friton/Wolf/Ackermann RdTW 2022, 418 ff.
[7] Koller Rn. 11.
[8] OLG Stuttgart 27.11.2019, RdTW 2020, 423 zur CMR, m. krit. Anm. Ramming.
[9] Koller Rn. 12; Heymann/Schlüter Rn. 3; **aA** Fremuth/Thume/Fremuth Rn. 24.
[10] BGH 22.4.2010, TranspR 2010, 429 Rn. 26; MüKoHGB/Thume Rn. 13.
[11] Näher Ramming RdTW 2019, 121 (128 ff.).
[12] Dazu Henninger/Jürgens UKuR 2022, 547 ff.; Friton/Wolf/Ackermann RdTW 2022, 418 ff.

5 In Abs. 1 S. 2 und Abs. 2 wird die Weisungsbefugnis in den genannten besonderen Fällen geregelt. In den dort geregelten Fällen und bei Nichtermittelbarkeit des Empfängers fällt die Weisungsbefugnis trotz Erreichens der Ablieferungsstelle wieder dem Absender zu. Ist allerdings ein Ladeschein ausgestellt, bleibt nach der durch das Seehandelsrechtsreformgesetz eingefügten Regelung die Verfügungsbefugnis ausnahmslos beim legitimierten Besitzer des Ladescheins.

6 Kann der Frachtführer die Weisungen, die er nach § 418 Abs. 1 S. 3 zu befolgen hätte, nicht innerhalb angemessener Zeit erlangen, kann er die in Abs. 3 S. 2–4 angeführten Maßnahmen treffen, insbesondere das Gut für Rechnung des nach § 418 oder § 466 Verfügungsberechtigten einem Dritten zur Verwahrung anvertrauen und die dafür erforderlichen Aufwendungen ersetzt verlangen. Der Empfänger kann nur in Anspruch genommen werden, wenn er entweder eine Weisung erteilt (§ 418 Abs. 1 S. 3) oder vom Frachtführer verlangt hat, das Gut gegen Erfüllung der Verpflichtungen aus dem Frachtvertrag abzuliefern (§ 421 Abs. 1 S. 1).[13] Der Absender bleibt gem. § 421 Abs. 4 neben dem Empfänger, der die Ablieferung des Gutes verlangt hat, zur Zahlung der nach dem Vertrag geschuldeten Beiträge verpflichtet. Die Angemessenheitsformel des Abs. 3 S. 1 setzt dabei bewusst keine verbindlichen Zeiträume; sie kann nur im Einzelfall konkretisiert werden.[14] Die nach Abs. 3 beispielhaft („etwa") für zulässig erklärten Maßnahmen umfassen das Entladen und Verwahren durch den Frachtführer (Abs. 3 S. 2), das Entladen und das Verwahren durch Dritte (Abs. 3 S. 2), die Rückbeförderung (Abs. 3 S. 2), das Entladen und Verkaufen des Guts (Abs. 3 S. 3) und die Vernichtung des Guts unter den Voraussetzungen des Abs. 3 S. 4. Die Auswahl der zugelassenen Maßnahmen hat der Frachtführer nach pflichtgemäßem Ermessen im Interesse des Verfügungsberechtigten zu treffen; der Gesetzgeber erkennt ihm dabei eine eigenverantwortlich auszufüllende Entscheidungsbefugnis zu (Abs. 3 S. 1 – „zu sein scheinen"). Nach dem Entladen des Gutes gilt die Beförderung als beendet (Abs. 3 S. 5); bei der so erfolgten Beendigung des Unterfrachtvertrages führt diese Vorschrift nicht automatisch zur Beendigung des Hauptfrachtvertrages.[15]

IV. Ansprüche des Frachtführers (Abs. 1 und Abs. 4)

7 Der Frachtführer hat grundsätzlich einen Anspruch auf Ersatz seiner wegen der Befolgung der erteilten Weisungen ergriffenen Maßnahmen und er kann überdies eine angemessene Vergütung sowie einen Vorschuss dafür verlangen (Abs. 1 S. 3 iVm § 418 Abs. 1 S. 4). Aufwendungen kann er danach nur ersetzt verlangen, soweit diese erforderlich waren (→ § 418 Rn. 5). An der Erforderlichkeit fehlt es immer dann, wenn die Voraussetzungen für die nach Abs. 3 ergriffenen Maßnahmen nicht vorlagen.

8 Die Ansprüche stehen dem Frachtführer nicht zu, wenn das Beförderungs- oder Ablieferungshindernis seinem Risikobereich zuzuordnen ist. Zu dem in dieser Regelung wiederkehrenden Sphärengedanken → § 412 Rn. 12 ff. (zu § 412 Abs. 3).

§ 420 Zahlung. Frachtberechnung

(1) [1]Die Fracht ist bei Ablieferung des Gutes zu zahlen. [2]Der Frachtführer hat über die Fracht hinaus einen Anspruch auf Ersatz von Aufwendungen, soweit diese für das Gut gemacht wurden und er sie den Umständen nach für erforderlich halten durfte.

(2) [1]Der Anspruch auf die Fracht entfällt, soweit die Beförderung unmöglich ist. [2]Wird die Beförderung infolge eines Beförderungs- oder Ablieferungshindernisses vorzeitig beendet, so gebührt dem Frachtführer die anteilige Fracht für den zurückgelegten Teil der Beförderung, wenn diese für den Absender von Interesse ist.

(3) [1]Abweichend von Absatz 2 behält der Frachtführer den Anspruch auf die Fracht, wenn die Beförderung aus Gründen unmöglich ist, die dem Risikobereich des Absenders zuzurechnen sind oder die zu einer Zeit eintreten, zu welcher der Absender im Verzug der Annahme ist. [2]Der Frachtführer muss sich jedoch das, was er an Aufwendungen erspart oder anderweitig erwirbt oder zu erwerben böswillig unterlässt, anrechnen lassen.

(4) Tritt nach Beginn der Beförderung und vor Ankunft an der Ablieferungsstelle eine Verzögerung ein und beruht die Verzögerung auf Gründen, die dem Risikobereich des Absenders zuzurechnen sind, so gebührt dem Frachtführer neben der Fracht eine angemessene Vergütung.

[13] BGH 22.4.2010, TranspR 2010, 429 Rn. 26 unter Hinweis darauf, dass dem Frachtvertrag andernfalls der Charakter eines Vertrages zu Lasten Dritter zukäme; ebenso MüKoHGB/Thume Rn. 47.
[14] Koller Rn. 40.
[15] BGH 17.9.2015, RdTW 2015, 409 Rn. 27 ff. mAnm Ramming und Koller RdTW 2016, 1.

(5) Ist die Fracht nach Zahl, Gewicht oder anders angegebener Menge des Gutes vereinbart, so wird für die Berechnung der Fracht vermutet, daß Angaben hierzu im Frachtbrief oder Ladeschein zutreffen; dies gilt auch dann, wenn zu diesen Angaben ein Vorbehalt eingetragen ist, der damit begründet ist, daß keine angemessenen Mittel zur Verfügung standen, die Richtigkeit der Angaben zu überprüfen.

I. Frachtzahlungs- und Aufwendungsersatzanspruch (Abs. 1)

Abs. 1 regelt die **Fälligkeit des Frachtanspruchs.** Die Höhe des Anspruchs ergibt sich aus der vertraglichen Vereinbarung der Parteien (§ 407 Abs. 2). Die Fracht ist „bei" Ablieferung fällig und ist damit Zug-um-Zug gegen Ablieferung (→ § 407 Rn. 53) des Gutes zu zahlen.[1] Abweichende Abreden sind auch in AGB grundsätzlich zulässig; AGB, nach denen die Fracht erst am letzten Tag des zweiten Folgemonats nach Rechnungseingang fällig wird verstoßen gegen §§ 307, 308 Nr. 1 lit. a BGB.[2] 1

Sonstige **abweichende Vereinbarungen** sind in den Gesetzesberatungen ausdrücklich in Betracht gezogen worden;[3] sie sind nach allgemeinen Grundsätzen auch in AGB zulässig. Durch einen „Freivermerk" im (vom Frachtführer unterzeichneten) Frachtbrief verpflichtet sich der Absender zur Bezahlung der Fracht einschließlich sämtlicher Kosten, die bei der Beförderung entstehen. Die Aufnahme eines „unfrei-Vermerks" bedeutet, dass der Frachtführer berechtigt ist, die Übergabe des Gutes von der Zahlung durch den Empfänger abhängig zu machen (§§ 420, 421). Darin liegt kein Vertrag zu Lasten des Empfängers; der Empfänger verpflichtet sich nur nach Maßgabe des § 421 Abs. 2 und 3. Dem zahlungspflichtig bleibenden Absender steht gegenüber dem Frachtführer die Einrede zu, dass der Frachtführer sich wegen des Frachtzahlungsanspruchs zunächst und unter Geltendmachung seines Zurückbehaltungsrechts an den Empfänger halten muss. Durch die sog. Frachtüberweisung in einem unfrei-Vermerk wird allerdings eine Rechtspflicht des Frachtführers nicht begründet, dem Empfänger das Gut nur gegen Frachtzahlung auszuhändigen;[4] zur Verbesserung seiner Rechtsstellung wird dem Absender eine Nachnahmevereinbarung zugemutet. Vereinbart werden kann auch eine Ausfallfracht für den Fall der Nichterteilung von Transportaufträgen.[5] 2

Maut- oder Dieselzuschläge gehören zur Fracht.[6] Kosten für besondere **Aufwendungen für das Gut** sind als Aufwendungsersatz zu begleichen (Abs. 1 S. 2), soweit der Frachtführer diese nach den Umständen für erforderlich halten durfte. Zu diesen gutsbezogenen Aufwendungen gehören zB Wiege- und Krangelder sowie Ufergelder in der Binnenschifffahrt. Sämtliche beförderungsbezogenen Aufwendungen (Betriebskosten, Löhne) sollen dagegen nach der Regelung in Abs. 1 S. 2 mit dem Frachtanspruch abgegolten sein. 3

II. Fracht bei Unmöglichkeit und Beförderungshindernissen (Abs. 2, 3)

Der durch das SHR-Reformgesetz neu eingefügte Abs. 1 S. 1 regelt zunächst den Grundsatz, dass der Anspruch auf die Fracht entfällt, soweit die Beförderung unmöglich ist. Erfasst werden danach auch die Fälle der Teilunmöglichkeit. Nach Abs. 3 bleibt jedoch der Anspruch auf die (volle) Fracht bestehen, wenn der Grund für die Unmöglichkeit im Risikobereich des Absenders liegt oder zu einer Zeit eintritt, zu welcher der Absender in Annahmeverzug iSd §§ 293 ff. BGB ist. Anders als die Vorschrift des § 326 Abs. 2 BGB stellt § 420 somit nicht auf ein Vertretenmüssen, sondern darauf ab, wessen Risikobereich berührt ist. Die Regelung differenziert nicht danach, ob der Frachtführer mit der Beförderung noch nicht begonnen hat oder diese bereits teilweise ausgeführt hat. 4

Im Falle einer vorzeitigen Beendigung des Frachtvertrages infolge von Beförderungs- und Ablieferungshindernissen iSd § 419 hat der Frachtführer Anspruch auf anteilige Fracht für die bis zum Eintritt des Hindernisses zurückgelegte Beförderung, wenn diese für den Absender von Interesse ist. Der Anspruch auf die anteilige Fracht (sog. Distanzfracht) entlastet den Frachtführer vom Risiko des Beförderungserfolges. Die Frage nach dem Beförderungsinteresse ist objektiv und danach zu bestimmen, ob das Empfängervermögen bereichert ist; insbesondere ist zu berücksichtigen, ob der Teiltransport dem Absender anderweitige Aufwendungen erspart hat. Bei Verlust des Gutes oder nach dessen Rücktransport ist die Beförderung für den Absender ohne Interesse.[7] Der Frachtführer behält nach 5

---

[1] Begr. RegE TRG, BT-Drs. 13/8445, 53.
[2] AG Mannheim 22.7.2015, RdTW 2015, 398 Rn. 7 f., 10 ff.
[3] Begr. RegE TRG, BT-Drs. 13/8445, 53.
[4] Valder TranspR 2001, 363; Heymann/Schlüter Rn. 4; Koller Rn. 5; **aA** Widmann TranspR 2001, 72 (73).
[5] LG Hamburg 17.7.2015, RdTW 2015, 387 Rn. 34 ff.
[6] LG Hamburg 17.7.2015, RdTW 2015, 387 Rn. 30.
[7] Koller Rn. 22.

Abs. 3 den Anspruch auf die volle Fracht, wenn das Hindernis dem Risikobereich des Absenders zuzurechnen ist[8] oder zu einer Zeit eintritt, zu welcher der Absender im Verzug der Annahme ist.

III. Vergütung bei Verzögerungen (Abs. 4)

6 Abs. 4 regelt einen besonderen Vergütungsanspruch des Frachtführers für eine zeitweilige Verzögerung der laufenden Beförderung aus einem dem Risikobereich des Absenders zuzurechnenden Grund. Die Regelung beruht ebenso wie die Regelung des § 412 Abs. 3 auf einer Verantwortungszuweisung nach dem Sphärengedanken; sie begründet deshalb keinen Anspruch auf eine zusätzliche Vergütung, wenn die Störungsursache nicht der Sphäre des Absenders zuzurechnen ist.[9] Von den Parteien des Frachtvertrages nicht beherrschbare Störungsursachen (Sperrung eines Beförderungsweges, Hoch- oder Niedrigwasser, Eisgang oder Sturm) fallen „neutrale" Störungsursachen weder in die Sphäre des Absenders noch des Frachtführers.[10] In den Risikobereich des Absenders fallen Verzögerung, die er verschuldet hat, ferner die Umstände, für die er gem. § 414 Abs. 1 verschuldensunabhängig haftet sowie die Verzögerungsursachen, die seiner Sphäre entspringen.[11] Die Sperrung eines Transportweges aufgrund eines durch Dritte verursachten Unfalls zählt nicht zur Risikosphäre des Absenders.[12] Die Vorschrift ergänzt die Standgeldregelung des § 412 Abs. 3 für verzögerte Be- und Entladungen. Die Verzögerung muss eine gewisse Bedeutung haben; eine unerhebliche Verzögerung löst keinen Vergütungsanspruch aus.[13]

IV. Frachtberechnung (Abs. 5)

7 Abs. 5 enthält eine Auslegungsregel für die Mengenangaben der zu berechnenden Fracht. Die Mengenangaben im Frachtbrief oder Ladeschein werden widerleglich als richtig vermutet (Hs. 1). Die Vermutung ist auch bei sog. begründeten Unbekannt-Klauseln iSd Abs. 5 Hs. 2 anzuwenden, nicht dagegen bei Vorbehalten ohne Angabe von Gründen. Ausreichend ist, dass ein gültiger Frachtbrief iSd § 408 vorliegt; dieser muss nicht von beiden Parteien des Frachtvertrages unterschrieben sein.

§ 421 Rechte des Empfängers. Zahlungspflicht

(1) [1]Nach Ankunft des Gutes an der Ablieferungsstelle ist der Empfänger berechtigt, vom Frachtführer zu verlangen, ihm das Gut gegen Erfüllung der Verpflichtungen aus dem Frachtvertrag abzuliefern. [2]Ist das Gut beschädigt oder verspätet abgeliefert worden oder verlorengegangen, so kann der Empfänger die Ansprüche aus dem Frachtvertrag im eigenen Namen gegen den Frachtführer geltend machen; der Absender bleibt zur Geltendmachung dieser Ansprüche befugt. [3]Dabei macht es keinen Unterschied, ob Empfänger oder Absender im eigenen oder fremden Interesse handeln.

(2) [1]Der Empfänger, der sein Recht nach Absatz 1 Satz 1 geltend macht, hat die noch geschuldete Fracht bis zu dem Betrag zu zahlen, der aus dem Frachtbrief hervorgeht. [2]Ist ein Frachtbrief nicht ausgestellt oder dem Empfänger nicht vorgelegt worden oder ergibt sich aus dem Frachtbrief nicht die Höhe der zu zahlenden Fracht, so hat der Empfänger die mit dem Absender vereinbarte Fracht zu zahlen, soweit diese nicht unangemessen ist.

(3) Der Empfänger, der sein Recht nach Absatz 1 Satz 1 geltend macht, hat ferner ein Standgeld oder eine Vergütung nach § 420 Abs. 4 zu zahlen, ein Standgeld wegen Überschreitung der Ladezeit und eine Vergütung nach § 420 Abs. 4 jedoch nur, wenn ihm der geschuldete Betrag bei Ablieferung des Gutes mitgeteilt worden ist.

(4) Der Absender bleibt zur Zahlung der nach dem Vertrag geschuldeten Beträge verpflichtet.

Schrifttum: Becker, Die Geltendmachung von Ersatzansprüchen gegen den Frachtführer gemäß § 421 Abs. 1 Satz 2 HGB, AcP 202 (2002), 722; Bodis/Remiorz, Der Frachtzahlungsanspruch gegen den Empfänger nach § 421 Abs. 2 HGB, TranspR 2005, 438; Büdenbender, Drittschadensliquidation bei obligatorischer Gefahrentlas-

[8] Dazu OLG Hamm 14.2.2019, RdTW 2020, 339 Rn. 65 ff.
[9] BGH 22.6.2011, VersR 2012, 125 Rn. 16 = TranspR 2011, 362.
[10] BGH 22.6.2011, VersR 2012, 125 Rn. 14, 16 f. = TranspR 2011, 362.
[11] BGH 22.6.2011, VersR 2012, 125 Rn. 19 = TranspR 2011, 362.
[12] BGH 22.6.2011, VersR 2012, 125 Rn. 14 f. = TranspR 2011, 362; OLG Köln 25.10.2008, TranspR 2009, 43 (44 f.); vgl. auch OLG Köln 27.2.2009, TranspR 2009, 171 (173 f.) betr. Niedrigwasser.
[13] Begr. RegE TRG, BT-Drs. 13/8445, 54.

tung, NJW 2000, 986; Koller, Die fracht- und speditionsrechtliche Schadensersatzpflicht und Drittschadensliquidation als Wahlschuldverhältnis (§§ 263 ff. BGB), RdTW 2019, 441; Koller, Die Inanspruchnahme des Empfängers für Beförderungskosten durch Frachtführer oder Spediteur, TranspR 1993, 41; Oetker, Versendungskauf, Frachtrecht und Drittschadensliquidation, JuS 2001, 833; Ramming, Die Haftung des Umschlagsunternehmers für den Verlust bzw. die Beschädigung des Gutes gegenüber dem Empfänger, RdTW 2021, 378; Valder, Rechte und Pflichten bei Ablieferung, TranspR 2015, 257.

Übersicht

I. Überblick und Normzweck

Die Vorschrift regelt die Rechtsstellung des Empfängers gegenüber Frachtführer und Absender in Anlehnung an Art. 13 CMR.[1] § 421 begründet einen eigenständigen Anspruch des Empfängers auf Ablieferung des Beförderungsgutes; dadurch ist der Frachtvertrag als Vertrag zugunsten Dritter iSd § 328 BGB ausgewiesen (→ § 407 Rn. 67).[2] Verlangt der Empfänger die Ablieferung, hat er Zug-um-Zug gegen die Ablieferung die Verpflichtungen aus dem Frachtvertrag zu erfüllen (Abs. 1 S. 1, Abs. 2). Neben der Fracht hat der Empfänger Standgeld und Vergütungen wegen Beförderungsverzögerungen nach Maßgabe des Abs. 3 zu zahlen. Eine Verpflichtung zur Sicherheitsleistung – wie nach Art. 13 Abs. 2 S. 2 CMR – findet sich in § 421 bewusst nicht.[3] 1

Der Empfänger ist berechtigt, Ansprüche aus dem Frachtvertrag wegen Güterschäden oder Verspätung im eigenen Namen geltend zu machen (Abs. 1 S. 2 Hs. 1). Die Berechtigung des Absenders zur Geltendmachung dieser Ansprüche bleibt erhalten (Abs. 1 S. 2 Hs. 2). Die Vorschrift begründet somit – anders als die CIM 1999[4] – eine Doppellegitimation,[5] damit nicht ein Ersatzanspruch deshalb verloren geht, weil die falsche Partei reklamiert oder klagt. Sowohl der Absender als auch der Empfänger können einen Schaden des jeweils anderen oder eines Dritten geltend machen, sog. Drittschadensliquidation (Abs. 1 S. 3). Der Ladungsversicherer erhält die Anspruchsbefugnis nur durch Abtretung der Ansprüche gegen den Frachtführer, die allerdings stillschweigend durch Überlassung der Schadensunterlagen erfolgen kann.[6] Die Abtretung aller im Zusammenhang mit dem Verlust stehenden Rechte Dritter an den Versicherer umfasst den Anspruch auf Abtretung der Ansprüche gegen den Unterfrachtführer.[7] 2

Abs. 4 stellt klar, dass der Absender neben dem Empfänger zur Zahlung verpflichtet bleibt. 3

II. Rechte des Empfängers

1. Überblick. Die Ankunft des Gutes an der Ablieferungsstelle hat erhebliche frachtrechtliche Bedeutung: Der Empfänger kann vom Frachtführer die Ablieferung des Gutes verlangen, nach § 418 Abs. 2 geht das Verfügungsrecht vom Absender auf den Empfänger über und der Empfänger erlangt kraft Gesetzes einen eigenen Schadensersatzanspruch gegen den Frachtführer. 4

2. Ablieferungsanspruch. a) Ankunft. Der Ablieferungsanspruch des Empfängers entsteht mit der Ankunft des Gutes an der Ablieferungsstelle.[8] Die Ankunft am Bestimmungsort reicht nicht.[9] 5

---

[1] Vgl. Begr. RegE TRG, BT-Drs. 13/8445, 54 f.
[2] Vgl. Canaris HandelsR § 33 Rn. 60; Oetker JuS 2001, 833 (836).
[3] Begr. RegE TRG, BT-Drs. 13/8445, 55.
[4] OGH Wien 26.11.2014, RdTW 2015, 378 Rn. 41.
[5] OLG Köln 16.4.2015, RdTW 2015, 436 Rn. 30.
[6] OLG Köln 16.4.2015, RdTW 2015, 436 Rn. 32.
[7] BGH 22.1.2015, RdTW 2015, 128 Rn. 23.
[8] Zur Entstehung durch Erstarken eines entspr. Anwartschaftsrechts Ramming RdTW 2020, 241 (246).
[9] Begr. RegE TRG, BT-Drs. 13/8445, 55.

Der Begriff der Ablieferungsstelle ist enger und präziser als der des Bestimmungsortes; er bezieht sich auf die durch Straße und Hausnummer bezeichnete Stelle.[10] Ist ein Frachtbrief ausgestellt, ergibt sich die Ablieferungsstelle bis zum Beweis des Gegenteils aus den Frachtbriefangaben (→ § 408 Rn. 10).

6 Das Beförderungsgut ist angekommen, wenn es auf oder vor dem Grundstück angelangt ist, auf dem es abgeliefert werden soll. Auf die Ablieferung des Gutes an den Empfänger kommt es nicht an; diese kann vielmehr nach der Ankunft durch den Empfänger verlangt werden.[11] Geht das Gut verloren, scheidet die Anwendung von § 421 mangels Ankunft aus; möglich ist, dass ein Teil der beförderten Güter verloren geht, ein anderer Teil dagegen ankommt.[12]

7 **b) Berechtigter Empfänger.** Derjenige, der im Vertrag als Empfänger bestimmt ist, ist der berechtigte Empfänger. Aus den Angaben in einem beiderseitig unterschriebenen Frachtbrief ergibt sich die widerlegliche Vermutung für die Empfangsberechtigung der genannten Person. Derjenige, der im Frachtbrief neben dem ausgewiesenen Empfänger als Meldeadresse („notify adress") benannt ist, ist nicht Empfänger, sondern Ablieferungsstelle.[13] Der Absender kann, solange er verfügungsberechtigt ist (§ 418 Abs. 2), den berechtigten Empfänger durch **nachträgliche Weisung** bestimmen (§ 418 Abs. 1 S. 2). Empfänger kann ein Empfangsspediteur oder ein anderer Transportunternehmer sein.[14] Nichtberechtigte Personen, bei denen der Frachtführer versehentlich erscheint, sind keine Empfänger iSd § 421.[15]

8 **c) Verpflichteter Frachtführer.** Verpflichtet ist der Frachtführer, mit dem der Absender den Frachtvertrag geschlossen hat. Die Einschaltung von Unterfrachtführern ändert diese Verpflichtung des Hauptfrachtführers nicht. Nach der neueren Rspr. des BGH kann auch der Unterfrachtvertrag, wenn er eine Ablieferung an den Empfänger einschließt, als Vertrag zugunsten des Empfängers vereinbart sein.[16] In diesem Fall ist auch der **Unterfrachtführer** einem eigenständigen Ablieferungsanspruchs des benannten Empfängers ausgesetzt.[17] Der **Absender** kann gem. §§ 667, 675 BGB von seinem Hauptfrachtführer die Abtretung der diesem zustehenden Ansprüche gegen seinen Unterfrachtführer verlangen, es sei denn diese kommen von vornherein nicht in Betracht, etwa soweit der Hauptfrachtführer bereits selbst gegenüber dem Absender haftet.[18] Ist die Haftung des Hauptfrachtführers der Höhe nach beschränkt, kann der Absender lediglich Abtretung der den Höchstbetrag dieser Haftung überschreitenden Ansprüche verlangen;[19] dadurch wird die beschränkte Haftung des Hauptfrachtführers nicht erweitert.[20] Hinsichtlich der Verjährung gilt, dass die Hemmung (ebenso wie die Ablaufhemmung und der Neubeginn) der Verjährung des unmittelbaren Anspruchs auf Schadensersatz gem. § 213 BGB gleichermaßen auf die Verjährung des Abtretungsanspruchs wirken.[21]

9 **d) Anspruch auf Ablieferung.** Der Rechtsbegriff der Ablieferung entspricht dem des § 425 (→ § 425 Rn. 9). Ein Anspruch auf Übergabe des Frachtbriefs, der das Gut begleitet (§ 408 Abs. 2 S. 4), wird in rechtsanaloger Anwendung des § 421 Abs. 1 S. 1 befürwortet.[22] Der Empfänger ist im Hinblick auf § 438 berechtigt, das Gut vor der Ablieferung zu besichtigen, um die Vollständigkeit und äußere Unversehrtheit des Gutes zu überprüfen.[23]

10 **e) Zug-um-Zug-Verpflichtung.** Der Frachtführer hat die Verpflichtung zur Ablieferung Zug-um-Zug gegen Erfüllung der korrespondierenden Zahlungsverpflichtung des Empfängers zu erfüllen (Abs. 1 S. 1, Abs. 2 S. 1). Nimmt der Empfänger den Unterfrachtführer in Anspruch, muss sich der Empfänger nur die Rechte aus dem zwischen dem Absender und dem Hauptfrachtführer geschlossenen Frachtvertrag, nicht dagegen die Rechte des Unterfrachtführers gegen den Hauptfrachtführer entgegen halten lassen.[24] Verweigert der Empfänger die Zug-um-Zug-Erfüllung der Zahlungspflich-

[10] Ebenroth/Boujong/Reuschle Rn. 9.
[11] Vgl. Koller Rn. 2; unklar Ebenroth/Boujong/Reuschle Rn. 13, 15.
[12] Koller Rn. 2.
[13] OLG Düsseldorf 11.11.1993, VersR 1994, 198 zum WA.
[14] OLG Hamburg 19.8.1982, VersR 1983, 453.
[15] Koller Rn. 3.
[16] BGH 14.6.2007, BGHZ 172, 330 (336 f.) = TranspR 2007, 425 = NJW 2008, 289 zur CMR.
[17] Ebenso bereits Koller Rn. 3; Heymann/Schlüter Rn. 3.
[18] BGH 22.1.2015, RdTW 2015, 128 Rn. 22, 28 f.
[19] BGH 22.1.2015, RdTW 2015, 128 Rn. 30, 35.
[20] BGH 22.1.2015, RdTW 2015, 128 Rn. 27.
[21] BGH 22.1.2015, RdTW 2015, 128 Rn. 31 ff.
[22] Koller Rn. 5; Ebenroth/Boujong/Reuschle Rn. 14.
[23] Tunn VersR 2005, 1646 (1648); Koller Rn. 5; Ebenroth/Boujong/Reuschle Rn. 14.
[24] BGH 20.10.2005, TranspR 2006, 29 (30).

ten, steht dem Frachtführer das Zurückbehaltungsrecht gem. § 273 BGB, § 369 und das Recht zur Pfandverwertung gem. § 441 HGB iVm § 1234 BGB zu.

3. Schadensersatzanspruch. Ging das Beförderungsgut verloren, wurde es beschädigt oder verspätet abgeliefert, kann der Empfänger die Ansprüche aus dem Beförderungsvertrag gegen den Frachtführer im eigenen Namen geltend machen (Abs. 1 S. 2). Der Empfänger kann die Ansprüche abtreten.[25] Die Abtretbarkeit der Rechte des Empfängers (und des Absenders) an den Transportversicherer kann durch AGB nicht wirksam ausgeschlossen werden.[26] 11

a) Ersatzberechtigung. Der Empfänger kann den Ersatzanspruch nach Ankunft des Gutes an der Ablieferungsstelle geltend machen, wenn sich das Gut also in seiner frachtrechtlichen Verfügungsbefugnis (§ 419 Abs. 2) befindet (Abs. 1 S. 2). Hat es ein Unterfrachtführer übernommen, das Gut unmittelbar an den letzten Empfänger auszuliefern, kann dieser im Falle der Beschädigung des Guts gegenüber dem Unterfrachtführer gem. Abs. 1 S. 2 die Rechte aus dem Unterfrachtvertrag geltend machen.[27] Der Absender bleibt als Vertragspartner des Frachtvertrages neben dem Empfänger zur Geltendmachung der Ansprüche berechtigt, ohne dass es dafür auf seine frachtrechtliche Verfügungsbefugnis ankommt (§ 421 Abs. 1 S. 2 Hs. 2). Durch die damit begründete Gesamtgläubigerstellung iSd § 428 BGB wollte der Gesetzgeber erreichen, dass kein Ersatzanspruch verloren geht, weil die falsche Partei Klage erhebt, zumal das Gut während des Transports dem Weisungsrecht des Absenders gem. § 418 Abs. 1 unterliegt.[28] Eine ausschließliche Berechtigung des Empfängers ist in den Fällen der Ausstellung eines Ladescheins (§ 444) und dessen Begebung an den Empfänger gegeben, weil dann allein der Empfänger empfangs- und weisungsberechtigt ist. 12

b) Ersatzverpflichteter. Die Ersatzverpflichtung trifft den Frachtführer. Hat dieser einen Unterfrachtführer eingeschaltet, ist, wenn dieser als ausführender Unterfrachtführer tätig wird, auch der Unterfrachtführer gem. § 437 verpflichtet. Daneben anerkennt die Rspr. des BGH eine vertragliche Verpflichtung des Unterfrachtführers, wenn der Unterfrachtvertrag die Ablieferung an den Empfänger einschließt (→ § 437 Rn. 4 ff.).[29] 13

c) Ersatzpflichtige Schäden, Drittschadensliquidation. Die Schadensersatzpflicht bezieht sich auf die Schäden wegen Beschädigung oder Verlust oder verspäteter Ablieferung des Gutes (→ § 425 Rn. 19 ff.). Abs. 1 S. 3 stellt klar, dass es für die Geltendmachung der Schadensersatzansprüche nicht darauf ankommt, ob Absender oder Empfänger im eigenen oder fremden Interesse handeln. Sie sind danach zur Geltendmachung sowohl eigener als auch von Drittschäden befugt (sog. Drittschadensliquidation). Damit ist gewährleistet, dass der Schädiger keinen Vorteil daraus ziehen kann, dass ein für ihn zufälliges Auseinanderfallen von Berechtigtem und Geschädigtem vorliegt.[30] Die Anwendung der Grundsätze der Drittschadensliquidation ist ausgeschlossen, wenn entweder der letztlich Geschädigte auf die Geltendmachung des Schadens verzichtet oder die Geltendmachung jedenfalls nicht seinem Willen entspricht.[31] Der Schaden des Absenders besteht regelmäßig darin, dass er von seinen Kunden auf Schadensersatz in Anspruch genommen wird. Der zunächst auf Befreiung von einer Verbindlichkeit gerichtete Schadensersatzanspruch geht gem. § 250 S. 2 BGB in einen Zahlungsanspruch über, wenn der Schädiger die Leistung ernsthaft und endgültig ablehnt und der Absender tatsächlich mit einer Verbindlichkeit beschwert ist.[32] Der Absender kann dabei Leistung wahlweise an sich selbst oder den Empfänger verlangen, wobei er im Innenverhältnis zum Empfänger ohnehin regelmäßig zur Weiterleitung erhaltener Schadensersatzleitungen verpflichtet ist.[33] Dass dem Empfänger ein eigener vertraglicher Anspruch gegen den Frachtführer zusteht, steht dem nicht entgegen,[34] auch wenn das rechtsdogmatische Bedürfnis dadurch im Verhältnis zwischen dem Absender und Empfänger entfällt.[35] Ist die Haftung des Hauptfrachtführers gegenüber seinem Auftraggeber beschränkt, während der Unterfrachtführer gegenüber dem Hauptfrachtführer 14

[25] BGH 28.4.1988, TranspR 1988, 338.
[26] BGH 9.11.1981, VersR 1982, 187 (289).
[27] BGH 24.4.2025, NJW 2025, 2163 Rn. 17.
[28] Begr. RegE TRG, BT-Drs. 13/8445, 55.
[29] BGH 14.6.2007, BGHZ 172, 330 (336 f.) = TranspR 2007, 425 = NJW 2008, 289 zur CMR; 30.10.2008, TranspR 2009, 130 (132); 28.5.2009, TranspR 2010, 34 (35).
[30] BGH 1.6.2006, TranspR 2006, 308; 29.1.2004, TranspR 2004, 213 (214 f.) jeweils zur CMR; OLG Karlsruhe 28.7.2023, RdTW 2025, 141 Rn. 36.
[31] OLG Karlsruhe 28.7.2023, RdTW 2025, 141 Rn. 34.
[32] BGH 19.5.2015, RdTW 2015, 405 Rn. 12.
[33] BGH 19.9.2019, RdTW 2019, 417 Rn. 50 zur CMR; 20.4.1989, TranspR 1989, 413 (414); gegen die Annahme einer Wahlschuld Koller RdTW 2019, 441 ff.
[34] BGH 1.6.2006, TranspR 2006, 308 (309) zur CMR; OLG Köln 16.4.2015, RdTW 2015, 436 Rn. 30.
[35] So Becker AcP 202 (2002), 722 (734 ff.); Hopt/Merkt Rn. 2; **aA** Oetker JuS 2001, 833.

im erweiterten Umfang haftet, ist der Hauptfrachtführer verpflichtet, den weitergehenden Schaden des Auftraggebers im Wege der Drittschadensliquidation beim Unterfrachtführer geltend zu machen.[36] Hat ein Spediteur als Absender für den Versendenden den Vertrag geschlossen, darf dieser den Schaden des Versenders als eigenen Schaden geltend machen. Im Rahmen der Drittschadensliquidation wird als Schaden des Empfängers der Schaden des Absenders behandelt.[37]

III. Pflichten des Empfängers

15 **1. Frachtzahlung (Abs. 2).** Macht der Empfänger seinen Anspruch auf Ablieferung des Gutes geltend, hat dieser die Verpflichtung, die Fracht zu zahlen. Die Verpflichtung tritt kraft Gesetzes ein, setzt aber voraus, dass der Empfänger seinen Ablieferungsanspruch geltend macht.[38] Bei der Geltendmachung des Anspruchs handelt es sich um eine rechtsgeschäftliche Willenserklärung, die ausdrücklich oder konkludent abgegeben werden kann.[39] Die in Frage kommende Willenserklärung bedarf der Auslegung. Erforderlich ist eine auf die Übergabe gerichtete Willensäußerung verbunden mit einer Haftungsbekundung; die bloße Entgegennahme des Gutes genügt dafür nicht.[40] Das Verlangen nach Besichtigung des Gutes[41] oder nach Inaugenscheinnahme des Frachtbriefes stellt kein Ablieferungsverlangen dar.[42] Macht der Empfänger von seinem Weisungsrecht nach § 418 Abs. 2 S. 2 in der Weise Gebrauch, dass er die Auslieferung an einen Dritten verlangt, liegt darin regelmäßig ein konkludentes Ablieferungsverlangen iSd § 421 Abs. 2.[43] Das Ablieferungsverlangen von Hilfspersonen wird dem Empfänger nach den allgemeinen Stellvertretungsregeln der §§ 164 ff. BGB zugerechnet.

16 Der Empfänger hat Zug-um-Zug Zahlung der Fracht zu leisten (→ Rn. 10). Die Zahlungsverpflichtung beruht auf einem gesetzlichen Schuldbeitritt des Empfängers, durch den Absender und Empfänger Gesamtschuldner werden.[44] Die Zahlungspflicht des Empfängers entspricht deshalb umfangsmäßig der des Absenders im Zeitpunkt des Ablieferungsverlangens. Der Umfang der Zahlungspflicht ergibt sich aus den Angaben im Frachtbrief, falls ein solcher ausgestellt wurde. Ist darin der Betrag der Fracht nicht beziffert, reicht es aus, dass sich die Fracht aus den Angaben errechnen lässt.[45]

17 Wurde kein Frachtbrief ausgestellt oder der ausgestellte Frachtbrief dem Empfänger nicht vorgelegt, hat der Empfänger die mit dem Absender vereinbarte Fracht zu zahlen, soweit diese nicht unangemessen ist (Abs. 2 S. 2). Nach der Begründung zum RegE soll die Angemessenheit nach den §§ 315 ff. BGB festgelegt werden.[46] Eine rechtliche Grundlage für ein entsprechendes einseitiges Bestimmungsrecht des Frachtführers gibt es in § 421 allerdings nicht. Daher ist die Angemessenheit der Fracht objektiv zu bestimmen.[47]

18 **2. Standgeld, besondere Vergütung für Beförderungsverzögerungen.** Ergeben sich Verzögerungen beim Entladen, hat der Empfänger ein etwaiges Standgeld zu zahlen (Abs. 3). Die Zahlungsverpflichtung entsteht unter den Voraussetzungen des § 412 Abs. 3; einer Mitteilung nach § 421 Abs. 3 bedarf es deshalb bei Verzögerungen der Entladung nicht, da der Empfänger ohnehin Anlass für das Überschreiten gegeben haben muss.[48] Die Zahlung von Standgeld wegen Verzögerungen beim Verladen (§ 412 Abs. 3) oder auf der Reise (§ 420 Abs. 4) ist dagegen nur geschuldet, wenn dem Empfänger bei der Ablieferung der geschuldete Betrag mitgeteilt wurde.

19 Der Empfänger schuldet auch die besondere Vergütung für Verzögerungen, die während der Beförderung nach § 420 Abs. 4 entstehen. Auch insoweit ist die Zahlungspflicht des Empfängers von der rechtzeitigen, also bei Ablieferung erfolgenden Mitteilung des Umfangs der Vergütung abhängig.

---

[36] BGH 22.1.2015, RdTW 2015, 128 Rn. 256.
[37] OLG München 31.3.1998, TranspR 1998, 353 (356).
[38] **AA** Bodis/Remiorz TranspR 2005, 438 (442).
[39] Bodis/Remiorz TranspR 2005, 438 (442).
[40] OLG Koblenz 23.7.2014, RdTW 2015, 75 Rn. 10.
[41] Koller Rn. 23.
[42] Begr. RegE TRG, BT-Drs. 13/8445, 55.
[43] Einschr. Koller Rn. 23, der es für erforderlich hält, dass die Weitersendung aufgrund eines neuen selbstständigen Frachtvertrages erfolgt.
[44] BGH 20.10.2005, TranspR 2006, 29 (30).
[45] BGH 25.4.1991, VersR 1991, 1037 (1039).
[46] Begr. RegE TRG, BT-Drs. 13/8445, 55.
[47] Koller Rn. 31; Hopt/Merkt Rn. 3.
[48] Vgl. BGH 20.10.2005, TranspR 2006, 29 (30).

3. Abweichende Sonderabreden. Im Frachtvertrag kann abweichend vom Gesetz vereinbart werden, dass der Frachtführer die Fracht nur beim Absender erheben soll. Solche Abreden werden mit den Klauseln oder der Angabe im Frachtvertrag getroffen, der Transport solle „frei", „franko" oder „frachtfrei" erfolgen.[49] Diese Abreden begründen keine Vorauszahlungsverpflichtung des Absenders und lassen die Regelung des § 420 unberührt. Der Frachtführer, der den Empfänger dann nicht auf Zahlung in Anspruch nehmen kann, hat das Gut aber erst abzuliefern, wenn er vom Absender bezahlt wird.[50] Andernfalls verliert er sein Pfandrecht gem. § 441. 20

Bei Vereinbarung der Klausel „freight prepaid" ist der Absender verpflichtet, die Fracht sowie die voraussichtlichen Aufwendungen bereits bei Übernahme zu bezahlen.[51] In diesem Fall hat der Frachtführer das Gut ohne Rücksicht auf sein Pfandrecht abzuliefern. 21

IV. Zahlungspflicht des Absenders

Abs. 4 enthält die klarstellende Regelung, dass der Absender als Vertragspartner des Frachtführers diesem zur Bezahlung der nach dem Vertrag geschuldeten Beträge verpflichtet bleibt. Der Frachtführer kann nach seiner Wahl den Absender oder Empfänger als Gesamtschuldner (→ Rn. 16) in Anspruch nehmen. Die Zahlungspflicht des Absenders ist nicht von einer vorhergehenden Inanspruchnahme des Empfängers abhängig. 22

§ 422 Nachnahme

(1) Haben die Parteien vereinbart, daß das Gut nur gegen Einziehung einer Nachnahme an den Empfänger abgeliefert werden darf, so ist anzunehmen, daß der Betrag in bar oder in Form eines gleichwertigen Zahlungsmittels einzuziehen ist.

(2) Das auf Grund der Einziehung Erlangte gilt im Verhältnis zu den Gläubigern des Frachtführers als auf den Absender übertragen.

(3) Wird das Gut dem Empfänger ohne Einziehung der Nachnahme abgeliefert, so haftet der Frachtführer, auch wenn ihn kein Verschulden trifft, dem Absender für den daraus entstehenden Schaden, jedoch nur bis zur Höhe des Betrages der Nachnahme.

Übersicht

I. Überblick

Mit der Nachnahmevereinbarung verfolgt der Absender regelmäßig das Ziel, dass das Gut nur gegen den Einzug von Geld abgeliefert wird. Bei dem einzuziehenden Betrag kann es sich um den vereinbarten Kaufpreis für das vom Absender verkaufte Gut handeln, das der Frachtführer zu befördern hat (sog. Warennachnahme), oder um die Beförderungskosten (sog. Kostennachnahme). 1

§ 422 wurde in Anlehnung an die Regelung des Art. 23 CMR konzipiert. Abs. 1 sieht eine Auslegungsregel vor, nach der Nachnahmebeträge im Zweifel in bar oder in Form eines der Barzahlung gleichwertigen Zahlungsmittels einzuziehen sind. Abs. 2 sichert in Parallele zu § 392 Abs. 2 die Rechtsstellung des Absenders an dem durch die Einziehung Erlangten im Verhältnis zu den Gläubigern des Frachtführers. Abs. 3 normiert eine verschuldensunabhängige Haftung des Frachtführers für den Fall, dass dieser dem Empfänger das Gut ohne Einziehung der Nachnahme abliefert. 2

II. Einziehung auf Grund der Nachnahmevereinbarung (Abs. 1)

1. Vereinbarung der Nachnahme. Die Nachnahmeverpflichtung entsteht aufgrund einer entsprechenden Vereinbarung im Frachtvertrag. Sie ist formlos gültig. Die Eintragung der Abrede in den Frachtbrief (§ 408 Nr. 10) ist keine Wirksamkeitsvoraussetzung. In der Unterzeichnung des 3

---

[49] Fremuth TranspR 2005, 212.

[50] Koller Rn. 11; Hopt/Merkt Rn. 4.

[51] Koller Rn. 12; Hopt/Merkt Rn. 5; **aA** OLG Düsseldorf 31.7.1986, TranspR 1986, 341 (342) zum Luftfrachtrecht.

Frachtbriefs mit einem Nachnahmevermerk liegt regelmäßig das Einverständnis des Frachtführers mit dem Nachnahmeantrag. Die Begründung einer Nachnahmeverpflichtung kraft Weisung iSd § 418 wird verbreitet anerkannt;[1] angesichts des Wortlauts der Regelung in Abs. 1 kann eine einseitige Weisung nicht die Rechtsfolgen des § 422 auslösen.

4 Nachnahmevereinbarungen kommen insbesondere durch Einbeziehung entsprechender Klauseln in den Frachtvertrag zustande. Gebräuchliche Klauseln sind: „Lieferung gegen Nachnahme", „Zusendung per Nachnahme", „cash on delivery" (c.o.d.),[2] „pay on delivery".[3] Keine Nachnahmevereinbarung liegt in der Klausel „Kasse gegen Dokumente"[4] oder in der Vereinbarung der Entgegennahme von Schecks oder Bankschecks.[5]

5 **2. Einziehung.** Nach der Auslegungsregel des Abs. 1 ist der Nachnahmebetrag in bar oder in Form eines gleichwertigen Zahlungsmittels einzuziehen. Dem Bargeld gleichgestellte Zahlungsmittel sind das electronic cash, die Bezahlung mittels EC-Karte oder Kreditkarte.[6] Bei Scheck und Wechseln handelt es sich wegen der erhöhten Risiken der Einlösung nicht um gleichwertige Zahlungsmittel.[7]

6 Die Vertragsparteien können aber den Kreis der nachnahmefähigen Zahlungsmittel über den Gesetzeswortlaut hinaus erweitern. Dies erfolgt insbesondere durch die Klauseln: „Auslieferung gegen Bankakzept"[8] und „Ablieferung gegen Eröffnung eines Akkreditivs".[9]

7 Verweigert der Empfänger die Annahme des Gutes gegen Nachnahme, begründet dies ein Ablieferungshindernis. Der Frachtführer hat dann gem. § 419 die Weisungen des Absenders einzuholen. Im Übrigen stehen ihm die Rechte des § 419 Abs. 3 zu.

8 **3. Herausgabe des Nachnahmebetrages.** Der Frachtführer hat den Nachnahmebetrag an den Absender auszukehren (§§ 675, 667 BGB). Ist das Geld mit dem eigenen des Frachtführers vermischt, hat der Absender einen Zahlungsanspruch gegen den Frachtführer aus der Nachnahmevereinbarung. Bei der Einschaltung von **Unterfrachtführern** ist der Herausgabeanspruch in der Frachtführerkette geltend zu machen.

III. Absenderschutz (Abs. 2)

9 Die eingezogenen Nachnahmebeträge gelten mit der Einziehung im Verhältnis zu den Gläubigern des Frachtführers als auf den Absender übertragen. Ohne dass eine dingliche Rechtsänderung herbeigeführt werden muss, gilt somit das Erlangte als dem Vermögen des Absenders zugehörig.[10]

10 In der Einzelzwangsvollstreckung gegen den Frachtführer kann deshalb der Absender mit dem Rechtsbehelf der Drittwiderspruchsklage vorgehen (§ 771 ZPO). Im Falle der Insolvenz des Frachtführers steht dem Absender das Aussonderungsrecht nach § 47 InsO zu. Ist eingezogenes Geld vermischt worden (§ 948 BGB), bezieht sich der jeweilige Rechtsbehelf auf den Miteigentumsanteil.

11 Übereignet der Frachtführer eingezogene Geldscheine auf einen seiner Gläubiger, ist die Übereignung nach § 135 Abs. 1 S. 1 BGB analog unwirksam, wenn nicht der Gläubiger gutgläubig war.[11] In der Insolvenz des Frachtführers steht dem Insolvenzverwalter ein Anfechtungsrecht nach § 129 InsO zu.

IV. Haftung des Frachtführers (Abs. 3)

12 Liefert der Frachtführer das Gut aus, ohne den Nachnahmebetrag einzuziehen, so haftet er nach Abs. 3 verschuldensunabhängig. Nach verbreiteter Auffassung ist der Frachtführer allerdings berechtigt, sich gem. § 426 analog darauf zu berufen, dass er die Ablieferung des Gutes ohne Entgegennahme des Nachnahmebetrages in force majeur-Fällen bewirkt hat.[12]

13 Ein Schaden entsteht dem Absender, wenn sein Zahlungsanspruch aus dem (Kauf-) Vertrag mit dem Empfänger nicht durchsetzbar ist. Nach der dem Absender obliegenden Schadensminderungs-

[1] OLG Düsseldorf 13.12.2006, TranspR 2007, 25 (26); Koller Rn. 11; Ebenroth/Boujong/Reuschle Rn. 7.
[2] BGH 19.9.1984, NJW 1985, 550.
[3] OLG Hamm 16.8.1984, TranspR 1985, 97 zur CMR.
[4] OLG Düsseldorf 21.4.1994, TranspR 1994, 391.
[5] Vgl. Begr. Rechtsausschuss zum TRG, BT-Drs. 13/10014, 48.
[6] Vgl. Begr. Rechtsausschuss zum TRG, BT-Drs. 13/10014, 48.
[7] Koller Rn. 6, 7.
[8] OLG Düsseldorf 19.6.1986, TranspR 1986, 336 (337).
[9] Ebenroth/Boujong/Reuschle Rn. 11.
[10] Begr. RegE TRG, BT-Drs. 13/8445, 56.
[11] Vgl. Koller Rn. 30.
[12] So Koller Rn. 19 unter Hinweis auf Fälle der Entgegennahme von Falschgeld und der mittels Waffengewalt erzwungenen Ablieferung ohne Nachnahme; Ebenroth/Boujong/Reuschle Rn. 26; **aA** Lammich/Pöttinger/Pöttinger Rn. 60.

pflicht (§ 254 BGB) ist dieser gehalten, den Nachnahmebetrag ggf. unter Geltendmachung des vorbehaltenen Gütereigentums[13] vom Empfänger zu erhalten.[14]

Der Umfang der Haftung entspricht gemäß der zu Art. 21 CMR ergangenen Rspr. dem Schaden, der daraus resultiert, dass das Gut ohne die Erhebung der Nachnahme ausgeliefert wurde, nicht aber dem Nachnahmebetrag, „jedoch nur bis zur Höhe der Nachnahme".[15] Der Nachnahmebetrag ist somit nur dann als Schadensersatz zu leisten, wenn der Warenwert den Nachnahmebetrag erreichte oder wenn der Geschädigte nachweist, dass der Empfänger den Nachnahmebetrag gezahlt hätte, falls der Frachtführer darauf bestanden hätte.[16] Die Begrenzung auf die Höhe des Nachnahmebetrages gilt nicht unter den Voraussetzungen des § 435. 14

Im Falle der Verletzung der Herausgabepflicht des Frachtführers haftet dieser nach § 280 BGB und nicht nach Abs. 3. 15

§ 423 Lieferfrist

Der Frachtführer ist verpflichtet, das Gut innerhalb der vereinbarten Frist oder mangels Vereinbarung innerhalb der Frist abzuliefern, die einem sorgfältigen Frachtführer unter Berücksichtigung der Umstände vernünftigerweise zuzubilligen ist (Lieferfrist).

I. Allgemeines

An die Lieferfrist knüpfen in den § 424, § 425 Abs. 1, § 426, § 427 und § 438 Abs. 2 verschiedene Regeln des HGB-Frachtrechts. § 423 enthält die Legaldefinition für den Begriff der Lieferfrist, auf den in diesen Bestimmungen Bezug genommen wird. Die Lieferfrist wird in erster Linie durch Parteiabrede festgelegt. Für den Fall, dass eine solche Abrede nicht vorliegt, ist auf die transportmittelübergreifend und deshalb als Generalklausel gestaltete gesetzliche Bestimmung zurückzugreifen. 1

II. Vereinbarte Lieferfrist

Die Lieferfrist kann durch formlos gültige vertragliche Abrede vereinbart werden. Die Eintragung im Frachtbrief ist keine Wirksamkeitsvoraussetzung. Maßgeblich dafür ist das Vorhandensein eines entsprechenden Rechtsbindungswillens des Frachtführers; dieser unterscheidet die Lieferfristvereinbarung von der bloßen unverbindlichen Absichtserklärung. Ob ein Rechtsbindungswille vorliegt, ist durch Auslegung zu ermitteln. Regelmäßig wird der Rechtsbindungswille bei Aussagen fehlen, welche die Lieferung „prompt", „sobald als möglich" bzw. „umgehend" vorsehen; sie bringen lediglich die unverbindliche Absicht des Frachtführers zum Ausdruck, die Beförderung entsprechend zügig durchzuführen.[1] 2

Lieferfristen werden durch eine bestimmte Datumsangabe oder durch kalendermäßig bestimmbare Zeitpunkte (zB „Lieferung in der 25. Kalenderwoche") gesetzt. Wird die Lieferung „möglichst bis (bestimmter Tag)" versprochen, liegt nach dem Willen des Frachtführers keine rechtsverbindliche Lieferfristvereinbarung vor.[2] Wird die Lieferfrist durch die Angabe einer bestimmten Zahl von Tagen bzw. durch die Angabe bestimmter Zeiträume (zB „innerhalb der nächsten zwei Wochen") angegeben, liegt eine Vereinbarung vor, wenn der Anfangszeitpunkt bestimmt ist und davon ausgehend die Lieferfrist berechnet werden kann. Eine Lieferfristvereinbarung liegt auch dann vor, wenn vereinbart ist, dass Container „ab" einem bestimmten Tag verfügbar sein müssen.[3] 3

Beförderungs- und Ablieferungshindernisse iSd § 419 lassen die vereinbarte Lieferfrist unberührt. Ein Hinausschieben der Lieferfrist findet in diesen Fällen nicht statt; der gebotene Schutz des Frachtführers wird durch § 426 gewährleistet. Hat der Frachtführer die Weisung erhalten, das Gut zurück oder zu einem anderen Empfänger zu befördern, ist die Lieferfrist gem. § 423 Alt. 2 neu festzulegen.[4] Die Weisung, das Gut zwischenzulagern, bewirkt das Ruhen der Lieferfrist, die mit der Weisung, die Beförderung fortzusetzen, neu zu laufen beginnt.[5] 4

---

[13] So *Ebenroth/Boujong/Reuschle* Rn. 27; **aA** *Lammich/Pöttinger/Pöttinger* Rn. 69, 72 f.
[14] *Koller* Rn. 20.
[15] BGH 10.10.1991, BGHZ 115, 299 (310 ff.) = NJW 1992, 621.
[16] So *Ebenroth/Boujong/Reuschle* Rn. 28.
[1] *Ebenroth/Boujong/Reuschle* Rn. 6; **aA** *Koller* Rn. 5.
[2] MüKoHGB/*Jesser-Huß* CMR Art. 19 Rn. 8.
[3] AG Hamburg 26.11.2021, RdTW 2022, 38 Rn. 16 ff.
[4] *Koller* Rn. 13.
[5] *Koller* Rn. 13.

III. Lieferfrist bei fehlender Vereinbarung

5 Fehlt eine vertragliche Vereinbarung, ist das Gut innerhalb der nach § 423 Alt. 2 festzulegenden Frist abzuliefern. Abzustellen ist danach auf den Zeitraum, der „einem sorgfältigen Frachtführer unter Berücksichtigung der Umstände vernünftigerweise zuzubilligen ist". Dieser Gesetzeswortlaut macht eine Entscheidung im Einzelfall unter Berücksichtigung der jeweiligen Umstände erforderlich. Abzustellen ist dabei auf eine ex-ante Betrachtung.[6] Zu berücksichtigen sind die Art des Beförderungsmittels, die Beschaffenheit der Transportwege, Ruhezeiten und Fahrverbote und die erkennbare Art der Güter.[7] Außergewöhnliche und selten eintretende Ereignisse (zB Motorschäden und Reifenpannen) muss auch ein sorgfältiger Frachtführer nicht einkalkulieren; sie sind deshalb vernünftigerweise nicht zu berücksichtigen.[8]

IV. Rechtsfolgen

6 Die Rechtsfolgen der Überschreitung der Lieferfrist ergeben sich nicht aus § 423 selbst. Die maßgeblichen Regeln enthalten die Vorschriften der § 424, § 425 Abs. 1, §§ 426, 427, 431 Abs. 3, § 438 Abs. 3. Die Haftung des Frachtführers für Lieferfristüberschreitungen, für die er gem. § 425 Abs. 1 einzustehen hat, weicht von der Haftung für Verlust- oder Beschädigungsfälle insbesondere dadurch ab, dass sie nicht auf unmittelbare Schäden, wohl aber auf das Dreifache der Fracht begrenzt ist; der Abgrenzung kommt deswegen eine erhebliche rechtliche Bedeutung zu.[9]

§ 424 Verlustvermutung

(1) Der Anspruchsberechtigte kann das Gut als verloren betrachten, wenn es weder innerhalb der Lieferfrist noch innerhalb eines weiteren Zeitraums abgeliefert wird, der der Lieferfrist entspricht, mindestens aber zwanzig Tage, bei einer grenzüberschreitenden Beförderung dreißig Tage beträgt.

(2) Erhält der Anspruchsberechtigte eine Entschädigung für den Verlust des Gutes, so kann er bei deren Empfang verlangen, daß er unverzüglich benachrichtigt wird, wenn das Gut wiederaufgefunden wird.

(3) [1]Der Anspruchsberechtigte kann innerhalb eines Monats nach Empfang der Benachrichtigung von dem Wiederauffinden des Gutes verlangen, daß ihm das Gut Zug um Zug gegen Erstattung der Entschädigung, gegebenenfalls abzüglich der in der Entschädigung enthaltenen Kosten, abgeliefert wird. [2]Eine etwaige Pflicht zur Zahlung der Fracht sowie Ansprüche auf Schadenersatz bleiben unberührt.

(4) Wird das Gut nach Zahlung einer Entschädigung wiederaufgefunden und hat der Anspruchsberechtigte eine Benachrichtigung nicht verlangt oder macht er nach Benachrichtigung seinen Anspruch auf Ablieferung nicht geltend, so kann der Frachtführer über das Gut frei verfügen.

Übersicht

I. Allgemeines

1 Die Vorschrift trägt dem Bedürfnis Rechnung, dass der Handels- und Frachtgeschäftsverkehr Klarheit über verschollene Güter benötigt. Die kraft Gesetzes geltende Verlustvermutung soll klären, ab wann das Beförderungsgut als verloren zu betrachten ist und wie im Falle des Wiederauffindens des Gutes zu verfahren ist. Dem während der Lieferfrist vergeblich wartenden Empfänger soll damit

[6] Koller Rn. 10 unter Ablehnung der zu Art. 19 CMR vertretenen abw. Auffassung.
[7] Koller Rn. 11.
[8] Koller Rn. 12.
[9] Vgl. BGH 19.9.2019, RdTW 2020, 416 Rn. 36 ff. zur CMR; dazu Jesser-Huß TranspR 2020, 109 f.; Ramming RdTW 2020, 41 ff.

Rechtssicherheit für mögliche Deckungskäufe und dem Absender Gewissheit über die Kaufpreiszahlung des von ihm verkauften Gutes gegeben werden. Die Vorschrift trifft für das Frachtgeschäft von den §§ 280 ff. BGB abweichende Sonderregeln, die in Anlehnung an Art. 20 CMR konzipiert wurden.[1]

II. Verlustvermutung

1. Voraussetzungen. Die Verlustvermutung des Abs. 1 greift unter den Voraussetzungen ein, dass der Frachtführer das Gut übernommen hat und sowohl die Lieferfrist als auch eine weitere sog. Verschollenheitsfrist ohne Ablieferung des Gutes verstrichen sind. 2

Die **Übernahme** des Gutes durch den Frachtführer ist – als ungeschriebenes Tatbestandsmerkmal – erforderlich, weil andernfalls der (vermutete)Verlust dem Frachtführer nicht zugerechnet werden kann.[2] Übernommen ist das Gut, wenn es in die Obhut des Frachtführers gelangt ist. Es gelten die zu § 425 entwickelten Grundsätze (→ § 425 Rn. 8). 3

Weiterhin ist vorausgesetzt, dass das Gut nicht innerhalb der nach § 423 zu bestimmenden **Lieferfrist** beim Empfänger abgeliefert wurde. Auch insofern gelten die zu § 425 entwickelten Rechtsgrundsätze (→ § 425 Rn. 9). Auf die Gründe der nicht fristgerechten Ablieferung kommt es ebenso wenig an, wie darauf, ob das Gut unauffindbar ist. Die Verlustvermutung kommt auch in Betracht, wenn bekannt ist, wo sich das Gut befindet, seine Ablieferung aber nicht erfolgen kann (zB in Fällen der Beschlagnahme oder der Auslieferung an einen nichtberechtigten Empfänger).[3] 4

Zusätzlich setzt die Anwendung der gesetzlichen Verlustvermutung voraus, dass die weitere Frist des § 424 verstrichen ist. Diese sog. **Verschollenheitsfrist** beträgt mindestens zwanzig Tage und ggf. die darüber hinausreichende Dauer der vereinbarten oder angemessenen Lieferfrist iSd § 423. Die Frist beginnt mit dem Ablauf der Lieferfrist und ist gemäß den §§ 187 ff. BGB zu berechnen. 5

Bei grenzüberschreitenden Transporten beträgt die Mindestfrist nach Abs. 1 dreißig Tage, wenn nicht ein internationales Übereinkommen vorrangig zur Anwendung kommt. Grenzüberschreitend iSd Abs. 1 ist jeder Transport, dessen Ablieferungsort in einem anderen Staat als dem des Übernahmeortes liegt.[4] 6

Die Liefer- und Verschollenheitsfristen **verlängern** sich nicht, wenn der Frachtführer das Gut aus von ihm nicht zu vertretenden Gründen nicht abliefern kann. Der insofern gebotene Schutz des Frachtführers wird vom gesetzlichen Frachtrecht über §§ 426, 427 bewerkstelligt. Entsprechendes gilt für ein etwaiges Mitverschulden des Absenders, das im Rahmen der Schadensersatzverpflichtung des Frachtführers gem. § 425 Abs. 2 berücksichtigt wird. 7

Erteilt der Verfügungsberechtigte im Falle von Beförderungs- oder Ablieferungshindernissen Weisungen, so haben diese Einfluss auf die Dauer der Lieferfrist (→ § 423 Rn. 4). 8

2. Rechtsfolgen. Primäre Rechtsfolge ist gem. Abs. 1 die Verlustvermutung. Aus Abs. 2 ergibt sich, dass der Anspruchsberechtigte bei vermutetem Verlust Schadensersatz verlangen kann, und dass er benachrichtigt wird, wenn das Gut wieder aufgefunden wird. Damit soll sein Wahlrecht, nach Wiederauffinden des Gutes dessen Ablieferung zu verlangen (Abs. 3), gewährleistet werden. 9

a) Vermutungswirkung. Nach dem Wortlaut des Abs. 1 kann der Anspruchsberechtigte das Gut als verloren betrachten. Die Regelung ist somit zu seinen Gunsten konzipiert. Mit dieser Zielrichtung stimmt ein Verständnis nicht uneingeschränkt überein, das die Vermutungsregel – wie in Art. 20 CMR[5] – als unwiderleglich versteht. Dies zeigt sich in Fällen, in denen die Vermutung eingreift, aber der Frachtführer nach § 425 Abs. 2, § 426 von einer Schadensersatzhaftung befreit ist; in dieser Situation könnte eine als unwiderleglich angesehene Verlustvermutung dem Anspruchsberechtigten entgegengehalten werden, der nunmehr nicht mehr einen Anspruch auf Ablieferung geltend machen könnte. Der Begründung des RegE des TRG, die von der Unwiderleglichkeit der Vermutung ausgeht,[6] ist daher nur insofern zu folgen, als sie zu Gunsten des Anspruchsberechtigten gegenüber dem Frachtführer wirkt.[7] 10

b) Ersatzanspruch. Der Anspruchsberechtigte hat das Recht, für den vermuteten Verlust des Gutes Schadensersatz zu verlangen (§ 424 Abs. 2). Der Anspruch richtet sich nach den allgemeinen Haftungsregeln des Frachtvertragsrechts (§§ 425 ff.). Mit der Geltendmachung des Ersatzanspruchs 11

[1] Begr. RegE TRG, BT-Drs. 13/8445, 57.
[2] Koller Rn. 3.
[3] Koller Rn. 4.
[4] Koller Rn. 7.
[5] Vgl. nur MüKoHGB/Jesser-Huß CMR Art. 20 Rn. 4 mwN.
[6] Begr. RegE TRG, BT-Drs. 13/8445, 57.
[7] So Koller Rn. 10; im Anschluss daran auch Ebenroth/Boujong/Reuschle Rn. 11; Heymann/Schlüter Rn. 6.

verhindert der Anspruchsberechtigte, das Gut nach Ablauf der Fristen noch entgegen nehmen zu müssen. Die Geltendmachung hat somit den Charakter einer Gestaltungserklärung, mit der die frachtvertragliche Primärverpflichtung des Frachtführers auf Ablieferung des Gutes in eine Sekundärverbindlichkeit umgewandelt wird.[8] Der Entschädigungsanspruch kann nur geltend gemacht werden, solange das Gut nicht abgeliefert ist.

12 Anspruchsberechtigt ist zunächst der Absender als Vertragspartner des Frachtführers. Der Empfänger ist nach Maßgabe der Vorschrift des § 421 Abs. 1 anspruchsberechtigt (→ § 421 Rn. 11 ff.).

13 Vor dem Empfang der Entschädigungsleistung kann der Anspruchsberechtigte – wie sich im Umkehrschluss aus Abs. 2 ergibt – seine Gestaltungserklärung frei widerrufen.[9] Er kann dann die frachtvertraglichen Rechte auf Ablieferung (§ 407), auf Rückbeförderung (§ 418) oder auf Beendigung des Transports mit Herausgabe des Gutes (§ 415) geltend machen.

14 **c) Benachrichtigungsanspruch.** Der Anspruchsberechtigte kann vom Frachtführer verlangen, unverzüglich benachrichtigt zu werden, wenn das Gut wieder aufgefunden wird. Der Benachrichtigungsanspruch ist an ein entsprechendes Verlangen gebunden, das formlos erklärt werden kann. Mit der Erklärung behält sich der Berechtigte sein Wahlrecht vor, das Gut zurückzuerhalten, wenn es noch aufgefunden werden sollte. Gibt er die Vorbehaltserklärung nicht ab, bleibt er auf den realisierten Entschädigungsanspruch beschränkt;[10] ein Benachrichtigungsanspruch besteht dann ebenfalls nicht.

15 Die Vorbehaltserklärung muss nach dem Wortlaut von Abs. 2 „bei Empfang" der Entschädigung abgegeben werden. In Übereinstimmung mit dem Schutzzweck der Regelung ist es ausreichend, wenn die Erklärung spätesten bei Empfang der Entschädigungsleistung abgegeben wird.[11] Die Vorbehaltserklärung ist eine empfangsbedürftige Erklärung; sie ist dem Frachtführer gegenüber abzugeben.

III. Ablieferungs- und Erstattungsanspruch (Abs. 3)

16 Wird das Gut wieder aufgefunden, hat der Anspruchsberechtigte (Absender oder Empfänger) nach Abs. 3 das Wahlrecht, ob er die Entschädigungsleistung behält oder die Ablieferung des Gutes und ggf. Schadensersatz wegen Überschreitens der Lieferfrist und/oder wegen Beschädigung des Gutes verlangt.[12] Neben dem Ersatz des durch den Verlust des Gutes entstandenen Schadens kann nicht zugleich Ersatz eines Beschädigungsschadens verlangt werden.[13] Das Wahlrecht erlischt, wenn es nicht innerhalb der Monatsfrist des Abs. 3 S. 1 nach Zugang der Benachrichtigung vom Wiederauffinden des Gutes geltend gemacht wird. Das Ablieferungsverlangen ist fristgebunden. Verletzt der Frachtführer seine Verpflichtung, den Anspruchsberechtigten unverzüglich zu benachrichtigen (Abs. 2), beginnt die Monatsfrist nicht zu laufen. Das Wahlrecht kann in diesem Fall bis zum Ablauf der Verjährung der zur Wahl stehenden Ansprüche ausgeübt werden.[14]

17 Der Anspruchsberechtigte kann die Ablieferung des Gutes nur Zug-um-Zug gegen Erstattung der für den Verlust gezahlten Entschädigung verlangen (Abs. 3 S. 1). Von der Entschädigung können darin enthaltene Kosten abgezogen werden. Der Frachtführer kann die Frachtzahlung und Schadensersatz verlangen (Abs. 3 S. 2). Die zu erstattende Summe ist nicht zu verzinsen.[15]

IV. Verfügungsbefugnis (Abs. 4)

18 Wird das Gut nach Zahlung der Entschädigung wieder aufgefunden und hat der Anspruchsberechtigte eine Benachrichtigung iSd Abs. 2 nicht verlangt, oder macht er nach der Benachrichtigung seinen Anspruch auf Ablieferung nicht geltend, kann der Frachtführer über das Gut frei verfügen. Sein Verfügungsrecht besteht unabhängig von den gesetzlichen Formalitäten wie sie etwa für den Pfandverkauf (§§ 1233 ff. BGB) oder den Selbsthilfeverkauf (§ 373 Abs. 2–4) bestehen.

19 Die Eigentumsverhältnisse an dem Gut bleiben unberührt. Insbesondere erwirbt der Frachtführer somit kein Eigentum am Gut.[16] Dem Eigentümer steht der Herausgabeanspruch nach § 985 BGB, dem Frachtführer ein Recht zum Besitz iSd § 986 aus dem ungekündigten Frachtvertrag (§ 415) zu.

---

[8] So Koller Rn. 10 im Anschluss an Braun, Das frachtrechtliche Leistungsstörungsrecht nach dem Transportrechtsreformgesetz, 2002, 180.
[9] Koller Rn. 16.
[10] Begr. RegE TRG, BT-Drs. 13/8445, 58.
[11] Koller Rn. 18; Heymann/Schlüter Rn. 9.
[12] BGH 17.9.2015, RdTW 2015, 409 Rn. 42 mAnm Ramming und Koller RdTW 2016, 1.
[13] BGH 17.9.2015, RdTW 2015, 409 Rn. 42.
[14] Ebenroth/Boujong/Reuschle Rn. 15.
[15] Koller Rn. 27.
[16] Begr. RegE TRG, BT-Drs. 13/8445, 59.

Der Frachtführer ist nach Abs. 4 befugt über das fremde Eigentum zu verfügen. Der dabei erzielte Erlös gebührt dem Eigentümer und ist diesem bis zur Grenze des Wertes des Gutes herauszugeben.[17]

§ 425 Haftung für Güter- und Verspätungsschäden. Schadensteilung

(1) Der Frachtführer haftet für den Schaden, der durch Verlust oder Beschädigung des Gutes in der Zeit von der Übernahme zur Beförderung bis zur Ablieferung oder durch Überschreitung der Lieferfrist entsteht.

(2) Hat bei der Entstehung des Schadens ein Verhalten des Absenders oder des Empfängers oder ein besonderer Mangel des Gutes mitgewirkt, so hängen die Verpflichtung zum Ersatz sowie der Umfang des zu leistenden Ersatzes davon ab, inwieweit diese Umstände zu dem Schaden beigetragen haben.

Schrifttum: Andresen/Valder, Speditions-, Fracht- und Lagerrecht (Loseblatt), 2023; Bästlein/Bästlein, Einbeziehung von Haftungsbeschränkungsklauseln in Transportverträge, TranspR 2003, 61; Bästlein/Bästlein, Beweisfragen gegen den HGB-Frachtführer wegen Güterschäden, TranspR 2003, 413; Bahnsen, „Kontrollverlust" und neue Schnittstellen, TranspR 2017, 297; Herber, Haftungsbegrenzungen und deren Durchbrechung im deutschen und internationalen Transportrecht, TranspR 2004, 93; Koller, Verlust, Unmöglichkeit, Verzögerung und Rücktritt, TranspR 2018, 1; Koller, Die Haftung für Güterschäden nach Ablieferung an den Empfänger oder an den nachfolgenden Teilstreckenfrachtführer bei unimodalen und multimodalen Transporten, TranspR 2015, 267; Ramming, Güter- und Verspätungsschäden, RdTW 2020, 41; Roßmann, Die Berechtigung zum Schadensersatz für Schäden am Frachtgut nach §§ 421 Abs. 1, 425 HGB, 2004; Thume, Probleme bei der Ablieferung des Frachtguts, TranspR 2012, 85.

Übersicht

I. Überblick und Normzweck

§ 425 ist die Kernvorschrift des frachtvertraglichen Haftungsrechts. Sie stellt die zentrale Rechtsgrundlage für die Haftung des Frachtführers wegen Verlustes, Beschädigung oder Verspätung dar. Weitere Haftungsvorschriften bestehen für spezielle Haftungsursachen: In § 413 ist die Haftung wegen Verlustes, Beschädigung oder unrichtiger Verwendung von Begleitpapieren geregelt; Sonderregeln bestehen für die Haftung wegen Ausführung von Weisungen bei (qualifizierten) Frachtbriefen (§ 418 Abs. 6) bzw. Ladescheinen (§ 447) und für die Ablieferung des Gutes ohne Einziehung der Nachnahme (§ 422). § 433 normiert einen allgemeinen Haftungstatbestand wegen der Verletzung beförderungsbezogener Vertragspflichten für andere als Verlust-, Beschädigungs- oder Verspätungsschäden. 1

Der Gesetzgeber des TRG hat mit der Neuregelung des Haftungsrechts eine in Anlehnung an das Haftungssystem der CMR konzipierte bewusste Abkehr von dem bis dahin geltenden System der Haftung für vermutetes Verschulden und den damit verbundenen Darlegungs- und Beweisfragen vollzogen.[1] § 425 statuiert eine verschuldensunabhängige Obhutshaftung des Frachtführers. Die Weite der frachtvertraglichen Obhutshaftung wird eingeschränkt durch ein komplexes Gefüge von Haftungsausschluss- und Haftungsbegrenzungstatbeständen. Die Wirksamkeit abweichender Vereinbarungen vom frachtvertraglichen Haftungsrecht der §§ 425–438 wird durch § 449 erheblich eingeschränkt. 2

In ihrem Anwendungsbereich verdrängen die gesetzlichen Haftungsregeln des HGB-Frachtrechts als speziellere Normen die Anwendung der allgemeinen bürgerlich-rechtlichen Vorschriften der §§ 280 ff. BGB.[2] Kommt das frachtrechtliche Haftungsrecht nicht zur Anwendung, etwa für Schäden, die vor der Übernahme des Gutes zur Beförderung oder nach dessen Ablieferung und damit außerhalb des Obhutszeitraums eintreten, kommen Ersatzansprüche nach §§ 280 ff. BGB in Betracht, 3

[17] Vgl. Koller Rn. 29; OLG Düsseldorf 20.3.1997, TranspR 1998, 32 (34).
[1] Begr. RegE TRG, BT-Drs. 13/8445, 27; Bästlein/Bästlein TranspR 2003, 413 ff.
[2] OLG Hamburg 28.2.2002, TranspR 2003, 21.

wenn nicht auch für diesen betreffenden Zeitraum speziellere Regeln des Frachtgeschäftsrechts (insbesondere das Lagerrecht) gelten. In Betracht zu ziehen ist auch eine Haftung aus allgemeinen Regeln für Nebenpflichtverletzungen, die dann nicht transportrechtlich beschränkt ist.[3] Zur Geltung des Frachtrechts bei Umschlagsleistungen → § 407 Rn. 26 ff.

4 Für die Gepäckbeförderung mit der Eisenbahn gelten die haftungsrechtlichen Bestimmungen des HGB nach §§ 25, 31 EVO mit bestimmten Modifikationen entsprechend. Für Schäden bei der Beförderung von Reisegepäck mit Luftfahrzeugen sind die §§ 44 ff. LuftVG einschlägig.

5 Abs. 2 greift Grundsätze des allgemeinen bürgerlich-rechtlichen Haftungsrechts in § 254 BGB auf und gewährleistet, dass die Mitverursachung des Schadens insbesondere durch den Absender oder Empfänger haftungsrechtlich berücksichtigt wird. Die Vorschrift hat besondere Bedeutung in den Fällen qualifizierten Verschuldens des Frachtführers, auf die sie ebenfalls Anwendung findet (→ § 435 Rn. 13).

II. Haftungsvoraussetzungen (Abs. 1)

6 **1. Schadensentstehung während des Obhutszeitraums.** Nach der Neukonzeption des Frachtrechts durch das TRG sieht § 425 eine Gefährdungshaftung des Frachtführers während der Dauer seiner Obhut für das Beförderungsgut vor. Diese Haftung setzt kein Verschulden des Frachtführers voraus. Sie erfordert lediglich, dass die Schadensursache im Obhutszeitraum, also „in der Zeit von der Übernahme zur Beförderung bis zur Ablieferung" des Beförderungsgutes durch den Frachtführer liegt. Der Obhutszeitraum beginnt mit der Übernahme und endet mit der Ablieferung; § 419 Abs. 3 S. 5 fingiert, dass die Beförderung und damit der Obhutszeitraum nach dem Entladen des Gutes beendet ist.

7 Der Frachtführer haftet grundsätzlich für sämtliche Schäden, die während des Obhutszeitraums entstehen. Die Haftungsregel setzt inzident voraus, dass der Schadenshergang in den Anwendungsbereich des Frachtvertragsrechts fällt. Ausgenommen sind solche Vorgänge, die auf der Grundlage vom Frachtvertrag verschiedener, eigenständiger Leistungen erfolgen. Insbesondere beförderungsbegleitende Umschlagsleistungen können aus dem frachtvertraglichen Haftungsrahmen fallen, wenn sie Gegenstand einer eigenständigen vertraglichen Vereinbarung sind (→ § 407 Rn. 26 ff.).

8 Der Obhutszeitraum des Frachtführers beginnt mit der **Übernahme.** Sie setzt voraus, dass der Frachtführer willentlich selbst oder durch seine Gehilfen aufgrund eines wirksamen Frachtvertrages den unmittelbaren oder mittelbaren Besitz an dem zu befördernden Gut erwirbt, der Absender den Willen hat, die Verfügungsgewalt über das Transportgut aufzugeben, und der Frachtführer den Willen hat, die Kontrolle daran zu übernehmen.[4] Das Gut muss so **in den Verantwortungsbereich des Frachtführers** oder seiner Erfüllungsgehilfen gelangt sein, dass er oder seine Gehilfen es vor Schäden bewahren können und die Übernahme des Besitzes muss **vom Willen des Frachtführers** oder des von ihm beauftragten Gehilfen **getragen** sein;[5] der Wille im natürlichen Sinne reicht insofern aus.[6] Zur Besitzerlangung an dem zu befördernden Gut ist der Erwerb des mittelbaren Besitzes ausreichend.[7] Der Frachtführer übernimmt das Gut zur Beförderung grundsätzlich dann, wenn die vom Absender vorzunehmenden Ladearbeiten abgeschlossen sind und der Fahrer entweder den Laderaum schließt oder das Gut derart in den Verantwortungsbereich des Frachtführers oder seiner Erfüllungsgehilfen gelangt, dass er oder seine Gehilfen es vor Schäden bewahren können.[8] Das Gut ist dagegen noch nicht zur Beförderung übernommen, wenn der vom Frachtführer gestellte Container, der auf dem Chassis des Frachtführers verbleibt, auf dem Betriebsgelände eines Dritten beladen, verschlossen und verplombt wird und wegen Verzögerung der Abholung durch den Frachtführer auf dem Betriebsgelände des Dritten verbleibt.[9] Wird ein Frachtführer vor Beendigung des dem Absender obliegenden Verladevorgangs (§ 412 Abs. 1 S. 1) ohne dessen Kenntnis und Billigung beim Verladen des Transportgutes tätig, bedeutet dies nicht, dass der Frachtführer das Gut schon übernommen hat; der Absender muss eine einseitig vom Frachtführer veranlasste (frachtrechtliche) Haftungsbegrenzung nicht gegen sich geltend lassen, solange er nicht die Verladepflicht vertraglich überträgt.[10] Haben

[3] Vgl. Koller Rn. 16; Ebenroth/Boujong/Schaffert Rn. 17 für Anwendung von § 433; **aA** OLG Hamburg 22.4.2010, TranspR 2011, 113; Herber TranspR 2011, 115 (116 f.).

[4] BGH 22.5.2014, RdTW 2014, 471 Rn. 10 zur CMR; 12.1.2012, TranspR 2012, 107 Rn. 13.

[5] BGH 12.1.2012, NJW-RR 2012, 364.

[6] BGH 28.11.2013, RdTW 2014, 52 Rn. 15.

[7] BGH 28.11.2013, RdTW 2014, 52 Rn. 15; 12.1.2012, TranspR 2012 Rn. 107 Rn. 13; 28.6.2001, TranspR 2001, 471 (472).

[8] BGH 22.5.2014, RdTW 2014, 471 Rn. 11; 12.1.2012, TranspR 2012, 107 Rn. 13; OLG Hamburg 29.9.2016, RdTW 2017, 74 Rn. 29; OLG Bamberg 29.7.2015, RdTW 2015, 331 Rn. 38 zur CMR.

[9] OLG Hamburg 29.9.2016, RdTW 2017, 74 Rn. 31 ff.

[10] BGH 28.11.2013, RdTW 2014, 52 Rn. 17 ff., 22.

die Vertragsparteien – in Abweichung von § 412 Abs. 1 – vereinbart, dass der Frachtführer das Gut auch zu verladen hat, so beginnt der nach § 425 Abs. 1 maßgebliche Haftungszeitraum bereits zu dem Zeitpunkt, in dem der Frachtführer das Gut zum Zwecke der Verladung in seine Obhut nimmt, also nicht erst mit Beendigung des Beladevorgangs.[11]

Der Begriff der Übernahme in § 425 ist im Übrigen ein **funktional determinierter Rechtsbegriff.** Nicht jede Inbesitznahme durch den Frachtführer stellt eine Übernahme iSd § 425 dar; der Frachtführer muss das Gut zum Zwecke der Beförderung, also mit dem Ziel der Ortsveränderung übernommen haben.[12] Die Übernahme des Gutes zur Lagerung oder zur Transportvorbereitung liegen deshalb noch außerhalb des Obhutszeitraums;[13] ist aber in einem solchen Fall ein Transportvertrag bereits bei der Übernahme zustande gekommen, so unterfällt das Gut bereits der Obhutshaftung gem. § 425 Abs. 1.[14] Bei dem Umschlag von Trailern auf einen Eisenbahn-Terminal beginnt die Obhut des Terminals nicht erst mit der Verladung des Trailers, sondern bereits mit dessen Übernahme auf dem Terminalgelände.[15] Die Lagerung des Beförderungsgutes durch den Frachtführer schließt eine Übernahme zur Beförderung nicht aus; insbesondere eine kurzfristige Lagerung des Beförderungsgutes durch den Frachtführer begründet regelmäßig als eine dem nachfolgenden Transport zuzurechnende Maßnahme eine Übernahme zur Beförderung.[16] Der Frachtführer, der das Gut als Spediteur bereits in seinem Besitz hatte, übernimmt es zur Beförderung im Zeitpunkt der Erklärung des Selbsteintritts.[17] Die Erlangung des mittelbaren Besitzes ist ausreichend, sodass die Erlangung des unmittelbaren Besitzes durch einen beauftragten Unterfrachtführer für den Hauptfrachtführer wirkt.[18] Hat der Absender das Transportmittel zu beladen, erfolgt die Übernahme durch den Frachtführer nicht schon mit dem Absetzen des Gutes auf der Ladefläche, sondern erst mit dem Beenden der Ladearbeiten; dieses wird durch das Schließen des Transportmittels angezeigt.[19] Bei Beladung des Transportmittels durch den Frachtführer übernimmt dieser das Beförderungsgut in dem Moment, in dem der Absender das Gut zur Verladung bereit stellt und der Frachtführer mit der Beladung beginnt oder sonst erkennbar werden lässt, dass er die tatsächliche Herrschaftsgewalt über das Gut ausüben will.[20] Im Falle eines vereinbarten EDI-Verfahrens kann der Versender davon ausgehen, dass der Frachtführer nach Öffnung des verplombten Paketbehältnisses die Versandliste unverzüglich überprüft und Beanstandungen mitteilt; unterbleibt eine Beanstandung, hat dies die Wirkung einer Empfangsbestätigung.[21] Bei der Passagierbeförderung übernimmt der Beförderer die Obhut des Gepäcks beim Check-in.[22] 9

Bei der **Ablieferung** im Rechtssinne handelt es sich ebenfalls nicht um ein rein tatsächliches Geschehen; vielmehr beschreibt der Rechtsbegriff einen Vorgang, durch den der Frachtführer die übernommene Obhut über das Gut im Einvernehmen mit dem Verfügungsberechtigten aufgibt und den Empfänger in die Lage versetzt, die Sachherrschaft über das Gut ohne weitere Hindernisse auszuüben.[23] Die Weigerung der Entgegennahme durch den Empfänger schließt die Ablieferung aus.[24] Dementsprechend wird die Obhut des Frachtführers im Regelfall nicht bereits mit dem Ausladen der Güter aus dem Transportmittel beendet sein; sie dauert an, wenn die Güter nach Beendigung der Beförderung im engeren Sinn bis zur Ablieferung an den Empfänger eingelagert werden.[25] Der Emp- 10

---

[11] OLG Hamm 14.12.2020, RdTW 2022, 252 Rn. 18; OLG Köln 8.5.2018, RdTW 2020, 389 Rn. 28 f.

[12] BGH 28.11.2013, RdTW 2014, 52 Rn. 16.

[13] BGH 12.1.2012, NJW-RR 2012, 364 Rn. 18 = TranspR 2012, 107.

[14] BGH 12.1.2012, NJW-RR 2012, 364 Rn. 14 = TranspR 2012, 107.

[15] LG Düsseldorf 6.12.2013, RdTW 2015, 38 Rn. 12 hält es für ausreichend, dass der Trailer angemeldet, in das System eingebucht und der Trailer auf dem Gelände (nicht notwendig dem vorgesehenen Stellplatz) abgestellt ist.

[16] BGH 12.1.2012, NJW-RR 2012, 364 Rn. 18 = TranspR 2012, 107; sog. transportbedingte Vorlagerung; vgl. Koller Rn. 21.

[17] Koller Rn. 17.

[18] BGH 28.6.2001, NJW-RR 2002, 536 (537).

[19] Str., vgl. OLG Frankfurt 24.5.2013, RdTW 2014, 204 Rn. 20; OLG Celle 12.11.1973, NJW 1974, 1095; Koller Rn. 19; **aA** Ebenroth/Boujong/Schaffert Rn. 18; Lammich/Pöttinger/Pöttinger Rn. 44.

[20] Vgl. BGH 12.1.2012, TranspR 2012, 107 Rn. 13; 23.5.1990, TranspR 1990, 328 (329); OLG München 18.10.2012, RdTW 2013, 451 Rn. 10.

[21] OLG Düsseldorf 1.10.2014, RdTW 2015, 422 Rn. 32.

[22] *OLG Frankfurt 26.2.2015*, RdTW 2015, 336 Rn. 30.

[23] BGH 1.12.2016, RdTW 2017, 127 Rn. 34; 2.4.2009, BeckRS 2009, 23977; OLG Bremen 13.7.2018, RdTW 2019, 210 Rn. 15; OLG München 23.4.2015, RdTW 2015, 445 Rn. 48; OLG Hamm 26.8.2013, RdTW 2014, 284 Rn. 6; OLG Hamm 19.6.2008, TranspR 2008, 405. Vgl. auch OGH 29.1.2014, RdTW 2015, 16 Rn. 20 zur CIM 1999.

[24] OLG Bamberg 29.7.2015, RdTW 2015, 331 Rn. 39, 41.

[25] BGH 24.2.2011, TranspR 2011, 436 (438) zu Art. 18 Abs. 3 MÜ; dabei kommt es nicht darauf an, ob die Güter in einem eigenen Lagerhaus des Frachtführers oder bei einer beauftragten Lagergesellschaft eingelagert werden.

fänger muss die Möglichkeit haben, die tatsächliche Sachherrschaft über das Beförderungsgut uneingeschränkt auszuüben; das bloße Verbringen an den Empfangsort genügt nicht.[26] Das Abstellen des Gutes vor dem unbesetzten Lagergebäude des Empfängers verschafft diesem nicht den unmittelbaren Besitz,[27] es sei denn die Anlieferung außerhalb der Betriebszeiten des Empfängers und das Abstellen des Gutes/Containers vor dem Betriebsgelände erfolgt mit dessen Einverständnis.[28]

11 Das Gut muss an den Empfänger gemäß dem Frachtvertrag abgeliefert worden sein, während eine Übergabe an denjenigen, an den das Gut nach den zugrunde liegenden Verträgen letztlich gelangen soll, nicht genügt.[29] Hat der Empfänger dem Frachtführer gegenüber seine Einwilligung zur **Ablieferung des Gutes in Abwesenheit** erklärt hat, ist es abgeliefert, sobald ihm iSd § 854 BGB der Besitz verschafft worden ist; hat er sich mit dem Frachtführer über den Besitzübergang gem. § BGB § 854 Abs. 2 BGB geeinigt, so genügt es, dass er die Möglichkeit erlangt, die tatsächliche Herrschaft zu ergreifen und daran nicht längere Zeit gehindert ist.[30] Für die Wirksamkeit von Klauseln in Paket-AGB gegenüber Verbrauchern gelten strenge Maßstäbe.[31] Ungeklärt ist, ob die Ablieferung iSd § 425 davon abhängt, dass der Frachtführer den Empfänger, der bei der Ablieferung nicht präsent ist, umgehend von dem Abstellen des Gutes benachrichtigt.[32] Auch die bloße Übergabe des Frachtbriefs oder sonstiger Papiere bedeutet keine Ablieferung;[33] ohne Übergabe der zur Abholung erforderlichen Papiere liegt andererseits ebenfalls keine Ablieferung vor.[34] Nach der Rspr. des BGH ergibt sich aus der **Möglichkeit von Fehlverladungen** nicht nur eine Verzögerung der Auslieferung, sondern es folgt daraus auch ein erhöhtes Verlustrisiko. Bei einer Fehlverladung kann es zu einer Auslieferung an einen falschen Empfänger kommen; ein Empfänger, der mehr bekommt, als er nach dem Frachtbrief zu erhalten hat, muss dies nicht immer reklamieren. Die Ausgangskontrolle im Empfangsdepot kann die Ausgangskontrolle im Abgangsdepot schon deshalb nicht ersetzen, weil die Beklagte bei einer solchen Kontrolle des Warenumschlags den Bereich des Schadenseintritts in zeitlicher, räumlicher und personeller Hinsicht nicht hinreichend eingrenzen und nach einer verlorengegangenen Sendung daher nicht gezielt suchen kann.[35] Obliegt dem Empfänger das Entladen, hat der Frachtführer das Transportmittel zur Ablieferungsstelle zu bringen und es dort so bereit zu stellen und zu sichern, dass es gefahrlos entladen werden kann.[36] Hat der Frachtführer zu entladen, ist die Ablieferung nicht vor dem Ende der Entladung möglich;[37] die aus mehreren Stücken bestehende Ladung wird regelmäßig sukzessive mit dem Fortschritt der Entladung abgeliefert.[38] Besteht eine sog. on hold-Abrede, ist das Gut erst auf Weisung des Absenders an den Empfänger abzuliefern.[39]

12 Bei der **Luftbeförderung** von Passagieren gibt der Beförderer die Obhut über das aufgegebene Gepäck grundsätzlich mit dessen Entgegennahme durch den Passagier am Gepäckband des Bestimmungsorts auf; die Obhut wird durch die vorab erfolgende Zollkontrolle nicht beendet.[40] Bei **Massengut** endet der Obhutszeitraum kontinuierlich mit dem Übergang des Gutes in die Schläuche bzw. Zuleitungen des Tanks des Empfängers. Die Ablieferung wird nicht insgesamt auf den Zeitpunkt hinausgeschoben, zu dem auch die letzte Materialeinheit das Beförderungsmittel verlassen hat.[41]

13 Die Übergabe an einen nicht berechtigten Empfänger **(„Falschablieferung")** stellt keine Ablieferung iSd § 407 dar;[42] vielmehr ist das Gut verloren, es sei denn, es kann alsbald zurückerlangt oder doch noch an den berechtigten Empfänger ausgeliefert werden.[43] Erfolgt die Übergabe an Dritte, kommt eine Ablieferung dann in Betracht, wenn der Empfänger den Dritten zur Übernahme der Sachherrschaft an dem Gut beauftragt hat; die schlichte Entgegennahme durch Hausmeister oder

---

[26] OLG Hamm 26.8.2013, RdTW 2014, 284 Rn. 6.
[27] OLG München 5.3.2018, RdTW 2018, 182 Rn. 10.
[28] OLG Bremen 13.7.2018, RdTW 2019, 210 Rn. 15.
[29] OLG München 23.4.2015, RdTW 2015, 445 Rn. 48.
[30] Koller RdTW 2022, 338 ff.
[31] BGH 7.4.2022, RdTW 2022, 274 ff.
[32] Eingehend Koller RdTW 2022, 338 ff.
[33] OLG Nürnberg 21.12.1989, TranspR 1991, 99 (100).
[34] OLG Hamburg 14.5.1996, TranspR 1997, 101 (103).
[35] BGH 25.3.2004, NJW 2004, 2445; OLG Hamburg 3.4.2025, RdTW 2025, 299 Rn. 66.
[36] BGH 10.1.1973, NJW 1973, 511; OLG Hamm 19.6.2008, TranspR 2008, 405 (406).
[37] OLG Frankfurt 18.5.1995, TranspR 1996, 112 (114).
[38] So Koller Rn. 27.
[39] Vgl. OLG Düsseldorf 13.11.2013, RdTW 2015, 64 Rn. 45 ff. mit der (umstr.) Folge der Haftung gemäß § 280 Abs. 1 BGB im § 433.
[40] OLG Frankfurt 26.2.2015, RdTW 2015, 336 Rn. 30.
[41] OLG Hamm 9.12.2019, RdTW 2020, 381 Rn. 48.
[42] Vgl. OLG Düsseldorf 1.10.2014, RdTW 2015, 422 Rn. 35 f.; OLG Brandenburg 23.10.2013, RdTW 2015, 22 Rn. 17.
[43] OLG Hamm 6.10.2022, TranspR 2023, 162.

Pförtner reicht somit nicht aus, um den Ablieferungstatbestand zu erfüllen.[44] Die Übergabe der Sendung an der Rezeption erfolgt nur dann, wenn eine Bevollmächtigung zur Entgegennahme der Sendung vorliegt oder die Sendung an den angegebenen Empfänger weitergeleitet wurde.[45] Die entsprechende Bevollmächtigung oder Ermächtigung des Dritten erfolgt auf der Grundlage rechtsgeschäftlicher Erklärungen, auf die die bürgerlich-rechtlichen Regeln anwendbar sind.[46] Im Falle der Aushändigung des Gutes vor dem vereinbarten Zeitpunkt kann ebenfalls eine Ablieferung im Rechtssinne abzulehnen sein, insbesondere wenn dem Empfänger zu diesem Zeitpunkt der Wille zur Sachherrschaft fehlt.[47] Kein Fall der Falschablieferung liegt vor, wenn der Frachtführer zwar an den „richtigen" Empfänger abliefert, dieser aber ggf. betrügerisch zu Lasten des Absenders handelt.[48] Wird im Transportauftrag eine nicht existente Lieferadresse angegeben, teilt der Absender aber Kontaktdaten (E-Mail-Adressen, Mobilfunkrufnummern) mit, die aus der Sicht des Absenders solche des Empfängers sind und dazu dienen sollten, frachtvertraglich verbindliche Weisungen über den Modus der Ablieferung einzuholen, und wird über diese Kontakte eine Auslieferung vereinbart und durchgeführt, kann darin eine ordnungsgemäße Ablieferung liegen, wenn der Frachtführer weder erkennt noch es sich ihm aufdrängen muss, dass sich damit ein Betrug zu Lasten des Absenders vollendet.[49]

Eine Ablieferung im Rechtssinn kann auch **ohne Besitzaufgabe des Frachtführers** erfolgen. 14
Ein solcher Fall ist insbesondere gegeben, wenn der Frachtführer das Gut nach der Beförderung lagert und damit ein gemischter Fracht- und Lagervertrag begründet wird.[50] Ebenso kann eine für längere Zeit vereinbarte Zwischenlagerung als Ablieferung zu behandeln sein, während kurzzeitige (transportbedingte) Zwischen- und Nachlagerungen beim Frachtführer noch der Transportphase zuzurechnen sind.[51] Für während der Zwischen- oder Nachlagerungsphase eintretende Schäden wird nicht mehr nach Frachtrecht sondern nach dem dann einschlägigen Recht (etwa Lager- oder Verwahrungsrecht) gehaftet.[52]

Nach Abs. 1 steht der Haftung für Güterschäden die Haftung für das **Überschreiten der Lieferfrist** als Haftungsursache gleich. Für den Verspätungsschaden haftet der Frachtführer somit ohne Verschulden. Die Lieferfrist ist nach § 423 zu bestimmen; sie wird überschritten, wenn dem Empfänger das Gut erst nach Ablauf der Frist abgeliefert wird. Liefert der Frachtführer das Gut rechtzeitig, teilt er diesem die voraussichtliche Ankunftszeit jedoch unzutreffend mit, haftet er nicht nach § 425, sondern allenfalls nach Maßgabe der verschuldensabhängigen Schadensersatzhaftung für Pflichtverletzung nach § 280 BGB.[53] Aufwendungen zur Verhütung von Schäden sind in rechtsanaloger Anwendung der §§ 425, 429 zu ersetzen, damit nicht der Frachtführer mit einem höheren Betrag als im Verlustfall belastet wird.[54] 15

2. Haftungstatbestand. Der Frachtführer haftet während des Obhutszeitraums für den Verlust bzw. die Beschädigung des Beförderungsgutes und für die Verzögerung der Ablieferung des Beförderungsgutes. 16

Der Frachtführer haftet zunächst für den **Totalverlust** des Gutes im Sinne des Verschwindens der Substanz. Die dafür maßgeblichen Ursachen sind im Rahmen des § 425 unerheblich; verlustig gegangen ist das Gut deshalb, wenn es verbrannt ist oder gestohlen wurde. Im Hinblick auf den erfolgsbezogenen Charakter des Beförderungsvertrags und in Anwendung einer wirtschaftlichen Betrachtungsweise aus der Sicht des Geschädigten ist ein Verlust des Beförderungsgutes auch dann eingetreten, wenn das Gut in absehbarer Zeit nicht an den Berechtigten ausgeliefert werden kann.[55] Dieser Fall ist beispielsweise gegeben, wenn das Gut beschlagnahmt[56] oder in Verwertung eines Pfandrechts versteigert worden ist.[57] Ist nicht zu erwarten, dass sich der Frachtführer das Gut wieder beschaffen 17

[44] BGH 23.10.1981, NJW 1982, 1284.
[45] OLG Düsseldorf 1.10.2014, RdTW 2015, 422 Rn. 35 f.
[46] Koller Rn. 32.
[47] BGH 23.10.1981, NJW 1982, 1284.
[48] OLG Koblenz 9.5.2019, RdTW 2020, 234 Rn. 17; ebenso Ramming RdTW 2020, 305 ff.; **aA** OLG Frankfurt 11.9.2019, RdTW 2020, 302 ff.
[49] OLG Hamm 21.11.2019, TranspR 2020, 353 (353).
[50] Koller Rn. 34.
[51] BGH 6.10.1994, VersR 1995, 320 (321); 10.3.1994, TranspR 1994, 279 (281).
[52] BGH 15.9.2005, TranspR 2006, 39 (41) zur CMR.
[53] BGH 14.7.1993, BGHZ 123, 200 (207) = NJW 1993, 2808.
[54] Koller Rn. 36; Braun, Das frachtvertragliche Leistungsstörungsrecht nach dem Transportrechtsreformgesetz, 2002, 179.
[55] BGH 1.12.2016, RdTW 2017, 127 Rn. 21 f. betr. fehlgeleitete Kisten mit über einem Monat ungeklärtem Verbleib.
[56] OGH Wien 19.12.2012, RdTW 2015, 16 Rn. 20.
[57] BGH 18.5.1995, NJW 1995, 2917; 3.7.1974, NJW 1974, 1616.

kann, führt auch die Ablieferung an den falschen oder nichtlegitimierten Empfänger zum Verlust.[58] Die Auslieferung an einen nicht berechtigten Empfänger stellt hingegen keine Ablieferung, sondern einen Verlust des Gutes dar.[59] Ein Verlust tritt nach umstrittener Rechtsauffassung ferner ein, wenn die spätere Ablieferung des Gutes unwahrscheinlich oder unzumutbar sei, etwa weil der Verbleib des Gutes über längere Zeit ungeklärt geblieben ist.[60] Ein Verlust tritt nicht ein, wenn das Gut unter Verletzung einer on-hold-Vereinbarung (→ Rn. 10) oder einer Nachnahmevereinbarung abgeliefert wurde.[61] Nach Ablauf der Liefer- und Verschollenheitsfrist des § 424 tritt kraft Gesetzes eine Verlustvermutung ein. Ist der Verbleib des Beförderungsgutes nicht aufklärbar, hat der Ersatzberechtigte den Ablauf der Frist des § 424 Abs. 1 abzuwarten. Gehen von einer Sendung, die in mehrere Pakete verpackt ist, einige verloren, kann deren Inhalt anhand der Gesamtmenge gem. § 286 ZPO ermittelt werden.[62] Wird die Umverpackung steriler Medizinprodukte durchfeuchtet und kann nicht ausgeschlossen werden, dass die darin befindlichen Sterilverpackungen kontaminiert wurden, sodass es bei deren Öffnung zu Kontaminationen der sterilen Medizinprodukte kommen kann, ist das Gut als vollständig entwertet anzusehen.[63]

18 Das teilweise Ausbleiben der Ablieferung des Beförderungsgutes nach Zahl, Menge, Gewicht oder Volumen ist als **(Teil-)Verlust** zu behandeln,[64] wenn das Beförderungsgut im Übrigen vertragsgemäß abgeliefert wurde. Ist der abgelieferte Teil unter wirtschaftlichen Gesichtspunkten nicht sach- und vertragsgerecht verwertbar, tritt in diesen Fällen Totalverlust ein.[65]

19 Eine **Beschädigung** des Beförderungsgutes ist bei einer wertmindernden Substanzbeeinträchtigung gegeben. Rostschäden, Kratzer oder Bruchschäden stellen die tatsächlich bedeutendsten Anwendungsfälle dar.[66] Auf das Ausmaß der Beschädigung kommt es nicht an; eine nicht mehr reparaturfähige Beschädigung, die zum wirtschaftlichen Totalschaden führt, ist als Beschädigung und nicht als Verlust des Beförderungsgutes anzusehen.[67] Beschädigungen liegen auch vor, wenn der wirtschaftliche Wert des Gutes beeinträchtigt wird. Hierunter kann der transportbedingte Aromaverlust von Kaffee oder Gewürzen fallen;[68] ebenso stellt der Verderb von Lebensmitteln deren Beschädigung im Rechtssinne dar.[69] Die Belastung des Gutes mit einem Pfandrecht durch Große Haverei stellt eine Beschädigung und keinen bloßen Vermögensschaden dar, weil diese dem Berechtigten einen Teil des Sachwertes des Gutes dinglich entzieht. Eine Beschädigung iSd § 425 Abs. 1 kann auch ohne festgestellte Substanzverletzung allein aufgrund eines der betroffenen Sache anhaftenden Schadensverdachts in Betracht kommen.[70]

20 **3. Kausalität.** Die Haftungsverpflichtung in den Fällen des **Verlusts oder der Beschädigung** setzt voraus, dass der Schaden durch den Verlust oder die Beschädigung des Gutes in der Obhutsphase entstanden sein muss. Nach der Gesetzesbegründung bedeutet dies nicht, dass der Schaden in dieser Phase eingetreten sein muss; vielmehr soll es genügen, dass die Haftungsursache in dieser Obhutsphase gesetzt wurde.[71]

21 In den Fällen der **Verspätung** besteht eine Haftungsverantwortung des Frachtführers für die Schäden, die „durch Überschreitung der Lieferfrist" verursacht worden sind. Erforderlich ist dafür ein Kausalzusammenhang zwischen der Verspätung und dem eingetretenen Schaden. Dieser ist nach allgemeinen bürgerlich-rechtlichen Regeln der haftungsbegründenden Kausalität zu beurteilen.[72]

---

[58] Vgl. BGH 10.7.1997, NJW-RR 1998, 843; OLG München 26.1.2011, TranspR 2011, 147 Rn. 24 betr. Auslieferung an nicht empfangsberechtigten Empfänger wegen Nichtbeachtung von on-hold-Weisung.

[59] OLG Hamm 21.11.2019, TranspR 2020, 353 (353) zur CMR.

[60] BGH 1.12.2016, RdTW 2017, 127 Rn. 21; zust. Koller TranspR 2018, 1 (2 ff.); **aA** Bahnsen TranspR 2017, 297 f.

[61] OLG Düsseldorf 13.11.2013, RdTW 2016, 64 Rn. 44 ff. betr. Haftung gem. § 280 BGB bzw. § 433.

[62] OLG Düsseldorf 18.12.2013, RdTW 2015, 70 Rn. 20.

[63] OLG München 10.2.2020, RdTW 2020, 147 Rn. 19 ff.

[64] OLG Köln 16.4.2015, RdTW 2015, 436 Rn. 42.

[65] BGH 3.7.1974, NJW 1974, 1616 betr. Einfuhrverbot für teilweise angetaute Ware; OLG Hamburg 13.7.1995, TranspR 1996, 110 (111) betr. teilweise angetautes Gefriergut; OLG München 16.1.1991, TranspR 1992, 181 (184) betr. Keimbefall einer Muschelfleischprobe.

[66] BGH 7.5.1969, VersR 1969, 703.

[67] Str., wie hier Koller § 425 Rn. 5; **aA** Ebenroth/Boujong/Schaffert Rn. 6 unter Hinweis auf BGH 3.7.1974, NJW 1974, 1616 zum HGB aF.

[68] BGH 10.2.1983, BGHZ 86, 387 = NJW 1983, 1674.

[69] Ebenroth/Boujong/Schaffert Rn. 12.

[70] BGH 11.7.2002, TranspR 2002, 440; OLG Karlsruhe 28.7.2023, RdTW 2025, 141 Rn. 40 (Verdacht der Unterbrechung der Kühlkette bei kühlpflichtigem Medikamententransport).

[71] Begr. RegE TRG, BT-Drs. 13/8445, 59 f.

[72] Vgl. die Übersicht zur Theorie und Praxis der sog. Adäquanztheorie Grüneberg/Grüneberg BGB Vor § 249 Rn. 25 ff.

III. Rechtsfolgen

Zu ersetzen sind in Verlust- und Beschädigungsfällen nach den §§ 425 ff. – anders als nach den allgemeinen Rechtsgrundsätzen der §§ 249 ff. BGB, nach denen grundsätzlich sämtliche unmittelbaren und mittelbaren Vermögensschäden zu ersetzen sind – nur die **Güterschäden;** die vertragliche Haftung des Frachtführers für die sich beim Absender oder Empfänger ergebenden Folgeschäden ist in den § 429, § 431, § 432 S. 2, § 434 Abs. 1 ausgeschlossen.[73] § 434 schließt auch die außervertragliche Haftung für entsprechende Folgeschäden aus (→ § 434 Rn. 3 ff.). Somit sind ersatzfähige Schäden, beispielsweise im Zusammenhang mit der Kontaminierung des Beförderungsgutes durch schädliche Rückstände im Transportmittel, nur die Schäden am Beförderungsgut selbst; die vergeblich eingesetzten Maschinen-, Personal- und Verpackungskosten sind dagegen nicht ersatzfähig.[74] Kosten eines außergerichtlichen Sachverständigengutachtens können einen kausalen Schaden darstellen, sofern das Gutachten zur zweckentsprechenden Rechtsverfolgung erforderlich war; dabei ist der Geschädigte grundsätzlich berechtigt, einen qualifizierten Gutachter seiner Wahl mit der Erstellung des Schadensgutachtens zu beauftragen[75] und die Bezahlung der Auftragsrechnung hat eine Indizwirkung für die Erforderlichkeit.[76] Der Frachtführer, der wegen einer Beschädigung des Gutes auf Schadensersatz in Anspruch genommen wird, hat gegen den Anspruchsteller keinen Anspruch auf Herausgabe des beschädigten Gutes, den er im Wege des Zurückbehaltungsrechts gegenüber dem Zahlungsanspruch geltend machen kann. Für einen Vorteilsausgleich ist kein Raum, wenn feststeht, dass das beschädigte Gut keinen Restwert hat.[77] 22

Nach § 429 gilt eine Beschränkung auf **Wertersatz** in den Verlust- oder Beschädigungsfällen. Der Unterfrachtführer haftet deswegen grundsätzlich nicht für die Kosten eines Vorprozesses zwischen dem Hauptfrachtführer und seinem Auftraggeber, wenn diese nicht ausnahmsweise unter dem Gesichtspunkt des Verzuges ersatzfähig sind.[78] Nach § 432 sind öffentliche Abgaben und sonstige Kosten aus Anlass der Beförderung zu ersetzen. 23

Bei einem Schaden, der durch vorsätzliches oder leichtfertiges und in dem Bewusstsein, dass ein Schaden mit Wahrscheinlichkeit eintreten werde, begangenen Handelns (oder Unterlassens) entsteht, erstreckt sich die Haftung des Frachtführers gem. § 435 auch auf den Ersatz der Folgeschäden.[79] Haftet der Unterfrachtführer wegen qualifizierten Verschuldens dem Hauptfrachtführer unbeschränkt auf Schadensersatz, schuldet der Unterfrachtführer auch angefallene Kosten eines zwischen dem Hauptfrachtführer und dem Anspruchsteller geschlossenen Vergleichs.[80] 24

In den Fällen der **Lieferfristüberschreitung** sind grundsätzlich sämtliche Güter- und Folgeschäden ersatzfähig. Schäden können insbesondere entgangener Gewinn, Schadensersatzforderungen des Abnehmers, Produktionsausfall sowie Aufwendungen zur Vermeidung des Abbruchs der Geschäftsbeziehungen sein.[81] Der Umfang des zu leistenden Ersatzes wird durch § 431 Abs. 3 beschränkt. 25

IV. Mitverursachung und mitwirkender Schadensbeitrag (Abs. 2)

In Abs. 2 sind zwei haftungsmindernde Umstände geregelt, das zur Schadensentstehung beitragende Verhalten des Absenders oder des Empfängers sowie ein besonderer Mangel, der bei der Entstehung des Schadens mitwirkt. In diesen Tatbeständen kommt der Rechtsgedanke des § 254 BGB zum Ausdruck, ist aber anders als dort nicht auf die Fälle des Mitverschuldens begrenzt.[82] Die Verpflichtung zum Ersatz und der Umfang des zu leistenden Ersatzes sind nach dieser Vorschrift entsprechend den jeweiligen Verursachungsanteilen zu ermitteln. Auch in den Fällen, in denen der Frachtführer lediglich im Rahmen der Haftungshöchstgrenzen des § 431 Abs. 1, 4 haftet oder lediglich in dieser Höhe in Anspruch genommen wird, kann sich ein Mitverschulden des Absenders ergeben, wenn der auf den Gesamtschaden bezogene Haftungsanteil betragsmäßig hinter der Haftungssumme des § 431 zurückbleibt.[83] Der Mitverschuldenseinwand des § 425 Abs. 2 ist auch im Fall des qualifizierten Verschuldens iSd § 435 zu berücksichtigen.[84] 26

[73] BGH 5.10.2006, BGHZ 169, 187 (191) = NJW 2007, 58.
[74] BGH 5.10.2006, BGHZ 169, 187 = NJW 2007, 58.
[75] BGH 17.12.2019, NJW 2020, 1001.
[76] BGH 17.12.2019, NJW 2020, 1001 Rn. 16.
[77] *OLG Düsseldorf 17.10.2018*, RdTW 2020, 221 Rn. 29.
[78] OLG Köln 15.10.2013, RdTW 2015, 136 Rn. 23.
[79] BGH 5.10.2006, BGHZ 169, 187 (193) = NJW 2007, 58.
[80] OLG München 22.1.2015, RdTW 2015, 140 Rn. 34.
[81] BGH 30.9.1993, BGHZ 123, 303 = NJW 1994, 16 zu Art. 17 CMR.
[82] Begr. RegE TRG, BT-Drs. 13/8445, 60.
[83] BGH 23.7.2020, RdTW 2020, 366 Rn. 70; OLG Hamm 10.6.2024, RdTW 2024, 271 Rn. 54, 55; **aA** Koller RdTW 2020, 450 ff.
[84] BGH 22.11.2007, NJW 2008, 920; OLG Karlsruhe 1.12.2023, RdTW 2024, 304 Rn. 91.

27 Ungeachtet der insoweit nicht eindeutigen Gesetzesformulierung kann nur solches Verhalten sich haftungsmindernd auswirken, das – wie der alternativ erhebliche „besondere Mangel" des Gutes auch – in besonderer Weise qualifiziert ist. Die bloße Übergabe des Transportgutes oder die Verpackung des Gutes als solche stellen keine sachgerechten Anknüpfungspunkte für eine Anwendung des Abs. 2 dar. Die Vorschrift soll unter Beibehaltung der Konzeption der Obhutshaftung des Frachtführers in den Fällen, in denen ein objektiv beförderungsgeschäftswidriges Verhalten des Absenders oder Empfängers vorliegt, eine Schadensteilung ermöglichen. Den Absender trifft auch unter der Geltung des § 425 Abs. 2 keine allgemeine Verpflichtung zur Mitwirkung an bestimmten Sicherungsmaßnahmen für den reibungslosen Transport.[85] Grundsätzlich ist es die Pflicht des Frachtführers, das Transportgut unter Verwendung intakter Transportfahrzeuge ordnungsgemäß zu transportieren. Ein Absender kann sich darauf verlassen, dass der Frachtführer ein Transportmittel stellt, das vertragskonform sauber ist, sowie darauf, dass sein Gut in unbeschädigten Tanks befördert wird und nicht durch die Abplatzungen der Tankbeschichtung verunreinigt wird; er braucht das Transportmittel nicht auf Mängel zu überprüfen, darf aber erkannte oder evidente Mängel nicht ignorieren.[86] Ebenso wenig muss der Absender befürchten, wegen unterlassener Untersuchung der Transportgefahren eine Mitverantwortung tragen zu müssen; dagegen ist der Absender verpflichtet, den Frachtführer auf ihm bekannte außergewöhnliche Transportrisiken hinzuweisen.[87]

28 Die Rspr. betont in diesem Zusammenhang, dass keine überzogenen Anforderungen an das Absenderverhalten gestellt werden dürfen. Deshalb wird regelmäßig eine zutreffende Wertdeklaration dem gebotenen Verhalten genügen,[88] während eine **unterlassene Wertdeklaration** schadensmindernd berücksichtigt werden kann, wenn der Absender Kenntnis davon hatte, dass der Frachtführer die Sendung bei zutreffender Wertdeklaration mit größerer Sorgfalt behandelt hätte.[89] Letztlich kommt es auf diese Kenntnis des Absenders aber nicht entscheidend an; den Absender trifft eine allgemeine **Obliegenheit, auf die Gefahr eines außergewöhnlich hohen Schadens hinzuweisen,** um dem Vertragspartner die Möglichkeit zu geben, geeignete Maßnahmen zur Verhinderung eines drohenden Schadens zu ergreifen.[90] Ob ein ungewöhnlich hoher Schaden droht, ist unter Berücksichtigung der konkreten Umstände des jeweiligen Einzelfalls zu beurteilen, wobei maßgeblich auf die Sicht des Schädigers abzustellen ist.[91] In einer laufenden Geschäftsbeziehung kann ein erhebliches Überschreiten des durchschnittlichen Sendungswertes beachtlich sein.[92] Der Hinweis hat nicht notwendig vor Vertragsschluss zu erfolgen, muss jedoch so rechtzeitig erfolgen, dass der Frachtführer über die Ausführung des Vertrags entscheiden und notwendige Sicherungsmaßnahmen treffen kann.[93] Die Kausalität des Mitverschuldens fehlt nur dann, wenn der Schädiger zumindest gleich gute Erkenntnismöglichkeiten vom Wert der Sendung hat wie der Geschädigte.[94]

29 Ab welchen Sachwerten eine Obliegenheit zur Wertangabe besteht, lässt sich nicht generell festlegen. Die Rspr. hatte verschiedentlich einen Betrag von 5.000 Euro als Grenzwert angesetzt,[95] und damit eine Obliegenheit zum Warnhinweis angenommen bei einem Warenwert, der den zehnfachen Betrag der Regelhaftung gem. § 431 übersteigt, wenn nicht eine abweichende wirksame Haftungshöchstgrenze vereinbart wurde.[96] Abzustellen ist nicht auf den Wert der Sendung, sondern auf den Wert jedes einzelnen Pakets einer Sendung.[97]

30 Bestehen im Einzelfall bessere Kenntnismöglichkeiten über die Transportrisiken, soll der Absender selbst dann eine Schadensmitverantwortung tragen, wenn der Frachtführer sich die Kenntnis vom Risiko zumutbar selbst verschaffen konnte.[98] Entsprechend wurde entschieden, dass der Absender, der es unterlässt auf eine sicherere Beförderungsvariante hinzuweisen, einen Mitverursachungsanteil zu tragen hat.[99] Beauftragt der Absender einen Frachtführer, von dem er weiß oder hätte wissen müssen, dass es bei diesem wegen grober Organisationsmängel immer wieder zu Verlusten kommt,

---

[85] BGH 13.7.2000, NJW 2001, 448 zum HGB aF.
[86] OLG Hamburg 7.3.2019, RdTW 2019, 424 Rn. 39.
[87] Koller Rn. 74.
[88] BGH 1.12.2005, TranspR 2006, 119 (121).
[89] BGH 30.3.2006, BGHZ 167, 64 (73) = NJW-RR 2006, 1210; 30.1.2008, TranspR 2008, 122 Rn. 28.
[90] BGH 23.7.2020, RdTW 2020, 366 Rn. 53; BGH 21.1.2010, TranspR 2010, 190 Rn. 19.
[91] BGH18.2.2002, NJW 2002, 2553; OLG Karlsruhe 1.12.2023, RdTW 2024, 304 Rn. 91.
[92] OLG Karlsruhe 1.12.2023, RdTW 2024, 304 Rn. 94.
[93] BGH 13.6.2012, NJW 2012, 3774; OLG Karlsruhe 1.12.2023, RdTW 2024, 304 Rn. 96.
[94] BGH 3.7.2008, TranspR 2008, 397 Rn. 23; 13.9.2007, TranspR 2007, 466 Rn. 26; 3.2.2005, TranspR 2005, 2008, 206 (bei Kenntnis des Nachnahmebetrages).
[95] BGH 20.9.2007, TranspR 2008, 163 (167); 1.12.2005, TranspR 2006, 208 = NJW-RR 2006, 1108.
[96] BGH 21.1.2010, TranspR 2010, 189 Rn. 27; 20.9.2007, TranspR 2008, 163 Rn. 52.
[97] BGH 3.7.2008, TranspR 2008, 400 Rn. 18.
[98] BGH 1.12.2005, TranspR 2006, 116 (118).
[99] BGH 20.7.2006, TranspR 2006, 394 (395); krit. dazu Koller Rn. 74.

kann auch darauf eine Mitverursachungsverantwortung gestützt werden;[100] dies gilt in den Fällen, in denen der konkrete Beförderungsauftrag Anlass zu der Annahme bietet, der Frachtführer könne mit der angetragenen Aufgabe überfordert sein.[101]

Besondere Mängel des Gutes sind solche, die für die Gattung des Beförderungsgutes im Hinblick auf die vereinbarte Art der Beförderung als atypisch anzusehen sind. Der Beförderer von Frischobst muss nicht damit rechnen, dass sich das angelieferte Frischobst bereits im fortgeschrittenen Reifezustand befindet.[102] Der Absender, der die Besonderheit des Gutes kennt, muss für einen risikoadäquaten Transport sorgen.[103] 31

Die einzelnen Schadensbeiträge sind für die Zwecke der Entscheidung über das Bestehen der Ersatzverpflichtung und deren Umfang in ein Verhältnis zu setzen; dies geschieht durch eine **abwägende Entscheidung im Einzelfall.**[104] Dabei darf das dem Absender anzulastende Mitverschulden iSd § 425 Abs. 2 HGB, § 254 Abs. 2 BGB (zB Hinweis Gefahr ungewöhnlich hohen Schadens) im Vergleich zu dem Mitverschulden gem. § 425 Abs. 1 HGB, § 254 Abs. 1 BGB (zB wegen unterlassener Wertdeklaration) nicht schwerer gewichtet werden.[105] Bei der Abwägung ist neben dem Ausmaß der jeweiligen Verursachungsbeiträge auch die Schwere des Verschuldens zu berücksichtigen.[106] Nicht schuldhaftes mitwirkendes Verhalten soll zumindest in der Regel nicht zu einem Wegfall des Anspruchs führen.[107] Das Ergebnis der Abwägung muss nicht notwendig zu einer Schadensteilung, sondern kann auch zu einer überwiegenden Verantwortlichkeit des Absenders führen. Hat der Absender Kenntnis davon, dass der Frachtführer bestimmte Güter nicht befördern will und setzt sich der Absender bewusst über diesen Willen hinweg, so kommt in den Fällen eines unterlassenen Hinweises auf einen angesichts des Warenwertes hohen möglichen Schadens wegen überwiegenden Mitverschuldens ein vollständiger Ausschluss der Haftung des Frachtführers in Betracht.[108] Bei einer entsprechenden Schadenshöhe und einer erheblichen Überschreitung der für den Ausschluss von Gütern vereinbarten Wertgrenze kann schon das Kennenmüssen des Versenders vom Beförderungsausschluss ausreichen.[109] Wenn der Frachtführer – mangels eines ihm anzulastenden qualifizierten Verschuldens iSd § 435 – nur beschränkt auf den Haftungshöchstbetrag gem. § 431 haftet, wirkt sich ein Mitverschulden des Absenders oder Empfängers nur dann auf seine Haftung aus, wenn sein auf den Gesamtschaden bezogener Haftungsanteil betragsmäßig hinter der Haftungssumme des § 431 zurückbleibt.[110] 32

V. Beweislast

Der Anspruchsteller hat den Eintritt des Verlustes und der Beschädigung im Obhutszeitraum darzulegen und zu beweisen, nicht aber die Kausalität von Handlungen des Frachtführers für den Schaden sowie dessen Verschulden.[111] Er hat insbesondere dazulegen und zu beweisen, dass das Gut, während der Obhutszeit abhandengekommen ist und wie hoch der dadurch eingetretene Schaden ist; dies umfasst neben dem Beweis der Übernahme der Güter den Nachweis ihrer Identität, ihrer Art, ihrer Menge und ihres Zustandes.[112] Handelt es sich bei dem Transportgut um Tiefkühlware, muss der Kläger beweisen, dass sie dem Frachtführer in ordnungsgemäß gekühltem Zustand übergeben wurde.[113] Der Beweis für die ordnungsgemäße Übergabe des Guts kann durch eine vom Frachtführer oder seine Hilfsperson ausgestellte Empfangsbestätigung geführt werden, ohne dass ein Ladeschein oder Frachtbrief ausgestellt sein muss.[114] Der Anspruchsteller hat bei der Geltendmachung von Schadensersatzansprüchen wegen nicht ausreichender Kühlung des Guts während des Transports als anspruchsbegründende Tatsache darzulegen und zu beweisen, dass er dem Frachtführer das Gut 33

[100] BGH 15.11.2001, BGHZ 149, 337 (355 f.) = NJW 2002, 3106.
[101] BGH 30.3.2006, NJW-RR 2006, 1264 (1266).
[102] Ebenroth/Boujong/Schaffert Rn. 54; **aA** Koller Rn. 82.
[103] Ebenroth/Boujong/Schaffert Rn. 34.
[104] BGH 3.7.2008, TranspR 2008, 397 Rn. 20 ff.
[105] BGH 3.7.2008, TranspR 2008, 400 Rn. 23 ff.
[106] Hopt/Merkt Rn. 4.
[107] Begr. RegE TRG, BT-Drs. 13/8445, 61.
[108] BGH 13.8.2009, TranspR 2010, 143 Rn. 19; 3.7.2008, TranspR 2008, 397 Rn. 28; 15.2.2007, NJW-RR 2007, 1110 Rn. 30 = TranspR 2007, 164; 13.7.2006, NJW-RR 2007, 178 Rn. 35 = TranspR 2006, 448.
[109] BGH 3.5.2007, TranspR 2007, 405 Rn. 33.
[110] BGH 23.7.2020, RdTW 2020, 366 Rn. 70; dazu Zink RdTW 2020, 362 (365 f.).
[111] OLG Köln 16.4.2015, RdTW 2015, 436 Rn. 42 zu Art. 17 CMR.
[112] BGH 10.12.2015, RdTW 2016, 136 Rn. 23.
[113] BGH 23.11.2017, RdTW 2018, 132 Rn. 19 = TranspR 2018, 194; OLG Hamburg 12.1.2023 BeckRS 2023, 50.
[114] BGH 21.12.2017, RdTW 2018, 132.

in einem ordnungsgemäß gekühlten Zustand übergeben hat.[115] Die Beweislast für die Ablieferung der Güter als Voraussetzung zur Erfüllung des Frachtvertrages trägt der Frachtführer.[116]

34 Der Beweis für den Inhalt und den Wert verlorengegangenen bzw. beschädigten Gutes kann grundsätzlich nach der Differenz- bzw. der Ausschlussmethode geführt werden. Nach der Differenzmethode hat der Anspruchsteller zu beweisen, dass das Gut bei Übernahme vollständig und unbeschädigt war und dass bei der Ablieferung Gut gefehlt hat oder beschädigt war (Differenzmethode); nach der Ausschlussmethode hat der Anspruchsteller zu beweisen, dass das es zu dem Verlust bzw. zu der Beschädigung des Gutes nur im Haftungszeitraum gekommen sein kann.[117] Die zum Beweis vorgetragenen Tatsachen unterliegen der Beweiswürdigung nach § 286 ZPO. Werden Güter in verschlossenen Behältnissen zum Versand gebracht, ist bei kaufmännischen Absendern anzunehmen, dass die im Lieferschein nebst korrespondierender Handelsrechnung aufgeführten Waren in dem Behältnis enthalten waren.[118] Der BGH hat zwar seine diesbezügliche[119] ursprünglich anerkannte **Rspr. zum Anscheinsbeweis aufgegeben;** der streitentscheidende Richter kann aber seine Überzeugung von dem Umfang der Sendung aufgrund der durch Lieferscheinen und Rechnung geprägten Umstände des Einzelfalles bilden.[120] Hat der Frachtführer einen Teil des Gutes abgeliefert, muss der Anspruchsteller beweisen, in welchem Umfange keine Ablieferung erfolgt ist.[121] Beweis für die Anzahl der übergebenen Frachtstücke und den Zustand des Gutes kann von dem Anspruchsberechtigten kann insbesondere durch eine von dem Frachtführer oder seinem Fahrer ausgestellte Empfangsbestätigung (Übernahmequittung) geführt werden.[122] Diese Grundsätze Beweisführung gelten auch hinsichtlich des unbeschädigten Zustandes der zur Beförderung übergebenen Güter.[123] Lieferscheine und korrespondierende Rechnungen können zum Nachweis des Inhalts einer Sendung vorgelegt werden; sie sind vom Tatrichter auf Schlüssigkeit zu überprüfen.[124] Dabei kommt es nicht darauf an, dass beide Dokumente (Lieferschein und korrespondierende Handelsrechnung) vorgelegt werden; mangels substantiierter Einwände des Frachtführers kann die richterliche Überzeugungsbildung auf nur ein einzelnes vorgelegtes Dokument gestützt werden.[125] Bei kaufmännischen Absendern begründen der Lieferschein bzw. die Rechnung die Vermutung, dass sich das Gut vollzählig in dem Transportbehältnis befand.[126] Hinsichtlich des Zustands des Guts bei dessen Übernahme zur Beförderung entspricht es allgemeiner Lebenserfahrung, dass weder Hersteller noch Händler dem Kunden beschädigte Ware andienen.[127] Auf die Übergabe von **Containern** sollen die dargestellten Grundsätze nicht „ohne weiteres" übertragbar sein, weil das Verpacken von Waren in Kartons nicht gleichgesetzt werden könne mit dem Beladen eines Containers (oder auch LKW bzw. einer Wechselbrücke).[128] Die Grundsätze des Anscheinsbeweises können auch für die Beschädigung des Gutes infolge unzureichender Sicherung durch den Frachtführer bedeutsam werden.[129]

35 Die für eine mitwirkende Schadensverursachung durch den Absender sprechenden Umstände muss der Frachtführer dartun und erforderlichenfalls beweisen.[130] Er hat auch das Fehlen eigener Verursachungsbeiträge darzulegen und zu beweisen, um damit die erforderliche Abwägungsentscheidung zu ermöglichen.[131] Verteidigt sich der Frachtführer mit dem verspäteten Hinweis auf den Wert des Gutes, muss er darlegen und beweisen, dass und wie der ausgebliebene Hinweis zur sichereren Beförderung des Gutes oder Geltendmachung des Leistungsverweigerungsrechts geführt hätte, sodass der verspätete Hinweis auf den ungewöhnlich hohen Wert des Gutes für den entstandenen Schaden

[115] BGH 23.11.2017, RdTW 2018, 132 Rn. 21; OLG Brandenburg 15.1.2020, RdTW 2020, 254 Rn. 23 zur CMR; **aA** Koller TranspR 2019, 1 ff.
[116] BGH 13.7.2000, TranspR 2001, 298 (299); OLG München 23.4.2015, RdTW 2015, 445 Rn. 49.
[117] Eingehend Ramming RdTW 2020, 283 ff.
[118] BGH 24.10.2003, NJW-RR 2003, 754 Rn. 33.
[119] Zum Anscheinsbeweis hinsichtlich unzureichender Sicherung des Beförderungsguts vgl. LG Osnabrück 3.6.2022, RdTW 2023, 36 Rn. 17.
[120] BGH 13.9.2012, RdTW 2013, 201 Rn. 16: OLG Karlsruhe 17.11.2021, RdTW 2023, 109 Rn. 23.
[121] OLG Karlsruhe 17.11.2021, RdTW 2023, 109 Rn. 25.
[122] BGH 24.10.2003, NJW-RR 2003, 754 Rn. 33.
[123] OLG Hamburg 5.3.2015, RdTW 2017, 430 Rn. 29.
[124] BGH 23.10.2009, TranspR 2010, 73 Rn. 20.
[125] BGH 13.9.2012, RdTW 2013, 201 Rn. 19; 20.9.2007, TranspR 2008, 163 Rn. 34 f.; 28.9.2006, TranspR 2007, 110 Rn. 24.
[126] OLG Köln 16.4.2015, RdTW 2015, 436 Rn. 41; OLG Brandenburg 23.10.2013, RdTW 2015, 22 Rn. 18.
[127] OLG Düsseldorf 14.1.2014, RdTW 2015, 193.
[128] BGH 13.9.2012, RdTW 2013, 201 Rn. 19 unter Hinweis auf einen andersartigen „Anreiz zur Fehlbeladung"; OLG Hamburg 16.1.2025, RdTW 2025, 259 Rn. 23.
[129] LG Osnabrück 3.6.2022, RdTW 2023, 36 Rn. 17.
[130] Ebenroth/Boujong/Schaffert Rn. 34.
[131] BGH 22.5.1984, BGHZ 91, 243 (260) = NJW 1984, 2216 zu § 254 BGB.

zumindest mitursächlich war.[132] Der Absender kann in einen nach § 254 Abs. 1 BGB beachtlichen **Selbstwiderspruch** geraten, wenn er trotz Kenntnis, dass der Spediteur die Sendung bei zutreffender Wertangabe mit größerer Sorgfalt behandele, von einer Wertdeklaration absieht und bei Verlust gleichwohl den vollen Schadensersatz verlangt, wobei es wiederum dem Frachtführer obliegt, darzulegen und ggf. zu beweisen, dass der unterlassene Hinweis auf den ungewöhnlich hohen Wert des Gutes für den entstandenen Schaden zumindest mitursächlich war.[133]

Umstände, die in der Sphäre des Absenders oder Empfängers liegen, haben diese darzulegen und 36
zu beweisen.[134] Kommt der Ersatzberechtigte seiner Darlegungsobliegenheit nicht nach, so darf daraus auf ein Fehlverhalten des Absenders oder Empfängers geschlossen werden[135] oder die Beweislast umgekehrt werden.[136] Bei der Abwägung der Verschuldensanteile gibt es keinen allgemeinen Grundsatz, wonach der dem Absender anzurechnende Mitverursachungsanteil wegen des qualifizierten Verschuldens des Frachtführers in den Fällen des § 435 nicht höher als 50% angesetzt werden darf; eine höhere Verschuldensquote in Betracht, wenn der Wert des Pakets sehr deutlich über dem Betrag liegt, ab dem ein Hinweis auf einen ungewöhnlich hohen Schaden erfolgen muss.[137]

§ 426 Haftungsausschluß

Der Frachtführer ist von der Haftung befreit, soweit der Verlust, die Beschädigung oder die Überschreitung der Lieferfrist auf Umständen beruht, die der Frachtführer auch bei größter Sorgfalt nicht vermeiden und deren Folgen er nicht abwenden konnte.

Schrifttum: Ehmen, Zur Haftung des Frachtführers und des Spediteurs für streikbedingte Verzögerungsschäden bei innerdeutschen und internationalen Transporten, TranspR 2007, 354; Kreissl, Zur Haftung des Unternehmers im Arbeitskampf, JZ 1995, 695; Neumann, Wirtschaftliche Kriterien der Haftung des Frachtführers, TranspR 2004, 14; Ramming, Die Entlastung des Frachtführers von seiner Haftung nach § 425 Abs. 1 HGB für Verlust und Beschädigung des Gutes und Überschreitung der Lieferfrist, TranspR 2001, 54; Schriefers/Schlattmann, Lieferverzögerungen durch Unwetter, TranspR 2009, 402.

Übersicht

I. Normzweck

1 Die Vorschrift enthält einen allgemeinen Haftungsausschluss. Damit begrenzt der Gesetzgeber die Weite der nach § 425 bestehenden vertraglichen Haftung auf solche Schadensereignisse, die der Frachtführer nicht vermeiden und in ihren Folgen nicht abwenden konnte. Sie ist Bestandteil des komplexen Haftungsausschluss- und Haftungsbegrenzungskonzepts, das der Gesetzgeber in den Vorschriften der §§ 426 ff. zur Begrenzung der Reichweite der in § 425 vorgesehenen verschuldensunabhängigen Obhutshaftung geschaffen hat. Der Umstand, dass für den Haftungsausschlusstatbestand auf den Maßstab „größter Sorgfalt" abzustellen ist, bedeutet nach dem ausdrücklichen Willen des historischen Gesetzgebers nicht, dass damit die Konzeption einer verschuldensunabhängigen Haftung in den §§ 425 ff. geändert werden sollte.[1] Ausgangspunkt der Haftung ist und bleibt auch unter Berücksichtigung des § 426 die verschuldensunabhängige Einstandspflicht des Frachtführers nach § 425, ungeachtet möglicher Haftungsausschlüsse (und -beschränkungen) nach den §§ 426 ff. Ist dem Frachtführer qualifiziertes Verschulden iSd § 435 anzulasten, kann dieser sich auf den Haftungsausschluss nach § 426 nicht berufen.

---

[132] OLG Karlsruhe 1.12.2023, RdTW 2024, 304 Rn. 100.
[133] OLG Karlsruhe 17.11.2021, RdTW 2023, 109 Rn. 41 ff.
[134] BGH 22.5.1984, BGHZ 91, 243 (260) = NJW 1984, 2216 zu § 254 BGB.
[135] BGH 3.11.1994, BB 1995, 744 (746) zu ADSp.
[136] BGH 13.1.1979, NJW 1979, 2142 (2143) zu § 254 BGB.
[137] OLG Karlsruhe 1.12.2023, RdTW 2024, 304 Rn. 106.
[1] Begr. RegE TRG, BT-Drs. 13/8445, 60 f.

2 § 426 ist vom Gesetzgeber wegen der damit verbundenen beweisrechtlichen Konsequenzen bewusst als Haftungsausschlussgrund konzipiert worden.[2] Die Vorschrift ist in Anlehnung an Art. 17 Abs. 2 Alt. 4 CMR gebildet worden[3] und findet in den Regeln der Art. 36 § 2 CIM und Art. 20 WA Parallelvorschriften im internationalen Eisenbahn- und Luftfrachtrecht. Die Rspr. zu Art. 17 CMR kann bei der Auslegung des § 426 berücksichtigt werden.[4] Grenzen der Abdingbarkeit werden von § 449 gezogen.

II. Voraussetzungen des Haftungsausschlusses

3 **1. Grundlagen.** § 426 orientiert den Haftungsausschluss an der Unvermeidbarkeit und Unabwendbarkeit des Schadens, am Maßstab des mit „größter Sorgfalt" handelnden Frachtführers. Die hierzu entwickelten Auslegungsmaßstäbe sind streng und orientieren sich in Anlehnung an die zu § 7 Abs. 2 StVG entwickelten Kriterien[5] am Leitbild des „idealen" Frachtführers.[6] Von ihm werden über die allgemeinen Sorgfaltsanforderungen der § 276 BGB, § 346 hinausgehende Anstrengungen zur Verhütung des Schadensfalls verlangt, wenn ein Haftungsausschluss in Betracht kommen soll.[7] Der anzuwendende Sorgfaltsmaßstab orientiert sich an einem Frachtführer, der eine über den gewöhnlichen Durchschnitt erheblich hinausgehende Aufmerksamkeit, Geschicklichkeit und Umsicht sowie ein geistesgegenwärtiges und sachgemäßes Handeln im Rahmen des Menschenmöglichen an den Tag legt.[8]

4 **a) Unvermeidbarkeit der Schädigung.** Die erforderlichen Sorgfaltsvorkehrungen betreffen zunächst die Unvermeidbarkeit des Güterverlusts bzw. der Güterbeschädigung und der Lieferfristüberschreitung. Dem Unvermeidbarkeitstest unterfallen zunächst **sämtliche von außen kommenden unvorhersehbaren Ereignisse;** insofern entspricht der Haftungsausschlusstatbestand einer force majeure-Haftungsschranke. Beachtlich können aber auch Gefahren **im Organisationsbereich des Frachtführers** sein. Während im Gesetzesentwurf zunächst vorgesehen war, dass sich der Frachtführer auf Mängel des für die Beförderung verwendeten Fahrzeugs nicht berufen könne, ist diese Regelung in den verabschiedeten Gesetzestext nicht aufgenommen worden; unabwendbare Mängel des Fahrzeugs können danach zum Haftungsausschluss führen.[9] In Anlehnung an die Rspr. zum unabwendbaren Ereignis iSd § 7 Abs. 2 StVG aF wird vom Frachtführer nicht nur verlangt, in der konkreten Gefahrensituation mit „größter Sorgfalt" zu agieren, ihm wird auch die Prüfung abverlangt, ob sich ein idealer Frachtführer überhaupt in die Gefahrensituation begeben hätte.[10] Der sich aus einer vermeidbaren Gefahrenlage ergebende Schaden wird nicht dadurch unvermeidbar, dass sich der Frachtführer in der Gefahrensituation „ideal" verhält.

5 Die zur Begründung der Unvermeidbarkeit gebotenen Sorgfaltsanstrengungen reichen bis an die Grenze der Tragbarkeit und Zumutbarkeit.[11] Diese Anstrengungen sind aber nur im Rahmen der vereinbarten Transportart geboten. Dem Frachtführer wird somit keine Risikoprüfung für alternative, nicht vereinbarte Transportarten abverlangt.[12] Abreden über die Transportqualität, welche die Sorgfaltsanstrengungen des Frachtführers betreffen, sind an § 449 zu messen und unterliegen überdies der Klauselkontrolle nach § 305c BGB; Auslegungszweifel gehen nach § 305c Abs. 2 BGB zu Lasten des Verwenders.[13]

6 **b) Unabwendbarkeit der Schädigungsfolgen.** Die Unabwendbarkeit der Verlust-, Beschädigungs- oder Verspätungsfolgen ist ebenfalls am Maßstab der Verhaltensanforderungen an einen „idealen" Frachtführer zu messen. Auch insofern wird derselbe strenge Maßstab wie bei der Unvermeid-

[2] Vgl. Begr. RegE TRG, BT-Drs. 13/8445, 61.
[3] Begr. RegE TRG, BT-Drs. 13/8445, 60.
[4] Begr. RegE TRG, BT-Drs. 13/8445, 61; einschr. Koller Rn. 2, der nur die bis zum Inkrafttreten des TRG ergangene Rspr. zur CMR berücksichtigen will.
[5] Vgl. BGH 13.12.1990, BGHZ 114, 164 (165 f.) = NJW 1991, 2019 – Idealfahrer; vgl. auch Ruhwedel TranspR 1999, 2006, 297 (298); krit. Herber NJW 1998, 3297 (3302).
[6] So Koller Rn. 4; Hopt/Merkt Rn. 2.
[7] Vgl. Canaris HandelsR § 31 Rn. 16.
[8] BGH 13.10.1990, BGHZ 113, 164 (165).
[9] BT-Drs. 13/1014, 59.
[10] So BGH 17.3.1992, BGHZ 117, 337 (341) = NJW 1992, 1684 zu § 7 StVG; ebenso Koller Rn. 4.
[11] BGH 10.4.2003, VersR 2004, 399 Rn. 14; 18.1.2001, TranspR 2001, 369, 371; OLG Schleswig 26.9.2013, RdTW 2015, 110 Rn. 15; OLG Frankfurt 9.3.2006, TranspR 2006, 297 (298); OLG Köln 29.7.2003, VersR 2004, 1438; **aA** Andresen/Valder § 467 Rn. 6.
[12] Koller Rn. 4.
[13] BGH 15.11.2001, TranspR 2003, 306; danach schließt das ausdrückliche Einverständnis mit einer „Kontrolle des Transportweges durch schriftliche Ein- und Ausgangsdokumentation" nicht generell die Durchführung einer Schnittstellenkontrolle aus.

barkeitskontrolle angewendet.[14] Die Schadensfolgen können insbesondere aus wirtschaftlichen Gründen unabwendbar sein, etwa in Fällen, in denen der Schadensvermeidungsaufwand die erwartbare Minderung des Schadens übersteigt.[15]

c) Größte Sorgfalt. Verlangt werden Sorgfaltsanstrengungen, die über die nach §§ 276 BGB, 346 gebotene Sorgfalt hinausgehen. Maßstab für die Beurteilung ist das Verhalten eines „idealen" Frachtführers, der die „menschenmögliche" Sorgfalt an den Tag legt.[16] Atypische, nicht vorhersehbare Geschehensabläufe liegen nicht automatisch jenseits der Anforderungen, die der Frachtführer bei größter Sorgfalt hätte in Betracht ziehen können.[17] Grenzen „größter Sorgfalt" werden nicht erst erreicht, wenn die Grenze zur höheren Gewalt überschritten ist;[18] nicht mehr verlangt werden Sorgfaltsanstrengungen, die als unzumutbar und untragbar zu bewerten sind.[19] 7

d) Kausalität. Der Haftungsausschluss greift nur, „soweit" die Schädigung unvermeidbar und deren Folgen unabwendbar waren. Damit wird auch ein Kausalitätserfordernis geregelt. Der Schaden muss kausal auf Umständen beruhen, deren Eintritt unvermeidbar bzw. unabwendbar war. Beruht der Schaden (zumindest teilweise auch) auf vermeidbaren bzw. abwendbaren Umständen, kommt ein Haftungsausschluss nicht in Betracht, sofern nicht eine entsprechende Aufteilung der Verursachung des Schadens durch vermeidbare und unvermeidbare Umstände möglich ist. 8

e) Reichweite des Haftungsausschlusses. Der Frachtführer ist von der Haftung befreit, „soweit" der Schaden unvermeidbar war. Damit hat der Gesetzgeber klargestellt, dass sowohl ein anteiliger als auch ein vollständiger Ausschluss der Verantwortlichkeit in Betracht kommt. 9

f) Beweislast. Der Frachtführer hat entsprechend der gesetzgeberischen Konzeption[20] die Voraussetzungen für den ihm günstigen Haftungsausschluss nach § 426 darzulegen und erforderlichenfalls zu beweisen.[21] Er hat deshalb entweder die konkrete, unvermeidbare Schadensursache zu beweisen oder darzutun und nachzuweisen, dass der Schaden nicht durch irgendeinen bei größter Sorgfalt vermeidbaren oder in seinen Folgen abwendbaren Umstand herbeigeführt worden sein.[22] Entsprechend den hohen Anforderungen an die Sorgfaltsanstrengungen wird sich der Nachweis vor allem auf Fälle höherer Gewalt und solche der wirtschaftlichen Unzumutbarkeit konzentrieren. Der Frachtführer muss sich auch wegen des Verhaltens seiner Hilfspersonen entlasten, insbesondere dem Fahrer von Lkw[23] bzw. dem Unterfrachtführer,[24] während Mitarbeiter der Zollbehörden keinen Hilfspersonen sind, für die sich der Frachtführer zu entlasten hat.[25] Bei multiplen Schadensursachen hat der Frachtführer überdies den Nachweis zu führen, dass der Schaden kausal auf dem unabwendbaren bzw. unvermeidbaren Ereignis beruht; eine Beweiserleichterung wie in § 427 Abs. 2 sieht das Gesetz in § 426 nicht vor. 10

2. Fallgruppen. In den nachfolgend genannten Fallgruppen ist ein Haftungsausschluss nach § 426 vor allem in Betracht gezogen worden: 11

Brand: Der Brand des Transportfahrzeugs kann unvermeidbar sein und zum Haftungsausschluss führen, weil Mängel des Transportmittels unter den Ausschlusstatbestand fallen (→ Rn. 4). Dagegen wurde als vermeidbarer Schaden eingestuft, dass ein in einem ungesicherten Wohngebiet abgestelltes Fahrzeug durch Brandstiftung beschädigt wird.[26] Durch das Abstellen des Beförderungsmittels in der Nähe einer Brandgefahrenquelle erfolgt ein Verstoß gegen das Erfordernis „größter Sorgfalt".[27] 12

Diebstahl, Raub: Diebstähle werden unter Missachtung der Erfordernisse „größter Sorgfalt" ermöglicht, wenn das Fahrzeug technisch dagegen nicht hinreichend (insbesondere durch Alarmanlagen, Video- und Satellitenüberwachungssysteme) gesichert wird.[28] Ferner muss das Personal fortlau- 13

[14] Ebenroth/Boujong/Schaffert Rn. 1.
[15] So MüKoHGB/Jesser-Huß CMR Art. 17 Rn. 42.
[16] OLG Hamburg 11.3.2021, TranspR 2021, 403 = RdTW 2021, 477; OLG München 28.11.2007, TranspR 2008, 317 (318) (Diebstahl eines LLW auf unbewachtem, frei zugänglichen und kaum einsehbaren Gelände); OLG Frankfurt 9.3.2006, TranspR 2006, 297 (298); OLG Köln 29.7.2003, VersR 2004, 1438.
[17] Vgl. BGH 16.2.1984, NJW 1984, 2033.
[18] BGH 28.2.1975, NJW 1975, 1597.
[19] Koller Rn. 4.
[20] Begr. RegE TRG, BT-Drs. 13/8445, 61.
[21] OLG Brandenburg 21.7.2004, TranspR 2005, 114 (115).
[22] OLG Hamm 21.4.2016, RdTW 2017, 111 Rn. 45.
[23] OLG Dresden 21.5.2014, RdTW 2015, 374 Rn. 22.
[24] OLG Schleswig 18.12.2014, RdTW 2015, 351 Rn. 11 zur CMR.
[25] OLG Dresden 21.5.2014, RdTW 2015, 374 Rn. 21; OLG Frankfurt 26.2.2015, RdTW 2015, 336 Rn. 31.
[26] BGH 5.6.1981, TranspR 1981, 130.
[27] Koller Rn. 7.
[28] Koller Rn. 8.

fend auf Zuverlässigkeit kontrolliert werden.[29] Das Lagergelände ist gegen Diebstahl in einer Weise zu sichern, dass diese Sicherungen nicht unschwer überwunden werden können.[30] Bloße Stichprobenkontrollen beim Verlassen des Lagers können ebenfalls die gebotenen Sorgfaltsstandards unterschreiten.[31]

14 Raubüberfälle können nach den strengen Sorgfaltsanforderungen der Rspr. vermeidbar sein. Insbesondere das Anfahren unbewachter oder bekanntermaßen gefährdeter Parkplätze oder Tankstellen stellt einen Sorgfaltsverstoß dar.[32] Auch die Rspr. zur CMR bietet insofern umfängliches Entscheidungsmaterial.[33]

15 **Fahrzeugmängel:** Sie können zum Haftungsausschluss führen (→ Rn. 4). Der Frachtführer hat aber mit größter Sorgfalt zu untersuchen, ob das Fahrzeug für den vorgesehenen Transport geeignet ist, insbesondere die erforderlichen Eigenschaften aufweist.[34] Wird ein qualitativ anderes als das vertraglich vereinbarte Fahrzeug gestellt, kann bereits hierin ein Sorgfaltsverstoß liegen (→ Rn. 4). Die Beladung eines solchen Fahrzeugs durch den Absender kann zur Anwendung des § 425 Abs. 2 führen, bedeutet aber nicht ohne weiteres das Einverständnis mit der Abweichung vom Vertrag.[35] Pannenbedingte Schäden (etwa infolge von Reifenschäden) sind nur ausnahmsweise unvermeidbar, da ein idealer Frachtführer gegen solche Pannen Vorsorge trifft; anders ist zu entscheiden, wenn das Fahrzeugteil einen nicht erkennbaren Mangel (Produktionsfehler beim Reifen) aufweist.

16 **Falschablieferung:** Der Frachtführer hat alle erdenklichen und zumindest entfernt erfolgsversprechende Maßnahmen zu ergreifen, um sich von der Empfangsberechtigung der Person zu überzeugen, der er das Gut übergibt;[36] Ausweise und andere Dokumente hat er sich vorlegen zu lassen und kritisch zu überprüfen.[37]

17 **Nässe-, Verschmutzungs- und Kontaminationsschäden:** Außerhalb des § 427 Abs. 1 Nr. 1 sind solche Schäden grundsätzlich vermeidbar.[38] Das Gut darf nicht ohne ausdrückliche Vereinbarung ungeschützt transportiert werden.[39] Bei Flüssigladungen hat der Frachtführer sicherzustellen, dass Tank von den Resten der Vorladung vollständig gereinigt sind und sich die Tankbeschichtung nicht ablöst.[40]

18 **Straßenverkehr:** Schäden im Straßenverkehr sind für einen idealen Frachtführer grundsätzlich vermeidbar, insbesondere muss er sein Fahrverhalten auf Ausweichmanöver und plötzliche Bremsmanöver anderer Verkehrsteilnehmer einstellen, wenn nicht im Einzelfall eine ganz ungewöhnliche und unvorhersehbare Situation gegeben ist.[41] Bei Verkehrsunfällen kommt ein Haftungsausschluss nur in Betracht, wenn sich der Frachtführer uneingeschränkt verkehrsgerecht verhält; das ist nur dann der Fall, wenn der Unfall für ihn ein unabwendbares Ereignis iSd § 7 Abs. 2 StVG aF ist.[42] Ein auch nur geringfügiges Mitverschulden an dem Unfall steht der Unabwendbarkeit entgegen.[43] Der Frachtführer hat sich vor Antritt der Reise und während der Beförderung über die Verkehrsverhältnisse zu informieren und seine Fahrweise und Fahrtroute entsprechend darauf einzustellen; Verspätungen wegen der Verkehrsverhältnisse sind regelmäßig vermeidbar.[44]

19 **Streik:** Beim Streik der Arbeitnehmer muss sich der Unternehmer als Arbeitgeber und Frachtführer das Verhalten seiner Mitarbeiter nicht zurechnen lassen; andernfalls wird die arbeitskampfrechtliche Parität gestört.[45] Entsprechend ist bei Arbeitskämpfen in Subunternehmen des Frachtführers zu entscheiden.[46] Zu den Sorgfaltsobliegenheiten des Frachtführers gehört es andererseits, dass er sich auf bevorstehende Arbeitskämpfe einstellt und Touren umdisponiert; dabei entstehende wirtschaftliche Nachteile hat er bis zur Grenze der wirtschaftlichen Unzumutbarkeit hinzunehmen.[47]

---

[29] Koller Rn. 8.
[30] OLG Frankfurt 9.3.2006, TranspR 2006, 297 (298).
[31] OLG München 27.7.2001, TranspR 2002, 161 (162 f.).
[32] BGH 13.11.1997, NJW-RR 1998, 896 (897).
[33] Vgl. Koller CMR Art. 17 Rn. 29.
[34] OLG Brandenburg 21.7.2004, TranspR 2005, 114 (115).
[35] Koller Rn. 11.
[36] OLG Stuttgart 13.10.1999, TranspR 2001, 127 zur CMR.
[37] OLG Hamburg 28.7.1999, TranspR 2000, 176 zur CMR.
[38] OLG Hamburg 28.6.1984, TranspR 1985, 114.
[39] OLG Düsseldorf 18.10.1984, TranspR 1985, 105.
[40] OLG Hamburg 7.3.2019, RdTW 2019, 424 Rn. 29 betr. Binnenschifffahrt.
[41] Ebenroth/Boujong/Schaffert Rn. 13.
[42] BGH 10.4.2003, VersR 2004, 399.
[43] BGH 10.4.2003, VersR 2004, 399.
[44] OLG Saarbrücken 10.2.1971, VersR 1972, 757 (758).
[45] Kreissl JZ 1995, 695 (698 ff.).
[46] Koller Rn. 5.
[47] Koller Rn. 5; Heymann/Joachim Rn. 14.

Ungeklärte Verlustursache: Der Frachtführer hat während der Dauer seiner Obhutszeit Schäden und insbesondere den Verlust zu vermeiden. Er hat deshalb die Beförderung so zu organisieren, dass Verlust- und Beschädigungsfälle vermieden werden. Insbesondere hat er während der besonders schadensanfälligen Umschlagphase dafür zu sorgen, dass der Ein- und Ausgang der Güter kontrolliert wird.[48] 20

Wetterverhältnisse: Sie sind grundsätzlich erkennbar; der Frachtführer hat sich darauf einzustellen.[49] Anders verhält es sich bei einer kurzfristen und unvorhersehbaren Entwicklung der Wetter- und Witterungsbedingungen, wenn der Frachtführer auf die Entwicklung nicht mehr reagieren kann.[50] 21

§ 427 Besondere Haftungsausschlußgründe

(1) Der Frachtführer ist von seiner Haftung befreit, soweit der Verlust, die Beschädigung oder die Überschreitung der Lieferfrist auf eine der folgenden Gefahren zurückzuführen ist:

1. vereinbarte oder der Übung entsprechende Verwendung von offenen, nicht mit Planen gedeckten Fahrzeugen oder Verladung auf Deck;
2. ungenügende Verpackung durch den Absender;
3. Behandeln, Verladen oder Entladen des Gutes durch den Absender oder den Empfänger;
4. natürliche Beschaffenheit des Gutes, die besonders leicht zu Schäden, insbesondere durch Bruch, Rost, inneren Verderb, Austrocknen, Auslaufen, normalen Schwund, führt;
5. ungenügende Kennzeichnung der Frachtstücke durch den Absender;
6. Beförderung lebender Tiere.

(2) [1]Ist ein Schaden eingetreten, der nach den Umständen des Falles aus einer der in Absatz 1 bezeichneten Gefahren entstehen konnte, so wird vermutet, daß der Schaden aus dieser Gefahr entstanden ist. [2]Diese Vermutung gilt im Falle des Absatzes 1 Nr. 1 nicht bei außergewöhnlich großem Verlust.

(3) Der Frachtführer kann sich auf Absatz 1 Nr. 1 nur berufen, soweit der Verlust, die Beschädigung oder die Überschreitung der Lieferfrist nicht darauf zurückzuführen ist, daß der Frachtführer besondere Weisungen des Absenders im Hinblick auf die Beförderung des Gutes nicht beachtet hat.

(4) Ist der Frachtführer nach dem Frachtvertrag verpflichtet, das Gut gegen die Einwirkung von Hitze, Kälte, Temperaturschwankungen, Luftfeuchtigkeit, Erschütterungen oder ähnlichen Einflüssen besonders zu schützen, so kann er sich auf Absatz 1 Nr. 4 nur berufen, wenn er alle ihm nach den Umständen obliegenden Maßnahmen, insbesondere hinsichtlich der Auswahl, Instandhaltung und Verwendung besonderer Einrichtungen, getroffen und besondere Weisungen beachtet hat.

(5) Der Frachtführer kann sich auf Absatz 1 Nr. 6 nur berufen, wenn er alle ihm nach den Umständen obliegenden Maßnahmen getroffen und besondere Weisungen beachtet hat.

Schrifttum: Neufang/Valder, Laden und Ladungssicherung im Straßengüterverkehr – Wer ist verantwortlich, TranspR 2002, 325; Ramming, Die Entlastung des Frachtführers von seiner Haftung nach § 425 Abs. 1 HGB für Verlust und Beschädigung des Gutes und Überschreitung der Lieferfrist, TranspR 2001, 54.

Übersicht

[48] BGH 1.12.2005, TranspR 2006, 169 (171); 1.12.2005, TranspR 2006, 171 (173); OLG Hamburg 11.3.2021, RdTW 2021, 477 Rn. 25.

[49] OLG Hamburg 11.3.2021, RdTW 2021, 477 Rn. 25 = TranspR 2021, 403; Koller Rn. 18; einschr. Schriefers/Schlattmann TranspR 2009, 402 (404 ff.).

[50] BeckOGK/Ramming, 15.5.2022, Rn. 16.

I. Normzweck

1 Die in Anlehnung an Art. 17 Abs. 4 CMR konzipierte Regelung sieht in Abs. 1 einen Katalog von besonderen Haftungsausschlussgründen vor, der insgesamt Gefahrensituationen erfasst, die nicht aus dem Risikobereich des Frachtführers stammen. Diese Gefahren sollen deswegen aus der Obhutshaftung des Frachtführers nach § 425 ausgenommen werden.[1] Im Unterschied zu den Haftungsausschlussgründen kommt dem Frachtführer nach § 427 die Beweiserleichterung des Abs. 2 zugute, sodass dem Anspruchsberechtigten die Darlegungs- und Beweislast dafür obliegt, dass der eingetretene Schaden nicht auf einen der Katalogtatbestände zurückzuführen ist (näher → Rn. 14). Es handelt sich insofern um sog. bevorrechtigte Haftungsausschlussgründe.[2] In Abs. 3–5 sind weitere Voraussetzungen für das Eingreifen der Ausschlusstatbestände des Abs. 1 Nr. 1, 4 und 5 geregelt.

2 Der Haftungsausschluss greift immer dann, wenn ein Schaden aus einer der in Abs. 1 genannten Gefahren entstanden ist. Das „soweit"-Merkmal bringt zum Ausdruck, dass ein vollständiger oder teilweiser Haftungsausschluss gegeben sein kann;[3] weitere Verursachungsbeiträge sind somit nach § 425 Abs. 2 zu berücksichtigen.

3 Im Unterschied zu § 426 erfassen die Haftungsausschlusstatbestände sämtliche Schadenssituationen, den Verlust- und Beschädigungsschaden ebenso wie den Verspätungsschaden. Bei der Beförderung von Umzugsgut ist die Sondervorschrift des § 451d zu beachten. Die Grenzen abweichender Vereinbarungen ergeben sich aus § 449.

II. Die besonderen Haftungsausschlusstatbestände

4 **1. Abs. 1 Nr. 1.** Der Haftungsausschluss ist vorgesehen, weil das in offenen, nicht Planen gedeckten Fahrzeugen oder auf Deck geladene Gut typischerweise besonderen Gefährdungen, etwa durch Transportmaßnahmen, Witterungseinflüsse oder Diebstahl, ausgesetzt ist. Deshalb kommt die Vorschrift nur zur Anwendung, wenn der Schaden im Einzelfall gerade auf der besonderen Gefahrerhöhung durch den offenen oder Deckladungs-Transport verursacht worden ist.[4]

5 Der Ausschluss kommt nur in Betracht, wenn diese Art der Beförderung vereinbart wurde oder der Übung entsprach. Ein Vermerk im Frachtbrief, an dem der Frachtführer aus Beweisgründen interessiert sein wird, ist nicht erforderlich, aber nach § 408 Abs. 1 Nr. 12 möglich. Die Ausschlusswirkung wird auch durch eine sonstige Vereinbarung, die nicht ausdrücklich erfolgt sein muss,[5] erreicht, insbesondere durch eine solche in AGB. Das Tatbestandsmerkmal der „Übung" führt über (stillschweigende) Vereinbarungen unter Berücksichtigung der Verkehrssitte (§ 157 BGB) bzw. eines Handelsbrauchs (§ 346) nicht hinaus. Umgekehrt bleiben vertragswidrige Transporte auch dann nicht sanktionslos, wenn sie der Übung entsprechen; AGB-Verbote des Absenders für einen Transport in offenen Fahrzeugen oder auf Deck bleiben auch dann verbindlich, wenn der offene oder Deck-Transport (bei dem betroffenen Beförderer oder insgesamt) üblich sein sollte.[6]

6 Der Frachtführer kann sich nach Abs. 3 auf den Haftungsausschluss nach Nr. 1 nur berufen, wenn er beweist, dass er besondere Weisungen des Absenders im Hinblick auf die Beförderung des Gutes beachtet hat. Eine besondere Weisung ist gegeben, wenn sie über Hinweise auf die allgemeinen Verpflichtungen des Beförderers zu sorgfältigem Handeln hinausgeht; in Betracht kommen Weisungen zur Verpackung,[7] zur Befestigung[8] oder zur einzuhaltenden Wegstrecke[9] und zu witterungsbedingten Beförderungszeiten.[10] Dem steht gleich, dass die Missachtung der Weisung für den eingetretenen Schaden nicht kausal war.[11] Gelingt dieser Beweis nicht, steht ihm nur noch die Möglichkeit eines Haftungsausschlusses nach § 426 bzw. der Mitverursachungseinwand nach § 425 Abs. 2 offen.

7 **2. Abs. 1 Nr. 2.** Die Haftung wegen ungenügender Verpackung ist ausgeschlossen, soweit der eingetretene Schaden auf eben der mangelhaften Verpackung beruht. Der Begriff der ungenü-

[1] Begr. RegE TRG, BT-Drs. 13/8445, 62.
[2] Vgl. Ebenroth/Boujong/Schaffert Rn. 1.
[3] Begr. RegE TRG, BT-Drs. 13/8445, 62.
[4] Vgl. Koller Rn. 10; Ramming TranspR 2001, 53 (57); AG Bremen Schifffahrtsgericht 2.9.2016, TranspR 2017, 321.
[5] Der dementsprechende Gesetzesvorschlag ist nicht Gesetz geworden; vgl. Begr. RegE TRG, BT-Drs. 13/8445, 62.
[6] Ramming TranspR 2001, 53 (57).
[7] OLG München 15.3.2006, TranspR 2006, 355 (357).
[8] Koller Rn. 10; **aA** Ramming TranspR 2001, 53 (57).
[9] Koller Rn. 10.
[10] Koller Rn. 10.
[11] Ramming TranspR 2001, 53 (57).

genden Verpackung ist identisch mit dem des § 414; Maßstab ist der Schutz der zu befördernden Güter vor den Gefahren, denen diese bei ordnungsgemäßer Beförderung ausgesetzt sind.[12] Umfasst ist wie dort auch das Fehlen jedweder Verpackung.[13] Der Absender muss sich das Verhalten der von ihm eingeschalteten Hilfspersonen nach § 278 BGB zurechnen lassen. Entsprechendes gilt für selbständige Dritte, die für den Absender in dessen Auftrag tätig werden.[14] Dies soll selbst dann gelten, wenn der Frachtführer auf der Grundlage einer vom Frachtvertrag gelösten, selbstständigen Vereinbarung für den Absender verpackt hat.[15] Nicht zum Tragen kommt der Ausschluss der Haftung wegen einer unzureichenden Verpackung des Gutes, wenn zwar ein Verpackungsmangel besteht, dieser für die eingetretene Beschädigung aber nicht ursächlich gewesen ist.[16]

Ist eine Verpackung durch den Frachtführer vereinbart worden, kommt Nr. 2 nur dann zur Anwendung, wenn der Frachtführer die tatsächlich bereits vom Absender vorgenommene Verpackung als Transportverpackung ansehen durfte.[17] 8

3. Abs. 1 Nr. 3. Neben den spezielleren Tatbestandsmerkmalen des Verladens und Entladens hat der Tatbestand der Nr. 3 seinen begrenzten Anwendungsbereich vor allem in Fällen, in denen der Absender das Gut zur Beförderung in besonderer Weise vorbehandelt (zB Vorkühlung des Gutes bei Kühltransporten[18]). Dabei und beim Ver- und Entladen stellt der Gesetzgeber darauf ab, wer tatsächlich tätig geworden ist; auf eine entsprechende vertragliche Verpflichtung kommt es (im Unterschied zu Abs. 1 Nr. 1) nicht an. Absender oder Empfänger müssen sich das Verhalten der in ihrem Auftrag tätigen Personen auch ohne spezielle Rechtsgrundlage in § 427 zurechnen lassen.[19] Zweifelhaft ist, wie in den Fällen zu entscheiden ist, in denen Leute der verladepflichtigen Partei bei der Be- oder Entladung mithelfen (zB Mithilfe des Fahrers). Liegt eine vertragliche Vereinbarung mit dem Absender oder Empfänger vor, sind diesem die jeweiligen Tätigkeiten auf der Grundlage dieser Vereinbarung zuzurechnen. Ohne vertragliche Vereinbarung kann eine Zurechnung solcher Gefälligkeitsdienste an den Absender/Empfänger erfolgen, sofern die Tätigkeit im Rahmen von deren Weisungen erfolgt.[20] 9

4. Abs. 1 Nr. 4. Die Schäden werden – wie die Beispielstatbestände belegen – regelmäßig auf der Natur des Gutes beruhen. Die natürliche Beschaffenheit des Gutes umfasst aber auch den Befall mit Schädlingen und Nagetieren.[21] Die Gefahr durch äußere Einwirkungen, wie etwa beim Diebstahl hochwertiger Gegenstände, führt nicht zur Tatbestandsverwirklichung.[22] Für die Anwendung des Ausschlussgrundes genügt es andererseits, dass das Gut bei normaler Beförderung oder normaler Verpackung überdurchschnittlichen Gefahren ausgesetzt ist. Der Frachtführer, der den Haftungsausschluss gem. Abs. 1 Nr. 4 für sich geltend macht, hat die natürliche Beschaffenheit und die daraus resultierende besondere Schadensanfälligkeit bei normalen Transportverhältnissen zu beweisen. Außerdem hat er nachzuweisen, dass die Entstehung des Schadens aufgrund der besonderen Eigenschaften des Gutes nicht fernliegt, sondern konkret in Betracht zu ziehen ist.[23] Werden in Ansehung solcher Gefahren besondere Vereinbarungen über eine Schadensverhütung getroffen, gilt zusätzlich Abs. 4. Er muss dann beweisen, dass er die vereinbarten Maßnahmen beachtet hat, bevor er sich auf den Haftungsausschluss berufen kann.[24] 10

5. Abs. 1 Nr. 5. Ungenügende Kennzeichnung ist die fehlerhafte und auch die gänzlich fehlende. Erstere muss vom Absender tatsächlich angebracht worden sein; auf die entsprechende rechtliche Verpflichtung wird in Abs. 1 Nr. 5 nicht abgestellt. Ungenügende Kennzeichnungen durch Erfüllungsgehilfen muss sich der Absender zurechnen lassen. Eine doppelte Kennzeichnung mit zwei unterschiedlichen Labeln ist ebenfalls ungenügend.[25] 11

---

[12] BGH 7.4.2022, RdTW 2022, 274 Rn. 49.
[13] Begr. RegE TRG, BT-Drs. 13/8445, 63.
[14] Ramming TranspR 2001, 53 (59).
[15] BGH 13.9.2007, TranspR 2007, 477.
[16] OLG Düsseldorf 17.10.2018, RdTW 2020, 221 Rn. 23.
[17] OLG München 15.3.2006, TranspR 2006, 355 (357).
[18] Vgl. OLG Köln 15.12.2009, TranspR 2010, 147 (148).
[19] Begr. RegE TRG, BT-Drs. 13/8445, 63.
[20] Vgl. Neufang/Valder TranspR 2002, 325 (331 f.).
[21] LG Aschaffenburg 1.12.2015, RdTW 2018, 98 Rn. 99 mwN.
[22] Ramming TranspR 2001, 53 (61).
[23] OLG Hamburg 7.3.2019, RdTW 2019, 424 Rn. 30 f.
[24] OLG Hamm 21.6.1999, TranspR 2000, 445 zu Art. 18 Abs. 4 CMR, zu den Anforderungen bei der Beförderung von Kühl- und Gefriergut in Spezialfahrzeugen bzw. -containern.
[25] LG Bonn 15.5.2020, RdTW 2020, 271 Rn. 28.

12 **6. Abs. 1 Nr. 6.** Der Ausschlussgrund ist nur anwendbar, wenn der Schaden ursächlich auf die besondere Anfälligkeit von Tieren für Transportschäden zurückzuführen ist. Der Diebstahl während des Transports gehört dazu nicht;[26] das Entweichen wird dazu gerechnet.[27]

13 Nach Abs. 5 steht dem Frachtführer der Haftungsausschlusstatbestand nur zur Seite, wenn er die ihm obliegenden besonderen Vorkehrungen des Tier- und Seuchenschutzes beachtet und Weisungen des Absenders befolgt hat.

III. Beweislast und Kausalitätsvermutung (Abs. 2)

14 Abs. 2 enthält eine gesetzliche Vermutung für die Kausalität der gesetzlich geregelten Gefahren für den Schadenseintritt. Sie greift ein, wenn der Frachtführer darlegt und erforderlichenfalls beweist, dass der eingetretene Schaden aus einer dieser besonderen Gefahren nach den Umständen des Falles entstehen konnte.[28] Der Beweis des Gegenteils bleibt dem Geschädigten möglich.[29] Überdies hat der Frachtführer die weiteren Voraussetzungen für den Haftungsausschluss nach Abs. 3–5 darzulegen und zu beweisen. Die Beweislast für das Bestehen von Weisungen im Sinne dieser Vorschriften trägt der Absender.[30]

15 Dem Geschädigten bleibt bei nicht widerlegbarer vermuteter Kausalität die Möglichkeit, Schadensumstände darzutun und zu beweisen, für die der Frachtführer ohne Entlastungsmöglichkeit haftet. Gelingt dies, erfolgt eine Schadensteilung nach der „Soweit"-Klausel des § 425 Abs. 2.

§ 428 Haftung für andere

[1]Der Frachtführer hat Handlungen und Unterlassungen seiner Leute in gleichem Umfange zu vertreten wie eigene Handlungen und Unterlassungen, wenn die Leute in Ausübung ihrer Verrichtungen handeln. [2]Gleiches gilt für Handlungen und Unterlassungen anderer Personen, deren er sich bei Ausführung der Beförderung bedient.

Schrifttum: Knöfel, Die Haftung des Güterbeförderers für Hilfspersonen, Diss. Hamburg 1995.

Übersicht

I. Normzweck und Anwendungsbereich

1 Die Norm enthält eigene frachtrechtliche Zurechnungsvorschriften für das Verhalten von Hilfspersonen des Frachtführers, nicht aber eine eigenständige Haftungsgrundlage. Dem Frachtführer wird das Verhalten der Leute und anderer von ihm eingeschalteter Personen wie eigenes zugerechnet. Die Zurechnung erfolgt, weil der Frachtführer seinen Wirkungskreis durch die Einschaltung der Hilfspersonen erweitert und dann auch für die damit einhergehenden erhöhten Schadensrisiken einstehen soll. Deshalb kommt es für § 428 auf ein Auswahl- oder sonstiges Verschulden des Frachtführers nicht an und eine Entlastungsmöglichkeit ist dem Frachtführer nicht eingeräumt. Die Vorschrift entspricht somit konzeptionell der Zurechnungsvorschrift des § 278 BGB, rechnet aber nicht nur Verschulden, sondern jedes Verhalten zu, und setzt anders als diese nicht voraus, dass die Leute für das konkrete Beförderungsgeschäft als Erfüllungsgehilfen eingeschaltet waren.

2 Der Anwendungsbereich der Vorschrift gilt für Frachtführer und betrifft die Haftung des Frachtführers nach frachtrechtlichen Bestimmungen im Obhutszeitraum (§§ 425 ff.). Auf Ansprüche außerhalb dieser spezialgesetzlich geregelten Haftung, etwa nach allgemeinem Schuldrecht (→ § 425 Rn. 3), ist § 428 nicht anwendbar;[1] insofern bleibt es bei der Anwendung der allgemeinen Zurech-

[26] Ramming TranspR 2001, 53 (63).
[27] Koller Rn. 100.
[28] BGH 15.6.2000, TranspR 2000, 459 (462); OLG Koblenz 28.3.2012, VersR 2012, 508 (509).
[29] Begr. RegE TRG, BT-Drs. 13/8445, 64.
[30] Ramming TranspR 2001, 53 (56).
[1] Koller Rn. 2, der aber anders entscheidet, wenn sich die verletzten Pflichten aus den §§ 408 ff. ergeben; ebenso OLG Stuttgart 22.1.2003, TranspR 2003, 14.

nungsvorschrift des § 278 BGB.[2] Auf deliktische Ansprüche ist die Vorschrift ebenfalls nicht anwendbar; insofern bleibt es bei der Anwendung des § 831 BGB.[3]

II. Haftung für „Leute" (S. 1)

Zu den Leuten, deren Verhalten dem Frachtführer zugerechnet werden kann, gehören grundsätzlich alle im Betrieb des Frachtführers tätigen Mitarbeiter. Entscheidend ist im Hinblick auf den Normzweck nicht das Vorliegen eines wirksamen Dienstvertrages; auch tatsächlich eingeschaltete Mitarbeiter, wie Familienangehörige,[4] Leiharbeitnehmer[5] oder faktische Arbeitnehmer[6] gehören zum Kreis der Leute iSd § 428, wenn und weil sie in den Betrieb eingegliedert sind und den Weisungen des Frachtführers unterstellt sind. 3

Auf die Art und Weise der Betätigung der Mitarbeiter kommt es für die Zurechnung nach § 428 nicht an. Insbesondere setzt die Zurechnung nicht voraus, dass die Leute gerade für das konkrete schadensbetroffene Frachtgeschäft eingesetzt werden.[7] 4

Die Zurechnung setzt voraus, dass die Leute in Ausübung ihrer Verrichtungen und damit im Rahmen des ihnen übertragenen Aufgabenkreises gehandelt haben.[8] Diese Voraussetzung ist nicht in dem Sinne einschränkend zu verstehen, dass eine Verhaltenszurechnung nur für diejenigen Verhaltensweisen erfolgt, die den betreffenden Personen zugewiesen wurden; nach § 428 kann gerade auch Fehlverhalten der Leute dem Frachtführer zugerechnet werden. Vorausgesetzt wird im Hinblick auf den Normzweck nur, dass ein innerer Zusammenhang der übertragenen Aufgabe mit der schädigenden Verhaltensweise gegeben ist. Dieser kann selbst und gerade dann gegeben sein, wenn sich der Mitarbeiter über eine Anweisung des Frachtführers hinwegsetzt und es dadurch zu einer Schädigung kommt.[9] Die bloße Möglichkeit eines Mitarbeiters, durch die Beschäftigung im Betrieb des Frachtführers auf das Beförderungsgut schädigend einzuwirken, reicht andererseits nicht aus.[10] 5

Die Zurechnung schädigender Unterlassungen seiner Leute erfolgt wegen des Umstandes und in dem Rahmen, in dem eine Pflicht des betreffenden Mitarbeiters gegenüber dem Frachtführer bestand. Dabei kann nicht nur auf die spezielle (etwa arbeitsrechtliche) Pflicht des jeweiligen Mitarbeiters abgestellt werden, sondern auch auf die allgemeine Pflicht jedes Mitarbeiters, im Rahmen der Obhutspflichten des Frachtführers eine Beschädigung des Beförderungsgutes zu vermeiden.[11] 6

Typische Zurechnungsfälle bilden der Diebstahl von Transportgut aus dem Lager;[12] dabei wird es als ausreichend angesehen, dass dem straffälligen Mitarbeiter der Zugang zu nicht allgemein zugänglichen Gütern möglich war, auch wenn der Zugang zu den Gütern nicht zu seinen Aufgaben gehörte.[13] Auch zB Alkoholschmuggel durch Mitarbeiter unter Benutzung eines Kfz des Frachtführers mit anschließender Beschlagnahme zählt hierzu.[14] Zugerechnet wird das Untätigbleiben des Fahrers, der eine unzureichende Verpackung oder Verstauung des Beförderungsgutes entdeckt hat;[15] nicht dagegen das Untätigbleiben von Mitarbeitern während rechtmäßiger Streikmaßnahmen.[16] 7

III. Haftung für andere Personen (S. 2)

Der Kreis der von S. 2 erfassten „anderen Personen" erweitert den Zurechnungskreis auf nicht betriebszugehörige Personen. Dies können natürliche oder juristische Personen sein, die der Frachtführer für die Durchführung seiner Frachtgeschäfte einschaltet. In Betracht kommen insbesondere Unterfrachtführer und Subunternehmer, deren sich der Frachtführer zur teilweisen oder vollständigen Durchführung oder Vorbereitung des Transports bedient. Schalten diese weitere Unterfrachtführer oder Subunternehmer ein, hat der Frachtführer nach S. 2 auch für diese einzustehen. Für deren Leute haben die Subunternehmen und für diese wiederum der Hauptfrachtführer einzustehen. § 428 8

---

[2] Begr. RegE TRG, BT-Drs. 13/8445, 64.
[3] Koller Rn. 2; Hopt/Merkt Rn. 4.
[4] Begr. RegE TRG, BT-Drs. 13/8445, 64.
[5] Begr. RegE TRG, BT-Drs. 13/8445, 64.
[6] Koller Rn. 4.
[7] Begr. RegE TRG, BT-Drs. 13/8445, 64.
[8] Begr. RegE TRG, BT-Drs. 13/8445, 64.
[9] Vgl. BGH 27.6.1985, NJW-RR 1986, 248.
[10] OLG Köln 19.6.2007, MDR 2008, 36.
[11] Koller Rn. 8.
[12] Koller Rn. 9.
[13] OLG Köln 19.6.2007, MDR 2008, 36.
[14] BGH 27.6.1985, NJW-RR 1986, 248.
[15] BGH 24.9.1987, VersR 1988, 244 (245).
[16] OLG Stuttgart 24.2.1993, TranspR 1995, 74 (75).

ermöglicht insofern eine geschlossene Zurechnungskette in Fällen der vom Hauptfrachtführer gebildeten Frachtführerketten.

9 Zu den anderen Personen gehört überdies Personal von Häfen, Flughäfen und Umschlagsunternehmen sowie Infrastrukturunternehmen, dessen sich der Frachtführer bedient; dazu gehören sowohl das Eisenbahninfrastrukturunternehmen als auch ein Fahrdienstleiter.[17] Beamte oder öffentlich Bedienstete gehören dagegen nicht zu den anderen Personen, weil sie im eigenständig geordneten öffentlichen Aufgabenkreis tätig werden.

10 Die Zurechnung des Verhaltens der anderen Personen kommt nur in Betracht, wenn sie „bei Ausführung der Beförderung" tätig werden. Die anderen Personen müssen also – anders als die Leute iSd S. 1 – in die Ausführung des konkreten Frachtvertrages eingeschaltet sein. Der Begriff der Beförderung ist in diesem Zusammenhang umfassend zu verstehen, er schließt somit nicht nur den Transport im eigentlichen Sinne des Wortes ein, sondern betrifft auch sämtliche beförderungsbezogenen Tätigkeiten anderer Art (Umschlagen, Laden, Stauen, Lagern, Abliefern), die dem Frachtführer im Obhutszeitraum obliegen.[18]

IV. Eigenhaftung der Leute und anderen Personen

11 Die Leute und die anderen Personen unterliegen gegenüber dem Absender oder Empfänger, mit denen sie selbst in keiner vertraglichen Beziehung stehen, einer Eigenhaftung nach den allgemeinen Regeln des Deliktsrechts der §§ 823 ff. BGB. Zu ihren Gunsten sieht § 436 jedoch eine Beschränkung der Haftung nach den Regeln vor, die für die vertragliche Haftung des Frachtführers gelten. Das Verhalten von Unterfrachtführern kann neben der Zurechnung zu Lasten des Frachtführers nach S. 2 (→ Rn. 8 ff.) eine Eigenhaftung des Unterfrachtführers nach Maßgabe des Hauptfrachtvertrages gem. § 437 auslösen (→ § 437 Rn. 4 ff.); in Betracht kommt nach der neuen Rspr. des BGH grundsätzlich auch, dass aus dem als Vertrag zugunsten des Empfängers geschlossenen Unterfrachtvertrag der Unterfrachtführer dem Empfänger gegenüber direkt und damit nach Maßgabe des Unterfrachtvertrages haftet.[19]

12 Dem Frachtführer können Regressansprüche gegenüber seinen Leuten wegen verschuldeter Pflichtverletzung aus arbeitsrechtlichen Gründen zustehen. Dieser Regressanspruch unterliegt den arbeitsrechtlichen Beschränkungen nach Maßgabe der Regeln für den sog. innerbetrieblichen Schadensausgleich.

§ 429 Wertersatz

(1) Hat der Frachtführer für gänzlichen oder teilweisen Verlust des Gutes Schadenersatz zu leisten, so ist der Wert am Ort und zur Zeit der Übernahme zur Beförderung zu ersetzen.

(2) [1]Bei Beschädigung des Gutes ist der Unterschied zwischen dem Wert des unbeschädigten Gutes am Ort und zur Zeit der Übernahme zur Beförderung und dem Wert zu ersetzen, den das beschädigte Gut am Ort und zur Zeit der Übernahme gehabt hätte. [2]Es wird vermutet, daß die zur Schadensminderung und Schadensbehebung aufzuwendenden Kosten dem nach Satz 1 zu ermittelnden Unterschiedsbetrag entsprechen.

(3) [1]Der Wert des Gutes bestimmt sich nach dem Marktpreis, sonst nach dem gemeinen Wert von Gütern gleicher Art und Beschaffenheit. [2]Ist das Gut unmittelbar vor Übernahme zur Beförderung verkauft worden, so wird vermutet, daß der in der Rechnung des Verkäufers ausgewiesene Kaufpreis abzüglich darin enthaltener Beförderungskosten der Marktpreis ist.

Schrifttum: Koller, Der Wertersatz im Transportrecht, FG 50 Jahre BGH, 2000, 181.

Übersicht

[17] OLG Celle 8.11.2022, RdTW 2023, 105 Rn. 6 unter Hinweis auf BGH 17.1.2012, NJW 2012, 1083 Rn. 10 ff. zur Personenbeförderung.

[18] Ebenroth/Boujong/Schaffert Rn. 9.

[19] BGH 14.6.2007, BGHZ 172, 330 (336 ff.) = TranspR 2007, 425 zur CMR = NJW 2008, 289; abl. Herber TranspR 2008, 239 ff.; vgl. → § 437 Rn. 1 ff.

I. Normzweck

§ 429 ist Teil des Normenkomplexes, der den Umfang der Frachtführerhaftung regelnden Vorschriften der §§ 429–435. Die Vorschrift entspricht der Gesamtkonzeption dieser Regeln, nach der das Schadensrisiko des Frachtrechts grundsätzlich auf die Höhe der Schäden am Frachtgut begrenzt sein soll. Dieser Grundgedanke wird aus den Erwägungen gerechtfertigt, dass die verkehrswirtschaftlichen Unternehmen nur die verkehrsbezogenen Risiken übernehmen und deswegen keine Folgeschäden tragen sollen, sowie vor allem damit, die Haftungsrisiken für den Frachtführer kalkulierbar und zu sachgerechten Konditionen versicherbar zu machen.[1] 1

Der Frachtführer soll gemäß dieser Konzeption nur das frachtgeschäftstypische Risiko in Höhe der Schäden am Frachtgut tragen müssen. Diese Konzeption kommt in der Begrenzung der Frachtführerhaftung nach dem Wertersatzprinzip des § 429 zum Ausdruck. Der Frachtführer hat danach für die durch Verlust oder Beschädigung des Beförderungsgutes entstandenen Schäden nicht nach dem Grundsatz der Naturalrestitution der §§ 249 ff. BGB einzustehen; er soll lediglich Ersatz in Höhe des Wertes des Gutes leisten müssen.[2] 2

Neben der Wertersatzregel sieht § 429 Wertermittlungsregeln vor. Dementsprechend bestimmt Abs. 1, dass der Wert des Gutes am Ort und zur Zeit der Übernahme zur Beförderung maßgeblich ist und sich grundsätzlich nach dem Marktpreis bestimmt (Abs. 3). 3

II. Wertersatz bei Güterverlust (Abs. 1)

1. Verlusttatbestand. Der Tatbestand des gänzlichen oder teilweisen Verlustes entspricht dem des § 425; auf ihn wird an dieser Stelle verwiesen (→ § 425 Rn. 14 ff.). In den Fällen des Verlustes von Teilen einer mehrere Stücke umfassenden Sendung ist grundsätzlich nur der Wert der verlustig gegangenen Stücke zu ersetzen. Beeinträchtigt dieser Verlust auch die vertragsgemäß abgelieferten Stücke, ist dies bei der Wertermittlung nach § 429 zu berücksichtigen; ob dies der Fall ist, wird nach einer wirtschaftlichen Betrachtungsweise beurteilt.[3] 4

2. Wertersatz. Der Frachtführer haftet nach § 429 auf Wertersatz. Weitergehende Schadensersatzverpflichtungen iSd Verpflichtung zur Naturalrestitution iSd §§ 249 ff. BGB und insbesondere zum Ersatz von Güterfolgeschäden wie dem entgangenen Gewinn sind grundsätzlich ausgeschlossen;[4] begrenzte Ausnahmen von diesem Grundsatz sind in den Vorschriften der §§ 430, 432 vorgesehen. Die Schadensersatzregelungen der §§ 249 ff. BGB sind nur in den Fällen des § 435 anwendbar. 5

Der Wertersatz ist eine von der Höhe des konkret eingetretenen Schadens unabhängige Ersatzleistung. Er kann vom Geschädigten deshalb auch dann geltend gemacht werden, wenn sein Schaden im Einzelfall geringer ausfallen sollte;[5] die Möglichkeit des Geschädigten zu einem günstigeren Deckungskauf bleibt deshalb unberücksichtigt.[6] Ersatzlieferungsansprüche – etwa auf kaufrechtlicher Grundlage – beeinflussen den Umfang des Wertersatzes nicht.[7] 6

Zu ersetzen ist grundsätzlich der Marktpreis am Ort und zur Zeit der Übernahme des Gutes durch den Frachtführer (Abs. 3 S. 1). Marktpreis ist der Durchschnittspreis, der für ein Gut gleicher Art und Güte im regelmäßigen Geschäftsverkehr zu bezahlen ist.[8] Da auf den Wert am Ort und zur Zeit der Übernahme des Gutes durch den Frachtführer abzustellen ist, bleiben während des Transports eintretende Preissteigerungen außer Betracht.[9] Der Marktpreis hängt von der Handelsstufe ab, auf der die Beteiligten tätig sind.[10] Wird ein Gut am Ort der Übernahme auf unterschiedlichen Handelsstufen gehandelt, ist der Verkäuflichkeitswert auf der Handelsstufe des Veräußerers maßgeblich.[11] War das in Verlust geratene Gut noch nicht verkauft worden, sodass es keine Rechnungen mit der Vermutungswirkung gem. § 429 Abs. 3 S. 2 gab, ist ein Beschaffungswert anzusetzen, der sich an Verkaufspreisen der jeweiligen Handelsstufe orientiert; der Ersatzanspruch beschränkt sich nicht auf die bloßen „Produktionskosten" für die Neuherstellung des verlorenen Gutes ohne jegliche Handelsspanne, da gem. § 429 Abs. 3 S. 1 in Abweichung vom allgemeinen Schadensrecht auf den Marktpreis, mithin auf den Verkäuflichkeitswert auf der betreffenden Handelsstufe (einschließlich 7

[1] Vgl. Basedow, Der Transportvertrag, 1987, 404 ff.
[2] Begr. RegE TRG, BT-Drs. 13/8445, 64 f.
[3] BGH 6.2.1997, TranspR 1997, 335.
[4] Hopt/Merkt Rn. 1.
[5] BGH 15.10.1992, TranspR 1993, 137 (138).
[6] BGH 15.10.1992, TranspR 1993, 138.
[7] Koller TranspR 2014, 1 ff.; **aA** Skradde TranspR 2013, 224 ff.
[8] Koller Rn. 4 unter Hinweis auf OGH Wien 13.7.1994, TranspR 1995, 285 (187) zur CMR.
[9] Koller Rn. 5; MüKoHGB/Herber/Harm Rn. 14; **aA** Fremuth/Thume/Fremuth Rn. 19.
[10] BGH 27.2.2003, TranspR 2003, 298.
[11] BGH 27.2.2003, TranspR 2003, 298; OLG Hamm 10.6.2024, RdTW 2024, 271 Rn. 72 ff.

von Gewinnelementen) abzustellen ist.[12] War es Aufgabe des Absenders, das Gut zu verpacken und zu verladen (§ 412), geht der Wert dieser Leistungen in die Wertberechnung ein.[13] Für am Übernahmeort nicht mehr verkäufliche Gegenstände oder auch für Unikate ist eine Schätzung (§ 287 ZPO) vorzunehmen, für die der Wiederbeschaffungswert einen Anhaltspunkt bieten kann.[14]

8 Ist ein Marktpreis nicht feststellbar, ist der gemeine Wert, nämlich der Zeitwert zu ersetzen (Abs. 3 S. 1). Dabei kann auf den Verkaufswert am Übernahmeort abgestellt werden, für den der Kaufpreis in Ansatz gebracht werden kann (vgl. Abs. 3 S. 2).

III. Wertersatz bei Güterbeschädigung (Abs. 2)

9 Auch bei der Beschädigung des Gutes wird kein voller Schadensersatz geschuldet; der Ersatzanspruch ist nach Abs. 2 auf einen pauschalierten Ersatzbetrag für die durch die Beschädigung verursachte Wertminderung festgelegt. Ein Anspruch auf Ersatz der Reparaturkosten besteht nicht (vgl. aber Abs. 2 S. 2; → Rn. 12). Die §§ 249 ff. BGB sind wiederum nur unter den Voraussetzungen des § 435 anwendbar.

10 Der Wertersatz errechnet sich aus dem Differenzbetrag zwischen dem Wert des Gutes im unbeschädigten Zustand und dem Wert im beschädigten Zustand. Insofern gilt die Vermutung des Abs. 2 S. 2, dass die zur Schadensbehebung aufzuwendenden Kosten, insbesondere also die Reparaturkosten, dem nach Abs. 2 S. 1 maßgeblichen Unterschiedsbetrag entsprechen.[15] Die Ermittlung des Güterwerts im unbeschädigten Zustand erfolgt nach den für die Verlustsituation des Abs. 1 dargestellten Grundsätzen (→ Rn. 7). Maßgeblich ist der Beschaffungswert bemessen nach dem Preis, den der Empfänger bezahlen müsste, wenn er sich das Gut in dem durch das Schadensereignis veränderten Zustand beschaffen müsste; die Verhältnisse auf dem für den Empfänger relevanten Teilmarkt und der Handelsstufe, auf denen der Empfänger nachfragt, sind zu beachten.[16] Individuelle, nicht marktbezogene Besonderheiten aus der Sphäre des Geschädigten finden keine Berücksichtigung.[17] Der sog. merkantile Minderwert des Gutes ist in Ansatz zu bringen, wenn über die Minderung der technischen Brauchbarkeit hinaus eine Einbuße beim Verkaufswert festzustellen ist.[18] Ideelle Einbußen, die etwa dadurch entstehen, dass das Gut wegen eines möglichen Ansehensverlusts nicht mehr am Markt angeboten werden sollen, sind dagegen nicht berücksichtigungsfähig.[19]

IV. Beweislast, Vermutungen

11 Der Geschädigte hat im Verlustfall den Wert des Gutes zu beweisen. Zu seinen Gunsten streitet die Vermutung des Abs. 3 S. 2, nach welcher der sog. Nettofakturenwert dem Wert des Gutes am Übernahmeort entspricht; Beförderungskosten sind nach dem Gesetzeswortlaut nicht in Ansatz zu bringen.[20] Diese Vermutung greift allerdings nur dann ein, wenn der Verkauf unmittelbar vor der Übernahme der Beförderung erfolgt ist. Andernfalls kann der Wert mangels anderer Anhaltspunkte geschätzt werden; die dafür erforderlichen Anhaltspunkte[21] hat der Geschädigte darzulegen und zu beweisen.[22] Die Umstände, die für Umfang und Wert einer verlorengegangenen Sendung sprechen, unterliegen der freien richterlichen Beweiswürdigung; auf die Grundsätze des Anscheinsbeweises bei Übergabe des Transportguts in geschlossenen Behältnissen kann sich der Geschädigte nicht berufen.[23] Grundsätzlich sind dabei sowohl Lieferscheine als auch korrespondierende Rechnungen zum Nachweis des Sendungsumfangs heranzuziehen; die richterliche Überzeugung kann auch auf nur eines dieser Dokumente gestützt werden, wenn dagegen keine substantiierten Einwände vorgebracht werden.[24]

12 Im Beschädigungsfall hat der Geschädigte die Wertdifferenz zu beweisen. Dabei kommt ihm die Vermutung des Abs. 2 S. 2 zugute, dass die zur Schadensbehebung aufzuwendenden Kosten,

[12] OLG Hamm 10.6.2024, RdTW 2024, 271 Rn. 75.
[13] OLG Hamburg 15.1.1998, TranspR 1998, 290 (293).
[14] Vgl. OLG Hamburg 15.1.1998, TranspR 1998, 290; Butzer VersR 1991, 854 (856).
[15] Vgl. OLG Stuttgart 25.8.2021, NJOZ 2022, 276 Rn. 20.
[16] BGH 29.7.2009, TranspR 2009, 408 Rn. 9.
[17] BGH 29.7.2009, TranspR 2009, 408 Rn. 9.
[18] OLG Frankfurt 15.1.1991, BB 1991, 503.
[19] OLG Hamm 25.11.1993, TranspR 1994, 61 zur CMR.
[20] OLG Karlsruhe 20.2.2021, RdTW 2021, 309 Rn. 34.
[21] BGH 18.4.2002, TranspR 2003, 29.
[22] OLG Hamm 14.12.2020, RdTW 2022, 252 Rn. 27.
[23] BGH 11.1.2017, RdTW 2017, 207 Rn. 16; 13.9.2012, RdTW 2013, 201 Rn. 16; 29.10.2009, NJW 2010, 2270 Rn. 31; die frühere Rspr. zum Anscheinsbeweis (BGH 24.10.2003, NJW-RR 2003, 754) wurde damit ausdrücklich aufgegeben.
[24] BGH 13.9.2012, RdTW 2013, 201 Rn. 16.

insbesondere also die Reparaturkosten, dem nach Abs. 2 S. 1 maßgeblichen Unterschiedsbetrag entsprechen. Die Vermutung des Abs. 2 S. 2 erstreckt sich auf die Kosten, die aufzuwenden sind, um das Gut wieder in den ursprünglichen Zustand zu versetzen. Dies sind neben den Kosten für die Reparatur ggf. auch Kosten der Ermittlung, welcher Teil des Gutes noch zu gebrauchen ist, Kosten des Sortierens des Gutes, Kosten für Sachverständige, um die bestmöglichen Maßnahmen der Schadensbehebung zu ermitteln, sowie die Kosten für den Transport des Gutes zum Ort der Reparatur und die Lagerung dort.[25] Nach dem Wortlaut der Regelung des Abs. 2 S. 2 soll diese Vermutung auch für Schadensminderungsmaßnahmen gelten. Diese Regelung erscheint wenig plausibel, weil der bloße Schadensminderungsaufwand definitionsgemäß den Schaden nicht vollständig behebt; deshalb sollte die Vermutung nur für den minderungserheblichen Teilschaden gelten, mag dieser auch im Einzelfall schwierig von dem gesamten eingetretenen Beschädigungsschaden abzugrenzen sein.

§ 430 Schadensfeststellungskosten

Bei Verlust oder Beschädigung des Gutes hat der Frachtführer über den nach § 429 zu leistenden Ersatz hinaus die Kosten der Feststellung des Schadens zu tragen.

I. Normzweck

Kosten der Schadensfeststellung sind ein den Güterverlust oder die Güterbeschädigung begleitender Folgeschaden; er ist deshalb nach § 429 grundsätzlich nicht ersatzfähig (→ § 429 Rn. 2). Der Gesetzgeber hat aber eine Ausnahme von der Wertersatzkonzeption des § 429 zulassen wollen, um die untrennbar mit dem Schadensfall anfallenden Kosten der Schadensfeststellung ersatzfähig zu stellen. Wegen ihres Ausnahmecharakters ist die Vorschrift nicht analogiefähig[1] und lässt insbesondere eine entsprechende Anwendung auf Verspätungsschäden nicht zu. Die Verpflichtung zum Ersatz der Schadensfeststellungskosten tritt vorbehaltlich der Haftungsbeschränkung nach § 431 zu der Verpflichtung zum Wertersatz hinzu. 1

II. Umfang der Ersatzpflicht

Der Begriff der Kosten der Schadensfeststellung deckt grundsätzlich **sämtliche Kosten,** die anfallen, um das tatsächliche Ausmaß der Beschädigung oder auch des Teilverlustes des Beförderungsgutes festzustellen. Dies sind insbesondere die Kosten von Sachverständigen[2] und Reisekosten. Gutachterkosten sind unabhängig davon ersatzpflichtig, ob der Frachtführer an der Schadensfeststellung beteiligt worden ist; die Einbeziehung des Frachtführers ist nicht Voraussetzung für seine Kostentragungspflicht.[3] Ebenso sind die Kosten zur Feststellung des Reparaturaufwands und eventuell anfallender Transportkosten nach § 430 zu ersetzen.[4] Die Kosten für die Ermittlung der Ursache des Schadens gehören dazu nicht.[5] 2

Das Gesetz sieht keine ausdrückliche **Begrenzung** der anfallenden Kosten vor. Zur Vermeidung einer missbräuchlichen Inanspruchnahme der Erstattungsregelung dürfen nur die zur Schadensfeststellung erforderlichen Kosten in Ansatz gebracht werden.[6] Diese Schranke betrifft sowohl den Grund als auch die Höhe der ersatzfähigen Kosten. Die Kosten für die Ermittlung der Schadensursache fallen **nicht** in den Anwendungsbereich des § 430.[7] Die Auferlegung von gerichtlichen Kosten zur Beweiserhebung etwa durch Sachverständige nach §§ 91 ff. ZPO bleibt von dieser Vorschrift unberührt. 3

§ 431 Haftungshöchstbetrag

(1) Die nach den §§ 429 und 430 zu leistende Entschädigung wegen Verlust oder Beschädigung ist auf einen Betrag von 8,33 Rechnungseinheiten für jedes Kilogramm des Rohgewichts des Gutes begrenzt.

---

[25] LG Bremen 9.1.2024, RdTW 2024, 102 Rn. 31 ff.

[1] Ebenso Koller Rn. 1.

[2] OLG Hamburg 24.10.1991, TranspR 1992, 66 (67).

[3] OLG Düsseldorf 17.10.2018, RdTW 2020, 221 Rn. 28.

[4] MüKoHGB/Herber/Harm Rn. 5.

[5] BGH 27.10.2022, RdTW 2023, 136 Rn. 58.

[6] MüKoHGB/Herber/Harm Rn. 8; iErg ebenso Koller Rn. 3 unter Verweis auf § 254 Abs. 2 BGB.

[7] BGH 11.9.2008, TranspR 2008, 362 (365); Koller Rn. 3; MüKoHGB/Herber/Harm Rn. 7; **aA** Fremuth/Thume/Fremuth § 429 Rn. 4, 8.

(2) Besteht das Gut aus mehreren Frachtstücken (Sendung) und sind nur einzelne Frachtstücke verloren oder beschädigt worden, so ist der Berechnung nach Absatz 1
1. die gesamte Sendung zu Grunde zu legen, wenn die gesamte Sendung entwertet ist, oder
2. der entwertete Teil der Sendung zu Grunde zu legen, wenn nur ein Teil der Sendung entwertet ist.

(3) Die Haftung des Frachtführers wegen Überschreitung der Lieferfrist ist auf den dreifachen Betrag der Fracht begrenzt.

(4) [1]Die in den Absätzen 1 und 2 genannte Rechnungseinheit ist das Sonderziehungsrecht des Internationalen Währungsfonds. [2]Der Betrag wird in Euro entsprechend dem Wert des Euro gegenüber dem Sonderziehungsrecht am Tag der Übernahme des Gutes zur Beförderung oder an dem von den Parteien vereinbarten Tag umgerechnet. [3]Der Wert des Euro gegenüber dem Sonderziehungsrecht wird nach der Berechnungsmethode ermittelt, die der Internationale Währungsfonds an dem betreffenden Tag für seine Operationen und Transaktionen anwendet.

Schrifttum: Koller, Die Haftungshöchstsumme bei teilweisem Verlust und teilweiser Beschädigung gemäß CMNI, CMR sowie HG und MÜ, RdTW 2019, 41; Ramming, Die Berücksichtigung des Gewichts des Containder bei der Ermittlung des Höchstbetrages der Haftung, RdTW 2019, 446.

Übersicht

I. Normzweck

1 Die Regelung verwirklicht neben der Beschränkung des Schadensersatzes auf Wertersatz gem. § 429 die Konzeption des frachtvertraglichen Haftungsrechts, die Haftung des Frachtführers nach einem gewichtsbezogenen Ansatz der Höhe nach zu begrenzen. Die gewichtsbezogene Haftungssummenbeschränkung beruht – nicht anders als die Wertersatzregel des § 429 – auf der Überzeugung des Gesetzgebers, dass die Haftungsbeschränkung im Interesse der sach- und interessengerechten Ordnung des Frachtgeschäftsrechts gerechtfertigt ist.[1] Umgesetzt wird diese Konzeption durch eine ohne Rücksicht auf die Eigenarten der jeweiligen Ladung festgesetzte gewichtsbezogene Begrenzung der Haftungshöchstsumme. Die daran in Deutschland geübte Kritik an der vermeintlich verfassungswidrig willkürlichen Haftungshöchstsummenbegrenzung nach dem Gewicht[2] verfängt schon angesichts des Umstandes nicht, dass sie einer international durchweg üblichen Regelungspraxis entspricht, die zum Ausdruck bringt, dass die Haftungsbegrenzung nach dem Ladungsgewicht im Interesse der Tragbarkeit, Kalkulierbarkeit und Versicherbarkeit für den Frachtführer gerechtfertigt ist, zumal der Frachtführer überdurchschnittliche wertvolle Fracht weder erkennen kann noch dafür eine besondere Vergütung erhält.[3] Das Interesse des Geschädigten an einer uneingeschränkten Ersatzpflicht wird gewahrt, sofern der Frachtführer schuldhaft iSd § 435 gehandelt hat.

2 Die Haftungssummenbeschränkung bezieht sich sowohl auf die Wertersatzverpflichtung nach § 429 als auch auf die Pflicht zum Ersatz der Schadensfeststellungskosten nach § 430, nicht jedoch auf die nach § 432 zu erstattenden Beträge. Sie wird durchbrochen, wenn der Verschuldensnachweis nach § 435 gelingt. Trägt der Absender oder Empfänger ein Mitverschulden ist der ersatzfähige Schaden gemäß der Verursachungsanteile zu verteilen.[4]

3 Die Regelung unterscheidet zwischen der Ersatzpflicht für Substanzschäden und für Lieferfristüberschreitungen. Für erstere ist in Abs. 1 und 2 eine strikt gewichtsbezogene Haftungsbeschränkung

[1] Begr. RegE TRG, BT-Drs. 13/8445, 66.
[2] Vgl. Canaris HandelsR § 31 Rn. 23, 232; zust. Koller Rn. 1 Fn. 3.
[3] Herber TranspR 2004, 93 (96); Ebenroth/Boujong/Schaffert Rn. 1 m. Fn. 3.
[4] **AA** zu § 23 Abs. 3 CMR OLG Stuttgart 25.2.2015, RdTW 2015, 306 Rn. 42.

vorgesehen. Für die Fälle der Verspätungsschäden ist in Abs. 3 eine Beschränkung auf den dreifachen Betrag der Fracht geregelt, die – insoweit abweichend von der CMR – in Ansehung der zunehmenden Bedeutung von zeitgenauen Lieferungen eine fühlbarere Sanktion schaffen sollte.[5] Jeweils handelt es sich um eine Obergrenze der Ersatzpflicht wegen des tatsächlich entstanden und nach dem Wertersatzprinzip des § 429 begrenzten Schadens.

Die Haftungshöchstsummenregelung des § 431 wird durch die Regelung des § 449 Abs. 2 S. 2 begleitet, die der Gestaltungsfreiheit der Vertragsparteien durch AGB Grenzen setzt. 4

Nach dem Normzweck des § 431 bleiben die besonderen Haftungsbeschränkungsregeln der Binnenschifffahrt unberührt. Die globale Haftungsbeschränkung nach den Regeln der §§ 4 ff. BinSchG bleiben neben § 431 anwendbar.[6] 5

II. Haftungshöchstbetrag bei Verlust oder Beschädigung (Abs. 1)

Bezugspunkt der Ersatzpflicht für Güterschäden durch Verlust oder Beschädigung ist nach der Neufassung der Vorschrift durch das Seehandelsrechtsreformgesetz nicht mehr die „Sendung", sondern das „Gut". Setzt sich das Frachtgut aus mehreren Stücken zusammen, bilden diese eine Sendung. Der Begriff der Sendung setzt nach der hergebrachten Rspr. voraus, dass die Güter aufgrund eines einheitlichen Vertrages für einen Absender an einen Empfänger befördert werden sollen.[7] Die Zusammenfassung der Güter in einem Frachtbrief ist nicht erforderlich.[8] Ebenso wenig kommt es darauf an, ob die Güter von einem einheitlichen Urversender stammen; auch die von einem Spediteur aufgegebene Sammelladung stellt deshalb eine einheitliche Sendung dar.[9] Dagegen kommt es auf die Beförderung der Güter einer Sendung mit einem oder mehreren Transportmitteln nicht an.[10] Wird ein Frachtbrief oder Ladeschein ausgestellt, bilden die darin angegebenen Stücke die Sendung. Werden mehrere Frachtbriefe ausgestellt, sind somit mehrere Sendungen gegeben, auch dann, wenn ein einheitlicher Frachtvertrag geschlossen wurde.[11] 6

Die Haftungshöchstsumme von 8,33 Rechnungseinheiten pro Kilogramm bezieht sich grundsätzlich auf das Rohgewicht des Gutes. Das **Rohgewicht** errechnet sich aus dem Nettogewicht der Güter zuzüglich des Gewichts der Verpackung nebst den ggf. verwendeten Paletten.[12] Container können als Teil der Verpackung bei der Gewichtsberechnung grundsätzlich zu berücksichtigen sein.[13] Betrifft die Beschädigung nur die im Container befindliche Ware und nicht auch den Container selbst, liegt eine nach Abs. 2 zu beurteilende Teilbeschädigung der Sendung vor.[14] Das Gewicht des Verpackungs- oder Lademittels (Containers) ist nicht hinzuzurechnen, wenn dieses unbeschädigt geblieben ist und ohne Einschränkung für weitere Transporte verwendet werden kann.[15] Vom Frachtführer für die Beförderung gestellte Container finden bei der Gewichtsberechnung keine Berücksichtigung.[16] 7

Die Aufteilung des Ersatzanspruchs zwischen verschiedenen Auftraggebern des Absenders erfolgt auf der Grundlage des Rohgewichts der gesamten Sendung in der Weise, dass der Verlust der Auftraggeber voll auszugleichen ist, soweit der Wert der verlorengegangenen Güter unterhalb der Grenze der 8,33 Rechnungseinheiten bleibt; der Restbetrag ist nach Maßgabe des Rohgewichts der höherwertigen Güter anteilig an die verbleibenden Ersatzberechtigten zu zahlen. Sofern der nach § 421 ersatzberechtigte Absender den Schadensersatz noch nicht erlangt hat, muss er seinen Ersatzanspruch nach den Regeln der Drittschadensliquidation anteilig an seine Auftraggeber abtreten. Diesem Anspruch auf Abtretung kann nicht entgegen gehalten werden, dass die Auftraggeber relativ höherwertiger Stücke einer Sendung dann besser stehen als bei der Geltendmachung ihres Direktanspruchs gegen den Frachtführer nach § 437; das Risiko des Frachtführers bleibt nämlich auf das Gesamtgewicht der Sendung begrenzt, auf dessen Grundlage dieser auch die Fracht berechnet hat.[17] 8

[5] Begr. RegE TRG, BT-Drs. 13/8445, 67.

[6] Koller Rn. 18. Zu den völkerrechtlich vereinheitlichten Haftungsbeschränkungsregeln der CNLI 2012 und deren Inkrafttreten vgl. Ramming RdTW 2016, 281 ff.

[7] Vgl. BGH 30.1.1981, BGHZ 79, 302 (305) = NJW 1981, 1902; Koller Rn. 3.

[8] Koller Rn. 3.

[9] MüKoHGB/Herber Rn. 9; Ebenroth/Boujong/Schaffert Rn. 2.

[10] Begr. RegE SHR-ReformG zu § 431, BT-Drs. 17/10309, 55.

[11] So wohl BGH 30.1.1981, BGHZ 79, 302 (304 ff.) = NJW 1981, 1902; MüKoHGB/Herber/Harm Rn. 10; **aA** Ebenroth/Boujong/Schaffert Rn. 2.

[12] Hein/Eichoff/Pukall/Krien/Andresen Rn. 13.

[13] OLG Düsseldorf 11.5.2005, TranspR 2005, 468 (471).

[14] MüKoHGB/Herber/Harm Rn. 11; ebenso OLG Köln 27.2.1996, TranspR 1996, 287.

[15] BGH 11.10.2018, RdTW 2018, 466; eingehend Freise TranspR 2019, 417 ff.; vgl. auch Eckardt TranspR 2019, 71 ff.

[16] MüKoHGB/Herber/Harm Rn. 11.

[17] Koller Rn. 8 f.; Ebenroth/Boujong/Schaffert Rn. 7.

III. Haftungshöchstbetrag bei Teilverlust oder Teilbeschädigung (Abs. 2)

9 **1. Entwertung der gesamten Sendung (Abs. 2 Nr. 1).** Werden durch den Verlust oder die Beschädigung einzelner Stücke einer Sendung sämtliche oder einzelne der anderen Stücke mitentwertet, ist deren Gewicht bei der Berechnung des Ersatzanspruchs mit zu berücksichtigen.

10 **2. Entwertung eines Teils der Sendung (Abs. 2 Nr. 2).** Ist nur ein Teil der Sendung entwertet, ist die Haftungshöchstsumme aus der Summe des Rohgewichts der verlorengegangenen oder beschädigten Frachtstücke und der Summe des Rohgewichts der dadurch in ihrem Wert geminderten Frachtstücke zu berechnen. Frachtstück ist dabei nicht notwendig jede einzelne Sache; einzelne Sachen können auch zu einem Frachtstück (Packstück) zusammengefasst worden sein. In solchen Fällen – etwa bei der Beschädigung eines Kartons auf einer Palette – ist das Gewicht der gesamten Palette zugrunde zu legen;[18] dadurch wird vermieden, dass eine anteilige Berücksichtigung der Inhalte sämtlicher Packstücke zu erfolgen hat und die Verpackung ebenfalls anteilig zu berücksichtigen wäre.[19]

11 Auf das Ausmaß der Beschädigung kommt es nach der pauschalierenden gesetzlichen Regelung nicht an. Selbst wenn die beschädigten Stücke noch einen erheblichen Restwert haben, ist das Gewicht des einzelnen Frachtstücks oder der zusammengefassten Packstücke als Bezugsgröße für die Gewichtsberechnung anzusetzen.[20] Werden aber einzelne Stücke wieder angefunden oder lassen sie sich leicht ersetzen oder reparieren, so ist die Wertberechnung des Gesamtschadens unter Abzug dieser Positionen vorzunehmen und die Haftungsbegrenzung auf den so bereinigten Wert zu beziehen.[21]

12 Dem Rohgewicht der Frachtstücke ist grundsätzlich das Gewicht der Verpackung des verlorenen oder beschädigten Teils hinzuzurechnen. Für die Güterbeförderung im Container gilt nach der insofern grundlegenden Transportgestell-Entscheidung des BGH aus dem Jahr 2018, dass es sich bei Containern und allen anderen wiederverwendbaren Verpackungs- bzw. Lademitteln um Teile der Sendung handelt.[22] Daraus ergeben sich folgende Konsequenzen:[23] (1) Bei der Ermittlung des Rohgewichts des Gutes ist das Gewicht eines Containers sowie jedes anderen wiederverwendbaren Verpackungs- bzw. Lademittels nicht anteilig zu berücksichtigen ist, wenn es unbeschädigt geblieben ist. (2) Kommt es zu einem Verlust oder einer Beschädigung des Containers, haftet der Frachtführer grundsätzlich für den Zeitwert des Containers. (3) Ist nicht nur der Container verloren gegangen oder beschädigt worden, sondern auch einzelne oder alle der darin gestauten Gegenstände, muss der Frachtführer ebenso für diesen Schaden einstehen. Die Sendung besteht aus dem Container einerseits und den darin gestauten Gegenständen andererseits. (4) Diese Grundsätze gelten nicht bei LCL-Beförderungen, bei denen das Gut vom Frachtführer in einen Container gestaut wird, um die Beförderung durchzuführen. Für die Höchstbetragsberechnung gilt, dass dann, wenn der **Höchstbetrag anhand des Gewichts** des Gutes ermittelt wird, zunächst das Gewicht der verloren gegangenen bzw. beschädigten Gegenstände und außerdem das Gewicht der Gegenstände, die darüber hinaus entwertet wurden, zugrunde zu legen ist. Das Gewicht des Containers wird nur berücksichtigt, wenn dieser ebenfalls verloren gegangen bzw. beschädigt worden ist. Führt der Verlust bzw. die Beschädigung eines Teils der Sendung bzw. einzelner Frachtstücke zu einer darüber hinausgehenden (vollständigen oder teilweisen) Entwertung der Sendung, ist von dem Wert des entwerteten Teils der Sendung auszugehen, und nicht nur von dem Wert der betreffenden verloren gegangenen bzw. beschädigten Gegenstände. Unter diesem Gesichtspunkt führt der Verlust bzw. die Beschädigung einzelner Gegenstände zu einer Beschädigung der gesamten bzw. eines Teils der Sendung. Damit schuldet der Frachtführer Ersatz der hierauf entfallenden Wertdifferenz (§ 429 Abs. 2 S. 1). Dagegen erstreckt sich die Entwertung nicht auch auf den Container selbst; insofern schuldet der Frachtführer nur dann Wertersatz, wenn auch der Container verloren gegangen ist bzw. beschädigt wurde.[24]

IV. Haftungsbeschränkung bei Lieferfristüberschreitung (Abs. 3)

13 Der Haftungsbeschränkung für Verspätungsschäden nach Abs. 3 kommt eine besondere Bedeutung zu, da die Haftung infolge Überschreitens der Lieferfrist nach § 425 nicht auf unmittelbare Schäden beschränkt ist (→ § 425 Rn. 22). Die Haftung ist nach Abs. 3 auf das Dreifache der Fracht begrenzt.

---

[18] MüKoHGB/Herber/Harm Rn. 14.
[19] So aber Koller Rn. 15.
[20] Koller Rn. 15.
[21] BGH 6.2.1997, TranspR 1997, 335.
[22] BGH 11.10.2018, RdTW 2018, 466 Rn. 15 f. zur CMR; zust. Ramming RdTW 2019, 446 (447 ff.); krit. Koller RdTW 2019, 41 (43 ff.).
[23] Eingehend Ramming RdTW 2019, 446 ff.
[24] So Ramming RdTW 2019, 446 (451 ff., 457 ff.).

Fracht ist das vereinbarte Beförderungsentgelt (§ 407 Abs. 2). Vergütungen wegen der Ausführung belastender Weisungen nach § 418 Abs. 1 sind als frachtbezogene Leistungen zu berücksichtigen. Standgelder sind wegen der Regelungen in § 420 Abs. 3, § 421 Abs. 3 ebenso wenig zu berücksichtigen wie die Aufwendungen aus Anlass der Beförderung iSd § 432. 14

Die Haftungsbegrenzung richtet sich nach der für die konkrete Beförderung vereinbarten Fracht. Umfasst der Frachtvertrag mehrere Sendungen, ist die Berechnung der Haftungsgrenze in Analogie zu den Abs. 1 und 2 auf die (anteilige) Fracht für die betroffenen Sendung vorzunehmen.[25] 15

V. Rechnungseinheiten (Abs. 4)

Die Haftungshöchstsumme nach Abs. 1 und 2 errechnet sich auf der Grundlage der Rechnungseinheit. Dabei handelt es sich nach Abs. 4 um das Sonderziehungsrecht des Internationalen Währungsfonds. Der Wert des Sonderziehungsrechts ist taggenau in Euro umzurechnen. Dies erfolgt entweder zu dem am Tag der Übernahme des Gutes zur Beförderung gültigen Umrechnungskurs oder zu dem Kurs an dem Tag, den die Parteien des Frachtvertrages vereinbart haben (Abs. 4 S. 2). 16

Für die Wertberechnung ist nach Abs. 4 S. 3 die Berechnung durch den Internationalen Währungsfonds maßgeblich. Die entsprechenden Umrechnungskurse veröffentlicht der IWF auf seiner Homepage unter www.IMF.org. 17

VI. Abweichende Vereinbarungen

Umfang und Berechnungsmodalitäten der Haftungshöchstgrenzen können durch Individualvereinbarung geändert werden (§ 449 Abs. 2 S. 1). In AGB sind abweichende Vereinbarungen in einem Haftungskorridor von 2–40 Rechnungseinheiten zulässig, wenn die Modalitäten des § 449 Abs. 2 S. 2 beachtet werden. Zum Nachteil von Verbrauchern sind solche Vereinbarungen stets unzulässig (§ 449 Abs. 1; → § 449 Rn. 11). 18

VII. Beweislast

Der Frachtführer hat die ihm günstigen Voraussetzungen der Beschränkung seiner Haftung zu beweisen.[26] Er trägt auch die Beweislast für das Gewicht der Frachtstücke. Zu seinen Gunsten gilt die Vermutung für die Richtigkeit der Frachtbriefangaben nach Maßgabe des § 408 Abs. 3. Der Frachtführer hat zu beweisen, dass der Teilverlust nur die verlorengegangenen Frachtstücke berührt (§ 431 Abs. 2). 19

Dem Geschädigten obliegt der Beweis dafür, dass bei Verlust oder Beschädigung einzelner Stücke einer Sendung auch die abgelieferten Stücke beeinträchtigt wurden, wenn dies bei der Berechnung der Beschränkung berücksichtigt werden soll (→ Rn. 9 f.).[27] 20

§ 432 Ersatz sonstiger Kosten

[1]Haftet der Frachtführer wegen Verlust oder Beschädigung, so hat er über den nach den §§ 429 bis 431 zu leistenden Ersatz hinaus die Fracht, öffentliche Abgaben und sonstige Kosten aus Anlaß der Beförderung des Gutes zu erstatten, im Fall der Beschädigung jedoch nur in dem nach § 429 Abs. 2 zu ermittelnden Wertverhältnis. [2]Weiteren Schaden hat er nicht zu ersetzen.

Übersicht

I. Normzweck

Die Vorschrift ergänzt die in den §§ 429–431 geregelte Ersatzpflicht des Frachtführers. Der Frachtführer hat zusätzlich die aus Anlass der Beförderung angefallenen Kosten und Aufwendungen, insbe- 1

[25] MüKoHGB/Herber/Harm Rn. 21; **aA** Koller Rn. 17; Ebenroth/Boujong/Schaffert Rn. 16.
[26] Koller Rn. 15; MüKoHGB/Herber/Harm Rn. 23.
[27] Vgl. Koller Rn. 13.

sondere die Fracht und öffentliche Abgaben, zu erstatten. Dass weitere Schäden nach S. 2 nicht zu ersetzen sind, entspricht der nach § 429 ohnehin begrenzten Haftungskonzeption des gesetzlichen Frachtrechts.

II. Erstattungspflicht

2 **1. Voraussetzungen.** Die Erstattungspflicht setzt eine Haftung des Frachtführers wegen Verlustes oder Beschädigung nach § 429 voraus. Ist diese gegeben, besteht ohne weitere Voraussetzungen die Verpflichtung, die von § 432 erfassten weiteren Aufwendungen zu erstatten.

3 **2. Umfang.** Erstattungsfähig sind nach S. 1 nur Kosten „aus Anlass der Beförderungen des Gutes". Damit grenzt der Gesetzgeber die von § 430 erfassten sog. beförderungsbedingten Kosten ab.[1] Es muss sich somit um solche Aufwendungen handeln, die auch beim normalen Verlauf der Beförderung angefallen wären und deswegen nicht erst durch den Schaden bedingt sind.[2]

4 Zu erstatten ist die bereits bezahlte **Fracht.** Dabei handelt es sich im Hinblick auf den Ausschluss schadensbedingter Frachtzahlungen nur um die Fracht, die für die Beförderung des verloren gegangenen oder beschädigten Gutes vom Übernahmeort bis zum Ablieferungsort geschuldet war,[3] nicht dagegen um die Fracht, die etwa für den Rücktransport, eine Sonderzustellung des wiederentdeckten Gutes oder für die Beförderung von Ersatzgut zu bezahlen ist.[4]

5 Ist die Fracht noch nicht bezahlt, entfällt der Anspruch des Frachtführers.[5] Dieser Anspruch kann – im Unterschied zu dem Anspruch aus § 812 BGB, § 420 – wegen § 449 Abs. 2 S. 1 nicht durch AGB abbedungen werden.[6]

6 **Öffentliche Abgaben** sind erstattungsfähig, sofern sie aus Anlass der Beförderung entstanden sind. Dies ist der Fall bei Zöllen und Steuern (im grenzüberschreitenden Verkehr), sofern diese bei schadensfreiem Transport angefallen wären.[7] Erstattungsfähige öffentliche Abgaben sind ferner Wiegegelder oder bezahlte Einfuhrumsatzsteuer.[8]

7 **Sonstige Kosten** sind vor allem geleistete Prämien für die Transportversicherung. Kosten der Verpackung sind erstattungsfähig, sofern es sich um Kosten durch den Frachtführer handelt, während die Absenderverpackungskosten in den Warenwert einfließen und schon nach § 430 zu ersetzen sind.[9] Ferner sind Nebenkosten zur Fracht (zB Standgeld, Be- und Entladekosten) sowie Nachnahmekosten zu erstatten, wenn sie nicht ohnehin zur Fracht gehören.

8 **Nicht erstattungsfähig** sind die erst durch den Schaden entstehenden Aufwendungen (sog. schadensbedingte Kosten). Dazu gehören Reparaturkosten,[10] Kosten unfallbedingter Lagerung[11] und Kosten der Schadensfeststellung (→ § 430 Rn. 2 f.). Kosten eines Akkreditivs sind ebenfalls nicht erstattungsfähig, da sie keinen Bezug zur Beförderung haben.[12] Ein Anspruch auf die Freistellung von den vorprozessualen Anwaltsgebühren ist nach S. 2 gleichfalls ausgeschlossen.[13]

9 **3. Entschädigung bei Beschädigung und Teilverlust.** S. 2 regelt für den Fall der Beschädigung, dass die Erstattungspflicht entsprechend dem Wertverhältnis nach § 429 Abs. 2 zu kürzen ist. Einer Aufrechnung bedarf es insofern nicht.[14] Im Falle des Teilverlusts gilt die nämliche Kürzungsregel entsprechend.[15] Fracht und Abgaben sind entsprechend dem Anteil der verlorenen Stücke an der Gesamtsendung aufzuteilen. Hat der Absender den Schaden mitverursacht, ist der Anspruch gem. § 425 Abs. 2 zu kürzen.[16]

10 **4. Fehlende Begrenzung.** Der Umfang der Erstattungspflicht nach § 432 unterliegt nach Wortlaut und Gesetzessystematik nicht der Begrenzung nach § 431.

---

[1] Begr. RegE TRG, BT-Drs. 13/8445, 67 f.
[2] BGH 23.2.1980, NJW 1980, 2021.
[3] BGH 15.6.2000, TranspR 2000, 459 (462) = NJW-RR 2000, 1635.
[4] Koller Rn. 3; Ebenroth/Boujong/Schaffert Rn. 4.
[5] BGH 14.12.1988, TranspR 1989, 141.
[6] Koller Rn. 10.
[7] Ebenroth/Boujong/Schaffert Rn. 4.
[8] MüKoHGB/Herber/Harm Rn. 5.
[9] MüKoHGB/Herber/Harm Rn. 7 f.
[10] BGH 13.2.1980, NJW 1980, 2021.
[11] Koller Rn. 9.
[12] Koller Rn. 9.
[13] AG Bonn 9.8.2023, RdTW 2023, 415 Rn. 7.
[14] BGH 14.12.1988, TranspR 1989, 141.
[15] Koller Rn. 10; Ebenroth/Boujong/Schaffert Rn. 9; **aA** Hein/Eichoff/Pukall/Krien/Andresen Rn. 10.
[16] Begr. RegE TRG, BT-Drs. 13/8445, 68.

III. Ausschluss weiterer Ersatzansprüche

Für weitere Güterfolgeschäden wird nach der Konzeption der §§ 419 ff. nicht gehaftet (→ § 429 Rn. 1 f.). In § 432 S. 2 wird dieser Grundsatz klargestellt. Die in § 435 geregelten Sonderfälle bleiben davon ausgenommen. 11

§ 433 Haftungshöchstbetrag bei sonstigen Vermögensschäden

Haftet der Frachtführer wegen der Verletzung einer mit der Ausführung der Beförderung des Gutes zusammenhängenden vertraglichen Pflicht für Schäden, die nicht durch Verlust oder Beschädigung des Gutes oder durch Überschreitung der Lieferfrist entstehen, und handelt es sich um andere Schäden als Sach- oder Personenschäden, so ist auch in diesem Falle die Haftung begrenzt, und zwar auf das Dreifache des Betrages, der bei Verlust des Gutes zu zahlen wäre.

Schrifttum: Braun, Das frachtrechtliche Leitungsstörungsrecht nach dem Transportrechtsreformgesetz, Diss. Regensburg 2002; Hackert, Die Reichweite der Haftungsbegrenzung bei sonstigen Vermögensschäden gemäß § 433 HGB, Diss. Hamburg 2000; Koller, Die Haftungsbegrenzung bei sonstigen Vermögensschäden nach dem Transportrechtsreformgesetz, FG Herber, 1999, 106.

Übersicht

I. Normzweck

1 Die Vorschrift regelt einen weiteren Fall der Haftungsbegrenzung in Fällen von Pflichtverletzungen. Nach der Begründung des Gesetzentwurfs betrifft § 433 beförderungstypische Nebenpflichtverletzungen. Der Gesetzeswortlaut selbst erfasst sämtliche Fälle der Verletzung vertraglicher Pflichten, die nicht durch den Verlust oder die Beschädigung des Gutes oder Lieferfristüberschreitungen entstehen. Die Vorschrift soll einerseits den Haftungsumfang auch in diesem Bereich für den Frachtführer kalkulierbar machen und einen für den Vertragstyp angemessenen Interessenausgleich herbeiführen, andererseits soll sie Verwerfungen im allgemeinen Zivilrecht verhindern.[1] Der Sinn und Zweck, Verwerfungen im allgemeinen Zivilrecht zu vermeiden, erfordert in erster Linie, Frachtführer gegenüber anderen Dienstleitungsunternehmen in vergleichbarer Funktion nicht unangemessen zu privilegieren.[2] Über § 25 EVO ist die Vorschrift auch bei der Beförderung von Reisegepäck mit der Bahn anzuwenden.

II. Voraussetzungen der Haftungsbegrenzung

2 **1. Verletzung beförderungsbezogener Vertragspflichten.** Die Vorschrift ist nur anwendbar, wenn eine Verletzung beförderungsbezogener Vertragspflichten vorliegt; es muss sich um die Verletzung einer Vertragspflicht handeln, die mit der Ausführung der Beförderung des Gutes zusammenhängt.

3 **a) Vertragspflicht.** Nach dem insoweit klaren Wortlaut gilt die Vorschrift – unbeschadet der in den Gesetzesmaterialien zum Ausdruck gebrachten sachlichen Konzentration auf Nebenpflichtverletzungsfälle[3] – grundsätzlich für alle Fälle der Verletzung von Vertragspflichten.[4] Die Anwendung von § 433 setzt einen wirksam geschlossenen Frachtvertrag bzw. ein rechtsgeschäftsähnliches Schuldverhältnis frachtgeschäftlicher Art voraus. Vorvertragliche Pflichten mit der darauf bezogenen Haftung für culpa in contrahendo (c.i.c.) sind nach zutreffender Auffassung in den Anwendungsbereich einbe-

---

[1] Begr. RegE TRG, BT-Drs. 13/8445, 68.
[2] So Koller FS Herber, 2001, 106 (115 f.).
[3] Begr. RegE TRG, BR-Drs. 368/97, 68.
[4] Koller Rn. 2 f.; Ebenroth/Boujong/Schaffert Rn. 2; MüKoHGB/Herber/Harm Rn. 9.

zogen.[5] Den Hauptanwendungsfall bilden die Fälle der sog. positiven Forderungs- bzw. Vertragsverletzung iSd § 280 BGB. Jeweils geht es darum zu vermeiden, dass dem Normzweck des § 433 zuwider eine unbeschränkte Haftung des Frachtführers für beförderungsbezogene bzw. beförderungsnahe Pflichtverletzungen eintritt.[6] Dem Gesetzgeber des TRG ging es gerade darum, die nach dem HGB-Frachtrecht aF bestehende unbeschränkte Haftung des Frachtführers aus positiver Vertragsverletzung[7] zu begrenzen.[8]

4 **b) Beförderungsbezogenheit.** § 433 betrifft die Verletzung einer „mit der Ausführung der Beförderung des Gutes zusammenhängenden" vertraglichen Pflicht. Diesem Merkmal der Beförderungsbezogenheit kommt eine zentrale Bedeutung für die Reichweite des § 433 zu. Durch die sachgerechte Auslegung dieses Merkmals ist zu gewährleisten, dass – dem Normzweck entsprechend – dem Frachtführer nur in dem engen Rahmen, in dem er seine beförderungsbezogenen Pflichten verletzt, eine Haftungsprivilegierung zugute kommt, und dass auf der anderen Seite – dem Normzweck zuwider – keine Privilegierung gegenüber anderen Dienstleistern erfolgt, die Dienstleistungen auf nicht frachtrechtlicher Grundlage erbringen und dafür unbeschränkt einstehen müssen.[9] Die Bestimmung des beförderungstypischen Charakters einer vertraglichen Nebenpflicht ist eine Rechtsfrage, die einer wertenden Entscheidung im Einzelfall bedarf.[10] Vor allem branchenfremde Tätigkeiten liegen außerhalb des Anwendungsbereichs von § 433.[11] Logistische Zusatzleitungen, wie die Kommissionierung, Etikettierung oder Bearbeitung des Gutes, liegen deshalb außerhalb des Anwendungsbereichs des § 433[12] ebenso wie die Demontage oder Montage des Beförderungsgutes[13]

5 Beförderungsbezogene Leistungsstörungen sind die Stellung eines ungeeigneten Fahrzeugs und die pflichtwidrig verspätete Stellung des Transportmittels.[14] Die Pflicht zum sorgfältigen Be- und Entladen ist ebenso als beförderungstypisch wie die Einhaltung bestimmter Zeiten, zu denen das Gut nicht abgeliefert werden kann, zu qualifizieren.[15] Beförderungstypisch ist die Pflicht zur Gewährleistung eines sicheren Fahrzeugstandes beim Entladen durch den Empfänger.[16] Die Ausstellung unrichtiger Beförderungspapiere oder unrichtiger Auskünfte über beförderungsbezogene Sachverhalte fällt unter § 433.[17] Die Ablieferung an den falschen Empfänger kann zum Verlust des Beförderungsgutes führen, insbesondere wenn das Gut nicht wiederauffindbar ist (→ § 429 Rn. 4); diese kann Schadensersatzansprüche wegen Pflichtverletzungen zur Folge haben.[18]

6 **2. Anforderungen an die Schadensart.** Nach Wortlaut und Sinn und Zweck der Vorschrift führen nur bestimmte Schadensarten zur Haftungsbeschränkung nach § 433; alle anderen sind dagegen ausgeschlossen. Deshalb sind Güterschäden – anders als gem. § 425 Abs. 1 – unabhängig vom Zeitpunkt ihrer Entstehung von ihrem Geltungsbereich ausgeschlossen. Ausgeschlossen sind somit nicht nur Güterschäden, die innerhalb der Obhutszeit des Frachtführers entstanden sind.[19]

7 **a) Vermögensschäden.** Grundsätzlich werden alle Vermögensschäden erfasst, sofern diese nicht durch Verlust oder Beschädigung des Gutes und durch Lieferfristüberschreitung entstanden sind; für letztere gelten die abschließenden Regeln der §§ 425–432, die auch Vermögensfolgeschäden ausschließen (§ 432 S. 2).

8 Spezialgesetzlich geregelt ist die Haftung für die Nichteinziehung einer Nachnahme in § 422 Abs. 3; die dadurch entstehenden Schäden unterfallen nicht der Haftungsbegrenzung nach § 433; entsprechendes gilt für den Verlust der Begleitpapiere (§ 413 Abs. 2). Nach der speziellen Regelung

---

[5] MüKoHGB/Herber/Harm Rn. 12; ebenso iErg Koller Rn. 3; Ebenroth/Boujong/Schaffert Rn. 3; **aA** Hackert, Die Reichweite der Haftungsbegrenzung bei sonstigen Vermögensschäden gemäß § 433 HGB, 2000, 134.

[6] MüKoHGB/Herber/Harm Rn. 11.

[7] Vgl. BGH 14.7.1993, BGHZ 123, 2000 = NJW 1993, 2808.

[8] MüKoHGB/Herber/Harm Rn. 13.

[9] Vgl. Koller FS Herber, 2001, 115 ff.

[10] Koller Rn. 7 hält eine Interessenabwägung für geboten; ebenso Ebenroth/Boujong/Schaffert Rn. 2; **aA** Hackert, Die Reichweite der Haftungsbegrenzung bei sonstigen Vermögensschäden gemäß § 433 HGB, 2000, 74 ff., 119; Hein/Eichoff/Pukall/Krien/Andresen Rn. 7.

[11] Koller Rn. 6.

[12] MüKoHGB/Herber/Harm Rn. 12.

[13] Koller Rn. 6.

[14] MüKoHGB/Herber/Harm Rn. 13.

[15] OLG Köln 22.11.2005, TranspR 2006, 458 (459 f.) betr. vorzeitiges Ausladen von Werbeprospekten aufgrund einer Verwechselung.

[16] OLG Stuttgart 22.1.2003, TranspR 2003, 104 (105).

[17] OLG Düsseldorf 23.1.1992, TranspR 1992, 218 (219).

[18] OLG Hamburg 9.8.2002, TranspR 2003, 209.

[19] BGH 28.11.2013, RdTW 2014, 53 Rn. 33 f.

in § 418 Abs. 6 fallen auch Pflichtverletzungen bei der Beachtung von Weisungen bei einem als Sperrpapier ausgestellten Frachtbrief nicht unter § 433.

b) Sach- und Personenschäden. Sach- und Personenschäden fallen grundsätzlich nicht unter § 433. Damit ist vor allem klargestellt, dass § 433 bei der „Verletzung absoluter, deliktsrechtlich geschützter Rechtsgüter lediglich aus Anlass der Vertragserfüllung"[20] nicht gelten soll. Für die Verletzung sonstiger Rechte iSd § 823 Abs. 1 BGB (insbesondere Schutz des eingerichteten und ausgeübten Gewerbetriebs) gilt das gleichfalls.[21] 9

III. Haftungshöchstbetrag

Der Frachtführer hat nach § 433 wegen der Pflichtverletzung nicht den nach §§ 249 ff. BGB zu berechnenden Schaden zu ersetzen, sondern der Ersatzbetrag beschränkt sich auf das Dreifache des Geldbetrages, den der Frachtführer bei Verlust des Gutes zu zahlen hat. Für die Berechnung des Betrages ist danach die gewichtsbezogene Haftungsbeschränkung für Güterschäden nach §§ 429, 431 heranzuziehen. Keine Berücksichtigung finden die Schadensfeststellungskosten nach § 430, da der zu ersetzende Schaden gerade nicht an den Verlust oder die Beschädigung anknüpft,[22] und die Erstattungsbeträge nach § 432.[23] Wurde die Haftungshöchstsumme durch wirksame, den Anforderungen des § 449 genügende Vereinbarung zwischen den Parteien verändert, ist diese heranzuziehen.[24] 10

IV. Abdingbarkeit

Die vertraglichen Pflichten, auf die sich die Schadensersatzpflicht nach § 433 bezieht, können vertraglich erweitert oder eingeschränkt werden. § 449 steht dem nicht entgegen, weil § 433 nur den Haftungsumfang regelt.[25] Sie unterliegen allerdings einer zivilrechtlichen Kontrolle, insbesondere nach den §§ 307 ff. BGB, sofern die Vereinbarungen in AGB getroffen wurden. Die Festlegung des Haftungshöchstbetrages kann dagegen durch AGB nicht wirksam geändert werden (§ 449 Abs. 2 S. 1); individualvertragliche Vereinbarungen sind im Rahmen der Regeln der §§ 449, 451h und § 452d zulässig. 11

§ 434 Außervertragliche Ansprüche

(1) Die in diesem Unterabschnitt und im Frachtvertrag vorgesehenen Haftungsbefreiungen und Haftungsbegrenzungen gelten auch für einen außervertraglichen Anspruch des Absenders oder des Empfängers gegen den Frachtführer wegen Verlust oder Beschädigung des Gutes oder wegen Überschreitung der Lieferfrist.

(2) [1]Der Frachtführer kann auch gegenüber außervertraglichen Ansprüchen Dritter wegen Verlust oder Beschädigung des Gutes die Einwendungen nach Absatz 1 geltend machen. [2]Die Einwendungen können jedoch nicht geltend gemacht werden, wenn
1. **sie auf eine Vereinbarung gestützt werden, die von den in § 449 Absatz 1 Satz 1 genannten Vorschriften zu Lasten des Absenders abweicht,**
2. **der Dritte der Beförderung nicht zugestimmt hat und der Frachtführer die fehlende Befugnis des Absenders, das Gut zu versenden, kannte oder infolge grober Fahrlässigkeit nicht kannte oder**
3. **das Gut vor Übernahme zur Beförderung dem Dritten oder einer Person, die von diesem ihr Recht zum Besitz ableitet, abhanden gekommen ist.**

[3]Satz 2 Nummer 1 gilt jedoch nicht für eine nach § 449 zulässige Vereinbarung über die Begrenzung der vom Frachtführer zu leistenden Entschädigung wegen Verlusts oder Beschädigung des Gutes auf einen niedrigeren als den gesetzlich vorgesehenen Betrag, wenn dieser den Betrag von 2 Rechnungseinheiten nicht unterschreitet.

Schrifttum: Beckert, Die Haftung des Frachtführers für Kontaminierungsfolgeschäden, 2006; Heuer, Zur außervertraglichen Haftung des Frachtführers (und seines Kfz-Haftpflichtversicherers) für Güterfolgeschäden,

[20] Begr. RegE TRG, BT-Drs. 13/8445, 69.
[21] Hackert, Die Reichweite der Haftungsbegrenzung bei sonstigen Vermögensschäden gemäß § 433 HGB, 2000, 118; Koller Rn. 6.
[22] MüKoHGB/Herber/Harm Rn. 14.
[23] MüKoHGB/Herber/Harm Rn. 14.
[24] Koller Rn. 10; Fischer TranspR 1999, 261 (271) m. Fn. 3.
[25] Koller Rn. 11; Ebenroth/Boujong/Schaffert Rn. 13.

TranspR 2002, 334; Hübsch, Vertragliche Wirkungen zu Lasten Dritter im Gütertransportrecht, VersR 1997, 799; Rose, Die Haftung des Frachtführers gegenüber dem Dritteigentümer, 2005; Ruhweddel, Das störende Eigentum am Frachtgut, FG Herber, 1999, 163; Thume, Die Ansprüche des geschädigten Dritten im Frachtrecht, TranspR 2010, 45; Thume, Haftungs- und Versicherungsfragen bei fehlerhafter Ablieferung des Frachtgutes und bei Vermischungsschäden, r+s 2006, 89.

Übersicht

I. Normzweck

1 Bei Verlust und Beschädigung des Beförderungsgutes sowie in den Fällen von Lieferfristüberschreitungen kommen neben vertraglichen Ansprüchen gegen den Frachtführer auch Schadensersatzansprüche auf außervertraglicher, insbesondere deliktsrechtlicher Grundlage in Betracht. § 434 hat den Zweck, die vom gesetzlichen Haftungssystem des Frachtrechts entwickelten Ausschlüsse und Begrenzungen der Haftungsverantwortung des Frachtführers auch gegenüber außervertraglichen Ansprüchen Geschädigter zur Geltung zu bringen, um auf diese Weise zu gewährleisten, dass über das außervertragliche Haftungsrecht keine Aushöhlung und Entwertung des ausdifferenzierten frachtrechtlichen Haftungssystems erfolgt.[1]

2 Abs. 1 bringt diesen Normzweck für Ansprüche des Absenders oder des Empfängers gegenüber dem Frachtführer zur Geltung. Abs. 2 verfolgt den nämlichen Normzweck für die Ansprüche vertragsfremder Dritter gegenüber dem Frachtführer. Jeweils werden die außervertraglichen Ansprüche gegen den Frachtführer, insbesondere aus unerlaubter Handlung (§§ 823 ff. BGB) bzw. aus dem Eigentümer-Besitzer-Verhältnis (§§ 989 ff. BGB), nicht ausgeschlossen; nach § 434 sind diese Ansprüche vielmehr den in den §§ 426–433 vorgesehenen gesetzlichen oder den frachtvertraglich vereinbarten Haftungsbefreiungen und Haftungsbegrenzungen unterworfen. Gegenüber den nicht am Frachtvertrag unmittelbar Beteiligten stellt diese Erstreckung des Systems des Frachtrechts eine Belastung dar, welche den verfassungsrechtlich durch Art. 14 GG gewährleisteten Eigentumsschutz einschränkt und einer Sozialbindung im Interesse einer ungestörten Funktionsweise des frachtrechtlichen Haftungssystems unterwirft.[2] Durch § 434 bleibt das Haftungsrisiko des Frachtführers kalkulierbar und versicherbar und bleibt in dem verfassungskonform regelbaren Gestaltungsspielraum des Gesetzgebers,[3] zumal die Regelung dem Frachtführer nur gestattet, die frachtrechtlichen Einwendungen gegenüber Ansprüchen Dritter nur unter den in § 434 Abs. 2 S. 2 bestimmten Voraussetzungen geltend zu machen und die Einwendungen bei qualifiziertem Verschulden des Frachtführers iSd § 435 gar nicht zur Anwendung kommen.

II. Außervertragliche Ansprüche des Absenders oder Empfängers (Abs. 1)

3 **1. Erfasste Ansprüche.** § 434 bezieht sich auf sämtliche in Betracht kommenden außervertraglichen Ansprüche. Dies sind zunächst **Schadensersatzansprüche,** insbesondere solche aus unerlaubter Handlung gem. §§ 823 ff. und aus Gefährdungshaftung etwa gem. § 7 StVG; Ansprüche aus § 826 BGB sind allerdings wegen § 435 ausgenommen. Erfasst werden die Ansprüche aus Geschäftsführung ohne Auftrag gem. §§ 677 ff. BGB. Ferner werden erfasst die Ansprüche bei berechtigtem Notstand gem. § 904 S. 2 BGB sowie solche aus dem Eigentümer-Besitzer-Verhältnis gem. §§ 989 ff. BGB. Nicht ausdrücklich erfasst sind Ersatzansprüche wegen des Verlustes oder der Beschädigung

---

[1] Begr. RegE TRG, BT-Drs. 13/8445, 69.

[2] Die Rechtfertigung des § 434 mit der Erwägung, auch die Dritten profitierten vielfach von der Beförderung des Gutes auf der Grundlage des gesetzlichen Frachtrechts (so Begr. RegE TRG, BT-Drs. 13/8445, 70), verfängt als verfassungsrechtliche Argumentation nicht; krit. auch Hübsch VersR 1997, 799 (808).

[3] Grundsätzliche verfassungsrechtliche Einwände erhebt Canaris HandelsR § 31 Rn. 25 ff., 40 ff.

von Begleitpapieren (vgl. § 413 Abs. 2 S. 2), im Zusammenhang mit Nachnahmefehlern bzw. wegen der Auslieferung des Gutes an einen anderen als den durch Ladeschein berechtigten Besitzer (§ 447).[4]

Ansprüche wegen einer **Besitz- und Eigentumsstörung** eines nicht am Frachtvertrag beteiligten Berechtigten gem. §§ 862 ff. BGB, § 104 BGB werden ebenso erfasst wie solche aus einer Eingriffskondiktion gem. §§ 812 ff. BGB. 4

Ansprüche wegen **Verschuldens bei Vertragsschluss** (c. i. c.) gem. § 311 Abs. 2 BGB, § 280 BGB gehören ebenso wie die Ansprüche aus positiver Vertragsverletzung nach § 280 BGB zu den vertraglichen Ansprüchen und sind nicht nach § 434 zu beurteilen.[5] 5

Erfasst werden die Ansprüche wegen Verlustes oder Beschädigung des Gutes oder wegen Überschreitung der Lieferfrist, nicht hingegen solche **wegen sonstiger Vermögensschäden** iSd § 433.[6] Wenn während des Obhutszeitraums verunreinigtes Transportgut gemäß einer entsprechenden Disposition des Empfängers mit anderen Waren vermischt wird, stellt der sich daraus ergebende sog. Kontaminierungsschaden einen von der Haftungsbegrenzung des § 434 erfassten typischen Folgeschaden dar.[7] 6

2. Anspruchsgegner. Die Ansprüche müssen gegen den **Frachtführer** gerichtet sein. Frachtführer ist nicht nur der frachtvertraglich mit dem Absender verbundene Beförderer des betroffenen Gutes, sondern auch der ausführende Frachtführer iSd § 437.[8] Sonstige Unterfrachtführer können sich gegenüber dem ursprünglichen Absender nur auf § 434 Abs. 2 berufen.[9] Für Organe iSd § 31 BGB und gesetzliche Vertreter von Frachtführern gilt § 434 analog.[10] Persönlich haftende Gesellschafter von Personenhandelsgesellschaften, die von der Geschäftsführung ausgeschlossen sind, kommen die Haftungsprivilegien gem. § 434 über die § 129 Abs. 1, § 161 Abs. 2 zu.[11] 7

3. Rechtswirkungen. Die Regelung in Abs. 1 gewährleistet, dass die für den jeweiligen Frachtvertrag geltenden gesetzlichen oder wirksam vereinbarten Haftungsbefreiungen oder -begrenzungen für die außervertraglichen Ansprüche in gleicher Weise gelten. Ist die Haftung des Frachtführers im Frachtvertrag im Vergleich zu den Vorschriften der §§ 407 ff. verschärft worden, kann sich der Frachtführer gegenüber außervertraglichen Ansprüchen nicht auf die für ihn vorteilhafteren Haftungsprivilegierungen stützen.[12] 8

III. Außervertragliche Ansprüche Dritter (Abs. 2)

1. Grundlagen. Im Interesse der Funktionalität des frachtrechtlichen Haftungssystems und seiner Absicherung auch im Zusammenhang mit außervertraglichen Ansprüchen (→ Rn. 1) soll der Frachtführer die Möglichkeit haben, die ihm zustehenden Einwände der Haftungsbefreiung und Haftungsbeschränkung auch gegenüber Ansprüchen geltend zu machen, die der Eigentümer oder Verkäufer des Beförderungsgutes geltend machen kann, der am Frachtvertrag nicht unmittelbar beteiligt ist, aber im Verlust- oder Beschädigungsfall einen Schaden erleidet. Ansprüche wegen Überschreitens der Lieferfrist sind vom Gesetzgeber wegen deren vertraglicher Natur aus dem Anwendungsbereich des § 434 zu Recht ausgenommen worden.[13] 9

Der Gesetzgeber hat in Abs. 2 den offenen Wertungskonflikt zwischen dem Schutz der Drittgeschädigten und dem des Frachtführers in differenzierter, die berührten Interessen sorgfältig ausbalancierender Weise entschieden. Grundsätzlich soll der Frachtführer auch gegenüber Dritten die ihm zustehenden frachtvertraglichen Einreden wegen Haftungsbefreiung oder Haftungsbeschränkung geltend machen können (Abs. 2 S. 1). Ausnahmen sollen aber zugunsten der berechtigten Interessen des Dritten in drei Fällen gelten: Der Frachtführer hat erstens vertragsfremden Dritten gegenüber nicht die Möglichkeit, sich auf eine individualvertragliche oder in AGB geregelte Absenkungen der gesetzlich vorgesehenen Haftungshöchstbeträge zu berufen (Abs. 2 S. 2 Nr. 1). Eine Ausnahme besteht zweitens, wenn der Dritte der Beförderung des Gutes nicht zugestimmt hat und der Frachtführer hinsichtlich der Befugnis des Absenders zur Beförderung bösgläubig war (Abs. 2 S. 2 Nr. 2), 10

[4] Für eine analoge Anwendung auf diese Fälle Koller Rn. 3; Hein/Eichoff/Pukall/Krien/Andresen Rn. 8; dagegen Fremuth/Thume/Fremuth Rn. 6.

[5] OLG Celle 20.10.2022, RdTW 2023, 369 Rn. 11, 12 zum MÜ.

[6] BGH 5.10.2006, BGHZ 169, 187 = NJW 2007, 58.

[7] BGH 5.10.2006, BGHZ 169, 187 (190 f.) = NJW 2007, 58.

[8] OLG Düsseldorf 13.11.2000, VersR 2001, 1302.

[9] Koller Rn. 5.

[10] Koller Rn. 5.

[11] Ebenroth/Boujong/Schaffert Rn. 12.

[12] Koller Rn. 7; Ebenroth/Boujong/Schaffert Rn. 16; Basedow TranspR 1998, 58 (59) für den Fall der Vereinbarung höherer Haftungssummen; einschr. Hein/Eichoff/Pukall/Krien/Andresen Rn. 14.

[13] Begr. RegE TRG, BT-Drs. 13/8445, 71.

wobei lediglich positive Kenntnis bzw. grobe Fahrlässigkeit einen Einwendungsausschluss begründen, während sich der Frachtführer nach der Neuregelung durch das SHR-Reformgesetz auf Haftungsbefreiungen und Haftungsbegrenzungen berufen kann, wenn er die fehlende Befugnis des Absenders, das Gut zu versenden, infolge leichter Fahrlässigkeit nicht kannte. Eine Ausnahme gilt ferner drittens, wenn das Beförderungsgut dem Dritten abhandengekommen war (Abs. 2 S. 2 Nr. 3); in diesem Fall kann auch der gutgläubige Frachtführer keinen Einwendungsvorrang beanspruchen; der Schutz der Frachtverkehrsinteressen steht in dieser Konstellation des Abhandenkommens beim Eigentümer wertungsmäßig zu Recht hinter dem Eigentumsschutz zurück. S. 3 ermöglicht dem Frachtführer, sich abweichend von S. 1 Nr. 1 auch vertragsfremden Dritten gegenüber auf bestimmte vertragliche Vereinbarungen über eine Haftungsbegrenzung zu berufen. Voraussetzung ist, dass die Vereinbarung eine Begrenzung der vom Frachtführer zu leistenden Entschädigung wegen Verlust oder Beschädigung des Gutes zum Gegenstand hat und der in der Vereinbarung vorgesehene Haftungshöchstbetrag den Betrag von zwei Rechnungseinheiten nicht unterschreitet; ferner muss die Vereinbarung nach § 449 zulässig sein, also zwischen Frachtführer und Absender im Einzelnen ausgehandelt worden sein oder der Frachtführer muss den Absender in geeigneter Weise darauf hingewiesen haben, dass in seinen Vertragsbedingungen ein anderer als der gesetzlich vorgesehene Betrag enthalten ist.

11 **2. Voraussetzungen. a) Rechtsbegriff des Dritten.** Dritte iSd Abs. 2 sind alle Personen, die nicht unmittelbar mit dem Frachtführer in einer vertraglichen Beziehung stehen oder mittelbar – etwa als Empfänger (§ 421 Abs. 1 S. 2) oder gem. § 328 BGB – am Frachtvertrag beteiligt sind. Nicht zu den Dritten gehören diejenigen Personen, die über § 437 oder § 447 mit dem Frachtgeschäft verbunden sind.[14] Vertragsunbeteiligter Dritte kann insbesondere der Eigentümer des Beförderungsgutes sein.

12 **b) Zustimmung des Dritten zur Beförderung.** Es handelt sich um eine rechtsgeschäftliche Erklärung, die ausdrücklich oder stillschweigend erklärt werden kann. Die Zustimmung zur Beförderung ist insbesondere dann anzunehmen, wenn der Berechtigte das Gut zur Durchführung oder zur Organisation eines Transports übergibt. Ebenso kann eine stillschweigend erteilte Zustimmung vorliegen, wenn das Gut einem anderen auf vertraglicher Grundlage übergeben wird und dieser das Gut im Rahmen der vorgesehenen oder üblichen vertraglichen Verwendung befördern lässt. Das ist regelmäßig der Fall bei Reparaturaufträgen,[15] Leasingverträgen oder sonstigen Verträgen zur längerfristigen Überlassung von Gegenständen.[16] Die stillschweigende Zustimmung bezieht sich regelhaft auf die nach Art und Umfang vorhersehbare Beförderung des Gutes.[17]

13 **c) Gutgläubigkeit in Bezug auf die Versendungsbefugnis des Absenders.** Liegt die Zustimmung des Dritten zur Beförderung nicht vor, kann der Frachtführer dem Dritten die frachtrechtlichen Einwendungen dennoch entgegenhalten, wenn er gutgläubig von der Befugnis des Absenders zur Beauftragung der Beförderung ausging. Dies ist insbesondere dann der Fall, wenn der Frachtführer ohne Fahrlässigkeit von der Eigentümerstellung des Versenders ausging.[18]

14 Der Gutgläubigkeit steht nur Vorsatz und grobe Fahrlässigkeit entgegen. Der Gesetzgeber wollte mit der Neufassung den Schutz des gutgläubigen Frachtführers verbessern;[19] deshalb besteht nunmehr erst recht keine Erkundigungsobliegenheit des Frachtführers in Bezug auf die Berechtigung des Absenders. Der Umstand, dass Anhaltspunkte dafür vorgelegen haben, dass der Versender nicht Eigentümer ist, bedeutet deshalb nicht, dass der Frachtführer hätte Erkundigungen darüber einholen müssen, ob der Versender zur Beauftragung der Beförderung berechtigt ist.[20] Ebenso scheidet eine generelle Erkundigungsobliegenheit in Fällen aus, in denen neue, hochwertige Konsumgüter oder wertvolle, langlebige Investitionsgüter transportiert werden.[21]

15 **d) Kein Abhandenkommen des Gutes vor Übernahme zur Beförderung.** Der Rechtsbegriff des Abhandenkommens entspricht dem des § 935 BGB. Das bedeutet, dass der Berechtigte den Besitz am Gut nicht unfreiwillig verloren haben darf, insbesondere nicht durch Diebstahl. In § 935 Abs. 1 S. 2 BGB ist dem der Fall gleichgestellt, dass der Berechtigte mittelbarer Besitzer war und

---

[14] Begr. RegE TRG, BT-Drs. 13/8445, 70.

[15] Koller Rn. 13.

[16] MüKoHGB/Herber/Harm Rn. 23; Koller Rn. 14; Ebenroth/Boujong/Schaffert Rn. 22.

[17] Koller Rn. 13.

[18] MüKoHGB/Herber/Harm Rn. 24; vgl. aber Canaris HandelsR § 31 Rn. 31, der dieses Ergebnis aus § 990 BGB ableiten will.

[19] Vgl. Begr. RegE SHR-ReformG zu § 434, BT-Drs. 17/10309, 55.

[20] Ebenso MüKoHGB/Herber/Harm Rn. 24; **aA** Koller Rn. 14; Ebenroth/Boujong/Schaffert Rn. 22.

[21] So aber Ruhweddel FS Herber, 2001, 163 (169).

der unmittelbare Besitzer den Besitz unfreiwillig verloren hat. Für § 434 gilt diese Regelung entsprechend.[22]

16 Der Besitzverlust muss vor der Übernahme des Gutes zur Beförderung durch den Frachtführer erfolgt sein. Der Begriff der Übernahme zur Beförderung ist identisch mit dem des § 425 und ist wie dort auszulegen (→ § 425 Rn. 8).

17 **3. Rechtswirkungen.** Der Frachtführer kann gegenüber Dritten die ihm gegenüber Absender und Empfänger zustehenden Einwendungen aus dem gesetzlichen Frachtrecht oder dem Frachtvertrag auch gegenüber den außervertraglichen Ansprüchen geltend machen.

18 Nicht explizit geregelt ist, ob diese Befugnis auch für die außervertragliche Haftung des Frachtführers im Zusammenhang mit Güterfolgeschäden (zB Schäden durch Vermischung des während des Transports verunreinigten Gutes mit anderen Waren des Empfängers) gilt. Der BGH hat in seiner Rspr. die Frage bisher offen gelassen.[23] Er hat aber erkennen lassen, dass er mit Rücksicht auf den Normzweck dafür ist, dass sich der Frachtführer auch gegenüber außervertraglichen Folgeschäden auf die Haftungsbegrenzungseinwände berufen darf.[24] Gerade in Bezug auf Güterfolgeschäden ist die Zulassung der Haftungseinwände des Frachtführers im Interesse der Kalkulierbarkeit und Versicherbarkeit der Schäden gerechtfertigt und geboten.[25]

IV. Beweislast

19 § 434 regelt in Abs. 1 eine Einwendung, dessen Voraussetzungen der Schädiger zu beweisen hat. Er hat deshalb zu beweisen, dass er als Frachtführer auf der Grundlage eines wirksamen Frachtvertrages und im Obhutszeitraum bzw. durch Überschreiten der Lieferfrist den Schaden verursacht hat.

20 Hält der Frachtführer die Einwendungen einem nicht am Frachtvertrag beteiligten Dritten entgegen (Abs. 2), hat der Dritte zu beweisen, dass der Frachtführer die fehlende Zustimmung zur Beförderung nicht gekannt hat bzw. die entsprechende Unkenntnis auf Fahrlässigkeit beruhte.[26] Ebenso hat der Dritte zu beweisen, dass das Gut ihm vor der Übernahme zur Beförderung abhandengekommen war.[27]

§ 435 Wegfall der Haftungsbefreiungen und -begrenzungen

Die in diesem Unterabschnitt und im Frachtvertrag vorgesehenen Haftungsbefreiungen und Haftungsbegrenzungen gelten nicht, wenn der Schaden auf eine Handlung oder Unterlassung zurückzuführen ist, die der Frachtführer oder eine in § 428 genannte Person vorsätzlich oder leichtfertig und in dem Bewußtsein, daß ein Schaden mit Wahrscheinlichkeit eintreten werde, begangen hat.

Schrifttum: Baumann, Darlegungslast und Recherchepflicht im Transportrecht, TranspR 2014, 187; Fremuth, Haftungsbegrenzungen und deren Durchbrechung im allgemeinen deutschen Frachtrecht und nach der CMR, TranspR 2004, 99; Heuer, Haftungsbegrenzungen und deren Durchbrechung nach den ADSp 2003, TranspR 2004, 114; Knorre, Die Anwendung der für Paketdienstfälle entwickelten Grundsätze zum Mitverschulden des Auftraggebers auf Ladungsverkehre, TranspR 2008, 162; Koller, Verspätete Information über die besondere Gefährdung des Gutes, vorsätzliche Missachtung von Sicherheitsanweisungen und Leichtfertigkeit, TranspR 2019, 469; Koller, Die sog. Recherchepflicht: Eine materiell-rechtliche oder eine prozessuale Pflicht?, TranspR 2014, 316; Koller, Die Leichtfertigkeit im deutschen Transportrecht, VersR 2004, 1346; Malsch/Andereg, Zur transportrechtlichen Rechtsprechung des Oberlandesgerichts Düsseldorf, TranspR 2008, 45; Marx, Die Darlegungs- und Beweislast beim qualifizierten Verschulden im Transportrecht nach der aktuellen Rechtsprechung des Bundesgerichtshofs, TranspR 2010, 174; Neumann, Die unbeschränkte Haftung des Frachtführers nach § 435 HGB, TranspR 2002, 413; Neumann, Die vorsätzliche Nichtbeachtung von besonderen frachtvertraglichen Abreden, TranspR 2006, 67; Rinkler, Zweifache Schadensberechnung bei qualifiziertem Verschulden, TranspR 2005, 305; Schriefers/Schlattmann, Der schlafende Fahrer – ein Beispiel für die Haftungsprobleme im Transportrecht, TranspR 2011, 18; Starck, Qualifiziertes Verschulden nach der Transportrechtsreform, FG Herber, 1999, 128; Thume, Die Schadensberechnung bei grobem Verschulden: Wertersatz – Schadensersatz?, TranspR 2008, 78;

---

[22] MüKoHGB/Herber/Harm Rn. 26.

[23] BGH 5.10.2006, BGHZ 169, 187 (191) = NJW 2007, 58.

[24] BGH 5.10.2006, BGHZ 169, 187 (192) = NJW 2007, 58; ebenso iErg Thume r+s 2006, 89 (92); **aA** Heuer TranspR 2002, 334 (335); Heuer TranspR 2005, 70 (71).

[25] So iErg Thume TranspR 2010, 45 (49); **aA** MüKoHGB/Herber/Harm Rn. 24; Koller Rn. 13b mit der Erwägung, dass diese Eigentümer ihr Gut nicht den Risiken des Transports ausgesetzt haben; diese Erwägung überzeugt in den Fällen nicht, in denen sich ein vom Transport induziertes Risiko verwirklicht (zB der Vermischungsschaden (→ Rn. 18), der ohne die transportursächliche Verunreinigung nicht entstanden wäre).

[26] Koller Rn. 18.

[27] Koller Rn. 18.

Thume, Grobes Verschulden und Mitverschulden – Quo Vadis BGH?, TranspR 2006, 369; Thume, Durchbrechung der Haftungsbeschränkung nach § 435 HGB im internationalen Vergleich, TranspR 2002, 1; Ungewitter, Beweisrechtliche Probleme zum Haftungsprivileg nach § 435 HGB bei Beschädigung oder Verlust von Beförderungsgut, VersR 2007, 1058; Zink, Der vorsätzliche Verstoß gegen Sicherheitsvorgaben als Ansatzpunkt für eine unbeschränkte Haftung des Frachtführers, RdTW 2022, 229; Zink, Der vorsätzliche Verstoß des Frachtführers gegen Sicherheitsvorgaben als Anwendungsfall von § 435 HGB, RdTW 2020, 362.

Übersicht

I. Normzweck

1 § 435 verleiht einem im Transportrecht geltenden Prinzip Ausdruck, nach dem einem Frachtführer die ihm wegen vertragstypischer Risiken eingeräumten Haftungsprivilegien nicht zugutekommen sollen, wenn ihn sog. qualifiziertes Verschulden trifft[1] und dieses für den eingetretenen Schaden ursächlich geworden ist.[2] Das sog. qualifizierte Verschulden besteht entweder bei Vorsatz und bei leichtfertigem Handeln im Bewusstsein der Wahrscheinlichkeit des Schadenseintritts; der Gesetzgeber des TRG hat sich dabei an entsprechenden Formulierungen in internationalen Übereinkommen orientiert.[3] Qualifiziertes Verschulden von Hilfspersonen wird dem Frachtführer zugerechnet und nimmt dem Frachtführer ebenfalls die Möglichkeit, sich auf die Haftungsausschlüsse und -begrenzungen zu berufen.[4]

2 Der Wegfall der Haftungsausschlüsse und -beschränkungen verfolgt mehrere Zwecke: Zunächst soll damit qualifiziertes Verschulden des Frachtführers sanktioniert werden und dieser zu rechtstreuem Verhalten angehalten werden.[5] Der angeordnete Wegfall der Haftungsbeschränkungen soll ferner die Rechtsposition des Geschädigten verbessern. Daraus wird gefolgert, dass der Geschädigte nicht gezwungen ist, seinen Schaden nach den §§ 249 ff. BGB zu berechnen, wenn § 429 zu einem vorteilhafteren Ergebnis führen würde;[6] ihm wird vielmehr ein Wahlrecht zugestanden (näher → Rn. 12).

II. Tatbestandsvoraussetzungen

3 **1. Vorsatz.** Im Unterschied zu Parallel-Vorschriften für andere Transportmittel (vgl. § 5b BinSchG (Binnenschifffahrt), Art. 25 WA (Luftverkehr), § 507 (Seeverkehr)) setzt § 435 keine Absicht voraus und lässt alle Vorsatzformen, insbesondere auch die des bedingten Vorsatzes (dolus eventualis), genügen. Vorsätzlich handelt danach, wer den für möglich gehaltenen Erfolg billigend in Kauf nimmt.[7] Der Vorsatz muss auf die Pflichtwidrigkeit des Verhaltens gerichtet sein[8] und scheidet somit aus, wenn der Frachtführer (oder seine Hilfspersonen) darauf vertrauen, dass der Schaden im konkreten Fall nicht eintreten wird.

4 Vorsatz hat die Rspr. angenommen, wenn entgegen einer ausdrücklichen Weisung im Ausland ein inländischer Fahrer eingesetzt wird,[9] bei Aushändigung des Gutes an eine in den Zustellregeln des Frachtführers dafür nicht bestimmte Person[10] und bei weisungswidriger Ablieferung des Gutes ohne Einforderung des Nachnahmebetrages.[11]

---

1 BGH 25.3.2004, BGHZ 158, 322 (327 f.) = NJW 2004, 2445.
2 BGH 23.7.2020, RdTW 2020, 366 Rn. 26.
3 Begr. RegE TRG, BT-Drs. 13/8445, 71.
4 Begr. RegE TRG, BT-Drs. 13/8445, 71.
5 Vgl. Seyffert Haftung 123.
6 Grdl. OLG Stuttgart 5.9.2001, TranspR 2003, 23.
7 BGH 22.10.1990, NJW 1991, 634 (636); Ebenroth/Boujong/Schaffert Rn. 4.
8 BGH 16.11.2006, TranspR 2007, 161 (163) = NJW 2007, 1809; **aA** Neumann TranspR 2006, 67 (69 f.).
9 20.1.2005, TranspR 2005, 311 (314) = NJW-RR 2005, 2177.
10 BGH 16.11.2006, TranspR 2007, 161 (163) = NJW 2007, 1809.
11 OLG Düsseldorf 13.12.2006, TranspR 2007, 25 (27).

2. Leichtfertigkeit. Dieser Rechtsbegriff stellt ein **objektives Merkmal** des Verschuldenstatbestandes dar. Maßstab sind die im Einzelfall zu treffenden Sicherungsvorkehrungen im Interesse des Gutes.[12] Er wird von der Rspr. dahingehend ausgelegt, dass ein besonders schwerer Pflichtenverstoß gegeben sein muss, bei dem sich der Frachtführer oder seine Leute in krasser Weise über die Sicherheitsinteressen der ihnen anvertrauten Güter der Vertragspartner hinwegsetzen.[13] Leichtfertig handelt, wer auf der Hand liegende Sorgfaltspflichten verletzt, naheliegende Überlegungen nicht anstellt und sich über Bedenken hinwegsetzt, die sich jedem aufdrängen müssen.[14] Der Maßstab entspricht im Wesentlichen dem der groben Fahrlässigkeit, den der Gesetzgeber des TRG in seinem Bemühen um Anpassung an die Begrifflichkeit der internationalen Übereinkommen nicht substantiell geändert oder gar verschärft[15] hat.[16] 5

Inhalt und Umfang der Sicherheitsvorkehrungen, die der Frachtführer zur Erfüllung seiner vertraglichen Verpflichtung ergreifen muss, um das in seiner Obhut befindliche Gut vor Beschädigung und Verlust zu bewahren, hängen von den Umständen des Einzelfalles ab.[17] Die Rspr. stellt umso höhere Anforderungen an die anzuhaltenden Sorgfaltsstandards, je größer die mit der Güterbeförderung verbundenen Risiken sind, je diebstahlsgefährdeter das Gut oder je höher der Wert des Gutes ist.[18] Von erheblicher Bedeutung ist dabei, ob das Gut leicht verwertbar und damit besonders diebstahlsgefährdet ist.[19] Leichtfertigkeit des Frachtführers im Hinblick auf die an seine Beförderung zu stellenden Sicherheitsanforderungen kann allerdings in der Regel nicht angenommen werden, wenn ihm die Gefahrenlage erst bei Verladung des Transportguts verdeutlicht wird; er könnte dann zB das Transportfahrzeug nicht mehr bzw. nur mit unverhältnismäßig hohen Kosten auswechseln oder keinen zweiten Fahrer vor Ort einsetzen.[20] Entsprechendes gilt für just-in-time-Lieferungen.[21] Wird eine Sendung unter völlig falscher Anschrift an einen nicht berechtigten Empfänger abgeliefert wird, stellt dies einen so eklatanten Verstoß gegen die Kardinalpflichten des Frachtführers dar, dass sich hieraus hinreichende Anhaltspunkte für ein qualifiziertes Verschulden ergeben; es ist dann Sache des Frachtführers im Rahmen ihrer Einlassungsobliegenheit näher darzutun, wie es zu dem Fehler kommen konnte bzw. gekommen ist, welche Vorsorge getroffen ist, derartige Falschablieferungen zu vermeiden, wann die konkrete Falschablieferung entdeckt wurde und welche Anstrengungen die Beklagte unternommen hat, um den Fehler zu korrigieren.[22] Qualifiziert schuldhaft handelt der Frachtführer, wenn er bei einem erheblichen Warenwert einen Unterfrachtführer zu einem festen, niedrigen Frachtpreis beauftragt, ohne dem Subunternehmer den möglichen Warenwert mitzuteilen.[23] Bei Tiefkühltransporten muss der Frachtführer nicht nur ein geeignetes Transportfahrzeug zur Verfügung stellen, sondern auch während des Transportes die Funktionsfähigkeit des Kühlaggregates überwachen. Je nach den Umständen hat er während der Beförderung die Kühltemperatur in zeitlichen Abständen zu kontrollieren und hierbei die ihm zur Verfügung stehenden Kontrollmöglichkeiten auszuschöpfen.[24] Allein der Umstand, dass der Lkw während der Fahrt bei starkem Wind umgekippt ist, lässt nicht die Schlussfolgerung auf ein qualifiziertes Verschulden des Fahrers zu.[25] 6

3. Bewusstsein der Schadenswahrscheinlichkeit. Dieses **subjektive Merkmal** des Verschuldenstatbestandes verlangt, dass der Handelnde bei der Sorgfaltspflichtverletzung das Bewusstsein gehabt haben muss, dass seine Handlung (oder Unterlassung) nicht nur grob gegen die Sorgfaltsstandards verstößt, sondern, dass ihm zusätzlich bewusst war, dass ein Schaden mit Wahrscheinlichkeit eintreten werde.[26] Leichtfertigkeit allein ermöglicht einen Schluss auf das Bewusstsein der Wahr- 7

---

[12] BGH 1.7.2010, TranspR 2011, 78 (79).

[13] BGH 23.7.2020, RdTW 2020, 366 Rn. 40; 19.3.2015, RdTW 2015, 405 Rn. 30; 13.12.2013, RdTW 2013, 271 Rn. 17; 25.3.2004, BGHZ 158, 322 (328) = NJW 2004, 2445; 6.6.2007, TranspR 2007, 423 (424); 11.11.2004, TranspR 2006, 161 (164); OLG Hamburg 24.3.2016, RdTW 2016, 385 Rn. 44 ff.

[14] OLG Hamburg 5.3.2015, RdTW 2017, 420 Rn. 35; OLG Düsseldorf 2.11.2005, TranspR 2005, 468.

[15] So Thume TranspR 2002, 1 (3).

[16] Vgl. Koller Rn. 6.

[17] BGH 23.7.2020, RdTW 2020, 366 Rn. 40; 1.7.2010, NJW-RR 2011, 117 Rn. 21 = TranspR 2011, 78 zur CMR.

[18] Vgl. BGH 1.7.2010, NJW-RR 2011, 117 Rn. 21; 6.6.2007, TranspR 2007, 423 (424); OLG Düsseldorf 4.7.2018, TranspR 2019, 318 = RdTW 2020, 300 Rn. 17.

[19] BGH 1.7.2010, NJW-RR 2011, 117 Rn. 21 = TranspR 2011, 78 zur CMR.

[20] OLG Düsseldorf 4.7.2018, TranspR 2019, 318 = RdTW 2020, 300 Rn. 17; krit. Koller TranspR 2019, 469 ff.

[21] OLG Stuttgart 28.5.2007, TranspR 2008, 259 (261).

[22] OLG Düsseldorf 11.7.2018, RdTW 2020, 188 Rn. 16.

[23] OLG Düsseldorf 17.12.2014, RdTW 2017, 103 Rn. 36.

[24] OLG Zweibrücken 12.3.2019, RdTW 2019, 237 Rn. 52.

[25] OLG Hamburg 7.3.2018, RdTW 2018, 427 Rn. 5 ff.

[26] BGH 19.3.2015, RdTW 2015, 405 Rn. 30; 12.1.2012, TranspR 2012, 107 Rn. 27.

scheinlichkeit des Schadenseintritts somit nicht; ein Rückschluss auf das Vorliegen der inneren Tatsache ist vielmehr nur zulässig, wenn das leichtfertige Verhalten nach Inhalt und Umständen diese Folgerung im Einzelfall rechtfertigt.[27] Regelmäßig kann ein solches Bewusstsein nur aus den Umständen und Indizien gefolgert werden.[28] Wahrscheinlich ist ein Schaden, wenn das Risiko des Schadenseintritts nach den gegebenen Umständen naheliegend war. Insofern verlangt das Gesetz keine bestimmten, mathematisch festgelegten Wahrscheinlichkeiten. Erforderlich ist die Feststellung, ob sich bei wertender Betrachtung der Umstände für den Handelnden aus seinem leichtfertigen Verhalten die Erkenntnis aufdrängen musste, es werde wahrscheinlich ein Schaden eintreten.[29] Dabei reicht die Erfüllung des Tatbestandsmerkmals der Leichtfertigkeit nicht aus, um auf das Bewusstsein von der Wahrscheinlichkeit des Schadenseintritts schließen zu können; eine solche Erkenntnis ist als innere Tatsache erst dann anzunehmen, wenn das leichtfertige Verhalten nach seinem Inhalt und nach den Umständen, unter denen es aufgetreten ist, diese Folgerung bei wertender Betrachtung rechtfertigt.[30] Unter Heranziehung von Erfahrungssätzen und zumindest bei typischen Geschehensabläufen kann ein Schluss von der Leichtfertigkeit auf ein entsprechendes Bewusstsein gerechtfertigt sein.[31] Auf das Bewusstsein eines wahrscheinlichen Schadenseintritts kann geschlossen werden, wenn elementare Sorgfaltsanforderungen unterlassen wurden[32] bzw. der Schaden infolge eines grob mangelhaften Betriebsablaufs eintrat und die grobe Mangelhaftigkeit dem Frachtführer oder dem von § 428 erfassten Personenkreis bekannt waren.[33]

8 **4. Einzelfälle und grobes Organisationsverschulden.** Ob die Tatbestandsvoraussetzungen vorliegen, kann nur im Einzelfall festgestellt werden.[34] Die dazu ergangene Rspr. bietet ein reiches, aber kaum verallgemeinerungsfähiges Anschauungsmaterial.[35] Tendenziell wird qualifiziertes Verschulden in einer Vielzahl von Fällen angenommen und eher selten nach näherer Prüfung verneint.[36] Ein Verstoß gegen vertraglich vereinbarte oder von einer Partei des Frachtvertrages einseitig wirksam vorgegebene Sicherheitsbestimmungen begründet nach der Rspr. des BGH grundsätzlich ein qualifiziertes Verschulden.[37] Der BGH prüft allerdings in AGB enthaltene Sicherheitsbestimmungen auf ihre hinreichende Bestimmtheit und hat die Klausel „sind zu überwachen … oder dort abzustellen, wo ausreichende Sicherheit gewährleistet ist" für zu unbestimmt erachtet.[38] Die Verletzung vertragswesentlicher Pflichten als solche genügt anders als nach der Regelung in Ziff. 27.1.2 ADSp 2016 nicht.[39]

9 Zentrale Bedeutung haben in der Rspr. die Konstellationen einer unterlassenen Wertdeklaration (→ § Rn. 15), eines unterlassenen Hinweises auf die Gefahr eines ungewöhnlich hohen Schadens (→ Rn. 16) und die Fälle eines groben Organisationsverschuldens gewonnen. Letztere sind vor allem in den Fällen von Bedeutung, in denen sich der Schadenshergang und der Schadensort nicht aufklären lassen. Die Rspr. prüft dann, ob eine Anwendung von § 425 deswegen in Betracht kommt, weil der Frachtführer seinen Betrieb nicht ordnungsgemäß organisiert hat und nicht ausgeschlossen werden kann, dass der Schaden dadurch verursacht wurde. Insbesondere in den Fällen, in denen eine **Ein- und Ausgangskontrolle** beim Umschlag von Gütern nicht durchgängig erfolgt, liegt regelmäßig das sog. qualifizierte Verschulden iSd § 435 vor.[40] Den Frachtführer trifft ein eigenes Organisationsverschulden, wenn er **Sicherheitsanweisungen** des Auftraggebers nicht an den Unter-

---

[27] BGH 23.7.2020, RdTW 2020, 366 Rn. 40; 6.6.2007, TranspR 2007, 423 ff.

[28] MüKoHGB/Herber/Harm Rn. 16.

[29] Grdl. BGH 16.2.1979, BGHZ 74, 162 (168) = NJW 1979, 2474 (2476); 6.6.2007, TranspR 2007, 423 (424).

[30] BGH 13.1.2013, RdTW 2013, 271 Rn. 17; 13.1.2011, NJW-RR 2011, 1181; 30.9.2010, NJW 2011, 296; OLG Stuttgart 23.12.2020, RdTW 2022, 440 Rn. 64; OLG Hamburg 8.11.2018, RdTW 2019, 419 Rn. 82.

[31] BGH 25.3.2004, BGHZ 158, 322 (329) = NJW 2004, 2445.

[32] BGH 11.11.2014, BeckRS 2005 270 Rn. 32; OLG Hamburg 8.11.2018, RdTW 2019, 419 Rn. 82.

[33] BGH 11.11.2004, TranspR 2006, 161; OLG Brandenburg 29.1.2014, RdTW 2015, 107 Rn. 21 ff.

[34] Zuletzt BGH 13.10.2022, RdTW 2023, 142 Rn. 29.

[35] Vgl. die Nachweise bei Koller Rn. 7 ff.; Ebenroth/Boujong/Schaffert Rn. 10 ff.; MüKoHGB/Thume Rn. 17 ff.

[36] So aber OLG Stuttgart 25.2.2015, RdTW 2015, 306 Rn. 17 ff.; OLG Köln 18.2.2014, RdTW 2015, 257 Rn. 3 ff.; OLG Brandenburg 29.1.2014, RdTW 2015, 107 Rn. 41 ff.; OLG Hamburg 26.6.2014, RdTW 2015, 72 Rn. 14 ff.; OLG Köln 20.3.2012, RdTW 2015, 26 Rn. 22.

[37] BGH 23.7.2020, RdTW 2020, 366 Rn. 26; 30.9.2010, NJW 2011, 296 Rn. 28 f.; 20.1.2005, NJW-RR 2005, 1277 Rn. 31, jeweils zur CMR; OLG Celle 13.6.2019, RdTW 2020, 100 Rn. 16.

[38] BGH 23.7.2020, RdTW 2020, 366 Rn. 31 ff.; **aA** Zink RdTW 2020, 362 ff.

[39] OLG Karlsruhe 28.7.2023, RdTW 2025, 141 Rn. 75.

[40] BGH 23.7.2020, RdTW 2020, 366 Rn. 26; 30.1.2008, TranspR 2008, 117 Rn. 25; 30.1.2008, TranspR 2008, 122 Rn. 18; 8.11.2007, TranspR 2008, 247 Rn. 13; 20.9.2007, TranspR 2008, 113 Rn. 22 ff.; 25.3.2004, BGHZ 158, 322 (329 f.) = NJW 2004, 2445.

frachtführer weitergibt.[41] Von einem leichtfertigen Organisationsverschulden ist auszugehen, wenn die Übernahme der Ware durch ein bestimmtes Fahrzeug nicht in der Planung dokumentiert und kontrolliert wird, sodass nicht mehr nachzuvollziehen ist, wo ein Verlust eingetreten ist.[42]

Die höchstrichterliche Rspr. wird von dem Rechtsgrundsatz geleitet, dass qualifiziertes Verschulden iSd § 435 vorliegt, wenn der Frachtführer nicht für eine sachgerechte **Schnittstellenkontrolle** sorgt.[43] Sie findet ihre Rechtfertigung in dem Umstand, dass der Umschlag von Gütern und das Verhalten des Frachtführers an dieser Schnittstelle zwischen verschiedenen Transportmitteln oder dem Transportmittel und dem Lager ein besonders schadensanfälliger Vorgang ist, bei dem das Unterlassen sachgerechter Kontrollmaßnahmen nicht nur als leichtfertig anzusehen ist, sondern zugleich erkennen lässt, dass der Frachtführer das Bewusstsein haben muss, infolge der Sorgfaltspflichtverletzung könne mit hoher Wahrscheinlichkeit ein Schaden eintreten.[44] Sie ist vor allem dann geboten, wenn Fremdunternehmen in die Durchführung der Transportleistung einbezogen werden.[45] Die Schnittstellenkontrolle ist vor allem auf die Vermeidung von Güterverlusten gerichtet.[46] Die Kontrollmaßnahmen dürfen sich deshalb nicht auf Papier- oder EDV-Kontrollmaßnahmen beschränken, sie müssen nach derzeitigem Stand eine körperliche Kontrolle der Vollzähligkeit der Sendung einschließen.[47] Für die Feststellung von Güterbeschädigungen hat die Rspr. vergleichbare Schnittstellenkontrollerfordernisse nur für solche Beschädigungen aufgestellt, die äußerlich erkennbar sind.[48] Eine **Stichprobenkontrolle** kann im Einzelfall ausreichen, wenn dadurch bereits Verlusten wirksam begegnet werden kann.[49] Die Rspr. verlangt, dass die Umstände der Stichprobenkontrolle (Ablauf, Intensität, Häufigkeit) nachvollzogen werden können.[50] Ein **Verzicht** auf die Durchführung von Schnittstellenkontrollen in AGB ist gem. § 449 unwirksam (→ § 449 Rn. 1 ff.).[51] 10

5. Einstehen für Hilfspersonen. § 435 verweist für die Zurechnung des Verhaltens von Hilfspersonen des Frachtführers auf § 428. Handeln diese Leute qualifiziert schuldhaft iSd § 435, verliert der Frachtführer auch deswegen seine Haftungsprivilegien. 11

III. Rechtsfolgen und Bedeutung des Mitverschuldens

1. Wahlrecht des Geschädigten. Nach dem Wortlaut des § 435 ist die Rechtsfolge des Vorliegens qualifizierten Verschuldens, dass die frachtrechtlichen Haftungsbefreiungen und -begrenzungen „nicht gelten". Die Regelung ist vom Gesetzgeber der des Art. 29 Abs. 1 CMR nachgebildet worden,[52] weicht aber vom Wortlaut dieser Vorschrift („nicht berufen") ab. Der BGH zuerkennt dem Geschädigten deswegen ein (nach der CMR nicht bestehendes) Wahlrecht: Dieser kann sich entweder auf die allgemeinen Vorschriften des BGB, insbesondere die Schadensersatzbestimmungen der §§ 280 ff., 823 ff., 249 ff. BGB, oder aber die frachtrechtliche Wertersatzpflicht des § 429 berufen.[53] Das Wahlrecht ist gerechtfertigt, weil der Geschädigte in den Fällen des qualifizierten Verschuldens besser gestellt werden soll; dies kann mit der Geltung der Wertersatzregel des § 429 erfolgen, wenn ein entsprechender Schaden iSd § 249 BGB nicht nachweisbar ist.[54] Nach den allgemeinen Bestimmungen der §§ 249 ff. BGB sind bei Verlust die Kosten der Wiederbeschaffung einer gleichartigen oder wirtschaftlich gleichwertigen Ersatzsache zu ersetzen; bei neuwertigen Sachen entspricht dies dem Neupreis.[55] Zu ersetzen ist nach §§ 249 ff. BGB auch eine vom Absender/Hauptfrachtführer 12

---

[41] OLG Celle 13.6.2019, RdTW 2020, 100 Rn. 62.
[42] OLG Brandenburg 12.8.2020, RdTW 2021, 374 Rn. 7 ff.
[43] Vgl. dazu Ebenroth/Boujong/Schaffert Rn. 8; MüKoHGB/Thume Rn. 22 ff.
[44] Grdl. BGH 15.11.2001, BGHZ 149, 337 (346 f.) = NJW 2002, 3106; 25.3.2004, BGHZ 158, 322 (334) = NJW 2004, 2445; vgl. ferner MüKoHGB/Thume Rn. 23.
[45] BGH 15.11.2001, BGHZ 149, 337 (348) = NJW 2002, 3106.
[46] BGH 11.11.2004, TranspR 2006, 161 (163).
[47] BGH 15.11.2001, BGHZ 149, 337 (346 f.) = NJW 2002, 3106; 25.3.2004, BGHZ 158, 322 (330) = TranspR 2004, 309 (311).
[48] BGH 19.5.2005, TranspR 2006, 114 (115); OLG Celle 3.5.2007, TranspR 2008, 250 (252); Thume TranspR 2006, 369 (370).
[49] BGH 15.11.2001, TranspR 2002, 452 (453).
[50] BGH 15.11.2001, BGHZ 149, 337 (348) = NJW 2002, 3106; OLG Brandenburg 12.8.2020, RdTW 2020, 375 Rn. 7.
[51] BGH 30.1.2008, TranspR 2008, 118 (120); 30.1.2008, TranspR 2008, 122 (124); 20.9.2007, TranspR 2008, 163 (166); 1.12.2005, TranspR 2006, 171 (173); 1.12.2005, NJW-RR 2006, 758.
[52] Begr. RegE TRG, BT-Drs. 13/8445, 72.
[53] BGH 3.3.2005, TranspR 2005, 253 (254); Rinkler TranspR 2005, 305 (306); Thume TranspR 2008, 78 ff.; **aA** Schriefers TranspR 2007, 184 ff.
[54] Eingehend Thume TranspR 2008, 78 (79 ff.).
[55] OLG Köln 16.4.2015, RdTW 2015, 436 Rn. 53.

vergleichshalber geleistete Zahlung an seinen Auftraggeber, einschließlich der dabei entstandenen Kosten des Hauptfrachtführers und der vorprozessualen Kosten des Auftraggebers.[56] Macht er den Wertersatzanspruch nach § 429 geltend, muss sich der Geschädigte den Einwand der summenmäßigen Haftungsbeschränkung und den Ausschluss des Ersatzes von Folgeschäden (§ 431) entgegenhalten lassen.[57] Eine Anrechnung der Vorteile aus einer (kaufrechtlich geschuldeten) Ersatzlieferung erfolgt weder bei der Bemessung des Wertersatz- noch bei der des Schadensersatzanspruchs.[58]

13 **2. Mitverursachung, Mitverschulden. a) Grundlagen.** Ist das Verhalten des Geschädigten mitursächlich für den Schaden geworden, ist dies bei der Haftungsverteilung zu berücksichtigen;[59] insbesondere ein Mitverschulden des Geschädigten findet in den Fällen des qualifizierten Verschuldens des Frachtführers iSd § 435 Berücksichtigung.[60] Diese Rspr. hat sich ungeachtet verschiedentlich geäußerter rechtsdogmatischer Einwände durchgesetzt und dient der Rspr. als Korrektiv zur Milderung der weit verstandenen Anwendung von § 435.[61] Die Rspr. hat sich über den Einwand hinweggesetzt, in den Fällen qualifizierten Verschuldens sei von der Vorschrift des § 435 auch der Mitverursachungseinwand nach § 425 Abs. 2 ausgeschlossen.[62] Dies erfolgt zu Recht, weil nach § 435 lediglich Privilegierungen des Frachtführers nicht gelten sollen (→ Rn. 1 f.); eine Aussage für die Berücksichtigung von Verursachungsbeiträgen des Geschädigten ist damit nicht getroffen.[63] Überdies ist bei der von § 435 eröffneten Anwendung der allgemeinen Schadensersatzvorschriften der Mitverschuldenseinwand des § 254 BGB zu berücksichtigen (näher → Rn. 15 ff.). Die Rspr. ist inzwischen dazu übergangen, die Zulässigkeit des Mitverschuldenseinwandes auf beide Rechtsgrundlagen zu stützen,[64] ohne auf die bestehenden Unterschiede (→ § 425 Rn. 1) einzugehen.

14 Die Haftungsverteilung unter Berücksichtigung des Mitverschuldenseinwands erfolgt nach Maßgabe einer wertenden Beurteilung, inwieweit das Verhalten des Frachtführers oder des Versenders den Eintritt des Schadens verursacht hat. Eine Begrenzung des anzurechnenden Mitverschuldensbeitrages sieht das Gesetz nicht vor; das qualifizierte Verschulden des Frachtführers wird zwar in der Regel höher zu gewichten sein; im Einzelfall kann das Mitverschulden aber mehr als 50 % betragen oder zu einem vollständigen Wegfall der Haftung führen.[65] Hinsichtlich der Verursachungsbeiträge des Versenders wird maßgeblich darauf abgestellt, inwieweit dieser Sorgfaltsobliegenheiten verletzt hat, die dem Zweck der Vermeidung des Schadens dienen.[66] Erteilt der Auftraggeber dem Frachtführer Sicherheitsanweisungen zur Vermeidung eines Diebstahls und setzt sich der Frachtführer über diese Anweisungen hinweg, kann er sich anschließend nicht darauf berufen, der Auftraggeber hätte ihn auch noch auf den Wert des Frachtgutes hinweisen müssen, damit er die Möglichkeit gehabt habe, geeignete Maßnahmen zur Verhinderung des Schadens zu ergreifen.[67] Die Pflicht zur Wertdeklaration kann auch insofern Bedeutung erlangen, als ein Versender in einen beachtlichen Selbstwiderspruch geraten kann, wenn er trotz Kenntnis, dass der Spediteur oder Frachtführer die diesem übergebenen Pakete bei richtiger Wertangabe mit größerer Sorgfalt behandelt, von einer Wertdeklaration absieht und bei Verlust gleichwohl vollen Schadensersatz verlangt.[68] In diesem Rahmen kann es ausreichen, wenn der Versender die sorgfältigere Behandlung von Wertpaketen durch den Transporteur hätte erkennen müssen, etwa weil sich aus den Allgemeinen Beförderungsbedingungen des Frachtführers ergibt, dass dieser bei Wertpaketen eine erhöhte Beförderungssicherheit gewährleistet.[69]

15 **b) Einzelfälle.** Der Mitverschuldenseinwand des qualifiziert schuldhaft handelnden Frachtführers kommt im Fall des **Unterlassens einer Wertdeklaration** in Betracht,[70] wenn nicht schon die

[56] OLG München 22.1.2015, RdTW 2015, 140 Rn. 34.
[57] Thume TranspR 2008, 78 (79 ff.).
[58] Koller TranspR 2014, 1 ff.; **aA** Skradde TranspR 2013, 223 ff.
[59] Grdl. BGH 5.6.2003, TranspR 2003, 467 (471).
[60] StRspr; vgl. BGH 30.1.2008, TranspR 2008, 118 (121 f., 124); 23.10.2003, TranspR 2004, 177 (179) = NJW RR 2004, 393.
[61] So Koller TranspR 2006, 413 (417 f.); MüKoHGB/Herber Rn. 27.
[62] So BGH 21.1.2010, NJW-RR 2010, 909; 20.7.2006, NJW-RR 2007, 28 Rn. 22; OLG Stuttgart 23.12.2020, RdTW 2022, 440 Rn. 80.
[63] MüKoHGB/Thume Rn. 31 ff.
[64] BGH 20.9.2007, TranspR 2008, 163 (166); 30.3.2006, TranspR 2006, 250 (253); 1.12.2005, TranspR 2006, 205 (206 f.).
[65] BGH 11.9.2008, TranspR 2008, 362 (364) (Hinwegsetzen des Versenders über den ihm bekannten Ausschluss bestimmter Pakete von der Beförderung gemäß den Beförderungsbedingungen).
[66] BGH 15.11.2001, TranspR 2002, 295 (301).
[67] OLG Celle 13.6.2019, RdTW 2020, 100 Rn. 73; OLG München 5.5.2010, VersR 2010, 1521.
[68] BGH 22.11.2007, NJW 2008, 920 Rn. 31.
[69] BGH 22.11.2007, NJW 2008, 920 Rn. 32; OLG Celle 13.6.2019, RdTW 2020, 100 Rn. 91.
[70] BGH 20.9.2007, TranspR 2008, 163 (166); 1.12.2005, TranspR 2006, 205 (206 f.); OLG Frankfurt 26.2.2015, RdTW 2015, 336 Rn. 38 f.; OLG Celle 11.12.2014, RdTW 2015, 218 Rn. 29 f.

fehlende bzw. nicht hinreichende Angabe des Warenwertes das qualifizierte Verschulden des Frachtführers entfallen lässt, weil besondere Sicherheitsmaßnahmen im Rahmen der Organisation des Transports in der Annahme nicht getroffenen wurden, die tatsächlich getroffenen Maßnahmen würden bei Gütern mit „normalem" Risiko ausreichen (→ Rn. 6).[71] Mitverschuldenserheblich ist dabei der Umstand, dass der Versender keine Wertdeklaration vornimmt, obwohl er zumindest hätte erkennen können, dass der Frachtführer die Sendung in Kenntnis des Wertes mit größerer Sorgfalt behandelt hätte.[72] Eine solche Kenntnis kann sich insbesondere aus den Beförderungsbedingungen des Beförderers ergeben, die bei Wertsendungen eine höhere Beförderungssicherheit vorsehen.[73] Hat der Warenversender positive Kenntnis davon, dass die zur Beförderung aufgegebene Sendung nach den AGB des Frachtführer sog. Verbotsgut enthält, kann dies bei einem Verlust der Sendung im Rahmen der Abwägung der Verursachungsbeiträge einen vollständigen Ausschluss der Haftung des Frachtführers zur Folge haben, wenn der Versender diesen nicht über zur Beförderung übergebenes Verbotsgut unterrichtet.[74] Ursächlich ist das so begründete Mitverschulden des Versenders, wenn der Beförderer seine frachtrechtlichen Sorgfaltspflichten besser erfüllt hätte, wäre ihm der Wert bekannt gewesen.[75] Wertdeklarationen bei Nachnahmesendungen genügen regelmäßig den Sorgfaltsobliegenheiten des Versenders,[76] während Wertdeklarationen im EDI-Verfahren nicht ausreichend sind.[77] Bietet das Versandverfahren dem Absender keine Anhaltspunkte dafür, dass wertdeklarierte Sendungen in einem besonders kontrollierten Transportsystem befördert werden, hat der Absender selbst Maßnahmen zu ergreifen, um auf eine sorgfältige Behandlung der Sendung aufmerksam zu machen; wertdeklarierte Pakete müssen deshalb dem Abholfahrer erforderlichenfalls gesondert übergeben werden.[78] Die Quotierung der Verursachungsanteile wird in jedem Einzelfall und in Abhängigkeit von der Höhe der fehlenden Wertdeklaration festgelegt; je höher der tatsächliche Wert der Sendung, desto bedeutsamer ist der Verursachungsbeitrag des Unterlassens der Wertdeklaration.[79] Feste Quotierungen lassen sich nicht von vornherein festlegen.[80]

Die **unterlassene Aufklärung über die Gefahr eines ungewöhnlich hohen Schadens** 16
begründet ebenfalls eine Mitverantwortlichkeit des Absenders trotz qualifizierten Verschuldens des Frachtführers.[81] Anders als bei der unterlassenen Wertdeklaration[82] kommt es insofern nicht darauf an, dass der Frachtführer im Falle der Aufklärung tatsächlich eine sorgfältigere Behandlung des Gutes vorgenommen hätte; dem Frachtführer soll durch den Aufklärungshinweis lediglich die Möglichkeit gegeben werden, geeignete Maßnahmen zur Schadensverhinderung zu ergreifen.[83] Die Gefahr eines ungewöhnlich hohen Schadens ist in den üblichen Paketdienstfällen im Allgemeinen dann gegeben, wenn der Wert einer Sendung den zehnfachen Betrag der in den Beförderungsbedingungen des Frachtführers genannten Haftungshöchstgrenze übersteigt, das sind regelmäßig 5.000 Euro.[84] Übersteigt der Wert der Fracht das Zehnfache des Haftungshöchstbetrages gem. § 431 Abs. 1 nicht, wenn auch nur knapp, ist nicht von einer Warnobliegenheit des Absenderin auszugehen.[85]

Die Beauftragung eines Frachtführers in **Kenntnis von dessen mangelhafter Betriebsorganisation** 17
stellt einen weiteren Mitverschuldenseinwand im Zusammenhang mit § 435 dar.[86] Für das Zusammentreffen qualifizierten Frachtführerverschuldens und der Kenntnis des Versenders von der mangelhaften Betriebsorganisation sind dann im Einzelfall nach den Verursachungsanteilen zu quotieren. An die Kenntnis des Versenders werden allerdings zu Recht erhöhte Anforderungen gestellt, da die Ausgestaltung der Transportorganisation im alleinigen Verantwortungsbereich des Frachtführers

---

[71] BGH 1.7.2010 jurisPR-HaGesR 1/2011 Anm. 6; 6.6.2007, TranspR 2007, 423 Rn. 19, jeweils zur CMR.

[72] BGH 30.1.2008, TranspR 2008, 118 (120); 30.1.2008, TranspR 2008, 122 (124).

[73] BGH 22.11.2007, TranspR 2008, 30; 1.12.2005, TranspR 2006, 205 (206 f.).

[74] BGH 4.7.2013, RdTW 2014, 56 Rn. 57; 3.5.2007, TranspR 2007, 405 Rn. 31.

[75] BGH 4.7.2013, RdTW 2014, 56 Rn. 19; 20.9.2007, TranspR 2008, 163 (167); 15.11.2001, TranspR 2002, 295 (301).

[76] BGH 3.5.2007, TranspR 2007, 405 (407); 1.12.2005, TranspR 2006, 166 (168).

[77] BGH 30.1.2008, TranspR 2008, 122 (124 f.); 20.9.2007, TranspR 2008, 163 (166).

[78] BGH 20.9.2007, TranspR 2008, 163 (166).

[79] BGH 20.9.2007, TranspR 2008, 163 (167); 1.12.2005, TranspR 2006, 166 (168).

[80] 20.9.2007, TranspR 2008, 163 (167).

[81] BGH 23.7.2020, RdTW 2020, 366 Rn. 54; 3.3.2016, RdTW 2016, 299 Rn. 14; 2.4.2009, TranspR 2009, 410 Rn. 32; 20.9.2007, TranspR 2008, 163 (167); 1.12.2005, TranspR 2006, 205 (208); OLG Naumburg, 28.3.2014, RdTW 2015, 258 Rn. 43.

[82] Vgl. BGH 15.11.2001, TranspR 2002, 295 (301); 20.9.2007, TranspR 2008, 163 (167).

[83] StRspr; vgl. nur BGH 20.1.2005, TranspR 2005, 311 (314 f.) = NJW-RR 2005, 1277 (1280).

[84] Vgl. BGH 23.7.2020, RdTW 2020, 366 Rn. 54; 21.1.2010, NJW-RR 2010, 911 Rn. 27; 20.9.2007, TranspR 2008, 163 (167); OLG Celle 13.6.2019, RdTW 2020, 100 Rn. 77 ff.

[85] BGH 23.7.2020, RdTW 2020, 366 Rn. 57; OLG Stuttgart 23.12.2020, RdTW 2022, 440 Rn. 89.

[86] StRspr, vgl. nur BGH 30.3.2006, TranspR 2006, 250 (252) = NJW-RR 2006, 1264.

liegt. Ohne besonderen Anlass hat der Versender die Transportorganisation des Frachtführers deshalb nicht zu überprüfen.[87] Hat der Versender dagegen Kenntnis von fehlenden Schnittstellenkontrollen aus vorvergangenen Beförderungsfällen oder aus den AGB des Frachtführers, reicht die trotz dieses Wissens erfolgende Beauftragung dieses Frachtführers zum Mitverschulden.[88] Wird Gut in einem verschlossenen Behältnis zur Beförderung übergeben, das nach den AGB des Frachtführers von der Beförderung ausgeschlossen sein soll (sog. Verbotsgut), kommt ein Mitverschulden des Anspruchstellers in Betracht,[89] ebenso wie bei der Übergabe des Gutes an einen dieses unterschlagenden Unterfrachtführers[90] bzw. in der Situation, dass wertvolle Gegenstände nicht im Handgepäck mitgeführt, sondern aufgegeben werden.[91]

IV. Beweislast

18 Die Darlegungs- und Beweislast für das Vorliegen der Voraussetzungen der den Geschädigten begünstigenden Vorschrift des § 435 liegt grundsätzlich bei diesem selbst. Nach gefestigter Rspr.[92] genügt es, dass das Vorbringen des Anspruchsstellers das qualifizierte Verschulden mit gewisser Wahrscheinlichkeit nahelegen und allein der Frachtführer in zumutbarer Weise zur Aufklärung des in seinem Bereich entstandenen Schadens beitragen kann.[93] In diesen Fällen wird eine sekundäre Darlegungs- und Beweislast des Frachtführers ausgelöst.[94] Das ist grundsätzlich dann der Fall, wenn die primär darlegungspflichtige Partei außerhalb des maßgeblichen Geschehensablaufs steht und keine Kenntnisse von den näheren Umständen des Schadensfalles hat, während der Schädiger nähere Angaben machen kann.[95] Ist die Ursache für einen Verlust völlig ungeklärt geblieben, können eben darin Anhaltspunkte für ein leichtfertiges Handeln liegen, die eine sekundäre Darlegungslast des Frachtführers begründen, sodass dieser unter Benennung der beteiligten Personen samt ihrer ladungsfähigen Anschrift den genauen Organisationsablauf in seinem Betrieb offenzulegen und darzutun hat, welche auf der Hand liegenden, elementaren Schadensverhütungsmaßnahmen beim konkreten Transport von ihm vorgenommen worden sind, um die mit gewisser Wahrscheinlichkeit zu besorgenden Schadensursachen auszuschalten.[96] Die Ursächlichkeit der Pflichtverletzung des Frachtführers wird bei einem vorsätzlichen Verstoß vermutet; der Frachtführer muss dann Umstände vortragen und erforderlichenfalls beweisen, die gegen die Ursächlichkeit seines Fehlverhaltens sprechen.[97] Bei temperaturgeführten Transporten hat der Anspruchsteller darzulegen und zu beweisen, dass die Sendung von der Herstellung bis zum Versand und zur Übergabe an den Frachtführer verkehrsfähig sind.[98]

19 Diese **(sekundäre) Darlegungs- und Beweislast** des Anspruchsgegners besteht nach der zunächst für die Fälle des **Güterverlusts** ergangenen Rspr. erst dann, wenn der Klagevortrag ein qualifiziertes Verschulden des Frachtführers mit einer gewissen Wahrscheinlichkeit nahe legt[99] oder Anhaltspunkte für ein derartiges Verschulden (nach dem unstreitigen Sachverhalt) existieren.[100] Diese Voraussetzung ist auch dann gegeben, wenn vorprozessual trotz mehrfacher Nachfrage keine Einzelheiten zu der Schadensursache mitgeteilt wurden[101] oder die Verlustursache völlig ungeklärt geblieben ist.[102] Im Rahmen dieser Darlegungslast hat der Frachtführer mitzuteilen, welche Kenntnisse er über den konkreten Schadensverlauf hat, welche Schadensursachen er ermitteln konnte und welche

---

[87] BGH 13.2.2003, TranspR 2003, 255 (259) = NJW-RR 2003, 751.
[88] OLG Düsseldorf 31.5.2005, TranspR 2006, 349.
[89] OLG Brandenburg 23.10.2013, RdTW 2015, 22 Rn. 23 ff.
[90] OLG Schleswig 18.12.2014, RdTW 2015, 351 Rn. 13 ff.
[91] OLG Frankfurt 26.2.2015, RdTW 2015, 336 Rn. 44 f.
[92] S. BGH 10.12.2015, RdTW 2016, 136 Rn. 38.
[93] BGH 21.3.2007, NJW-RR 2007, 1630 (1631); Pokrant RdTW 2013, 10 (11); Baumann TranspR 2014, 187 ff.
[94] Vgl. zB OLG Hamburg 17.3.2016, RdTW 2017, 72 Rn. 12; OLG Köln 16.4.2015, RdTW 2015, 436 Rn. 45.
[95] Pokrant RdTW 2013, 10 (11).
[96] OLG Düsseldorf 5.12.2018, RdTW 2019, 340 Rn. 29.
[97] BGH 23.7.2020, RdTW 2020, 366 Rn.
[98] Näher Müller-Ehl RdTW 2024, 162 ff.; Koller RdTW 2023, 465 ff.
[99] BGH 19.7.2012, RdTW 2013, 99 Rn. 18; 10.12.2009, TranspR 2010, 78 Rn. 16; 30.1.2008, TranspR 2008, 117 Rn. 29; 22.11.2007, TranspR 2008, 30 Rn. 25; 14.6.2006, TranspR 2006, 348 Rn. 13; dazu Marx TranspR 2010, 174 (177 ff.); vgl. a. OLG Hamburg 3.4.2025, RdTW 2025, 299 Rn. 64.
[100] BGH 13.6.2012, TranspR 2012, 463 (464); 24.11.2010, TranspR 2011, 161 (164) zu § 660 aF; 10.1.2009, TranspR 2010, 78 (79) zur CMR; OLG Köln 16.4.2015, RdTW 2015, 436 Rn. 45 ff.
[101] BGH 18.12.2008, TranspR 2009, 134 (135).
[102] BGH 13.6.2012, TranspR 2012, 463 Rn. 19; 2.4.2009, TranspR 2009, 262 Rn. 27.

Sorgfalt er zur Vermeidung des eingetretenen Schadens konkret angewendet hat.[103] Er hat – soweit zumutbar[104] – den Organisationsablauf in seinem Betrieb[105] bzw. zur Umschlags- und Lagerorganisation[106] offen zu legen und darzulegen, welche Sicherungs- und Kontrollmaßnahmen zur Schadensverhütung getroffen wurden. Ferner können ihn nach den Umständen des Einzelfalles Recherchepflichten treffen.[107] Er kann gehalten sein mitzuteilen, welche Ermittlungsmaßnahmen wegen des Verlusts eingeleitet wurden und was seine Nachforschungen ergeben haben; die beteiligten Personen sind mit ladungsfähiger Anschrift zu benennen.[108] Kommt er dem nicht oder nicht in ausreichendem Maße nach, kann nach den Umständen des Einzelfalles der Schluss auf ein qualifiziertes Verschulden gerechtfertigt sein.[109] Von einem grob fahrlässigen Verschulden wird nach der Rspr. regelmäßig dann ausgegangen, wenn der Frachtführer den schadensanfälligen Warenumschlag ohne ausreichende Ein- und Ausgangskontrollen organisiert.[110] Der Vortrag allein dazu, welche **Schnittstellenkontrollen** organisatorisch vorgesehen sind, soll der Darlegungslast nicht genügen, wenn nicht zusätzlich die tatsächliche Durchführung im Schadensfall dargetan wird.[111] Bei entsprechendem Sachvortrag des Anspruchstellers zur fehlenden Ursächlichkeit der unterlassenen Wertangabe obliegt es grundsätzlich dem Frachtführer darzulegen, dass der entsprechende Hinweis auf den ungewöhnlich hohen Wert des Gutes für den entstandenen Schaden zumindest mitursächlich war.[112] Hat aber der Anspruchsteller bei einem Verbotsgutvorbehalt in den AGB des Frachtführers keinen Hinweis auf einen die Obergrenze übersteigenden Wert gegeben, ist davon auszugehen, dass der unterlassenen Hinweis für den Schadenseintritt mitursächlich war;[113] in diesem Fall trifft den Versender die Beweislast, wenn er geltend macht, der Frachtführer hätte das Verbotsgut bei zutreffender Deklaration gleichwohl befördert.[114] Keine Darlegungslast besteht bezüglich solcher Umstände, die der Anspruchssteller selbst ermitteln kann, wie zB die besondere Diebstahlgefahr in einem bestimmten Gebiet, das Vorhandensein von bewachten Parkplätzen sowie die Möglichkeit des Frachtführers, sich darüber Kenntnis zu verschaffen.[115]

Genügt der Frachtführer seiner prozessualen Aufklärungspflicht bzw. Einlassungsobliegenheit und ergibt sich daraus kein Grund für die Annahme qualifizierten Verschuldens, hat der Anspruchsteller die Voraussetzungen für eine unbeschränkte Haftung des Frachtführers darzulegen und ggf. zu beweisen.[116] Diese Grundsätze gelten auch dann, wenn dem Anspruchsteller eine Darlegung von Umständen aus dem Wahrnehmungsbereich des Frachtführers nicht möglich ist; in diesen Fällen kommen erhöhte Anforderungen an die Erklärungslast des Frachtführers in Betracht.[117] Der Frachtführer wiederum hat die Kausalität des qualifizierten Verschuldens für den Schadenseintritt zu widerlegen.[118] 20

Auf die Fälle der **Beschädigung** hat die Rspr. die für den Verlust von Transportgut entwickelten Grundsätze übertragen.[119] Insofern besteht eine Aufklärungsobliegenheit des Frachtführers, wenn der Geschädigte Umstände vorträgt, die Anhaltspunkte für ein qualifiziertes Verschulden des Frachtführers mit einer gewissen Wahrscheinlichkeit nahe legen.[120] Diese können sich etwa aus der Scha- 21

---

[103] BGH 10.12.2015, RdTW 2016, 136 Rn. 38; 9.7.2012, RdTW 2013, 99 Rn. 19.

[104] BGH 24.11.2010, TranspR 2011, 161 (164) zu § 660 aF; 21.3.2007, VersR 2008, 515 (517).

[105] OLG Köln 16.4.2015, RdTW 2015, 436 Rn. 45.

[106] OLG Köln 3.9.2014, RdTW 2015, 181 Rn. 18; OLG Düsseldorf 18.12.2013, RdTW 2015, 70 Rn. 33 ff.

[107] BGH 11.4.2013, RdTW 2013, 479 Rn. 31; 13.6.2012, RdTW 2013, 24 Rn. 18; OLG Frankfurt 26.2.2015, RdTW 2015, 336 Rn. 24; OLG Bamberg 29.7.2015, RdTW 2015, 331 Rn. 52; vgl. auch Koller TranspR 2014, 316.

[108] BGH 4.3.2004, TranspR 2004, 460 (462); Koller VersR 2004, 1346 (1358 f.); Koller Rn. 21a.

[109] BGH 4.7.2013, RdTW 2014, 56 Rn. 16; 19.7.2012, RdTW 2013, 99 Rn. 27; 13.6.2012, 463, RdTW 2013, 24 Rn. 19; 24.11.2010, TranspR 2011, 161 (164); stRspr; näher Marx TranspR 2010, 174 (177); krit. Rogert TranspR 2009, 406 (407 f.).

[110] BGH 13.2.2003, NJW-RR 2003, 751 (752 f.); OLG Hamburg 3.4.2025, RdTW 2025, 299 Rn. 67.

[111] OLG Brandenburg 12.8.2020, RdTW 2020, 374 Rn. 9, 13; zust. MüKoHGB/Thume Rn. 53.

[112] BGH 2.4.2009, TranspR 2009, 410 Rn. 32; 3.7.2008, TranspR 2008, 394 Rn. 20.

[113] BGH 3.3.2016, RdTW 2016, 299 Rn. 14.

[114] BGH 3.3.2016, RdTW 2016, 299 Rn. 14.

[115] OLG Stuttgart 23.12.2020, RdTW 2022, 440 Rn. 65.

[116] BGH 10.12.2009, TranspR 2010, 78 Rn. 20; zust. Thume TranspR 2010, 125 f.; vgl. Marx TranspR 2010, 174 (178).

[117] BGH 10.12.2009, TranspR 2010, 78 Rn. 20.

[118] Ungewitter VersR 2007, 1058 (1060).

[119] BGH 11.4.2013, RdTW 2013, 479 Rn. 31; 13.6.2012, RdTW 2013, 24 Rn. 18; 12.1.2012, TranspR 2012, 107 Rn. 24; 22.11.2007, TranspR 2008, 30 Rn. 26; vgl. auch Marx TranspR 2010, 174 (178 f.).

[120] BGH 13.6.2012, TranspR 2012, 463 (464); 13.1.2011, TranspR 2011, 218 (219); 22.11.2007, TranspR 2008, 30 Rn. 27; 29.6.2006, TranspR 2006, 390 (393).

densursache[121] oder aus Art und Umfang des Schadens[122] ergeben. Der Frachtführer hat dann die Schadensumstände zu recherchieren; kann im Rahmen der Recherche die Schadensursache nicht aufgeklärt werden, bleibt der Geschädigte beweispflichtig.[123]

22 Hinsichtlich des auch im Falle des qualifizierten Verschuldens iSd § 435 zu berücksichtigenden[124] Einwands des **Mitverschuldens** gilt, dass bei der unterbliebenen Wertdeklaration der Frachtführer zu beweisen hat, dass er die wertdeklarierten Güter sicherer befördert hätte, während im Falle der Gefahr eines ungewöhnlich hohen Schadens der Versender den Beweis zu erbringen hat, dass der Schaden trotz Angabe des hohen Wertes des Gutes eingetreten wäre.[125]

V. Abdingbarkeit

23 Die Abdingbarkeit des § 435 ist durch § 449 stark beschränkt. Insbesondere der Verzicht auf eine Schnittstellenkontrolle in AGB ist mit § 449 unvereinbar.[126] Sog. Sicherheitsbestimmungen, die zumindest indirekt Auswirkungen auf den Haftungsmaßstab des § 435 haben, können unwirksam sein, wenn sie als AGB zu qualifizieren sind und nicht im Einzelnen ausgehandelt wurden.[127] § 435 abbedingende Individualvereinbarungen, die nur den allgemeinen bürgerlich-rechtlichen Schranken des § 138 BGB unterliegen, sind dagegen gegenüber Nichtverbrauchern zulässig. Die verbreitete Klausel, nach der eine „schriftliche Ein- und Ausgangsdokumentation an den einzelnen Umschlagstellen nicht durchgeführt wird", ist vom BGH als bloßer Verzicht auf die schriftliche Dokumentation durch den Frachtführer unbeanstandet geblieben.[128] Versicherungsbedingungen, die vorsehen, dass der Versicherungsnehmer bzw. sein Repräsentant den Versicherungsfall selbst vorsätzlich oder qualifiziert schuldhaft herbeigeführt haben, sind hinsichtlich der Rechtsfolge der Leistungsfreiheit unwirksam; die entstehende Vertragslücke wird durch § 28 Abs. 2 S. 2 VVG geschlossen.[129]

§ 436 Haftung der Leute

[1]Werden Ansprüche aus außervertraglicher Haftung wegen Verlust oder Beschädigung des Gutes oder wegen Überschreitung der Lieferfrist gegen einen der Leute des Frachtführers erhoben, so kann sich auch jener auf die in diesem Unterabschnitt und im Frachtvertrag vorgesehenen Haftungsbefreiungen und -begrenzungen berufen. [2]Dies gilt nicht, wenn er vorsätzlich oder leichtfertig und in dem Bewußtsein, daß ein Schaden mit Wahrscheinlichkeit eintreten werde, gehandelt hat.

Schrifttum: Ramming, Die Vereinbarung der Nichtinanspruchnahme von Hilfspersonen, RdTW 2021, 421.

I. Normzweck

1 Die Vorschrift verfolgt einen doppelten Schutzzweck. Zunächst soll in Umsetzung des arbeitsrechtlichen Fürsorgegedankens verhindert werden, dass Leute des Frachtführers umfänglicher in Anspruch genommen werden können als der Frachtführer selbst.[1] Weiterhin soll der Frachtführer dagegen geschützt werden, dass die zu seinen Gunsten bestehenden Haftungsbeschränkungen durch arbeitsrechtliche Freistellungsansprüche seiner Leute ausgehöhlt werden.[2] Die Vorschrift entspricht den bereits in § 508 Abs. 1 und Art. 28 Abs. 2 CMR entwickelten Regeln.[3]

---

[121] BGH 29.7.2009, TranspR 2009, 331 (333 f.); 3.11.2005, NJW-RR 2006, 616 (618).
[122] BGH 22.1.2007, TranspR 2008, 30 (31).
[123] BGH 22.11.2007, TranspR 2008, 30; 29.6.2006, TranspR 2006, 390 (393); OLG München 7.5.2008, TranspR 2008, 318 (321).
[124] StRspr; vgl. BGH 30.1.2008, TranspR 2008, 122 Rn. 25; vgl. → § 425 Rn. 1 ff.
[125] BGH 23.7.2020, RdTW 2020, 366 Rn. 56; 20.1.2008, TranspR 2008, 122 Rn. 25; Ramming TranspR 2007, 409 (411).
[126] BGH 30.1.2008, TranspR 2008, 118 (120); 30.1.2008, TranspR 2008, 122 (124); 20.9.2007, TranspR 2008, 163 (166); 1.12.2005, TranspR 2006, 171 (173); 1.12.2005, NJW-RR 2006, 758.
[127] BGH 23.7.2020, RdTW 2020, 366 (insofern als obiter dictum); dazu Zink RdTW 2020, 362 ff.
[128] BGH 19.10.2003, TranspR 2004, 175 (176); 15.11.2001, TranspR 2002, 306 (308).
[129] OLG Naumburg 28.3.2014, RdTW 2015, 258 Rn. 52 f. (ebenso für die Auswahl eines Erfüllungsgehilfen, RdTW 2015, 258 Rn. 44 ff.).
[1] Begr. RegE TRG, BT-Drs. 13/8445, 73.
[2] Begr. RegE TRG, BT-Drs. 13/8445, 73.
[3] Eingehend Koller TranspR 2015, 409 ff.

II. Anspruchsvoraussetzungen

1. Geschützte Personen. Die Vorschrift schützt die Leute des Frachtführers. Der Rechtsbegriff der Leute entspricht dem in § 428 S. 1 (näher → § 428 Rn. 1 ff.). Die Leute sind nur geschützt, wenn sie – wie in § 428 – in Ausübung ihrer Verrichtungen gehandelt haben; andernfalls sind sie nicht schutzbedürftig.[4] 2

Andere Hilfspersonen des Frachtführers (iSd § 428 S. 2), insbesondere selbständige Erfüllungsgehilfen werden nicht erfasst, da sie weniger schutzbedürftig sind und in der Regel auch keinen Regress beim Frachtführer nehmen können. Haben die Erfüllungsgehilfen den Status eines ausführenden Frachtführers iSd § 437 können sie sich nach § 437 Abs. 2 auf die Haftungsbefreiungen und -beschränkungen nach dem Hauptfrachtvertrag berufen; dies gilt nach § 434 auch gegenüber außervertraglichen Ansprüchen. Die nämlichen Einwände können auch die Leute des ausführenden Frachtführers erheben (§ 437 Abs. 4). Unterfrachtführer, die vom Hauptfrachtführer im eigenen Namen und für seine Rechnung beauftragt werden, haften nach der neuen Rspr. gegenüber dem Empfänger unmittelbar aus dem Unterfrachtvertrag.[5] Gegenüber diesem Anspruch kann der Unterfrachtführer sämtliche Einwände gem. §§ 425 ff. aus eigenem Recht erheben, ohne dass es eines Rückgriffs auf § 436 bedarf. Insofern ist gemäß der Rspr. des BGH strikt zwischen den abgeleiteten Einwendungen des Unterfrachtführers aus dem Hauptfrachtvertrag gem. § 437 Abs. 2 und denen direkt aus dem Unterfrachtvertrag zu unterscheiden.[6] 3

Drittschutz können auch Personen in Anspruch nehmen, die durch Vertragsabrede im Frachtvertrag mit dem Absender begünstigt werden (im Seefrachtrecht sog. Himalaya-Klauseln).[7] Zugunsten außenstehender Dritter, insbesondere Eigentümern des Gutes, können solche Drittwirkungen allerdings im allgemeinen Frachtrecht angesichts der Wertung des § 434 Abs. 2 S. 2 nicht ohne weiteres vereinbart werden.[8] Der BGH lässt sie zugunsten selbstständiger Erfüllungsgehilfen zu, wenn diese „in eine besondere Nähe zum Hauptvertrag gerückt" sind.[9] 4

2. Betroffene Anspruchsinhaber. Die Vorschrift betrifft die Inhaber außervertraglicher Ansprüche. Nach dem Wortlaut der Vorschrift betrifft dies sämtliche Anspruchsinhaber, auch diejenigen, die weder Absender noch Empfänger sind. Im Hinblick auf den Normzweck ist jedoch wie bei der Parallelnorm des § 434 zu differenzieren, mit der Folge, dass § 436 gegenüber Eigentümern, die weder Absender noch Empfänger des Gutes sind, nicht anwendbar ist.[10] 5

3. Erfasste Ansprüche. Dies sind alle außervertraglichen Ansprüche wegen Verlust oder Beschädigung des Gutes sowie wegen Überschreitung der Lieferfrist. Dies sind vor allem Ansprüche aus unerlaubter Handlung gem. §§ 823 ff. BGB, aus § 7 StVG sowie § 1 HPflG.[11] 6

III. Rechtsfolgen

Die Leute sind nach S. 1 berechtigt, sich auf die nach den §§ 407 ff. geltenden gesetzlichen Haftungsausschlüsse und -beschränkungen zu berufen. Dies gilt selbst dann, wenn der Frachtführer selbst kraft wirksamer frachtvertraglicher Abrede daran gehindert ist, diese Einwendungen geltend zu machen.[12] Im Falle der Vereinbarung vom Gesetzesrecht abweichender ungünstigerer Haftungshöchstsummen können die „Leute" die für sie günstigere Regelung auswählen, weil ihnen nach dem Gesetzeswortlaut das Wahlrecht zwischen gesetzlichen und vertraglichen Regeln zusteht.[13] 7

Der Drittschutz der Leute entfällt nicht anders als der Schutz des Frachtführers selbst, wenn ihnen qualifiziertes Verschulden unterlaufen ist (S. 2). Da es nach dem Wortlaut allein auf den Verschuldensvorwurf gegenüber dem Handelnden ankommt, kann sich ein Mitarbeiter auf die Haftungsprivilegien des Frachtführers berufen, wenn er persönlich den Schaden nicht qualifiziert verschuldet hat, sich der Frachtführer aber ein solches qualifiziertes Verschulden nach § 435 entgegenhalten lassen muss.[14] 8

---

[4] Koller Rn. 4; MüKoHGB/Herber/Harm Rn. 6; **aA** Schönwerth FS Ruhwedel, 2004, 247 (258).
[5] BGH 14.6.2007, BGHZ 172, 330 (336 ff.) = TranspR 2007, 425 zur CMR.
[6] Vgl. Herber TranspR 2008, Heft 6 und Erl. zu § 437.
[7] Vgl. Herber, Seehandelsrecht, 2. Aufl. 2016, 206 f.
[8] Eingehend zu Vereinbarungen der Nichtinanspruchnahme von Hilfspersonen Ramming, RdTW 2021, 421 ff.
[9] BGH 6.7.1995, BGHZ 130, 223 = NJW 1995, 2991.
[10] Koller Rn. 5; Ebenroth/Boujong/Schaffert Rn. 4.
[11] Näher Koller Rn. 6.
[12] Begr. RegE TRG, BT-Drs. 13/8445, 73.
[13] Begr. RegE TRG, BT-Drs. 13/8445, 73; Koller Rn. 7.
[14] Koller Rn. 7; Ebenroth/Boujong/Schaffert Rn. 6.

§ 437 Ausführender Frachtführer

(1) [1]Wird die Beförderung ganz oder teilweise durch einen Dritten ausgeführt (ausführender Frachtführer), so haftet dieser für den Schaden, der durch Verlust oder Beschädigung des Gutes oder durch Überschreitung der Lieferfrist während der durch ihn ausgeführten Beförderung entsteht, so, als wäre er der Frachtführer. [2]Vertragliche Vereinbarungen mit dem Absender oder Empfänger, durch die der Frachtführer seine Haftung erweitert, wirken gegen den ausführenden Frachtführer nur, soweit er ihnen in Textform zugestimmt hat.

(2) Der ausführende Frachtführer kann alle Einwendungen und Einreden geltend machen, die dem Frachtführer aus dem Frachtvertrag zustehen.

(3) Frachtführer und ausführender Frachtführer haften als Gesamtschuldner.

(4) Werden die Leute des ausführenden Frachtführers in Anspruch genommen, so gilt für diese § 436 entsprechend.

Schrifttum: Demuth, Abgetretener höherer Ersatzanspruch des vertraglichen Frachtführers gegen den ausführenden Frachtführer in der Hand des Absenders, TranspR 2004, Sonderbeilage XII; Herber, Wer ist ausführender Verfrachter, TranspR 2011, 359; Herber, Anspruch des Empfängers gegen den Unterfrachtführer aus dem Unterfrachtvertrag?, TranspR 2008, 239; Kehl, Die Haftung des Unterfrachtführers im Straßengüterverkehr, 2004; Knöfel, Der ausführende Frachtführer, FG Herber, 1999, 96; Knorre, Zur Haftung des ausführenden Frachtführers nach § 437 HGB, TranspR 1999, 99; Koller, Die Haftung des HGB-Unterfrachtführers gegen den Empfänger, TranspR 2009, 229; Koller, Der Unterfrachtführer als Schuldner und Gläubiger, TranspR 2009, 451; Lommatzsch, Straßenfrachtführer als Dritte, 2007; Lorenzen, Die Haftung des ausführenden Verfrachters gegenüber dem endgültigen Empfänger, RdTW 2021, 273; Ramming, Angaben zum Inhalt von Containern in Beförderungsdokumenten als haftungserweiternde Vereinbarungen im Sinne des § 509 Abs. 2 HGB, RdTW 2022, 232; Ramming, Der ausführende Frachtführer bzw. Verfrachter – ein Update, RdTW 2018, 321; Schindler, Die vertragliche Haftung des ausführenden Frachtführers im Frachtrecht des HGB, GS Helm, 2001, 331; Schuster, Haftung der Teil-, Zwischen-, Samt- und Unterfrachtführers im deutschen Gütertransportrecht, 2002; Seyffert, Die Haftung des ausführenden Frachtführers im neuen deutschen Frachtrecht, Diss. Hamburg 2000; Speckmann, Die Haftung des Unterfrachtführers gegenüber dem Empfänger und sonstigen Dritten, 2012; Steingröver, Die Mithaftung des ausführenden Verfrachters im Seerecht, Diss. Hamburg 2006; Thume, Die Haftung des ausführenden Frachtführers nach § 437 HGB, VersR 2000, 239; Wagner, Die Haftung des ausführenden Frachtführers nach dem Transportrechtsreformgesetz, ZHR 163 (1999), 679; Zapp, Ausführender Frachtführer im Sinne des § 437 HGB, TranspR 2000, 106.

Übersicht

I. Normzweck

1 Die Vorschrift soll dem Geschädigten den Zugriff auf den Schädiger in den Fällen erleichtern, in denen der Frachtführer das Gut nicht selbst befördert, sondern die Beförderung durch einen selbstständigen Dritten durchführen lässt. Sie soll damit zugleich das Insolvenzrisiko des Geschädigten mindern und umständliche und kostenträchtige Streitverkündungen in der Kette von Unterfrachtführern vermeiden.[1] Trotz des Direktanspruchs gegen den die Beförderung ausführenden Frachtführer soll dessen unbillige Belastung vermieden werden; dem ausführenden Frachtführer stehen deshalb

[1] Begr. RegE TRG, BT-Drs. 13/8445, 73 f.

gegenüber dem Anspruch des Geschädigten nicht nur die frachtrechtlichen Einwendungen zu, er kann auch die Einwendungen geltend machen, die dem Hauptfrachtführer aus dem Frachtvertrag mit dem Absender zustehen.[2]

Die Haftungsregelung knüpft ausschließlich an die Ausführung des Transports an; sie stellt nicht auf die Wirksamkeit des Unterfrachtvertrages ab und soll dem ausführenden Frachtführer alle Einwendungen aus dem Unterfrachtvertrag abschneiden.[3] Seit der Neuformulierung durch das SHR-ReformG ähnelt die Vorschrift konzeptionell nicht mehr dem Modell des gesetzlichen Schuldbeitritts (zur Schuld des Hauptfrachtführers),[4] und sieht anders als die diesem Modell entsprechenden Regeln der §§ 25, 28, 130 nicht vor, dass sich der ausführende Frachtführer das Verhalten des Frachtführers zurechnen lassen muss. Durch die Neufassung ist klargestellt, dass der ausführende Frachtführer nicht mehr „wie", sondern „so, als wäre er der Frachtführer" haftet; der Urabsender bzw. der Endempfänger wird auf diese Weise vom Risiko der Insolvenz des Hauptfrachtführers nur insoweit entlastet, als dieser den Schaden zu verantworten hat.[5] § 437 begründet eine Einstandspflicht des Frachtführers für die im eigenen Verantwortungsbereich selbst verursachten Schäden[6] und lässt sich deshalb besser verstehen als eine kraft Gesetzes begründete vertragsähnliche[7] Einstandspflicht des ausführenden Frachtführers eigener Art.[8] Internationalprivatrechtlich ist die Haftung des ausführenden Verfrachters außervertraglich zu qualifizieren und nach der Rom II-VO zu beurteilen.[9] 2

Die Haftung des ausführenden Frachtführers nach § 437 regelt den Fall einer Eigenhaftung aus eigener Verbindlichkeit. Sie ist deshalb grundsätzlich strikt zu unterscheiden von der Inanspruchnahme auf der Grundlage des Unterfrachtvertrages aus fremdem Recht. Nimmt der Geschädigte den (ausführenden) Unterfrachtführer aus abgetretenem oder auf ihn übergegangenem Anspruch des Hauptfrachtführers gegen den Unterfrachtführer in Anspruch, so ist dieser berechtigt, alle Einwendungen aus dem Unterfrachtvertrag geltend zu machen; Einwendungen aus dem Hauptfrachtvertrag kann er dann nicht geltend machen. Dagegen soll sich der ausführende Frachtführer nicht auf die Bedingungen des Unterfrachtvertrages mit dem Hauptfrachtführer berufen können.[10] Überdies ist der Anspruch nach § 437 zu unterscheiden von dem in der Rspr. des BGH heute zuerkannten Direktanspruchs auf Geltendmachung des eigenen Schadens des Empfängers gegen den Unterfrachtvertrag aus dem zwischen Haupt- und Unterfrachtführer geschlossenen Unterfrachtvertrag (→ Rn. 20).[11] 3

II. Voraussetzungen der Haftung (Abs. 1)

1. Haftungsschuldner; ausführender Frachtführer. Nach der Legaldefinition des § 437 Abs. 1 S. 1 ist zur Haftung verpflichteter ausführender Frachtführer, wer als Dritter – ohne mit dem Absender oder Empfänger vertraglich verbundener Frachtführer zu sein – die Beförderung ganz oder teilweise tatsächlich ausführt. Da allein auf die tatsächliche Ausführung abzustellen ist, kommt es weder darauf an, ob ein wirksamer Unterfrachtvertrag mit dem (Haupt-) Frachtführer vorliegt,[12] noch darauf, wie dieser ausgestaltet ist.[13] Auch in Frachtführerketten mit mehreren zwischengeschalteten Unterfrachtführern kommt es somit nicht darauf an, ob der Hauptfrachtführer den ausführenden Unterfrachtführer „ermächtigt" (so in Art. III Abs. 1 lit. c ZAGWAbk) hat, die Beförderung durchzuführen, oder ihm die Beförderung „übertragen" hat (so Art. 1 Nr. 3 CMNI, Art. 4 Abs. 2 S. 1 CMNI). Eine Abrede, nach der der Geschädigte verpflichtet ist, primär und zunächst Ansprüche gegen den Unterfrachtführer zu verfolgen, stellt eine Einschränkung der gesetzlichen Haftungsregelungen dar und ist nur als Individualvereinbarung gem. § 449 Abs. 1 S. 1 wirksam.[14] 4

[2] Begr. RegE TRG, BT-Drs. 13/8445, 74.
[3] Begr. RegE TRG, BT-Drs. 13/8445, 74.
[4] Vgl. Begr. RegE TRG, BT-Drs. 13/8445, 74; Mankowski TranspR 2016, 131.
[5] Koller Rn. 3.
[6] So Wagner ZHR 163 (1999), 679 (701).
[7] **AA** Ramming TranspR 2000, 277 ff., der § 437 als außervertragliche Haftung versteht; dagegen unter Hinweis auf das Eingreifen der frachtrechtlichen Haftungsnormen zu Recht Kehl, Die Haftung des Unterfrachtführers im Straßengüterverkehr, 2004, 51.
[8] So Koller Rn. 3.
[9] Eingehend Mankowski TranspR 2016, 131.
[10] Begr. RegE TRG, BT-Drs. 13/8445, 74.
[11] Grdl. BGH 14.6.2007, BGHZ 172, 330 für WA und CMR; 30.10.2008, TranspR 2009, 130 Rn. 28; 28.5.2009, TranspR 2010, 34 Rn. 17 unter Aufgabe der zuvor abw. Rspr.
[12] Begr. RegE TRG, BT-Drs. 13/8445, 74.
[13] Ebenroth/Boujong/Schaffert Rn. 6.
[14] OLG München 13.9.2017, RdTW 2018, 71 Rn. 32 f.

5 **2. Haftungsursachen. a) Ausführung der nach dem Hauptvertrag geschuldeten Beförderung.** Die Haftung des ausführenden Frachtführers setzt voraus, dass dieser eine Beförderung ganz oder teilweise ausführt, die der Hauptfrachtführer nach dem Hauptfrachtvertrag schuldet. § 437 setzt somit zunächst einen rechtswirksam geschlossenen Beförderungsvertrag zwischen dem (Ur-)Versender und dem Hauptfrachtführer voraus. Dieser Vertrag muss den Bestimmungen der §§ 407 ff. und damit dem deutschen Recht unterliegen.[15] Hauptfrachtführer kann auch ein Spediteur sein, der die Beförderung zu besorgen hat und nach §§ 458, 459, 460 tätig wird und dabei den ausführenden Beförderer einschaltet.[16] Die Vergünstigungen des gesetzlichen Frachtrechts kann der ausführende Frachtführer aber nur in Anspruch nehmen, wenn ihm zumindest bewusst war, die nach dem Fremdvertrag geschuldete Beförderung auszuführen;[17] ohne das Bewusstsein der Ausführung einer Beförderung im Interesse des Hauptfrachtführers handelt er aus welcher Motivation auch immer heraus, kann sich aber dann nicht gegenüber dem Geschädigten auf die Geltung des Frachtrechts berufen.

6 Die Ausführung muss durch den Frachtführer selbst oder durch seine Leute erfolgen. Bei einer Kette von Frachtführern kann als ausführender Frachtführer immer nur der zuletzt tätig werdende in Anspruch genommen werden. Eine Zurechnung des Verhaltens weiterer Unterfrachtführer an einen ausführenden Frachtführer etwa nach § 428 S. 2 widerspricht dem Normzweck des § 437.

7 **b) Schaden während der Obhutszeit des ausführenden Frachtführers.** Der ausführende Frachtführer hat für Schäden durch Verlust, Beschädigung oder Lieferfristüberschreitung einzustehen, sofern der Schaden während der Dauer der Obhut des ausführenden Frachtführers entstanden ist. Für die Bestimmung der Obhutszeit gelten die zu § 425 erläuterten Grundsätze (→ § 425 Rn. 6 ff.). Die Dauer der Obhutszeit hängt letztlich davon ab, ob der ausführende Frachtführer die Beförderung ganz oder teilweise durchführt.

8 Der Verlust ist nach § 425 zu bestimmen; er muss entstanden sein, „während" sich das Gut in der Obhut des ausführenden Frachtführers befindet. Dabei ist im Hinblick auf die Ablieferung des Gutes nicht auf die Ablieferung beim Empfänger des Hauptvertrages abzustellen, sondern darauf, an wen der ausführende Frachtführer abzuliefern hat.[18]

9 Ebenso muss die Beschädigung in der Obhutszeit des ausführenden Frachtführers entstanden sein. Wiederum ist darauf abzustellen, wer der für den ausführenden Frachtführer maßgebliche Empfänger ist.[19]

10 Schäden durch Überschreiten der Lieferfrist sind in der Obhutszeit entstanden, wenn die Überschreitung in dieser Zeit erfolgt ist. Dabei ist auf die Lieferzeiten des Hauptfrachtvertrages abzustellen,[20] während auf die im Unterfrachtvertrag ggf. festgelegten Lieferfristen nicht abzustellen ist.[21] Erfolgt die Beförderung durch mehrere Frachtführer und tragen mehrere Frachtführer zur Lieferfristüberschreitung bei, kann der Geschädigte nur den Hauptfrachtführer in Anspruch nehmen. Eine Teilverantwortlichkeit des jeweils ausführenden Frachtführers ist in § 437 nicht vorgesehen.[22]

11 **3. Anspruchsberechtigung.** Zur Geltendmachung des Anspruchs gem. § 437 berechtigt sind der Absender und der Empfänger des Hauptvertrages. Ansprüche des Auftraggebers gegen den ausführenden Frachtführer bleiben davon unberührt. Hat der Auftraggeber des ausführenden Frachtführers seinerseits keinen Schadensersatz geleistet, kann der Auftraggeber gegenüber dem ausführenden Frachtführer nur Freistellung von Schadensersatzansprüchen verlangen.[23] Jedenfalls müssen sich die Ersatzberechtigten vom ausführenden Frachtführer nach Sinn und Zweck des § 437 nicht entgegenhalten lassen, er habe bereits Ersatzleistungen an seinen Auftraggeber erbracht. Der Empfänger kann bei festgestelltem Verlust des Guts als Drittbegünstigter die Rechte aus dem Beförderungsvertrag im eigenen Namen nicht nur gegen den Hauptfrachtführer und den abliefernden Unterfrachtführer geltend machen, sondern auch gegen denjenigen Unterfrachtführer, der den Transport nicht selbst

---

[15] BGH 13.12.2012, RdTW 2013, 67 Rn. 26; 30.10.2008, TranspR 2009, 130 Rn. 24 f.; Ramming VersR 2007, 1190; Ramming TranspR 2000, 277 (280); Koller TranspR 2013, 103 ff.; weitergehend Zapp TranspR 2000, 239 betr. CMR-Vertrag mit ergänzendem deutschen Recht; **aA** Czerwenka TranspR 2012, 408.

[16] Koller Rn. 16.

[17] MüKoHGB/Herber/Harm Rn. 10; Koller Rn. 14, 16.

[18] Koller Rn. 17.

[19] Koller Rn. 18.

[20] Begr. RegE TRG, BT-Drs. 13/8445, 74.

[21] Ramming TranspR 200, 277 (282); MüKoHGB/Herber/Harm Rn. 24; **aA** Koller Rn. 19, 22.

[22] Ebenso MüKoHGB/Herber/Harm Rn. 25; **aA** Koller Rn. 20 ff.

[23] Seyffert, Die Haftung des ausführenden Frachtführers im neuen deutschen Frachtrecht, 2000, 249; Koller Rn. 37.

ausgeführt hat, aber aufgrund des von ihm abgeschlossenen Unterfrachtvertrags zu einer Ablieferung des Transportguts an den Empfänger verpflichtet ist.[24]

III. Rechtsfolgen (Abs. 1, Abs. 2)

1. Haftung des ausführenden Frachtführers. Der ausführende Frachtführer haftet nach Abs. 1 wie der Frachtführer. Für den Geschädigten begründet § 437 einen kraft Gesetzes bestehenden Ersatzanspruch, der inhaltlich der Ersatzpflicht des Frachtführers entspricht. Der ausführende Frachtführer haftet somit nach denselben gesetzlichen Regeln wie der Hauptfrachtführer. Die Vorschriften der §§ 425 ff., 429, 431, 432 finden Anwendung. Somit sind anders als nach den allgemeinen Rechtsgrundsätzen der §§ 249 ff. BGB, nach denen grundsätzlich sämtliche unmittelbaren und mittelbaren Vermögensschäden zu ersetzen sind, grundsätzlich nur die Güterschäden, nicht aber Folgeschäden zu ersetzen. Frachtführer und ausführender Frachtführer haften als Gesamtschuldner (Abs. 3). 12

Beruht der Schaden auf qualifiziertem Verschulden des ausführenden Frachtführers iSd § 435, haftet er gem. § 435 unbeschränkt. Ungeklärt ist, ob dies auch dann gilt, wenn für den vertragsschließenden Frachtführer wirksam geringere Anforderung an die Durchbrechung der Haftungsbeschränkungen, als sie in § 435 vorgesehen sind, vereinbart wurden. Dafür wurde geltend gemacht, dass der ausführende Frachtführer stets Hilfsperson des vertragsschließenden Hauptfrachtführers sei und deshalb bei qualifiziertem Verschulden des ausführenden Frachtführers die Haftungsprivilegien des vertragsschließenden Frachtführers entfallen (§§ 435, 428 S. 2), auf die sich dann wegen § 437 auch der ausführende Frachtführer nicht berufen dürfe.[25] § 437 begründet aber keine gesetzliche Schuldmitübernahme (→ Rn. 2); deswegen erscheint es vorzugswürdig, die Haftungsverpflichtungen von vertraglichem und ausführendem Frachtführer getrennt zu behandeln.[26] 13

2. Einwendungen und Einreden. Der ausführende Frachtführer kann nach Abs. 1 die ihm persönlich zustehenden Einwendungen und Einreden gegen den Anspruch geltend machen und er kann nach Abs. 2 auch alle Einwendungen geltend machen, die dem Hauptfrachtführer aus dem Frachtvertrag zustehen. 14

a) Persönliche Einreden und Einwendungen des ausführenden Frachtführers. Der ausführende Frachtführer kann sämtliche Einreden geltend machen, die einem Frachtführer zustehen. Dies sind die Einwände der Mitverursachung nach § 425 Abs. 2, der Unvermeidbarkeit und Unabwendbarkeit nach § 426 sowie der besonderen Haftungsausschlussgründe nach § 427. 15

Über § 437 Abs. 3 gelten wegen der kraft Gesetzes angeordneten gesamtschuldnerischen Verantwortlichkeit von Frachtführer und ausführendem Frachtführer überdies die im Falle der Erfüllung oder des Verzichts durch einen der Gesamtschuldner oder wegen sonstiger Umstände die Einreden gem. §§ 422–425 BGB. Dies ergibt sich daraus, dass sich die Regelung des § 437 Abs. 2 nur auf die Begründung des Schadensersatzanspruchs bezieht.[27] 16

b) Abgeleitete Einwendungen und Einreden (Abs. 2). Gemäß § 437 Abs. 2 kann der ausführende Frachtführer auch alle Einwendungen und Einreden geltend machen, die dem Hauptfrachtführer aus dem Frachtvertrag zustehen. Zu diesen gehören sowohl die aus dem gesetzlichen Frachtrecht als auch solche aus Abreden, die der vertragsschließende Frachtführer mit dem Absender getroffen hat. 17

c) Insbesondere: vertragliche Haftungsvereinbarungen. Wegen vertraglicher Haftungsvereinbarungen ist in mehrfacher Hinsicht zu differenzieren. Nach Abs. 2 kann sich der ausführende Frachtführer grundsätzlich auf frachtvertragliche Vereinbarungen berufen, die der vertragsschließende Frachtführer mit dem Absender oder Empfänger getroffen hat. 18

Eine Ausnahme gilt nach Abs. 1 S. 2 für die Fälle, in denen eine die gesetzliche Haftung erweiternde Vereinbarung getroffen wurde. Sie ist für den ausführenden Frachtführer nur maßgeblich, wenn er dieser in Textform zugestimmt hat. Da das Gesetz nicht regelt, gegenüber wem die Erklärung abgegeben werden muss, kann die Zustimmungserklärung sowohl gegenüber dem vertragsschließenden Frachtführer als auch gegenüber dem Absender oder Empfänger erklärt werden.[28] Haftungserweiternd iSd Abs. 1 S. 2 *sind* nur Vereinbarungen über den Inhalt der Sekundäransprüche, nicht aber solche über die Modalitäten des Transports.[29] Für die Einhaltung von Vereinbarungen über den 19

[24] BGH 13.10.2022, RdTW 2023, 142 Rn. 45 ff. zur CMR.
[25] So Ramming VersR 2007, 1190.
[26] Ebenso iErg MüKoHGB/Herber/Harm Rn. 33 ff.
[27] So Koller Rn. 39; Ebenroth/Boujong/Schaffert Rn. 13; **aA** Ramming TranspR 2000, 277 (288).
[28] Koller Rn. 35a.
[29] Koller Rn. 35.

Einsatz bestimmter Transportmittel oder -wege haftet der ausführende Frachtführer somit auch ohne seine in Textform abgegebene Zustimmung. Die Berufung auf die Unabwendbarkeit des Schadens steht ihm allerdings offen, wenn nicht im Einzelfall eine Erkundigungsobliegenheit des ausführenden gegenüber dem vertragsschließenden Frachtführer hinsichtlich vereinbarter Beförderungsbesonderheiten begründet werden kann.[30] Bei einer Lkw-Beförderung gehört die Pflicht, das abgestellte Fahrzeug zu überwachen und zu sichern, zu dem gesetzlich vorgeschriebenen Pflichtenkreis des ausführenden Frachtführers; eine entsprechende vertragliche Abrede mit dem vertragsschließenden Frachtführer bedarf nicht der Zustimmung des ausführenden Frachtführers.[31]

20 Vereinbarungen zwischen dem vertragsschließenden und dem ausführenden Frachtführer im Unterfrachtvertrag sollen nach dem Willen des Gesetzgebers von § 437 die Haftung des ausführenden Frachtführers nicht beeinflussen.[32] Allerdings anerkennt der BGH in seiner Rspr. einen aus dem Unterfrachtvertrag abgeleiteten direkten Ersatzanspruch des Empfängers.[33] Wird dieser im Interesse der Ausgestaltung der Haftung gegenüber Dritten entsprechend einschränkend gestaltet, könnte eine Anspruchskollision zwischen der gesetzlichen, auf § 437 gestützten und der vertraglichen Direkthaftung aus dem Unterfrachtvertrag entstehen. Aus diesem Grunde und unter Hinweis auf die Entstehungsgeschichte[34] sowie darauf, dass der Unterfrachtvertrag kein Vertrag zu Gunsten Dritter und § 437 eine lex specialis sei, wird die Erstreckung der BGH-Rspr. auf Fälle, in denen der ausführende Frachtführer gem. § 437 in Anspruch genommen werden kann, kritisiert.[35] Ist § 437 nicht anwendbar, steht der Zuerkennung eines vertraglichen Direktanspruchs des Empfängers aus dem Unterfrachtvertrag gem. § 421 Abs. 1 S. 2 keine Hindernisse entgegen; die Haftung des Unterfrachtführers gegenüber dem Empfänger resultiert aus einem anderen Rechtsverhältnis.[36]

21 **d) Insbesondere: Drittschadensliquidation und Einwand nach § 437 Abs. 2.** Der vertragsschließende Frachtführer ist im Rahmen des § 449 berechtigt, seine Haftung gegenüber dem Absender über § 431 hinaus zu begrenzen, im Unterfrachtvertrag jedoch eine Vereinbarung über eine höhere Haftung zu treffen. Im Wege der (nach § 421 zugelassenen) Drittschadensliquidation ist der vertragsschließende Frachtführer in dieser Konstellation befugt, den seine eigene (Außen-) Haftungsgrenzen übersteigenden Schaden gegenüber dem Unterfrachtführer geltend zu machen. Ob dieser Anspruch auch in Ansehung des Direktanspruchs des Geschädigten aus § 437 fortbesteht, ist in der Lit. umstritten. Dafür wird vor allem geltend gemacht, dass durch § 437 die Stellung des Geschädigten gestärkt werden sollte,[37] während von anderer Seite angeführt wird, dass die Anerkennung der Drittschadensliquidation als Sonderrechtsbehelf in sonst unbefriedigend gelösten Ausnahmefällen gedacht war, die hier nicht gegeben sein; ihre Anwendung sei daher rechtspolitisch nicht gerechtfertigt.[38] Eine sachgerechte Interessenbalance kann erreicht werden, wenn anerkannt wird, dass die Einwände des ausführenden Frachtführers aus dem Hauptvertrag nach der gesetzlichen Wertung in § 437 Abs. 2 auf den abgetretenen Anspruch aus dem Unterfrachtvertrag durchschlagen.[39] In einer aus einem Versender, einem Fixkostenspediteur, einem Hauptfrachtführer und einem Unterfrachtführer gebildeten Transportkette kann ferner die Konstellation entstehen, dass der Fixkostenspediteur dem Versender Schadensersatz zu leisten hat, für den der von ihm eingeschaltete Hauptfrachtführer

[30] Ebenso MüKoHGB/Herber/Harm Rn. 36 im Anschluss an Seyffert, Die Haftung des ausführenden Frachtführers im neuen deutschen Frachtrecht, 2000, 176.

[31] OLG Celle 11.12.2014, RdTW 2015, 218 Rn. 15, 18.

[32] Vgl. Begr. RegE TRG, BT-Drs. 13/8445, 74.

[33] BGH 14.6.2007, BGHZ 172, 330 = TranspR 2007, 425 für WA und CMR; 30.10.2008, TranspR 2009, 130 Rn. 28; 28.5.2009, TranspR 2010, 34 Rn. 17 unter Aufgabe der zuvor abweichenden Rspr.; zust. Thume TranspR 2007, 427 f.; Ramming NJW 2008, 291 (292); vgl. auch BGH 21.12.2011, TranspR 2012, 110 zur Unwirksamkeit eines Erlassvertrages zwischen Haupt- und Unterfrachtführer zulasten des Empfängers.

[34] Koller TranspR 2009, 229 (231); Koller TranspR 2009, 451 (456) m. Fn. 3; **aA** Ramming HambZSchR 2009, 351 (353).

[35] So Mankowski TranspR 2016, 81 (82 ff.); Herber TranspR 2008, 239 f.; Koller TranspR 2009, 229 (231); Koller TranspR 2009, 451 (456 f.); eingehend Speckmann, Die Haftung des Unterfrachtführers gegenüber dem Empfänger und sonstigen Dritten, 2012.

[36] BGH 13.6.2012, RdTW 2013, 66 Rn. 27.

[37] Kehl, Die Haftung des Unterfrachtführers im Straßengüterverkehr, 2004, 58; Knorre TranspR 1999, 99 (100); Koller Rn. 54; Ramming TranspR 2000, 277 (292 f.); Ebenroth/Boujong/Schaffert Rn. 28; Thume VersR 2000, 1071 (1078); Luther TranspR 2013, 94 ff.

[38] MüKoHGB/Herber/Harm Rn. 43; Knöfel FS Herber, 2001, 96 (103); Seyffert, Die Haftung des ausführenden Frachtführers im neuen deutschen Frachtrecht, 2000, 202; Zapp TranspR 2000, 106; Koller TranspR 2013, 220 ff.

[39] So Demuth TranspR 2004, Beilage XII, XIV; ebenso wohl MüKoHGB/Herber/Harm Rn. 43; dagegen gilt § 437 Abs. 2 nach BGH 18.3.2010, TranspR 2010, 376 Rn. 51 nur für Einwendungen, die sich gegen den gesetzlichen Anspruch aus § 437 Abs. 1 richten.

im Innenverhältnis nicht einzustehen hat. In einer solchen Konstellation kann der Hauptfrachtführer nach den auch für die Regressverhältnisse einschlägigen Regeln der Drittschadensliquidation[40] vom Unterfrachtführer nicht nur Freistellung von seiner Verbindlichkeit gegenüber dem Fixkostenspediteur, sondern auch für den darüber hinausgehenden „Restschaden" Freistellung des Fixkostenspediteurs von dessen Verbindlichkeit gegenüber dem Versender verlangen.[41] Der regressierende Transportunternehmer ist nach der Rspr. des BGH aus dem mit seinem Absender geschlossenen Vertrag sogar verpflichtet, den überschießenden Differenzbetrag vom ausführenden Frachtführer zu verlangen.[42]

IV. Ausgleichsansprüche zwischen den beteiligten Frachtführern

Sofern der ausführende und der vertragsschließende Frachtführer nach Abs. 3 im Außenverhältnis gegenüber dem Geschädigten als Gesamtschuldner haften, findet zwischen ihnen im Innenverhältnis ein Ausgleich nach § 426 BGB statt. Danach ist der Ausgleich in der Weise vorzunehmen, dass beide zu gleichen Teilen haften, sofern nicht „etwas anderes bestimmt ist". Die danach erheblichen Besonderheiten der Haftungsverteilung im Innenverhältnis können sich aus dem Unterfrachtvertrag ergeben. Die Wirksamkeit solcher frachtvertraglichen Haftungsabreden ist an § 449 zu messen. 22

V. Haftung der Leute (Abs. 4)

Die Leute des ausführenden Frachtführers werden nach Abs. 4 haftungsrechtlich geschützt. Sie haften außervertraglich entsprechend § 436 und können sich daher auf die gesetzlichen Haftungsbefreiungen und -beschränkungen berufen, die für den ausführenden Frachtführer gelten (§ 437 Abs. 4, § 436 S. 1). Nach § 437 Abs. 2 kommen auch ihnen die im Hauptfrachtvertrag getroffenen haftungsbeschränkenden Vereinbarungen zugute. Haftungserweiternde Vereinbarungen sind auch gegenüber den Leuten des ausführenden Frachtführers nach Abs. 1 S. 2 zu beurteilen. Haftungsabreden aus dem Innverhältnis zwischen vertragsschließendem und ausführendem Frachtführer haben keinen Einfluss auf die Leutehaftung. 23

VI. Reklamation und Verjährung

1. Schadensanzeige. Sie muss denselben Regeln folgen, wie bei den Ansprüchen gegen den vertragsschließenden Frachtführer. Wird die Reklamation bei Ablieferung gegenüber dem ausführenden Frachtführer (oder dessen Leute bzw. Hilfspersonen) erklärt, so wirkt diese Erklärung nach der Regelung des § 438 Abs. 5 für die Ansprüche gegen beide Frachtführer. Für die Reklamation gegenüber einem ausführenden Frachtführer, der die Beförderung teilweise ausgeführt hat, ohne an den Endempfänger abzuliefern, gilt nach dem Zweck des § 438 Abs. 5 keine andere Rechtsfolge (→ § 437 Rn. 1 ff.).[43] 24

2. Verjährung. Die Verjährung der Ansprüche gegen den ausführenden und den vertragsschließenden Frachtführer erfolgt jeweils eigenständig. Das Gesamtschuldverhältnis gilt für die Entstehung des Anspruchs, nicht für die Verjährung (§ 425 Abs. 2 BGB iVm § 437 Abs. 3, § 439). Die Verjährung beginnt mit der Ablieferung an diejenige Person, an die der ausführende Frachtführer gemäß seiner Beauftragung abzuliefern hat. Das kann der Endempfänger, bei Teilstreckenbeförderungen aber auch ein Zwischenempfänger sein.[44] 25

§ 438 Schadensanzeige

(1) [1]Ist ein Verlust oder eine Beschädigung des Gutes äußerlich erkennbar und zeigt der Empfänger oder der Absender dem Frachtführer Verlust oder Beschädigung nicht spätestens bei Ablieferung des Gutes an, so wird vermutet, daß das Gut vollständig und unbeschädigt angeliefert worden ist. [2]Die Anzeige muß den Verlust oder die Beschädigung hinreichend deutlich kennzeichnen.

---

[40] Vgl. BGH 18.3.2010, TranspR 2011, 376 Rn. 47.
[41] BGH 18.3.2010, TranspR 2011, 376 Rn. 50.
[42] BGH 18.3.2010, TranspR 2011, 376 Rn. 50; dagegen befürwortet Koller TranspR 2011, 389 (394 f.) nur eine Abtretungspflicht mit Hinweis darauf, dass der Frachtführer mangels besonderer Abreden keine Prozessrisiken eingehen muss; vgl. → § 454 Rn. 7.
[43] Ebenso MüKoHGB/Herber/Harm Rn. 48; **aA** Koller Rn. 32.
[44] Koller Rn. 38, der sich zugleich gegen die von Ramming TranspR 2000, 277 (286) vorgeschlagene analoge Anwendung des § 452b Abs. 2 S. 1 ausspricht, weil diese Vorschrift nicht die Frage regelt, wer Empfänger iSd Verjährungsrechts ist.

(2) Die Vermutung nach Absatz 1 gilt auch, wenn der Verlust oder die Beschädigung äußerlich nicht erkennbar war und nicht innerhalb von sieben Tagen nach Ablieferung angezeigt worden ist.

(3) Ansprüche wegen Überschreitung der Lieferfrist erlöschen, wenn der Empfänger dem Frachtführer die Überschreitung der Lieferfrist nicht innerhalb von einundzwanzig Tagen nach Ablieferung anzeigt.

(4) [1]Eine Schadensanzeige nach Ablieferung ist in Textform zu erstatten. [2]Zur Wahrung der Frist genügt die rechtzeitige Absendung.

(5) Werden Verlust, Beschädigung oder Überschreitung der Lieferfrist bei Ablieferung angezeigt, so genügt die Anzeige gegenüber demjenigen, der das Gut abliefert.

Schrifttum: Demuth, Die Schadensanzeige des § 438 HGB im Vergleich zu den Vorbehalten des Art. 30 CMR, GS Helm, 2001, 49; Schriefers, Verdeckte Schäden nach dem deutschen Transportrecht, TranspR 2016, 55; Tunn, Beweislast und Beweisführung für Güterschäden bei der Ablieferung von Sendungen nach § 438 HGB, VersR 2005, 1646.

Übersicht

I. Normzweck

1 Die Vorschrift soll nach der Gesetzesbegründung die alsbaldige Abwicklung von Schadensfällen sichern.[1] Zu diesem Zweck führt sie Schadensanzeigeobliegenheiten ein, die den Frachtführer vor einer Verschlechterung seiner Beweislage schützen und über den Umfang möglicher Ersatzverpflichtungen zeitnah zur Beförderung informieren sollen.[2] Die Vorschrift differenziert zwischen den in Abs. 1 und 2 geregelten Güterschadensfällen und den in Abs. 3 behandelten Fällen der Lieferfristüberschreitung. Die den Geschädigten treffende Beweislast dafür, dass der Schaden während des Obhutzeitraums des Frachtführers entstanden ist (→ § 425 Rn. 6 ff.), ändert die Regelung nicht; insofern kommt der sog. Reklamation vor allem eine „Appellfunktion" zu.[3] Wird die Anzeigeobliegenheit in Fällen des Verlusts oder der Beschädigung von Beförderungsgut nicht beachtet, gilt die widerlegliche Vermutung der Vertragsgemäßheit des abgelieferten Gutes; im Falle der Lieferfristüberschreitung sind Ansprüche des Geschädigten mangels Anzeige präkludiert (Abs. 3).

II. Schadensanzeige bei Güterschäden (Abs. 1, Abs. 2)

2 **1. Voraussetzungen und Entbehrlichkeit.** Die Anzeigeobliegenheit besteht in den Fällen der Beschädigung oder des Teilverlusts des Beförderungsgutes. Da eine Ablieferung vorausgesetzt wird, greift die Vorschrift im Falle des Totalverlusts nicht ein.[4] Die Vorschrift differenziert in Abs. 1 und 2 danach, ob es sich um äußerlich erkennbare Schäden handelt oder nicht. Die äußerliche Erkennbarkeit verlangt ein Öffnen der Verpackung grundsätzlich nicht,[5] sofern nicht Schäden an der Verpackung die Beschädigung des Gutes oder einen Teilverlust nahelegen.[6]

3 Die Schadensanzeige ist nach dem Normzweck **entbehrlich,** wenn der Frachtführer den Schaden bereits kennt.[7] Das ist auch dann der Fall, wenn der Frachtführer den Schaden anerkannt hat oder von sich aus ein Schadensprotokoll angefertigt hat.[8]

[1] Begr. RegE TRG, BT-Drs. 13/8445, 75.
[2] Begr. RegE TRG, BT-Drs. 13/8445, 75.
[3] Begr. RegE TRG, BR-Drs. 368/97, 76.
[4] Koller Rn. 2.
[5] BGH 8.6.1988, VersR 1988, 952.
[6] OLG Düsseldorf 18.3.1993, TranspR 1993, 287 (288).
[7] Koller Rn. 14; **aA** Tunn VersR 2005, 1646 (1649).
[8] Zust. in diesem Fall auch Tunn VersR 2005, 1649.

2. Absender. Der Schaden ist vom Absender oder Empfänger anzuzeigen. Weist der Empfänger den Frachtführer an, das Gut an einen Dritten abzuliefern (§ 428 Abs. 2 S. 2), hat der Dritte als Empfänger zu reklamieren. Dritte sind anzeigeberechtigt, wenn sie als Bevollmächtigte handeln. Die Anforderung des BGB an die Vorlage der Vollmachtsurkunde gem. § 174 Abs. 2 BGB sind zu beachten. 4

3. Adressat. Gemäß Abs. 1 S. 1 ist die Anzeige an den Vertragspartner des Absenders zu richten. Hat der Frachtführer einen oder mehrere Unterfrachtführer eingeschaltet, ermöglicht Abs. 5 die Anzeige bei Ablieferung auch gegenüber demjenigen, der das Gut abliefert. Nach den Gesetzesmaterialien sollten damit allein die Fälle der Ablieferung durch Unterfrachtführer erfasst werden.[9] Nach Wortlaut und Normzweck ist die Vorschrift auch in Fällen der Ablieferung des Gutes durch unselbstständige Gehilfen des Unterfrachtführers oder solche des Hauptfrachtführers anwendbar.[10] Für die Anzeige nach Ablieferung gilt diese Sonderregelung nicht; sie muss deshalb in diesen Fällen gegenüber dem vertragsschließenden Frachtführer erfolgen. 5

4. Inhalt. Nach Abs. 1 S. 2 muss die Anzeige den Verlust oder die Beschädigung „hinreichend deutlich kennzeichnen". Diese Formulierung soll zum Ausdruck bringen, dass einerseits allgemeine Angaben ohne jede Umschreibung der Beschädigung nicht ausreichen, andererseits aber nicht verlangt wird, dass die Beschädigung in allen Einzelheiten beschrieben werden muss.[11] Da eine auf die in der jeweiligen Entladesituation abgestimmte angemessene Genauigkeit verlangt wird,[12] ohne dass zu hohe Anforderungen an die Detailliertheit gestellt werden dürfen,[13] sind Reklamationen nicht hinreichend deutlich, die sich auf die Annahme des Gutes „unter Vorbehalt" beschränken,[14] oder solche, die rügen, das Gut befinde sich „in schlechtem Zustand"[15] oder die Palette sei „schlecht gewickelt".[16] 6

Die Anzeige muss geeignet sein, dem Frachtführer zu ermöglichen zu erkennen, aus welchem Grund er haften soll, um sich ohne größeren Aufwand von der Richtigkeit der Reklamation überzeugen und Beweise sichern zu können.[17] Ein Schadensersatzanspruch und erst recht seine Höhe müssen nicht angegeben werden, da der Gesetzgeber des Seehandelsrechtsreformgesetztes das Erfordernis einer Schadensanzeige explizit aufgegeben hat.[18] 7

Bei Schäden, die bei Ablieferung äußerlich nicht erkennbar sind (Abs. 2), hat die Reklamation dem Frachtführer ebenfalls zu ermöglichen, sich ohne großen Aufwand von der Richtigkeit der Rüge zu überzeugen. Für die Annahme, die Anforderung in dieser Situation darauf beziehen zu müssen, welche Angaben dem Absender nach dem Erkennen des Schadens innerhalb der verbleiben Frist des Abs. 2 zugemutet werden können,[19] und damit je nach verbleibendem Zeitraum differenzierte Anforderungen verlangen zu können, bieten weder Gesetzeswortlaut noch Gesetzeszweck einen Anhaltspunkt.[20] 8

5. Form. Die Schadensanzeige „bei" der Ablieferung iSd Abs. 1 bedarf keiner besonderen Form, die Anzeige „nach" der Ablieferung ist dagegen in Textform iSd § 126b BGB zu erstatten (Abs. 2, 4).[21] Hinsichtlich der Sprache der Reklamation ist zu beachten, dass sie grundsätzlich nur in der Sprache wirksam erfolgen kann, in der die Vertragsverhandlungen geführt worden sind oder in der Sprache des Vertragsstatuts (Art. 3 ff. Rom I-VO) oder in einer Sprache, die der Frachtführer oder die Hilfsperson, die das Gut abliefert, versteht.[22] 9

6. Frist. In den Fällen äußerlich erkennbarer Schäden hat die Reklamation „spätestens bei der Ablieferung" zu erfolgen (Abs. 1 S. 1). Der Rechtsbegriff der Ablieferung entspricht dem des § 425. Werden Gegenstände einer Sendung nacheinander entladen, ist die Ablieferung erst mit der Übernahme der Sachherrschaft über das letzte Stück abgeschlossen; das Gesetz sieht die Notwendigkeit 10

[9] Begr. RegE TRG, BR-Drs. 368/97, 76.
[10] BGH 12.12.1985, TranspR 1986, 278 (281).
[11] Begr. RegE TRG, BR-Drs. 368/97, 76.
[12] Koller Rn. 12.
[13] Demuth GS Helm, 2001, 49 (50 f.).
[14] OLG Hamburg 27.1.2004, TranspR 2004, 215 (216) zur CMR.
[15] OLG Hamburg 27.1.2004, TranspR 2004, 215 (216) zur CMR.
[16] OLG Köln 7.11.2000, TranspR 2000, 93 (94).
[17] Koller Rn. 12; Ebenroth/Boujong/Schaffert Rn. 7.
[18] Vgl. Begr. RegE SHR-ReformG zu § 438, BT-Drs. 17/10309, 56.
[19] Koller Rn. 21.
[20] So aber Koller Rn. 21.
[21] Dazu näher Tunn VersR 2005, 1646 (1650 f.).
[22] BGH 27.10.1994, NJW 1996, 190.

von Teilrügen entsprechend dem Fortschritt des Entladevorgangs nicht vor. Die Schadensanzeige hat spätestens bei der Ablieferung, kann aber auch vorher erfolgen.

11 Bei äußerlich nicht erkennbaren Schäden ist die Siebentagefrist des Abs. 2 zu beachten. Die Frist ist nach §§ 187 ff. BGB zu berechnen; sie beginnt mit der Ablieferung. Fristwahrend ist nach Abs. 4 S. 2 die rechtzeitige Absendung.

12 Können weder der Empfänger noch ein berechtigter Vertreter bei der Ablieferung anwesend sein (vgl. zB den Fall des § 419 Abs. 3), ist der Schaden anzuzeigen, sobald er vom Absender oder Empfänger bemerkt werden kann.[23]

13 **7. Rechtsfolgen und Beweislast.** Fehlt es an der erforderlichen Anzeige wird kraft Gesetzes (Abs. 1 S. 1, Abs. 2) widerleglich vermutet, dass das Gut vollständig und unbeschädigt abgeliefert wurde.[24] Zur Widerlegung dieser Vermutung hat der Anspruchsberechtigte den Vollbeweis dafür zu erbringen, dass das Beförderungsgut unvollständig oder beschädigt abgeliefert wurde (§§ 292, 286 ZPO).[25]

14 Ist eine ordnungsgemäße Anzeige erfolgt, wird der Ersatzberechtigte von Gesetzes wegen nicht begünstigt; insbesondere bleibt es bei der allgemeinen Regel, dass der Ersatzberechtigte den Schaden zu beweisen hat (näher → Rn. 15). Seine Beweissicherung ist allerdings nach Übergang des Gutes in die Sphäre des Empfängers erheblich erschwert. Deswegen ist es gerechtfertigt, den Empfänger für verpflichtet zu halten, ihn bei der Beweissicherung zu unterstützen (vgl. Art. 30 Nr. 5 CMR). Durch die Beiziehung von Sachverständigen oder auf andere geeignete Weise ist er verpflichtet, bei der Feststellung der Schäden unterstützend tätig zu werden.[26] Leistet er diese Unterstützung nicht, dreht sich die Beweislast zu seinen Lasten um.[27]

15 Der Frachtführer trägt die Beweislast für die (Teil-) Ablieferung des Beförderungsgutes und den Zeitpunkt der Ablieferung. Der Anspruchsteller hat die Ordnungsgemäßheit der Reklamation bzw. deren Entbehrlichkeit zu beweisen. Im Falle einer ordnungsgemäßen Anzeige findet nach dem Willen des Gesetzgebers keine Veränderung der Beweislast statt; aus § 438 sollte nicht etwa der Umkehrschluss gezogen werden können, dass nunmehr der Frachtführer die Vollständigkeit und Unversehrtheit des Gutes nachzuweisen hat.[28]

III. Schadensanzeige bei Lieferfristüberschreitungen (Abs. 3)

16 **1. Tatbestand.** In den Fällen des in § 425 Abs. 1 Alt. 3 geregelten Überschreitens der Lieferfrist, trifft allein den Empfänger nach Ablieferung die Anzeigeobliegenheit nach Abs. 3. In den Fällen des weisungsgemäßen Rücktransports des Gutes an den Absender vor dessen Ablieferung ist deshalb Abs. 3 nicht anwendbar. Zeigt nicht der Empfänger, sondern der Absender an, kann dies gem. § 164 Abs. 1 S. 2 BGB im Namen des Empfängers erfolgen.[29] Die Kenntnis des Frachtführers von der Lieferfristüberschreitung ersetzt die Anzeige nicht.[30]

17 Die Anzeige hat gegenüber dem Frachtführer zu erfolgen. Im Falle der Einschaltung von Unterfrachtführern kann die Anzeige bei Ablieferung nach Abs. 5 auch an den abliefernden Frachtführer erfolgen. Der Empfänger muss sich erforderlichenfalls nach der Person des Frachtführers erkundigen. Im Falle der Beauftragung eines Spediteurs hat die Anzeige entweder gegenüber dem Spediteur – so in den Fällen der Frachtvertragsschlusses auf fremde Rechnung (§ 454), des Selbsteintritts (§ 458) oder der Fixkostenspedition (§ 459) – oder gegenüber dem vom Geschäftsbesorgungsspediteur beauftragten Frachtführer (§ 453) zu erfolgen.[31] An den **Inhalt der Anzeige** werden abgesehen von dem Hinweis auf das Überschreiten der Lieferfrist in Abs. 3 keine besonderen Anforderungen gestellt.

18 Die Frist des Abs. 3 beginnt mit der Ablieferung. Ohne Entgegennahme durch den Empfänger beginnt sie nicht zu laufen. Im Hinblick darauf, dass die Lieferfrist nach § 423 für den gesamten Transport einheitlich zu berechnen ist, ist in den Fällen der sukzessiven Ablieferung mehrerer Stücke einer Sendung auf den Abschluss der Ablieferung der gesamten Sendung abzustellen. Auch dann, wenn ein teilweiser Verlust der Sendung zu beklagen ist, wird wegen der Lieferfristüberschreitung auf die Ablieferung der verbliebenen Stücke abgestellt.[32]

---

[23] Koller Rn. 11.
[24] OLG Hamm 14.12.2020, RdTW 2022, 252 Rn. 19.
[25] OLG Hamm 14.12.2020, RdTW 2022, 252 Rn. 24.
[26] Koller Rn. 17; Ebenroth/Boujong/Schaffert Rn. 14.
[27] Koller Rn. 17; Ebenroth/Boujong/Schaffert Rn. 14.
[28] Vgl. Begr. RegE TRG, BT-Drs. 13/8445, 76.
[29] AG Aalen 14.6.2017, RdTW 2017, 311 mAnm Nussbaum.
[30] Koller Rn. 37; AG Aalen 14.6.2017, RdTW 2017, 311 mAnm Nussbaum.
[31] Koller Rn. 31.
[32] Koller Rn. 31.

Kennt der Frachtführer die Lieferfristüberschreitung, ist die Anzeige im Hinblick auf den Sinn und Zweck der Anzeige der Lieferfristüberschreitung nicht entbehrlich.[33] Diese soll dem Frachtführer Klarheit darüber verschaffen, ob der Empfänger die Verzögerung auf sich beruhen lässt. 19

2. Rechtsfolgen. Erfolgt die Anzeige nicht oder nicht rechtzeitig, geht der Anspruch aus § 425 Abs. 1 Alt. 3 gem. Abs. 1, 3 unter. Der Untergang erfasst auch die Ansprüche auf Ersatz der Schadensverhütungsaufwendungen gem. §§ 425, 429 analog. Die Berufung auf die Ausschlussfrist scheidet in den Fällen qualifizierten Verschuldens des Frachtführers iSd § 435 aus. Hat der Frachtführer darauf hingewirkt, dass der Empfänger die Frist des Abs. 3 verstreichen lässt, oder ist er dafür verantwortlich, dass die Anzeige nicht fristgerecht erfolgt, kann die Berufung auf die Ausschlussfrist rechtsmissbräuchlich sein (§ 242 BGB).[34] 20

§ 439 Verjährung

(1) [1]Ansprüche aus einer Beförderung, die den Vorschriften dieses Unterabschnitts unterliegt, verjähren in einem Jahr. [2]Bei Vorsatz oder bei einem dem Vorsatz nach § 435 gleichstehenden Verschulden beträgt die Verjährungsfrist drei Jahre.

(2) [1]Die Verjährung beginnt mit Ablauf des Tages, an dem das Gut abgeliefert wurde. [2]Ist das Gut nicht abgeliefert worden, beginnt die Verjährung mit dem Ablauf des Tages, an dem das Gut hätte abgeliefert werden müssen. [3]Abweichend von den Sätzen 1 und 2 beginnt die Verjährung von Rückgriffsansprüchen mit dem Tag des Eintritts der Rechtskraft des Urteils gegen den Rückgriffsgläubiger oder, wenn kein rechtskräftiges Urteil vorliegt, mit dem Tag, an dem der Rückgriffsgläubiger den Anspruch befriedigt hat, es sei denn, der Rückgriffsschuldner wurde nicht innerhalb von drei Monaten, nachdem der Rückgriffsgläubiger Kenntnis von dem Schaden und der Person des Rückgriffsschuldners erlangt hat, über diesen Schaden unterrichtet.

(3) [1]Die Verjährung eines Anspruchs gegen den Frachtführer wird auch durch eine Erklärung des Absenders oder Empfängers, mit der dieser Ersatzansprüche erhebt, bis zu dem Zeitpunkt gehemmt, in dem der Frachtführer die Erfüllung des Anspruchs ablehnt. [2]Die Erhebung der Ansprüche sowie die Ablehnung bedürfen der Textform. [3]Eine weitere Erklärung, die denselben Ersatzanspruch zum Gegenstand hat, hemmt die Verjährung nicht erneut.

(4) Die Verjährung von Schadensersatzansprüchen wegen Verlust oder Beschädigung des Gutes oder wegen Überschreitung der Lieferfrist kann nur durch Vereinbarung, die im einzelnen ausgehandelt ist, auch wenn sie für eine Mehrzahl von gleichartigen Verträgen zwischen denselben Vertragsparteien getroffen ist, erleichtert oder erschwert werden.

Schrifttum: Demuth, Verjährungsvorschriften in CMR und Transportrechtsreformgesetz, FG Herber, 1999, 326; Demuth, Verhandlungen, Verjährungsverzicht, insbesondere bei Forderungsübergang, TranspR 2016, 64; Drews, Zur Frage der Hemmung der Verjährung im Transportrecht, TranspR 2004, 340; Herber, Dreijährige Verjährung von Primärleistungsansprüchen nach § 439 Abs. 1 Satz 1 HGB?, TranspR 2010, 357; Köper, Zur Anwendbarkeit des § 439 Abs. 1 S. 2 HGB auf Frachtansprüche, TranspR 2006, 191; Koller, Reform der Verjährungsregeln im HGB-Transportrecht?, VersR 2011, 192; Koller, Die Verjährung bei vorsätzlicher oder leichtfertiger Missachtung von Leistungs- und Schutzpflichten im deutschen Frachtrecht, VersR 2006, 1581; Thume, Neue Rechtsprechung zur Verjährung im Transportrecht, TranspR 2009, 233.

Übersicht

I. Anwendungsbereich

Die Vorschrift enthält den allgemeinen Verjährungsvorschriften des BGB vorgehende Sondervorschriften für Ansprüche aus einer den Vorschriften der §§ 407 ff. unterliegenden Beförderung. Die Vorschriften des BGB bleiben ergänzend anwendbar. § 439 soll eine rasche Abwicklung von Scha- 1

[33] Koller Rn. 37.
[34] OLG Köln 19.8.2003, TranspR 2004, 322 (323).

densfällen gewährleisten und insbesondere durch die einheitliche Festlegung des Verjährungsbeginns zu einer im Vergleich zu Art. 32 CMR besseren Vorhersehbarkeit und Berechenbarkeit von Ersatzansprüchen führen.[1]

2 Mit dem Tatbestandsmerkmal „Ansprüche aus einer Beförderung" erfasst § 439 alle Ansprüche des Frachtführers und gegen den Frachtführer, die in einem unmittelbaren Zusammenhang mit einem den Vorschriften der §§ 407 ff. unterliegende wirksamen[2] Beförderungsvertrages stehen,[3] unabhängig davon von welcher Seite sie geltend gemacht werden und auf welchem, Rechtsgrund sie beruhen.[4] Die Vorschrift sieht nach höchstrichterlicher Rspr. keine Beschränkung auf Schadensersatzansprüche vor, sondern sie erfasst auch die Verjährung von Primärleistungsansprüchen und vertraglichen Aufwendungsersatzansprüchen.[5] Der Anwendungsbereich ist nicht auf Schäden beschränkt, die in dem Zeitpunkt eingetreten sind, in dem sich das Transportgut in der Obhut des Frachtführers befunden hat.[6] Nicht aus einer Beförderung stammen Ansprüche, die auf selbständigen Verträgen beruhen, die – wie der Verwahrungsvertrag zur Begutachtung eines Schadens[7] oder die Garantie eines Mindestumsatzes[8] – lediglich dem Umfeld der Beförderung zuzurechnen sind.[9] Anwendbar ist die Vorschrift auf die beförderungsbezogenen Ansprüche des Absenders oder Empfängers gegen die Leute des Frachtführers sowie auf Ansprüche des Empfängers gegen den Absender und vice versa. Ansprüche des Empfängers verjähren nach § 439, wenn dieser in den Frachtvertrag durch ein Ablieferungsverlangen gem. § 421 oder durch Weisungen gem. § 418 Abs. 2 S. 2 einbezogen wurde. Personenschäden, die nach § 433 der Höhe nach nicht begrenzt sind, werden zwar vom Wortlaut von § 439 miterfasst; die Verkürzung der nach allgemeinem Recht geltenden Verjährungsbestimmungen der § 199 Abs. 2 BGB, § 14 StVG, § 1 HPflG auf nur ein Jahr ist zur Vermeidung einer verfassungswidrigen Ungleichbehandlung mit Personenschäden aus anderen Lebenssachverhalten vom Anwendungsbereich des § 439 auszunehmen.[10]

3 Auf außervertragliche Ansprüche aus einer Beförderung findet § 439 gleichfalls Anwendung. Die Rechtsgrundlage ist dabei unerheblich. Ansprüche aus Delikt (§§ 823 ff. BGB), ungerechtfertigter Bereicherung (§§ 812 ff. BGB) oder dem Eigentümer-Besitzer-Verhältnis (§§ 987 ff. BGB) unterliegen den Verjährungsregeln des § 439.[11]

4 Für Ansprüche Dritter oder gegen Dritte gilt, dass sich der Frachtführer die kurze Verjährung nicht entgegenhalten lassen muss, wenn ihn Dritte im Zusammenhang mit einem Transportvertrag schädigen. In den Fällen des § 414 gelten allerdings die Verjährungsregeln des § 439. Ansprüche nicht vertragsbeteiligter Eigentümer unterfallen § 439, wenn diese der Beförderung zugestimmt haben (§ 434 Abs. 2).

II. Dauer der Verjährung (Abs. 1)

5 Grundsätzlich unterliegen die erfassten Ansprüche der kurzen Verjährung von einem Jahr nach Abs. 1 S. 1. Bei qualifiziertem Verschulden iSd § 435 beträgt die Verjährungsfrist gem. Abs. 1 S. 2 drei Jahre. Gemäß § 435 steht das qualifizierte Verschulden von Hilfspersonen, das dem Frachtführer zuzurechnen ist, dessen eigenem Verschulden gleich. Abs. 1 S. 2 differenziert nicht zwischen Ersatzansprüchen und primären frachtvertraglichen Erfüllungsansprüchen, sodass immer dann, wenn der Schuldner seine Pflichten qualifiziert schuldhaft verletzt, die dreijährige Verjährung gem. Abs. 1 S. 2 eingreift.[12] Die Voraussetzungen für die ausnahmsweise 3-jährige Verjährungsfrist müssen vom Anspruchsteller dargelegt und unter Beweis gestellt werden; eine sekundäre Darlegungslast des Anspruchsgegners besteht, wenn Umstände vorgetragen werden, die ein qualifiziertes Verschulden mit gewisser Wahrscheinlichkeit nahelegen.[13] Bei Frachtansprüchen wird verlangt, dass die ausste-

---

1 Begr. RegE TRG, BT-Drs. 13/8445, 77.

2 BGH 8.5.2014, RdTW 2014, 272 Rn. 29.

3 BGH 10.1.2008, TranspR 2008, 84 Rn. 13.

4 BGH 8.5.2014, RdTW 2014, 272 Rn. 28; 10.1.2008, VersR 2008, 1236; einschr. für bereicherungsrechtliche Ansprüche im Verhältnis zum Empfänger OLG Koblenz 23.7.2014, RdTW 2015, 75 Rn. 13.

5 BGH 22.4.2010, TranspR 2010, 225 Rn. 27 ff. unter ausdrücklicher Aufgabe der gegenteiligen Rspr. zu Art. 32 Abs. 1 S. 2 CMR vom 11.12.1981, VersR 1982, 649 (650).

6 BGH 10.1.2008, TranspR 2008, 84 Rn. 16.

7 BGH 20.10.2005, TranspR 2006, 74 (75).

8 BGH 21.9.2006, TranspR 2006, 452 (453); 7.3.2013, RdTW 2013, 318 Rn. 18 ff. zum Aufwendungsersatzanspruch gemäß § 420 Abs. 1 S. 2 wegen Verzollung.

9 BGH 7.3.2013, RdTW 2013, 318 Rn. 19; näher Koller Rn. 5 ff.

10 So zu Recht Koller Rn. 23; Heymann/Joachim Rn. 6.

11 BGH 21.9.2006, NJW-RR 2007, 182 Rn. 33; rechtspolitische Kritik bei Koller VersR 2011, 192 ff.; vgl. auch Herber TranspR 2010, 357.

12 BGH 22.4.2010, TranspR 2010, 225 Rn. 26 ff.; OLG Düsseldorf 20.3.2013, RdTW 2014, 358 Rn. 14.

13 LG Hamburg 30.6.2023, RdTW 2023, 328 Rn. 28 ff.

hende Vergütung wider besseres Wissen nicht geleistet wurde und erhobene Einwände gegen das Zahlungsbegehren nicht auf eine vertretbare Rechtsauffassung gestützt wurden.[14]

III. Beginn (Abs. 2)

1. Ersatzansprüche. Die Verjährung beginnt abweichend von § 199 BGB grundsätzlich mit dem Ablauf des Tages der tatsächlichen Ablieferung des Beförderungsgutes (Abs. 1 S. 1). Auf die Erkennbarkeit des Schadens kommt es für den Beginn des Laufs der Verjährung nicht an.[15] Der Rechtsbegriff der Ablieferung entspricht dem des § 425 (→ § 425 Rn. 9). Wird eine Sendung nach und nach abgeliefert, ist im Hinblick auf den Beginn der Verjährung nach Abs. 2 S. 1 auf den Zeitpunkt abzustellen, in dem die gesamte Sendung abgeliefert ist.[16] Verweigert der Empfänger die Annahme, liegt keine Ablieferung vor; der Beginn der Verjährung bestimmt sich in diesem Fall nach Abs. 2 S. 2. Das gilt auch in den Fällen, in denen das Gut nach § 424 für verloren erklärt wird. Wird das Gut wieder aufgefunden und an den Empfänger – gegen Zahlung der Fracht – abgeliefert, bevor die Entschädigung gem. § 424 gezahlt wurde, ist wie folgt zu unterscheiden: Ist der Ablieferungsanspruch bereits verjährt, beginnt die Verjährungsfrist nicht nach Abs. 1 neu zu laufen; er soll wegen der vertragsrechtlich nicht mehr gebotenen Ablieferung keinen Nachteil erleiden.[17] War der Anspruch auf Ablieferung und auf Entschädigung nach § 424 noch nicht verjährt, entfällt mit der Entgegennahme des Gutes der Anspruch auf Ersatz wegen Verlust (§§ 425, 429, 424); nunmehr ist es gerechtfertigt, dem Geschädigten hinreichend Zeit für die Geltendmachung seiner Ansprüche wegen Beschädigung oder Lieferfristüberschreitung durch Anwendung von Abs. 2 S. 1 einzuräumen.[18] 6

Wird das Gut nicht abgeliefert, beginnt die Verjährung gem. Abs. 2 S. 2 zum Zeitpunkt der hypothetischen Ablieferung. § 423 ist zu berücksichtigen. Für außervertragliche Ansprüche ist nach dieser Regelung ebenfalls die Lieferfrist des Frachtvertrages maßgebend. Ausnahmen sind geboten, wenn es auf den Zeitpunkt der hypothetischen Ablieferung wegen Kündigung des Vertrages nach § 415 nicht ankommen kann; in diesem Fall beginnt die Verjährung nach § 199 Abs. 1 BGB.[19] Übt der Absender sein Weisungsrecht gem. § 418 aus und verlangt die vorläufige Einlagerung des Gutes, ist in entsprechender Anwendung von §§ 475, 475a auf den Tag der Auslieferung abzustellen.[20] 7

2. Rückgriffsansprüche. Von dem hinausgeschobenen Verjährungsbeginn gem. Abs. 2 S. 3 werden nach dem Willen des Gesetzgebers nur Rückgriffsansprüche des Frachtführers gegenüber anderen Frachtführern erfasst.[21] Nach dem Sinn und Zweck der Vorschrift, den Rückgriffsgläubiger vor dem Risiko zu schützen, Regressansprüche zu verlieren, weil er nicht rechtzeitig, nachdem der Geschädigte erstmals an ihn herangetreten ist, verjährungshemmende Maßnahmen gegen den von ihm beauftragten (Unter-)Frachtführer eingeleitet hat, ist ein Gleichlauf der Haftungsgrundlage im Primär- und im Rückgriffsverhältnis nicht geboten.[22] Die Vorschrift kommt auch dann zur Anwendung, wenn der Rückgriffsgläubiger im Primärhaftungsverhältnis nicht nach den §§ 425 ff., sondern etwa nach Seefrachtrecht für einen Schaden einstehen muss.[23] Dagegen richten sich Rückgriffsansprüche von und gegen Hilfspersonen nach den allgemeinen bürgerlich-rechtlichen Verjährungsvorschriften.[24] Nicht vorausgesetzt wird nach dem neutral gefassten Wortlaut der Vorschrift, dass der gegen den Rückgriffschuldner gerichtete Anspruch dem HGB-Frachtrecht entspringt.[25] 8

Abs. 2 S. 3 schiebt den Beginn der Verjährung (nicht hingegen die Dauer der Verjährung) zugunsten des rückgriffsberechtigten Gläubigers hinaus, bis dessen Primäranspruchsverpflichtung geklärt ist. Liegt ein Urteil zum Primäranspruch vor, beginnt die Verjährung mit der Rechtskraft dieses Urteils. Liegt kein Urteil vor, beginnt die Verjährung mit dem Tag, an dem der Gläubiger des Rückgriffsanspruchs den gegen ihn gerichteten Anspruch freiwillig erfüllt hat. Dies gilt nicht, wenn der Rückgriffsgläubiger, der Kenntnis von dem Schaden und der Person des Rückgriffsgläubigers erlangt hat, den Rückgriffsschuldner nicht innerhalb von drei Monaten über den Schaden unterrich- 9

---

[14] LG Hamburg 17.7.2015, RdTW 2015, 387 Rn. 26.
[15] OLG Schleswig 5.6.2008, TranspR 2009, 30 (33).
[16] OLG Hamm 21.11.2024, RdTW 2025, 104 Rn. 34.
[17] *Koller* Rn. 17; *Ebenroth/Boujong/Schaffert* Rn. 8.
[18] *Koller* Rn. 18.
[19] *Koller* Rn. 18.
[20] *Koller* Rn. 18.
[21] Begr. RegE TRG, BT-Drs. 13/8445, 78.
[22] BGH 7.3.2013, RdTW 2013, 318 Rn. 24; *Koller* TranspR 2012, 277 f.
[23] BGH 2.10.2012, RdTW 2013, 203 Rn. 21.
[24] BGH 7.3.2013, RdTW 2013, 318 Rn. 23 = TranspR 2013, 339 m. krit. Anm. *Koller* TranspR 2013, 336.
[25] BGH 7.3.2013, RdTW 2013, 318 Rn. 24; *Koller* TranspR 2012, 277 f.

tet. Für die den Fristlauf in Gang setzende Kenntnis des Rückgriffsgläubigers kommt es darauf an, dass der für die Verfolgung der Rückgriffsansprüche zuständige Entscheidungsträger Kenntnis erlangt hat.[26] Die Mitteilung an den Rückgriffsschuldner unterliegt keinen besonderen Anforderungen;[27] sie hat lediglich das in Frage stehende Schadensereignis zu identifizieren. Erfolgt die Mitteilung nicht oder nicht rechtzeitig, bleibt es bei der Anwendung von Abs. 2 S. 1 und 2 auch auf die Rückgriffsansprüche.[28]

IV. Hemmung (Abs. 3)

10 Die Bestimmungen zur Hemmung der Verjährung nach Abs. 3 sind neben den Regeln der §§ 203–211, 213 BGB ergänzend anwendbar;[29] dies ist nunmehr durch die Einfügung des Wortes „auch" in den Gesetzestext klargestellt worden (eingeführt durch das SHR-ReformG). Die Sonderregelung des Abs. 3 soll den Parteien dadurch einen Anreiz bieten, sich gütlich zu einigen, indem während der Zeit, in der sie über ihre Ansprüche verhandeln, der Lauf der Verjährungsfrist gehemmt ist.[30] Nach den zu § 203 BGB bestehenden Grundsätzen endet die Hemmung der Verjährung, wenn die Verhandlung endet oder der Gläubiger die Verhandlungen „einschlafen" lässt.[31] Ein „Einschlafen" der Verhandlungen ist dann anzunehmen, wenn der Berechtigte den Zeitpunkt versäumt, zu dem eine Antwort auf die letzte Anfrage des Ersatzpflichtigen spätestens zu erwarten gewesen wäre, wenn die Verhandlungen mit verjährungshemmender Wirkung hätten fortgesetzt werden sollen.[32]

11 Die Hemmung gem. Abs. 3 erfolgt – anders als nach § 203 BGB – durch **einseitiges Schadensersatzverlangen** des Anspruchstellers. Die notwendige Erklärung bedarf seit der Neuregelung[33] durch das Seehandelsrechtsreformgesetz nicht mehr der Schriftform, wohl aber gemäß S. 2 der Textform (§ 126b BGB); es muss somit die Erklärung in einer Urkunde oder in einer auf andere zur dauerhaften Widergabe in Schriftzeichen geeigneten Weise abgegeben, die Person des Erklärenden genannt und der Abschluss der Erklärung durch Nachbildung der Namensunterschrift oder anders erkennbar gemacht werden (zB in Erklärungen per Telefax oder E-Mail).[34] Die Erklärung hat zur Folge, dass solange der Frachtführer den Anspruch nicht abgelehnt hat, die ein- oder dreijährige Verjährung des Abs. 1 und 2 gehemmt ist (§ 209 BGB).

12 Zur **Abgabe** der Erklärung ist unbeschadet des weitergehenden Gesetzeswortlauts derjenige befugt, dem der geltend gemachte Anspruch zusteht. Das ist neben dem Absender regelmäßig auch der Empfänger; der Empfänger ist aber in den Fällen des § 422 Abs. 3 nicht aktivlegitimiert und deshalb iSd § 439 Abs. 3 S. 1 auch nicht erklärungsbefugt. Der Eigentümer wird hinsichtlich der Geltendmachung seiner Ersatzansprüche in Abs. 3 nicht genannt; für ihn gilt § 203 BGB.[35]

13 Die Erklärung muss **an den Frachtführer gerichtet** sein und diesem zugehen (§§ 130 f. BGB). Die Erklärung gegenüber dem Spediteur hemmt die Verjährung nur, sofern dieser gem. §§ 458–460 wie ein Frachtführer haftet. Der Fahrer des Frachtführers ist typischerweise als dessen Empfangsvertreter oder aber als Empfangsbote anzusehen.[36] Der Haftpflichtversicherer ist nur dann Bevollmächtigter des Frachtführers, wenn dafür besondere Umstände sprechen.[37] Die Erklärung wirkt auch in Ansehung von Regressansprüchen iSd Abs. 2 S. 3 nicht zu Lasten der Unterfrachtführer, die nicht selbst in Anspruch genommen werden.

14 Die Hemmung endet mit der **Ablehnung** des vom Anspruchssteller geltend gemachten Anspruchs durch den Frachtführer (Abs. 1 S. 1). Auch die Ablehnungserklärung hat in Schriftform (§§ 126, 126a BGB) zu erfolgen. Die Rückgabe der der Reklamation beigefügten Belege ist – abweichend von Art. 32 CMR – nicht erforderlich. Im Falle einer Teilablehnung bleibt die Verjährung des nicht

---

[26] Koller Rn. 25.

[27] OLG Frankfurt 10.9.2009, TranspR 2010, 36 (37).

[28] Koller Rn. 25.

[29] BGH 13.3.2008, TranspR 2008, 467 Rn. 22 ff.; Thume TranspR 2009, 233 (238 f.). Zur Hemmung der Verjährung nach § 204 Nr. 3 BGB von Frachtansprüchen durch Zustellung des Mahnbescheids vgl. OLG Düsseldorf 10.10.2012, RdTW 2016, 148 f.

[30] Begr. RegE TRG, BT-Drs. 13/8445, 79.

[31] BGH 13.3.2008, TranspR 2008, 467.

[32] BGH 5.11.2002, NJW 2003, 895 (897).

[33] Sie ist nicht anwendbar, wenn die Verjährung bereits vor dem 25.4.2013 abgelaufen war; LG Düsseldorf 6.12.2013, RdTW 2015, 38 Rn. 18 ff.

[34] Die Rspr. des LG Hamburg 12.2.2009, TranspR 2009, 224 und des OLG München 23.7.2008, TranspR 2008, 321 hat der Gesetzgeber damit korrigiert.

[35] Für eine analoge Anwendung von § 439 Abs. 3 Koller Rn. 35.

[36] BGH 12.12.1985, TranspR 1986, 278 (281).

[37] OLG Köln 19.8.2003, TranspR 2004, 120 (122): verlangt wird ein Regulierungsauftrag, eine Schadensmeldung oder die Abtretung des Anspruchs aus der Versicherung.

abgelehnten Anspruchs gehemmt.[38] Die wiederholte Erhebung des abgelehnten Anspruchs führt nicht zur erneuten Hemmung (Abs. 3 S. 2). Tritt der Schuldner nach einer vorangegangenen Ablehnung der Ansprüche in Verhandlungen ein, begibt er sich des Schutzes gem. § 439 Abs. 3.[39] Allerdings tritt eine Beendigung der Hemmung ein, wenn der Ersatzberechtigte die Verhandlungen über den Ersatzanspruch „einschlafen" lässt; dieser Sachverhalt ist gegeben, wenn der Berechtigte den Zeitpunkt versäumt, zu dem eine Antwort auf die letzte Anfrage des Ersatzpflichtigen spätestens zu erwarten gewesen wäre.[40]

V. Abbedingung

Abweichend von § 202 BGB sind nach § 439 Abs. 4 Vereinbarungen, die die Verjährung erleichtern oder erschweren, nur wirksam, wenn sie iSd § 449 im Einzelnen ausgehandelt werden. Diese Einschränkung der Vertragsfreiheit betrifft AGB-Regelungen, betrifft aber seit dem SHR-ReformG nur noch „Schadenersatzansprüche wegen Verlust oder Beschädigung des Gutes". Die Einschränkung gilt nicht für Vereinbarungen über die Verjährung, die erst nach der Entstehung des Anspruchs getroffen werden; deren Wirksamkeit ist nach den allgemeinen Bestimmungen zu beurteilen.[41] 15

§ 440 Pfandrecht des Frachtführers

(1) [1]Der Frachtführer hat für alle Forderungen aus dem Frachtvertrag ein Pfandrecht an dem ihm zur Beförderung übergebenen Gut des Absenders oder eines Dritten, der der Beförderung des Gutes zugestimmt hat. [2]An dem Gut des Absenders hat der Frachtführer auch ein Pfandrecht für alle unbestrittenen Forderungen aus anderen mit dem Absender abgeschlossenen Fracht-, Seefracht-, Speditions- und Lagerverträgen. [3]Das Pfandrecht nach den Sätzen 1 und 2 erstreckt sich auf die Begleitpapiere.

(2) Das Pfandrecht besteht, solange der Frachtführer das Gut in seinem Besitz hat, insbesondere solange er mittels Konnossements, Ladescheins oder Lagerscheins darüber verfügen kann.

(3) Das Pfandrecht besteht auch nach der Ablieferung fort, wenn der Frachtführer es innerhalb von drei Tagen nach der Ablieferung gerichtlich geltend macht und das Gut noch im Besitz des Empfängers ist.

(4) [1]Die in § 1234 Abs. 1 des Bürgerlichen Gesetzbuchs bezeichnete Androhung des Pfandverkaufs sowie die in den §§ 1237 und 1241 des Bürgerlichen Gesetzbuchs vorgesehenen Benachrichtigungen sind an den nach § 418 oder § 446 verfügungsberechtigten Empfänger zu richten. [2]Ist dieser nicht zu ermitteln oder verweigert er die Annahme des Gutes, so haben die Androhung und die Benachrichtigung gegenüber dem Absender zu erfolgen.

Schrifttum: Bräuer, Das Pfandrecht des Frachtführers in der Krise des Absenders – Erwerb einer insolvenzfesten Rechtsposition?, TranspR 2006, 197; Didier, Pfand-, Sicherungs- und Zurückbehaltungsrechte des Frachtführers bei drohender Zahlungsunfähigkeit und Insolvenz des Absenders, NZI 2003, 513; Oepen, Das Pfandrecht des Frachtführers in der Insolvenz des Absenders, TranspR 2011, 89; Risch, Die Begründung gesetzlicher Pfandrechte an Dritteigentum im Speditions- und Frachtrecht, TranspR 2005, 108; Ruhwedel, Das „neue" gesetzliche Pfandrecht des Frachtführers, GS Helm, 2001, 323; Schmidt, Das Pfandrecht der §§ 441, 464 HGB im internationalen Kontext, TranspR 2011, 56.

I. Entstehung und Umfang des Pfandrechts

Der Frachtführer hat nach Abs. 1 ein gesetzliches Pfandrecht (§ 1257 BGB) an dem Gut. Es entsteht auf der Grundlage eines wirksamen Frachtvertrages mit der Übernahme des zu transportierenden Gutes. Mittelbarer Besitz (§ 868 BGB) des Frachtführers ist ausreichend, solange er mittels Konnossement, Ladeschein oder Lagerschein rechtsgeschäftliche Verfügungen über das Gut treffen kann (Abs. 2). Gemäß Abs. 1 S. 3 erfasst das Pfandrecht auch die im Besitz des Frachtführers befindlichen Begleitpapiere (insbesondere Zoll-, Einfuhr- und Unbedenklichkeitsbescheinigungen), damit nicht etwaige Zurückbehaltungsrechte der pfandrechtlichen Verwertung des Gutes entgegengehalten werden können.[1] 1

[38] Begr. RegE TRG, BT-Drs. 13/8445, 79.
[39] BGH 13.3.2008, TranspR 2008, 467 Rn. 24.
[40] BGH 6.11.2008, TranspR 2009, 24.
[41] Begr. RegE TRG, BT-Drs. 13/8445, 80; MüKoHGB/Eckardt Rn. 38.
[1] MüKoHGB/C. Schmidt Rn. 27.

2 Das Pfandrecht entsteht zunächst zur Sicherung aller durch den Frachtvertrag begründeten **(konnexen) Forderungen,** insbesondere Fracht, Auslagen und Vorschüsse. Bei Vereinbarung von Hin- und Rückreisepauschalen (sog. Rundlaufpauschalen) ist nur der Teil der Vergütung konnex, der auf die Beförderungsstrecke entfällt, auf der das Gut zu befördern ist.[2] Forderungen des Frachtführers aus anderen Transport- oder Lagerverträgen[3] zwischen den Parteien des Frachtvertrages **(inkonnexe Forderungen)** werden durch das Pfandrecht gesichert, wenn sie unbestritten sind. Dies ist der Fall, wenn im Zeitpunkt der Übernahme des Gutes gegen die Forderung keine substantiierten Einwendungen geltend gemacht werden.[4] Wird die inkonnexe Forderung erst später bestritten, hindert dies das Entstehen des Pfandrechts nicht.[5] Gesichert werden auch unbestrittene Altforderungen in den Fällen, in denen der Schuldner dem Frachtführer einen neuen Auftrag innerhalb des Zeitraums des § 131 Abs. 1 Nr. 1 InsO erteilt;[6] dass der Frachtführer den Auftrag annimmt, um das Pfandrecht an dem vom Empfänger für das Frachtgut zu zahlenden Kaufpreis zu erwerben, steht dem Pfandrecht nicht entgegen.[7]

3 Der Absender muss **nicht Eigentümer** des zu sichernden Gutes sein. Der Gesetzgeber des Seehandelsrechtsreformgesetzes hat dies in Abs. 1 S. 1 ausdrücklich für die Fälle klargestellt, in denen der Eigentümer sein **Einverständnis** mit dem Transport zumindest konkludent erklärt hat, etwa weil er eine Beförderung nicht nur durch seinen unmittelbaren Vertragspartner, sondern durch einen Dritten für möglich halten musste.[8] Ferner genügt, dass der Frachtführer das Gut im guten Glauben an die Befugnis des Absenders übernimmt, den Vertrag zu schließen, der in Verbindung mit der Besitzverschaffung zur Entstehung des gesetzlichen Pfandrechts führt.[9] Bei Beauftragung durch einen Spediteur oder Frachtführer fehlt es daran regelmäßig.[10] Im Übrigen ist im Warenhandel wegen verbreiteter Eigentumsvorbehalte oder Sicherungsübereignungen eine Rückfrage wegen der dinglichen Rechtslage zu verlangen.[11] Ein Pfandrechtserwerb an Drittgut kommt wegen der damit verbundenen Risiken für den versendenden Eigentümer nach Abs. 1 S. 1 nur wegen konnexer Forderungen in Betracht, weil sich andernfalls der ausführende Unterfrachtführer aus verhaftetem Gut des versendenden Eigentümers Befriedigung verschaffen könnte, obwohl die inkonnexe Forderung keinerlei Bezug zum Eigentum des Dritten aufweisen.[12] Ein **gutgläubiger Erwerb** des Frachtführerpfandrechts kommt zur Sicherung einer konnexen Forderung an Drittgut gem. §§ 1257, 1207 BGB iVm § 366 Abs. 1, 3 bei gutem Glauben an die Verfügungsbefugnis des Absenders in Betracht; für den gutgläubigen Erwerb zur Sicherung inkonnexer Forderungen genügt dagegen ausweislich von § 366 Abs. 3 S. 2 der gute Glaube des Frachtführers an eine Verfügungsbefugnis des Absenders nicht.[13] Im Falle der Beauftragung des Frachtführers durch einen Spediteur oder einen anderen Frachtführer scheidet ein gutgläubiger Pfandrechtserwerb zur Sicherung inkonnexer Forderungen deshalb regelmäßig aus.[14]

II. Verwertung des Pfandrechts

4 Die Verwertung des Frachtführerpfandrechts erfolgt grundsätzlich nach allgemeinen (handelsrechtlichen) Regeln (§§ 1257, 1228 ff. BGB, § 368). § 441 Abs. 4 sieht überdies vor, dass die Verkaufsandrohung und die genannten Benachrichtigungen nicht an den Eigentümer, sondern an den Empfänger (S. 1) bzw. nach Maßgabe des S. 2 an den Absender zu adressieren ist. Dabei berücksichtigt die Neufassung von Abs. 4 S. 1 durch das SHR-ReformG, dass auch eine andere Person als der im

---

[2] OLG Köln 30.5.2008, TranspR 2009, 37 (40).

[3] Forderungen aus anderen Verträgen werden nach dem Gesetzeswortlaut nicht erfasst, können aber durch ein anders gesetzliches Pfandrecht gesichert sein, zB § 647 BGB.

[4] OLG Karlsruhe 9.12.2004, NJW-RR 2005, 402 f.; Didier NZI 2003, 513 (518); Koller Rn. 11.

[5] Koller Rn. 11; **aA** Tunn Lagerrecht/Kontraktlogistik Rn. 511 ff.

[6] BGH 18.4.2002, BGHZ 150, 326; eingehend Oepen TranspR 2011, 89 ff.

[7] BGH 21.4.2005, TranspR 2005, 309 (310); Oepen TranspR 2011, 89 (100 f.); Didier NZI 2003, 513 (519 f.); krit. Bräuer TranspR 2006, 197 ff.

[8] Ebenso bereits BGH 10.6.2010, TranspR 2010, 303 Rn. 26; zust. Schmidt TranspR 2011, 56 (58 f.); OLG München RdTW 2014, 331 Rn. 4.

[9] OLG Düsseldorf 10.9.2012, RdTW 2013, 206 Rn. 20; OLG Köln 30.5.2008, TranspR 2009, 37 (41).

[10] Risch TranspR 2005, 108 (111).

[11] Koller Rn. 12; Canaris HandelsR § 27 Rn. 46; zurückhaltender noch BGH 24.1.1983, BGHZ 86, 300 (311 f.).

[12] Vgl. Begr. RegE SHR-ReformG zu Nr. 21 lit. b; ebenso bereits BGH 10.6.2010, TranspR 2010, 303 Rn. 49.

[13] Vgl. Begr. RegE SHR-ReformG zu Nr. 21 lit. b, BT-Drs. 17/10309, 57; OLG Düsseldorf 10.9.2012, RdTW 2013, 206 Rn. 21; ebenso bereits BGH 10.6.2010, TranspR 2010, 303 Rn. 50 unter Hinweis auf OLG Karlsruhe 20.2.2004, TranspR 2004, 467 (468); zust. Oepen TranspR 2011, 89 (102).

[14] BGH 10.6.2010, TranspR 2010, 303 Rn. 50; vgl. auch Risch TranspR 2005, 108 (111).

Frachtvertrag bestimmte Empfänger durch den Pfandverkauf beeinträchtigt sein kann, weswegen insbesondere in den Fällen, in denen ein Ladeschein ausgestellt wurde, verlangt wird, dass die Androhung des Pfandverkaufs sowie weitere Benachrichtigungen an den in diesen Fällen „verfügungsberechtigten Empfänger", nämlich den legitimierten Besitzer des Ladescheins, zu richten sind.[15] Ist der verfügungsberechtigte Empfänger nicht zu ermitteln oder verweigert er die Annahme des Gutes, sind nach Abs. 4 S. 2 die gebotenen Androhungen und Benachrichtigungen an den Absender zu richten, auch dann, wenn ein Ladeschein ausgestellt ist. Das Recht zur Pfandverwertung ist im Falle des Transports einer Sachmenge gem. § 1230 BGB auf die Verwertung einer Teilmenge beschränkt, wenn dies zur Befriedigung der Forderungen des Frachtführers ausreicht.[16]

III. Erlöschen des Pfandrechts

Das Pfandrecht besteht während der Dauer des Besitzes des Frachtführers an dem zu befördernden Gut (Abs. 2). Durch die Übergabe des Gutes an einen nachfolgenden Frachtführer erlischt das Pfandrecht nicht (§ 441 Abs. 1). Im Übrigen erlischt das Pfandrecht durch Besitzverlust[17] und in den Fällen der §§ 1252, 1255, 936 BGB. 5

Nach der Ablieferung besteht das Pfandrecht ausnahmsweise und abweichend von § 1253 BGB unter den Voraussetzungen des Abs. 3 fort (sog. Folgerecht). Um das Risiko der Ablieferung des Gutes ohne Bezahlung aufzufangen, kann der Frachtführer nur noch gerichtlich vorgehen. Die gerichtliche Geltendmachung des Pfandrechts kann durch jeden Antrag an das Gericht auf Herausgabe, Duldung der Zwangsvollstreckung oder Feststellung des Pfandrechts erfolgen. Für die Fristwahrung genügt der Eingang des Antrags bei Gericht.[18] 6

IV. Abdingbarkeit

Die Vorschrift ist vollständig dispositiv. Abweichungen können auch in AGB geregelt werden (§ 449 Abs. 1); solche Regelungen unterliegen der Inhaltskontrolle nach §§ 307, 310 BGB. Eine Vereinbarung, die den Pfandverkauf ausschließt, ohne dem Frachtführer eine angemessene Sicherheit zu geben, verstößt gegen § 307 BGB.[19] 7

§ 441 Nachfolgender Frachtführer

(1) [1]Hat im Falle der Beförderung durch mehrere Frachtführer der letzte bei der Ablieferung die Forderungen der vorhergehenden Frachtführer einzuziehen, so hat er die Rechte der vorhergehenden Frachtführer, insbesondere auch das Pfandrecht, auszuüben. [2]Das Pfandrecht jedes vorhergehenden Frachtführers bleibt so lange bestehen wie das Pfandrecht des letzten Frachtführers.

(2) Wird ein vorhergehender Frachtführer von einem nachgehenden befriedigt, so gehen Forderung und Pfandrecht des ersteren auf den letzteren über.

(3) Die Absätze 1 und 2 gelten auch für die Forderungen und Rechte eines Spediteurs, der an der Beförderung mitgewirkt hat.

Schrifttum: Brüning-Wildhagen, Pfandrechte und Zurückbehaltungsrechte im Transportrecht, 2000; Ramming, Die Einziehungspflicht des letzten Frachtführers, Verfrachters bzw. Spediteurs – § 442 Abs. 1 S. 1, § 465 Abs. 1 HGB, TranspR 2006, 235.

Die Vorschrift begründet in den Fällen der Beförderung durch mehrere Frachtführer eine **gesetzliche Verpflichtung** des letzten Frachtführers zur Ausübung der Rechte der vorhergehenden Frachtführer. Der Gesetzgeber wollte damit insbesondere vermeiden, dass der vorhergehende Frachtführer sein Pfandrecht wegen Besitzverlusts (§ 441) verliert.[1] 1

Die Vorschrift setzt nach Abs. 1 lediglich voraus, dass die Beförderung des Gutes durch **mehrere Frachtführer** tatsächlich durchgeführt wird. Auf die Rechtsbeziehungen der Beteiligten untereinander kommt es nicht an. Ein nachfolgender Frachtführer kann sowohl vom ersten Absender als 2

---

[15] Vgl. Begr. RegE SHR-ReformG zu Nr. 21 lit. c, BT-Drs. 17/10309, 57.

[16] OLG Köln 30.5.2008, TranspR 2009, 37 (42 f.).

[17] In Parallele zu § 1253 BGB sollte nur der freiwillige Besitzverlust erheblich sein; vgl. zum Streitstand Koller Rn. 13.

[18] Koller Rn. 13.

[19] BGH 3.5.1984, BGHZ 91, 139 (144 ff.) = NJW 1984, 413 zu § 648 BGB, § 9 AGBG aF.

[1] Begr. RegE TRG, BT-Drs. 13/8445, 81.

auch von einem vorhergehenden Frachtführer beauftragt worden sein.[2] Für in die Transportkette einbezogene Spediteure gilt die Regelung nach Abs. 3 ebenfalls. Handelt ein Spediteur am Ende der Kette als abliefernder Spediteur, findet die Vorschrift über § 465 entsprechende Anwendung.

3 Der Frachtführer hat die ihm **bekannten bzw. erkennbar**[3] **offenen Forderungen** einzuziehen, von deren Begleichung die vorhergehenden Frachtführer die Ablieferung des Gutes an den jeweils nachfolgenden abhängig machen könnten (§ 421 Abs. 1, § 456).[4] Eine Nachforschungspflicht trifft den Frachtführer nicht. Der letzte Frachtführer schuldet lediglich die Dienstleistung der Einziehung, nicht aber deren Erfolg.[5]

4 Verletzt der Frachtführer die Pflichten aus § 441, haftet er den vorhergehenden Frachtführern auf **Schadensersatz** gem. § 280 BGB. Seine Haftung ist summenmäßig gem. § 433 begrenzt.[6]

5 Die Vorschrift ist **abdingbar.** Der Frachtführer kann die bestehenden Einziehungsverpflichtungen im Vertrag mit dem vorhergehenden Frachtführer insbesondere durch Franko- oder pre-paid-Klauseln ausschließen.[7] Eine solche Ausschlussklausel kann aber die Haftung des vorhergehenden Frachtführers gegenüber den ihm vorhergehenden Frachtführern zur Folge haben.[8]

§ 442 Rang mehrerer Pfandrechte

(1) Bestehen an demselben Gut mehrere nach den §§ 397, 440, 464, 475b und 495 begründete Pfandrechte, so geht unter denjenigen Pfandrechten, die durch die Versendung oder durch die Beförderung des Gutes entstanden sind, das später entstandene dem früher entstandenen vor.

(2) Diese Pfandrechte haben Vorrang vor dem nicht aus der Versendung entstandenen Pfandrecht des Kommissionärs und des Lagerhalters sowie vor dem Pfandrecht des Spediteurs, des Frachtführers und des Verfrachters für Vorschüsse.

1 Die Vorschrift regelt das Verhältnis der genannten mehreren Pfandrechte an demselben Gut zueinander. Über § 26 BinSchG gilt die Vorschrift auch für die Binnenschifffahrt.

2 Für das Rangverhältnis gilt, dass die Pfandrechte für Forderungen wegen Versendung (§ 453) und Beförderung (§ 407) Vorrang vor den übrigen handelsrechtlichen Pfandrechten haben (Abs. 2). Im Übrigen gilt im Verhältnis der handelsrechtlichen Pfandrechte zueinander das **Posterioritätsprinzip** (Abs. 1), während im Verhältnis der handelsrechtlichen Pfandrechte zu den sonstigen Pfandrechten nach § 1209 BGB das Prioritätsprinzip gilt.

§ 443 Ladeschein. Verordnungsermächtigung

(1) [1]Über die Verpflichtung zur Ablieferung des Gutes kann von dem Frachtführer ein Ladeschein ausgestellt werden, der die in § 408 Abs. 1 genannten Angaben enthalten soll. [2]Der Ladeschein ist vom Frachtführer zu unterzeichnen; eine Nachbildung der eigenhändigen Unterschrift durch Druck oder Stempel genügt.

(2) [1]Ist der Ladeschein an Order gestellt, so soll er den Namen desjenigen enthalten, an dessen Order das Gut abgeliefert werden soll. [2]Wird der Name nicht angegeben, so ist der Ladeschein als an Order des Absenders gestellt anzusehen.

(3) [1]Dem Ladeschein gleichgestellt ist eine elektronische Aufzeichnung, die dieselben Funktionen erfüllt wie der Ladeschein, sofern sichergestellt ist, dass die Authentizität und die Integrität der Aufzeichnung gewahrt bleiben (elektronischer Ladeschein). [2]Das Bundesministerium der Justiz und für Verbraucherschutz wird ermächtigt, im Einvernehmen mit dem Bundesministerium des Innern durch Rechtsverordnung, die nicht der Zustimmung des Bundesrates bedarf, die Einzelheiten der Ausstellung, Vorlage, Rückgabe und Übertragung eines elektronischen Ladescheins sowie die Einzelheiten des Verfahrens einer nachträglichen Eintragung in einen elektronischen Ladeschein zu regeln.

---

[2] Begr. RegE TRG, BT-Drs. 13/8445, 81.

[3] Koller Rn. 3; nach Ramming TranspR 2006, 235 (239, 243 f.) kommt es auf die Erkennbarkeit erst im Rahmen der Haftung an.

[4] Koller Rn. 3.

[5] Ramming TranspR 2006, 235 (239).

[6] Koller Rn. 3.

[7] Koller Rn. 3; Ramming TranspR 2006, 235 (249).

[8] Koller Rn. 3.

Schrifttum: Furrer, Der Einsatz der Blockchain in der Logistik, Jusletter 4.12.2017; Koller, Anspruch auf Ausstellung eines Ladescheins oder Konnossements und sein Erlöschen, TranspR 2016, 290; Koller, Die Übertragung des Namensladescheins, FS Richardi, 2007, 1121; Ramming, Überlegungen zur Funktionsäquivalenz elektronischer Fracht- und Lagerdokumente, RdTW 2022, 2; Ramming, Papier- und elektronische Form von Fracht- und Lagerdokumenten, RdTW 2021, 450; Ramming, Die Reichweite der Verbriefungswirkung des Ladescheins bzw. Konnossements, RdTW 2019, 81; Ramming, Die Ausstellung von Konnossementen bzw. Ladescheinen durch den Unterbeförderer, RdTW 2014, 1; Ramming, Fixkostenspedition – CMR – FBL, TranspR 2006, 95; Saive, Das Blockchain-Traditionspapier, TranspR 2018, 234.

I. Ladeschein als Wertpapier (Abs. 1)

1 Ein Ladeschein, der in der Binnenschifffahrt als Binnen- oder Flusskonnossement, im Landverkehr dagegen praktisch nicht[1] verwendet wird, verbrieft die Verpflichtung des Frachtführers, das Gut abzuliefern und den Anspruch auf Schadensersatz wegen Güterverlust, während die Ansprüche auf Beförderung sowie auf Schadensersatz nach Beschädigung des Gutes sowie Überschreitung der Lieferfrist bzw. einer verspäteten Ablieferung nicht verbrieft werden.[2] Die Ablieferung des Gutes braucht nur gegen Rückgabe des Ladescheins zu erfolgen (§ 445). Insofern handelt es sich bei dem Ladeschein um ein Wertpapier. Er wird grundsätzlich als Namenspapier, er kann aber auch an Order ausgestellt (§ 443 Abs. 2, § 363) oder als Inhaberpapier (§ 793 BGB) gestaltet werden.[3]

2 Ein Ladeschein setzt eine Verpflichtungserklärung zur Ablieferung des Gutes voraus und deren Unterzeichnung durch den Frachtführer bzw. die Nachbildung der eigenhändigen Unterschrift iSd § 443 Abs. 1 S. 2 Hs. 2. Rechtswirkungen erzeugt der Ladeschein nur, wenn er mittels zwischen Frachtführer und Absender zugunsten des Empfängers geschlossenen Begebungsvertrages in den Rechtsverkehr begeben wurde.[4] Im Übrigen soll er dieselben Angaben des § 408 Abs. 1 wie ein Frachtbrief enthalten. Mehrere Ausfertigungen des Ladescheins sind vom Gesetz nicht vorgesehen. Die Ausstellung erfolgt nach Abs. 1 auf freiwilliger Grundlage.

II. Orderlagerschein (Abs. 2)

3 Die Ausstellung des Ladescheins als Orderladeschein ist gem. Abs. 2 S. 1 an Order einer beliebigen Person möglich. Zur Sicherung der Empfangsberechtigung regelt Abs. 2 S. 2, dass der Orderladeschein bei fehlender Namensnennung als an Order des Absenders gestellt gilt; ist dieser dem Ladeschein nicht zu entnehmen, liegt ein Inhaberladeschein vor.[5] Der Orderladeschein verbrieft eine (gegenüber dem Frachtvertrag) selbstständige, nicht akzessorische Verpflichtung zur Ablieferung.[6]

III. Elektronischer Ladeschein (Abs. 3)

4 Seit dem SHR-ReformG sieht das Landtransportrecht in Parallele zu den Neuregelungen über den Frachtbrief, das Konnossement und den Seefrachtbrief eine Regelung über einen elektronischen Ladeschein vor. Die Vorschrift – wie auch die Parallelregelungen in § 516 Abs. 2, § 475c Abs. 4 – wird deshalb als Wegbereiter für digitale Traditionspapiere verstanden,[7] die über den numerus clausus der papiergestützten Papiere hinausgehen und den Weg für den Einsatz der Blockchain-Technologie im Transportgeschehen[8] ebenen.[9] Die wichtigsten Eigenschaften, auf die es für die Annahme einer Funktionsäquivalenz ankommt, werden in der Verordnungsermächtigung des Abs. 3 S. 2 angeführt. Elektronische Lagerscheine müssen ausgestellt, vorgelegt, zurückgegeben und mitgeführt werden, außerdem müssen nachträgliche Eintragungen möglich sein. Geeignete technische Vorkehrungen müssen deshalb vor allem ermöglichen: (1) die ausschließliche Verfügungsbefugnis über eine elektronische Aufzeichnung, die dem Besitz an dem betreffenden elektronischen Lagerdokument entspricht, (2) die Befugnis, in der elektronischen Aufzeichnung nachträglich Eintragungen vorzunehmen, (3) die Freigabe einer elektronischen Aufzeichnung an Dritte sowie (4) die Möglichkeit, einer anderen Person Kenntnis von dem Inhalt der elektronischen Aufzeichnung zu geben. Darüber hinaus muss die elektronische Aufzeichnung, um zu dem betreffenden Dokument in Papierform funktionsäquivalent zu sein, bestimmte weitere Eigenschaften haben, nämlich (5) dass an ihr Besitz verschafft und dass

[1] *Zur Möglichkeit* der Ausstellung unter der CMR Ramming TranspR 2006, 96 (101 f.).
[2] Ramming RdTW 2019, 81 ff.
[3] Koller Rn. 2.
[4] Vgl. BGH 27.10.1960, BGHZ 33, 364 (367) betr. Konnossementsbegebungsvertrag; Koller Rn. 7.
[5] Koller Rn. 6.
[6] Eingehend zu den Rechtswirkungen Koller TranspR 2015, 133.
[7] Saive TranspR 2018, 224 (236).
[8] Vgl. Saive RdTW 2018, 85 ff.; Furrer Jusletter 4.12.2017.
[9] BT-Drs. 17/10309, 93.

sie im Rahmen der Zwangsvollstreckung in Besitz genommen werden kann und (6) dass elektronische Kopien erstellt werden können.[10] Nähere Regelungen, insbesondere dazu wie elektronische Papiere unterzeichnet, „vorgelegt", „zurückgegeben" und „übertragen" werden kann, sind einer Rechtsverordnung vorbehalten, die in Abs. 3 S. 2 die erforderliche Ermächtigungsgrundlage hat, aber noch nicht verabschiedet ist.

§ 444 Wirkung des Ladescheins. Legitimation

(1) Der Ladeschein begründet die Vermutung, dass der Frachtführer das Gut so übernommen hat, wie es im Ladeschein beschrieben ist; § 409 Absatz 2 und 3 Satz 1 gilt entsprechend.

(2) [1]Gegenüber einem im Ladeschein benannten Empfänger, an den der Ladeschein begeben wurde, kann der Frachtführer die Vermutung nach Absatz 1 nicht widerlegen, es sei denn, dem Empfänger war im Zeitpunkt der Begebung des Ladescheins bekannt oder infolge grober Fahrlässigkeit unbekannt, dass die Angaben im Ladeschein unrichtig sind. [2]Gleiches gilt gegenüber einem Dritten, dem der Ladeschein übertragen wurde. [3]Die Sätze 1 und 2 gelten nicht, wenn der aus dem Ladeschein Berechtigte den ausführenden Frachtführer nach § 437 in Anspruch nimmt und der Ladeschein weder vom ausführenden Frachtführer noch von einem für ihn zur Zeichnung von Ladescheinen Befugten ausgestellt wurde.

(3) [1]Die im Ladeschein verbrieften frachtvertraglichen Ansprüche können nur von dem aus dem Ladeschein Berechtigten geltend gemacht werden. [2]Zugunsten des legitimierten Besitzers des Ladescheins wird vermutet, dass er der aus dem Ladeschein Berechtigte ist. [3]Legitimierter Besitzer des Ladescheins ist, wer einen Ladeschein besitzt, der
1. auf den Inhaber lautet,
2. an Order lautet und den Besitzer als Empfänger benennt oder durch eine ununterbrochene Reihe von Indossamenten ausweist oder
3. auf den Namen des Besitzers lautet.

Schrifttum: Ramming, Die Reichweite der Verbriefungswirkung des Ladescheins bzw. Konnossements, RdTW 2019, 81.

1 Die Vorschrift wurde durch das SHR-ReformG 2013 eingeführt. Mit ihr werden die Regelungen über den Ladeschein an die des § 517 über das Konnossement angeglichen.[1] Der Ladeschein begründet besondere, wertpapierrechtlich verbriefte Ansprüche gegen den Frachtführer, nämlich den Anspruch auf Ablieferung des Gutes sowie den Anspruch auf Schadensersatz nach dem Verlust des Gutes. Diese Ansprüche sind nach Entstehung, Inhalt und Fortbestand unabhängig vom Frachtvertrag.[2] Weitere Ansprüche, die ebenfalls im umfassenderen Ladeschein-Rechtsverhältnis ihren Ursprung haben, insbesondere die Ansprüche auf Beförderung des Gutes sowie auf Schadensersatz nach einer Beschädigung des Gutes sowie einer Überschreitung der Lieferfrist bzw. einer verspäteten Ablieferung werden von der Verbriefungswirkung des Papiers nicht erfasst.[3]

2 Die Regelung des Abs. 1 begründet – wie schon nach bisheriger Rechtslage – die widerlegliche Vermutung, dass die Güter vom Frachtführer so wie im Ladeschein beschrieben übernommen worden sind; wegen der insofern gegebenen Parallele verweist Abs. 1 Hs. 2 auf § 409 Abs. 2 und Abs. 3 S. 1. Durch entsprechend begründete Vorbehalte kann der Frachtführer somit die Vermutung einschränken (Abs. 1 S. 2 iVm § 409 Abs. 2 S. 2). Einen umfassenderen Beweis für den Inhalt des Frachtvertrages liefert der Ladeschein nicht.[4]

3 Hinsichtlich der Unwiderleglichkeit der Vermutung ist die Rechtslage nunmehr (weitgehend[5]) an die des Seefrachtbriefs in § 522 Abs. 2 angeglichen. Somit wird gewährleistet, dass der Vermutungsschutz nicht nur gegenüber dem gutgläubigen Dritten, dem der Ladeschein per Indossament übertragen wurde, unwiderleglich gilt, sondern dass auch der gutgläubige erste Nehmer eines Rekta- oder Orderpapiers geschützt wird. Diese Rechtswirkung ist zum Schutz der Umlauffunktion nicht

[10] Eingehend Ramming RdTW 2022, 2 ff.; Ramming RdTW 2022, 100 ff.
[1] Begr. RegE SHR-ReformG zu Nr. 24, BT-Drs. 17/10309, 58.
[2] BeckOGK/Paschke 15.3.2023 Rn. 4.
[3] Ramming RdTW 2022, 81 ff.
[4] BeckOGK/Paschke 15.3.2023 Rn. 6, 11.
[5] In § 444 fehlt eine dem § 523 entsprechende Vorschrift zur Haftung wegen unrichtiger Ausstellung des Ladescheins; dazu Ramming RdTW 2013, 423 (438 ff.); Koller Rn. 4.

abdingbar, obwohl § 444 in § 449 nicht angeführt ist.[6] Maßgeblicher Zeitpunkt für die Beurteilung der Gut- bzw. Bösgläubigkeit ist ausweislich von Abs. 2 S. 1 der Zeitpunkt der „Begebung" des Ladescheins, mithin der Ausstellung des Papiers. Im Falle der Übertragung des Ladescheins kommt es auf den Zeitpunkt des Erwerbs an, sodass unschädlich ist, wenn der Berechtigte nachträglich bösgläubig wird.[7] Da es für die Gut- oder Bösgläubigkeit ausschließlich auf die Person des jeweils Berechtigten ankommt, ist es für den Erwerber wiederum unschädlich, wenn der vorherige Berechtigte bösgläubig war.[8] Abs. 2 S. 3 regelt in Anlehnung an § 522 Abs. 3 S. 2 den Fall, dass ein ausführender Verfrachter nach § 437 von dem aus dem Ladeschein Berechtigten in Anspruch genommen wird, und räumt dem Schutzbedürfnis des ausführenden Frachtführers den Vorrang vor den Interessen des gutgläubigen Dritten ein, sofern der Ladeschein nicht von ihm oder einem Vertreter des ausführenden Frachtführers ausgestellt wurde.

Abs. 3 ist der Regelung in § 519 nachgebildet. Sie soll wie dort insbesondere klarstellen, dass die durch die Ausstellung und Begebung eines Ladescheins begründeten wertpapierrechtlichen Ansprüche die Ansprüche aus dem Frachtvertrag überlagern. Damit wird vermieden, dass weiterhin die Personen zur Geltendmachung vertraglicher Ansprüche berechtigt bleiben, die sich nicht durch Vorlage des Konnossements legitimieren können.[9] Unberührt bleiben Ansprüche, die nicht im Ladeschein verbrieft sind (→ § 519 Rn. 1 ff.). 4

§ 445 Ablieferung gegen Rückgabe des Ladescheins

(1) [1]Nach Ankunft des Gutes an der Ablieferungsstelle ist der legitimierte Besitzer des Ladescheins berechtigt, vom Frachtführer die Ablieferung des Gutes zu verlangen. [2]Macht er von diesem Recht Gebrauch, ist er entsprechend § 421 Absatz 2 und 3 zur Zahlung der Fracht und einer sonstigen Vergütung verpflichtet.

(2) [1] Der Frachtführer ist zur Ablieferung des Gutes nur gegen Rückgabe des Ladescheins, auf dem die Ablieferung bescheinigt ist, und gegen Leistung der noch ausstehenden, nach § 421 Absatz 2 und 3 geschuldeten Zahlungen verpflichtet. [2]Er darf das Gut jedoch nicht dem legitimierten Besitzer des Ladescheins abliefern, wenn ihm bekannt oder infolge grober Fahrlässigkeit unbekannt ist, dass der legitimierte Besitzer des Ladescheins nicht der aus dem Ladeschein Berechtigte ist.

(3) [1] Liefert der Frachtführer das Gut einem anderen als dem legitimierten Besitzer des Ladescheins oder, im Falle des Absatzes 2 Satz 2, einem anderen als dem aus dem Ladeschein Berechtigten ab, haftet er für den Schaden, der dem aus dem Ladeschein Berechtigten daraus entsteht. [2]Die Haftung ist auf den Betrag begrenzt, der bei Verlust des Gutes zu zahlen wäre.

Die durch das SHR-ReformG 2013 neu gefasste Vorschrift regelt in Abs. 1 den Anspruch des legitimierten Besitzers des Ladescheins auf Ablieferung des Gutes und beschränkt diesen auf die Fälle, in denen das Gut an der Ablieferungsstelle angekommen ist. Die Fälligkeit des Anspruchs ist durch den Zeitpunkt der Ankunft des Gutes an der Ablieferungsstelle festgelegt. Der Rechtsbegriff der Ablieferungsstelle entspricht dem des § 421. Macht der legitimierte Besitzer diesen Anspruch geltend, hat er gemäß S. 2 die noch ausstehende Fracht und – im Falle einer Verzögerung der Beförderung – eine noch ausstehende Vergütung zu zahlen. 1

Abs. 2 setzt mit der Regelung, dass der Frachtführer das Gut Zug-um-Zug gegen Rückgabe des mit einem Rückgabevermerk versehenen Ladescheins zurückzugeben hat, einen in § 364 Abs. 3 und § 797 BGB zum Ausdruck kommenden allgemeinen Grundsatz des Wertpapierrechts um. § 445 dehnt diesen Grundsatz auf Namensladescheine aus. Nach der Wertung des § 445 Abs. 2 S. 1 ist der Frachtführer verpflichtet, die Ablieferung des Gutes von der Vorlage und Rückgabe des Ladescheins abhängig zu machen.[1] Auch bei Vorlage des Ladescheins ist der Frachtführer gem. Abs. 2 S. 1 nur dann zur Ablieferung verpflichtet, wenn die noch ausstehenden Zahlungen geleistet werden. Der Frachtführer muss überdies redlich sein, darf also das Gut nicht an den durch die Vorlage des Ladescheins formal legitimierten Besitzer abliefern, wenn er die fehlende materielle Berechtigung des Besitzers kennt; dabei schadet sowohl positive Kenntnis als auch grob fahrlässige Unkenntnis von 2

[6] So Koller Rn. 26; **aA** Andresen/Valder/Andresen Rn. 19, jeweils zur Rechtslage idF vor dem SHR-ReformG.
[7] Ramming RdTW 2017, 441 (446).
[8] Ramming RdTW 2017, 441 (446); **aA** Koller Rn. 6.
[9] Begr. RegE SHR-ReformG zu § 519, BT-Drs. 17/10309, 94.
[1] Koller Rn. 3; **aA** Ebenroth/Boujong/Schaffert Rn. 1: bloße Obliegenheit.

der Berechtigung des Ladescheinbesitzers. Zu diesem Redlichkeitsmaßstab vgl. § 521 Abs. 2 S. 2 und Art. 40 Abs. 3 S. 1 WG.

3 Mit der Rückgabe des quittierten Ladescheins erfüllt der Empfänger zugleich seine Verpflichtung zur Erteilung einer **Quittung** gem. § 368 S. 1 BGB. Der Frachtführer kann dann die Ablieferung nicht mehr von der Ausstellung einer Quittung abhängig machen. Teilablieferungen sind im Ladeschein zu quittieren.

4 Im Falle der **Beschädigung** des Gutes begründet die Vorschrift kein Zurückbehaltungsrecht an dem Ladeschein. Der Frachtführer soll dem Empfänger nach der ratio der Vorschrift Gelegenheit zur Überprüfung des Gutes geben, kann dann aber das Gut gegen Rückgabe des Ladescheins abliefern; der Empfänger kann seine Rechte durch einen Vermerk über die Beschädigung auf dem Ladeschein wahren.[2]

5 Im Falle des **Verlusts**[3] kann der Berechtigte bei Inhaber- und Orderladescheinen das Aufgebotsverfahren mit dem Ziel der Kraftloserklärung betreiben (§ 365 Abs. 2 BGB, § 799 Abs. 1 BGB, § 946 ZPO). Bei Namensladescheinen besteht die nämliche Befugnis in analoger Anwendung von § 808 Abs. 2 S. 2 BGB.[4]

6 Abs. 3 begründet eine **Haftung des Frachtführers** gegenüber dem rechtmäßigen Besitzer des Ladescheins wegen fehlerhafter Ablieferung. Dabei handelt es sich um eine verschuldensunabhängige Haftung, die nach S. 2 den bei Verlust des Gutes bestehenden Höchstbetrag (§ 431 Abs. 1, 2 und 4) beschränkt. Allerdings wird sich der Frachtführer bei Ablieferung ohne Rückgabe des Ladescheins den Vorwurf des qualifizierten Verschuldens iSd § 435 entgegenhalten lassen müssen. Einschränkungen der Abdingbarkeit ergeben sich aus § 449 Abs. 1 S. 2.

§ 446 Befolgung von Weisungen

(1) [1]Das Verfügungsrecht nach den §§ 418 und 419 steht, wenn ein Ladeschein ausgestellt worden ist, ausschließlich dem legitimierten Besitzer des Ladescheins zu. [2]Der Frachtführer darf Weisungen nur gegen Vorlage des Ladescheins ausführen. [3]Weisungen des legitimierten Besitzers des Ladescheins darf er jedoch nicht ausführen, wenn ihm bekannt oder infolge grober Fahrlässigkeit unbekannt ist, dass der legitimierte Besitzer des Ladescheins nicht der aus dem Ladeschein Berechtigte ist.

(2) [1]Befolgt der Frachtführer Weisungen, ohne sich den Ladeschein vorlegen zu lassen, haftet er dem aus dem Ladeschein Berechtigten für den Schaden, der diesem daraus entsteht. [2]Die Haftung ist auf den Betrag begrenzt, der bei Verlust des Gutes zu zahlen wäre.

1 Abs. 1 regelt in S. 1, wer bei Ausstellung eines Ladescheins **verfügungsberechtigt** ist. Dieses Recht steht in allen Fällen dem legitimierten Besitzer des Ladescheins und damit nicht dem Absender zu; es fällt – wegen der klarstellenden Aufnahme von § 419 in den Tatbestand – auch nicht auf den Absender in den Fällen eines Beförderungs- oder Ablieferungshindernisses zurück.

2 Weisungen darf der Frachtführer nach der Regelung des Abs. 1 S. 2 grundsätzlich nur gegen Vorlage des Ladescheins ausführen. Hierin liegt eine Sonderregelung zu § 418. Der Frachtführer hat folglich nur (nachträgliche) Weisungen derjenigen Person zu beachten, die mittels Ladeschein bzw. Indossament formell legitimiert ist. Weisungen auch des formell legitimierten Besitzers darf der Frachtführer nicht ausführen, wenn dieser nicht der materiell aus dem Ladeschein Berechtigte ist und der Frachtführer hiervon Kenntnis hat oder aber auf Grund grober Fahrlässigkeit keine Kenntnis hiervon hat.

3 Ebenso wie im Fall der Ausstellung eines Frachtbriefs mit Sperrvermerk (§ 418 Abs. 6) und im Fall des Konnossements (§ 520 Abs. 2) sieht das Gesetz in § 446 Abs. 2 auch im Fall der Ausstellung eines Ladescheins eine (der Höhe nach beschränkte) Haftung des Frachtführers in den Fällen vor, in denen der Frachtführer eine Weisung befolgt, ohne sich den Ladeschein vorlegen zu lassen.

§ 447 Einwendungen

(1) [1]Dem aus dem Ladeschein Berechtigten kann der Frachtführer nur solche Einwendungen entgegensetzen, die die Gültigkeit der Erklärungen im Ladeschein betreffen oder sich aus dem Inhalt des Ladescheins ergeben oder dem Frachtführer unmittelbar gegen-

[2] Heymann/Schlüter Rn. 3; **aA** Hopt/Merkt Rn. 1; Koller Rn. 2.
[3] Näher Ramming RdTW 2018, 161 ff.
[4] Koller Rn. 4.

über dem aus dem Ladeschein Berechtigten zustehen. [2]Eine Vereinbarung, auf die im Ladeschein lediglich verwiesen wird, ist nicht Inhalt des Ladescheins.

(2) Wird ein ausführender Frachtführer nach § 437 von dem aus dem Ladeschein Berechtigten in Anspruch genommen, kann auch der ausführende Frachtführer die Einwendungen nach Absatz 1 geltend machen.

Die durch das SHR-ReformG neu gestaltete Vorschrift regelt, welche Einwendungen der Frachtführer dem aus dem Ladeschein Berechtigten entgegenhalten kann. Die Regelung entspricht – wie die Parallelregelung für das Konnossement in § 522 – der wertpapierrechtlichen Vorschrift des § 364 Abs. 2. Personell werden alle „aus dem Ladeschein Berechtigten" adressiert und damit insbesondere auch der im Ladeschein benannte Empfänger. 1

Abs. 2 regelt – in Übereinstimmung mit der entsprechenden Regelung für das Konnossement in § 522 Abs. 3 S. 1 – eine Einwendungserstreckung für den Fall, dass der ausführende Verfrachter von dem aus dem Ladeschein Berechtigten in Anspruch genommen wird. 2

§ 448 Traditionswirkung des Ladescheins

[1]Die Begebung des Ladescheins an den darin benannten Empfänger hat, sofern der Frachtführer das Gut im Besitz hat, für den Erwerb von Rechten an dem Gut dieselben Wirkungen wie die Übergabe des Gutes. [2]Gleiches gilt für die Übertragung des Ladescheins an Dritte.

Der Ladeschein ist ein Traditionspapier im wertpapierrechtlichen Sinn (ebenso wie das Seekonnossement iSd §§ 513 ff. und der Orderlagerschein iSd § 475g). Die Begebung des Ladescheins an den darin benannten Empfänger stellt deshalb für den Erwerb von Rechten an dem Gut der Übergabe des Gutes gleich. Die Regelung bezieht sich nach der Begründung des RegE sowohl auf Order- als auch auf Rektaladescheine.[1] Voraussetzung für die in S. 1 angeordnete Traditionswirkung ist, dass der Frachtführer im Zeitpunkt der Übertragung des Ladescheins Besitz am Gut hat; er muss das Gut mithin übernommen und den Besitz daran noch nicht wieder aufgegeben oder verloren haben.[2] S. 2 regelt die wertpapiermäßige Übertragung des Ladescheins; die Regelung erfasst somit nicht den Rektaladeschein. Die nach Übernahme des Gutes durch den Frachtführer erfolgende Übertragung des Ladescheins an den durch das Wertpapier legitimierten Empfänger ist rechtlich wie die Übergabe des Gutes zu behandeln. Die sich daraus für die Übereignung und Verpfändung ergebenden Konsequenzen entsprechen denen des allgemeinen Wertpapierrechts für Traditionspapiere (→ § 363 Rn. 1 ff.). 1

§ 449 Abweichende Vereinbarungen über die Haftung

(1) [1]Soweit der Frachtvertrag nicht die Beförderung von Briefen oder briefähnlichen Sendungen zum Gegenstand hat, kann von den Haftungsvorschriften in § 413 Absatz 2, den §§ 414, 418 Absatz 6, § 422 Absatz 3, den §§ 425 bis 438, 445 Absatz 3 und § 446 Absatz 2 nur durch Vereinbarung abgewichen werden, die im Einzelnen ausgehandelt wird, auch wenn sie für eine Mehrzahl von gleichartigen Verträgen zwischen denselben Vertragsparteien getroffen wird. [2]Der Frachtführer kann sich jedoch auf eine Bestimmung im Ladeschein, die von den in Satz 1 genannten Vorschriften zu Lasten des aus dem Ladeschein Berechtigten abweicht, nicht gegenüber einem im Ladeschein benannten Empfänger, an den der Ladeschein begeben wurde, sowie gegenüber einem Dritten, dem der Ladeschein übertragen wurde, berufen.

(2) [1]Abweichend von Absatz 1 kann die vom Frachtführer zu leistende Entschädigung wegen Verlust oder Beschädigung des Gutes auch durch vorformulierte Vertragsbedingungen auf einen anderen als den in § 431 Absatz 1 und 2 vorgesehenen Betrag begrenzt werden, wenn dieser Betrag

1. zwischen 2 und 40 Rechnungseinheiten liegt und der Verwender der vorformulierten Vertragsbedingungen seinen Vertragspartner in geeigneter Weise darauf hinweist, dass diese einen anderen als den gesetzlich vorgesehenen Betrag vorsehen, oder
2. für den Verwender der vorformulierten Vertragsbedingungen ungünstiger ist als der in § 431 Absatz 1 und 2 vorgesehene Betrag.

---

[1] BR-Drs. 310/12, 171.

[2] Koller Rn. 4, 5; BeckOGK/Paschke, 15.3.2023, Rn. 9 f.; aA Ramming RdTW 2023, 42 Rn. 22 f.; Ramming RdTW 2023, 82 Rn. 7.

[2]Ferner kann abweichend von Absatz 1 durch vorformulierte Vertragsbedingungen die vom Absender nach § 414 zu leistende Entschädigung der Höhe nach beschränkt werden.

(3) Ist der Absender ein Verbraucher, so kann in keinem Fall zu seinem Nachteil von den in Absatz 1 Satz 1 genannten Vorschriften abgewichen werden, es sei denn, der Frachtvertrag hat die Beförderung von Briefen oder briefähnlichen Sendungen zum Gegenstand.

(4) Unterliegt der Frachtvertrag ausländischem Recht, so sind die Absätze 1 bis 3 gleichwohl anzuwenden, wenn nach dem Vertrag sowohl der Ort der Übernahme als auch der Ort der Ablieferung des Gutes im Inland liegen.

Schrifttum: Basedow, Die Tragweite des zwingenden Rechts im neuen deutschen Gütertransportrecht, TranspR 1998, 58; Grimme, Die Haftung für den Verlust und die Beschädigung von Postsendungen im nationalen und internationalen Verkehr, TranspR 2004, 160; Koller, Gefälligkeiten des nicht zum Ver- oder Entladen verpflichteten Frachtführers und seiner Leute, TranspR 2014, 169; Koller, Abreden über die Qualität von Beförderungen im Licht des § 449 Abs. 2 HGB, TranspR 2006, 265; Koller, Die Tragweite von Vertragsabwehrklauseln und der Einwand des Mitverschuldens im Gütertransportrecht, VersR 2004, 269; Krins, Der Umfang des zwingenden Charakters des deutschen Transportrechts, 2012; Lischek/Mahnken, Vertragsverhandlungen zwischen Unternehmen und AGB – Anmerkungen aus der Sicht der Praxis, ZIP 2007, 158; Maurer, Zur Auslegung von Haftungsbeschränkungsvereinbarungen iSd § 449 HGB, TranspR 2018, 229; Pfeiffer, Das Aushandeln im Transportrecht, 2004; Ramming, Die Vereinbarung der Nichtinanspruchnahme von Hilfspersonen, RdTW 2021, 421; Ramming, Die Haftungsbegrenzungen der Ziff. 23 ADSp 2017, RdTW 2017, 255; Pfeiffer, Probleme des § 449 Abs. 1 und 2 HGB – insbesondere Leistungsbeschreibungen, TranspR 2010, 397; Pfeiffer, Die Erfordernisse der § 449 I und II HGB etc. und ihre Einordnung als formelle bzw. materielle Wirksamkeitsvoraussetzungen, TranspR 2009, 200; Pfeiffer, Zur Abdingbarkeit des Höchstbetrages der Haftung des Frachtführers nach neuem Frachtrecht, VersR 1999, 1177; Schmidt, Formalisierte Einbeziehung der ADSp? – Überlegungen zu § 449 HGB, TranspR 2011, 398; Temme, Individualvereinbarungen und Allgemeine Geschäftsbedingungen im neuen Transportrecht, FG Herber, 1999, 197; Thume, Frachtrechtliche Qualitätsvereinbarungen und § 449 HGB, TranspR 2022, 55; Valder, § 449 HGB auf dem Prüfstand, TranspR 2018, 286; Valder, Die ADSp 2016, TranspR 2016, 213; Valder, Stillschweigende Einbeziehung der ADSp, TranspR 2004, Sonderbeil. 42.

Übersicht

I. Normzweck, Grundlagen

1 Die Vorschrift setzt der Parteidisposition für die vertragliche Gestaltung von Haftungsklauseln im Frachtrecht Grenzen. Abweichungen von anderen als haftungsrechtlichen Vorschriften (zB den wertpapierrechtlichen Regeln der §§ 444 ff.) sind nach den zu §§ 307 ff. BGB entwickelten allgemeinen Grundsätzen zu beurteilen. Der Gesetzgeber hat in der Vorschrift weder ein beidseitig zwingendes Regelungsmodell nach dem Muster der CMR noch die völlige Vertragsfreiheit nach dem Muster des vor dem TRG geltenden Frachtrechts verwirklicht. Im unternehmerischen Verkehr können die Parteien des Frachtvertrages die haftungsrechtlichen Vorschriften des Gesetzesrechts gem. Abs. 1 S. 1 vollumfänglich durch Individualvereinbarungen abändern. Abweichende Regelungen in AGB sind grundsätzlich möglich, aber nur innerhalb der in Abs. 2 geregelten Grenzen wirksam. Das hat zur Folge, dass die in Abs. 1 genannten Vorschriften AGB-fest ausgestaltet sind. Gelockert ist die AGB-Festigkeit gemäß den in Abs. 2 geregelten Kriterien; mit ihnen will der Gesetzgeber den unterschiedlichen Verhältnissen in der Transportwirtschaft und der geringeren Schutzbedürftigkeit von Kaufleuten Rechnung tragen.[1] Abs. 3 gewährleistet im Interesse des Verbraucherschutzes einen Mindeststandard im Haftungsrecht des Frachtvertrages; für die Beförderung von Briefen und briefähnlichen Sendungen gilt dagegen uneingeschränkte Vertragsfreiheit (Abs. 1 S. 1 Hs. 1). Für **ausländischem Recht unterstellte Frachtverträge** gelten diese Regeln gem. Abs. 4 ebenfalls, wenn sowohl der Ort der Übernahme als auch der der Ablieferung im Inland belegen sind.

[1] Begr. RegE TRG, BT-Drs. 13/8445, 88.

Unbeschadet der Regelungen des § 449 ist es nicht möglich, den Beförderungsvertrag einem anderen Vertragstyp zu unterstellen, um so die Haftungsregeln zu umgehen. § 449 Abs. 1 begründet einen **Vertragstypenzwang,** der es ausschließt, einen Frachtvertrag iSd § 407 (→ § 407 Rn. 1 ff.) durch Vereinbarung etwa der Geltung des Werkvertragsrechts oder des Mietvertragsrechts einem davon abweichenden Regelungsregime zu unterstellen.[2] Für Vereinbarungen hinsichtlich der Verjährung gilt die Regelung des § 439 Abs. 4. 2

Durch das SHR-ReformG 2013 wurde die Regelung gestrichen, nach der eine von § 418 Abs. 6 abweichende Vereinbarung unwirksam war, wenn sie zu Lasten eines gutgläubigen Dritten geht. In der Gesetzesbegründung wird dies damit begründet, dass der Frachtbrief kein Wertpapier ist, der Frachtführer somit nicht aus dem Frachtberief in Anspruch genommen werden könne und es deshalb für unbedenklich erachtet werde, dass eine zwischen dem Absender und dem Frachtführer getroffene Vereinbarung Dritten gegenüber, die ihre Rechte aus dem zwischen dem Absender und dem Frachtführer abgeschlossenen Frachtvertrag herleiten, für unwirksam erklärt werde.[3] 3

II. Individuell ausgehandelte Vereinbarungen (Abs. 1)

Abs. 1 S. 1 normiert den durch das SHR-ReformG 2013 an die Spitze der Regelung gestellten Grundsatz, dass die genannten Haftungsregeln durch Individualvereinbarung abbedungen werden können. Dabei wird durch den Gesetzeswortlaut klargestellt, dass auch „für eine Mehrzahl von gleichartigen Verträgen zwischen denselben Vertragsparteien" geschlossene Vereinbarungen rechtswirksam getroffen werden können, wenn sie nur „im Einzelnen ausgehandelt" werden. Nicht die Art der Vereinbarung ist maßgeblich, sondern die Art und Weise ihres Zustandekommens. 4

Im Einzelnen ausgehandelt sind nur solche Vereinbarungen, bei denen beide Parteien die ernsthafte und reale Möglichkeit haben, auf den Vereinbarungsinhalt Einfluss zu nehmen.[4] Auf die zu § 305 Abs. 1 BGB entwickelten Grundsätze wird dabei zurückgegriffen.[5] Deswegen muss die Klausel nicht vollständig zur Disposition gestellt werden.[6] Wesentlich ist, dass auf beiden Seiten der Vertragsparteien eine unzweideutige Verhandlungsbereitschaft und die tatsächliche Möglichkeit bestehen, auf eine Abweichung vom Gesetzesrecht zu verzichten.[7] Im Einzelnen ausgehandelt kann nicht nur der Individualvertrag für einen einzelnen Transport sein, sondern auch ein Rahmenvertrag für mehrere Beförderungen. Bei der Vereinbarung von Musterbedingungen und Klauselwerken von Wirtschaftsverbänden kommt ein Aushandeln im Einzelnen regelmäßig nicht in Betracht.[8] 5

Die **Beweislast** für das Vorliegen ausgehandelter Vereinbarungen liegt bei demjenigen, der sich auf diese Vereinbarung beruft. Regelmäßig wird dieser wegen des Schutzzwecks der Norm an strenge Anforderungen gebundene Nachweis nur gelingen, wenn Aufzeichnungen über die Vertrags- oder Klauselhistorie, schriftliche Vertragsentwürfe und Gegenentwürfe nachgewiesen werden.[9] 6

Vereinbarungen über die Formerfordernisse des Ladescheins oder die Voraussetzungen des Erwerbs des Ablieferungsanspruchs bzw. des Order- oder Inhaberladescheins sind nur wirksam, wenn Dritte nicht belastet werden (§ 449 Abs. 1 S. 2). Die durch das SHR-ReformG geänderte Formulierung stellt klar, dass „Dritter" im Sinne dieser Vorschrift ein im Ladeschein benannter Empfänger, an den der Ladeschein begeben wurde, oder eine Person ist, dem der Ladeschein übertragen wurde. 7

III. Vorformulierte Vertragsbedingungen (Abs. 2)

1. Grundsatz der AGB-Festigkeit. Nach der Regelung haben die in Abs. 1 S. 1 genannten Vorschriften eine solche werthaltige Bedeutung, dass sie durch AGB nicht abbedungen werden können. Abweichungen durch AGB sind deshalb zunächst nur von anderen als den in Abs. 1 S. 1 genannten frachtrechtlichen Vorschriften zulässig. AGB über die Beschaffenheit des einzusetzenden Beförderungsmittels sind deshalb zulässig, sofern sie nicht von den in Abs. 1 S. 1 genannten Vorschriften abweichen.[10] und weiterhin nach Maßgabe des in Abs. 2 vom Gesetz belassenen begrenzten Spielraums für vom gesetzlichen Haftungsrecht abweichende Regelungen in vorformulierten Ver- 8

---

[2] Ebenroth/Boujong/Schaffert Rn. 3; Heymann/Schlüter Rn. 1.
[3] Vgl. Begr. RegE HRG zu § 449, BT-Drs. 17/10309, 59.
[4] Pfeiffer, Das Aushandeln im Transportrecht, 2004, 270; Ebenroth/Boujong/Schaffert Rn. 27; Koller Rn. 43.
[5] Vgl. Valder TranspR 2018, 286 (288); Lischek/Mahnken ZIP 2007, 158 f.
[6] BGH 1.12.2005, TranspR 2005, 171 (173).
[7] Vgl. BGH 26.2.1992, NJW 1992, 2283 (2285).
[8] Hopt/Merkt Rn. 2.
[9] So bereits Begr. RegE TRG, BT-Drs. 13/8445, 87; vgl. ferner Basedow TranspR 1998, 58 f.; Ebenroth/Boujong/Schaffert Rn. 32; Koller Rn. 50.
[10] MüKoHGB/C. Schmidt Rn. 44.

tragsbedingungen (AGB[11]). Dieser Spielraum bezieht sich auf die **Haftungshöchstsummen bei Verlust oder Beschädigung des Gutes** und schafft für diese einen durch AGB-Regeln ausfüllbaren sog. Haftungskorridor. **Vertragsstraferegelungen** im Transportrecht sind an den dadurch gezogenen Wirksamkeitsgrenzen zu messen und regelmäßig unwirksam, weil sie vom Nachweis eines Schadens absehen.[12] Haftungsrechtliche AGB-Regelungen können – wie sich aus der Verweisung in S. 1 auch auf den Abs. 1 S. 2 ergibt – nicht nur im Frachtvertrag, sondern auch in einem Ladeschein vorgesehen werden, auch dann, wenn sie zu Lasten Dritter gehen. Für Verträge über die Beförderung von Briefen und briefähnlichen Sendungen iSd Abs. 1 S. 1 besteht diese Möglichkeit nicht. Ob AGB-Klauseln dem Anwendungsbereich von Abs. 2 S. 1 unterfallen, hängt allein davon ab, ob sie die Haftungsregelung der §§ 425, 426 modifizieren, unabhängig davon, ob sie nach der allgemeinen AGB-rechtlichen Einordnung als der Inhaltskontrolle entzogene **Leistungsbeschreibungen** anzusehen sind;[13] haftungsbezogene Modifikationen durch AGB-Klauseln sollen grundsätzlich nur durch eine im Einzelnen ausgehandelte Vereinbarung möglich sein.[14] Selbst AGB-Klauseln, die über die gesetzlichen Pflichten hinausgehende Sorgfaltspflichten festlegen **(sog. qualitätserhöhende Klauseln),** sollen wegen Verstoßes gegen § 449 Abs. 1 S. 1 unwirksam sein können.[15] Dagegen wird zu Recht geltend gemacht, dass sich die vom Gesetzgeber beabsichtigte Inhaltskontrolle nach § 449 „nur mit Abweichungen von den gesetzlichen Haftungsvorschriften" befassen sollte.[16]

9 **2. Haftungsbetragsänderung (Abs. 2 S. 1 Nr. 1).** Die Regelung erlaubt Haftungsbetragsänderungen innerhalb des Korridors zwischen zwei und vierzig Rechnungseinheiten. Die wegen Verlusts oder Beschädigung des Gutes zu leistende Entschädigung kann somit auf einen anderen als den in § 431 Abs. 1 und 2 vorgesehenen Betrag innerhalb des Korridors begrenzt werden. Davon ist die Rede, wenn es heißt, der Haftungshöchstbetrag von 8,33 Sonderziehungsrechten sei nicht „AGB-fest".[17] Innerhalb des Korridors sollte aus Gründen der Rechtssicherheit keine Inhaltskontrolle gem. §§ 307 ff. BGB stattfinden.[18]

10 Wirksame Haftungsbetragsänderungen in AGB kommen nur in Betracht, wenn die AGB überhaupt wirksam in den Vertrag einbezogen worden sind. Das Frachtrecht sieht dafür keine besonderen Regelungen vor; insofern sind die zu §§ 305, 310 BGB entwickelten Grundsätze anwendbar.[19]

11 Nach dem unmissverständlichen Wortlaut des Abs. 2 S. 1 sind nur Abweichungen vom „Betrag" der Haftungssumme zulässig. Damit sind Änderungen der gesetzlichen Haftungsgrundsätze der Wertersatzverpflichtung (§ 429) und der Maßgeblichkeit des Gewichts (§ 431) durch AGB nicht wirksam änderbar,[20] auch nicht für den Fall des qualifizierten Verschuldens.[21] Zweifelhaft ist deswegen auch, ob die gestaffelten Höchstbeträge gemäß Ziff. 23.1.1 und 23.1.3 ADSp 2017 wirksam sind.[22] Die Änderung der Bezugsgröße (zB Euro) ist dagegen zulässig.[23] Abweichungen von den Regelungen der §§ 425–428, insbesondere Änderungen des Sorgfaltsmaßstabs des § 426,[24] sind in AGB ebenfalls unwirksam. Dasselbe gilt für Änderungen der gesetzlichen Beweislastverteilung.[25] Die Haftungshöchstsummen bei Lieferfristüberschreitungen (§ 431 Abs. 3) oder sonstigen Vertragsverletzungen (§ 433) dürfen ebenfalls nicht durch AGB heraufgesetzt werden. Erst recht nicht zulässig ist es, das – durch das TRG überholte – Regelungsmodell der Haftungsersetzung durch Versicherung gemäß den ADSp einzuführen. Dagegen kann die Haftung des Frachtführers gem. § 413 Abs. 2 wegen Verlust, Beschädigung oder unrichtiger Verwendung von Begleitpapieren durch AGB abgeändert werden, da die Regelung in ihrem S. 2 auf die §§ 429, 431 verweist.[26]

12 Seit der Neuregelung durch das SHR-ReformG 2013 wird nicht mehr verlangt, dass die Betragsänderungen in drucktechnischer deutlicher Gestaltung besonders hervorgehoben sind. Ausreichend

[11] Zu den Unterschieden der Begrifflichkeit vgl. Ramming VersR 1999, 1177 (1179).
[12] Bodis TranspR 2014, 98 (103).
[13] BGH 9.5.2001, NJW 2001, 2014 (2016).
[14] Vgl. Begr. RegE TRG, BT-Drs. 13/8445, 86.
[15] So BGH 2020, 366 Rn. 38 (obiter dictum).
[16] Vgl. Zink RdTW 2020, 362.
[17] So beispielsweise MüKoHGB/C. Schmidt Rn. 18.
[18] So Koller TranspR 2001, 1 (5 f.); Rabe TranspR 1998, 429 (433); **aA** Valder TranspR 2018, 286 (290 f.).
[19] Vgl. BGH 23.1.2003, BGHZ 153, 308 (310) = NJW 2003, 1397 zur Einbeziehung der ADSp.
[20] OLG Düsseldorf 28.6.2006, TranspR 2006, 353 f.; **aA** Valder TranspR 2018, 286 (291).
[21] OLG Brandenburg 23.10.2013, RdTW 2015, 22 Rn. 22.
[22] Ramming TranspR 2017, 255 (257).
[23] Ramming TranspR 2010, 397 (407); Koller Rn. 53.
[24] BGH 1.12.2005, NJW-RR 2006, 759 = TranspR 2006, 173; krit. Koller TranspR 2006, 265.
[25] Koller Rn. 53.
[26] So Koller Rn. 54: analoge Anwendung von Abs. 2 S. 2 wegen des Verweises in § 413 Abs. 2 S. 2 auf §§ 429, 431 Abs. 1, 2.

ist, dass der Verwender **„in geeigneter Weise"** auf sie hinweist; an die Stelle einer „qualifizierten Information" tritt damit das Erfordernis einer einfachen, technisch nicht formalisierten Informationsobliegenheit,[27] die wegen des intendierten Schutzes unerfahrener Marktteilnehmer[28] eine Warnfunktion erfüllen soll, die voraussetzen dürfte, dass auf die Abweichung vom Gesetzesrecht hingewiesen wird.[29] Vereinbarungen jenseits des Korridors von 2–40 Sonderziehungsrechten zugunsten des Vertragspartners des Verwenders der AGB sind uneingeschränkt zulässig. Durch die Neuregelung im SHR-ReformG ist die Möglichkeit des § 449 Abs. 2 S. 3 aF abgeschafft worden, die in den Fällen des § 414 Abs. 1 bestehende, summenmäßig beschränkte Haftung des Absenders durch AGB in demselben Umfang wie bei Güterverlust- oder Beschädigungsfällen abzuändern.

An die Stelle der nach Abs. 2 S. 1 unwirksamen Vereinbarungen treten die gesetzlichen Vorschriften; der Vertrag bleibt im Übrigen wirksam, solange dadurch keine unzumutbare Härte entsteht.[30] 13

3. Begünstigung des Vertragspartners des Verwenders (Abs. 2 S. 1 Nr. 2). Die Regelung erlaubt, den in Abs. 2 S. 2 Nr. 1 geregelten Haftungskorridor zu überschreiten, wenn der Betrag für den Verwender der AGB ungünstiger ist als der in § 431 Abs. 1 und 2 geregelte. Auch insofern erlaubt die gesetzliche Regelung nur ein Abweichen vom Haftungshöchstbetrag, während andere Abweichungen unzulässig sind.[31] 14

4. AGB-Regelungen zu Absenderhaftung (Abs. 2 S. 2). Den Vertragsparteien ist es nach Abs. 2 S. 2 gestattet, durch vorformulierte Vertragsbedingungen die vom Absender nach § 414 zu leistende Entschädigung der Höhe nach zu beschränken. Der Gesetzgeber reagiert damit auf den durch das Seehandelsrechtsreformgesetz bewirkten Wegfall des vormals bestehenden gesetzlichen Haftungshöchstbetrages (§ 414 Abs. 1 S. 2 aF); nunmehr wird den Parteien des Frachtvertrages die Möglichkeit gegeben, eine sachgerechte Haftungsbegrenzung in AGB vorzusehen. Die Wirksamkeit von Haftungshöchstsummenklauseln bleibt aber an § 307 Abs. 2 Nr. 2 BGB zu messen.[32] 15

5. Sonstige Fälle. Für bestimmte AGB-Klauseln ist nicht abschließend geklärt, ob sie in den AGB-festen Bereich der in Abs. 1 genannten Haftungsvorschriften fallen und deswegen nach Abs. 1 S. 1 unwirksam sind, oder aber frachtrechtliche Regelungen betreffen, die durch AGB abbedungen werden können. Dies gilt zunächst für Klauseln, die **Schnittstellenkontrollen** betreffen. Sieht man in ihnen Regelungen, die eine Festlegung vertragliche Leistungspflichten und nicht die Haftung des Frachtführers zum Gegenstand haben, können sie in AGB grundsätzlich wirksam vereinbart werden.[33] Nach der Rspr. sind solche Klauseln dagegen unwirksam, da mit ihnen eine unzulässige Abweichung von dem in § 426 festgelegten Sorgfaltsmaßstab einhergeht.[34] Klauseln, nach denen ein Transportvertrag über die Beförderung von sog. Verbotsgut (→ § 407 Rn. 50) nicht zustande kommt, sind der Sache nach ebenfalls als Haftungsklauseln zu bewerten, die deswegen in AGB nach Abs. 1 unwirksam sind.[35] Der Frachtführer haftet für befördertes Verbotsgut nach den gesetzlichen Regeln; den Absender trifft allerdings im Hinblick auf die unterlassene Wertdeklaration (→ § 435 Rn. 9 ff.) bzw. wegen unterlassenen Hinweises auf die Gefahr des Eintritts eines ungewöhnlich hohen Schadens (→ § 435 Rn. 16 f.) unter Umständen ein erhebliches Mitverschulden.[36] 15a

IV. Verbrauchergeschäfte (Abs. 3)

Vom Gesetzesrecht abweichende Vereinbarungen in Frachtverträgen, die **mit Verbrauchern** geschlossen werden, sind nach Abs. 1 zu beurteilen. Abs. 1 S. 1 gewährleistet zugunsten der Verbraucherkunden des Frachtführers einen Mindesthaftungsstandard sowohl für Individualvereinbarungen als auch für AGB. Die danach erforderliche Verbrauchereigenschaft des Absenders bestimmt sich nach § 13 BGB. Von der Regelung betroffen sind vor allem Umzugsverträge, für die in den Vorschriften der §§ 451–451h Sonderregeln bestehen. Dagegen ist die Beförderung von Briefen und briefähnlichen Sendungen nach Abs. 3 Hs. 2 aus dem Verbraucherschutzkonzept des gesetzlichen Frachtrechts 16

[27] Rechtspolitische Kritik bei Valder TranspR 2018, 286 (292 f.); vgl. auch Koller TranspR 2000, 1 (3).
[28] BT-Drs. 17/10309, 60.
[29] Valder TranspR 2018, 286 (293 f.).
[30] Koller Rn. 68: Analogie zu § 306 Abs. 2, 3; ebenso OLG Köln 5.8.2003, VersR 2003, 1598 (1599).
[31] Vgl. *MüKoHGB/C. Schmidt* Rn. 24.
[32] Valder TranspR 2018, 286 (294).
[33] So Koller Rn. 5; Koller TranspR 2007, 221 (224); Ettrich TranspR 2003, 443 (445).
[34] Zuletzt BGH 30.1.2008, TranspR 2008, 118 (120); 30.1.2008, TranspR 122 (124); 20.9.2007, TranspR 2008, 163 (166); grdl. 1.12.2005, TranspR 2006, 171 (173); NJW-RR 2006, 758; zust. MüKoHGB/C. Schmidt Rn. 27 ff.
[35] So BGH 30.3.2006, VersR 2007, 226 (228 f.) unter Hinweis darauf, dass ein Vertragsschluss durch konkludentes Verhalten zustande kommt; 15.2.2007, VersR 2008, 97 (98); **aA** Koller Rn. 5.
[36] BGH 30.3.2006, VersR 2007, 226 (228 f.).

ausgenommen, um so den Besonderheiten des postalischen Massenverkehrs (fehlender Kundenkontakt des Frachtführers, Absender regelmäßig nicht bekannt, fehlende Abschätzbarkeit von Güterwert und Haftungsrisiko) Rechnung zu tragen.[37] Die Inhaltskontrolle nach §§ 307 ff. BGB bleibt davon unbenommen, ebenso wie die Beachtung der Sonderbestimmungen des PostG und der PDLV (Postdienstleistungsverordnung).[38] Die Inhaltskontrolle von Zustellklauseln in Pakte-AGB gegenüber Verbrauchern unterliegen gem. § 307 BGB einer strengen Inhaltskontrolle.[39] Mit den Begriffen „Brief" und „briefähnliche Sendungen" wird auf das PostG Bezug genommen.[40] Briefähnliche Sendungen sind danach Infopost, Postwurfsendungen, Zeitungen und Zeitschriften sowie Päckchen, nicht dagegen Pakete und Frachtpost.[41]

17 Von Abs. 3 **nicht erfasst werden Vereinbarungen,** welche die Haftung des Verbrauchers nicht berühren. Vertragliche Erweiterungen der Haftungsregeln zugunsten des Verbrauchers sind zulässig (sog. halbzwingender Charakter des § 449 Abs. 1). Vereinbarungen, die nach der Entstehung eines Schadens mit dem geschädigten Verbraucher getroffen werden, bleiben von Abs. 1 ebenfalls unberührt.[42]

18 An die Stelle der nach Abs. 1 unwirksamen Vereinbarungen tritt die gesetzliche Norm, von der zum Nachteil des Verbrauchers nicht abgewichen werden darf. § 139 BGB findet keine Anwendung.[43]

V. Anwendung bei Vereinbarung ausländischen Rechts (Abs. 4)

19 Die Regelung betrifft Verträge, die kraft Rechtswahl oder nach objektiver Anknüpfung ausländischem Recht unterliegen. Vorrangig anzuwendende internationale Frachtrechtsübereinkommen werden von Abs. 3 nicht berührt. Die Regelung ist ihrerseits unabdingbar.[44]

20 Nach Abs. 1 und 2 zwingende oder AGB-feste Normen des deutschen Frachtrechts gehen – als Eingriffsnormen iSv Art. 9 Rom I-VO[45] – dem ausländischen Frachtrecht vor; dieses bleibt im Übrigen anwendbar.[46] Maßgeblich ist der vereinbarte Übernahme- und Ablieferungsort.[47] Wird der erforderliche Inlandsbezug erst nachträglich – etwa durch Weisung – hergestellt, gelten die Einschränkungen der Vertragsfreiheit nach Abs. 3 erst ab diesem Zeitpunkt.[48]

§ 450 Anwendung von Seefrachtrecht

Hat der Frachtvertrag die Beförderung des Gutes ohne Umladung sowohl auf Binnen- als auch auf Seegewässern zum Gegenstand, so ist auf den Vertrag Seefrachtrecht anzuwenden, wenn
1. ein Konnossement ausgestellt ist oder
2. die auf Seegewässern zurückzulegende Strecke die größere ist.

Neufassung mit unbestimmtem Inkrafttreten gem. Art. 15 Abs. 2 SHR-ReformG vom 20.4.2013 (BGBl. 2013 I 831, 867), sobald die Kündigung der Haager Regeln für die Bundesrepublik Deutschland wirksam wird:

Hat der Frachtvertrag die Beförderung des Gutes ohne Umladung sowohl auf Binnen- als auch auf Seegewässern zum Gegenstand, so ist auf den Vertrag Seefrachtrecht anzuwenden, wenn die auf Seegewässern zurückzulegende Strecke die größere ist.

Schrifttum: Ramming, Zur Abgrenzung zwischen Binnenschifffahrts- und Seefrachtrecht nach § 450 HGB, TranspR 2005, 138.

1 Für Frachtgeschäfte, die eine Güterbeförderung in Binnen- und Seegewässern ohne Umladung zum Gegenstand haben, enthält die Vorschrift eine **Kollisionsregel** zugunsten einer einheitlichen

[37] Begr. RegE TRG, BT-Drs. 13/8445, 86.
[38] Vgl. Ramming TranspR 2010, 397 (398).
[39] BGH 7.4.2022, RdTW 2022, 274 ff.
[40] Begr. RegE TRG, BT-Drs. 13/8445, 86.
[41] BGH 1.12.2005, NJW-RR 2006, 760; 1.12.2005, TranspR 2006, 174; Koller Rn. 29.
[42] Koller Rn. 70.
[43] BGH 9.3.1977, NJW 1977, 1058 f. zum Verbraucherkreditrecht; Staudinger IPRax 2001, 183 (184).
[44] Basedow TranspR 1998, 58 (62).
[45] Begr. RegE TRG, BT-Drs. 13/8445, 88; abl. Staudinger IPRax 2001, 183 (184).
[46] Koller Rn. 68.
[47] Staudinger IPRax 2001, 183.
[48] Ebenroth/Boujong/Schaffert Rn. 41; Koller Rn. 69.

Rechtsanwendung. Ist ein Konnossement ausgestellt, unterliegt eine Beförderung dem Seefrachtrecht. Das SHR-ReformG sieht eine Streichung der Nr. 1 zur Maßgeblichkeit der Konnossementausstellung vor (Art. 1 Nr. 27 SHR-ReformG). Diese Änderung tritt aber erst in Kraft, wenn die Haager Regeln außer Kraft treten (Art. 15 SHR-ReformG). In der Zwischenzeit soll durch die Konnossements-Alternative vermieden werden, dass das HGB-Frachtrecht bei Ausstellung eines Konnossements in Kollision mit den Haager Regeln gerät.[1] Bei überwiegender Länge der Beförderung auf der Seestrecke soll auf den Frachtvertrag einheitlich Seefrachtrecht zur Anwendung kommen, obwohl ein Teil der Beförderung außerhalb des herkömmlichen Anwendungsbereichs des Seefrachtrechts liegt.[2] Fehlt es daran und damit an der Nähe zum Seefrachtrecht, kommt einheitlich das allgemeine Frachtrecht der §§ 407 ff. zur Anwendung. Vorausgesetzt ist jeweils, dass überhaupt deutsches Recht zur Anwendung kommt.[3]

Nach dem Wortlaut der Regelung führt eine **Umladung des Frachtguts** zur Unanwendbarkeit von § 450. Einschränkend ist zunächst anerkannt, dass in Fällen vertragswidrig erfolgender Umladungen die Vorschrift anwendbar bleiben muss.[4] Auch bei vertragsgemäßer Umladung kann § 450 nach seinem Regelungszweck zur Anwendung kommen. Das ist insbesondere der Fall, wenn das Gut vertragsgemäß von einem Seeschiff auf ein anderes Seeschiff umgeladen wird und dieses Schiff das Gut über eine See- und Binnengewässerstrecke weiterbefördert.[5] Ist die Beförderung auf der Seestrecke durch eine vertragsgemäße Umladung von der Weiterbeförderung auf der Binnengewässerstrecke getrennt, kommen regelmäßig die §§ 452 ff. zur Anwendung.[6] 2

Zweiter Unterabschnitt. Beförderung von Umzugsgut

§ 451 Umzugsvertrag

Hat der Frachtvertrag die Beförderung von Umzugsgut zum Gegenstand, so sind auf den Vertrag die Vorschriften des Ersten Unterabschnitts anzuwenden, soweit die folgenden besonderen Vorschriften oder anzuwendende internationale Übereinkommen nichts anderes bestimmen.

Schrifttum: Andresen, Die Haftung des Möbelspediteurs beim Umzug, FG Herber, 1999, 145; Becker, Das Anzeigeobligo nach § 451f HGB, NJW 2001, 1094; Mittelhammer, Leitfaden für den Praktiker zum Umzugsrecht, TranspR 2011, 139; Scheel, Rechtsprechung zum Umzugsrecht, TranspR 2014, 321.

I. Normzweck

Die §§ 451–451h behandeln den Vertrag über die Beförderung von Umzugsgut **grundsätzlich** als **Frachtvertrag.** Auf diesen finden aber die Regelungen des Frachtvertragsrechts der §§ 407 ff. nicht uneingeschränkt Anwendung. Vor allem **Gründe des Verbraucherschutzes** haben den Gesetzgeber veranlasst, besondere Vorschriften für den Umzugsvertrag zu schaffen.[1] Die früher geltenden Beförderungsbedingungen für den Umzugsverkehr (GüKUMB) sind durch Art. 9 Nr. 4 TRG aufgehoben worden. 1

Den Frachtführer treffen die besonderen Pflichten des § 451a, andererseits hat er eine nach § 451b im Vergleich zum allgemeinen Frachtrecht privilegierte Rechte- und Pflichtenstellung. Die haftungsrechtlichen Vorschriften sind ebenfalls besonders gestaltet. Die Besonderheiten betreffen die Haftungsbegrenzung des Absenders gem. § 414 in § 451c (aF), die Haftungsausschlussgründe in § 451d sowie den abweichend von § 431 geregelten Haftungshöchstbetrag für Verlust und Beschädigung in § 451e. Zur Schadensanzeige finden sich von § 438 Abs. 1 und 2 abweichende Regelungen in § 451 f. Aus Gründen des Verbraucherschutzes trifft den Frachtführer nach § 451g eine besondere Informations- und Unterrichtungspflicht über Haftungsbefreiungen und -begrenzungen. Nach § 451h sind ebenfalls aus Gründen des Verbraucherschutzes vom Gesetzesrecht abweichende Regelungen auch in Individualvereinbarungen unzulässig. Für die Verjährung gilt § 439.[2] 2

---

[1] Begr. RegE SHR-ReformG, BT-Drs. 17/10309, 145.
[2] Begr. RegE TRG, BT-Drs. 13/8445, 89.
[3] Ramming TranspR 2005, 138.
[4] Ebenroth/Boujong/Schaffert Rn. 2.
[5] Koller Rn. 4.
[6] Vgl. Ramming TranspR 2005, 138 (144) mit dem zutreffenden Hinweis, dass § 452 nicht anwendbar ist, wenn alle Teilstrecken dem Seerecht oder dem allgemeinen Transportrecht unterworfen sind; ebenso Koller Rn. 4.
[1] BT-Drs. 13/8445, 89.
[2] BGH 25.2.2016, RdTW 2016, 451.

II. Anwendungsbereich

3 Die Sonderregeln der §§ 451–451h sind anwendbar, wenn ein „Frachtvertrag die Beförderung von Umzugsgut" (sog. Umzugsvertrag) zum Gegenstand hat. Maßgeblich ist die **vertragliche Vereinbarung einer Beförderungspflicht des Frachtführers über Umzugsgut.** Weitere Leistungspflichten – wie das Ab- und Aufbauen von Möbeln, deren Verpackung und Verladung – ergeben sich aus § 451a und somit kraft Gesetzes, ohne dass es einer besonderen Vereinbarung bedarf. Ein Umzugsvertrag liegt auch vor, wenn Möbel wegen einer Wohnungsrenovierung abgebaut und abtransportiert, für kurze Zeit eingelagert und anschließend wieder zurücktransportiert und in der gleichen Wohnung wieder aufgestellt werden.[3]

4 Vorliegen muss zunächst ein **Frachtvertrag** iSd § 407. Dieser kann sämtliche Beförderungsmittel zum Gegenstand haben, sofern nicht ein Seefrachtvertrag vorliegt (→ § 407 Rn. 6). In Betracht kommt auch ein multimodaler Umzugsfrachtvertrag; auf diesen finden im Schadensfall mit unbekanntem Schadensort über § 452c die Vorschriften des Umzugsrechts der §§ 451–451h Anwendung.

5 **Vertragsparteien** sind der Absender und der Frachtführer, die häufig als Auftraggeber und Möbelspediteur bezeichnet werden. Unbeschadet der verbraucherschützenden Zielsetzung des Gesetzgebers (→ Rn. 1) setzt § 451 nicht voraus, dass ein Verbraucher am Vertrag beteiligt ist. Zum Begriff des Frachtführers finden über § 451 die zu § 407 geltenden Grundsätze Anwendung (→ § 407 Rn. 19). Die danach erforderliche Zugehörigkeit der Beförderungsleistung zu einem gewerblichen Unternehmen schließt kleingewerbliche Tätigkeiten ein, während Freundschafts- und Gefälligkeitsdienste aus dem Anwendungsbereich der §§ 451 ff. fallen. In solchen Fällen entscheidet das Vorliegen eines vertraglichen Bindungswillens darüber, ob bürgerlich-rechtliches Vertrags- oder Deliktsrecht anwendbar ist. Übernimmt der Arbeitgeber den Umzug für einen Mitarbeiter, kann der Arbeitgeber selbst Absender sein oder auch nur die Zahlung der Fracht übernehmen, ohne selbst Vertragspartei zu werden.

6 Der Begriff **„Umzugsgut"** wird weit verstanden. Gegenständlich umfasst sind sämtliche beweglichen Gegenstände, die zu Wohnungseinrichtungen, Büros oder anderen gewerblichen oder nicht gewerblichen Einrichtungen gehören. Erfasst wird auch Heirats- oder Erbgut.[4] Das modale Element des „Umzugs" setzt keine Wohn- oder Geschäftssitzverlegung voraus. Erfasst werden auch Büroumzüge oder Umzüge im Rahmen von Betriebsverlagerungen.[5] Regelmäßig ist Umzugsgut eine Mehrzahl von Gegenständen. Bei Einzelgegenständen kommt es für die Abgrenzung zur Anwendung des allgemeinen Frachtrechts darauf an, ob der Gegenstand nach dem Vertrag im Rahmen des durch eine Geschäftssitz- bzw. eine Betriebsverlagerung bedingten Umzugs befördert werden soll.[6]

III. Anwendbare Regeln des Frachtvertragsrechts

7 Auf den Umzugsvertrag sind grundsätzlich sämtliche Regelungen des allgemeinen Frachtvertragsrechts anwendbar. Dies auch für die Verjährungsvorschriften des § 439.[7] Vorrang haben neben den Sondervorschriften des 2. Unterabschnitts abweichende Regeln in **internationalen Übereinkommen.** Damit sind auch internationale Übereinkommen für einzelne Verkehrsträger gemeint, zumal internationale Übereinkommen für den Umzugsvertrag derzeit nicht geschlossen sind. Für den Straßengüterverkehr enthält Art. 1 Abs. 4 lit. c CMR eine Regelung, nach der die Beförderung von Umzugsgut vom Anwendungsbereich dieses Übereinkommens ausgenommen ist. Die Übereinkommen für die Eisenbahnbeförderung und den Luftverkehr enthalten solche Beschränkungen nicht. Wird Umzugsgut auf See befördert, liegt ein multimodaler Verkehr vor, wenn auch der vor- oder nachlaufende Verkehr zum Inhalt der Beförderungspflicht gehört. Dann gilt über § 452c Umzugsrecht, wenn deutsches Recht anwendbar ist (→ § 407 Rn. 72 f.).

§ 451a Pflichten des Frachtführers

(1) Die Pflichten des Frachtführers umfassen auch das Ab- und Aufbauen der Möbel sowie das Ver- und Entladen des Umzugsguts.

(2) Ist der Absender ein Verbraucher, so zählt zu den Pflichten des Frachtführers ferner die Ausführung sonstiger auf den Umzug bezogener Leistungen wie die Verpackung und Kennzeichnung des Umzugsgutes.

---

[3] OLG Schleswig 5.6.2008, TranspR 2009, 30 (32 f.).
[4] BT-Drs. 13/8445, 90.
[5] BT-Drs. 13/8445, 90.
[6] MüKoHGB/Koller Rn. 3.
[7] BGH 25.2.2016, RdTW 2016, 451.

Mit dieser dispositiven Vorschrift auferlegt der Gesetzgeber dem Frachtführer die § 412 Abs. 1 ergänzende Verpflichtung zum Ab- und Aufbau der Möbel sowie das Ver- und Entladen des Umzugsgutes. Bei Umzugsverträgen mit Verbrauchern hat der Frachtführer das Umzugsgut auch zu verpacken und zu kennzeichnen (Abs. 2). Zu den sonstigen umzugsbezogenen Leistungen können nach Abs. 2 das Demontieren und Wiedermontieren von Einrichtungsgegenständen (zB Lampen, Wandschränke, Spül- und Waschmaschinen) gehören.[1] Der Umfang dieser geschuldeten sonstigen Leistungen, wird durch das Merkmal „umzugsbezogen" ungenau festgelegt: Immerhin wird deutlich dass ein Bezug der Leistung zur beförderungsbedingten Ortsveränderung bestehen muss. Der Abschluss einer Transportversicherung, auf die der Frachtführer nach § 451g hinzuweisen hat, gehört deshalb nicht dazu.[2] Mangels näherer vertraglicher Abreden ist auf den üblichen Leistungsumfang abzustellen; Leistungen, die typischerweise Gegenstand gesonderter Leistungen sind (zB die Grundsäuberung und erst recht die Renovierung der verlassenen Räume bzw. die Installation zusätzlicher Anschlüsse), sind vom Frachtführer auf der Grundlage des Umzugsvertrages nicht geschuldet.[3] Werden sie im Einzelfall im Umzugsvertrag vereinbart, unterliegen sämtliche Leistungen frachtvertraglichen Regelungen.[4] 1

§ 451b Frachtbrief. Gefährliches Gut. Begleitpapiere. Mitteilungs- und Auskunftspflichten

(1) Abweichend von § 408 ist der Absender nicht verpflichtet, einen Frachtbrief auszustellen.

(2) [1]Zählt zu dem Umzugsgut gefährliches Gut und ist der Absender ein Verbraucher, so ist er abweichend von § 410 lediglich verpflichtet, den Frachtführer über die von dem Gut ausgehende Gefahr allgemein zu unterrichten; die Unterrichtung bedarf keiner Form. [2]Der Frachtführer hat den Absender über dessen Pflicht nach Satz 1 zu unterrichten.

(3) [1]Der Frachtführer hat den Absender, wenn dieser ein Verbraucher ist, über die zu beachtenden Zoll- und sonstigen Verwaltungsvorschriften zu unterrichten. [2]Er ist jedoch nicht verpflichtet zu prüfen, ob vom Absender zur Verfügung gestellte Urkunden und erteile Auskünfte richtig und vollständig sind.

Die Vorschrift entlastet in **Abs. 1** den Absender, nicht nur den Verbraucher-Absender, im Umzugsverkehr von der im allgemeinen Frachtrecht bestehenden Verpflichtung des § 408, einen Frachtbrief auf Verlangen des Frachtführers ausstellen zu müssen. Das Recht der Parteien des Umzugsvertrages, sich auf die Ausstellung eines Frachtbriefes zu einigen, bleibt davon unbenommen; hat der Absender auf diese Weise einen Frachtbrief ausgestellt, gelten die Beweisregeln des § 409 und die Haftungsregeln für unrichtige oder unvollständige Frachtbriefangaben gem. § 414 Abs. 1 iVm § 451c. 1

Abs. 2 sieht Sonderregeln für den Verbraucher-Absender im Umzugsverkehr hinsichtlich der Unterrichtungspflicht bei gefährlichem Gut vor. Die vom Absender nach § 410 geschuldete Unterrichtung des Frachtführers über vom Umzugsgut ausgehende Gefahren bedarf nach Abs. 2 keiner Form; sie kann somit auch in mündlicher Form erfolgen. „Gefährliches Gut" ist nicht nur Gefahrgut im rechtstechnischen Sinn des Gefahrgutrechts;[1] erfasst werden – wie in § 410 auch – alle Güter, die aus beförderungsspezifischer Sicht gefährlich sind.[2] Der Absender haftet bei fehlender Information auf Aufwendungsersatz nach § 410 und Schadensersatz nach § 414. Allerdings ist der Frachtführer nach Abs. 2 S. 2 verpflichtet, den Verbraucher-Absender darüber zu informieren, dass und worüber dieser den Frachtführer zu unterrichten hat. Diese Informationspflicht des Frachtführers ist als Rechtspflicht konzipiert; deren Verletzung löst die Haftung des Frachtführers gem. § 280 BGB und für entstehende Güterschäden oder Lieferfristüberschreitungen gem. §§ 425 ff. aus. Gegebenenfalls ist die Pflichtverletzung des Frachtführers nach § 414 Abs. 2 zu berücksichtigen. Der vom Frachtfüh- 2

[1] BT-Drs. 13/8445, 91.
[2] BT-Drs. 13/10014, 50.
[3] *Koller* Rn. 24.
[4] BeckOGK/Becker/Scheel, 1.7.2021, Rn. 14.

[1] Vgl. insbes. die Regeln des Gefahrgutbeförderungsgesetzes vom 7.7.2009 (BGBl. 2009 I 1774) sowie die Verordnungen für Straße, Eisenbahn und Binnenschifffahrt: GGVSEB idF der Bek. vom 26.3.2021 (BGBl. 2021 I 475); für Seeschiffe: GGVSee idF der Bek. vom 21.10.2019 (BGBl. 2019 I 1475); ferner Gefahrgut-Ausnahmeverordnung (GGAV) idF der Bek. vom 11.3.2019 (BGBl. 2019 I 229). Zu beachten sind ferner die internationalen Regeln für den Straßenverkehr: ADR; für den Schienenverkehr: RID; für die Seeschifffahrt: IMDG-Code; für Wasserstraßen: ADN; für die Luftfahrt: ICAO-TI. Vgl. dazu Busch, Gefahrgut für die Praxis, Loseblatt, 2022.
[2] Begr. RegE TRG, BT-Drs. 13/8445, 39.

rer nicht informierte Verbraucher-Absender haftet nach § 414 Abs. 3 nur, wenn ihm ein Verschulden wegen der Verletzung der Informationspflicht vorzuwerfen ist, etwa weil er es fahrlässig versäumt hat, den Frachtführer über die beförderungsspezifische Gefährlichkeit des Umzugsgutes zu informieren.

3 Den Frachtführer trifft nach **Abs. 3** eine Pflicht zur Information des Verbraucher-Absenders über die Zoll- und Verwaltungsvorschriften für den vereinbarten Umzug. Diese soll den Absender in die Lage versetzen, Kenntnis von den dem Frachtführer nach § 413 Abs. 1 zur Verfügung zu stellenden Urkunden zu erlangen. Eine Pflicht zur Urkundenbeschaffung durch den Frachtführer folgt aus Abs. 3 nicht; eine Pflicht des Frachtführers zur Überprüfung der Vollständigkeit und Richtigkeit der Urkunden besteht nach Abs. 3 S. 2 nicht. Die Verletzung der Informationspflicht des Frachtführers ist nach § 280 BGB bzw. im Falle von Güter- oder Verspätungsschäden nach §§ 425 ff. sanktioniert.

§ 451c *[aufgehoben]*

§ 451d Besondere Haftungsausschlußgründe

(1) Abweichend von § 427 ist der Frachtführer von seiner Haftung befreit, soweit der Verlust oder die Beschädigung auf eine der folgenden Gefahren zurückzuführen ist:
1. Beförderung von Edelmetallen, Juwelen, Edelsteinen, Geld, Briefmarken, Münzen, Wertpapieren oder Urkunden;
2. ungenügende Verpackung oder Kennzeichnung durch den Absender;
3. Behandeln, Verladen oder Entladen des Gutes durch den Absender;
4. Beförderung von nicht vom Frachtführer verpacktem Gut in Behältern;
5. Verladen oder Entladen von Gut, dessen Größe oder Gewicht den Raumverhältnissen an der Ladestelle oder Entladestelle nicht entspricht, sofern der Frachtführer den Absender auf die Gefahr einer Beschädigung vorher hingewiesen und der Absender auf der Durchführung der Leistung bestanden hat;
6. Beförderung lebender Tiere oder von Pflanzen;
7. natürliche oder mangelhafte Beschaffenheit des Gutes, der zufolge es besonders leicht Schäden, insbesondere durch Bruch, Funktionsstörungen, Rost, inneren Verderb oder Auslaufen, erleidet.

(2) Ist ein Schaden eingetreten, der nach den Umständen des Falles aus einer der in Absatz 1 bezeichneten Gefahren entstehen konnte, so wird vermutet, daß der Schaden aus dieser Gefahr entstanden ist.

(3) Der Frachtführer kann sich auf Absatz 1 nur berufen, wenn er alle ihm nach den Umständen obliegenden Maßnahmen getroffen und besondere Weisungen beachtet hat.

1 Die Vorschrift regelt die Haftungsausschlussgründe für die Beförderung von Umzugsgut und verdrängt als Spezialregelung die des § 427 insgesamt.[1] Somit sind auch Lieferfristüberschreitungen im Umzugsverkehr, die in § 451d nicht besonders geregelt werden, nicht nach § 427 zu beurteilen. Haftungsbefreiungen des Frachtführers bei Lieferfristüberschreitungen sind somit allein nach § 426 zu beurteilen.[2]

2 Für Güterschäden gelten die in Abs. 1 Nr. 1–7 geregelten besonderen Haftungsausschlussgründe. Der Haftungsausschluss ist zu berücksichtigen, „soweit" der Verlust oder die Beschädigung auf einen der genannten Gründe zurückzuführen ist. Mit der Soweit-Klausel bringt der Gesetzgeber zum Ausdruck, dass ein Mitverschulden des Frachtführers zu berücksichtigen ist. Außerdem bleibt neben der Vorschrift § 425 Abs. 2 anwendbar, sodass es auch in Fällen der beiderseitigen Schadensverursachung auf ein Mitverschulden des Frachtführers ankommt.

3 Der Haftungsausschluss greift nur, wenn die besonderen Ausschlussursachen für den Schaden **ursächlich** geworden sind (Abs. 1). Ist dies der Fall, wird nach Abs. 2 vermutet, dass der Verlust oder die Beschädigung des Gutes wegen der dort aufgeführten besonderen Gefahren entstanden ist (vgl. die Parallelregelung in § 427 Abs. 1 S. 1; → § 427 Rn. 14 ff.).

4 Der Frachtführer kann sich auf den Haftungsausschluss nach **Abs. 3** nicht berufen, wenn der **Frachtführer den Schaden verschuldet** hat. Er muss zumindest – wie es in der Regelung heißt – alle ihm nach den Umständen obliegenden Maßnahmen getroffen haben; dafür trifft ihn die Beweislast.[3] Hinzu kommt, dass er die Weisungen des Absenders für den Umzug iSd Abs. 3 beachtet haben muss. Die Regelung entspricht derjenigen in § 427 Abs. 3 und 4. Dem Frachtführer obliegt nach

[1] BT-Drs. 13/8445, 93.
[2] Ebenroth/Boujong/Heublein Rn. 3; Hopt/Merkt Rn. 1.
[3] BT-Drs. 13/8445, 94; Koller Rn. 15.

§ 451g der Hinweis, den Verbraucher-Absender auf die Möglichkeit hinzuweisen eine Vereinbarung über eine weitergehende Haftung zu vereinbaren oder das Gut zu versichern. Kommt er dem nicht nach, kann er sich auf § 451d nicht berufen.

Gehören Wertgegenstände zum Umzugsgut, sind nur die in **Nr. 1** angeführten Güter von der Haftung des Frachtführers ausgenommen. Andere Wertsachen, wie Kunstgegenstände oder Antiquitäten, fallen nicht darunter.[4] Edelmetalle sind nicht nur die Rohmetalle Gold, Silber und Platin sondern auch die zu Schmuck veredelten. 5

Die **Haftungsausschlüsse nach Nr. 2 und Nr. 3** stellen auf die tatsächlichen Einwirkungsmöglichkeiten des Absenders auf das Gut ab. Sie kommen somit nur zur Anwendung, wenn der Absender tatsächlich die Verpackung oder Kennzeichnung bzw. die Verladung oder Entladung bzw. das Behandeln des Gutes etwa bei dessen Ab- und Aufbau vorgenommen hat. Auf eine abweichende gesetzliche (so beim Verbraucherumzug, § 451a Abs. 2) oder vertraglich übernommene Verpflichtung kommt es nicht an. Ebenso ist nach **Nr. 4** ein Haftungsausschluss für die Beförderung von Umzugsgut, das tatsächlich nicht vom Frachtführer in Behältern (zB Umzugskartons) verpackt wurde, gegeben. 6

Nr. 5 betrifft den Transport sperriger Güter bei beengten Raumverhältnissen (zB schmale Türen oder enges Treppenhaus). Unter den geregelten Voraussetzungen betrifft der Haftungsausschluss nur die Schäden am Gut. Für Schäden an sonstigen Rechtsgütern (zB Treppenhaus, Eingangstür usw) gilt der Haftungsausschluss nicht. 7

In **Nr. 6** wird der Haftungsausschluss des § 427 Nr. 6 aufgegriffen und um die Beförderung von Pflanzen erweitert. 8

Nr. 7 wiederholt den Haftungsausschlusstatbestand des § 427 Nr. 4 und erweitert diesen um die sog. Funktionsstörungen. Hierbei geht es um Störungen der technischen Funktion von Geräten. Ohne diese Erweiterung des Haftungsausschlusstatbestandes müsste der Frachtführer sonst vor der Beförderung eine Funktionsprüfung durchführen. 9

§ 451e Haftungshöchstbetrag

Abweichend von § 431 Abs. 1 und 2 ist die Haftung des Frachtführers wegen Verlust oder Beschädigung auf einen Betrag von 620 Euro je Kubikmeter Laderaum, der zur Erfüllung des Vertrages benötigt wird, beschränkt.

Der Anwendungsbereich der Vorschrift betrifft allein Güterschäden. Für die Nichteinhaltung der Lieferfrist bleibt es bei der Anwendung von §§ 451, 431 Abs. 3. Sonstige Vermögensschäden sind nach allgemeinem Schuldrecht zu ersetzen (→ § 433 Rn. 3); insofern ist die Haftung nach §§ 451, 433 auf das Dreifache des bei Güterverlust zu zahlenden Betrages begrenzt. 1

Die Feststellung des Schadens erfolgt nach allgemeinem Frachtrecht (§§ 451, 425 ff.). Die Regelung des § 451e betrifft allein die Haftungshöchstsumme. Für deren Berechnung ist auf das Volumen des Laderaumes abzustellen, der „zur Erfüllung des Vertrages" benötigt wird. Unerheblich ist danach, ob die Vertragserfüllung mittels Lieferung mehrerer Sendungen oder in mehreren Transportmitteln erfolgt; abzustellen ist nicht auf das Volumen einer einzelnen Sendung, sondern auf das Ladevolumen insgesamt.[1] Unerheblich ist auch, ob ein Teilverlust oder eine Beschädigung von Teilen des gesamten Umzugsgutes vorliegt.[2] Die insofern beachtlichen Abweichungen von den Regelungsgrundsätzen des § 431 Abs. 1 und 2 sind angesichts des klaren Wortlauts der Regelung hinzunehmen. Abhilfe kann über abweichende Haftungsregeln iSd § 451h Abs. 2 geschaffen werden. 2

Dem Frachtführer obliegt es nach § 451g, den Verbraucher-Absender auf die Haftungsbefreiungen und -begrenzungen nach § 451e und nach allgemeinem Frachtrecht zu unterrichten. Kommt er dem nicht nach, kann er sich darauf nicht berufen. 3

§ 451f Schadensanzeige

Abweichend von § 438 Abs. 1 und 2 erlöschen Ansprüche wegen Verlust oder Beschädigung des Gutes,

1. **wenn der Verlust oder die Beschädigung des Gutes äußerlich erkennbar war und dem Frachtführer nicht spätestens am Tag nach der Ablieferung angezeigt worden ist,**
2. **wenn der Verlust oder die Beschädigung äußerlich nicht erkennbar war und dem Frachtführer nicht innerhalb von vierzehn Tagen nach Ablieferung angezeigt worden ist.**

[4] BT-Drs. 13/8445, 93.
[1] Koller Rn. 2.
[2] Koller Rn. 3.

1 Die Vorschrift regelt die Schadensanzeige abweichend von § 438 Abs. 1 und 2. Mangels wirksamer Anzeige **erlöschen** die Ansprüche aus § 425 Abs. 1. Dafür räumt der Gesetzgeber dem Ersatzberechtigten **längere Fristen** im Vergleich zum allgemeinen Frachtrecht ein.

2 Die Merkmale der Tatbestandsvoraussetzungen entsprechen denen des § 438 (→ § 438 Rn. 2 ff.). Inhalt und Form der Schadensanzeige entsprechend der des § 438 Abs. 1 S. 4 und Abs. 4 (→ § 438 Rn. 6 ff., → § 438 Rn. 9). Die Berechnung der Fristen erfolgt nach §§ 188 ff. BGB.

3 Der Frachtführer hat die **Informationsobliegenheiten** nach § 451g zu beachten.

4 Die **Beweislast** für die inhaltlich korrekte und rechtzeitige Abgabe (§ 438 Abs. 4 S. 2) der Anzeige trägt der Absender. Der Absender muss auch den Zugang der Anzeige beweisen.[1]

§ 451g Wegfall der Haftungsbefreiungen und -begrenzungen

[1]Ist der Absender ein Verbraucher, so kann sich der Frachtführer oder eine in § 428 genannte Person

1. **auf die in den §§ 451d und 451e sowie in dem Ersten Unterabschnitt vorgesehenen Haftungsbefreiungen und Haftungsbegrenzungen nicht berufen, soweit der Frachtführer es unterläßt, den Absender bei Abschluß des Vertrages über die Haftungsbestimmungen zu unterrichten und auf die Möglichkeiten hinzuweisen, eine weitergehende Haftung zu vereinbaren oder das Gut zu versichern,**
2. **auf § 451f in Verbindung mit § 438 nicht berufen, soweit der Frachtführer es unterläßt, den Empfänger spätestens bei der Ablieferung des Gutes über die Form und Frist der Schadensanzeige sowie die Rechtsfolgen bei Unterlassen der Schadensanzeige zu unterrichten.**

[2]Die Unterrichtung nach Satz 1 Nr. 1 muß in drucktechnisch deutlicher Gestaltung besonders hervorgehoben sein.

1 Im Interesse des Verbraucherschutzes ist der Frachtführer gehalten, dem Verbraucher-Absender die in der Vorschrift genannten Informationen zukommen zu lassen. Andernfalls kann er sich auf die Haftungsbefreiungen und -begrenzungen sowie auf das Erlöschen der Ansprüche nach § 451f nicht berufen. Eine formgerechte Unterrichtung über Form und Frist der Schadensanzeige gem. S. 2 liegt nicht vor, wenn die Unterrichtung als Teil einer Empfangsbescheinigung erfolgt. Angesichts der Kürze der Frist in § 451f Nr. 1 genügt auch die Unterrichtung im Rahmen des zwei Monate vorher erfolgten Vertragsabschlusses nicht, weil zu besorgen ist, dass diese Unterrichtung in einer Umzugssituation nicht innerhalb der Frist greifbar ist.[1] Für gewerblich tätige Absender und Selbstständige soll diese Regelung nach dem Willen des Gesetzgebers nicht gelten.[2]

2 Der Frachtführer trägt die Beweislast für die ordnungsgemäße Unterrichtung. Die Regelungen betreffen die Haftung; sie sind deshalb gem. § 451h Abs. 1 nicht zu Ungunsten des Verbrauchers abdingbar, auch nicht durch Individualvereinbarung.

§ 451h Abweichende Vereinbarungen

(1) Ist der Absender ein Verbraucher, so kann von den die Haftung des Frachtführers und des Absenders regelnden Vorschriften dieses Unterabschnitts sowie den danach auf den Umzugsvertrag anzuwendenden Vorschriften des Ersten Unterabschnitts nicht zum Nachteil des Absenders abgewichen werden.

(2) [1]In allen anderen als den in Absatz 1 genannten Fällen kann von den darin genannten Vorschriften nur durch Vereinbarung abgewichen werden, die im einzelnen ausgehandelt ist, auch wenn sie für eine Mehrzahl von gleichartigen Verträgen zwischen denselben Vertragsparteien getroffen ist. [2]Die vom Frachtführer zu leistende Entschädigung wegen Verlust oder Beschädigung des Gutes kann jedoch auch durch vorformulierte Vertragsbedingungen auf einen anderen als den in § 451e vorgesehenen Betrag begrenzt werden, wenn der Verwender der vorformulierten Vertragsbedingungen seinen Vertragspartner in geeigneter Weise darauf hinweist, dass diese einen anderen als den gesetzlich vorgesehenen Betrag vorsehen. [3]Ferner kann durch vorformulierte Vertragsbedingungen die vom Absender nach § 414 zu leistende Entschädigung der Höhe nach beschränkt werden.

---

[1] Koller Rn. 10; offengelassen von OLG Saarbrücken 29.6.2005, TranspR 2007, 66.

[1] AG Düsseldorf 10.2.2023, NZM 2024, 167 f.

[2] BT-Drs. 13/8445, 96.

(3) Unterliegt der Umzugsvertrag ausländischem Recht, so sind die Absätze 1 und 2 gleichwohl anzuwenden, wenn nach dem Vertrag der Ort der Übernahme und der Ort der Ablieferung des Gutes im Inland liegen.

Die Vorschrift setzt den vom gesetzlichen Umzugsrecht abweichenden Vereinbarungen Wirksamkeitsgrenzen. Zu Lasten von Verbraucher-Absendern kann nach Abs. 1 von den Regeln in § 449 Abs. 1 und den Haftungsregeln der §§ 451c–451g nicht abgewichen werden. Die Kontrolle der AGB von Umzugsunternahmen nach den §§ 307 ff. BGB bleibt davon unberührt. **1**

Ist der Absender kein Verbraucher, kann durch Individualvereinbarung (→ § 449 Rn. 4 ff.) von allen Haftungsregeln abgewichen werden (Abs. 2 S. 1). Durch AGB können nur die in § 451e vorgesehene Haftungsbegrenzungen verändert werden (Abs. 2 S. 2–3). **2**

Abs. 3 entspricht der Regelung des § 449 Abs. 4. Damit wird erreicht, dass die verbraucherschützenden Regeln nicht durch die Unterstellung des Umzugsvertrages unter ausländisches Recht umgangen werden (→ § 449 Rn. 19, → § 449 Rn. 20). **3**

Dritter Unterabschnitt. Beförderung mit verschiedenartigen Beförderungsmitteln

§ 452 Frachtvertrag über eine Beförderung mit verschiedenartigen Beförderungsmitteln

[1]Wird die Beförderung des Gutes auf Grund eines einheitlichen Frachtvertrags mit verschiedenartigen Beförderungsmitteln durchgeführt und wären, wenn über jeden Teil der Beförderung mit jeweils einem Beförderungsmittel (Teilstrecke) zwischen den Vertragsparteien ein gesonderter Vertrag abgeschlossen worden wäre, mindestens zwei dieser Verträge verschiedenen Rechtsvorschriften unterworfen, so sind auf den Vertrag die Vorschriften des Ersten Unterabschnitts anzuwenden, soweit die folgenden besonderen Vorschriften oder anzuwendende internationale Übereinkommen nichts anderes bestimmen. [2]Dies gilt auch dann, wenn ein Teil der Beförderung über See durchgeführt wird.

Schrifttum: Bartels, Der Teilstreckenvertrag beim Multimodal-Vertrag, TranspR 2005, 203; Basedow, Internationale multimodale Gütertransporte, FG Herber, 1999, 15; Bydlinski, Multimodaltransport, bekannter Schadensort und § 452d Abs. 2 HGB, TranspR 2009, 389; Drews, Der multimodale Transport – eine Bestandsaufnahme, TranspR 2010, 327; Drews, Der multimodale Transportvertrag im historischen Zusammenhang, TranspR 2006, 177; Drews, Warenumschlag im Seehafen als Teilstrecke, TranspR 2004, 450; Drews, Zum anwendbaren Recht beim multimodalen Transport, TranspR 2003, 12; Freise, Das Zusammentreffen von deutschem Multimodalrecht mit internationalem Einheitsrecht der Güterbeförderung, TranspR 2014, 1; Freise, Unimodale transportrechtliche Übereinkommen und multimodale Beförderungen, TranspR 2012, 1; Hartenstein, Die Bestimmung des Teilstreckenrechts im Multimodaltransportvertrag, TranspR 2005, 9; Herber, Zur Berücksichtigung des Teilstreckenrechts beim multimodalen Transportvertrag, FS Piper, 1996, 877; Herber, Probleme des Multimodaltransports mit Seestreckeneinschluss nach neuem deutschen Recht, TranspR 2001, 101; Herber, Zur Problematik abweichender AGB-Haftungsbestimmungen beim Multimodaltransport mit Seestrecke, GS Helm, 2001, 99; Herber, Nochmals: Multimodalvertrag, Güterumschlag und anwendbares Recht, TranspR 2005, 59; Herber, Neue Entwicklungen im Recht des Multimodaltransports, TranspR 2006, 435; Hoffmann, FIATA Multimodal Transport Bill of Lading und deutsches Recht, 2002; Kirchhof, Die Haftung des multimodalen Luftfrachtführers und seiner Leute als Landfrachtführer, TranspR 2014, 223; Kirchhof, Der Luftfrachtvertrag als multimodaler Vertrag im Rahmen des Montrealer Übereinkommens, TranspR 2007, 133; Koller, Die Haftung für Güterschäden nach Ablieferung an den Empfänger oder an den nachfolgenden Teilstreckenfrachtführer bei unimodalen und multimodalen Transporten, TranspR 2015, 267; Koller, Probleme bei der Reklamation und Verjährung beim Multimodaltransport mit Luftstrecke, TranspR 2015, 98; Koller, Die Tragweite des FIATA-Multimodal Transport Bill of Lading im Licht des Transportrechtsreformgesetzes, GS Helm, 2001, 167; Kornemann, Multimodale Tarifierung im Recht der Linienkonferenzen, 2001; Looks, Der multimodale Transportvertrag im TRG, VersR 1999, 31; Mast, Der Multimodale Frachtvertrag nach deutschem Recht, Diss. Mannheim 2002; Müller-Rostin, Multimodalverkehr und Luftrecht, TranspR 2012, 14; Otte, Die gesetzliche Regelung des Multimodaltransports unter Einschluss von Seebeförderungen, GS Helm, 2001, 301; Ramming, Hamburger Handbuch Multimodaler Transport, 2011; Ramming, Probleme der Rechtsanwendung im neuen Recht der multinationalen Beförderung, TranspR 1999, 325; Ramming, Durchbrechung der Einheitslösung (§ 452 S. 1 HGB) im Hinblick auf besondere Durchführungsvorschriften des Rechts der (See-)Teilstrecke, TranspR 2004, 201; Ramming, Teilstrecken einer multimodalen Beförderung und ihre Angrenzung, TranspR 2007, 89; Ramming, Internationalprivatrechtliche Fragen des Multimodal-Frachtvertrages und des Multimodal-Ladescheins, TranspR 2007, 279; Rogert, Einheitsrecht und Kollisionsrecht im internationalen Gütertransport, Diss. Hamburg 2005; Zarth/Fischer, Spediteure pflastern die hohe See: Anmerkung zu Ziffer 22.4. ADSp 2016, TranspR 2016, 45.

Übersicht

I. Überblick und Regelungszweck

1 Die Vorschriften der §§ 452–452d regeln mit dem sog. Multimodalvertrag einen besonderen Typus des Frachtvertrages,[1] der durch die Beförderung des Gutes mit verschiedenartigen Beförderungsmitteln auf der Grundlage eines einheitlichen Frachtvertrages gekennzeichnet ist (→ § 407 Rn. 33 f.). Die multimodale Beförderung, für die auch die Begriffe gemischte oder kombinierte Beförderung bzw. Durchfracht verwendet werden, hat durch den Containertransport erhebliche Bedeutung gewonnen. Solche Beförderungen unterstanden nach der Rechtslage vor dem TRG den jeweils für den Streckenabschnitt geltenden und damit unterschiedlichen Regelungen; insbesondere war in Schadensfällen mit unbekanntem Schadensort das dem Geschädigten günstigste Teilstreckenrecht anzuwenden,[2] das aber nur schwierig zu ermitteln war.[3] Der Gesetzgeber des TRG verfolgt demgegenüber den Grundsatz der Einheitlichkeit des Frachtvertrages für die Gesamtbeförderung, um auf diese Weise die Rechtssicherheit zu verbessern.[4]

2 Auf den Multimodalfrachtvertrag finden seither grundsätzlich die Vorschriften des allgemeinen Frachtvertragsrechts Anwendung (S. 1), vorbehaltlich der in dem Unterabschnitt vorgesehenen Sonderregeln.[5] Nach § 452a richtet sich bei bekanntem Schadensort die Haftung des Frachtführers nach dem dafür maßgeblichen Teilstreckenfrachtrecht. § 452b sieht Modifikationen für die Schadensanzeige und die Verjährung vor. § 452c regelt den Sonderfall des multimodalen Umzugsvertrages und § 452d legt fest, in welchem Umfang die Vertragsparteien vom Gesetzesrecht abweichende Vereinbarungen treffen können.

II. Anwendungsbereich

3 **1. International.** Das Multimodalfrachtvertragsrecht der §§ 452 ff. ist nur dann anwendbar, wenn der Frachtvertrag über die Gesamtbeförderungsstrecke deutschem Recht untersteht; diese Frage beurteilt sich grundsätzlich nach dem einschlägigen IPR (→ § 407 Rn. 12 ff., → § 407 Rn. 77 ff.). Für Multimodalsachverhalte ist zunächst zu untersuchen, welches Recht auf den Multimodalvertrag im Ganzen Anwendung findet. Nach der Rspr. ist als Güterbeförderungsvertrag iSd Art. 5 Abs. 1 Rom I-VO auch ein Speditionsvertrag (zu festen Kosten) anzusehen, wenn sein Hauptgegenstand die eigentliche Beförderung des betreffenden Gutes ist.[6] Findet das deutsche Recht Anwendung, ist zu analysieren, welches nationale Recht für einen hypothetischen Frachtvertrag über die betreffende Teilstrecke zur Anwendung kommt. Zwingende internationale Übereinkommen gehen dem deutschen Recht vor (S. 1 letzter Hs.). Damit sind nur solche Übereinkommen gemeint, die Sachverhalte des multinationalen Transports regeln.[7] Nachdem das UN-Übereinkommen über den multimodalen Transport von Gütern[8] nicht in Kraft getreten ist, sind die Regeln des Art. 2 CMR für Ro/Ro-Verkehre,[9] Art. 1, §§ 3, 4 COTIF/CIM 1999 für internationale Eisenbahntransporte[10] und die der

[1] Drews TranspR 2003, 12.
[2] Vgl. nur BGH 24.6.1987, BGHZ 101, 172 = NJW 1988, 640.
[3] Begr. RegE TRG, BT-Drs. 13/8445, 100.
[4] Begr. RegE TRG, BT-Drs. 13/8445, 99; ferner Herber TranspR 2001, 101.
[5] Drews TranspR 2006, 177 ff.
[6] BGH 1.12.2016, RdTW 2017, 127 Rn. 14; OLG Düsseldorf 23.5.2018, RdTW 2020, 335 Rn. 12.
[7] Freise TranspR 2014, 1 (3 ff.); Hopt/Merkt Rn. 8; MüKoHGB/Herber/Pötschke Rn. 55 unter Bezugnahme auf die – allerdings nicht eindeutige – Begr. RegE TRG, BT-Drs. 13/8445, 100.
[8] UN-Convention on International Multimodal Transport of Goods, 1980.
[9] Dazu Koller CMR Art. 2 Rn. 3 ff.
[10] Vgl. insbesondere zur Beurteilung des vor- und nachlaufenden Verkehrs nach CIM-Grundsätzen BGH 9.10.2013, 433 ff.; dazu Freise TranspR 2013, 426 ff.

Art. 31 Abs. 1 WA, Art. 38 Abs. 1 MÜ zu beachten;[11] Nach Art. 18 Abs. 4 S. 2 MÜ ist eine Abgrenzung zu den sog. Zubringerdiensten erforderlich.[12] Die in der Frachtgeschäftspraxis zur Anwendung gelangenden internationalen Bedingungswerke FIATA Multimodal Transport Bill of Lading – FBL[13] und das CT-Dokument[14] sind keine internationalen Übereinkommen und deshalb unbeachtlich. Im Hinblick auf § 452d Abs. 3 sind ferner die für eine Teilstrecke zwingenden Regeln der internationalen Übereinkommen für Unimodaltransporte (→ § 407 Rn. 14) zu beachten.[15] Somit ist der Anwendungsbereich der Vorschriften der §§ 452–452d letztlich vor allem auf innerdeutsche Transporte konzentriert. Die deutschen Multimodalverkehrsregeln können ferner dadurch zur Anwendung kommen, dass nicht-innerdeutsche Transporte über das anwendbare Internationale Privatrecht deutschem Recht unterstellt werden.

2. Gegenständlich. Die Multimodalvertragsregeln gelten unbeschadet der Regelung des § 407 Abs. 3 S. 1 nach § 452 S. 2 grundsätzlich auch dann, wenn ein Teil der Beförderung auf einer Seestrecke durchgeführt wird. Vorbehaltlich des Vorrangs internationaler Übereinkommen kommt somit das Frachtrecht der §§ 407 ff. auch für Multimodalverträge unter Einschluss einer Seestrecke zur Anwendung. Die Haftung des Frachtführers bestimmt sich in solchen Fällen nach Maßgabe des § 452a, wenn also der Schadensort dem Seefrachtgeschäft zuzuordnen ist, nach dem Seefrachtrecht. 4

3. Tatbestandlich. §§ 452–452d finden im Übrigen nur dann Anwendung, wenn ein einheitlicher Frachtvertrag vorliegt, das Gut nach der vertraglichen Vereinbarung mit verschiedenartigen Beförderungsmitteln befördert wird und für die Teilstrecken verschiedene Rechtsvorschriften gelten. 5

a) Einheitlicher Frachtvertrag. Dieser ist gegeben, wenn eine Person den Transport des Gutes in der Weise verspricht, dass sie das Gut am Abgangsort übernimmt und an der Ablieferungsstelle an den Empfängern übergibt. Diese Person kann ein **Spediteur** sein, wenn er die Rechte und Pflichten eines Frachtführers hat, sei es durch vertragliche Übernahme (zB in einem FBL) oder kraft Gesetzes (§§ 458, 459, 460)[16] und sich die übernommene Beförderungspflicht auf die gesamte Multimodalstrecke bezieht. Ohne Übernahme der Beförderungspflicht bleiben auf den Spediteur nur die §§ 453 ff. anwendbar. Vom einheitlichen Frachtvertrag ist der sog. **gebrochene Verkehr** zu unterscheiden, bei dem jeder Beförderungsabschnitt durch einen eigenen Frachtvertrag geregelt wird.[17] Dass sich der Frachtführer verpflichtet, die Beförderung auf einer Teilstrecke durchzuführen und den Transport auf den nachfolgenden Teilstrecken zu besorgen (§ 453), begründet ebenfalls keinen einheitlichen Frachtvertrag.[18] 6

b) Verschiedenartige Beförderungsmittel. § 452 verlangt, dass die Beförderung nach den vertraglichen Vereinbarungen mit verschiedenartigen Beförderungsmitteln erfolgt. Nach der maßgeblichen Verkehrsanschauung[19] gehören dazu LKW, Eisenbahnen, Flugzeuge, See- und Binnenschiffe, Krane und Containerbrücken. Ob die Hilfsmittel zum Be- und Entladen (zB Gabelstapler, Hubwagen, Sackkarren) Beförderungsmittel in diesem Sinne darstellen, hängt davon ab, ob die Vertragsparteien ohne den Multimodalvertrag über deren Verwendung einen gesonderten Beförderungsvertrag geschlossen hätten.[20] Letztlich sollte eine weite Auslegung erfolgen, weil über das Kriterium der Verschiedenheit der Rechtsregeln für die hypothetischen Teilstrecken (→ Rn. 9) die angemessene Begrenzung der Reichweite des Tatbestandes erfolgt, die gewährleistet, dass nicht jede Umschlagmaßnahme die Anwendung des Multimodalvertragsrechts zur Folge hat. 7

---

[11] Zu den Voraussetzungen, nach denen eine Beförderung außerhalb eines Flughafens noch dem Lufttransportrecht zuzurechnen ist vgl. BGH 13.6.2012, TranspR 2012, 456; 10.5.2012, RdTW 2013, 58 Rn. 18; dazu Freise TranspR 2012, 1 ff.; Müller-Rostin TranspR 2012, 14 ff.; Ramming RdTW 2013, 63 ff.; Kirchhof TranspR 2014, 223 ff.

[12] Dazu BGH 10.12.2015, RdTW 2016, 136 Rn. 17 f.; 13.6.2012, TranspR 2012, 456 Rn. 33.

[13] Dazu näher MüKoHGB/Herber § 452d Rn. 44 ff.

[14] UNCTAD/ICC Rules for Multimodal Transport Documents, 1991, ICC Publ. Nr. 481.

[15] Ebenroth/Boujong/Reuschle Rn. 33 f.; **aA** MüKoHGB/Herber/Pötschke § 452d Rn. 34 f., der nur solche Übereinkommen für beachtlich hält, die konkrete Vereinbarungen für die Teilstrecke im Rahmen eines multinationalen Transportvertrages betreffen; vgl. auch Basedow TranspR 1998, 58 (62); Ramming TranspR 1999, 325 (344).

[16] BGH 18.4.2013, RdTW 2013, 443; 11.4.2013, RdTW 2013, 479; 13.9.2007, NJW 2008, 1072 mAnm Ramming; OLG Stuttgart 25.8.2021, RdTW 2022, 164 Rn. 14.

[17] Ebenroth/Boujong/Reuschle Rn. 14.

[18] Begr. RegE TRG, BT-Drs. 13/8445, 99.

[19] Koller Rn. 13.

[20] So zutr. Bartels TranspR 2005, 203 (205); MüKoHGB/Herber/Pötschke Rn. 18.

8 Die eingesetzten Beförderungsmittel müssen sich ihrer Art nach unterscheiden. Die Verwendung mehrerer Beförderungsmittel derselben Art (zB Umladung von einem auf einen anderen LKW) reicht dafür nicht aus. Der Einsatz von Spezialfahrzeugen für bestimmte Teilstrecken kann bereits die Verschiedenartigkeit begründen.[21] Verschiedenartige Beförderungsmittel liegen auch beim Huckepackverkehr vor.[22]

9 **c) Verschiedene Rechtsvorschriften für hypothetische Teilstrecken.** Ob für die Teilstrecken verschiedene Vorschriften einschlägig sind, ist wegen des tatsächlich geschlossenen einheitlichen Beförderungsvertrages aufgrund einer hypothetischen Betrachtung des für die jeweilige Teilstrecke einschlägigen Rechtsregimes zu beurteilen. Eine Teilstrecke liegt nur vor, wenn eine Beförderung erfolgt. Das Ein- und Ausladen und die Zwischenlagerung sind nach in den Einzelheiten umstrittener Rechtslage (→ § 407 Rn. 25 ff.) grundsätzlich dem vor- oder nachfolgenden Beförderungsvorgang als unselbständiger Annex zuzuordnen (näher → § 407 Rn. 28).[23] Die Lagerung eines mit Gütern bestückten Containers am Hafenterminal und die dort vorgenommene Stauung der Güter in Container stellen Vorarbeiten für Verfrachtung des Transportguts dar; sie werden regelmäßig der Seestrecke zugeordnet.[24] Diese Zuordnung gilt auch, soweit dabei Waren aus einem für einen bestimmten Seehafen vorgesehenen Container ausgeladen und in einem für einen anderen Seehafen bestimmten Container eingeladen werden.[25]

10 Liegt ein grenzüberschreitender Multimodaltransportvertrag vor, ist zu prüfen, ob überhaupt deutsches Recht zur Anwendung kommt. Das maßgebliche Teilstreckenrecht kann sowohl auf deutschem oder ausländischem (innerstaatlichem) Gesetzesrecht oder aber auf internationalen Übereinkommen beruhen.[26] Führt die Prüfung zur Anwendung deutschen Rechts auf den Multimodalvertrag insgesamt (→ Rn. 3), ist nach Art. 3, 5 Rom I-VO[27] auch für die grenzüberschreitende bzw. im Ausland zu bedienende Teilstrecke deutsches Recht anzuwenden.[28]

11 Das Erfordernis der Anwendung verschiedener Rechtsvorschriften für unterschiedliche Teilstrecken ist wegen des mit dem TRG verwirklichten Grundsatzes der einheitlichen Rechtsgeltung für sämtliche Beförderungsmittel (→ § 407 Rn. 1) besonders zu prüfen. Die Voraussetzung ist bei reinen Inlandstransporten mit LKW, Eisenbahn, Flugzeug und Binnenschiff nicht gegeben, wenn keine zulässigen abweichenden Vereinbarungen vorliegen. Auf einen Multimodalvertrag, der mehr als zwei verschiedenartige Beförderungsmittel einschließt, finden die §§ 452–452d schon dann Anwendung, wenn auf wenigstens zwei beliebige hypothetische Teilstrecken verschiedene Rechtsregeln anzuwenden wären. § 452 kommt deshalb zur Anwendung, wenn einer Inlandsbeförderung mit LKW und Bahn eine Beförderung ins Ausland mit dem Flugzeug folgt; dass die inländische LKW- und Eisenbahnbeförderung übereinstimmend auf der Grundlage der §§ 407 ff. erfolgt, ist wegen der Anwendung des MÜ für die Flugreise unerheblich.[29] Entsprechendes gilt, wenn ein Teil der (internationalen) Beförderung über See erfolgt.[30] In den Fällen der Durchführung von Transporten ins Ausland ist nach umstrittener Rechtslage[31] das maßgebliche Teilstrecken-Frachtrecht auf der Grundlage des deutschen Sachrechts anzuknüpfen.[32] Das führt zur Anwendung des deutschen Rechts jedenfalls dann, wenn nach den Art. 3, 5 Rom I-VO über die Gesamtstrecke deutsches Recht anwendbar wäre.[33]

---

21 Hopt/Merkt Rn. 5.

22 Koller Rn. 13.

23 BGH 18.10.2007, TranspR 2007, 472; 3.11.2005, BGHZ 164, 394 = NJW-RR 2006, 616; krit. Drews TranspR 2013, 253 ff.; Rabe TranspR 2017, 349 ff.; vgl. MüKoHGB/Herber/Pötschke Rn. 26.

24 BGH 1.12.2016, RdTW 2017, 127 Rn. 33.

25 BGH 1.12.2016, RdTW 2017, 127 Rn. 33.

26 BeckOGK/Ramming, 15.5.2022, Rn. 73; MüKoHGB/Herber/Pötschke Rn. 33.

27 BGH 18.10.2007, TranspR 2007, 472; **aA** Hartenstein TranspR 2005, 9, der in der Verweisung auf das Teilstreckenrecht eine bloße Sachnormverweisung sieht; dagegen zu Recht Herber TranspR 2005, 9 (13).

28 BGH 29.6.2006, TranspR 2006, 466; OLG München 6.11.2013, RdTW 2014, 28 Rn. 7; Basedow FS Herber, 2001, 15 (42); offengelassen von BGH 25.10.2007, TranspR 2008, 210 Rn. 20; 18.10.2007, TranspR 2007, 472; einschr. MüKoHGB/Herber/Pötschke Rn. 34, die eine eigenständige Anknüpfung für eine Teilstrecke zulässig erachten, dafür aber einen zumindest aufgrund tatsächlicher Anhaltspunkte erkennbaren Willen der Vertragsparteien verlangen.

29 MüKoHGB/Herber/Pötschke Rn. 35.

30 BGH 11.4.2014, RdTW 2013, 479 Rn. 20; 13.9.2007, NJW 2008, 1072; OLG München 6.11.2013, RdTW 2014, 28 Rn. 9; OLG Köln 20.3.2012, RdTW 2015, 26 Rn. 18.

31 Näher MüKoHGB/Herber/Pötschke Rn. 32 ff.; Mankowski TranspR 2008, 339 ff.; Koller VersR 2000, 1187 ff.

32 OLG München 6.11.2013, RdTW 2014, 28 Rn. 9; Ramming, Hamburger Handbuch Multimodaler Transport, 2011, Rn. 237 f.

33 Vgl. BGH 29.6.2006, NJW-RR 2006, 1695.

III. Anwendbare gesetzliche Regelungen

Die Rechte und Pflichten der Vertragsparteien sind nach dem Ersten Unterabschnitt, also den Regeln der §§ 407 ff. zu bestimmen. Abgesehen von den allerdings bedeutenden Sondervorschriften der §§ 452a–452d gelten für den Multimodalvertrag keine Besonderheiten.[34] 12

Die Haftung für Güterschäden und Verspätung unterliegt den §§ 425 ff., sofern nicht die Sonderregelung des § 452a einschlägig ist. Die Schadensanzeige und Verjährung werden in § 452b eigenständig geregelt; die Regeln der §§ 438, 439 gelten insofern nicht. 13

IV. Multimodalverträge unter Einschluss einer Seestrecke (S. 2)

Während ausweislich des § 407 Abs. 3 S. 1 für reine Seebeförderungen nicht das allgemeine Frachtrecht sondern das spezielle Seefrachtrecht der §§ 476 ff. gilt (→ Vor § 476 Rn. 16 ff.), finden auf einen multimodalen Frachtvertrag unter Einschluss einer Seestrecke die §§ 407 ff. Anwendung (S. 2). Der Umstand, dass die Seebeförderung regelmäßig die bedeutendste Teilstrecke darstellt, ändert daran grundsätzlich nichts. Diese gesetzgeberische Entscheidung ist nicht durchweg überzeugend. Insbesondere die Anwendung der Regelungen des § 412 wird als verfehlt angesehen, weil sie an der Beförderungswirklichkeit vorbeigeht.[35] Die Abgrenzung der Teilstrecken unter Berücksichtigung der Umschlagleistungen richtet sich nach allgemeinen Grundsätzen (→ § 407 Rn. 26 ff.). Zur Frage der Haftungsbegrenzung bei internationalen Multimodalbeförderungen unter Einschluss einer mit Seestrecke und unbekanntem Schadensort bei Geltung der Allgemeinen Deutschen Spediteurbedingungen 2017 (ADSp 2017) hat der BGH entschieden, dass die Haftung des Spediteurs für Güterschäden bei einem solchen Transport auf „nur" 2 Sonderziehungsrechte je Kilogramm gem. Ziff. 23.1.2 S. 1 ADSp 2017 begrenzt ist.[36] 14

§ 452a Bekannter Schadensort

[1]Steht fest, daß der Verlust, die Beschädigung oder das Ereignis, das zu einer Überschreitung der Lieferfrist geführt hat, auf einer bestimmten Teilstrecke eingetreten ist, so bestimmt sich die Haftung des Frachtführers abweichend von den Vorschriften des Ersten Unterabschnitts nach den Rechtsvorschriften, die auf einen Vertrag über eine Beförderung auf dieser Teilstrecke anzuwenden wären. [2]Der Beweis dafür, daß der Verlust, die Beschädigung oder das zu einer Überschreitung der Lieferfrist führende Ereignis auf einer bestimmten Teilstrecke eingetreten ist, obliegt demjenigen, der dies behauptet.

Schrifttum: Freise, Schadenseintritt beim Multimodaltransport, TranspR 2017, 149; Koller, Wo liegt der Schadensort im Sinne des § 452a HGB?, RdTW 2016, 1.

I. Normzweck

Die Vorschrift sieht eine besondere Haftungsregelung für bestimmte Schadensfälle beim Multimodaltransport mit bekanntem Schadensort vor. Ist der Schadensort bekannt, bestimmt sich die Haftung nach dem für die Teilstrecke hypothetisch geltenden Recht. Damit weicht der Gesetzgeber vom Grundsatz der Einheitshaftung des § 452 ab, um die sachnahen Regeln des Teilstreckenrechts zu berücksichtigen und zugleich Bedenken wegen der Nichtbeachtung der für das Teilstreckenrecht geltenden völkerrechtlichen Verpflichtungen zu zerstreuen.[1] 1

II. Haftung bei bekanntem Schadensort (S. 1)

1. Anwendungsbereich. Die Regelung betrifft nur die ausdrücklich genannte Haftung des Frachtführers wegen Verlust, Beschädigung oder Überschreitung der Lieferfrist bei einem Multimodaltransport. Ersatzansprüche gegen den Absender oder Empfänger werden nicht erfasst. 2

2. Voraussetzungen. Die Regelung ist nur anwendbar auf deutschem Recht unterfallende Frachtverträge des Multimodaltransports (→ § 452 Rn. 3). Überdies wird vorausgesetzt, dass das schädigende Ereignis während der Obhut des Frachtführers „auf einer bestimmten Teilstrecke" einge- 3

[34] Für die von Ramming TranspR 2004, 201 vorgeschlagene Anerkennung von „besonderen Durchführungsvorschriften" gibt es im Gesetzesrecht keinen hinreichenden Anhaltspunkt.

[35] So Rabe/Bahnsen/Bahnsen § 486 Rn. 6; BeckOGK/Ramming, 15.5.2022, Rn. 789; anders wohl MüKoHGB/Herber/Pötschke Rn. 65.

[36] BGH 27.10.2022, RdTW 2023, 136 ff.; vgl. dazu die Anm. von Christiansen RdTW 2023, 311 ff.

[1] Begr. RegE TRG, BT-Drs. 13/8445, 101.

treten ist; der Schadensort muss somit bekannt sein.[2] Der Schaden tritt dort ein, wo er entsteht, genauer: wo die Schadensursache gesetzt wurde,[3] nicht wo er entdeckt wird. Die Lagerung eines mit Gütern bestückten Containers am Hafenterminal und die dort vorgenommene Stauung der Güter für den Seetransport in Container gehören zur Seeteilstrecke, sodass der Multimodalbeförderer für eine Beschädigung des Gutes bei der Umladung nach Seerecht einzustehen hat (→ § 407 Rn. 26 ff.).[4] Die Rspr. zieht in Betracht, den Multimodal-Frachtführer für das Außerachtlassen der Hinweise des Unterfrachtführers auf Ablieferungshindernisse verantwortlich zu machen.[5] Tritt bei einem Vertrag über einen multimodalen Transport der Verlust nicht während der Beförderung, sondern während einer **beförderungsnahen Leistungsphase** ein, ist für die Haftung darauf abzustellen, welchem der hypothetisch geschlossenen Einzelverträge diese Phase typischerweise unterfällt.[6] Beim multimodalen Transport eines zunächst auf dem Landweg und sodann auf dem Seeweg zu befördernden Guts sind die Lagerung eines mit Gütern bestückten Containers am Hafenterminal und die dort vorgenommene Stauung der Güter in Container Vorarbeiten für die Verfrachtung des Transportguts und daher regelmäßig der Seestrecke zuzuordnen.[7] Wird die Verlustursache im Zusammenhang mit der vertraglich geschuldeten Verzollung gesetzt, kommt es darauf an, ob diese zu den Pflichten des Luft- oder Landfrachtführers gehört.[8] In Fällen der Verursachung durch mehrere Ereignisse auf verschiedenen Teilstrecken des Gesamttransports **(doppelkausale Schäden)** ist § 452a deshalb nicht anwendbar. Erfolgt beispielsweise während der ersten Teilstrecke eine Beschädigung der Verpackung, die bei der anschließenden Beförderung auf der nächsten Teilstrecke zu einer Güterbeschädigung führt, beurteilt sich die Haftung für den Güterschaden nach §§ 452, 407 ff. und nicht nach dem nach § 452a maßgeblichen Teilstreckenrecht.[9] Die demgegenüber für solche Fälle vorgeschlagene Schwerpunktbetrachtung im Rahmen des § 452a[10] kommt nicht in Betracht, da im deutschen Recht – anders als im common law – eine causa proxima-Betrachtung unbekannt ist.[11] Wirken mehrere Schadensursachen auf verschiedenen Teilstrecken kumulativ zusammen **(kumulative Kausalität)** liegt erst Recht kein Schadensfall „auf einer bestimmten Teilstrecke" iSd § 452a vor.[12] Für eine anteilige Haftung nach Mitverursachungsanteilen bietet die gesetzliche Regelung keine Grundlage.[13]

4 **3. Rechtsfolgen.** Der Frachtführer haftet nach dem Recht, das für einen (hypothetisch geschlossenen) Vertrag über eine Beförderung auf der maßgeblichen Teilstrecke anzuwenden wäre. Abzustellen ist auf einen hypothetischen Beförderungsvertrag zwischen den Parteien des Multimodalvertrages auf der Teilstrecke, auf der der Schaden eingetreten ist;[14] unerheblich ist ein tatsächlich geschlossener (Unter-) Frachtvertrag zwischen dem Multimodalfrachtführer und dem Unterfrachtführer.[15]

5 Die Rechtswahl für den Multimodalvertrag schlägt mangels besonderer Umstände auf den (hypothetischen) Teilstreckenvertrag durch.[16] In Fällen mit Auslandsberührung wird die maßgebliche Rechtsordnung für die Zwecke der Ermittlung des Haftungsrecht quasi-internationalprivatrechtlich (→ § 407 Rn. 72) angeknüpft, auch wenn es sich nur um eine hypothetische Betrachtung handelt.[17]

---

[2] BGH 1.12.2016, RdTW 2017, 127 Rn. 24.

[3] BGH 13.9.2007, BGHZ 173, 344 Rn. 24 = NJW 2008, 1072; 18.6.1992, BGHZ 181, 292 Rn. 21 = NJW-RR 2009, 1479; 17.9.2015, RdTW 2015, 409 Rn. 33; krit. Freise TranspR 2017, 149 ff.

[4] BGH 1.12.2016, RdTW 2017, 127 Rn. 24; OLG Köln 5.9.2014, RdTW 181 Rn. 12.

[5] BGH 17.9.2015, RdTW 2015, 409 Rn. 37.

[6] Zur Verzollung vgl. OLG Düsseldorf TranspR 2019, 133 (134); näher Koller RdTW 2019, 161 ff.; krit. Kirchhof TranspR 2019, 112 (114).

[7] BGH 1.1.2016, RdTW 2017, 127 Rn. 30 f.

[8] OLG Düsseldorf 23.5.2018, RdTW 2020, 335 Rn. 18 ff.

[9] BGH 17.9.2015, RdTW 2015, 409 Rn. 33 mAnm Ramming; Freise RdTW 2017, 149 (155 ff.); vgl. auch Koller RdTW 2016, 1; BGH 4.4.2014, NJW 2015, 468; 17.12.2013, NJW 2014, 2029.

[10] So MüKoHGB/Herber/Pötschke Rn. 8.

[11] Grüneberg/Grüneberg BGB Vor § 249 Rn. 66.

[12] Für diese Fälle ebenso MüKoHGB/Herber/Pötschke Rn. 8.

[13] So aber Koller Rn. 4; Heymann/Schlüter Rn. 8.

[14] BGH 25.10.2007, TranspR 2008, 210 Rn. 16.

[15] OLG Hamburg 10.4.2008, TranspR 2008, 213; MüKoHGB/Herber/Pötschke Rn. 14; **aA** Drews TanspR 2003, 12 (18).

[16] HM; OLG Hamburg 19.8.2004, TranspR 2004, 402 (403); 19.12.2002, TranspR 2003, 72 (73); OLG Düsseldorf 12.12.2001, TranspR 2002, 33 (34); Basedow FS Herber, 2001, 15 (43); Reithmann/Martiny IntVertragsR/Mankowski Rn. 6.2100; **aA** Koller § 452 Rn. 1a; Drews TranspR 2003, 12 (15 f.); offengelassen von BGH 25.10.2007, TranspR 2008, 210 Rn. 17.

[17] BGH 25.10.2007, TranspR 2008, 210 Rn. 14 ff.; OLG Hamburg 19.6.2008, TranspR 2008, 261; 28.2.2008, IPRax 2008, 537 (538 f.), jeweils zur Rechtslage vor Inkrafttreten der Rom I-VO; Ramming, Hamburger Handbuch Multimodaler Transport, 2011, Rn. 975 ff.; Reithmann/Martiny IntVertragsR/Mankowski Rn. 6.2098.

Für Haftungsfragen anzuwendende Rechtsvorschriften können solche des deutschen Rechts, des ausländischen innerstaatlichen Rechts und solche sein, die auf internationalen Übereinkommen (→ § 407 Rn. 14) beruhen. Die auf internationalen Übereinkommen beruhenden Vorschriften können insbesondere solche des unimodalen Frachtrechts sein.[18] Ist der Schaden auf einer Seestrecke aufgetreten, gelten die Regeln des Seefrachtrechts (§§ 476 ff.).

Der Frage der Abgrenzung der jeweiligen Teilstrecken kommt für das Haftungsrecht bei multimodalen Transporten eine zentrale Bedeutung zu. Insbesondere ist eine Zuordnung der Beförderungsleistungen an den Schnittstellen von dem einen zum anderen Beförderungsmittel vorzunehmen. Eine gefestigte Rechtslage ist insofern noch nicht gefunden.[19] Für die Seebeförderungsteilstrecke beim multimodalen Transport ist lediglich anerkannt, dass diese regelmäßig nicht schon mit dem Löschen der Ladung, sondern erst mit dem Verladen des Gutes auf das nachfolgende Transportmittel endet.[20] Gesichert ist auch, dass das Beladen des nächsten Transportmittels der nachfolgenden Strecke zuzuordnen ist.[21] 6

III. Haftung bei unbekanntem Schadensort

Ist der Schadensort nicht bekannt, bleiben die §§ 407 ff. nebst den haftungsrechtlichen Bestimmungen uneingeschränkt anwendbar.[22] Die vor dem Inkrafttreten des TRG geltende Rechtslage, nach der das für den Geschädigten günstigste Haftungsrecht galt,[23] ist vom Gesetzgeber des TRG wegen der Schwierigkeiten der Bestimmung dieses Haftungsrechts bewusst[24] nicht fortgeführt worden. 7

IV. Beweislast (S. 2)

Die Beweislast dafür, dass das schädigende Ereignis auf einer bestimmten Teilstrecke eingetreten ist, obliegt demjenigen, der sich darauf beruft (S. 2). Noch nicht entschieden ist, ob die in der Rspr. entwickelten Grundsätze zur Darlegungs- und Beweislast des Frachtführers für aus seiner Sphäre stammende Ereignisse, insbesondere zur Dokumentation von Schnittstellenkontrollen[25] anwendbar sind.[26] 8

§ 452b Schadensanzeige. Verjährung

(1) [1]§ 438 ist unabhängig davon anzuwenden, ob der Schadensort unbekannt ist, bekannt ist oder später bekannt wird. [2]Die für die Schadensanzeige vorgeschriebene Form und Frist ist auch gewahrt, wenn die Vorschriften eingehalten werden, die auf einen Vertrag über eine Beförderung auf der letzten Teilstrecke anzuwenden wären.

(2) [1]Für den Beginn der Verjährung des Anspruchs wegen Verlust, Beschädigung oder Überschreitung der Lieferfrist ist, wenn auf den Ablieferungszeitpunkt abzustellen ist, der Zeitpunkt der Ablieferung an den Empfänger maßgebend. [2]Der Anspruch verjährt auch bei bekanntem Schadensort frühestens nach Maßgabe des § 439.

I. Schadensanzeige (Abs. 1)

Die Vorschrift stellt in **Abs. 1 S. 1** klar, dass auf die Obliegenheit des Anspruchstellers zur Schadensanzeige die Vorschrift des § 438 auch dann anzuwenden ist, wenn der Schadensort bekannt ist und sich sonst somit nach einer anderen Bestimmung richten könnte. Mögliche Unklarheiten wegen der Anwendbarkeit des Teilstreckenrechts sollen auf die Anzeigeobliegenheiten nicht durchschlagen. 1

Der Anspruchsteller genügt bei Multimodaltransporten seiner Obliegenheit zur Schadensanzeige, wenn die Voraussetzungen des § 438 eingehalten werden. Darauf, ob der Schadensort bekannt oder 2

[18] MüKoHGB/Herber/Pötschke Rn. 20; Bydlinski TranspR 2009, 389 (391).

[19] Vgl. zu den Abgrenzungsfragen in Fällen der Unterbrechung bzw. der Beendigung der Seereise BGH 11.4.2013, RdTW 2013, 479 Rn. 22 ff.; OLG München 6.11.2013, RdTW 2014, 28 Rn. 9 m. krit. Anm. Ramming RdTW 2014, 30 (31).

[20] BGH 11.4.2013, RdTW 2013, 479 Rn. 23; 3.11.2005, NJW-RR 2006, 616.

[21] BGH 11.4.2013, RdTW 2013, 479 Rn. 23; 18.10.2007, TranspR 2007, 472 Rn. 21.

[22] OLG München 6.11.2013, RdTW 2014, 28 Rn. 8.

[23] Vgl. BGH 24.6.1987, BGHZ 101, 172 = NJW 1988, 640.

[24] Begr. RegE TRG, BT-Drs. 13/8445, 100 f.

[25] Zur Darlegungslast des Frachtführers insbes. bezüglich der erforderlichen Schnittstellenkontrolle BGH 4.3.2004, TranspR 2004, 460 (461); ferner → § 435 Rn. 9 f.

[26] Dafür zu Recht MüKoHGB/Herber/Pötschke Rn. 12 f.

unbekannt ist, ob also ein besonderes Teilstreckenrecht anwendbar ist oder nicht, kommt es nicht an.

3 Nach **Abs. 1 S. 2** genügt hinsichtlich der Form und Frist der Schadensanzeige auch die Einhaltung der Vorschriften des auf die letzte Teilstrecke anwendbaren Rechts. Der Gesetzgeber berücksichtigt dabei, dass der Empfänger vielfach nur Kenntnis von dem letzten Streckenabschnitt und dem dabei eingesetzten Beförderungsmittel hat; dieser kann sein Verhalten auf das (hypothetische) Recht der letzten Teilstrecke einrichten und einen Schaden in der danach maßgeblichen Form und Frist anzeigen.

4 Regeln zur Schadensanzeige in internationalen Übereinkommen für Teilstreckenrechte stehen der Regelung in Abs. 1 nicht entgegen. Werden sie in Fällen ihrer Anwendbarkeit eingehalten, ist die so erfolgende Anzeige nach Abs. 1 S. 2 form- und fristwahrend. Sind sie nicht anwendbar, haben sie keine vorrangige Bedeutung.[1]

II. Verjährung (Abs. 2)

5 Die Verjährung von Ersatzansprüchen wegen Verlust, Beschädigung oder Lieferfristüberschreitung bei Multimodaltransporten ist grundsätzlich nach den Regeln der § 452 und § 452a, also differenziert danach zu beurteilen, ob der Schadensort bekannt oder unbekannt ist. Ist der **Schadensort nicht bekannt,** verjähren die Ersatzansprüche nach den allgemeinen frachtrechtlichen Regeln des § 439. Insofern stellt § 452b Abs. 2 S. 1 klar, dass für den Zeitpunkt des Verjährungsbeginns auf die Ablieferung an den Endempfänger abzustellen ist.

6 Ist der **Schadensort iSd § 452a bekannt,** gilt also hinsichtlich der Verjährung das Teilstreckensonderrecht nach § 452a, folgt aus der Regelung des § 452b Abs. 2 S. 1, dass für den Verjährungsbeginn auf den Zeitpunkt der Ablieferung beim Empfänger abzustellen ist. Damit ist der im Multimodalvertrag genannte Letztempfänger gemeint.[2] Die Vorschrift gilt nicht, wenn anstelle des Ablieferungszeitpunkts ein anderer Zeitpunkt für den Beginn der Verjährung gilt (zB der Ablauf der vereinbarten Lieferfrist oder die Übernahme des Gutes gem. Art. 32 Abs. 1 S. 3 lit. b CMR).

7 **Abs. 2 S. 2** enthält eine jedenfalls zu beachtende Sonderverjährungsregelung. Danach tritt die Verjährung frühestens zu dem Zeitpunkt ein, in welchem der Anspruch nach § 439 verjährt wäre. Der Anspruchsberechtigte soll sich bei Anwendung des deutschen Rechts auf den Multimodaltransport bei unbekanntem[3] und „auch bei bekanntem Schadensort" darauf verlassen können, dass eine Verjährung seiner Ersatzansprüche nicht vor Ablauf der Frist des § 439 eintritt. Die Vorschrift ist auch anwendbar, wenn die haftungsrelevante Teilstrecke einem internationalen Übereinkommen unterliegt, und danach eine frühere Verjährung des Anspruchs eintreten würde,[4] wobei der Begriff der Verjährung seinem Schutzzweck nach weit zu interpretieren ist und Ausschluss- oder Erlöschensregeln einschließt, die funktional an die Stelle einer Verjährungsregelung treten.[5]

§ 452c Umzugsvertrag über eine Beförderung mit verschiedenartigen Beförderungsmitteln

[1]Hat der Frachtvertrag die Beförderung von Umzugsgut mit verschiedenartigen Beförderungsmitteln zum Gegenstand, so sind auf den Vertrag die Vorschriften des Zweiten Unterabschnitts anzuwenden. [2]§ 452a ist nur anzuwenden, soweit für die Teilstrecke, auf der der Schaden eingetreten ist, Bestimmungen eines für die Bundesrepublik Deutschland verbindlichen internationalen Übereinkommens gelten.

1 Multimodale Umzugsverträge sollen nach dem Willen des Gesetzgebers im Interesse des Verbraucherschutzes wie die unimodalen Umzugsverträge den Vorschriften der §§ 451–451h unterstellt sein (S. 1).

2 S. 2 durchbricht diese Einheitslösung ausnahmsweise für die Fälle des bekannten Schadensortes. Die Regelung erklärt § 452a und damit das geltende Teilstreckenrecht in den Fällen für anwendbar, in denen für die Teilstrecke, auf der der Schaden eingetreten ist, ein internationales Übereinkommen gilt. Da nach Art. 1 Abs. 4 lit. c CMR die Beförderung von Umzugsgut aus dem Anwendungsbereich

[1] Vgl. MüKoHGB/Herber/Pötschke Rn. 8, mit der Erwägung, internationale Übereinkommen für unimodale Beförderungen seien ohnehin nicht vorrangig; ferner → § 452 Rn. 3.
[2] MüKoHGB/Herber/Pötschke Rn. 10; EBJS/Reuschle Rn. 11.
[3] BGH 2.4.2009, TranspR 2009, 262 Rn. 20.
[4] BGH 2.4.2009, TranspR 2009, 262 Rn. 20.
[5] BGH 2.4.2009, TranspR 2009, 262 Rn. 21.
[1] Begr. RegE TRG, BT-Drs. 13/8445, 103.

der CMR ausgenommen ist, kommt die Regelung im Anwendungsbereich der internationalen Übereinkommen für den Eisenbahn-, Luft- und Seeverkehr (→ § 407 Rn. 14; → Vor § 476 Rn. 1 ff.) in Betracht.

§ 452d Abweichende Vereinbarungen

(1) [1]Von der Regelung des § 452b Abs. 2 Satz 1 kann nur durch Vereinbarung abgewichen werden, die im einzelnen ausgehandelt ist, auch wenn diese für eine Mehrzahl von gleichartigen Verträgen zwischen denselben Vertragsparteien getroffen ist. [2]Von den übrigen Regelungen dieses Unterabschnitts kann nur insoweit durch vertragliche Vereinbarung abgewichen werden, als die darin in Bezug genommenen Vorschriften abweichende Vereinbarungen zulassen.

(2) Abweichend von Absatz 1 kann jedoch auch durch vorformulierte Vertragsbedingungen vereinbart werden, daß sich die Haftung bei bekanntem Schadensort (§ 452a)
1. unabhängig davon, auf welcher Teilstrecke der Schaden eintreten wird, oder
2. für den Fall des Schadenseintritts auf einer in der Vereinbarung genannten Teilstrecke
nach den Vorschriften des Ersten Unterabschnitts bestimmt.

(3) Vereinbarungen, die die Anwendung der für eine Teilstrecke zwingend geltenden Bestimmungen eines für die Bundesrepublik Deutschland verbindlichen internationalen Übereinkommens ausschließen, sind unwirksam.

1 Die Vorschrift regelt die Grenzen für die vom Gesetzesrecht des Multimodalfrachtgeschäfts abweichenden Vereinbarungen. Sie verfolgt den **Regelungszweck,** die Wertungen des § 449 auch für den multimodalen Transportvertrag zur Geltung zu bringen. Die Regelung stellt selbst zwingendes Recht dar, kann also weder durch Individualvereinbarung noch durch AGB abbedungen werden.

2 Der **Anwendungsbereich** des § 452d deckt sich mit dem des § 452 (→ § 452 Rn. 5). Für den multimodalen Umzugsvertrag gilt allein § 451h.

3 Im Anwendungsbereich des § 452d sind **individuell ausgehandelte Vereinbarungen** zulässig. Individualvereinbarungen (→ § 449 Rn. 7) können auch in einem Rahmenvertrag getroffen werden (Abs. 1 S. 1). Dies gilt wegen Abs. 1 S. 2 nicht für Multimodalfrachtverträge mit Verbrauchern (§ 449 Abs. 1) und für die bei bekanntem Schadensort nach § 452a anzuwendenden Haftungsvorschriften, sofern sie zwingenden Charakter haben. Insofern sind die Ausnahmen des Abs. 2 zu beachten (→ Rn. 5). Von der Regelung über den Verjährungsbeginn in § 452 Abs. 2 S. 1 kann nur durch Individualvereinbarung abgewichen werden.

4 Für **AGB** des Multimodalfrachtvertrages gilt: Regelungen zur Haftung bei unbekanntem Schadensort sind an § 449 Abs. 2 zu messen, da insoweit die Haftungsregeln des allgemeinen Frachtvertragsrechts und somit auch die Regeln des § 449 gelten (§ 452). Die Haftung bei bekanntem Schadensort kann grundsätzlich nur insoweit abbedungen werden, als die anwendbaren Vorschriften des Teilstreckenrechts eine abweichende Regelung zulassen.[1] Vereinbaren die Parteien eines Beförderungsvertrags die Geltung der ADSp 2017, gilt für die Haftung des Spediteurs für Beschädigungen des Transportguts bei grenzüberschreitenden multimodalen Beförderungen unter Einschluss einer Seestrecke bei unbekanntem Schadensort ein Haftungshöchstbetrag von 2 Sonderziehungsrechten für jedes Kilogramm gemäß Ziff. 23.1.2 S. 1 ADSp 2017, nicht dagegen gemäß der nach Ziff. 23.2 S. 1 Fall 2 ADSp 2017 anwendbaren Vorschrift des § 431 Abs. 1 ein Haftungshöchstbetrag von 8,33 Sonderziehungsrechten für jedes Kilogramm.[2]

5 Ausnahmsweise kann nach **Abs. 2** zwingendes Teilstreckenrecht bei bekanntem Schadensort iSd § 452a durch Individualvereinbarung oder durch AGB abbedungen und die Geltung der §§ 425 ff. – nicht aber eines ausländischen Teilstreckenrechts – vereinbart werden. Vorausgesetzt ist, dass das Haftungsrecht der §§ 425 ff. anstelle der sonst anwendbaren Haftungsvorschriften entweder für sämtliche Teilstrecken (Nr. 1) oder für die vom Schadensfall konkret betroffene Teilstrecke (Nr. 2) vereinbart wird und internationale Übereinkommen dem nicht entgegenstehen (Abs. 3).[3] Abs. 2 erlaubt somit grundsätzlich in seiner Nr. 1 die Durchbrechung des network-Grundsatzes durch Vereinbarung der Einheitshaftung und in seiner Nr. 2 etwa für besonders schadenanfällige Teilstrecken das dafür einschlägige Teilstreckenrecht durch die Regeln der §§ 425 ff. zu ersetzen.

6 **Abs. 3** schränkt die Vertragsfreiheiten in Ansehung der in Deutschland geltenden internationalen Übereinkommen ein. Sie dient insbesondere der Wahrung der völkerrechtlichen Verpflichtungen,

[1] Koller Rn. 3.
[2] BGH 27.10.2022, RdTW 2023, 136 Rn. 35 ff.
[3] BGH 1.12.2016, TranspR 2017, 175 (182) = RdTW 2017, 127.

welche die Bundesrepublik Deutschland eingegangen ist.[4] Die Regelung betrifft die nach internationalen Übereinkommen „für eine Teilstrecke zwingend geltenden Bestimmungen". Dabei handelt es sich nach hM nur um solche internationalen (Multimodalvertrags-)Übereinkommen, die für die in Frage stehende Teilstrecke zwingend zur Geltung kommen.[5] Indes wird in der Teilstreckenformulierung des Abs. 3 nicht vorausgesetzt, dass es sich um internationale Übereinkommen handeln muss, die den multimodalen Transport betreffen. Deshalb ist die Wendung nicht anders als in § 452a auszulegen; so wie dort das in Deutschland kraft Völkervertragsrecht verbindliche Haftungsrecht unimodaler Übereinkommen sich gegenüber dem deutschen Multimodalfracht durchsetzt, verlangen die in internationalen Übereinkommen für den unimodalen Transport (→ § 407 Rn. 14) übernommenen Verpflichtungen, dass „für eine Teilstrecke zwingend geltende Bestimmungen" nicht durch abweichende vertragliche Abreden umgangen werden.[6]

[4] Begr. RegE TRG, BT-Drs. 13/8445, 103.
[5] So Koller Rn. 1; MüKoHGB/Herber/Pötschke Rn. 38; Bydlinski TranspR 2009, 389 ff.
[6] So wohl auch Ebenroth/Boujong/Reuschle Rn. 18.

Fünfter Abschnitt. Speditionsgeschäft

§ 453 Speditionsvertrag

(1) Durch den Speditionsvertrag wird der Spediteur verpflichtet, die Versendung des Gutes zu besorgen.

(2) Der Versender wird verpflichtet, die vereinbarte Vergütung zu zahlen.

(3) [1]Die Vorschriften dieses Abschnitts gelten nur, wenn die Besorgung der Versendung zum Betrieb eines gewerblichen Unternehmens gehört. [2]Erfordert das Unternehmen nach Art oder Umfang einen in kaufmännischer Weise eingerichteten Geschäftsbetrieb nicht und ist die Firma des Unternehmens auch nicht nach § 2 in das Handelsregister eingetragen, so sind in Ansehung des Speditionsgeschäfts auch insoweit die Vorschriften des Ersten Abschnitts des Vierten Buches ergänzend anzuwenden; dies gilt jedoch nicht für die §§ 348 bis 350.

Schrifttum: Andresen/Valder, Speditions-, Fracht- und Lagerrecht, Loseblatt, 2023; Belger, Die Compliance-Vorschriften in den ADSp 2017, TranspR 2019, 300; Grass, Gedanken zu den ADSp 2017 aus haftungs- und versicherungsrechtlicher Sicht, TranspR 2018, 133; Heuer, Haftungsbegrenzungen und deren Durchbrechung nach den ADSp 2003, TranspR 2004, 114; Knorre/Demuth/Schmid, Handbuch Transportrecht, 3. Aufl. 2022; Mankowski, Speditionsverträge im internationalen Privatrecht, TranspR 2015, 17; Neufang/Valder, ADSp 2017: Wieder ein gemeinsames Vertragswerk, TranspR 2017, 45 Pohl, Verschärfte zollrechtliche Haftung für Spediteure, TranspR 2015, 72; Ramming, Die neuen ADSp 2017, RdTW 2017, 41; Valder, Die ADSp 2016, TranspR 2016, 213; Valder, Stillschweigende Einbeziehung der ADSp, TranspR 2004, Sonderbeilage S. XLII; Valder, Die Definition des Speditionsgeschäfts, FG Herber, 1999, 171. S. ferner bei § 407.

Übersicht

I. Überblick und Normzweck

Im Fünften Abschnitt des HGB ist das Recht des Speditionsvertrages geregelt. Während nach verbreitetem Sprachgebrauch als Spediteur der Transportunternehmer bezeichnet wird, definiert das HGB den Speditionsvertrag als einen besonderen Geschäftsbesorgungsvertrag. Dieser hat die Verpflichtung zum Gegenstand, eine Güterversendung (bzw. -lagerung) durch Abschluss geeigneter Ausführungsgeschäfte (§ 454) zu besorgen. Dabei handelt es sich um die Verpflichtung, die Beförderung zu organisieren (§ 454 Abs. 1), nicht dagegen um die Verpflichtung zur Beförderung selbst. Allerdings hat der Spediteur die Befugnis, die Beförderung durch Selbsteintritt in das Ausführungsgeschäft selbst durchzuführen; durch einen solchen Selbsteintritt gem. § 458 hat er – wie bei der Fixkosten- oder Sammelladungsspedition gem. §§ 459, 469 – zwingend die Rechte und Pflichten eines Frachtführers. 1

§ 453 definiert den **Vertragstypus** des Speditionsvertrages. Dabei geht das Gesetz nicht mehr vom Leitbild des Berufsspediteurs aus. Die Kaufmannseigenschaft ist nach Abs. 3 für die Anwendung des gesetzlichen Speditionsrechts nicht erforderlich; ausreichend ist, dass der Spediteur ein gewerbliches Unternehmen betreibt, in dem er den Speditionsvertrag schließt (→ § 407 Rn. 19). Die Vorschriften der §§ 453 ff. regeln den Pflichteninhalt des Speditionsvertrages und die Haftung des Spediteurs. Soweit § 466 dies zulässt, regeln ferner die Allgemeinen Deutschen Spediteurbedingungen (ADSp) als AGB Inhalt und Rechtsfolgen des Speditionsvertrages (→ § 466 Rn. 1 ff.). 2

II. Charakteristika des Speditionsvertrages

3 **1. Rechtsbegriff.** § 453 definiert den Speditionsvertrag als **entgeltlichen, fremdnützigen Geschäftsbesorgungsvertrag.**[1] Der Unternehmer verspricht nicht einen Erfolg in Form einer vollendeten Ortsveränderung, sondern als Hauptpflicht die Organisation der Beförderung und ggf. die Verwahrung des Guts.[2] Die unentgeltliche Übernahme, für einen anderen einen Transport zu besorgen, ist nach allgemeinem Auftragsrecht der §§ 662 ff. BGB zu behandeln.[3]

4 Durch den Speditionsvertrag wird der Spediteur verpflichtet, die Versendung des Gutes zu besorgen (Abs. 1); sein Vertragspartner, der Versender, wird verpflichtet, die vereinbarte Vergütung zu zahlen (Abs. 2). Der Speditionsvertrag schafft somit Verpflichtungen allein im Verhältnis der Vertragsparteien zueinander; eine drittbegünstigende Wirkung hat der Speditionsvertrag im Unterschied zum Frachtvertrag (→ § 407 Rn. 17) nicht.

5 **Vertragsgegenstand** können nach Abs. 1 nur Güter sein. Die Geschäftsbesorgung ist regelmäßig erfolgsbezogen ausgestaltet und hat damit einen werkvertraglichen Charakter iSd §§ 675, 631 BGB.[4] Dementsprechend hat der Spediteur die Pflicht, die nach § 454 geschuldeten erfolgsbezogenen Pflichten zu erfüllen, die insbesondere den Abschluss eines Frachtvertrages umfassen. Die Herbeiführung des Transporterfolges gehört dagegen nicht zu den Pflichten des Spediteurs; diese Pflicht ist allein Inhalt des Frachtvertrages (→ § 407 Rn. 25 ff.).

6 Die gesetzliche Regelung unterscheidet nicht zwischen dem Speditionsvertrag als **Einzel- oder Dauervertrag.** Als Dauervertrag hat der Speditionsvertrag einen Rahmenvertragscharakter, in dem bestimmte wiederkehrende Vertragselemente für den jeweiligen Einzelvertrag mit denselben Vertragsparteien vorgegeben werden (zB Geltung der ADSp, bestimmte Zahlungs- und Abwicklungsmodalitäten).

7 **Unerheblich** ist, ob das **Ausführungsgeschäft** (§ 454) im eigenen Namen oder im Namen des Versenders auf der Grundlage einer Bevollmächtigung geschlossen werden soll. Beide Varianten des Abschlusses des Ausführungsgeschäfts sind von § 453 gedeckt.[5]

8 **2. Abgrenzung zu anderen Vertragstypen. a) Frachtvertrag.** Die Abgrenzung zum Frachtvertrag des § 407 ist konzeptionell eindeutig („Beförderung" oder „Besorgung der Versendung" als gewollter Pflichteninhalt), tatsächlich aber wegen der häufig unklaren Leistungsbestimmung der Vertragsparteien schwierig. Da es keine gesetzliche Zweifelsregelung gibt, ist auf bestimmte Indizien abzustellen (→ § 407 Rn. 48 f.). Letztlich ist nach der allgemeinen Beweislastregel zu entscheiden, nach der derjenige, der Ansprüche geltend macht, deren tatsächliche Voraussetzungen zu beweisen hat, um nicht beweisfällig zu bleiben. Ein „Versandauftrag über den Transport" ist nicht als Beförderungsvertrag auszulegen.[6]

9 **b) Kommissionsgeschäft.** Im Verhältnis zum Kommissionsgeschäft ist der Speditionsvertrag der auf die Besorgung der Güterversendung gerichtete speziellere Vertrag. Nachdem der Gesetzgeber des TRG die in der alten Gesetzesfassung (§ 407 Abs. 2 aF) noch vorhandene Verweisung auf die subsidiäre Anwendbarkeit des gesetzlichen Kommissionsrechts gestrichen hat, ist die Anwendung von Kommissionsrechts auf Frachtverträge nicht mehr zulässig.[7]

10 **c) Maklervertrag.** Der Makler wird im Handelsverkehr regelmäßig nur vermittelnd tätig (§ 93 Abs. 1). Dadurch unterscheidet sich die Maklerdienstleistung von der erfolgsbezogenen Tätigkeit des Spediteurs, die auf den Abschluss der erforderlichen Verträge gerichtet ist (→ Rn. 5).

11 **3. Einzelne Speditionsgeschäfte.** In der Geschäftspraxis werden verschiedene Geschäftsformen im Grenzbereich zwischen Speditionsvertrag und Frachtvertrag abgewickelt, deren Zuordnung zum Speditionsrecht im Einzelfall festgestellt werden muss. Bei typisierender Betrachtungsweise lassen sich beispielhaft[8] die folgenden Zuordnungen treffen.

12 **a) Empfangsspediteur.** Der Begriff des Empfangsspediteurs bezeichnet verschiedene Varianten des Speditionsgeschäfts, deren Gemeinsamkeit darin besteht, dass im Frachtvertrag (bzw. dem Vertrag gem. §§ 458–460) der Absender den (Empfangs-)Spediteur als Empfänger des Gutes benennt. Der Empfangsspediteur soll typischerweise entweder gewährleisten, dass die Ablieferung des Gutes an

---

[1] Begr. RegE TRG, BT-Drs. 13/8445, 30.
[2] OLG Köln 29.9.2015, RdTW 2016, 270 Rn. 28.
[3] Koller Rn. 6; Canaris HandelsR § 33 Rn. 3; **aA** MüKoHGB/Bydlinski/Valder Rn. 152.
[4] Koller Rn. 39; MüKoHGB/Bydlinski/Valder Rn. 20; vgl. Ziff. 2.2 ADSp.
[5] Koller Rn. 4.
[6] LG Hamburg 13.12.2019, RdTW 2021, 102 Rn. 53.
[7] Ebenso MüKoHGB/Bydlinski/Valder Rn. 62, 118.
[8] Eingehend zur Vertragstypik Koller Rn. 8 ff.; MüKoHGB/Bydlinski/Valder Rn. 68 ff.

dessen Käufer nur Zug um Zug gegen Zahlung des Kaufpreises erfolgt; in diesem Fall wird eine entgeltliche Geschäftsbesorgung iSd § 675 BGB vorliegen. Oder der Empfangsspediteur hat vertragsgemäß die Aufgabe, eine Weiterversendung des Gutes zu besorgen. Zwischen dem Absender (des Frachtvertrages) bzw. dem Versender (in den Fällen der §§ 458–460) und dem Empfangsspediteur besteht dann ein Speditionsvertrag. Ist der beauftragende Absender/Versender seinerseits Spediteur kann der Empfangsspediteur Zwischenspediteur (→ Rn. 17) oder Unterspediteur (→ Rn. 15) sein.

b) Fixkostenspedition. Dieser Vertrag ist durch die Vereinbarung einer Vergütung charakterisiert, welche die Kosten der Beförderung einschließt. Sie ist in § 459 geregelt. 13

c) Sammelladungsspedition. Diese umfasst die gleichzeitige Versendung von Gütern mehrerer Versender durch den Spediteur. Sie ist in § 460 geregelt. 14

d) Unterspediteur. Dieser wird vom Hauptspediteur im eigenen Namen und auf eigene Rechnung beauftragt. Im Verhältnis zum Versender fungiert er als Erfüllungsgehilfe (§ 278 BGB) des Hauptspediteurs. 15

e) Vollmachtsspediteur. Dies ist derjenige Spediteur, der vom Endempfänger beauftragt wird, das ankommende Gut für ihn entgegen zu nehmen, es ihm insbesondere abzuliefern bzw. damit nach den Weisungen des Empfängers zu verfahren. Die Rechtsbeziehungen zwischen Endempfänger und Vollmachtsspediteur sind regelmäßig als Frachtvertrag iSd § 407 geordnet.[9] 16

f) Zwischenspediteur. Dabei handelt es sich um einen vom Hauptspediteur auf Rechnung des Versenders eingeschalteten Spediteur (§ 454 Abs. 1 Nr. 2). Zwischenspediteure werden regelmäßig in Transportvorgänge eingeschaltet, die den Fortgang eines (etwa an der Grenze oder durch notwendige Umladung) gesplitteten Transportgeschehens organisieren sollen. Vielfach wird der Vertrag mit dem Zwischenspediteur das Ausführungsgeschäft des Hauptspediteurs iSd § 454 (→ Rn. 1) sein. 17

g) Grenz- bzw. Zollspediteur. Dieser erledigt die Formalitäten des Grenzübertritts, insbesondere die Verzollung. Er wird auf der Grundlage eines bloßen Geschäftsbesorgungsvertrages gem. § 675 BGB tätig, sofern er nicht auch mit der Besorgung der Güterversendung beauftragt ist.[10] Die §§ 453 ff. sind unanwendbar; etwaige Aufwendungen werden ihm gem. §§ 675, 670 BGB ersetzt.[11] 18

h) Franchise- bzw. Systemspediteur. Wird das Speditionsgeschehen innerhalb eines Systemverbunds von Spediteuren (Franchiseorganisation) abgewickelt, liegt regelmäßig ein Fall der Durchführung von Sammeltransporten vor. Dabei stellt der jeweilige Kunde seine Sendung und die dazu gehörigen Daten in ein Computersystem ein. In diesem System werden dann ein oder mehrere geeignete Systempartner identifiziert; die Sendung wird an der jeweiligen Transshipmentstelle von dem ausgewählten Systempartner übernommen und zum Bestimmungsort verbracht. Das System zeigt dabei die entstehenden Kosten an; diese umfassen sowohl die festgelegten Vergütungen der Transportunternehmen als auch die Leistungen der jeweiligen Systemspediteure. Vertragliche Rechtsbeziehungen werden dabei mit dem Einstellen in das Computersystem und damit mit der Systemzentrale als Speditionsvertrag zu festen Kosten (§ 459 S. 1) oder aber auch als Sammelladungsspedition (§ 460) begründet.[12] 19

III. Anwendungsbereich

1. Personeller Anwendungsbereich. Spediteur kann jeder sein, der ein gewerbliches Unternehmen betreibt (→ § 407 Rn. 19; Abs. 3 S. 1). Auf die Kaufmannseigenschaft des Gewerbetreibenden kommt es dagegen nicht an (Abs. 3 S. 2). Dagegen finden die Vorschriften auf Nichtgewerbetreibende keine Anwendung (unzutreffend bezeichnet als sog. Gelegenheitsspediteur).[13] 20

An den Versender als Vertragspartner des Spediteurs stellt das Gesetzesrecht keine besonderen Anforderungen. Der Auftraggeber des Spediteurs kann selbst Spediteur sein; dann ist im Wege der Auslegung der vertragsgegenständlichen Willenserklärungen die Rechtsnatur der Geschäftsbeziehungen der Beteiligten zueinander (etwa als Unter- oder Zwischenspedition; → Rn. 16, → Rn. 18) zu ermitteln. 21

2. Räumlicher Anwendungsbereich. Auf **Speditionsgeschäfte mit Auslandsberührung** findet das HGB-Speditionsrecht nach Maßgabe der Rom I-VO Anwendung. Somit ist zunächst zu 22

---

[9] Koller Rn. 34.
[10] Vgl. MüKoHGB/Bydlinski Rn. 83; offengelassen von OLG München 26.4.2012, BeckRS 2012, 10667.
[11] OLG München 26.4.2012, BeckRS 2012, 10667.
[12] AG Hannover 12.6.2012, RdTW 2014, 125.
[13] Koller Rn. 7; **aA** MüKoHGB/Bydlinski/Valder Rn. 87, 150.

prüfen, ob eine Rechtswahl des deutschen Rechts iSd Art. 3 Rom I-VO vorliegt. Nach Ziff. 30.3 ADSp wird eine ausdrückliche Rechtswahl zugunsten des deutschen Rechts getroffen. Vorausgesetzt wird dabei, dass die ADSp nach Maßgabe der Art. 3 Abs. 5 Rom I-VO, Art. 10 Abs. 1 Rom I-VO wirksam in den Vertrag einbezogen wurden.[14]

23 Liegt keine Rechtswahl vor, kommt es nach Art. 4 Abs. 1 lit. b Rom I-VO zur Anwendung deutschen Rechts, wenn der Spediteur seine vertragsbetreuende Niederlassung in Deutschland hat, da der Spediteur die vertragscharakteristische Leistung erbringt.[15] Art. 5 Rom I-VO ist auf Speditionsverträge unanwendbar, weil bei ihnen keine Beförderung geschuldet wird.[16] Bei den speziellen Verträgen nach §§ 458–460 findet Art. 5 Rom I-VO dagegen Anwendung.[17]

IV. Speditionsvertragsrecht

24 **1. Vertragsschluss.** Der Speditionsvertrag kommt durch übereinstimmende Willenserklärung der Vertragspartner formlos zustande. Die Besonderheiten des Zustandekommens nach § 362 sind zu beachten (→ § 362 Rn. 1 ff.).

25 Wurden die ADSp Vertragsbestandteil (→ Rn. 32), sind die besonderen Regeln der Ziff. 16.1 ADSp und Ziff. 16.2 ADSp für den Leistungsinhalt bzw. die Annahmefrist zu beachten.

26 **2. Pflichten des Spediteurs.** Nach Abs. 1 hat der Spediteur die Pflicht, die Versendung des Gutes zu besorgen. Diese Pflicht ist als vertragliche Hauptpflicht konzipiert; sie wird in § 454 konkretisiert und in diesem Zusammenhang kommentiert. Der fremdnützige Geschäftsbesorgungscharakter des Speditionsgeschäfts verpflichtet den Spediteur zur Wahrnehmung der Interessen des Versenders und wird in § 454 Abs. 4 besonders hervorgehoben.

27 **3. Pflichten des Versenders.** Nach Abs. 2 hat der Versender die vereinbarte Vergütung zu zahlen. Ist keine Vergütungsvereinbarung getroffen, wurde aber ein entgeltliches Speditionsgeschäft vereinbart (→ Rn. 3), ist nach § 354 die ortsübliche Vergütung festzustellen. Die Fälligkeit der Vergütung bestimmt sich nach § 456.

28 Der Versender hat dem Spediteur gem. §§ 675, 669 BGB einen **Vorschuss** zu leisten.[18] Der Anspruch ist regelmäßig stillschweigend abbedungen, wenn dem Spediteur das Gut übergeben wird und dieses ihm hinreichende Sicherheit bietet (§ 464).

29 Handelt der Spediteur auf fremde Rechnung des Versenders, ist dieser zum **Aufwendungsersatz** nach §§ 675, 670 BGB verpflichtet. Zu erstatten sind diejenigen freiwilligen Vermögensaufwendungen, die der Spediteur für erforderlich halten durfte. Er ist allerdings nach § 254 BGB gehalten, beim Versender Rückfrage zu halten.[19]

30 **4. Beendigung des Speditionsvertrages.** Das Handelsrecht sieht keine Besonderheiten für die Beendigung des Speditionsvertrages vor. Für die Beendigung gelten somit die allgemeinen Grundsätze des Wegfalls der Leistungspflicht im Falle der Unmöglichkeit (§ 275 BGB) und des Rücktritts nach § 323 BGB, § 326 Abs. 5 BGB. Ein Kündigungsrecht steht dem Versender nach allgemeiner Auffassung jederzeit zu (§§ 648, 621, 627 BGB);[20] der Anspruch des Spediteurs auf das Entgelt bzw. Aufwendungsersatz ergibt sich dann aus § 648 S. 2 BGB, § 675 BGB, § 670 BGB.

31 Dem Spediteur steht grundsätzlich kein Kündigungsrecht zu. Die geschäftsbesorgungsrechtliche Rechtsgrundlage in § 671 BGB findet wegen der fehlenden Verweisung in § 675 BGB keine Anwendung. § 648 BGB sieht ein solches für werkvertraglich geprägte Speditionsverträge (→ Rn. 5) nur in den genannten, praktisch unbedeutenden Ausnahmefällen vor.[21]

32 Ziff. 16.3 ADSp regelt lediglich die Rechtsfolgen für die Kündigung von Frachtverträgen und Speditionsverträgen iSd §§ 458–460. Weitergehende Rechte und Ansprüche für den Speditionsvertrag iSd § 453 können daraus nicht abgeleitet werden.[22]

---

[14] OLG Hamburg 30.3.1989, TranspR 1989, 321 zum EGBGB; Reithmann/Martiny IntVertragsR/Mankowski Rn. 6.2156 ff.

[15] OLG Köln 30.7.2002, TranspR 2003, 116 (117) zum EGBGB; Reithmann/Martiny IntVertragsR/Mankowski Rn. 6.2174.

[16] OLG Bremen 11.5.1995, VersR 1996, 868 zum EGBGB; Reithmann/Martiny IntVertragsR/Mankowski Rn. 6.2167 ff.

[17] OLG Köln 5.9.2014, RdTW 2015, 181 Rn. 12; OLG München 31.3.1998, TranspR 1998, 353 (355) zum EGBGB; Reithmann/Martiny IntVertragsR/Mankowski Rn. 6.2170 ff.

[18] Koller Rn. 59.

[19] OLG München 14.1.2001, TranspR 2001, 426 (427); Koller Rn. 52.

[20] Koller Rn. 63 unter Hinweis auf § 648 BGB für die werkvertraglich geprägten Speditionsverträge und § 621 Nr. 5 BGB, § 627 BGB für die allenfalls ausnahmsweise dienstvertraglich geprägten (→ Rn. 5).

[21] Vgl. Koller Rn. 63; MüKoHGB/Bydlinski/Valder Rn. 180 f.

[22] Koller ADSp Ziff. 16 Rn. 9.

5. ADSp. Neben dem Gesetzesrecht haben die ADSp in der nunmehr geltenden Fassung der ADSp 2017[23] grundlegende Bedeutung für die Regelung des Speditionsrechts.[24] Das als Verbandsempfehlung verabschiedete Klauselwerk hat den Charakter von AGB iSd § 305 BGB. Dennoch hat die Rspr. in der Vergangenheit grundsätzlich anerkannt, dass ihre Einbeziehung in den Speditionsvertrag im Einzelfall auch ohne Kenntnis ihres Inhalts und ohne besonderen Einbeziehungshinweis kraft stillschweigender Unterwerfung erfolgen könne, wenn der Vertragspartner wusste oder wissen musste, dass Spediteure üblicherweise auf der Grundlage der ADSp tätig werden.[25] Die neuere Rspr. verlangt vom Spediteur im Hinblick auf die Warnfunktion des § 449 Abs. 1 S. 2 Nr. 1 eine „qualifizierte Information" („drucktechnisch hervorgehobene Gestaltung") des Vertragspartners über die haftungsbeschränkenden Klauseln der ADSp.[26] Der Anwendungsbereich der ADSp hat nach Ziff. 2 ADSp eine eigene, vom Gesetzesrecht abweichende Regelung mit berufsständischer Prägung erfahren.[27] Zum Regelungsspielraum für vom Gesetzesrecht abweichende Klauseln → § 466 Rn. 1 ff. 33

6. Dokumente des Speditionsgeschäfts. Das gesetzliche Speditionsrecht kennt keine spezifischen Dokumente des Speditionsvertrages. In der Rechtspraxis wird diese Lücke durch eigene Dokumente ausgefüllt. Ziff. 8.1 ADSp gibt dem Versender das Recht, vom Spediteur eine Empfangsbescheinigung mit bestimmtem Inhalt zu verlangen. Davon abgesehen besteht in analoger Anwendung von § 368 BGB die Verpflichtung des Spediteurs, eine Quittung auszustellen.[28] Der internationale Spediteurverband FIATA empfiehlt den Spediteuren die Verwendung des FIATA FCR.[29] 34

§ 454 Besorgung der Versendung

(1) Die Pflicht, die Versendung zu besorgen, umfaßt die Organisation der Beförderung, insbesondere
1. die Bestimmung des Beförderungsmittels und des Beförderungsweges,
2. die Auswahl ausführender Unternehmer, den Abschluß der für die Versendung erforderlichen Fracht-, Lager- und Speditionsverträge sowie die Erteilung von Informationen und Weisungen an die ausführenden Unternehmer und
3. die Sicherung von Schadenersatzansprüchen des Versenders.

(2) [1]Zu den Pflichten des Spediteurs zählt ferner die Ausführung sonstiger vereinbarter auf die Beförderung bezogener Leistungen wie die Versicherung und Verpackung des Gutes, seine Kennzeichnung und die Zollbehandlung. [2]Der Spediteur schuldet jedoch nur den Abschluß der zur Erbringung dieser Leistungen erforderlichen Verträge, wenn sich dies aus der Vereinbarung ergibt.

(3) Der Spediteur schließt die erforderlichen Verträge im eigenen Namen oder, sofern er hierzu bevollmächtigt ist, im Namen des Versenders ab.

(4) Der Spediteur hat bei Erfüllung seiner Pflichten das Interesse des Versenders wahrzunehmen und dessen Weisungen zu befolgen.

Übersicht

[23] Abrufbar unter dslv.org.
[24] Vgl. zur Neuregelung vgl. Ramming RdTW 2019, 281 ff.; Valder TranspR 2017, 45 ff.; zur Diskussion um die Sachgerechtigkeit der Vorläuferbestimmungen ADSp 2016 insbesondere im Seefrachtbereich Zarth/Fischer TranspR 2016, 45.
[25] BGH 10.5.1984, NJW 1985, 2411 (2412).
[26] BGH 23.1.2003; weiter einschr. OLG Hamburg 19.12.2002, TranspR 2003, 72 f.; vgl. Heuer TranspR 2004, 114 (115 f.); Valder TranspR 2004, Sonderbeil. S. XLII.
[27] Koller ADSp Vor Ziff. 1 Rn. 3; Heymann/Joachim ADSp Ziff. 3 Rn. 7.
[28] MüKoHGB/Bydlinski/Valder Rn. 210.
[29] Das FCR (Forwarders Certificate of Receipt) ist eine Speditionsempfangsquittung ohne Orderpapiercharakter; → § 363 Rn. 1 ff.

I. Überblick

1 Die Vorschrift konkretisiert in Abs. 1 die Kernpflichten des Spediteurs. Die für den Speditionsvertrag charakteristische Pflicht (→ § 453 Rn. 4 ff.), die Versendung zu besorgen, umfasst insbesondere die Organisation der Beförderung. Diese Pflicht wiederum wird in den Nr. 1–3 auf drei Phasen speditioneller Tätigkeit bezogen, auf die Planungs-, Ausführungs- und Nachausführungsphase. Abs. 2 regelt eine Reihe speditioneller Tätigkeiten, die nur geschuldet werden, wenn sie vertraglich vereinbart werden. Abs. 3 sieht vor, dass der Spediteur die erforderlichen Ausführungsverträge grundsätzlich im eigenen Namen abschließt; für den Vertragsschluss im Namen des Versenders benötigt er eine besondere Vollmacht. Schließlich ist der Spediteur nach Abs. 4 zur Wahrnehmung der Interessen des Versenders und zur Befolgung von dessen Weisungen verpflichtet.

II. Gesetzliche Pflichten des Spediteurs (Abs. 1)

2 **1. Planungsphase.** Der Spediteur hat nach Abs. 1 Nr. 1 das Beförderungsmittel und den Beförderungsweg zu bestimmen. Diese Regelung hat nur in den Fällen Bedeutung, in denen über die Art des Beförderungsmittels und den Weg keine speziellen vertraglichen Regelungen getroffen wurden. Der Spediteur hat dann ein Leistungsbestimmungsrecht, das er nach Abs. 4 in Anwendung pflichtgemäßer Sorgfalt im Interesse des Versenders auszuüben hat. Das Gesetz kennt dabei keine Verpflichtung zur Wahl der preiswertesten Alternative; nach der gebotenen Sorgfalt ist der Spediteur zu einer Auswahlentscheidung unter Berücksichtigung der Zuverlässigkeit und des erforderlichen Zeitaufwandes für die Beförderung verpflichtet.

3 Die Auswahl des Ausführenden gehört gleichfalls noch zu den speditionellen Kernpflichten vor Abschluss der Ausführungsverträge. Der Spediteur ist gehalten, nur zuverlässige Personen oder Unternehmen mit gebotenen Maßnahmen zu beauftragen. Eine Verpflichtung zur Rückfrage beim Versender sieht das Gesetz nicht vor.[1] Wählt der Spediteur einen unzuverlässigen Ausführenden aus, haftet er für Auswahlverschulden (§ 347 HGB, § 276 BGB) nach § 461 Abs. 2.

4 **2. Ausführungsphase.** Nach Abs. 1 Nr. 2 hat der Versender die erforderlichen Ausführungsgeschäfte zu schließen. In Betracht kommt in erster Linie der **Abschluss eines Beförderungsvertrages.** Nach der Nr. 2 ist der Spediteur auch berechtigt, einen weiteren Spediteur einzuschalten, wenn dies im Interesse des Versenders erforderlich ist. Die Erforderlichkeitsprüfung hat sich sowohl auf die Frage zu beziehen, ob die Einschaltung eines weiteren Spediteurs im Hinblick auf notwendige Spezialkenntnisse etwa für den Transport, die Zollformalitäten oder sonstige beförderungsbegleitende Umstände (Nachnahmepflichten) zu erfolgen hat,[2] als auch auf die Frage, ob der weitere Spediteur als Zwischen- oder Unterspediteur (→ § 453 Rn. 15 ff.) zu beauftragen ist.[3] Die Kosten eines zur Besorgung der Versendung erforderlichen Zwischenspediteurs hat der Versender zu tragen, die eines Unterspediteurs hingegen der Hauptspediteur selbst.[4] Der Zwischenspediteur ist anders als der Unterspediteur nicht Erfüllungsgehilfe des Hauptspediteurs.[5] Unter Beachtung der Interessenwahrungspflicht (Abs. 4) kommt insbesondere der Selbsteintritt des Spediteurs in das Beförderungsgeschäft in Betracht.

5 Zu den erforderlichen Ausführungsgeschäften kann auch der Abschluss von Verträgen mit **Lagerhaltern** gehören. Der Vertrag mit dem Lagerhalter wird regelmäßig auf Rechnung des Versenders geschlossen. Der Lagerhalter ist dann nicht Erfüllungsgehilfe des Spediteurs.[6]

6 Die **Pflicht zur Informations- und Weisungserteilung** gemäß der Nr. 2 bezieht sich auf die Informationen, die im Rahmen der vom Spediteur auf Rechnung des Versenders eingegangenen Ausführungsverträge kraft Gesetzes geschuldet werden. Dies sind vor allem die Informationen gem. § 408, § 410, § 413 Abs. 1, § 455 Abs. 1, § 468 Abs. 1. Weisungen sind unter Berücksichtigung der Interessen des Versenders (Abs. 4) gem. § 427 Abs. 3 und 4 zu erteilen. Informationen und Weisungen einschließlich einer Wertdeklaration und Nachnahmeweisung, die der Spediteur vom Versender erhält, sind an den Ausführenden weiter zu geben.

7 **3. Nachausführungsphase.** Nach Ausführung der erforderlichen Maßnahmen hat der Spediteur alles zu tun, was zur Sicherung von Schadensersatzansprüchen erforderlich ist. Die Verpflichtung entspricht der des § 388.[7] Der Spediteur hat danach im Schadensfall insbesondere Rügen zu erheben,

[1] **AA** Koller Rn. 6; Heymann/Joachim Rn. 5.
[2] Vgl. OLG Hamburg 13.12.1990, VersR 1991, 1313; MüKoHGB/Bydlinski/Valder Rn. 29.
[3] MüKoHGB/Bydlinski/Valder Rn. 31.
[4] MüKoHGB/Bydlinski/Valder Rn. 48.
[5] Koller Rn. 8.
[6] Koller Rn. 10.
[7] Begr. RegE TRG, BT-Drs. 13/8445, 107.

eine Beweissicherung zu initiieren, den Versender vom Schadensfall nach Art und Umfang zu benachrichtigen. Eine Verpflichtung des Spediteurs zur Abwicklung des Schadens besteht dagegen mangels besonderer Vereinbarung nicht, insbesondere ist er grundsätzlich nicht verpflichtet, Prozessrisiken einzugehen.[8]

Weitere gesetzliche Nebenpflichten, die durch den nicht abschließenden Charakter des Abs. 1 nicht ausgeschlossen werden, ergeben sich vor allem aus der Anwendung des Geschäftsbesorgungsrechts (§ 675 BGB). Es besteht nach §§ 675, 666 BGB eine Auskunftspflicht über den Stand der Erledigung des Speditionsvertrages (vgl. auch Ziff. 14 ADSp). Die Auskunftspflicht bezieht sich nicht auf den Stand der Ausführungsverträge oder die Befindlichkeit des Gutes.[9] Eine Rechnungslegung ist nach §§ 675, 666 BGB (vgl. auch Ziff. 14 ADSp) geschuldet. 8

III. Vereinbarte Pflichten des Spediteurs (Abs. 2)

Für sonstige beförderungsbezogene Nebenpflichten hat der Spediteur nur einzustehen, wenn sie vertraglich vereinbart sind (Abs. 2 iVm § 461 Abs. 2 S. 1). Er haftet dann wegen Verletzung speditioneller Nebenpflichten nach Speditionsrecht und nicht aufgrund der Schlechterfüllung eines allg. Werkvertrages.[10] Gemeint sind damit die Versicherung, Verpackung,[11] Kennzeichnung und Zollbehandlung des Gutes. Weitere besondere Vereinbarungen in diesem Sinn betreffen zB die Abholung des Gutes durch den Spediteur, wobei der Versender entsprechend § 412 das Transportmittel zu beladen hat. Container, Paletten oder sonstige Beförderungsmittel sind vom Spediteur ebenfalls nur auf Grund einer besonderen Vereinbarung zu stellen (vgl. Ziff. 4.1.3. ADSp). Eine Verpflichtung zur Nachnahme hat der Spediteur gleichfalls nur nach besonderer vertraglicher Abrede. **Ohne vertragliche Vereinbarung** kann bei erkennbarer Unerfahrenheit des Versenders bzw. bei einem zu vermutenden Wert des Transportgutes den Spediteur die Pflicht treffen, über Haftungsbeschränkungen aufzuklären und über Möglichkeiten, diese auszugleichen, zu beraten.[12] 9

IV. Abschluss der Ausführungsgeschäfte (Abs. 3)

Nach Abs. 3 schließt der Spediteur die Ausführungsgeschäfte im eigenen Namen. Sie werden grundsätzlich auf fremde Rechnung geschlossen, wenn nicht ein Ausnahmesachverhalt wie die Fixkostenspedition nach § 459 vorliegt. Einem Speditionsvertrag steht nicht entgegen, dass der Spediteur als bevollmächtigter Vertreter des Versenders und in dessen Namen auftritt. Diese Vollmacht muss gesondert erteilt werden; sie ergibt sich nicht aus dem Abschluss des Speditionsvertrages selbst. 10

V. Pflicht zur Interessenwahrung und Befolgung von Weisungen (Abs. 4)

Im Hinblick auf den fremdnützigen Geschäftsbesorgungscharakter des Speditionsvertrages (→ § 453 Rn. 4) hat der Spediteur die Interessen des Versenders zu wahren; Abs. 4 enthält insofern eine deklaratorische Regelung. Entsprechendes gilt für Weisungen; Weisungen des Versenders sind nach allgemeinem Geschäftsbesorgungsrecht zu beachten. Verbindlich iSd Abs. 4 sind nur solche Weisungen, welche die vom Spediteur vertraglich übernommenen Pflichten konkretisieren. Vertragsändernde Weisungen hat der Spediteur nicht zu befolgen. Die Ausführung einer vertraglich nicht geschuldeten Maßnahme (Nachnahme), kann aber eine stillschweigende Vertragsänderung bedeuten.[13] 11

Erteilt der Versender Weisungen, die seinen Interessen zuwiderlaufen und erkennt dies der Spediteur, trifft den Spediteur eine Pflicht zur Rücksprache mit dem Versender.[14] Modifizierungen enthält Ziff. 9 ADSp. 12

§ 455 Behandlung des Gutes. Begleitpapiere. Mitteilungs- und Auskunftspflichten

(1) [1]Der Versender ist verpflichtet, das Gut, soweit erforderlich, zu verpacken und zu kennzeichnen und Urkunden zur Verfügung zu stellen sowie alle Auskünfte zu erteilen,

[8] Koller Rn. 12.

[9] Koller Rn. 17: kein „Tracking & Tracing"; Heymann/Joachim Rn. 15.

[10] Zur Abgrenzung vgl. BGH 16.2.2012, TranspR 2012, 148 Rn. 22; OLG Hamburg 24.1.2019, RdTW 2020, 34 Rn. 18 ff.; OLG Köln 5.9.2014, RdTW 2015, 181 Rn. 28.

[11] Vgl. BGH 13.9.2007, NJW 2008, 1072; OLG Hamburg 24.1.2019, RdTW 2020, 35; vgl. krit. dazu Koller TranspR 2017, 1 (4).

[12] Vgl. OGH Wien 18.2.2013, RdTW 2014, 61 Rn. 23 zum öst. UGB; enger Koller Rn. 41.

[13] BGH 3.3.1988, BB 1988, 1210.

[14] MüKoHGB/Bydlinski/Valder Rn. 118.

deren der Spediteur zur Erfüllung seiner Pflichten bedarf. [2]Soll gefährliches Gut versendet werden, so hat der Versender dem Spediteur rechtzeitig in Textform die genaue Art der Gefahr und, soweit erforderlich, zu ergreifende Vorsichtsmaßnahmen mitzuteilen.

(2) [1]Der Versender hat, auch wenn ihn kein Verschulden trifft, dem Spediteur Schäden und Aufwendungen zu ersetzen, die verursacht werden durch
1. ungenügende Verpackung oder Kennzeichnung,
2. Unterlassen der Mitteilung über die Gefährlichkeit des Gutes oder
3. Fehlen, Unvollständigkeit oder Unrichtigkeit der Urkunden oder Auskünfte, die für eine amtliche Behandlung des Gutes erforderlich sind.
[2]§ 414 Absatz 2 ist entsprechend anzuwenden.

(3) Ist der Versender ein Verbraucher, so hat er dem Spediteur Schäden und Aufwendungen nach Absatz 2 nur zu ersetzen, soweit ihn ein Verschulden trifft.

I. Pflichten des Versenders (Abs. 1)

1 Nach Abs. 1 hat der Versender die kraft Gesetzes bestehenden Nebenpflichten zur Verpackung und Kennzeichnung des Gutes sowie zur Urkundenübergabe und Auskunftserteilung an den Spediteur. Dabei handelt es sich um Mitwirkungspflichten, die vertraglich dem Spediteur übertragen werden können und dann zum Pflichtenkreis des Spediteurs gehören (§ 454 Abs. 2).

2 Inhalt und Umfang der Verpackungs- und Kennzeichnungspflicht hängen von den Umständen des Einzelfalles ab. Das Gesetz sieht insofern keine Konkretisierungen vor.

3 Die Urkundenvorlage- und Auskunftspflicht kennt nicht die in § 413 enthaltene Begrenzung „für eine amtliche Behandlung", sondern wurde vom Gesetzgeber bewusst[1] weitergehend erstreckt auf sämtliche Auskünfte und Urkunden, deren der Spediteur „zur Erfüllung seiner Pflichten bedarf".

4 Bei der Versendung gefährlicher Güter vom Versender wird nach S. 2 eine rechtzeitige Mitteilung über die genaue Art der Gefahr sowie über notwendige Vorsichtsmaßnahmen gefordert. Die Mitteilung über Vorsichtsmaßnahmen ist entbehrlich („soweit erforderlich"), wenn der Versender annehmen darf, dass der Spediteur wegen seiner Spezialkenntnisse diese Mitteilung nicht benötigt.[2] Die Regelung entspricht der des § 410.

II. Haftung und Aufwendungsersatz (Abs. 2, Abs. 3)

5 Den Versender trifft in den in Abs. 2 geregelten Fällen eine **verschuldensunabhängige Schadensersatzpflicht** gegenüber dem Spediteur. Sie entspricht der frachtrechtlichen Haftungsregel des § 414 Abs. 1; allerdings haftet der Versender für Angaben in einem Speditionspapier – anders als für solche im Frachtbrief (§ 414 Abs. 1 S. 1 Nr. 2) – nicht.

6 Abs. 2 S. 2 verweist auf die **Mitverschuldensregel** des § 414 Abs. 2. Im Hinblick auf die Interessenwahrungspflicht des Spediteurs sind an den Mitverursachungsvorwurf zu Lasten des Spediteurs keine besonderen Anforderungen zu stellen.

7 Nach den genannten Grundsätzen hat der Versender dem Spediteur **Ersatz für die Aufwendungen** zu leisten, die durch eine Pflichtverletzung iSd Abs. 1 verursacht wurden. Das mitwirkende Verhalten des Spediteurs ist wiederum zu berücksichtigen. Die Ersatzverpflichtung ist anders als gem. §§ 675, 670 BGB nicht auf die „erforderlichen" Aufwendungen begrenzt. Bei der Frage, welche Aufwendungen ersatzfähig sind, ist zu berücksichtigen, ob der Spediteur trotz des Pflichtenverstoßes des Versenders die getätigten Aufwendungen bei Anwendung der ihm obliegenden Verpflichtung zur Wahrung der Interessen des Versenders (§ 455 Abs. 3), hätte vermeiden können. Insofern ergibt sich über die Anwendung der Mitverschuldensregel in der Sache letztlich kein erheblicher Unterschied des Umfangs der Ersatzpflicht nach § 455 und nach § 670 BGB.[3] Diese Konsequenz ergibt sich auch im Anwendungsbereich von Ziff. 17.1 ADSp.

8 Ist der Versender ein Verbraucher, haftet er für Schäden und Aufwendungen nur bei Verschulden (Abs. 3). Die Regelung entspricht der des § 414 Abs. 3.

§ 456 Fälligkeit der Vergütung

Die Vergütung ist zu zahlen, wenn das Gut dem Frachtführer oder Verfrachter übergeben worden ist.

---

[1] Begr. RegE TRG, BT-Drs. 13/8445, 108.
[2] So wohl Begr. RegE TRG, BT-Drs. 13/8445, 108.
[3] Krit. MüKoHGB/Bydlinski/Valder Rn. 21 im Hinblick auf den enger verstandenen Erforderlichkeitsmaßstab des § 670 BGB.

1 Die Vorschrift regelt die Fälligkeit des Vergütungsanspruchs des Spediteurs. Dessen Umfang richtet sich nach § 453 Abs. 2. Entscheidend ist die Übergabe des Gutes an die Transportperson (Frachtführer, Verfrachter). Diese Regelung wurde im Hinblick auf den typischen Sachverhalt getroffen, dass der Versender das Gut dem Spediteur übergibt und dieser das Gut wiederum dem Beförderer auf der Grundlage eines wirksamen Ausführungsgeschäfts, dem Frachtvertrag, übergibt. Die Regelung gilt auch, wenn der Frachtführer das Gut unmittelbar vom Versender übernimmt. Bei Einschaltung mehrerer Frachtführer kommt es nur auf die Übergabe an den ersten Frachtführer an. Jeweils setzt die Fälligkeit des Anspruchs voraus, dass der Spediteur seine Hauptpflichten bereits erbracht hat; die Regelung macht den Spediteur vorleistungspflichtig.[1]

2 Wird das Gut an **Zwischenspediteure oder Lagerhalter** übergeben, ist der Vergütungsanspruch nach dem Wortlaut der Vorschrift nicht fällig. Sachgerecht ist in diesen Fällen eine entsprechende Anwendung von § 456, sobald die Personen das Gut in ihre Obhut genommen haben (§§ 461, 475).[2]

3 Im Falle des **Selbsteintritts iSd § 458** wird die Vergütung mit dem Beginn der Beförderung fällig;[3] erst ab diesem Zeitpunkt erlangt der Spediteur die Stellung eines Frachtführers (→ § 458 Rn. 5).

4 Auf die Konstellation der **Fixkostenspedition** passt die Regelung des § 456 nicht. Die in § 459 angeordnete Fiktion der Behandlung des Spediteurs als Frachtführer hat die Geltung der Vergütungsregel des § 420 zur Folge.[4]

5 Abweichende Vereinbarungen zur Fälligkeit finden sich in Ziff. 18 ADSp sowie für Sondervergütungen nach den ADSp in Ziff. 16.1 ADSp.

§ 457 Forderungen des Versenders

[1]Der Versender kann Forderungen aus einem Vertrag, den der Spediteur für Rechnung des Versenders im eigenen Namen abgeschlossen hat, erst nach der Abtretung geltend machen. [2]Solche Forderungen sowie das in Erfüllung solcher Forderungen Erlangte gelten jedoch im Verhältnis zu den Gläubigern des Spediteurs als auf den Versender übertragen.

1 Die Vorschrift enthält Regelungen, die denen des Kommissionsrechts in § 392 entsprechen. Da Forderungen aus einem vom Spediteur im eigenen Namen abgeschlossenen (Ausführungs-) Vertrag diesem selbst zustehen, kann der Versender auf solche Forderungen erst nach Abtretung zugreifen (S. 1). Durch die Regelung in S. 2 will der Gesetzgeber den Zugriff der Gläubiger des Spediteurs auf diese Forderungen und – über die Parallelregelung in § 392 Abs. 2 hinaus – auf das vom Spediteur bereits Erlangte – vorausgesetzt, das Erlangte ist im Vermögen des Spediteurs abgrenzbar[1] – verhindern. Die gesetzliche Zuordnungsfiktion zugunsten des Versenders gilt sowohl in der Einzelzwangsvollstreckung als auch im Falle der Insolvenz des Spediteurs.

2 Die Regelungen gelten nach dem Gesetzeswortlaut nur für Forderungen aus einem Vertrag. Für Deliktsansprüche oder andere gesetzliche Ansprüche wird eine analoge Anwendung befürwortet, sofern diese Ansprüche des Spediteurs gegen Dritte betreffen, die der Spediteur an den Versender gem. §§ 675, 667 BGB herauszugeben hat.[2]

§ 458 Selbsteintritt

[1]Der Spediteur ist befugt, die Beförderung des Gutes durch Selbsteintritt auszuführen. [2]Macht er von dieser Befugnis Gebrauch, so hat er hinsichtlich der Beförderung die Rechte und Pflichten eines Frachtführers oder Verfrachters. [3]In diesem Fall kann er neben der Vergütung für seine Tätigkeit als Spediteur die gewöhnliche Fracht verlangen.

I. Allgemeines

1 Die Vorschrift regelt eine besondere Art und Weise der Ausführung des Speditionsgeschäfts. S. 1 erlaubt dem Spediteur, die Beförderung durch einen Selbsteintritt auszuführen. Nutzt er diese Befugnis, hat er hinsichtlich der Beförderung die Rechte und Pflichten eines Frachtführers (S. 2). Die Vergütungsansprüche nach Selbsteintritt werden in S. 3 geregelt.

[1] Begr. RegE TRG, BT-Drs. 13/8445, 109.
[2] Koller Rn. 4.
[3] MüKoHGB/Bydlinski/Valder Rn. 17.
[4] MüKoHGB/Bydlinski/Valder Rn. 18.
[1] Begr. RegE TRG, BT-Drs. 13/8445, 109.
[2] MüKoHGB/Bydlinski/Valder Rn. 2.

II. Berechtigung zum Selbsteintritt (S. 1)

2 Der Selbsteintritt erfolgt – wie im Kommissionsrecht (§ 400) – durch eine entsprechende rechtsgestaltende Willenserklärung. Sie kann auch konkludent durch die Ausführung der Beförderung erklärt werden.

3 Der Selbsteintritt bezieht sich nach dem Gesetzeswortlaut allein auf das Ausführungsgeschäft der Beförderung und insofern unterschiedslos auf sämtliche Modalitäten der Beförderung.[1] Ein auf eine **Teilstrecke** begrenzter Selbsteintritt ist zulässig.[2] In rechtsanaloger Anwendung ist diese Befugnis wegen der nahen Verbundenheit von Fracht- und Lagergeschäft und der entsprechend gemischten Organisation von Speditionsunternehmen als Speditions-, Transport- und Lagerdienstleister auch auf das Lagergeschäft anzuwenden.[3]

4 Der Selbsteintritt kann grundsätzlich auch in der Weise erfolgen, dass der Spediteur den Selbsteintritt wählt und auf eigene Rechnung einen Frachtführer mit der Durchführung der Beförderung beauftragt **(sog. unechter Selbsteintritt).**[4] Allerdings bleibt der Spediteur als fremdnütziger Geschäftsbesorger in diesem Fall gem. § 454 Abs. 4 gehalten, die Interessen des Versenders zu wahren. Daraus folgt, dass der Spediteur nicht befugt ist, dem Versender unter Missachtung der Interessenwahrungspflicht die von ihm mit dem Beförderer vereinbarten günstigeren Transportkosten vorzuenthalten.[5] Der Selbsteintritt erfolgt auch in solchen Fällen rechtlich wirksam;[6] das Gesetzesrecht weist dem Versender auch kein Zurückweisungsrecht zu.[7] Allerdings handelt der Spediteur in einem solchen Fall pflichtwidrig und der Versender kann dem Vergütungsanspruch des Spediteurs aufrechnungshalber einen Schadensersatz entgegenhalten; die Beweislast für die Pflichtwidrigkeit liegt allerdings beim Versender.[8] Die Regelung des § 401 kann wegen der bewussten Entscheidung des Gesetzgebers, den Speditionsvertrag als Geschäftsbesorgungsvertrag (§ 675 BGB) nicht dem Kommissionsrecht, sondern dem Frachtrecht anzunähern (→ § 453 Rn. 4),[9] nicht, auch nicht analog, angewendet werden.

III. Rechtsfolgen des Selbsteintritts (S. 2 und S. 3)

5 Macht der Spediteur von der Befugnis zum Selbsteintritt Gebrauch – und dies setzt neben der Selbsteintrittserklärung voraus, dass er mit der Beförderung begonnen hat[10] – greift „hinsichtlich der Beförderung" Frachtrecht ein. Mit dieser Formulierung stellt der Gesetzgeber klar, dass der Spediteur unbeschadet des Selbsteintritts an seine speditionsrechtlichen Verpflichtungen zur Erbringung der Organisationsleistungen iSd §§ 453, 454 gebunden bleibt. Das anwendbare Transportrecht bestimmt sich nach den allgemeinen, bei Anwendbarkeit des deutschen Rechts zu § 407 entwickelten Grundsätzen (→ § 407 Rn. 3 ff.). Der Verweis auf das Frachtrecht ist gem. § 466 Abs. 3 nur eingeschränkt dispositiv.[11]

6 Aus S. 3 ergibt sich, dass der selbst eintretende Spediteur einen Anspruch auf die volle Vergütung für seine Tätigkeit als Spediteur hat und zusätzlich für seine Leistung als Beförderer die „gewöhnliche Fracht" beanspruchen kann. Gewöhnlich ist die marktübliche Fracht.[12] Der Anspruch auf die Fracht steht dem Spediteur sowohl gegenüber dem Versender als auch gegenüber dem Empfänger zu (§ 421). Gemäß § 458 S. 2, § 420 Abs. 1 S. 2 kann er zudem einen Ersatzanspruch wegen beförderungsbezogener Aufwendungen geltend machen. Entsprechendes gilt für Aufwendungen wegen Weisungen und Beförderungshindernissen (§ 418 Abs. 1 S. 4, § 419).

7 Für die Aufwendungen im Rahmen seiner speditionellen Tätigkeit hat er einen Aufwendungsersatzanspruch gem. §§ 675, 670 BGB. Für unvorhergesehene Schäden anlässlich der Vertragsdurchführung kommt ein Schadensersatzanspruch entsprechend §§ 675, 670 in Betracht.[13]

§ 459 Spedition zu festen Kosten

[1]Soweit als Vergütung ein bestimmter Betrag vereinbart ist, der Kosten für die Beförderung einschließt, hat der Spediteur hinsichtlich der Beförderung die Rechte und Pflichten

---

1 Koller Rn. 6; MüKoHGB/Bydlinski/Valder Rn. 8.
2 Andresen/Valder/Valder Rn. 21; Koller Rn. 16 ff.
3 Koller Rn. 26; **aA** MüKoHGB/Bydlinski/Valder Rn. 9; Andresen/Valder/Valder Rn. 2.
4 Begr. RegE TRG, BT-Drs. 13/8445, 110; Koller Rn. 5; **aA** MüKoHGB/Bydlinski Rn. 43.
5 Dazu Koller Rn. 4 f.; Heymann/Joachim Rn. 3; so auch MüKoHGB/Bydlinski/Valder Rn. 43 f.
6 **AA** Heymann/Joachim Rn. 3; MüKoHGB/Bydlinski/Valder Rn. 43.
7 So aber Koller Rn. 5.
8 Für den Schadensersatz ebenso Koller Rn. 5.
9 Vgl. Begr. RegE TRG, BT-Drs. 13/8445, 105.
10 Eingehend MüKoHGB/Bydlinski/Valder Rn. 30 ff., 47.
11 Koller Rn. 11 f.; MüKoHGB/Bydlinski/Valder Rn. 49 ff.
12 MüKoHGB/Bydlinski/Valder Rn. 57; Heymann/Joachim Rn. 7.
13 OLG München 26.4.2012, TranspR 2012, 293 (296 ff.).

eines Frachtführers oder Verfrachters. [2]In diesem Fall hat er Anspruch auf Ersatz seiner Aufwendungen nur, soweit dies üblich ist.

I. Allgemeines

1 Die Vorschrift betrifft die Fälle der sog. Fixkostenspedition, nämlich diejenigen Speditionsvereinbarungen, bei denen für den Transport ein bestimmter Betrag vereinbart ist. Nach S. 1 hat der Spediteur – wie gemäß der Regelung des § 458 für den Selbsteintritt – hinsichtlich der Beförderung die Rechte und Pflichten eines Frachtführers.

II. Voraussetzungen

2 Anwendbar ist die Vorschrift auf einen sog. gemischten Speditionsvertrag, nämlich einen entgeltlichen Vertrag, durch den sich der Spediteur sowohl zur Erbringung speditioneller Leistungen als auch zur Beförderung verpflichtet; der im Vertrag als Entgelt bestimmte Betrag muss Kosten nicht nur für die speditionellen Organisationsleistungen, sondern auch für die Beförderung einschließen. Der Beförderungsbegriff des § 459 entspricht dem Begriff der Beförderung einschließlich der beförderungsbedingten Nebenleistungen des § 407 (→ § 407 Rn. 62 f.).

3 Eine Fixkostenvereinbarung liegt jedenfalls vor, wenn ein konkret ausgewiesener Betrag als Gesamtsumme oder als Betrag je Sendung oder Transportabschnitt vereinbart ist.[1] Gleit- oder Preisvorbehaltsklauseln stehen einer bestimmten Vereinbarung nicht entgegen.[2] Maßgebend ist der aus der Vereinbarung erkennbare Wille der Vertragsparteien, dass der Spediteur die Beförderung im Wesentlichen auf eigene Rechnung und nicht auf Rechnung des Versenders durchzuführen hat.[3] Das Fehlen einer Provision wird als starkes Indiz für eine von Anfang an getroffene Fixkostenvereinbarung angesehen, insbesondere falls auf diese Weise im Rahmen einer ständigen Geschäftsbeziehung abgerechnet worden ist[4] Ein starkes, in der Regel beweiskräftiges Indiz für eine von Anfang an getroffene Fixkostenvereinbarung ist dabei eine Rechnung über einen Pauschalbetrag.[5] Die Vereinbarung fester Kosten muss sich nicht auf die gesamte Beförderungstrecke beziehen.[6]

III. Rechtsfolgen

4 Hinsichtlich der **Beförderung** und der beförderungsbedingten Nebenleistungen ist nach S. 1 Frachtrecht anzuwenden. Es gelten die zu § 458 angeführten Grundsätze. Dies gilt für die Strecke („soweit"), welche durch die vereinbarte Festvergütung der Transportkosten gedeckt ist. Ist dies nur eine Teilstrecke, gilt das für diese Teilstrecke geltende Frachtrecht.[7] Welches Frachtrecht zur Anwendung kommt, ist – wie beim Selbsteintritt (→ § 458 Rn. 5 ff.) – im konkreten Fall zu bestimmen. Richtet sich die Leistung eines Fixkostenspediteurs auf die Besorgung eines solchen multimodalen Transports, greifen die §§ 452 ff. ein.[8]

5 Die **speditionellen Pflichten** bleiben daneben bestehen. Auf die nach Vertrag oder Gesetz geschuldeten, nicht die Beförderung betreffenden Tätigkeiten ist somit im Rahmen des § 454 Abs. 1 und 2 Speditionsrecht anwendbar. Den Spediteur trifft die Interessenwahrungspflicht des § 454 Abs. 4. Dafür kann der Spediteur die vereinbarte Vergütung geltend machen.

6 Neben der **vereinbarten Vergütung** kann der Spediteur keine zusätzlichen Zahlungen verlangen. In der Überschaubarkeit der Kosten für die speditionellen Leistungen und die Beförderungsleistungen liegt gerade der Sinn einer Fixkostenspedition. Nur ausnahmsweise, wenn dies üblich ist, kann der Spediteur Ersatz seiner Aufwendungen neben der Vergütung verlangen (S. 2). Der Gesetzgeber stellt damit auf einen bestehenden Handelsbrauch (§ 346) ab. Da der Fixkostenspediteur das Kalkulationsrisiko im Zusammenhang mit der Beförderung sowie das Insolvenzrisiko bezüglich des von ihm beauftragten Frachtführers trägt, kann er die durch die Insolvenz eines Erfüllungsgehilfen entstande-

[1] BGH 21.1.1999, TranspR 1999, 164 (167); OLG Saarbrücken 19.8.2016, RdTW 2017, 229 Rn. 31; LG Hamburg 13.12.2019, RdTW 2021, 104 Rn. 56.
[2] BGH 14.6.1982, BGHZ 84, 257 = NJW 1982, 1943 (1944).
[3] BGH 21.1.1999, TranspR 1999, 164 (167).
[4] LG Hamburg 5.6.2019, RdTW 2020, 57 Rn. 38.
[5] OLG Hamburg 3.4.2025, RdTW 2025, 299 Rn. 60; vgl. a. BGH 10.3.1994, NJW-RR 1994, 1188 (1189).
[6] OLG Celle 24.10.2002, TranspR 2003, 253 (254).
[7] Koller Rn. 23.
[8] BGH 11.4.2013, VersR 2014, 726 Rn. 20; 3.9.2007, NJW 2008, 1072 Rn. 23 = TranspR 2007, 477; OLG Stuttgart 25.8.2021, RdTW 2022, 164 Rn. 14.

nen Mehrkosten nicht auf den Absender abwälzen.[9] Weitergehende Vertragsabreden bleiben davon unberührt.[10]

7 Das anwendbare **Haftungsrecht** folgt der Zuordnung der verletzten Pflicht zum Speditions- oder zum Frachtrecht. Hinsichtlich der Beförderung trifft den Fixkostenspediteur somit eine frachtrechtliche Haftungsverantwortlichkeit. Im Rahmen eines Speditionsvertrages zu festen Kosten haftet der Spediteur wie ein Frachtführer und – wenn der Schaden nicht in seiner Obhut entstanden ist – nicht gem. § 461 Abs. 2, § 454 Abs. 1 nur für Auswahlverschulden. Dies gilt auch, wenn er als Fixkostenspediteur einen anderen Frachtführer mit der Ausführung der Beförderung beauftragt; die Haftung ist dann nicht etwa auf ein Einstehenmüssen für Auswahlverschulden (§ 454 Abs. 2) beschränkt. Das anwendbare Haftungsrecht (zB §§ 425 ff., die CMR oder die §§ 452 ff.) ist im konkreten Einzelfall festzustellen. Für die Verletzung speditioneller Pflichten gilt § 461.

§ 460 Sammelladung

(1) Der Spediteur ist befugt, die Versendung des Gutes zusammen mit Gut eines anderen Versenders auf Grund eines für seine Rechnung über eine Sammelladung geschlossenen Frachtvertrages zu bewirken.

(2) [1]Macht der Spediteur von dieser Befugnis Gebrauch, so hat er hinsichtlich der Beförderung in Sammelladung die Rechte und Pflichten eines Frachtführers oder Verfrachters. [2]In diesem Fall kann der Spediteur eine den Umständen nach angemessene Vergütung verlangen, höchstens aber die für die Beförderung des einzelnen Gutes gewöhnliche Fracht.

I. Allgemeines

1 Die Vorschrift betrifft die sog. **Sammelladungsspedition.** Dabei sammelt der Spediteur mehrere Aufträge verschiedener Versender, fasst sie zu einer Sendung zusammen und befördert sie zum Empfänger auf eigene Rechnung. Abs. 1 regelt die Befugnis des Spediteurs, das Speditionsgut verschiedener Versender gemeinsam als einheitliche Ladung zu versenden. Bezüglich der Beförderung weist Abs. 2 S. 1 dem Spediteur die Rechtsstellung eines Frachtführers zu. Abs. 2 S. 2 begrenzt den Vergütungsanspruch des Spediteurs.

II. Voraussetzungen der Sammelladungsspedition (Abs. 1)

2 Die Berechtigung zur Sammelversendung setzt Speditionsverträge zwischen den verschiedenen Versendern und dem Spediteur voraus. Die Zusammenfassung mehrerer Beförderungsaufträge durch einen Frachtführer fällt nicht unter § 460. Die sog. Werkssammelladung, bei der mehrere Speditionsgüter von ein und demselben Versender stammen, fällt ebenfalls nicht unter § 460.[1]

3 Wegen § 454 Abs. 4 muss die Sammelversendung im Interesse der Versender liegen. Ist dies ausnahmsweise nicht der Fall, kommt auf die dennoch tatsächlich durchgeführte Sammelversendung § 460 zur Anwendung, weil durch die interessenwidrige Versendung die Gefahr einer Benachteiligung der Versender entsteht, die § 460 durch die Anwendung des Frachtrechts vermeiden will.[2] Für durch die Versendung in Sammelladung entstehende Schäden haftet der Spediteur gem. § 461 Abs. 2.[3]

4 Die Rechtsfolgen des Abs. 2 greifen ein, wenn der Spediteur von der Befugnis zur Sammelversendung Gebrauch gemacht hat, indem er das Gut auf Grund eines für seine Rechnung geschlossenen Frachtvertrages bewirkt. Vorausgesetzt ist der **Abschluss eines Frachtvertrages** mit einem dritten Frachtführer über die in Sammelladung zusammengefassten Güter. Führt der Spediteur die Beförderung selbst durch, liegt ein Fall des § 458 vor.[4] Der Frachtvertrag muss im eigenen Namen auf eigene Rechnung geschlossen worden sein.[5]

---

[9] OLG Stuttgart 15.8.2018, TranspR 2019, 177 (179).
[10] Begr. RegE TRG, BT-Drs. 13/8445, 111; Koller Rn. 42.
[1] Begr. RegE TRG, BT-Drs. 13/8445, 112.
[2] Koller Rn. 3; MüKoHGB/Bydlinski/Valder Rn. 19.
[3] BGH 18.3.1955, NJW 1955, 828 zum HGB aF; Koller Rn. 3; MüKoHGB/Bydlinski/Valder Rn. 19.
[4] Koller Rn. 6; MüKoHGB/Bydlinski/Valder Rn. 16 f.
[5] OLG Schleswig 2.10.2003, VersR 2004, 266 (267).

Bewirkt ist die Versendung erst, wenn das Gut an den Sammelladungsfrachtführer übergeben worden ist.[6] Der sog. Vorlauf, die Abholung des Gutes durch den Spediteur beim Versender nebst der Lagerung beim Spediteur, fällt nicht unter § 460.[7] 5

III. Rechtsfolgen (Abs. 2)

Die Regelung sieht in S. 1 vor, dass hinsichtlich der Beförderung Frachtrecht eingreift; sie entspricht den Regelungen der §§ 458, 459. Jenseits des Tätigkeitsbereichs der Beförderung, insbesondere für den vor- und nachlaufenden speditionellen Verkehr, bleibt es bei der Anwendung des Speditionsrechts. Die frachtrechtliche Haftung endet mit der Ablieferung des Gutes durch den Sammelladungsfrachtführer an den Empfänger (Empfangsspediteur).[8] 6

Der Spediteur kann für eine speditionelle Tätigkeit die vereinbarte Vergütung verlangen (§§ 453, 456). Ferner hat der Versender an den Spediteur für die Beförderungsleistung eine angemessene Vergütung zu zahlen (S. 2). Die Angemessenheit ergibt sich vor allem aus der für vergleichbare Sammeltransporte üblichen Vergütung.[9] Erforderlichenfalls ist eine Festlegung nach § 315 BGB vorzunehmen. Nach S. 2 bildet die Fracht, die üblicherweise mit einem Frachtführer in einem isolierten Vertrag über die Beförderung des Gutes vereinbart worden wäre, die Obergrenze für die Angemessenheit. 7

Wegen der Aufwendungen des Spediteurs für seine speditionellen Tätigkeiten steht ihm ein Ersatzanspruch gem. §§ 675, 670 BGB zu. Gemäß § 460 Abs. 2 S. 1, § 420 Abs. 1 S. 2 kann er zudem einen Ersatzanspruch wegen beförderungsbezogener Aufwendungen geltend machen, soweit diese (anteilig) für das Gut getätigt wurden. Entsprechendes gilt für Aufwendungen wegen Weisungen und Beförderungshindernissen (§ 418 Abs. 1 S. 4, § 419). 8

§ 461 Haftung des Spediteurs

(1) [1]Der Spediteur haftet für den Schaden, der durch Verlust oder Beschädigung des in seiner Obhut befindlichen Gutes entsteht. [2]Die §§ 426, 427, 429, 430, 431 Abs. 1, 2 und 4, die §§ 432, 434 bis 436 sind entsprechend anzuwenden.

(2) [1]Für Schaden, der nicht durch Verlust oder Beschädigung des in der Obhut des Spediteurs befindlichen Gutes entstanden ist, haftet der Spediteur, wenn er eine ihm nach § 454 obliegende Pflicht verletzt. [2]Von dieser Haftung ist er befreit, wenn der Schaden durch die Sorgfalt eines ordentlichen Kaufmanns nicht abgewendet werden konnte.

(3) Hat bei der Entstehung des Schadens ein Verhalten des Versenders oder ein besonderer Mangel des Gutes mitgewirkt, so hängen die Verpflichtung zum Ersatz sowie der Umfang des zu leistenden Ersatzes davon ab, inwieweit diese Umstände zu dem Schaden beigetragen haben.

Übersicht

I. Allgemeines

Die Vorschrift regelt die Haftung des Spediteurs mit dem Ziel, möglichst einen Gleichlauf des Speditions- und des Frachtrechts im Bereich der Haftung zu erreichen.[1] Abs. 1 regelt für Schäden am Speditionsgut eine verschuldensunabhängige Obhutshaftung. Für andere Schäden hat der Spediteur nach Maßgabe einer Haftung für vermutetes Verschulden einzustehen (Abs. 2). Eine Mitverantwortung des Versenders ist nach Abs. 3 zu beurteilen. 1

---

[6] BGH 9.3.1989, NJW 1989, 992; 13.1.1978, NJW 1978, 1160 zum HGB aF; Koller Rn. 10; MüKoHGB/Bydlinski/Valder Rn. 30.

[7] OLG Hamm 13.2.1995, NJW-RR 1995, 1000; Koller Rn. 10; MüKoHGB/Bydlinski/Valder Rn. 30.

[8] BGH 7.4.2011, NJW-RR 2011, 1602 = TranspR 2011, 365; anders vor dem Inkrafttreten des TRG BGH 25.10.1995, TranspR 1996, 118.

[9] Vgl. auch die Empfehlung des Bundesverbandes Spedition und Logistik (BSL) „Tarif für den Sammelgutverkehr".

[1] Begr. RegE TRG, BT-Drs. 13/8445, 112.

II. Haftung für Güterschäden (Abs. 1)

2 Für Schäden, die durch **Verlust oder Beschädigung** des Gutes in der Obhut des Spediteurs entstehen, hat der Spediteur zu haften. Auf ein Verschulden des Spediteurs kommt es dabei nicht an, ihm steht allerdings die Berufung auf die in S. 2 genannten Haftungsausschlüsse und -begrenzungen offen. **Verzögerungsschäden** sind nach dem Willen des Gesetzgebers[2] nach Abs. 2 zu behandeln.

3 Die Haftung nach S. 1 setzt voraus, dass sich das Gut auf der Grundlage eines wirksamen Speditionsvertrages **in der Obhut** des Spediteurs befand. Die Obhutsphase des Spediteurs beginnt mit dessen Besitzerwerb und endet mit dessen Besitzverlust. Für den Besitz kommt es auf die unmittelbare Sachherrschaft des Spediteurs iSd § 854 BGB bzw. seiner Leute als Besitzdiener iSd § 855 BGB an. Der Besitz durch einen Unterspediteur wird dem Hauptspediteur als mittelbarer Besitz iSd § 868 BGB vermittelt. Typische Schadensfälle in der Obhutsphase des Spediteurs betreffen die Beschädigung der Ware im Lager des Spediteurs bzw. beim Verladen; holt der Spediteur das Gut beim Versender ab, beginnt die Obhutsphase mit der Übernahme des Gutes durch den Spediteur beim Versender.[3] Hat der Spediteur das Gut auf das Beförderungsmittel des den Transport ausführenden Frachtführers zu verladen (§ 412), gehört auch dies in die Obhutsphase.

4 Liegt einer der speditionsrechtlichen Sondersachverhalte der §§ 458–460 vor, beurteilt sich die Haftung hinsichtlich der Beförderung des Gutes nach Frachtrecht, für die Anwendung des § 461 ist insoweit nur Raum, wenn der Güterschaden sich in der Phase der Obhut des Spediteurs außerhalb der Beförderungsphase ereignet.[4]

5 Die Haftung setzt einen **Verlust oder die Beschädigung** des Speditionsgutes voraus. Der Verlust- und Beschädigungsbegriff entspricht dem des § 425 (→ § 425 Rn. 13 ff.).

6 Der Spediteur kann sich auf die in **S. 2** genannten Haftungsausschlüsse und -begrenzungen berufen. In der Umzugsspedition sind anstelle der allgemeinen frachtrechtlichen Regeln die § 451d und § 451e zu beachten; die fehlende Verweisung in § 461 beruht auf einem Redaktionsversehen.[5]

7 Der **Umfang der Haftung** bezieht sich nach § 461 Abs. 2, § 429 auf Wertersatz. Sonstige Kosten sind nach Maßgabe der §§ 430, 432 zu ersetzen. Die sog. Güterfolgeschäden sind von der Haftung ausgeschlossen (§ 432 S. 2; → § 425 Rn. 19). Die erweiterte Haftung gem. § 435 bei qualifiziertem Verschulden trifft auch den Spediteur.

III. Haftung für Pflichtverletzungen (Abs. 2)

8 Im Falle der Verletzung der speditionellen Pflichten des § 454, die nicht der Obhut über die Güter zuzurechnen sind, haftet der Spediteur nach Abs. 2. Dies gilt auch für vertraglich übernommene Nebenpflichten.[6] Dabei handelt es sich um eine Haftung für vermutetes Verschulden; den Spediteur trifft die Beweislast für fehlendes Verschulden (S. 2).[7] Übernimmt ein Fixkostenspediteur die Verpackung bzw. Kennzeichnung des Gutes oder eine andere der Leistungen iSd § 452 Abs. 2 und kommt es wegen deren Schlechterfüllung zu einem Güterschaden, so haftet der Fixkostenspediteur nach der vorzugswürdigen Abgrenzung allein nach Abs. 1; die unterschiedliche Rechtslage zur Haftung des Frachtführers für von diesem zu vertretenden Mängel bei der Verpackung oder Kennzeichnung gem. § 280 BGB, § 425 ist de lege lata angelegt.[8] Im Rahmen der Haftung nach Abs. 2 hat der Spediteur den Nachweis zu führen, dass der Schaden auch durch die Sorgfalt eines ordentlichen Kaufmanns (§ 347 Abs. 1) nicht hätte abgewendet werden können (S. 2). Konkretisierungen der den Spediteur treffenden Sorgfaltspflicht finden sich in Ziff. 7 ADSp und Ziff. 14.1 ADSp.

9 Die bürgerlich-rechtlichen Schadensersatzregeln werden durch § 461 Abs. 2 nicht verdrängt.[9] Der Versender ist berechtigt neben dem eigenen Schaden auch den Schaden des Dritten (zB des Empfängers) geltend zu machen (sog. Drittschadensliquidation).[10]

10 Der **Umfang des zu ersetzenden Schadens** bemisst sich nach §§ 249 ff. BGB; eine Haftungsbegrenzung besteht insofern nicht.

---

[2] Begr. RegE TRG, BT-Drs. 13/8445, 112.
[3] Vgl. Heymann/Joachim Rn. 5.
[4] Koller Rn. 5.
[5] MüKoHGB/Bydlinski/Valder Rn. 10.
[6] BGH 4.2.2016, RdTW 2016, 340 Rn. 38 ff.; 16.2.2012, TranspR 2012, 148 Rn. 22 ff.; OLG Köln 5.9.2014, RdTW 2015, 181 Rn. 28.
[7] MüKoHGB/Bydlinski/Valder Rn. 23.
[8] Koller TranspR 2017, 1 ff.
[9] Koller Rn. 18; MüKoHGB/Bydlinski/Valder Rn. 18 ff.
[10] BGH 20.4.1989, TranspR 1989, 413 (414); Koller Rn. 8; MüKoHGB/Bydlinski/Valder Rn. 29.

IV. Mitverantwortung des Versenders (Abs. 3)

Trifft den Versender eine Mitverantwortung an der Schadensentstehung, kann es nach Abs. 3 zu einer Minderung des Ersatzanspruchs kommen. Die Mitverantwortung des Versenders besteht nach Abs. 3 sowohl für sein Verhalten als auch für besondere Mängel des Gutes. Sie betrifft die gesamte Spediteurhaftung nach Abs. 1 und nach Abs. 2. Die Regelung entspricht inhaltlich der des § 425 Abs. 2 (→ § 425 Rn. 23 ff.). 11

§ 462 Haftung für andere

[1]Der Spediteur hat Handlungen und Unterlassungen seiner Leute in gleichem Umfang zu vertreten, wie eigene Handlungen und Unterlassungen, wenn die Leute in Ausübung ihrer Verrichtungen handeln. [2]Gleiches gilt für Handlungen und Unterlassungen anderer Personen, deren er sich bei Erfüllung seiner Pflicht, die Versendung zu besorgen, bedient.

I. Allgemeines

Anknüpfend an die Regeln zu Inhalt und Umfang der Haftung gem. § 461 regelt die Vorschrift das Einstehenmüssen des Spediteurs für seine Leute und Erfüllungsgehilfen. Handlungen und Unterlassungen dieser Personen werden dem Spediteur wie eigene zugerechnet. Sie entspricht – angepasst an die Verhältnisse des Speditionsrechts – der Vorschrift des § 428. Wie gem. § 428 unterscheidet die Vorschrift systematisch zwischen der Zurechnung des Verhaltens für betriebszugehörige eigene Mitarbeiter, die sog. Leute iSd S. 1, und betriebsfremde Personen, sog. Erfüllungsgehilfen iSd S. 2. 1

II. Haftung des Spediteurs für seine Leute (S. 1)

Bei den Leuten handelt es sich um zum Betrieb des Spediteurs zugehörige Personen, die in Ausübung ihrer Verrichtung handeln. Damit ist gemeint, dass sie im Rahmen des ihnen übertragenen Aufgabenkreises handeln (→ § 428 Rn. 3 ff.). Nicht gefordert ist, dass die betreffende Person konkret bei der Besorgung der schadensbetroffenen Versendung eingesetzt ist. 2

Die Regelung ist nur anwendbar, wenn der Schaden im speditionellen Bereich (§ 454) entstanden ist. Für Schäden anlässlich der Beförderung iSd §§ 458–460 gilt Frachtrecht; insofern sind die einschlägigen frachtrechtlichen Zurechnungsvorschriften anzuwenden (zB § 428, Art. 3 CMR). 3

III. Haftung für Erfüllungsgehilfen (S. 2)

Erfüllungsgehilfen iSd S. 2 sind diejenigen Personen, denen sich der Spediteur zur Erfüllung seiner Pflicht, die Versendung zu besorgen, bedient. Nicht dazu gehören die Personen, mit denen ein Ausführungsgeschäft abgeschlossen wird. Für die notwendige Abgrenzung kommt es auf den Umfang der speditionellen Pflichten iSd § 454 an (→ § 454 Rn. 2 ff.). Zu den speditionellen Aufgaben gehört die Auswahl des ausführenden Unternehmers (§ 454 Abs. 1 Nr. 1). Fehlverhalten von betriebsfremden Personen, welches die Auswahlentscheidung beeinflusst, wird dem Spediteur somit nach S. 2 zugerechnet; Fehlverhalten der ausführenden Person dagegen nicht. 4

IV. Eigenhaftung der Leute und Erfüllungsgehilfen

Diese entspricht den in den Erl. zu § 428 genannten Grundsätzen (→ § 428 Rn. 11 f.). § 436 findet über § 461 Abs. 1 S. 2 Anwendung und privilegiert die Leute des Spediteurs, nicht hingegen die Erfüllungsgehilfen. 5

§ 463 Verjährung

Auf die Verjährung der Ansprüche aus einer Leistung, die den Vorschriften dieses Abschnitts unterliegt, ist § 439 entsprechend anzuwenden.

Die Vorschrift enthält gemäß der Zielsetzung des Gesetzgebers, einen Gleichlauf von Speditions- und Frachtrecht auch im Haftungsrecht zu erreichen,[1] einen Verweis auf die frachtrechtliche Verjährungsregelung des § 439. Auf die Erl. zu dieser Vorschrift wird an dieser Stelle verwiesen (→ § 439 Rn. 1 ff.). 1

[1] Begr. RegE TRG, BT-Drs. 13/8445, 112.

§ 464 Pfandrecht des Spediteurs

[1]Der Spediteur hat für alle Forderungen aus dem Speditionsvertrag ein Pfandrecht an dem ihm zur Versendung übergebenen Gut des Versenders oder eines Dritten, der der Versendung des Gutes zugestimmt hat. [2]An dem Gut des Versenders hat der Spediteur auch ein Pfandrecht für alle unbestrittenen Forderungen aus anderen mit dem Versender abgeschlossenen Speditions-, Fracht-, Seefracht- und Lagerverträgen. [3]§ 440 Absatz 1 Satz 3 und Absatz 2 bis 4 ist entsprechend anzuwenden.

1 Die Vorschrift regelt das Pfandrecht des Spediteurs wie das Pfandrecht des Frachtführers in § 441. S. 1 und 2 entsprechen der Regelung des § 441 Abs. 1 S. 1, 2. In S. 3 werden die Regeln des Frachtführerpfandrechts ausdrücklich für entsprechend anwendbar erklärt. Auf die Erl. zu § 441 wird verwiesen (→ § 441 Rn. 1 ff.).

§ 465 Nachfolgender Spediteur

(1) Wirkt an einer Beförderung neben dem Frachtführer auch ein Spediteur mit und hat dieser die Ablieferung zu bewirken, so ist auf den Spediteur § 441 Absatz 1 entsprechend anzuwenden.

(2) Wird ein vorhergehender Frachtführer oder Spediteur von einem nachfolgenden Spediteur befriedigt, so gehen Forderung und Pfandrecht des ersteren auf den letzteren über.

1 Die Vorschrift erstreckt die Regelung des § 442 Abs. 1 auf die Fälle, in denen ein Spediteur das Gut abliefert. Abs. 2 erstreckt den gesetzlichen Forderungsübergang gem. § 442 Abs. 2 auf die Fälle der Befriedigung der vorhergehenden Frachtführer und Spediteure durch einen nachfolgenden Spediteur. Auf die Erl. zu § 442 wird verwiesen (→ § 442 Rn. 1 ff.).

§ 466 Abweichende Vereinbarungen über die Haftung

(1) Soweit der Speditionsvertrag nicht die Versendung von Briefen oder briefähnlichen Sendungen zum Gegenstand hat, kann von den Haftungsvorschriften in § 455 Absatz 2 und 3, § 461 Absatz 1 sowie in den §§ 462 und 463 nur durch Vereinbarung abgewichen werden, die im Einzelnen ausgehandelt wird, auch wenn sie für eine Mehrzahl von gleichartigen Verträgen zwischen denselben Vertragsparteien getroffen wird.

(2) [1]Abweichend von Absatz 1 kann die vom Spediteur zu leistende Entschädigung wegen Verlust oder Beschädigung des Gutes auch durch vorformulierte Vertragsbedingungen auf einen anderen als den in § 431 Absatz 1 und 2 vorgesehenen Betrag begrenzt werden, wenn dieser Betrag

1. **zwischen 2 und 40 Rechnungseinheiten liegt und der Verwender der vorformulierten Vertragsbedingungen seinen Vertragspartner in geeigneter Weise darauf hinweist, dass diese einen anderen als den gesetzlich vorgesehenen Betrag vorsehen, oder**
2. **für den Verwender der vorformulierten Vertragsbedingungen ungünstiger ist als der in § 431 Absatz 1 und 2 vorgesehene Betrag.**

[2]Ferner kann durch vorformulierte Vertragsbedingungen die vom Versender nach § 455 Absatz 2 oder 3 zu leistende Entschädigung der Höhe nach beschränkt werden.

(3) Von § 458 Satz 2, § 459 Satz 1 und § 460 Absatz 2 Satz 1 kann nur insoweit durch vertragliche Vereinbarung abgewichen werden, als die darin in Bezug genommenen Vorschriften abweichende Vereinbarungen zulassen.

(4) Ist der Versender ein Verbraucher, so kann in keinem Fall zu seinem Nachteil von den in Absatz 1 genannten Vorschriften abgewichen werden, es sei denn, der Speditionsvertrag hat die Beförderung von Briefen oder briefähnlichen Sendungen zum Gegenstand.

(5) Unterliegt der Speditionsvertrag ausländischem Recht, so sind die Absätze 1 bis 4 gleichwohl anzuwenden, wenn nach dem Vertrag sowohl der Ort der Übernahme als auch der Ort der Ablieferung des Gutes im Inland liegen.

I. Allgemeines

Die – selbst nicht abdingbare[1] – Vorschrift schränkt in Übereinstimmung mit der Konzeption der Parallelvorschrift des § 449 die Vertragsfreiheit bei der Gestaltung des Speditionsvertrages ein; die Vorschrift ist – wie § 449 – durch das SHR-ReformG neugefasst worden. Betroffen von der Vorschrift sind – wie nunmehr schon in der Überschrift betont wird – allein die speditionsrechtlichen Haftungsregeln. Auf die Erl. zu § 449 wird ergänzend verwiesen (→ § 449 Rn. 1 ff.). 1

II. Individuell ausgehandelte Vereinbarungen (Abs. 1)

Für den Verkehr mit Unternehmern übernimmt Abs. 1 die Regelungskonzeption des § 449 Abs. 1. Durch Individualvereinbarungen kann somit allein von gesetzlichen Haftungsvorschriften, also von den in Abs. 1 genannten haftungsrechtlichen Bestimmungen abgewichen werden. Für Geschäfte mit Verbrauchern besteht selbst diese Möglichkeit ausweislich von **Abs. 4** nicht, sofern nicht wiederum Briefe oder briefähnliche Sendungen betroffen sind. 2

III. AGB-Vereinbarungen (Abs. 2)

Durch vorformulierte Vertragsbedingungen (AGB) kann nach dem durch das Seehandelsrechtsreformgesetz neu gefassten Abs. 2 die vom Spediteur zu leistende Entschädigung insofern geändert werden, als eine Änderung des Haftungshöchstbetrages vorgesehen wird und die weiteren Einschränkungen des Abs. 2 S. 1 (vgl. insbesondere die sog. Korridorlösung) eingehalten werden (→ § 449 Rn. 9). 3

Neu eingeführt durch das Seehandelsrechtsreformgesetz wurde die Regelung in Abs. 2 S. 2. Sie entspricht der Regelung in § 449 Abs. 2 S. 2, auf deren Erl. verwiesen wird (→ § 449 Rn. 15 ff.). 4

IV. Gesetzliche Verweisungen auf das Frachtrecht (Abs. 3)

Die Regelung gewährleistet, dass bei den speditionellen Sonderformen des Selbsteintritts sowie der Fixkosten- und Sammelladungsspedition, für die der Spediteur hinsichtlich der Beförderung nach Frachtrecht behandelt wird, die nicht abdingbaren Regeln des Frachtrechts auch nicht über die Anwendung des Speditionsrechts geändert werden können. 5

V. Vereinbarung ausländischen Rechts (Abs. 5)

Die Regeln der Abs. 1–4 beanspruchen auch gegenüber ausländischem Recht Geltung, vorausgesetzt es kann an das deutsche Recht hinreichend angeknüpft werden, weil der vertraglich vereinbarte Ort der Übernahme und der Ablieferung des Gutes in Deutschland belegen ist. Diese Regelung entspricht der frachtrechtlichen Parallelbestimmung in § 449 Abs. 4 (→ § 449 Rn. 19 f.). 6

[1] Koller Rn. 10; OLG Köln 18.5.2005, TranspR 2005, 263 (264 f.).

Sechster Abschnitt. Lagergeschäft

§ 467 Lagervertrag

(1) Durch den Lagervertrag wird der Lagerhalter verpflichtet, das Gut zu lagern und aufzubewahren.

(2) Der Einlagerer wird verpflichtet, die vereinbarte Vergütung zu zahlen.

(3) [1]Die Vorschriften dieses Abschnitts gelten nur, wenn die Lagerung und Aufbewahrung zum Betrieb eines gewerblichen Unternehmens gehören. [2]Erfordert das Unternehmen nach Art oder Umfang einen in kaufmännischer Weise eingerichteten Geschäftsbetrieb nicht und ist die Firma des Unternehmens auch nicht nach § 2 in das Handelsregister eingetragen, so sind in Ansehung des Lagergeschäfts auch insoweit die Vorschriften des Ersten Abschnitts des Vierten Buches ergänzend anzuwenden; dies gilt jedoch nicht für die §§ 348 bis 350.

Schrifttum: Andresen/Valder, Speditions-, Fracht- und Lagerrecht, Loseblatt, 2023; Bergold/Wendt, Rechtliche Aspekte nachhaltiger Transport- und Lagerlösungen, RdTW 2020, 121; Bultmann, Haftung des Lagerhalters und Beweislastverteilung im Schadensprozeß unter besonderer Berücksichtigung der Hamburger Lagerbedingungen (HLB), TranspR 1995, 41; Gran, Regelungsbereiche und Klauselanregungen für Logistikverträge, NJW 2018, 1717; Kirchhof, Zur begrenzten Haftung des Lagerhalters im Anwendungsbereich der ADSp und Beweislast bei der Verletzung von vertragswesentlichen Pflichten, TranspR 2015, 94; Koller, Die Prüfungspflichten des Lagerhalters vor Auslieferung, TranspR 1985, 1; Koller, Unvorhergesehene Aufwendungen bei der Lagerung von Gütern, VersR 1995, 1385; Kraft/Hacke, Anwendbarkeit der Vorschriften zum Lagerrecht bei speditionsfesten Kosten, VersR 2003, 837; Schmidt, Sammellagerung nach § 469 HGB, GS Helm, 2001, 849; Valder, Fracht- und lagerrechtliche Haftungsfragen der Pandemie, TranspR 2021, 146; Valder, AGB-Kontrolle im Lagerrecht, TranspR 2010, 27. S. ferner bei § 407.

Übersicht

I. Überblick

1 Im Sechsten Abschnitt des HGB ist das Recht des Lagergeschäfts geregelt. Der Lagervertrag ist durch die Lager- und Aufbewahrungstätigkeit des Lagerhalters geprägt, die – ohne dass der Lagerhalter Kaufmann sein muss – im Rahmen eines gewerblichen Unternehmens erbracht wird (Abs. 3). Das Lagerrecht kennt somit insbesondere kombinierte gewerbliche Lagergeschäfte, bei denen ein Spediteur oder Frachtführer zusätzlich Lagergeschäfte betreibt. Einlagerer kann jede auch nicht gewerblich handelnde Person sein. Für den Verbraucher als Einlagerer hat der Gesetzgeber bestimmte Schutzvorschriften vorgesehen (§ 475h).

2 Das geltende Lagerrecht des HGB hat seine Gestalt durch die Neuregelung im TRG erhalten. Es regelt neben den Hauptpflichten des entgeltlichen Lagervertrages eine Reihe von Pflichten des Einlagerers gegenüber dem Lagerhalter (§ 468) und sieht den tatsächlichen Gegebenheiten angepasste Regelungen zur Dauer und Kündbarkeit des Lagervertrages vor (§ 473). Das Haftungsrecht sieht abweichend vom Fracht- und Speditionsrecht keine verschuldensunabhängige Obhutshaftung des Lagerhalters für Güterschäden, sondern eine Haftung für vermutetes Verschulden vor (§ 475). Die geltende Gesetzesfassung kennt eingehende Vorschriften über den Lagerschein (§§ 475c–475g), welche an die Stelle der früher geltenden Regeln der OrdlagV aF getreten sind. Das gesetzliche Recht des Lagervertrages ist grundsätzlich dispositiv und wird durch AGB der gewerblichen Lagerhalter abbedungen.

II. Charakteristika und Erscheinungsformen

1. Rechtsbegriff. Durch den Lagervertrag wird der Lagerhalter verpflichtet, das Gut zu lagern und aufzubewahren. Der Umstand, dass der Lagerhalter – wie bei einem Konsignationslager – neben der Lagerung der Güter noch zusätzliche Aufgaben übernimmt, steht der Annahme einer Anwendbarkeit der Bestimmungen über das Lagergeschäft nicht entgegen.[1] Die **Lagerung** besteht in der Bereitstellung von Raum, in dem das einzulegende Gut für eine gewisse Dauer verbleiben kann. 3

Die **Aufbewahrung** verpflichtet den Lagerhalter zur Obhut über das Gut. Der Lagerhalter hat durch die Auswahl des Lagerraums und geeignete pflichtgemäße Vorkehrungen das Lagergut vor Gefahren zu bewahren und seine Sachsubstanz zu schützen. 4

Als **Lagergut** kommen grundsätzlich alle beweglichen Sachen in Betracht. Dazu zählen sämtliche Handelswaren, aber auch Umzugsgüter, Einrichtungsgegenstände sowie Kunstgegenstände. Lagerfähig sind auch Gase und Flüssigkeiten in Behältern. Lagerfähiges „Gut" kann auch Abfall sein. In Betracht kommt auch der Abschluss eines Lagervertrages über Münzen und Geldscheine.[2] Bei Verträgen über die Verwahrung von Geld in gültiger Währung liegt ein unregelmäßiger Verwahrungsvertrag gem. § 700 BGB vor.[3] 5

Kein Vertragsgegenstand des Lagergeschäfts sind dagegen Wertpapiere. Für die Verwahrung von Wertpapieren gilt das DepotG. Für Tiere gilt, dass sie nicht unmittelbar Gegenstand eines Lagervertrages sein können, weil die Vorschriften über Sachen gem. § 90a BGB nur entsprechend anwendbar sind und die besonderen Tierschutzvorschriften zu berücksichtigen sind. 6

2. Erscheinungsformen. Der Lagervertrag wird regelmäßig ohne besondere Vereinbarung als Vertrag über die gesonderte Lagerung des vertragsgegenständlichen Lagergutes (sog. Sonderlagerung) geschlossen. Bei vereinbarter **Sammellagerung** ist der Lagerhalter berechtigt, das Gut mit anderem Lagergut zu vermischen (§ 469). 7

Mit dem Abschluss von einem **Rahmenlagervertrag** vereinbaren die Parteien die Grundregeln für die noch abzuschließenden einzelnen Lagerverträge. Der Rahmenvertrag selbst ist kein Lagervertrag, sondern ein Dauerschuldverhältnis eigener Art.[4] 8

Der Lagervertrag kann auch **zugunsten eines Dritten** abgeschlossen werden (§ 328 BGB). Davon ist insbesondere dann auszugehen, wenn der Lagerhalter das Gut unwiderruflich zur Verfügung eines Dritten halten soll.[5] Dagegen ist der Lagervertrag regelmäßig kein Vertrag mit Schutzwirkung zugunsten Dritter (etwa des Eigentümers); eine solche Schutzwirkung kann allenfalls anerkannt werden, wenn der Lagerhalter erkannt hat oder hätte erkennen müssen, dass der Einlagerer nicht der Eigentümer ist.[6] 9

3. Abgrenzung zu anderen Vertragstypen. Der Lagervertrag iSd § 467 ist der handelsrechtliche Sondertypus des Verwahrungsvertrages iSd §§ 688 ff. BGB. Auf die bürgerlich-rechtlichen Vorschriften kann zurückgegriffen werden, sofern die §§ 467 ff. keine Sonderregeln enthalten. § 688 BGB kommt ferner zur Anwendung, wenn der Lagervertrag mit Nichtgewerbetreibenden (→ Rn. 14) oder über nicht lagerfähiges Gut (→ Rn. 5) geschlossen wird. 10

Vom **Mietvertrag (§§ 535 ff. BGB)** unterscheidet sich der Lagervertrag dadurch, dass der Vermieter nur die Gebrauchsüberlassung der Räume schuldet, während der Mieter die Obhut für das in den Mieträumen befindliche Gut selbst hat und für dessen ordnungsgemäße Aufbewahrung selbst zu sorgen hat. Das maßgebliche Unterscheidungskriterium zwischen einem Mietvertrag über eine Lagerfläche gem. § 535 BGB und einem Lagervertrag gem. § 467 BGB ist deshalb, ob im Rahmen der Vereinbarung eine Obhuts- und Verwahrungspflicht als Hauptpflicht übernommen wird (dann Lagervertrag) oder nicht (dann Mietvertrag über Lagerfläche).[7] Ein Vertrag (Winterlager für eine Segelyacht) stellt einen **Typenkombinationsvertrag** dar, wenn neben der Zurverfügungstellung des Lagerplatzes unterschiedliche Leistungen wie das Kranen und der Schiffstransport zur vom Betreiber des Winterlagers ebenfalls zur Verfügung gestellten Lagerpalette zu erbringen sind.[8] Auf den **Typenkombinationsvertrag** ist Lagervertragsrecht unter Berücksichtigung der besonderen 11

---

[1] BGH 20.9.2018, RdTW 2019, 105 Rn. 8.
[2] Koller Rn. 2; **aA** Hopt/Merkt Rn. 4; Heymann/Herrmann Rn. 6.
[3] Ebenroth/Boujong/Heublein Rn. 16.
[4] BGH 7.10.2004, NJW 2005, 1330 = TranspR 2005, 161.
[5] Koller § 473 Rn. 3.
[6] BGH 10.5.1984, NJW 1985, 2411.
[7] OLG Dresden 8.3.2021, RdTW 2021, 242 mAnm Ovie RdTW 2021, 228 und mAnm Gäde GWR 2021, 281.
[8] OLG Schleswig 22.8.2022, RdTW 2022, 407 Rn. 19 ff. mAnm Ovie RdTW 2022, 471 f.

Umstände des Einzelfalls anzuwenden, wenn wie vorliegend das wesentliche Interesse des Schiffseigners die Lagerung des Schiffs in der Wintersaison ist.

12 Vom **Fracht- und Speditionsgeschäft** ist der Lagervertrag durch die Übernahme der Lagerung und Aufbewahrung als vertragliche Hauptpflicht verschieden. Die im Rahmen der Pflichten des Frachtführers oder Spediteurs erforderlich werdende Zwischenlagerung begründet keinen Lagervertrag iSd § 467. Die Abgrenzung erfolgt nach den zum Frachtvertrag entwickelten Kriterien (→ § 407 Rn. 53). Bei **gemischten Verträgen,** bei denen der Spediteur auch Lageraufgaben übernimmt, ist nach dem Schwerpunkt des Vertragsgegenstandes zu differenzieren; §§ 467 ff. sind anwendbar, wenn der Vertrag im Schwerpunkt die Lagerung zum Gegenstand hat;[9] andere Aufgaben (zB Kommissionierung, Auslieferung an Kunden) werden dann zu unselbständigen Nebenpflichten.[10] Die (zeitweise) Einlagerung der Pakete für den Endkunden (sog. Mikrodepots) ist grundsätzlich lagerrechtlicher Natur.[11] Im Einzelfall ist zwischen zwei verschiedenen Arten der Lagerung unterscheiden: (1) Soll der Endkunde sein Paket entweder direkt zu den Öffnungszeiten oder an der Paketwand abholen, wird es bis zur Abholung gelagert; es gilt das Lagervertragsrecht. (2) Soll dem Kunden das Paket ausgeliefert werden, wird es im Mikrodepot lediglich (kurzzeitig) zwischengelagert, während die Hauptdienstleistung in der Auslieferung des Pakets an den Endkunden bestehen bleibt; der Vertrag ist dann insgesamt als Fracht- oder Speditionsvertrag einzuordnen.[12]

13 Die Abgrenzung zum **Vertrag über den Güterumschlag** ist schwierig zu leisten, weil das Umschlagsrecht bis heute keine gesetzliche Regelung gefunden hat und deswegen typusprägende Merkmale nur schwierig zu identifizieren sind. Der Güterumschlag stellt das Bindeglied zwischen zwei Phasen des Gütertransports dar und gehört vor allem beim multimodalen Transport zu den üblichen Tätigkeitsformen des Multimodaltransportunternehmers (→ § 452 Rn. 9; → § 407 Rn. 25 ff.).[13] Er kann das Be- und Entladen, das Stauen, Trimmen und Laschen, das Verpacken und Kennzeichnen und eben das Zwischenlagern umfassen. Der Vertrag über den Güterumschlag ist regelmäßig ein Werkvertrag.

III. Anwendungsbereich, Erscheinungsformen

14 **1. Personeller Anwendungsbereich.** Die Vorschriften sind nur anwendbar, wenn die Lagerung und Aufbewahrung zum Betrieb eines gewerblichen Unternehmens gehört (Abs. 3 S. 1). Diese Voraussetzungen sind mit denen des § 1 identisch (→ § 1 Rn. 1 ff.). Ist der Lagerhalter kein Kaufmann, gelten die Vorschriften der §§ 467 ff. über den handelsgewerblichen Lagervertrag, die ergänzenden allgemeinen Vorschriften über Handelsgeschäfte der §§ 343 ff. aber nur mit Ausnahme der §§ 348–350 (Abs. 3 S. 2).

15 **2. Räumlicher Anwendungsbereich.** Für die Anwendbarkeit des deutschen Rechts der §§ 467 ff. auf Lagerverträge mit Auslandsberührung ist in erster Linie darauf abzustellen, ob eine Rechtswahl iSd Art. 3 Rom I-VO vorliegt. Ist dies nicht der Fall, bestimmt sich das anwendbare Recht nach Art. 4 Abs. 2 Rom I-VO; danach kommt das Recht des Landes zur Anwendung, in dem der Lagerhalter seinen Sitz hat, weil dort die vertragscharakteristische Leistung erbracht wird. Bei Lagerverträgen mit Verbraucherverträgen setzt sich nach Art. 6 Rom I-VO das Verbraucherschutzrecht des § 475h gegen eine abweichende Rechtswahlklausel durch.

IV. Lagervertragsrecht

16 **1. Vertragsschluss.** Der Lagervertrag kommt formlos zustande. Ein Schriftlichkeitserfordernis folgt bei der Lagerung gefährlichen Guts aus § 468, Ziff. 3.5 ADSp. Die Willenserklärungen können konkludent abgegeben werden.[14] Im Falle des Schweigens auf einen Spediteursauftrag (sog. delivery order), Waren zu übernehmen und für einen Dritten bereit zu halten, kann ein Lagervertrag nach Maßgabe des § 362 zustande kommen.[15] Staatliche (städtische) Lagerhäuser schließen ebenfalls gewerbliche Lagerverträge, sofern nicht im Einzelfall hoheitliches Handeln (zB zollamtliche Verwahrung nach dem ZollVG) vorliegt. Mit einem Abschleppunternehmer kommt kein entgeltlicher Verwahrungsvertrag bezüglich der Ladung zustande, wenn der Abschleppunternehmer mit der Entsorgung der Ladung beauftragt wird.[16] In der Konsequenz liegt es, dass ein Abschleppunternehmer

[9] OLG Schleswig 22.8.2022, TranspR 2023, 238 (241 ff.).
[10] Koller Rn. 3.
[11] Bergold/Wendt RdTW 2020, 121 (125).
[12] Bergold/Wendt RdTW 2020, 121 (128).
[13] Vgl. Herber/Harten TranspR 1991, 401 ff.
[14] OLG Hamburg 23.2.1984, VersR 1984, 1035.
[15] BGH 11.7.1966, BGHZ 46, 43 (48) = NJW 1966, 1966.
[16] OLG Bamberg 7.1.2020, RdTW 2020, 98 Rn. 12 ff.

weder einen Anspruch auf Entgelt aus einem stillschweigend geschlossenem Verwahrungsvertrag hat, insbesondere wenn dieses besonders hoch wäre oder kein Interesse an der Verwahrung der Ladung wegen Verderblichkeit besteht, noch ein Zurückbehaltungsrecht im Hinblick auf die Herausgabe eines LKW hat, wenn die als Gegenforderung geltend gemachten Kosten im Verhältnis zum Wert des LKW erheblich geringer sind.[17]

2. Pflichten des Lagerhalters. Die Konkretisierung der Lager- und Aufbewahrungspflicht (→ Rn. 4) ergibt sich in erster Linie aus der vertraglichen Vereinbarung. Insbesondere ist zu regeln, ob die **Lagerung** im geschlossenen Raum zu erfolgen hat, ob verpackt werden muss oder ob das Gut mit anderen Gütern vermischt werden darf (§ 469). Fehlen entsprechende Vereinbarungen hat der Lagerhalter eine **Pflicht zur Interessenwahrung**[18] zu Gunsten des Einlagerers. Zu den (Sorgfalts-)Pflichten des ordentlichen kaufmännischen Lagerhalters gehört, das Gut so zu lagern, dass keine mit zumutbarem Aufwand erkennbaren oder vermeidbaren Gefahren von Substanzveränderungen entstehen. Zwar kann vom Lagerhalter nicht das volle Wissen um die Eigenschaften des Lagergutes erwartet werden und ist absoluter Schutz nicht geschuldet; grundsätzlich ist aber der ihm erkennbare Wert und eine ggf. spezifische Schadensanfälligkeit des Gutes von ihm bereits bei der Auswahl des Lagerplatzes zu berücksichtigen. Zudem hat er den Lagerort laufend zu kontrollieren und zu bewachen, insbesondere für Brandvermeidung und Brandschutz zu sorgen.[19] Die Räumlichkeiten müssen für die Lagerung zumindest baulich geeignet sein.[20] Ungeeignet sind Räume, die für empfindliche Güter keinen hinreichenden Nässe- oder Feuchtigkeitsschutz bieten.[21] Bei der Lagerung von Lebensmitteln hat der Lagerhalter Vorkehrungen gegen Tierbefall zu treffen.[22] Den Lagerhalter trifft eine Organisationspflicht, wirkungsvolle Maßnahme gegen die Beschädigung von Lagergut zu treffen.[23] 17

Zu den **Aufbewahrungspflichten** während der Obhut des Lagerhalters gehört insbesondere der Schutz des Gutes gegen Diebstahl.[24] Die Art und der Umfang der vom Lagerhalter zu treffenden Vorkehrungen hängen vor allem von der Art der zu lagernden Güter ab. Typischerweise diebstahlsgefährdete Güter erfordern eingehendere Vorkehrungen als andere. Hinweisen auf Nachschlüsseldiebstahl durch eigene Leute hat er mittels geeigneter Maßnahmen nachzugehen.[25] 18

Den Lagerhalter treffen ferner **Kontrollpflichten.** Die Güter sind bei der Übergabe unter Heranziehung des Speditionsübergabescheins auf ihre Identität zu prüfen; zu kontrollieren ist, ob sie vollzählig und unbeschädigt sind (vgl. Ziff. 7.1.1 ADSp). Zu den Pflichten eines gewerblichen Lagerhalters gehört eine ordnungsgemäße Lagerorganisation, die wiederum eine Eingangs- und Ausgangskontrolle sowie eine Güterkontrolle erfordert.[26] Während der Lagerung trifft den Lagerhalter eine laufende Kontrollpflicht über das Lagergut.[27] Zusätzliche (Neben-) Pflichten ergeben sich insbesondere aus §§ 470, 471; eine Verpflichtung zur Versicherung besteht nur nach Maßgabe des § 472. 19

3. Pflichten des Einlagerers. Der Einlagerer hat die vereinbarte Vergütung (sog. Lagergeld) zu zahlen (Abs. 2). Daneben ergeben sich Mitteilungs- und Auskunftspflichten gem. § 468. Aufwendungen des Lagerhalters hat er nach Maßgabe des § 474 zu ersetzen. 20

4. Dokumente des Lagergeschäfts. Das Lagerrecht regelt in §§ 475c ff. den Lagerschein; in ihm wird ein vertraglicher Herausgabeanspruch gegenüber dem Lagerhalter verbrieft. Eine Verpflichtung, einen **Lagerschein** iSd § 473c auszustellen, ergibt sich aus dem Gesetz nicht, sie kann aber vertraglich vereinbart werden. Der Lagerschein kann als Order- oder Inhaberlagerschein ausgestellt werden (vgl. Erl. zu §§ 475c–475g). Daneben kennt das Lagergeschäft eine sog. **Empfangsbescheinigung** (vgl. Ziff. 8 ADSp), eine Variante der Quittung gem. § 368 BGB. Der Lagerhalter ist nach § 368 BGB verpflichtet, einen Lagerempfangsschein zu erteilen. **Lieferscheine** sind im Warenhandel eingesetzte Dokumente, auf deren Grundlage der Käufer ermächtigt wird, die Ware beim Lagerhalter in Empfang zu nehmen; Lieferscheine können als bürgerlich-rechtliche Anweisung iSd §§ 783 ff. BGB oder als 21

---

[17] OLG Bamberg 7.1.2020, RdTW 2020, 98 m. zust. Anm. Nussbaum.
[18] Hopt/Merkt Rn. 12.
[19] OLG Schleswig 23.4.2009, RdTW 2014, 64 Rn. 14 ff.; LG Berlin 30.1.2019, BeckRS 2019, 21061 Rn. 56 ff. = TranspR 2019, 333.
[20] OLG Hamburg 25.4.2002, TranspR 2003, 259 betr. Klimatisierung.
[21] OLG Köln 13.9.2005, TranspR 2006, 401.
[22] OLG Hamburg 21.1.1993, TranspR 1993, 294.
[23] OLG Düsseldorf 22.12.2016, TranspR 2017, 230 betr. Warnhinweise bei Sprinkleranlagen.
[24] Bultmann TranspR 1995, 42.
[25] OLG Hamburg 24.2.1994, TranspR 1995, 257.
[26] BGH 4.5.1995, TranspR 1996, 34 (36).
[27] OLG Frankfurt 11.10.2000, TranspR 2002, 84 (87) betr. Kühlung; OLG Hamburg 9.7.1992, TranspR 1992, 427 (428) betr. Mottenflug.

Namenspapiere mit Inhabervermerk iSd § 808 BGB gestaltet werden. Im internationalen Handel bildet das **FIATA Warehouse Receipt (FWR)** ein verbreitetes Standarddokument; mit dem Vermerk „negotiable" ist es begebbar und hat dann die wirtschaftliche Funktion eines Orderlagerscheins (vgl. Erl. zu §§ 473c–473g).

22 **5. Beendigung des Lagervertrages.** Die Rechtsfragen der Beendigung des Lagervertrages sind in § 473 geregelt (→ § 473 Rn. 1 ff.). Im Falle der Insolvenz über das Vermögen des Lagerhalters findet § 103 InsO Anwendung.

23 **6. Abweichende Vereinbarungen.** Die Vorschriften des Lagerrechts sind grundsätzlich dispositiv, Grenzen für abweichende Vereinbarungen ergeben sich aus § 475h, wenn der Einlagerer Verbraucher iSd § 13 BGB ist. Abweichende Regelungen in AGB zum Lagerrecht unterliegen der Inhaltskontrolle nach §§ 307 ff. BGB.[28]

24 **7. AGB.** Dem Lagervertrag werden vom Lagerhalter häufig AGB zu Grunde gelegt. Zur Anwendung kommen insbesondere die Hamburger Lagerungsbedingungen (HLB idF des Jahres 2006), die Vertragsbedingungen für den Güterkraftverkehrs-, Speditions- und Logistikunternehmer (VBGL),[29] die Allgemeinen Bedingungen der Kühlhäuser (AKB) und die Allgemeinen Lagerbedingungen des deutschen Möbeltransports (ALB).[30] Anzuwenden sind auch die ADSp auf die Fälle, in denen das Lagergeschäft von einem Spediteur betrieben wird (Ziff. 2.1 ADSp).

§ 468 Behandlung des Gutes. Begleitpapiere. Mitteilungs- und Auskunftspflichten

(1) [1]Der Einlagerer ist verpflichtet, dem Lagerhalter, wenn gefährliches Gut eingelagert werden soll, rechtzeitig in Textform die genaue Art der Gefahr und, soweit erforderlich, zu ergreifende Vorsichtsmaßnahmen mitzuteilen. [2]Er hat ferner das Gut, soweit erforderlich, zu verpacken und zu kennzeichnen und Urkunden zur Verfügung zu stellen sowie alle Auskünfte zu erteilen, die der Lagerhalter zur Erfüllung seiner Pflichten benötigt.

(2) [1]Ist der Einlagerer ein Verbraucher, so ist abweichend von Absatz 1
1. **der Lagerhalter verpflichtet, das Gut, soweit erforderlich, zu verpacken und zu kennzeichnen,**
2. **der Einlagerer lediglich verpflichtet, den Lagerhalter über die von dem Gut ausgehende Gefahr allgemein zu unterrichten; die Unterrichtung bedarf keiner Form.**

[2]Der Lagerhalter hat in diesem Falle den Einlagerer über dessen Pflicht nach Satz 1 Nr. 2 sowie über die von ihm zu beachtenden Verwaltungsvorschriften über eine amtliche Behandlung des Gutes zu unterrichten.

(3) [1]Der Einlagerer hat, auch wenn ihn kein Verschulden trifft, dem Lagerhalter Schäden und Aufwendungen zu ersetzen, die verursacht werden durch
1. **ungenügende Verpackung oder Kennzeichnung,**
2. **Unterlassen der Mitteilung über die Gefährlichkeit des Gutes oder**
3. **Fehlen, Unvollständigkeit oder Unrichtigkeit der Urkunden oder Auskünfte, die für eine amtliche Behandlung des Gutes erforderlich sind.**

[2]§ 414 Absatz 2 ist entsprechend anzuwenden.

(4) Ist der Einlagerer ein Verbraucher, so hat er dem Lagerhalter Schäden und Aufwendungen nach Absatz 3 nur zu ersetzen, soweit ihn ein Verschulden trifft.

I. Nebenpflichten des Einlagerers (Abs. 1)

1 Den Einlagerer treffen neben der Pflicht zur Zahlung der Vergütung (§ 467 Abs. 2) die in Abs. 1 genannten Nebenpflichten. Betrifft die Lagerung gefährliche Güter, trifft den Einlagerer die Mitteilungspflicht nach S. 1. Die Regelung entspricht derjenigen für das Frachtgeschäft in § 410 und derjenigen für das Speditionsgeschäft in § 455 Abs. 1 S. 2. Auf die Kommentierung zu diesen Vorschriften wird verwiesen.

2 Nach S. 2 bestehen ferner Verpackungs-, Kennzeichnungs-, Beurkundungs- und Auskunftspflichten. Die Regelung entspricht denjenigen der §§ 411, 455.

[28] Vgl. UBH/Hensen BGB § 310 Rn. 510.

[29] Neufassung vom 17.3.2015, abrufbar unter https://eilkurier.de/gesetze/vbgl/ (zuletzt abgerufen an 25.2.2026); vgl. Schindler TranspR 2014, 57 ff.

[30] IdF des Jahres 2022; abrufbar unter https://amoe.de/wp-content/uploads/ALB_2022_.pdf (zuletzt abgerufen am 25.2.2026).

II. Sonderregeln für Verbraucher-Einlagerer (Abs. 2)

Ist der Einlagerer ein Verbraucher iSd § 13 BGB sind die Pflichten des Einlagerers durch Abs. 2 durchweg abweichend von Abs. 1 geregelt. In diesem Fall trifft die Pflicht zur ggf. erforderlichen Verpackung und Kennzeichnung den Lagerhalter. Bei Lagerung gefährlichen Gutes besteht für den Einlagerer nur eine allgemeine, formlos erteilbare Pflicht zur Unterrichtung. Gemäß Abs. 2 S. 2 hat der Lagerhalter den Einlagerer über dessen Unterrichtungspflicht sowie in Parallele zu § 451b Abs. 3 darüber zu informieren, welche Verwaltungsvorschriften über eine amtliche Behandlung von ihm, dem Lagerhalter, zu beachten sind. Nicht geregelt ist, ob und ggf. wie der Einlagerer auf diese Information zu reagieren hat. Eine Pflicht zur Mitteilung von wesentlichen Basisinformationen[1] ist im Gesetz jenseits der Unterrichtungspflicht nach Abs. 2 S. 1 Nr. 2 nicht vorgesehen. Der Lagerhalter kann deshalb vom Einlagerer keine Informationen einfordern, er kann aber mangels hinreichender Unterrichtung durch den Einlagerer von seinem Kündigungsrecht nach § 473 Abs. 2 S. 2 Gebrauch machen.[2] 3

III. Rechtsfolgen (Abs. 3, Abs. 4)

Den Einlagerer trifft in den in Abs. 3 genannten Pflichtverletzungsfällen eine verschuldensunabhängige Haftung auf Ersatz der dadurch entstandenen Schäden und Aufwendungen; die Regelung entspricht § 455 Abs. 2. Handelt sich um einen Verbraucher-Einlagerer haftet dieser – wie gemäß der Parallelregelung in § 455 Abs. 3 – nur bei Verschulden (Abs. 4). 4

§ 469 Sammellagerung

(1) Der Lagerhalter ist nur berechtigt, vertretbare Sachen mit anderen Sachen gleicher Art und Güte zu vermischen, wenn die beteiligten Einlagerer ausdrücklich einverstanden sind.

(2) Ist der Lagerhalter berechtigt, Gut zu vermischen, so steht vom Zeitpunkt der Einlagerung ab den Eigentümern der eingelagerten Sachen Miteigentum nach Bruchteilen zu.

(3) Der Lagerhalter kann jedem Einlagerer den ihm gebührenden Anteil ausliefern, ohne daß er hierzu der Genehmigung der übrigen Beteiligten bedarf.

I. Allgemeines

Die Vorschrift regelt das Recht der sog. Sammellagerung. Sie ist dadurch gekennzeichnet, dass Lagergut verschiedener Einlagerer zu einem einheitlichen Bestand (Sammelgut) vermischt wird und somit gerade keine gesonderte Lagerung erfolgt. 1

II. Berechtigung zur Sammellagerung (Abs. 1)

Nach Abs. 1 ist der Lagerhalter zu dieser Art der Lagerung nur bei vertretbaren Sachen und bei ausdrücklich erklärtem Einverständnis sämtlicher beteiligter Einlagerer berechtigt. Vertretbare Sachen sind solche iSd § 91 BGB. Entscheidend ist, dass sie sich nicht durch bestimmte Individualisierungsmerkmale von anderen Sachen abheben und deshalb austauschbar sind.[1] In Betracht kommen vor allem feste Stoffe (zB Sand, Kies und Futtermittel und Getreide), Flüssigkeiten und auch Gase. 2

Hinsichtlich der Gestattung können gegenständliche bzw. zeitliche Beschränkungen erklärt werden. Dem Erfordernis des ausdrücklichen Einverständnisses kann auch durch AGB Rechnung getragen werden.[2] Eine zunächst unbefugte Sammellagerung kann von den Einlagerern nachträglich genehmigt werden. 3

III. (Dingliche) Folgen der Sammellagerung (Abs. 2)

Durch die berechtigte Sammellagerung verlieren die Eigentümer ihr bisheriges Alleineigentum *am einzelnen Gut*; stattdessen steht ihnen nach Abs. 2 Miteigentum nach Bruchteilen (§§ 1008 ff., 741 ff. BGB) an der Gesamtmenge des eingelagerten Gutes zu. Die Miteigentumsanteile entsprechen gem. §§ 948, 947 BGB dem Verhältnis des Wertes des einzelnen eingelagerten Gutes an der Gesamtmenge; für die Wertberechnung ist nach § 947 Abs. 1 S. 2 BGB auf den Zeitpunkt der sammellage- 4

[1] Vgl. Begr. RegE TRG, BT-Drs. 13/8445, 118.
[2] Koller Rn. 5.
[1] BGH 30.6.1971, NJW 1971, 1794.
[2] Koller Rn. 2.

rungsbedingten Vermischung abzustellen. Rechte Dritter am untergegangenen Alleineigentum des Einlagerers sind nach § 949 BGB zu beurteilen.

5 Bei **Verlust oder Beschädigung** des Sammelgutes sind Ersatzansprüche gegen Dritte (§ 823 BGB) gem. § 432 BGB anteilig geltend zu machen. Der Anspruch gegen den Lagerhalter richtet sich nach § 475.[3] Bei der Auslieferung (Abs. 3) ist ein Verlust anteilig zu berücksichtigen.[4]

6 Miteigentum am Sammelgut besteht auch im Falle der unberechtigten Sammellagerung. In diesem Fall hat jeder Einlagerer einen Aufhebungsanspruch aus § 749 BGB.

IV. Auslieferung des Anteils (Abs. 3)

7 Bei berechtigter Sammellagerung ist der Lagerhalter nach Abs. 3 ohne Genehmigung oder sonstige Mitwirkung der Miteigentümer zur Auslieferung des dem jeweiligen Miteigentümer gebührenden Anteils befugt. Mit Auslieferung meint der Gesetzgeber ein komplexes tatsächliches und rechtliches Geschehen.[5] Dies bedeutet zunächst Aufgabe des Besitzes des Lagerhalters. Zugleich wird die Miteigentumsgemeinschaft durch Aussonderung des auszuliefernden Gutes (teilweise) aufgelöst. Mit der Auslieferung entsteht kraft rechtsgeschäftlicher Verfügung, zu welcher der Lagerhalter gem. Abs. 3 ermächtigt ist, Sondereigentum des Einlagerers an dem ausgesonderten Gegenstand, über das dieser frei verfügen kann. Im Falle unerlaubter Sammellagerung sind die Regeln der §§ 749 ff. BGB anzuwenden; § 469 Abs. 3 findet keine Anwendung.

8 Für **Fehler bei der Auslieferung** gilt nach umstrittener Rechtslage: Wird dem Einlagerer zu viel ausgeliefert, erwirbt dieser Eigentum an dem ausgelieferten Gut gem. § 366 HGB iVm § 932 BGB, hat dieses aber nach bereicherungsrechtlichen Grundsätzen wieder herauszugeben.[6] Liefert der Lagerhalter an einen Nichtberechtigten aus, so handelt der Lagerhalter unbefugt und das Eigentum des Berechtigten bleibt erhalten; der Nichtberechtigte wird lediglich Besitzer des Gutes.[7]

§ 470 Empfang des Gutes

Befindet sich Gut, das dem Lagerhalter zugesandt ist, beim Empfang in einem beschädigten oder mangelhaften Zustand, der äußerlich erkennbar ist, so hat der Lagerhalter Schadenersatzansprüche des Einlagerers zu sichern und dem Einlagerer unverzüglich Nachricht zu geben.

1 Die Vorschrift regelt die Pflichten des Lagerhalters bei der Entgegennahme des Gutes; sie entspricht § 388. Auf die Kommentierung zu § 388 wird verwiesen (→ § 338 Rn. 1 ff.).

§ 471 Erhaltung des Gutes

(1) [1]Der Lagerhalter hat dem Einlagerer die Besichtigung des Gutes, die Entnahme von Proben und die zur Erhaltung des Gutes notwendigen Handlungen während der Geschäftsstunden zu gestatten. [2]Er ist jedoch berechtigt und im Falle der Sammellagerung auch verpflichtet, die zur Erhaltung des Gutes erforderlichen Arbeiten selbst vorzunehmen.

(2) [1]Sind nach dem Empfang Veränderungen an dem Gut entstanden oder zu befürchten, die den Verlust oder die Beschädigung des Gutes oder Schäden des Lagerhalters erwarten lassen, so hat der Lagerhalter dies dem Einlagerer oder, wenn ein Lagerschein ausgestellt ist, dem letzten ihm bekannt gewordenen legitimierten Besitzer des Scheins unverzüglich anzuzeigen und dessen Weisungen einzuholen. [2]Kann der Lagerhalter innerhalb angemessener Zeit Weisungen nicht erlangen, so hat er die angemessen erscheinenden Maßnahmen zu ergreifen. [3]Er kann insbesondere das Gut gemäß § 373 verkaufen lassen; macht er von dieser Befugnis Gebrauch, so hat der Lagerhalter, wenn ein Lagerschein ausgestellt ist, die in § 373 Abs. 3 vorgesehene Androhung des Verkaufs sowie die in Absatz 5 derselben Vorschriften vorgesehenen Benachrichtigungen an den letzten ihm bekannt gewordenen legitimierten Besitzer des Lagerscheins zu richten.

---

[3] Koller Rn. 5.
[4] Hopt/Merkt Rn. 6.
[5] Dazu Koller Rn. 4; Heymann/Herrmann Rn. 2; Schmidt GS Helm, 2001, 849 (858 ff.), jeweils mit Differenzierungen im Detail.
[6] So Hopt/Merkt Rn. 4; **aA** Koller Rn. 4: Fortbestand des Miteigentums.
[7] Vgl. Schmidt GS Helm, 2001, 48 (62) mwN.

I. Allgemeines

Die Erhaltung des Gutes liegt nach der gesetzlichen Regelung im Verantwortungsbereich des Einlagerers. Der Gesetzgeber auferlegt ihm als dem warenkundigen Fachmann die Erhaltungslasten auch während der Dauer der Lagerung beim Lagerhalter. Damit der Einlagerer seiner Verantwortung in dieser Zeit nachkommen kann, unterwirft der Gesetzgeber den Lagerhalter den Regeln des Abs. 1. Unter den weiteren Voraussetzungen hat der Lagerhalter selbst mit bestimmten Maßnahmen zur Erhaltung des Gutes beizutragen. 1

II. Gestattung von Erhaltungsmaßnahmen des Einlagerers (Abs. 1 S. 1)

Der Lagerhalter hat dem Einlagerer die Besichtigung des Gutes, die Entnahme von Proben und die zur Erhaltung des Gutes notwendigen Handlungen zu gestatten. Damit kann der Einlagerer den Zutritt zu den Lagerräumen beanspruchen. Der Umfang des Rechts steht unter dem Vorbehalt einer Ausübung nach Treu und Glauben mit Rücksicht auf die Verkehrssitte (§ 242 BGB); die Ausübung des Rechts während der Geschäftsstunden ist dafür eine beispielhafte Ausprägung. In Ziff. 15.3 ADSp wird diese Rücksichtnahmepflicht weiter konkretisiert. 2

Entsprechendes gilt für die Gestattung der zur Erhaltung des Gutes notwendigen Maßnahmen. Inhalt und Umfang der Maßnahmen kann der Einlagerer selbst bestimmen, ist dabei aber auf „die zur Erhaltung des Gutes notwendigen Handlungen" beschränkt. Erhaltungsmaßnahmen sind von Verbesserungsmaßnahmen zu unterscheiden, und notwendig sind solche Handlungen, die zur Erhaltung der Sachsubstanz beitragen. Der Lagerhalter ist nicht verpflichtet, dem Einlagerer Hilfskräfte oder Hilfsmittel für diese Maßnahmen zur Verfügung zu stellen. 3

III. Erhaltungsmaßnahmen des Lagerhalters (Abs. 1 S. 2)

Der Lagerhalter ist zur Selbstvornahme der erforderlichen Maßnahmen berechtigt. Da im Falle der Sammellagerung nicht jeder einzelne Einlagerer zur Erhaltung des Gesamtbestandes verpflichtet sein kann, sieht der Gesetzgeber eine fremdnützige Pflicht zur Vornahme der Maßnahmen vor. Die Selbstvornahme der Maßnahmen durch den Lagerhalter entbindet ihn von seiner Pflicht, entsprechende Maßnahmen des Einlagerers zu gestatten. 4

IV. Pflichten des Lagerhalters bei Veränderungen des Gutes (Abs. 2)

Über die Obhutspflichten hinaus (→ § 467 Rn. 17) verpflichtet Abs. 2 S. 1 den Lagerhalter zur unverzüglichen (§ 121 BGB) Anzeigeerstattung. Die Anzeige ist nur geboten, wenn an dem Gut bereits Schäden entstanden sind oder zu befürchten sind. Der Lagerhalter hat bei der danach erforderlichen Kontrolle des gelagerten Gutes die Sorgfalt eines ordentlichen Lagerhalters (§ 347) aufzubringen. Bei (zu erwartendem) Schadenseintritt hat er Weisungen des Berechtigten einzuholen. In diesen Fällen eines bereits eingetretenen oder bevorstehenden Schadens ist der Lagerhalter zur Selbstvornahme der „angemessen erscheinenden Maßnahmen" verpflichtet, wenn er Weisungen innerhalb angemessener Zeit nicht erlangen kann. Die Regelung entspricht auch in ihrer tatbestandlichen Vagheit der Regelung für den Frachtführer in § 419 Abs. 3 S. 1. 5

Zu den ggf. vom Lagerhalter zu ergreifenden Maßnahmen gehört das Recht, das eingelagerte Gut nach näherer Maßgabe des Abs. 3 S. 3 im Wege des Selbsthilfeverkaufs gem. § 373 zu verkaufen. Die in § 419 Abs. 3 S. 3 vorgesehene Angemessenheitskontrolle eines solchen Verkaufs ist im Lagerrecht ausdrücklich nicht vorgesehen; angesichts der gravierenden Wirkungen des Selbsthilfeverkaufs wird allerdings ihre analoge Anwendung befürwortet.[1] 6

V. Haftung

Überschreitet der Einlagerer sein Rechte gem. Abs. 1 ist er dem Lagerhalter gem. §§ 280, 823 BGB zum Schadensersatz verpflichtet. Der Lagerhalter haftet dem Einlagerer für Güterschäden gem. § 475, für andere Schäden gem. § 280 BGB. Haftungsbeschränkungen zu Gunsten des Lagerhalters ergeben sich aus Ziff. 24 ADSp. 7

§ 472 Versicherung. Einlagerung bei einem Dritten

(1) [1]Der Lagerhalter ist verpflichtet, das Gut auf Verlangen des Einlagerers zu versichern. [2]Ist der Einlagerer ein Verbraucher, so hat ihn der Lagerhalter auf die Möglichkeit hinzuweisen, das Gut zu versichern.

[1] Koller Rn. 8; für eine Angemessenheitskontrolle auch Begr. RegE TRG, BT-Drs. 13/8445, 120.

(2) Der Lagerhalter ist nur berechtigt, das Gut bei einem Dritten einzulagern, wenn der Einlagerer ihm dies ausdrücklich gestattet hat.

I. Versicherung

1 Nach der Regelung des Abs. 1 ist der Lagerhalter nicht grundsätzlich verpflichtet, das Gut zu versichern. Dies ist nach Abs. 1 S. 1 vielmehr nur der Fall, wenn der Einlagerer eine Versicherung verlangt. An ein solches Verlangen stellt die gesetzliche Regelung keine besonderen Anforderungen. Das Verlangen kann formlos und muss nicht ausdrücklich erklärt werden;[1] nach § 19 HLB unterliegt der Auftrag zur Besorgung einer Versicherung dem Schriftformerfordernis. Das Verlangen liegt vor, wenn der Lagerhalter Kenntnis von dem Wunsch des Einlagerers hat, das Gut während der Dauer der Lagerung versichern zu lassen. Dagegen ergibt sich allein aus der Wertangabe bei der Anlieferung des Gutes durch den Einlagerer kein Verlangen nach einer Versicherung.[2] Eine Versicherungspflicht kann sich für den Lagerhalter aus einem entsprechenden Handelsbrauch gem. § 346 oder auch ergeben, wenn dies verkehrsüblich ist (§ 157 BGB).

2 **Verbraucher** sind vom Lagerhalter auf die Möglichkeit der Versicherung hinzuweisen (Abs. 1 S. 2). Der Verstoß gegen die Hinweispflicht ist durch eine Schadensersatzverpflichtung gemäß 280 BGB sanktioniert.

3 **Inhalt und Umfang** der Versicherungspflicht werden durch das Verlangen des Einlagerers bestimmt (vgl. auch § 19 Ziff. 2 HLB). Insbesondere ist eine Begrenzung der Versicherung auf bestimmte Gefahren oder Summen (zB Feuer, Überschwemmung, Hochwasser usw) vom Lagerhalter zu beachten. Mangels konkreter Angaben hat der Lagerhalter das Verlangen nach pflichtgemäßen Ermessen iSd § 347 auszuführen. Konkretisierungen finden sich in Ziff. 21.1–21.3 ADSp.

II. Einlagerung bei einem Dritten (Abs. 2)

4 Die Regelung des Abs. 2 entspricht der Regelung für die Verwahrung in § 691 BGB. Der Wunsch oder das Erfordernis zur Einlagerung bei einem Dritten kann sich aus verschiedenen Ursachen, wie zB Kapazitätsprobleme, mangelnde Verfügbarkeit notwendiger Spezialeinrichtungen (Kühlhäuser, Gefahrgutlager), ergeben. In jedem Fall verlangt Abs. 2 für die Fremdlagerung bei einem Dritten die Gestattung durch den Einlagerer. Hierin kommt der Rechtsgedanke zum Ausdruck, dass es sich bei dem Lagervertrag um einen Vertrag handelt, bei dem dem Lagerhalter ein besonderes Vertrauen entgegengebracht wird.[3] Die Gestattung zur Fremdlagerung kann auch in AGB liegen (zB Ziff. 15.1 ADSp, § 5 Ziff. 4 HLB). Wird damit die Freizeichnung von der Haftung des Lagerhalters (§ 475 S. 2) gegen Abtretung der Ansprüche gegen den Dritten verbunden, ist diese Klausel wegen Freizeichnung einer Kardinalpflicht des Lagerhalters unwirksam (§ 307 BGB).

§ 473 Dauer der Lagerung

(1) [1]Der Einlagerer kann das Gut jederzeit herausverlangen. [2]Ist der Lagervertrag auf unbestimmte Zeit geschlossen, so kann er den Vertrag jedoch nur unter Einhaltung einer Kündigungsfrist von einem Monat kündigen, es sei denn, es liegt ein wichtiger Grund vor, der zur Kündigung des Vertrags ohne Einhaltung der Kündigungsfrist berechtigt.

(2) [1]Der Lagerhalter kann die Rücknahme des Gutes nach Ablauf der vereinbarten Lagerzeit oder bei Einlagerung auf unbestimmte Zeit nach Kündigung des Vertrags unter Einhaltung einer Kündigungsfrist von einem Monat verlangen. [2]Liegt ein wichtiger Grund vor, so kann der Lagerhalter auch vor Ablauf der Lagerzeit und ohne Einhaltung einer Kündigungsfrist die Rücknahme des Gutes verlangen.

(3) Ist ein Lagerschein ausgestellt, so sind die Kündigung und das Rücknahmeverlangen an den letzten dem Lagerhalter bekannt gewordenen legitimierten Besitzer des Lagerscheins zu richten.

I. Allgemeines

1 Die Vorschrift regelt die Dauer des Lagervertrages. Sie enthält Regelungen zur Rücknahme des Lagergutes und zur Kündigung des Lagervertrages. Die Regelungen sind für beide Vertragsparteien spiegelbildlich gestaltet; sie lehnen sich an § 695 BGB an.[1]

---

[1] BGH 18.1.1974, VersR 1974, 327 (328).
[2] Koller Rn. 2.
[3] Begr. RegE TRG, BT-Drs. 13/8445, 121.
[1] Begr. RegE TRG, BT-Drs. 13/8445, 121.

II. Rücknahmeanspruch des Einlagerers (Abs. 1 S. 1)

Der Einlagerer kann die Rückgabe des Gutes jederzeit verlangen. Darauf, ob der Vertrag auf bestimmte oder unbestimmte Dauer geschlossen wurde, kommt es für das Rückgaberecht nicht an. Für die Gegenleistung (Vergütung) des Lagerhalters ist wie folgt zu differenzieren: War eine bestimmte Lagerzeit vereinbart worden, kann der Lagerhalter bei vorzeitiger Geltendmachung des Rückgabeverlangens gem. § 699 Abs. 2 BGB nur eine anteilige Vergütung für den Zeitraum geltend machen, in dem das Gut tatsächlich gelagert wurde. Eine abweichende Vereinbarung der Parteien des Lagervertrages ist in § 699 Abs. 2 BGB ausdrücklich zugelassen. War keine bestimmte Lagerzeit vereinbart, gilt Abs. 1 S. 2. 2

Der Einlagerer kann die Rückgabe an sich selbst verlangen, auch wenn er nicht Eigentümer des Gutes ist. Sein Anspruch beruht auf einer schuldrechtlichen Grundlage. Die Rückgabe an einen Dritten kann auf verschiedenartiger Rechtsgrundlage beansprucht werden. Der Lagervertrag kann zugunsten des Dritten geschlossen worden sein (§ 328 BGB). Der Lagerhalter kann ermächtigt worden sein, das Gut an Dritte herauszugeben oder einem Dritten kann die Ermächtigung erteilt worden sein, das Gut in Empfang zu nehmen. Ferner kann eine Weisung an den Lagerhalter im Lieferschein (sog. deliver order) erteilt worden sein, das Gut an Dritte herauszugeben; auf diese Weisung werden die §§ 783 ff. BGB entsprechend angewendet, mit der Konsequenz, dass der Lagerhalter zur Auslieferung an den Anweisungsempfänger verpflichtet ist, wenn der Lagerhalter die Weisung iSd § 784 BGB annimmt.[2] Macht nicht der Vertragspartner des Lagerhalters, sondern ein Dritter den Rückgabeanspruch geltend, hat sich der Lagerhalter von der Berechtigung des Dritten mit der nach § 347 gebotenen Sorgfalt zu vergewissern.[3] 3

III. Kündigung durch den Einlagerer (Abs. 1 S. 2)

Ist der Lagervertrag auf unbestimmte Zeit geschlossen, wird der Vertrag durch ordentliche Kündigung beendet; davon unbenommen bleibt das Recht des Einlagerers auf jederzeitige Rückgabe gem. Abs. 1 S. 1. In der Geltendmachung des Rückgabeverlangens liegt regelmäßig eine konkludente Kündigung des Lagervertrages. Die Kündigung ist unter Einhaltung der Frist des Abs. 1 S. 2 von einem Monat wirksam; die Frist ist nach § 188 Abs. 2 BGB zu berechnen. 4

Eine **fristlose Kündigung** ist aus wichtigem Grund zulässig (Abs. 1 S. 2). Ein wichtiger Grund liegt vor, wenn dem Einlagerer die Fortsetzung des laufenden Lagervertrages nicht zugemutet werden kann. Die Zumutbarkeit ist unter Abwägung mit den Interessen des Lagerhalters festzustellen (§ 314 Abs. 1 BGB). 5

IV. Rücknahmeverlangen und Kündigung durch den Lagerhalter (Abs. 2, Abs. 3)

Haben die Parteien des Lagervertrages eine bestimmte Dauer des Lagervertrages vereinbart, hat er das Gut während dieser Dauer aufzubewahren. Der Einlagerer hat das Gut nach Ablauf der Vertragslaufzeit auf entsprechendes Verlangen des Lagerhalters zurückzunehmen (Abs. 2 S. 1). Andernfalls gerät der Einlagerer in Annahmeverzug (§§ 293 ff. BGB); der Lagerhalter hat einen Anspruch auf Mehrvergütung für die überzogene Lagerzeit gem. § 354.[4] 6

Haben die Parteien keine bestimmte Lagerzeit vereinbart, kann der Lagerhalter den Vertrag mit einer Frist von einem Monat kündigen (Abs. 2 S. 1). 7

Bei Vorliegen eines wichtigen Grundes kann der Lagerhalter den Lagervertrag jederzeit ohne Einhaltung einer Frist kündigen. Es gelten die allgemeinen, zu § 314 BGB entwickelten Grundsätze, sodass eine Abwägung mit den Interessen des Einlagerers zu erfolgen hat. Die Aufgabe von Lagerraum und auch die des Gewerbes durch den Lagerhalter stellen regelmäßig keinen hinreichenden Kündigungsgrund dar, sofern Ersatzraum zu beschaffen ist.[5] Konkretisierungen enthalten Ziff. 15.7 ADSp, § 23 Ziff. 3 HLB. 8

Adressat der Kündigung und des Rücknahmeverlangens ist grundsätzlich der Vertragspartner, also der Einlagerer. Ist ein Lagerschein ausgestellt worden, hat sich der Lagerhalter an den letzten ihm bekannt gewordenen legitimierten Besitzer des Lagerscheins zu richten (Abs. 3). 9

§ 474 Aufwendungsersatz

Der Lagerhalter hat Anspruch auf Ersatz seiner für das Gut gemachten Aufwendungen, soweit er sie den Umständen nach für erforderlich halten durfte.

---

[2] Nach OLG Hamburg 6.5.1982, VersR 1982, 1104 ist dies der Fall, wenn er dem Anweisungsempfänger die Lagerkosten in Rechnung stellt.
[3] BGH 14.4.1988, VersR 1988, 823 (824).
[4] OLG Düsseldorf 16.6.1992, TranspR 1993, 37 (38); Koller Rn. 8 (§ 546a BGB analog).
[5] BGH 7.10.2004, NJW 2005, 1360.

1 Neben dem Vergütungsanspruch des § 476 Abs. 2 hat der Lagerhalter gem. § 474 Anspruch auf Aufwendungsersatz. Zu ersetzen sind nur die erforderlichen Aufwendungen. Der Gesetzgeber orientiert sich damit an den Regelungen der §§ 693, 670 BGB. Aufwendungen sind somit die freiwilligen Vermögensopfer des Lagerhalters im Interesse des Einlagerers. Aufwendungen „für" das Gut sind solche, die im Interesse und zum Erhalt des Lagerguts getätigt werden. Hierunter fallen etwa Abgaben und Kosten für eine besondere amtliche Behandlung, Kosten für eine außergewöhnliche Bewegung des Gutes[1] oder Kosten der Eindeckung einer Versicherung für das Lagergut.[2] Entsorgungskosten im Zusammenhang mit der Beseitigung bereits wertlos gewordenen Lagerguts fallen nicht unter § 474.[3] Die Kosten für im Rahmen der Obhutspflicht geschuldete Maßnahmen sind bereits mit dem Vergütungsanspruch abgegolten und stellen deswegen keine erstattungsfähigen Aufwendungen dar.[4]

2 Konkretisierungen des Erforderlichkeitsmaßstabs finden sich in Ziff. 17.2 ADSp 2017. Weitergehende Auslagenersatzansprüche ergeben sich aus § 20 Ziff. 5 HLB.

§ 475 Haftung für Verlust oder Beschädigung

[1]Der Lagerhalter haftet für den Schaden, der durch Verlust oder Beschädigung des Gutes in der Zeit von der Übernahme zur Lagerung bis zur Auslieferung entsteht, es sei denn, daß der Schaden durch die Sorgfalt eines ordentlichen Kaufmanns nicht abgewendet werden konnte. [2]Dies gilt auch dann, wenn der Lagerhalter gemäß § 472 Abs. 2 das Gut bei einem Dritten einlagert.

Übersicht

I. Obhutshaftung des Lagerhalters, Haftungsvoraussetzungen

1 Den Lagerhalter trifft nach der Vorschrift eine Obhutshaftung wegen vermuteten Verschuldens für den Verlust oder die Beschädigung des Lagergutes (S. 1). Für andere Schäden ist § 475 nicht, auch nicht analog einschlägig; in Betracht kommen aber Schadensersatzpflichten nach § 280 BGB. Im Zusammenhang mit der **Corona-Pandemie** haben sich besondere haftungsrechtliche Fragen insofern ergeben, als das betreffende Gut nicht termingerecht ein- oder ausgelagert werden konnte oder die Lagerung aufgrund der Pandemie andere Güter und Sachen und insbesondere Personen gefährden konnte. Spezielle lagervertragliche Haftungsnormen sind insofern nicht einschlägig, sodass in solchen Situationen die Haftungsnormen des BGB zur Anwendung gelangen.[1]

2 Der **Haftungszeitraum** entspricht dem Zeitraum der Obhut des Lagerhalters „von der Übernahme zur Lagerung bis zur Auslieferung". Bei gemischten Verträgen (mit Elementen des Speditions-, Fracht- und Lagergeschäfts; → § 467 Rn. 12) wird die Abgrenzung des Zeitraums der Obhut des Lagerhalters wegen der Unterschiede des Haftungskonzepts in § 425 im Vergleich zum Fracht- und Speditionsrecht erheblich (→ § 425 Rn. 6 ff.; → § 461 Rn. 3 f.).

3 **Übernahme** bedeutet Erwerb des unmittelbaren Besitzes durch den Lagerhalter bzw. seine Leute oder eingeschaltete Dienstleister. Die Übernahme beginnt, sobald der Lagerhalter mit der Verbringung des Gutes in das Lager „zum Zwecke der Lagerung" beginnt. Sie ist dadurch abgegrenzt vom Begriff der „Übernahme zur Beförderung" iSd § 425. Das Entladen des Transportfahrzeugs bei der Anlieferung durch den Einlagerer ist vom Gesetzgeber nicht eindeutig dem Pflichtenkreis des Einlagerers oder Lagerhalters zugeordnet; mangels vertraglicher Regelung erfolgt die Übernahme des Gutes durch den Lagerhalter, wenn er das Gut vom Transportmittel entlädt.[2] Erfolgt die Entladung durch den Einlagerer, übernimmt der Lagerhalter das Gut erst, wenn es in seine Herrschaftsgewalt gelangt, also auf das Betriebsgelände verbracht ist.

4 Die **Ablieferung des Gutes** setzt voraus, dass dem Einlagerer das Gut in einer Weise zur Verfügung steht, dass er die tatsächliche Sachherrschaft darüber ausüben kann. Der Begriff entspricht dem des § 425 (→ § 425 Rn. 9).

---

[1] MüKoHGB/Hesse Rn. 2.
[2] Koller Rn. 2.
[3] LG Hamburg 6.12.2023, BeckRS 2023, 49773 Rn. 15 ff.
[4] Vgl. BGH 2.2.1995, TranspR 1995, 402.
[1] Dazu eingehend Valder TranspR 2021, 146 ff.
[2] Koller Rn. 2; Andresen/Valder/Valder Rn. 7; **aA** Ebenroth/Boujong/Heublein Rn. 4.

5 Weiterhin setzt die Haftung des Lagerhalters voraus, dass der Schaden unter Verletzung der Pflichten als Lagerhalter (→ § 467 Rn. 17 ff.) entstanden ist, der Lagerhalter seine Pflichten schuldhaft verletzt hat (§ 347 HGB, § 276 BGB) und der Schaden kausal auf die Pflichtverletzung zurückzuführen ist. Dabei begründet § 475 die gesetzliche Vermutung, dass der Lagerhalter seine Sorgfaltspflichten schuldhaft verletzt hat;[3] der Lagerhalter hat den Negativbeweis zu führen, dass der Schaden durch die Sorgfalt eines ordentlichen Kaufmanns nicht abgewendet werden konnte.

6 Das Verschulden der Mitarbeiter des Lagerhalters (Erfüllungsgehilfen) wird dem Lagerhalter nach § 278 BGB zugerechnet. Auch den Diebstahl durch Mitarbeiter muss sich der Lagerhalter zurechnen lassen. Die Verhinderung von Diebstahl gehört zum Pflichtenkreis des Lagerhalters und seiner Mitarbeiter; sie handeln deshalb auch beim Diebstahl „in Erfüllung" ihrer Überwachungs- und Kontrollaufgaben (→ § 467 Rn. 18 f.).[4] Das Verschulden von rechtmäßig eingeschalteten Fremdlagerhaltern wird dem Lagerhalter nach § 475 S. 2 zugerechnet.[5]

II. Haftungsumfang

7 Der Umfang der Schadensersatzverpflichtung bemisst sich nach **§§ 249 ff. BGB.** Eine gesetzliche Beschränkung der Haftung des Lagerhalters ist nicht vorgesehen.

8 **Vertragliche Einschränkungen des Haftungsumfangs** schließt das Gesetz nicht aus. Die in AGB enthaltenen Regelungen unterliegen der Inhaltskontrolle nach § 307 BGB.[6] Eine Freizeichnung des Lagerhalters und seiner Erfüllungsgehilfen ist bis zur Grenze grober Fahrlässigkeit grundsätzlich möglich (§ 309 Nr. 7 lit. b BGB),[7] eine umfassende Freizeichnung zumal von wesentlichen Pflichten des Lagerhalters dagegen unwirksam.[8] Gemäß Ziff. 22.3 ADSp ist die Haftung für Lagerschäden wirksam auf Wertverluste und Schadensfeststellungskosten (§§ 429, 430) begrenzt.[9]

9 **§ 254 BGB** ist anwendbar. Ein Mitverschulden des Einlagerers liegt vor, wenn er erkennt oder erkennen musste, dass die Art der Lagerung ungeeignet ist, aber seinerseits nichts unternimmt.[10]

III. Drittschadensliquidation

10 Der Einlagerer ist zur Geltendmachung von Ersatzansprüchen des Eigentümers berechtigt (sog. Drittschadensliquidation).[11]

IV. Beweislast

11 Hat der Einlagerer die Übernahme des Gutes durch den Lagerhalter auf der Grundlage eines wirksamen Lagervertrages nachgewiesen, hat er für den Ersatzanspruch darzulegen und erforderlichenfalls zu beweisen, dass die Beschädigung im Obhutszeitraum des Lagerhalters entstanden ist. Der Einlagerer muss somit darlegen und beweisen, dass das Gut unversehrt in die Verwahrung des Lagerhalters gelangt und beschädigt aus ihr herausgelangt ist.[12] Der Lagerhalter hat dazutun, wie der Schaden entstanden ist und dass er durch die gebotenen Sorgfalt nicht angewendet werden konnte.[13] Der Lagerhalter, der nach § 475 S. 1 Hs. 1 für den Schaden am Gut einzustehen hat, muss in vollem Umfang nachweisen, dass er den Schaden am Gut nicht zu verantworten hat. Dazu gehört Vortrag und Nachweis dazu, wie die Lagerräume beschaffen waren, dass Schäden angemessen vermieden und er und seine Erfüllungsgehilfen (zu denen insbesondere der Vermieter des Gebäudes, das der Einlagerung des Gutes dient, zählt) kein Schuldvorwurf trifft; dabei kann er sich nicht einfach darauf berufen, dass der Schaden durch von außen kommende Umstände verursacht worden ist; eine Unaufklärbarkeit der Schadensursache geht zu seinen Lasten.[14] Zu den (Sorgfalts-)Pflichten des ordentlichen kaufmännischen Lagerhalters (§ 475 S. 1 Hs. 2) gehört es, das Gut so zu lagern, dass keine mit zumutbarem Aufwand erkennbaren oder vermeidbaren Gefahren von Substanzveränderun-

[3] Begr. RegE TRG, BT-Drs. 13/8445, 122; vgl. auch Koller Rn. 8 m. Fn. 3.
[4] BGH 20.6.1984, BB 1984, 1449; Koller Rn. 3.
[5] Vgl. BGH 8.5.2014, RdTW 2014, 441 und Kirchhof TranspR 2015, 94.
[6] Eingehend Valder TranspR 2010, 27 ff.
[7] Vgl. OLG Düsseldorf 5.9.2007, TranspR 2008, 43 (44).
[8] BGH 19.2.1998, TranspR 1998, 374; zu Einzelheiten zu den Freizeichnungsmöglichkeiten vgl. BGH 20.7.2005, BGHZ 164, 11 = NJW-RR 2005, 1496 (1505) zum Vertragshändlerrecht; OLG Brandenburg 16.12.2020, TranspR 2023, 231 (237).
[9] Koller Ziff. 22 ADSp Rn. 7, 10.
[10] BGH 28.3.1996, TranspR 1997, 386 (387).
[11] BGH 10.5.1984, NJW 1985, 2411.
[12] BGH 19.3.2014, RdTW 2015, 13 Rn. 15.
[13] BGH 19.3.2014, RdTW 2015, 13 Rn. 15.
[14] LG Berlin 30.1.2019, RdTW 2020, 395 Rn. 58.

gen entstehen. Zwar kann vom Lagerhalter nicht das volle Wissen um die Eigenschaften des Lagergutes erwartet werden und ist absoluter Schutz nicht geschuldet; grundsätzlich ist aber der ihm erkennbare Wert und eine ggf. spezifische Schadensanfälligkeit des Gutes von ihm bereits bei der Auswahl des Lagerplatzes zu berücksichtigen. Zudem hat er den Lagerort laufend zu kontrollieren und zu bewachen, insbesondere für Brandvermeidung und Brandschutz zu sorgen.[15] Die im Bereich des Transportrechts anerkannte Beweiserleichterung (→ § 425 Rn. 28), bei kaufmännischen Absendern kann in der Regeln angenommen werden, dass das verschlossenen Behältnis die im Lieferschein angegebene Güter enthält, gilt nicht bezüglich der lagerrechtlichen Frage, ob das übernommene Gut zum Zeitpunkt der Übernahme unbeschädigt war.[16] Der Einlagerer, der einzelne eingelagerte Waren wieder entnommen hat, ist jedenfalls grundsätzlich[17] dafür beweisbelastet, dass ein bestimmtes, bei Abholung des restlichen Warensortiments nicht mehr im Lager befindliches Gut während seiner Verwahrung durch den Lagerhalter verlorengegangen ist.[18]

12 Im Zusammenhang mit einer Haftungsbegrenzung auf grobe Fahrlässigkeit durch AGB kann die dementsprechende Beweislast dem Einlagerer auferlegt werden. Insoweit sind in der Rspr. Beweiserleichterungen zugunsten des Einlagerers anerkannt, weil ihm die Betriebsinterna des Lagerhalterbetriebes unbekannt sind.[19] Haftungsfreizeichnungen beim Verlust von Gütern beim Lagerhalter sind nicht deswegen unbeachtlich, weil es sich um die Verletzung von Kardinalpflichten handelt, da die Haftung des Lagerhalters – anders als die gem. § 449 des Frachtführer – grundsätzlich abdingbar ist; sog. Schwundklauseln können deshalb auch in AGB grundsätzlich wirksam vereinbart werden.[20]

§ 475a Verjährung

[1]Auf die Verjährung von Ansprüchen aus einer Lagerung, die den Vorschriften dieses Abschnitts unterliegt, findet § 439 entsprechende Anwendung. [2]Im Falle des gänzlichen Verlusts beginnt die Verjährung mit Ablauf des Tages, an dem der Lagerhalter dem Einlagerer oder, wenn ein Lagerschein ausgestellt ist, dem letzten ihm bekannt gewordenen legitimierten Besitzer des Lagerscheins den Verlust anzeigt.

1 Die Verjährung von „Ansprüchen aus einer Lagerung" ist abweichend von § 195 BGB der grundsätzlich kurzen Jahresfrist des § 439 unterstellt; für den Beginn der Verjährung ist auf den Zeitpunkt der Rückgabe des Gutes abzustellen.[1] Soweit es nach § 439 auf die Ablieferung beim Empfänger ankommt, ist im Rahmen des § 475a auf die Auslieferung bzw. Rückgabe des Gutes abzustellen. Wird Lagergut nach und nach ausgeliefert, ist im Hinblick auf den Beginn der Verjährung nach § 439 Abs. 2 S. 1 auf den Zeitpunkt abzustellen, in dem sämtliches Lagergut abgeliefert ist; etwas anderes gilt nur, wenn der Lagerhalter zu erkennen gibt, mit der Teilablieferung den Lagervertrag als erfüllt anzusehen.[2] Von S. 1 werden vertragliche und außervertragliche Ansprüche erfasst. S. 2 betrifft allein den Verjährungsbeginn in Fällen des Totalverlusts des Lagergutes. Abweichende Regeln finden sich in § 25 HLB.

§ 475b Pfandrecht des Lagerhalters

(1) [1]Der Lagerhalter hat für alle Forderungen aus dem Lagervertrag ein Pfandrecht an dem ihm zur Lagerung übergebenen Gut des Einlagerers oder eines Dritten, der der Lagerung zugestimmt hat. [2]An dem Gut des Einlagerers hat der Lagerhalter auch ein Pfandrecht für alle unbestrittenen Forderungen aus anderen mit dem Einlagerer abgeschlossenen Lager-, Fracht-, Seefracht- und Speditionsverträgen. [3]Das Pfandrecht erstreckt sich auch auf die Forderung aus einer Versicherung sowie auf die Begleitpapiere.

(2) Ist ein Orderlagerschein durch Indossament übertragen worden, so besteht das Pfandrecht dem legitimierten Besitzer des Lagerscheins gegenüber nur wegen der Vergütungen und Aufwendungen, die aus dem Lagerschein ersichtlich sind oder ihm bei Erwerb des Lagerscheins bekannt oder infolge grober Fahrlässigkeit unbekannt waren.

[15] LG Berlin 30.1.2019, RdTW 2020, 395 Rn. 59.
[16] LG Mannheim 18.7.2013, RdTW 2016, 160 Rn. 10 f.
[17] Zu Ausnahmen vgl. BGH 19.3.2014, RdTW 2015, 13 Rn. 19.
[18] BGH 26.9.1991, NJW 1992, 367.
[19] BGH 27.2.1997, TranspR 1997, 440; 16.1.1997, NJW 1997, 2385.
[20] BGH 20.9.2018, RdTW 2019, 105 Rn. 12 ff.
[1] OLG München 24.11.2016, TranspR 2017, 136 f.
[2] OLG Hamm 21.11.2024, RdTW 2025, 104 Rn. 34.

(3) Das Pfandrecht besteht, solange der Lagerhalter das Gut in seinem Besitz hat, insbesondere solange er mittels Konnossements, Ladescheins oder Lagerscheins darüber verfügen kann.

I. Allgemeines

Nach dieser Vorschrift hat der Lagerhalter wie der Frachtführer (§ 441) und der Spediteur (§ 464) 1 ein gesetzliches Pfandrecht am Lagergut zur Sicherung bestimmter Forderungen (Abs. 1). Es besteht, solange er das Gut in seinem Besitz hat (Abs. 3). Die Vereinbarung eines über die gesetzliche Regelung hinausgehenden vertraglichen Pfandrechts ist möglich; Ziff. 20.1. ADSp und § 22 HLB sind insofern zu beachten.

II. Gesetzliches Pfandrecht (Abs. 1)

Das gesetzliche Pfandrecht bezieht sich nicht nur auf die durch den Lagervertrag begründeten 2 Forderungen, sondern auch auf unbestrittene Forderungen aus anderen mit dem Einlagerer abgeschlossenen Lager-, Fracht- und Speditionsverträgen (sog. inkonnexe Forderungen). Abs. 1 S. 1 entspricht somit inhaltlich den (durch das SHR-ReformG neu gefassten) Regelungen der § 440 Abs. 1 S. 1, § 464 S. 1; auf die Kommentierung zu diesen Vorschriften wird verwiesen. Das Austauschrecht des Einlagerers (§§ 1257, 1218 Abs. 1 BGB) hat Vorrang vor den Rechten des Lagerhalters gem. §§ 1219–1222 BGB.[1]

Das Pfandrecht besteht ungeachtet der Höhe der gesicherten Forderung grundsätzlich am gesam- 3 ten Lagergut.[2] Eine Pflicht zur teilweisen Freigabe besteht nur in Ausnahmefällen, wenn die Berufung auf das Pfandrecht treuwidrig ist.[3] Es erstreckt sich nach Abs. 1 S. 2 auch auf Begleitpapiere; dies entspricht der Regel der § 440 Abs. 1 S. 1, § 464 S. 2. Darüber hinaus erstreckt es sich auf die Forderung aus einer Versicherung, nicht mehr nur – wie nach früher geltender Regelung der OrdLagV – auf die aus einer Feuerversicherung.

III. Beschränkung des Pfandrechts bei Orderlagerscheinen (Abs. 2)

Ist ein Orderlagerschein ausgestellt worden, besteht das Pfandrecht nach der Regelung des Abs. 2 4 letztlich nur an konnexen Ansprüche des Lagerhalters aus dem Lagervertrag, also die Ansprüche auf Vergütung und Aufwendungsersatz (→ § 467 Rn. 20). Letztlich wollte der Gesetzgeber damit einen Schutz des guten Glaubens des Indossatars an den Inhalt des Orderlagerscheins gewährleisten. Für Lagerscheine ohne die Traditionsfunktion des § 475g gilt die Einschränkung des Abs. 2 nicht.

IV. Bestand des Pfandrechts (Abs. 3)

Das Pfandrecht besteht nur, solange der Lagerhalter das Gut in Besitz hat oder über das Gut 5 mittels Konnossements, Ladescheins oder Lagerscheins verfügen kann. Die Regelung entspricht der des § 440 Abs. 2; auf die Kommentierung dazu wird verwiesen. Das Folgerecht des Frachtführerpfandrechts in § 440 Abs. 3 hat der Gesetzgeber im Lagerrecht nicht übernommen. Ist der Einlagerer mit der Zahlung von Lagergeld in Verzug, begründet § 354 Abs. 1 einen Anspruch auf Lagergeld, wenn Lagergut aufgrund der Ausübung des gesetzlichen Pfandrechts weiter eingelagert wird, der Lagerhalter sich auf sein gesetzliches Pfandrecht gem. § 475b beruft und das Lagergut im Interesse des Einlagerers auf der zugewiesenen Fläche belassen wird.[4]

§ 475c Lagerschein. Verordnungsermächtigung

(1) Über die Verpflichtung zur Auslieferung des Gutes kann von dem Lagerhalter, nachdem er das Gut erhalten hat, ein Lagerschein ausgestellt werden, der die folgenden Angaben enthalten soll:
1. Ort und Tag der Ausstellung des Lagerscheins;
2. Name und Anschrift des Einlagerers;
3. Name und Anschrift des Lagerhalters;
4. Ort und Tag der Einlagerung;

[1] BGH 20.6.2013, RdTW 2013, 353 Rn. 13.
[2] OLG Frankfurt 3.8.2016, RdTW 2017, 174 Rn. 11.
[3] BGH 3.11.1965, BeckRS 1965, 31172178.
[4] OLG Frankfurt 3.8.2016, RdTW 2017, 174 Rn. 9 f.

5. die übliche Bezeichnung der Art des Gutes und die Art der Verpackung, bei gefährlichen Gütern ihre nach den Gefahrgutvorschriften vorgesehene, sonst ihre allgemein anerkannte Bezeichnung;
6. Anzahl, Zeichen und Nummern der Packstücke;
7. Rohgewicht oder die anders angegebene Menge des Gutes;
8. im Falle der Sammellagerung einen Vermerk hierüber.

(2) In den Lagerschein können weitere Angaben eingetragen werden, die der Lagerhalter für zweckmäßig hält.

(3) [1]Der Lagerschein ist vom Lagerhalter zu unterzeichnen. [2]Eine Nachbildung der eigenhändigen Unterschrift durch Druck oder Stempel genügt.

(4) [1]Dem Lagerschein gleichgestellt ist eine elektronische Aufzeichnung, die dieselben Funktionen erfüllt wie der Lagerschein, sofern sichergestellt ist, dass die Authentizität und die Integrität der Aufzeichnung gewahrt bleiben (elektronischer Lagerschein). [2]Das Bundesministerium der Justiz und für Verbraucherschutz wird ermächtigt, im Einvernehmen mit dem Bundesministerium des Innern, für Bau und Heimat durch Rechtsverordnung, die nicht der Zustimmung des Bundesrates bedarf, die Einzelheiten der Ausstellung, Vorlage, Rückgabe und Übertragung eines elektronischen Lagerscheins sowie die Einzelheiten des Verfahrens über nachträgliche Eintragungen in einen elektronischen Lagerschein zu regeln.

1 Die Vorschrift regelt zusammen mit den Vorschriften der §§ 475d–475g das Wertpapierrecht des Lagerscheins. Eine gesetzliche Verpflichtung zur Ausstellung und Begebung eines Lagerscheins besteht im Lagerrecht nicht; sie kann aber vertraglich vereinbart werden (vgl. Ziff. 15.1 ADSp).

2 Abs. 1 regelt, welchen Inhalt der Lagerschein enthalten soll, wenn ein solcher Schein ausgestellt wird; die Regelung lehnt sich denjenigen zum Frachtbrief in § 408 Abs. 1, § 444 Abs. 1 S. 1 an. Weitere Angaben sind nach Abs. 2 zulässig. Fehlende Angaben machen den Lagerschein nicht unwirksam, sofern nur zumindest der Aussteller, der Herausgabeanspruch und der Empfangsberechtigte erkennbar werden.[1]

3 Der Lagerschein ist ein den Herausgabeanspruch gegenüber dem Lagerhalter verbriefendes Wertpapier. Die nach Abs. 3 erforderliche Unterschrift hat deshalb wie in den Parallelregelungen des § 444 Abs. 1 S. 2 bzw. des § 793 BGB konstitutive Bedeutung.

4 Enthält der Lagerschein keine Angabe des Einlagerers, ist er als **Inhaberlagerschein** anzusehen (§ 793 BGB). Ist er an Order ausgestellt **(Orderlagerschein)**, ist er ein kaufmännisches Wertpapier iSd § 363 Abs. 2. Fehlt im Orderlagerschein eine Angabe des Einlagerers, gilt er gem. § 444 Abs. 2 S. 2 analog als Orderlagerschein an Order des Einlagerers. Der Lagerschein ist dann ein wirksames Orderpapier, wenn der Einlagerer außerurkundlich ermittelt werden kann; andernfalls ist der Lagerschein unwirksam. Ist der Einlagerer benannt und der Lagerschein nicht als Orderpapier ausgestellt, handelt es sich um einen **Namenslagerschein.**[2] Die Wirkungen des Lagerscheins ergeben sich aus den Regelungen der §§ 475d–475g.

5 Der durch das Seehandelsrechtsreformgesetz eingefügte Abs. 4 eröffnet die Möglichkeit, auf der Grundlage der Verordnungsermächtigung, das herkömmliche papiergebundene Dokument künftig durch eine elektronische Aufzeichnung zu ersetzen. Näheres zur Funktionsäquivalenz von papiergebundenem und digitalem Dokument in den Erl. zu § 443 (→ Rn. 4).[3] Die Regelung geht einen ersten Schritt in Richtung der Öffnung der Rechtsordnung für die Digitalisierung der Transportwirtschaft[4] und entspricht derjenigen in den § 408 Abs. 3, § 444 Abs. 3, § 516 Abs. 2 und 3 sowie § 526 Abs. 4.

§ 475d Wirkung des Lagerscheins. Legitimation

(1) [1]Der Lagerschein begründet die Vermutung, dass das Gut und seine Verpackung in Bezug auf den äußerlich erkennbaren Zustand sowie auf Anzahl, Zeichen und Nummern der Packstücke wie im Lagerschein beschrieben übernommen worden sind. [2]Ist das Rohgewicht oder die anders angegebene Menge des Gutes oder der Inhalt vom Lagerhalter überprüft und das Ergebnis der Überprüfung in den Lagerschein eingetragen worden, so

[1] Koller Rn. 1.
[2] Koller Rn. 1 im Rückschluss aus § 363 Abs. 2.
[3] Dazu eingehend Ramming RdTW 2022, 2 ff.; Ramming RdTW 2022, 100 ff.; vgl. auch Saive ZRP 2020, 219 ff.
[4] Näher Saive RdTW 2018, 85 ff.

begründet dieser auch die Vermutung, dass Gewicht, Menge oder Inhalt mit den Angaben im Lagerschein übereinstimmt.

(2) [1]Wird der Lagerschein an eine Person begeben, die darin als zum Empfang des Gutes berechtigt benannt ist, kann der Lagerhalter ihr gegenüber die Vermutung nach Absatz 1 nicht widerlegen, es sei denn, der Person war im Zeitpunkt der Begebung des Lagerscheins bekannt oder infolge grober Fahrlässigkeit unbekannt, dass die Angaben im Lagerschein unrichtig sind. [2]Gleiches gilt gegenüber einem Dritten, dem der Lagerschein übertragen wird.

(3) [1]Die im Lagerschein verbrieften lagervertraglichen Ansprüche können nur von dem aus dem Lagerschein Berechtigten geltend gemacht werden. [2]Zugunsten des legitimierten Besitzers des Lagerscheins wird vermutet, dass er der aus dem Lagerschein Berechtigte ist. [3]Legitimierter Besitzer des Lagerscheins ist, wer einen Lagerschein besitzt, der
1. auf den Inhaber lautet,
2. an Order lautet und den Besitzer als denjenigen, der zum Empfang des Gutes berechtigt ist, benennt oder durch eine ununterbrochene Reihe von Indossamenten ausweist oder
3. auf den Namen des Besitzers lautet.

Der Lagerschein begründet die Vermutung, dass das Gut und seine Verpackung dem äußerlichen Zustand nach und nach Anzahl, Zeichen und Nummern der Packstücke wie im Lagerschein beschrieben übernommen worden sind (Abs. 2 S. 1); sie kann durch den Beweis des Gegenteils widerlegt werden (§ 292 ZPO). Die Vermutungswirkung gilt nach S. 2 unter den genannten Umständen für Gewichts-, Mengen- und Inhaltsangaben. Die Regelung entspricht der des § 444 Abs. 1. 1

Abs. 2 entspricht der Regelung des § 444 Abs. 2 und trifft – wie dort – eine Unterscheidung zwischen der Begebung des Lagerscheins an die darin zum Empfang berechtigte benannte Person und der Indossierung des Lagerscheins bzw. der Übertragung an Dritte durch Einigung und Übergabe, sodass auch der gutgläubige erste Nehmer eines Rekta- oder Orderlagerscheins geschützt wird. Auf die Erl. zu § 444 wird verwiesen (→ § 444 Rn. 1 ff.). 2

Abs. 3 entspricht der Regelung in § 444 Abs. 3 für den Lagerschein; auf die Erl. dazu wird verwiesen (→ § 444 Rn. 1 ff.). 3

§ 475e Auslieferung gegen Rückgabe des Lagerscheins

(1) Der legitimierte Besitzer des Lagerscheins ist berechtigt, vom Lagerhalter die Auslieferung des Gutes zu verlangen.

(2) [1]Ist ein Lagerschein ausgestellt, so ist der Lagerhalter zur Auslieferung des Gutes nur gegen Rückgabe des Lagerscheins, auf dem die Auslieferung bescheinigt ist, verpflichtet. [2]Der Lagerhalter ist nicht verpflichtet, die Echtheit der Indossamente zu prüfen. [3]Er darf das Gut jedoch nicht dem legitimierten Besitzer des Lagerscheins ausliefern, wenn ihm bekannt oder infolge grober Fahrlässigkeit unbekannt ist, dass der legitimierte Besitzer des Lagerscheins nicht der aus dem Lagerschein Berechtigte ist.

(3) [1]Die Auslieferung eines Teils des Gutes erfolgt gegen Abschreibung auf dem Lagerschein. [2]Der Abschreibungsvermerk ist vom Lagerhalter zu unterschreiben.

(4) Der Lagerhalter haftet dem aus dem Lagerschein Berechtigten für den Schaden, der daraus entsteht, daß er das Gut ausgeliefert hat, ohne sich den Lagerschein zurückgeben zu lassen oder ohne einen Abschreibungsvermerk einzutragen.

Die durch das SHR-ReformG umgestaltete Vorschrift enthält in Abs. 1 eine Regelung, die dem § 445 Abs. 1 entspricht. Der legitimierte Besitzer des Lagerscheins ist Inhaber des Auslieferungsanspruchs und damit materiell zur Empfangnahme des Gutes berechtigt. S. 1 regelt die formelle Legitimationswirkung des Lagerscheins zugunsten desjenigen, der im Lagerschein benannt ist; bei einem Orderlagerschein (→ § 475c Rn. 4) ist der Indossatar formell legitimiert, wenn er sein Recht durch eine ununterbrochene Reihe von Indossamenten nachweist. Der Inhaberlagerschein legitimiert den Besitzer (§ 793 Abs. 1 S. 2 BGB). 1

Der den Herausgabeanspruch gegen den Lagerhalter verbriefende Lagerschein muss bei Auslieferung des Gutes zurückgegeben werden, damit eine erneute Inanspruchnahme des Lagerhalters vermieden wird. Abs. 2 gibt dem Lagerhalter ein dem Wertpapierrecht insgesamt entsprechendes Zurückbehaltungsrecht (vgl. § 364 Abs. 3 HGB bzw. § 797 S. 1 BGB) des Inhalts, dass die verbriefte Leistung nur Zug-um-Zug gegen Rückgabe des Papiers verlangt werden kann. Ist die Rückgabe 2 des Lagerscheins wegen Vernichtung oder Abhandenkommen nicht möglich, unterliegt er der Kraftloserklärung gem. § 365 Abs. 2 S. 1.

3 Gemäß Abs. 2 S. 2 hat der Lagerhalter nur die formelle Legitimation zu prüfen. Somit ist von ihm im Falle der Indossierung nur die Reihe formgerechter Indossamente, nicht aber die Echtheit der Indossamente zu prüfen. Der Lagerhalter darf gemäß der neu eingeführten Regelung in S. 3 das Gut trotz Vorlage des Lagerscheins nicht dem legitimierten Besitzer abliefern, wenn er die fehlende materielle Berechtigung des Besitzers kennt oder diese ihm infolge grober Fahrlässigkeit unbekannt geblieben ist. Die Regelung entspricht der des § 445 Abs. 2 S. 2 (→ § 445 Rn. 1 ff.).

4 Abs. 3 behandelt mit der Formulierung „Teil des Gutes" den Fall der Teilauslieferung. Hat der Lagerhalter nicht alle eingelagerten Güter des Einlagerers ausgeliefert, soll eine „Abschreibung" erfolgen; dabei handelt es sich um einen vom Lagerhalter zu unterschreibenden Vermerk auf dem Lagerschein über den Umfang in dem die eingelagerten Güter ausgeliefert worden sind.

5 Abs. 4 behandelt in Übernahme der frachtrechtlichen Regelung des § 447 S. 1 die Haftung des Lagerhalters bei Auslieferung des Gutes, ohne sich den Lagerschein zurückgeben zu lassen bzw. ohne einen Abschreibungsvermerk einzutragen; auf die Erl. zu § 447 S. 1 wird verwiesen (→ § 447 Rn. 1 ff.). Wie dort haftet der Lagerhalter verschuldensunabhängig.[1] Eine Haftungsbegrenzung wie in § 447 S. 2 für den Frachtführer sieht das Lagerrecht für den Lagerhalter nicht vor. Abweichende vertragliche Regelungen sind grundsätzlich zulässig.

§ 475f Einwendungen

[1]Dem aus dem Lagerschein Berechtigten kann der Lagerhalter nur solche Einwendungen entgegensetzen, die die Gültigkeit der Erklärungen im Lagerschein betreffen oder sich aus dem Inhalt des Lagerscheins ergeben oder dem Lagerhalter unmittelbar gegenüber dem aus dem Lagerschein Berechtigten zustehen. [2]Eine Vereinbarung, auf die im Lagerschein lediglich verwiesen wird, ist nicht Inhalt des Lagerscheins.

1 Die Vorschrift entspricht in der durch das SHR-ReformG geänderten Fassung der Regelung des § 447 für den Ladeschein (→ § 447 Rn. 1 ff.).

§ 475g Traditionswirkung des Lagerscheins

[1]Die Begebung des Lagerscheins an denjenigen, der darin als der zum Empfang des Gutes Berechtigte benannt ist, hat, sofern der Lagerhalter das Gut im Besitz hat, für den Erwerb von Rechten an dem Gut dieselben Wirkungen wie die Übergabe des Gutes. [2]Gleiches gilt für die Übertragung des Lagerscheins an Dritte.

1 Die Vorschrift entspricht in der durch das SHR-ReformG geänderten Fassung der Regelung des § 448 für den Ladeschein (→ § 448 Rn. 1 ff.).

§ 475h Abweichende Vereinbarungen

Ist der Einlagerer ein Verbraucher, so kann nicht zu dessen Nachteil von den §§ 475a und 475e Absatz 4 abgewichen werden.

1 Aus der Vorschrift ergibt sich, dass die Vorschriften des Lagerrechts grundsätzlich dispositiv sind. Nur dann, wenn der Einlagerer ein Verbraucher (§ 13 BGB) ist, sind die genannten Vorschriften nicht abdingbar.

2 AGB im Lagerrecht (→ § 467 Rn. 24) unterliegen der Inhaltskontrolle nach §§ 307 ff. BGB. Zu Haftungsbegrenzungen in AGB zum Lagerrecht → § 475 Rn. 8.

[1] Andresen/Valder/Valder Rn. 6; Ebenroth/Boujong/Heublein Rn. 6; Hopt/Merkt Rn. 1; **aA** Koller Rn. 3.

Fünftes Buch. Seehandel

Vorbemerkung (Vor § 476)

Schrifttum: Abraham, Das Seerecht, 1978; Czerwenka, Das Gesetz zur Reform des Seehandelsrechts, 2014; Deutscher Verein für Internationales Seerecht (DVIS), Stellungnahme zum Referentenentwurf eines Gesetzes zur Reform des Seehandelsrechts, DVIS-Schriftenreihe, Heft A 19, 2012; Daum, Digitale Sicherheit im maritimen Sektor, RdTW 2018, 361; Drews, Seehandelsrecht, 4. Aufl. 2018; Furrer, Das neue Seehandelsrecht im Kontext internationaler und privater Rechtsvereinheitlichung, RdTW 2014, 85; Hartenstein in Hartenstein/Reuschle (Hrsg.), Handbuch des Fachanwalts Transport- und Speditionsrecht, 3. Aufl. 2015, Kap. 4: Seefrachtrecht; Herber, Seehandelsrecht, 2. Aufl. 2016; Kienzle in Paschke/Graf/Olbrisch (Hrsg.), Hamburger Handbuch des Exportrechts, 2. Aufl. 2014, Abschnitt 15; Mankowski, Seerechtliche Vertragsverhältnisse im Internationalen Privatrecht, 1995; Paschke/Lutter, Zur künftigen Rechtsordnung der unbemannten Schifffahrt, 2018; Paschke/Ramming, Reform des deutschen Seehandelsrechts, RdTW 2013, 1; Puttfarken, Seehandelsrecht, 1997; Rabe, Das Seehandelsrechtsreformgesetz in der Kritik, TranspR 2014, 309; Rabe/Bahnsen, Seehandelsrecht, 5. Aufl. 2018; Ramming: Die Anwendung handelsrechtlicher Grundsätze des See- und Binnenschifffahrtsrechts auf Yachten, RdTW 2025, 88; Ramming, Zehn Jahre neues deutsches Seehandelsrecht, RdTW 2023, 122; Ramming, Seehandelsrecht, Bd. I, 2018; Ramming, Hamburger Handbuch Multimodaler Transport, 2011; Sager, Die Verwendung von AGB im Seehandelsrecht, TranspR 2018, 283; Schaps/Abraham, Seehandelsrecht, 4. Aufl. 1978; Schwampe, Die Verfrachterhaftung nach der Seerechtsreform – was ist neu am neuen Recht?, RdTW 2014, 381; Schwampe, Seekaskoversicherung, 2009; Wüstendörfer, Neuzeitliches Seehandelsrecht, 2. Aufl. 1950; v. Ziegler, Schadenersatz im internationalen Seefrachtrecht, 1990.

Übersicht

I. Deutsches Seehandelsrecht zwischen Tradition und Moderne

Im Frühjahr 2013 ist das Gesetz zur Reform des Seehandelsrechts (SHR-ReformG) in Kraft getreten.[1] Es ist an die Stelle der schon bis zu diesem Zeitpunkt ebenfalls im Fünften Buch des HGB geregelten Kodifikation getreten, die – sieht man von zahlreichen Änderungen, nicht zuletzt durch die fortgeltenden sog. Haager Regeln,[2] ab – in den Grundstrukturen und Begrifflichkeiten noch aus dem Allgemeinen Deutschen Handelsgesetzbuch (ADHGB) von 1861 stammte. Die ohne nen- 1

[1] Gesetz zur Reform des Seehandelsrechts, BT-Drs. 17/10307, 5 ff. idF der Beschlussempfehlung des Rechtsausschusses, BT-Drs. 17/11884; vgl. dazu Paschke/Ramming RdTW 2013, 1 ff.; Schwampe RdTW 2014, 381 ff.

[2] Vgl. Internationales Übereinkommen von 1924 zur Vereinheitlichung von Regeln über Konnossemente, RGBl. 1939 II 1049, abrufbar mit deutscher Übersetzung unter www.transportrecht.org.

nenswerte Übergangsvorschriften[3] vollzogene legislative Neuregelung bedeutet einen grundlegenden Modernisierungsschritt, nicht aber ohne weiteres einen Schritt in die legislative Moderne. Die Bestrebungen zur Modernisierung der rechtlichen Ordnung des Seehandelsrechts sind auf internationaler Ebene durch die Orientierung des Regelungsrahmens am multimodalen Geschehen gekennzeichnet, in das der Seehandel rechtstatsächlich intensiv eingebunden ist. In den sog. Rotterdam Regeln, den internationalen Konventionsregeln vom 11.12.2008, die am 23.9.2009 in Rotterdam zur Zeichnung aufgelegt wurden,[4] wird deshalb ein Regelungsansatz gewählt, der auch die dem Seeverkehr vor- und nachlaufenden Transportstrecken (sog. maritime-plus-Ansatz) mitberücksichtigt.[5] Das SHR-ReformG,[6] das die Vorschriften der §§ 476 ff. grundlegend neu gestaltet hat, verfolgt diesen Ansatz nicht.[7] Im Zuge der Digitalisierung der Transportwirtschaft[8] und der IT-Sicherheit im maritimen Sektor[9] stellen sich neue Herausforderungen, die der Gesetzgeber erst ansatzweise aufgegriffen hat. Insofern wird sich noch erweisen, ob es sich bei der Reform des deutschen Seehandelsrechts um eine Jahrhundert-Reform handelt oder demnächst eine erneute Reform in Anpassung an die sich verändernden Umstände und internationalen Regeln vorzunehmen ist.[10] Aus der Sicht des Anwenders des derzeit geltenden Rechts kann diese Frage noch dahinstehen; die sog. Rotterdam Regeln sind nicht in Kraft getreten und von der Bundesrepublik Deutschland wurden sie noch nicht einmal gezeichnet. Das geltende deutsche Seehandelsrecht ist das Regelwerk im Fünften Buch des HGB und die sie begleitende Gesetzgebung in weiteren (Neben- und Spezial-)Gesetzen.[11]

II. Charakteristika des Seehandelsrechts

2 **1. Allgemeines.** Der Seehandel wurde traditionell als ein den besonderen Gefahren der See ausgesetztes Geschehen angesehen. Diese tradierte Konzeption ist unter den Bedingungen moderner global vernetzter nautisch-technischer Mittel kritisiert worden. Dennoch beruht das Regelwerk im Fünften Buch des HGB von dieser Kritik unbenommen und mit Rücksicht auf die bestehenden völkerrechtlichen Bindung der Bundesrepublik Deutschland auf der traditionellen Konzeption, nach der die Hochseeschifffahrt letztlich unter nicht beherrschbaren Gefahren erfolgt, denen immer größer werdende und zunehmend höherwertigere Ladungsmengen ausgesetzt sind, die nicht nur den Wert des Schiffes regelmäßig um ein Vielfaches übersteigen, sondern auch in einem Missverhältnis zu den erzielbaren Frachtraten stehen. Im Hinblick auf diesen spezifisch seewirtschaftlich-technischen Hintergrund hat sich das Seehandelsrecht als eine vom allgemeinen Frachtrecht verschiedene **Sondermaterie** des Frachtgeschäftsrechts entwickelt und erhalten.

3 Bei der Seeschifffahrt mit Handelsschiffen handelt es sich um ein **genuin internationales Geschehen.** Auch wenn die Küstenschifffahrt eine nicht zu vernachlässigende Bedeutung hat, kommt ihr im Vergleich zu dem grenzüberschreitenden, globalen Seehandel keine vergleichbare wirtschaftliche Bedeutung zu. Der insofern genuin internationale Charakter des Seehandelsgeschehens bildet den Regelungsgegenstand für eine Rechtsmaterie, die wie kaum eine andere **internationales (Einheits-)Recht** fordert und in Breite und Regelungsdichte hervorgebracht hat (vgl. insbesondere die in → Rn. 34 nachgewiesenen internationalen Übereinkommen) und weiterhin zur sachgerechten Ordnung erforderlich macht. Normen des internationalen Rechts prägen die Rechtsgrundlagen und deren Anwendung im See(handels)recht stärker als in vielen anderen Materien. Das nationale Seehandelsrecht vieler Staaten und auch das der Bundesrepublik ist von der Einarbeitung völkerrechtlich verbindlicher Regeln bzw. durch die Anpassung an internationalrechtliche Regeln

[3] Vgl. aber die in Art. 15 Abs. 2 SHR-ReformG geregelten Besonderheiten für das Inkrafttreten der Änderungen des § 450.

[4] United Nations Convention on Contracts for the International Carriage of Goods Wholly or Partly by Sea vom 11.12.2008, abgedruckt in TranspR 2009, 372 ff.; deutsche Arbeitsübersetzung abgedruckt unter www.transportrecht.org.

[5] Vgl. Art. 1.1. Rotterdam Regeln; dazu v. Ziegler in Ramming, Die Rotterdam Regeln, 2011, 1 (10 f.); Ramming Seehandelsrecht, Bd. 1 Einl. Rn. 94 ff.

[6] Vgl. Gesetz zur Reform des Seehandelsrechts, BT-Drs. 17/10307, 5 ff. idF der Beschlussempfehlung des Rechtsausschusses, BT-Drs. 17/11884.

[7] Vgl. dazu Begr. RegE, BT-Drs. 17/10309, 66 f.

[8] Dazu Kaufmann RdTW 2019, 241 ff.; Paschke/Lutter, Zur künftigen Rechtsordnung der unbemannten Schifffahrt, 2018; Schmidt TranspR 2020, 66 ff.; Reiling/Lange RdTW 2025, 168 ff.

[9] Vgl. die IMO Guidelines on Maritime Cyber Risk Management (4.4.2025, MSC-FAL.1/Circ.3, Rev. 3) und die BIMCO Guidelines on Cyber Security on board Ships (4.1.2021), https://www.bimco.org/products/publications/titles/the-guidelines-on-cyber-security-onboard-ships/ (zuletzt abgerufen am 25.8.2025); vgl. Daum RdTW 2018, 361 ff.

[10] Weiterführend Furrer RdTW 2014, 85 ff.; vgl. auch den Tagungsbericht von Brehmer RdTW 2014, 100 ff.; Paschke/Lutter RdTW 2018, 242 ff.; vgl. auch Tagungsbericht Janicki RdTW 2019, 458.

[11] Vgl. den Überblick bei Ramming, Seehandelsrecht, Bd. I, 2018, Einl. Rn. 116 ff., 123 ff.

wesentlich mitbestimmt. Deutschland hat insbesondere das Internationale Übereinkommen zur Vereinheitlichung von Regeln über Konnossemente vom 25.8.1924 (sog. Haager Regeln) unterzeichnet und in das HGB eingearbeitet.[12] Die Änderung der Hager Regeln durch die sog. Haag/Visby-Regeln sind in Deutschland völkerrechtlich nicht verbindlich geworden; der deutsche Gesetzgeber hat sie aber inhaltlich im Wesentlichen in das HGB eingearbeitet.[13] Die auf einem UN-Überkommen von 1978 beruhenden sog. Hamburg-Regeln sind international bedeutungslos geblieben; sie gelten in Deutschland nicht.[14] Die andauernden fachlichen Beratungen zur Reform des internationalen Seehandelsrechts haben bis heute keinen Erfolg gehabt.[15] Das CMI verfolgt derzeit das weniger engagiert angelegte Vorhaben, international anerkannte, gemeinsame Grundsätze des Seehandelsrechts herauszuarbeiten; es hat dazu den Entwurf einer CMI Lex Maritima veröffentlicht.[16]

Die vielfältigen Bemühungen und Fortschritte der Rechtsvereinheitlichung im Seehandelsgeschehen haben angesichts der fortbestehenden Unterschiede der nationalen Rechtsregeln für den Seehandel das tatsächliche Bedürfnis der Parteien, ein **möglichst universell geltendes Seehandelsrecht** anzuwenden, nicht verdrängen können. Die Handelspartner des Seehandelsgeschäfts verständigen sich häufig nicht auf die Geltung einer ihrer Heimatrechtsordnungen für den durchzuführenden Seetransport, sondern sie vereinbaren – auch im Interesse der in das Geschehen mit eingebundenen Geschäftspartner des Waren-, Finanzierungs- oder Versicherungsgeschäfts – die Geltung einer vertrauten Rechtsordnung. Angesichts seiner traditionellen Dominanz ist dies bis heute vor allem das englische Recht. Eine im Seefrachtvertrag vereinbarte Rechtswahl führt deshalb nicht selten aus der Heimatrechtsordnung heraus und zur Anwendung insbesondere des englischen Rechts. Fragen der Anwendbarkeit des Rechts (→ Rn. 31 ff.) haben deshalb im Seehandelsgeschäft eine erhebliche praktische Bedeutung. Selbst bei ausschließlicher Beteiligung von Handelspartnern mit Sitz in der Bundesrepublik Deutschland ist es keineswegs selbstverständlich, dass HGB-Seehandelsrecht zur Anwendung kommt. 4

2. Verhältnis zum allgemeinen Frachtrecht. Das deutsche Recht des Seehandels hat auch nach der Reform durch das SHR-ReformG (→ Rn. 1) seine Eigenständigkeit gegenüber dem allgemeinen, nicht maritimen Frachtrecht behalten.[17] Sie tritt formal durch die Sonderstellung in einem eigenen Buch des HGB in Erscheinung und kommt materiell in den vom Frachtrecht der §§ 407 ff. abweichenden Regelungsinhalten zum Ausdruck. Die Besonderheiten des Seehandelsrechts schlagen sich schon in der besonderen Bezeichnung der am Seefrachtgeschehen beteiligten Personen (zB Verfrachter und Befrachter, § 481) nieder und weiterhin insbesondere in den nachfolgend angeführten eigenartigen materiellrechtlichen Regelungsinstituten und -inhalten. 5

a) Seefrachtvertrag/-Konnossementsrechtsverhältnis. Der Seefrachtvertrag regelt die vertraglichen Rechtsbeziehungen der Parteien des Seehandelsgeschäfts, das Konnossement begründet einen eigenen Anspruch des legitimierten Wertpapierinhabers auf Beförderung und Ablieferung der Güter (§ 514 Abs. 1 S. 2). Die jeweiligen Vertragsbeziehungen sind rechtlich selbständig und müssen nicht notwendig identisch sein. Begründet beispielsweise ein Versender mit einem Spediteur die Güterversendung über See, so kommt damit ein Seefrachtvertrag zustande, der für das Rechtsverhältnis zwischen beiden Parteien maßgeblich ist. Schließt der Spediteur zur Erfüllung des Vertrages einen Seefrachtvertrag mit einem Verfrachter, der ein Konnossement ausstellt, in dem der Versender als Ablader benannt wird, so wird mit der Begebung des Konnossements an den Ablader ein selbständiges Konnossementsrechtsverhältnis zwischen dem Ablader und dem Verfrachter begründet. Aus diesem Rechtsverhältnis entsteht ein Herausgabeanspruch des legitimierten Konnossementsinhabers gegen den Verfrachter, nicht aber ein Beförderungsanspruch des Versenders.[18] 6

b) Haftungsrecht. Die Haftung des Verfrachters für **Güterschäden** sieht nach dem SHR-ReformG (→ Rn. 1) in Anlehnung an die allgemeine Haftung im Frachtrecht gem. § 425 eine Obhutshaftung gem. § 498 vor. Die Haftungskonzeption weicht damit allerdings von der Konzeption der in Deutschland geltenden Haager Regeln ab, die englischem Rechtsdenken entsprechend an die Verletzung von bestimmten Pflichten anknüpft; sie wirft in mehrfacher Hinsicht die Frage nach ihrer Konformität mit den völkerrechtlichen Bindungen auf.[19] Insbesondere sehen die Haager Regeln in 7

---

[12] Dazu Ramming, Seehandelsrecht, Bd. I, 2018, Einl. Rn. 17 ff.
[13] Dazu Ramming, Seehandelsrecht, Bd. I, 2018, Einl. Rn. 79 ff.
[14] Dazu Herber, Seehandelsrecht, 2. Aufl. 2016, 310 ff.
[15] Vgl. v. Ziegler RdTW 2025, 65 (67 ff.).
[16] S. https://comitemaritime.org/work/lex-maritima/ (zuletzt abgerufen am 25.8.2025); dazu van Hooydonk TranspR 2024, 193 ff.
[17] Zu Stand und Entwicklungslinien des Transportrechts vgl. Freise RdTW 2013, 41 ff.
[18] BGH 25.1.1988, TranspR 1988, 286 (288).
[19] Näher BeckOGK/Paschke, 1.5.2025, § 481 Rn. 110 ff.

Art. 3 § 1 HR eine eigenständige Haftung des Verfrachters für die anfängliche Seetüchtigkeit des Schiffes vor. Dies war früher in § 559 aF in korrekter Weise umgesetzt. Nunmehr wird die Seetüchtigkeit des Schiffes lediglich in § 498 Abs. 2 S. 2 angesprochen, und zwar in Form eines zusätzlichen Entlastungs-Erfordernisses bei Verlust und Beschädigung des Gutes; der Verfrachter muss sich in entsprechenden Fällen auch dahin entlasten, dass die Seeuntüchtigkeit bei Antritt der Reise nicht zu entdecken war. Diese Einschränkung entspricht nicht der Bedeutung, die die Haftung des Verfrachters für die Seetüchtigkeit des Schiffes nach den Haager Regeln hat. Ferner wurden die gesetzlichen Haftungsausschlüsse für nautisches Verschulden und Feuer (früher § 607 Abs. 2 aF) abgeschafft. Stattdessen wird dem Verfrachter ausdrücklich das Recht eingeräumt, entsprechende Freizeichnungen in seinen AGB vorzusehen (§ 512 Abs. 2 Nr. 1); dies entspricht nicht den Haager Regeln, die den Vertragsstaaten vorgeben, dass entsprechende Haftungsfreizeichnungen von Gesetzes wegen bestehen. Insofern sieht der neue Art. 6 Abs. 1 S. 1 Nr. 1 EGHGB zwar vor, dass die Haftungsbefreiungen für nautisches Verschulden und Feuer bei Ansprüchen aus bestimmten Konnossementen als gesetzliche Vorschriften zur Anwendung kommen. Jedoch entspricht der Anwendungsbereich des Art. 6 EGHGB nicht dem der Haager Regeln.

8 Eine Haftung für **Verspätungsschäden** kennt das HGB-Seehandelsrecht nicht. Die Bemühungen, entsprechende Haftungsregeln im internationalen Einheitsrecht zu verankern, sind bislang ohne durchgreifenden Erfolg geblieben. Anwendbar sind grundsätzlich die allgemeinen bürgerlich-rechtlichen Regeln zum Schadensersatz wegen Verzuges;[20] sie sind allerdings abdingbar. Diese sind für eine Anwendung auf den Beförderungs- bzw. Ablieferungsanspruch wenig geeignet. Insbesondere das Erfordernis der Mahnung (§ 286 Abs. 1 S. 1 BGB) ist für den Befrachter bzw. Empfänger ein unnötiger Stolperstein. Das Mahnungserfordernis erscheint insbesondere im Hinblick darauf als nicht sachgerecht, dass die Lieferfrist und damit die Fälligkeit des Ablieferungsanspruchs im Seehandel häufig lediglich nach den Umständen ermittelt werden muss; erfolgt die Mahnung zu früh, ist sie wirkungslos und ein Anspruch aus Verzug gem. § 286 BGB letztlich ausgeschlossen.[21] Das OLG Hamburg hat vor diesem Hintergrund auf eine Verletzung der allgemeinen Pflicht zur vertragsgemäßen Leistungserbringung aus § 280 Abs. 1 BGB abgestellt und entschieden, dass auch vor Fälligkeitseintritt der vertraglichen Leistung es nach dem Gebot von Treu und Glauben erforderlich sei, dem Schuldner einen Schadensersatzanspruch zuzusprechen, wenn der Schuldner unmissverständlich zu verstehen gegeben hat, dass er die vertragliche Leistung nicht rechtzeitig wird erbringen können, und der Gläubiger aus diesem Grund Aufwendungen getätigt hat, um einen drohenden höheren Schaden zu vermeiden.[22] In der Revisionsentscheidung zu diesem Urteil hat der BGH einen Verzugsschadensersatzanspruch mit der Begründung zuerkannt, dass eine Mahnung des Gläubigers nach Fälligkeit gem. § 286 Abs. 2 Nr. 4 BGB entbehrlich sei, weil „aus besonderen Gründen unter Abwägung der beiderseitigen Interessen der sofortige Eintritt des Verzugs gerechtfertigt" sei. Unter Hinweis auf die dem Schuldner bekannte Bedeutung einer termingerechten Beförderung der Waren, hält er angesichts der bereits vor Fälligkeit der Leistung getätigten festen Erklärung des Schuldners, nicht rechtzeitig leisten zu können, eine gesonderte Mahnung nach Fälligkeit für „reine Förmelei".[23]

9 Die Haftung des Verfrachters ist wie im allgemeinen Frachtrecht (§ 429) auf den **Güterwert** beschränkt (§ 502 Abs. 1); der maßgebliche Wert aber wird – anders als im allgemeinen Frachtrecht, das auf den Wert am Ort der Übernahme zur Beförderung abstellt (§ 429 Abs. 1) – im Seehandelsrecht als Wert am Ort der Ablieferung ermittelt. Der **Haftungshöchstbetrag für Güterschäden** wird im Seehandelsrecht nicht ausschließlich nach dem Gewicht der Güter wie im allgemeinen Frachtrecht (§ 431) berechnet, sondern bemisst sich nach Wahl des Ersatzberechtigten nach dem Gewicht der Güter oder nach Stück bzw. Einheit (§ 504 Abs. 1); er beträgt zwei Sonderziehungsrechte je kg oder 666,67 SZR je Stück oder Einheit. Insbesondere für Container gilt die Sonderregelung, dass die Stücke oder Einheiten in einem Container höchstbetragserweiternd als Stück oder Einheit im Sinne der Berechnungsgrundlage angesehen werden, wenn sie im Konnossement als in dem Container enthalten angegeben werden (§ 504 Abs. 1 S. 2). Enthält das Konnossement eine solche Angabe nicht, gilt der Container selbst als Stück oder Einheit (§ 504 Abs. 1 S. 3).

10 Neben der wertmäßigen Begrenzung der Ersatzpflicht gewährt das Seehandelsrecht die Einrede der **Haftungsbeschränkung nach dem Haftungsbeschränkungsübereinkommen** (HBÜ; → Rn. 54), § 611. Die Geltendmachung dieser Einrede bewirkt, dass die Haftung des Reeders und der ihm gleich gestellten Personen für alle Ansprüche, die aus einem bestimmten Schadensereignis entstanden sind, auf die im HBÜ festgelegten Haftungshöchstbeträge beschränkt ist. Ersatzberechtig-

[20] Näher Maurer RdTW 2023, 262 ff.
[21] Dazu Paschke/Ramming RdTW 2013, 1 (5); Bahnsen RdTW 2021, 219 ff.
[22] OLG Hamburg 11.8.2022, RdTW 2022, 397 ff.
[23] BGH 20.4.2023, NJW 2023, 3285 Rn. 38 ff. m. krit. Anm. Gutzeit; krit. auch Harm RdTW 2023, 382 ff.; zust. Albers RdTW 2024, 202 Rn. 8.

ten kann somit entgegengehalten werden, dass der Haftungshöchstbetrag nach dem HBÜ für sämtliche aus dem Schadensereignis resultierenden und nach den Regeln des § 504 bereits auf einen Höchstbetrag begrenzten Ansprüche gilt und auf alle Gläubiger aufzuteilen ist; reicht der Betrag nicht zur Befriedigung aller Gläubiger aus, erfolgt eine anspruchsbeschränkende Aufteilung.

c) Haverei. Geraten insbesondere Schiff und Ladung in gemeinsame Seegefahr und ergreift der Kapitän Maßnahmen zur Errettung aus dieser Gefahr, die Schiff und Ladung schädigen, ist ein Fall der nur im Recht des Seehandels (und der Binnenschifffahrt) bekannten **Großen Haverei** gegeben. Dabei werden die entstandenen Schäden sowie die durch die Rettungsmaßnahmen verursachten Kosten von den Beteiligten gemeinschaftlich getragen (§§ 588 ff.). Die Feststellung und Verteilung der Schäden erfolgt in Deutschland in einem Dispacheverfahren (§ 595 iVm §§ 375 ff. FamFG). Im Umfang der von den Ladungsbeteiligten nach Haverei-Grundsätzen aufzubringen Beiträge werden deren Ersatzansprüche geschmälert. 11

d) Unabdingbarkeit. Die Vertragsparteien können nur dann von dem gesetzlichen Haftungskonzept für den Stückgutfrachtvertrag abweichen, wenn sie eine Individualvereinbarung treffen. Wie § 449 für das nicht-maritime Frachtrecht folgt das Seefrachtrecht dem **Modell der „AGB-Festigkeit"**; auf die Ausstellung eines Konnossements kommt es nicht (mehr) an (§§ 512, 525). Die Entscheidung zugunsten dieser Konzeption bedeutet allerdings eine **Abkehr von dem Modell der neueren seefrachtrechtlichen Übereinkommen** (Art. 23 Hamburg Regeln, Art. 79 Rotterdam Regeln), die das Frachtrecht in vollem Umfang grundsätzlich zwingend ausgestalten und nur Abweichungen zu Lasten des Verfrachters oder des ausführenden Verfrachters gestatten. Der in den Vorschriften der §§ 512, 525 eröffnete Spielraum für AGB-Regelungen wird durch die Inhaltskontrolle nach den allgemeinen Vorschriften der §§ 307 ff. BGB begrenzt.[24] 12

Entsprechende Regeln für Charterverträge sind im Fünften Buch des HGB nicht vorgesehen, es sei denn, unter einem Chartervertrag ist ein Konnossement ausgestellt worden, das an einen Dritten begeben worden ist (§ 525 S. 3). Die Abgrenzung von Stückgut- zum Reisefrachtvertrag (→ Rn. 7 f.) entscheidet insofern über die Reichweite der Vertragsfreiheit bei der Ausgestaltung der Seefrachtverträge mittels AGB. 13

e) Ablader als seehandelsrechtstypische Rechtsfigur. Im Zusammenhang mit dem Vertragsschluss trifft das Seehandelsrecht Regelungen zu der im allgemeinen Frachtrecht nicht bekannten Person des Abladers. Ablader ist derjenige, der dem Verfrachter die Güter tatsächlich zur Beförderung übergibt (§ 513 Abs. 2). Die Bedeutung der Rechtsfigur des Abladers zeigt sich darin, dass dieser für unrichtige Abgaben unmittelbar haftbar gemacht werden kann (§ 488 Abs. 3), während der Absender nach allgemeinem Frachtrecht nicht ohne weiteres für unrichtige Angaben Dritter haftet. Überdies hat der Ablader im Seehandelsrecht einen gesetzlichen Anspruch auf Ausstellung eines Konnossements (§ 513 Abs. 1); nach § 444 steht dem Absender ein solcher Anspruch auf Ausstellung eines Ladescheins nicht zu. Der Ablader kann somit, obwohl er nicht Partei des Seefrachtvertrages ist, die Person des Empfängers bestimmen, und nicht zuletzt durch nachträgliche Weisungen (§ 520) für die Erfüllung seiner Ansprüche etwa als Verkäufer eines Exportgeschäfts mit dem Empfänger sorgen. 14

f) Verladen und Löschen. Im Seehandelsrecht trifft den Verfrachter eine im allgemeinen Transportrecht sonst so nicht geregelte besondere Pflichtenstellung in Bezug auf die Beladung und Ladungssicherung, das Umladen während der Reise sowie die Verladung des Guts an Deck. Insbesondere hat er die Pflicht zum Verladen und Entladen (sog. Löschen) des Gutes (§ 486 Abs. 2). 15

III. Aufbau des Seehandelsrechts im HGB

Das Recht des Seehandels im Fünften Buch des HGB ist seit dem Inkrafttreten des SHR-ReformG (→ Rn. 1) in acht Abschnitte gegliedert. Die einzelnen Abschnitte enthalten die im Folgenden skizzierten Regelungsschwerpunkte. 16

1. Erster Abschnitt (§§ 476–480). Dieser enthält allgemeine Regelungen zu den Personen der Seeschifffahrt. Sie betreffen den Reeder, den Ausrüster und die Schiffsbesatzung. Bezugsobjekt der Regelungen ist dabei jeweils das Schiff. Aus den Vorschriften geht hervor, dass das Seehandelsrecht des HGB grundsätzlich nur für Handelsschiffe gilt. Nach Maßgabe des Art. 7 EGHGB sind allerdings die dort genannten Regeln auch für Nichterwerbsschiffe anwendbar. Das dingliche Rechte am Schiff regelnde Schiffsachenrecht wird weitgehend außerhalb des HGB im Schiffsregistergesetz (SchiffRG) und der Schiffsregisterordnung (SchRegO) geregelt. Für **gewerblich betriebene Yachten** gelten 17

[24] Vgl. Sager TranspR 2018, 283 ff.

die Bestimmungen (des gesamten Seehandelsrechts) – nebst der Differenzierungen im privaten See- und Binnenschifffahrtsrecht – unmittelbar; für die Vermietung von Sportbooten sind die weiteren Bestimmungen der SeeSpbootV und der BinSchSportbootVermV zu beachten.[25] Für Yachten, die in nichtgewerblich zu Sport- und Erholungszwecken betrieben werden, gelten die Vorschriften des See- und Binnenschifffahrtsrecht des HGB nicht.

18 **2. Zweiter Abschnitt (§§ 481–552).** Der umfangreiche Zweite Abschnitt enthält die Regeln über die verschiedensten **Beförderungsverträge über See.** Sie umfassen das Recht der **Seefrachtverträge** im Ersten Unterabschnitt (§§ 481–535) und das der **Personenbeförderungsverträge** im Zweiten Unterabschnitt (§§ 536–552). Das Recht der Seefrachtverträge (Erster Unterabschnitt) ist wiederum gegliedert in zwei Titel, in denen sich die Regelungen für den Stückgutfrachtvertrag (§§ 481 ff.) und den Reisefrachtvertrag (§§ 527 ff.) finden, während das Recht der Schiffsüberlassungsverträge in einem gesonderten Abschnitt geregelt wird (Dritter Abschnitt, §§ 553–569).

19 Die Regelungen des **Stückgutfrachtvertrages** (Erster Titel, Erster Unterabschnitt) sind unterteilt in die allgemeinen Regelungen des ersten Untertitels (§§ 481 ff.); sie betreffen die Hauptpflichten des den Seefrachtvertrag schließenden Verfrachters und Befrachters, nebst Regelungen zur Haftung und zu den Rechten des Befrachters. Die Haftung des Verfrachters für Verlust oder Beschädigung des Gutes ist Gegenstand der Regelungen des Zweiten Untertitels in den Vorschriften der §§ 498 ff. Zu beachten ist, dass die sog. globale Haftungsbeschränkung nach dem internationalen Haftungsbeschränkungsübereinkommen (HBÜ) in einem eigenen Abschnitt (Siebter Abschnitt, §§ 611 ff.) und damit systematisch getrennt von den Haftungsbegrenzungsregeln im Seefrachtvertragsrecht (§§ 502 ff.) geregelt ist.

20 Im Ersten Titel, Dritter Untertitel finden sich unter der Überschrift „Beförderungsdokumente" Regelungen zum Recht der **Konnossemente** (§§ 513 ff.) und zum **Seefrachtbrief** (§ 526), während andere Beförderungsdokumente, die für die Durchführung der Beförderung benötigt werden, etwa Angaben des Befrachters zu gefährlichem Gut (§ 483) sowie Begleitpapiere (§ 487) an dieser Stelle keine Regelung finden. Dies gilt gleichfalls für sonstige Beförderungsdokumente, wie Buchungsnoten (booking notes) oder Quittungen nach Übernahme zur Beförderung (receipt). Anders als Konnossementen oder Seefrachtbriefen kommt diesen (Beförderungs-)Dokumenten keine Vermutungswirkung über die Richtigkeit des wiedergegebenen Inhalts zu.

21 Für den **Reisefrachtvertrag** (Zweiter Titel, Zweiter Unterabschnitt, §§ 527 ff.) trifft das HGB im Hinblick auf die weit verbreite Formularvertragspraxis vor allem Grundsatzregelungen dispositiver Art; diesen Regeln kann Bedeutung vor allem im Lichte der (Leitbild-)Kontrolle von AGB gem. §§ 310, 307 BGB zukommen.

22 Das Recht der **Personenbeförderungsverträge** wird im Zweiten Unterabschnitt (§§ 536 ff.) unabhängig von der Größe des Schiffes und ohne Unterscheidung danach, ob ein Seeschiff oder ein Binnenschiff für die Beförderung eingesetzt wird, geregelt. Die Regelungen entsprechen den internationalrechtlichen Regelungen des Athener Übereinkommens 2002 und der VO Athen. Neben der schon bisher geltenden Verschuldenshaftung ist damit eine verschuldensunabhängige Haftung des Beförderers für Personenschäden eingeführt worden. Die Anwendung der Regeln der §§ 536 ff. ist abzugrenzen gegenüber den zwingend anwendbaren Bestimmungen des Reisevertragsrecht in §§ 651a–651k BGB, mit denen der Gesetzgeber in Umsetzung der Pauschalreise-RL 1990 (RL 90/314/EWG aF, heute RL (EU) 2015/2302) den Besonderheiten eines auf eine Gesamtheit von Reiseleistungen gerichteten Reisevertrages im Sinne des Verbraucherschutzes Rechnung getragen hat. Eine solche Gesamtheit von Reiseleistungen ist insbesondere bei einer **Kreuzfahrt**[26] und in den Fällen gegeben, in denen das Reiseprogramm neben anderen Leistungen eine Schiffsreise enthält.[27]

23 **3. Dritter Abschnitt (§§ 553–569).** Neu in das Seehandelsrecht eingeführt wurden mit dem Reformgesetz 2012 Regelungen über die **Schiffsmiete** und die **Zeitcharter,** die als besondere Vertragstypen des Schiffsüberlassungsvertrages geregelt werden. Die Vorschriften stehen zur Disposition der Vertragsparteien, enthalten aber Anhaltspunkte für die rechtliche Einordnung der Bareboat-Charter und der Zeitcharter. Neben diesen Regelungen im HGB bleiben die Vorschriften über die Schiffsmiete in §§ 578 ff. BGB bedeutsam. An dieser unter regelungssystematischen Gesichtspunkten unbefriedigenden Regelungstechnik in verschiedenen Gesetzeswerken hat sich der Gesetzgeber des Seehandelsrechtsreformgesetzes nicht gestört, obwohl es sachlich nicht befrie-

---

[25] Ausf. Ramming RdTW 2025, 88 ff.
[26] BT-Drs. 10/3852, 31.
[27] BGH 26.6.1980, NJW 1980, 2189.

digend ist, in einem deutschen Schiffsregister eingetragene Schiffe anders zu behandeln als sonstige Schiffe.

24 **4. Vierter Abschnitt (§§ 570–595).** Der Vierte Abschnitt versammelt untergliedert in drei Unterabschnitte das Recht der **Reisenotlagen,** nämlich Rechtsregeln für **Schiffszusammenstöße** (Erster Unterabschnitt, §§ 570 ff.), die **Bergung** (Zweiter Unterabschnitt, §§ 574 ff.) und die **Große Haverei** (Dritter Unterabschnitt, §§ 588 ff.). Der Rechtsanwender wird bei diesen Regelungen zu beachten haben, dass sie jeweils internationalrechtlich geprägt sind, nämlich durch das IÜZ 1910 im Bereich der Schiffszusammenstöße, das Bergungsübereinkommen von 1989, das mit den entsprechenden HGB-Regelungen umgesetzt wird, und die York-Antwerp-Regeln des Comité Maritime International aus den Jahren 1974, 1994, 2004 und nunmehr 2016,[28] die von den Beteiligten regelmäßig vereinbart werden und dann die gesetzlichen Regelungen verdrängen.

25 **5. Fünfter Abschnitt (§§ 596–604).** Die Vorschriften dieses Abschnitts betreffen die sog. **Schiffsgläubigerrechte.** Dabei handelt es sich um kraft Gesetzes entstehende dingliche Rechte für bestimmte Forderungen, die den Gläubiger zur Befriedigung aus dem Schiff berechtigen. Die Regelungen sind nach dem Vorbild des Übereineinkommens vom 29.5.1967 zur Vereinheitlichung der Regeln über Schiffsgläubigerrechte und Schiffshypotheken gestaltet. Die durch Schiffsgläubigerrechte gesicherten Ansprüche sind in § 596 genannt. Die Befriedigung des Schiffsgläubigers erfolgt nach den Vorschriften über die Zwangsvollstreckung (§ 601).

26 **6. Sechster Abschnitt (§§ 605–610).** In diesem Abschnitt werden die Sonderregeln über die **Verjährung** zusammengefasst. Neben der Anordnung für kurze Verjährungsfristen für die in § 605 erfassten Ansprüche, ist – wie in § 439 Abs. 3 – vorgesehen, dass die Verjährung nicht nur durch Verhandlungen gehemmt werden kann (§ 203 BGB), sondern auch durch eine einseitige Erklärung, für die – insofern von § 439 Abs. 3 abweichend – die Textform genügt.

27 **7. Siebter Abschnitt (§§ 611–617).** In diesem Abschnitt finden sich die Regelungen über die **globale Haftungsbeschränkung** nach dem internationalen Haftungsbeschränkungsübereinkommen. Dabei hat der Gesetzgeber von der nach dem Abkommen bestehenden Möglichkeit, den für Personenschäden geltenden Haftungshöchstbetrag von 175.000 SZR je Reisenden anzuheben, keinen Gebrauch gemacht.

28 **8. Achter Abschnitt (§§ 618–619).** Dieser Abschnitt regelt besondere Verfahrensvorschriften für **einstweilige Verfügungen eines Bergers** und eine gesetzliche Zustellungsvollmacht des Kapitäns in bestimmten Fällen.

29 **9. Sonderregeln für Schiffsarreste.** § 917 Abs. 2 S. 2 ZPO enthält eine bedeutsame Sonderregelung für den Arrest in Seeschiffe.[29] Danach bedarf es eines Arrestgrundes nicht, „wenn der Arrest nur zur Sicherung der Zwangsvollstreckung in ein Schiff stattfindet." Die Gesetzesmaterialien zum SHR-ReformG (→ Rn. 1) stellen dazu klar, dass die Privilegierung sowohl für **See- als auch für Binnenschiffe** gilt[30] und nicht nur Schiffsgläubigern zugutekommt.[31] Auch eine Unterscheidung zwischen gewerblich und nicht gewerblich betriebenen Schiffen wird nicht gemacht, sodass etwa auch **Sportboote** unter § 917 Abs. 2 S. 2 ZPO fallen. Der Vorbehalt des § 476 gilt nur für das Fünfte Buch des HGB. Der Vorrang des ArrestÜ,[32] das in Deutschland gilt, bleibt unberührt. Nicht berührt wurde durch das SHR-ReformG jedenfalls im Ergebnis[33] auch die Stellung einer Gegensicherheit iSv § 921 ZPO.

30 Die Regelung des nunmehr geltenden § 917 Abs. 2 S. 2 ZPO war bereits in entsprechender Form im KomE und gleichlautend im RefE enthalten und hat durchgehend Zustimmung gefunden.[34] Ausweislich der Begründung ist es ein Ziel der Neuregelung, den Rechtsstandort Deutschland zu stärken.[35] Diese Zielsetzung wird durch die neue Bestimmung befördert.[36] Es ist zu

[28] Dazu Schwampe RdTW 2016, 321 ff.
[29] Ausf. dazu Ramming RdTW 2014, 177 ff.
[30] BT-Drs. 17/10309, 143.
[31] Näher Herber, Seehandelsrecht, 2. Aufl. 2016, 130; Ramming RdTW 2013, 177 (183); AG Meldorf 5.4.2016, *RdTW 2016, 191.*
[32] Vgl. Art. 8 Abs. 1 Internationales Übereinkommen vom 10.5.1952 zur Vereinheitlichung der Regeln über den Arrest in Seeschiffe; BGBl. 1972 II 655; die International Convention on Arrest of Ships vom 12.3.1999 gilt in Deutschland nicht.
[33] Vgl. Ramming RdTW 2014, 177 (185); Rabe TranspR 2014, 309 (310); anders noch Spieß RdTW 2013, 301 (301) im Hinblick auf die damalige Begr. RefE zu § 917 ZPO.
[34] Vgl. Paschke/Ramming RdTW 2013, 1 (9 f.).
[35] BT-Drs. 17/10307, 143.
[36] Ebenso Spieß RdTW 2013, 301 ff.

erwarten, dass die Anzahl der Schiffsarreste in Deutschland zukünftig zunehmen wird. Dem Reformvorschlag, bei Schiffen – wie bei Grundstücken (§ 932 ZPO) –, die in einem deutschen Register eingetragen sind, die Vollziehung des Arrestes durch Begründung und Eintragung einer Arrest-Schiffshypothek im Schiffsregister zuzulassen,[37] ist der Gesetzgeber nicht gefolgt. Dies hätte einerseits die Möglichkeit für den Gläubiger, eine Sicherheit für seinen Anspruch gegen den Reeder zu erlangen, deutlich erweitert, weil sich – anders als bei einem Arrest im Wege der Pfändung – das Schiff nicht in Deutschland befinden muss. Andererseits ist die Eintragung einer Hypothek für den Reeder erheblich weniger belastend als die Pfändung, weil nicht unmittelbar in den Schiffsbetrieb eingegriffen wird.

31 Die Erleichterungen des § 917 Abs. 2 ZPO beziehen sich nach ihrem Wortlaut auf alle Arten von Ansprüchen und nicht nur auf Forderungen, die durch ein Schiffsgläubigerrecht gesichert sind.[38] Durch den Vorbehalt des § 917 Abs. 2 ZPO „… wenn der Arrest nur zur Sicherung der Zwangsvollstreckung in ein Schiff stattfinden wird" wird ein besonderer Arresttitel geschaffen, der ausschließlich für den Arrest in das Sondervermögen „Schiff" des Arrestschuldners verwendet werden kann. Damit kommt es für die Reichweite des Arrestes entscheidend darauf an, ob ein Vermögensgegenstand als Schiff zu qualifizieren ist. Die Formulierung des § 917 Abs. 2 S. 2 ZPO lehnt sich ersichtlich an § 916 Abs. 1 ZPO an, wo es heißt, dass der Arrest zur Sicherung der Zwangsvollstreckung in das bewegliche oder unbewegliche Vermögen stattfindet. Entsprechend ordnet ein Arrestbeschluss grundsätzlich den Arrest in das Vermögen des Arrestschuldners an. In der Konsequenz dieser Rechtslage kann ein Schiffsarrest so tituliert werden, dass der Arrest in ein Schiff des Arrestschuldners angeordnet wird. Die Anordnung des Arrestes kann auf ein bestimmtes Schiff oder mehrere bestimmte Schiffe beschränkt werden.

32 Die **Vollziehung des Arrestes** in ein eingetragenes Schiff erfolgt gem. § 931 ZPO. Die Vorschrift bezieht sich nur auf Schiffe, die in einem deutschen Schiffsregister eingetragen sind. Gleichwohl wird in der Praxis regelmäßig auch bei ausländischen Schiffen die **Pfändung durch das Arrestgericht** beantragt und angeordnet. Dies geschieht normalerweise bereits im Arresttitel selbst. Die Anordnung der Pfändung des Schiffes nach § 931 ZPO als Teil der Vollziehung des Arrestes ist von der vorangehenden Anordnung des Arrestes des Sondervermögens in Form des betreffenden Schiffes zu unterscheiden. Für die Pfändung des Schiffes ist beides erforderlich. Fehlt es an der Anordnung des Arrestes des Schiffes, hat die Vollziehung durch Anordnung der Pfändung nach § 931 ZPO keine Grundlage. Ist die Pfändung des Schiffes nach § 931 ZPO erforderlich (weil es in einem deutschen Schiffsregister eingetragen ist), ist diese aber nicht erfolgt, kann der Gerichtsvollzieher nicht tätig werden. Der bloße Arrest des Schiffes genügt insoweit nicht.

33 **10. Seeversicherung.** Das Recht der Seeversicherung hat auch nach dem SHR-ReformG (→ Rn. 1) keine gesetzliche Regelung im HGB mehr. Der im HGB aF geregelte Abschnitt wurde mWv 1.1.2008 durch Art. 4 VersVertrRefG vom 23.11.2007 (BGBl. 2007 I 2631) aufgehoben, nachdem die deutschen Seeversicherer die Regeln durch Vereinbarung von Versicherungsbedingungen vollständig verdrängt hatten.[39] Die Seeversicherung unterliegt gem. § 209 VVG auch nicht den Bestimmungen des Versicherungsvertragsgesetzes. Vor diesem Hintergrund wird nunmehr das Seeversicherungsrecht allein von Regelungen in Allgemeinen Geschäftsbestimmungen bestimmt. Seit 1919 kommen die seinerzeit neu entwickelten Allgemeinen Deutschen Seeversicherungsbedingungen (ADS) zur Anwendung. Sie wurden verschiedentlich überarbeitet; im Jahr 1973 wurden die Besonderen Bedingungen für die Güterversicherung (ADS-Güterversicherung) geschaffen, die im Jahr 1984 eine Modernisierung erfahren und seither in der Fassung des Jahres 1984 als Grundlage der Transportversicherung zur Anwendung kommen. Die von 1919 stammenden Seekaskoklauseln (DTV) wurden überarbeitet und durch die Allgemeinen Deutschen Seeschiffsversicherungsbedingungen (DTV-ADS) 2009 ersetzt; diese haben sich am Markt allerdings noch nicht umfassend durchgesetzt.[40]

34 Weitgehend ungeregelt bleibt das internationale Konnossementsrecht. Es fällt im Wesentlichen in die Bereichsausnahme des Art. 1 Abs. 2 lit. d Rom I-VO. Einen Teilbereich regelt der neue Art. 6 EGHGB.[41]

---

[37] Vgl. die Reformvorschläge: DVIS B 18 Rn. 216–223; DVIS B 19 Rn. 223–224; Ramming HambSchRZ 2009, 357 Nr. 133 Rn. 218.

[38] AG Meldorf 5.4.2016, RdTW 2016, 191 (192); MüKoZPO/Drescher ZPO § 917 Rn. 17; Ramming RdTW 2014, 177 (182); Drews RdTW 2019, 1 ff.; **aA** Zöller/Vollkommer ZPO § 917 Rn. 18 f.

[39] Vgl. MAH VersR/Gercke/Gerhard § 11 Rn. 1 ff.

[40] Dazu Beckmann/Matusche-Beckmann VersR-HdB/Heiss/Trümper § 46 Rn. 203 ff.; Thume/Schwampe/Schwampe, Transportversicherung, 4. Aufl. 2025, Teil 7, 200, 215. Zur Fortgeltung der ADS in der Schifffahrtspraxis vgl. auch MAH VersR/Gercke/Gerhard § 11 Rn. 1 ff.

[41] Eingehend Ramming RdTW 2013, 173 ff.

IV. Anwendungsbereich

1. Sachlicher Anwendungsbereich. Das Fünfte Buch des HGB regelt seinem umfassend formulierten Titel „Seehandel" gemäß nicht nur beförderungsbezogene Sachverhalte. Der sachliche Anwendungsbereich betrifft die unter III. dargestellte Vielzahl von Fragen des Seehandelsgeschehens. Damit ist andererseits schon ausweislich des Fehlens von Regelungen zum Seeversicherungsrecht, zum Seearbeitsrecht und den weiterhin geltenden Bestimmungen des BGB über die Schiffsmiete keine in dem Sinne umfassende Kodifikation des Seehandelsrechts geschaffen, dass im sachlichen Anwendungsbereich der HGB-Vorschriften sämtliche Rechtsfragen des Seehandelsgeschehens geregelt werden. In der Kodifikation des Fünften Buches finden sich mit den Vorschriften über die Beförderungsverträge, die Schiffsüberlassungsverträge und über Schiffsnotlagen vor allem zentrale rechtliche Regeln zum Vertrags- und Deliktsrecht des Seehandels. Dagegen finden sich für die Einbeziehung des Seehandels in den multimodalen Verkehr keine besonderen Regeln. Vielmehr gelten insofern die Regelungen der § 407 Abs. 3 S. 1 und § 452 S. 1, 2, nach denen das allgemeine HGB-Frachtrecht grundsätzlich auch dann anwendbar ist, wenn ein Teil der Beförderung auf einer Seestrecke durchgeführt wird. Für Multimodalverträge unter Einschluss einer Seestrecke kommt – vorbehaltlich des Vorrangs internationaler Übereinkommen – das Frachtrecht der §§ 407 ff. zur Anwendung. Die Haftung des Frachtführers bestimmt sich in den erfassten Fällen nach der Vorschrift des § 452a und somit nach den Regeln des Seehandelsrechts, wenn der Schadensort bekannt ist und dem Seefrachtgeschäft zuzuordnen ist (→ § 452 Rn. 1 ff.; → § 452a Rn. 1 ff.).[42] 35

Der Gesetzgeber unterscheidet im Fünften Buch des HGB systematisch die Seefrachtverträge (§§ 481 ff.) von den Schiffsüberlassungsverträgen (§§ 553 ff.). Der sachliche Anwendungsbereich der §§ 481 ff. umfasst vor allem die Regeln über die verschiedensten **Beförderungsverträge über See.** Dazu gehören das Recht der **Seefrachtverträge** mit den Regelungen für den Stückgutfrachtvertrag (§§ 481 ff.) und den Reisefrachtvertrag (§§ 527 ff.), die jeweils in mannigfaltigen Variationen geschlossen werden, sowie die **Personenbeförderungsverträge** (§§ 536–552). Die Vertragstypen des Schiffsüberlassungsvertrages (Charter), nämlich die **Schiffsmiete (Bareboat Charter)** (§§ 553 ff.) und die **Zeitcharter** (§§ 557 ff.), wurden mit dem SHR-ReformG (→ Rn. 1) in das HGB eingeführt; sie stellen kein Frachtvertrag dar. In der Charter verpflichtet sich der Vercharterer zur Überlassung des Schiffes an den Charterer zum Zwecke der Güterbeförderung. Im (Stückgut-)Beförderungsvertrag übernimmt der Verfrachter die Beförderung von Gut. Maßgeblich für die Einordnung des betreffenden Vertrages als Charter oder Stückgutvertrag sind die vom Unternehmer übernommenen Pflichten 36

Der Gesetzgeber regelt in den einschlägigen Vorschriften den gegenständlich-sachlichen Anwendungsbereich der jeweiligen Vertragstypen. Der **Stückgutfrachtvertrag** ist gem. § 481 ein Seefrachtvertrag, durch den sich der Verfrachter verpflichtet, das Gut mit einem Schiff über See zum Bestimmungsort zu befördern und dort dem Empfänger abzuliefern. Erfasst wird die Beförderung „über See"; dadurch ist dieser Vertragstypus von der Beförderung auf Binnengewässern und von Multimodaltransporten abgegrenzt.[43] Die Formulierung stellt somit nicht darauf ab, ob als Transportmittel ein See- oder ein Binnenschiff eingesetzt wird, sondern darauf, ob die Beförderung über See- oder Binnengewässer erfolgt. Auf Güterbeförderungen, die sowohl über See- als auch Binnengewässer unter einem Stückgutfrachtvertrag erfolgen, ist Seehandelsrecht nach Maßgabe des § 450 anzuwenden. 37

Der Anwendungsbereich der besonderen Vorschriften für den **Reisefrachtvertrag (Reisechartervertrag)** wird in § 527 gesetzlich definiert. Die Vorschrift charakterisiert den Reisefrachtvertrag als einen Güterbeförderungsvertrag und grenzt diesen damit von den Schiffsüberlassungsverträgen ab. Die Unterscheidung vom Stückgutfrachtvertrag ist danach zu treffen, ob das Gut nach der vertraglichen Abrede auf einer oder mehreren bestimmten Reisen mit einem bestimmten, vertraglich festgelegten Schiff oder einem Teil oder Raum dieses Schiffes zu erfolgen hat; das Recht des Stückgutfrachtvertrages ist anwendbar, wenn nach dem Vertrag die Güterbeförderung vereinbart ist, ohne dass es darauf ankommt, dass ein bestimmtes Schiff oder ein Teil bzw. Raum davon einzusetzen ist. Die Abgrenzung des Reisefrachtvertrages vom Stückgutfrachtvertrag, mit der über die Reichweite der Vertragsfreiheit entschieden wird (→ Rn. 12), ist somit nicht (mehr) danach zu treffen, ob – entsprechend verbreiteter Praxis zum Stückgutfrachtvertrag – der Verfrachter die Pflicht zum Laden und Löschen des Gutes übernommen hat. 38

Mit dem SHR-ReformG (→ Rn. 1) hat der HGB-Gesetzgeber die **Zeitcharter** als einen eigenständigen Vertragstypus geregelt, der weder Seefrachtvertrag noch Schiffsmietvertrag ist. § 557 charakterisiert diesen Vertrag als Schiffsüberlassungsvertrag, durch den sich der Zeitvercharterer ver- 39

[42] Vgl. Ramming RdTW 2014, 436 ff.; Ramming, Hamburger Handbuch Multimodaler Transport, 2011.
[43] Vgl. Begr. RegE, BT-Drs. 17/20309, 66.

pflichtet, dem Zeitcharterer ein bestimmtes Seeschiff mit Besatzung zur Verfügung zu stellen und (entsprechend den Vorgaben des Zeitcharterers) mit diesem Schiff Güter oder Personen zu befördern oder andere Leistungen zu erbringen. Charakteristisch ist insofern nicht der Erfolg, sondern die Erbringung der versprochenen Leistung. Der Zeitcharterer hat danach grundsätzlich die Befugnis Weisungen zu erteilen („zu dessen Verwendung"), die von dem Kapitän oder der sonstigen Schiffsbesatzung zu befolgen sind, weil sie als Erfüllungsgehilfen des Zeitvercharterers tätig werden.[44] Nach der gesetzlichen Regelung kommt es nicht darauf an, dass das Schiff für eine bestimmte Zeit zu überlassen ist, sofern nur die Dauerhaftigkeit der Überlassungspflicht überhaupt gegeben ist, auch wenn ersichtlich ist, welche besonderen Fallgestaltungen nicht konkret terminierter Schiffsüberlassungsverträge in der Rechtspraxis der Zeitcharterregelung unterstellt werden sollen. Anders als beim Stückgutfrachtvertrag (→ Rn. 37) gelten die Regelungen der Zeitcharter unmittelbar nur, wenn ein Seeschiff zu überlassen ist; für Zeitcharterverträge über Binnenschiffe sind die Regeln allerdings über § 27 Abs. 2 BinSchG entsprechend anwendbar.

40 In § 553 wird die **Bareboat Charter** als Unterfall des Schiffsüberlassungsvertrages geregelt. Der Gesetztext verwendet dabei den Begriff „Bareboat Charter" und „Schiffsmiete" synonym; damit soll klar gestellt werden, dass es sich nicht um verschiedene Vertragstypen handelt.[45] Der Anwendungsbereich dieser auf nur die wichtigsten Regeln beschränkten Vorschrift wird durch die charakteristische Pflicht des Vermieters bestimmt, dem Mieter ein bestimmtes Seeschiff ohne Besatzung zu überlassen und den Gebrauch während der Zeit zu gewähren. Sie stellen Sonderregeln zu den Vorschriften des BGB über Mietverträge dar (§§ 535 ff. BGB); die Vorschriften des BGB bleiben neben denen der §§ 553 ff. gem. Art. 2 Abs. 1 EGHGB anwendbar.

41 Der **Box- oder Slotchartervertrag** hat keine ausdrückliche gesetzliche Regelung gefunden. Dieser stellt eine Variante des Raumfrachtvertrages dar, durch den der Vercharterer die Gelegenheit zur Überlassung eines Containerstellplatzes gegen Zahlung der vereinbarten Miete zu gewähren hat;[46] mehrere Reeder (insbesondere solche die im Rahmen eines Konsortiums Liniendienste betreiben) können vereinbaren, solche Slots wechselseitig nach Bedarf zu überlassen (sog. Crosscharter).[47] **Volumen- oder Mengenkontrakte,** die darauf gerichtet sind, eine bestimmte Menge von Gütern in mehreren Sendungen innerhalb vereinbarter Zeit zu befördern, sind im HGB ebenfalls nicht gesondert geregelt; ihre Ordnung erfolgt in Anlehnung an die Regeln des Raum- oder Stückgutfrachtvertrag.[48]

42 **2. Internationaler Anwendungsbereich. a) Seefracht- und Schiffsüberlassungsverträge.** Für nach dem 17.12.2009 geschlossene Seefrachtverträge (Stückgutfrachtverträge und Reisecharter, §§ 481 ff., §§ 527 ff.) und Schiffsüberlassungsverträge (Bareboat Charter und Zeitcharter, §§ 553 ff., 557 ff.) kommt die Rom I-VO zur Anwendung.[49] Danach können die Vertragsparteien gem. Art. 3 Rom I-VO das anwendbare Recht durch **Rechtswahl** treffen. Dies geschieht verbreitet in sog. Paramount-Klauseln; durch diese soll der Seefracht- oder Schiffsüberlassungsvertrag den Haager Regeln bzw. den Haag/Visby-Regeln unterstellt werden.[50] Die Rechtswahl nach Art. 3 Rom I-VO ermöglicht den Vertragsparteien nur, das Recht eines Staates, nicht aber internationale Übereinkommen als solche wählen,[51] sofern diese nicht im nationalen Recht umgesetzt sind.[52] Diese Grenzen der Rechtswahl nicht beachtende Paramount-Klauseln sind gegenstandslos.[53]

43 Sofern keine wirksame Rechtswahl getroffen wurde, erfolgt die Anknüpfung objektiv. Für Seefrachtverträge ist die Rechtsgrundlage für Beförderungsverträge in Art. 5 Abs. 1 Rom I-VO anzuwenden. Nach dessen S. 1 ist das Recht des Staates anzuwenden, in dem der Beförderer seinen gewöhnlichen Aufenthalt hat, wenn darüber hinaus eine von den (drei) weiteren Voraussetzungen

---

[44] Vgl. Begr. RegE, BT-Drs. 17/20309, 118.

[45] Vgl. Begr. RegE, BT-Drs. 17/20309, 115.

[46] Zur Abgrenzung der Slotcharter vom Stückgutfrachtvertrag vgl. OLG Hamburg 2.3.2017, RdTW 2017, 387 Rn. 68; 5.12.2013, RdTW 2014, 239 Rn. 35 zum BinSchG; vgl. auch Ramming RdTW 2014, 214 (224 f.); Rittmeister TranspR 2014, 356 (358).

[47] Dazu MVHdB IV WirtschaftsR III/Wiegel Ziff. VIII See- und Luftfrachtrecht; zur Beschränkung der Haftung durch den Slot-Charterer vgl. Ramming RdTW 2014, 221 ff.; Rittmeister TranspR 2014, 356 ff.

[48] Laudien, Der Mengenvertrag im deutschen Seefrachtrecht, 1992; zur Sonderstellung der „Volume Contracts" nach den Rotterdam Regeln vgl. Paschke in Ramming, Die Rotterdam Regeln, 2011, 47 (55 ff.).

[49] Vgl. den Überblick bei Häußer TranspR 2010, 246 ff.; Ramming HambZSchR 2009, 21 (27 ff.); Reithmann/Martiny IntVertragsR/Mankowski Rn. 6.1978 ff.

[50] Eingehend BeckOGK/Ramming, 15.5.2022, § 452 Rn. 580.

[51] Häußer TranspR 2010, 246 (249).

[52] Hartenstein TranspR 2008, 143 (150 f.); Mankowski IPRax 2006, 101 (102).

[53] Häußer TranspR 2010, 246 (250 f.); Ramming HambZSchR 2009, 21 (23).

erfüllt ist.[54] Beförderer ist dabei derjenige, der die Beförderung von Gut übernimmt, auch wenn er die Beförderung nicht selbst durchführt (Erwägungsgrund 22 Rom I-VO). Der Absender ist dessen Vertragspartner, nicht aber ein Drittablader.[55] Subsidiär wird an das Recht des Ablieferungsortes angeknüpft (Art. 5 Abs. 1 S. 2 Rom I-VO).[56]

Aus dem durch das SHR-ReformG (→ Rn. 1) neu gefassten Art. 6 EGHGB ergeben sich Besonderheiten, wenn unter einem Seefracht- oder Schiffsüberlassungsvertrag ein Konnossement ausgestellt wurde. Die sich aus der fortbestehenden völkerrechtlichen Bindung der Bundesrepublik Deutschland an die Haager Regeln ergebenden Verpflichtungen sollen mit dieser Vorschrift umgesetzt werden. Die Vorschrift trägt einerseits dem Umstand Rechnung, dass gem. Art. 3 EGBGB das anwendbare Recht vorrangig nach den in Deutschland verbindlichen völkerrechtlichen Übereinkommen zu bestimmen ist. Ferner soll sie der Umsetzung von Art. 10 Haager Regeln dienen, nach dem die Haager Regeln für jedes Konnossement gelten, das in einem ihrer Vertragsstaaten ausgestellt wurde. Zu diesem Zweck sieht Art. 6 Abs. 1 EGHGB vor, dass die darin genannten Vorschriften ohne Rücksicht auf das nach Internationalem Privatrecht anzuwendende Recht zur Anwendung kommen und dies mit der in der Nr. 1–4 geregelten Maßgabe.[57] Das Regelungsziel erscheint nicht ohne weiteres gelungen.[58] Die gesetzlichen Haftungsausschlüsse für nautisches Verschulden und Feuer wurden abgeschafft und stattdessen wurde dem Verfrachter ausdrücklich das Recht eingeräumt, entsprechende Freizeichnungen in seinen AGB vorzusehen (§ 512 Abs. 2 Nr. 1). Dies entspricht nicht den Haager Regeln, die den Vertragsstaaten vorgeben, dass entsprechende Haftungsfreizeichnungen von Gesetzes wegen bestehen. Zwar sieht Art. 6 Abs. 1 S. 1 Nr. 1 EGHGB vor, dass die Haftungsbefreiungen für nautisches Verschulden und Feuer bei Ansprüchen aus bestimmten Konnossementen zur Anwendung kommen; jedoch ist wegen der Rechtswahlklausel in Abs. 1 S. 2 und des Gegenseitigkeitserfordernisses in Abs. 2 nicht gewährleistet, dass der Anwendungsbereich des Art. 6 EGHGB dem der Haager Regeln entspricht.[59] Weiterhin sehen die Haager Regeln in Art. 3 § 1 eine selbstständige Haftung des Verfrachters für die anfängliche Seetüchtigkeit des Schiffes vor. In § 498 Abs. 2 S. 2 wird die Seetüchtigkeit des Schiffes dagegen nur noch in Form eines zusätzlichen Entlastungs-Erfordernisses bei Verlust und Beschädigung des Gutes adressiert; der Verfrachter muss sich in entsprechenden Fällen also auch dahin entlasten, dass die Seeuntüchtigkeit bei Antritt der Reise nicht zu entdecken war. Diese Einschränkung entspricht nicht der Bedeutung, die die Haftung des Verfrachters für die Seetüchtigkeit des Schiffes nach den Haager Regeln hat. 44

Die objektive Anknüpfung von **Schiffsüberlassungsverträgen** erfolgt nach Art. 4 Rom I-VO; Beförderungsverträge iSd Art. 5 Rom I-VO stellen diese Verträge nach der gesetzlichen Wertung[60] nicht dar. Nach Art. 4 Abs. 2 Rom I-VO ist das Recht des Staates anzuwenden, in dem die Partei, welche die charakteristische Leistung zu erbringen hat, ihren gewöhnlichen Aufenthalt hat. Charakteristische Leistung bei einem Schiffsüberlassungsvertrag ist die Überlassungsverpflichtung des Vermieters bzw. die des Zeitvercharterers. 45

b) Personenbeförderungsverträge. Bei diesen erfolgt die objektive Anknüpfung nach Art. 5 Abs. 2 UAbs. 1 Rom I-VO. Die Wirksamkeit der Rechtswahl (subjektive Anknüpfung) ist durch Art. 5 Abs. 2 UAbs. 2 Rom I-VO begrenzt.[61] Kreuzfahrtpauschalreisen sind als Verbraucherverträge gem. Art. 6 Rom I-VO anzuknüpfen.[62] 46

c) Konnossementsrechtsverhältnisse. Die Frage, nach welchen Regeln das Recht der Konnossemente zu beurteilen ist, bleibt in dem durch das SHR-ReformG (→ Rn. 1) neu gefassten Art. 6 EGHGB im Wesentlichen ungeregelt. Darüber hinaus aber gibt es kein kodifiziertes eigenständiges deutsches internationales Konnossementsrecht.[63] 47

---

[54] Näher Häußer TranspR 2010, 246 (251); Ramming HambZSchR 2009, 21 Rn. 30 ff.

[55] Mankowski, Seerechtliche Vertragsverhältnisse im Internationalen Privatrecht, 1995, 63 ff.

[56] Häußer TranspR 2010, 246 (251); Hartenstein TranspR 2008, 143 (158 f.); Mankowski TranspR 2008, 339 (342 ff.).

[57] Dazu eingehend Ramming RdTW 2013, 173 ff.

[58] Rabe/Bahnsen/Rabe/Bahnsen Vor § 481 Rn. 62, 164.

[59] Paschke RdTW 2013, 457 ff.; Mankowski TranspR 2014, 268 (274 ff.); abl. Rabe TranspR 2014, 309 (312 ff.), der den Wortlaut des Art. 6 Abs. 1 S. 2 EGHGB für verunglückt, aber auch für einschr. interpretierbar hält; ähnlich Herber TranspR 2013, 369.

[60] Begr. RegE, BT-Drs. 17/10309, 118 zu § 557: Vertrag „sui generis"; Drews, Seehandelsrecht, 4. Aufl. 2018, 41 ff.; **aA** Rabe/Bahnsen/Rabe Vor § 557 Rn. 39; vgl. auch Paschke/Ramming RdTW 2013, 1 (8).

[61] Hasche TranspR 2010, 282 (283).

[62] Hasche TranspR 2010, 282 (283 f.).

[63] Ausf. Rabe/Bahnsen/Rabe § 524 Rn. 20 ff. mit Befürwortung des sog. Konnossementsstatuts (Recht der Verfrachter/Empfänger-Beziehungen).

48 Die Rom I-VO ist für die internationalprivatrechtliche Anknüpfung von Konnossementsrechtsverhältnissen letztlich unergiebig; die Bereichsausnahme des Art. 1 Abs. 2 lit. d Rom I-VO und Art. 1 Abs. 2 lit. d Rom I-VO nimmt Verpflichtungen aus handelbaren Wertpapieren, die aus deren Handelbarkeit entstehen (Ansprüche auf Leistung und Schadensersatz[64]), aus dem Anwendungsbereich der Rom I-VO aus.[65] Zu diesen handelbaren Wertpapieren gehören Konnossemente jeder Art (Order-, Inhaber- und Reaktakonnossemente,[66] nicht aber Seefrachtbriefe[67]). Auf die in die Bereichsausnahme fallenden Ansprüche ist nach überwiegender Auffassung nicht das auf den Frachtvertrag anzuwendende Recht heranzuziehen, sondern kraft Gewohnheitsrechts das Recht des (vertraglich vereinbarten) Bestimmungsortes.[68]

49 Ansprüche gegen den Reeder sind Ansprüche aus unerlaubter Handlung. Sie sind internationalprivatrechtlich nach Art. 4 Rom II-VO bzw. im Falle von Umweltschädigungen nach Art. 7 Rom II-VO anzuknüpfen.[69]

50 **3. Zeitlicher Anwendungsbereich.** Das neue Seehandelsrecht ist im Wesentlichen am 25.4.2013 in Kraft getreten (Art. 14 Abs. 1 SHR-ReformG). In Art. 71 EGHGB finden sich allerdings wichtige Übergangsregeln. Nach dessen Abs. 1 sind zunächst die bisher geltenden Vorschriften über Partenreedereien ersatzlos weggefallen. Seither können neue Partenreedereien nicht mehr gegründet werden; die alten bestehen allerdings bis zu ihrer Beendigung fort. Art. 71 Abs. 2 S. 1 EGHGB ordnet an, dass die neuen Bestimmungen für Schuldverhältnisse gelten, die ab dem 25.4.2013 entstanden sind. Das Gesetz hat damit für die adressierten Schuldverhältnisse des Fünften Buches des HGB und auch für sonstige Schuldverhältnisse[70] keine rückwirkende Bedeutung.

V. Internationale Übereinkommen

51 Der Seehandel als genuin internationales Geschehen ist eingebunden in eine zunehmend wachsende internationalrechtliche Ordnung. Zahlreiche Internationale Übereinkommen prägen die Rechtslage und sind in den Übereinkommensstaaten zu berücksichtigen. Die wichtigsten in Deutschland geltenden Übereinkommen sind nachfolgend thematisch geordnet aufgeführt.

52 **1. UN Seerechtsübereinkommen.** Seerechtsübereinkommen der Vereinten Nationen vom 10.12.1987, in Kraft seit 16.11.1994 (BGBl. 1994 II 1798); Übereinkommen vom 28.7.1994 zur Durchführung des Teils XI des Seerechtsübereinkommens, in Kraft seit 28.7.1996 (BGBl. 1996 II 2511); Übereinkommen vom 4.8.1995 zur Durchführung der Bestimmungen des Seerechtsübereinkommens über die Erhaltung und Bewirtschaftung von gebietsübergreifenden Fischbeständen und Beständen weit wandernder Fische, in Kraft seit 11.11.2001 (BGBl. 2000 II 1022).

53 **2. Meeresumweltschutz. a) Globale Übereinkommen.** Internationales Übereinkommen von 1973 zur Verhütung der Meeresverschmutzung durch Schiffe und Protokoll von 1978 zu diesem Übereinkommen (MARPOL 73/78 Anlage I/II) in Kraft seit 2.10.1983 (BGBl. 1982 II 2); Anlage III (verpackte Schadstoffe), in Kraft seit 1.7.1982 (ersetzt durch dem IMDG-Code für gefährliche Güter im Schiffsverkehr);[71] Anlage IV (Schmutzwasser), in Kraft seit 27.9.2003; Anlage V (Schiffsmüll), in Kraft seit 31.12.1988; Protocol 1997, Anlage VI (Verhütung der Luftverunreinigung durch Schiffe),[72] in Kraft seit 19.5.2005.[73] Übereinkommen vom 15.2.1972 zur Verhütung der Meeresverschmutzung durch das Einbringen durch Schiffe und Luftfahrzeuge, in Kraft seit 30.8.2006 (BGBl. 1998 II 1346). Am 17.9.2008 ist das Internationale Übereinkommen von 2001 über die Beschränkung des Einsatzes schädlicher Bewuchsschutzsysteme auf Schiffen (International Convention on the Control of Harmful Antifouling Systems on Ships, 2001) in Kraft getreten. Das internationale Ballastwasser Übereinkommen (BR-Drs 518/12),[74] dem Deutschland mit dem Ballastwasser-Gesetz vom 5.2.2013 (BGBl. 2013 II 42) beigetreten ist, tritt am 8.9.2017 in Kraft. Das internationale Übereinkommen

---

64 Vgl. BGH 15.12.1996, BGHZ 99, 207 zu Art. Abs. 2 lit. c EVÜ.

65 Häußer TranspR 2010, 246; zum verbleibenden Anwendungsbereich der Rom I-VO vgl. Paschke TranspR 2010, 268 (274).

66 So Erwägungsgrund Nr. 9 Rom I-VO; vgl. Paschke TranspR 2010, 268 (271 ff.); Reithmann/Martiny IntVertragsR/Mankowski Rn. 6.1985 ff.

67 MüKoHGB/Herber Vor § 513 Rn. 40.

68 Mankowski TranspR 2008, 417 ff.; Paschke TranspR 2010, 268 ff.; krit. Rabe/Bahnsen/Rabe § 524 Rn. 26.

69 Dazu Ramming TranspR 2010, 284 ff.

70 Näher Ramming TranspR 2013, 303 ff.

71 IMDG-Code plus (Loseblatt), 2023.

72 Zu den seit dem 1.1.2015 geltenden verschärften Qualitätsanforderungen an Treibstoffen in besonderen Emissionsüberwachungsgebieten vgl. Paschke/Zink RdTW 2015, 449 ff.

73 Die Bundesrepublik Deutschland hat alle genannten Anlagen ratifiziert.

74 Zink, Das Ballastwasser-Übereinkommen der internationalen Seeschiffahrts-Organisation von 2004, 2016.

zum Schiffsrecycling ist noch nicht in Kraft getreten, die europäische Verordnung über das Recycling von Schiffen (VO (EU) 1257/2013, ABl. EU 2013 L 330, 1) ist am 30.11.2013 (mit gestufter zeitlicher Wirkung für die Vorschriften) in Kraft getreten und wird mit der bis Ende 2016 erwarteten europäischen Liste mit akzeptablen Abwrackeinrichtungen erste praktische Geltung erfahren.[75] Ab dem 1.1.2017 gelten die beschlossenen Änderungen von MARPOL (und SOLAS) für die Regulierung der Seeschifffahrt in der Arktis und Antarktis durch den sog. Polar Code 2015.[76] Im Jahr 2018 hat die IMO Maßnahmen zur Treibhausgasemission der internationalen Schifffahrt beschlossen, die unter MARPOL gelten, den „Energy Efficiency Design Index (EEDI)“ mit rechtsverbindlicher Geltung für neue Schiffe und den „Ship Energy Efficiency Management Plan (SEEMP)“.[77] Ebenfalls in 2018 beschloss die IMO die nicht verbindliche „Initial IMO strategy on reduction of GHG emissions from ships“.[78] Am 4.3.2023 einigten sich die Mitgliedstaaten der UN auf einen Vertrag zum Schutz der Biodiversität auf der Hohen See (BBNJ-Abkommen); das Abkommen ermöglicht es vor allem 30 Prozent aller Meeresgebiete bis 2030 zu Schutzgebieten zu erklären.[79]

54 **b) Regionale Übereinkommen.** Übereinkommen 1974/1992 zum Schutz der Meeresumwelt des Ostseegebietes (Helsinki-Übereinkommen);[80] Übereinkommen vom 22.2.1992 zum Schutz der Meeresumwelt des Nordatlantik (OSPAR-Übereinkommen 1992), in Kraft seit 25.3.1998; Anlage V und Anhang 3, international in Kraft getreten: 30.8.2000; Änderungen der Anlagen II und III (Speicherung von Kohlendioxidströmen in geologischen Formationen), international in Kraft getreten seit 23.6.2011. Am 15.7.2008 trat die EG-Meeresstrategie-Rahmen-RL (MSRL) in Kraft; sie gibt einen einheitlichen Ordnungsrahmen für den Umweltzustand der Meeresgewässer der EU-Mitgliedstaaten vor.[81]

55 **3. Zivilrechtliche Haftung und Versicherungspflichten.** Übereinkommen über die zivilrechtliche Haftung für Ölverschmutzungsschäden idF des Protokolls vom 27.11.1992, in Kraft seit 30.5.1996 (BGBl. 1994 II 1150; BGBl. 1996 II 670; BGBl. 2002 II 943); Übereinkommen über die Errichtung eines Internationalen Fonds zur Entschädigung für Ölverschmutzungsschäden (Fondsübereinkommen 1990; BGBl. 1996 II 685; BGBl. 2002 II 943); Protokoll 2003 (Fund Protocol 2003) in Kraft seit 3.3.2005 (BGBl. 2004 II 1291). Übereinkommen über die Haftung und Entschädigung für Schäden bei der Beförderung gefährlicher und schädlicher Stoffe auf See (HNS-Übereinkommen) vom 3.5.1996 in der Fassung des Protokolls vom 30.4.2010 (das Übereinkommen ist noch nicht in Kraft);[82] Übereinkommen über die zivilrechtliche Haftung für Bunkerölverschmutzungsschäden, in Kraft seit 21.11.2008 (BGBl. 2006 II 578).[83] Übereinkommen von 1976 über die Beschränkung der Haftung für Seeforderungen (BGBl. 1986 II 787), ergänzt durch das Protokoll von 1996 (BGBl. 2000 II 791).[84] Im Haftungsbeschränkungsübereinkommen, im Wrackbeseitigungsübereinkommen (in Kraft seit 14.4.2015; BGBl. 2014 II 1113)[85] und in der VO (EG) 392/2009 über die Unfallhaftung von Beförderern von Reisenden auf See (ABl. EG 2009 L 131, 24) sind Versicherungspflichten und entsprechende Nachweispflichten vorgesehen; die diesbezüglich in Deutschland zu beachtenden Regeln sind im Seeversicherungsnachweisgesetz vom 4.6.2013 (BGBl. 2013 I 1471) mit der dazu ergangenen VO vom 27.6.2013 (BGBl. 2013 I 1926) enthalten.[86]

56 **4. Schiffssicherheit.** Internationales Übereinkommen vom 1.11.1974 zum Schutz des menschlichen Lebens auf See (SOLAS 1974), in Kraft seit 25.5.1980 (Neufassung BGBl. 1998 II 2597), nebst

[75] Vgl. Claußen RdTW 2016, 201 ff.

[76] Dazu Paschke/Rabe RdTW 2018, 441 ff.; Mein RdTW 2016, 6 ff.; Weidemann, International Governance of the Arctic Marine Environment, 2014.

[77] S. http://www.imo.org/en/MediaCentre/HotTopics/Pages/Reducing-greenhouse-gas-emissions-from-ships.aspx (zuletzt abgerufen am 25.8.2025).

[78] S. http://www.imo.org/en/MediaCentre/HotTopics/Pages/Reducing-greenhouse-gas-emissions-from-ships.aspx (zuletzt abgerufen am 25.8.2025).

[79] S. https://www.un.org/bbnj/sites/www.un.org.bbnj/files/draft_agreement_advanced_unedited_for_posting_v1.pdf (zuletzt abgerufen am 25.8.2025).

[80] S. https://helcom.fi/about-us/ (zuletzt abgerufen am 25.8.2025); novellierte Fassung 1992 in Kraft seit 17.1.2000.

[81] RL 2008/56/EG des Europäischen Parlaments und des Rates v. 17.6.2008 zur Schaffung eines Ordnungsrahmens für Maßnahmen der Gemeinschaft im Bereich der Meeresumwelt, ABl. EU L 164, 19.

[82] Konsolidierte Fassung: https://www.imo.org/en/OurWork/Legal/Pages/HNSConvention.aspx (zuletzt abgerufen am 25.8.2025); vgl. zur Rechtsentwicklung Ramming RdTW 2020, 322 ff.

[83] Denkschrift, BT-Drs. 16/736, 23 ff.; DVIS Heft 104 A mit Beiträgen von Schlingmann, Hasche/Sethmann, Ramming, Boes und Dörfelt; ferner Ramming VersR 2007, 306 ff.

[84] Zur Erhöhung einiger der im HBÜ vorgesehenen Haftungshöchstbeträge durch das am 8.6.2015 in Kraft getretene Protokoll 2012 zum HBÜ vgl. Ramming RdTW 2015, 241 ff.

[85] Zum Verhältnis von Wrackbeseitigung und Bergung vgl. Ramming RdTW 2015, 121 ff.

[86] Dazu Hoffmann/Kirchner/Tüngler RdTW 2013, 264 ff.; Kroll RdTW 2015, 287 ff.

Protokollen (SOLAS Protocol 1978 – in Kraft seit 1.5.1981, SOLAS Protocol 1988 – in Kraft seit 3.2.2000 (BGBl. 2000 II 489). Zum Einsatz privater Sicherheitskräfte an Bord von Schiffen liegt keine internationale Konvention vor; die BIMCO hat allerdings das Standardformular „Guardcon" entwickelt, das von den Reedern als Mustervertrag zur Anstellung von Private Military Security Companies (sog. PMSC) verwendet werden kann.[87] Seit dem 1.7.2002 gelten außerdem die Bestimmungen des ISM-Code über das an Bord und im Landbetrieb einzurichtende Qualitätsmanagementsystem.[88] Maßnahmen zur Erhöhung der Sicherheit der Seefahrt und in Hafenanlagen sind durch die ISPS-Vorschriften des Kapitels XI" Analgen zu SOLAS am 1.7.2014 in Kraft getreten.[89]

57 **5. Ausbildung, Befähigungszeugnisse, Wachdienst.** Internationales Übereinkommen vom 7.7.1978 über Normen für die Ausbildung, die Erteilung von Befähigungszeugnissen und den Wachdienst von Seeleuten (STCW 1978), in Kraft seit 28.4.1984 (BGBl. 1982 II 297).

58 **6. Arbeitsbedingungen.** Maritime Labour Convention (ILO-MLC 2006) vom 23.2.2006; RL 2009/13/EG vom 16.2.2009 (ABl. EG 2009 L 124, 30); Gesetz zur Umsetzung des Seearbeitsübereinkommens 2006 der Internationalen Arbeitsorganisation (SeeArbG) vom 20.4.2013 (BGBl. 2013 I 868).[90]

VI. Europäisches Recht

59 Das Europäische Maritime Transportrecht hat sich auf der Grundlage der Art. 90–100 AEUV[91] zu einer umfänglichen Regelungsmaterie entwickelt, die sowohl die geografische und ökonomische Bedeutung maritimen Transports als auch seine Rolle im Prozess der Liberalisierung und wirtschaftlichen sowie sozialen Integration in der EU reflektiert.[92] Die Regelwerke umfassen Marktregeln für maritime Transportdienstleistungen, Schiffssicherheits- und Umweltschutzbestimmungen sowie Seetransportsicherheits- und Hafeninfrastrukturregeln; sie sind in der einschlägigen Spezialliteratur dargestellt.[93] Am 1.7.2015 trat die **VO (EU) 2015/757** vom 29.4.2015 zur Überwachung von Kohlendioxidemissionen aus dem Seeverkehr (MRV-Seeverkehrsverordnung)[94] in Kraft. Diese Verordnung gilt für Schiffe mit mehr als 5.000 Bruttoraumzahl (BRZ), die im europäischen Wirtschaftraum verkehren; sie verlangt ab dem Jahr 2018 die Erfassung („Monitoring"), Berichterstattung („Reporting") und Verifizierung („Verifying") von CO_2-Emissionen auf Fahrten von und zu EU-Häfen, enthält jedoch noch keine Pflicht zur Reduktion der Treibhausgase im Seeverkehr.

60 Im Jahr 2017 wurde mit dem sog. **Port Package III** die umfassende Neuordnung des Rechts für Seehäfen verabschiedet.[95] Für den Bereich des Schiffsrecycling gilt die EU Ship Recycling Regulation (VO (EU) 1257/2013 vom 20.11.2013 über das Recycling von Schiffen, ABl. EU 2013 L 330, 1), die ab dem 31.12.2020 verpflichtend ein „Inventory of Hazardous Materials (IHM)" an Bord der Schiffe vorschreibt. Die Verordnung setzt für die EU die im Jahr 2009 verabschiedete, aber noch nicht in Kraft getretene Hong Kong International Convention for the Safe and Environmentally Sound Recycling of Ships (HKC) vorgreifend um.

---

[87] Dazu Hasche RdTW 2013, 91 ff.

[88] Überblick bei Ramming Seehandelsrecht, Bd. I, Einl. Rn. 116 ff.

[89] Überblick bei Ramming Seehandelsrecht, Bd. I, Einl. Rn. 131 ff.

[90] Vgl. dazu Jörgens/Bubenzer (Hrsg.), Praxishandbuch Seearbeitsrecht, 2015; Bubenzer TranspR 2014, 393 ff. Zum Änderungsgesetz vom 22.12.2015 (BGBl. 2015 I 2569) vgl. Noltin RdTW 2017, 1 ff.

[91] Näher Calliess/Ruffert, EUV/AEUV, 6. Aufl. 2022; Schwarze/Stadler, EU-Kommentar, 4. Aufl. 2019.

[92] Eingehend Jessen/Werner/Coleman/Jessen, EU Maritime Transport Law, 2016, 7 ff.

[93] Grdl. Jessen/Werner (ed.), EU Maritime Transport Law, 2016.

[94] Geändert durch VO (EU) 2016/2071 vom 22.9.2016, ABl. EU 2016 L 320, 1.

[95] VO (EU) 2017/352 zur Schaffung eines Rahmens für die Erbringung von Hafendiensten und zur Festlegung von gemeinamen Bestimmungen für die finanzielle Transparenz der Häfen, ABl. EU 2017 L 57, 1; dazu Brinkmann TranspR 2018, 329 ff.; Gasche RdTW 2017, 401 ff.; Hooydonk TranspR 2020, 4 ff.

Erster Abschnitt. Personen der Schifffahrt

§ 476 Reeder

Reeder ist der Eigentümer eines von ihm zum Erwerb durch Seefahrt betriebenen Schiffes.

Das Handelsrecht bestimmt als Reeder allein den Eigentümer des Schiffes. Die Vorschrift weicht damit von der insbesondere im Seearbeitsrecht geltenden weitergehenden Definition ab, die auch denjenigen als (Vertrags-)Reeder anerkennt, dem die Führung der Geschäfte der Reederei (ua Ausrüstung, Bemannung, Instandhaltung) übertragen wurde (vgl. § 4 SeeArbG).[1] Die Eigentümerstellung lässt sich international anhand der IMO-Schiffsidentifikationsnummer ermitteln. 1

Der Rechtsbegriff des Schiffes, der im HGB keine Legaldefinition erfahren hat,[2] umfasst nach der durch die Rspr. des BGH geprägten Formulierung jedes schwimmfähige, mit einem Hohlraum versehene Fahrzeug von nicht ganz unbedeutender Größe, dessen Zweckbestimmung es mit sich bringt, dass es auf dem Wasser bewegt wird.[3] Die Zuordnung von Gegenständen zum Schiffsbegriff ist immer dann schwierig, wenn es deren Verwendung mit sich bringt, dass sie auf dem Wasser fortbewegt werden, sie aber andererseits bestimmungsgemäß auch stationär, also zumindest zeitweise an einem festen Ort im Wasser eingesetzt werden.[4] Unter den Schiffsbegriff fallen auch Schwimmkräne,[5] während zwar schwimmende, aber ortsfeste Einrichtungen wie Bohr- oder Forschungsplattformen nicht unter den Schiffsbegriff fallen.[6] Ein nicht mehr reparaturfähiges Wrack ist kein Schiff mehr; Pfandrechte am Schiff bleiben bis zur Löschung des Schiffs im Register am Wrack bestehen.[7] Mit dem beginnenden Einsatz von unbemannten Wasserfahrzeugen ist die fortgeltende Berechtigung des hergebrachten Schiffsbegriffs in Zweifel geraten.[8] Autonome Schiffe („Marine Autonomous Surface Ships" – MASS") haben keine Personen an Bord, die für die Führung des Fahrzeugs zuständig sind; da die Anwesenheit solcher Personen an Bord keine Voraussetzung für die Qualifikation als Schiff darstellt, handelt es sich bei MASS um Schiffe, wenn ihr Verwendungszweck in der Fortbewegung durch das Wasser liegt.[9] 2

§ 477 Ausrüster

(1) Ausrüster ist, wer ein ihm nicht gehörendes Schiff zum Erwerb durch Seefahrt betreibt.

(2) Der Ausrüster wird im Verhältnis zu Dritten als Reeder angesehen.

(3) Wird der Eigentümer eines Schiffes von einem Dritten als Reeder in Anspruch genommen, so kann er sich dem Dritten gegenüber nur dann darauf berufen, dass nicht er, sondern ein Ausrüster das Schiff zum Erwerb durch Seefahrt betreibt, wenn er dem Dritten unverzüglich nach Geltendmachung des Anspruchs den Namen und die Anschrift des Ausrüsters mitteilt.

Derjenige, der ein Schiff kommerziell (zum Erwerb durch die Seefahrt) betreibt, ohne Eigentümer und damit Reeder zu sein, ist Ausrüster. Der Ausrüster muss das Schiff nicht – wie gem. § 510 aF – für eigene Rechnung verwenden und es selbst führen oder einem Kapitän anvertrauen, der ausschließlich seinen Weisungen unterworfen ist. Ausrüster sind auch diejenigen, die einen sog. Vertragsreeder beauftragen, die Bemannung im eigenen Namen durchzuführen; der Ausrüster ist in diesen Fällen nicht Arbeitgeber des Kapitäns und diesem gegenüber auch nicht unmittelbar weisungsgebunden. 1

---

[1] VG Hamburg 23.10.2013, RdTW 2014, 216.

[2] Zu sachbereichsspezifischen Schiffsdefinitionen in int. Übereinkommen (ÖlHU bzw. MARPOL 73/78) vgl. Jessen VersR 2014, 670 (674 ff.).

[3] BGH 14.12.1951, NJW 1952, 1135.

[4] Eingehend Ramming RdTW 2025, 208 ff.

[5] BGH 14.12.1951, NJW 1952, 1135.

[6] Näher Jessen VersR 2014, 670 ff.

[7] Rabe/Bahnsen/Bahnsen Vor § 476 Rn. 15.

[8] Vgl. nur Daum/Boesch RdTW 2018, 41 ff.; Paschke/Lutter, Zur künftigen Rechtsordnung der unbemannten Schifffahrt, 2018, 18 ff.

[9] Ramming RdTW 2025, 208 Rn. 96.

2 Der Zeitcharterer ist kein Ausrüster, da der Zeitcharterer gem. §§ 557, 561 Abs. 2 nicht für die Führung und sonstige Bedienung des Schiffes verantwortlich ist und deswegen das Schiff im Rechtssinne nicht betreibt.

§ 478 Schiffsbesatzung

Die Schiffsbesatzung besteht aus dem Kapitän, den Schiffsoffizieren, der Schiffsmannschaft sowie allen sonstigen im Rahmen des Schiffsbetriebs tätigen Personen, die vom Reeder oder Ausrüster des Schiffes angestellt sind oder dem Reeder oder Ausrüster von einem Dritten zur Arbeitsleistung im Rahmen des Schiffsbetriebs überlassen werden und die den Anordnungen des Kapitäns unterstellt sind.

1 Der (handelsrechtliche) Rechtsbegriff der Schiffsbesatzung umfasst diejenigen Personen, die vom Reeder/Ausrüster des Schiffes auf der Grundlage eines arbeitsrechtlichen Heuerverhältnisses[1] angestellt sind oder dem Reeder/Ausrüster von einem Dritten überlassen sind; vorausgesetzt ist, dass deren Tätigkeit „im Rahmen des Schiffsbetriebs" zu erbringen ist. Unerheblich ist, ob die Personen ihre Arbeiten an Bord erbringen; somit können auch Personen, die ihre Arbeit an der Längsseite des Schiffes, im Leichter oder am Kai verrichten, zur Schiffsbesatzung gehören.[2] Die Personen müssen von Reeder/Ausrüster angestellt oder diesem – etwa von einer crewing agency – iSd § 478 überlassen werden. Besatzungsmitglied kann nur sein, wer in die Bordgemeinschaft eingegliedert ist oder in den arbeitsteiligen Organismus der Schiffsdienste integriert ist.[3] Nur mit dieser Maßgabe können selbstständig Tätige und deren Bedienstete Besatzungsmitglieder sein. Dies gilt insbesondere für Besatzungsmitglieder eines Schleppers,[4] Arbeitnehmer eines Stauereibetriebes,[5] Festmacher[6] oder Wachleute.[7]

2 Im Übrigen gehören selbstständige Dritte und deren Mitarbeiter nicht zur Schiffsbesatzung. Deren Verhalten kann aber dem Reeder oder Ausrüster gem. § 501 zuzurechnen sein.

3 Der arbeitsrechtliche Begriff der Schiffsbesatzung bestimmt sich unabhängig von § 478 allein nach den Kriterien der ILO-MLC 2006 und § 3 des deutschen Umsetzungsgesetzes (→ Vor § 476 Rn. 57).

§ 479 Rechte des Kapitäns. Tagebuch

(1) [1]Der Kapitän ist befugt, für den Reeder alle Geschäfte und Rechtshandlungen vorzunehmen, die der Betrieb des Schiffes gewöhnlich mit sich bringt. [2]Diese Befugnis erstreckt sich auch auf den Abschluss von Frachtverträgen und die Ausstellung von Konnossementen. [3]Eine Beschränkung dieser Befugnis braucht ein Dritter nur dann gegen sich gelten zu lassen, wenn er sie kannte oder kennen musste.

(2) [1]Ist auf dem Schiff ein Tagebuch zu führen, so hat der Kapitän alle Unfälle einzutragen, die sich während der Reise ereignen und die das Schiff, Personen oder die Ladung betreffen oder sonst einen Vermögensnachteil zur Folge haben können. [2]Die Unfälle sind unter Angabe der Mittel zu beschreiben, die zur Abwendung oder Verringerung der Nachteile angewendet wurden. [3]Die durch den Unfall Betroffenen können eine Abschrift der Eintragungen zum Unfall sowie eine Beglaubigung dieser Abschrift verlangen.

1 Die Vorschrift regelt in Abs. 1 die gesetzliche Vertretungsmacht des Kapitäns für den Reeder und damit einen kleinen Teil der komplexen Rechtsstellung des Kapitäns im öffentlich-rechtlichen und zivil- und arbeitsrechtlichen Kontext.[1] Sie umfasst nicht die Zustellungsvollmacht; diese ist in § 619 gesondert geregelt. Die Vertretungsmacht besteht – anders als nach § 527 aF – unabhängig davon, ob Rechtsgeschäfte innerhalb oder außerhalb des Heimathafens abgeschlossen werden. Nur solche

[1] Vgl. § 5 SeeArbG. Nach deutschem Recht, das nach dem Recht der Flagge anwendbar ist (§ 1 SeeArbG), unterliegt das Heuerverhältnis den allgemeinen arbeitsrechtlichen Vorschriften, die vom SeeArbG und weiteren nationalen und völkerrechtlichen Schutzvorschriften überlagert werden; vgl. dazu Bubenzer/Jörgens (Hrsg.), Praxishandbuch Seearbeitsrecht, 2015.

[2] BGH 29.6.1951, BGHZ 3, 34 (39) = NJW 1952, 64.

[3] Begr. RegE, BT-Drs. 17/10309, 63.

[4] RG 21.12.1881, RGZ 20, 84.

[5] BGH 19.12.1977, BGHZ 70, 113 = NJW 1978, 948.

[6] RG 17.12.1927, RGZ 119, 270.

[7] BGH 29.6.1951, BGHZ 3, 34 (39) = NJW 1952, 64.

[1] Dazu zuletzt Ehlers RdTW 2017, 361 ff.

Rechtshandlungen sind von der Vertretungsmacht gedeckt, die der Schiffsbetrieb gewöhnlich mit sich bringt. Eine Beschränkung auf die Erfordernisse der konkreten Reise sieht die Vorschrift anders als § 527 Abs. 1 aF nicht mehr vor.

Die gesetzliche Vertretungsmacht erstreckt sich nach Abs. 1 auf den Abschluss von Frachtverträgen und die Ausstellung von Konnossementen. Bei diesen Rechtsgeschäften handelt der Kapitän allerdings für den Verfrachter. Handelt der Kapitän für einen nicht mit dem Reeder identischen Verfrachter (Ausrüster, Charterer) wird er stellvertretend nur für diesen tätig.[2] Die gesetzliche Vertretungsmacht kann im Innenverhältnis insbesondere durch den Heuervertrag beschränkt werden. Eine solche Beschränkung ist Dritten gegenüber nach dem Vorbild des § 54 Abs. 3 nur wirksam, wenn der Dritte sie kannte oder kennen musste (Abs. 1 S. 3). 2

Abs. 2 begründet keine eigenständige zivilrechtliche Pflicht zur Führung eines Schiffstagebuchs. Die Regelung knüpft vielmehr nach Gegenstand und Umfang an die dem Schutz der Schiffssicherheit dienende Pflicht zur Führung eines Schiffstagebuchs nach Anlage 1 zu § 5 SchSV[3] an. Die Regelung in Abs. 2 stellt klar, dass die Pflicht zur Führung des Schiffstagebuchs auch dem Schutz privatrechtlicher Interessen dient. Das Schiffstagebuch kann insofern insbesondere als Beweismittel bei Unfällen während der Reise herangezogen werden. Aus diesem Grunde können Unfallbetroffene vom Kapitän die Herstellung und Herausgabe einer (beglaubigten) Abschrift des Schiffstagebuchs verlangen; der Anspruch ist begrenzt auf Eintragungen zum Unfall. 3

§ 480 Verantwortlichkeit des Reeders für Schiffsbesatzung und Lotsen

[1]Hat sich ein Mitglied der Schiffsbesatzung oder ein an Bord tätiger Lotse in Ausübung seiner Tätigkeit einem Dritten gegenüber schadensersatzpflichtig gemacht, so haftet auch der Reeder für den Schaden. [2]Der Reeder haftet jedoch einem Ladungsbeteiligten für einen Schaden wegen Verlust oder Beschädigung von Gut, das mit dem Schiff befördert wird, nur so, als wäre er der Verfrachter; § 509 ist entsprechend anzuwenden.

Die Vorschrift regelt die sog. **adjektizische Haftung** des Reeders. Der Reeder hat für Schäden Dritter, die von Mitgliedern der Schiffsbesatzung und an Bord tätigen Lotsen angerichtet werden einzustehen, ohne dass er sich nach dem Vorbild § 831 Abs. 1 S. 2 BGB entlasten kann. Die Haftung beruht auf der traditionellen Vorstellung, dass den Reeder wegen der mit der Schifffahrt verbundenen Gefahren eine unbedingte (deliktische) Einstandspflicht treffen müsse; sie wird von dem Gedanken getragen, dass der im Betrieb der Schifffahrt Geschädigte wegen der spezifischen Gefahren des Schiffsbetriebs besonders schutzbedürftig sei und Ersatzansprüche gelten machen können müsse, wenn sein Vertrauen darauf, dass die Schiffsbesatzung und Losten die erforderlichen Gefahrvorkehrungen treffen, enttäuscht wird. Die Reichweite dieser Einstandspflicht wird durch die Möglichkeit der globalen Haftungsbeschränkung gem. § 611 kompensiert. 1

Der Reeder hat für Mitglieder der Schiffsbesatzung und an Bord tätige Losten[1] zu haften. Mitglieder der Schiffsbesatzung sind die in § 478 genannten Personen. Die Reederhaftung betrifft ferner sämtliche an Bord tätigen Lotsen und somit – im Unterschied zu Art. 17 CMNI – auch die nicht frei gewählten Lotsen.[2] Eine (entsprechende) Anwendung der Vorschrift auf andere Personen, welche die Rspr. zu der Vorschrift des § 485 S. 1 aF befürwortet hatte,[3] soll nach der Gesetzesbegründung ausgeschlossen sein, weil der Reeder nur auf die genannten Personen in einem Maße einwirken kann, die eine adjektizische Haftung rechtfertigen.[4] Im Gesetzeswortlaut findet dieser Wille der Gesetzesverfasser keinen eindeutigen Niederschlag. So sind beispielsweise vom Charterer beauftragte Umschlagunternehmen an Bord tätige Personen, die für andere als den Reeder tätig sind; sie unterstehen aber der Schiffsordnung und dem Hausrecht des Kapitäns, unterliegen deshalb der Weisungsbefugnis des Reeders und könnten nach dem Wortlaut des S. 1 in den Anwendungsbereich der adjektizischen Reederhaftung fallen.[5] 2

---

[2] MüKoHGB/Pötschke Rn. 6.
[3] Schiffssicherheitsverordnung vom 18.9.1998, BGBl. 1998 I 3013.
[1] Zur Eigenhaftung des Lotsen s. Zschoche TranspR 2016, 90 ff.
[2] Begr. RegE, BT-Drs. 17/10309, 65.
[3] Vgl. BGH 12.12.1957, BGHZ 26, 152 (156 f.); 29.6.1951, BGHZ 3, 34 (39) für Wachleute; RG 17.12.1927, RGZ 119, 270 für Festmacher; RG 19.10.1929, RGZ 126, 35 für Stauereiunternehmen.
[4] Begr. RegE, BT-Drs. 17/10309, 65.
[5] So die Stellungnahme des DVIS zu § 480 HGB-RefE, 2012, Rn. 41; vgl. auch Rabe TranspR 2016, 139 (142 f.).

3 Die adjektizische Haftung besteht für alle in Ausübung der Tätigkeiten angerichteten Schäden. Eine Beschränkung auf solche Tätigkeiten, die dem Handelnden ausdrücklich übertragen wurden, sieht die Vorschrift nicht vor. Auf ein Verschulden des Schädigers kommt es ebenfalls nicht an.

4 Nach S. 2 wird die adjektizische Haftung des Reeders eingeschränkt, wenn der Schadensersatzanspruch von einem Ladungsbeteiligten geltend gemacht wird. Der Reeder haftet dann nur so, als wäre er der Verfrachter; er kann sich somit auf die Haftungsbefreiungen und -begrenzungen der §§ 499 ff. berufen, obwohl er weder Verfrachter noch ausführender Verfrachter ist. Durch die Verweisung auf § 509 soll sichergestellt werden, dass den Reeder dieselben Rechtsfolgen wie in den Fällen treffen, in denen der Reeder zugleich ausführender Verfrachter ist.[6]

[6] Begr. RegE, BT-Drs. 17/10309, 65 f.

Zweiter Abschnitt. Beförderungsverträge

Erster Unterabschnitt. Seefrachtverträge

Erster Titel. Stückgutfrachtvertrag

Erster Untertitel. Allgemeine Vorschriften

§ 481 Hauptpflichten. Anwendungsbereich

(1) Durch den Stückgutfrachtvertrag wird der Verfrachter verpflichtet, das Gut mit einem Schiff über See zum Bestimmungsort zu befördern und dort dem Empfänger abzuliefern.

(2) Der Befrachter wird verpflichtet, die vereinbarte Fracht zu zahlen.

(3) [1]Die Vorschriften dieses Titels gelten, wenn die Beförderung zum Betrieb eines gewerblichen Unternehmens gehört. [2]Erfordert das Unternehmen nach Art oder Umfang einen in kaufmännischer Weise eingerichteten Geschäftsbetrieb nicht und ist die Firma des Unternehmens auch nicht nach § 2 in das Handelsregister eingetragen, so sind in Ansehung des Stückgutfrachtvertrags auch insoweit die Vorschriften des Ersten Abschnitts des Vierten Buches ergänzend anzuwenden; dies gilt jedoch nicht für die §§ 348 bis 350.

I. Allgemeines

1 Der Stückgutfrachtvertrag bildet den Grundtypus des Seefrachtvertrages. Daneben sieht das Seehandelsrecht den in den Vorschriften der §§ 527 ff. selbstständig geregelten Reisefrachtvertrag als weiteren Anwendungsfall des Seefrachtvertrages vor. Die Regelungen des Stückgutfrachtvertrages sind auf drei Untertitel verteilt und betreffen allgemeine Vorschriften, die Haftung wegen Verlust oder Beschädigung des Gutes und das Recht der Beförderungsdokumente.

II. Anwendungsbereich

2 In sachlicher Hinsicht ist der Anwendungsbereich durch die Erfassung von Beförderungen „über See“ beschränkt. Die Vorschrift erfasst ausweislich dieser Formulierung allein die reinen Seebeförderungen. Multimodaltransporte unterfallen auch dann nicht dem Anwendungsbereich, wenn sie eine Seestrecke einschließen; vielmehr gelten insofern die Regelungen der § 407 Abs. 3 S. 1 und § 452 S. 2 (→ Vor § 476 Rn. 35). § 481 ist auch nicht anwendbar für Beförderungen auf Binnengewässern; auf diese sind die §§ 407 ff. anzuwenden (→ § 407 Rn. 8). Für „gemischte“ Beförderungen über See und auf Binnengewässern wird der Anwendungsbereich des Seefrachtvertragsrechts über § 450 erweitert.

3 In personeller Hinsicht gelten die Vorschriften über den Stückgutfrachtvertrag in den Fällen, in denen die Beförderung zum Betrieb eines gewerblichen Unternehmens gehört (Abs. 3). Die Regelung ist an § 407 Abs. 3 angelehnt, sodass es nicht darauf ankommt, ob der Verfrachter Kaufmann ist.

III. Hauptpflichten des Verfrachters

4 Abs. 1 regelt die Hauptpflichten des Verfrachters in Anlehnung an die Regelung des § 407 Abs. 1. Im Zentrum steht die Beförderungspflicht, die in Abs. 1 als eine Pflicht zur Beförderung über See ausgeprägt ist. Umladungen, die insbesondere im Rahmen der hub and spoke-Container-Logistik erfolgen, in deren Rahmen ozeangängige Schiffe die wichtigsten Seehäfen bedienen, die ihrerseits über Feederschiffe mit den nur regional bedeutsamen Häfen verbunden werden, stehen einer Seebeförderung nicht entgegen, wenn die anschließende Beförderung weiterhin auf Seegewässern stattfindet.[1] Die Beförderungspflicht trifft den Verfrachter, der nicht Reeder oder Ausrüster des Schiffes sein muss. Personenverschieden sind Reeder und Verfrachter vor allem dann, wenn der Verfrachter als Non-Vessel-Owning-Carrier tätig wird und Zeitcharterer des Schiffes ist.[2]

[1] BeckOGK/Paschke, 15.8.2025, Rn. 320.

[2] Vgl. dazu Busch, Der NVOCC – Die rechtliche und wirtschaftliche Stellung des Non-Vessel-Operating Common Carrier's im Seefrachtgeschäft, 2014.

5 Der Verfrachter hat das Gut zum „Bestimmungsort" zu befördern. Dies wird regelmäßig ein Hafen sein, kann aber – wie der Begriff „Bestimmungsort" zum Ausdruck bringt – auch beispielsweise eine Bohrinsel oder Plattform sein.

6 Der Verfrachter übernimmt im Stückgutfrachtvertrag über dies die Verpflichtung zur Ablieferung des Gutes an den Empfänger. Die Ablieferung hat am Bestimmungsort („dort") zu erfolgen. Wer der berechtigte Empfänger ist, ergibt sich in erster Linie aus dem Stückgutfrachtvertrag bzw. dem Konnossement (§ 515 Nr. 5); nachträgliche Weisungen des Befrachters bzw. des berechtigten Konnossementsbesitzers sind nach Maßgabe der Regelungen in §§ 491, 520 zu beachten. Die Ablieferung an einen Nichtberechtigten kann neben den schuldrechtlichen Wirkungen (§ 362 Abs. 2 BGB, § 275 BGB) den Verlust des Gutes zur Folge haben, sodass eine Haftung nach § 498 ff. in Betracht kommt.[3] Aus den Regelungen der § 491 Abs. 1, § 494 Abs. 1, § 521 Abs. 1 ergibt sich, dass der Verfrachter das Gut nicht nur in das geografische Gebiet des Bestimmungshafens zu befördern hat; er hat das Gut an dem konkret bezeichneten Löschplatz abzuliefern.

7 Der Verfrachter übernimmt das Gut mit der Übernahme zur Beförderung bis zur Ablieferung in seine **Obhut.** Kommt er der gebotenen Ladungsfürsorge nicht nach, haftet er für den dadurch entstehenden Schaden gem. §§ 498 ff. (→ § 498 Rn. 1 ff.; zur Obhutsobliegenheit im Frachtrecht allgemein → § 407 Rn. 30).

8 Das zu befördernde **Gut** umfasst insbesondere auch dessen Verpackung sowie vom Absender gestellte Container, sodass dem Verfrachter auch darüber die Obhut obliegt. Für eine Beschädigung des Containers haftet der Verfrachter im Obhutszeitraum nach den allgemeinen frachtrechtlichen Normen; für verzögerte Stand- und Rückgabezeiten insbesondere für Container werden spezielle vertragliche Abreden getroffen (Container-Demurrage, Container-Detention).[4] Stellt der Verfrachter Container zur Seebeförderung zur Verfügung, begründet dies einen gemischten, nicht allein frachtrechtlich zu beurteilenden Vertrag.

IV. Hauptpflichten des Befrachters

9 Die Hauptpflicht des Befrachters besteht in der Zahlung der vereinbarten Gegenleistung in Geld, der vom Gesetzgeber so bezeichneten „Fracht". Die gesetzliche Regelung geht in Abs. 2 von der Regel aus, dass der Befrachter die Fracht dem Verfrachter zu leisten hat. Nähere Regelungen zur Frachtzahlung sind in den Vorschriften der §§ 493, 494 getroffen. Danach hat der Empfänger, der den Ablieferungsanspruch nach § 494 Abs. 1 geltend macht, die noch geschuldete Fracht zu bezahlen. Die Regelung ist dispositiv und wird in der Praxis von den Parteien des Frachtvertrages nicht selten variiert (zB „freight prepaid").

§ 482 Allgemeine Angaben zum Gut

(1) [1]Der Befrachter hat dem Verfrachter vor Übergabe des Gutes die für die Durchführung der Beförderung erforderlichen Angaben zum Gut zu machen. [2]Insbesondere hat der Befrachter in Textform Angaben über Maß, Zahl oder Gewicht sowie über Merkzeichen und die Art des Gutes zu machen.

(2) Übergibt ein vom Befrachter benannter Dritter dem Verfrachter das Gut zur Beförderung, so kann der Verfrachter auch von diesem die in Absatz 1 Satz 2 genannten Angaben verlangen.

1 Nach Abs. 1 trifft den Befrachter die kraft Gesetzes bestehende (Neben-) Pflicht, die für die Durchführung der Beförderung erforderlichen Angaben zum Gut zu machen. Angaben zur Beschaffenheit des Gutes sind nach Abs. 1 nicht erforderlich. Die Angaben sind vor der Übergabe des Gutes und in der Textform des § 126b BGB (einfache schriftliche Erklärung ohne eigenhändige Unterschrift, einschließlich Fax und E-Mail) zu machen.

2 Die Pflicht trifft nach Abs. 2 auch den Ablader iSd § 513 Abs. 2. Die Vorschrift erfasst allerdings nach ihrem Wortlaut nicht nur den Ablader, also denjenigen Dritten, der im Konnossement benannt ist, sondern jeden vom Befrachter benannten Dritten, der das Gut dem Verfrachter übergibt, unabhängig davon, ob ein Konnossement ausgestellt ist. Der „benannte Dritte" erlangt er seine Rechtsstellung unter zwei Voraussetzungen:[1] Er muss das Gut dem Verfrachter zur Beförderung übergeben (= abladen). Zum anderen muss die betreffende Person nach § 482 Abs. 2 vom oder für den (§§ 164 ff. BGB) Befrachter benannt sein. Anders als nach § 513 Abs. 2 ist in § 482 Abs. 2 nicht ausdrücklich

[3] Vgl. Ramming RdTW 2015, 85 ff.
[4] Näher Koller TranspR 2023, 57 ff.
[1] Ramming RdTW 2013, 464 (476).

bestimmt, dass die Benennung gegenüber dem Verfrachter erfolgen muss. Dies dürfte auf einem Versehen beruhen. Jedenfalls genügt die Benennung gegenüber dem Verfrachter, um § 482 Abs. 2 zur Anwendung zu bringen.

Der benannte Dritte ist mehrfach Adressat von Vorschriften.[2] Bereits unmittelbar in § 482 Abs. 2 ist seine Pflicht geregelt, die besonderen Angaben zum Gut nach Abs. 1 S. 2 zu machen. Abs. 2 verweist nur auf die in Abs. 1 S. 2 genannten Angaben, nicht auch auf die dort ebenfalls vorgesehene Angabe in Textform. Da aber eine Gleichstellung des benannten Dritten mit dem Befrachter gewollt ist, hat auch der benannte Dritte die Angaben in Textform zu machen. Darüber hinaus treffen ihn die Mitteilungspflichten nach § 483 Abs. 1. Der benannte Dritte schuldet dem Verfrachter ggf. nach § 483 Abs. 3 Aufwendungsersatz. Ebenso haftet der benannte Dritte nach § 488 Abs. 2 dem Verfrachter auf Schadens- und Aufwendungsersatz im Falle unrichtiger oder unvollständiger Angaben. Schließlich knüpft § 490 Abs. 4 S. 1 im Hinblick auf die Rechte des Verfrachters an die ernsthafte und endgültige Verweigerung der Abladung an. 3

Der (Dritt-)Ablader iSd § 513 Abs. 2 ist normalerweise automatisch auch benannter Dritter iSd § 482 Abs. 2. Hieraus folgt, dass immer dann, wenn in den §§ 481 ff. lediglich der benannte Dritte iSd § 482 Abs. 2 angesprochen ist, auch stets der Ablader nach § 513 Abs. 2 mit gemeint ist. Umgekehrt gilt dies allerdings nicht: Wo vom Ablader die Rede ist, genügt die bloße Rechtsstellung als benannter Dritter iSd § 482 Abs. 2 nicht. Eine Identität von Ablader und benanntem Dritten besteht nicht, wenn nach § 513 Abs. 2 S. 2 der Befrachter als Ablader gilt, er aber einen Dritten (nicht zur Eintragung im Konnossement) nach § 482 Abs. 2 benannt hat. 4

Die Angaben betreffen zunächst Maß, Zahl oder Gewicht der Güter. Das Raummaß spielt unter den Bedingungen des Containerverkehrs eine Rolle insbesondere in den Fällen der Schwergut- und Projektladung sowie bei Schüttgut. Bei den Gewichtsangaben sind die neuen VGM-Regelungen des SOLAS-Übereinkommens nebst der Entschließung MSC.380(94) zu beachten, die durch die SOLASÄndV in innerdeutsches Recht übernommen wurden (BGBl. 2016 II 627). Ferner sind Angaben über die Art, also zur Natur des Gutes zu machen, während keine Angaben zur Beschaffenheit gefordert werden. Verletzung der Mitteilungspflichten ist durch § 488 Abs. 1 und 2 sanktioniert. 5

§ 483 Gefährliches Gut

(1) Soll gefährliches Gut befördert werden, so haben der Befrachter und der in § 482 Absatz 2 genannte Dritte dem Verfrachter rechtzeitig in Textform die genaue Art der Gefahr und, soweit erforderlich, zu ergreifende Vorsichtsmaßnahmen mitzuteilen.

(2) [1]Der Verfrachter kann, sofern ihm, dem Kapitän oder dem Schiffsagenten nicht bei Übernahme des Gutes die Art der Gefahr bekannt war oder jedenfalls mitgeteilt worden ist, gefährliches Gut ausladen, einlagern, zurückbefördern oder, soweit erforderlich, vernichten oder unschädlich machen, ohne dem Befrachter deshalb ersatzpflichtig zu werden. [2]War dem Verfrachter, dem Kapitän oder dem Schiffsagenten bei Übernahme des Gutes die Art der Gefahr bekannt oder war sie ihm jedenfalls mitgeteilt worden, so kann der Verfrachter nur dann die Maßnahmen nach Satz 1 ergreifen, ohne dem Befrachter deshalb ersatzpflichtig zu werden, wenn das gefährliche Gut Schiff oder Ladung gefährdet und die Gefahr nicht durch ein Verschulden des Verfrachters herbeigeführt worden ist.

(3) Der Verfrachter kann vom Befrachter und dem in § 482 Absatz 2 genannten Dritten, sofern dieser bei der Abladung unrichtige oder unvollständige Angaben gemacht hat, wegen der nach Absatz 2 Satz 1 ergriffenen Maßnahmen Ersatz der erforderlichen Aufwendungen verlangen.

Die Vorschrift ist in Anlehnung an § 410 des allgemeinen Transportrechts konzipiert. Die Sanktionsregelung findet sich – abgesehen von der Regelung in Abs. 3 – in § 488. 1

Gegenstand der Mitteilungspflicht sind nach Abs. 1 die geforderten Angaben über „gefährliches Gut". Die Regelung bezieht sich damit nicht nur auf Gefahrgut iSd GVVSee bzw. iSd IMDG-Code (International Maritime Code for Dangerous Goods), sondern auf alle Güter, die im beförderungsrechtlichen Sinne „gefährlich" sind, auch wenn jenseits des Gefahrgutsbereichs wohl allenfalls bei solchen Gütern eine Beförderungsgefahr anzuerkennen sein dürfte, bei denen dafür entsprechende Erfahrungswerte vorliegen.[1] Der gegenständliche Bereich der Mitteilungspflichten ist nach 2

[2] Näher Ramming RdTW 2013, 464 (475 ff.).

[1] MüKoHGB/Pötschke Rn. 3.

den Gesetzesmaterialien bewusst abweichend von dem Gegenstand der öffentlich-rechtlichen Gefahrgutvorschriften konzipiert worden.[2]

3 Der Zeitpunkt der Mitteilungspflicht ist mit dem Begriff „rechtzeitig" nicht präzise definiert. Aus Abs. 2 S. 1 ergibt sich lediglich, dass die Mitteilung vor der Übergabe des Guts zur Beförderung zu erfolgen hat. Wie gem. § 410 wird zu fordern sein, dass die Mitteilung so rechtzeitig erfolgt, dass der Verfrachter in die Lage versetzt wird, sich auf die Beförderung des gefährlichen Gutes vorzubereiten und die erforderlichen Vorsichtmaßnahmen zu ergreifen (→ § 410 Rn. 4).

4 **Schuldner** der Mitteilungspflicht ist nach Abs. 1 der Befrachter oder der Ablader bzw. der in § 482 Abs. 2 genannte Dritte.

5 **Adressat der Mitteilung** ist der Verfrachter. Mitteilungen an den Kapitän genügen der Mitteilungspflicht nicht ohne weiteres. Da der Kapitän gem. § 479 den Reeder vertritt, erfüllen Mitteilungen an den Kapitän die Pflichten des § 483, wenn der Verfrachter mit dem Reeder identisch ist.

6 Der Verfrachter hat unter den Voraussetzungen nach Abs. 2 die Befugnis, sich des gefährlichen Gutes zu entledigen. Die Auswahl der im Gesetz genannten Maßnahmen und die Art und Weise ihrer Durchführung kann der Verfrachter unter Berücksichtigung von Treu und Glauben selbst bestimmen. S. 1 und S. 2 unterscheiden dabei zwischen den Fällen, dass dem Verfrachter (Kapitän bzw. Schiffsagent) die Gefahr entweder unbekannt (bzw. nicht mitgeteilt) war (S. 1) oder doch bekannt (bzw. mitgeteilt) war (S. 2). Im letztgenannten Fall hat der Verfrachter nur dann das Recht, das Gut auszuladen, einzulagern oder die weiteren genannten Maßnahmen zu ergreifen, wenn sich das besondere Risiko des gefährlichen Gutes verwirklicht und die Gefahr nicht durch ein Verschulden des Verfrachters herbeigeführt wurde. In diesem Fall wird der Verfrachter gegenüber dem Befrachter nicht schadensersatzpflichtig, ein Aufwendungsersatzanspruch nach Abs. 3 steht ihm in diesen Fällen allerdings nicht zu.

§ 484 Verpackung. Kennzeichnung

[1]Der Befrachter hat das Gut, soweit dessen Natur unter Berücksichtigung der vereinbarten Beförderung eine Verpackung erfordert, so zu verpacken, dass es vor Verlust und Beschädigung geschützt ist und dass auch dem Verfrachter keine Schäden entstehen. [2]Soll das Gut in einem Container, auf einer Palette oder in oder auf einem sonstigen Lademittel zur Beförderung übergeben werden, das zur Zusammenfassung von Frachtstücken verwendet wird, hat der Befrachter das Gut auch in oder auf dem Lademittel beförderungssicher zu stauen und zu sichern. [3]Der Befrachter hat das Gut ferner, soweit dessen vertragsgemäße Behandlung dies erfordert, zu kennzeichnen.

1 Die Regelung der Verpackungspflicht ist in S. 1 der Vorschrift des § 411 nachgebildet; die zu dieser Regelung anerkannten Grundsätze sind auf den Seeverkehr regelmäßig mit der Maßgabe übertragbar, dass eine seemäßige Verpackung des Gutes geschuldet ist.[1] Die gesetzliche Pflicht des Befrachters zur sorgfältigen Verpackung des Gutes hat keine Schutzwirkung zugunsten der Beteiligten anderer geschädigter Ladung.[2] § 484 S. 2 regelt die Fälle, in denen Gut in einem Container, auf einer Platte oder einem sonstigen Lademittel zur Beförderung übergeben wird. Den Befrachter trifft auch insoweit die Pflicht, das Gut beförderungssicher zu stauen und zu sichern, insbesondere zu befestigen. Damit wird die von der Rspr.[3] bereits aus S. 1 abgeleitete Konsequenz klargestellt, dass der Container selbst nicht notwendig als beförderungssichere Verpackung ausreicht. S. 3 sieht wiederum in Anlehnung an § 411 eine Kennzeichnungspflicht vor. Die Verletzung der Pflichten wird gem. § 488 Abs. 1 Nr. 3 sanktioniert.

§ 485 See- und Ladungstüchtigkeit

Der Verfrachter hat dafür zu sorgen, dass das Schiff in seetüchtigem Stand, gehörig eingerichtet, ausgerüstet, bemannt und mit genügenden Vorräten versehen ist (Seetüchtigkeit) sowie dass sich die Laderäume einschließlich der Kühl- und Gefrierräume sowie alle anderen Teile des Schiffs, in oder auf denen Güter verladen werden, in dem für die Aufnahme, Beförderung und Erhaltung der Güter erforderlichen Zustand befinden (Ladungstüchtigkeit).

[2] Vgl. Begr. RegE, BT-Drs. 17/10309, 67.

[1] Vgl. dazu OLG Hamburg 24.1.2019, RdTW 2020, 190 Rn. 16 ff. zur werkvertraglichen Verpackungspflicht.

[2] OLG Hamburg 12.8.2019, RdTW 2020, 224 Rn. 30 ff.; zust. Ramming RdTW 2020, 210 ff.

[3] Vgl. OLG Hamburg 4.8.2000, TranspR 2000, 38 (40).

Seetüchtig ist das Schiff, wenn der Schiffskörper geeignet ist, die Gefahren der Seereise mit der konkreten Ladung auf der vorgesehenen Route zu bestehen (sog. Seetüchtigkeit im engeren Sinn), und andererseits das Schiff genügend eingerichtet, ausgerüstet und bemannt ist (sog. Seetüchtigkeit im weiteren Sinn). Insbesondere muss das nach dem ISM-Code erforderliche Safety Managment System (SMS) eingerichtet sein (vgl. Kap. IX SOLAS-Übereinkommen; → Vor § 476 Rn. 55).[1] Nicht gefordert wird, dass das Schiff für alle denkbaren Reisen, zu jeder Zeit und für jedes Fahrtgebiet (absolut) seetüchtig zu sein hat. Vielmehr kommt es auf die konkreten Anforderungen für die bevorstehende Reise an (sog. relative Seetüchtigkeit). Deshalb bleiben spezielle Wetterprognosen für einen bestimmten Teil der Reise bei der Bemessung der Anforderungen außer Betracht.[2] Der Maßstab ist dabei ein objektiv-durchschnittlicher; zugrunde zu legen sind die sich verändernden Kenntnisse aus Wissenschaft und Praxis nach ihrem jeweiligen Stand.[3] 1

Auf die Ursache der Seeuntüchtigkeit kommt es nicht an. Neben Mängeln am Schiffskörper und seiner Einrichtung kann eine fehlerhafte Stauung zur Reiseuntüchtigkeit des Schiffes führen. Insofern liegt Seeuntüchtigkeit nur vor, wenn das Schiff insgesamt (und damit auch die Ladung) einer Gefährdung ausgesetzt ist.[4] Eine fehlerhafte Stauung kommt dafür in Betracht, wenn dadurch die Stabilität des Schiffes beeinträchtigt wird.[5] 2

Ladungstüchtig ist das Schiff, wenn es, ungeachtet der speziellen Seegefahren, zur Beförderung der konkreten Ladung geeignet ist. Insofern kommt es allein darauf an, dass keine Gefährdung der Ladung des Schiffes gegeben ist. Durch die Formulierung „in oder auf" ist klargestellt worden, dass das Deck eines Schiffes, auf dem Container verladen werden, ladungstüchtig sein muss.[6] Das Schiff muss in jeder Hinsicht für die Beförderung der (konkreten) Ladung geeignet sein. Erforderliche Spezialeinrichtungen für Kühl- oder Gefriertransporte müssen vorhanden sein und sich in einem für die Aufnahme der Ladung erforderlichen Zustand befinden.[7] Maßstab für die Ladungstüchtigkeit ist die Eignung für die Aufnahme und Beförderung des Guts, aber auch für die Erhaltung der Güter während der Reise und für das Löschen des Gutes.[8] 3

Aus den haftungsrechtlichen Vorschriften des § 498 Abs. 2 S. 2 ergibt sich, dass das Schiff bei Antritt der Reise see- und ladungstüchtig zu sein hat (sog. anfängliche See- und Ladungstüchtigkeit). Ist dies nicht der Fall, kann ein Fehler bei der Bedienung des Schiffes oder ein Fall der Verletzung der (nachträglichen) Ladungsfürsorge vorliegen, für den der Verfrachter nach den dafür maßgeblichen Vorschriften zu haften hat (§ 498). Allerdings ist die Pflicht zur Sorge für die See- und Ladungstüchtigkeit in § 485 zeitlich nicht geregelt und begrenzt; grundsätzlich besteht daher die entsprechende Pflicht nicht nur für die gesamte Zeit der Beförderung des Gutes, sondern auch schon in der Zeit ab Vertragsschluss bis zum Antritt der Reise.[9] Allerdings führt anerkanntermaßen nicht jeder Mangel bei Beginn der Reise zur anfänglichen See- und Ladungsuntüchtigkeit; solche Mängel die leicht zu entdecken und mit Bordmitteln behoben werden können, lösen die Haftung nicht aus.[10] 4

Die haftungsrechtlichen **Sanktionen** weichen von der zuvor geltenden Rechtslage gem. § 559 aF ab. Für Ladungsschäden gilt, dass die See- und Ladungstüchtigkeit des Schiffes Einfluss auf die Haftung des Verfrachters für den Verlust bzw. die Beschädigung des Gutes nach § 498 Abs. 1 hat und dies in zweifacher Hinsicht: Wurde das Gut mit einem see- oder ladungsuntüchtigen Schiff befördert, entfällt gem. § 499 Abs. 2 S. 2 die in S. 1 dieser Vorschrift angeordnete Privilegierung; ferner sieht § 498 Abs. 2 S. 2 einen zusätzlichen Entlastungstatbestand für den Fall vor, dass der Schaden mit Wahrscheinlichkeit auf die See- und Ladungsuntüchtigkeit des Schiffes zurückzuführen ist. Jenseits der Ladungsschäden gilt, dass dann, wenn der Verfrachter seine Pflicht verletzt, ein see- und ladungstüchtiges Schiff zur Beförderung einzusetzen, eine Haftung wegen Pflichtverletzung gem. § 280 Abs. 1 BGB eintritt, die alle Schäden umfasst, die mit dem Mangel der See- und Ladungstüchtigkeit kausal zusammenhängen.[11] § 485 schützt in erster Linie den Befrachter; anspruchsberechtigt ist aber auch der im Rahmen des Frachtvertrages drittbegünstigte Empfänger (§ 494). 5

---

[1] Vgl. Looks/Kraft TranspR 1998, 294; de la Motte, Die Auswirkungen des ISM Codes auf das Seehaftungsrecht, 1998.
[2] BGH 20.2.1995, TranspR 1995, 306.
[3] Rabe/Bahnsen/Bahnsen Rn. 15.
[4] Vgl. BGH 14.12.1974, BGHZ 60, 39.
[5] Rabe/Bahnsen/Bahnsen Rn. 25.
[6] Vgl. BT-Drs. 17/11884, 128.
[7] BGH 29.10.1979, VersR 1980, 253; 3.2.1969, VersR 1969, 536.
[8] Rabe/Bahnsen/Bahnsen Rn. 35 ff.
[9] Ramming RdTW 2014, 41 (43).
[10] BGH 17.1.1974, MDR 1974, 3473 (474); 14.12.1972, BGHZ 60, 39.
[11] Ramming RdTW 2014, 41 (47 f.).

§ 486 Abladen. Verladen. Umladen. Löschen

(1) [1]Der Befrachter hat die Übergabe des Gutes an den Verfrachter zur Beförderung (Abladung) innerhalb der vertraglich vereinbarten Zeit zu bewirken. [2]Der Verfrachter hat demjenigen, der das Gut ablädt, auf dessen Verlangen ein Empfangsbekenntnis in Textform zu erteilen. [3]Das Empfangsbekenntnis kann auch in einem Konnossement oder Seefrachtbrief erteilt werden.

(2) Soweit sich aus den Umständen oder der Verkehrssitte nichts anderes ergibt, hat der Verfrachter das Gut in das Schiff zu laden und dort zu stauen und zu sichern (verladen) sowie das Gut zu löschen.

(3) Befindet sich das Gut in einem Container, ist der Verfrachter befugt, den Container umzuladen.

(4) [1]Der Verfrachter darf das Gut ohne Zustimmung des Befrachters nicht auf Deck verladen. Wird ein Konnossement ausgestellt, ist die Zustimmung des Abladers (§ 513 Absatz 2) erforderlich. [2]Das Gut darf jedoch ohne Zustimmung auf Deck verladen werden, wenn es sich in oder auf einem Lademittel befindet, das für die Beförderung auf Deck tauglich ist, und wenn das Deck für die Beförderung eines solchen Lademittels ausgerüstet ist.

1 Abs. 1 regelt die traditionell im Seefrachtrecht so bezeichnete und nunmehr gesetzlich definierte „Abladung", nämlich die Übergabe des Gutes an den Verfrachter zur Beförderung.[1] Diese setzt voraus, dass der Verfrachter aufgrund eines wirksamen Stückgutfrachtvertrages zumindest den mittelbaren Besitz (§ 868 BGB) an dem zu befördernden Gut erwirbt.[2] Das Gut muss – in objektiver Hinsicht – derart in den Verantwortungsbereich des Verfrachters gelangen, dass dieser oder seine Besitzmittler es vor Schäden bewahren können.[3] In subjektiver Hinsicht erfordert die Abladung, dass der Befrachter willentlich die Verfügungsgewalt über das Gut aufgibt und der Verfrachter den Willen zur Kontrolle über das Gut begründet, sei dies auch über einen Besitzmittler – wobei in Bezug auf die Übernahme des Gutes der Wille im natürlicher Sinne ausreicht.[4] Der Befrachter hat das Gut lediglich abzuladen, nicht aber auch zu verladen; für die Verladung ist im Seefrachtrecht anders als im allgemeinen Frachtrecht (§ 412) der Verfrachter verantwortlich.

2 Die Abladung ist nach Abs. 1 nicht als Rechtspflicht, sondern als Mitwirkungsobliegenheit („zu bewirken") des Befrachters konzipiert;[5] die Verpflichtung zur Leistungserbringung durch den Verfrachter hängt von der rechtzeitigen Abladung durch den Befrachter ab. Die einzuhaltenden Zeitvorgaben werden zwischen den Parteien des Stückgutfrachtvertrages vereinbart. Die Rechtsfolgen für die versäumte oder nicht vollständige Abladung ergeben sich nach Maßgabe des § 490.

3 Nach Abs. 1 S. 2 kann derjenige, der das Gut ablädt, vom Verfrachter die Erteilung eines schriftlichen Empfangsbekenntnisses – also eine **Quittung** iSd § 368 S. 1 BGB – verlangen. Auf eine Benennung gegenüber dem Verfrachter kommt es hier nicht an. Abladender Dritter kann auch der Ablader (§ 513 Abs. 2) oder der benannte Dritte (§ 482 Abs. 2) sein. Maßgeblich für die Anwendung des § 486 Abs. 1 S. 2 ist der bloße tatsächliche Vorgang der Abladung. Auch der Befrachter kann abladender Dritter sein. Unschädlich ist, dass eine andere Person als der abladende Dritte dem Verfrachter im Rahmen des § 513 Abs. 2 oder des § 482 Abs. 2 benannt wurde.

4 Die Verladung und das Löschen des Gutes haben gem. Abs. 2 durch den dazu verpflichteten Verfrachter zu erfolgen. Besonderheiten können sich aus den Umständen oder der Verkehrssitte ergeben. Zulässige abweichende Vereinbarungen finden sich vor allem in Klauseln wie „fio" (free in and out), „fios" (free in and out and stowed), „fiot" (free in and out and trimmed) und „fiost" (free in and out and stowed and trimmed), nach denen ausnahmsweise der Befrachter verpflichtet ist, das Laden und Löschen und zusätzlich das Stauen/Sichern und/oder Trimmen vorzunehmen. Dabei kann die fios-Klausel wiederum durch eine weitere Vereinbarung, wie etwa eine „lashing/securing/dunnaging-(lsd)"-Absprache eingeschränkt bzw. aufgespaltet werden, sodass das Sichern des Gutes gleichwohl in den Pflichten- und Verantwortungskreis des Verfrachters fällt.[6]

5 Die **Umladung** des Gutes ist dem Verfrachter nach Abs. 3 im Containerverkehr kraft Gesetzes gestattet. Auf die Art des Containers (geschlossener Container oder flat rack) kommt es dabei ebenso wenig an wie auf den Grund der Umladung. Die Vorschrift ist insbesondere für den

[1] Näher Ramming RdTW 2013, 464 ff.
[2] BGH 12.1.2012, NJW-RR 2012, 364 (365) zu § 425; OLG Hamburg 29.9.2016, RdTW 2017, 74 (76).
[3] BGH 12.1.2012, NJW-RR 2012, 364 (365); OLG Hamburg 29.9.2016, RdTW 2017, 74 (76).
[4] BGH 12.1.2012, NJW-RR 2012, 364 (365); OLG Hamburg 29.9.2016, RdTW 2017, 74 (76).
[5] MüKoHGB/Pötschke Rn. 4.
[6] OLG Hamburg 8.11.2018, RdTW 2019, 219 (222); LG Hamburg 11.10.2016, RdTW 2016, 422 (425).

Umschlag im Feeder-Verkehr geschaffen, nicht aber auf diesen beschränkt. Jenseits des Containerverkehrs haben die sog. Substitutionsklauseln Bedeutung für die Berechtigung zur Umladung. Die Klausel „Ship X or substitute at Owners option" eröffnet dem Verfrachter eine uneingeschränkte Umlademöglichkeit.[7]

6 Abs. 4 sieht ein mangels Zustimmung des Befrachters/Abladers bestehendes grundsätzliches **Deckladeverbot** vor. Die Regelung betrifft die Fälle, in denen der Verfrachter die Verladung des Gutes übernommen hat, gilt also in Ermangelung abweichender vertraglicher Vereinbarungen nur für den Stückgutverkehr (Abs. 2), nicht aber für die Reisecharter (§ 531 Abs. 1) und die Zeitcharter (§ 563 Abs. 1).[8] Das Deckladeverbot wird allerdings durch Abs. 4 S. 3 eingeschränkt; diese Ausnahme erlaubt vor allem die Containerverladung auf Deck von entsprechend ausgerüsteten Containerschiffen.[9] Die bewusst[10] offen gestaltete Formulierung des S. 3 lässt darüber hinaus Spielraum für andere Lademittel auf anderen Schiffen; auf die Verwendung eines Containerschiffes kommt es somit nicht an. Nach den Gesetzesmaterialien soll der Befrachter bzw. der Ablader der Deckverladung durch einseitige Erklärung widersprechen können.[11] Im Gesetzeswortlaut hat diese Widerspruchsmöglichkeit keinen Anhalt gefunden.

7 Die vertragswidrige Beförderung an Deck wird genehmigt, wenn der Ablader ein Konnossement mit einem auf der Vorderseite aufgebrachten Deckladungsvermerk widerspruchslos entgegennimmt.[12] Ein bloßer Deckladungsvermerk in den Konnossementsbedingungen löst diese **Genehmigungsfiktion** nicht aus.[13]

8 Das Erfordernis einer Zustimmung zur Decksverladung in Abs. 4 ist nicht zwingend ausgestaltet; die Parteien können im Frachtvertrag bzw. Konnossement **abweichende Regelungen** treffen. Dementsprechend findet sich vielfach eine Klausel über die Befugnis des Verfrachters, eigenständig über die Beförderung des Gutes an oder unter Deck zu befinden. Mit einer solchen Klausel wird ein Leistungsbestimmungsrecht des Verfrachters iSd §§ 315 ff. BGB begründet, das die Decksverladung vom Erfordernis einer Zustimmung des Befrachters/Abladers löst. Der Verfrachter entscheidet in diesen Fällen auf der Grundlage des Stauplans bzw. mit der tatsächlichen Verladung des Gutes über eine Decksverladung, wobei auf den Zugang der Willensbekundung des Verfrachters nach der Verkehrssitte verzichtet wird (§ 315 Abs. 2 BGB, § 151 BGB).

9 Eine **Pflicht zur Verladung unter Deck** kann sich aus einer Vereinbarung im Frachtvertrag ergeben. Deren Beachtung ist nach § 507 Nr. 2 durch den Wegfall aller Haftungsbefreiungen und -begrenzungen sanktioniert. Die Pflicht zur Verladung unter Deck kann sich überdies aus einer Weisung des Befrachters gem. § 491 Abs. 1 S. 1 ergeben. Eine solche Weisung kann in dem vom Befrachter/Ablader vorbereiteten Konnossement enthalten sein; sie ergibt sich sowohl aus der Formulierung „under deck stowage required" als auch aus der Klausel „under deck stowage requested".[14]

10 Die erteilte Zustimmung zur Decksverladung erfasst grundsätzlich die gesamte Reise; sie berechtigt den Verfrachter, zunächst unter Deck befördertes Gut später durch Umladung an Deck zu befördern.[15] Ohne eine solche Zustimmung bedarf die Umladung an Deck der Zustimmung; diese ist grundsätzlich vom Befrachter zu erteilen, muss aber vom Konnossementsberechtigten erklärt werden, wenn (bereits im Ladehafen) ein Konnossement ausgestellt wurde; die Zustimmung des Abladers (§ 486 Abs. 4 S. 2) ist in diesem Fall nicht ausreichend.

11 Die Haftung für Deckverladung wurde durch das SHR-ReformG neu geregelt. Deckladung steht grundsätzlich der Unterdeckladung gleich. Für Verlust oder Beschädigung wird gem. § 498 gehaftet. Eine Abbedingung der Haftung in Konnossementsbedingungen ist nicht mehr möglich, § 512. Für unerlaubte Deckverladung ist in § 500 eine verschuldensunabhängige Haftung vorgesehen; die Haftungsvorschrift ist mit der Vermutung verbunden, dass im Falle unerlaubter Deckverladung der Schaden durch die Verladung an Deck herbeigeführt wurde.

12 Werden zwischen den Parteien Klauseln wie **fio** (free in and out), **fios** (free in and out and stowed), **fiot** (free in and out and trimmed) und **fiost** (free in and out and stowed and trimmed) vereinbart, ist ausnahmsweise der Befrachter verpflichtet, das Laden und Löschen und zusätzlich das Stauen/Sichern und/oder Trimmen vorzunehmen.

---

[7] MüKoHGB/Pötschke Rn. 14.
[8] Ramming RdTW 2013, 253 (255).
[9] Eingehend Ramming RdTW 2013, 253 (255 f.).
[10] Vgl. Begr. RegE, BT-Drs. 17/10309, 71.
[11] Begr. RegE, BT-Drs. 17/10309, 72.
[12] OLG Hamburg 4.8.2000, TranspR 2001, 38 (41); **aA** Ramming RdTW 2013, 253 (257).
[13] BGH 20.5.1952, BGHZ 6, 127 = NJW 1952, 1134 (1135).
[14] OLG Hamburg 9.11.1978, VersR 1979, 933 (934).
[15] BGH 20.5.1952, BGHZ 6, 127 = NJW 1952, 1134 (1135).

§ 487 Begleitpapiere

(1) Der Befrachter hat dem Verfrachter alle Urkunden zur Verfügung zu stellen und Auskünfte zu erteilen, die für eine amtliche Behandlung, insbesondere eine Zollabfertigung, vor der Ablieferung erforderlich sind.

(2) [1]Der Verfrachter ist für den Schaden verantwortlich, der durch Verlust oder Beschädigung der ihm übergebenen Urkunden oder durch deren unrichtige Verwendung verursacht worden ist, es sei denn, der Schaden hätte durch die Sorgfalt eines ordentlichen Verfrachters nicht abgewendet werden können. [2]Die Haftung ist auf den Betrag begrenzt, der bei Verlust des Gutes zu zahlen wäre. [3]Eine Vereinbarung, durch die die Haftung erweitert oder weiter verringert wird, ist nur wirksam, wenn sie im Einzelnen ausgehandelt wird, auch wenn sie für eine Mehrzahl von gleichartigen Verträgen zwischen denselben Vertragsparteien getroffen wird. [4]Eine Bestimmung im Konnossement, durch die die Haftung weiter verringert wird, ist jedoch Dritten gegenüber unwirksam.

1 Die Vorschrift entspricht im Wesentlichen § 413. Die vom Wortlaut des § 413 abweichende Verpflichtung, „alle" erforderlichen Urkunden vorlegen zu müssen, hat nur redaktionelle Bedeutung. Abs. 2 S. 1 statuiert eine Haftung des Verfrachters für die übergebenen Urkunden. Der Verschuldensmaßstab für den Entlastungsbeweis ist – abweichend von § 413 Abs. 2 S. 1 – an die Haftungsregelung des § 498 Abs. 2 S. 1 angeglichen. Die Regelungen der S. 3 und 4 des Abs. 2 lehnen sich an die der § 512 Abs. 1, § 525 an.

2 Die Vorschrift ist AGB-fest, aber dispositiv für Individualvereinbarungen gestaltet. Allein aus dem Umstand, dass der Verfrachter die für die Zollabfertigung erforderlichen Maßnahmen übernommen hat, kann allerdings nicht hergeleitet werden, dass der Befrachter von seiner Pflicht zur Mitwirkung gem. Abs. 1 entlastet ist.[1] Eine Individualvereinbarung liegt gem. § 305 Abs. 1 BGB nur vor, wenn der Verwender sie ernsthaft zur Disposition gestellt hat. Abweichend von § 305 Abs. 1 S. 1 BGB werden als Individualvereinbarungen auch solche Abreden ermöglicht, die für eine Mehrzahl von gleichartigen Verträgen zwischen denselben Vertragsparteien (zB Rahmenverträge) getroffen werden.

§§ 487a–487e [nicht mehr belegt]

§ 488 Haftung des Befrachters und Dritter

(1) [1]Der Befrachter hat dem Verfrachter Schäden und Aufwendungen zu ersetzen, die verursacht werden durch
1. Unrichtigkeit oder Unvollständigkeit der erforderlichen Angaben zum Gut,
2. Unterlassen der Mitteilung über die Gefährlichkeit des Gutes,
3. ungenügende Verpackung oder Kennzeichnung oder
4. Fehlen, Unvollständigkeit oder Unrichtigkeit der in § 487 Absatz 1 genannten Urkunden oder Auskünfte.

[2]Der Befrachter ist jedoch von seiner Haftung befreit, wenn er die Pflichtverletzung nicht zu vertreten hat.

(2) [1]Macht der in § 482 Absatz 2 genannte Dritte unrichtige oder unvollständige Angaben bei der Abladung oder unterlässt er es, den Verfrachter über die Gefährlichkeit des Gutes zu unterrichten, so kann der Verfrachter auch von diesem Ersatz der hierdurch verursachten Schäden und Aufwendungen verlangen. [2]Dies gilt nicht, wenn der Dritte die Pflichtverletzung nicht zu vertreten hat.

(3) [1]Wird ein Konnossement ausgestellt, so haben der Befrachter und der Ablader (§ 513 Absatz 2), auch wenn sie kein Verschulden trifft, dem Verfrachter Schäden und Aufwendungen zu ersetzen, die verursacht werden durch
1. Unrichtigkeit oder Unvollständigkeit der in das Konnossement aufgenommenen Angaben nach § 515 Absatz 1 Nummer 8 über Maß, Zahl oder Gewicht sowie über Merkzeichen des Gutes oder
2. Unterlassen der Mitteilung über die Gefährlichkeit des Gutes.

[2]Jeder von ihnen haftet jedoch dem Verfrachter nur für die Schäden und Aufwendungen, die aus der Unrichtigkeit oder Unvollständigkeit seiner jeweiligen Angaben entstehen.

(4) Hat bei der Verursachung der Schäden oder Aufwendungen ein Verhalten des Verfrachters mitgewirkt, so hängen die Verpflichtung des Befrachters und des Abladers nach

[1] BGH 30.4.1997, TranspR 1998, 153 (155).

Absatz 3 zum Ersatz sowie der Umfang des zu leistenden Ersatzes davon ab, inwieweit dieses Verhalten zu den Schäden und Aufwendungen beigetragen hat.

(5) [1]Eine Vereinbarung, durch die die Haftung nach Absatz 1, 2 oder 3 ausgeschlossen wird, ist nur wirksam, wenn sie im Einzelnen ausgehandelt wird, auch wenn sie für eine Mehrzahl von gleichartigen Verträgen zwischen denselben Vertragsparteien getroffen wird. [2]Abweichend von Satz 1 kann jedoch die vom Befrachter oder Ablader zu leistende Entschädigung der Höhe nach auch durch vorformulierte Vertragsbedingungen beschränkt werden.

Bei der Vorschrift handelt es sich um eine Parallelvorschrift zu § 414. Anders als im allgemeinen Frachtrecht ist die Haftung des Befrachters als verschuldensabhängige Haftung konzipiert.[1] Ist ein Konnossement ausgestellt, ist die Haftung nach Abs. 3 verschuldensunabhängig konzipiert; damit soll der Umlauffähigkeit des Konnossements Rechnung getragen werden.[2] 1

Der zwischen Befrachter und Verfrachter geschlossene Seefrachtvertrag ist **kein Vertrag mit Schutzwirkung zugunsten Dritter.**[3] Deswegen haben die Ladungsbeteiligten, deren befördertes Gut durch eine Pflichtverletzung des nach Abs. 1 haftenden Befrachters geschädigt wurde, keinen eigenen vertraglichen Direktanspruch gegen den Befrachter. Der Verfrachter ist auch nicht berechtigt, die Schäden der Ladungsbeteiligten von beschädigtem Drittgut gegenüber dem Befrachter geltend zu machen, weil die Voraussetzungen einer Drittschadensliquidation mangels zufälliger Schadensverlagerung nicht erfüllt sind.[4] 2

Die Vorschrift ist gem. Abs. 5 S. 1 nur hinsichtlich eines Haftungsausschlusses zugunsten des Befrachters AGB-fest, aber dispositiv für Individualvereinbarungen gestaltet. Eine Individualvereinbarung liegt gem. § 305 Abs. 1 BGB nur vor, wenn der Verwender sie ernsthaft zur Disposition gestellt hat. Abweichend von § 305 Abs. 1 S. 1 BGB werden als Individualvereinbarungen auch solche Abreden ermöglicht, die für eine Mehrzahl von gleichartigen Verträgen zwischen denselben Vertragsparteien (zB Rahmenverträge) getroffen werden. Eine Beschränkung der Haftung des Befrachters ist gem. Abs. 5 S. 2 auch durch AGB zulässig. 3

§ 489 Kündigung durch den Befrachter

(1) Der Befrachter kann den Stückgutfrachtvertrag jederzeit kündigen.

(2) [1]Kündigt der Befrachter, so kann der Verfrachter Folgendes verlangen:

1. **die vereinbarte Fracht sowie zu ersetzende Aufwendungen unter Anrechnung dessen, was der Verfrachter infolge der Aufhebung des Vertrags an Aufwendungen erspart oder anderweitig erwirbt oder zu erwerben böswillig unterlässt, oder**
2. **ein Drittel der vereinbarten Fracht (Fautfracht).**

[2]Beruht die Kündigung auf Gründen, die dem Risikobereich des Verfrachters zuzurechnen sind, so entfällt der Anspruch auf Fautfracht nach Satz 1 Nummer 2; in diesem Falle entfällt auch der Anspruch nach Satz 1 Nummer 1, soweit die Beförderung für den Befrachter nicht von Interesse ist.

(3) [1]Wurde vor der Kündigung bereits Gut verladen, so kann der Verfrachter auf Kosten des Befrachters Maßnahmen entsprechend § 492 Absatz 3 Satz 2 bis 4 ergreifen. [2]Beruht die Kündigung auf Gründen, die dem Risikobereich des Verfrachters zuzurechnen sind, so sind abweichend von Satz 1 die Kosten vom Verfrachter zu tragen.

Die Regelungen entsprechen im Wesentlichen denen der Vorschrift des § 415. Der Befrachter hat das Recht, den Stückgutfrachtvertrag zu kündigen (Abs. 1). Der Verfrachter hat dann nach Abs. 2 die Möglichkeit, die vereinbarte Fracht unter Abzug ersparter Aufwendungen oder alternativ eine sog. Fautfracht zu verlangen. Bei der Fautfracht handelt es sich um einen gesetzlichen Entschädigungsanspruch, der unabhängig von einem Schaden des Verfrachters besteht.[1] Wurde das Gut bereits vor der Kündigung verladen, gilt die von § 415 Abs. 3 abweichende, an die Erfordernisse des Seehandels angepasste Regelung des Abs. 3. 1

---

[1] Vgl. Begr. RegE, BT-Drs. 17/10309, 70 f.
[2] Vgl. Begr. RegE, BT-Drs. 17/10309, 71.
[3] OLG Hamburg 12.8.2019, RdTW 2020, 224 Rn. 26 ff.
[4] Rittmeister RdTW 2023, 267 ff.
[1] BGH 22.6.1998, TranspR 1998, 365; 4.12.1989, TranspR 1990, 288.

§ 490 Rechte des Verfrachters bei säumiger Abladung

(1) Bewirkt der Befrachter die Abladung des Gutes nicht oder nicht vollständig innerhalb der vertraglich vereinbarten Zeit, so kann der Verfrachter dem Befrachter eine angemessene Frist setzen, innerhalb derer das Gut abgeladen werden soll.

(2) Wird das Gut bis zum Ablauf der nach Absatz 1 gesetzten Frist nicht abgeladen oder ist offensichtlich, dass die Abladung innerhalb dieser Frist nicht bewirkt werden wird, so kann der Verfrachter den Vertrag kündigen und die Ansprüche nach § 489 Absatz 2 geltend machen.

(3) [1]Wird das Gut bis zum Ablauf der nach Absatz 1 gesetzten Frist nur teilweise abgeladen, so kann der Verfrachter den bereits verladenen Teil des Gutes befördern und die volle Fracht sowie Ersatz der Aufwendungen verlangen, die ihm durch das Fehlen eines Teils des Gutes entstehen. [2]Von der vollen Fracht ist jedoch die Fracht für die Beförderung desjenigen Gutes abzuziehen, welches der Verfrachter mit demselben Schiff anstelle des nicht verladenen Gutes befördert. [3]Soweit dem Verfrachter durch das Fehlen eines Teils des Gutes die Sicherheit für die volle Fracht entgeht, kann er außerdem eine anderweitige Sicherheit verlangen.

(4) [1]Der Verfrachter kann die Rechte nach Absatz 2 oder 3 auch ohne Fristsetzung ausüben, wenn der Befrachter oder der in § 482 Absatz 2 genannte Dritte die Abladung ernsthaft und endgültig verweigert. [2]Er kann ferner den Vertrag nach Absatz 2 auch ohne Fristsetzung kündigen, wenn besondere Umstände vorliegen, die ihm unter Abwägung der beiderseitigen Interessen die Fortsetzung des Vertragsverhältnisses unzumutbar machen.

(5) Dem Verfrachter stehen die Rechte nicht zu, soweit das Gut aus Gründen, die dem Risikobereich des Verfrachters zuzurechnen sind, nicht innerhalb der vertraglich vereinbarten Zeit abgeladen wird.

1 Die Vorschrift knüpft an die Regelung des § 486 Abs. 1 an, nach der der Befrachter die Abladung zu bewirken hat. Die Vorschrift des § 490 regelt die Voraussetzungen und Rechtsfolgen einer nicht ordnungsgemäßen Abladung des Gutes. Da die vom Befrachter zu erbringende Abladung gem. § 486 als bloße Mitwirkungsobliegenheit konzipiert ist (→ § 486 Rn. 1), regelt § 490 eigenständig die Voraussetzungen, nach denen der Befrachter in den Fällen nicht ordnungsgemäß bewirkter Abladung den Stückgutfrachtvertrag kündigen oder einen Fracht- bzw. Aufwendungsersatzanspruch gem. § 489 Abs. 2 geltend machen kann. Der Gesetzgeber differenziert dabei danach, ob das Gut überhaupt nicht (Abs. 2) oder nicht vollständig abgeladen wird (Abs. 3).

2 Die Regelung in Abs. 1 erfasst sowohl den Fall, dass das Gut gar nicht abgeladen wird, als auch den Fall der nicht vollständigen Abladung innerhalb der vereinbarten Zeit. Dabei wird vorausgesetzt, dass der Befrachter für die nicht ordnungsgemäße Abladung verantwortlich ist.[1] Das geforderte „Bewirken" der Abladung verlangt grundsätzlich, dass das Gut dem Verfrachter längsseits des Schiffes zur Verfügung gestellt wird. Im Containerverkehr ist es üblich und ausreichend, dass die vom Befrachter gestauten Container im Verschiffungshafen bei einer vom Verfrachter benannten Kaianstalt zur Verfügung gestellt werden.[2] Halten Linienreedereien – wie regelmäßig – eigene Terminals in den Häfen vor, sind die Container entsprechend den auf die Schiffsfahrpläne abgestimmten Usancen für das Containerhandling rechtzeitig abzuladen; die zeitlichen und örtlichen Erfordernisse ergeben sich in diesen Fällen regelmäßig aus den als Schifffahrtsbrauch geltenden Linienfahrplänen, ohne dass es dafür einer besonderen Abrede bedarf.[3] Zur vollständigen Abladung gehört, dass der Befrachter die erforderlichen Begleitpapiere vollzählig zur Verfügung stellt.[4] Abs. 1 erfasst auch die Abladung nicht ordnungsgemäß verpackter Güter.[5]

2a **Abs. 2** behandelt die Fälle, in denen eine Abladung nicht erfolgt. Unter den näher bezeichneten Voraussetzungen kann der Verfrachter in diesen Fällen den Vertrag kündigen und einen Frachtzahlungs- bzw. Aufwendungsersatzanspruch gem. § 489 Abs. 2 geltend machen. Voraussetzung ist, dass zunächst eine vereinbarte Abladezeit vom Befrachter nicht eingehalten wurde und der Verfrachter dem Befrachter anschließend eine Nachfrist für die Abladung gesetzt hat, die wiederum fruchtlos verstrichen ist. Bei der Ausgangsfrist muss es sich um eine „vertraglich vereinbarte Zeit" handeln (Abs. 1). Die gewählte Formulierung bringt zum Ausdruck, dass sowohl ein konkreter Termin als

[1] BGH 4.12.1989, BGHZ 109, 345.
[2] MüKoHGB/Pötschke Rn. 6.
[3] Ebenso MüKoHGB/Pötschke Rn. 6; Rabe § 588 Rn. 5.
[4] MüKoHGB/Pötschke Rn. 7.
[5] MüKoHGB/Pötschke Rn. 8.

auch eine Zeitspanne vereinbart werden kann, zu dem bzw. innerhalb derer die Abladung bewirkt werden soll.[6] Die erforderliche Nachfrist kann erst gesetzt werden, nachdem die Ausgangsfrist fruchtlos verstrichen ist; sie ist nur beachtlich, wenn sie „angemessen" ist. Wegen der Angemessenheit der Fristsetzung kann wegen der Vergleichbarkeit der Regelungssituation auf die zu § 323 BGB entwickelten Grundsätze zurückgegriffen werden. Die Frist muss deshalb nicht so reichlich bemessen werden, dass der Befrachter mit einer noch nicht vorbereiteten Abladung überhaupt erst beginnen und dann auch innerhalb der Nachfrist bewirken kann; ihm soll vielmehr eine letzte Gelegenheit gegeben werden, die schon begonnene Erfüllung zum Abschluss zu bringen.[7] Überdies setzt eine unangemessen kurze Frist eine angemessene in Lauf.[8] Die Aufforderung, „umgehend" oder „so schnell wie möglich" die Abladung zu bewirken, stellt eine wirksame Nachfristsetzung dar, wenn damit eine zeitlich bestimmbare Grenze gesetzt wird;[9] durch den Hinweis auf die bevorstehende Abfahrt des Schiffes wird dies jedenfalls im Linienverkehr regelmäßig der Fall sein.

In Übereinstimmung mit der durch das SHR-ReformG neu gefassten Regelung in § 417 muss der Verfrachter den Ablauf der gesetzten Nachfrist nicht notwendig abwarten, um die Rechtsfolgen, insbesondere das Kündigungsrecht ausüben zu dürfen; nach Abs. 2 reicht es aus, wenn offensichtlich ist, dass die Abladung innerhalb dieser Frist nicht bewirkt werden wird. An diese „Offensichtlichkeit" sind angesichts der gravierenden Rechtsfolge der möglichen Vertragskündigung durch den Verfrachter hohe Anforderungen zu stellen, zumal nicht vorausgesetzt ist, dass die Gründe für die Nichtbeachtung der Nachfrist vom Befrachter zu vertreten sind.[10] 3

Abs. 3 regelt die Fälle der teilweisen Abladung. Sie entspricht den Regelungen in § 417 Abs. 3 sowie der in Bezug genommenen Vorschrift des § 416 S. 2 und 3. Dagegen gibt die Vorschrift dem Befrachter nicht den dem Absender gem. § 416 Abs. 1 zustehenden Anspruch auf Beförderung des rechtzeitig abgeladenen Teils des Gutes. Damit wird dem Umstand Rechnung getragen, dass im Seeverkehr – anders als im allgemeinen Frachtverkehr – die Beförderung nicht mit einem bestimmten Schiff durchzuführen ist. Da diese Verpflichtung im Reisefrachtvertragsrecht besteht, wird sie deswegen für diesen Regelungsbereich in § 533 wie in § 416 übereinstimmend geregelt. 4

Die grundsätzlich erforderliche Nachfristsetzung kann nach Abs. 4 entbehrlich sein. Die Regelungen sind § 323 Abs. 2 BGB nachgebildet. Dabei werden in S. 2 für die Fälle der Kündigung des Stückgutfrachtvertrages ohne Nachfristsetzung neben der ordnungsgemäßen Abladung zusätzlich das Vorhandensein besondere Umstände verlangt, nach denen dem Verfrachter ein Festhalten am Vertrag nicht mehr zuzumuten ist. 5

§ 491 Nachträgliche Weisungen

(1) ¹Soweit § 520 Absatz 1 nichts Abweichendes bestimmt, ist der Befrachter berechtigt, über das Gut zu verfügen. ²Er kann insbesondere verlangen, dass der Verfrachter das Gut nicht weiterbefördert, es zu einem anderen Bestimmungsort befördert oder es an einem anderen Löschplatz oder einem anderen Empfänger abliefert. ³Der Verfrachter ist nur insoweit zur Befolgung solcher Weisungen verpflichtet, als deren Ausführung weder Nachteile für den Betrieb seines Unternehmens noch Schäden für die Befrachter oder Empfänger anderer Sendungen mit sich zu bringen droht. ⁴Er kann vom Befrachter Ersatz seiner durch die Ausführung der Weisung entstehenden Aufwendungen sowie eine angemessene Vergütung verlangen; der Verfrachter kann die Befolgung der Weisung von einem Vorschuss abhängig machen.

(2) ¹Das Verfügungsrecht des Befrachters erlischt nach Ankunft des Gutes am Löschplatz. ²Von diesem Zeitpunkt an steht das Verfügungsrecht nach Absatz 1 dem Empfänger zu. ³Macht der Empfänger von diesem Recht Gebrauch, so hat er dem Verfrachter die dadurch entstehenden Aufwendungen zu ersetzen sowie eine angemessene Vergütung zu zahlen; der Verfrachter kann die Befolgung der Weisung von einem Vorschuss abhängig machen.

(3) Ist ein Seefrachtbrief ausgestellt worden, so kann der Befrachter sein Verfügungsrecht nur gegen Vorlage der für ihn bestimmten Ausfertigung des Seefrachtbriefs ausüben, sofern dies darin vorgeschrieben ist.

---

[6] Begr. RegE, BT- Drs. 17/10309, 72.
[7] So die Rspr. zu § 323 BGB; vgl. BGH 6.12.1984, NJW 1985, 855 (857).
[8] So wiederum zu § 323 BGB BGH 21.6.1985, NJW 1985, 2640.
[9] BGH 12.8.2009, NJW 2009, 3153 (3154) zu § 323 BGB.
[10] Abs. 5 regelt nur den umgekehrten Fall, dass die Gründe für die Nichtbeachtung der vereinbarten Abladezeit (nicht der Nachfrist) dem Risikobereich des Verfrachters zuzuordnen sind.

(4) Beabsichtigt der Verfrachter, eine ihm erteilte Weisung nicht zu befolgen, so hat er denjenigen, der die Weisung gegeben hat, unverzüglich zu benachrichtigen.

(5) [1]Ist die Ausübung des Verfügungsrechts von der Vorlage eines Seefrachtbriefs abhängig gemacht worden und führt der Verfrachter eine Weisung aus, ohne sich die Ausfertigung des Seefrachtbriefs vorlegen zu lassen, so haftet er dem Berechtigten für den daraus entstehenden Schaden. [2]Die Haftung ist auf den Betrag begrenzt, der bei Verlust des Gutes zu zahlen wäre. [3]Eine Vereinbarung, durch die die Haftung erweitert oder weiter verringert wird, ist nur wirksam, wenn sie im Einzelnen ausgehandelt wird, auch wenn sie für eine Mehrzahl von gleichartigen Verträgen zwischen denselben Vertragsparteien getroffen wird.

1 Das Recht des Befrachters, dem Verfrachter nachträglich Weisungen hinsichtlich der Beförderung des Gutes zu erteilen, ist nicht nur wegen der Bindung an den geschlossenen Vertrag („pacta sunt servanda") nicht selbstverständlich, sondern es reibt sich auch mit praktischen Erfordernissen im Seeverkehr, wenn der Verfrachter etwa im Containerverkehr eine Vielzahl von Containern mehrerer Befrachter zu befördern hat. Mit dem SHR-ReformG ist dennoch ein Recht des Befrachters zu nachträglichen Weisungen in das deutsche Seehandelsrecht eingeführt worden: Es hat in § 418 und Art. 12 CMR seine Vorbilder und ist auch in den Art. 50 ff. Rotterdam Regeln vorgesehen.

2 Das Weisungsrecht steht nach Abs. 1 dem Befrachter bzw. dem Ablader gem. § 513 Abs. 2, § 482 Abs. 2 zu.[1] Es erlischt nach Abs. 2 S. 1 mit der Ankunft des Gutes am Löschplatz; dabei handelt es sich um den Platz, an dem das Schiff die Güter zur Löschung absetzt.[2] Die Ankunft setzt voraus, dass das Schiff den Löschplatz tatsächlich erreicht hat. Abzustellen ist dabei auf die jeweils betroffene Ladung; ist ein Teil der Ladung weiter zu transportieren, kann von einer Ankunft der Güter nur von dem betroffenen Teil der Ladung die Rede sein. Gemäß Abs. 2 S. 2, 3 steht das Verfügungsrecht über das Gut nach „Ankunft am Löschplatz" dem Empfänger zu (S. 2); macht der Empfänger von diesem Recht Gebrauch, so hat er dem Verfrachter die dadurch entstehenden Aufwendungen zu ersetzen sowie eine angemessene Vergütung zu zahlen (S. 3). Die weisungsgemäß ergriffenen Maßnahmen begründen ein gesetzliches, außervertragliches Schuldverhältnis, das internationalprivatrechtlich gesondert anzuknüpfen ist.[3]

3 Die Vorschrift berücksichtigt die Interessen des Verfrachters, insbesondere dadurch, dass Weisungen von ihm dann nicht zu befolgen sind, wenn sie Nachteile für den Verfrachter oder Schäden für Befrachter oder Empfänger anderer Sendungen mit sich bringen. Insbesondere im Containerverkehr können solche Nachteile wegen der Vielzahl der zu befördernden Container auftreten.[4] Ferner beachtet die Vorschrift den Vorrang des Konnossementsrechts, indem sie das Weisungsrecht unter den Vorbehalt des § 520 Abs. 1 stellt, sodass die Weisungsbefugnis ggf. nur dem legitimierten Besitzer des Konnossements zusteht. Die Vorschrift und ihre Einzelregelungen sind gem. § 512 durch Individualvereinbarung und durch AGB abdingbar; Besonderheiten gelten gem. Abs. 5 S. 3 für die Fälle, in denen ein Seefrachtbrief als Sperrpapier ausgestellt ist.

4 Die Grenzen des Weisungsrechts regelt Abs. 1 S. 3 in Übereinstimmung mit der entsprechenden Regelung des § 418. Dies gilt ebenso für die Vergütungs-, Aufwendungsersatz- und Vorschussregelung in Abs. 1 S. 4.

5 Eine Einschränkung des Weisungsrechts kann nach Abs. 3 auch dadurch erreicht werden, dass die für den Befrachter bestimmte Ausfertigung des Seefrachtbriefs als Sperrpapier ausgestaltet wird. Nach dem Vorbild des § 418 Abs. 4 sind in diesem Fall nachträgliche Weisungen vom Verfrachter nur noch gegen Vorlage des Seefrachtbriefs zu befolgen.

6 Damit verbunden ist die nach Abs. 5 bestehende verschuldensunabhängige Haftung des Verfrachters, die immer dann in Betracht kommt, wenn der Verfrachter Weisungen ausführt, ohne sich die Ausfertigung des Seefrachtbriefs vorlegen zu lassen. Die Haftung des Verfrachters ist – in Übereinstimmung mit der durch das Seehandelsrechtsreformgesetz entsprechend geänderten Regelung des § 418 Abs. 6 S. 2 – auf den bei Verlust des Gutes zu zahlenden Betrag begrenzt (Abs. 5 S. 2). Für die fehlerhafte Ausführung einer zulässigen Weisung haftet der Verfrachter nach § 280 BGB; diese sollte in entsprechender Anwendung von Abs. 5 begrenzt sein.[5]

---

[1] MüKoHGB/Pötschke Rn. 10.

[2] Begr. RegE, BT-Drs. 17/10309, 74.

[3] OLG Hamm 21.11.2024, RdTW 2025, 104 Rn. 21 ff., das die Anwendung von Art. 11 Rom II-VO mit einem Geschäftsbesorgungsverhältnis „ohne Auftrag" begründet.

[4] MüKoHGB/Pötschke Rn. 5.

[5] So auch MüKoHGB/Pötschke Rn. 36.

§ 492 Beförderungs- und Ablieferungshindernisse

(1) [1]Wird nach Übernahme des Gutes erkennbar, dass die Beförderung oder Ablieferung nicht vertragsgemäß durchgeführt werden kann, so hat der Verfrachter Weisungen des nach § 491 oder § 520 Verfügungsberechtigten einzuholen. [2]Ist der Empfänger verfügungsberechtigt und ist er nicht zu ermitteln oder verweigert er die Annahme des Gutes, so ist, wenn ein Konnossement nicht ausgestellt ist, Verfügungsberechtigter nach Satz 1 der Befrachter; ist die Ausübung des Verfügungsrechts von der Vorlage eines Seefrachtbriefs abhängig gemacht worden, so bedarf es der Vorlage des Seefrachtbriefs nicht. [3]Der Verfrachter ist, wenn ihm Weisungen erteilt worden sind und das Hindernis nicht seinem Risikobereich zuzurechnen ist, berechtigt, Ansprüche nach § 491 Absatz 1 Satz 4 geltend zu machen.

(2) Tritt das Beförderungs- oder Ablieferungshindernis ein, nachdem der Empfänger auf Grund seiner Verfügungsbefugnis nach § 491 die Weisung erteilt hat, das Gut einem Dritten abzuliefern, so nimmt bei der Anwendung des Absatzes 1 der Empfänger die Stelle des Befrachters und der Dritte die des Empfängers ein.

(3) [1]Kann der Verfrachter Weisungen, die er nach § 491 Absatz 1 Satz 3 befolgen müsste, innerhalb angemessener Zeit nicht erlangen, so hat er die Maßnahmen zu ergreifen, die im Interesse des Verfügungsberechtigten die besten zu sein scheinen. [2]Er kann etwa das Gut löschen und verwahren, für Rechnung des nach § 491 oder § 520 Verfügungsberechtigten einem Dritten zur Verwahrung anvertrauen oder zurückbefördern; vertraut der Verfrachter das Gut einem Dritten an, so haftet er nur für die sorgfältige Auswahl des Dritten. [3]Der Verfrachter kann das Gut auch gemäß § 373 Absatz 2 bis 4 verkaufen lassen, wenn es sich um verderbliche Ware handelt oder der Zustand des Gutes eine solche Maßnahme rechtfertigt oder wenn die andernfalls entstehenden Kosten in keinem angemessenen Verhältnis zum Wert des Gutes stehen. [4]Unverwertbares Gut darf der Verfrachter vernichten. [5]Nach dem Löschen des Gutes gilt die Beförderung als beendet.

(4) Der Verfrachter hat wegen der nach Absatz 3 ergriffenen Maßnahmen Anspruch auf Ersatz der erforderlichen Aufwendungen und auf angemessene Vergütung, es sei denn, dass das Hindernis seinem Risikobereich zuzurechnen ist.

Die Vorschrift regelt detailliert die im Falle von Beförderungs- und Ablieferungshindernissen bestehende Rechtslage. Sie lehnt sich dabei an § 419 an; auf die Erläuterungen zu dieser Vorschrift wird verwiesen. Die Vorschrift ist dispositiv; abweichende vertragliche Regelungen können vereinbart werden. 1

Die Fälle der Beförderungs- oder Ablieferungshindernisse erfassen grundsätzlich sämtliche Fälle der nicht vertragsgemäßen Leistungserbringungen, nicht nur die, in denen die Beförderung oder Ablieferung unmöglich ist. Nicht eindeutig ist, ob § 419 die Fälle von Lieferfristüberschreitungen erfasst, mit der Folge, dass der Verfrachter Weisungen des Verfügungsberechtigten einzuholen hätte, weil die ursprünglich in den Entwürfen der Seehandelsrechtsreform enthaltenen Regelungen zur Haftung des Verfrachters bei der Überschreitung von Lieferfristen, in den Gesetzestext nicht übernommen worden sind. Da aber die allgemeinen bürgerlich-rechtlichen Bestimmungen über den Verzug (§ 286 BGB) herangezogen werden können, kommt als nicht vertragsgemäß durchgeführte Beförderung auch die verzögerte Beförderung in Betracht. 2

§ 493 Zahlung. Frachtberechnung

(1) [1]Die Fracht ist bei Ablieferung des Gutes zu zahlen. [2]Der Verfrachter hat über die Fracht hinaus einen Anspruch auf Ersatz von Aufwendungen, soweit diese für das Gut gemacht wurden und er sie den Umständen nach für erforderlich halten durfte.

(2) [1]Der Anspruch auf die Fracht entfällt, soweit die Beförderung unmöglich ist. [2]Wird die Beförderung infolge eines Beförderungs- oder Ablieferungshindernisses vorzeitig beendet, so gebührt dem Verfrachter die anteilige Fracht für den zurückgelegten Teil der Beförderung, wenn diese für den Befrachter von Interesse ist.

(3) [1]Abweichend von Absatz 2 behält der Verfrachter den Anspruch auf die Fracht, wenn die Beförderung aus Gründen unmöglich ist, die dem Risikobereich des Befrachters zuzurechnen sind oder die zu einer Zeit eintreten, zu welcher der Befrachter im Verzug der Annahme ist. [2]Der Verfrachter muss sich jedoch das, was er an Aufwendungen erspart oder anderweitig erwirbt oder zu erwerben böswillig unterlässt, anrechnen lassen.

(4) Tritt nach Beginn der Beförderung und vor Ankunft am Löschplatz eine Verzögerung ein und beruht die Verzögerung auf Gründen, die dem Risikobereich des Befrachters zuzurechnen sind, so gebührt dem Verfrachter neben der Fracht eine angemessene Vergütung.

(5) Ist die Fracht nach Zahl, Gewicht oder anders angegebener Menge des Gutes vereinbart, so wird für die Berechnung der Fracht vermutet, dass Angaben hierzu im Seefrachtbrief oder Konnossement zutreffen; dies gilt auch dann, wenn zu diesen Angaben ein Vorbehalt eingetragen ist, der damit begründet ist, dass keine angemessenen Mittel zur Verfügung standen, die Richtigkeit der Angaben zu überprüfen.

1 Die Regelungen dieser Vorschrift betreffen den Frachtanspruch, dessen Fälligkeit, Berechnung und die Auswirkungen von Leistungsstörungen bei der Beförderung. Sie entsprechen denen des § 420. Schuldner der Fracht ist nach § 481 Abs. 2 der Befrachter.

2 Die Fracht ist **„bei Ablieferung“** und damit Zug-um-Zug gegen Ablieferung des Gutes zu zahlen. Der Rechtsbegriff der „Ablieferung“ bezeichnet – ebenso wie in § 420 – nicht das tatsächliche Geschehen, sondern einen Vorgang, durch den der Verfrachter die übernommene Obhut über das Gut im Einvernehmen mit dem Verfügungsberechtigten aufgibt und den Verfügungsberechtigten in die Lage versetzt, die tatsächliche Gewalt über das Gut auszuüben (→ § 420 Rn. 1; → § 407 Rn. 53).

3 Abs. 2 S. 1 regelt den aus § 326 Abs. 1 BGB stammenden Grundsatz, dass der Anspruch auf die Fracht entfällt, wenn und soweit die Beförderung unmöglich ist. Der Verlust des Gutes aufgrund des Untergangs des Seeschiffs führt dazu, dass der Anspruch auf die Fracht erlischt.[1] Die Regelung erfasst durch das „soweit“-Merkmal die Fälle der Teilunmöglichkeit. Der Grundsatz findet eine Ausnahme in den in Abs. 3 geregelten Fällen.

4 Abs. 2 S. 2 regelt den Frachtzahlungsanspruch in den Fällen der Beförderungs- und Ablieferungshindernisse und gibt einen Anspruch auf die traditionell sog. **Distanzfracht.** Dabei handelt es sich um eine anteilige Vergütung für den bereits zurückgelegten Teil der Beförderung, nicht um einen Schadensersatzanspruch. Der Anspruch wird deshalb in entsprechender Anwendung von Abs. 1 S. 1 mit Beendigung des Beförderungsvertrages fällig.[2]

5 Voraussetzung für den Anspruch auf Distanzfracht ist, dass die Beförderung „infolge eines Beförderungs- oder Ablieferungshindernisses vorzeitig beendet“ ist. Für die „vorzeitige“ Beendigung der Beförderung ist nach dem Sinn und Zweck der Regelung nicht auf ein Zeitmoment abzustellen, sondern darauf, ob die Beförderung vor Ankunft an dem Bestimmungsort iSd § 481 Abs. 1 beendet ist. Die Beförderung ist beendet, wenn ihr ein andauerndes Beförderungshindernis entgegensteht. Im Umkehrschluss aus Abs. 3 folgt, dass dem Anspruch auf Distanzfracht nicht entgegengehalten werden kann, dass die Ursache für das Beförderungs- oder Ablieferungshindernis in den Risikobereich des Verfrachters fällt. Andererseits wird nicht verlangt, dass das Hindernis in den Risikobereich des Verfrachters fällt;[3] auch aus neutraler Sphäre stammende Risiken lassen den Anspruch auf die Fracht nicht entfallen. Eingeschränkt wird der Anspruch des Verfrachters nur dadurch, dass die bereits zurückgelegte Beförderung „für den Befrachter von Interesse“ ist. Die Interessenbeurteilung ist aus der Sicht eines objektiv urteilenden Durchschnittsbefrachters vorzunehmen. Abzustellen ist darauf, ob der Befrachter aus der vorzeitig beendeten Beförderung Vorteile generieren kann.

6 Abs. 3 variiert die Regelungsgrundsätze des Abs. 2, wenn das Leistungshindernis der **Sphäre des Befrachters** zuzuordnen ist. Nach S. 1 behält der Verfrachter den Anspruch auf die Fracht in den Fällen der Unmöglichkeit oder Teilunmöglichkeit der Beförderung, wenn die maßgeblichen Gründe dem Risikobereich des Befrachters zuzurechnen sind. In diesen Fällen hängt der Anspruch auf Frachtzahlung von einer Risikoallokation ab. Die maßgebliche Störungsursache kann entweder Risikosphäre des Verfrachters bzw. des Befrachters oder aber der neutralen Sphäre zuzurechnen sein. Nach der gesetzlichen Wertung in Abs. 3 soll der Verfrachter die Gegenleistungsgefahr auch in Fällen von Störungsursachen aus der neutralen Sphäre tragen. Insofern unterscheidet sich die Regelung des Seefrachtrechts von der Regelung in § 326 Abs. 2 BGB, die nach dem Kriterium differenziert, wer die Störungsursache zu verantworten hat; damit ist im Ergebnis auf das Vertretenmüssen gemäß den §§ 276, 278 BGB abzustellen.[4] Nach § 493 Abs. 3 trägt der Befrachter eine weitergehende Vergütungsgefahr. Die Gesetzesmaterialien zum SHR-ReformG begründen diese Konsequenz mit

[1] Vgl. Ramming RdTW 2018, 7 (19) zum Fall der MOL Comfort.
[2] Ebenso MüKoHGB/Pötschke Rn. 16.
[3] **AA** MüKoHGB/Pötschke § 492 Rn. 15.
[4] Grüneberg/Grüneberg BGB § 326 Rn. 9.

dem System des Seefrachtrechts, nach Risikobereichen zu differenzieren.[5] Die Regelung gilt ohne Rücksicht darauf, ob der Verfrachter mit der Beförderung schon begonnen hat. Befindet sich der Befrachter bei Eintreten der Unmöglichkeit im Annahmeverzug, behält der Verfrachter den Anspruch auf die Gegenleistung. Diese Regelung entspricht § 326 Abs. 2 S. 1 BGB. Der Verfrachter muss sich ersparte Aufwendungen oder einen anderweitigen Erwerb ebenso anrechnen lassen, wie die Vorteile aus einem böswillig unterlassenen Erwerb. Böswilligkeit setzt keine Schädigungsabsicht voraus; wie in § 326 Abs. 2 S. 2 BGB kommt es nur darauf an, ob der Verfrachter in Kenntnis aller Umstände einen zumutbaren Erwerb ablehnt.[6]

In Abs. 4 wird der Sphärengedanke in den Fällen der Verzögerung der Beförderung in besonderer Weise zur Geltung gebracht. Der Verfrachter behält nicht nur seinen Anspruch auf Frachtzahlung, wenn die Verzögerungsursache dem Risikobereich des Befrachters zuzurechnen ist. Er kann in diesem Fall überdies einen **Anspruch auf eine angemessene Vergütung** geltend machen. Zum Risikobereich des Befrachters gehören nicht nur die von ihm verschuldeten Umstände der Verzögerung.[7] Nicht seiner Sphäre zuzurechnen sind unvorhersehbare und unbeherrschbare Risiken (Sperrung einer Wasserstraße wegen Hoch- oder Niedrigwasser[8] oder wegen einer Schiffskollision[9]). Die Beweislast für die dem Risikobereich des Befrachters zuzurechnende Störungsursache trägt der Verfrachter.[10] 7

Abs. 5 enthält die aus § 420 Abs. 2 entnommene Frachtberechnungsregel. Die Vermutung gilt auch bei begründeten Unbekannt-Vermerken zu den Mengenangaben im Seefrachtbrief oder Konnossement. 8

§ 494 Rechte des Empfängers. Zahlungspflicht

(1) [1]Nach Ankunft des Gutes am Löschplatz ist der Empfänger berechtigt, vom Verfrachter zu verlangen, ihm das Gut gegen Erfüllung der Verpflichtungen aus dem Stückgutfrachtvertrag abzuliefern. [2]Ist das Gut beschädigt oder verspätet abgeliefert worden oder verloren gegangen, so kann der Empfänger die Ansprüche aus dem Stückgutfrachtvertrag im eigenen Namen gegen den Verfrachter geltend machen; der Befrachter bleibt zur Geltendmachung dieser Ansprüche befugt. [3]Dabei macht es keinen Unterschied, ob der Empfänger oder der Befrachter im eigenen oder fremden Interesse handeln.

(2) [1]Der Empfänger, der sein Recht nach Absatz 1 Satz 1 geltend macht, hat die noch geschuldete Fracht bis zu dem Betrag zu zahlen, der aus dem Beförderungsdokument hervorgeht. [2]Ist ein Beförderungsdokument nicht ausgestellt oder dem Empfänger nicht vorgelegt worden oder ergibt sich aus dem Beförderungsdokument nicht die Höhe der zu zahlenden Fracht, so hat der Empfänger die mit dem Befrachter vereinbarte Fracht zu zahlen, soweit diese nicht unangemessen ist.

(3) Der Empfänger, der sein Recht nach Absatz 1 Satz 1 geltend macht, hat ferner eine Vergütung nach § 493 Absatz 4 zu zahlen, wenn ihm der geschuldete Betrag bei Ablieferung des Gutes mitgeteilt worden ist.

(4) Der Befrachter bleibt zur Zahlung der nach dem Vertrag geschuldeten Beträge verpflichtet.

Die Vorschrift verleiht der Rechtsnatur des Stückgutfrachtvertrages als Vertrag zu Gunsten Dritter iSd § 328 BGB Ausdruck. Deshalb hat der Empfänger, ohne Vertragspartner des Verfrachters zu sein, einen Anspruch auf Ablieferung des Gutes. Dieser Anspruch besteht Zug um Zug gegen Erfüllung der Verpflichtungen aus dem Stückgutfrachtvertrag. Damit wird dem Empfänger keine Leistungspflicht auferlegt; erfüllt aber der Empfänger die Verpflichtungen aus dem Stückgutfrachtvertrag nicht, kann der Verfrachter die ihm obliegende Leistung gem. § 320 BGB verweigern. Die Regelung entspricht der des § 421. 1

Empfänger im Sinne der Vorschrift ist grundsätzlich die im Seefrachtvertrag als Empfänger benannte Person. In Betracht kommt auch ein Dritter, den der im Seefrachtvertrag benannte Empfänger durch Gebrauchmachen von seinem Verfügungsrecht benennt. Ist ein Konnossement ausgestellt, ist der legitimierte Besitzer des Konnossements gem. § 521 Abs. 1 der Empfänger. 2

[5] Begr. RegE, BT-Drs. 17/10309, 76.
[6] So BAG 2.11.1973, BAGE 25, 344 (347 f.).
[7] BGH 22.6.2011, VersR 2012, 125.
[8] OLG Köln 2.2.2009, TranspR 2009, 173 (175).
[9] BGH 22.6.2011, VesR 2012, 125.
[10] BGH 22.6.2011, VersR 2012, 125.

3 Der Anspruch des Empfängers entsteht gem. Abs. 1 S. 1 mit der Ankunft des Gutes am Löschplatz. Dieser Zeitpunkt entspricht dem, an dem die Verfügungsbefugnis vom Absender auf den Empfänger in § 491 Abs. 2 S. 1 übergeht.

4 Der Empfänger ist kraft Gesetzes neben dem Befrachter zur Geltendmachung von Ansprüchen aus dem Stückgutfrachtvertrag im Falle von Güterschäden oder Lieferverzögerungen im eigenen Namen berechtigt. Die Regelung entspricht der des § 421 Abs. 1 S. 2. In Abs. 1 S. 3 wird in Übereinstimmung mit § 421 Abs. 1 S. 3 klargestellt, dass Befrachter und Empfänger zur Geltendmachung von Drittschäden nach den Grundsätzen der sog. Drittschadensliquidation (→ § 421 Rn. 14) berechtigt sind.

5 Das Ablieferungsverlangen löst gem. Abs. 2 S. 1 den Anspruch des Verfrachters gegen den Empfänger auf Zahlung der noch geschuldeten Fracht aus. Der Anspruch ist gem. § 320 BGB Zug um Zug gegen Ablieferung zu erfüllen. Er entsteht erst, wenn der Empfänger nach Ankunft des Gutes am Löschplatz ein Ablieferungsverlangen gegenüber dem Verfrachter geltend macht. Die Erteilung einer Weisung gem. § 491 Abs. 2 S. 2 durch den verfügungsberechtigten Empfänger ist dagegen unerheblich.

6 Die Höhe der vom Empfänger zu leistenden Frachtzahlungspflicht ergibt sich nach Abs. 1 S. 1 aus dem Konnossement oder dem Seefrachtbrief. Abs. 1 S. 2 regelt die Fälle, dass ein Beförderungsdokument nicht ausgestellt ist bzw. nicht vorgelegt wird und den Fall, dass aus dem Beförderungsdokument die Höhe der zu zahlenden Fracht nicht hervorgeht. In diesen Fällen ist der Empfänger gehalten, die vereinbarte Fracht zu zahlen. Zu dieser Zahlung der vereinbarten Fracht ist der Empfänger nicht gehalten, wenn die vereinbarte Fracht „unangemessen" ist. Die Regelung entspricht der des § 421 Abs. 2 S. 2 aE; der unbestimmte Rechtsbegriff der Unangemessenheit der Fracht ist wie dort zu handhaben (→ § 421 Rn. 17).

7 Abs. 3 verpflichtet den die Ablieferung verlangenden Empfänger zur Zahlung einer Vergütung für Beförderungsverzögerungen nach § 493 Abs. 4. Vorausgesetzt ist, dass ihm der geschuldete Betrag bei Ablieferung des Gutes mitgeteilt worden ist. Die Regelung entspricht der des § 421 Abs. 3. Ein dem Standgeld des allgemeinen Frachtrechts entsprechendes Liegegeld ist für den Stückgutfrachtvertrag in Abs. 3 allerdings nicht vorgesehen; dieses fällt aber im Reisefrachtrecht gem. § 530 Abs. 3 an.

8 Abs. 4 regelt, dass Befrachter und Empfänger – ebenso wie in § 421 Abs. 4 – vom Verfrachter als Gesamtschuldner in Anspruch genommen werden können. Die Zahlungspflicht des Befrachters aus dem von ihm geschlossenen Stückgutfrachtvertrag bleibt deshalb gegenüber dem Verfrachter auch in den Fällen des Ablieferungsverlangens durch den Empfänger bestehen. Diese Verpflichtung wird in der Vertragspraxis durch Vereinbarung einer „lien-cesser-clause" ausgeschlossen.[1] Zahlt der Empfänger hat er im Verhältnis zum Befrachter einen Ausgleichsanspruch gem. § 426 BGB.

§ 495 Pfandrecht des Verfrachters

(1) [1]Der Verfrachter hat für alle Forderungen aus dem Stückgutfrachtvertrag ein Pfandrecht an dem ihm zur Beförderung übergebenen Gut des Befrachters, des Abladers oder eines Dritten, der der Beförderung des Gutes zugestimmt hat. [2]An dem Gut des Befrachters hat der Verfrachter auch ein Pfandrecht für alle unbestrittenen Forderungen aus anderen mit dem Befrachter abgeschlossenen Seefracht-, Fracht-, Speditions- und Lagerverträgen. [3]Das Pfandrecht erstreckt sich auf die Begleitpapiere.

(2) Das Pfandrecht besteht, solange der Verfrachter das Gut in seinem Besitz hat, insbesondere solange er mittels Konnossements, Ladescheins oder Lagerscheins darüber verfügen kann.

(3) Das Pfandrecht besteht auch nach der Ablieferung fort, wenn der Verfrachter es innerhalb von zehn Tagen nach der Ablieferung gerichtlich geltend macht und das Gut noch im Besitz des Empfängers ist.

(4) [1]Die in § 1234 Absatz 1 des Bürgerlichen Gesetzbuchs bezeichnete Androhung des Pfandverkaufs sowie die in den §§ 1237 und 1241 des Bürgerlichen Gesetzbuchs vorgesehenen Benachrichtigungen sind an den nach § 491 oder § 520 verfügungsberechtigten Empfänger zu richten. [2]Ist dieser nicht zu ermitteln oder verweigert er die Annahme des Gutes, so sind die Androhung und die Benachrichtigungen an den Befrachter zu richten.

1 Die Vorschrift begründet entsprechend der in § 625 aF zum Ausdruck gekommenen traditionellen Vorstellung und nach dem Vorbild des § 440 ein Pfandrecht als dingliches Sicherungsrecht des

[1] MüKoHGB/Pötschke Rn. 7.

Verfrachters an dem Gut. Die Gesetzesmaterialien begründen die Vorschrift mit dem Sicherungsinteresse des Verfrachters für seine aus laufenden Geschäftsbeziehungen mit einem Befrachter in laufender Rechnung entstehenden Forderungen, die wegen der wachsenden Umlaufgeschwindigkeit der Güter vielfach erst dann in Rechnung gestellt werden, nachdem der Verfrachter den Besitz an dem einzelnen Gut wieder verloren hat. Deswegen erfasst das Pfandrecht alle nicht beglichenen Forderungen aus den mit demselben Befrachter geschlossenen Transportverträgen.

Für Forderungen aus dem Stückgutfrachtvertrag (sog. konnexe Forderungen) hat der Verfrachter 2
ein gesetzliches Pfandrecht an dem im Eigentum des Befrachters oder Abladers stehenden Gut. Nicht im Eigentum des Befrachters oder Abladers stehendes Gut wird vom Pfandrecht erfasst, wenn der Eigentümer der Beförderung zugestimmt hat. Andernfalls kommt ein gutgläubiger Erwerb des Pfandrechts in Betracht, wenn der Verfrachter in gutem Glauben an das Eigentum des Befrachters oder Abladers gehandelt hat (§§ 1257, 1207, 932 ff. BGB) oder in gutem Glauben an die Verfügungsbefugnis des Befrachters oder Abladers war (§ 366 Abs. 3 S. 1).

Für Forderungen aus anderen mit dem Befrachter geschlossenen Verträgen (sog. inkonnexe Forde- 3
rungen) steht dem Verfrachter ein gesetzliches Pfandrecht gem. Abs. 1 S. 2 zu. Die Regelung ist der des § 440 Abs. 1 S. 2 nachgebildet.

Nach Abs. 1 S. 3 erstreckt sich das Pfandrecht auf die Begleitpapiere. Hierunter fallen – wie in 4
der Parallelregelung des § 440 Abs. 1 S. 3 – alle Urkunden, die für eine amtliche Behandlung, insbesondere für eine Zollabfertigung (vgl. § 487 Abs. 1) erforderlich sind.

Die Abs. 2, 3 und 4 entsprechen den Parallelregelungen § 440 Abs. 2, 3 und 4 (→ § 440 Rn. 4 ff.). 5

§ 496 Nachfolgender Verfrachter

(1) [1]Hat im Falle der Beförderung durch mehrere Verfrachter der letzte bei der Ablieferung die Forderungen vorhergehender Verfrachter einzuziehen, so hat er die Rechte der vorhergehenden Verfrachter, insbesondere auch das Pfandrecht, auszuüben. [2]Das Pfandrecht jedes vorhergehenden Verfrachters bleibt so lange bestehen wie das Pfandrecht des letzten Verfrachters.

(2) Wird ein vorhergehender Verfrachter von einem nachfolgenden befriedigt, so gehen Forderung und Pfandrecht des ersteren auf den letzteren über.

(3) Die Absätze 1 und 2 gelten auch für die Forderungen und Rechte eines Spediteurs, der an der Beförderung mitgewirkt hat.

Die Vorschrift entspricht der des § 441 (→ § 441 Rn. 1 ff.). 1

§ 497 Rang mehrerer Pfandrechte

Bestehen an demselben Gut mehrere nach den §§ 397, 440, 464, 475b und 495 begründete Pfandrechte, so bestimmt sich der Rang dieser Pfandrechte untereinander nach § 442.

Die Vorschrift entspricht der des § 442 (→ § 442 Rn. 1 f.). 1

Zweiter Untertitel. Haftung wegen Verlust oder Beschädigung des Gutes

§ 498 Haftungsgrund

(1) Der Verfrachter haftet für den Schaden, der durch Verlust oder Beschädigung des Gutes in der Zeit von der Übernahme zur Beförderung bis zur Ablieferung entsteht.

(2) [1]Der Verfrachter ist von seiner Haftung nach Absatz 1 befreit, soweit der Verlust oder die Beschädigung auf Umständen beruht, die durch die Sorgfalt eines ordentlichen Verfrachters nicht hätten abgewendet werden können. [2]Wurde das Gut mit einem seeuntüchtigen oder ladungs*untüchtigen* Schiff befördert und ist nach den Umständen des Falles wahrscheinlich, dass der Verlust oder die Beschädigung auf dem Mangel der See- oder Ladungstüchtigkeit beruht, so ist der Verfrachter jedoch nur dann nach Satz 1 von seiner Haftung befreit, wenn er auch beweist, dass der Mangel der See- oder Ladungstüchtigkeit bei Anwendung der Sorgfalt eines ordentlichen Verfrachters bis zum Antritt der Reise nicht zu entdecken war.

(3) Hat bei der Entstehung des Schadens ein Verschulden des Beschädigten mitgewirkt, so hängt die Verpflichtung zum Ersatz sowie der Umfang des zu leistenden Ersatzes von

den Umständen, insbesondere davon ab, inwieweit der Schaden vorwiegend von dem einen oder dem anderen Teil verursacht worden ist.

Schrifttum: Maurer, Die Verspätungshaftung des Verfrachters im deutschen Seehandelsrecht, RdTW 2023, 262; Paschke/Ramming, Reform des deutschen Seehandelsrechts, RdTW 2013, 1; Rabe, Entwurf der Sachverständigengruppe und Referentenentwurf zur Reform des Seehandelsrechts – Anmerkungen zur Haftung des Reeders und zum Stückgutfrachtvertrag, TranspR 2011, 323; Ramming, Der Beweis von Verlust und Beschädigung des Inhalts geschlossener Container, RdTW 2020, 283; Ramming, Die Ablieferung von Containern durch Freistellung, RdTW 2020, 241; Ramming, Cargo Value Serenity, Value Protect und ähnliche Produkte – Übernahme einer erweiterten Haftung für Ladungsschäden durch Verfrachter, RdTW 2019, 321; Ramming, Der Untergang des MV „MOL Comfort" – Ein erster Stresstest für das neue Seehandelsrecht, RdTW 2018, 7; Ramming, Die Verfrachterhaftung nach der Seerechtsreform – was ist neu am neuen Recht?, RdTW 2014, 381; Ramming, Die Verladung des Gutes an Deck, RdTW 2013, 253; Schwampe, Rechtsfragen der Piraterie, TranspR 2009, 462.

Übersicht

I. Übersicht

1 Die Regeln über die Haftung des Verfrachters für Güterschäden bilden einen komplexen, über zahlreiche Vorschriften ausdifferenzierten Regelungskomplex (→ Vor § 476 Rn. 7 ff.). Dessen Grundstrukturen sind zunächst durch eine Obhutshaftung für den Verlust oder die Beschädigung des Gutes geprägt; Sonderregeln für Verspätungsschäden sieht das Seefrachtrecht – anders als das Landfrachtrecht – des HGB nicht vor.[1] Für besondere Schadensursachen gelten die Haftungsbefreiungen des § 499. Die Schadensersatzpflicht ist gem. § 502 grundsätzlich auf eine Wertersatzpflicht beschränkt. Zudem gelten für Güterschäden die Haftungshöchstbeträge des § 504. Die Haftungsbefreiungen und Haftungsbegrenzungen gelten nicht, wenn die Voraussetzungen des § 507 vorliegen. Vom Gesetzesrecht abweichende Vorschriften sind nach § 512 bzw. in den Fällen, in denen ein Konnossement ausgestellt ist, nach § 525 zu beurteilen. Gemäß § 611 kann die Haftung für Seeforderungen nach dem Haftungsbeschränkungsübereinkommen (HBÜ) beschränkt werden.

II. Obhutshaftung

2 **1. Verlust oder Beschädigung.** Der Verlust der zu befördernden Güter liegt in erster Linie bei deren physischem Verlust vor. Ein Güterverlust kann darüber hinaus auch dann vorliegen, wenn der Verfrachter aus tatsächlichen oder rechtlichen Gründen auf unabsehbare Zeit außerstande ist, das Gut an den berechtigten Empfänger auszuliefern. Das kann der Fall sein, wenn das Beförderungsgut wegen einer Fehlverladung fehlgeleitet wurde und sein Verbleib längere Zeit ungeklärt blieb, auch wenn es nicht endgültig abhandengekommen sein muss.[2] In Fällen bloßer Unklarheit über den Verbleib des Gutes liegt noch kein Verlust vor; in diesem Fall kann die Verlustfiktion des § 511 greifen, wenn im Seefrachtvertrag eine Lieferfrist vereinbart wurde.

3 Eine Beschädigung ist gegeben, wenn das Gut eine Substanzverletzung erfährt, die dessen Wert beeinträchtigt. Eine (innere) Substanzveränderung kann eine Beschädigung darstellen, wenn die vertraglich vereinbarten temperaturgeführten Transportbedingungen nicht eingehalten werden und dadurch die Haltbarkeit oder Frische des Produkts beeinträchtigt wird.[3] Ein begründeter Schadensverdacht führt in der Regel zu einer Minderung der Wertschätzung des betroffenen Gutes im wirtschaftlichen Verkehr und kann deshalb einen Beschädigungsfall darstellen.[4]

4 **2. Obhut über das Gut.** Der Verfrachter haftet gem. Abs. 1 für die während der Dauer seiner Obhut über das Gut entstehenden Güterschäden. Aus Abs. 2 S. 1 ergibt sich, dass der Verfrachter für vermutetes Verschulden haftet; er muss im Einzelfall dartun, dass ihn kein Verschulden trifft, weil der Verlust oder die Beschädigung durch die Sorgfalt eines ordentlichen Verfrachters nicht hätte abgewendet werden können.

[1] Maurer RdTW 2023, 262 ff.
[2] BGH 1.12.2016, RdTW 2017, 127 (129).
[3] OLG Hamburg 7.10.2013, RdTW 2014, 231 zum WA.
[4] BGH 11.7.2002, TranspR 2002, 440 zum Landtransportrecht.

Die Obhutshaftungsregel begründet für den Verfrachter eine Fürsorgepflicht für das Gut nach dem Sorgfaltsmaßstab eines ordentlichen Verfrachters. Das Gut ist danach in geschäftsüblicher Weise vor Schäden zu bewahren; Differenzierungen nach der Art, Größe oder Erfahrenheit des Verfrachters sieht der einheitlich auf objektive Standards setzende Maßstab des Gesetzes nicht vor. Nach Inhalt und Umfang sind die Anforderungen weniger streng als im Landfrachtrecht (→ § 407 Rn. 55) ausgeprägt; aus dem Befreiungstatbestand des Abs. 2 S. 1 ergibt sich, dass sie – anders als in § 426 – nicht bis an die Grenze der Unvermeidbarkeit und Vorhersehbarkeit reichen. Inhalt und Umfang der geschuldeten Sorgfalt variieren in Abhängigkeit von der jeweiligen Situation nach der Verkehrsanschauung; es gilt nicht ein absoluter, sondern ein situationsadäquater Maßstab.[5] Die Mindestanforderungen werden durch die international vereinheitlichten Standards der Internationalen Seeschifffahrtsorganisation IMO bestimmt; dazu gehören insbesondere der International Safety Management-Code (ISM), der Sicherheitsaspekte im operativen Schiffsbetrieb regelt, und der International Ship and Port Facility Security Code (ISPS), der seit 2002 die Einhaltung weltweiter Sicherheitsanforderungen gegen Gefahren von außen vorgibt.[6] 5

Der Obhutszeitraum beginnt mit der **Übernahme des Gutes zur Beförderung** und endet mit der Ablieferung. Bei der Übernahme zur Beförderung handelt es sich nicht um die Beschreibung eines tatsächlichen Geschehens, sondern um einen funktional determinierten Rechtsbegriff. Nicht jede Inbesitznahme durch den Verfrachter stellt eine Übernahme iSd § 498 dar. Erforderlich ist die Inbesitznahme zur Beförderung; die Übernahme zur (Zwischen-)Lagerung bzw. zur Transportvorbereitung ist dem vorgelagert und liegt regelmäßig außerhalb des Obhutszeitraums.[7] Im Stückgutfrachtverkehr werden die Güter vom Verfrachter auch dann übernommen, wenn sie an einem von der Reederei rechtlich selbstständigen Kaibetrieb geliefert werden, wenn dieser beim Einladen im Auftrag und als Besitzmittler des Abladers tätig wird.[8] Bei Vereinbarung einer **fio/fios-Klausel** übernimmt der Befrachter die Verladung des Guts in das Schiff, der Umschlagbetrieb ist in diesem Fall Besitzmittler des Befrachters und der Obhutszeitraum des Verfrachters beginnt erst mit der Übernahme des Gutes im Schiff.[9] Wird die Abrede eingeschränkt durch eine **lsd-Vereinbarung** (lashing/securing/dunnage) zu Lasten des Verfrachters ist es Sache des Verfrachters, die Sicherung der Ladung durch die Schiffsbesatzung zu übernehmen.[10] Besteht das Gut aus mehreren Frachtstücken, so kommt es für die Übernahme (und die Ablieferung gleichermaßen) auf die Übernahme jedes einzelnen Frachtstücks an. Die Obhutshaftung wird also einerseits sukzessive begründet und endet andererseits sukzessive mit dem Löschen jedes Frachtstücks.[11] 6

Das Ende des Obhutszeitraums markiert der Zeitpunkt der **Ablieferung des Gutes.** Auch dabei handelt es sich um einen funktional geprägten, zweiaktigen Rechtsbegriff. Dieser ist dadurch gekennzeichnet, dass der Verfrachter die übernommene Obhut über das Gut im Einvernehmen mit dem Verfügungsberechtigten aufgibt und den berechtigten Empfänger in die Lage versetzt, die tatsächliche Gewalt über das Gut willentlich auszuüben.[12] Mit dem Löschen der Güter ist deshalb die Ablieferung regelmäßig noch nicht erfolgt, da der Empfänger erst die Möglichkeit haben muss, die tatsächliche Sachherrschaft über das Gut uneingeschränkt auszuüben[13] (→ § 425 Rn. 8). Vor diesem Hintergrund ist für den einkommenden Verkehr in deutsche Häfen der Rechtssatz geprägt worden, die Kaianstalt sei die Allonge des Schiffes.[14] Die Ablieferung erfolgt in diesen Fällen nicht mit dem Absetzen des Gutes auf dem Kai, sondern erst mit der Aushändigung der Güter durch die Kaianstalt an den berechtigten Empfänger.[15] Der zwischen dem Verfrachter und der Kaianstalt geschlossene Kaivertrag über das Umschlagen oder die Einlagerung ist regelmäßig kein Vertrag zu Gunsten des Empfängers.[16] Die Neuregelung des § 498 durch das SHR-ReformG steht unverändert in der Tradition dieser Rechtsauffassung. Die bloße Übergabe der Beförderungsdokumente bedeutet noch keine Ablieferung; ohne Übergabe der zur Abholung erforderlichen Papiere kommt andererseits regelmäßig auch keine Ablieferung in Betracht.[17] Erklärt der Frachtführer die **sog. Freistellung** 7

[5] Rabe/Bahnsen/Bahnsen Rn. 63; ähnlich MüKoHGB/Herber § 496 Rn. 49.

[6] Vgl. näher https://www.deutsche-flagge.de/de/sicherheit (zuletzt abgerufen am 25.2.2026).

[7] Vgl. Begr. RegE, BT-Drs. 17/10309, 79.

[8] OLG Hamburg 4.9.1969, VersR 1970, 1028.

[9] OLG Hamburg 7.4.1990, VersR 1960, 607; Rabe/Bahnsen/Bahnsen Rn. 32.

[10] OLG Hamburg 8.11.2018, RdTW 2019, 219 Rn. 50.

[11] Rabe/Bahnsen/Bahnsen Rn. 31 f.

[12] Vgl. BGH 1.12.2016, RdTW 2017, 127 Rn. 31; 15.11.1965, BGHZ 44, 303 = NJW 1966, 593.

[13] BGH 3.11.2005, BGHZ 164, 394 (397).

[14] Vgl. BGH 15.11.1965, BGHZ 44, 303 = NJW 1966, 593; OLG Hamburg 4.5.2017, RdTW 2018, 21 Rn. 41.

[15] BGH 15.11.1965, BGHZ 44, 303 = NJW 1966, 593; Rabe § 606 Rn. 31.

[16] OLG Hamburg 24.8.1967, VersR 1968, 179.

[17] Vgl. OLG Hamburg 14.5.1996, TranspR 1997, 101 (103).

des Containers und erteilt er damit die Weisung an den Terminal, den Container an denjenigen abzuliefern, zu dessen Gunsten die Freistellung erfolgt ist, liegt darin – nach umstrittener Rechtsauffassung – gleichfalls eine Ablieferung im Rechtssinne.[18] Die gegenteilige Auffassung vertritt das OLG Hamburg in einer Grundlagenentscheidung vom 4.5.2017.[19] Diese Rspr. überzeugt nicht, weil der Berechtigte mit der Erklärung der Freistellung des Containers durch den Frachtführer auch im Verhältnis zum Umschlagsunternehmer die volle Rechtsstellung eines Empfängers erwirbt. Die gegenteilige Rspr. steht einer Lockerung der Freigabepraxis durch den Einsatz digitaler Technik entgegen und setzt den Frachtführer/Verfrachter bei der Falschauslieferung der Güter an den durch PIN, aber nicht wertpapiermäßig legitimierten Empfänger erheblichen Haftungsrisiken aus.[20]

8 **3. Anspruchslegitimation. Anspruchsberechtigt** ist für die Geltendmachung von Schäden wegen Beschädigung grundsätzlich der Befrachter. Nach Ankunft des Gutes am Löschplatz ist auch der Empfänger nach Maßgabe des § 494 Abs. 1 zur Geltendmachung der Schadensersatzansprüche aktivlegitimiert. Für Schäden wegen Güterverlust ist § 494 nicht einschlägig; in diesen Fällen kann aber der Befrachter nicht nur seinen eigenen Schaden, sondern auch den Schaden des Empfängers in Drittschadensliquidation geltend machen (§ 494 Abs. 1 S. 3; → § 494 Rn. 4). In (gewillkürter) Prozessstandschaft können Ersatzansprüche geltend gemacht werden, wenn der Prozessstandschafter ein eigenes schutzwürdiges Interesse hat.[21] Das Interesse ist insbesondere dann gegeben, wenn der Prozessstandschafter ein ihn selbst treffenden Transportschaden geltend macht;[22] an die Ermächtigung zur Geltendmachung des Ersatzanspruchs durch den formell Ersatzberechtigten werden keine besonderen Anforderungen gestellt.[23]

9 **Anspruchsgegner** ist der Verfrachter des Seefrachtvertrages, auf dessen Grundlage der Anspruch aus § 498 geltend gemacht wird. In entsprechender Anwendung der zum allgemeinen Frachtrecht entwickelten Rechtsprechungsgrundsätze, nach denen dem Empfänger ein direkter Schadensersatzanspruch auch gegenüber dem Unterfrachtführer zusteht,[24] ist die Regelung in § 498 so angelegt, dass auf ihrer Grundlage auch im Seehandelsrecht grundsätzlich eine Passivlegitimation des Unterverfrachters gegenüber dem Empfängers aus dem Unterfrachtverhältnis anzuerkennen ist, ohne dass diesem Anspruch der mit dem SHR-ReformG eingeführte gesetzliche Direktanspruch gegen den ausführender Verfrachter gem. § 509 entgegensteht.[25] Dies gilt insbesondere in den Fällen, in denen ein Stückgutverfrachter einem Unterverfrachter die Ausführung des von ihm übernommenen Transports überträgt oder ein Fixkostenspediteur einen Linienreeder beauftragt. Nicht gesichert und gerechtfertigt erscheint demgegenüber die Übertragung der Rspr. zur Passivlegitimation des Unterverfrachters gegenüber dem Empfänger in der im Seehandelsrecht anzutreffenden besonderen Situation, dass der Hauptfrachtvertrag mittels eines Chartervertrages erfüllt wird, der eine Vielzahl von Stückgutverträgen erfasst; in diesen Fällen ist nicht ohne weiteres davon auszugehen, dass der Vercharterer an den Endempfänger abliefert;[26] insbesondere in den Fällen der Zeitcharter liegt keine Abrede zwischen dem Hauptverfrachter und dem Zeitvercharterer vor, nach der der Zeitvercharterer die Ablieferung an den Empfänger des Hauptfrachtvertrages verspricht.[27]

III. Befreiung von der Obhutshaftung

10 Der Verfrachter ist gem. Abs. **2 S. 1** von der Obhutshaftung im Seefrachtrecht befreit, soweit der Schaden auf Umständen beruht, die durch die Sorgfalt eines ordentlichen Verfrachters nicht abgewendet werden konnten. Der Befreiungstatbestand unterscheidet sich damit von dem des Landfrachtrechts in § 426, der sich an den Maßstäben der Unvermeidbarkeit und Unvorhersehbarkeit orientiert. Die Unterschiede zum allgemeinen Frachtrecht resultieren aus der völkerrechtlichen Bindung an Art. 3

[18] Grdl. Ramming RdTW 2020, 241 (246 ff.).

[19] OLG Hamburg 4.5.2017, RdTW 2018, 21 ff.; zust. Herber/Eckardt TranspR 2018, 142 ff.; Koller § 425 Rn. 27a.

[20] Herber/Eckardt TranspR 2018, 142 (144).

[21] BGH 7.6.2001, TranspR 2001, 478 (481) mN zur stRspr.

[22] BGH 26.9.1957, BGHZ 25, 250 (260).

[23] BGH 7.6.2001, TranspR 2001, 478 (481): Führungsklausel im Versicherungsvertrag; 10.4.1974, NJW 1974, 1614 (1617): Rückbelastung des Absenders; vgl. aber BGH 9.7.1979, VersR 1979, 906 (907): keine konkludente Ermächtigung des Transportversicherers des Empfängers zur Geltendmachung der Rechte des Absenders.

[24] Vgl. BGH 14.6.2007, BGHZ 172, 330 = TranspR 2007, 425 für WA und CMR; 30.10.2008, TranspR 2009, 130 Rn. 28; 28.5.2009, TranspR 2010, 34 Rn. 17; ferner → § 437 Rn. 20.

[25] Ebenso MüKoHGB/Herber/Harm Rn. 93.

[26] Vgl. Herber TranspR 2013, 1 (7); Steingröver, Die Mithaftung des ausführenden Verfrachters im Seerecht, 2006, 75 ff.

[27] So MüKoHGB/Herber/Harm Rn. 94; MüKoHGB/Pötschke § 494 Rn. 12.

§ 3 lit. q Haager Regeln.[28] Grundlegende Bedeutung hat insofern der Fall des Auseinanderbrechens des MV „MOL Comfort" und der spätere Untergang der beiden Schiffsteile, der zum Gegenstand zahlreicher Klagen geworden ist, mit denen geschädigte Importeure bzw. deren Ladungsversicherer Ansprüche auf Schadensersatz gegen deutsche Spediteure geltend machen.[29] Nach zahlreichen abweisenden Urteilen[30] haben das LG Hamburg und das OLG Hamburg erstmals eine stattgebende Entscheidung erlassen.[31]

Eingeschränkte Möglichkeiten, sich auf die Haftungsbefreiung zu berufen, gelten nach **Abs. 2 S. 2** in den Fällen, in denen das Gut mit einem see- oder ladungsuntüchtigen Schiff befördert wurde. Abs. 2 S. 2 begründet eine zur allgemeinen Regelung des S. 1 zusätzliche Entlastungsobliegenheit des Verfrachters in den Fällen, in denen das Schiff nicht seetüchtig war und der Verlust oder die Beschädigung wahrscheinlich hierauf zurückzuführen ist. Auch wenn ein bestimmter Mangel der Seetüchtigkeit bei Antritt der Reise noch nicht zu entdecken war, muss der Verfrachter zu seiner Entlastung daher noch gem. Abs. 1 S. 1 beweisen, dass der Verlust oder die Beschädigung auf Umständen beruht, die durch die Sorgfalt eines ordentlichen Verfrachters nicht hätten abgewendet werden können.[32] 11

Abs. 3 stellt die Geltung des schon aus § 254 Abs. 1 BGB folgenden Grundsatzes über die Schadensteilung bei Mitwirkung eines Verschuldens des Befrachters oder Empfängers oder eines besonderen Mangels des Gutes bei der Entstehung des Schadens klar. Maßstab für die Schadensteilung ist – anders als bei der Befreiung von der verschuldensunabhängigen Haftung des Frachtführers gem. § 425 Abs. 2 – der jeweils zuzurechnende Verschuldensanteil. Ein Mitverschulden des Befrachters ist im Falle der gem. § 504 begrenzten Regelhaftung des Verfrachters quotenmäßig nicht zu berücksichtigen, sofern der den Verfrachter treffende Mitverschuldensanteil den Höchstbetrag seiner Regelhaftung summenmäßig übersteigt.[33] Ein Mitverschulden gem. Abs. 3 liegt nicht darin, dass der Geschädigt bzw. der von ihm beauftragte Sachverständige bei der Verladung keine Einwände gegen die Stauung oder Befestigung des Gutes eines anderen Befrachters erhoben haben, wenn es diesem nicht oblag, die Ladungssicherung von fremden Gütern zu überprüfen, bzw. wenn nicht die von der Fremdladung ausgehenden Gefahren für diesen evident waren.[34] 12

Die Vorschrift ist durch Individualvereinbarung uneingeschränkt abdingbar (§ 512 Abs. 1). Eine Änderung durch AGB ist nur nach Maßgabe des § 512 Abs. 2 wirksam (→ § 512 Rn. 4). Die vor dem SHR-ReformG übliche Landschadensklausel, nach der die Haftung des Verfrachters für Güterschäden ausgeschlossen wurde, die sich vor der Verladung bzw. nach dem Löschen „an Land" ereignen, ist in AGB wegen der Unvereinbarkeit mit § 512 Abs. 1 nicht mehr wirksam; nach deutschem Seehandelsrecht kann sie ungeachtet ihrer internationalen Verbreitung und Anerkennung nur noch individualvertraglich vereinbart werden.[35] Vereinzelt wird von Verfrachtern eine erweiterte Haftung für den Verlust bzw. die Beschädigung des Gutes angeboten, die im Rahmen von sog. **Cargo Serenity oder Value Protect-Bedingungen** gesondert gebucht werden können und dann gesondert zu vergüten sind. Die Klauseln betreffen insbesondere die Höchstbeträge der Haftung, den Verzicht des Verfrachters auf die Geltendmachung von Haftungsausschlüssen für nautisches Verschulden und Feuer sowie die Übernahme von auf dem Gut lastenden Große-Haverei-Beiträgen bzw. Bergelohnanteilen.[36] 13

IV. Beweislast

Die **Darlegungs- und Beweislast** ist grundsätzlich wie folgt verteilt: Der Geschädigte hat darzulegen und zu beweisen, dass sich in den Frachtstücken bzw. Containern die Gegenstände befanden, deren Verlust geltend gemacht wird. Obwohl die Vermutung des § 517 Abs. 1 S. 2 in diesen Fällen regelmäßig mangels Prüfung des Containerinhalts nicht eingreift, kann nach der Rspr. des BGH davon ausgegangen werden, dass die Angaben der Packliste und der Handelsrechnung prima facie 14

[28] Vgl. Begr. RegE, BT-Drs. 17/10309, 79.

[29] Dazu Ramming RdTW 2018, 7 f.; Hasche TranspR 2014, 349 ff.; Rittmeister TranspR 2014, 356 ff.; Wanckel TranspR 2014, 352 ff.

[30] Zuletzt LG Hamburg 29.1.2015, RdTW 2015, 229; 8.1.2015, RdTW 2015, 382; 30.10.2014, RdTW 2015, 271; 2.10.2014, RdTW 2014, 488.

[31] LG Hamburg 19.4.2016, RdTW 2016, 187; OLG Hamburg 2.3.2017, RdTW 2017, 387.

[32] OLG Hamburg 2.3.2017, RdTW 2017, 387 Rn. 67.

[33] OLG Hamburg 8.11.2018, RdTW 2019, 219 Rn. 58; ebenso Thume TranspR 2019, 317 ff.; **aA** Vyvers TranspR 2019, 210 f.

[34] OLG Hamburg 13.7.2017, RdTW 2018, 61 Rn. 52 f.

[35] Rabe/Bahnsen/Bahnsen Rn. 30.

[36] Dazu Ramming RdTW 2019, 321 ff.

zutreffend sind.[37] Diese prima facie-Annahme gilt auch dahingehend, dass nicht nur das Vorhandensein der betreffenden Gegenstände in dem Behältnis, sondern auch deren Unversehrtheit prima facie angenommen wird.[38] Wenig problematisiert wurde bisher in diesem Zusammenhang, ob dieser Grundsatz auch gilt, wenn das Gut nicht unmittelbar von demjenigen zur Beförderung übernommen wird, der die Behältnisse gepackt hat.[39] Der BGH hat in seiner Rspr. dafür erkannt, dass die Beweiswürdigung gem. § 286 ZPO im Containerverkehr nicht ohne weiteres darauf gestützt werden kann, dass der Umfang einer Sendung aus dem Lieferschein bzw. der korrespondierenden Handelsrechnung geschlossen werden kann (vgl. auch → § 425 Rn. 1 ff.), weil der Anreiz für eine Fehlbeladung eines vom Versender selbst verschlossenen und verplombten Transportcontainers berücksichtigt werden müsse.[40] Der Verfrachter trägt die Darlegungs- und Beweislast dafür, dass entgegen der Vermutung in Abs. 2 S. 1 die Beschädigung durch die Sorgfalt eines ordentlichen Verfrachters nicht hätte abgewendet werden können. Der Ersatzberechtigte muss darlegen und erforderlichenfalls beweisen, dass die Beschädigung während der Dauer der Obhut des Verfrachters eingetreten ist.[41] Der Beweis mangelnden Sorgfaltsverschuldens erfordert, dass der Verfrachter die Ursächlichkeit eines bestimmten Schadenshergangs und seine darauf bezogenen Schadensabwendungsmaßnahmen dartut; ist die Schadensursache nicht aufklärbar, hat der Verfrachter darzutun und erforderlichenfalls zu beweisen, dass er sämtliche in Betracht kommenden Maßnahmen zur Schadensvermeidung ergriffen hat;[42] dieser Beweis wird ihm in den Fällen des § 499 (→ § 499 Rn. 1 ff.) erleichtert.

§ 499 Besondere Schadensursachen

(1) [1]Der Verfrachter haftet nicht, soweit der Verlust oder die Beschädigung auf einem der folgenden Umstände beruht:
1. Gefahren oder Unfällen der See und anderer schiffbarer Gewässer,
2. kriegerischen Ereignissen, Unruhen, Handlungen öffentlicher Feinde oder Verfügungen von hoher Hand sowie Quarantänebeschränkungen,
3. gerichtlicher Beschlagnahme,
4. Streik, Aussperrung oder sonstiger Arbeitsbehinderung,
5. Handlungen oder Unterlassungen des Befrachters oder Abladers, insbesondere ungenügender Verpackung oder ungenügender Kennzeichnung der Frachtstücke durch den Befrachter oder Ablader,
6. der natürlichen Art oder Beschaffenheit des Gutes, die besonders leicht zu Schäden, insbesondere durch Bruch, Rost, inneren Verderb, Austrocknen, Auslaufen, normalen Schwund an Raumgehalt oder Gewicht, führt,
7. der Beförderung lebender Tiere,
8. Maßnahmen zur Rettung von Menschen auf Seegewässern,
9. Bergungsmaßnahmen auf Seegewässern.
[2]Satz 1 gilt nicht, wenn der Schaden durch die Sorgfalt eines ordentlichen Verfrachters hätte abgewendet werden können.

(2) [1]Ist nach den Umständen des Falles wahrscheinlich, dass der Verlust oder die Beschädigung auf einem der in Absatz 1 Satz 1 aufgeführten Umstände beruht, so wird vermutet, dass der Schaden auf diesem Umstand beruht. [2]Satz 1 gilt nicht, wenn das Gut mit einem seeuntüchtigen oder ladungsuntüchtigen Schiff befördert wurde.

(3) Ist der Verfrachter nach dem Stückgutfrachtvertrag verpflichtet, das Gut gegen die Einwirkung von Hitze, Kälte, Temperaturschwankungen, Luftfeuchtigkeit, Erschütterungen oder ähnlichen Einflüssen besonders zu schützen, so kann er sich auf Absatz 1 Satz 1 Nummer 6 nur berufen, wenn er alle ihm nach den Umständen obliegenden Maßnahmen, insbesondere hinsichtlich der Auswahl, Instandhaltung und Verwendung besonderer Einrichtungen, getroffen und besondere Weisungen beachtet hat.

(4) Der Verfrachter kann sich auf Absatz 1 Satz 1 Nummer 7 nur berufen, wenn er alle ihm nach den Umständen obliegenden Maßnahmen getroffen und besondere Weisungen beachtet hat.

[37] StRspr; BGH 24.10.2002, NJW-RR 2003, 754 Rn. 39 ff.
[38] OLG Hamburg 5.3.2015, RdTW 2015, 420 Rn. 29.
[39] S. Ramming RdTW 2018, 7 (11).
[40] BGH 13.9.2012, RdTW 2013, 201 Rn. 19.
[41] MüKoHGB/Herber/Harm Rn. 67.
[42] OLG Hamburg 13.7.2017, RdTW 2018, 61 Rn. 46.

1 Die Vorschrift enthält in Abs. 1 einen abschließend geregelten Katalog von Haftungsbefreiungstatbeständen, die es dem Verfrachter erleichtern, der Obhutshaftung des § 498 zu entgehen. Die Katalogfälle betreffen sämtliche Umstände, für die der Verfrachter nach § 498 mangels Verschuldens nicht haften würde; er müsste aber die entsprechenden Umstände darlegen und erforderlichenfalls beweisen. Die Vorschrift bezweckt, dem Verfrachter die Exkulpation zu erleichtern.[1] Nach Abs. 2 S. 1 wird in den angeführten sog. Katalogfällen die Kausalität der Katalogursachen für den Verlust oder die Beschädigung vermutet. Insofern wird für die sog. bevorrechtigten Haftungsausschlussgründe des Abs. 1 der Haftungsausschluss zugunsten des Verfrachters indiziert. Den geschädigten Ladungsbeteiligten ist nach Abs. 1 S. 2 die Möglichkeit des Gegenbeweises eröffnet, wenn der Schaden durch die Sorgfalt eines ordentlichen Verfrachters hätte abgewendet werden können.

2 Die Katalogtatbestände orientieren sich an den in Art. 4 § 2 Haager Regeln geregelten sog. excepted perils sowie an § 608 aF und § 427 Abs. 1 mit folgenden Besonderheiten. Ein Haftungsausschluss bei vereinbarter **Decksverladung** ist nicht vorgesehen. Bei erlaubter Decksverladung soll im Schadensfall die allgemeine Haftungsregelung für Güterschäden zur Anwendung kommen.[2] Der Verfrachter kann sich überdies nicht mehr (wie in § 663 Abs. 2 Nr. 1 aF noch vorgesehen) von seiner Haftung vollständig freizeichnen, wenn er das Gut vereinbarungsgemäß an Deck befördert; zu beachten sind die in §§ 512, 525 gezogenen Grenzen der Freizeichnung. Die Haftung des Verfrachters für Schäden, die auf ein Verschulden der Besatzung bei der Führung und Bedienung des Schiffes (sog. **nautisches Verschulden**) oder auf **Feuer** zurückzuführen sind, ist nicht mehr als Katalogtatbestand vorgesehen; in § 512 Abs. 2 Nr. 1 wird den Vertragsparteien gestattet, durch vorformulierte Vertragsbedingungen einen solchen Haftungsausschluss zu vereinbaren; die Völkerrechtskonformität dieser Konzeption ist in Ansehung von Art. 4 § 2 lit. a und b Haager Regeln zweifelhaft (→ Vor § 476 Rn. 44).

3 **Abs. 1 S. 1 Nr. 1:** Der Rechtsbegriff der Gefahren der See wurde in der Rspr. ursprünglich in der Weise verstanden, dass es sich um Ereignisse handeln muss, die über die mit der Seefahrt verbundenen alltäglichen Gefahren hinausgehen und unter den konkreten Umständen unvorhersehbar waren.[3] Später hat die Rspr. auch in Fällen weder ungewöhnlicher noch unvorhersehbarer Ereignisse die Berufung auf den Tatbestand der Seegefahren zugelassen, wenn nach den Umständen des Einzelfalles eine Situation auftritt, gegen die sich der Verfrachter auch bei Anwendung der gebotenen Sorgfalt nicht zu schützen vermag, auch wenn der Eintritt der Seegefahr nicht unvorhersehbar war.[4]

4 **Abs. 1 S. 1 Nr. 4:** In den hier genannten Fällen von Streik, Aussperrung und sonstigen Fällen der Arbeitsbehinderung ist von besonderer Bedeutung, dass der Ladungsbeteiligte den Nachweis führen kann, der Verfrachter hätte diese Leistungshindernisse oder deren Folgen durch geeignete Maßnahmen überwinden können. Maßgeblich dafür ist nach Abs. 1 S. 2 die Sorgfalt eines ordentlichen Verfrachters; deswegen ist der Kreis der vom Verfrachter zu unternehmenden Anstrengungen auf zumutbare Maßnahmen beschränkt.

5 **Abs. 1 S. 1 Nr. 5:** Die Regelung bewirkt die Vermutung der Haftungsbefreiung des Verfrachters nur dann, wenn ein pflichtwidriges Handeln oder Unterlassen des Befrachters/Abladers gegeben ist.[5] Nicht ausreichend ist deshalb, dass der Verfrachter darlegt, der Befrachter/Ablader hatte abweichend von § 486 Abs. 2 zu laden oder zu löschen; vielmehr muss der Verfrachter auch dartun und erforderlichenfalls nachweisen, dass der Befrachter/Ablader beim Laden oder Löschen pflichtwidrig gehandelt hat.

6 Angesichts der grundsätzlichen Gleichstellung des Abladers und des benannten Dritten erscheint die Regelung regelungstechnisch nicht geglückt. Es ist kaum nachvollziehbar, warum sich der Verfrachter in privilegierter Weise auf eine Mitwirkung des Abladers, nicht aber auf eine solche des benannten Dritten berufen können soll. Die Besonderheiten im Hinblick auf die Ausstellung eines Konnossements rechtfertigen eine solche Differenzierung nicht.

7 **Abs. 1 S. 2** setzt die auf Nr. 2 des Zeichnungsprotokolls der Haager Regeln beruhenden Rechtsgedanken um, dass die Haftungsbefreiung des Verfrachters nicht eintritt, wenn nachgewiesen wird, dass der Schaden auf einem Umstand beruht, den der Verfrachter zu vertreten hat. Nach der gesetzlichen Formulierung sind davon auch die Fälle erfasst, in denen der Verfrachter den eingetretenen Schaden zwar nicht zu vertreten hat, jedoch es in der eingetretenen Gefahrenlage unterlassen hat,

---

[1] Begr. RegE, BT-Drs. 17/10309, 81.
[2] Begr. RegE, BT-Drs. 17/10309, 79 f.
[3] Vgl. OLG Hamburg 27.7.1972, MDR 1972, 956.
[4] OLG Hamburg 20.12.1979, VersR 1980, 377 (378); LG Hamburg 16.1.2020, RdTW 2021, 482 Rn. 46; Rabe/Bahnsen/Bahnsen Rn. 24 f.
[5] Herber, Seehandelsrecht, 2. Aufl. 2016, 279.

geeignete Maßnahmen zur Abwendung des Schadens zu unternehmen.[6] Der Nachweis obliegt demjenigen Geschädigten, der Schadensersatz verlangt.

8 **Abs. 2 S. 2** begründet eine Vermutung für die Kausalität der Katalogtatbestände des Abs. 1. Die Vermutung greift in den Fällen, in denen die Wahrscheinlichkeit dafür besteht, dass der Verlust oder die Beschädigung auf einem der Katalogtatbestände beruht. Der Verfrachter muss deshalb nicht den Vollbeweis für die Ursächlichkeit eines Katalogumstandes für den eingetretenen Schaden führen. Weist allerdings der Befrachter nach, dass das Gut mit einem see- oder ladungsuntüchtigen Schiff befördert wurde, greift die Beweiserleichterung zugunsten des Verfrachters nicht. Der Verfrachter muss dann zu seiner Entlastung vortragen und erforderlichenfalls beweisen, dass der Katalogumstand tatsächlich ursächlich für den Schaden war oder dass ihn, den Verfrachter, kein Verschulden an dem Schaden trifft.

9 Die Regelungen in Abs. 3 und 4 entsprechen denen in § 427 Abs. 4 und 5.

§ 500 Unerlaubte Verladung auf Deck

[1]Hat der Verfrachter ohne die nach § 486 Absatz 4 erforderliche Zustimmung des Befrachters oder des Abladers Gut auf Deck verladen, haftet er, auch wenn ihn kein Verschulden trifft, für den Schaden, der dadurch entsteht, dass das Gut auf Grund der Verladung auf Deck verloren gegangen ist oder beschädigt wurde. [2]Im Falle von Satz 1 wird vermutet, dass der Verlust oder die Beschädigung des Gutes darauf zurückzuführen ist, dass das Gut auf Deck verladen wurde.

1 Die durch das SHR-ReformG neu eingeführte Vorschrift begründet eine verschuldensunabhängige Haftung des Verfrachters für Güterschäden in den Fällen einer unerlaubten Decksverladung. Der Anwendungsbereich der Vorschrift ist – wie der des § 486 Abs. 4 – nur eröffnet, wenn der Verfrachter zur Verladung verpflichtet ist (→ § 486 Rn. 5).

2 Die Haftungsverantwortung des Verfrachters setzt voraus, dass der geltend gemachte Schaden auf die unerlaubte Decksverladung zurückzuführen ist; dieser Ursachenzusammenhang wird nach S. 2 in den Fällen unerlaubter Deckverladung vermutet. Die Widerlegung dieser Vermutung ist Sache des Verfrachters.[1] Zur Entlastung kann der Verfrachter einen Umstand vortragen, der belegt, dass das Schadensereignis nicht auf dem Risiko der Deckverladung beruht. Insbesondere kann er vortragen, dass das Gut, das an Deck verladen werden soll, bereits beschädigt wurde oder verloren gegangen ist, bevor es an Deck verladen wurde; insofern verwirklicht sich keine mit der Beförderung an Deck verbundene Gefahr. Anders ist es, wenn das Gut bzw. der Container bereits am vorgesehenen Stauplatz auf dem Deck abgesetzt ist, auch wenn es noch nicht gesichert ist.[2] Keine Gefahr der Beförderung an Deck soll sich auch dann verwirklichen, wenn ein in Nachbarschaft des beschädigten Gutes beförderter Container an Deck in Brand gerät und das Feuer von diesem übergreift.[3] Entsprechendes soll auch für die Fälle des Herabfallens oder Herabfließens von Fremdladung auf Ladung an Deck gelten.[4] Jeweils ist nach der hier vertretenen Auffassung jedoch zu prüfen, ob gerade die Platzierung des Gutes an Deck den Gefahr begründenden Umstand darstellt, der das Eingreifen der Ursachenvermutung rechtfertigt. Auf die in § 499 Abs. 1 genannten Ausschlussgründe kann sich – wie die systematische Stellung der Vorschrift zeigt – der Verfrachter nicht berufen.

3 Der Einwand fehlenden Verschuldens ist dem Verfrachter in S. 1 ausdrücklich genommen. Das gilt sowohl für eigenes Verschulden als auch für das Verschulden seiner Hilfspersonen, deren Verhalten er sich gem. § 501 zurechnen lassen muss. Deshalb kann der Verfrachter zu seiner Entlastung nicht vorbringen, das Risiko der Deckverladung habe sich wegen nautischen Verschuldens verwirklicht und dafür habe er wegen einer nach § 512 Nr. 2 wirksamen Vereinbarung nicht einzustehen.[5]

4 Die erforderliche Zustimmung zur Deckverladung ist nicht nur dann nicht erteilt, wenn gar keine Erklärung vorliegt. Ebenso zu behandeln sind die Fälle einer unzureichenden Erklärung, wenn eine nicht zustimmungsberechtigte Person eine Erklärung abgibt oder wenn im Frachtvertrag die Ladung unter Deck vereinbart bzw. eine entsprechende verbindliche Weisung erteilt worden war.[6] Wegen der Ausnahme vom Deckladungsverbot für den Containerverkehr nach § 486 Abs. 4 S. 3 trägt der Verfrachter in diesen Fällen der Deckladung keine verschuldensunabhängige Haftungsverantwortung.

---

[6] Begr. RegE, BT-Drs. 17/10309, 81.
[1] Begr. RegE, BT-Drs. 17/10309, 81.
[2] Ramming RdTW 2013, 253 (259).
[3] OLG Hamburg 21.2.1991, TranspR 1991, 303 f.
[4] Ramming RdTW 2013, 253 (259).
[5] Ramming RdTW 2013, 253 (259).
[6] Ramming RdTW 2013, 253 (258).

Auf der Rechtsfolgenseite bestimmt sich die Haftung des Verfrachters nach §§ 502 ff. Die Haftung ist grundsätzlich auf eine Wertersatzpflicht begrenzt. Hinsichtlich der Haftungshöhe finden die Grenzen des § 504 Anwendung, wenn nicht ein nach Maßgabe des § 507 Nr. 2 zu beurteilender Fall des qualifizierten Verschuldens vorliegt. 5

§ 501 Haftung für andere

[1]Der Verfrachter hat ein Verschulden seiner Leute und der Schiffsbesatzung in gleichem Umfang zu vertreten wie eigenes Verschulden. [2]Gleiches gilt für das Verschulden anderer Personen, deren er sich bei Ausführung der Beförderung bedient.

Bei der Vorschrift handelt es sich um eine Zurechnungsvorschrift, nicht um eine Haftungsvorschrift. Dem Verfrachter wird das Verschulden seiner Leute und der Schiffsbesatzung zugerechnet; eine Entlastungsmöglichkeit hat der Verfrachter nicht. In bewusst[1] geregelter Abweichung von § 428 S. 1 kommt es nicht darauf an, dass die Hilfspersonen „in Ausübung ihrer Verrichtung" handeln. 1

Der Rechtsbegriff der „Leute" umfasst alle im Betrieb des Verfrachters angestellten Personen. Der Rechtsbegriff der „Schiffsbesatzung", der wie in § 478 legal definiert zu verstehen ist, weist Überschneidungen mit dem Leutegriff auf; erfasst werden – ausweislich der Regelung des § 478 – zusätzlich solche Personen, die bei einem anderen Arbeitgeber angestellt sind, aber zur Arbeitsleistung im Rahmen des Schiffsbetriebs überlassen und den Anordnungen des Kapitäns unterstellt sind. Damit wird insbesondere geregelt, dass das Verschulden der Besatzung des vom Verfrachter in Zeitcharter übernommenen Schiffes dem Verfrachter zuzurechnen ist.[2] 2

S. 2 regelt darüber hinaus die Zurechnung des Verschuldens „anderer Personen". Dabei handelt es sich um solche Personen, die weder betriebszugehörige Leute, noch Mitglieder der Schiffsbesatzung sind. Zu den Hilfspersonen des Verfrachters im Sinne dieser Vorschrift gehört der Reeder des Schiffes,[3] nicht hingegen die Klassifikationsgesellschaft oder Bauwerft.[4] Zu den „anderen Personen" gehören Lotsen, für die aber die besondere Haftungsbegrenzung in § 21 Abs. 3 SeeLG gilt. Ebenso gehören zu den anderen Personen die Stauer, nicht aber die Stauer, die (im Auftrag sog. Drittbefrachter andere Ladung gestaut haben.[5] Nach S. 2 erfolgt auch eine Zurechnung des Verschuldens von Unterverfrachtern und deren Schiffsbesatzung,[6] insbesondere von (Feederschiff-)Verfrachtern im Rahmen eines Stückgutfrachtvertrages oder von Zeitvercharterern.[7] Ebenso erfolgt eine Zurechnung des Verschuldens von Umschlagunternehmen zu Lasten des Verfrachters, denen wiederum nach § 278 BGB das Verschulden ihrer Mitarbeiter zugerechnet wird, wenn das Umschlagunternehmen vom Verfrachter mit dem Beladen und Löschen beauftragt wurde. 3

§ 502 Wertersatz

(1) Hat der Verfrachter nach den Bestimmungen dieses Untertitels für gänzlichen oder teilweisen Verlust des Gutes Schadensersatz zu leisten, so ist der Wert zu ersetzen, den das verlorene Gut bei fristgemäßer Ablieferung am vertraglich vereinbarten Bestimmungsort gehabt hätte.

(2) [1]Hat der Verfrachter nach den Bestimmungen dieses Untertitels für die Beschädigung des Gutes Schadensersatz zu leisten, so ist der Unterschied zwischen dem Wert des beschädigten Gutes am Ort und zur Zeit der Ablieferung und dem Wert zu ersetzen, den das unbeschädigte Gut am Ort und zur Zeit der Ablieferung gehabt hätte. [2]Es wird vermutet, dass die zur Schadensminderung und Schadensbehebung aufzuwendenden Kosten dem nach Satz 1 zu ermittelnden Unterschiedsbetrag entsprechen.

(3) [1]Der Wert des Gutes bestimmt sich nach dem Marktpreis, sonst nach dem gemeinen Wert von Gütern gleicher Art und Beschaffenheit. [2]Ist das Gut unmittelbar vor der Übernahme zur Beförderung verkauft worden, so wird vermutet, dass der in der Rechnung des Verkäufers ausgewiesene Kaufpreis einschließlich darin enthaltener Beförderungskosten der Marktpreis ist.

---

[1] Begr. RegE, BT-Drs. 17/10309, 81.
[2] Vgl. Herber, Seehandelsrecht, 2. Aufl. 2016, 276.
[3] LG Hamburg 2.10.2014, RdTW 2015, 357 Rn. 32.
[4] LG Hamburg 2.10.2014, RdTW 2015, 357 Rn. 34.
[5] OLG Hamburg 13.7.2017, RdTW 2018, 61 Rn. 47.
[6] OLG Hamburg 13.7.2017, RdTW 2018, 61 Rn. 45.
[7] MüKoHGB/Herber/Harm Rn. 23.

(4) Von dem nach den vorstehenden Absätzen zu ersetzenden Wert ist der Betrag abzuziehen, der infolge des Verlusts oder der Beschädigung an Zöllen und sonstigen Kosten sowie im Falle des Verlusts an Fracht erspart ist.

1 Die Schadensersatzverpflichtung des Verfrachters ist im Stückgutfrachtverkehr – wie auch nach dem Haftungskonzept des § 429 für das Landfrachtrecht – grundsätzlich auf Wertersatz begrenzt; Schadensersatz nach den Regelungen der §§ 249 ff. BGB ist ausgeschlossen. Durchbrochen wird diese haftungsrechtliche Privilegierung in den Fällen qualifizierten Verschuldens iSd § 507.

2 Die Begrenzung der Schadensersatzverpflichtung auf Wertersatz gilt für die Fälle der Obhutshaftung gem. § 498 („nach den Bestimmungen dieses Untertitels"); erfasst werden Schadensfälle durch Verlust oder Beschädigung des Gutes in der Zeit zwischen der Übernahme zur Beförderung und der Ablieferung (→ § 498 Rn. 3). Dagegen werden Schäden durch Verzögerung der Beförderung nicht erfasst.

3 Als Wertersatz ist nach Abs. 1 der sog. **Ablieferungs- bzw. Ankunftswert** geschuldet; dies ist der Wert, den das Gut bei ordnungsgemäßer Ablieferung am vertraglich vereinbarten Bestimmungsort zu dem vertraglich vorgesehenen Ablieferungszeitpunkt gehabt hätte;[1] die ersparten beförderungsbedingten Kosten sind nach Abs. 4 in Abzug zu bringen. Insofern ist die Regelung verschieden von der des Landfrachtrechts in § 429, nach der der sog. Versandwert zu ersetzen ist. Im Falle der Beschädigung des Gutes ist der Unterschiedsbetrag zwischen dem Ablieferungswert des beschädigten Gutes und dem Ablieferungswert des unbeschädigten Gutes zu ersetzen. Dabei wird wie in § 429 Abs. 2 S. 2 widerleglich vermutet, dass die Kosten für die Schadensminderung und -behebung dem nach S. 1 zu ermittelnden Differenzbetrag entsprechen.

4 Hinsichtlich der Vermutung des Abs. 3 S. 2 ist zu beachten, dass der Wert des Gutes am Ankunftsort (Ankunftswert) vom Versandwert erheblichen differieren kann; die Vermutungswirkung kann durch Vorlage von Weiterverkaufsdokumenten erschüttert werden.[2] Im Falle eine FOB-Kaufs, bei dem der Verkäufer die Ware im Ladehafen anzuliefern hat, enthält die Rechnung über den Kauf am Versandort regelmäßig keine Beförderungskosten; die Vermutungswirkung kann in diesen Fällen ebenfalls angegriffen und die vereinbarte Fracht als zusätzlicher Posten bei der Wertberechnung berücksichtigt werden.[3]

§ 503 Schadensfeststellungskosten

Bei Verlust oder Beschädigung des Gutes hat der Verfrachter über den nach § 502 zu leistenden Ersatz hinaus die Kosten der Feststellung des Schadens zu tragen.

1 Die Vorschrift stimmt mit der des § 430 überein.

§ 504 Haftungshöchstbetrag bei Güterschäden

(1) [1]Die nach den §§ 502 und 503 zu leistende Entschädigung wegen Verlust oder Beschädigung ist auf einen Betrag von 666,67 Rechnungseinheiten für das Stück oder die Einheit oder einen Betrag von 2 Rechnungseinheiten für das Kilogramm des Rohgewichts des Gutes begrenzt, je nachdem, welcher Betrag höher ist. [2]Wird ein Container, eine Palette oder ein sonstiges Lademittel verwendet, das zur Zusammenfassung von Frachtstücken verwendet wird, so gilt jedes Stück und jede Einheit, welche in einem Beförderungsdokument als in einem solchen Lademittel enthalten angegeben sind, als Stück oder Einheit im Sinne des Satzes 1. [3]Soweit das Beförderungsdokument solche Angaben nicht enthält, gilt das Lademittel als Stück oder Einheit.

(2) Besteht das Gut aus mehreren Frachtstücken (Ladung) und sind nur einzelne Frachtstücke verloren oder beschädigt worden, so ist der Berechnung der Begrenzung nach Absatz 1
1. die gesamte Ladung zu Grunde zu legen, wenn die gesamte Ladung entwertet ist, oder
2. der entwertete Teil der Ladung zu Grunde zu legen, wenn nur ein Teil der Ladung entwertet ist.

1 Die Vorschrift beruht auf Art. 4 § 5 Haag-Visby Regeln. Sie bestimmt neben der Haftungsbegrenzung nach §§ 502, 503 auf Wertersatz eine weitere Begrenzung der Haftung des Verfrachters für

[1] Begr. RegE, BT-Drs. 17/10309, 82.
[2] Vgl. Rabe/Bahnsen/Bahnsen Rn. 14.
[3] Vgl. Ramming RdTW 2018, 7 (14).

Verlust oder Beschädigung auf die vorgesehenen Haftungshöchstbeträge. Durch die Bezugnahme auf § 502 wird deutlich, dass auch die Vorschrift des § 504 nur die Fälle der Obhutshaftung in der Zeit von der Übernahme des Gutes zur Beförderung bis zur Ablieferung erfasst.

2 Der Haftungshöchstbetrag beläuft sich nach Abs. 1 S. 1 auf 666,67 Sonderziehungsrechte (§ 505) für das Stück oder die Einheit oder auf zwei Sonderziehungsrechte je Kilogramm Rohgewicht des beschädigten oder verloren gegangenen Gutes. Maßgeblich ist dabei der jeweils höhere der genannten Beträge.

3 Abs. 1 S. 2 enthält die sog. Containerklausel.[1] Bei Verwendung eines Containers gilt jedes Stück und jede Einheit, welche in einem Beförderungsdokument als in dem Container enthalten angegeben sind, als Stück oder Einheit iSd S. 1. Die Klausel führt somit zu einer Vervielfachung der Haftung, wenn in dem Beförderungsdokument entsprechende Angaben über die Zahl der in dem Container enthaltenen Stücke oder Einheiten gemacht sind. Die Regelung gilt für Container, Paletten und sonstige Lademittel iSd § 484 S. 2. Der Begriff „Beförderungsdokument" betrifft die in §§ 523 ff. genannten Dokumente, also nicht nur das Konnossement – wie nach § 660 aF –, sondern auch den Seefrachtbrief. Hinsichtlich der Beweiswirkung der Angaben im Konnossement ist die durch das SHR-ReformG eingeführte Regelung des § 517 Abs. 1 S. 2 zu berücksichtigen, die für die Vermutungswirkung eine (in der Praxis regelmäßig nicht erfolgende) Überprüfung des Inhalts des Lademittels (Containers) durch den Verfrachter voraussetzt.

4 Das **Konnossement eines Unterverfrachters** muss sich der Verfrachter nicht als eigenes entgegenhalten lassen;[2] andernfalls würde das Ansprüche aus dem Unterfrachtvertrag verbriefende Konnossement als Vertrag zu Lasten Dritter wirken. Diese drittbelastende Wirkung tritt auch ein, wenn das Konnossement dem Hauptverfrachter (Spediteur) lediglich zugerechnet wird, ohne dass der Spediteur so angesehen wird, als sei er der Verfrachter unter dem Dritt-Konnossement.[3] Rechtfertigen lässt sich dagegen, dass für die Zwecke der Anwendung der Container-Klausel des § 504 Abs. 1 S. 2 und 3 zulasten des Verfrachters auf die Angaben zum Inhalt des Lademittels in einem Drittkonnossement abgestellt werden kann.[4] Eine abweichende Beurteilung kommt insbesondere in Betracht, wenn der Verfrachter selbst kein Beförderungsdokument ausgestellt hat; dann kann nach den Umständen das Frachtdokument maßgeblich sein, das durch einen vom Hauptverfrachter eingeschalteten Unterverfrachter ausgestellt wurde, etwa wenn der Befrachter hierzu seine Zustimmung erteilt hat oder wenn das Konnossement durch ein mit dem Verfrachter verbundenes Unternehmen ausgestellt wurde.[5] Zur Frage der nachträglichen Ausstellung eines Konnossements → § 513 Rn. 10.

5 An den Begriff **„Stück"** oder **„Einheit"** werden keine besonderen Anforderungen gestellt; insbesondere kommt es nicht darauf an, ob die angegebenen Stücke oder Einheiten typischerweise einzeln verschifft werden;[6] letztlich genügt deshalb wohl jede quantifizierende Angabe.[7] Ist im Beförderungsdokument keine Angabe über die Zahl der Stücke oder Einheiten enthalten, gilt das Lademittel, das die Güter zusammenfasst, als Stück oder Einheit. Als „Lademittel" iSd S. 3 gelten die in S. 2 erwähnten Container, Paletten oder sonstigen Lademittel iSd § 484 S. 2. Wurde ein Beförderungsdokument nicht ausgestellt, ist Abs. 1 S. 3 tatbestandlich nicht einschlägig. In der Rspr. ist allerdings befürwortet worden, dass der Fall der Nichtausstellung eines Beförderungsdokuments dem Fall fehlender Angaben im ausgestellten Dokument gleichzustellen sei.[8] Überzeugender erscheint es, in diesem Fall Angaben im Frachtvertrag zum Beförderungsgut zu berücksichtigen.[9]

6 Abs. 2 regelt den Fall, dass nur einzelne Frachtstücke einer Ladung verloren gegangen oder beschädigt worden sind. Die Regelung bezieht die Haftungsbegrenzung auf die Ladung und nicht das einzelne Stück und entspricht damit der des § 431 Abs. 2. Dabei wird nunmehr übereinstimmend der Begriff der „Ladung" verwendet, der die „Gesamtheit der zur Beförderung aufgegebenen Güter" bezeichnet. Der in § 431 vormals verwendete Begriff der Sendung wurde an die Neuregelung im Seefrachtrecht angepasst. Für die Berechnung der Haftungshöchstsumme bei Güterschäden kommt

---

[1] Dazu M. Bahnsen RdTW 2019, 246 ff.

[2] OLG Hamburg 13.7.2017, RdTW 2018, 61 Rn. 43; 2.3.2017, RdTW 2017, 387 Rn. 56, 57; 8.12.2011, HambSchRZ 2012; 4 Nr. 2; OLG Düsseldorf 26.2.2014, RdTW 318 Rn. 25 mAnm Ramming RdTW 2014, 390 ff.

[3] **AA** Ramming RdTW 2018, 7 (15).

[4] Ramming RdTW 2023, 281 Rn. 50 ff.

[5] Vgl. Ramming RdTW 2023, 281 Rn. 52 f.; Ramming RdTW 2014, 390 (396); vgl. auch Albers RdTW 2023, 250 Rn. 27 ff.

[6] So Herber, Das neue Haftungsrecht der Schiffahrt, 1989, 214; anders jetzt MüKoHGB/Herber/Harm Rn. 18.

[7] Vgl. OLG Hamburg 22.4.2010, TranspR 2011, 112 betr. Trolley mit Herrenhosen im Container; zust. Herber TranspR 2011, 115.

[8] OLG Düsseldorf 26.2.2014, RdTW 2014, 318; OLG Hamburg 8.12.2012, HambSchRZ 2012, 4 Nr. 2.

[9] So Ramming RdTW 2014, 390 (404 ff.).

es somit gem. Abs. 2 auf die zu transportierende Ladung und somit auf die Summe des Rohgewichts der zu der betreffenden Ladung gehörenden entwerteten Frachtstücke bzw. deren Zahl an.[10]

7 Das Gewicht bestimmt sich nach dem Bruttogewicht der Ladung ggf. unter Einbeziehung der vom Befrachter mitübergebenen Verpackung. Bei einer FCL (full container load)-Beförderung ist der Container Teil der Verpackung, während bei einer LCL (less than a container load)-Beförderung der Container verwendet wird, um sie Beförderung mit einem Containerschiff überhaupt zu ermöglichen, und der Verfrachter loses Gut übernimmt, das er in einem Container zusammen mit anderem Gut oder Parteien staut.[11] Für die Güterbeförderung im Container gilt nach der Transportgestell-Entscheidung, dass es sich bei Containern und allen anderen wiederverwendbaren Verpackungs- bzw. Lademitteln um Teile der Sendung/Ladung handelt.[12] Daraus ergeben sich folgende Konsequenzen:[13] (1) Bei der Ermittlung des Rohgewichts des Gutes ist das Gewicht eines Containers sowie jedes anderen wiederverwendbaren Verpackungs- bzw. Lademittels nicht anteilig zu berücksichtigen ist, wenn es unbeschädigt geblieben ist. (2) Kommt es zu einem Verlust oder einer Beschädigung des Containers, haftet der Verfrachter grundsätzlich für den Zeitwert des Containers. (3) Ist nicht nur der Container verloren gegangen oder beschädigt worden, sondern auch einzelne oder alle der darin gestauten Gegenstände, muss der Verfrachter ebenso für diesen Schaden einstehen. Die Ladung besteht aus dem Container einerseits und den darin gestauten Gegenständen andererseits. (4) Diese Grundsätze gelten nicht bei LCL-Beförderungen, bei denen das Gut vom Verfrachter in einen Container gestaut wird, um die Beförderung durchzuführen.

8 Für die Höchstbetragsberechnung gilt, dass dann, wenn der Höchstbetrag anhand des Gewichts des Gutes ermittelt wird, zunächst das Gewicht der verloren gegangenen bzw. beschädigten Gegenstände und außerdem das Gewicht der Gegenstände, die darüber hinaus entwertet wurden, zugrunde zu legen ist. Das Gewicht des Containers wird nur berücksichtigt, wenn dieser ebenfalls verloren gegangen bzw. beschädigt worden ist.

9 Für die Stück-Alternative von Abs. 1 S. 1 gilt, dass die jeweils betroffenen Gegenstände die maßgeblichen Stücke darstellen, soweit nicht der Container selbst das (einzige) maßgebliche Stück ist, Abs. 1 S. 2 und 3. Es zählt zunächst jeder Gegenstand, der verloren gegangen ist oder beschädigt wurde. Erstreckt sich die Entwertung auf weitere Gegenstände, sind auch diese bei der Ermittlung des betreffenden Stück-Höchstbetrages zu berücksichtigen, auch wenn sie noch vorhanden und unbeschädigt geblieben sind. Bei dem Container selbst handelt es sich um ein selbständiges Stück, das bei der Feststellung des Höchstbetrages nur berücksichtigt wird, wenn auch er verloren gegangen ist oder beschädigt wurde.

10 Führt der Verlust bzw. die Beschädigung eines Teils der Ladung bzw. einzelner Frachtstücke zu einer darüber hinausgehenden (vollständigen oder teilweisen) Entwertung der Sendung, ist von dem Wert des entwerteten Teils der Sendung auszugehen, und nicht nur von dem Wert der betreffenden verloren gegangenen bzw. beschädigten Gegenstände. Unter diesem Gesichtspunkt führen der Verlust bzw. die Beschädigung einzelner Gegenstände zu einer Beschädigung der gesamten bzw. eines Teils der Ladung. Damit schuldet der Verfrachter Ersatz der hierauf entfallenden Wertdifferenz (§ 502 Abs. 2 S. 1). Dagegen erstreckt sich die Entwertung nicht auch auf den Container selbst; insofern schuldet der Verfrachter nur dann Wertersatz, wenn auch der Container verloren gegangen ist bzw. beschädigt wurde.[14]

§ 505 Rechnungseinheit

[1]Die in diesem Untertitel genannte Rechnungseinheit ist das Sonderziehungsrecht des Internationalen Währungsfonds. [2]Der Betrag wird in Euro entsprechend dem Wert des Euro gegenüber dem Sonderziehungsrecht am Tag der Ablieferung des Gutes oder an dem von den Parteien vereinbarten Tag umgerechnet. [3]Der Wert des Euro gegenüber dem Sonderziehungsrecht wird nach der Berechnungsmethode ermittelt, die der Internationale Währungsfonds an dem betreffenden Tag für seine Operationen und Transaktionen anwendet.

1 Die Vorschrift entspricht der des § 431 Abs. 4. Für die Umrechnung in Euro ist anders als in der landfrachtrechtlichen Regelung der Tag der Ablieferung oder der zwischen den Parteien vereinbarte

[10] MüKoHGB/Herber/Harm Rn. 10.
[11] Ramming RdTW 2019, 401 ff.
[12] BGH 11.10.2018, RdTW 2018, 466 Rn. 15 f. zur CMR; zust. Ramming RdTW 2019, 446 (447 ff.); krit. Koller RdTW 2019, 41 (43 ff.).
[13] Eingehend Ramming RdTW 2019, 446 ff.
[14] Näher Ramming RdTW 2019, 446 (457 ff.).

Tag maßgeblich. Der Ablieferungszeitpunkt harmoniert mit dem nach § 502 für die Wertersatzberechnung maßgeblichen Zeitpunkt.

§ 506 Außervertragliche Ansprüche

(1) Die in diesem Untertitel und im Stückgutfrachtvertrag vorgesehenen Haftungsbefreiungen und Haftungsbegrenzungen gelten auch für einen außervertraglichen Anspruch des Befrachters oder des Empfängers gegen den Verfrachter wegen Verlust oder Beschädigung des Gutes.

(2) [1]Der Verfrachter kann auch gegenüber außervertraglichen Ansprüchen Dritter wegen Verlust oder Beschädigung des Gutes die Einwendungen nach Absatz 1 geltend machen. [2]Die Einwendungen können jedoch nicht geltend gemacht werden, wenn

1. sie auf eine Vereinbarung gestützt werden, die von den Vorschriften dieses Untertitels zu Lasten des Befrachters abweicht,
2. der Dritte der Beförderung nicht zugestimmt hat und der Verfrachter die fehlende Befugnis des Befrachters, das Gut zu versenden, kannte oder infolge grober Fahrlässigkeit nicht kannte oder
3. das Gut dem Dritten oder einer Person, die von diesem ihr Recht zum Besitz ableitet, vor Übernahme zur Beförderung abhanden gekommen ist.

[3]Satz 2 Nummer 1 gilt jedoch nicht für eine nach § 512 Absatz 2 Nummer 1 zulässige Vereinbarung über die Haftung des Verfrachters für einen Schaden, der durch ein Verhalten bei der Führung oder der sonstigen Bedienung des Schiffes oder durch Feuer oder Explosion an Bord des Schiffes entstanden ist.

Die Vorschrift verfolgt den Zweck zu verhindern, dass das System der Haftungsbefreiungen und -begrenzungen durch außervertragliche, insbesondere deliktische Ansprüche unterlaufen wird. Die für Ansprüche aus Vertrag geltenden Haftungsbefreiungen und -begrenzungen sollen deshalb auch für außervertragliche Ansprüche gelten. Die Vorschrift entspricht der des § 434 im Landfrachtrecht. 1

Abs. 1 regelt das Konkurrenzverhältnis von vertraglichen und außervertraglichen Ansprüchen der Parteien des Stückgutfrachtvertrages und solchen des Empfängers. Erfasst werden konkurrierende deliktische Ansprüche aus §§ 823 ff. BGB sowie solche gem. §§ 677 ff., 812 ff. BGB und §§ 989 ff. BGB. Betroffen sind die Ansprüche wegen Verlust oder Beschädigung des Gutes, nicht aber Ansprüche wegen sonstiger Vermögensschäden. Außervertraglich ist auch der Anspruch aus § 480 gegen den Reeder wegen Verschuldens eines Mitglieds der Schiffsbesatzung. 2

Abs. 2 regelt das Konkurrenzverhältnis zu Ansprüchen vertragsfremder Dritter und bestimmt in S. 1, dass das Haftungssystem des Stückgutfrachtvertrages auch auf außervertragliche Ansprüche dieser Personen anwendbar ist. Damit werden vor allem die Fälle erfasst, in denen der Eigentümer des Gutes, der weder Befrachter noch Empfänger ist, gegen den Verfrachter Ansprüche geltend macht. In S. 2 werden die Ausnahmesachverhalte geregelt, in den das Haftungssystem des Stückgutfrachtvertrages nicht auf außervertragliche Ansprüche Dritter anzuwenden ist. 3

Durch Abs. 2 S. 3 soll es dem Verfrachter nach den Gesetzesmaterialien ermöglicht werden, sich abweichend von Abs. 2 S. 2 Nr. 1 auch auf eine Vereinbarung über einen Haftungsausschluss wegen nautischen Verschuldens oder Feuer gegenüber vertragsfremden Dritten zu berufen.[1] Die Regelung nimmt Rücksicht auf den im internationalen Verkehr üblichen Haftungsausschluss, der in den Visby-Regeln Anerkennung und Ausdruck gefunden hat. Voraussetzung für eine Berufung auf einen solchen Haftungsausschluss ist allerdings, dass die in § 512 Abs. 2 Nr. 1 genannten Voraussetzungen vorliegen; die Vereinbarung muss sich somit auf einen Schaden beziehen, der durch ein Verschulden der Leute des Verfrachters oder der Schiffsbesatzung verursacht wurde und der nicht auf Grund von Maßnahmen entstanden ist, die überwiegend im Interesse der Ladung getroffen wurden.[2] 4

§ 506a [nicht mehr belegt]

§ 507 Wegfall der Haftungsbefreiungen und -begrenzungen

Die in diesem Untertitel und im Stückgutfrachtvertrag vorgesehenen Haftungsbefreiungen und Haftungsbegrenzungen gelten nicht, wenn

[1] BT-Drs. 17/11884, 128 f.
[2] BT-Drs. 17/11884, 128 f.

1. der Schaden auf eine Handlung oder Unterlassung zurückzuführen ist, die der Verfrachter selbst vorsätzlich oder leichtfertig und in dem Bewusstsein begangen hat, dass ein Schaden mit Wahrscheinlichkeit eintreten werde, oder
2. der Verfrachter mit dem Befrachter oder dem Ablader vereinbart hat, dass das Gut unter Deck befördert wird, und der Schaden darauf zurückzuführen ist, dass das Gut auf Deck verladen wurde.

Schrifttum: Pokrant, Die Rechtsprechung des Bundesgerichtshofs zur sekundären Darlegungslast des Frachtführers, RdTW 2013, 10; Rabe, Haftungsbegrenzungen und Haftungsdurchbrechungen im Seerecht, TranspR 2004, 142; Zarth, Zur Auslegung von § 660 Abs. 3 HGB, EWiR 2010, 59; Valder, Die ADSp 2016 – eine Analyse, TranspR 2016, 213; Zarth/Fischer, Spediteure pflastern die hohe See: Anmerkung zu Ziff. 22.4 ADSp 2016, TranspR 2016, 45.

1 Die Vorschrift regelt den im Transportrecht insgesamt verbreitet geltenden Grundsatz, dass dem Verfrachter die eingeräumten Haftungsprivilegien nicht zugutekommen, wenn ihm ein qualifiziertes Verschulden zur Last fällt. Dabei kommt es – im Unterschied zu § 435 – allein auf ein persönliches Verschulden des Verfrachters (bzw. seiner Organe oder Geschäftsleiter) an, während ihm das Verschulden seiner Leute, der Schiffsbesatzung und anderer Erfüllungsgehilfen nicht zugerechnet wird.[1] Ist dem Schaden bereits ein anderes entsprechendes Schadenereignis vorausgegangen, kommt ein persönliches qualifiziertes Organisationsverschulden des Verfrachters nur in Betracht, wenn Anhaltspunkte dafür bestehen, dass nach dem ersten Schadenereignis konkreter und ernsthafter Anlass bestand, das Sicherungskonzept nicht nur innerhalb der eigenen Organisation, sondern auch mit Wirkung für die Hilfspersonen grundsätzlich neu zu gestalten bzw. wenigstens anzupassen, und ausreichend Zeit für die ggf. erforderliche Planung und Umsetzung vorhanden war, die ggf. zu ergreifenden Maßnahmen umzusetzen.[2] Für ein grobes Organisationsverschulden spricht, wenn ein Schiff den Hafen mit unzureichend gesicherter Ladung verlässt; der Verfrachter muss dann im Einzelnen vortragen, was er zur Vermeidung des konkret eingetretenen Schadens unternommen hat. Erheblich ist etwa, welche organisatorischen Maßnahmen er selbst bzw. die für ihn handelnden Organe ergriffen haben, um Verladungsfehler zu verhindern. Kommt der Verfrachter der ihm obliegenden Darlegungslast nicht nach, erstreckt sich die Vermutung eines groben Organisationsverschuldens auch auf das Verhalten seiner Organe.[3] Entsprechendes gilt, wenn der Verfrachter das Gut nach dem Löschen frei zugänglich im Hafen abstellt, ohne ausreichende Sicherungsmaßnahmen gegen widerrechtliches Aufsatteln durch Dritte zu ergreifen.[4] Hinsichtlich des Verschuldensmaßstabes entspricht die Vorschrift der des § 435. Die zu § 435 entwickelten Rechtsprechungsgrundsätze zum qualifizierten Verschulden durch grobes Organisationsverschulden (→ § 434 Rn. 8 ff.) sind auch für § 507 heranzuziehen.[5] Der Grundsatz, dass die Darlegungs- und Beweislast für die besonderen Voraussetzungen der unbeschränkten Haftung beim Anspruchsteller liegt, wird auch hier nach Treu und Glauben wegen des unterschiedlichen Informationsstandes der Vertragsparteien zu den näheren Umständen des Betriebsbereichs des Verfrachters durch die Rechtsprechungsgrundsätze zur sog. sekundären Darlegungslast (→ § 435 Rn. 18) eingeschränkt und durch eine Recherchepflicht modifiziert.[6] Betroffen sind sowohl die Haftungsprivilegien des Gesetzesrechts als auch die nach § 512 wirksamen vertraglichen Haftungsvereinbarungen. Voraussetzung für die Anwendung der Grundsätze über die sekundäre Darlegungslast des Verfrachters ist, dass der Vortrag des Anspruchstellers ein qualifiziertes Verschulden mit gewisser Wahrscheinlichkeit nahelegt oder sich Anhaltspunkte für ein derartiges Verschulden aus dem unstreitigen Sachverhalt ergeben.[7]

2 Seehandelsrechtliche Besonderheiten gelten nach der Nr. 2 für den Fall der unerlaubten Decksverladung. Ob die Decksverladung erlaubt ist, beurteilt sich grundsätzlich nach § 486 Abs. 4. Die Vorschrift des § 507 Nr. 2 betrifft den Fall, dass die Parteien des Stückgutfrachtvertrages eine Verein-

[1] BGH 24.11.2010, TranspR 2011, 161; 18.6.2009, BGHZ 181, 292 = NJW-RR 2009, 1479; OLG Hamburg 24.3.2016, RdTW 2016, 385 Rn. 34, jeweils zu § 660 Abs. 3 aF.
[2] OLG Hamburg 8.11.2018, RdTW 2019, 219 Rn. 90 ff.
[3] BGH 29.7.2009, NJW-RR 2009, 1482 Rn. 40; 8.5.2002, NJW-RR 2002, 1609 Rn. 24 ff.
[4] LG Lübeck 5.3.2024, RdTW 2024, 391 Rn. 34; näher Müller-Ehl RdTW 2024, 362 ff.
[5] BGH 24.11.2010, TranspR 2011, 161; 3.11.2005, TranspR 2006, 35 jeweils zu § 660 Abs. 3 aF: ebenso MüKoHGB/Herber/Harm Rn. 12 mit Hinweis darauf, dass bei § 507 zu prüfen ist, ob der Verschuldensvorwurf den Verfrachter oder eine nachgeordnete Ebene der Unternehmensorganisation trifft.
[6] BGH 4.2.2016, RdTW 2016, 340 Rn. 26 ff.; ebenso OLG Hamburg 24.3.2016, RdTW 2016, 385 Rn. 36; OLG Hamm 24.7.2014, TranspR 2015, 296 (299) jeweils zu § 660 Abs. 3 aF mit Hinweisen zum Umfang der Recherchepflicht.
[7] BGH 4.2.2016, RdTW 2016, 340 Rn. 26; 10.12.2015, RdTW 2016, 136 Rn. 38 zu § 435; OLG Hamm 24.7.2014, TranspR 2015, 296 (299).

barung über die Beförderung unter Deck getroffen haben. Handelt der Verfrachter entgegen dieser Vereinbarung, geht die Vorschrift davon aus, dass ein qualifiziertes Verschulden iSd Nr. 1 stets vorliegt; die Haftungsbefreiungen und -begrenzungen gelten in diesem Fall nicht, wenn der Verlust oder die Beschädigung auf die Decksverladung zurückzuführen ist. Dafür gilt die Vermutung des § 500 S. 2.

Besonderheiten können sich nach den ADSp ergeben, insbesondere in den Fällen der Anwendbarkeit des deutschen Seehandelsrechts bei Multimodaltransporten unter Einschluss einer Seestrecke. 3 Ziff. 27.2 ADSp 2003 lässt zur Durchbrechung der Haftungsbeschränkung ein qualifiziertes Verschulden der Leute oder Gehilfen des Spediteurs genügen; die darin liegende Abweichung vom Gesetzesrecht ist nach § 449 Abs. 2 S. 1 Nr. 2 zulässig.[8] Nach Ziff. 27.1.1 ADSp 2016 gelten die Haftungsausschlüsse und Begrenzungen nicht in den Fällen von Vorsatz oder grobe Fahrlässigkeit des Spediteurs oder seiner leitenden Angestellten und gemäß Ziff. 22.4 ADSp 2016 gelten für einen Verkehrsvertrag über eine Beförderung mit verschiedenartigen Beförderungsmitteln unter Einschluss einer Seebeförderung unabhängig davon, auf welcher Teilstrecke ein Schaden eintritt, stets die §§ 425–439.[9]

§ 508 Haftung der Leute und der Schiffsbesatzung

(1) [1]Werden Ansprüche aus außervertraglicher Haftung wegen Verlust oder Beschädigung des Gutes gegen einen der Leute des Verfrachters geltend gemacht, so kann sich auch jener auf die in diesem Untertitel und im Stückgutfrachtvertrag vorgesehenen Haftungsbefreiungen und Haftungsbegrenzungen berufen. [2]Gleiches gilt, wenn die Ansprüche gegen ein Mitglied der Schiffsbesatzung geltend gemacht werden.

(2) Eine Berufung auf die Haftungsbefreiungen und Haftungsbegrenzungen nach Absatz 1 ist ausgeschlossen, wenn der Schuldner vorsätzlich oder leichtfertig und in dem Bewusstsein gehandelt hat, dass ein Schaden mit Wahrscheinlichkeit eintreten werde.

(3) Sind für den Verlust oder die Beschädigung des Gutes sowohl der Verfrachter als auch eine der in Absatz 1 genannten Personen verantwortlich, so haften sie als Gesamtschuldner.

Die Vorschrift bezweckt wie die Parallelregelung in § 436 für das Landfrachtrecht, dass die zum 1 Schutz des Verfrachters vorgesehenen gesetzlichen Haftungsbefreiungen und -begrenzungen nicht dadurch umgangen werden, dass die Leute des Verfrachters in unbeschränktem Umfang in Anspruch genommen werden und dann in dieser Höhe einen (arbeitsrechtlichen) Freistellungsanspruch gegen den Verfrachter geltend machen. Aus diesem Grunde erstreckt Abs. 1 die Haftungsprivilegien auf die Leute des Verfrachters.

Die Vorschrift erfasst – insofern weitergehend als § 436 – über die Leute hinaus auch die Mitglieder 2 der Schiffsbesatzung iSd § 478. Somit wird die Haftungsprivilegierung nicht auf alle selbstständigen Erfüllungsgehilfen erstreckt. Für ausführende Verfrachter gilt die Sonderregelung des § 509 Abs. 2.

Abs. 3 stellt klar, dass Verfrachter und Leute bzw. Mitglieder der Schiffsbesatzung als Gesamtschuld- 3 ner haften. Die Vorschriften der §§ 421 ff. kommen somit zur Anwendung. Damit ist zugleich geregelt, dass bei Anwendbarkeit des deutschen Stückgutfrachtrechts der Gesamtbetrag, der vom Verfrachter, seinen Leuten und Mitgliedern der Schiffsbesatzung zu zahlen ist, insgesamt nicht mehr als den Betrag ausmacht, der dem Haftungshöchstbetrag entspricht.

Der Verfrachter kann Haftungsbefreiungen und Haftungsbegrenzungen des mit dem Befrachter 4 geschlossenen Frachtvertrages durch entsprechende drittbegünstigende Vertragsklauseln (sog. Himalaya-Klauseln[1]) auch zugunsten selbständiger Erfüllungsgehilfen vereinbaren.[2] Da selbständige Hilfspersonen § 508 nicht unterfallen, kommt dazu eine (Himalaya-)Klausel in den Konnossementsbedingungen in Betracht (vgl. § 512 Abs. 1 und 2 Nr. 1).[3]

§ 509 Ausführender Verfrachter

(1) Wird die Beförderung ganz oder teilweise durch einen Dritten ausgeführt, der nicht der Verfrachter ist, so haftet der Dritte (ausführender Verfrachter) für den Schaden, der durch Verlust oder Beschädigung des Gutes während der durch ihn ausgeführten Beförderung entsteht, so, als wäre er der Verfrachter.

---

[8] BGH 4.2.2016, RdTW 2016, Rn. 22; vgl. auch BGH 22.7.2010, TranspR 2011, 80; OLG Hamburg 16.7.2009, TranspR 2010, 337 (342).

[9] Zur Kontroverse um die Bewertung dieser Klausel vgl. Zarth/Fischer TranspR 2016, 45 ff. einerseits und Valder TranspR 2016, 213 (216 f.) andererseits. Die Klausel ist in den ADSp 2017 entfallen.

[1] Vgl. Ramming RdTW 2018, 447 ff.

[2] MüKoHGB/Herber/Harm Rn. 10.

[3] Näher Rabe TranspR 2016, 139 (145 f.).

(2) Vertragliche Vereinbarungen mit dem Befrachter oder Empfänger, durch die der Verfrachter seine Haftung erweitert, wirken gegen den ausführenden Verfrachter nur, soweit er ihnen in Textform zugestimmt hat.

(3) Der ausführende Verfrachter kann alle Einwendungen und Einreden geltend machen, die dem Verfrachter aus dem Stückgutfrachtvertrag zustehen.

(4) Verfrachter und ausführender Verfrachter haften als Gesamtschuldner.

(5) Wird einer der Leute des ausführenden Verfrachters oder ein Mitglied der Schiffsbesatzung in Anspruch genommen, so ist § 508 entsprechend anzuwenden.

Schrifttum: Böckmann, Die Haftung des ausführenden Verfrachters nach dem deutschen Seehandelsrecht, 2019; Czerwenka, TranspR 2012, 408; Herber, Wer ist ausführender Verfrachter?, TranspR 2011, 359; Hesse, Der „ausführende Verfrachter" im neuen Seehandelsrecht, Hansa 2012 Nr. 6 S. 89; Mankowski, TranspR 2016, 131; Matzen, Ausgewählte Rechtsfragen der Haftung des ausführenden Verfrachters nach dem HGB, RdTW 2015, 203; Rabe, Entwurf der Sachverständigengruppe und Referentenentwurf zur Reform des Seehandelsrechts, TranspR 2011, 323; Ramming, Der ausführende Frachtführer bzw. Verfrachter – ein Update, RdTW 2018, 321; Ramming, Die neuen Vorschriften über den ausführenden Verfrachter, RdTW 2013, 81; Steingröver, Die Mithaftung des ausführenden Verfrachters im Seerecht – de lege lata und de lege ferenda, 2006.

Übersicht

I. Regelungszweck

1 Nach dem Vorbild der Regelungen zum ausführenden Frachtführer im Landfrachtrecht (§ 437 aF) wurden entsprechende Bestimmungen über die Haftung des ausführenden Verfrachters in das Seefrachtrecht übernommen. Die wesentlichen Vorschriften finden sich in § 509, ergänzt um weitere Regelungen in § 522 Abs. 3.[1] Die Regelungen in §§ 509, 522 Abs. 3 S. 1 entsprechen denen der neuen § 437, § 447 Abs. 2. § 522 Abs. 2 S. 2 enthält eine zusätzliche Bestimmung, die sich in der Vorschrift des § 447 Abs. 2 nicht findet.

2 Der (vertragliche) (Haupt-)Verfrachter kann seinerseits einen Unterverfrachter eingeschaltet haben, der für ihn, den vertraglichen Verfrachter, die Beförderung durchführt. Der Unterverfrachter kann in gleicher Weise verfahren, sodass es nacheinander mehrere Unterverfrachter und -frachtverträge geben kann. Grundsätzlich haften die Unter-Verfrachter dem ursprünglichen Absender bzw. endgültigen Empfänger nur nach den Vorschriften über die unerlaubte Handlung. Diese Einstandspflicht der Unterverfrachter kann hinter der Haftung des Hauptverfrachters aus dem Frachtvertrag bzw. dem Konnossement zurückbleiben. Der Zweck des § 509 – ebenso wie der des § 437– besteht darin, dem (ursprünglichen) Befrachter und dem (endgültigen) Empfänger im Falle des Verlustes oder der Beschädigung des Gutes in der Person des ausführenden Verfrachters einen weiteren Schuldner zusätzlich zum vertraglichen Verfrachter zur Verfügung zu stellen, der in der gleichen Weise haftet wie der vertragliche Verfrachter.

II. Ausführender Verfrachter

3 Ausführender Verfrachter iSd § 509 ist – abweichend vom Konzept der CMNI[2] – der letzte Verfrachter, der die Beförderung „ausführt". In Abs. 1 heißt es – ebenso wie in § 437 – einleitend „Wird die Beförderung … durch einen Dritten ausgeführt …". Gemeint ist damit die Beförderung, die der vertragliche Verfrachter übernommen hat. Eine Haftung als ausführender Verfrachter nach § 509 gegenüber dem ursprünglichen Befrachter und dem endgültigen Empfänger kommt nur für Vorgänge in Betracht, die in der Zeit zwischen der Übernahme des Gutes zur Beförderung und dessen Ablieferung durch den vertraglichen Verfrachter ausgeführt werden.

4 Als ausführender Verfrachter wird vom Gesetz der selbstständige Unternehmer adressiert, der mit eigenen Leuten und einem eigenen Schiff die Beförderung des Gutes tatsächlich durchführt. Nicht als ausführender Verfrachter sind deshalb die weiteren Unter-Verfrachter, die in der Kette zwischen dem vertraglichen und dem (letzten)ausführenden Verfrachter stehen. Ausführender Verfrachter ist normalerweise der Reeder (§ 476) des betreffenden (See-)Schiffes. Wird die (See-)Beförderung von

[1] Dazu Ramming RdTW 2018, 321 (327 ff.).
[2] Dazu Ramming RdTW 2013, 81 (83).

einem Binnenschiff durchgeführt, ist dessen Eigner der ausführende Verfrachter (§ 1 BinSchG). An die Stelle des Reeders bzw. Eigners tritt ggf. der Ausrüster (§ 477, § 2 Abs. 1 BinSchG).

Hat der Reeder, der Eigner bzw. der Ausrüster das Schiff auf Zeit verchartert (§§ 557 ff., § 27 Abs. 2 BinSchG), kommt es für die Frage, ob er oder der Zeitcharterer ausführender Verfrachter ist, auf die Rechtsnatur der Charter an. Befördert der Reeder etc das Gut, ist er der ausführende Verfrachter. Wird die Beförderung vom Zeitcharterer durchgeführt, erfüllt er die Voraussetzungen des ausführenden Verfrachters. Nach dem Regelungsmodell der §§ 557 ff. hat die Zeitcharter die Rechtsnatur eines Frachtvertrages, auf dessen Grundlage der Zeitvercharterer nach näherer Weisung des Charterers das Gut befördert (§ 557 Abs. 1). Der Zeitvercharterer bleibt überdies nach § 561 Abs. 2 für die Führung und sonstige Bedienung des Schiffes verantwortlich. Nach dieser Konzeption sollte der **Zeitvercharterer** und damit der Reeder als ausführender Verfrachter angesehen werden.[3] 5

Neben dem Reeder (Eigner, Ausrüster) kann auch ein **Umschlagsunternehmer** die Voraussetzungen eines ausführenden Verfrachters erfüllen, wenn er das Gut mit eigenem Gerät verlädt oder entlädt[4] bzw. bei einer Durch-Beförderung zwischen zwei Seestrecken umlädt und dabei in Ausführung der vom vertraglichen Verfrachter übernommenen Pflichten tätig wird.[5] Der vertragliche Verfrachter kann verpflichtet sein, das Gut am Schiff zu übernehmen bzw. abzuliefern, sodass das Verladen bzw. Löschen Teil seiner frachtvertraglichen Pflichten ist. Dies ist für den Stückgutfrachtvertrag in § 486 Abs. 2 vorgesehen. In diesen Fällen ist der Umschlagsunternehmer, der die Ver- bzw. Entladung für den vertraglichen Beförderer durchführt, ausführender Verfrachter iSd § 509.[6] In der Lit. ist dies problematisiert worden.[7] Die Kritik ist in den Fällen gerechtfertigt, in denen der Terminalvertrag mit dem Umschlagunternehmen vom Befrachter kontrahiert wurde; dann handelt der Umschlagunternehmer nicht in Ausführung der vom vertraglichen Verfrachter geschuldeten Beförderung. 6

Abweichendes vom gesetzlichen Normalfall kann bei einem Stückgutfrachtvertrag vereinbart sein („fio" – free in and out; § 486 Abs. 2). Auch bei der Reisecharter (§§ 531, 535 Abs. 1 S. 1 und der Zeitcharter (§ 563) wird das Ver- bzw. Entladen vom Befrachter durchgeführt; dann hat der vertragliche Verfrachter das Gut im Schiff zu übernehmen bzw. abzuliefern. In diesen Fällen haftet der Umschlagsunternehmer, der die Ver- bzw. Entladung des Gutes im Auftrage des ursprünglichen Befrachters durchführt, nicht als ausführender Verfrachter. 7

Die Einstandspflicht des Umschlagsunternehmers als ausführender Verfrachter geht noch weiter, wenn der vertragliche Verfrachter das Gut an einer besonderen Übernahme- bzw. Ablieferungsstelle zur Beförderung zu übernehmen bzw. abzuliefern hat. So verhält es sich normalerweise bei der Buchung von Beförderungen im Liniendienst, wo das Gut am Gate des vom vertraglichen Verfrachter oder einem Unter-Verfrachter beauftragten Terminals zur Beförderung übernommen bzw. abgeliefert wird. Unter diesen Umständen muss der Umschlagsunternehmer nach Maßgabe der § 509 für alle Schäden einstehen, zu denen es beim Umschlag auf dem Terminal und während der Ver- bzw. Entladung kommt. 8

III. Anspruchsberechtigung

Anspruchsberechtigt sind der ursprüngliche Befrachter und der endgültige Empfänger (§ 494 Abs. 1 S. 2, § 527 Abs. 2). Wurde ein Konnossement ausgestellt, ist hinsichtlich der Anspruchsberechtigung wie folgt zu differenzieren: Wurde das Konnossement von dem vertraglichen Verfrachter ausgestellt, tritt eine Mithaftung des ausführenden Verfrachters gem. Abs. 1 ein. Wurde das Konnossement, aus dem der endgültige Empfänger berechtigt ist, von dem „ausführenden Verfrachter" selbst ausgestellt, hat er dem Empfänger gegenüber die Rechtsstellung eines vertraglichen Verfrachters und ist dann eben nicht „ausführender Verfrachter"; Ansprüche des Empfängers aus § 509 kommen in diesem Fall nicht in Betracht.[8] 9

IV. Haftungsvoraussetzungen

Die Haftung gem. § 509 kommt nur dann in Betracht, wenn der Verfrachter eine Beförderungsleistung erbringt, die Gegenstand eines wirksamen Hauptfrachtvertrages ist. Dabei muss es sich um einen Stückgut- oder Reisefrachtvertrag (vgl. den Verweis auf § 509 in § 527 Abs. 2) handeln.[9] 10

---

[3] Vgl. Paschke/Ramming RdTW 2013, 1 (8); Ramming RdTW 2013, 81 (83); Ramming RdTW 2013, 333 (346); MüKoHGB/Herber/Harm Rn. 12; krit., **aA,** aber den Geltungsbereich der Aussagen missdeutend für die Fälle der Zeitcharter, Rabe TranspR 2014, 309; zuvor bereits Rabe TranspR 2013, 278 (280).

[4] Begr. RegE, BT-Drs. 17/10309, 86.

[5] Vgl. Paschke/Ramming RdTW 2013, 1 (8); Ramming RdTW 2013, 81 (83 f.).

[6] LG Lübeck 5.3.2024, RdTW 2024, 391 Rn. 39.

[7] Herber TranspR 2011, 359 (361 f.); Hesse Hansa 2012 Nr. 6, 89.

[8] Ramming RdTW 2013, 81 (88); MüKoHGB/Herber/Sager § 522 Rn. 31.

[9] MüKoHGB/Herber/Harm Rn. 18.

11 Der Frachtvertrag muss den Bestimmungen der §§ 481 ff., §§ 498 ff. unterliegen.[10] Im Hinblick auf § 437 aF war anerkannt, dass in die Vorschrift ein nicht ausdrücklich genanntes weiteres Tatbestandsmerkmal hineinzulesen ist, nämlich dass auch der zwischen dem ursprünglichen Absender und dem vertraglichen Frachtführer geschlossene Hauptfrachtvertrag dem deutschen Sachrecht unterliegen muss.[11] Für § 509 gilt nichts anderes.[12]

V. Haftungsfolgen

12 Der ausführende Verfrachter haftet „so, als wäre er der Verfrachter." Er haftet deshalb für Verlust oder Beschädigung des Gutes nach Maßgabe der §§ 498 ff. Ferner haftet er gemäß eventueller weiterer Vereinbarungen im Hauptfrachtvertrag zugunsten des vertraglichen Verfrachters, Abs. 2. Der ausführende Verfrachter haftet für die Schäden, die während seiner Obhutszeit eingetreten sind. Er kann sich nach §§ 499, 498 Abs. 2 S. 1 und Abs. 3 sowie über § 498 Abs. 2 S. 2 in Seeuntüchtigkeitsfällen entlasten. Hilfspersonen des ausführenden Verfrachters beziehen (§ 501). Dabei muss er sich das Verhalten seiner eigenen Hilfspersonen zurechnen lassen; das Verhalten des vertraglichen Verfrachters selbst und das seiner eigenen Hilfspersonen werden nicht zugerechnet.[13] Nach Abs. 3 kommt dem ausführenden Verfrachter zugute, wenn der vertragliche Verfrachter eine Haftungsbeschränkung für nautisches Verschulden und Feuer wirksam vereinbart hat (§ 512 Abs. 1 Nr. 1).

13 Der ausführende Verfrachter haftet auf Wertersatz (§ 501) sowie für die Kosten der Schadensfeststellung (§ 502); die Haftungshöchstsummen des § 504 gelten auch für ihn. Er muss sich die Verlustvermutung des § 511 entgegenhalten lassen. Die Haftungsbefreiungen und Haftungsbegrenzungen entfallen, wenn dem ausführenden Verfrachter ein persönliches qualifiziertes Verschulden angelastet werden kann (§ 507 Nr. 1). Für die Anwendung des § 507 Nr. 2 kommt es darauf an, ob (auch) mit dem ausführenden Verfrachter die Ladung unter Deck vereinbart war. Der Anspruch aus § 509 Abs. 1 unterliegt der Verjährung gem. § 605 Nr. 1. Für den Verjährungsbeginn ist die Ablieferung an den endgültigen Empfänger maßgeblich, nicht die Ablieferung an den ausführenden Verfrachter selbst.

14 Vereinbarungen zwischen dem vertraglichen und dem ausführenden Verfrachter haben auf die (gesetzliche) Haftung des ausführenden Verfrachters gegenüber dem Empfänger keinen Einfluss; Entsprechendes gilt für die Haftung gegenüber dem Befrachter/Ablader des Hauptvertrages. Geht die Haftungsverantwortung des (ausführenden) Unterverfrachters gegenüber dem vertraglichen Verfrachter über dessen nach dem Hauptfrachtvertrag bestehende Haftung hinaus (zB wegen einer haftungsbegrenzenden Individualabrede), kommt dies dem Empfänger (oder Befrachter) nicht zugute; in Betracht zu ziehen ist in diesem Fall eine Drittschadensliquidation durch den vertraglichen Hauptverfrachter für den Empfänger oder Befrachter.[14] Haftet der ausführende Verfrachter geringer als der vertragliche Verfrachter, besteht nach § 509 eine Haftungsverantwortung des ausführenden Verfrachters nach Maßgabe des Hauptfrachtvertrages; der Hauptverfrachter ist nicht in der Lage, den ausführenden Verfrachter von seiner (gesetzlichen) Haftung gegenüber Dritten zu entlasten.[15]

§ 510 Schadensanzeige

(1) [1]Ist ein Verlust oder eine Beschädigung des Gutes äußerlich erkennbar und zeigt der Empfänger oder der Befrachter dem Verfrachter Verlust oder Beschädigung nicht spätestens bei Ablieferung des Gutes an, so wird vermutet, dass das Gut vollständig und unbeschädigt abgeliefert worden ist. [2]Die Anzeige muss den Verlust oder die Beschädigung hinreichend deutlich kennzeichnen.

(2) Die Vermutung nach Absatz 1 gilt auch, wenn der Verlust oder die Beschädigung äußerlich nicht erkennbar war und nicht innerhalb von drei Tagen nach Ablieferung angezeigt worden ist.

(3) [1]Die Schadensanzeige ist in Textform zu erstatten. [2]Zur Wahrung der Frist genügt die rechtzeitige Absendung.

[10] BGH 30.10.2008, TranspR 2009, 130.

[11] BGH 30.10.2008, NJW 2009, 1205 Rn. 24 f. mAnm Brill GWR 2009, 8; 28.5.2009, HambSchRZ 2010, 25 Nr. 12 Rn. 12 f.; 13.6.2012, BeckRS 2012, 20447; Koller Rn. 11, 15, 16 zu § 437; MüKoHGB/Herber/Harm § 437 Rn. 12; Ebenroth/Boujong/Schaffert § 437 Rn. 6; Ramming TranspR 2000, 277 (279 f.) unter 7.; Ramming VersR 2007, 1190 (1194) unter 3.; abl. Czerwenka TranspR 2012, 408 (411 f.) unter III.

[12] Ramming RdTW 2018, 321 (325 f.); Paschke/Ramming RdTW 2013, 1 (8); MüKoHGB/Herber/Harm Rn. 1; Rabe/Bahnsen/Rabe Rn. 33 f.; **aA** Czerwenka TranspR 2012, 408; Mankowski TranspR 2016, 131 (136 f.).

[13] Ramming RdTW 2018, 321 (327).

[14] BGH 18.3.2010, TranspR 2010, 376; MüKoHGB/Herber/Harm Rn. 44.

[15] BGH 21.12.2011, TranspR 2012, 110.

(4) Wird Verlust oder Beschädigung bei Ablieferung angezeigt, so genügt die Anzeige gegenüber demjenigen, der das Gut abliefert.

Die Vorschrift bezweckt, die zügige Abwicklung von Schadensfällen zu gewährleisten und den Verfrachter vor einem Beweisverlust durch Zeitablauf zu schützen. Erfolgt die gebotene Anzeige eines Verlusts oder einer Beschädigung des Gutes nicht in der vorgeschriebenen Zeit begründet dies die Vermutung, dass der Verfrachter das Gut vollständig und unbeschädigt abgeliefert hat.[1] 1

Abs. 1 betrifft die Fälle äußerlich erkennbarer Schäden. Insofern begründet Abs. 1 S. 1 die widerlegliche Vermutung, dass das Gut vollständig und unbeschädigt abgeliefert wurde, wenn nicht dem Verfrachter vom Empfänger oder Befrachter spätestens bei Ablieferung des Gutes der Verlust oder die Beschädigung angezeigt wurde. Bei Containertransporten kommt es auf die Erkennbarkeit der Beschädigung (oder des Verlustes) des im Container transportierten Gutes an; auf die Erkennbarkeit der Beschädigung des Containers wird allerdings abzustellen sein, wenn der Container nach der Ablieferung umgehend an den Verfrachter zurückzugeben ist und nur die im Container gestaute Ladung beim Empfänger verbleibt.[2] Die Vermutung ist – insofern abweichend von § 611 Abs. 3 aF – nicht in der Weise geregelt, dass die nicht ordnungsgemäße Anzeige zugleich die Vermutung nach sich zieht, dass der Umstand auf dem der Verlust oder die Beschädigung beruht, durch die Sorgfalt eines ordentlichen Verfrachters nicht hätte abgewendet werden können. 2

Die Anzeige muss den Verlust oder die Beschädigung „hinreichend deutlich" kennzeichnen. Diese Anforderungen entsprechen denen des § 438. 3

Abs. 2 betrifft die Fälle, in denen der Verlust oder die Beschädigung nicht äußerlich erkennbar war. Für diese Fälle setzt Abs. 2 eine – von § 438 Abs. 2 abweichende – Frist von drei Tagen für die Anzeige. Die Frist ist mit Rücksicht auf Art. 3 § 6 S. 2 Haager Regeln kurz gesetzt worden, obwohl dies in der Praxis dazu führen kann, dass die Frist bereits abgelaufen ist, wenn der Endempfänger den Verlust oder die Beschädigung entdeckt.[3] 4

Abs. 3 entspricht § 438 Abs. 4 mit der Besonderheit, dass jede Schadensanzeige in der Textform des § 126b BGB zu erstatten ist. Für die Fristwahrung genügt die rechtzeitige Absendung der Anzeige. 5

Adressat der Anzeige ist der Verfrachter. Sind mehrere Verfrachter am Transportgeschehen beteiligt, genügt nach Abs. 4 die Schadensanzeige gegenüber demjenigen, der das Gut abliefert. 6

§ 511 Verlustvermutung

(1) [1]Der Anspruchsberechtigte kann das Gut als verloren betrachten, wenn es nicht innerhalb eines Zeitraums abgeliefert wird, der dem Zweifachen der vereinbarten Lieferfrist entspricht, mindestens aber 30 Tage, bei einer grenzüberschreitenden Beförderung 60 Tage beträgt. [2]Satz 1 gilt nicht, wenn der Verfrachter das Gut wegen eines Zurückbehaltungsrechts oder eines Pfandrechts nicht abzuliefern braucht oder wenn an dem Gut ein Pfandrecht für eine Forderung auf einen Beitrag zur Großen Haverei besteht und das Gut daher nicht ausgeliefert werden darf.

(2) Erhält der Anspruchsberechtigte eine Entschädigung für den Verlust des Gutes, so kann er bei deren Empfang verlangen, dass er unverzüglich benachrichtigt wird, wenn das Gut wieder aufgefunden wird.

(3) [1]Der Anspruchsberechtigte kann innerhalb eines Monats nach Empfang der Benachrichtigung von dem Wiederauffinden des Gutes verlangen, dass ihm das Gut Zug um Zug gegen Erstattung der Entschädigung, gegebenenfalls abzüglich der in der Entschädigung enthaltenen Kosten, abgeliefert wird. [2]Eine etwaige Pflicht zur Zahlung der Fracht sowie Ansprüche auf Schadensersatz bleiben unberührt.

(4) Wird das Gut nach Zahlung einer Entschädigung wieder aufgefunden und hat der Anspruchsberechtigte eine Benachrichtigung nicht verlangt oder macht er nach Benachrichtigung seinen Anspruch auf Ablieferung nicht geltend, so kann der Verfrachter über das Gut frei verfügen.

Das Seehandelsrecht des HGB sieht zwar keine Regelung zur Einhaltung bestimmter Lieferfristen vor, es sieht aber in Anlehnung an § 424 eine Verlustvermutung vor, die an eine Lieferfristvereinba- 1

[1] Vgl. Begr. RegE, BT-Drs. 17/10309, 87.
[2] MüKoHGB/Herber/Harm Rn. 7.
[3] So Begr. RegE, BT-Drs. 17/10309, 88 unter Hinweis auf die Fälle, in denen ein Spediteur-Verfrachter als Multimodalbeförderer im nachlaufenden Verkehr eingesetzt wird.

rung anknüpft. Diese Regelung bezweckt zu vermeiden, dass der Anspruchsteller von Ersatzansprüchen wegen verzögerter Beförderung für unbestimmte Zeit auf die Ablieferung des Gutes zu warten hätte.[1]

2 Nach Abs. 1 S. 1 kann der Anspruchsberechtigte das Gut als verloren betrachten, wenn es innerhalb einer bestimmten Frist nicht abgeliefert worden ist. Da die dafür maßgebliche Lieferfrist ausschließlich nach der „vereinbarten Lieferfrist" berechnet wird, kommt die Verlustvermutung auch nur in solchen Fällen zur Anwendung. Die Vermutung hängt somit davon ab, dass zwei Fristen abgelaufen sind, zunächst die vertraglich vereinbarte Frist und sodann die gesetzliche Verschollenheitsfrist des Abs. 1 S. 1.

3 Die Verlustvermutung gilt ausweislich der Formulierung in Abs. 1 S. 1 ausschließlich zugunsten des Anspruchsberechtigten. Die Formulierung soll zum Ausdruck bringen, dass das Eintreten der Vermutung davon abhängt, dass sich der Anspruchsberechtigte darauf beruft, dass die Frist abgelaufen ist; er ist somit nicht daran gehindert, einen längeren Zeitraum zu warten, bevor er einen Anspruch wegen Güterverlust geltend macht.[2]

4 Abs. 1 S. 2 will dem Grundsatz Rechnung tragen, dass der Anspruchsberechtigte keine Ansprüche in den Fällen herleiten kann, in denen er selbst seinen Verpflichtungen nicht nachkommt. In den Fällen der Großen Haverei wird berücksichtigt, dass die Vergütungsberechtigten wegen ihrer Beitragsforderungen ein Pfandrecht an der Ladung haben und der Kapitän des Schiffes deswegen die Ladung nicht auszuliefern berechtigt ist (§ 594 Abs. 5).

5 Die Abs. 2, 3 und 4 entsprechen der landfrachtrechtlichen Regelung in § 424 Abs. 2, 3 und 4; auf sie wird verwiesen.

§ 512 Abweichende Vereinbarungen

(1) Von den Vorschriften dieses Untertitels kann nur durch Vereinbarung abgewichen werden, die im Einzelnen ausgehandelt wird, auch wenn sie für eine Mehrzahl von gleichartigen Verträgen zwischen denselben Vertragsparteien getroffen wird.

(2) Abweichend von Absatz 1 kann jedoch auch durch vorformulierte Vertragsbedingungen bestimmt werden, dass

1. **der Verfrachter ein Verschulden seiner Leute und der Schiffsbesatzung nicht zu vertreten hat, wenn der Schaden durch ein Verhalten bei der Führung oder der sonstigen Bedienung des Schiffes, jedoch nicht bei der Durchführung von Maßnahmen, die überwiegend im Interesse der Ladung getroffen wurden, oder durch Feuer oder Explosion an Bord des Schiffes entstanden ist,**
2. **die Haftung des Verfrachters wegen Verlust oder Beschädigung auf höhere als die in § 504 vorgesehenen Beträge begrenzt ist.**

Schrifttum: Lorenzen, Die Haftung der Verfrachters auf Wertersatz, TranspR 2022, 151; Ramming, Cargo Value Serenity, Value Protect und ähnliche Produkte – Übernahme einer erweiterten Haftung für Ladungsschäden durch Verfrachter, RdTW 2019, 321; Ramming, Die zwingende Geltung der Vorschriften des Seefrachtrechts, RdTW 2016, 361; Sager, Die Verwendung von AGB im Seehandelsrecht, TranspR 2018, 283.

1 Die Vorschrift regelt die Reichweite der Privatautonomie im Bereich des Haftungsrechts des Stückgutfrachtvertrages. In Anlehnung an das Modell des § 449 und in Abweichung von dem bisher geltenden Konzept des § 662 aF beruht § 512 auf dem Konzept der AGB-Festigkeit ohne Rücksicht darauf, ob ein Konnossement ausgestellt ist. Eine Abweichung von den gesetzlichen Vorschriften der Obhutshaftung für Güterschäden im Stückgutfrachtvertragsrecht ist nur noch möglich, wenn diese in einer Individualvereinbarung bzw. Rahmenvereinbarung[1] zwischen den Vertragsparteien vorgesehen ist. Der Gesetzgeber hat diese Konzeption nicht damit begründet, dass ein Missbrauch von Marktmacht im Verhältnis der Parteien des Stückgutfrachtvertrages untereinander verhindert werden soll.[2] Im Gesetzeswortlaut hat dieses Marktmachtelement, das seinen Platz im Wirtschaftsrecht hat, zu Recht keinen Niederschlag gefunden. Dem Gesetzgeber ging es vor allem auch darum, einen Kernbestand seefrachtrechtlicher Haftungsvorschriften gegenüber Abweichungen durch AGB zu gewährleisten.[3] Die damit gegenüber dem Modell der Art. 23 Hamburg Regeln bzw. Art. 79

[1] Vgl. Begr. RegE, BT-Drs. 17/10309, 88.
[2] Vgl. Begr. RegE, BT-Drs. 17/10309, 88.
[1] Sager TranspR 2018, 283.
[2] Begr. RegE, BT-Drs. 17/10309, 89.
[3] Begr. RegE, BT-Drs. 17/10309, 89; näher Ramming RdTW 2016, 361 ff.

Rotterdam Regeln auftretenden Unterschiede wurden bewusst in Kauf genommen[4] und sind vom Rechtsanwender des deutschen Rechts zu beachten.

Die Formulierung „im Einzelnen ausgehandelt“ ist wie in § 449 Abs. 2 S. 1 gefasst und verlangt deshalb, dass jede Partei die Möglichkeit haben muss, auf den konkreten Regelungsinhalt Einfluss zu nehmen (→ § 449 Rn. 5). Eine Individualvereinbarung in diesem Sinn kann nach Abs. 1 auch vorliegen, wenn sie für eine Mehrzahl gleichartiger Verträge zwischen denselben Vertragsparteien getroffen wird. Die Abweichung von § 305 Abs. 1 S. 1 BGB wird dabei in den Gesetzesmaterialien explizit hingenommen.[5] Sie ermöglicht es, insbesondere in Rahmenverträgen haftungsrechtliche Sonderregeln zu treffen. 2

Das Haftungskonzept des § 512 hat insbesondere zur Folge, dass die Obhutshaftung für sog. Landschäden, als solche Schäden, die vor dem Einladen der Güter in das Schiff und deren Ausladen aus dem Schiff entstehen, abweichend von der bisher gem. § 663 Abs. 2 Nr. 3 aF zugelassenen Gestaltungspraxis nur durch Individualvereinbarung abbedungen werden kann. Damit ist die gesamte Obhutshaftungsphase AGB-fest ausgestaltet. Hat der Verfrachter Beförderungsgut in seine Obhut genommen, kann er sich nur noch durch Individualvereinbarung für Güterschäden freizeichnen. 3

Abs. 2 regelt, unter welchen Voraussetzungen ausnahmsweise durch vorformulierte Vertragsbedingungen, insbesondere durch AGB von dem gesetzlichen Haftungskonzept des Stückgutfrachtvertragsrechts abgewichen werden kann. Die geregelten Sonderfälle bringen zum Ausdruck, dass ein vollständiger Haftungsausschluss ohne weiteres unwirksam ist. 4

Nach der Regelung in Abs. 2 Nr. 1 ist es erlaubt, durch vorformulierte Vertragsbedingungen von der Regelung in § 501 abzuweichen und die Haftung des Verfrachters für ein Verschulden seiner Leute und der Schiffsbesatzung auszuschließen, durch das ein Schaden entstanden ist, der durch sog. nautisches Verschulden oder durch Feuer verursacht wurde. Ziff. 25.1 ADSp 2016 und 2017 machen von dieser Möglichkeit Gebrauch.[6] 5

Abs. 2 Nr. 2 eröffnet die Möglichkeit, in vorformulierten Vertragsbedingungen einen höheren als den gesetzlich vorgesehenen Höchstbetrag der Haftung des Verfrachters gem. § 504 für Verlust oder Beschädigung festzusetzen. Schranken für die Wirksamkeit einer solchen Vertragsbedingung sieht das Seehandelsrecht nicht vor; insbesondere kennt § 512 nicht die Korridorlösung des § 449 Abs. 2 Nr. 1. 6

Die Schranken der Inhaltkontrolle von AGB und die des allgemeinen Rechts in den Regelungen der §§ 138, 242 BGB bleiben aber anwendbar; sie setzen der Regelungsbefugnis nicht nur für vorformulierte Vertragsbedingungen Grenzen.[7] Die Vereinbarung des deutschen Rechts unter Ausschluss der §§ 305–310 BGB in internationalen Sachverhalten dürfte im kaufmännischen Verkehr[8] zulässig sein, da diese Vorschriften nicht als zwingendes Recht iSv Art. 9 Abs. 1 Rom I-VO angesehen werden, und wird insbesondere in Kombination mit einer Schiedsvereinbarung empfohlen.[9] 7

Dritter Untertitel. Beförderungsdokumente

§ 513 Anspruch auf Ausstellung eines Konnossements

(1) [1]Der Verfrachter hat, sofern im Stückgutfrachtvertrag nicht etwas Abweichendes vereinbart ist, dem Ablader auf dessen Verlangen ein Orderkonnossement auszustellen, das nach Wahl des Abladers an dessen Order, an die Order des Empfängers oder lediglich an Order zu stellen ist; im letzteren Fall ist unter der Order die Order des Abladers zu verstehen. [2]Der Kapitän und jeder andere zur Zeichnung von Konnossementen für den Reeder Befugte sind berechtigt, das Konnossement für den Verfrachter auszustellen.

(2) [1]Ablader ist, wer das Gut dem Verfrachter zur Beförderung übergibt und vom Befrachter als Ablader zur Eintragung in das Konnossement benannt ist. [2]Übergibt ein anderer als der Ablader das Gut oder ist ein Ablader nicht benannt, gilt der Befrachter als Ablader.

Schrifttum (zu §§ 513 ff.): Bästlein, Skripturhaftung – ein in die Irre führendes Schlagwort, TranspR 1997, 404; Jessen, Die Auslieferung von Gütern ohne Vorlage des Konnossements, TranspR 2011, 405; Mankowski,

[4] Begr. RegE, BT-Drs. 17/10309, 89.

[5] Begr. RegE, BT-Drs. 17/10309, 89.

[6] Zu deren im Hinblick auf Ziff. 22.4 ADSp 2016 begrenzten Reichweite vgl. Zarth/Fischer TranspR 2016, 45 (47).

[7] Vgl. Sager TranspR 2018, 283 (286).

[8] Anders für den nicht-kaufmännischen Verkehr BGH 20.3.2014, BGHZ 200, 326 Rn. 32 ff. = NJW 2014, 1725.

[9] MAH IntWirtschaftsR/Brödermann § 6 Rn. 394 f.

Konnossemente und die Rom I-VO, TranspR 2008, 417; Markus/Arnet, Gerichtsstandsvereinbarungen in einem Konnossement, IPRax 2011, 283; Nielsen, Schadenersatzpflicht von Seefrachtführern bei Falschausstellung von An-Bord-Konnossementen zwecks missbräuchlicher Inanspruchnahme von Bankakkreditiven, TranspR 2005, 145; Ramming: Die Ausstellung des Konnossements durch einen Unterverfrachter, RdTW 2023, 281; Ramming, Die Ausstellung von Konnossementen bzw. Ladescheinen durch den Unter-Beförderer, RdTW 2014, 1; Ramming, Ablader & Co., RdTW 2013, 464; Ramming, Die Haftung des Beförderers für die Ausstellung unrichtiger Konnossemente bzw. Ladescheine, RdTW 2013, 423; Paschke, Das internationale Konnossementsrecht, TranspR 2010, 268; Rugullis, Die objektive Anknüpfung von Konnossementen, TranspR 2008, 102; Stumm, Der Ablader im Seehandelsrecht, Diss. Hamburg 2010.

1 Die Vorschrift regelt den Anspruch auf Ausstellung eines Konnossements. Der Anspruch steht in personaler Hinsicht allein dem Ablader gegenüber dem Verfrachter – und nicht dem Befrachter – zu[1] und bezieht sich inhaltlich grundsätzlich auf die Ausstellung eines Orderkonnossements (Abs. 1 S. 1).[2] Die Ausstellung eines Rektakonnossements und auch eines Inhaberkonnossements (vgl. § 519 S. 3) ist durch die Vorschrift nicht ausgeschlossen, ein Anspruch darauf besteht aber nur, sofern dies als vom Gesetz „Abweichendes vereinbart" ist. Die Regelung unterscheidet nicht danach, ob die Ausstellung des Konnossements durch den Hauptbeförderer oder (wie häufig bei FOB-Käufen) durch einen Unter-Beförderer erfolgt, und ist auf beide Konstellationen anwendbar.[3]

2 Die in Abs. 1 S. 1 geregelte **Ausstellung** des Konnossements beginnt mit der Ausstellung des Papiers, regelmäßig als Standardformular des Verfrachters unter Eintragung der Daten (vgl. insbesondere § 515 Abs. 1 Nr. 7 und 8), die vom Befrachter/Ablader übermittelt werden. Mit der Unterschrift des Verfrachters gelangt das Papier in den Besitz des Abladers; damit ist das Konnossement zunächst wirksam erteilt, wenn dies mit dem Willen des Verfrachters bzw. des für ihn handelnden Ausstellers geschehen ist. Ausgestellt ist das Konnossement in dem Moment, in dem es kraft des wertpapierrechtlichen Begebungsvertrages in den Besitz des ersten aus dem Papier Berechtigten gelangt ist (→ § 363 Rn. 8, → § 363 Rn. 12). Das Orderkonnossement kann nach Abs. 1 S. 1 auf Verlangen des Abladers an die Order des Empfängers oder lediglich an Order ausgestellt werden. Im letztgenannten Fall regelt Abs. 1 S. 1 Hs. 2, dass unter „Order" die Order des Abladers gemeint ist. Überdies kann der Ablader verlangen, dass das Konnossement an seine Order ausgestellt wird. Beim Rektakonnossement wird stets der Empfänger in das Konnossement eingetragen.

3 Für die Ausstellung des Konnossements steht dem Kapitän und jedem anderen vom Reeder zur Ausstellung von Konnossementen Befugten gem. Abs. 1 S. 2 eine **gesetzliche Vertretungsbefugnis** zu. Die gesetzliche Zeichnungsbefugnis für Konnossemente erstreckt sich somit kraft Gesetzes auf die vom Reeder bevollmächtigten Personen, insbesondere Schiffsmakler oder im Reederbüro beschäftigte Mitarbeiter. Der Kapitän ist berechtigt seinerseits eine rechtsgeschäftliche (Unter-)Vollmacht zu erteilen; in diesem Sinne bevollmächtigte Dritte (Ladungsoffiziere) haben keine gesetzliche Vertretungsbefugnis, sondern handeln im Rahmen ihrer Vollmacht „for the master". Die gesetzliche Vertretungsmacht des Abs. 1 S. 2 deckt die Befugnis, das Konnossement „für den Verfrachter" und damit denjenigen Verfrachter, der den Stückgutfrachtvertrag abgeschlossen hat, nicht hingegen eine im Konnossement zu Unrecht als Verfrachter bezeichnete Person auszustellen.

4 Der **Anspruch auf Ausstellung** des Konnossements steht dem **Ablader** zu. Der Rechtsbegriff des Abladers wird in Abs. 2 S. 1 legal definiert. Die Vorschrift ist in dem Zusammenhang zu lesen, dass das Seehandelsrecht in der Fassung des SHR-ReformG neben dem Verfrachter, dem Befrachter und dem Empfänger eine weitere Rechtsfigur vorsieht, die an der Durchführung des Frachtvertrages beteiligt ist, ohne als Erfüllungsgehilfe des Befrachters selbst Partei des Frachtvertrages zu sein. Sie wird dreifach umschrieben, nämlich in § 513 Abs. 2, in § 482 Abs. 2 sowie in § 486 Abs. 1 S. 2. Die Vorschrift des § 513 Abs. 2 betrifft den „Ablader", § 482 Abs. 2 einen weiteren Dritten (den „benannten Dritten") und § 486 Abs. 1 S. 2 denjenigen, der das Gut ablädt (den „abladenden Dritten"). Ablader ist nach § 513 Abs. 2 S. 1, wer das Gut dem Verfrachter zur Beförderung übergibt (ablädt) und vom Befrachter als Ablader zur Eintragung in das Konnossement benannt ist (§ 515 Abs. 1 Nr. 2).[4] Ein Ablader kommt daher dem Begriffe nach nur vor, wenn auch die Ausstellung eines Konnossements durch den Verfrachter vorgesehen ist.[5] Wer Ablader ist, wird allein nach den tatsächlichen Umständen und nicht nach den Angaben im Konnossement bestimmt;[6] dabei ist auf

[1] OLG Hamburg 16.8.2013, RdTW 2014, 281 (283).
[2] Ramming RdTW 2013, 464 (469 f.).
[3] Zu den Besonderheiten bei der Ausstellung von Konnossementen durch den Unter-Beförderer vgl. Ramming RdTW 2014, 1 ff.
[4] Paschke/Ramming RdTW 2013, 1 (6 f.).
[5] Ramming RdTW 2013, 464 (465 f.).
[6] OLG Hamburg 16.8.2013, RdTW 2014, 281 (283).

die Sichtweise des Verfrachters abzustellen.[7] Der Anspruch auf Ausstellung geht nicht durch den Verlust des Gutes unter; allerdings braucht der Aussteller in ein solches Konnossement keine Angabe iSd § 504 Abs., 1 S. 2 aufzunehmen, sodass auf ein solches Konnossement auch keine erhöhte Haftung für die im Container geladenen Stücke/Einheiten gestützt werden kann.[8]

Verbreitet ist die Praxis, dass nicht der Hauptverfrachter, sondern ein von diesem beauftragter **Unterverfrachter** das Konnossement ausstellt. So beauftragt bei FOB-Verkäufen der Importeur/FOB-Käufer den Hauptverfrachter mit der Abholung der Ware aus dem Bestimmungshafen; dieser schaltet seinerseits einen Unterverfrachter ein, der dann seinerseits das Konnossement ausstellt, unter dem der endgültige Empfänger berechtigt ist. Für die Haftungsverantwortung des Hauptverfrachters gegenüber dem endgültigen Empfänger sowie für den Rückgriff beim Unterverfrachter gelten nicht in allen Einzelheiten geklärte Besonderheiten.[9] Grundsätzlich gilt, dass der Berechtigte aus dem Konnossement auch der Empfänger unter dem Seefrachtvertrag ist; das Konnossementsrechtsverhältnis steht dabei selbstständig neben dem Frachtvertrag. Der endgültige Empfänger hat aus eigenem Recht auch gegen den Unterverfrachter Ansprüche wegen Verlust oder Beschädigung.[10] Der endgültige Empfänger hat deshalb die Wahl, ob er den Hauptverfrachter aus dem Hauptfrachtvertrag oder den Unterverfrachter aus dem Konnossement in Anspruch nimmt.[11] Das Konnossement beansprucht gem. § 519 Abs. 1 S. 1 Vorrang, sodass im Rahmen des Unterfrachtvertrages lediglich der endgültige Empfänger Ansprüche wegen Ladungsschäden gegen den Unterverfrachter geltend machen kann; Ansprüche des Hauptverfrachters als Befrachter sind demgemäß gesperrt.[12] 5

Die Benennung als Ablader stellt eine geschäftsähnliche Handlung iSd §§ 164 ff. BGB dar; sie muss durch oder für den Befrachter gegenüber dem Verfrachter erfolgen. Eine besondere Form ist nicht vorgesehen, der Betreffende kann daher auch mündlich oder durch schlüssiges Verhalten benannt werden. Es genügt, dass der Befrachter dem Verfrachter ein ausgefülltes Konnossementsformular vorlegt, in dem der betreffende Dritte als Ablader (bzw. „Shipper") aufgeführt ist. Ist der Betreffende als Ablader benannt, hat er diese Position auch, wenn es im weiteren Verlauf tatsächlich nicht zur Ausstellung eines Konnossements kommt. Fehlt es an einer wirksamen Benennung, wird der betreffende Dritte nicht Ablader, auch wenn der Verfrachter dann ein Konnossement ausstellt. 6

Die Rechtstellung als Ablader iSd § 513 Abs. 2 S. 1 erlangt nur derjenige, der beide Voraussetzungen erfüllt, also vom Befrachter entsprechend benannt wird und das Gut ablädt. Erfolgt die Benennung durch den Befrachter vor der Abladung, wird der Dritte erst mit der Abladung auch Ablader. Umgekehrt erlangt er diese Rechtsstellung, wenn zuerst abgeladen und dann benannt wird, erst mit der Benennung durch den Befrachter. 7

§ 513 Abs. 2 S. 2 enthält eine ergänzende Regelung: Übergibt ein anderer als der Benannte dem Verfrachter das Gut oder fehlt es gänzlich an einer Benennung, ist der Befrachter der Ablader. Hierbei bleibt es auch, wenn er das Gut tatsächlich nicht abgeladen hat. Die Vorschrift kann insbesondere in Fällen der Beauftragung eines Unterverfrachters dadurch Bedeutung erlangen, dass der Hauptverfrachter keinen Ablader benennt und deshalb vom Unterverfrachter die Ausstellung eines Konnossements fordern kann, in dem er selbst als erster Nehmer benannt ist;[13] damit wird vermieden, dass der Ablader sowohl den Hauptverfrachter als auch den Unterverfrachter auf Ausstellung eines Konnossements in Anspruch nehmen kann. 8

Eine Reihe von Vorschriften knüpfen an die Person des Abladers an. So muss er nach § 486 Abs. 4 S. 1 und 2 in entsprechenden Fällen der Verladung des Gutes an Deck zustimmen. Er haftet nach Maßgabe des § 488 Abs. 3 S. 5 auf Ersatz von Schäden und Aufwendungen des Verfrachters, die durch die Unrichtigkeit oder Unvollständigkeit bestimmter in das Konnossement aufgenommener Angaben sowie durch unterlassene Mitteilung über die Gefährlichkeit des Gutes entstehen (§ 488 Abs. 3 S. 1). Ebenso hat der Ablader bestimmte Befugnisse im Hinblick auf Ausstellung und Inhalt des Konnossements (§ 513 Abs. 1 S. 1, § 514 Abs. 2 S. 2 und Abs. 3, § 515 Abs. 2). Schließlich wird der Ablader durch § 525 S. 2 und 3 geschützt. 9

Der **Zeitpunkt der Ausstellung** des Konnossements wird vom Gesetzgeber nicht geregelt. Nach umstrittener Rechtsauffassung ist der Verfrachter auch nach Übergabe des Gutes an ihn zur (nachträglichen) Ausstellung des Konnossements verpflichtet.[14] § 524 verlangt nur „für den Erwerb 10

---

[7] OLG Hamburg 16.8.2013, RdTW 2014, 281 (283).
[8] Koller TranspR 2016, 290 (294).
[9] Zusammenfassend Ramming RdTW 2014, 1 ff.
[10] BGH 13.6.2012, RdTW 2013, 66 Rn. 27 zum allg. Frachtrecht.
[11] Ebenso Ramming RdTW 2014, 1 (4) mN zur abw. Lit.
[12] Ramming RdTW 2014, 1 (6 f.).
[13] Näher Koller TranspR 2016, 290 (294).
[14] Eingehend Ramming RdTW 2017, 367 (378 f.); vgl. auch Koller TranspR 2016, 290; **aA** OLG Hamburg 2.3.2017, RdTW 2017, 387 Rn. 46 ff.; Rabe TranspR 2018, 110; Bahnsen TranspR 2017, 283 (284).

von Rechten an dem Gut", dass der Verfrachter bei der Begebung des Konnossements an den benannten Empfänger das „Gut im Besitz hält". Die Repräsentationsfunktion des Wertpapiers hängt von dieser Voraussetzung ab, weil nur so vorstellbar ist, dass das Wertpapier das Gut „repräsentiert". Der Besitz am Gut im Zeitpunkt der Ausstellung des Konnossements ist deshalb für die Verbriefung des Rechts an dem Gut, den Anspruch auf Ablieferung des Gutes konstitutiv.[15] Dagegen ist die Traditionswirkung des Konnossements (→ § 363 Rn. 17) vom Besitz an dem Gut notwendig gelöst. Dasselbe gilt bei der Geltendmachung von Schadensersatzansprüchen etwa wegen Nichtübernahme des Gutes oder wegen Verlust des Gutes, da damit gerade nicht das Recht am Gut, sondern ein Ersatzanspruch geltend gemacht wird.[16] Erfolgt die Ausstellung des Konnossements nach Verlust des Guts, verbrieft es von vornherein allein die nach den Vorschriften der §§ 498 ff. in Betracht kommenden Ersatzansprüche, die nicht von dem vormaligen Bestehen eines Herausgabeanspruchs in Bezug auf das Gut abhängen.[17]

11 Zu den **kollisionsrechtlichen Rechtsfragen** der Anknüpfung von Ansprüchen aus dem Konnossement, die – sofern sie aus der Handelbarkeit von Konnossementen entstehen – nicht der Rom I-VO unterfallen, → Vor § 476 Rn. 47 ff.

§ 514 Bord- und Übernahmekonnossement

(1) [1]Das Konnossement ist auszustellen, sobald der Verfrachter das Gut übernommen hat. [2]Durch das Konnossement bestätigt der Verfrachter den Empfang des Gutes und verpflichtet sich, es zum Bestimmungsort zu befördern und dem aus dem Konnossement Berechtigten gegen Rückgabe des Konnossements abzuliefern.

(2) [1]Ist das Gut an Bord genommen worden, so hat der Verfrachter das Konnossement mit der Angabe auszustellen, wann und in welches Schiff das Gut an Bord genommen wurde (Bordkonnossement). [2]Ist bereits vor dem Zeitpunkt, in dem das Gut an Bord genommen wurde, ein Konnossement ausgestellt worden (Übernahmekonnossement), so hat der Verfrachter auf Verlangen des Abladers im Konnossement zu vermerken, wann und in welches Schiff das Gut an Bord genommen wurde, sobald dies geschehen ist (Bordvermerk).

(3) Das Konnossement ist in der vom Ablader geforderten Anzahl von Originalausfertigungen auszustellen.

1 Die Vorschrift regelt, zu welchem Zeitpunkt der Verfrachter bei einem entsprechenden Verlangen des Abladers nach § 513 Abs. 1 ein Konnossement auszustellen hat. Dabei greift die Vorschrift die in der Praxis übliche Differenzierung von Übernahme – und Bordkonnossementen auf. Das Übernahmekonnossement ist nach Abs. 1 S. 1 auszustellen, sobald der Verfrachter das Gut übernommen hat. Darin kommt zugleich die Funktion des Konnossements als Empfangsbekenntnis zum Ausdruck (→ § 363 Rn. 19). Das Bordkonnossement ist nach Abs. 2 S. 1 auszustellen, wenn das Gut an Bord genommen ist. Nach Abs. 2 S. 2 kann der Ablader verlangen, dass ein bereits ausgestelltes Übernahmekonnossement mit einem Bordvermerk versehen wird.

2 In Abs. 1 S. 2 ist geregelt, dass das Konnossement nicht nur den Ablieferungsanspruch, sondern auch einen Anspruch auf Beförderung des Gutes zum Ablieferungsort verbrieft. Hierdurch weicht die seehandelsrechtliche Regelung sowohl von den traditionell geltenden Vorstellungen als auch von der Vorschrift des § 444 Abs. 1 S. 1 ab, nach der der wertpapierrechtliche Anspruch lediglich einen Anspruch auf Ablieferung des Gutes verbrieft. Insofern besteht die Gefahr, dass der Verfrachter unter dem Frachtvertrag einerseits und unter dem Konnossement andererseits verschiedene Arten der Beförderung schuldet, bei der beispielsweise Umladungen bzw. eine Verladung an Deck einmal ausgeschlossen bzw. einmal zulässig sein können.[1]

3 Schuldner der im Konnossement verbrieften Ansprüche ist der im Papier genannte Verfrachter (§ 515 Nr. 4). Enthält das Konnossement eine „identity of carrier"-Klausel soll nicht der eingetragene Verfrachter Konnossementsschuldner sein, sondern der Eigentümer des Schiffes. Die deutsche Rspr. sieht solche Klauseln als unwirksam an.[2]

---

[15] Nur insoweit zu Recht Rabe TranspR 2018, 110 (112).

[16] Vgl. Ramming RdTW 2017, 367 (379).

[17] **AA** Rabe TranspR 2018, 110 (112).

[1] Vgl. die Kritik an der gesetzlichen Regelung durch den DVIS, Stellungnahme zum Referentenentwurf eines Gesetzes zur Reform des Seehandelsrechts, Rn. 107.

[2] BGH 4.2.1991, TranspR 1991, 243; 22.1.1990, TranspR 1990, 163; vgl. auch Herber TranspR 1990, 147; K. Schmidt TranspR 1991, 217.

Nach Abs. 3 bestimmt der Ablader die Anzahl der auszustellenden Originalausfertigungen der Konnossemente. Sämtliche Ausfertigungen müssen, auch wenn dies – anders als in § 642 Abs. 2 aF noch vorgesehen – im Gesetz nicht mehr ausdrücklich geregelt ist, gleichlautend sein und die Angabe enthalten, wie viele Ausfertigungen ausgestellt sind (vgl. § 515 Nr. 10). Nur auf diese Weise kann der Verpflichtung im Überseegeschäft („Kasse gegen Dokumente"), ein „full set" an Konnossementen anzudienen, Rechnung getragen werden.[3] 4

§ 515 Inhalt des Konnossements

(1) Das Konnossement soll folgende Angaben enthalten:

1. Ort und Tag der Ausstellung,
2. Name und Anschrift des Abladers,
3. Name des Schiffes,
4. Name und Anschrift des Verfrachters,
5. Abladungshafen und Bestimmungsort,
6. Name und Anschrift des Empfängers und eine etwaige Meldeadresse,
7. Art des Gutes und dessen äußerlich erkennbare Verfassung und Beschaffenheit,
8. Maß, Zahl oder Gewicht des Gutes und dauerhafte und lesbare Merkzeichen,
9. die bei Ablieferung geschuldete Fracht, bis zur Ablieferung anfallende Kosten sowie einen Vermerk über die Frachtzahlung,
10. Zahl der Ausfertigungen.

(2) Die Angaben nach Absatz 1 Nummer 7 und 8 sind auf Verlangen des Abladers so aufzunehmen, wie er sie dem Verfrachter vor der Übernahme des Gutes in Textform mitgeteilt hat.

Die Vorschrift enthält die Auflistung der Angaben, die im Konnossement enthalten sein sollen. Die Formulierung „soll" bringt zum Ausdruck, dass in der Auflistung sowohl unverzichtbare als auch fakultative Angaben enthalten sind.[1] 1

Die Anforderungen an den unverzichtbaren Inhalt eines Konnossements sind im Gesetz allerdings nicht vorgeschrieben; sie werden im Wege der Auslegung im Hinblick auf die Funktion des Konnossements ermittelt. Danach handelt es sich bei dem Konnossement um ein Wertpapier, das einen Auslieferungsanspruch des legitimierten Inhabers über hinreichend genau bezeichnete Güter enthält, die für eine bestimmte Reise auf dem benannten Schiff abgeladen (Bordkonnossement) oder dem Verfrachter zur Beförderung übergeben worden sind (Übernahmekonnossement).[2] Die Bezeichnung der Urkunde als Konnossement ist nicht erforderlich. Für den Fall, dass der Verfrachter nicht oder unzutreffend benannt ist, enthält § 518 eine besondere Regelung. 2

Eine Pflicht zur Aufnahme von Angaben in das Konnossement besteht nach Abs. 2 für die Abladerangaben der Nr. 7 und 8 des Abs. 1. Die Pflicht knüpft an ein entsprechendes „Verlangen" des Abladers und setzt voraus, dass der Ablader dem Verfrachter die Angaben in der Textform des § 126b BGB (einfache schriftliche Erklärung ohne eigenhändige Unterschrift, einschließlich Fax und E-Mail) mitgeteilt hat. 3

§ 516 Form des Konnossements. Verordnungsermächtigung

(1) Das Konnossement ist vom Verfrachter zu unterzeichnen; eine Nachbildung der eigenhändigen Unterschrift durch Druck oder Stempel genügt.

(2) Dem Konnossement gleichgestellt ist eine elektronische Aufzeichnung, die dieselben Funktionen erfüllt wie das Konnossement, sofern sichergestellt ist, dass die Authentizität und die Integrität der Aufzeichnung gewahrt bleiben (elektronisches Konnossement).

(3) Das Bundesministerium der Justiz wird ermächtigt, im Einvernehmen mit dem Bundesministerium des Innern und für Heimat durch Rechtsverordnung, die nicht der Zustimmung des Bundesrates bedarf, die Einzelheiten der Ausstellung, Vorlage, Rückgabe und Übertragung eines elektronischen Konnossements sowie die Einzelheiten des Verfahrens einer nachträglichen Eintragung in ein elektronisches Konnossement zu regeln.

---

[3] Rabe/Bahnsen/Rabe § 515 Rn. 13.
[1] Begr. RegE, BT-Drs. 17/10309, 91.
[2] Rabe/Bahnsen/Rabe § 515 Rn. 2.

1 Die Vorschrift enthält die Formvorschriften für das Konnossement. Das Konnossement ist vom Verfrachter zu unterzeichnen; eine Nachbildung der Unterschrift durch Druck oder Stempel ist ausreichend. Damit wird – in Übereinstimmung mit Art. 17 Einheitliche Richtlinien und Gebräuche für Akkreditive (ERA 600) den Anforderungen im Massengeschäft des Transportgeschehens Rechnung getragen und auf eine eigenhändige Unterschrift iSd § 126 BGB verzichtet.

2 Abs. 2 und 3 bereiten die Einführung elektronischer Konnossemente und damit die umfassendere Digitalisierung der Transportwirtschaft[1] vor. Die Regelungen durchbrechen den Grundsatz des numerus clausus der papiergebundenen Wertpapiere und ermächtigen das Bundesjustizministerium zur Regelung der erforderlichen Einzelheiten. Diese Rechtsverordnung existiert derzeit noch nicht. Mit ihrer Umsetzung können datenschutzrechtliche Anforderungen im elektronischen Konnossementsverkehr einhergehen.[2] Unter den in Abs. 4 S. 1 näher geregelten Voraussetzungen ist eine elektronische Aufzeichnung – wie in § 408 Abs. 3 S. 1, § 443 Abs. 3 S. 1, § 475c Abs. 4 S. 1, § 526 Abs. 4 S. 1 einem Konnossement (bzw. einem Frachtbrief, einem Ladeschein, einem Lagerschein bzw. einem Seefrachtbrief) gleichgestellt.[3]

§ 517 Beweiskraft des Konnossements

(1) [1]Das Konnossement begründet die Vermutung, dass der Verfrachter das Gut so übernommen hat, wie es nach § 515 Absatz 1 Nummer 7 und 8 beschrieben ist. [2]Bezieht sich die Beschreibung auf den Inhalt eines geschlossenen Lademittels, so begründet das Konnossement jedoch nur dann die Vermutung nach Satz 1, wenn der Inhalt vom Verfrachter überprüft und das Ergebnis der Überprüfung im Konnossement eingetragen worden ist. [3]Enthält das Konnossement keine Angabe über die äußerlich erkennbare Verfassung oder Beschaffenheit des Gutes, so begründet das Konnossement die Vermutung, dass der Verfrachter das Gut in äußerlich erkennbar guter Verfassung und Beschaffenheit übernommen hat.

(2) [1]Das Konnossement begründet die Vermutung nach Absatz 1 nicht, soweit der Verfrachter einen Vorbehalt in das Konnossement eingetragen hat. [2]Aus dem Vorbehalt muss sich ergeben,

1. in welcher Verfassung das Gut bei seiner Übernahme durch den Verfrachter war oder wie das Gut bei seiner Übernahme beschaffen war,
2. welche Angabe im Konnossement unrichtig ist und wie die richtige Angabe lautet,
3. welchen Grund der Verfrachter zu der Annahme hatte, dass die Angabe unrichtig ist, oder
4. weshalb der Verfrachter keine ausreichende Gelegenheit hatte, die Angabe nachzuprüfen.

1 Die Vorschrift regelt die Beweiskraft des Konnossements und deren Grenzen. Sie führt zunächst in Abs. 1 S. 1 die aus § 656 Abs. 2 S. 1 aF bekannte Tatsachenvermutung fort, dass der Verfrachter das Gut so übernommen hat, wie es gem. § 515 Abs. 1 Nr. 7 und 8 angegeben ist. Die Vermutung betrifft somit die Angaben zu Art, äußerlich erkennbarer Verfassung und Beschaffenheit des Gutes sowie die zu Maß, Zahl oder Gewicht des Gutes und dauerhaft lesbare Merkzeichen (sog. Abladetatsachen). Das „Combined Bill of Lading" eines nur mit dem Seetransport beauftragten Verfrachters stellt ebenfalls ein Konnossement im Sinne der Vorschrift dar.[1]

2 Die Vermutung gilt nach Abs. 1 S. 2 grundsätzlich nicht für den Inhalt von Containern und anderen geschlossenen Lademitteln (vgl. § 484 Abs. 2). Diese Ausnahme von der Vermutungswirkung tritt kraft Gesetzes ein, ohne dass es eines entsprechenden Hinweises in sog. Unbekannt-Klauseln wie zur Rechtslage unter § 656 Abs. 3 Nr. 2 aF bedarf. Eine Rückausnahme ist wiederum für die Fälle vorgesehen, in denen der Verfrachter den Inhalt des Lademittels überprüft hat und das Ergebnis der Überprüfung im Konnossement eingetragen worden ist. Auch danach kann die tradierte Praxis der **sog. Unbekannt-Klauseln** (insbesondere durch formularmäßige Erklärungen oder Stempelaufdrucke) nicht fortgeführt werden; die geforderte Eintragung setzt voraus, dass tatsächlich eine Untersuchung stattgefunden hat und dass das konkrete Ergebnis der Untersuchung benannt wird.

3 Abs. 1 S. 3 regelt den Fall, dass Angaben über die äußerlich erkennbare Verfassung und Beschaffenheit des Gutes im Konnossement nicht enthalten sind. Die Angaben nach § 515 Abs. 1 Nr. 7 gehören

[1] Näher Saive RdTW 2018, 85 ff.
[2] Vgl. Saive/Janicki RdTW 2019, 201 ff.
[3] Eingehend Ramming RdTW 2022, 2 ff.; Ramming RdTW 2022, 100 ff.
[1] OLG Hamm 24.7.2014, TranspR 2015, 296.

nicht zu den unverzichtbaren Angaben im Konnossement; ihr Fehlen macht das Konnossement nicht unwirksam (→ § 515 Rn. 2). In diesem Fall gilt die Vermutung kraft Gesetzes, dass der Verfrachter das Gut in einem äußerlich erkennbaren guten Zustand übernommen hat. Dem Befrachter bleibt es unbenommen, die Vermutung zu widerlegen; er hat dafür die Darlegungs- und Beweislast und muss dartun, dass sich das Gut bei der Übernahme nicht in einem dieser Vermutung entsprechenden Zustand befunden hat.

Abs. 2 S. 1 ermöglicht es dem Verfrachter, die Beweiswirkung der Angaben im Konnossement durch die Eintragung eines Vorbehalts im Konnossement **(sog. Abschreibung)** einzuschränken. Dafür ist ein qualifizierter Vorbehalt erforderlich. Dieser muss den Anforderungen des Abs. 2 S. 2 entsprechen; generalklauselartige Formulierungen genügen – anders als in der Regelung des § 409 Abs. 2 S. 3 für den Frachtbrief – diesen Anforderungen nicht.[2] 4

Abschreibungen im Konnossement haben zur Folge, dass das Konnossement nicht mehr akkreditivfähig ist. Vor diesem Hintergrund werden akkreditivschädliche Abschreibungen im Konnossement, die auf einen mangelhaften Zustand der Ware oder der Verpackung hinweisen, in der Praxis dadurch vermieden, dass eine Freizeichnungsvereinbarung (**sog. Revers** bzw. Abladerrevers) getroffen wird. Die in einem Revers enthaltene Freistellungsvereinbarung kann ein abstraktes Schuldanerkenntnis iSv § 780 BGB darstellen.[3] Auf ihrer Grundlage sieht der Verfrachter von einer Abschreibung im Konnossement ab, während der Ablader den Verfrachter von etwaigen Ersatzansprüchen des Konnossementsinhabers wegen unrichtiger Konnossementsausstellung freizeichnet.[4] Die Reversabrede wird von der Rspr. grundsätzlich anerkannt, ausnahmsweise aber als sittenwidrig und damit unwirksam angesehen, wenn der Verfrachter ein reines Konnossement zur Täuschung des Rechtsverkehrs gegen Revers ausstellt.[5] 5

§ 518 Stellung des Reeders bei mangelhafter Verfrachterangabe

Ist in einem Konnossement, das vom Kapitän oder von einem anderen zur Zeichnung von Konnossementen für den Reeder Befugten ausgestellt wurde, der Verfrachter nicht angegeben oder ist in diesem Konnossement als Verfrachter eine Person angegeben, die nicht der Verfrachter ist, so ist aus dem Konnossement anstelle des Verfrachters der Reeder berechtigt und verpflichtet.

Die Vorschrift regelt, wer in Bezug auf das wirksame Konnossement aktiv- und passivlegitimiert ist, wenn im Konnossement ein Verfrachter gar nicht oder nicht zutreffend angegeben ist. Diese Person ist der Reeder unter der Voraussetzung, dass das Konnossement von einer zur Zeichnung für den Reeder berechtigten Person ausgestellt wurde. 1

Die Regelung betrifft die Berechtigung und Verpflichtung „aus dem Konnossement". Sie gilt damit nicht für Ansprüche bzw. für die Haftung aus dem Stückgutfrachtvertrag. Nicht explizit geregelt ist, welche Rechtstellung der aus dem Konnossement in Anspruch genommene Reeder innehat. Sachgerecht erscheint es, den Reeder wie einen (haftenden) Verfrachter zu behandeln, der dann in entsprechender Anwendung von § 522 berechtigt ist, dem Anspruch aus dem Konnossement die danach zulässigen Einwendungen entgegen zu halten.[1] 2

§ 519 Berechtigung aus dem Konnossement. Legitimation

[1]Die im Konnossement verbrieften seefrachtvertraglichen Ansprüche können nur von dem aus dem Konnossement Berechtigten geltend gemacht werden. [2]Zugunsten des legitimierten Besitzers des Konnossements wird vermutet, dass er der aus dem Konnossement Berechtigte ist. [3]Legitimierter Besitzer des Konnossements ist, wer ein Konnossement besitzt, das

1. **auf den Inhaber lautet,**
2. **an Order lautet und den Besitzer als Empfänger benennt oder durch eine ununterbrochene Reihe von Indossamenten ausweist oder**
3. **auf den Namen des Besitzers lautet.**

---

[2] Vgl. Begr. RegE, BT-Drs. 17/10309, 94.
[3] OLG Frankfurt 9.10.2020, RdTW 2021, 24 Rn. 32.
[4] Eingehend Gushterov, Der Revers im Seefrachtgeschäft, 2010.
[5] BGH 25.1.1973, BGHZ 60, 102; OLG Hamburg 2.3.2000, TranspR 2000, 315 (316).
[1] So auch Begr. RegE, BT-Drs. 17/10309, 94.

Schrifttum: Bodis, Die Blockade der Ansprüche aus dem Seefrachtvertrag durch das Konnossement, TranspR 2016, 393; Herber, Blockierung des Frachtvertrages nach § 519 Abs. 1 Satz 1 HGB, TranspR 2018, 53; Koller, § 519 S. 1 HGB und das Konnossement des Unterverfrachters, RdTW 2018, 281; Ramming, Die Sperrwirkung von Ladeschein und Konnossement, RdTW 2018, 45.

1 Die Vorschrift regelt in S. 1 im Interesse einer klaren Unterscheidung und Abgrenzung gegenüber den Ansprüchen aus dem Seefrachtvertrag, dass die Ansprüche aus dem Konnossement nur von dem aus dem Konnossement Berechtigten geltend gemacht werden können. Nach den Gesetzesmaterialien soll damit zugleich klar gestellt sein, „dass die durch Ausstellung und Begebung eines Konnossements begründeten wertpapierrechtlichen Ansprüche die Ansprüche aus dem Seefrachtvertrag überlagern".[1] Diese Wirkung entspricht der Doktrin des Wertpapierrechts, die den Verkehrsschutz des Konnossements gegenüber vertraglichen Ansprüchen betont und die Verpflichtungen aus dem Konnossement als von den frachtvertraglichen unabhängige Ansprüche ansieht.[2] Im Wortlaut der Vorschrift ist diese Doktrin allerdings – anders als im § 656 Abs. 1 – nicht erkennbar zum Ausdruck gekommen, zumal in S. 1 missverständlich von der Verbriefung seefrachtvertraglicher Ansprüche im Konnossement die Rede ist.[3]

2 Die Sperrwirkung des Konnossements setzt voraus, dass der auf seefrachtvertraglicher Grundlage in Anspruch genommene Verfrachter, das Konnossement selbst ausgestellt hat.[4] Seefrachtvertragliche Ansprüche gegen einen vom Konnossementsverfrachter personenverschiedenen Vertragsverfrachter sind in dem Konnossement nicht verbrieft und unterfallen nicht der Sperrwirkung des Konnossements.[5] Der Hauptverfrachter kann sich deshalb nicht auf ein Konnossement berufen, das ein von ihm beauftragter Unterverfrachter ausgestellt hat.[6] Erfasst werden der wertpapierrechtliche (Primär-)Anspruch auf Beförderung und Ablieferung des Gutes und die darauf bezogenen (Sekundär-)Ansprüche auf Schadensersatz.[7] Die Ansprüche bestehen mit dem Inhalt, der sich unmittelbar aus dem Konnossement und den darin enthaltenen Angaben zur Art, Verfassung und Beschaffenheit sowie zu Maß, Zahl und Gewicht des Gutes.

3 Die Sperre der Geltendmachung frachtvertraglicher Ansprüche durch das diese überlagernde Konnossement ist in gegenständlicher und zeitlicher Hinsicht begrenzt. Seefrachtvertragliche Ansprüche, die keine Verbriefung im Konnossement gefunden haben, können aus dem Seefrachtvertrag geltend gemacht werden; sie werden von der Konnossementssperre in § 519 nicht erfasst. Solche Ansprüche können von dem aus dem Frachtvertrag Berechtigten geltend gemacht werden.[8] Die Sperre endet überdies, wenn der Berechtigte die Annahme der Güter ablehnt; dann ist der Befrachter ungeachtet des § 519 frei, die Rechte aus dem Frachtvertrag geltend zu machen.[9]

4 S. 2 begründet die Vermutung, dass die durch das Konnossement formell ausgewiesene Person (in S. 3 als „legitimierter Besitzer des Konnossements" bezeichnet) diejenige ist, die aus dem Konnossement materiell berechtigt ist.[10] Der Nachweis der formellen Legitimation ist dabei in S. 3 den Differenzierungen zwischen Orderkonnossement, Rekta- und Inhaberkonnossement in den Regelungen der §§ 364, 365 nachgebildet.

§ 520 Befolgung von Weisungen

(1) [1]Ist ein Konnossement ausgestellt, so steht das Verfügungsrecht nach den §§ 491 und 492 ausschließlich dem legitimierten Besitzer des Konnossements zu. [2]Der Verfrachter darf Weisungen nur gegen Vorlage sämtlicher Ausfertigungen des Konnossements ausführen. [3]Weisungen eines legitimierten Besitzers des Konnossements darf der Verfrachter jedoch nicht ausführen, wenn ihm bekannt oder infolge grober Fahrlässigkeit unbekannt ist, dass der legitimierte Besitzer des Konnossements nicht der aus dem Konnossement Berechtigte ist.

---

[1] Begr. RegE, BT-Drs. 17/10309, 94.
[2] Vgl. BGH 23.11.1978, BGHZ 73, 4 = NJW 1979, 1102; Rabe/Bahnsen/Rabe Rn. 1.
[3] Krit. dazu DVIS, Stellungnahme zum Referentenentwurf, Rn. 111.
[4] OLG Hamburg 13.7.2017, RdTW 2018, 61 Rn. 39.
[5] OLG Hamburg 13.7.2017, RdTW 2018, 61 Rn. 38 ff.
[6] OLG Hamburg 13.7.2017, RdTW 2018, 61 Rn. 40; ebenso Ramming RdTW 2018, 45 (57); Herber TranspR 2018, 53 (54); **aA** Bodis TranspR 2017, 393 ff.
[7] Vgl. BGH 26.9.1957, BGHZ 25, 250 = NJW 1957, 1838.
[8] MüKoHGB/Herber Rn. 16.
[9] OLG Hamburg 12.9.2002, TranspR 2003, 400.
[10] OLG Bremen 24.3.2023, RdTW 2023, 489 Rn. 64. Krit. zur gesetzgeberischen Differenzierung bei der Rechtsfigur des Berechtigten Ramming RdTW 2015, 8 ff.

(2) [1]Befolgt der Verfrachter Weisungen, ohne sich sämtliche Ausfertigungen des Konnossements vorlegen zu lassen, haftet er dem aus dem Konnossement Berechtigten für den Schaden, der diesem daraus entsteht. [2]Die Haftung ist auf den Betrag begrenzt, der bei Verlust des Gutes zu zahlen wäre.

Die Vorschrift verleiht dem rechtlichen Charakter des Konnossements als Sperrpapier, das zur Rechtsausübung eine Dokumentenvorlage erfordert (→ § 418 Rn. 9 ff. zu § 418 Abs. 4), Ausdruck. Deshalb steht das in den §§ 491, 492 geregelte Weisungsrecht im Falle der Ausstellung eines Konnossements nur dessen legitimierten Besitzer zu und darf nur gegen Vorlage (sämtlicher Ausfertigungen) des Konnossements ausgeübt werden; per Fax oder E-Mail übermittelte Exemplare genügen dabei nicht der formalisierten Vorlagepflicht.[1] In der Konsequenz ist gewährleistet, dass der Ablader nicht mehr ohne weiteres in das Beförderungsgeschehen eingreifen kann, wenn dieser eine Ausfertigung des Konnossements aus den Händen gegeben hat. Die Weisungsberechtigung steht dem legitimierten Besitzer des Konnossements zu; der Verfrachter kann darauf vertrauen, dass nach § 519 S. 2 (formell) legitimierter Besitzer des Konnossements auch der Verfügungsberechtigte ist. Eine Ausnahme besteht nach Abs. 1 S. 3 nur dann, wenn dem Verfrachter bekannt oder infolge grober Fahrlässigkeit unbekannt ist (vgl. Art. 40 Abs. 3 WG), dass der formell legitimierte Besitzer materiell nicht aus dem Konnossement berechtigt ist. Eine solche Konstellation ist insbesondere in den Fällen des Abhandenkommens des Konnossements gegeben. 1

Die Sperrpapierfunktion des Konnossements wird in Abs. 2 S. 1 scharf sanktioniert; der Verfrachter haftet verschuldensunabhängig auf Schadensersatz. Die Haftung ist in Übereinstimmung mit § 447 S. 2 auf den Betrag begrenzt, der bei Verlust des Gutes zu zahlen wäre (Abs. 2 S. 2); § 507 findet Anwendung. 2

§ 521 Ablieferung gegen Rückgabe des Konnossements

(1) [1]Nach Ankunft des Gutes am Löschplatz ist der legitimierte Besitzer des Konnossements berechtigt, vom Verfrachter die Ablieferung des Gutes zu verlangen. [2]Macht der legitimierte Besitzer des Konnossements von diesem Recht Gebrauch, ist er entsprechend § 494 Absatz 2 und 3 zur Zahlung der Fracht und einer sonstigen Vergütung verpflichtet.

(2) [1]Der Verfrachter ist zur Ablieferung des Gutes nur gegen Rückgabe des Konnossements, auf dem die Ablieferung bescheinigt ist, und gegen Leistung der noch ausstehenden, nach § 494 Absatz 2 und 3 geschuldeten Zahlungen verpflichtet. [2]Er darf das Gut jedoch nicht dem legitimierten Besitzer des Konnossements abliefern, wenn ihm bekannt oder infolge grober Fahrlässigkeit unbekannt ist, dass der legitimierte Besitzer des Konnossements nicht der aus dem Konnossement Berechtigte ist.

(3) [1]Sind mehrere Ausfertigungen des Konnossements ausgestellt, so ist das Gut dem legitimierten Besitzer auch nur einer Ausfertigung des Konnossements abzuliefern. [2]Melden sich mehrere legitimierte Besitzer, so hat der Verfrachter das Gut in einem öffentlichen Lagerhaus oder in sonst sicherer Weise zu hinterlegen und die Besitzer, die sich gemeldet haben, unter Angabe der Gründe seines Verfahrens hiervon zu benachrichtigen. [3]Der Verfrachter kann in diesem Fall das Gut gemäß § 373 Absatz 2 bis 4 verkaufen lassen, wenn es sich um verderbliche Ware handelt oder der Zustand des Gutes eine solche Maßnahme rechtfertigt oder wenn die andernfalls zu erwartenden Kosten in keinem angemessenen Verhältnis zum Wert des Gutes stehen.

(4) [1]Liefert der Verfrachter das Gut einem anderen als dem legitimierten Besitzer des Konnossements oder, im Falle des Absatzes 2 Satz 2, einem anderen als dem aus dem Konnossement Berechtigten ab, haftet er für den Schaden, der dem aus dem Konnossement Berechtigten daraus entsteht. [2]Die Haftung ist auf den Betrag begrenzt, der bei Verlust des Gutes zu zahlen wäre.

Bei der Vorschrift handelt es sich um eine Parallelregelung zu § 494 im Konnossementsrecht. Der legitimierte Konnossementsbesitzer (§ 519) kann nach Abs. 1 S. 1 die Ablieferung des Gutes erst verlangen, wenn das Gut am Löschplatz angekommen ist, muss dann aber Zug-um-Zug die nach S. 2 geschuldeten Zahlungen leisten. Weitergehende Verpflichtungen, etwa die Haftung für die ihm durch das Konnossement auferlegten Pflichten, hat der legitimierte Konnossementsbesitzer nicht zu erfüllen. 1

[1] MüKoHGB/Herber/Sager Rn. 4.

2 Der Verfrachter ist nach Abs. 2 S. 1 zur Ablieferung des Gutes Zug um Zug gegen Rückgabe des quittierten Konnossements und der vom legitimierten Konnossementsbesitzer geschuldeten Zahlungen verpflichtet. Darauf, ob die zu zahlende Fracht aus dem Konnossement ersichtlich ist, kommt es nicht an.[1] Der Verfrachter ist nicht verpflichtet, die (materielle) Berechtigung des legitimierten Besitzers zu prüfen. Er kann an den formell legitimierten Konnossementsbesitzer mit befreiender Wirkung leisten, es sei denn, dass er iSd Abs. 2 S. 2 bösgläubig ist. Die Verpflichtung zur ordnungsgemäßen Ablieferung an den legitimierten Konnossementsbesitzer wird durch den in Abs. 4 geregelten verschuldensunabhängigen, aber der Höhe nach beschränkten Schadensersatzanspruch sanktioniert.

3 Wurde das Konnossement in mehreren Ausfertigungen ausgestellt, besteht die Befugnis des Verfrachters zur Ablieferung grundsätzlich immer dann, wenn eine Ausfertigung vorgelegt wird. Die Besonderheiten des Abs. 3 S. 2 gelten, wenn sich mehrere Konnossementsbesitzer unter Vorlage einer Ausfertigung melden. Neben der Möglichkeit der Hinterlegung räumt Abs. 3 S. 2 dem Verfrachter in dieser Situation nach dem Vorbild des § 419 Abs. 2 S. 3 bei verderblicher Ware bzw. wegen des Zustandes des Gutes oder der zu erwartenden Kosten die Befugnis ein, das Gut gem. § 373 Abs. 2–4 verkaufen zu lassen.

4 Ist das Konnossement verloren gegangen oder sonst abhandengekommen,[2] muss bei einem Order- oder Inhaberkonnossement ein Aufgebotsverfahren zur Kraftloserklärung durchgeführt werden (§ 365 Abs. 2 iVm §§ 466 ff. FamFG). Der in diesem Verfahren erwirkte Beschluss ersetzt das für kraftlos erklärte Konnossement (§ 479 FamFG).

§ 522 Einwendungen

(1) [1]Dem aus dem Konnossement Berechtigten kann der Verfrachter nur solche Einwendungen entgegensetzen, die die Gültigkeit der Erklärungen im Konnossement betreffen oder sich aus dem Inhalt des Konnossements ergeben oder dem Verfrachter unmittelbar gegenüber dem aus dem Konnossement Berechtigten zustehen. [2]Eine Vereinbarung, auf die im Konnossement lediglich verwiesen wird, ist nicht Inhalt des Konnossements.

(2) [1]Gegenüber einem im Konnossement benannten Empfänger, an den das Konnossement begeben wurde, kann der Verfrachter die Vermutungen nach § 517 nicht widerlegen, es sei denn, dem Empfänger war im Zeitpunkt der Begebung des Konnossements bekannt oder infolge grober Fahrlässigkeit unbekannt, dass die Angaben im Konnossement unrichtig sind. [2]Gleiches gilt gegenüber einem Dritten, dem das Konnossement übertragen wurde.

(3) [1]Wird ein ausführender Verfrachter nach § 509 von dem aus dem Konnossement Berechtigten in Anspruch genommen, kann auch der ausführende Verfrachter die Einwendungen nach Absatz 1 geltend machen. [2]Abweichend von Absatz 2 kann der ausführende Verfrachter darüber hinaus die Vermutungen nach § 517 widerlegen, wenn das Konnossement weder von ihm noch von einem für ihn zur Zeichnung von Konnossementen Befugten ausgestellt wurde.

1 Die Vorschrift regelt die komplexe Rechtslage von Einwendungen, die der Verfrachter erheben kann, wenn der Berechtigte Ansprüche aus dem Konnossement geltend macht. Insofern hat der Verfrachter zunächst gem. § 520 Abs. 1 S. 3, § 521 Abs. 2 S. 2 das Recht (wenn auch nicht die Pflicht), Einwendungen gegen die materielle Berechtigung des formell legitimierten Konnossementsbesitzers zu erheben. Davon unbenommen stellt § 522 Abs. 1 S. 1 die allgemeinen wertpapierrechtlichen Grundsätzen entsprechende Regel auf, dass der Verfrachter gegen Ansprüche aus dem in Umlauf gegebenen Konnossement nur urkundliche oder solche aus den unmittelbaren Beziehungen zwischen Verfrachter und legitimiertem Konnossementsbesitzer stammende Einwendungen erheben kann. Diese Einwendungen können dem „aus dem Konnossement Berechtigten" entgegengesetzt werden, also nicht nur dem sog. Zweiterwerber nach Indossierung des Wertpapiers, sondern auch dem im Konnossement originär benannten Empfänger.

2 Abs. 1 S. 2 regelt, dass eine Vereinbarung, auf die im Konnossement lediglich verwiesen wird, nicht Inhalt des Konnossements wird. Somit sind für das Konnossementsrechtsverhältnis ausschließlich die Bedingungen maßgeblich, die auf dem Papier selbst wiedergegeben sind. Diese neu gestaltete Rechtslage hat für die international übliche Praxis, nach der in Konnossementen in der Weise auf die Bedingungen einer zugrundeliegenden Charter verwiesen wird, dass deren Bedingungen zum Bestandteil des Konnossements werden, durchgreifende Wirkungen. Diese sog. Charter-Konnosse-

[1] Begr. RegE, BT-Drs. 17/10309, 96.
[2] Zur Rechtslage eingehend Ramming RdTW 2018, 161 ff.

mente, die nur einige wenige Regelungen enthalten und im Übrigen die in der einbezogenen Charter getroffenen Vereinbarungen für maßgeblich erklären, sind nach der nunmehr geltenden Rechtslage nicht mehr zulässig.[1] In der Konsequenz dieser Konzeption ist durch Art. 6 Nr. 9 Seehandelsrechtsreformgesetz auch die Aufhebung des § 1031 Abs. 4 ZPO aF angeordnet worden, nach der nach hergebrachter Rechtslage in einem Konnossement in wirksamer Weise auf die Schiedsvereinbarung einer Charter Bezug genommen werden konnte. Die Begründung zum RegE führt dazu erläuternd aus,[2] dass Bedenken bestünden, an dem früheren Rechtszustand festzuhalten. Im Ergebnis müsste jeder Inhaber eines Konnossements sich den Vertrag, auf den im Konnossement Bezug genommen werde, besorgen und daraufhin untersuchen, welchen Einwendungen des Verfrachters er aufgrund dieses Vertrags möglicherweise ausgesetzt sei. Dies erscheine, so die Begründung, jedoch kaum praktikabel. Allerdings ist eben diese Praxis seit vielen Jahrzehnten internationaler Standard.[3] Einigkeit besteht andererseits darüber, dass Abs. 1 S. 2 kein generelles Verbot von Verweisen auf außerhalb des Konnossements liegende Bedingungswerke enthält, auch wenn die Voraussetzungen im Einzelnen umstritten sind.[4] Gesichert dürfte die Wirksamkeit eines Verweises auf außerhalb des Konnossements dokumentierte Klauselwerke sein, wenn ein ausdrücklicher Hinweises auf jede einzelne Klausel erfolgt.[5] Insbesondere besteht hinsichtlich der Vereinbarung von Schiedsklauseln Einvernehmen darüber, dass der durch § 1031 Abs. 4 ZPO aF etablierte Standardverweis fortgelten soll, wenn Bezeichnungen wie „Schiedsgericht London" oder „GMAA Arbitration" verwendet werden.[6]

Abs. 2 bezweckt den Schutz desjenigen, der das Konnossement in gutem Glauben erworben hat; 3
zu seinen Gunsten werden die Vermutungen nach § 517 unwiderleglich gestellt. Der Verfrachter kann sich nicht darauf berufen, die Güter nicht oder nicht in der angegebene Qualität oder Quantität übernommen zu haben; die Berufung auf von ihm nicht zu vertretende Verschlechterungen während der Beförderung bleibt dem Verfrachter unbenommen.[7] In den Anwendungsbereich der Regeln fällt sowohl der Besitzer eines Orderkonnossements, als auch der eines Rekta- bzw. Inhaberkonnossements.[8] Im Hinblick auf Abs. 2 S. 2 gilt dies gleichermaßen für den Erst- und Zweiterwerber. Die Unwiderleglichkeit der Vermutungen hindert den Verfrachter im Hinblick auf die Haftung gem. § 498 Abs. 1 einzuwenden, das Gut tatsächlich nicht, nicht vollständig oder nicht in beschädigtem Zustand zur Beförderung übernommen zu haben; dagegen betrifft die Vorschrift nicht den Entlastungsbeweis gem. § 498 Abs. 2, mit dem er darlegt und beweist, seiner Pflicht zur Ladungsfürsorge nachgekommen sein, obwohl der Schaden an der Ware bereits eingetreten war.[9] Dem Berechtigten bleibt die Möglichkeit erhalten, Ansprüche wegen unrichtiger Konnossementsausstellung gem. § 523 geltend zu machen.[10]

Nur der gutgläubige Empfänger kann sich auf die Angaben nach § 517 berufen. Bösgläubig ist 4
derjenige, der bei Erwerb des Konnossements die Unrichtigkeit der Angaben kennt oder infolge grober Fahrlässigkeit nicht kennt.[11] Als maßgeblichen Zeitpunkt für das Vorleigen der Gutgläubigkeit nennt das Gesetz den Zeitpunkt der Begebung; im Falle der Übertragung kommt es auf den Zeitpunkt des Erwerbs an. Unschädlich ist, dass der Berechtigte später bösgläubig wird. Nach dem Gesetzeswortlaut kommt es für die Gutgläubigkeitsprüfung allein auf die Person des Berechtigten an; Bösgläubigkeit eines vorhergehenden Berechtigten ist deshalb unbeachtlich, ebenso wie dem der bösgläubiger sich nicht auf den Guten Glauben des vorherigen Berechtigten berufen kann.[12] Die Darlegungs- und Beweislast für fehlende Gutgläubigkeit des Empfängers bzw. eines Dritten trifft den Verfrachter; er muss die Umstände dartun, aus denen sich ergibt, dass der Empfänger bzw. der Dritte bei der Übertragung des Konnossements nicht gutgläubig war. Da es sich dabei um außerhalb seiner Sphäre liegende Umstände handelt, sollten Beweiserleichterungen in Betracht gezogen werden.

---

[1] Paschke/Ramming RdTW 2013, 1 (5 f.); Jessen RdTW 2013, 293 ff. mit rechtspolitischer Kritik; **aA** MüKoHGB/Herber/Sager Rn. 10 ff.; ähnlich Rabe TranspR 2014, 309 (310 f.).

[2] BT-Drs. 17/10309, 97.

[3] Vgl. Jessen RdTW 2013, 293 ff.

[4] Vgl. BeckOGK/Saive, 15.5.2023, Rn. 64; MüKoHGB/Herber/Sager Rn. 15; Rabe/Bahnsen/Rabe Rn. 8; Marr RdTW 2023, 82 Rn. 19 ff.

[5] Unklar MüKoHGB/Herber/Sager Rn. 10 ff., die einerseits einen ausdrücklich Hinweis auf jede Klausel für erforderlich erklärt, es andererseits aber für ausreichend hält, wenn gekennzeichnet wird, „welche wichtigen Elemente" das Bezugsdokument enthält, die von der gesetzlichen Regelung abweichen oder diese ergänzen, MüKoHGB/Herber/Sager Rn. 16.

[6] BeckOGK/Saive, 15.5.2023, Rn. 64; MüKoHGB/Herber/Sager § 522 Rn. 15; Rabe/Bahnsen/Rabe Rn. 9.

[7] Bästlein TranspR 1997, 404 ff.; MüKoHGB/Herber/Sager Rn. 25 f.; Rabe TranspR 1997, 89 ff., jeweils in Auseinandersetzung mit OLG Hamburg 3.8.1995, TranspR 1996, 29.

[8] Begr. RegE SHR-ReformG, BT-Drs. 17/10309, 97.

[9] Ramming RdTW 2017, 441 (450); **aA** Koller § 444 Rn. 5.

[10] Ramming RdTW 2017, 441 (450).

[11] BT-Drs. 17/10309, 97.

[12] Ramming RdTW 2017, 441 (446); **aA** Koller § 444 Rn. 6.

5 **Abs.** 3 regelt die Situation, dass der ausführende Verfrachter aus dem Konnossement in Anspruch genommen wird. Insofern regelt Abs. 3 S. 1, dass der ausführende Verfrachter die Einwendungen geltend machen kann, die dem Verfrachter nach Abs. 1 zustehen. Ferner regelt S. 2, dass der von dem aus einem Konnossement in Anspruch genommene ausführende Verfrachter die Vermutungen des § 517 grundsätzlich auch dann widerlegen kann, wenn der Konnossementsempfänger oder der nachfolgende Indossatar gutgläubig ist. In den Gesetzesmaterialien wird die damit einhergehende Ausnahme von Abs. 2 mit dem vorrangigen Schutz des ausführenden Verfrachters begründet; dagegen sei der Schutz des gutgläubigen Empfängers oder Indossatars als vorrangig zu bewerten, wenn das Konnossement von einem für den ausführenden Verfrachter berechtigt tätigen Kapitän ausgestellt worden ist;[13] die diesen Leitgedanken entsprechende Regelung findet sich in Abs. 3 S. 2 aE.

§ 523 Haftung für unrichtige Konnossementsangaben

(1) [1]Der Verfrachter haftet für den Schaden, der dem aus dem Konnossement Berechtigten dadurch entsteht, dass die in das Konnossement nach den §§ 515 und 517 Absatz 2 aufzunehmenden Angaben und Vorbehalte fehlen oder die in das Konnossement aufgenommenen Angaben oder Vorbehalte unrichtig sind. [2]Dies gilt insbesondere dann, wenn das Gut bei Übernahme durch den Verfrachter nicht in äußerlich erkennbar guter Verfassung war und das Konnossement hierüber weder eine Angabe nach § 515 Absatz 1 Nummer 7 noch einen Vorbehalt nach § 517 Absatz 2 enthält. [3]Die Haftung nach den Sätzen 1 und 2 entfällt, wenn der Verfrachter weder gewusst hat noch bei Anwendung der Sorgfalt eines ordentlichen Verfrachters hätte wissen müssen, dass die Angaben fehlen oder unrichtig oder unvollständig sind.

(2) Wird ein Bordkonnossement ausgestellt, bevor der Verfrachter das Gut übernommen hat, oder wird in das Übernahmekonnossement ein Bordvermerk aufgenommen, bevor das Gut an Bord genommen wurde, so haftet der Verfrachter, auch wenn ihn kein Verschulden trifft, für den Schaden, der dem aus dem Konnossement Berechtigten daraus entsteht.

(3) [1]Ist in einem Konnossement, das vom Kapitän oder von einem anderen zur Zeichnung von Konnossementen für den Reeder Befugten ausgestellt wurde, der Name des Verfrachters unrichtig angegeben, so haftet auch der Reeder für den Schaden, der dem aus dem Konnossement Berechtigten aus der Unrichtigkeit der Angabe entsteht. [2]Die Haftung nach Satz 1 entfällt, wenn der Aussteller des Konnossements weder gewusst hat noch bei Anwendung der Sorgfalt eines ordentlichen Verfrachters hätte wissen müssen, dass der Name des Verfrachters nicht oder unrichtig angegeben ist.

(4) Die Haftung nach den Absätzen 1 bis 3 ist auf den Betrag begrenzt, der bei Verlust des Gutes zu zahlen wäre.

1 Die Vorschrift regelt die Haftung für unrichtige oder fehlende Konnossementsangaben. Abs. 1 und 2 betreffen die Haftung des Verfrachters, Abs. 3 die des Reeders. Nach Abs. 4 unterliegt die Haftung beschränkenden Maßgaben. Im Verhältnis zur Haftung aus den §§ 498 ff. gilt, dass dann, wenn die Vermutungen des § 517 Abs. 2 (vom Verfrachter oder dem Berechtigten) widerlegt werden, der Verfrachter allein aus der Spezialregelung des § 523 für die Unrichtigkeit des Konnossements haftet.[1] Neben § 523 kann der Verfrachter dem Berechtigten auf außervertraglicher Grundlage haften; solche Ansprüche aus unerlaubter Handlung werden nach Art. 4 Abs. 3 S. 2 Rom II-VO unselbstständig angeknüpft; unterfallen Ansprüche aus dem Konnossement dem deutschen Sachrecht, sind auch entsprechende deliktische Ansprüche nach deutschem Recht zu beurteilen. Abs. 4 wirkt sich dann nicht aus. Keine Ansprüche ergeben sich aus § 823 Abs. 1 BGB, sofern die Ansprüche wegen unrichtiger Konnossementsangaben lediglich Vermögensschäden verursachen. In Betracht kommen zudem Ansprüche aus § 823 Abs. 2 BGB in Verbindung mit den Betrugsvorschriften des Strafrechts und ggf. solche aus § 826 BGB.

2 Der **Verfrachter** haftet für unrichtige oder fehlende Angaben und Vorbehalte im Konnossement grundsätzlich für **vermutetes Verschulden.** Den Gegenstand der Haftung bilden die in Abs. 1 S. 1 und S. 2 aufgeführten Fallkonstellationen unrichtiger oder fehlender Angaben im Konnossement. Gehaftet wird insbesondere für die Angabe eines falschen Verladedatums, während das Fehlen des Verladedatums der Vorschrift nicht unterfällt.[2] Der Anspruch kann von dem aus dem Konnossement Berechtigten geltend gemacht werden, die Berechtigung aus dem Konnossement ist nach § 519 S. 2

[13] Begr. RegE SHR-ReformG, BT-Drs. 17/10309, 98.
[1] Ramming RdTW 2013, 423 (434 ff.).
[2] Jakobs RdTW 2015, 81 (83).

differenziert für die verschiedenen Arten von Konnossementen zu beurteilen. Der Verfrachter kann sich nach Abs. 1 S. 3 nur dadurch haftungsbefreiend entlasten, dass er darlegt und erforderlichenfalls beweist, dass ihm die Fehlerhaftigkeit, Unrichtigkeit oder Unvollständigkeit der Angaben weder bekannt noch sorgfaltswidrig unbekannt geblieben ist.

Eine verschuldensabhängige Haftung sieht Abs. 2 für die Fälle vor, dass vor Verladung des Gutes an Bord ein Bordkonnossement ausgestellt wurde (Vordatierung). **Verschuldensunabhängig** wird nach dieser Regelung auch für die unrichtige Aufnahme eines Bordvermerks in ein Übernahmekonnossement gehaftet. Aus dem Wortlaut der Regelung ergibt sich, dass für die Ausstellung eines Übernahmekonnossements vor der tatsächlichen Übernahme des Gutes nicht nach Abs. 2 gehaftet wird; der Verfrachter hat dafür allenfalls verschuldensabhängig nach Abs. 1 einzustehen. Von der Vorschrift nicht erfasst sind die Fälle des Fehlens des Datums der Anbordnahme bzw. des Schiffsnamens im Bordkonnossement (vgl. § 514 Abs. 2).[3] Abs. 2 kommt auch zur Anwendung, wenn das Gut gar nicht verladen wurde.[4] 3

Den **Reeder** trifft nach Abs. 3 eine Haftungsverantwortung für die unrichtige Angabe des Namens des Verfrachters im Konnossement.[5] Die Haftung trifft den Reeder, sofern der Kapitän oder ein vom Reeder zur Konnossementszeichnung Bevollmächtigter den Namen des Verfrachters unrichtig angegeben hat. Die Regelung führt nicht näher aus, was unter einer unrichtigen Namensangabe zu verstehen ist. Das Tatbestandsmerkmal ist nach den Gesetzesmaterialien weit zu verstehen;[6] es umfasst sowohl den Fall des Verschreibens des Namens, eine unvollständige oder ungenaue Angabe der Anschrift des Verfrachters als auch die in § 518 geregelten Fälle, dass die Verfrachterangabe im Konnossement entweder überhaupt fehlt oder aber eine andere Person als der tatsächliche Verfrachter benannt wird. Nach S. 2 entfällt die Haftung des Abs. 3 S. 1 bei fehlendem Verschulden des Ausstellers des Konnossements; der Reeder trägt dafür die Darlegungs- und Beweislast. 4

Die Ansprüche gemäß der Vorschrift sind der Höhe nach beschränkt (Abs. 4). Diese Beschränkung gilt nicht für deliktische Ansprüche. Die Ansprüche, einschließlich der deliktischen Ansprüche (§ 610), verjähren nach näherer Maßgabe der §§ 605 ff. Sie sind AGB-fest ausgestaltet und gelten im Verhältnis zu Dritten zwingend (§ 525). 5

§ 524 Traditionswirkung des Konnossements

[1]Die Begebung des Konnossements an den darin benannten Empfänger hat, sofern der Verfrachter das Gut im Besitz hat, für den Erwerb von Rechten an dem Gut dieselben Wirkungen wie die Übergabe des Gutes. [2]Gleiches gilt für die Übertragung des Konnossements an Dritte.

Die Vorschrift bestimmt in der Regelung des S. 1, dass die Begebung des Konnossements[1] an den benannten Empfänger für den Erwerb von Rechten an dem Gut der Übergabe des Gutes gleichsteht. Diese sog. Traditionswirkung gilt für jede Art von Konnossement. Voraussetzung dafür ist, dass der Verfrachter im Zeitpunkt der Übertragung des Konnossements noch im Besitz des Gutes ist; er muss das Gut bereits übernommen haben und darf den Sachbesitz daran weder aufgegeben noch verloren haben. 1

In S. 2 der Vorschrift wird die Traditionswirkung auf alle Fälle der Übertragung von Konnossementen erstreckt. Sie bezieht sich somit vor allem auf die Übertragung des Orderkonnossements per Indossament iSd § 364, als auch auf die Übertragung des Inhaberkonnossements gem. § 929 BGB. Beim Rektakonnossement ist eine wertpapiermäßige Übertragung nicht möglich. 2

§ 525 Abweichende Bestimmung im Konnossement

[1]Eine Bestimmung im Konnossement, die von den Haftungsvorschriften in den §§ 498 bis 511 oder in § 520 Absatz 2, § 521 Absatz 4 oder § 523 abweicht, ist nur wirksam, wenn die Voraussetzungen des § 512 erfüllt sind. [2]Der Verfrachter kann sich jedoch auf eine Bestimmung im Konnossement, die von den in Satz 1 genannten Haftungsvorschriften zu Lasten des aus dem Konnossement Berechtigten abweicht, nicht gegenüber einem im

[3] Ramming RdTW 2013, 434 (438).
[4] Jakobs RdTW 2015, 81 (83); **aA** Ramming RdTW 2013, 423 (435).
[5] Zum Verhältnis zur Haftung gemäß § 518 vgl. Jakobs RdTW 2015, 81 (84).
[6] Begr. RegE, BT-Drs. 17/10309, 98.
[1] Zur Bedeutung der erforderlichen wertpapierrechtlichen Begründung der Verpflichtung aus dem Konnossement näher Rabe TranspR 2016, 429 (431 f.) mN zum Theorienstreit zu der auf die „Übergabe“ des Konnossements abstellenden Vorgängervorschrift des § 650 aF.

Konnossement benannten Empfänger, an den das Konnossement begeben wurde, sowie gegenüber einem Dritten, dem das Konnossement übertragen wurde, berufen. [3]Satz 2 gilt nicht für eine Bestimmung nach § 512 Absatz 2 Nummer 1.

1 Die Vorschrift ordnet grundsätzlich die AGB-Festigkeit des Haftungsregimes bei Konnossementsausstellung an und regelt, unter welchen Voraussetzungen von den gesetzlichen Haftungsvorschriften abgewichen werden kann. Die AGB-Festigkeit erstreckt sich nur auf die genannten Vorschriften; der in § 513 geregelte Anspruch auf Ausstellung eines Konnossements kann dagegen abbedungen und damit auch die erhöhte Haftung gem. § 504 Abs. 1 S. 2 vermieden werden. S. 1 regelt, dass eine Bestimmung im Konnossement, welche die Haftung des Verfrachters einschränkt, wirksam ist, wenn sie individuell ausgehandelt wurde. Darin liegt eine bedeutende Änderung gegenüber der Regelung in § 662 aF. Dagegen ist es – wie sich aus dem Wort „nur" ergibt – nach dieser Regelung nicht möglich, die Haftung des Verfrachters durch vorformulierte Vertragsbedingungen zu erweitern.

2 S. 2 erklärt Abweichungen zu Lasten des Befrachters oder Abladers Dritten gegenüber für unwirksam. Damit sind die Fälle erfasst, in denen das Konnossement übertragen wurde und der benannte Empfänger oder ein sonstiger legitimierte Konnossementsbesitzer Ansprüche gegen den Verfrachter geltend macht. Durch die in S. 2 verwendete Formulierung „zu Lasten des aus dem Konnossement Berechtigten" soll eine Angleichung an die in den § 514 Abs. 1 und § 519 verwendete Terminologie erfolgen und klargestellt werden, dass „Dritter" im Sinne dieser Vorschrift ein im Konnossement benannter Empfänger ist, an den das Konnossement begeben wurde, oder ein Dritter zu verstehen ist, dem das Konnossement übertragen wurde.[1]

3 S. 3 regelt eine Ausnahmevorschrift zu der Regelung in S. 2. Dritten gegenüber sollen Bestimmungen in Konnossementen ausnahmsweise wirksam sein, wenn diese Bestimmungen den Ausschluss der Haftung für nautisches Verschulden der Leute des Verfrachters oder der Schiffsbesatzung zum Gegenstand haben. Die nämliche Ausnahme gilt für Konnossementsregelungen, die Feuer oder Explosion an Bord des Schiffes zum Gegenstand haben. Damit soll durch Konnossementsbestimmungen gewährleistet werden, dass der Verfrachter auch künftig die Möglichkeit hat, sich der internationalen Praxis entsprechend von der Haftung für nautisches Verschulden bzw. für Feuer und Explosion freizuzeichnen.[2] Durch die Verweisung lediglich auf § 512 Abs. 2 Nr. 1 wird klargestellt, dass nur die Fälle erfasst werden, in denen der Verfrachter seine Haftung einschränkt.[3]

§ 526 Seefrachtbrief. Verordnungsermächtigung

(1) [1]Der Verfrachter kann, sofern er nicht ein Konnossement ausgestellt hat, einen Seefrachtbrief ausstellen. [2]Auf den Inhalt des Seefrachtbriefs ist § 515 entsprechend anzuwenden mit der Maßgabe, dass an die Stelle des Abladers der Befrachter tritt.

(2) [1]Der Seefrachtbrief dient bis zum Beweis des Gegenteils als Nachweis für Abschluss und Inhalt des Stückgutfrachtvertrages sowie für die Übernahme des Gutes durch den Verfrachter. [2]§ 517 ist entsprechend anzuwenden.

(3) Der Seefrachtbrief ist vom Verfrachter zu unterzeichnen; eine Nachbildung der eigenhändigen Unterschrift durch Druck oder Stempel genügt.

(4) [1]Dem Seefrachtbrief gleichgestellt ist eine elektronische Aufzeichnung, die dieselben Funktionen erfüllt wie der Seefrachtbrief, sofern sichergestellt ist, dass die Authentizität und die Integrität der Aufzeichnung gewahrt bleiben (elektronischer Seefrachtbrief). [2]Das Bundesministerium der Justiz wird ermächtigt, im Einvernehmen mit dem Bundesministerium des Innern und für Heimat durch Rechtsverordnung, die nicht der Zustimmung des Bundesrates bedarf, die Einzelheiten der Ausstellung und der Vorlage eines elektronischen Seefrachtbriefs sowie die Einzelheiten des Verfahrens über nachträgliche Eintragungen in einen elektronischen Seefrachtbrief zu regeln.

Schrifttum: Marr, Der Seefrachtbrief – eine Betrachtung unter dem Gesichtspunkt des Konnossementsrechts, RdTW 2023, 88; Ramming, Der Seefrachtbrief, RdTW 2013, 373.

1 Die Vorschrift regelt die Rechtslage für die Verwendung von Seefrachtbriefen.[1] Der Seefrachtbrief wird vom Gesetzgeber als weiteres gesetzlich geregeltes Beförderungsdokument neben dem Konnos-

[1] Vgl. BT-Drs. 17/11884, 129.
[2] Vgl. Begr. RegE, BT-Drs. 17/10309, 99.
[3] Vgl. BT-Drs. 17/11884, 129.
[1] Ramming RdTW 2013, 373 ff.

sement zur Verfügung gestellt. Der Seefrachtbrief unterscheidet sich vom Konnossement vor allem[2] dadurch, dass das Verlangen der Ablieferung sowie jede sonstige Verfügung über den Herausgabeanspruch nicht von der Vorlage des Dokuments abhängig ist.[3]

Der Seefrachtbrief ist kein Wertpapier; er kann deshalb auch nicht übertragen und von einem gutgläubigen Dritten erworben werden. Ein Einwendungsausschluss findet nicht statt. Er ist nach Abs. 2 und nach dem Vorbild des Frachtbriefs iSd § 409 **Beweisurkunde** über den Abschluss und den Inhalt des Stückgutfrachtvertrages sowie über die Übernahme des Gutes durch den Verfrachter. 2

Nach Abs. 1 S. 1 ist **Aussteller** des Seefrachtbriefs der Verfrachter. Eine gesetzliche Verpflichtung zur Ausstellung eines Seefrachtbriefs ist nicht vorgesehen. Eine entsprechende Pflicht kann im Frachtvertrag vereinbart werden. Unzulässig ist die Ausstellung eines Seefrachtbriefs, wenn ein Konnossement ausgestellt ist. 3

Ein wirksamer, die Vermutungswirkungen des im Hinblick auf den Abschluss und den Inhalt des Frachtvertrages (§ 526 Abs. 2) auslösende Bedeutung, entfaltet der Seefrachtvertrag, wenn er die erforderlichen **Mindestangaben** enthält (§ 526 Abs. 1 S. 2, § 515):[4] Angaben zur Identität der am Frachtvertrag beteiligten Personen; eine Anschrift bzw. die Nennung der Gesellschaftsform ist nicht erforderlich. Die zu befördernden Güter müssen mindestens nach allgemeinen Merkmalen umschrieben sein. Das Dokument muss ferner Angaben dazu enthalten, wo die Güter übernommen und wo sie abzuliefern sind. Die Beförderungsstrecke muss überdies (überwiegend) eine Seestrecke sein (§ 450 Nr. 2); andernfalls liegt ggf. ein Frachtbrief iSd §§ 408, 409 bzw. des § 26 BinSchG vor. Im Hinblick auf die Vermutungswirkung ist ferner erforderlich, dass dem Seefrachtbrief die Übernahme des Gutes durch den Verfrachter zur Beförderung zu entnehmen ist; ausnahmsweise ist eine ausdrückliche Angabe dieses Inhalts entbehrlich, wenn sich die Übernahme mittelbar aus dem Dokument ergibt.[5] Angaben zum Gut sind zumindest in der Weise erforderlich, dass dieses mittels der Angaben identifiziert werden kann. Weitere Angaben sind nicht konstitutiv für den Seefrachtbrief, können aber – auch unter Bezugnahme auf Regelwerke wie die AGB des Verfrachters oder die ADSp – aufgenommen werden.[6] Ungeachtet der umstrittenen Rechtslage zum Konnossementsrecht (→ § 481 Rn. 104 ff.) ist der Verweis im Seefrachtbrief auf Bestimmungen außerhalb des Dokuments nicht ausgeschlossen; für eine wirksame Einbeziehung in das Seefrachtbriefverhältnis ist allerdings zu fordern, dass die betreffenden Regelungen hinreichend deutlich umschrieben werden, sodass sie nur anhand der Angaben im Seefrachtbrief ermittelt werden können.[7] 4

Nicht zu den notwendigen Angaben gehört die Nennung des Empfängers; wird ein Empfänger nicht genannt (§ 526 Abs. 1 S. 2, § 515 Abs. 1 Nr. 6), schuldet der Verfrachter die Ablieferung an den Befrachter. Ebenso wenig ist die vereinbarte Fracht oder das Schiff, mit dem die Beförderung durchgeführt werden soll, erforderlich. 5

Der Seefrachtbrief muss, um die Mindestanforderungen zu erfüllen, vom oder für den Verfrachter unterzeichnet sein (Abs. 3). Die Unterschrift durch den Befrachter oder einen Dritten genügt nicht; eine Unterzeichnung durch beide Parteien des Stückgutfrachtvertrages ist nicht erforderlich, aber auch nicht schädlich. Eine eigenhändige Unterschrift ist nicht geboten; eine Nachbildung der Unterschrift ist gem. Abs. 3 Hs. 2 ausreichend. 6

Dem Seefrachtbrief kommt wegen des Verweises in Abs. 2 S. 2 auf § 517 die Beweiskraft des Konnossements zu; die Vermutungswirkung betrifft den Abschluss und den Inhalt des Frachtvertrages. Er bewirkt mangels abweichender Vermerke insbesondere die Vermutung, dass sich das Gut bei der Übernahme durch den Verfrachter in dem im Seefrachtbrief beschriebenen guten Zustand befunden hat. 7

Abs. 4 ist die Grundlagenbestimmung für elektronische Seefrachtbriefe. Die Rechtsverordnung nach Abs. 4 S. 4 ist noch nicht erlassen. Praktische Bedeutung hat die Regelung deshalb derzeit noch nicht erlangt. 8

Zweiter Titel. Reisefrachtvertrag

§ 527 Reisefrachtvertrag

(1) [1]Durch den Reisefrachtvertrag wird der Verfrachter verpflichtet, das Gut mit einem bestimmten Schiff im Ganzen, mit einem verhältnismäßigen Teil eines bestimmten Schiffes oder in einem bestimmt bezeichneten Raum eines solchen Schiffes auf einer oder

[2] Näher Marr RdTW 2023, 88 ff.
[3] Marr RdTW 2023, 88 Rn. 11.
[4] Näher Ramming RdTW 2013, 373 (375).
[5] Ramming RdTW 2013, 373 (375).
[6] Ramming RdTW 2013, 373 (376 f.).
[7] Ramming RdTW 2022, 376 (377); weitergehend Marr RdTW 2023, 88 Rn. 26: pauschaler Verweis möglich.

mehreren bestimmten Reisen über See zum Bestimmungsort zu befördern und dort dem Empfänger abzuliefern. [2]Jede Partei kann die schriftliche Beurkundung des Reisefrachtvertrags verlangen.

(2) Auf den Reisefrachtvertrag sind die §§ 481 bis 511 und 513 bis 525 entsprechend anzuwenden, soweit die §§ 528 bis 535 nichts anderes bestimmen.

Schrifttum (zu §§ 527 ff.): Eder/Bennet/Berry/Foxton/Smith, Scrutton on Charterparties and Bills of Lading, 22nd ed. 2011; Herber, Seehandelsrecht, 2. Aufl. 2016; Jessen, Rechtsfragen des „safe port"/„safe berth" in Charterverträgen, TranspR 2012, 357; Trappe, Problem „Zeitcharter", TranspR 2011, 332; Trappe, Zum Thema „Berth Charterparty", TranspR 2011, 237; Trappe, Zur Zählung der Liegezeit in der Seeschiffahrt nach deutschem und englischem Recht, TranspR 2007, 437.

1 Der Reisefrachtvertrag stellt neben dem Stückgutfrachtvertrag einen weiteren Typus des seehandelsrechtlichen Beförderungsvertrages dar. Seine charakteristische Besonderheit liegt darin, dass die Beförderung des Gutes mit einem bestimmten Schiff zu erfolgen hat. Gegenstand der vertraglich geschuldeten Beförderungsleistung ist nicht die Güterbeförderung als solche, sondern die Beförderung mit einem bestimmten Schiff auf einer oder mehreren bestimmten Reisen über See. Die Bestimmtheit des zur Beförderung vorgesehenen Schiffes und die Bestimmtheit der vorgesehenen Reise oder Reisen prägen den auch als Reisecharter bezeichneten Reisefrachtvertrag. Von den Charterverträgen im Rechtssinne der §§ 553 ff. unterscheidet sich der Reisechartervertrag durch die nur dort bestehende Verpflichtung zur Schiffsüberlassung (→ § 557 Rn. 1 f.).

2 Der Reisefrachtvertrag wird regelmäßig die Beförderung durch ein „bestimmtes Schiff im Ganzen" zum Gegenstand haben. Abs. 1 S. 1 definiert als Reisefrachtvertrag aber auch einen solchen Vertrag, nach dem die vertraglich übernommene Beförderungsleistung „mit einem verhältnismäßigen Teil eines bestimmten Schiffes oder in einem bestimmt bezeichneten Raum eines solchen Schiffes" zu erfolgen hat. Die Unterscheidung des Reisefrachtvertrages vom Stückgutfrachtvertrag wird damit nach dem Erscheinungsbild des Beförderungsgeschehens undeutlich; sie ist aber im Hinblick auf den durch Abs. 2 erweiterten Bereich rechtsgeschäftlicher Vertragsfreiheit für den Reisefrachtvertrag geboten. Rechtlich erfolgt auch die Abgrenzung des auf einen bestimmten Raum des Schiffes bezogenen Reisefrachtvertrages vom Stückgutfrachtvertrag nach dem Tatbestand des Abs. 1 S. 1 allein danach, ob die vom Verfrachter übernommene Verpflichtung die Beförderung des Gutes als solche zum Gegenstand hat oder aber der Beförderungsvertrag eine vertragliche Festlegung darüber enthält, welcher Teil eines Schiffes oder welcher Raum eines bestimmten Schiffes für die Beförderung zur Verfügung zu stellen ist. Auf andere Kriterien, wie etwa die Übernahme der Verpflichtung zum Laden oder Löschen des Gutes durch den Be- oder Verfrachter kommt es nach Abs. 1 S. 1 nicht an.[1]

3 Abs. 2 bestimmt, welche Regelungen des Stückgutfrachtvertrages auf den Reisefrachtvertrag anzuwenden sind. Dabei handelt es sich mit zwei Ausnahmen um sämtliche Vorschriften. Ausgenommen ist zunächst § 512. Damit wird die grundsätzliche Dispositivität der gesetzlichen Regeln des Reisefrachtvertrages geregelt. Die sich aus § 512 ergebenden Schranken für die Dispositivität des gesetzlichen Stückgutfrachtvertragsrechts sind für den Reisefrachtvertrag grundsätzlich nicht anwendbar. Eine Ausnahme von diesem Grundsatz besteht dann, wenn ein Konnossement ausgestellt ist, weil § 525 auch für den Reisefrachtvertrag anwendbar ist, der wiederum auf § 512 verweist.

4 Wegen der Bezugnahme in Abs. 2 findet die Pflicht des § 485, ein see- und ladungstüchtiges Schiff zur Verfügung zu stellen, auf die Reisecharter Anwendung. Ebenso gelten die Vorschriften der §§ 498 ff. und damit die Vorschriften der § 499 Abs. 2 S. 2 und § 498 Abs. 2 S. 2 bei fehlender See- und Ladungstüchtigkeit des Schiffes. Kommt es im Rahmen der Reisecharter zu einer verspäteten Ablieferung des Gutes, die auf einem Mangel der See- und Ladungstüchtigkeit des Schiffes beruht, haftet der Verfrachter über Abs. 2 gem. § 485 HGB, § 280 Abs. 1 BGB.[2]

5 Reisefrachtverträge werden regelmäßig nach Formularbedingungen abgeschlossen.[3] § 527 eröffnet den erforderlichen Regelungsspielraum für die nach internationaler Praxis verwendeten Charterparties insbesondere die GENCON-, BALTIME- und die NYPE-C/P.[4] Insbesondere die BIMCO hat zahlreiche, nach Schiffstypen und Güterarten differenzierende Standardformulare entwickelt.[5]

[1] Vgl. Begr. RegE, BT-Drs. 17/10309, 100.
[2] Ramming RdTW 2014, 41 (48).
[3] Vgl. Rabe/Bahnsen/Rabe Anh. VI ff. zu § 526.
[4] Zu den NYPE 2015 vgl. Mroß/Hartmann RdTW 2016, 251 ff.
[5] Veröffentlicht unter www.bimco.org.

Eine AGB-Kontrolle der typischen Formularverträge von Reisefrachtverträgen gem. §§ 305 ff. BGB führt im Hinblick auf die dabei nach § 310 zu berücksichtigen Handelsbräuche zu keinen nennenswerten Schranken der Wirksamkeit.[6] 6

Das auf Reisecharterverträge anwendbare Recht wird praktisch ausnahmslos durch Rechtswahlklauseln iSd Art. 3 Rom I-VO bestimmt. Andernfalls erfolgt die Anknüpfung objektiv gem. Art. 5 Rom I-VO.[7] 7

§ 528 Ladehafen. Ladeplatz

(1) Der Verfrachter hat das Schiff zur Einnahme des Gutes an den im Reisefrachtvertrag benannten oder an den vom Befrachter nach Abschluss des Reisefrachtvertrags zu benennenden Ladeplatz hinzulegen.

(2) Ist ein Ladehafen oder ein Ladeplatz im Reisefrachtvertrag nicht benannt und hat der Befrachter den Ladehafen oder Ladeplatz nach Abschluss des Reisefrachtvertrags zu benennen, so muss er mit der gebotenen Sorgfalt einen sicheren Ladehafen oder Ladeplatz auswählen.

Die Vorschrift regelt, an welchem Ladeplatz das Schiff zur Einnahme der Güter vom Verfrachter hinzulegen ist. Abgestellt wird in Abs. 1 auf die vertragliche Vereinbarung oder auf den vom Befrachter nachträglich zu benennenden Ladeplatz. Ob ein Benennungsrecht des Befrachters besteht, ergibt sich nicht aus dem Gesetz, sondern ist nach dem Inhalt des Reisefrachtvertrages zu ermitteln. Den zu benennenden Ladeplatz hat der Befrachter sorgfältig auszuwählen. Er hat somit nach § 347 und damit anders als nach internationalen Standards nur verschuldensabhängig für die Auswahl eines unsicheren Ladehafens oder Ladeplatzes einzustehen.[1] 1

§ 529 Anzeige der Ladebereitschaft

(1) [1]Der Verfrachter hat, sobald das Schiff am Ladeplatz zur Einnahme des Gutes bereit ist, dem Befrachter die Ladebereitschaft anzuzeigen. [2]Hat der Befrachter den Ladeplatz noch zu benennen, kann der Verfrachter die Ladebereitschaft bereits anzeigen, wenn das Schiff den Ladehafen erreicht hat.

(2) [1]Die Ladebereitschaft muss während der am Ladeplatz üblichen Geschäftsstunden angezeigt werden. [2]Wird die Ladebereitschaft außerhalb der ortsüblichen Geschäftsstunden angezeigt, so gilt die Anzeige mit Beginn der auf sie folgenden ortsüblichen Geschäftsstunde als zugegangen.

Dir Vorschrift sieht angesichts der erheblichen Bedeutung der Ladebereitschaftsanzeige im Reisefrachtvertragsrecht, mit der insbesondere die Ladezeit nach Maßgabe des § 530 in Lauf gesetzt wird, nähere Regelungen vor. Die Anzeige ist nach dem Wortlaut des Abs. 1 S. 1 grundsätzlich nur wirksam, wenn das Schiff tatsächlich an dem Ladeplatz angekommen war; dabei macht es keinen Unterschied, ob der Ladeplatz vertraglich vereinbart oder vom Befrachter gem. § 528 nachträglich benannt worden ist. Für den Fall, dass die Benennung des Ladeplatzes weder vereinbart war, noch bereits erfolgt ist, kann die Lagebereitschaftsanzeige bereits vorzeitig erfolgen, wenn das Schiff „den Ladenhafen erreicht" hat. Der Begriff des Ladehafens wird dabei internationaler Praxis entsprechend weit verstanden und schließt das Erreichen eines ausgewiesenen Wartebereichs ein.[1] Der Zeitpunkt für die Berechtigung die Ladebereitschaft anzuzeigen, ist regelmäßig Gegenstand besonderer Abreden im Reisefrachtvertrag. 1

Bei der Ladebereitschaftsanzeige handelt es sich um eine geschäftsähnliche Erklärung, die erst Wirksamkeit entfaltet, wenn sie dem Erklärungsgegner zugegangen ist. Die dabei zu beachtenden Modalitäten regelt Abs. 2. Erklärungsempfänger ist gem. Abs. 1 S. 1 der Befrachter. 2

§ 530 Ladezeit. Überliegezeit

(1) Mit dem auf die Anzeige folgenden Tag beginnt die Ladezeit.

(2) Für die Ladezeit kann, sofern nichts Abweichendes vereinbart ist, keine besondere Vergütung verlangt werden.

---

[6] Vgl. Herber, Seehandelsrecht, 2. Aufl. 2016, 333 f.

[7] Vgl. nur Stahl TranspR 2010, 258 (259).

[1] Vgl. dazu Jessen TranspR 2012, 357 ff.

[1] Vgl. Herber, Seehandelsrecht, 2. Aufl. 2016, 335.

(3) [1]Wartet der Verfrachter auf Grund vertraglicher Vereinbarung oder aus Gründen, die nicht seinem Risikobereich zuzurechnen sind, über die Ladezeit hinaus (Überliegezeit), so hat er Anspruch auf eine angemessene Vergütung (Liegegeld). [2]Macht der Empfänger nach Ankunft des Schiffes am Löschplatz sein Recht entsprechend § 494 Absatz 1 Satz 1 geltend, so schuldet auch er das Liegegeld, wenn ihm der geschuldete Betrag bei Ablieferung des Gutes mitgeteilt worden ist.

(4) [1]Die Ladezeit und die Überliegezeit bemessen sich mangels abweichender Vereinbarung nach einer den Umständen des Falles angemessenen Frist. [2]Bei der Berechnung der Lade- und Überliegezeit werden die Tage in ununterbrochen fortlaufender Reihenfolge unter Einschluss der Sonntage und der Feiertage gezählt. [3]Nicht in Ansatz kommt die Zeit, in der das Verladen des Gutes aus Gründen, die dem Risikobereich des Verfrachters zuzurechnen sind, unmöglich ist.

1 Die Ladezeit benennt den Zeitraum, während dessen das Schiff eine angemessene Zeit am Liegeplatz zu warten hat, bis das Gut verladen ist, ohne dass neben der Fracht ein Zusatzentgelt fällig wird. Die Ladezeit beginnt gem. Abs. 1. Sie umfasst gem. Abs. 4 die Dauer gemäß der vertraglichen Vereinbarung bzw. in Ermangelung einer solchen Abrede einen nach den Umständen angemessenen Zeitraum (Abs. 4). Nähere Angaben zur Angemessenheit enthält das Gesetz nicht.

2 Abs. 3 und 4 regeln die sog. Überliegezeit. Bei der Überliegezeit handelt es sich um den Zeitraum, den das Schiff über die Ladezeit hinaus auf die Verladung zu warten hat. Die Verpflichtung zur Einhaltung einer Überliegezeit besteht regelmäßig gemäß einer im Reisefrachtvertrag getroffenen vertraglichen Vereinbarung. Nach Abs. 3 S. 1 umfasst die Liegezeit unabhängig vom Bestehen einer vertraglichen Vereinbarung auch die Zeit des Wartens auf die Verladung aus Gründen, die nicht dem Risikobereich des Verfrachters zuzurechnen sind. Nach den Gesetzesmaterialien handelt es sich bei der Risikoklausel um einen Anwendungsfall des Sphärengedankens im Frachtrecht, der auch in § 412 Abs. 3, § 419 Abs. 1 S. 3 Niederschlag gefunden hat. Danach ist der Verfrachter nicht für der Sphäre des Befrachters zuzuordnende Ursachen verantwortlich; ebenso sollen – in Abweichung von der Regelung in § 573 Abs. 2 Nr. 1 aF, die mit dem Seehandelsrechtsreformgesetz aufgegeben wurde, – auch zufällige Hindernisse für das Verladen des Gutes nicht notwendig dem Verfrachter zugeordnet werden.[1] Die Bedeutung dieser Änderung und deren Auswirkungen auf die Risikozuordnung nach Sphären lassen sich noch nicht abschätzen. Insbesondere ist fraglich, wie Störungsursachen aus der neutralen Sphäre zu behandeln sind. Traditionell sind im Seehandelsrecht solche Ursachen nach den vertraglich übernommenen Aufgaben entweder der einen oder der anderen Partei des Seefrachtvertrages zugeordnet worden.[2] Die Neuregelung könnte darauf hindeuten, dass zufällige Hindernisse, nämlich solche aus der neutralen Sphäre auch dann nicht dem Verfrachter zuzuordnen sind, wenn sie zur Unmöglichkeit der Beladung führen und dazu ausnahmsweise der Verfrachter verpflichtet ist.[3]

3 Für die Überliegezeit hat der Verfrachter gem. Abs. 3 S. 1 Anspruch auf eine zusätzliche Vergütung, das sog. Liegegeld (demurrage). Die Höhe des kraft Gesetzes geschuldeten Liegegelds ist wiederum durch den unbestimmten Angemessenheitsmaßstab festgelegt. Den Fall, dass die (vereinbarte) Ladezeit unterschritten wird, regelt das Gesetz ebenso wenig wie das in der Vertragspraxis für diesen Fall vereinbarte Entgelt, das sog. Eilgeld (dispatch money).

§ 531 Verladen

(1) [1]Soweit sich aus den Umständen oder der Verkehrssitte nicht etwas anderes ergibt, hat der Befrachter das Gut zu verladen. [2]Die Verantwortung des Verfrachters für die Seetüchtigkeit des beladenen Schiffes bleibt unberührt.

(2) Der Verfrachter ist nicht befugt, das Gut umzuladen.

1 Die Pflicht zur Verladung trifft im Reisefrachtrecht – anders als im Stückgutfrachtrecht – den Befrachter. Die Verantwortung des Verfrachters für die Seetüchtigkeit des Schiffes gem. § 485 bleibt davon unberührt (Abs. 1 S. 2); die Vorschrift entspricht der des § 412 Abs. 1 S. 2 und der des § 563 Abs. 2 für die Zeitfracht. Sie ist gegenstandslos, wenn – abweichend von der Regelung in Abs. 1

[1] Begr. RegE, BT-Drs. 17/10309, 103.

[2] Vgl. BGH 22.6.2011, TranspR 2011, 362 zu § 420 Abs. 3 im Zusammenhang mit der Sperrung eines Schifffahrtsweges wegen einer Havarie; vgl. zuletzt Rabe TranspR 2012, 56 ff.; Braun, Das frachtrechtliche Leistungsstörungsrecht nach dem Transportrechtsreformgesetz, 2002, insbes. 104 ff.

[3] Zur Risikozurechnung von Ereignissen aus der neutralen Sphäre vgl. auch Canaris HandelsR § 31 Rn. 52.

S. 1 der Verfrachter das Verladen des Gutes übernommen hat. Nicht explizit geregelt ist, ob der Befrachter das Gut ohne Rücksicht auf die Seetüchtigkeit des Schiffes stauen und sichern darf. Jedenfalls im Rahmen des Mitverschuldenseinwandes muss der Verfrachter damit rechnen, dass der Begriff der „Verantwortlichkeit" so verstanden wird, dass der Verfrachter allein die Verantwortung für die Seetüchtigkeit des Schiffes zu tragen hat.[1]

Das Umladeverbot des Abs. 2 entspricht dem Grundgedanken des Reisefrachtvertrages, nach dem der Verfrachter gerade zur Beförderung mit einem bestimmten Schiff oder einem Teil davon verpflichtet ist. Abweichungen in AGB von dieser Bestimmung halten einer Inhaltskontrolle nicht Stand. 2

§ 532 Kündigung durch den Befrachter

(1) Der Befrachter kann den Reisefrachtvertrag jederzeit kündigen.

(2) Kündigt der Befrachter, so kann der Verfrachter, wenn er einen Anspruch nach § 489 Absatz 2 Satz 1 Nummer 1 geltend macht, auch ein etwaiges Liegegeld verlangen.

Die Vorschrift entspricht den Regelungen für den Stückgutfrachtvertrag in § 489 und sieht eine Sonderregelung für den dort nicht geregelten Anspruch auf Liegegeld vor. Der Anspruch besteht nur dann, wenn die Kündigung zu einem Zeitpunkt erfolgt ist, in dem bereits ein Anspruch auf Liegegeld gem. § 530 Abs. 3 entstanden ist. 1

§ 533 Teilbeförderung

(1) [1]Der Befrachter kann jederzeit verlangen, dass der Verfrachter nur einen Teil des Gutes befördert. [2]Macht der Befrachter von diesem Recht Gebrauch, gebühren dem Verfrachter die volle Fracht, das etwaige Liegegeld sowie Ersatz der Aufwendungen, die ihm durch das Fehlen eines Teils des Gutes entstehen. [3]Ist der Verfrachter nach dem Reisefrachtvertrag berechtigt, mit demselben Schiff anstelle der nicht verladenen Frachtstücke anderes Gut zu befördern, und macht er von diesem Recht Gebrauch, so ist von der vollen Fracht die Fracht für die Beförderung dieses anderen Gutes abzuziehen. [4]Soweit dem Verfrachter durch das Fehlen eines Teils des Gutes die Sicherheit für die volle Fracht entgeht, kann er außerdem eine anderweitige Sicherheit verlangen. [5]Unterbleibt die Beförderung der vollständigen Ladung aus Gründen, die dem Risikobereich des Verfrachters zuzurechnen sind, steht dem Verfrachter der Anspruch nach den Sätzen 2 bis 4 nur insoweit zu, als tatsächlich Gut befördert wird.

(2) [1]Verlädt der Befrachter das Gut nicht oder nicht vollständig innerhalb der Ladezeit und einer vereinbarten Überliegezeit oder wird das Gut, wenn dem Befrachter die Verladung nicht obliegt, nicht oder nicht vollständig innerhalb dieser Zeit abgeladen, so kann der Verfrachter dem Befrachter eine angemessene Frist setzen, innerhalb derer das Gut verladen oder abgeladen werden soll. [2]Wird das Gut bis zum Ablauf der Frist nur teilweise verladen oder abgeladen, kann der Verfrachter die bereits verladenen oder abgeladenen Frachtstücke befördern und die Ansprüche nach Absatz 1 Satz 2 bis 4 geltend machen. [3]§ 490 Absatz 4 ist entsprechend anzuwenden.

Die Vorschrift regelt die Rechte und Pflichten der Parteien des Reisefrachtvertrages in den Fällen, 1
in denen nur ein Teil der Ladung verladen ist. Die Vorschrift tritt an die Stelle der für den Stückgutfrachtvertrag geltenden Regelungen des § 490, die auf dem abweichenden Grundsatz der Verpflichtung des Verfrachters zum Verladen des Gutes beruhen. Die Vorschriften entspricht weitgehend den §§ 416, 417 (→ § 416 Rn. 1 ff.; → § 417 Rn. 1 ff.).

§ 534 Kündigung durch den Verfrachter

(1) Verlädt der Befrachter kein Gut innerhalb der Ladezeit und einer vereinbarten Überliegezeit oder wird, wenn dem Befrachter die Verladung nicht obliegt, kein Gut innerhalb dieser Zeit abgeladen, so kann der Verfrachter den Vertrag nach Maßgabe des § 490 kündigen und die Ansprüche nach § 489 Absatz 2 in Verbindung mit § 532 Absatz 2 geltend machen.

[1] Ramming RdTW 2014, 41 (48).

(2) Der Verfrachter kann den Vertrag bereits vor Ablauf der Ladezeit und einer vereinbarten Überliegezeit nach Maßgabe des § 490 kündigen, wenn offensichtlich ist, dass das Gut nicht verladen oder abgeladen wird.

1 Das Kündigungsrecht des Verfrachters nach dieser Vorschrift tritt an die Stelle der Kündigung des Frachtvertrages im Recht des Stückgutfrachtvertrages. Entsprechendes gilt für die in Abs. 1 S. 2 geregelten Folgen der Kündigung. Abs. 2 eröffnet die Befugnis zu einer vorzeitigen Kündigung in Übereinstimmung mit § 490 Abs. 2.

§ 535 Löschen

(1) [1]Die §§ 528 bis 531 über Ladehafen und Ladeplatz, Anzeige der Ladebereitschaft, Ladezeit und Verladen sind entsprechend auf Löschhafen und Löschplatz, Anzeige der Löschbereitschaft, Löschzeit und Löschen anzuwenden. [2]Abweichend von § 530 Absatz 3 Satz 2 schuldet der Empfänger jedoch auch dann Liegegeld wegen Überschreitung der Löschzeit, wenn ihm der geschuldete Betrag bei Ablieferung des Gutes nicht mitgeteilt worden ist.

(2) Ist der Empfänger dem Verfrachter unbekannt, so ist die Anzeige der Löschbereitschaft durch öffentliche Bekanntmachung in ortsüblicher Weise zu bewirken.

1 Neben der Regelung in Abs. 1, nach der die genannten Regelungen für das Ladegeschehen entsprechend für das Löschen der Ladung anzuwenden sind, regelt Abs. 1 S. 2 in Abweichung von der Regelung in § 530 Abs. 3 S. 2 einen Liegegeldanspruch des Verfrachters wegen Überschreitens der Löschzeit auch dann, wenn ihm der Betrag bei Ablieferung des Gutes nicht mitgeteilt worden ist; die Regelung entspricht § 421 Abs. 3.

Zweiter Unterabschnitt. Personenbeförderungsverträge

Vorbemerkung (Vor § 536)

Schrifttum (zu §§ 536 ff.): Czerwenka, Haftung für Personen- und Gepäckschäden bei Schiffsreisen, DAR 2014, 242; Freise, Das Transportrecht – Stand und Entwicklungslinien, RdTW 2014, 41; Führich/Staudinger, Reiserecht, 9. Aufl. 2024; Haak, Haftung bei der Personenbeförderung, TranspR 2009, 162; Hasche, Das IPR der Passagierbeförderung, TranspR 2010, 282; Karsten, Das Weißbuch zur Verkehrspolitik und die Konsolidierung des EU-Passagierrechts, VuR 2011, 215; Kröger, Die Passagierbeförderung auf See, Diss. Hamburg 2009; Lagoni, Die Haftung des Beförderers von Reisenden auf See und im Binnenschiffsverkehr und das Gemeinschaftsrecht, ZEuP 2007, 1079; Ramming, Die Haftung des Eigners bzw. Reeders für Passagierschäden aufgrund eines Zusammenstoßes von Schiffen. RdTW 2018, 251; Ramming, Die Haftung des Reiseveranstalters für Personen- und Gepäckschäden bei Schiffsbeförderungen, RdTW 2017, 321; Ramming, Die Beförderung von Fahrzeugen auf Schiffen – mitgeführtes Gepäck der Insassen oder begleitetes Gut?, RdTW 2017, 81; Schreiber, Die Auswirkungen des Seetransportrechts auf das Reiserecht, TranspR 2012, 369; Staudinger/Houida, Die Entwicklung des Reiserechts im zweiten Halbjahr 2024, NJW 2025, 870.

1 Die Vorschriften über die „Personenbeförderungsverträge" sehen nur Regelungen über die Haftung des Beförderers von Fahrgästen und ihrem Gepäck für Tod oder Körperverletzung des Fahrgastes oder Verlust oder Beschädigung oder verspätete Aushändigung von Gepäck vor. Die Vielzahl der Rechtsfragen der Durchführung von Personenbeförderungsverträgen ist im Übrigen Gegenstand der Regelungen des allgemeinen Privatrechts im BGB (→ Vor § 476 Rn. 22). Insofern ist die Überschrift des Unterabschnitts weiter gefasst, als der Regelungsgehalt hergibt. Insbesondere in Bezug auf die Haftung des Unternehmers für Personen- und Gepäckschäden kann es zwischen dem Pauschalreisevertrag, der die Beförderung des Reisenden (und seines Gepäcks) per Schiff über See- oder Binnengewässern einschließt, und dem Passagier-Beförderungsrecht zu Überschneidungen kommen. Die Einstandspflicht für Personen- und Gepäckschäden bei der Beförderung von Reisenden und ihrem Gepäck auf See ist im AthenÜ 2002 sowie den §§ 536 ff. HGB eigenständig und abweichend von den allgemeinen Grundsätzen geregelt. Im Pauschalreiserecht gelten die allgemeinen Anspruchsgrundlagen, namentlich § 651n BGB, wenn der Personen- oder Gepäckschaden auf einem Reisemangel beruht. Nach den Grundsätzen des Rechts der Passagierbeförderung erfüllt der Reiseveranstalter nicht die Voraussetzungen eines vertraglichen Beförderers; er schuldet nicht nur die Beförderung, sondern darüber hinaus die Durchführung weiterer Reiseleistungen. Gemäß § 651p Abs. 2 BGB hat der Reiseveranstalter allerdings das Recht, im Hinblick auf gegen ihn gerichtete

Ansprüche auf Schadensersatz die Anwendung bestimmter besonderer Rechtsvorschriften zu wählen. Diese Rechtsvorschriften müssen sich insbesondere aus internationalen Übereinkommen ergeben oder auf solchen beruhen. Auf dieser Grundlage kann der Reiseveranstalter erreichen, dass sich seine Einstandspflicht für Personen- und Gepäckschäden, zu denen es während einer Beförderung per Schiff kommt, nach den Grundsätzen des Passagier-Haftungsrechts und nicht nach den Bestimmungen des Pauschalreiserechts richtet.[1] Hinsichtlich der Haftung von Luftfahrtunternehmen bei der Beförderung von Fluggästen und deren Gepäck im Luftverkehr sind die Bestimmungen des Übereinkommens von Montreal zu beachten.[2]

Die Regelungen beruhen auf dem Athener Übereinkommen 2002 und den VO-Athen.[3] Deren 2
Vorschriften sind allerdings nicht unmittelbar übernommen worden; die Regelungen beruhen auf einer eigenständig systematisierten und redaktionell überarbeiteten Umsetzung in den Zweiten Unterabschnitt.[4] Von einer Kommentierung wird an dieser Stelle abgesehen (→ Vor § 476 Rn. 22).

§ 536 Anwendungsbereich

(1) [1]Für Schäden, die bei der Beförderung von Fahrgästen und ihrem Gepäck über See durch den Tod oder die Körperverletzung eines Fahrgasts oder durch den Verlust, die Beschädigung oder verspätete Aushändigung von Gepäck entstehen, haften der Beförderer und der ausführende Beförderer nach den Vorschriften dieses Unterabschnitts. [2]Das Recht, eine Beschränkung der Haftung nach den §§ 611 bis 617 oder den §§ 4 bis 5n des Binnenschifffahrtsgesetzes geltend zu machen, bleibt unberührt.

(2) [1]Die Vorschriften dieses Unterabschnitts gelten nicht, soweit die folgenden Regelungen maßgeblich sind:
1. unmittelbar anwendbare Regelungen der Europäischen Union in ihrer jeweils geltenden Fassung, insbesondere die Verordnung (EG) Nr. 392/2009 des Europäischen Parlaments und des Rates vom 23. April 2009 über die Unfallhaftung von Beförderern von Reisenden auf See (ABl. L 131 vom 28.5.2009, S. 24), oder
2. unmittelbar anwendbare Regelungen in völkerrechtlichen Übereinkünften.
[2]Die Haftungsvorschriften dieses Unterabschnitts gelten ferner nicht, wenn der Schaden auf einem von einer Kernanlage ausgehenden nuklearen Ereignis beruht und der Inhaber der Kernanlage nach den Vorschriften des Übereinkommens vom 29. Juli 1960 über die Haftung gegenüber Dritten auf dem Gebiet der Kernenergie in der Fassung der Bekanntmachung vom 5. Februar 1976 (BGBl. 1976 II S. 310, 311) und des Protokolls vom 16. November 1982 (BGBl. 1985 II S. 690) oder des Atomgesetzes haftet.

§ 537 Begriffsbestimmungen

Im Sinne dieses Unterabschnitts ist
1. ein Beförderer eine Person, die einen Vertrag über die Beförderung eines Fahrgasts über See (Personenbeförderungsvertrag) schließt;
2. ein Fahrgast eine Person, die
a) auf Grund eines Personenbeförderungsvertrags befördert wird oder
b) mit Zustimmung des Beförderers ein Fahrzeug oder lebende Tiere, die auf Grund eines Seefrachtvertrags befördert werden, begleitet;
3. Gepäck jeder Gegenstand, der auf Grund eines Personenbeförderungsvertrags befördert wird, ausgenommen lebende Tiere;
4. Kabinengepäck das Gepäck, das ein Fahrgast in seiner Kabine oder sonst in seinem Besitz hat, einschließlich des Gepäcks, das ein Fahrgast in oder auf seinem Fahrzeug hat;
5. ein Schifffahrtsereignis ein Schiffbruch, ein Kentern, ein Zusammenstoß oder eine Strandung des Schiffes, eine Explosion oder ein Feuer im Schiff oder ein Mangel des Schiffes;

[1] Eingehend Ramming RdTW 2017, 321 (346).
[2] Dazu Müller-Rostin, Das Montrealer Übereinkommen vom 28. Mai 1999 – Neue Haftungsregelungen für den internationalen Luftverkehr, GPR 2004, 266.
[3] VO (EU) 1177/2010 über die Fahrgastrechte im See- und Binnenschiffsverkehr (sog. Athen II-VO), gültig ab 18.12.2012; VO (EG) 392/2009 über die Unfallhaftung von Beförderern von Reisenden auf See (sog. Athen-VO), gültig ab 31.12.2012 (ABl. EU 2009 L 131, 24); vgl. Karsten VuR 2011, 215 ff.
[4] Zur Kritik an diesem Vorgehen vgl. DVIS Stellungnahme Rn. 145 f.

6. ein Mangel des Schiffes eine Funktionsstörung, ein Versagen oder eine Nichteinhaltung von anwendbaren Sicherheitsvorschriften in Bezug auf einen Teil des Schiffes oder seiner Ausrüstung, wenn dieser Teil oder diese Ausrüstung verwendet wird
   a) für das Verlassen des Schiffes, die Evakuierung oder die Ein- und Ausschiffung der Fahrgäste,
   b) für den Schiffsantrieb, die Ruderanlage, die sichere Schiffsführung, das Festmachen, das Ankern, das Anlaufen oder Verlassen des Liege- oder Ankerplatzes oder die Lecksicherung nach Wassereinbruch oder
   c) für das Aussetzen von Rettungsmitteln.

§ 538 Haftung des Beförderers für Personenschäden

(1) [1]Der Beförderer haftet für den Schaden, der durch den Tod oder die Körperverletzung eines Fahrgasts entsteht, wenn das den Schaden verursachende Ereignis während der Beförderung eingetreten ist und auf einem Verschulden des Beförderers beruht. [2]Ist das den Schaden verursachende Ereignis ein Schifffahrtsereignis, wird das Verschulden vermutet.

(2) [1]Abweichend von Absatz 1 haftet der Beförderer ohne Verschulden für den Schaden, der durch den Tod oder die Körperverletzung eines Fahrgasts auf Grund eines Schifffahrtsereignisses während der Beförderung entsteht, soweit der Schaden den Betrag von 250 000 Rechnungseinheiten nicht übersteigt. [2]Der Beförderer ist jedoch von dieser Haftung befreit, wenn das Ereignis
1. infolge von Feindseligkeiten, einer Kriegshandlung, eines Bürgerkriegs, eines Aufstands oder eines außergewöhnlichen, unvermeidlichen und unabwendbaren Naturereignisses eingetreten ist oder
2. ausschließlich durch eine Handlung oder Unterlassung verursacht wurde, die von einem Dritten in der Absicht, das Ereignis zu verursachen, begangen wurde.

(3) [1]Die Beförderung im Sinne der Absätze 1 und 2 umfasst
1. den Zeitraum, in dem sich der Fahrgast an Bord des Schiffes befindet, einschließlich des Zeitraums, in dem er ein- und ausgeschifft wird, sowie
2. den Zeitraum, in dem der Fahrgast auf dem Wasserweg vom Land auf das Schiff oder umgekehrt befördert wird, wenn die Kosten dieser Beförderung im Beförderungsentgelt inbegriffen sind oder wenn das für diese zusätzliche Beförderung benutzte Wasserfahrzeug dem Fahrgast vom Beförderer zur Verfügung gestellt worden ist.

[2]Nicht erfasst ist der Zeitraum, in dem sich der Fahrgast in einer Hafenstation, auf einem Kai oder in oder auf einer anderen Hafenanlage befindet.

§ 539 Haftung des Beförderers für Gepäck- und Verspätungsschäden

(1) [1]Der Beförderer haftet für den Schaden, der durch Verlust oder Beschädigung von Kabinengepäck oder von anderem Gepäck entsteht, wenn das den Schaden verursachende Ereignis während der Beförderung eingetreten ist und auf einem Verschulden des Beförderers beruht. [2]Bei Verlust oder Beschädigung von Kabinengepäck auf Grund eines Schifffahrtsereignisses und bei Verlust oder Beschädigung anderen Gepäcks wird das Verschulden vermutet.

(2) [1]Der Beförderer haftet entsprechend Absatz 1 auch für den Schaden, der daraus entsteht, dass das Gepäck dem Fahrgast nicht innerhalb einer angemessenen Frist nach Ankunft des Schiffes, auf dem das Gepäck befördert worden ist oder hätte befördert werden sollen, wieder ausgehändigt worden ist. [2]Die Haftung ist jedoch ausgeschlossen, wenn die verspätete Aushändigung auf Arbeitsstreitigkeiten zurückzuführen ist.

(3) Abweichend von den Absätzen 1 und 2 haftet der Beförderer nicht für den Schaden, der durch Verlust, Beschädigung oder verspätete Aushändigung von Geld, begebbaren Wertpapieren, Gold, Silber, Juwelen, Schmuck, Kunstgegenständen oder sonstigen Wertsachen entsteht, es sei denn, dass solche Wertsachen bei dem Beförderer zur sicheren Aufbewahrung hinterlegt worden sind.

(4) Die Beförderung im Sinne des Absatzes 1 umfasst folgende Zeiträume:
1. hinsichtlich des Kabinengepäcks mit Ausnahme des Gepäcks, das der Fahrgast in oder auf seinem Fahrzeug hat,

a) den Zeitraum, in dem sich das Kabinengepäck an Bord des Schiffes befindet, einschließlich des Zeitraums, in dem das Kabinengepäck ein- und ausgeschifft wird,
b) den Zeitraum, in dem das Kabinengepäck auf dem Wasserweg vom Land auf das Schiff oder umgekehrt befördert wird, wenn die Kosten dieser Beförderung im Beförderungspreis inbegriffen sind oder wenn das für diese zusätzliche Beförderung benutzte Wasserfahrzeug dem Fahrgast vom Beförderer zur Verfügung gestellt worden ist, sowie
c) den Zeitraum, in dem sich der Fahrgast in einer Hafenstation, auf einem Kai oder in oder auf einer anderen Hafenanlage befindet, wenn das Kabinengepäck von dem Beförderer oder seinen Bediensteten oder Beauftragten übernommen und dem Fahrgast nicht wieder ausgehändigt worden ist;

2. hinsichtlich anderen Gepäcks als des in Nummer 1 genannten Kabinengepäcks den Zeitraum von der Übernahme durch den Beförderer an Land oder an Bord bis zur Wiederaushändigung.

§ 540 Haftung für andere

[1]Der Beförderer hat ein Verschulden seiner Leute und der Schiffsbesatzung in gleichem Umfang zu vertreten wie eigenes Verschulden, wenn die Leute und die Schiffsbesatzung in Ausübung ihrer Verrichtungen handeln. [2]Gleiches gilt für ein Verschulden anderer Personen, deren er sich bei der Ausführung der Beförderung bedient.

§ 541 Haftungshöchstbetrag bei Personenschäden

(1) [1]Die Haftung des Beförderers wegen Tod oder Körperverletzung eines Fahrgasts ist in jedem Fall auf einen Betrag von 400 000 Rechnungseinheiten je Fahrgast und Schadensereignis beschränkt. [2]Dies gilt auch für den Kapitalwert einer als Entschädigung zu leistenden Rente.

(2) Abweichend von Absatz 1 ist die Haftung des Beförderers auf einen Betrag von 250 000 Rechnungseinheiten je Fahrgast und Schadensereignis beschränkt, wenn der Tod oder die Körperverletzung auf einem der folgenden Umstände beruht:

1. Krieg, Bürgerkrieg, Revolution, Aufruhr, Aufständen oder dadurch veranlassten inneren Unruhen oder feindlichen Handlungen durch oder gegen eine Krieg führende Macht,
2. Beschlagnahme, Pfändung, Arrest, Verfügungsbeschränkung oder Festhalten sowie deren Folgen oder dahingehenden Versuchen,
3. zurückgelassenen Minen, Torpedos, Bomben oder sonstigen zurückgelassenen Kriegswaffen,
4. Anschlägen von Terroristen oder Personen, die die Anschläge böswillig oder aus politischen Beweggründen begehen, und Maßnahmen, die zur Verhinderung oder Bekämpfung solcher Anschläge ergriffen werden,
5. Einziehung und Enteignung.

(3) Bei Tod oder Körperverletzung mehrerer Fahrgäste tritt bei Anwendung des Absatzes 2 an die Stelle des darin genannten Betrages von 250 000 Rechnungseinheiten je Fahrgast und Schadensereignis der Betrag von 340 Millionen Rechnungseinheiten je Schiff und Schadensereignis, wenn dieser Betrag niedriger ist und unter den Geschädigten im Verhältnis der Höhe ihrer Ansprüche und in Form einer einmaligen Zahlung oder in Form von Teilzahlungen aufgeteilt werden kann.

§ 542 Haftungshöchstbetrag bei Gepäck- und Verspätungsschäden

(1) Die Haftung des Beförderers wegen Verlust, Beschädigung oder verspäteter Aushändigung von Kabinengepäck ist, soweit Absatz 2 nichts Abweichendes bestimmt, auf einen Betrag von 2 250 Rechnungseinheiten je Fahrgast und Beförderung beschränkt.

(2) Die Haftung des Beförderers wegen Verlust, Beschädigung oder verspäteter Aushändigung von Fahrzeugen, einschließlich des in oder auf dem Fahrzeug beförderten Gepäcks, ist auf einen Betrag von 12 700 Rechnungseinheiten je Fahrzeug und je Beförderung beschränkt.

(3) Die Haftung des Beförderers wegen Verlust, Beschädigung oder verspäteter Aushändigung allen anderen als des in den Absätzen 1 und 2 erwähnten Gepäcks ist auf einen Betrag von 3 375 Rechnungseinheiten je Fahrgast und je Beförderung beschränkt.

(4) [1]Soweit nicht Wertsachen betroffen sind, die beim Beförderer zur sicheren Aufbewahrung hinterlegt sind, können der Beförderer und der Fahrgast vereinbaren, dass der Beförderer einen Teil des Schadens nicht zu erstatten hat. [2]Dieser Teil darf jedoch bei Beschädigung eines Fahrzeugs den Betrag von 330 Rechnungseinheiten und bei Verlust, Beschädigung oder verspäteter Aushändigung anderen Gepäcks den Betrag von 149 Rechnungseinheiten nicht übersteigen.

(5) Abweichend von den Absätzen 1 bis 4 hat der Beförderer bei Verlust oder Beschädigung von Mobilitätshilfen oder anderer Spezialausrüstung, die von einem Fahrgast mit eingeschränkter Mobilität verwendet wird, den Wiederbeschaffungswert der betreffenden Ausrüstungen oder gegebenenfalls die Reparaturkosten zu ersetzen.

§ 543 Zinsen und Verfahrenskosten

Zinsen und Verfahrenskosten sind über die in den §§ 538, 541 und 542 genannten Haftungshöchstbeträge hinaus zu erstatten.

§ 544 Rechnungseinheit

[1]Die in den §§ 538, 541 und 542 genannte Rechnungseinheit ist das Sonderziehungsrecht des Internationalen Währungsfonds. [2]Der Betrag wird in Euro entsprechend dem Wert des Euro gegenüber dem Sonderziehungsrecht am Tag des Urteils oder an dem von den Parteien vereinbarten Tag umgerechnet. [3]Der Wert des Euro gegenüber dem Sonderziehungsrecht wird nach der Berechnungsmethode ermittelt, die der Internationale Währungsfonds an dem betreffenden Tag für seine Operationen und Transaktionen anwendet.

§ 545 Wegfall der Haftungsbeschränkung

Die in den §§ 541 und 542 sowie im Personenbeförderungsvertrag vorgesehenen Haftungshöchstbeträge gelten nicht, wenn der Schaden auf eine Handlung oder Unterlassung zurückzuführen ist, die vom Beförderer selbst entweder in der Absicht, einen solchen Schaden herbeizuführen, oder leichtfertig und in dem Bewusstsein begangen wurde, dass ein solcher Schaden mit Wahrscheinlichkeit eintreten werde.

§ 546 Ausführender Beförderer

(1) [1]Wird die Beförderung ganz oder teilweise durch einen Dritten ausgeführt, der nicht der Beförderer ist, so haftet der Dritte (ausführender Beförderer) für den Schaden, der durch den Tod oder die Körperverletzung eines Fahrgasts oder durch Verlust, Beschädigung oder verspätete Aushändigung von Gepäck eines Fahrgasts während der vom ausführenden Beförderer durchgeführten Beförderung entsteht, so, als wäre er der Beförderer. [2]Vertragliche Vereinbarungen, durch die der Beförderer seine Haftung erweitert, wirken gegen den ausführenden Beförderer nur, soweit er ihnen in Textform zugestimmt hat.

(2) Der ausführende Beförderer kann alle Einwendungen und Einreden geltend machen, die dem Beförderer aus dem Personenbeförderungsvertrag zustehen.

(3) Der Beförderer und der ausführende Beförderer haften als Gesamtschuldner.

§ 547 Haftung der Leute und der Schiffsbesatzung

(1) [1]Wird einer der Leute des Beförderers oder des ausführenden Beförderers wegen Tod oder Körperverletzung eines Fahrgasts oder wegen Verlust, Beschädigung oder verspäteter Aushändigung von Gepäck eines Fahrgasts in Anspruch genommen, so kann auch er sich auf die für den Beförderer oder den ausführenden Beförderer geltenden Einreden und Haftungsbeschränkungen berufen, wenn er in Ausübung seiner Verrichtungen gehandelt hat. [2]Gleiches gilt, wenn ein Mitglied der Schiffsbesatzung in Anspruch genommen wird.

(2) Eine Berufung auf die Haftungsbeschränkungen nach Absatz 1 ist ausgeschlossen, wenn der Schuldner selbst vorsätzlich oder leichtfertig und in dem Bewusstsein gehandelt hat, dass ein solcher Schaden mit Wahrscheinlichkeit eintreten werde.

(3) Sind für den Schaden sowohl der Beförderer oder der ausführende Beförderer als auch eine der in Absatz 1 genannten Personen verantwortlich, haften sie als Gesamtschuldner.

§ 548 Konkurrierende Ansprüche

Ansprüche wegen Tod oder Körperverletzung eines Fahrgasts oder wegen Verlust, Beschädigung oder verspäteter Aushändigung von Gepäck können gegen den Beförderer oder den ausführenden Beförderer nur auf der Grundlage der Vorschriften dieses Unterabschnitts geltend gemacht werden.

§ 549 Schadensanzeige

(1) [1]Zeigt der Fahrgast dem Beförderer eine Beschädigung oder einen Verlust seines Gepäcks nicht rechtzeitig an, so wird vermutet, dass er das Gepäck unbeschädigt erhalten hat. [2]Einer Anzeige bedarf es jedoch nicht, wenn der Zustand des Gepäcks im Zeitpunkt seines Empfangs von den Parteien gemeinsam festgestellt oder geprüft worden ist.

(2) Die Anzeige ist rechtzeitig, wenn sie spätestens in folgendem Zeitpunkt erstattet wird:

1. **bei äußerlich erkennbarer Beschädigung von Kabinengepäck im Zeitpunkt der Ausschiffung des Fahrgasts,**
2. **bei äußerlich erkennbarer Beschädigung von anderem Gepäck als Kabinengepäck im Zeitpunkt seiner Aushändigung und**
3. **bei äußerlich nicht erkennbarer Beschädigung von Gepäck oder bei dessen Verlust 15 Tage nach der Ausschiffung oder Aushändigung oder nach dem Zeitpunkt, in dem die Aushändigung hätte erfolgen sollen.**

(3) [1]Die Schadensanzeige bedarf der Textform. [2]Zur Wahrung der Frist genügt die rechtzeitige Absendung.

§ 550 Erlöschen von Schadensersatzansprüchen

Ein Schadensersatzanspruch wegen Tod oder Körperverletzung eines Fahrgasts oder wegen Verlust, Beschädigung oder verspäteter Aushändigung von Gepäck erlischt, wenn er nicht innerhalb einer der folgenden Fristen gerichtlich geltend gemacht wird:

1. **drei Jahre, gerechnet von dem Tag, an dem der Gläubiger von dem Tod oder der Körperverletzung oder von dem Verlust, der Beschädigung oder der verspäteten Aushändigung Kenntnis erlangt hat oder normalerweise hätte erlangen müssen, oder**
2. **fünf Jahre, gerechnet von dem Tag, an dem die Ausschiffung des Fahrgasts erfolgt ist oder hätte erfolgen sollen, je nachdem, welches der spätere Zeitpunkt ist.**

§ 551 Abweichende Vereinbarungen

Soweit in § 542 Absatz 4 nichts Abweichendes bestimmt ist, ist jede Vereinbarung unwirksam, die vor Eintritt des Ereignisses getroffen wird, das den Tod oder die Körperverletzung des Fahrgasts oder den Verlust, die Beschädigung oder die verspätete Aushändigung seines Gepäcks verursacht hat, und durch die die Haftung wegen Tod oder Körperverletzung des Fahrgasts oder wegen Verlust, Beschädigung oder verspäteter Aushändigung seines Gepäcks ausgeschlossen oder eingeschränkt wird.

§ 552 Pfandrecht des Beförderers

(1) Der Beförderer hat für seine Forderung auf das Beförderungsentgelt ein Pfandrecht an dem Gepäck des Fahrgasts.

(2) Das Pfandrecht besteht nur, solange das Gepäck zurückbehalten oder hinterlegt ist.

Dritter Abschnitt. Schiffsüberlassungsverträge

Erster Unterabschnitt. Schiffsmiete

§ 553 Schiffsmietvertrag

(1) Durch den Schiffsmietvertrag (Bareboat Charter) wird der Vermieter verpflichtet, dem Mieter ein bestimmtes Seeschiff ohne Besatzung zu überlassen und ihm den Gebrauch dieses Schiffes während der Mietzeit zu gewähren.

(2) [1]Der Mieter wird verpflichtet, die vereinbarte Miete zu zahlen. [2]Die Miete ist mangels anderer Vereinbarung halbmonatlich im Voraus zu entrichten.

(3) [1]Die Vorschriften dieses Unterabschnitts gelten, wenn der Mieter den Vertrag abschließt, um das Schiff zum Erwerb durch Seefahrt zu betreiben. [2]Betreibt der Mieter kein Handelsgewerbe im Sinne von § 1 Absatz 2 und ist seine Firma auch nicht nach § 2 in das Handelsregister eingetragen, so sind in Ansehung des Schiffsmietvertrags auch insoweit die Vorschriften des Ersten Abschnitts des Vierten Buches ergänzend anzuwenden; dies gilt jedoch nicht für die §§ 348 bis 350.

Schrifttum (zu §§ 553 ff.): Athanassopoulou, Schiffsunternehmen und Schiffsüberlassungsverträge, 2005; Breitzke, Die Rechtsnatur der Zeitcharter, 2005; Fuchs, Die Finanzierung eingetragener Seeschiffe durch geschlossene Schiffsfonds unter besonderer Berücksichtigung der gesellschaftsrechtlichen Strukturen, 2014; Jessen, Rechtsfragen des „safe port"/„safe berth" in Charterverträgen, TranspR 2012, 357; Rabe, Der Zeitchartervertrag nach dem Entwurf der Sachverständigengruppe zur Reform des Seehandelsrechts, TranspR 2010, 1 und 62; Ramming, Ausgewählte Fragen zum neuen Recht der Zeitcharter, RdTW 2013, 333; Trappe, Problem Zeitcharter, TranspR 2011, 332; Zschoche, Die Rechtsnatur der Zeitcharter, VersR 1994, 389.

1 Die Vorschriften zu den Schiffsüberlassungsverträgen sehen neben den Regelungen zur Zeitcharter (§§ 557 ff.) erstmals im HGB auch Vorschriften über die Schiffsmiete vor. Dabei definiert der Gesetzgeber den Schiffsmietvertrag in Abs. 1 als den Vertrag über die Überlassung eines Schiffes ohne Besatzung und fügt die international übliche Bezeichnung der Bareboat Charter als Klammerzusatz hinzu; der Vertrag über die Überlassung eines Schiffes mit Besatzung wird in § 557 unter dem international üblichen Begriff der Zeitcharter geregelt. Zur Abgrenzung der beiden Vertragsarten näher → § 557 Rn. 4 f.

2 Regelungen über die Schiffsmiete fanden sich traditionell auch im BGB; dabei ist es trotz der durch Art. 3 Seehandelsrechtsreformgesetzes getroffenen Änderungen, mit denen die bisherigen Regelungen der §§ 579, 580a BGB in das HGB integriert wurden, immer noch geblieben. Die Vorschrift des § 578a BGB, mit der insbesondere der aus dem Recht der Wohnraummiete stammende Grundsatz „Kauf bricht nicht Miete" (§ 566 BGB) auf in einem deutschen Schiffsregister „eingetragene" Schiffe zur Anwendung kommt, ist ungeachtet der an ihm geübten rechtspolitischen Kritik[1] beibehalten worden.

3 Der Anwendungsbereich der HGB-Vorschriften über die Schiffsmiete gilt für solche Schiffe, die mit dem Zweck zum Erwerb durch Seefahrt betrieben werden sollen, ohne dass es darauf ankommt, dass der Mieter das Schiff tatsächlich nutzt.[2] Die Abgrenzung zum Rechtsbegriff des Mietvertrages über ein Binnenschiff bestimmt sich nicht nach der Registrierung im See- oder Binnenschiffsregister, sondern nach der regelmäßigen tatsächlichen Verwendung des Schiffes für Seereisen oder Fahrten auf Binnengewässern.[3] Auf die Vermietung nicht gewerblicher Schiffe (Sportboote, Urlaubsyachten) finden die Vorschriften keine Anwendung.[4] Die Anwendung der Vorschriften hängt gem. Abs. 3 nicht von der Kaufmannseigenschaft des Mieters ab; auch Kleingewerbetreibende fallen in den persönlichen Anwendungsbereich der Vorschriften.

4 Abs. 1 definiert die Schiffsmiete unter Verwendung des gebräuchlichen Begriffs der Bareboat Charter; beide Begriffe werden in Abs. 1 synonym verwendet. Die Schiffsmiete muss ein Seeschiff zum Gegenstand haben; andernfalls kommt das BinSchG zur Anwendung, das wiederum in seinem § 27 das HGB für entsprechend anwendbar erklärt. Sonderregeln für die in der Praxis übliche Nutzung des Schiffes durch Weiterverchartern enthält das Gesetz nicht; deshalb ist dafür – anders

[1] Vgl. Begr. RegE, BT-Drs. 17/10309, 115 f.
[2] Begr. RegE, BT-Drs. 17/10309, 116.
[3] RG 2.4.1921, RGZ 102, 45.
[4] Ramming RdTW 2025, 88 ff.

in der Regelung der Zeitcharter gem. § 561 Abs. 3 – die Erlaubnis des Vermieters erforderlich (§ 540 Abs. 2 BGB).[5]

Der Mieter (Bareboat Charterer) ist während der Dauer der Charter unmittelbarer Besitzer des Schiffs. Er stellt die Besatzung an und erteilt Weisungen; gegenüber der Crew ist der Charterer auch dann weisungsbefugt, wenn diese von einer crewing agency gestellt wird. Der Mieter, der das Schiff zum Erwerb durch Seefahrt betreibt (Abs. 1), ist im Rechtssinne zugleich Ausrüster iSd § 477. 5

Die Hauptpflichten der Parteien des Schiffsmietvertrages bestehen gem. Abs. 1 S. 1 in der Überlassung des Schiffes ohne Besatzung durch den Vermieter an den Mieter in einem zum vertragsgemäßen Gebrauch geeigneten Zustand iSd § 554 und der Gebrauchsgewährung während der Mietzeit sowie der Pflicht des Mieters zur Zahlung der vereinbarten Miete an den Vermieter (Abs. 2). 6

Für den Fall von Leistungsstörungen sieht das Gesetz in § 553 keine besonderen Regelungen vor. Deshalb ist auf die Vorschriften des allgemeinen Schuldrechts für Rücktrittsrechte und Schadensersatzansprüche zurückzugreifen (§§ 280 ff. BGB, §§ 323 ff. BGB), während ein Rückgriff auf die besonderen Regeln der Miete bzw. Wohnraummiete des BGB nicht erfolgt, da der Gesetzgeber ausweislich der eigenständigen Kündigungsregeln des § 556 für einen solchen Rückgriff keinen Anhaltspunkt gesetzt hat.[6] 7

Eine gesetzliche Regelung, die ein Recht des Mieters zum Abschluss weiterer Schiffsüberlassungsverträge begründet, findet sich ungeachtet der großen tatsächlichen Bedeutung dieser Frage im Unterschied zum Recht der Zeitcharter in § 561 Abs. 3 nicht. Die Befugnis des Mieters zur Weitervercharterung des Schiffes insbesondere an einen Zeitcharterer bedarf deshalb einer entsprechenden besonderen vertraglichen Regelung. Ein gesetzlicher Anspruch auf Erteilung einer solchen Weitervercharterungs- bzw. Untervermietungsbefugnis besteht nach dem Gesetzesrecht nicht.[7] 8

§ 554 Übergabe und Rückgabe des Schiffes. Instandhaltung

(1) Der Vermieter hat dem Mieter das Schiff zur vereinbarten Zeit am vereinbarten Ort in einem zum vertragsgemäßen Gebrauch geeigneten Zustand zu übergeben.

(2) [1]Der Mieter hat das Schiff während der Mietzeit in einem zum vertragsgemäßen Gebrauch geeigneten Zustand zu erhalten. [2]Nach Beendigung des Mietverhältnisses ist er verpflichtet, das Schiff in demselben Zustand unter Berücksichtigung der Abnutzung infolge vertragsgemäßen Gebrauchs zurückzugeben.

Die Vorschrift ist der des § 535 BGB nachgebildet, enthält aber abweichend davon – ebenso wie abweichend von § 562 – keine Verpflichtung des Vermieters, das Schiff während der Dauer des Mietvertrages in einem zum Gebrauch geeigneten Zustand zu erhalten. Dementsprechend ist auch keine Verpflichtung des Vermieters vorgesehen, das Schiff während der Dauer des Mietvertrages in einem see- und ladungstüchtigen Zustand zu erhalten. Unter der Bareboat Charter hat der Mieter gem. Abs. 2 für die Instandhaltung des Schiffes aufzukommen. Die Verpflichtung umfasst insbesondere alle Maßnahmen zur Erhaltung der sog. organisatorischen Seetüchtigkeit und damit aller Maßnahmen, die erforderlich sind, um die dokumentären und prüfungsbezogenen Anforderung insbesondere des Schiffssicherheitsrechts fortlaufend zu erfüllen. Der Pflicht des Mieters zur Instandhaltung entspricht die Pflicht zur Instandsetzung. 1

Nach Beendigung des Mietvertrages hat der Mieter das Schiff zurück zu geben. Der Vermieter hat nach S. 2 die Abnutzung des Schiffes durch vertragsgemäßen Gebrauch zu tragen; eine Haftung des Mieters scheidet insofern aus. Für außergewöhnliche Abnutzungen, Schäden oder Folgen vertragswidriger Verwendung hat dagegen der Mieter aufzukommen; er hat auf seine Kosten den vertragsgemäßen Zustand wieder herzustellen. Wird dadurch die Rückgabe des Schiffes verzögert hat der Mieter Schadensersatz gem. §§ 280, 286 BGB zu leisten. Dieser Schadensersatz umfasst die entstandenen Kosten der Instandsetzung sowie den infolge der Verzögerung entgangenen Gewinn des Vermieters, der wegen der Beendigung des Mietvertrages (Abs. 2 S. 2) nicht als vertraglicher Mietzinsanspruch geltend gemacht werden kann;[1] die Schadensersatzverpflichtung ist regelmäßig Gegenstand einer Offhire Survey-Regelung im Bareboat Chartervertrag. 2

---

[5] MüKoHGB/Sager § 561 Rn. 11 f.

[6] Ebenso MüKoHGB/Sager Rn. 11 f.

[7] Ebenso MüKoHGB/Sager Rn. 17 f. unter Hinweis auf § 540 BGB bei Ablehnung einer entsprechenden Anwendung von § 553 BGB aus dem Recht der Wohnraummiete.

[1] MüKoHGB/Sager Rn. 16, 17.

§ 555 Sicherung der Rechte des Vermieters

Der Mieter hat die Rechte des Vermieters gegenüber Dritten für den Vermieter zu sichern.

1 Die Verpflichtung bezieht sich vor allem auf die Sicherung von Schadensersatzansprüchen des Vermieters gegenüber Dritten und dabei solchen wegen der Verletzung des Eigentums am Schiff.

§ 556 Kündigung

[1]Ein auf unbestimmte Zeit eingegangenes Mietverhältnis kann spätestens am ersten Werktag einer Woche zum Ablauf des folgenden Sonnabends gekündigt werden. [2]Ist die Miete nach Monaten oder längeren Zeitabschnitten bemessen, ist die ordentliche Kündigung zum Ablauf eines Kalendervierteljahrs zulässig.

1 Die Vorschrift überführt die Regelungen des § 580a BGB in das HGB. Sie macht das Kündigungsrecht aber nicht mehr davon abhängig, dass das Schiff im Schiffsregister eingetragen ist. Die tatsächliche Bedeutung der Vorschrift dürfte im Hinblick darauf, dass Schiffsmietverträge durchweg befristet geschlossen werden, gering bleiben.

Zweiter Unterabschnitt. Zeitcharter

§ 557 Zeitchartervertrag

(1) Durch den Zeitchartervertrag wird der Zeitvercharterer verpflichtet, dem Zeitcharterer zu dessen Verwendung ein bestimmtes Seeschiff mit Besatzung auf Zeit zu überlassen und mit diesem Schiff Güter oder Personen zu befördern oder andere vereinbarte Leistungen zu erbringen.

(2) Der Zeitcharterer wird verpflichtet, die vereinbarte Zeitfracht zu zahlen.

(3) [1]Die Vorschriften dieses Unterabschnitts gelten, wenn der Zeitcharterer den Vertrag abschließt, um das Schiff zum Erwerb durch Seefahrt zu betreiben. [2]Betreibt der Zeitcharterer kein Handelsgewerbe im Sinne von § 1 Absatz 2 und ist seine Firma auch nicht nach § 2 in das Handelsregister eingetragen, so sind in Ansehung des Zeitchartervertrags auch insoweit die Vorschriften des Ersten Abschnitts des Vierten Buches ergänzend anzuwenden; dies gilt jedoch nicht für die §§ 348 bis 350.

Schrifttum (zu §§ 557 ff.): Jessen, Rechtsfragen des „safe port"/„safe berth" in Charterverträgen, TranspR 2012, 357; Rabe, Der Zeitchartervertrag nach dem Entwurf der Sachverständigengruppe zur Reform des Seehandelsrechts, TranspR 2010, 1 und TranspR 2010, 62; Ramming, Die Beschränkung der Haftung durch den Slot-Charterer, RdTW 2014, 221; Ramming, Ausgewählte Fragen zum neuen Recht der Zeitcharter, RdTW 2013, 333.

1 Charterverträge über gewerblich betriebene Seeschiffe kommen in drei Varianten vor: (1) Für die Bareboat-Charter gelten die §§ 553 ff., (2) für die Zeitcharter die §§ 557 ff. und wird das Seeschiff zum Zwecke der Beförderung von Gütern überlassen, kann dies (3) in Form der Reisecharter (§§ 527 ff.) erfolgen. § 557 definiert (erstmals in der Geschichte des deutschen Seehandelsrechts) den Zeitchartervertrag als weitere Erscheinungsform eines Schiffsüberlassungsvertrages und damit als einen Vertrag eigener Art, der weder als Seefrachtvertrag noch als Schiffsmietvertrag konzipiert ist. Die in der Vergangenheit geführte Diskussion um die rechtliche Einordnung des Zeitchartervertrages[1] ist damit obsolet. Gegenstand der Charter ist die Überlassung des gesamten oder eines Teiles des Schiffes.[2] Der Verfrachter ist Charterer des Schiffes, wenn der mit seinem Subunternehmer geschlossene Vertrag als Chartervertrag zu qualifizieren ist. In den Fällen der Beförderung von Gut, ist die Charter von einem bloßen Stückgutvertrag abzugrenzen (→ Vor § 476 Rn. 36 ff.).

2 Der geregelte Vertragstypus wird in der Praxis ausführlich durch Charterformulare ausgeprägt und durch konkretisierende Zusätze ergänzt. Die gesetzlichen Regelungen für die Zeitcharter in den §§ 557 ff. tragen dem insofern Rechnung, als sie uneingeschränkt dispositiv gestaltet sind. Dabei

[1] Vgl. Herber, Seehandelsrecht, 2. Aufl. 2016, 382; Zschoche VersR 1994, 389 ff.
[2] OLG Hamburg 5.12.2013, RdTW 2014, 246 Rn. 13 – „Excelsior".

haben insbesondere die New York Produce C/P[3] und die Baltime C/P[4] eine besondere Verbreitung in der Praxis gefunden. Angesichts der Ausführlichkeit der darin enthaltenen Regelungen hat das Gesetzesrecht selbst als Reserverechtsordnung letztlich kaum praktische Bedeutung. Entsprechendes gilt bei der AGB-Kontrolle der Charterbedingungswerke im Hinblick darauf, dass nach § 310 Abs. 1 S. 2 auf die im Handelsverkehr geltenden Gewohnheiten und Gebräuche angemessen Rücksicht zu nehmen ist.[5] Der dispositive Charakter der Regeln der §§ 557 ff. gilt selbst für die Verjährung von Ansprüchen; die Zeitcharter wird in § 609 Abs. 1 nicht erwähnt.

Abs. 1 geht für den Zeitchartervertrag internationaler Praxis entsprechend grundsätzlich von einer frachtvertraglichen Konzeption aus. Der Zeitvercharterer („Owner") hat dem Zeitcharterer („Merchant") zu dessen Verwendung ein bestimmtes Seeschiff[6] mit Besatzung zur Verfügung zu stellen und hat entsprechend den Weisungen des Zeitcharterers mit diesem Schiff Güter oder Personen zu befördern bzw. andere Leistungen zu erbringen. Dabei wird mit den Worten „zu dessen Verwendung" die Weisungsbefugnis des Zeitcharterers als typusbildendes Charakteristikum der Zeitcharter genannt. In den Charterformularen wird die nämliche Prägung durch die Formulierung „the master shall be under the orders of the charterer as regards employment of the vessel" zum Ausdruck gebracht. Eingeschränkt ist der Anwendungsbereich durch die gegenständliche Begrenzung der Zeitcharterregeln auf Seeschiffe und die personelle Begrenzung gem. Abs. 3, die jeweils den Regelungen für die Schiffsmiete in § 553 nachgebildet sind. 3

Das zentrale Merkmal des Zeitchartervertrages in § 557 ist die **„Überlassung des Schiffes".** Sie wird in § 557 anders als in § 553 für die Schiffsmiete geregelt. Während der Vertrag über die Schiffsmiete durch die Einräumung des Besitzes am Schiff charakterisiert ist, bleibt das Schiff bei der Zeitcharter im Besitz des Vercharterers und der Charterer erhält die Befugnis, das Schiff für seine Rechnung einzusetzen; er bestimmt über die Verwendung des Schiffes (§ 561 Abs. 1 S. 1). 4

Die Überlassung des Schiffes hat **mit Besatzung** zu erfolgen. In dieser Überlassung mit Besatzung liegt das zentrale Abgrenzungskriterium zum Schiffsmietvertrag iSd § 553 Abs. 1. Durch die Formulierung „mit Besatzung" ist grundsätzlich eine vollständige Besatzung gemeint, die erforderlich ist, um mit dem Schiff die vereinbarten Leistungen zu erbringen. Stellt der Vercharterer lediglich einen Teil der Besatzung, kann ein Fall der Schiffsmiete (§§ 553 ff.) vorliegen; dies ist insbesondere dann der Fall, wenn der Vercharterer dem Charterer die Dienste der betreffenden Personen (auf der Grundlage einer begleitenden Dienstverschaffungsabrede) verschafft.[7] Die Abreden können aber auch vorsehen, dass der Charterer dem Vercharterer die Dienste der betreffenden Besatzungsmitglieder verschafft; in diesem Fall liegt ein Fall der Zeitcharter (§§ 557 ff.) vor, sofern der Vercharterer mit dem Schiff die vereinbarten Leistungen erbringt.[8] 5

Abs. 1 und 2 regeln die Hauptleistungspflichten der Parteien des Chartervertrages. Die Zeitcharter ist als entgeltlicher Vertrag konzipiert. In der C/P darf wegen § 557 Abs. 2 nicht vorgesehen sein, dass der Vercharterer keine Vergütung (Hire), die der Gesetzgeber „Zeitfracht" nennt, erhält. Typischerweise wird in der C/P eine bestimmte Hire pro Tag vereinbart. Der Anwendung der §§ 557 ff. steht allerdings nicht entgegen, wenn der Betrag der Hire offen gelassen oder nach marktüblichen Kriterien bemessen werden soll.[9] 6

Gesetzestechnisch misslungen ist die in Abs. 3 gewählte Formulierung, dass der Charterer das Schiff **zum Erwerb durch Seefahrt** zu betreiben hat. Der Charterer betreibt im gesetzlichen Modell der HGB-Zeitcharter das Schiff nicht, sondern ihm wird das Schiff zur Verwendung überlassen und der Vercharterer erbringt die vereinbarten Leistungen. Der Gesetzgeber wollte durch die gewählte Formulierung nicht-gewerbliche Verwendungen des Schiffes durch den Charterer ausschließen. Dabei handelt es sich um eine Reihe rechtspolitisch anzweifelbarer Fälle wie dem Einsatz des Schiffes für Forschungszwecke oder dem Einsatz im Freizeit- und Sportbereich, für Transporte zu medizinischen oder humanitären Zwecken, bei Beförderungen für die Durchführung eigener Belange (Abholung von Gütern durch den Charterer als FOB-Käufer).[10] In diesen Fällen kommen die Vorschriften 7

[3] S. https://www.bimco.org/contractual-affairs/bimco-contracts/contracts/nype-2015/ (zuletzt abgerufen am 25.2.2026).

[4] S. https://www.bimco.org/contractual-affairs/bimco-contracts/contracts/baltime-1939-as-revised-2001/ (zuletzt abgerufen am 25.2.2026).

[5] MüKoHGB/Sager Rn. 6 sieht in den Charterbedingungen regelmäßig individuell ausgehandelte Vertragsabreden, die der AGB-Kontrolle nach deutschem Recht entzogen sein sollen; angesichts der von der Rspr. des BGH geforderten Anforderungen an das Aushandeln iSd § 305 BGB (vgl. BGH 23.2.2003, BGHZ 153, 311 (322) = NJW 2003, 1805) erscheint diese Auffassung nicht unbedenklich.

[6] § 27 Abs. 2 BinSchG bringt die Vorschriften der §§ 557 ff. auch auf Binnenschiffe zur Anwendung.

[7] Ramming RdTW 2013, 333 (336).

[8] Ramming RdTW 2013, 333 (336).

[9] Ramming RdTW 2013, 333 (340 f.).

[10] Ramming RdTW 2013, 333 (337).

der §§ 557 ff. nicht zur Anwendung. Im gewerblichen Bereich können auf die **Yacht-(Zeit-) Charter** die Vorschriften der §§ 557 ff. oder die Vorschriften des BGB zur Anwendung gelangen. Liegen die Voraussetzungen für eine Heranziehung der §§ 557 ff. vor, bleiben nach Art. Art. 2 EGHGB konkurrierende Bestimmungen des BGB unberücksichtigt. Welche Vorschriften des BGB ggf. zur Anwendung gelangen, ist im Einzelnen nicht abschließend geklärt.[11]

8 Die Vorschriften der §§ 557 ff. über die Zeitcharter kommen auf Verträge zur Anwendung, die am oder nach dem 25.4.2013 geschlossen wurden (Art. 71 Abs. 2 S. 1 EGHGB).[12] Vor diesem Stichtag geschlossene Altverträge unterliegen bis zu deren Beendigung den früher geltenden Regeln; daraus erwachsende Ansprüche unterliegen den Verjährungsregeln der §§ 605 ff.[13]

§ 558 Beurkundung

Jede Partei des Zeitchartervertrags kann die schriftliche Beurkundung dieses Vertrags verlangen.

1 Zeitcharterverträge werden regelmäßig in schriftlicher Form unter Verwendung durch sog. C/P-Formulare abgeschlossen. § 558 trägt dem Rechnung und gibt beiden Parteien einen Anspruch auf schriftliche Beurkundung des Vertrages. Damit ist die Schriftform nach § 126 BGB gemeint, die durch die elektronische Form ersetzt werden kann (§ 126 Abs. 3 BGB).

§ 559 Bereitstellung des Schiffes

(1) Das Schiff ist dem Zeitcharterer zur vereinbarten Zeit am vereinbarten Ort in einem zum vertragsgemäßen Gebrauch geeigneten Zustand bereitzustellen.

(2) Ist vereinbart, dass das Schiff zu einem bestimmten Termin oder innerhalb einer bestimmten Frist bereitgestellt werden soll, so kann der Zeitcharterer ohne Fristsetzung vom Vertrag zurücktreten, wenn die Vereinbarung nicht erfüllt wird oder offensichtlich ist, dass sie nicht erfüllt werden wird.

1 Die Vorschrift präzisiert die gem. § 557 Abs. 1 bestehende Verpflichtung des Zeitvercharterers, dem Charterer ein bestimmtes Seeschiff zur Verfügung zu stellen. Die Einzelheiten der Verpflichtung werden regelmäßig in der C/P festgelegt. Die kraft Gesetzes bestehenden Verpflichtungen[1] haben deshalb kaum praktische Bedeutung.

§ 560 Erhaltung des vertragsgemäßen Zustands des Schiffes

[1]Der Zeitvercharterer hat das Schiff während der Dauer des Zeitchartervertrags in einem zum vertragsgemäßen Gebrauch geeigneten Zustand zu erhalten. [2]Er hat insbesondere dafür zu sorgen, dass das Schiff seetüchtig und, wenn das Schiff zur Beförderung von Gütern verwendet wird, ladungstüchtig ist.

1 Der Zeitvercharterer hat für die See- und Ladungstüchtigkeit des Schiffes zu sorgen, nicht nur – wie in § 485 für den Seefrachtvertrag – bei Beginn der Reise, sondern während der gesamten Dauer des Zeitchartervertrages.

§ 561 Verwendung des Schiffes

(1) [1]Der Zeitcharterer bestimmt über die Verwendung des Schiffes. [2]Er ist verpflichtet, mit der gebotenen Sorgfalt einen sicheren Hafen oder Liegeplatz auszuwählen, wenn er den Zeitvercharterer anweist, einen bestimmten Hafen oder Liegeplatz anzulaufen.

(2) Der Zeitvercharterer ist für die Führung und die sonstige Bedienung des Schiffes verantwortlich.

(3) Der Zeitcharterer ist berechtigt, das Schiff an einen Dritten zu verchartern.

---

[11] Näher Ramming RdTW 2025, 88 (95).
[12] Ramming RdTW 2013, 303 ff.
[13] Ramming RdTW 2013, 303 (306 ff.).
[1] Dazu Ramming RdTW 2013, 333 (334 f.).

Die Vorschrift regelt den für die Zeitcharter charakteristischen Grundsatz, dass der Charterer den wirtschaftlichen Einsatz („die Verwendung"; employment) des Schiffes bestimmen kann (Abs. 1), während der Zeitvercharterer für die nautische Führung des Schiffes (navigation) verantwortlich bleibt (Abs. 2). Abs. 3 stellt für die Zeitcharter – im Unterschied zur Bareboat-Charter – klar, dass der Charterer auch ohne Erlaubnis des Vercharterers berechtigt ist, dass Schiff an einen Dritten zu verchartern.[1] Dies kann anerkanntermaßen eine weitere Zeitcharter oder eine Reisecharter sein, obwohl in den §§ 527 ff. der Begriff „Charter" keine Erwähnung findet.[2] Das Recht des Charterers, einen Stückgutfrachtvertrag zu schließen, wird von Abs. 3 nicht tangiert. 1

§ 562 Unterrichtungspflichten

Zeitvercharterer und Zeitcharterer sind verpflichtet, sich gegenseitig über alle das Schiff und die Reisen betreffenden Umstände von Bedeutung zu unterrichten.

Die Vorschrift konkretisiert die sich aus dem allgemeinen Recht resultiert Nebenpflicht der Vertragsparteien, dass sie sich gegenseitig über alle Umstände mit Bedeutung für das Schiff und die Reisen zu informieren haben.[1] 1

§ 563 Verladen und Löschen

(1) Der Zeitcharterer hat, wenn das Schiff zur Beförderung von Gütern verwendet wird, diese zu verladen und zu löschen.

(2) Der Zeitvercharterer hat dafür zu sorgen, dass die Verladung die Seetüchtigkeit des Schiffes nicht beeinträchtigt.

Die Vorschrift regelt die Verpflichtung zum Verladen und Löschen und legt diese dem Zeitcharterer auf (Abs. 1). Der Zeitvercharterer ist trotzdem und im Hinblick auf die insofern ohne hin nach § 560 S. 2 bestehende Pflicht dafür verantwortlich, dass das Schiff seetüchtig bleibt. 1

§ 564 Kosten für den Betrieb des Schiffes

(1) Der Zeitvercharterer hat die fixen Kosten des Schiffsbetriebs zu tragen, insbesondere die Kosten der Besatzung, Ausrüstung, Unterhaltung und Versicherung des Schiffes.

(2) [1]Der Zeitcharterer hat die variablen Kosten des Schiffsbetriebs zu tragen, insbesondere Hafengebühren, Lotsengelder, Schlepperhilfen und Prämien für eine weiter gehende Versicherung des Schiffes. [2]Der Zeitcharterer hat ferner den für den Betrieb des Schiffes erforderlichen Treibstoff in handelsüblicher Qualität zu beschaffen.

Die Vorschrift entspricht der Formularvertragspraxis, nach der der Zeitvercharterer („Owner") die laufenden Kosten der Unterhaltung des Schiffes und die Kosten der Besatzung des Schiffes zu tragen hat, während der Charterer („Merchant") die reiseabhängigen Kosten – wie Treibstoff, Lotsgelder, Hafengebühren) zu übernehmen hat. 1

§§ 564a–564c [nicht mehr belegt]

§ 565 Zeitfracht

(1) Die Zeitfracht ist mangels anderer Vereinbarung halbmonatlich im Voraus zu zahlen.

(2) [1]Die Pflicht zur Zahlung der Zeitfracht entfällt für die Zeit, in der das Schiff infolge von Mängeln oder sonstigen Umständen, die dem Risikobereich des Zeitvercharterers zuzurechnen sind, dem Zeitcharterer nicht zur vertragsgemäßen Verwendung zur Verfügung steht. [2]Ist die vertragsgemäße Verwendung des Schiffes gemindert, ist eine angemessen herabgesetzte Zeitfracht zu zahlen.

Die Vorschrift regelt, wann die vom Zeitcharterer nach § 557 Abs. 2 zu zahlende Fracht fällig ist. Halbmonatlich bedeutet 15 Tage (§ 189 Abs. 1 BGB). 1

[1] MüKoHGB/Sager § 561 Abs. 3 Rn. 11.
[2] So Ramming RdTW 2013, 333 (334).
[1] Dazu Rabe TranspR 2010, 62 (65 ff.).

2 Abs. 2 regelt, unter welchen gesetzlichen Voraussetzungen der Zeitcharterer von der Zahlung befreit ist, sog. off hire-Situation. Die Regelung entspricht dem in der Vertragspraxis üblichen Klauselinhalt.

§ 566 Pfandrecht des Zeitvercharterers

(1) [1]Der Zeitvercharterer hat für seine Forderungen aus dem Zeitchartervertrag ein Pfandrecht an den an Bord des Schiffes befindlichen Sachen einschließlich des Treibstoffs, soweit diese Sachen im Eigentum des Zeitcharterers stehen. [2]Die für den gutgläubigen Erwerb des Eigentums geltenden §§ 932, 934 und 935 des Bürgerlichen Gesetzbuchs sind nicht anzuwenden.

(2) [1]Der Zeitvercharterer hat ferner für seine Forderungen aus dem Zeitchartervertrag ein Pfandrecht an den Forderungen des Zeitcharterers aus von diesem abgeschlossenen Fracht- und Unterzeitcharterverträgen, die mit dem Schiff erfüllt werden. [2]Der Schuldner der Forderung kann, sobald er Kenntnis von dem Pfandrecht hat, nur an den Zeitvercharterer leisten. [3]Er ist jedoch zur Hinterlegung berechtigt, solange ihm der Zeitcharterer das Pfandrecht nicht anzeigt.

(3) Abweichend von den Absätzen 1 und 2 hat der Zeitvercharterer kein Pfandrecht für künftige Entschädigungsforderungen sowie für nicht fällige Ansprüche auf Zeitfracht.

1 Der Zeitvercharterer hat nach dieser Vorschrift ein gesetzliches Pfandrecht. Dieses besteht nur an den im Eigentum des Zeitcharterers stehenden Sachen, sofern sie sich an Bord befinden, und am Treibstoff. Anders als beim gesetzlichen Pfandrecht des Frachtführers oder des Verfrachters (§ 441 Abs. 1, § 495 Abs. 1) reicht es für das Entstehen des Pfandrechts nicht aus, dass die Sachen Dritter mit Zustimmung des Eigentümers an Bord des Schiffes gelangt sind. Ein gutgläubiger Erwerb des Pfandrechts findet nach Abs. 1 S. 2 grundsätzlich nicht statt. Das Pfandrecht erfasst nach Abs. 2 auch die Forderungen aus Fracht- und Unterzeitcharterverträgen. Der Zeitvercharterer kann aber wegen Abs. 3 nicht verhindern, dass der Zeitcharterer Verfügungen über die Ansprüche aus solchen Fracht- oder Unterzeitcharterverträgen trifft. Insofern sieht Abs. 3 mit dem nur dort geregelten Fälligkeitskriterium eine Abweichung von den Regelungen der §§ 441, 495 vor, die für das Entstehen des Pfandrechts nicht darauf abstellen, dass die Forderungen des Unternehmers fällig sind.

§ 567 Pflichtverletzung

Verletzt eine Partei des Zeitchartervertrags eine Pflicht aus diesem Vertrag, so bestimmen sich die Rechtsfolgen nach den allgemeinen für Schuldverhältnisse geltenden Vorschriften des Bürgerlichen Gesetzbuchs, soweit nicht in diesem Unterabschnitt etwas anderes bestimmt ist.

1 Die Vorschrift regelt die Verantwortlichkeit der Parteien des Zeitchartervertrages nach den Vorschriften des allgemeinen Schuldrechts der §§ 280 ff. BGB. Eine Beschränkung der Haftung entsprechend den Regeln über den Stückgutfrachtvertrag kennt das Zeitcharterrecht nicht.

§ 568 Zurückbehaltungsrecht

Der Zeitvercharterer kann die von ihm geschuldeten Leistungen, einschließlich der Einnahme von Gut und der Ausstellung von Konnossementen, verweigern, solange der Zeitcharterer einen fälligen Anspruch auf Zeitfracht nicht erfüllt.

1 Das Zurückbehaltungsrecht entspricht der Regelung des § 273 BGB. § 568 stellt klar, dass zu den zurückbehaltungsrechtsfähigen Leistungen auch die Einnahme von Gut und die Ausstellung von Konnossementen gehören.

§ 569 Rückgabe des Schiffes

(1) Nach Beendigung des Vertragsverhältnisses hat der Zeitcharterer das Schiff am vereinbarten Ort zurückzugeben.

(2) [1]Wird das Vertragsverhältnis durch eine außerordentliche Kündigung beendet, so hat der Zeitcharterer abweichend von Absatz 1 das Schiff dort zurückzugeben, wo es sich

in dem Zeitpunkt befindet, in dem die Kündigung wirksam wird. [2]Die Partei, die den Grund für die außerordentliche Kündigung zu vertreten hat, hat jedoch der anderen Partei den durch die vorzeitige Beendigung des Vertragsverhältnisses entstandenen Schaden zu ersetzen.

Die Vorschrift regelt die Verpflichtung zu der als „Rückgabe" bezeichneten Rückgewähr des Schiffes nach Beendigung der Zeitcharter. Der Ort der Rückgewähr richtet sich grundsätzlich nach der vertraglichen Vereinbarung (Abs. 1), im Falle einer außerordentlichen Kündigung des Zeitchartervertrages (zB gem. § 314 BGB) nach Abs. 2. **1**

Vierter Abschnitt. Schiffsnotlagen

Erster Unterabschnitt. Schiffszusammenstoß

§ 570 Schadensersatzpflicht

[1]Im Falle eines Zusammenstoßes von Seeschiffen haftet der Reeder des Schiffes, das den Zusammenstoß verursacht hat, für den Schaden, der durch den Zusammenstoß an dem anderen Schiff und den an Bord der Schiffe befindlichen Personen und Sachen verursacht wurde. [2]Die Ersatzpflicht tritt jedoch nur ein, wenn den Reeder jenes Schiffes oder eine in § 480 genannte Person ein Verschulden trifft.

Schrifttum: Ramming, Die Haftung des Eigners bzw. Reeders für Ladungsschäden aufgrund eines Zusammenstoßes von Schiffen, RdTW 2018, 201; Ramming, Die Haftung des Eigners bzw. Reeders für Passagierschäden aufgrund eines Zusammenstoßes von Schiffen, RdTW 2018, 251.

1 Die Vorschriften der §§ 570 ff. beruhen auf den Vorschriften des Internationalen Übereinkommens über den Zusammenstoß von Schiffen (→ Vor § 476 Rn. 24), die nicht unmittelbar für anwendbar erklärt, sondern nach der gesetzlichen Systematik des HGB in das deutsche Recht umgesetzt werden. Die Vorschriften gelten unmittelbar für den Zusammenstoß von Seeschiffen; sie sind aber entsprechend auf Unfälle unter Beteiligung eines Binnenschiffes anzuwenden.

2 § 570 begründet eine Verschuldenshaftung des Reeders des den Schiffszusammenstoß verursachenden Schiffes. Damit sind die Regeln für Schiffskollisionen beim Einsatz ferngesteuerter Schiffe durchaus anwendbar, während dies bei autonom fahrenden Schiffen nicht der Fall ist.[1] Abzustellen ist auf ein Verschulden des Reeders oder einer in § 480 genannten Person. Das Verschulden wird nicht von Gesetzes wegen vermutet; vom Anspruchssteller ist darzutun und erforderlichenfalls zu beweisen, dass der zugefügte Schaden durch ein schuldhaftes Verhalten des Reeders des gegnerischen Schiffes bzw. der Personen, für die der Reeder gem. § 480 einzustehen hat, verursacht worden ist. Dabei anerkennt die deutsche Rspr. Beweiserleichterung für den Kausalitätsnachweis durch den sog. Anscheinsbeweis eines typischen Geschehensablaufs für den eingetretenen Schaden. Verstöße gegen nautische Verhaltensregeln – wie den Verstoß gegen die auch von Deutschland ratifizierten und als Verordnung umgesetzten internationalen Kollisionsverhütungsregeln (KVR[2] bzw. COLREG[3]) bzw. die Vorschriften der SeeSchStrO[4] – begründen einen solchen Anscheinsbeweis[5] wie die Verantwortlichkeit eines in Bewegung befindlichen Schiffes für die Kollision mit einem stillliegenden Schiff.[6]

3 Gehaftet wird auf Ersatz des vollen Sachschadens; dieser ist nach den allgemeinen Regeln der §§ 249 ff. BGB zu berechnen. Die Vorschriften über die Beschränkung der Haftung des Reeders (§ 611) bleiben unberührt. Sofern die Reeder der beteiligten Schiffe für Schäden an Sachen haften, die sich an Bord der beteiligten Schiffe gefunden haben und damit auch die auf einem der beteiligten Schiffe beförderte Ladung umfassen, kann sich der geschädigte Eigentümer an den Reeder des anderen Schiffes oder der anderen Schiffe halten, aber auch Ansprüche gegen den Reeder des eigenen Schiffes geltend machen. Diese Ansprüche wiederum können mit frachtvertraglichen Ansprüchen konkurrieren.[7]

4 In den Fällen der Haftung für Personenschäden kommt es zu Überschneidungen mit den Grundsätzen der sog. Athener Passagierhaftung (→ Vor § 536 Rn. 2). Der geschädigte Passagier kann Ersatzansprüche sowohl gegen den Reeder (Eigentümer) des eigenen Schiffes in dessen Eigenschaft als vertraglicher oder ausführender Beförderer, als auch gegen den Reeder (Eigentümer) des anderen Schiffes geltend machen.[8]

---

[1] Vgl. Ramming RdTW 2017, 286 ff.

[2] Internationale Regeln von 1972 zur Verhütung von Zusammenstößen auf See (BGBl. 1977 I 813).

[3] Abrufbar unter https://www.imo.org/en/about/conventions/pages/colreg.aspx (zuletzt abgerufen am 25.2.2026).

[4] Seeschifffahrtsstraßen-Ordnung idF der Bek. vom 22.10.1998 (BGBl. 1998 I 3209; ber. BGBl. 1999 I 193).

[5] BGH 14.5.1964, VersR 1964, 713.

[6] OLG Karlsruhe 27.11.2006, HzfS 2009, 77 f.

[7] Dazu Ramming RdTW 20918, 201 ff.

[8] Ramming RdTW 2018, 251 ff.

§ 571 Mitverschulden

(1) [1]Sind die Reeder mehrerer am Zusammenstoß beteiligter Schiffe zum Schadensersatz verpflichtet, so bestimmt sich der Umfang des von einem Reeder zu leistenden Ersatzes nach dem Verhältnis der Schwere seines Verschuldens zu dem der anderen Reeder. [2]Kann ein solches Verhältnis nicht festgesetzt werden, so haften die Reeder zu gleichen Teilen.

(2) [1]Abweichend von Absatz 1 haften die Reeder mehrerer am Zusammenstoß beteiligter Schiffe für den Schaden, der durch den Tod oder die Körperverletzung einer an Bord befindlichen Person entsteht, als Gesamtschuldner. [2]Im Verhältnis zueinander sind die Reeder nach Maßgabe des Absatzes 1 verpflichtet.

Die Vorschrift sieht eine grundsätzliche Abweichung vom deutschen Deliktsrecht vor; an die Stelle der gesamtschuldnerischen Haftung mehrerer Deliktstäter gem. §§ 830, 840 BGB setzt § 571 iVm Art. 4 IÜZ bei mehreren beteiligten Schiffen den Grundsatz der Haftung nach Bruchteilen nach dem jeweiligen Verhältnis der Schwere des Verschuldens. Wenn sich ein solches Verhältnis nicht festlegen lässt, haften die beteiligten Reeder nach Abs. 1 S. 2 zu gleichen Teilen. 1

In Vertragsstaaten, die dem IÜZ nicht beigetreten sind, wird der den Reeder begünstigende Grundsatz der Haftung nach Bruchteilen regelmäßig nicht anerkannt. Dort kann der Reeder auch wegen der Schäden an der im eigenen Schiff befindlichen Ladung in Anspruch genommen werden; ferner kann in den Fällen, in denen die Haftung nach dem Frachtvertrag beschränkt ist, das andere unfallbeteiligte Schiff von der Ladung als Gesamtschuldner nach Unfalldeliktsrecht auf den vollen Schaden in Anspruch genommen werden; dieses könnte dann beim Reeder des die Ladung befördernden Schiffes Regress nehmen.[1] Dabei entstehende Belastungen des Reeders soll die „both to blame collision-Klausel" vermeiden.[2] 2

Für Personenschäden gilt nach Abs. 2 S. 1 eine gesamtschuldnerische Haftung der verantwortlichen Reeder. Der Gesamtschuldnerausgleich im Innenverhältnis ist gem. Abs. 2 S. 2 nach den jeweiligen Verschuldensanteilen zu ermitteln. 3

§ 572 Fernschädigung

Fügt ein Schiff durch Ausführung oder Unterlassung eines Manövers oder durch Nichtbeachtung einer Schifffahrtsregel einem anderen Schiff oder den an Bord der Schiffe befindlichen Personen oder Sachen einen Schaden zu, ohne dass ein Zusammenstoß stattfindet, so sind die §§ 570 und 571 entsprechend anzuwenden.

Die Vorschrift stellt dem Zusammenstoß die sog. Fernschädigung gleich. Solche Fälle sind gegeben, wenn ein Schiff nicht vorschriftsgemäß ausweicht und dadurch das andere Schiff mit einem dritten Schiff kollidiert oder auf eine Sandbank bzw. auf Grund läuft. 1

§ 573 Beteiligung eines Binnenschiffs

Die Vorschriften dieses Unterabschnitts sind entsprechend anzuwenden, wenn an dem Unfall ein Binnenschiff beteiligt ist.

Die Beteiligung eines Binnenschiffes an dem Unfallgeschehen schließt die Anwendung der §§ 570 ff. nicht aus. Anders ist die Rechtslage dann, wenn an dem Schiffszusammenstoß ausschließlich Binnenschiffe beteiligt sind, weil dann die §§ 92 ff. BinSchG anzuwenden sind. 1

Zweiter Unterabschnitt. Bergung

§ 574 Pflichten des Bergers und sonstiger Personen

(1) Berger ist, wer folgenden Schiffen oder Vermögensgegenständen Hilfe leistet:

1. einem in Seegewässern in Gefahr befindlichen See- oder Binnenschiff oder sonstigen Vermögensgegenstand,

[1] Herber, Seehandelsrecht, 2. Aufl. 2016, 392.

[2] Zu Bedenken gegen die Wirksamkeit der Klausel unter ordre public-Gesichtspunkten bzw. unter dem Gesichtspunkt der deutschen AGB-Kontrolle vgl. wiederum Herber, Seehandelsrecht, 2. Aufl. 2016, 392.

2. einem in Binnengewässern in Gefahr befindlichen Seeschiff oder
3. einem in Binnengewässern in Gefahr befindlichen Binnenschiff oder sonstigen Vermögensgegenstand, wenn ihm von einem Seeschiff aus Hilfe geleistet wird.

(2) [1]Als Schiff im Sinne von Absatz 1 ist auch ein schwimmendes Gerät oder schwimmfähiges Bauwerk anzusehen. [2]Vermögensgegenstand im Sinne von Absatz 1 ist auch ein gefährdeter Anspruch auf Fracht. [3]Nicht als Schiff oder Vermögensgegenstand im Sinne von Absatz 1 gelten dagegen
1. eine auf Dauer und absichtlich an der Küste oder am Ufer befestigte Sache sowie
2. eine feste oder schwimmende Plattform oder eine der Küste vorgelagerte bewegliche Bohreinrichtung, die sich zur Erforschung, Ausbeutung oder Gewinnung mineralischer Ressourcen des Meeresbodens vor Ort im Einsatz befindet.

(3) Der Berger ist gegenüber den Eigentümern des Schiffes sowie der sonstigen Vermögensgegenstände, denen er Hilfe leistet, verpflichtet, die Leistung mit der gebotenen Sorgfalt durchzuführen, andere Berger um Unterstützung zu bitten, wenn die Umstände dies bei vernünftiger Betrachtungsweise erfordern, und das Eingreifen anderer Berger hinzunehmen, wenn von dem Schiffer oder Kapitän oder dem Eigentümer des in Gefahr befindlichen Schiffes oder dem Eigentümer des sonstigen in Gefahr befindlichen Vermögensgegenstands vernünftigerweise darum ersucht wird.

(4) [1]Der Eigentümer und der Schiffer oder Kapitän eines in Gefahr befindlichen Schiffes sowie der Eigentümer eines sonstigen in Gefahr befindlichen Vermögensgegenstands sind gegenüber dem Berger verpflichtet, mit diesem während der Bergungsmaßnahmen in jeder Hinsicht zusammenzuarbeiten. [2]Wurde das Schiff oder ein sonstiger Vermögensgegenstand in Sicherheit gebracht, so sind die in Satz 1 genannten Personen auf vernünftiges Ersuchen des Bergers auch verpflichtet, das Schiff oder den sonstigen Vermögensgegenstand zurückzunehmen.

Schrifttum (zu §§ 574 ff.): Bahnsen, Bergung uns Wrackbeseitigung im modernen Containerverkehr, RdTW 2019, 361; Bahnsen, Internationales Übereinkommen von 1989 über Bergung, 1997; Bahnsen, Das internationale Bergungsrecht, TranspR 2010, 317; Hasche, Neues Bergungsrecht, DVIS-Schriftenreihe, Heft A 98, 2003; Hörnig, Der Fall der Ever-Given – ein Evergreen der Großschadensereignisse, TranspüR 2021, 365; Schrock, Das internationale Übereinkommen über Bergung vom 28.4.1989, TranspR 1989, 301; Schwampe, Grundsätzliche und aktuelle Fragen der Güterversicherung – erläutert anhand der Havarie der EVER GIVEN, RdTW 2021, 370; Schwampe, Die Bergung in der Transportversicherung, VersR 2007, 1177.

1 Die Vorschriften des Zweiten Unterabschnitts des Vierten Abschnitts regeln das Recht der Bergung von in Seenot geratenen Schiffen oder auf diesen befindlichen Gütern. Die Regelungen setzen das von Deutschland ratifizierte Internationale Bergungsübereinkommen von 1989 (IÜB) um.[1] Die Regeln sowohl des IÜB als auch des deutschen Rechts der Bergung sind weitgehend dispositiv; in der Praxis werden Bergungsverträge vielfach auf der Grundlage des Lloyd's Standard Form of Salvage Agreement (LOF 2024)[2] geschlossen.[3]

2 Abs. 1 definiert den Rechtsbegriff des Bergers als denjenigen, der zugunsten eines See- bzw. Binnenschiffes oder zugunsten von Sachen, die sich in einem Seegewässer in Gefahr befinden Hilfe leistet. Gleich gestellt werden in Nr. 3 bestimmte Fälle von Hilfeleistungen in Binnengewässern. Der Schiffsbegriff wird in Abs. 2 für die Zwecke des Bergungsrechts näher ausgeprägt. Abs. 3 und 4 regeln die Pflichten des Bergers und des in Gefahr befindlichen Schiffes.

3 Rechtsfragen der Anwendbarkeit des deutschen Rechts auf die Rechtsverhältnisse der Bergung haben in durch das SHR-ReformG angepassten Fassung des Art. 8 EGHGB eine spezifische Regelung gefunden.[4]

§ 575 Verhütung oder Begrenzung von Umweltschäden

(1) [1]Der Berger ist gegenüber dem Eigentümer des in Gefahr befindlichen Schiffes sowie gegenüber dem Eigentümer eines sonstigen in Gefahr befindlichen Vermögensgegenstan-

[1] Zum unterschiedlichen Anwendungsbereich von IÜB und nationalen Bergungsrecht vgl. Herber, Seehandelsrecht, 2. Aufl. 2016, 397 ff. Zur Abgrenzung von Wrackbeseitigung und Bergung nach dem Inkrafttreten des WBÜ vgl. Ramming RdTW 2015, 121 ff.

[2] Abrufbar unter https://assets.lloyds.com/media/fea54e1f-eb76-497b-95dd-d2bee685ff85/LOF%202024%20-%20For%20website%20-%222.5.2024.pdf (zuletzt abgerufen am 25.2.2026).

[3] Dazu Vincenzini, International Salvage Law, 1992, 275 ff.

[4] Dazu Bahnsen TranspR 2010, 317.

des verpflichtet, während der Bergungsmaßnahmen die gebotene Sorgfalt anzuwenden, um Umweltschäden zu verhüten oder zu begrenzen. [2]Die gleiche Pflicht trifft den Eigentümer und den Schiffer oder Kapitän des in Gefahr befindlichen Schiffes sowie den Eigentümer eines sonstigen in Gefahr befindlichen Vermögensgegenstands gegenüber dem Berger. [3]Eine abweichende Vereinbarung ist nichtig.

(2) Ein Umweltschaden ist eine erhebliche physische Schädigung der menschlichen Gesundheit oder der Tier- und Pflanzenwelt des Meeres oder der Meeresressourcen in Küsten- und Binnengewässern oder angrenzenden Gebieten, die durch Verschmutzung, Verseuchung, Feuer, Explosion oder ähnliche schwerwiegende Ereignisse verursacht wird.

Die Verpflichtungen des Bergers und des in Gefahr befindlichen Schiffes umfassen die Pflicht, während der Bergungsmaßnahmen die gebotene Sorgfalt anzuwenden, um Umweltschäden zu verhüten oder zu begrenzen. Der Rechtsbegriff des bergungsrechtlichen Umweltschadens ist in Abs. 2 legal definiert; die Definition beruht auf Art. 1 lit. b IÜB. 1

§ 576 Bergelohnanspruch

(1) [1]Sind die Bergungsmaßnahmen erfolgreich, hat der Berger einen Anspruch auf Zahlung eines Bergelohns. [2]Der Anspruch besteht auch dann, wenn sowohl das geborgene Schiff als auch das Schiff, von dem aus die Bergungsmaßnahmen durchgeführt wurden, demselben Eigentümer gehören.

(2) [1]Der Bergelohn umfasst zugleich den Ersatz der Aufwendungen, die zum Zweck des Bergens gemacht wurden. [2]Nicht im Bergelohn enthalten sind Kosten und Gebühren der Behörden, zu entrichtende Zölle und sonstige Abgaben, Kosten der Aufbewahrung, Erhaltung, Abschätzung und Veräußerung der geborgenen Gegenstände (Bergungskosten).

(3) Zur Zahlung des Bergelohns und der Bergungskosten sind der Schiffseigentümer sowie die Eigentümer der sonstigen geborgenen Vermögensgegenstände im Verhältnis des Wertes des Schiffes und der Vermögensgegenstände zueinander anteilig verpflichtet.

Die Vorschrift regelt die Voraussetzungen des Anspruchs des Bergers auf Zahlung eines Bergelohns gemäß dem Grundsatz „no cure – no pay"; der Anspruch besteht nur, wenn die Bergung erfolgreich war. Der Begriff des Erfolges (frz. „résultat utile") wird weit ausgelegt und verlangt lediglich, dass die gefährliche Situation verbessert wurde. 1

§ 577 Höhe des Bergelohns

(1) [1]Bergelohn ist, wenn die Parteien seine Höhe nicht vereinbart haben, so festzusetzen, dass er einen Anreiz für Bergungsmaßnahmen schafft. [2]Bei der Festsetzung sind zugleich die folgenden Kriterien ohne Rücksicht auf die nachstehend aufgeführte Reihenfolge zu berücksichtigen:

1. **der Wert des geborgenen Schiffes und der sonstigen geborgenen Vermögensgegenstände;**
2. **die Sachkunde und die Anstrengungen des Bergers in Bezug auf die Verhütung oder Begrenzung von Umweltschäden (§ 575 Absatz 2);**
3. **das Ausmaß des vom Berger erzielten Erfolgs;**
4. **Art und Erheblichkeit der Gefahr;**
5. **die Sachkunde und die Anstrengungen des Bergers in Bezug auf die Bergung des Schiffes und der sonstigen Vermögensgegenstände sowie auf die Rettung von Menschenleben;**
6. **die vom Berger aufgewendete Zeit sowie die ihm entstandenen Unkosten und Verluste;**
7. **die Haftungs- oder sonstige Gefahr, der der Berger oder seine Ausrüstung ausgesetzt war;**
8. **die Unverzüglichkeit, mit der die Leistungen erbracht wurden;**
9. **die Verfügbarkeit und der Einsatz von Schiffen oder anderen Ausrüstungsgegenständen, die für Bergungsmaßnahmen bestimmt waren;**
10. **die Einsatzbereitschaft und Tauglichkeit der Ausrüstung des Bergers sowie deren Wert.**

(2) Der Bergelohn ohne Zinsen, Bergungskosten und erstattungsfähige Verfahrenskosten darf den Wert des geborgenen Schiffes und der sonstigen geborgenen Vermögensgegenstände nicht übersteigen.

1 Die Vorschrift trifft ergänzend zu § 576 die Höhe des Bergelohns. Die Regelung in Abs. 1 betont den Vorrang vertraglicher Vereinbarungen und bestimmt nur subsidiär die von Gesetzes wegen zu beachtenden Maßstäbe. Dabei sind nach der Nr. 2 die Anstrengungen in Bezug auf die Verhütung von Umweltschäden zu berücksichtigen; sie gehören zu den Bemessungsfaktoren für die Höhe der Sondervergütung gem. § 578.

§ 578 Sondervergütung

(1) [1]Hat der Berger Bergungsmaßnahmen für ein Schiff durchgeführt, das als solches oder durch seine Ladung eine Gefahr für die Umwelt darstellte, so kann er von dem Eigentümer des Schiffes die Zahlung einer Sondervergütung verlangen, soweit diese den Bergelohn übersteigt, der dem Berger zusteht. [2]Der Anspruch auf Sondervergütung besteht auch dann, wenn das geborgene Schiff und das Schiff, von dem aus die Bergungsmaßnahmen durchgeführt wurden, demselben Eigentümer gehören.

(2) [1]Die Sondervergütung entspricht den dem Berger entstandenen Unkosten. [2]Unkosten im Sinne von Satz 1 sind die im Rahmen der Bergungsmaßnahmen vernünftigerweise aufgewendeten Auslagen sowie ein angemessener Betrag für Ausrüstung und Personal, die tatsächlich und vernünftigerweise für die Bergungsmaßnahme eingesetzt worden sind. [3]Bei der Bestimmung der Angemessenheit des für Ausrüstung und Personal anzusetzenden Betrages sind die in § 577 Absatz 1 Satz 2 Nummer 8 bis 10 genannten Kriterien zu berücksichtigen.

(3) [1]Hat der Berger durch seine Bergungsmaßnahmen einen Umweltschaden (§ 575 Absatz 2) verhütet oder begrenzt, so kann die nach Absatz 2 festzusetzende Sondervergütung um bis zu 30 Prozent erhöht werden. [2]Abweichend von Satz 1 kann die Sondervergütung unter Berücksichtigung der in § 577 Absatz 1 Satz 2 genannten Kriterien um bis zu 100 Prozent erhöht werden, wenn dies billig und gerecht erscheint.

1 Die Sondervergütung kann für die Verhütung von Umweltschäden beansprucht werden. Da die entsprechende Sachkunde und die Anstrengungen des Bergers bereits bei der Festsetzung des gesetzlichen Bergelohns zu berücksichtigen sind, hängt die Verpflichtung zur Zahlung der Sondervergütung davon ab, dass diese den Bergelohn übersteigt (Abs. 1 S. 1).

2 Die Höhe der zu zahlenden Vergütung wird in Art. 14 IÜB und § 578 Abs. 2 durch eine Vielzahl von Generalklauseln bestimmt. Für die Praxis haben die International Group of P&I Associations und die International Salvage Union eine Vereinbarung über die sog. SCOPIC-Klausel (Special Compensation P&I Clause) getroffen; sie füllt die gesetzlichen Regelungen konkretisierend aus und verdrängt diese zugleich. Die Klausel sieht ein Pauschaltarifsystem vor, nachdem das üblicherweise eingesetzte Material und Personal für eine Bergung bewertet und pauschal in Ansatz gebracht wird.

§ 579 Ausschluss des Vergütungsanspruchs

(1) Der Berger kann für durchgeführte Bergungsmaßnahmen keine Vergütung nach den Vorschriften dieses Unterabschnitts verlangen, soweit die Maßnahmen nicht über das hinausgehen, was bei vernünftiger Betrachtung als ordnungsgemäße Erfüllung eines vor Eintritt der Gefahr eingegangenen Vertrags angesehen werden kann.

(2) Der Berger kann ferner dann keine Vergütung nach den Vorschriften dieses Unterabschnitts verlangen, wenn er entgegen dem ausdrücklichen und vernünftigen Verbot des Eigentümers, Schiffers oder Kapitäns des Schiffes oder des Eigentümers eines sonstigen in Gefahr befindlichen Vermögensgegenstandes, der sich nicht an Bord des Schiffes befindet oder befunden hat, Bergungsmaßnahmen durchführt.

1 Der Anspruch auf Bergelohn ist unter den Voraussetzungen des Abs. 1 und 2 kraft Gesetzes ausgeschlossen. Abs. 1 regelt, dass der Bergelohn überobligationsmäßige Maßnahmen des Bergers abgelten soll, die über das hinausgehen, was nach den (Neben-)Pflichten eines vor Eintritt der Gefahr eingegangenen Vertrages ohnehin geschuldet ist.

Handelt der Berger einem beachtlichen Bergeverbot zuwider, kann dieser ebenfalls keinen Bergelohn beanspruchen. Beachtlich ist ein Bergeverbot, wenn der Berger gegen ein ausdrückliches und vernünftiges Bergeverbot tätig wird und das Verbot von den in Abs. 2 genannten Personen ausgesprochen wurde. 2

§ 580 Fehlverhalten des Bergers

(1) Der Bergelohn kann herabgesetzt oder gänzlich versagt werden, wenn Bergungsmaßnahmen durch Verschulden des Bergers notwendig oder schwieriger geworden sind oder wenn sich der Berger des Betrugs oder eines anderen unredlichen Verhaltens schuldig gemacht hat.

(2) Die Sondervergütung kann ganz oder teilweise versagt werden, wenn einer der in Absatz 1 genannten Gründe vorliegt oder wenn der Berger nachlässig gehandelt und es dadurch versäumt hat, Umweltschäden (§ 575 Absatz 2) zu verhüten oder zu begrenzen.

Die Vorschrift regelt in Abs. 1 eine kraft Gesetzes erfolgende Herabsetzung oder Versagung des Bergelohns. Die Regelung knüpft daran an, dass Bergungsmaßnahmen durch ein Verschulden des Bergers notwendig oder schwieriger geworden sind; entsprechendes gilt für unredliches Verhalten des Bergers. 1

Abs. 2 erstreckt die Regelung des Abs. 1 auf die Sondervergütung des § 578. Nachlässiges Handeln des Bergers und das Versäumnis, Umweltschäden zu verhüten oder zu begrenzen, führen gleichfalls zu einer Herabsetzung der Sondervergütung bzw. zu deren Versagung. 2

§ 581 Ausgleichsanspruch

(1) Wird ein Schiff oder dessen Ladung ganz oder teilweise von einem anderen Schiff geborgen, so wird der Bergelohn oder die Sondervergütung zwischen dem Schiffseigner oder Reeder, dem Schiffer oder Kapitän und der übrigen Besatzung des anderen Schiffes in der Weise verteilt, dass zunächst dem Schiffseigner oder Reeder die Schäden am Schiff und die Unkosten ersetzt werden, und dass von dem Rest der Schiffseigner oder Reeder zwei Drittel, der Schiffer oder Kapitän und die übrige Besatzung je ein Sechstel erhalten.

(2) [1]Der auf die Schiffsbesatzung mit Ausnahme des Schiffers oder Kapitäns entfallende Betrag wird unter besonderer Berücksichtigung der sachlichen und persönlichen Leistungen eines jeden Mitglieds der Schiffsbesatzung verteilt. [2]Die Verteilung erfolgt durch den Schiffer oder Kapitän mittels eines Verteilungsplans. [3]Darin wird der Bruchteil festgesetzt, der jedem Beteiligten zukommt. [4]Der Verteilungsplan ist vor Beendigung der Reise der Besatzung bekannt zu geben.

(3) Von den Absätzen 1 und 2 abweichende Vereinbarungen zu Lasten des Schiffers oder Kapitäns oder der übrigen Schiffsbesatzung sind nichtig.

(4) Die Absätze 1 bis 3 sind nicht anzuwenden, wenn die Bergungsmaßnahmen von einem Bergungs- oder Schleppschiff aus durchgeführt werden.

Die Vorschrift enthält spezielle Ausgleichsregeln für den Fall, dass ein Schiff oder dessen Ladung von einem anderen Schiff geborgen werden (Abs. 1 und 2). Die Regelungen sind nach Maßgabe des Abs. 3 einer abweichenden vertraglichen Regelung entzogen. Für Bergungsmaßnahmen, die von speziellen Bergungs- oder Schleppschiffen aus durchgeführt werden, gilt die Vorschrift insgesamt nicht.[1] 1

§ 582 Mehrheit von Bergern

(1) [1]Wirken mehrere Berger an der Bergung mit, so kann jeder Berger nur einen Anteil am Bergelohn verlangen. [2]Auf die Bestimmung des Verhältnisses der Anteile der Berger am Bergelohn zueinander ist § 577 Absatz 1 entsprechend anzuwenden; § 581 bleibt unberührt.

(2) Abweichend von Absatz 1 kann jedoch ein Berger Bergelohn in voller Höhe verlangen, wenn er das Eingreifen der anderen Berger auf Ersuchen des Eigentümers des in

[1] LG Bonn 20.3.2019, RdTW 2019, 373 ff.

Gefahr befindlichen Schiffes oder eines sonstigen in Gefahr befindlichen Vermögensgegenstandes hingenommen hat und sich das Ersuchen als nicht vernünftig erweist.

1 Die Vorschrift regelt nach der Vorgabe des Art. 15 IÜB die Verteilung des Bergelohns in den Fällen, in denen mehrere Berger an der Bergung beteiligt sind. Sie gilt nur für den Bergelohn, nicht dagegen für die Sondervergütung iSd § 578. Damit wird gewährleistet, dass Berger, die nicht zur Verhütung von Umweltschäden beigetragen haben, keinen Anteil an der Sondervergütung erhalten.

2 Die Höhe des Anteils ist nach den Kriterien des § 577 Abs. 1 zu bemessen. Für die Aufteilung der Vergütung zwischen dem Reeder und seiner Schiffsbesatzung gelten die nach Abs. 1 S. 2 Hs. 2 unberührt bleibenden Sonderregeln des § 581. Abs. 2 entspricht der Regelung in Art. 8 Abs. 1 lit. d Hs. 2 IÜB.

§ 583 Rettung von Menschen

(1) Menschen, denen das Leben gerettet worden ist, haben weder einen Bergelohn noch eine Sondervergütung zu entrichten.

(2) [1]Abweichend von Absatz 1 kann derjenige, der bei Bergungsmaßnahmen Handlungen zur Rettung von Menschenleben unternimmt, von dem Berger, dem für die Bergung des Schiffes oder eines sonstigen Vermögensgegenstands oder für die Verhütung oder Begrenzung von Umweltschäden (§ 575 Absatz 2) nach den Vorschriften dieses Unterabschnitts eine Vergütung zusteht, einen angemessenen Anteil an der Vergütung verlangen. [2]Steht dem Berger aus den in § 580 genannten Gründen keine oder nur eine verminderte Vergütung zu, kann der Anspruch auf einen angemessenen Anteil an der Vergütung in Höhe des Betrags, um den sich der Anteil mindert, unmittelbar gegen die Eigentümer des geborgenen Schiffes und der sonstigen geborgenen Vermögensgegenstände geltend gemacht werden; § 576 Absatz 3 ist entsprechend anzuwenden.

1 Die Vorschrift schließt aus, dass erfolgreich aus Lebensgefahr gerettete Menschen einen Bergelohn oder eine Sondervergütung schulden. Die Vorschrift schließt allerdings die Geltendmachung anderer Ansprüche des Retters gegen den Geretteten nicht aus; Aufwendungsersatzansprüche aus § 683 BGB können deshalb im Einzelfall in Betracht kommen.[1]

2 Nach Abs. 2 kann der Retter von dem Berger, dem Bergelohn oder eine Sondervergütung zusteht, einen angemessenen Anteil daran beanspruchen. Der Anspruch hängt nicht davon ab, dass die Lebensrettungsmaßnahmen erfolgreich waren. S. 2 adressiert den Anspruch ausnahmsweise gegen die Eigentümer des Schiffs oder der geborgenen Vermögensgegenstände.

§ 584 Abschluss und Inhaltskontrolle eines Bergungsvertrags

(1) [1]Sowohl der Eigentümer als auch der Schiffer oder Kapitän des in Gefahr befindlichen Schiffes sind berechtigt, im Namen der Eigentümer der an Bord des Schiffes befindlichen Vermögensgegenstände Verträge über Bergungsmaßnahmen abzuschließen. [2]Der Schiffer oder Kapitän dieses Schiffes ist darüber hinaus berechtigt, auch im Namen des Schiffseigentümers Verträge über Bergungsmaßnahmen abzuschließen.

(2) Der Bergungsvertrag oder einzelne seiner Bestimmungen können auf Antrag durch Urteil für nichtig erklärt oder abgeändert werden, wenn
1. **der Vertrag infolge unzulässiger Beeinflussung oder unter dem Einfluss der Gefahr eingegangen worden ist und seine Bestimmungen unbillig sind oder**
2. **die vertraglich vereinbarte Vergütung im Verhältnis zu den tatsächlich erbrachten Leistungen übermäßig hoch oder übermäßig gering ist.**

1 Die Vorschrift betrifft entsprechend Art. 6 Abs. 2 IÜB und Art. 7 IÜB die Fälle, in denen ein vom Gesetz abweichender oder dieses ergänzender Vertrag über die Bergungsmaßnahmen geschlossen wurde. Abs. 1 regelt eine spezialgesetzliche Vertretungsmacht zum Abschluss eines solchen Vertrages. Sie gibt beispielsweise dem Kapitän des Schiffes die Rechtsmacht, einen Bergungsvertrag mit Wirkung für den Eigentümer der Ladung zu schließen. Abs. 1 S. 2 erweitert die Vertretungsmacht des Kapitäns bzw. Schiffers über § 479 hinaus. Abs. 2 regelt, unter welchen Voraussetzungen der Bergungsvertrag ganz oder teilweise für nichtig erklärt oder abgeändert werden kann.

---
[1] Vgl. Begr. RegE 3. SeerechtsänderungsG, BR-Drs. 573/00, 42.

§ 585 Pfandrecht. Zurückbehaltungsrecht

(1) Der Gläubiger einer Forderung auf Bergelohn, auf Sondervergütung oder auf Bergungskosten hat nach § 596 Absatz 1 Nummer 4 für seine Forderung die Rechte eines Schiffsgläubigers an dem geborgenen Schiff.

(2) An den übrigen geborgenen Sachen steht dem Gläubiger für seine Forderung auf Bergelohn oder Bergungskosten ein Pfandrecht zu und, soweit der Gläubiger Alleinbesitzer der Sache ist, auch ein Zurückbehaltungsrecht.

(3) Der Gläubiger darf das nach Absatz 1 oder Absatz 2 gewährte Pfandrecht und Zurückbehaltungsrecht nicht geltend machen oder ausüben,

1. **wenn ihm für seine Forderung einschließlich Zinsen und Kosten ausreichende Sicherheit in gehöriger Weise angeboten oder geleistet worden ist,**
2. **soweit das geborgene Schiff oder die sonstige geborgene Sache einem Staat gehört oder, im Falle eines Schiffes, von einem Staat betrieben wird, und das Schiff oder die sonstige Sache nichtgewerblichen Zwecken dient und im Zeitpunkt der Bergungsmaßnahmen nach den allgemein anerkannten Grundsätzen des Völkerrechts Staatenimmunität genießt,**
3. **soweit es sich um geborgene Ladung handelt, die von einem Staat für humanitäre Zwecke gespendet wurde, vorausgesetzt, der Staat hat sich bereit erklärt, die im Hinblick auf diese Ladung erbrachten Bergungsleistungen zu bezahlen.**

Dem Gläubiger eines Anspruchs auf Bergelohn bzw. Sondervergütung oder Bergekosten steht wegen seiner Forderung ein Schiffsgläubigerrecht zu. Berechtigter Gläubiger kann sowohl der Berger als auch – soweit die Bergekosten betroffen sind – eine andere Person bzw. eine Behörde sein.[1] Dabei handelt es sich um ein Schiffsgläubigerrecht nach § 596 Abs. 1 Nr. 4; dieses entsteht folglich nicht, wenn die Bergungsmaßnahmen für das Schiff ohne Erfolg blieben. 1

Abs. 2 regelt in dem Fall, dass andere Sachen als das Schiff geborgen werden, ein Pfandrecht des Gläubigers an den geborgenen Sachen. Ein Pfandrecht an der Fracht sieht das Gesetz nicht vor. Für die Forderung auf Sondervergütung wird kein Pfandrecht gewährt.[2] Neben dem Pfandrecht steht dem Gläubiger auch ein Zurückbehaltungsrecht zu; dieses allerdings nur, wenn sich die Sache im Alleinbesitz des Gläubigers befindet. 2

Abs. 3 dient der Umsetzung von Art. 20 Abs. 2 IÜB, Art. 25 IÜB und Art. 26 IÜB. 3

§ 586 Rangfolge der Pfandrechte

(1) Pfandrechte an den geborgenen Sachen nach § 585 Absatz 2 haben den Vorrang vor allen anderen an den Sachen begründeten Pfandrechten, auch wenn diese früher entstanden sind.

(2) [1]Bestehen an einer Sache mehrere Pfandrechte nach § 585 Absatz 2, so geht das Pfandrecht für die später entstandene Forderung dem für die früher entstandene Forderung vor; Pfandrechte für gleichzeitig entstandene Forderungen sind gleichberechtigt; § 603 Absatz 3 gilt entsprechend. [2]Das Gleiche gilt im Verhältnis eines Pfandrechts nach § 585 Absatz 2 zu einem wegen desselben Ereignisses begründeten Pfandrechts für eine Forderung auf einen Beitrag zur Großen Haverei nach § 594 Absatz 1.

(3) Pfandrechte an den geborgenen Sachen nach § 585 Absatz 2 erlöschen ein Jahr nach Entstehung der Forderung; § 600 Absatz 2 gilt entsprechend.

(4) [1]Die Befriedigung des Gläubigers aus den geborgenen Sachen wegen des Pfandrechts nach § 585 Absatz 2 erfolgt nach den für die Zwangsvollstreckung geltenden Vorschriften. [2]Die Klage ist bei Sachen, die noch nicht ausgeliefert sind, gegen den Schiffer oder Kapitän zu richten; das gegen den Schiffer oder Kapitän ergangene Urteil ist auch gegenüber dem Eigentümer wirksam.

Die Vorschrift regelt den Rang der Pfandrechte untereinander; sie lehnt sich an die historisch ältere Rangregelung für das Pfandrecht des Vergütungsberechtigten im Recht der Großen Haverei in § 594 Abs. 2–4 an. 1

Die Geltendmachung des Pfandrechts erfolgt gem. Abs. 4 nach den Regeln der Zwangsvollstreckung. Der Gläubiger des Bergelohnanspruchs muss daher einen vollstreckbaren Titel auf Duldung 2

[1] Begr. RegE SHR-ReformG, BT-Drs. 17/10309, 124.
[2] Vgl. Begr. RegE 3. SeerechtsänderungsG, BR-Drs. 573/00, 45.

der Zwangsvollstreckung in den pfandbelasteten Gegenstand erwirken. Für diese Klage ist der Kapitän bzw. der Schiffer passivlegitimiert, sofern die Güter noch nicht ausgeliefert sind. Nach der Auslieferung ist die Klage gegen den Empfänger zu richten, solange dieser unmittelbarer oder mittelbarer Besitzer ist; hat ein Dritter die Güter gutgläubig erworben, erlischt das Pfandrecht (§ 936 BGB).

§ 587 Sicherheitsleistung

(1) [1]Der Berger kann für seine Forderung auf Bergelohn oder Sondervergütung einschließlich Zinsen und Kosten von dem Schuldner die Leistung einer ausreichenden Sicherheit verlangen. [2]Satz 1 gilt jedoch nicht, wenn die Bergungsmaßnahmen für ein Schiff durchgeführt wurden, das einem Staat gehört oder von ihm betrieben wird, nichtgewerblichen Zwecken dient und im Zeitpunkt der Bergungsmaßnahmen nach den allgemein anerkannten Grundsätzen des Völkerrechts Staatenimmunität genießt.

(2) Der Eigentümer des geborgenen Schiffes hat unbeschadet des Absatzes 1 nach besten Kräften sicherzustellen, dass die Eigentümer der Ladung eine ausreichende Sicherheit für die gegen sie gerichteten Forderungen einschließlich Zinsen und Kosten leisten, bevor die Ladung freigegeben wird.

(3) Das geborgene Schiff und die sonstigen geborgenen Sachen dürfen vor Befriedigung oder Sicherstellung der Forderungen des Bergers nicht ohne dessen Zustimmung von dem Hafen oder Ort entfernt werden, den sie nach Beendigung der Bergungsmaßnahmen zuerst erreicht haben.

(4) [1]Liefert der Schiffer oder Kapitän entgegen Absatz 3 geborgene Ladung aus, so haftet er für den Schaden, der durch sein Verschulden dem Berger entsteht. [2]Dies gilt auch dann, wenn der Schiffer auf Anweisung des Schiffseigners oder der Kapitän auf Anweisung des Reeders gehandelt hat.

1 Die Vorschrift setzt Art. 21 IÜB um. Abs. 1 und 2 regeln einen Anspruch auf Sicherheitsleistung in Konkretisierung von § 257 S. 2 BGB. Abs. 3 verbietet es, das geborgene Schiff oder die geborgenen Sachen nach der geregelten Maßgabe ohne Zustimmung des Bergers zu entfernen. Das Verbot ist durch den verschuldensabhängigen Schadensersatzanspruch gegen den Kapitän oder Schiffer gem. Abs. 4 S. 1 sanktioniert. Der Kapitän bzw. der Schiffer haften, auch wenn sie auf Anweisung des Reeders bzw. des Schiffseigners gehandelt haben.

Dritter Unterabschnitt. Große Haverei

§ 588 Errettung aus gemeinsamer Gefahr

(1) Werden das Schiff, der Treibstoff, die Ladung oder mehrere dieser Sachen zur Errettung aus einer gemeinsamen Gefahr auf Anordnung des Kapitäns vorsätzlich beschädigt oder aufgeopfert oder werden zu diesem Zweck auf Anordnung des Kapitäns Aufwendungen gemacht (Große Haverei), so werden die hierdurch entstandenen Schäden und Aufwendungen von den Beteiligten gemeinschaftlich getragen.

(2) Beteiligter ist derjenige, der im Zeitpunkt des Havereifalls Eigentümer des Schiffes oder Eigentümer des Treibstoffs ist oder der die Gefahr trägt, dass ein zur Ladung gehörendes Frachtstück oder eine Frachtforderung untergeht.

Schrifttum (zu §§ 588 ff.): Grau, Havarie-Grosse durch YAR und die Neuerungen durch Sydney 1994, TranspR 1998, 279; FA-TransportR/Hartenstein, 3. Aufl. 2015, Kap. 4 Rn. 304 ff.; Holzer, Das Dispacheverfahren nach dem FamFG, TranspR 2013, 357; Ramming, Die Große Haverei nach den Vorschriften des HGB, RdTW 2016, 81; Schlüngel, Die Zukunft des Rechtsinstituts der Großen Havarei, 2019; Schwampe, Die York Antwerp Rules 2016, RdTW 2016, 321.

1 Geraten im Seeverkehrsgeschehen Vermögensgegenstände mehrerer Personen, insbesondere deren Schiff und Ladung, in einer gemeinsamen Unternehmung in Gefahr und werden nunmehr Vermögensgegenstände aufgeopfert oder beschädigt bzw. werden Aufwendungen gemacht, um die Schiff und Ladung betreffende gemeinsame Gefahr abzuwenden, sollen nach dem tradierten Rechtsgedanken der Haverei diese Aufopferungen, Schäden bzw. Aufwendungen von allen Beteiligten im Verhältnis ihrer Vermögenswerte getragen werden. Die Vorschriften des Dritten Unterabschnitts verdichten das Recht der Haverei auf das der Großen Haverei; die nach dem Recht vor der Seehandelsrechtsre-

form 2013 bekannten Institute des Rechts der besonderen, der uneigentlichen und der kleinen Haverei (insbesondere hinsichtlich der gewöhnlichen Kosten der Schifffahrt) sind in die neue Gesetzesfassung nicht übernommen worden. Die Bezeichnung als „Große Haverei" ist im Hinblick auf die im internationalen Sprachgebrauch übliche Terminologie beibehalten worden.

Das Recht der Haverei wird in der Praxis durch die vom Comité Maritime International entwickelten York Antwerp Rules (YAR)[1] nebst den parallel dazu beschlossenen Guidelines for General Average[2] geprägt, die als internationale AGB in Konnossementen bzw. Charterurkunden regelmäßig vereinbart werden und dann die dispositiven gesetzlichen Vorschriften der §§ 588 ff. verdrängen. Die Regeln des Gesetzesrechts haben deshalb praktische Bedeutung in Fällen, in denen die YAR eine Regelungslücke enthalten. 2

Die Vorschrift des § 588 enthält sowohl die Legaldefinition der Großen Haverei als auch die grundlegende Rechtsfolgenbestimmung. Der Rechtsbegriff der Haverei umfasst die Fälle, in denen das Schiff oder die Ladung aus einer gemeinsamen Gefahr gerettet werden und dafür die Ladung oder das Schiff aufgeopfert bzw. Aufwendungen getätigt werden. Die dabei entstehenden Schäden und Kosten sollen von Schiff, Ladung und Fracht gemeinsam getragen werden. Der Rechtsbegriff der Haverei bezieht den „Treibstoff" in die aufopferungsfähigen Gegenstände der Haverei ein; damit ist der Treibstoff, der dem Betrieb des Schiffes dient, während Treibstoff, der als Ladung vom Schiff befördert wird, unter dem Begriff der „Ladung" zu subsumieren ist. 3

Voraussetzung der Haverei ist, dass eine **gemeinsame Gefahr** für das Schiff oder die Ladung droht,[3] und durch die Rettungsmaßnahmen unter Aufopferung oder Beschädigung von Schiff oder Ladung erfolgreich abgewendet wird. Die gefahrabwendenden Maßnahmen müssen „auf Anordnung" des Kapitäns erfolgt sein; eigenmächtiges Handeln Besatzungsmitglieder, Fahrgästen oder sonstigen Interessenten ist, selbst wenn es zum gewünschten Erfolg geführt hat und vom Kapitän geduldet sein sollte, keinesfalls geeignet, die Haftungsgemeinschaft nach den Havereigrundsätzen auszulösen. 4

Die gemeinschaftliche Haftung ist eine persönliche Haftung der Beteiligten, nicht aber eine dingliche Haftung etwa des Schiffes oder der Ladung. Der Rechtsbegriff des Beteiligten wird in Abs. 2 legal definiert. Dabei knüpft die Regelung hinsichtlich des Schiffes und des Treibstoffes an die formale Eigentümerstellung an, während bezüglich der Ladung bzw. der Frachtforderungen auf die Gefahrtragung abzustellen ist. Hinsichtlich der Frage, wer die Sach- bzw. Leistungsgefahr wegen der Ladung bzw. der Frachtforderung trägt, sind die einschlägigen Vertragsverhältnisse nach dem maßgeblichen Recht zu beurteilen. 5

§ 589 Verschulden eines Beteiligten oder eines Dritten

(1) [1]Die Anwendung der Vorschriften über die Große Haverei wird nicht dadurch ausgeschlossen, dass die Gefahr durch Verschulden eines Beteiligten oder eines Dritten herbeigeführt ist. [2]Der Beteiligte, dem ein solches Verschulden zur Last fällt, kann jedoch wegen eines ihm entstandenen Schadens keine Vergütung verlangen.

(2) Ist die Gefahr durch ein Verschulden eines Beteiligten herbeigeführt worden, so ist dieser den Beitragspflichtigen zum Ersatz des Schadens verpflichtet, den sie dadurch erleiden, dass sie die Schäden und Aufwendungen, die zur Errettung aus der Gefahr entstanden sind, gemeinschaftlich tragen müssen.

Die Vorschrift sieht vor, dass durch ein Verschulden eines der Beteiligten die Anwendung der Havereiregeln nicht ausgeschlossen ist. Der schuldhaft Handelnde kann nach Abs. 1 S. 2 allerdings wegen seines Schadens keine Vergütung verlangen. Die Regelung betrifft nicht nur den Ausschluss von Schäden, die dem Eigentum des Havarie Grosse-Beteiligten zugefügt wurden, sondern alle vermögensrechtlichen Nachteile, die dieser aufgrund der Havarie Grosse erlitten; der Beteiligte ist nicht nur mit Beitragsansprüchen bezogen auf Schäden an seinem Gut, sondern mit allen seinen Ansprüchen aus Anlass der Havarie-Grosse vollständig ausgeschlossen.[1] 1

---

[1] Die geltende Fassung aus dem Jahr 2016 ist abrufbar unter www.comitemaritime.org; zu den vorhergehenden Fassungen aus den Jahren 1994 (vgl. den Abdruck in TranspR 1994, 488 ff.; dazu Grau TranspR 1998, 279 ff.) und 2014 s. die vergleichende Analyse von Schwampe RdTW 2016, 321.

[2] Abrufbar unter www.comitemaritime.org.

[3] Dazu OLG Karlsruhe (Schifffahrtsobergericht) 4.3.2019, RdTW 2019, 165 Rn. 50. Zum nicht (mehr) ausdrücklich erwähnten Tatbestandsmerkmal der Rettung eines Gegenstandes vgl. Ramming RdTW 2016, 81 (82).

[1] OLG Karlsruhe Schifffahrtsobergericht 4.3.2019, RdTW 2019, 166 Rn. 70.

2 Gemäß Abs. 2 trifft ihn eine Schadensersatzverpflichtung. Der Verschuldensbegriff wird nicht näher definiert und entspricht deshalb grundsätzlich allgemeinen Regeln der §§ 276 ff. BGB, § 347. Verschulden Dritter (insbesondere das von Mitgliedern der Schiffsbesatzung und der an Bord tätigen Lotsen; vgl. § 480) ist nach der speziellen Regelung des Abs. 1 S. 1 zuzurechnen; eines Rückgriffs auf § 831 BGB bedarf es insofern nicht.

§ 590 Bemessung der Vergütung

(1) Die Vergütung für die Aufopferung des Schiffes, dessen Zubehörs, des Treibstoffs und der zur Ladung gehörenden Frachtstücke bemisst sich nach dem Verkehrswert, den die Sachen am Ort und zur Zeit der Beendigung der Reise gehabt hätten.

(2) [1]Die Vergütung für die Beschädigung der in Absatz 1 genannten Sachen bemisst sich nach dem Unterschied zwischen dem Verkehrswert der beschädigten Sachen am Ort und zur Zeit der Beendigung der Reise und dem Verkehrswert, den die Sachen in unbeschädigtem Zustand an diesem Ort und zu dieser Zeit gehabt hätten. [2]Sind Sachen nach dem Havereifall repariert worden, so wird vermutet, dass die für eine Reparatur der Sachen aufgewendeten Kosten dem Wertverlust entsprechen.

(3) Die Vergütung für den Untergang einer Frachtforderung bemisst sich nach dem Betrag, der dem Verfrachter infolge der Großen Haverei nicht geschuldet ist.

(4) War die aufgeopferte oder beschädigte Sache unmittelbar vor Beginn der Reise Gegenstand eines Kaufvertrags, so wird vermutet, dass der in der Rechnung des Verkäufers ausgewiesene Kaufpreis der Verkehrswert dieser Sache ist.

1 Die Vorschrift fasst die Regeln für die Bemessung der Höhe der zu leistenden Vergütung zusammen und unterscheidet die Vergütung für Verlust („Aufopferung") in Abs. 2 und für Beschädigung in Abs. 2. Abs. 3 regelt, wie der Vergütungsanspruch des Verfrachters zu bemessen ist, dem durch die Havereimaßnahmen Fracht entgeht.

§ 591 Beitrag

(1) Die Beteiligten, mit Ausnahme der Schiffsbesatzung und der Fahrgäste, haben zur Zahlung der Vergütung einen Beitrag zu leisten.

(2) [1]Die Beiträge zur Großen Haverei bemessen sich nach dem Wert der Gegenstände, die sich in gemeinsamer Gefahr befanden. [2]Maßgebend für den Wert des Schiffes, des Treibstoffs und der zur Ladung gehörenden Frachtstücke ist der Verkehrswert am Ende der Reise zuzüglich einer etwaigen Vergütung für eine Beschädigung oder Aufopferung der betreffenden Sache in Großer Haverei. [3]Maßgebend für den Wert einer Frachtforderung ist der Bruttobetrag der am Ende der Reise geschuldeten Fracht zuzüglich einer etwaigen Vergütung für einen Untergang der Frachtforderung wegen Havereimaßnahmen.

1 Die Vorschrift regelt, wer einen Beitrag zur Vergütung zu leisten hat und die Höhe der Beitragspflicht insgesamt; die Aufteilung auf die Beitragspflichtigen erfolgt nach § 592. Gemäß § 591 Abs. 1 sind grundsätzlich alle Beteiligten (§ 588 Abs. 2) beitragspflichtig. Ausgenommen sind nach dieser Vorschrift die Mitglieder der Schiffsbesatzung und die Fahrgäste.

2 Die Höhe der Beitragspflicht bemisst sich gem. Abs. 2 nach dem Wert aller Gegenstände, die sich in gemeinsamer Gefahr befanden. Dabei sind die in S. 2 und 3 geregelten Besonderheiten für die Wertermittlung zu berücksichtigen.

§ 592 Verteilung

(1) [1]Die Höhe der Vergütung, die ein Beteiligter wegen der Aufopferung oder Beschädigung eines ihm nach § 588 Absatz 2 zuzurechnenden Gegenstands beanspruchen kann, sowie die Höhe des Beitrags, den ein Beteiligter zu zahlen hat, bestimmen sich nach dem Verhältnis der gesamten, allen Beteiligten zustehenden Vergütung zu der Summe der von allen Beteiligten zu leistenden Beiträge. [2]Liegt ein nach § 590 ermittelter anteiliger Wertverlust über dem nach Satz 1 errechneten Anteil, so hat der von dem Wertverlust betroffene Beteiligte in Höhe der Differenz Anspruch auf eine Vergütung. [3]Liegt ein nach § 590 ermittelter anteiliger Wertverlust unter dem nach Satz 1 errechneten Anteil, muss der von dem Wertverlust betroffene Beteiligte in Höhe der Differenz einen Beitrag zahlen.

(2) Jeder Beitragspflichtige haftet jedoch nur bis zur Höhe des Wertes des geretteten Gegenstands, der ihm nach § 588 Absatz 2 zuzurechnen ist.

Die Vorschrift regelt in Abs. 1 die Verteilung der Beitragszahlungs- bzw. Vergütungspflichten der Beteiligten. Abs. 2 beschränkt die Haftung der Beitragspflichtigen auf den genannten Haftungshöchstbetrag. 1

§ 593 Schiffsgläubigerrecht

Die Vergütungsberechtigten haben nach § 596 Absatz 1 Nummer 4 für ihre Beitragsforderungen gegen den Eigentümer des Schiffes sowie den Gläubiger der Fracht die Rechte eines Schiffsgläubigers an dem Schiff.

Die Vorschrift räumt den Vergütungsberechtigten ein Schiffsgläubigerrecht wegen der vom Schiffseigentümer und vom Frachtgläubiger zu zahlenden Beiträge an dem havareibeteiligten Schiff ein. 1

§ 594 Pfandrecht der Vergütungsberechtigten. Nichtauslieferung

(1) Die Vergütungsberechtigten haben für ihre Beitragsforderungen ein Pfandrecht an dem Treibstoff und der Ladung der Beitragspflichtigen.

(2) [1]Das Pfandrecht hat Vorrang vor allen anderen an diesen Sachen begründeten Pfandrechten, auch wenn diese früher entstanden sind. [2]Bestehen an einer Sache mehrere Pfandrechte nach Absatz 1 oder besteht an einer Sache auch ein Pfandrecht nach § 585 Absatz 2, so geht das Pfandrecht für die später entstandene Forderung dem für die früher entstandene Forderung vor. [3]Pfandrechte für gleichzeitig entstandene Forderungen sind gleichberechtigt. [4]§ 603 Absatz 3 ist entsprechend anzuwenden.

(3) [1]Pfandrechte nach Absatz 1 erlöschen ein Jahr nach Entstehung der Forderung. [2]§ 600 Absatz 2 ist entsprechend anzuwenden.

(4) [1]Das Pfandrecht wird für die Vergütungsberechtigten durch den Reeder ausgeübt. [2]Auf die Geltendmachung des Pfandrechts an der Ladung sind die §§ 368 und 495 Absatz 4 entsprechend anzuwenden.

(5) [1]Der Kapitän darf die Sachen, an denen Pfandrechte nach Absatz 1 bestehen, vor der Berichtigung oder Sicherstellung der Beiträge nicht ausliefern. [2]Liefert der Kapitän die Sachen entgegen Satz 1 aus, so haftet er für den Schaden, der den Vergütungsberechtigten durch sein Verschulden entsteht. [3]Dies gilt auch dann, wenn der Kapitän auf Anweisung des Reeders gehandelt hat.

Die Vorschrift sieht komplexe Regelungen vor für das gesetzliche Pfandrecht der Vergütungsberechtigten, für ihre Forderungen auf eine Beitragsleistung des Eigentümers des Treibstoffs und der die Gefahr des Untergangs der Ladung Tragenden (vgl. § 588 Abs. 1). Sie umfasst den Rang konkurrierender Pfandrechte, ihr Erlöschen und die Legitimation zur Geltendmachung. Die pfandverstrickten Gegenstände dürfen nach Abs. 5 S. 1 vom Kapitän vor der Zahlung oder Sicherheitsleistung nicht ausgeliefert werden; die Pflicht ist durch eine verschuldensabhängige Schadensersatzverpflichtung gem. Abs. 5 S. 2 sanktioniert. 1

Das gesetzliche Pfandrecht, das aufgrund der Havarie Grosse entsteht, haftet dem Gut unmittelbar an und führt mangels freier Verkäuflichkeit zu einer Wertminderung des Gutes. Leistet der Eigner des Gutes bzw. sein Versicherer den aufgrund der Havarie Grosse geschuldeten Beitrag, so erlischt das gesetzliche Pfandrecht, da das eigene Gut nur für den eigenen Beitrag haftet.[1] 2

§ 595 Aufmachung der Dispache

(1) [1]Jeder Beteiligte ist berechtigt, die Aufmachung der Dispache am Bestimmungsort oder, wenn dieser nicht erreicht wird, in dem Hafen, in dem die Reise endet, zu veranlassen. [2]Wurde Treibstoff oder Ladung vorsätzlich beschädigt oder aufgeopfert, ist der Reeder verpflichtet, die Aufmachung der Dispache an dem in Satz 1 genannten Ort unverzüglich zu veranlassen; unterlässt er dies, so ist er den Beteiligten für den daraus entstehenden Schaden verantwortlich.

---

[1] OLG Köln Rheinschifffahrtsobergericht 11.10.2018, RdTW 2019, 227 Rn. 65 ff.

(2) Die Dispache wird durch einen öffentlich bestellten Sachverständigen oder eine vom Gericht besonders ernannte sachverständige Person (Dispacheur) aufgemacht.

(3) Jeder Beteiligte hat die in seinen Händen befindlichen Urkunden, die zur Aufmachung der Dispache erforderlich sind, dem Dispacheur zur Verfügung zu stellen.

1 Die Feststellung und Verteilung der entstandenen Schäden und Aufwendungen erfolgt in der Aufmachung des traditionell als Dispache bezeichneten Verteilungsplans. Die Vorschrift regelt einzelne verfahrensrechtliche Rechtsfragen, nämliche die Befugnis bzw. die Pflicht, die Aufmachung der Dispache zu verlangen, und den Ort, an dem die Dispache aufzumachen ist (Abs. 1), die Person des Dispacheurs (Abs. 2) und eine Mitwirkungspflicht der Beteiligten (Abs. 3).

2 Weitere, dazu gehörige Verfahrensvorschriften finden sich in den §§ 402 ff. FamFG.[1] Auf Antrag eines Beteiligten kann über die vom Dispacheur aufgemachte Dispache vor den Gerichten der ordentlichen Gerichtsbarkeit verhandelt werden (§ 405 FamFG). Soweit ein Widerspruch nicht nach § 406 Abs. 2 FamFG erledigt wird, hat ihn der Widersprechende durch Erhebung der Klage gegen diejenigen an dem Verfahren Beteiligten, deren Rechte durch den Widerspruch betroffen werden, zu verfolgen (§ 407 FamFG); für den Nachweis der fristgemäßen Klageerhebung sind bestimmte Formalien zu beachten.[2] Die durch gerichtlichen Beschluss rechtskräftig bestätigte Dispache ist ein Vollstreckungstitel (§ 409 Abs. 2 S. 2 FamFG).[3]

3 Das Dispache-Bestätigungsverfahren ist auch nach dem SHR-ReformG 2013 kein Verfahren, in dem vorgreiflich zu klären ist, ob und in welcher Höhe ein dispachierungsfähiger Schaden geltend gemacht werden kann. Auch bei Vorliegen einer großen Havarei kann Schadensersatz unmittelbar im Zivilverfahren begehrt werden. Das Dispache-Bestätigungsverfahren nach dem FamFG als Verfahren der freiwilligen Gerichtsbarkeit mit dem Ziel, einen Vollstreckungstitel zu erlangen, schließt ein Verfahren vor den ordentlichen Gerichten gerade nicht aus.[4]

---

[1] Dazu Holzer TranspR 2013, 357.
[2] Vgl. AG Hamburg 3.12.2012, RdTW 2014, 255.
[3] Claußen RdTW 2016, 410.
[4] OLG Karlsruhe Schifffahrtsobergericht 4.3.2019, RdTW 2019, 165 Rn. 40 ff.; OLG Köln Rheinschifffahrtsobergericht 11.10.2018, RdTW 2019, 227 Rn. 44 ff.

Fünfter Abschnitt. Schiffsgläubiger

§ 596 Gesicherte Forderungen

(1) Die Gläubiger folgender Forderungen haben die Rechte eines Schiffsgläubigers:

1. Heuerforderungen des Kapitäns und der übrigen Personen der Schiffsbesatzung;

2. öffentliche Schiffs-, Schifffahrts- und Hafenabgaben sowie Lotsgelder;

3. Schadensersatzforderungen wegen der Tötung oder Verletzung von Menschen sowie wegen des Verlusts oder der Beschädigung von Sachen, sofern diese Forderungen aus der Verwendung des Schiffes entstanden sind; ausgenommen sind jedoch Forderungen wegen des Verlusts oder der Beschädigung von Sachen, wenn die Forderungen aus einem Vertrag hergeleitet werden oder auch aus einem Vertrag hergeleitet werden können;

4. Forderungen auf Bergelohn, auf Sondervergütung und auf Bergungskosten; Forderungen gegen den Eigentümer des Schiffes und gegen den Gläubiger der Fracht auf einen Beitrag zur Großen Haverei; Forderungen wegen der Beseitigung des Wracks;

5. Forderungen der Träger der Sozialversicherung einschließlich der Arbeitslosenversicherung gegen den Reeder.

(2) Absatz 1 Nummer 3 ist nicht auf Ansprüche anzuwenden, die auf die radioaktiven Eigenschaften oder eine Verbindung der radioaktiven Eigenschaften mit giftigen, explosiven oder sonstigen gefährlichen Eigenschaften von Kernbrennstoffen oder radioaktiven Erzeugnissen oder Abfällen zurückzuführen sind.

Der Fünfte Abschnitt betrifft die bestimmte Ansprüche sichernden dinglichen Rechte am Schiff, die nicht an den Besitz des Schiffes gebunden sind und dem Gläubiger ein Recht zur Befriedigung aus dem Schiff nach den Regeln der Zwangsvollstreckung geben. Die Vorschrift orientiert sich gemäß der schon mit dem Seerechtsänderungsgesetz 1972 (BGBl. 1972 I 966) getroffenen Grundentscheidung weiterhin an dem Übereinkommen vom 24.5.1967 über Schiffsgläubigerrechte und Schiffshypotheken. Dagegen hat das international wenig verbreitete Übereinkommen vom 6.5.1993 im Text des HGB-Seehandelsrechts keine Berücksichtigung gefunden.[1] 1

Die Vorschrift des § 596 enthält den Katalog der durch Schiffsgläubigerechte gesicherten Ansprüche. Ein Schiffsgläubigerrecht wegen Schadensersatzforderung ist nach Abs. 1 Nr. 3 ausgeschlossen, wenn der Anspruchsteller Vertragsbeziehungen zum Reeder hat, auf die Schadensersatzansprüche gestützt werden können. Mit dieser Regelung ist klargestellt, dass für Ladungsschäden grundsätzlich kein Schiffsgläubigerrecht besteht.[2] Der Ausschluss nach der kann-Formel des letzten Halbsatzes in Abs. 1 Nr. 3 betrifft Schadensersatzforderungen zwischen den Beteiligten in einer Transportkette, sofern der Schaden durch den Hauptverfrachter gegen den Unterverfrachter auf vertraglicher Grundlage geltend gemacht werden kann.[3] 2

§ 597 Pfandrecht der Schiffsgläubiger

(1) [1]Die Schiffsgläubiger haben für ihre Forderungen ein gesetzliches Pfandrecht an dem Schiff. [2]Das Pfandrecht kann gegen jeden Besitzer des Schiffes verfolgt werden.

(2) Das Schiff haftet auch für die gesetzlichen Zinsen der Forderungen sowie für die Kosten der die Befriedigung aus dem Schiff bezweckenden Rechtsverfolgung.

Die Vorschrift konzipiert das Pfandrecht der Schiffsgläubiger als besitzloses Pfandrecht (Abs. 1). Es ist in Abs. 2 enger als das Pfandrecht des § 1210 BGB geregelt, weil es – wie dort – zwar Zinsen, nicht aber Vertragstrafen einbezieht. 1

§ 598 Gegenstand des Pfandrechts der Schiffsgläubiger

(1) Das Pfandrecht der Schiffsgläubiger erstreckt sich auf das Zubehör des Schiffes mit Ausnahme der Zubehörstücke, die nicht in das Eigentum des Schiffseigentümers gelangt sind.

[1] Vgl. Czerwenka TranspR 1993, 213 ff.; Wersel, Das Übereinkommen über Schiffsgläubigerrechte und Schiffshypotheken vom 6.5.1993, 1996.

[2] Näher Ramming RdTW 2016, 161 ff.; Rabe TranspR 2016, 296 ff.

[3] So MüKoHGB/Eckardt Rn. 11.

(2) [1]Das Pfandrecht erstreckt sich auch auf einen Ersatzanspruch, der dem Reeder wegen des Verlusts oder der Beschädigung des Schiffes gegen einen Dritten zusteht. [2]Das Gleiche gilt hinsichtlich der Vergütung für Schäden am Schiff in Fällen der Großen Haverei.

(3) Das Pfandrecht erstreckt sich nicht auf eine Forderung aus einer Versicherung, die der Reeder für das Schiff genommen hat.

1 Für das Schiffsgläubigerrecht haftet auch das Zubehör, sofern es im Eigentum des Schiffseigentümers steht. Maßgebend ist der Zeitpunkt der Beschlagnahme. Das Pfandrecht erstreckt sich zusätzlich auf Ersatzansprüche, die dem Reeder wegen seines Verlustes oder der Beschlagnahme des Schiffes gegen Dritte zustehen, einschließlich der Vergütung aus Schäden am Schiff in Fällen der Großen Haverei (Abs. 2). Dagegen erstreckt sich das Schiffsgläubigerrecht – anders als die Schiffshypothek (§ 32 SchiffRG) – nicht auf eine Forderung aus einer (Kasko-)Versicherung, die der Reeder für das Schiff genommen hat (Abs. 3).

§ 599 Erlöschen der Forderung

Erlischt die durch das Pfandrecht eines Schiffsgläubigers gesicherte Forderung, so erlischt auch das Pfandrecht.

1 Das Schiffsgläubigerrecht ist streng akzessorisch gestaltet. Das Pfandrecht erlischt mit der Forderung, die es sichert.

§ 600 Zeitablauf

(1) Das Pfandrecht eines Schiffsgläubigers erlischt ein Jahr nach Entstehung der Forderung.

(2) [1]Das Pfandrecht erlischt nicht, wenn der Gläubiger innerhalb der Frist des Absatzes 1 die Beschlagnahme des Schiffes wegen des Pfandrechts erwirkt, sofern das Schiff später im Wege der Zwangsvollstreckung veräußert wird, ohne dass das Schiff in der Zwischenzeit von einer Beschlagnahme zugunsten dieses Gläubigers frei geworden ist. [2]Das Gleiche gilt für das Pfandrecht eines Gläubigers, der wegen seines Pfandrechts dem Zwangsvollstreckungsverfahren innerhalb dieser Frist beitritt.

(3) [1]Ein Zeitraum, während dessen ein Gläubiger rechtlich daran gehindert ist, sich aus dem Schiff zu befriedigen, wird in die Frist nicht eingerechnet. [2]Eine Hemmung, eine Ablaufhemmung oder ein Neubeginn der Frist aus anderen Gründen ist ausgeschlossen.

1 Unbeschadet der strikten Akzessorietät des Schiffsgläubigerrechts gem. § 599 wird mit Rücksicht auf die äußerlich nicht erkennbare dingliche Belastung des Schiffes in § 600 geregelt, dass das Pfandrecht ein Jahr nach der Entstehung der gesicherten Forderung erlischt, wenn nicht zuvor die Beschlagnahme des Schiffes erwirkt ist und die weiteren Maßgaben des Abs. 2 erfüllt sind.

§ 601 Befriedigung des Schiffsgläubigers

(1) Die Befriedigung des Schiffsgläubigers aus dem Schiff erfolgt nach den Vorschriften über die Zwangsvollstreckung.

(2) [1]Die Klage auf Duldung der Zwangsvollstreckung kann außer gegen den Eigentümer des Schiffes auch gegen den Ausrüster gerichtet werden. [2]Das gegen den Ausrüster gerichtete Urteil ist auch gegenüber dem Eigentümer wirksam.

(3) [1]Zugunsten des Schiffsgläubigers gilt als Eigentümer, wer im Schiffsregister als Eigentümer eingetragen ist. [2]Das Recht des nicht eingetragenen Eigentümers, die ihm gegen das Pfandrecht zustehenden Einwendungen geltend zu machen, bleibt unberührt.

1 Der für die Befriedigung des Schiffsgläubigers im Wege der Zwangsvollstreckung erforderliche Titel wird durch Klage auf Duldung der Zwangsvollstreckung in das Schiff erstritten (Abs. 1). Dabei kann nach der durch das SHR-ReformG neu gefassten Regelung in Abs. 2 die Klage nur noch gegen den Eigentümer oder den Ausrüster erhoben werden. Die vormals bestehende Möglichkeit, auch den Kapitän zu verklagen, ist entfallen.

§ 602 Vorrang der Pfandrechte der Schiffsgläubiger

[1]Die Pfandrechte der Schiffsgläubiger haben Vorrang vor allen anderen Pfandrechten am Schiff. [2]Sie haben Vorrang auch insoweit, als zoll- und steuerpflichtige Sachen nach gesetzlichen Vorschriften als Sicherheit für öffentliche Abgaben dienen.

Die Vorrangregel des § 602 betrifft das Verhältnis von Schiffsgläubigerpfandrechten und anderen Inhabern von Pfandrechten am Schiff. Sie gilt zugunsten der Schiffsgläubiger einschränkungslos. Es kommt somit nicht einmal darauf an, wann das Pfandrecht des Schiffsgläubigers entstanden ist. Ebenso wenig hilft einem Pfandgläubiger die Berufung darauf, in Bezug auf das Bestehen eines Schiffsgläubigerpfandrechts gutgläubig gewesen zu sein. 1

§ 603 Allgemeine Rangordnung der Pfandrechte der Schiffsgläubiger

(1) Die Rangordnung der Pfandrechte der Schiffsgläubiger bestimmt sich nach der Reihenfolge der Nummern, unter denen die Forderungen in § 596 aufgeführt sind.

(2) Die Pfandrechte für die in § 596 Absatz 1 Nummer 4 aufgeführten Forderungen haben jedoch den Vorrang vor den Pfandrechten aller anderen Schiffsgläubiger, deren Forderungen früher entstanden sind.

(3) Beitragsforderungen zur Großen Haverei gelten als im Zeitpunkt des Havereifalls, Forderungen auf Bergelohn, auf Sondervergütung und auf Bergungskosten als im Zeitpunkt der Beendigung der Bergungsmaßnahmen und Forderungen wegen der Beseitigung des Wracks als im Zeitpunkt der Beendigung der Wrackbeseitigung entstanden.

Die Vorrangregel des § 603 betrifft das Verhältnis mehrerer Schiffsgläubigerpfandrechte zueinander. Der Rang folgt dabei gem. Abs. 1 grundsätzlich der Nummernfolge in § 596. Eine Ausnahme im Sinne der zeitlichen Priorität gilt gem. Abs. 2. 1

§ 604 Rangordnung der Pfandrechte unter derselben Nummer

(1) Von den Pfandrechten für die in § 596 Absatz 1 Nummer 1 bis 3 und 5 aufgeführten Forderungen haben die Pfandrechte für die unter derselben Nummer genannten Forderungen ohne Rücksicht auf den Zeitpunkt ihrer Entstehung den gleichen Rang.

(2) Pfandrechte für die in § 596 Absatz 1 Nummer 3 aufgeführten Forderungen wegen Personenschäden gehen Pfandrechten für die unter derselben Nummer aufgeführten Forderungen wegen Sachschäden vor.

(3) [1]Von den Pfandrechten für die in § 596 Absatz 1 Nummer 4 aufgeführten Forderungen geht das für die später entstandene Forderung dem für die früher entstandene Forderung vor. [2]Pfandrechte wegen gleichzeitig entstandener Forderungen sind gleichberechtigt.

Die weitere Rangregel des § 604 betrifft das Verhältnis von Schiffsgläubigerpfandrechten für inhaltsgleiche Forderungen. Für die gilt der Grundsatz der Gleichrangigkeit mit den Besonderheiten des Abs. 2 und 3. 1

Sechster Abschnitt. Verjährung

§ 605 Einjährige Verjährungsfrist

Folgende Ansprüche verjähren in einem Jahr:
1. **Ansprüche aus einem Seefrachtvertrag und aus einem Konnossement;**
2. **Ansprüche aus Schiffsüberlassungsverträgen;**
3. **Ansprüche auf Beiträge zur Großen Haverei;**
4. **Ansprüche, die den Reedern untereinander nach § 571 Absatz 2 zustehen.**

1 Die Verjährung von Ansprüchen regeln grundsätzlich die Vorschriften der §§ 194 ff. BGB. In den Regelungen des Sechsten Abschnitts sind Sondervorschriften vorgesehen, die den allgemeinen Bestimmungen vorgehen. Die in § 605 erfassten Ansprüche[1] verjähren in einem Jahr.

§ 606 Zweijährige Verjährungsfrist

Folgende Ansprüche verjähren in zwei Jahren:
1. **Schadensersatzansprüche wegen Tod oder Körperverletzung eines Fahrgasts oder wegen Verlust, Beschädigung oder verspäteter Aushändigung von Gepäck, soweit die Ansprüche den Vorschriften dieses Buches unterworfen sind;**
2. **Schadensersatzansprüche aus dem Zusammenstoß von Schiffen oder aus einem unter § 572 fallenden Ereignis;**
3. **Ansprüche auf Bergelohn, auf Sondervergütung und auf Bergungskosten;**
4. **Ansprüche wegen der Beseitigung eines Wracks.**

1 Die Vorschrift unterwirft die genannten Ansprüche der zweijährigen Verjährung. Ansprüche, die im Zusammenhang mit den ausdrücklich genannten Ansprüchen stehen, insbesondere Ansprüche aus Nebenpflichtverletzungen im Sachzusammengang mit den genannten Schadensersatzansprüchen unterfallen den allgemeinen Verjährungsfristen des BGB.

§ 607 Beginn der Verjährungsfristen

(1) [1]Die Verjährungsfrist für die in § 605 Nummer 1 genannten Ansprüche beginnt mit dem Tag, an dem das Gut abgeliefert wurde, oder, wenn das Gut nicht abgeliefert wurde, mit dem Tag, an dem das Gut hätte abgeliefert werden müssen. [2]Handelt es sich um Ansprüche aus einem Reisefrachtvertrag, ist auf das Gut abzustellen, das am Ende der letzten Reise abgeliefert wurde oder hätte abgeliefert werden müssen.

(2) [1]Abweichend von Absatz 1 beginnt die Verjährungsfrist für Rückgriffsansprüche des Schuldners eines in § 605 Nummer 1 genannten Anspruchs mit dem Tag des Eintritts der Rechtskraft des Urteils gegen den Rückgriffsgläubiger oder, wenn kein rechtskräftiges Urteil vorliegt, mit dem Tag, an dem der Rückgriffsgläubiger den Anspruch befriedigt hat. [2]Satz 1 gilt nicht, wenn der Rückgriffsschuldner innerhalb von drei Monaten, nachdem der Rückgriffsgläubiger Kenntnis von dem Schaden und der Person des Rückgriffsschuldners erlangt hat, nicht über diesen Schaden unterrichtet wurde.

(3) [1]Die Verjährungsfrist für die in § 605 Nummer 2 genannten Ansprüche aus Schiffsüberlassungsverträgen beginnt mit dem Schluss des Jahres, in dem der Anspruch entstanden ist. [2]Auf die Verjährung von Rückgriffsansprüchen des Schuldners eines Anspruchs aus einem Zeitchartervertrag ist Absatz 2 entsprechend anzuwenden.

(4) Die Verjährungsfrist für die in § 605 Nummer 3 und 4 genannten Ansprüche beginnt mit dem Schluss des Jahres, in dem der Anspruch entstanden ist.

(5) Die Verjährungsfrist für die in § 606 Nummer 1 genannten Schadensersatzansprüche beginnt wie folgt:
1. **für Ansprüche wegen Körperverletzung eines Fahrgasts mit dem Tag der Ausschiffung des Fahrgasts;**
2. **für Ansprüche wegen des Todes eines Fahrgasts mit dem Tag, an dem der Fahrgast hätte ausgeschifft werden sollen, oder, wenn der Tod nach der Ausschiffung eingetreten**

[1] Vgl. BeckOGK/Münchau, 15.3.2023, Rn. 13 ff.; Ramming RdTW 2015, 45 ff.

ist, mit dem Tag des Todes, spätestens jedoch ein Jahr nach der Ausschiffung des Fahrgasts;

3. für Ansprüche wegen Verlust, Beschädigung oder verspäteter Auslieferung von Gepäck mit dem Tag der Ausschiffung oder mit dem Tag, an dem die Ausschiffung hätte erfolgen sollen, je nachdem, welches der spätere Zeitpunkt ist.

(6) Die Verjährungsfrist für die in § 606 Nummer 2 genannten Schadensersatzansprüche aus einem Zusammenstoß von Schiffen oder aus einem unter § 572 fallenden Ereignis beginnt mit dem den Schaden auslösenden Ereignis.

(7) [1]Die Verjährungsfrist für die in § 606 Nummer 3 und 4 genannten Ansprüche beginnt mit Beendigung der Bergungs- oder Wrackbeseitigungsmaßnahmen. [2]Auf die Verjährung von Rückgriffsansprüchen des Schuldners dieser Ansprüche ist Absatz 2 entsprechend anzuwenden.

Die Vorschrift regelt für die in § 605 und § 606 geregelten Ansprüche je gesondert den Beginn der Verjährungsfrist. Bei der Fristberechnung nach Abs. 1 ist gem. § 187 Abs. 1 BGB der Tag der Ablieferung nicht zu berücksichtigen. 1

Die Verjährung von Schadensersatzansprüchen aus Seefrachtverträgen und Konnossementen (Abs. 1 iVm § 605) beginnt mit der Auslieferung der Güter.[1] Die durch das SHR-ReformG eingeführte Vorschrift des Abs. 2 regelt die Verjährung der erfassten Rückgriffsansprüche[2] in Parallele zu § 439 Abs. 2 S. 3. Im Interesse einer vereinfachten Schadensabwicklung ist damit zur Sicherung des Regresses eine Klageerhebung nicht mehr erforderlich. Im Unterschied zu § 439 Abs. 2 S. 3 muss der Rückgriffsgläubiger selbst Schuldner eines in § 605 Nr. 1 genannten Anspruchs sein. Erfasst werden dabei nicht nur die deutschem Recht unterfallenden Seefrachtverträge und Konnossemente.[3] 2

§ 607a [nicht mehr belegt]

§ 608 Hemmung der Verjährung

[1]Die Verjährung der in den §§ 605 und 606 genannten Ansprüche wird auch durch eine Erklärung des Gläubigers, mit der dieser Ersatzansprüche erhebt, bis zu dem Zeitpunkt gehemmt, in dem der Schuldner die Erfüllung des Anspruchs ablehnt. [2]Die Erhebung der Ansprüche sowie die Ablehnung bedürfen der Textform. [3]Eine weitere Erklärung, die denselben Ersatzanspruch zum Gegenstand hat, hemmt die Verjährung nicht erneut.

Die Regelung zur Hemmung der Verjährung entspricht weitgehend der Regelung in § 439 Abs. 3. 1 Durch die Wendung in S. 1, dass die Hemmung „auch" durch eine Erklärung des Gläubigers eintritt, mit der dieser den Ersatzanspruch geltend macht, wird deutlich, dass daneben die allgemeine Hemmungsregelung in § 203 BGB anwendbar bleibt; Verhandlungen über den Anspruch bzw. die den Anspruch begründenden Umstände führen deshalb gleichfalls zur Hemmung. Während in § 203 BGB die Hemmung andauert, bis der eine oder der andere Teil „die Fortsetzung der Verhandlungen verweigert", dauert die Hemmung bis zu dem Zeitpunkt, in dem der Schuldner „die Erfüllung des Anspruchs verweigert".[1]

Die Klageerhebung hemmt die Verjährung nach § 203 Abs. 1 Nr. 1 BGB. Die Klage desjenigen, 2 der in (gewillkürter) Prozessstandschaft klagt, hemmt dann eine Verjährung, wenn prozessual eindeutig offen gelegt wird, wessen Rechte geltend gemacht werden.[2]

§ 609 Vereinbarungen über die Verjährung

(1) [1]Die Verjährung von Schadensersatzansprüchen aus einem Stückgutfrachtvertrag oder aus einem Konnossement wegen Verlust oder Beschädigung von Gut kann nur durch Vereinbarung, die im Einzelnen ausgehandelt ist, auch wenn sie für eine Mehrzahl von gleichartigen Verträgen zwischen denselben Vertragsparteien getroffen ist, erleichtert oder erschwert werden. [2]Eine Bestimmung im Konnossement, die die Verjährung der Schadensersatzansprüche erleichtert, ist jedoch Dritten gegenüber unwirksam.

---

[1] Vgl. OLG Hamburg 16.8.2013, RdTW 2014, 281 (283).
[2] Vgl. Ramming RdTW 2015, 45 ff.
[3] BGH 7.3.2013, RdTW 2013, 318 Rn. 24; Koller TranspR 2012, 277 f., jeweils zu § 439.
[1] Zur Anwendung von § 209 BG vgl. BeckOGK/Münchau, 15.3.2023, Rn. 14.
[2] Vgl. OLG Hamburg 16.8.2013, RdTW 2014, 281 (283 f.).

(2) [1]Die Verjährung der in § 606 Nummer 1 genannten Ansprüche wegen Personen-, Gepäck- oder Verspätungsschäden kann nur durch Erklärung des Beförderers oder durch Vereinbarung der Parteien nach der Entstehung des Anspruchsgrunds verlängert werden. [2]Erklärung und Vereinbarung bedürfen der Textform. [3]Eine Erleichterung der Verjährung, insbesondere eine Verkürzung der Verjährungsfrist, ist unzulässig.

1 Die Vorschrift schränkt die Dispositivität der Verjährung von Schadensersatzansprüchen ein. Die Vorschrift steht in der Konsequenz der Regelung der §§ 512, 525, welche die Haftungsregeln bestimmten Dispositionsschranken unterwerfen.

§ 610 Konkurrierende Ansprüche

Treffen vertragliche Schadensersatzansprüche, die den Vorschriften dieses Abschnitts unterworfen sind, mit konkurrierenden außervertraglichen Schadensersatzansprüchen zusammen, so gelten auch für die außervertraglichen Ansprüche die Vorschriften dieses Abschnitts.

1 Die Vorschrift regelt, dass auf Schadensersatzansprüche unabhängig von ihrer Rechtsgrundlage dieselben Verjährungsregeln zur Anwendung kommen, sodass insbesondere das spezielle seehandelsrechtliche Verjährungsrecht auch auf konkurrierende außervertragliche Ansprüche zur Anwendung kommt.

Siebter Abschnitt. Allgemeine Haftungsbeschränkung

§ 611 Übereinkommen über die Haftungsbeschränkung

(1) [1]Die Haftung für Seeforderungen kann nach den Bestimmungen des Übereinkommens vom 19. November 1976 über die Beschränkung der Haftung für Seeforderungen (BGBl. 1986 II S. 786), geändert durch das Protokoll vom 2. Mai 1996 (BGBl. 2000 II S. 790), in seiner jeweiligen für die Bundesrepublik Deutschland geltenden Fassung (Haftungsbeschränkungsübereinkommen) beschränkt werden. [2]Dies gilt auch für die Haftung für Bunkerölverschmutzungsschäden nach dem Internationalen Übereinkommen von 2001 über die zivilrechtliche Haftung für Bunkerölverschmutzungsschäden (BGBl. 2006 II S. 578) (Bunkeröl-Übereinkommen).

(2) Die Haftung nach dem Internationalen Übereinkommen von 1992 über die zivilrechtliche Haftung für Ölverschmutzungsschäden (BGBl. 1994 II S. 1150, 1152) (Haftungsübereinkommen von 1992) kann nach den Bestimmungen dieses Übereinkommens beschränkt werden.

(3) [1]Werden Ansprüche wegen Verschmutzungsschäden im Sinne des Artikels I Nummer 6 des Haftungsübereinkommens von 1992 geltend gemacht und ist das Haftungsübereinkommen von 1992 nicht anzuwenden, so können die in Artikel 1 des Haftungsbeschränkungsübereinkommens bezeichneten Personen ihre Haftung für diese Ansprüche in entsprechender Anwendung der Bestimmungen des Haftungsbeschränkungsübereinkommens beschränken. [2]Sind aus demselben Ereignis sowohl Ansprüche der in Satz 1 bezeichneten Art als auch Ansprüche entstanden, für welche die Haftung nach Absatz 1 beschränkt werden kann, so gelten die im Haftungsbeschränkungsübereinkommen bestimmten Haftungshöchstbeträge jeweils gesondert für die Gesamtheit der in Satz 1 bezeichneten Ansprüche und für die Gesamtheit derjenigen Ansprüche, für welche die Haftung nach Absatz 1 beschränkt werden kann.

(4) Die Haftung kann nicht beschränkt werden für
1. **die in Artikel 3 Buchstabe e des Haftungsbeschränkungsübereinkommens bezeichneten Ansprüche, sofern der Dienstvertrag inländischem Recht unterliegt;**
2. **Ansprüche auf Ersatz der Kosten der Rechtsverfolgung.**

(5) Ergänzend zu den Bestimmungen des Haftungsbeschränkungsübereinkommens und des Haftungsübereinkommens von 1992 gelten die §§ 612 bis 617.

Schrifttum (zu §§ 611 ff.): V. Borries, Neuere englische Rechtsprechung zum Haftungsbeschränkungsübereinkommen 1976, DVIS-Schriftenreihe Heft A 96, 2002; Dörfelt, Das internationale Privatrecht und internationale Zivilverfahrensrecht der beschränkbaren Haftung auf See, VersR 2010, 1547; Jessen, Die beschränkbare Haftung im Seerecht nach §§ 486 ff. HGB, in Ramming (Hrsg.), Das Recht der Haftungsbeschränkung, DVIS-Schriftenreihe, Heft A 105, 2010; Ramming, Das Recht der schifffahrtsrechtlichen Haftungsbeschränkung – ein Update, RdTW 2020, 4; Ramming, Die beschränkbare Haftung des Bergers, RdTW 2018, 401; Ramming, Erhöhung von Höchstbeträgen des HBÜ 1996, RdTW 2015, 241; Ramming, Die beschränkbare Haftung des Lotsen, RdTW 2014, 301; Rittmeister, Das seerechtliche Haftungsbeschränkungsverfahren nach neuem Recht, 1995.

Die Vorschriften der §§ 611 ff. enthalten Regelungen über die Haftungsbeschränkung nach dem Londoner Haftungsbeschränkungsübereinkommen von 1976 (HBÜ) idF des Protokolls von 1996. 1
Die (technische) Umsetzung des von Deutschland gezeichneten und ratifizierten Übereinkommens erfolgt gem. § 611 Abs. 1 in der Weise, dass das Übereinkommen nebst Protokoll auf der Grundlage der Transformationsregeln als solches Anwendung findet. Im HGB werden nur einzelne ergänzende Regelungen getroffen. Der wesentliche Inhalt der Regelungen ergibt sich aus dem Übereinkommen selbst.[1]

Zur Beschränkung der Haftung berechtigt sind gem. Art. 1 Abs. 1 HBÜ der Schiffseigentümer, 2
der Berger[2] und der Retter in Seenotlagen. Der Rechtsbegriff des Schiffseigentümers iSd HBÜ umfasst gem. Art. 1 Abs. 2 HBÜ den Eigentümer, den Charterer, den Reeder und den Ausrüster eines Seeschiffs. Ob und welche Charterer ggf. neben den ausdrücklich genannten Zeit- und Reisecharterern beschränkungsberechtigt sind, ist nicht gesichert.[3] Dem „Ship Owner" gleichgestellt ist

[1] Vgl. Jessen in Ramming, DVIS-Schriftenreihe, Heft A 105, 1 ff.
[2] Dazu Ramming RdTW 2018, 401 ff.
[3] Dazu Rabe LondonHBÜ Rn. 6 ff.

in Art. 1 Abs. 2 HBÜ der „Operator of the Seagoing Ship"; ein Slot-Charterer, der den Schiffsraum bzw. die Stellplätze nicht nur für eine bestimmte Reise bucht, sondern für eine bestimmte Zeitperiode, sodass ihm Ladekapazität für einen bestimmten Zeitraum zur Verfügung steht (→ § 476 Rn. 41), kann als „Operator" zur Beschränkung berechtigt sein.[4] Stückgutbefrachter sind keinesfalls zur Beschränkung der Haftung berechtigt.[5]

3 Nach dem HBÜ kann die Haftungsbeschränkung für die einzelnen erfassten Ansprüche von dem Beschränkungsberechtigten durch die Errichtung eines Haftungsfonds (Art. 11–13 HBÜ) herbeigeführt werden. Errichtung und Verteilung des Haftungsfonds richten sich nach dem Recht des Staates, in dem der Fonds errichtet wird (Art. 14 HBÜ). In Deutschland erfolgt dies durch die Einleitung eines seerechtlichen Verteilungsverfahrens gemäß der Schifffahrtsrechtlichen Verteilungsverordnung (SVertO) und ergänzend gem. § 617 Abs. 2.

4 Die erfassten Ansprüche werden in Art. 2 HBÜ aufgelistet. Ergänzende Bestimmungen finden sich in §§ 612–616.

5 Der Umfang der Haftungsbeschränkung ergibt sich aus der nach Art. 9 HBÜ zu berechnenden Höchstsumme.[6] Die Errichtung eines Haftungsfonds in einem Vertragsstaat hat zur Folge, dass sich die Haftung aller Personen für Ansprüche aus demselben Ereignis, für welches die Haftung beschränkt werden kann, auf die maßgebliche Haftungssumme beschränkt.[7] Das Recht zur Haftungsbeschränkung entfällt, wenn der Haftpflichtige den Schaden durch qualifiziertes Verschulden verursacht hat (Art. 4 HBÜ). Ergänzend ist § 616 zu beachten.

§ 612 Haftungsbeschränkung für Ansprüche aus Wrackbeseitigung

(1) [1]Das Haftungsbeschränkungsübereinkommen (§ 611 Absatz 1 Satz 1) ist auf folgende Ansprüche mit der Maßgabe anzuwenden, dass für sie unabhängig davon, auf welcher Rechtsgrundlage sie beruhen, ein gesonderter Haftungshöchstbetrag gilt:
1. Ansprüche auf Erstattung der Kosten für die Hebung, Beseitigung, Vernichtung oder Unschädlichmachung eines gesunkenen, havarierten, gestrandeten oder verlassenen Schiffes, samt allem, was sich an Bord eines solchen Schiffes befindet oder befunden hat, und
2. Ansprüche auf Erstattung der Kosten für die Beseitigung, Vernichtung oder Unschädlichmachung der Ladung des Schiffes.
[2]Die in Satz 1 angeführten Ansprüche unterliegen jedoch nicht der Haftungsbeschränkung, soweit sie ein mit dem Haftpflichtigen vertraglich vereinbartes Entgelt betreffen.

(2) [1]Der Haftungshöchstbetrag nach Absatz 1 errechnet sich nach Artikel 6 Absatz 1 Buchstabe b des Haftungsbeschränkungsübereinkommens. [2]Der Haftungshöchstbetrag gilt für die Gesamtheit der in Absatz 1 bezeichneten Ansprüche, die aus demselben Ereignis gegen Personen entstanden sind, die dem gleichen Personenkreis im Sinne des Artikels 9 Absatz 1 Buchstabe a, b oder c des Haftungsbeschränkungsübereinkommens angehören. [3]Er steht ausschließlich zur Befriedigung der in Absatz 1 bezeichneten Ansprüche zur Verfügung; Artikel 6 Absatz 2 und 3 des Haftungsbeschränkungsübereinkommens ist nicht anzuwenden.

1 Die Vorschrift setzt nicht das Internationale Übereinkommen von 2007 über die Beseitigung von Wracks um. Sie ist wie die bereits unter § 487 aF geltende Sonderregelung vor dem Hintergrund zu sehen, dass die Bundesrepublik Deutschland bei der Hinterlegung der Ratifikationsurkunde zu dem Protokoll von 1996 zur Änderung des Übereinkommens von 1976 über die Beschränkung der Haftung von Seeforderungen den nach Art. 18 HBÜ erforderlichen Vorbehalt erklärt hat, mit dem ausgeschlossen wurde, dass die Haftungsbeschränkung nach dem HBÜ auf die Ansprüche im Zusammengang mit Wrackbeseitigungsmaßnahmen anzuwenden ist (vgl. Bek. vom 17.7.1987, BGBl. 1987 II 407). In der Konsequenz führt die in Abs. 1 S. 1 (unverändert beibehaltene) Regelung dazu, dass die quotenmäßige Befriedigung von Forderungen wegen Kosten der Wrackbeseitigung nicht zusammen mit sonstigen Forderungen aus einer einheitlichen Haftungssumme zu erfolgen hat; vielmehr ist für die Wrackbeseitigungskosten ein gesonderter Fonds zu errichten.[1]

---

[4] LG Hamburg 19.4.2016, RdTW 2016, 187 Rn. 31.
[5] LG Hamburg 19.4.2016, RdTW 2016, 187 Rn. 31.
[6] Vgl. dazu v. Borries, Neuere englische Rechtsprechung zum Haftungsbeschränkungsübereinkommen 1976, DVIS-Schriftenreihe Heft A 96, 2002.
[7] Vgl. dazu Rittmeister, Das seerechtliche Haftungsbeschränkungsverfahren nach neuem Recht, 1995; Herber, Seehandelsrecht, 2. Aufl. 2016, 206 f.
[1] Rabe/Bahnsen/Rabe/Rittmeister Rn. 1.

Die Formulierung „unabhängig davon auf welcher Rechtsgrundlage sie beruhen" stellt klar, dass die Vorschrift sowohl für öffentlich-rechtliche als auch für privatrechtliche Ansprüche gilt. Ausgenommen sind aber nach der Regelung in Abs. 1 S. 2, die der des Art. 2 Abs. 2 S. 2 HBÜ entspricht, Ansprüche, die ein mit dem Haftpflichtigen vertraglich vereinbartes Entgelt betreffen. 2

§ 613 Haftungsbeschränkung für kleine Schiffe

Für ein Schiff mit einem Raumgehalt bis zu 250 Tonnen wird der nach Artikel 6 Absatz 1 Buchstabe b des Haftungsbeschränkungsübereinkommens (§ 611 Absatz 1 Satz 1) zu errechnende Haftungshöchstbetrag auf die Hälfte des für ein Schiff mit einem Raumgehalt von 2 000 Tonnen geltenden Haftungshöchstbetrags festgesetzt.

Die Vorschrift beruht auf der nach Art. 15 Abs. 2 HBÜ vorgesehenen Möglichkeit, die Haftungsbeschränkung für Schiffe, die weniger als 300 Tonnen Raumgehalt haben, besonders zu regeln. 1

§ 614 Haftungsbeschränkung für Schäden an Häfen und Wasserstraßen

Unbeschadet des Rechts nach Artikel 6 Absatz 2 des Haftungsbeschränkungsübereinkommens (§ 611 Absatz 1 Satz 1) in Bezug auf Ansprüche wegen Tod oder Körperverletzung haben Ansprüche wegen Beschädigung von Hafenanlagen, Hafenbecken, Wasserstraßen und Navigationshilfen Vorrang vor sonstigen Ansprüchen nach Artikel 6 Absatz 1 Buchstabe b des Haftungsbeschränkungsübereinkommens.

Die Vorschrift setzt die von Art. 6 Abs. 3 HBÜ vorgesehene Möglichkeit um, Ansprüche wegen Beschädigung von Hafenanlagen, Hafenbecken, Wasserstraßen und Navigationshilfen Vorrang vor den sonstigen Ansprüchen zu gewähren. 1

§ 615 Beschränkung der Haftung des Lotsen

(1) Die in Artikel 6 Absatz 1 Buchstabe a und b des Haftungsbeschränkungsübereinkommens (§ 611 Absatz 1 Satz 1) bestimmten Haftungshöchstbeträge gelten für Ansprüche gegen einen an Bord tätigen Lotsen mit der Maßgabe, dass der Lotse, falls der Raumgehalt des gelotsten Schiffes 2 000 Tonnen übersteigt, seine Haftung auf die Beträge beschränken kann, die sich unter Zugrundelegung eines Raumgehalts von 2 000 Tonnen errechnen.

(2) Der in Artikel 7 Absatz 1 des Haftungsbeschränkungsübereinkommens bestimmte Haftungshöchstbetrag gilt für Ansprüche gegen einen an Bord tätigen Lotsen mit der Maßgabe, dass der Lotse, falls das Schiff nach dem Schiffszeugnis mehr als zwölf Fahrgäste befördern darf, seine Haftung auf den Betrag beschränken kann, der sich unter Zugrundelegung einer Anzahl von zwölf Fahrgästen errechnet.

(3) [1]Die Errichtung und Verteilung eines Fonds in Höhe der nach Absatz 1 oder 2 zu errechnenden Beträge sowie die Wirkungen der Errichtung eines solchen Fonds bestimmen sich nach den Vorschriften über die Errichtung, die Verteilung und die Wirkungen der Errichtung eines Fonds im Sinne des Artikels 11 des Haftungsbeschränkungsübereinkommens. [2]Jedoch ist Artikel 11 Absatz 3 des Haftungsbeschränkungsübereinkommens nicht anzuwenden, wenn im Falle des Absatzes 1 der Raumgehalt des gelotsten Schiffes 2 000 Tonnen übersteigt oder im Falle des Absatzes 2 das Schiff nach dem Schiffszeugnis mehr als zwölf Fahrgäste befördern darf.

(4) Ein Lotse, der nicht an Bord des gelotsten Schiffes tätig ist, kann seine Haftung für die in Artikel 2 des Haftungsbeschränkungsübereinkommens angeführten Ansprüche in entsprechender Anwendung des § 611 Absatz 1, 3 und 4 sowie der §§ 612 bis 614 und 617 mit der Maßgabe beschränken, dass für diese Ansprüche ein gesonderter Haftungshöchstbetrag gilt, der sich nach Absatz 1 oder Absatz 2 errechnet und der ausschließlich zur Befriedigung der Ansprüche gegen den Lotsen zur Verfügung steht.

Die Vorschrift setzt die nach dem HBÜ anerkannte[1] Befugnis um, innerstaatliche Sonderregelungen für die Haftungsbeschränkung der Lotsen zu treffen.[2] 1

---

[1] Vgl. dazu Rabe/Bahnsen/Rabe/Rittmeister Rn. 1; Zschoche RdTW 2014, 194 ff.
[2] Näher Ramming RdTW 2014, 301 ff.

§ 616 Wegfall der Haftungsbeschränkung

(1) [1]Ist der Schuldner eine juristische Person oder eine Personenhandelsgesellschaft, so kann er seine Haftung nicht beschränken, wenn

1. **der Schaden auf eine Handlung oder Unterlassung eines Mitglieds des zur Vertretung berechtigten Organs oder eines zur Vertretung berechtigten Gesellschafters zurückzuführen ist und**
2. **durch eine solche Handlung oder Unterlassung die Beschränkung der Haftung nach Artikel 4 des Haftungsbeschränkungsübereinkommens (§ 611 Absatz 1 Satz 1) oder nach Artikel V Absatz 2 des Haftungsübereinkommens von 1992 (§ 611 Absatz 2) ausgeschlossen ist.**

[2]Gleiches gilt, wenn der Schuldner ein Mitreeder ist und der Schaden auf eine Handlung oder Unterlassung des Korrespondentreeders zurückzuführen ist.

(2) Ist der Schuldner eine Personenhandelsgesellschaft, so kann jeder Gesellschafter seine persönliche Haftung für Ansprüche beschränken, für welche auch die Gesellschaft ihre Haftung beschränken kann.

1 Das Recht zur Haftungsbeschränkung nach dem HBÜ entfällt, wenn der Haftpflichtige den Schaden durch qualifiziertes Verschulden verursacht hat (Art. 4 HBÜ). Ergänzend sind in § 616 Regelungen für den Fall getroffen, dass der Schuldner eine juristische Person oder eine Personenhandelsgesellschaft ist.

§ 617 Verfahren der Haftungsbeschränkung

(1) Die Errichtung und Verteilung eines Fonds im Sinne des Artikels 11 des Haftungsbeschränkungsübereinkommens (§ 611 Absatz 1 Satz 1) oder im Sinne des Artikels V Absatz 3 des Haftungsübereinkommens von 1992 (§ 611 Absatz 2) bestimmt sich nach den Vorschriften der Schifffahrtsrechtlichen Verteilungsordnung.

(2) [1]Die Beschränkung der Haftung nach dem Haftungsbeschränkungsübereinkommen kann auch dann geltend gemacht werden, wenn ein Fonds im Sinne des Artikels 11 des Haftungsbeschränkungsübereinkommens nicht errichtet worden ist. [2]§ 305a der Zivilprozessordnung bleibt unberührt.

1 Nach dem HBÜ kann die Haftungsbeschränkung für die einzelnen erfassten Ansprüche von dem Beschränkungsberechtigten durch die Errichtung eines Haftungsfonds (Art. 11–13 HBÜ) erfolgen. In Deutschland erfolgt dies durch die Einleitung eines seerechtlichen Verteilungsverfahrens gemäß der Schifffahrtsrechtlichen Verteilungsverordnung (SVertO). Unabhängig davon kommt die Erhebung der entsprechenden Einrede gem. § 617 Abs. 2 in Betracht.

Achter Abschnitt. Verfahrensvorschriften

§ 618 Einstweilige Verfügung eines Bergers

[1]Auf Antrag eines Bergers (§ 574 Absatz 1) kann das für die Hauptsache zuständige Gericht unter Berücksichtigung der Umstände des Falles nach billigem Ermessen durch einstweilige Verfügung regeln, dass der Schuldner des Anspruchs auf Bergelohn oder Sondervergütung dem Berger einen als billig und gerecht zu erachtenden Betrag als Abschlagszahlung zu leisten hat und zu welchen Bedingungen die Leistung zu erbringen ist. [2]Die einstweilige Verfügung kann erlassen werden, auch wenn die in den §§ 935 und 940 der Zivilprozessordnung bezeichneten Voraussetzungen nicht zutreffen.

Die Vorschrift regelt einen Anspruch auf eine Abschlagszahlung, der im Wege der einstweiligen Verfügung durchsetzbar ist. Die Verfügung kann nach S. 2 unabhängig davon erlassen werden, dass eine Vereitelung des Anspruchs bzw. eine wesentliche Erschwerung seiner Verwirklichung vorliegen; nicht vorausgesetzt ist auch nicht, dass dem Berger ohne die Verfügung wesentliche Nachteile entstehen. 1

§ 619 Zustellungen an den Kapitän oder Schiffer

Eine Klage eines Schiffsgläubigers auf Duldung der Zwangsvollstreckung in ein Schiff sowie ein Urteil oder ein Beschluss in einem Verfahren über einen Arrest in ein Schiff können dem Kapitän dieses Schiffes oder, soweit ein Binnenschiff betroffen ist, dem Schiffer zugestellt werden.

Das SHR-ReformG 2013 hat durch die neu gestaltete Rechtslage die zuvor bestehende Passivlegitimation des Kapitäns nach § 760 Abs. 2 aF im Klageverfahren abgeschafft. Stattdessen wird dem Kapitän von Gesetzes wegen nur noch eine spezielle Zustellungsvollmacht zugewiesen. Diese besteht bei Klagen auf Duldung der Zwangsvollstreckung in das vom Kapitän geführte Seeschiff sowie auf Urteile und Beschlüsse, die im Rahmen von Arrestverfahren in Bezug auf das Schiff ergehen. Für Binnenschiffe gilt entsprechendes für die Zustellungsvollmacht des Schiffers. 1

Die Inlandszustellung durch den Gerichtsvollzieher an Bord von ausländischen Seeschiffen erfolgt nach den Vorschriften der §§ 168, 177 ZPO; zugestellt werden kann auf richterliche Anordnung iSd § 168 Abs. 2 ZPO durch den Gerichtsvollzieher anlässlich eines Aufenthalts eines ausländischen Schiffes in einem deutschen Hafen, ggf. an den persönlich haftenden Gesellschafter bzw. den 1. Offizier.[1] Der Vorsitzende des Prozessgerichts oder ein von ihm bestimmtes Mitglied kann statt des Gerichtsvollziehers auch die Wasserschutzpolizei mit der Zustellung auf einem Schiff beauftragen, da diese als „andere Behörde" iSv § 168 Abs. 2 ZPO anzusehen ist.[2] Diese Möglichkeit soll nach dem Willen des Gesetzgebers ohnehin für Binnen- und Seeschiffe genutzt werden, weil die Wasserschutzpolizei mit den hafen- und bordspezifischen Gegebenheiten regelmäßig besser vertraut sein wird als der Gerichtsvollzieher.[3] 2

---

[1] Vgl. LG Hamburg 12.3.2013, RdTW 2013, 288 mAnm Grau.
[2] MüKoZPO/Häublein ZPO § 168 Rn. 9.
[3] Musielak/Voit/Wittschier ZPO § 168 Rn. 3.

Sachverzeichnis

Bearbeiter: Dr. Martina Schulz

Fett gedruckte Ziffern bezeichnen Paragraphen, mager gedruckte Randnummern.

Sachverzeichnis